Verweis auf Zusammensetzungen, die einen eigenen Eintrag haben	**copy**¹ /'kɒpi; *AmE* 'kɑː... Exemplar; (*Zeitung, Z...* BACK COPY **3** [U] Stof... *auch* HARD COPY **copy**² /'kɒpi; *AmE* 'kɑː: **ied, cop·ied**) **1** (fron... **sth** (**down/out**) (sich)... schreiben **3** ... **sth into**... **4** (foto)kopieren **5** nachahmen, nachmachen, kopieren.	...rmen von ...nd Adjektiven
Homonyme mit Wortarten	**rowdy**¹ /'raʊdi/ *Adj* (**row·dier, row·di·est**) (*Adv* row·dily /-ɪli/) laut, randalierend **rowdy**² /'raʊdi/ *Nomen* (*Pl* **-ies**) Randalierer(in)	
Verweis auf den Eintrag, wo man die Übersetzung findet	**HR** /ˌeɪtʃ 'ɑː(r)/ *Abk* = HUMAN RESOURCES **sy·phon** = SIPHON	
Unregelmäßiges Verb, das im *present participle, simple past* und *past participle* den Konsonanten verdoppelt	**under·pin** /ˌʌndə'pɪn; *AmE* -dər'p-/ *Verb* (**-nn-**) **1** (TECH) abstützen **2** (*fig*) stützen, untermauern ◊ *Objectivity underpins good journalism.* Objektivität ist die Grundlage des guten Journalismus.	Zuordnung zu Fachgebieten
Gegenteile	**prac·tic·able** /'præktɪkəbl/ *Adj* (*gehoben*) durchführbar, praktikabel ◊ *at the earliest practicable date* zum frühestmöglichen Zeitpunkt OPP IMPRACTICABLE SYN FEASIBLE *und* WORKABLE	Synonyme

Der Schlüssel zum deutsch–englischen Teil des Wörterbuchs steht hinten.

Im Wörterbuch verwendete Abkürzungen

*	Wort mit unregelmäßigen Formen	IDM	Idiom(s), Redewendung(en)	Pl	Plural
		IrE	irisches Englisch	*Präp*	Präposition
Abk	Abkürzung	*iron*	ironisch	*Pron*	Pronomen
abwert	abwertend	*jd*	jemand	®	Warenzeichen
Adj	Adjektiv	*jdm*	jemandem	*sb, sb's*	somebody, somebody's
Adv	Adverb	*jdn*	jemanden	*SchotE*	schottisches Englisch
AmE	amerikanisches Englisch	*jds*	jemandes	*Sing*	Singular
AusE	australisches Englisch	*Kinderspr*	Kindersprache	*sth*	something
bes	besonders	*Konj*	Konjunktion	SYN	Synonym
BrE	britisches Englisch	*Modalvb*	Modalverb	™	Warenzeichen
Fachspr	Fachsprache	*NeusE*	neuseeländisches Englisch	U	nicht zählbar (uncountable)
fig	figurativ, übertragen	*offiz*	offizieller Sprachgebrauch	*umgs*	umgangssprachlich
Hilfsvb	Hilfsverb	OPP	Gegenteil (opposite)	*verhüll*	verhüllend
hum	humorvoll, scherzhaft	PHV R	Phrasal verb(s)	*vulg*	vulgär

Fachgebiete

AERO	Aeronautik, Luftfahrt	GASTRON	Gastronomie	NAUT	Nautik, Schifffahrt
ANAT	Anatomie	GEOGR	Geographie	PHILOS	Philosophie
ARCHIT	Architektur	GESCH	Geschichte	POL	Politik
ASTRON	Astronomie	LANDW	Landwirtschaft	PSYCH	Psychologie
BIOL	Biologie	LING	Linguistik, Sprachwissenschaft	REL	Religion
BOT	Botanik	LIT	Literaturwissenschaft	TECH	Technik
CHEM	Chemie	MATH	Mathematik	THEAT	Theater
COMP	Computer	MED	Medizin	WIRTSCH	Wirtschaft
EISENB	Eisenbahn	MIL	Militär	ZOOL	Zoologie
ELEK	Elektrotechnik	MUS	Musik		
FOTO	Fotografie	NATURW	Naturwissenschaften		

Das große Oxford Wörterbuch
für Schule und Beruf

Englisch–Deutsch | Deutsch–Englisch

OXFORD
UNIVERSITY PRESS

Great Clarendon Street, Oxford OX2 6DP

Oxford University Press is a department of the University of Oxford.
It furthers the University's objective of excellence in research, scholarship,
and education by publishing worldwide in

Oxford New York

Auckland Cape Town Dar es Salaam Hong Kong Karachi
Kuala Lumpur Madrid Melbourne Mexico City Nairobi
New Delhi Shanghai Taipei Toronto

With offices in

Argentina Austria Brazil Chile Czech Republic France Greece
Guatemala Hungary Italy Japan Poland Portugal Singapore
South Korea Switzerland Thailand Turkey Ukraine Vietnam

OXFORD and OXFORD ENGLISH are registered trademarks of
Oxford University Press in the UK and in certain other countries

© Oxford University Press 2003

Database right Oxford University Press (maker)

First published 2003
Fourth impression 2005

No unauthorized photocopying

All rights reserved. No part of this publication may be reproduced,
stored in a retrieval system, or transmitted, in any form or by any means,
without the prior permission in writing of Oxford University Press,
or as expressly permitted by law, or under terms agreed with the appropriate
reprographics rights organization. Enquiries concerning reproduction
outside the scope of the above should be sent to the ELT Rights Department,
Oxford University Press, at the address above

You must not circulate this book in any other binding or cover
and you must impose this same condition on any acquirer

Any websites referred to in this publication are in the public domain and
their addresses are provided by Oxford University Press for information only.
Oxford University Press disclaims any responsibility for the content

This dictionary includes some words which have or are asserted to have
proprietary status as trademarks or otherwise. Their inclusion does not
imply that they have acquired for legal purposes a non-proprietary or general
significance nor any other judgement concerning their legal status. In cases
where the editorial staff have some evidence that a word has proprietary status
this is indicated in the entry for that word but no judgement concerning the
legal status of such words is made or implied thereby

ISBN-10: 0 19 431495 2   (OXFORD UNIVERSITY PRESS)
ISBN-10: 3 46 410441 9   (CORNELSEN)

Data capture and typesetting by Oxford University Press
Printed in Italy by La Tipografica Varese S.p.A.

Inhalt

Umschlag vorne   Schlüssel zu den Einträgen Englisch – Deutsch

iv   Vorwort

1–738   **Wörterbuch** Englisch–Deutsch

Infoseiten

741–756   Kurze Übersicht über die englische Grammatik

757   Zeichensetzung

758   Amerikanisches Englisch

759–761   Ausdrücke mit Zahlen

762–765   Schriftverkehr und Telefonieren

766   Textanalytische Begriffe

767–772   Geographische Namen

773–1368   **Wörterbuch** Deutsch–Englisch

1369–1371   Unregelmäßige Verben

1374   Aussprache

Umschlag hinten   Schlüssel zu den Einträgen Deutsch - Englisch

Vorwort

Seit über fünfzig Jahren gibt es von Oxford University Press pädagogische Wörterbücher für Englisch-Lernende. *Das große Oxford Wörterbuch für Schule und Beruf* ist die neueste Entwicklung auf diesem Gebiet: Ein zweisprachiges Wörterbuch, das alle Lernhilfen der einsprachigen *learners' dictionaries* enthält und dazu genau auf die Bedürfnisse der Benutzer mit deutscher Muttersprache abgestimmt ist. Ob Sie sich auf das Abitur bzw. die Matura vorbereiten, im Beruf Englischkenntnisse einsetzen oder sich einfach für die immer wichtiger werdende Weltsprache Englisch interessieren, das *große Oxford Wörterbuch* bietet sich als zuverlässiges und praktisches Nachschlagewerk an.

Die Ressourcen, über die wir in Oxford verfügen, allen voran die riesigen Datenbanken der *Oxford Corpus Collection,* ermöglichten uns einen einzigartigen Einblick in das Verhalten der beiden Sprachen und garantieren die Authentizität der linguistischen Informationen. Die Vielfalt von Daten, die daraus gewonnen wurden, wurde von einem großen Redaktionsteam, das aus deutschen und englischen Muttersprachlern bestand, für deutschsprachige Benutzer zugänglich gemacht und durch Tausende von Anwendungsbeispielen und Hunderte von Tipps veranschaulicht.

Der **deutsch-englische** Teil des Wörterbuchs enthält alle Informationen, die man zur Sprachproduktion und Formulierung im Englischen braucht. Alle Stichwörter und Zusammensetzungen sind durch die farbige Kennzeichnung leicht zu finden. Wenn mehrere Übersetzungen angegeben werden, zeigen Entscheidungshilfen, welches Wort in den gewünschten Zusammenhang passt. Zahlreiche Beispielsätze und Hinweise auf die Stilebene geben weiteren Aufschluss über die typischen Kollokationen und Kontexte der Übersetzungen und führen zu einer sicheren Wortwahl.

Die Angaben zur Grammatik in diesem Teil des Wörterbuchs helfen Ihnen dabei, das gefundene Wort richtig in einen Satz einzubauen. Strukturformeln zeigen deutlich, in welchen Konstruktionen ein Wort verwendet wird. Wenn sich der englische Sprachgebrauch vom deutschen unterscheidet, wird darauf durch Anmerkungen und Verweise auf die Grammatikübersicht hingewiesen.

Aus unseren Korpusnachforschungen ging in manchen Fällen auch hervor, dass im Englischen ganz anders als im Deutschen formuliert werden muss. Für viele deutsche Nomina beispielsweise gibt es zwar das entsprechende Nomen im Englischen, (z.B. *Klärung-clarification*), aber bei der Untersuchung der englischen Kontexte stellten wir fest, dass in den entsprechenden Zusammenhängen nicht ein Nomen, sondern ein Verb gebraucht wird. Deshalb finden Sie im Wörterbuch einen Hinweis, der zur Konstruktion mit einem Verb rät, und mehrere Beispielsätze mit möglichen Übersetzungen, die einen natürlichen und authentischen Stil illustrieren.

Im **englisch-deutschen** Teil des Wörterbuchs geht es vorwiegend ums Verstehen. Zusätzlich zur Übersetzung des Stichworts werden Beispiele gezeigt, die weiterhelfen, wenn diese Übersetzung in einem gängigen Kontext keine zufrieden stellende Lösung darstellt. Wer seinen Wortschatz erweitern möchte, findet im englisch-deutschen Teil auch Synonyme und Antonyme, die als Anregung dienen, verwandte Wörter nachzuschlagen und weitere Beispiele zu studieren. Dieser Teil des Wörterbuchs enthält auch als besondere Hilfe die *Writing Tips* mit ihren verschiedenen Formulierungsmöglichkeiten für häufig benötigte Konzepte in Aufsätzen und Berichten.

Grundlage der Entwicklung des *großen Oxford Wörterbuchs* war die mehrjährige Zusammenarbeit nicht nur der Lexikographinnen und Lexikographen und der Redaktion, sondern auch der Korpusabteilung, die uns aktuelle Daten zum Sprachstand vermittelte, und des Herstellungsteams, das sich um ein klares und übersichtliches Layout bemüht hat. An dieser Stelle möchte ich allen danken, die mit ihrem Engagement zum Erfolg des Projekts beigetragen haben. Unser gemeinsames Ziel war es, ein benutzerfreundliches Nachschlagewerk zu schaffen, in dem die Informationen, die Sie brauchen, problemlos zu finden sind, und mit dem Sie Ihre Englischkenntnisse vertiefen und erweitern können.

Margaret Deuter
Managing Editor
Oxford, 2003

Aa

A, a /eɪ/ **1** *Nomen* (*Pl* **A's, a's**) (*Buchstabe*) A, a ◊ *'Ann' begins with (an) 'A'*. „Ann" fängt mit (einem) A an. ☛ *Hinweis bei* NOTE, S. 1126. ☛ *Siehe auch* A LEVEL *und* A-ROAD **2 A** *Abk* (*in Großbritannien vor einer Straßennummer gebraucht, die etwa einer Bundesstraße entspricht*) **3 A** *Abk* (*BrE*) (*Papierformat*) ◊ *a sheet of A4 paper* ein DIN-A4-Blatt **4 A** *Abk* = AMP (1) IDM **from A to B** von A nach B **from A to Z** von A bis Z

a /ə; *betont* eɪ/ (*auch* **an** /ən; *betont* æn/) *Artikel* **1** ein(e) ☛ Die Form **an** wird vor Wörtern verwendet, die am Anfang mit einem Vokal gesprochen werden: *an apple*, aber auch ◊ *an FM radio*. Vergleiche: *a UN declaration* **2** pro ◊ *They cost 50 cents a kilo*. Sie kosten 50 Cent das Kilo. ◊ *50 miles an hour* 50 Meilen in der Stunde SYN PER ☛ G 2

a- /eɪ/

Die Vorsilbe **a-** kann mit Nomina, Adjektiven und Adverbien verwendet werden und bedeutet „nicht" oder „ohne": *atheist* Atheist ◊ *atypical* untypisch.

A[2] **(level)** *Nomen* = Prüfung, die Schüler in England, Wales und Nordirland mit etwa 18 Jahren machen können, wenn sie schon ein AS level in dem Fach haben ☛ *Hinweis bei* A LEVEL

AA /ˌeɪ ˈeɪ/ *Kurzform von* **Automobile Association** = britischer Automobilclub

AAA /ˌeɪ eɪ ˈeɪ/ *Kurzform von* **American Automobile Association** = amerikanischer Automobilclub

A & E /ˌeɪ ənd ˈiː/ *Abk* = ACCIDENT AND EMERGENCY

aard·vark /ˈɑːdvɑːk; *AmE* ˈɑːrdvɑːrk/ *Nomen* Erdferkel

aback /əˈbæk/ *Adv* IDM **be taken a'back (by sb/sth)** erstaunt sein (über jdn/etw); verblüfft sein (über jdn/etw) ☛ *Siehe auch* TAKE ABACK *unter* TAKE[1]

aba·cus /ˈæbəkəs/ *Nomen* (*Pl* **aba·cuses** /-kəsɪz/) Abakus

aban·don[1] /əˈbændən/ *Verb* **1** verlassen, im Stich lassen ◊ *They abandoned their car at the roadside*. Sie ließen das Auto einfach am Straßenrand stehen. ◊ *Abandon ship!* Alle Mann von Bord! **2** (*Versuch, Hoffnung, Plan*) aufgeben; (*Spiel, Suche*) abbrechen **3** ~ **sb/sth to sb/sth** jdn/etw überlassen **4** ~ **yourself to sth** sich einer Sache überlassen, sich einer Sache hingeben

aban·don[2] /əˈbændən/ *Nomen* Unbekümmertheit, Selbstvergessenheit, Hingabe ◊ *with wild abandon* völlig hemmungslos

aban·doned /əˈbændənd/ *Adj* **1** verlassen ◊ *an abandoned factory* eine stillgelegte Fabrik ◊ *an abandoned car* ein einfach stehen gelassenes Auto **2** selbstvergessen, hemmungslos; (*Musik, Tanz etc.*) wild

aban·don·ment /əˈbændənmənt/ *Nomen* **1** Verlassen(werden) **2** Verzicht, Aufgeben ◊ *They criticized the government's abandonment of its economic policy*. Sie kritisierten das Abrücken der Regierung von ihrer Wirtschaftspolitik. **3** Unbekümmertheit, Hingabe

abase /əˈbeɪs/ *Verb* ~ **yourself** (*gehoben*) sich erniedrigen

abase·ment /əˈbeɪsmənt/ *Nomen* Erniedrigung

abashed /əˈbæʃt/ *Adj nicht vor Nomen* beschämt

abate /əˈbeɪt/ *Verb* **1** nachlassen **2** reduzieren

abate·ment /əˈbeɪtmənt/ *Nomen* Nachlassen, Reduzierung

ab·at·toir /ˈæbətwɑː(r)/ *Nomen* (*BrE*) Schlachthof

ab·bess /ˈæbes/ *Nomen* Äbtissin

abbey /ˈæbi/ *Nomen* Abtei

abbot /ˈæbət/ *Nomen* Abt

ab·bre·vi·ate /əˈbriːvieɪt/ *Verb* **1** ~ **sth (to sth)** etw (zu etw) abkürzen **2** (*Bericht etc.*) kürzen ◊ *I gave him an abbreviated account*. Ich berichtete ihm nur das Wichtigste.

ab·bre·vi·ation /əˌbriːviˈeɪʃn/ *Nomen* **1** Abkürzung **2** (Ab)kürzen

ABC /ˌeɪ biː ˈsiː/ *Nomen* [Sing] (*AmE* **ABCs** [Pl]) **1** ABC **2** (*Grundkenntnisse*) Einmaleins IDM ⇒ EASY[1]

ab·di·cate /ˈæbdɪkeɪt/ *Verb* **1** abdanken **2** (*gehoben*) ~ **responsibility/your responsibilities** sich der/seiner Verantwortung entziehen

ab·di·ca·tion /ˌæbdɪˈkeɪʃn/ *Nomen* Abdankung

ab·do·men /ˈæbdəmən/ *Nomen* **1** Abdomen, Bauch, Unterleib **2** (*von Insekten etc.*) Hinterleib

ab·dom·inal /æbˈdɒmɪnl; *AmE* -ˈdɑːm-/ *Adj* abdominal, Bauch-

ab·duct /æbˈdʌkt/ *Verb* entführen

ab·duc·tion /æbˈdʌkʃn/ *Nomen* Entführung

ab·duc·tor /æbˈdʌktə(r)/ *Nomen* Entführer(in)

Aber·do·nian /ˌæbəˈdəʊniən; *AmE* ˌæbərˈdoʊ-/ **1** *Nomen* Aberdeener(in) **2** *Adj* Aberdeener

ab·er·rant /æˈberənt/ *Adj* (*gehoben*) (von der Norm) abweichend, abnorm

ab·er·ra·tion /ˌæbəˈreɪʃn/ *Nomen* **1** Abweichung, Anomalie **2** (geistige) Verwirrung

abet /əˈbet/ *Verb* (**-tt-**) ~ **sb** (**in sth**) jdm (bei etw) helfen, jdn (zu etw) anstiften IDM ⇒ AID[2]

abey·ance /əˈbeɪəns/ *Nomen* IDM **in abeyance** (*gehoben*) zeitweilig nicht wirksam; zeitweilig außer Kraft

abhor /əbˈhɔː(r)/ *Verb* (**-rr-**) verabscheuen

ab·hor·rence /əbˈhɒrəns; *AmE* -ˈhɔːr-, -ˈhɑːr-/ *Nomen* (*gehoben*) Abscheu

ab·hor·rent /əbˈhɒrənt; *AmE* -ˈhɔːr-, -ˈhɑːr-/ *Adj* (*gehoben*) abscheulich

abide /əˈbaɪd/ *Verb* **1** (**abided, abided**) (*meist verneint*) ausstehen, ertragen **2** (**abided, abided** *oder* **abode, abode** /əˈbəʊd; *AmE* əˈboʊd/) (*veraltet oder gehoben*) bleiben, verweilen PHRV **a'bide by sth** sich an etw halten

abid·ing /əˈbaɪdɪŋ/ *Adj* (*Erinnerung etc.*) anhaltend, bleibend

abil·ity /əˈbɪləti/ *Nomen* (*Pl* **-ies**) **1** Fähigkeit ◊ *The system has the ability to run several programs at once*. Das System kann mehr als ein Programm zur gleichen Zeit laufen lassen. **2** Fähigkeit, Können, Talent ◊ *He was a man of extraordinary abilities*. Er war ein außergewöhnlich begabter Mann. ◊ *I try to do my job to the best of my ability*. Ich versuche meine Arbeit so gut wie ich kann zu verrichten.

ab·ject /ˈæbdʒekt/ *Adj* (*Adv* **ab·ject·ly**) **1** erbärmlich ◊ *abject poverty* bittere Armut ◊ *abject misery* tiefste Verzweiflung ◊ *The plan was an abject failure*. Der Plan scheiterte kläglich. **2** demütig, unterwürfig

ab·jure /əbˈdʒʊə(r); *AmE* əbˈdʒʊr/ *Verb* (*gehoben*) abschwören SYN RENOUNCE

ablaze /əˈbleɪz/ *Adj nicht vor Nomen* **1** in Flammen ◊ *set sth ablaze* etw in Brand stecken **2 be** ~ leuchten; (*Augen*) funkeln ◊ *The house was ablaze with lights*. Das Haus war hell erleuchtet. ◊ *The trees were ablaze with autumn colours*. Die Bäume erstrahlten in herbstlicher Farbenpracht.

able /ˈeɪbl/ *Adj* **1 be** ~ **to do sth** etw tun können ◊ *I didn't feel able to disagree with him*. Ich konnte ihm nicht widersprechen. ☛ G 10 **2** fähig, in der Lage **3** (**abler** /ˈeɪblə(r)/, **ablest** /ˈeɪblɪst/) fähig, tüchtig ◊ *the ablest students in the class* die besten Schüler in der Klasse

ˌable-ˈbodied *Adj* gesund; (MIL) tauglich

ˌable ˈseaman *Nomen* Vollmatrose

ab·lu·tions /əˈbluːʃnz/ *Nomen* [Pl] (*gehoben oder hum*) Waschung

ably /ˈeɪbli/ *Adv* geschickt, gekonnt

ab·nor·mal /æbˈnɔːml; *AmE* -ˈnɔːrml/ *Adj* (*Adv* **ab·nor·mal·ly** /-məli/) abnorm, ungewöhnlich

---

| s **s**ee | t **t**ea | v **v**an | w **w**et | z **z**oo | ʃ **sh**oe | ʒ vi**s**ion | tʃ **ch**ain | dʒ **j**am | θ **th**in | ð **th**is | ŋ si**ng** |

ab·nor·mal·ity /ˌæbnɔːˈmæləti; AmE -nɔːrˈm-/ Nomen (Pl **-ies**) Anomalie, Abnormität, Missbildung

aboard /əˈbɔːd; AmE əˈbɔːrd/ Adv, Präp an Bord ◊ All aboard! Alles einsteigen! ◊ He was already aboard the bus. Er war schon im Bus.

abode¹ /əˈbəʊd; AmE əˈboʊd/ Nomen [meist Sing] (gehoben oder hum) Wohnsitz, Bleibe

abode² Form von ABIDE

abol·ish /əˈbɒlɪʃ; AmE əˈbɑːl-/ Verb abschaffen

abo·li·tion /ˌæbəˈlɪʃn/ Nomen Abschaffung

abo·li·tion·ist /ˌæbəˈlɪʃənɪst/ Nomen Abolitionist(in)

abom·in·able /əˈbɒmɪnəbl; AmE əˈbɑːm-/ Adj (Adv **abom·in·ably** /-əbli/) abscheulich, niederträchtig, grässlich

A͵bominable ˈSnowman Nomen Schneemensch, Yeti

abom·in·ate /əˈbɒmɪneɪt; AmE əˈbɑːm-/ Verb (nicht in der Verlaufsform) (gehoben) verabscheuen

abom·in·ation /əˌbɒmɪˈneɪʃn; AmE əˌbɑːm-/ Nomen Scheußlichkeit

abo·ri·ginal /ˌæbəˈrɪdʒənl/ Adj **1** (meist **Aboriginal**) (bezüglich der Ureinwohner Australiens) Aborigine- ◊ Aboriginal land rights Landrechte der Aborigines **2** einheimisch, eingeboren ◊ the aboriginal peoples of Canada die Ureinwohner Kanadas

abo·ri·gine /ˌæbəˈrɪdʒəni/ Nomen (meist **Aborigine**) Ureinwohner(in); (Ureinwohner Australiens) Aborigine

abort /əˈbɔːt; AmE əˈbɔːrt/ Verb **1** (MED) abtreiben ◊ abort a pregnancy eine Schwangerschaftsunterbrechung durchführen **2** (MED) eine Fehlgeburt haben **3** (meist passiv) (Gespräche etc.) abbrechen ◊ If no password is given, the program aborts. Wenn kein Passwort eingegeben wird, wird das Programm abgebrochen.

abor·tion /əˈbɔːʃn; AmE əˈbɔːrʃn/ Nomen Abtreibung, Schwangerschaftsabbruch ◊ She decided to have an abortion. Sie beschloss, das Kind abtreiben zu lassen.

abor·tion·ist /əˈbɔːʃənɪst; AmE əˈbɔːrʃ-/ Nomen Abtreiber(in)

abort·ive /əˈbɔːtɪv; AmE əˈbɔːrtɪv/ Adj (gehoben) gescheitert, erfolglos

abound /əˈbaʊnd/ Verb (gehoben) reichlich vorhanden sein ◊ Stories about his travels abound. Über seine Reisen kursieren viele Geschichten. ◊ Confusion abounds. Es herrscht große Verwirrung. PHRV **aˈbound with/in sth** an etw reich sein

about¹ /əˈbaʊt/ Adv **1** ungefähr ◊ He arrived (at) about ten. Er kam gegen zehn. SYN APPROXIMATELY **2** fast ◊ This is about the best we can hope for. Das ist wohl das Beste, was wir uns erhoffen können. **3** (bes BrE) herum ◊ Her books were lying about on the floor. Ihre Bücher waren überall auf dem Boden verstreut. **4** (bes BrE) da, hier ◊ There's a lot of flu about. Im Moment geht die Grippe um. **5** (Fachspr oder gehoben) (anders)herum ◊ He brought the ship about. Er wendete das Schiff. IDM **that's about ˈall; that's about ˈit** das ist so ziemlich alles ☛ Siehe auch JUST¹ und OUT¹ ☛ Für Verben mit **about** siehe die Einträge für die entsprechenden Verben. **Bring sth about** z.B. steht unter **bring**.

about² /əˈbaʊt/ Präp **1** über ◊ a book about flowers ein Buch über Blumen ◊ There's something strange about him. Er hat etwas Merkwürdiges an sich. ◊ I don't know what you're on about. Ich weiß nicht, wovon du redest. ◊ There's nothing you can do about it now. Jetzt kannst du nichts mehr daran ändern. ◊ What's it all about? Worum geht es eigentlich? ◊ Movies are all about making money these days. In der Filmwelt geht es heutzutage nur ums Geschäft.

> ✎ WRITING TIP
> **Describing the topic of a book, etc.**
> • The book **is about** homeless people in the cities. Dieses Buch handelt von den Obdachlosen in den Großstädten.
> • This chapter **deals with** the plight of the homeless in London. Dieses Kapitel behandelt das Elend der Obdachlosen in London.
> • The writer **discusses** the problems faced by homeless people. Der Autor diskutiert die Probleme der Obdachlosen.
> • The film **treats the subject of** homelessness from the point of view of one teenager. Der Film behandelt das Thema Obdachlosigkeit aus dem Blickwinkel eines Jugendlichen.

2 bei ◊ And while you're about it … Und wenn du schon dabei bist … ◊ Everywhere people were going about their daily business. Überall gingen die Leute ihrer täglichen Arbeit nach. **3** (bes BrE) um … (herum), in … (herum) ◊ He looked about the room. Er sah sich im Zimmer um. ◊ The papers were strewn about the room. Die Papiere waren im ganzen Zimmer verstreut. ◊ She's somewhere about the office. Sie ist hier irgendwo im Büro. **4** (gehoben) um ◊ She wore a shawl about her shoulders. Sie trug ein Tuch um die Schultern. IDM **how/what about …?** **1** wie ist es mit …? ◊ I'm having fish. What about you? Ich nehme Fisch. Und du? **2** wie wäre es mit …?

about³ /əˈbaʊt/ Adj IDM **be about to do sth** im Begriff sein etw zu tun ◊ I was just about to ask you the same thing. Ich wollte dich gerade das Gleiche fragen. **not be about to do sth** nicht vorhaben etw zu tun ◊ I've never done any cooking and I'm not about to start now. Ich habe nie gekocht und ich habe nicht vor, jetzt damit anzufangen.

a͵bout-ˈface (BrE auch **a͵bout-ˈturn**) Nomen [Sing] Kehrtwendung

above¹ /əˈbʌv/ Präp **1** über ◊ the apartment above mine die Wohnung über mir ◊ inflation above 10% eine Inflationsrate von mehr als 10% ◊ All this maths is above me. Diese ganze Mathematik ist mir zu hoch. ◊ I rate her above the others. Ich halte sie für besser als die anderen. **2** erhaben über ◊ She's not above lying when it suits her. Wenn es ihr zum Vorteil gereicht, ist sie sich für eine Lüge nicht zu schade. **3** oberhalb IDM **above ˈall** vor allem **aˈbove yourself** größenwahnsinnig ☛ Siehe auch OVER²

above² /əˈbʌv/ Adv **1** oben, darüber ◊ seen from above von oben gesehen ◊ Put it on the shelf above. Stell es auf das Brett darüber. **2** darüber, mehr ◊ children aged 11 and above Kinder ab 11 Jahren

above³ /əˈbʌv/ **1** Adj oben genannt, obig **2** Nomen **the ~** das Obige, der/die oben Genannte, die oben Genannten ☛ G 1.3a

a͵bove-ˈmentioned Adj nur vor Nomen (gehoben) oben genannt, oben erwähnt

abra·ca·dabra /ˌæbrəkəˈdæbrə/ Ausruf Abrakadabra

ab·rade /əˈbreɪd/ Verb (Fachspr) **1** abschaben, abschürfen **2** (GEOL) abtragen

ab·ra·sion /əˈbreɪʒn/ Nomen **1** Hautabschürfung, Schürfwunde **2** Abschabung, Abschleifen ◊ Diamonds have extreme resistance to abrasion. Diamanten sind extrem kratzfest. **3** (GEOL) Abtragung

abra·sive¹ /əˈbreɪsɪv/ Adj **1** scheuernd ◊ abrasive cleaners Scheuermittel ◊ abrasive paper Schleifpapier **2** (Adv **abra·sive·ly**) (Person) aggressiv, barsch; (Benehmen, Text) herausfordernd; (Stimme, Bemerkung) schneidend

abra·sive² /əˈbreɪsɪv/ Nomen Scheuermittel, Schleifmittel

abra·sive·ness /əˈbreɪsɪvnɪs/ Nomen **1** (von Scheuermittel) Schärfe **2** (von Person) Aggressivität

abreast /əˈbrest/ Adv ~ **(of sb/sth)** auf gleicher Höhe (mit jdm/etw) ◊ two abreast je zwei und zwei nebeneinander ◊ A police car drew abreast of us. Ein Polizeiauto kam auf gleiche Höhe mit uns. IDM **keep abreast of sth** sich über etw auf dem Laufenden halten

abridge /əˈbrɪdʒ/ Verb (Buch etc.) kürzen

abroad /əˈbrɔːd/ Adv (bes BrE) **1** im/ins Ausland ◊ go abroad ins Ausland gehen/fahren ◊ from abroad aus dem Ausland **2** (gehoben) überall verbreitet ◊ There is news abroad that … Es geht die Nachricht um, dass … **3** (veraltet) draußen

ab·ro·gate /ˈæbrəgeɪt/ Verb (Fachspr) annullieren, aufheben

ab·rupt /əˈbrʌpt/ Adj (Adv **ab·rupt·ly**) **1** abrupt, plötzlich, jäh **2** schroff, brüsk

ab·rupt·ness /əˈbrʌptnɪs/ Nomen **1** Plötzlichkeit **2** (Person, Ton) Schroffheit

ABS /ˌeɪ biː ˈes/ Kurzform von **anti-lock braking system** (Bremsen) Antiblockiersystem

abs /æbz/ Nomen [Pl] (umgs) Bauchmuskeln

ab·scess /ˈæbses/ Nomen Abszess

ab·scond /əbˈskɒnd; AmE əbˈskɑːnd/ Verb **1** ~ **(from sth)**

(aus etw) weglaufen **2** ~ (**with sth**) (mit etw) verschwinden, (mit etw) türmen

ab·seil¹ /ˈæbseɪl/ *Verb* (*BrE*) (SPORT) (sich) abseilen

ab·seil² /ˈæbseɪl/ *Nomen* (*BrE*) (SPORT) Abstieg (am Seil), Abseilen

abseiling /ˈæbseɪlɪŋ/ *Nomen* (*BrE*) (SPORT) Abseilen

ab·sence /ˈæbsəns/ *Nomen* **1** Abwesenheit ◊ *absence from work* Fernbleiben von der Arbeit **2** Fehlen, Mangel ◊ *in the absence of any definite proof* in Ermangelung eindeutiger Beweise ◊ *the absence of women on the board* die mangelnde Präsenz von Frauen im Vorstand OPP PRESENCE IDM ⇨ CONSPICUOUS

ab·sent¹ /ˈæbsənt/ *Adj* **1** abwesend ◊ *be absent from work* nicht zur Arbeit erscheinen ◊ *be absent from school* dem Unterricht fernbleiben ◊ *Love was totally absent from his life.* Es fehlte ihm an jeglicher Liebe. **2** (*Adv* **ab·sent·ly**) geistesabwesend, zerstreut

ab·sent² /æbˈsent/ *Verb* ~ **yourself** (**from sth**) (*gehoben*) (einer Sache) fernbleiben

ab·sen·tee /ˌæbsənˈtiː/ *Nomen* Abwesende(r), Fehlende(r)

absentee ˈballot *Nomen* (*AmE*) Briefwahl(stimme)

ab·sen·tee·ism /ˌæbsənˈtiːɪzəm/ *Nomen* häufiges (unentschuldigtes) Fehlen, Schwänzen

absentee ˈlandlord *Nomen* = nicht am Ort wohnender Haus-/Grundbesitzer

ab·sen·tia ⇨ IN ABSENTIA

ˌabsent-ˈminded *Adj* (*Adv* **ˌabsent-ˈminded·ly**) geistesabwesend, zerstreut

ˌabsent-ˈminded·ness *Nomen* Geistesabwesenheit, Zerstreutheit

ab·so·lute¹ /ˈæbsəluːt/ *Adj* **1** absolut ◊ *absolute beginners* blutige Anfänger ◊ *absolute confidence* volles Vertrauen ◊ *absolute power* uneingeschränkte Macht ◊ *There was no absolute proof.* Es gab keine eindeutigen Beweise. ◊ *Although prices are falling in absolute terms, energy is still expensive.* Obwohl die Preise tatsächlich fallen, sind Energiekosten relativ gesehen immer noch hoch. **2** nur vor Nomen ausgesprochen, ausgemacht ◊ *He must earn an absolute fortune.* Er muss ein wahres Vermögen verdienen. **3** (*Scheidung*) rechtskräftig ☛ *Siehe auch* DECREE ABSOLUTE

ab·so·lute² /ˈæbsəluːt/ *Nomen* absolute Größe, absolutes Prinzip

ab·so·lute·ly /ˈæbsəluːtli/ *Adv* **1** (*vor Adjektiven*) absolut, vollkommen, völlig ◊ *Is it absolutely necessary?* Ist es unbedingt nötig? ◊ *I'm absolutely convinced that ...* Ich bin fest überzeugt, dass ... ◊ *I'm absolutely freezing.* Mir ist schrecklich kalt. **2** (*vor Verben und Nomina*) geradezu, regelrecht ◊ *It took absolutely ages.* Es dauerte unheimlich lange. ◊ *He absolutely hated the book.* Er fand das Buch furchtbar. ◊ *He absolutely refuses to take it back.* Er weigert sich entschieden, es zurückzunehmen. ◊ *Absolutely anything could happen.* Es könnte alles Mögliche passieren. **3** ~ **no** überhaupt kein(e); ~ **nothing** überhaupt nichts ◊ *I have absolutely no idea.* Ich habe nicht die leiseste Ahnung. **4** /ˌæbsəˈluːtli/ (*als Zustimmung etc.*) absolut, genau, auf jeden Fall ◊ *'Can we leave a little early?' 'Absolutely!'* „Können wir etwas eher weggehen?" „Natürlich!" **5** ~ **not** auf keinen Fall ◊ *'Was it any good?' 'Absolutely not!'* „War es gut?" „Ganz im Gegenteil!"

ˌabsolute maˈjority *Nomen* absolute Mehrheit

ˌabsolute ˈzero *Nomen* absoluter Nullpunkt

ab·so·lu·tion /ˌæbsəˈluːʃn/ *Nomen* (REL) Absolution, Lossprechung

ab·so·lut·ism /ˈæbsəluːtɪzəm/ *Nomen* Absolutismus

ab·so·lut·ist /ˈæbsəluːtɪst/ **1** *Nomen* Absolutist(in) **2** *Adj* absolutistisch

ab·solve /əbˈzɒlv; *AmE* əbˈzɑːlv/ *Verb* **1** (*gehoben*) freisprechen **2** (REL) lossprechen

ab·sorb /əbˈsɔːb, -ˈzɔːb; *AmE* -ˈsɔːrb, -ˈzɔːrb/ *Verb* **1** aufnehmen; (*Licht, Wärme etc.*) absorbieren (*auch fig*) (*Flüssigkeit*) aufsaugen; (BIOL) assimilieren, (MED) resorbieren ◊ *The surrounding towns have been absorbed into the city.* Die umliegenden Städte sind von der Großstadt verschluckt worden. ◊ *The cream is easily absorbed into the skin.* Die Creme zieht leicht in die Haut ein. **2** (*Wissen, Informationen*) in sich aufnehmen, verarbeiten **3** völlig in Anspruch nehmen ◊ *This work has absorbed him for several years.* Seit Jahren geht er ganz in dieser Arbeit auf. ☛ *Siehe auch*

ABSORBED **4** abschwächen; (*Schlag, Stoß, Erschütterungen*) auffangen; (*Schall, Ton*) dämpfen ☛ *Siehe auch* SHOCK ABSORBER **5** (*Geld etc.*) verschlingen; (*Zeit*) kosten **6** (*Verlust, Änderung etc.*) verkraften

ab·sorbed /əbˈsɔːbd, -ˈzɔːbd; *AmE* -ˈsɔːrbd, -ˈzɔːrbd/ *Adj* vertieft, versunken ◊ *She was totally absorbed in her book.* Sie war völlig in ihr Buch vertieft.

ab·sorb·ency /əbˈsɔːbənsi, -ˈzɔːb-; *AmE* -ˈsɔːrb-, -ˈzɔːrb-/ *Nomen* Saugfähigkeit

ab·sorb·ent /əbˈsɔːbənt, -ˈzɔːb-; *AmE* -ˈsɔːrb-, -ˈzɔːrb-/ *Adj* saugfähig, absorbierend

ab·sorb·ing /əbˈsɔːbɪŋ, -ˈzɔːb-; *AmE* -ˈsɔːrb-, -ˈzɔːrb-/ *Adj* packend, fesselnd

ab·sorp·tion /əbˈsɔːpʃn, -ˈzɔːp-; *AmE* -ˈsɔːrp-, -ˈzɔːrp-/ *Nomen* **1** Aufnahme, Absorption; (BIOL) Assimilation; (MED) Resorption **2** (*von Wissen, Informationen*) Verarbeitung **3** Integration **4** Abschwächung, Dämpfung **5** ~ **in/with sth** Aufgehen in etw ☛ *Siehe auch* SELF-ABSORPTION

ab·stain /əbˈsteɪn/ *Verb* **1** ~ (**from voting**) sich der Stimme enthalten **2** ~ (**from sth**) (*gehoben oder hum*) sich (einer Sache) enthalten ◊ *abstain from alcohol* keinen Alkohol trinken ◊ *abstain from sex* sexuell enthaltsam sein

ab·stain·er /əbˈsteɪnə(r)/ *Nomen* **1** = jd, der sich der Stimme enthält **2** Abstinenzler(in)

ab·ste·mi·ous /əbˈstiːmiəs/ *Adj* (*gehoben*) enthaltsam

ab·sten·tion /əbˈstenʃn/ *Nomen* **1** (Stimm)enthaltung **2** (*gehoben*) Enthaltsamkeit

ab·stin·ence /ˈæbstɪnəns/ *Nomen* (*gehoben*) Abstinenz, Enthaltsamkeit

ab·stract¹ /ˈæbstrækt/ *Adj* (*Adv* **ab·stract·ly**) abstrakt ◊ *think in abstract terms* abstrakt denken ◊ *Beauty is abstract.* Schönheit ist ein abstrakter Begriff.

ab·stract² /ˈæbstrækt/ *Nomen* **1** abstraktes Bild **2** Zusammenfassung SYN SUMMARY IDM **in the ˈabstract** rein theoretisch; abstrakt

ab·stract³ /ˈæbstrækt, æbˈstrækt/ *Verb* **1** entnehmen, entfernen **2** (*Buch, Artikel etc.*) zusammenfassen

ab·stract·ed /æbˈstræktɪd/ *Adj* (*Adv* **ab·stract·ed·ly**) (*gehoben*) (geistes)abwesend, entrückt

ab·strac·tion /æbˈstrækʃn/ *Nomen* **1** (*gehoben*) Abstraktion **2** (*gehoben*) Geistesabwesenheit **3** Entnahme

ˌabstract ˈnoun *Nomen* (LING) Abstraktum

ab·struse /əbˈstruːs, æb-/ *Adj* (*gehoben*) abstrus

ab·surd /əbˈsɜːd; *AmE* əbˈsɜːrd/ **1** *Adj* absurd, lächerlich ◊ *Don't be absurd!* Du spinnst wohl! **2** **the absurd** *Nomen* [Sing] das Absurde

ab·surd·ity /əbˈsɜːdɪti/ *Nomen* (*Pl* **-ties**) Absurdität

ab·surd·ly /əbˈsɜːdli/ *Adv* **1** lächerlich **2** (*verstärkend*) unglaublich **3** absurderweise

abun·dance /əˈbʌndəns/ *Nomen* (*gehoben*) Fülle IDM **in abundance** in Hülle und Fülle

abun·dant /əˈbʌndənt/ *Adj* (*gehoben*) reich, reichlich (vorhanden) SYN PLENTIFUL

abun·dant·ly /əˈbʌndəntli/ *Adv* **1** reichlich **2** ~ **clear** mehr als klar

abuse¹ /əˈbjuːs/ *Nomen* **1** Missbrauch ◊ *The system is open to abuse.* Das System kann missbraucht werden. **2** [U] Misshandlung(en); (*sexuell*) Missbrauch **3** [U] Beschimpfung ◊ *a term of abuse* ein Schimpfwort

abuse² /əˈbjuːz/ *Verb* **1** missbrauchen ◊ *He systematically abused his body with heroin.* Er trieb jahrelang Raubbau an seiner Gesundheit mit Heroin. **2** misshandeln; (*sexuell*) missbrauchen **3** beschimpfen

ab·user /əˈbjuːzə(r)/ *Nomen* = jd, der jdn/etw missbraucht ◊ *child abusers* Kinderschänder

abu·sive /əˈbjuːsɪv/ *Adj* **1** beleidigend, ausfallend ◊ *abusive language* Beschimpfungen **2** gewalttätig

abut /əˈbʌt/ *Verb* (**-tt-**) ~ **on/onto sth** (*gehoben*) an etw (an)grenzen

abys·mal /əˈbɪzməl/ *Adj* (*Adv* **abys·mal·ly**) fürchterlich, miserabel SYN TERRIBLE

abyss /əˈbɪs/ *Nomen* [meist Sing] (*gehoben*) Abgrund ◊ *an abyss of loneliness* abgrundtiefe Einsamkeit

AC /ˌeɪ ˈsiː/ *Abk* **1** = AIR CONDITIONING **2** = ALTERNATING CURRENT

ʊ actual | aɪ my | aʊ now | eɪ say | əʊ (*BrE*) go | oʊ (*AmE*) go | ɔɪ boy | ɪə near | eə hair | ʊə pure

a/c *Abk* **1** = ACCOUNT¹ (1) **2** (*auch* **ac**) (*bes AmE*) = AIR CONDITIONING
aca·cia /əˈkeɪʃə/ (*auch* **a'cacia tree**) *Nomen* Akazie
aca·de·mia /ˌækəˈdiːmiə/ (*gehoben oder hum* **aca·deme** /ˈækədiːm/) *Nomen* [U] die akademische Welt
aca·dem·ic¹ /ˌækəˈdemɪk/ *Adj* (*Adv* **aca·dem·ic·al·ly** /-kli/) **1** Schul-; (*Universität*) akademisch, wissenschaftlich ◊ *academic qualifications* Schul- oder Studienabschluss ◊ *You have to do well academically to get into medical school.* Fürs Medizinstudium braucht man gute Noten. **2** geistig begabt **3** hypothetisch
aca·dem·ic² /ˌækəˈdemɪk/ *Nomen* Akademiker(in), Wissenschaftler(in), Universitätslehrkraft
acad·em·ician /əˌkædəˈmɪʃn; *AmE* ˌækədəˈmɪʃn/ *Nomen* Akademiemitglied
acad·emy /əˈkædəmi/ **1** *Nomen* (Fach)hochschule, Akademie **2** (*meist* **Academy**) Akademie, wissenschaftliche Gesellschaft **3** (*in Schottland*) weiterführende Schule **4** (*AmE*) Privatschule
ac·cede /əkˈsiːd/ *Verb* **~ (to sth)** (*gehoben*) **1** (in etw) einwilligen **2 ~ to the throne** den Thron besteigen
ac·cel·er·ate /əkˈseləreɪt/ *Verb* **1** beschleunigen **2** schneller fahren, Gas geben ◊ *The runners accelerated.* Die Läufer liefen schneller. ◊ *He accelerated away from the traffic lights.* Er gab Gas und fuhr von der Ampel weg. OPP DECELERATE
ac·cel·er·ation /əkˌseləˈreɪʃn/ *Nomen* Beschleunigung ◊ *an acceleration in the rate of economic growth* ein verstärktes wirtschaftliches Wachstum OPP DECELERATION
ac·cel·er·ator /əkˈseləreɪtə(r)/ *Nomen* **1** Gaspedal **2** (PHYSIK) Beschleuniger
ac·cent¹ /ˈæksent, -sənt/ *Nomen* **1** Akzent ◊ *a strong/broad Scottish accent* ein starker schottischer Akzent **2** Betonung **3** Akzentzeichen
ac·cent² /ækˈsent/ *Verb* (*selten*) betonen
ac·cent·ed /ˈæksentɪd/ *Adj* **1** ◊ *He spoke heavily accented English.* Er sprach Englisch mit starkem ausländischem Akzent. **2** (*Fachspr*) (*Silbe*) betont **3** (*Fachspr*) mit einem Akzentzeichen
ac·cen·tu·ate /əkˈsentʃueɪt/ *Verb* betonen, akzentuieren
ac·cept /əkˈsept/ *Verb* **1** annehmen ◊ *He asked me to marry him and I accepted.* Er hat mir einen Antrag gemacht, und ich habe ja gesagt. ◊ *Please accept our sincere apologies.* Wir bitten vielmals um Entschuldigung. **2** (an)nehmen ◊ *Will you accept a cheque?* Nehmen Sie einen Scheck? **3 ~ (sb/sth as sth)** (jdn/etw als etw) akzeptieren ◊ *Can we accept his account as the true version?* Können wir davon ausgehen, dass seine Darstellung wahr ist? ◊ *I accept that it won't be easy.* Ich bin mir bewusst, dass es nicht einfach sein wird. ◊ *The agricultural industry here is generally accepted to be the most efficient in Europe.* Die hiesige Landwirtschaft gilt als die leistungsfähigste in Europa. ◊ *He was willing to accept us as tenants.* Er war mit uns als Mietern einverstanden. **4** (*Verantwortung*) übernehmen ◊ *You have to accept the consequences of your actions.* Du musst aus deinem Handeln die Konsequenzen ziehen. **5** hinnehmen ◊ *You just have to accept the fact.* Du wirst dich damit abfinden müssen. **6 ~ sb** jdn aufnehmen ◊ *She was accepted to study music.* Man hat sie zum Musikstudium zugelassen.
ac·cept·abil·ity /əkˌseptəˈbɪləti/ *Nomen* Annehmbarkeit
ac·cept·able /əkˈseptəbl/ *Adj* (*Adv* **ac·cept·ably** /-bli/) **1** akzeptabel, zulässig ◊ *Age discrimination is not acceptable.* Diskriminierung aufgrund des Alters darf nicht hingenommen werden. **2 ~ (to sb)** (für jdn) annehmbar **3** ausreichend
ac·cept·ance /əkˈseptəns/ *Nomen* **1** Annahme, Zusage ◊ *Please confirm your acceptance of this offer.* Bitte teilen Sie uns mit, ob Sie das Angebot annehmen. ◊ *the President's acceptance speech* die Antrittsrede des Präsidenten **2** Zustimmung, Anerkennung **3** Aufnahme, Akzeptanz **4** Hinnahme, Sichabfinden
ac·cess¹ /ˈækses/ *Nomen* **~ (to sb/sth)** Zugang (zu jdm/etw) ◊ *There is good wheelchair access to the facilities.* Die Einrichtungen sind für Rollstuhlbenutzer gut zugänglich. ◊ *gain access* sich Zutritt verschaffen ◊ *a flat with easy access to the centre* eine Wohnung, die vom Zentrum leicht zu erreichen ist ◊ *gain/get access to the computer system* in das Computersystem reinkommen ◊ *deny sb access to their children* jdm das Besuchsrecht für seine Kinder verweigern

ac·cess² /ˈækses/ *Verb* **1** (COMP) (*Datei*) öffnen; (*Informationen*) zugreifen auf **2** (*gehoben*) erreichen ◊ *The loft can be accessed by ladder.* Der Dachboden ist über eine Leiter zugänglich.
'access course *Nomen* (*in GB*) = Kurs, der (über den zweiten Bildungsweg) ohne die üblichen Abschlüsse zur Hochschulreife führt
ac·ces·si·bil·ity /əkˌsesəˈbɪləti/ *Nomen* Zugänglichkeit
ac·cess·ible /əkˈsesəbl/ *Adj* zugänglich OPP INACCESSIBLE
ac·ces·sion /ækˈseʃn/ *Nomen* **1** Thronbesteigung; (*Amts-*)Antritt; (*Macht-*)Übernahme **2** Beitritt **3** (*Fachspr*) Neuerwerbung
ac·ces·sory /əkˈsesəri/ (*Pl* **-ies**) *Nomen* **1** [meist Pl] Zubehör **2** [meist Pl] Accessoire **3 ~ (to sth)** (RECHT) Mitschuldige(r) (an etw) ◊ *He was charged with being an accessory to murder.* Er wurde wegen Mittäterschaft an dem Mord angeklagt.
'access road *Nomen* **1** (Autobahn)zubringer **2** Zufahrtsstraße
ac·ci·dent /ˈæksɪdənt/ *Nomen* **1** (*BrE*) Unfall ◊ *a road accident* ein Verkehrsunfall ◊ *Sorry, it was an accident.* Entschuldige, das ist aus Versehen passiert. **2** Zufall ◊ *an accident of fate* eine Laune des Schicksals IDM **accidents will 'happen** das kommt vor **by accident** zufällig ➡ *Siehe auch* CHAPTER *und* WAIT¹
ac·ci·den·tal /ˌæksɪˈdentl/ *Adj* (*Adv* **ac·ci·den·tal·ly** /-təli/) **1** Unfall-, aus Versehen ◊ *a verdict of accidental death* ein Urteil, das auf Tod durch Unfall lautet **2** zufällig
accident and e'mergency (*Abk* **A & E**) *Nomen* [U] (*auch* **accident and emergency department**) (*BrE*) Notfallstation
'accident-prone *Adj* unfallgefährdet, vom Pech verfolgt
ac·claim¹ /əˈkleɪm/ *Verb* (*meist passiv*) loben, feiern
ac·claim² /əˈkleɪm/ *Nomen* Anerkennung
ac·cli·mate /ˈækləmeɪt/ *Verb* (*bes AmE*) **~ (yourself)** sich eingewöhnen; **~ sb/sth/yourself (to sth)** jdn/etw/sich (an etw) gewöhnen
ac·cli·ma·tion /ˌækləˈmeɪʃn/ *Nomen* (*bes AmE*) Eingewöhnung
ac·cli·ma·tiza·tion (*BrE auch* **-isa·tion**) /əˌklaɪmətaɪˈzeɪʃn; *AmE* -təˈz-/ *Nomen* Eingewöhnung
ac·cli·ma·tize (*BrE auch* **-ise**) /əˈklaɪmətaɪz/ *Verb* **~ (yourself)** sich eingewöhnen; **~ (yourself) to sth** sich an etw gewöhnen
ac·col·ade /ˈækəleɪd, ˌækəˈleɪd/ *Nomen* (*gehoben*) Auszeichnung
ac·com·mo·date /əˈkɒmədeɪt; *AmE* əˈkɑːm-/ *Verb* **1** unterbringen, beherbergen **2** Platz bieten für ◊ *The whole opera can be accommodated on a CD.* Die ganze Oper findet auf einer CD Platz. **3** (*gehoben*) berücksichtigen ◊ *This theory fails to accommodate all the facts.* Diese Theorie kann nicht alle Fakten in Einklang bringen. **4 ~ sb (with sth)** (*gehoben*) jdm (mit etw) entgegenkommen SYN OBLIGE **5** (*gehoben*) **~ (yourself) to sth** sich an etw anpassen; **~ sth to sth** etw an etw anpassen
ac·com·mo·dat·ing /əˈkɒmədeɪtɪŋ; *AmE* əˈkɑːm-/ *Adj* entgegenkommend
ac·com·mo·da·tion /əˌkɒməˈdeɪʃn; *AmE* əˌkɑːm-/ *Nomen* **1** [U] (*BrE*) Unterkunft, Wohnung, Zimmer ◊ *rented accommodation* eine Mietwohnung ◊ *furnished accommodation* eine möblierte Wohnung/ein möbliertes Zimmer ◊ *Hotel accommodation is included.* Übernachtung im Hotel ist inbegriffen. ◊ *office accommodation* Büroräume ➡ *Hinweis bei* UNTERKUNFT **2 accommodations** [Pl] (*AmE*) Unterkunft ◊ *bed and breakfast accommodations in private homes* Übernachtung mit Frühstück in Privatunterkünften **3** (*gehoben*) Übereinkommen
ac·com·pani·ment /əˈkʌmpənimənt/ *Nomen* **1** Begleitung ◊ *She made her speech to the accompaniment of loud laughter.* Ihre Rede wurde von lautem Gelächter begleitet. **2** Beilage ◊ *These wines make a good accompaniment to fish dishes.* Diese Weine passen gut zu Fischgerichten. **3** (*gehoben*) Begleiterscheinung
ac·com·pan·ist /əˈkʌmpənɪst/ *Nomen* Begleiter(in)
ac·com·pany /əˈkʌmpəni/ *Verb* (**-pan·ies, -pany·ing, -pan·ied, -pan·ied**) begleiten ◊ *strong winds accompanied by heavy rain* starker Wind mit schweren Regenfällen

---

| b bad | d did | f fall | g get | h hat | j yes | k cat | l leg | m man | n now | p pen | r red |

◇ *a book and accompanying cassette* ein Buch mit Begleitkassette

ac·com·plice /əˈkʌmplɪs; *AmE* əˈkɑːm-/ *Nomen* Komplize, Komplizin

ac·com·plish /əˈkʌmplɪʃ; *AmE* əˈkɑːm-/ *Verb* erreichen, ausführen SYN ACHIEVE

ac·com·plished /əˈkʌmplɪʃt; *AmE* əˈkɑːm-/ *Adj* fähig, begabt, erfahren

ac·com·plish·ment /əˈkʌmplɪʃmənt; *AmE* əˈkɑːm-/ *Nomen* **1** Leistung **2** Fertigkeit **3** (*gehoben*) Bewältigung

ac·cord¹ /əˈkɔːd; *AmE* əˈkɔːrd/ *Nomen* Abkommen IDM **in accord (with sth/sb)** (*gehoben*) (mit etw/jdm) im Einklang **of your own ac'cord** aus freien Stücken; freiwillig; von selbst **with ˌone ac'cord** (*BrE, gehoben*) gemeinsam; gleichzeitig

ac·cord² /əˈkɔːd; *AmE* əˈkɔːrd/ *Verb* **1** (*gehoben*) ~ sth to sb/sth; ~ sb/sth sth jdm/einer Sache etw beimessen **2** ~ (with sth) (mit etw) übereinstimmen

ac·cord·ance /əˈkɔːdns; *AmE* əˈkɔːrdns/ *Nomen* IDM **in accordance with** (*gehoben*) gemäß; entsprechend ◇ *The decision was in accordance with the guidelines.* Die Entscheidung entsprach den Richtlinien.

ac·cord·ing·ly /əˈkɔːdɪŋli; *AmE* əˈkɔːrd-/ *Adv* **1** (dem)entsprechend **2** folglich

ac·cord·ing to /əˈkɔːdɪŋ tə; *AmE* əˈkɔːrdɪŋ tə/ *Präp* **1** zufolge, laut **2** nach, entsprechend ◇ *Everything went according to plan.* Alles ging nach Plan.

ac·cor·dion /əˈkɔːdiən; *AmE* əˈkɔːrd-/ (*BrE auch* **piˌano acˈcordion**) *Nomen* Akkordeon

ac·cost /əˈkɒst; *AmE* əˈkɔːst, əˈkɑːst/ *Verb* (*gehoben*) ansprechen

ac·count¹ /əˈkaʊnt/ *Nomen* **1** (*Abk* **a/c**) Konto ◇ *a savings account* ein Sparkonto **2** [meist Pl] (Geschäfts)bücher ◇ *do the accounts* die Buchführung machen ◇ *the accounts department* die Buchhaltung **3** Kreditkonto ◇ *We have accounts with most of our suppliers.* Bei den meisten unserer Lieferanten haben wir Kredit. **4** (WIRTSCH) (Stamm)kunde **5** Bericht, Beschreibung ◇ *Marco Polo's account of his travels in China* Marco Polos Aufzeichnungen seiner Reise durch China IDM **by/from all accounts** nach allem, was man hört **by your own account** nach eigenen Angaben; nach eigener Darstellung **give a good/poor ac'count of yourself** (*BrE*) sich gut/nicht gut schlagen **of no/little ac'count** (*gehoben*) ohne Bedeutung **on account** auf Rechnung **on my, his, her etc. account** meinet-/seinet-/ihretwegen etc. **on account of sth** wegen einer Sache ◇ *on account of ill health* aus Gesundheitsgründen **on no account; not on any account** auf (gar) keinen Fall **on your own acˈcount** **1** für sich (selbst); allein ◇ *He set up in business on his own account.* Er gründete sein eigenes Geschäft. **2** aus eigenem Antrieb **on this/that account** deshalb; deswegen **take account of sth; take sth into account** etw in Betracht ziehen; etw berücksichtigen **put/turn sth to good acˈcount** etw gut nutzen

ac·count² /əˈkaʊnt/ *Verb* (*meist passiv*) ansehen als, halten für IDM **there's no accounting for 'taste** über Geschmack lässt sich nicht streiten PHR V **acˈcount for sth 1** der Grund für etw sein, etw erklären **2** sich etw erklären **3** etw ausmachen **acˈcount for sb/sth 1** (*umgs*) wissen, wo jd/etw ist, den Verbleib von jdm/etw klären ◇ *Three files cannot be accounted for.* Drei Akten sind verschwunden. **2** jdn/etw vernichten **acˈcount for sth (to sb)** (jdm) über etw Rechenschaft ablegen

ac·count·abil·ity /əˌkaʊntəˈbɪləti/ *Nomen* Verantwortlichkeit

ac·count·able /əˈkaʊntəbl/ *Adj* **1** ~ (to sb) (jdm) verantwortlich **2 hold sb ~ (for sth)** jdn (für etw) zur Rechenschaft ziehen

ac·count·ancy /əˈkaʊntənsi/ *Nomen* [U] **1** Buchhaltung **2** Steuerberatung

ac·count·ant /əˈkaʊntənt/ *Nomen* **1** Buchhalter(in) **2** Steuerberater(in)

ac·credit /əˈkredɪt/ *Verb* (*gehoben*) **1** ~ sth to sb; ~ sb with sth (*meist passiv*) jdm etw zuschreiben **2** ~ sb to … (*meist passiv*) (Botschafter etc.) jdn bei … akkreditieren

ac·credit·ation /əˌkredɪˈteɪʃn/ *Nomen* [U] Anerkennung, Zulassung ◇ *a letter of accreditation* ein Beglaubigungsschreiben

ac·credit·ed /əˈkredɪtɪd/ *Adj* **1** bevollmächtigt, akkreditiert **2** zugelassen, anerkannt

ac·cre·tion /əˈkriːʃn/ *Nomen* (*Fachspr oder gehoben*) Ablagerung

ac·crue /əˈkruː/ *Verb* (*gehoben*) **1** ~ (to sb) (from sth) (jdm) (aus etw) erwachsen **2** (*Zinsen etc*) auflaufen (lassen)

ac·cu·mu·late /əˈkjuːmjəleɪt/ *Verb* **1** (an)sammeln ◇ *My savings are accumulating interest.* Meine Ersparnisse bringen Zinsen ein. **2** sich ansammeln, anwachsen

ac·cu·mu·la·tion /əˌkjuːmjəˈleɪʃn/ *Nomen* Anhäufung, Ansammlung

ac·cur·acy /ˈækjərəsi/ *Nomen* Genauigkeit OPP INACCURACY IDM ⇨ PINPOINT²

ac·cur·ate /ˈækjərət/ *Adj* (*Adv* **ac·cur·ate·ly**) **1** genau ◇ *My watch is not very accurate.* Meine Uhr geht nicht sehr genau. **2** treffsicher; (*Schuss etc.*) platziert OPP INACCURATE

ac·cursed /əˈkɜːsɪd; *AmE* -ˈkɜːrs-/ *Adj* (*veraltet*) verflucht, unselig

ac·cus·ation /ˌækjuːˈzeɪʃn/ *Nomen* Anschuldigung, Vorwurf

ac·cusa·tive /əˈkjuːzətɪv/ **1** *Nomen* Akkusativ **2** *Adj* Akkusativ- ◇ *the accusative form* der Akkusativ

ac·cusa·tory /əˈkjuːzətəri, əˌkjuːˈzeɪtəri; *AmE* -tɔːri/ *Adj* (*gehoben*) anklagend

ac·cuse /əˈkjuːz/ *Verb* ~ sb (of sth) jdn (wegen einer Sache) anklagen, jdm (etw) vorwerfen ◇ *They stand accused of murder.* Sie sind des Mordes angeklagt. ◇ *She accused him of lying.* Sie bezichtigte ihn der Lüge.

the acˈcused /əˈkjuːzd/ *Nomen* (*Pl* **the ac·cused**) der/die Angeklagte, die Angeklagten ☛ *Hinweis bei* ANGEKLAGTE

ac·cuser /əˈkjuːzə(r)/ *Nomen* Ankläger(in)

ac·cus·ing /əˈkjuːzɪŋ/ *Adj* (*Adv* **ac·cus·ing·ly**) anklagend, vorwurfsvoll

ac·cus·tom /əˈkʌstəm/ *Verb* PHR V **acˈcustom yourself/sb to sth** sich/jdn an etw gewöhnen

ac·cus·tomed /əˈkʌstəmd/ *Adj* **1** ~ to sth an etw gewöhnt; ~ **to doing sth** gewöhnt etw zu tun ◇ *grow accustomed to sth* sich an etw gewöhnen **2** (*gehoben*) gewohnt OPP UNACCUSTOMED

ace¹ /eɪs/ *Nomen* Ass IDM **an ace up your sleeve**; (*AmE* **an ace in the hole**) ein Trumpf in der Hand **come/be within an ace of doing sth** etw um ein Haar tun **hold all the aces** alle Trümpfe in der Hand haben **play your 'ace** seinen Trumpf ausspielen **within an ace of sth** um Haaresbreite an etw vorbei

ace² /eɪs/ *Adj* (*umgs*) spitze

acerb·ic /əˈsɜːbɪk; *AmE* əˈsɜːrb-/ *Adj* (*gehoben*) scharf, bissig

acet·ate /ˈæsɪteɪt/ *Nomen* **1** Azetat **2** Azetatseide **3** (*beim Overheadprojektor*) Folie

acet·ic acid /əˌsiːtɪk ˈæsɪd/ *Nomen* Essigsäure

acet·one /ˈæsɪtəʊn; *AmE* -toʊn/ *Nomen* Azeton

acetyl·ene /əˈsetəliːn/ *Nomen* Azetylen

ache¹ /eɪk/ *Verb* **1** wehtun ◇ *I'm aching all over.* Mir tut alles weh. **2** ~ for sb/sth sich nach jdm/etw sehnen; ~ **to do sth** sich danach sehnen etw zu tun

ache² /eɪk/ *Nomen* (*oft in Zusammensetzungen*) Schmerz ◇ *a tummy ache* Bauchschmerzen ◇ *He complained about his aches and pains.* Er klagte über seine Wehwehchen.

achiev·able /əˈtʃiːvəbl/ *Adj* erreichbar, realisierbar

achieve /əˈtʃiːv/ *Verb* **1** erzielen ◇ *The threats achieved their aim.* Die Drohungen erfüllten ihren Zweck. ◇ *achieve peace of mind* innere Ruhe finden ◇ *achieve notoriety* zu trauriger Berühmtheit gelangen **2** erreichen, schaffen ◇ *I haven't achieved very much today.* Ich habe heute nicht viel geschafft. **3** etwas leisten, es zu etwas bringen

achieve·ment /əˈtʃiːvmənt/ *Nomen* Leistung, Errungenschaft ◇ *a sense of achievement* ein Erfolgsgefühl

Achil·les heel /əˌkɪliːz ˈhiːl/ *Nomen* [Sing] Achillesferse

Aˌchil·les ˈten·don *Nomen* Achillessehne

achy /ˈeɪki/ *Adj* (*umgs*) schmerzend ◇ *I felt achy all over.* Mir tat alles weh.

acid¹ /ˈæsɪd/ *Nomen* **1** Säure **2** (*Slang*) (*LSD*) Acid

acid² /ˈæsɪd/ *Adj* **1** sauer **2** (*Adv* **acid·ly**) (*fig*) bissig, ätzend

'acid house *Nomen* Acid-Haus

acidic

acid·ic /əˈsɪdɪk/ *Adj* sauer

acid·i·fi·ca·tion /əˌsɪdɪfɪˈkeɪʃn/ *Nomen* Versauerung

acid·i·fy /əˈsɪdɪfaɪ/ *Verb* (**-ifies**, **-ify·ing**, **-ified**, **-ified**) (*Fachspr*) versauern

acid·i·ty /əˈsɪdəti/ *Nomen* Säure(gehalt)

acid·ly *Adv* ⇨ ACID²

,**acid ˈrain** *Nomen* saurer Regen

,**acid ˈtest** *Nomen* [Sing] Feuerprobe, Prüfstein

ac·know·ledge /əkˈnɒlɪdʒ; *AmE* əkˈnɑːl-/ *Verb* **1** anerkennen, zugeben ◊ *It is generally acknowledged to be true.* Man hält das allgemein für wahr. ◊ *He is generally acknowledged as the best player in the world.* Er gilt allgemein als der weltbeste Spieler. ☛ *Hinweis bei* ADMIT **2** (den Empfang einer Sache) bestätigen **3** grüßen **4** dankbar sein für, (dankbar) anerkennen **5** (*Quelle*) angeben

ac·know·ledge·ment (*auch* **ac·know·ledg·ment**) /əkˈnɒlɪdʒmənt; *AmE* əkˈnɑːl-/ *Nomen* **1** Anerkennung, Eingeständnis ◊ *She gave me a smile of acknowledgement.* Sie grüßte mich mit einem Lächeln. **2** Dank, Anerkennung **3** (Empfangs)bestätigung **4** [meist Pl] Danksagung

acme /ˈækmi/ *Nomen* (*gehoben*) Gipfel, Inbegriff

acne /ˈækni/ *Nomen* Akne

aco·lyte /ˈækəlaɪt/ *Nomen* **1** (*gehoben*) Gefolgsmann, Anhänger(in) **2** (*Fachspr*) Ministrant(in), Messdiener(in)

acon·ite /ˈækənaɪt/ *Nomen* (Вот) Eisenhut

acorn /ˈeɪkɔːn; *AmE* -kɔːrn/ *Nomen* Eichel

acous·tic /əˈkuːstɪk/ *Adj* (*AmE auch* **acous·tic·al** /əˈkuːstɪkl/) (*Adv* **acous·tic·al·ly** /-kli/) akustisch

acous·tics /əˈkuːstɪks/ *Nomen* **1** [Pl] (*auch* **acous·tic** [Sing] (*eines Saales etc.*) Akustik **2** [U] (*Wissenschaft*) Akustik

ac·quaint /əˈkweɪnt/ *Verb* ~ **sb/yourself with sth** (*gehoben*) jdn/sich mit etw vertraut machen, jdn/sich mit etw bekannt machen

ac·quaint·ance /əˈkweɪntəns/ *Nomen* **1** Bekannte(r) ◊ *He's just a business acquaintance.* Wir kennen uns nur geschäftlich. **2** ~ (**with sb**) (*gehoben*) Bekanntschaft (mit jdm) **3** ~ **with sth** (*gehoben*) Vertrautheit mit etw, Kenntnis einer Sache IDM **make sb's acquaintance**; **make the acquaintance of sb** (*gehoben*) jds Bekanntschaft machen **of your ac'quaintance** (*gehoben*) ◊ *No one else of my acquaintance was as rich.* Kein anderer meiner Bekannten war so reich. **on first ac'quaintance** (*gehoben*) beim ersten Zusammentreffen ☛ *Siehe auch* NOD¹

ac·quaint·ance·ship /əˈkweɪntənʃɪp/ *Nomen* [meist Sing] (*gehoben*) Bekanntschaft

ac·quaint·ed /əˈkweɪntɪd/ *Adj* nicht vor Nomen **1** **be ~ with sth** (*gehoben*) mit etw vertraut sein **2** **be ~ with sb** jdn kennen, mit jdm bekannt sein; **be ~ sich kennen** ◊ *get/become acquainted* sich kennen lernen

ac·qui·esce /ˌækwiˈes/ *Verb* ~ (**in sth**) (*gehoben*) (in etw) einwilligen, sich (in etw) fügen

ac·qui·es·cence /ˌækwiˈesns/ *Nomen* (*gehoben*) Einwilligung, Zustimmung

ac·qui·es·cent /ˌækwiˈesnt/ *Adj* fügsam, zustimmend

ac·quire /əˈkwaɪə(r)/ *Verb* (*gehoben*) erwerben ◊ *He has acquired a reputation for dishonesty.* Er ist in den Ruf der Unehrlichkeit gekommen. ◊ *I have recently acquired a taste for olives.* In letzter Zeit habe ich Geschmack an Oliven gefunden. ◊ *I've suddenly acquired a stepbrother.* Ich habe plötzlich einen Stiefbruder bekommen. IDM **an ac'quired ˈtaste** etwas für Kenner ◊ *Abstract art is an acquired taste.* An abstrakte Kunst muss man sich erst gewöhnen.

ac·qui·si·tion /ˌækwɪˈzɪʃn/ *Nomen* Erwerb, Kauf, Anschaffung ◊ *mergers and acquisitions* Fusionen und Firmenkäufe

ac·quisi·tive /əˈkwɪzətɪv/ *Adj* (*gehoben*, *abwert*) besitzgierig, raffgierig

ac·quisi·tive·ness /əˈkwɪzətɪvnəs/ *Nomen* Erwerbssstreben, Raffgier

ac·quit /əˈkwɪt/ *Verb* (**-tt-**) **1** ~ **sb** (**of sth**) (RECHT) jdn (von etw) freisprechen OPP CONVICT¹ **2** ~ **yourself well, badly, etc** (*gehoben*) seine Sache gut, schlecht etc. machen ◊ *He acquitted himself splendidly in the exams.* Er hat bei den Prüfungen hervorragend abgeschnitten.

ac·quit·tal /əˈkwɪtl/ *Nomen* (RECHT) Freispruch

acre /ˈeɪkə(r)/ *Nomen* ≈ Flächenmaß, entspricht 0,405 Hektar ◊ *Each house has acres of space around it.* Jedes Haus steht auf einem großen Grundstück. ☛ *Siehe auch* S. 760

acre·age /ˈeɪkərɪdʒ/ *Nomen* Land, (Anbau)fläche

acrid /ˈækrɪd/ *Adj* (*Geschmack*) bitter; (*Geruch*) beißend, stechend

acri·mo·ni·ous /ˌækrɪˈməʊniəs; *AmE* -ˈmoʊ-/ *Adj* (*Adv* **acri·mo·ni·ous·ly**) (*gehoben*) (*Streit etc.*) erbittert; (*Artikel, Diskussion*) polemisch; (*Worte, Brief*) scharf

acri·mony /ˈækrɪməni; *AmE* -moʊni/ *Nomen* (*gehoben*) Aggressivität, Bitterkeit

acro·bat /ˈækrəbæt/ *Nomen* Akrobat(in)

acro·bat·ic /ˌækrəˈbætɪk/ *Adj* akrobatisch

acro·bat·ics /ˌækrəˈbætɪks/ *Nomen* [Pl] Akrobatik (*auch fig*) ◊ *vocal acrobatics* Stimmakrobatik

acro·nym /ˈækrənɪm/ *Nomen* Akronym

across¹ /əˈkrɒs; *AmE* əˈkrɔːs/ *Adv* ☛ Für Verben mit **across** siehe die Einträge für die Verben. **Come across** z.B. steht unter **come**.

1 hinüber, herüber ◊ *Can we swim across?* Können wir hinüberschwimmen? **2** drüben ◊ *When everyone was safely across, they stopped for a rest.* Als alle sicher drüben waren, machten sie Rast. **3** (quer) durch, im Durchmesser, breit **4** **across from** gegenüber von ◊ *There's a school just across from our house.* Gegenüber von unserem Haus ist eine Schule. **5** hinüber ◊ *He reached across and picked up the bottle.* Er streckte den Arm aus und hob die Flasche auf. **6** (*in Kreuzworträtseln*) waagerecht

across² /əˈkrɒs; *AmE* əˈkrɔːs/ *Präp* **1** über ◊ *walk across the street* über die Straße gehen **2** auf der anderen Seite von ◊ *across the street* auf der anderen Straßenseite **3** (quer) über, (quer) durch ◊ *a bridge across the river* eine Brücke über den Fluss ◊ *He sat with his arms across his chest.* Er hatte die Arme auf der Brust verschränkt. **4** in ◊ *He hit him across the face.* Er schlug ihn ins Gesicht. ◊ *It's too tight across the back.* Im Rücken ist es zu eng.

ac·ros·tic /əˈkrɒstɪk; *AmE* -ˈkrɔːs-/ *Nomen* Akrostichon

acryl·ic /əˈkrɪlɪk/ **1** *Nomen* [U] Acryl **2** *Nomen* [meist Pl] Acrylfarbe **3** *Adj* Acryl- ◊ *acrylic paints* Acrylfarben ◊ *an acrylic sweater* ein Pullover aus Acrylfasern

ACT /ˌeɪ siː ˈtiː/ *Kurzform von* **American College Test** = an manchen amerikanischen Universitäten erforderliche Aufnahmeprüfung

act¹ /ækt/ *Nomen* **1** Tat, Akt ◊ *an act of war* eine kriegerische Handlung ◊ *a serious criminal act* ein schweres Verbrechen **2** Gesetz ◊ *an Act of Congress* ein vom Kongress verabschiedetes Gesetz **3** [Sing] (*Vortäuschung*) Theater, Schau ◊ *Don't take her seriously – it's all an act.* Nimm sie nicht ernst – sie tut nur so. ◊ *She's just putting on an act.* Sie spielt bloß Theater. **4** (THEAT) Akt **5** (*in einer Show etc.*) Nummer **6** (*Sänger, Komiker etc.*) Künstler IDM ,**act of ˈGod** (RECHT) höhere Gewalt **be in the ˈact** (**of doing sth**) gerade dabei sein (etw zu tun) **be/get in on the act** (*umgs*) mitmischen; mit von der Partie sein **catch sb in the act** (**of doing sth**) jdn auf frischer Tat (bei etw) ertappen **do, perform, stage a disapˈpearing/ˈvanishing act** (*umgs*) sich verdrücken **get your ˈact together** (*umgs*) sich zusammenreißen ◊ *She's finally got her act together.* Endlich hat sie die Sache im Griff. **a hard/tough act to follow** ◊ *She'll be a hard act to follow.* Sie war so gut, dass ihr Nachfolger es schwer haben wird. ☛ *Siehe auch* CLEAN² *und* READ¹

act² /ækt/ *Verb* **1** handeln ◊ *We must act at once.* Wir müssen sofort etwas unternehmen. **2** sich benehmen, sich verhalten ◊ *John's been acting very strangely lately.* John ist in letzter Zeit sehr sonderbar. ◊ *Don't act like a fool!* Sei kein Dummkopf! ☛ In der gesprochenen Sprache (besonders im amerikanischen Englisch) wird oft **like** statt **as if** gebraucht: *She was acting like she'd seen a ghost.* In der britischen Schriftsprache wird das jedoch als nicht korrekt angesehen. **3** spielen, so tun (als ob) ◊ *I decided to act dumb.* Ich beschloss, mich dumm zu stellen. **4** (Theater) spielen ◊ *Have you ever acted?* Hast du schon mal Theater gespielt? ◊ *The play was well acted.* Das Stück war gut gespielt. ◊ *Most of the cast act well.* Die meisten sind gute Schauspieler. **5** ~ **as/like sth** als etw wirken, wie etw funktionieren; (*Mensch*) als etw fungieren ◊ *act as a deterrent* abschreckend wirken **6** ~ (**on sth**) (auf etw) wirken ◊ *Alco-*

hol acts quickly on the brain. Alkohol hat eine schnell spürbare Wirkung auf das Gehirn. [IDM] ⇨ AGE[1] *und* FOOL[1] [PHRV] '**act for/on behalf of sb** jdn vertreten, in jds Auftrag handeln '**act on/upon sth** auf etw hin handeln; (*Rat, Befehl etc.*) befolgen ◊ *Acting on information received, the police raided the club.* Auf einen Tipp hin führte die Polizei eine Razzia in dem Klub durch. ,**act sth 'out** etw (vor-/durch)spielen ◊ *The ritual of the party conference is acted out in the same way every year.* Das Ritual des Parteitages wird jedes Jahr gleich inszeniert. ◊ *The children started to act out the whole incident.* Die Kinder begannen, den ganzen Vorfall vorzuspielen. ,**act 'up** verrückt spielen ◊ *The car's acting up again.* Das Auto spielt wieder mal verrückt.

act·ing[1] /'æktɪŋ/ *Nomen* Schauspielerei ◊ *I've done some acting at school.* Ich habe in der Schule ein bisschen Theater gespielt. ◊ *her acting career* ihre Schauspielkarriere

act·ing[2] /'æktɪŋ/ *Adj* nur vor Nomen stellvertretend

ac·tion[1] /'ækʃn/ *Nomen* **1** Handeln ◊ *We must take action immediately.* Wir müssen sofort Schritte unternehmen. ◊ *What is the best course of action in the circumstances?* Wie soll man unter diesen Umständen am Besten vorgehen? ☛ *Siehe auch* DIRECT ACTION *und* INDUSTRIAL ACTION **2** Tat, Handlung **3** (RECHT) Klage ◊ *A libel action is being brought against the magazine.* Die Zeitschrift wird wegen Verleumdung verklagt. ◊ *He is considering taking legal action against the hospital.* Er denkt daran das Krankenhaus zu verklagen. **4** [U] (MIL) Aktion, Einsatz, Kampf ◊ *military action* Militäraktionen ◊ *He was killed in action.* Er ist im Krieg gefallen. **5** (*einer Geschichte etc.*) Handlung ◊ *The action takes place in France.* Die Handlung spielt in Frankreich. **6** Action ◊ *If you want to know where all the action is around here, just ask Jo.* Wenn du wissen willst, wo hier was los ist, frag Jo. **7** **~ of sth** (**on sth**) Auswirkung einer Sache (auf etw) **8** (*Fachspr*) (*eines Organs etc.*) Funktion **9** [Sing] (*einer Maschine, Vorrichtung etc.*) Mechanismus, Mechanik, Arbeitsweise [IDM] **actions speak louder than 'words** Taten wiegen schwerer als Worte **in 'action** in Aktion **out of 'action** außer Betrieb; (*Mensch*) außer Gefecht **a piece/slice of the 'action** (*umgs*) ein Stück/eine Scheibe von dem Kuchen ◊ *If you want a slice of the action, book early.* Wenn ihr mit dabei sein wollt, müsst ihr euch rechtzeitig anmelden. **put sth into 'action** etw in die Tat umsetzen ☛ *Siehe auch* EVASIVE, SPRING[2] *und* SWING[1]

ac·tion[2] /'ækʃn/ *Verb* erledigen, in die Wege leiten; (*Zahlung*) veranlassen

ac·tion·able /'ækʃənəbl/ *Adj* klagbar

'**action group** *Nomen* Aktionsgruppe

'**action-packed** *Adj* aktionsgeladen ◊ *It was an action-packed weekend.* Es war ein Wochenende, an dem viel los war.

,**action 'replay** *Nomen* (*BrE*) Wiederholung (in Zeitlupe)

'**action stations** *Nomen* [Pl] (MIL) Stellung

ac·ti·vate /'æktɪveɪt/ *Verb* aktivieren; (*Vorrichtung, Mechanismus etc.*) auslösen; (*Maschine*) in Gang setzen

ac·ti·va·tion /,æktɪ'veɪʃn/ *Nomen* Aktivierung, Auslösung

ac·tive[1] /'æktɪv/ *Adj* **1** aktiv **2** tatkräftig, energisch ◊ *active support* tatkräftige Unterstützung **3** lebhaft ◊ *an active imagination* eine lebhafte Fantasie **4** (LING) aktiv(isch) **5** (*Vulkan*) tätig

ac·tive[2] /'æktɪv/ (*auch* '**active voice**) *Nomen* (LING) Aktiv

ac·tiv·ism /'æktɪvɪzəm/ *Nomen* Aktivismus

ac·tiv·ist /'æktɪvɪst/ *Nomen* Aktivist(in)

ac·tiv·ity /æk'tɪvəti/ *Nomen* (*Pl* **-ies**) **1** Aktivität, Treiben **2** [meist Pl] Aktivität, Beschäftigung

actor /'æktə(r)/ *Nomen* Schauspieler(in) ☛ *Hinweis bei* ACTRESS

ac·tress /'æktrəs/ *Nomen* Schauspielerin ☛ **Actress** wird noch häufig benutzt, aber manche Schauspielerinnen ziehen die neutrale Bezeichnung **actor** vor.

ac·tual /'æktʃuəl/ *Adj* tatsächlich, eigentlich, genau ◊ *The preparations take weeks though the actual ceremony lasts less than an hour.* Die Vorbereitungen nehmen Wochen in Anspruch, obwohl die eigentliche Feier nicht einmal eine Stunde dauert. ◊ *What were his actual words?* Was hat er genau gesagt? ◊ *He looks younger than his wife, but in actual fact he's older.* Er sieht jünger aus als seine Frau, aber in Wirklichkeit ist er älter. ☛ *Hinweis bei* AKTUELL

ac·tu·al·ity /,æktʃu'æləti/ *Nomen* (*Pl* **-ies**) (*gehoben*) **1** Wirklichkeit **2** [meist Pl] Realität

ac·tu·al·ly /'æktʃuəli/ *Adv* eigentlich, wirklich

> **Actually** kann nicht immer im Deutschen wiedergegeben werden. Es wird in der gesprochenen Sprache in verschiedenen Situationen verwendet:
> — um eine bestimmte Sache hervorzuheben oder zu betonen, dass etwas wahr ist: *Well, what did she actually say?* Was hat sie denn genau gesagt? ◊ *It's not actually raining now.* Im Moment regnet es nicht. ◊ *I didn't want to say anything without actually reading the letter first.* Ich wollte nichts sagen, bevor ich nicht den Brief selbst gelesen hatte. ◊ *He actually expected me to pay for his ticket!* Er wollte doch tatsächlich, dass ich seine Karte bezahle!
> — um zu zeigen, dass ein Widerspruch besteht zwischen dem, was behauptet wird und dem, was der Wahrheit entspricht, bzw. um seine Verwunderung über diesen Widerspruch auszudrücken: *It was actually quite fun after all.* Eigentlich hat es doch Spaß gemacht.
> — um jdn höflich auf einen Irrtum hinzuweisen: *They're not American, actually, they're Canadian.* Es sind gar keine Amerikaner, es sind Kanadier.
> — um jdn auf etwas aufmerksam zu machen, ein neues Thema zu beginnen oder eine eventuell unangenehme Nachricht schonend anzukündigen: *Actually, I'll be a bit late home today.* Ähm — ich komme heute etwas später nach Hause. ◊ *Actually, I'm busy at the moment — can I phone you back?* Eigentlich habe ich im Moment wirklich viel zu tun — kann ich Sie zurückrufen?

ac·tu·ary /'æktʃuəri; *AmE* -eri/ *Nomen* (*Pl* **-ies**) Versicherungsmathematiker(in)

acu·men /'ækjəmən, ə'kju:mən/ *Nomen* Scharfsinn ◊ *business acumen* Geschäftssinn

acu·punc·ture /'ækjupʌŋktʃə(r)/ *Nomen* Akupunktur

acute /ə'kju:t/ *Adj* **1** akut ◊ *The scandal was an acute embarrassment for him.* Der Skandal war ihm äußerst peinlich. **2** (*Sinn*) ausgeprägt ◊ *an acute sense of smell* ein feiner Geruchssinn **3** scharfsinnig ◊ *He is an acute observer of the social scene.* Er ist ein scharfsinniger Beobachter des gesellschaftlichen Lebens. **4** (*Winkel*) spitz

acute·ly /ə'kju:tli/ *Adv* äußerst ◊ *be acutely aware/conscious of sth* sich einer Sache genau bewusst sein

AD (*AmE* **A.D.**) /,eɪ 'di:/ *Abk* (*Latein*: Anno Domini) n. Chr.

ad /æd/ *Nomen* (*umgs*) = ADVERTISEMENT

adage /'ædɪdʒ/ *Nomen* Sprichwort

Adam /'ædəm/ *Nomen* [IDM] ⇨ KNOW[1]

ad·am·ant /'ædəmənt/ *Adj* (*Adv* **ad·am·ant·ly**) hartnäckig ◊ *Eva was adamant that she would not come.* Eva bestand darauf, nicht zu kommen.

,**Adam's 'apple** *Nomen* Adamsapfel

adapt /ə'dæpt/ *Verb* **1** **~ sth** (**to sth**) etw (einer Sache) anpassen ◊ *adapted to the individual needs* den individuellen Bedürfnissen angepasst **2** umrüsten, umbauen **3** **~ sth** (**for sth**) etw (für etw) bearbeiten ◊ *The film is adapted from a novel by Virginia Woolf.* Der Film basiert auf einem Roman von Virginia Woolf. **4** **~ yourself** (**to sth**) sich (an etw) gewöhnen, sich (an etw) anpassen

adapt·abil·ity /ə,dæptə'bɪləti/ *Nomen* Anpassungsfähigkeit, Flexibilität

adapt·able /ə'dæptəbl/ *Adj* anpassungsfähig, flexibel

adap·ta·tion /,ædæp'teɪʃn/ (*seltener* **adap·tion** /ə'dæpʃn/) *Nomen* **1** Bearbeitung, Adaption **2** Anpassung, Umstellung; (*von Gebäuden*) Umbau; (*von Maschinen*) Umrüstung

adap·tor (*auch* **adap·ter**) /ə'dæptə(r)/ *Nomen* **1** Adapter **2** Mehrfachstecker

ADD /,eɪ di: 'di:/ *Abk* = ATTENTION DEFICIT DISORDER

add /æd/ *Verb* **1** **~ A to B; ~ A and B** (**together**) A und B addieren, A und B zusammenrechnen **2** **~ sth** (**to sth**) etw (zu etw) dazugeben, etw (zu etw) hinzufügen ◊ *Add the flour.* Das Mehl dazugeben. ◊ *This was an added disappointment.* Dies war eine weitere Enttäuschung. [IDM] **add ,fuel to the 'flames** Öl ins Feuer gießen **add ,insult to 'injury** das Ganze noch schlimmer machen [PHRV] ,**add sth 'in** etw mitzählen; (*Zutaten*) etw dazugeben ,**add sth**

'on (to sth) etw (zu etw) dazurechnen '**add to sth** zu etw beitragen, etw vergrößern ,**add 'up 1** rechnen ◊ *The waiter can't add up.* Der Kellner kann nicht rechnen. **2** einen Sinn ergeben ◊ *His story just doesn't add up.* Seine Geschichte ergibt einfach keinen Sinn. ,**add sth 'up** etw zusammenrechnen ,**add 'up (to sth)** sich (auf etw) summieren ,**add 'up to sth 1** etw ergeben ◊ *The numbers add up to exactly 100.* Die Zahlen ergeben genau 100. **2** (*umgs*) etw ergeben ◊ *These clues don't really add up to very much.* Diese Hinweise bringen eigentlich nicht viel. ◊ *It all adds up to the fact that …* Es läuft darauf hinaus, dass …

ad·der /'ædə(r)/ *Nomen* Kreuzotter

ad·dict /'ædɪkt/ *Nomen* Abhängige(r), Süchtige(r)

ad·dict·ed /ə'dɪktɪd/ *Adj nicht vor Nomen* **be ~ (to sth) 1** süchtig (nach etw) sein, abhängig (von etw) sein **2** einer Sache verfallen sein

ad·dic·tion /ə'dɪkʃn/ *Nomen* Sucht

ad·dict·ive /ə'dɪktɪv/ *Adj* **be ~** süchtig machen ◊ *I found jogging very addictive.* Ich fand, dass Jogging schnell zur Sucht wurde. ◊ *Some people have an addictive personality.* Manche Menschen werden leicht süchtig.

ad·di·tion /ə'dɪʃn/ *Nomen* **1** Addieren **2** Zusatz, Ergänzung ◊ *the latest addition to our range of cars* der neuste Wagen in unserem Angebot ◊ *an addition to the family* Familienzuwachs **3** [U] Zusatz, Hinzufügen **IDM** **in addition (to sb/sth)** zusätzlich (zu jdm/etw) ☞ *Hinweis bei* MOREOVER

> ✎ WRITING TIP
> **Adding another item**
> • *In addition to German and French, he also speaks Spanish.* Neben Deutsch und Französisch spricht er auch Spanisch.
> • *She speaks Italian as well as Polish.* Sie spricht Italienisch und Polnisch.
> • *Besides French, I also know a little Danish.* Außer Französisch kann ich auch etwas Dänisch.

ad·di·tion·al /ə'dɪʃənl/ *Adj* zusätzlich

ad·di·tion·al·ly /ə'dɪʃənəli/ *Adv* (*gehoben*) außerdem

ad·di·tive /'ædətɪv/ *Nomen* Zusatz(stoff)

ad·dress¹ /ə'dres; *AmE* 'ædres/ *Nomen* **1** Adresse ◊ *Please note my change of address.* Bitte beachten Sie meine neue Adresse. ◊ *Police found him at an address in London.* Die Polizei fand ihn in einer Londoner Wohnung. **2** Ansprache **3** **form/mode of address** (*Titel*) Anrede

ad·dress² /ə'dres/ *Verb* **1 ~ sth (to sb/sth)** etw (an jdn/etw) adressieren ◊ *a stamped addressed envelope* ein frankierter Rückumschlag **2** sprechen zu ◊ *She was invited to address the rally.* Sie wurde eingeladen, auf der Kundgebung zu sprechen. **3 ~ sth to sb/sth** (*gehoben*) etw an jdn/etw richten **4 ~ sb** jdn ansprechen ◊ *I was surprised when he addressed me in English.* Ich war überrascht, als er mich auf Englisch ansprach. **5 ~ sb as sth** jdn mit etw anreden ◊ *You have to address the judge as 'Your Honour'.* Du musst den Richter mit „Euer Ehren" anreden. **6 ~ (yourself to) sth** (*gehoben*) sich mit etw befassen, sich einer Sache widmen ◊ *Her statement did not address the real problems.* Ihre Erklärung befasste sich nicht mit den wirklichen Problemen.

ad·dress·ee /ˌædre'siː/ *Nomen* Adressat(in)

ad·en·oids /'ædənɔɪdz/ *Nomen* [Pl] (ANAT) (*im Rachen*) Polypen

adept /ə'dept/ *Adj* (*Adv* **adept·ly**) (*gehoben*) geschickt, gut

ad·equacy /'ædɪkwəsi/ *Nomen* Adäquatheit ◊ *The adequacy of the security arrangements has been questioned.* Es wurde infrage gestellt, ob die Sicherheitsvorkehrungen gut genug waren.

ad·equate /'ædɪkwət/ *Adj* (*Adv* **ad·equate·ly**) ausreichend, angemessen ◊ *The room was small but adequate.* Das Zimmer war klein, aber gut genug. ◊ *There is a lack of adequate provision for disabled students.* Für behinderte Studenten stehen keine adäquaten Einrichtungen zur Verfügung. ◊ *training that is adequate to meet the future needs of industry* eine Ausbildung, die den zukünftigen Bedürfnissen der Industrie gerecht wird **OPP** INADEQUATE

ADHD /ˌeɪ diː eɪtʃ 'diː/ *Abk* = ATTENTION DEFICIT HYPERACTIVITY DISORDER

ad·here /əd'hɪə(r); *AmE* əd'hɪr/ *Verb* (*gehoben*) **~ (to sth)** (an etw) haften, (an etw) kleben **PHR V** **ad'here to sth** an etw festhalten, sich an etw halten

ad·her·ence /əd'hɪərəns; *AmE* əd'hɪr-/ *Nomen* Festhalten, Befolgung

ad·her·ent /əd'hɪərənt; *AmE* əd'hɪr-/ *Nomen* (*gehoben*) Anhänger(in)

ad·he·sive /əd'hiːsɪv, -'hiːz-/ **1** *Nomen* Klebstoff **2** *Adj* haftend, klebend ◊ *adhesive tape* Klebstreifen

ad hoc¹ /ˌæd 'hɒk; *AmE* 'hɑːk/ *Adj* Ad-hoc- ◊ *The meetings will be held on an ad hoc basis.* Die Besprechungen werden ad hoc abgehalten.

ad hoc² /ˌæd 'hɒk; *AmE* 'hɑːk/ *Adv* ad hoc

ad in·fin·itum /ˌæd ˌɪnfɪ'naɪtəm/ *Adv* ad infinitum, für immer

ad·ja·cent /ə'dʒeɪsnt/ *Adj* angrenzend, daneben/nebeneinander liegend; **~ to** neben; **be ~ to sth** an etw angrenzen

ad·jec·tival /ˌædʒek'taɪvl/ *Adj* (*Adv* **ad·jec·tival·ly** /-'taɪvəli/) adjektivisch

ad·jec·tive /'ædʒɪktɪv/ *Nomen* Adjektiv

ad·join /ə'dʒɔɪn/ *Verb* (*gehoben*) grenzen an ◊ *A barn adjoins the farmhouse.* An das Bauernhaus schließt sich eine Scheune an.

ad·join·ing /ə'dʒɔɪnɪŋ/ *Adj* nebeneinander/daneben liegend, angrenzend, Neben-

ad·journ /ə'dʒɜːn; *AmE* ə'dʒɜːrn/ *Verb* **1** (*oft passiv*) (*Prozess, Besprechung*) vertagen, unterbrechen **2** sich vertagen ◊ *The court adjourned for lunch.* Das Gericht zog sich zur Mittagspause zurück. **PHR V** **ad'journ to …** (*gehoben oder hum*) sich in … begeben

ad·journ·ment /ə'dʒɜːnmənt; *AmE* ə'dʒɜːrn-/ *Nomen* Vertagung, Unterbrechung

ad·judge /ə'dʒʌdʒ/ *Verb* (*gehoben*) erklären für ◊ *The reforms were generally adjudged to have failed.* Die Reformen galten allgemein als gescheitert.

ad·ju·di·cate /ə'dʒuːdɪkeɪt/ *Verb* **1** entscheiden **2** Preisrichter(in) sein

ad·ju·di·ca·tion /əˌdʒuːdɪ'keɪʃn/ *Nomen* Entscheidung, Urteil

ad·ju·di·ca·tor /əˌdʒuːdɪ'keɪtə(r)/ *Nomen* **1** (RECHT) Schiedsrichter(in) **2** Preisrichter(in)

ad·junct /'ædʒʌŋkt/ *Nomen* **1** (LING) = in einem Satz zusätzliche Informationen gebendes Adverb bzw. adverbiale Bestimmung **2** (*gehoben*) Zusatz, Hilfsmittel

ad·just /ə'dʒʌst/ *Verb* **1 ~ sth (to sth)** etw (auf etw) einstellen, etw (an etw) anpassen **2 ~ (yourself) (to sth)** sich (auf etw) einstellen, sich (an etw) gewöhnen **3** verstellen ◊ *You can adjust the height of your screen.* Die Höhe des Bildschirms lässt sich verstellen. **4** (*Krawatte, Brille etc.*) zurechtrücken **5** ◊ *Taste and adjust the seasoning.* Abschmecken und nachwürzen.

ad·just·able /ə'dʒʌstəbl/ *Adj* verstellbar, regulierbar

ad·just·ment /ə'dʒʌstmənt/ *Nomen* **1** Änderung, Einstellung, Ausrichtung **2** Anpassung **3** (*in der Statistik*) Bereinigung

ad·ju·tant /'ædʒʊtənt/ *Nomen* Adjutant(in)

ad lib¹ /ˌæd 'lɪb/ *Verb* (**-bb-**) (*umgs*) improvisieren ◊ *I lost my notes and had to ad lib the whole speech.* Ich hatte meine Unterlagen verloren und musste die ganze Rede aus dem Stegreif halten.

ad lib² /ˌæd 'lɪb/ *Adj* (*umgs*) improvisiert

ad lib³ /ˌæd 'lɪb/ *Adv* (*umgs*) aus dem Stegreif

ad lib⁴ /ˌæd 'lɪb/ *Nomen* (*umgs*) Improvisation ◊ *The speech was full of ad libs and witty asides.* Die Rede war mit plötzlichen Einfällen und witzigen Bemerkungen gespickt.

admin /'ædmɪn/ *Nomen* (*BrE, umgs*) = ADMINISTRATION (1)

ad·min·is·ter /əd'mɪnɪstə(r)/ *Verb* **1** (*oft passiv*) verwalten **SYN** MANAGE **2** ausführen; (*Recht*) sprechen ◊ *administer justice/the law* Recht sprechen **3** (*gehoben*) (*Medikament, Dosis etc.*) geben, verabreichen; (*erste Hilfe*) leisten; (*Eid*) abnehmen; (*Test*) durchführen ◊ *administer a punch to sb* jdm einen Schlag versetzen ◊ *He has the authority to administer punishment.* Er darf Strafen verhängen.

ad·min·is·tra·tion /ədˌmɪnɪ'streɪʃn/ *Nomen* **1** (*umgs* **admin**) Verwaltung ◊ *She works in admin.* Sie arbeitet in der Verwaltung. **2** (*Gesetz*) Umsetzung ◊ *the administra-*

advance

tion of justice die Rechtsprechung **3** (*oft* **Administration**) Regierung ◊ *during the Nixon Administration* während der Amtszeit Nixons **4** (*gehoben*) Verabreichung

ad·min·is·tra·tive /ədˈmɪnɪstrətɪv; *AmE* -streɪtɪv/ *Adj* Verwaltungs- ◊ *an administrative error* ein verwaltungstechnischer Fehler

ad·min·is·tra·tive·ly /ədˈmɪnɪstrətɪvli; *AmE* -streɪt-/ *Adv* verwaltungstechnisch

ad·min·is·tra·tor /ədˈmɪnɪstreɪtə(r)/ *Nomen* Verwalter(in), Verwaltungsangestellte(r)

ad·mir·able /ˈædmərəbl/ *Adj* (*Adv* **ad·mir·ably** /-əbli/) (*gehoben*) bewundernswert

ad·miral /ˈædmərəl/ *Nomen* Admiral

Admiral of the 'Fleet *Nomen* Flottenadmiral

ad·mir·ation /ˌædməˈreɪʃn/ *Nomen* Bewunderung ◊ *I have great admiration for her as a writer.* Ich schätze sie sehr als Schriftstellerin. ◊ *They watched in admiration.* Sie schauten bewundernd zu.

ad·mire /ədˈmaɪə(r)/ *Verb* bewundern, schätzen ◊ *I admire her for sticking to her principles.* Ich bewundere an ihr, wie sie zu ihren Prinzipien steht. ◊ *They stopped to admire the view.* Sie hielten an, um die Aussicht zu genießen.

ad·mirer /ədˈmaɪərə(r)/ *Nomen* Verehrer(in), Bewunderer(in)

ad·mir·ing /ədˈmaɪərɪŋ/ *Adj* (*Adv* **ad·mir·ing·ly**) bewundernd

ad·mis·si·bil·ity /əd.mɪsəˈbɪləti/ *Nomen* Zulässigkeit

ad·mis·sible /ədˈmɪsəbl/ *Adj* zulässig ◊ *admissible evidence* zulässiges Beweismaterial OPP INADMISSIBLE

ad·mis·sion /ədˈmɪʃn/ *Nomen* **1** Zulassung, (*ins Krankenhaus*) Einlieferung ◊ *countries applying for admission to the European Union* Länder, die sich um Beitritt in die Europäische Union bemühen ◊ *Last admissions are at 3 p.m.* Letzter Einlass ist um 15 Uhr. ◊ *They were refused admission.* Der Zutritt wurde ihnen verwehrt. **2** Eingeständnis ◊ *an admission of guilt* ein Schuldeingeständnis **3** Eintritt(spreis)

admit /ədˈmɪt/ *Verb* (*-tt-*) **1** zugeben; ~ (**to**) **sth** etw zugeben ◊ *She admitted to having stolen the car.* Sie gab zu, dass sie das Auto gestohlen hatte. ◊ *She admitted theft.* Sie hat den Diebstahl zugegeben. ◊ *admit defeat* sich geschlagen geben ◊ *It was generally admitted that ...* Es herrschte allgemeines Einverständnis, dass ... ☛ Diese Struktur wird nur im Passiv verwendet.

> ✎ WRITING TIP
> **Conceding a point**
> • *It is true that this is not an ideal solution.* Es stimmt, dass dies keine Ideallösung ist.
> • *The writer concedes that mistakes have been made.* Der Autor gibt zu, dass Fehler gemacht worden sind.
> • *It can be argued that this was the wrong approach to take.* Man kann den Standpunkt vertreten, dass dieser Ansatz falsch war.
> • *It has to be admitted that there were errors on all sides.* Man muss zugeben, dass auf allen Seiten Fehler gemacht wurden.
> • *The minister acknowledged that the matter could have been handled better.* Der Minister gab zu, dass die Angelegenheit nicht optimal gehandhabt wurde.

2 ~ **sb/sth** (**to/into sth**) jdn/etw (in etw) einlassen ◊ *Each ticket admits two adults.* Mit dieser Karte haben zwei Erwachsene Zutritt. **3** ~ **sb** (**to/into sth**) jdn (in etw) aufnehmen **4** (*oft passiv*) (*ins Krankenhaus etc.*) einliefern PHR V **ad'mit of sth** (*gehoben*) etw zulassen

ad·mit·tance /ədˈmɪtns/ *Nomen* (*gehoben*) Zutritt, Einreise

ad·mit·ted·ly /ədˈmɪtɪdli/ *Adv* zugegeben(ermaßen)

ad·mon·ish /ədˈmɒnɪʃ; *AmE* -ˈmɑːn-/ *Verb* (*gehoben*) ~ **sb** (**for sth**) jdn (wegen einer Sache) ermahnen

ad·mon·ition /ˌædməˈnɪʃn/ (*seltener* **ad·mon·ish·ment** /ədˈmɒnɪʃmənt; *AmE* -ˈmɑːn-/) *Nomen* (*gehoben*) Ermahnung

ad nau·seam /ˌæd ˈnɔːziæm/ *Adv* bis zum Überdruss

ado /əˈduː/ *Nomen* IDM **without further/more ado** (*veraltet*) ohne weitere Umstände; ohne viel Aufhebens

adobe /əˈdəʊbi; *AmE* əˈdoʊbi/ *Nomen* Lehmziegel

ado·les·cence /ˌædəˈlesns/ *Nomen* Jugend, Pubertät

ado·les·cent /ˌædəˈlesnt/ **1** *Nomen* Jugendliche(r), Heranwachsende(r) **2** *Adj* heranwachsend, jugendlich

adopt /əˈdɒpt; *AmE* əˈdɑːpt/ *Verb* **1** adoptieren ◊ *She was forced to have her baby adopted.* Sie wurde gezwungen, ihr Kind zur Adoption freizugeben. **2** (*Beschluss, Namen*) annehmen **3** (*Standpunkt*) einnehmen **4** (*Brauch, Sprache*) übernehmen **5** (*Methode, Maßnahmen*) anwenden ◊ *All three adopted different approaches to the problem.* Alle drei sind anders an das Problem herangegangen. **6** (*gehoben*) ◊ *He adopted an air of indifference.* Er gab sich gleichgültig. ◊ *She adopted a patronizing tone.* Sie gab ihrer Stimme einen herablassenden Ton. **7** ~ **sb** (**as sth**) (*BrE*) (POL) sich für jdn (als etw) entscheiden, jdn (als etw) nominieren

adopt·ed /əˈdɒptɪd; *AmE* əˈdɑːp-/ *Adj* **1** adoptiert, Adoptiv- **2** Wahl- ◊ *her adopted home* ihre Wahlheimat

adop·tion /əˈdɒpʃn; *AmE* əˈdɑːpʃn/ *Nomen* **1** Adoption ◊ *She put the baby up for adoption.* Sie gab das Baby zur Adoption frei. **2** Übernahme, Annahme ◊ *the adoption of a single currency* die Einführung einer gemeinsamen Währung **3** (*BrE*) (POL) Nominierung

adop·tive /əˈdɒptɪv; *AmE* əˈdɑːp-/ *Adj* Adoptiv- ◊ *his adoptive father* sein Adoptivvater

ador·able /əˈdɔːrəbl/ *Adj* bezaubernd, süß

ad·or·ation /ˌædəˈreɪʃn/ *Nomen* Verehrung, Anbetung

adore /əˈdɔː(r)/ *Verb* (*nicht in der Verlaufsform*) **1** anbeten, abgöttisch lieben **2** (*umgs*) lieben ◊ *I simply adore his music!* Ich liebe seine Musik!

ador·ing /əˈdɔːrɪŋ/ *Adj* (*Adv* **ador·ing·ly**) bewundernd ◊ *his adoring grandmother* seine Großmutter, die ihn abgöttisch liebt ◊ *adoring fans* schmachtende Fans

adorn /əˈdɔːn; *AmE* əˈdɔːrn/ *Verb* ~ **sth/sb/yourself** (**with sth**) etw/jdn/sich (mit etw) schmücken, (mit etw) verzieren

ad·rena·lin /əˈdrenəlɪn/ *Nomen* Adrenalin ◊ *a rush/surge of adrenalin* ein plötzliches Ansteigen des Adrenalinspiegels

adrift /əˈdrɪft/ *Adj* nicht vor Nomen **1** (*auf dem Meer*) (umher)treibend **2** (*BrE*) verloren ◊ *adrift in a strange city* ziellos und allein in einer fremden Stadt **3** (los)gelöst, abgeschnitten ◊ *She had been cut adrift from everything she had known.* Sie war von allem, was ihr vertraut war, abgeschnitten. **4** fehlgegangen ◊ *The policy had gone adrift.* Die Politik war fehlgeschlagen. **5** be ~ (of sb/sth) (*BrE*) (SPORT) (hinter jdm/etw) zurückliegen IDM **cast/set sb adrift** (*meist passiv*) jdn aussetzen ◊ *Without language human beings are cast adrift.* Ohne Sprache treibt der Mensch hilflos umher.

adroit /əˈdrɔɪt/ *Adj* (*Adv* **adroit·ly**) geschickt, gewandt

adu·la·tion /ˌædjuˈleɪʃn; *AmE* ˌædʒəˈl-/ *Nomen* Vergötterung

adult[1] /ˈædʌlt, əˈdʌlt/ *Nomen* **1** Erwachsene(r) **2** ausgewachsenes Tier

adult[2] /ˈædʌlt, əˈdʌlt/ *Adj* **1** erwachsen ◊ *preparing students for adult life* Schüler auf das Leben als Erwachsene vorbereiten **2** (*Tiere*) ausgewachsen **3** vernünftig, reif ◊ *Let's be adult about this.* Lass uns wie erwachsene Leute darüber reden. **4** nur vor Nomen (nur) für Erwachsene geeignet ◊ *an adult movie* ein Film für Erwachsene

ˌadult eduˈcation *Nomen* Erwachsenenbildung

adul·ter·ate /əˈdʌltəreɪt/ *Verb* (*meist passiv*) panschen, verfälschen

adul·ter·ous /əˈdʌltərəs/ *Adj* ehebrecherisch

adul·tery /əˈdʌltəri/ *Nomen* [U] Ehebruch

adult·hood /ˈædʌlthʊd, əˈdʌlt-/ *Nomen* Erwachsenenalter ◊ *reach adulthood* erwachsen werden

ad·vance[1] /ədˈvɑːns; *AmE* -ˈvæns/ *Nomen* **1** (MIL) Vormarsch, Vorrücken **2** Fortschritt **3** [meist Sing] Vorschuss **4 advances** [Pl] (sexuelle) Annäherungsversuche **5** Zuwachs ◊ *an advance in knowledge* ein Zuwachs an Erkenntnis **6** (*bei Auktionen*) ◊ *Any advance on 500?* Bietet jemand mehr als 500? IDM **in adˈvance** im Voraus ◊ *a week in advance* eine Woche im Voraus **in adˈvance of sth** **1** vor etw ◊ *Tax cuts were promised in advance of the election.* Vor der Wahl wurden Steuersenkungen versprochen. **2** einer Sache voraus ◊ *Galileo was well in advance of his time.* Galileo war seiner Zeit weit voraus.

ad·vance² /əd'vɑːns; *AmE* -'væns/ *Verb* **1** ~ (**on/towards sb/sth**) (gegen jdn/etw) vorrücken, (auf jdn/etw) zugehen ◊ *The order came to advance.* Wir erhielten Befehl, vorzurücken. ◊ *They advanced on/towards us shouting angrily.* Sie kamen mit wütendem Schreien auf uns zu. **2** Fortschritte machen ◊ *advance in your career* beruflich aufsteigen **3** (*Wissen etc.*) erweitern **4** fördern ◊ *advance the cause of democracy* die Demokratie fördern **5** ~ **sb to sb**; ~ **sb sth** jdm etw vorschießen **6** (*gehoben*) (*Theorie etc.*) vorbringen **7** (*gehoben*) (*Termin, Veranstaltung etc.*) vorverlegen **8** (*Tonband etc.*) vorlaufen lassen **9** (*Inflation, Aktien etc.*) ansteigen

ad·vance³ /əd'vɑːns; *AmE* -'væns/ *Adj nur vor Nomen* Voraus- ◊ *advance booking* Vorausbuchung ◊ *Please give us advance notice of any changes.* Bitte setzen Sie uns von etwaigen Änderungen in Voraus in Kenntnis.

ad·vanced /əd'vɑːnst; *AmE* -'vænst/ *Adj* **1** fortschrittlich, hoch entwickelt **2** fortgeschritten ◊ *an advanced course* ein Kurs für Fortgeschrittene IDM **sb's advanced 'age** jds hohes Alter **of advanced 'years** im fortgeschrittenen Alter

ad'vanced level *Nomen* = A LEVEL

ad·vance·ment /əd'vɑːnsmənt; *AmE* -'væns-/ *Nomen* **1** [U] Förderung **2** [U] Beförderung, Aufstieg **3** Fortschritt

advance 'party (*auch* **advance 'team**) *Nomen* Vorhut

ad·van·tage¹ /əd'vɑːntɪdʒ; *AmE* -'væn-/ *Nomen* **1** Vorteil ◊ *He had an advantage over everyone else.* Er hatte einen Vorteil gegenüber den anderen. ◊ *put sb at an advantage* jdm einen Vorteil verschaffen ◊ *be at an advantage* im Vorteil sein ◊ *Is there any advantage in getting there early?* Bringt es was, früh da zu sein? **2** Vorzug IDM **be/work to sb's ad'vantage** für jdn von Vorteil sein **take ad'vantage of sb** jdn ausnutzen **take ad'vantage of sth** (*im positiven Sinn*) sich etw zunutze machen; (*im negativen Sinn*) etw ausnutzen **to** (**good/best**) **ad'vantage** im besten Licht **turn sth to** (**your**) **ad'vantage** ◊ *turn a defeat/disappointment to your advantage* sich eine Niederlage/Enttäuschung zunutze machen

ad·van·tage² /əd'vɑːntɪdʒ; *AmE* -'væn-/ *Verb* (*gehoben*) begünstigen

ad·van·taged /əd'vɑːntɪdʒd; *AmE* -'væn-/ *Adj* begünstigt

ad·van·ta·geous /ˌædvən'teɪdʒəs/ *Adj* ~ (**to sb**) (für jdn) von Vorteil, vorteilhaft (für jdn)

ad·vent /'ædvent/ *Nomen* [Sing] **1** **the ~ of sb** die Ankunft einer Person; **the ~ of sth** der Beginn einer Sache ◊ *the advent of digital TV* der Einzug des digitalen Fernsehens **2 Advent** Advent

ad·ven·ture /əd'ventʃə(r)/ *Nomen* Abenteuer ◊ *Where's your spirit of adventure?* Wo bleibt deine Abenteuerlust?

ad·ven·turer /əd'ventʃərə(r)/ *Nomen* **1** Abenteurer(in) **2** (*abwert*) Abenteurer(in), Spekulant(in)

ad·ven·tur·ous /əd'ventʃərəs/ *Adj* **1** (*AmE auch* **ad·ven·ture·some** /əd'ventʃəsəm; *AmE* -tʃərs-/) (*Mensch*) abenteuerlustig **2** (*Idee, Methode etc.*) ausgefallen, gewagt **3** (*gefährlich*) abenteuerlich ◊ *an adventurous journey* eine abenteuerliche Reise

ad·verb /'ædvɜːb; *AmE* -vɜːrb/ *Nomen* Adverb

ad·ver·bial /æd'vɜːbiəl; *AmE* -'vɜːrb-/ *Adj* adverbial

ad͵verbial 'particle *Nomen* = Adverb, das mit einem Verb in einer festen Verbindung steht, z.B. **back** in „come back" oder **down** in „come down"

ad·ver·sar·ial /ˌædvə'seəriəl; *AmE* -vər'seriəl/ *Adj* (*gehoben*) = beschreibt ein politisches oder rechtliches System wie das britische, in dem sich zwei Parteien (Anklage und Verteidigung, Regierung und Opposition) als Kontrahenten gegenüberstehen

ad·ver·sary /'ædvəsəri; *AmE* -vərseri/ *Nomen* (*Pl* **-ies**) (*gehoben*) Gegner(in), Widersacher(in) SYN OPPONENT

ad·verse /'ædvɜːs, əd'vɜːs; *AmE* -vɜːrs/ *Adj* (*Adv* **ad·verse·ly**) negativ, widrig

ad·ver·sity /əd'vɜːsəti; *AmE* -'vɜːrs-/ *Nomen* (*Pl* **-ies**) Not(lage)

ad·ver·tise /'ædvətaɪz; *AmE* -vərt-/ *Verb* **1** Werbung machen (für) ◊ *advertise on TV* im Fernsehen werben ◊ *advertise cars* für Autos Werbung machen ◊ *The cruise was advertised as a 'unique experience'.* Die Kreuzfahrt wurde in der Werbung als „einmalige Erfahrung" angepriesen.

2 zum Verkauf anbieten **3** inserieren; ~ **for sb/sth** jdn/etw per Inserat suchen **4** (*Stelle*) ausschreiben **5** (*Veranstaltung*) bekannt geben **6** aufmerksam machen auf ◊ *I wouldn't advertise the fact that you don't have a work permit.* Du solltest es lieber für dich behalten, dass du keine Arbeitserlaubnis hast.

ad·ver·tise·ment /əd'vɜːtɪsmənt; *AmE* ˌædvər'taɪz-/ *Nomen* **1** (*umgs* **ad**, *BrE auch* **ad·vert** /'ædvɜːt; *AmE* -vɜːrt/) Anzeige, Inserat; (*im Fernsehen*) Werbespot **2** (*auch* **ad·vert**) Aushängeschild

ad·ver·tiser /'ædvətaɪzə(r); *AmE* -vərt-/ *Nomen* Inserent(in), Auftraggeber(in) in der Werbung

ad·ver·tis·ing /'ædvətaɪzɪŋ; *AmE* -vərt-/ *Nomen* Werbung ◊ *an advertising campaign* eine Werbekampagne

ad·vice /əd'vaɪs/ *Nomen* [U] Rat ◊ *ask sb's advice* jdn um Rat fragen ◊ *take sb's advice* sich jds Rat hören ◊ *Let me give you a piece/word of advice.* Ich möchte dir einen guten Rat geben. ◊ *advice on road safety* Ratschläge zur Verkehrssicherheit ◊ *seek legal advice* sich juristisch beraten lassen ☛ *Hinweis bei* RAT, S. 1159.

ad'vice column *Nomen* (*AmE*) Kummerkasten

ad'vice columnist *Nomen* (*AmE*) Kummerkastentante

ad·vis·abil·ity /ədˌvaɪzə'bɪləti/ *Nomen* Ratsamkeit

ad·vis·able /əd'vaɪzəbl/ *Adj* ratsam OPP INADVISABLE

ad·vise /əd'vaɪz/ *Verb* **1** ~ **sb** (**on sth**) jdn (in etw) beraten **2** ~ **sb to do sth** jdm raten etw zu tun ◊ *You would be well advised to stay indoors.* Du würdest gut daran tun, drinnen zu bleiben. **3** ~ **sth** zu etw raten ◊ *I'd advise taking a different approach.* Ich rate dazu, einen anderen Ansatz zu nehmen. **4** ~ (**sb**) **against sth** (jdm) von etw abraten ◊ *I advised her against leaving school.* Ich habe ihr davon abgeraten, von der Schule abzugehen. **5** ~ **sb** (**of sth**) (*offiz*) jdn (von etw) unterrichten

ad·vised·ly /əd'vaɪzɪdli/ *Adv* (*gehoben*) bewusst

ad·viser /əd'vaɪzə(r)/ (*seltener* **ad·visor**) *Nomen* Berater(in)

ad·vis·ory¹ /əd'vaɪzəri/ *Adj* Beratungs-, beratend ◊ *the Careers Advisory Service* die Berufsberatung

ad·vis·ory² /əd'vaɪzəri/ *Nomen* (*Pl* **-ies**) (*AmE*) Warnung ◊ *a tornado advisory* eine Sturmwarnung vor einem Tornado

ad·vo·cacy /'ædvəkəsi/ *Nomen* ~ (**of sth**) Eintreten (für etw), Befürwortung (einer Sache)

ad·vo·cate¹ /'ædvəkeɪt/ *Verb* (*gehoben*) befürworten

ad·vo·cate² /'ædvəkət/ *Nomen* **1** Befürworter(in), Fürsprecher(in) ◊ *staunch advocates of free speech* unerschütterliche Verfechter der Redefreiheit **2** Rechtsanwalt, -anwältin

aegis /'iːdʒɪs/ *Nomen* IDM **under the aegis of sb/sth** (*gehoben*) unter der Ägide von jdm/etw; unter der Schirmherrschaft von jdm/etw

aeon (*BrE*) = EON

aer·ate /'eəreɪt; *AmE* 'er-/ *Verb* **1** (*Boden*) auflockern **2** (*Flüssigkeit*) mit Kohlendioxyd anreichern

aer·ial¹ /'eəriəl; *AmE* 'er-/ *Nomen* (*BrE*) Antenne

aer·ial² /'eəriəl; *AmE* 'er-/ *Adj* Luft- ◊ *an aerial view* eine Luftaufnahme

aerie (*AmE*) = EYRIE

aer·ob·ic /eə'rəʊbɪk; *AmE* e'roʊ-/ *Adj* aerob ◊ *aerobic exercises* Fitnessübungen

aer·obics /eə'rəʊbɪks; *AmE* e'roʊ-/ *Nomen* [U] Aerobic

aero·drome /'eərədrəʊm; *AmE* 'erədroʊm/ *Nomen* (*bes BrE, veraltet*) Flugplatz

aero·dy·nam·ic /ˌeərəʊdaɪ'næmɪk; *AmE* ˌeroʊ-/ *Adj* aerodynamisch

aero·dy·nam·ics /ˌeərəʊdaɪ'næmɪks; *AmE* ˌeroʊ-/ *Nomen* Aerodynamik ☛ *Hinweis bei* ECONOMICS

aero·gramme (*AmE* **aero·gram**) /'eərəgræm; *AmE* 'erə-/ *Nomen* Aerogramm

aero·naut·ic /ˌeərə'nɔːtɪk; *AmE* ˌerə-/ (*auch* **aero·naut·ic·al** /-'nɔːtɪkl/) *Adj* Luftfahrt-, Flug- ◊ *aeronautical engineering* Luftfahrttechnik

aero·naut·ics /ˌeərə'nɔːtɪks; *AmE* ˌerə-/ *Nomen* [U] Flugtechnik

aero·plane /'eərəpleɪn; *AmE* 'erə-/ *Nomen* Flugzeug

aero·sol /'eərəsɒl; *AmE* 'erəsɔːl/ *Nomen* Spray(dose)

ae·ro·space /ˈeərəʊspeɪs; *AmE* ˈeroʊ-/ *Nomen* [U] Raumfahrt(industrie)

aes·thete (*AmE auch* **es·thete**) /ˈiːsθiːt, ˈes-; *AmE* ˈes-/ *Nomen* Ästhet(in)

aes·thet·ic¹ (*AmE auch* **es·thet·ic**) /iːsˈθetɪk, es-; *AmE* es-/ *Adj* (*Adv* **aes·thet·ic·al·ly**, *AmE auch* **es·thet·ic·al·ly** /-kli/) ästhetisch

aes·thet·ic² (*AmE auch* **es·thet·ic**) /iːsˈθetɪk, es-; *AmE* es-/ *Nomen* **1** (*Eigenschaften*) Ästhetik **2 aesthetics** [U] (*Wissenschaft*) Ästhetik

aes·theti·cism (*AmE auch* **es·theti·cism**) /iːsˈθetɪsɪzəm, es-; *AmE* es-/ *Nomen* Ästhetizismus

afar /əˈfɑː(r)/ *Adv* IDM **from aˈfar** (*gehoben*) von weitem; aus der Ferne

af·fable /ˈæfəbl/ *Adj* (*Adv* **af·fably** /ˈæfəbli/) umgänglich, freundlich

af·fair /əˈfeə(r); *AmE* əˈfer/ *Nomen* **1 affairs** [Pl] Angelegenheiten ◊ *affairs of state* Staatsgeschäfte **2** [meist Sing] Affäre **3** Verhältnis **4** [Sing] Sache ◊ *That's my affair.* Das ist meine Sache. **5** (*umgs*) (*mit einem Adjektiv*) Ding, Angelegenheit IDM ⇨ STATE¹

af·fect /əˈfekt/ *Verb* **1** ~ **sb/sth** jdn/etw betreffen, sich auf jdn/etw auswirken ◊ *That will not affect my decision.* Das wird meine Entscheidung nicht beeinflussen. ☛ *Hinweis bei* EFFECT¹ **2** befallen, betreffen ◊ *Cancer had affected his lungs.* Seine Lunge war von Krebs befallen. **3** treffen ◊ *We were deeply affected by the news of her death.* Die Nachricht von ihrem Tod hat uns sehr getroffen. **4** (*gehoben*) vortäuschen

af·fec·ta·tion /ˌæfekˈteɪʃn/ *Nomen* Affektiertheit, affektierte Angewohnheit

af·fect·ed /əˈfektɪd/ *Adj* affektiert

af·fec·tion /əˈfekʃn/ *Nomen* **1** Zuneigung ◊ *She was held in deep affection by her students.* Bei ihren Studenten war sie sehr beliebt. ◊ *I have a great affection for New York.* Von New York bin ich sehr angetan. **2 affections** [Pl] Liebe ◊ *Who was the object of her affections?* Wem galt ihre Liebe?

af·fec·tion·ate /əˈfekʃənət/ *Adj* (*Adv* **af·fec·tion·ate·ly**) liebevoll, anhänglich

af·fi·da·vit /ˌæfəˈdeɪvɪt/ *Nomen* (RECHT) eidesstattliche Erklärung

af·fili·ate¹ /əˈfɪliert/ *Verb* **1** ~ **sb/sth** (**with/to sb/sth**) (*meist passiv*) jdn/etw (an jdn/etw) angliedern **2** ~ (**with sb/sth**) sich (jdm/etw) anschließen

af·fili·ate² /əˈfɪliət/ *Nomen* Schwesterorganisation

af·fili·ation /əˌfɪliˈeɪʃn/ *Nomen* (*gehoben*) **1** Zugehörigkeit **2** Angliederung

af·fin·ity /əˈfɪnəti/ *Nomen* (*Pl* **-ies**) **1** [Sing] Verbundenheit, Affinität **2** (*gehoben*) Verwandtschaft

af·firm /əˈfɜːm; *AmE* əˈfɜːrm/ *Verb* (*gehoben*) bekräftigen

af·firm·ation /ˌæfəˈmeɪʃn; *AmE* ˌæfərˈm-/ *Nomen* **1** Bestätigung, Bekräftigung ◊ *She nodded in affirmation.* Sie nickte zustimmend. **2** (RECHT) eidesstattliche Erklärung

af·firma·tive¹ /əˈfɜːmətɪv; *AmE* əˈfɜːrm-/ *Adj* (*Adv* **af·firma·tive·ly**) (*gehoben*) positiv; bejahend

af·firma·tive² /əˈfɜːmətɪv; *AmE* əˈfɜːrm-/ *Nomen* IDM **in the afˈfirmative** positiv; bejahend ◊ *an answer in the affirmative* eine positive Antwort

afˌfirmative ˈaction *Nomen* (*bes AmE*) Bevorzugung SYN POSITIVE DISCRIMINATION

affix¹ /əˈfɪks/ *Verb* (*offiz*) anbringen

affix² /ˈæfɪks/ *Nomen* (*Fachspr*) Affix, Vor-/Nachsilbe

af·flict /əˈflɪkt/ *Verb* (*meist passiv*) plagen

af·flic·tion /əˈflɪkʃn/ *Nomen* (*gehoben*) Leiden

af·flu·ence /ˈæfluəns/ *Nomen* Überfluss, Wohlstand

af·flu·ent /ˈæfluənt/ *Adj* reich, wohlhabend ◊ *the affluent society* die Wohlstandsgesellschaft

af·ford /əˈfɔːd; *AmE* əˈfɔːrd/ *Verb* **1 be able to** ~ **sth** sich etw leisten können **2** (*gehoben*) gewähren

af·ford·able /əˈfɔːdəbl; *AmE* əˈfɔːrd-/ *Adj* erschwinglich

af·for·est /əˈfɒrɪst; *AmE* əˈfɔːr-, əˈfɑːr-/ *Verb* (*meist passiv*) aufforsten

af·for·est·ation /əˌfɒrɪˈsteɪʃn; *AmE* əˌfɔːr-, əˌfɑːr-/ *Nomen* Aufforstung

af·fray /əˈfreɪ/ *Nomen* [meist Sing/U] (RECHT) Schlägerei

af·front¹ /əˈfrʌnt/ *Nomen* [meist Sing] Beleidigung

af·front² /əˈfrʌnt/ *Verb* beleidigen

af·fronted /əˈfrʌntɪd/ *Adj* beleidigt, gekränkt

Afghan hound /ˌæfgæn ˈhaʊnd/ *Nomen* (*Hund*) Afghane

afi·cion·ado /əˌfɪʃəˈnɑːdəʊ; *AmE* -doʊ/ *Nomen* (*Pl* **-os**) Kenner(in)

afield /əˈfiːld/ *Adv* **far** ~ weit weg; **farther/further** ~ weiter weg ◊ *Journalists came from as far afield as China.* Journalisten kamen sogar aus China. ◊ *Do you want to explore further afield?* Wollen Sie die weitere Umgebung erkunden?

afloat /əˈfləʊt; *AmE* əˈfloʊt/ *Adj nicht vor Nomen* über Wasser (*auch fig*) ◊ *keep/stay afloat* sich über Wasser halten

afoot /əˈfʊt/ *Adj nicht vor Nomen* im Gange

afore·men·tioned /əˌfɔːˈmenʃənd; *AmE* əˌfɔːrˈm-/ *Adj nur vor Nomen* (*offiz*) oben genannt

afore·thought /əˈfɔːθɔːt; *AmE* əˈfɔːrθ-/ *Adj* IDM ⇨ MALICE

afraid /əˈfreɪd/ *Adj nicht vor Nomen* **1 be** ~ (**of sb/sth**) (vor jdm/etw) Angst haben; **be** ~ **of doing sth** Angst haben etw zu tun; **be** ~ **to do sth** davor Angst haben etw zu tun ◊ *Don't be afraid to ask if you don't understand.* Fragen Sie nur, wenn Sie etwas nicht verstehen. ◊ *I was afraid you would ask that.* Diese Frage habe ich befürchtet. **2 be** ~ **for sb/sth** um jdn/etw haben, sich um jdn/etw Sorgen machen IDM **I'm afraid** leider ◊ *'Is there any coffee left?' 'I'm afraid not.'* „Ist noch Kaffee übrig?" „Leider nicht."

afresh /əˈfreʃ/ *Adv* von Neuem ◊ *start afresh* neu anfangen

Af·ri·can /ˈæfrɪkən/ **1** *Nomen* Afrikaner(in) **2** *Adj* afrikanisch ☛ *Siehe auch* S. 767

ˌAfrican Aˈmerican 1 *Nomen* Afroamerikaner(in) **2** *Adj* afroamerikanisch

Af·ri·kaans /ˌæfrɪˈkɑːns/ *Nomen* Afrikaans

Af·ri·kaner /ˌæfrɪˈkɑːnə(r)/ *Nomen* = Südafrikaner(in) niederländischer Abstammung

Afro /ˈæfrəʊ; *AmE* ˈæfroʊ/ *Nomen* (*Pl* **-os**) Afrolook

Afro- /ˈæfrəʊ; *AmE* ˈæfroʊ/ Afro-

aft /ɑːft; *AmE* æft/ *Adv* (NAUT, AERO) (nach) achtern

after¹ /ˈɑːftə(r); *AmE* ˈæf-/ *Adv* **1** danach ◊ *The day after, he left the country.* Am folgenden Tag verließ er das Land. ◊ *They lived happily ever after.* Wenn sie nicht gestorben sind, dann leben sie noch heute. **2** hinterher ◊ *She followed on after.* Sie kam hinterher.

after² /ˈɑːftə(r); *AmE* ˈæf-/ *Präp* **1** nach ◊ *the day after tomorrow* übermorgen ◊ *the week after next* übernächste Woche ◊ (*AmE*) *ten after seven* zehn nach sieben ◊ *We've named the baby after you.* Wir haben das Baby nach dir benannt. **2** ◊ *day after day* Tag für Tag ◊ *time after time* immer wieder ◊ *He fired shot after shot.* Er gab Schuss um Schuss ab. **3** hinter, hinterher ◊ *Shut the door after you.* Mach die Tür hinter dir zu. ◊ *I'm always having to clear up after them.* Ich muss ihnen immer hinterherräumen. ◊ *The police are after him.* Die Polizei ist hinter ihm her. **4 be** ~ **sth** (*umgs*) auf etw aus sein IDM ˌafter ˈall **1** doch **2** schließlich; immerhin

after³ /ˈɑːftə(r); *AmE* ˈæf-/ *Konj* nachdem ◊ *I arrived after he (had) started.* Ich kam erst, nachdem er begonnen hatte. ◊ *We'll arrive after you've left.* Wir werden erst ankommen, wenn du schon weg bist.

after·birth /ˈɑːftəbɜːθ; *AmE* ˈæftərbɜːrθ/ *Nomen* [Sing] Nachgeburt

after·care /ˈɑːftəkeə(r); *AmE* ˈæftərker/ *Nomen* **1** (*nach einem Krankenhausaufenthalt*) Nachbehandlung; (*nach einem Gefängnisaufenthalt*) Resozialisierungshilfe **2** (*BrE*) Kundendienst

ˈafter-effect *Nomen* [meist Pl] Nachwirkung

after·life /ˈɑːftəlaɪf; *AmE* ˈæftərl-/ *Nomen* [Sing] Leben nach dem Tod

after·math /ˈɑːftəmæθ, -mɑːθ; *AmE* ˈæftərmæθ/ *Nomen* [meist Sing] Folgezeit, Nachwirkungen

after·noon /ˌɑːftəˈnuːn; *AmE* ˌæftərˈn-/ *Nomen* Nachmittag ☛ *Good afternoon!* wird als förmlicher Gruß am Nachmittag verwendet. ☛ *Beispiele bei* MORNING ☛ *Hinweis bei* MORGEN

after·noons /ˌɑːftəˈnuːnz; *AmE* ˌæftərˈn-/ *Adv* (*bes AmE*) nachmittags

af·ters /ˈɑːftəz; *AmE* ˈæftərz/ *Nomen* [U] (*BrE, umgs*) Nachtisch

after·shave /'ɑːftəʃeɪv; AmE 'æftərʃ-/ Nomen Aftershave, Rasierwasser

after·taste /'ɑːfteɪst; AmE 'æftərt-/ Nomen [Sing] Nachgeschmack

after·thought /'ɑːftəθɔːt; AmE 'æftərθ-/ Nomen [meist Sing] nachträglicher Einfall ◇ *'Why don't you come, too?' she added as an afterthought.* „Warum kommst du nicht auch?", fügte sie hinzu.

after·wards /'ɑːftəwədz; AmE 'æftərwərdz/ (AmE meist **after·ward**) Adv nachher, danach ◇ *shortly afterwards* kurz danach

again /ə'ɡen, ə'ɡeɪn/ Adv **1** wieder, nochmals ◇ *Could you say that again, please?* Könnten Sie das bitte wiederholen? ◇ *once again* wieder einmal ◇ *I'll have to write it all over again.* Ich werde es noch mal von vorn schreiben müssen. **2** noch einmal ◇ *half as much again* anderthalbmal so viel **3** ebenfalls ◇ *And again, we must think of the cost.* Auch hier müssen wir an die Kosten denken. **4** then/there again andererseits **5** noch mal ◇ *What was the name again?* Wie war noch mal der Name? IDM ⇨ NOW, SAME², und TIME¹

against /ə'ɡenst, ə'ɡeɪnst/ Präp ☛ Für Verben mit **against** siehe die Einträge für die Verben. **Count against sb** z.B. steht unter **count**.

1 gegen ◇ *We're playing against the champions.* Wir spielen gegen die Meister. ◇ *She is against seeing him.* Sie will ihn nicht sehen. ◇ *I'd advise you against doing that.* Ich würde dir davon abraten. ◇ *His age is against him.* Sein Alter wirkt sich nachteilig aus. ◇ *protect plants against frost* Pflanzen vor Frost schützen ◇ *against a background of the civil war* vor dem Hintergrund des Bürgerkrieges **2** an, gegen ◇ *He was leaning against a tree.* Er lehnte an einem Baum. **3** gegenüber, gegen ◇ *You must weigh the benefits against the cost.* Man muss Vorteile und Kosten gegeneinander abwägen. ◇ *Check your receipts against the statement.* Vergleichen Sie Ihre Quittungen mit dem Kontoauszug. IDM ⇨ AS³ und STACKED

agate /'æɡət/ Nomen Achat

age¹ /eɪdʒ/ Nomen **1** Alter ◇ *at the age of 18* mit 18 Jahren ◇ *She has no friends of her own age.* Sie hat keine gleichaltrigen Freunde. ◇ *children from 5 to 10 years of age* Kinder im Alter von fünf bis zehn Jahren ◇ *boys and girls of all ages* Jungen und Mädchen aller Altersgruppen ◇ *When I was your age I was already married.* In deinem Alter war ich schon verheiratet. ◇ *He started playing the piano at/from an early age.* Er begann schon früh mit dem Klavierspiel. ◇ *He died of old age.* Er starb an Altersschwäche. ◇ *The jacket was showing signs of age.* Die Jacke sah schon ziemlich alt aus. **2** Zeitalter **3** ages [Pl] (*auch* an age [Sing]) (*bes BrE, umgs*) eine Ewigkeit ◇ *I waited for ages.* Ich habe ewig gewartet. ◇ *It'll take ages to get there.* Es wird ewig dauern, bis wir da sind. IDM ,**be/act your 'age** sich seinem Alter gemäß benehmen ◇ *Isn't it time you started acting your age?* Wann wirst du endlich erwachsen? ,**come of 'age** **1** volljährig werden **2** (Idee, Fach, Bewegung etc.) allgemein akzeptiert werden ,**look your 'age** so alt aussehen, wie man ist ,**under 'age** minderjährig ◇ *under-age driving/drinking* Autofahren/Alkoholgenuss von Minderjährigen ◇ *under-age sex* Sex zwischen Minderjährigen ☛ Siehe auch DAY und FEEL¹

age² /eɪdʒ/ Verb (**age·ing** oder **aging, aged, aged**) **1** alt werden, altern ◇ *an ageing population* eine überalterte Bevölkerung ◇ *As he aged, his memory got worse.* Mit zunehmendem Alter ließ sein Gedächtnis nach. **2** altern (lassen) ◇ *The illness has aged him terribly.* Die Krankheit hat ihn schrecklich gealtert. **3** reifen (lassen) ◇ *The cheese is left to age for at least a year.* Man lässt den Käse mindestens ein Jahr lang reifen. ◇ *age brandy in casks* Weinbrand in Fässern reifen lassen

aged 1 /eɪdʒd/ Adj nicht vor Nomen im Alter von ◇ *volunteers aged between 25 and 40* Freiwillige im Alter von 25 bis 40 ◇ *Mr Wood, aged 62* Herr Wood (62) **2** /'eɪdʒɪd/ Adj (*gehoben*) betagt, bejahrt **3 the aged** /'eɪdʒɪd/ Nomen [Pl] alte Menschen

'**age group** (*seltener* '**age bracket**) Nomen (BrE) Altersgruppe ◇ *men in the older age group* Männer älterer Jahrgänge

age·ing (BrE) = AGING

age·ism (AmE auch **agism**) /'eɪdʒɪzəm/ Nomen Altersdiskriminierung

age·ist /'eɪdʒɪst/ Adj altersdiskriminierend ◇ *ageist remarks* Bemerkungen, die sich gegen Ältere richten

'**age limit** Nomen Altersgrenze

agency /'eɪdʒənsi/ Nomen (Pl **-ies**) **1** Agentur, Vertretung ◇ *an employment agency* ein privater Arbeitsvermittler ◇ *international aid agencies* internationale Hilfsorganisationen **2** (*bes AmE*) Sonderorganisation, Behörde ◇ *the Central Intelligence Agency* der amerikanische Geheimdienst IDM **through the agency of** (*gehoben*) durch die Vermittlung von; mithilfe von

agenda /ə'dʒendə/ Nomen **1** Tagesordnung ◇ *In our company, quality is high on the agenda.* In unserer Firma spielt Qualität eine vorrangige Rolle. ◇ *His views on psychology set the agenda for the century.* Seine Ansichten zur Psychologie waren für das Jahrhundert richtungsweisend. **2** (*fig*) Pläne

agent /'eɪdʒənt/ Nomen **1** Vertreter(in) ◇ *He's a travel agent.* Er ist Reisebürokaufmann. **2** (*Literatur-, Theateretc.*) Agent(in) **3** = SECRET AGENT **4** Instrument ◇ *The charity has been an agent for social change.* Diese Organisation hat einen gesellschaftlichen Wandel herbeigeführt. **5** (*Fachspr*) (*Substanz*) Mittel ◇ *a raising agent* ein Treibmittel

agent pro·vo·ca·teur /ˌæʒɒ̃ prəˌvɒkə'tɜː(r); AmE ˌɑːʒɑ̃ prouˌvɑːkə'tɜːr/ (*auch* **pro·vo·ca·teur**) Nomen (Pl **agents pro·vo·ca·teurs** /ˌæʒɒ̃ prəˌvɒkə'tɜː(r); AmE ˌɑːʒɑ̃ prouˌvɑːkə'tɜːr/) Agent provocateur, Lockspitzel

,**age of con'sent** Nomen [Sing] = Alter, ab dem sexuelle Beziehungen vom Gesetz erlaubt werden

,**age-'old** Adj uralt

ag·grand·ize·ment (BrE auch **-ise·ment**) /ə'ɡrændɪzmənt/ Nomen [U] (*gehoben, abwert*) Aufstieg, Emporkommen ◇ *Her sole aim is personal aggrandizement.* Sie ist nur darauf bedacht, sich hervorzutun.

ag·gra·vate /'æɡrəveɪt/ Verb **1** verschlimmern, erschweren ◇ *He aggravated his injury during the game.* Durch das Spiel hat er seine Verletzung noch schlimmer gemacht. **2** (*umgs*) ärgern, reizen

ag·gra·vat·ing /'æɡrəveɪtɪŋ/ Adj **1** (*umgs*) ärgerlich, lästig **2** (RECHT) erschwerend

ag·gra·va·tion /ˌæɡrə'veɪʃn/ Nomen **1** Verschlimmerung **2** Ärger, Ärgernis

ag·gre·gate¹ /'æɡrɪɡət/ Nomen **1** Gesamtmenge, Gesamtsumme **2** (*Beton-*) Zuschlag IDM **in (the) 'aggregate** (*gehoben*) insgesamt **on 'aggregate** (BrE) (SPORT) im Gesamtergebnis

ag·gre·gate² /'æɡrɪɡət/ Adj nur vor Nomen (WIRTSCH, SPORT) Gesamt- ◇ *aggregate demand* der Gesamtbedarf ◇ *an aggregate win* ein Sieg nach dem Rückspiel

ag·gre·gate³ /'æɡrɪɡeɪt/ Verb (*meist passiv*) **be aggregated (with sth)** (*gehoben oder Fachspr*) (zu etw) dazugezählt werden

ag·gres·sion /ə'ɡreʃn/ Nomen [U] **1** Aggression ◇ *Do computer games cause aggression?* Lösen Computerspiele Aggressionen aus? **2** (MIL) Angriff

ag·gres·sive /ə'ɡresɪv/ Adj (Adv **ag·gres·sive·ly**) aggressiv

ag·gres·sive·ness /ə'ɡresɪvnəs/ Nomen Aggressivität

ag·gres·sor /ə'ɡresə(r)/ Nomen Angreifer(in), Aggressor(in)

ag·grieved /ə'ɡriːvd/ Adj **1** gekränkt, verärgert ◇ *He felt aggrieved at the suggestion that he had lied.* Er fühlte sich verletzt durch die Unterstellung, er hätte gelogen. **2** (RECHT) geschädigt

aggro /'æɡrəʊ; AmE 'æɡroʊ/ Nomen (BrE, umgs) **1** Gewalt **2** Ärger

aghast /ə'ɡɑːst; AmE ə'ɡæst/ Adj nicht vor Nomen **~ (at sth)** (von etw) entsetzt, (über etw) entgeistert

agile /'ædʒaɪl; AmE 'ædʒl/ Adj beweglich; (Hände) flink ◇ *agile in body and mind* geistig und körperlich agil

agil·ity /ə'dʒɪləti/ Nomen Beweglichkeit

aging¹ /'eɪdʒɪŋ/ (AmE) (BrE auch **age·ing**) Nomen Altern, Alterung

aging² /'eɪdʒɪŋ/ (AmE) (BrE auch **age·ing**) Adj alternd

agism (AmE) = AGEISM

agi·tate /'ædʒɪteɪt/ Verb **1 ~ (for/against st)** (für/gegen etw) agitieren ◇ *political groups agitating for social reform* politische Gruppen, die sich für Sozialreformen stark machen **2** beunruhigen, in Aufregung versetzen **3** (*Fachspr*) aufrühren, schütteln

agi·tat·ed /'ædʒɪteɪtɪd/ *Adj* aufgeregt, nervös

agi·ta·tion /ˌædʒɪ'teɪʃn/ *Nomen* **1** Aufregung, Unruhe ◊ *She arrived in a state of great agitation.* Sie war völlig aufgelöst, als sie ankam. **2** (POL) Agitation **3** (*Fachspr*) Aufrühren, Schütteln

agi·ta·tor /'ædʒɪteɪtə(r)/ *Nomen* (*abwert*) Agitator(in), Aufrührer(in)

AGM /ˌeɪ dʒi: 'em/ (*bes BrE*) *Kurzform von* **annual general meeting** Jahreshauptversammlung

ag·nos·tic /æg'nɒstɪk; *AmE* -'nɑ:s-/ **1** *Nomen* Agnostiker(in) **2** *Adj* agnostizistisch, agnostisch

ag·nos·ti·cism /æg'nɒstɪsɪzəm; *AmE* -'nɑ:s-/ *Nomen* Agnostizismus

ago /ə'ɡəʊ; *AmE* ə'ɡoʊ/ *Adv* vor ◊ *a short/long time ago* vor kurzer/langer Zeit ◊ *not long ago* vor kurzem ◊ *He was here just a minute ago.* Er war gerade erst hier. ◊ *How long ago was it?* Wie lange war das her?

agog /ə'ɡɒɡ; *AmE* ə'ɡɑ:ɡ/ *Adj* gespannt

ag·on·ize (*BrE auch* **-ise**) /'æɡənaɪz/ *Verb* ~ (**over/about sth**) sich (über etw) den Kopf zerbrechen

ag·on·ized (*BrE auch* **-ised**) /'æɡənaɪzd/ *Adj* gequält, verzweifelt

ag·on·iz·ing (*BrE auch* **-ising**) /'æɡənaɪzɪŋ/ *Adj* (*Adv* **ag·on·iz·ing·ly**, *BrE auch* **-is·ing·ly**) qualvoll, quälend ◊ *the most agonizing decision of her life* die schwerste Entscheidung ihres Lebens ◊ *They were agonizingly close to victory.* Schade, der Sieg war für sie zum Greifen nah.

agony /'æɡəni/ *Nomen* (*Pl* **-ies**) Qual, heftiger Schmerz ◊ *Jack collapsed in agony.* Jack brach unter heftigen Schmerzen zusammen. ◊ *She waited in an agony of suspense.* Sie wartete in qualvoller Spannung. IDM ⇨ PILE²

'**agony aunt** *Nomen* (*BrE*) Kummerkastentante

'**agony column** *Nomen* (*BrE*) Kummerkasten

agora·pho·bia /ˌæɡərə'fəʊbiə; *AmE* -'foʊ-/ *Nomen* (*Fachspr*) Platzangst, Agoraphobie

agora·pho·bic /ˌæɡərə'fəʊbɪk; *AmE* -'foʊ-/ (*Fachspr*) **1** *Nomen* Agoraphobiker(in) **2** *Adj* agoraphobisch ◊ *be agoraphobic* unter Platzangst leiden

agrar·ian /ə'ɡreəriən; *AmE* ə'ɡrer-/ *Adj* (*Fachspr*) Agrar-, agrarisch

agree /ə'ɡriː/ *Verb* **1** ~ (**with sb**) (**about/on sth**) (mit jdm) (über etw) gleicher Meinung sein; ~ **with sb** jdm zustimmen; ~ **with sth** mit etw übereinstimmen; **be agreed** (**on/about sth**) sich (über etw) einig sein ◊ *I couldn't agree more!* Da bin ich ganz Ihrer Meinung! ◊ *I don't agree (with you).* Da bin ich anderer Meinung. ◊ *We all agreed that ...* Wir waren uns alle einig, dass ... OPP DISAGREE **2 be agreed** (**that ...**) vereinbart sein/werden, dass ... **3** ~ (**to sth**) (in etw) einwilligen, (mit etw) einverstanden sein SYN CONSENT² **4** ~ (**on**) **sth** sich auf etw einigen, etw vereinbaren ◊ *at the agreed time* zur vereinbarten Zeit **5** (*annehmen*) verabschieden SYN APPROVE **6** ~ (**with sth**) (*Bericht, Zahlen etc.*) (mit etw) übereinstimmen SYN TALLY² OPP DISAGREE **7** ~ (**with sth**) (LING) (mit etw) übereinstimmen IDM **a‚gree to 'differ** sich darauf einigen, dass es verschiedene Standpunkte gibt PHRV **a'gree with sb** jdm bekommen ◊ *The climate didn't agree with him.* Er vertrug das Klima nicht.

agree·able /ə'ɡriːəbl/ *Adj* (*gehoben*) **1** (*Adv* **agree·ably** /-əbli/) angenehm **2** *nicht vor Nomen* ~ (**to sth**) (mit etw) einverstanden **3** ~ (**to sb**) (für jdn) akzeptabel

agree·ment /ə'ɡriːmənt/ *Nomen* **1** Abkommen, Vertrag, Vereinbarung, Abmachung ◊ *They had an agreement never to talk about it.* Sie hatten vereinbart, nie darüber zu sprechen. ☞ *Siehe auch* GENTLEMAN'S AGREEMENT **2** [U] Einigung ◊ *Are we in agreement about the price?* Sind wir uns über den Preis einig? ◊ *by mutual agreement* im gegenseitigen Einverständnis **3** Zustimmung, Einwilligung **4** [U] (LING) Übereinstimmung SYN CONCORD

agri·cul·tural /ˌæɡrɪ'kʌltʃərəl/ *Adj* landwirtschaftlich, Agrar-, Land-

agri·cul·ture /'æɡrɪkʌltʃə(r)/ *Nomen* Landwirtschaft

agro- /'æɡrəʊ; *AmE* 'æɡroʊ/ (*auch* **agri-** /'æɡrɪ/) (*in Zusammensetzungen*) agrar-, Agrar-

aground /ə'ɡraʊnd/ *Adv, Adj* ◊ *run/go aground* auf Grund laufen ◊ *be aground* gestrandet sein

ah /ɑː/ *Ausruf* ☞ **Ah** kann Überraschung, Freude, Mitleid und Verständnis ausdrücken oder am Anfang eines Ausdrucks anderer Meinung stehen: ◊ *ah, good* ach, schön ◊ *Ah, there you are.* Ach, da bist du! ◊ *Ah, what a lovely baby!* Oh, ist das nicht ein süßes Baby! ◊ *Ah, I see.* Ah, ich verstehe. ◊ *Ah, that tastes good.* Hm, das schmeckt gut. ◊ *ah well* naja ◊ *Ah, but that may not be true.* Hm, das stimmt aber vielleicht nicht.

aha /ɑː'hɑː/ *Ausruf* aha

ahchoo /ɑː'tʃuː, ə'tʃuː/ *Ausruf* hatschi

ahead /ə'hed/ *Adv* ☞ Für Verben mit **ahead** siehe die Einträge für die Verben. **Press ahead** (**with sth**) z.B. steht unter **press**.
1 voraus ◊ *the road ahead* die Straße vor uns ◊ *look straight ahead* geradeaus schauen ◊ *200 metres ahead* 200 Meter weiter vorn ◊ *in the months ahead* in den nächsten Monaten **2** im Voraus **3** vorn ◊ *be ahead by six points* einen Vorsprung von sechs Punkten haben

a'head of *Präp* **1** vor **2** voraus ◊ *He was way ahead of his time.* Er war seiner Zeit weit voraus.

ahem /ə'hem/ *Ausruf* hm

ahoy /ə'hɔɪ/ *Ausruf* ahoi ◊ *Ahoy there!* Ahoi!

AI /ˌeɪ 'aɪ/ *Abk* **1** = ARTIFICIAL INSEMINATION **2** = ARTIFICIAL INTELLIGENCE

aid¹ /eɪd/ *Nomen* **1** Hilfe ◊ *foreign aid* Entwicklungshilfe ◊ *aid agencies* Hilfsorganisationen ◊ *He was breathing only with the aid of a ventilator.* Er musste künstlich beatmet werden. **2** Hilfsmittel ◊ *teaching aids* Lehrmittel ◊ *a hearing aid* ein Hörgerät IDM **in aid of sth/sb** (*BrE*) zugunsten von etw/jdm ◊ *collect money in aid of charity* für wohltätige Zwecke sammeln **what's ... in aid of?** (*BrE, umgs*) ◊ *What's all this crying in aid of?* Wozu die Tränen?

aid² /eɪd/ *Verb* (*gehoben*) helfen ◊ *The test should aid in the early detection of the disease.* Mithilfe des Tests müsste es leichter sein, die Krankheit frühzeitig zu erkennen. ◊ *They were accused of aiding his escape.* Sie wurden beschuldigt, ihm Fluchthilfe geleistet zu haben. IDM ˌ**aid and a'bet** (RECHT) Beihilfe leisten

aide /eɪd/ *Nomen* Berater(in)

aide-de-camp /ˌeɪd də 'kɒ̃; *AmE* 'kæmp/ *Nomen* (*Pl* **aides-de-camp** /ˌeɪd də 'kɒ̃; *AmE* 'kæmp/) (*Abk* **ADC**) Adjutant(in)

AIDS (*BrE auch* **Aids**) /eɪdz/ *Kurzform von* **Acquired Immune Deficiency Syndrome** Aids

ail·ing /'eɪlɪŋ/ *Adj* (*gehoben*) kränkelnd

ail·ment /'eɪlmənt/ *Nomen* Krankheit, Leiden ◊ *minor ailments* leichte Beschwerden

aim¹ /eɪm/ *Nomen* **1** Ziel, Absicht **2** [U] ◊ *Her aim was good.* Sie zielte gut. ◊ *He took aim and fired.* Er zielte und schoss. IDM **take 'aim at sb/sth** (*AmE*) (*kritisieren*) jdn/etw aufs Korn nehmen

aim² /eɪm/ *Verb* **1** ~ (**at/for sth**) (etw) beabsichtigen, (etw) anstreben ◊ *He has always aimed high.* Er hat sich schon immer hohe Ziele gesteckt. ◊ *She's aiming at a scholarship.* Sie hofft ein Stipendium zu bekommen. ◊ *aim at increasing exports* sich die Steigerung des Exports zum Ziel setzen ◊ *We aim to be there at six.* Wir wollen um sechs Uhr dort sein. **2 be aimed at sth** ◊ *The measures are aimed at preventing theft.* Diese Maßnahmen sollen Diebstähle verhindern. **3** ~ (**sth**) (**at sb/sth**) (mit etw) (auf jdn/etw) zielen ◊ *He aimed at the target and fired.* Er legte auf das Ziel an und schoss. ◊ *The gun was aimed at her head.* Die Pistole war auf ihren Kopf gerichtet. **4** (*meist passiv*) ~ **sth at sb** etw gegen jdn richten

aim·less /'eɪmləs/ *Adj* (*Adv* **aim·less·ly**) ziellos, planlos

aim·less·ness /'eɪmləsnəs/ *Nomen* Ziellosigkeit, Planlosigkeit

ain't /eɪnt/ (*umgs oder hum*) **1** *Kurzform von* **am not/is not/are not 2** *Kurzform von* **has not/have not** ☞ **Ain't** ist kein korrektes Englisch.

air¹ /eə(r); *AmE* er/ *Nomen* **1** Luft ◊ *put some air in the tyres* die Reifen aufpumpen ◊ *whales coming up for air* Wale, die auftauchen um zu atmen ◊ *in the open air* im Freien **2** ◊ *by air* mit dem Flugzeug ◊ *air fares* Flugpreise **3** [*Sing*] ◊ *have an air of luxury* luxuriös wirken ◊ *with a defiant air* herausfordernd ◊ *There was an air of complete confidence*

air

about her. Sie strahlte vollkommenes Selbstvertrauen aus. **4** (*veraltet*) (*Melodie*) Air, Weise **5 airs** [Pl] (*abwert*) Allüren ◊ **put on airs** sehr vornehm tun IDM ˌairs and ˈgraces (*BrE, abwert*) Allüren **be in the ˈair** in der Luft liegen **float/walk on ˈair** wie auf Wolken gehen ˌoff (the) ˈair nicht auf Sendung ◊ *The programme was taken off the air.* Die Sendung wurde nicht mehr übertragen. ˌon (the) ˈair auf Sendung ◊ **go on air** gesendet werden **up in the ˈair** in der Schwebe ☛ *Siehe auch* BREATH, CASTLE, CLEAR², NOSE¹, PLUCK *und* THIN¹
air² /eə(r); *AmE* er/ *Verb* **1** (*Kleider, Raum etc.*) (aus)lüften **2** (*bes BrE*) = Wäsche nach dem Bügeln an einem warmen Ort aufhängen, damit sie ganz trocknet **3** (*öffentlich*) zum Ausdruck bringen ◊ *air your grievances* seine Beschwerden äußern **4** (*bes AmE*) (*senden*) übertragen (werden) PHRV ˌair sth ˈout (*AmE*) etw (aus)lüften
ˈair bag *Nomen* Airbag
ˈair·base /ˈeəbeɪs; *AmE* ˈerb-/ *Nomen* Luftwaffenstützpunkt
ˈair bed *Nomen* (*BrE*) Luftmatratze
ˈair·borne /ˈeəbɔːn; *AmE* ˈerbɔːrn/ *Adj* **1** *nicht vor Nomen* (*Flugzeug*) in der Luft **2** *nur vor Nomen* in der Luft (befindlich) ◊ *airborne seeds* durch den Wind übertragene Samen **3** *nur vor Nomen* (MIL) Luftlande-
ˈair·brush¹ /ˈeəbrʌʃ; *AmE* ˈerb-/ *Nomen* Spritzpistole
ˈair·brush² /ˈeəbrʌʃ; *AmE* ˈerb-/ *Verb* **1** (*Kunstwerk etc.*) mit der Spritzpistole anfertigen **2** mit der Spritzpistole bearbeiten ◊ *He had been airbrushed out of the picture.* Er war auf dem Bild mit der Spritzpistole übersprüht worden.
ˌair chief ˈmarshal *Nomen* (*in der britischen Luftwaffe*) General(in)
ˌair ˈcommodore *Nomen* (*in der britischen Luftwaffe*) Brigadegeneral(in)
ˈair-conditioned *Adj* klimatisiert
ˈair conditioner *Nomen* Klimaanlage, Klimagerät
ˈair conditioning *Nomen* [U] Klimaanlage, Klimatisierung ☛ Die Abkürzungen **AC, a/c** und **ac** sind besonders im amerikanischen Englisch häufig.
ˈair·craft /ˈeəkrɑːft; *AmE* ˈerkræft/ *Nomen* (*Pl* **air·craft**) Flugzeug, Maschine
ˈaircraft carrier *Nomen* Flugzeugträger
ˈair·craft·man /ˈeəkrɑːftmən; *AmE* ˈerkræft-/ *Nomen* (*Pl* **-men** /-mən/) (*in der britischen Luftwaffe*) Flieger
ˈair·craft·woman /ˈeəkrɑːftwʊmən; *AmE* ˈerkræft-/ *Nomen* (*Pl* **-women** /-wɪmɪn/) (*in der britischen Luftwaffe*) Fliegerin
ˈair·crew /ˈeəkruː; *AmE* ˈerk-/ *Nomen* (*bes bei Militärflugzeugen*) Besatzung ☛ G 1.3b
ˈair·drome /ˈeədrəʊm; *AmE* ˈerdroʊm/ *Nomen* (*AmE, veraltet*) Flugplatz
ˈair·field /ˈeəfiːld; *AmE* ˈerf-/ *Nomen* Landeplatz, Flugplatz
ˈair force *Nomen* Luftwaffe ☛ G 1.3b
ˈair gun *Nomen* Luftgewehr
ˈair·head /ˈeəhed; *AmE* ˈerh-/ *Nomen* (*umgs, abwert*) Dummkopf ◊ *He's a total airhead!* Er hat überhaupt nichts im Kopf!
ˈair hostess *Nomen* Stewardess
ˈair·ily /ˈeərəli; *AmE* ˈer-/ *Adv* (*gehoben*) nonchalant, lässig, einfach so
ˈair·ing /ˈeərɪŋ; *AmE* ˈerɪŋ/ *Nomen* [Sing] **1** **give sth an ~** etw auslüften; (*Haus*) durchlüften **2** (*fig*) ◊ *give your views an airing* sich (öffentlich) äußern ◊ *It got a thorough airing in the press.* Das wurde in der Presse gründlich erörtert.
ˈairing cupboard *Nomen* (*BrE*) = Schrank, in dem sich der Warmwassertank befindet und wo man die Wäsche nach dem Bügeln aufhängt, damit sie ganz trocknet
ˈair kiss *Nomen* Küsschen links und rechts
ˈair·less /ˈeələs; *AmE* ˈerl-/ *Adj* stickig ◊ *The night was hot and airless.* Die Nacht war heiß und windstill.
ˈair letter *Nomen* Aerogramm
ˈair·lift¹ /ˈeəlɪft; *AmE* ˈerl-/ *Nomen* Luftbrücke
ˈair·lift² /ˈeəlɪft; *AmE* ˈerl-/ *Verb* **1** über eine Luftbrücke transportieren **2** ◊ *He was airlifted to hospital.* Er wurde per Hubschrauber ins Krankenhaus gebracht.
ˈair·line /ˈeəlaɪn; *AmE* ˈerl-/ *Nomen* Fluggesellschaft ◊ *He trained as an airline pilot.* Er machte eine zivile Flugausbildung. ☛ G 1.3b
ˈair·liner /ˈeəlaɪnə(r); *AmE* ˈerl-/ *Nomen* Verkehrsflugzeug
ˈair·lock /ˈeəlɒk; *AmE* ˈerlɑːk/ *Nomen* **1** Luftblase **2** (*bei U-Booten etc.*) Luftschleuse
ˈair·mail¹ /ˈeəmeɪl; *AmE* ˈerm-/ *Nomen* Luftpost
ˈair·mail² /ˈeəmeɪl; *AmE* ˈerm-/ *Verb* per Luftpost schicken
ˈair·man /ˈeəmən; *AmE* ˈerm-/ *Nomen* (*Pl* **air·men** /ˈeəmən/) **1** (*in der britischen Luftwaffe*) Flieger **2** (*in der US-Luftwaffe*) Gefreiter
ˌair ˈmarshal *Nomen* (*in der britischen Luftwaffe*) Generalleutnant
ˈair mattress *Nomen* (*bes AmE*) Luftmatratze
ˈair·plane /ˈeəpleɪn; *AmE* ˈerp-/ *Nomen* (*AmE*) Flugzeug
ˈair pocket *Nomen* **1** Luftblase **2** Luftloch
ˈair·port /ˈeəpɔːt; *AmE* ˈerpɔːrt/ *Nomen* Flughafen
ˈair pump *Nomen* Luftpumpe
ˈair quotes *Nomen* = mit den Fingern angedeutete Anführungszeichen
ˈair raid *Nomen* Luftangriff ◊ *an air-raid shelter* ein Luftschutzbunker
ˈair rifle *Nomen* Luftgewehr
ˌair-sea ˈrescue *Nomen* [U] (*bes BrE*) Seenotrettung aus der Luft
ˈair·ship /ˈeəʃɪp; *AmE* ˈerʃɪp/ *Nomen* Luftschiff
ˈair·space /ˈeəspeɪs; *AmE* ˈers-/ *Nomen* Luftraum
ˈair speed *Nomen* Eigengeschwindigkeit, Fluggeschwindigkeit
ˈair·strip /ˈeəstrɪp; *AmE* ˈers-/ *Nomen* Rollbahn, Piste
ˈair·tight /ˈeətaɪt; *AmE* ˈert-/ *Adj* **1** luftdicht **2** (*fig*) wasserdicht, hieb- und stichfest
ˈair·time /ˈeətaɪm; *AmE* ˈert-/ *Nomen* **1** Sendezeit **2** (*beim Handy*) Sprechzeit
ˌair traffic conˈtrol *Nomen* Flugsicherung
ˌair traffic conˈtroller *Nomen* Fluglotse, -lotsin
ˌair vice-ˈmarshal *Nomen* (*in der britischen Luftwaffe*) Generalmajor
ˈair·waves /ˈeəweɪvz; *AmE* ˈerw-/ *Nomen* [Pl] Äther ◊ *A well-known voice came over the airwaves.* Im Radio hörte man eine bekannte Stimme.
ˈair·way /ˈeəweɪ; *AmE* ˈerweɪ/ *Nomen* **1** (MED) Luftröhre **2** Flugroute **3** Fluggesellschaft
ˈair·worthi·ness /ˈeəwɜːðinəs; *AmE* ˈerwɜːrði-/ *Nomen* Flugtüchtigkeit
ˈair·worthy /ˈeəwɜːði; *AmE* ˈerwɜːrði/ *Adj* flugtüchtig
ˈairy /ˈeəri; *AmE* ˈeri/ *Adj* **1** geräumig, luftig **2** (*gehoben*) lässig **3** (*gehoben, abwert*) vage
ˌairy-ˈfairy *Adj* (*BrE, umgs, abwert*) versponnen, unausgegoren
ˈaisle /aɪl/ *Nomen* Gang IDM **go/walk down the ˈaisle** (*umgs*) vor den Traualtar treten ☛ *Siehe auch* ROLL²
ˈaitch /eɪtʃ/ *Nomen* = der Buchstabe H ◊ *He spoke with a cockney accent and dropped his aitches.* Er sprach Cockney-Dialekt und verschluckte immer das H.
ˈajar /əˈdʒɑː(r)/ *Adj nicht vor Nomen* angelehnt ◊ *I'll leave the door ajar.* Ich lasse die Tür einen Spalt offen.
ˈaka /ˌeɪ keɪ ˈeɪ/ *Kurzform von* **also known as** alias, auch bekannt als
ˈakimbo /əˈkɪmbəʊ; *AmE* -boʊ/ *Adv* IDM (**with**) **arms aˈkimbo** die Arme in die Hüften gestemmt
ˈakin /əˈkɪn/ *Adj* **~ to sth** (*gehoben*) mit etw verwandt, einer Sache ähnlich ◊ *What he felt was more akin to pity than love.* Was er fühlte, war mehr Mitleid als Liebe.
à la /ˈɑː lɑː/ *Präp* (in der Art) wie
ˈala·bas·ter /ˈæləbɑːstə(r); *AmE* -bæs-/ *Nomen* Alabaster
à la carte /ˌɑː lɑː ˈkɑːt; *AmE* ˈkɑːrt/ *Adj, Adv* à la carte, nach der (Speise)karte
ˈalac·rity /əˈlækrəti/ *Nomen* (*gehoben*) Eifer, Bereitwilligkeit
à la mode /ˌɑː lɑː ˈməʊd; *AmE* ˈmoʊd/ *Adj nicht vor Nomen, Adv* **1** (*veraltet*) modisch **2** (*AmE*) mit Eis
ˈalarm¹ /əˈlɑːm; *AmE* əˈlɑːrm/ *Nomen* **1** [U] Sorge, Besorgnis, Angst ◊ *There is no cause for alarm.* Es besteht kein Grund zur Besorgnis. **2** [meist Sing] Alarm ◊ *raise/sound*

the alarm Alarm schlagen **3** Alarmanlage ◊ *a smoke alarm* ein Rauchmelder **4** (*auch* **a'larm clock**) Wecker **IDM** **a'larm bells ring/start ringing** die Alarmglocken schrillen/fangen an zu schrillen

alarm² /əˈlɑːm; *AmE* əˈlɑːrm/ *Verb* **1** beunruhigen, erschrecken **2** mit einer Alarmanlage versehen

alarmed /əˈlɑːmd; *AmE* əˈlɑːrmd/ *Adj nicht vor Nomen* beunruhigt

alarm·ing /əˈlɑːmɪŋ; *AmE* əˈlɑːrm-/ *Adj* (*Adv* **alarm·ing·ly**) beunruhigend, erschreckend, alarmierend

alarm·ist¹ /əˈlɑːmɪst; *AmE* əˈlɑːrm-/ *Adj* Unheil prophezeiend, schwarz malend ◊ *The programme was alarmist.* Die Sendung war reine Panikmache.

alarm·ist² /əˈlɑːmɪst; *AmE* əˈlɑːrm-/ *Nomen* Panikmacher(in)

alas /əˈlæs/ *Ausruf* (*veraltet oder gehoben*) leider

al·ba·tross /ˈælbətrɒs; *AmE* -trɔːs, -trɑːs/ *Nomen* **1** Albatros **2** [*meist Sing*] (*gehoben*) ◊ *The national debt is an albatross around the president's neck.* Die Staatsverschuldung ist ein Dauerproblem für den Präsidenten.

al·beit /ˌɔːlˈbiːɪt/ *Konj* (*gehoben*) wenn auch, obgleich

al·bino /ælˈbiːnəʊ; *AmE* -ˈbaməʊ/ **1** *Nomen* (*Pl* **-os**) Albino **2** *Adj* Albino-

album /ˈælbəm/ *Nomen* Album

al·bu·men /ˈælbjumɪn; *AmE* ælˈbjuːmən/ *Nomen* (*Fachspr*) Albumen, Eiklar

al·chem·ist /ˈælkəmɪst/ *Nomen* Alchemist(in)

al·chemy /ˈælkəmi/ *Nomen* Alchemie

al·co·hol /ˈælkəhɒl; *AmE* -hɔːl, -hɑːl/ *Nomen* Alkohol ◊ *driving with excess alcohol* Trunkenheit am Steuer

al·co·hol·ic /ˌælkəˈhɒlɪk; *AmE* -ˈhɔːl-, -ˈhɑːl-/ **1** *Adj* alkoholisch **2** *Nomen* Alkoholiker(in)

al·co·hol·ism /ˈælkəhɒlɪzəm; *AmE* -ˈhɔːl-, -ˈhɑːl-/ *Nomen* Alkoholismus, Trunksucht

al·co·pop /ˈælkəʊpɒp; *AmE* -koʊpɑːp/ *Nomen* (*BrE*) = alkoholhaltige Limonade etc.

al·cove /ˈælkəʊv; *AmE* -koʊv/ *Nomen* Nische

alder /ˈɔːldə(r)/ *Nomen* Erle

al·der·man /ˈɔːldəmən; *AmE* -dərm-/ *Nomen* (*Pl* **-men** /-mən/) **1** = nicht gewähltes Ratsmitglied **2** = gewähltes Mitglied einer Stadtverwaltung in den USA, Kanada und Australien

ale /eɪl/ *Nomen* **1** Ale, (obergäriges) Bier ◊ *brown ale* Dunkelbier ☛ *Siehe auch* GINGER ALE *und* REAL ALE **2** (*veraltet*) Bier

alec ⇨ SMART ALEC

ale·house /ˈeɪlhaʊs/ *Nomen* (*BrE, veraltet*) Wirtshaus

alert¹ /əˈlɜːt; *AmE* əˈlɜːrt/ *Adj* (*BrE*) (*Adv* **alert·ly**) **1** aufmerksam, aufgeweckt, munter ◊ *an alert mind* ein scharfer Verstand ◊ *mentally alert* geistig rege **2 be ~ to sth** sich einer Sache bewusst sein

alert² /əˈlɜːt; *AmE* əˈlɜːrt/ *Verb* **1** alarmieren, warnen **2 ~ sb to sth** jdn vor etw warnen, jdn auf etw aufmerksam machen

alert³ /əˈlɜːt; *AmE* əˈlɜːrt/ *Nomen* **1** [*Sing*] Alarmbereitschaft; **be on the ~ (for sth)** (vor etw) auf der Hut sein **2** Alarm, Warnung ◊ *a bomb/fire alert* ein Bomben-/Feueralarm

alert·ness /əˈlɜːtnəs/ *Nomen* Aufmerksamkeit, Wachsamkeit, Munterkeit

A level /ˈeɪ levl/ (*auch* **ad'vanced level**) *Nomen*

> Die meisten Schüler in England, Wales und Nordirland machen mit etwa 17 Jahren Prüfungen in 2-4 Fächern (**AS levels**) und machen mit etwa 18 Jahren weitere Prüfungen in 1-3 Fächern (**A2 levels**), zum Abschluss der Sekundarstufe 2. **AS levels** und **A2 levels** zusammen bilden die **A levels**. Die Noten in den A levels entscheiden über die Zulassung zu einer bestimmten Hochschule.
> ☛ *Siehe auch* HIGHERS, GCSE *und* GNVQ

al·fal·fa /ælˈfælfə/ *Nomen* Alfalfa, Luzerne

al·fresco /ælˈfreskəʊ; *AmE* -koʊ/ *Adj, Adv* im Freien

algae /ˈældʒiː, ˈælgiː/ *Nomen* [*Pl*] Algen ☛ *Der Singular* **alga** /ˈælgə/ *ist selten.*

algal /ˈælgəl/ *Adj nur vor Nomen* Algen-

al·ge·bra /ˈældʒɪbrə/ *Nomen* Algebra

al·ge·bra·ic /ˌældʒɪˈbreɪɪk/ *Adj* algebraisch

al·go·rithm /ˈælgərɪðəm/ *Nomen* Algorithmus

alias¹ /ˈeɪliəs/ *Adv* alias

alias² /ˈeɪliəs/ *Nomen* Deckname

alibi /ˈæləbaɪ/ *Nomen* Alibi

alien¹ /ˈeɪliən/ *Adj* **1 ~ (to sb/sth)** (jdm/einer Sache) fremd **2** außerirdisch

alien² /ˈeɪliən/ *Nomen* **1** (*offiz*) Ausländer(in) **2** Außerirdische(r)

alien·ate /ˈeɪliəneɪt/ *Verb* **1** befremden ◊ *His comments have alienated a lot of young voters.* Mit seinen Bemerkungen hat er sich die Sympathien vieler junger Wähler verscherzt. **2** entfremden

alien·ation /ˌeɪliəˈneɪʃn/ *Nomen* Entfremdung, Abwendung

alight¹ /əˈlaɪt/ *Adj nicht vor Nomen* **1 be ~** brennen; **set sth ~** etw in Brand setzen ◊ *Her dress caught alight in the fire.* In den Flammen fing ihr Kleid Feuer. **2 be ~** (*Gesicht, Augen*) leuchten **IDM** ⇨ WORLD

alight² /əˈlaɪt/ *Verb* (*gehoben*) **1** (*Vogel, Insekt*) sich niederlassen, landen **2 ~ (from sth)** (aus etw) aussteigen **SYN** GET OFF **PHRV** **a'light on/upon sth** auf etw stoßen; (*Blick*) auf etw fallen

align /əˈlaɪn/ *Verb* **1** ausrichten **2** auf einer Linie/Höhe etc. sein; **~ sth (with sth)** etw (mit etw) auf eine Linie/Höhe etc. bringen **3 ~ sth (with/to sth)** etw (an etw) anpassen **PHRV** **align yourself with sb/sth** sich an jdm/etw ausrichten

align·ment /əˈlaɪnmənt/ *Nomen* **1** Ausrichtung (*auch fig*) ◊ *Japan's alignment with the West* Japans Ausrichtung auf den Westen ◊ *alignments in the Middle East* Gruppierungen im Nahen Osten **2** Anordnung in einer Linie ◊ *A bone in my spine was out of alignment.* Ein Wirbel in meiner Wirbelsäule hatte sich verschoben.

alike¹ /əˈlaɪk/ *Adj* gleich ◊ *My sister and I do not look alike.* Meine Schwester und ich sehen uns nicht ähnlich.

alike² /əˈlaɪk/ *Adv* in gleicher Weise, sowohl … als auch ◊ *It benefits employers and employees alike.* Es kommt den Arbeitgebern wie den Arbeitnehmern zugute. **IDM** ⇨ SHARE¹

ali·men·tary canal /ˌælɪmentri kəˈnæl/ *Nomen* Verdauungskanal

ali·mony /ˈælɪməni; *AmE* -moʊni/ *Nomen* [*U*] (*bes AmE*) Unterhalt(szahlung)

alive /əˈlaɪv/ *Adj nicht vor Nomen* **1** lebendig; **be ~** leben ◊ *Doctors kept the baby alive for six weeks.* Die Ärzte hielten den Säugling sechs Wochen lang am Leben. ◊ *He's alive and well.* Er ist gesund mit Leben. ◊ **~ with sth** von etw erfüllt sein; (*von Fischen, Ameisen etc.*) wimmeln ◊ *The streets were alive with people.* Die Straßen waren voll von Menschen. **3 keep sth ~** etw bewahren ◊ *keep a memory alive* eine Erinnerung wachhalten ◊ *keep hope alive* nicht die Hoffnung aufgeben **4 be ~ to sth** sich einer Sache bewusst sein **IDM** **a‚live and ‚kicking** gesund und munter **bring sth a'live** etw lebendig werden lassen; (*Buch etc.*) etw lebendig gestalten **come a'live** lebendig werden; aufleben ◊ *The match came alive in the second half.* In der zweiten Hälfte kam Leben in das Spiel. ☛ *Siehe auch* EAT

al·kali /ˈælkəlaɪ/ *Nomen* (NATURW) Base, Alkali

al·ka·line /ˈælkəlaɪn/ *Adj* alkalisch, Alkali-, basisch

all¹ /ɔːl/ *Adj* **1** alle ◊ *from all directions* aus allen Richtungen **2** ganz(e,r,s), alle(r,s) ◊ *She was unemployed for all that time.* Sie war die ganze Zeit über arbeitslos. **3** *with all speed* so schnell wie möglich ◊ *In all honesty, I can't agree.* Da kann ich nicht zustimmen, ganz ehrlich gesagt. **4** voller ◊ *The magazine was all adverts.* Die Zeitschrift bestand nur aus Anzeigen. ◊ *She was all smiles.* Sie strahlte über das ganze Gesicht. **IDM** **and all 'that (jazz, rubbish, etc.)** (*umgs*) und so weiter; und der ganze Kram **not all that good, well, etc.** nicht besonders gut etc. ◊ *He doesn't sing all that well.* Er singt nicht besonders gut. **not as bad(ly), etc. as all 'that** so schlimm etc. (auch wieder) nicht ◊ *They're not as rich as all that.* So reich sind sie dann auch nicht. **of 'all people, things, etc.** ausgerechnet; gerade ◊ *You of all people should know better.* Gerade du solltest es eigentlich besser wissen. **of 'all the …** (*verwendet, um Ärger auszudrücken*) (*umgs*) ◊ *I've locked*

---

u actual | aɪ my | aʊ now | eɪ say | əʊ (*BrE*) go | oʊ (*AmE*) go | ɔɪ boy | ɪə near | eə hair | ʊə pure

all

myself out! Of all the stupid things to do! Ich habe mich ausgesperrt! So was Blödes! ☛ *Siehe auch* FOR[1]

all[2] /ɔːl/ *Pron* alle(s), der/die/das ganze ◊ *They've eaten all of it.*/*They've eaten it all.* Sie haben alles gegessen. ◊ *All I want is peace and quiet.* Ich will doch einfach nur meine Ruhe. ☛ *Siehe auch* YOU-ALL **IDM** **all in 'all** alles in allem **all in 'one** (alles) in einem ◊ *It's a corkscrew and bottle-opener all in one.* Das ist ein Korkenzieher und Flaschenöffner in einem. **all or 'nothing** alles oder nichts **and 'all 1** und so weiter ◊ *She jumped into the river, clothes and all.* Sie sprang in den Fluss, mit ihren Kleidern und allem. **2** (*umgs*) auch **(not) at 'all** überhaupt (nicht) ◊ *I didn't enjoy it at all.* Es hat mir gar keinen Spaß gemacht. **in 'all** insgesamt **SYN** ALTOGETHER ˌnot at 'all gern geschehen **your 'all** alles ◊ *Despite his injury, he gave his all for 90 minutes.* Trotz seiner Verletzung gab er 90 Minuten lang alles. ◊ *They gave their all in the war.* Sie gaben im Krieg ihr Leben.

all[3] /ɔːl/ *Adv* **1** ganz ◊ *all alone/all by yourself* ganz allein ◊ *all through the night* die ganze Nacht durch **2** (*umgs*) sehr, total ◊ *She was all excited.* Sie war total aufgeregt. **3** (nur) allzu **4** (SPORT) … beide ◊ *four all* vier beide **IDM** **all a'long** die ganze Zeit über; von Anfang an **all a'round** (*AmE*) **1** in jeder Hinsicht; in jeder Beziehung **2** für alle **all the better, harder, etc** umso besser, schwerer etc. **all but 1** fast ◊ *The party was all but over when we arrived.* Die Party war fast vorbei, als wir ankamen. **2** alle(s) … bis auf ◊ *all but one of the plates* alle Teller bis auf einen **all 'in 1** (völlig) erledigt ◊ *He felt all in.* Er war völlig erledigt. **2** (*BrE*) alles inklusive **all of sth** (*oft iron*) ganze(r,s) ◊ *It must be all of 100 metres to the car!* Es sind ganze 100 Meter bis zum Auto! **all 'over 1** überall **2** ganz; typisch ◊ *That sounds like my sister all over.* Das klingt ganz wie meine Schwester. **all 'round** (*BrE*) **1** in jeder Hinsicht, in jeder Beziehung ◊ *a good idea all round* in jeder Hinsicht eine gute Idee ◊ *cut costs all round* überall Kosten sparen **2** für alle ˌall 'there (*Mensch*) voll da **be all about sb/sth** sich um etw/von etw handeln ◊ (*umgs*) *What's this all about?* Worum geht es denn hier? **be all for sth** sehr/ganz für etw sein ◊ *They're all for saving money.* Sie sind ganz dafür Geld zu sparen. **be all 'over sb** (*umgs*) ein Theater um jdn machen ◊ *He was all over her at the party.* Er konnte bei der Party seine Finger nicht von ihr lassen. ◊ *They were all over him with advice.* Er konnte sich vor ihren Ratschlägen kaum retten. **be all up (with sb)** (*veraltet, umgs*) (mit jdm) aus sein

all- /ɔːl/ **1** ◊ *an all-American show* eine durch und durch amerikanische Show **2** überaus ◊ *all-powerful* allmächtig

Allah /ˈælə/ *Nomen* Allah

ˌall-a'round (*AmE*) *Adj nur vor Nomen* **1** vielseitig ◊ *a good all-around education* eine gute Allgemeinbildung **2** vielseitig begabt

allay /əˈleɪ/ *Verb* (*gehoben*) (*Ängste etc.*) zerstreuen

ˌall-'clear *Nomen* **the all-clear** [Sing] **1** Entwarnung **2** ◊ *The doctor gave me the all-clear.* Der Arzt hat mich für gesund erklärt. **3** Erlaubnis, grünes Licht

al·le·ga·tion /ˌæləˈɡeɪʃn/ *Nomen* Beschuldigung, Anschuldigung, Vorwurf ◊ *She made allegations of dishonesty against him.* Sie bezichtigte ihn der Unaufrichtigkeit.

al·lege /əˈledʒ/ *Verb* (*offiz*) behaupten ◊ *It is alleged that he mistreated the prisoners./He is alleged to have mistreated the prisoners.* Er hat angeblich die Gefangenen misshandelt. ◊ *cases where dishonesty has been alleged* Fälle, in denen der Vorwurf der Unehrlichkeit erhoben wurde

al·leged /əˈledʒd/ *Adj nur vor Nomen* (*Adv* **al·leged·ly** /əˈledʒɪdli/) (*gehoben*) angeblich, mutmaßlich

al·le·gi·ance /əˈliːdʒəns/ *Nomen* ~ (**to sb/sth**) Treue (zu jdm/etw), Loyalität (gegenüber jdm/etw) ◊ *They changed their allegiance from Conservative to Labour.* Sie wechselten von den Konservativen zu Labour über. ◊ *people of various party allegiances* Anhänger verschiedener politischer Parteien

al·le·gor·ic·al /ˌæləˈɡɒrɪkl; *AmE* -ˈɡɔːr-, -ˈɡɑːr-/ *Adj* (*Adv* **al·le·gor·ic·al·ly** /-kli/) allegorisch

al·le·gory /ˈæləɡəri; *AmE* -ɡɔːri/ *Nomen* (*Pl* **-ies**) Allegorie

al·le·gro /əˈleɡrəʊ; *AmE* -ɡroʊ/ *Adj, Adv* (MUS) allegro

al·le·luia /ˌælɪˈluːjə/ *Nomen, Ausruf* = HALLELUJAH

ˌall-em'bracing *Adj* allumfassend

Allen screw™ /ˈælən skruː/ *Nomen* Inbusschraube®

al·ler·gic /əˈlɜːdʒɪk; *AmE* əˈlɜːrdʒɪk/ *Adj* ~ (**to sth**) allergisch (gegen etw)

al·lergy /ˈælədʒi; *AmE* ˈælərdʒi/ *Nomen* Allergie ◊ *I have an allergy to animal hair.* Ich bin gegen Tierhaare allergisch.

al·le·vi·ate /əˈliːvieɪt/ *Verb* (*gehoben*) lindern, mildern **SYN** EASE[2]

al·le·vi·ation /əˌliːviˈeɪʃn/ *Nomen* [U] Linderung, Milderung

alley /ˈæli/ *Nomen* (*umgs* **al·ley·way** /ˈæliweɪ/) Gasse ☛ *Siehe auch* BLIND ALLEY *und* BOWLING ALLEY **IDM** (**right**) **up sb's 'alley** (*AmE*) (genau) jds Fall

al·li·ance /əˈlaɪəns/ *Nomen* Bündnis, Allianz ◊ *The party is in alliance with the communists.* Die Partei ist ein Bündnis mit den Kommunisten eingegangen.

al·lied /ˈælaɪd, əˈlaɪd/ **1** *Form von* ALLY[2] **2** *Adj* (*meist* **Al·lied**) *nur vor Nomen* alliiert ◊ *Allied bombing* die Bombenangriffe der Alliierten ◊ *the allied powers* die Alliierten **3** ~ (**to/with sth**) verbunden (mit etw) ◊ *nursing and other allied professions* Krankenpflege und andere verwandte Berufe

al·li·ga·tor /ˈælɪɡeɪtə(r)/ *Nomen* Alligator

ˌall-im'portant *Adj* äußerst wichtig

ˌall-'in *Adj nur vor Nomen* (*BrE*) alles inklusive

al·lit·er·ation /əˌlɪtəˈreɪʃn/ *Nomen* [U] (*Fachspr*) Alliteration

al·lit·era·tive /əˈlɪtərətɪv; *AmE* əˈlɪtəreɪtɪv/ *Adj* alliterierend

ˈall-night *Adj nur vor Nomen* **1** nachts durchgehend geöffnet **2** die ganze Nacht dauernd

al·lo·cate /ˈæləkeɪt/ *Verb* ~ **sth** (**for sth**) etw (für etw) bestimmen; ~ **sth** (**to sb/sth**); ~ (**sb/sth**) **sth** (jdm/einer Sache) etw zuteilen, (jdm/einer Sache) etw zuweisen ◊ *More resources are being allocated to the department.* Der Abteilung werden mehr Mittel zur Verfügung gestellt.

al·lo·ca·tion /ˌæləˈkeɪʃn/ *Nomen* **1** Budget **2** Zuweisung, Zuwendung, Zuteilung

al·lot /əˈlɒt; *AmE* əˈlɑːt/ *Verb* (**-tt-**) ~ **sth** (**to sb/sth**); ~ (**sb/sth**) **sth** (jdm) etw zuteilen ◊ *in the time allotted* innerhalb der vorgesehenen Zeit ◊ *How much money has been allotted to us?/How much money have we been allotted?* Wie viel Geld ist uns zugeteilt worden?

al·lot·ment /əˈlɒtmənt; *AmE* əˈlɑːt-/ *Nomen* **1** (*BrE*) Schrebergarten **2** (*gehoben*) Zuteilung

ˌall 'out *Adv* ◊ *We're going all out to win.* Wir setzen alles daran zu gewinnen.

ˌall-'out *Adj nur vor Nomen* total ◊ *all-out war* der totale Krieg ◊ *an all-out attack on the opposition* ein massiver Angriff auf die Opposition ◊ *make an all-out effort to win* alles daransetzen zu gewinnen

allow /əˈlaʊ/ *Verb* **1** ~ **sb/sth to do sth** jdm/etw erlauben etw zu tun ◊ *He is not allowed to stay out late.* Er darf nicht spät nach Hause kommen. ◊ *They shouldn't be allowed to get away with it.* Damit dürften sie nicht durchkommen. ◊ *She won't allow herself to be dictated to.* Sie lässt sich nichts vorschreiben. ◊ *He allowed his mind to wander.* Er ließ seine Gedanken schweifen. **2** gestatten ◊ *No dogs allowed.* Hunde müssen draußen bleiben. ◊ *Are the prisoners allowed out of their cells?* Dürfen die Häftlinge aus ihren Zellen raus? ◊ *The crowd parted to allow him through.* Die Menge teilte sich um ihn durchzulassen. **3** ~ **sb sth** jdm etw bewilligen ◊ *You're allowed half an hour to complete the test.* Sie haben eine halbe Stunde für den Test. ◊ *I'm not allowed visitors.* Ich darf keinen Besuch bekommen. **4** ermöglichen **5** ~ **sth** (**for sb/sth**) etw (für jdn/etw) einkalkulieren **6** (*gehoben*) stattgeben, zugestehen, eingestehen ◊ *The judge allowed my claim.* Der Richter gab meiner Forderung statt. ◊ *She was very friendly — I'll allow you that.* Sie war sehr freundlich, das gebe ich zu. **IDM** **allow 'me** gestatten Sie ☛ *Siehe auch* REIN[1] **PHRV** **al'low for sb/sth** jdn/etw einkalkulieren, jdn/etw berücksichtigen ◊ *It will take about an hour to get there, allowing for traffic delays.* Es wird ungefähr eine Stunde dauern, wenn man den Verkehr einberechnet. **al'low of sth** (*gehoben*) etw zulassen

al·low·able /əˈlaʊəbl/ *Adj* **1** zulässig **2** (*BrE*) (*steuerlich*) absetzbar

al·low·ance /əˈlaʊəns/ *Nomen* **1** = finanzielle Unterstützung ◊ *a travel allowance* ein Fahrtkostenzuschuss **2** erlaubte Menge ◊ *a baggage allowance of 20 kilos* 20 Kilo Freigepäck **3** (*BrE*) (*Steuer-*) Freibetrag **4** (*bes AmE*) Taschengeld [IDM] **make allowance(s) for sth** etw berücksichtigen; etw einkalkulieren **make allowances (for sb)** (jdm) Zugeständnisse machen; (für jdn) Verständnis haben ◊ *You have to make allowances for him because he's tired.* Du musst Verständnis für ihn haben; er ist müde.

al·loy /ˈælɔɪ/ *Nomen* Legierung ◊ *alloy wheels* Alufelgen

all-ˈpurpose *Adj nur vor Nomen* Universal-, Allzweck-

all ˈright *Ausruf, Adj, Adv* **1** in Ordnung, okay **2** okay, gut ◊ *'Can you do it?' 'Oh, all right.'* „Kannst du das machen?" „Na gut." **3** bitte, das macht nichts ◊ *'I'm sorry.' 'That's all right.'* „Tut mir Leid." „Macht nichts." **4** also ◊ *All right class, settle down.* Also, jetzt Ruhe, bitte. ☛ *Siehe auch* ALRIGHT

all-ˈround *Adj nur vor Nomen* (*BrE*) **1** vielseitig ◊ *an all-round education* eine gute Allgemeinbildung **2** (*Person*) Allround- ◊ *She's a good all-round player.* Sie ist eine gute Allroundspielerin

all-ˈrounder *Nomen* (*BrE*) Allrounder(in), Allroundtalent

ˌall ˈsinging, ˌall ˈdancing *Adj nur vor Nomen* (*BrE, umgs*) mit allen Schikanen

all·spice /ˈɔːlspaɪs/ *Nomen* Piment

all-terrain ˈvehicle *Nomen* = ATV

ˈall-time *Adj nur vor Nomen* aller Zeiten ◊ *my all-time favourite song* mein absolutes Lieblingslied ◊ *an all-time high/low* ein Höchst-/Tiefststand

al·lude /əˈluːd/ *Verb* [PHRV] **al·lude to sb/sth** (*gehoben*) auf jdn/etw anspielen ◊ *The problem had been alluded to briefly.* Das Problem war kurz angedeutet worden.

al·lure /əˈlʊə(r); *AmE* əˈlʊr/ *Nomen* (*gehoben*) Reiz, Anziehungskraft

al·lur·ing /əˈlʊərɪŋ; *AmE* əˈlʊrɪŋ/ *Adj* (*Adv* **al·lur·ing·ly**) verführerisch

al·lu·sion /əˈluːʒn/ *Nomen* ~ (**to sb/sth**) Anspielung (auf jdn/etw) ◊ *Her poetry is full of literary allusion.* Ihre Gedichte sind voll von literarischen Anspielungen.

al·ly¹ /ˈælaɪ/ *Nomen* (*Pl* **-ies**) **1** Verbündete(r) **2 the Allies** [Pl] die Alliierten

al·ly² /əˈlaɪ/ *Verb* (**al·lies, ally·ing, al·lied, al·lied**) ~ (**yourself**) **with sb/sth** (*gehoben*) sich mit jdm/etw verbünden

al·manac (*auch* **al·man·ack**) /ˈɔːlmənæk, ˈæl-/ *Nomen* Jahrbuch

al·mighty /ɔːlˈmaɪti/ **1** *Adj* allmächtig **2** *Adj nur vor Nomen* (*umgs*) riesig **3** *Adj* **Christ/God Almighty** (*als Ausdruck von Staunen oder Zorn*) Gottverdammt! ☛ *Hinweis bei* GOD **4 the Almighty** *Nomen* der Allmächtige

al·mond /ˈɑːmənd/ *Nomen* Mandel ◊ *almond paste* Marzipanrohmasse

al·most /ˈɔːlməʊst; *AmE* -moʊst/ *Adv* fast, beinahe ◊ *The story is almost certainly false.* Die Geschichte ist mit großer Wahrscheinlichkeit falsch. ◊ *Almost no one believed him.* Kaum einer hat ihm geglaubt. ☛ *Hinweis bei* FAST, S. 943

alms /ɑːmz/ *Nomen* [Pl] (*veraltet*) Almosen

alms·house /ˈɑːmzhaʊs/ *Nomen* Armenhaus

aloe /ˈæləʊ; *AmE* ˈæloʊ/ *Nomen* Aloe

aloft /əˈlɒft; *AmE* əˈlɔːft/ *Adv* (*gehoben*) empor, hoch (in die/der Luft)

alone /əˈləʊn; *AmE* əˈloʊn/ *Adj nicht vor Nomen, Adv* **1** allein ◊ *Tom is not alone in wanting changes.* Tom ist nicht der Einzige, der sich Veränderungen wünscht. **2** allein, einsam ◊ *Carol felt all alone in the world.* Carol fühlte sich ganz allein auf der Welt. [SYN] LONELY [IDM] **go it aˈlone** etw im Alleingang tun **leave/let sb/sth alone** jdn/etw in Ruhe lassen ◊ *Leave that alone!* Lass die Finger davon! **let alˈone** geschweige denn **stand aˈlone 1** allein (da)stehen; isoliert sein **2** für sich allein stehen ☛ *Siehe auch* TIME¹

along¹ /əˈlɒŋ; *AmE* əˈlɔːŋ/ *Adv* ☛ *Für Verben mit* **along** siehe die Einträge für die Verben. **Get along with sb** z.B. steht unter **get**.
1 vorwärts, weiter- ◊ *The policeman told them to move along.* Der Polizist befahl ihnen weiterzugehen. ◊ *I was just walking along singing to myself.* Ich kam vor mich hin singend daher. ◊ *Come along.* Komm schon. ◊ *The book's coming along nicely.* Mit dem Buch geht es gut voran. **2** (*umgs*) mit ◊ *Bring some friends along.* Bring ein paar Freunde mit. ◊ *I'll be along in a few minutes.* Ich komme in ein paar Minuten nach. [IDM] **along with sb/sth** neben jdm/etw; (zusammen) mit jdm/etw ◊ *Tobacco is heavily taxed, along with alcohol.* Neben Alkohol wird auch Tabak hoch besteuert.

along² /əˈlɒŋ; *AmE* əˈlɔːŋ/ *Präp* entlang ◊ *walk along the street* die Straße entlanggehen ◊ *His office is just along the corridor.* Wenn Sie den Flur entlanggehen, ist sein Büro gleich dort.

along·side¹ /əˌlɒŋˈsaɪd; *AmE* əˌlɔːŋ-/ *Präp* **1** neben, längs ◊ *A police car pulled up alongside us.* Ein Polizeiwagen hielt neben uns. **2** neben ◊ *The new system will be introduced alongside the existing one.* Das neue System wird neben dem bestehenden eingeführt. ☛ *Hinweis bei* COMPARE¹ (1)

along·side² /əˌlɒŋˈsaɪd; *AmE* əˌlɔːŋ-/ *Adv* daneben, nebenher

aloof /əˈluːf/ *Adj* distanziert [IDM] **keep/hold (yourself)/remain/stand aloof** sich abseits/fern halten

aloud /əˈlaʊd/ *Adv* laut ◊ *read sth aloud* etw vorlesen [IDM] ⇒ THINK¹

al·paca /ælˈpækə/ *Nomen* Alpaka

al·pha·bet /ˈælfəbet/ *Nomen* Alphabet

al·pha·bet·ic·al /ˌælfəˈbetɪkl/ *Adj* (*Adv* **al·pha·bet·ic·al·ly** /-kli/) alphabetisch

al·pine /ˈælpaɪn/ **1** *Adj* Alpen-, alpin, Gebirgs- **2** *Nomen* Alpenpflanze, Alpenblume

al·ready /ɔːlˈredi/ *Adv* schon, bereits ◊ *I'm already late.* Ich bin schon spät dran. ◊ *You're not leaving already, are you?* Du gehst doch nicht schon, oder? ☛ *Hinweis bei* SCHON

al·right (*umgs*) = ALL RIGHT ☛ Manche Leute halten diese Schreibweise für nicht korrekt.

Al·sa·tian /ælˈseɪʃn/ *Nomen* (Deutscher) Schäferhund

also /ˈɔːlsəʊ; *AmE* ˈɔːlsoʊ/ *Adv* (*nicht mit verneinten Verben gebraucht*) auch, außerdem ◊ *also known as…* auch bekannt als… ◊ (*umgs*) *I didn't like it that much. Also, it was much too expensive.* Es hat mir nicht so gut gefallen. Und außerdem war es viel zu teuer. ☛ *Hinweis bei* ADDITION, S. 8

ˈalso-ran *Nomen* = jd, der unter „ferner liefen" kommt

altar /ˈɔːltə(r)/ *Nomen* Altar

alter /ˈɔːltə(r)/ *Verb* **1** sich verändern **2** (ver)ändern ◊ *It doesn't alter the way I feel about him.* Das ändert nichts an meinen Gefühlen für ihn. ☛ *Hinweis bei* ÄNDERN **3** (*Kleidung*) (ab)ändern

al·ter·ation /ˌɔːltəˈreɪʃn/ *Nomen* **1** (Ver)änderung ◊ *They are making some alterations to the house.* Sie lassen das Haus etwas umbauen. **2** (*bei Kleidung*) (Ab)änderung

al·ter·ca·tion /ˌɔːltəˈkeɪʃn; *AmE* -tərˈk-/ *Nomen* (*gehoben*) Streit, Auseinandersetzung

ˌalter ˈego /ˌæltər ˈiːɡəʊ, ˈɔːl-; *AmE* ˈiːɡoʊ/ *Nomen* (*Pl* **alter egos**) Alter Ego

al·ter·nate¹ /ɔːlˈtɜːnət; *AmE* -ˈtɜːrn-/ *Adj* **1** abwechselnd **2** jede(r,s) zweite ◊ (*on*) *alternate Sundays* jeden zweiten Sonntag **3** (*bes AmE*) alternativ

al·ter·nate² /ˈɔːltəneɪt; *AmE* -ˈtɜːrn-/ *Verb* **1** ~ **A and B**; ~ **A with B** A und B/A mit B abwechseln lassen ◊ *Alternate cubes of meat and slices of pepper.* Abwechselnd Fleischwürfel und Paprikascheiben aufstecken. **2** ~ (**with sth**) (sich) (mit etw) abwechseln ◊ *alternating dark and pale stripes* sich abwechselnde dunkle und helle Streifen **3** ~ **between A and B** zwischen A und B schwanken, zwischen A und B wechseln ◊ *Her mood alternated between happiness and despair.* Ihre Laune schwankte zwischen Glück und Verzweiflung.

al·ter·nate³ /ɔːlˈtɜːnət; *AmE* -ˈtɜːrn-/ *Nomen* (*AmE*) Stellvertreter(in), Reservespieler(in)

al·ter·nate·ly /ɔːlˈtɜːnətli; *AmE* -tərn-/ *Adv* abwechselnd

ˌalternating ˈcurrent *Nomen* (*Abk* **AC**) Wechselstrom

al·ter·na·tion /ˌɔːltəˈneɪʃn; *AmE* -tərˈn-/ *Nomen* Wechsel

al·ter·na·tive¹ /ɔːlˈtɜːnətɪv; *AmE* -ˈtɜːrn-/ *Nomen* Alternative ◊ *These are the two alternatives.* Das sind die beiden Möglichkeiten. ◊ *There is a vegetarian alternative.* Es gibt ein vegetarisches Gericht zur Auswahl.

al·ter·na·tive² /ɔːlˈtɜːnətɪv; *AmE* -ˈtɜːrn-/ *Adj nur vor Nomen* alternativ, Alternativ- ◊ *We had to make alternative arrangements.* Wir mussten uns etwas anderes ausdenken. ◊ *alternative medicine* Alternativmedizin

al·ter·na·tive·ly /ɔːlˈtɜːnətɪvli; *AmE* -ˈtɜːrn-/ *Adv* oder aber (auch)

al·ter·na·tor /'ɔːltəneɪtə(r); *AmE* -tərn-/ *Nomen* Lichtmaschine, Wechselstromgenerator

al·though (*AmE auch*, *umgs* **altho**) /ɔːl'ðəʊ; *AmE* ɔːl'ðoʊ/ *Konj* **1** obwohl SYN THOUGH[1] ☛ *Hinweis bei* OBWOHL **2** jedoch, aber

al·tim·eter /'æltɪmiːtə(r); *AmE* æl'tɪmətər/ *Nomen* Höhenmesser

al·ti·tude /'æltɪtjuːd; *AmE* -tuːd/ *Nomen* **1** [meist Sing/U] Höhe (über dem Meeresspiegel) ◇ *fly at altitude* in großer Höhe fliegen **2** [meist Pl/U] Höhenlage ◇ *At altitude, sunburn can seriously damage your skin.* In Höhenlagen kann Sonnenbrand zu ernsthaften Hautschäden führen.

alto[1] /'æltəʊ; *AmE* 'æltoʊ/ *Nomen* (*Pl* **-os**) (MUS) **1** Alt **2** Altstimme

alto[2] /'æltəʊ; *AmE* 'æltoʊ/ *Adj nur vor Nomen* Alt- ◇ *an alto saxophone* ein Altsaxofon

al·to·geth·er /ˌɔːltə'geðə(r)/ *Adv* **1** völlig, ganz und gar ◇ *I don't altogether agree.* Da bin ich nicht ganz deiner Meinung. **2** insgesamt ◇ *You owe me a hundred altogether.* Du schuldest mir insgesamt einhundert. **3** alles in allem

al·tru·ism /'æltruɪzəm/ *Nomen* (*gehoben*) Altruismus, Uneigennützigkeit

al·tru·is·tic /ˌæltru'ɪstɪk/ *Adj* (*gehoben*) altruistisch, uneigennützig

alu·min·ium /ˌæljə'mɪniəm, ˌælə-/ (*AmE* **alu·mi·num** /ə'luːmɪnəm/) *Nomen* Aluminium

alumni /ə'lʌmnaɪ/ *Nomen* [Pl] (*bes AmE*) = ehemalige Studentinnen und Studenten/Schülerinnen und Schüler

al·ways /'ɔːlweɪz/ *Adv* **1** immer **2** schon immer ◇ *This is the way we've always done it.* So haben wir's schon immer gemacht. **3** ständig, (an)dauernd ◇ *She's always criticizing me.* Sie kritisiert mich ständig. **4 can/could always …, there's always …** (*verwendet, um eine mögliche Vorgangsweise vorzuschlagen*) ◇ *If it doesn't fit, you can always take it back.* Wenn es nicht passt, dann kannst du es immer noch zurückbringen. ◇ *If he can't help, there's always John.* Wenn er nicht helfen kann, dann gibt's immer noch John. IDM **as 'always** wie immer ☛ *Siehe auch* ONCE[1]

Alz·heim·er's dis·ease /'æltshaɪməz dɪziːz; *AmE* -ərz/ (*auch* **Alz·heim·er's**) *Nomen* Alzheimer(krankheit)

AM /ˌeɪ 'em/ **1** *Kurzform von* **amplitude modulation** (RADIO) AM, Amplitudenmodulation **2** *Kurzform von* **Assembly Member** = Mitglied des walisischen oder nordirischen Parlaments oder des Londoner Stadtrats

am /əm; *betont* æm/ *Form von* BE

a.m. (*AmE auch* **A.M.**) /ˌeɪ 'em/ *Abk* (*Latein: ante meridiem*) morgens, vormittags ◇ *It starts at 10 a.m.* Es beginnt um 10 Uhr morgens. ☛ *Siehe auch* S. 761

amal·gam /ə'mælgəm/ *Nomen* **1** [meist Sing] (*gehoben*) Gemisch, Mischung ◇ *The film script is an amalgam of all three books.* Das Filmdrehbuch ist eine Melange aus allen drei Büchern. **2** (*Fachspr*) Amalgam

amal·gam·ate /ə'mælgəmeɪt/ *Verb* **1** ~ (**with sb/sth**) sich (mit jdm/etw) zusammenschließen **2** ~ **sth** (**with sth**) etw (mit etw) kombinieren; ~ **sth** (**into sth**) etw (zu etw) zusammenschließen ◇ *The two schools were amalgamated.* Die beiden Schulen wurden zusammengelegt.

amal·gam·ation /əˌmælgə'meɪʃn/ *Nomen* Vereinigung, Zusammenschluss

amass /ə'mæs/ *Verb* anhäufen, zusammentragen

ama·teur[1] /'æmətə(r), -tʃə(r)/ *Nomen* **1** Amateur(in) **2** (*meist abwert*) Dilettant(in)

ama·teur[2] /'æmətə(r), -tʃə(r)/ *Adj* **1** Amateur-, Laien- **2** (*abwert*) dilettantisch, laienhaft SYN AMATEURISH

ˌamateur dra'matics *Nomen* (*BrE*) Laientheater, Laienspiel

ama·teur·ish /'æmətərɪʃ, -tʃə-/ *Adj* (*meist abwert*) dilettantisch

ama·teur·ism /'æmətərɪzəm, -tʃə-/ *Nomen* **1** Amateursport **2** Dilettantismus

amaze /ə'meɪz/ *Verb* erstaunen, verblüffen

amazed /ə'meɪzd/ *Adj* ~ (**at sb/sth**) erstaunt (über jdn/etw), verwundert (über jdn/etw) ◇ *He was amazed to find himself on a plane to Bali.* Zu seiner Verwunderung fand er sich in einem Flugzeug nach Bali.

amaze·ment /ə'meɪzmənt/ *Nomen* Erstaunen, Verwunderung ◇ *He looked at me in amazement.* Er sah mich erstaunt an.

amaz·ing /ə'meɪzɪŋ/ *Adj* erstaunlich

amaz·ing·ly /ə'meɪzɪŋli/ *Adv* erstaunlich, erstaunlicherweise ◇ *amazingly cheap* unglaublich billig

amazon /'æməzən; *AmE* 'æməzɒn/ *Nomen* Amazone

am·bas·sa·dor /æm'bæsədə(r)/ *Nomen* Botschafter(in) ◇ *the British Ambassador to Italy* der Botschafter Großbritanniens in Italien

amber /'æmbə(r)/ **1** *Nomen* Bernstein **2** *Adj* bernsteinfarben; (*Ampel*) gelb

ambi·dex·trous /ˌæmbi'dekstrəs/ *Adj* beidhändig, mit beiden Händen gleich geschickt

am·bi·ence (*auch* **am·bi·ance**) /'æmbiəns/ *Nomen* [Sing] Atmosphäre, Ambiente

am·bi·ent /'æmbiənt/ *Adj* **1** *nur vor Nomen* (TECH) Umgebungs- ◇ *ambient temperature* Umgebungstemperatur **2** (MUS) ambient

am·bi·gu·ity /ˌæmbɪ'ɡjuːəti/ *Nomen* (*Pl* **-ies**) Zweideutigkeit, Doppeldeutigkeit, Mehrdeutigkeit ◇ *the inconsistencies and ambiguities in her speech* die Widersprüche und Unklarheiten in ihrer Rede

am·bigu·ous /æm'bɪɡjuəs/ *Adj* (*Adv* **am·bigu·ous·ly**) **1** mehrdeutig, zweideutig **2** unklar

am·bi·tion /æm'bɪʃn/ *Nomen* **1** Ambition, Wunsch **2** [U] Ehrgeiz

am·bi·tious /æm'bɪʃəs/ *Adj* (*Adv* **am·bi·tious·ly**) ehrgeizig, ambitioniert ◇ *They were very ambitious for their children.* Sie hatten sehr ehrgeizige Pläne für ihre Kinder.

am·biva·lence /æm'bɪvələns/ *Nomen* [U/Sing] ~ (**about/towards sb/sth**) Ambivalenz (gegenüber jdm/etw) ◇ *I feel some ambivalence towards television.* Ich habe ein ambivalentes Verhältnis zum Fernsehen.

am·biva·lent /æm'bɪvələnt/ *Adj* ambivalent, zwiespältig ◇ *They feel ambivalent about advertising.* Sie haben ein ambivalentes Verhältnis zur Werbung.

amble /'æmbl/ *Verb* schlendern

am·bu·lance /'æmbjələns/ *Nomen* Krankenwagen

'ambulance man (*Pl* **-men** /-mən/) *Nomen* (*BrE*) Sanitäter

'ambulance worker *Nomen* (*BrE*) Sanitäter(in)

am·bush[1] /'æmbʊʃ/ *Nomen* Hinterhalt ◇ *Two soldiers were killed in an ambush.* Zwei Soldaten wurden aus dem Hinterhalt getötet. ◇ *lie in ambush* im Hinterhalt lauern

am·bush[2] /'æmbʊʃ/ *Verb* aus dem Hinterhalt überfallen ◇ *His car was ambushed by guerrillas.* Sein Wagen wurde von Guerillakämpfern aus dem Hinterhalt überfallen. ◇ (*fig*) *She was ambushed by reporters and cameramen.* Reporter und Kameraleute lauerten ihr auf.

ameba (*AmE*) = AMOEBA

amen (*auch* **Amen**) /ɑː'men, eɪ'men/ *Ausruf, Nomen* amen, Amen ◇ *Amen to that.* Dem kann ich nur zustimmen.

amen·able /ə'miːnəbl/ *Adj* **1** ~ (**to sth**) (einer Sache gegenüber) aufgeschlossen **2** angenehm ◇ *She was most amenable to work with.* Es war sehr angenehm, mit ihr zu arbeiten. **3** ~ **to sth** (*gehoben*) für etw geeignet

amend /ə'mend/ *Verb* (ab)ändern

amend·ment /ə'mendmənt/ *Nomen* **1** ~ (**to sth**) Abänderung (einer Sache), Änderung (einer Sache) ◇ *table an amendment* einen Änderungsantrag vorlegen **2 Amendment** Verfassungszusatz (*zur amerikanischen Verfassung*)

amends /ə'mendz/ *Nomen* [Pl] **make ~** es wieder gutmachen ◇ *make amends for sth* etw wieder gutmachen ◇ *make amends to sb* (*for sth*) jdn (für etw) entschädigen

amen·ity /ə'miːnəti; *AmE* ə'menəti/ *Nomen* (*Pl* **-ies**) [meist Pl] Einrichtung, Annehmlichkeit ◇ *recreational amenities* Freizeiteinrichtungen ◇ *Many of the houses lacked even basic amenities.* Viele der Häuser boten nicht einmal den primitivsten Komfort.

Ameri·can[1] /ə'merɪkən/ *Adj* amerikanisch ◇ *an American car* ein amerikanischer Wagen ◇ *He's American.* Er ist Amerikaner.

North America ist ein geographischer Begriff und umfasst die USA, Kanada und Mexiko. **Latin America** ist ein kultureller Begriff und bezieht sich auf die nicht englisch sprechenden Länder Zentral- und Südamerikas, in denen vorwiegend portugiesisch und spanisch gesprochen wird. Mexiko gehört zu Lateinamerika. Für **United States of America** werden meist die Abkürzungen **USA, US, the States** oder einfach **America** gebraucht: *the US President* ◊ *Have you ever been to the States?* ◊ *She emigrated to America in 1985.* Andere Staatsangehörige des amerikanischen Kontinents nehmen oft Anstoß am Gebrauch des Begriffs **America** für die Vereinigten Staaten, er ist jedoch durchaus üblich. **American** wird jedoch nur für Dinge oder Personen aus den Vereinigten Staaten gebraucht: *Do you have an American passport?* ◊ *American football* ◊ *I'm not American, I'm Canadian!*

IDM as A͵merican as apple ˈpie typisch amerikanisch
Ameriˑcan² /əˈmerɪkən/ *Nomen* **1** Amerikaner(in) **2** (*auch* **Aˈmerican English**) amerikanisches Englisch
A͵merican ˈfootball *Nomen* American Football
A͵merican ˈIndian *Nomen* (*veraltet*) Indianer(in)
Ameriˑcanˑism /əˈmerɪkənɪzəm/ *Nomen* (*BrE*) Amerikanismus
amethˑyst /ˈæməθɪst/ *Nomen* Amethyst
amiˑable /ˈeɪmiəbl/ *Adj* (*Adv* **amiˑably** /-bli/) freundlich, liebenswürdig
amˑicˑable /ˈæmɪkəbl/ *Adj* (*Adv* **amˑicˑably** /-bli/) (*Verhältnis*) freundschaftlich; (*Einigung*) gütlich ◊ *They were chatting amicably.* Sie unterhielten sich freundlich.
amid /əˈmɪd/ (*auch* **mid, amidst** /əˈmɪdst/) *Präp* (*gehoben*) **1** unter ◊ *He finished his speech amid tremendous applause.* Er beendete seine Rede unter tosendem Applaus. ◊ *He resigned amid allegations of corruption.* Sein Rücktritt war von Korruptionsvorwürfen begleitet. **2** inmitten ◊ *The hotel was set amid lemon groves.* Das Hotel lag inmitten von Zitronenhainen.
amiss¹ /əˈmɪs/ *Adj nicht vor Nomen* verkehrt, falsch ◊ *She sensed something was amiss.* Sie spürte, dass etwas nicht stimmte.
amiss² /əˈmɪs/ *Adv* **IDM not come/go aˈmiss** (*BrE*) gelegen kommen ◊ *A little luck wouldn't go amiss right now!* Ein bisschen Glück könnte jetzt nicht schaden! **take sth aˈmiss** (*BrE*) etw übel nehmen
amˑmoˑnia /əˈməʊniə; *AmE* əˈmoʊ-/ *Nomen* Ammoniak
amˑmoˑnium /əˈməʊniəm; *AmE* əˈmoʊ-/ *Nomen* Ammonium
amˑmuˑniˑtion /͵æmjuˈnɪʃn/ *Nomen* [U] Munition (*auch fig*) ◊ *120 rounds of ammunition* 120 Schuss Munition
amˑnesia /æmˈniːziə; *AmE* -ˈniːʒə/ *Nomen* Amnesie, Gedächtnisschwund
amˑnesty /ˈæmnəsti/ *Nomen* (*Pl* **-ies**) Amnestie
amoeba /əˈmiːbə/ *Nomen* (*AmE auch* **ameba**) (*Pl* **amoeˑbas** *oder* **amoeˑbae** /-biː/) Amöbe
amok /əˈmɒk; *AmE* əˈmɑːk/ *Adv* **IDM run amok** Amok laufen
among /əˈmʌŋ/ (*auch* **amongst** /əˈmʌŋst/) *Präp* **1** zwischen, unter, inmitten ◊ *a shady spot among the trees* ein schattiges Plätzchen zwischen den Bäumen **2** unter ◊ *among other things* unter anderem ◊ *I was among the last to leave.* Ich war einer der Letzten, die gingen. ◊ *He divided the chocolate among the four of us.* Er teilte die Schokolade unter uns vieren auf. ◊ *They are arguing amongst themselves.* Sie streiten untereinander. ◊ *an attitude that is common among teenagers* eine Haltung, die bei Teenagern verbreitet ist ◊ *Florida is among the most popular destinations.* Florida gehört zu den beliebtesten Reisezielen. ☞ **Among** bezieht sich auf eine Gruppe von Menschen oder Dingen: *We stood among the crowd.* ◊ *They talked among themselves.* **Between** bezieht sich auf zwei Menschen oder Dinge: *They had one book between two pupils.* Es kann sich auch auf mehrere Personen oder Dinge beziehen, wenn diese als Individuen gesehen werden: *She divided her possessions between her four children.*
amoral /͵eɪˈmɒrəl; *AmE* -ˈmɔːr-, -ˈmɑːr-/ *Adj* amoralisch
amˑorˑous /ˈæmərəs/ *Adj* amourös ◊ *Mary rejected Tony's amorous advances.* Mary wies Tonys Annäherungsversuche ab.
amorphˑous /əˈmɔːfəs; *AmE* -ˈmɔːrf-/ *Adj* amorph, strukturlos
amount¹ /əˈmaʊnt/ *Nomen* **1** Betrag ◊ *a bill for the full amount* eine Rechnung über den Gesamtbetrag **2** Menge ◊ *huge amounts of data* riesige Datenmengen ◊ *a considerable amount of money* eine beträchtliche Geldsumme **IDM any amount of sth** jede Menge **no amount of sth** ◊ *No amount of pleading would make her change her mind.* Wir konnten noch so viel betteln — sie wollte ihre Meinung nicht ändern. ◊ *No amount of washing will get that stain out.* Du kannst noch so viel waschen, der Fleck wird nicht rausgehen.
amount² /əˈmaʊnt/ *Verb* **IDM** ⇨ **SAME¹** **PHR V aˈmount to sth 1** sich auf etw belaufen ◊ *Our information doesn't amount to much.* Unsere Informationen sind nicht sehr umfangreich. **2** einer Sache gleichkommen ◊ *What you say amounts to a serious accusation.* Was Sie sagen, kommt einer schweren Anschuldigung gleich.
amp /æmp/ *Nomen* **1** (*auch* **amˑpere** /ˈæmpeə(r); *AmE* ˈæmpɪr, -per-/) (*Abk* **A**) Ampere **2** (*umgs*) = AMPLIFIER
amˑperˑsand /ˈæmpəsænd; *AmE* -pərs-/ *Nomen* (*Abk* **&**) Et-Zeichen
amˑphibˑian /æmˈfɪbiən/ *Nomen* Amphibie
amˑphibˑiˑous /æmˈfɪbiəs/ *Adj* amphibisch
amphiˑtheatre (*AmE* **amphiˑtheater**) /ˈæmfɪθɪətə(r); *AmE* -θiːətər/ *Nomen* **1** Amphitheater **2** Hörsaal
ample /ˈæmpl/ *Adj* **1** (*Adv* **amply** /ˈæmpli/) reichlich ◊ *amply demonstrated* zur Genüge bewiesen **2** (*Körperpartie*) rund; (*Busen*) üppig
amˑpliˑfiˑcation /͵æmplɪfɪˈkeɪʃn/ *Nomen* **1** Verstärkung **2** Erläuterung
amˑpliˑfier /ˈæmplɪfaɪə(r)/ (*umgs* **amp**) *Nomen* Verstärker
amˑplify /ˈæmplɪfaɪ/ *Verb* (**-fies, -fying, -fied, -fied**) **1** (*Gitarre, Strom, Signal*) verstärken **2** (*Aussage etc.*) näher erläutern
amˑpliˑtude /ˈæmplɪtjuːd; *AmE* -tuːd/ *Nomen* (PHYSIK) Amplitude
amply *Adv* ⇨ AMPLE (1)
amˑpoule (*AmE auch* **amˑpule**) /ˈæmpuːl/ *Nomen* Ampulle
amˑpuˑtate /ˈæmpjuteɪt/ *Verb* amputieren, abnehmen ◊ *have a leg amputated* ein Bein amputiert bekommen
amˑpuˑtaˑtion /͵æmpjuˈteɪʃn/ *Nomen* Amputation
amuse /əˈmjuːz/ *Verb* **1** (*meist passiv*) belustigen ◊ *Everyone was amused by the story.* Alle fanden die Geschichte lustig. ◊ *My drawing amused the kids.* Meine Zeichnung brachte die Kinder zum Lachen. **2** **~ yourself/sb** sich/jdm die Zeit vertreiben
amused /əˈmjuːzd/ *Adj* **~ (at/by sth)** (über etw) amüsiert ◊ *There was an amused look on his face.* Er sah vergnügt aus. ◊ *Jane was not amused.* Jane fand das gar nicht komisch. **IDM keep sb aˈmused** jdn beschäftigen ◊ *Playing with water can keep young children amused for hours.* Kleine Kinder können stundenlang mit Wasser spielen.
amuseˑment /əˈmjuːzmənt/ *Nomen* **1** Belustigung, Vergnügung **2** [*meist Pl*] Unterhaltung, (Freizeit)beschäftigung
aˈmusement arcade *Nomen* (*BrE*) Spielsalon
aˈmusement park *Nomen* Vergnügungspark
amusˑing /əˈmjuːzɪŋ/ *Adj* (*Adv* **amusˑingˑly**) lustig
an ⇨ A
anaˑbolˑic sterˑoid /͵ænəbɒlɪk ˈsterɔɪd, ˈstɪə-; *AmE* ͵ænəbɑːlɪk ˈster-, ˈstɪr-/ *Nomen* Anabolikum
anˑachronˑism /əˈnækrənɪzəm/ *Nomen* Anachronismus
anaˑchronˑisˑtic /ə͵nækrəˈnɪstɪk/ *Adj* anachronistisch
anˑaemia (*AmE* **anˑeˑmia**) /əˈniːmiə/ *Nomen* (MED) Anämie, Blutarmut
anˑaemic (*AmE* **anˑemic**) /əˈniːmɪk/ *Adj* **1** blutarm, anämisch ◊ *She looks anaemic.* Sie sieht blass aus. **2** farblos, blass
anˑaerˑobic /͵æneəˈrəʊbɪk; *AmE* ͵æneˈroʊ-/ *Adj* (*Fachspr*) anaerob
anˑaesˑthesˑia (*AmE* **anˑesˑthesˑia**) /͵ænəsˈθiːziə, -ˈθiːʒə/ *Nomen* Narkose, Betäubung
anˑaesˑthetˑic (*AmE* **anˑesˑthetˑic**) /͵ænəsˈθetɪk/ **1** *Nomen* Narkose(mittel) ◊ *give sb a general anaesthetic* jdm eine Vollnarkose geben **2** *Adj nur vor Nomen* betäubend, Narkose-
anˑaesˑthetist (*AmE* **anˑesˑthetist**) /əˈniːsθətɪst/ *Nomen* Anästhesist(in)

an·aes·the·tize (*BrE auch* **-ise**) (*AmE meist* **an·es·the-tize**) /əˈniːsθətaɪz/ *Verb* betäuben

ana·gram /ˈænəɡræm/ *Nomen* Anagramm

anal /ˈeɪnl/ *Adj* (*Adv* **anal·ly** /ˈeɪnəli/) **1** anal **2** = ANAL-RETENTIVE

an·al·gesic /ˌænəlˈdʒiːzɪk/ **1** *Nomen* (MED) Analgetikum, schmerzstillendes Mittel [SYN] PAINKILLER **2** *Adj* schmerzstillend

ana·lo·gous /əˈnæləɡəs/ *Adj* (*gehoben*) vergleichbar; **be ~ to/with sth** einer Sache entsprechen

ana·logue[1] (*AmE* **ana·log**) /ˈænəlɒɡ/ *AmE* -lɔːɡ, -lɑːɡ/ *Adj* analog, Analog-

ana·logue[2] /ˈænəlɒɡ/ *AmE* -lɔːɡ, -lɑːɡ/ *Nomen* (TECH) Gegenstück

ana·logy /əˈnælədʒi/ *Nomen* Analogie, Vergleich ◊ *He drew an analogy between the heart and a pump.* Er verglich das Herz mit einer Pumpe. ◊ *There are no analogies with any previous legal cases.* Es gibt keine Parallelen mit irgend einem vorherigen Fall. ◊ *learning by analogy* durch Analogschlüsse lernen

ˌanal-reˈtentive (*auch* **anal**) *Adj* anal, pingelig

ana·lyse (*AmE* **ana·lyze**) /ˈænəlaɪz/ *Verb* analysieren; (*Daten*) auswerten; (*Gedicht*) interpretieren; (*Satz*) zergliedern

an·aly·sis /əˈnæləsɪs/ *Nomen* (*Pl* **an·aly·ses** /-siːz/) **1** Analyse, Untersuchung; (*von Daten*) Auswertung **2** psychoanalytische Behandlung [IDM] **in the ˌfinal/ˌlast aˈnalysis** letztes Endes ☛ *Hinweis bei* ULTIMATELY

ana·lyst /ˈænəlɪst/ *Nomen* **1** Experte, Expertin **2** Psychoanalytiker(in)

ana·lyt·ic·al /ˌænəˈlɪtɪkl/ (*auch* **ana·lyt·ic** /ˌænəˈlɪtɪk/) *Adj* (*Adv* **ana·lyt·ic·al·ly** /-kli/) analytisch

an·arch·ic /əˈnɑːkɪk; *AmE* əˈnɑːrkɪk/ (*auch* **an·arch·ic·al** /-kl/) *Adj* anarchistisch, anarchisch

an·arch·ist /ˈænəkɪst; *AmE* ˈænərk-/ *Nomen* Anarchist(in)

an·archy /ˈænəki; *AmE* ˈænərki/ *Nomen* Anarchie

anath·ema /əˈnæθəmə/ *Nomen* [meist Sing] Greuel ◊ *Racial prejudice is (an) anathema to her.* Rassenvorurteile sind ihr zutiefst zuwider.

ana·tom·ical /ˌænəˈtɒmɪkl; *AmE* -ˈtɑːm-/ *Adj* (*Adv* **ana·tom·ic·al·ly** /-kli/) anatomisch

anat·omy /əˈnætəmi/ *Nomen* **1** Anatomie **2** (*hum*) Körper **3** Analyse

an·ces·tor /ˈænsestə(r)/ *Nomen* **1** Vorfahr(in) **2** Vorläufer

an·ces·tral /ænˈsestrəl/ *Adj* von jds Ahnen ◊ *her ancestral home* ihr Familiensitz

an·ces·try /ˈænsestri/ *Nomen* [meist Sing] (*Pl* **-ies**) Abstammung

an·chor[1] /ˈæŋkə(r)/ *Nomen* **1** Anker ◊ *We weighed anchor.* Wir lichteten den Anker. **2** Stütze, Rettungsanker **3** (*bes AmE*) = ANCHORMAN, ANCHORWOMAN

an·chor[2] /ˈæŋkə(r)/ *Verb* **1** ankern, vor Anker gehen **2** absichern, verankern **3** **be anchored in/to sth** in etw begründet sein, auf etw basieren **4** (*AmE*) moderieren

an·chor·age /ˈæŋkərɪdʒ/ *Nomen* **1** Ankerplatz **2** Verankerung, Befestigungsvorrichtung

an·chor·man /ˈæŋkəmæn; *AmE* -kərm-/ (*Pl* **-men** /-mən/) (*bes AmE* **an·chor**) *Nomen* Moderator

an·chor·woman /ˈæŋkəwʊmən/ (*Pl* **-women** /-wɪmɪn/) (*bes AmE* **an·chor**) *Nomen* Moderatorin

an·chovy /ˈæntʃəvi; *AmE* -tʃoʊvi/ *Nomen* (*Pl* **-ies**) Sardelle, Anschovis

an·cient /ˈeɪnʃənt/ **1** *Adj* alt ◊ *ancient Greek* Altgriechisch ◊ *ancient Greece* das antike Griechenland ◊ *in ancient times* im Altertum ◊ *the ancient world* das Altertum **2** uralt ◊ *ancient monuments* historische Denkmäler **3** **the ancients** *Nomen* [Pl] die Menschen des Altertums

an·cil·lary /ænˈsɪləri; *AmE* ˈænsəleri/ *Adj* **1** Hilfs- ◊ *ancillary staff* Hilfskräfte **2** Neben-, untergeordnet ◊ *ancillary industries* Zulieferbetriebe

and /ənd, ən; *bes nach t oder d* n; *betont* ænd/ *Konj* **1** und ◊ *nice and warm* schön warm ◊ *one and a half* eineinhalb ☛ *Siehe auch* S. 759 **2** ◊ *talk for hours and hours* stundenlang reden ◊ *He tried and tried.* Er versuchte es immer wieder. ◊ *The pain is getting worse and worse.* Der Schmerz wird immer schlimmer. **3** solche und solche ◊ *I like city life* but there are cities and cities. Ich mag das Stadtleben, aber es gibt solche und solche Städte.

> **And** wird statt **to** nach bestimmten Verben wie **go**, **come** und **try** verwendet: *Go and get me a hammer.* Hol mir einen Hammer. ◊ *He stopped and bought some flowers.* Er hielt an, um Blumen zu kaufen. ◊ *I'll try and phone tomorrow.* Ich werde versuchen, dich morgen anzurufen. ☛ *Hinweis bei* UND

[IDM] **and ˈall 1** und so weiter **2** ◊ *He ate it, bones and all.* Er aß es mitsamt der Knochen.

an·dante /ænˈdænteɪ/ *Adj*, *Adv* (MUS) andante

an·drogy·nous /ænˈdrɒdʒənəs; *AmE* -ˈdrɑːdʒ-/ *Adj* androgyn

an·droid /ˈændrɔɪd/ *Nomen* Androide

an·ec·dotal /ˌænɪkˈdəʊtl; *AmE* -ˈdoʊtl/ *Adj* ◊ *Anecdotal evidence suggests that …* Es gibt Hinweise dafür, dass …

an·ec·dote /ˈænɪkdəʊt; *AmE* -doʊt/ *Nomen* **1** Anekdote **2** persönlicher Bericht ◊ *be based on anecdotes* auf Hörensagen basieren

an·emia, **an·emic** = ANAEMIA *und* ANAEMIC

anem·one /əˈneməni/ *Nomen* **1** Anemone **2** **wood ~** Buschwindröschen

an·es·theˈsia = ANAESTHESIA

an·es·the·sio·logist /ˌænəsˌθiːziˈɒlədʒɪst; *AmE* -ˈɑːlə-/ *Nomen* (*AmE*) Anästhesist(in)

an·es·thet·ic = ANAESTHETIC

anew /əˈnjuː; *AmE* əˈnuː/ *Adv* (*gehoben*) aufs Neue

angel /ˈeɪndʒl/ *Nomen* Engel ◊ *Be an angel and close the door.* Sei doch so lieb und mach die Tür zu.

an·gel·ic /ænˈdʒelɪk/ *Adj* engelhaft, engelsgleich

an·gel·ica /ænˈdʒelɪkə/ *Nomen* Angelika, Engelwurz

anger[1] /ˈæŋɡə(r)/ *Nomen* Zorn, Wut ◊ *Jan slammed the door in anger.* Jan knallte vor Wut die Tür zu.

anger[2] /ˈæŋɡə(r)/ *Verb* (*meist passiv*) (ver)ärgern

an·gina /ænˈdʒaɪnə/ *Nomen* [U] (MED) Angina pectoris, Herzschmerzen

angle[1] /ˈæŋɡl/ *Nomen* **1** Winkel ◊ *The lamppost was leaning at an angle.* Die Laterne stand schief. ◊ *His hair was sticking up at all angles.* Sein Haar stand in alle Richtungen ab. **2** Perspektive, Blickwinkel ◊ *You can look at the issue from many different angles.* Du kannst die Sache von vielen verschiedenen Seiten betrachten.

angle[2] /ˈæŋɡl/ *Verb* **1** ausrichten **2** (*meist* **go angling**) angeln [PHRV] **ˈangle for sth** auf etw aus sein; (*Komplimente*) nach etw fischen ◊ *She was angling for sympathy.* Sie wollte Mitleid erregen.

ˈangle bracket *Nomen* [meist Pl] spitze Klammer

ang·ler /ˈæŋɡlə(r)/ *Nomen* Angler(in)

An·gli·can /ˈæŋɡlɪkən/ **1** *Nomen* Anglikaner(in) **2** *Adj* anglikanisch

An·gli·cism /ˈæŋɡlɪsɪzəm/ *Nomen* Anglizismus

An·gli·cize (*BrE auch* **-ise**) /ˈæŋɡlɪsaɪz/ *Verb* anglisieren

an·gling /ˈæŋɡlɪŋ/ *Nomen* (*BrE*) Angeln

Anglo- /ˈæŋɡləʊ; *AmE* ˈæŋɡloʊ/

> Die Vorsilbe **Anglo-** kann mit Nomina und Adjektiven verwendet werden und bedeutet „Englisch-": *anglophone* englischsprachig ◊ *Anglo-American* angloamerikanisch/Angloamerikaner(in).

ˌAnglo-ˈCatholic *Nomen* = der katholischen Kirche nahe stehende(r) Anglikaner(in) ☛ *Hinweis bei* HIGH CHURCH

Anglo·phile /ˈæŋɡləʊfaɪl; *AmE* ˈæŋɡloʊ-/ *Nomen* Anglophile(r), Englandfreund(in)

ˌAnglo-ˈSaxon 1 *Nomen* Angelsachse, Angelsächsin **2** *Nomen* Angelsächsisch, Altenglisch **3** *Adj* angelsächsisch

an·gora /æŋˈɡɔːrə/ *Nomen* **1** Angorawolle, Angoragewebe **2** Angorakatze/-ziege/-kaninchen

an·grily /ˈæŋɡrəli/ *Adv* wütend, verärgert

angry /ˈæŋɡri/ *Adj* (**an·grier**, **an·gri·est**) (More angry und most angry sind auch möglich.) **1** böse, wütend, ungehalten ◊ *Please don't be angry with me.* Bitte sei nicht böse auf mich. ◊ *angry demonstrators* aufgebrachte Demonstranten ◊ *It really made me angry.* Es hat mich sehr geärgert. **2** (*Himmel*) finster, bedrohlich; (*Meer*) aufgewühlt; (*Wunde*) entzündet

angst /æŋst/ *Nomen* [U] Existenzangst
an·guish /ˈæŋgwɪʃ/ *Nomen* [U] (*gehoben*) Qual
an·guished /ˈæŋgwɪʃt/ *Adj* qualvoll, gequält
an·gu·lar /ˈæŋgjələ(r)/ *Adj* **1** (*Gesicht*) kantig; (*Mensch*) knochig **2** (*Form*) eckig
ani·mal¹ /ˈænɪml/ *Nomen* **1** (Säuge)tier ◇ *insects and small animals* Insekten und kleine Säugetiere ◇ *domestic animals* Haustiere ◇ *the animal kingdom* das Tierreich ◇ *animal rights activists* militante Tierschützer **2** Lebewesen **3** Bestie, Tier **4** Wesen, Mensch ◇ *He's a regular party animal.* Er ist richtig partywütig. ◇ *It's a very different animal.* Das ist etwas ganz anderes.
ani·mal² /ˈænɪml/ *Adj nur vor Nomen* **1** tierisch ◇ *animal fats* tierische Fette **2** körperlich, animalisch
animal ˈhusbandry *Nomen* (*Fachspr*) Viehzucht
an·im·ate¹ /ˈænɪmeɪt/ *Verb* **1** beleben **2** (*meist passiv*) ⟨FILM⟩ animieren
an·im·ate² /ˈænɪmət/ *Adj* (*gehoben*) lebend, belebt ◇ *animate beings* Lebewesen ⟨OPP⟩ INANIMATE
ani·mated /ˈænɪmeɪtɪd/ *Adj* **1** (*Adv* **ani·mated·ly**) angeregt, lebhaft **2** Animations- ◇ *animated cartoons* Animationsfilme, Zeichentrickfilme
ani·ma·tion /ˌænɪˈmeɪʃn/ *Nomen* **1** Animation ◇ *computer animation* Computeranimation **2** Lebhaftigkeit ◇ *with animation* lebhaft ☛ *Siehe auch* SUSPENDED ANIMATION
ani·ma·tor /ˈænɪmeɪtə(r)/ *Nomen* Animator(in)
ani·mos·ity /ˌænɪˈmɒsəti/; *AmE* -ˈmɑːs-/ *Nomen* (*Pl* **-ies**) Feindseligkeit
anise /ˈænɪs/ *Nomen* Anis
ani·seed /ˈænəsiːd/ *Nomen* [U] Anis(samen)
ankle /ˈæŋkl/ *Nomen* (Fuss)knöchel ◇ *sprain your ankle* sich den Knöchel verstauchen ◇ *ankle socks* Söckchen ◇ *ankle boots* Stiefeletten
ank·let /ˈæŋklət/ *Nomen* Fußkettchen
annals /ˈænlz/ *Nomen* [Pl] Annalen
annex¹ (*BrE auch* **an·nexe**) /ˈæneks/ *Nomen* **1** Anbau, Nebengebäude **2** (*offiz*) Anhang, Nachtrag
annex² /əˈneks/ *Verb* annektieren
an·nex·ation /ˌænekˈseɪʃn/ *Nomen* Annexion
an·ni·hi·late /əˈnaɪəleɪt/ *Verb* **1** vernichten **2** vernichtend schlagen
an·ni·hi·la·tion /əˌnaɪəˈleɪʃn/ *Nomen* Vernichtung
an·ni·ver·sary /ˌænɪˈvɜːsəri; *AmE* -ˈvɜːrs-/ *Nomen* (*Pl* **-ies**) Jahrestag ◇ *their wedding anniversary* ihr Hochzeitstag ◇ *on the anniversary of his wife's death* am Todestag seiner Frau
an·no·tate /ˈænəteɪt/ *Verb* kommentieren, mit Anmerkungen versehen
an·nounce /əˈnaʊns/ *Verb* **1** bekannt geben, ankündigen ◇ *A spokesman announced to the press that …* Ein Sprecher teilte der Presse mit, dass … **2** ansagen, durchsagen **3** verkünden, erklären **4** ~ **yourself/sb** seine/jds Ankunft bekannt geben
an·nounce·ment /əˈnaʊnsmənt/ *Nomen* **1** Bekanntgabe, Ankündigung **2** Anzeige ◇ *announcements of births* Geburtsanzeigen **3** Ansage, Durchsage **4** [U] Verkündung, Erklärung ◇ *the announcement of the verdict* die Urteilsverkündung
an·noun·cer /əˈnaʊnsə(r)/ *Nomen* Ansager(in), Sprecher(in)
annoy /əˈnɔɪ/ *Verb* **1** ärgern ⟨SYN⟩ IRRITATE **2** stören ⟨SYN⟩ BOTHER¹
an·noy·ance /əˈnɔɪəns/ *Nomen* **1** [U] Ärger, Verärgerung ◇ *with/in annoyance* verärgert **2** Ärgernis
annoy·ed /əˈnɔɪd/ *Adj* verärgert; **get/be ~ (with sb) (at/about sth)** sich (über jdn) (über etw) ärgern ◇ *I was annoyed that they hadn't turned up.* Ich habe mich darüber geärgert, dass sie nicht gekommen sind.
annoy·ing /əˈnɔɪɪŋ/ *Adj* ärgerlich, lästig ◇ *a most annoying habit* eine äußerst unangenehme Angewohnheit ⟨SYN⟩ IRRITATING
an·noy·ing·ly /əˈnɔɪɪŋli/ *Adv* **1** ärgerlicherweise **2** aufreizend, unangenehm ◇ *her annoyingly effortless chic* ihre beneidenswert ungezwungene Eleganz
an·nual¹ /ˈænjuəl/ *Adj* **1** (all)jährlich **2** Jahres-, jährlich

an·nual² /ˈænjuəl/ *Nomen* **1** Jahrbuch (*für Kinder*) **2** einjährige Pflanze
an·nu·al·ized (*BrE auch* **-ised**) /ˈænjuəlaɪzd/ *Adj* (FINANZ) auf Jahresbasis umgerechnet
an·nu·al·ly /ˈænjuəli/ *Adv* (all)jährlich, jedes Jahr
an·nu·ity /əˈnjuːəti; *AmE* -ˈnuː-/ *Nomen* (*Pl* **-ies**) **1** (Leib)rente, Jahresrente **2** Rentenversicherung
annul /əˈnʌl/ *Verb* (**-ll-**) auflösen, annullieren, für ungültig erklären
an·nul·ment /əˈnʌlmənt/ *Nomen* Auflösung, Annullierung, Nichtigkeitserklärung
an·nun·ci·ation /əˌnʌnsiˈeɪʃn/ *Nomen* **the Annunciation** (REL) Mariä Verkündigung
anode /ˈænəʊd; *AmE* ˈænoʊd/ *Nomen* (TECH) Anode
ano·dyne /ˈænədaɪn/ *Adj* (*gehoben*) nichts sagend, farblos ⟨SYN⟩ BLAND
anoint /əˈnɔɪnt/ *Verb* salben
anom·al·ous /əˈnɒmələs; *AmE* -ˈnɑːm-/ *Adj* (*Adv* **anom·al·ous·ly**) (*gehoben*) ungewöhnlich, anomal
anom·aly /əˈnɒməli; *AmE* əˈnɑːm-/ *Nomen* (*Pl* **-ies**) Ausnahme, Anomalie
anon /əˈnɒn; *AmE* əˈnɑːn/ *Adv* (*gehoben oder veraltet*) bald
ano·nym·ity /ˌænəˈnɪməti/ *Nomen* Anonymität
an·onym·ous /əˈnɒnɪməs; *AmE* əˈnɑːn-/ *Adj* (*Adv* **an·onym·ous·ly**) **1** (*Abk* **anon.**) anonym **2** (*fig*) eintönig
ano·rak /ˈænəræk/ *Nomen* (*bes BrE*) **1** Anorak **2** (*BrE, umgs*) Langweiler
an·or·exia /ˌænəˈreksiə/ (*auch* **an·or·exia nerˈvosa** /ˌænəˌreksiə nɜːˈvəʊsə; *AmE* nɜːrˈvoʊsə/) *Nomen* (MED) Anorexie, Magersucht
an·or·exic /ˌænəˈreksɪk/ **1** *Nomen* Magersüchtige(r) **2** *Adj* magersüchtig
an·other /əˈnʌðə(r)/ *Adj, Pron* **1** noch ein/eine(r)/eins, noch (weitere) ◇ *Would you like another drink?* Möchten Sie noch etwas trinken? ◇ *another three questions* noch drei Fragen **2** ein anderer/eine andere/ein anderes ◇ *We can try that — but whether it'll work is another matter.* Wir können es probieren — aber ob es klappt, ist eine andere Frage. **3** ein zweiter/eine zweite/ein zweites ◇ *another Einstein* ein zweiter Einstein ◇ *There'll never be another like him.* Er ist einmalig. ⟨IDM⟩ **of one kind, sort, etc. or aˈnother** irgendwelche; aller Art ☛ *Siehe auch* ONE¹
an·swer¹ /ˈɑːnsə(r); *AmE* ˈæn-/ *Nomen* **1** Antwort ◇ *I can't easily give an answer to your question.* Ihre Frage lässt sich nicht leicht beantworten. ◇ *I rang the bell but there was no answer.* Ich klingelte, aber niemand kam. ☛ *Hinweis bei* ANTWORT **2** Lösung ◇ *The obvious answer would be to cancel the party.* Die beste Lösung wäre, die Party abzublasen. ⟨IDM⟩ **have/know all the ˈanswers** immer alles besser wissen ☛ *Siehe auch* NO¹
an·swer² /ˈɑːnsə(r); *AmE* ˈæn-/ *Verb* **1** antworten, beantworten ◇ *answer the phone* ans Telefon gehen ◇ *answer the door* aufmachen ◇ *My prayers have been answered.* Meine Gebete sind erhört worden. ◇ *He refused to answer the allegations against him.* Er weigerte sich, sich zu den Beschuldigungen zu äußern. ◇ *He answered me with a smile.* Als Antwort lächelte er mich an. **2** (*gehoben*) **~ sth** einer Sache genügen ◇ *Does this answer your requirements?* Entspricht das Ihren Wünschen? ⟨IDM⟩ **answer to the name of …** auf den Namen … hören ☛ *Siehe auch* DESCRIPTION ⟨PHRV⟩ ˈanswer ˈback sich verteidigen, ˌanswer (sb) ˈback (jdm) widersprechen, (jdm) freche Antworten geben ☛ G 9.7c ˈanswer for sb (*meist in verneinten Sätzen*) für jdn sprechen ˈanswer for sth **1** die Verantwortung für etw übernehmen ◇ *They have a lot to answer for.* Sie haben eine Menge auf dem Gewissen. **2** für etw bürgen ˈanswer to sb (for sth) jdm (für etw) verantwortlich sein
an·swer·able /ˈɑːnsərəbl; *AmE* ˈæn-/ *Adj* **1** nicht vor *Nomen* verantwortlich ◇ *I'm answerable to no one for my behaviour.* Für mein Handeln bin ich niemandem Rechenschaft schuldig. **2** (*Frage*) beantwortbar
ˈanswering machine (*BrE auch* **ˈan·swer·phone** /ˈɑːnsəfəʊn; *AmE* ˈænsərfoʊn/) *Nomen* Anrufbeantworter
ant /ænt/ *Nomen* Ameise
an·tag·on·ism /ænˈtæɡənɪzəm/ *Nomen* ~ **(to/toward(s) sb/sth)** Feindseligkeit (gegenüber jdm/etw)

an·tag·on·ist /ænˈtægənɪst/ *Nomen* Gegner(in), Kontrahent(in) SYN OPPONENT

an·tag·on·is·tic /ænˌtægəˈnɪstɪk/ *Adj* **1** ~ **(to/toward(s) sb/sth)** feindselig (gegenüber jdm/etw) **2** gegensätzlich ◊ *ideas that are antagonistic to the rights of women* Ideen, die den Rechten der Frauen entgegen stehen SYN HOSTILE

an·tag·on·ize (*BrE auch* **-ise**) /ænˈtægənaɪz/ *Verb* reizen, gegen sich aufbringen

Ant·arc·tic /ænˈtɑːktɪk; *AmE* -ˈtɑːrk-/ **1** *Nomen* **the Antarctic** die Antarktis **2** *Adj nur vor Nomen* antarktisch ◊ *the Antarctic Ocean* das Südliche Eismeer

the An·tarctic ˈCircle *Nomen* der südliche Polarkreis

ante /ˈænti/ *Nomen* [Sing] IDM **raise/up the ˈante** den Einsatz erhöhen

ante- /ˈænti/

Die Vorsilbe **ante-** kann mit Adjektiven, Nomina und Verben verbunden werden und bedeutet „vor": *antipenultimate* drittletzte(r,s) ◊ *an ante-room* ein Vorraum.

ant·eat·er /ˈæntiːtə(r)/ *Nomen* Ameisenbär

ante·ce·dent /ˌæntiˈsiːdnt/ *Nomen* **1** (*gehoben*) vorangegangenes Ereignis, Vorläufer **2 antecedents** [Pl] Ahnen, Abstammung **3** (LING) Bezugswort

ante·lope /ˈæntɪləʊp; *AmE* -loʊp/ *Nomen* (*Pl* **ante·lope** *oder* **ante·lopes**) Antilope ☞ G 1.2

ante·natal /ˌæntiˈneɪtl/ *Adj nur vor Nomen* (*BrE*) Schwangerschafts- ◊ *antenatal classes* Geburtsvorbereitungskurse ◊ *an antenatal clinic* eine Schwangerensprechstunde

an·tenna /ænˈtenə/ *Nomen* **1** (*Pl* **an·ten·nae** /-niː/) Fühler; ◊ (*fig*) *the minister's acute political antennae* das ausgeprägte politische Gespür der Ministerin **2** (*Pl* **an·ten·nas** *oder* **an·ten·nae**) (*bes AmE*) (RADIO) Antenne

ˈante-room *Nomen* Vorzimmer

an·them /ˈænθəm/ *Nomen* Hymne; (*Kirche*) Chorgesang

an·thol·ogy /ænˈθɒlədʒi; *AmE* -ˈθɑːl-/ *Nomen* (*Pl* **-ies**) Anthologie ◊ *an anthology of poems* eine Gedichtsammlung

an·thrax /ˈænθræks/ *Nomen* Milzbrand, Anthrax

an·thro·po·logic·al /ˌænθrəpəˈlɒdʒɪkl; *AmE* -ˈlɑːdʒ-/ *Adj* anthropologisch

an·thro·polo·gist /ˌænθrəˈpɒlədʒɪst; *AmE* -ˈpɑːl-/ *Nomen* Anthropologe, Anthropologin

an·thro·pol·ogy /ˌænθrəˈpɒlədʒi; *AmE* -ˈpɑːl-/ *Nomen* Anthropologie

anti /ˈænti/ *Präp* (*umgs*) gegen

anti- /ˈænti/

Die Vorsilbe **anti-** kann mit Adjektiven und Nomina verbunden werden und bedeutet „gegen": *anti-nuclear protests* Demonstrationen gegen Atomkraft ◊ *an anti-abortionist* ein(e) Abtreibungsgegner(in).

ˌanti-ˈaircraft *Adj nur vor Nomen* Flugabwehr- ◊ *anti-aircraft guns* Flak

anti·bi·ot·ic /ˌæntibaɪˈɒtɪk; *AmE* -ˈɑːtɪk/ **1** *Nomen* Antibiotikum **2** *Adj* antibiotisch

anti·body /ˈæntibɒdi; *AmE* -bɑːdi/ *Nomen* (*Pl* **-ies**) Antikörper

an·tici·pate /ænˈtɪsɪpeɪt/ *Verb* **1** rechnen mit, erwarten ◊ *Do you anticipate* (*meeting*) *any trouble?* Rechnen Sie mit Schwierigkeiten? **2** vorhersehen **3** ~ **sth eagerly, keenly etc.** sich auf etw freuen ◊ *We eagerly anticipated the day we would leave school.* Wir sahen dem letzten Schultag mit Freude entgegen. **4** (*gehoben*) ~ **sb/sth** jdm/etw zuvorkommen

an·tici·pa·tion /ænˌtɪsɪˈpeɪʃn/ *Nomen* **1** Erwartung, Vorausahnung ◊ *in anticipation of an attack* in Erwartung eines Angriffs **2** Spannung, Vorfreude

anti·cli·max /ˌæntiˈklaɪmæks/ *Nomen* Enttäuschung, Ernüchterung

anti·clock·wise /ˌæntiˈklɒkwaɪz; *AmE* -ˈklɑːk-/ *Adv, Adj* (*BrE*) gegen den Uhrzeigersinn OPP CLOCKWISE

antics /ˈæntɪks/ *Nomen* [Pl] Mätzchen, Streiche

anti-cyc·lone /ˌæntiˈsaɪkləʊn; *AmE* -ˈkloʊn/ *Nomen* Hoch(druckgebiet)

anti·dote /ˈæntidəʊt; *AmE* -doʊt/ *Nomen* ~ **(to sth)** Gegenmittel (gegen etw), Gegengift (gegen etw)

anti·freeze /ˈæntifriːz/ *Nomen* [U] Frostschutzmittel

anti·gen /ˈæntidʒən/ *Nomen* (MED) Antigen

anti·his·ta·mine /ˌæntiˈhɪstəmiːn/ *Nomen* (MED) Antihistamin(ikum)

an·tip·athy /ænˈtɪpəθi/ *Nomen* (*Pl* **-ies**) [meist Sing] (*gehoben*) Antipathie; ~ **(to/toward(s) sb/sth)** Abneigung (gegen jdn/etw)

ˌanti-perˈsonnel *Adj* gegen Menschen gerichtet ◊ *anti-personnel mines* Anti-Personen-Minen ◊ *anti-personnel bombs* Splitterbomben

anti·per·spir·ant /ˌæntiˈpɜːspərənt; *AmE* -ˈpɜːrs-/ *Nomen* Antitranspirant

An·tipo·dean /ˌæntɪpəˈdiːən/ *Adj* (*BrE, oft hum*) = aus Australien oder Neuseeland

An·tipo·des /ænˈtɪpədiːz/ **the Antipodes** *Nomen* [Pl] (*BrE, oft hum*) = Australien und Neuseeland

anti·quar·ian /ˌæntiˈkweəriən; *AmE* -ˈkwer-/ *Adj* antiquarisch

anti·quated /ˈæntɪkweɪtɪd/ *Adj* (*meist abwert*) antiquiert, überholt

an·tique /ænˈtiːk/ **1** *Nomen* Antiquität **2** *Adj* antik

an·tiq·uity /ænˈtɪkwəti/ *Nomen* (*Pl* **-ies**) **1** [U] Antike, Altertum ◊ *in classical antiquity* in der klassischen Antike **2** [U] Alter ◊ *monuments of great antiquity* sehr alte Denkmäler **3 antiquities** [Pl] Altertümer

anti-Semitic /ˌæntisəˈmɪtɪk/ *Adj* antisemitisch

anti-Semitism /ˌæntiˈsemətɪzəm/ *Nomen* Antisemitismus

anti·sep·tic /ˌæntiˈseptɪk/ **1** *Adj* antiseptisch **2** *Adj* keimfrei SYN STERILE **3** *Nomen* Antiseptikum

anti·social /ˌæntiˈsəʊʃl; *AmE* -ˈsoʊʃl/ *Adj* **1** asozial **2** ungesellig

an·tith·esis /ænˈtɪθəsɪs/ *Nomen* (*Pl* **an·tith·eses** /ænˈtɪθəsiːz/) (*gehoben*) **1** Gegenteil **2** Gegensatz, Widerspruch

ant·ler /ˈæntlə(r)/ *Nomen* [meist Pl] Geweihsprosse ◊ *antlers* Geweih ◊ *a pair of antlers* ein Geweih

ant·onym /ˈæntənɪm/ *Nomen* (*gehoben*) Antonym, Gegenteil OPP SYNONYM

antsy /ˈæntsi/ *Adj* (*AmE, umgs*) zappelig, nervös

anus /ˈeɪnəs/ *Nomen* (*Pl* **anuses**) (ANAT) After, Anus

anvil /ˈænvɪl/ *Nomen* Amboss

anx·iety /æŋˈzaɪəti/ *Nomen* (*Pl* **-ies**) **1** [U] ~ **(about/over sth)** Angst (wegen einer Sache) ◊ *high levels of anxiety* starke Angstgefühle **2** Sorge **3** [U] ~ **to do sth** Eifer etw zu tun, Bestreben etw zu tun; ~ **for sth** Verlangen nach etw ◊ *In his anxiety to be first he tripped and fell.* In seinem Eifer, Erster zu werden, stolperte er und fiel.

anx·ious /ˈæŋkʃəs/ *Adj* **1** (*Adv* **anx·ious·ly**) besorgt, beunruhigt; (*Blick, Gesichtsausdruck*) ängstlich ◊ *He seemed anxious about the meeting.* Das Meeting schien ihm Sorgen zu machen. ◊ *They are anxiously awaiting a decision.* Sie warten gespannt auf eine Entscheidung. **2** bang, Besorgnis erregend **3** be ~ **to do sth** etw unbedingt tun wollen ◊ *She was anxious to leave.* Sie wollte unbedingt fort. **4** be ~ **for sb to do sth**; be ~ **that** … ◊ *The nurses were anxious for us to leave.* Die Schwestern wollten, dass wir gehen. ◊ *She was anxious that he should meet her father.* Ihr lag viel daran, dass er ihren Vater kennen lernen sollte. **5** be ~ **for sth** etw unbedingt haben wollen ◊ *graduates anxious for work* Studienabgänger, die dringend Arbeit suchen

any[1] /ˈeni/ *Adj* **1** ☞ **Any** wird anstelle von „some" in Fragen und verneinten Sätzen gebraucht; nach „if/whether", „hardly", „never", „without" etc. und nach bestimmten Verben („prevent", „ban", „avoid", „forbid" etc.). Im Deutschen wird es meist nicht übersetzt: *Have you got any money?* Hast du Geld? ◊ *I didn't eat any meat.* Ich habe kein Fleisch gegessen. ◊ *There's hardly any coffee.* Es ist kaum Kaffee da. ◊ *To prevent any more accidents* … Um weitere Unfälle zu verhindern … **2** irgendein(e) ◊ *Take any book you like.* Suchen Sie sich irgendein Buch aus. ◊ *I doubt whether any company could have succeeded.* Ich bezweifle, ob es überhaupt eine Firma gibt, die das geschafft hätte. **3** jede(r,s), jede(r,s) beliebige ◊ *Any doctor would say the* *same.* Jeder Arzt würde das Gleiche sagen. ◊ *The change cannot be attributed to any one factor.* Die Änderung lässt sich nicht auf einen einzelnen Faktor zurückführen.

any² /'eni/ *Pron* **1** welche(r,s); **not ~** keine(r,s) ◊ *I need some stamps. Have you got any?* Ich brauche Briefmarken. Haben Sie welche? ◊ *We need some more paint; there isn't any left.* Wir brauchen noch Farbe; es ist keine mehr da. ◊ *What punishment, if any, should they be given?* Wie sollen sie bestraft werden, wenn überhaupt? ◊ *She spent hardly any of the money.* Sie hat kaum etwas von dem Geld ausgegeben. ☛ *Hinweis bei* ANY¹ **2** irgendeine(r,s) ◊ *'Which colour do you want?' 'Any of them will do.'* „Welche Farbe möchten Sie?" „Irgendeine." ◊ *I'll take any you don't want.* Ich nehme alle, die du nicht willst. IDM **sb isn't having any (of it)** (*umgs*) jd will nichts davon wissen

any³ /'eni/ *Adv* **1 ~ Any** steht vor Adjektiven oder Adverbien in verneinten Sätzen oder Fragen. Es wird oft nicht übersetzt. ◊ *I can't run any faster.* Ich kann nicht schneller laufen. ◊ *He wasn't any good at French.* Er war nicht gut in Französisch. ◊ *I don't want any more.* Ich möchte nichts mehr. **2** (*AmE, umgs*) überhaupt ◊ *That won't hurt you any.* Das tut überhaupt nicht weh.

any·body /'enibɒdi; *AmE* -bʌdi, -baːdi/ *Pron* **1** (irgend)jemand **2** jede(r) ☛ *Beispiele bei* ANYONE

any·how /'enihaʊ/ *Adv* **1** sowieso ☛ *Beispiele bei* ANYWAY **2** trotzdem ☛ *Beispiele bei* ANYWAY **3** also, wie dem auch sei ☛ *Beispiele bei* ANYWAY **4** irgendwie, durcheinander

any 'more (*bes AmE* **any·more**) *Adv* **not ~** nicht mehr ◊ *She doesn't live here any more.* Sie wohnt nicht mehr hier.

any·one /'eniwʌn/ (*auch* **any·body**) *Pron* **1** (irgend)jemand ◊ *Did anyone see you?* Hat dich jemand gesehen? ◊ *Hardly anyone came.* Kaum jemand kam. ◊ *I forbid anyone to touch that.* Niemand darf das anfassen! ☛ *Hinweis bei* ANY¹ **2** jede(r) ◊ *Anybody can see that.* Das kann doch jeder sehen. **3** ◊ *She wasn't anybody before she got that job.* Sie war ein Niemand, bevor sie diese Stelle bekam.

any·place /'enipleɪs/ *Adv* (*AmE*) **1** irgendwo(hin) **2** überall(hin) ☛ *Beispiele bei* ANYWHERE

any·thing /'eniθɪŋ/ *Pron* (irgend)etwas ◊ *Would you like anything else?* Möchten Sie sonst noch etwas? ◊ *There's never anything worth watching on TV.* Es kommt nie etwas Sehenswertes im Fernsehen. ◊ *Is there anything in these rumours?* Ist an diesen Gerüchten etwas dran? ◊ *I'm not fussy – I'll eat anything.* Ich bin nicht wählerisch – ich esse alles. ☛ *Hinweis bei* ANY¹ IDM **anything but** alles andere als ◊ *It wasn't cheap. Anything but.* Es war nicht billig. Im Gegenteil! **as happy, quick, etc. as anything** (*umgs*) unheimlich glücklich, schnell etc. ◊ *I felt as pleased as anything.* Ich habe mich unheimlich gefreut. **like 'anything** (*BrE, umgs*) wie nur was; wie verrückt **not anything like** bei weitem nicht ◊ *The book wasn't anything like as good as her first one.* Das Buch war bei weitem nicht so gut wir ihr erstes. **not anything like sb/sth** (*umgs*) ganz anders als jd/etw **not for 'anything** (*umgs*) auf keinen Fall; um keinen Preis **or anything** (*umgs*) oder so was

'any time (*bes AmE* **any·time**) *Adv* jederzeit IDM **'anytime 'soon** (*AmE*) (*in Fragen und verneinten Sätzen*) demnächst; bald

any·way /'eniweɪ/ (*auch* **any·how**) *Adv* **1** sowieso ◊ *It's too late now, anyway.* Es ist jetzt sowieso zu spät. SYN BESIDES² **2** trotzdem ◊ *The water was cold but I took a shower anyway.* Das Wasser war kalt, aber ich habe trotzdem geduscht. **3** also, wie dem auch sei ◊ *Anyway, as I was saying …* Also, wie ich gerade sagte, … **4** jedenfalls ◊ *They're all coming. Most of them, anyway.* Sie kommen alle, jedenfalls die meisten.

any·where /'eniweə(r); *AmE* -wer/ *Adv, Pron* (*AmE auch, umgs* **any·place**) **1** (*in Fragen und verneinten Sätzen*) irgendwo(hin); **not ~** nirgends, nirgendwohin ◊ *Have you seen my keys anywhere?* Hast du meine Schlüssel irgendwo gesehen? ◊ *I can't see them anywhere.* Ich kann sie nirgends sehen. ◊ *Do you know anywhere (where) I can buy a map?* Wissen Sie, wo ich eine Karte kaufen könnte? **2** irgendwo(hin), wo (auch) immer ◊ *Put the box down anywhere.* Stell die Kiste irgendwohin. ◊ *Sit anywhere you like.* Setz dich hin, wo du willst. **3** überall(hin) ◊ *An accident can happen anywhere.* Ein Unfall kann überall passieren.

AOB /ˌeɪ əʊ 'biː/; *AmE* oʊ-/ *Kurzform von* **any other business** (*letzter Tagesordnungspunkt*) Sonstiges

---

aorta /eɪˈɔːtə; *AmE* eɪˈɔːrtə/ *Nomen* Aorta

apace /əˈpeɪs/ *Adv* (*gehoben*) rasch, schnell

apart /əˈpɑːt; *AmE* əˈpɑːrt/ *Adv* **1** auseinander ◊ *Their birthdays are only three days apart.* Ihre Geburtstage sind nur drei Tage auseinander. ◊ *I can't tell the twins apart.* Ich kann die Zwillinge nicht auseinander halten. ◊ *The two sides in the negotiation are still a long way apart.* Die beiden Verhandlungspartner haben sich noch nicht angenähert. **2** getrennt ◊ *We're living apart now.* Wir leben jetzt getrennt. ◊ *She keeps herself apart from other people.* Sie hält sich von anderen Leuten fern. **3** abgesehen von, bis auf ◊ *Colin apart, not one of them seems suitable.* Bis auf Colin scheint keiner von ihnen geeignet zu sein. IDM ⇨ JOKE², POLE, RIP¹ *und* WORLD

a'part from *Präp* **1** abgesehen von, bis auf ◊ *I've finished apart from the last question.* Bis auf die letzte Frage bin ich fertig. ☛ *Hinweis bei* EXCEPT¹ **2** außer ◊ *Apart from their house here, they also have a villa in Spain.* Außer dem Haus hier haben sie auch noch ein Ferienhaus in Spanien. ◊ *It was a difficult time. Apart from anything else, we had financial problems.* Es war eine schwere Zeit. Unter anderem hatten wir auch finanzielle Probleme. ◊ *You've got to help. Apart from anything else you're my brother.* Du musst mir helfen. Schließlich bist du mein Bruder.

apart·heid /əˈpɑːthaɪt, -heɪt; *AmE* əˈpɑːrtaɪt-, -eɪt/ *Nomen* Apartheid

apart·ment /əˈpɑːtmənt; *AmE* əˈpɑːrt-/ *Nomen* **1** (*bes AmE*) Wohnung ☛ *Hinweis bei* WOHNUNG **2** Appartement **3** [*meist Pl*] (*BrE*) (*in Herrenhäusern etc.*) Raum

a'partment block (*AmE* **a'partment building**) *Nomen* Wohnblock

a'partment house *Nomen* (*AmE*) (kleinerer) Wohnblock

apa·thet·ic /ˌæpəˈθetɪk/ *Adj* (*Adv* **apa·thet·ic·al·ly** /-ɪkli/) apathisch, teilnahmslos

ap·athy /ˈæpəθi/ *Nomen* Apathie, Teilnahmslosigkeit

ape¹ /eɪp/ *Nomen* Affe ◊ *the great apes* die Menschenaffen IDM **go 'ape/'apeshit** (*bes AmE, Slang*) ausrasten; durchdrehen

ape² /eɪp/ *Verb* **1** (*BrE, abwert*) imitieren **2** (*bes AmE*) nachäffen, nachahmen SYN MIMIC

aperi·tif /əˌperəˈtiːf/ *Nomen* (*bes BrE*) Aperitif

aper·ture /ˈæpətʃə(r); *AmE* -tʃʊr/ *Nomen* **1** (*gehoben*) Öffnung **2** (FOTO) Blende

ape·shit /ˈeɪpʃɪt/ *Nomen* IDM ⇨ APE¹

Apex (*auch* **APEX**) /ˈeɪpeks/ *Kurzform von* **Advanced Purchase Excursion** (*BrE*) = System für im Voraus gekaufte und deshalb billigere Flugtickets

apex /ˈeɪpeks/ *Nomen* (*Pl* **apexes**) [*meist Sing*] Spitze; (*fig*) Höhepunkt

aphid /ˈeɪfɪd/ *Nomen* Blattlaus

aph·or·ism /ˈæfərɪzəm/ *Nomen* (*gehoben*) Aphorismus

aph·or·is·tic /ˌæfəˈrɪstɪk/ *Adj* aphoristisch

aph·ro·dis·iac /ˌæfrəˈdɪziæk/ **1** *Nomen* Aphrodisiakum **2** *Adj* aphrodisisch

apiece /əˈpiːs/ *Adv* je, das Stück

aplenty /əˈplenti/ *Adv, Adj* nicht vor *Nomen* (*gehoben*) in Hülle und Fülle

aplomb /əˈplɒm; *AmE* əˈplɑːm/ *Nomen* Selbstsicherheit

apoca·lypse /əˈpɒkəlɪps; *AmE* əˈpɑːk-/ *Nomen* **1** Apokalypse ◊ *on the brink of apocalypse* am Rande des Abgrunds **2 the Apocalypse** der Weltuntergang **3** [*Sing*] Katastrophe

apoca·lyp·tic /əˌpɒkəˈlɪptɪk; *AmE* əˌpɑːk-/ *Adj* apokalyptisch

apoc·ryph·al /əˈpɒkrɪfl; *AmE* əˈpɑːk-/ *Adj* (*Geschichte*) unwahr

apo·gee /ˈæpədʒiː/ *Nomen* [*Sing*] **1** (*gehoben*) Höhepunkt **2** (ASTRON) Erdferne, Apogäum

apol·it·ical /ˌeɪpəˈlɪtɪkl/ *Adj* unpolitisch

apolo·get·ic /əˌpɒləˈdʒetɪk; *AmE* əˌpɑːl-/ *Adj* (*Adv* **apolo·get·ic·al·ly** /-kli/) entschuldigend, bedauernd; **be ~ about/for sth** sich für etw entschuldigen

apolo·gist /əˈpɒlədʒɪst; *AmE* əˈpɑːl-/ *Nomen* Verteidiger(in), Befürworter(in) ◊ *an apologist for the government* eine Verteidigerin der Regierung

apolo·gize (*BrE auch* **-ise**) /əˈpɒlədʒaɪz; *AmE* əˈpɑːl-/ *Verb* **~ (to sb) (for sth)** sich (bei jdm) (für etw) entschuldigen

---

| u actual | aɪ my | aʊ now | eɪ say | əʊ (*BrE*) go | oʊ (*AmE*) go | ɔɪ boy | ɪə near | eə hair | ʊə pure |

apol·ogy /əˈpɒlədʒi; AmE əˈpɑː-l-/ Nomen (Pl **-ies**) Entschuldigung ◊ *make an apology* sich entschuldigen ◊ *You owe him an apology!* Du solltest dich bei ihm entschuldigen! ◊ *The mayor sent his apologies.* Der Bürgermeister ließ sich entschuldigen. IDM **make no aˈpology/aˈpologies for sth** vor etw nicht zurückschrecken; sich wegen einer Sache nicht schämen

apo·plec·tic /ˌæpəˈplektɪk/ Adj **1** (gehoben) rasend ◊ *He was apoplectic with rage at the decision.* Er raste vor Wut über die Entscheidung. **2** (veraltet) ◊ *an apoplectic attack/fit* ein Schlaganfall

apo·plexy /ˈæpəpleksi/ Nomen (veraltet) Schlaganfall SYN STROKE¹ (8)

apos·tate /əˈpɒsteɪt; AmE əˈpɑː-s-/ Nomen Apostat, Abtrünnige(r)

apos·tle /əˈpɒsl; AmE əˈpɑː-sl/ Nomen **1 Apostle** Apostel **2** (fig) Apostel, Befürworter(in)

apos·tolic /ˌæpəˈstɒlɪk; AmE -ˈstɑː-lɪk/ Adj apostolisch

apos·tro·phe /əˈpɒstrəfi; AmE əˈpɑː-s-/ Nomen Apostroph, Auslassungszeichen

apoth·ecary /əˈpɒθəkəri; AmE əˈpɑː-θəkeri/ Nomen (Pl **-ies**) (veraltet) Apotheker(in)

apothe·osis /əˌpɒθiˈəʊsɪs; AmE əˌpɑː-θiˈoʊ-/ Nomen (Pl **apothe·oses** /-siːz/) [meist Sing] (gehoben) **1** Ideal **2** Gipfelpunkt **3** Apotheose, Vergöttlichung

appal (AmE **ap·pall**) /əˈpɔːl/ Verb (**-ll-**) entsetzen

ap·palled /əˈpɔːld/ Adj entsetzt

ap·pal·ling /əˈpɔːlɪŋ/ Adj (Adv **ap·pal·ling·ly**) entsetzlich, schrecklich ◊ *The essay was appallingly written.* Der Aufsatz war schrecklich schlecht geschrieben.

ap·par·at·chik /ˌæpəˈrɑːtʃɪk/ Nomen (abwert oder hum) Apparatschik

ap·par·atus /ˌæpəˈreɪtəs; AmE -ˈrætəs/ Nomen (Pl **ap·par·atuses**) **1** [U] Gerät, Ausrüstung ◊ *a piece of laboratory apparatus* ein Laborgerät ◊ *breathing apparatus* Atemschutzgeräte **2** [meist Sing] Apparat ◊ *the state apparatus* der Staatsapparat

ap·parel /əˈpærəl/ Nomen **1** (bes AmE) Bekleidung **2** (gehoben, veraltet) Kleidung, Gewänder

ap·par·ent /əˈpærənt/ Adj **1** nicht vor Nomen offensichtlich, klar ◊ *for no apparent reason* ohne ersichtlichen Grund **2** scheinbar

ap·par·ent·ly /əˈpærəntli/ Adv anscheinend, offensichtlich

ap·par·ition /ˌæpəˈrɪʃn/ Nomen Erscheinung

ap·peal¹ /əˈpiːl/ Nomen **1** Einspruch, Berufung ☞ *Siehe auch* COURT OF APPEAL **2** Anziehungskraft, Reiz ◊ *His paintings had popular appeal.* Seine Gemälde sprachen die Massen an. **3** Appell, Aufruf ◊ *The police made an appeal to the public to remain calm.* Die Polizei rief die Öffentlichkeit zur Ruhe auf.

ap·peal² /əˈpiːl/ Verb **1 ~ (to sb/sth) (against sth)**; (AmE auch) **~ sth (to sb/sth)** (bei jdm/etw) (gegen etw) Berufung einlegen, (bei jdm/etw) (gegen etw) Einspruch erheben **2** gefallen; **~ to sb** jdn reizen, jdn ansprechen ◊ *The prospect of a long wait in the rain did not appeal.* Die Aussicht, lange im Regen zu warten, reizte uns nicht. **3 ~ (to sb) (for sth)** (jdn) (um etw) bitten; **~ (to sb) for sth** (jdn) zu etw aufrufen ◊ *They appealed for calm.* Sie riefen zur Ruhe auf. ◊ *I am appealing on behalf of the famine victims.* Ich rufe Sie zu einer Spende für die Opfer der Hungersnot auf. **4 ~ (to sth)** (an etw) appellieren

ap·peal·ing /əˈpiːlɪŋ/ Adj (Adv **ap·peal·ing·ly**) **1** attraktiv, reizvoll **2** flehend

ap·pear /əˈpɪə(r); AmE əˈpɪr/ Verb **1** (zu sein) scheinen ◊ *He appears a perfectly normal person.* Er scheint ein ganz normaler Mensch zu sein. ◊ *There appears to have been a mistake./It appears there has been a mistake.* Da scheint ein Irrtum vorzuliegen. ◊ *It would appear that this was a major problem.* Anscheinend war dies ein größeres Problem. SYN SEEM **2** erscheinen ◊ *appear in court* vor Gericht erscheinen ◊ *She appeared on six charges of murder.* Sie stand wegen sechsfachen Mordes vor Gericht. ◊ *Her name did not appear in the book.* Ihr Name wurde im Buch nicht erwähnt. **3** auftreten ◊ *appear as a witness* als Zeuge auftreten ◊ *When did mammals appear on the earth?* Wann gab es die ersten Säugetiere auf der Erde? **4 ~ for/on behalf of sb** jdn (vor Gericht) vertreten

ap·pear·ance /əˈpɪərəns; AmE əˈpɪr-/ Nomen **1** Aussehen, (äußere) Erscheinung, (An)schein ◊ *to all appearances* allem Anschein nach ◊ *Judging by appearances can be misleading.* Der Schein trügt oft. ◊ *keep up appearances* den Schein wahren ◊ *He gave every appearance of enjoying himself.* Er schien sehr vergnügt zu sein. **2** [meist Sing] Auftauchen, Erscheinen; (von Symptomen) Auftreten ◊ *I suppose I'd better put in an appearance.* Ich sollte mich vielleicht sehen lassen. **3** Auftritt ◊ *He was making his first appearance for Liverpool.* Er gab sein Debüt für Liverpool. ◊ *his appearance in court* seine Vorführung bei Gericht **4** [meist Sing] Veröffentlichung, Erscheinen

ap·pease /əˈpiːz/ Verb **1** beschwichtigen **2** (POL) Zugeständnisse machen

ap·pease·ment /əˈpiːzmənt/ Nomen Beschwichtigung

ap·pel·lant /əˈpelənt/ Nomen (RECHT) Berufungskläger(in)

ap·pel·late court /əˈpelət kɔːt; AmE kɔːrt/ Nomen (RECHT) Berufungsgericht

ap·pel·la·tion /ˌæpəˈleɪʃn/ Nomen (gehoben) Bezeichnung

ap·pend /əˈpend/ Verb **~ sth (to sth)** (gehoben) (einer Sache) etw anfügen ◊ *append your signature (to a document)* seine Unterschrift unter ein Dokument setzen

ap·pend·age /əˈpendɪdʒ/ Nomen Anhängsel

ap·pend·ec·tomy /ˌæpenˈdektəmi/ Nomen (Pl **-ies**) (MED) Blinddarmoperation

ap·pen·di·citis /əˌpendəˈsaɪtɪs/ [U] Nomen Blinddarmentzündung

ap·pen·dix /əˈpendɪks/ Nomen (Pl **ap·pen·di·ces** /-dɪsiːz/) **1** Blinddarm **2** (am Ende eines Buches etc.) Anhang

ap·per·tain /ˌæpəˈteɪn; AmE -pərˈt-/ Verb PHR V **apperˈtain to sb/sth** zu jdm/etw gehören, sich auf jdn/etw beziehen

ap·pe·tite /ˈæpɪtaɪt/ Nomen **1** Appetit ◊ *loss of appetite* Appetitlosigkeit ◊ *The walk has given me a good appetite.* Der Spaziergang hat mich hungrig gemacht. **2 ~ (for sth)** Verlangen (nach etw) ◊ *sexual appetites* sexuelle Bedürfnisse

ap·pet·izer (BrE auch **-iser**) /ˈæpɪtaɪzə(r)/ Nomen Appetithappen

ap·pe·tiz·ing (BrE auch **-ising**) /ˈæpɪtaɪzɪŋ/ Adj appetitanregend, appetitlich

ap·plaud /əˈplɔːd/ Verb **1** applaudieren, (Beifall) klatschen ◊ *She was applauded as she came on stage.* Als sie auf die Bühne trat, wurde geklatscht. **2** loben, (Entscheidung etc.) begrüßen ◊ *Their efforts are to be applauded.* Ihre Bemühungen sind lobenswert. ◊ *I applaud her for having the courage to refuse.* Ich rechne es ihr hoch an, dass sie sich weigert, das zu tun.

ap·plause /əˈplɔːz/ Nomen Beifall ◊ *They gave her a big round of applause.* Sie bekam viel Applaus. ◊ *The audience broke/burst into rapturous applause.* Das Publikum klatschte begeistert Beifall.

apple /ˈæpl/ Nomen Apfel ◊ *an apple pie* ein (gedeckter) Apfelkuchen ◊ *apple sauce* Apfelmus ☞ *Siehe auch* CRAB APPLE IDM **the ˌapple of sb's ˈeye** jds Liebling ☞ *Siehe auch* AMERICAN¹ *und* ROTTEN

ˈapple cart Nomen IDM ⇒ UPSET¹

ap·plet /ˈæplət/ Nomen (COMP) Applet

ap·pli·ance /əˈplaɪəns/ Nomen Gerät

ap·plic·abil·ity /əˌplɪkəˈbɪləti, ˌæplɪk-/ Nomen Anwendbarkeit

ap·plic·able /əˈplɪkəbl, ˈæplɪkəbl/ Adj nicht vor Nomen **1 ~ (to sb)** (auf jdn) zutreffend **2 ~ (to sth)** (auf etw) anwendbar, (auf etw) zutreffend ◊ *Delete where applicable.* Nichtzutreffendes streichen.

ap·pli·cant /ˈæplɪkənt/ Nomen Bewerber(in)

ap·pli·ca·tion /ˌæplɪˈkeɪʃn/ Nomen **1 ~ (for sth)** Antrag (auf etw); (um eine Stelle, einen Studienplatz etc.) Bewerbung (um etw) ◊ *a passport application* ein Antrag auf Ausstellung eines Reisepasses ◊ *His application to the court for bail has been refused.* Sein Gesuch um Kaution wurde vom Gericht zurückgewiesen. ◊ *Further information is available on application.* Weitere Informationen sind auf Anfrage erhältlich. **2** Anwendung, Einsatz ◊ *The invention has a wide range of applications.* Die Erfindung hat eine Reihe von Anwendungsmöglichkeiten. **3** Applikation, Auftragen ◊ *It took three applications of paint to cover the graffiti.*

Erst nach dem dritten Streichen waren die Graffiti nicht mehr zu sehen. **4** (COMP) (Anwender)programm **5** Fleiß, Beharrlichkeit

ap·plied /əˈplaɪd/ *Adj nicht vor Nomen* angewandt ☞ *Siehe auch* PURE

ap·pli·qué /əˈpliːkeɪ; *AmE* ˌæpləˈkeɪ/ *Nomen* Applikationsstickerei

ap·pli·quéd /əˈpliːkeɪd; *AmE* ˌæpləˈkeɪd/ *Adj* mit Applikationen bestickt

apply /əˈplaɪ/ *Verb* (**ap·plies, ap·ply·ing, ap·plied, ap·plied**) **1** ~ (**to sb**) (**for sth**) sich (bei jdm) (um/für etw) bewerben; (*Genehmigung, Visum etc.*) (bei jdm) beantragen ⋄ *apply for political asylum* einen Asylantrag stellen **2** ~ **sth** (**to sth**) etw (auf etw) anwenden ⋄ *The new technology was applied to farming.* Die neue Technologie wurde in der Landwirtschaft eingesetzt. ⋄ *apply political pressure* politischen Druck ausüben ⋄ *apply economic sanctions* wirtschaftliche Sanktionen verhängen ⋄ *apply force to the lever* den Hebel mit Gewalt betätigen **3** ~ **sth** (**to sth**) (*Salbe, Kleber etc.*) (auf etw) auftragen **4** ~ (**to sb/sth**) (*nicht in der Verlaufsform*) (auf jdn/etw) zutreffen, jdn/etw betreffen; (*Regeln, Bedingungen*) (für jdn/etw) gelten ⋄ *Special conditions apply if you are under 18.* Für Jugendliche unter 18 Jahren gelten besondere Regeln. **5** ~ **yourself/your mind** sich anstrengen, sich Mühe geben **6** ⋄ *apply the brakes* bremsen

ap·point /əˈpɔɪnt/ *Verb* **1** ~ **sb** (**to sth**) jdn (zu etw) ernennen; ~ **sb** (**as**) **sth** jdn als etw einstellen ⋄ *She has been appointed to the committee.* Sie wurde in den Ausschuss berufen. ⋄ *They appointed him (as) captain.* Sie haben ihn zum Kapitän gewählt. ⋄ *A lawyer was appointed to represent the boy.* Ein Rechtsanwalt wurde zur Verteidigung des Jungen bestellt. **2** (*gehoben*) festsetzen; (*Termin*) ausmachen ⋄ *at the appointed time* zur verabredeten Zeit

ap·point·ee /əˌpɔɪnˈtiː/ *Nomen* Ernannte(r) ⋄ *He is a government appointee.* Er wurde von der Regierung ernannt.

ap·point·ment /əˈpɔɪntmənt/ *Nomen* **1** ~ (**with sb**) Termin (bei jdm) ⋄ *She made an appointment to see the doctor* Sie meldete sich beim Arzt an. ⋄ *Viewing is by appointment only.* Besichtigung nur nach Vereinbarung. **2** Ernennung **3** (*bes BrE*) Stelle, Amt

ap·por·tion /əˈpɔːʃn; *AmE* əˈpɔːrʃn/ *Verb* (*gehoben*) ~ **sth** (**among/between sb**) etw (an jdn) (gleichmäßig) verteilen, jdm etw zuteilen ⋄ *The programme does not apportion blame.* Die Sendung beschuldigt niemanden.

ap·po·site /ˈæpəzɪt/ *Adj* (*gehoben*) angemessen; (*Bemerkung etc.*) treffend

ap·pos·ition /ˌæpəˈzɪʃn/ *Nomen* (LING) Apposition

ap·prais·al /əˈpreɪzl/ *Nomen* **1** Beurteilung **2** (*BrE*) **staff appraisal** Personalbeurteilung **2** (*BrE*) Mitarbeitergespräch

ap·praise /əˈpreɪz/ *Verb* **1** (*gehoben*) beurteilen, abschätzen ⋄ *an appraising glance/look* ein prüfender Blick **2** ~ **sb** = die Leistung eines Angestellten in einem Mitarbeitergespräch beurteilen

ap·pre·ciable /əˈpriːʃəbl/ *Adj* (*Adv* **ap·pre·ciably** /-əbli/) nennenswert; (*Veränderung, Wirkung*) spürbar; (*Betrag, Summe etc.*) beträchtlich

ap·preci·ate /əˈpriːʃieɪt/ *Verb* **1** (*nicht in der Verlaufsform*) schätzen, zu schätzen wissen **2** (*nicht in der Verlaufsform*) dankbar sein für ~ *I'd appreciate some help.* Du könntest mir helfen. ⋄ (*umgs*) *Thanks for coming. I appreciate it.* Danke, dass du gekommen bist. Das ist nett von dir. **3** ~ **sth** (*nicht in der Verlaufsform*) etw verstehen, sich einer Sache bewusst sein ⋄ *I don't think you appreciate how expensive it will be.* Bist du dir überhaupt bewusst, wie teuer das ist? **4** im Wert steigen

ap·pre·ci·ation /əˌpriːʃiˈeɪʃn/ *Nomen* **1** Anerkennung ⋄ *The crowd murmured in appreciation.* Die Menge murmelte anerkennend. **2** [U/Sing] ~ **of sth** Verständnis für etw, Sinn für etw ⋄ *She shows little appreciation of good music.* Sie hat wenig Sinn für gute Musik. **3** ~ (**for/of sth**) Dankbarkeit (für etw) **4** Wertsteigerung **5** (*gehoben*) (*eines Kunstwerks etc.*) Würdigung, Kritik

ap·pre·cia·tive /əˈpriːʃətɪv/ *Adj* **1** (*Adv* **ap·pre·cia·tive·ly**) anerkennend; (*Publikum*) dankbar **2 be** ~ **of sth** etw zu schätzen wissen, für etw dankbar sein

ap·pre·hend /ˌæprɪˈhend/ *Verb* **1** (*gehoben*) festnehmen **2** (*veraltet*) begreifen

ap·pre·hen·sion /ˌæprɪˈhenʃn/ *Nomen* **1** Besorgnis, Befürchtung ⋄ *filled with apprehension* sehr besorgt ⋄ *They shivered with apprehension.* Sie zitterten vor Angst. **2** (*gehoben*) Festnahme

ap·pre·hen·sive /ˌæprɪˈhensɪv/ *Adj* **1** (*Adv* **ap·pre·hen·sive·ly**) besorgt **2 be** ~ (**of sth**) Angst haben (vor etw) **3 be** ~ **that …** befürchten, dass …, Angst haben, dass …

ap·pren·tice[1] /əˈprentɪs/ *Nomen* Auszubildende(r), Lehrling ⋄ *an apprentice electrician* ein Elektrikerlehrling

ap·pren·tice[2] /əˈprentɪs/ *Verb* ~ **sb** (**to sb/jdm**) in die Lehre geben ⋄ *He is apprenticed to a carpenter.* Er ist/geht bei einem Schreiner in die Lehre.

ap·pren·tice·ship /əˈprentɪʃɪp/ *Nomen* Lehre, Ausbildung(splatz) ⋄ *He had served his apprenticeship as a plumber.* Er hatte eine Lehre als Klempner absolviert.

ap·prise /əˈpraɪz/ *Verb* ~ **sb of sth** (*gehoben*) jdn von etw in Kenntnis setzen

ap·proach[1] /əˈprəʊtʃ; *AmE* əˈproʊtʃ/ *Verb* **1** sich nähern, näher kommen ⋄ *As you approach the town, you'll see the school on the left.* Wenn Sie in die Nähe der Stadt kommen, sehen Sie die Schule auf der linken Seite. ⋄ *We are now approaching Heathrow.* Wir befinden uns jetzt im Anflug auf Heathrow. ⋄ *Winter is approaching.* Der Winter kommt bald. ⋄ *The time is fast approaching when we shall have to make a decision.* Wir werden bald eine Entscheidung treffen müssen. **2** ~ **sb** (**about/for sth**) sich an jdn (um etw/wegen einer Sache) wenden ⋄ *She approached the bank for a loan.* Sie bat die Bank um einen Kredit. ⋄ *We have been approached by a number of companies that are interested in our product.* Mehrere Firmen haben an unserem Produkt Interesse gezeigt und sind an uns herangetreten. ⋄ *I find him difficult to approach.* Er ist nicht leicht ansprechbar. **3** nahe kommen ⋄ *profits approaching $30 million* Gewinne von nahezu 30 Millionen ⋄ *Few writers even begin to approach Shakespeare's greatness.* Wenige Schriftsteller reichen auch nur von fern an Shakespeares Größe heran. **4** (*Aufgabe, Problem etc.*) angehen

ap·proach[2] /əˈprəʊtʃ; *AmE* əˈproʊtʃ/ *Nomen* **1** Ansatz ⋄ *the government's new approach to training* der neue Regierungsansatz in Sachen Ausbildung ⋄ *adopt a different approach to discipline* die Disziplinfrage anders anpacken ⋄ *She took the wrong approach in her dealings with them.* Sie hat sie nicht richtig behandelt. **2** [Sing] Herankommen ⋄ *He hadn't heard her approach.* Er hatte sie nicht kommen hören. **3** Kontaktaufnahme ⋄ *The company has made an approach to us for financial assistance.* Die Firma ist mit der Bitte um finanzielle Hilfe an uns herangetreten. ⋄ *She resented his persistent approaches.* Seine dauernden Annäherungsversuche ärgerten sie. **4** Zugang, Zufahrt(sstraße) **5** Landeanflug **6** Annäherung ⋄ *That's the nearest approach to an apology you'll get from him.* Das war beinahe eine Entschuldigung. Mehr wirst du von ihm nicht kriegen. **IDM** ⇨ CARROT

ap·proach·able /əˈprəʊtʃəbl; *AmE* əˈproʊtʃ-/ *Adj* umgänglich OPP UNAPPROACHABLE

ap·pro·ba·tion /ˌæprəˈbeɪʃn/ *Nomen* (*gehoben*) Zustimmung

ap·pro·pri·ate[1] /əˈprəʊpriət; *AmE* əˈproʊ-/ *Adj* geeignet, passend, entsprechend; (*Bemerkung*) treffend; (*Behörde*) zuständig ⋄ *Delete as appropriate.* Nichtzutreffendes streichen.

ap·pro·pri·ate[2] /əˈprəʊprieɪt; *AmE* əˈproʊ-/ *Verb* (*gehoben*) **1** sich aneignen **2** ~ **sth for sth** (*Geld etc.*) etw für etw bestimmen

ap·pro·pri·ate·ly /əˈprəʊpriətli/ *Adv* **1** entsprechend, passend, adäquat, angemessen **2** treffenderweise, sinnigerweise, passenderweise

ap·pro·pri·ate·ness /əˈprəʊpriətnəs; *AmE* əˈproʊ-/ *Nomen* **1** Angemessenheit **2** Eignung

ap·pro·pri·ation /əˌprəʊpriˈeɪʃn; *AmE* əˌproʊ-/ *Nomen* **1** (*gehoben oder offiz*) Aneignung **2** (*von Geldern etc.*) Bereitstellung, Bestimmung

ap·prov·al /əˈpruːvl/ *Nomen* **1** Anerkennung, Zustimmung ⋄ *She desperately wanted to win her father's approval.* Verzweifelt suchte sie die Anerkennung ihres Vaters. ⋄ *Do the plans meet with your approval?* Finden die Pläne

A

Ihre Zustimmung? ◊ *Several people nodded in approval.* Etliche Leute nickten zustimmend. **2** Zustimmung, Genehmigung ◊ *parliamentary approval* Billigung durch das Parlament **IDM on ap'proval** zur Probe, zur Ansicht

ap·prove /ə'pru:v/ *Verb* **1** ~ **(of sb/sth)** (mit jdm/etw) einverstanden sein ◊ *Her parents don't approve of her new boyfriend.* Ihre Eltern lehnen ihren neuen Freund ab. ◊ *I approve of your trying to earn some money.* Ich finde es gut, dass du dir etwas Geld verdienen willst. **2** billigen, genehmigen **3** anerkennen ◊ *a course approved by the Department of Education* ein vom Kultusministerium anerkannter Lehrgang

ap·prov·ing /ə'pru:vɪŋ/ *Adj* (*Adv* **ap·prov·ing·ly**) beifällig, zustimmend ◊ *He gave me an approving nod.* Er nickte mir beifällig zu.

ap·proxi·mate¹ /ə'prɒksɪmət; *AmE* ə'prɑ:k-/ *Adj* (*Adv* **ap·proxi·mate·ly**) (*Abk* **approx**) ungefähr ◊ *This figure is only approximate.* Es handelt sich um einen ungefähren Wert.

ap·proxi·mate² /ə'prɒksɪmeɪt; *AmE* ə'prɑ:k-/ *Verb* ~ **(to) sth** einer Sache nahe kommen ◊ *Your story approximates to the facts we already know.* Ihre Aussage entspricht in etwa den Fakten, die uns bereits bekannt sind.

ap·proxi·ma·tion /ə,prɒksɪ'meɪʃn; *AmE* ə,prɑ:k-/ *Nomen* **1** Annäherungswert **2** ~ **(of/to sth)** Annäherung (an etw)

APR /,eɪ pi: 'ɑ:(r)/ *Kurzform von* **annual percentage rate** Jahreszinssatz

apri·cot /'eɪprɪkɒt; *AmE* 'æp-, -kɑ:t/ **1** *Nomen* Aprikose **2** *Nomen* Aprikosenbaum **3** *Adj* aprikosenfarben

April /'eɪprəl/ *Nomen* (*Abk* **Apr**) April ☛ *Beispiele bei* JANUAR

April 'Fool *Nomen* **1** Aprilscherz **2** Aprilnarr ◊ *April fool!* April, April!

ap·ron /'eɪprən/ *Nomen* **1** Schürze **2** (AERO) Vorfeld **3** (*auch* **'apron stage**) (THEAT) Vorbühne **IDM be tied to your mother's, wife's, etc. apron-strings** der Mutter, Frau etc. am Schürzenzipfel hängen

apro·pos /,æprə'pəʊ; *AmE* -'poʊ/ (*auch* **apro·pos of**) *Präp* in Bezug auf

apse /æps/ *Nomen* Apsis

apt /æpt/ *Adj* **1** (*Adv* **aptly**) passend ◊ *the aptly named Grand Hotel* das Grand Hotel, das diesen Namen zu Recht führt **2** *nicht vor Nomen* **be ~ to do sth** dazu neigen etw zu tun

ap·ti·tude /'æptɪtju:d; *AmE* -tu:d/ *Nomen* ~ **(for sth)** Begabung (für etw) ◊ *his aptitude for dealing with children* seine Begabung im Umgang mit Kindern ◊ *an aptitude test* ein Eignungstest

aqua·plane /'ækwəpleɪn/ *Verb* (*BrE*) **1** auf regennasser Straße ins Schleudern geraten **2** monowasserskifahren

Aquar·ian /ə'kweəriən/ **1** *Nomen* Wassermann **2** *Adj* Wassermann-

aquar·ium /ə'kweəriəm; *AmE* ə'kwer-/ *Nomen* (*Pl* **aquariums** *oder* **aqua·ria** /-riə/) Aquarium

Aquar·ius /ə'kweəriəs; *AmE* ə'kwer-/ *Nomen* (Sternzeichen, Mensch) Wassermann

aqua·tic /ə'kwætɪk/ *Adj* Wasser- ◊ *aquatic plants* Wasserpflanzen ◊ *aquatic creatures* im Wasser lebende Tiere

aque·duct /'ækwɪdʌkt/ *Nomen* Aquädukt

Arab /'ærəb/ **1** *Nomen* Araber(in) **2** *Nomen* (*Pferd*) Araber **3** *Adj* arabisch

Ara·bian /ə'reɪbiən/ *Adj* arabisch ◊ *tales of the Arabian Nights* Märchen aus Tausendundeiner Nacht

Arab·ic /'ærəbɪk/ **1** *Adj* arabisch ◊ *Arabic numerals* arabische Ziffern **2** *Nomen* Arabisch

ar·able /'ærəbl/ *Adj* Acker- ◊ *arable farming* Ackerbau ◊ *arable land* Ackerland ◊ *arable crops* Getreide

ar·bi·ter /'ɑ:bɪtə(r); *AmE* 'ɑ:rb-/ *Nomen* Instanz ◊ *Who will be the final arbiter?* Wer ist in dieser Sache die letzte Instanz? ◊ *Box office receipts are the ultimate arbiter of a film's success.* Letztlich entscheidet die Zahl der Kinobesucher über den Erfolg eines Films. ◊ *an arbiter of fashion* ein Modeguru

ar·bi·trari·ness /'ɑ:bɪtrərinəs; *AmE* 'ɑ:rbətreri-/ *Nomen* Willkür

ar·bi·trary /'ɑ:bɪtrəri; *AmE* 'ɑ:rbətreri/ *Adj* (*Adv* **ar·bi·trar·ily** /-ɪli/) willkürlich

ar·bi·trate /'ɑ:bɪtreɪt; *AmE* 'ɑ:rb-/ *Verb* vermitteln, schlichten

ar·bi·tra·tion /,ɑ:bɪ'treɪʃn; *AmE* ,ɑ:rb-/ *Nomen* Schlichtung ◊ *go to arbitration* vor ein Schiedsgericht gehen

ar·bi·tra·tor /'ɑ:bɪtreɪtə(r); *AmE* 'ɑ:rb-/ *Nomen* Vermittler(in), Schlichter(in)

ar·bour (*AmE* **arbor**) /'ɑ:bə(r); *AmE* 'ɑ:rb-/ *Nomen* Laube

arc /ɑ:k; *AmE* ɑ:rk/ *Nomen* Bogen

ar·cade /ɑ:'keɪd; *AmE* ɑ:r-/ *Nomen* **1** Arkade **2** Passage **3** (*BrE*) = SHOPPING ARCADE **4** Spielhalle ◊ *arcade game* Videospiel

ar·cane /ɑ:'keɪn; *AmE* ɑ:r'k-/ *Adj* (*gehoben*) undurchschaubar

arch¹ /ɑ:tʃ; *AmE* ɑ:rtʃ/ *Nomen* **1** Bogen **2** Wölbung (*der Fußsohle*)

arch² /ɑ:tʃ; *AmE* ɑ:rtʃ/ *Verb* **1** wölben ◊ *He arched his eyebrows.* Er zog die Brauen hoch. ◊ *arch your back* ins Hohlkreuz gehen ◊ *The cat arched its back.* Die Katze machte einen Buckel. **2** ~ **across/over sth** sich über etw wölben

arch³ /ɑ:tʃ; *AmE* ɑ:rtʃ/ *Adj* (*Adv* **arch·ly**) schelmisch

arch·aeo·logic·al *AmE auch* **arch·eo·logic·al** /,ɑ:kiə'lɒdʒɪkl; *AmE* ,ɑ:rkiə'lɑ:dʒ-/ *Adj* archäologisch

archae·olo·gist *AmE auch* **arche·ologist** /,ɑ:ki'ɒlədʒɪst; *AmE* ,ɑ:rki'ɑ:l-/ *Nomen* Archäologe, Archäologin

archae·ology *AmE auch* **arche·ology** /,ɑ:ki'ɒlədʒi; *AmE* ,ɑ:rki'ɑ:l-/ *Nomen* Archäologie

ar·chaic /ɑ:'keɪɪk; *AmE* ɑ:r'k-/ *Adj* veraltet, archaisch

arch·an·gel /'ɑ:keɪndʒl; *AmE* 'ɑ:rk-/ *Nomen* Erzengel

arch·bishop /,ɑ:tʃ'bɪʃəp; *AmE* ,ɑ:rtʃ-/ *Nomen* Erzbischof

arch·deacon /,ɑ:tʃ'di:kən; *AmE* ,ɑ:rtʃ-/ *Nomen* Archidiakon(in)

arch·duch·ess /,ɑ:tʃ'dʌtʃəs; *AmE* ,ɑ:rtʃ-/ *Nomen* Erzherzogin

arch·duke /,ɑ:tʃ'dju:k; *AmE* ,ɑ:rtʃ'du:k/ *Nomen* Erzherzog

,arch-'enemy *Nomen* Erzfeind(in)

arch·eo·logic·al, arche·ologist, arche·ology (*AmE*) = ARCHAEOLOGICAL, ARCHAEOLOGIST, ARCHAEOLOGY

arch·er /'ɑ:tʃə(r); *AmE* 'ɑ:rtʃ-/ *Nomen* Bogenschütze, -schützin

arch·ery /'ɑ:tʃəri; *AmE* 'ɑ:rtʃ-/ *Nomen* Bogenschießen

arche·typal /,ɑ:ki'taɪpl; *AmE* ,ɑ:rki-/ *Adj* typisch, archetypisch ◊ *The Beatles were the archetypal pop group.* Die Beatles waren das Urbild einer Popgruppe.

arche·type /'ɑ:kitaɪp/ *Nomen* **1** Inbegriff, Urform **2** (PSYCH) Archetyp(us)

archi·pel·ago /,ɑ:kɪ'peləgəʊ; *AmE* ,ɑ:rkɪ'peləgoʊ/ *Nomen* (*Pl* **-os** *oder* **-oes**) Archipel, Inselgruppe

archi·tect /'ɑ:kɪtekt; *AmE* 'ɑ:rk-/ *Nomen* **1** Architekt(in) **2** (*fig*) Urheber(in) ◊ *He was one of the principal architects of the revolution.* Er war einer der führenden Köpfe der Revolution.

archi·tec·tural /,ɑ:kɪ'tektʃərəl; *AmE* ,ɑ:rk-/ *Adj* (*Adv* **archi·tec·tur·al·ly**) architektonisch

archi·tec·ture /'ɑ:kɪtektʃə(r); *AmE* 'ɑ:rk-/ *Nomen* Architektur

arch·ive¹ /'ɑ:kaɪv; *AmE* 'ɑ:rk-/ *Nomen* (*auch* **arch·ives** [Pl]) Archiv

arch·ive² /'ɑ:kaɪv; *AmE* 'ɑ:rk-/ *Verb* archivieren

arch·iv·ist /'ɑ:kɪvɪst; *AmE* 'ɑ:rk-/ *Nomen* Archivar(in)

arch·ly *Adv* ⇨ ARCH³

,arch-'rival *Nomen* Erzrivale, Erzrivalin

arch·way /'ɑ:tʃweɪ; *AmE* 'ɑ:rtʃ-/ *Nomen* Torbogen

'arc lamp *Nomen* Scheinwerfer, (PHYSIK) Bogenlampe

Arc·tic /'ɑ:ktɪk; *AmE* 'ɑ:rk-/ **1** *Adj nur vor Nomen* arktisch, Polar- **2** *Adj* **arctic** arktisch ◊ *arctic conditions* arktische Bedingungen **3** *Nomen* **the Arctic** die Arktis

the ,Arctic 'Circle *Nomen* der nördliche Polarkreis

ar·dent /'ɑ:dnt; *AmE* 'ɑ:rdnt/ *Adj nur vor Nomen* (*Adv* **ar·dent·ly**) leidenschaftlich

ar·dour (*AmE* **ardor**) /'ɑ:də(r); *AmE* 'ɑ:rdər/ *Nomen* Leidenschaft ◊ *revolutionary ardour* revolutionärer Elan

ar·du·ous /'ɑ:djuəs, -dʒu-; *AmE* 'ɑ:rdʒuəs/ *Adj* beschwerlich

are¹ /ə(r); *betont* ɑ:(r)/ *Form von* BE

are² /eə(r); *AmE* er, ɑ:r/ *Nomen* Ar

area /'eəriə; *AmE* 'eriə/ *Nomen* **1** Gebiet, Gegend ◊ *the*

London area der Londoner Raum ☛ *Hinweis bei* GEGEND **2** Bereich ◊ *a play area* eine Spielecke **3** Stelle ◊ *Move the cursor to a blank area of the screen.* Setzen Sie den Cursor auf eine leere Stelle auf dem Bildschirm. **4** Bereich, Gebiet ◊ *a growth area* ein Zuwachsbereich **5** Fläche ◊ *The room is 12 square metres in area.* Das Zimmer hat eine Fläche von 12 Quadratmetern. **6** = PENALTY AREA

'**area code** *Nomen* (*bes AmE*) Vorwahl, Ortskennzahl

arena /əˈriːnə/ *Nomen* **1** Arena **2** Schauplatz, Arena

aren't /ɑːnt/ = ARE NOT

ar·gu·able /ˈɑːgjuəbl; *AmE* ˈɑːrg-/ *Adj* (*gehoben*) **1** vertretbar ◊ *It is arguable that too many details are confusing.* Man kann den Standpunkt vertreten, dass zu viele Einzelheiten verwirrend sind. **2** fraglich

ar·gu·ably /ˈɑːgjuəbli; *AmE* ˈɑːrg-/ *Adv* (*oft vor der Komparativ- oder Superlativform eines Adjektivs gebraucht*) möglicherweise ◊ *Branagh is arguably the best actor of his generation.* Branagh dürfte der beste Schauspieler seiner Generation sein. ☛ *Hinweis bei* PERHAPS (2)

argue /ˈɑːgjuː; *AmE* ˈɑːrg-/ *Verb* **1** ~ (**with sb**) (**about/over sth**) (sich) (mit jdm) (über etw) streiten, (jdm) (in Bezug auf etw) widersprechen ◊ *I don't want to argue with you — just do it!* Ich will keine langen Diskussionen — tu, was ich sage! **2** argumentieren, behaupten; ~ **for sth** für etw eintreten; ~ **against sth** sich gegen etw aussprechen, gegen etw einen Einwand vorbringen ◊ *She argued the case for bringing back the death penalty.* Sie sprach sich dafür aus, die Todesstrafe wieder einzuführen. ◊ *He was too tired to argue the point.* Er war zu müde, darüber zu diskutieren. ◊ *a well-argued article* ein Artikel mit guten Argumenten

> ✏️ WRITING TIP
> **Describing a point or argument**
> - *The writer argues that family life suffers when women go out to work.* Der Autor behauptet, dass das Familienleben leidet, wenn Frauen berufstätig sind.
> - *The article puts forward the argument that mothers should be encouraged to stay at home.* In dem Artikel wird der Standpunkt vertreten, dass Mütter dazu ermutigt werden sollen, zu Hause zu bleiben.
> - *The author proposes that mothers should be paid to stay at home to look after their children.* Die Autorin schlägt vor, dass Mütter dafür bezahlt werden sollen, dass sie zu Hause bleiben, um ihre Kinder zu versorgen.
> - *In this book, the claim is made that working mothers are contributing to the crisis in Western society.* In diesem Buch wird behauptet, dass berufstätige Mütter zur Krise in der westlichen Gesellschaft beitragen.
> ☛ *Hinweis bei* ADMIT *und* PERHAPS (2)

3 (*gehoben*) zeugen von IDM ˌ**argue the ˈtoss** (*BrE, umgs*) sich (herum)streiten PHRV **argue sb into/out of doing sth** jdm etw ein-/ausreden ◊ *They argued him into withdrawing his complaint.* Sie haben ihn dazu überredet, seine Klage zurückzunehmen. ˈ**argue with sth** (*meist in verneinten Sätzen*) (*umgs*) etw abstreiten ◊ *Six weeks' holiday? — You can't argue with that.* Sechs Wochen Urlaub? — Da kann man nichts sagen!

ar·gu·ment /ˈɑːgjumənt; *AmE* ˈɑːrg-/ *Nomen* **1** Streit, Auseinandersetzung ◊ *have an argument* sich streiten ◊ *She got into an argument with the teacher.* Sie hatte eine Auseinandersetzung mit dem Lehrer. ◊ *After some heated argument a decision was finally taken.* Nach einer hitzigen Diskussion wurde schließlich eine Entscheidung getroffen. **2** Argument ☛ *Hinweis bei* ARGUE (2) **3** ~ (**about sth**) Einwand (gegen etw) ◊ *We agreed on the policy without (further) argument.* Wir einigten uns über die Taktik ohne weitere Einwände. ◊ *Let's assume for the sake of argument that we can't start till March.* Nehmen wir einmal rein theoretisch an, dass wir erst im März anfangen können.

ar·gu·men·ta·tive /ˌɑːgjuˈmentətɪv; *AmE* ˌɑːrg-/ *Adj* streitsüchtig

aria /ˈɑːriə/ *Nomen* Arie

arid /ˈærɪd/ *Adj* **1** trocken, dürr **2** (*gehoben*) (*Diskussion etc.*) öde

arid·ity /əˈrɪdəti/ *Nomen* Trockenheit, Dürre

Aries /ˈeəriːz; *AmE* ˈeriːz/ *Nomen* (*Sternzeichen, Mensch*) Widder

aright /əˈraɪt/ *Adv* (*veraltet*) recht

arise /əˈraɪz/ *Verb* (**arose** /əˈrəʊz/, *AmE* əˈroʊz/, **arisen** /əˈrɪzn/) **1** entstehen, aufkommen, sich erheben ◊ *A new crisis has arisen.* Es ist erneut zu einer Krise gekommen. ◊ *when the need arises* wenn es nötig SYN OCCUR **2** sich ergeben ~ **out of/from sth** sich aus etw ergeben, von etw herrühren, auf etw zurückzuführen sein ◊ *Are there any matters arising from the minutes of the last meeting?* Ergeben sich aus dem Protokoll der letzten Sitzung noch Fragen? **3** (*veraltet oder gehoben*) aufstehen **4** (*veraltet*) sich auflehnen

ar·is·toc·racy /ˌærɪˈstɒkrəsi; *AmE* -ˈstɑːk-/ *Nomen* Aristokratie, Adel ☛ G 1.3b

ar·is·to·crat /ˈærɪstəkræt; *AmE* əˈrɪst-/ *Nomen* Aristokrat(in), Adlige(r)

ar·is·to·crat·ic /ˌærɪstəˈkrætɪk; *AmE* əˌrɪstə-/ *Adj* aristokratisch, adlig

arith·met·ic /əˈrɪθmətɪk/ *Nomen* Arithmetik, Rechnen ◊ *I did some quick mental arithmetic to work out which was cheaper.* Ich rechnete schnell im Kopf aus, was billiger war. ◊ *There's something wrong with the arithmetic — we can't possibly have sold that many copies.* Irgendetwas stimmt nicht mit diesen Zahlen — so viele Exemplare können wir unmöglich verkauft haben.

arith·met·ic·al /ˌærɪθˈmetɪkl/ (*auch* **arith·met·ic**) *Adj* (*Adv* **arith·met·ic·al·ly** /-kli/) arithmetisch

ark /ɑːk; *AmE* ɑːrk/ **the ark** (*auch* ˌ**Noah's ˈark**) *Nomen* [*Sing*] Arche (Noah) IDM **sth went out with the ˈark** (*BrE, umgs*) etw ist völlig veraltet

arm¹ /ɑːm; *AmE* ɑːrm/ *Nomen* **1** Arm ◊ *She threw her arms around him.* Sie umarmte ihn. ◊ *He held the dirty rag at arm's length.* Er hielt den schmutzigen Lappen weit von sich. ◊ *They fell asleep in each other's arms.* Eng umschlungen schliefen sie ein. ◊ *He walked in with a tall blonde on his arm.* Er kam mit einer großen Blondine am Arm rein. ☛ *Siehe auch* ARMS **2** Ärmel SYN SLEEVE **3** Armlehne **4** [*meist Sing*] (*einer Firma oder Organisation*) Zweig SYN WING¹ IDM **cost/pay an ˈarm and a ˈleg** (*umgs*) ein Vermögen kosten/ausgeben **keep sb at arm's length** jdn auf Distanz halten ☛ *Siehe auch* AKIMBO, BABE, CHANCE², FOLD¹, LONG¹, RIGHT¹, SHOT¹ *und* TWIST¹

arm² /ɑːm; *AmE* ɑːrm/ *Verb* **1** bewaffnen **2** sich rüsten, aufrüsten **3** (*fig*) sich wappnen **4** (*Bombe etc.*) scharf machen IDM ˌ**armed to the ˈteeth** (*gehoben*) bis an die Zähne bewaffnet

ar·mada /ɑːˈmɑːdə; *AmE* ɑːrˈm-/ *Nomen* Armada (*auch fig*)

ar·ma·dillo /ˌɑːməˈdɪləʊ; *AmE* ˌɑːrməˈdɪloʊ/ *Nomen* (*Pl* **-os**) Gürteltier

Ar·ma·ged·don /ˌɑːməˈgedn; *AmE* ˌɑːrm-/ *Nomen* [*Sing*] Armageddon, weltweite (kriegerische) Katastrophe ◊ *nuclear Armageddon* atomarer Weltuntergang

ar·ma·ment /ˈɑːməmənt; *AmE* ˈɑːrm-/ *Nomen* **1** [*meist Pl*] Rüstung **2** Aufrüstung

arm·band /ˈɑːmbænd; *AmE* ˈɑːrm-/ *Nomen* **1** Armbinde **2** Schwimmflügel

arm·chair /ˈɑːmtʃeə(r), ɑːmˈtʃeə(r); *AmE* ˈɑːrmtʃer, ɑːrmˈtʃer/ **1** *Nomen* Sessel, Lehnstuhl **2** *Adj nur vor Nomen* ◊ *He's an armchair traveller.* Er reist nur mit dem Finger auf der Landkarte. ◊ *armchair athletes* Fernsehsessel-Sportler

armed /ɑːmd; *AmE* ɑːrmd/ *Adj* **1** bewaffnet OPP UNARMED **2** ~ (**with sth**) (mit etw) ausgerüstet ◊ *I was armed with the facts.* Ich hatte die Fakten parat.

the ˌarmed ˈforces (*BrE auch* **the ˌarmed ˈservices**) *Nomen* [*Pl*] die Streitkräfte

arm·ful /ˈɑːmfʊl; *AmE* ˈɑːrm-/ *Nomen* Arm voll

arm·hole /ˈɑːmhəʊl; *AmE* ˈɑːrmhoʊl/ *Nomen* Armloch

ar·mis·tice /ˈɑːmɪstɪs; *AmE* ˈɑːrm-/ *Nomen* [*Sing*] Waffenstillstand

ar·mour (*AmE* **armor**) /ˈɑːmə(r); *AmE* ˈɑːrm-/ *Nomen* [*U*] **1** Rüstung ◊ *a suit of armour* eine Rüstung ◊ (*fig*) *armadillos with their protective armour* Armadillos mit ihrem Schutzpanzer **2** Panzerplatten **3** (*Fachspr*) Panzerfahrzeuge, Panzertruppen IDM ⇨ CHINK *und* KNIGHT¹

ar·moured (*AmE* **ar·mored**) /ˈɑːməd; *AmE* ˈɑːrmərd/ *Adj* **1** (*Fahrzeug*) gepanzert **2** Panzer-

ˌ**armour-ˈplated** (*AmE* ˌ**armor-ˈplated**) *Adj* (*Fahrzeug*) gepanzert

ar·moury (*AmE* **ar·mory**) /'ɑːməri; *AmE* 'ɑːrm-/ *Nomen* (*Pl* **-ies**) **1** Arsenal (*auch fig*) **2** (*AmE*) Hauptquartier der National Guard oder einer Reservisteneinheit

arm·pit /'ɑːmpɪt; *AmE* 'ɑːrm-/ (*AmE auch, umgs* **pit**) *Nomen* Achselhöhle

arm·rest /'ɑːmrest; *AmE* 'ɑːrm-/ *Nomen* Armlehne

arms /ɑːmz; *AmE* ɑːrmz/ *Nomen* [Pl] **1** (*gehoben*) Waffen **2** (*in Namen von Lokalen*) *the King's Arms* „Zum königlichen Wappen" ← *Siehe auch* COAT OF ARMS IDM **be under 'arms** unter Waffen stehen **lay down your 'arms** die Waffen niederlegen **take up arms (against sb)** (gegen jdn) zu den Waffen greifen **(be) up in 'arms (about/over sth)** (*umgs*) (über etw) empört (sein) ← *Siehe auch* PRESENT³

'arms race *Nomen* [Sing] Wettrüsten

army /'ɑːmi; *AmE* 'ɑːrmi/ *Nomen* (*Pl* **-ies**) **1** Armee, Heer (*auch fig*) ← G 1.3b **2 the army** Militär ◊ *Mike went into the army.* Mike ging zum Militär. ← G 1.3a

'A-road *Nomen* ≈ Bundesstraße

aroma /ə'rəʊmə; *AmE* ə'roʊmə-/ *Nomen* Duft, Aroma ← *Hinweis bei* GERUCH

aroma·ther·ap·ist /əˌrəʊməˈθerəpɪst; *AmE* əˌroʊmə-/ *Nomen* Aromatherapeut(in)

aroma·ther·apy /əˌrəʊməˈθerəpi; *AmE* əˌroʊmə-/ *Nomen* Aromatherapie

aro·mat·ic /ˌærəˈmætɪk/ *Adj* aromatisch, wohlriechend SYN FRAGRANT

arose *Form von* ARISE

around¹ /əˈraʊnd/ *Adv* ← Für Verben mit **around** siehe die Einträge für die Verben. **Come around to sth** z.B. steht unter **come**.
1 ungefähr, etwa ◊ *around Christmas* um Weihnachten herum ◊ *around five o'clock* gegen fünf Uhr **2** überall, ringsherum ◊ *I could hear laughter all around.* Ich hörte Gelächter von allen Seiten. **3** (*bes BrE*) (*BrE auch* **round**) herum ◊ *How do you make the wheels go around?* Wie bringt man die Räder dazu, sich zu drehen? ◊ *The lake is 72 miles around.* Der See hat einen Umfang von 72 Meilen. ◊ *She turned the car around and drove off.* Sie wendete und fuhr davon. ◊ *They looked around when he called.* Sie drehten sich um, als er rief. ← *Hinweis bei* HERUM herum ◊ *There were papers lying around all over the floor.* Auf dem ganzen Boden lagen Zeitungen herum. ◊ *sit around* herumsitzen **5** vorhanden, da ◊ *There was more money around in those days.* Damals hatten die Leute mehr Geld. ◊ *Digital television has been around for some time now.* Digitalfernsehen gibt es schon seit längerer Zeit. ◊ *a new tennis champion who could be around for a long time* ein neuer Tennismeister, der noch lange in der Tennisszene mitmischen könnte IDM **have been around** sich auskennen

around² /əˈraʊnd/ *Präp* (*bes AmE*) (*BrE auch* **round**) **1** um (... herum) ◊ *He put his arms around her.* Er umarmte sie. ◊ *There must be a way around the problem.* Es muss doch möglich sein, das Poblem zu umgehen. **2** in ... herum ◊ *I saw him around the office this morning.* Heute Morgen habe ich ihn im Büro gesehen. ◊ *millions of people around the world* Millionen Menschen in der ganzen Welt ◊ *It's around here somewhere.* Es muss hier irgendwo sein.

aˌround-the-ˈclock *Adj* rund-um-die-Uhr-

arousal /əˈraʊzl/ *Nomen* Erregung

arouse /əˈraʊz/ *Verb* **1** wecken; (*Wut, Verdacht*) erregen ◊ *arouse controversy* eine Kontroverse auslösen **2** (*sexuell*) erregen **3** wachrütteln **4** ~ **sb (from sth)** (*gehoben*) jdn (aus etw) aufwecken

arr. **1** *Abk* = ARRIVAL (1), ARRIVE(D), ARRIVING **2** (MUS) Kurzform *von* **arranged by** bearbeitet von

ar·raign /əˈreɪn/ *Verb* (*meist passiv*) ~ **sb (for sth)** jdm (wegen einer Sache) die Anklage eröffnen (und seine Einlassung entgegennehmen)

ar·raign·ment /əˈreɪnmənt/ *Nomen* Verlesung der Anklageschrift und Entgegennehmen der Einlassung

ar·range /əˈreɪndʒ/ *Verb* **1** planen, arrangieren, festlegen **2** vereinbaren, absprechen, ausmachen ◊ *as arranged* wie vereinbart ◊ *I've arranged that we can borrow their car.* Ich habe mit ihnen ausgemacht, dass wir ihr Auto leihen können. ◊ *arrange an appointment* einen Termin machen ◊ *We've still got to arrange how to get to the airport.* Wir müssen noch klären, wie wir zum Flughafen kommen. ◊ *Have you arranged to meet him?* Hast du dich mit ihm verabredet? **3** ~ **for sth** für etw sorgen, (sich) etw besorgen; ~ **for sb to do sth** dafür sorgen, dass jd etw macht ◊ *We arranged for a car to collect us from the airport.* Wir haben einen Wagen bestellt, der uns vom Flughafen abholt. ◊ *She arranged a loan with the bank.* Sie nahm einen Kredit bei der Bank auf. **4** ordnen; (*Blumen*) arrangieren **5** regeln ◊ *I must arrange my financial affairs.* Ich muss meine finanziellen Angelegenheiten regeln. **6** (*Abk* **arr.**) (MUS) bearbeiten

arˌranged ˈmarriage *Nomen* arrangierte Ehe

ar·range·ment /əˈreɪndʒmənt/ *Nomen* **1 arrangements** [Pl] Vorbereitungen ◊ *I'll make arrangements for you to be met at the airport.* Ich werde veranlassen, dass Sie vom Flughafen abgeholt werden. **2** (*meist Pl*) Regelung ◊ *special arrangements* Sonderregelungen **3** Vereinbarung ◊ *We can come to an arrangement over the price.* Wir können uns sicher auf einen Preis einigen. ◊ *by prior arrangement with the bank* nach vorheriger Absprache mit der Bank **4** Anordnung; (*Blumen-*) Gesteck ◊ *the seating arrangements* die Sitzordnung **5** Bearbeitung

ar·ran·ger /əˈreɪndʒə/ *Nomen* **1** (MUS) Arrangeur(in) **2** Organisator(in)

ar·rant /ˈærənt/ *Adj nur vor Nomen* (*veraltet*) pur, schier

array¹ /əˈreɪ/ *Nomen* **1** Ansammlung, (stattliche) Menge ◊ *a dazzling array of talent* ein massives Aufgebot von Stars **2** (COMP, MATH) Array

array² /əˈreɪ/ *Verb* aufstellen

array·ed /əˈreɪd/ *Adj nicht vor Nomen* (*festlich*) gekleidet

ar·rears /əˈrɪəz; *AmE* əˈrɪrz/ *Nomen* [Pl] Rückstände ◊ *tax arrears* Steuerschulden ◊ *get/fall into arrears* in Rückstand kommen ◊ *be paid in arrears* rückwirkend bezahlt werden

ar·rest¹ /əˈrest/ *Verb* **1** ~ **sb (for sth)** jdn (wegen einer Sache) festnehmen, jdn (wegen einer Sache) verhaften **2** (*gehoben*) (*Entwicklung etc.*) aufhalten **3** (*gehoben*) faszinieren; (*Aufmerksamkeit etc.*) erregen **4** einen Herzstillstand erleiden

ar·rest² /əˈrest/ *Nomen* **1** Festnahme, Verhaftung ◊ *a citizen's arrest* eine Festnahme durch eine Zivilperson ◊ *The police made several arrests.* Die Polizei nahm mehrere Personen fest. ◊ *She was under arrest on suspicion of murder.* Sie wurde wegen Mordverdachts verhaftet. **2** (MED) Stillstand ◊ *go into arrest* einen Herzstillstand erleiden

ar·rest·ing /əˈrestɪŋ/ *Adj* faszinierend

ar·rival /əˈraɪvl/ *Nomen* **1** (*Abk* **arr.**) Ankunft, Eintreffen **2** Ankömmling ◊ *We're expecting a new arrival in the family soon.* Wir erwarten bald Familienzuwachs. **3** (*von neuen Ideen etc.*) Einführung, Kommen

ar·rive /əˈraɪv/ *Verb* (*Abk* **arr.**) (an)kommen ◊ *They arrived home safely.* Sie sind gut nach Hause gekommen. ◊ *We didn't arrive back at the hotel until very late.* Wir kamen erst sehr spät zum Hotel zurück. IDM **sb has arˈrived** (*umgs*) jd hat es geschafft PHRV **arˈrive at sth** (*Schlussfolgerung, Einigung etc.*) zu etw kommen ◊ *arrive at the truth* die Wahrheit herausbekommen SYN REACH¹

ar·ro·gance /ˈærəɡəns/ *Nomen* Arroganz, Überheblichkeit

ar·ro·gant /ˈærəɡənt/ *Adj* (*Adv* **ar·ro·gant·ly**) arrogant, überheblich

arrow /ˈærəʊ; *AmE* ˈæroʊ/ *Nomen* Pfeil ◊ *a bow and arrow* Pfeil und Bogen ◊ *the arrow keys* die Pfeiltasten

ar·row·head /ˈærəʊhed; *AmE* ˈæroʊ-/ *Nomen* Pfeilspitze

ar·row·root /ˈærəʊruːt; *AmE* ˈæroʊ-/ *Nomen* **1** Pfeilwurz **2** Arrowroot

arse¹ /ɑːs; *AmE* ɑːrs/ *Nomen* (*BrE, vulg, Slang*) **1** Arsch ◊ *Get off your arse!* Sei nicht so lahmarschig! **2** (*Dummkopf*) Armleuchter IDM **my arse!** Du willst mich wohl verarschen! **work your ˈarse off** sich totarbeiten ← *Siehe auch* KISS¹, KNOW¹, LICK¹ *und* PAIN¹

arse² /ɑːs; *AmE* ɑːrs/ *Verb* IDM **canˈt be ˈarsed (to do sth)** (*BrE, vulg, Slang*) keinen Bock haben (etw zu tun) PHRV ˌarse aˈbout/aˈround (*BrE, vulg, Slang*) rumblödeln

arse·hole /ˈɑːshəʊl; *AmE* ˈɑːrshoʊl/ *Nomen* (*BrE, vulg, Slang*) Arschloch

ar·senal /ˈɑːsənl; *AmE* ˈɑːrs-/ *Nomen* **1** (Waffen)arsenal **2** Munitionsfabrik, Waffenlager

ar·senic /'ɑːsnɪk; *AmE* 'ɑːrs-/ *Nomen* Arsen

arson /'ɑːsn; *AmE* 'ɑːrsn/ *Nomen* Brandstiftung ◇ *carry out an arson attack* einen Brandanschlag verüben

ar·son·ist /'ɑːsənɪst; *AmE* 'ɑːrs-/ *Nomen* Brandstifter(in)

art¹ /ɑːt; *AmE* ɑːrt/ *Nomen* **1** Kunst ◇ *an art form* eine Kunstgattung ◇ *Her performance displayed great art.* Ihre Darstellung war künstlerisch hoch stehend. **2 the arts** [Pl] Kunst, Kultur ◇ *lottery funding for the arts* Lotteriegelder für kulturelle Projekte **3** [meist Pl] Geisteswissenschaft IDM ⇨ FINE¹

art² /ɑːt; *AmE* ɑːrt/ *Verb* **thou art** (*veraltet*) du bist

art deco (*auch* **Art Deco**) /ˌɑːt ˈdekəʊ; *AmE* ˌɑːrt ˈdekoʊ/ *Nomen* Art déco

arte·fact (*bes AmE* **ar·ti·fact**) /'ɑːtɪfækt; *AmE* 'ɑːrt-/ *Nomen* Artefakt

ar·ter·ial /ɑː'tɪəriəl; *AmE* ɑːr'tɪr-/ *Adj* arteriell, Arterien- ◇ *an arterial road* eine Verkehrsader

ar·terio·scler·osis /ɑːˌtɪəriəʊskləˈrəʊsɪs; *AmE* ɑːrˌtɪrioʊskləˈroʊsɪs/ *Nomen* Arteriosklerose, Arterienverkalkung

ar·tery /'ɑːtəri; *AmE* 'ɑːrt-/ *Nomen* (*Pl* **-ies**) **1** Arterie, Schlagader **2** Verkehrsader

art·ful /'ɑːtfl; *AmE* 'ɑːrtfl/ *Adj* (*Adv* **art·ful·ly** /-fəli/) **1** (*abwert*) schlau, gerissen SYN CRAFTY **2** raffiniert

'art gallery (*auch* **gal·lery**) *Nomen* (*Pl* **-ies**) Kunstgalerie

'art-house *Adj* ◇ *art-house films* Experimentalfilme ◇ *an art-house cinema* ein Programmkino

arth·ri·tic /ɑː'θrɪtɪk; *AmE* ɑːr'θ-/ *Adj* arthritisch

arth·ritis /ɑː'θraɪtɪs; *AmE* ɑːr'θ-/ *Nomen* Arthritis, Gelenkentzündung

ar·ti·choke /'ɑːtɪtʃəʊk; *AmE* 'ɑːrtɪtʃoʊk/ *Nomen* **1** = GLOBE ARTICHOKE **2** (*BrE*) = JERUSALEM ARTICHOKE

art·icle /'ɑːtɪkl; *AmE* 'ɑːrt-/ *Nomen* **1** Artikel **2** (RECHT) Artikel; (*in Verträgen*) Paragraph **3** (*gehoben*) Gegenstand ◇ *articles of clothing* Kleidungsstücke ◇ *toilet articles* Toilettenartikel

art·icled /'ɑːtɪkld; *AmE* 'ɑːrt-/ *Adj* (*BrE*) ◇ *an articled clerk* ein Rechtsreferendar ◇ *She was articled to a firm of solicitors.* Sie war Referendarin in einem Anwaltsbüro.

ˌarticle of 'faith *Nomen* (*Pl* **articles of faith**) Glaubenssatz

ar·ticu·late¹ /ɑː'tɪkjuleɪt; *AmE* ɑːrt-/ *Verb* **1** (*gehoben*) in Worte fassen, darlegen **2** artikulieren ◇ *He was too drunk to articulate properly.* Er war zu betrunken, um deutlich zu sprechen. **3** ~ (**with sth**) (*gehoben*) (mit etw) zusammenhängen **4** (*Fachspr*) ~ (**with sth**) (mit etw) durch ein Gelenk verbunden sein **5** (*Fachspr*) ~ **sth** etw durch ein Gelenk verbinden ◇ *a robot with articulated limbs* ein Roboter mit Gelenken

ar·ticu·late² /ɑː'tɪkjulət; *AmE* ɑːr't-/ *Adj* **1** redegewandt ◇ *He was unusually articulate for a ten-year-old.* Für einen Zehnjährigen konnte er sich ungewöhnlich gut ausdrücken. **2** deutlich (artikuliert), verständlich OPP INARTICULATE

ar·ticu·lated /ɑː'tɪkjuleɪtɪd; *AmE* ɑːr't-/ *Adj* (*BrE*) (Fahrzeug) Gelenk- ◇ *an articulated lorry* ein Sattelschlepper

ar·ticu·la·tion /ɑːˌtɪkjuˈleɪʃn; *AmE* ɑːr,t-/ *Nomen* **1** (*gehoben*) Formulierung **2** (*gehoben*) Artikulation ◇ *As he drank more wine, his articulation suffered.* Je mehr Wein er trank, desto undeutlicher sprach er. **3** (*Fachspr*) Gelenk(verbindung)

ar·ti·fact (*bes AmE*) = ARTEFACT

ar·ti·fice /'ɑːtɪfɪs; *AmE* 'ɑːrt-/ *Nomen* Trick, List

ar·ti·fi·cial /ˌɑːtɪˈfɪʃl; *AmE* ˌɑːrt-/ *Adj* (*Adv* **ar·ti·fi·cial·ly** /-ʃəli/) **1** künstlich, Kunst- ◇ *an artificial limb* eine Prothese ◇ *artificial sweetener* Süßstoff **2** künstlich, artifiziell ◇ *A job interview is a very artificial situation.* Ein Vorstellungsgespräch ist eine unnatürliche Situation. **3** unecht

ˌartificial inseminˈnation *Nomen* (*Abk* **AI**) künstliche Befruchtung

ˌartificial inˈtelligence *Nomen* (*Abk* **AI**) (COMP) künstliche Intelligenz

ar·ti·fi·ci·al·ity /ˌɑːtɪˌfɪʃiˈæləti; *AmE* ˌɑːrt-/ *Nomen* Künstlichkeit

ˌartificial respiˈration (*BrE* **ˌartificial ventiˈlation**) *Nomen* künstliche Beatmung

ar·til·lery /ɑː'tɪləri; *AmE* ɑːr't-/ *Nomen* Artillerie

---

ar·ti·san /ˌɑːtɪˈzæn; *AmE* ˈɑːrtəzn/ *Nomen* (*gehoben*) Handwerker(in) SYN CRAFTSMAN

art·ist /'ɑːtɪst; *AmE* 'ɑːrt-/ *Nomen* **1** Künstler(in) ◇ *a graphic artist* ein Grafiker ◇ *make-up artists* Maskenbildner ◇ *an artist's impression of the attacker* eine Zeichnung des Angreifers ◇ (*fig*) *Whoever made this cake is a real artist.* Wer diesen Kuchen gebacken hat, ist ein echter Könner. **2** (Unterhaltungs)künstler(in), Musiker(in)

ar·tiste /ɑː'tiːst; *AmE* ɑːr't-/ *Nomen* (*bes BrE*) (Unterhaltungs)künstler(in), Artist(in) ◇ *a mime artiste* ein Pantomime

art·is·tic /ɑː'tɪstɪk; *AmE* ɑːr't-/ *Adj* (*Adv* **art·is·tic·al·ly** /-kli/) **1** künstlerisch ◇ *the artistic works of the period* die Kunstwerke der Epoche ◇ *She's very artistic.* Sie ist künstlerisch sehr begabt. **2** kunstvoll ◇ *The decor inside the house was very artistic.* Die Inneneinrichtung war sehr geschmackvoll. IDM ⇨ LICENCE

art·is·try /'ɑːtɪstri; *AmE* 'ɑːrt-/ *Nomen* künstlerische Leistung ◇ *He played the piece with effortless artistry.* Er spielte das Stück mit müheloser künstlerischer Vollendung.

art·less /'ɑːtləs; *AmE* 'ɑːrt-/ *Adj* **1** arglos, ungekünstelt **2** schlicht, schmucklos

ˌart nouˈveau /ˌɑː(r) nuːˈvəʊ/ *Nomen* Jugendstil

ˌarts and ˈcrafts *Nomen* [Pl] Kunsthandwerk, Kunstgewerbe

artsy /'ɑːtsi; *AmE* 'ɑːrtsi/ *Adj* (*AmE, umgs, meist abwert*) gewollt künstlerisch

art·work /'ɑːtwɜːk; *AmE* 'ɑːrtwɜːrk/ *Nomen* **1** Bildmaterial, Illustrationen **2** Kunstwerk

arty /'ɑːti; *AmE* 'ɑːrti/ *Adj* (*umgs, meist abwert*) Künstler-, (gewollt) künstlerisch ◇ *arty types* Künstlertypen ◇ *boring, arty films* langweilige, auf Kunst gemachte Filme

aru·gula /æ'ruːgjələ/ *Nomen* (*AmE*) Rucola

as¹ /əz; *betont* æz/ *Präp* als ◇ *He works as a gardener.* Er arbeitet als Gärtner. ◇ *They treated me as a friend.* Sie haben mich wie einen Freund behandelt.

as² /əz; *betont* æz/ *Adv* **1 as … as …** (*in Vergleichen*) so … wie … ◇ *You're as tall as your father.* Du bist so groß wie dein Vater. ◇ *He was as white as a sheet.* Er war kreidebleich. ◇ *Run as fast as you can.* Lauf so schnell du kannst. ☛ *Hinweis bei* WIE **2** wie ◇ *As always, he said little.* Wie üblich sagte er wenig.

as³ /əz; *betont* æz/ *Konj* **1** als, während ◇ *He watched her as she got ready.* Er sah zu, wie sie sich fertig machte. ◇ *As she grew older she gained in confidence.* Mit zunehmendem Alter wurde sie selbstbewusster. **2** (so) wie ◇ *Leave the papers as they are.* Lass die Unterlagen so, wie sie sind. ◇ *They did as I had asked.* Sie folgten meiner Bitte. **3** da, weil ◇ *As you were out, I left a message.* Da du nicht da warst, habe ich eine Nachricht hinterlassen. **4** (*gehoben*) ◇ *Happy as they were, there was something missing.* So glücklich sie auch waren, es fehlte doch etwas. SYN THOUGH ☛ *Hinweis bei* WIE IDM **as against sth** im Gegensatz zu etw; verglichen mit etw **ˌas and ˈwhen** (dann) … wenn ◇ *We'll decide on the team as and when we qualify.* Wir werden das Team dann auswählen, wenn wir uns qualifiziert haben. ◇ *I'll tell you more as and when.* Sobald ich mehr weiß, erzähle ich es dir. **as for sb/sth** was jdn/etw betrifft; was jdn/etw angeht **as from … /as of …** von … an ◇ *Our fax number is changing as from May 12.* Vom 12. Mai an haben wir eine neue Faxnummer. **as ˈif/as ˈthough** als ob ◇ *'Don't say anything.' 'As if I would!'* „Du darfst nichts sagen." „Als ob ich etwas sagen würde!" **ˌas it ˈis** wie es aussieht; wie die Dinge liegen ◇ *I can't help — I've got too much to do as it is.* Ich kann euch nicht helfen — ich habe sowieso schon genug zu tun. **as it ˈwere** sozusagen **as to sth; as regards sth** was etw betrifft; was etw angeht **as you ˈdo** wie man das so macht ☛ *Siehe auch* WELL¹ *und* YET

ASA /ˌeɪ es ˈeɪ/ **1** *Kurzform von* Advertising Standards Authority = für Werbung zuständige Aufsichtsbehörde in Großbritannien **2** *Kurzform von* American Standards Association (Einheit für die Lichtempfindlichkeit von Filmen) ASA

asap /ˌeɪ es eɪ ˈpiː/ *Kurzform von* **as soon as possible** so bald wie möglich

as·bes·tos /æs'bestəs/ *Nomen* Asbest

as·cend /ə'send/ *Verb* (*gehoben*) ansteigen, aufsteigen ◇ *in ascending order* in aufsteigender Reihenfolge ◇ *He ascend-*

ascendancy

ed to the peak of sporting achievement. Er erreichte sportliche Höchstleistungen. ◊ ascend the throne den Thron besteigen OPP DESCEND

as·cend·ancy (auch **as·cend·ency**) /əˈsendənsi/ Nomen (gehoben) **1** Vormachtstellung **2** in the ~ im Kommen

as·cend·ant (auch **as·cend·ent**) /əˈsendənt/ Nomen IDM in the ascendant im Kommen

as·cen·sion /əˈsenʃn/ Nomen [Sing] **1** the Ascension Christi Himmelfahrt **2** (gehoben) Aufstieg ◊ her ascension to the throne ihre Thronbesteigung

Asˈcension Day Nomen Christi Himmelfahrt

as·cent /əˈsent/ Nomen **1** Aufstieg **2** [meist Sing] Steigung **3** Entwicklung, Evolution

as·cer·tain /ˌæsəˈteɪn; AmE ˌæsərˈt-/ Verb (gehoben) feststellen, ermitteln

as·cet·ic /əˈsetɪk/ **1** Adj asketisch **2** Nomen Asket(in)

ASCII /ˈæski/ Kurzform von **American Standard Code for Information Interchange** ASCII

as·cribe /əˈskraɪb/ Verb PHRV **ascribe sth to sb/sth 1** etw jdm/etw zuschreiben, etw auf jdn/etw zurückführen **2** (Bedeutung, Stellenwert) jdm/einer Sache etw beimessen

ASEAN /ˈæsiæn/ Kurzform von **Association of South East Asian Nations** ASEAN

asep·tic /eɪˈseptɪk/ Adj (MED) aseptisch

asex·ual /ˌeɪˈsekʃuəl/ Adj (Adv **asexu·al·ly**) **1** ungeschlechtlich, geschlechtslos **2** asexuell

ash /æʃ/ Nomen **1** Asche **2** ashes [Pl] Asche **3** Esche IDM ⇨ SACKCLOTH

ashamed /əˈʃeɪmd/ Adj nicht vor Nomen **1** beschämt; be ~ (of yourself) sich schämen ◊ I'm ashamed to admit that I forgot. Ich muss zu meiner Schande gestehen, dass ich es vergessen habe. **2** be ~ of sb/sth sich jds/einer Sache schämen

ashen /ˈæʃn/ Adj aschfahl, kreidebleich

ashore /əˈʃɔː(r)/ Adv an Land ◊ go ashore an Land gehen

ash·tray /ˈæʃtreɪ/ Nomen Aschenbecher

ˌAsh ˈWednesday Nomen Aschermittwoch

Asian /ˈeɪʃn, ˈeɪʒn/ **1** Adj asiatisch **2** Nomen Asiat(in) ☞ Hinweis bei ASIAT

ˌAsian Aˈmerican Nomen Amerikaner(in) asiatischer Herkunft

Asi·at·ic /ˌeɪʃiˈætɪk, ˌeɪʒi-/ Adj (Fachspr) asiatisch

aside¹ /əˈsaɪd/ Adv zur Seite, beiseite ◊ Stand/Step aside. Treten Sie zur Seite. ◊ Leaving aside the cost ... Von den Kosten ganz abgesehen ... ◊ These problems aside ... Von diesen Problemen abgesehen ... ☞ Hinweis bei EXCEPT¹

aside² /əˈsaɪd/ Nomen **1** (THEAT) = an das Publikum adressierte Worte **2** Seitenbemerkung ◊ I mention it only as an aside. Ich erwähne das nur am Rande.

aˈside from Präp (bes AmE) außer

ask /ɑːsk; AmE æsk/ Verb **1** fragen ◊ He asked her about her family. Er fragte sie nach ihrer Familie. ◊ She asked them their names. Sie fragte sie nach ihren Namen. ◊ I often get asked that. Ich werde oft danach gefragt. ◊ if you don't mind me/my asking wenn man fragen darf ◊ ask a question eine Frage stellen **2** bitten ◊ She asked to be kept informed. Sie bat darum, auf dem Laufenden gehalten zu werden. ◊ ask sb's advice jdn um Rat bitten **3** ~ (for sb/sth) jdn/etw verlangen ◊ Ring and ask for Mrs Smith. Rufen Sie an und verlangen Sie Mrs Smith. ◊ That's asking too much. Das ist zu viel verlangt. ◊ I asked to see the manager. Ich verlangte den Geschäftsführer. **4** ~ sb (to sth) jdn (zu etw) einladen ◊ Shall we ask the neighbours round? Sollen wir die Nachbarn zu uns einladen? ◊ I didn't ask them in. Ich habe sie nicht hereingebeten. ◊ He's asked me out. Er hat mich gefragt, ob ich mit ihm ausgehe. **5** ~ sth (for sth) etw (für etw) verlangen ◊ How much are they asking for it? Wie viel verlangen sie dafür? IDM **ˈask for it** (umgs) es verdienen; es so wollen ◊ be ˈasking for trouble sich Ärger einhandeln (wollen) ◊ It's asking for trouble. Das bringt doch nur Ärger. ◊ ˌdon't ˈask (umgs) frag nicht ◊ ˌdon't ˈask ˈme (umgs) weiß ich nicht ◊ for the ˈasking mühelos zu haben ◊ The job is yours for the asking. Die Stelle kannst du haben, du brauchst nur zu fragen. ◊ I ˈask you! also wirklich! ◊ if you ˌask ˈme wenn du mich fragst PHRV **ˈask after sb** (BrE) nach jdm fragen ◊ ˌask aˈround herumfra-

gen ◊ ˌask sb ˈback (bes BrE) **1** jdn noch zu sich einladen **2** jdn wieder einladen ☞ G 9.7c

askance /əˈskæns/ Adv IDM **look askance (at sb/sth); look (at sb/sth) askance** jdn/etw missbilligend zur Kenntnis nehmen ◊ She looked askance at him. Sie sah ihn schief an.

askew /əˈskjuː/ Adv, Adj nicht vor Nomen schief

ˈasking price Nomen = geforderter Preis ◊ The asking price for the house is $2m. Das Haus wird für $2m angeboten.

asleep /əˈsliːp/ Adj nicht vor Nomen schlafend ◊ The baby was fast/sound asleep. Das Baby schlief fest. ◊ fall asleep einschlafen

ˌAˈS (level) Nomen = Prüfung, die Schüler in England, Wales und Nordirland mit etwa 17 Jahren machen ☞ Hinweis bei A LEVEL

as·para·gus /əˈspærəgəs/ Nomen Spargel

as·pect /ˈæspekt/ Nomen Aspekt, Seite

aspen /ˈæspən/ Nomen Espe

as·per·sions /əˈspɜːʃnz; AmE əˈspɜːrʒnz/ Nomen [Pl] (gehoben) IDM **cast aspersions on sb/sth** jdn/etw verunglimpfen ◊ I wouldn't want to cast aspersions on your honesty. Ich ziehe Ihre Ehrlichkeit nicht in Zweifel.

as·phalt /ˈæsfælt; AmE -fɔːlt/ Nomen Asphalt

as·phyxi·ate /əsˈfɪksieɪt/ Verb (meist passiv) ersticken ◊ He was asphyxiated by the smoke. Er erstickte im Rauch.

as·phyxi·ation /əsˌfɪksiˈeɪʃn/ Nomen Ersticken

aspic /ˈæspɪk/ Nomen Aspik

as·pir·ant /əˈspaɪərənt, ˈæspərənt/ **1** Nomen ~ (to/for sth) (gehoben) Aspirant(in) (auf etw), Anwärter(in) (auf etw) **2** Adj (nur vor Nomen) aufstrebend

as·pir·ate /ˈæspərət/ Nomen (LING) Hauchlaut, behauchter Laut

as·pir·ation /ˌæspəˈreɪʃn/ Nomen **1** Ambition, Bestreben **2** (LING) Aspiration, Behauchung

as·pire /əˈspaɪə(r)/ Verb ~ **to sth** etw anstreben; ~ **to do sth** danach streben etw zu tun

as·pirin /ˈæsprɪn, ˈæspərɪn/ Nomen Aspirin®

as·pir·ing /əˈspaɪərɪŋ/ Adj nur vor Nomen angehend, aufstrebend ◊ aspiring musicians angehende Musiker

ass /æs/ Nomen **1** (AmE, vulg) Arsch **2** (BrE, umgs, veraltet) Idiot, Esel ◊ I made an ass of myself at the meeting. Ich hab mich auf der Versammlung fürchterlich blamiert. **3** (veraltet) Esel IDM ⇨ KICK¹, KISS¹, LAW und PAIN

as·sail /əˈseɪl/ Verb ~ **sb (with sth)** (gehoben) jdn (mit etw) überfallen ◊ Panic assailed him. Panik überfiel ihn. ◊ be assailed by doubts von Zweifeln geplagt sein

as·sail·ant /əˈseɪlənt/ Nomen (offiz) Angreifer(in)

as·sas·sin /əˈsæsɪn; AmE -sn/ Nomen Mörder(in), Attentäter(in)

as·sas·sin·ate /əˈsæsɪneɪt; AmE -sən-/ Verb (oft passiv) ermorden

> **Assassinate** wird meist verwendet, wenn sich der Anschlag gegen eine politische oder prominente Persönlichkeit richtet: The prime minister was assassinated by extremists. Der Premierminister wurde von Extremisten ermordet. Siehe auch **murder**.

as·sas·sin·ation /əˌsæsɪˈneɪʃn; AmE -səˈn-/ Nomen Ermordung, (geglücktes) Attentat ◊ The president was wounded in an assassination attempt. Der Präsident wurde bei einem Attentat verletzt.

as·sault¹ /əˈsɔːlt/ Nomen **1** Angriff, Überfall ◊ indecent/sexual assaults on women sexuelle Übergriffe auf Frauen **2** [U] (RECHT) Körperverletzung ◊ be charged with assault wegen Körperverletzung angeklagt sein **3** (auch fig) Angriff ◊ a new assault on unemployment eine neue Initiative gegen die Arbeitslosigkeit

as·sault² /əˈsɔːlt/ Verb angreifen ◊ They had been sexually assaulted. Sie waren sexuell genötigt worden.

asˌsault and ˈbattery Nomen (RECHT) tätlicher Angriff

asˈsault course Nomen (BrE) Übungsgelände, Hindernisparcours

assay¹ /əˈseɪ/ Nomen (NATURW) Analyse

assay² /əˈseɪ/ Verb (NATURW) analysieren, prüfen

as·sem·blage /əˈsemblɪdʒ/ Verb (gehoben oder Fachspr) Ansammlung

---

| æ cat | ɑː father | e ten | ɜː bird | ə about | ɪ sit | iː see | i many | ɒ got (BrE) | ɔː saw | ʌ cup | ʊ put | uː too |

as·sem·ble /əˈsembl/ *Verb* **1** zusammenkommen, sich versammeln ◇ *the assembled company* alle Anwesenden **2** zusammentragen **3** montieren, zusammenbauen

as·sem·bly /əˈsembli/ *Nomen* (*Pl* **-ies**) **1** (*auch* **Assembly**) Versammlung, Parlament ☞ *Siehe auch* AM **2** Versammlung ◇ *freedom of assembly* die Versammlungsfreiheit ◇ *an assembly point* ein Sammelpunkt **3** = morgendliche Versammlung in der Schule **4** Montage

as'sembly line (*auch* **line**) *Nomen* Fließband, Montageband

as·sent[1] /əˈsent/ *Nomen* (*gehoben*) Zustimmung ◇ *He nodded (his) assent.* Er nickte zustimmend. ◇ *by common assent* nach allgemeiner Auffassung

as·sent[2] /əˈsent/ *Verb* **~ to sth** einer Sache zustimmen

as·sert /əˈsɜːt; *AmE* əˈsɜːrt/ *Verb* **1** behaupten, beteuern **2 ~ yourself** sich durchsetzen **3** geltend machen ◇ *assert your rights* seine Rechte geltend machen

as·ser·tion /əˈsɜːʃn; *AmE* əˈsɜːrʃn/ *Nomen* **1** Behauptung **2** Durchsetzung

as·ser·tive /əˈsɜːtɪv; *AmE* əˈsɜːrtɪv/ *Adj* selbstsicher, energisch

as·ser·tive·ness /əˈsɜːtɪvnəs/ *Nomen* Durchsetzungsvermögen, Selbstsicherheit

as·sess /əˈses/ *Verb* **1 ~ sb/sth (as sth)** jdn/etw (als etw) einschätzen ◇ *It's difficult to assess the effects of these changes.* Es ist schwer abzuschätzen, welche Auswirkung die Veränderungen haben werden. **2 ~ sth (at sth)** etw (auf etw) festsetzen

as·sess·ment /əˈsesmənt/ *Nomen* **1** Einschätzung, Beurteilung **2** [U] Bewertung ◇ *exams and other forms of assessment* Prüfungen und andere Arten von Leistungsnachweis **3** Steuerschuld

as·ses·sor /əˈsesə(r)/ *Nomen* **1** Sachverständige(r), Gutachter(in) **2** (*Schule, Uni etc.*) Prüfer(in)

asset /ˈæset/ *Nomen* **1 be an ~ (to sb/sth)** (für jdn/etw) von Wert sein ◇ *I'm sure she'll be an asset to the team.* Ich bin sicher, dass sie eine Stütze für die Mannschaft sein wird. ◇ *Being able to speak a foreign language is a major asset.* Es ist von großem Vorteil, eine Fremdsprache zu beherrschen. **2** [meist Pl] Vermögen, Vermögenswert

ˈasset-stripping *Nomen* (WIRTSCH) (*meist abwert*) = Ausschlachtung von Unternehmen durch den Verkauf von Teilbereichen

ass·hole /ˈæshəʊl; *AmE* -hoʊl/ *Nomen* (*AmE, vulg, Slang*) Arschloch

as·sidu·ous /əˈsɪdjuəs; *AmE* -dʒuəs/ *Adj* (*Adv* **as·sidu·ous·ly**) (*gehoben*) fleißig, gewissenhaft

as·sign /əˈsaɪn/ *Verb* **1 ~ sth to sb; ~ sb sth** jdn etw zuteilen **2 ~ sb (to sth)** jdn (mit etw) beauftragen **3 ~ sb (as sth)** jdn (zu etw) bestimmen **4 ~ sb to sb/sth** jdn jdm/etw zuteilen **5 ~ sth to sth** einer Sache etw zuweisen, einer Sache etw zuschreiben ◇ *Assign a different colour to each group.* Weisen Sie jeder Gruppe eine unterschiedliche Farbe zu. **6 ~ sth to sb** (RECHT) jdm etw übertragen

as·sign·ment /əˈsaɪnmənt/ *Nomen* **1** (Haus)arbeit, Referat **2** Aufgabe, Auftrag ◇ *a reporter on assignment in China* ein Journalist im Auslandseinsatz in China **3** Zuteilung **4** Zuordnung ◇ *the assignment of insects to a particular class* die Zuordnung von Insekten in eine Klasse **5** (RECHT) Übertragen ◇ *a written assignment of copyright* eine schriftliche Übertragung des Urheberrechts

as·simi·late /əˈsɪməleɪt/ *Verb* **1** (*Informationen, Ideen etc.*) aufnehmen **2** sich assimilieren, sich anpassen **3 ~ sb** (*Einwanderer*) integrieren **4 ~ sth into/to sth** (*meist passiv*) etw in etw aufnehmen

as·simi·la·tion /ə‚sɪməˈleɪʃn/ *Nomen* **1** (*kulturell*) Assimilation, Integration **2** (*von Wissen*) Aufnahme **3** (LING) Assimilation

as·sist /əˈsɪst/ *Verb* **1 ~ (sb) (in/with sth)** (*gehoben*) (jdm) (bei etw) behilflich sein **2** unterstützen ◇ *measures that will assist the decision-making process* Maßnahmen, die den Entscheidungsprozess unterstützen

as·sist·ance /əˈsɪstəns/ *Nomen* (*gehoben*) Hilfe, Unterstützung ◇ *How can I be of assistance?* Wie kann ich Ihnen helfen?

as·sist·ant[1] /əˈsɪstənt/ *Nomen* **1** Assistent(in), Helfer(in) ◇ *She's a care assistant.* Sie ist Pflegehelferin. ◇ *a clerical assistant* eine Bürohilfe **2** (*BrE*) = SHOP ASSISTANT **3** (*BrE*) Fremdsprachenassistent(in)

as·sist·ant[2] /əˈsɪstənt/ *Adj nur vor Nomen* (*Abk* **Asst**) (*oft in Berufsbezeichnungen*) stellvertretend, Vize-

Assoc *Abk* **1** = ASSOCIATE[3] **2** = ASSOCIATION (1)

as·so·ci·ate[1] /əˈsəʊʃieɪt; *AmE* əˈsoʊ-/ *Verb* **1 ~ sb/sth (with sb/sth)** jdn/etw mit jdm/etw in Verbindung bringen ◇ *You wouldn't normally associate these two writers.* Normalerweise würde man diese beiden Autoren nicht miteinander in Verbindung bringen. ◇ *I always associate the smell of fresh bread with my childhood.* Der Geruch von frischem Brot ist bei mir immer mit meiner Kindheit verknüpft. ◇ *the risks associated with drugs* die mit Drogen verbundenen Risiken **2 ~ with sb** mit jdm verkehren **3 ~ yourself with sth** sich einer Sache anschließen

as·so·ci·ate[2] /əˈsəʊʃiət; *AmE* əˈsoʊ-/ *Adj nur vor Nomen* **1** (*oft in Berufsbezeichnungen*) stellvertretend **2** assoziiert **3** (WIRTSCH) ◇ *an associate company* eine Beteiligungsgesellschaft

as·so·ci·ate[3] /əˈsəʊʃiət; *AmE* əˈsoʊ-/ *Nomen* **1** ◇ *business associates* Geschäftspartner ◇ *She's a close political associate of the minister.* Sie ist eine enge politische Verbündete des Ministers. ◇ *He was known to be one of the convicted man's associates.* Man wusste, dass er mit dem Verurteilten in Verbindung stand. **2** (*Abk* **Assoc**) assoziiertes Mitglied

as·so·ci·ation /ə‚səʊsiˈeɪʃn; *AmE* ə‚soʊ-/ *Nomen* **1** (*Abk* **Assoc**) Verband, Vereinigung ◇ *a professional association* ein Berufsverband ☞ G 1.3b ☞ *Hinweis bei* FUSSBALL **2** Verbindung, Kontakt **3** [meist Pl] Assoziation, Verbindung ◇ *The kitten soon made the association between humans and food.* Das Kätzchen stellte bald die Verbindung zwischen Menschen und Fressen her.

as·son·ance /ˈæsənəns/ *Nomen* Assonanz

as·sort·ed /əˈsɔːtɪd; *AmE* əˈsɔːrtəd/ *Adj* gemischt, verschieden

as·sort·ment /əˈsɔːtmənt; *AmE* əˈsɔːrt-/ *Nomen* [meist Sing] Auswahl, (An)sammlung

Asst (*bes AmE* **Asst.**) *Abk* = ASSISTANT[2]

as·sume /əˈsjuːm; *AmE* əˈsuːm/ *Verb* **1** ausgehen von, annehmen ◇ *We can safely assume that …* Wir können ohne weiteres davon ausgehen, dass … **2** (*Amt*) antreten; (*Macht, Verantwortung, Rolle*) übernehmen **3** (*Ausdruck, Ausmaß*) annehmen

asˌsumed ˈname *Nomen* Deckname

as·sum·ing /əˈsjuːmɪŋ; *AmE* əˈsuːmɪŋ/ *Konj* **~ (that)** **1** vorausgesetzt ◇ *assuming I pass the exam* vorausgesetzt, ich bestehe die Prüfung **2** angenommen

as·sump·tion /əˈsʌmpʃn/ *Nomen* **1** Annahme, Voraussetzung ◇ *It's dangerous to make assumptions about their motives.* Es ist gefährlich, Vermutungen über ihre Motive anzustellen. **2** [meist Pl] Wertvorstellung **3** Übernahme ◇ *their assumption of power* ihre Machtübernahme **4 the Assumption** Mariä Himmelfahrt

as·sur·ance /əˈʃʊərəns, -ˈʃɔːr-; *AmE* əˈʃʊr-/ *Nomen* **1** Zusicherung **2** Selbstsicherheit, Selbstvertrauen **3** (*BrE*) (*Lebens-*) Versicherung

as·sure /əˈʃʊə(r); *BrE auch* -ˈʃɔː(r)/ *Verb* **1** versichern ◇ *They assured him of their willingness to work hard.* Sie versicherten ihm, dass sie gewillt waren, hart zu arbeiten. **2 ~ yourself (of sth)** sich (von etw) überzeugen **3** (*oft passiv*) sichern, gewährleisten **4** (*BrE*) (*Leben*) versichern

as·sured /əˈʃʊəd, əˈʃɔːd; *AmE* əˈʃʊrd/ *Adj* **1** selbstsicher **2** gesichert, gewährleistet **3 be ~ of sth** einer Sache sicher sein IDM ⇒ REST[1]

as·sured·ly /əˈʃʊərədli, əˈʃɔːr-; *AmE* əˈʃʊr-/ *Adv* (*gehoben*) gewiss, mit Sicherheit

aster /ˈæstə(r)/ *Nomen* Aster

as·ter·isk /ˈæstərɪsk/ *Nomen* Sternchen

as·ter·oid /ˈæstərɔɪd/ *Nomen* Asteroid

asthma /ˈæsmə; *AmE* ˈæzmə/ *Nomen* Asthma

asth·mat·ic /æsˈmætɪk; *AmE* æzˈmætɪk/ **1** *Adj* asthmatisch ◇ *an asthmatic child* ein asthmakrankes Kind ◇ *She is asthmatic.* Sie ist Asthmatikerin. **2** *Nomen* Asthmatiker(in)

as·ton·ish /əˈstɒnɪʃ; *AmE* əˈstɑːn-/ *Verb* überraschen, erstaunen

astonished

as·ton·ished /əˈstɒnɪʃt; *AmE* əˈstɑːn-/ *Adj* ~ **(at/by sth/sb)** (über etw/jdn) erstaunt ◊ *He was astonished to learn he'd won.* Er hörte mit Erstaunen, dass er gewonnen hatte. ◊ *She looked astonished.* Sie sah sehr überrascht aus.

as·ton·ish·ing /əˈstɒnɪʃɪŋ; *AmE* əˈstɑːn-/ *Adj* erstaunlich

as·ton·ish·ing·ly /əˈstɒnɪʃɪŋli; *AmE* əˈstɑːn-/ *Adv* erstaunlich(erweise)

as·ton·ish·ment /əˈstɒnɪʃmənt; *AmE* əˈstɑːn-/ *Nomen* Erstaunen ◊ *He stared in astonishment at the stranger.* Er starrte den Fremden erstaunt an.

as·tound /əˈstaʊnd/ *Verb* verblüffen, erstaunen

as·tound·ed /əˈstaʊndɪd/ *Adj* verblüfft, erstaunt

as·tound·ing /əˈstaʊndɪŋ/ *Adj* (*Adv* **as·tound·ing·ly**) verblüffend, erstaunlich

astray /əˈstreɪ/ *Adv* IDM **go aˈstray 1** verloren gehen; abhanden kommen; (*Menschen*) sich verirren ◊ *The shot went astray.* Der Schuss verfehlte sein Ziel. **2** fehlschlagen ◊ *Our plans for the trip went badly astray.* Unsere Pläne für die Reise schlugen fehl.

astride[1] /əˈstraɪd/ *Präp* rittlings ◊ *He was sitting astride a pony.* Er saß auf einem Pony. ◊ (*fig*) *a town astride the river* eine Stadt zu beiden Seiten des Flusses

astride[2] /əˈstraɪd/ *Adv* breitbeinig, mit gespreizten Beinen

astrin·gent /əˈstrɪndʒənt/ *Adj* **1** (*Lotion, Creme*) adstringierend **2** (*Humor, Kritik, Geruch*) beißend

as·trol·oger /əˈstrɒlədʒə(r); *AmE* əˈstrɑːl-/ *Nomen* Astrologe, Astrologin

astro·logic·al /ˌæstrəˈlɒdʒɪkl; *AmE* -ˈlɑːdʒ-/ *Adj* astrologisch

as·trol·ogy /əˈstrɒlədʒi; *AmE* əˈstrɑːl-/ *Nomen* Astrologie

astro·naut /ˈæstrənɔːt/ *Nomen* Astronaut(in)

as·tron·omer /əˈstrɒnəmə(r); *AmE* əˈstrɑːn-/ *Nomen* Astronom(in)

astro·nom·ic·al /ˌæstrəˈnɒmɪkl/ *Adj* **1** astronomisch **2** (*auch* **astro·nom·ic**) (*umgs*) astronomisch, gewaltig

as·tron·omy /əˈstrɒnəmi; *AmE* əˈstrɑːn-/ *Nomen* Astronomie

astro·phys·ics /ˌæstrəʊˈfɪzɪks; *AmE* ˌæstroʊ-/ *Nomen* [U] Astrophysik

as·tute /əˈstjuːt; *AmE* əˈstuːt/ *Adj* (*Adv* **as·tute·ly**) geschickt, klug; (*Beobachter*) scharfsinnig ◊ *an astute move* ein geschickter Schachzug SYN SHREWD

asy·lum /əˈsaɪləm/ *Nomen* **1** (*gehoben* poˌlitical aˈsylum) Asyl ◊ *seek asylum* um Asyl bitten/nachsuchen **2** (*veraltet*) Irrenanstalt

aˈsylum seeker *Nomen* Asylbewerber(in)

asym·met·ric /ˌeɪsɪˈmetrɪk/ (*auch* **asym·met·ric·al** /ˌeɪsɪˈmetrɪkl/) *Adj* (*Adv* **asym·met·ric·al·ly** /-kli/) asymmetrisch ◊ *asymmetric bars* Stufenbarren

asym·met·ry /eɪˈsɪmətri/ *Nomen* Asymmetrie

at /ət/; *betont bei* /æt/ *Präp*
• **Ort, Richtung, Entfernung 1** (*in Ortsangaben*) an, in, bei ◊ *at the corner of the street* an der Straßenecke ◊ *We changed at Crewe.* Wir stiegen in Crewe um. ◊ *She's at Yale.* Sie studiert in Yale. ◊ *How many people were there at the concert?* Wie viele Leute waren bei dem Konzert? ◊ *She's at Tom's.* Sie ist bei Tom. ◊ *at home* zu Hause **2** (*zeigt die Richtung einer Handlung/eines Geschehens an*) auf ◊ *He pointed a gun at her.* Er zielte mit einer Pistole auf sie. ◊ *He rushed at her with a knife.* Er stürzte mit einem Messer in der Hand auf sie zu. ◊ *Look at me!* Sieh mich an! ◊ *wave at sb* jdm zuwinken **3** (*gibt die Entfernung von etw an*) auf ◊ *I held it at arm's length.* Ich hielt es auf Armeslänge entfernt. ◊ *Can you read a car number-plate at fifty metres?* Kannst du ein Nummernschild auf fünfzig Meter Entfernung lesen?
• **Zeit, Alter 4** (*in Zeitangaben*) um, an, zu ◊ *at 2 o'clock* um zwei Uhr ◊ (*BrE*) *at the weekend* am Wochenende ◊ *at dawn* im Morgengrauen ◊ *at Christmas* zu Weihnachten ◊ *at night* nachts ◊ *I didn't know at the time of writing.* Als ich das schrieb, habe ich es nicht gewusst. **5** (*in Altersangaben*) mit ◊ *She died at 25.* Sie starb mit 25.
• **Zustand oder andauernde Handlung 6** ◊ *The country is now at war.* Das Land befindet sich jetzt im Kriegszustand. ◊ *I felt at a disadvantage.* Ich fühlte mich im Nachteil. ◊ *Mr Harris is at lunch.* Herr Harris ist beim Mittagessen. ◊ *put sb at risk* jdn in Gefahr bringen ◊ *She's at work in the garden.* Sie arbeitet im Garten.
• **Preis, Rate, Geschwindigkeit 7** ◊ *They sold it at a higher price.* Sie haben es teurer verkauft. ◊ *at two-minute intervals* in einem Abstand von zwei Minuten ◊ *House prices rose at a higher rate than inflation.* Der Preisanstieg bei Immobilien war höher als die Inflationsrate. ◊ *He was driving at 70 mph.* Er fuhr (mit einer Geschwindigkeit von) 70 Meilen pro Stunde.
• **andere Ausdrücke 8** (*zeigt an, dass eine Handlung erfolglos ausgeführt oder nicht zu Ende geführt wird*) ◊ *He clutched wildly at the rope as he fell.* Im Herunterfallen griff er wie wild nach dem Seil. ◊ *She nibbled at a sandwich.* Sie knabberte an einem Butterbrot. **9** ~ **sb's/sth's best/worst etc.** ◊ *This was Haas at his best.* Heute hat Haas gezeigt, wie gut er sein kann. ◊ *The garden's at its most beautiful in June.* Im Juni ist der Garten am schönsten. **10** (*nach Adjektiven, die angeben, wie gut jd etw kann*) ◊ *I'm good at French.* Ich bin gut in Französisch. ◊ *She's hopeless at managing her time.* Sie kann ihre Zeit nicht gut einteilen. **11** (*nach bestimmten Adjektiven gebraucht, um die Ursache einer Empfindung, eines Zustands etc. anzugeben*) über ◊ *She was delighted at the result.* Sie war hocherfreut über das Ergebnis. ◊ *his anger at being beaten* seine Wut über seine Niederlage **12** (*gehoben*) auf … (hin) ◊ *at my request* auf meine Bitte hin IDM **at that** noch dazu ◊ *He managed to buy a car after all — and rather a nice one, at that.* Er schaffte es trotz allem, ein Auto zu kaufen — noch dazu ein sehr schönes. ˌwhere it's ˈat ◊ *He knows where it's at musically.* Er weiß, was in der Musikszene hip ist. ◊ *Today, Silverstone's where it's at.* Heute geht die Post in Silverstone ab.

at·av·is·tic /ˌætəˈvɪstɪk/ *Adj* (*gehoben*) atavistisch

ate *Form von* EAT

athe·ism /ˈeɪθiɪzəm/ *Nomen* Atheismus

athe·ist /ˈeɪθiɪst/ *Nomen* Atheist(in)

athe·is·tic /ˌeɪθiˈɪstɪk/ *Adj* atheistisch

ath·lete /ˈæθliːt/ *Nomen* **1** Sportler(in), Athlet(in) **2** (*BrE*) Leichtathlet(in)

ˌathlete's ˈfoot *Nomen* Fußpilz

ath·let·ic /æθˈletɪk/ *Adj* **1** (*Adv* **ath·let·ic·al·ly** /-ɪkli/) sportlich, athletisch **2** *nur vor Nomen* (*BrE*) Leichtathletik- ◊ *an athletic club* ein Leichtathletikverein

ath·leti·cism /æθˈletɪsɪzəm/ *Nomen* Athletentum, Sportlichkeit ◊ *She moved with great athleticism.* Ihre Bewegungen waren sehr athletisch.

ath·let·ics /æθˈletɪks/ *Nomen* [U] **1** (*BrE*) Leichtathletik **2** (*AmE*) Sport

athˈletic shoe *Nomen* (*AmE*) Sportschuh, Turnschuh

athˌletic supˈporter *Nomen* (*bes AmE*) Suspensorium

atishoo /əˈtɪʃuː/ *Ausruf* (*BrE*) hatschi

atlas /ˈætləs/ *Nomen* Atlas

ATM /ˌeɪ tiː ˈem/ *Kurzform von* **automated teller machine** Geldautomat

at·mos·phere /ˈætməsfɪə(r); *AmE* -fɪr/ *Nomen* **1** (ASTRON) die Atmosphäre ◊ *the upper atmosphere* die Atmosphäre **2** Luft ◊ *These plants love warm, humid atmospheres.* Diese Pflanzen lieben warme, feuchte Luft. **3** Stimmung, Atmosphäre IDM ⇒ HEAVY[1]

at·mos·pher·ic /ˌætməsˈferɪk/ *Adj* **1** *nur vor Nomen* atmosphärisch, Luft- ◊ *atmospheric pressure* Luftdruck **2** stimmungsvoll

atoll /ˈætɒl; *AmE* ˈætɔːl, -tɑːl/ *Nomen* Atoll

atom /ˈætəm/ *Nomen* Atom ◊ *the splitting of the atom* die Kernspaltung

atom·ic /əˈtɒmɪk; *AmE* əˈtɑːmɪk/ *Adj* Atom-, Kern-, atomar

aˌtomic ˈnumber *Nomen* Ordnungszahl

atonal /eɪˈtəʊnl; *AmE* eɪˈtoʊnl/ *Adj* atonal OPP TONAL

atone /əˈtəʊn; *AmE* əˈtoʊn/ *Verb* (*gehoben*) ~ **(for sth)** (etw) büßen ◊ *a desire to atone* der Wunsch nach Sühne

atoneˈment /əˈtəʊnmənt/ *Nomen* Sühne, Buße ◊ *make atonement for your sins* für seine Sünden büßen ◊ *Yom Kippur, the Jewish day of atonement* Jom Kippur, der jüdische Tag der Versöhnung

atop /əˈtɒp; *AmE* əˈtɑːp/ *Präp* (*bes AmE*) oben, auf ◊ *a flag high atop a pole* eine Flagge hoch oben an einem Mast ☛ Im britischen Englisch ist **atop** veraltet oder wird in literarischer Sprache gebraucht.

at·rium /ˈeɪtriəm/ *Nomen* **1** glasüberdachter Innenhof **2** (ANAT) Vorhof **SYN** AURICLE

atro·cious /əˈtrəʊʃəs; *AmE* əˈtroʊ-/ *Adj* (*Adv* **atro·cious·ly**) grauenhaft, schrecklich

atro·city /əˈtrɒsəti; *AmE* əˈtrɑːs-/ *Nomen* (*Pl* **-ies**) [meist Pl] Gräueltat

at·ro·phied /ˈætrəfid/ *Adj* (MED) atrophiert, verkümmert (*auch fig*)

at·ro·phy¹ /ˈætrəfi/ *Nomen* (MED) Atrophie, Verkümmerung (*auch fig*) ◊ *muscular atrophy* Muskelschwund ◊ *The cultural life of the country sank into atrophy.* Das kulturelle Leben des Landes verkümmerte.

at·ro·phy² /ˈætrəfi/ *Verb* (**-phies, -phy·ing, -phied, -phied**) (MED) atrophieren, verkümmern (*auch fig*)

at·tach /əˈtætʃ/ *Verb* **1** ~ **sth** (**to sth**) etw (an etw) befestigen, etw (an etw) heften ◊ *a house with a garage attached* ein Haus mit angebauter Garage ◊ (*fig*) *They have attached a number of conditions to the agreement.* Sie haben eine Reihe von Bedingungen an das Abkommen geknüpft. **2** ~ **importance, significance, value, weight etc. to sth** einer Sache Wichtigkeit, Bedeutung, Wert, Gewicht etc. beimessen **3** ~ **yourself to sb/sth** sich jdm anschließen **4** ~ **to sb/sth** (*gehoben*) jdm/etw anhaften, mit jdm/etw verbunden sein ◊ *No blame attaches to you.* Dich trifft keine Schuld. **IDM** ⇨ STRING¹

at·taché /əˈtæʃeɪ; *AmE* ˌætəˈʃeɪ/ *Nomen* Attaché

at'taché case *Nomen* Aktenkoffer, Diplomatenkoffer

at·tached /əˈtætʃt/ *Adj nicht vor Nomen* **1 be** ~ (**to sb/sth**) (an jdm/etw) hängen ◊ *We've grown very attached to this house.* Wir haben dieses Haus sehr lieb gewonnen. **2 be** ~ **to sth** einer Sache angegliedert sein **3** ~ (**to sth**) (einer Sache) beigeheftet

at·tach·ment /əˈtætʃmənt/ *Nomen* **1** Bindung, Anhänglichkeit **2** Glaube ◊ *her attachment to conventional values* ihr Glaube an bürgerliche Werte **3** Zubehör(teil), Zusatzgerät **4** Befestigung; (*von Bedingungen etc.*) Hinzufügung **5** (*BrE*) (*vorübergehende Versetzung*) Abstellung **6** (COMP) Anlage, Attachment

at·tack¹ /əˈtæk/ *Nomen* **1** ~ (**on sb/sth**) Angriff (auf jdn/etw), Überfall (auf jdn/etw) ◊ *The rebel forces launched an attack on the capital.* Die Rebellen griffen die Hauptstadt an. ◊ *a series of racist attacks* eine Reihe rassistischer Gewalttaten ◊ *The patrol came under attack from all sides.* Die Patrouille wurde von allen Seiten angegriffen. **2** ~ (**on sb/sth**) (*Kritik*) Attacke (gegen jdn/etw) ◊ *The organization has come under renewed attack.* Die Organisation wurde erneut angegriffen. **3** ~ (**on sth**) Kampf (gegen etw) ◊ *launch an all-out attack on poverty* das Problem der Armut energisch in Angriff nehmen **4** Anfall ◊ *an acute attack of food poisoning* eine akute Lebensmittelvergiftung ◊ (*fig*) *an attack of nerves* Nervenflattern ☞ *Siehe auch* HEART ATTACK **5** (*mit Schädlingen etc.*) Befall **6** [*Sing*] (*BrE*) (*Angriffsspieler*) Sturm **7** (SPORT) Angriff

at·tack² /əˈtæk/ *Verb* **1** angreifen, überfallen (*oft passiv*) **2** ~ **sb/sth** (**for sth**) jdn (wegen einer Sache) angreifen, jdn (wegen einer Sache) attackieren ◊ *She has been attacked for not having done enough.* Man warf ihr vor, nicht genug getan zu haben. **3** (*beschädigen, zersetzen*) befallen, angreifen **4** (*Aufgabe, Problem etc.*) in Angriff nehmen **5** (SPORT) offensiv spielen, angreifen

at·tack·er /əˈtækə(r)/ *Nomen* Angreifer(in)

at·tain /əˈteɪn/ *Verb* (*gehoben*) (*Ziel, Position, Alter*) erreichen; (*Ambitionen*) verwirklichen

at·tain·able /əˈteɪnəbl/ *Adj* erreichbar, realisierbar

at·tain·ment /əˈteɪnmənt/ *Nomen* (*gehoben*) **1** [meist Pl] (*BrE*) (*Schul-*) Leistung **2** (*eines Ziels etc.*) Realisierung

at·tempt¹ /əˈtempt/ *Nomen* **1** Versuch ◊ *an attempt on the world record* ein Versuch, den Weltrekord zu brechen ◊ *their third attempt on the peak* ihr dritter Versuch, den Gipfel zu bezwingen **2** ~ (**on sb/sb's life**) Mordanschlag (auf jdn), Attentat (auf jdn)

at·tempt² /əˈtempt/ *Verb* versuchen

at·tempt·ed /əˈtemptɪd/ *Adj nur vor Nomen* ◊ *his attempted suicide* sein Selbstmordversuch

at·tend /əˈtend/ *Verb* **1** ~ **sth** in/zu etw gehen, (bei etw) anwesend sein ◊ *attend a course* an einem Kurs teilnehmen ◊ *The meeting was well attended.* Die Versammlung war gut besucht. **2** (*gehoben*) ~ (**to sth**) (bei etw) aufpassen **3** ~ **sth** (*gehoben*) mit etw einhergehen **4** (*gehoben*) betreuen

PHR V **at'tend to sb/sth** sich um jdn/etw kümmern ◊ *I have some urgent business to attend to.* Ich habe etwas Dringendes zu erledigen. ◊ (*BrE, gehoben*) *Are you being attended to, Sir?* Werden Sie schon bedient?

at·tend·ance /əˈtendəns/ *Nomen* **1** Anwesenheit ◊ *a record of students' attendances* eine Anwesenheitsliste **2** Teilnehmerzahl ◊ *There was an attendance of 42 at the meeting.* 42 Personen waren bei der Versammlung anwesend. ◊ *Cinema attendances have risen again recently.* Die Zahl der Kinobesucher ist in letzter Zeit wieder gestiegen. **IDM** **be in at'tendance** (*gehoben*) anwesend sein **be in at'tendance** (**on sb**) (*gehoben*) (jdn) begleiten ◊ *He always has at least two bodyguards in attendance.* Er wird immer von mindestens zwei Leibwächtern begleitet. **take at'tendance** (*AmE*) die Anwesenheit überprüfen ☞ *Siehe auch* DANCE¹

at·tend·ant¹ /əˈtendənt/ *Nomen* **1** Aufseher(in) ◊ *the cloakroom attendant* die Garderobenaufsicht **2** [meist Pl] Begleiter(in) ◊ *the Queen's attendants* das Gefolge der Königin

at·tend·ant² /əˈtendənt/ *Adj* ~ (**upon sth**) (*gehoben*) (mit etw) verbunden ◊ *surgical procedures and their attendant risks* chirurgische Eingriffe und die damit verbundenen Risiken ◊ *attendant circumstances* Begleitumstände

at·tend·er /əˈtendə(r)/ (*AmE meist* **at·tend·ee** /əˈtendiː/) *Nomen* Anwesende(r) ◊ *She's a regular attender at evening classes.* Sie geht regelmäßig zum Abendkurs.

at·ten·tion¹ /əˈtenʃn/ *Nomen* **1** Aufmerksamkeit ◊ *He called (their) attention to the fact that ...* Er machte sie darauf aufmerksam, dass ... ◊ *Two articles caught my attention.* Zwei Zeitungsartikel fielen mir ins Auge. ◊ *Try not to draw attention to yourself.* Versuche, nicht aufzufallen. ◊ *Small children have a short attention span.* Kleine Kinder können sich nicht lange konzentrieren. ◊ *It has come/been brought to my attention that ...* Ich habe gehört, dass ... ◊ *Please pay attention to what I am saying.* Hör mir bitte zu. ◊ *Don't pay any attention to what they say.* Hör nicht auf sie. ◊ *I was impressed by her attention to detail.* Ihre Genauigkeit beeindruckte mich. ◊ *give close attention to sth* sich mit etw genau befassen **2** Beachtung ◊ *Films with big stars always attract great attention.* Filme mit großen Stars finden immer viel Beachtung. ◊ *an issue which has become the focus of media attention* ein Thema, das in den Blickpunkt der Medien gerückt ist ◊ *As the youngest child, she was always the centre of attention.* Als jüngstes Kind stand sie immer im Mittelpunkt. **3** Behandlung ◊ *She was in need of medical attention.* Sie brauchte ärztliche Hilfe. ◊ *The roof needs attention.* Das Dach muss ausgebessert werden. ◊ *for the attention of ...* zu Händen (von) ... **4** [meist Pl] Annäherungsversuch, Interesse ◊ *She felt flattered by his attentions.* Sie fühlte sich geschmeichelt von den Interesse, das er ihr bewies. **5** (MIL) Grundstellung, Habt-Acht-stellung ◊ *stand at/to attention* stillstehen

at·ten·tion² /əˈtenʃn/ *Ausruf* **1** Achtung! **2** (MIL) Stillgestanden!

at'tention deficit disorder (*Abk* **ADD**) (*auch* **aˌttention ˌdeficit hyperacˌtivity disˈorder**, *Abk* **ADHD**) *Nomen* Aufmerksamkeitsdefizit-/Hyperaktivitätsstörung, Aufmerksamkeitsdefizitsyndrom

at·ten·tive /əˈtentɪv/ *Adj* (*Adv* **at·ten·tive·ly**) aufmerksam

at·ten·tive·ness /əˈtentɪvnəs/ *Nomen* [U] Aufmerksamkeit

at·tenu·ate /əˈtenjueɪt/ *Verb* (*gehoben*) abschwächen

at·test /əˈtest/ *Verb* (*gehoben*) **1** ~ (**to sth**) (etw) bezeugen **2** beglaubigen

at·tic /ˈætɪk/ *Nomen* Dachboden ◊ *an attic bedroom* ein Mansardenzimmer

at·tire /əˈtaɪə(r)/ *Nomen* (*gehoben*) Kleidung

at·tired /əˈtaɪəd; *AmE* əˈtaɪərd/ *Adj nicht vor Nomen* (*gehoben*) gekleidet

at·ti·tude /ˈætɪtjuːd; *AmE* ˈætətuːd/ *Nomen* **1** Einstellung ◊ *Youth is simply an attitude of mind.* Jungsein ist nur eine Geisteshaltung. **2** aggressive Einstellung ◊ *a band with attitude* eine Band mit Pep **3** (*gehoben*) Haltung, Stellung **IDM** ⇨ STRIKE¹

at·ti·tu·din·al /ˌætɪˈtjuːdɪnl; *AmE* -ˈtuː-/ *Adj* (*gehoben*) die Einstellung betreffend ◊ *attitudinal changes in society* veränderte Einstellungen in der Gesellschaft

attn *Kurzform von* **for the attention of** (WIRTSCH) zu Händen, z. B.

at·tor·ney /əˈtɜːni; *AmE* əˈtɜːrni/ *Nomen* **1** (*bes AmE*) (Rechts)anwalt, -anwältin **2** Bevollmächtigte(r) ☞ *Siehe auch* POWER OF ATTORNEY

At·torney-ˈGeneral *Nomen* (*Pl* **Attorneys General** *oder* **Attorney Generals**) **1** oberster Justizbeamter, oberste Justizbeamtin **2 the Attorney-General** (*in den USA*) der/die Justizminister(in)

at·tract /əˈtrækt/ *Verb* **1** anziehen, reizen; **~ sb to sb/sth** jdn zu jdm/etw hinziehen **2** (*Insekten, Besucher etc.*) anlocken, anziehen **3** (*Interesse, Kritik etc.*) auf sich ziehen

at·trac·tion /əˈtrækʃn/ *Nomen* **1** [U/Sing] Anziehungskraft ◊ *She felt an immediate attraction for him.* Sie fühlte sich sofort von ihm angezogen. **2** Attraktion **3** Reiz

at·tract·ive /əˈtræktɪv/ *Adj* (*Adv* **at·tract·ive·ly**) **1** attraktiv ◊ *an attractive idea* eine verlockende Idee **2** reizvoll ◊ *Your new glasses are very attractive.* Deine neue Brille sieht sehr gut aus. OPP UNATTRACTIVE

at·tract·ive·ness /əˈtræktɪvnəs/ *Nomen* Attraktivität, Reiz

at·trib·ut·able /əˈtrɪbjətəbl/ *Adj nicht vor Nomen* **be ~ to sb/sth** jdm/etw zuzuschreiben sein, auf jdn/etw zurückzuführen sein

at·tri·bute[1] /əˈtrɪbjuːt/ *Verb* **1 ~ sth to sth** etw auf etw zurückführen **2 ~ sth to sb** jdm etw zuschreiben ◊ *attribute blame* Schuld zuweisen

at·tri·bute[2] /ˈætrɪbjuːt/ *Nomen* Eigenschaft, Merkmal

at·tri·bu·tion /ˌætrɪˈbjuːʃn/ *Nomen* Zuordnung ◊ *The attribution of this painting to Rembrandt has never been questioned.* Es ist nie infrage gestellt worden, dass dieses Gemälde Rembrandt zuzuschreiben ist.

at·tribu·tive /əˈtrɪbjətɪv/ *Adj* (*Adv* **at·tribu·tive·ly**) (LING) attributiv, vor dem Nomen gebraucht

> Der attributive Gebrauch von Adjektiven wird in diesem Wörterbuch mit *nur vor Nomen* gekennzeichnet. Siehe z.B. den Eintrag für **subsequent**. Auch Nomina können attributiv verwendet werden, z.B. das Wort **stone** in **a stone wall**.

at·tri·tion /əˈtrɪʃn/ *Nomen* (*gehoben*) **1** Zermürbung ◊ *a war of attrition* ein Zermürbungskrieg **2** (*bes AmE*) (Stellenabbau durch) natürliche Fluktuation

at·tuned /əˈtjuːnd; *AmE* əˈtuːnd/ *Adj* **~ (to sb/sth)** (auf jdn/etw) eingestellt

ATV /ˌeɪ tiː ˈviː/ *Kurzform von* **all-terrain vehicle** (*bes AmE*) Geländefahrzeug

atyp·ical /ˌeɪˈtɪpɪkl/ *Adj* untypisch OPP TYPICAL

au·ber·gine /ˈəʊbəʒiːn; *AmE* ˈoʊbərʒiːn/ *Nomen* Aubergine

au·burn /ˈɔːbən; *AmE* ˈɔːbərn/ *Adj* (*Haare*) rotbraun

auc·tion[1] /ˈɔːkʃn, ˈɒk-; *AmE* ˈɔːk-/ *Nomen* Versteigerung, Auktion ◊ *The house is up for auction.* Das Haus soll versteigert werden.

auc·tion[2] /ˈɔːkʃn, ˈɒk-; *AmE* ˈɔːk-/ *Verb* **~ sth (off)** etw versteigern

auc·tion·eer /ˌɔːkʃəˈnɪə(r), ˌɒk-; *AmE* ˌɔːkʃəˈnɪr/ *Nomen* Auktionator(in)

au·da·cious /ɔːˈdeɪʃəs/ *Adj* (*Adv* **au·da·cious·ly**) wagemutig, kühn, provokativ

au·da·city /ɔːˈdæsəti/ *Nomen* **1** Dreistigkeit **2** Verwegenheit

audi·bil·ity /ˌɔːdəˈbɪləti/ *Nomen* Hörbarkeit

aud·ible /ˈɔːdəbl/ *Adj* (*Adv* **aud·ibly** /-əbli/) hörbar OPP INAUDIBLE

audi·ence /ˈɔːdiəns/ *Nomen* **1** Publikum, Zuschauer, Zuhörer, Leserschaft ◊ *an audience of millions* Millionen von Zuschauern ◊ *cinema/movie audiences* Kinobesucher ☞ G 1.3b **2** Audienz

audio[1] /ˈɔːdiəʊ; *AmE* ˈɔːdioʊ/ *Adj nur vor Nomen* Audio- ◊ *audio and video cassettes* Kassetten und Videokassetten

audio[2] /ˈɔːdiəʊ; *AmE* ˈɔːdioʊ/ *Nomen* Ton ◊ *digital audio* Digitalton

audio- /ˈɔːdiəʊ; *AmE* ˈɔːdioʊ/ audio- ◊ *an audiobook* ein Hörbuch

ˈaudio tape *Nomen* Tonband

ˌaudio-ˈvisual *Adj* (*Abk* **AV**) audiovisuell

audit[1] /ˈɔːdɪt/ *Nomen* **1** Rechnungsprüfung, Revision ◊ *a tax audit* eine Steuerprüfung **2** Untersuchung ◊ *an environmental audit* ein Öko-Audit

audit[2] /ˈɔːdɪt/ *Verb* **1** (die Bücher) prüfen **2** (*AmE*) Gasthörer(in) sein bei

au·di·tion[1] /ɔːˈdɪʃn/ *Nomen* Vorsprechen, Vorsingen, Vorspiel

au·di·tion[2] /ɔːˈdɪʃn/ *Verb* **1** vorsprechen, vorsingen, vorspielen **2 ~ sb (for sth)** jdn (für etw) vorsprechen/vorsingen/vorspielen lassen

au·dit·or /ˈɔːdɪtə(r)/ *Nomen* **1** Rechnungsprüfer(in) **2** (*AmE*) Gasthörer(in)

audi·tor·ium /ˌɔːdɪˈtɔːriəm/ *Nomen* (*Pl* **audi·tor·iums** *oder* **audi·toria** /-riə/) *Nomen* **1** Zuschauerraum, Zuhörersaal **2** (*AmE*) Vortragssaal, Saalbau

audi·tory /ˈɔːdətri; *AmE* -tɔːri/ *Adj* (*Fachspr*) Gehör-, auditiv

au fait /ˌəʊ ˈfeɪ; *AmE* ˌoʊ/ *Adj nicht vor Nomen* **~ (with sth)** vertraut (mit etw)

aught /ɔːt/ *Pron* (*veraltet*) irgendetwas

aug·ment /ɔːɡˈment/ *Verb* (*gehoben*) vergrößern

aug·men·ta·tion /ˌɔːɡmenˈteɪʃn/ *Nomen* Vergrößerung

augur /ˈɔːɡə(r)/ *Verb* **~ well/badly** (*gehoben*) Gutes/nichts Gutes verheißen

au·gury /ˈɔːɡjʊri/ *Nomen* (*Pl* **-ies**) (*gehoben*) Omen, Vorzeichen SYN OMEN

Au·gust /ˈɔːɡəst/ *Nomen* (*Abk* **Aug.**) August ☞ *Beispiele bei* JANUAR ☞ *Hinweis bei* FEIERTAG

au·gust /ɔːˈɡʌst/ *Adj* (*gehoben*) ehrwürdig, illuster

auk /ɔːk/ *Nomen* Alk

aunt /ɑːnt; *AmE* ænt/ *Nomen* Tante

aun·tie (*auch* **aunty**) /ˈɑːnti; *AmE* ˈænti/ *Nomen* (*umgs*) Tante

au pair /ˌəʊ ˈpeə(r); *AmE* ˌoʊ ˈper/ *Nomen* (*BrE*) Aupair(mädchen)

aura /ˈɔːrə/ *Nomen* Aura

aural /ˈɔːrəl/ *Adj* (*Adv* **aur·al·ly** /-əli/) akustisch, Gehör ◊ *aural comprehension tests* Hörverständnistests

aur·icle /ˈɔːrɪkl/ *Nomen* (ANAT) **1** Vorhof, Atrium SYN ATRIUM **2** Ohrmuschel

aur·ora bor·ealis /ɔːˌrɔːrə ˌbɔːriˈeɪlɪs/ *Nomen* [Sing] Nordlicht

aus·pices /ˈɔːspɪsɪz/ *Nomen* [Pl] IDM **under the auspices of sb/sth** unter der Schirmherrschaft von jdm/etw

aus·pi·cious /ɔːˈspɪʃəs/ *Adj* (*gehoben*) viel versprechend ◊ *an auspicious date* ein günstiger Zeitpunkt OPP INAUSPICIOUS

Aus·sie /ˈɒzi; *AmE* ˈɔːzi, ˈɑːzi/ **1** *Nomen* (*umgs*) Australier(in) **2** *Adj* australisch

aus·tere /ɒˈstɪə, ɔːˈst-; *AmE* ɔːˈstɪr/ *Adj* (*Adv* **aus·tere·ly**) **1** karg, schmucklos, schlicht **2** (*Mensch*) streng **3** asketisch

aus·ter·ity /ɒˈsterəti; *BrE auch* ɒˈstɪər-/ *Nomen* (*Pl* **-ies**) **1** wirtschaftliche Einschränkung, Entbehrung ◊ *the austerities of wartime Europe* die Entbehrungen während der Kriegsjahre in Europa **2** [U] Strenge, Schmucklosigkeit, Schlichtheit ◊ *the austerity of the monks' life* die Entsagungen des mönchischen Lebens

Auˌstralian ˈRules *Nomen* (*rugbyähnliches Mannschaftsspiel*) Australian Rules Football

au·then·tic /ɔːˈθentɪk/ *Adj* (*Adv* **au·then·tic·al·ly** /-kli/) **1** echt, unverfälscht ◊ *authentically flavoured Mexican dishes* echt mexikanisch schmeckende Gerichte **2** authentisch **3** originalgetreu

au·then·ti·cate /ɔːˈθentɪkeɪt/ *Verb* (die Echtheit einer Sache) bestätigen

au·then·ti·ca·tion /ɔːˌθentɪˈkeɪʃn/ *Nomen* [U] Bestätigung der Echtheit

au·then·ti·city /ˌɔːθenˈtɪsəti/ *Nomen* Echtheit, Authentizität

author[1] /ˈɔːθə(r)/ *Nomen* **1** Autor(in), Schriftsteller(in), Verfasser(in) **2** Initiator(in), Urheber(in)

author[2] /ˈɔːθə(r)/ *Verb* verfassen

author·ess /ˈɔːθəres/ *Nomen* (*veraltet*) Autorin, Schriftstellerin, Verfasserin

au·thor·ial /ɔːˈθɔːriəl/ *Adj* des Autors/der Autorin
author·ing /ˈɔːθərɪŋ/ *Nomen* (COMP) Authoring
au·thori·tar·ian /ɔːˌθɒrɪˈteəriən; *AmE* əˌθɔːrəˈter-, əˈθɑːr-/ **1** *Adj* autoritär **2** *Nomen* autoritäre Person ◊ *My father was a strict authoritarian.* Mein Vater war sehr autoritär.
au·thori·tar·ian·ism /ɔːˌθɒrɪˈteəriənɪzəm; *AmE* əˌθɔːrəˈter-, əˈθɑːr-/ *Nomen* Autoritarismus
au·thori·ta·tive /ɔːˈθɒrətətɪv; *AmE* əˈθɔːrəteɪtɪv, əˈθɑːr-/ *Adj* (*Adv* **au·thori·ta·tive·ly**) **1** bestimmt ◊ *an authoritative tone of voice* ein bestimmter Ton **2** (*Buch etc.*) zuverlässig
au·thor·ity /ɔːˈθɒrəti; *AmE* əˈθɔːr-, əˈθɑːr-/ *Nomen* **1** Autorität ◊ *We need more women in positions of authority.* Wir brauchen mehr Frauen in verantwortlicher Position. ◊ *She now has authority over the people who used to be her bosses.* Sie steht nun über ihren früheren Chefs. ◊ *No one in authority takes the matter seriously.* Keiner der Verantwortlichen nimmt die Angelegenheit ernst. **2** Vollmacht, Befugnis **3** [U] Ermächtigung, Erlaubnis **4** (*BrE*) [meist Pl] Behörde(n) ◊ *the health authorities* die Gesundheitsbehörde **5** Kompetenz ◊ *He spoke with authority on the topic.* Er sprach mit Sachkunde über das Thema. **6** ~ (**on sth**) Experte/Expertin (für etw) IDM **have sth on good au'thority** etw aus zuverlässiger Quelle wissen
au·thor·iza·tion (*BrE auch* **-isation**) /ˌɔːθəraɪˈzeɪʃn; *AmE* ˌɔːθərəˈzeɪʃn/ *Nomen* Genehmigung
au·thor·ize (*BrE auch* **-ise**) /ˈɔːθəraɪz/ *Verb* **1** ~ **sb to do sth** jdn bevollmächtigen etw zu tun ◊ *The police were authorized to use firearms.* Die Polizei hatte Feuererlaubnis. **2** ~ **sth** etw genehmigen ◊ *an authorized biography* eine autorisierte Biografie
author·ship /ˈɔːθəʃɪp; *AmE* ˈɔːθərʃɪp/ *Nomen* Autorschaft
aut·ism /ˈɔːtɪzəm/ *Nomen* Autismus
aut·is·tic /ɔːˈtɪstɪk/ *Adj* autistisch
auto /ˈɔːtəʊ; *AmE* ˈɔːtoʊ/ *Nomen* (*Pl* **-os**) (*AmE*) Pkw
auto·bio·graph·ic·al /ˌɔːtəˌbaɪəˈɡræfɪkl/ *Adj* autobiografisch
auto·biog·raphy /ˌɔːtəbaɪˈɒɡrəfi; *AmE* -ˈɑːɡ-/ *Nomen* (*Pl* **-ies**) Autobiografie
au·toc·racy /ɔːˈtɒkrəsi; *AmE* ɔːˈtɑːk-/ *Nomen* (*Pl* **-ies**) Autokratie
auto·crat /ˈɔːtəkræt/ *Nomen* Autokrat(in)
auto·crat·ic /ˌɔːtəˈkrætɪk/ *Adj* autokratisch
Auto·cue™ /ˈɔːtəʊkjuː; *AmE* ˈɔːtoʊ-/ *Nomen* (*BrE*) Teleprompter®
auto·graph¹ /ˈɔːtəɡrɑːf; *AmE* -ɡræf/ *Nomen* Autogramm
auto·graph² /ˈɔːtəɡrɑːf; *AmE* -ɡræf/ *Verb* signieren
auto·immune /ˌɔːtəʊɪˈmjuːn; *AmE* ˌɔːtoʊ-/ *Adj* nur vor *Nomen* (MED) Autoimmun-
auto·mate /ˈɔːtəmeɪt/ *Verb* (*meist passiv*) automatisieren
auto·mat·ic¹ /ˌɔːtəˈmætɪk/ *Adj* (*Adv* **auto·mat·ic·al·ly** /-kli/) automatisch
auto·mat·ic² /ˌɔːtəˈmætɪk/ *Nomen* **1** automatische Waffe **2** (*BrE*) Wagen mit Automatik
ˌautomatic 'pilot *Nomen* Autopilot IDM **be on ˌautomatic 'pilot** automatisch handeln ◊ *I got up and dressed on automatic pilot.* Ich stand auf und zog mich völlig automatisch an.
ˌautomatic transˈmission *Nomen* Automatikgetriebe
auto·ma·tion /ˌɔːtəˈmeɪʃn/ *Nomen* Automatisierung
au·toma·ton /ɔːˈtɒmətən; *AmE* ɔːˈtɑːm-/ *Nomen* (*Pl* **au·toma·tons** *oder* **au·tom·ata** /-tə/) (*auch fig*) Roboter
auto·mo·bile /ˈɔːtəməbiːl/ *Nomen* (*AmE*, *gehoben*) Auto(mobil)
auto·mo·tive /ˌɔːtəˈməʊtɪv; *AmE* -ˈmoʊ-/ *Adj* Automobil-, Kraftfahrzeug-
au·tono·mous /ɔːˈtɒnəməs; *AmE* ɔːˈtɑːn-/ *Adj* autonom, unabhängig
au·ton·omy /ɔːˈtɒnəmi; *AmE* ɔːˈtɑːn-/ *Nomen* Autonomie, Unabhängigkeit
aut·opsy /ˈɔːtɒpsi; *AmE* ˈɔːtɑːpsi/ *Nomen* (*Pl* **-ies**) Autopsie, Obduktion
au·tumn /ˈɔːtəm/ *Nomen* (*bes BrE*) Herbst ⇨ *Beispiele bei* SOMMER
au·tum·nal /ɔːˈtʌmnəl/ *Adj* herbstlich
aux·il·iary¹ /ɔːɡˈzɪliəri/ *Adj* Hilfs- ◊ *auxiliary workers* Hilfskräfte ◊ *an auxiliary nurse* ein(e) Pflegehelfer(in) ◊ *an auxiliary pump* eine Reservepumpe ◊ *auxiliary power* Notstrom
aux·il·iary² /ɔːɡˈzɪliəri/ *Nomen* (*Pl* **-ies**) **1** (*auch* **auˌxiliary 'verb**) Hilfsverb **2** Hilfskraft
Av. *Abk* (*AmE*) = AVENUE (1)
avail¹ /əˈveɪl/ *Nomen* IDM **of little aˈvail** wenig nützlich ◊ *of no aˈvail* nutzlos ◊ *to little aˈvail* mit geringem Erfolg ◊ *to no aˈvail* vergeblich
avail² /əˈveɪl/ *Verb* (*veraltet*) ~ **sb** jdm nützlich sein PHRV **aˈvail yourself of sth** (*gehoben*) von etw Gebrauch machen
avail·abil·ity /əˌveɪləˈbɪləti/ *Nomen* Vorhandensein, Verfügbarkeit ◊ *enquire about the availability of cheap flights* sich erkundigen, ob es billige Flüge gibt ◊ (*BrE*) *Offer subject to availability.* Solange der Vorrat reicht.
avail·able /əˈveɪləbl/ *Adj* **1** erhältlich ◊ *available on request* auf Anfrage erhältlich ◊ *the next available flight* der nächstmögliche Flug ◊ *the best available dictionary/the best dictionary available* das beste Wörterbuch, das es gibt **2** verfügbar ◊ *The report will not be made available to the general public.* Der Bericht wird nicht veröffentlicht werden. **3** frei ◊ *Will she be available this afternoon?* Wird sie heute Nachmittag zu sprechen sein? ◊ *He was not available for comment.* Er stand nicht für einen Kommentar zur Verfügung.
ava·lanche /ˈævəlɑːnʃ; *AmE* -læntʃ/ *Nomen* Lawine (*auch fig*) ◊ *We received an avalanche of letters.* Wir erhielten eine wahre Flut von Briefen.
avant-garde /ˌævɒ̃ ˈɡɑːd; *AmE* ˌævɑ̃ː ˈɡɑːrd/ **1** *Nomen* Avantgarde ⇨ G 1.3a **2** *Adj* avantgardistisch
avar·ice /ˈævərɪs/ *Nomen* (*gehoben*) Habgier, Habsucht
avar·icious /ˌævəˈrɪʃəs/ *Adj* (*gehoben*) habgierig, habsüchtig
Ave. (*AmE auch* **Av.**) *Abk* = AVENUE (1)
avenge /əˈvendʒ/ *Verb* (*gehoben*) ~ **yourself on sb** sich an jdm rächen; ~ **sth** etw rächen
av·enue /ˈævənjuː; *AmE* -nuː/ *Nomen* **1** Avenue (*Abk* **Ave.**; *AmE auch* **Av.**) = Bestandteil von Straßennamen **2** (*BrE*) Allee **3** (*Möglichkeit*) Weg ◊ *Several avenues are open to us.* Uns stehen mehrere Wege offen.
aver·age¹ /ˈævərɪdʒ/ *Adj* durchschnittlich, Durchschnitts- ◊ *children of above average intelligence* Kinder mit überdurchschnittlicher Intelligenz
aver·age² /ˈævərɪdʒ/ *Nomen* Durchschnitt ◊ *on average* im Durchschnitt ◊ *I spend an average of $30 a week.* Ich gebe durchschnittlich 30$ die Woche aus.
aver·age³ /ˈævərɪdʒ/ *Verb* **1** (*kein Passiv*) ~ **sth** durchschnittlich … erreichen ◊ *This car averages 40 miles to the gallon.* Dieser Wagen hat einen durchschnittlichen Benzinverbrauch von 40 Meilen pro Gallone. **2** ~ **sth** den Durchschnitt von etw ermitteln ◊ *average sth over the year* etw im Jahresdurchschnitt berechnen PHRV ˌaverage 'out sich ausgleichen ˌaverage 'out at sth im Durchschnitt … betragen ˌaverage sth 'out den Durchschnitt von etw ermitteln
averse /əˈvɜːs; *AmE* əˈvɜːrs/ *Adj* nicht vor *Nomen* (*gehoben*) ~ **to sth** einer Sache abgeneigt; ~ **to doing sth** abgeneigt etw zu tun ◊ *She wasn't averse to the idea.* Sie war nicht abgeneigt.
aver·sion /əˈvɜːʃn; *AmE* əˈvɜːrʒn/ *Nomen* ~ (**to sb/sth**) Abneigung (gegen jdn/etw)
avert /əˈvɜːt; *AmE* əˈvɜːrt/ *Verb* (*gehoben*) **1** abwenden, verhindern; (*Verdacht*) ablenken **2** ~ **sth** (**from sth**) (*Augen, Gesicht, Blick*) etw (von etw) abwenden
avi·ary /ˈeɪviəri; *AmE* ˈeɪvieri/ *Nomen* (*Pl* **-ies**) Vogelhaus
avi·ation /ˌeɪviˈeɪʃn/ *Nomen* Luftfahrt
avi·ator /ˈeɪvieɪtə(r)/ *Nomen* (*veraltet*) Flieger(in)
avid /ˈævɪd/ *Adj* **1** (*Adv* **avid·ly**) begeistert, leidenschaftlich ◊ *She reads avidly.* Sie liest leidenschaftlich gern. **2** ~ **for sth** ◊ *He was avid for more information.* Er wollte unbedingt mehr darüber hören.
avo·cado /ˌævəˈkɑːdəʊ; *AmE* -ˈkɑːdoʊ/ *Nomen* (*Pl* **-os**) (*BrE auch* **ˌavocado 'pear**) *Nomen* Avocado
avoid /əˈvɔɪd/ *Verb* **1** vermeiden ◊ *narrowly avoid defeat* eine Niederlage gerade noch abwenden **2** ausweichen ◊ *I've been avoiding getting down to work all day.* Ich schiebe die

avoidable

Arbeit schon den ganzen Tag vor mir her. IDM **avoid sb/sth like the ˈplague** (*umgs*) jdn/etw wie die Pest meiden

avoidˈable /əˈvɔɪdəbl/ *Adj* vermeidbar OPP UNAVOIDABLE

avoidˈance /əˈvɔɪdəns/ *Nomen* Vermeiden

avowed /əˈvaʊd/ *Adj nur vor Nomen* (*gehoben*) erklärt ◊ *She's an avowed anti-communist.* Sie ist eine erklärte Antikommunistin.

avunˈcuˈlar /əˈvʌŋkjələ(r)/ *Adj* (*gehoben*) onkelhaft

await /əˈweɪt/ *Verb* (*gehoben*) erwarten ◊ *eagerly awaited* mit Spannung erwartet ◊ *be held in custody awaiting trial* bis zur Verhandlung in Untersuchungshaft bleiben

awake[1] /əˈweɪk/ *Verb* (**awoke** /əˈwəʊk/; *AmE* əˈwoʊk/, **awoken** /əˈwəʊkən/; *AmE* /-ˈwoʊkən/) (*gehoben*) **1** ~ (**from sth**) (aus etw) erwachen ◊ *He awoke to find her gone.* Als er erwachte, war sie nicht mehr da. **2** ~ **sb** (**from sth**) jdn (aus etw) wecken **3** ~ **sth** etw erwecken ◊ *The letter awoke old fears.* Der Brief weckte alte Ängste. PHRV **aˈwake to sth** sich einer Sache bewusst werden

awake[2] /əˈweɪk/ *Adj nicht vor Nomen* wach ◊ *wide awake* hellwach ◊ *She was awake during the operation.* Während der Operation war sie bei vollem Bewusstsein.

awaken /əˈweɪkən/ *Verb* (*gehoben*) **1** ~ (**from sth**) (aus etw) erwachen ◊ *We awakened to find the others gone.* Als wir erwachten, waren die anderen schon fort. **2** (*meist passiv*) ~ **sb** (**from sth**) jdn (aus etw) wecken **3** erwecken ◊ *The film awakened terrible memories.* Der Film weckte schreckliche Erinnerungen. PHRV **aˈwaken to sth** sich einer Sache bewusst werden ◊ *I gradually awakened to the fact that …* Es dämmerte mir allmählich, dass … **aˈwaken sb to sth** jdm etw bewusst machen

awakenˈing /əˈweɪkənɪŋ/ *Nomen* Erwachen ◊ *a rude awakening* ein böses Erwachen

award[1] /əˈwɔːd/; *AmE* /əˈwɔːrd/ *Nomen* **1** Preis, Auszeichnung **2** ◊ *a pay award* eine Lohn-/Gehaltserhöhung **3** Entschädigung(ssumme) **4** (*von Schadensersatz etc.*) Zuerkennung **5** (*von Diplom etc.*) Verleihung **6** (*BrE*) Stipendium

award[2] /əˈwɔːd/; *AmE* /əˈwɔːrd/ *Verb* zusprechen, zuerkennen, verleihen ◊ *The contract was awarded to an Italian company.* Der Vertrag wurde an eine italienische Firma vergeben. ◊ *The referee awarded a penalty.* Der Schiedsrichter entschied auf Elfmeter.

aˈward-winning *Adj* preisgekrönt

aware /əˈweə(r)/; *AmE* əˈwer/ *Adj* **1** *nicht vor Nomen* ~ (**of sb/sth**) (jds/einer Sache) bewusst; **be** ~ **that …** wissen, dass …, merken, dass … ◊ *As far as I'm aware, …* Soviel ich weiß, … ◊ *Everybody should be made aware of the risks involved.* Jeder sollte über die Risiken informiert werden. **2** (*mit Adverbien*) -bewusst ◊ *environmentally aware* umweltbewusst

awareˈness /əˈweənəs/; *AmE* əˈwer-/ *Nomen* [U/Sing] Bewusstsein ◊ *There was a lack of awareness of the issues involved.* Niemand war sich der damit verbundenen Probleme bewusst.

awash /əˈwɒʃ/; *AmE* əˈwɑːʃ, əˈwɔːʃ/ *Adj nicht vor Nomen* **1** ~ (**with water**) überflutet ◊ *The road was awash.* Die Straße stand unter Wasser. **2** ~ **with sth** (*fig*) von etw überschwemmt

away /əˈweɪ/ *Adv* **1** entfernt ◊ *Christmas is still months away.* Bis Weihnachten dauert es noch Monate. **2** weg ◊ *Put your toys away now.* Räum jetzt deine Spielsachen weg. **3** **be** ~ fehlen, nicht da sein ◊ *There were ten children away yesterday.* Gestern haben zehn Kinder gefehlt. **4** (*mit Verben*) drauflos ◊ *They were soon chatting away like old friends.* Bald redeten sie drauflos wie alte Freunde. **5** (SPORT) *play away* auswärts spielen IDM **away with …** weg mit … ☛ *Siehe auch* COBWEB, DANCE[2], FAR[1], RIGHT[2] *und* STRAIGHT[2]

awe[1] /ɔː/ *Nomen* Ehrfurcht IDM **be/stand in ˈawe of sb/sth** Ehrfurcht vor jdm/etw haben

awe[2] /ɔː/ *Verb* (*meist passiv*) (*gehoben*) überwältigen, Ehrfurcht einflößen

awed /ɔːd/ *Adj* ehrfürchtig

ˈawe-inspiring *Adj* Ehrfurcht gebietend, beeindruckend

aweˈsome /ˈɔːsəm/ *Adj* (*Adv* **aweˈsomeˈly**) **1** überwältigend, Furcht einflößend ◊ *They had an awesome task ahead.* Die Aufgabe, die vor ihnen lag, war gewaltig. **2** (*AmE, umgs*) irre (gut), stark ◊ *Wow! That's totally awesome!* Mensch! Das ist megastark!

aweˈstruck /ˈɔːstrʌk/ *Adj* (*gehoben*) (von Staunen/Ehrfurcht) ergriffen

awful[1] /ˈɔːfl/ *Adj* **1** (*umgs*) schrecklich, furchtbar ◊ *I feel awful about forgetting her birthday.* Ich komme mir ganz schlecht vor, dass ich ihren Geburtstag vergessen habe. **2** (*Adv* **awˈfulˈly** /ˈɔːfli/) (*umgs*) (*verstärkend*) ◊ *an awful lot of money* furchtbar viel Geld. ◊ *I feel an awful lot better than I did yesterday.* Mir geht es schon viel besser als gestern. ◊ (*BrE*) *I had an awful job persuading him to come.* Es war sehr schwer, ihn zum Kommen zu überreden. ◊ *I'm awfully sorry.* Es tut mir schrecklich Leid. ◊ *That name sounds awfully familiar.* Der Name klingt sehr bekannt. **3** furchtbar SYN TERRIBLE

awful[2] /ˈɔːfl/ *Adv* (*bes AmE, umgs*) sehr

awˈfulˈness /ˈɔːflnəs/ *Nomen* Schrecklichkeit, Furchtbarkeit

awhile /əˈwaɪl/ *Adv* (*gehoben*) eine Weile

awkˈward /ˈɔːkwəd/; *AmE* -wərd/ *Adj* **1** peinlich ◊ *an awkward silence* ein betretenes Schweigen **2** schwierig ◊ *Don't ask awkward questions.* Stell keine unangenehmen Fragen. ◊ *Please don't be awkward.* Bitte mach keine Schwierigkeiten. **3** ungünstig ◊ *Have I come at an awkward time?* Komme ich ungelegen? **4** unhandlich ◊ *This box is very awkward for one person to carry.* Diese Kiste ist für eine Person schlecht zu tragen. **5** unbeholfen **6** ◊ *I must have slept in an awkward position.* Ich muß wohl nachts schlecht gelegen haben.

awkˈwardˈly /ˈɔːkwədli/; *AmE* -wərdli/ *Adv* **1** ungeschickt **2** verlegen **3** ungünstig ◊ *an awkwardly shaped room* ein Zimmer mit einem ungünstigen Grundriss

awkˈwardˈness /ˈɔːkwədnəs/; *AmE* -wərd-/ *Nomen* **1** Ungeschicklichkeit **2** Verlegenheit **3** Peinlichkeit

awnˈing /ˈɔːnɪŋ/ *Nomen* Markise

awoke, awoken *Form von* AWAKE[1]

AWOL /ˈeɪwɒl; *AmE* ˈeɪwɔːl/ *Kurzform von* **absent without leave** ◊ *He went AWOL from his base.* Er hat sich unerlaubt von seinem Standort entfernt. ◊ *The guitarist went AWOL in the middle of the concert.* Der Gitarrist haute mitten im Konzert ab.

awry /əˈraɪ/ *Adv* **1** schief, unordentlich **2** **go** ~ schief gehen

axe[1] /æks/ *Nomen* (*AmE meist* **ax**) **1** Axt, Beil **2** **the axe** [Sing] (*umgs*) ◊ *Our project got the axe.* Unser Projekt wurde gestrichen. ◊ *300 workers are facing the axe.* 300 Arbeiter stehen vor der Entlassung. ◊ *The hospital has been saved from the axe.* Das Krankenhaus wird nun doch nicht geschlossen. IDM **ˌhave an ˈaxe to grind** ein persönliches Interesse (an der Sache) haben

axe[2] (*AmE meist* **ax**) /æks/ *Verb* (*meist passiv*) **1** schließen, einstellen, streichen **2** entlassen **3** mit einer Axt erschlagen

axeˈman (*AmE meist* **axman**) /ˈæksmən/ *Nomen* (*Pl* **-men** /-men/) (*umgs*) Axtmörder

axiom /ˈæksiəm/ *Nomen* (*gehoben*) Axiom

axioˈmatˈic /ˌæksiəˈmætɪk/ *Adj* (*gehoben*) (*Adv* **axioˈmatˈicˈalˈly** /-kli/) axiomatisch

axis /ˈæksɪs/ *Nomen* (*Pl* **axes** /ˈæksiːz/) Achse

axle /ˈæksl/ *Nomen* Achse

ayaˈtolˈlah /ˌaɪəˈtɒlə/; *AmE* -ˈtoʊlə/ *Nomen* Ajatollah

aye (*auch* **ay**) /aɪ/ *Ausruf* (*veraltet oder Dialekt*) ja

ayes /aɪz/ *Nomen* [Pl] Jastimmen ◊ *The ayes have it.* Die Mehrheit ist dafür. OPP NOES

azaˈlea /əˈzeɪliə/ *Nomen* Azalee

aziˈmuth /ˈæzɪməθ/ *Nomen* (ASTRON) Azimut

azure /ˈæʒə(r); *BrE auch* ˈæzjʊə(r)/ *Adj* (*gehoben*) azurblau

Bb

B, b /biː/ *1 Nomen (Pl* **B's, b's**) *(Buchstabe)* B, b ☛ *Hinweis bei* NOTE, *S.* 1126. ☛ *Beispiele bei* A, A **2 B** (MUS) H ◊ *B flat major* B-Dur **3 B** *Abk (BrE) (in Großbritannien vor einer Straßennummer für Landstraßen gebraucht)* ☛ *Siehe auch* B-ROAD **4** *Abk =* BORN¹ IDM ⇨ A

B2B /ˌbiː tə ˈbiː/ *Abk =* BUSINESS-TO-BUSINESS

BA /ˌbiː ˈeɪ/ *Kurzform von* **Bachelor of Arts** *(AmE* **AB***) =* niedrigster akademischer Grad in Großbritannien und den USA ☛ *Hinweis bei* DEGREE

baa¹ /bɑː/ *Nomen* Bäh, Mäh

baa² /bɑː/ *Verb* (**baa·ing, baaed** *oder* **baa'd**) blöken, mähen

bab·ble¹ /ˈbæbl/ *Nomen* **1** Stimmengewirr ◊ *a babble of voices* ein Stimmengewirr **2** Geschwätz, Geplapper **3** *(von Babys)* Brabbeln

bab·ble² /ˈbæbl/ *Verb* **1 ~ (away/on)** schnattern, plappern **2** *(Bach etc.)* plätschern

babby /ˈbæbi/ *Nomen (Pl* **-ies**) *(BrE, Dialekt)* Baby

babe /beɪb/ *Nomen* **1** *(veraltet)* Baby **2** *(umgs) (als Anrede)* Schätzchen **3** *(Mädchen)* Puppe IDM **a ˌbabe in ˈarms** *(veraltet)* ein Säugling

ba·boon /bəˈbuːn; *AmE* bæˈb-/ *Nomen* Pavian

baby¹ /ˈbeɪbi/ *Nomen (Pl* **-ies**) **1** Baby ◊ *She had a baby girl.* Sie hat eine Tochter bekommen. **2** *(umgs)* Nesthäkchen, Küken (der Familie/Mannschaft) **3** *(abwert)* Kindskopf ◊ *Stop crying and don't be such a baby.* Hör auf zu weinen und stell dich nicht so an. **4** *(bes AmE, Slang)* (als Anrede) Schätzchen IDM **be sb's baby** *(umgs)* jds Sache sein ◊ *But the project was his baby!* Aber es war doch sein Projekt! **it's your, his, etc. baby** *(umgs)* das ist dein, sein etc. Problem **leave sb holding the ˈbaby** jdn eine Sache ausbaden lassen **throw the baby out with the ˈbathwater** das Kind mit dem Bade ausschütten ☛ *Siehe auch* SLEEP¹

baby² /ˈbeɪbi/ *Adj nur vor Nomen (Karotten etc.)* jung

baby³ /ˈbeɪbi/ *Verb* (**ba·bies, baby·ing, ba·bied, ba·bied**) wie ein kleines Kind behandeln

ˈbaby boom *Nomen* Babyboom

ˈbaby boomer *(AmE auch* **boom·er**) *Nomen* = während des Babybooms (besonders nach dem zweiten Weltkrieg) geborener Mensch

ˈBaby Buggy™ *Nomen* **1** *(auch* **buggy**) *(BrE)* zusammenfaltbarer Sportwagen, Buggy **2** *(AmE, veraltet)* Kinderwagen

ˈbaby carriage *Nomen (AmE)* Kinderwagen

ˈbaby fat *Nomen (AmE)* Babyspeck

Baby·gro™ /ˈbeɪbigrəʊ; *AmE* -groʊ/ *Nomen (Pl* **-os**) *(BrE)* Strampelanzug

ba·by·hood /ˈbeɪbihʊd/ *Nomen* [Sing] Säuglingsalter, frühe Kindheit

baby·ish /ˈbeɪbiɪʃ/ *Adj (abwert)* kindisch, kindlich

baby·sit /ˈbeɪbisɪt/ *Verb* (**-sit·ting, -sat, -sat**) *(auch* **sit**) babysitten

baby·sit·ter /ˈbeɪbisɪtə(r)/ *(bes AmE* **sit·ter**) *Nomen* Babysitter(in)

baby·sit·ting /ˈbeɪbisɪtɪŋ/ *Nomen* Babysitten

ˈbaby talk *Nomen* Babysprache

ˈbaby tooth *Nomen (Pl* **teeth**) Milchzahn

ˈbaby walker *(AmE* **walk·er**) *Nomen* Laufstuhl

bac·ca·laur·eate /ˌbækəˈlɔːriət/ *Nomen* Bakkalaureat

baccy /ˈbæki/ *Nomen (BrE, umgs)* Tabak

bach·elor /ˈbætʃələ(r)/ *Nomen* **1** Junggeselle **2** Bachelor, Bakkalaureus ☛ *Hinweis bei* DEGREE

bach·elor·hood /ˈbætʃəlhʊd; *AmE* -lərh-/ *Nomen* Junggesellentum

ˈbachelor party *Nomen (AmE)* Junggesellenabschied (des Bräutigams)

ba·cil·lus /bəˈsɪləs/ *Nomen (Pl* **ba·cilli** /bəˈsɪlaɪ/) Bazillus

back¹ /bæk/ *Nomen* **1** Rücken ◊ *He put his back out.* Er hat sich den Rücken verrenkt. **2** Wirbelsäule **3** Hinterseite, Rückseite; **at the ~ hinten** ◊ *If you'd like to come round the back, I'll show you the garden.* Kommen Sie doch bitte nach hinten, ich zeige Ihnen den Garten. ◊ *He was shot in the back of the knee.* Er wurde in die Kniekehle geschossen. ◊ *There's room for three in the back.* Auf dem Rücksitz haben drei Personen Platz. ☛ *Siehe auch* BACK-TO-BACK *und* SHORT BACK AND SIDES **4** Rücken(lehne) ◊ *a high-backed sofa* ein Sofa mit hoher Rückenlehne **5** (SPORT) Verteidiger(in) IDM **at/in the back of your mind** im Hinterkopf **the ˌback of beˈyond** *(umgs)* das Ende der Welt **ˌback to ˈback 1** Rücken an Rücken **2** hintereinander **ˌback to ˈfront** verkehrt herum **be (flat) on your back** *(umgs)* auf der Nase liegen; krank sein **be glad, etc. to see the back of sb/sth** froh sein, jdn/etw endlich los zu sein **beˌhind sb's ˈback** hinter jds Rücken **be on sb's ˈback** *(umgs)* auf jdm rumhacken **break the ˈback of sth** das Schlimmste hinter sich bringen; den größten Teil von etw schaffen **get/put sb's ˈback up** *(umgs)* jdn ärgern **get off sb's ˈback** jdn in Ruhe lassen **have sb on your ˈback** jdn am Hals haben **have your ˌback to the ˈwall** *(umgs)* mit dem Rücken zur Wand stehen **off the ˌback of a ˈlorry** *(BrE, umgs, hum)* ◊ *I bet those stereos fell off the back of a lorry.* Ich wette, die Stereoanlagen sind geklaut. **on the back of sth** als Folge einer Sache **put your ˈback into sth** bei etw viel Einsatz zeigen **turn your back** sich umdrehen **turn your back on sb/sth 1** jdm/etw den Rücken zudrehen **2** *(fig)* sich von jdm/etw abwenden ☛ *Siehe auch* EYE¹, KNOW¹, PAT¹, PAT², PUSH¹, ROD, SCRATCH¹, SHIRT, STAB¹, STAB², STRAW *und* WATER¹

back² /bæk/ *Adj nur vor Nomen* **1** Hinter- ◊ *the back door* die Hintertür ◊ *Put your bag on the back seat.* Leg deine Tasche auf den Rücksitz. ◊ *back teeth* Backenzähne ◊ *sit in the back row* in der letzten Reihe sitzen ◊ *the back page of a newspaper* die letzte Seite einer Zeitung **2** früher, älter ◊ *back issues of a magazine* alte Ausgaben einer Zeitschrift **3** rückständig, ausstehend IDM **by/through the back door** durch die Hintertür **put sth on the back ˈburner** etw auf ein Nebengleis stellen

back³ /bæk/ *Adv* ☛ Für Verben mit **back** siehe die Einträge für die Verben. **Pay sb back** z.B. steht unter **pay²**. **1** zurück ◊ *Sit back and relax.* Lehn dich zurück und entspann dich. ◊ *It takes me an hour to walk there and back.* Für den Hin- und Rückweg brauche ich eine Stunde. ◊ *She went back to sleep.* Sie schlief wieder ein. ◊ *Back at home, her parents were worried.* Zu Hause sorgten sich währenddessen ihre Eltern. **2** schon ◊ *She left back in November.* Sie ging schon im November. ◊ *We should have turned left five kilometres back.* Wir hätten schon vor fünf Kilometern links abbiegen müssen. IDM **ˌback and ˈforth** hin und her **back of sth** *(AmE, umgs)* hinter einer Sache ☛ *Siehe auch* EARTH¹

back⁴ /bæk/ *Verb* **1** rückwärts gehen; *(im Auto)* zurücksetzen ◊ *He backed against the wall, terrified.* Voller Angst wich er gegen die Wand zurück. ◊ *back out of a parking space* rückwärts aus einer Parklücke setzen **2** unterstützen **3** *(Pferd)* wetten auf, setzen auf **4** (MUS) begleiten **5 ~ sth (with sth)** etw (mit etw) verstärken, etw hinten (mit etw) beziehen **6** *(BrE)* ◊ *The house is backed by fields.* Hinter dem Haus sind Felder. IDM **ˌback the wrong ˈhorse** aufs falsche Pferd setzen PHRV **ˌback aˈway (from sb/sth)** (vor jdm/etw) zurückweichen **ˌback ˈdown (on/from sth)** (in/bei etw) nachgeben **ˌback ˈoff 1** sich zurückhalten ◊ *Back off! There's no need to yell at me.* Lass mich in Ruhe! Du brauchst mich nicht so anzuschreien. **2** *(AmE)* nachgeben **ˌback ˈoff from sth** von

---

s *see* | t *tea* | v *van* | w *wet* | z *zoo* | ʃ *shoe* | ʒ *vision* | tʃ *chain* | dʒ *jam* | θ *thin* | ð *this* | ŋ *sing*

backache

etw Abstand nehmen ˌback ˈonto sth hinten an etw angrenzen ˌback ˈout (of sth) (aus etw) aussteigen ˌback sb ˈup jdn unterstützen ◊ *If they don't believe you, I'll back you up.* Wenn sie dir nicht glauben, werde ich es bestätigen. ˌback sth ˈup 1 (COMP) eine Sicherungskopie einer Sache anlegen 2 etw untermauern ˌback (sth) ˈup (*im Auto*) (etw) zurücksetzen

back·ache /ˈbækeɪk/ *Nomen* Rückenschmerzen

ˌback-ˈbencher *Nomen* = (*in GB*) Parlamentsabgeordnete(r) ohne offizielles Amt

ˌback ˈbenches *Nomen* [Pl] = (*in GB*) hintere Sitzreihen für Unterhausabgeordnete, die kein offizielles Amt in der Regierung oder den anderen Parteien innehaben

back·bit·ing /ˈbækbaɪtɪŋ/ *Nomen* [U] Hinterhältigkeit, Gemeinheiten, Lästern

back·bone /ˈbækbəʊn; *AmE* -boʊn/ *Nomen* Rückgrat (*auch fig*) [SYN] SPINE

ˈback-breaking *Adj* äußerst anstrengend

back·chat /ˈbæktʃæt/ *Nomen* (*BrE*, *umgs*) Widerrede

back·cloth /ˈbækklɒθ; *AmE* -klɔːθ/ *Nomen* (*BrE*) Prospekt, Hintergrund (*auch fig*)

back·comb /ˈbækkəʊm; *AmE* -koʊm/ *Verb* (*BrE*) toupieren

ˌback ˈcopy *Nomen* (*BrE*) alte Ausgabe

ˌback-ˈdate /ˌbækˈdeɪt/ *Verb* rückdatieren ◊ *They got a 5% pay rise, backdated to February.* Sie erhielten eine Lohnerhöhung von 5%, rückwirkend ab Februar.

ˌback-ˈdoor *Adj nur vor Nomen* heimlich, verdeckt ◊ *They achieved it by back-door methods.* Sie schafften es schließlich durchs Hintertürchen.

back·drop /ˈbækdrɒp; *AmE* -drɑːp/ *Nomen* Prospekt, Hintergrund (*auch fig*)

back·er /ˈbækə(r)/ *Nomen* Geldgeber(in)

back·fire /ˌbækˈfaɪə(r)/ *Verb* 1 daneben gehen ◊ *The plan backfired on us.* Mit dem Plan schnitten wir uns ins eigene Fleisch. 2 eine Fehlzündung haben [SYN] MISFIRE

back·gam·mon /ˈbækɡæmən, ˌbækˈɡæmən/ *Nomen* Backgammon

back·ground /ˈbækɡraʊnd/ *Nomen* 1 Herkunft ◊ *educational background* Ausbildung ◊ *The job would suit someone with a business background.* Für die Stelle wäre jemand mit Erfahrung in der Wirtschaft geeignet. 2 Hintergrund ◊ *background music* Musikuntermalung ◊ *There was a lot of background noise.* Um uns herum war ziemlich viel Lärm. 3 [meist Sing] (*für Malerei, Zeichnung etc.*) Untergrund [IDM] ⇒ MERGE

back·hand /ˈbækhænd/ *Nomen* [meist Sing] Rückhand, Backhand

back·hand·ed /ˌbækˈhændɪd/ *Adj* [IDM] ⇒ COMPLIMENT¹

back·hand·er /ˈbækhændə(r)/ *Nomen* (*BrE*, *umgs*) Schmiergeld [SYN] BRIBE¹

back·ing /ˈbækɪŋ/ *Nomen* 1 Unterstützung 2 Untergrund, Verstärkung ◊ *Fabric wallcoverings come with a paper backing.* Textiltapeten haben einen Papierträger. 3 [meist Sing] (MUS) Begleitung ◊ *a backing singer* ein(e) Begleitsänger(in)

ˌback ˈissue *Nomen* (*BrE*) alte Ausgabe

back·lash /ˈbæklæʃ/ *Nomen* [Sing] ~ (**against sth**) Gegenreaktion (auf etw)

back·less /ˈbækləs/ *Adj* rückenfrei

back·log /ˈbæklɒɡ; *AmE* -lɔːɡ, -lɑːɡ/ *Nomen* Rückstand ◊ *a tremendous backlog of paperwork* ein Berg von unerledigten Schreibarbeiten

ˌback ˈnumber *Nomen* (*BrE*) alte Ausgabe

back·pack¹ /ˈbækpæk/ *Nomen* (*bes AmE*) Rucksack

back·pack² /ˈbækpæk/ *Verb* (*meist* **go backpacking**) als Rucksacktourist(in) unterwegs sein

back·pack·er /ˈbækpækə(r)/ *Nomen* Rucksacktourist(in)

ˌback-ˈpedal *Verb* (-**ll**-, *AmE* -**l**-) 1 ~ (**on sth**) einen Rückzieher machen (in Bezug auf/bei etw) 2 (*Fahrrad*) rückwärts treten

ˈback-room *Adj* ◊ *back-room staff* Personal im Hintergrund ◊ *back-room deals* geheime Abmachungen

back·scratch·ing /ˈbækskrætʃɪŋ/ *Nomen* [U] (*umgs*, *meist abwert*) Klüngelei ◊ *mutual backscratching* gegenseitige Begünstigung

ˌback ˈseat *Nomen* Rücksitz [IDM] **a ˌback-seat ˈdriver** ein Beifahrer, der dem Fahrer ständig dreinredet **take a back seat 1** in den Hintergrund treten **2** sich raushalten; sich im Hintergrund halten

back·side /ˈbæksaɪd/ *Nomen* (*umgs*) Hintern [SYN] BEHIND³ *und* BOTTOM¹ [IDM] ⇒ PAIN¹

back·slap·ping¹ /ˈbækslæpɪŋ/ *Nomen* (*oft abwert*) gegenseitiges Schulterklopfen, Lobhudelei

back·slap·ping² /ˈbækslæpɪŋ/ *Adj nur vor Nomen* plumpvertraulich

back·slash /ˈbækslæʃ/ *Nomen* (COMP) Backslash

back·slid·ing /ˈbækslaɪdɪŋ/ *Nomen* [U] Rückfall

back·stage /ˌbækˈsteɪdʒ/ *Adv, Adj* 1 hinter die/der Bühne 2 hinter den Kulissen ◊ *backstage deals* geheime Abmachungen

back·street¹ /ˈbækstriːt/ *Nomen* kleine Seitenstraße ◊ *He was born in the backstreets of Leeds.* Er wurde in einem ärmlichen Viertel in Leeds geboren.

back·street² /ˈbækstriːt/ *Adj nur vor Nomen* dubios ◊ *a backstreet abortion* eine illegale Abtreibung

back·stroke /ˈbækstrəʊk; *AmE* -stroʊk/ *Nomen* [U/Sing] Rückenschwimmen

back·swing /ˈbækswɪŋ/ *Nomen* (SPORT) Durchschwung

ˈback talk *Nomen* (*AmE*, *umgs*) Widerrede

ˌback-to-ˈback *Nomen* (*BrE*) = Reihenhäuser, deren Rückseiten aneinander grenzen

back·track /ˈbæktræk/ *Verb* 1 wieder zurückgehen 2 einen Rückzieher machen

ˈback-up *Nomen* 1 Unterstützung ◊ *The police had back-up from the army.* Die Polizei erhielt Verstärkung von der Armee. 2 Reserve, Ersatz ◊ *We can use him as a back-up if one of the other players drops out.* Er könnte Reservespieler sein, wenn einer der anderen Spieler ausfällt. 3 (COMP) Sicherungskopie, Backup

ˈbackup light *Nomen* (*AmE*) Rückfahrscheinwerfer

back·ward /ˈbækwəd; *AmE* -wərd/ *Adj* 1 *nur vor Nomen* zurück ◊ *a backward step* ein Schritt zurück ◊ *She strode past him without a backward glance.* Sie ging an ihm vorbei, ohne zurückzublicken. 2 rückständig, unterentwickelt ◊ *She's not backward in coming forward.* Sie ist nicht gerade zurückhaltend.

back·ward·ness /ˈbækwədnəs; *AmE* -wərd-/ *Nomen* Rückständigkeit

back·wards /ˈbækwədz; *AmE* -wərdz/ (*bes AmE* **backward**) *Adv* 1 zurück, nach hinten, rückwärts ◊ *I fell backwards.* Ich fiel hintenüber. 2 von hinten nach vorn, falsch herum [IDM] **ˌbackward(s) and ˈforward(s)** hin und her **bend/lean over ˈbackwards (to do sth)** alles Menschenmögliche tun (etw zu tun) ☞ *Siehe auch* KNOW¹

back·wash /ˈbækwɒʃ; *AmE* -wɑːʃ, -wɔːʃ/ *Nomen* [Sing] 1 (*gehoben*) Auswirkungen 2 Rückströmung

back·water /ˈbækwɔːtə(r)/ *Nomen* 1 Seitenarm, totes Wasser 2 (*abwert*) Provinznest

back·woods /ˈbækwʊdz/ *Nomen* [Pl] hinterste Provinz

back·yard /ˌbækˈjɑːd; *AmE* -ˈjɑːrd/ *Nomen* 1 (*BrE*) Hinterhof 2 (*AmE*) Garten hinter dem Haus [IDM] **in your (own) backyard** direkt vor der Haustür

bacon /ˈbeɪkən/ *Nomen* Speck [IDM] ⇒ SAVE¹

bac·teria /bækˈtɪəriə; *AmE* -ˈtɪr-/ *Nomen* [Pl] Bakterien ☞ Der Singular **bacterium** /bækˈtɪəriəm/ ist selten.

bac·ter·ial /bækˈtɪəriəl; *AmE* -ˈtɪr-/ *Adj* bakteriell, Bakterien-

bac·terio·logic·al /bækˌtɪəriəˈlɒdʒɪkl; *AmE* -ˌtɪriəˈlɑːdʒɪkl/ *Adj* bakteriologisch

bac·teri·olo·gist /bækˌtɪəriˈɒlədʒɪst; *AmE* -ˌtɪriˈɑːl-/ *Nomen* Bakteriologe, Bakteriologin

bac·teri·ology /bækˌtɪəriˈɒlədʒi; *AmE* -ˌtɪriˈɑːl-/ *Nomen* Bakteriologie

bad¹ /bæd/ *Adj* (**worse** /wɜːs; *AmE* wɜːrs/, **worst** /wɜːst; *AmE* wɜːrst/) **1** schlecht ◊ *in a bad mood* schlecht gelaunt ◊ *bad breath* Mundgeruch ◊ *'Can we discuss it now?' 'No, this is a bad time.'* „Können wir jetzt darüber sprechen?" „Nein, jetzt passt es mir nicht." **2 be ~ at sth/at doing sth** schlecht in etw sein, etw nicht gut können ◊ *She is so bad at keeping secrets.* Sie kann nichts für sich behalten. ◊ *I'm really bad at getting up early.* Mir fällt es sehr schwer, früh aufzustehen. **3** schwer, schlimm ◇ *a bad headache* starke Kopfschmerzen ◇ *He had a bad back for years.* Er hat schon seit Jahren Rückenprobleme. **4** schlecht, böse **5** (*Kinder*) böse, ungehorsam SYN **NAUGHTY 6 feel ~ about sth** bei etw ein schlechtes Gefühl haben, bei etw ein schlechtes Gewissen haben **7 feel ~** sich nicht wohl fühlen; **look ~** schlecht aussehen **8** (**bad·der**, **bad·dest**) (*bes AmE, Slang*) gut, klasse IDM **can't be bad** (*umgs*) nicht schlecht **not 'bad** (*umgs*) nicht schlecht **too bad** (*umgs*) **1** (*iron*) Pech (gehabt) **2** schade ☛ Für andere Redewendungen mit **bad** siehe die Einträge für die Nomina, Verben etc. **Be bad news (for sb/sth)** z.B. steht unter **news**.

bad² /bæd/ *Nomen* **the bad** das Schlechte, das Böse; (*Menschen*) die Bösen IDM **take the ˌbad with the ˈgood** auch die schlechten Seiten in Kauf nehmen **to the ˈbad** (*BrE*) ◇ *After the sale they were 300 euros to the bad.* Nach dem Verkauf hatten sie ein Defizit von 300 Euro.

bad³ /bæd/ *Adv* (*AmE*, *umgs*) sehr, unbedingt ◇ *Are you hurt bad?* Bist du schwer verletzt?

ˌbad ˈdebt *Nomen* uneinbringliche Forderung

baddy /ˈbædi/ *Nomen* (*Pl* **-ies**) (*BrE*, *umgs*) Bösewicht

bade *Form von* BID³

badge /bædʒ/ *Nomen* **1** (*BrE*) Abzeichen, Plakette; (*aus Metall*) Button ◇ *a name badge* ein Namensschild **2** Dienstmarke **3** (*gehoben*) Symbol **4** (*bes AmE*) Applikation

badger¹ /ˈbædʒə(r)/ *Nomen* Dachs

badger² /ˈbædʒə(r)/ *Verb* **1 ~ sb (into doing sth)** jdm keine Ruhe lassen (, bis er etw tut) **2 ~ sb (about sth)** jdn (über etw) ausfragen

ˌbad ˈlanguage *Nomen* [U] Kraftausdrücke

badly /ˈbædli/ *Adv* (**worse** /wɜːs/; *AmE* wɜːrs/, **worst** /wɜːst/; *AmE* wɜːrst/) **1** schlecht ◇ *I did badly in my exams.* Ich habe im Examen schlecht abgeschnitten. ◇ *The children took the dog's death very badly.* Den Kindern hat der Tod des Hundes schwer zu schaffen gemacht. **2** sehr ◇ *The building is badly in need of repair.* Das Gebäude muss dringend repariert werden. ◇ *They wanted to win so badly.* Sie wollten unbedingt gewinnen. **3** schwer ◇ *be badly affected by sth* von etw stark betroffen werden ◇ *Everything's gone badly wrong.* Alles ist völlig daneben gegangen. IDM **be badly ˈoff 1** wenig Geld haben **2** schlecht dran sein **be badly ˈoff for sth** (*BrE*) von etw nur wenig haben

bad·min·ton /ˈbædmɪntən/ *Nomen* Federball, Badminton

ˈbad-mouth *Verb* (*umgs*) **~ sb** jdn schlecht machen

bad·ness /ˈbædnəs/ *Nomen* Schlechtigkeit

ˌbad-ˈtempered *Adj* schlecht gelaunt

baf·fle¹ /ˈbæfl/ *Verb* verblüffen; **~ sb** jdm unverständlich sein ◇ *Police are baffled.* Die Polizei steht vor einem Rätsel.

baf·fle² /ˈbæfl/ *Nomen* (*Fachspr*) Filter; (*für Geräusche*) Schalldwand

baffle·ment /ˈbæflmənt/ *Nomen* Verblüffung

baf·fling /ˈbæflɪŋ/ *Adj* rätselhaft

bag¹ /bæɡ/ *Nomen* **1** Tüte ◇ *a laundry/mail bag* ein Wäsche-/Postsack **2** Tasche, Reisetasche, Beutel ◇ *Do you have a lot of bags?* Haben Sie viel Gepäck? ☛ *Siehe auch* AIR BAG *und* MIXED BAG **3 bags (of sth)** [Pl] (*BrE*, *umgs*) jede Menge **4 bags** [Pl] Tränensäcke, Augenringe **5** (*bes BrE*, *umgs*) **Stupid old bag!** Blöde Ziege! **6** Jagdbeute IDM **ˌbag and ˈbaggage** Sack und Pack **be a ˌbag of ˈbones** (*umgs*) nur Haut und Knochen sein **be in the ˈbag** (*umgs*) unter Dach und Fach sein ◇ *His promotion is in the bag.* Er hat seine Beförderung in der Tasche. **not sb's ˈbag** (*umgs*) nicht jds Sache ☛ *Siehe auch* CAT, NERVE¹, PACK¹ *und* TRICK¹

bag² /bæɡ/ *Verb* (**-gg-**) **1 ~ sth (up)** etw in Tüten, Beutel etc. füllen, etw abpacken **2** (*umgs*) (*Tiere*) erlegen, fangen **3** (*umgs*) (SPORT) erzielen; (*Tor*) schießen **4** (*BrE*, *umgs*) (sich) schnappen

bagel /ˈbeɪɡl/ *Nomen* = ringförmiges Brötchen

bag·gage /ˈbæɡɪdʒ/ *Nomen* **1** Gepäck ◇ *excess baggage* Übergepäck **2** (*fig*) Ballast IDM ➪ BAG¹

ˈbaggage car *Nomen* (*AmE*) Gepäckwagen

ˈbaggage reclaim (*AmE* **ˈbaggage claim**) *Nomen* Gepäckausgabe

baggy /ˈbæɡi/ *Adj* weit (geschnitten)

ˈbag lady *Nomen* = obdachlose Frau, die ihre Sachen in Plastiktüten mit sich trägt

ˈbag lunch *Nomen* (*AmE*) Lunchpaket

bag·pipe /ˈbæɡpaɪp/ *Adj* Dudelsack-

bag·pipes /ˈbæɡpaɪps/ (*auch* **pipes**) *Nomen* [Pl] Dudelsack

bail¹ /beɪl/ *Nomen* **1** Kaution ◇ *put up bail for sb* Kaution für jdn leisten ◇ *refuse sb bail* es ablehnen, jdn gegen Kaution freizulassen ◇ *She jumped/skipped bail.* Sie erschien nicht vor Gericht. **2** [meist Pl] (*beim Kricket*) Querholz

bail² /beɪl/ *Verb* (*BrE auch* **bale**) gegen Kaution freilassen PHRV **ˌbail ˈout (of sth)** (*aus Flugzeug*) aussteigen **ˌbail ˈout** Wasser ausschöpfen **ˌbail sth ˈout** Wasser aus etw schöpfen **ˌbail sb ˈout 1** für jdn die Kaution stellen **2** jdm aus der Patsche helfen **ˌbail sb ˈout of sth** jdm aus etw helfen

bailey /ˈbeɪli/ *Nomen* Burghof

bail·iff /ˈbeɪlɪf/ *Nomen* **1** (*BrE*) Gerichtsvollzieher(in) **2** (*BrE*) Gutsverwalter(in) **3** (*AmE*) Gerichtsdiener(in)

bairn /beən; *AmE* bern/ *Nomen* (*SchotE*, *Dialekt*) Kind

bait¹ /beɪt/ *Nomen* Köder (*auch fig*), Lockvogel

bait² /beɪt/ *Verb* **1** mit einem Köder versehen **2** provozieren, reizen

baiting /ˈbeɪtɪŋ/ *Nomen* (*meist in Zusammensetzungen*) Hetzjagd ◇ *bear-baiting* Bärenhatz

baize /beɪz/ *Nomen* Filz

bake /beɪk/ *Verb* **1** backen ◇ *baked potatoes* in der Schale gebackene Kartoffeln ◇ *The bread is baking.* Das Brot ist im Backofen. **2** ausdörren; (*Ziegel*, *Keramik*) brennen **3** (*umgs*) ◇ *We sat baking in the sun.* Wir saßen und schmorten in der Sonne.

baked ˈbeans *Nomen* [Pl] weiße Bohnen in Tomatensoße

Bake·lite™ /ˈbeɪkəlaɪt/ *Nomen* Bakelit®

baker /ˈbeɪkə(r)/ *Nomen* Bäcker(in)

> Um ein Geschäft, eine Praxis etc. zu bezeichnen wird **'s** an das Wort angehängt: *the baker's* die Bäckerei. ◇ *Bring me a loaf from the baker's.* Bring mir ein Brot vom Bäcker mit. ◇ *He had to take the dog to the vet's.* Er musste den Hund zum Tierarzt bringen. ◇ *I'm going to the hairdresser's.* Ich gehe zum Friseur. ◇ *She's at the doctor's.* Sie ist beim Arzt.
>
> In der Mehrzahl wird der Apostroph meist weggelassen: *The village has two bakers.* Das Dorf hat zwei Bäckereien. Im amerikanischen Englisch kann der Apostroph auch im Singular weggelassen werden: *the butcher shop.*

IDM **a ˌbaker's ˈdozen** (*veraltet*) dreizehn

bakery /ˈbeɪkəri/ *Nomen* (*Pl* **-ies**) (*AmE auch* **ˈbake shop**) Bäckerei

bak·ing¹ /ˈbeɪkɪŋ/ *Nomen* **1** Backen **2** (*oft in Zusammensetzungen*) Back- ◇ *a baking tin* eine Backform ◇ *a baking dish* eine feuerfeste Form ◇ *a baking sheet* ein Backblech

bak·ing² /ˈbeɪkɪŋ/ *Adj* (*auch* **ˌbaking ˈhot**) brennend ◇ *I'm baking.* Mir ist schrecklich heiß.

ˈbaking flour *Nomen* (*AmE*) = Mehl, dem bereits Backpulver beigemischt ist

ˈbaking powder *Nomen* Backpulver

ˈbaking soda *Nomen* Natron

ˈbaking tray *Nomen* Backblech

bala·clava /ˌbæləˈklɑːvə/ (*auch* **ˌbalaclava ˈhelmet**) *Nomen* (*bes BrE*) Balaklava, Gesichtsmaske

bal·ance¹ /ˈbæləns/ *Nomen* **1** Gleichgewicht ◇ *This newspaper maintains a good balance in its presentation of different opinions.* In dieser Zeitung werden unterschiedliche Standpunkte recht ausgewogen dargestellt. **2** [meist Sing] Bilanz ◇ *check your bank balance* den Kontostand überprüfen **3** [meist Sing] Restbetrag **4** Waage IDM **catch, throw, etc. sb off ˈbalance** jdn aus dem Gleichgewicht bringen **(be/hang) in the ˈbalance** in der Schwebe sein **on ˈbalance** alles in allem ☛ *Siehe auch* REDRESS¹, STRIKE¹, SWING¹ *und* TIP²

bal·ance² /ˈbæləns/ *Verb* **1** balancieren **2 ~ (out)** sich ausgleichen, sich die Waage halten; **~ sth (out)** etw ausgleichen, etw aufwiegen SYN OFFSET **3 ~ A with/and B** A und B auf einen Nenner bringen, A mit B ausbalancieren **4 ~ A against B** A gegen B abwägen **5** (FINANZ) ausgleichen; (*Konto*) abrechnen ◇ *balance the books* die Bilanz

machen ◊ *The accounts don't balance.* Die Abrechnung stimmt nicht. ◊ *measures to balance the budget* Maßnahmen zur Deckung des Haushaltsdefizits
the ˈbalance beam *Nomen* (*bes AmE*) der (Schwebe)balken
balˑanced /ˈbælənst/ *Adj* ausgeglichen, ausgewogen ◊ *a balanced decision* eine wohl überlegte Entscheidung
ˌbalance of ˈpayments *Nomen* [Sing] Zahlungsbilanz
ˌbalance of ˈpower *Nomen* [Sing] **1** Gleichgewicht der Kräfte (POL) ◊ *They now hold the balance of power.* Sie sind jetzt das Zünglein an der Waage.
ˌbalance of ˈtrade (*auch* **ˈtrade balance**) *Nomen* [Sing] Handelsbilanz
ˈbalance sheet *Nomen* Bilanz
ˈbalˑanˑcing act *Nomen* Balanceakt
balˑcony /ˈbælkəni/ *Nomen* (*Pl* **-ies**) Balkon; (*im Theater etc. auch*) Rang ☞ *Siehe auch* FIRST BALCONY ☞ *Hinweis bei* BALKON
bald /bɔːld/ *Adj* **1** kahl, glatzköpfig; (*Reifen*) abgefahren ◊ *go bald* eine Glatze bekommen **2** (*Adv* **baldˑly**) (*Feststellung, Stil etc.*) nüchtern, unverblümt, trocken
ˌbald ˈeagle *Nomen* Weißkopf-Seeadler
balˑderˑdash /ˈbɔːldədæʃ; *AmE* -dərd-/ *Nomen* (*veraltet*) Unsinn
ˌbald-ˈfaced *Adj* (*bes AmE*, *abwert*) unverfroren
baldˑing /ˈbɔːldɪŋ/ *Adj* mit beginnender Glatze
baldˑness /ˈbɔːldnəs/ *Nomen* [U] Kahlheit, Glatze
bale¹ /beɪl/ *Nomen* Ballen ◊ *bales of hay* Heuballen
bale² /beɪl/ *Verb* **1** bündeln **2** (*BrE*) = BAIL²
baleˑful /ˈbeɪlfl/ *Adj* (*Adv* **baleˑfulˑly** /-fəli/) (*gehoben*) unheilvoll, böse
balk = BAULK
balky /ˈbɔːlki, ˈbɔːki/ *Adj* (*AmE*) **1** störrisch **2** defekt
ball¹ /bɔːl/ *Nomen* **1** Ball **2** Kugel ◊ *a ball of wool* ein Wollknäuel **3** (*beim Tennis, Golf*) Schlag; (*beim Kricket*) Wurf; (*beim Fußball*) Schuss **4** (*Baseball*) Fehlwurf **5** ~ **of the foot** Fußballen; ~ **of the hand/thumb** Handballen **6** [meist Pl] (*umgs, vulg*) (*Hoden*) Ei [IDM] **a ˌball and ˈchain** (*BrE*) eine Last **the ball is in sbˈs ˈcourt** jd ist am Zug/Ball **get/set/start the ball ˈrolling** den Stein ins Rollen bringen **have a ˈball** (*umgs*) sich riesig amüsieren **have something/a lot on the ˈball** (*AmE*, *umgs*) etwas/viel drauf haben **(be) on the ˈball** auf Zack (sein) **play ˈball (with sb)** (mit jdm) zusammenarbeiten
ball² /bɔːl/ *Verb* **1** sich ballen **2** (*AmE*, *vulg*, *Slang*) ficken
balˑlad /ˈbæləd/ *Nomen* **1** Ballade **2** Lied
balˑlast /ˈbæləst/ *Nomen* **1** Ballast **2** (Bettungs)schotter
ˌball ˈbearing *Nomen* **1** Kugellager **2** Kugellagerkugel
ballˑboy /ˈbɔːlbɔɪ/ *Nomen* (*Tennis*) Balljunge
ballˑcock /ˈbɔːlkɒk; *AmE* -kɑːk/ *Nomen* Schwimmer(ventil)
balˑlerˑina /ˌbæləˈriːnə/ *Nomen* Ballerina
balˑlet /ˈbæleɪ; *AmE*, bæˈleɪ/ *Nomen* Ballett
ˈball game *Nomen* **1** Ballspiel **2** (*AmE*) Baseballspiel [IDM] **a (whole) different/new ˈball game** (*umgs*) eine ganz andere Sache
ballˑgirl /ˈbɔːlgɜːl; *AmE* -gɜːrl/ *Nomen* (*Tennis*) Ballmädchen
balˑlistic /bəˈlɪstɪk/ *Adj* ballistisch [IDM] **go balˈlistic** (*umgs*) ausrasten; explodieren
balˌlistic ˈmissile *Nomen* ballistische Rakete
balˑlisˑtics /bəˈlɪstɪks/ *Nomen* [U] Ballistik
balˑloon¹ /bəˈluːn/ *Nomen* **1** Luftballon **2** = HOT-AIR BALLOON **3** Sprechblase [IDM] **when the balˈloon goes up** wenn es losgeht ☞ *Siehe auch* LEAD²
balˑloon² /bəˈluːn/ *Verb* **1** ~ (**out/up**) sich blähen; (*fig*) ansteigen **2** (*meist* **go ballooning**) im Ballon fliegen, eine Ballonfahrt machen
balˑloonˑist /bəˈluːnɪst/ *Nomen* Ballonfahrer(in)
balˑlot¹ /ˈbælət/ *Nomen* **1** Abstimmung ◊ *We should put it to a ballot.* Wir sollten darüber abstimmen. **2** (*BrE auch* **ˈballot paper**) Stimmzettel, Wahlzettel ◊ *cast your ballot* seine Stimme abgeben **3** **the ballot** [Sing] die (abgegebenen) Stimmen
balˑlot² /ˈbælət/ *Verb* **1** ~ **sb** (**on sth**) jdn (über etw.)

abstimmen lassen [SYN] POLL **2** (in geheimer Wahl) abstimmen
ˈballot box *Nomen* Wahlurne ◊ *through the ballot box* mit demokratischen Mitteln
ˈballot paper *Nomen* = BALLOT¹ (2)
ballˑpark /ˈbɔːlpɑːk; *AmE* -pɑːrk/ *Nomen* **1** (*AmE*) Baseballfeld **2** [Sing] (*umgs*) Größenordnung ◊ *If you said five million you'd be in the ballpark.* Mit fünf Millionen würdest du ungefähr richtig liegen. ◊ *a ballpark figure* eine grobe Schätzung
ballˑpoint /ˈbɔːlpɔɪnt/ (*auch* **ˌballpoint ˈpen**) *Nomen* Kugelschreiber
ballˑroom /ˈbɔːlruːm, -rʊm/ *Nomen* Ballsaal
ˌballroom ˈdancing *Nomen* [U] Standardtanz
balls¹ /bɔːlz/ *Nomen* (*vulg*, *Slang*) **1** [U] (*BrE*) Quatsch **2** [Pl] Mut
balls² /bɔːlz/ *Verb* [PHRV] **ˌballs sth ˈup** (*BrE, vulg, Slang*) etw vermasseln
ˈballs-up *Nomen* (*bes BrE*, *vulg*, *Slang*) Mist ◊ *I made a balls-up of the exam.* Ich hab bei der Prüfung Scheiße gebaut.
ballyˑhoo /ˌbæliˈhuː; *AmE* ˈbælihuː/ *Nomen* (*umgs*, *abwert*) Geschrei, Trara
balm /bɑːm/ *Nomen* Balsam (*auch fig*)
balmy /ˈbɑːmi/ *Adj* (*Luft etc.*) lau
baˑloˑney /bəˈləʊni; *AmE* -ˈloʊ-/ *Nomen* **1** (*bes AmE*, *umgs*) Quatsch **2** (*AmE*) Mortadella
balsa /ˈbɔːlsə/ (*auch* **ˈbalsa wood**) *Nomen* Balsaholz
balˑsam /ˈbɔːlsəm/ *Nomen* **1** Balsam **2** Balsampflanze
balˌsamic ˈvinegar /bɔːlˌsæmɪk ˈvɪnɪɡə(r)/ *Nomen* Balsamikoessig
balˑusˑtrade /ˌbæləˈstreɪd/ *Nomen* Balustrade, Brüstung
bamˑboo /ˌbæmˈbuː/ *Nomen* (*Pl* **-oos**) Bambus
ban¹ /bæn/ *Verb* (**-nn-**) verbieten; (*Sportler*) sperren ◊ *He was banned from the meeting.* Er durfte bei der Besprechung nicht anwesend sein. ◊ *He's been banned from the pub.* Er hat Lokalverbot. ◊ *She's been banned from leaving Greece.* Sie darf Griechenland nicht verlassen. ◊ (*BrE*) *He was banned from driving for six months.* Er erhielt sechs Monate Fahrverbot. ◊ *They were banned from entering the country.* Die Einreise wurde ihnen verweigert.
ban² /bæn/ *Nomen* Verbot; (WIRTSCH) Embargo; (*Sport*) Sperre ◊ *There is a total ban on smoking in the office.* Rauchen ist im Büro verboten. ◊ *put a ban on the import of alcohol* die Einfuhr von Alkohol verbieten
banal /bəˈnɑːl; *AmE auch* ˈbeɪnl/ *Adj* (*abwert*) banal
banˑalˑity /bəˈnæləti/ *Nomen* (*Pl* **-ies**) (*abwert*) Banalität
baˑnana /bəˈnɑːnə; *AmE* bəˈnænə/ *Nomen* Banane [IDM] **be/go baˈnanas** ausflippen; durchdrehen
baˌnana reˈpublic *Nomen* (*abwert*, *beleidigend*) Bananenrepublik
band¹ /bænd/ *Nomen* **1** Band, Musikkapelle ◊ *a military band* eine Militärkapelle ☞ *Siehe auch* BRASS BAND *und* ONE-MAN BAND ☞ G 1.3b **2** Gruppe, Bande, Schar ☞ G 1.3b **3** Band, Riemen ◊ *She wore a simple band of gold on her finger.* Sie trug einen einfachen goldenen Ring am Finger. ☞ *Siehe auch* RUBBER BAND **4** Streifen ◊ *a plate with a blue band around the edge* ein Teller mit einer blauen Einfassung **5** = WAVEBAND **6** (*Steuer-, Preis-*) Klasse ◊ *income bands* Gehaltsstufen ◊ *the 25-35 age band* die Gruppe der 25-35-Jährigen
band² /bænd/ *Verb* **1** mit einem Band/Bändern versehen ◊ *The insects are banded black and yellow.* Die Insekten sind schwarz und gelb gestreift. **2** (*BrE*) (*in Klassen, Gruppen etc.*) einteilen ◊ *Tax is banded according to income.* Die Steuerklassen sind nach dem Einkommen gestaffelt. [PHRV] **ˌband toˈgether** sich zusammenschließen
banˑdage¹ /ˈbændɪdʒ/ *Nomen* Verband, Bandage
banˑdage² /ˈbændɪdʒ/ *Verb* ~ **sth** (**up**) (*Wunde etc.*) etw verbinden; (*Gelenk etc.*) etw bandagieren
ˈBand-Aid™ *Nomen* (*bes AmE*) **1** Heftpflaster **2** (*abwert*) ◊ *a Band-Aid solution* eine behelfsmäßige Lösung
banˑdanna /bænˈdænə/ *Nomen* Halstuch, Kopftuch
B and B (*auch* **b and b**) /ˌbiː ən ˈbiː/ *Abk* = BED AND BREAKFAST
banˑdit /ˈbændɪt/ *Nomen* Bandit

ban·dit·ry /ˈbændɪtri/ *Nomen* (*gehoben*) Banditentum
ban·do·lier (*auch* **ban·do·leer**) /ˌbændəˈlɪə(r); *AmE* -ˈlɪr/ *Nomen* Schulterpatronengurt
bands·man /ˈbændzmən/ *Nomen* (*Pl* **-men** /-mən/) Mitglied einer Musikkapelle
band·stand /ˈbændstænd/ *Nomen* Musikpavillon
band·wagon /ˈbændwægən/ *Nomen* Rummel IDM **climb/jump on the ˈbandwagon** (*umgs, abwert*) auf den fahrenden Zug aufspringen ◇ *They are just jumpimg on the bandwagon.* Sie sind bloß Trittbrettfahrer.
band·width /ˈbændwɪdθ/ *Nomen* Bandbreite
bandy[1] /ˈbændi/ *Adj* (*Beine*) krumm; (*Person*) o-beinig
bandy[2] /ˈbændi/ *Verb* (**ban·dies, bandy·ing, ban·died, ban·died**) PHR V **ˌbandy sth aˈbout/aˈround** etw herumerzählen, etw verbreiten
ˈbandy-legged *Adj* o-beinig
bane /beɪn/ *Nomen* [Sing] ◇ *Those children are the bane of my life.* Diese Kinder sind ein Nagel zu meinem Sarg. ◇ *The poor train service has been the bane of commuters for years.* Die schlechten Zugverbindungen machen den Pendlern schon seit Jahren das Leben schwer.
bang[1] /bæŋ/ *Verb* **1** ~ (**on**) **sth** auf etw schlagen ◇ *She banged on the door angrily.* Sie hämmerte wütend an die Tür. ◇ *I banged the box down on the floor.* Ich knallte die Schachtel auf den Boden. **2** (zu)schlagen, (zu)knallen ◇ *The door banged shut.* Die Tür schlug mit einem Knall zu. ◇ *A window was banging somewhere.* Irgendwo schlug ein Fenster. ◇ *She banged saucepans around irritably.* Sie klapperte wütend mit den Töpfen. **3** ~ **sth on/against sth** sich etw an etw anschlagen **4** (*vulg, Slang*) ~ **sb** mit jdm bumsen, jdn ficken IDM ☞ *Siehe* BRICK[1] *und* DRUM[1] PHR V **ˌbang aˈbout/aˈround** herumpoltern, **ˌbang ˈinto sth** gegen etw stoßen, **ˌbang ˈon about sth** (*BrE, umgs*) endlos von etw schwafeln
bang[2] /bæŋ/ *Nomen* **1** Knall ☞ *Siehe auch* BIG BANG **2** Schlag ◇ *He got a bang on the head.* Er schlug sich den Kopf an. **3 bangs** [Pl] (*AmE*) Pony(fransen) IDM **go with a ˈbang** ein Bombenerfolg sein **with a ˈbang** mit einem Schlag; mit einem Knalleffekt ☞ *Siehe auch* EARTH[1]
bang[3] /bæŋ/ *Adv* (*bes BrE, umgs*) genau ◇ *bang up to date* auf dem allerneuesten Stand ◇ *bang on time* pünktlich auf die Minute ☞ *Siehe auch* SLAP BANG IDM **ˈbang goes sth** ◇ *Bang went my hopes of promotion.* Aus war's mit meinen Hoffnungen auf Beförderung. **be ˈbang ˈon** genau richtig sein **go ˈbang** (*umgs*) knallen; (*Luftballon etc.*) zerplatzen ☞ *Siehe auch* RIGHT[3]
bang[4] /bæŋ/ *Ausruf* peng
bang·er /ˈbæŋə(r)/ *Nomen* (*BrE, umgs*) **1** Würstchen **2** (*Fahrzeug*) Klapperkiste **3** Knallkörper
ˈbang-up *Adj* (*AmE, umgs*) prima
ban·ish /ˈbænɪʃ/ *Verb* **1** ~ **sb** (**from** …) (**to** …) jdn (aus …) (nach …) verbannen **2** verscheuchen ◇ *She banished all thoughts of a restful afternoon* (*from her mind*). Sie gab jeden Gedanken an einen geruhsamen Nachmittag auf.
ban·ish·ment /ˈbænɪʃmənt/ *Nomen* Verbannung
ban·is·ter (*auch* **ban·nis·ter**) /ˈbænɪstə(r)/ *Nomen* (*bes BrE* **ban·is·ters** [Pl]) Treppengeländer
banjo /ˈbændʒəʊ; *AmE* ˈbændʒoʊ/ *Nomen* (*Pl* **-os**) Banjo
bank[1] /bæŋk/ *Nomen* **1** Bank ◇ *My salary is paid directly into my bank.* Mein Gehalt wird direkt auf mein Bankkonto überwiesen. **2** Vorrat ◇ *a blood bank* eine Blutbank ◇ *a bank of knowledge* ein Wissensschatz ☞ *Siehe auch* BOTTLE BANK **3** Ufer ◇ *on the banks of the Severn* am Ufer des Severn **4** Wall, Böschung **5** Kurvenüberhöhung **6** (*Wolken-, Nebel-*) Wand, Bank ◇ *a bank of snow* eine Schneeverwehung **7** (*von Geräten, Schaltern etc.*) Reihe IDM **not ˌbreak the ˈbank** (*umgs, hum*) kein Vermögen kosten ☞ *Siehe auch* LAUGH[1]
bank[2] /bæŋk/ *Verb* **1** zur Bank bringen ◇ *She is believed to have banked 10 million dollars.* Sie soll 10 Millionen Dollar bekommen haben. **2** ~ (**with/at** …) ein Konto haben (bei …) **3** (*Flugzeug*) sich in die Kurve legen **4** ~ **sth** (**up**) (*Erde etc.*) aufschütten **5** ~ **sth** (**up**) (*Feuer*) Kohlen auf etw schichten PHR V **ˈbank on sb/sth** mit jdm/etw rechnen ◇ *I was banking on getting something to eat on the train.* Ich rechnete damit, dass ich im Zug etwas zu essen kriegen würde. **ˌbank ˈup** sich anhäufen, sich aufschichten

bank·able /ˈbæŋkəbl/ *Adj* (*umgs*) Gewinn bringend ◇ *The film made her one of the world's most bankable stars.* Der Film hat sie zu einem Kassenfüller gemacht.
ˈbank balance *Nomen* Kontostand, Bankguthaben
ˈbank card *Nomen* **1** (*auch* **ˈbanker's card**) (*BrE*) Scheckkarte **2** (*AmE*) Kreditkarte
ˈbank draft (*auch* **ˈbanker's draft**) *Nomen* Bankwechsel, Banktratte
bank·er /ˈbæŋkə(r)/ *Nomen* **1** Banker(in), Bankfachmann, Bankfachfrau **2** (*bei Glücksspielen*) Bankhalter(in)
ˌbanker's ˈorder *Nomen* (*BrE*) Bankanweisung, Zahlungsauftrag ☞ *Siehe auch* STANDING ORDER
ˌbank ˈholiday *Nomen* (*BrE*) öffentlicher Feiertag ◇ *a bank holiday weekend* ein langes Wochenende ☞ *Hinweis bei* FEIERTAG
bank·ing /ˈbæŋkɪŋ/ *Nomen* Bankwesen ◇ *She's thinking about a career in banking.* Sie will ins Bankfach gehen.
bank·note /ˈbæŋknəʊt; *AmE* -noʊt/ *Nomen* (*bes BrE*) Banknote, Geldschein
ˈbank rate *Nomen* Diskontsatz
bank·roll /ˈbæŋkrəʊl; *AmE* -roʊl/ *Verb* (*bes AmE, umgs*) finanzieren
bank·rupt[1] /ˈbæŋkrʌpt/ *Adj* **1** bankrott (*auch fig*) ◇ *go bankrupt* Bankrott machen **2** ~ **of sth** (*gehoben, abwert*) ◇ *a government bankrupt of new ideas* eine Regierung ohne jegliche neue Ideen
bank·rupt[2] /ˈbæŋkrʌpt/ *Nomen* Bankrotteur(in)
bank·rupt[3] /ˈbæŋkrʌpt/ *Verb* in den Konkurs treiben; (*fig*) ruinieren
bank·rupt·cy /ˈbæŋkrʌptsi/ *Nomen* (*Pl* **-ies**) Konkurs, Bankrott (*auch fig*) ◇ *file for bankruptcy* Konkurs anmelden
ˈbank statement (*auch* **ˈstate·ment**) *Nomen* Kontoauszug
ban·ner /ˈbænə(r)/ *Nomen* Transparent, Spruchband IDM **under the banner** (**of sth**) (*gehoben*) **1** unter dem Motto (von etw) **2** unter der Schirmherrschaft (von etw)
ˌbanner ˈheadline *Nomen* Balkenüberschrift
ˌbanner ˈyear *Nomen* (*AmE*) Rekordjahr
ban·nis·ter = BANISTER
banns /bænz/ *Nomen* [Pl] (*vor Eheschließungen*) Aufgebot
ban·quet /ˈbæŋkwɪt/ *Nomen* **1** Bankett, Festessen **2** üppiges Mahl
ban·quet·ing /ˈbæŋkwɪtɪŋ/ *Adj* Bankett- ◇ *a banqueting hall* ein Bankettsaal
ban·shee /bænˈʃiː, ˈbænʃiː/ *Nomen* = weibliche Figur aus der irischen Mythologie, die durch gespenstisches Heulen den Tod ankündigt
ban·tam·weight /ˈbæntəmweɪt/ *Nomen* Bantamgewicht
ban·ter[1] /ˈbæntə(r)/ *Nomen* scherzhaftes Geplauder, Neckerei
ban·ter[2] /ˈbæntə(r)/ *Verb* scherzen
bap /bæp/ *Nomen* (*BrE*) = flaches weiches Brötchen
bap·tism /ˈbæptɪzəm/ *Nomen* Taufe IDM **a ˌbaptism of ˈfire** eine Feuertaufe
bap·tis·mal /bæpˈtɪzməl/ *Adj* nur vor Nomen Tauf-
Bap·tist /ˈbæptɪst/ **1** *Nomen* Baptist(in) **2** *Adj* Baptisten-
bap·tize (*BrE auch* **-ise**) /bæpˈtaɪz/ *Verb* (*meist passiv*) taufen ◇ *She was baptized Mary.* Sie wurde auf den Namen Mary getauft.
bar[1] /bɑː(r)/ *Nomen* **1** Bar ◇ *a licensed bar* ein Lokal mit Alkoholausschank ☞ *Siehe auch* LOUNGE BAR, PUBLIC BAR *und* SALOON BAR **2** Theke **3** Stange ◇ *an iron bar* eine Eisenstange **4** Barren ◇ *a bar of chocolate/soap* eine Tafel Schokolade/ein Stück Seife **5** Gitter ◇ *They fitted bars to their windows to stop burglars getting in.* Sie brachten Gitter an ihren Fenstern an, um Diebe fern zu halten. **6** Heizstab **7** Taktstrich ◇ *Hum the opening bars of your favourite tune.* Summ die Eröffnungstakte deiner Lieblingsmelodie. **8** ~ (**to sth**) Barriere (für etw) ◇ *Poor health may be a bar to success in life.* Eine schwache Gesundheit kann dem Erfolg im Leben hinderlich sein. **9 the Bar** (*AmE*) die Anwaltschaft **10 the Bar** (*BrE*) = Oberbegriff für den Beruf des „Barrister" ◇ *be called to the bar* als Barrister zugelassen werden IDM **beˌhind ˈbars** hinter Gittern
bar[2] /bɑː(r)/ *Verb* (**-rr-**) **1** verriegeln, vergittern ◇ *barred windows* vergitterte Fenster **2** versperren **3** ~ **sb** (**from sth**) (jdn (aus etw) ausschließen; ~ **sb from doing sth** jdm

verbieten etw zu tun ◊ *He was barred from the pub.* Er hatte Lokalverbot. IDM ⇨ HOLD²

bar³ /bɑː(r)/ *Präp* abgesehen von ◊ *That's the best ice cream I've ever tasted, bar none.* Das ist das allerbeste Eis, das ich jemals gegessen habe.

barb /bɑːb; *AmE* bɑːrb/ *Nomen* **1** Widerhaken **2** Gehässigkeit, spitze Bemerkung

bar·bar·ian /bɑːˈbeəriən; *AmE* bɑːrˈber-/ *Nomen* Barbar(in)

bar·bar·ic /bɑːˈbærɪk; *AmE* bɑːrˈb-/ *Adj* **1** barbarisch, unmenschlich **2** Barbaren-

bar·bar·ism /ˈbɑːbərɪzəm; *AmE* ˈbɑːrb-/ *Nomen* (*gehoben*) **1** Kulturlosigkeit **2** Barbarei, Unmenschlichkeit

bar·bar·ity /bɑːˈbærəti; *AmE* bɑːrˈb-/ *Nomen* (*Pl* **-ies**) Unmenschlichkeit

bar·bar·ous /ˈbɑːbərəs; *AmE* ˈbɑːrb-/ *Adj* (*Adv* **bar·bar·ous·ly**) (*gehoben*) **1** unmenschlich **2** unzivilisiert

bar·be·cue¹ /ˈbɑːbɪkjuː; *AmE* ˈbɑːrb-/ *Nomen* (*Abk* **BBQ**) (*AusE, BrE auch, umgs* **bar·bie**) **1** Grill **2** Grillfest ◊ *They're having a barbecue next door.* Nebenan grillen sie.

bar·be·cue² /ˈbɑːbɪkjuː; *AmE* ˈbɑːrb-/ *Verb* grillen ☛ *Hinweis bei* GRILL, S. 271.

barbed /bɑːbd; *AmE* bɑːrbd/ *Adj* **1** mit Widerhaken **2** (*Bemerkung*) bissig

barbed wire *Nomen* Stacheldraht

bar·bell /ˈbɑːbel; *AmE* ˈbɑːrbel/ *Nomen* (Scheiben)hantel

bar·ber /ˈbɑːbə(r); *AmE* ˈbɑːrb-/ *Nomen* (Herren)frisör ☛ *Hinweis bei* BAKER

bar·ber·shop /ˈbɑːbəʃɒp; *AmE* ˈbɑːrbərʃɑːp/ *Nomen* **1** (*bes AmE*) (Laden) (Herren)frisör **2** (MUS) Barbershop

bar·bie /ˈbɑːbi; *AmE* ˈbɑːrbi/ (*BrE, AusE, umgs*) = BARBECUE¹

ˈbar chart *Nomen* Stabdiagramm

ˈbar code *Nomen* Strichkode

bard /bɑːd; *AmE* bɑːrd/ *Nomen* (*gehoben*) Barde

bare¹ /beə(r); *AmE* ber/ *Adj* **1** nackt, bloß ◊ *in bare feet* barfuß **2** (Draht, Boden, Holz) blank **3** (Landschaft, Baum, Wand) kahl **4** (Zimmer, Regal etc.) leer **5** nur vor Nomen knapp ◊ *the bare necessities* das Nötigste ◊ *He did the bare minimum of work.* Er machte nur das absolute Minimum. ◊ *the bare facts* die nackten Tatsachen ◊ *It was the barest hint of a smile.* Es war nur die Andeutung eines Lächelns. IDM **the bare ˈbones (of sth)** die wichtigsten Tatsachen (von etw) ◊ *I gave him the bare bones of what had happened.* Ich erzählte ihm, was passiert war, ohne in Einzelheiten zu gehen. **lay sth ˈbare** etw bloßlegen ☛ *Siehe auch* CUPBOARD

bare² /beə(r); *AmE* ber/ *Verb* entblößen IDM **bare your ˈsoul (to sb)** (jdm) sein Herz ausschütten **bare your ˈteeth** die Zähne fletschen; die Zähne blecken

bare·back¹ /ˈbeəbæk; *AmE* ˈberb-/ *Adv* ohne Sattel

bare·back² /ˈbeəbæk; *AmE* ˈberb-/ *Adj* auf ungesatteltem Pferd

bare·faced /ˈbeəfeɪst; *AmE* ˈberf-/ *Adj nur vor Nomen* (*abwert*) schamlos; (*Frechheit*) grenzenlos

bare·foot /ˈbeəfʊt; *AmE* ˈberf-/ (*seltener* **bare·foot·ed** /ˌbeəˈfʊtɪd/; *AmE* ˌberˈfʊt-/) *Adj, Adv* barfuß

bare·head·ed /ˌbeəˈhedɪd; *AmE* ˌberˈh-/ *Adj* ohne Kopfbedeckung, barhäuptig

bare·ly /ˈbeəli; *AmE* ˈberli/ *Adv* kaum; (*mit Zahlen/Zeitangaben auch*) knapp ◊ *The music was barely audible.* Die Musik war kaum zu hören. ◊ *barely 50% of the population* knapp 50% der Bevölkerung

barf¹ /bɑːf; *AmE* bɑːrf/ *Verb* (*AmE, umgs*) kotzen

barf² *Nomen* (*AmE, umgs*) Kotzen

bar·gain¹ /ˈbɑːɡən; *AmE* ˈbɑːrɡən/ *Nomen* **1** Schnäppchen ◊ *bargain prices* Sonderpreise ◊ *They've got lots of bargains.* Sie haben viele günstige Angebote. ◊ *The car was a bargain at that price.* Das Auto war wirklich günstig für den Preis. **2** Abmachung ◊ *You must keep your side of the bargain.* Du musst dich an die Abmachung halten. ◊ *I'll make a bargain with you, you cook and I'll wash the dishes.* Ich mache dir ein Angebot, du kochst und ich wasche ab. IDM **ˌinto the ˈbargain** (*AmE* **in the ˈbargain**) obendrein ☛ *Siehe auch* HARD¹ *und* STRIKE¹

bar·gain² /ˈbɑːɡən; *AmE* ˈbɑːrɡən/ *Verb* handeln, verhandeln ◊ *I'm not prepared to bargain.* Ich lasse nicht mit mir

handeln. PHRV **ˌbargain sth aˈway** sich etw abhandeln lassen ◊ **ˈbargain for/on sth** (*meist in verneinten Sätzen*) etw erwarten, mit etw rechnen ◊ *He got more than he bargained for.* Damit hat er nicht gerechnet!

ˌbargain ˈbasement *Nomen* Sonderverkaufsfläche im Untergeschoss

ˈbargain hunter *Nomen* Schnäppchenjäger

ˈbargain hunting *Nomen* Schnäppchenjagd

bar·gain·ing /ˈbɑːɡənɪŋ; *AmE* ˈbɑːrɡ-/ *Nomen* Handeln, Verhandlung ◊ *wage bargaining* Lohnverhandlungen

ˈbargaining counter (*AmE* **ˈbargaining chip**) *Nomen* taktisches Druckmittel

ˈbargaining power *Nomen* Verhandlungsmacht

barge¹ /bɑːdʒ; *AmE* bɑːrdʒ/ *Nomen* **1** (Schlepp)kahn **2** (*veraltet*) Barkasse

barge² /bɑːdʒ; *AmE* bɑːrdʒ/ *Verb* ◊ *barge into sb* jdn anrempeln ◊ *He barged past me.* Er drängelte sich an mir vorbei. ◊ *They barged their way through the crowd.* Sie drängten sich durch die Menge. PHRV **ˌbarge ˈin** hereinplatzen; (*Gespräch*) unterbrechen ◊ *She barged in on our meeting.* Sie platzte einfach in unsere Besprechung hinein.

barge-pole /ˈbɑːdʒpəʊl; *AmE* ˈbɑːrdʒpoʊl/ *Nomen* IDM ⇨ TOUCH¹

ˈbar graph /ˈbɑː ɡrɑːf/ *Nomen* (*AmE*) Stabdiagramm

bari·tone /ˈbærɪtəʊn; *AmE* -toʊn/ *Nomen* **1** Bariton **2** Baritonstimme

bar·ium /ˈbeəriəm; *AmE* ˈber-/ *Nomen* Barium

bark¹ /bɑːk; *AmE* bɑːrk/ *Nomen* **1** Rinde **2** Bellen IDM **sb's bark is worse than their bite** (*umgs*) Hunde, die bellen, beißen nicht

bark² /bɑːk; *AmE* bɑːrk/ *Verb* **1** ~ (**at sb/sth**) jdn/etw anbellen **2** ~ (**out**) **sth** etw brüllen **3** (*bes BrE*) aufschürfen SYN GRAZE IDM **be barking up the wrong ˈtree** (*umgs*) auf dem Holzweg sein

ˌbark·ing ˈmad (*auch* **ˈbark·ing**) *Adj* (*BrE, umgs*) völlig verrückt

bar·ley /ˈbɑːli; *AmE* ˈbɑːrli/ *Nomen* Gerste

bar·maid /ˈbɑːmeɪd; *AmE* ˈbɑːrm-/ *Nomen* (*BrE*) = weibliche Bedienung an der Theke

bar·man /ˈbɑːmən; *AmE* ˈbɑːrmən/ (*Pl* **-men** /-mən/) *Nomen* (*bes BrE*) Barkeeper

bar mitz·vah /ˌbɑː ˈmɪtsvə; *AmE* ˌbɑːr/ *Nomen* Bar Mizwa

barmy /ˈbɑːmi; *AmE* ˈbɑːrmi/ *Adj* (*BrE, umgs*) bescheuert ◊ *go barmy* durchdrehen ◊ *The music is driving me barmy.* Die Musik macht mich verrückt.

barn /bɑːn; *AmE* bɑːrn/ *Nomen* **1** Scheune ◊ *a hay barn* ein Heuschober **2** (*fig*) hässlicher Schuppen **3** (*AmE*) Depot IDM **close, etc. the barn door after the horse has eˈscaped** (*AmE*) den Brunnen zudecken, wenn das Kind hineingefallen ist

bar·nacle /ˈbɑːnəkl; *AmE* ˈbɑːrn-/ *Nomen* Rankenfüßer

ˈbarn dance *Nomen* = Tanzveranstaltung mit Volkstänzen

ˈbarn owl *Nomen* Schleiereule

barn·storm /ˈbɑːnstɔːm; *AmE* ˈbɑːrnstɔːrm/ *Verb* (*AmE*) durch die Provinz tingeln ◊ *He'll barnstorm (through) the southern states in an attempt to woo voters.* Er wird durch die Südstaaten ziehen, um Wählerstimmen zu gewinnen.

barn·storm·ing /ˈbɑːnstɔːmɪŋ; *AmE* ˈbɑːrnstɔːrmɪŋ/ *Adj nur vor Nomen* mitreißend

barn·yard /ˈbɑːnjɑːd; *AmE* ˈbɑːrnjɑːrd/ *Nomen* (Bauern)hof

bar·om·eter /bəˈrɒmɪtə(r); *AmE* -ˈrɑːm-/ *Nomen* Barometer (*auch fig*)

baro·metric /ˌbærəˈmetrɪk/ *Adj* barometrisch ◊ *barometric pressure* Luftdruck

baron /ˈbærən/ *Nomen* **1** Freiherr, Baron ☛ *In Großbritannien haben* **Barons** *den Titel* **Lord**. **2** Magnat ◊ *drug barons* Drogenbosse ◊ *a media baron* ein Medienzar

bar·on·ess /ˈbærənəs; *AmE* ˌbærəˈnes/ *Nomen* **1** Freifrau, Baronin **2** Freifrau ☛ *In Großbritannien haben* **baronesses** *den Titel* **Lady** *oder* **Baroness**: *Baroness Thatcher.*

bar·onet /ˈbærənət/ *Nomen* (*Abk* **Bart**) (*BrE*) Baronet ☛ **Baronet** *ist der niedrigste Rang des erblichen Adels in Großbritannien.*

bar·on·et·cy /ˈbærənətsi/ *Nomen* (*Pl* **-ies**) = Rang eines „baronet"

bar·on·ial /bəˈrəʊniəl; AmE -ˈroʊ-/ Adj Barons-, freiherrlich

bar·ony /ˈbærəni/ Nomen (Pl **-ies**) Baronie

bar·oque¹ /bəˈrɒk; AmE bəˈroʊk/ Adj barock, Barock-

bar·oque² /bəˈrɒk; AmE bəˈroʊk/ Nomen Barock

bar·rack¹ /ˈbærək/ Verb **1** (BrE) auspfeifen, ausbuhen **2** (AusE) (lautstark) anfeuern

bar·rack² /ˈbærək/ Adj Kasernen-

bar·rack·ing /ˈbærəkɪŋ/ Nomen (BrE) [U] Buhrufe ◊ give sb a barracking jdn auspfeifen

bar·racks /ˈbærəks/ Nomen (Pl **bar·racks**) Kaserne (auch fig) ☞ G 1.3b

bar·ra·cu·da /ˌbærəˈkjuːdə; AmE -ˈkuːdə/ Nomen Barrakuda

bar·rage /ˈbærɑːʒ; AmE bəˈrɑːʒ/ Nomen **1** (MIL) Sperrfeuer **2** [Sing] (von Anklagen, Beschwerden etc.) Hagel ◊ He faced a barrage of criticisms. Er geriet ins Kreuzfeuer der Kritik. **3** /AmE ˈbɑːrɪdʒ/ Wehr, Staudamm

bar·rel¹ /ˈbærəl/ Nomen **1** Fass, Tonne **2** (Hohlmaß für Erdöl) Barrel **3** (Gewehr-) Lauf; (Geschütz-) Rohr IDM **a barrel of ˈlaughs** ◊ Life hasn't exactly been a barrel of laughs lately. In der letzten Zeit haben wir nichts zu lachen gehabt. **(get/have sb) over a barrel** (umgs) ◊ Since we need them to lend us money, they've got us over a barrel. Da wir sie brauchen, um uns Geld zu leihen, haben sie uns in der Zange. ☞ Siehe auch LOCK¹ und SCRAPE¹

bar·rel² /ˈbærəl/ Verb (**-l-**) (AmE, umgs) sausen, preschen

ˈbarrel organ Nomen Drehorgel, Leierkasten

bar·ren /ˈbærən/ Adj **1** unfruchtbar ◊ a barren landscape eine öde Landschaft **2** unproduktiv

bar·ren·ness /ˈbærənnəs/ Nomen Unfruchtbarkeit, Unproduktivität

bar·rette /bæˈret/ Nomen (AmE) Haarspange

bar·ri·cade¹ /ˌbærɪˈkeɪd/ Nomen Barrikade

bar·ri·cade² /ˌbærɪˈkeɪd/ Verb verbarrikadieren PHRV **barricade yourself/sb in/inside (sth)** sich/jdn (in etw) verbarrikadieren

bar·rier /ˈbæriə(r)/ Nomen **1** Barriere, Schranke (auch fig), Absperrung, Sperre ◊ the language barrier die Sprachbarriere ◊ the removal of trade barriers der Abbau von Handelsschranken ◊ The car crashed into the safety barrier. Der Wagen prallte gegen die Leitplanke. ☞ Siehe auch CRASH BARRIER **2** Grenze (auch fig) **3** ~ (**against sth**) Schutz (gegen etw) ◊ Ozone is the earth's barrier against ultra-violet radiation. Die Ozonschicht ist die Schutzhülle der Erde gegen ultraviolette Strahlung. **4** ~ (**to sth**) Hindernis (für etw)

ˌbarrier ˈreef Nomen Barrier Riff

bar·ring /ˈbɑːrɪŋ/ Präp abgesehen von, ausgenommen ◊ Barring accidents, we should arrive on time. Falls nichts dazwischenkommt, müssten wir rechtzeitig ankommen.

bar·ris·ter /ˈbærɪstə(r)/ Nomen Rechtsanwalt, -anwältin ☞ Hinweis bei ANWALT

bar·row /ˈbærəʊ; AmE -roʊ/ Nomen **1** (BrE) (Obst-, Gemüse- etc.) Karren **2** = WHEELBARROW 3 Hügelgrab

Bart /bɑːt; AmE bɑːrt/ Abk = BARONET

bar·tend·er /ˈbɑːtendə(r); AmE ˈbɑːrt-/ Nomen (bes AmE) Barkeeper

bar·ter¹ /ˈbɑːtə(r); AmE ˈbɑːrt-/ Verb **1** ~ **sth (for sth)** etw (gegen etw) (ein)tauschen **2** ~ (**with sb**) (**for sth**) (mit jdm) (um etw) handeln

bar·ter² /ˈbɑːtə(r); AmE ˈbɑːrt-/ Nomen Tauschhandel

bas·alt /ˈbæsɔːlt; AmE bəˈsɔːlt/ Nomen Basalt

base¹ /beɪs/ Nomen **1** [meist Sing] Sockel, Fuß ◊ the base of the spine das Steißbein **2** Ausgangspunkt **3** Basis, Grundlage ◊ These policies have a broad base of support. Diese Politik wird auf breiter Basis unterstützt. ◊ We need to build up our customer base. Wir müssen unseren Kundenkreis erweitern. ◊ His arguments have a sound economic base. Seine Argumentation ist ökonomisch fundiert. **4** [meist Sing] Hauptbestandteil; (Make-up) Foundation ◊ a drink with a rum base ein Getränk, das hauptsächlich Rum enthält ◊ Some paints have an oil base. Manche Farben sind aus Ölen gemischt. **5** Sitz, Standort **6** (MIL) Stützpunkt, Basis ◊ an air base ein Luftwaffenstützpunkt ◊ a base camp ein Basislager **7** (CHEM) Base, Lauge **8** (MATH) Basis, Grundzahl **9** (in der Geometrie) Basis, Grundlinie, Grundfläche **10** (im Baseball) Mal, Base IDM **be off base** (AmE, umgs) falsch liegen ◊ Your interpretation is way off base. Mit deiner Interpretation liegst du völlig falsch. ☞ Siehe auch FIRST BASE und TOUCH¹

base² /beɪs/ Verb stationieren ◊ They decided to base the new company in York. Als Standort für die neue Firma wählten sie York. ◊ We're going to base ourselves in Tokyo and make trips from there. Wir werden in Tokio wohnen und Ausflüge von dort machen. PHRV **ˈbase sth on/upon sth** etw auf etw gründen ☞ Siehe auch BASED

base³ /beɪs/ Adj (Adv **base·ly**) (gehoben) gemein, niederträchtig

base·ball /ˈbeɪsbɔːl/ Nomen Baseball

ˈbaseball cap Nomen Baseballmütze

base·board /ˈbeɪsbɔːd; AmE -bɔːrd/ Nomen (AmE) Fußleiste

based /beɪst/ Adj **1 be ~ on sth** auf etw basieren ◊ The movie is based on a real-life incident. Der Film basiert auf einer wahren Geschichte. ◊ The prosecution case was based on the evidence of two witnesses. Die Anklage stützte sich auf Aussagen von zwei Zeugen. **2** (auch in Zusammensetzungen) ◊ We're based in Chicago. Wir wohnen in Chicago. ◊ a Chicago-based company eine Firma mit Sitz in Chicago **3 -based** (in zusammengesetzten Adjektiven) ◊ lead-based paints bleihaltige Farben ◊ a class-based society eine Klassengesellschaft ☞ Siehe auch BROAD-BASED

base·less /ˈbeɪsləs/ Adj unbegründet; (Verdächtigungen, Gerüchte etc.) bar jeder Grundlage, aus der Luft gegriffen

base·line /ˈbeɪslaɪn/ Nomen [meist Sing] **1** (SPORT) Grundlinie **2** (Fachspr) Basis, Ausgangspunkt

base·ment /ˈbeɪsmənt/ Nomen Kellergeschoss, Souterrain; (in Kaufhaus) Untergeschoss ◊ a basement car park eine Tiefgarage

ˌbase ˈmetal Nomen unedles Metall

ˈbase rate Nomen (FINANZ) Leitzins, Diskontsatz

bases 1 Form von BASIS **2** Form von BASE¹,²

bash¹ /bæʃ/ Verb (umgs) **1** schlagen ◊ He bashed her over the head with a hammer. Er schlug ihr mit einem Hammer auf den Kopf. **2 ~ into sb/sth** gegen jdn/etw prallen ◊ I braked too late and bashed into the car in front. Ich bremste zu spät und fuhr auf das Auto vor mir auf. **3 ~ sth against sth** mit etw an/gegen etw prallen **4** (kritisieren) attackieren, anfeinden ◊ Bashing politicians is normal practice in the press. Die Politiker niederzumachen ist eine Lieblingsbeschäftigung der Presse. ☞ Siehe auch BASHING PHRV **ˌbash aˈway (on/at sth)** (BrE) (an etw) hart arbeiten ◊ He sat bashing away at his essay all day. Er arbeitete den ganzen Tag an seinem Aufsatz. **ˌbash sth ˈdown/ˈin** etw einschlagen **ˌbash ˈon (with sth)** (BrE) (mit etw) weitermachen ◊ We'd better bash on. Machen wir weiter. **ˌbash sth ˈout** etw runterhauen ◊ She bashed out about four books a year. Sie haute etwa vier Bücher pro Jahr runter. **ˌbash sb ˈup** (BrE, umgs) jdn zusammenschlagen, jdn verprügeln

bash² /bæʃ/ Nomen (umgs) **1** Schlag ◊ He gave Mike a bash on the nose. Er gab Mike eins auf die Nase. **2** Party, Feier IDM **have a bash (at sth)** (BrE, umgs) (etw) versuchen

bash·ful /ˈbæʃfl/ Adj (Adv **bash·ful·ly** /-fəli/) schüchtern, verlegen, verschämt

bash·ful·ness /ˈbæʃflnəs/ Nomen Schüchternheit, Verlegenheit

bash·ing /ˈbæʃɪŋ/ Nomen (oft in Zusammensetzungen) **1** (Pressejargon) Heruntermachen ◊ union-bashing scharfe Kritik an der Gewerkschaften **2** Überfälle ◊ gay bashing Überfälle auf Schwule ◊ give sb a bashing jdn verprügeln

BASIC /ˈbeɪsɪk/ Nomen (Programmiersprache) Basic

basic /ˈbeɪsɪk/ Adj **1** Grund-, Haupt-, grundlegend, grundsätzlich, wesentlich ◊ The basic idea is simple. Der Grundgedanke ist einfach. ◊ Drums are basic to African music. Trommeln sind ein Wesenszug der afrikanischen Musik. ◊ the basic rate of tax die niedrigste Steuerklasse **2** Grund-, einfach, elementar ◊ basic computer skills Grundkenntnisse in EDV ◊ The system in its most basic form costs €200. In der einfachsten Ausführung kostet das System €200. ◊ The campsite provided only basic facilities. Der Campingplatz war nur mit dem Nötigsten ausgestattet. **3** nur vor Nomen fundamental, Grund-, elementar ◊ a basic human right ein elementares Recht des Menschen

ba·sic·ally /ˈbeɪsɪkli/ Adv **1** im Prinzip, im Grunde,

| u actual | aɪ my | aʊ now | eɪ say | əʊ (BrE) go | oʊ (AmE) go | ɔɪ boy | ɪə near | eə hair | ʊə pure |

basics

grundsätzlich **2** (*zur Verstärkung*) ◊ *He basically just sits there and does nothing all day.* Er sitzt nur da und macht den ganzen Tag nichts. ◊ *And that's it, basically.* Das wär's im Wesentlichen.

basics /ˈbeɪsɪks/ *Nomen* [Pl] **1** Grundkenntnisse, Grundlagen **2** das Wesentliche ◊ *Some schools lack money for basics like books and pencils.* In einigen Schulen fehlt es an Geld für wesentliche Dinge wie Bücher und Bleistifte. **IDM** **go/get back to ˈbasics** sich auf das Wesentliche besinnen

basil /ˈbæzl/ *Nomen* Basilikum

ba·sil·ica /bəˈzɪlɪkə/ *Nomen* Basilika

basi·lisk /ˈbæzɪlɪsk/ *Nomen* Basilisk

basin /ˈbeɪsn/ *Nomen* **1** (*bes BrE*) = WASHBASIN **2** Schüssel **3** (GEOL) Becken, (Tal)kessel **4** Hafen(becken)

basis /ˈbeɪsɪs/ *Nomen* (*Pl* **bases** /ˈbeɪsiːz/) **1** [Sing] Grund ◊ *She was chosen on the basis of her qualifications.* Man gab ihr die Stelle aufgrund ihrer Qualifikationen. ◊ *Some videos have been banned on the basis that they contain too much violence.* Manche Videos wurden verboten, weil sie zu viel Gewaltszenen enthalten. **2** [Sing] Basis ◊ *on a daily basis* jeden Tag ◊ *He was employed on a permanent basis.* Er war fest angestellt. **3** Grundlage ◊ *This theory seems to have no/little basis in fact.* Diese Theorie scheint sich nicht auf Fakten zu stützen.

bask /bɑːsk; *AmE* bæsk/ *Verb* sich sonnen, sich aalen (*auch fig*) ◊ *He basked in his wife's reflected glory.* Er sonnte sich im Ruhm seiner Frau.

bas·ket /ˈbɑːskɪt; *AmE* ˈbæs-/ *Nomen* (*auch im Basketball*) Korb ◊ *a clothes basket* ein Wäschekorb ◊ *make/shoot a basket* einen Korb schießen/erzielen ◊ *a basket of currencies* ein Währungskorb **IDM** ⇨ EGG[1]

bas·ket·ball /ˈbɑːskɪtbɔːl; *AmE* ˈbæs-/ *Nomen* Basketball

ˈbasket case *Nomen* (*umgs*) **1** Spinner(in) ◊ *He's a complete basket case.* Er spinnt total. **2** ◊ *a corporate basket case* eine vom Bankrott bedrohte Firma

bas mitzvah /ˌbæs ˈmɪtsvə/ *Nomen* Bat Mizwa

basque /bɑːsk, bæsk/ *Nomen* Bustier

bass[1] /beɪs/ *Nomen* **1** Bass **2** Bassstimme **3** Bassist **4** (*auch* **ˈbass guiˈtar**) Bassgitarre ◊ *a bass player* ein Bassist **5** = DOUBLE BASS

bass[2] /beɪs/ *Adj* Bass-

bas·sinet /ˌbæsɪˈnet/ *Nomen* Babykorb

bass·ist /ˈbeɪsɪst/ *Nomen* Bassist(in)

bas·soon /bəˈsuːn/ *Nomen* Fagott ◊ *He plays the bassoon.* Er spielt Fagott.

bas·tard /ˈbɑːstəd, ˈbæs-; *AmE* ˈbæstərd/ *Nomen* **1** (*vulg, Slang*) Mistkerl, Arschloch **2** (*BrE, Slang*) (*Mensch, Mann*) Schwein ◊ *You poor bastard!* Du armes Schwein! **3** (*BrE, umgs*) Scheißding ◊ *It's a bastard of a problem.* Es ist ein verdammt schwieriges Problem. **4** (*veraltet, abwert*) uneheliches Kind

bas·tard·ize (*BrE auch* **-ise**) /ˈbɑːstədaɪz, ˈbæs-; *AmE* ˈbæstərd-/ *Verb* verhunzen, verfälschen

baste /beɪst/ *Verb* **1** = mit Fett/Bratensaft begießen **2** (*Stoff*) heften

bas·tion /ˈbæstiən/ *Nomen* Bastion, Bollwerk (*auch fig*)

bat[1] /bæt/ *Nomen* **1** (SPORT) Schläger **2** Fledermaus ☛ *Siehe auch* VAMPIRE BAT **IDM** **like a bat out of ˈhell** (*umgs*) wie verrückt **off your own ˈbat** (*BrE, umgs*) auf eigene Faust (**right**) **off the ˈbat** (*bes AmE, umgs*) sofort; auf Anhieb ☛ *Siehe auch* BLIND[1]

bat[2] /bæt/ *Verb* (**-tt-**) (*beim Kricket, Baseball*) schlagen, am Schlagen sein **IDM** **ˌbat your ˈeyes/ˈeyelashes** mit den Wimpern klimpern **bat a ˈthousand** (*AmE, umgs*) erfolgreich sein; obenauf schwimmen **go to ˈbat for sb** (*AmE, umgs*) sich für jdn einsetzen **not bat an ˈeyelid** (*AmE* **not bat an ˈeye**) (*umgs*) nicht mit der Wimper zucken **PHRV** **ˌbat sth aˈround** (*umgs*) etw bekakeln

batch /bætʃ/ *Nomen* **1** Gruppe, Schwung, Trupp **2** (*Brote etc.*) Schub; (*Waren*) Sendung, Ladung; (*Briefe, Bücher etc.*) Stapel, Stoß **3** (COMP) Stapel, Batch

bated /ˈbeɪtɪd/ *Adj* **IDM** **with bated ˈbreath** (*gehoben*) mit angehaltenem Atem

bath[1] /bɑːθ; *AmE* bæθ/ *Nomen* (*Pl* **baths** /bɑːðz; *AmE* bæðz/) **1** (*BrE*) Badewanne **2** (*BrE*) Badewasser ◊ *run a bath* das Badewasser einlassen **3** Bad ◊ *have a bath* baden ◊ (*bes AmE*) *take a bath* baden ◊ *an acid bath* ein Säurebad

4 baths [Pl] (*BrE, veraltet*) Badeanstalt **IDM** **take a ˈbath** (*AmE*) (FINANZ) baden gehen

bath[2] /bɑːθ; *AmE* bæθ/ *Verb* (*BrE*) baden ◊ *bath the baby* das Baby baden

bathe[1] /beɪð/ *Verb* (*veraltet*) baden ◊ *We often go bathing in the river.* Wir baden oft im Fluss.

bathe[2] /beɪð/ *Nomen* [Sing] (*BrE, gehoben*) Bad (*im Meer etc.*) ◊ *go for a bathe* baden gehen

bathed /beɪðd/ *Adj* **1** (*gehoben*) ◊ *bathed in light* von Licht überflutet **2** ◊ *bathed in sweat* schweißgebadet ◊ *bathed in tears* tränenüberströmt

bather /ˈbeɪðə(r)/ *Nomen* **1** (*BrE*) Badende(r) **2 bathers** [Pl] (*AusE*) Badehose ☛ *Hinweis bei* BRILLE

bath·ing /ˈbeɪðɪŋ/ *Nomen* (*BrE*) Baden, Bade- ◊ *bathing beaches* Badestrände

ˈbathing cap *Nomen* (*bes AmE*) Badekappe

ˈbathing costume *Nomen* (*BrE, veraltet*) Badeanzug

ˈbathing suit *Nomen* (*AmE, veraltet oder BrE*) Badeanzug

ˈbath mat *Nomen* Badematte

bathos /ˈbeɪθɒs; *AmE* -θɑːs/ *Nomen* (LIT) = (gewollter) Umschlag ins Lächerliche

bath·robe /ˈbɑːθrəʊb; *AmE* ˈbæθroʊb/ (*auch* **robe**) *Nomen* **1** Bademantel **2** (*AmE*) Morgenmantel

bath·room /ˈbɑːθruːm, -rʊm; *AmE* ˈbæθ-/ *Nomen* **1** Badezimmer **2** (*AmE*) Toilette ◊ *go to the bathroom* auf die Toilette gehen ☛ *Hinweis bei* TOILETTE

bath·tub /ˈbɑːθtʌb; *AmE* bæθ-/ *Nomen* (*bes AmE*) Badewanne

bath·water /ˈbɑːθwɔːtə(r); *AmE* bæθwɔːtər, -wɑːt-/ *Nomen* Badewasser **IDM** ⇨ BABY[1]

batik /bəˈtiːk/ *Nomen* Batik

bat mitzvah /ˌbæt ˈmɪtsvə/ *Nomen* Bat Mizwa

baton /ˈbætɒn, -tɒ̃; *AmE* bəˈtɑːn/ *Nomen* **1** (*bes BrE*) Schlagstock ◊ *a baton charge* ein Schlagstockeinsatz **2** Taktstock **3** (Staffel)stab ◊ (*fig*) *The President handed over the baton to his successor.* Der Präsident gab das Ruder an seinen Nachfolger ab.

bats·man /ˈbætsmən/ *Nomen* (*Pl* **-men** /-mən/) (*beim Kricket*) Schlagmann

bat·tal·ion /bəˈtæliən/ *Nomen* **1** (*BrE*) Bataillon **2** (*fig*) Heer

bat·ten[1] /ˈbætn/ *Nomen* Latte, Leiste

bat·ten[2] /ˈbætn/ *Verb* **IDM** **ˌbatten down the ˈhatches** (die Luken) dichtmachen **PHRV** **ˌbatten sth ˈdown** etw verrammeln, etw festzurren **ˌbatten on ˈsb** (*BrE, abwert, gehoben*) jdn ausnutzen

bat·ter[1] /ˈbætə(r)/ *Verb* ~ **sb/sth** auf jdn/etw einschlagen ◊ *She battered at the door with her fists.* Sie hämmerte mit den Fäusten gegen die Tür. ◊ *He had been badly battered about the head.* Er hatte schwere Schläge am Kopf abbekommen. ◊ *batter sb to death* jdn zu Tode prügeln **PHRV** **ˌbatter sth ˈdown** etw einschlagen

bat·ter[2] /ˈbætə(r)/ *Nomen* **1** Bierteig, Eierkuchenteig **2** (*AmE*) Kuchenteig **3** (*AmE*) (*Baseball*) Schlagmann, Schlagfrau

bat·tered /ˈbætəd; *AmE* -tərd/ *Adj* **1** mitgenommen, ramponiert **2** übel zugerichtet, beschädigt; (*Frau, Kind*) geprügelt, misshandelt

bat·ter·ing /ˈbætərɪŋ/ *Nomen* [U/Sing] Schläge, Prügel; (*durch Bomben, Sturm*) schwere Beschädigung ◊ *take a battering* etw einstecken müssen

ˈbattering ram *Nomen* Rammbock

bat·tery /ˈbætri, -təri/ *Nomen* (*Pl* **-ies**) **1** Batterie **2 a ~ of sth** eine Reihe von etw **3** (*BrE*) Legebatterie ◊ *battery farming* Batteriehaltung **4** (RECHT) tätlicher Angriff **IDM** ⇨ RECHARGE

bat·tle[1] /ˈbætl/ *Nomen* **1** Schlacht ◊ *a gun battle* eine Schießerei **2** ~ (**with sb**) (**for sth**) Kampf (mit jdm) (um etw) ◊ *a legal battle for compensation* ein Rechtsstreit um Entschädigung ◊ *a battle for survival* ein Kampf ums Überleben ◊ *a battle of wills* eine Kraftprobe ◊ *a battle of wits* ein intellektueller Schlagabtausch **IDM** **do ˈbattle** (**with sb**) (**over sth**) sich (mit jdm um etw) streiten **half the ˈbattle** die halbe Miete ☛ *Siehe auch* JOIN[1] *und* LOSE

bat·tle[2] /ˈbætl/ *Verb* ringen, kämpfen ◊ *They are battling*

bear

for control. Sie ringen um die Herrschaft. ◊ *battle against sth* gegen etw ankämpfen
battle-axe (*AmE* **battle-ax**) /ˈbætlæks/ *Nomen* **1** (*umgs, abwert*) (*Frau*) Drachen **2** Streitaxt
ˈ**battle cry** *Nomen* Schlachtruf (*auch fig*)
battle-field /ˈbætlfiːld/ (*auch* **battle-ground** /ˈbætlɡraʊnd/) *Nomen* Schlachtfeld (*auch fig*)
battle-ments /ˈbætlmənts/ *Nomen* [Pl] Zinnen
ˈ**battle-scarred** *Adj* vom Krieg gezeichnet
battle-ship /ˈbætlʃɪp/ *Nomen* **1** Schlachtschiff **2** **battle-ships** (*Spiel*) Schiffeversenken
batty /ˈbæti/ *Adj* (*bes BrE, umgs*) spinnert, versponnen
bau-ble /ˈbɔːbl/ *Nomen* **1** Flitterkram **2** (*BrE*) Christbaumkugel
baulk (*AmE meist* **balk**) /bɔːk/ *Verb* **1** ~ (**at sth**) sich (vor etw) sträuben **2** ~ (**at sth**) (*Pferd*) (vor etw) scheuen **3** ~ **sb of sth** jdn um etw bringen
baux-ite /ˈbɔːksaɪt/ *Nomen* Bauxit
bawdy /ˈbɔːdi/ *Adj* (**bawd-ier, bawd-iest**) (*veraltet*) derb
bawl /bɔːl/ *Verb* ~ (**sth**) (**out**) (etw) brüllen; ~ **at sb** jdn anbrüllen; ~ **sth at sb** jdm etw zubrüllen PHR V ˌ**bawl sb** ˈ**out** (*bes AmE, umgs*) jdn zusammenstauchen
bay[1] /beɪ/ *Nomen* **1** Bucht, Golf **2** Abstellfläche ◊ *a parking bay* eine Parkbucht ◊ *the loading bay* die Ladezone **3** Erker **4** (*Pferd*) Braune(r) **5** Gebell IDM **be at** ˈ**bay** (*Hirsch etc.*) gestellt sein **hold/keep sb/sth at** ˈ**bay** jdn/etw abhalten
bay[2] /beɪ/ *Verb* **1** heulen, jaulen ◊ *a baying mob* eine johlende Menge **2** ~ (**for sth**) (nach etw) schreien
bay[3] /beɪ/ *Adj* (*Pferd*) braun
ˈ**bay leaf** *Nomen* (*Pl* **leaves**) Lorbeerblatt
bay-onet[1] /ˈbeɪənət/ *Nomen* Bajonett
bay-onet[2] /ˈbeɪənət, ˌbeɪəˈnet/ *Verb* mit dem Bajonett verwunden/erstechen
bayou /ˈbaɪuː/ *Nomen* = kleiner, langsam fließender Fluss im Sumpfland im Süden der USA
ˈ**bay tree** *Nomen* Lorbeerbaum
ˌ**bay** ˈ**window** *Nomen* Erkerfenster
ba-zaar /bəˈzɑː(r)/ *Nomen* **1** Basar **2** Wohltätigkeitsbasar
ba-zooka /bəˈzuːkə/ *Nomen* Bazooka
BBC /ˌbiː biː ˈsiː/ *Kurzform von* **British Broadcasting Corporation** BBC
BBQ *Abk* = BARBECUE
BC (*AmE* **B.C.**) /ˌbiː ˈsiː/ *Kurzform von* **before Christ** vor Christus ◊ *in* (*the year*) *2000 BC* (im Jahr) 2000 v. Chr.
BCE (*AmE* **B.C.E.**) /ˌbiː siː ˈiː/ *Kurzform von* **before the Common Era** vor unserer Zeitrechnung
be[1] /biː; *betont* biː/ *Verb* **1** sein ◊ *A rose is a flower.* Eine Rose ist eine Blume. ◊ *I've never been to Spain.* Ich bin noch nie in Spanien gewesen. ◊ *She's from Italy.* Sie kommt aus Italien. **2** stattfinden ◊ *The concert is in the school hall.* Das Konzert findet in der Aula statt. **3** (*gesundheitlich*) ‚*How are you?' 'I'm fine.'* „Wie geht es Ihnen?" „Mir geht es gut." **4 there is/are** es gibt ◊ *There are no easy answers.* Es gibt keine einfachen Lösungen. ◊ *There was nobody there.* Es war niemand da. **5** werden ◊ *I always wanted to be a painter.* Ich wollte immer Maler werden. **6** kosten ◊ *How much is that shirt?* Wie viel kostet das Hemd? IDM ˌ**... as/that** ˈ**was** ◊ *Jill Davies that was* die damalige Jill Davies ◊ *the Soviet Union, as was* die damalige Sowjetunion **the** ˌ**be-all and** ˈ**end-all** (*umgs*) das Ein und Alles ◊ *Golf is the be all and end-all of her existence.* Golf is t ihr Ein und Alles. (**he, she, etc. has**) **been and** ˈ**done sth** ◊ *Someone's been and parked in front of the entrance!* Da hat doch jemand direkt vorm Eingang geparkt! **be that as it** ˈ**may** (*gehoben*) wie dem auch sei SYN NEVERTHELESS **be** ˈ**your**ˌ**self** sich ganz natürlich geben ◊ *Don't act sophisticated — just be yourself.* Tu nicht so fein — benimm dich ganz natürlich. **if it wasn't/weren't for ...** ◊ *If it weren't for you, I wouldn't be alive today.* Ohne dich wäre ich heute nicht am Leben. ˌ**leave/let sb/sth** ˈ**be** jdn/etw in Ruhe lassen **-to-be** zukünftig ◊ *his bride-to-be* seine zukünftige Frau ◊ *mothers-to-be* werdende Mütter
be[2] /biː; *betont* biː/ *Hilfsvb* **1** (*in Verbindung mit dem present participle, um die Verlaufsform von Verben zu bilden*) ◊ *I am studying Chinese.* Ich lerne Chinesisch. ◊ *I'm reading*

be

present tense	past tense
I **am** (**I'm**)	I **was**
you **are** (**you're**)	you **were**
he/she/it **is** (**he's**/**she's**/**it's**)	he/she/it **was**
we **are** (**we're**)	we **were**
you **are** (**you're**)	you **were**
they **are** (**they're**)	they **were**
past participle	**been**
present participle	**being**
negative short forms	**aren't, isn't, wasn't, weren't**

it at the moment. Ich lese es gerade. ◊ *What have you been doing today?* Was hast du heute gemacht? ◊ *I'm always being criticized.* Ich werde immer kritisiert. **2** (*in Verbindung mit dem past participle, um das Passiv zu bilden*) werden ◊ *The roof was damaged.* Das Dach wurde beschädigt. ◊ *Where are they made?* Wo werden sie hergestellt? ◊ *The house is being built.* Das Haus ist im Bau. **3** ~ **to do sth** etw tun sollen ◊ *I am to phone them when I get there.* Ich soll sie anrufen, wenn ich angekommen bin. ◊ *They are to be married in June.* Sie werden im Juni heiraten. ◊ *He was to regret it for the rest of his life.* Er sollte es sein Leben lang bereuen. **4** (*gehoben*) (*in Konditionalsätzen, um eine Bedingung auszudrücken*) ◊ *If it were to rain/were it to rain, we would have to cancel the match tomorrow.* Sollte es regnen, müssten wir das Spiel morgen absagen.
beach[1] /biːtʃ/ *Nomen* Strand ◊ *on the beach* am Strand
beach[2] /biːtʃ/ *Verb* an Land ziehen ◊ *a beached whale* ein gestrandeter Wal
bea-con /ˈbiːkən/ *Nomen* **1** Leuchtfeuer; ◊ (*fig*) *a beacon of hope* ein Hoffnungsträger **2** Leuchtbake **3** Funkfeuer
bead /biːd/ *Nomen* **1** Perle ◊ *beads of blood* Bluttropfen **2 beads** [Pl] Perlenkette
bead-ed /ˈbiːdɪd/ *Adj* **1** perlenbesetzt **2** ~ **with sweat** schweißbedeckt
beady /ˈbiːdi/ *Adj* (*BrE*) **1** ◊ *beady eyes* Knopfaugen **2** ◊ *keep a beady eye on sth* ein wachsames Auge auf etw haben
bea-gle /ˈbiːɡl/ *Nomen* Beagle
beak /biːk/ *Nomen* Schnabel SYN BILL[1]
bea-ker /ˈbiːkə(r)/ *Nomen* **1** Becher **2** (*im Labor*) Becherglas
beam[1] /biːm/ *Nomen* **1** Strahl **2** (*Auto*) **with headlights on full beam** mit eingeschaltetem Fernlicht **3** Balken; (*Stahl*) Träger **4 the beam** (*bes BrE*) (Schwebe)balken **5** (*Lächeln*) Strahlen
beam[2] /biːm/ *Verb* **1** strahlen ◊ *beam with pleasure* vor Freude strahlen ◊ *The sun's rays beamed down on us.* Die Sonne strahlte auf uns herab. **2** ~ **at sb** jdn anstrahlen **3** ~ **sth at sb** jdm etw zuwerfen ◊ *He beamed a warm smile at her.* Er warf ihr ein strahlendes Lächeln zu. **4** (*Radio, Fernsehen*) ausstrahlen
bean /biːn/ *Nomen* Bohne IDM **full of** ˈ**beans** voller Energie **not have a** ˈ**bean** kein Geld haben ☞ *Siehe auch* HILL *und* SPILL[1]
bean-pole /ˈbiːnpəʊl; *AmE* -poʊl/ *Nomen* Bohnenstange
ˈ**bean sprouts** *Nomen* [Pl] Sojakeimlinge
bear[1] /beə(r); *AmE* ber/ *Verb* (**bore** /bɔː(r)/, **borne** /bɔːn; *AmE* bɔːrn/) **1** tragen; (*Ähnlichkeit, Bezug*) aufweisen ◊ *The ice is too thin to bear your weight.* Das Eis ist zu dünn, um dich zu tragen. ◊ *bear arms* Waffen tragen ◊ *bear fruit* Früchte tragen **2** ertragen, aushalten ◊ *How can you bear to eat that stuff?* Wie kannst du nur so was essen? **3** (*gehoben*) gebären **4 not** ~ **sth** einer Sache nicht standhalten ◊ *Modern paintings don't bear comparison with the old masters.* Moderne Gemälde halten dem Vergleich mit alten Meistern nicht stand. ◊ *The joke doesn't bear repeating.* Den Witz kann man nicht weitererzählen. ◊ *It doesn't bear thinking about.* Man darf gar nicht daran denken. **5** ~ **sth** (**against/towards sb**); ~ **sb sth** etw gegen jdn hegen **6** (*gehoben*) überbringen **7** ~ (**to the**) **left, north, etc.** sich nach links, Norden etc. halten **8** ~ **yourself well, etc.** sich gut, etc. halten IDM **bear** ˈ**hard,** ˈ**heavily, se**ˈ**verely, etc. on sb** (*gehoben*) hart, schwer auf jdm lasten **bear in** ˈ**mind** (**that**) **...** daran denken, dass ...; nicht vergessen, dass ... **bring sth to** ˈ**bear** (**on sb/sth**) (*gehoben*)

| s see | t tea | v van | w wet | z zoo | ʃ shoe | ʒ vision | tʃ chain | dʒ jam | θ thin | ð this | ŋ sing |

bear

etw (auf jdn/etw) ausüben; etw (auf jdn/etw) aufbieten ☞ *Siehe auch* BRUNT, GRIN, MIND¹, PRESSURE *und* WITNESS¹ PHRV ˌbear ˈdown on sb/sth **1** (*bes BrE*) auf jdn/etw zukommen **2** (*bes AmE*) auf jdn/etw drücken ˈbear on sth etw betreffen SYN AFFECT ˌbear sb/sth ˈout jdn/etw bestätigen ◊ *The witnesses will bear me out.* Die Zeugen werden mir zustimmen. ˌbear ˈup (against/under sth) etw mit Fassung tragen ◊ *Bear up!* Kopf hoch! ˈbear with sb/sth mit jdm/etw Geduld haben

bear² /beə(r); *AmE* ber/ *Nomen* Bär

bearˑable /ˈbeərəbl; *AmE* ˈber-/ *Adj* erträglich OPP UNBEARABLE

beard¹ /bɪəd; *AmE* bɪrd/ *Nomen* Bart ◊ *three day's growth of beard* ein Dreitagebart

beard² /bɪəd; *AmE* bɪrd/ *Verb* IDM **beard the lion in his** ˈden sich in die Höhle des Löwen wagen

beardˑed /ˈbɪədɪd; *AmE* ˈbɪrdɪd/ *Adj* bärtig

bearˑer /ˈbeərə(r); *AmE* ˈber-/ *Nomen* **1** Träger(in) **2** Überbringer(in) **3** (*gehoben*) Inhaber(in)

bearˑing /ˈbeərɪŋ; *AmE* ˈber-/ *Nomen* **1** ~ **on sth** Auswirkung auf etw, Bezug zu etw ◊ *It had no bearing on the decision.* Es hatte keinen Einfluss auf die Entscheidung. **2** [Sing] Haltung **3** (*Fachspr*) *take compass* ˈbearings on sth etw anpeilen **4** (TECH) (Rad)lager IDM **get/find/take your** ˈbearings sich zurechtfinden ☞ *Siehe auch* LOSE

beast /biːst/ *Nomen* **1** (*veraltet oder gehoben*) Tier ◊ *mythical beasts* Fabelwesen **2** Bestie **3** (*umgs, oft hum*) ◊ *The exam was a real beast.* Die Prüfung war fies. ◊ *You beast!* Du bist gemein!

beastˑly /ˈbiːstli/ *Adj* (*BrE, veraltet, umgs*) hässlich, gemein

ˌbeast of ˈburden *Nomen* Lasttier

beat¹ /biːt/ *Verb* (**beat, beaten** /ˈbiːtn/) **1** schlagen ◊ *beat sb to death* jdn totschlagen ◊ *Hailstones beat against the window.* Hagelkörner prasselten ans Fenster. ◊ *He beats me at chess.* Er schlägt mich im Schach. ◊ *The bird was beating its wings.* Der Vogel schlug mit den Flügeln. ◊ *beat the carpet* den Teppich klopfen **2** ~ **sth** etw in den Griff bekommen **3** ~ **sb** jdm ein Rätsel sein **4** übertreffen **5** ~ **sth** etw umgehen ◊ *try to beat the system* versuchen, das System zu umgehen **6** verrühren; (*Eier etc.*) schlagen ◊ *beat the milk and eggs together* Milch und Eier verrühren **7** (TECH) hämmern ◊ *beaten silver* gehämmertes Silber **8** ~ **sth (through/to sth)** etw (durch/zu etw) bahnen ◊ *a well-beaten track* ein Trampelpfad IDM **beat about the** ˈbush (*AmE* ˌbeat around the ˈbush) um den heißen Brei herumreden **beat sb at their own** ˈgame jdn mit seinen eigenen Waffen schlagen **beat sb's** ˈbrains out jdm den Schädel einschlagen **beat your** ˈbrains out (*bes AmE, umgs*) sich den Kopf zerbrechen **beat the** ˈclock rechtzeitig fertig sein **beat the** ˈdrum (for sb/sth) die Trommel (für jdn/etw) rühren ˈbeat it (*Slang*) abhauen ◊ *Beat it!* Hau ab! **beat a path to sb's** ˈdoor jdm die Tür einrennen **beat a (hasty)** reˈtreat sich aus dem Staub machen **beat** ˈtime (**to sth**) den Takt (zu etw) schlagen **Can you beat** ˈthat/ˈit! Ist denn das zu fassen! **If you can't beat them,** ˈjoin them. Wenn man seine Gegner nicht schlagen kann, sollte man sich anschließen. ˌoff the ˌbeaten ˈtrack abgelegen ◊ *holidays off the beaten track* Urlaub fernab der Touristenströme **a rod/stick to** ˈbeat sb with eine Waffe gegen jdn haben **take some** ˈbeating nicht leicht zu überbieten sein ☞ *Siehe auch* BLACK¹, DAYLIGHTS *und* HELL PHRV ˌbeat sth ˈdown **1** etw einschlagen **2** etw niederdrücken ˌbeat ˈdown (on sth/sb) (auf jdn/etw) herunterbrennen ˌbeat sb/sth ˈdown (to sth) jdn/etw (auf etw) herunterhandeln ˌbeat sb/sth ˈoff jdn/etw zurückschlagen ˌbeat sth ˈout **1** (*Melodie*) trommeln **2** (*Feuer*) ausschlagen **3** (*Delle*) aushämmern ˌbeat sb ˈout of sth (*AmE, Slang*) jdn um etw betrügen ˈbeat sb to sth jdm vor mir auf den Berg. ◊ *I was at the top of the hill. Sie war vor mir auf dem Berg.* ˌbeat sb ˈto it jdm zuvorkommen ◊ *I wanted the last biscuit but he beat me to it.* Ich wollte den letzten Keks haben, aber er war schneller. ˌbeat sb ˈup jdn zusammenschlagen ˌbeat ˈup on sb (*AmE*) jdn verprügeln ˌbeat ˈyourself ˈup sich Vorwürfe machen

beat² /biːt/ *Nomen* **1** (*Trommel-, Herz-*) Schlag, Schlagen ◊ *His heart missed a beat when he saw her.* Ihm stockte das Herz, als er sie sah. ☞ *Siehe auch* HEARTBEAT **2** (MUS) (Takt)schlag, Rhythmus, Beat ◊ *This music has a strong beat.* Diese Musik hat einen harten Beat. ◊ *four beats to the bar* vier Schläge pro Takt **3** (*eines Polizisten*) Runde, Streife ◊ *police officers on the beat* Polizisten auf Streife

beat³ /biːt/ (*umgs*) = DEAD BEAT

ˌbeatenˈup *Adj* = BEAT-UP

beatˑer /ˈbiːtə(r)/ *Nomen* **1** (*oft in Zusammensetzungen*) (*Rühr-*) Besen; (*Teppich-*) Klopfer ◊ *an egg beater* ein Schneebesen **2** (*Jagd*) Treiber(in) **3** (*AmE, umgs*) Klapperkiste

beˑatˑiˑfiˑcaˑtion /biˌætɪfɪˈkeɪʃn/ *Nomen* Seligsprechung

beˑatˑify /biˈætɪfaɪ/ *Verb* (**-fies, -fyˑing, -fied, -fied**) selig sprechen

beatˑing /ˈbiːtɪŋ/ *Nomen* **1** [U] Schläge, Prügel ◊ *give sb a beating* jdm eine Tracht Prügel verpassen **2** (*umgs*) Niederlage ◊ *The team has taken a few beatings this season.* Die Mannschaft hat in dieser Saison einige Schlappen einstecken müssen. **3** Schlag(en) ◊ *He could hear the beating of his own heart.* Er konnte sein Herz schlagen hören. IDM **take some** ˈbeating (*BrE*) nicht leicht zu übertreffen sein

beatˑnik /ˈbiːtnɪk/ *Nomen* Beatnik

ˌbeatˈup (*auch* ˌbeatenˈup) *Adj* (*umgs*) ramponiert, zerbeult

beau /bəʊ; *AmE* boʊ/ *Nomen* (*Pl* **beaux** *oder* **beaus** /bəʊz; *AmE* boʊz/) (*veraltet*) Galan, Liebhaber

beaut¹ /bjuːt/ *Nomen* (*AmE, AusE, umgs*) Prachtexemplar; (*Person*) Schönheit

beaut² /bjuːt/ *Adj, Ausruf* (*AusE, umgs*) klasse

beauˑtiˑcian /bjuːˈtɪʃn/ *Nomen* Kosmetiker(in)

beauˑtiˑful /ˈbjuːtɪfl/ *Adj* (*Adv* **beauˑtiˑfulˑly** /-fli/) **1** (*wunder*)schön ◊ *a beautiful baby* ein süßes Baby **2** herrlich, wunderbar ◊ *What beautiful timing!* Was für ein perfektes Timing! ◊ *It's all working out beautifully.* Es läuft alles prima.

beauˑtiˑfy /ˈbjuːtɪfaɪ/ *Verb* (**-fies, -fyˑing, -fied, -fied**) verschönern

beauˑty /ˈbjuːti/ *Nomen* (*Pl* **-ies**) **1** Schönheit ◊ *She had been a beauty in her day.* Sie war einmal eine Schönheit. ◊ *beauty treatment* kosmetische Behandlungen **2** Prachtstück, Prachtexemplar **3** **the ~ of sth** das Schöne/Schönste an etw ◊ *One of the beauties of living here is that it's so peaceful.* Das Schöne am Leben hier ist, dass es so ruhig ist. IDM **beauty is in the eye of the** beˈholder Schönheit ist Geschmackssache **beauty is only skin-**ˈdeep man kann nicht nach dem Äußeren urteilen

ˈbeauty contest *Nomen* (*BrE*) Schönheitswettbewerb

ˈbeauty mark *Nomen* (*AmE*) Schönheitsfleck

ˈbeauty parlour (*auch* ˈbeauty salon, *AmE auch* ˈbeauty shop) *Nomen* Kosmetiksalon, Schönheitssalon

ˈbeauty queen *Nomen* Schönheitskönigin

ˈbeauty spot *Nomen* **1** (*BrE*) schönes Fleckchen Erde **2** Schönheitsfleck

beaux *Form von* BEAU

beaˑver¹ /ˈbiːvə(r)/ *Nomen* **1** Biber ☞ *Siehe auch* EAGER BEAVER **2** Biberpelz

beaˑver² /ˈbiːvə(r)/ *Verb* PHRV ˌbeaver aˈway (at sth) (*umgs*) (an etw) schuften, (an etw) eifrig arbeiten

bebop /ˈbiːbɒp; *AmE* -bɑːp/ (*auch* **bop**) *Nomen* Bebop

beˑcalmed /bɪˈkɑːmd/ *Adj* in einer Flaute

beˑcame *Form von* BECOME

beˑcause /bɪˈkɒz, -ˈkəz; *AmE* -ˈkɔːz, -ˈkʌz/ **1** *Konj* weil **2** ~ **of** *Präp* wegen ◊ *They are here because of you.* Sie sind deinetwegen hier. ◊ *Because of his wife('s) being there, I said nothing about it.* Weil seine Frau da war, sagte ich nichts.

beck /bek/ *Nomen* (*BrE, Dialekt*) Bach SYN STREAM IDM **be at sb's** ˌbeck and ˈcall jdm voll und ganz zur Verfügung stehen ◊ *She is constantly at the beck and call of her invalid father.* Sie steht ständig auf Abruf für ihren kranken Vater bereit. ◊ *Don't expect to have me at your beck and call.* Erwarte nicht, dass ich nach deiner Pfeife tanze.

beckˑon /ˈbekən/ *Verb* **1** ~ **to sb (to do sth)** jdm ein Zeichen geben (etw zu tun), jdm winken (etw zu tun) ◊ *He beckoned her over.* Er winkte sie zu sich herüber. **2** locken, winken **3** warten

beˑcome /bɪˈkʌm/ *Verb* (**beˑcame** /bɪˈkeɪm/, **beˑcome**)

1 werden ◊ *It's becoming a problem.* Es wird langsam zum Problem. ◊ *He wants to become a footballer.* Er will Fußballer werden. ◊ **become interested in sth** anfangen, sich für etw zu interessieren ◊ *I became involved in politics in 1995.* 1995 fing ich an, mich politisch zu engagieren. **2** *(nicht in der Verlaufsform)* *(gehoben)* ~ **sb** jdm (gut) stehen *(auch fig)* SYN SUIT IDM **what became of sb/sth?** was wurde aus jdm/etw? **what has become of sb/sth?** was ist aus jdm/etw geworden? **what will become of sb/sth?** was wird aus jdm/etw werden?

be·com·ing /bɪˈkʌmɪŋ/ *Adj* *(gehoben)* **1** *(Frisur, Kleidung etc.)* vorteilhaft, kleidsam **2** angemessen, geziemend

becquerel /ˈbekərel/ *Nomen* (PHYSIK) Becquerel

BEd *(bes AmE* **B.Ed.***)* /ˌbiːˈed/ *Kurzform von* **Bachelor of Education** = Hochschulabschluss in Erziehungswissenschaften, der zum Unterrichten an Grund- und Hauptschulen berechtigt ☞ *Hinweis bei* DEGREE

bed[1] /bed/ *Nomen* **1** Bett ◊ *I'm going to bed.* Ich geh ins Bett. ◊ *I'll just put the kids to bed.* Ich bringe bloß die Kinder ins Bett. ◊ *He has been confined to bed with flu.* Er liegt mit Grippe im Bett. ◊ **get into bed** sich ins Bett legen ◊ **in bed** im Bett ◊ **get out of bed** aufstehen ◊ *It's time for bed.* Es ist Zeit zum Schlafengehen ◊ *He likes to have a cup of tea before bed.* Er trinkt gern eine Tasse Tee, bevor er schlafen geht. ◊ *Could you give me a bed for the night?* Kann ich bei dir übernachten? ☞ *Siehe auch* AIR BED, CAMP BED *und* TWIN BED **2** *(Meeres-)* Boden, Grund; *(Fluss-)* Bett ◊ *oyster beds* Austernbänke **3** Beet **4** Unterlage; *(für die Bahn etc.)* Unterbau; *(für Maschinen)* Bett **5** (GEOL) Schicht IDM **(not) a bed of 'roses** (k)ein reines Vergnügen ◊ *Their life together hasn't been a bed of roses.* Ihr Zusammenleben ist nicht ohne Schwierigkeiten gewesen. **get out of bed on the wrong side** *(AmE* **get up on the wrong side of the bed***)* mit dem linken Fuß zuerst aufstehen **go to bed with sb** *(umgs)* mit jdm ins Bett gehen **take to your 'bed** sich krank ins Bett legen **you've made your bed and you must 'lie on it** wie man sich bettet, so liegt man ☞ *Siehe auch* DIE[1] *und* WET[2]

bed[2] /bed/ *Verb* (**-dd-**) **1** ~ **sth (in sth)** etw (in etw) einbetten **2** *(veraltet)* ~ **sb** mit jdm ins Bett gehen PHRV **bed ˈdown** sein Lager aufschlagen, schlafen

ˌbed and ˈboard *Nomen (BrE)* Unterkunft und Verpflegung

ˌbed and ˈbreakfast *(Abk* **B and B***) Nomen* **1** *(BrE)* Zimmer mit Frühstück ◊ *Do you do bed and breakfast?* Haben Sie Fremdenzimmer? **2** Frühstückspension

bed·bug /ˈbedbʌg/ *Nomen* Wanze

bed·cham·ber /ˈbedtʃeɪmbə(r)/ *Nomen (veraltet)* Schlafgemach

bed·clothes /ˈbedkləʊðz; *AmE* -kloʊðz/ *Nomen* [Pl] Bettzeug

bed·cover /ˈbedkʌvə(r)/ *Nomen (BrE)* **1** Bettdecke **2** **bed·covers** [Pl] Bettzeug

bed·ding /ˈbedɪŋ/ *Nomen* **1** Bettzeug **2** *(für Tiere)* Streu

ˈbedding plant *Nomen* Setzling

be·deck /bɪˈdek/ *Verb (meist passiv) (gehoben)* ~ **sb/sth (with sth)** jdn/etw (mit etw) schmücken

be·devil /bɪˈdevl/ *Verb* (**-ll-**, *AmE* **-l-**) *(gehoben)* plagen

bed·fel·low /ˈbedfeləʊ; *AmE* -foʊ/ *Nomen* Bettgenosse, Bettgenossin ◊ *(fig) Rugby and art may seem strange bedfellows.* Rugby und Kunst sind auf den ersten Blick eine merkwürdige Kombination.

bed·head /ˈbedhed/ *Nomen* Kopfteil (des Bettes)

bed·lam /ˈbedləm/ *Nomen* Chaos ◊ *It was bedlam at our house on the morning of the wedding.* Am Morgen der Hochzeit ging es bei uns wie im Irrenhaus zu.

bed·linen /ˈbedlɪnɪn/ *Nomen* [U] Bettwäsche

Bed·ouin /ˈbeduɪn/ *Nomen* (*Pl* **Bed·ouin**) Beduine, Beduinin

bed·pan /ˈbedpæn/ *Nomen* Bettschüssel, Bettpfanne

bed·post /ˈbedpəʊst; *AmE* -poʊst/ *Nomen* Bettpfosten

be·drag·gled /bɪˈdrægld/ *Adj* triefnass, verschmutzt

bed·rid·den /ˈbedrɪdn/ *Adj* bettlägerig

bed·rock /ˈbedrɒk; *AmE* -rɑːk/ *Nomen* **1** [Sing] Basis, Grundlage **2** (GEOL) Grundgestein

bed·room /ˈbedruːm, -rʊm/ *Nomen* Schlafzimmer ◊ *the spare bedroom* das Gästezimmer

ˈbedroom community *(auch* **ˈbedroom suburb***) Nomen (AmE)* Schlafstadt

-bedroomed /ˈbedruːmd, -rʊmd/ mit … Schlafzimmern ◊ *a three-bedroomed house* ein Haus mit drei Schlafzimmern

bed·side /ˈbedsaɪd/ *Nomen* ◊ *a bedside lamp* eine Nachttischlampe ◊ *His mother has been at his bedside throughout his illness.* Seine Mutter ist während seiner Krankheit nicht von seinem Bett gewichen.

ˌbedside ˈmanner *Nomen (eines Arztes)* Art, mit Kranken umzugehen

ˌbedside ˈtable *Nomen (bes BrE)* Nachttisch

bed·sit /ˈbedsɪt/ *(auch* **bed·sit·ter**, *gehoben* **ˌbedˈsitting room***) Nomen (BrE)* möbliertes Zimmer

bed·sore /ˈbedsɔː(r)/ *Nomen* wund gelegene Stelle

bed·spread /ˈbedspred/ *(AmE auch* **spread***) Nomen* Tagesdecke

bed·stead /ˈbedsted/ *Nomen* Bettgestell

bed·time /ˈbedtaɪm/ *Nomen* Schlafenszeit ◊ *It's way past your bedtime.* Du müsstest schon längst im Bett sein. ◊ *a bedtime story* eine Gutenachtgeschichte

ˈbed-wetting *Nomen* Bettnässen

bee /biː/ *Nomen* **1** Biene **2** *(AmE)* Kränzchen ◊ *a sewing bee* ein Nähkränzchen ◊ *a spelling bee* ein Rechtschreibewettbewerb IDM **the ˌbee's ˈknees** *(umgs)* die/der Größte **have a ˈbee in your bonnet (about sth)** *(umgs)* (von etw) besessen sein ☞ *Siehe auch* BIRD *und* BUSY[1]

beech /biːtʃ/ *Nomen* Buche

beef[1] /biːf/ *Nomen* **1** Rindfleisch ◊ *roast/minced beef* Rinderbraten/Rinderhackfleisch ◊ *beef and dairy cattle* Mastrinder und Milchkühe **2** *(umgs)* Meckerei ◊ *What's his latest beef?* Was meckert er jetzt wieder?

beef[2] /biːf/ *Verb* ~ **(about sb/sth)** *(umgs)* (über jdn/etw) meckern PHRV **ˌbeef sth ˈup** etw aufmöbeln, etw ankurbeln, etw stärken ☞ GPVI

beef·bur·ger /ˈbiːfbɜːgə(r); *AmE* -bɜːrg-/ *Nomen (BrE)* Beefburger, Hamburger

ˈbeef·cake /ˈbiːfkeɪk/ *Nomen (Slang)* Muskelprotz

beefy /ˈbiːfi/ *Adj* (**beef·ier beefi·est**) *(umgs)* fleischig, muskulös

bee·hive /ˈbiːhaɪv/ *Nomen* **1** Bienenstock, Bienenkorb **2** toupierte Hochfrisur

bee·line /ˈbiːlaɪn/ *Nomen* IDM **make a ˈbeeline for sb/sth** *(umgs)* sich auf jdn/etw stürzen ◊ *We made a beeline for the exit.* Wir gingen schnurstracks auf den Ausgang zu.

been /biːn; bɪn; *AmE* bɪn/ *Form von* BE ☞ *Hinweis bei* GO[1]

beep[1] /biːp/ *Nomen* Piepton ◊ *The taxi gave a beep.* Das Taxi hupte.

beep[2] /biːp/ *Verb* **1** piepen **2** hupen ◊ *He beeped his horn at the cyclist.* Er hupte den Radfahrer an. **3** *(AmE)* anpiepsen

beep·er /ˈbiːpə(r)/ *Nomen (bes AmE)* Piepser

beer /bɪə(r); *AmE* bɪr/ *Nomen* Bier

ˈbeer belly *(auch* **ˈbeer gut***) Nomen (umgs)* Bierbauch

ˈbeer mat *Nomen (BrE)* Bierdeckel

beery /ˈbɪəri; *AmE* ˈbɪri/ *Adj* **1** nach Bier riechend ◊ *his stale beery breath* seine Bierfahne **2** bierselig

bees·wax /ˈbiːzwæks/ *Nomen* Bienenwachs

beet /biːt/ *Nomen* **1** *(BrE)* Rübe **2** *(AmE)* Rote Bete

bee·tle[1] /ˈbiːtl/ *Nomen* Käfer

bee·tle[2] /ˈbiːtl/ *Verb (umgs)* pesen ◊ *beetle around* herumlaufen ◊ *He beetled off to go shopping.* Er schwirrte ab und ging Einkaufen.

beet·root /ˈbiːtruːt/ *Nomen* Rote Bete

be·fall /bɪˈfɔːl/ *Verb* (**be·fell** /bɪˈfel/, **be·fallen** /bɪˈfɔːlən/) *(nur in der 3. Person) (gehoben)* geschehen, widerfahren

befit /bɪˈfɪt/ *Verb* (**-tt-**) *(nur in der 3. Person) (gehoben)* ~ **sb** sich für jdn gehören; ~ **sth** etw angemessen sein

be·fore[1] /bɪˈfɔː(r)/ *Präp* vor ◊ *the day before yesterday* vorgestern ◊ *the year before last* vorletztes Jahr ◊ *Something ought to have been done before now.* Man hätte vorher schon etwas machen sollen. ◊ *We'll know before long.* Wir werden es bald wissen. ◊ *She puts her work before everything.* Ihre Arbeit geht ihr über alles andere. ◊ *He was brought before the judge.* Er wurde dem Richter vorgeführt.

be·fore[2] /bɪˈfɔː(r)/ *Konj* **1** bevor ◊ *Do it before you forget.*

Mach's, bevor du es vergisst. ◇ *Put that away before it gets broken.* Tu das weg, sonst geht es noch kaputt. **2** bis ◇ *It may be years before the situation improves.* Es könnte noch Jahre dauern, bis sich die Lage bessert. **3** (*gehoben*) ◇ *I'd die before I apologized to them!* Eher würde ich sterben als mich bei ihnen entschuldigen.

be·fore³ /bɪˈfɔː(r)/ *Adv* davor, vorher ◇ *You should have told me so before.* Du hättest es mir vorher sagen sollen. ◇ *I think we've met before.* Ich glaube, wir kennen uns schon.

be·fore·hand /bɪˈfɔːhænd; *AmE* -ˈfɔːrh-/ *Adv* vorher, im Voraus ◇ *two weeks beforehand* zwei Wochen vorher

be·friend /bɪˈfrend/ *Verb* ~ **sb** sich mit jdm anfreunden

be·fud·dled /bɪˈfʌdld/ *Adj* durcheinander, benebelt

beg /beɡ/ *Verb* (**-gg-**) **1** ~ (**sb**) (**for sth**); ~ (**sth**) (**of/from sb**) (jdn) (um etw) bitten ◇ *She begged permission to leave.* Sie bat darum, gehen zu dürfen. ◇ *Can I beg a favour of you?* Kann ich Sie um einen Gefallen bitten? ◇ (*gehoben*) *Don't leave me here, I beg of you!* Lass mich nicht hier, ich flehe dich an! **2** ~ (**for sth**) (**from sb**) (bei jdm) (um etw) betteln; ~ **sth** (**from sb**) sich (bei jdm) etw erbetteln **3** (*Hund*) Männchen machen [IDM] **beg ˈleave to do sth** um Erlaubnis bitten etw zu tun **be going ˈbegging** (*BrE*, *umgs*) keine Abnehmer finden **beg sb's ˈpardon** (*bes BrE*, *gehoben*) jdn um Verzeihung bitten **beg the ˈquestion 1** die Frage aufwerfen **2** von etw ausgehen **I beg to difˈfer** ich bin (darüber) anderer Meinung **I beg your ˈpardon 1** ich weiß nicht. bitte **2** wie bitte? **3** erlauben Sie mal! [PHRV] **ˌbeg ˈoff** absagen

began *Form von* BEGIN

beget /bɪˈɡet/ *Verb* **1** (**be·get·ting**, **begat** /bɪˈɡæt/, **be·got·ten** /bɪˈɡɒtn/; *AmE* -ˈɡɑːtn/) (*veraltet*) zeugen **2** (**be·get·ting**, **begot**, **begot** /bɪˈɡɒt/; *AmE* -ɡɑː-/) (*veraltet oder gehoben*) erzeugen ◇ *Violence begets violence.* Gewalt erzeugt Gewalt.

be·get·ter /bɪˈɡetə(r)/ *Nomen* Urheber

beg·gar¹ /ˈbeɡə(r)/ *Nomen* **1** Bettler(in) **2** (*BrE*, *umgs*) ◇ *You lazy beggar!* Du Faulpelz! ◇ *Lucky little beggar!* So ein Glückspilz! [IDM] **ˌbeggars can't be ˈchoosers** man kann es sich (eben) nicht immer aussuchen

beg·gar² /ˈbeɡə(r)/ *Verb* (finanziell) ruinieren [IDM] **ˌbeggar beˈlief/deˈscription** nicht zu fassen sein

begin /bɪˈɡɪn/ *Verb* (**be·gin·ning**, **began** /bɪˈɡæn/, **begun** /bɪˈɡʌn/) **1** beginnen (mit), anfangen ◇ *We began work on the project in May.* Wir haben im Mai mit der Arbeit an dem Projekt begonnen. ◇ *When does the concert begin?* Wann fängt das Konzert an? ◇ *I began to feel dizzy.* Mir wurde langsam schwindelig. ◇ *At last the guests began to arrive.* Endlich kamen die ersten Gäste. ◇ *I was beginning to think you'd never come.* Ich dachte schon, du würdest gar nicht kommen. ☛ *Hinweis bei* ANFANGEN **2** gründen ◇ *He began a new magazine.* Er gründete eine neue Zeitschrift. **3** gegründet werden ◇ *The school began in 1920, with only ten pupils.* Die Schule wurde 1920 mit nur zehn Schülern gegründet. **4** *not* ~ *to do sth* etw überhaupt nicht tun ◇ *I can't begin to thank you enough.* Ich weiß nicht, wie ich Ihnen danken soll. [IDM] **to beˈgin with 1** anfangs **2** erstens ☛ *Siehe auch* CHARITY

be·gin·ner /bɪˈɡɪnə(r)/ *Nomen* Anfänger(in) [IDM] **beginner's ˈluck** Anfängerglück

be·gin·ning /bɪˈɡɪnɪŋ/ *Nomen* **1** [Sing] Anfang ◇ *at the beginning of July* Anfang Juli ◇ *Let's start again from the beginning.* Lasst uns wieder von vorn anfangen. ☛ **At the beginning (of)** bezieht sich auf den zeitlichen bzw. räumlichen Anfang: *at the beginning of the chapter*. **In the beginning** bedeutet „zuerst", „anfänglich", und deutet auf einen Gegensatz an später hin: *In the beginning he was very popular.* **2** beginnings [Pl] Ursprung, Anfänge ◇ *She never forgot her humble beginnings.* Sie vergaß nie ihre bescheidene Herkunft.

be·gone /bɪˈɡɒn; *AmE* -ˈɡɔːn, -ˈɡɑːn/ *Ausruf* (*veraltet*) fort!

be·go·nia /bɪˈɡəʊniə; *AmE* -ˈɡoʊ-/ *Nomen* Begonie

begot, be·got·ten *Form von* BEGET

be·grudge /bɪˈɡrʌdʒ/ *Verb* (*oft in verneinten Sätzen*) **1** ~ **sb sth** jdm etw missgönnen **2** ~ **doing sth** etw ungern tun **3** *I begrudge every second I spent with him.* Es tut mir Leid um jede Sekunde, die ich mit ihm verbracht habe.

be·grudg·ing·ly /bɪˈɡrʌdʒɪŋli/ *Adv* (*selten*) widerwillig, unwillig

be·guile /bɪˈɡaɪl/ *Verb* (*gehoben*) **1** verführen; ~ **sb into doing sth** jdn dazu bringen, etw zu tun **2** bezaubern ◇ *He was beguiled by her beauty.* Ihre Schönheit betörte ihn. **3** sich vertreiben ◇ *They sang songs to beguile the long winter evenings.* Sie sangen Lieder, um sich die langen Winterabende zu vertreiben.

be·guil·ing /bɪˈɡaɪlɪŋ/ *Adj* (*Adv* **be·guil·ing·ly**) verführerisch, betörend

begum /ˈbeɪɡəm/ *Nomen* = Anrede für muslimische Frauen

begun *Form von* BEGIN

be·half /bɪˈhɑːf; *AmE* bɪˈhæf/ *Nomen* [IDM] **in beˈhalf of sb; in sb's beˈhalf** (*AmE*) zugunsten von jdm; für jdn **on beˈhalf of sb; on sb's beˈhalf 1** im Namen von jdm; für jdn **2** meinetwegen/seinetwegen etc. **3** für jdn ◇ *They campaigned on behalf of asylum seekers.* Sie setzten sich für Asylsuchende ein.

be·have /bɪˈheɪv/ *Verb* **1** sich verhalten ◇ *They behaved very badly towards their guests.* Sie haben ihre Gäste sehr schlecht behandelt. ◇ *He behaved as if/though nothing had happened.* Er tat so, als ob nichts vorgefallen sei. [SYN] ACT ☛ Im gesprochenen Englisch, vor allem im amerikanischen Englisch, sagt man oft **behave like** statt **behave as if oder as though**. Im geschriebenen britischen Englisch gilt das als falsch. **2** ~ (**yourself**) sich (gut) benehmen [OPP] MISBEHAVE **3** **-behaved** (*in Adjektiven*) ◇ *well-/badly-behaved children* artige/unartige Kinder

be·hav·iour (*AmE* **be·hav·ior**) /bɪˈheɪvjə(r)/ *Nomen* **1** Verhalten ◇ (*Fachspr*) *learned behaviours and attitudes* anerzogene Verhaltensweisen und Einstellungen **2** Benehmen [IDM] **be on your best beˈhaviour** sich von seiner besten Seite zeigen; sich so gut wie möglich benehmen

be·hav·iour·al (*AmE* **be·hav·ior·al**) /bɪˈheɪvjərəl/ *Adj* Verhaltens- ◇ *behavioural science* Verhaltensforschung

be·hav·iour·ism (*AmE* **be·hav·ior·ism**) /bɪˈheɪvjərɪzəm/ *Nomen* Behaviorismus

be·hav·iour·ist (*AmE* **be·hav·ior·ist**) /bɪˈheɪvjərɪst/ *Nomen* Behaviorist(in)

be·head /bɪˈhed/ *Verb* enthaupten, köpfen

be·held *Form von* BEHOLD

be·hest /bɪˈhest/ *Nomen* [Sing] [IDM] **at sb's beˈhest** (*veraltet oder gehoben*) auf jds Geheiß

be·hind¹ /bɪˈhaɪnd/ *Präp* **1** hinter ◇ *She glanced behind her.* Sie blickte sich um. **2** **be** ~ **sb/sth** hinter jdm/etw zurückliegen ◇ *We're behind schedule.* Wir sind im Verzug. **3** **be** ~ **sb/sth** hinter jdm/etw stehen **4** **be** ~ **sth** hinter etw stecken, für etw verantwortlich sein

be·hind² /bɪˈhaɪnd/ *Adv* ☛ Für Verben mit **behind** siehe die Einträge für die Verben. **Leave behind** z.B. steht unter **leave**.

1 hinten, dahinter ◇ *He was shot from behind.* Er wurde von hinten angeschossen. ◇ *She cycled off down the road with the dog running behind.* Sie radelte die Straße entlang und der Hund rannte hinterher. ◇ *The others are a long way behind.* Die anderen sind sehr weit zurück. **2** ~ (**with/in sth**) (mit etw) im Rückstand

be·hind³ /bɪˈhaɪnd/ *Nomen* (*umgs*) Hintern, Po [SYN] BACKSIDE

be·hold /bɪˈhəʊld; *AmE* bɪˈhoʊld/ *Verb* (**be·held**, **be·held** /bɪˈheld/) (*veraltet oder gehoben*) erblicken, sehen ◇ *The children's faces were a joy to behold.* Es war eine Freude die Gesichter der Kinder zu sehen. [IDM] ⇨ LO

be·holden /bɪˈhəʊldən; *AmE* -ˈhoʊld-/ *Adj* **be** ~ **to sb** (**for sth**) (*gehoben*) jdm (wegen einer Sache) verpflichtet sein

be·hold·er /bɪˈhəʊldə(r); *AmE* -ˈhoʊld-/ *Nomen* [IDM] ⇨ BEAUTY

be·hove /bɪˈhəʊv; *AmE* bɪˈhoʊv/ (*AmE* **be·hoove** /bɪˈhuːv/) *Verb* **it behoves sb to do sth** es ist richtig, dass jd etw tut ◇ *It behoves us to study these findings carefully.* Wir müssen diese Ergebnisse sorgfältig untersuchen.

beige /beɪʒ/ *Adj* beige

being /ˈbiːɪŋ/ *Nomen* **1** Dasein, Existenz ◇ *The Irish Free State came into being in 1922.* Der Irische Freistaat entstand 1922. ◇ *A new era was brought into being by the fall of Communism.* Ein neues Zeitalter brach durch den Niedergang des Kommunismus an. **2** (Lebe)wesen ◇ *human beings* Menschen **3** (*gehoben*) ◇ *I hated him with my whole being.* Ich hasste ihn aus meinem tiefsten Inneren heraus. ☛ *Siehe auch* BE¹

be·jew·elled (*AmE* **be·jew·eled**) /bɪˈdʒuːəld/ *Adj* juwelengeschmückt

be·lat·ed /bɪˈleɪtɪd/ *Adj* (*Adv* **be·lat·ed·ly**) verspätet

be·lay /ˈbiːleɪ, bɪˈleɪ/ *Verb* (*Fachspr*) (mit einem Seil) sichern

belch¹ /beltʃ/ *Verb* **1** rülpsen **2** ~ (**out/forth**) (**sth**) (etw) (aus)speien

belch² /beltʃ/ *Nomen* Rülpser

be·lea·guered /bɪˈliːɡəd; *AmE* -ɡərd/ *Adj* **1** (*gehoben*) heftig kritisiert **2** belagert

bel·fry /ˈbelfri/ *Nomen* (*Pl* **-ies**) Glockenturm

belie /bɪˈlaɪ/ *Verb* (**-lies**, **-ly·ing**, **-lied**, **-lied**) **1** hinwegtäuschen über **2** widerlegen, Lügen strafen

be·lief /bɪˈliːf/ *Nomen* **1** Glaube **2** [*Sing*] Überzeugung ◊ *There is a general belief that things will get better.* Man glaubt allgemein, dass die Lage sich bald bessern wird. **IDM** **beyond beˈlief** unglaublich ☛ *Siehe auch* BEGGAR² *und* BEST³

be·liev·able /bɪˈliːvəbl/ *Adj* glaubhaft **SYN** PLAUSIBLE

be·lieve /bɪˈliːv/ *Verb* (*nicht in der Verlaufsform*) **1** glauben ◊ *I don't believe you!* Das glaube ich dir nicht! ◊ *'Does he still work there?' 'I believe so/not.'* „Arbeitet er noch immer hier?" „Ich glaube schon/nicht." ◊ *Don't believe a word of it!* Davon stimmt kein Wort! **2** vermuten ◊ *Three sailors are missing, believed drowned.* Drei Seeleute sind vermisst, vermutlich ertrunken. ◊ *Police believe (that) the man may be armed.* Die Polizei geht davon aus, dass der Mann bewaffnet ist. **3** ~ (**that** …) der Überzeugung sein, dass … ☛ *Hinweis bei* THINK¹ (2) **4 don't/canˈt** ~ **sth** etw nicht fassen können ◊ *I can't believe how much better I feel.* Es ist kaum zu glauben, wie viel besser ich mich fühle. ◊ *I don't believe I'm doing this!* Warum mache ich das nur! **IDM** **beˈlieve it or ˈnot** (*umgs*) ob du es glaubst oder nicht **beˈlieve (you) ˈme** (*umgs*) das kannst du mir glauben **donˈt you beˈlieve it!** (*umgs*) wer's glaubt, wird selig! ◊ *'She wouldn't do a thing like that.' 'Don't you believe it!'* „So etwas würde sie nicht tun." „Da wäre ich mir nicht so sicher." **I ˈdon't beˈlieve it!** (*umgs*) das kann ja wohl nicht wahr sein! **if you beˈlieve that, you'll beˈlieve ˈanything** (*umgs*) da lachen ja die Hühner. **make beˈlieve (that …)** so tun (, als ob …) **not beˈlieve your ˈears/ˈeyes** (*umgs*) seinen Ohren/Augen nicht trauen **ˈseeing is beˈlieving** ◊ *If you're still not convinced, seeing is believing.* Wenn Sie immer noch nicht überzeugt sind, schauen Sie es sich doch mit eigenen Augen an! **Would you beˈlieve (it)?** (*umgs*) Stell dir (das) mal vor! **You/You'd better beˈlieve it!** (*umgs*) Das kannst du mir glauben! ☛ *Siehe auch* GIVE¹ **PHRV beˈlieve in sb 1** an jdn glauben **2** jdm vertrauen **beˈlieve in sth** an etw glauben **2** etw für richtig halten, für etw sein **beˈlieve sth of sb** jdm etw zutrauen

be·liev·er /bɪˈliːvə(r)/ *Nomen* Gläubige(r) **IDM** **be a (great/firm) beˈliever in sth** viel von etw halten; (sehr) für etw sein

Be·li·sha bea·con /bəˌliːʃə ˈbiːkən/ *Nomen* = gelbes Blinklicht an einem Zebrastreifen

be·lit·tle /bɪˈlɪtl/ *Verb* herabsetzen, schlecht machen

bell /bel/ *Nomen* **1** Glocke ◊ *as clear as a bell* laut und deutlich **2** Klingel ◊ *Ring the bell to see if they're in.* Klingel mal, um zu sehen, ob sie da sind. ◊ *The bell went for the end of the lesson.* Es klingelte, als die Stunde zu Ende war. **IDM** **give sb a ˈbell** (*BrE*, *umgs*) jdn anrufen ☛ *Siehe auch* ALARM¹, PULL¹, RING² *und* SOUND³

bella·donna /ˌbeləˈdɒnə; *AmE* -ˈdɑːnə/ *Nomen* **1** Tollkirsche **2** Belladonna

ˈbell-bottoms *Nomen* [*Pl*] Schlaghose

ˈbell-boy /ˈbelbɔɪ/ *Nomen* (*bes AmE*) Hotelpage

belle /bel/ *Nomen* (*veraltet*) Schönheit, Schöne ◊ *the belle of the ball* die Ballkönigin

ˈbell-hop /ˈbelhɒp; *AmE* -hɑːp/ *Nomen* (*AmE*) Hotelpage

bel·li·cose /ˈbelɪkəʊs, -kəʊz; *AmE* -koʊs, -koʊz/ *Adj* (*gehoben*) kriegerisch, streitsüchtig **SYN** AGGRESSIVE *und* WARLIKE

bel·li·cos·ity /ˌbelɪˈkɒsəti; *AmE* -ˈkɑːs-/ *Nomen* Kriegslust, Streitsucht

bel·liger·ence /bəˈlɪdʒərəns/ *Nomen* Aggressivität, Streitsucht

bel·liger·ent¹ /bəˈlɪdʒərənt/ *Adj* (*Adv* **bel·liger·ent·ly**) **1** aggressiv, streitlustig **SYN** HOSTILE **2** *nur vor Nomen* (*gehoben*) (*Land*) Krieg führend

bel·liger·ent² /bəˈlɪdʒərənt/ *Nomen* (*gehoben*) Krieg führendes Land

bel·low¹ /ˈbeləʊ; *AmE* -loʊ/ *Verb* brüllen

bel·low² /ˈbeləʊ; *AmE* -loʊ/ *Nomen* Brüllen ◊ *let out a bellow of rage/pain* vor Wut/Schmerzen aufbrüllen

bel·lows /ˈbeləʊz; *AmE* -loʊz/ *Nomen* (*Pl* **bel·lows**) Blasebalg ◊ *a pair of bellows* ein Blasebalg ☛ G 1.3b

ˈbell pepper *Nomen* (*AmE*) Paprika(schote)

ˈbell-push *Nomen* (*BrE*) Klingel

ˈbell-ringer (*auch* **ringer**) *Nomen* = jd, der als Hobby Kirchenglocken läutet

ˈbell-ringing *Nomen* Glockenläuten

ˌbells and ˈwhistles *Nomen* [*Pl*] Extras

bel·ly¹ /ˈbeli/ *Nomen* (*Pl* **-ies**) Bauch

bel·ly² /ˈbeli/ *Verb* (**bel·lies**, **belly·ing**, **bel·lied**, **bel·lied**) ~ (**out**) (*Segel*) sich blähen

ˈbelly·ache¹ /ˈbelieɪk/ *Nomen* (*umgs*) Bauchweh

ˈbelly·ache² /ˈbelieɪk/ *Verb* (*umgs*) meckern, jammern

ˈbelly button *Nomen* (*umgs*) Bauchnabel

ˈbelly dance *Nomen* Bauchtanz

ˈbelly dancer *Nomen* Bauchtänzerin

ˈbelly-flop /ˈbeliflɒp; *AmE* -flɑːp/ *Nomen* (*umgs*) Bauchklatscher

bel·ly·ful /ˈbelifʊl/ *Nomen* **IDM** **have had a ˈbellyful of sb/sth** (*umgs*) die Nase voll von jdm/etw haben

be·long /bɪˈlɒŋ; *AmE* -lɔːŋ/ *Verb* (*nicht in der Verlaufsform*) gehören ◊ *I don't feel as if I belong here.* Ich habe nicht das Gefühl, dass ich hier hingehöre. ◊ *A person like that does not belong in teaching.* So jemand eignet sich nicht zum Lehrer. **PHRV beˈlong to sb** jdm gehören **beˈlong to sth 1** einer Sache angehören, Mitglied in etw sein **2** etw gehören ◊ *The island belongs to Spain.* Die Insel gehört zu Spanien.

be·long·ing /bɪˈlɒŋɪŋ/ *Nomen* Zusammengehörigkeit, Zugehörigkeit ◊ *feel a sense of belonging* das Gefühl haben, dazuzugehören

be·long·ings /bɪˈlɒŋɪŋz; *AmE* -ˈlɔːŋ-/ *Nomen* [*Pl*] Sachen, Besitz ◊ *personal belongings* persönliches Eigentum

be·loved 1 /bɪˈlʌvd; *vor Nomen auch* bɪˈlʌvɪd/ *Adj* geliebt ◊ *a landscape beloved by artists* eine Landschaft, die die Künstler so lieben **2** /bɪˈlʌvɪd/ *Nomen* (*veraltet oder gehoben*) Geliebte(r)

below¹ /bɪˈləʊ; *AmE* bɪˈloʊ/ *Präp* unter, unterhalb ◊ *below average* unter dem Durchschnitt ◊ *Skirts will be worn below the knee.* Die Röcke müssen das Knie bedecken.

below² /bɪˈləʊ; *AmE* bɪˈloʊ/ *Adv* **1** unten ◊ *They live on the floor below.* Sie wohnen ein Stockwerk tiefer. ◊ *The passengers stayed below.* Die Passagiere blieben unter Deck. **2** unter Null ◊ *the ranks of Inspector and below* die Ränge vom Inspektor abwärts

belt¹ /belt/ *Nomen* **1** Gürtel **2** (*zum Transport*) Band; (*bei Motoren, Maschinen*) Riemen **3** Gebiet, Gürtel ◊ *the country's corn belt* das Getreideanbaugebiet des Landes ◊ *Slough is in the commuter belt of London.* Von Slough aus pendeln viele Leute zur Arbeit nach London. ◊ *a belt of rain* eine Regenfront **4** (*umgs*) (*harter*) Schlag ◊ *She gave the ball a terrific belt.* Sie schlug den Ball mit aller Kraft. **IDM** **below the ˈbelt** unter der/die Gürtellinie ◊ *That was distinctly below the belt!* Das war ein klarer Schlag unter die Gürtellinie! **ˌbelt and ˈbraces** doppelt gesichert ◊ *a belt-and-braces policy* eine Politik, die auf Nummer Sicher geht. **have sth under your ˈbelt** etw in der Tasche haben ☛ *Siehe auch* TIGHTEN

belt² /belt/ *Verb* **1** (*umgs*) (*schlagen*) knallen **2** (*bes BrE*, *umgs*) rasen ◊ *A truck came belting up behind us.* Ein Lastwagen kam hinter uns angerast. **3** gürten ◊ *The dress was belted at the waist.* Das Kleid hatte einen Gürtel in der Taille. **PHRV ˌbelt sth ˈout** etw schmettern **ˌbelt ˈup** (*BrE*, *umgs*) **1** sich anschnallen **2** die Klappe halten

ˈbelt·way /ˈbeltweɪ/ *Nomen* (*AmE*) Ringstraße

be·moan /bɪˈməʊn; *AmE* bɪˈmoʊn/ *Verb* (*gehoben*) beklagen

be·mused /bɪˈmjuːzd/ *Adj* (*Adv* **be·mus·ed·ly**) verwirrt, ratlos

bench /bentʃ/ *Nomen* **1** Bank ◊ *the substitutes' bench* die Ersatzbank **2 the bench** [Sing] (RECHT) die Richter(bank) ◊ *She has recently been appointed to the bench.* Sie ist kürzlich zur Richterin bestellt worden. **3** = Sitzreihe im britischen Parlament ◊ *There was cheering from the opposition benches.* Aus den Reihen der Opposition kamen Beifallsrufe. **4** = WORKBENCH

bench·mark /ˈbentʃmɑːk; *AmE* -mɑːrk/ *Nomen* Maßstab

bend[1] /bend/ *Verb* (**bent, bent** /bent/) **1** sich bücken, sich beugen ◊ *She bent forward to pick up the newspaper.* Sie beugte sich vor, um die Zeitung aufzuheben. **2** beugen ◊ *She was bent over her desk.* Sie war über ihren Schreibtisch gebeugt. **3** (ver)biegen ◊ *The knives were bent out of shape.* Die Messer waren ganz verbogen. ◊ *He bent the wire into the shape of a square.* Er bog den Draht zu einem Quadrat. **4** (*Fluss etc.*) eine Biegung machen ◊ *The road bent sharply to the right.* Die Straße machte eine scharfe Rechtskurve. IDM **bend sb's 'ear** (**about sth**) (*umgs*) jdm (über etw) die Ohren voll reden **bend your 'mind/'efforts to sth** (*gehoben*) sich auf etw konzentrieren **bend the 'truth** es mit der Wahrheit nicht so genau nehmen **on bended 'knee(s)** auf den Knien ☛ *Siehe auch* BACKWARDS *und* RULE[1] PHR V **'bend sb to sth** (*gehoben*) jdm etw aufzwingen

bend[2] /bend/ *Nomen* **1** Biegung, Kurve **2 the bends** [Pl] die Taucherkrankheit IDM **drive sb round the bend/twist** (*bes BrE, umgs*) jdn verrückt machen **go round the bend/twist** (*bes BrE, umgs*) verrückt werden

bend·er /ˈbendə(r)/ *Nomen* (*Slang*) ◊ *go on a bender* sich besaufen

bendy /ˈbendi/ *Adj* (*BrE, umgs*) **1** biegsam SYN FLEXIBLE **2** gewunden

be·neath[1] /bɪˈniːθ/ *Präp* (*gehoben*) unter ◊ *The boat sank beneath the waves.* Das Boot versank in den Wellen. ◊ *He considers such jobs beneath him.* Solche Arbeiten findet er unter seiner Würde. ◊ *They thought she had married beneath her.* Sie fanden, sie hatte nicht standesgemäß geheiratet.

be·neath[2] /bɪˈniːθ/ *Adv* darunter

Bene·dic·tine /ˌbenɪˈdɪktɪn/ **1** *Nomen* Benediktiner(in) **2** *Adj* Benediktiner- ◊ *a Benedictine monastery* ein Benediktinerkloster

bene·dic·tion /ˌbenɪˈdɪkʃn/ *Nomen* (*gehoben*) Segen, Segnung

bene·fac·tor /ˈbenɪfæktə(r)/ *Nomen* (*gehoben*) Wohltäter(in), Gönner(in)

bene·fice /ˈbenɪfɪs/ *Nomen* Benefizium

be·nefi·cent /bɪˈnefɪsnt/ *Adj* (*gehoben*) gütig, wohltätig SYN GENEROUS

bene·fi·cial /ˌbenɪˈfɪʃl/ *Adj* nützlich, vorteilhaft, günstig ◊ *A good diet is beneficial to health.* Eine gute Ernährung fördert die Gesundheit.

bene·fi·ciary /ˌbenɪˈfɪʃəri; *AmE* -ˈfɪʃieri/ *Nomen* (*Pl* **-ies**) **1** Nutznießer(in) ◊ *Who will be the main beneficiary of the tax cuts?* Wer wird von der Steuersenkung am meisten profitieren? **2** Erbe, Erbin

bene·fit[1] /ˈbenɪfɪt/ *Nomen* **1** Vorteil, Nutzen ◊ *He couldn't see the benefit of arguing any longer.* Er fand es sinnlos, weiter zu streiten. ◊ *She was finally reaping the benefits of all her hard work.* Endlich erntete sie die Früchte ihrer harten Arbeit. **2** (*BrE*) Beihilfe, Unterstützung ◊ *unemployment benefit* Arbeitslosenunterstützung ◊ *child benefit* Kindergeld ◊ *Siehe auch* HOUSING BENEFIT *und* SICKNESS BENEFIT **3** [meist Pl] = zusätzliche Leistung (des Arbeitgebers) **4** [meist Pl] Versicherungsleistung **5** Benefizveranstaltung IDM **for sb's benefit** für jdn ◊ *Don't go to any trouble for my benefit!* Mach dir meinetwegen keine Mühe! **give sb the ˌbenefit of the ˈdoubt** im Zweifelsfall zu jds Gunsten entscheiden

bene·fit[2] /ˈbenɪfɪt/ *Verb* (**-t-** *oder* **-tt-**) **1** ~ **sb** jdm nützen, jdm zugute kommen **2** ~ (**from/by sth**) (von etw) profitieren ◊ *You might benefit by talking about it.* Es hilft Ihnen vielleicht, wenn Sie darüber sprechen.

be·nevo·lence /bəˈnevələns/ *Nomen* (*gehoben*) Wohlwollen, Güte

be·nevo·lent /bəˈnevələnt/ *Adj* (*Adv* **be·nevo·lent·ly**) **1** (*gehoben*) wohlwollend, gütig **2** Wohltätigkeits-

Ben·gali /beŋˈɡɔːli/ **1** *Nomen* Bengale, Bengalin **2** *Nomen* Bengali **3** *Adj* bengalisch

be·night·ed /bɪˈnaɪtɪd/ *Adj* (*gehoben, veraltet*) rückständig; (*Mensch auch*) unbedarft

be·nign /bɪˈnaɪn/ *Adj* (*gehoben*) **1** (*Adv* **be·nign·ly**) gütig **2** (*Tumor*) gutartig

bent[1] *Form von* BEND

bent[2] /bent/ *Adj* **1** gebogen, verbogen **2** gebeugt ◊ *He was bent double with laughter.* Er krümmte sich vor Lachen. **3** (*BrE, umgs*) korrupt **4** (*abwert*) schwul IDM **be ˈbent on** (**doing**) **sth** auf etw aus sein; etw unbedingt (tun) wollen ☛ *Siehe auch* HELL-BENT

bent[3] /bent/ *Nomen* [meist Sing] Veranlagung; ~ **for sth** Neigung zu etw

ben·zene /ˈbenziːn/ *Nomen* Benzol

be·queath /bɪˈkwiːð/ *Verb* (*gehoben*) **1** vererben **2** ~ **sth to sb**; ~ **sb sth** jdm etw vermachen

be·quest /bɪˈkwest/ *Nomen* (*gehoben*) Vermächtnis, Legat ◊ *He left a bequest to each of his grandchildren.* Er bedachte alle seine Enkel in seinem Testament.

be·rate /bɪˈreɪt/ *Verb* (*gehoben*) (aus)schelten

be·reave /bɪˈriːv/ *Verb* **be bereaved** ◊ *a ceremony for people who have been recently bereaved* eine Feier für alle, die in der letzten Zeit jemanden verloren haben ◊ *He had been bereaved of his wife.* Er hatte seinen Frau verloren.

be·reaved /bɪˈriːvd/ *Adj* (*gehoben*) **1** Leid tragend ◊ *recently bereaved families* Familien, die vor kurzem jemanden verloren haben **2 the bereaved** *Nomen* (*Pl* **the bereaved**) der/die Hinterbliebene

be·reave·ment /bɪˈriːvmənt/ *Nomen* **1** [U] (schmerzlicher) Verlust **2** Trauerfall ◊ *She had suffered three bereavements in quick succession.* Drei ihr nahe stehende Personen waren kurz nacheinander gestorben.

be·reft /bɪˈreft/ *Adj nicht vor Nomen* (*gehoben*) **1** ~ **of sth** einer Sache beraubt ◊ *bereft of ideas* völlig einfallslos **2** verlassen ◊ *He was utterly bereft when his wife died.* Er kam sich völlig verloren vor nach dem Tod seiner Frau.

beret /ˈbereɪ; *AmE* bəˈreɪ/ *Nomen* Baskenmütze

berk /bɜːk; *AmE* bɜːrk/ *Nomen* (*BrE, Slang, abwert*) Schwachkopf

berry /ˈberi/ *Nomen* (*Pl* **-ies**) Beere

ber·serk /bəˈzɜːk, -ˈsɜːk; *AmE* bərˈzɜːrk, -ˈsɜːrk/ *Adj* **go** ~ durchdrehen

berth[1] /bɜːθ; *AmE* bɜːrθ/ *Nomen* **1** Koje, Schlafwagenplatz **2** (*für Schiff*) Liegeplatz IDM ⇨ WIDE[1]

berth[2] /bɜːθ; *AmE* bɜːrθ/ *Verb* **1** anlegen **2 be berthed** liegen

be·seech /bɪˈsiːtʃ/ *Verb* (**be·sought, be·sought** /bɪˈsɔːt/ *oder* **be·seeched, be·seeched**) (*gehoben*) anflehen SYN BEG *und* IMPLORE

be·seech·ing /bɪˈsiːtʃɪŋ/ *Adj* (*Adv* **be·seech·ing·ly**) *nur vor Nomen* (*gehoben*) flehend

beset /bɪˈset/ *Verb* (**be·set·ting, beset, beset**) (*meist passiv*) (*gehoben*) plagen, befallen ◊ *be beset by problems* von Problemen verfolgt sein ◊ *The voyage was beset with dangers.* Die Reise war voller Gefahren.

be·side /bɪˈsaɪd/ *Präp* **1** neben, an **2** verglichen mit, neben IDM **be beˈside yourself** (**with sth**) außer sich sein (vor etw)

be·sides[1] /bɪˈsaɪdz/ *Präp* außer ◊ *Besides working as a doctor, he also writes novels.* Er ist Arzt und nebenbei schreibt er Romane.

be·sides[2] /bɪˈsaɪdz/ *Adv* **1** außerdem **2** (**much**) **more** ~ ◊ *I can very well afford it, and more besides.* Das kann ich mir sehr wohl leisten, und noch viel mehr.

be·siege /bɪˈsiːdʒ/ *Verb* **1** belagern **2** ~ **sb with sth** jdn mit etw überschütten

be·smirch /bɪˈsmɜːtʃ; *AmE* bɪˈsmɜːrtʃ/ *Verb* (*gehoben*) beschmutzen SYN SULLY

be·sot·ted /bɪˈsɒtɪd; *AmE* -ˈsɑːt-/ *Adj* ~ (**by/with sb/sth**) vernarrt (in jdn/etw)

be·sought *Form von* BESEECH

be·spec·tacled /bɪˈspektəkld/ *Adj* (*gehoben*) bebrillt

be·spoke /bɪˈspəʊk; *AmE* bɪˈspoʊk/ *Adj* (*bes BrE, gehoben*)

1 nach Maß, maßgeschneidert **2** Maß- ◊ *a bespoke tailor* ein Maßschneider

best¹ /best/ *Adj* (*Superlativ von* **good**) beste(r,s) ◊ *What's the best way to cook steak?* Wie bereitet man Steak am besten zu? ◊ *The best thing to do would be to apologize.* Das Beste wäre, sich zu entschuldigen. ◊ *He's the best man for the job.* Er ist dafür am besten geeignet. ◊ *They've been best friends since they were children.* Sie sind seit der Kindheit eng befreundet. ☛ Für Redewendungen mit **best** siehe die Einträge für die Nomina, Adjektive etc. **On your best behaviour** z.B. steht unter **behaviour**.

best² /best/ *Adv* (*Superlativ von* **well**) am besten ◊ *Best of all, there are very few tourists.* Am allerbesten ist, dass es kaum Touristen gibt. ◊ *the best-dressed woman* die bestgekleidete Frau ◊ *her best-known poem* ihr bekanntestes Gedicht ◊ *Do as you think best.* Tun Sie, was Sie für richtig halten. ◊ *You know best.* Sie müssen es wissen. IDM **as ˌbest you ˈcan** so gut man kann

best³ /best/ *Nomen* (*meist* **the best**) **1** der/die/das Beste ◊ *They only buy the best.* Sie kaufen nur vom Besten. ◊ *We're the best of friends.* Wir sind sehr gut befreundet. **2** das Beste ◊ *Do your best.* Tu dein Möglichstes/Bestes. ◊ *The town looks its best in the spring.* Im Frühling sieht die Stadt am besten aus. ◊ *I just don't know what to do for the best.* Ich weiß einfach nicht, was ich tun soll. ◊ *I don't really feel at my best today.* Ich bin heute nicht gerade in Topform. ◊ *Fifty euros is the best I can offer you.* Mehr als fünfzig Euro kann ich Ihnen nicht bieten. ◊ *The roses are past their best now.* Die Rosen sind am Verblühen. **3** (SPORT) Bestleistung IDM **all the ˈbest** (*umgs*) alles Gute **at ˈbest** bestenfalls ◊ *We can't arrive before Friday at best.* Wir können frühestens Freitag kommen. **be the ˈbest** nur guten Gewissens sein **(the) best of ˈthree, ˈfive, etc.** *Shall we play best of three?* Spielen wir auf zwei gewonnene Sätze/Spiele? ◊ *Let's toss a coin. Best of three!* Werfen wir die Münze dreimal. **do, etc. sth for the ˈbest** etw in bester Absicht tun ◊ *I meant it for the best.* Ich habe es gut gemeint. **have/get the ˈbest of sth** am besten bei etw wegkommen **make the best of sth/it/things/a bad job** das Beste aus etw machen **to the best of my ˈknowledge/beˈlief** soviel ich weiß; meines Wissens **with the ˈbest (of them)** wie alle andern auch ☛ *Siehe auch* BUNCH¹, HOPE¹, LUCK¹ *und* SUNDAY

best⁴ /best/ *Verb* (*meist passiv*) (*gehoben*) schlagen

ˌbest-ˈbefore date *Nomen* Haltbarkeitsdatum ☛ *Hinweis bei* SELL-BY DATE

bes·tial /ˈbestiəl/ *Adj* (*gehoben*) tierisch, bestialisch

bes·ti·al·ity /ˌbestiˈæləti; *AmE* ˌbestʃiˈ-/ *Nomen* **1** (*Fachspr*) Sodomie **2** (*gehoben*) Bestialität

ˈbest ˈman *Nomen* [Sing] Trauzeuge (des Bräutigams)

be·stow /bɪˈstəʊ; *AmE* bɪˈstoʊ/ *Verb* **~ sth (on/upon sb)** (*gehoben*) (jdm) etw schenken; (*Titel, Macht etc.*) (jdm) etw verleihen; (*Vorteil*) (jdm) etw gewähren

ˌbest-ˈseller *Nomen* Bestseller, Verkaufsschlager

ˌbest-ˈselling *Adj* meistverkauft ◊ *a best-selling novel* ein Bestseller ◊ *a best-selling author* ein Erfolgsautor

bet¹ /bet/ *Verb* (**betting, bet, bet**) wetten ◊ *I bet (that) we're too late.* Wetten, dass es schon zu spät kommen? ◊ *She bet me 20 euros that I wouldn't do it.* Sie wettete mit mir um 20 Euro, dass ich es nicht machen würde. ◊ *He bet $2 000 on the final score of the game.* Er setzte $2 000 auf den Ausgang des Spiels. IDM **I/ˈI'll bet!** (*umgs*) **1** das glaube ich **2** (*ironisch*) das glaubst du doch wohl selbst nicht! **I ˈwouldn't ˈbet on it; ˈdon't ˈbet on it** (*umgs*) darauf würde ich mich nicht verlassen **ˌyou ˈbet!** (*umgs*) und ob **ˌyou can bet your ˈlife/your ˌbottom ˈdollar on sth/that …** (*umgs*) du kannst Gift darauf nehmen, dass …

bet² /bet/ *Nomen* Wette ◊ *I did it for a bet.* Ich habe es wegen einer Wette gemacht. ◊ *He had a bet on the horses.* Er hatte eine Pferdewette abgeschlossen. ◊ *We've got a bet on who's going to arrive first.* Wir haben gewettet, wer zuerst ankommen wird. ◊ *My bet is that they've been held up in traffic.* Ich wette, sie stecken im Stau. IDM **be the/your best bet** (*umgs*) am besten sein **a ˌgood/ˈbet** ein guter Tipp **a ˌsafe ˈbet** ein sicherer Tipp **2** ◊ *It's a safe bet that he won't come.* Man kann mit einiger Sicherheit annehmen, dass er nicht kommt. ☛ *Siehe auch* HEDGE²

beta /ˈbiːtə; *AmE* ˈbeɪtə/ *Nomen* Beta

be·tide /bɪˈtaɪd/ *Verb* IDM ⇨ WOE

be·token /bɪˈtəʊkən; *AmE* -ˈtoʊ-/ *Verb* (*gehoben*) hindeuten auf

be·tray /bɪˈtreɪ/ *Verb* **1 ~ sb/sth (to sb)** jdn/etw (an jdn) verraten **2** (*Vertrauen*) missbrauchen ◊ *feel betrayed* sich betrogen vorkommen **3** (*Prinzipien, Idealen etc.*) untreu werden

be·tray·al /bɪˈtreɪəl/ *Nomen* Verrat ◊ *an act of betrayal* ein Verrat ◊ *a betrayal of trust* ein Vertrauensbruch

be·troth·al /bɪˈtrəʊðl; *AmE* -ˈtroʊ-/ *Nomen* (*gehoben oder veraltet*) **~ (to sb)** Verlobung (mit jdm) SYN ENGAGEMENT

be·trothed /bɪˈtrəʊðd; *AmE* -ˈtroʊ-/ (*gehoben oder veraltet*) **1** *Adj* **~ (to sb)** verlobt (mit jdm) SYN ENGAGED **2** *Nomen* Verlobte(r)

bet·ter¹ /ˈbetə(r)/ *Adj* (*Komparativ von* **good**) besser ◊ *Her English is getting better and better.* Ihr Englisch wird immer besser. ◊ *You'd be better going by bus.* Nimm lieber den Bus. IDM **the ˌbigger, ˌsmaller, ˌfaster, ˌslower, etc. the ˈbetter** je größer, kleiner, schneller, langsamer etc., desto besser **little/no better than** kaum besser als **that's (much) ˈbetter 1** (*zum Trost gesagt*) es wird gleich wieder gut **2** so ist's gut **preˌvention is better than ˈcure** ⇨ PREVENTION ☛ Für andere Redewendungen mit **better** siehe die Einträge für die Nomina etc. **Better luck next time** z.B. steht unter **luck**.

bet·ter² /ˈbetə(r)/ *Adv* (*Komparativ von* **well**) besser ◊ *People are better educated now.* Heutzutage ist der Bildungsstand höher. ◊ *I like him better than her.* Er ist mir sympathischer als sie. ◊ *The money would be better spent on schools.* Das Geld sollte lieber für Schulen ausgegeben werden. ◊ *You'd do better to tell her everything before she finds out.* Du solltest ihr alles sagen, bevor sie es herausfindet. IDM **be better ˈoff 1** besser dran sein **2** mehr Geld haben ◊ *Families will now be better off.* Familien wird es jetzt finanziell besser gehen. **be better off doing sth** etw besser tun ◊ *The weather was so bad that we'd have been better off staying at home.* Das Wetter war so schlecht, wir wären besser zu Hause geblieben. **you had better/best** man sollte lieber ◊ *We'd better leave now or we'll miss the bus.* Wir sollten jetzt gehen, sonst verpassen wir noch den Bus. ◊ *'I'll pay you back tomorrow.' 'You'd better!'* „Ich zahle es morgen zurück." „Das will ich dir auch geraten haben!" ☛ Für andere Redewendungen mit **better** siehe die Einträge für die Nomina, Adjektive etc. **Better the devil you know** z.B. steht unter **devil**.

bet·ter³ /ˈbetə(r)/ *Nomen* **1** Bessere(s) **2 your betters** [Pl] (*veraltet*) Leute, die über einem stehen, Leute, die einem überlegen sind IDM **for ˌbetter or (for) ˈworse** egal, was passiert **get the better of sb/sth** jdn/etw unterkriegen; jdn/etw besiegen ◊ *No one can get the better of her in an argument./She always gets the better of an argument.* In einer Diskussion ist sie immer überlegen. ◊ *His curiosity got the better of him.* Seine Neugier gewann die Oberhand. **so much the ˈbetter/ˈworse (for sb/sth)** umso besser/schlechter (für jdn/etw) ☛ *Siehe auch* CHANGE², ELDER² *und* THINK¹

bet·ter⁴ /ˈbetə(r)/ *Verb* **1** (*oft passiv*) übertreffen **2 ~ yourself** (*gesellschaftlich, beruflich etc.*) sich verbessern, vorwärts kommen

bet·ter·ment /ˈbetəmənt; *AmE* ˈbetərm-/ *Nomen* (*gehoben*) Verbesserung

bet·ting /ˈbetɪŋ/ *Nomen* Wetten ◊ *illegal betting* illegale Wetten IDM **what's the betting …?** (*umgs*) wetten, dass …? ◊ *What's the betting that he gets/will get his way?* Wetten, dass er wieder seinen Willen bekommt? **the betting is that …** (*umgs*) es sieht so aus, als ob …

ˈbetting shop *Nomen* (*BrE*) Wettannahme, Wettbüro

be·tween¹ /bɪˈtwiːn/ *Präp* **1** zwischen ◊ *My job is somewhere between a secretary and a personal assistant.* Meine Stelle ist ein Zwischending zwischen einer Schreibkraft und einer Chefsekretärin. ◊ *We fly between Rome and Paris twice daily.* Wir fliegen zweimal täglich von Rom nach Paris. ◊ *There's nothing between us.* Wir haben nichts miteinander. **2** unter, zwischen ◊ *This is just between you and me/between ourselves.* Das bleibt unter uns. ◊ *Between you and me …* Unter uns gesagt … **3** zusammen ◊ *Between the three of us, we managed it.* Zu dritt haben wir es geschafft. ◊ *We drank a bottle of wine between us.* Wir haben uns eine

between 52

Flasche Wein geteilt. **4 ~ doing sth** neben etw ◇ *Between working and taking care of the kids, he didn't have much time for hobbies.* Neben Arbeit und Familie blieb ihm nicht viel Zeit für Hobbys.

be·tween² /bɪ'twiːn/ *Adv (auch* **in between**) dazwischen, zwischendurch IDM ⇨ BETWIXT

be·twixt /bɪ'twɪkst/ *Präp, Adv (gehoben oder veraltet)* (da)zwischen IDM **be,twixt and be'tween** *(veraltet)* dazwischen

bevel /'bevl/ *Nomen* **1** Schräge, Abschrägung **2** Schrägmaß, Stellwinkel

bev·er·age /'bevərɪdʒ/ *Nomen (offiz)* Getränk

bevy /'bevi/ *Nomen* [Sing] *(umgs)* Schar, Schwarm

be·wail /bɪ'weɪl/ *Verb (gehoben oder hum)* beklagen, bejammern

be·ware /bɪ'weə(r); *AmE* -'wer/ *Verb* **~ (of sb/sth)** sich (vor jdm/etw) in Acht nehmen; **~ of doing sth** sich davor hüten etw zu tun *(nur im Infinitiv oder Imperativ)* ◇ *Beware of saying anything that might reveal where you live.* Sei vorsichtig und sag nichts, woraus man schließen könnte, wo du wohnst. ◇ *Beware of the dog!* Vorsicht bissiger Hund!

be·wil·der /bɪ'wɪldə(r)/ *Verb (meist passiv)* verwirren, verwundern ◇ *She was totally bewildered by his sudden change of mood.* Sie konnte seinen plötzlichen Stimmungsumschwung einfach nicht verstehen.

be·wil·der·ing /bɪ'wɪldərɪŋ/ *Adj (Adv* **be·wil·der·ing·ly**) verwirrend

be·wil·der·ment /bɪ'wɪldəmənt; *AmE* -dərm-/ *Nomen* [U] Verwirrung ◇ *stare in bewilderment* verwirrt starren

be·witch /bɪ'wɪtʃ/ *Verb* **1** *(oft passiv) (gehoben)* bezaubern **2** verhexen, verzaubern

be·witch·ing /bɪ'wɪtʃɪŋ/ *Adj (gehoben)* bezaubernd, hinreißend

be·yond¹ /bɪ'jɒnd; *AmE* bɪ'jɑːnd/ *Präp* **1** jenseits, hinter ◇ *beyond the Alps* jenseits der Alpen ◇ *Does the motorway continue beyond Birmingham?* Geht die Autobahn hinter Birmingham noch weiter? **2** *(zeitlich)* nach, über ... hinaus ◇ *It won't go on beyond midnight.* Es wird nicht länger als bis Mitternacht dauern. ◇ *We're planning for the year 2005 and beyond.* Wir planen für das Jahr 2005 und danach. **3** über (... hinaus) ◇ *It was beyond our expectations.* Es überstieg alle unsere Erwartungen. ◇ *The city has changed beyond recognition.* Die Stadt ist nicht mehr wieder zu erkennen. ◇ *The bicycle was beyond repair.* Das Fahrrad war nicht mehr zu reparieren. ◇ *It's beyond belief.* Es ist einfach unglaublich. ◇ *That's (going) beyond a joke.* Da hört der Spaß auf. **4** außer, abgesehen von **5** außerhalb ◇ *beyond my reach* außerhalb meiner Reichweite ◇ *The exercise was beyond our abilities.* Die Übung war für uns zu schwer. IDM **sth is beyond sb** *(umgs)* **1** jd begreift etw nicht ◇ *It's beyond me why she wants to marry Jeff.* Es geht über meinen Verstand, warum sie Jeff heiraten will. **2** etw ist für jdn zu schwer; jd schafft etw nicht

be·yond² /bɪ'jɒnd; *AmE* bɪ'jɑːnd/ *Adv* dahinter; *(zeitlich)* danach IDM ⇨ BACK¹ *und* DOUBT¹

bi- /baɪ/

> Die Vorsilbe **bi-** kann mit Nomina und Adjektiven verbunden werden und bedeutet zwei: *bilingual* zweisprachig ◇ *bicentenary* Zweihundertjahrfeier. In Zeitangaben kann sie entweder „zweimal pro ..." oder „jede(n,s) zweite(n) ..." bedeuten. ☛ *Siehe auch* BIANNUAL

bi·an·nual /baɪ'ænjuəl/ *Adj nur vor Nomen* halbjährlich, zweimal jährlich

bias¹ /'baɪəs/ *Nomen* **1** [U/Sing] Vorurteil ◇ *without bias* ohne Vorurteile ◇ *Some institutions still have a strong bias against women.* Es gibt immer noch Institutionen, die gegen Frauen eingestellt sind. **2** Einseitigkeit, (einseitige) Ausrichtung ◇ *The course has a strong practical bias.* Der Lehrgang hat eine stark praktische Ausrichtung. ◇ *political bias in news programmes* tendenziöse Berichterstattung in Nachrichten programmen **3** Schrägschnitt ◇ *cut on the bias* schräg zum Fadenlauf geschnitten

bias² /'baɪəs/ *Verb* **(-s-** *oder* **-ss-)** **1 ~ sb/sth** jdn/etw beeinflussen **2 ~ sb/sth against sb/sth** jdn/etw gegen jdn/etw einnehmen **3 ~ sb/sth towards/in favour of sb/sth** jdn/etw für jdn/etw einnehmen

biased *(auch* **biassed**) /'baɪəst/ *Adj* **1** einseitig, voreingenommen; (RECHT) befangen ◇ *be biased in favour of sb/sth* jdn/etw bevorzugen ◇ *biased press reports* tendenziöse Presseberichte **2 ~ toward(s) sth** auf etw ausgerichtet; **~ toward(s) sb** auf jdn zugeschnitten ◇ *a school biased towards music and art* eine Schule mit Schwerpunkt auf Musik und Kunst

bi·ath·lon /baɪ'æθlən/ *Nomen* Biathlon

bib /bɪb/ *Nomen* **1** Lätzchen **2** *(bes BrE)* Latz

bible /'baɪbl/ *Nomen* Bibel *(auch fig)* ☛ Im Sinn von „Heilige Schrift" wird **Bible** oft großgeschrieben.

bib·lical *(auch* **Biblical**) /'bɪblɪkl/ *Adj* biblisch, Bibel-

bibli·og·raph·er /ˌbɪbli'ɒgrəfə(r); *AmE* -'ɑːg-/ *Nomen* Bibliograf(in)

bib·lio·graph·ic·al /ˌbɪbliə'græfɪkl/ *Adj* bibliografisch

bib·li·og·raphy /ˌbɪbli'ɒgrəfi; *AmE* -'ɑːg-/ *Nomen (Pl* **-ies**) **1** Bibliografie **2** Bücherkunde

bib·lio·phile /'bɪbliəfaɪl/ *Nomen (gehoben)* Bibliophile(r), Büchernarr, Büchernärrin

'**bib overalls** *Nomen* [Pl] *(AmE)* Latzhose

bi·cam·eral /ˌbaɪ'kæmərəl/ *Adj (Fachspr)* (POL) Zweikammer-

bi·car·bon·ate /ˌbaɪ'kɑːbənət; *AmE* -'kɑːrb-/ *Nomen* Bikarbonat

bi,carbonate of 'soda *(umgs* **bi·carb** /'baɪkɑːb; *AmE* -'kɑːrb/) *Nomen* doppeltkohlensaures Natrium, Natron

bi·cen·ten·ary /ˌbaɪsen'tiːnəri; *AmE* -'ten-/ *Nomen (Pl* **-ies**) *(AmE* **bi·cen·ten·nial** /ˌbaɪsen'teniəl/) zweihundertjähriges Jubiläum, Zweihundertjahrfeier

bi·ceps /'baɪseps/ *Nomen (Pl* **biceps**) Bizeps

bicker /'bɪkə(r)/ *Verb* **~ (over/about sth)** (sich) (um etw) streiten, (sich) (um etw) zanken SYN SQUABBLE

bi·cycle¹ /'baɪsɪkl/ *Nomen* Fahrrad ◇ *ride a bicycle* Rad fahren

bi·cycle² /'baɪsɪkl/ *Verb (veraltet)* Rad fahren

'**bicycle clip** *Nomen* Hosenklammer

'**bicycle lane** *(umgs* '**bike lane**) *Nomen (AmE)* Radweg

bi·cyc·list /'baɪsɪklɪst/ *Nomen* Radfahrer(in) ☛ **Bicyclist** ist im britischen Englisch veraltet, im amerikanischen gehoben. SYN CYCLIST

bid¹ /bɪd/ *Nomen* **1** Angebot; *(bei einer Auktion etc.)* Gebot ◇ *Granada mounted a takeover bid for Forte.* Granada hat Forte ein Übernahmeangebot gemacht. ◇ *Two companies submitted a bid for the contract.* Zwei Firmen bewarben sich um den Auftrag. **2** *(besonders Pressejargon)* Versuch ◇ *a desperate bid to escape from his attackers* ein verzweifelter Versuch seinen Angreifern zu entkommen ◇ *make a bid for power* nach der Macht greifen

bid² /bɪd/ *Verb* **(bid·ding, bid, bid) 1** *(bei einer Auktion)* bieten **2** (WIRTSCH) ein Angebot machen **3 ~ for sth**; *(AmE)* **~ on sth** *(Vertrag etc.)* sich um etw bewerben SYN TENDER **4** *(besonders Pressejargon)* einen Versuch machen SYN ATTEMPT **5** *(im Kartenspiel)* bieten, reizen IDM **What am I 'bid?** *(bei einer Auktion)* Was wird geboten?

bid³ /bɪd/ *Verb* **(bid·ding, bade** /beɪd, bæd/, **bidden** /'bɪdn/ *oder* **bid·ding, bid, bid**) **1** *(gehoben) (guten Morgen etc.)* wünschen ◇ *I bade them all farewell.* Ich verabschiedete mich von allen. **2** *(veraltet oder gehoben)* **~ sb do sth** jdn auffordern etw zu tun

bid·der /'bɪdə(r)/ *Nomen* **1** Bieter(in) ◇ *The house went to the highest bidder.* Das Haus wurde an den Höchstbietenden verkauft. **2** (WIRTSCH) Anbieter

bid·ding /'bɪdɪŋ/ *Nomen* **1** Bieten ◇ *Several companies remained in the bidding.* Mehrere Firmen blieben weiter im Rennen um den Auftrag. **2** *(veraltet oder gehoben)* Geheiß ◇ *do sb's bidding* tun, was einem jd befiehlt

bide /baɪd/ *Verb (veraltet)* bleiben, verweilen IDM **bide your 'time** den richtigen Augenblick abwarten

bidet /'biːdeɪ; *AmE* bɪ'deɪ/ *Nomen* Bidet

bi·en·nial /baɪ'eniəl/ *Adj (Adv* **bi·en·ni·al·ly**) zweijährlich; *(Pflanze)* zweijährig

bier /bɪə(r); *AmE* bɪr/ *Nomen* Totenbahre

biff /bɪf/ *Verb (umgs, veraltet)* hauen

bi·focals /ˌbaɪ'fəʊklz; *AmE* -'foʊ-/ *Nomen* [Pl] Bifokalbrille ☛ *Hinweis bei* BRILLE

big¹ /bɪg/ *Adj* **(big·ger, big·gest) 1** groß ◇ *a big man* ein großer, schwerer Mann ◊ *a big meal* ein ausgiebiges Essen ◊ *a big seller* ein Verkaufsschlager ◊ *a big blow* ein harter Schlag ◊ *a big income* ein hohes Einkommen ◊ *a big engine* ein starker Motor ◊ *He had this great big grin on his face.* Er grinste übers ganze Gesicht. ◊ *He uses a lot of big words.* Er benutzt viele hochgestochene Worte. ☛ *Hinweis bei* GROSS S. 992 **2** wichtig, groß ◊ *a big decision* eine wichtige Entscheidung ◊ (*umgs*) *the big boys* die Großen **3** (*umgs*) groß, ehrgeizig **4** (*umgs*) beliebt, bekannt ◊ *the big names in their team* die bekannten Spieler in ihrer Mannschaft ◊ *The band's very big in Japan.* Die Band ist ein großer Hit in Japan. **5** ◊ *He's a big eater.* Er isst viel. ◊ *She's a big spender.* Sie gibt viel Geld aus. **6** (*hum*) nobel, großzügig ▭ **be/get too big for your ˌboots** größenwahnsinnig sein/werden ◊ a ˌbig ˈcheese (*umgs, hum*) ein hohes Tier ˌbig ˈdeal (*umgs*) ◊ *So he earns more than me. Big deal!* Er verdient mehr als ich. Na und? ◊ *Don't make such a big deal about it!* Mach nicht so ein Drama daraus! ◊ *I've grown up with it and it's no big deal.* Ich bin damit aufgewachsen und es ist nichts Besonderes für mich. **the big enchiˈlada** (*AmE, umgs, hum*) der Boss; das große Ding, Ereignis etc. **a big fish (in a small pond)** ein großer Fisch (im Dorfteich) **a ˌbig ˈhand** viel Applaus ◊ *Ladies and gentlemen, give a big hand to our special guest ...* Und nun meine Damen und Herren, großen Beifall für unseren Gast ... **a big noise/shot/name** ein hohes Tier **the ˌbig ˈpicture** (*bes AmE, umgs*) das Ganze; der Gesamtzusammenhang **the ˌbig ˈstick** (*umgs*) Einschüchterungstaktik; Drohungen **have/be a big mouth 1** nichts für sich behalten können **2** eine große Klappe haben; die große Klappe schwingen **me and my big ˈmouth** (*umgs*) meine große Klappe ☛ *Siehe auch* EYE¹, FISH¹, THING *und* WAY¹

big² /bɪɡ/ *Adv* ◊ *We need to think big.* Wir müssen im großen Stil planen. ◊ *He likes to talk big.* Er gibt gern an. ◊ *make it big* erfolgreich sein

ˈbig·amy /ˈbɪɡəmi/ *Nomen* Bigamie

ˌbig ˈ**bang** *Nomen* Urknall

ˌbig ˈ**business** *Nomen* [U] **1** Großunternehmertum, Großkapital **2** Bombengeschäft

ˌbig ˈ**dipper** *Nomen* **1** (*BrE, veraltet*) Achterbahn **2 the Big Dipper** (*AmE*) (ASTRON) der Große Wagen

ˌbig ˈ**game** *Nomen* Großwild

big-gie /ˈbɪɡi/ *Nomen* (*umgs*) = Ding, Person oder Ereignis von Wichtigkeit

ˈ**big-head** *Nomen* Angeber(in), eingebildeter Typ

ˌbig-ˈ**headed** *Adj* (*umgs, abwert*) eingebildet

ˌbig-ˈ**hearted** *Adj* gütig, großzügig

bigot /ˈbɪɡət/ *Nomen* bigotter Mensch, Fanatiker(in)

big·ot·ed /ˈbɪɡətɪd/ *Adj* bigott, fanatisch

big·ot·ry /ˈbɪɡətri/ *Nomen* Bigotterie, Fanatismus

the ˌbig ˈscreen *Nomen* [Sing] das Kino, die Kinoleinwand

ˈ**big-ticket** *Adj* (*AmE*) *nur vor Nomen* kostspielig

ˈ**big time¹** *Nomen* **the big time** (*umgs*) ◊ *actors who finally made/hit the big time* Schauspieler, die schließlich den Durchbruch schafften

ˈ**big time²** *Adv* (*umgs*) (ganz) groß, (so) richtig ◊ *They've messed up big time!* Sie haben ganz großen Mist gebaut.

ˌbig ˈ**top** (*meist the big top*) *Nomen* das Zirkuszelt

ˌbig ˈ**wheel** *Nomen* **1** (*meist the Big Wheel*) (*BrE*) das Riesenrad **2** (*AmE, umgs*) hohes Tier

big·wig /ˈbɪɡwɪɡ/ *Nomen* (*umgs*) hohes Tier

bijou /ˈbiːʒuː/ *Adj nur vor Nomen* (*BrE, oft iron*) klein aber fein ◊ *The house was described as a bijou residence.* Das Haus wurde als ein Schmuckstück beschrieben.

bike¹ /baɪk/ *Nomen* (*umgs*) **1** (Fahr)rad **2** Motorrad ▭ **on your bike!** (*BrE, umgs*) zieh Leine!; zieh ab!

bike² /baɪk/ *Verb* (*umgs*) **1** mit dem Rad fahren, mit dem Motorrad fahren **2** per Motorradkurier schicken

biker /ˈbaɪkə(r)/ *Nomen* **1** Motorradfahrer(in) **2** Mountainbiker(in), Radfahrer(in)

bik·ing /ˈbaɪkɪŋ/ *Nomen* Motorradfahren, Radfahren

bi·kini /bɪˈkiːni/ *Nomen* Bikini

bi·la·bial /ˌbaɪˈleɪbiəl/ (LING) **1** *Nomen* Bilabial, bilabialer Laut **2** *Adj* bilabial, mit beiden Lippen gebildet

bi·lat·eral /ˌbaɪˈlætərəl/ *Adj* (*Adv* **bi·lat·eral·ly**) **1** bilateral **2** (MED) beidseitig

bil·berry /ˈbɪlbəri; *AmE* -beri/ (*Pl* **-ies**) *Nomen* Blaubeere, Heidelbeere

bile /baɪl/ *Nomen* **1** Galle **2** (*gehoben*) Bösartigkeit, Hass ◊ *Her review was just a paragraph of bile.* Ihre Rezension war ein einziger bitterböser Zerriss.

bilge /bɪldʒ/ *Nomen* **1** (*auch* **bilges** [Pl]) Bilge, Kielraum **2** (*auch* **ˈbilge water**) Bilgewasser, Leckwasser

bi·lin·gual /ˌbaɪˈlɪŋɡwəl/ **1** *Adj* (*Adv* **bi·lin·gual·ly**) zweisprachig **2** *Nomen* zweisprachiger Mensch

bili·ous /ˈbɪliəs/ *Adj* **1** Gallen-, gallig ◊ *I feel a little bilious.* Mir ist ein bisschen schlecht. **2** (*Farbe*) grässlich ◊ *bilious green* kotzgrün **3** (*fig, gehoben*) reizbar, gallig

bilk /bɪlk/ *Verb* (*bes AmE, umgs*) ~ **sb (out of sth)** jdn (um etw) betrügen; ~ **sth (from sb)** etw (von jdm) erschwindeln ◊ *He bilked investors out of millions.* Er brachte Investoren um Millionen.

bill¹ /bɪl/ *Nomen* **1** Rechnung **2** (*AmE*) Banknote ◊ *a ten-dollar bill* ein Zehn-Dollar-Schein **3** Gesetzentwurf, Gesetzesvorlage **4** Aufführung, Programm ◊ *a horror double bill* zwei Horrorfilme hintereinander ◊ *head/top the bill* die Hauptattraktion sein **5** Plakat, Anschlag ◊ *Post no bills.* Plakatieren verboten. **6** Schnabel **7** (*AmE*) (Mützen-)Schirm ☛ *Siehe auch* THE OLD BILL ▭ **fill/fit the ˈbill** der/die/das Richtige sein ☛ *Siehe auch* CLEAN¹ *und* FOOT²

bill² /bɪl/ *Verb* **1** ~ **sb (for sth)** jdm (für etw) die Rechnung schicken ◊ *You will be billed monthly for the service.* Der Service wird Ihnen monatlich berechnet. **2** *meist passiv* ankündigen ◊ *He was billed as the new Tom Cruise.* Er wurde als der neue Tom Cruise herausgebracht. ▭ **bill and ˈcoo** (*umgs, veraltet*) miteinander turteln

bill·board /ˈbɪlbɔːd; *AmE* -bɔːrd/ *Nomen* (*bes AmE*) Reklametafel

bil·let¹ /ˈbɪlɪt/ *Nomen* Quartier

bil·let² /ˈbɪlɪt/ *Verb* einquartieren

bill·fold /ˈbɪlfəʊld; *AmE* -foʊld/ *Nomen* (*AmE*) Brieftasche

bill·hook /ˈbɪlhʊk/ *Nomen* Hippe

bil·liard /ˈbɪliəd; *AmE* ˈbɪljərd/ *Adj* Billard-

bil·liards /ˈbɪliədz; *AmE* ˈbɪljərdz/ *Nomen* [U] Billard

bill·ing /ˈbɪlɪŋ/ *Nomen* **1** [U] Ankündigung, Ruf ◊ *have top/star billing* als Star angekündigt werden **2** [U] Abrechnung, Rechnungsausstellung **3** [meist Pl] Umsatz

bil·lion /ˈbɪljən/ *Zahl* **1** (*Abk* **bn**) Milliarde ☛ *Hinweis bei* HUNDERT **2** (*BrE, veraltet*) Billion ☛ *Hinweis bei* MILLIARDE ☛ *Beispiele bei* HUNDRED

bil·lion·aire /ˌbɪljəˈneə(r); *AmE* -ˈner/ *Nomen* Milliardär(-in)

ˌbill of exˈ**change** *Nomen* (*Pl* **bills of exchange**) (FINANZ) Wechsel

ˌbill of ˈ**lad·ing** *Nomen* (*Pl* **bills of lad·ing**) (WIRTSCH) Frachtbrief

ˌbill of ˈ**rights** *Nomen* [Sing] Staatsgrundgesetz

ˌbill of ˈ**sale** *Nomen* (*Pl* **bills of sale**) (WIRTSCH) Verkaufsurkunde

bil·low¹ /ˈbɪləʊ; *AmE* -loʊ/ *Verb* **1** sich aufblähen, sich aufbauschen **2** (*Rauch, Dampf*) aufsteigen

bil·low² /ˈbɪləʊ; *AmE* -loʊ/ *Nomen* Schwade, Wolke

billy /ˈbɪli/ *Nomen* (*Pl* **-ies**) (*auch* **billy·can** /ˈbɪlikæn/) (*BrE*) Kochgeschirr

ˈ**billy club** *Nomen* (*AmE*) = kurzer Schlagstock

ˈ**billy goat** *Nomen* Ziegenbock

bimbo /ˈbɪmbəʊ; *AmE* -boʊ/ *Nomen* (*Pl* **-os**) (*umgs, hum*) Betthäschen

bin¹ /bɪn/ *Nomen* **1** (*BrE*) Tonne ☛ *Siehe auch* DUSTBIN **2** Kasten, Behälter

bin² /bɪn/ *Verb* (**-nn-**) (*BrE, umgs*) wegwerfen

bin·ary /ˈbaɪnəri/ **1** *Adj* (COMP, MATH) binär, Binär- ◊ *the binary system* das Dualsystem **2** *Nomen* [U] Binärcode

bind¹ /baɪnd/ *Verb* (**bound, bound** /baʊnd/) **1** ~ **sb/sth (to sth)** jdn/etw (an etw) fesseln, jdn (an etw) binden; ~ **sb/sth together** jdn/etw zusammenbinden ◊ *They bound his hands together.* Sie fesselten ihm die Hände. ◊ (*fig*) *Organizations such as schools and clubs bind a community together.* Einrichtungen wie Schulen und Vereine halten eine Gemeinschaft zusammen. **2** ~ **sth (up)** etw verbinden ◊ *She bound up his wounds.* Sie verband ihm die Wunden.

bind

3 ~ **A and B** (**together**) A und B (miteinander) verbinden; ~ **A to B** A und B verbinden **4** *meist passiv* ~ **sb** (**to sth**) jdn (zu etw) verpflichten ◊ *He had been bound to secrecy.* Er war zu Stillschweigen verpflichtet. ☛ *Siehe auch* BINDING *und* BOUND² **5** ~ (**together**) (GASTRON) sich binden; ~ **sth** (**together**) (GASTRON) etw binden **6** (*meist passiv*) (*Buch*) binden **7** (*oft passiv*) ~ **sth** (**with sth**) etw (mit etw) versäumen IDM ⇨ HAND¹ PHRV **bind sb 'over** (*meist passiv*) (RECHT) **1** (*AmE*) jdn auf Kaution freilassen **2** (*BrE*) jdn verwarnen

bind² /baɪnd/ *Nomen* [Sing] (*BrE, umgs*) Ärgernis ☛ *Siehe auch* DOUBLE BIND IDM **in a 'bind** (*AmE*) in der Klemme

bind·er /ˈbaɪndə(r)/ *Nomen* **1** Ordner, Hefter ☛ *Siehe auch* RING BINDER **2** Buchbinder(in) **3** Bindemaschine **4** Bindemittel **5** Mähbinder

bind·ing¹ /ˈbaɪndɪŋ/ *Adj* ~ (**on/upon sb**) verbindlich (für jdn) ◊ *legally binding* rechtsverbindlich

bind·ing² /ˈbaɪndɪŋ/ *Nomen* **1** Einband **2** Borte, Nahtband ◊ *bias binding* Schrägband **3** (Ski)bindung

bind·weed /ˈbaɪndwiːd/ *Nomen* Winde

binge¹ /bɪndʒ/ *Nomen* (*umgs*) Sauforgie, Fressorgie ◊ *go on a binge* auf eine Fress-/Sauftour gehen ◊ *a shopping binge* eine Einkaufsorgie

binge² /bɪndʒ/ *Verb* (**binge·ing** *oder* **bin·ging**, **binged**, **binged**) ~ (**on sth**) sich (mit etw) voll laufen lassen, sich (mit etw) voll stopfen

bingo¹ /ˈbɪŋɡəʊ; *AmE* -ɡoʊ/ *Nomen* Bingo

bingo² /ˈbɪŋɡəʊ; *AmE* -ɡoʊ/ *Ausruf* Volltreffer

'bin liner *Nomen* (*BrE*) Mülltüte, Müllsack

bin·man /ˈbɪnmæn/ *Nomen* (*Pl* **-men** /-men/) (*BrE, umgs*) Müllmann

bin·ocu·lars /bɪˈnɒkjələz; *AmE* bɪˈnɑːkjələrz/ *Nomen* [Pl] Fernglas ☛ *Hinweis bei* BRILLE *und* PAIR¹

bi·no·mial /baɪˈnəʊmiəl; *AmE* -ˈnoʊ-/ (MATH) **1** *Nomen* Binom **2** *Adj* binomisch

bio·chem·ical /ˌbaɪəʊˈkemɪkl; *AmE* ˌbaɪoʊ-/ *Adj* biochemisch

bio·chem·ist /ˌbaɪəʊˈkemɪst; *AmE* ˌbaɪoʊ-/ *Nomen* Biochemiker(in)

bio·chem·is·try /ˌbaɪəʊˈkemɪstri; *AmE* ˌbaɪoʊ-/ *Nomen* Biochemie

bio·degrad·able /ˌbaɪəʊdɪˈɡreɪdəbl; *AmE* ˌbaɪoʊ-/ *Adj* biologisch abbaubar

bio·di·ver·sity /ˌbaɪəʊdaɪˈvɜːsəti; *AmE* ˌbaɪoʊdaɪˈvɜːrs-/ *Nomen* Artenvielfalt

biog·raph·er /baɪˈɒɡrəfə(r); *AmE* -ˈɑːɡ-/ *Nomen* Biograf(in)

biog·raphy /baɪˈɒɡrəfi; *AmE* -ˈɑːɡ-/ *Nomen* (*Pl* **-ies**) Biografie

bio·logic·al /ˌbaɪəˈlɒdʒɪkl; *AmE* -ˈlɑː-/ *Adj* (*Adv* **bio·logic·al·ly** /-kli/) biologisch ◊ *the biological parents* die leiblichen Eltern ◊ *biological powders* enzymhaltige Waschpulver

biolo·gist /baɪˈɒlədʒɪst; *AmE* -ˈɑːl-/ *Nomen* Biologe, Biologin

biol·ogy /baɪˈɒlədʒi; *AmE* -ˈɑːl-/ *Nomen* Biologie

bio·mass /ˈbaɪəʊmæs; *AmE* ˈbaɪoʊ-/ *Nomen* (*Fachspr*) Biomasse

bio·phys·ics /ˌbaɪəʊˈfɪzɪks; *AmE* ˌbaɪoʊ-/ *Nomen* Biophysik

bio·pic /ˈbaɪəʊpɪk; *AmE* ˈbaɪoʊ-/ *Nomen* (*umgs*) Filmbiografie

bi·opsy /ˈbaɪɒpsi; *AmE* -ɑːpsi/ *Nomen* (*Pl* **-ies**) Biopsie

bio·sphere /ˈbaɪəʊsfɪə(r); *AmE* ˈbaɪoʊsfɪr/ *Nomen* [Sing] (*Fachspr*) Biosphäre

bio·tech·nol·ogy /ˌbaɪəʊtekˈnɒlədʒi; *AmE* ˌbaɪoʊtekˈnɑːl-/ *Nomen* Biotechnik, Biotechnologie

biotope /ˈbaɪətəʊp; *AmE* -toʊp/ *Nomen* (*Fachspr*) Biotop

biped /ˈbaɪped/ *Nomen* Zweibeiner

bi·plane /ˈbaɪpleɪn/ *Nomen* (*Flugzeug*) Doppeldecker

birch /bɜːtʃ; *AmE* bɜːrtʃ/ *Nomen* **1** Birke **2 the birch** [Sing] die Prügelstrafe

bird /bɜːd; *AmE* bɜːrd/ *Nomen* **1** Vogel ◊ *a wealth of bird life* ein Vogelreichtum ☛ *Siehe auch* GAME BIRD *und* SONGBIRD **2** (*BrE, Slang, oft beleidigend*) Mädel, Biene **3** (*umgs*) (seltener) Vogel ◊ *a wise old bird* ein weiser alter Knabe ◊ *She is that rare bird: a politician with a social conscience.* Sie ist eine Seltenheit: eine Politikerin mit sozialem Gewissen.

IDM **be** (**strictly**) **for the birds** (*umgs*) Zeitverschwendung sein **the bird has ˈflown** der Vogel ist ausgeflogen **a bird in the ˈhand is worth two in the ˈbush** der Spatz in der Hand ist besser als die Taube auf dem Dach **the birds and the ˈbees** (*hum*) ◊ *tell a child about the birds and the bees* ein Kind sexuell aufklären **a ˌbirdˈs-ˌeye ˈview** (**of sth**) die Vogelperspektive (von etw) ◊ *From the plane we had a bird's-eye view of Manhattan.* Vom Flugzeug aus sahen wir Manhattan aus der Vogelperspektive. **birds of a ˈfeather** vom gleichen Schlag ◊ *Birds of a feather flock together.* Gleich und Gleich gesellt sich gern. **get the ˈbird 1** ausgepfiffen werden **2** (*AmE*) den Stinkefinger gezeigt bekommen **give sb the ˈbird 1** jdn auspfeifen **2** (*AmE*) jdm den Stinkefinger zeigen ☛ *Siehe auch* EARLY¹ *und* KILL¹

bird·brain /ˈbɜːdbreɪn; *AmE* ˈbɜːrd-/ *Nomen* (*bes AmE*) Spatzenhirn

bir·die /ˈbɜːdi; *AmE* ˈbɜːrdi/ *Nomen* **1** (*umgs, Kinderspr*) Vögelchen **2** (*Golf*) Birdie **3** (*AmE*) Federball

ˌbird of ˈpassage *Nomen* (*Pl* **birds of passage**) Zugvogel (*auch fig*)

ˌbird of ˈprey *Nomen* (*Pl* **birds of prey**) Raubvogel

ˈbird table *Nomen* (*BrE*) Futterstelle für Vögel

bird·watch·er /ˈbɜːdwɒtʃə(r); *AmE* ˈbɜːrdwɑːtʃər, -wɔːtʃ-/ *Nomen* Vogelbeobachter(in)

bird·watch·ing /ˈbɜːdwɒtʃɪŋ; *AmE* ˈbɜːrdwɑːtʃɪŋ, -wɔːtʃ-/ *Nomen* Vogelbeobachten

Biro™ /ˈbaɪrəʊ/ *Nomen* (*Pl* **-os**) (*BrE*) Kugelschreiber

birth /bɜːθ; *AmE* bɜːrθ/ *Nomen* **1** Geburt ◊ *blind from birth* von Geburt an blind ◊ *date of birth* Geburtsdatum **2** [Sing] (*fig*) Entstehung, Gründung, Geburt **3** Abstammung ◊ *Anne was French by birth.* Anne war gebürtige Französin. IDM **give ˈbirth** entbinden; (*Tier*) werfen; jungen **give ˈbirth to sb/sth** jdn gebären; (*Tier*) etw werfen ◊ *She died shortly after giving birth.* Sie starb kurz nach der Entbindung. ◊ (*fig*) *The study of history gave birth to the social sciences.* Die Sozialwissenschaften entstanden aus dem Studium der Geschichte.

ˈbirth certificate *Nomen* Geburtsurkunde

ˈbirth control *Nomen* Geburtenkontrolle

birth·day /ˈbɜːθdeɪ; *AmE* ˈbɜːrθ-/ *Nomen* Geburtstag ◊ *Happy Birthday!* Alles Gute zum Geburtstag! IDM **in your ˈbirthday suit** (*hum*) nackt

birth·ing /ˈbɜːθɪŋ; *AmE* ˈbɜːrθ-/ *Nomen* Geburts-, Entbindungs- ◊ *a birthing pool* eine Entbindungswanne

birth·mark /ˈbɜːθmɑːk; *AmE* ˈbɜːrθmɑːrk/ *Nomen* Muttermal

ˈbirth mother *Nomen* leibliche Mutter, biologische Mutter

birth·place /ˈbɜːθpleɪs; *AmE* ˈbɜːrθ-/ *Nomen* [meist Sing] Geburtsort (*auch fig*)

birth·right /ˈbɜːθraɪt; *AmE* ˈbɜːrθ-/ *Nomen* Geburtsrecht ◊ *The property is the birthright of the eldest child.* Durch das Erstgeborenenrecht gehört der Besitz dem ältesten Kind. ◊ *Education is every child's birthright.* Jedes Kind hat ein Anrecht auf Schulbildung.

bis·cuit /ˈbɪskɪt/ *Nomen* **1** (*BrE*) Keks; (*herzhaft*) Cracker ◊ *cheese biscuits* Käsecracker ☛ *Siehe auch* DOG BISCUIT **2** (*AmE*) (weiches) Brötchen **3** Beige IDM **take the ˈbiscuit** (*umgs*) dem Fass den Boden ausschlagen

bi·sect /baɪˈsekt/ *Verb* **1** halbieren, in zwei Teile teilen **2** sich teilen

bi·sex·ual /ˌbaɪˈsekʃuəl/ **1** *Adj* bisexuell **2** *Adj* (BIOL) zwittrig **3** *Nomen* Bisexuelle(r)

bi·sexu·al·ity /ˌbaɪˌsekʃuˈæləti/ *Nomen* Bisexualität

bishop /ˈbɪʃəp/ *Nomen* **1** Bischof **2** (*beim Schach*) Läufer

bish·op·ric /ˈbɪʃəprɪk/ *Nomen* **1** Bischofsamt, Bischofswürde **2** Bistum SYN DIOCESE

bison /ˈbaɪsn/ *Nomen* (*Pl* **bison**) (*in Nordamerika*) Bison; (*in Europa*) (europäischer) Wisent

bis·tro /ˈbiːstrəʊ; *AmE* -stroʊ/ *Nomen* (*Pl* **-os**) Bistro

bit¹ /bɪt/ *Form von* BITE¹

bit² /bɪt/ *Nomen* **1 a bit** [Sing] (*bes BrE*) ein bisschen, ein wenig ◊ *Can you move up a bit?* Kannst du ein bisschen rücken? ◊ *The new system will take a bit of getting used to.* Es wird eine Weile dauern, bis man sich an das neue System gewöhnt hat. **2** (*bes BrE*) Stück(chen) ◊ *a bit of cake* ein Stückchen Kuchen ◊ *I've got a bit of shopping to do.* Ich muss ein paar Sachen einkaufen. ◊ *bits of paper* Papier-

---

æ cat | ɑː father | e ten | ɜː bird | ə about | ɪ sit | iː see | i many | ɒ got (*BrE*) | ɔː saw | ʌ cup | ʊ put | uː too

schnipsel **3** (*bes BrE*) Weilchen ◊ *I'll wait a bit.* Ich warte ein bisschen. **4** (*bes BrE*) Teil ◊ *The audience laughed at all the funny bits.* Das Publikum lachte an allen lustigen Stellen. **5 quite a bit** [Sing] (*umgs*) ziemlich viel ◊ *'How much does he earn?' 'Quite a bit!'* „Wie viel verdient er?" „Nicht gerade wenig!" ◊ *It took quite a bit of effort to paint the house.* Es war ganz schön anstrengend, das Haus zu streichen. **6** (COMP) Bit **7** (*beim Zaumzeug*) Gebiss(stange), Kandare **8** Bohrer, Bohraufsatz **9** (*AmE, umgs*) = Geldbetrag, der 12½ Cents entspricht [IDM] **the** (**whole**) **...bit** (*umgs, abwert*) das ganze ...Gehabe **bit by 'bit** Stück für Stück; nach und nach **a bit 'much** (*umgs*) zu viel ◊ *It's a bit much calling me at three in the morning.* Es ist eine Zumutung, mich um drei Uhr morgens anzurufen. **a bit of a ...** (*bes BrE, umgs*) ein(e) ziemliche(r,s) ◊ *The rail strike is a bit of a pain.* Der Eisenbahnstreik nervt ziemlich. ◊ **a bit of all 'right** (*BrE, Slang*) ein toller Typ; eine flotte Biene ◊ **a bit of 'rough** (*BrE, Slang*) = männlicher Sexualpartner, dessen Anziehungskraft aus seiner rauen Männlichkeit und Unkultiviertheit besteht **a bit on the 'side** (*BrE, Slang*) Geliebte(r); Verhältnis **bits and 'bobs** (*BrE, umgs*) Kram; Krimskrams **bits and 'pieces** (*BrE, umgs*) **1** Kram; Krimskrams **2** ◊ *bits and pieces of information* Informationsschnipsel ◊ *bits and pieces of bone* Knochensplitter ◊ *The vase was in bits and pieces.* Die Vase war in tausend Stücke zerbrochen. **do your 'bit** (*umgs*) seinen Teil (dazu) beitragen; das Seine tun **give bit as good, bad, etc. (as sb/sth)** genauso gut, schlecht etc. (wie jd/etw) **get the bit between your teeth** (*umgs*) sich ins Zeug legen **not a 'bit; not one** (**little**) **'bit** überhaupt nicht; nicht im Geringsten ◊ *It's not a bit of use complaining.* Sich zu beklagen hat gar keinen Sinn. **not a 'bit of it!** (*BrE, umgs*) keine Spur; ganz im Gegenteil **to bits 1** in Stücke; in Einzelteile ◊ *The book fell to bits.* Das Buch ging kaputt. ◊ *She took the engine to bits.* Sie nahm den Motor auseinander. **2** (*umgs*) wahnsinnig ◊ *I love my kids to bits.* Ich liebe meine Kinder von ganzem Herzen. ☞ *Siehe auch* BLIND¹ *und* CHAMP¹

bitch¹ /bɪtʃ/ *Nomen* **1** Hündin, Weibchen **2** (*Slang, abwert*) Miststück, Schlampe ◊ *You stupid little bitch!* Du dumme Kuh! ◊ *She can be a real bitch.* Sie kann richtig gehässig sein. **3** (*Slang*) Scheißding ◊ *Life's a bitch.* Das Leben kann manchmal ziemlich scheiße sein.

bitch² /bɪtʃ/ *Verb* ~ (**about sb/sth**) (*umgs*) (über jdn/etw) herziehen, gehässig (über jdn/etw) sprechen

bitchi·ness /'bɪtʃɪnəs/ *Nomen* [U] Gehässigkeit, Gemeinheit

bitchy /'bɪtʃi/ *Adj* (*umgs*) gehässig, gemein

bite¹ /baɪt/ *Verb* (**bit** /bɪt/, **bit·ten** /'bɪtn/) **1** beißen ◊ *He bit off a large chunk of bread.* Er biss einen Bissen Brot ab. ◊ *Stop biting your nails!* Hör auf an deinen Nägel zu kauen. **2** (*Insekten*) stechen **3** (*Fische*) anbeißen **4** (*fig*) *The recession is beginning to bite.* Die Rezession macht sich bemerkbar. ◊ *What's biting you?* Was bedrückt dich? [IDM] **be bitten by sth** von etw gepackt werden **bite the 'bullet** (*umgs*) die Zähne zusammenbeißen **bite the 'dust** (*umgs*) **1** (*hum*) (*sterben*) ins Gras beißen **2** dran glauben müssen; zugrunde gehen **bite the hand that 'feeds you** die Hand, die einen füttert, beißen; sich jdm gegenüber undankbar zeigen **bite your 'lip** sich auf die Zunge/Lippen beißen **bite off more than you can 'chew** sich zu viel zumuten; sich übernehmen **bite your 'tongue** sich auf die Zunge beißen **I, etc. could have bitten my, etc. 'tongue out/off** Ich etc. hätte mir etc. die Zunge abbeißen können ☞ *Siehe auch* HEAD¹ *und* ONCE¹ [PHRV] **bite 'back (at sb/sth)** zurückschlagen, es jdm/etw zeigen **bite sth 'back** etw hinunterschlucken, etw unterdrücken **bite 'into sth** in etw eindringen, sich in etw hineinbohren

bite² /baɪt/ *Nomen* **1** Biss ◊ *The dog gave me a playful bite.* Der Hund schnappte spielerisch nach mir. **2** Bissen ◊ *She took a couple of bites of the sandwich.* Sie aß einige Bissen von dem Sandwich. **3 a** ~ (**to eat**) [Sing] (*umgs*) eine Kleinigkeit (zu essen), einen Happen (zu essen) **4** Bisswunde; (*Insekten-*) Stich **5** (*von Essen*) Würze, Schärfe **6** [Sing] (*von Wind etc.*) beißende Kälte **7** (*fig*) Biss, Schärfe ◊ *The performance had no bite to it.* Der Vorstellung fehlte der Biss. **8** (*eines Fisches*) (An)beißen ◊ *He hadn't had a single bite.* Es hatte kein einziger Fisch bei ihm angebissen. ☞ *Siehe auch* FROSTBITE, LOVE BITE *und* SOUND BITE [IDM]

a bite at/of the 'cherry (*BrE*) eine Chance ☞ *Siehe auch* BARK¹

'bite-sized (*auch* **'bite-size**) *Adj* mundgerecht

bit·ing /'baɪtɪŋ/ *Adj* (*Adv* **bit·ing·ly**) beißend (*auch fig*) ◊ *His voice was bitingly sarcastic.* Seine Stimme war voll beißendem Sarkasmus.

'bit·map /'bɪtmæp/ *Nomen* (COMP) [U] Bitmap

bit·mapped /'bɪtmæpt/ *Adj* (COMP) Bitmap- ◊ *bitmapped graphics* Bitmap-Grafik

'bit part *Nomen* kleine Nebenrolle

bit·ten *Form von* BITE¹

bit·ter¹ /'bɪtə(r)/ *Adj* **1** erbittert ◊ *a long and bitter dispute* ein langer, erbitterter Streit **2** verbittert **3** bitter (*auch fig*) ◊ *It's really bitter out today.* Draußen ist es heute bitterkalt. ◊ *a bitter wind* ein schneidender Wind ◊ *bitter criticism* scharfe Kritik [IDM] **a bitter 'pill (for sb) (to swallow)** eine bittere Pille (für jdn) **to/until the bitter 'end** bis zum bitteren Ende

bit·ter² /'bɪtə(r)/ *Nomen* (*BrE*) **1** = halbdunkles, stark gehopftes Ale vom Fass **2 bitters** Bitterlikör, Magenbitter ☞ G 1.3c

bit·ter·ly /'bɪtəli; *AmE* -tərli/ *Adv* **1** bitterlich **2** erbittert, bitter ◊ *complain bitterly* sich bitter beklagen ◊ *bitterly cold* bitterkalt **3** sehr, heftig

bit·ter·ness /'bɪtənəs; *AmE* -tər-/ *Nomen* **1** Bitterkeit **2** Verbittertheit ◊ *The pay cut caused bitterness among the staff.* Die Gehaltskürzungen verbitterten das Personal. ◊ *There was a bitterness to his voice.* Seine Stimme klang bitter. **3** Erbittertheit, Heftigkeit

bitter-'sweet *Adj* (*BrE*) bittersüß (*auch fig*)

bitty /'bɪti/ *Adj* (*BrE, umgs*) zusammengestückelt

bitu·men /'bɪtʃəmən; *AmE* bə'tu:mən/ *Nomen* Bitumen

bi·valve /'baɪvælv/ *Nomen* (*Fachspr*) zweischalige Muschel

biv·ouac¹ /'bɪvuæk/ *Nomen* Biwak

biv·ouac² /'bɪvuæk/ *Verb* (**-ck-**) biwakieren

bi·zarre /bɪ'zɑː(r)/ *Adj* (*Adv* **bi·zarre·ly**) bizarr ◊ *bizarrely dressed* exzentrisch gekleidet [SYN] WEIRD

blab /blæb/ *Verb* (**-bb-**) ~ (**to sb**) (**about sth**) (*umgs*) etw (gegenüber jdm) ausplaudern

blab·ber /'blæbə(r)/ *Verb* ~ (**on**) (**about sth**) (*umgs*) (über etw) quatschen ◊ *What was she blabbering on about this time?* Was hat sie da schon wieder gequasselt?

black¹ /blæk/ *Adj* **1** schwarz ◊ *a black night* eine dunkle Nacht ◊ *Two black teas, please.* Zwei Tee ohne Milch, bitte. ◊ *black people* Schwarze ◊ *black culture* Kultur der Schwarzen ☞ *Hinweis bei* BLACK² *und* FARBIG **2** (*fig*) ◊ *Rory shot her a black look.* Rory warf ihr einen finsteren Blick zu. ◊ *be in a black mood* übel gelaunt sein ◊ *The future looks pretty black, I'm afraid.* Die Zukunft sieht leider düster aus. ◊ *black despair* tiefste Verzweiflung ◊ *a black deed/lie* eine böse Tat/Lüge [IDM] **beat sb black and 'blue** (jdn) grün und blau (schlagen) **not as black as it is/you are 'painted** nicht so schlimm, wie sein Ruf ☞ *Siehe auch* POT¹

black² /blæk/ *Nomen* **1** Schwarz ◊ *the black of the night sky* die Schwärze des Nachthimmels **2** (*auch* **Black**) [*meist Pl*] Schwarze(r) ☞ Für die in Großbritannien und USA lebenden Schwarzen wird im britischen Englisch zumeist **Blacks**, in den USA normalerweise **African Americans** verwendet. Im Singular kann **black** beleidigend klingen. Stattdessen sollte man im Singular eher **black man/woman** oder in den USA **African American** verwenden. [IDM] **be in the 'black** schwarze Zahlen schreiben; im Plus sein (**in**) **black and white** schwarzweiß ◊ *This is not a black-and-white decision.* Eine klare Entscheidung fällt hier schwer. **in black and white**

black³ /blæk/ *Verb* **1** (*BrE*) bestreiken, boykottieren [SYN] BOYCOTT **2** (*selten*) schwärzen [SYN] BLACKEN [PHRV] **black 'out** ohnmächtig werden **black sth 'out 1** etw verdunkeln ◊ *A power failure blacked out the city last night.* Durch einen Stromausfall lag die Stadt gestern Nacht im Dunkeln. **2** (*Dokument, Film*) schwärzen

the black 'arts *Nomen* [Pl] schwarze Magie

'black·ball /'blækbɔːl/ *Verb* ~ **sb** gegen jds Aufnahme in einen Klub stimmen

black 'belt *Nomen* **1** (SPORT) schwarzer Gürtel **2** Träger(in) des schwarzen Gürtels

black·ber·ry /'blækbəri; *AmE* -beri/ *Nomen* (*Pl* **-ies**) Brombeere

black·ber·ry·ing /'blækbəriŋ; *AmE* -beriŋ/ *Nomen* **go ~** Brombeeren pflücken

black·bird /'blækbɜːd; *AmE* -bɜːrd/ *Nomen* Amsel

black·board /'blækbɔːd; *AmE* -bɔːrd/ *Nomen* (*Wand-*) Tafel

black 'box *Nomen* **1** Flugschreiber **2** (TECH) Blackbox

black·cur·rant /ˌblæk'kʌrənt; *AmE* -'kɜːr-/ *Nomen* Schwarze Johannisbeere

the ˌblack e'conomy *Nomen* [Sing] (*BrE*) die Schattenwirtschaft

black·en /'blækən/ *Verb* **1** schwärzen; (*fig*) diffamieren ◊ *blacken a person's name* jdn diffamieren **2** schwarz werden, sich verfinstern

ˌblack 'eye *Nomen* blaues Auge

black·guard /'blæɡɑːd; *AmE* -ɡɑːrd/ *Nomen* (*BrE, veraltet*) Schurke

black·head /'blækhed/ *Nomen* Mitesser

ˌblack 'hole *Nomen* (ASTRON) schwarzes Loch (*auch fig*) ◊ *a financial black hole* ein Fass ohne Boden

ˌblack 'ice *Nomen* Glatteis

black·jack /'blækdʒæk/ *Nomen* **1** (*Kartenspiel*) Siebzehnundvier **2** (*bes AmE*) Totschläger

black·leg /'blækleɡ/ *Nomen* (*BrE, abwert*) Streikbrecher(in)

black·list¹ /'blæklɪst/ *Nomen* schwarze Liste

black·list² /'blæklɪst/ *Verb* auf die schwarze Liste setzen

ˌblack 'magic *Nomen* schwarze Magie

black·mail¹ /'blækmeɪl/ *Nomen* Erpressung

black·mail² /'blækmeɪl/ *Verb* erpressen ◊ *be blackmailed into doing sth* durch Erpressung gezwungen werden, etw zu tun

black·mail·er /'blækmeɪlə(r)/ *Nomen* Erpresser(in)

ˌblack 'mark *Nomen* (*BrE*) Verweis ◊ *The public scandal was a black mark against him.* Er ist aus dem Skandal mit schmutziger Weste hervorgegangen.

ˌblack 'market *Nomen* [meist Sing] Schwarzmarkt

ˌblack marke'teer *Nomen* Schwarzhändler(in)

black·ness /'blæknəs/ *Nomen* Schwärze

black·out /'blækaʊt/ *Nomen* **1** Stromausfall **2** Nachrichtensperre **3** (*bes BrE*) Verdunklung, Blackout **4** Ohnmachtsanfall, Blackout ◊ *She had a blackout and couldn't remember anything.* Sie verlor das Bewusstsein und konnte sich an nichts erinnern.

ˌblack 'pudding *Nomen* (*BrE*) Blutwurst

black·smith /'blæksmɪθ/ (*auch* **smith**) *Nomen* Schmied(in)

'black spot *Nomen* (*BrE*) Gefahrenstelle ◊ *an environmental black spot* ein besonders umweltgeschädigtes Gebiet

ˌblack 'tie 1 *Nomen* (*zur Smokingjacke getragen*) schwarze Fliege **2** *Adj* ◊ *a black-tie dinner* ein Abendessen mit Smokingzwang

black·top¹ /'blæktɒp; *AmE* -tɑːp/ (*AmE*) *Nomen* Asphalt

black·top² /'blæktɒp; *AmE* -tɑːp/ *Verb* (**-pp-**) asphaltieren

blad·der /'blædə(r)/ *Nomen* Blase

blade /bleɪd/ *Nomen* **1** Klinge ☛ *Siehe auch* RAZOR BLADE **2** (*von Sägen, Scheibenwischern, Rudern*) Blatt; (*von Propellern auch*) Flügel; (*von Turbinen*) Schaufel ◊ *rotor blades* Drehflügel **3** (*von Gras, Getreide etc.*) Halm

blah¹ /blɑː/ *Nomen* (*umgs*) (*Geschwafel*) Blabla

blah² /blɑː/ *Adj* (*AmE, umgs*) **1** uninteressant **2** schlapp

blame¹ /bleɪm/ *Verb* **~ sb/sth (for sth)** jdm/etw (an etw) die Schuld geben; **~ sth on sb/sth** jdn/etw für etw verantwortlich machen ◊ *Police are blaming the accident on dangerous driving.* Die Polizei gibt dem rücksichtslosen Fahren als Unfallursache an. **IDM be to blame (for sth)** schuld (an etw) sein ◊ *Which driver was to blame for the accident?* Welcher Fahrer hat den Unfall verursacht? **don't blame 'me** (*umgs*) beklag dich nicht bei mir **I don't 'blame you, her, etc.** (*umgs*) das kann ich gut verstehen **only have yourself to 'blame.** ◊ *If you lose your job, you'll only have yourself to blame.* Wenn du die Stelle verlierst, hast du dir das nur selbst zuzuschreiben.

blame² /bleɪm/ *Nomen* **~ (for sth)** Schuld (an etw) ◊ *lay/put the blame for sth on sb* jdm an etw die Schuld geben ◊ *Why do I always get the blame for everything?* Warum ist alles immer meine Schuld? ◊ *I won't take the blame.* Ich bin nicht bereit, die Schuld auf mich zu nehmen.

blame·less /'bleɪmləs/ *Adj* (**blame·less·ly**) (*gehoben*) **1** schuldlos, unschuldig **2** untadelig

blame·worthy /'bleɪmwɜːði; *AmE* -wɜːrði/ *Adj* (*gehoben*) **1** schuldig **2** tadelnswert

blanch /blɑːntʃ; *AmE* blæntʃ/ *Verb* **1 ~ (at sth)** (*gehoben*) erbleichen (bei etw) **2** (*Gemüse etc.*) blanchieren, überbrühen

blanc·mange /blə'mɒnʒ; *AmE* -'mɑːnʒ/ *Nomen* (*BrE*) Pudding

bland /blænd/ *Adj* (*Adv* **bland·ly**) **1** (*uninteressant*) farblos **2** (*Nahrung, Diät etc.*) fade (schmeckend) **3** (*Äußerung, Erklärung etc.*) nichts sagend; (*Blick, Gesichtsausdruck etc.*) ausdruckslos

bland·ish·ments /'blændɪʃmənts/ *Nomen* [Pl] (*gehoben*) Überredungskünste, Verlockungen

bland·ness /'blændnəs/ *Nomen* **1** Farblosigkeit **2** fader Geschmack **3** Ausdruckslosigkeit

blank¹ /blæŋk/ *Adj* **1** leer, unbeschrieben; (*Kassette*) unbespielt ◊ *Sign your name in the blank space below.* Unterschreiben Sie in dem freien Feld unten. **2** (*Wand*) kahl ◊ *Then the screen went blank.* Dann wurde der Bildschirm schwarz. ◊ *Suddenly my mind went blank.* Plötzlich hatte ich Mattscheibe. **3** (*Adv* **blank·ly**) ausdruckslos, verständnislos **4** *nur vor Nomen* ◊ *The request was met with blank refusal.* Die Bitte wurde rundweg abgeschlagen. ☛ *Siehe auch* POINT-BLANK

blank² /blæŋk/ *Nomen* **1** (*auf Formular etc.*) freie Stelle, freies Feld **2** [Sing] ◊ *My mind was a blank.* Ich hatte Mattscheibe. ◊ *The time in hospital is a complete blank for her.* Sie kann sich an die Zeit im Krankenhaus überhaupt nicht erinnern. **3** (*auch* **ˌblank 'cartridge**) Platzpatrone **IDM** ⇨ DRAW¹

blank³ /blæŋk/ *Verb* **1** (*BrE, umgs*) **~ sb** jdn schneiden, jdn ignorieren **2** (*AmE*) Mattscheibe haben **PHRV ˌblank 'out** ◊ *The screen blanked out.* Der Bildschirm wurde plötzlich schwarz. **ˌblank sth 'out 1** etw verdecken ◊ *All the names had been blanked out.* Alle Namen waren geschwärzt. **2** etw aus dem Gedächtnis löschen

ˌblank 'cheque (*AmE* **ˌblank 'check**) *Nomen* Blankoscheck (*auch fig*)

blan·ket¹ /'blæŋkɪt/ *Nomen* Decke ◊ (*fig*) *The trial was conducted under a blanket of secrecy.* Der Prozess fand unter strengster Geheimhaltung statt. ☛ *Siehe auch* WET BLANKET

blan·ket² /'blæŋkɪt/ *Adj* nur vor Nomen umfassend, generell, Pauschal- ◊ *a blanket clause* eine Generalklausel ◊ *a blanket term* ein Sammelbegriff

blan·ket³ /'blæŋkɪt/ *Verb* (*oft passiv*) (*gehoben*) bedecken, zudecken

blank·ness /'blæŋknəs/ *Nomen* **1** Leere **2** Ausdruckslosigkeit, Verständnislosigkeit

ˌblank 'verse *Nomen* (*Fachspr*) [U] Blankvers(e)

blare¹ /bleə(r); *AmE* bler/ *Verb* **~ (sth) (out)** (etw) (heraus)plärren ◊ *police cars with sirens blaring* Streifenwagen mit gellenden Sirenen ◊ *Car horns blared.* Die Fahrer hupten wild. ◊ *The trumpets blared out.* Die Trompeten schmetterten.

blare² /bleə(r); *AmE* bler/ *Nomen* [Sing] Plärren, Geplärr; (*von Trompeten*) Schmettern ◊ *the blare of car horns* das laute Hupen

blar·ney /'blɑːni; *AmE* 'blɑːrni/ *Nomen* (*umgs*) Gerede, Schmus

blasé /'blɑːzeɪ; *AmE* blɑː'zeɪ/ *Adj* **~ (about sth)** unempfindlich (gegen etw), gleichgültig (gegen etw)

blas·pheme /blæs'fiːm/ *Verb* lästern ◊ *blaspheme (against) the name of God* Gott lästern

blas·phemer /blæs'fiːmə(r)/ *Nomen* Gotteslästerer, Gotteslästerin

blas·phem·ous /'blæsfəməs/ *Adj* (*Adv* **blas·phem·ous·ly**) gotteslästerlich, blasphemisch

blas·phemy /'blæsfəmi/ *Nomen* (*Pl* **-ies**) Gotteslästerung, Blasphemie

blast¹ /blɑːst; *AmE* blæst/ *Nomen* **1** Explosion, Druckwelle **2** Windstoß **3** Tuten ◊ *He gave a single blast on the trumpet.* Er blies einmal in die Trompete. ◊ *three short blasts on the ship's siren* drei kurze Töne aus der Schiffssirene **4** (*im Pressejargon*) scharfe Kritik **5** [Sing] (*AmE*) ◊ *The party was a blast.* Die Fete war Spitze. ◊ *We had a blast at the party.* Die Fete war supercool. [IDM] **(at) full 'blast** auf Hochtouren ◊ *She had the car stereo on at full blast.* Sie hatte das Autoradio voll aufgedreht.

blast² /blɑːst; *AmE* blæst/ *Verb* **1** sprengen ◊ *All the windows were blasted inwards with the force of the explosion.* Durch die Wucht der Explosion wurden alle Fenster eingedrückt. ◊ *The plane was blasted out of the sky.* Das Flugzeug explodierte und zerschellte in tausend Teile. ◊ *The village was blasted by enemy bombs.* Das Dorf wurde von feindlichen Bomben zerstört. **2** ~ (**sth**) (**out**) (etw) (heraus)plärren ◊ *I blasted my horn.* Ich hupte laut. **3** ~ **sb/sth** (**for sth**) (*umgs*) jdn/etw (wegen einer Sache) verreißen **4** (*umgs*) schlagen; (*Ball*) schmettern **5** (*umgs*) ◊ *Police blasted the demonstrators with water cannons.* Die Polizei setzte Wasserwerfer gegen die Demonstranten ein. **6** (*meist passiv*) (*Ernte*) vernichten [PHRV] ,**blast a'way** drauflosballern ,**blast 'off** (*Rakete*) abheben, starten ☞ *Siehe auch* BLAST-OFF

blast³ /blɑːst; *AmE* blæst/ *Ausruf* (*umgs*) verdammt!

blast·ed /'blɑːstɪd; *AmE* 'blæs-/ *Adj nur vor Nomen* (*umgs*) verflucht, verdammt

'blast furnace *Nomen* Hochofen

'blast-off *Nomen* [U] (*einer Rakete*) Start, Abschuss

bla·tant /'bleɪtnt/ *Adj* (*Adv* **bla·tant·ly**) (*abwert*) eklatant, unverhohlen, offen ◊ *a blatant lie* eine glatte Lüge

blather¹ /'blæðə(r)/ *Verb* (*bes BrE, umgs*) ~ (**on**) (**about sth**) (von etw) schwafeln ◊ *What are you blathering on about now?* Was schwafelst du da?

blather² /'blæðə(r)/ *Nomen* Geschwafel

blaze¹ /bleɪz/ *Verb* **1** brennen, lodern ◊ *The whole building was blazing.* Das ganze Gebäude stand in Flammen. **2** strahlen; (*Sonne*) brennen ◊ *The garden blazed with colour.* Der Garten funkelte in seiner Farbenpracht. **3** ~ (**with sth**) (*gehoben*) (*Augen*) (vor etw) glühen **4** ◊ *The story was blazed all over the daily papers.* Der Fall machte Schlagzeilen in allen Zeitungen. **5** ~ (**away**) drauflosfeuern ◊ *In the distance machine guns were blazing.* In der Ferne war das Knattern der Maschinengewehre zu hören. [IDM] **blaze a 'trail** Pionierarbeit leisten [PHRV] ,**blaze 'up 1** auflodern **2** (*vor Zorn etc.*) aufbrausen

blaze² /bleɪz/ *Nomen* **1** Feuer, Brand ◊ *Dry wood makes a good blaze.* Trockenes Holz brennt gut. **2** Glanz; (*Sonnen*-) Schein; (*von Farben, Lichtern etc.*) Meer ◊ *in a blaze of glory* mit Glanz und Gloria ◊ *the bright blaze of the sun* der pralle Sonnenschein ◊ *They got married in a blaze of publicity.* Ihre Hochzeit war ein Medienereignis. **2** Anfall, Ausbruch ◊ *a blaze of anger* ein Wutanfall [IDM] **what/where/who the 'blazes …?** (*umgs, veraltet*) was/wo/wer zum Teufel …? **like blazes** (*umgs, veraltet*) wie verrückt

blazer /'bleɪzə(r)/ *Nomen* Blazer

blaz·ing /'bleɪzɪŋ/ *Adj nur vor Nomen* **1** brennend, glühend (*auch fig*) ◊ *a blazing hot day* ein glühend heißer Tag **2** (*Streit*) heftig

blazon /'bleɪzn/ *Verb* (*meist passiv*) ~ **sth on/across/over sth** etw auf etw aufdrucken ◊ *He had the word 'Cool' blazoned across his chest.* Auf seiner Brust prangte das Wort "Cool". ◊ *The news was blazoned across the media.* Die Nachricht machte in allen Medien Schlagzeilen.

bleach¹ /bliːtʃ/ *Verb* (aus)bleichen

bleach² /bliːtʃ/ *Nomen* **1** Bleichmittel **2** ≈ Abfluss-/WC-Reiniger

bleach·ers /'bliːtʃəz; *AmE* -tʃərz/ *Nomen* [Pl] (*AmE*) nicht überdachte Zuschauertribüne

bleak /bliːk/ *Adj* (*Adv* **bleak·ly**) **1** düster, trüb, trostlos; (*Stimmung*) niedergeschlagen **2** (*Landschaft etc.*) öde

bleak·ness /'bliːknəs/ *Nomen* Öde, Trostlosigkeit

bleary /'blɪəri; *AmE* 'blɪri/ *Adj* (*Adv* **blear·ily** /-rəli/) verschlafen

,**bleary-'eyed** *Adj* mit verschlafenen Augen

bleat¹ /bliːt/ *Verb* **1** blöken **2** ~ (**about sth**) über etw jammern

bleat² /bliːt/ (*auch* **bleat·ing** /'bliːtɪŋ/) *Nomen* Blöken

bleed /bliːd/ *Verb* (**bled, bled** /bled/) **1** bluten **2** ~ **to death** verbluten **2** (*umgs*) bluten lassen, schröpfen **3** (*Heizung etc.*) entlüften **4** (*Farben*) ineinander laufen **5** zur Ader lassen [IDM] **bleed sb 'dry** jdn völlig ausnehmen ☞ *Siehe auch* HEART

bleed·er /'bliːdə(r)/ *Nomen* (*BrE, umgs, veraltet*) (*Mensch*) Schwein

bleed·ing¹ /'bliːdɪŋ/ *Adj nur vor Nomen* (*BrE, Slang*) verdammt

bleed·ing² /'bliːdɪŋ/ *Nomen* [U] Blutung

bleep¹ /bliːp/ *Nomen* Piepton

bleep² /bliːp/ *Verb* **1** piepsen **2** (*BrE*) anpiepsen

bleep·er /'bliːpə(r)/ *Nomen* (*BrE*) Piepser

blem·ish¹ /'blemɪʃ/ *Nomen* Makel, Unreinheit

blem·ish² /'blemɪʃ/ *Verb* verunstalten, beeinträchtigen ◊ *blemished skin* unreine Haut

blench /blentʃ/ *Verb* (*BrE, gehoben*) erbleichen, zurückschrecken

blend¹ /blend/ *Verb* **1** ~ **A with B**/~ **A and B** (**together**) A mit B verrühren, A mit B vermischen **2** ~ (**with sth**) sich (mit etw) vermischen lassen **3** ~ (**with sth**) (mit etw) harmonieren **4** mischen ◊ *blended teas* Teemischungen ◊ *Their music blends traditional and modern styles.* Ihre Musik verbindet traditionelle und moderne Stilrichtungen miteinander. [PHRV] ,**blend 'in** (**with sth/sb**) (mit etw/jdm) harmonieren ,**blend sth 'in** (GASTRON) etw einrühren ,**blend 'into sth** in etw verschwinden

blend² /blend/ *Nomen* Mischung

blend·er /'blendə(r)/ *Nomen* Mixer

bless /bles/ *Verb* (**blessed, blessed** /blest/) **1** segnen **2** (REL) preisen **3** (*umgs, veraltet*) (*in Ausrufen der Überraschung*) ◊ *Bless my soul!* Ach, du liebe Zeit! ◊ *I'm blessed if I know!* Keine Ahnung. [IDM] **be blessed with sth/sb** mit etw/jdm gesegnet sein '**bless you, her, him, etc.** (*umgs*) ◊ *Sarah, bless her, had made a cup of tea.* Sarah, die Gute, hatte Tee gekocht. '**bless you** (*umgs*) Gesundheit!

blessed /'blesɪd/ *Adj* **1** (REL) heilig, selig **2** (*Adv* **blessed·ly**) himmlisch **3** *nur vor Nomen* (*umgs, veraltet*) verflixt

bless·ing /'blesɪŋ/ *Nomen* Segen ◊ *The government gave its blessing to the new plans.* Die Regierung hat die neuen Pläne abgesegnet. [IDM] **a blessing in dis'guise** ◊ *It was a blessing in disguise.* Es stellte sich im Nachhinein als gut heraus. ☞ *Siehe auch* COUNT¹

blew *Form von* BLOW¹

blight¹ /blaɪt/ *Verb* ruinieren, verschandeln

blight² /blaɪt/ *Nomen* **1** (*Pflanzenkrankheit*) Fäule, Brand **2** Schande ◊ *Bad weather was a blight on/cast a blight over our holiday.* Das schlechte Wetter hat unseren Urlaub verdorben. ◊ *urban blight* verwahrloste Stadtteile

bli·mey /'blaɪmi/ (*auch* ,**cor 'blimey**) *Ausruf* (*BrE, Slang*) Mensch!

blimp /blɪmp/ *Nomen* **1** kleines Luftschiff **2** = COLONEL BLIMP

blind¹ /blaɪnd/ **1** *Adj* (*Adv* **blind·ly**) blind ◊ *a blind man* ein Blinder ◊ *She is blind to his faults.* Sie ist blind gegenüber seinen Fehlern. ◊ *go blind* erblinden ◊ *blind panic* kopflose Panik **2** *Adj* (*Ecke, Kurve etc.*) nicht einsehbar **3 the blind** *Nomen* [Pl] die Blinden ☞ *Hinweis bei* BEHINDERTE(R) [IDM] **(as) blind as a 'bat** (*hum*) stockblind **it's (a case of) the blind leading the 'blind** das ist, wie wenn ein Blinder einen Lahmen führt **not a blind bit of …** (*BrE, umgs*) überhaupt kein … **turn a blind 'eye (to sth)** (bei etw) ein Auge zudrücken

blind² /blaɪnd/ *Verb* **1** blenden ◊ *She was blinded in the explosion.* Bei der Explosion verlor sie das Augenlicht. **2** ~ **sb (to sth)** jdn (für etw) blind machen [IDM] **blind sb with science** jdn mit Fachjargon beeindrucken oder verwirren

blind³ /blaɪnd/ *Nomen* Rollladen, Jalousie

blind⁴ /blaɪnd/ *Adv* blind ◊ *fly blind* im Blindflug fliegen [IDM] **blind 'drunk** völlig betrunken ☞ *Siehe auch* SWEAR

,**blind 'alley** *Nomen* (*Irrweg*) Sackgasse

,**blind 'date** *Nomen* = Rendezvous mit einem/einer Unbekannten

blind·er /ˈblaɪndə(r)/ *Nomen* **1** (SPORT) Spitzenleistung ◊ *play, run, etc. a blinder* eine Spitzenleistung bieten **2 blinders** [Pl] (*AmE*) Scheuklappen (*auch fig*)

blind·fold¹ /ˈblaɪndfəʊld; *AmE* -foʊld/ *Nomen* Augenbinde

blind·fold² /ˈblaɪndfəʊld; *AmE* -foʊld/ *Verb* die Augen verbinden

blind·fold³ /ˈblaɪndfəʊld; *AmE* -foʊld/ (*AmE* **blind·fold·ed**) *Adj, Adv* mit verbundenen Augen

blind·ing /ˈblaɪndɪŋ/ *Adj* grell, blendend ◊ *a blinding headache* rasende Kopfschmerzen

blind·ing·ly /ˈblaɪndɪŋli/ *Adv* extrem ◊ *The reason is blindingly obvious.* Der Grund liegt doch auf der Hand.

ˌblind manʼs ˈbuff *Nomen* (*AmE* ˌblind manʼs ˈbluff) Blindekuh

blind·ness /ˈblaɪndnəs/ *Nomen* Blindheit ◊ *partial blindness* Sehbehinderung

ˈblind spot *Nomen* **1** toter Winkel **2** schwacher Punkt ◊ *I have a blind spot where maths is concerned.* Mathe ist mein Schwachpunkt. **3** (MED) blinder Fleck

blink¹ /blɪŋk/ *Verb* **1** blinzeln ◊ *Iʼll be back before you can blink.* Ehe du dich versiehst, bin ich wieder zurück. **2** (*Licht*) (auf)blinken PHRV **blink aˈway/ˈback the tears** die Tränen zurückhalten

blink² /blɪŋk/ *Nomen* Blinzeln IDM **in the blink of an ˈeye** in einem Augenblick **on the ˈblink** (*umgs*) kaputt

blink·er /ˈblɪŋkə(r)/ *Nomen* **1** Blinker **2** blinkers· [Pl] Scheuklappen (*auch fig*)

blink·ered /ˈblɪŋkəd; *AmE* -kərd/ *Adj* engstirnig

blink·ing /ˈblɪŋkɪŋ/ *Adj, Adv* (*BrE, umgs, veraltet*) verflixt

blip /blɪp/ *Nomen* **1** Leuchtpunkt **2** Störung ◊ *a temporary blip* ein zeitweiliger Rückschlag

bliss /blɪs/ *Nomen* Glück(seligkeit), Wonne IDM ⇒ IGNORANCE

bliss·ful /ˈblɪsfl/ *Adj* (*Adv* **bliss·ful·ly** /-fəli/) glückselig ◊ *blissful ignorance* selige Unwissenheit

B-list /ˈbiː lɪst/ **1** *Adj* der zweiten Garde, zweitklassig **2** *Nomen* zweite Garde

blis·ter¹ /ˈblɪstə(r)/ *Nomen* (*auf der Haut, im Anstrich*) Blase

blis·ter² /ˈblɪstə(r)/ *Verb* Blasen bekommen, Blasen werfen ◊ *cracked and blistered skin* Haut mit Rissen und Blasen ◊ *The hot sun blistered the paint.* Durch die heiße Sonne warf die Farbe Blasen.

blis·ter·ing /ˈblɪstərɪŋ/ *Adj* **1** (*Tempo*) rasant **2** (*Hitze*) glühend **3** (*Kritik, Attacke*) heftig

blithe /blaɪð/ *Adj* (*Adv* **blithe·ly**) **1** (*abwert*) ungeniert ◊ *He drove with blithe disregard for the rules of the road.* Er missachtete die Verkehrsregeln ganz ungeniert. **2** (*gehoben*) heiter, unbekümmert

blitz¹ /blɪts/ *Nomen* **1** [meist Sing] Großaktion ◊ *an advertising blitz* eine Werbegroßaktion ◊ *Iʼve had a blitz on the house.* Ich habe im Haus eine Putzaktion veranstaltet. **2** [meist Sing] Angriff **3 the Blitz** [Sing] = die deutschen Luftangriffe auf Großbritannien im Jahre 1940

blitz² /blɪts/ *Verb* bombardieren

bliz·zard /ˈblɪzəd; *AmE* -zərd/ *Nomen* **1** Schneesturm ◊ *blizzard conditions* schlechte Wetterbedingungen mit Schneestürmen **2** (*gehoben*) (*von Beschwerden, Briefen etc.*) Flut, Lawine

bloat /bləʊt; *AmE* bloʊt/ *Verb* aufschwemmen, sich aufblähen

bloat·ed /ˈbləʊtɪd; *AmE* ˈbloʊ-/ *Adj* aufgedunsen; ◊ (*fig*) *a bloated organization* eine personell aufgeblähte Organisation ◊ *I felt bloated.* Ich war zum Platzen voll.

blob /blɒb; *AmE* blɑːb/ *Nomen* Klecks; (*Farb-*) Tupfer

bloc /blɒk; *AmE* blɑːk/ *Nomen* (POL) Block ☛ *Siehe auch* EN BLOC

block¹ /blɒk; *AmE* blɑːk/ *Nomen* **1** Block, Klotz ◊ *a block of ice* ein Eisblock ◊ *a chopping block* ein Hackklotz ☛ *Siehe auch* BUILDING BLOCK *und* CINDER BLOCK **2 the block** der Richtblock **3** (*meist in Zusammensetzungen*) (*BrE*) Block; (*in Universität, Krankenhaus etc.*) Trakt ◊ *a tower block* ein Hochhaus ◊ *an office block* ein Bürohaus **4** Häuserblock ◊ *I went for a walk around the block.* Ich machte einen Spaziergang um den Häuserblock. **5** (*AmE*) Block ◊ *His apartment is three blocks away from the police station.* Seine Wohnung ist drei Blocks von der Polizeiwache entfernt.

6 Abschnitt, Block ◊ *a block of text* ein Textabschnitt ◊ *a block of shares* ein Aktienpaket ◊ (*BrE*) *block bookings* Gruppenbuchungen **7** [meist Sing] Sperre, Hindernis ◊ *writerʼs block* eine Schreibblockade ☛ *Siehe auch* STUMBLING BLOCK **8** (SPORT) Blockade **9 the blocks** (*auch* **the starting blocks**) [Pl] Startblöcke IDM **go on the ˈblock** versteigert werden **put/lay your ˈhead/neck on the block** Kopf und Kragen riskieren ☛ *Siehe auch* CHIP¹ *und* KNOCK¹

block² /blɒk; *AmE* blɑːk/ *Verb* **1** blockieren, verstopfen, (ver)sperren ◊ *Many roads are blocked by snow.* Viele Straßen sind wegen der starken Schneefälle unpassierbar. ◊ *One of the guards moved to block her path.* Einer der Wächter stellte sich ihr in den Weg. **2** (*Abkommen, Reform, Bewerbung etc.*) blockieren **3** (SPORT) abwehren, stoppen PHRV **ˌblock sb/sth ˈin** jdn/etw einkeilen **ˌblock sth ˈin** etw skizzieren **ˌblock sth ˈoff** (*Straße etc.*) absperren, abriegeln **ˌblock sth ˈout** (*Licht, Lärm*) verdecken, abschirmen **2** (*Erinnerungen etc.*) verdrängen **ˌblock sth ˈup** etw verstopfen; (*Tür, Fenster etc.*) zumauern

block·ade¹ /blɒˈkeɪd; *AmE* blɑːˈk-/ *Nomen* **1** Blockade **2** (*Straßen-*) Sperre

block·ade² /blɒˈkeɪd; *AmE* blɑːˈk-/ *Verb* blockieren, sperren

block·age /ˈblɒkɪdʒ; *AmE* ˈblɑːk-/ *Nomen* Verstopfung ◊ *There was a blockage in the pipe.* Das Rohr war verstopft.

ˌblock and ˈtackle *Nomen* Flaschenzug

block·bust·er /ˈblɒkbʌstə(r); *AmE* ˈblɑːk-/ *Nomen* (*umgs*) Knüller, Filmhit

block·bust·ing /ˈblɒkbʌstɪŋ; *AmE* ˈblɑːk-/ *Adj* ◊ *a blockbusting performance* eine Glanzleistung ◊ *a blockbusting book* ein Knüller

ˌblock ˈcapitals (*auch* ˌblock ˈletters) *Nomen* [Pl] Blockbuchstaben, Blockschrift

block·head /ˈblɒkhed; *AmE* ˈblɑːk-/ *Nomen* (*umgs*) Dummkopf

ˌblock ˈvote *Nomen* = Stimmenabgabe im Paket

bloke /bləʊk; *AmE* bloʊk/ *Nomen* (*BrE, umgs*) Kerl, Typ

blonde /blɒnd; *AmE* blɑːnd/ **1** *Adj* (*auch* **blond**) blond, hell **2** *Nomen* Blondine

blood /blʌd/ *Nomen* **1** Blut ◊ *give blood* Blut spenden ◊ *The dog bit me, drawing blood.* Der Hund biss mich, so dass ich blutete. **2** (*gehoben*) Geblüt, Abstammung, Blut IDM **bad ˈblood** böses Blut ◊ *There is a lot of bad blood between them.* Sie haben ein sehr gespanntes Verhältnis. **be after/out for sbʼs ˈblood** (*umgs, oft hum*) jdn an den Kragen wollen; es auf jdn abgesehen haben **be/run in your ˈblood** jdm im Blut liegen **be like getting blood out of/from a ˈstone** fast ein Ding der Unmöglichkeit sein; ein hartes Stück Arbeit sein **sbʼs ˈblood is up** (*BrE*) jdm kocht das Blut in den Adern **sb has sbʼs ˈblood on his, her, etc. hands** jdm klebt jds Blut an den Händen **make sbʼs ˈblood boil** jdn rasend machen **make sbʼs blood run cold** jdm das Blut in den Adern erstarren lassen **new/fresh ˈblood** frisches Blut ☛ *Siehe auch* COLD¹, FLESH¹, FREEZE¹, SPILL¹, STIR¹ *und* SWEAT²

ˈblood bank *Nomen* Blutbank

blood·bath /ˈblʌdbɑːθ; *AmE* -bæθ/ *Nomen* Blutbad

ˈblood brother *Nomen* Blutsbruder

ˈblood clot (*auch* **clot**) *Nomen* Blutgerinnsel

ˈblood count *Nomen* (MED) Blutbild

ˈblood-curdling *Adj* Grauen erregend

ˈblood donor *Nomen* Blutspender(in)

-blooded /ˈblʌdɪd/ (*in Adjektiven*) -blütig ◊ *cold-blooded animals* Kaltblüter

ˈblood group *Nomen* Blutgruppe

ˈblood heat *Nomen* Körpertemperatur

blood·hound /ˈblʌdhaʊnd/ *Nomen* Bluthund

blood·ied /ˈblʌdɪd/ *Adj* blutig

blood·ily *Adv* ⇒ BLOODY¹

blood·less /ˈblʌdləs/ *Adj* **1** unblutig **2** bleich, blutleer **3** gefühllos SYN COLD *und* UNEMOTIONAL

blood·let·ting /ˈblʌdletɪŋ/ *Nomen* **1** Blutvergießen **2** Aderlass

blood·lust /ˈblʌdlʌst/ *Nomen* Blutrünstigkeit

ˈblood money *Nomen* **1** Mordlohn **2** Blutgeld

'blood orange *Nomen* Blutorange
'blood poisoning *Nomen* Blutvergiftung
'blood pressure *Nomen* [U] Blutdruck ◊ **take sb's blood pressure** jdm den Blutdruck messen
'blood-'red *Adj* blutrot
'blood relation (*auch* **'blood relative**) *Nomen* Blutsverwandte(r)
'blood sausage *Nomen* (*AmE*) Blutwurst
'blood·shed /'blʌdʃed/ *Nomen* Blutvergießen
'blood·shot /'blʌdʃɒt; *AmE* -ʃɑːt/ *Adj* blutunterlaufen
'blood sport *Nomen* [meist Pl] Hetzjagd
'blood·stain /'blʌdsteɪn/ *Nomen* Blutfleck
'blood·stained /'blʌdsteɪnd/ *Adj* blutbefleckt
'blood·stock /'blʌdstɒk; *AmE* -stɑːk/ *Nomen* [U] Vollblut(pferde)
'blood·stream /'blʌdstriːm/ *Nomen* Blutbahn, Blutkreislauf
'blood test *Nomen* Blutprobe, Blutuntersuchung
'blood·thirsty /'blʌdθɜːsti; *AmE* -θɜːrsti/ *Adj* **1** blutdürstig **2** blutrünstig
'blood transfusion (*auch* **transfusion**) *Nomen* Bluttransfusion
'blood type *Nomen* (*bes AmE*) Blutgruppe
'blood vessel *Nomen* Blutgefäß
bloody¹ /'blʌdi/ *Adj* **1** *nur vor Nomen* (*BrE, vulg, umgs*) verdammt, Scheiß- ◊ *That was a bloody good meal!* Das war ein verdammt gutes Essen. ◊ *What the bloody hell do you think you're doing?* Was zum Teufel machst du da? **2** (**blood·i·er, blood·i·est**) (*Adv* **blood·i·ly** /-ɪli/) blutig ◊ *give sb a bloody nose* jdm eins auf die Nase geben
bloody² /'blʌdi/ *Adv* (*BrE, vulg, umgs*) verdammt ◊ *I don't bloody care.* Das ist mir scheißegal. [IDM] **bloody well** (*BrE, vulg, umgs*) ◊ *You can bloody well keep your job!* Sie können sich Ihren verdammten Job an den Hut stecken! ◊ *'I'm not coming.' 'Yes, you bloody well are!'* „Ich komme nicht mit!" „Oh doch, verdammt noch mal!"
bloody-'minded *Adj* (*BrE, umgs*) stur
bloody-'minded·ness *Nomen* (*BrE, umgs*) Sturheit
bloom¹ /bluːm/ *Nomen* (*gehoben oder Fachspr*) Blüte (*auch fig*) ◊ *There was a healthy bloom on her cheeks.* Ihre Wangen waren rosig frisch. ◊ *The roses are coming into bloom.* Die Rosen beginnen zu blühen. ◊ *daffodils in bloom* blühende Osterglocken
bloom² /bluːm/ *Verb* blühen (*auch fig*) ◊ *The children had bloomed during their stay on the farm.* Die Kinder waren in den Ferien auf dem Bauernhof aufgeblüht. ◊ *She was blooming with good health.* Sie sah blühend aus.
bloom·er /'bluːmə(r)/ *Nomen* (*BrE, umgs, veraltet*) (Fehltritt) Schnitzer, Ausrutscher
bloom·ers /'bluːməz; *AmE* -ərz/ *Nomen* [Pl] **1** (*umgs*) = Damenunterhose mit knielangem Bein **2** Pumphose ☛ *Hinweis bei* BRILLE
bloom·ing /'bluːmɪŋ, 'blʊm-/ *Adj, Adv* (*BrE, umgs*) verflixt, Mist- ◊ *What blooming (awful) weather!* So ein Mistwetter!
blos·som¹ /'blɒsəm; *AmE* 'blɑː-/ *Nomen* Blüte ◊ *The trees are in blossom.* Die Bäume blühen.
blos·som² /'blɒsəm; *AmE* 'blɑː-/ *Verb* **1** blühen **2** ~ **into sth** zu etw werden, zu etw erblühen ◊ *Their friendship blossomed into love.* Aus ihrer Freundschaft wurde Liebe. **3** (*fig*) aufblühen ◊ *She has blossomed over the last few months.* In den letzten paar Monaten ist sie aufgeblüht.
blot¹ /blɒt; *AmE* blɑːt/ *Verb* (**-tt-**) **1** abtupfen; (*Tinte*) ablöschen **2** beklecksen, verklecksen [IDM] **blot your 'copy·book** (*umgs, veraltet*) sich seinen guten Ruf/seine Chancen kaputtmachen [PHR V] **blot sth 'out 1** etw verdecken **2** (*Erinnerung etc.*) auslöschen
blot² /blɒt; *AmE* blɑːt/ *Nomen* **1** Fleck, Klecks **2** Makel [IDM] **a blot on the 'landscape** ein Schandfleck in der Landschaft
blotch /blɒtʃ; *AmE* blɑːtʃ/ *Nomen* Fleck
blotchy /'blɒtʃi; *AmE* 'blɑː-/ (*BrE auch* **blotched**) *Adj* (*Gesicht, Haut*) fleckig
blot·ter /'blɒtə(r); *AmE* 'blɑːt-/ *Nomen* **1** Schreibunterlage **2** (*AmE*) Polizeiregister

'blotting paper *Nomen* Löschpapier
blouse /blaʊz; *AmE* blaʊs/ *Nomen* Bluse
blow¹ /bləʊ; *AmE* bloʊ/ *Verb* (**blew** /bluː/, **blown** /bləʊn; *AmE* bloʊn/ *oder, in Bedeutung 9:* **blew, blowed** /bləʊd; *AmE* bloʊd/) **1** pusten, blasen **2** wehen ◊ *It was blowing a gale.* Es stürmte. ◊ *The ship was blown onto the rocks.* Das Schiff wurde vom Wind auf die Felsen getrieben. ◊ *The bomb blast blew him across the street.* Die Explosion schleuderte ihn über die Straße. **3** (*Pfeife, Hupe, etc.*) ◊ *I heard the whistle blow.* Ich hörte den Pfiff. ◊ *drivers blowing their horns* hupende Autofahrer **4** (*Sicherung*) durchbrennen (lassen) **5** (auf)sprengen **6** (*umgs*) (*Geheimnis etc.*) aufdecken ◊ *The spy's cover was blown.* Der Spion wurde enttarnt. **7** ~ **sth (on sth)** (*umgs*) etw (für etw) verpulvern **8** (*umgs*) verpatzen ◊ *I've blown it.* Ich habe alles vermasselt. **9** (*umgs*) (*verwendet, um Ärger, Verblüffung etc. auszudrücken*) ◊ *Blow it! We've missed the bus.* So ein Mist! Wir haben den Bus verpasst. ◊ *Well, blow me down!* Menschenskind! ◊ *I'm blowed if I'm going to put up with it.* Ich denke nicht daran, mir das gefallen zu lassen. ◊ *Let's take a taxi and blow the expense.* Lass uns ein Taxi nehmen, egal, was es kostet. **10** (*AmE, Slang*) abhauen ◊ *Let's blow this joint.* Lasst uns aus dem Laden hier abziehen. [IDM] **blow your/sb's 'brains out** sich/jdm eine Kugel durch den Kopf jagen **blow hot and 'cold (about sth)** (*umgs*) dauernd seine Meinung (über etw) ändern **blow sb a 'kiss** jdm eine Kusshand zuwerfen **blow your 'mind** (*umgs*) ◊ *The sound just blows your mind.* Der Sound haut einen einfach um! **blow your 'nose** sich die Nase putzen **blow your own 'trumpet** (*umgs*) sein eigenes Lob singen [SYN] BOAST **blow sb/sth to kingdom 'come** jdn/etw in die Luft jagen **blow your 'top** (*AmE* **blow your 'stack**) (*umgs*) in die Luft gehen **blow the 'whistle on sb/sth** (*umgs*) jdn/etw auffliegen lassen ☛ *Siehe auch* HORN, PUFF¹ *und* WAY¹ [PHR V] **blow sb a'way** (*bes AmE, umgs*) **1** jdn abknallen **2** jdn total umhauen **blow 'in** (*umgs*) hereinschneien **blow sb 'off** (*AmE, umgs*) jdn sitzen lassen [SYN] STAND SB UP **blow 'out 1** (*Flamme*) ausgehen **2** (*Erdöl, Gas*) ausbrechen, einen Blow-out haben **blow itself 'out** (*Wind, Sturm*) sich legen **blow sb 'out** (*AmE, umgs*) jdn vernichtend schlagen **blow sth 'out** etw auspusten **blow 'over** (*Sturm, Skandal etc.*) sich verziehen **blow 'up 1** explodieren **2** losbrechen **3** (*umgs*) (*Mensch*) in die Luft gehen **blow sth 'up 1** etw (in die Luft) sprengen **2** etw aufblasen, etw aufpumpen **3** (*Foto*) etw vergrößern [SYN] ENLARGE **4** (*umgs*) etw aufbauschen, etw hochspielen **blow 'up at sb** (*umgs*) jdn (wütend) anfahren
blow² /bləʊ; *AmE* bloʊ/ *Nomen* **1** Schlag, Hieb ◊ *a severe blow to the head* ein heftiger Schlag auf den Kopf ◊ *exchange blows* aufeinander einschlagen **2** ~ **(to sb/sth)** (*Schicksals*)schlag (für jdn/etw) **3** ◊ *Give your nose a good blow.* Putz dir mal ordentlich die Nase. ◊ *put the candles out in one blow* die Kerzen mit einem Mal auspusten ◊ *give three blows on the whistle* dreimal pfeifen [IDM] **a ,blow-by-,blow ac'count, de'scription, etc.** (*umgs, abwert*) ein ausführlicher Bericht **come to 'blows (over sth)** sich (wegen einer Sache) in die Wolle kriegen **soften/cushion the 'blow** den Schock mildern; den Schlag abfangen ☛ *Siehe auch* DEAL¹ *und* STRIKE¹
blow³ /bləʊ; *AmE* bloʊ/ *Ausruf* (*BrE, veraltet*) ach je!
'blow-dry¹ *Verb* (**-dries, drying, -dried, dried**) föhnen
'blow-dry² *Nomen* Föhnen
'blow·hole /'bləʊhəʊl; *AmE* 'bloʊhoʊl/ *Nomen* **1** (*Wal etc.*) Atemloch **2** (*im Eis*) (Luft)loch
'blow job *Nomen* (*vulg, Slang*) ◊ *give sb a blow job* jdm einen blasen
'blow·lamp /'bləʊlæmp; *AmE* 'bloʊ-/ (*AmE* **'blow·torch** /'bləʊtɔːtʃ; *AmE* 'bloʊtɔːrtʃ/) *Nomen* Heißluftföhn
blown *Form von* BLOW¹
'blow-out *Nomen* **1** ◊ *He had a blow-out.* Ihm ist ein Reifen geplatzt. **2** [meist Sing] (*umgs*) Gelage, Schlemmerei **3** (*AmE*) große Party **4** (*AmE*) leichter Sieg, Spaziergang **5** (*Erdöl, Gas*) Ausbruch, Blow-out
'blow-up *Nomen* **1** (*Foto*) Vergrößerung **2** (*AmE*) Wutausbruch
blub·ber¹ /'blʌbə(r)/ *Nomen* Tran
blub·ber² /'blʌbə(r)/ *Verb* (*umgs, abwert*) flennen

bludgeon

bludg·eon /'blʌdʒən/ *Verb* **1** prügeln, niederknüppeln **2** ~ sb (**into sth**) jdn (zu etw) zwingen

blue¹ /bluː/ *Adj* **1** blau **2** (*bes AmE, umgs*) melancholisch, deprimiert ◊ *He's feeling blue.* Er ist ziemlich down. **3** unanständig; (*Film, Bild*) pornographisch ◊ *a blue joke* ein schlüpfriger Witz IDM **sb's ˌblue-eyed ˈboy** (*BrE, umgs, oft abwert*) ◊ *the manager's blue-eyed boy* der Liebling des Chefs **till you are blue in the ˈface** bis du schwarz wirst ☛ *Siehe auch* BLACK¹, DEVIL¹, ONCE *und* SCREAM¹

blue² /bluː/ *Nomen* **1** Blau, Blauton **2** (*BrE*) = Titel für Studenten, die Oxford oder Cambridge bei bestimmten Sportwettkämpfen vertreten IDM **out of the ˈblue** völlig unerwartet; aus heiterem Himmel ☛ *Siehe auch* BOLT¹ *und* BOY¹

ˌblue ˈbaby *Nomen* = Baby mit angeborenem Herzfehler

blueˈbell /'bluːbel/ *Nomen* **1** Sternhyazinthe **2** (*in Schottland*) (rundblättrige) Glockenblume

blueˈberry /'bluːbəri; *AmE* -beri/ *Nomen* (*Pl* **-ies**) Heidelbeere, Blaubeere

ˌblue ˈblood *Nomen* blaues Blut

ˌblue-ˈblooded *Adj* blaublütig

blueˈbot·tle /'bluːbɒtl; *AmE* -bɑːtl/ *Nomen* Schmeißfliege

ˌblue ˈcheese *Nomen* (Blau)schimmelkäse

ˌblue-ˈchip *Adj nur vor Nomen* (FINANZ) erstklassig

ˌblue-ˈcollar *Adj nur vor Nomen* Arbeiter- ◊ *blue-collar workers* die Arbeiter(klasse)

ˌblue ˈfunk ⇨ FUNK¹

blueˈgrass /'bluːɡrɑːs; *AmE* -ɡræs/ *Nomen* = Countrymusic mit Gitarren und Banjos

blueˈness /'bluːnəs/ *Nomen* Bläue

blueˈprint /'bluːprɪnt/ *Nomen* **1** Blaupause ◊ *the genetic blueprint* der genetische Bauplan **2** Modell, Muster

blues /bluːz/ *Nomen* **1** (*meist* **the blues**) Blues ◊ *sing the blues* Blues singen **2 the blues** [*Pl*] (*umgs*) Depressionen

ˈblue tit *Nomen* Blaumeise

bluff¹ /blʌf/ *Verb* bluffen PHRV **ˈbluff sb into doing sth** jdn durch einen Trick dazu bringen, etw zu tun **ˌbluff it ˈout** bluffen **ˌbluff your way ˈin**(**to sth**) sich (in etw) hineinmogeln **ˌbluff your way ˈout** (**of sth**) sich (aus etw) herausmogeln **ˌbluff your way ˈthrough** (**sth**) sich (durch etw) hindurchmogeln

bluff² /blʌf/ *Nomen* **1** Bluff **2** Kliff, Felsen IDM ⇨ CALL¹

bluff³ /blʌf/ *Adj* rau aber herzlich

bluˈish /'bluːɪʃ/ *Adj* bläulich

blun·der¹ /'blʌndə(r)/ *Nomen* grober Schnitzer

blun·der² /'blʌndə(r)/ *Verb* einen groben Fehler machen PHRV **ˌblunder aˈbout**, **aˈround**, **etc.** umher-, herumtappen etc. **ˌblunder ˈinto sth** gegen etw stoßen ◊ *blunder into a trap* in eine Falle tappen

blunt¹ /blʌnt/ *Adj* (**blunt·ly**) **1** stumpf **2** unverblümt; (*Person*) direkt ◊ *To be blunt, …* Offen gesagt, …

blunt² /blʌnt/ *Verb* **1** abschwächen, abmildern **2** stumpf machen

bluntˈness /'blʌntnəs/ *Nomen* Direktheit

blur¹ /blɜː(r)/ *Nomen* [*meist Sing*] **1** schemenhafter Umriss, Kontur ◊ *Everything is a blur without my glasses.* Ohne Brille verschwimmt mir alles vor den Augen. **2** Schleier **3** verschwommener Eindruck, bruchstückhafte Erinnerung

blur² /blɜː(r)/ *Verb* (**-rr-**) **1** verschwimmen (lassen) **2** ◊ *His eyes blurred with tears.* Tränen stiegen ihm in die Augen. **3** (*sich*) verwischen

blurb /blɜːb; *AmE* blɜːrb/ *Nomen* Klappentext, Waschzettel

blurred /blɜːd; *AmE* blɜːrd/ *Adj* verschwommen, verwischt; (*Erinnerungen*) vage

blurry /'blɜːri/ *Adj* (*umgs*) verschwommen

blurt /blɜːt; *AmE* blɜːrt/ *Verb* ~ **sth** (**out**) mit etw herausplatzen

blush¹ /blʌʃ/ *Verb* **1** ~ (**with sth**) (**at sth**) (beim Gedanken an etw) rot werden (vor jdm) **2** ~ **to do sth** sich schämen etw zu tun

blush² /blʌʃ/ *Nomen* Erröten ◊ *She felt a warm blush rise to her cheeks.* Sie fühlte, wie ihr eine warme Röte ins Gesicht stieg. IDM ⇨ SPARE²

blush·er /'blʌʃə(r)/ (*AmE auch* **blush**) *Nomen* (Puder)rouge

blus·ter¹ /'blʌstə(r)/ *Verb* toben, wettern

blus·ter² /'blʌstə(r)/ *Nomen* lautes Geschrei, leere Drohungen

blus·tery /'blʌstəri/ *Adj* stürmisch

Blvd. *Abk* = BOULEVARD

bn *Abk* = BILLION (1)

BO /ˌbiː 'əʊ; *AmE* 'oʊ/ *Abk* = BODY ODOUR

boa /'bəʊə; *AmE* 'boʊə/ *Nomen* (*Pl* **boas**) **1** (*auch* **boa constrictor**) Boa constrictor **2** Federboa

boar /bɔː(r)/ *Nomen* (*Pl* **boar** *oder* **boars**) **1** Keiler **2** Eber ☛ G 1.2

board¹ /bɔːd; *AmE* bɔːrd/ *Nomen* **1** Brett; (*Fußboden-*) Diele ◊ *a bulletin board* ein schwarzes Brett ◊ *The exam results went up on the board.* Die Prüfungsergebnisse wurden am schwarzen Brett ausgehängt. ◊ *a diving board* ein Sprungbrett ◊ *I'll write it up on the board.* Ich schreib es an die Tafel. ☛ *Siehe auch* BLACKBOARD, CHIPBOARD, FLOORBOARD, HARDBOARD, NOTICEBOARD, SAILBOARD, SKIRTING BOARD *und* SURFBOARD **2** Vorstand, Aufsichtsrat; (*an einer Universität*) Rat ◊ *She has a seat on the board of directors.* Sie ist Vorstandsmitglied. ☛ G 1.3b **3** Gremium, Kommission, Amt ◊ *the Welsh Tourist Board* das walisische Fremdenverkehrsamt ◊ *the Cambridge Examination Board* die Cambridge Prüfungskommission ◊ (*AmE*) *the Board of Education* die Schulbehörde ☛ G 1.3b **4** [*U*] Verpflegung **5 boards** [*Pl*] (*AmE, veraltet*) = Universitätsaufnahmeprüfung **6 the boards** [*Pl*] (*umgs, veraltet*) die Bühne ◊ *She's treading the boards.* Sie ist Schauspielerin. IDM **(be) aˌbove ˈboard** (*Geschäft etc.*) korrekt (sein); legal (sein) **aˌcross the ˈboard** allgemein ◊ *The industry needs more investment across the board.* Die ganze Industrie braucht mehr Investitionen. **ˌgo by the ˈboard** (*BrE*) unter den Tisch fallen; (*Plan etc.*) ins Wasser fallen **on ˈboard** an Bord ◊ (*fig*) *It's good to have you on board for this project.* Es ist gut, dass Sie mit dabei sind. **take sth on ˈboard** (*Vorschlag, Empfehlung*) etw annehmen; (*Rat, Kritik*) sich etw zu Herzen nehmen ☛ *Siehe auch* SWEEP¹

board² /bɔːd; *AmE* bɔːrd/ *Verb* **1** ~ (**sth**) (in etw) einsteigen, an Bord (einer Sache) gehen **2 be boarding** ◊ *Flight BA193 for Paris is now boarding at Gate 37.* Passagiere des Fluges BA193 nach Paris bitte zum Flugsteig 37. **3** ~ **at …/with sb** bei jdm in Pension wohnen **4** im Internat sein, Internatsschüler(in) sein PHRV **ˌboard sb ˈout** (*veraltet*) jdn in Pflege geben **ˌboard sth ˈup** etw mit Brettern verkleiden/vernageln

board·er /'bɔːdə(r); *AmE* 'bɔːrd-/ *Nomen* (*bes BrE*) **1** Internatsschüler(in) **2** Pensionsgast

ˈboard game *Nomen* Brettspiel

board·ing /'bɔːdɪŋ; *AmE* 'bɔːrd-/ *Nomen* **1** (*BrE*) Holzverschalung; (*Fußboden-*) Dielen **2** Internatsunterbringung ◊ *boarding fees* Internatskosten

ˈboarding house *Nomen* Pension

ˈboarding kennel *Nomen* [*meist Pl*] (*BrE*) Hundeheim

ˈboarding pass (*BrE auch* **ˈboarding card**) *Nomen* Bordkarte

ˈboarding school *Nomen* Internat

board·room /'bɔːdruːm, -rʊm; *AmE* 'bɔːrd-/ *Nomen* Sitzungssaal ◊ *a boardroom row* Differenzen in der Geschäftsführung

board·walk /'bɔːdwɔːk; *AmE* 'bɔːrd-/ *Nomen* (*bes AmE*) Holzsteg

boast¹ /bəʊst; *AmE* boʊst/ *Verb* **1** ~ (**about/of sth**) (mit etw) prahlen, (mit etw) angeben **2** ~ **sth** (*nicht in der Verlaufsform*) (*gehoben*) sich einer Sache rühmen, etw aufzuweisen haben

boast² /bəʊst; *AmE* boʊst/ *Nomen* (*oft abwert*) Prahlerei ◊ *The company's boast of being the market leader is simply not true.* Die Behauptung der Firma, marktführend zu sein, stimmt einfach nicht.

boast·ful /'bəʊstfl; *AmE* 'boʊstfl/ *Adj* (*abwert*) prahlerisch

boat /bəʊt; *AmE* boʊt/ *Nomen* **1** Boot ◊ *take a boat trip* eine Bootsfahrt machen **2** (*umgs*) Schiff, Fähre ☛ *Siehe auch* GRAVY BOAT *und* SAUCE BOAT IDM **be in the same ˈboat** im gleichen Boot sitzen ☛ *Siehe auch* BURN¹, MISS¹, PUSH¹ *und* ROCK²

boat·er /'bəʊtə(r); AmE 'boʊt-/ Nomen (steifer) Strohhut
boat·hook /'bəʊtʊk; AmE 'boʊt-/ Nomen Bootshaken
boat·house /'bəʊthaʊs; AmE 'boʊt-/ Nomen Bootshaus
boat·ing /'bəʊtɪŋ; AmE 'boʊtɪŋ/ Nomen ◊ *go boating* eine Bootsfahrt machen ◊ *Local activities include walking, boating and golf.* Unter den Freizeitmöglichkeiten sind z.B. Wandern, Bootfahren und Golf zu nennen.
boat·man /'bəʊtmən; AmE 'boʊt-/ Nomen (*Pl* **-men** /-mən/) Bootsverleiher, Bootsführer
'boat people Nomen [Pl] Bootsflüchtlinge
boat·yard /'bəʊtjɑːd; AmE 'boʊtjɑːrd/ Nomen Bootswerft, Bootswerkstatt
Bob /bɒb; AmE bɑːb/ Nomen IDM **Bob's your 'uncle** (*BrE, umgs*) ◊ *Press here and Bob's your uncle! It's disappeared.* Drück bloß da drauf und fertig ist der Lack! Es ist weg.
bob[1] /bɒb; AmE bɑːb/ Verb **(-bb-)** **1** ~ (**up and down**) sich auf und ab bewegen ◊ *boats bobbing (up and down) on the waves* auf den Wellen tanzende Boote **2** ~ **sth** ◊ *She bobbed her head nervously.* Sie nickte nervös mit dem Kopf. ◊ *bob a curtsy* einen Knicks machen PHR V **,bob 'up** auftauchen (*auch fig*)
bob[2] /bɒb; AmE bɑːb/ Nomen **1** ◊ *a bob of the head* ein Kopfnicken **2** Bubikopf ◊ *She wears her hair in a bob.* Sie hat einen Bubikopf. **3** (*Pl* **bob**) (*umgs*) (*alte britische Münze*) Shilling ◊ *That'll cost a few bob.* Das wird eine Stange Geld kosten. **4** = BOBSLEIGH IDM ⇨ BIT[2]
bobbed /bɒbd; AmE bɑːbd/ Adj ◊ *a woman with bobbed blonde hair* eine Frau mit einem blonden Bubikopf
bob·bin /'bɒbɪn; AmE 'bɑːbɪn/ Nomen Spule
bob·ble /'bɒbl; AmE 'bɑːbl/ Nomen (*BrE*) Pompon
bobby /'bɒbi; AmE 'bɑːbi/ Nomen (*Pl* **-ies**) (*BrE, umgs, veraltet*) (*Polizist*) Bobby
'bobby pin Nomen (*AmE*) Haarklemme
bob·cat /'bɒbkæt; AmE 'bɑːb-/ Nomen Luchs
bobs /bɒbz; AmE bɑːbz/ Nomen [Pl] IDM ⇨ BIT
bob·sleigh /'bɒbsleɪ; AmE 'bɑːb-/ (*auch* **bob**) (*AmE auch* **bob·sled** /'bɒbsled; AmE 'bɑːb-/) Nomen Bob ◊ *a two-man bobsleigh* ein Zweierbob
bod /bɒd; AmE bɑːd/ Nomen (*umgs*) **1** (*BrE*) Mensch ◊ *an odd bod* ein komischer Typ **2** Körper ◊ *He's got a great bod.* Er hat eine gute Figur.
bode /bəʊd; AmE boʊd/ Verb IDM **bode 'well/'ill (for sb/sth)** ein gutes/schlechtes Zeichen (für jdn/etw) sein
bodge /bɒdʒ; AmE bɑːdʒ/ Verb (*BrE, umgs*) ~ **sth** (**up**) etw verpfuschen; ~ **sth together** etw zusammenpfuschen
bod·ice /'bɒdɪs; AmE 'bɑːdɪs/ Nomen Mieder, Oberteil
-bodied /'bɒdid; AmE 'bɑːd-/ Adj ◊ *full-bodied red wines* vollmundige Rotweine ◊ *soft-bodied insects* Insekten mit weichem Körper ➡ Siehe auch ABLE-BODIED
bod·ily[1] /'bɒdɪli; AmE 'bɑːd-/ Adj *nur vor Nomen* körperlich ◊ *bodily harm* Körperverletzung
bod·ily[2] /'bɒdɪli; AmE 'bɑːd-/ Adv gewaltsam
body /'bɒdi; AmE 'bɑːdi/ Nomen (*Pl* **-ies**) **1** Körper ◊ *parts of the body* Körperteile ◊ *He's got a good body.* Er hat eine gute Figur. ➡ Hinweis bei FIGUR **2** Rumpf **3** Leiche; (*Tier-*) Kadaver ◊ *a dead body* eine Leiche **4** (*von einem Buch, Bericht etc.*) Haupttteil; (*vom Flugzeug, Schiff etc.*) Rumpf **5** Gruppe, Behörde, Gremium, Körperschaft ◊ *a regulatory body* eine Regulierungsbehörde ◊ *a review body* ein Untersuchungsausschuss ◊ *representatives of the student body* Vertreter der Studentenschaft ◊ *The protesters marched in a body to the White House.* Die Demonstranten marschierten geschlossen zum Weißen Haus. ➡ G 1.3b **6** Masse, Sammlung ◊ *a vast body of evidence* umfangreiches Beweismaterial ◊ *large bodies of water* ausgedehnte Gewässer **7** (*PHYSIK*) (*gehoben*) Körper ◊ *heavenly bodies* Himmelskörper **8** [U] Substanz, Festigkeit ◊ *a wine with plenty of body* ein Wein mit Körper **9** (*BrE*) Bodysuit ➡ Siehe auch -BODIED IDM **body and 'soul** mit Leib und Seele **keep body and 'soul together** Leib und Seele zusammenhalten ➡ Siehe auch DEAD[1] *und* SELL[1]
'body armour Nomen Panzerweste
'body bag Nomen Leichensack
'body blow Nomen Körpertreffer; (*fig*) schwerer Schlag
'body-build·ing /'bɒdibɪldɪŋ; AmE 'bɑːdi-/ Nomen Bodybuilding, Muskeltraining

'body clock Nomen innere Uhr
'body double Nomen (*beim Film*) Double
'body·guard /'bɒdigɑːd; AmE 'bɑːdigɑːrd/ Nomen **1** Leibwächter **1** Leibwache ➡ G 1.3b
'body language Nomen Körpersprache
'body odour Nomen (*Abk* **BO**) Körpergeruch
'body piercing Nomen Bodypiercing
the ,body 'politic Nomen (*gehoben*) der Staat, das Staatswesen
'body search Nomen Leibesvisitation
'body shop Nomen Karosseriewerkstatt
'body stocking Nomen Body(stocking)
body·suit /'bɒdisuːt; BrE auch -sjuːt; AmE 'bɑːdisuːt/ Nomen (*AmE*) Bodysuit
'body·work /'bɒdiwɜːk; AmE 'bɑːdiwɜːrk/ Nomen Karosserie
Boer /bɔː(r)/ Nomen Bure, Burin
bof·fin /'bɒfɪn; AmE 'bɑːfən/ Nomen (*BrE, umgs*) Intelligenzler(in), Experte, Expertin
bog[1] /bɒg; AmE bɔːg/ Nomen **1** Moor **2** (*BrE, Slang*) Klo
bog[2] /bɒg; AmE bɔːg/ Verb **(-gg-)** PHR V **be/become/get ,bogged 'down 1** stecken bleiben **2** (*Gespräche, Verhandlungen etc.*) sich festfahren ◊ *We mustn't get bogged down in details.* Wir dürfen uns nicht mit Einzelheiten verzetteln.
bogey (*auch* **bogy**) /'bəʊgi; AmE 'boʊgi/ Nomen **1** Schreckgespenst **2** (*BrE, umgs*) Popel **3** (*BrE*) = BOGEYMAN **4** (*Golf*) ein Schlag über Par, Bogey
bo·gey·man (*auch* **bogy·man**) /'bəʊgimæn; AmE 'boʊgi-/ Nomen (*Pl* **-men** /-mən/) (*BrE auch* **bogey**, **bogy**) Butzemann, Buhmann
bog·gle /'bɒgl; AmE 'bɔːgl/ Verb ~ (**at sth**) (*umgs*) vor etw zurückschrecken IDM **sth boggles the 'mind** (*auch* **the mind 'boggles**) (*umgs*) der Gedanke an etw macht einen schwindlig ◊ *The vastness of space really boggles the mind.* Die unermessliche Weite des Weltraums übersteigt die Vorstellungskraft.
boggy /'bɒgi; AmE 'bɔːgi/ Adj sumpfig, morastig
,bog 'standard Adj (*BrE, umgs*) stinknormal
bogus /'bəʊgəs; AmE 'boʊ-/ Adj **1** falsch; (*Dokument*) gefälscht ◊ *bogus asylum seekers* Scheinasylanten **2** (*AmE, Slang*) ultraschlecht
bogy, bogy·man = BOGEY, BOGEYMAN
bo·he·mian /bəʊ'hiːmiən; AmE boʊ'h-/ **1** Nomen Bohemien **2** Adj unkonventionell, unbürgerlich
boil[1] /bɔɪl/ Verb **1** kochen, sieden ◊ *Boil plenty of salted water.* Bringen Sie einen Topf gesalzenen Wassers zum Kochen. ◊ *I'll boil the kettle and make some tea.* Ich setze Wasser auf und mache uns Tee. ◊ (*BrE*) *The kettle's boiling.* Das Wasser kocht. ◊ *She put some potatoes on to boil.* Sie setzte einen Topf mit Kartoffeln auf. ◊ *boiled potatoes* Salzkartoffeln ◊ *The pan's boiled dry.* Das Wasser im Topf ist verkocht. **2** (*gehoben*) (*fig*) kochen, schäumen ◊ *He was boiling with rage.* Er kochte vor Wut. IDM ⇨ BLOOD PHR V **,boil a'way** verkochen **,boil (sth) 'down** (etw) einkochen **,boil (sth) 'down (to sth)** etw auf (etw) kürzen **,boil 'down to sth** (*nicht in der Verlaufsform*) auf etw hinauslaufen **,boil 'over** überkochen (*auch fig*) **,boil 'up** (*Wut etc.*) aufsteigen; (*Lage etc.*) sich zuspitzen **,boil sth 'up** etw kochen
boil[2] /bɔɪl/ Nomen **1** Kochen ◊ *come to the boil* zu kochen anfangen ◊ *Bring the soup to the boil.* Lassen Sie die Suppe aufkochen. ➡ Im amerikanischen Englisch heißt es *bring the soup to a boil*. **2** Furunkel IDM **off the 'boil** (*BrE*) nicht mehr so gut; schwächer ◊ *The second series really went off the boil.* Die zweite Serie war nicht mehr so gut. **on the 'boil** im Gange ◊ *We have several projects all on the boil at once.* Wir arbeiten gleichzeitig an mehreren Projekten.
,boiled 'sweet Nomen (*BrE*) (Frucht)bonbon
boil·er /'bɔɪlə(r)/ Nomen Boiler, Heißwasserbereiter; (*in einer Dampfmaschine*) Kessel
'boiler suit Nomen (*bes BrE*) Overall
boil·ing /'bɔɪlɪŋ/ (*auch* **,boiling 'hot**) Adj kochend heiß ◊ *You must be boiling in that sweater!* In dem Pulli musst du ja ganz schön schwitzen!
'boiling point Nomen Siedepunkt (*auch fig*)

boisterous

bois·ter·ous /ˈbɔɪstərəs/ *Adj* (*Adv* **bois·ter·ous·ly**) ausgelassen, übermütig; (*Begrüßung*) stürmisch

bok choy /ˌbɒk ˈtʃɔɪ; *AmE* ˌbɑːk/ *Nomen* (*AmE*) Pak Choi, chinesischer Senfkohl

bold /bəʊld; *AmE* boʊld/ *Adj* **1** (*Adv* **bold·ly**) kühn, mutig **2** (*Adv* **bold·ly**) forsch, herausfordernd **3** (*Adv* **bold·ly**) (*Farbe,Strich etc.*) kräftig; (*Muster*) auffallend ◇ *the bold outline of a mountain* die markante Silhouette eines Berges **4** (*Fachspr*) fett gedruckt ◇ *Highlight the important words in bold* (*type*). Markieren Sie die Schlüsselwörter durch Fettdruck. IDM **be/make so bold (as to do sth)** (*gehoben*) sich erlauben dürfen (etw zu tun) ◇ *If I might be so bold as to ask …* Wenn ich mir die Frage erlauben darf … **(as) bold as ˈbrass** (*BrE*, *umgs*) unverfroren

bold·ness /ˈbəʊldnəs/ *Nomen* **1** Kühnheit, Mut **2** Unverfrorenheit **3** Kräftigkeit ◇ *I like the boldness of the colours.* Ich mag die kräftigen Farben.

bol·ero /bəˈleərəʊ; *AmE* bəˈleroʊ/ *Nomen* (*Pl* **-os**) Bolero

boll /bəʊl; *AmE* boʊl/ *Nomen* (*bei Baumwolle*) Samenkapsel

bol·lard /ˈbɒlɑːd; *AmE* ˈbɑːlərd/ *Nomen* Poller

bol·lock·ing /ˈbɒləkɪŋ; *AmE* ˈbɑːl-/ *Nomen* (*BrE*, *vulg*) Anschiss

bol·locks /ˈbɒləks; *AmE* ˈbɑːl-/ *Nomen* (*BrE*, *vulg*, *Slang*) **1** Quatsch ◇ *You're talking a load of bollocks!* Du redest einen Scheiß daher! **2** [*Pl*] (*Hoden*) Eier

bol·ogna /bəˈləʊnjə, bəˈlɒnjə; *AmE* -ˈloʊ-/ *Nomen* (*AmE*) Mortadella

bol·shie (*auch* **bol·shy**) /ˈbɒlʃi; *AmE* ˈboʊl-/ *Adj* (*BrE*, *umgs*, *abwert*) aufsässig, rotzig

bol·ster¹ /ˈbəʊlstə(r); *AmE* ˈboʊl-/ *Verb* ~ **sb/sth** (**up**) jdm/etw Auftrieb geben ◇ *bolster sb's morale* jdn aufbauen ◇ *bolster sb's confidence* jds Selbstvertrauen heben ◇ *bolster sb's courage* jdm Mut machen

bol·ster² /ˈbəʊlstə(r); *AmE* ˈboʊl-/ *Nomen* Nackenrolle

bolt¹ /bəʊlt; *AmE* boʊlt/ *Nomen* **1** Riegel **2** Schraube (*ohne Spitze*) **3** bolt of lightning Blitzstrahl **4** Bolzen **5** (Stoff)ballen IDM **a ˌbolt from the ˈblue** ein Blitz aus heiterem Himmel **make a ˈbolt for sth** ◇ *She made a bolt for the door.* Sie machte einen Satz zur Tür. ◇ *make a bolt for freedom* einen Fluchtversuch machen **make a ˈbolt for it** Reißaus nehmen ☛ *Siehe auch* NUT¹

bolt² /bəʊlt; *AmE* boʊlt/ *Verb* **1** verriegeln, sich verriegeln lassen **2** ~ **A to B** A an B schrauben; ~ **A and B** (**together**) A und B verschrauben **3** (*Pferd*) durchgehen **4** (weg)rennen **5** ~ **sth** (**down**) etw hinunterschlingen **6** (*AmE*) sich lossagen von ◇ *Many Democrats bolted the party.* Viele Demokraten sagten sich von der Partei los. **7** (*Gemüse*) schießen IDM ⇨ STABLE²

bolt³ /bəʊlt; *AmE* boʊlt/ *Adv* IDM **sit/stand bolt ˈupright** kerzengerade sitzen/stehen

ˈbolt-hole *Nomen* (*BrE*) Schlupfwinkel

bomb¹ /bɒm; *AmE* bɑːm/ *Nomen* **1** Bombe **2 the bomb** [*Sing*] die Atombombe **3 a bomb** [*Sing*] (*BrE*, *umgs*) ein Bombengeld, ein Haufen Geld **4 a bomb** [*Sing*] (*AmE*, *umgs*) (*Misserfolg*) ein Reinfall IDM **go down a ˈbomb**; **go (like) a ˈbomb** (*BrE*) ein Bombenerfolg sein **go like a ˈbomb** (*BrE*) (*Wagen*) abgehen wie eine Rakete

bomb² /bɒm; *AmE* bɑːm/ *Verb* **1** bombardieren, einen Bombenanschlag verüben auf **2** (*BrE*, *umgs*) rasen **3** ~ **sth** (*AmE*, *umgs*) (*Prüfung etc.*) bei etw durchfallen **4** (*umgs*) (*Theaterstück etc.*) durchfallen PHR V **be ˌbombed ˈout (of sth) 1** (aus etw) ausgebombt werden **2** zerbombt werden

ˈbomb alert *Nomen* (*BrE*) Bombenalarm

bom·bard /bɒmˈbɑːd; *AmE* bɑːmˈbɑːrd/ *Verb* ~ **sb/sth** (**with sth**) jdn/etw (mit etw) bombardieren (*auch fig*), jdn/etw (mit etw) beschießen (*auch fig*)

bom·bard·ier /ˌbɒmbəˈdɪə(r); *AmE* ˌbɑːmbərˈdɪr/ *Nomen* **1** (*BrE*) Artillerieunteroffizier **2** (*AmE*) Bombenschütze

bom·bard·ment /bɒmˈbɑːdmənt; *AmE* bɑːmˈbɑːrd-/ *Nomen* Bombardierung, Bombardement

bom·bast /ˈbɒmbæst; *AmE* ˈbɑːm-/ *Nomen* (*gehoben*) Schwulst

bom·bas·tic /bɒmˈbæstɪk; *AmE* bɑːm-/ *Adj* schwülstig

ˈbomb disposal *Nomen* Bombenentschärfung

bomb·er /ˈbɒmə(r); *AmE* ˈbɑːm-/ *Nomen* **1** (*Flugzeug*) Bomber **2** Bombenattentäter(in)

bomb·ing /ˈbɒmɪŋ; *AmE* ˈbɑːm-/ *Nomen* **1** Bombenangriff **2** [*U*] Bombardierung

ˈbomb scare (*bes AmE* **ˈbomb threat**) *Nomen* Bombenalarm

bomb·shell /ˈbɒmʃel; *AmE* ˈbɑːm-/ *Nomen* [*meist Sing*] (*umgs*) **1** Sensation ◇ *The news came as a bombshell.* Die Nachricht schlug wie eine Bombe ein. ◇ *drop a bombshell* eine Bombe platzen lassen **2 a blond(e) bombshell** eine Superblondine

ˈbomb site *Nomen* Trümmergrundstück, Trümmerfeld

bona fide /ˌbəʊnə ˈfaɪdi; *AmE* ˌboʊnə/ *Adj* bona fide, echt, rechtmäßig

bon·anza /bəˈnænzə/ *Nomen* [*Sing*] **1** Boom **2** Fülle

bon·bon /ˈbɒnbɒn; *AmE* ˈbɑːnbɑːn/ *Nomen* Bonbon

bonce /bɒns; *AmE* bɑːns/ *Nomen* (*BrE*) (*Kopf*) Birne

bond¹ /bɒnd; *AmE* bɑːnd/ *Nomen* **1** Bindung ◇ *The agreement strengthened the bonds between the two countries.* Das Abkommen stärkte die Bande zwischen den beiden Ländern. **2** Obligation, (festverzinsliches) Wertpapier, Pfandbrief ◇ *government bonds* Staatsanleihen ☛ *Siehe auch* JUNK BOND **3** [*U*] (*bes AmE*) (RECHT) Kaution ◇ *He was released on $5 000 bond.* Er kam gegen eine Kaution von $5 000 frei. **4 bonds** [*Pl*] (*gehoben*) Fesseln (*auch fig*) **5** (*gehoben*) (rechtlich gültiges) Übereinkommen **6** Verbindung, Verband **7** (CHEM) Bindung IDM ⇨ WORD¹

bond² /bɒnd; *AmE* bɑːnd/ *Verb* **1** kleben **2** haften **3** (CHEM) binden, sich zusammenschließen **4** ~ (**with sb**) sich (mit jdm) gut verstehen ◇ *mothers who fail to bond with their children* Frauen, die keine emotionale Bindung zu ihrem Kind entwickeln

bond·age /ˈbɒndɪdʒ; *AmE* ˈbɑːn-/ *Nomen* **1** (*veraltet oder gehoben*) Sklaverei (*auch fig*) **2** (*sexuelle Praktik*) Fesseln

bond·ing /ˈbɒndɪŋ; *AmE* ˈbɑːn-/ *Nomen* [*Sing*] **1** Bindung, Beziehung ◇ *male bonding* Freundschaft zwischen Männern **2** (CHEM) Bindung

bone¹ /bəʊn; *AmE* boʊn/ *Nomen* **1** Knochen, Gräte **2** [*U*] Bein ◇ *knives with bone handles* Messer mit beinernen Griffen IDM **a bone of conˈtention** ein Zankapfel **close to the ˈbone** (*BrE*, *umgs*) ziemlich gewagt; hart an der Schmerzgrenze **cut, pare, etc. sth to the ˈbone** etw auf ein Minimum reduzieren **have a ˈbone to pick with sb** (*umgs*) mit jdm ein Hühnchen zu rupfen haben **make no bones about (doing) sth** kein Hehl aus etw machen; sich nicht scheuen etw zu tun **to the ˈbone** im Innersten; (bis) ins Innerste ☛ *Siehe auch* BAG¹, BARE¹, FEEL¹, FINGER¹, FLESH¹ *und* SKIN¹

bone² /bəʊn; *AmE* boʊn/ *Verb* entbeinen, entgräten PHR V **ˌbone ˈup on sth** (*umgs*) sich über etw (gründlich) informieren

-boned /bəʊnd; *AmE* boʊnd/ (*in Zusammensetzungen*) -knochig ◇ *big-boned* grobknochig

ˌbone ˈdry *Adj* staubtrocken

ˈbone marrow (*auch* **ˈmar·row**) *Nomen* Knochenmark

bone·meal /ˈbəʊnmiːl; *AmE* ˈboʊn-/ *Nomen* Knochenmehl

bon·fire /ˈbɒnfaɪə(r); *AmE* ˈbɑːn-/ *Nomen* (Freuden)feuer

ˈBonfire Night *Nomen* (*in GB*) = Abend des Guy Fawkes Day

> **Bonfire Night** oder **Guy Fawkes Night** ist der Abend des 5. November, an dem zum Gedenken an den missglückten Anschlag des Guy Fawkes auf das Parlamentsgebäude im Jahre 1605 Freudenfeuer und Feuerwerke stattfinden.

bon·homie /ˈbɒnəmi; *AmE* ˌbɑːnəˈmiː/ *Nomen* (*gehoben*) Jovialität

bonk¹ /bɒŋk; *AmE* bɑːŋk/ *Nomen* (*BrE*, *umgs*) **1** [*Sing*] (*Sex*) Bumsen ◇ *a quick bonk* eine schnelle Nummer **2** Schlag ◇ *I got a bonk on the head.* Ich habe mir den Kopf gestoßen. **3** (*Geräusch*) Bums

bonk² /bɒŋk; *AmE* bɑːŋk/ *Verb* (*BrE*, *umgs*) **1** (*Sex*) bumsen **2** ~ **sb** jdn schlagen; ~ **sth** sich etw stoßen

bon·net /ˈbɒnɪt; *AmE* -nət/ *Nomen* **1** Haube; (*Baby-*)Mützchen **2** (*BrE*) Motorhaube IDM ⇨ BEE

bonny /ˈbɒni; *AmE* ˈbɑːni/ *Adj* (**bon·nier**, **bon·ni·est**) (*Dialekt*, *ScotE*) hübsch

bonus /ˈbəʊnəs; *AmE* ˈboʊ-/ *Nomen* (*Pl* **-es**) **1** Prämie, Bonus ◇ *a Christmas bonus* Weihnachtsgeld **2** Plus, Vorteil

bony /ˈbəʊni; *AmE* ˈboʊni/ *Adj* **1** knochig **2** (*Fisch*) grätig **3** knöchern

boo¹ /buː/ *Ausruf, Nomen* Buh, Buhruf IDM ⇨ SAY¹

boo² /buː/ *Verb* buhen ◇ *They were booed off the stage.* Sie wurden ausgebuht.

boob¹ /buːb/ *Nomen* **1** [meist Pl] (*Slang*) Brust **2** (*BrE, umgs*) Dummheit ◇ *make a boob* Mist bauen **3** (*AmE*) Trottel

boob² /buːb/ *Verb* (*umgs*) Mist bauen

boo-boo /ˈbuːbuː/ *Nomen* (*umgs*) Dummheit ◇ *make a boo-boo* Mist bauen

ˈ**boob tube** *Nomen* **1** (*BrE, umgs*) trägerloses Oberteil **2** (*AmE, umgs*) Glotze

booby prize /ˈbuːbi praɪz/ *Nomen* = Scherzpreis für den schlechtesten Teilnehmer

ˈ**booby trap** *Nomen* **1** versteckter Sprengsatz **2** ≈ als Streich gedachte Falle

ˈ**booby-trap** *Verb* (-pp-) ~ sth einen Sprengsatz an etw anbringen ◇ *a booby-trapped parcel* ein mit einem Sprengsatz versehenes Paket

boo-ger /ˈbuːɡə(r)/ *Nomen* (*AmE*) Popel

boo-gey-man /ˈbʊɡimæn/ *Nomen* (*AmE*) Butzemann, Buhmann

boo-hoo /ˈbuːhuː, ˌbuːˈhuː/ *Ausruf* huuh huuh

book¹ /bʊk/ *Nomen* **1** Buch ◇ *reference books* Nachschlagewerke **2** Heft ◇ *an exercise book* ein Schreibheft ◇ *a book of tickets* ein Fahrscheinblock **3** **books** [Pl] Bücher ◇ *do the books* die Bücher führen SYN ACCOUNTS IDM **be in sb's good/bad ˈbooks** (*umgs*) bei jdm gut/schlecht angeschrieben sein **be on sb's ˈbooks** bei jdm auf der Liste stehen **bring sb to ˈbook (for sth)** (*bes BrE, gehoben*) jdn (für etw) zur Rechenschaft ziehen **by the ˈbook** streng nach Vorschrift ◇ *She does everything by the book.* Sie hält sich bei allem streng an die Regeln. **in ˈmy book** (*umgs*) meiner Ansicht nach **throw the ˈbook at sb** (*umgs*) mit aller Schärfe gegen jdn vorgehen ☛ *Siehe auch* CLOSED, COOK¹, LEAF¹, READ¹, SUIT², TRICK¹ *und* TURN-UP

book² /bʊk/ *Verb* **1** buchen, bestellen ◇ *The performance is fully booked.* Die Vorführung ist ausverkauft. ◇ *booked up* ausgebucht ◇ *I've booked you on the 10 o'clock flight.* Ich habe für Sie ein Ticket für den 10-Uhr-Flug gebucht. **2** ~ **sb (for sth)** jdn (für etw) engagieren **3** (*BrE, umgs*) ~ **sb** jdn verwarnen, jdm die gelbe Karte geben ◇ *He was booked for foul play.* Er wurde wegen eines Fouls verwarnt. PHRV ˌ**book ˈin** sich anmelden ˌ**book ˈinto sth** ◇ *book into a cheap hotel* sich ein billiges Hotelzimmer nehmen ˌ**book sb ˈin** jdn anmelden ◇ *I've booked you in at the Ritz.* Ich haben Ihnen ein Zimmer im Ritz bestellt.

book-able /ˈbʊkəbl/ *Adj* **1** im Vorverkauf erhältlich **2** (*BrE*) mit einer gelben Karte belegbar **3** (*AmE*) strafbar

book-bind-er /ˈbʊkbaɪndə(r)/ *Nomen* Buchbinder(in)

book-case /ˈbʊkkeɪs/ *Nomen* Bücherregal, Bücherschrank

ˈ**book club** *Nomen* Buchklub

book-end /ˈbʊkend/ *Nomen* Buchstütze

bookie /ˈbʊki/ *Nomen* (*umgs*) Buchmacher(in) ☛ *Hinweis bei* BAKER

book-ing /ˈbʊkɪŋ/ *Nomen* **1** (*bes BrE*) Buchung, Bestellung ◇ *a booking form* ein Bestellformular ◇ *a booking hall* eine Schalterhalle ◇ *We can't take any more bookings.* Wir können keine weiteren Anmeldungen annehmen. **2** Engagement **3** (*BrE*) (SPORT) Verwarnung

ˈ**booking office** *Nomen* Schalter, Kasse

book-ish /ˈbʊkɪʃ/ *Adj* (*abwert*) gelehrt ◇ *be bookish* ein Bücherwurm sein

book-keep-er /ˈbʊkkiːpə(r)/ *Nomen* Buchhalter(in)

book-keep-ing /ˈbʊkkiːpɪŋ/ *Nomen* Buchhaltung

book-let /ˈbʊklət/ *Nomen* Broschüre

book-maker /ˈbʊkmeɪkə(r)/ *Nomen* Buchmacher(in) ☛ *Hinweis bei* BAKER

book-mark¹ /ˈbʊkmɑːk; *AmE* -mɑːrk/ *Nomen* **1** Lesezeichen **2** (COMP) Bookmark

book-mark² /ˈbʊkmɑːk; *AmE* -mɑːrk/ *Verb* (COMP) ein Bookmark setzen auf

book-mobile /ˈbʊkməbiːl/ *Nomen* Bücherbus

book-plate /ˈbʊkpleɪt/ *Nomen* Exlibris

ˈ**book review** *Nomen* Rezension

book-sel-ler /ˈbʊksel ə(r)/ *Nomen* Buchhändler(in)

book-shop /ˈbʊkʃɒp; *AmE* -ʃɑːp/ (*AmE auch* **book-store** /ˈbʊkstɔː(r)/) *Nomen* Buchhandlung

book-stall /ˈbʊkstɔːl/ *Nomen* (*BrE*) Zeitungsstand

book-worm /ˈbʊkwɜːm; *AmE* -wɜːrm/ *Nomen* Leseratte

boom¹ /buːm/ *Nomen* **1** ~ **(in sth)** Boom, Aufschwung, Hochkonjunktur ◇ *a boom in car sales* ein Boom im Autohandel ◇ *a period of boom and bust* eine Zeit des wirtschaftlichen Auf und Ab OPP SLUMP **2** (*beim Boot*) Baum **3** [meist Sing] (*Geräusch*) Donnern **4** = schwimmende Absperrung

boom² /buːm/ *Verb* **1** dröhnen, donnern ◇ *His voice boomed (out) across the playground.* Seine Stimme dröhnte über den Schulhof. **2** (*Wirtschaft, Geschäft*) blühen

boom-er ⇨ BABY BOOMER

boom-er-ang¹ /ˈbuːməræŋ/ *Nomen* Bumerang

boom-er-ang² /ˈbuːməræŋ/ *Verb* sich als Bumerang erweisen SYN BACKFIRE

boon /buːn/ *Nomen* Segen SYN BENEFIT

boon-docks /ˈbuːndɒks; *AmE* -dɑːks/ (*auch* **boon-ies** /ˈbuːniz/) *Nomen* [Pl] (*AmE, umgs, abwert*) Pampa

boor /bʊə(r), bɔː(r); *AmE* bʊr/ *Nomen* (*veraltet*) Rüpel

boor-ish /ˈbʊərɪʃ, ˈbɔːr-; *AmE* ˈbʊr-/ *Adj* rüpelhaft, ungehobelt

boost¹ /buːst/ *Verb* **1** steigern, stärken ◇ *boost sb's morale* jdm Auftrieb geben **2** (*AmE*) hochheben

boost² /buːst/ *Nomen* [meist Sing] **1** Auftrieb **2** Steigerung ◇ *a cash boost* eine Finanzspritze **3** (*AmE*) ◇ *give sb a boost over the fence* jdn über den Zaun heben

boost-er /ˈbuːstə(r)/ *Nomen* **1** (*auch* ˈ**booster rocket**) Startrakete **2** Verstärker **3** (*Impfung*) Auffrischung **4** ◇ *It was a tremendous morale booster.* Das hat uns tüchtig Auftrieb gegeben. **5** (*bes AmE*) Anhänger(in)

ˈ**booster seat** *Nomen* Kindersitz

boot¹ /buːt/ *Nomen* **1** Stiefel **2** (*BrE*) Kofferraum **3** [meist Sing] (*umgs*) Tritt **4** (*AmE*) Parkkralle IDM **be given/get the ˈboot** (*umgs*) rausgeschmissen werden **the boot is on the other ˈfoot** (*BrE*) die Rollen sind vertauscht **put/stick the ˈboot in** (*BrE, umgs*) **1** jdn mit Fußtritten traktieren **2** ◇ *The press put the boot in.* Die Medien sind darüber hergefallen. **to boot** (*veraltet oder hum*) obendrein ☛ *Siehe auch* BIG¹, FILL¹, LICK¹ *und* TOUGH¹

boot² /buːt/ *Verb* **1** treten; (*Fußball*) kicken ◇ *boot sb in the face* jdn ins Gesicht treten **2** ~ **(sth) (up)** (COMP) etw booten **3** (*AmE, umgs*) **be/get booted** mit einer Parkkralle belegt werden PHRV ˌ**boot sb ˈout (of sth)** (*umgs*) jdn (aus etw) rausschmeißen

ˈ**boot camp** *Nomen* **1** Ausbildungslager **2** = Strafkolonie für Jugendliche

bootee /buːˈtiː/ (*auch* **bootie**) *Nomen* **1** gestrickter Babyschuh **2** Stiefelette

booth /buːð; *AmE* buːθ/ *Nomen* **1** Kabine, Zelle ◇ *a polling booth* eine Wahlkabine **2** Stand, Bude **3** (*Restaurant*) Nische

boot-leg¹ /ˈbuːtleg/ *Adj* nur vor Nomen schwarz hergestellt; (*Alkohol*) schwarz gebrannt

boot-leg² /ˈbuːtleg/ *Nomen* Bootleg, Raubpressung eines illegalen Konzertmitschnitts

boot-leg³ /ˈbuːtleg/ *Verb* (-gg-) schwarz brennen

booty /ˈbuːti/ *Nomen* [U] Beute SYN LOOT

booze¹ /buːz/ *Nomen* (*umgs*) Alkohol

booze² /buːz/ *Verb* (*meist in der Verlaufsform*) (*umgs*) saufen

boozer /ˈbuːzə(r)/ *Nomen* (*umgs*) **1** (*BrE*) Kneipe **2** Säufer(in)

ˈ**booze-up** *Nomen* (*BrE, umgs*) Saufgelage

boozy /ˈbuːzi/ *Adj* (*umgs*) versoffen ◇ *The party was a boozy affair.* Bei der Party floss reichlich Alkohol.

bop¹ /bɒp; *AmE* bɑːp/ *Nomen* **1** (*BrE, umgs*) Tanz **2** = BEBOP

bop² /bɒp; *AmE* bɑːp/ *Verb* (-pp-) **1** (*BrE, umgs*) tanzen **2** hauen

bor-age /ˈbɒrɪdʒ; *AmE* ˈbɔːrɪdʒ/ *Nomen* Borretsch

bor-dello /bɔːˈdeləʊ; *AmE* bɔːrˈdeloʊ/ *Nomen* (*Pl* **-os**) (*bes AmE*) Bordell

bor-der¹ /ˈbɔːdə(r); *AmE* ˈbɔːrd-/ *Nomen* **1** Grenze, Grenzgebiet **2** Rand, Einrahmung, Bordüre **3** (*in Gärten*) Rabatte

bor·der² /ˈbɔːdə(r); *AmE* ˈbɔːrd-/ *Verb* **1** grenzen an **2** (*gehoben*) begrenzen, säumen PHR V ˈborder on sth an etw grenzen

bor·der·land /ˈbɔːdəlænd; *AmE* ˈbɔːrdər-/ *Nomen* **1** Grenzgebiet **2** (*fig*) Grenzbereich

bor·der·line¹ /ˈbɔːdəlaɪn; *AmE* ˈbɔːrdər-/ *Adj* Grenz- ◊ *be a borderline pass in an exam* bei einer Prüfung gerade noch durchkommen

bor·der·line² /ˈbɔːdəlaɪn; *AmE* ˈbɔːrdər-/ *Nomen* Grenze

bore¹ /bɔː(r)/ *Verb* **1** langweilen **2** bohren, durchbohren **3** ~ **into sb/sth** jdn/etw mit Blicken durchbohren

bore² /bɔː(r)/ *Nomen* **1** Langweiler **2** [Sing] ◊ *I think Bach's a bore.* Ich finde Bach langweilig. **3** ◊ *It's such a bore having to stay late tonight.* Heute Abend länger bleiben zu müssen ist mir richtig lästig. **4** (*meist in Zusammensetzungen*) (*von Röhren, Gewehren etc.*) Durchmesser, Kaliber **5** Flutwelle **6** Bohrloch

bore³ *Form von* BEAR¹

bored /bɔːd; *AmE* bɔːrd/ *Adj* gelangweilt; **be/get** ~ sich langweilen ◊ *She's bored with him.* Er langweilt sie. ◊ *Soon he was bored with travelling.* Er hatte das Reisen schnell über. IDM **bored ˈstiff**; **bored to ˈdeath/ˈtears**; **bored out of your ˈmind** zu Tode gelangweilt ☞ *Siehe auch* WITLESS

bore·dom /ˈbɔːdəm; *AmE* ˈbɔːrdəm/ *Nomen* **1** Langeweile ◊ *He has a low boredom threshold.* Er langweilt sich leicht. **2** Eintönigkeit

bore·hole /ˈbɔːhəʊl; *AmE* ˈbɔːrhoʊl/ *Nomen* Bohrloch

bor·ing /ˈbɔːrɪŋ/ *Adj* (*Adv* **borˈing·ly**) langweilig

born¹ /bɔːn; *AmE* bɔːrn/ *Verb* **1** (*Abk* **b.**) **be** ~ geboren werden ◊ *He was born of/to German parents.* Er kam als Kind deutscher Eltern zur Welt. ◊ *Her brother was born blind.* Ihr Bruder war von Geburt an blind. ◊ *John Wayne was born Marion Morrison.* John Waynes Geburtsname lautete Marion Morrison. **2** entstehen, ins Leben gerufen werden ◊ *Her courage was born (out) of desperation.* Ihr Mut entsprang der Verzweiflung. **3 -born** (*in Zusammensetzungen*) ◊ *nobly-born* adliger Herkunft ◊ *the French-born singer* der Sänger, ein gebürtiger Franzose IDM **be ˈborn to be/do sth** zu etw geboren sein ◊ *Nureyev was born to dance.* Nurejew war lebenslang ein geborener Tänzer. **born and ˈbred** (wasch)echt ◊ *I'm a Londoner, born and bred.* Ich bin Londoner, durch und durch. **born with a silver ˈspoon in your mouth** aus reichem Haus **in all my born ˈdays** (*umgs, veraltet*) in meinem ganzen Leben **not be born ˈyesterday** (*umgs*) nicht von gestern sein **there's one born every ˈminute** die Dummen sterben nie aus ☞ *Siehe auch* KNOW¹ *und* WAY¹

born² /bɔːn; *AmE* bɔːrn/ *Adj* geboren ◊ *a born loser* ein ewiger Versager

ˌborn-aˈgain *Adj* wieder geboren (*auch fig*)

borne /bɔːn; *AmE* bɔːrn/ **1** *Form von* BEAR¹ **2 -borne** (*in Zusammensetzungen*) ◊ *water-borne diseases* durch Wasser übertragene Krankheiten

bor·ough /ˈbʌrə; *AmE* ˈbʌroʊ/ *Nomen* ≈ Bezirk ◊ *a borough council* ein Stadtrat ☞ *Hinweis bei* KREIS

bor·row /ˈbɒrəʊ; *AmE* ˈbɑːroʊ, ˈbɔːr-/ *Verb* **1** (sich) leihen, (sich) borgen, (sich) ausleihen, einen Kredit aufnehmen ◊ *I don't like to borrow from friends.* Ich leihe mir nicht gern Geld von Freunden. ☞ *Hinweis bei* LEIHEN **2** (*Text, Idee etc.*) übernehmen ◊ *The author borrows heavily from Dante.* Der Autor macht viele Anleihen bei Dante. ◊ *Some terms are borrowed from Italian.* Einige Fachwörter sind aus dem Italienischen entlehnt. ☞ *Hinweis bei* LEIHEN IDM **be (living) on borrowed ˈtime 1** am Rande des Todes leben **2** in den letzten Zügen liegen

bor·row·er /ˈbɒrəʊə(r); *AmE* ˈbɑːroʊ-, ˈbɔːr-/ *Nomen* Kreditnehmer(in)

bor·row·ing /ˈbɒrəʊɪŋ; *AmE* ˈbɑːroʊɪŋ, ˈbɔːr-/ *Nomen* **1** Darlehen, Anleihe **2** Kreditaufnahme **3** (*Text, Idee, Wort etc.*) Übernahme, Entlehnung

bo·som /ˈbʊzəm/ *Nomen* **1** Busen, Brust **2** ◊ *live in the bosom of your family* im Schoß der Familie leben ◊ *in the bosom of the Arab world* mitten in der arabischen Welt

ˌbosom ˈfriend *Nomen* Busenfreund(in)

boss¹ /bɒs; *AmE* bɔːs/ *Nomen* Chef(in), Vorgesetzte(r), Boss ◊ *I like being my own boss.* Ich bin gern mein eigener Herr. ◊ *Who's the boss in this house?* Wer hat hier im Haus das Sagen? IDM ⇨ SHOW¹

boss² /bɒs; *AmE* bɔːs/ *Verb* ~ **sb about/around** jdn herumkommandieren

boss³ /bɒs; *AmE* bɔːs/ *Adj* (*bes BrE, Slang*) spitze, toll

bossi·ness /ˈbɒsɪnəs; *AmE* ˈbɔːs-/ *Nomen* gebieterische Art

bossy /ˈbɒsi; *AmE* ˈbɔːsi/ *Adj* (*Adv* **ˈboss·ily** /-ɪli/) (*abwert*) herrisch

bo·tan·ic·al /bəˈtænɪkl/ *Adj* botanisch

boˌtanical ˈgarden (*auch* boˌtanic ˈgarden) *Nomen* [meist Pl] botanischer Garten

bot·an·ist /ˈbɒtənɪst; *AmE* ˈbɑːt-/ *Nomen* Botaniker(in)

bot·any /ˈbɒtəni; *AmE* ˈbɑːt-/ *Nomen* Botanik

botch¹ /bɒtʃ; *AmE* bɑːtʃ/ *Verb* ~ **sth (up)** etw verpfuschen, verpatzen, vermasseln ◊ *a botched job* Pfusch

botch² /bɒtʃ; *AmE* bɑːtʃ/ (*auch* **ˈbotch-up**) *Nomen* (*BrE, umgs*) Pfusch ◊ *I've made a real botch of things.* Ich habe alles vermasselt.

both¹ /bəʊθ; *AmE* boʊθ/ *Pron* beide IDM ⇨ WAY¹

both² /bəʊθ; *AmE* boʊθ/ *Adv* **both … and …** sowohl … als auch …

bother¹ /ˈbɒðə(r); *AmE* ˈbɑːð-/ *Verb* **1** (*meist in verneinten Sätzen*) ~ (**with/about sth**) (sich um etw) kümmern ◊ *'Shall I wait?' 'No, don't bother.'* „Soll ich warten?" „Nein, nicht nötig." ◊ *I don't know why I bother!* Ich weiß nicht, warum ich mir die Mühe mache! ◊ *I don't know why you bother with that crowd.* Ich verstehe nicht, warum du dich mit denen überhaupt abgibst. ◊ *He didn't even bother to let me know he was going.* Er hat mir nicht einmal gesagt, dass er geht. **2** ~ **sb (about/with sth)** jdn (mit etw/wegen einer Sache) belästigen ◊ *The thing that bothers me is …* Was mir Sorgen macht, ist … ◊ *You don't seem too bothered about it.* Es scheint dir nicht allzu viel auszumachen. ◊ *That sprained ankle is still bothering her.* Der verstauchte Knöchel macht ihr noch immer zu schaffen. ◊ *It bothers me to think of her alone in the house.* Der Gedanke, dass sie ganz allein im Haus ist, lässt mir keine Ruhe. **3** stören, belästigen ◊ *Sorry to bother you.* Entschuldigen Sie die Störung. IDM **be ˈbothered (about sb/sth)** (*bes BrE*) (*meist in verneinten Sätzen*) sich (wegen jds/einer Sache) Gedanken machen ◊ *I'm not bothered about what he thinks.* Es ist mir egal, was er denkt. **can't be ˈbothered (to do sth)** keine Lust haben (etw zu tun) ◊ *You couldn't even be bothered to give me the message.* Du hast es nicht einmal für nötig gehalten, es mir auszurichten. **not bother yourself/your head with/about sth** (*bes BrE*) sich über etw nicht den Kopf zerbrechen ☞ *Siehe auch* HOT¹

bother² /ˈbɒðə(r); *AmE* ˈbɑːð-/ *Nomen* **1** Schwierigkeiten, Ärger, Scherereien ◊ *You seem to have got yourself into a spot of bother.* Du bist anscheinend in Schwierigkeiten. ◊ *Why did I go to the bother of cooking?* Warum habe ich mir die Mühe gemacht zu kochen? ◊ *Call them and save yourself the bother of going round.* Ruf sie doch an, dann brauchst du nicht hinzugehen. **2 a bother** (*BrE*) etwas Ärgerliches, ein Ärgernis ◊ *I hope I haven't been a bother.* Ich hoffe, ich habe Ihnen keine Umstände gemacht. SYN NUISANCE

bother³ /ˈbɒðə(r); *AmE* ˈbɑːð-/ *Ausruf* (*BrE*) Mist ◊ *Oh, bother him!* Zum Teufel mit ihm!

both·er·some /ˈbɒðəsəm; *AmE* ˈbɑːðərsəm/ *Adj* (*veraltet*) ärgerlich SYN ANNOYING

bothy /ˈbɒθi; *AmE* ˈbɑːθi/ *Nomen* (*Pl* **-ies**) (*in Schottland*) Schutzhütte

bot·tle¹ /ˈbɒtl; *AmE* ˈbɑːtl/ *Nomen* **1** Flasche **2 the bottle** (*umgs*) Alkohol ◊ *He hit the bottle.* Er fing zu trinken an. **3** (*BrE, umgs*) Mumm

bot·tle² /ˈbɒtl; *AmE* ˈbɑːtl/ *Verb* **1** in Flaschen abfüllen **2** (*Obst, Gemüse*) einmachen **3** (*oft passiv*) ~ **sb** jdn mit einer Flasche schlagen IDM **ˈbottle it** (*BrE, umgs*) Schiss bekommen PHR V **ˌbottle ˈout (of sth/of doing sth)** (*BrE, umgs*) Angst bekommen (etw zu tun), (vor etw) kneifen **ˌbottle sth ˈup** etw unterdrücken; (*Ärger*) etw in sich hineinfressen

ˈbottle bank *Nomen* (*BrE*) Altglascontainer

ˈbottle-feed *Verb* (**-fed, -fed**) mit der Flasche füttern

ˌbottle ˈgreen *Nomen* Flaschengrün

bottle·neck /'bɒtlnek; *AmE* 'bɑ:tl-/ *Nomen* Engpass
'bottle-opener *Nomen* Flaschenöffner
bot·tom¹ /'bɒtəm; *AmE* 'bɑ:təm/ *Nomen* **1** [meist Sing] unteres Ende; (*von einem Berg, einer Treppe etc.*) Fuß ◊ *at the bottom of the page* unten auf der Seite ◊ *be at the bottom of the league* am Tabellenende liegen ◊ *I'm prepared to start at the bottom.* Ich bin bereit, ganz unten anzufangen. ◊ *The book is right at the bottom.* Das Buch liegt ganz zuunterst. ◊ *in the bottom of the valley* in der Talsohle ◊ *at the bottom of my bag* ganz unten in meiner Tasche **2** [meist Sing] (*von Tassen, Dosen etc.*) Unterseite **3** (*von Gewässern*) Grund, Boden **4 at the ~ (of sth)** (*bes BrE*) am Ende (von etw) ◊ *at the bottom of the garden* hinten im Garten **5 be ~ (of sth)** (*Schüler, Mannschaft etc.*) der/die Schlechteste (von etw) sein ◊ *I was bottom of the class in maths.* Ich war die Schlechteste in Mathe. **6** (*bes BrE*) Hintern **7** [meist Pl] (*Kleidung*) ◊ *a bikini bottom* ein Bikiniunterteil ◊ *a pair of pyjama bottoms* eine Schlafanzughose **8** Schiffsboden ☞ *Siehe auch* ROCK-BOTTOM **IDM at bottom** im Grunde (genommen) **be/lie at the bottom of sth** hinter etw stecken **the bottom drops/falls out (of sth)** (*Markt*) etw bricht zusammen **bottoms 'up!** (*umgs*) ex! **get to the bottom of sth** einer Sache auf den Grund gehen; etw klären ☞ *Siehe auch* HEAP¹, HEART, PILE¹, SCRAPE¹, TOP¹ *und* TOUCH¹

bot·tom² /'bɒtəm; *AmE* 'bɑ:təm/ *Adj* nur vor Nomen untere(r,s), unterste(r,s) ◊ *the bottom lip* die Unterlippe ◊ *the bottom right-hand corner* rechts unten ◊ *in bottom gear* im ersten Gang **IDM** ⇨ BET¹

bot·tom³ /'bɒtəm; *AmE* 'bɑ:təm/ *Verb* **PHRV ,bottom 'out** auf einen absoluten Tiefstand sinken ◊ *The recession is showing signs of bottoming out.* Es gibt Anzeichen dafür, dass die Rezession aus der Talsohle herauskommt.

-bottomed (*in Zusammensetzungen*) mit ... Boden
bot·tom·less /'bɒtəmləs; *AmE* 'bɑ:t-/ *Adj* (*gehoben*) **1** unendlich, unerschöpflich **2** unendlich tief, abgrundtief **IDM a bottomless 'pit 1** ein Fass ohne Boden **2** ein unerschöpflicher Vorrat ◊ *the bottomless pit of his sorrow* sein abgrundtiefes Leid

,bottom 'line *Nomen* [Sing] **1 the bottom line** das Fazit, das Entscheidende **2** (WIRTSCH) Saldo **3** letztes Angebot
bou·doir /'bu:dwɑ:(r)/ *Nomen* (*veraltet*) Boudoir
bouf·fant /'bu:fɒ̃; *AmE* bu:'fɑ:nt/ *Adj* hochtoupiert
bough /baʊ/ *Nomen* (*gehoben*) Ast
bought *Form von* BUY¹
bouil·lon /'bu:jɒn; *AmE* -jɑ:n/ *Nomen* klare Brühe
boul·der /'bəʊldə(r)/; *AmE* 'boʊl-/ *Nomen* Felsbrocken
boule·vard /'bu:ləvɑ:d; *AmE* 'bʊləvɑ:rd/ *Nomen* (*Abk* **Blvd.**) Boulevard
bounce¹ /baʊns/ *Verb* **1** (*Ball etc.*) springen, aufspringen ◊ *bounce off sth* von etw abprallen **2** springen lassen, prellen, federn (lassen) **3** hüpfen **4** (*Fahrzeuge*) holpern **5** ◊ *She came bouncing in.* Sie kam hereingesprungen. ◊ *He bounced up to greet them.* Freudig ging er auf sie zu, um sie zu begrüßen. **6** (*umgs*) (*Scheck*) platzen (lassen) **7 ~ ideas (around)** Ideen testen ◊ *He bounced ideas off colleagues.* Er fragte Kollegen, was sie von seinen Ideen hielten. **8 ~ (back)** (*E-Mail*) nicht erfolgreich gesendet werden können, zurückgeschickt werden; **~ sth (back)** etw zurückschicken **PHRV ,bounce 'back** sich erholen, wieder auf die Beine kommen, wieder hochkommen **SYN** RECOVER **,bounce sb 'into sth** (*BrE*) jdn zu etw drängen

bounce² /baʊns/ *Nomen* **1** Aufprall, Aufsprung **2** Anstieg ◊ (*AmE*) *a bounce in popularity* ein Popularitätsgewinn **3** Sprungkraft, Elastizität **4** Schwung, Elan **5** (*von Haaren*) Spannkraft

boun·cer /'baʊnsə(r)/ *Nomen* **1** Rausschmeißer(in) **2** (*beim Kricket*) hoch aufspringender Ball
boun·cing /'baʊnsɪŋ/ *Adj* ◊ *be bouncing with energy* sprühen vor Energie ◊ *bouncing babies* stramme Babys
boun·cy /'baʊnsi/ *Adj* **1** federnd ◊ *a very bouncy ball* ein gut springender Ball ◊ (*BrE*) *a bouncy castle* eine Hüpfburg **2** (*putz*)munter, voller Lebenskraft

bound¹ /baʊnd/ *Form von* BIND¹
bound² /baʊnd/ *Adj* nicht vor Nomen **1 ~ to be ...** ◊ *There are bound to be changes.* Es wird sicher Veränderungen geben. ◊ *You're bound to be nervous.* Es ist zu erwarten, dass du aufgeregt sein wirst. **2 be ~ to do sth** etw bestimmt tun ◊ *It was bound to happen sooner or later.* Früher oder später musste es ja so kommen. ◊ *He's bound to go far.* Er wird sicher seinen Weg machen. **3 ~ (by sth)** (an etw) gebunden; **be ~ (by sth)(to do sth)** (durch etw) verpflichtet sein (etw zu tun) ◊ (*BrE, gehoben*) *I am bound to say I disagree with you.* Ich muss schon sagen, dass ich mit Ihnen nicht übereinstimme. **4 ~ for ...** unterwegs nach ... ◊ *homeward bound* auf der Heimreise **IDM be bound to'gether by sth** durch etw miteinander verbunden sein **be bound to'gether in sth** in etw vereint sein; zu etw miteinander verbunden sein **be bound 'up in sth** mit etw beschäftigt sein; in etw vertieft sein **bound 'up with sth** mit etw verbunden sein **'I'll be bound** (*BrE, veraltet, umgs*) ich bin sicher ☞ *Siehe auch* HONOUR¹

bound³ /baʊnd/ *Verb* **1** springen, eilen **2** (*meist passiv*) (*gehoben*) begrenzen
bound⁴ /baʊnd/ *Nomen* (*gehoben*) Sprung, Satz ☞ *Siehe auch* BOUNDS
-bound /baʊnd/ (*in Zusammensetzungen*) **1** ◊ *wheelchair-bound* an einen Rollstuhl gebunden ◊ *culture-bound* kulturspezifisch ☞ *Siehe auch* DUTY-BOUND, FOGBOUND, NORTHBOUND, HOUSEBOUND *und* STRIKE-BOUND **2** nach ... unterwegs, Richtung ... ◊ *Paris-bound* auf dem Weg nach Paris

bound·ary /'baʊndri/ *Nomen* (*Pl* **-ies**) **1** Grenze **2** (*Kricket*) = Schlag über die Spielfeldgrenze
bound·en /'baʊndən/ *Adj* **IDM a/your bounden 'duty** (*gehoben, veraltet*) Pflicht und Schuldigkeit
bound·less /'baʊndləs/ *Adj* (*gehoben*) grenzenlos, unendlich
bounds /baʊndz/ *Nomen* [Pl] Grenzen ◊ *It was not beyond the bounds of possibility.* Es lag durchaus im Bereich des Möglichen. **IDM out of 'bounds 1** (*bes BrE*) verboten **2** (SPORT) außerhalb des Spielfelds **3** (*AmE*) unpassend; unangebracht; nicht in Ordnung ☞ *Siehe auch* LEAP²
boun·ti·ful /'baʊntɪfl/ *Adj* (*gehoben*) **1** reichlich, reich **2** großzügig, gütig **SYN** GENEROUS
boun·ty /'baʊnti/ *Nomen* (*Pl* **-ies**) **1** (*gehoben*) Freigebigkeit **2** (*gehoben*) Fülle, reiche Gaben **3** Belohnung ◊ *a bounty hunter* ein Kopfgeldjäger

bou·quet /bu'keɪ/ *Nomen* **1** (Blumen)strauß, Bukett **2** (*von Wein*) Bukett, Blume
bou·quet garni /,bu:keɪ gɑ:'ni:; *AmE* gɑ:r'ni:/ *Nomen* (*Pl* **bou·quets gar·nis** /,bu:keɪ gɑ:'ni:; *AmE* gɑ:r'ni:/) (GASTRON) = Kräutermischung (im Beutel)
bour·bon /'bɜ:bən; *AmE* 'bɜ:rbən/ *Nomen* Bourbon
bour·geois¹ /'bʊəʒwɑ:, ,bʊə'ʒwɑ:; *AmE* ,bʊr'ʒ-, 'bʊrʒ-/ *Adj* **1** bürgerlich ☞ *Siehe auch* PETIT BOURGEOIS **2** (*abwert*) kleinbürgerlich, spießig, konventionell **3** (POL) bourgeois ◊ *bourgeois ideology* die Ideologie der Bourgeoisie
bour·geois² (*Pl* **bour·geois**) /'bʊəʒwɑ:, ,bʊə'ʒwɑ:; *AmE* ,bʊr'ʒ-, 'bʊrʒ-/ *Nomen* **1** Bürger(in) **2** Kleinbürger(in) **3** (POL) Bourgeois
bour·geoisie /,bʊəʒwɑ:'zi:; *AmE* ,bʊrʒ-/ *Nomen* [Sing] **the bourgeoisie 1** das Bürgertum **2** (POL) die Bourgeoisie ☞ G 1.3a

bout /baʊt/ *Nomen* **1** ◊ *a bout of coughing* ein Hustenanfall ◊ *a drinking bout* eine Sauftour **2 ~ (of sth)**; (*AmE auch*) **~ (with sth)** Anfall (von etw) ◊ *He suffered occasional bouts of depression.* Periodisch litt er unter Depressionen. **3** (SPORT) Box-/Ringkampf

bou·tique /bu:'ti:k/ *Nomen* Boutique
bou·ton·nière /,bu:tɒn'jeə(r); *AmE* ,bu:tn'ɪr, -tən'jer/ *Nomen* (*AmE*) Knopflochblume
bo·vine /'bəʊvaɪn; *AmE* 'boʊ-/ *Adj* **1** (*Fachspr*) Rinder- ☞ *Siehe auch* BSE **2** (*gehoben, abwert*) blöd
bow¹ /baʊ/ *Verb* **1 ~ (down) (to/before sb/sth)** sich (vor jdm/etw) verbeugen, sich verneigen **2** (*Kopf*) (sich) biegen **IDM bow and 'scrape** (*abwert*) katzbuckeln **PHRV ,bow 'down to sb/sth** (*abwert*) sich jdm/etw beugen **,bow 'out (of sth)** sich (aus etw) zurückziehen **'bow to sth** sich einer Sache beugen ◊ *She bowed to the inevitable.* Sie fügte sich in das Unvermeidliche.

bow² /baʊ/ *Nomen* **1** Verbeugung, Verneigung **2** (*auch* **bows** [Pl]) Bug ◊ *take a/your 'bow* (Schauspieler *etc.*) sich verbeugen ☞ *Siehe auch* SHOT¹
bow³ /bəʊ; *AmE* boʊ/ *Nomen* **1** Bogen ◊ *with a bow and*

arrow mit Pfeil und Bogen **2** (MUS) Bogen **3** Schleife **IDM** ⇨ STRING¹

bow⁴ /bəʊ; *AmE* boʊ/ *Verb* (MUS) den Bogen führen

bowd·ler·ize (*BrE auch* **-ise**) /ˈbaʊdləraɪz/ *Verb* (*meist abwert*) = aus einem Buch oder Theaterstück die anstößigen Stellen streichen **SYN** EXPURGATE

bowel /ˈbaʊəl/ *Nomen* **1** [meist Pl] Darm ◇ *empty/move/open your bowels* Stuhlgang haben **2 the bowels of sth** [Pl] (*gehoben*) das Innere von etw

ˈbowel movement (*auch* **ˈmove·ment**) *Nomen* (MED) Stuhl(gang)

bower /ˈbaʊə(r)/ *Nomen* (*gehoben*) **1** Platz im Schatten **2** Laube

bowl¹ /bəʊl; *AmE* boʊl/ *Nomen* **1** Schüssel, Schale ◇ *a sugar bowl* eine Zuckerdose ◇ *the bowl of a spoon* der Schöpfteil eines Löffels ◇ *the bowl of a pipe* ein Pfeifenkopf **2** (*bes AmE*) (*in Namen*) Arena (*für Konzerte etc.*) **SYN** STADIUM **3** (*Rasenbowling*) Kugel **4 bowls** Rasenbowling **5** (*AmE*) (*in Namen*) = Pokalspiel zwischen den Tabellenführern im Football

bowl² /bəʊl; *AmE* boʊl/ *Verb* **1** (*Kugel beim Bowling*) rollen lassen **2** (*Ball beim Kricket*) werfen **3** ~ **sb** (**out**) (*Kricket*) jdn ausschlagen **4** (*BrE, gehoben*) rollen, rauschen **PHRV** ˌ**bowl sb.** ˈ**over** jdn umwerfen (*auch fig*) ◇ *She wasn't bowled over by it.* Sie war nicht sonderlich erfreut darüber.

bow-legged /ˌbəʊ ˈlegɪd; *AmE* ˌboʊ/ *Adj* o-beinig

bow legs /ˌbəʊ ˈlegz; *AmE* ˌboʊ/ *Nomen* [Pl] O-Beine

bowl·er /ˈbəʊlə(r)/ *AmE* ˈboʊ-/ *Nomen* **1** (*Kricket*) Werfer(in) **2** (*bes BrE*) (*auch* ˌ**bowler** ˈ**hat**) Melone

bowl·ful /ˈbəʊlfʊl/ *AmE* boʊl-/ *Nomen* Schüssel, Teller

bowl·ing /ˈbəʊlɪŋ/ *AmE* ˈboʊ-/ *Nomen* [U] Kegeln, Bowling

ˈ**bowling alley** *Nomen* Kegelbahn

ˈ**bowling green** *Nomen* = Rasenfläche für Bowling

bow·man /ˈbəʊmən; *AmE* ˈboʊ-/ *Nomen* (*Pl* **-men** /-mən/) (*veraltet*) Bogenschütze

bow tie /ˌbəʊ ˈtaɪ; *AmE* ˌboʊ/ *Nomen* (*Krawatte*) Fliege

bow-wow /ˈbaʊ waʊ/ *Nomen* (*Kindersp*) Wauwau

box¹ /bɒks; *AmE* bɑːks/ *Nomen* **1** Kiste, Kasten, Schachtel ◇ *a money box* eine Sparbüchse ◇ *cardboard boxes* Kartons **2** (*im Theater*) Loge **3** (*im Gerichtssaal*) ◇ *the witness box* der Zeugenstand ◇ *the jury box* die Geschworenenbank **4** Häuschen ◇ *a sentry box* ein Wachhäuschen ◇ (*BrE*) *a phone box* eine Telefonzelle ◇ *a signal box* ein Stellwerk **5** Kästchen **6 the box** [Sing] (*umgs*) (*Fernsehen*) die Glotze **7** = BOX JUNCTION **8** (SPORT) Strafraum **9** = BOX NUMBER ◇ *Siehe auch* PO Box **10** (*BrE*) (*beim Kricket etc.*) Suspensorium **11** Buchsbaum **12** = BOXWOOD **IDM give sb a box on the ˈears** (*veraltet*) jdm eine Ohrfeige geben ☛ *Siehe auch* TRICK¹

box² /bɒks; *AmE* bɑːks/ *Verb* **1** boxen **2** ~ **sth** (**up**) etw (in einer Kiste/Schachtel) verpacken **IDM box sb's ˈears** (*veraltet*) jdm eine Ohrfeige geben **PHRV** ˌ**box sb/sth ˈin 1** jdn/etw einklemmen, jdn/etw einparken **2** (*meist passiv*) jdn/etw einengen ☛ G 9.7c

box·car /ˈbɒkskɑː(r); *AmE* ˈbɑːks-/ *Nomen* (*AmE*) (EISENB) (geschlossener) Güterwagen

boxed /bɒkst; *AmE* bɑːkst/ *Adj* (*original*)verpackt ◇ *a six-CD boxed set* sechs CDs im Schuber

boxer /ˈbɒksə(r); *AmE* ˈbɑːk-/ *Nomen* **1** Boxer(in) **2** (*Hund*) Boxer

ˈ**boxer shorts** (*auch* ˈ**boxers** /ˈbɒksəz; *AmE* ˈbɑːksərz/, *AmE* ˈ**shorts**) *Nomen* [Pl] Boxershorts ☛ *Hinweis bei* BRILLE

box·ing /ˈbɒksɪŋ; *AmE* ˈbɑːks-/ *Nomen* Boxen ◇ *a boxing match* ein Boxkampf

ˈ**Box·ing Day** *Nomen* (*BrE*) zweiter Weihnachts(feier)tag ☛ *Hinweis bei* FEIERTAG

ˈ**box junction** (*auch* **box**) *Nomen* (*BrE*) = gelb markierter Kreuzungsbereich, auf dem man nicht halten darf

ˌ**box ˈlunch** *Nomen* (*AmE*) Lunchpaket

ˈ**box number** (*auch* **box**) *Nomen* Chiffre, Postfach(nummer)

ˈ**box office** *Nomen* (*Theater-, Kino-*) Kasse ◇ *a box-office success* ein Kassenschlager

box·room /ˈbɒksruːm, -rʊm; *AmE* ˈbɑːks-/ *Nomen* (*BrE*) Abstellraum

box·wood /ˈbɒkswʊd; *AmE* ˈbɑːks-/ (*auch* **box**) *Nomen* Buchsbaum(holz)

boy¹ /bɔɪ/ *Nomen* **1** Junge ◇ *a delivery boy* ein Austräger ◇ *Be a good boy.* Sei lieb. ◇ *our boys* unsere Jungs ◇ *He's a local boy.* Er ist von hier. **2** Sohn **3 the boys** [Pl] (*umgs*) seine, meine etc. Kumpels ◇ *a night out with the boys* ein Abend mit meinen Kumpels **4** (*AmE*) = beleidigende Anrede für einen Schwarzen **IDM the boys in ˈblue** (*umgs*) die Polizei ˌ**boys** ˌ**will be ˈboys** so sind Jungen/Männer nun mal ☛ *Siehe auch* BLUE¹, JOB *und* MAN¹

boy² /bɔɪ/ *Ausruf* (*bes AmE, umgs*) Mensch!, Mann!

boy·cott¹ /ˈbɔɪkɒt; *AmE* -kɑːt/ *Verb* boykottieren

boy·cott² /ˈbɔɪkɒt; *AmE* -kɑːt/ *Nomen* Boykott

boy·friend /ˈbɔɪfrend/ *Nomen* Freund

boy·hood /ˈbɔɪhʊd/ *Nomen* (*veraltend*) Kindheit, Jugendzeit ◇ *boyhood friends* Jugendfreunde

boy·ish /ˈbɔɪɪʃ/ *Adj* (*Adv* **boy·ish·ly**) jungenhaft ◇ *her boyish figure* ihre knabenhafte Figur

ˌ**Boy** ˈ**Scout** *Nomen* (*BrE veraltet oder AmE*) Pfadfinder

bozo /ˈbəʊzəʊ; *AmE* ˈboʊzoʊ/ *Nomen* (*Pl* **-os**) (*bes AmE, umgs*) Idiot(in)

Br. *Abk* = BRITISH (1)

bra /brɑː/ *Nomen* BH

brace¹ /breɪs/ *Nomen* **1** Klammer, Stütze **2** (*AmE* **braces** [Pl]) Zahnspange **3 braces** [Pl] (*BrE*) Hosenträger ◇ *a pair of braces* (ein Paar) Hosenträger ☛ *Hinweis bei* BRILLE **4** [meist Pl] (*AmE*) Beinschiene **5** geschweifte Klammer **6** (*Pl* **brace**) (*Wild*) Paar ◇ *a brace of partridge(s)* zwei Rebhühner **IDM** ⇨ BELT¹

brace² /breɪs/ *Verb* **1** ~ **sb/yourself** (**for sth**) jdn/sich (auf etw) vorbereiten **2** ~ **sth/yourself** (**against sth**) etw/sich (gegen etw) stemmen **3** (sich) anspannen **4** (TECH) stützen

brace·let /ˈbreɪslət/ *Nomen* Armband, Armreifen

brac·ing /ˈbreɪsɪŋ/ *Adj* (*Wetter, Luft*) belebend ◇ *a bracing climate* ein Reizklima

bracken /ˈbrækən/ *Nomen* (*Adler*)farn

bracket¹ /ˈbrækɪt/ *Nomen* **1** [meist Pl] (*BrE*) (runde) Klammer **2** [meist Pl] (*AmE*) eckige Klammer **3** Gruppe ◇ *the 20–30 age bracket* die Gruppe der 20–30-Jährigen ◇ *the medium price bracket* die mittlere Preislage **4** (*für Regale etc.*) Halter, Träger

bracket² /ˈbrækɪt/ *Verb* **1** (*Wörter etc.*) einklammern **2** ~ **A and B** (**together**); ~ **A** (**together**) **with B** (*oft passiv*) A und B auf gleiche Stufe stellen, A und B über einen Kamm scheren

brack·ish /ˈbrækɪʃ/ *Adj* brackig

brae /breɪ/ *Nomen* (*oft in schottischen Ortsnamen*) (Ab)hang

brag /bræg/ *Verb* (**-gg-**) ~ (**to sb**) (**about/of sth**) (*abwert*) (bei jdm) (mit etw) angeben **SYN** BOAST

brag·gart /ˈbrægət; *AmE* -gərt/ *Nomen* Angeber(in)

Brah·man /ˈbrɑːmən/ *Nomen* (*auch* **Brah·min** /-ɪn/) (*Hindu*) Brahmane

braid¹ /breɪd/ *Nomen* **1** Litze, Borte ◇ *The uniform was trimmed with gold braid.* Die Uniform war mit Goldtressen besetzt. **2** (*bes AmE*) Zopf

braid² /breɪd/ *Verb* (*bes AmE*) (*Haare*) flechten

Braille (*auch* **braille**) /breɪl/ *Nomen* Blindenschrift

brain¹ /breɪn/ *Nomen* **1** Gehirn ◇ *damage to the brain* ein Gehirnschaden ◇ *a brain tumour* ein Hirntumor **2 brains** [Pl] (*ein Gericht*) Hirn **3** [meist Pl] Verstand, Intelligenz ◇ *You need brains as well as brawn to do this job.* Für diese Arbeit braucht man Köpfchen und Muskeln. **4** [meist Pl] (*umgs*) *one of the leading brains in the company* eine der klügsten Köpfe in der Firma ◇ *the best scientific brains in the country* die besten Wissenschaftler des Landes **5 the brains** [Sing] (*umgs*) ◇ *He's always been the brains of the family.* Er war schon immer der Intelligenteste in der Familie. ◇ *the brains behind the operation* der Drahtzieher **IDM have sth on the ˈbrain** (*umgs*) nur etw im Kopf haben ◇ *I've had this tune on the brain all day.* Den ganzen Tag ist mir diese Melodie nicht aus dem Kopf gegangen. ☛ *Siehe auch* BEAT¹, BLOW¹, PICK¹ *und* RACK²

brain² /brem/ *Verb* ~ **sb** jdm den Schädel einschlagen
'brain-child /'bremtʃaɪld/ *Nomen* [Sing] Geistesprodukt
'brain damage *Nomen* [U] Gehirnschaden
'brain-damaged *Adj* hirngeschädigt
'brain-dead *Adj* **1** hirntot **2** (*hum*) strohdumm ◊ *I was becoming brain-dead.* Ich verblödete.
'brain death *Nomen* Hirntod
'brain drain *Nomen* [Sing] (*umgs*) = Abwanderung von Wissenschaftlern etc. ins Ausland
brain-less /'bremləs/ *Adj* hirnlos, dumm
brain-storm¹ /'bremstɔːm/ *Nomen* [Sing] **1** (*BrE*) plötzliche geistige Verwirrung ◊ *She had a brainstorm in the exam.* Sie war während der Prüfung plötzlich geistig weggetreten. **2** (*AmE*) Geistesblitz
brain-storm² /'bremstɔːm; *AmE* -stɔːrm/ *Verb* gemeinsam erarbeiten ◊ *Brainstorm as many ideas as possible.* Lassen Sie sich so viele Ideen wie möglich einfallen.
brain-storm-ing /'bremstɔːmɪŋ; *AmE* -stɔːrm-/ *Nomen* [U] Brainstorming
'brain-teaser *Nomen* Denksportaufgabe
brain-wash /'bremwɒʃ; *AmE* -wɑːʃ, -wɔːʃ/ *Verb* einer Gehirnwäsche unterziehen; **~ sb into doing sth** jdm einreden, dass er etw tun muss
brain-wash-ing /'bremwɒʃɪŋ; *AmE* -wɑːʃ-, -wɔːʃ-/ *Nomen* [U] Gehirnwäsche
brain-wave /'bremweɪv/ *Nomen* **1** (*bes BrE*) Geistesblitz, guter Einfall **2 brainwaves** [Pl] Gehirnströme
brainy /'bremi/ *Adj* (*umgs, veraltet*) gescheit
braise /breɪz/ *Verb* schmoren, dünsten ◊ *braising steak* Schmorfleisch
brake¹ /breɪk/ *Nomen* Bremse ◊ *slam on the brakes* plötzlich/scharf bremsen IDM ⇨ JAM²
brake² /breɪk/ *Verb* bremsen
'brake light *Nomen* Bremslicht
bram-ble /'bræmbl/ *Nomen* **1** (*bes BrE*) Brombeerstrauch **2** (*BrE*) Brombeere
bran /bræn/ *Nomen* Kleie
branch¹ /brɑːntʃ; *AmE* bræntʃ/ *Nomen* **1** Ast, Zweig **2** Zweigstelle, Filiale, Geschäftsstelle **3** Dienst, Abteilung ◊ *the anti-terrorist branch* der Terrorbekämpfungsdienst ☞ *Siehe auch* SPECIAL BRANCH **4** Zweig ◊ *a branch of computer science* ein Zweig der Informatik **5** (Neben)arm ◊ *a branch line* eine Nebenlinie IDM ⇨ ROOT¹
branch² /brɑːntʃ; *AmE* bræntʃ/ *Verb* sich gabeln PHR V ,**branch 'off** (*Straße*) abzweigen; (*Auto*) abbiegen ,**branch 'out (into sth)** ◊ *The company has now branched out into selling insurance.* Die Firma verkauft jetzt auch Versicherungen. ◊ *I've decided to branch out on my own.* Ich will mich selbstständig machen.
brand¹ /brænd/ *Nomen* **1** Marke ◊ *a brand of toothpaste* eine Zahnpastamarke ◊ *brand loyalty* Markentreue ☞ *Siehe auch* OWN-BRAND **2** Sorte ◊ *his unorthodox brand of humour* sein unkonventionelles Humor **3** Brandzeichen
brand² /brænd/ *Verb* (*oft passiv*) **1** ~ **sb (as) sth** jdn als etw brandmarken **2** (*Tier*) mit einem Brandzeichen versehen
bran-dish /'brændɪʃ/ *Verb* (*gehoben*) (drohend) schwingen
,**brand 'new** *Adj* nagelneu
brandy /'brændi/ *Nomen* (*Pl* -**ies**) Weinbrand
'brandy snap *Nomen* (*bes BrE*) = (meist gefüllte) Knusperwaffel mit Ingwergeschmack
brash /bræʃ/ *Adj* (*abwert*) **1** (*Adv* **brash-ly**) forsch **2** (*BrE*) (geschmacklos) laut, aufdringlich
brass /brɑːs; *AmE* bræs/ *Nomen* **1** Messing ◊ *a brass plate* ein Firmen-/Praxisschild **2** Blechbläser ☞ G 1.3c **3** (*BrE*) Zaumzeugbeschlag **4** (*bes AmE*) Gedenktafel/Grabplatten aus Messing **5** (*bes AmE*) (*wichtige Leute*) hohe Tiere ☞ G 1.3c **6** (*BrE, umgs, veraltet*) (*Geld*) Kies, Moos IDM ,**brass 'monkeys**; ,**brass 'monkey weather** (*BrE, Slang*) saukalt ,**brass 'neck/nerve** (*BrE, umgs*) Unverfrorenheit **get down to brass 'tacks** (*umgs*) zur Sache kommen ☞ *Siehe auch* BOLD *und* MUCK¹
,**brass 'band** *Nomen* Blaskapelle
,**brassed 'off** *Adj* (*BrE, Slang*) stinksauer
brass·ière /'bræziə; *AmE* brə'zɪr/ *Nomen* (*gehoben*) Büstenhalter

,**brass 'knuckles** *Nomen* [Pl] (*AmE*) Schlagring
'**brass rubbing** *Nomen* = Frottage von Messing-Grabplatten
brassy /'brɑːsi; *AmE* 'bræsi/ *Adj* **1** (MUS) (*oft abwert*) blechern **2** (*umgs, abwert*) (*Frau*) aufgetakelt **3** messingfarben, grell **4** (*AmE, umgs*) freimütig
brat /bræt/ *Nomen* (*umgs, abwert*) Balg, Gör
bra·vado /brə'vɑːdəʊ; *AmE* -doʊ/ *Nomen* Wagemut, gespielte Selbstsicherheit ◊ *an act of sheer bravado* eine waghalsige Tat ◊ *It was just bravado.* Der Mut war nur vorgetäuscht.
brave¹ /breɪv/ *Adj* (-**r**, -**st**) (*Adv* **brave·ly**) mutig, tapfer ☞ *Hinweis bei* MUTIG IDM (a) ,**brave new 'world** (eine) schöne neue Welt **put on a brave 'face**; **put a brave 'face on sth** sich etw nicht anmerken lassen ◊ *She put a brave face on her illness.* Sie ließ sich ihre Krankheit nicht anmerken.
brave² /breɪv/ *Verb* ~ **sb/sth** jdm/etw trotzen, jdm/etw mutig gegenübertreten ◊ *The firemen braved the flames to rescue the family.* Die Feuerwehrleute wagten sich in die Flammen, um die Familie zu retten.
bravery /'breɪvəri/ *Nomen* Mut, Tapferkeit
bravo /,brɑː'vəʊ; *AmE* -'voʊ/ *Ausruf* (*veraltet*) bravo
brawl¹ /brɔːl/ *Nomen* Schlägerei
brawl² /brɔːl/ *Verb* sich schlagen
brawn /brɔːn/ *Nomen* [U] Muskeln
brawny /'brɔːni/ *Adj* (*umgs*) muskulös, kräftig
bray¹ /breɪ/ *Verb* (*Esel*) schreien; (*fig*) wiehern
bray² /breɪ/ *Nomen* (Esels)schrei; (*fig*) Wiehern
bra·zen¹ /'breɪzn/ *Adj* schamlos, dreist
bra·zen² /'breɪzn/ *Verb* PHR V ,**brazen it 'out** tun, als ob nichts wäre, etw aussitzen
bra·zier /'breɪziə(r)/ *Nomen* Kohlenbecken
breach¹ /briːtʃ/ *Nomen* **1** (*BrE*) Bruch, Verstoß ◊ *a breach of confidence* ein Vertrauensbruch ◊ *They are in breach of Article 119.* Sie haben gegen Artikel 119 verstoßen. ◊ *a breach of copyright* eine Verletzung des Urheberrechts ◊ (a) *breach of the peace* öffentliche Ruhestörung **2** Bresche, Lücke IDM ⇨ STEP²
breach² /briːtʃ/ *Verb* **1** verstoßen gegen **2** (*Mauer, Damm, Front etc.*) durchbrechen
bread /bred/ *Nomen* Brot IDM ⇨ KNOW¹
,**bread and 'butter** *Nomen* **1** Brot mit Butter ◊ *a piece of bread and butter* ein Butterbrot **2** (*umgs*) (Einkommens)quelle) tägliches Brot
,**bread-and-'butter** *Adj* nur vor Nomen grundlegend, Haupt- ◊ *the bread-and-butter issues of politics* die Grundanliegen der Politik
bread-bas·ket /'bredbɑːskɪt; *AmE* -bæs-/ *Nomen* [Sing] (*AmE*) Kornkammer
'**bread bin** *Nomen* (*AmE* '**bread box**) Brotkasten
bread·crumbs /'bredkrʌmz/ *Nomen* [Pl] Paniermehl
bread·line /'bredlaɪn/ *Nomen* (*BrE*) **the breadline** [Sing] das Existenzminimum IDM **be/live on the 'breadline** (*BrE*) am Rande des Existenzminimums leben
breadth /bredθ/ *Nomen* **1** Breite SYN WIDTH **2** Vielseitigkeit ◊ *her breadth of experience* ihr großer Erfahrungsschatz ◊ *his breadth of knowledge* sein umfassendes Wissen IDM ⇨ LENGTH
bread·win·ner /'bredwɪnə(r)/ *Nomen* Brotverdiener(in) ◊ *the sole breadwinner in the family* der einzige Verdiener der Familie
break¹ /breɪk/ *Verb* (**broke** /brəʊk; *AmE* broʊk/, **broken** /'brəʊkən; *AmE* 'broʊ-/) **1** (zer)brechen, kaputtgehen, (zer)reißen ◊ *She dropped the plate and it broke into pieces/in two.* Sie ließ den Teller fallen, und er zerbrach/brach entzwei. ◊ *My watch has broken.* Meine Uhr ist kaputt. **2** kaputtmachen, (zer)brechen ◊ *She broke her arm.* Sie brach sich den Arm. ◊ *break sth in two/into two pieces* etw in zwei Teile brechen ◊ *The case had been broken open.* Der Koffer war aufgebrochen worden. **3** (*Haut*) verletzen **4** brechen, verstoßen gegen; (*Versprechen*) nicht halten ◊ *break an appointment* eine Verabredung nicht einhalten ◊ *break the speed limit* zu schnell fahren **5** Pause machen ◊ *break for lunch* Mittagspause machen **6** unterbrechen ◊ *We broke our journey at Oxford.* Wir haben unsere Fahrt in Oxford unterbrochen. ◊ *a*

---

u actual | aɪ my | aʊ now | eɪ say | əʊ (*BrE*) go | oʊ (*AmE*) go | ɔɪ boy | ɪə near | eə hair | ʊə pure

broken night's sleep eine gestörte Nachtruhe ◊ *A hedge broke his fall.* Eine Hecke federte seinen Aufprall ab. **7** abbrechen ◊ *He broke all links with the party.* Er hat alle Verbindungen mit der Partei abgebrochen. **8** zusammenbrechen, aufgeben ◊ *He broke under questioning.* Während des Verhörs brach er zusammen und gab alles zu. ◊ *Throughout the ordeal her spirit never broke.* Die ganze schwere Zeit hindurch verließ sie ihr Lebensmut nie. **9** seelisch brechen, erledigen; (*Mut*) nehmen ◊ *The scandal broke him.* Der Skandal hat ihn erledigt. **10** (*Wetter*) umschlagen **11** (*Wolkendecke*) aufreißen **12** (*Tag*) anbrechen; (*Gewitter*) losbrechen **13** (*Nachricht*) bekannt werden **14 sb's voice breaks** (*Junge*) jd kommt in den Stimmbruch **15** (*Stimme*) brechen ◊ *Her voice broke as she read out the letter.* Mit stockender Stimme las sie den Brief vor. **16** (*Wellen*) sich brechen **17** (*Kode*) entschlüsseln **18** (*bes AmE*) (*Geldschein*) wechseln **19** (*Schallmauer*) durchbrechen **20** (*Aufschlag beim Tennis etc.*) abnehmen, durchbrechen ☛ Für Redewendungen mit **break** siehe die Einträge für die Nomina, Adjektive etc. **Break sb's heart** z.B. steht unter **heart**.

PHR V ˌbreak aˈway (from sb/sth) sich (von jdm/etw) losreißen, sich (von jdm/etw) trennen, sich (von jdm/etw) abspalten ◊ *She broke away from the pack and opened up a two-second lead.* Sie hängte das Feld ab und gewann einen Vorsprung von zwei Sekunden. ˌbreak ˈdown **1** zusammenbrechen; (*Auto, Maschine*) eine Panne haben; (*Ehe, Verhandlungen*) scheitern **2** sich aufschlüsseln ◊ *Expenditure on the project breaks down as follows ...* Die Ausgaben für das Projekt schlüsseln sich wie folgt auf: ... ˌbreak sth ˈdown **1** etw niederreißen; (*Tür*) einschlagen; (*Widerstand*) brechen **2** etw aufschlüsseln, etw aufgliedern ◊ *Each chapter is broken down into several units.* Jedes Kapitel ist in mehrere Einheiten unterteilt. **3** (NATURW) etw aufspalten ˌbreak for sth zu etw stürzen, auf etw zustürzen ˌbreak ˈin einbrechen ˌbreak sb ˈin jdn einarbeiten ◊ *break in new recruits* neue Rekruten schleifen ◊ *We'll have to break him in gently these first few days.* Wir müssen ihn in den ersten Tagen langsam an die Aufgabe heranführen. ˌbreak sth ˈin **1** (*Pferd*) zureiten **2** (*Schuhe*) einlaufen ˌbreak ˈin (on sth) (*Gespräch*) unterbrechen ˌbreak ˈinto sth **1** in etw einbrechen ◊ *We had our car broken into last week.* Unser Auto ist letzte Woche aufgebrochen worden. **2** in etw ausbrechen ◊ *The guests broke into spontaneous applause.* Die Gäste fingen spontan an zu klatschen. **3** ◊ *The horse broke into a trot.* Das Pferd fiel in Trab. ◊ *He broke into a run when he saw the police.* Er fing an zu rennen, als er die Polizei sah. **4** (*BrE*) (*Geldschein, Vorräte*) anbrechen; (*Ersparnisse*) angreifen **5** in etw vordringen ◊ *break into new markets* in neue Märkte vordringen ˌbreak ˈoff **1** abbrechen **2** abbrechen, unterbrechen ◊ *He broke off in the middle of a sentence.* Er brach mitten im Satz ab. ˌbreak sth ˈoff etw abbrechen; (*Faden*) abreißen ◊ *They've broken off their engagement.* Sie haben die Verlobung gelöst. ˌbreak ˈout ausbrechen ◊ *Rioting broke out.* Es kam zu Krawallen. ˌbreak ˈout in sth ◊ *He broke out in a cold sweat.* Er brach in Angstschweiß aus. ˌbreak ˈthrough **1** einen Durchbruch schaffen ◊ *Scientists think they are beginning to break through in the fight against cancer.* Wissenschaftler glauben, dass sie im Kampf gegen den Krebs einem Durchbruch nahe sind. **2** (*Sonne, Mond*) durchbrechen; (*Wut, Leidenschaft*) herausbrechen ◊ *The sun broke through at last.* Die Sonne brach endlich durch. ˌbreak ˈthrough sth **1** etw durchbrechen ◊ *Demonstrators broke through the police cordon.* Demonstranten durchbrachen den Polizeikordon. **2** (*Sonne, Mond*) hinter etw hervorkommen **3** etw überwinden, etw durchbrechen ◊ *He had finally managed to break through her reserve.* Es war ihm endlich gelungen, sie aus ihrer Reserve zu locken. ˌbreak ˈup **1** zerbrechen, zerschellen **2** (*Beziehung*) in die Brüche gehen **3** (*Versammlung etc.*) sich auflösen **4** (*BrE*) Ferien bekommen; (*Schule*) aufhören ◊ *When do you break up for Christmas?* Wann fangen die Weihnachtsferien an? **5** (*BrE*) (*Telefonverbindung*) zusammenbrechen ◊ *I can't hear what you're saying. You're breaking up.* Ich kann dich nicht mehr hören. Das Netz geht weg. **6** (*AmE*) sich kaputtlachen ˌbreak sth ˈup **1** etw verkleinern, etw zerstückeln, etw zerbrechen; (*Besitz*) aufteilen ◊ *The ship was broken up for scrap metal.* Das Schiff wurde abgewrackt. ◊ *Sentences can be broken up into clauses.* Sätze können in Satzteile zerlegt werden. **2** etw auflösen; (*Ehe, Freundschaft*) zerstören ◊ *break up a fight* die

Kämpfenden trennen **3** etw auflockern ˌbreak ˈup (with sb) sich (von jdm) trennen ◊ *She's just broken up with her boyfriend.* Sie hat gerade mit ihrem Freund Schluss gemacht. ˈbreak with sth mit etw brechen ◊ *He broke with the party over the issue.* Er distanzierte sich in diesem Punkt von der Partei.

break² /breɪk/ *Nomen* **1** Pause, Unterbrechung ◊ *take a break* eine Pause machen ◊ *I really need a break from work.* Ich brauche wirklich mal Abstand von der Arbeit. ☛ *Hinweis bei* PAUSE *S.* 1139 **2** (*auch* ˈbreak time) [U] (*BrE*) (SCHULE) Pause ◊ *Come and see me at break.* Melde dich in der Pause bei mir. **3** Kurzurlaub **4** Werbepause **5** [Sing] a ~ (with sb/sth) Bruch (mit jdm/etw) ◊ *He needed to make a complete break with the past.* Er musste ganz und gar mit der Vergangenheit brechen. **6** [Sing] Unterbrechung, Abwechslung; (*Wetter*) Umschlag ◊ *a break in diplomatic relations* ein Abbruch der diplomatischen Beziehungen **7** Lücke, Riss ◊ *a break in the clouds* ein Riss in der Wolkendecke ◊ (*umgs*) Chance ◊ *This role was her big break.* Diese Rolle war ihre große Chance. ◊ *a bad break* Pech **9** (*Knochen*-) Bruch **IDM break of ˈday/ˈdawn** (*gehoben*) Tagesanbruch **give me a ˈbreak!** (*umgs*) Hör doch auf! **give sb a ˈbreak** (*bes AmE*) jdm eine Chance geben; mit jdm Nachsicht haben ◊ *Give the lad a break – it's only his second day on the job.* Sei nicht so hart mit dem Jungen – es ist erst sein zweiter Tag. **make a ˈbreak for it** abhauen **make a ˈbreak for sth** auf etw zustürzen ◊ *He suddenly leapt up and made a break for the door.* Er sprang plötzlich auf und stürzte zur Tür. ☛ *Siehe auch* CLEAN¹

break·able /ˈbreɪkəbl/ *Adj* zerbrechlich **SYN** FRAGILE

break·age /ˈbreɪkɪdʒ/ *Nomen* Bruch, Schaden ◊ *When we moved house there were a few breakages.* Beim Umzug ist einiges zu Bruch gegangen.

break·away¹ /ˈbreɪkəweɪ/ *Adj nur vor Nomen* abtrünnig, Splitter- ◊ *a breakaway group* eine Splittergruppe

break·away² /ˈbreɪkəweɪ/ *Nomen* [Sing] Absplitterung

break·down /ˈbreɪkdaʊn/ *Nomen* **1** Panne, Störung ◊ *a breakdown recovery service* ein Pannendienst **2** Scheitern, Zusammenbruch ◊ *the breakdown of a marriage* das Scheitern einer Ehe ◊ *This misunderstanding is due to a breakdown in communications.* Dieses Missverständnis beruht auf mangelhafter Kommunikation. **3** [meist Sing] Aufschlüsselung **4** (NATURW) Aufspaltung **5** = NERVOUS BREAKDOWN

ˈ**breakdown lane** *Nomen* (*AmE*) Standspur

ˈ**breakdown truck** *Nomen* (*BrE*) Abschleppwagen

break·er /ˈbreɪkə(r)/ *Nomen* (*Welle*) Brecher

break·fast¹ /ˈbrekfəst/ *Nomen* Frühstück ◊ *They were having breakfast when I arrived.* Sie frühstückten gerade, als ich ankam. ◊ *She doesn't eat much breakfast.* Sie isst nicht viel zum Frühstück. **IDM** ⇒ DOG¹

break·fast² /ˈbrekfəst/ *Verb* (*gehoben*) frühstücken

ˈ**break-in** *Nomen* Einbruch

ˌ**breaking and ˈentering** *Nomen* (*BrE veraltet oder AmE*) Einbruch

ˈ**breaking point** *Nomen* Grenze der Belastbarkeit ◊ *Nerves were stretched to breaking point.* Die Nerven waren bis zum Äußersten gespannt.

break·neck /ˈbreɪknek/ *Adj nur vor Nomen* halsbrecherisch

break·out /ˈbreɪkaʊt/ *Nomen* Ausbruch

break·through /ˈbreɪkθruː/ *Nomen* Durchbruch

ˈ**break-up** (*bes AmE* ˈ**break-up**) *Nomen* **1** Zerrüttung, Scheitern ◊ *her break-up with Ian* ihre Trennung von Ian **2** Auflösung ◊ *the break-up of Yugoslavia* der Zerfall Jugoslawiens

break·water /ˈbreɪkwɔːtə(r)/ *Nomen* Wellenbrecher

breast¹ /brest/ *Nomen* Brust **IDM** ⇒ CLEAN¹

breast² /brest/ *Verb* **1** (*Gipfel, Kuppe*) erreichen **2** ◊ *breast the waves* gegen die Wellen ankämpfen

breast·bone /ˈbrestbəʊn/ *AmE* -boʊn/ *Nomen* Brustbein

breast-feed /ˈbriːstfiːd/ *Verb* (-**fed**, -**fed** /-fed/) stillen

ˌ**breast ˈpocket** *Nomen* Brusttasche ◊ *the inside breast pocket of the jacket* die Jackeninnentasche

breast·stroke /ˈbreststrəʊk/ *AmE* -stroʊk/ *Nomen* [U/Sing] Brustschwimmen ◊ *swim breaststroke* brustschwimmen

breath /breθ/ *Nomen* **1** Atem ◊ *bad breath* Mundgeruch ◊

We had to stop for breath. Wir mussten erstmal verschnaufen. **2** Atemzug ◇ *take a deep breath* tief Luft holen ◇ *He recited the whole poem in one breath.* Er trug das ganze Gedicht vor ohne Luft zu holen. **3** a **~ of air, wind** (*gehoben*) ein Lufthauch ◇ *not a breath of air* kein leises Lüftchen **4** (*gehoben*) Spur, Hauch IDM **be a breath of fresh 'air** frischen Wind bringen **a breath of (fresh) 'air** frische Luft ◇ *get/have a breath of (fresh) air* frische Luft schnappen gehen **don't hold your 'breath** da fließt noch viel Wasser die Elbe runter ◇ *She said she'd do it this week but don't hold your breath.* Sie hat zwar gesagt, sie würde es diese Woche tun, aber ich würde mich nicht drauf verlassen. **get your 'breath (again/back)** (*BrE*) wieder zu Atem kommen **hold your 'breath 1** die Luft anhalten **2** den Atem anhalten **in the same 'breath** im gleichen Atemzug **his/her last/dying 'breath** sein/ihr letzter Atemzug **out of 'breath** außer Atem **short of 'breath** kurzatmig **say sth, speak, etc. under your 'breath** etw leise vor sich hin sagen, murmeln etc ◇ *He cursed under his breath.* Er fluchte vor sich hin. **take sb's 'breath away** jdm den Atem verschlagen ☛ *Siehe auch* BATED, CATCH[1], DRAW[1], SAVE[1] *und* WASTE[1]
breath·alyse (*AmE* **breath·alyze**) /ˈbreθəlaɪz/ *Verb* einen Alkoholtest machen lassen ◇ *He was breathalysed.* Er musste ins Röhrchen blasen.
Breath·alyzer™ /ˈbreθəlaɪzə(r)/ *Nomen* Atemalkoholprüfgerät, Röhrchen
breathe /briːð/ *Verb* **1** atmen ◇ *breathe a sigh of relief* erleichtert aufatmen **2** hauchen **3** ausströmen IDM **breathe (easily/freely) again** wieder Luft haben **breathe down sb's 'neck** jdm über die Schulter schauen **breathe your 'last** (*gehoben*) den letzten Atemzug tun **breathe (new) 'life into sth** einer Sache (neues) Leben einhauchen **not breathe a 'word (of/about sth) (to sb)** (jdm) kein Sterbenswörtchen (über etw) sagen ☛ *Siehe auch* LIVE[1] PHR V ˌbreathe 'in einatmen ˌbreathe sth 'in etw einatmen ˌbreathe 'out ausatmen ˌbreathe sth 'out etw ausatmen
breather /ˈbriːðə(r)/ *Nomen* (*umgs*) Verschnaufpause
breath·ing /ˈbriːðɪŋ/ *Nomen* Atmen, Atmung ◇ *breathing exercises* Atemübungen
'breathing space *Nomen* Pause
breath·less /ˈbreθləs/ *Adj* (*Adv* **breath·less·ly**) **1** atemlos, außer Atem ◇ *They were breathless with excitement.* Sie waren ganz außer sich vor Aufregung. **2** (*sehr schnell*) atemberaubend **3** schwül, stickig
breath·less·ness /ˈbreθləsnəs/ *Nomen* Atemlosigkeit, Kurzatmigkeit
breath·tak·ing /ˈbreθteɪkɪŋ/ *Adj* (*Adv* **breath·tak·ing·ly**) atemberaubend, hinreißend ◇ *breathtaking arrogance* eine Arroganz, die einem die Sprache verschlägt
'breath test *Nomen* Alkoholtest ◇ *If you fail a breath test you will lose your licence.* Wenn der Alkoholtest positiv ausfällt, wird der Führerschein entzogen.
breathy /ˈbreθi/ *Adj* hauchig
bred *Form von* BREED[1]
breech birth /ˈbriːtʃ bɜːθ; *AmE* bɜrθ/ (*auch* ˌbreech de'livery) *Nomen* Steißgeburt
breeches /ˈbrɪtʃɪz/ *Nomen* [Pl] Kniehose ◇ *a pair of riding breeches* eine Reithose
breed[1] /briːd/ *Verb* (**bred, bred** /bred/) **1** brüten, Junge bekommen, sich vermehren **2** züchten **3** hervorrufen ◇ *Unemployment breeds social unrest.* Arbeitslosigkeit führt zu gesellschaftlichen Unruhen. **4 ~ sth into sb** jdm etw anerziehen ◇ *Fear of failure was bred into him at an early stage.* Die Angst zu versagen wurde ihm schon in die Wiege gelegt. IDM ⇨ BORN[1] *und* FAMILIARITY
breed[2] /briːd/ *Nomen* **1** Rasse, Züchtung **2** Menschenschlag ◇ *He represents a new breed of politician.* Er repräsentiert einen neuen Politikertyp. ◇ *I don't like journalists as a breed.* Ich mag die Journalisten als solche nicht. ◇ *Players like him are a rare breed.* Spieler wie er sind eine Seltenheit.
breed·er /ˈbriːdə(r)/ *Nomen* Züchter(in)
breed·ing /ˈbriːdɪŋ/ *Nomen* **1** Zucht ◇ *the breeding of horses* die Pferdezucht **2** Fortpflanzung ◇ *the breeding population* die gebärfähige Population **3** (*gute*) Erziehung

'breeding ground *Nomen* **1** [meist Pl] Brutstätte **2** (*fig*) [meist Sing] Nährboden
breeze[1] /briːz/ *Nomen* **1** Brise, leichter Wind **2** [Sing] (*umgs*) Klacks, Kinderspiel IDM ⇨ SHOOT[1]
breeze[2] /briːz/ *Verb* **~ in** hereinschneien; **~ past** vorbeisegeln PHR V ˌbreeze 'through sth etw spielend schaffen
breezy /ˈbriːzi/ *Adj* (*Adv* **breez·ily** /-ɪli/) **1** windig **2** unbeschwert ◇ *You're very bright and breezy today!* Du bist heute gut drauf!
breth·ren /ˈbreðrən/ *Nomen* [Pl] (*veraltet*) Brüder
brev·ity /ˈbrevəti/ *Nomen* (*gehoben*) Kürze ◇ *For the sake of brevity …* Um es kurz zu machen, …
brew[1] /bruː/ *Verb* **1** brauen **2** brühen, kochen **3** (*Tee etc.*) ziehen **4 ~ (up)** sich zusammenbrauen **brew (sth) 'up** Tee/Kaffee kochen ◇ *Whose turn is it to brew up?* Wer ist dran mit Teekochen?
brew[2] /bruː/ *Nomen* **1** Biersorte, Bräu ◇ *home brew* selbst gebrautes Bier **2** [meist Sing] (*BrE*, *umgs*) Tee ◇ *I'll make a fresh brew.* Ich koche noch mal Tee. **3** [meist Sing] (*fig*) Mischung
brew·er /ˈbruːə(r)/ *Nomen* **1** Brauer **2** Brauerei
brew·ery /ˈbruːəri/ *Nomen* (*Pl* **-ies**) Brauerei
'brew-up *Nomen* (*BrE*, *umgs*) ◇ *We have a brew-up at 11.* Um 11 gibt's Tee.
briar (*auch* **brier**) /ˈbraɪə(r)/ *Nomen* **1** Dornenbusch, wilde Rose **2** Bruyereholz
bribe[1] /braɪb/ *Nomen* Bestechungsgeld
bribe[2] /braɪb/ *Verb* **~ sb (with sth)** jdn (mit etw) bestechen; **~ sb (into doing sth)** jdn bestechen etw zu tun ◇ *He managed to bribe his way onto the ship.* Es gelang ihm, durch Bestechung an Bord zu kommen.
brib·ery /ˈbraɪbəri/ *Nomen* Bestechung
bric-a-brac /ˈbrɪk ə bræk/ *Nomen* Trödel, Krimskrams
brick[1] /brɪk/ *Nomen* **1** Ziegelstein, Backstein **2** Bauklotz IDM **be banging, etc. your head against a brick 'wall** auf Granit beißen **be/come up against a brick 'wall** gegen eine Wand anrennen **bricks and 'mortar 1** Immobilien **2** Gebäude ◇ *The gardens disappeared under bricks and mortar.* Die Gärten wurden zugebaut. ☛ *Siehe auch* CAT, DROP[1] *und* TON
brick[2] /brɪk/ *Verb* PHR V ˌbrick sth 'in/'up etw zumauern
brick·bat /ˈbrɪkbæt/ *Nomen* [meist Pl] schwere Beleidigung, heftige Kritik
brick·lay·er /ˈbrɪkleɪə(r)/ *Nomen* Maurer(in)
brick·work /ˈbrɪkwɜːk; *AmE* -wɜrk/ *Nomen* **1** Mauerwerk **2** Maurerarbeiten ◇ *There was a lot of external brickwork to be done.* An den Außenmauern musste noch viel gemacht werden. **3** **brick·works** (*Pl* **brick·works**) (*BrE*) Ziegelei
bri·dal /ˈbraɪdl/ *Adj* nur vor Nomen Braut-, Hochzeits- ◇ *the bridal party* die Familie und Freunde der Braut ◇ *a bridal shop* ein Hochzeitsausstatter ◇ (*AmE*) *a bridal shower* eine vor der Hochzeit stattfindende Party für die Braut, bei der ihr Geschenke überreicht werden
bride /braɪd/ *Nomen* Braut
bride·groom /ˈbraɪdɡruːm/ (*auch* **groom**) *Nomen* Bräutigam
brides·maid /ˈbraɪdzmeɪd/ *Nomen* Brautjungfer
bridge[1] /brɪdʒ/ *Nomen* **1** Brücke (*auch fig*) ◇ *build bridges between nations* Brücken zu anderen Nationen schlagen **2** Kommandobrücke **3** Bridge **4 the ~ of sb's nose** [Sing] das Nasenbein **5** (*von Brillen, Saiteninstrumenten*) Steg IDM ⇨ BURN[1], CROSS[2] *und* WATER[1]
bridge[2] /brɪdʒ/ *Verb* **~ sth** eine Brücke über etw bauen, als Brücke über etw dienen ◇ *A plank of wood bridged the stream.* Ein Holzbalken diente als Brücke über den Bach. IDM **bridge the 'gap/'gulf/di'vide** die Lücke/Kluft überbrücken
bridle[1] /ˈbraɪdl/ *Nomen* Zaum
bridle[2] /ˈbraɪdl/ *Verb* **1** aufzäumen **2** (*Gefühle*) zügeln, im Zaum halten **3 ~ (at sth)** sich entrüsten (gegen etw) wehren
'bridle path (*BrE auch* **bridle·way** /ˈbraɪdlweɪ/) *Nomen* Reitweg
brief[1] /briːf/ *Adj* (*Adv* **brief·ly**) kurz ◇ *Please be brief.* Bitte fassen Sie sich kurz. ◇ *Briefly, the argument is as follows …* Im Wesentlichen lautet die Argumentation folgenderma-

brief

ßen … **IDM** **in brief** kurz (gesagt) ◊ *the news in brief* Nachrichten im Überblick

brief² /briːf/ *Nomen* **1** (*BrE*) Aufgabe ◊ *It wasn't part of his brief to speak to the press.* Es gehörte nicht zu seinen Aufgaben, zur Presse zu sprechen. **2** (*BrE*) Anweisungen **3** (*BrE*) Dossier **4** (*BrE*) (RECHT) Mandat **5** (*BrE*, umgs) Rechtsanwalt **6** (*AmE*) (RECHT) Schriftsatz **IDM** **hold no brief for sb/sth** (*BrE*, gehoben) jdn/etw nicht unterstützen

brief³ /briːf/ *Verb* **1 ~ sb** (**on sth**) jdn (über etw) informieren, jdn (zu etw) instruieren **2** (RECHT) einen Fall übergeben ◊ *The company has briefed a top lawyer to defend it.* Das Unternehmen hat einen Spitzenanwalt mit seiner Verteidigung beauftragt.

brief·case /ˈbriːfkeɪs/ *Nomen* Aktentasche

brief·ing /ˈbriːfɪŋ/ *Nomen* **1** (Einsatz)besprechung ◊ *call a press briefing* die Presse zusammenrufen, um eine Erklärung abzugeben **2** Informationen, Instruktionen ◊ *He gave his men a full briefing.* Er gab seinen Männern ausführliche Instruktionen. ◊ *a briefing paper* ein Bericht

brief·ly *Adv* ⇨ BRIEF¹

briefs /briːfs/ *Nomen* [Pl] Slip ☛ *Hinweis bei* BRILLE

brier = BRIAR

Brig *Abk* = BRIGADIER

brig /brɪɡ/ *Nomen* **1** Brigg **2** (*AmE*) Gefängnis, Arrestzelle, Bau

bri·gade /brɪˈɡeɪd/ *Nomen* **1** (MIL) Brigade **2** (*abwert*) = in Verbindung mit einem Nomen oder einer Wortgruppe gebraucht, um eine Gruppe von Menschen mit ähnlichen Auffassungen zu bezeichnen ◊ *the anti-smoking brigade* die Tabakgegner ◊ *the designer handbag brigade* der Designer-Handtaschen-Verein **IDM** ⇨ HEAVY¹

briga·dier /ˌbrɪɡəˈdɪə(r)/; *AmE* -ˈdɪr/ *Nomen* (*Abk* **Brig**) (*BrE*) Brigadegeneral

ˌbrigadier ˈgeneral *Nomen* (*AmE*) Brigadegeneral

bright¹ /braɪt/ *Adj* (*Adv* **bright·ly**) **1** hell, strahlend ◊ *Her eyes were bright with tears.* In ihren Augen schimmerten Tränen. **2** (Farbe) leuchtend ◊ *Jack's face turned bright red.* Jack wurde knallrot. ◊ *a bright flower bed* ein farbenfrohes Blumenbeet **3** vergnügt, fröhlich ◊ *She gave me a bright smile.* Sie strahlte mich an. ◊ *'Hi!' she called brightly.* „Hallo!" rief sie munter. **4** intelligent, aufgeweckt ◊ *Do you have any bright ideas?* Hast du vielleicht eine gute Idee? **5** viel versprechend, glänzend **IDM** **bright and ˈearly** in aller Herrgottsfrühe ◊ *You're up bright and early today!* Du bist heute ja sehr früh auf! (**as**) **bright as a ˈbutton** (*BrE*) aufgeweckt **the bright ˈlights** das Großstadtleben **a bright ˈspark** (*BrE*, umgs, oft hum) ein heller Kopf ◊ *Some bright spark left the tap running all night.* Irgendein Schlauberger hat den Wasserhahn die ganze Nacht laufen lassen. **a/one/the ˈbright spot** ein/der Lichtblick **look on the ˈbright side** es positiv sehen ◊ *Look on the bright side!* Sieh's doch mal positiv!

bright² /braɪt/ *Adv* (*gehoben*) (*meist mit den Verben 'burn' und 'shine'*) hell

bright·en /ˈbraɪtn/ *Verb* **1 ~** (**up**) sich aufhellen, heller werden, freundlicher werden ◊ *His eyes brightened at the thought.* Der Gedanke ließ seine Augen aufleuchten. **2 ~ sth** (**up**) etw aufhellen, etw freundlicher gestalten ◊ *A smile brightened her face.* Ein Lächeln erhellte ihr Gesicht. ◊ *brighten up sb's day* jdn aufheitern

bright·ly *Adv* ⇨ BRIGHT¹

bright·ness /ˈbraɪtnəs/ *Nomen* **1** Helligkeit, Strahlen, Glanz **2** Fröhlichkeit

bril·liance /ˈbrɪliəns/ *Nomen* **1** Brillanz, Genialität **2** Leuchten, Helligkeit, Glanz

bril·liant /ˈbrɪliənt/ *Adj* (*Adv* **bril·li·ant·ly**) **1** genial, glänzend **2** (Farbe, Licht, Lächeln) strahlend **3** (*BrE auch, umgs* **brill**) super, toll

brim¹ /brɪm/ *Nomen* **1** Rand ◊ *filled to the brim* randvoll **2** Krempe

brim² /brɪm/ *Verb* (**-mm-**) **~** (**with sth**) (mit etw) voll sein ◊ *Her eyes were brimming with tears.* Tränen standen ihr in den Augen. ◊ *The team were brimming with confidence.* Die Mannschaft strotzte vor Zuversicht. **PHR V** **ˌbrim ˈover** (**with sth**) (vor etw) überquellen, überschäumen

-brimmed /brɪmd/ (*in Adjektiven*) ◊ *a wide-brimmed hat* ein Hut mit breiter Krempe

brin·dle /ˈbrɪndl/ (*auch* **brin·dled** /ˈbrɪndld/) *Adj* (*Tier*) getigert, gestromt

brine /braɪn/ *Nomen* Lake, Salzwasser

bring /brɪŋ/ *Verb* (**brought, brought** /brɔːt/) **1** bringen, mitbringen **2 ~ sb/sth sth** jdm/einer Sache etw einbringen; **~ sth to sth** etw in etw einbringen ◊ *His writing brings him $10 000 a year.* Seine Bücher bringen ihm $10 000 im Jahr ein. **3** mit sich bringen **4** führen ◊ *What brings you here?* Was führt dich denn her? ◊ *Her cries brought the neighbours running.* Die Nachbarn kamen angerannt, als sie ihre Schreie hörten. ◊ *The judge brought his hammer down on the table.* Der Richter schlug mit dem Hammer auf den Tisch. **5 ~ sth** (**against sb**) (*Klage*) (gegen jdn) vorbringen ◊ *bring a legal action against sb* jdn verklagen **6 ~ yourself to do sth** sich überwinden etw zu tun ◊ *She could not bring herself to tell him.* Sie konnte es nicht über sich bringen, es ihm zu sagen. ☛ Für Redewendungen mit **bring** siehe die Einträge für die Nomina, Adjektive etc. **Bring sb to book** z.B. steht unter **book**.

PHR V **ˌbring sth aˈbout** etw bewirken, etw herbeiführen **ˌbring sb/sth aˈlong** jdn/etw mitbringen **ˌbring sb aˈround** (*AmE*) = BRING SB ROUND **ˌbring sth aˈround** (*AmE*) = BRING STH ROUND **ˌbring sb/sth ˈback** jdn/etw zurückbringen **ˌbring sth ˈback** **1** (*Erinnerungen*) wecken, wachrufen **2** (*Strafe etc.*) wieder einführen **ˌbring sb sth ˈback**; **ˌbring sth ˈback** (**for sb**) jdm etw mitbringen ◊ *I brought a T-shirt back for Mark.* Ich habe Mark ein T-Shirt mitgebracht. **ˈbring sb before sb/sth** jdn vor jdn/etw stellen ◊ *He was brought before the court.* Er wurde vor Gericht gestellt. ◊ *She was brought before the committee.* Sie musste sich vor dem Untersuchungsausschuss verantworten. **ˈbring sth before sb** jdm etw vorlegen ◊ *The matter will be brought before the committee.* Die Sache wird dem Ausschuss vorgelegt. **ˌbring sb ˈdown** jdn niederstrecken; jdn zu Fall bringen (*auch fig*) **ˌbring sth ˈdown** **1** (*Preis etc.*) senken **2** etw landen **3** etw abschießen **4** (*Tier*) niederstrecken **ˌbring sth ˈforward** **1** etw vorverlegen **2** (*Angelegenheit*) zur Diskussion stellen **3** (*Summe etc.*) übertragen **ˌbring sb ˈin** **1** jdn hereinholen **2** jdn hinzuziehen, jdn einsetzen **3** jdn (vorübergehend) festnehmen **ˌbring sth ˈin** **1** etw hereinbringen **2** (*Gesetz*) verabschieden; (*Maßnahmen, Reformen etc.*) einführen **3** (*Ernte*) einbringen **4** (*Urteil*) fällen ◊ *The jury brought in a verdict of not guilty.* Die Geschworenen erkannten auf Freispruch. **ˌbring** (**sb**) **ˈin sth** (jdm) etw einbringen ◊ *The cake sale brought in about £100.* Der Kuchenverkauf brachte etwa £100. **ˌbring sb ˈoff** (*aus Seenot*) jdn retten **ˌbring sth ˈoff** etw vollbringen ◊ *It was a difficult task, but we brought it off.* Es war eine schwierige Aufgabe, aber es ist uns gelungen. **ˌbring sb ˈon** **1** jdn auftreten lassen; (*Spieler*) einsetzen **2** jdn fördern **ˌbring sth ˈon** etw verursachen **ˈbring sth on yourself/sb** ◊ *You brought it all on yourself.* Das hast du dir selbst zuzuschreiben. ◊ *He has brought shame and disgrace on the whole family.* Er hat Schimpf und Schande über die ganze Familie gebracht. **ˌbring sb ˈout** (*BrE*) jdn zum Streik aufrufen **ˌbring sb ˈout of himself, herself, etc.** jdm helfen aus sich herauszugehen **ˌbring sth ˈout** **1** etw herausholen ◊ *She brought out the best in them.* Sie hat das Beste aus ihnen herausgeholt. ◊ *He put his hand in his pocket and brought out a handkerchief.* Er griff in die Tasche und zog ein Taschentuch hervor. **2** etw hervorheben ◊ *That blouse really brings out the colour of her eyes.* Die Bluse lässt ihre Augenfarbe zur Geltung kommen. **3** (*Buch, CD etc.*) herausbringen **ˌbring sb ˈout in sth** (*Ausschlag*) bei jdm verursachen **ˌbring sb ˈround** (*auch* **ˌbring sb ˈto**, *AmE* **ˌbring sb aˈround**) jdn wieder zu Bewusstsein bringen ☛ G 9.7c **ˌbring sb ˈround** (**to …**) (*AmE* **ˌbring sb aˈround**) jdn umstimmen ◊ *Bring the family round one evening.* Bring deine Familie mal mit. **ˌbring sb ˈround** (**to sth**) (*AmE* **ˌbring sb aˈround**) jdn überreden ◊ *He was sceptical at first, but we managed to bring him round.* Zuerst war er sehr skeptisch, aber wir konnten ihn umstimmen. ☛ G 9.7c **ˌbring sth ˈround to sth** (*AmE* **ˌbring sth aˈround**) (*Gespräch*) auf etw lenken ☛ G 9.7c **ˌbring sb ˈto** = BRING SB ROUND **ˌbring A and B toˈgether** A und B versöhnen **ˌbring sb ˈup** **1** (*meist passiv*) jdn großziehen, jdn erziehen ◊ *He was brought up by his aunt.* Er ist bei seiner Tante aufgewachsen. ◊ *a well/badly brought up child* ein gut/schlecht erzogenes

Kind **2** (RECHT) jdn vor Gericht stellen ◊ *He was brought up on a charge of drunken driving.* Er wurde wegen Trunkenheit am Steuer vor Gericht gestellt. ˌbring sth ˈup **1** etw zur Sprache bringen, etw erwähnen ◊ *Bring it up at the meeting.* Sprich das doch mal in der Versammlung an. ◊ *Did you have to bring that up again?* Musstest du damit wieder anfangen? SYN RAISE **2** (*BrE*) etw erbrechen **3** etw auf den Bildschirm holen ˌbring sb ˈup against sth jdm etw vor Augen führen

ˌbring-and-ˈbuy sale *Nomen* (*BrE*) Wohltätigkeitsbasar

Um Geld für Wohltätigkeitszwecke, Vereine, Schulen, Klubs und Kirchen zu sammeln, werden in Großbritannien oft alte Kleidung, Spielzeug, Haushaltsgegenstände und selbstgebackene Kuchen gespendet, die dann auf Basaren verkauft werden. Es gibt die unterschiedlichsten Basare: Auf **jumble sales** (*AmE* **rummage sales**) wird vor allem alte Kleidung verkauft. Es gibt aber auch Verkaufsstände, die andere Dinge anbieten. Wer seine Sachen selbst verkaufen möchte, kann das bei einem **carboot sale** tun, wo die Gegenstände auf dem Kofferraum ausgelegt werden, oder bei einem **table-top sale**, wo man gegen eine geringe Gebühr einen Tisch mieten kann. In den USA verkauft man alte Sachen oft vor der Garage (**garage sale**) oder im Garten (**yard sale**).

brink /brɪŋk/ *Nomen* [Sing] Rand ◊ *They were on the brink of a new discovery.* Sie standen kurz vor einer Entdeckung. ◊ *He pulled the company back from the brink.* Er rettete die Firma, die kurz vor dem Abgrund stand. IDM ⇨ TEETER

brinkˈmanˈship /ˈbrɪŋkmənʃɪp/ (*AmE auch* **brinksˈmanˈship** /ˈbrɪŋks-/) *Nomen* Politik des (äußersten) Risikos; Taktik, bei der man alles riskiert

brio /ˈbriːəʊ; *AmE* ˈbriːoʊ/ *Nomen* (*gehoben*) Lebendigkeit

brisk /brɪsk/ *Adj* (*Adv* **briskˈly**) **1** flott; (*Handel etc.*) rege **2** (*Mensch, Tonfall*) forsch, energisch **3** (*Wind, Wetter*) frisch

brisˈket /ˈbrɪskɪt/ *Nomen* (*Rind-*) Brust(stück)

brisˈtle[1] /ˈbrɪsl/ *Nomen* **1** Stoppel **2** Borste

brisˈtle[2] /ˈbrɪsl/ *Verb* **1** (*Fell*) **~ (at sth)** (über etw) zornig werden **2** (*Fell*) sich sträuben PHRV **ˈbristle with sth** (*gehoben*) vor etw strotzen, vor etw wimmeln

bristˈly /ˈbrɪsli/ *Adj* stoppelig, borstig

Brit /brɪt/ *Nomen* (*umgs*) Brite, Britin ☞ *Hinweis bei* BRITE *und* ENGLÄNDER

Britˈain /ˈbrɪtn/ *Nomen* **1** = GREAT BRITAIN ☞ *Hinweis bei* GROSSBRITANNIEN **2** (GESCH) Britannien

Britˈish /ˈbrɪtɪʃ/ **1** *Adj* (*Abk* **Br.**) britisch ◊ *British-made* in Großbritannien hergestellt **2** *Nomen* **the British** [Pl] die Briten

Britˈishˈer /ˈbrɪtɪʃə(r)/ *Nomen* (*AmE, umgs*) Brite, Britin

Britˈishˈness /ˈbrɪtɪʃnəs/ *Nomen* das Britische ◊ *He's the personification of Britishness.* Er ist ein Brite wie er im Buche steht.

Briton /ˈbrɪtn/ *Nomen* (*gehoben*) Brite, Britin ☞ *Hinweis bei* BRITE *und* ENGLÄNDER

Britˈpop /ˈbrɪtpɒp; *AmE* -pɑːp/ *Nomen* Britpop

britˈtle /ˈbrɪtl/ *Adj* **1** spröde, brüchig **2** empfindlich, labil ◊ *brittle confidence* ein leicht zu erschütterndes Selbstvertrauen ◊ *brittle gaiety* eine leicht gereizte Fröhlichkeit ◊ *a brittle temperament* ein reizbares Temperament **3** (*Stimme, Lachen*) schrill

bro /brəʊ; *AmE* broʊ/ *Nomen* (*Pl* **bros**) (*umgs*) **1** Bruder **2** (*bes AmE*) Kumpel

broach /brəʊtʃ; *AmE* broʊtʃ/ *Verb* ansprechen; (*Thema*) anschneiden; **~ sth to/with sb** etw bei jdm zur Sprache bringen

ˈB-road *Nomen* (*BrE*) Landstraße

broad[1] /brɔːd/ *Adj* **1** breit (*auch fig*) ◊ *He is tall and broad.* Er ist groß und breitschultrig. ◊ *a broad curriculum* ein breit gefächerter Lehrplan ◊ *a broad spectrum of interests* vielseitige Interessen OPP NARROW ☞ *Hinweis bei* BREIT **2** *nur vor Nomen* grob, allgemein ◊ *in broad terms* grob gesagt ◊ *in the broadest sense of the word* im weitesten Sinne des Wortes ◊ *They were in broad agreement on the issue.* Bei diesem Punkt waren sie sich im Großen und Ganzen einig. ◊ *a broad interpretation* eine großzügige Auslegung OPP NARROW **3** (*Land, Gewässer*) ausgedehnt, weit **4** (*Akzent, Dialekt*) stark **5 a ~ hint** ein Wink mit dem Zaunpfahl ☞ *Hinweis bei* BREIT IDM **a broad ˈchurch** (*BrE*) eine liberale Organisation ◊ *At that time the Labour party was a broad church.* Damals war die Labour Partei noch offen und tolerant. **in broad ˈdaylight** am helllichten Tag **it's as ˈbroad as it's ˈlong** (*BrE, umgs*) das ist Jacke wie Hose; das ist gehüpft wie gesprungen ☞ *Siehe auch* PAINT[2]

broad[2] /brɔːd/ *Nomen* (*AmE, Slang, veraltet*) Weib(sbild)

broadˈband /ˈbrɔːdbænd/ *Nomen* Breitband

ˌbroad-ˈbased *Adj* breit, breit gefächert

ˌbroad ˈbean *Nomen* (*BrE*) Saubohne, dicke Bohne

broadˈcast[1] /ˈbrɔːdkɑːst; *AmE* -kæst/ *Verb* (**-cast, -cast**) **1** (RADIO, TV) senden; (*Sendung*) ausstrahlen, übertragen **2** (*Neuigkeiten etc.*) herumerzählen, verbreiten

broadˈcast[2] /ˈbrɔːdkɑːst; *AmE* -kæst/ *Nomen* (RADIO, TV) Sendung, Übertragung

broadˈcastˈer /ˈbrɔːdkɑːstə(r); *AmE* -kæst-/ *Nomen* (RADIO, TV) **1** Moderator(in) ◊ *He's a well-known broadcaster.* Er ist bekannt durch seine Sendungen. **2** Sender

broadˈcastˈing /ˈbrɔːdkɑːstɪŋ; *AmE* -kæst-/ *Nomen* [U] Rundfunk, Fernsehen

broadˈen /ˈbrɔːdn/ *Verb* **1** breiter werden **2** (*fig*) ausweiten **3** (*Wissen etc.*) erweitern PHRV ˌbroaden ˈout (*Straße, Fluss etc.*) breiter werden

the ˈbroad jump *Nomen* [Sing] (*AmE*) der Weitsprung

broadˈleaved /ˈbrɔːdliːvd/ (*seltener* **broadˈleaf** /ˈbrɔːdliːf/) *Adj* (BOT) breitblättrig

broadˈly /ˈbrɔːdli/ *Adv* **1** allgemein, weitgehend ◊ *Broadly speaking, …* Ganz allgemein gesprochen … **2** (*lächeln*) breit

ˌbroadly-ˈbased *Adj* breit, breit gefächert

ˌbroad-ˈminded *Adj* tolerant, offen, aufgeschlossen SYN TOLERANT OPP NARROW-MINDED

ˌbroad-ˈmindedˈness *Nomen* Toleranz, Offenheit, Aufgeschlossenheit

broadˈsheet /ˈbrɔːdʃiːt/ *Nomen* **1** großformatige Tageszeitung ☞ In Großbritannien haben seriöse Tageszeitungen (**broadsheets**) ein größeres Format als die kleinformatigen Boulevardblätter (**tabloids**). **2** großformatiges Flugblatt

broadˈside[1] /ˈbrɔːdsaɪd/ *Nomen* Breitseite, (Verbal)attacke

broadˈside[2] /ˈbrɔːdsaɪd/ *Adv* mit der Breitseite, seitlich ◊ (*BrE*) *broadside on to the current* mit der Breitseite in der Strömung SYN SIDEWAYS

broadˈside[3] /ˈbrɔːdsaɪd/ *Verb* (*AmE*) **~ sth** einer Sache in die Seite fahren, etw seitlich rammen

broˈcade /brəˈkeɪd/ *Nomen* Brokat(stoff)

brocˈcoli /ˈbrɒkəli; *AmE* ˈbrɑːk-/ *Nomen* [U] Brokkoli

broˈchure /ˈbrəʊʃə(r); *AmE* broʊˈʃʊr/ *Nomen* Broschüre, Prospekt

brogue /brəʊg; *AmE* broʊg/ *Nomen* **1** = fester Lederschuh mit perforierter Kappe **2** [*meist Sing*] (*besonders irischer, schottischer*) Akzent

broil /brɔɪl/ *Verb* **1** (*AmE*) grillen ☞ *Hinweis bei* GRILL, S. 271. **2** (*in der Sonne*) schmoren

broilˈer /ˈbrɔɪlə(r)/ *Nomen* **1** (*auch* ˈbroiler chicken) (*bes AmE*) Brathühnchen **2** (*AmE*) Backofengrill

broke[1] *Form von* BREAK[1]

broke[2] /brəʊk; *AmE* broʊk/ *Adj* *nicht vor Nomen* (*umgs*) pleite ◊ *flat/stony broke* völlig pleite IDM **go for ˈbroke** (*umgs*) alles riskieren; alles auf eine Karte setzen

broken[1] *Form von* BREAK[1]

broken[2] /ˈbrəʊkən; *AmE* ˈbroʊ-/ *Adj* **1** zerbrochen, kaputt; (*Haut*) verletzt ◊ *broken glass* Glasscherben ◊ *broken veins* erweiterte Äderchen ◊ *a broken thread* ein gerissener Faden **2** gebrochen (*auch fig*) ◊ *broken English* gebrochenes Englisch ◊ *a broken engagement* eine aufgelöste Verlobung **3** (*Ehe, Familie*) zerrüttet **4** unterbrochen ◊ *a broken line* eine gestrichelte Linie ◊ *a night of broken sleep* eine unruhige Nacht **5** (*Oberfläche*) uneben

ˌbroken-ˈdown *Adj* kaputt, heruntergekommen ◊ *a broken-down horse* ein ausgemergeltes Pferd

ˌbroken-ˈhearted *Adj* untröstlich

brokenˈly /ˈbrəʊkənli; *AmE* ˈbroʊ-/ *Adv* (*gehoben*) abgehackt, mit gebrochener Stimme

brokˈer[1] /ˈbrəʊkə(r); *AmE* ˈbroʊ-/ *Nomen* **1** Makler(in)

broker

☞ *Siehe auch* HONEST BROKER, PAWNBROKER *und* POWER BROKER **2** = STOCKBROKER

broker² /ˈbrəʊkə(r); *AmE* ˈbroʊ-/ *Verb* aushandeln

brok·er·age /ˈbrəʊkərɪdʒ; *AmE* ˈbroʊ-/ *Nomen* [U] **1** Maklergeschäft **2** Maklergebühr(en)

brolly /ˈbrɒli; *AmE* ˈbrɑːli/ *Nomen* (*Pl* **-ies**) (*BrE, umgs*) Regenschirm

brom·ide /ˈbrəʊmaɪd; *AmE* ˈbroʊ-/ *Nomen* (CHEM) Bromid

bron·chial /ˈbrɒŋkiəl; *AmE* ˈbrɑːŋ-/ *Adj* (MED) bronchial, Bronchial- ◊ *bronchial tubes* Bronchien

bron·chitis /brɒŋˈkaɪtɪs; *AmE* brɑːŋ-/ *Nomen* Bronchitis

bronco /ˈbrɒŋkəʊ; *AmE* ˈbrɑːŋkoʊ/ *Nomen* (*Pl* **-os**) (*im amerikanischen Westen*) = wildes oder halbwildes Pferd

bron·to·saurus /ˌbrɒntəˈsɔːrəs; *AmE* ˌbrɑːn-/ *Nomen* Brontosaurus

Bronx cheer /ˌbrɒŋks ˈtʃɪə(r); *AmE* ˌbrɑːŋks ˈtʃɪr/ *Nomen* (*AmE, umgs*) ◊ *send sb a Bronx cheer* jdn ausbuhen ◊ *blow a Bronx cheer at sb* jdm die Zunge herausstrecken und verächtlich prusten

bronze¹ /brɒnz; *AmE* brɑːnz/ *Nomen* **1** (*Metall, Farbe*) Bronze **2** = BRONZE MEDAL

bronze² /brɒnz; *AmE* brɑːnz/ *Adj* **1** Bronze-, aus Bronze **2** bronzefarben

the ˈBronze Age *Nomen* [Sing] die Bronzezeit

bronzed /brɒnzd; *AmE* brɑːnzd/ *Adj* (sonnen)gebräunt

ˌbronze ˈmedal (*auch* **bronze**) *Nomen* Bronzemedaille

ˌbronze ˈmedallist (*AmE* **ˌbronze ˈmedalist**) *Nomen* Bronzemedaillengewinner(in)

brooch /brəʊtʃ; *AmE* broʊtʃ/ *Nomen* (*bes BrE*) Brosche

brood¹ /bruːd/ *Verb* **1** brüten **2** (*Eier*) ausbrüten **3** (*fig*) ~ (**over/on/about sth**) (über etw) brüten

brood² /bruːd/ *Nomen* Brut (*auch fig*) ◊ *a lively brood of brothers and sisters* eine aufgeweckte Geschwisterschar ☞ G 1.3b

brood·ing /ˈbruːdɪŋ/ *Adj* **1** schwermütig **2** unheilvoll

broody /ˈbruːdi/ *Adj* **1 be ~** Muttergefühle haben ◊ *She felt broody.* Sie wollte ein Kind. **2** brütig **3** grüblerisch

brook¹ /brʊk/ *Nomen* Bach

brook² /brʊk/ *Verb* (*in vermeinten Sätzen*) (*gehoben*) dulden ◊ *brook no argument* keinen Widerspruch dulden SYN TOLERATE

broom *Nomen* /bruːm/ **1** Besen **2** Ginster IDM ⇨ NEW¹

broom·stick /ˈbruːmstɪk/ *Nomen* Besen(stiel)

Bros (*in Firmennamen*) *Kurzform von* **Brothers** Gebr.

broth /brɒθ; *AmE* brɔːθ/ *Nomen* **1** Suppe **2** Brühe IDM ⇨ COOK²

brothel /ˈbrɒθl; *AmE* ˈbrɑːθl, ˈbrɔːθl/ *Nomen* Bordell

brother /ˈbrʌðə(r)/ *Nomen* **1** Bruder ◊ *Does she have any brothers or sisters?* Hat sie noch Geschwister? **2** (*oft als Anrede*) Kollege, Kamerad ◊ *his brother officers* seine Offizierskameraden ◊ *Solidarity, brothers!* Solidarität, Genossen! **3** (*Pl* **ˈbreth·ren** /ˈbreðrən/ *oder* **brothers**) (REL) Bruder ◊ *Brother Luke* Bruder Luke **4** (*AmE*) = Bezeichnung unter Afroamerikanern für einen schwarzen Mann **5** = Mitglied einer studentischen Verbindung an amerikanischen Universitäten **6** (*bes BrE, veraltet*) (*als Ausruf*) Junge! IDM **ˌbrothers in ˈarms** Waffenbrüder

brother·hood /ˈbrʌðəhʊd; *AmE* -ðərh-/ *Nomen* **1** Brüderlichkeit **2** Bruderschaft ☞ G 1.3b

ˈbrother-in-law (*Pl* **brothers-in-law**) *Nomen* Schwager

brother·ly /ˈbrʌðəli; *AmE* -ðərli/ *Adj* brüderlich ◊ *brotherly love* Bruderliebe

brought *Form von* BRING

brow /braʊ/ *Nomen* **1** Stirn SYN FOREHEAD **2** [meist Pl] = EYEBROW **3** [meist Sing] (Berg)kuppe IDM ⇨ KNIT¹

brow·beat /ˈbraʊbiːt/ *Verb* (**brow·beat, brow·beat·en** /ˈbraʊbiːtn/) **~ sb** jdn einschüchtern; **~ sb into doing sth** jdn unter Druck setzen etw zu tun SYN INTIMIDATE

brown¹ /braʊn/ **1** *Adj* braun (*bes BrE*) ◊ *I don't go brown very easily.* Ich werde nicht sehr leicht braun. ☞ *Beispiele bei* BLAU **2** *Nomen* Braun

brown² /braʊn/ *Verb* **1** bräunen, anbraten **2** braun werden

ˌbrown ˈbread *Nomen* (*BrE*) ≈ Mischbrot

ˈbrown·field /ˈbraʊnfiːld/ *Adj* nur vor Nomen (*BrE*) ◊ *a brownfield site* ein zur Nutzung freigegebenes ehemaliges Industriegelände

brownie /ˈbraʊni/ *Nomen* **1** = weicher, flacher Schokoladenkuchen, oft mit Nüssen **2 Brownie** (*auch* **ˈBrownie Guide**) junge Pfadfinderin ◊ *be in the Brownies* Mitglied bei den jungen Pfadfinderinnen sein

ˈbrownie point *Nomen* [meist Pl] (*umgs*) Pluspunkt

brown·ish /ˈbraʊnɪʃ/ *Adj* bräunlich

ˌbrown ˈpaper *Nomen* Packpapier

brown·stone /ˈbraʊnstəʊn; *AmE* -stoʊn/ *Nomen* (*AmE*) = (für New York typisches) Haus aus rotbraunem Sandstein

ˌbrown ˈsugar *Nomen* brauner Zucker

browse¹ /braʊz/ *Verb* **1** sich umsehen, stöbern **2** durchsehen ◊ *She browsed the shelves for something interesting to read.* Sie suchte auf den Regalen nach etwas Interessantem zum Lesen. **3 ~ (through sth)** (etw) durchblättern **4** (COMP) = Internetseiten aufrufen **5** fressen; **~ (on sth)** (auf etw) grasen

browse² /braʊz/ *Nomen* [Sing] Stöbern ◊ *have a browse* sich umsehen

browser /ˈbraʊzə(r)/ *Nomen* **1** (COMP) Browser **2** = Kunde, der sich nur umsieht

bruise¹ /bruːz/ *Verb* **1 ~ sth** sich etw prellen **2** blaue Flecken bekommen ◊ *I bruise easily.* Ich bekomme leicht blaue Flecken. **3** (*Obst*) Druckstellen bekommen **4 be bruised** angeschlagen sein

bruise² /bruːz/ *Nomen* **1** blauer Fleck, Prellung **2** Druckstelle

bruiser /ˈbruːzə(r)/ *Nomen* (*umgs*) Schlägertyp

bruis·ing¹ /ˈbruːzɪŋ/ *Adj* aufreibend

bruis·ing² /ˈbruːzɪŋ/ *Nomen* [U] Prellungen

Brum·mie /ˈbrʌmi/ *Adj* (*BrE, umgs*) = aus oder typisch für Birmingham

brunch /brʌntʃ/ *Nomen* (*umgs*) Brunch

bru·nette /bruːˈnet/ *Nomen* Brünette

brunt /brʌnt/ *Nomen* IDM **bear, take, etc. the ˈbrunt of sth** von etw am härtesten getroffen werden; die Hauptlast einer Sache tragen ◊ *The opera house bore the brunt of the damage.* Das Opernhaus trug die schlimmsten Schäden davon. ◊ *His secretary has to bear the brunt of his bad temper.* Seine Sekretärin bekommt seine schlechte Laune am meisten zu spüren.

brush¹ /brʌʃ/ *Nomen* **1** Bürste, Pinsel, Besen ◊ *a dustpan and brush* ein Handfeger und eine Schaufel ◊ *a paintbrush* ein Pinsel **2** [Sing] *give your hair a good brush* sich die Haare gründlich bürsten **3** [Sing] leichte Berührung **4 have a ~ with sb/sth** mit jdm/etw in Konflikt geraten ◊ *She had a nasty brush with her boss.* Sie stritt es mit ihrem Chef fürchterlich aneinander geraten. ◊ *He's had frequent brushes with death.* Er hat schon mehrmals dem Tod ins Auge gesehen. **5** Unterholz **6** (*Gebiet*) Busch **7** Lunte IDM ⇨ DAFT, PAINT² *und* TAR²

brush² /brʌʃ/ *Verb* **1** bürsten, fegen; (*Zähne*) putzen **2 ~ A with B; ~ B over A** A mit B bestreichen **3 ~ (against/by/past) sb/sth** jdn/etw streifen ◊ *She brushed past him.* Sie streifte ihn im Vorbeigehen. PHRV **ˌbrush sb/sth aˈside** jdn/etw abtun ◊ *He brushed aside my fears.* Er fegte meine Befürchtungen vom Tisch. **ˌbrush sth aˈway** etw abbürsten, etw wegwischen ◊ *She brushed the fly away.* Sie verscheuchte die Fliege mit einer Handbewegung. **ˌbrush sth ˈdown** etw abbürsten **ˌbrush ˈoff** sich abbürsten lassen **ˌbrush sb ˈoff** jdn abblitzen lassen **ˌbrush yourˈself ˈoff** (*BrE auch* **ˌbrush yourself ˈdown**) sich den Schmutz abklopfen **ˌbrush sth ˈup/ˌbrush ˈup on sth** etw auffrischen ◊ *I must brush up on my Spanish.* Ich muss mein Spanisch auffrischen.

ˈbrush-off *Nomen* [Sing] (*umgs*) Abfuhr ◊ *She gave him the brush-off.* Sie ließ ihn abblitzen.

brush·wood /ˈbrʌʃwʊd/ *Nomen* Reisig

brusque /bruːsk, brʊsk; *AmE* brʌsk/ *Adj* (*Adv* **brusque·ly**) schroff

Brus·sels sprout /ˌbrʌslz ˈspraʊt/ (*auch* **ˈBrussel sprout, sprout**) *Nomen* [meist Pl] Rosenkohl

bru·tal /ˈbruːtl/ *Adj* (*Adv* **bru·tal·ly** /-təli/) brutal

bru·tal·ity /bruːˈtæləti/ *Nomen* (*Pl* **-ies**) Brutalität

brutalize (*BrE auch* **-ise**) /ˈbruːtəlaɪz/ *Verb* **1** (*meist pas-*

siv) verrohen (lassen) ◊ *soldiers brutalized by war* durch den Krieg verrohte Soldaten **2** brutal behandeln

brute¹ /bruːt/ *Nomen* Bestie, Ungeheuer

brute² /bruːt/ *Adj nur vor Nomen* ◊ *brute force* Brachialgewalt ◊ *the brute facts* die nackten Tatsachen

bru·tish /ˈbruːtɪʃ/ *Adj* brutal

BS (*AmE* **B.S.**) /ˌbiː ˈes/ *Abk* **1** (*AmE*) *Kurzform von* **Bachelor of Science** ≈ Diplom in den Naturwissenschaften **2** (*BrE*) *Kurzform von* **Bachelor of Surgery** ≈ Facharzt für Chirurgie **3** *Kurzform von* **British Standard** ≈ Britische Norm **4** (*AmE, vulg, Slang*) *Kurzform von* **bullshit** Scheiße ◊ *That guy's full of BS.* Der Kerl redet nur Scheiße.

BSc /ˌbiː es ˈsiː/ (*BrE*) *Kurzform von* **Bachelor of Science** ≈ Diplom in den Naturwissenschaften ☛ *Hinweis bei* DEGREE

BSE /ˌbiː es ˈiː/ *Kurzform von* **bovine spongiform encephalopathy** Rinderwahnsinn, BSE

BST /ˌbiː es ˈtiː/ *Kurzform von* **British Summer Time** Britische Sommerzeit

btw *Kurzform von* **by the way** übrigens

bub·ble¹ /ˈbʌbl/ *Nomen* **1** Blase, Bläschen ◊ *champagne bubbles* Champagnerperlen **2** Seifenblase **3** Hauch, Anflug ◊ *A bubble of laughter rose to her lips.* Ein Lachen stieg in ihr auf. IDM **the bubble has ˈburst** der Traum ist aus ☛ *Siehe auch* BURST¹

bub·ble² /ˈbʌbl/ *Verb* **1** sprudeln, Blasen bilden, brodeln; (*Bad*) schäumen **2** blubbern, plätschern **3** ~ (**over**) (**with sth**) (*vor etw*) überschäumen **4** aufkommen ◊ *Laughter bubbled up inside him.* Lachen kam in ihm auf. PHR V ˌ**bubble aˈlong** vor sich hin plätschern ˌ**bubble ˈout** hervorsprudeln ˌ**bubble ˈup** aufwallen

ˈ**bubble bath** *Nomen* Schaumbad

bubble·gum /ˈbʌblgʌm/ *Nomen* Bubblegum, Ballonkaugummi

bubb·ly¹ /ˈbʌbli/ *Adj* **1** sprudelnd, perlend, schäumend **2** (*Mensch*) quirlig

bubb·ly² /ˈbʌbli/ *Nomen* (*umgs*) Schampus

buck¹ /bʌk/ *Nomen* **1** (*bes AmE, umgs*) Dollar ◊ *We're talking big bucks here.* Hier geht es um eine Menge Kohle. **2** (*Reh-*) Bock; (*Hase*) Rammler **2** (*Turngerät*) Bock IDM **the buck stops ˈhere/with ˈme** die Verantwortung liegt bei mir **make a fast/quick ˈbuck** (*umgs, oft abwert*) schnelles Geld machen ☛ *Siehe auch* PASS¹

buck² /bʌk/ *Verb* bocken ◊ *The shotgun bucked in his hands.* Das Gewehr riss ihm den Arm hoch. IDM **buck the ˈsystem** (*umgs*) sich gegen das System stellen **buck the ˈtrend** ◊ *Scotland bucked the trend with a rise in sales.* Entgegen dem allgemeinen Trend konnte Schottland steigende Verkaufszahlen aufweisen. **buck your iˈdeas up** (*BrE, umgs*) sich zusammenreißen PHR V ˌ**buck ˈup** (*umgs*) **1** munter werden **2** (*veraltet*) sich beeilen ˌ**buck sb ˈup** (*BrE, umgs*) jdn aufmuntern

bucket¹ /ˈbʌkɪt/ *Nomen* **1** Eimer **2** (*auch* **bucket·ful** /-fʊl/) (*Menge*) Eimer (voll) ◊ *They drink tea by the bucketful.* Sie trinken kannenweise Tee. **3 buckets** [Pl] (*umgs*) eine Unmenge ⇨ DROP² *und* KICK¹

bucket² /ˈbʌkɪt/ *Verb* PHR V ˈ**bucket down** (*BrE, umgs*) (*regnen*) in Strömen gießen

buckle¹ /ˈbʌkl/ *Verb* **1** sich zuschnallen lassen ◊ *These shoes buckle at the side.* Diese Schuhe werden an der Seite zugeschnallt. **2** ~ **sth** (**up**) etw zuschnallen **3** ~ (**sth on**) etw umschnallen **4** (sich) verziehen; ◊ (*fig*) *Others would have buckled under the pressure.* Andere wären unter dem Druck zusammengebrochen. **5** (*Knie, Beine*) nachgeben **6** ~ **at the knees** weiche Knie bekommen PHR V ˌ**buckle ˌdown to ˈsth** (*umgs*) sich an etw machen ˌ**buckle ˈup** (*AmE*) sich anschnallen

buckle² /ˈbʌkl/ *Nomen* Schnalle

buck·wheat /ˈbʌkwiːt/ *Nomen* Buchweizen

bud /bʌd/ *Nomen* Knospe ◊ *The roses are in bud.* Die Rosen treiben Knospen. IDM ⇨ NIP¹

Bud·dhism /ˈbʊdɪzəm/ *Nomen* Buddhismus

Bud·dhist /ˈbʊdɪst/ **1** *Nomen* Buddhist(in) **2** *Adj* buddhistisch

bud·ding /ˈbʌdɪŋ/ *Adj nur vor Nomen* angehend

buddy¹ /ˈbʌdi/ *Nomen* (*Pl* **-ies**) **1** (*auch* **bud**) (*umgs*) Freund(in), Kumpel **2** (*bes AmE*) Partner(in)

buddy² /ˈbʌdi/ *Verb* (**bud·dies, buddy·ing, bud·died**) PHR V ˌ**buddy ˈup** (**to/with sb**) (*AmE*) **1** sich (mit jdm) anfreunden **2** sich (bei jdm) anbiedern

budge /bʌdʒ/ *Verb* (*meist in verneinten Sätzen*) **1** sich bewegen, nachgeben (*auch fig*) ◊ *The dog refused to budge.* Der Hund rührte sich nicht von der Stelle. ◊ *He won't budge an inch on the issue.* In der Angelegenheit gibt er keinen Fingerbreit nach. **2** ~ **sb** jdn umstimmen PHR V ˌ**budge ˈup** (*BrE, umgs*) aufrücken

budg·eri·gar /ˈbʌdʒərɪɡɑː(r)/ *Nomen* (*umgs* **budgie**) (*BrE*) Wellensittich

budget¹ /ˈbʌdʒɪt/ *Nomen* **1** Etat, Budget ◊ *within budget* ohne den Etat zu überschreiten ◊ *be over budget* die vorgesehenen Kosten überschreiten ◊ *We decorated the house on a tight budget.* Wir renovierten das Haus mit wenig Geld. **2** (*BrE auch* **Budget**) (POL) Haushalt(splan)

budget² /ˈbʌdʒɪt/ *Verb* **1** Haus halten **2** einplanen ◊ *I've budgeted for two new members of staff.* Ich habe zwei neue Mitarbeiter im Etat eingeplant. **3** veranschlagen

budget³ /ˈbʌdʒɪt/ *Adj nur vor Nomen* preisgünstig, Billig-

ˈ**budget account** *Nomen* (*BrE*) Kundenkonto

budget·ary /ˈbʌdʒɪtəri; *AmE* -teri/ *Adj* Haushalts-

budget·ing /ˈbʌdʒɪtɪŋ/ *Nomen* Finanzplanung, Aufstellung eines Haushaltsplans

budgie /ˈbʌdʒi/ *Nomen* (*BrE, umgs*) = BUDGERIGAR

buff¹ /bʌf/ *Nomen* **1** (*in Zusammensetzungen*) Fan ◊ *an opera buff* ein Opernliebhaber ◊ *a wine buff* ein Weinkenner **2** Gelbbraun **3** Büffelleder, Rindsleder ☛ *Siehe auch* BLIND MAN'S BUFF IDM **in the ˈbuff** (*umgs*) im Adamskostüm; im Evaskostüm

buff² /bʌf/ *Adj* gelbbraun

buff³ /bʌf/ *Verb* ~ **sth** (**up**) etw polieren

buf·falo /ˈbʌfələʊ; *AmE* -loʊ/ *Nomen* (*Pl* **buf·falo** *oder* **buf·faloes**) **1** Büffel **2** Bison ☛ G 1.2

buf·fer¹ /ˈbʌfə(r)/ *Nomen* **1** Puffer **2** (*BrE*) (*am Zug*) Puffer; (*am Gleis*) Prellbock IDM ⇨ HIT¹

buf·fer² /ˈbʌfə(r)/ *Verb* **1** dämpfen **2** ~ **sb** (**against sth**) jdn (*vor etw*) schützen; ~ **yourself** (**against sth**) sich (gegen etw) absichern

buf·fet¹ /ˈbʊfeɪ, ˈbʌfeɪ; *AmE* bəˈfeɪ/ *Nomen* **1** Büfett ◊ *a buffet lunch* ein Mittagsbüfett **2** Imbissstand **3** = BUFFET CAR **4** (*bes AmE*) Büfett, Anrichte

buf·fet² /ˈbʌfɪt/ *Verb* hin und her schütteln, erschüttern ◊ *buffeted by the wind* vom Wind hin und her gerüttelt

ˈ**buffet car** /ˈbʊfeɪ kɑː(r), ˈbʌfeɪ; *AmE* bəˈfeɪ/ (*auch* **buffet**) *Nomen* (*BrE*) Büfettwagen, Bordrestaurant

buf·fet·ing /ˈbʌfɪtɪŋ/ *Nomen* Rütteln, Geschaukel

buf·foon /bəˈfuːn/ *Nomen* (*veraltet*) Hanswurst

buf·foon·ery /bəˈfuːnəri/ *Nomen* Possen(reißerei)

bug¹ /bʌɡ/ *Nomen* **1** (*bes AmE*) Insekt, Käfer **2** (*umgs*) Infektion, Virus ◊ *There's a stomach bug going round.* Zurzeit geht eine Magenerkrankung um. ◊ *I picked up a bug in the office.* Ich habe mir im Büro was weggeholt. **3** (*meist* **the ... bug**) [Sing] (*umgs*) Leidenschaft, Fimmel ◊ *the travel bug* die Reiselust ◊ *She was never interested in fitness before but now she's got the bug.* Sie war früher nie an Fitness interessiert, aber jetzt hat sie's gepackt. **4** (*umgs*) (*zum Abhören*) Wanze **5** (COMP) (Programm)fehler

bug² /bʌɡ/ *Verb* (**-gg-**) **1** Wanzen installieren **2** (*Telefongespräche*) abhören ◊ *a bugging device* eine Wanze **3** (*umgs*) nerven, beunruhigen IDM **bug ˈoff!** (*AmE, umgs*) hau ab!

bug·bear /ˈbʌɡbeə(r); *AmE* -ber/ *Nomen* (*bes BrE*) Schreckgespenst

ˈ**bug-eyed** *Adj* (*umgs*) mit Froschaugen

bug·ger¹ /ˈbʌɡə(r)/ *Nomen* (*BrE, vulg, Slang*) **1** Kerl, Bursche **2** Scheißkerl **3** Scheißding ◊ *This door's a bugger to open.* Diese Scheißtür geht immer so schwer auf. ◊ *Question 6 is a real bugger.* Frage 6 ist vielleicht eine Scheißfrage!

bug·ger² /ˈbʌɡə(r)/ *Verb* **1** (*BrE, vulg, Slang*) ◊ *Bugger! Verdammte Scheiße!* ◊ *Bugger it! I've burnt the toast.* So'n Scheiß! Der Toast ist angebrannt. ◊ *Oh, bugger the cost!* Oh, scheiß aufs Geld! **2** (*BrE, vulg, Slang*) kaputt machen, verpfuschen **3** anal verkehren mit IDM ˌ**bugger ˈme** (*BrE, vulg, Slang*) ach du Scheiße! PHR V ˌ**bugger aˈbout/aˈround** (*BrE, vulg, Slang*) rumblödeln ˌ**bugger sb aˈbout/aˈround** (*BrE, vulg, Slang*) jdn an der Nase herum-

bugger all

führen ☛ G 9.7c ˌbugger ˈoff (*BrE*, *vulg*, *Slang*) abhauen ˌbugger ˈup es vermasseln ˌbugger sth ˈup (*BrE*, *vulg*, *Slang*) etw versauen, etw verhauen

ˌbugger ˈall *Nomen* (*BrE*, *vulg*, *Slang*) rein gar nichts

bug·gered /ˈbʌɡəd/ *AmE* -ɡərd/ *Adj* (*BrE*, *vulg*, *Slang*) *nicht vor Nomen* **1** völlig fertig **2** kaputt IDM **I'm ˈbuggered** (*BrE*, *vulg*, *umgs*) liebe Scheiße! **I'm ˈbuggered if ...** (*BrE*, *vulg*, *umgs*) ich denk nicht dran ◇ *'What's this all about?' 'I'm buggered if I know.'* „Worum geht's?" „Ich hab keinen Schimmer".

bug·gery /ˈbʌɡəri/ *Nomen* (*BrE*, *vulg*, *Slang oder Fachspr*) Analverkehr

bug·gy /ˈbʌɡi/ *Nomen* (*Pl* **-ies**) **1** (*BrE*) Buggy **2** = BABY BUGGY **3** leichter Einspänner **4** Golfwagen

bu·gle /ˈbjuːɡl/ *Nomen* Bügelhorn

bu·gler /ˈbjuːɡlə(r)/ *Nomen* Bügelhornspieler(in)

build¹ /bɪld/ *Verb* (**built**, **built** /bɪlt/) **1** bauen ◇ *a house built of wood* ein Holzhaus **2** aufbauen **3** sich steigern, zunehmen IDM ⇒ CASTLE *und* ROME PHRV ˌbuild sth aˈround sth (*meist passiv*) etw um etw herum aufbauen ˌbuild sth ˈin in etw einbauen ˌbuild sth ˈinto sth (*meist passiv*) **1** etw in etw einbauen, etw in etw integrieren **2** etw in etw einplanen ˈbuild on sth auf etw aufbauen, an etw anknüpfen ˌbuild sth on sth (*meist passiv*) etw auf etw gründen ◇ *an argument built on sound logic* ein Argument, das auf vernünftiger Logik beruht ˌbuild sth ˈon anbauen ◇ *They've built an extension on.* Sie haben noch angebaut. ˌbuild sth ˈonto sth etw an etw anbauen ˌbuild ˈup (to sth) **1** sich (zu etw) steigern, zunehmen **2** sich (zu etw) ansammeln ˌbuild (yourself) ˈup to sth sich für/auf etw vorbereiten; (*Sport*) für etw trainieren ☛ G 9.7c ˌbuild sb/sth ˈup (*meist passiv*) etw/jdn groß herausstellen ˌbuild yourself ˈup sich stärken ˌbuild sth ˈup **1** etw aufbauen ◇ *build up false hopes* falsche Hoffnungen wecken ◇ *build up a reputation* sich einen Namen machen **2** etw verstärken, etw erhöhen ☛ G 9.7c

build² /bɪld/ *Nomen* [*meist Sing*] Körperbau ◇ *a man of average build* ein Mann mit einer Durchschnittsfigur ☛ *Hinweis bei* FIGUR

build·er /ˈbɪldə(r)/ *Nomen* **1** Bauunternehmer(in), Bauarbeiter(in), Bauunternehmen **2** (*meist in Zusammensetzungen*) -bauer, Erbauer ◇ *a shipbuilder* ein Schiffbauer

build·ing /ˈbɪldɪŋ/ *Nomen* **1** Gebäude **2** Bau

ˈbuilding block *Nomen* **1** Bauklotz **2 building blocks** [*Pl*] Bausteine

ˈbuilding site *Nomen* (*bes BrE*) Baustelle

ˈbuilding society *Nomen* (*BrE*) ≈ Bausparkasse

ˈbuild-up *Nomen* **1** Zunahme; (*von Verkehr*) Verdichtung **2** [*meist Sing*] ~ (**to sth**) Vorbereitungen (für etw) **3** [*meist Sing*] Werbung ◇ *The media has given the show a huge build-up.* Die Presse hat kräftig die Reklametrommel für die Show gerührt.

built /bɪlt/ (*in Zusammensetzungen*) ◇ *a newly built station* ein neu gebauter Bahnhof ◇ *American-built cars* in Amerika hergestellte Autos ☛ *Siehe auch* PURPOSE-BUILT *und* WELL BUILT

ˌbuilt-ˈin *Adj nur vor Nomen* **1** eingebaut, Einbau-, integriert **2** natürlich, automatisch

ˌbuilt-ˈup *Adj* (*bes BrE*) bebaut ◇ *built-up areas* geschlossene Ortschaften

bulb /bʌlb/ *Nomen* **1** = LIGHT BULB **2** Zwiebel

bulb·ous /ˈbʌlbəs/ *Adj* (*gehoben*) zwiebelförmig

bulge¹ /bʌldʒ/ *Verb* **1** ~ (**with sth**) (*meist in der Verlaufsform*) prall gefüllt sein (mit etw) ◇ *a bulging briefcase* eine voll gestopfte Aktentasche **2** hervortreten IDM ⇒ SEAM

bulge² /bʌldʒ/ *Nomen* **1** Ausbeulung ◇ *She could see the bulge of a gun in his pocket.* Sie sah, dass sich in seiner Tasche die Form eines Revolvers abzeichnete. **2** (*umgs*) Fettpolster, Speckrollen **3** plötzlicher Anstieg

bu·limia /buˈlɪmiə, bju-, -ˈliːmiə/ (*auch* **bulimia nervosa** /buˌlɪmiə nɜːˈvəʊsə; *AmE* nɜːrˈvoʊsə/) *Nomen* Bulimie

bu·lim·ic /buˈlɪmɪk, bju-, -ˈliːmɪk/ **1** *Adj* bulimisch **2** *Nomen* Bulimiker(in)

bulk¹ /bʌlk/ *Nomen* [*Sing*] **the ~** (**of sth**) der Großteil (von etw), der Hauptteil (von etw) **2** Größe, Masse ◇ *a bulk order* eine Großbestellung ◇ *It's cheaper to buy in bulk.* Es ist billiger, en gros zu kaufen. **3** (*Körper*)fülle ◇ *She heaved her bulk out of the chair.* Sie hievte ihren massigen Körper aus dem Sessel.

bulk² /bʌlk/ *Verb* IDM **bulk ˈlarge** (*BrE*, *gehoben*) eine wichtige Rolle spielen PHRV ˌbulk sth ˈout/up etw ausweiten, etw auspolstern ◇ *Sausages are often bulked out with bread.* Würstchen werden oft mit Brot gestreckt.

bulk·head /ˈbʌlkhed/ *Nomen* (NAUT, AERO) Schott

bulky /ˈbʌlki/ *Adj* (**bulk·ier**, **bulki·est**) **1** sperrig ◇ *bulky items* Sperrgut **2** (*Mensch*) massig

bull /bʊl/ *Nomen* **1** Stier, Bulle **2** (*Elefanten-, Wal- etc.*) Bulle **3** (FINANZ) Haussespekulant(in) ◇ *a bull market* eine Hausse **4** ◇ *a papal bull* eine päpstliche Bulle **5** = BULLSHIT¹ **6** = BULLSEYE IDM **a bull in a ˈchina shop** ein Elefant im Porzellanladen **take the bull by the ˈhorns** den Stier bei den Hörnern packen ☛ *Siehe auch* RED¹ *und* SHOOT¹

bull·dog /ˈbʊldɒɡ; *AmE* -dɔːɡ/ *Nomen* Bulldogge

bull·doze /ˈbʊldəʊz; *AmE* -doʊz/ *Verb* **1** planieren, mit einem Bulldozer räumen ◇ *The makeshift dwellings were bulldozed into the ground.* Die Behelfsunterkünfte wurden dem Boden gleichgemacht. **2** sich durchboxen ◇ *Andy bulldozed through to score.* Andy stürmte durch die Verteidigung und schoss ein Tor. **3** (*Gesetz etc.*) durchpeitschen **4 ~ sb (into doing sth)** jdn (dazu) zwingen (etw zu tun)

bull·dozer /ˈbʊldəʊzə(r); *AmE* -doʊ-/ *Nomen* Planierraupe

bul·let /ˈbʊlɪt/ *Nomen* Kugel ◇ *bullet wounds* Schusswunden ◇ *bullet holes* Einschusslöcher ◇ *a bullet in the head* ein Kopfschuss IDM ⇒ BITE¹

bul·letin /ˈbʊlətɪn/ *Nomen* **1** Meldung, Kurznachrichten **2** amtliche Bekanntmachung, Bulletin

ˈbulletin board *Nomen* Anschlagtafel

bul·let-proof /ˈbʊlɪtpruːf/ *Adj* kugelsicher

bull·fight /ˈbʊlfaɪt/ *Nomen* Stierkampf

bull·fight·er /ˈbʊlfaɪtə(r)/ *Nomen* Stierkämpfer(in)

bull·finch /ˈbʊlfɪntʃ/ *Nomen* Dompfaff

bull·frog /ˈbʊlfrɒɡ; *AmE* -frɔːɡ, -frɑːɡ/ *Nomen* Ochsenfrosch

bull·horn /ˈbʊlhɔːn; *AmE* -hɔːrn/ *Nomen* (*AmE*) Megaphon

bul·lion /ˈbʊliən/ *Nomen* [*U*] Barren ◇ *gold bullion* ungemünztes Gold

bull·ish /ˈbʊlɪʃ/ *Adj* **1** zuversichtlich **2** (FINANZ) haussierend ◇ *a bullish market* ein Markt in Haussestimmung

bul·lock /ˈbʊlək/ *Nomen* Ochse

bull·ring /ˈbʊlrɪŋ/ *Nomen* Stierkampfarena

ˈbull session *Nomen* (*AmE*, *umgs*) informelle Gesprächsrunde

bulls·eye /ˈbʊlzaɪ/ (*auch* **bull**) *Nomen* [*meist Sing*] **1** das Schwarze ◇ *He scored a bullseye.* Er traf ins Schwarze. **2** Volltreffer

bull·shit¹ /ˈbʊlʃɪt/ *Nomen* (*vulg*, *Slang*) (*umgs* **bull**) Scheiße, Quatsch

bull·shit² /ˈbʊlʃɪt/ *Verb* (**-tt-**) **1** ◇ (*vulg*, *Slang*) an der Nase herumführen ◇ *She's just bullshitting.* Sie quatscht nur blöd daher. ◇ *Don't try to bullshit me!* Erzähl mir keinen Scheiß!

ˌbull ˈterrier *Nomen* Bullterrier

bully¹ /ˈbʊli/ *Nomen* Mobber(in) ◇ *the school bully* der Schultyrann

bully² /ˈbʊli/ *Verb* (**bul·lies**, **bully·ing**, **bul·lied**, **bul·lied**) tyrannisieren, einschüchtern, mobben

bully³ /ˈbʊli/ *Ausruf* IDM **bully for you, etc.** (*umgs*) na wenn schon

ˈbully boy *Nomen* (*BrE*, *umgs*) Schläger ◇ *bully-boy tactics* eine Einschüchterungstaktik

bully·ing /ˈbʊliɪŋ/ *Nomen* Tyrannisieren, Einschüchterung, Mobbing ◇ *He refused to give in to bullying.* Er weigerte sich, sich durch Schikanen einschüchtern zu lassen.

bul·rush /ˈbʊlrʌʃ/ *Nomen* Rohrkolben

bul·wark /ˈbʊlwək; *AmE* -wɜːrk/ *Nomen* **1** Wall, Bollwerk (*auch fig*) **2** [*meist Pl*] (NAUT) Schanzkleid

bum¹ /bʌm/ *Nomen* (*umgs*) **1** (*BrE*) Hintern **2** (*bes AmE*) Penner(in), Tramp **3** Nichtsnutz, fauler Strick IDM **bums on ˈseats** (*BrE*, *umgs*) (*im Theater etc.*) ◇ *He will put bums on seats.* Er wird ein großes Publikum anlocken.

bum² /bʌm/ *Verb* (**-mm-**) **1 ~ sth (off sb)** (*umgs*) etw (von jdm) schnorren **2 ~ sb (out)** (*AmE*, *umgs*) jdn deprimie-

ren **PHRV** ˌbum aˈround/aˈbout (umgs) **1** herumgammeln **2** sich herumtreiben
bum³ /bʌm/ Adj nur vor Nomen (umgs) mies, falsch
bum·bag /ˈbʌmbæg/ Nomen (BrE, umgs) Gürteltasche
bum·ble /ˈbʌmbl/ Verb herumwandern, herumwursteln
bumble·bee /ˈbʌmblbiː/ Nomen Hummel
bumf (auch **bumph**) /bʌmf/ Nomen (BrE, umgs) Papierkram
bum·mer /ˈbʌmə(r)/ Nomen **a bummer** (umgs) Mist ◊ It's a real bummer that she can't come. Zu blöd, dass sie nicht kommen kann.
bump¹ /bʌmp/ Verb **1** (an)stoßen ◊ bump into a car ein Auto anfahren **2** rumpeln ◊ The jeep bumped along the dirt track. Der Jeep rumpelte die Piste entlang. **PHRV** ˌbump ˈinto sb (umgs) jdn zufällig treffen ˌbump sb ˈoff (umgs) jdn umlegen ˌbump sth ˈup (umgs) etw erhöhen
bump² /bʌmp/ Nomen **1** Bums **2** Beule **3** Unebenheit ◊ There were lots of bumps in the road. Die Straße war holprig. **4** leichter Autounfall **IDM** ⇨ EARTH¹ und THING
bump·er¹ /ˈbʌmpə(r)/ Nomen Stoßstange
bump·er² /ˈbʌmpə(r)/ Adj nur vor Nomen **1** Rekord- **2** Riesen- ◊ a bumper issue eine Sonderausgabe
ˈ**bumper car** Nomen (bes AmE) Autoskooter
bumph = BUMF
bump·kin /ˈbʌmpkɪn/ Nomen = COUNTRY BUMPKIN
bump·tious /ˈbʌmpʃəs/ Adj (abwert) überheblich, wichtigtuerisch
bumpy /ˈbʌmpi/ Adj (**bump·i·er**, **bumpi·est**) holprig, uneben ◊ a bumpy flight ein unruhiger Flug ◊ We had a bumpy ride in the truck. Wir wurden ganz schön durchgeschüttelt in dem Lkw. **IDM** **have a bumpy ˈride** es schwer haben **give sb a bumpy ˈride** es jdm schwer machen
bun /bʌn/ Nomen **1** (BrE) = (süßes) Brötchen ☞ Siehe auch HOT CROSS BUN **2** (Haar)knoten **3** buns [Pl] (bes AmE, Slang) Pobacken **IDM** **have a ˈbun in the oven** (umgs, hum) ein Kind kriegen
bunch¹ /bʌntʃ/ Nomen **1** Bund, Büschel; (von Blumen) Strauß ◊ a bunch of grapes eine Weintraube **2** [Sing] (AmE, umgs) Menge **3** [Sing] (umgs) (von Menschen) Gruppe, Haufen **4** bunches [Pl] (BrE) Rattenschwänze **IDM** **the best/pick of the ˈbunch** die Besten vor allen; (Sachen) das Beste
bunch² /bʌntʃ/ Verb **1** ~ sth (up) etw (zusammen)raffen **2** ~ (up) sich zusammenziehen; (von Stoff) sich bauschen **PHRV** ˌbunch ˈup/toˈgether eine Gruppe bilden, sich zusammendrängen ˌbunch sb ˈup/toˈgether jdn zusammenpferchen ˌbunch sth ˈup/toˈgether etw zusammenfassen
bun·dle¹ /ˈbʌndl/ Nomen **1** Bündel **2** Anzahl ◊ a bundle of ideas ein Haufen Ideen ◊ a bundle of graphics packages ein Software-Paket mit Computergrafik **3** [Sing] **a ~ of laughs, fun, etc.** (umgs) ein Spaß; (Mensch) eine Frohnatur **4 a bundle** [Sing] (umgs) eine Stange Geld **IDM** **not go a bundle on sb/sth** (BrE, umgs) auf jdn/etw nicht gerade versessen sein ☞ Siehe auch NERVE¹
bun·dle² /ˈbʌndl/ Verb **1** packen, verfrachten ◊ He was bundled off to boarding school. Er wurde in ein Internat gesteckt. **2** (alle) miteinander laufen ◊ We bundled out onto the street. Wir zogen auf die Straße. **3** bundled (**with sth**) (COMP) (in etw) enthalten **PHRV** ˌbundle sth ˈup; ˌbundle sth toˈgether etw (zu Bündeln) zusammenbinden, etw bündeln ˌbundle sb ˈup (in sth) jdn (in etw) einhüllen
bung¹ /bʌŋ/ Verb (BrE, umgs) schmeißen **PHRV** ˌbung sth ˈup (**with sth**) (meist umgs) etw (mit etw) verstopfen
bung² /bʌŋ/ Nomen **1** Spund **2** (BrE, umgs) Schmiergeld
bun·ga·low /ˈbʌŋɡələʊ; AmE -loʊ/ Nomen (BrE) Bungalow
bun·gee jump·ing /ˈbʌndʒi dʒʌmpɪŋ/ Nomen Bungeejumping
bun·gle¹ /ˈbʌŋɡl/ Verb (ver)pfuschen ◊ a bungled robbery ein gescheiterter Raubüberfall
bun·gle² /ˈbʌŋɡl/ Nomen Pfusch, Stümperei
bun·gler /ˈbʌŋɡlə(r)/ Nomen Pfuscher(in)
bun·gling /ˈbʌŋɡlɪŋ/ Adj inkompetent, stümperhaft ◊ bungling incompetence absolute Inkompetenz
bun·ion /ˈbʌnjən/ Nomen entzündeter (Fuß)ballen

bunk¹ /bʌŋk/ Nomen **1** (auf Schiff) Koje **2** (auch ˈ**bunk bed**) Etagenbett **3** (umgs, veraltet) Quatsch **IDM** **do a ˈbunk** (BrE, umgs) sich davonmachen
bunk² /bʌŋk/ Verb **PHRV** ˌbunk ˈoff; ˌbunk off ˈschool/ ˈwork (BrE, umgs) schwänzen, blaumachen **SYN** SKIVE
bun·ker /ˈbʌŋkə(r)/ Nomen Bunker
bunk·house /ˈbʌŋkhaʊs/ Nomen Arbeiterwohnheim
bunny /ˈbʌni/ Nomen (Pl **-ies**) (auch ˈ**bunny rabbit**) (Kinderspr) Häschen
ˈ**bunny slope** Nomen (AmE) Anfängerhügel
Bun·sen burn·er /ˌbʌnsn ˈbɜːnə(r); AmE ˈbɜːrn-/ Nomen Bunsenbrenner
bunt·ing /ˈbʌntɪŋ/ Nomen **1** [U] bunte Fähnchen **2** Ammer
buoy¹ /bɔɪ; AmE auch ˈbuːi/ Nomen Boje
buoy² /bɔɪ; AmE auch ˈbuːi/ Verb (meist passiv) **1** ~ **sb** (**up**) jdm Auftrieb geben **2** ~ **sb/sth** (**up**) jdn/etw über Wasser halten **3** ~ **sth** (**up**) etw Auftrieb geben; (Preise etc.) stabil halten; (Markt etc.) beleben
buoy·ancy /ˈbɔɪənsi; AmE ˈbuːjən-/ Nomen **1** Aufwärtstendenz **2** Lebhaftigkeit **3** Auftrieb; (von Flüssigkeiten) Tragkraft ◊ a buoyancy aid eine Schwimmhilfe
buoy·ant /ˈbɔɪənt; AmE ˈbuːjənt/ Adj **1** (WIRTSCH) lebhaft, steigend; (Preise etc.) fest; (Nachfrage) rege **2** munter **3** schwimmend; (von Flüssigkeiten) tragend ◊ Salt water is more buoyant than fresh water. Salzwasser trägt besser als Süßwasser.
bur = BURR (3)
bur·ble /ˈbɜːbl; AmE ˈbɜːrbl/ Verb **1** (BrE, abwert) babbeln, quasseln **2** plätschern
burbs /bɜːbz; AmE bɜːrbz/ Nomen [Pl] **the burbs** (AmE, umgs) Vorstädte
bur·den¹ /ˈbɜːdn; AmE ˈbɜːrdn/ Nomen Last, Belastung ◊ become a burden to sb jdm zur Last fallen
bur·den² /ˈbɜːdn; AmE ˈbɜːrdn/ Verb belasten; **~ sb/yourself with sth** jdm/sich etw aufbürden ◊ be burdened by high taxation eine hohe Steuerlast tragen ◊ She was burdened with two heavy suitcases. Sie schleppte zwei schwere Koffer.
the ˌburden of ˈproof Nomen (RECHT) die Beweislast
bur·den·some /ˈbɜːdnsəm; AmE ˈbɜːrd-/ Adj (gehoben) mühsam, lästig
bur·eau /ˈbjʊərəʊ; AmE ˈbjʊroʊ/ Nomen (Pl **bur·eaux** oder **bur·eaus** /-rəʊz; AmE -roʊz/) **1** (BrE) Sekretär **2** (AmE) Kommode **3** Büro ◊ an employment bureau eine Stellenvermittlung **4** (in den USA) Behörde
bur·eau·cracy /bjʊəˈrɒkrəsi; AmE bjʊˈrɑːk-/ Nomen (Pl **-ies**) (oft abwert) Bürokratie
bur·eau·crat /ˈbjʊərəkræt; AmE ˈbjʊr-/ Nomen (oft abwert) Bürokrat(in)
bur·eau·crat·ic /ˌbjʊərəˈkrætɪk; AmE ˌbjʊr-/ Adj (Adv **bur·eau·crat·ic·al·ly** /-ɪkli/) (oft abwert) bürokratisch
bur·ette (AmE auch **buret**) /bjuˈret/ Nomen Bürette
bur·geon·ing /ˈbɜːdʒənɪŋ; AmE ˈbɜːrdʒ-/ Adj (gehoben) (Industrie, Markt, Handel) boomend, schnell wachsend ◊ a burgeoning career eine verheißungsvolle Karriere
bur·ger /ˈbɜːɡə(r); AmE ˈbɜːrɡ-/ Nomen (umgs) **1** = HAMBURGER **2 -burger** (meist in Zusammensetzungen) Bratling ◊ a fishburger eine Fischfrikadelle
bur·gher /ˈbɜːɡə(r); AmE ˈbɜːrɡ-/ Nomen (veraltet oder hum) Bürger(in)
burg·lar /ˈbɜːɡlə(r); AmE ˈbɜːrɡ-/ Nomen Einbrecher(in)
ˈ**burglar alarm** Nomen Alarmanlage
burg·lar·ize /ˈbɜːɡləraɪz; AmE ˈbɜːrɡ-/ Verb (AmE) einbrechen in
burg·lary /ˈbɜːɡləri; AmE ˈbɜːrɡ-/ Nomen (Pl **-ies**) Einbruch
bur·gle /ˈbɜːɡl; AmE ˈbɜːrɡl/ Verb (BrE) einbrechen in ◊ We were burgled twice. Bei uns wurde zweimal eingebrochen.
bur·gundy /ˈbɜːɡəndi; AmE ˈbɜːrɡ-/ **1** Nomen Burgundy (Pl **-ies**) Burgunder **2** Nomen Burgunderrot **3** Adj burgunderrot
bur·ial /ˈberiəl/ Nomen Beerdigung, Bestattung, Begräbnis ◊ a burial site eine Grabstätte ◊ a burial ground eine Begräbnisstätte
bur·lesque¹ /bɜːˈlesk; AmE bɜːrˈl-/ Nomen **1** Burleske, Persiflage, Parodie **SYN** PARODY **2** (AmE) Varieté

bur·lesque² /bɜːˈlesk; *AmE* bɜːrˈl-/ *Adj* burlesk, parodistisch

burly /ˈbɜːli; *AmE* ˈbɜːrli/ *Adj* stämmig, kräftig

burn¹ /bɜːn; *AmE* bɜːrn/ *Verb* (**burnt, burnt** /bɜːnt; *AmE* bɜːrnt/ *oder* **burned, burned** /bɜːnd; *AmE* bɜːrnd/) **1** brennen ◊ *There was a light burning upstairs.* Oben brannte ein Licht. **2** verbrennen ◊ *All the books were burnt in the fire.* Alle Bücher verbrannten. ◊ *I burned myself on the stove.* Ich habe mich am Ofen verbrannt. ◊ *The house burned to the ground.* Das Haus brannte völlig nieder. ◊ *Ten people burned to death in the hotel fire.* Zehn Menschen kamen bei dem Hotelbrand ums Leben. **3** (*Brennstoff*) (ver)brennen ◊ *a stove that burns coke* ein Ofen, der mit Koks geheizt wird **4** (*Essen*) anbrennen (lassen) **5** einen Sonnenbrand bekommen **6** (*Säure*) ätzen **7** glühen, heiß sein **8 ~ (with sth)** (*gehoben*) glühen, (vor etw) kochen ◊ *be burning with rage* kochen vor Wut **9 ~ to do sth** (*gehoben*) darauf brennen etw zu tun ⟦IDM⟧ **burn your ˈbridges** (*BrE auch* **burn your ˈboats**) alle Brücken hinter sich abbrechen **burn the candle at both ˈends** sich zu viel aufladen **burn your ˈfingers**; **get your ˈfingers burnt** sich die Finger verbrennen **burn a ˈhole in your pocket** ◊ *Money tends to burn a hole in his pocket.* Ihm rinnt das Geld durch die Finger. **burn the midnight ˈoil** bis tief in die Nacht arbeiten **burn sth to a ˈcinder/ˈcrisp** etw total verbrennen ◊ *The meat was burnt to a crisp.* Das Fleisch war völlig verkohlt. ☛ *Siehe auch* EAR *und* MONEY ⟦PHRV⟧ **burn aˈway** herunterbrennen **burn sth aˈway** etw verbrennen **burn ˈdown** herunterbrennen **burn ˈ(sth) ˈdown** (etw) abbrennen, (etw) niederbrennen **burn sth ˈoff 1** (*Farbe etc.*) abbrennen **2** (*Kalorien*) verbrauchen ◊ *Can you burn off fat with exercise?* Kann man durch Sport abnehmen? **burn ˈout** ausbrennen **burn ˈ(itself) ˈout** (sich) ausbrennen **burn ˈ(sth) ˈout** (etw) durchbrennen; (*Kupplung etc.*) verschleißen **burn ˈyourself) ˈout** sich völlig verausgaben, sich kaputtmachen **burn sb ˈout** ◊ *They were burnt out during the riots.* Ihr Haus wurde bei den Ausschreitungen niedergebrannt. **burn ˈup** verbrennen; (*Raumschiff*) verglühen **2** (*meist in der Verlaufsform*) (*umgs*) hohes Fieber haben **3** (*Feuer*) auflodern **burn sb ˈup** (*AmE, umgs*) jdn zur Weißglut bringen ☛ G 9.7c **burn sth ˈup** etw verbrennen, etw abbrennen; (*Kalorien*) verbrauchen ◊ *The fire burned up 1 500 acres of farmland.* Das Feuer zerstörte 1 500 Morgen Ackerland.

burn² /bɜːn; *AmE* bɜːrn/ *Nomen* **1** Verbrennung, Brandfleck ◊ *burn marks* Brandflecken ◊ *a specialist burns unit* eine Verbrennungsintensivstation **2** Bach ⟦SYN⟧ STREAM ⟦IDM⟧ ⇒ SLOW¹

burn·er /ˈbɜːnə(r); *AmE* ˈbɜːrn-/ *Nomen* **1** Brenner **2** Ofen ☛ *Siehe auch* BUNSEN BURNER ⟦IDM⟧ ⇒ BACK²

burn·ing¹ /ˈbɜːnɪŋ; *AmE* ˈbɜːrn-/ *Adj nur vor Nomen* brennend (*auch fig*); (*Sonne, Gesicht*) glühend; (*Augen*) stechend

burn·ing² /ˈbɜːnɪŋ; *AmE* ˈbɜːrn-/ *Adv* **burning hot** glühheiß

bur·nish /ˈbɜːnɪʃ; *AmE* ˈbɜːrnɪʃ/ *Verb* (*gehoben*) (*Metall*) polieren

burn-out /ˈbɜːnaʊt; *AmE* ˈbɜːrn-/ *Nomen* **1** Ausgebranntsein, Burnout **2** (*einer Rakete*) Brennschluss

burnt /bɜːnt; *AmE* bɜːrnt/ *Adj* verbrannt

burp¹ /bɜːp; *AmE* bɜːrp/ *Verb* **1** rülpsen, Bäuerchen machen **2** (*Baby*) aufstoßen lassen

burp² /bɜːp; *AmE* bɜːrp/ *Nomen* Rülpser, Bäuerchen

burr /bɜː(r)/ *Nomen* **1** *meist Sing* (*Aussprache*) Akzent ◊ **1** *She speaks with a soft West Country burr.* Sie hat einen weichen westenglischen Akzent. **2** (*einer Maschine*) Summen **3** (*auch* **bur**) (BOT) Klette

bur·row¹ /ˈbʌrəʊ; *AmE* ˈbɜːroʊ/ *Verb* **1** graben, wühlen, buddeln **2** (sich) vergraben **3** (herum)wühlen (*auch fig*)

bur·row² /ˈbʌrəʊ; *AmE* ˈbɜːroʊ/ *Nomen* (*Kaninchen- etc.*) Bau

bur·sar /ˈbɜːsə(r); *AmE* ˈbɜːrs-/ *Nomen* (*bes BrE*) (*einer Schule, Universität*) = Finanzverwalter(in)

bur·sary /ˈbɜːsəri; *AmE* ˈbɜːrs-/ *Nomen* (*Pl* **-ies**) (*BrE*) Stipendium

burst¹ /bɜːst; *AmE* bɜːrst/ *Verb* (**burst, burst**) **1** platzen, zum Platzen bringen ◊ *The dam burst.* Der Damm brach. ◊ *Shells were bursting all around us.* Überall um uns herum explodierten Granaten. ◊ *a burst pipe* ein Rohrbruch ◊ *The river burst its banks.* Der Fluss trat über die Ufer. **2** platzen, brechen ◊ *He burst into the room without knocking.* Er platzte ohne anzuklopfen ins Zimmer. ◊ *The sun burst through the clouds.* Die Sonne brach durch die Wolken. **3 be bursting (with sth)** voll sein (von etw) ◊ *be bursting with excitement* vor Aufregung ganz außer sich sein ◊ *be bursting with ideas* vor Ideen sprühen ◊ *be bursting with pride* vor Stolz platzen ◊ *The hall was full to bursting.* Die Halle war zum Bersten voll. ◊ (*umgs*) *I'm bursting (for a pee)!* Ich muss dringend aufs Klo! ⟦IDM⟧ **be bursting to do sth** darauf brennen etw zu tun **burst sb's ˈbubble** jdn auf den Boden der Tatsachen zurückbringen **burst ˈopen** aufspringen; aufbrechen; aufplatzen **burst sth ˈopen** etw aufbrechen ☛ *Siehe auch* BUBBLE¹ *und* SEAM ⟦PHRV⟧ **burst ˈin** hinein-/hereinstürzen **burst ˈin on sb** bei jdm hereinplatzen **burst ˈin on sth** in etw platzen **burst ˈinto sth** in etw ausbrechen ◊ *burst into flames* in Flammen aufgehen **burst into a ˈroom, ˈbuilding, etc.** in ein Zimmer, Gebäude etc. platzen, stürzen **burst ˈon/onto sth** sich an/auf etw katapultieren **burst ˈout 1** (*ausrufen*) herausplatzen **2** ◊ *burst out crying/laughing* in Tränen/Gelächter ausbrechen

burst² /bɜːst; *AmE* bɜːrst/ *Nomen* **1** Anfall ◊ *Her breath was coming in short bursts.* Ihr Atem kam stoßweise. ◊ *I tend to work in bursts.* Ich arbeite meist schubweise. ◊ *spontaneous bursts of applause* spontane Beifallsstürme **2** Bruch **3** (*Gewehr-, Lach-*) Salve

bury /ˈberi/ *Verb* (**bur·ies, bury·ing, bur·ied, bur·ied**) **1** begraben (*auch fig*), bestatten, beisetzen ◊ *He is buried in Ely.* Er liegt in Ely begraben. **2** vergraben (*auch fig*) ◊ *She always has her head buried in a book.* Sie hat immer die Nase in einem Buch. **3** (*oft passiv*) verschütten **4** verbergen ⟦IDM⟧ **bury the ˈhatchet**; **bury your ˈdifferences** das Kriegsbeil begraben ☛ *Siehe auch* SAND¹ ⟦PHRV⟧ **bury yourself in sth** sich in etw vergraben

bus¹ /bʌs/ *Nomen* (*Pl* **buses**, *AmE auch* **busses**) Bus ◊ *Shall we go by bus?* Fahren wir mit dem Bus? ◊ *a regular bus service* eine gute Busverbindung

bus² /bʌs/ *Verb* (**-s-** *oder* **-ss-**) **1** mit dem Bus befördern ◊ *We were bussed to our hotel.* Wir wurden mit dem Bus zum Hotel gebracht. **2** (*AmE*) = als Rassenintegrationsmaßnahme Schulkinder mit dem Bus in andere Bezirke befördern **3** (*AmE*) = die Tische in einem Lokal abräumen ◊ *He buses tables to help pay his tuition.* Er räumt in einem Lokal die Tische ab, um seine Studiengebühren bezahlen zu können.

bus·boy /ˈbʌsbɔɪ/ *Nomen* (*AmE*) = jd, der in einem Lokal die Tische abräumt

busby /ˈbʌzbi/ *Nomen* (*eines Soldaten*) hohe Pelzmütze

bush /bʊʃ/ *Nomen* **1** Busch, Strauch ◊ *thick bushes* dichtes Gebüsch **2** (*Haar*)schopf **3** (*oft* **the bush**) Busch, Urwald ⟦IDM⟧ ⇒ BEAT¹ *und* BIRD

bushed /bʊʃt/ *Adj nicht vor Nomen* (*umgs*) erschöpft, erledigt

bushel /ˈbʊʃl/ *Nomen* **1** Scheffel **2 bushels** [*Pl*] (*AmE, umgs*) eine Menge ⟦IDM⟧ ⇒ HIDE¹

bushy /ˈbʊʃi/ *Adj* buschig

busily /ˈbɪzɪli/ *Adv* eifrig

busi·ness /ˈbɪznəs/ *Nomen* **1** [U] Geschäft ◊ *Business was bad.* Die Geschäfte gingen schlecht. ◊ *She has set up in business as a hairdresser.* Sie hat einen Frisiersalon aufgemacht. ◊ *She works in the computer business.* Sie arbeitet in der Computerbranche. ◊ *He's away on business.* Er ist geschäftlich unterwegs. ☛ *Siehe auch* BIG BUSINESS **2** Betrieb, Firma ◊ *start your own business* sich selbstständig machen **3** [U] Sache, Angelegenheit, Aufgabe ◊ *My private life is none of your business.* Mein Privatleben geht dich nichts an. ◊ *It is the business of the police to protect the community.* Für den Schutz der Bürger ist die Polizei zuständig. ◊ *I shall make it my business to find out.* Ich werde mich bemühen, es herauszufinden. ◊ *the main business of the meeting* das Hauptthema der Besprechung **4** (*bes AmE*) Kundschaft ◊ *Her job was to drum up business.* Ihr Job war, neue Kunden zu finden. ⟦IDM⟧ **any other ˈbusiness** (*als Punkt auf der Tagesordnung*) Sonstiges **be in ˈbusiness** (*umgs*) ◊ *All we need is a car and we'll be in business.* Wir brauchen nur noch ein Auto und dann kann's losgehen. **business as ˈusual** alles wie gewohnt ◊ *Business as usual during refit.* Während des Umbaus bleibt das Geschäft geöffnet. **business is ˈbusiness** Geschäft ist Geschäft **get down to ˈbusiness** zur Sache kommen; an die Arbeit gehen ◊ *Let's get down to business right away.* Fangen wir

gleich an. **go about your 'business** seinen Geschäften nachgehen **have no business doing sth/to do sth** kein Recht haben etw zu tun **like 'nobody's business** (*BrE*, *umgs*) wie verrückt **not be in the business of doing sth** nicht gewohnt sein etw zu tun **out of 'business** ◇ put sb out of business jdn in den Bankrott treiben ◇ go out of business Pleite gehen/machen ☛ Siehe auch MEAN¹, MIND² *und* PLY¹
'**business card** (*auch* **card**) *Nomen* Geschäftskarte
'**business hours** *Nomen* [Pl] Geschäftsstunden, Geschäftszeit
busi·ness·like /'bɪznəslaɪk/ *Adj* geschäftsmäßig, sachlich, nüchtern
busi·ness·man /'bɪznəsmæn, -mən/ *Nomen* (*Pl* **-men** /-mən/) Geschäftsmann ◇ I'm not much of a businessman. Ich bin nicht sehr geschäftstüchtig.
'**business park** *Nomen* Gewerbepark
'**business studies** *Nomen* (Betriebs)wirtschaftslehre ☛ G 1.3c
,**business-to-'business** *Adj* (*Abk* **B2B**) Business-to-Business-
busi·ness·woman /'bɪznəswʊmən/ *Nomen* (*Pl* **-women** /-wɪmɪn/) Geschäftsfrau
busk /bʌsk/ *Verb* (*BrE*, *umgs*) = auf öffentlichen Plätzen musizieren
busk·er /'bʌskə(r)/ *Nomen* (*bes BrE*, *umgs*) Straßenmusikant(in)
busk·ing /'bʌskɪŋ/ *Nomen* (*bes BrE*, *umgs*) Musizieren auf öffentlichen Plätzen
'**bus lane** *Nomen* Busspur
bus·load /'bʌsləʊd; *AmE* -loʊd/ *Nomen* Busladung
,**bus·man's 'holi·day** *Nomen* = Urlaub, in dem man dasselbe wie im Berufsalltag tut
'**bus shelter** *Nomen* Wartehäuschen
'**bus station** *Nomen* Busbahnhof
'**bus stop** *Nomen* Bushaltestelle
bust¹ /bʌst/ *Verb* (**bust**, **bust** *oder* **bust·ed**, **bust·ed**) (*umgs*) **1** kaputtmachen ◇ The lights are busted. Die Lampen sind kaputt. ◇ Come out, or I'll bust the door down! Komm raus oder ich breche die Tür auf! **2 ~ sb** (**for sth**) jdn (wegen einer Sache) schnappen, jdn (wegen einer Sache) festnehmen **3 ~ sth** eine Razzia auf etw machen **4** (*bes AmE*) degradieren IDM **bust a 'gut** (**doing sth/to do sth**) (*umgs*) sich ein Bein ausreißen (um etw zu tun) **... or 'bust** (*umgs*) ◇ For Black it's the Olympics or bust. Für Black gibt es nur ein Ziel: die Qualifikation für die Olympiade. PHRV ,**bust 'up** (*umgs*) sich trennen ,**bust sth 'up** (*umgs*) etw kaputtmachen
bust² /bʌst/ *Nomen* **1** Büste **2** [Sing] Oberweite, Busen **3** (*umgs*) Razzia
bust³ /bʌst/ *Adj* nicht vor Nomen (*umgs*) **1** (*BrE*) kaputt **2** pleite ◇ The company went bust. Die Firma ging Pleite.
bus·ter /'bʌstə(r)/ *Nomen* **1** (*AmE*, *umgs*) (drohend als Anrede) Freundchen **2** (*oft in Zusammensetzungen*) ◇ crime busters Verbrechensbekämpfer
bus·tle¹ /'bʌsl/ *Verb* **1** (geschäftig) herumlaufen **2** treiben ◇ The nurse bustled us out of the room. Die Schwester scheuchte uns aus dem Zimmer.
bus·tle² /'bʌsl/ *Nomen* **1** (geschäftiges) Treiben, Geschäftigkeit **2** Turnüre
bust·ling /'bʌslɪŋ/ *Adj* (Straße etc.) belebt ◇ a bustling city eine Stadt voller Leben ◇ The market was bustling with life. Auf dem Markt herrschte reges Treiben.
'**bust-up** *Nomen* (*bes BrE*, *umgs*) **1** Streit, Krach **2** (*einer Beziehung*) Bruch
busty /'bʌsti/ *Adj* (*umgs*) vollbusig
busy¹ /'bɪzi/ *Adj* (**busier**, **busi·est**) **1** beschäftigt ◇ She leads a very busy life. Sie ist immer sehr beschäftigt. ◇ Are you busy? Hast du gerade viel zu tun? ◇ Katie's busy with her homework. Katie macht ihre Hausaufgaben. ◇ This is one of the busiest times of the year for us. Zu dieser Zeit ist bei uns immer viel los. **2** (Straße etc.) belebt, stark befahren ◇ The roads were really busy. Der Verkehr war unheimlich stark. **3** (*bes AmE*) (Telefonanschluss) besetzt **4** (*Muster*) unruhig, aufdringlich IDM **as busy as a 'bee** bienenfleißig **keep yourself 'busy** sich beschäftigen
busy² /'bɪzi/ *Verb* (**busies**, **busy·ing**, **busied**, **busied**) **~ yourself** (**with sth**); **~ yourself** (**in/with**) **doing sth** sich (mit etw) beschäftigen, sich (damit) beschäftigen (etw zu tun)
'**busy·body** /'bɪzibɒdi; *AmE* -bɑːdi/ *Nomen* (*Pl* **-ies**) (*abwert*) Wichtigtuer(in) ◇ He's an interfering old busybody! Er mischt sich in alles ein!
busy Lizzie /,bɪzi 'lɪzi/ *Nomen* (*BoT*) Fleißiges Lieschen
'**busy·work** /'bɪziwɜːk; *AmE* -wɜːrk/ *Nomen* (*AmE*, *umgs*) Beschäftigungstherapie, unproduktive Arbeit
but¹ /bət; *betont* bʌt/ *Konj* **1** aber ◇ He doesn't like music but his wife does. Er mag keine Musik, aber seine Frau schon. ☛ Hinweis bei ABER **2** (*nach verneinten Aussagen*) sondern ◇ It wasn't the red one but the blue one. Es war nicht das rote, sondern das blaue. **3** (*verwendet, um Erstaunen, Ärger etc. auszudrücken*) aber ... doch ◇ But that's not possible! Aber das ist doch nicht möglich! **4** außer, als ◇ I had no choice but to sign the contract. Mir blieb nichts anderes übrig, als den Vertrag zu unterzeichnen. **5** aber auch wirklich ◇ Nothing, but nothing would make him change his mind. Nichts, aber auch wirklich nichts würde ihn umstimmen. **6** (*veraltet oder gehoben*) (*nach verneinten Aussagen*) ohne dass ◇ I never pass the lake but I think of the accident. Ich komme nie an dem See vorbei, ohne dass ich an den Unfall denke. IDM **but then** (**again**) **1** aber dafür; vielleicht aber auch **2** aber ... ja ◇ She speaks very good Italian. But then she did live in Rome for a year. Sie spricht sehr gut Italienisch, aber sie hat ja auch ein Jahr lang in Rom gelebt. **you cannot/could not but ...** (*gehoben*) man muss/musste einfach ... ◇ What could he do but forgive her? Was blieb ihm anderes übrig, als ihr zu verzeihen?
but² /bət; *betont* bʌt/ *Präp* **1** außer ◇ Nobody but you could be so selfish. Nur du kannst so egoistisch sein. ◇ (the) last but one/two der/die/das Vorletzte/Vorvorletzte ◇ (the) next but one der/die/das Übernächste **2 anything ~** alles andere als; **nothing ~** nichts als ◇ Nothing but trouble will come of this plan. Dieser Plan wird nichts als Ärger bringen. IDM **but for sb/sth** ohne jdn/etw ◇ But for the rain we would have had a nice holiday. Wenn es nicht dauernd geregnet hätte, hätten wir schöne Ferien gehabt.
but³ /bət; *betont* bʌt/ *Adv* (*veraltet oder gehoben*) nur ◇ He's but a boy. Er ist nur ein Junge. ◇ We can but try. Wir können es immerhin versuchen.
but⁴ /bət/ *Nomen* **buts** [meist Pl] Aber ◇ no ifs and buts kein Wenn und Aber
bu·tane /'bjuːteɪn/ *Nomen* Butan
butch /bʊtʃ/ *Adj* (*umgs*) **1** betont maskulin **2** machohaft
butcher¹ /'bʊtʃə(r)/ *Nomen* **1** Fleischer(in), Metzger(in), Schlachter(in) ☛ Hinweis bei BAKER **2** (fig) Schlächter(in) IDM **have/take a 'butcher's** (*BrE*, *Slang*) mal gucken
butcher² /'bʊtʃə(r)/ *Verb* **1** (*abwert*) niedermetzeln **2** schlachten **3** (*bes AmE*, *abwert*) verhunzen
butch·ery /'bʊtʃəri/ *Nomen* **1** Gemetzel **2** Fleischerhandwerk
but·ler /'bʌtlə(r)/ *Nomen* Butler
butt¹ /bʌt/ *Verb* **1** (mit dem Kopf) stoßen **2** (mit den Hörnern) stoßen IDM ,**butt 'out!** (*bes AmE*, *umgs*) halt dich da raus! PHRV ,**butt 'in** (**on sb**) (*umgs*) (jdm) dazwischenreden ,**butt 'in** (**on sth**) (*umgs*) sich (in etw) einmischen
butt² /bʌt/ *Nomen* **1** dickes Ende; (*Gewehr*-) Kolben; (*Speer*-) Schaft **2** (*Zigaretten*-) Stummel **3** (*BrE*) Fass, Tonne ◇ a water butt eine Regentonne **4** (*bes AmE*, *umgs*) Hintern ◇ Get off your butt and do some work! Lüfte mal deinen Hintern und arbeite was! **5** (Kopf)stoß IDM **be the butt of sth** die Zielscheibe von etw sein ☛ Siehe auch PAIN¹
but·ter¹ /'bʌtə(r)/ *Nomen* Butter IDM **butter wouldn't melt in sb's 'mouth** (*umgs*) jd sieht aus, als ob er kein Wässerchen trüben könnte ☛ Siehe auch KNIFE¹
but·ter² /'bʌtə(r)/ *Verb* mit Butter bestreichen IDM ⇒ KNOW¹ PHRV ,**butter sb 'up** (*umgs*) jdm Honig um den Mund schmieren
'**butter bean** *Nomen* (*BrE*) Limabohne
but·ter·cup /'bʌtəkʌp; *AmE* -tərk-/ *Nomen* Hahnenfuß
but·ter·fin·gers /'bʌtəfɪŋəz; *AmE* 'bʌtərfɪŋərz/ *Nomen* [Sing] (*umgs*) Tollpatsch
but·ter·fly /'bʌtəflaɪ; *AmE* -tərf-/ *Nomen* (*Pl* **-ies**) **1** Schmetterling ◇ (fig) She's a social butterfly. Sie flattert von Party zu Party. **2** [U/Sing] (*SPORT*) Delphinstil ◇ She was third in the 200m butterfly. Sie belegte den dritten Platz über

200m Delphin. [IDM] **have 'butterflies (in your stomach)** (*umgs*) ein flaues Gefühl im Magen haben; sehr nervös sein
but·ter·milk /'bʌtəmɪlk; *AmE* -tərm-/ *Nomen* Buttermilch
but·ter·scotch /'bʌtəskɒtʃ; *AmE* 'bʌtərskɑːtʃ/ *Nomen* **1** Karamell(bonbon) **2** (*bes AmE*) Karamellsoße
but·tery /'bʌtəri/ *Adj* butterig
but·tock /'bʌtək/ *Nomen* [meist Pl] Hinterbacke
but·ton[1] /'bʌtn/ *Nomen* **1** Knopf **2** Taste, Knopf ◇ *at the touch of a button* auf Knopfdruck ☛ *Siehe auch* BELLY BUTTON *und* PUSH-BUTTON **3** (*bes AmE*) Abzeichen, Plakette [IDM] ⇨ BRIGHT[1]
but·ton[2] /'bʌtn/ *Verb* **1** ~ **sth (up)** etw zuknöpfen **2** ~ (**up**) zugeknöpft werden ◇ *The dress buttons (up) at the back.* Das Kleid wird hinten geknöpft. [IDM] '**Button it!** (*BrE, umgs*) Halt den Mund!
but·ton·hole[1] /'bʌtnhəʊl; *AmE* -hoʊl/ *Nomen* **1** Knopfloch **2** (*BrE*) Blume im Knopfloch
but·ton·hole[2] /'bʌtnhəʊl; *AmE* -hoʊl/ *Verb* (*umgs*) jdn zu fassen kriegen (und auf ihn oder sie einreden) ◇ *He buttonholed me just as I was going home.* Gerade als ich nach Hause gehen wollte, hat er mich erwischt und angeschwatzt.
,**button 'mushroom** *Nomen* junger Champignon
but·tress[1] /'bʌtrəs/ *Nomen* Strebepfeiler
but·tress[2] /'bʌtrəs/ *Verb* (*gehoben*) stützen (*auch fig*)
butty /'bʌti/ *Nomen* (*Pl* -**ies**) (*BrE, umgs*) Butterbrot
buxom /'bʌksəm/ *Adj* drall
buy[1] /baɪ/ *Verb* (**bought, bought** /bɔːt/) **1** kaufen ◇ *Money can't buy happiness.* Glück kann man nicht kaufen. ◇ *Can I buy you a coffee?* Kann ich Sie zu einer Tasse Kaffee einladen? ◇ *A dollar doesn't buy much nowadays.* Für einen Dollar bekommt man heutzutage nicht viel. **2** bestechen, kaufen ◇ *He cannot be bought.* Er ist nicht käuflich. [SYN] BRIBE[2] **3** (*meist passiv*) (*gehoben*) erkaufen ◇ *His fame was bought at the expense of his marriage.* Sein Ruhm war auf Kosten seiner Ehe erkauft. **4** (*umgs*) (*glauben*) abkaufen, abnehmen [IDM] (**have**) '**bought it** (*BrE, umgs*) umgekommen sein ◇ *Joe bought it in a plane crash in Tunisia.* Bei einem Flugzeugunglück in Tunesien hat es Joe schließlich erwischt. **buy 'time** Zeit gewinnen ☛ *Siehe auch* PIG *und* PUP [PHR V] ,**buy sth 'in** (*BrE*) sich mit etw eindecken ,**buy 'into sth 1** sich in etw einkaufen **2** (*umgs*) (an) etw glauben, etw akzeptieren ,**buy sb 'off** jdn kaufen ,**buy sb 'out 1** jdn auszahlen **2** jdn loskaufen ,**buy sth 'up** etw aufkaufen
buy[2] /baɪ/ *Nomen* Kauf ◇ *Best buys this week are carrots and cabbages.* Möhren und Kohl sind diese Woche am preiswertesten. ◇ *Computer games are always a popular buy.* Computerspiele werden immer gern gekauft.
buyer /'baɪə(r)/ *Nomen* **1** Käufer(in) **2** Einkäufer(in) [IDM] **a** ,**buyer's 'market** ein Käufermarkt
buy·out /'baɪaʊt/ *Nomen* Aufkauf
buzz[1] /bʌz/ *Verb* **1** summen ◇ (*fig*) *My ears were buzzing.* Mir dröhnten die Ohren. **2** schwirren ◇ *The place was buzzing with journalists.* Überall schwirrten Journalisten herum. ◇ *My head was buzzing.* Mir schwirrte der Kopf. ◇ *New York buzzes from dawn to dusk.* In New York ist von Morgen bis Abend was los. **3** ~ (**for sb/sth**) (jdn/etw) (mit dem Summer) rufen **4** (*umgs*) (bedrohlich) dicht an etw vorbeifliegen [PHR V] ,**buzz a'bout/a'round** herumsausen ,**buzz 'off** abschwirren
buzz[2] /bʌz/ *Nomen* **1** (*auch* **buzz·ing**) Summen **2** [Sing] Stimmengewirr, Gemurmel **3** [Sing] (*umgs*) Kitzel ◇ *Flying gives me a real buzz.* Fliegen finde ich wirklich aufregend. ◇ *There was a buzz of excitement all round the room.* Man konnte die Aufregung im ganzen Raum spüren. **4 the buzz** (*umgs*) das Gerücht ◇ *The buzz is that Matt is in Scotland.* Es wird gemunkelt, dass Matt in Schottland ist. [SYN] RUMOUR [IDM] **give sb a 'buzz** (*umgs*) jdn anrufen
buz·zard /'bʌzəd; *AmE* -zərd/ *Nomen* **1** (*BrE*) Bussard **2** (*AmE*) Truthahngeier
buzz·er /'bʌzə(r)/ *Nomen* Summer
buzz·word /'bʌzwɜːd; *AmE* -wɜːrd/ *Nomen* Modewort, Schlagwort
by[1] /baɪ/ *Präp* **1** an, neben ◇ *a house by the river* ein Haus am Fluss ◇ *Come and sit by me.* Setz dich neben mich. **2** von ◇ *He was knocked down by a bus.* Er wurde von einem Bus angefahren. ◇ *Who's that book by?* Von wem ist das Buch? ◇ *He's German by birth.* Er ist von Geburt Deutscher. **3** mit ◇ *The house is heated by gas.* Das Haus wird mit Gas beheizt. ◇ *May I pay by cheque?* Kann ich mit Scheck bezahlen? ◇ *travel by boat/bus/car* mit dem Schiff/Bus/Auto fahren ◇ *travel by plane* fliegen ◇ *travel by air/land/sea* auf dem Luft-/Land-/Seeweg reisen ◇ *by letter* brieflich ◇ *Switch it on by pressing this button.* Um es einzuschalten, drücken Sie auf diesen Knopf. **4** durch ◇ *by chance* durch Zufall ◇ *by mistake* aus Versehen **5** bis ◇ *Can you finish the work by five?* Können Sie diese Arbeit bis 5 Uhr fertig machen? ◇ *He ought to have arrived by now/by this time.* Er müsste jetzt eigentlich schon da sein. ◇ *By the time (that) this letter reaches you I will have left the country.* Wenn du diesen Brief bekommst, bin ich schon im Ausland. **6** vorbei ◇ *He walked by me without speaking.* Er ging wortlos an mir vorbei. **7** bei ◇ *by candlelight* bei Kerzenlicht ◇ *I swear by Almighty God …* Ich schwöre beim allmächtigen Gott … ◇ *by day* tagsüber ◇ *by night* nachts **8** um ◇ *The bullet missed him by inches.* Die Kugel hat ihm um Zentimeter verfehlt. ◇ *better by far* viel besser **9** nach ◇ *By my watch it is two o'clock.* Nach meiner Uhr ist es zwei Uhr. ◇ *I could tell by the look on her face that something terrible had happened.* Es stand ihr im Gesicht geschrieben, dass etwas Schreckliches passiert war. ◇ *By law, you are a child until you are 18.* Rechtlich gesehen bleibt man bis 18 ein Kind. **10** an ◇ *I took him by the hand.* Ich nahm ihn bei der Hand. ◇ *Pick it up by the handle!* Hebe es am Griff hoch! **11** -weise ◇ *paid by the hour* stundenweise bezahlt ◇ *by the metre* meterweise **12** ◇ *They're improving day by day.* Sie werden jeden Tag besser. ◇ *We'll do it bit by bit.* Wir machen es nach und nach. ◇ *The children came in two by two.* Die Kinder kamen immer zwei und zwei herein. **13** (*bei Messungen*) mal ◇ *The room measures five metres by six.* Der Raum ist fünf mal sechs Meter groß. **14** (MATH) ◇ *6 multiplied by 2 equals 12.* 6 mal 2 ist 12. ◇ *6 divided by 2 equals 3.* 6 geteilt durch 2 ist 3. [IDM] **by the 'by/bye** übrigens
by[2] /baɪ/ *Adv* ☛ Für Verben mit **by** siehe die Einträge für die entsprechenden Verben. **Put by** z.B. steht unter **put**. vorbei ◇ *I'll come by this evening.* Ich komme heute Abend vorbei. [IDM] ,**by and 'by** (*veraltet*) bald; nach einer Weile
bye[1] /baɪ/ (*auch* ,**bye-'bye**, '**bye-bye**) *Ausruf* (*umgs*) tschüs ◇ *She waved bye-bye.* Sie winkte zum Abschied. ◇ *Bye for now!* Bis bald!
bye[2] /baɪ/ *Nomen* (SPORT) = spielfreier Aufstieg in die nächste Runde [IDM] ⇨ BY[1]
'**bye-law** = BY-LAW
'**by-election** *Nomen* (*BrE*) Nachwahl
by·gone /'baɪɡɒn; *AmE* -ɡɔːn, -ɡɑːn/ *Adj nur vor Nomen* längst vergangen
by·gones /'baɪɡɒnz; *AmE* -ɡɔːnz, -ɡɑːnz/ *Nomen* [Pl] [IDM] **let ,bygones be 'bygones** die Vergangenheit ruhen lassen
'**by-law** (*auch* '**bye-law**) *Nomen* **1** (*BrE*) (Gemeinde)verordnung **2** (*AmE*) Satzung
by·line /'baɪlaɪn/ *Nomen* = Zeile mit Angabe des Verfassers eines Zeitungsartikels
by·pass[1] /'baɪpɑːs/ *Nomen* **1** (*bes BrE*) Umgehungsstraße **2** (MED) Bypass
by·pass[2] /'baɪpɑːs/ *Verb* **1** umgehen ◇ *A new road now bypasses the town.* Die Stadt hat eine neue Umgehungsstraße. **2** (*fig*) übergehen, überspringen ◇ *They let him bypass the usual admissions procedure.* Sie gaben ihm ohne das übliche Zulassungsverfahren einen Studienplatz.
'**by-product** *Nomen* **1** Nebenprodukt **2** Begleiterscheinung
byre /'baɪə(r)/ *Nomen* (*BrE, veraltet*) Kuhstall
by·stand·er /'baɪstændə(r)/ *Nomen* Zuschauer(in)
byte /baɪt/ *Nomen* (COMP) Byte
by·way /'baɪweɪ/ *Nomen* **1** Nebenstraße **2 byways** [Pl] Nebenaspekte
by·word /'baɪwɜːd; *AmE* -wɜːrd/ *Nomen* [meist Sing] **1 a ~ for sth** der Inbegriff einer Sache **2** (*bes AmE*) Schlagwort
By·zan·tine /baɪ'zæntaɪn, bɪ-, -tiːn; *AmE* 'bɪzəntiːn/ *Adj* **1** byzantinisch **2** (*auch* **byzantine**) (*gehoben*) verworren, verwickelt

Cc

C, c /siː/ **1** Nomen (Pl **C's, c's**) (Buchstabe) C, c ☛ Hinweis bei NOTE, S. 1126. ☛ Beispiele bei A, A **2** *C Abk* = CAPE **3** *C Abk* = CELSIUS **4** *C* (auch ©, AmE auch **C**.) Abk = Copyright **5 c.** (BrE auch **c**) Abk = CENT **6 c** (auch **C**) Abk = CENTURY **7 c** (auch **ca**) Abk = CIRCA **8 c** Abk = CUP¹ (1) ☛ Siehe auch C & W und C of E

cab /kæb/ Nomen **1** Taxi **2** Fahrerkabine

cabal /kəˈbæl/ Nomen (gehoben, meist abwert) Clique (von politischen Intriganten)

caba·ret /ˈkæbəreɪ; AmE ˌkæbəˈreɪ/ Nomen **1** Varietee **2** Kabarett **3** = Nachtklub oder Restaurant mit Varieteeprogramm

cab·bage /ˈkæbɪdʒ/ Nomen **1** Kohl(kopf) **2** (BrE) = jd, der nur vor sich hin vegetiert

cabby (auch **cab·bie**) /ˈkæbi/ Nomen (Pl **-ies**) (umgs) Taxifahrer(in)

caber /ˈkeɪbə(r)/ Nomen Baumstamm ◊ *tossing the caber* Baumstammwerfen

cabin /ˈkæbɪn/ Nomen **1** (auf Schiffen) Kabine **2** (bei Flugzeugen) Passagierraum **3** Hütte ◊ *a log cabin* eine Blockhütte

ˈcabin boy Nomen Kabinensteward, Schiffsjunge

ˈcabin crew Nomen Flugbegleitpersonal ☛ G 1.3b

ˈcabin cruiser (auch **cruiser**) Nomen Kajütboot

cab·inet /ˈkæbɪnət/ Nomen **1** (meist **the Cabinet**) das Kabinett ☛ G 1.3b **2** Schrank ◊ *a glass cabinet* eine Vitrine ☛ Siehe auch FILING CABINET

cab·inet·maker /ˈkæbɪnətmeɪkə(r)/ Nomen Möbeltischler(in), Möbelschreiner(in)

cable¹ /ˈkeɪbl/ Nomen **1** (Draht)seil **2** Kabel **3** = CABLE TELEVISION **4** (veraltet) Überseetelegramm

cable² /ˈkeɪbl/ Verb (veraltet) kabeln

ˈcable car Nomen **1** (Draht)seilbahn **2** (bes AmE) (gezogene) Straßenbahn

ˌcable ˈtelevision (auch **cable**, ˌcable ˈTV) Nomen Kabelfernsehen

cab·ling /ˈkeɪblɪŋ/ Nomen [U] Verkabelung, Kabel

ca·boo·dle /kəˈbuːdl/ Nomen IDM **the whole (kit and) caˈboodle** der ganze Kram

ca·boose /kəˈbuːs/ Nomen (AmE) (EISENB) Dienstwagen

cache /kæʃ/ Nomen **1** geheimes Lager, Versteck **2** (COMP) Zwischenspeicher, Cachespeicher

cachet /ˈkæʃeɪ; AmE kæˈʃeɪ/ Nomen [U/Sing] (gehoben) Ansehen, Prestige

cack-handed /ˌkæk ˈhændɪd/ Adj (BrE, umgs, abwert) tollpatschig, ungeschickt

cackle¹ /ˈkækl/ Verb **1** schnattern, gackern **2** (Mensch) (meckernd) lachen

cackle² /ˈkækl/ Nomen **1** Schnattern, Gackern **2** (meckerndes) Lachen

cac·oph·ony /kəˈkɒfəni; AmE -ˈkɑːf-/ Nomen [U/Sing] Kakophonie, Missklang

cac·tus /ˈkæktəs/ Nomen (Pl **cac·tuses**, **cacti** /ˈkæktaɪ/) Kaktus

CAD /kæd, ˌsiː eɪ ˈdiː/ Kurzform von **computer-aided design** CAD

cad /kæd/ Nomen (veraltet) Schuft

ca·da·ver /kəˈdævə(r)/ Nomen (Fachspr) Leiche SYN CORPSE

ca·da·ver·ous /kəˈdævərəs/ Adj (gehoben) ausgemergelt, leichenhaft (blass)

cad·die¹ /ˈkædi/ Nomen (auch **caddy**) (Pl **-ies**) Nomen Caddie

cad·die² /ˈkædi/ Verb (auch **caddy**) (**cad·dies**, **caddying**, **cad·died**, **cad·died**) Caddie sein

caddy /ˈkædi/ (Pl **-ies**) Nomen **1** = TEA CADDY **2** (AmE) Tasche, Behälter **3** = CADDIE¹,²

ca·dence /ˈkeɪdns/ Nomen **1** (gehoben) Sprachmelodie **2** (MUS) Kadenz

ca·denza /kəˈdenzə/ Nomen (MUS) (Solisten-) Kadenz

cadet /kəˈdet/ Nomen Kadett

cadge /kædʒ/ Verb ~ (**sth**) (**from/off sb**) (BrE, umgs) (etw) (bei/von jdm) schnorren

cad·mium /ˈkædmiəm/ Nomen Kadmium

cadre /ˈkɑːdə(r); AmE ˈkædri/ Nomen Kader ☛ G 1.3b

Cae·sar·ean /sɪˈzeərɪən; AmE -ˈzer-/ (auch **Cae·sar·ian**, Cae͵sarean ˈsection, Cae͵sarian ˈsection) (AmE auch ce·sar·ean, ce·sar·ian, ˈC-section) Nomen Kaiserschnitt

cae·sium (AmE **ces·ium**) /ˈsiːziəm/ Nomen Cäsium

caes·ura /sɪˈzjʊərə; AmE sɪˈzjʊrə/ Nomen (Fachspr) Zäsur

cafe /ˈkæfeɪ; AmE kæˈfeɪ/ Nomen Café

cafe·teria /ˌkæfəˈtɪəriə; AmE -ˈtɪr-/ Nomen Cafeteria, Selbstbedienungsrestaurant

cafe·tière /ˌkæfəˈtjeə(r); AmE -ˈtjer/ Nomen Cafetière, Kaffeebereiter

caff /kæf/ Nomen (BrE, umgs) Imbissstube

caf·feine /ˈkæfiːn/ Nomen Koffein

caffè latte /ˌkæfeɪ ˈlɑːteɪ/ (auch **latte**) Nomen Milchkaffee

caf·tan = KAFTAN

cage¹ /keɪdʒ/ Nomen Käfig

cage² /keɪdʒ/ Verb ~ **sth** (**up**) etw (in einen Käfig) einsperren

cagey /ˈkeɪdʒi/ Adj (**cagi·er**, **cagi·est**) (umgs) zugeknöpft, ausweichend ◊ *Tony is very cagey about his family.* Tony redet nicht gern über seine Familie.

ca·goule /kəˈguːl/ Nomen Regenjacke

ca·hoots /kəˈhuːts/ Nomen IDM **be in cahoots** (**with sb**) (umgs) (mit jdm) unter einer Decke stecken

cai·man = CAYMAN

cairn /keən; AmE kern/ Nomen Steinhaufen (als Grabhügel oder oben auf einem Berg)

ca·jole /kəˈdʒəʊl; AmE kəˈdʒoʊl/ Verb **1** ~ **sb** (**into doing sth**) jdn (dazu) überreden (etw zu tun) **2** ~ **sth out of sb** jdm etw entlocken

Cajun /ˈkeɪdʒn/ **1** Nomen Cajun **2** Adj Cajun-

cake¹ /keɪk/ Nomen **1** Kuchen **2** Bratling ◊ *potato cakes* Kartoffelplätzchen ☛ Siehe auch FISH CAKE IDM **have your cake and eat it too** (BrE auch **have your cake and ˈeat it**) das eine wollen, ohne das andere zu lassen ◊ *You can't have your cake and eat it.* Beides auf einmal geht nicht. **a slice/share of the ˈcake** (BrE) jds Teil ◊ **get a slice/share of the cake** sein Teil bekommen **take the ˈcake** (bes AmE) alles übertreffen ☛ Siehe auch HOT¹, ICING und PIECE¹

cake² /keɪk/ Verb **1** (meist passiv) dick beschmieren, verkrusten **2** fest trocknen, hart werden, klumpen

CAL /kæl/ Kurzform von **computer assisted learning** computergestütztes Lernen

cala·mine /ˈkæləmaɪn/ (auch ˈcalamine lotion) Nomen Galmei(lotion)

ca·lami·tous /kəˈlæmɪtəs/ Adj (gehoben) katastrophal, verheerend SYN DISASTROUS

ca·lam·ity /kəˈlæməti/ Nomen (Pl **-ies**) Unheil, Katastrophe

cal·cify /ˈkælsɪfaɪ/ Verb (**-fies**, **-fy·ing**, **-fied**, **-fied**) (Fachspr) verkalken (lassen)

cal·cium /ˈkælsiəm/ Nomen Kalzium

cal·cul·able /ˈkælkjələbl/ Adj berechenbar; (Risiko etc.) kalkulierbar

---

| ʊ actual | aɪ my | aʊ now | eɪ say | əʊ (BrE) go | oʊ (AmE) go | ɔɪ boy | ɪə near | eə hair | ʊə pure |

calculate

cal·cu·late /ˈkælkjuleɪt/ *Verb* **1** berechnen, ausrechnen **2** ermitteln **3** schätzen, vermuten

cal·cu·lated /ˈkælkjuleɪtɪd/ *Adj* berechnet, beabsichtigt, geplant ◊ *a calculated insult* eine bewusste Beleidigung ◊ *a calculated risk* ein kalkuliertes Risiko ◊ *calculated charm* berechnender Charme [IDM] **be calculated to do sth** auf etw abzielen ◊ *This sort of life is not calculated to appeal to a 20-year-old.* Solch ein Leben wird einem 20-Jährigen wohl kaum gefallen.

cal·cu·lat·ing /ˈkælkjuleɪtɪŋ/ *Adj* (*abwert*) berechnend

cal·cu·la·tion /ˌkælkjuˈleɪʃn/ *Nomen* **1** Berechnung (*auch fig*) ◊ *by my calculation(s)* nach meiner Rechnung ◊ *He did a rough calculation.* Er überschlug die Summe. **2** Schätzung, Überlegung

cal·cu·la·tor /ˈkælkjuleɪtə(r)/ *Nomen* Rechenmaschine ◊ *a pocket calculator* ein Taschenrechner

cal·cu·lus /ˈkælkjələs/ *Nomen* [U] (MATH) ◊ *integral/differential calculus* Integral-/Differentialrechnung

cal·dron (*AmE*) = CAULDRON

cal·en·dar /ˈkælɪndə(r)/ *Nomen* **1** Kalender **2** (*AmE*) Terminkalender **3** [meist Sing] Jahr ◊ *the biggest week in the racing calendar* die wichtigste Woche der Rennsportsaison

calf /kɑːf; *AmE* kæf/ *Nomen* (*Pl* **calves**) /kɑːvz; *AmE* kævz/ **1** (ANAT) Wade **2** Kalb; (*Wal- etc.*) Junge **3** (*auch* **calf·skin**) Kalbsleder [IDM] **in/with ˈcalf** trächtig

cali·brate /ˈkælɪbreɪt/ *Verb* kalibrieren, eichen

cali·bra·tion /ˌkælɪˈbreɪʃn/ *Nomen* (*Fachspr*) **1** Kalibrierung, Eichen **2** Eichstrich

cali·bre (*AmE meist* **cali·ber**) /ˈkælɪbə(r)/ *Nomen* Kaliber (*auch fig*)

cal·ico /ˈkælɪkəʊ; *AmE* -koʊ/ *Nomen* [U] **1** (*bes BrE*) Kattun, (roh)weißer Baumwollstoff **2** (*bes AmE*) bedruckter Baumwollstoff

ˈcalico cat *Nomen* (*AmE*) Schildpattkatze

cali·per (*BrE auch* **cal·li·per**) /ˈkælɪpə(r)/ *Nomen* **1** **cali·pers** [Pl] Tastzirkel ☛ *Hinweis bei* BRILLE **2** (*BrE*) [meist Pl] (MED) Beinschiene

ca·liph /ˈkeɪlɪf/ *Nomen* Kalif

ca·liph·ate /ˈkælɪfeɪt/ *Nomen* Kalifat

cal·is·then·ics (*AmE*) = CALLISTHENICS

CALL /kɔːl/ *Kurzform von* **computer assisted language learning** computergestütztes Sprachenlernen

call¹ /kɔːl/ *Verb* **1** nennen; **be called … …** heißen ◊ *What do they call that?* Wie nennt man das? ◊ *I don't know anyone called Scott.* Ich kenne niemanden namens Scott. ◊ *That's ten dollars forty you owe me. Let's call it ten dollars.* Du schuldest mir noch zehn Dollar und vierzig Cent. Sagen wir zehn Dollar. **2** ~ (**sth**) (**out**) (etw) rufen; ~ (**out**) **to sb** jdm zurufen ◊ *call for help* um Hilfe rufen ◊ *He called out the names of the winners.* Er rief die Namen der Gewinner auf. ◊ *The injured called out in pain.* Die Verwundeten schrien vor Schmerzen. **3** ~ **sb/sth** jdn/etw (herbei)rufen ◊ *Will you call the kids in for lunch?* Rufst du die Kinder zum Essen? **4** anrufen ◊ *I called the office.* Ich rief im Büro an. ◊ *Who's calling?* Wer ist am Apparat? [SYN] PHONE **5** (*meist passiv*) (*gehoben*) ◊ *She was called for interview.* Sie wurde zum Vorstellungsgespräch eingeladen. ◊ *The ambassador was called back to London.* Der Botschafter wurde zurück nach London beordert. ◊ *He felt called to the priesthood.* Er fühlte sich zum Priester berufen. **6** (*bes BrE*) vorbeischauen, vorbeigehen ◊ *I'll call round and see you.* Ich werde bei dir vorbeikommen. **7** (*Sitzung, Wahl*) einberufen; (*Streik*) ausrufen **8** (*Vogel*) schreien **9** (*beim Werfen einer Münze*) ◊ *You call heads or tails.* Kopf oder Zahl? [IDM] **call sb's ˈbluff** es darauf ankommen lassen **call sth into ˈplay** (*gehoben*) etw einsetzen ◊ *a game that calls into play all your powers of concentration* ein Spiel, bei dem man sich voll konzentrieren muss **call sth into ˈquestion** etw infrage stellen **call it a ˈday** (*umgs*) Feierabend machen; das Ganze beenden **call it ˈquits** (*umgs*) **1** ◊ *Take this and we'll call it quits.* Nimm das und sind wir quitt. **2** es auf sich beruhen lassen ◊ *He decided to call it quits after three years at the helm.* Er beschloss, nach drei Jahren an der Führung einen Schlussstrich zu ziehen. **call sb ˈnames** jdn beschimpfen **call the ˈshots/ˈtune** (*umgs*) den Ton angeben **call a spade a ˈspade** das Kind beim (rechten) Namen nennen; kein Blatt vor den Mund nehmen **call ˈtime (on sth)** (*BrE*) etw beenden;

etw zum Abschluss bringen **call sb to acˈcount (for/over sth)** jdn (wegen einer Sache) zur Rechenschaft ziehen **call sb/sth to ˈorder** jdn/etw zur Ordnung rufen ☛ *Siehe auch* CARPET¹, MIND¹, PAY¹, POT¹ *und* WHAT [PHR V] **ˈcall at …** (*BrE*) (*Zug etc.*) ◊ *the train for London calling at Didcot* der Zug nach London über Didcot **ˌcall sb aˈway** jdn wegrufen ◊ *She was called away from the meeting.* Sie wurde aus der Sitzung geholt. ☛ G 9.7c **ˌcall (sb) ˈback 1** (jdn) zurückrufen **2** noch mal (bei jdm) anrufen ☛ G 9.7c **ˈcall for sb** (*bes BrE*) jdn abholen **ˈcall for sth 1** etw erfordern ◊ *'This calls for a celebration!'* „Das muss gefeiert werden!" **2** etw fordern, etw verlangen **ˌcall sth ˈforth** (*gehoben*) etw hervorrufen **ˌcall ˈin 1** vorbeischauen **2** (am Arbeitsplatz) anrufen ◊ *He's called in sick.* Er hat sich krank gemeldet. **ˌcall sb ˈin** jdn zurate ziehen **ˌcall sth ˈin** (*Kredit, Geld etc.*) zurückfordern; (*Produktion*) zurückrufen **ˌcall sb/sth ˈoff** jdn/etw zurückrufen, jdn/etw zurückpfeifen **ˌcall sth ˈoff** etw absagen, etw abblasen; (*Verlobung*) (auf)lösen **ˈcall on sb** bei jdm vorbeigehen **ˈcall on/upon sb** (*gehoben*) an jdn herantreten ◊ *call on sb to do sth* jdn auffordern etw zu tun ◊ *There are 15 translators she can call upon.* Es gibt 15 Übersetzer, an die sie sich wenden kann. ◊ *I felt called upon to warn him.* Ich fühlte mich verpflichtet, ihn zu warnen. **ˌcall sb ˈout 1** (*Feuerwehr, Arzt etc.*) rufen **2** (*Arbeiter etc.*) zum Streik aufrufen **ˌcall sb ˈup 1** (*bes AmE*) jdn anrufen **2** (MIL) jdn einberufen [SYN] CONSCRIPT *und* DRAFT **3** (SPORT) jdn berufen, jdn aufstellen **ˌcall sth ˈup 1** etw wachrufen, etw zurückbringen [SYN] RECALL **2** etw hervorholen ◊ *She called up her last reserves of strength.* Sie mobilisierte ihre letzten Reserven. ◊ *I called his address up on the computer.* Ich holte mir seine Adresse aus dem Computer.

call² /kɔːl/ *Nomen* **1** Schrei, Ruf (*auch fig*) ◊ *a call for help* ein Hilferuf ◊ *calls for national unity* Rufe nach nationaler Einheit ◊ *He felt the call of the priesthood.* Er fühlte sich zum Priester berufen. ◊ *the last call for flight 199 to Rome* der letzte Aufruf für den Flug 199 nach Rom ◊ *calls for the minister to resign* Aufforderungen an den Minister zurückzutreten ☛ *Siehe auch* CURTAIN CALL **2** = PHONE CALL **3** Besuch (*veraltet*) ◊ *pay a call on sb* jdm einen Besuch abstatten **4** ~ **for sth** Nachfrage (nach etw) **5** Anlass, Grund **6** Beanspruchung, Belastung ◊ *He has many calls on his time.* Er ist zeitlich sehr in Anspruch genommen. **7** (*umgs*) Entscheidung **8** (*beim Tennis*) Schiedsrichterentscheidung **9** (*beim Kartenspiel*) Ansage [IDM] **the call of ˈnature** (*hum*) ein menschliches Bedürfnis ◊ *The driver had stopped to answer a call of nature.* Der Fahrer hielt an, weil er mal musste. **have first ˈcall (on sb/sth)** (bei jdm/etw) an erster Stelle stehen **on ˈcall** in/auf Bereitschaft ◊ *be on call* Bereitschaftsdienst haben ☛ *Siehe auch* BECK *und* CLOSE³

ˈcall box *Nomen* **1** (*BrE*) Telefonzelle **2** (*AmE*) Notrufsäule

ˈcall centre (*AmE* **ˈcall center**) *Nomen* Callcenter

ˈcall·er /ˈkɔːlə(r)/ *Nomen* **1** Anrufer(in) **2** Besucher(in)

ˌcaller IˈD (*BrE auch* **ˌcaller diˈsplay**) *Nomen* [U] Rufnummernanzeige

ˈcall girl *Nomen* Callgirl

cal·lig·raph·er /kəˈlɪgrəfə(r)/ *Nomen* Kalligraf(in)

cal·lig·raphy /kəˈlɪgrəfi/ *Nomen* Kalligrafie

ˈcall-in *Nomen* (*AmE*) = Sendung, bei der die Hörer/Zuschauer anrufen können

call·ing /ˈkɔːlɪŋ/ *Nomen* **1** Berufung [SYN] VOCATION **2** (*gehoben*) Beruf

ˈcalling card *Nomen* (*AmE*) Visitenkarte

cal·li·per (*BrE*) = CALIPER

cal·lis·then·ics (*AmE* **cal·is·then·ics**) /ˌkælɪsˈθenɪks/ *Nomen* leichte Gymnastik ☛ G 1.3c

ˈcall letters *Nomen* [Pl] (*AmE*) = Buchstabenbezeichnung eines Radiosenders

cal·lous /ˈkæləs/ *Adj* (*Adv* **cal·lous·ly**) gefühllos, herzlos, abgebrüht

cal·loused /ˈkæləst/ *Adj* schwielig, kallös

cal·lous·ness /ˈkæləsnəs/ *Nomen* Gefühllosigkeit, Herzlosigkeit, Abgebrühtheit

ˈcall-out *Nomen* Einsatz ◊ *ambulance call-outs* Krankenwa-

geneinsätze ◇ *There is no call-out charge.* Sie berechnen keine Anfahrtskosten.
cal·low /'kæləʊ; *AmE* -loʊ/ *Adj* (*gehoben, abwert*) unreif
'call sign *Nomen* (*Funk-*) Rufzeichen
'call-up *Nomen* **1** (MIL) Einberufung ◇ *receive your call-up papers* seinen Einberufungsbescheid erhalten ◇ *be liable for call-up* militärdienstpflichtig sein ◇ *men of call-up age* Männer im wehrpflichtigen Alter SYN CONSCRIPTION *und* THE DRAFT **2** (SPORT) Berufung, Aufstellung
cal·lus /'kæləs/ *Nomen* Schwiele
calm¹ /kɑːm/ *Adj* (*Adv* **calm·ly**) **1** ruhig ◇ *You're taking it very calmly.* Du reagierst sehr gelassen. **2** windstill
calm² /kɑːm/ *Verb* (sich) beruhigen PHRV **calm 'down** sich beruhigen ˌ**calm sb/sth 'down** jdn/etw beruhigen
calm³ /kɑːm/ *Nomen* Ruhe ◇ *Alex spoke with studied calm.* Alex sprach betont ruhig. IDM **the calm before the storm** die Ruhe vor dem Sturm
calm·ness /'kɑːmnəs/ *Nomen* Ruhe, Gelassenheit
Calor gas™ /'kælə gæs; *AmE* 'kælər/ *Nomen* Butangas
cal·orie /'kæləri/ *Nomen* Kalorie ◇ *low in calories* kalorienarm ◇ *No sugar, thanks – I'm counting my calories.* Danke, kein Zucker – ich bin auf Diät.
cal·or·if·ic /ˌkæləˈrɪfɪk/ *Adj* wärmeerzeugend ◇ *calorific value* Brennwert
calve /kɑːv; *AmE* kæv/ *Verb* kalben
calves *Form von* CALF
Cal·vin·ism /'kælvɪnɪzəm/ *Nomen* Kalvinismus
Cal·vin·ist /'kælvɪnɪst/ **1** *Adj* (*auch* **Cal·vin·is·tic**) kalvinistisch **2** *Nomen* Kalvinist(in)
calyx /'keɪlɪks/ *Nomen* (*Pl* **ca·lyxes, ca·ly·ces** /'keɪlɪsiːz/) (BOT) Blütenkelch
cam /kæm/ *Nomen* Nocken
cama·rad·erie /ˌkæməˈrɑːdəri; *AmE* ˌkɑːməˈrɑːdəri/ *Nomen* [U] Kameradschaft
cam·ber /'kæmbə(r)/ *Nomen* (*einer Straße*) Quergefälle
cam·bric /'kæmbrɪk/ *Nomen* (*Stoff*) Kambrik
cam·cord·er /'kæmkɔːdə(r); *AmE* -kɔːrd-/ *Nomen* Camcorder
came *Form von* COME¹
camel /'kæml/ *Nomen* Kamel IDM ⇨ STRAW
cam·el·lia /kəˈmiːliə/ *Nomen* Kamelie
cameo /'kæmiəʊ; *AmE* -mioʊ/ *Nomen* (*Pl* **-os**) **1** = Kurzauftritt in einem Film etc. (oft von einem bekannten Schauspieler/einer bekannten Schauspielerin) **2** (*Beschreibung, Bild etc.*) Miniatur **3** Kamee
cam·era /'kæmərə/ *Nomen* Fotoapparat, Kamera ◇ *The thieves were caught on camera.* Die Diebe wurden von einer Überwachungskamera gefilmt. IDM **in 'camera** (RECHT) unter Ausschluss der Öffentlichkeit **on 'camera** vor der Kamera
cam·era·man /'kæmrəmən/ *Nomen* (*Pl* **-men** /-mən/) Kameramann
cam·era·woman /'kæmrəwʊmən/ *Nomen* (*Pl* **-women** /-wɪmɪn/) Kamerafrau
camo·mile (*auch* **chamo·mile**) /'kæməmaɪl/ *Nomen* [U] Kamille
cam·ou·flage¹ /'kæməflɑːʒ/ *Nomen* Tarnung (*auch fig*) ◇ *troops dressed in camouflage* Truppen in Tarnanzügen
cam·ou·flage² /'kæməflɑːʒ/ *Verb* tarnen, verdecken
camp¹ /kæmp/ *Nomen* **1** Lager ◇ *pitch/make camp* sein Lager aufschlagen ◇ *break camp* die Zelte abbrechen **2** Ferienlager, Camp IDM ⇨ FOOT¹
camp² /kæmp/ *Verb* **1** zelten ◇ *They go camping in France every year.* Sie fahren jedes Jahr nach Frankreich zelten. **2** ~ (**out**) vorübergehend wohnen ◇ *I'm camping (out) at a friend's.* Ich bin bei einem Freund untergekommen. PHRV ˌ**camp 'out** lagern ◇ *Reporters camped out on her doorstep.* Reporter lagerten vor ihrer Tür. ˌ**camp it 'up** (*BrE, umgs*) zu dick auftragen
camp³ /kæmp/ *Adj* **1** (*BrE*) tuntenhaft SYN EFFEMINATE **2** übertrieben
cam·paign¹ /kæmˈpeɪn/ *Nomen* **1** Aktion ◇ *the election campaign* der Wahlkampf **2** Feldzug
cam·paign² /kæmˈpeɪn/ *Verb* **1** Wahlkampf machen **2** ~ **for/against sb/sth** sich für/gegen jdn/etw einsetzen, für/gegen jdn/etw kämpfen

cam·paign·er /kæmˈpeɪnə(r)/ *Nomen* **1** Aktivist(in), Kämpfer(in) ◇ *anti-nuclear campaigners* Atomkraftgegner ◇ *animal rights campaigners* Tierschützer **2** Wahlkampfhelfer(in)
ˌ**camp 'bed** *Nomen* (*BrE*) Campingliege, Feldbett
camp·er *Nomen* /'kæmpə(r)/ **1** Camper(in) **2** (*auch* ˈ**camper van**) Wohnmobil, Camper **3** (*AmE*) Wohnwagen
camp·fire /'kæmpfaɪə(r)/ *Nomen* Lagerfeuer
camp·ing /'kæmpɪŋ/ *Nomen* Camping, Zelten
camp·site /'kæmpsaɪt/ *Nomen* **1** (*auch* ˈ**camping site**) (*AmE* ˈ**campground**) Campingplatz **2** (*AmE*) Stellplatz
cam·pus /'kæmpəs/ *Nomen* (*Pl* **cam·puses**) Campus, Unigelände ◇ *on campus* auf dem Campus
cam·shaft /'kæmʃɑːft; *AmE* -ʃæft/ *Nomen* Nockenwelle
can¹ /kæn/ *Modalvb* können, dürfen **1** ◇ *There is nothing that can be done at present.* Im Moment lässt sich nichts machen. ☛ Die verneinte Form ist **cannot** (/'kænɒt; *AmE* /-nɑːt/), verkürzt **can't** (/kɑːnt; *AmE* /kænt/). Die Vergangenheit ist **could** (/kʊd/), verneint **could not** oder **couldn't** (/'kʊdnt/). ☛ Mit Verben der Wahrnehmung wird *can* nicht übersetzt: *I can hear music.* Ich höre Musik. ☛ G 10 IDM **I, etc. can't be doing with sth** (*Slang*) ich etc. kann etw nicht haben ◇ *I can't be doing with people who complain all the time.* Ich kann solche Leute nicht ausstehen, die sich immer beschweren.
can² /kæn/ *Nomen* **1** Dose, Büchse ◇ *a beer can* eine Bierdose ◇ *a can of beer* eine Dose Bier ☛ *Hinweis bei* DOSE S. 890 **2** Kanister, Kanne **3 the can** [Sing] (*AmE, Slang*) der Knast **4 the can** [Sing] (*AmE, Slang*) das Klo IDM **open a can of ˈworms** (*umgs*) in ein Wespennest stechen **in the ˈcan** (*Bild, Szene*) im Kasten ☛ *Siehe auch* CARRY
can³ /kæn/ *Verb* (**-nn-**) in Dosen konservieren ◇ *canned fruit* Dosenobst ◇ *a canning factory* eine Konservenfabrik
canal /kəˈnæl/ *Nomen* **1** Kanal **2** (ANAT, BOT) Kanal, Röhre
caˈnal boat *Nomen* = langes, schmales (Haus)boot, das für Kanalfahrten benutzt wird
can·al·iza·tion (*BrE auch* **-isa·tion**) /ˌkænəlaɪˈzeɪʃn; *AmE* -nələˈz-/ *Nomen* (*eines Flusses*) Kanalisierung
can·al·ize (*BrE auch* **-ise**) /'kænəlaɪz/ *Verb* **1** (*Fluss*) kanalisieren **2** (*fig*) in bestimmte Bahnen lenken
can·apé /'kænəpeɪ; *AmE* ˌkænəˈpeɪ/ *Nomen* [meist Pl] Appetithäppchen, Kanapee
can·ard /kæˈnɑːd, ˈkænɑːd; *AmE* kəˈnɑːrd, ˈkænɑːrd/ *Nomen* (*gehoben*) (Zeitungs)ente
can·ary /kəˈneəri; *AmE* -ˈneri/ *Nomen* (*Pl* **-ries**) Kanarienvogel
can·cel /'kænsl/ *Verb* (**-ll-**, *AmE* **-l-**) **1** absagen, streichen **2** kündigen, stornieren, abbestellen **3** (*Schulden*) erlassen **4** (*Fahrkarte*) entwerten; (*Briefmarke*) abstempeln PHRV ˌ**cancel 'out** sich (gegenseitig) aufheben ˌ**cancel sth 'out** (etw) aufheben
can·cel·la·tion /ˌkænsəˈleɪʃn/ (*AmE auch* **can·cel·ation**) *Nomen* **1** Absage, Streichung, Stornierung ◇ *Are there any cancellations for this evening?* Gibt es für heute Abend zurückgegebene Karten? **2** Aufhebung, Entwertung
Can·cer /'kænsə(r)/ *Nomen* (*Sternzeichen, Mensch*) Krebs
can·cer /'kænsə(r)/ *Nomen* **1** Krebs **2** (*gehoben, fig*) Krebsgeschwür
Can·cer·ian /kænˈsɪəriən; *AmE* -ˈsɪr-/ **1** *Nomen* (*unter dem Sternzeichen geborener Mensch*) Krebs **2** *Adj* (*bezüglich des Sternzeichens*) Krebs-
can·cer·ous /'kænsərəs/ *Adj* Krebs-, krebsartig
can·de·la·bra /ˌkændəˈlɑːbrə/ *Nomen* (*seltener* **can·de·la·brum**) (*Pl* **can·de·la·bra, can·de·la·bras**, *AmE auch* **can·de·la·brums**) Leuchter, Kandelaber
can·did /'kændɪd/ *Adj* **1** (*Adv* **can·did·ly**) ehrlich, offen **2** (*Foto*) ungestellt
can·di·dacy /'kændɪdəsi/ *Nomen* (*bes BrE* **can·di·da·ture**) *Nomen* (*Pl* **-ies**) Kandidatur
can·di·date /'kændɪdət, -deɪt/ *Nomen* **1** Bewerber(in), Kandidat(in) ◇ (*BrE*) *He stood as a candidate in the local elections.* Er kandidierte für die Kommunalwahlen. **2** (*BrE*) Prüfungskandidat(in) **3** Anwärter(in) ◇ *Our team is a candidate for relegation.* Unsere Mannschaft ist Anwärter für den Abstieg.

can·died /'kændid/ *Adj nur vor Nomen* kandiert ◊ *candied peel* Orangeat

can·dle /'kændl/ *Nomen* Kerze **IDM sb/sth cannot hold a candle to sb/sth** jd/etw ist mit jdm/etw nicht zu vergleichen ☞ *Siehe auch* BURN¹ *und* GAME

candle·light /'kændllaɪt/ *Nomen* Kerzenlicht, Kerzenschein

candle·lit /'kændllɪt/ *Adj nur vor Nomen* bei Kerzenschein

candle·stick /'kændlstɪk/ *Nomen* Kerzenständer

cand·our (*AmE* **can·dor**) /'kændə(r)/ *Nomen* Ehrlichkeit, Offenheit

C & W *Abk* = COUNTRY-AND-WESTERN

candy /'kændi/ *Nomen* (*Pl* **-ies**) (*AmE*) Bonbon, Praline ◊ *a box of candy* eine Schachtel Pralinen ◊ *I don't eat candy.* Ich esse keine Süßigkeiten. ◊ *a candy bar* ein Schokoriegel ☞ *Hinweis bei* BONBON *S.* 868

candy·floss /'kændiflɒs; *AmE* -flɔːs, -flɑːs/ *Nomen* (*BrE*) Zuckerwatte

cane¹ /keɪn/ *Nomen* **1** (*Bambus-, Zucker-*) Rohr **2** Korb ◊ *a cane chair* ein Korbstuhl **3** Stock **4 the cane** [*Sing*] die Prügelstrafe

cane² /keɪn/ *Verb* mit dem Stock schlagen, prügeln

ca·nine¹ /'keɪnaɪn/ *Adj* Hunde-

ca·nine² /'keɪnaɪn/ *Nomen* **1** (*auch* **'canine tooth**) Eckzahn **2** (*gehoben*) Hund

can·ing /'keɪnɪŋ/ *Nomen* Schläge (mit dem Stock) ◊ *the abolition of caning in schools* die Abschaffung der Prügelstrafe in Schulen ◊ (*fig*) *Their batsmen were giving us a caning.* Ihre Schlagmänner haben uns fertig gemacht.

can·is·ter /'kænɪstə(r)/ *Nomen* /'kænɪstə(r)/ **1** Dose **2** Kanister

can·ker /'kæŋkə(r)/ *Nomen* **1** (*bei Pflanzen*) Brand **2** (*bei Tieren*) Ohrräude **3** (*gehoben*) (*fig*) (*Krebs*)geschwür

'canker sore *Nomen* (*AmE*) Mundgeschwür

can·na·bis /'kænəbɪs/ *Nomen* Cannabis

canned /kænd/ *Adj* **1** Dosen- **2** (*fig*) **~ laughter** Gelächter vom Band; **~ music** Musikkonserven

can·nery /'kænəri/ *Nomen* (*Pl* **-ies**) Konservenfabrik

can·ni·bal /'kænɪbl/ *Nomen* **1** Kannibale, Kannibalin **2** = Tier, das seine Artgenossen frisst

can·ni·bal·ism /'kænɪbəlɪzəm/ *Nomen* Kannibalismus

can·ni·bal·is·tic /ˌkænɪbə'lɪstɪk/ *Adj* kannibalisch

can·ni·bal·ize (*BrE auch* **-ise**) /'kænɪbəlaɪz/ *Verb* (*Gerät, Auto etc.*) ausschlachten

can·non¹ /'kænən/ *Nomen* (*Pl* **can·non** *oder* **can·nons**) **1** Kanone, Geschütz ◊ *cannon fodder* Kanonenfutter ☞ *Siehe auch* LOOSE CANNON *und* WATER CANNON **2** Maschinengewehr

can·non² /'kænən/ *Verb* **~ into sb/sth** mit jdm/etw zusammenprallen

can·non·ade /ˌkænə'neɪd/ *Nomen* Kanonade

can·non·ball /'kænənbɔːl/ *Nomen* Kanonenkugel

can·not /'kænɒt; *AmE* -nɑːt/ = CAN NOT

canny /'kæni/ *Adj* schlau, clever

canoe¹ /kə'nuː/ *Nomen* Paddelboot; (SPORT) Kanu

canoe² /kə'nuː/ *Verb* (**ca·noe·ing, ca·noed, ca·noed**) paddeln; (SPORT) Kanu fahren

ca·noe·ing /kə'nuːɪŋ/ *Nomen* Paddeln; (SPORT) Kanusport ◊ *go canoeing* Kanufahren gehen

ca·noe·ist /kə'nuːɪst/ *Nomen* Paddelbootfahrer(in); (SPORT) Kanufahrer(in)

canola /kə'nəʊlə; *AmE* -'noʊlə/ *Nomen* (*AmE*) Raps

canon /'kænən/ *Nomen* **1** Kanoniker(in) **2** (*gehoben*) Grundregel, Grundprinzip **3** (LIT, MUS) Kanon

ca·non·ic·al /kə'nɒnɪkl; *AmE* -'nɑːn-/ *Adj* kanonisch

can·on·iza·tion (*BrE auch* **-isa·tion**) /ˌkænənaɪ'zeɪʃn; *AmE* -nə'z-/ *Nomen* Heiligsprechung, Kanonisierung

can·on·ize (*BrE auch* **-ise**) /'kænənaɪz/ *Verb* (*meist passiv*) heilig sprechen, kanonisieren

,canon 'law *Nomen* kanonisches Recht

ca·noo·dle /kə'nuːdl/ *Verb* (*BrE, umgs*) knutschen, schmusen

'can-opener *Nomen* (*bes AmE*) Dosenöffner

can·opy /'kænəpi/ *Nomen* (*Pl* **-ies**) **1** Baldachin **2** (*fig*) Zelt, Dach **3** (*bei Flugzeugen*) Kanzeldach

cant /kænt/ *Nomen* scheinheiliges Gerede, Heuchelei

can't /kɑːnt; *AmE* kænt/ = CAN NOT

Cantab /'kæntæb/ *Abk* der Universität Cambridge

can·tan·ker·ous /kæn'tæŋkərəs/ *Adj* mürrisch, störrisch

can·tata /kæn'tɑːtə/ *Nomen* Kantate

can·teen /kæn'tiːn/ *Nomen* **1** (*bes BrE*) Kantine **2** Feldflasche **3 ~ of cutlery** (*BrE*) Besteckkasten

can·ter¹ /'kæntə(r)/ *Nomen* [*meist Sing*] Kanter, Handgalopp

can·ter² /'kæntə(r)/ *Verb* kantern, leicht galoppieren

can·ticle /'kæntɪkl/ *Nomen* Lobgesang

can·ti·lever /'kæntɪliːvə(r)/ *Nomen* Kragträger, Ausleger

canto /'kæntəʊ; *AmE* -toʊ/ *Nomen* (*Pl* **-os**) (LIT) Gesang, Canto

can·ton /'kæntɒn; *AmE* -tən, -tɑːn/ *Nomen* Kanton

cantonal /'kæntənəl/ *Adj* kantonal

can·vas /'kænvəs/ *Nomen* **1** Segeltuch **2** Leinwand **3** (*Öl*)gemälde **IDM under 'canvas** im Zelt

can·vass¹ /'kænvəs/ *Verb* **1** (POL) **~ (for sth)** um etw werben; **~ sth** um jds Stimme werben ◊ *He spent the whole month canvassing (for votes).* Er verbrachte den ganzen Monat damit um Stimmen zu werben. ◊ *They were canvassing local residents.* Sie haben bei den Ortsansässigen um ihre Stimmen geworben. **2** (*Meinung*) erforschen; (*Person*) befragen **3 ~ support** Unterstützung zu gewinnen versuchen **4** (*Vorschlag etc.*) zur Diskussion stellen

can·vass² /'kænvəs/ *Nomen* **1** Wahlwerbung **2** (*Meinungs*)umfrage

can·vass·er /'kænvəsə(r)/ *Nomen* Wahlhelfer(in)

can·yon /'kænjən/ *Nomen* Cañon

can·yon·ing /'kænjənɪŋ/ *Nomen* Canyoning

CAP /ˌsiː eɪ 'piː/ *Kurzform von* **Common Agricultural Policy** gemeinsame Agrarpolitik (der EU), GAP

cap¹ /kæp/ *Nomen* **1** Schirmmütze ☞ *Siehe auch* BASEBALL CAP *und* CLOTH CAP **2** (*meist in Zusammensetzungen*) Mütze, Haube, Kappe ☞ *Siehe auch* MOB CAP *und* THINKING CAP **3** Barett **4** (*BrE*) (SPORT) = Mütze als Zeichen der Aufstellung für eine Nationalmannschaft ◊ *He won his first cap for England against France.* Beim Spiel England gegen Frankreich wurde er zum ersten Mal für die Nationalmannschaft aufgestellt. **5** (*BrE*) (SPORT) Nationalspieler(in) **6** Deckel, Verschluss ◊ *a lens cap* ein Objektivdeckel ☞ *Hinweis bei* DECKEL **7** (*bei Ausgaben, Krediten etc.*) Obergrenze ◊ *The government has placed a cap on local council spending.* Die Regierung hat einen Höchstsatz für Kommunalausgaben festgelegt. **8** Zündplättchen **9** (*BrE*) Pessar **IDM come/go cap in 'hand** (*BrE*) demütig bitten ◊ *He went cap in hand to his brother.* Er bat seinen Bruder demütig um Geld. ◊ **if the cap fits(, wear it)** (*umgs*) wem die Jacke passt(, der soll sie sich anziehen) ☞ *Siehe auch* FEATHER¹

cap² /kæp/ *Verb* (**-pp-**) **1** (*meist passiv*) **~ sth (with sth)** etw (mit etw) bedecken ◊ *snow-capped mountains* schneebedeckte Berge **2** (*bes BrE*) (*oft passiv*) **~ sth** einen Höchstsatz für etw festlegen ◊ *a capped mortgage* eine Hypothek mit Zinsobergrenze **3** (*bes BrE*) überbieten **4** (*meist passiv*) (*Zahn*) überkronen **5** (*meist passiv*) (*bes BrE*) (SPORT) (für die Nationalmannschaft etc.) aufstellen **IDM to cap/top it 'all** (*umgs*) zu allem Unglück

cap·abil·ity /ˌkeɪpə'bɪləti/ *Nomen* (*Pl* **-ies**) **1** Fähigkeit ◊ *within the capabilities of current technology* innerhalb der Möglichkeiten der gegenwärtigen Technologie **2** (MIL) Potenzial

cap·able /'keɪpəbl/ *Adj* **1 ~ of sth** zu etw fähig, zu etw imstande **2** (*Adv* **cap·ably** /-əbli/) fähig, kompetent OPP INCAPABLE

cap·acious /kə'peɪʃəs/ *Adj* (*gehoben*) geräumig, groß SYN ROOMY

capacitance /kə'pæsɪtəns/ *Nomen* (ELEK) Kapazität

cap·acity /kə'pæsəti/ *Nomen* (*Pl* **-ies**) **1** [*meist Sing*] Fassungsvermögen ◊ *The theatre has a seating capacity of 2000.* Das Theater hat 2000 Sitzplätze. ◊ *The hall was filled to capacity.* Der Saal war bis auf den letzten Platz besetzt. ◊

They played to a capacity crowd. Sie spielten vor einem vollen Haus. **2** (COMP) Speicherkapazität **3** [meist Sing] Fähigkeit ◊ *She has an enormous capacity for hard work.* Sie kann unglaublich hart arbeiten. **4** [meist Sing] Funktion, Eigenschaft ◊ *in her capacity as manager* in ihrer Eigenschaft als Leiterin **5** [Sing] (*einer Fabrik etc.*) Kapazität **6** (*eines Motors*) Hubraum

cape /keɪp/ *Nomen* **1** Cape, Umhang **2** (*Abk* **C.**) Kap

caper¹ /'keɪpə(r)/ *Nomen* **1** Kaper **2** (*umgs*) Eskapade **3** Luftsprung ◊ *He broke into a little celebratory caper.* Er machte vor Freude Luftsprünge.

caper² /'keɪpə(r)/ *Verb* (*gehoben*) Luftsprünge machen

ca·pil·lary /kə'pɪləri; *AmE* 'kæpəleri/ *Nomen* (*Pl* **-ies**) Kapillare, Haargefäß

cap·ital¹ /'kæpɪtl/ *Nomen* **1** (*auch* ˌcapital 'city) Hauptstadt **2** [Sing] Kapital **3** (*auch* ˌcapital 'letter) Großbuchstabe ◊ *Please write in capitals.* Bitte schreiben Sie in Blockschrift. **4** (ARCHIT) Kapitell [IDM] **make capital (out) of sth** Kapital aus etw schlagen

cap·ital² /'kæpɪtl/ *Adj* **1** *nur vor Nomen* Kapital- ◊ *a capital offence* ein Kapitalverbrechen **2** *nur vor Nomen* (*Buchstabe*) groß **3** (*BrE, veraltet*) prächtig [IDM] **with a capital A, B, etc.** im wahrsten Sinne des Wortes ◊ *He was romantic with a capital R.* Er war ein echter Romantiker.

ˌcapital 'gains *Nomen* [Pl] Kapitalertrag

ˌcapital goods *Nomen* [Pl] Investitionsgüter

cap·it·al·ism /'kæpɪtəlɪzəm/ *Nomen* Kapitalismus

cap·it·al·ist¹ /'kæpɪtəlɪst/ *Nomen* Kapitalist(in)

cap·it·al·ist² /'kæpɪtəlɪst/ (*seltener* **cap·it·al·is·tic** /ˌkæpɪtə'lɪstɪk/) *Adj* kapitalistisch

cap·it·al·ize (*BrE auch* **-ise**) /'kæpɪtəlaɪz/ *Verb* **1** großschreiben, in Großbuchstaben schreiben **2** (*meist passiv*) (WIRTSCH) kapitalisieren **3** (*meist passiv*) (WIRTSCH) einen Kapitalwert haben [PHRV] 'capitalize on/upon sth aus etw Kapital schlagen, von etw profitieren [SYN] TAKE ADVANTAGE OF STH

ˌcapital 'pun·ish·ment *Nomen* Todesstrafe

ˌcapital 'sum *Nomen* Kapital(betrag)

capi·ta·tion /ˌkæpɪ'teɪʃn/ *Nomen* **1** Pro-Kopf-Summe **2** Kopfsteuer

ca·pitu·late /kə'pɪtʃuleɪt/ *Verb* ~ (**to sb/sth**) **1** (jdm/etw) nachgeben [SYN] YIELD **2** (vor jdm/etw) kapitulieren [SYN] SURRENDER

ca·pitu·la·tion /kəˌpɪtʃu'leɪʃn/ *Nomen* Nachgeben, Kapitulation

capon /'keɪpɒn, 'keɪpən; *AmE* -pɑːn/ *Nomen* Kapaun

cap·puc·cino /ˌkæpu'tʃiːnəʊ; *AmE* -noʊ/ *Nomen* (*Pl* **-os**) Cappuccino

ca·price /kə'priːs/ *Nomen* (*gehoben*) Laune [SYN] WHIM

ca·pri·cious /kə'prɪʃəs/ *Adj* (*gehoben*) launisch, wechselhaft

Cap·ri·corn /'kæprɪkɔːn; *AmE* -kɔːrn/ *Nomen* (*Sternzeichen, Mensch*) Steinbock

cap·size /kæp'saɪz; *AmE* 'kæpsaɪz/ *Verb* kentern, zum Kentern bringen

cap·sule /'kæpsjuːl; *AmE auch* 'kæpsl/ *Nomen* **1** Kapsel **2** Raumkapsel

cap·tain¹ /'kæptɪn/ *Nomen* (*Abk* **Capt.**) **1** Kapitän **2** (MIL) (*bei der Marine*) Kapitän zur See; (*beim Heer, in der US-Luftwaffe*) Hauptmann **3** (Mannschafts)kapitän(in), Spielführer(in) **4** (*AmE*) ≈ Hauptkommissar(in) **5** (*AmE*) ≈ Brandmeister(in), Brandinspektor(in)

cap·tain² /'kæptɪn/ *Verb* anführen

cap·tain·cy /'kæptənsi/ *Nomen* (*Pl* **-ies**) [meist Sing/U] Führung

cap·tion¹ /'kæpʃn/ *Nomen* Bildunterschrift, Überschrift

cap·tion² /'kæpʃn/ *Verb* (*meist passiv*) mit einer Bildunterschrift versehen

cap·tiv·ate /'kæptɪveɪt/ *Verb* (*oft passiv*) (*gehoben*) fesseln, faszinieren

cap·tiv·at·ing /'kæptɪveɪtɪŋ/ *Adj* (*gehoben*) bezaubernd, faszinierend

cap·tive¹ /'kæptɪv/ *Adj* **1** gefangen ◊ *captive animals* in Gefangenschaft gehaltene Tiere ◊ *captive breeding* die Züchtung wilder Tiere in der Gefangenschaft **2** ◊ *a captive audience* ein unfreiwilliges Publikum

cap·tive² /'kæptɪv/ *Nomen* Gefangene(r)

cap·tiv·ity /kæp'tɪvəti/ *Nomen* Gefangenschaft

cap·tor /'kæptə(r)/ *Nomen* = jd, der einen Menschen gefangen nimmt, Geiselnehmer(in)

cap·ture¹ /'kæptʃə(r)/ *Verb* **1** (*Person*) festnehmen, gefangen nehmen; (*Tier*) (ein)fangen **2** (*Stadt, Festung,* WIRTSCH) einnehmen, erobern; (*Schiff*) kapern **3** (*Aufmerksamkeit*) erregen; (*Fantasie*) beflügeln **4** (*Atmosphäre etc.*) einfangen **5** (*Film,Tonband*) bannen **6** (*Daten*) erfassen **7** **~ sb's heart** jds Herz gewinnen

cap·ture² /'kæptʃə(r)/ *Nomen* Festnahme, Gefangennahme; (*eines Tiers*) Einfangen; (*einer Stadt, Festung*) Einnahme, Eroberung; (*eines Schiffs*) Kapern

car /kɑː(r)/ *Nomen* **1** (*auch* 'motor car) Auto **2** (*AmE*) (Eisenbahn)wagen **3** (*BrE*) (*in Zusammensetzungen*) -wagen ◊ *a dining car* ein Speisewagen [SYN] COACH *und* CARRIAGE

ca·rafe /kə'ræf/ *Nomen* Karaffe

cara·mel /'kærəml/ *Nomen* **1** Karamellbonbon, Karamelle **2** Karamell **3** Karamellfarbe

cara·mel·ize (*BrE auch* **-ise**) /'kærəməlaɪz/ *Verb* karamellisieren

cara·pace /'kærəpeɪs/ *Nomen* (*Fachspr*) Panzer, Schild, Schale

carat /'kærət/ *Nomen* (*Abk* **ct**) **1** (*BrE*) (*Juweliergewicht*) Karat **2** (*AmE* **karat**) (*Goldfeingehalt*) Karat

cara·van /'kærəvæn/ *Nomen* **1** (*BrE*) Wohnwagen ◊ *a caravan park/site* ein Campingplatz für Wohnwagen **2** Karawane

cara·way /'kærəweɪ/ *Nomen* Kümmel

carbo·hy·drate /ˌkɑː.bəʊ'haɪdreɪt; *AmE* ˌkɑːrboʊ-/ *Nomen* Kohlenhydrat

car·bon /'kɑːbən; *AmE* 'kɑːrb-/ *Nomen* **1** Kohlenstoff **2** = CARBON COPY **3** Kohlepapier

ˌcarbon 'copy *Nomen* **1** (*auch* **car·bon**) Durchschlag **2** (*Person*) Ebenbild; (*Ereignis etc.*) genaue Wiederholung

ˌcarbon 'dating *Nomen* Radiokarbonmethode

ˌcarbon di'oxide *Nomen* Kohlendioxid

car·bon·ifer·ous /ˌkɑːbə'nɪfərəs; *AmE* ˌkɑːrb-/ *Adj* **1** kohlehaltig, Karbon- **2** **Carboniferous** Karbon- ◊ *the Carboniferous period* die Karbonformation

ˌcarbon mon'oxide *Nomen* Kohlenmonoxid

'carbon paper *Nomen* Kohlepapier

ˌcar 'boot sale *Nomen* (*BrE*) = Trödelmarkt, bei dem man Waren aus dem Kofferraum seines Autos heraus verkaufen kann ☛ *Hinweis bei* BRING-AND-BUY SALE

car·bun·cle /'kɑːbʌŋkl; *AmE* 'kɑːrb-/ *Nomen* **1** (MED) Karbunkel **2** (*Edelstein*) Karfunkel

car·bur·et·tor /ˌkɑːbə'retə(r)/ (*AmE* **car·bur·etor** /'kɑːrbəreɪtər/) *Nomen* Vergaser

car·cass (*BrE seltener* **car·case**) /'kɑːkəs; *AmE* 'kɑːrkəs/ *Nomen* Kadaver, Gerippe, Rumpf

car·cino·gen /kɑː'sɪnədʒən; *AmE* kɑːr's-/ *Nomen* Krebserreger

car·cino·gen·ic /ˌkɑːsɪnə'dʒenɪk; *AmE* ˌkɑːrs-/ *Adj* Krebs erregend

card /kɑːd; *AmE* kɑːrd/ *Nomen* **1** Karte **2** Ausweis **3** Postkarte **4** Kreditkarte, Kundenkarte ◊ *I put the meal on my card.* Ich habe das Essen mit meiner Kreditkarte bezahlt. **5** = BUSINESS CARD **6** (*auch* 'playing card) Spielkarte ◊ (*BrE*) *a pack/deck of cards* ein Satz Spielkarten **7** **cards** [Pl] Kartenspiel, Kartenspielen **8** (*BrE*) Pappe **9** (*veraltet, umgs*) seltsamer Kauz, lustiger Vogel **10** (*Pferdenennen*) Programm [IDM] **sb's best/strongest/winning 'card** jds stärkster Trumpf **have a card up your 'sleeve** einen Trumpf im Ärmel haben **get your 'cards** (*BrE, umgs*) entlassen werden **give sb their 'cards** (*BrE, umgs*) jdn entlassen **hold all the 'cards** (*umgs*) alle Trümpfe in der Hand haben **hold/keep/play your cards close to your 'chest** sich bedeckt halten **lay/put your cards on the 'table** seine Karten offen auf den Tisch legen **on the 'cards** (*AmE* **in the 'cards**) (*umgs*) zu erwarten; möglich **play your 'cards right** geschickt vorgehen, geschickt taktieren ☛ *Siehe auch* SHOW¹ *und* STACKED

car·da·mom /'kɑːdəməm; *AmE* 'kɑːrd-/ *Nomen* Kardamom

card·board /'kɑːdbɔːd; *AmE* 'kɑːrdbɔːrd/ *Nomen* **1** Pappe,

Karton ◊ *a cardboard box* ein Pappkarton **2** *nur vor Nomen* klischeehaft, schablonenhaft

ˌcardboard ˈcity *Nomen* Obdachlosensiedlung (*aus Pappkartons*)

ˈcard catalog *Nomen* (*AmE*) Kartei

ˈcard game *Nomen* Kartenspiel

ˈcard·hold·er /ˈkɑːdhəʊldə(r); *AmE* ˈkɑːrdhoʊl-/ *Nomen* Inhaber(in) einer Kreditkarte

car·di·ac /ˈkɑːdiæk; *AmE* ˈkɑːrd-/ *Adj nur vor Nomen* (MED) Herz- ◊ *cardiac arrest* Herzstillstand

car·di·gan /ˈkɑːdɪɡən; *AmE* ˈkɑːrd-/ *Nomen* Strickjacke

car·din·al¹ /ˈkɑːdɪnl; *AmE* ˈkɑːrd-/ *Nomen* **1** (REL, ZOOL) Kardinal **2** (*auch* **ˌcardinal ˈnumber**) Grundzahl, Kardinalzahl

car·din·al² /ˈkɑːdɪnl; *AmE* ˈkɑːrd-/ *Adj nur vor Nomen* grundlegend, Grund-

ˌcardinal ˈpoints *Nomen* [Pl] (die vier) Himmelsrichtungen

ˌcardinal ˈsin *Nomen* (*oft hum*) Todsünde

ˈcard index (*auch* **index**) *Nomen* (*BrE*) Kartei

car·di·olo·gist /ˌkɑːdiˈɒlədʒɪst; *AmE* ˌkɑːrdiˈɑːl-/ *Nomen* Kardiologe, Kardiologin, Herzspezialist(in)

car·di·ology /ˌkɑːdiˈɒlədʒi; *AmE* ˌkɑːrdiˈɑːl-/ *Nomen* Kardiologie

ˈcard table *Nomen* Kartentisch

care¹ /keə(r); *AmE* ker/ *Verb* (*nicht in der Verlaufsform*) **1** *sb cares about sth* jdm liegt etw am Herzen; *sb doesn't ~ about sth* jdm ist etw egal ◊ *He threatened to fire me, as if I cared!* Er drohte mir mit Entlassung, als ob mir das was ausmachen würde! **2** *~ (about sb)* jdn mögen **3** ☛ *I've done this job more times than I care to remember.* Ich möchte nicht wissen, wie oft ich diese Arbeit schon getan habe. [IDM] *I couldn't care ˈless* (*umgs*) es ist mir völlig egal *for all you, I, they, etc.* **ˈcare** (*umgs*) was dich, mich, sie etc. angeht ◊ *I could be dead for all he cares!* Was ihn angeht, so könnte ich genauso gut tot sein! *What do I, you, etc.* **care?** (*umgs*) Was kümmert's mich, dich etc.? *Who* **ˈcares?** (*umgs*) Was soll's? ◊ *Who cares what she thinks?* Wer fragt nach ihrer Meinung? *would you* **ˈcare for…?**; *would you* **ˈcare to…?** (*gehoben*) möchten Sie … ◊ *Would you care for a drink?* Darf ich Ihnen etwas zu trinken anbieten? ◊ *If you'd care to follow me* … Wenn Sie bitte mitkommen würde…, als ihr bewusst war. ☛ *Siehe auch* FIG, FUCK² *und* HOOT² [PHR V] **ˈcare for sb 1** jdn pflegen, jdn betreuen **2** jdn mögen ◊ *He cared for her more than she realized.* Sie bedeutete ihm mehr, als ihr bewusst war. **ˈcare for sth** (*Umwelt etc.*) schützen; (*Haut, Haare*) pflegen **not** **ˈcare for sb/sth** (*gehoben*) eine Abneigung gegen jdn/etw haben

care² /keə(r); *AmE* ker/ *Nomen* **1** Versorgung, Betreuung; (*Kranke, Zähne, Haut*) Pflege **2** Sorgfalt, Vorsicht ◊ *She chose her words with care.* Sie wählte ihre Worte mit Bedacht. **3** (*gehoben*) Sorge [IDM] **ˈcare of sb** (*AmE in* **ˈcare of sb**) (*Abk* **c/o**) bei ◊ *Write to him care of his lawyer.* Schreiben Sie ihm per Adresse seines Rechtsanwalts. **in ˈcare** (*BrE*) in staatlicher Fürsorge **in the care of sb/in sb's ˈcare** in jds Obhut **take** **ˈcare** (*umgs*) aufpassen ◊ *Bye! Take care!* Tschüs! Mach's gut! **take care of sb** sich um jdn kümmern **take care of sth 1** sich um etw kümmern; etw erledigen ◊ *Don't worry about the hotel. It's being taken care of.* Machen Sie sich wegen des Hotels keine Gedanken. Das ist alles geregelt. **2** sorgfältig mit etw umgehen **take care of yourself** sich schonen; auf sich aufpassen **under the care of sb 1** in jds Obhut **2** bei jdm in Behandlung

ˈcare assistant *Nomen* (*BrE*) Betreuer(in)

car·eer¹ /kəˈrɪə(r); *AmE* -ˈrɪr/ *Nomen* **1** Beruf ◊ *I would have loved a career in medicine.* Ich wäre gern Arzt geworden. ◊ *career prospects* Aufstiegsmöglichkeiten **2** (*berufliche*) Laufbahn ◊ *throughout his school career* während seiner ganzen Schulzeit **3** Karriere

car·eer² /kəˈrɪə(r); *AmE* -ˈrɪr/ *Verb* rasen ◊ *The car careered across the road and hit a pedestrian.* Das Auto geriet außer Kontrolle und fuhr einen Fußgänger an. [SYN] HURTLE

caˈreer break *Nomen* Berufsunterbrechung

car·eer·ist /kəˈrɪərɪst; *AmE* -ˈrɪr-/ *Nomen* (*oft abwert*) Karrierist(in)

caˈreer woman (*Pl* **women**) *Nomen* Karrierefrau

care·free /ˈkeəfriː; *AmE* ˈkerf-/ *Adj* unbekümmert; (*Leben*) sorgenfrei

care·ful /ˈkeəfl; *AmE* ˈkerfl/ *Adj* (*Adv* **care·ful·ly** /-fəli/) **1** *nicht vor Nomen* vorsichtig ◊ *Careful! You'll hurt her.* Vorsicht! Du tust ihr weh. ◊ *Be careful you don't bump your head.* Pass auf, dass du dir nicht den Kopf stößt. ◊ *He was careful to keep out of sight.* Er achtete darauf, nicht gesehen zu werden. ◊ *be careful of sb* sich vor jdm in Acht nehmen **2** sorgfältig, gründlich; (*Arbeiter*) gewissenhaft ◊ *Please listen carefully.* Hör mir bitte gut zu. ◊ *after careful consideration* nach reiflicher Überlegung [IDM] **careful with money** sparsam; nicht verschwenderisch **you can't be too ˈcareful** (*umgs*) man kann nicht vorsichtig genug sein

care·giver /ˈkeəɡɪvə(r); *AmE* ˈkerɡ-/ *Nomen* (*AmE*) **1** pflegende(r) Angehörige(r) **2** Betreuer(in)

care·less /ˈkeələs; *AmE* ˈkerləs/ *Adj* **1** nachlässig; (*Arbeit etc.*) schlampig ◊ *a careless mistake/error* ein Flüchtigkeitsfehler **2** unvorsichtig, leichtsinnig; (*Bemerkung*) gedankenlos ◊ *careless handling of chemicals* fahrlässiger Umgang mit Chemikalien **3** *be ~ of sth* (*gehoben*) sich keine Sorgen machen um etw **4** unbekümmert [SYN] CASUAL

care·less·ly /ˈkeələsli; *AmE* ˈkerl-/ *Adv* **1** unvorsichtig(erweise) **2** unbekümmert, leichtsinnig(erweise) **3** lässig, gleichgültig

care·less·ness /ˈkeələsnəs; *AmE* ˈkerl-/ *Nomen* **1** Unvorsichtigkeit **2** Schlampigkeit **3** Nachlässigkeit, Unbekümmertheit

carer /ˈkeərə(r); *AmE* ˈker-/ *Nomen* (*BrE*) **1** pflegende(r) Angehörige(r) **2** Betreuer(in)

ca·ress¹ /kəˈres/ *Verb* streicheln, liebkosen

ca·ress² /kəˈres/ *Nomen* Liebkosung, Zärtlichkeit

care·taker¹ /ˈkeəteɪkə(r); *AmE* ˈkert-/ *Nomen* **1** (*BrE*) Hausmeister(in) **2** (*bes AmE*) = jd, der während der Abwesenheit des Besitzers auf dessen Haus aufpasst **3** (*bes AmE*) Betreuer(in)

care·taker² /ˈkeəteɪkə; *AmE* ˈkert-/ *Adj nur vor Nomen* Übergangs- ◊ *a caretaker government* eine Übergangsregierung

ˈcare worker *Nomen* (*BrE*) Betreuer(in)

care·worn /ˈkeəwɔːn; *AmE* ˈkerwɔːrn/ *Adj* (*gehoben*) abgehärmt, von Sorgen gezeichnet

cargo /ˈkɑːɡəʊ; *AmE* ˈkɑːrɡoʊ/ *Nomen* (*Pl* **-oes**, *AmE auch* **-os**) Fracht, Ladung

cari·bou /ˈkærɪbuː/ *Nomen* (*Pl* **cari·bou**) Karibu

cari·ca·ture¹ /ˈkærɪkətʃʊə(r); *AmE* -tʃər, -tʃʊr/ *Nomen* **1** Karikatur **2** Verzerrung

cari·ca·ture² /ˈkærɪkətʃʊə(r); *AmE* -tʃər, -tʃʊr/ *Verb* (*oft passiv*) *~ sb/sth* (*as sth*) jdn/etw (als etw) karikieren

car·ing /ˈkeərɪŋ; *AmE* ˈker-/ *Adj* **1** warmherzig, liebevoll ◊ *caring parents* liebevolle Eltern **2** Sozial- ◊ *a caring profession* ein Sozialberuf

car·jack /ˈkɑːdʒæk; *AmE* ˈkɑːrdʒ-/ *Verb* (*bes AmE*) (*einem Autofahrer*) unter Androhung von Gewalt das Auto stehlen; (*Auto*) unter Androhung von Gewalt stehlen

car·jack·ing /ˈkɑːdʒækɪŋ; *AmE* ˈkɑːrdʒ-/ *Nomen* (*bes AmE*) = Autoraub unter Androhung von Gewalt

carn·age /ˈkɑːnɪdʒ; *AmE* ˈkɑːrn-/ *Nomen* [U] Gemetzel, Blutbad ◊ *a scene of carnage* ein Schlachtfeld

car·nal /ˈkɑːnl; *AmE* ˈkɑːrnl/ *Adj* **1** (*gehoben*) körperlich, sinnlich **2** (RECHT) ◊ *carnal knowledge/relations* Geschlechtsverkehr

car·na·tion /kɑːˈneɪʃn; *AmE* kɑːrˈn-/ *Nomen* Nelke

car·ni·val /ˈkɑːnɪvl; *AmE* ˈkɑːrn-/ *Nomen* **1** Karneval ☛ *Hinweis bei* FASCHING **2** (*AmE*) Jahrmarkt **3** (*AmE*) = meist von der Kirche oder Verbänden organisierte Wohltätigkeitsveranstaltung mit Flohmarkt, Spielen etc. **4** [Sing] Fülle ◊ *this summer's carnival of sport* die Vielzahl der Sportveranstaltungen in diesem Sommer

car·ni·vore /ˈkɑːnɪvɔː(r); *AmE* ˈkɑːrn-/ *Nomen* Fleischfresser(in)

car·ni·vor·ous /kɑːˈnɪvərəs; *AmE* kɑːrˈn-/ *Adj* Fleisch fressend

carob /ˈkærəb/ *Nomen* **1** Johannisbrot **2** (*auch* **ˈcarob tree**) Johannisbrotbaum

carol¹ /ˈkærəl/ = CHRISTMAS CAROL

carol² /'kærəl/ *Verb* (**-ll-**, *AmE* **-l-**) (*gehoben*) fröhlich singen

'**carol singer** *Nomen* = Mitglied einer Gruppe, die Weihnachtslieder singend durch die Straßen zieht

ca·rouse /kə'raʊz/ *Verb* (*gehoben*) zechen

car·ou·sel /ˌkærə'sel/ *Nomen* **1** (*AmE*) Karussell **2** (*für Gepäck am Flughafen*) Förderband

carp¹ /kɑːp; *AmE* kɑːrp/ *Nomen* (*Pl* **carp**) Karpfen

carp² /kɑːp; *AmE* kɑːrp/ *Verb* ~ (**at sb**) (an jdm) herumnörgeln

'**car park** *Nomen* (*BrE*) Parkplatz, Parkhaus

car·pen·ter /'kɑːpəntə(r); *AmE* 'kɑːrp-/ *Nomen* Tischler(in)

car·pen·try /'kɑːpəntri; *AmE* 'kɑːrp-/ *Nomen* **1** Tischlerhandwerk, Tischlerei **2** Tischlerarbeit

car·pet¹ /'kɑːpɪt; *AmE* 'kɑːrpɪt/ *Nomen* Teppich (*auch fig*) (*BrE*) ◊ *fitted carpets* Teppichböden [IDM] (**be/get called**) **on the** '**carpet** (*bes AmE, umgs*) einen Anpfiff bekommen ☞ *Siehe auch* SWEEP¹

car·pet² /'kɑːpɪt; *AmE* 'kɑːrpɪt/ *Verb* (*meist passiv*) **1** mit einem Teppich(boden) auslegen **2** ~ **sth** (**with/in sth**) (*gehoben*) etw (mit etw) bedecken **3** ~ **sb** (*bes BrE, umgs*) jdm einen Anpfiff verpassen [SYN] REPRIMAND

car·pet·bag·ger /'kɑːpɪtbægə(r); *AmE* 'kɑːrp-/ *Nomen* **1** (*abwert*) (politischer) Karrierist(in), Opportunist(in), Händler **2** = Politiker aus dem Norden der USA, der nach dem Sezessionskrieg in die Südstaaten ging, um dort zu Geld zu kommen oder Karriere zu machen

car·pet·ing /'kɑːpɪtɪŋ; *AmE* 'kɑːrp-/ *Nomen* **1** [U] Teppich(boden) **2** (*BrE, umgs*) Anpfiff

'**carpet slipper** *Nomen* [meist Pl] (*BrE, veraltet*) Pantoffel

'**carpet sweeper** *Nomen* Teppichkehrer

'**car pool** *Nomen* **1** Fahrgemeinschaft **2** Fahrzeugpark

car·port /'kɑːpɔːt; *AmE* 'kɑːrpɔːrt/ *Nomen* Einstellplatz

car·rel /'kærəl/ *Nomen* (*in einer Bibliothek*) (abgeteilter) Arbeitsplatz

car·riage /'kærɪdʒ/ *Nomen* **1** (Eisenbahn)wagen **2** Kutsche **3** (*BrE*) [Sing] (*gehoben*) Fracht(kosten), Versand(kosten), Beförderung(skosten) **4** (*einer Schreibmaschine etc.*) Wagen **5** [Sing] (*veraltet*) (*Körper*-) Haltung ☞ *Siehe auch* BABY CARRIAGE

car·riage·way /'kærɪdʒweɪ/ *Nomen* (*BrE*) Fahrbahn ☞ *Siehe auch* DUAL CARRIAGEWAY

car·ri·er /'kæriə(r)/ *Nomen* **1** Transportunternehmen, Fluggesellschaft **2** (MIL) Transporter ☞ *Siehe auch* AIRCRAFT CARRIER *und* PEOPLE CARRIER **3** (*einer Krankheit*) Überträger(in) **4** (*am Fahrrad*) Gepäckträger **5** (*Person*) Träger(in) **6** (*BrE*) = CARRIER BAG

'**carrier bag** (*auch* **car·rier**) *Nomen* (*BrE*) Tragetasche, Tragetüte

'**carrier pigeon** *Nomen* Brieftaube

car·rion /'kæriən/ *Nomen* Aas

car·rot /'kærət/ *Nomen* **1** Karotte, Möhre **2** (*fig*) Köder [IDM] **the carrot and** (**the**) **stick** (**approach**) (die) Zuckerbrot und Peitsche (-Methode)

car·roty /'kærəti/ *Adj* (*oft abwert*) rot(blond)

carry /'kæri/ *Verb* (**car·ries, carry·ing, car·ried, car·ried**) **1** tragen ◊ *I never carry much money on me.* Ich habe nie viel Geld bei mir. ◊ *She was arrested at the airport for carrying drugs.* Sie wurde auf dem Flughafen wegen Drogenbesitzes verhaftet. ◊ *He is carrying the department.* Er trägt die ganze Abteilung auf seinen Schultern. ◊ *a voice that carries* (*well*) eine tragende Stimme **2** befördern, transportieren **3** (*Krankheitserreger*) übertragen, in sich tragen **4** ~ **sth in your head/mind** etw im Kopf haben, etw im Kopf behalten **5** haben ◊ *The bike carries a ten-year guarantee.* Das Fahrrad hat eine zehnjährige Garantie. ◊ *Her speech carried the ring of authority.* Ihre Rede klang sehr überzeugend. **6** ~ **sth** (**with it**) (*Risiko etc.*) mit sich bringen **7** *Crimes of violence carry heavy penalties.* Auf Gewaltverbrechen stehen hohe Strafen. **8** (*Ball etc.*) fliegen **9** ~ **sth to/into sth** etw zu/in etw bringen, etw zu etw tragen ◊ *Her abilities carried her to the top of her profession.* Ihre Fähigkeiten brachten sie an die Spitze ihres Berufes. ◊ *He carries modesty to extremes.* Er treibt die Bescheidenheit zu weit. **10** (*meist passiv*) (*Gesetzesvorlage, Antrag etc.*) durchbringen ◊ *The resolution was carried by 340 votes to 210.* Der Antrag wurde mit 340 gegen 210 Stimmen angenommen. ☞ *Hinweis bei* SECONDER **11** überzeugen ◊ *He saw he had carried his point.* Er wusste, dass er sie überzeugt hatte. **12** (*Etikett*) haben; (*Aufschrift*) tragen **13** (*Zeitungsartikel etc.*) bringen **14** (*Ware etc.*) führen **15 be carrying sb** (*veraltet oder gehoben*) ◊ *She was carrying twins.* Sie erwartete Zwillinge. **16** ~ **yourself** ◊ *She carries herself well.* Sie hat eine gute Haltung. [IDM] **be/get carried a'way** sich nicht mehr bremsen können; sich vergessen ◊ *He was carried away by the excitement.* Er ließ sich von der allgemeinen Begeisterung mitreißen. **carry all/everything be'fore you** (*gehoben*) vollen Erfolg haben **carry the** '**can** (*BrE, umgs*) es ausbaden; den Buckel hinhalten ◊ *I had to carry the can for all his mistakes.* Ich musste die Folgen seiner Fehlentscheidungen ausbaden. **carry a torch for sb** jdn verehren; in jdn verliebt sein ☞ *Siehe auch* DAY, FAR¹, FAST² *und* FETCH [PHR V] ˌ**carry sb** ˈ**back** (to sth) jdn (in etw) zurückversetzen ☞ G 9.7c ˌ**carry sth** ˈ**forward 1** etw vorantreiben **2** (*auch* ˌ**carry sth** ˈ**over**) (*in der Buchhaltung*) etw vortragen ˌ**carry sb/sth** ˈ**off** jdn/etw wegtragen ◊ *They were carried off to hospital.* Sie wurden ins Krankenhaus gebracht. ˌ**carry sth** ˈ**off 1** (*Preis etc.*) gewinnen **2** etw hinkriegen ◊ *She's had her hair cut really short, but she can carry it off.* Sie hat sich die Haare ganz kurz schneiden lassen, aber sie kann es sich leisten. ˌ**carry** ˈ**on 1** (*bes BrE*) weitergehen, weiterfahren **2** (*umgs*) ein (großes) Theater machen ☞ *Siehe auch* CARRY-ON ˌ**carry** ˈ**on** (**with sth**) (mit etw) weitermachen ◊ *They carried on talking.* Sie redeten weiter. ˌ**carry** ˈ**on** (**with sb**) (*veraltet*) (mit jdm) ein Verhältnis haben ˌ**carry** ˈ**on** etw (fort)führen ◊ *Carry on the good work!* Macht nur so weiter! ☞ G 9.7d ˌ**carry sth** ˈ**out** (*Arbeit, Befehl, Plan*) ausführen; (*Versprechen*) erfüllen; (*Drohung*) wahr machen; (*Untersuchung*) durchführen ˌ**carry** ˈ**over** sich fortsetzen ◊ *Attitudes learned at home carry over into the playground.* Zu Hause gelernte Verhaltensweisen treten dann auch am Spielplatz in Erscheinung. ˌ**carry sth** ˈ**over 1** etw übernehmen **2** etw verschieben, etw vertagen **3** = CARRY STH FORWARD ˌ**carry sb** ˈ**through** jdm durchhelfen, ˌ**carry sb** ˈ**through sth** jdm durch etw helfen ˌ**carry sth** ˈ**through** etw zu Ende führen, etw durchführen ˌ**carry** ˈ**through on/with sth** (*AmE*) etw ausführen, etw wahr machen, ein Versprechen erfüllen ◊ *He has proved he can carry through on his promises.* Er hat gezeigt, dass er seine Versprechen erfüllen kann.

carry·cot /'kærikɒt; *AmE* -kɑːt/ *Nomen* (*BrE*) Babytragetasche

'**carry-on** *Nomen* **1** (*bes BrE, umgs*) Getue, (Affen)theater **2** (*AmE*) Stück Handgepäck ◊ *Only one carry-on is allowed.* Nur ein Stück Handgepäck ist erlaubt. ◊ *carry-on luggage* Handgepäck

'**carry-out** *Nomen* (*AmE*) = Essen/Getränke zum Mitnehmen ◊ *Let's get a carry-out from the restaurant across the street.* Holen wir uns doch etwas vom Restaurant gegenüber.

'**car seat** *Nomen* **1** Kindersitz **2** Autositz

car·sick /'kɑːsɪk; *AmE* 'kɑːrsɪk/ *Adj* ◊ *Do you get carsick?* Wird dir beim Autofahren schlecht?

car·sick·ness /'kɑːsɪknəs; *AmE* 'kɑːrsɪk-/ *Nomen* Übelkeit beim Autofahren

cart¹ /kɑːt; *AmE* kɑːrt/ *Nomen* **1** Karren ◊ *a horse and cart* ein Pferdewagen **2** = HANDCART **3** (*AmE*) (*Einkaufs-, Servier-, Golf-*) Wagen [IDM] **put the** ˌ**cart before the** '**horse** das Pferd beim Schwanz aufzäumen

cart² /kɑːt; *AmE* kɑːrt/ *Verb* **1** karren, fahren ◊ *cart sth away* etw wegbringen **2** (*umgs*) schleppen

carte blanche /ˌkɑːt 'blɑːnʃ; *AmE* ˌkɑːrt/ *Nomen* freie Hand

car·tel /kɑː'tel; *AmE* kɑːr'tel/ *Nomen* Kartell ☞ G 1.3b

cart·horse /'kɑːthɔːs; *AmE* 'kɑːrthɔːrs/ *Nomen* Zugpferd

car·til·age /'kɑːtɪlɪdʒ; *AmE* 'kɑːrt-/ *Nomen* Knorpel

car·tog·raphy /kɑː'tɒgrəfi; *AmE* kɑːr'tɑːg-/ *Nomen* Kartographie

car·ton /'kɑːtn; *AmE* 'kɑːrtn/ *Nomen* **1** (Papp)karton, Tetrapak®; (*für Joghurt etc.*) Becher **2** (*AmE*) Karton; (*Zigaretten-*) Stange

car·toon /kɑː'tuːn; *AmE* kɑːr't-/ *Nomen* **1** Karikatur **2** Comic(strip) **3** (Zeichen)trickfilm **4** (KUNST) Karton

car·toon·ist /kɑːˈtuːnɪst; *AmE* kɑːrˈt-/ *Nomen* **1** Karikaturist(in) **2** Künstler, der Comicstrips zeichnet

cart·ridge /ˈkɑːtrɪdʒ; *AmE* ˈkɑːrt-/ *Nomen* **1** Patrone **2** (*Film-*) Kassette

cart·wheel¹ /ˈkɑːtwiːl; *AmE* ˈkɑːrt-/ *Nomen* **1** (SPORT) Rad ⋄ *do/turn a cartwheel* ein Rad schlagen **2** Wagenrad

cart·wheel² /ˈkɑːtwiːl; *AmE* ˈkɑːrt-/ *Verb* Rad schlagen

carve /kɑːv; *AmE* kɑːrv/ *Verb* **1** meißeln, schnitzen, hauen ⋄ *The piece of wood had been carved into the shape of a flower.* Aus dem Stück Holz war eine Blume geschnitzt worden. ⋄ (*fig*) *Melting snow had carved valleys in the landscape.* Der schmelzende Schnee hat Täler in die Landschaft geschnitten. ⋄ *She carves in both stone and wood.* Als Bildhauerin arbeitet sie mit Stein und Holz. **2** einritzen **3** tranchieren, zerteilen **4** ~ **sth** (**out**) (**for yourself**) sich etw aufbauen ⋄ *He has carved a place for himself in the fashion world.* Er hat sich fest in der Modewelt etabliert. PHRV **carve sth 'up** (*abwert*) etw aufteilen, etw zerstückeln

carv·ing /ˈkɑːvɪŋ; *AmE* ˈkɑːrvɪŋ/ *Nomen* **1** Schnitzerei, Skulptur, Relief **2** Schnitzen, Meißeln

'carving knife *Nomen* Tranchiermesser

'car wash *Nomen* Autowaschanlage

cas·cade¹ /kæˈskeɪd/ *Nomen* Kaskade (*auch fig*)

cas·cade² /kæˈskeɪd/ *Verb* in Kaskaden herabfallen

case¹ /keɪs/ *Nomen* **1** Fall ⋄ *It is simply not the case that prison conditions are improving.* Es stimmt einfach nicht, dass die Bedingungen in den Gefängnissen besser geworden sind. ⋄ *I cannot make an exception in your case.* Ich kann für Sie keine Ausnahme machen. ⋄ *the accusative case* der Akkusativ **2** (RECHT) Prozess, Fall ⋄ *The case will be heard next week.* Der Fall wird nächste Woche verhandelt. ☞ *Siehe auch* TEST CASE **3** (RECHT) ~ *the case for the defence/prosecution* die Verteidigung/Anklage ⋄ *Our lawyer didn't think we had a case.* Unser Anwalt meinte, wir hätten nicht genug Belastungsmaterial, um vor Gericht zu gehen. **4** ~ (**for/against sth**) Gründe für/gegen etw, Argumente für/gegen etw ⋄ *The report makes out a strong case for fox-hunting.* Der Bericht führt überzeugende Argumente für die Fuchsjagd an. **5** (*oft in Zusammensetzungen*) Behälter, Etui, Kasten; (*Wein-*) Kiste; (*von Uhren*) Gehäuse ⋄ *a pencil case* ein Federmäppchen ⋄ *a packing case* eine Kiste ⋄ *the glass cases in the museum* die Vitrinen im Museum **6** = SUITCASE IDM **as the ˌcase may ˈbe** je nachdem **be on sb's ˈcase** (*umgs*) jdm herumhacken ⋄ *She's always on my case about cleaning my room.* Sie meckert dauernd, weil ich mein Zimmer nicht putze. **be on the ˈcase** sich mit einem Fall beschäftigen **get off my ˈcase** (*umgs*) hör auf, auf mir herumzuhacken **a case in ˈpoint** ein gutes Beispiel ☞ *Hinweis bei* EXAMPLE **in ˈany case** sowieso (**just**) **in case** (**…**) für den Fall (, dass …) ⋄ *Take my number, just in case.* Schreib für alle Fälle meine Nummer auf. ⋄ *In case you're wondering why …* Falls ihr euch fragt, warum … **in case of sth** (*offiz*) im Fall von ⋄ *In case of fire, activate the alarm.* Im Brandfall Alarm auslösen. **in ˈthat case** in dem Fall; wenn das so ist ☞ *Siehe auch* REST²

case² /keɪs/ *Verb* IDM **case the joint** (*umgs*) den Laden ausspionieren

ˌcase ˈhistory *Nomen* Krankengeschichte, Vorgeschichte

ˈcase law *Nomen* (RECHT) Fallrecht ☞ *Siehe auch* COMMON LAW

case·load /ˈkeɪsləʊd; *AmE* -loʊd/ *Nomen* ⋄ *lawyers with a heavy caseload* Anwälte, die ein großes Pensum an Fällen bewältigen müssen ⋄ *Doctors' caseloads are mounting.* Die Ärzte müssen immer mehr Patienten betreuen.

case·ment /ˈkeɪsmənt/ (*auch* ˌcasement ˈwindow) *Nomen* Flügelfenster

ˈcase study *Nomen* Fallstudie

case·work /ˈkeɪswɜːk; *AmE* -wɜːrk/ *Nomen* soziale Einzelhilfe

case·work·er /ˈkeɪswɜːkə(r); *AmE* -wɜːrk-/ *Nomen* (*bes AmE*) = in der Einzelhilfe tätige(r) Sozialarbeiter(in)

cash¹ /kæʃ/ *Nomen* **1** Bargeld ⋄ *pay cash* bar bezahlen ☞ *Siehe auch* PETTY CASH **2** (*umgs*) Geld ⋄ *I'm short of cash/strapped for cash right now.* Ich bin im Moment knapp bei Kasse. IDM **ˌcash up ˈfront** (*BrE auch* **cash ˈdown**) Sofortzahlung ⋄ *pay for sth cash down* für etw bar/sofort zahlen **ˌcash in ˈhand** (*BrE, umgs*) bar auf die Hand **ˌcash on deˈlivery** (*Abk* **COD**) per Nachnahme

cash² /kæʃ/ *Verb* (*Scheck*) einlösen PHRV **ˌcash ˈin** (**on sth**) (*abwert*) (aus etw) Kapital schlagen **ˌcash sth ˈin** (*Lebensversicherung*) sich etw auszahlen lassen **ˌcash ˈup** (*AmE* **ˌcash ˈout**) Kasse machen

ˌcash and ˈcarry *Nomen* Abholmarkt (*für Gewerbetreibende*)

cash·back /ˈkæʃbæk/ *Nomen* ~ (**on sth**) = die Möglichkeit bei Zahlung mit einer Debitkarte in einem Geschäft gleichzeitig Bargeld abzuheben

ˈcash card *Nomen* (*BrE*) Geldautomatenkarte

ˈcash cow *Nomen* (WIRTSCH) Milchkuh

ˈcash crop *Nomen* = zum Verkauf bestimmtes Agrarprodukt

ˈcash desk *Nomen* (*BrE*) Kasse (*im Laden*)

ˈcash dispenser *Nomen* (*BrE*) Geldautomat

cashew /ˈkæʃuː, kæˈʃuː/ *Nomen* (*auch* **ˈcashew nut**) Cashewnuss

ˈcash flow *Nomen* Cashflow ⋄ *cash-flow problems* Liquiditätsprobleme

cash·ier¹ /kæˈʃɪə(r); *AmE* -ˈʃɪr/ *Nomen* Kassierer(in)

cash·ier² /kæˈʃɪə(r); *AmE* -ˈʃɪr/ *Verb* (*meist passiv*) unehrenhaft entlassen

cash·less /ˈkæʃləs/ *Adj* bargeldlos

ˈcash machine *Nomen* Geldautomat

cash·mere /ˈkæʃmɪə(r), ˌkæʃˈm-; *AmE* ˈkæʒmɪr, ˈkæʃ-/ *Nomen* Kaschmir ⋄ *The scarf is 70% cashmere.* Der Schal hat einen Kaschmiranteil von 70%.

ˈcash register *Nomen* (*AmE auch* ˈcash regisˌter) Kasse

ˈcash-starved *Adj nur vor Nomen* unterfinanziert

cas·ing /ˈkeɪsɪŋ/ *Nomen* Gehäuse

ca·sino /kəˈsiːnəʊ; *AmE* -noʊ/ *Nomen* (*Pl* **-os**) (Spiel)kasino

cask /kɑːsk; *AmE* kæsk/ *Nomen* Fass

cas·ket /ˈkɑːskɪt; *AmE* ˈkæs-/ *Nomen* **1** Schatulle **2** (*AmE*) Sarg

cas·sava /kəˈsɑːvə/ *Nomen* **1** Maniok **2** Tapioka

cas·ser·ole¹ /ˈkæsərəʊl; *AmE* -roʊl/ *Nomen* **1** (*Gericht*) Schmortopf **2** (*auch* **ˈcasserole dish**) (*Behälter*) Bräter, Schmortopf

cas·ser·ole² /ˈkæsərəʊl; *AmE* -roʊl/ *Verb* schmoren

cas·sette /kəˈset/ *Nomen* Kassette

cas·sock /ˈkæsək/ *Nomen* Soutane

cast¹ /kɑːst; *AmE* kæst/ *Verb* (**cast**, **cast**) **1** werfen ⋄ *She cast a welcoming smile in his direction.* Sie lächelte ihm freundlich zu. **2** ~ **aspersions** kritisieren; ~ **aspersions/doubts on/upon sth** etw in Zweifel ziehen ⋄ *This latest evidence casts serious doubt on his version of events.* Dieses neue Beweismaterial lässt seine Version der Geschichte sehr zweifelhaft erscheinen. **3** (*Angelschnur, Anker etc.*) auswerfen **4** die Angel auswerfen **5** ⋄ *The snake casts its skin.* Die Schlange häutet sich. **6** (*Hufeisen*) verlieren **7** ~ **sb** (THEAT, FILM) jdm eine Rolle geben ⋄ *He has cast her as an ambitious lawyer in his latest movie.* In seinem neuesten Film hat er ihr die Rolle einer ehrgeizigen Rechtsanwältin gegeben. **8** (*bei Theaterstücken etc.*) die Rollen verteilen **9** ~ **sb as sth** jdn als etw darstellen **10** ~ **sth** (**in sth**) (*Statue etc.*) (in etw) gießen ⋄ (*fig*) *an artist cast in the mould of Miro* ein Künstler, dessen Werk dem von Miro sehr ähnlich ist **11** (*Stimme*) abgeben IDM **cast your mind back** (**to sth**) (an etw) zurückdenken **cast your net wide** überall seine Netze auswerfen **cast a ˈspell** (**on sb/sth**) jdn/etw verzaubern ☞ *Siehe auch* ADRIFT, CAUTION¹, DIE², EYE¹, LIGHT *und* LOT PHRV **ˌcast aˈbout/aˈround for sth** (*gehoben*) nach etw suchen **ˌcast sb aˈside** jdn fallen lassen **ˌcast sth aˈside** (*gehoben*) etw aufgeben, etw ablegen, etw hinwerfen; (*Decke*) zurückschlagen SYN DISCARD ⋄ *Casting modesty aside, she outlined the reason for her success.* Ohne jede Bescheidenheit legte sie die Gründe für ihren Erfolg dar. ⋄ *He cast the newspaper aside impatiently.* Ungeduldig legte er die Zeitung beiseite. **be ˌcast aˈway** gestrandet sein **be ˌcast ˈdown** (**by sth**) (*gehoben*) (über etw) niedergeschlagen sein **ˌcast** (**sth**) **ˈoff 1** (NAUT) (etw) losmachen **2** (*beim Stricken*) (etw) abketten **ˌcast sth ˈoff** (*gehoben*) etw ablegen, sich von etw befreien **ˌcast** (**sth**) **ˈon** (*beim Stricken*) (etw) anschlagen **,cast sb/sth 'out** (gehoben) jdn/etw vertreiben; (*Dämonen*) austreiben

cast² /kɑːst; *AmE* kæst/ *Nomen* **1** (THEAT) Besetzung ◊ *members of the cast* Mitwirkende ◊ *the supporting cast* die Nebendarsteller ☞ G 1.3b **2** Abguss, Abdruck **3** Gussform ☞ *Siehe auch* OPENCAST **4** = PLASTER CAST

cas·ta·nets /ˌkæstə'nets/ *Nomen* [Pl] Kastagnetten

cast·away /'kɑːstəweɪ; *AmE* 'kæst-/ *Nomen* Schiffbrüchige(r)

caste /kɑːst; *AmE* kæst/ *Nomen* **1** Kaste ◊ *high-caste Brahmins* die einer hohen Kaste angehörenden Brahmanen **2** (*fig*) Gesellschaftsklasse **3** Kastenwesen

cas·tel·lated /'kæstəleɪtɪd/ *Adj* mit Zinnen bewehrt

cas·ter (*AmE*) = CASTOR

,caster 'sugar (*auch* ,castor 'sugar) *Nomen* (*BrE*) Feinkristallzucker

cas·ti·gate /'kæstɪɡeɪt/ *Verb* (*gehoben*) ~ **sb/sth (for sth)** (*kritisieren*) jdn/etw (wegen einer Sache) geißeln

cast·ing /'kɑːstɪŋ/ *Nomen* **1** Rollenbesetzung **2** (KUNST) Abguss

,casting 'vote *Nomen* [meist Sing] ausschlaggebende Stimme

,cast 'iron *Nomen* Gusseisen

,cast-'iron *Adj* **1** gusseisern **2** (*fig*) eisern; (*Garantie*) hundertprozentig; (*Alibi*) hieb- und stichfest; (*Ausrede*) einleuchtend

cas·tle /'kɑːsl; *AmE* 'kæsl/ *Nomen* **1** Burg, Schloss **2** (*im Schach*) Turm IDM (**build**) **castles in the 'air** (*BrE*) Luftschlösser (bauen) ☞ *Siehe auch* HOME¹

'cast-off *Nomen* [meist Pl] (*BrE*) abgelegtes Kleidungsstück

cas·tor (*AmE* **cas·ter**) /'kɑːstə(r); *AmE* 'kæs-/ *Nomen* (*an Stühlen etc.*) Rolle

,castor 'oil *Nomen* Rizinusöl

,castor 'sugar = CASTER SUGAR

cas·trate /kæ'streɪt; *AmE* 'kæstreɪt/ *Verb* kastrieren

cas·tra·tion /kæ'streɪʃn/ *Nomen* Kastration

cas·ual¹ /'kæʒuəl/ *Adj* **1** lässig, unbekümmert; (*Bemerkung*) beiläufig ◊ *He tried to sound casual, but I knew he was worried.* Er versuchte, sich nichts anmerken zu lassen, aber ich wusste, dass er sich Sorgen machte. ◊ *They have a casual attitude towards safety.* Sie nehmen die Sicherheit auf die leichte Schulter. **2** (*Blick, Betrachter, Bekanntschaft*) flüchtig; (*Freundschaft*) oberflächlich ◊ *have casual sex* Sex ohne feste Bindung haben **3** zwanglos ◊ *We're not allowed to wear casual clothes in the office.* Wir dürfen im Büro nicht leger gekleidet sein. **4** (*BrE*) Gelegenheits- ◊ *casual workers* Gelegenheitsarbeiter **5** *nur vor Nomen* zufällig ◊ *a casual passer-by* ein zufällig vorbeikommender Passant

cas·ual² /'kæʒuəl/ *Nomen* (*BrE*) **1 casuals** [Pl] Freizeitkleidung **2 casuals** [Pl] bequeme Schuhe **3** Gelegenheitsarbeiter(in), Aushilfe

cas·ual·ly /'kæʒuəli/ *Adv* **1** (*bemerken*) beiläufig; (*anschauen*) flüchtig; (*schlendern etc.*) lässig **2** zwanglos; (*sich kleiden*) leger

cas·ual·ness /'kæʒuəlnəs/ *Adv* Lässigkeit, Flüchtigkeit, Beiläufigkeit

casu·alty /'kæʒuəlti/ *Nomen* (*Pl* **-ies**) **1** Verletzte(r), Tote(r), Opfer (*auch fig*) ◊ *road casualties* Verkehrsopfer ◊ *The crew returned with one minor casualty.* Die Mannschaft kam mit einem leicht Verletzten zurück. ◊ *battle casualties* Kriegsverwundete ◊ *civilian casualties* Verluste unter der Zivilbevölkerung ◊ *Small shops have been a casualty of the recession.* Kleine Läden sind der Rezession zum Opfer gefallen. ☞ *Hinweis bei* TODESOPFER **2** (*BrE*) [U] (*auch* **'casualty department**) Unfallstation

cat /kæt/ *Nomen* Katze, Raubkatze ☞ *Siehe auch* FAT CAT *und* WILDCAT IDM **be the cat's 'whiskers/py'jamas** (*umgs*) was Besonderes sein **be like a ,cat on hot 'bricks** (*BrE*) wie auf glühenden Kohlen sitzen **let the 'cat out of the bag** die Katze aus dem Sack lassen **like a cat that's got/stolen the cream** sehr zufrieden mit sich selbst **look like sth the 'cat brought/dragged in** (*umgs*) aussehen wie unter die Räuber gefallen **not have/stand a cat in 'hell's chance** (**of doing sth**) nicht die geringste Chance haben (etw zu tun) **play (a**

game of) ,cat and 'mouse with sb; play a ,cat-and-'mouse game with sb Katz und Maus mit jdm spielen; ein Katz-und-Maus-Spiel mit jdm treiben **put/set the cat among the 'pigeons** (*BrE*) für Aufregung sorgen **when the cat's a'way(, the mice will 'play)** wenn die Katze aus dem Haus ist(, tanzen die Mäuse) ☞ *Siehe auch* RAIN² *und* ROOM¹

cata·clysm /'kætəklɪzəm/ *Nomen* (*gehoben*) (erdgeschichtliche) Katastrophe; (*fig*) gewaltige Umwälzung

cata·clys·mic /ˌkætə'klɪzmɪk/ *Adj* katastrophal, verheerend

cata·combs /'kætəkuːmz; *AmE* -koʊmz/ *Nomen* [Pl] Katakomben

cata·logue¹ (*AmE* **cata·log**) /'kætəlɒɡ; *AmE* -lɔːɡ, -lɑːɡ/ *Nomen* Katalog

cata·logue² (*AmE* **cata·log**) /'kætəlɒɡ; *AmE* -lɔːɡ, -lɑːɡ/ *Verb* **1** katalogisieren **2** dokumentieren

cata·lyse (*AmE* **cata·lyze**) /'kætəlaɪz/ *Verb* katalysieren

cata·lyst /'kætəlɪst/ *Nomen* Katalysator (*auch fig*)

cata·lyt·ic con·vert·er /ˌkætəˌlɪtɪk kən'vɜːtə(r); *AmE* -'vɜːrt-/ *Nomen* (*am Auto*) Katalysator

cata·ma·ran /ˌkætəmə'ræn/ *Nomen* Katamaran

cata·pult¹ /'kætəpʌlt/ *Nomen* **1** (*BrE*) (Stein)schleuder **2** Wurfmaschine **3** Katapult

cata·pult² /'kætəpʌlt/ *Verb* **1** katapultieren, schleudern ◊ *The movie catapulted him to international stardom.* Der Film machte ihn über Nacht zum internationalen Star. **2** sich katapultieren, katapultiert werden

cat·ar·act /'kætərækt/ *Nomen* **1** grauer Star **2** (*gehoben*) Wasserfall

ca·tarrh /kə'tɑː(r)/ *Nomen* Katarrh

ca·tas·trophe /kə'tæstrəfi/ *Nomen* Katastrophe

cata·stroph·ic /ˌkætə'strɒfɪk; *AmE* -'strɑː-/ *Adj* (*Adv* **cata·stroph·ic·al·ly** /-kli/) katastrophal, verhängnisvoll

cata·ton·ic /ˌkætə'tɒnɪk; *AmE* -'tɑːnɪk/ *Adj* (MED) katatonisch

'cat burglar *Nomen* Fassadenkletterer, -kletterin

cat·call /'kætkɔːl/ *Nomen* [meist Pl] Buhruf, Pfiff

catch¹ /kætʃ/ *Verb* (**caught, caught** /kɔːt/) **1** (auf)fangen ◊ *The murderer was never caught.* Der Mörder wurde nie gefasst. **2** packen, fassen ◊ *He caught hold of her arm.* Er packte sie am Arm. **3** ~ **sb** (**doing sth**) jdn (bei etw) erwischen, jdn (bei etw) ertappen ◊ *I caught him stealing apples.* Ich erwischte ihn dabei, wie er Äpfel klaute. ◊ *You won't catch me working on a Sunday!* Sonntags arbeite ich grundsätzlich nicht! ◊ *Mark walked in and caught them at it.* Mark ging ins Zimmer und erwischte sie dabei. ◊ *thieves caught in the act* Diebe, die auf frischer Tat ertappt wurden **4** erreichen, erwischen ◊ *The illness can be treated successfully provided it's caught early enough.* Die Krankheit kann bei Früherkennung erfolgreich behandelt werden. ◊ (*BrE*) *I must catch the post.* Ich muss die Briefe einwerfen, bevor der Briefkasten geleert wird. ◊ (*BrE, umgs*) *Bye for now! I'll catch you later.* Tschüs! Bis später! **5** (*Zug, Bus etc.*) nehmen ◊ *I must go – I have a train to catch.* Ich muss gehen — sonst verpasse ich den Zug. ◊ *Can we still catch the 12:15 bus?* Schaffen wir den Bus um 12:15 noch? **6** überraschen ◊ *She got caught in a thunderstorm.* Sie wurde von einem Gewitter überrascht. ◊ *His arrival caught me by surprise.* Ich hatte ihn nicht erwartet. **7** (*bes AmE, umgs*) (*Film, Ausstellung, Show*) sehen; (*Konzert*) hören, sehen ◊ *Maybe we could catch a movie later.* Wir könnten vielleicht später ins Kino gehen. **8** (*Krankheit etc.*) bekommen ◊ *catch cold* sich erkälten **9** hängen bleiben; (*im Verkehr*) stecken bleiben ◊ *Her dress caught on a nail.* Sie blieb mit dem Kleid an einem Nagel hängen. **10** ~ (**sth**) (**in sth**) sich (etw) (in etw) einklemmen **11** (*schlagen*) treffen ◊ *The stone caught him on the side of the head.* Der Stein traf ihn seitlich am Kopf. ◊ *She caught him a blow on the chin.* Sie verpasste ihm einen Kinnhaken. **12** (flüchtig) wahrnehmen, erhaschen ◊ *catch sight of sth* etw erblicken ◊ *He caught a glimpse of himself in the mirror.* Er sah sich kurz im Spiegel. ◊ *I caught a look of surprise on her face.* Ich sah Überraschung in ihren Augen aufblitzen. **13** hören, verstehen ◊ *Sorry, I didn't quite catch what you said.* Entschuldigung, ich habe nicht gehört, was Sie gesagt haben. **14** (*Aufmerksamkeit*) erregen; (*Interesse*) wecken **15** (*Stimmung etc.*) einfangen **16** spiegeln ◊ *The knife*

catch

gleamed as it caught the light. Das Messer spiegelte im Licht. **17** (*umgs*) (*Sonne*) abbekommen **18** anbrennen ◇ *The wooden rafters caught fire.* Die Holzbalken fingen Feuer. **19** (*Kricket*) durch Fangen des Balles aus dem Spiel bringen **IDM catch your 'breath 1** ◇ *He caught his breath in surprise.* Ihm stockte vor Überraschung der Atem. **2** Luft holen **catch your 'death** (**of 'cold**) (*umgs, veraltet*) sich den Tod holen **catch sb's 'eye** jdn auf sich aufmerksam machen ◇ *Can you catch the waiter's eye?* Kannst du dem Kellner winken? **'catch it** (*AmE* **catch 'hell**) (*umgs*) etw erleben können ◇ *If your dad finds out you'll really catch it!* Wenn es dein Vater herausfindet, kannst du was erleben! **catch sb 'napping** (*BrE*) jdn überrumpeln **catch sb on the 'hop** jdn überraschen; jdn überrumpeln **catch sb red-'handed** jdn auf frischer Tat ertappen **catch sb with their 'pants down** (*BrE auch* **catch sb with their 'trousers down**) (*umgs*) jdn überrumpeln; jdn unvorbereitet treffen ☛ *Siehe auch* BALANCE¹, CLEFT, FANCY², ROCK¹ *und* SHORT² **PHRV 'catch at sth** nach etw greifen ,**catch 'on** (*populär werden*) sich durchsetzen ,**catch 'on** (**to sth**) (etw) kapieren ,**catch sb 'out 1** jdn überrumpeln **2** jdn hereinlegen **be/get ,caught 'up in sth** in etw hineingezogen werden, in etw verwickelt werden ,**catch 'up** aufholen ,**catch 'up on sth 1** etw nachholen ◇ *I've got a lot of work to catch up on.* Ich muss noch viel Arbeit nachholen. **2** (*Neuigkeiten*) austauschen ,**catch 'up with sb 1** (*BrE auch* ,**catch sb 'up**) (*Distanz*) jdn einholen ◇ *After ten minutes, I'd caught up with them.* Nach zehn Minuten hatte ich sie eingeholt. **2** (*fig*) jdn erwischen, jdn einholen ◇ *The law caught up with him years later when he had moved to Spain.* Jahre später, nachdem er nach Spanien gezogen war, erwischte ihn die Polizei doch noch. ☛ G 9.7c

catch² /kætʃ/ *Nomen* **1** Fang **2** Riegel, Verschluss **3** (*verborgene Schwierigkeit*) Haken **4** (*Spiel*) Fangen **5** [Sing] (*veraltet*) Fang, Partie **IDM** (**a**) **catch-22**; **a catch-22 situation** (*umgs*) ein Teufelskreis; eine Zwickmühle

'catch-all¹ *Nomen* **1** (*bes AmE*) Schublade, Schrank etc. für alles Mögliche **2** Sammelbezeichnung

'catch-all² *Adj* allgemein ◇ *a catch-all drawer* eine Schublade für alles Mögliche ◇ *a catch-all term/phrase* eine Sammelbezeichnung

catch·er /'kætʃə(r)/ *Nomen* Fänger(in)

catch·ing /'kætʃɪŋ/ *Adj nicht vor Nomen* ansteckend (*auch fig*)

catch·ment area /'kætʃmənt eəriə; *AmE* eriə/ *Nomen* **1** (*BrE*) Einzugsbereich **2** (*auch* **catch·ment**) (*Fachspr*) (GEOL) Einzugsgebiet

catch·phrase /'kætʃfreɪz/ *Nomen* Schlagwort, Slogan

catchy /'kætʃi/ *Adj* (*umgs*) (*Schlager, Slogan*) eingängig

'cat door *Nomen* (*AmE*) Katzenklappe

cat·ech·ism /'kætəkɪzəm/ *Nomen* [meist Sing] Katechismus

cat·egor·ic·al /,kætə'gɒrɪkl; *AmE* -'gɔːr-/ *Adj* (*Adv* **cat·egor·ic·al·ly** /-kli/) (*gehoben*) kategorisch, entschieden

cat·egor·ize (*BrE auch* **-ise**) /'kætəgəraɪz/ *Verb* ~ **sb/sth** (**as sth**) jdn/etw (als etw) kategorisieren ◇ *Participants were categorized according to age and sex.* Teilnehmer wurden nach Alter und Geschlecht eingeteilt.

cat·egory /'kætəgəri; *AmE* -gɔːri/ *Nomen* (*Pl* **-ies**) Kategorie, Klasse, Gruppe

cater /'keɪtə(r)/ *Verb* Speisen und Getränke liefern ☛ Im amerikanischen Englisch kann dieses Verb ein Objekt haben: *Who will be catering the wedding?* Wer wird bei der Hochzeit die Speisen und Getränke liefern? **PHRV 'cater for sb/sth** jdn/etw gerecht werden, auf jdn/etw eingestellt sein **'cater to sb/sth** auf jdn/etw ausgerichtet sein

cater·er /'keɪtərə(r)/ *Nomen* Lieferant(in) von Speisen und Getränken, Partyservice

cater·ing /'keɪtərɪŋ/ *Nomen* **1** Partyservice, Catering ◇ *Who did the catering?* Wer hat das Essen geliefert? **2** Gastronomie ◇ *the catering industry* das Gaststättengewerbe

cat·er·pil·lar /'kætəpɪlə(r); *AmE* -tərp-/ *Nomen* Raupe

cat·er·waul /'kætəwɔːl; *AmE* 'kætər-/ *Verb* jaulen

cat·fish /'kætfɪʃ/ *Nomen* (*Pl* **cat·fish**) Wels

'cat flap *Nomen* (*BrE*) Katzenklappe

cat·gut /'kætgʌt/ (*auch* **gut**) *Nomen* (MUS) Darmsaite

cath·ar·sis /kə'θɑːsɪs; *AmE* -'θɑːrs-/ *Nomen* (*Pl* **catharses** /-siːz/) Katharsis

cath·ar·tic /kə'θɑːtɪk; *AmE* -'θɑːrt-/ *Adj* kathartisch

cath·edral /kə'θiːdrəl/ *Nomen* Kathedrale, Dom

Cath·er·ine wheel /'kæθrɪn wiːl/ *Nomen* (*Feuerwerk*) Sonne

cath·eter /'kæθɪtə(r)/ *Nomen* Katheter

cath·ode /'kæθəʊd; *AmE* -oʊd/ *Nomen* (TECH) Kathode

'cathode 'ray tube *Nomen* (TECH) Kathodenstrahlröhre

Cath·olic /'kæθlɪk/ *Nomen* Katholik(in) ◇ *They're Catholics.* Sie sind katholisch.

cath·olic /'kæθlɪk/ *Adj* **1 Catholic** katholisch **SYN** ROMAN CATHOLIC **2** (*oft* **Catholic**) christlich **3** (*gehoben*) eklektisch, vielseitig ☛ *Hinweis bei* SMALL¹

Cath·oli·cism /kə'θɒləsɪzəm; *AmE* -'θɑːl-/ *Nomen* Katholizismus **SYN** ROMAN CATHOLICISM

cat·kin /'kætkɪn/ *Nomen* (BOT) Kätzchen

cat·nap¹ /'kætnæp/ *Nomen* Nickerchen

cat·nap² /'kætnæp/ *Verb* (**-pp-**) ein Nickerchen machen

,cat's 'cradle *Nomen* Fadenspiel, Abheben

Cats·eye™ /'kætsaɪ/ *Nomen* Katzenauge

cat·suit /'kætsuːt; *BrE auch* -sjuːt/ *Nomen* = einteiliger enger Hosenanzug

cat·tery /'kætəri/ *Nomen* (*Pl* **-ies**) Katzenpension

cat·tle /'kætl/ *Nomen* [Pl] Vieh, Rinder ◇ *a herd of cattle* eine Viehherde ◇ *twenty head of cattle* zwanzig Stück Vieh ◇ *beef cattle* Schlachtrinder ◇ *dairy cattle* Milchkühe

'cattle grid (*AmE* **'cattle guard**) *Nomen* = Gitterrost im Boden für Vieh

catty /'kæti/ *Adj* (*umgs*) gehässig **SYN** BITCHY *und* SPITEFUL

,catty-'corner(ed) *Adj, Adv* (*AmE, umgs*) schräg gegenüber, diagonal

cat·walk /'kætwɔːk/ *Nomen* **1** Laufsteg ◇ *a catwalk show* eine Modenschau **2** Laufplanke

Cau·ca·sian /kɔː'keɪziən, kɔː'keɪʒn/ **1** *Nomen* Weiße(r) **2** *Adj* (*Hautfarbe*) weiß

cau·cus /'kɔːkəs/ *Nomen* **1** (*bes AmE*) Parteitag **2** [U] (*bes AmE*) Parteimitglieder, Parteiführung **3** Ausschuss

caught *Form von* CATCH¹

caul·dron (*AmE auch* **cal·dron**) /'kɔːldrən/ *Nomen* Kessel

cauli·flower /'kɒliflaʊə(r); *AmE* 'kɔːli-, 'kɑːli-/ *Nomen* Blumenkohl

,cauliflower 'cheese (*AmE* ,**cauliflower with 'cheese**) *Nomen* mit Käse überbackener Blumenkohl

'cauliflower 'ear *Nomen* Boxerohr

caulk /kɔːk/ *Verb* kalfatern

caus·al /'kɔːzl/ *Adj* kausal, Kausal-

caus·al·ity /kɔː'zæləti/ *Nomen* (*gehoben*) Kausalität

caus·ation /kɔː'zeɪʃn/ *Nomen* (*gehoben*) **1** Kausalität **2** Ursache

caus·ative /'kɔːzətɪv/ *Adj* **1** (*gehoben*) verursachend, kausal **2** (LING) kausativ

cause¹ /kɔːz/ *Nomen* **1** Ursache, Verursacher(in) **2** ~ (**for sth**) Grund (zu etw), Anlass ◇ *without good cause* ohne triftigen Grund **3** Anliegen, Sache ◇ *fight for the Republican cause* für die Republikaner kämpfen ◇ *a good/worthy cause* ein guter Zweck ☛ *Siehe auch* LOST CAUSE **4** (RECHT) Fall **IDM be for/in a good 'cause** für eine gute Sache sein ☛ *Siehe auch* COMMON¹

cause² /kɔːz/ *Verb* verursachen ◇ *Are you causing trouble again?* Machst du wieder Ärger? ◇ *Does it cause you pain?* Bereitet es Ihnen Schmerzen? ◇ *The poor harvest caused prices to rise sharply.* Die schlechte Ernte ließ die Preise stark ansteigen. ◇ *Her condition is causing some concern.* Ihr Zustand gibt Anlass zur Besorgnis.

cause·way /'kɔːzweɪ/ *Nomen* Damm

caus·tic /'kɔːstɪk/ *Adj* **1** ätzend **2** (*Adv* **caus·tic·al·ly** /-kli/) (*fig*) beißend, bissig, sarkastisch

,caustic 'soda *Nomen* Ätznatron

caut·er·ize (*BrE auch* **-ise**) /'kɔːtəraɪz/ *Verb* kauterisieren

cau·tion¹ /'kɔːʃn/ *Nomen* **1** Vorsicht **2** Verwarnung **3** (*gehoben*) Warnung ◇ *a word of caution* ein guter Rat **IDM throw/cast caution to the 'wind(s)** alle Vorsicht über Bord werfen

---

b **b**ad | d **d**id | f **f**all | g **g**et | h **h**at | j **y**es | k **c**at | l **l**eg | m **m**an | n **n**ow | p **p**en | r **r**ed

cau·tion² /ˈkɔːʃn/ *Verb* **1** warnen ◊ *I would caution against getting too involved.* Ich würde vor einem weiteren Engagement warnen. **2** (*BrE*) (RECHT) Rechtsmittelbelehrung erteilen **3** (*meist passiv*) ~ **sb** (**for sth**) jdn (für etw) verwarnen

cau·tion·ary /ˈkɔːʃənəri; *AmE* -neri/ *Adj* warnend, ermahnend ◊ *a cautionary tale* eine Geschichte zur Warnung

cau·tious /ˈkɔːʃəs/ *Adj* (*Adv* **cau·tious·ly**) vorsichtig; ~ **about sth** (auf etw) bedacht ◊ *The government has been cautious in its response to the report.* Die Regierung hat auf den Bericht zurückhaltend reagiert. ◊ *They've taken a very cautious approach.* Sie sind sehr behutsam vorgegangen.

cau·tious·ness /ˈkɔːʃəsnəs/ *Nomen* Vorsicht

cav·al·cade /ˌkævlˈkeɪd/ *Nomen* Kavalkade

cava·lier /ˌkævəˈlɪə(r); *AmE* -ˈlɪr/ *Adj* unbekümmert, arrogant ◊ *The government takes a cavalier attitude to the problem.* Die Regierung nimmt die Sache nicht ernst.

cav·alry /ˈkævlri/ *Nomen* **1** (*meist* **the cavalry**) Kavallerie ☞ G 1.3a **2** Panzertruppe ☞ G 1.3a

cave¹ /keɪv/ *Nomen* Höhle ◊ *the mouth of the cave* der Höhleneingang ☞ *Siehe auch* CAVING

cave² /keɪv/ *Verb* PHRV **cave 'in** (**on sb/sth**) (über jdm/etw) einstürzen **cave 'in** (**to sth**)(etw) nachgeben

cav·eat /ˈkæviæt/ *Nomen* (RECHT) (*gehoben*) Vorbehalt

cav·eat emp·tor /ˌkæviæt ˈemptɔː(r)/ *Nomen* Mängelausschluss

ˈcave-in *Nomen* Einsturz

cave·man /ˈkeɪvmæn/ *Nomen* (*Pl* **-men** /-mən/) **1** Höhlenmensch **2** (*umgs*) aggressiver Macho

caver /ˈkeɪvə(r)/ *Nomen* Höhlenforscher(in)

cav·ern /ˈkævən; *AmE* -vərn/ *Nomen* Höhle

cav·ern·ous /ˈkævənəs; *AmE* -vərn-/ *Adj* **1** riesig ◊ *the vast, cavernous space of the empty hall* die gähnende Leere in der riesigen Halle **2** höhlenartig ◊ *cavernous eyes* tief liegende Augen

cav·iar (*auch* **cavi·are**) /ˈkæviɑː(r)/ *Nomen* Kaviar

cavil /ˈkævl/ *Verb* (**-ll-** (*AmE*) **-l-**) ~ (**at sth**) (*gehoben*, *selten*) (an etw) nörgeln, etw bemängeln SYN QUIBBLE

cav·ing /ˈkeɪvɪŋ/ *Nomen* ◊ *go caving* auf Höhlenexpeditionen gehen

cav·ity /ˈkævəti/ *Nomen* (*Pl* **-ies**) **1** Hohlraum; (ANAT) Höhle **2** (*im Zahn*) Loch

ˌcavity ˈwall *Nomen* Hohlwand

ca·vort /kəˈvɔːt; *AmE* kəˈvɔːrt/ *Verb* herumtollen

caw /kɔː/ *Verb* krächzen

cay·enne /keɪˈen/ (*auch* ˌcayenne ˈpepper) *Nomen* Cayennepfeffer

cay·man (*auch* **cai·man**) /ˈkeɪmən/ *Nomen* (*Pl* **-mans**) Kaiman

CB /ˌsiː ˈbiː/ *Kurzform von* **Citizens' Band** CB ◊ *CB radio* CB-Funk

CBE /ˌsiː biː ˈiː/ *Kurzform von* **Commander of the Order of the British Empire** = von der britischen Königin verliehene Auszeichnung für besondere Verdienste

CBI /ˌsiː biː ˈaɪ/ *Kurzform von* **Confederation of British Industry** = britischer Unternehmerverband

cc /ˌsiː ˈsiː/ *Abk* **1** *Kurzform von* **carbon copy** (WIRTSCH) Kopie an **2** *Kurzform von* **cubic centimetre(s)** cm³

CCTV /ˌsiː siː tiː ˈviː/ *Kurzform von* **closed-circuit television** Überwachungskamera

CD /ˌsiː ˈdiː/ *Kurzform von* **compact disc** (*auch* **disc**) CD

Cdr (*bes AmE* **Cdr.**) *Abk* = COMMANDER

CD-ROM (*AmE* **CD/ROM**) /ˌsiː diː ˈrɒm; *AmE* ˈrɑːm/ *Nomen* CD-ROM

CE /ˌsiː ˈiː/ *Abk* **1** = CHURCH OF ENGLAND **2** (*bes AmE* **C.E.**) n. Chr.

cease /siːs/ *Verb* (*gehoben*) **1** aufhören, eingestellt werden ◊ *You never cease to amaze me!* Du versetzt mich immer wieder in Erstaunen! **2** einstellen ◊ *The company ceased trading in June.* Die Firma hat seit Juni ihre Geschäftstätigkeit eingestellt. IDM ⇨ WONDER²

ˈcease-fire /ˈsiːsfaɪə(r)/ *Nomen* Waffenruhe ◊ *a permanent ceasefire* im Waffenstillstand SYN TRUCE

cease·less /ˈsiːsləs/ *Adj* (*Adv* **cease·less·ly**) (*gehoben*) endlos, unaufhörlich

cedar /ˈsiːdə(r)/ *Nomen* Zeder

cede /siːd/ *Verb* ~ **sth** (**to sb**) (*gehoben*) etw (an jdn) abtreten

ce·dilla /sɪˈdɪlə/ *Nomen* Cedille

cei·lidh /ˈkeɪli/ *Nomen* = informelle Veranstaltung mit Musik und Tanz, vor allem in Schottland und Irland

ceil·ing /ˈsiːlɪŋ/ *Nomen* **1** Decke **2** Höchstgrenze ◊ *price ceilings* oberste Preisgrenze **3** (TECH) (*eines Flugzeugs*) Gipfelhöhe ☞ *Siehe auch* GLASS CEILING IDM ⇨ HIT¹

celeb /səˈleb/ *Nomen* (*umgs*) = CELEBRITY

cele·brant /ˈselɪbrənt/ *Nomen* **1** (REL) Zelebrant **2** (*AmE*) Feiernde(r)

cele·brate /ˈselɪbreɪt/ *Verb* **1** feiern, begehen **2** (REL) zelebrieren; (*Messe*) lesen **3** (*gehoben*) preisen ◊ *a movie celebrating the life of Martin Luther King* ein Film zum Gedenken an Martin Luther King

cele·brated /ˈselɪbreɪtɪd/ *Adj* gefeiert, bekannt

cele·bra·tion /ˌselɪˈbreɪʃn/ *Nomen* **1** Feier ◊ *The service was a celebration of his life.* Der Gottesdienst war eine Gedenkfeier für ihn. ◊ *wedding celebrations* Hochzeitsfeierlichkeiten **2** Feiern ◊ *a cause for celebration* ein Grund zum Feiern

cele·bra·tory /ˌseləˈbreɪtəri; *AmE* ˈseləbrətɔːri/ *Adj* feierlich, Fest-

ce·leb·rity /səˈlebrəti/ *Nomen* (*Pl* **-ies**) **1** (*umgs* **celeb**) berühmte Persönlichkeit, Prominente(r) ◊ *TV celebrities* Fernsehgrößen **2** Berühmtheit SYN FAME

cel·eri·ac /səˈleriæk/ *Nomen* (Knollen)sellerie

cel·ery /ˈseləri/ *Nomen* Bleichsellerie

ce·les·tial /səˈlestiəl; *AmE* -tʃl/ *Adj* (*gehoben*) himmlisch, Himmels-

celi·bacy /ˈselɪbəsi/ *Nomen* Zölibat, Keuschheit

celi·bate /ˈselɪbət/ *Adj* **1** zölibatär ◊ *celibate priests* an den Zölibat gebundene Priester **2** enthaltsam

cell /sel/ *Nomen* **1** Zelle ◊ *red blood cells* rote Blutkörperchen ☞ *Siehe auch* PADDED CELL **2** Fach

cel·lar /ˈselə(r)/ *Nomen* **1** Keller **2** Weinkeller ☞ *Siehe auch* SALT CELLAR

cell·ist /ˈtʃelɪst/ *Nomen* Cellist(in)

cello /ˈtʃeləʊ; *AmE* -loʊ/ *Nomen* (*Pl* **-os**) (Violon)cello

Cel·lo·phane™ /ˈseləfeɪn/ *Nomen* Zellophan

ˈcell·phone /ˈselfəʊn; *AmE* -foʊn/ *Nomen* (*bes AmE*) Handy, Funktelefon

cel·lu·lar /ˈseljələ(r)/ *Adj* **1** zellular, Zell- **2** Mobil-

ˌcellular ˈphone *Nomen* (*bes AmE*) Handy, Funktelefon

cel·lu·lite /ˈseljulaɪt/ *Nomen* Zellulitis

cel·lu·loid /ˈseljulɔɪd/ *Nomen* **1** Zelluloid **2** (*veraltet*) Film-, Kino- ◊ *on celluloid* in Filmen

cel·lu·lose /ˈseljuləʊs; *AmE* -loʊs/ *Nomen* Zellstoff, Zellulose

Cel·sius /ˈselsiəs/ *Adj, Nomen* (*Abk* **C**) Celsius

Celt /kelt, selt/ *Nomen* Kelte, Keltin

Cel·tic /ˈkeltɪk, ˈseltɪk/ *Adj* keltisch

ce·ment¹ /sɪˈment/ *Nomen* **1** Zement **2** Klebstoff, Kitt ◊ *These values are the cement of society.* Diese Werte halten die Gesellschaft zusammen.

ce·ment² /sɪˈment/ *Verb* **1** (*meist passiv*) ~ **A and B** (**together**) A und B (mit Zement) zusammenfügen, A und B zusammenkleben **2** (*fig*) festigen, stärken, zementieren

ceˈment mixer *Nomen* Betonmischmaschine

cem·et·ery /ˈsemətri; *AmE* -teri/ *Nomen* (*Pl* **-ies**) Friedhof

ceno·taph /ˈsenətɑːf; *AmE* -tæf/ *Nomen* Ehrenmal

cen·sor¹ /ˈsensə(r)/ *Nomen* Zensor

cen·sor² /ˈsensə(r)/ *Verb* zensieren

cen·sori·ous /senˈsɔːriəs/ *Adj* (*gehoben*) (übertrieben) kritisch

cen·sor·ship /ˈsensəʃɪp; *AmE* -sərʃ-/ *Nomen* Zensur

cen·sure¹ /ˈsenʃə(r)/ *Nomen* (*gehoben*) Tadel

cen·sure² /ˈsenʃə(r)/ *Verb* (*gehoben*) tadeln

cen·sus /ˈsensəs/ *Nomen* (*Pl* **cen·suses**) (Volks)zählung, Zensus, Verkehrszählung

cent /sent/ *Nomen* (*Abk* **c**, **ct**) Cent ☞ *Siehe auch* RED CENT

cent. = CENTURY

cen·taur /ˈsentɔː(r)/ *Nomen* Zentaur

cen·ten·ar·ian /ˌsentɪˈneəriən; *AmE* -ˈner-/ *Nomen* Hundertjährige(r)

cen·ten·nial /senˈteniəl/ (*BrE auch* **cen·ten·ary** /senˈtiːnəri; *AmE* -ˈtenəri/ (*Pl* **-ies**)) *Nomen* Hundertjahrfeier, hundertster Geburtstag ◦ *The club is celebrating its centenary.* Der Verein feiert sein hundertjähriges Bestehen. ◦ *the centenary of Beethoven's death* der hundertste Jahrestag von Beethovens Tod

cen·ter (*AmE*) = CENTRE

centi·grade /ˈsentɪɡreɪd/ *Adj, Nomen* (*Abk* **C**) Celsius

centi·gram (*auch* **centi·gramme**) /ˈsentɪɡræm/ *Nomen* Zentigramm

centi·litre (*AmE* **centi·liter**) /ˈsentɪliːtə(r)/ *Nomen* (*Abk* **cl**) Zentiliter

centi·metre (*AmE* **centi·meter**) /ˈsentɪmiːtə(r)/ *Nomen* (*Abk* **cm**) Zentimeter

centi·pede /ˈsentɪpiːd/ *Nomen* Tausendfüßler

cen·tral /ˈsentrəl/ *Adj* **1** Haupt-, zentral, Zentral- ◦ *She has been a central figure in the campaign.* Ihr fiel in der Kampagne eine zentrale Rolle zu. ◦ *Taxation is central to economic policy.* Steuern sind für die Wirtschaftspolitik von zentraler Bedeutung. ◦ *a central office* eine Zentrale ◦ *The car has a central locking system.* Das Auto hat Zentralverriegelung. **2** Mittel- ◦ *central London* das Zentrum von London ◦ *Central Asia* Zentralasien **3** zentral gelegen

ˌcentral ˈbank *Nomen* Zentralbank

ˌcentral ˈgovernment *Nomen* Zentralregierung

ˌcentral ˈheating *Nomen* Zentralheizung

the ˌCentral Inˈtelligence Agency = CIA

cen·tral·ism /ˈsentrəlɪzəm/ *Nomen* Zentralismus

cen·tral·ist /ˈsentrəlɪst/ *Adj* zentralistisch

cen·tral·iza·tion (*BrE auch* **-isation**) /ˌsentrəlaɪˈzeɪʃn; *AmE* -ləˈz-/ *Nomen* [U] Zentralisierung

cen·tral·ize (*BrE auch* **-ise**) /ˈsentrəlaɪz/ *Verb* zentralisieren

cen·tral·ly /ˈsentrəli/ *Adv* zentral ◦ *Is the house centrally heated?* Hat das Haus Zentralheizung?

ˌcentral ˈnervous system *Nomen* Zentralnervensystem

ˌcentral ˈprocessing unit *Nomen* (COMP) (*Abk* **CPU**) Zentraleinheit

ˌcentral reserˈvation *Nomen* (*BrE*) Mittelstreifen

centre[1] (*AmE* **cen·ter**) /ˈsentə(r)/ *Nomen* **1** (*bes BrE*) Zentrum ◦ *the job centre* das Arbeitsamt ◦ *Hull is a major population centre.* Hull ist eine größere Stadt. ◦ *It is a regional centre of excellence for teacher training.* Es ist eine regional führende Ausbildungsstätte für Lehrer. **2** Mitte ◦ *chocolates with soft centres* Pralinen mit einer weichen Füllung **3** (*meist* **the centre**) [Sing] (POL) Mitte ◦ *Her views are to the right of centre.* Sie steht rechts der Mitte. **4** [*meist Sing*] Mittelpunkt ◦ *Children like to be the centre of attention.* Kinder möchten immer im Mittelpunkt stehen. **5** = CENTRE FORWARD IDM ⇨ LEFT[2]

centre[2] (*AmE* **cen·ter**) /ˈsentə(r)/ *Verb* zentrieren, in die Mitte platzieren PHRV **ˈcentre around/on/round/upon sb/sth** sich um jdn/etw drehen ◦ *State occasions always centred around the king.* Bei offiziellen Anlässen stand der König immer im Mittelpunkt. **ˈcentre sth around/on/round/upon sb/sth** etw auf jdn/etw konzentrieren ◦ *Discussions were centred on Eastern Europe.* Im Mittelpunkt der Diskussionen stand Osteuropa. **be centred in ...** ... zum Mittelpunkt haben, sich in ... abspielen

ˌcentre ˈback *Nomen* (*AmE* ˌ**center ˈback**) (SPORT) zentraler Verteidiger(in)

centre-board (*AmE* **center-board**) /ˈsentəbɔːd; *AmE* ˈsentərbɔːrd/ *Nomen* (*in Segelbooten*) (Kiel)schwert

-centred /ˈsentə(r)d/ (*in Zusammensetzungen*) ◦ *a child-centred approach to teaching* eine am Kind orientierte Unterrichtsmethode ☛ *Siehe auch* SELF-CENTRED

ˌcentre ˈforward (*auch* **centre**) (*AmE* ˌ**center ˈforward**, **cen·ter**) *Nomen* (SPORT) Mittelstürmer(in)

ˌcentre ˈhalf (*AmE* ˌ**center ˈhalf**) *Nomen* (SPORT) Vorstopper(in)

ˌcentre of ˈgravity *Nomen* (*Pl* **centres of gravity**) Schwerpunkt

centre·piece (*AmE* **cen·ter·piece**) /ˈsentəpiːs; *AmE* -tərp-/ *Nomen* **1** [Sing] Kern, Glanzstück **2** = Tafelschmuck für die Mitte der Tafel

ˌcentre ˈspread *Nomen* = Doppelseite in der Mitte einer Zeitung oder Zeitschrift

ˌcentre ˈstage[1] (*AmE* ˌ**center ˈstage**) *Nomen* ◦ *occupy centre stage* im Rampenlicht stehen

ˌcentre ˈstage[2] *Adv* **put sth ~** etw in den Mittelpunkt rücken, im Rampenlicht ◦ *We are putting full employment centre stage.* Wir konzentrieren uns auf Vollbeschäftigung.

cen·tri·fu·gal /ˌsentrɪˈfjuːɡl, senˈtrɪfjəɡl/ *Adj* (*Fachspr*) zentrifugal

cenˌtrifugal ˈforce *Nomen* (PHYSIK) Zentrifugalkraft

cen·tri·fuge /ˈsentrɪfjuːdʒ/ *Nomen* Zentrifuge

cen·tur·ion /senˈtjʊəriən; *AmE* -ˈtʃʊr-/ *Nomen* (GESCH) Zenturio

cen·tury /ˈsentʃəri/ *Nomen* (*Pl* **-ies**) **1** (*Abk* **c**, **cent.**) Jahrhundert **2** (*im Kricket*) = hundert Läufe IDM ⇨ TURN[2]

CEO /ˌsiː iː ˈəʊ; *AmE* ˈoʊ/ *Kurzform von* **chief executive officer** Generaldirektor(in)

cep /sep/ *Nomen* Steinpilz

cer·am·ic /səˈræmɪk/ **1** *Nomen* [*meist Pl*] Keramik **2** *Adj* keramisch, Keramik-

cer·eal /ˈsɪəriəl; *AmE* ˈsɪr-/ *Nomen* **1** Getreide(art) **2** Flakes, Cerealien ◦ *breakfast cereals* Frühstücksflocken

ce·re·bel·lum /ˌserəˈbeləm/ *Nomen* (*Pl* **ce·re·bel·lums** *oder* **cere-bella** /-ˈbelə/) (ANAT) Kleinhirn

cere·bral /ˈserəbrəl; *AmE* səˈriːbrəl/ *Adj* **1** zerebral, Gehirn- **2** (*gehoben*) intellektuell SYN INTELLECTUAL

ˌcerebral ˈpalsy *Nomen* [U] Zerebralparese, spastische Lähmung

cere·brum /səˈriːbrəm, ˈserəbrəm/ *Nomen* (*Pl* **ce·re·bra** /-brə/) (ANAT) Großhirn

cere·mo·nial[1] /ˌserɪˈməʊniəl; *AmE* -ˈmoʊ-/ *Adj* (*Adv* **cere·mo·ni·al·ly** /-niəli/) zeremoniell, feierlich

cere·mo·nial[2] /ˌserɪˈməʊniəl; *AmE* -ˈmoʊ-/ *Nomen* Zeremoniell

cere·mo·ni·ous /ˌserəˈməʊniəs; *AmE* -ˈmoʊ-/ *Adj* (*Adv* **cere·mo·ni·ous·ly**) (*gehoben*) feierlich

cere·mony /ˈserəməni; *AmE* -moʊni/ *Nomen* (*Pl* **-ies**) **1** Feier, Zeremonie **2** Zeremoniell IDM **stand on ˈceremony** (*BrE*) förmlich sein **without ˈceremony** ohne Umstände; ohne viel Federlesens

cer·ise /səˈriːz, səˈriːs/ *Adj* cerise, kirschrot

cert /sɜːt; *AmE* sɜːrt/ *Nomen* (*BrE, umgs*) **1** sicherer Tipp **2** todsichere Sache

cert. /sɜːt; *AmE* sɜːrt/ *Abk* **1** = CERTIFICATE[1] **2** = CERTIFIED

cer·tain[1] /ˈsɜːtn; *AmE* ˈsɜːrtn/ *Adj* **1** sicher ◦ *It is certain that they will agree/They are certain to agree.* Sie werden sicher zustimmen. ◦ *She looks certain to win an Oscar.* Wie es aussieht, wird sie sicher einen Oscar gewinnen. ◦ *I want to be certain of getting a ticket.* Ich will auf jeden Fall eine Karte bekommen. ◦ *To my certain knowledge he was somewhere else at the time.* Ich weiß ganz sicher, dass er zu dem Zeitpunkt woanders war. ☛ *Hinweis bei* SICHER (1) **2** bestimmt **3** gewiss ◦ (*gehoben*) *a certain Dr Davis* ein gewisser Dr. Davis ☛ *Siehe auch* EXTENT IDM **for ˈcertain** ganz genau; ganz sicher **make certain (that ...)** **1** sich vergewissern (dass …) **2** dafür sorgen (dass …) **make certain of sth** für etw sorgen

cer·tain[2] /ˈsɜːtn; *AmE* ˈsɜːrtn/ *Pron* (*gehoben*) einige ◦ *certain of those present* einige der Anwesenden

cer·tain·ly /ˈsɜːtnli; *AmE* ˈsɜːrtnli/ *Adv* bestimmt, sicher(lich) ◦ *'Certainly not!'* „Auf gar keinen Fall!"

cer·tainty /ˈsɜːtnti; *AmE* ˈsɜːrtnti/ *Nomen* (*Pl* **-ies**) **1** Gewissheit ◦ *Her return to the team now seems a certainty.* Ihre Rückkehr in die Mannschaft scheint jetzt gewiss. **2** Sicherheit, Überzeugung ◦ *I can't say with any certainty where I'll be.* Ich kann nicht mit Sicherheit sagen, wo ich sein werde. ◦ *his certainty that his actions are right* seine Überzeugung, dass er richtig handelt

cer·ti·fi·able /ˈsɜːtɪfaɪəbl; *AmE* ˈsɜːrt-/ *Adj* **1** (*BrE*) unzurechnungsfähig ◦ (*umgs*) *He's certifiable.* Er ist verrückt. **2** (*bes AmE*) (amtlich) zugelassen

cer·tifi·cate[1] /səˈtɪfɪkət; *AmE* sərˈt-/ *Nomen* (*Abk* **cert.**) **1** Urkunde, Bescheinigung ◦ *a birth certificate* eine Geburtsurkunde ◦ *a medical certificate* ein ärztliches Attest **2** Zeugnis

cer·ti·fi·cate² /səˈtɪfɪkeɪt; *AmE* sərˈt-/ *Verb* (*BrE*) **1** zulassen, anerkennen **2 be certificated** einen Schein/ein Zeugnis bekommen

cer·ti·fi·cated /səˈtɪfɪkeɪtɪd; *AmE* sərˈt-/ *Adj* (*BrE*) qualifiziert

cer·ti·fi·ca·tion /ˌsɜːtɪfɪˈkeɪʃn; *AmE* ˌsɜːrt-/ *Nomen* (*Fachspr*) **1** Bestätigung, Zulassung; (*Film*) Klassifizierung **2** (*von Kursen, Qualifikationen*) Anerkennung

ˌcertified ˈcheque (*AmE* ˌcertified ˈcheck) *Nomen* beglaubigter Scheck

ˌcertified ˈmail *Nomen* (*AmE*) Einschreiben

ˌcertified ˌpublic acˈcountant *Nomen* (*AmE*) Wirtschaftsprüfer(in)

cer·tify /ˈsɜːtɪfaɪ; *AmE* ˈsɜːrt-/ *Verb* (**-fies, -fy·ing, -fied, -fied**) **1** bescheinigen, bestätigen ◊ *He was certified dead on arrival at hospital.* Bei seiner Ankunft im Krankenhaus konnte nur noch der Tod festgestellt werden. **2** (*meist passiv*) **~ sb** (**as sth**) jdn (als etw) anerkennen **3** (*meist passiv*) (RECHT) jdn für unzurechnungsfähig erklären

cer·ti·tude /ˈsɜːtɪtjuːd; *AmE* ˈsɜːrtɪtuːd/ *Nomen* Gewissheit

cer·vical /ˈsɜːvɪkl, səˈvaɪkl; *AmE* ˈsɜːrvɪkl/ *Adj nur vor Nomen* **1** Gebärmutterhals- ◊ *a cervical smear* ein Gebärmutterhalsabstrich **2** Hals-

cer·vix /ˈsɜːvɪks; *AmE* ˈsɜːrv-/ *Nomen* (*Pl* **cer·vi·ces** /-vɪsiːz/ *oder* **cer·vi·xes** /-vɪksɪz/) Gebärmutterhals

ce·sar·ean, ce·sar·ian (*AmE*) = CAESAREAN

ces·ium (*AmE*) = CAESIUM

ces·sa·tion /seˈseɪʃn/ *Nomen* (*gehoben*) Ende, Einstellung

ces·sion /ˈseʃn/ *Nomen* Abtretung

cess·pit /ˈsespɪt/ (*auch* **cess·pool** /ˈsespuːl/) *Nomen* **1** Senkgrube **2** (*fig*) Sumpf, Sündenpfuhl

cf. *Abk* vgl.

CFC /ˌsiː ef ˈsiː/ *Kurzform von* **chlorofluorocarbon** Fluorchlorkohlenwasserstoff, FCKW

cha-cha /ˈtʃɑː tʃɑː/ (*auch* **ˈcha-cha-cha**) *Nomen* Cha-Cha-Cha

chafe /tʃeɪf/ *Verb* **1** wund scheuern ◊ *The collar chafed her neck.* Der Kragen scheuerte sie am Hals. **2** wund (gescheuert) sein **3 ~** (**at/under sth**) (*gehoben*) sich (über etw) ärgern

chaff¹ /tʃɑːf; *AmE* tʃæf/ *Nomen* **1** Spreu **2** Häcksel IDM ⇨ SEPARATE¹

chaff² /tʃɑːf; *AmE* tʃæf/ *Verb* (*veraltet oder gehoben*) **1** aufziehen **2** flachsen SYN TEASE

chaf·finch /ˈtʃæfɪntʃ/ *Nomen* Buchfink

chag·rin /ˈʃægrɪn; *AmE* ʃəˈgrɪn/ *Nomen* (*gehoben*) Ärger, Verdruss

chain¹ /tʃeɪn/ *Nomen* Kette (*auch fig*) ◊ *a human chain* eine Menschenkette IDM ⇨ BALL¹, LINK¹ *und* WEAK

chain² /tʃeɪn/ *Verb* (*meist passiv*) **~ sb/sth** (**to sb/sth**) jdn/etw (an jdn/etw) ketten; **~ sb/sth** (**up**) jdn/etw anketten ◊ *The doors were always locked and chained.* Die Türen waren immer abgesperrt und die Kette vorgelegt. ◊ (*fig*) *I've been chained to my desk all week.* Ich war die ganze Woche an meinen Schreibtisch gefesselt.

ˈchain gang *Nomen* Sträflingskolonne

ˈchain mail (*auch* **mail**) *Nomen* Kettenpanzer

ˌchain reˈaction *Nomen* Kettenreaktion (*auch fig*)

ˈchain-saw /ˈtʃeɪnsɔː/ *Nomen* Kettensäge

ˈchain-smoke *Verb* kettenrauchen

ˈchain-smoker *Nomen* Kettenraucher(in)

ˈchain store *Nomen* Kettenladen

chair¹ /tʃeə(r); *AmE* tʃer/ *Nomen* **1** Stuhl ☛ *Siehe auch* EASY CHAIR, HIGH CHAIR *und* MUSICAL CHAIRS **2 the chair** [Sing] der Vorsitz, der/die Vorsitzende ◊ *She takes the chair in all our meetings.* Sie führt in allen unseren Sitzungen den Vorsitz. ◊ *Who is in the chair today?* Wer führt heute den Vorsitz? ◊ *He was elected chair.* Er wurde zum Vorsitzenden gewählt. **3** Lehrstuhl **4 the chair** (*AmE, umgs*) = THE ELECTRIC CHAIR

chair² /tʃeə(r); *AmE* tʃer/ *Verb* **~ sth** bei etw den Vorsitz führen

chair·lift /ˈtʃeəlɪft; *AmE* ˈtʃer-/ *Nomen* Sessellift

chair·man /ˈtʃeəmən; *AmE* ˈtʃer-/ *Nomen* (*Pl* **-men** /-mən/) **1** Vorsitzende(r) ◊ *act as chairman* den Vorsitz übernehmen **2** (*eines Konzerns etc.*) Präsident

chair·man·ship /ˈtʃeəmənʃɪp; *AmE* ˈtʃer-/ *Nomen* Vorsitz

chair·per·son /ˈtʃeəpɜːsn; *AmE* ˈtʃerpɜːrsn/ *Nomen* (*Pl* **-persons**) Vorsitzende(r)

chair·woman /ˈtʃeəwʊmən; *AmE* ˈtʃer-/ *Nomen* (*Pl* **-women** /-wɪmɪn/) Vorsitzende

chaise longue /ˌʃeɪz ˈlɒŋ; *AmE* ˈlɔːŋ/ *Nomen* (*Pl* **chaises longues** /ˌʃeɪz ˈlɒŋ; *AmE* ˈlɔːŋ/) **1** Chaiselongue **2** (*AmE*) (*umgs* **chaise lounge**) Gartenliege

cha·let /ˈʃæleɪ/ *Nomen* **1** Chalet, Sennhütte **2** (*BrE*) Ferienhäuschen

chal·ice /ˈtʃælɪs/ *Nomen* (REL) Kelch IDM ⇨ POISON¹

chalk¹ /tʃɔːk/ *Nomen* **1** Kalkstein ◊ *the chalk cliffs of southern England* die Kreidefelsen in Südengland **2** Kreide IDM ˌchalk and ˈcheese (*BrE*) (so verschieden wie) Tag und Nacht ☛ *Siehe auch* LONG¹

chalk² /tʃɔːk/ *Verb* **~ sth** (**up**) (**on sth**) etw mit Kreide (auf etw) schreiben IDM ˌchalk it ˈup to exˈperience (*bes AmE, umgs*) es (einfach) abhaken; eine Lehre daraus ziehen PHR V ˌchalk sth ˈup (*umgs*) etw verbuchen *They have chalked up their tenth win.* Sie konnten ihren zehnten Sieg verbuchen. ☛ G 9.7d ˌchalk sth ˈup to sth (*AmE, umgs*) etw einer Sache verdanken

chalk·board /ˈtʃɔːkbɔːd; *AmE* -bɔːrd/ *Nomen* (*bes AmE*) Tafel

chalky /ˈtʃɔːki/ *Adj* kalkig, kalkhaltig, kalkartig

chal·lenge¹ /ˈtʃælɪndʒ/ *Nomen* **1** Herausforderung ◊ *mount a challenge* jdn herausfordern ◊ *meet the challenge of new technology* den Anforderungen der neuen Technologie gerecht werden **2** (*zum Duell etc.*) Forderung **3 ~** (**to sth**) Infragestellung (einer Sache) **4 ~** (**to sth**) Anfechtung (einer Sache) ◊ *a legal challenge* eine Anfechtungsklage

chal·lenge² /ˈtʃælɪndʒ/ *Verb* **1** infrage stellen, anzweifeln; (*vor Gericht*) anfechten **2 ~ sb** (**to sth**) jdn (zu etw) herausfordern **3** fordern ◊ *The job doesn't really challenge her.* Die Arbeit fordert sie nicht genügend. **4** anhalten ◊ *We were challenged by police at the border.* An der Grenze wurden wir von der Polizei angehalten.

chal·lenged /ˈtʃælɪndʒd/ *Adj* (*bes AmE*) (mit einem Adverb gebraucht, um verhüllend eine Behinderung auszudrücken) ◊ *a competition for physically challenged athletes* ein Wettkampf für körperbehinderte Sportler. ◊ (*hum*) *I'm financially challenged at the moment.* Ich bin im Moment knapp bei Kasse.

chal·len·ger /ˈtʃælɪndʒə(r)/ *Nomen* (SPORT) Herausforderer, Herausforderin

chal·len·ging /ˈtʃælɪndʒɪŋ/ *Adj* **1** fordend ◊ *challenging work* Arbeit, die einen fordert **2** (*Blick etc.*) herausfordernd

cham·ber /ˈtʃeɪmbə(r)/ *Nomen* **1** (Sitzungs)saal **2** (*im Parlament*) Kammer ◊ *the Lower/Upper Chamber* das Unter-/Oberhaus ☛ G 1.3b **3** (*oft in Zusammensetzungen*) Kammer ◊ *a burial chamber* eine Grabkammer ◊ *the chamber of a gun* die Patronenkammer eines Gewehrs **4** Höhle ◊ *a vast underground chamber* eine riesige unterirdische Höhle **5** (*veraltet*) Gemach **6 chambers** [Pl] (*Anwalts-*) Kanzlei; (*eines Richters*) Amtszimmer

cham·ber·lain /ˈtʃeɪmbəlɪn; *AmE* -bərlɪn/ *Nomen* Kammerherr

cham·ber·maid /ˈtʃeɪmbəmeɪd; *AmE* -bərm-/ *Nomen* Zimmermädchen

ˈchamber music *Nomen* Kammermusik

ˌChamber of ˈCommerce *Nomen* Handelskammer

ˈchamber orchestra *Nomen* Kammerorchester

ˈchamber pot *Nomen* Nachttopf

cha·meleon /kəˈmiːliən/ *Nomen* Chamäleon (*auch fig*)

cham·ois *Nomen* (*Pl* **chamois**) /ˈʃæmwɑː; *AmE* ˈʃæmi/ **1** Gämse **2** /ˈʃæmi/ (*BrE auch* ˌchamois ˈleather) Chamoisleder, Gämsleder; (*Tuch*) Fensterleder **3** /ˈʃæmi/ (*AmE*) Baumwollflanell

chamo·mile = CAMOMILE

champ¹ /tʃæmp/ *Verb* geräuschvoll kauen IDM **be ˌchamping at the ˈbit** vor Ungeduld fiebern ◊ *They're champing at the bit to get started.* Sie brennen darauf anzufangen.

champ² /tʃæmp/ *Nomen* (*umgs*) (*besonders Pressejargon*) = CHAMPION¹

---

u *actual* | aɪ *my* | aʊ *now* | eɪ *say* | əʊ (*BrE*) *go* | oʊ (*AmE*) *go* | ɔɪ *boy* | ɪə *near* | eə *hair* | ʊə *pure*

cham·pagne /ʃæm'peɪn/ *Nomen* Champagner ☞ *Hinweis bei* SEKT

cham·pers /'ʃæmpəz/ *AmE* -pərz/ *Nomen* (*BrE, umgs*) Champagner

cham·pion¹ /'tʃæmpiən/ *Nomen* **1** (*umgs* **champ**) (SPORT) Meister(in) ◊ *the world basketball champions* die Weltmeister im Basketball ◊ *a champion bull* ein preisgekrönter Bulle ☞ *the reigning champions* die Titelinhaber **2** (*Fürsprecher*) Anwalt, Verfechter(in) ◊ *He was a champion of the poor all his life.* Er war sein Leben lang ein Anwalt der Armen.

cham·pion² /'tʃæmpiən/ *Verb* ~ **sb/sth** für jdn/etw eintreten, sich für jdn/etw einsetzen

cham·pion·ship /'tʃæmpiənʃɪp/ *Nomen* Meisterschaft

chance¹ /tʃɑːns; *AmE* tʃæns/ *Nomen* **1** Chance, Möglichkeit, Aussicht ◊ *Is there any chance of getting tickets for tonight?* Besteht eine Aussicht, Karten für heute Abend zu bekommen? ◊ *She has only a slight/slim chance of passing the exam.* Sie hat nur geringe Aussichten, die Prüfung zu bestehen. ◊ *an outside chance* nur eine geringe Chance. **2** Gelegenheit, Chance ◊ *There will be a chance for you to look around.* Sie werden Gelegenheit haben, sich umzuschauen. **3** Risiko ◊ *I don't want to take any chances.* Ich will auf Nummer sicher gehen. ◊ *That's a chance we'll have to take.* Das müssen wir eben riskieren. **4** Zufall ◊ *I met her by chance.* Ich habe sie zufällig getroffen. ◊ *Chess is not a game of chance.* Schach ist kein Glücksspiel. SYN LUCK **IDM** **as ˌchance would 'have it** wie der Zufall es wollte; zufällig **by ˌany 'chance** zufällig ◊ *Are you in love with him, by any chance?* Bist du etwa in ihn verliebt? **the chances ˌare (that) ...** (*umgs*) Es ist wahrscheinlich, dass... ◊ *The chances are (that) you won't have to pay.* Sie brauchen wahrscheinlich nicht zu zahlen. **ˌchance would be a fine 'thing** (*BrE, umgs*) schön wär's **give sb half a 'chance** jdm die Gelegenheit geben **'no chance** (*umgs*) unmöglich; nie im Leben **stand a 'chance (of doing sth)** gute Aussichten haben (etw zu tun) **take a 'chance (on sth)** es (mit etw) drauf ankommen lassen **take your 'chances** es riskieren; es drauf ankommen lassen **take your 'chances on/with sth** es (auf gut Glück) mit etw versuchen ☞ *Siehe auch* EVEN², EYE¹, FAT¹, FIGHT¹, HELL *und* OFF CHANCE

chance² /tʃɑːns; *AmE* tʃæns/ *Verb* **1** ~ **sth** (*umgs*) etw riskieren ◊ *I stayed hidden under the desk; I couldn't chance coming out.* Ich blieb in meinem Versteck unter dem Schreibtisch; ich konnte es nicht riskieren, rauszukommen. ◊ *She was chancing her luck driving without a licence.* Es war wirklich riskant von ihr, ohne Führerschein zu fahren. **2** ~ **to do sth** (*gehoben*) zufällig etw tun ◊ *They chanced to be staying at the same hotel./It chanced that they were staying at the same hotel.* Sie wohnten zufällig im gleichen Hotel. **IDM** **ˌchance your 'arm** (*BrE, umgs*) es riskieren **PHRV** **'chance on/upon sb/sth** (*gehoben*) zufällig auf jdn/etw stoßen

chance³ /tʃɑːns; *AmE* tʃæns/ *Adj nur vor Nomen* zufällig, Zufalls-

chan·cel /'tʃɑːnsl; *AmE* 'tʃænsl/ *Nomen* Altarraum, Chor

chan·cel·lery /'tʃɑːnsələri; *AmE* 'tʃæn-/ *Nomen* (*Pl* **-ies**) [*meist Sing*] Kanzleramt

chan·cel·lor (*auch* **Chan·cel·lor**) /'tʃɑːnsələ(r); *AmE* 'tʃæns-/ *Nomen* **1** Bundeskanzler(in) **2** (*einer Uni*) Kanzler(in) ☞ *In britischen Universitäten ist* **Chancellor** *ein Ehrentitel. In den USA heißt der/die Rektor(in) an manchen Universitäten* **Chancellor**. **3** (*BrE* **ˌChancellor of the Ex'chequer**) Schatzkanzler, Finanzminister

chan·cery /'tʃɑːnsəri; *AmE* 'tʃæns-/ *Nomen* [*Sing*] **1 Chancery** (*BrE*) = Abteilung des hohen Gerichts **2** (*bes BrE*) Zentralarchiv **3** (*auch* **'chancery court**) (*AmE*) = Gerichtshof, in dem Fälle nach dem Billigkeitsrecht verhandelt werden **4** (*bes BrE*) = Teil einer Botschaft oder eines Konsulats

chancy /'tʃɑːnsi; *AmE* 'tʃæns-/ *Adj* (*umgs*) riskant SYN RISKY

chan·de·lier /ˌʃændə'lɪə(r); *AmE* -'lɪr/ *Nomen* Kronleuchter, Lüster

chand·ler /'tʃɑːndlə(r); *AmE* 'tʃænd-/ *Nomen* SHIP'S CHANDLER

change¹ /tʃeɪndʒ/ *Verb*
• einen Zustand verändern ☞ *Hinweis bei* ÄNDERN **1** sich (ver)ändern ◊ *changing attitudes towards education* sich wandelnde Ansichten über das Bildungswesen ◊ *The weather can change rapidly in the mountains.* In den Bergen kann das Wetter schnell umschlagen. **2** ~ **sb/sth** jdn/etw (ver)ändern ◊ *Information technology has changed the way people work.* Die Informationstechnik hat Veränderungen in der Arbeitsweise der Menschen bewirkt. **3** ~ **sth** (**to sth**) etw (zu etw) ändern ◊ *She changed her name to his.* Sie nahm seinen Namen an. **4** ~ **sb/sth** (**from A**) (**to/into B**) jdn/etw (aus A) (in B) verwandeln **5** ~ (**from A**) (**to/into B**) sich (aus A) (in B) verwandeln ◊ *Caterpillars change into butterflies.* Raupen verwandeln sich in Schmetterlinge. ◊ *We're changing to a new system.* Wir steigen auf ein anderes System um. ◊ *Wait for the traffic lights to change.* Warte, bis die Ampel umspringt.
• **etw ersetzen 6** wechseln; (*Glühbirne etc.*) auswechseln ◊ *At half-time the teams change ends.* Zur Halbzeit wechseln die Mannschaft die Seiten. ◊ *Our ship changed course.* Unser Schiff hat den Kurs gewechselt. ◊ *Leaves change colour in autumn.* Das Laub verfärbt sich im Herbst. ◊ *The wind has changed direction.* Der Wind hat sich gedreht. **7** ~ **sb/sth** (**for sb/sth**) jdn/etw (gegen jdn/etw) tauschen, jdn/etw (gegen jdn/etw) eintauschen ◊ *We changed our car for a bigger one.* Wir haben unser Auto gegen ein größeres eingetauscht. **8** ~ **sth** (**for sth**) (*BrE*) etw (gegen etw) umtauschen **9** ~ **sth** (**with sb**) etw (mit jdm) tauschen ◊ *Can we change seats?/Can I change seats with you?* Können wir die Plätze tauschen? **10** (*Geld*) umtauschen, (ein)wechseln ◊ *change a dollar bill for four quarters* einen Dollarschein in vier Vierteldollar einwechseln **11** umsteigen ◊ *Where do I have to change (trains)?* Wo muss ich umsteigen? ◊ *All change, please!* Alles aussteigen!
• **Kleidung etc. 12** sich umziehen; ~ **into sth** sich etw anziehen; ~ **out of sth** sich etw ausziehen ☞ *Im britischen Englisch sagt man sehr häufig* **get changed**: *I didn't have time to get changed before the party.* Im amerikanischen dagegen ist **change clothes** geläufiger: *I didn't have time to change clothes before the party.* **13** (*Baby*) frisch wickeln, trockenlegen **14** (*Bett*) frisch beziehen
IDM **change 'hands** den Besitzer wechseln **change horses in mid'stream** plötzlich einen anderen Kurs einschlagen **change sb's 'mind** jdn umstimmen **change your 'mind** seine Meinung ändern, sich anders überlegen ◊ *Nothing will make me change my mind.* Nichts kann mich dazu bewegen, meine Meinung zu ändern. **change the 'subject** das Thema wechseln **change your 'tune** (*umgs*) seine Ansicht ändern; sein Verhalten ändern **change your 'ways** sich wandeln ☞ *Siehe auch* CHOP³, LEOPARD *und* PLACE¹
PHRV **ˌchange 'back (into sb/sth)** sich (in jdn/etw) zurückverwandeln **ˌchange 'back (into sth)** sich wieder umziehen (und etw anziehen) ◊ *She changed back into her work clothes.* Sie zog ihre Arbeitskluft wieder an. **ˌchange sth 'back (into sth)** (*Geld*) wieder (in etw) zurücktauschen **ˌchange 'down** (*BrE*) herunterschalten, zurückschalten, einen niedrigeren Gang einlegen **ˌchange 'over (from sth) (to sth)** (von etw) (zu etw) übergehen **ˌchange 'up** (*BrE*) hochschalten, einen höheren Gang einlegen

change² /tʃeɪndʒ/ *Nomen* **1** Veränderung, Änderung ◊ *changes to the system* Änderungen des Systems ◊ *There was no change in the patient's condition.* Der Zustand des Patienten war unverändert. ◊ *social change* ein Wandel in der Gesellschaft ◊ *a change in the weather* ein Wetterumschwung ◊ *They notified the bank of their change of address.* Sie teilten der Bank ihre neue Adresse mit. **2** [*Sing*] Abwechslung ◊ *Can you just listen for a change?* Kannst du ausnahmsweise mal zuhören? ◊ *That makes a change.* Das ist mal was Neues. **3** Wechsel ◊ *There will be a crew change in Dubai.* In Dubai wird die Besatzung ausgewechselt. ◊ (*BrE*) *a change of scene* ein Tapetenwechsel ◊ *a change of clothes* Kleidung zum Wechseln ◊ *The journey involved three changes.* Auf der Fahrt musste man dreimal umsteigen. **4** Wechselgeld ◊ *That's 40 cents change.* Da sind 40 Cent zurück. **5** Kleingeld ◊ *a dollar in change* ein Dollar in Münzen ◊ *loose/small change* Kleingeld ◊ *Could you give me change for a ten-dollar note?* Könnten Sie mir einen Zehn-Dollar-Schein wechseln? **IDM** **a change for the 'better/'worse** eine Verbesserung/Verschlechterung **a ˌchange of 'heart** ◊ *He's had a change of heart.* Er hat es sich anders überlegt. **the ˌchange of 'life** (*umgs*) die

Wechseljahre o **a ˌchange of ˈmind** eine Meinungsänderung o **get no change out of sb** (*BrE, umgs*) kein Glück bei jdm haben ☛ *Siehe auch* RING², *und* WIND¹

change·able /ˈtʃeɪndʒəbl/ *Adj* **1** wechselhaft, unbeständig o *changeable moods* Stimmungsschwankungen **2** austauschbar, veränderbar

changed /tʃeɪndʒd/ *Adj nur vor Nomen* völlig anders, verändert, neu o *She's a changed woman.* Sie hat sich völlig verändert. OPP UNCHANGED

change·ling /ˈtʃeɪndʒlɪŋ/ *Nomen* Wechselbalg

change·over /ˈtʃeɪndʒəʊvə(r)/ *AmE* -oʊv-/ *Nomen* Übergang, Umstellung

ˈchange purse *Nomen* (*AmE*) Portmonee, Geldbeutel

ˈchanging room *Nomen* **1** Umkleideraum **2** Anprobe

chan·nel¹ /ˈtʃænl/ *Nomen* **1** Kanal, Sender o *switch channels* auf ein anderes Programm umschalten **2** (*auch* **channels** [Pl]) Weg, Kanal o *Complaints must be made through the proper channels.* Beschwerden müssen den Dienstweg gehen. o *a useful channel of communication* ein nützliches Kommunikationsmittel **3** Medium **4** Kanal, Flussbett **5** Fahrrinne **6 the Channel** = THE ENGLISH CHANNEL

chan·nel² /ˈtʃænl/ *Verb* (-ll-, *AmE* -l-) **1** ~ **sth** (**into sth**) etw in etw leiten, etw in etw stecken, etw in etw richten **2** ~ **sth through sth** etw durch etw leiten; (*Geld etc.*) etw über etw laufen lassen **3** übermitteln, lenken

chant¹ /tʃɑːnt; *AmE* tʃænt/ *Nomen* **1** Sprechchor o *The crowd broke into chants of 'Out! Out!'* Die Menge rief im Sprechchor „Raus! Raus!" **2** (liturgischer) Gesang

chant² /tʃɑːnt; *AmE* tʃænt/ *Verb* **1** ~ **sth** etw skandieren, etw im Sprechchor rufen **2** Sprechchöre anstimmen **3** (REL) singen

chan·ter·elle /ˈtʃɑːntərel, ˌtʃɑːntəˈrel/ *Nomen* Pfifferling

chant·ing /ˈtʃɑːntɪŋ/ *Nomen* [U] **1** Sprechchöre **2** (REL) Singen, Gesang, Ritualgesang

chanty (*auch* **chantey**) (*AmE*) = SHANTY (2)

Cha·nuk·ah, Cha·nuk·kah = HANUKKAH

chaos /ˈkeɪɒs; *AmE* ˈkeɪɑːs/ *Nomen* Chaos o *The house was in chaos.* Im Haus herrschte totales Chaos.

ˈchaos theory *Nomen* (MATH) Chaostheorie

cha·ot·ic /keɪˈɒtɪk; *AmE* -ˈɑːtɪk/ *Adj* (*Adv* **cha·ot·ic·al·ly** /-tɪkli/) chaotisch

chap /tʃæp/ *Nomen* (*BrE, umgs, veraltend*) Kerl o *Come on, chaps!* Kommt Jungs!

chap. *Abk* = CHAPTER

chap·ar·ral /ˌʃæpəˈræl/ *Nomen* (*AmE*) [U] Steppe

cha·patti (*auch* **cha·pati**) /tʃəˈpæti, -ˈpɑːti/ *Nomen* = indisches Fladenbrot

chapel /ˈtʃæpl/ *Nomen* **1** Kapelle **2** [U] (*BrE*) (*für einige protestantische Kirchengemeinden*) Kirche **3** ~ **of rest** Leichenhalle, Leichenkammer

chap·er·one¹ (*BrE auch* **chap·eron**) /ˈʃæpərəʊn; *AmE* -oʊn/ *Nomen* **1** Anstandsdame **2** (*für Kinder*) Begleitperson

chap·er·one² (*BrE auch* **chap·eron**) /ˈʃæpərəʊn; *AmE* -oʊn/ *Verb* ~ **sb** jdn begleiten (bes als Anstandsdame)

chap·lain /ˈtʃæplɪn/ *Nomen* (*Gefängnis, Krankenhaus etc.*) Geistliche(r)

chap·lain·cy /ˈtʃæplɪnsi/ *Nomen* (*Pl* **-ies**) = Amt/Amtsräume eines Universitäts-, Gefängnisgeistlichen

chapped /tʃæpt/ *Adj* (*Lippen*) spröde; (*Haut*) rissig

chaps /tʃæps/ *Nomen* = von Cowboys etc. getragene lederne Reithosen

chap·ter /ˈtʃæptə(r)/ *Nomen* **1** (*Abk* **chap.**) Kapitel (*auch fig*) o *a difficult chapter in sb's life* ein schwieriger Lebensabschnitt **2** (*Dom-, Abtei-*) Kapitel ☛ G 1.3b **3** (*bes AmE*) (*eines Klubs etc.*) Ortsgruppe IDM **ˌchapter and ˈverse** genaue (Quellen)angaben

ˈchapter house *Nomen* Domkapitel, Kapitelsaal

char¹ /tʃɑː(r)/ *Verb* (-rr-) **1** verkohlen ☛ *Siehe auch* CHARRED **2** (*BrE, veraltet*) als Putzfrau arbeiten

char² /tʃɑː(r)/ *Nomen* (*BrE, veraltet, umgs*) Tee

char·ac·ter /ˈkærəktə(r)/ *Nomen* **1** [*meist Sing*] Charakter, Persönlichkeit o *a character witness in court* ein Leumundszeuge o *a character reference* ein Leumundszeugnis o *a face with a lot of character* ein Gesicht mit stark ausgeprägten Zügen **2** Wesen(sart), Beschaffenheit o *the illegal character of the protest action* die Illegalität des Protestaktion o *buildings that are very simple in character* in einem schlichten Stil errichtete Gebäude **3** Charakter(stärke), Willenskraft **4** (*umgs*) (*nach einem Adjektiv*) Gestalt, Typ o *a strange character* ein sonderbarer Typ **5** (*umgs*) (*Person*) Original **6** Ruf o *character assassination* Rufmord **7** Figur, Person; (*Film- auch*) Rolle **8** Buchstabe, Anschlag, (Schrift)zeichen IDM **ˌin ˈcharacter** typisch **in ˈcharacter (with sth)** passend (zu etw) o *be in character with sth* zu etw passen **out of ˈcharacter** untypisch

ˈcharacter actor *Nomen* Chargenspieler(in)

char·ac·ter·ful /ˈkærəktəfl; *AmE* -tərfl/ *Adj* (*gehoben*) **1** ungewöhnlich, ausgeprägt **2** (*Unterkunft etc.*) mit Charakter, stilvoll

char·ac·ter·is·tic¹ /ˌkærəktəˈrɪstɪk/ *Adj* ~ (**of sth/sb**) typisch (für etw/jdn), charakteristisch (für etw/jdn) o *She spoke with characteristic enthusiasm.* Sie sprach mit dem für sie typischen Enthusiasmus. OPP UNCHARACTERISTIC

char·ac·ter·is·tic² /ˌkærəktəˈrɪstɪk/ *Nomen* (charakteristisches) Merkmal, Charakteristikum, Eigenschaft

char·ac·ter·is·tic·al·ly /ˌkærəktəˈrɪstɪkli/ *Adv* typisch, bezeichnenderweise o *Characteristically, Helen paid for everyone.* Es war typisch Helen, dass sie für alle bezahlte.

char·ac·ter·iza·tion (*BrE auch* **-isa·tion**) /ˌkærəktəraɪˈzeɪʃn/ *Nomen* **1** Charakterisierung **2** (*gehoben*) Kennzeichnung, Definition

char·ac·ter·ize (*BrE auch* **-ise**) /ˈkærəktəraɪz/ *Verb* (*gehoben*) **1** ~ **sth** charakteristisch sein (für etw) **2** charakterisieren, kennzeichnen, prägen **3** ~ **sb/sth** (**as sth**) jdn/etw (als etw) beschreiben, jdn/etw (als etw) definieren

cha·rade /ʃəˈrɑːd; *AmE* ʃəˈreɪd/ *Nomen* **1** (*fig*) Theater **2 charades** Scharade

char·coal /ˈtʃɑːkəʊl; *AmE* ˈtʃɑːrkoʊl/ *Nomen* **1** Holzkohle, Kohlestift o *a charcoal drawing* eine Kohlezeichnung **2** (*auch* **ˌcharcoal ˈgrey**) anthrazitgrau

chard /tʃɑːd; *AmE* tʃɑːrd/ *Nomen* = SWISS CHARD

charge¹ /tʃɑːdʒ; *AmE* tʃɑːrdʒ/ *Nomen* **1** Gebühr o *admission charges* Eintrittspreise o *free of charge* kostenlos o *There is an extra charge for coffee.* Der Kaffee wird zusätzlich berechnet. o *Delivery is free of charge.* Die Lieferung ist frei Haus. **2** (*AmE, umgs*) Kundenkreditkonto o *Would you like to put that on your charge?* Geht das auf Ihr Konto? **3** (RECHT) Strafanzeige; (*durch Polizei*) Beschuldigung; (*vor Gericht*) Anklage(punkt) o *a murder charge* eine Anklage wegen Mordes o *He faces a charge of armed robbery.* Er muss sich wegen bewaffneten Raubüberfalls vor Gericht verantworten. o *She was released without charge.* Es wurde keine Anklage gegen sie erhoben und sie wurde freigelassen. **4** Beschuldigung o *He left himself open to charges of political bias.* Man hat ihn der politischen Befangenheit beschuldigt. **5** Verantwortung o *She has charge of the restaurant.* Sie ist für das Restaurant verantwortlich. o *They left the au pair in charge of the children.* Sie ließen die Kinder in der Obhut des Aupairmädchens. o *He took charge of the farm after his father's death.* Nach dem Tod seines Vaters übernahm er den Hof. o *I'm leaving the school in your charge.* Ich übertrage Ihnen die Leitung der Schule. **6** (*gehoben oder hum*) Schützling **7** (ELEK) Ladung o *put on charge* aufladen **8** (*eines Gewehrs*) Ladung; (*einer Bombe*) Sprengladung **10** Kraft, Spannung IDM **bring/press/prefer ˈcharges against sb** (RECHT) gegen jdn Anzeige erstatten o **get a ˈcharge out of sth** (*AmE*) Spaß an etw haben ☛ *Siehe auch* REVERSE³

charge² /tʃɑːdʒ; *AmE* tʃɑːrdʒ/ *Verb* **1** berechnen, verlangen o *What did they charge for the repairs?* Was hat die Reparatur gekostet? o *We won't charge you for delivery.* Die Lieferung kostet Sie nichts. o *Calls are charged at 36 cents per minute.* Ein Anruf kostet 36 Cent pro Minute. o *Should museums charge for admission?* Sollen Museen Eintritt verlangen? **2** ~ **sth to sth** etw auf etw setzen, etw mit etw belasten o *They charged it to their credit account.* Es ging auf ihr Kreditkonto. o (*AmE*) *I'll charge it.* Ich zahle es mit meiner Karte. **3** (RECHT) ~ **sb** (**with sth**) jdn (wegen einer Sache) anklagen **4** (*gehoben*) ~ **sb with sth** jdn einer Sache beschuldigen, jdm etw vorwerfen **5** angreifen o *We charged at the enemy.* Wir griffen den Gegner an. o *The bull charged at him.* Der Stier ging auf ihn los. **6** stürmen o *The children charged down the stairs.* Die Kinder stürmten die

chargeable

Treppe hinunter. ◇ *He came charging into my room.* Er platzte in mein Zimmer. **7** (*meist passiv*) ~ **sb with sth** (*gehoben*) jdn mit etw beauftragen ◇ *He is charged with managing the school within its budget.* Er ist angewiesen, die Schule ohne Überschreitung des Etats zu führen. **8** (ELEK) (auf)laden **9** (*meist passiv*) ~ **sth (with sth)** (*gehoben*) (*fig*) etw (mit etw) füllen ◇ *The room was charged with hatred.* Im ganzen Raum war Hass zu spüren. ◇ *a highly charged atmosphere* eine geladene Stimmung **10** (*BrE, gehoben*) (*Glas*) füllen **11** (*veraltet*) (*Gewehr*) laden

charge·able /ˈtʃɑːdʒəbl; *AmE* ˈtʃɑːrdʒ-/ *Adj* **1** anrechenbar; **be** ~ **(to sb/sth)** auf jds Kosten gehen **2** steuerpflichtig

'**charge account** *Nomen* (*AmE*) (Kunden)kreditkonto

'**charge card** *Nomen* Kundenkarte

char·gé d'af·faires /ˌʃɑːʒeɪ dæˈfeə(r)/; *AmE* ˌʃɑːrʒeɪ dæˈfer/ *Nomen* (*Pl* **chargés d'affaires** /ˌʃɑːʒeɪ dæˈfeə(r)/; *AmE* ˌʃɑːrʒeɪ dæˈfer/) **1** (diplomatische(r)) Geschäftsträger(in) **2** Konsul(in)

'**charge nurse** *Nomen* (*BrE*) Stationsleiter(in)

char·ger /ˈtʃɑːdʒə(r); *AmE* ˈtʃɑːrdʒ-/ *Nomen* **1** (ELEK) Ladegerät **2** (*veraltet*) Ross

'**charge sheet** *Nomen* (*BrE*) = Aktenblatt der Polizei über Beschuldigte

char·iot /ˈtʃæriət/ *Nomen* Streitwagen

cha·ris·ma /kəˈrɪzmə/ *Nomen* Charisma

cha·ris·mat·ic /ˌkærɪzˈmætɪk/ *Adj* charismatisch

char·it·able /ˈtʃærətəbl/ *Adj* **1** Wohltätigkeits- ◇ *a charitable donation/gift* eine Spende ◇ (*BrE*) *have charitable status* als gemeinnützig anerkannt sein **2** karitativ, gemeinnützig **3** großmütig, nachsichtig

char·it·ably /ˈtʃærətəbli/ *Adv* großmütig, nachsichtig ◇ *Try to think about him a little more charitably.* Versuch doch, ihm mehr Verständnis entgegenzubringen.

char·ity /ˈtʃærəti/ *Nomen* (*Pl* **-ies**) **1** Wohlfahrtsorganisation **2** Wohltätigkeit ◇ *raise money for charity* Geld für wohltätige Zwecke sammeln ◇ *Do you give much to charity?* Spenden Sie viel? ◇ *live on/off charity* von Almosen leben **3** (*gehoben*) Großmut, Nachsicht IDM **charity begins at** '**home** Nächstenliebe beginnt zu Hause

'**charity shop** *Nomen* (*BrE*) = Laden, der gespendete Sachen für eine Wohlfahrtsorganisation verkauft

char·la·tan /ˈʃɑːlətən; *AmE* ˈʃɑːrl-/ *Nomen* Scharlatan

char·lie /ˈtʃɑːli; *AmE* ˈtʃɑːrli/ *Nomen* **1** (*Slang*) Kokain **2** (*BrE, veraltet, umgs*) Blödmann

charm[1] /tʃɑːm; *AmE* tʃɑːrm/ *Nomen* **1** Charme **2** Reiz ◇ *her physical charms* ihre weiblichen Reize **3** Amulett ◇ *a lucky charm* ein Glücksbringer **4** Anhänger ◇ *a charm bracelet* ein Armband mit Anhängern **5** Zauberformel SYN SPELL IDM **work like a** '**charm** Wunder wirken

charm[2] /tʃɑːm; *AmE* tʃɑːrm/ *Verb* **1** bezaubern ◇ *Her words had lost their power to charm.* Ihre Überredungskünste wirkten nicht mehr. **2** verzaubern ◇ *He has led a charmed life.* Er ist sein ganzes Leben lang ein Glückskind gewesen. PHRV ,**charm sth** '**out of sb** jdm etw abschmeicheln

charm·er /ˈtʃɑːmə(r); *AmE* ˈtʃɑːrm-/ *Nomen* bezaubernder Mensch, Charmeur ☞ *Siehe auch* SNAKE CHARMER

charm·ing /ˈtʃɑːmɪŋ; *AmE* ˈtʃɑːrmɪŋ/ *Adj* (*Adv* **charming·ly**) charmant, bezaubernd, reizend

charm·less /ˈtʃɑːmləs; *AmE* ˈtʃɑːrm-/ *Adj* (*gehoben*) öde, unsympathisch

'**char·nel house** /ˈtʃɑːnl haʊs; *AmE* ˈtʃɑːrnl/ *Nomen* Leichenhalle, Beinhaus

charred /tʃɑːd; *AmE* tʃɑːrd/ *Adj* verkohlt

chart[1] /tʃɑːt; *AmE* tʃɑːrt/ *Nomen* **1** Tabelle, Schaubild ◇ *a sales chart* eine Tabelle der Verkaufsziffern ☞ *Hinweis bei* DIAGRAMM **2** Karte ◇ *a naval chart* eine Seekarte **3** **the charts** [Pl] (Mus) Charts, Hitliste ◇ *top the charts* Nummer 1 in der Hitliste sein

chart[2] /tʃɑːt; *AmE* tʃɑːrt/ *Verb* **1** aufzeichnen, darstellen **2** planen ◇ *She had carefully charted her route to the top.* Sie hatte ihren Werdegang zur Spitze genau geplant. **3** kartographieren SYN MAP **4** in die Charts kommen

char·ter[1] /ˈtʃɑːtə(r); *AmE* ˈtʃɑːrt-/ *Nomen* **1** Urkunde, Charta **2** Satzung SYN CONSTITUTION **3** (*von Organisationen, Städten, Universitäten*) Gründungsurkunde ◇ *The College received its charter as a university in 1967.* Das College erhielt 1967 Universitätsstatus. ◇ *Royal Charter* königliche Konzession **4** [Sing] (*BrE*) Freibrief **5** Chartern

char·ter[2] /ˈtʃɑːtə(r); *AmE* ˈtʃɑːrt-/ *Verb* **1** chartern **2** gründen, Rechte verbriefen

char·tered /ˈtʃɑːtəd; *AmE* ˈtʃɑːrtərd/ *Adj* nur vor Nomen **1** (*BrE*) staatlich geprüft, amtlich zugelassen ◇ *a chartered surveyor* durch einen Berufsverband zugelassene(r) Baugutachter(in) ◇ *chartered accountants* amtlich zugelassene Wirtschaftsprüfer/Steuerberater **2** gechartert

'**charter flight** *Nomen* Charterflug

chase[1] /tʃeɪs/ *Verb* **1** ~ **(after) sb/sth** jdn/etw jagen, jdn/etw verfolgen ◇ *He chased (after) the burglar.* Er rannte hinter dem Einbrecher her. **2** (*umgs*) (*fig*) nachjagen; ~ **sb/sth** hinter jdm/etw her sein, jdm/etw nachlaufen **3** (*umgs*) ~ **sb** jdn antreiben **4** herumhetzen **5** (*Metall*) ziselieren PHRV ,**chase sb/sth a**'**way,** '**off,** '**out, etc.** jdn/etw vertreiben, jdn/etw verjagen ,**chase sb** '**up** jdn antreiben, jdm Dampf machen ,**chase sth** '**up** (*AmE* ,**chase sth** '**down**) einer Sache nachgehen, etw ausfindig machen

chase[2] /tʃeɪs/ *Nomen* **1** Verfolgungsjagd **2** [Sing] Verfolgung, Jagd (*auch fig*) **3** = STEEPLECHASE IDM **give** '**chase** die Verfolgung aufnehmen

chasm /ˈkæzəm/ *Nomen* (*gehoben*) Abgrund, Kluft (*auch fig*)

chas·sis /ˈʃæsi/ *Nomen* (*Pl* **chas·sis**) Chassis, Fahrgestell

chaste /tʃeɪst/ *Adj* (*Adv* **chaste·ly**) **1** (*gehoben oder veraltet*) keusch **2** (*gehoben*) (*Stil etc.*) schlicht

chas·ten /ˈtʃeɪsn/ *Verb* (*meist passiv*) (*gehoben*) zur Einsicht bringen ◇ *He felt suitably chastened.* Er war zerknirscht. ◇ *She gave them a chastening lecture.* Sie hielt ihnen eine wirkungsvolle Standpauke.

chas·tise /tʃæˈstaɪz/ *Verb* **1** ~ **sb (for sth)** (*gehoben*) jdn (wegen einer Sache) tadeln, jdn (wegen einer Sache) kritisieren **2** (*veraltet*) züchtigen

chas·tise·ment /tʃæˈstaɪzmənt, ˈtʃæstɪzmənt/ *Nomen* [U] **1** (*gehoben*) Tadel, Schelte **2** (*veraltet*) Züchtigung

chas·tity /ˈtʃæstəti/ *Nomen* Keuschheit

chat[1] /tʃæt/ *Verb* (**-tt-**) ~ **(away) (to/with sb)** (mit jdm) plaudern, sich (mit jdm) unterhalten PHRV ,**chat sb** '**up** (*BrE, umgs*) jdn anquatschen, jdn anbaggern

chat[2] /tʃæt/ *Nomen* **1** (*bes BrE*) Unterhaltung, Schwatz **2** Geplauder ◇ *have a chat* ein Schwätzchen halten

cha·teau (*auch* **châ·teau**) /ˈʃætəʊ; *AmE* ʃæˈtoʊ/ *Nomen* (*Pl* **cha·teaux** *oder* **cha·teaus** /-təʊz; *AmE* -ˈtoʊz/) Chateau, Schloss, Landhaus

chat·line /ˈtʃætlaɪn/ *Nomen* Chatline

'**chat room** *Nomen* (COMP) Chatroom

'**chat show** *Nomen* (*BrE*) Talkshow ◇ *a chat-show host* ein(e) Talkmaster(in)

chat·tel /ˈtʃætl/ *Nomen* (*Fachspr oder veraltet*) (bewegliches) Eigentum

chat·ter[1] /ˈtʃætə(r)/ *Verb* **1** plappern; ~ **(away/on) (to sb)** (mit jdm) schwatzen, (mit jdm) schwätzen **2** (*Zähne*) klappern **3** (*Affen*) kreischen; (*Vögel*) zwitschern IDM **the** '**chattering classes** (*BrE*) = liberal denkende Bildungsbürger, die zu allem ihre Meinung abgeben

chat·ter[2] /ˈtʃætə(r)/ *Nomen* **1** Geschwätz, Geplapper **2** (*von Vögeln*) Gezwitscher; (*von Affen*) Gekreische **3** (*Zähne-, Maschinen- etc.*) Klappern

chat·ter·box /ˈtʃætəbɒks; *AmE* ˈtʃætərbɑːks/ *Nomen* (*umgs*) Plappermaul, Quasselstrippe

chatty /ˈtʃæti/ *Adj* (*bes BrE, umgs*) **1** gesprächig, geschwätzig **2** (*Stil etc.*) im Plauderton

chauf·feur[1] /ˈʃəʊfə(r); *AmE* ʃoʊˈfɜːr/ *Nomen* Chauffeur(in), Fahrer(in)

chauf·feur[2] /ˈʃəʊfə(r); *AmE* ʃoʊˈfɜːr/ *Verb* chauffieren, fahren ◇ *a chauffeured limousine* eine Limousine mit Chauffeur

chau·vin·ism /ˈʃəʊvɪnɪzəm; *AmE* ˈʃoʊ-/ *Nomen* (*abwert*) Chauvinismus

chau·vin·ist /ˈʃəʊvɪnɪst; *AmE* ˈʃoʊ-/ *Nomen* Chauvinist(in)

chau·vin·is·tic /ˌʃəʊvɪˈnɪstɪk; *AmE* ˌʃoʊ-/ (*seltener* **chau·vin·ist**) *Adj* (*Adv* **chau·vin·is·tic·al·ly** /-kli/) chauvinistisch

ChB /ˌsiː eɪtʃ ˈbiː/ (*BrE*) *Kurzform von* **Bachelor of Sur-**

gery = Universitätsabschluss einer medizinischen Fakultät in Großbritannien

cheap[1] /tʃiːp/ Adj 1 (Adv **cheap·ly**) billig, preiswert ☛ Siehe auch DIRT CHEAP ☛ Hinweis bei BILLIG 2 (Adv **cheap·ly**) (abwert) (fig) billig, minderwertig ◇ She looks cheap in that dress. In diesem Kleid sieht sie ordinär aus. ◇ He's just a cheap crook. Er ist nichts als ein gemeiner Gauner. ◇ It made her feel cheap. Sie fand es entwürdigend. 3 (AmE, umgs, abwert) knickerig, knauserig IDM **cheap at the 'price** (AmE **cheap at 'twice the price**) (sehr) preiswert **on the 'cheap** sehr billig; auf die billige Tour ☛ Siehe auch LIFE

cheap[2] /tʃiːp/ Adv (ohne Superlativ) (umgs) billig IDM **be ˌgoing 'cheap** billig verkauft werden; billig zu haben sein **sth does not come 'cheap** etw ist nicht billig

cheap·en /ˈtʃiːpən/ Verb 1 herabsetzen, erniedrigen 2 billiger machen, verbilligen; (Preis) herabsetzen

cheapo /ˈtʃiːpəʊ/; AmE -poʊ/ Adj nur vor Nomen (umgs, abwert) billig, Billig-

cheap·skate /ˈtʃiːpskeɪt/ Nomen (umgs, abwert) Geizkragen

cheat[1] /tʃiːt/ Verb 1 betrügen ◇ He cheated on his wife. Er hat seine Frau betrogen. ◇ She is accused of attempting to cheat the taxman. Sie wird der Steuerhinterziehung beschuldigt. ◇ He cheated his way into the job. Er hat sich die Stelle erschwindelt. 2 ~ (at sth) (bei etw) mogeln, (bei etw) schummeln ◇ That's cheating! Das ist gemogelt! IDM **cheat 'death** dem Tod ein Schnippchen schlagen PHRV **'cheat sb ('out) of sth** jdn um etw betrügen

cheat[2] /tʃiːt/ Nomen 1 (bes AmE **cheat·er**) Betrüger(in), Schwindler(in); (beim Kartenspiel) Falschspieler(in) ◇ crack down on tax cheats bei Steuerhinterziehung hart durchgreifen 2 [Sing] Betrug, Schwindel, Mogelei

check[1] /tʃek/ Verb 1 überprüfen, kontrollieren 2 nachsehen; ~ (**with sb**) (bei jdm) nachfragen, sich (bei jdm) erkundigen ☛ Siehe auch CROSS-CHECK und DOUBLE-CHECK 3 unter Kontrolle halten, aufhalten 4 (Zorn, Tränen etc.) unterdrücken; ~ **yourself** sich beherrschen 5 (AmE) (Garderobe) abgeben; (Gepäck) aufgeben; (Fluggepäck) einchecken 6 (AmE) (Gepäck) aufgeben PHRV **ˌcheck 'in (at ...)**; **ˌcheck 'into ...** (am Flughafen, im Hotel) einchecken ˌcheck sth 'in (Gepäck) aufgeben; (Fluggepäck) einchecken ˌcheck sb/sth 'off (AmE) jdn/etw abhaken **ˌcheck on sb/sth** nach jdm/etw schauen ˌcheck 'out (of ...) (aus ...) auschecken; (aus einem Hotel) (aus ...) abreisen ˌcheck sth 'out 1 etw überprüfen, etw nachprüfen 2 (umgs) (sich) etw anschauen 3 (aus einer Bibliothek etc.) (sich) etw ausleihen ˌcheck 'over/'through sth etw überprüfen, etw durchsehen ◇ Check over your work for mistakes. Prüfen Sie Ihre Arbeit auf Fehler. ˌcheck 'up on sb jdn kontrollieren ˌcheck 'up on sth etw überprüfen, etw nachsehen

check[2] /tʃek/ Nomen 1 ~ (**on sth**) Überprüfung (von etw), Kontrolle (von etw) ◇ The police ran a check on the car. Die Polizei überprüfte das Fahrzeug. ◇ Could you give the tyres a check? Können Sie die Reifen kontrollieren? ◇ a health check ein Gesundheitscheck ◇ Keep a check on your speed! Achten Sie auf Ihre Geschwindigkeit! 2 ~ (**on/to sth**) (gehoben) Hemmnis (für etw), Erschwernis (für etw), Hindernis (für etw) (umgs) (sich) etw anschauen 3 Karo(muster) ◇ a yellow and red skirt ein rot-gelb karierter Rock 4 (AmE) Scheck 5 (AmE) Rechnung 6 (AmE) **coat** ~ Garderobe 7 (AmE) Garderobenmarke 8 (Schachstellung) Schach ◇ You're in check. Du stehst im Schach. 9 (AmE) = CHECK MARK IDM **hold/keep sth in 'check** etw unter Kontrolle halten ☛ Siehe auch RAIN CHECK

check[3] /tʃek/ Ausruf gebongt, klar, abgehakt

check·book (AmE) = CHEQUEBOOK

checked /tʃekt/ Adj kariert, Karo-

check·er /ˈtʃekə(r)/ Nomen 1 (AmE) (im Supermarkt) Kassierer(in) 2 (in Zusammensetzungen) (COMP) Prüfprogramm ◇ a spelling checker eine Rechtschreibprüfung

check·er·board /ˈtʃekəbɔːd; AmE ˈtʃekərbɔːrd/ Nomen (AmE) Damebrett

check·ered (BrE auch **che·quered**) /ˈtʃekəd; AmE -kərd/ Adj 1 (Geschichte etc.) bewegt 2 kariert

the ˌcheck·ered 'flag (BrE auch ˌ**chequered 'flag**) Nomen die Zielflagge

check·ers /ˈtʃekəz; AmE -ərz/ Nomen [U] (AmE) (Brettspiel) Dame

'check-in Nomen 1 Abfertigung, Einchecken ◇ Do you know your check-in time? Weißt du, wann du einchecken musst? 2 Abfertigungsschalter, Check-In-Schalter

'checking account Nomen (AmE) Girokonto, laufendes Konto

check·list /ˈtʃeklɪst/ Nomen Checkliste

'check mark (auch **check**) Nomen (AmE) Kreuz(chen), Haken

check·mate[1] /ˌtʃekˈmeɪt/ Nomen 1 (auch **mate**) Schachmatt 2 (fig) Niederlage

check·mate[2] /ˌtʃekˈmeɪt/ (auch **mate**) Verb (schach)matt setzen (auch fig)

check·out /ˈtʃekaʊt/ Nomen 1 (Supermarkt-) Kasse ◇ a checkout assistant/operator ein(e) Kassierer(in) 2 (aus dem Hotel) Abreise, Auschecken

check·point /ˈtʃekpɔɪnt/ Nomen Kontrollpunkt; (zwischen Ländern) Grenzübergang ◇ a roadside checkpoint eine Straßenkontrolle

check·room /ˈtʃekruːm, -rʊm/ Nomen (AmE) Garderobe

'check-up Nomen Untersuchung ◇ go for/have a check-up sich untersuchen lassen

Ched·dar /ˈtʃedə(r)/ (auch ˌ**Cheddar 'cheese**) Nomen Cheddar(käse)

cheek[1] /tʃiːk/ Nomen 1 Wange, Backe 2 (umgs) Hinterbacke 3 [U/Sing] (BrE) Frechheit, Dreistigkeit, Unverschämtheit ◇ They've got a cheek making you pay to park the car. Dass man hier für das Parken zahlen soll, ist wirklich unverschämt. IDM ˌ**cheek by 'jowl** nah beieinander; direkt nebeneinander **of all the cheek!** (BrE) so eine Frechheit! **turn the other 'cheek** die andere Wange hinhalten ☛ Siehe auch ROSE[1] und TONGUE[1]

cheek[2] /tʃiːk/ Verb (BrE, umgs) ~ **sb** zu jdm frech sein

cheek·bone /ˈtʃiːkbəʊn; AmE -boʊn/ Nomen Wangenknochen, Backenknochen

-cheeked /tʃiːkt/ (in Adjektiven) -wangig ◇ chubby-cheeked pausbäckig

cheeki·ness /ˈtʃiːkinəs/ Nomen Frechheit, Dreistheit

cheeky /ˈtʃiːki/ Adj (**cheek·ier**, **cheeki·est**) (Adv **cheek·ily** /-ɪli-/) (BrE) frech, dreist ◇ You cheeky monkey! Du Frechdachs!

cheep[1] /tʃiːp/ Verb piepen

cheep[2] /tʃiːp/ Nomen Pieps(er), Piep

cheer[1] /tʃɪə(r); AmE tʃɪr/ Nomen 1 Beifallsruf, Hurra(geschrei), Hoch(ruf) ☛ Siehe auch CHEERS 2 (AmE) = Lied oder Gedicht, das vor einem Sportereignis von Stimmungsmacherinnen vorgetragen wird. 3 (gehoben) Fröhlichkeit

cheer[2] /tʃɪə(r); AmE tʃɪr/ Verb 1 jubeln; ~ **sb** jdm zujubeln 2 (meist passiv) aufmuntern, aufheitern PHRV ˌ**cheer sb 'on** jdn anfeuern ˌ**cheer 'up** ◇ She immediately cheered up. Sofort verbesserte sich ihre Laune. ◇ Cheer up! Lass den Kopf nicht hängen! ˌ**cheer sb/sth 'up** jdn/etw aufheitern ◇ He needs cheering up. Er braucht etwas Aufheiterung.

cheer·ful /ˈtʃɪəfl; AmE ˈtʃɪrfl/ Adj 1 (Adv **cheer·ful·ly** /-fəli/) fröhlich, vergnügt, gut gelaunt ◇ a cheerful voice eine muntere Stimme ◇ I could cheerfully have killed him. Ich hätte ihn am liebsten umgebracht. ◇ She cheerfully admitted that she had no experience at all. Völlig unbekümmert gab sie zu, dass sie überhaupt keine Erfahrung hatte. 2 freundlich, heiter

cheer·ful·ness /ˈtʃɪəfəlnəs/ Nomen Fröhlichkeit, gute Laune

cheer·ily Adv ⇨ CHEERY

cheer·ing[1] /ˈtʃɪərɪŋ; AmE ˈtʃɪrɪŋ/ Nomen Jubel, Hurrageschrei

cheer·ing[2] /ˈtʃɪərɪŋ; AmE ˈtʃɪrɪŋ/ Adj 1 (Ergebnis etc.) ermutigend 2 (Menge) jubelnd

cheerio /ˌtʃɪəriˈəʊ; AmE ˌtʃɪriˈoʊ/ Ausruf (BrE, umgs) tschüs

cheer·lead·er /ˈtʃɪəliːdə(r); AmE ˈtʃɪrl-/ Nomen 1 (in den USA) = Stimmungsmacherin vor einem Sportereignis 2 Befürworter(in)

cheer·less /ˈtʃɪələs; AmE ˈtʃɪrl-/ Adj (gehoben) trüb, düster, trostlos SYN GLOOMY

cheers /tʃɪəz; AmE tʃɪrz/ Ausruf **1** prost **2** (BrE, umgs) tschüs **3** (BrE, umgs) danke

cheery /'tʃɪəri; AmE 'tʃɪri/ Adj (**cheer·ier, cheeri·est**) (Adv **cheer·ily** /-rɪli/) fröhlich, vergnügt

cheese /tʃi:z/ Nomen **1** Käse ☛ Siehe auch BLUE CHEESE, CAULIFLOWER CHEESE, COTTAGE CHEESE und CREAM CHEESE **2** (beim Fotografieren) ◊ Say cheese! Bitte recht freundlich! IDM ⇨ BIG, CHALK[1] und HARD

cheese·cake /'tʃi:zkeɪk/ Nomen Käsekuchen

cheese·cloth /'tʃi:zklɒθ; AmE -klɔ:θ/ Nomen indische Baumwolle

cheesed 'off Adj nicht vor Nomen (BrE, umgs) (verärgert) sauer ◊ He's cheesed off with his job. Der Job ödet ihn an.

cheesy /'tʃi:zi/ Adj **1** (bes AmE, Slang) mies SYN CORNY und TACKY **2** käsig

chee·tah /'tʃi:tə/ Nomen Gepard

chef /ʃef/ Nomen (als Beruf) Koch, Köchin

chef-d'oeuvre /ˌʃeɪ 'dɜ:vrə/ Nomen (Pl **chefs-d'oeuvre** /ˌʃeɪ 'dɜ:vrə/) (gehoben) Meisterwerk SYN MASTERPIECE

chem·ical[1] /'kemɪkl/ Adj **1** (Adv **chem·ic·al·ly** /-kli/) chemisch **2** Chemie-

chem·ical[2] /'kemɪkl/ Nomen Chemikalie

chem·ist /'kemɪst/ Nomen **1** (BrE) Apotheker(in) ☛ Hinweis bei BAKER und DROGERIE **2** Chemiker(in)

chem·is·try /'kemɪstri/ Nomen **1** Chemie **2** (Fachspr) chemische Zusammensetzung **3** (sexuelle) Anziehung ◊ The chemistry just wasn't right. Die Chemie stimmte einfach nicht.

chemo·ther·apy /ˌki:məʊ'θerəpi; AmE -moʊ-/ Nomen [U] Chemotherapie

cheque (AmE **check**) /tʃek/ Nomen Scheck ☛ Siehe auch BLANK CHEQUE und TRAVELLER'S CHEQUE

cheque·book (AmE **check·book**) /'tʃekbʊk/ Nomen Scheckbuch

'cheque card (auch ˌcheque guaran'tee card) Nomen (BrE) Scheckkarte

che·quered (BrE) = CHECKERED

cher·ish /'tʃerɪʃ/ Verb (gehoben) **1** liebevoll sorgen für **2** in Ehren halten ◊ I still cherish the memory. Ich werde es nie vergessen. **3** (Hoffnung) hegen

che·root /ʃə'ru:t/ Nomen Stumpen

cherry /'tʃeri/ Nomen (Pl **-ies**) **1** Kirsche **2** (auch **'cherry-tree**) Kirschbaum **3** (auch **cherry·wood** /'tʃeriwʊd/) Kirschbaumholz **4** (auch ˌcherry 'red) Kirschrot IDM ⇨ BITE[2]

'cherry-pick Verb (die Besten) auswählen

cherub /'tʃerəb/ Nomen **1** Cherub, Engel (auch fig) **2** (KUNST) Putte

cher·ub·ic /tʃə'ru:bɪk/ Adj (gehoben) pausbäckig, engelhaft

cher·vil /'tʃɜ:vɪl; AmE 'tʃɜ:rvɪl/ Nomen Kerbel

chess /tʃes/ Nomen Schach

chess·man /'tʃesmæn/ Nomen (Pl **-men** /-men/) Schachfigur

chest /tʃest/ Nomen **1** Brust(korb) ◊ a chest infection ein Lungeninfekt **2** Truhe, Kiste ☛ Siehe auch CHEST OF DRAWERS, TEA CHEST und WAR CHEST IDM ˌget sth off your 'chest sich etw von der Seele reden ☛ Siehe auch CARD[1]

-chested /'tʃestɪd/ Adj (in Zusammensetzungen) -brüstig ◊ broad-chested mit einem breiten Brustkorb

chest·nut /'tʃesnʌt/ Nomen **1** Kastanie ☛ Siehe auch HORSE CHESTNUT **2** Edelkastanie ☛ Siehe auch WATER CHESTNUT **3** Kastanienbraun **4** (Pferd) Fuchs **5** (umgs) alte Kamelle

ˌchest of 'drawers Nomen (Pl **chests of drawers**) Kommode

chev·ron /'ʃevrən/ Nomen (Abzeichen) Winkel ◊ a chevron pattern ein Fischgrätenmuster

chew[1] /tʃu:/ Verb **1** kauen ◊ chew your nails an den Nägeln kauen **2** ~ **through sth** etw durchnagen **3** ~ **sth** (**up**) etw zerkauen IDM ˌchew the 'fat (umgs) tratschen ☛ Siehe auch BITE[1] PHRV ˌchew sth 'over sich etw überlegen

chew[2] /tʃu:/ Nomen **1** Kauen **2** Kaubonbon **3** Priem

'chewing gum (auch **gum**) Nomen [U] Kaugummi

chewy /'tʃu:i/ Adj (Fleisch) zäh; (Brot etc.) kleistrig ◊ chewy sweets Kaubonbons

chic[1] /ʃi:k/ Adj schick

chic[2] /ʃi:k/ Nomen Schick

chi·cane /ʃɪ'keɪn/ Nomen (BrE) (Kurve) Schikane

Chi·cano /tʃɪ'kɑ:nəʊ, ʃɪ-, -'kem-; AmE tʃɪ'kɑ:noʊ, ʃɪ-/ Nomen (Pl **-os**) (bes AmE) = Einwohner der USA von mexikanischer Abkunft

chick /tʃɪk/ Nomen **1** Küken **2** (veraltet) (junge Frau) Biene

chicka·dee /'tʃɪkədi:, ˌtʃɪkə'di:/ Nomen amerikanische Meise

chick·en[1] /'tʃɪkɪn/ Nomen Huhn ◊ chicken stock Hühnerbrühe ☛ Siehe auch SPRING CHICKEN IDM **a chicken-and-egg situation/problem, etc.** eine Huhn-Ei-Frage; ein Teufelskreis (**the**) **chickens come home to 'roost** das wird sich rächen ☛ Siehe auch COUNT[1] und HEADLESS

chick·en[2] /'tʃɪkɪn/ Verb (umgs) PHRV ˌchicken 'out kneifen ˌchicken 'out of sth sich vor etw drücken

chick·en[3] /'tʃɪkɪn/ Adj nicht vor Nomen (umgs) feig(e) SYN COWARDLY

'chicken feed Nomen **1** Hühnerfutter **2** (umgs) (lächerliche Summe) Pappenstiel

chick·en·pox /'tʃɪkɪnpɒks; AmE -pɑ:ks/ Nomen [U] Windpocken

chick·en·shit[1] /'tʃɪkɪnʃɪt/ Nomen (AmE, Slang) Unsinn

chick·en·shit[2] /'tʃɪkɪnʃɪt/ Adj (AmE, Slang) (Mensch) feig(e)

chick·pea /'tʃɪkpi:/ Nomen (bes BrE) Kichererbse

chic·ory /'tʃɪkəri/ Nomen **1** (BrE) Chicorée **2** (AmE) Endivie

chide /tʃaɪd/ Verb (gehoben) schelten, rügen

chief[1] /tʃi:f/ Adj nur vor Nomen Haupt- ◊ the commander-in-chief der/die Oberbefehlshaber(in)

chief[2] /tʃi:f/ Nomen **1** Leiter(in), Chef(in) **2** Häuptling IDM **too many chiefs and not enough Indians** (BrE, umgs) zu viele Leute, die Befehle austeilen und nicht genug Leute, die die Arbeit machen

ˌChief 'Constable Nomen (BrE) Polizeidirektor(in)

ˌchief e'xecutive Nomen **1** Generaldirektor(in) **2 Chief Executive** Präsident der USA

ˌchief e'xecutive officer Nomen (Abk **CEO**) Generaldirektor(in)

ˌchief in'spector Nomen (BrE) Hauptkommissar(in)

ˌchief 'justice (auch **Chief Justice**) Nomen Oberrichter(in); (in den USA) oberste(r) Bundesrichter(in)

chief·ly /'tʃi:fli/ Adv hauptsächlich, vor allem, in erster Linie SYN PRIMARILY und MAINLY

ˌChief of 'Staff Nomen (Pl **Chiefs of Staff**) Generalstabschef ☛ Siehe auch JOINT CHIEFS OF STAFF

ˌchief superin'tendent Nomen (BrE) Polizeioberrat, -oberrätin

chief·tain /'tʃi:ftən/ Nomen Oberhaupt (eines schottischen Clans)

chif·fon /'ʃɪfɒn; AmE ʃɪ'fɑ:n/ Nomen Chiffon

chi·gnon /'ʃi:njɒn; AmE -jɑ:n/ Nomen (Haar)knoten

chi·hua·hua /tʃɪ'wɑ:wə; AmE -'wɑ:wɑ:/ Nomen Chihuahua

chil·blain /'tʃɪlbleɪn/ Nomen Frostbeule

child /tʃaɪld/ Nomen (Pl **chil·dren** /'tʃɪldrən/) Kind ☛ Siehe auch LOVE CHILD und ONLY CHILD IDM **be 'child's play** (umgs) ein Kinderspiel sein **be with 'child** (veraltet) schwanger sein

'child abuse Nomen [U] Kindesmisshandlung

child·bear·ing /'tʃaɪldbeərɪŋ; AmE -ber-/ Nomen Kinderkriegen ◊ women of childbearing age Frauen im gebärfähigen Alter

ˌchild 'benefit Nomen Kindergeld

child·birth /'tʃaɪldbɜ:θ; AmE -bɜ:rθ/ Nomen [U] Gebären, Geburt

child·care /'tʃaɪldkeə(r); AmE -ker/ Nomen Kinderbetreuung

child·hood /'tʃaɪldhʊd/ Nomen Kindheit ◊ childhood can-

cer Krebs im Kindesalter ◇ *He married his childhood sweetheart.* Er heiratete seine Sandkastenfreundin.
child·ish /ˈtʃaɪldɪʃ/ *Adj* (*Adv* **child·ish·ly**) **1** kindlich **2** (*abwert*) kindisch [SYN] IMMATURE
child·ish·ness /ˈtʃaɪldɪʃnəs/ *Nomen* **1** Kindlichkeit **2** (*abwert*) kindisches Benehmen
child·less /ˈtʃaɪldləs/ *Adj* kinderlos
child·like /ˈtʃaɪldlaɪk/ *Adj* kindlich
child·mind·er /ˈtʃaɪldmaɪndə(r)/ *Nomen* (*BrE*) Tagesmutter
child·proof /ˈtʃaɪldpruːf/ *Adj* kindersicher
chili /ˈtʃɪli/ *Nomen* (*AmE*) = CHILLI
chill[1] /tʃɪl/ *Nomen* **1** [Sing] Kühle, Kälte ◇ *A small fire was burning to take the chill off the room.* Ein kleines Feuer brannte, um das Zimmer ein wenig zu erwärmen. **2** Erkältung **3** ◇ (*fig*) *His words sent a chill down her spine.* Seine Worte ließen sie erschaudern.
chill[2] /tʃɪl/ *Verb* **1** (*meist passiv*) ◇ *They were chilled by the icy wind.* Der eisige Wind ließ sie frösteln. ◇ *chilled to the bone/marrow* völlig durchgefroren **2** kühlen ◇ *Let the pudding chill for an hour until set.* Stellen Sie den Nachtisch eine Stunde kalt, damit er fest wird. **3** (*meist passiv*) (*gehoben*) ängstigen, erschaudern lassen ◇ *What he saw chilled his blood.* Was er sah, ließ sein Blut in den Adern gefrieren.
[PHR V] **chill ˈout** (*umgs*) sich entspannen, relaxen
chill[3] /tʃɪl/ *Adj* (*gehoben*) kalt, frostig
chilli (*AmE* **chili**) /ˈtʃɪli/ *Nomen* (*Pl* **chil·lies**, *AmE* **chilies**) (*AmE auch* ˈ**chili pepper**) Chili
chill·ing /ˈtʃɪlɪŋ/ *Adj* Schauder erregend, schrecklich
chilly /ˈtʃɪli/ *Adj* **1** kühl, kalt **2** (*fig*) frostig, kühl
chime[1] /tʃaɪm/ *Verb* (*Glocken*) läuten; (*Uhr*) schlagen
[PHR V] ˌ**chime ˈin** (**with sth**) sich (bei etw) einschalten **chime (in) with sth** (*gehoben*) mit etw in Einklang stehen
chime[2] /tʃaɪm/ *Nomen* Geläute, Läuten
chi·mera (*auch* **chi·maera**) /kaɪˈmɪərə; *AmE* -ˈmɪrə/ *Nomen* **1** Chimära **2** (*gehoben*) Schimäre
chim·ney /ˈtʃɪmni/ *Nomen* **1** Schornstein, Schlot **2** (*beim Bergsteigen*) Kamin
ˈ**chim·ney breast** *Nomen* (*BrE*) Kaminmantel
ˈ**chim·ney piece** *Nomen* (*BrE*) Kaminsims
ˈ**chim·ney pot** *Nomen* (*BrE*) Schornsteinkopf
ˈ**chim·ney stack** *Nomen* (*BrE*) Schornstein, Schlot
ˈ**chimney sweep** (*auch* **sweep**) *Nomen* Schornsteinfeger(in)
chim·pan·zee /ˌtʃɪmpænˈziː/ (*umgs* **chimp**) *Nomen* Schimpanse
chin /tʃɪn/ *Nomen* Kinn [IDM] (**keep your**) ˈ**chin up** (*umgs*) Kopf hoch; halt die Ohren steif **take sth on the** ˈ**chin** (*umgs*) etw mit Fassung tragen ⇒ *Siehe auch* CHUCK[1]
china /ˈtʃaɪnə/ *Nomen* Porzellan [IDM] ⇒ BULL *und* TEA
ˌ**Chinese** ˈ**cabbage** *Nomen* (*BrE auch* ˌ**Chinese** ˈ**leaf**, ˌ**Chinese** ˈ**leaves** [Pl]) Chinakohl
ˌ**Chinese** ˈ**chequers** *Nomen* (*AmE* ˌ**Chinese** ˈ**checkers**) (Stern)halma
ˌ**Chinese** ˈ**whispers** *Nomen* stille Post
Chink /tʃɪŋk/ *Nomen* (*Slang, beleidigend*) Chinese, Chinesin
chink[1] /tʃɪŋk/ *Nomen* **1** Spalt, Ritze ◇ *a chink of light* ein Lichtspalt **2** Klirren [IDM] **a chink in sb's** ˈ**armour** jds schwache Stelle
chink[2] /tʃɪŋk/ *Verb* ~ (**sth**) (mit etw) klirren; (*Münzen*) (mit etw) klimpern ◇ *We chinked glasses.* Wir ließen die Gläser klingen.
chinos /ˈtʃiːnəʊz; *AmE* -noʊz/ *Nomen* [Pl] = helle Baumwollhose
chintz /tʃɪnts/ *Nomen* Chintz, glänzender Baumwollstoff
chintzy /ˈtʃɪntsi/ *Adj* **1** (*BrE*) aus Chintz; (*Sofa etc.*) mit Chintz bezogen **2** (*AmE, umgs*) billig, kitschig **3** (*AmE, hum*) knauserig, geizig [SYN] STINGY
ˈ**chin-up** *Nomen* (*bes AmE*) (SPORT) Klimmzug
chip[1] /tʃɪp/ *Nomen* **1** angeschlagene Stelle **2** Splitter, Stückchen **3** (*BrE*) [meist Pl] Fritte ◇ *chips* Pommes frites **4** (*AmE*) Kartoffelchip **5** (MICROCHIP) **6** Spielmarke, Chip **7** (*beim Golf*) = kurzer Annäherungsschlag auf das Grün [IDM] **a** ˌ**chip off the old** ˈ**block** (*umgs*) ganz die Mutter/der Vater **have a** ˈ**chip on your shoulder** (**about sth**) (*umgs*) einen Komplex (wegen einer Sache) haben **have had your** ˈ**chips** (*BrE, umgs*) erledigt sein **when the chips are** ˈ**down** (*umgs*) wenn es darauf ankommt
chip[2] /tʃɪp/ *Verb* (**-pp-**) **1** abschlagen, beschädigen ◇ *a badly chipped saucer* eine stark angeschlagene Untertasse ◇ *She chipped one of her front teeth.* Ein Stück von ihrem Schneidezahn ist abgesplittert. **2** ◇ *These plates chip easily.* Diese Teller schlagen leicht an. **3** (weg)schlagen, (weg)hauen **4** (*beim Golf*) chippen; (*beim Fußball*) = den Ball anheben **5** ~ **potatoes** (*BrE*) Pommes frites machen
[PHR V] ˌ**chip aˈway at sth** auf etw herumschlagen, an etw herummeißeln ◇ (*fig*) *They chipped away at the power of the government.* Sie haben allmählich die Regierung unterminiert. ˌ**chip** ˈ**in** (*umgs*) **1** sich einmischen **2** dazuzahlen ˌ**chip** ˈ**in with sth** (*umgs*) **1** etw einwerfen **2** (*auch* ˌ**chip** ˈ**in sth**) (*Geld*) beisteuern ˌ**chip** ˈ**off** absplittern, abplatzen; (*Farbe*) abblättern ˌ**chip sth** ˈ**off** etw abschlagen, etw wegschlagen
chip·board /ˈtʃɪpbɔːd; *AmE* -bɔːrd/ *Nomen* [U] Spanholz
chip·munk /ˈtʃɪpmʌŋk/ *Nomen* Streifenhörnchen
chipo·lata /ˌtʃɪpəˈlɑːtə/ *Nomen* (*bes BrE*) = kleine gewürzte Wurst
chip·pings /ˈtʃɪpɪŋz/ *Nomen* [Pl] (*BrE*) Splitter, Späne; (*Straßen-*) Splitt
chippy[1] /ˈtʃɪpi/ *Nomen* (*auch* ˈ**chip·pie**) (*Pl* **-ies**) (*auch* ˈ**chip shop**) (*BrE, umgs*) **1** ≈ Frittenbude **2** Tischler(in)
chippy[2] /ˈtʃɪpi/ *Adj* (*umgs*) (*Mensch*) (über)empfindlich, gereizt
chir·opo·dist /kɪˈrɒpədɪst; *AmE* kɪˈrɑːp-/ *Nomen* (*bes BrE*) Fußpfleger(in)
chir·opody /kɪˈrɒpədi; *AmE* kɪˈrɑːp-/ *Nomen* (*bes BrE*) Fußpflege, Pediküre
chiro·prac·tor /ˈkaɪərəʊpræktə(r); *AmE* -roʊ-/ *Nomen* Chiropraktiker(in)
chirp[1] /tʃɜːp; *AmE* tʃɜːrp/ *Verb* zwitschern, zirpen
chirp[2] /tʃɜːp; *AmE* tʃɜːrp/ *Nomen* Zwitschern, Zirpen
chirpy /ˈtʃɜːpi; *AmE* ˈtʃɜːrpi/ *Adj* (*Adv* **chirp·ily** /-ɪli/) (*umgs*) vergnügt, munter
chisel[1] /ˈtʃɪzl/ *Nomen* Meißel, Stemmeisen
chisel[2] /ˈtʃɪzl/ *Verb* (**-ll-**, *AmE meist* **-l-**) meißeln; (*in Holz*) schlagen
chis·elled (*AmE* **chis·eled**) /ˈtʃɪzld/ *Adj* (*Gesichtszüge*) fein (gemeißelt)
chit /tʃɪt/ *Nomen* (*BrE*) **1** Zettel, Notiz ◇ *Do I need to sign a chit for these drinks?* Muss ich für diese Getränke unterschreiben? **2** (*veraltet, abwert*) Gör
ˈ**chit-chat** *Nomen* [U] (*umgs*) Plauderei
chiv·al·rous /ˈʃɪvlrəs/ *Adj* (*Adv* **chiv·al·rous·ly**) galant, ritterlich
chiv·alry /ˈʃɪvəlri/ *Nomen* **1** Ritterlichkeit **2** Rittertum ◇ *the age of chivalry* die Ritterzeit
chive /tʃaɪv/ *Adj nur vor Nomen* Schnittlauch-
chives /tʃaɪvz/ *Nomen* [Pl] Schnittlauch
chivvy /ˈtʃɪvi/ *Verb* (**chiv·vies**, **chivvy·ing**, **chiv·vied**, **chiv·vied**) ~ **sb** jdn hetzen; ~ **sb into sth** jdn in etw (hinein)scheuchen; ~ **sb along** jdn antreiben
chlor·ide /ˈklɔːraɪd/ *Nomen* (CHEM) Chlorid
chlor·in·ate /ˈklɔːrɪneɪt/ *Verb* chloren
chlor·in·ation /ˌklɔːrɪˈneɪʃn/ *Nomen* Chloren
chlor·ine /ˈklɔːriːn/ *Nomen* Chlor
chloro·fluoro·car·bon /ˌklɔːrəʊˈflʊərəʊkɑːbən; *AmE* ˌklɔːroʊˈflʊroʊkɑːrbən/ *Nomen* Chlorfluorkohlenwasserstoff
chloro·form /ˈklɒrəfɔːm; *AmE* ˈklɔːrəfɔːrm/ *Nomen* Chloroform
chloro·phyll /ˈklɒrəfɪl; *AmE* ˈklɔːr-/ *Nomen* Chlorophyll
choc /tʃɒk; *AmE* tʃɑːk/ *Nomen* (*BrE, umgs*) (Schoko)praline
ˈ**choc ice** *Nomen* (*BrE*) = Eiscreme mit Schokoladenüberzug
chock /tʃɒk; *AmE* tʃɑːk/ *Nomen* Bremskeil
chock-a-block /ˌtʃɒk ə ˈblɒk; *AmE* ˌtʃɑːk ə ˈblɑːk/ *Adj nicht vor Nomen* (*BrE, umgs*) vollgepfropft, gerammelt voll

chock-full /ˌtʃɒk ˈfʊl; AmE ˌtʃɑːk/ Adj nicht vor Nomen ~ **(of sb/sth)** (umgs) gerammelt voll (mit jdm/etw)

choc·o·late /ˈtʃɒklət; AmE ˈtʃɑːk-/ Nomen **1** [U] Schokolade **2** Praline **3** (BrE) = HOT CHOCOLATE **4** Schokoladenbraun

ˈchocolate-box Adj nur vor Nomen (BrE) Bilderbuch-

choice¹ /tʃɔɪs/ Nomen **1** Entscheidung ◊ make a choice eine Entscheidung treffen **2** Wahl ◊ She was the obvious choice. Es lag nahe, dass die Wahl auf sie fallen würde. ◊ He wouldn't be my choice as team leader. Ich würde ihn nicht als Teamleiter wählen. ◊ I don't like his choice of friends. Ich mag die Freunde nicht, die er sich aussucht. ◊ Hawaii is a popular choice for travel. Hawaii ist ein beliebtes Reiseziel. ◊ This government is committed to extending parental choice. Diese Regierung will das Mitspracherecht der Eltern ausweiten. **3** [Sing] Auswahl IDM **by ˈchoice** freiwillig **of ˈchoice** (dem Nomen nachgestellt) Lieblings-; meist gefragte(r,s) ☛ Siehe auch SPOILT

choice² /tʃɔɪs/ Adj nur vor Nomen **1** erstklassig, erlesen **2** (AmE) (bei der Fleischqualität) ≈ Güteklasse 2 **3** (Worte) gewählt (hum) ◊ He used some pretty choice language. Seine Worte waren ziemlich rüde.

choir /ˈkwaɪə(r)/ Nomen **1** Chor ☛ G 1.3b **2** Chorraum

ˈchoir·boy /ˈkwaɪəbɔɪ; AmE ˈkwaɪərbɔɪ/ Nomen Chorknabe

ˈchoir·girl /ˈkwaɪəɡɜːl; AmE ˈkwaɪərɡɜːrl/ Nomen Chormädchen

ˈchoir·mas·ter /ˈkwaɪəmɑːstə(r); AmE ˈkwaɪərmæstər/ Nomen Chorleiter(in)

choke¹ /tʃəʊk; AmE tʃoʊk/ Verb **1** keine Luft mehr bekommen, ersticken; **~ on sth** an etw (fast) ersticken, sich an etw verschlucken **2 ~ sb** ◊ It can choke a baby. Ein Baby kann daran ersticken. **3 ~ sb** jdn erdrosseln SYN STRANGLE **4 ~ (with sth)** (vor etw) keinen Ton herausbringen ◊ in a choked voice mit erstickter Stimme ◊ His voice was choked with tears. Seine Stimme war tränenerstickt. ◊ I was too choked with emotion. Ich war zutiefst bewegt. **5 ~ sth (up) (with sth)** etw (mit etw) verstopfen ◊ The roads are choked (up) with traffic. Die Straßen sind verstopft. **6** (AmE) (SPORT) (umgs) versagen PHRV **ˌchoke sth ˈback** etw unterdrücken, etw zurückhalten **ˌchoke sth ˈdown** etw hinunterschlucken **ˌchoke sth ˈoff 1** etw dämpfen, etw verhindern **2** etw unterbrechen, etw stoppen **ˌchoke out sth** etw herauspressen **ˌchoke ˈup** (AmE) ◊ She choked up when she began to talk about him. Ihre Stimme versagte, als sie von ihm zu sprechen begann.

choke² /tʃəʊk; AmE tʃoʊk/ Nomen **1** Choke, Kaltstarthilfe **2** ◊ a choke of laughter ein ersticktes Lachen

choked /tʃəʊkt; AmE tʃoʊkt/ Adj nicht vor Nomen **be ~ up (about sth)**; (BrE auch) **be ~ (about sth)** (umgs) (über etw) aufgebracht sein; (verärgert) (von etw) die Nase voll haben

choker /ˈtʃəʊkə(r); AmE ˈtʃoʊ-/ Nomen eng anliegendes Collier, Kropfband

chol·era /ˈkɒlərə; AmE ˈkɑːl-/ Nomen Cholera

chol·er·ic /ˈkɒlərɪk; AmE ˈkɑːl-/ Adj (gehoben, selten) cholerisch

chol·es·terol /kəˈlestərɒl; AmE -rɔːl/ Nomen Cholesterin

chomp /tʃɒmp; AmE tʃɑːmp, tʃɔːmp/ Verb **~ (on sth)** (etw) mampfen; **~ through sth** etw in sich hineinmampfen

choose /tʃuːz/ Verb **(chose** /tʃəʊz; AmE tʃoʊz/, **chosen** /ˈtʃəʊzn; AmE ˈtʃoʊzn/) **1** wählen; **~ (A) (from B)** (A) (aus/unter B) auswählen ◊ You'll have to choose whether to buy it or not. Du musst dich entscheiden, ob du es kaufen willst oder nicht. **2** mögen, wollen IDM **there is nothing/not much/little to choose between A and B** A und B unterscheiden sich in nichts/nicht sehr/nur wenig voneinander ☛ Siehe auch PICK¹

chooser /ˈtʃuːzə(r)/ Nomen IDM ⇒ BEGGAR¹

choosy /ˈtʃuːzi/ Adj (umgs) wählerisch SYN PICKY

chop¹ /tʃɒp; AmE tʃɑːp/ Verb **(-pp-) 1 ~ sth (up)** etw (zer)hacken, etw klein schneiden; ◊ (fig) The country was chopped up into small administrative areas. Das Land wurde in kleine Verwaltungskreise aufgeteilt. **2** (meist passiv) (umgs) senken, kürzen, reduzieren SYN CUT **3** (meist passiv) (umgs) (Arbeitsstelle, Kurs etc.) streichen SYN CUT **4** (Ball) (an)schneiden IDM **ˌchop and ˈchange** (BrE) (umgs) (Meinung, Verhalten etc.) ständig ändern PHRV **ˈchop (away) at sth** auf etw einhacken, auf etw einstechen **ˌchop sth ˈdown** etw fällen **ˌchop sth ˈoff (sth)** etw (von etw) abschlagen, etw (von etw) abhacken

chop² /tʃɒp; AmE tʃɑːp/ Nomen **1** Kotelett **2** Schlag, Hieb **3 give sb a ~** etw klein schneiden **4 chops** [Pl] (umgs) Mundpartie; (beim Tier) Lefzen IDM **ˌget/be given the ˈchop** (BrE, umgs) **1** rausfliegen **2 be for the ˈchop** (BrE, umgs) auf der Abschussliste stehen (Plan, Projekt etc.) gestrichen werden

ˌchop-ˈchop Ausruf (BrE, umgs) hopp hopp, mach schon

chop·per /ˈtʃɒpə(r); AmE ˈtʃɑːp-/ Nomen **1** (umgs) Hubschrauber **2** (Hack)beil **3** (AmE) (Motorrad) Chopper

ˈchopping board Nomen Schneidebrett, Hackbrett

choppy /ˈtʃɒpi; AmE ˈtʃɑːpi/ Adj **1** (Meer etc.) kabbelig **2** (AmE, abwert) (Schreibstil) abgehackt

chop·stick /ˈtʃɒpstɪk; AmE ˈtʃɑːp-/ Nomen Essstäbchen

choral /ˈkɔːrəl/ Adj Chor-

chor·ale /kɒˈrɑːl; AmE kəˈræl, -ˈrɑːl/ Nomen **1** Choral **2** (bes AmE) Chor

chord /kɔːd; AmE kɔːrd/ Nomen **1** (MUS) Akkord **2** (MATH) Sehne IDM **strike/touch a ˈchord (with sb)** (bei jdm) Anklang finden; (bei jdm) den richtigen Ton treffen

chore /tʃɔː(r)/ Nomen **1** (Routine)arbeit ◊ household chores Hausarbeit **2** lästige Pflicht

choreo·graph /ˈkɒriəɡrɑːf, -ɡræf; AmE ˈkɔːriəɡræf/ Verb choreografieren; ◊ (fig) carefully choreographed flag-waving sorgfältig einstudiertes Fahnenschwenken

chore·og·raph·er /kɒriˈɒɡrəfə(r); AmE ˌkɔːriˈɑːɡ-/ Nomen Choreograf(in)

choreo·graph·ic /ˌkɒriəˈɡræfɪk; AmE ˌkɔːriə-/ Adj choreografisch

chore·og·raphy /ˌkɒriˈɒɡrəfi; AmE ˌkɔːriˈɑːɡ-/ Nomen Choreografie

chor·is·ter /ˈkɒrɪstə(r); AmE ˈkɔːr-/ Nomen Chorsänger(in), Chorknabe, Chormädchen

chor·tle¹ /ˈtʃɔːtl; AmE ˈtʃɔːrtl/ Verb glucksend lachen

chor·tle² /ˈtʃɔːtl; AmE ˈtʃɔːrtl/ Nomen glucksendes Lachen

chorus¹ /ˈkɔːrəs/ Nomen **1** Refrain **2** (Musikstück) Chor **3** (oft in Namen) Chor; (Tänzer) Sing- und Tanzgruppe, Ballett ◊ the chorus line die (Sänger und) Tänzer ☛ G 1.3b **4 a ~ of sth** [Sing] ◊ a chorus of praise Lobpreisungen ◊ a chorus of complaint Beschwerderufe ◊ a chorus of voices calling for her resignation Stimmen, die ihren Rücktritt forderten **5** (im antiken Drama) Chor ☛ G 1.3a **6** [Sing] = (besonders im Drama des 16. Jahrhunderts) Sprecher des Prologs und Epilogs IDM **in ˈchorus** im Chor SYN IN UNISON

chorus² /ˈkɔːrəs/ Verb **~ sth** etw im Chor sagen

ˈchorus girl Nomen Revuetänzerin

chose, **chosen** Form von CHOOSE

chow /tʃaʊ/ Nomen **1** [U] (Slang) Essen, Futter **2** (Hund) Chow-Chow

chow·der /ˈtʃaʊdə(r)/ Nomen = Eintopf meist aus Fisch oder Meeresfrüchten

Christ /kraɪst/ Nomen Christus ☛ Hinweis bei JESUS, S. 335.

chris·ten /ˈkrɪsn/ Verb **1** taufen ◊ She was christened Mary. Sie wurde auf den Namen Mary getauft. ◊ This area has been christened 'the last wilderness'. Diese Gegend nennt man „die letzte Wildnis". **2** (umgs) (zum ersten Mal benutzen) einweihen

Chris·ten·dom /ˈkrɪsndəm/ Nomen (veraltet) die (ganze) Christenheit

chris·ten·ing /ˈkrɪsnɪŋ/ Nomen Taufe

Chris·tian /ˈkrɪstʃən/ **1** Nomen Christ(in) **2** Adj christlich ☛ Wenn man vom christlichen Verhalten einer Person spricht, wird **Christian** oft kleingeschrieben.

Chris·tian·ity /ˌkrɪstiˈænəti/ Nomen Christentum

ˈChristian name Nomen (BrE) Vorname ◊ We're on Christian name terms. Wir nennen uns beim Vornamen.

Christ·mas /ˈkrɪsməs/ Nomen **1** Weihnachten ◊ Christmas dinner das Weihnachtsessen **2** = CHRISTMAS DAY

ˈChristmas box Nomen (BrE, veraltet) (für Postboten etc.) = Trinkgeld oder Geschenk zu Weihnachten

ˈChristmas cake Nomen (an Weihnachten) = Früchtekuchen mit Zuckerguss und Marzipan

ˌChristmas ˈcarol (auch **carol**) Nomen Weihnachtslied

ˌChristmas ˈcracker (*auch* **crack·er**) *Nomen* ≈ Knallbonbon

ˌChristmas ˈDay (*auch* **Christ·mas**) *Nomen* erster Weihnachtsfeiertag ☞ *Hinweis bei* NIKOLAUS *und* FEIERTAG

ˌChristmas ˈEve *Nomen* Heiligabend

ˌChristmas ˈpudding *Nomen* (*an Weihnachten*) = aus Rosinen, Orangen, Nüssen, Nierenfett etc. zubereiteter Nachtisch, der zu Weihnachten heiß mit einer Soße serviert wird

ˌChristmas ˈstocking (*auch* **stock·ing**) *Nomen* = Strumpf, der am Heiligabend von Kindern aufgehängt wird und in den Weihnachtsgeschenke gefüllt werden

Christˈmassy /ˈkrɪsməsi/ *Adj* (*umgs*) weihnachtlich

Christˈmas·time /ˈkrɪsməstaɪm/ *Nomen* Weihnachten

chro·matˈic /krəˈmætɪk/ *Adj* (Mus) chromatisch

chrome /krəʊm/ *AmE* kroʊm/ *Nomen* Chrom

chroˈmium /ˈkrəʊmiəm/ *AmE* ˈkroʊ-/ *Nomen* Chrom ◊ *chromium-plated steel* verchromter Stahl

chromoˈsomal /ˌkrəʊməˈsəʊməl/ *AmE* ˌkroʊməˈsoʊməl/ *Adj* Chromosomen-

chromoˈsome /ˈkrəʊməsəʊm/ *AmE* ˈkroʊməsoʊm/ *Nomen* Chromosom

chronˈic /ˈkrɒnɪk/ *AmE* ˈkrɑː-/ *Adj* 1 (*Adv* **chronˈicˈal·ly** /-kli/) chronisch ◊ *the chronically ill* Langzeitkranke 2 (*BrE, umgs*) miserabel, furchtbar schlecht

ˌchronic faˈtigue syndrome *Nomen* chronisches Erschöpfungssyndrom [SYN] ME

chronˈicle¹ /ˈkrɒnɪkl/ *AmE* ˈkrɑːn-/ *Nomen* 1 Chronik 2 Schilderung

chronˈicle² /ˈkrɒnɪkl/ *AmE* ˈkrɑːn-/ *Verb* (*gehoben*) aufzeichnen, erfassen

chronˈic·ler /ˈkrɒnɪklə(r)/ *AmE* ˈkrɑːn-/ *Nomen* Chronist(in)

chronoˈlogic·al /ˌkrɒnəˈlɒdʒɪkl/ *AmE* ˌkrɑːnəˈlɑːdʒ-/ *Adj* (*Adv* **chronoˈlogic·al·ly** /-kli/) chronologisch

chronˈology /krəˈnɒlədʒi/ *AmE* -ˈnɑːl-/ *Nomen* (*Pl* **-ies**) Chronologie, zeitliche Abfolge

chronˈom·eter /krəˈnɒmɪtə(r)/ *AmE* -ˈnɑːm-/ *Nomen* Chronometer

chrysˈalis /ˈkrɪsəlɪs/ *Nomen* (*auch* **chrysˈalid** /ˈkrɪsəlɪd/) (ZOOL) Puppe

chrysˈan·the·mum /krɪˈsænθəməm, -ˈzæn-/ *Nomen* Chrysantheme

chub /tʃʌb/ *Nomen* (*Pl* **chub**) (ZOOL) Döbel

chubˈby /ˈtʃʌbi/ *Adj* pummelig ◊ *chubby cheeks* Pausbacken ◊ *chubby fingers* dicke Finger

chuck¹ /tʃʌk/ *Verb* (*umgs*) 1 (*bes BrE*) schmeißen, werfen 2 (*umgs*) wegschmeißen 3 ~ **sth** (**in**/**up**) (*umgs*) (*Job etc.*) hinschmeißen 4 (*BrE*) ~ **sb** mit jdm Schluss machen [IDM] **chuck sb under the chin** (*BrE, veraltet*) jdm (freundlich/herablassend) unters Kinn fassen • **it's ˈchucking it down** (*BrE, umgs*) es gießt in Strömen [PHRV] **ˌchuck sth aˈway/out** etw wegschmeißen • **ˌchuck sb ˈoff** (**sth**); **ˌchuck sb ˈout** (**of sth**) jdn (aus etw) rausschmeißen

chuck² /tʃʌk/ *Nomen* 1 Spannfutter, Bohrfutter 2 [Sing] (*Dialekt*) Schätzchen 3 = CHUCK STEAK

chuckˈle¹ /ˈtʃʌkl/ *Verb* leise (vor sich hin) lachen, glucksen

chuckˈle² /ˈtʃʌkl/ *Nomen* leises Lachen

ˌchuck ˈsteak (*auch* **chuck**) *Nomen* [U] (*vom Rind*) Schulter(stück)

chuffed /tʃʌft/ *Adj* nicht vor Nomen (*BrE, umgs*) sehr zufrieden ◊ *I was really chuffed*. Ich freute mich riesig.

chug¹ /tʃʌɡ/ *Verb* (**-gg-**) 1 tuckern 2 (*AmE, Slang*) in einem Zug leer trinken

chug² /tʃʌɡ/ *Nomen* Tuckern

chum /tʃʌm/ *Nomen* (*umgs, veraltet*) Freund(in)

chumˈmy /ˈtʃʌmi/ *Adj* (*Adv* **chumˈmi·ly** /-ɪli/) (*umgs, veraltet*) freundlich, kameradschaftlich ◊ *be chummy with sb* mit jdm befreundet sein

chunˈder¹ /ˈtʃʌndə(r)/ *Verb* (*AusE, umgs*) kotzen

chunˈder² /ˈtʃʌndə(r)/ *Nomen* (*AusE, umgs*) Kotze

chunk /tʃʌŋk/ *Nomen* dickes Stück, Batzen (*auch fig*)

chunkˈy /ˈtʃʌŋki/ *Adj* 1 dick, klobig 2 untersetzt, stämmig 3 mit ganzen Stücken

church /tʃɜːtʃ/ *AmE* tʃɜːrtʃ/ *Nomen* Kirche ◊ *church services* Gottesdienste ◊ *go to church* in die Kirche gehen ◊ *go into the Church* Geistliche(r) werden ☞ *Hinweis bei* KIRCHE [IDM] ⇨ BROAD¹

churchˈgoer /ˈtʃɜːtʃɡəʊə(r); *AmE* ˈtʃɜːrtʃɡoʊər/ *Nomen* Kirchgänger(in)

churchˈgoing /ˈtʃɜːtʃɡəʊɪŋ; *AmE* ˈtʃɜːrtʃɡoʊɪŋ/ *Nomen* ◊ *Churchgoing is in decline.* Es gehen immer weniger Leute in die Kirche.

churchˈman /ˈtʃɜːtʃmən; *AmE* ˈtʃɜːrtʃ-/ *Nomen* (*Pl* **-men** /-mən/) Geistlicher [SYN] CLERGYMAN

the ˌChurch of ˈEngland *Nomen* (*Abk* **CE**, **C of E**) die (anglikanische) Staatskirche Englands ☞ *Hinweis bei* ANGLIKANISCH

churchˈwoman /ˈtʃɜːtʃwʊmən; *AmE* ˈtʃɜːrtʃ-/ *Nomen* (*Pl* **-women** /-wɪmɪn/) Geistliche [SYN] CLERGYWOMAN

churchˈyard /ˈtʃɜːtʃjɑːd; *AmE* ˈtʃɜːrtʃjɑːrd/ *Nomen* Friedhof

churlˈish /ˈtʃɜːlɪʃ; *AmE* ˈtʃɜːrlɪʃ/ *Adj* (*gehoben*) ungehobelt, ungehörig

churn¹ /tʃɜːn; *AmE* tʃɜːrn/ *Verb* 1 aufgewühlt werden, strudeln; ~ **sth** (**up**) etw aufwühlen 2 ◊ *My stomach churned.* Mir drehte sich der Magen um. 3 ~ **sb** (**up**) jdn aufwühlen 4 buttern [PHRV] **ˌchurn sth ˈout** etw am laufenden Band produzieren

churn² /tʃɜːn; *AmE* tʃɜːrn/ *Nomen* 1 Butterfass 2 (*BrE*) große Milchkanne

chute /ʃuːt/ *Nomen* 1 Rutsche ◊ *a rubbish chute* ein Müllschlucker 2 (*umgs*) Fallschirm

ˌChutes and ˈLadders™ *Nomen* (*AmE*) (*Brettspiel mit Würfeln für Kinder*) Schlangen und Leitern

chutˈney /ˈtʃʌtni/ *Nomen* Chutney

CIA /ˌsiː aɪ ˈeɪ/ *Kurzform von* **Central Intelligence Agency** CIA

ciˈcada /sɪˈkɑːdə; *AmE* sɪˈkeɪdə/ *Nomen* Zikade

CID /ˌsiː aɪ ˈdiː/ *Kurzform von* **Criminal Investigation Department** (*BrE*) Kripo

ciˈder /ˈsaɪdə(r)/ *Nomen* 1 Apfelwein, Cidre 2 (*AmE*) Apfelsaft

ciˈgar /sɪˈɡɑː(r)/ *Nomen* Zigarre

cigˈar·ette /ˌsɪɡəˈret; *AmE* ˈsɪɡəret/ *Nomen* Zigarette

cigaˈrette butt (*BrE auch* **cigaˈrette end**) *Nomen* Zigarettenstummel

cigaˈrette holder *Nomen* Zigarettenspitze

cigaˈrette lighter *Nomen* Feuerzeug; (*im Auto*) Zigarettenanzünder

cigaˈrette paper *Nomen* Zigarettenpapier

ciˈlan·tro /sɪˈlæntrəʊ; *AmE* -troʊ/ *Nomen* (*AmE*) frischer Koriander

C.-in-C. /ˌsiː ɪn ˈsiː/ *Abk* = COMMANDER-IN-CHIEF

cinch /sɪntʃ/ *Nomen* (*umgs*) 1 Kinderspiel 2 (*bes AmE*) todsichere Sache ◊ *He's a cinch to win.* Er gewinnt todsicher.

cinˈder /ˈsɪndə(r)/ *Nomen* [meist Pl] Asche [IDM] ⇨ BURN¹

ˈcinder block *Nomen* (*AmE*) Leichtbaustein

cine /ˈsɪni/ *Adj* (*BrE*) Schmalfilm-

cinˈema /ˈsɪnəmə/ *Nomen* Kino ◊ *one of the great successes of British cinema* einer der großen Erfolge des britischen Films

ˈcinema-goer *Nomen* (*BrE*) Kinogänger(in)

cineˈmatˈic /ˌsɪnəˈmætɪk/ *Adj* filmisch, Film-

cinˈna·mon /ˈsɪnəmən/ *Nomen* Zimt

ciˈpher (*auch* **cyˈpher**) /ˈsaɪfə(r)/ *Nomen* 1 Kode, Geheimschrift 2 (*gehoben, abwert*) Nummer 3 (*BrE*) Monogramm

circa /ˈsɜːkə; *AmE* ˈsɜːrkə/ *Präp* (*Abk* **c**) zirka

cirˈcle¹ /ˈsɜːkl; *AmE* ˈsɜːrkl/ *Nomen* 1 Kreis ◊ *stand in a circle* im Kreis stehen 2 (*BrE*) Rang, Balkon ☞ *Hinweis bei* BALKON [IDM] **come, turn, etc. full ˈcircle** zum Ausgangspunkt zurückkehren • **go round in ˈcircles** sich im Kreis drehen • **run round in ˈcircles** (*umgs*) herumrennen und nicht viel erreichen

cirˈcle² /ˈsɜːkl; *AmE* ˈsɜːrkl/ *Verb* 1 ~ (**around**) (**above**/**over sb**/**sth**) (über jdm/etw) kreisen 2 ~ **sth** einen Kringel um etw machen

cirˈcuit /ˈsɜːkɪt; *AmE* ˈsɜːrkɪt/ *Nomen* 1 Rundgang ◊ *The*

circuit board

earth takes a year to make a circuit of the sun. Die Erde braucht ein Jahr um die Sonne zu umrunden. **2** Stromkreis ◊ *a circuit diagram* ein Schaltplan **3** (SPORT) Reihe von Turnieren **4** Rennbahn **5** Rundreise eines Richters; (*Orte*) Gerichtsbezirk ◊ *a circuit judge* ein Richter an einem Bezirksgericht **6** Reihe

'**circuit board** *Nomen* Platine

'**circuit-breaker** *Nomen* Stromausschalter

cir·cu·it·ous /səˈkjuːɪtəs; *AmE* sərˈk-/ *Adj* (*Adv* **cir·cu·it·ous·ly**) (*gehoben*) umständlich ◊ *He took us on a circuitous route to the hotel.* Er brachte uns auf Umwegen zum Hotel.

cir·cuit·ry /ˈsɜːkɪtri; *AmE* ˈsɜːrk-/ *Nomen* Schaltung

'**circuit training** *Nomen* Zirkeltraining

cir·cu·lar[1] /ˈsɜːkjələ(r); *AmE* ˈsɜːrk-/ *Adj* **1** rund, Rund-, kreisförmig ◊ *a circular saw* eine Kreissäge **2** ◊ *a circular argument* ein Zirkelschluss

cir·cu·lar[2] /ˈsɜːkjələ(r); *AmE* ˈsɜːrk-/ *Nomen* Rundbrief, Wurfsendung

cir·cu·late /ˈsɜːkjəleɪt; *AmE* ˈsɜːrk-/ *Verb* **1** zirkulieren (lassen); (*Blut*) fließen **2** (sich) verbreiten, kursieren **3** herumreichen; **~ sth to sb** etw an jdn weiterreichen ◊ *The documents will be circulated to all members.* Die Unterlagen werden an alle Mitglieder weitergereicht werden. **4** (*bei einer Feier*) ◊ *I must circulate.* Ich misch mich mal ein bisschen unter die Gäste.

cir·cu·la·tion /ˌsɜːkjəˈleɪʃn; *AmE* ˌsɜːrk-/ *Nomen* **1** Kreislauf **2** Umlauf, Verbreitung ◊ *take sth out of circulation* etw aus dem Verkehr ziehen ◊ (*fig*) *I was out of circulation for months.* Ich bin monatelang nicht unter Leute gekommen. **3** [meist Sing] Auflage **4** Zirkulation

cir·cu·la·tory /ˌsɜːkjəˈleɪtəri; *AmE* ˈsɜːrkjələtɔːri/ *Adj* Kreislauf-

cir·cum·cise /ˈsɜːkəmsaɪz; *AmE* ˈsɜːrk-/ *Verb* beschneiden

cir·cum·ci·sion /ˌsɜːkəmˈsɪʒn; *AmE* ˌsɜːrk-/ *Nomen* Beschneidung

cir·cum·fer·ence /səˈkʌmfərəns; *AmE* sərˈk-/ *Nomen* Umfang

cir·cum·flex /ˈsɜːkəmfleks; *AmE* ˈsɜːrk-/ *Nomen* (*auch* **circumflex 'accent**) *Nomen* Zirkumflex

cir·cum·navi·gate /ˌsɜːkəmˈnævɪgeɪt; *AmE* ˌsɜːrk-/ *Verb* (*gehoben*) umsegeln

cir·cum·scribe /ˈsɜːkəmskraɪb; *AmE* ˈsɜːrk-/ *Verb* **1** (*meist passiv*) (*gehoben*) einschränken **2** (MATH) umschreiben

cir·cum·spect /ˈsɜːkəmspekt; *AmE* ˈsɜːrk-/ *Adj* (*gehoben*) umsichtig SYN CAUTIOUS

cir·cum·stance /ˈsɜːkəmstəns, -stɑːns, -stæns; *AmE* ˈsɜːrkəmstæns/ *Nomen* **1** [meist Pl] Umstand ◊ *in certain circumstances* unter Umständen **2 circumstances** Verhältnisse IDM **in/under the 'circumstances** unter diesen Umständen **in/under no circumstances** unter gar keinen Umständen ☛ *Siehe auch* POMP *und* REDUCE

cir·cum·stan·tial /ˌsɜːkəmˈstænʃl; *AmE* ˌsɜːrk-/ *Adj* auf Indizien beruhend ◊ *circumstantial evidence* Indizienbeweise

cir·cum·vent /ˌsɜːkəmˈvent; *AmE* ˌsɜːrk-/ *Verb* (*gehoben*) umgehen

cir·cus /ˈsɜːkəs; *AmE* ˈsɜːrkəs/ *Nomen* **1** Zirkus; ◊ (*fig*) *the media circus* der Medienrummel **2** (*BrE*) runder Platz **3** Arena

cir·rho·sis /səˈrəʊsɪs; *AmE* -ˈroʊ-/ *Nomen* [U] Leberzirrhose

cir·rus /ˈsɪrəs/ *Nomen* Zirruswolke

cissy (*BrE*) = SISSY

cis·tern /ˈsɪstən; *AmE* -tərn/ *Nomen* (*BrE*) **1** Spülkasten **2** Wassertank

cita·del /ˈsɪtədəl, -del/ *Nomen* Hochburg

cit·ation /saɪˈteɪʃn/ *Nomen* **1** Zitat, Zitieren SYN QUOTATION **2** (*bei einer Auszeichnung, Preisverleihung*) Begründung **3** (*AmE*) Vorladung

cite /saɪt/ *Verb* (*gehoben*) **1 ~ sth** (**as sth**) etw (als etw) anführen ◊ *His state of health was cited as the reason.* Als Grund wurde sein Gesundheitszustand angeführt. **2** zitieren SYN QUOTE **3** (RECHT) vorladen; (*bei einem Scheidungsverfahren*) als Mitangeklagte(n) nennen **4 ~ sth** (**for sth**) jdn (wegen einer Sache) lobend erwähnen

citi·zen /ˈsɪtɪzn/ *Nomen* **1** Staatsangehörige(r), Staatsbürger(in) **2** Bürger(in)

citi·zen·ry /ˈsɪtɪzənri/ *Nomen* (*gehoben*) Bürgerschaft ☛ G 1.3a

'**Citizens' Band** = CB

citi·zen·ship /ˈsɪtɪzənʃɪp/ *Nomen* **1** Staatsbürgerschaft **2** (*Schulfach*) Staatsbürgerkunde

cit·ric acid /ˌsɪtrɪk ˈæsɪd/ *Nomen* Zitronensäure

cit·rus /ˈsɪtrəs/ *Nomen* Zitruspflanze ◊ *citrus fruit* Zitrusfrüchte

city /ˈsɪti/ *Nomen* (*Pl* **-ies**) **1** (Groß)stadt ◊ *the city of York* (die Stadt) York ☛ *Siehe auch* INNER CITY **2 the City** [Sing] (*BrE*) (Börsen- und Bankenviertel) die Londoner City **3** (*umgs*) ◊ *It's not exactly fun city here is it?* Hier ist es nicht gerade lustig. ◊ *cardboard city* die Stadtteil, wo viele Obdachlose in Pappkartons wohnen IDM ⇒ FREEDOM

'**city desk** *Nomen* **1** (*BrE*) Finanz- und Wirtschaftsredaktion **2** (*AmE*) Lokalredaktion

'**city editor** *Nomen* **1** (*BrE*) Wirtschaftsredakteur(in) **2** (*AmE*) Lokalredakteur(in)

ˌ**city 'hall** *Nomen* (*AmE*) Rathaus

ˌ**city 'slicker** *Nomen* (*umgs, oft abwert*) Großstadttyp

ˌ**city 'state** *Nomen* Stadtstaat

civet /ˈsɪvɪt/ *Nomen* **1** Zibetkatze **2** Zibet

civic /ˈsɪvɪk/ *Adj* **1** städtisch ◊ *a sense of civic pride* Stolz auf die eigene Stadt **2** staatsbürgerlich, Bürger-

ˌ**civic 'centre** *Nomen* (*BrE*) Verwaltungszentrum der Stadt **2 civic center** (*AmE*) ≈ Bürgerhaus

civ·ics /ˈsɪvɪks/ *Nomen* (*bes AmE*) Staatsbürgerkunde

civil /ˈsɪvl/ *Adj* **1** nur vor Nomen staatlich, (staats)bürgerlich ◊ *civil unrest* Unruhen in der Bevölkerung ◊ *a civil marriage ceremony* eine standesamtliche Trauung **2** nur vor Nomen zivil, Zivil- **3** nur vor Nomen zivilrechtlich **4** (*Adv* **civ·il·ly** /ˈsɪvəli/) höflich

ˌ**civil deˈfence** (*AmE* ˌ**civil deˈfense**) *Nomen* Zivilschutz

ˌ**civil disoˈbedience** *Nomen* ziviler Ungehorsam

ˌ**civil engiˈneer** *Nomen* Bauingenieur(in)

ˌ**civil engiˈneering** *Nomen* Hoch- und Tiefbau

ci·vil·ian /səˈvɪliən/ **1** *Nomen* Zivilist(in) **2** *Adj* Zivil-, zivil ◊ *civilian casualties* Verluste unter der Zivilbevölkerung

ci·vil·ity /səˈvɪləti/ *Nomen* (*gehoben*) Höflichkeit(sfloskel)

civ·il·iza·tion (*BrE auch* **-isation**) /ˌsɪvəlaɪˈzeɪʃn; *AmE* -ləˈz-/ *Nomen* **1** [U] Zivilisation **2** Kultur

civ·il·ize (*BrE auch* **-ise**) /ˈsɪvəlaɪz/ *Verb* zivilisieren

civ·il·ized (*BrE auch* **-ised**) /ˈsɪvəlaɪzd/ *Adj* **1** zivilisiert ◊ *civilized peoples* Kulturvölker **2** kultiviert, gepflegt

ˌ**civil ˈlaw** *Nomen* Zivilrecht

ˌ**civil ˈliberty** *Nomen* [meist Pl] bürgerliche Freiheit, Bürgerrecht

the ˈCivil List *Nomen* (*für den britischen Monarchen bestimmter Betrag im Staatshaushalt*) die Zivilliste

civ·il·ly *Adv* ⇨ CIVIL

ˌ**civil ˈrights** *Nomen* [Pl] Bürgerrechte

ˌ**civil ˈservant** *Nomen* (*bes BrE*) (Staats)beamte, -beamtin ☛ *Hinweis bei* ÖFFENTLICH

the ˌcivil ˈservice *Nomen* [Sing] Staatsdienst, öffentlicher Dienst ☛ *Hinweis bei* ÖFFENTLICH

ˌ**civil ˈwar** *Nomen* Bürgerkrieg

civ·vies /ˈsɪviz/ *Nomen* [Pl] (*Slang*) Zivil(kleidung)

ˈ**Civvy Street** /ˈsɪvi striːt/ *Nomen* (*BrE, Slang, veraltet*) Zivilleben

CJD /ˌsiː dʒeɪ ˈdiː/ *Abk* = CREUTZFELDT-JAKOB DISEASE

cl *Abk* (*Pl* **cl** *oder* **cls**) ⇨ CENTILITRE

clack[1] /klæk/ *Verb* klappern

clack[2] /klæk/ *Nomen* Klappern

clad /klæd/ *Adj* (*gehoben*) **1** gekleidet **2** bedeckt; (*mit Stahlplatten etc.*) verkleidet; (*mit Pflanzen*) bewachsen

clad·ding /ˈklædɪŋ/ *Nomen* [U] (*Abdeckung*) Verkleidung

claim[1] /kleɪm/ *Verb* **1** behaupten ◊ *claim responsibility for sth* sich für etw verantwortlich erklären ◊ *Researchers are claiming a major breakthrough in the fight against AIDS.* Ein Forschungsteam verkündet einen Durchbruch im Kampf gegen Aids. **2** Anspruch erheben auf, fordern; (*Sozialhilfe, Asyl*) beantragen; (*Fundsache*) abholen ◊ *claim expenses* Spesen abrechnen ◊ *You can claim the cost from your insurance.* Sie können die Kosten von der Versicherung zurückerstatten lassen. ◊ *You can claim on* *your insurance for that coat.* Für den Mantel können Sie bei Ihrer Versicherung Schadenersatz fordern. **3** in Anspruch nehmen ◊ *She's been claiming social security.* Sie bekommt Sozialhilfe. **4 ~ sth** (*gehoben*) sich etw sichern **PHRV** ˌ**claim sth ˈback** (*Mehrwertsteuer etc.*) sich etw zurückerstatten lassen

claim² /kleɪm/ *Nomen* **1** Behauptung ☛ *Hinweis bei* ARGUE (2) **2 ~ (on/to sth)** Anspruch (auf etw) ◊ *his claim to his parents' farm* sein (Erb)anspruch auf den Bauernhof seiner Eltern ◊ *She has more claim to the book's success than anybody.* Der Erfolg des Buchs ist in erster Linie ihr zu verdanken. **3** (*Geld-*) Forderung ◊ *You can make a claim on your insurance policy.* Sie können von der Versicherung Schadenersatz verlangen. ◊ *put in a claim for an allowance* Beihilfe beantragen ◊ *a claim form* ein Antragsformular **IDM** ˌ**claim to ˈfame** (*oft hum*) Anspruch auf Ruhm ◊ *The town's only claim to fame is the castle.* Außer dem Schloss hat die Stadt nicht viel vorzuweisen. **have a claim on sb** ◊ *You have no claim on me any more.* Ich bin dir nichts mehr schuldig. **lay claim to sth** Anspruch auf etw erheben **make no claim** ◊ *They make no claim to have discovered new material.* Sie behaupten nicht, neues Material entdeckt zu haben. ☛ *Siehe auch* STAKE²

claimˌant /ˈkleɪmənt/ *Nomen* **1** (*auf einen Titel, den Thron etc.*) Anwärter(in) **2** Anspruchsteller(in) **3** (*BrE*) Antragsteller(in) ◊ *sickness benefit claimants* Personen, die Krankengeld bekommen

clairˈvoyˌant /kleəˈvɔɪənt; *AmE* klerˈv-/ **1** *Nomen* Hellseher(in) **2** *Adj* hellseherisch ◊ *be clairvoyant* ein(e) Hellseher(in) sein

clam¹ /klæm/ *Nomen* Klaffmuschel

clam² /klæm/ *Verb* (**-mm-**) **PHRV** ˌ**clam ˈup** (*umgs*) den Mund nicht aufmachen, nichts sagen

ˈclamˌbake /ˈklæmbeɪk/ *Nomen* (*AmE*) = Picknick am Strand, bei dem Muscheln etc. gekocht werden

ˈclamˌber /ˈklæmbə(r)/ *Verb* klettern

clammy /ˈklæmi/ *Adj* feucht; (*Hände*) schweißig

ˈclamˌorˌous /ˈklæmərəs/ *Adj* lärmend, lautstark

clamˌour¹ (*AmE* **clamor**) /ˈklæmə(r)/ *Verb* **1** schreien **2 ~ for sth** (*gehoben*) etw lautstark fordern

clamˌour² (*AmE* **clamor**) /ˈklæmə(r)/ *Nomen* [Sing] (*gehoben*) **1** Geschrei **2 ~** (**for sth**) Forderung (nach etw)

clamp¹ /klæmp/ *Verb* **1** (ver)klammern, (ein)spannen ◊ *Clamp the two halves together.* Klammern Sie die beiden Hälften zusammen. **2** klemmen ◊ *I clamped a hand on his shoulder.* Ich umklammerte seine Schulter mit meiner Hand. ◊ *Her lips clamped tightly together.* Ihre Lippen pressten sich fest zusammen. **3** (*oft passiv*) (*BrE*) mit einer Parkkralle blockieren ◊ *His car/He had been clamped.* Sein Auto war mit einer Parkkralle blockiert. **PHRV** ˌ**clamp ˈdown** hart durchgreifen ˌ**clamp down on sb/sth** gegen jdn/etw rigoros vorgehen ˌ**clamp sth on sb** (*bes AmE*) (*Strafe, Ausgangssperre etc.*) über jdn verhängen

clamp² /klæmp/ *Nomen* **1** Klammer **2** = WHEEL CLAMP

ˈclampˌdown /ˈklæmpdaʊn/ *Nomen* [meist Sing] **~** (**on sth**) hartes Durchgreifen (gegen etw)

clan /klæn/ *Nomen* Clan, Sippe (*auch fig*) ☛ G 1.3b

clanˈdesˌtine /klænˈdestɪn, ˈklændəstaɪn/ *Adj* (*gehoben*) geheim, heimlich

clang¹ /klæŋ/ *Verb* klingen (lassen), klirren (lassen), läuten (lassen) ◊ *clang shut* sich klirrend schließen

clang² /klæŋ/ (*auch* **clangˌing**) *Nomen* [meist Sing] Klingen, Klirren, Dröhnen, Läuten

ˈclangˌer /ˈklæŋə(r)/ *Nomen* (*BrE*, *umgs*) Schnitzer, Fauxpas **IDM** ⇒ DROP¹

clank¹ /klæŋk/ *Verb* klirren (mit); (*Ketten*) rasseln (mit) ◊ *clank shut* klirrend zufallen

clank² /klæŋk/ (*auch* **clankˌing**) *Nomen* [meist Sing] Klirren; (*von Ketten*) Rasseln

ˈclanˌnish /ˈklænɪʃ/ *Adj* (*oft abwert*) cliquenhaft

ˈclansˌman /ˈklænzmən/ *Nomen* (*Pl* **-men** /-mən/) Clanmitglied

clap¹ /klæp/ *Verb* (**-pp-**) **1 ~** (**your hands**) (in die Hände) klatschen **2 ~ sb** jdm Beifall klatschen **3 ~ sb on the back/shoulder** jdm auf den Rücken/die Schulter klopfen **4** ◊ *'Oh dear!' she cried, clapping a hand over her mouth.* „Oh je!" rief sie und hielt sich mit der Hand den Mund zu. ◊ *clap sb in irons* jdn in Ketten legen ◊ *clap sb in jail* jdn ins Gefängnis stecken ◊ *She clapped the book shut.* Sie klappte das Buch zu. **IDM** ⇒ EYE¹

clap² /klæp/ *Nomen* **1** [Sing] Klatschen ◊ *Give him a clap!* Das verdient Applaus! **2 ~ of thunder** Donnerschlag **3** (*oft* **the clap**) (*Slang*) der Tripper **SYN** GONORRHOEA

ˈclapˌboard /ˈklæpbɔːd; *AmE* ˈklæbərd/ *Nomen* [U] (*bes AmE*) Schindel

ˌ**clapped ˈout** *Adj* (*BrE*, *umgs*) (*Fahrzeug*) klapprig

ˈclapˌper /ˈklæpə(r)/ *Nomen* Klöppel **IDM** ˌ**like the ˈclapˌpers** (*BrE*, *umgs*) mit einem Affenzahn

ˈclapˌperˌboard /ˈklæpəbɔːd; *AmE* ˈklæpərbɔːrd/ *Nomen* (*bei Dreharbeiten*) (Synchron)klappe

ˈclapˌtrap /ˈklæptræp/ *Nomen* (*umgs*) Geschwafel

claret /ˈklærət/ *Nomen* **1** roter Bordeaux **2** Weinrot

clariˌfiˌcaˌtion /ˌklærəfɪˈkeɪʃn/ *Nomen* (*gehoben*) Klärung, Klarstellung, Erläuterung

clarˌify /ˈklærəfaɪ/ *Verb* (**-fies**, **-fyˌing**, **-fied**, **-fied**) **1** (*gehoben*) klären, klarstellen, (näher) erläutern **2** reinigen; (*Butter*) auslassen

clariˌnet /ˌklærəˈnet/ *Nomen* Klarinette

claˌriˌnetˌtist (*auch* **claˌriˌnetˌist**) /ˌklærəˈnetɪst/ *Nomen* Klarinettist(in)

ˈclarˌion call /ˈklæriən kɔːl/ *Nomen* [Sing] (*gehoben*) Aufruf, Appell

clarˌity /ˈklærəti/ *Nomen* Klarheit ◊ *the clarity of the sound* die Klangreinheit

clash¹ /klæʃ/ *Nomen* **1** Zusammenstoß, Auseinandersetzung, Konflikt ◊ *a clash of interests* ein Interessengegensatz ◊ *a clash of opinions* ein Meinungsstreit **2** Unverträglichkeit, Verschiedenheit ◊ *Try to avoid a clash of colours.* Vermeiden Sie Farben, die sich beißen. ◊ *There was a personality clash between the two.* Die Charaktere der beiden waren unvereinbar, was dauernd zu Auseinandersetzungen führte. **3** (*Termin*) Überschneidung **4** Scheppern, Klirren **5** (*im Sportjournalismus*) Duell

clash² /klæʃ/ *Verb* **1** aufeinander stoßen; (SPORT) aufeinander treffen ◊ *Demonstrators clashed with police.* Es kam zu Auseinandersetzungen zwischen Demonstranten und der Polizei. **2 ~** (**with sb**) (**on/over sth**) (mit jdm) (über etw) eine Auseinandersetzung haben **3** kollidieren, nicht zusammenpassen; (*Termine, Ereignisse etc.*) sich überschneiden; (*Farben*) sich beißen **4 ~** (**sth**) (**together**) (*Metallgegenstände*) (klirrend) aneinander schlagen

clasp¹ /klɑːsp; *AmE* klæsp/ *Verb* **1** umklammern ◊ *She clasped her hands together.* Sie verschränkte ihre Hände ineinander. **2** in die Arme schließen ◊ *He clasped her to him.* Er drückte sie fest an sich. **3** (*mit einer Schließe*) befestigen

clasp² /klɑːsp; *AmE* klæsp/ *Nomen* **1** Verschluss, Schließe **2** [Sing] Umarmung, Griff

class¹ /klɑːs; *AmE* klæs/ *Nomen* **1** (*Schul-*) Klasse ◊ *He came top of the class.* Er war Klassenbester. ☛ *Hinweis bei* KURS **2** Unterricht, (Unterrichts)stunde; (*Universität*) Übung ◊ *after class* nach der Stunde **SYN** LESSON **3** (*auch* **classes**) [Pl] Kurs ◊ *an evening class* ein Abendkurs **SYN** COURSE **4** (*bes AmE*) (*Schul-, Universitäts-*) Jahrgang ☛ 1.3b **5** (*Gesellschafts-*) Klasse, Schicht ◊ *the middle class* der Mittelstand ◊ *the professional classes* Leute in gehobenen Berufen ☛ 1.3b **6** [U] gesellschaftliche Stellung, (soziale) Herkunft ◊ *the class system* die Klassengesellschaft **7** Klasse, Kategorie, Gattung ◊ *As a jazz singer she's in a class of her own.* Als Jazzsängerin ist sie eine Klasse für sich. **8** Klasse, Format, Stil ◊ *There's a real touch of class about this team.* Das ist eine Mannschaft erster Klasse. **9** (*BrE*) (*meist in Zusammensetzungen*) (*bei Universitätsabschlüssen*) Prädikat ☛ *Hinweis bei* FIRST CLASS¹ (2) **IDM** ⇒ CHATTER¹

class² /klɑːs; *AmE* klæs/ *Verb* (*oft passiv*) **~ sb/sth** (**as sth**) jdn/etw (als etw) einstufen

class³ /klɑːs; *AmE* klæs/ *Adj* nur vor Nomen (*gehoben*) erstklassig

ˌ**class ˈaction** *Nomen* (*AmE*) (RECHT) Gemeinschaftsklage

ˈclass-ˌconscious *Adj* klassenbewusst

ˈclass-ˌconsciousness *Nomen* Klassenbewusstsein

clasˌsic¹ /ˈklæsɪk/ *Adj* klassisch ◊ *a classic novel* ein literarischer Klassiker IDM **that's classic! 1** (*umgs*, *hum*) köstlich! **2** (*abwert*) typisch!

clas·sic² /ˈklæsɪk/ *Nomen* **1** Klassiker ◊ *The match was a classic.* Das war ein Klassenspiel. **2 Classics** [U] Altphilologie

clas·sic·al /ˈklæsɪkl/ *Adj* (*Adv* **clas·sic·al·ly** /-kli/) klassisch ◊ *classical antiquity* die Antike ◊ *a classical education* eine humanistische Erziehung ◊ *classical scholars* Altphilologen ◊ *classical Arabic* Altarabisch

clas·si·cism /ˈklæsɪsɪzəm/ *Nomen* **1** Klassizismus **2** klassischer Stil ◊ *Weimar Classicism* die Weimarer Klassik

clas·si·cist /ˈklæsɪsɪst/ *Nomen* **1** Altphilologe, -philologin, Humanist(in) **2** Klassiker(in), klassizistische(r) Maler(in), Bildhauer(in) etc.

clas·si·fi·able /ˈklæsɪfaɪəbl/ *Adj* klassifizierbar

clas·si·fi·ca·tion /ˌklæsɪfɪˈkeɪʃn/ *Nomen* **1** Klassifizierung, Klassifikation **2** ~ **as sth** Einstufung als etw

clas·si·fied /ˈklæsɪfaɪd/ **1** *Adj* geheim ◊ *classified material* eine Geheimsache OPP UNCLASSIFIED **2** *Adj* nach Fachgebieten angeordnet **3 classifieds** (*auch* ˌ**classified ad**ˈ**vertisements**, ˌ**classified** ˈ**ads**) *Nomen* [Pl] Kleinanzeigen, Kleinanzeigenteil (*der Zeitung*)

clas·si·fy /ˈklæsɪfaɪ/ *Verb* (**-fies**, **-fy·ing**, **-fied**, **-fied**) **1** klassifizieren, einteilen ◊ *classified by/according to subject* nach Fachgebieten geordnet **2** ~ **sb/sth** (**as sth**) jdn/etw (als etw) einstufen

class·less /ˈklɑːsləs; *AmE* ˈklæs-/ *Adj* klassenlos

class·mate /ˈklɑːsmeɪt; *AmE* ˈklæs-/ *Nomen* Klassenkamerad(in)

class·room /ˈklɑːsruːm, -rʊm; *AmE* ˈklæs-/ *Nomen* Klassenzimmer

ˌ**class** ˈ**struggle** (*auch* ˌ**class** ˈ**war**) *Nomen* [U/Sing] (POL) Klassenkampf

clas·sy /ˈklɑːsi; *AmE* ˈklæsi/ *Adj* (**class·i·er**, **class·i·est**) **1** (*umgs*) nobel, erstklassig **2** rassig, exklusiv

clat·ter¹ /ˈklætə(r)/ *Verb* **1** klappern, scheppern ◊ *The knife clattered on the floor.* Das Messer fiel klappernd auf den Boden. **2** poltern ◊ *She heard him clattering around downstairs.* Sie hörte ihn unten herumpoltern.

clat·ter² /ˈklætə(r)/ (*auch* **clat·ter·ing**) *Nomen* [Sing] Klappern, Geklapper, Getrappel

clause /klɔːz/ *Nomen* **1** (LING) Satz ◊ *subordinate clauses* Nebensätze **2** Klausel

claus·tro·pho·bia /ˌklɔːstrəˈfəʊbiə; *AmE* -ˈfoʊ-/ *Nomen* Klaustrophobie, Platzangst

claus·tro·pho·bic /ˌklɔːstrəˈfəʊbɪk; *AmE* -ˈfoʊ-/ *Adj* klaustrophobisch

clav·icle /ˈklævɪkl/ *Nomen* (ANAT) Schlüsselbein

claw¹ /klɔː/ *Nomen* **1** Kralle, Klaue ◊ (*beim Krebs etc.*) Schere **2** Greifer; (*eines Hammers etc.*) Klaue IDM **get your claws into sb 1** jdn in seine Klauen bekommen **2** jdn verreißen ☛ *Siehe auch* RED¹

claw² /klɔː/ *Verb* (zer)kratzen ◊ *The cat was clawing at the chair.* Die Katze kratzte am Stuhl. ◊ *She had clawed him across the face.* Sie hatte ihm das Gesicht zerkratzt. ◊ (*fig*) *Branches clawed at her hair.* Zweige zerrten an ihren Haaren. IDM **claw your way into sth, out of sth, etc.** sich in, aus etc. etw wühlen ◊ *She clawed her way to the top of her profession.* Sie boxte sich an die Spitze durch. PHRV ˌ**claw sth** ˈ**back** sich etw zurückholen ◊ *Newcastle managed to claw a goal back.* Newcastle schaffte es einen Tor wettzumachen.

clay /kleɪ/ *Nomen* Lehm, Ton IDM ⇨ FOOT¹

ˈ**clay court** *Nomen* (*im Tennis*) Sandplatz

ˌ**clay** ˈ**pigeon shooting** *Nomen* (*BrE*) Tontaubenschießen

clean¹ /kliːn/ *Adj* **1** sauber (*auch fig*) ◊ *clean towels* frische Handtücher **2** anständig; (*Witz*) salonfähig; (*Image*) sauber ◊ *good clean fun for the whole family* eine nette, harmlose Unterhaltung für die ganze Familie **3** unbescholten ◊ *have a clean police record* keine Vorstrafen haben ◊ *a clean driving licence* ein Führerschein ohne Strafpunkte **4** (*Spiel etc.*) fair **5** (*Linie*) klar; (*Schnitt*) glatt **6** (*Geschmack, Geruch*) frisch IDM **as clean as a** ˈ**whistle** (*umgs*) blitzsauber **a clean bill of** ˈ**health** ein Gesundheitsattest ◊ *The building was given a clean bill of health by the surveyor.* Der Gutachter bestätigte, dass das Haus keine Defekte aufwies. **a clean** ˈ**break 1** ein Schlussstrich ◊ *She wanted to make a clean break with the past.* Sie wollte einen Schlussstrich unter ihre Vergangenheit ziehen und von vorn anfangen. **2** ein einfacher (Knochen)bruch **a clean** ˈ**sheet** ◊ *The goalkeeper kept a clean sheet.* Der Torwart hielt den Kasten sauber. **a clean** ˈ**sheet**/ˈ**slate** ein neuer Beginn; ein unbeschriebenes Blatt **make a clean** ˈ**breast of sth** etw gestehen **make a clean sweep** (**of sth**) **1** (*in einer Firma, Abteilung etc.*) gründlich aufräumen **2** (bei etw) alles gewinnen ◊ *China made a clean sweep of the medals.* China gewann alle Medaillen. ◊ *a clean sweep for the Democrats* ein klarer Sieg für die Demokraten. ☛ *Siehe auch* NOSE¹ *und* WIPE¹

clean² /kliːn/ *Verb* **1** putzen, reinigen, sauber machen, säubern ◊ *clean the floor* den Fußboden aufwischen ☛ *Siehe auch* DRY-CLEAN *und* SPRING-CLEAN **2** sich reinigen lassen **3** = DRY-CLEAN **4** (*Fisch, Huhn etc.*) ausnehmen IDM **clean** ˈ**house** (*AmE*) **1** eine Umstrukturierung/Umorganisation vornehmen **2** den Haushalt machen **clean up your** ˈ**act** (*umgs*) sich wandeln PHRV ˌ**clean sth** ˈ**down** etw (gründlich) reinigen ˌ**clean sth** ˈ**off** etw abwaschen/-wischen/-spülen/-putzen ˌ**clean sth off/from sth** etw von etw abwaschen/-wischen/-putzen ˌ**clean sth** ˈ**out 1** etw (gründlich) reinigen **2** etw ausräumen ˌ**clean sb** ˈ**out** (*umgs*) **1** ◊ *Paying for all those drinks has cleaned me out.* Ich habe alle Getränke bezahlt und jetzt bin ich völlig blank. **2** (*stehlen*) jds Haus/Wohnung etc. ausräumen ˌ**clean** ˈ**up** aufräumen, sauber machen ◊ *He expects me to clean up after him.* Er erwartet, dass ich ihm nachräume. **2** (*umgs*) absahnen, abkassieren ◊ *The film should clean up at the box office.* Der Film wird bestimmt ein Kassenschlager. ˌ**clean** (**yourself**) ˈ**up** (*umgs*) sich waschen ˌ**clean sth** ˈ**up** etw sauber machen, etw reinigen, etw aufräumen, etw säubern (*auch fig*) ◊ *The mayor is determined to clean up the city.* Der Bürgermeister ist fest entschlossen, die Stadt von kriminellen Elementen zu säubern. ◊ *Soccer needs to clean up its image.* Der Fußballsport muss sein Image aufbessern.

clean³ /kliːn/ *Adv* (*umgs*) völlig ◊ *The thief got clean away.* Der Dieb ist entkommen. IDM **come clean** (**with sb**) (jdm) alles gestehen **come clean about sth** etw gestehen; etw auf den Tisch legen

clean⁴ /kliːn/ *Nomen* ◊ *The house needs a good clean.* Das Haus muss gründlich gereinigt werden.

ˌ**clean-**ˈ**cut** *Adj* (*Erscheinung*) gepflegt; (*Image*) sauber ◊ *his clean-cut good looks* seine klaren, attraktiven Gesichtszüge

clean·er /ˈkliːnə(r)/ *Nomen* **1** Raumpfleger(in), Putzfrau ◊ *a window cleaner* ein Fensterputzer **2** Reiniger, Reinigungsmittel ◊ *kitchen cleaner* Haushaltsreiniger ◊ *a vacuum cleaner* ein Staubsauger **3** ˈ**cleaner's** = DRY-CLEANER'S IDM **take sb to the** ˈ**cleaners**/ˈ**cleaner's 1** jdn bis aufs Hemd ausziehen **2** jdn in die Pfanne hauen

clean·ing /ˈkliːnɪŋ/ *Nomen* [U] Reinigung, Putzen

ˈ**cleaning lady** (*auch* ˈ**cleaning woman**) *Nomen* Putzfrau

clean·li·ness /ˈklenlinəs/ *Nomen* Sauberkeit, Reinlichkeit

clean·ly /ˈkliːnli/ *Adv* sauber (*auch fig*)

cleanse /klenz/ *Verb* **1** (*Haut, Wunde etc.*) reinigen ◊ *cleansing cream* Reinigungscreme **2** ~ **sb** (**of/from sth**) (*gehoben*) (*von Sünden, Schuld*) jdn befreien ☛ *Siehe auch* ETHNIC

cleans·er /ˈklenzə(r)/ *Nomen* **1** Reinigungsmilch, Reinigungscreme **2** Reinigungsmittel

ˌ**clean-**ˈ**shaven** *Adj* glatt rasiert

ˈ**clean-up** *Nomen* [meist Sing] Säuberung

clear¹ /klɪə(r); *AmE* klɪr/ *Adj* **1** klar, deutlich, eindeutig ◊ *Do I make myself clear?* Habe ich mich klar genug ausgedrückt? ◊ *I'm still not clear what the job involves.* Es ist mir immer noch nicht klar, worin die Arbeit besteht.

 WRITING TIP
Expressing a clear opinion

- *It is clear that a new approach is needed.* Es ist klar, dass ein neuer Ansatz nötig ist.
- *Clearly, change is necessary.* Eine Veränderung muss unbedingt sein.
- *The fact is that changes must be made.* Es ist eine

Tatsache, dass Änderungen vorgenommen werden müssen. • *It is obvious that things cannot be allowed to continue as they are.* Es ist klar, dass es nicht länger so weitergehen kann wie bisher. • *Change is undoubtedly needed.* Eine Veränderung ist zweifellos nötig.

2 be ~ about sth sich über etw im Klaren sein ◊ *They weren't clear about what they wanted.* Sie wussten nicht genau, was sie wollten. **3** klar, durchsichtig; *(Foto etc.)* scharf; *(Haut, Gewissen)* rein ◊ *on a clear day* bei klarem Wetter **4 ~ (of sth)** frei (von etw) ◊ *clear of debt* schuldenfrei ◊ *We had a clear view of the stage.* Wir hatten eine unbehinderte Sicht auf die Bühne. **5** nicht vor Nomen **~ (of sb/sth)** (von jdm/etw) entfernt ◊ *The plane was clear of the clouds.* Das Flugzeug war über den Wolken. ◊ *Make sure you park your car clear of the entrance.* Parken Sie nicht vor dem Eingang. **6** nur vor Nomen voll ◊ *three clear days* drei volle Tage **7** nur vor Nomen Netto- ◊ *a clear profit* ein Reingewinn SYN NET IDM **(as) clear as 'day** sonnenklar **(as) clear as 'mud** *(umgs, iron)* überhaupt nicht klar **in the 'clear 1** frei von jedem Verdacht **2** über den Berg ☞ *Siehe auch* COAST[1], FIELD[1], HEAD[1], LOUD[2] *und* SAILING[1]

clear[2] /klɪə(r); *AmE* klɪr/ *Verb* **1** räumen ◊ *I cleared my desk of papers.* Ich räumte die Papiere vom Schreibtisch. ◊ *clear the table* den Tisch abräumen ◊ *She cleared a space on the sofa for him to sit down.* Sie machte einen Platz auf dem Sofa frei, so dass er sich hinsetzen konnte. ◊ *I went for a walk to clear my head.* Ich machte einen Spaziergang, um einen klaren Kopf zu bekommen. ☞ *Siehe auch* CLEAR AWAY **2** nicht mehr blockiert sein **3** *(Verkehr)* sich auflösen **4** *(Flüssigkeit etc.)* sich klären; *(Himmel, Wetter)* aufklaren; *(Kopf, Gedanken)* klar werden; *(Gesichtsausdruck)* sich beruhigen **5 ~ (away)** *(Nebel)* sich lichten; *(Rauch)* abziehen; *(Staub)* sich legen; *(Regen)* aufhören **6 ~ sb (of sth)** jdn (von etw) freisprechen **7** genehmigen ◊ *The plane had been cleared for take-off.* Das Flugzeug war zum Start freigegeben worden. **8 ~ customs** vom Zoll abgefertigt werden, sich vom Zoll abfertigen lassen; **~ sth through customs** etw zollamtlich abfertigen (lassen) **9 ~ sth with sb/sth** etw mit jdm abklären **10 ~ sb** jdn für politisch unbedenklich erklären ◊ *She hasn't been cleared by security.* Sie hat noch keine Unbedenklichkeitsbescheinigung bekommen. **11** *(Scheck)* gutgeschrieben werden; **~ sth** etw gutschreiben **12** verdienen; *(Gewinn etc.)* machen **13** *(Schuld)* begleichen, zurückzahlen **14** nicht berühren ◊ *The horse cleared the fence easily.* Das Pferd nahm das Hindernis mit Leichtigkeit. ◊ *The car only just cleared the wall.* Der Wagen fuhr ganz knapp an der Mauer vorbei. **15** (SPORT) *(Ball)* geklärt werden; **~ sth** etw klären IDM **clear the 'air** die Luft reinigen; die Atmosphäre entgiften **clear the 'decks (for sth)** die Bahn frei(er) frei machen ◊ *clear the decks for action* alles startklar machen **clear your name** seinen Namen reinwaschen **clear sb's name** jds Unschuld beweisen **clear your 'throat** sich räuspern **clear the way (for sth/for sth to happen)** den Weg frei machen (für etw/sodass etw geschehen kann) ☞ *Siehe auch* COBWEB PHRV **clear a'way** (den Tisch) abräumen **clear sth a'way** etw wegräumen **clear 'off** *(umgs)* abhauen, verschwinden **clear 'out 1** *(umgs)* verschwinden **2** aufräumen **clear sth 'out 1** etw ausräumen **2** etw aufräumen *(alte Sachen)* wegwerfen **clear 'up 1** aufklaren **2** *(Entzündung, Symptome etc.)* zurückgehen **clear (sth) 'up** (etw) aufräumen ◊ *clear up after sb* jdm nachräumen **clear sth 'up** etw (auf)klären, etw lösen

clear[3] /klɪə(r); *AmE* klɪr/ *Adv* **1 ~ (of sth)** (von etw) entfernt ◊ *The driver managed to jump clear.* Der Fahrer konnte aus dem Auto springen. ◊ *He was two metres clear of the rest of the runners.* Er hatte zwei Meter Vorsprung vor den restlichen Läufern. ◊ *(BrE) Stand clear of the doors.* Bitte zurücktreten! **2** *(bes AmE)* bis ◊ *She could see clear down the highway into the town.* Sie konnte die ganze Straße entlang bis in die Stadt sehen. IDM **keep/stay/steer clear (of sb/sth)** einen Bogen (um jdn/etw) machen; *(jdm/etw)* aus dem Weg gehen ☞ *Siehe auch* WAY[1]

clear·ance /ˈklɪərəns; *AmE* ˈklɪr-/ *Nomen* **1** Räumung ◊ *(Wald)* Abholzung ◊ *slum clearance* der Abriss von Slums **2** Spielraum **3** Genehmigung, (politische) Unbedenklichkeitsbescheinigung ◊ *I'm waiting for clearance from head-quarters.* Ich warte auf grünes Licht von der Zentrale. **4** Landerlaubnis, Startfreigabe, Ein-/Ausreisegenehmigung; *(von Gütern)* (Zoll)abfertigung ◊ *The pilot was waiting for clearance for take-off.* Der Pilot wartete auf die Startfreigabe. **5** *(von einem Scheck)* ◊ *Clearance will take seven days.* Es dauert sieben Tage, bis der Scheck gutgeschrieben wird. **6** (SPORT) Klärung; *(eines Balles)*

ˌclear-ˈcut *Adj* klar, eindeutig

ˌclear-ˈheaded *Adj* besonnen, klar denkend

clear·ing /ˈklɪərɪŋ; *AmE* ˈklɪrɪŋ/ *Nomen* Lichtung

ˈclearing bank *Nomen* *(BrE)* Clearingbank

ˈclearing house *Nomen* **1** *(im Bankwesen)* Abrechnungsstelle **2** Zentralstelle, Clearingstelle

clear·ly /ˈklɪəli; *AmE* ˈklɪrli/ *Adv* **1** klar, deutlich **2** ohne Frage, zweifellos, natürlich ☞ *Hinweis bei* CLEAR[1]

clear·ness /ˈklɪənəs; *AmE* ˈklɪrnəs/ *Nomen* **1** Klarheit **2** *(Haut)* Reinheit SYN CLARITY

ˈclear-out *Nomen* [meist Sing] *(bes BrE, umgs)* Entrümpelung, Aufräumaktion ◊ *have a good clear-out* gründlich aufräumen und alte Sachen wegwerfen ◊ *a staff clear-out* Entlassungen

ˌclear-ˈsighted *Adj* klar blickend

clear·way /ˈklɪəweɪ; *AmE* ˈklɪrweɪ/ *Nomen* *(BrE)* Straße mit Halteverbot

cleat /kliːt/ *Nomen* **1** *(für Taue)* Klampe **2** *(am Schuh)* Stollen **3 cleats** [Pl] *(AmE) (Schuhe)* Spikes

cleav·age /ˈkliːvɪdʒ/ *Nomen* **1** Dekolletee, Busen **2** *(gehoben)* Kluft, Spaltung

cleave /kliːv/ *Verb* (**cleaved**, **cleaved** oder seltener und nie in Bedeutung 4 **cleft**, **cleft** /kleft/ oder **clove** /kləʊv; *AmE* /kloʊv/, **cleft**) **1** *(gehoben oder veraltet)* spalten; ◊ *(fig) His skin was cleft with deep lines.* Seine Haut war von tiefen Falten zerfurcht. **2 ~ (through) sth** *(gehoben oder veraltet)* *(Wasser etc.)* durchschneiden ◊ *cleave a path through the traffic* sich einen Weg durch den Verkehr bahnen **3 ~ to sb/sth** *(gehoben)* an jdm/etw kleben **4 (cleaved, cleaved) ~ to sth** *(gehoben)* an etw festhalten IDM ⇨ CLEFT[2]

cleav·er /ˈkliːvə(r)/ *Nomen* Hackbeil

clef /klef/ *Nomen* (MUS) Notenschlüssel ◊ *the treble clef* der Violinschlüssel

cleft[1] /kleft/ *Nomen* Spalte, Kluft ☞ *Siehe auch* CLEAVE

cleft[2] /kleft/ *Adj* IDM **be (caught) in a cleft 'stick** in der Zwickmühle stecken

ˌcleft ˈlip *Nomen* Hasenscharte

ˌcleft ˈpalate *Nomen* Gaumenspalte, Wolfsrachen

clem·ency /ˈklemənsi/ *Nomen* *(gehoben)* Milde, Nachsicht SYN MERCY

clem·en·tine /ˈklemənti:n/ *Nomen* Klementine

clench /klentʃ/ *Verb* **1** (sich) zusammenpressen; *(Faust)* (sich) ballen **2** umklammern, packen **3 ~ sth in/between sth** etw in/zwischen etw klemmen

clergy /ˈklɜːdʒi; *AmE* ˈklɜːrdʒi/ *Nomen* [Pl] Klerus, Geistlichkeit ◊ *all the local clergy* alle Geistlichen des Orts

cler·gy·man /ˈklɜːdʒimən; *AmE* ˈklɜːrdʒ-/ *Nomen* (Pl **-men** /-mən/) Geistlicher, Pfarrer, Pastor

cler·gy·wo·man /ˈklɜːdʒiwʊmən; *AmE* ˈklɜːrdʒ-/ *Nomen* (Pl **-women** /-wɪmɪn/) Geistliche, Pastorin, Pfarrerin

cler·ic /ˈklerɪk/ *Nomen* *(gehoben oder veraltet)* Geistlicher, Kleriker

cler·ic·al /ˈklerɪkl/ *Adj* **1** Büro- ◊ *a clerical error* ein Schreibfehler **2** geistlich ◊ *a clerical collar* ein Kollar

clerk[1] /klɑːk; *AmE* klɜːrk/ *Nomen* **1** Büroangestellte(r) ☞ *Siehe auch* FILING CLERK **2** Schriftführer(in); *(bei Gericht)* Protokollführer(in) ☞ *Siehe auch* CLERK OF WORKS **3** *(AmE)* = SALES CLERK **4** = DESK CLERK

clerk[2] /klɑːk; *AmE* klɜːrk/ *Verb* *(AmE)* als Verkäufer(in)/Büroangestellte(r) arbeiten

ˌclerk of ˈworks *Nomen* *(BrE)* Bauleiter(in)

clever /ˈklevə(r)/ *Adj* (*Adv* **clev·er·ly**) **1** klug, gescheit; *(Gerät)* raffiniert **2 ~ (at sth)** *(bes BrE)* geschickt (in etw), begabt (in etw) ◊ *He's very clever with his hands.* Er ist handwerklich sehr geschickt. **3** *(BrE, umgs, abwert)* schlau

ˈclever Dick *(auch* ˈclever clogs*) Nomen (BrE, umgs, abwert)* Schlaumeier

clev·er·ness /ˈklevənəs/ *Nomen* **1** Klugheit, Schlauheit,

cliché

Raffiniertheit **2** Geschicktheit, Begabung **3** (*BrE*, *umgs*, *abwert*) Schläue
cli·ché (*auch* **cliche**) /'kli:ʃeɪ; *AmE* kli:'ʃeɪ/ *Nomen* (*abwert*) Klischee ◊ *cliché-ridden* voller Klischees
cli·chéd (*auch* **cli·che'd**, **cliched**) /'kli:ʃeɪd; *AmE* kli:-'ʃeɪd/ *Adj* klischeehaft
click¹ /klɪk/ *Verb* **1** klicken (lassen) ◊ *The bolt clicked into place*. Der Bolzen klickte ein. ◊ *The door clicked shut*. Die Tür schnappte zu. ◊ *He clicked a pair of handcuffs around my wrists*. Er ließ die Handschellen um meine Handgelenke zuschnappen. **2** (*Finger*) schnippen mit; (*Zunge*) schnalzen mit; (*Hacken*) zusammenschlagen **3** ~ **on sth** (COMP) (etw) (an)klicken **4** (*umgs*) plötzlich klar werden ◊ *It all clicked into place*. Plötzlich wurde alles klar. ◊ *Then it clicked*. Dann fiel der Groschen. **5** (*umgs*) sich (auf Anhieb) gut verstehen ◊ *We met at a party and clicked immediately*. Wir trafen uns auf einer Party und es funkte gleich. **6** (*umgs*) ~ (**together**) miteinander gut auskommen ◊ *The team don't seem to have clicked yet*. Das Team scheint noch nicht aufeinander eingespielt zu sein.
click² /klɪk/ *Nomen* Klicken ◊ *a mouse click* ein Mausklick
cli·ent /'klaɪənt/ *Nomen* **1** Klient(in), Mandant(in), Auftraggeber(in), Kunde, Kundin **2** (COMP) Client
cli·en·tele /ˌkli:ən'tel; *AmE* ˌklaɪən'tel/ *Nomen* Klientel, Kundschaft ➡ G 1.3a
ˌclient ˈstate *Nomen* Satellitenstaat
cliff /klɪf/ *Nomen* Kliff, Felsen, Klippe ◊ *the cliffs* die Steilküste
cliff·hang·er /'klɪfhæŋə(r)/ *Nomen* ◊ *The first episode was a real cliffhanger*. Der erste Teil endete im spannendsten Moment. ◊ *The vote threatens to be a cliffhanger*. Die Abstimmung wird äußerst spannend.
cliff·top /'klɪftɒp; *AmE* -tɑ:p/ *Nomen* ◊ *on the clifftop* oben auf den Felsen ◊ *a clifftop path* ein Weg, der oben am Rand der Steilküste entlang führt
cli·mac·tic /klaɪ'mæktɪk/ *Adj* den Höhepunkt bildend
cli·mate /'klaɪmət/ *Nomen* Klima ◊ *move to a warmer climate* in eine wärmere Gegend ziehen ◊ *the climate of opinion* die öffentliche Meinung
cli·mat·ic /klaɪ'mætɪk/ *Adj nur vor Nomen* (*Adv* **cli·mat·ic·al·ly** /-kli/) klimatisch, Klima-
cli·mat·olo·gist /ˌklaɪmə'tɒlədʒɪst; *AmE* -'tɑ:l-/ *Nomen* Klimaforscher(in)
cli·mat·ology /ˌklaɪmə'tɒlədʒi; *AmE* -'tɑ:l-/ *Nomen* Klimatologie, Klimaforschung
cli·max¹ /'klaɪmæks/ *Nomen* **1** Höhepunkt **2** Orgasmus SYN ORGASM
cli·max² /'klaɪmæks/ *Verb* (*gehoben*) **1** ~ **with/in sth** mit etw seinen Höhepunkt erreichen **2** (*bes AmE*) krönen **3** einen Orgasmus haben
climb¹ /klaɪm/ *Verb* **1** klettern, steigen ◊ *I climbed through the window*. Ich kletterte durchs Fenster. ◊ *The sun climbed higher in the sky*. Die Sonne stieg höher. **2** ~ (**up**) **sth** auf etw klettern, auf etw steigen ◊ *climb a rope* an einem Seil hochklettern ◊ *climb a mountain* einen Berg besteigen ◊ *The car slowly climbed the hill*. Das Auto fuhr langsam den Berg hoch. ◊ *She climbed the stairs*. Sie stieg die Treppe hinauf. **3 go climbing** bergsteigen gehen **4** (*Weg etc.*) ansteigen ◊ (*fig*) *The paper's circulation continues to climb*. Die Auflage der Zeitung steigt weiterhin an. IDM ➡ BANDWAGON PHRV **climb ˈdown** (**over sth**) nachgeben (in Bezug auf etw) ◊ *The government was forced to climb down*. Die Regierung sah sich gezwungen, einen Rückzieher zu machen.
climb² /klaɪm/ *Nomen* **1** Aufstieg, Klettertour **2** Kletterpartie ◊ *The south face is an easier climb*. Die Südwand ist leichter zu besteigen. **3** [meist Sing] Anstieg **4** [meist Sing] Aufstieg ◊ *the slow climb out of the recession* der mühsame Weg aus der Rezession heraus
climb·down /'klaɪmdaʊn/ *Nomen* Rückzieher
climb·er /'klaɪmə(r)/ *Nomen* **1** Bergsteiger(in) ◊ *Monkeys are efficient climbers*. Affen können gut klettern. **2** Kletterpflanze ➡ *Siehe auch* SOCIAL CLIMBER
climb·ing /'klaɪmɪŋ/ *Nomen* Bergsteigen, Klettern ◊ *a climbing wall* eine Kletterwand
ˈclimbing frame *Nomen* (*BrE*) Klettergerüst
clime /klaɪm/ *Nomen* [meist Pl] (*gehoben oder hum*) Gefilde

clinch¹ /klɪntʃ/ *Verb* **1** (*Sieg etc.*) erringen; (*Geschäft*) abschließen ◊ *clinch an argument* einen Streit für sich entscheiden **2** entscheiden, den Ausschlag geben ◊ *Okay, that clinches it*. Okay, das entscheidet die Sache.
clinch² /klɪntʃ/ *Nomen* **1** (*umgs*) (enge) Umarmung SYN EMBRACE **2** (*im Boxsport*) Clinch (*auch fig*)
clinch·er /'klɪntʃə(r)/ *Nomen* [meist Sing] (*umgs*) entscheidender Faktor, ausschlaggebender Punkt
cling /klɪŋ/ *Verb* (clung, clung /klʌŋ/) **1** ~ (**on**) **to sb/sth** sich an jdn/etw klammern (*auch fig*); jdn/etw umklammern ◊ *He had one last hope to cling on to*. Ihm blieb eine letzte Hoffnung. **2** ~ **on sth** sich festhalten **3** ~ **together** sich aneinander klammern **4** ~ (**to sth**) haften (an etw), kleben (an etw) ◊ *a dress that clings* ein eng anliegendes Kleid
ˈcling film *Nomen* [U] Klarsichtfolie, Frischhaltefolie
cling·ing /'klɪŋɪŋ/ (*auch* **clingy** /'klɪŋi/) *Adj* **1** eng anliegend, hauteng **2** (*abwert*) (zu) anhänglich ◊ *He's very clingy*. Er ist wie eine Klette.
clin·ic /'klɪnɪk/ *Nomen* **1** Klinik ◊ *a family planning clinic* ein Familienplanungszentrum ◊ *a rehabilitation clinic* eine Entziehungsanstalt **2** (*bes BrE*) Sprechstunde ◊ *The antenatal clinic is on Wednesdays*. Die Schwangerschaftsberatung findet mittwochs statt. **3** (*AmE*) Poliklinik, Ambulanz **4** klinischer Unterricht **5** Fachkurs ◊ *a coaching clinic for young tennis players* Trainingskurse für junge Tennisspieler
clin·ic·al /'klɪnɪkl/ *Adj* (*Adv* **clin·ic·al·ly** /-kli/) **1** nur vor Nomen klinisch ◊ *clinical training* Klinikum **2** (*abwert*) unpersönlich, kühl **3** (*abwert*) (*Gebäude etc.*) nüchtern, steril
clin·ician /klɪ'nɪʃn/ *Nomen* Kliniker(in)
clink¹ /klɪŋk/ *Verb* klimpern (mit), klirren (lassen) ◊ *They clinked glasses*. Sie stießen an.
clink² /klɪŋk/ *Nomen* [Sing] **1** (*auch* **clink·ing**) Klirren **2** (*veraltet*, *Slang*) Knast
clink·er /'klɪŋkə(r)/ *Nomen* **1** Schlacke **2** [Sing] (*AmE*) falscher Ton
clip¹ /klɪp/ *Nomen* **1** Klammer ◊ *toe clips on a bicycle* Rennbügel an einem Fahrrad ◊ *a diamond clip* eine Diamantbrosche ➡ *Siehe auch* BICYCLE CLIP *und* PAPER CLIP **2** [Sing] ◊ *The hedge needs a clip*. Die Hecke muss geschnitten werden. **3** (Film)ausschnitt **4** (*BrE*, *umgs*) Schlag ◊ *a clip round the ear* eine Ohrfeige **5** (*Gewehr*) Magazin IDM **at a fast, good, etc. clip** (*bes AmE*) schnell ◊ *Prices will rise at a steady clip*. Die Preise steigen kontinuierlich.
clip² /klɪp/ *Verb* (**-pp-**) **1** anklammern, anstecken, anheften ◊ *Clip the pages together*. Heften Sie die Seiten zusammen. **2** angeklammert werden, angesteckt werden ◊ *Do those earrings clip on?* Sind das Ohrclips? **3** schneiden, trimmen, scheren **4** ~ **sth** (**off/from sth**) etw (von etw) abschneiden ◊ *She clipped two seconds off her best time*. Sie unterbot ihre Bestzeit um zwei Sekunden. **5** streifen ◊ *He clipped the ball into the net*. Er tippte den Ball ins Netz. **6** ~ **sth** (**out of/from sth**) etw (aus etw) ausschneiden IDM **clip sb's ˈwings** jdm die Flügel stutzen
clip·board /'klɪpbɔ:d; *AmE* -bɔ:rd/ *Nomen* **1** Klemmbrett **2** (COMP) Zwischenablage
clip-clop /'klɪp klɒp; *AmE* klɑ:p/ *Nomen* (Huf)geklapper
ˈclip-on *Adj nur vor Nomen* zum Anstecken ◊ *clip-on earrings* Ohrclips
clipped /klɪpt/ *Adj* (*Sprechweise etc.*) abgehackt
clip·per /'klɪpə(r)/ *Nomen* **1 clippers** [Pl] Schere ◊ *nail clippers* eine Nagelzange ➡ *Hinweis bei* BRILLE **2** Klipper
clip·ping /'klɪpɪŋ/ *Nomen* **1** [meist Pl] Schnipsel **2** (*bes AmE*) (Zeitungs)ausschnitt
clique /kli:k/ *Nomen* (*oft abwert*) Clique ➡ 1.3b
clit·oris /'klɪtərɪs/ *Nomen* Klitoris, Kitzler
Cllr *Abk* (*BrE*) = COUNCILLOR
cloak¹ /kləʊk; *AmE* kloʊk/ *Nomen* **1** Umhang **2** [Sing] (*gehoben*) (*fig*) (Deck)mantel ◊ *under the cloak of darkness* im Schutz der Dunkelheit
cloak² /kləʊk; *AmE* kloʊk/ *Verb* (*oft passiv*) (*gehoben*) ~ **sth** (**in sth**) etw (in etw) hüllen
ˌcloak-and-ˈdagger *Adj nur vor Nomen* geheim
cloak·room /'kləʊkru:m, -rʊm; *AmE* 'kloʊk-/ *Nomen* **1** (*bes BrE*) Garderobe **2** (*BrE*) Toilette
clob·ber¹ /'klɒbə(r); *AmE* 'klɑ:b-/ *Verb* **1** (*umgs*)

zusammenschlagen, hauen **2** (*oft passiv*) **~ sb/sth with sth** jdm/einer Sache etw aufbrummen **3** (*meist passiv*) in die Pfanne hauen

clob·ber² /ˈklɒbə(r); *AmE* ˈklɑːb-/ *Nomen* [U] (*BrE, umgs*) Klamotten, Kram

clock¹ /klɒk; *AmE* klɑːk/ *Nomen* **1** Uhr ◊ *the clock face* das Zifferblatt ☞ *Siehe auch* OʼCLOCK *und* TIME CLOCK **2 the clock** [Sing] (*umgs*) der Tacho ◊ *a car with 20 000 miles on the clock* ein Wagen mit einem Tachostand von 20 000 Meilen IDM **against the ˈclock** gegen die Uhr **around/round the ˈclock** rund um die Uhr **the clocks go forward/back** die Uhren werden vor-/zurückgestellt **put the clocks forward/back** (*AmE* **set/move the clocks ahead/back**) die Uhren vor-/zurückstellen **put/turn the ˈclock back 1** die Uhr/das Rad zurückdrehen **2** (*abwert*) die Uhren/Zeit zurückdrehen **run out the clock** (*AmE*) auf Zeit spielen ☞ *Siehe auch* BEAT¹, RACE¹, STOP¹ *und* WATCH¹

clock² /klɒk; *AmE* klɑːk/ *Verb* **1** (SPORT) (*eine bestimmte Zeit*) laufen/fahren ◊ *He clocked 10.09 seconds in the 100 metres.* Er lief den 100-Meter-Lauf in 10,09 Sekunden. **2 ~ sb/sth** (**at sth**) (*Geschwindigkeit messen*) jdn/etw (mit etw) stoppen ◊ *Wind gusts were clocked at 80 m.p.h. in Rapid City.* In Rapid City wurden Windböen von 80 Meilen pro Stunde verzeichnet. ◊ *The police clocked him doing over 100 miles an hour.* Die Polizei registrierte eine Geschwindigkeit von über 100 Meilen pro Stunde bei ihm. **3** (*BrE, umgs*) sehen ◊ *I clocked him in the driving mirror.* Ich sah sie im Rückspiegel. PHRV ˌclock ˈin/ˈon (*BrE*) (die Uhr) stechen ◊ *I clock on at 8 a.m.* Ich fange morgens um 8 Uhr an. ˌclock ˈout/ˈoff (*BrE*) (die Uhr) stechen, Feierabend machen ˌclock ˈup sth (*BrE*) etw verzeichnen ◊ *He clocked up more than 25 years on the committee.* Er war mehr als 25 Jahre lang Mitglied im Komitee. ◊ *On the trip we clocked up over 1 800 miles.* Wir sind auf der Reise über 1 800 Meilen gefahren.

ˌclock ˈradio *Nomen* Radiowecker

clock·wise /ˈklɒkwaɪz; *AmE* ˈklɑːk-/ *Adv, Adj* im Uhrzeigersinn OPP ANTICLOCKWISE *und* COUNTERCLOCKWISE

clock·work /ˈklɒkwɜːk; *AmE* ˈklɑːkwɜːrk/ *Nomen* Uhrwerk ◊ *clockwork toys* Aufziehspielzeug ◊ *He is in the pub by six o'clock, regular as clockwork.* Er kommt regelmäßig um Punkt sechs Uhr in die Kneipe. IDM **go/run like ˈclockwork** wie am Schnürchen laufen/klappen

clod /klɒd; *AmE* klɑːd/ *Nomen* **1** [meist Pl] Klumpen **2** (*umgs*) Trottel

clog¹ /klɒg; *AmE* klɑːg/ *Verb* (**-gg-**) verstopfen ◊ *The streets were clogged (up) with traffic.* Die Straßen waren von Autos verstopft.

clog² /klɒg; *AmE* klɑːg/ *Nomen* Holzschuh IDM ⇨ POP²

clois·ter /ˈklɔɪstə(r)/ *Nomen* **1** [meist Pl] Kreuzgang **2** Klosterleben

clois·tered /ˈklɔɪstəd; *AmE* -tərd/ *Adj* weltabgeschieden ◊ *the cloistered world of the university* der Elfenbeinturm des Universitätslebens

clone¹ /kləʊn; *AmE* kloʊn/ *Nomen* (BIOL, COMP) Klon; (*Mensch auch*) Kopie

clone² /kləʊn; *AmE* kloʊn/ *Verb* klonen

close¹ /kləʊz; *AmE* kloʊz/ *Verb* **1** schließen, zumachen ◊ *We close for lunch.* Wir sind über Mittag geschlossen. ◊ *The road was closed to traffic.* Die Straße war für den Verkehr gesperrt. ◊ *The shares closed at $2.* Bei Börsenschluss standen die Aktien auf $2. ◊ *closing prices* Schlussnotierung ◊ *The play closed after three nights.* Das Stück wurde nach drei Aufführungen abgesetzt. SYN SHUT ☞ *Hinweis bei* SCHLIESSEN **2** sich schließen, zugehen **3** abschließen, beenden; (*Konto*) auflösen **4** aufhören, enden ◊ *The offer closes tomorrow.* Das Angebot gilt bis morgen. **5** (*Abstand etc.*) (sich) verringern **6 ~** (**sth**) **about/around/over sth** etw (mit etw) umschließen IDM **close the book on sth** über etw die Akten schließen **close its doors** (*Geschäft, Kino etc.*) zumachen **close your ˈmind to sth** von etw nichts wissen wollen **close ˈranks** die Reihen schließen ☞ *Siehe auch* DOOR, EAR *und* EYE PHRV ˌclose ˈdown **1** (*Geschäft, Kino etc.*) zumachen, zugemacht werden **2** (*BrE*) Sendeschluss haben ˌclose sth ˈdown etw schließen; (*Fabrik*) stilllegen ˌclose ˈin **1** (*Tage*) kürzer werden **2** (*Wetter, Nacht*) hereinbrechen ˌclose ˈin (**on sb/sth**) jdn/etw umzingeln, (bedrohlich) auf jdn/etw

zukommen ◊ *I felt danger closing in on me.* Ich fühlte, wie die Gefahr immer näher rückte. ˌclose sth ˈoff etw absperren ˌclose sth ˈout (*AmE*) **1** (*Waren*) abstoßen **2** (*Veranstaltung etc.*) abschließen ˌclose ˈover sb/sth (*Wellen*) über jdm/etw zusammenschlagen ˌclose ˈup **1** sich schließen ◊ *When he tried to speak, his throat closed up with fear.* Als er zu sprechen versuchte, schnürte es ihm vor Angst die Kehle zu. **2** zumachen **3** zusammenrücken ˌclose sth ˈup etw abschließen; (*Laden*) zumachen

close² /kləʊz; *AmE* kloʊz/ *Nomen* [Sing] (*gehoben*) Ende ◊ *His career was drawing to a close.* Seine Karriere näherte sich dem Ende. ◊ *Can we bring this meeting to a close?* Können wir diese Sitzung zum Abschluss bringen? ◊ *by the close of London trading* bei Börsenschluss in London

close³ /kləʊs; *AmE* kloʊs/ *Adj* **1 ~** (**to sb/sth**) in der Nähe (von jdm/etw); **~** (**together**) nahe (beisammen) ◊ *be in close proximity* in unmittelbarer Nähe sein ◊ *This supermarket is our closest.* Dieser Supermarkt ist für uns am nächsten. ◊ *This is the closest we can get to the beach by car.* Näher kommen wir mit dem Auto nicht an den Strand. ◊ *They work in close proximity.* Sie arbeiten auf engem Raum zusammen. ◊ *at close range* aus kurzer Entfernung ◊ *We are close to signing the agreement.* Wir stehen kurz vor der Unterzeichnung des Abkommens. ◊ *There's a close resemblance.* Es besteht eine große Ähnlichkeit. ☞ *Hinweis bei* NAH(E) **2 ~** (**to sb**) gut befreundet (mit jdm); **be ~ to sb** jdm nahe stehen ◊ *a close friend* ein(e) gute(r) Freund(in) ◊ *We're a very close family.* Wir haben viel Familiensinn. **3** eng; (*Verwandte(r)*) nah ◊ *We keep in close touch with them.* Wir halten engen Kontakt zu ihnen. **4 ~** (**to sth**) einer Sache sehr ähnlich ◊ *His feeling for her was close to hatred.* Seine Gefühle für sie grenzten an Hass. ◊ *The total was close to 20%.* Insgesamt lag es bei beinahe 20%. **5** nur vor *Nomen* eingehend, genau ◊ *pay close attention to sth* auf etw genau achten **6** knapp ◊ *a close election* eine Wahl mit knappem Ausgang ◊ *The result is going to be too close to call.* Der Ausgang lässt sich nicht vorhersagen. **7** eng, dicht ◊ *pages of close print* eng bedruckte Seiten ◊ *The soldiers advanced in close formation.* Die Soldaten rückten in Marschordnung vor. **8** ◊ *a close shave* eine glatte Rasur ◊ *a close haircut* ganz kurz geschnittene Haare **9** nur vor *Nomen* streng ◊ *in close confinement* in strengem Gewahrsam ◊ *be* (*kept*) *under close arrest* verschärften Arrest bekommen ◊ *keep sth a close secret* etw streng geheim halten **10** schwül; (*Zimmer etc.*) stickig **11** nicht vor *Nomen* **~** (**about sth**) verschwiegen (in Bezug auf etw) **12** nicht vor *Nomen* (*BrE*) knauserig **13** (LING) (*Vokal*) geschlossen IDM **at/from ˌclose ˈquarters** aus unmittelbarer Nähe ◊ *fighting at close quarters* Nahkampf **a ˌclose ˈcall/ˈshave** (*umgs*) ein knappes Entrinnen ◊ *It was a close call.* Es war knapp. **a close ˈthing** ◊ *I got out in the end but it was a close thing.* Ich bin gerade noch rausgekommen. **close to ˈhome 1** zutreffend ◊ *The remark was embarrassingly close to home.* Die Bemerkung traf leider genau ins Schwarze. **2** nahe liegend **keep a close ˈeye/ˈwatch on sb/sth** jdn/etw genau beobachten; auf jdn/etw scharf aufpassen ☞ *Siehe auch* HEART

close⁴ /kləʊs; *AmE* kloʊs/ *Adv* nahe ◊ *She held him close.* Sie hielt ihn ganz fest. IDM **close at ˈhand** in der Nähe **close ˈby** (**sb/sth**) in der Nähe (von jdm/etw) **close on ...; close to ...** fast ... ◊ *It's close on midnight.* Es ist kurz vor Mitternacht. **a close run ˈthing** eine knappe Sache **close ˈto; close up** aus der Nähe **close up to sb/sth** dicht an jdn/etw; nahe an jdm/etw **come close to sth** an etw dicht herankommen ◊ *He'd come close to death.* Er wäre beinahe gestorben. ◊ *They came close to victory.* Sie waren dem Sieg nahe. **come close to doing sth** beinahe etw tun **run sb/sth ˈclose** (*BrE*) jdm/etw fast gleichkommen ☞ *Siehe auch* CARD, MARK² *und* SAIL

close⁵ /kləʊs; *AmE* kloʊs/ *Nomen* **1** (*BrE*) (*besonders in Straßennamen*) Sackgasse **2** (*Dom*)hof

close-cropped /ˌkləʊs ˈkrɒpt; *AmE* ˌkloʊs ˈkrɑːpt/ *Adj* kurz geschoren

closed /kləʊzd; *AmE* kloʊzd/ *Adj* geschlossen ◊ *closed to traffic* für den Verkehr gesperrt ◊ *He has a closed mind.* Er ist engstirnig. ◊ *a closed session* eine Sitzung unter Ausschluss der Öffentlichkeit IDM **behind closed ˈdoors** hinter verschlossenen Türen **a closed ˈbook** (**to sb**) ein Buch mit sieben Siegeln (für jdn)

| s see | t tea | v van | w wet | z zoo | ʃ shoe | ʒ vision | tʃ chain | dʒ jam | θ thin | ð this | ŋ sing |

closed-captioned 106

‚closed-'captioned *Adj (AmE)* mit zuschaltbaren Untertiteln

‚closed-‚circuit 'television *Nomen* [U] (*Abk* **CCTV**) Überwachungskamera(s)

close-down /'kləʊz daʊn; *AmE* 'kloʊz/ *Nomen* [U/Sing] **1** Schließung, Stilllegung **2** (*BrE*) Sendeschluss

‚closed 'season *Nomen* [Sing] Schonzeit

‚closed 'shop *Nomen* Betrieb mit Gewerkschaftszwang

close-fitting /ˌkləʊs 'fɪtɪŋ; *AmE* ˌkloʊs/ *Adj* eng anliegend, eng geschnitten

close-knit /ˌkləʊs 'nɪt; *AmE* ˌkloʊs/ (*seltener* ‚**closely-'knit**) *Adj* untereinander eng verbunden

close·ly /'kləʊsli/ *Adv* **1** eng **2** genau ◊ *a closely guarded secret* ein streng gehütetes Geheimnis **3** dicht **4** stark ◊ *closely contested* hart umkämpft

close·ness /'kləʊsnəs/ *Nomen* **1** Nähe **2** knapper Ausgang ◊ *the closeness of the result* das knappe Ergebnis **3** (*von Gewebe etc.*) Dichte

close-out /'kləʊzaʊt; *AmE* 'kloʊz-/ *Nomen* (*AmE*) Ausverkauf

close-range /ˌkləʊs 'reɪndʒ; *AmE* ˌkloʊs/ *Adj* nur vor *Nomen* Nah-, aus nächster Nähe

close-run /ˌkləʊs 'rʌn; *AmE* ˌkloʊs/ *Adj* knapp, mit knappem Ausgang

close season /ˌkləʊz 'siːzn; *AmE* 'kloʊz/ *Nomen* (*BrE*) **1** Schonzeit **2** Saisonpause

close-set /ˌkləʊs 'set; *AmE* ˌkloʊs/ *Adj* (*Augen*) eng zusammenstehend

closet¹ /'klɒzɪt; *AmE* 'klɑːzət/ *Nomen* (*bes AmE*) Wandschrank ◊ *a walk-in closet* ein begehbarer Schrank **IDM** **come out of the closet** sich outen ☞ *Siehe auch* SKELETON

closet² /'klɒzɪt; *AmE* 'klɑːzət/ *Adj* nur vor *Nomen* heimlich ◊ *Maybe he's a closet fascist.* Vielleicht ist er insgeheim Faschist.

closet³ /'klɒzɪt; *AmE* 'klɑːzət/ *Verb* ◊ *He was closeted with the President all day.* Er verbrachte den ganzen Tag mit dem Präsidenten hinter verschlossenen Türen. ◊ *She closeted herself away in her room.* Sie schloss sich in ihr Zimmer ein.

close-up /'kləʊs ʌp; *AmE* 'kloʊs/ *Nomen* Nahaufnahme ◊ *in close-up on the screen* in Großaufnahme auf der Leinwand

clos·ing¹ /'kləʊzɪŋ/ *Adj* nur vor *Nomen* abschließend

clos·ing² /'kləʊzɪŋ/ *Nomen* [U] Schließung

‚**closing date** *Nomen* Einsendeschluss, letzter Termin

‚**closing-'down sale** *Nomen* Räumungsverkauf

'**closing time** *Nomen* **1** Geschäftsschluss **2** Polizeistunde

clos·ure /'kləʊʒə(r); *AmE* 'kloʊ-/ *Nomen* **1** Schließung, Stilllegung **2** (*von Straße*) Sperrung

clot¹ /klɒt; *AmE* klɑːt/ *Nomen* **1** = BLOOD CLOT **2** (*BrE*, *umgs*, *veraltet*) Trottel

clot² /klɒt; *AmE* klɑːt/ *Verb* (**-tt-**) gerinnen ☞ *Siehe auch* CLOTTED CREAM

cloth /klɒθ; *AmE* klɔːθ/ *Nomen* (*Pl* **cloths** /klɒθs; *AmE* klɔːðz/) **1** [U] Stoff **2** Tuch ◊ *a floor cloth* ein Scheuerlappen ☞ *Siehe auch* DISHCLOTH *und* TABLECLOTH **3** *the* **cloth** [Sing] (*gehoben*) die Geistlichkeit ◊ *a man of the cloth* ein Geistlicher **IDM** ⇨ COAT¹

‚**cloth 'cap** *Nomen* (*BrE*) Schiebermütze

clothe /kləʊð; *AmE* kloʊð/ *Verb* **1** (*gehoben*) kleiden; **2** (*fig*) *Ivy clothed the walls.* Die Mauern waren mit Efeu bedeckt. **2** einkleiden

clothes /kləʊðz, kləʊz; *AmE* kloʊðz, kloʊz/ *Nomen* [Pl] Kleider, Kleidung ◊ *take off your clothes* sich ausziehen ◊ *Bring a change of clothes.* Bring Kleider zum Wechseln mit.

'**clothes brush** *Nomen* (*BrE*) Kleiderbürste

'**clothes hanger** (*auch* **hanger**) *Nomen* Kleiderbügel

'**clothes horse** *Nomen* **1** (*BrE*) Wäscheständer **2** (*abwert*) Modepuppe

'**clothes line** *Nomen* (*BrE*) Wäscheleine

'**clothes peg** (*auch* **peg**) (*AmE* '**clothes·pin** /'kləʊðzpɪn/) *Nomen* Wäscheklammer

cloth·ing /'kləʊðɪŋ; *AmE* 'kloʊðɪŋ/ *Nomen* Kleidung ◊ *protective clothing* Schutzkleidung **IDM** ⇨ WOLF¹

‚**clot·ted 'cream** *Nomen* = besonders dicke Sahne, aus erhitzter Milch hergestellt

cloud¹ /klaʊd/ *Nomen* **1** Wolke(n), Bewölkung **2** (*von Insekten*) Schwarm **3** (*fig*) Schatten ◊ *It cast a cloud over her wedding day.* Es überschattete ihre Hochzeit. ◊ *He still has a cloud of suspicion hanging over him.* Über ihm schwebt noch immer ein Verdacht. **IDM** **every cloud has a silver 'lining** jedes Unglück hat auch sein Gutes **have your head in the 'clouds** tagträumen **2** unrealistische Vorstellungen haben **be on cloud 'nine** (*umgs*, *veraltet*) im siebten Himmel schweben **under a 'cloud 1** in Ungnade; unter Verdacht **2** ungewiss

cloud² /klaʊd/ *Verb* **1** trüben, beeinträchtigen **2** (*Flüssigkeit*) (sich) trüben; (*Glas*) (sich) beschlagen **3** ~ (**over**) (*gehoben*) sich verdüstern **4** ~ **the issue** die Sache verunklaren **5** ~ (**over**) sich bewölken

cloud·burst /'klaʊdbɜːst; *AmE* -bɜːrst/ *Nomen* Wolkenbruch

‚**cloud-'cuckoo-land** (*AmE* **cloud·land**) *Nomen* (*umgs*, *abwert*) Wolkenkuckucksheim

cloudi·ness /'klaʊdinəs/ *Nomen* **1** Trübheit **2** Bewölkung

cloud·less /'klaʊdləs/ *Adj* (*gehoben*) wolkenlos

cloudy /'klaʊdi/ *Adj* **1** bewölkt **2** (*Flüssigkeit*) trüb

clout¹ /klaʊt/ *Nomen* **1** Macht, Schlagkraft ◊ *political clout* politischer Einfluss **2** [meist Sing] (*BrE*, *umgs*) Schlag ◊ *a clout round the ear* eine Ohrfeige

clout² /klaʊt/ *Verb* (*umgs*) hauen

clove¹ /kləʊv; *AmE* kloʊv/ *Nomen* **1** Gewürznelke **2** ◊ *a clove of garlic/a garlic clove* eine Knoblauchzehe

clove², **cloven** *Form von* CLEAVE

‚**cloven 'hoof** *Nomen* **1** Huf der Paarhufer **2** (*vom Teufel*) Pferdefuß

clo·ver /'kləʊvə(r); *AmE* 'kloʊ-/ *Nomen* Klee **IDM** **be/live in clover** (*umgs*) wie die Made im Speck leben

clown¹ /klaʊn/ *Nomen* **1** Clown(in) **2** (*abwert*) Dummkopf

clown² /klaʊn/ *Verb* ~ (**around**) (*oft abwert*) den Clown spielen, herumkaspern

cloy·ing /'klɔɪɪŋ/ *Adj* **1** widerlich süß **2** gefühlsduselig

cloze test /'kləʊz test; *AmE* 'kloʊz/ *Nomen* Ergänzungstest

club¹ /klʌb/ *Nomen* **1** Klub ☞ G 1.3b **2** Keule, Knüppel **3** Golfschläger **4 clubs** [Pl/U] (*Spielkartenfarbe*) Kreuz ☞ *Hinweis bei* PIK **5** (*Spielkarte*) Kreuz **6** Disko **IDM** **be in the club** (*BrE*, *umgs*) schwanger sein ☞ *Siehe auch* JOIN¹

club² /klʌb/ *Verb* (**-bb-**) **1** knüppeln **2** **go clubbing** (*BrE*, *umgs*) in die Disko gehen **PHRV** **club to'gether** (*BrE*) zusammenlegen

club·ber /'klʌbə(r)/ *Nomen* Diskobesucher(in)

‚**club 'foot** *Nomen* Klumpfuß

club·land /'klʌblænd/ *Nomen* [U] (*BrE*) **1** Klubszene **2** Vergnügungsviertel

‚**club 'sandwich** *Nomen* Doppeldecker-Sandwich

cluck¹ /klʌk/ *Verb* **1** glucken **2** na, na! sagen

cluck² /klʌk/ *Nomen* Glucken

clue¹ /kluː/ *Nomen* **1** ~ (**to sth**) Hinweis (auf etw), Anhaltspunkt (für etw) **2** ~ (**to sth**) Ursache (für etw) Schlüssel (zu etw) **3** (*bei Rätseln*) Frage, Tipp **IDM** **not have a 'clue** (*umgs*) keine Ahnung haben

clue² /kluː/ *Verb* **PHRV** ‚**clue sb 'in** (**on sth**) (*umgs*) jdn ins Bild setzen ☞ G 9.7c

‚**clued-'up** (*AmE* ‚**clued-'in**) *Adj* (*umgs*) ~ (**on sth**) (*umgs*) (über etw) gut informiert, (über etw) im Bilde

clue·less /'kluːləs/ *Adj* (*umgs*, *abwert*) unbedarft ◊ *He's completely clueless about computers.* Er hat keine Ahnung von Computern.

clump¹ /klʌmp/ *Nomen* **1** Gruppe; (*von Gras*, *Haar*) Büschel **2** Trampeln

clump² /klʌmp/ *Verb* **1** (*bes BrE*) trampeln **2** (sich) gruppieren

clumpy /'klʌmpi/ *Adj* (*BrE*) klobig

clum·si·ness /'klʌmzinəs/ *Nomen* **1** Ungeschicklichkeit **2** Unhandlichkeit **3** Umständlichkeit

clumsy /ˈklʌmzi/ *Adj* (**clum·sier**, **clum·si·est**) **1** (*Adv* **clum·si·ly** /-ɪli/) ungeschickt **2** unhandlich **3** umständlich

clung *Form von* CLING

clunk¹ /klʌŋk/ *Nomen* dumpfer Schlag, dumpfes Geräusch

clunk² /klʌŋk/ *Verb* ein dumpfes Geräusch machen ◊ *clunk shut* mit einem dumpfen Schlag zufallen

clunk·er /ˈklʌŋkə(r)/ *Nomen* (*AmE*, *umgs*) **1** (*Auto*) alte Mühle **2** Riesenfehler, schlimmer Schnitzer

clunky /ˈklʌŋki/ *Adj* (*bes AmE*, *umgs*) klobig

clus·ter¹ /ˈklʌstə(r)/ *Nomen* Gruppe, Häufung, Traube; (*Blüten*) Dolde ◊ *a cluster of stars* ein Sternhaufen ◊ *a consonant cluster* ein Konsonantencluster

clus·ter² /ˈklʌstə(r)/ *Verb* ~ (**together**) sich (zusammen)scharen, sich (zusammen)drängen

ˈcluster bomb *Nomen* Kassettenbombe, Clusterbombe

clutch¹ /klʌtʃ/ *Verb* **1** umklammern, sich klammern an ◊ *He clutched the child to him.* Er drückte das Kind fest an sich. ◊ *She stood there, the flowers still clutched in her hand.* Sie stand da, die Blumen immer noch fest in der Hand. **2** ~ (**at**) *sb/sth* jdn/etw ergreifen ◊ *He clutched his stomach.* Er hielt sich den Bauch. IDM ⇨ STRAW PHRV **ˈclutch at sth/sb** nach etw/jdm greifen

clutch² /klʌtʃ/ *Nomen* **1** Kupplung(spedal) **2** [Sing] (*BrE*) Anzahl, Reihe **3** **clutches** [Pl] (*umgs*) Gewalt **4** [meist Sing] Umklammerung; ◊ (*fig*) *She felt the sudden clutch of fear.* Sie wurde von plötzlicher Furcht gepackt. **5** Gelege; (*Vögel*) Brut **6** (*AmE*) (*auch* **ˈclutch bag**) Unterarmtasche

clut·ter¹ /ˈklʌtə(r)/ *Verb* ~ *sth* (**up**) (**with sth/sb**) etw (mit etw) überladen ◊ *I don't want all these files cluttering up my desk.* Ich will nicht alle diese Akten auf meinem Schreibtisch herumliegen haben.

clut·ter² /ˈklʌtə(r)/ *Nomen* (*abwert*) Kram, Durcheinander

clut·tered /ˈklʌtəd; *AmE* -tərd/ *Adj* unordentlich; ~ (**up**) **with sth** mit etw übersät

cm *Abk* (**cm** *oder* **cms**) = CENTIMETRE

CO /ˌsiːˈəʊ; *AmE* ˈoʊ/ *Kurzform von* **Commanding Officer** befehlshabender Offizier

Co. /kəʊ; *AmE* koʊ/ *Abk* **1** = COMPANY **2** = COUNTY **3 and co.** (*BrE*, *umgs*) und die andern

c/o *Kurzform von* **care of** bei, c/o

co- /kəʊ; *AmE* koʊ/

Die Vorsilbe **co-** kann mit Nomina, Verben, Adjektiven und Adverbien verwendet werden und bedeutet „mit": *co-author* Mitautor(in) ◊ *co-produced* koproduziert ◊ *cooperatively* kooperativ ◊ *coexist* koexistieren

coach¹ /kəʊtʃ; *AmE* koʊtʃ/ *Nomen* **1** Trainer(in), Coach **2** (*BrE*) Reisebus ◊ *a coach tour* eine Busreise ☛ *Hinweis bei* BUS S. 873 **4** (*BrE*) (Eisenbahn)wagen **5** Kutsche **6** (*AmE*) (*Luftreiseverkehr*) Economyklasse

coach² /kəʊtʃ; *AmE* koʊtʃ/ *Verb* **1** ~ **sb** (**in/for sth**) jdm (in etw) Unterricht geben; (*Sport*) jdn (in/für etw) trainieren, jdn (in/für etw) schulen ◊ *He coaches basketball and soccer.* Er ist Trainer für Basketball und Fußball. **2** (*bes BrE*) Nachhilfeunterricht geben **3** ~ **sb** (**in/on sth**) jdm (etw) einschärfen

ˈcoach house *Nomen* Remise

coach·ing /ˈkəʊtʃɪŋ; *AmE* koʊtʃ-/ *Nomen* [U] **1** Training, Schulung **2** (*bes BrE*) Nachhilfe

coach·load /ˈkəʊtʃləʊd; *AmE* ˈkoʊtʃloʊd/ *Nomen* (*BrE*) Bus (voller Leute), Busladung ◊ *Tourists were arriving by the coachload.* Die Touristen kamen busweise.

coach·man /ˈkəʊtʃmən; *AmE* ˈkoʊtʃ-/ *Nomen* (*Pl* **-men** /-mən/) Kutscher

ˈcoach station *Nomen* (*BrE*) Busbahnhof

co·agu·late /kəʊˈæɡjuleɪt; *AmE* koʊ-/ *Verb* gerinnen (lassen)

coal /kəʊl; *AmE* koʊl/ *Nomen* (Stück) Kohle IDM **carry, take, etc. coals to ˈNewcastle** (*BrE*) Eulen nach Athen tragen **haul sb over the ˈcoals** (*AmE meist* **rake sb over the ˈcoals**) jdm die Leviten lesen

ˌcoal-ˈblack *Adj* kohlrabenschwarz

co·alesce /ˌkəʊəˈles; *AmE* ˌkoʊə-/ *Verb* ~ (**into/with sth**) (*gehoben*) sich (zu/mit etw) verbinden, sich (zu/mit etw) vereinigen SYN AMALGAMATE

ˈcoal·face /ˈkəʊlfeɪs; *AmE* ˈkoʊl-/ (*auch* **face**) *Nomen* Streb IDM **at the ˈcoalface** (*BrE*) vor Ort; an vorderster Front

ˈcoal·field /ˈkəʊlfiːld; *AmE* ˈkoʊl-/ *Nomen* Kohlenrevier

ˌcoal-ˈfired *Adj* Kohle- ◊ *coal-fired power stations* Kohlekraftwerke

ˈcoal gas *Nomen* Stadtgas

co·ali·tion /ˌkəʊəˈlɪʃn; *AmE* ˌkoʊə-/ *Nomen* **1** Koalition, Bündnis ☛ G 1.3b **2** [U] Zusammenschluss

ˈcoal mine *Nomen* Kohlenbergwerk

ˈcoal miner *Nomen* Bergarbeiter

ˈcoal scuttle (*auch* **scuttle**) *Nomen* Kohlenschütte

coarse /kɔːs; *AmE* kɔːrs/ *Adj* (*Adv* **coarse·ly**) **1** grob, grobkörnig **2** rau **3** derb ◊ *coarse manners* ungehobelte Manieren ◊ *coarse laughter* vulgäres Lachen SYN VULGAR

ˌcoarse ˈfish *Nomen* (*Pl* **coarse fish**) (*BrE*) (*Angeln*) Süßwasserfisch (außer Lachs und Forelle)

ˌcoarse ˈfishing *Nomen* (*BrE*) Angeln nach Süßwasserfischen (außer Lachs und Forelle)

coars·en /ˈkɔːsn; *AmE* ˈkɔːrsn/ *Verb* **1** gröber werden **2** vergröbern ◊ *his features, coarsened by the weather* sein vom Wetter gegerbtes Gesicht **3** verrohen (lassen)

coarse·ness /ˈkɔːsnəs; *AmE* ˈkɔːrs-/ *Nomen* **1** Grobheit **2** Rauheit **3** Derbheit

coast¹ /kəʊst; *AmE* koʊst/ *Nomen* Küste ◊ *be on the coast* am Meer liegen IDM **the ˌcoast is ˈclear** (*umgs*) die Luft ist rein

coast² /kəʊst; *AmE* koʊst/ *Verb* **1** im Freilauf fahren, im Leerlauf fahren **2** dahinrollen ◊ *We coasted along the country lanes.* Wir fuhren zügig über die Landsträßchen. **3** ~ (**through/to sth**) ◊ *He coasted through his final exams.* Er schaffte seine Abschlussprüfung spielend. ◊ *Our horse coasted home by three lengths.* Unser Pferd siegte mühelos mit drei Längen Vorsprung. **4** ~ (**along**) (*abwert*) nur das Nötigste tun, eine ruhige Kugel schieben **5** (*Schiff*) an der Küste entlangfahren

coast·al /ˈkəʊstl; *AmE* ˈkoʊstl/ *Adj* Küsten-

coast·er /ˈkəʊstə(r); *AmE* ˈkoʊst-/ *Nomen* **1** Untersetzer **2** Küstendampfer ☛ *Siehe auch* ROLLER COASTER

coast·guard /ˈkəʊstɡɑːd; *AmE* ˈkoʊstɡɑːrd/ *Nomen* **1** Küstenwache **2** (*AmE meist* **ˈcoast·guard·man**) Küstenwächter

coast·line /ˈkəʊstlaɪn; *AmE* ˈkoʊst-/ *Nomen* Küste

coat¹ /kəʊt; *AmE* koʊt/ *Nomen* **1** Mantel; (*Arzt- etc.*) Kittel ☛ *Siehe auch* HOUSECOAT *und* PETTICOAT **2** (*AmE*) Jackett, Anzugjacke ☛ Im britischen Englisch ist **coat** in dieser Bedeutung veraltet. ☛ *Siehe auch* FROCK COAT, MORNING COAT, TAILCOAT *und* WAISTCOAT **3** Fell **4** Schicht ◊ *give the walls a second coat of paint* die Wände ein zweites Mal streichen ☛ *Siehe auch* TOPCOAT, TURNCOAT *und* UNDERCOAT IDM **ˌcut your ˈcoat acˌcording to your ˈcloth** sich nach der Decke strecken

coat² /kəʊt; *AmE* koʊt/ *Verb* *oft passiv* ~ **sth** (**with/in sth**) etw (mit etw) überziehen, etw (mit etw) beschichten ◊ *coated with egg and breadcrumbs* paniert ◊ *His tongue was coated.* Seine Zunge war belegt.

ˈcoat check *Nomen* (*AmE*) Garderobe

ˈcoat hanger (*auch* **hanger**) *Nomen* Kleiderbügel

coat·ing /ˈkəʊtɪŋ; *AmE* ˈkoʊt-/ *Nomen* Schicht, Überzug, Beschichtung

ˌcoat of ˈarms *Nomen* (*Pl* **coats of arms**) (*auch* **arms** [Pl]) Wappen

coax /kəʊks; *AmE* koʊks/ *Verb* überreden; ~ **sb into doing sth** jdn zu etw überreden, jdn dazu bringen etw zu tun ◊ *He was coaxed out of retirement.* Man überredete ihn, aus dem Ruhestand zurückzukehren. ◊ *'Nearly there,' she coaxed.* „Wir haben's gleich geschafft", sagte sie aufmunternd. PHRV **ˌcoax sth ˈout of/from sb** jdm etw entlocken, etw aus jdm herausholen

coax·ing¹ /ˈkəʊksɪŋ; *AmE* ˈkoʊks-/ *Nomen* (gutes) Zureden ◊ *A little coaxing was all it took to get her to come with us.* Es war nur ein bisschen Überredungskunst notwendig, um sie zum Mitkommen zu bewegen. ◊ *My car needs a lot of coaxing to start in the winter.* Im Winter muss ich meinem Auto erst gut zureden, damit es anspringt.

coax·ing² /ˈkəʊksɪŋ; *AmE* ˈkoʊks-/ *Adj* (*Adv* **coax·ing·ly**) aufmunternd

cob /kɒb; AmE kɑːb/ Nomen **1** (bes BrE **'corn cob**) Maiskolben **2** kleines, stämmiges Pferd **3** (BrE) runder Laib Brot

co·balt /'kəʊbɔːlt; AmE 'koʊ-/ Nomen **1** (CHEM) Kobalt **2** (auch ˌcobalt 'blue) Kobaltblau

cob·ber /'kɒbə(r); AmE 'kɑːb-/ Nomen (AusE, umgs) Kumpel

cob·ble /'kɒbl; AmE 'kɑːbl/ Verb (veraltet) schustern, (Schuhe) flicken PHRV **cobble sth together** etw zusammenschustern

cob·bled /'kɒbld; AmE 'kɑːbld/ Adj gepflastert ◊ *a cobbled lane* eine Gasse mit Kopfsteinpflaster

cob·bler /'kɒblə(r); AmE 'kɑːb-/ Nomen **1** (bes AmE) = warmer Nachtisch aus gekochten Früchten mit Teigbällchen darüber **2** (veraltet) Schuster **3 cobblers** (BrE, umgs) Mist, Quatsch

cob·bles /'kɒblz; AmE 'kɑːblz/ (auch **cobble·stones**) Nomen [Pl] Kopfsteinpflaster

cobble·stone /'kɒblstəʊn; AmE 'kɑːblstoʊn/ Adj gepflastert, Kopfstein-

cobra /'kəʊbrə; AmE 'koʊ-/ Nomen Kobra

cob·web /'kɒbweb; AmE 'kɑːb-/ Nomen Spinnwebe, Spinnennetz IDM **blow/clear the 'cobwebs away** für einen klaren Kopf sorgen

co·caine /kəʊ'keɪn; AmE koʊ-/ (umgs **coke**) Nomen Kokain

coc·cyx /'kɒksɪks; AmE 'kɑːk-/ Nomen (Pl **coc·cyxes** oder **coc·cy·ges** /'kɒksɪdʒiːz; AmE 'kɑːk-/) (ANAT) Steißbein

coch·in·eal /ˌkɒtʃɪ'niːl; AmE ˌkɑːtʃənɪːl/ Nomen Koschenille

cock¹ /kɒk; AmE kɑːk/ Nomen **1** (BrE) Hahn **2** (meist in Zusammensetzungen) Vogelmännchen ◊ *a cock pheasant* ein Fasanenmännchen **3** (vulg, Slang) (Penis) Schwanz **4** = STOPCOCK ☛ Siehe auch BALLCOCK **5** [Sing] (BrE, Slang, veraltet) Kumpel ☛ Siehe auch HALF-COCK

cock² /kɒk; AmE kɑːk/ Verb **1** (Ohren) spitzen; (Brauen) hochziehen; (Kopf) schief legen; (Bein) heben ◊ *He cocked an inquisitive eyebrow at her.* Mit hochgezogenen Augenbrauen sah er sie forschend an. **2** ~ **a gun** den Hahn einer Waffe spannen IDM **cock an ear/eye** ◊ *He cocked an ear to the garden.* Er lauschte in Richtung Garten. ◊ *She cocked a sleepy eye at him.* Sie warf ihm einen müden Blick zu. **cock a snook at sb/sth** (BrE) jdm/etw eine lange Nase machen PHRV ˌ**cock sth 'up** (BrE, Slang) etw vermasseln SYN BUNGLE

cock-a-doodle-doo /ˌkɒk ə ˌduːdl 'duː; AmE ˌkɑːk-/ Nomen Kikeriki

ˌ**cock-a-'hoop** Adj nicht vor Nomen **be ~** (**about/at/over sth**) (umgs) (über etw) ganz aus dem Häuschen sein

cock·ama·mie (auch **cock·ama·my**) /'kɒkəmeɪmi; AmE 'kɑːk-/ Adj (AmE, umgs) unglaubwürdig, spinnert

ˌ**cock and 'bull story** Nomen Lügengeschichte

cocka·too /ˌkɒkə'tuː; AmE 'kɑːkətuː/ Nomen (Pl **-oos**) Kakadu

cock·erel /'kɒkərəl; AmE 'kɑːk-/ Nomen = junger Hahn

'**cock-eyed** Adj (umgs) **1** schief SYN CROOKED **2** (fig) unsinnig

cock·fight /'kɒkfaɪt; AmE 'kɑːk-/ Nomen Hahnenkampf

cock·fight·ing /'kɒkfaɪtɪŋ/ Nomen Hahnenkampf

cocki·ness /'kɒkinəs; AmE 'kɑːkinəs/ Nomen Großspurigkeit, Anmaßung

cockle /'kɒkl; AmE 'kɑːkl/ Nomen Herzmuschel IDM ⇨ WARM²

cock·ney /'kɒkni; AmE 'kɑːkni/ Nomen Cockney

cock·pit /'kɒkpɪt; AmE 'kɑːk-/ Nomen Cockpit

cock·roach /'kɒkrəʊtʃ; AmE 'kɑːkroʊtʃ/ (AmE auch umgs **roach**) Nomen Küchenschabe, Kakerlak

cock·sure /ˌkɒk'ʃʊə(r), -ʃɔː(r); AmE ˌkɑːk'ʃʊr/ Adj = sehr (von sich selbst) überzeugt

cock·tail /'kɒkteɪl; AmE 'kɑːk-/ Nomen Cocktail ◊ *a cocktail cabinet* eine Hausbar

'**cocktail stick** Nomen Cocktailspieß(chen)

'**cock-up** Nomen (BrE, umgs) Mist ◊ *There's been a bit of a cock-up over the travel arrangements.* Bei den Reisevorbereitungen ist einiges schief gelaufen. ◊ *I made a right cock-up of it.* Ich habe es vermasselt.

cocky /'kɒki; AmE 'kɑːki/ Adj (umgs) großspurig, anmaßend

cocoa /'kəʊkəʊ; AmE 'koʊkoʊ/ Nomen Kakao

'**cocoa butter** Nomen Kakaobutter

co·co·nut /'kəʊkənʌt; AmE 'koʊ-/ Nomen **1** Kokosnuss **2** Kokos

ˌ**coconut 'matting** Nomen [U] (BrE) Kokosteppich

'**coconut shy** Nomen (Pl **coconut shies**) (BrE) Wurfbude

co·coon¹ /kə'kuːn/ Nomen Kokon ◊ (fig) *You can't live in a cocoon.* Du kannst dich nicht so abkapseln.

co·coon² /kə'kuːn/ Verb meist passiv einhüllen ◊ *I was always cocooned from the world by my parents.* Meine Eltern hatten mich immer von der Außenwelt abgeschirmt.

COD /ˌsiː əʊ 'diː; AmE oʊ/ (BrE) Kurzform von **cash on delivery** (AmE) Kurzform von **collect on delivery** per Nachnahme

cod /kɒd; AmE kɑːd/ Nomen (Pl **cod**) Kabeljau, Dorsch

cod·dle /'kɒdl; AmE 'kɑːdl/ Verb **1** (oft abwert) verhätscheln, verzärteln **2** (Eier) pochieren

code¹ /kəʊd; AmE koʊd/ Nomen **1** (oft in Zusammensetzungen) Kode, Code, Chiffre ☛ Siehe auch AREA CODE, MACHINE CODE, POSTCODE und ZIP CODE **2** (Telefon) = DIALLING CODE **3** Kodex, Regeln ◊ *a strict code of conduct* strenge Verhaltensregeln ◊ *the dress code* die Kleiderordnung **4** (RECHT) Gesetzbuch, Kodex ◊ *the penal code* das Strafgesetzbuch ☛ Siehe auch HIGHWAY CODE

code² /kəʊd; AmE koʊd/ Verb **1** kennzeichnen **2** verschlüsseln, chiffrieren **3** (COMP) kodieren

coded /'kəʊdɪd; AmE 'koʊ-/ Adj nur vor Nomen **1** verschlüsselt **2** (fig) versteckt, indirekt

co·deine /'kəʊdiːn; AmE 'koʊ-/ Nomen Kodein

'**code name** Nomen Deckname, Codename

'**code-named** Adj nicht vor Nomen mit dem Decknamen

ˌ**code of 'practice** Nomen (Pl **codes of practice**) Verfahrensregeln

cod·ger /'kɒdʒə(r); AmE 'kɑːdʒ-/ Nomen (umgs) **old codger** alter Knacker

co·di·cil /'kəʊdɪsɪl; AmE 'kɑːdəsl/ Nomen (RECHT) Kodizill

co·di·fy /'kəʊdɪfaɪ; AmE 'kɑːd-/ Verb (**-fies, -fy·ing, -fied**, **-fied**) (Fachspr) kodifizieren

'**cod liver 'oil** Nomen Lebertran

cods·wal·lop /'kɒdzwɒləp; AmE 'kɑːdzwɑːləp/ Nomen (BrE, umgs, veraltet) Stuss, Quatsch

coed /ˌkəʊ'ed; AmE ˌkoʊ-/ Nomen (AmE, veraltet) = Schülerin/Studentin einer gemischten Schule

ˌ**co-edu'cation** Nomen gemischte Schulen, Koedukation

ˌ**co-edu'cational** (umgs **coed**) Adj koedukativ; (Schulen etc.) gemischt

co·ef·fi·cient /ˌkəʊɪ'fɪʃnt; AmE ˌkoʊ-/ Nomen (MATH, PHYSIK) Koeffizient

co·erce /kəʊ'ɜːs; AmE koʊ'ɜːrs/ Verb zwingen, nötigen

co·er·cion /kəʊ'ɜːʃn; AmE koʊ'ɜːrʒn/ Nomen (gehoben) Zwang, Nötigung

co·er·cive /kəʊ'ɜːsɪv; AmE koʊ'ɜːrsɪv/ Adj (gehoben) Zwangs-

co·ex·ist /ˌkəʊɪg'zɪst; AmE ˌkoʊ-/ Verb (gehoben) nebeneinander existieren, koexistieren ◊ *The illness frequently coexists with other diseases.* Die Krankheit geht oftmals mit anderen Krankheiten einher.

co·ex·ist·ence /ˌkəʊɪg'zɪstəns; AmE ˌkoʊ-/ Nomen Koexistenz

C of E /ˌsiː əv 'iː/ = CHURCH OF ENGLAND

cof·fee /'kɒfi; AmE 'kɔː-, 'kɑː-/ Nomen **1** Kaffee ◊ *real coffee* Bohnenkaffee ◊ *coffee ice-cream* Mokkaeis **2** (Farbe) Kaffeebraun

'**coffee bar** Nomen **1** (BrE) Cafeteria **2** (AmE) Café

'**coffee break** Nomen Kaffeepause

'**coffee morning** Nomen (BrE) = (kleine) Wohltätigkeitsveranstaltung, bei der Kaffee getrunken wird (und Geld für einen guten Zweck gesammelt wird)

'**coffee shop** Nomen (bes AmE) Cafeteria

'**coffee table** Nomen Couchtisch, Beistelltisch

'**coffee-table book** Nomen Bildband

cof·fer /'kɒfə(r); AmE 'kɔːf-, 'kɑːf-/ Nomen **1** Truhe **2 coffers** [Pl] (gehoben) (Staats- etc.) Säckel

cof·fin /'kɒfɪn; AmE 'kɔːfɪn/ Nomen (bes BrE) Sarg IDM ⇨ NAIL¹

cog /kɒg; AmE kɑːg/ Nomen **1** (eines Zahnrads) Zahn **2** = COGWHEEL IDM **a cog in the ma'chine/'wheel** (umgs) ein Rädchen im Getriebe

co·gent /'kəʊdʒənt; AmE 'koʊ-/ (Adv **co·gent·ly**) Adj (gehoben) stichhaltig

cogi·tate /'kɒdʒɪteɪt; AmE 'kɑːdʒ-/ Verb ~ (**about/on sth**) (gehoben) (über etw) nachsinnen, (über etw) nachdenken

cogi·ta·tion /ˌkɒdʒɪ'teɪʃn; AmE ˌkɑːdʒ-/ Nomen Nachsinnen, Nachdenken

co·gnac /'kɒnjæk; AmE 'koʊn-/ Nomen Cognac®

cog·nate /'kɒgneɪt; AmE 'kɑːg-/ **1** Adj verwandt **2** Nomen (LING) verwandtes Wort

cog·ni·tion /kɒg'nɪʃn; AmE kɑːg-/ Nomen (PSYCH) Erkenntnis

cog·ni·tive /'kɒgnətɪv; AmE 'kɑːg-/ Adj kognitiv ◊ *cognitive psychology* Erkenntnispsychologie

cog·ni·zance (BrE auch **-i·sance**) /'kɒgnɪzəns; AmE 'kɑːg-/ Nomen (gehoben) Kenntnis IDM **take cognizance of sth** etw zur Kenntnis nehmen

cog·wheel /'kɒgwiːl; AmE 'kɑːg-/ (auch **cog**) Nomen Zahnrad

co·habit /kəʊ'hæbɪt; AmE koʊ-/ Verb (gehoben) (in eheähnlicher Gemeinschaft) zusammenleben

co·hab·it·ation /ˌkəʊˌhæbɪ'teɪʃn; AmE ˌkoʊ-/ Nomen [U] Zusammenleben, eheähnliche Gemeinschaft

co·here /kəʊ'hɪə(r); AmE koʊ'hɪr/ Verb (gehoben) **1** in sich kohärent sein; ~ **with sth** zu etw passen **2** eine Einheit bilden

co·her·ence /kəʊ'hɪərəns; AmE koʊ'hɪr-/ Nomen Kohärenz, Geschlossenheit, Schlüssigkeit ◊ *The essay lacks coherence.* Der Aufsatz wirkt unzusammenhängend. OPP INCOHERENCE

co·her·ent /kəʊ'hɪərənt; AmE koʊ'hɪr-/ Adj (Adv **co·her·ent·ly**) schlüssig, zusammenhängend, klar ◊ *She only became coherent again two hours afterwards.* Erst zwei Stunden danach konnte sie wieder zusammenhängend sprechen. ◊ *a coherent foreign policy* eine kohärente Außenpolitik OPP INCOHERENT

co·he·sion /kəʊ'hiːʒn; AmE koʊ-/ Nomen **1** (gehoben) Zusammenhalt, Geschlossenheit SYN UNITY **2** (PHYSIK, CHEM) Kohäsion

co·he·sive /kəʊ'hiːsɪv; AmE koʊ-/ Adj (gehoben) **1** kohäsiv ◊ *a cohesive group* eine in sich geschlossene Gruppe **2** verbindend, gemeinschaftsstiftend

co·he·sive·ness /kəʊ'hiːsɪvnəs; AmE koʊ-/ Nomen Zusammenhalt, Bindekraft

co·hort /'kəʊhɔːt; AmE 'koʊhɔːrt/ Nomen Kohorte ☞ G 1.3b

coif·fure /kwɑː'fjʊə(r); AmE -'fjʊr/ Nomen (gehoben oder hum) Frisur SYN HAIRSTYLE

coil¹ /kɔɪl/ Verb **1** ~ **sth up** etw aufrollen, etw aufwickeln; ~ **sth round, around, etc. sth** etw um etw wickeln, etw mit etw umwickeln ◊ *Her hair was coiled on top of her head.* Ihr Haar war zu einem Knoten aufgesteckt. ◊ *a coiled spring* eine Sprungfeder **2** ~ **up** sich zusammenrollen; ~ **round, around, etc. sth** sich um etw wickeln

coil² /kɔɪl/ Nomen **1** Rolle **2** (ELEK) Spule **3** Windung **4** (Verhütungsmittel) Spirale

coin¹ /kɔɪn/ Nomen **1** Münze **2** [U] Münzgeld ◊ *notes and coin* Scheine und Münzgeld IDM ⇨ SIDE¹ und TWO

coin² /kɔɪn/ Verb prägen IDM **be 'coining it (in)**; **be ˌcoining 'money** (BrE, umgs) Geld scheffeln **to coin a 'phrase** wie man so schön sagt

coin·age /'kɔɪnɪdʒ/ Nomen **1** [U] Münzen **2** [U] Währung **3** Prägung ◊ *new coinages* Neuprägungen

co·in·cide /ˌkəʊɪn'saɪd; AmE ˌkoʊ-/ Verb **1** zusammenfallen ◊ *It's a pity our trips to Oslo don't coincide.* Es ist schade, dass unsere Reisen nach Oslo nicht zur gleichen Zeit stattfinden. **2** (Meinungen, Interessen, Aussagen) übereinstimmen **3** (gehoben) sich decken

co·in·ci·dence /kəʊ'ɪnsɪdəns; AmE koʊ-/ Nomen **1** Zufall ◊ *by (pure/sheer) coincidence* (rein) zufällig **2** (gehoben) (zeitlich) Zusammentreffen **3** (gehoben) (von Meinungen, Interessen) Übereinstimmung

co·in·ci·dent·al /kəʊˌɪnsɪ'dentl; AmE koʊ-/ Adj zufällig

co·in·ci·den·tal·ly /kəʊˌɪnsɪ'dentəli; AmE koʊ-/ Adv zufälligerweise

coir /'kɔɪə(r)/ Nomen [U] Kokosfaser

co·itus /'kɔɪtəs, 'kəʊɪtəs; AmE 'koʊ-/ Nomen (Fachspr oder gehoben) Koitus, Geschlechtsverkehr

coitus interruptus /ˌkɔɪtəs ˌɪntə'rʌptəs, ˌkəʊɪtəs; AmE ˌkoʊ-/ Nomen Koitus interruptus

coke /kəʊk; AmE koʊk/ Nomen **1** Koks **2** (umgs) Kokain

Col. Abk = COLONEL

col. Abk = COLUMN

cola /'kəʊlə; AmE 'koʊlə/ Nomen Cola

col·an·der Nomen /'kʌləndə(r); AmE 'kɑːl-/ Durchschlag

cold¹ /kəʊld; AmE koʊld/ Adj **1** kalt ◊ *I'm cold.* Mir ist kalt. ◊ *It's freezing cold.* Es ist eiskalt. ◊ *Your tea has gone cold.* Jetzt ist dein Tee kalt. ◊ *feel cold* frieren ◊ *She looks cold.* Sie scheint zu frieren. **2** (Adv **cold·ly**) kühl, unfreundlich ◊ *He stared at her with cold eyes.* Er starrte sie kalt an. **3** (Spur) kalt ◊ *Then the trail went cold.* Dann verlief sich die Spur. **4 out ~** *nicht vor Nomen* (umgs) k.o., bewusstlos **5 the ~ facts/truth** die nackten Tatsachen, die ungeschminkte Wahrheit IDM **a cold 'fish** ein kalter Fisch **get/have cold 'feet** kalte Füße bekommen **give sb the cold 'shoulder** (umgs) jdm die kalte Schulter zeigen **in cold 'blood** kaltblütig **leave sb 'cold** jdn kalt lassen **pour/throw cold 'water on sth** einer Sache einen Dämpfer aufsetzen ☞ Siehe auch BLOOD¹, BLOW¹ und HOT¹

cold² /kəʊld; AmE koʊld/ Nomen **1** Kälte ◊ *She feels the cold.* Sie friert sehr leicht. ◊ *You'll catch your death of cold.* Bei dieser Kälte holst du dir noch den Tod. **2** (seltener **the ˌcommon 'cold**) Erkältung ◊ *catch a cold* sich erkälten IDM **come in from the 'cold** nicht mehr links liegen gelassen werden **leave sb ˌout in the 'cold** jdn links liegen lassen

cold³ /kəʊld; AmE koʊld/ Adv **1** (AmE) unvermittelt **2** unvorbereitet

ˌcold-'blooded Adj **1** (Adv **ˌcold-'bloodedly**) kaltblütig **2** (BIOL) wechselwarm, kaltblütig

ˌcold-'calling Nomen [U] = Verkaufsmethode, bei der Kunden unaufgefordert angerufen werden

ˌcold 'cash Nomen (AmE) Bargeld

ˌcold 'comfort Nomen (ein) schwacher Trost

'cold cream Nomen Coldcreme

'cold cuts Nomen [Pl] (bes AmE) (kalter) Aufschnitt

'cold frame (auch **frame**) Nomen Frühbeet(kasten)

ˌcold-'hearted Adj kaltherzig

'cold·ly Adv ⇨ COLD¹

cold·ness /'kəʊldnəs; AmE 'koʊld-/ Nomen Kälte (auch fig)

ˌcold-'shoulder Verb ~ **sb** jdm die kalte Schulter zeigen

'cold snap Nomen (umgs) plötzliche Kältewelle

'cold sore Nomen Herpesbläschen, Fieberbläschen

'cold spell Nomen Kälteperiode

ˌcold 'storage Nomen [U] **1** Kühllagerung **2 put sth into ~** (*Pläne etc.*) auf Eis legen

'cold store Nomen Kühlhaus

ˌcold 'sweat Nomen kalter Schweiß ◊ *I woke up in a cold sweat.* Ich wachte schweißgebadet auf.

ˌcold 'turkey¹ Nomen [U] **1** Totalentzug, Cold Turkey **2** = Entzugserscheinungen beim Totalentzug

ˌcold 'turkey² Adv (Drogen etc.) ◊ *go cold turkey* radikal aufhören ◊ *I quit smoking cold turkey.* Ich hörte von einem Tag auf den anderen mit dem Rauchen auf.

cole·slaw /'kəʊlslɔː; AmE 'koʊl-/ Nomen = Krautsalat mit Majonäse

coley /'kəʊli; AmE 'koʊl-/ Nomen Seelachs

colic /'kɒlɪk; AmE 'kɑːlɪk/ Nomen Kolik

col·icky /'kɒlɪki; AmE 'kɑːlɪki/ Adj **1** kolikartig **2** ◊ *a colicky baby* ein Baby, das öfter Koliken hat

col·lab·or·ate /kə'læbəreɪt/ Verb **1** ~ (**on/in sth**) (an/bei etw) zusammenarbeiten, (an/bei etw) mitarbeiten **2** (abwert) kollaborieren

col·lab·or·ation /kəˌlæbə'reɪʃn/ Nomen **1** Zusammenarbeit **2** Gemeinschaftsprodukt(ion) **3** (abwert) Kollaboration

col·lab·ora·tive /kəˈlæbərətɪv; AmE -reɪtɪv/ Adj nur vor Nomen (gehoben) gemeinschaftlich, Gemeinschafts-

col·lab·ora·tive·ly /kəˈlæbərətvli; AmE -reɪtɪv-/ Adv (gehoben) gemeinsam ⋄ work collaboratively zusammenarbeiten

col·lab·or·ator /kəˈlæbəreɪtə(r)/ Nomen **1** Mitarbeiter(in) **2** (abwert) Kollaborateur(in)

col·lage /ˈkɒlɑːʒ; AmE kəˈlɑːʒ/ Nomen Collage

col·lapse¹ /kəˈlæps/ Verb **1** zusammenbrechen, kollabieren; (Gebäude auch) einstürzen **2** (Verhandlung etc.) scheitern SYN BREAK DOWN **3** (Firma etc.) Pleite gehen **4** (Preis, Aktie etc.) in den Keller fallen **5** (umgs) (aufs Sofa etc.) sich fallen lassen **6** (Möbel etc.) (sich) zusammenklappen (lassen), (sich) zusammenfalten (lassen) **7** (MED) (Blutgefäß) kollabieren (lassen); (Lunge) zusammenfallen (lassen)

col·lapse² /kəˈlæps/ Nomen **1** Zusammenbruch; (von Verhandlungen etc.) Scheitern **2** (von Gebäuden) Einsturz **3** (MED) Kollaps, Zusammenbruch **4** [meist Sing] (von Preisen, Aktien) Einbruch, Verfall

col·laps·ible /kəˈlæpsəbl/ Adj zusammenklappbar, zusammenfaltbar ⋄ a collapsible boat ein Faltboot

col·lar¹ /ˈkɒlə(r); AmE ˈkɑː-/ Nomen **1** Kragen ☛ Siehe auch BLUE-COLLAR, WHITE-COLLAR und WING COLLAR **2** (Hunde-) Halsband **3** (an Rohren etc.) Muffe, Manschette IDM ⇨ HOT¹

col·lar² /ˈkɒlə(r); AmE ˈkɑː-/ Verb (umgs) **1** am Kragen packen, schnappen **2** abfangen, aufhalten

col·lar·bone /ˈkɒləbəʊn; AmE ˈkɑːlərboʊn/ Nomen Schlüsselbein SYN CLAVICLE

col·late /kəˈleɪt/ Verb **1** (Informationen, Stoff etc.) zusammentragen **2** (Fachspr) (Buch) kollationieren, zusammenstellen

col·lat·eral¹ /kəˈlætərəl/ Nomen [U] (FINANZ) Sicherheit

col·lat·eral² /kəˈlætərəl/ Adj (gehoben) **1** zusätzlich ⋄ collateral damage Kollateralschaden **2** (Fachspr) ⋄ collateral relatives Verwandte einer Seitenlinie

col·la·tion /kəˈleɪʃn/ Nomen [U] Zusammentragen (von Information)

col·league /ˈkɒliːɡ; AmE ˈkɑː-/ Nomen Kollege, Kollegin

col·lect¹ /kəˈlekt/ Verb **1** sammeln ⋄ Samples were collected from over 200 patients. Von über 200 Patienten wurden Proben genommen. ⋄ He collected the glasses. Er sammelte die Gläser ein. **2** sich versammeln SYN GATHER **3** (umgs) (sich) ansammeln ⋄ That guitar's been sitting collecting dust for years now. Die Gitarre ist schon seit Jahren nicht mehr gespielt worden. SYN ACCUMULATE **4** abholen ⋄ What day do they collect the rubbish? An welchem Tag wird der Müll abgeholt? ☛ Im amerikanischen Englisch wird für Menschen nicht collect sondern pick up gebraucht. **5** (Schulden, Steuern etc.) eintreiben; (Miete) kassieren **6** erhalten; (Preis, Medaille etc.) gewinnen ⋄ She collected £25 000 in compensation. Sie erhielt 25 000 Entschädigung. IDM **collect yourself/your thoughts** sich/seine Gedanken sammeln PHRV **collect sth 'up** etw einsammeln

col·lect² /kəˈlekt/ Adj, Adv (AmE) vom Empfänger bezahlt ⋄ make a collect call ein R-Gespräch führen ⋄ call sb collect mit jdm ein R-Gespräch führen

col·lect·able (auch **col·lect·ible**) /kəˈlektəbl/ **1** Adj für Sammler von Wert **2** Nomen [meist Pl] Sammlerobjekt

col·lect·ed /kəˈlektɪd/ Adj nicht vor Nomen **1** gelassen **2** (Werke etc.) gesammelt

col·lec·tion /kəˈlekʃn/ Nomen **1** Sammlung **2** Ansammlung **3** Abholung; (Briefkasten-) Leerung ⋄ refuse/garbage collection Müllabfuhr **4** (Spenden)sammlung; (beim Gottesdienst) Kollekte **5** (Mode-) Kollektion

col·lect·ive¹ /kəˈlektɪv/ Adj **1** kollektiv, gemeinsam **2** Sammel- ⋄ a collective name ein Sammelbegriff

col·lect·ive² /kəˈlektɪv/ Nomen Kollektiv

col,lective 'bargaining Nomen [U] Tarifverhandlungen

col,lective 'farm Nomen landwirtschaftliche Produktionsgenossenschaft

col·lect·ive·ly /kəˈlektɪvli/ Adv gemeinsam, kollektiv, zusammen ⋄ rain, snow and hail, collectively known as 'precipitation' Regen, Schnee und Hagel, unter dem Sammelbegriff „Niederschlag" zusammengefasst

col,lective 'noun Nomen (LING) Kollektivum, Sammelbegriff

col·lect·iv·ism /kəˈlektɪvɪzəm/ Nomen Kollektivwirtschaft

col·lect·iv·ist /kəˈlektɪvɪst/ Adj kollektivistisch

col·lect·iv·iza·tion (BrE auch **-isation**) /kəˌlektɪvaɪˈzeɪʃn; AmE -vəˈz-/ Nomen Kollektivierung

col·lect·or /kəˈlektə(r)/ Nomen (meist in Zusammensetzungen) **1** (Kunst-, Briefmarken-, etc.) Sammler(in) **2** ⋄ ticket collectors Schaffner ⋄ tax collectors Steuereinnehmer ⋄ debt collectors Schuldeneintreiber

col'lector's item Nomen Sammlerstück

col·leen /ˈkɒliːn; AmE kɑːˈl-/ Nomen **1** (IrE) Mädchen **2** irisches Mädchen

col·lege /ˈkɒlɪdʒ; AmE ˈkɑːl-/ Nomen **1** (BrE) (oft in Namen) ≈ Hochschule ⋄ the Royal College of Art die Königliche Kunstakademie ☛ Siehe auch COMMUNITY COLLEGE und SIXTH-FORM COLLEGE ☛ Hinweis bei HOCHSCHULE **2** (BrE) ≈ Berufsschule ⋄ a college of further education eine Berufsschule ⋄ a technical college eine technische Fachschule **3** (in den USA) Universität ⋄ She's away at college in California. Sie studiert in Kalifornien. ☛ Siehe auch COMMUNITY COLLEGE **4** = selbstständige Institution innerhalb der älteren britischen Universitäten, wie z.B. Oxford oder Cambridge, College **5** (in den USA) Fakultät **6** = Lehrkörper und/oder Studentenschaft eines College ☛ G 1.3b **7** (private) Schule ☛ Hinweis bei SCHULE **8** (gehoben) (meist in Namen) Kammer, Bund

col·le·gi·ate /kəˈliːdʒiət/ Adj College- ⋄ collegiate universities nach dem Collegesystem aufgebaute Universitäten

col·lide /kəˈlaɪd/ Verb **1** ~ (with sb/sth) (mit jdm/etw) zusammenstoßen **2** ~ with sth auf/gegen etw prallen **3** ~ (with sb) (over sth) (mit jdm) (bei etw/wegen einer Sache) aneinander geraten

col·lie /ˈkɒli; AmE ˈkɑːli/ Nomen Collie ☛ Hinweis bei SHEEPDOG

col·lier /ˈkɒliə(r); AmE ˈkɑːl-/ Nomen **1** (bes BrE, veraltet) Bergmann **2** Kohlenschiff

col·liery /ˈkɒliəri; AmE ˈkɑːl-/ Nomen (Pl -ies) (BrE) (Kohlen)grube, (Kohlen)zeche

col·li·sion /kəˈlɪʒn/ Nomen **1** Zusammenstoß, Kollision ⋄ a head-on collision ein Frontalzusammenstoß ⋄ His car was in collision with a motorbike. Sein Wagen stieß mit einem Motorrad zusammen. **2** (gehoben) (fig) Konfrontation, Konflikt ⋄ In his work we see the collision of two different traditions. In seiner Arbeit prallen zwei verschiedene Traditionen aufeinander. IDM **be on a col'lision course** auf Kollisionskurs sein (auch fig)

col·lo·cate¹ /ˈkɒləkeɪt; AmE ˈkɑːl-/ Verb ~ (with sth) (LING) (mit etw) kollokieren ☛ Hinweis bei COLLOCATION

col·lo·cate² /ˈkɒləkət; AmE ˈkɑːl-/ Nomen (LING) Kollokation ☛ Hinweis bei COLLOCATION

col·lo·ca·tion /ˌkɒləˈkeɪʃn; AmE ˌkɑːl-/ Nomen (LING) Kollokation

> **Collocation** bezeichnet die Eigenschaft von Wörtern, bestimmte Verbindungen miteinander einzugehen. Die Wörter, die mit einem bestimmten Wort zusammen gebraucht werden, heißen **collocates**, die Verbindungen von Wörtern **collocations**. Das entsprechende Verb heißt **collocate**. Diese Kollokationen sind von Sprache zu Sprache verschieden: starker Regen **heavy** rain; ein Foto machen **take** a photo.

col·lo·quial /kəˈləʊkwiəl; AmE -ˈloʊ-/ Adj (Adv **col·lo·qui·al·ly** /-kwiəli/) umgangssprachlich

col·lo·qui·al·ism /kəˈləʊkwiəlɪzəm; AmE -ˈloʊ-/ Nomen umgangssprachlicher Ausdruck

col·lude /kəˈluːd/ Verb (gehoben, abwert) ~ **with sb** mit jdm zusammenarbeiten; ~ **in (doing) sth/to do sth** bei etw mitmachen ⋄ Several people had colluded in the murder. Mehrere Leute waren in den Mord verwickelt. ⋄ They had colluded in suppressing information. Sie waren an der Unterschlagung von Informationen beteiligt.

col·lu·sion /kəˈluːʒn/ Nomen [U] (gehoben, abwert) Absprache; (RECHT) Kollusion ⋄ The drug dealers were operating in collusion with/with the collusion of the police. Die Drogenhändler steckten mit der Polizei unter einer Decke.

co·logne /kəˈləʊn; AmE kəˈloʊn/ Nomen = EAU DE COLOGNE

colon /ˈkəʊlən; *AmE* ˈkoʊ-/ *Nomen* **1** Doppelpunkt **2** (ANAT) Dickdarm

col·onel /ˈkɜːnl; *AmE* ˈkɜːrnl/ *Nomen* (*Abk* **Col.**) Oberst

ˌColonel ˈBlimp (*auch* **blimp**) *Nomen* (*BrE, veraltet, abwert*) = älterer Mensch, oft ein Offizier, mit sehr konservativen Anschauungen

co·lo·ni·al /kəˈləʊniəl; *AmE* -ˈloʊ-/ **1** *Adj* Kolonial-, kolonial ☛ In Bezug auf Amerika bezieht sich **colonial** (oft **Colonial** geschrieben) auf die Zeit, in der die USA noch eine britische Kolonie waren. **2** *Nomen* = Staatsangehörige(r) einer Kolonialmacht, die/der in einer Kolonie lebt

co·lo·ni·al·ism /kəˈləʊniəlɪzəm; *AmE* -ˈloʊ-/ *Nomen* Kolonialismus

co·lo·ni·al·ist 1 *Adj* kolonialistisch **2** *Nomen* Kolonialist(in)

co·lo·nic /kəˈlɒnɪk; *AmE* -ˈlɑːn-/ *Adj* Dickdarm- ◊ *colonic irrigation* Darmspülung

col·on·ist /ˈkɒlənɪst; *AmE* ˈkɑːl-/ *Nomen* Kolonist(in), Siedler(in)

col·on·iza·tion (*BrE auch* **-isation**) /ˌkɒlənaɪˈzeɪʃn; *AmE* ˌkɑːlənəˈz-/ *Nomen* Kolonisation

col·on·ize (*BrE auch* **-ise**) /ˈkɒlənaɪz; *AmE* ˈkɑː-/ *Verb* **1** kolonisieren **2** (*Tiere, Pflanzen*) besiedeln

col·on·izer (*BrE auch* **-iser**) /ˈkɒlənaɪzə(r); *AmE* ˈkɑː-/ *Nomen* Kolonisator(in)

col·on·nade /ˌkɒləˈneɪd; *AmE* ˌkɑːl-/ *Nomen* Kolonnade, Säulengang

col·ony /ˈkɒləni; *AmE* ˈkɑːl-/ *Nomen* (*Pl* **-ies**) Kolonie ◊ *a colony of ants* ein Ameisenstaat

color (*AmE*) = COLOUR ☛ Für andere Wörter, die mit **color**- anfangen, siehe die Schreibweise **colour**-

col·or·ation (*BrE auch* **col·our·ation**) /ˌkʌləˈreɪʃn; *AmE* (*Fachspr*) (*Film*) einfärben

col·or·atu·ra /ˌkɒlərəˈtʊərə; *AmE* ˌkʌlərəˈtʊrə/ *Nomen* [U] (MUS) Koloratur

col·or·ist (*AmE*) = COLOURIST

col·or·ize (*BrE auch* **col·our·ize**) /ˈkʌləraɪz/ *Verb* (*Fachspr*) (*Film*) einfärben

ˈcolor line *Nomen* (*AmE*) [meist *Sing*] Rassentrennung

col·os·sal /kəˈlɒsl; *AmE* kəˈlɑːsl/ *Adj* kolossal, riesig, gigantisch ◊ *a colossal amount of money* Unmengen von Geld

col·os·sus /kəˈlɒsəs; *AmE* -ˈlɑːs-/ *Nomen* **1** [*Sing*] (*gehoben*) Koloss, Riese, Titan **2** (*Pl* **co·lossi** /kəˈlɒsaɪ; *AmE* -ˈlɑːs-/) (*Riesenstandbild*) Koloss

col·our[1] (*AmE* **color**) /ˈkʌlə(r)/ *Nomen* **1** Farbe ◊ *The garden was a mass of colour.* Der Garten war ein Farbenmeer. ◊ *Her hair is a reddish brown colour.* Sie hat rötlich-braune Haare. ◊ *Colour flooded her face when she remembered it.* Sie wurde ganz rot, als sie daran dachte. ◊ *His face was drained of colour.* Er sah sehr blass aus. ◊ (*fig*) *people of different political colours* Leute aus verschiedenen politischen Lagern **2** Hautfarbe ◊ (*bes AmE*) *a person of colour* ein(e) Farbige(r) ☛ *Hinweis bei* FARBIG **3** Tönung ☛ *Siehe auch* WATERCOLOUR **4** [U] Farbe, Kolorit, Atmosphäre ☛ *Siehe auch* LOCAL COLOUR **5 colours** [*Pl*] (*bes BrE*) Flagge IDM **off ˈcolour** nicht vor *Nomen* (*umgs*) **1** (*BrE*) ◊ *Jo seems a little off colour today.* Jo scheint sich heute nicht so ganz gut zu fühlen. **2** (*bes AmE*) (*Witz*) schlüpfrig **see the colour of sb's ˈmoney** (*umgs*) ◊ *I want to see the colour of his money first.* Ich will erst mal sein Geld sehen. ☛ *Siehe auch* FLYING[1], NAIL[2] *und* TRUE[1]

col·our[2] (*AmE* **color**) /ˈkʌlə(r)/ *Verb* **1** (aus)malen, färben ◊ *He drew a monster and coloured it red.* Er zeichnete ein Ungeheuer und malte es rot an. **2** ~ (**at sth**) (über etw) erröten SYN BLUSH[2] **3** beeinflussen PHRV ˌcolour sth ˈin (*mit Farbe ausfüllen*) etw ausmalen

col·our·ant (*AmE* **col·or·ant**) /ˈkʌlərənt/ *Nomen* Farbstoff; (*für Haare*) Coloration

col·our·ation (*BrE*) = COLORATION

ˈcolour bar (*AmE* **ˈcolor bar**) *Nomen* [meist *Sing*] Rassentrennung

ˈcolour-blind (*AmE* **ˈcolor-blind**) *Adj* **1** farbenblind **2** ohne Ansehen der Hautfarbe ◊ *As far as selecting the players is concerned I am colour-blind.* Bei der Auswahl der Spieler ist mir ihre Hautfarbe egal.

ˈcolour code (*AmE* **ˈcolor code**) *Nomen* Farbkennzeichnung

ˈcolour-coded (*AmE* **ˈcolor-coded**) *Adj* farbig gekennzeichnet

col·oured[1] (*AmE* **col·ored**) /ˈkʌləd; *AmE* -ərd/ *Adj* **1** (*oft in Zusammensetzungen*) farbig, bunt ◊ *brightly coloured balloons* bunte Luftballons ◊ *coloured paper* Buntpapier ◊ *a cream-coloured suit* ein cremefarbenes Kostüm **2** (*veraltet oder beleidigend*) (*Mensch*) farbig ☛ *Hinweis bei* BLACK **3 Coloured** (*in Südafrika*) gemischtrassisch

col·oured[2] (*AmE* **col·ored**) /ˈkʌləd; *AmE* -ərd/ *Nomen* **1** (*veraltet oder beleidigend*) Farbige(r) ☛ *Hinweis bei* BLACK **2 Coloured** (*in Südafrika*) Mischling

ˈcolour fast (*AmE* **ˈcolor fast**) *Adj* farbecht

col·our·ful (*AmE* **col·or·ful**) /ˈkʌləfl; *AmE* -ərfl/ *Adj* **1** bunt, farbenfroh, farbenprächtig **2** (*fig*) farbig, lebhaft; (*Persönlichkeit etc.*) interessant ◊ *He had a colourful past.* Er hatte eine bewegte Vergangenheit.

col·our·ing (*AmE* **col·or·ing**) /ˈkʌlərɪŋ/ *Nomen* **1** Farbstoff **2** [U] (*Haar-, Augen- und*) Gesichtsfarbe ◊ *Blue suits your fair colouring.* Blau passt zu deinem hellen Teint. **3** [U] Farbe(n); (*von Pflanzen und Tieren*) Zeichnung **4** [U] Malen ◊ *a colouring book* ein Malbuch

col·our·ist (*AmE* **col·or·ist**) /ˈkʌlərɪst/ *Nomen* **1** (*Friseur*) Colorist(in) **2** (*Maler*) Kolorist(in)

col·our·ize (*BrE*) = COLORIZE

col·our·less (*AmE* **col·or·less**) /ˈkʌlələs; *AmE* -lərl-/ *Adj* **1** farblos; (*Haut*) blass **2** (*fig*) farblos, langweilig

ˈcolour scheme (*AmE* **ˈcolor scheme**) *Nomen* Farbzusammenstellung

col·our·way /ˈkʌləweɪ; *AmE* -lərw-/ *Nomen* (*BrE*) Farbe, Farbkombination

colt /kəʊlt; *AmE* koʊlt/ *Nomen* **1** (Hengst)fohlen **2** (*BrE*) (SPORT) Fohlen

col·umn /ˈkɒləm; *AmE* ˈkɑːləm/ *Nomen* **1** Säule ◊ *a column of smoke* eine Rauchsäule ☛ *Hinweis bei* SÄULE **2** (*Abk* **col.**) (*Seiteneinteilung*) Spalte, Kolonne ◊ *a column of figures* eine Zahlenkolonne ◊ *It filled up a lot of column inches in the papers.* Die Zeitungen haben ausführlich darüber berichtet. **3** (*Artikel*) Kolumne ◊ *a gossip column* eine Klatschspalte ☛ *Siehe auch* AGONY COLUMN *und* PERSONAL COLUMN **4** (*von Fahrzeugen, Truppen etc.*) Kolonne ☛ *Siehe auch* FIFTH COLUMN

col·um·nist /ˈkɒləmnɪst; *AmE* ˈkɑːl-/ *Nomen* Kolumnist(in)

coma /ˈkəʊmə; *AmE* ˈkoʊmə/ *Nomen* Koma

co·ma·tose /ˈkəʊmətəʊs; *AmE* ˈkoʊmətoʊs/ *Adj* **1** (MED) komatös **2** (*hum*) wie bewusstlos, völlig erschöpft

comb[1] /kəʊm; *AmE* koʊm/ *Nomen* **1** Kamm **2** ◊ *give your hair a quick comb* sich schnell die Haare kämmen **3** = HONEYCOMB IDM ⇒ FINE-TOOTH COMB

comb[2] /kəʊm; *AmE* koʊm/ *Verb* **1** kämmen ◊ *comb your hair* sich (die Haare) kämmen **2** ~ (**through**) sth etw durchgehen; (*Gelände*) durchkämmen PHRV ˌcomb sth ˈout etw auskämmen

com·bat[1] /ˈkɒmbæt; *AmE* ˈkɑːm-/ *Nomen* Kampf ◊ *combat troops* Kampftruppen ☛ *Siehe auch* SINGLE COMBAT

com·bat[2] /ˈkɒmbæt; *AmE* ˈkɑːm-/ *Verb* (**-t-** *oder* **-tt-**) **1** (*Verbrechen, Krankheiten etc.*) bekämpfen **2** (*gehoben*) kämpfen gegen

com·bat·ant /ˈkɒmbətənt; *AmE* ˈkɑːm-/ *Nomen* Kombattant ☛ *Siehe auch* NON-COMBATANT

com·bat·ive /ˈkɒmbətɪv; *AmE* ˈkɑːm-/ *Adj* kämpferisch

com·bin·ation /ˌkɒmbɪˈneɪʃn; *AmE* ˌkɑːm-/ *Nomen* **1** Kombination, Verbindung ◊ *in combination* zusammen ◊ *a combination of factors* verschiedene Faktoren, die zusammenkommen **2** [U] (Zahlen)kombination **3 combinations** (*BrE*) [*Pl*] (*veraltet*) Hemdhose, Kombination

combiˈnation lock *Nomen* Kombinationsschloss

com·bine[1] /kəmˈbaɪn/ *Verb* **1** verbinden, kombinieren ◊ *Combine all the ingredients in a bowl.* Vermischen Sie alle Zutaten in einer Schüssel. ◊ *The team scored a combined total of 652 points.* Die Mannschaft erzielte in der Gesamtwertung 652 Punkte. ◊ *This model combines a telephone and a fax machine.* Dieses Modell ist eine Kombination aus Telefon und Fax. ◊ *a kitchen and dining-room combined* Küche und Esszimmer in einem ◊ *someone who combines*

ʊ actual | aɪ my | aʊ now | eɪ say | əʊ (*BrE*) go | oʊ (*AmE*) go | ɔɪ boy | ɪə near | eə hair | ʊə pure

combine 112

all the necessary qualities jemand, der alle nötigen Eigenschaften in sich vereinigt **2** ~ (**with sth**) sich (mit etw) verbinden ◊ *Several factors had combined to ruin our plans.* Das Zusammentreffen verschiedener Faktoren machte unsere Pläne zunichte. **3** sich zusammenschließen ◊ *the combined efforts of the press and the public* die gemeinsamen Bemühungen von Presse und Öffentlichkeit

com·bine² /'kɒmbaɪn; *AmE* 'kɑːm-/ *Nomen* **1** (*BrE auch* ˌcombine 'harvester) Mähdrescher **2** (Groß)konzern, Kombinat

com'bining form *Nomen* (LING) Wortbildungselement

combo /'kɒmbəʊ; *AmE* 'kɑːmboʊ/ *Nomen* (*Pl* **-os**) (*umgs*) **1** (*Band*) Combo **2** (*AmE, umgs*) gemischte Platte

com·bust·ible /kəm'bʌstəbl/ *Adj* brennbar

com·bus·tion /kəm'bʌstʃən/ *Nomen* (TECH) Verbrennung

come¹ /kʌm/ *Verb* (**came**, **come**) **1** kommen ◊ *Why don't you come ice-skating tonight?* Komm doch heute Abend Eis laufen. ◊ *The children came running into the room.* Die Kinder kamen ins Zimmer gerannt. ◊ *There's a storm coming.* Ein Gewitter zieht auf. ◊ *The time has come to act.* Es ist an der Zeit zu handeln. ◊ *It was nice to see you. Thanks for coming.* Es war schön Sie zu sehen. Danke für Ihren Besuch. ◊ *Who are you coming with?* Wen bringst du mit? **2** ~ **and do sth**; (*AmE auch*) ~ **do sth** ◊ *When did she last come and see you?* Wann hat sie dich zuletzt besucht? ◊ (*AmE*) *Come have your dinner.* Komm zum Essen. **3** (*Entfernung*) zurücklegen ◊ (*fig*) *The company has come a long way in five years.* Die Firma hat in fünf Jahren große Fortschritte gemacht. **4** (*nicht in der Verlaufsform*) (*in einer Rangfolge*) stehen ◊ *His family comes first.* Seine Familie steht an erster Stelle. ◊ *She came second in the exam.* Sie war in der Prüfung die Zweitbeste. **5** (*geschehen*) kommen ◊ *Her resignation came as a surprise.* Ihr Rücktritt kam überraschend. ◊ *The agreement came after several hours of negotiations.* Nach stundenlangen Verhandlungen gab es eine Einigung. ◊ *Her death came as a terrible shock to us.* Ihr Tod war für uns ein furchtbarer Schock. **6** ~ (**in sth**) (*nicht in der Verlaufsform*) (in etw) erhältlich sein ◊ *This dress comes in black and red.* Dieses Kleid gibt es in Schwarz und Rot. ◊ *The CD comes complete with all words of the songs.* Der CD liegen alle Texte bei. ◊ *New cars don't come cheap.* Neuwagen sind nicht billig. **7** werden ◊ *The trees are coming into leaf.* Die Bäume werden grün. ◊ *This came to be known as the Oriental style.* Das wurde als orientalischer Stil bekannt. ◊ *The buttons that came undone.* Die Knöpfe waren aufgegangen. ◊ *The handle came loose.* Der Griff ging ab. ◊ *Everything will come right in the end.* Es wird schon alles gut gehen. ◊ *At last winter came to an end.* Endlich ging der Winter zu Ende. **8** ~ **to do sth** schließlich etw tun ◊ *She had come to see the problem in a new light.* Schließlich hat sie das Problem in einem neuen Licht gesehen. ◊ *In time she came to love him.* Mit der Zeit gewann sie ihn lieb. ◊ *I've come to expect this kind of behaviour from him.* Mittlerweile bin ich so ein Benehmen von ihm schon gewöhnt. **9** (*in Fragen*) ◊ *How did he come to break his leg?* Wie hat er sich denn das Bein gebrochen? ◊ *How do you come to be so late?* Wieso kommst du denn so spät? **10** (*umgs, veraltet*) (*in Zeitangaben*) ◊ *They would have been married forty years come June.* Diesen Juni wären sie vierzig Jahre verheiratet gewesen. **11 come now** (*veraltet*) komm schon; (*ungläubig*) na hör mal

IDM **be as** ˈ**clever,** ˈ**stupid, etc. as they** ˈ**come** (*umgs*) unheimlich schlau, dumm, etc. sein ˌ**Come aˈgain?** (*umgs*) Wie bitte?; Was? ˌ**come and** ˈ**go** kommen und gehen ◊ **come** ˈ**easily to sb** jdm leicht fallen ˌ**sb** ˌ**comes** ˈ**over** (**all**) ˈ**faint,** ˈ**dizzy,** ˈ**giddy, etc** (*BrE, umgs, veraltet*) jdm wird (ganz) schwarz vor Augen/schwindlig **come to** ˈ**nothing**; **not** ˈ**come to anything** ◊ *All his work came to* ˈ*nothing.* Seine ganze Arbeit war umsonst. ◊ *Her plans didn't* ˈ*come to anything.* Aus ihren Plänen wurde nichts. **come to** ˈ**that**; **if it comes to** ˈ**that** (*bes BrE, umgs*) übrigens ◊ *I don't really trust him – nor his wife, come to that.* Ich traue ihm nicht – und seiner Frau übrigens auch nicht. ˌ**come what** ˈ**may** ganz gleich, was geschieht **have got it/that coming to you** ◊ **How come** (…)? (*umgs*) Wieso (…)?; Warum (…)? **not** ˈ**come to much** ◊ *He'll never come to much.* Aus ihm wird nie etwas. ◊ *I don't think the idea ever came to much.* Ich glaube, aus der Idee ist nicht viel geworden. **to** ˈ**come** *for some time to come* noch für einige Zeit ◊ *They may well regret it in years to come.* Später werden sie das wahrscheinlich bereuen. ◊ *This was to preoccupy her for years to come.* Das sollte sie noch viele Jahre beschäftigen. **when it comes to sth** wenn es um etw geht ◊ *She's a good cook except when it comes to (making) puddings.* Sie kann gut kochen, außer wenn es um Nachspeisen geht. **where sb is** ˈ**coming from** (*umgs*) warum jd das sagt/tut ◊ *I see where you're coming from.* Ich verstehe, warum sie das sagen. ☛ Für andere Redewendungen mit **come** siehe die Einträge für die Nomina, Adjektive etc. **Come a cropper** z.B. steht unter **cropper**.

PHR V ˌ**come aˈbout** (**that** …) passieren (, dass …) ◊ *How did it come about that …?* Wie kam es, dass …?

ˌ**come aˈcross** (*auch* ˌ**come** ˈ**over**) **1** herüberkommen **2** verstanden werden ◊ *His meaning didn't really come across.* Es kam nicht so recht rüber, was er meinte. **3** wirken ◊ *He came over as a nice person.* Er wirkte sympathisch. ◊ *She comes across well in interviews.* Sie macht bei Bewerbungsgesprächen einen guten Eindruck. ˈ**come across sb/sth** (*kein Passiv*) jdn/etw (zufällig) treffen, jdn/etw finden ◊ *She came across them in a drawer.* Sie fand sie in einer Schublade. ˌ**come** ˈ**across with sth** (*kein Passiv*) (mit) etw herausrücken

ˌ**come** ˈ**after sb** (*kein Passiv*) hinter jdm herkommen

ˌ**come aˈlong 1** kommen ◊ *when the right opportunity comes along* wenn sich die richtige Gelegenheit bietet **2** mitkommen **3** sich machen, Fortschritte machen ◊ *Your French has come along a lot recently.* Dein Französisch hat sich in letzter Zeit enorm verbessert. **4** (*antreibend, aufmunternd*) *Come along!* Beeil dich! ◊ *Come along! It's easy!* Nun komm schon! Es ist doch nicht schwer!

ˌ**come aˈpart** auseinander fallen; ◊ (*fig*) *My whole life had come apart at the seams.* Mein ganzes Leben war aus den Fugen geraten.

ˌ**come aˈround/ˈround 1** (*auch* ˌ**come** ˈ**to**) wieder zu sich kommen **2** kommen ◊ *My birthday seems to come around quicker every year.* Mein Geburtstag scheint jedes Jahr schneller zu kommen. **3** es sich anders überlegen ◊ *She'll come round eventually.* Sie wird es sich schon noch anders überlegen. ˌ**come** ˈ**round/ˈround (to** …**)** (*kein Passiv*) vorbeikommen ˌ**come aˈround/ˈround to sth** ◊ *I've come round to thinking that it's not such a bad idea.* Ich bin zu der Überzeugung gekommen, dass es doch keine schlechte Idee ist. ◊ *He'll never come round to our way of thinking.* Er wird immer anderer Meinung sein als wir.

ˈ**come at sb** (*kein Passiv*) auf jdn losgehen; ◊ (*fig*) *The noise came at us from all sides.* Der Lärm drang von allen Seiten auf uns ein. ˈ**come at sth** (*Problem*) angehen; (*Wahrheit*) herausfinden

ˌ**come aˈway (from sth) 1** (von etw) weggehen **2** (von etw) abgehen, sich (von etw) lösen ˌ**come aˈway with sth** (*kein Passiv*) mit etw gehen ◊ *We came away with the impression that all was not well.* Beim Weggehen hatten wir den Eindruck, dass etwas nicht stimmte.

ˌ**come** ˈ**back 1** zurückkommen ◊ *The colour is coming back to her cheeks.* Sie bekommt wieder Farbe. ◊ *United came back from being 2 goals down to win 3-2.* United lag bereits mit 2 Toren im Rückstand, holte jedoch auf und gewann schließlich 3:2. **2** wieder in Mode kommen; (*Künstler, Sportler*) ein Come-back erleben ˌ**come** ˈ**back (at sb) (with sth)** (als Antwort) (jdn) (mit etw) angreifen ˌ**come** ˈ**back (to sb)** jdm wieder einfallen ◊ *Your French will soon come back.* Sie werden schnell wieder ins Französische reinkommen. ˌ**come** ˈ**back to sth** (*kein Passiv*) auf etw zurückkommen ◊ *It all comes back to a question of money.* Letzten Endes läuft alles aufs Geld hinaus.

ˈ**come before sb/sth** (*kein Passiv*) **1** vor jdn/etw kommen **2** wichtiger als jd/etw sein

ˌ**come beˈtween sb and sb** (*kein Passiv*) zwischen jdn und jdn treten ◊ *I'd hate anything to come between us.* Ich möchte unter keinen Umständen, dass etwas zwischen uns kommt.

ˌ**come** ˈ**by** (*AmE*) vorbeikommen ◊ *She came by the house.* Sie kam bei mir zu Hause vorbei. ˈ**come by sth 1** an etw kommen ◊ *Jobs are hard to come by.* Es ist schwer, an einen Job zu kommen. **2** etw bekommen ◊ *How did you come by that scratch?* Wo hast du dir den Kratzer geholt?

ˌ**come** ˈ**down 1** herunterkommen **2** (*Decke etc.*) einstürzen **3** (*Schnee, Vorhang etc.*) fallen ◊ *The rain came down in torrents.* Es regnete in Strömen. **4** (*Flugzeug etc.*) (not)landen, abstürzen **5** (*Preis, Temperatur etc.*) fallen, sinken ◊

---

b **bad** | d **did** | f **fall** | g **get** | h **hat** | j **yes** | k **cat** | l **leg** | m **man** | n **now** | p **pen** | r **red**

Petrol is coming down in price. Die Benzinpreise sinken. **6** entscheiden ◇ *The committee came down in support of his application.* Der Ausschuss entschied zugunsten seines Antrags. **7** (*BrE, gehoben*) = die Universität (besonders Oxford und Cambridge) am Ende des Semesters oder des Studiums verlassen OPP COME UP ˌcome ˈdown (from …) (to …) (*Richtung Süden*)(von …) (nach …) herunterkommen; (*aufs Land*) von … nach … herausfahren ˌcome ˈdown on sb (*kein Passiv*) (*umgs*) **1** jdn fertigmachen ◇ *Don't come down too hard on her.* Sei nicht zu streng mit ihr. **2** jdn bestrafen ˌcome ˈdown (to sb) (jdm) überliefert werden ˌcome ˈdown to sth (*kein Passiv*) **1** bis zu/an etw reichen ◇ *Her hair comes down to her waist.* Die Haare gehen ihr bis zur Taille. **2** auf etw hinauslaufen ◇ *What it comes down to is, either I get more money or I leave.* Es läuft darauf hinaus: Entweder kriege ich mehr Geld oder ich gehe. ˌcome ˈdown with sth (*kein Passiv*) (*Krankheit*) bekommen ˌcome ˈforward sich melden ◇ *Several people came forward with information.* Mehrere Personen haben Informationen gegeben. ˈcome from … aus … kommen ˈcome from sb ◇ *'She doesn't try hard enough.' – 'That's rich, coming from you!'* „Sie gibt sich nicht genug Mühe." — „Das musst du gerade sagen." ˈcome from sth **1** von etw kommen **2** = COME OF STH ˌcome ˈin **1** hereinkommen; (*Zug*) einfahren **2** (*Flut, Wasser*) kommen ◇ *The tide was coming in fast.* Die Flut kam schnell. OPP GO OUT **3** durchs Ziel gehen ◇ *My horse came in last.* Mein Pferd wurde Letzter. **4** in Mode kommen **5** eintreffen **6** (*Geld, Summe*) hereinkommen ◇ *She has three thousand a month coming in.* Sie hat ein monatliches Einkommen von dreitausend. **7** ◇ *I understand the plan, but I can't see where I come in.* Ich verstehe den Plan, aber nicht, welche Rolle ich dabei spielen soll. **8** (*Nachricht, Meldung etc.*) eingehen **9** (*in einer Diskussion*) sich einschalten **10** (*Gesetz*) in Kraft treten; (*Regelung*) eingeführt werden ˌcome ˈin for sth (*kein Passiv*) etw abbekommen ◇ *come in for a lot of criticism* heftig kritisiert werden ˌcome ˈin (on sth) (bei etw) mitmachen ˌcome ˈinto sth (*kein Passiv*) **1** (*Geld etc.*) erben **2** bei etw eine Rolle spielen ◇ *Luck doesn't come into it.* Das hat mit Glück nichts zu tun. ˈcome of/from sth von etw kommen ◇ *Nothing came of it.* Es ist nichts draus geworden. ◇ *That comes of eating too much.* Das kommt davon, wenn man zu viel isst. ˌcome ˈoff **1** abgehen, sich abnehmen lassen; (*Fleck*) rausgehen **2** (*umgs*) stattfinden ◇ *Did the trip to Rome ever come off?* Ist aus der Reise nach Rom jemals etwas geworden? **3** (*umgs*) (*Vorhaben*) klappen ◇ *The plan didn't come off.* Der Plan fiel ins Wasser. **4** ~ well, badly, etc. (*umgs*) gut, schlecht etc. abschneiden ˌcome ˈoff (sth) **1** (von etw) fallen **2** (*Knopf, Henkel etc.*) (von etw) abgehen ˌcome ˈoff it (*umgs*) nun bloß auf! ˌcome ˈoff sth (*kein Passiv*) (*Medikament*) absetzen; (*Drogen etc.*) mit etw aufhören ˌcome ˈon **1** (*Schauspieler*) auftreten **2** (*Spieler*) eingewechselt werden **3** (*Projekt etc.*) Fortschritte machen **4** Come on! (*antreibend*) Mach schon!; (*ermutigend*) Komm schon!; (*abweisend*) Komm!, Hör mal! ◇ *Oh come on – you know that isn't true.* Ach komm, du weißt doch, dass das nicht stimmt. **5** (*meist in der Verlaufsform*) anfangen ◇ *I can feel a cold coming on.* Ich bekomme eine Erkältung. ◇ *There's rain coming on.* Es fängt an zu regnen. **6** (*Sendung*) kommen **7** (*Licht, Heizung etc.*) angehen ˈcome on/upon sb/sth (*kein Passiv*) (*gehoben*) auf jdn/etw treffen ˌcome ˈon to sb (*kein Passiv*) jdn anmachen ˌcome ˈon to sth (*kein Passiv*) (*Thema etc.*) zu etw kommen ˌcome ˈout **1** herauskommen; (*Blumen*) blühen ◇ *The words wouldn't come out.* Ich brachte kein Wort über die Lippen. **2** (*Foto*) etwas werden **3** sich zeigen ◇ *Her best qualities come out in a crisis.* In einer Krisensituation zeigen sich ihre besten Eigenschaften. **4** ◇ *come out in favour of/against sth* sich für/gegen etw aussprechen **5** (*BrE*) in den Streik treten **6** sich outen **7** (*veraltet*) (*junge Frau*) der Gesellschaft vorgestellt werden ˌcome ˈout (of sth) **1** (aus etw) herauskommen **2** (*Schmutz, Flecken*) (aus etw) rausgehen ˌcome ˈout at sth (*kein Passiv*) (*Rechnung, Kosten etc.*) sich auf etw belaufen ˌcome ˈout in sth (*kein Passiv*) (*Pickel, Ausschlag etc.*) bekommen ˌcome ˈout of yourself aus sich herausgehen ˌcome ˈout of sth in etw seinen Ursprung haben ◇ *The book came out of his experiences in India.* Das Buch beruhte auf seinen Erlebnissen in Indien. ˌcome ˈout with sth (*kein Passiv*) (*Kommentar etc.*) loslassen ˌcome ˈover **1** (*BrE, umgs*) ◇ *She came over all shy.* Sie wurde ganz schüchtern **2** = COME ACROSS ˌcome ˈover (to …) (bei …) vorbeikommen ˌcome ˈover (to …) (from …) (von …) (nach …) (herüber)kommen ˌcome ˈover (to sth) (zu etw) überwechseln, (zu etw) übertreten ˌcome ˈover sb (*kein Passiv*) (*Gefühl*) jdn überkommen ◇ *A fit of dizziness came over her.* Ihr wurde auf einmal schwindlig. ◇ *I can't think what came over me.* Ich weiß nicht, was über mich kam. ˌcome ˈround; ˌcome ˈround (to sth) ⇨ COME AROUND ˌcome ˈthrough **1** durchkommen, durch sein **2** überleben ˌcome ˈthrough sth etw überstehen, etw überleben ˌcome ˈto = COME AROUND¹ ˌcome to yourˈself (*veraltet*) sich fangen ˈcome to sb (*kein Passiv*) (*Idee*) jdm kommen ◇ *It suddenly came to her that …* Ihr ging plötzlich auf, dass … ˈcome to sth (*kein Passiv*) **1** (*Rechnung etc.*) auf etw kommen **2** zu etw kommen ◇ *It may not come to that.* Vielleicht kommt es gar nicht so weit. ˌcome toˈgether zusammenkommen, sich zusammenschließen ˈcome under sth (*kein Passiv*) **1** unter etw kommen, unter etw fallen **2** ◇ *The head teacher came under a lot of criticism from the parents.* Der Rektor wurde von den Eltern stark kritisiert. **3** (*Einfluss etc.*) unter etw geraten ˌcome ˈup **1** nach oben kommen **2** (*Pflanze*) rauskommen **3** (*Sonne*) aufgehen **4** (*eintreten*) ◇ *I'm afraid something urgent has come up.* Leider ist etwas Dringendes dazwischengekommen. ◇ *We'll let you know if any vacancies come up.* Wir teilen Ihnen mit, wenn eine Stelle frei wird. **5** (*Frage*) aufkommen; (*Thema*) angeschnitten werden; (*Name*) fallen **6** (*Ereignis, Fest etc.*) bevorstehen **7** (*Fall*) verhandelt werden ◇ *The case comes up next month.* Der Prozess beginnt nächsten Monat. **8** (*Los, Zahl*) gewinnen, gezogen werden **9** (*umgs*) (*meist in der Verlaufsform*) kommen ◇ *'Is lunch ready?' – 'Coming up!'* „Ist das Essen fertig?" „Kommt sofort!" **10** (*BrE, gehoben*) = am Anfang des Semesters oder des Studiums mit der Universität (besonders Oxford oder Cambridge) beginnen ˌcome ˈup (to …) (from …) (von …) (nach …) kommen; (*Richtung Norden*) (von …) (nach …) raufkommen ˌcome ˈup (to sb) auf jdn zukommen ◇ *He came up (to me) and asked for a light.* Er kam auf mich zu und bat um Feuer. ˌcome ˈup against sb/sth (*kein Passiv*) auf jdn/etw stoßen ˌcome ˈup for sth (*kein Passiv*) zu etw kommen ◇ *come up for sale* zum Verkauf kommen ◇ *Her contract is coming up for renewal.* Ihr Vertrag muss bald verlängert werden. ◇ *She comes up for re-election next year.* Sie muss sich nächstes Jahr zur Wiederwahl stellen. ˌcome ˈup to sth (*kein Passiv*) **1** bis an etw reichen ◇ *The water came up to my neck.* Das Wasser ging mir bis zum Hals. **2** (*Niveau*) an etw heranreichen; (*Erwartungen etc.*) einer Sache entsprechen ˌcome ˈup with sth (*kein Passiv*) **1** sich etw einfallen lassen; (*Idee, Antwort*) haben; (*Plan*) sich ausdenken; (*Lösung*) kommen auf; (*Vorschlag*) machen **2** (*Geld*) aufbringen

ˈcome upon sb/sth ⇨ COME ON SB/STH

come² (*auch* **cum**) /kʌm/ *Nomen* (*Slang*) (*Sperma*) Soße

come·back /ˈkʌmbæk/ *Nomen* **1** [meist Sing] Come-back **2** ◇ *make a comeback* wieder in Mode kommen **3** (*umgs*) (schlagfertige) Antwort **4** Anspruch auf Schadenersatz

com·edian /kəˈmiːdiən/ *Nomen* Komiker(in) ◇ *a stand-up comedian* ein(e) Alleinunterhalter(in)

com·edi·enne /kəˌmiːdiˈen/ *Nomen* (*veraltet*) Komikerin

come·down /ˈkʌmdaʊn/ *Nomen* [meist Sing] (*umgs*) (*Prestigeverlust*) Abstieg

com·edy /ˈkɒmədi; *AmE* ˈkɑːm-/ (*Pl* **-ies**) *Nomen* **1** Komödie, Lustspiel ☛ *Siehe auch* SITCOM **2** Komik, Humor

come·ly /ˈkʌmli/ *Adj* (*gehoben*) hübsch

ˈcome-on *Nomen* [meist Sing] (*umgs*) Köder ◇ *give sb the come-on* jdn anmachen

comer /ˈkʌmə(r)/ *Nomen* **1 all comers** [Pl] Interessenten ◇ *open to all comers* allgemein zugänglich **2** Ankömmling ☛ *Siehe auch* LATECOMER *und* NEWCOMER **3** (*AmE*) **be a ~** (*umgs*) im Kommen sein

comet /ˈkɒmɪt; *AmE* ˈkɑːmət/ *Nomen* Komet

comeuppance /kʌmˈʌpəns/ Nomen (umgs) ◊ *He got his comeuppance.* Er kriegte die Quittung.

com·fort¹ /ˈkʌmfət; AmE -fərt/ Nomen **1** [U] Bequemlichkeit, Behaglichkeit, Komfort ◊ *live in comfort* komfortabel leben **2** Trost ◊ *He can draw comfort from the fact that …* Er kann sich damit trösten, dass … ◊ *too close for comfort* bedrohlich nah ◊ *comfort food* Essen, das aufgrund seiner Kindheitsassoziationen eine stressmindernde Wirkung hat ☛ *Siehe auch* COLD COMFORT **3** [meist Pl] Komfort ◊ *life's little comforts* die kleinen Annehmlichkeiten des Lebens ☛ *Siehe auch* CREATURE COMFORTS

com·fort² /ˈkʌmfət -fərt/ Verb trösten, beruhigen

com·fort·able /ˈkʌmftəbl; BrE auch -fət-; AmE auch -fərt-/ Adj **1** bequem; (*Hotel, Wohnung, Wagen*) komfortabel; (*Temperatur*) angenehm ◊ *The patient is comfortable after his operation.* Dem Patienten geht es nach der Operation den Umständen entsprechend gut. OPP UNCOMFORTABLE **2** *nicht vor Nomen* ◊ *I never feel very comfortable in her presence.* Ich fühle mich in ihrer Gesellschaft nie sehr wohl. ◊ *He's more comfortable with computers than with people.* Er kann mit Computern besser umgehen als mit Menschen. ◊ *They were comfortable with her decision.* Sie hatten nichts gegen ihre Entscheidung. OPP UNCOMFORTABLE **3** wohlhabend ◊ *He makes a comfortable living.* Er verdient recht gut. **4** (*Vorsprung, Mehrheit*) komfortabel; (*Sieg*) überlegen

com·fort·ably /ˈkʌmftəbli, -fət-; AmE -fərt-/ Adv **1** bequem; (*eingerichtet*) komfortabel **2** leicht; (*führen, gewinnen*) überlegen ◊ *They are comfortably ahead in the opinion polls.* Sie sind in den Meinungsumfragen weit vorne. IDM **be ˌcomfortably ˈoff** genug Geld haben, um komfortabel leben zu können

com·fort·er /ˈkʌmfətə(r); AmE -fərt-/ Nomen **1** (*Mensch*) Tröster(in) **2** Trost **3** (*AmE*) Steppdecke

com·fort·ing /ˈkʌmfətɪŋ; AmE -fərt-/ Adj (*Adv* **com·fort·ing·ly**) tröstlich, tröstend, beruhigend

com·fort·less /ˈkʌmfətləs; AmE -fərt-/ Adj (*gehoben*) ohne Komfort, ungemütlich, trostlos

comfy /ˈkʌmfi/ Adj (**com·fier, com·fi·est**) (umgs) bequem

comic¹ /ˈkɒmɪk; AmE ˈkɑːmɪk/ Adj **1** witzig, komisch, lustig **2** *nur vor Nomen* komisch, komödiantisch, humoristisch ◊ *a comic actor* ein Komödiant

comic² /ˈkɒmɪk; AmE ˈkɑːmɪk/ Nomen **1** Komiker(in) SYN COMEDIAN **2** (*AmE* ˈ**comic book**) Comic(heft) **3** **the comics** [Pl] (*AmE*) (*in der Zeitung*) die Comicstrips

com·ic·al /ˈkɒmɪkl; AmE ˈkɑːm-/ Adj (*Adv* **com·ic·al·ly** /-kli/) (*veraltet*) komisch

ˈ**comic strip** (*AmE auch* **strip**) Nomen Comic(strip)

com·ing¹ /ˈkʌmɪŋ/ Nomen [Sing] Einführung, Ankunft, Kommen, Beginn IDM ˌ**comings and ˈgoings** (*umgs*) Kommen und Gehen

com·ing² /ˈkʌmɪŋ/ Adj *nur vor Nomen* kommend ◊ *this coming Sunday* am kommenden Sonntag

comma /ˈkɒmə; AmE ˈkɑːmə/ Nomen Komma ☛ *Siehe auch* INVERTED COMMAS

com·mand¹ /kəˈmɑːnd; AmE -ˈmænd/ Nomen **1** Befehl, Kommando ◊ *command keys* Befehlstasten **2** (MIL) Befehlsgewalt, Kommando ◊ *be in command of sth* etw befehligen ◊ *Who is in command?* Wer hat das Kommando? ☛ *Siehe auch* SECOND IN COMMAND **3** Leitung, Kontrolle ◊ *The home team took command after the break.* Nach der Halbzeit dominierte die Heimmannschaft. ◊ *He looked totally in command of himself.* Er sah vollkommen beherrscht aus. **4 Command** *Bomber Command* das Bomberkommando ◊ *Allied Command* die Allierte Kommandatura **5** Beherrschung ◊ *have (a) good command of English* die englische Sprache gut beherrschen IDM **at your comˈmand** zu seiner Verfügung **be at sb's comˈmand** (*gehoben*) zu jds Verfügung stehen ☛ *Siehe auch* WISH²

com·mand² /kəˈmɑːnd; AmE -ˈmænd/ Verb **1** anordnen ◊ *He commanded his men to retreat.* Er befahl seinen Leuten den Rückzug. SYN ORDER **2** (MIL) befehligen, Befehlsgewalt haben über **3** (*kein Passiv*) (*nicht in der Verlaufsform*) verdienen ◊ *The headlines commanded her attention.* Ihr Blick fiel auf die Schlagzeilen. ◊ *The position commands an excellent salary.* Die Stelle ist sehr gut bezahlt. **4** (*kein Passiv*) (*nicht in der Verlaufsform*) (*gehoben*) beherrschen ◊ *The house commands a fine view.* Das Haus hat eine schöne Aussicht. **5** (*gehoben*) (*kein Passiv*) (*nicht in der Verlaufsform*) verfügen über; (*Mehrheit*) haben

com·mand·ant /ˈkɒməndænt; AmE ˈkɑːm-/ Nomen (*einer Festung, eines Lagers*) Kommandant(in)

com·man·deer /ˌkɒmənˈdɪə(r); AmE ˌkɑːmənˈdɪr/ Verb requirieren, beschlagnahmen SYN REQUISITION

com·mand·er /kəˈmɑːndə(r); AmE -ˈmæn-/ Nomen **1** Befehlshaber(in), Führer(in), Leiter(in); (*einer Flotte, eines Panzers*) Kommandant(in) ☛ *Siehe auch* WING COMMANDER **2** (*Abk* **Cdr**) Fregattenkapitän **3** (*Abk* **Cdr**) (*BrE*) = Leiter(in) der Polizei in einem Stadtteil von London

comˌmander-in-ˈchief Nomen (*Pl* **commanders-in-chief**) (*Abk* **C-in-C**) Oberbefehlshaber(in)

com·mand·ing /kəˈmɑːndɪŋ; AmE -ˈmæn-/ Adj **1** *nur vor Nomen* Befehls-, befehlshabend **2** (*Position*) führend; (*Vorsprung*) deutlich **3** (*Persönlichkeit*) imposant; (*Stimme, Ton*) gebieterisch **4** (*Lage*) beherrschend

com·mand·ment /kəˈmɑːndmənt; AmE -ˈmæn-/ Nomen (REL) Gebot ◊ *the Ten Commandments* die zehn Gebote

com·mando /kəˈmɑːndəʊ; AmE kəˈmændoʊ/ (*Pl* **-os**) Nomen Kommando(trupp)

comˌmand perˈformance Nomen Galavorstellung für ein Staatsoberhaupt

com·mem·or·ate /kəˈmeməreɪt/ Verb ~ **sb/sth** jds/einer Sache gedenken ◊ *A plaque commemorates the battle.* Eine Tafel erinnert an die Schlacht.

com·mem·or·ation /kəˌmeməˈreɪʃn/ Nomen Gedenken ◊ *a commemoration service* ein Gedenkgottesdienst

com·mem·ora·tive /kəˈmemərətɪv; AmE -əreɪt-/ Adj Gedenk- ◊ *commemorative stamps* Gedenkmarken

com·mence /kəˈmens/ Verb (*gehoben*) beginnen ◊ *the week commencing 15 May* die Woche vom 15. Mai SYN START¹

com·mence·ment /kəˈmensmənt/ Nomen [meist Sing] **1** (*gehoben*) Anfang **2** (*AmE*) (*an einer Universität zur Verleihung des Diploms*) Abschlussfeier

com·mend /kəˈmend/ Verb **1** ~ **sb** (**for/on sth**) jdn (wegen einer Sache/für etw) loben **2** ~ **sb/sth** (**to sb**) (*gehoben*) (jdm) jdn/etw empfehlen **3** (*gehoben*) ◊ *His outspoken behaviour did not commend itself to his colleagues.* Seine direkte Art wurde von seinen Kollegen nicht geschätzt. **4** ~ **sb/sth to sb** (*gehoben*) jdn/etw jdm anvertrauen

com·mend·able /kəˈmendəbl/ Adj (*gehoben*) lobenswert

com·mend·ably /kəˈmendəbli/ Adv beachtlich(erweise)

com·men·da·tion /ˌkɒmenˈdeɪʃn; AmE ˌkɑːm-/ Nomen **1** (*gehoben*) Lob **2** (**for sth**) Auszeichnung (für etw)

com·men·sur·ate /kəˈmenʃərət/ Adj ~ (**with sth**) (*offiz*) (einer Sache) entsprechend, (einer Sache) angemessen

com·ment¹ /ˈkɒment; AmE ˈkɑː-/ Nomen **1** ~ (**about/on sth**) Bemerkung (über/zu etw), Kommentar (zu etw) ◊ *He was not available for comment.* Er war für eine Stellungnahme nicht verfügbar. **2** Kritik IDM ˌ**no ˈcomment** kein Kommentar

com·ment² /ˈkɒment; AmE ˈkɑː-/ Verb **1** ~ (**on/upon sth**) sich (über/zu etw) äußern, (zu etw) einen Kommentar abgeben **2** bemerken, sagen

com·men·tary /ˈkɒməntri; AmE ˈkɑːmənteri/ Nomen (*Pl* **-ies**) **1** Reportage ◊ *They will give a running commentary on the election results as they are announced.* Sie werden die Wahlergebnisse live kommentieren. **2** Kommentar, Kritik ◊ *social commentary* Gesellschaftskritik

com·men·tate /ˈkɒməntert; AmE ˈkɑːm-/ Verb ~ (**on sth**) (*im Fernsehen, Radio etc.*) (etw) kommentieren

com·men·ta·tor /ˈkɒməntertə(r); AmE ˈkɑːm-/ Nomen Kommentator(in)

com·merce /ˈkɒmɜːs; AmE ˈkɑːmɜːrs/ Nomen Handel

com·mer·cial¹ /kəˈmɜːʃl; AmE kəˈmɜːrʃl/ Adj **1** Handels-, Geschäfts-; (*Ausbildung*) kaufmännisch ◊ *a commercial vehicle* ein Nutzfahrzeug ◊ *commercial baby foods* Babyfertignahrung **2** kommerziell

com·mer·cial² /kəˈmɜːʃl; AmE kəˈmɜːrʃl/ Nomen Werbespot ◊ *in commercial breaks* während der Werbung

com·mer·cial·ism /kəˈmɜːʃəlɪzəm; AmE -ˈmɜːrʃl-/ Nomen (*abwert*) Kommerzialisierung, Kommerz

com·mer·cial·iza·tion (*BrE auch* **-isa·tion**) /kəˌmɜːʃəlaɪˈzeɪʃn; AmE -ˌmɜːrʃələz-/ Nomen Kommerzialisierung

com·mer·cial·ize (*BrE auch* **-ise**) /kəˈmɜːʃəlaɪz; AmE

-'mɜːrʃl-/ *Verb* (*oft passiv*) kommerzialisieren ◊ *Their music has become very commercialized.* Ihre Musik ist sehr kommerziell geworden.

com·mer·cial·ly /kə'mɜːʃəli/ *Adv* kommerziell ◊ *His invention was not commercially successful.* Seine Erfindung war kein kommerzieller Erfolg. ◊ *commercially available* im Handel erhältlich

com,mercial 'traveller *Nomen* (*BrE, veraltet*) Handelsvertreter(in)

com·mie /'kɒmi; *AmE* 'kɑːmi/ *Nomen* (*bes AmE, beleidigend*) (*Kommunist*) Rote(r)

com·mis·er·ate /kə'mɪzəreɪt/ *Verb* ~ (**with sb**) (jdm) sein Mitgefühl ausdrücken

com·mis·er·ation /kə,mɪzə'reɪʃn/ *Nomen* (*gehoben*) Mitgefühl ◊ *Commiserations to the losing team.* Den Verlierern unser Mitgefühl.

com·mis·sary /'kɒmɪsəri; *AmE* 'kɑːmɪseri/ *Nomen* (*Pl* -**ies**) (*AmE*) **1** = Lebensmittelladen in einem Militärstützpunkt, Gefängnis etc. **2** (*besonders bei Filmstudios*) Kantine

com·mis·sion[1] /kə'mɪʃn/ *Nomen* **1 Commission** Kommission, Ausschuss **2** Provision ◊ *He works on commission.* Er arbeitet auf Provisionsbasis. **3** Auftrag **4** (MIL) Offizierspatent ◊ *He has resigned his commission.* Er hat den Dienst quittiert. **5** (*gehoben*) Begehen (*eines Verbrechens*) IDM **in/out of com'mission** in/außer Betrieb

com·mis·sion[2] /kə'mɪʃn/ *Verb* **1** beauftragen, in Auftrag geben **2** (MIL) (*meist passiv*) ~ **sb** jdn zum Offizier ernennen; ~ **sb as sth** jdn zu etw ernennen

com·mis·sion·aire /kə,mɪʃə'neə(r); *AmE* -'ner/ *Nomen* (*bes BrE, veraltend*) Portier

com,missioned 'officer *Nomen* (*durch Patent bestallter*) Offizier

com·mis·sion·er /kə'mɪʃənə(r)/ *Nomen* **1** (*meist* **Commissioner**) Ausschussmitglied, Kommissionsmitglied ◊ *European Commissioners* EU-Kommissare **2** (*bes AmE* **po'lice commissioner**) Polizeipräsident(in) **3** Beauftragte(r) ☛ *Siehe auch* HIGH COMMISSIONER **4** (*in den USA*) Präsident(in) eines Sportverbands

com·mit /kə'mɪt/ *Verb* (-**tt**-) **1** (*Verbrechen etc.*) begehen **2** (*oft passiv*) ~ **sb/yourself** (**to sth**) jdn/sich (zu etw) verpflichten ◊ *You should think carefully before committing yourself to taking out a loan.* Man sollte es sich gründlich überlegen, bevor man sich zu einem Kredit verpflichtet. ◊ *I've committed myself to going with them.* Ich habe ihnen versprochen mitzukommen. ◊ *The President is committed to reforming health care.* Der Präsident ist fest entschlossen, das Gesundheitswesen zu reformieren. **3** ~ **yourself to sth** sich für etw engagieren, sich zu etw bekennen **4** ~ **yourself** (**to sth**) sich (auf etw) festlegen **5** ~ (**to sb/sth**) sich (an jdn/etw) binden ◊ *Why are so many men scared to commit?* Warum haben so viele Männer Angst vor einer festen Beziehung? **6** investieren ◊ *The council has committed large amounts of money to housing projects.* Die Stadt hat große Summen für Wohnbauprojekte bereitgestellt. **7** (*oft passiv*) ~ **sb to sth** (*in eine Anstalt*) jdn in etw einliefern; (*ins Gefängnis*) jdn in etw bringen **8** ◊ *commit sb for trial* jdm dem Gericht überstellen **9** ◊ *commit sth to memory* etw auswendig lernen **10** ◊ *commit sth to paper/writing* etw aufschreiben

com·mit·ment /kə'mɪtmənt/ *Nomen* **1** ~ **to sb/sth** Bekenntnis zu jdm/etw ◊ *the government's commitment to Europe* das Bekenntnis der Regierung zu Europa ◊ *This shows our commitment to quality.* Das zeigt, dass wir es mit der Qualität ernst meinen. **2** ~ **to doing sth** Verpflichtung etw zu tun, Entschlossenheit etw zu tun **3 make a ~ to do sth** sich verpflichten etw zu tun **4** ~ (**to sth**) Engagement (für etw), Einsatz (für etw) **5** ~ (**to sb**) Bindung (an jdn) ◊ *She doesn't want to make a big emotional commitment to Steve at the moment.* Im Augenblick will sie keine feste Beziehung mit Steve. **6** Verpflichtung **7** Bereitstellung, Aufwand

com·mit·tal /kə'mɪtl/ *Nomen* Einweisung ◊ *He was released on bail pending committal proceedings.* Während der gerichtlichen Voruntersuchung wurde er auf Kaution freigelassen.

com·mit·ted /kə'mɪtɪd/ *Adj* engagiert ◊ *committed Christians* bekennende Christen ☛ *Siehe auch* COMMIT

com·mit·tee /kə'mɪti/ *Nomen* Ausschuss, Komitee ◊ *the disciplinary committee* die Disziplinarkommission ☛ G 1.3b

com·mode /kə'məʊd; *AmE* kə'moʊd/ *Nomen* **1** Nachtstuhl **2** Kommode

com·modi·ous /kə'məʊdiəs; *AmE* -'moʊ-/ *Adj* (*gehoben*) geräumig

com·mod·ity /kə'mɒdəti; *AmE* -'mɑːd-/ *Nomen* (*Pl* -**ies**) (WIRTSCH) (*an der Börse gehandelte*) Ware, Rohstoff, landwirtschaftliches Erzeugnis, Grundbedarfsgut ◊ (*fig*) *a rare commodity* etwas Seltenes

com·mo·dore /'kɒmədɔː(r); *AmE* 'kɑːm-/ *Nomen* (*Abk* **Cdre**) Flottenadmiral

com·mon[1] /'kɒmən; *AmE* 'kɑː-/ *Adj* **1** häufig, weit verbreitet ◊ *Nowadays it is much more common for people to go abroad.* Heutzutage fahren viel mehr Leute ins Ausland. **2** gemeinsam, allgemein ◊ *They share a common interest in photography.* Sie interessieren sich beide für Fotografie. ◊ *features which are common to all languages* Merkmale, die allen Sprachen gemeinsam sind ◊ *the common good* das Gemeinwohl ◊ *by common consent* nach allgemeiner Auffassung **3** *nur vor Nomen* gewöhnlich, einfach; (NATURW) gemein ◊ *It's common courtesy to speak to the owner first.* Es gehört sich einfach, dass man zuerst mit dem Besitzer spricht. **4** (*BrE, abwert*) ordinär IDM ,**common or 'garden** (*BrE, umgs*) ganz gewöhnlich **the ,common 'touch** = die Fähigkeit, mit einfachen Menschen gut umgehen zu können **make common 'cause with sb** (*gehoben*) mit jdm zusammenarbeiten; sich mit jdm zusammentun ☛ *Siehe auch* KNOWLEDGE

com·mon[2] /'kɒmən; *AmE* 'kɑː-/ *Nomen* **1** Gemeindewiese, Gemeindeland **2 commons** [*Sing*] (*AmE*) ≈ Mensa IDM **have sth in common** (**with sb/sth**) etw (mit jdm/etw) gemeinsam haben **in common with sb/sth** (*gehoben*) ebenso wie jd/etw

the ,common 'cold *Nomen* Erkältung

,**common de'nominator** *Nomen* (MATH) gemeinsamer Nenner (*auch fig*)

com·mon·er /'kɒmənə(r); *AmE* 'kɑːm-/ *Nomen* Bürgerliche(r)

,**common 'ground** *Nomen* gemeinsame Basis, Übereinstimmung

'**common land** *Nomen* (*BrE*) Gemeindeland, Allmende

,**common 'law** *Nomen* ≈ Gewohnheitsrecht

,**common-law 'husband** *Nomen* Lebensgefährte

,**common-law 'wife** *Nomen* Lebensgefährtin

com·mon·ly /'kɒmənli; *AmE* 'kɑːm-/ *Adv* **1** häufig **2** gewöhnlich, im Allgemeinen, gemeinhin ◊ *commonly held opinions* weit verbreitete Ansichten

,**common 'noun** *Nomen* (LING) (*konkretes*) Hauptwort, Gattungsbezeichnung

com·mon·place[1] /'kɒmənpleɪs; *AmE* 'kɑː-/ *Adj* alltäglich, gewöhnlich

com·mon·place[2] /'kɒmənpleɪs; *AmE* 'kɑː-/ *Nomen* **1** Gemeinplatz **2** [*meist Sing*] alltägliches Ereignis

'**common room** *Nomen* (*BrE*) Aufenthaltsraum, Lehrerzimmer, Dozentenzimmer

Com·mons /'kɒmənz; *AmE* 'kɑːm-/ **the Commons** = THE HOUSE OF COMMONS

,**common 'sense** *Nomen* gesunder Menschenverstand ◊ *Most people take a common-sense approach to diet.* Die meisten Leute benutzen ihren Hausverstand, wenn es um Ernährung geht.

com·mon·wealth /'kɒmənwelθ; *AmE* 'kɑːm-/ *Nomen* [*Sing*] **1 the Commonwealth** (*Gemeinschaft der Länder des ehemaligen Britischen Weltreichs*) Commonwealth **2** (*meist* **the Commonwealth**) (*in den USA*) Bundesstaat ◊ *the Commonwealth of Virginia* der Bundesstaat Virginia **3** (*AmE*) Mitglied des Bundes ◊ *Puerto Rico remains a US commonwealth, not a state.* Puerto Rico bleibt ein Mitglied des Staatenbundes, ist aber kein Staat der USA. **4** (*meist* **Commonwealth**) ◊ *the Commonwealth of Independent States* (*CIS*) die Gemeinschaft Unabhängiger Staaten (GUS)

com·mo·tion /kə'məʊʃn; *AmE* -'moʊ-/ *Nomen* [*meist Sing*] Lärm, Tumult

com·mu·nal /kə'mjuːnl, 'kɒmjənl; *AmE* 'kɑːm-/ *Adj* **1** Gemeinschafts- ◊ *As a student he tried communal living.*

Als Student hatte er versucht, in einer Wohngemeinschaft zu leben. **2** (*Gewalt etc.*) zwischen Volksgruppen, kommunal

com·mune[1] /ˈkɒmjuːn; *AmE* ˈkɑːm-/ *Nomen* **1** Kommune, Wohngemeinschaft ☞ G 1.3b **2** Gemeinde ☞ G 1.3b

com·mune[2] /kəˈmjuːn/ *Verb* PHR V **com·mune with sb/sth** (*gehoben*) mit jdm/etw Zwiesprache halten

com·mu·nic·able /kəˈmjuːnɪkəbl/ *Adj* (*gehoben*) vermittelbar, kommunizierbar; (*Krankheit*) übertragbar

com·mu·ni·cant /kəˈmjuːnɪkənt/ *Nomen* Kommunikant(in)

com·mu·ni·cate /kəˈmjuːnɪkeɪt/ *Verb* **1** ~ (**with sb**) sich (mit jdm) verständigen, (mit jdm) kommunizieren ◊ *We only communicate by email.* Wir verkehren nur per E-Mail. **2** ~**sth** (**to sb**) (*Wissen, Information, Gefühle etc.*) (jdm) etw vermitteln; (*Nachricht etc.*) (jdm) etw übermitteln **3** (*meist passiv*) (*Krankheit*) übertragen **4** ~ (**with sth**) verbunden sein (mit etw) ◊ *communicating rooms* durch eine Tür verbundene Zimmer

com·mu·ni·ca·tion /kəˌmjuːnɪˈkeɪʃn/ *Nomen* **1** Kommunikation, Verständigung ◊ *We are in regular communication by letter.* Wir sind in ständigem brieflichen Kontakt. **2** (*von Wissen*) Vermittlung; (*von Informationen*) Übermittlung **3** (*auch* **com·mu·ni·ca·tions** [*Pl*]) Verbindung(en), Kommunikationsnetz **4** (*gehoben*) Mitteilung

com·mu·ni·ca·tive /kəˈmjuːnɪkətɪv; *AmE* -keɪtɪv/ *Adj* **1** gesprächig, mitteilsam **2** kommunikativ ◊ *communicative skills* Kommunikationsfähigkeit

com·mu·ni·ca·tor /kəˈmjuːnɪkeɪtə(r)/ *Nomen* Kommunikator(in)

com·mu·nion /kəˈmjuːniən/ *Nomen* /kəˈmjuːniən/ **1** (*auch* **Com·mu·nion**) = HOLY COMMUNION **2** (*gehoben*) Verbundenheit **3** (*Fachspr*) Religionsgemeinschaft

com·mu·ni·qué /kəˈmjuːnɪkeɪ; *AmE* kəˌmjuːnəˈkeɪ/ *Nomen* Kommuniqué

com·mun·ism /ˈkɒmjunɪzəm; *AmE* ˈkɑːm-/ *Nomen* Kommunismus

com·mun·ist /ˈkɒmjənɪst; *AmE* ˈkɑːm-/ **1** *Nomen* Kommunist(in) **2** *Adj* kommunistisch

the ˈCommunist Party *Nomen* die Kommunistische Partei

com·mu·nity /kəˈmjuːnəti/ *Nomen* (*Pl* **-ies**) **1** Gemeinschaft ◊ *The local community was delighted.* Die Einheimischen waren begeistert. ◊ *good community relations with the police* gute Beziehungen zwischen den Einwohnern und der Polizei ◊ *community care* ambulante Pflege ◊ *community spirit* Zusammengehörigkeitsgefühl **2** Gemeinde ◊ *the Polish community in London* die Polen in London ◊ *ethnic communities* ethnische Gruppen ◊ *the farming community* die Bauern ◊ *the business community* die Geschäftswelt ☞ 1.3b **3** (*AmE*) ◊ *community parks, libraries, etc.* öffentliche Parks, Bibliotheken etc.

comˈmunity centre (*AmE* **comˈmunity center**) *Nomen* Begegnungsstätte

comˈmunity college *Nomen* **1** (*auch* **comˈmunity school**) = in Großbritannien: höhere Schule, an die auch ortsansässige Erwachsene gehen können **2** = in den USA: College, das ein Zweijahrestudium anbietet, hauptsächlich für Studenten aus der Gegend

comˌmunity ˈservice *Nomen* gemeinnützige Arbeit

com·mute[1] /kəˈmjuːt/ *Verb* **1** pendeln **2** (RECHT *oder* FINANZ) umwandeln ◊ *She was given a commuted sentence.* Das Urteil wurde umgewandelt. ◊ *commute an annuity into a lump sum* eine Rente ablösen lassen

com·mute[2] /kəˈmjuːt/ *Nomen* (*bes AmE*) Fahrt zur Arbeit

com·muter /kəˈmjuːtə(r)/ *Nomen* Pendler(in) ◊ (*BrE*) *the commuter belt* der Einzugsbereich einer Großstadt

com·pact[1] /kəmˈpækt/ *Adj* **1** kompakt, klein **2** dicht, fest ◊ *a compact mass of earth* fest zusammengepresste Erde **3** gedrungen

com·pact[2] /ˈkɒmpækt; *AmE* ˈkɑːm-/ *Nomen* **1** (*AmE*) Kompaktauto **2** Puderdose **3** (*gehoben*) Vertrag, Pakt

com·pact[3] /kəmˈpækt/ *Verb* (*meist passiv*) zusammenpressen ◊ *compacted snow* festgetretener Schnee

ˌcompact ˈdisc = CD

com·pan·ion /kəmˈpæniən/ *Nomen* **1** Begleiter(in), Gefährte, Gefährtin ◊ *my travelling companions* meine Reisegefährten ◊ *drinking companions* Zechbrüder **2** Freund(in), Kumpel **3** Gesellschafter(in) **4** Gegenstück, Pendant ◊ *A companion volume is soon to be published.* Der Begleitband wird bald veröffentlicht. **5** (*Buch*) Handbuch, Führer

com·pan·ion·able /kəmˈpæniənəbl/ *Adj* (*Adv* **com·pan·ion·ably** /-əbli/) (*gehoben*) freundschaftlich, gemütlich

com·pan·ion·ship /kəmˈpæniənʃɪp/ *Nomen* **1** Gesellschaft, Geselligkeit **2** Freundschaft, Kameradschaft

com·pan·ion·way /kəmˈpæniənweɪ/ *Nomen* (*im Schiff*) Niedergang

com·pany /ˈkʌmpəni/ *Nomen* (*Pl* **-ies**) **1** (*Abk* **Co.**) Gesellschaft, Firma ◊ *a company car* ein Firmenwagen ☞ 1.3b **2** (THEAT) Truppe, Ensemble ◊ *a dance company* eine Balletttruppe ☞ G 1.3b **3** [U] Gesellschaft ◊ *I enjoy her company.* Ich bin gern mit ihr zusammen. ◊ *She enjoys her own company.* Sie ist gern allein. ◊ *I'm not very good company today.* Mit mir ist heute nicht viel anzufangen. **4** [U] (*gehoben*) Besuch **5** (MIL) Kompanie ☞ G 1.3b IDM **the ˈcompany sb keeps** die Leute, mit denen jd verkehrt **get into/keep bad ˈcompany** in schlechte Gesellschaft geraten **in company with sb/sth** (*gehoben*) zusammen mit jdm/etw **in good ˈcompany** in guter Gesellschaft **keep sb ˈcompany** jdm Gesellschaft leisten ☞ *Siehe auch* PART[2], PRESENT[1] *und* TWO

com·par·abil·ity /ˌkɒmpərəˈbɪləti; *AmE* ˌkɑːm-/ *Nomen* Vergleichbarkeit

com·par·able /ˈkɒmpərəbl; *AmE* ˈkɑːm-/ *Adj* ~ (**to/with sb/sth**) vergleichbar (mit jdm/etw)

com·para·tive[1] /kəmˈpærətɪv/ *Adj* **1** vergleichend **2** (*Adv* **com·para·tive·ly**) relativ, verhältnismäßig **3** (LING) komparativ, Komparativ-

com·para·tive[2] /kəmˈpærətɪv/ *Nomen* (LING) Komparativ

com·pare[1] /kəmˈpeə(r); *AmE* -ˈper/ *Verb* **1** (*Abk* **cf.**, **cp.**) (miteinander) vergleichen

> ✍ WRITING TIP
> **Making comparisons**
> • *How does Britain compare with other European countries on human rights?* Wie steht Großbritannien verglichen mit anderen europäischen Ländern bei den Menschenrechten da?
> • *In comparison with other European countries, Britain has a good human rights record.* Im europäischen Vergleich schneidet Großbritannien bei den Menschenrechten gut ab.
> • *Seen alongside other European countries, Britain's human rights record is good.* Neben anderen europäischen Ländern schneidet Großbritannien bei den Menschenrechten gut ab.
> • *How does Britain measure up in relation to other European countries?* Wie schneidet Großbritannien im europäischen Vergleich ab?

2 ~ **with/to sb/sth** sich mit jdm/etw vergleichen lassen ◊ *This house doesn't compare with our previous one.* Dieses Haus ist kein Vergleich zu unserem alten. ◊ *Our prices compare favourably with theirs.* Unsere Preise sind günstiger als ihre. IDM **compare ˈnotes** (**with sb**) (mit jdm) Meinungen/Erfahrungen austauschen

com·pare[2] /kəmˈpeə(r); *AmE* -ˈper/ *Nomen* IDM **beyond/without comˈpare** (*gehoben*) unvergleichlich

com·pari·son /kəmˈpærɪsn/ *Nomen* Vergleich ◊ *You can draw comparisons with the situation in Ireland.* Man könnte die Situation mit der in Irland vergleichen. ☞ *Hinweis bei* COMPARE[1] (1) IDM **bear/stand comparison** (**with/to sb/sth**) einen Vergleich (mit jdm/etw) aushalten **by comparison** (*gehoben*) (*besonders am Satzbeginn*) vergleichsweise **by/in comparison** (**with sb/sth**) im Vergleich (mit/zu jdm/etw) ◊ *Our house looks positively tiny in comparison.* Daneben wirkt unser Haus geradezu winzig. **there's no comˈparison** das ist gar kein Vergleich

com·part·ment /kəmˈpɑːtmənt; *AmE* -ˈpɑːrt-/ *Nomen* **1** Abteil **2** Fach ◊ *a secret compartment* ein Geheimfach

com·part·men·tal·ize (*BrE auch* **-ise**) /ˌkɒmpɑːtˈmentəlaɪz; *AmE* kəmˌpɑːrt-/ *Verb* (*fig*) aufsplittern, streng aufteilen

com·pass /ˈkʌmpəs/ *Nomen* **1** Kompass **2** (*auch* **com·passes** [*Pl*]) Zirkel ☞ *Hinweis bei* BRILLE **3** Umfang,

Bereich ◊ *beyond the compass of the human mind* jenseits des menschlichen Begriffsvermögens

com·pas·sion /kəmˈpæʃn/ *Nomen* ~ **(for sb)** Mitleid (mit jdm) ◊ *show compassion* Mitgefühl zeigen

com·pas·sion·ate /kəmˈpæʃənət/ *Adj* (*Adv* **com·pas·sion·ate·ly**) mitfühlend, mitleidig ◊ *He was allowed to go home on compassionate grounds.* Aufgrund persönlicher Umstände bekam er Heimaturlaub.

com,passionate ˈleave *Nomen* (*BrE*) Sonderurlaub (*aus familiären Gründen*)

com·pati·bil·ity /kəmˌpætəˈbɪləti/ *Nomen* Kompatibilität, Einvernehmen, Verträglichkeit

com·pat·ible /kəmˈpætəbl/ *Adj* **1** kompatibel, vereinbar, verträglich **2** be ~ **with sth** mit etw übereinstimmen **3** (*Menschen*) zu jdm/zueinander passend

com·pat·riot /kəmˈpætriət; *AmE* -ˈpeɪt-/ *Nomen* Landsmann, Landsmännin

com·pel /kəmˈpel/ *Verb* (**-ll-**) (*gehoben*) **1** zwingen ◊ *I felt compelled to resign.* Ich sah mich gezwungen zurückzutreten. **2** erzwingen, abnötigen

com·pel·ling /kəmˈpelɪŋ/ *Adj* **1** spannend, mitreißend, unwiderstehlich **2** zwingend, überzeugend

com·pen·dium /kəmˈpendiəm/ *Nomen* (*Pl* **com·pen·dia** /-diə/ *oder* **com·pen·diums**) Handbuch

com·pen·sate /ˈkɒmpenseɪt; *AmE* ˈkɑːm-/ *Verb* **1** kompensieren; ~ **for sth** etw ausgleichen, als Ausgleich für etw dienen SYN MAKE UP FOR STH **2** entschädigen ◊ *She was compensated for her injuries.* Sie erhielt Schadenersatz für ihre Verletzungen.

com·pen·sa·tion /ˌkɒmpenˈseɪʃn; *AmE* ˌkɑːm-/ *Nomen* **1** Schadenersatz, Entschädigung ◊ *receive millions in compensation* Millionen Abfindung erhalten **2** [meist Pl] Vorteil ◊ *It has its compensations.* Das hat auch seine Vorteile. **3** (PSYCH) Kompensation

com·pen·sa·tory /ˌkɒmpenˈseɪtəri; *AmE* kəmˈpensətɔːri/ *Adj* **1** entschädigend, Entschädigungs- **2** (*Faktoren etc.*) ausgleichend

com·père¹ /ˈkɒmpeə(r); *AmE* ˈkɑːmper/ *Nomen* (*BrE*) Conférencier, Ansager(in)

com·père² /ˈkɒmpeə(r); *AmE* ˈkɑːmper/ *Verb* (*BrE*) ~ **(sth)** (bei etw) Conférencier sein

com·pete /kəmˈpiːt/ *Verb* **1** Konkurrenz machen; ~ **(with/against sb)** **(for sth)** (mit jdm) (um etw) konkurrieren, (mit jdm) (um etw) kämpfen ◊ *We can't compete in the face of cheap foreign imports.* Wir sind billigen Auslandsimporten gegenüber nicht konkurrenzfähig. **2** ~ **(in sth)** (an etw) teilnehmen; ~ **against sb/for sth** gegen jdn/um etw kämpfen

com·pe·tence /ˈkɒmpɪtəns; *AmE* ˈkɑːm-/ *Nomen* **1** (*seltener* **com·pe·ten·cy**) Kompetenz, Fähigkeit, Geschick ◊ *gain a high level of competence in English* ein hohes Niveau im Englischen erreichen **2** (RECHT) Zuständigkeit

com·pe·tent /ˈkɒmpɪtənt; *AmE* ˈkɑːm-/ *Adj* **1** (*Adv* **com·pe·tent·ly**) kompetent, fähig **2** zuständig

com·pe·ti·tion /ˌkɒmpəˈtɪʃn; *AmE* ˌkɑːm-/ *Nomen* **1** ~ **(for sth)** Konkurrenz (um etw) ◊ *We are in competition with them for the contract.* Wir konkurrieren mit ihnen um diesen Auftrag. **2** Wettbewerb, Preisausschreiben **3** **the competition** die Konkurrenz ➤ G 1.3a

com·peti·tive /kəmˈpetətɪv/ *Adj* **1** Wettbewerbs-, Wettkampf-, wettbewerbsorientiert ◊ *competitive sport* der Leistungssport **2** ~ **(with sb/sth)** konkurrenzfähig (gegenüber jdm/etw) ◊ *competitive prices* günstige Preise **3** ehrgeizig, leistungsorientiert

com·peti·tive·ly /kəmˈpetətɪvli/ *Adv* **1** ◊ *competitively priced* zu günstigen Preisen **2** (SPORT) in Wettkämpfen

com·peti·tive·ness /kəmˈpetətɪvnəs/ *Nomen* **1** Wettbewerbsfähigkeit **2** Leistungsorientierung

com·peti·tor /kəmˈpetɪtə(r)/ *Nomen* **1** Konkurrent(in) **2** (Wettbewerbs)teilnehmer(in) ◊ *200 competitors entered the race.* 200 Sportler nahmen an dem Rennen teil.

com·pil·ation /ˌkɒmpɪˈleɪʃn; *AmE* ˌkɑːm-/ *Nomen* Zusammenstellung, Kompilation ◊ *a compilation CD* eine Compilation-CD

com·pile /kəmˈpaɪl/ *Verb* erstellen, zusammenstellen, kompilieren

com·piler /kəmˈpaɪlə(r)/ *Nomen* **1** Verfasser(in) **2** (COMP) Compiler

com·pla·cency /kəmˈpleɪsnsi/ *Nomen* (*meist abwert*) **1** Unbekümmertheit, Gleichgültigkeit, Untätigkeit ◊ *Despite the improvement in the economy, there is no room for complacency.* Obwohl es einen Aufschwung der Wirtschaft gibt, wäre Unbekümmertheit fehl am Platz. ◊ *shock people out of their complacency* die Menschen wachrütteln ◊ *The government was accused of complacency over BSE.* Der Regierung wurde vorgeworfen, zu wenig gegen BSE unternommen zu haben. **2** Zufriedenheit, Selbstgefälligkeit, Überheblichkeit

com·pla·cent /kəmˈpleɪsnt/ *Adj* (*meist abwert*) **1** gleichgültig, unvorsichtig ◊ *They cannot afford to be complacent about this development.* Sie können es sich nicht leisten, dieser Entwicklung untätig zuzusehen. ◊ *We shouldn't be complacent about security.* Wir dürfen Sicherheitsfragen nicht ignorieren. ◊ *I am not in any way complacent about the future.* Ich sehe keineswegs unbesorgt in die Zukunft. **2** selbstzufrieden, selbstgefällig

com·pla·cent·ly /kəmˈpleɪsəntli/ *Adv* **1** selbstzufrieden **2** unvorsichtig(erweise)

com·plain /kəmˈpleɪn/ *Verb* sich beklagen, sich beschweren, Beschwerde einlegen PHRV **comˈplain of sth** über etw klagen

com·plain·ant /kəmˈpleɪmənt/ *Nomen* (*BrE*) (RECHT) Kläger(in)

com·plaint /kəmˈpleɪnt/ *Nomen* **1** Beschwerde ◊ *make a complaint* sich beschweren ◊ *file/log a complaint* Klage einlegen **2** Leiden

com·plect·ed /kəmˈplektɪd/ *Adj* (*AmE*, *umgs*) ◊ *fair/dark complected* mit hellem/dunklem Teint

com·ple·ment¹ /ˈkɒmplɪmənt; *AmE* ˈkɑːm-/ *Verb* ergänzen, vervollkommnen; (*Farben etc.*) hervorheben

com·ple·ment² /ˈkɒmplɪmənt; *AmE* ˈkɑːm-/ *Nomen* **1** ~ **(to sth)** Ergänzung (von etw), Vervollständigung (von etw) **2** volle Zahl, volle Stärke

com·ple·men·tary /ˌkɒmplɪˈmentri; *AmE* ˌkɑːm-/ *Adj* **1** sich/einander ergänzend **2** (*Farbe-*, *Medizin*) Komplementär-

ˌcomplementary ˈangle *Nomen* (*Geometrie*) Komplementwinkel

com·plete¹ /kəmˈpliːt/ *Adj* (*Adv* **com·plete·ly**) **1** völlig, absolut, total SYN TOTAL *und* TOTALLY **2** vollständig, komplett ◊ *the complete works of Tolstoy* Tolstois Gesamtwerk ◊ *each complete day that you work* jeder volle Tag, an dem man arbeitet **3** ~ **with sth** nicht vor Nomen komplett mit etw ◊ *The book, complete with cassette, costs €35.* Das Buch kostet inklusiv Kassette 35€. **4** nicht vor Nomen fertig, abgeschlossen OPP INCOMPLETE

com·plete² /kəmˈpliːt/ *Verb* **1** (*oft passiv*) abschließen, beenden **2** ausfüllen **3** vervollständigen

com·plete·ness /kəmˈpliːtnəs/ *Nomen* Vollständigkeit

com·ple·tion /kəmˈpliːʃn/ *Nomen* **1** Beendigung, Abschluss, Fertigstellung ◊ *The project is due for completion in the spring.* Das Projekt soll im Frühjahr abgeschlossen sein. **2** (*BrE*) (*bei Immobilienkauf*) = Erfüllung des Kaufvertrages

com·plex¹ /ˈkɒmpleks; *AmE* kəmˈpleks, ˈkɑːm-/ *Adj* **1** komplex **2** kompliziert **3** (LING) zusammengesetzt ◊ *a complex sentence* ein Satzgefüge

com·plex² /ˈkɒmpleks; *AmE* ˈkɑːm-/ *Nomen* Komplex ◊ *an apartment complex* eine Appartmentanlage

com·plex·ion /kəmˈplekʃn/ *Nomen* **1** Gesichtsfarbe, Teint **2** [meist Sing] Charakter, Färbung IDM **put a new/different comˈplexion on sth** etw in einem anderen Licht erscheinen lassen

com·plex·ity /kəmˈpleksəti/ *Nomen* **1** Komplexität **2** Kompliziertheit **3** **complexities** [Pl] Kompliziertheit, Vielschichtigkeit, Schwierigkeiten

com·pli·ance /kəmˈplaɪəns/ *Nomen* ~ **(with sth)** (*gehoben*) Befolgung (von etw) ◊ *to ensure full compliance with the law* um sicher zu stellen, dass dem Gesetz Genüge getan wird ◊ *in compliance with paragraph 6* gemäß Paragraph 6 OPP NON-COMPLIANCE

com·pli·ant /kəmˈplaɪənt/ *Adj* (*gehoben*) **1** (*meist abwert*) gefügig, folgsam **2** kompatibel

complicate 118

com·pli·cate /ˈkɒmplɪkeɪt; *AmE* ˈkɑːm-/ *Verb* komplizieren

com·pli·ca·tion /ˌkɒmplɪˈkeɪʃn; *AmE* ˌkɑːm-/ *Nomen* Komplikation

com·pli·city /kəmˈplɪsəti/ *Nomen* (*gehoben*) Komplizenschaft; **~ in sth** Mittäterschaft bei etw

com·pli·ment[1] /ˈkɒmplɪmənt; *AmE* ˈkɑːm-/ *Nomen* **1** Kompliment ◊ *return the compliment* sich revanchieren **2 compliments** [Pl] (*gehoben*) Grüße ◊ (*BrE*) *Compliments of the season!* Frohes Fest! ◊ *a bottle of champagne with the compliments of the management* eine Flasche Champagner mit den besten Empfehlungen der Geschäftsführung [IDM] **a ˌbackhanded ˈcompliment** (*AmE auch* **a left-handed compliment**) ein zweifelhaftes Kompliment

com·pli·ment[2] /ˈkɒmplɪment; *AmE* ˈkɑːm-/ *Verb* **~ sb** (**on sth**) jdm (zu/wegen einer Sache) ein Kompliment machen ◊ *I complimented her on her English.* Ich lobte ihr Englisch.

com·pli·men·tary /ˌkɒmplɪˈmentri; *AmE* ˌkɑːm-/ *Adj* **1** Frei- ◊ *complimentary tickets* Freikarten **2** lobend ◊ *She was extremely complimentary about his work.* Sie lobte seine Arbeit sehr.

ˈcompliments slip *Nomen* Kurzmitteilung, Empfehlungszettel

com·ply /kəmˈplaɪ/ *Verb* (**-plies, -ply·ing, -plied, -plied**) gehorchen; **~ with sth** etw befolgen, einer Sache nachkommen

com·pon·ent[1] /kəmˈpəʊnənt; *AmE* -ˈpoʊ-/ *Nomen* Bestandteil, Komponente ◊ *the car component industry* die Zulieferungsindustrie für die Kraftfahrzeugbranche

com·pon·ent[2] /kəmˈpəʊnənt; *AmE* -ˈpoʊ-/ *Adj nur vor Nomen* ◊ *break sth down into its component parts* etw in seine Einzelteile zerlegen ◊ *guarantee supply of component parts* die Versorgung mit Teilen garantieren ◊ *split the molecule into its component elements* das Molekül in seine einzelnen Bestandteile zerlegen

com·pose /kəmˈpəʊz; *AmE* -ˈpoʊz-/ *Verb* **1** (*kein Passiv*) (*nicht in der Verlaufsform*) (*gehoben*) bilden ☞ *Siehe auch* COMPOSED **2** komponieren **3** abfassen; (*Gedicht*) verfassen **4** (*kein Passiv*) (*gehoben*) ◊ *compose yourself* sich zusammennehmen ◊ *I could hardly compose my thoughts.* Ich konnte kaum einen klaren Gedanken fassen.

com·posed /kəmˈpəʊzd; *AmE* -ˈpoʊzd/ *Adj* **1 be composed of sth** aus etw zusammengesetzt sein, aus etw bestehen **2** gefasst

com·poser /kəmˈpəʊzə(r); *AmE* -ˈpoʊz-/ *Nomen* Komponist(in)

com·pos·ite[1] /ˈkɒmpəzɪt; *AmE* kəmˈpɑːzət/ *Adj nur vor Nomen* zusammengesetzt ◊ *a composite image* eine Bildmontage ◊ *composite materials* Verbundmaterialien

com·pos·ite[2] /ˈkɒmpəzɪt; *AmE* kəmˈpɑːzət/ *Nomen* **1** Kombination, Mischung **2** (*AmE*) Phantombild

com·pos·ition /ˌkɒmpəˈzɪʃn; *AmE* ˌkɑːm-/ *Nomen* **1** [U] Zusammensetzung **2** (*Werk*) Komposition **3** Komponieren, Komposition **4** [U] Kompositionslehre **5** Aufsatz **6** (KUNST) Aufbau

com·pos ˈmen·tis /ˌkɒmpɒs ˈmentɪs; *AmE* ˌkɑːm-/ *Adj nicht vor Nomen* (*gehoben oder hum*) bei klarem Verstand

com·post[1] /ˈkɒmpɒst; *AmE* ˈkɑːmpoʊst/ *Nomen* Kompost ◊ *potting compost* Blumenerde

com·post[2] /ˈkɒmpɒst; *AmE* ˈkɑːmpoʊst/ *Verb* kompostieren

com·pos·ure /kəmˈpəʊʒə(r); *AmE* -ˈpoʊ-/ *Nomen* Fassung ◊ *with perfect composure* gelassen

com·pound[1] /ˈkɒmpaʊnd; *AmE* ˈkɑːm-/ *Nomen* **1** Kombination, Mischung, Verbindung **2** (CHEM) Verbindung **3** (LING) Kompositum, zusammengesetztes Wort **4** (eingezäuntes) Gelände, Anwesen

com·pound[2] /ˈkɒmpaʊnd; *AmE* ˈkɑːm-/ *Adj nicht vor Nomen* (*Fachspr*) **1** zusammengesetzt ◊ *a compound sentence* ein Satzgefüge **2** ◊ *a compound eye* ein Facettenauge

com·pound[3] /kəmˈpaʊnd/ *Verb* **1** (*oft passiv*) (*gehoben*) verschlimmern **2 be compounded of/from sth** (*gehoben*) sich aus etw zusammensetzen, aus etw bestehen **3** (*oft passiv*) (*gehoben oder Fachspr*) verbinden, mischen **4** (FINANZ) aufzinsen, Zinseszinsen berechnen

ˌcompound ˈfracture *Nomen* offener Bruch

ˌcompound ˈinterest *Nomen* [U] Zinseszins

com·pre·hend /ˌkɒmprɪˈhend; *AmE* ˌkɑːm-/ *Verb* (*gehoben*) (*oft in verneinten Sätzen*) begreifen, verstehen ◊ *He stared at the body, unable to comprehend.* Er starrte fassungslos die Leiche an.

com·pre·hen·sib·il·ity /ˌkɒmprɪˌhensəˈbɪləti; *AmE* ˌkɑːm-/ *Nomen* Verständlichkeit

com·pre·hen·sible /ˌkɒmprɪˈhensəbl; *AmE* ˌkɑːm-/ *Adj* (*gehoben*) **~** (**to sb**) verständlich (für jdn)

com·pre·hen·sion /ˌkɒmprɪˈhenʃn; *AmE* ˌkɑːm-/ *Nomen* **1** (*gehoben*) Verständnis ◊ *It was beyond comprehension.* Es war unbegreiflich. **2** = Übung zum Textverständnis ◊ *listening comprehension* Übung zum Hörverständnis

com·pre·hen·sive[1] /ˌkɒmprɪˈhensɪv; *AmE* ˌkɑːm-/ *Adj* (*Adv* **com·pre·hen·sive·ly**) **1** umfassend, erschöpfend ◊ *comprehensive insurance* Vollkaskoversicherung **2** (*BrE*) Gesamtschul- ◊ *the introduction of comprehensive education* die Einführung von Gesamtschulen

com·pre·hen·sive[2] /ˌkɒmprɪˈhensɪv; *AmE* ˌkɑːm-/ (*auch* **compreˈhensive school**) *Nomen* (*BrE*) Gesamtschule ☞ *Hinweis bei* GYMNASIUM S. 996

com·pre·hen·sive·ness /ˌkɒmprɪˈhensɪvnəs/ *Nomen* **1** Vollständigkeit, Ausführlichkeit **2** Umfang

com·press[1] /kəmˈpres/ *Verb* **1** komprimieren, (sich) verdichten; **~ sth** (**into sth**) etw (zu etw) zusammenpressen ◊ *compressed air* Pressluft **2 ~ sth** (**into sth**) etw (zu etw) zusammenfassen [SYN] CONDENSE

com·press[2] /ˈkɒmpres; *AmE* ˈkɑːm-/ *Nomen* Kompresse

com·pres·sion /kəmˈpreʃn/ *Nomen* Verdichtung, Kompression ◊ *data compression* Datenkomprimierung

com·pres·sor /kəmˈpresə(r)/ *Nomen* Kompressor

com·prise /kəmˈpraɪz/ *Verb* (*nicht in der Verlaufsform*) **1** *auch* **be comprised of** umfassen, bestehen aus **2** ausmachen [SYN] MAKE STH UP

com·prom·ise[1] /ˈkɒmprəmaɪz; *AmE* ˈkɑːm-/ *Nomen* Kompromiss

com·prom·ise[2] /ˈkɒmprəmaɪz; *AmE* ˈkɑːm-/ *Verb* **1 ~** (**with sb**) (**on sth**) (mit jdm) (zu/über etw) einen Kompromiss/Kompromisse schließen, sich (mit jdm) (auf etw) einigen ◊ *We are not prepared to compromise on safety standards.* Wir sind nicht dazu bereit, bei den Sicherheitsbestimmungen Abstriche zu machen. **2 ~ sth** etw beeinträchtigen ◊ *I refuse to compromise my principles.* Ich weigere mich gegen meine Prinzipien zu handeln. ◊ *With this article he compromised his reputation.* Mit diesem Artikel hat er seinem Ruf geschadet. **3 ~ sb/sth/yourself** jdn/etw/sich kompromittieren

com·prom·is·ing /ˈkɒmprəmaɪzɪŋ; *AmE* ˈkɑːm-/ *Adj* kompromittierend

comp·trol·ler = CONTROLLER (3)

com·pul·sion /kəmˈpʌlʃn/ *Nomen* **1** Zwang **2** innerer Zwang

com·pul·sive /kəmˈpʌlsɪv/ *Adj* (*Adv* **com·pul·sive·ly**) **1** zwanghaft ◊ *compulsive gambling* Spielsucht ◊ *a compulsive drinker* ein Trunksüchtiger **2** fesselnd, packend

com·pul·sor·ily /kəmˈpʌlsərəli/ *Adv* zwangsweise

com·pul·sory /kəmˈpʌlsəri/ *Adj* obligatorisch, Pflicht-, Zwangs- ◊ *compulsory schooling* Schulpflicht

com·punc·tion /kəmˈpʌŋkʃn/ *Nomen* [U] (*gehoben*) Schuldgefühl, Bedenken ◊ *He had lied to her without compunction.* Er hatte sie bedenkenlos belogen.

com·pu·ta·tion /ˌkɒmpjuˈteɪʃn; *AmE* ˌkɑːm-/ *Nomen* (*gehoben*) Berechnung

com·pu·ta·tion·al /ˌkɒmpjuˈteɪʃənl; *AmE* ˌkɑːm-/ *Adj* **1** Computer- ◊ *computational linguistics* Computerlinguistik **2** Rechen- ◊ *computational methods* Rechenmethoden

com·pute /kəmˈpjuːt/ *Verb* (*gehoben*) berechnen

com·puter /kəmˈpjuːtə(r)/ *Nomen* Computer ◊ *processed by computer* elektronisch verarbeitet ◊ *computer skills* EDV-Kenntnisse ☞ *Siehe auch* PERSONAL COMPUTER

com·pu·ter·iza·tion (*BrE auch* **-isation**) /kəmˌpjuːtəraɪˈzeɪʃn; *AmE* -rəˈz-/ *Nomen* Computerisierung

com·pu·ter·ize (*BrE auch* **-ise**) /kəmˈpjuːtəraɪz/ *Verb* **1** auf Computer umstellen **2** computerisieren

comˌputer ˈliteracy *Nomen* [U] Computerkenntnisse

comˌputer-ˈliterate *Adj* mit Computerkenntnissen

comˌputer ˈscience *Nomen* Computerwissenschaft, Informatik

æ cat | ɑː father | e ten | ɜː bird | ə about | ɪ sit | iː see | i many | ɒ got (*BrE*) | ɔː saw | ʌ cup | ʊ put | uː too

com·put·ing /kəmˈpjuːtɪŋ/ *Nomen* **1** Informatik, Computerwesen ◊ *He's working in computing.* Er arbeitet als Informatiker. ◊ *educational computing* Computergebrauch für pädagogische Zwecke **2** Berechnung ◊ *computing power* Rechnerleistung

com·rade /ˈkɒmreɪd; *AmE* ˈkɑːmræd/ *Nomen* **1** Genosse, Genossin **2** (*BrE auch* ˌcomrade-inˈarms) (*veraltet*) Kamerad(in), Waffenbruder

com·rade·ly /ˈkɒmreɪdli; *AmE* ˈkɑːmrædli/ *Adj* kameradschaftlich

com·rade·ship /ˈkɒmreɪdʃɪp; *AmE* ˈkɑːmræd-/ *Nomen* Kameradschaft

Con /kɒn/ *Abk* = CONSERVATIVE² (1)

con¹ /kɒn/ *Nomen* (*umgs*) **1** (*BrE auch gehoben* ˈconfidence trick) (*AmE auch gehoben* ˈconfidence game) [Sing] Schwindel, Hochstapelei ◊ *a con artist* ein(e) Hochstapler(in) ◊ *a con trick* ein Hochstapeleitrick **2** Sträfling ☛ *Siehe auch* CON MAN *und* MOD CONS IDM ⇒ PRO¹

con² /kɒn/ *Verb* (**-nn-**) **1** ~ **sb (into doing sth)** jdn beschwatzen (etw zu tun) ◊ *He conned his way into the job.* Er hat sich die Stelle erschwindelt. **2** ~ **sb (out of sth)** jdn (um etw) betrügen

con·cave /kɒnˈkeɪv; *AmE* kɑːnˈk-, ˈkɑːn-/ *Adj* konkav ◊ *a concave mirror* ein Hohlspiegel OPP CONVEX

con·ceal /kənˈsiːl/ *Verb* (*gehoben*) ~ **sth/sb (from sb/sth)** etw/jdn (vor jdm/etw) verbergen, etw (vor jdm) verheimlichen

con·ceal·ment /kənˈsiːlmənt/ *Nomen* (*gehoben*) Verbergen, Verheimlichung

con·cede /kənˈsiːd/ *Verb* **1** zugeben, zugestehen ◊ *He reluctantly conceded the point to me.* Widerstrebend gab er mir in diesem Punkt Recht. ☛ *Hinweis bei* ADMIT **2** abtreten, überlassen ◊ *England conceded a goal immediately after half-time.* England musste gleich nach der Halbzeit ein Tor einstecken. ◊ *Women were only conceded full voting rights in 1950.* Frauen wurde das volle Wahlrecht erst 1950 eingeräumt. **3** ~ (**defeat**) aufgeben, seine Niederlage eingestehen

con·ceit /kənˈsiːt/ *Nomen* **1** Eingebildetheit, Selbstgefälligkeit **2** Kunstgriff **3** (*Fachspr*) Sinnbild, Metapher

con·ceit·ed /kənˈsiːtɪd/ *Adj* (*Adv* **con·ceit·ed·ly**) eingebildet, selbstgefällig

con·ceiv·able /kənˈsiːvəbl/ *Adj* vorstellbar, denkbar SYN POSSIBLE

con·ceiv·ably /kənˈsiːvəbli/ *Adv* möglicherweise ◊ *He couldn't conceivably have intended this to happen.* Es ist unvorstellbar, dass er dies beabsichtigt hat.

con·ceive /kənˈsiːv/ *Verb* **1** (*gehoben*) ~ (**of**) **sth** (*Plan, Idee*) etw vorstellen **2** ~ (**of**) **sth** (**as sth**) (*gehoben*) sich etw (als etw) vorstellen ◊ *The book was originally conceived as a novel.* Das Buch wurde ursprünglich als Roman geplant. **3** empfangen, schwanger werden

con·cen·trate¹ /ˈkɒnsntreɪt; *AmE* ˈkɑːn-/ *Verb* (sich) konzentrieren ◊ *concentrate sb's mind on sth* jds Aufmerksamkeit auf etw richten ◊ *concentrate the mind* zu denken geben

con·cen·trate² /ˈkɒnsntreɪt; *AmE* ˈkɑːn-/ *Nomen* Konzentrat

con·cen·trated /ˈkɒnsntreɪtɪd; *AmE* ˈkɑːn-/ *Adj* **1** ◊ *concentrated orange juice* Orangensaftkonzentrat **2** konzentriert, geballt ◊ *concentrated gunfire* massives Geschützfeuer ◊ *make a concentrated effort* energische Anstrengungen machen

con·cen·tra·tion /ˌkɒnsnˈtreɪʃn; *AmE* ˌkɑːn-/ *Nomen* **1** Konzentration ◊ *the powers of concentration* das Konzentrationsvermögen **2** Ballung, Ansammlung

concenˈtration camp *Nomen* Konzentrationslager, KZ

con·cen·tric /kənˈsentrɪk/ *Adj* konzentrisch

con·cept /ˈkɒnsept; *AmE* ˈkɑːn-/ *Nomen* **1** Vorstellung, Begriff **2** Konzept

con·cep·tion /kənˈsepʃn/ *Nomen* **1** Entwurf, Konzept(ion) ◊ *The plan was brilliant in its conception.* Der Plan war genial konzipiert. **2** Vorstellung, Begriff **3** Empfängnis

con·cep·tual /kənˈseptʃuəl/ *Adj* (*Adv* **con·cep·tu·al·ly** /-ʃuəli/) (*gehoben*) konzeptuell ◊ *a conceptual model* ein Konzeptionsmodell

con·cep·tu·al·ize (*BrE auch* **-ise**) /kənˈseptʃuəlaɪz/ *Verb* (*gehoben*) konzeptualisieren

con·cern¹ /kənˈsɜːn; *AmE* -ˈsɜːrn/ *Verb* **1** betreffen, angehen ◊ *The loss was a tragedy for all concerned.* Dieser Verlust war für alle Betroffenen eine Tragödie. ◊ *Where our children's education is concerned, we can make no compromise.* Bei der Ausbildung unserer Kinder können wir keine Kompromisse machen. ◊ *the individuals concerned* die betreffenden Personen ◊ *Many thanks to all concerned.* Vielen Dank an alle, die mitgeholfen haben. **2** (*auch* **be concerned with**) handeln von ◊ *a report that concerns drug abuse* ein Bericht über Drogenmissbrauch ◊ *The book is primarily concerned with the Cold War.* Das Buch handelt in erster Linie vom Kalten Krieg. **3** beunruhigen, bekümmern **4** ~ **yourself with/about sth** sich mit etw befassen, sich um etw kümmern **5** **be concerned to do sth** darum besorgt sein, etw zu tun IDM **to whom it may concern** = schriftliche Anrede, wenn der Name des Adressaten unbekannt ist

con·cern² /kənˈsɜːn; *AmE* -ˈsɜːrn/ *Nomen* **1** [U] Sorge, Beunruhigung ◊ *There is concern for her safety.* Man fürchtet um ihre Sicherheit. ◊ *In the meeting, voters raised concerns about the tax reform.* Auf der Versammlung sprachen Wähler ihre Besorgnisse über die Steuerreform aus. ◊ *I appreciate everyone's concern at this difficult time.* Ich danke allen für ihre Anteilnahme in dieser schweren Zeit. ◊ *Stress at work is a matter of concern to staff.* Stress am Arbeitsplatz ist ein Thema, das für die Belegschaft von Belang ist. **2** Anliegen ◊ *What are your main concerns as a writer?* Worum geht es Ihnen als Schriftsteller? **3** (*gehoben*) Angelegenheit, Sache ◊ *How much money I make is none of your concern.* Wie viel Geld ich verdiene, geht Sie nichts an. **4** Unternehmen, Konzern ◊ *a publishing concern* ein Verlag

con·cerned /kənˈsɜːnd; *AmE* -ˈsɜːrnd/ *Adj* ~ (**about/for sth**) besorgt (um etw) OPP UNCONCERNED

con·cern·ing /kənˈsɜːnɪŋ; *AmE* -ˈsɜːrn-/ *Präp* (*gehoben*) bezüglich, hinsichtlich ◊ *All cases concerning children are dealt with here.* Alle Fälle, die Kinder betreffen, werden hier verhandelt.

con·cert /ˈkɒnsət; *AmE* ˈkɑːnsərt/ *Nomen* Konzert ◊ *Oasis are in concert at Wembley Arena.* Es gibt ein Oasis-Konzert in der Wembley Arena. IDM **act/work in concert with sb/sth** (*gehoben*) mit jdm/etw zusammenarbeiten

con·cert·ed /kənˈsɜːtɪd; *AmE* -ˈsɜːrt-/ *Adj* nur vor Nomen vereint, gemeinsam ◊ *She is making a concerted effort to find a job.* Sie gibt sich alle Mühe eine Stelle zu finden.

ˈconcert-goer *Nomen* Konzertbesucher(in)

con·cer·tina¹ /ˌkɒnsəˈtiːnə; *AmE* ˌkɑːnsərˈt-/ *Nomen* Konzertina

con·cer·tina² /ˌkɒnsəˈtiːnə; *AmE* ˌkɑːnsərˈt-/ *Verb* (**con·cer·tina·ing**, **con·cer·tinaed**, **con·cer·tinaed**) (*BrE*) = sich wie eine Ziehharmonika zusammenschieben/ zusammengeschoben werden

con·cert·mas·ter /ˈkɒnsətmɑːstə(r)/ *Nomen* (*bes AmE*) Konzertmeister(in)

con·certo /kənˈtʃɜːtəʊ; *AmE* -ˈtʃɜːrtoʊ/ *Nomen* (*Pl* **-os**) (*Musikstück*) Konzert

con·ces·sion /kənˈseʃn/ *Nomen* **1** Zugeständnis, Konzession ◊ *She made no concession to his age.* Sie nahm keine Rücksicht auf sein Alter. **2** Gewährung; (*eines Rechts*) Bewilligung ◊ *Gore's concession speech* in der Rede Gores, in der er seine Wahlniederlage akzeptierte **3** [meist Pl] (*BrE*) Ermäßigung ◊ *tax concessions* Steuerermäßigungen **4** (WIRTSCH) Konzession **5** (*in einem Kaufhaus, Stadion etc.*) Stand

con·ces·sion·ary /kənˈseʃənəri; *AmE* -neri/ *Adj* ermäßigt

conch /kɒntʃ; *AmE* kɑːntʃ/ *Nomen* Meeresschnecke, Tritonshorn

con·cili·ate /kənˈsɪlieɪt/ *Verb* (*gehoben*) beschwichtigen

con·cili·ation /kənˌsɪliˈeɪʃn/ *Nomen* Schlichtung, Aussöhnung ◊ *a conciliation service* eine Schlichtungsstelle

con·cili·ator /kənˈsɪlieɪtə(r)/ *Nomen* Schlichter(in)

con·cili·atory /kənˈsɪliətəri; *AmE* -tɔːri/ *Adj* versöhnlich, beschwichtigend

con·cise /kənˈsaɪs/ *Adj* **1** (*Adv* **con·cise·ly**) prägnant,

knapp **2** *nur vor Nomen* gekürzt ◊ *a concise dictionary* ein Handwörterbuch
con·clave /'kɒŋkleɪv; *AmE* 'kɑ:ŋ-/ *Nomen* (*gehoben*) Klausurtagung; (*von Kardinälen*) Konklave
con·clude /kən'klu:d/ *Verb* **1** (*nicht in der Verlaufsform*) **~ sth** (**from sth**) etw (aus etw) schließen; **~ that ...** zu dem Schluss kommen, dass ...

> ✍ WRITING TIP
> **Drawing conclusions**
> • *From this we can deduce the writer's personal preference.* Daraus können wir auf die persönliche Meinung des Autors schließen.
> • *It can be inferred that this is the opinion of the writer himself.* Man kann daraus folgern, dass dies die Meinung des Autors selbst ist.
> • *It is logical to conclude that the writer agrees with this statement.* Es ist eine logische Schlussfolgerung, dass der Verfasser dieser Aussage zustimmt.
> • *We cannot draw any conclusions from this passage alone.* Aus dieser Passage allein kann man keine Schlüsse ziehen.

2 (*gehoben*) schließen, enden; **~ sth** etw beschließen, etw beenden ◊ *a few concluding remarks* ein paar abschließende Bemerkungen ◊ *He concluded by saying that ...* Zum Abschluss sagte er, dass ... **3** (*Vertrag*) schließen; (*Geschäft*) abschließen
con·clu·sion /kən'klu:ʒn/ *Nomen* **1** Schluss, Schlussfolgerung **2** Schluss ◊ *In conclusion I'd like to say that ...* Zum Schluss möchte ich sagen, dass ... **3** (*eines Abkommens etc.*) Abschluss [IDM] **jump/leap to con'clusions** voreilige Schlüsse ziehen; **jump/leap to the conclusion that ...** den voreiligen Schluss ziehen, dass ... ☞ *Siehe auch* FOREGONE
con·clu·sive /kən'klu:sɪv/ *Adj* (*Adv* **con·clu·sive·ly**) eindeutig, schlüssig, überzeugend [OPP] INCONCLUSIVE
con·coct /kən'kɒkt; *AmE* -'kɑ:kt/ *Verb* **1** zusammenstellen, zusammenbrauen **2** (*Ausrede, Plan etc.*) sich ausdenken [SYN] COOK STH UP
con·coc·tion /kən'kɒkʃn; *AmE* -'kɑ:kʃn/ *Nomen* Gebräu, Mischung, Zusammenstellung
con·comi·tant /kən'kɒmɪtənt; *AmE* -'kɑ:m-/ *Adj* (*gehoben*) damit verbunden, gleichzeitig
con·cord /'kɒŋkɔ:d; *AmE* 'kɑ:ŋkɔ:rd/ *Nomen* **1** (*gehoben*) Eintracht, Harmonie [SYN] HARMONY [OPP] DISCORD **2** (LING) Kongruenz [SYN] AGREEMENT
con·cord·ance /kən'kɔ:dəns; *AmE* -'kɔ:rd-/ *Nomen* **1** Konkordanz **2** (*gehoben*) Übereinstimmung
con·course /'kɒŋkɔ:s; *AmE* 'kɑ:ŋkɔ:rs/ *Nomen* Halle
con·crete[1] /'kɒŋkri:t; *AmE* 'kɑ:ŋ-/ *Adj* **1** Beton- **2** (*Adv* **con·crete·ly**) konkret **3** gegenständlich, greifbar
con·crete[2] /'kɒŋkri:t; *AmE* 'kɑ:ŋ-/ *Nomen* Beton
con·crete[3] /'kɒŋkri:t; *AmE* 'kɑ:ŋ-/ *Verb* **~ sth** (**over**) etw betonieren
con·cur /kən'kɜ:(r)/ *Verb* (**-rr-**) (*gehoben*) **~** (**with sb/sth**) (mit jdm/etw) übereinstimmen, (jdm/etw) beipflichten ◊ *He concurred with the decision.* Er bestätigte die Entscheidung.
con·cur·rence /kən'kʌrəns; *AmE* -'kɜ:r-/ *Nomen* (*gehoben*) **1** [U/Sing] Zustimmung, Einverständnis **2** [Sing] (*von Ereignissen etc.*) Zusammentreffen
con·cur·rent /kən'kʌrənt; *AmE* -'kɜ:r-/ *Adj* (*Adv* **con·current·ly**) gleichzeitig; (*Strafe*) gleichzeitig vollziehbar
con·cuss /kən'kʌs/ *Verb* (*meist passiv*) **~ sb** bei jdm eine Gehirnerschütterung verursachen ◊ *She was concussed.* Sie erlitt eine Gehirnerschütterung.
con·cus·sion /kən'kʌʃn/ *Nomen* Gehirnerschütterung ◊ (*BrE*) *He was taken to hospital with concussion.* Er musste mit einer Gehirnerschütterung ins Krankenhaus. ☞ Im amerikanischen Englisch sagt man **with a concussion**.
con·demn /kən'dem/ *Verb* **1 ~ sb/sth** jdn/etw verurteilen ◊ *He issued a statement condemning the killings.* In einer Erklärung verurteilte er die Morde. **2** (*meist passiv*) **~ sb** (**to sth**) jdn (zu etw) verurteilen [SYN] SENTENCE **3** (*meist passiv*) **~ sb to sth** (*fig*) jdn zu etw verdammen, jdn zu etw verurteilen [SYN] DOOM **4** (*meist passiv*) **~ sth** (**as sth**) (*offiz*) ◊ *The meat was condemned as unfit to eat.* Das Fleisch wurde für den Verzehr ungeeignet erklärt. ◊ *a condemned building* ein abbruchreifes Gebäude
con·dem·na·tion /ˌkɒndem'neɪʃn; *AmE* ˌkɑ:n-/ *Nomen* Verurteilung, Verdammung ◊ *There was widespread condemnation of the attack.* Der Angriff wurde allgemein verurteilt.
con·demned 'cell *Nomen* (*BrE*) Todeszelle
con·den·sa·tion /ˌkɒnden'seɪʃn; *AmE* ˌkɑ:n-/ *Nomen* Kondensation, Kondenswasser ◊ *windows steamed up with condensation* beschlagene Fenster
con·dense /kən'dens/ *Verb* **1** kondensieren **2** eindicken (lassen) **3** (*Text etc.*) zusammenfassen, kürzen
con·densed 'milk *Nomen* [U] gesüßte Kondensmilch
con·dens·er /kən'densə(r)/ *Nomen* (PHYSIK, ELEK) Kondensator
con·des·cend /ˌkɒndɪ'send; *AmE* ˌkɑ:n-/ *Verb* **1** (*oft abwert*) **~ to do sth** sich zu etw herablassen [SYN] DEIGN **2 ~ to sb** jdn von oben herab behandeln
con·des·cend·ing /ˌkɒndɪ'sendɪŋ; *AmE* ˌkɑ:n-/ *Adj* (*Adv* **con·des·cend·ing·ly**) herablassend
con·des·cen·sion /ˌkɒndɪ'senʃn; *AmE* ˌkɑ:n-/ *Nomen* Herablassung, herablassende Art
con·di·ment /'kɒndɪmənt; *AmE* 'kɑ:n-/ *Nomen* [*meist* Pl] **1** (*BrE*) (*bes Salz oder Pfeffer*) Gewürz **2** (*bes AmE*) Gewürz(soße)
con·di·tion[1] /kən'dɪʃn/ *Nomen* **1** [U/Sing] Zustand **2** Verfassung; (*Fitness*) Kondition ◊ *He's out of condition.* Er hat keine Kondition. **3** (MED) Leiden, Beschwerden ◊ *He suffers from a serious heart condition.* Er ist schwer herzkrank. **4 conditions** [Pl] Verhältnisse, Bedingungen ◊ *treacherous driving conditions* Witterungsverhältnisse, die für Autofahrer sehr tückisch sind **5** Bedingung ◊ *the terms and conditions of employment* die Bedingungen des Arbeitsvertrags ◊ *on condition that ...* unter der Bedingung, dass ... **6** Voraussetzung **7** [Sing] (*gehoben*) Lage, Situation ◊ *Work is basic to the human condition.* Arbeit ist eine bedeutende Tatsache menschlichen Lebens. [IDM] **on 'no condition** (*AmE auch* **under 'no condition**) (*gehoben*) unter keinen Umständen ☞ *Siehe auch* MINT[1]
con·di·tion[2] /kən'dɪʃn/ *Verb* **1** (*meist passiv*) **~ sb/sth** (**to sth**) jdn/etw (auf etw) konditionieren ◊ *We have been conditioned to believe what we read in books.* Durch unsere Erziehung sind wir darauf programmiert, alles zu glauben, was wir lesen. ◊ *We've been conditioned by our upbringing.* Wir sind durch unsere Erziehung geprägt. **2** bedingen, bestimmen **3** (*Haar, Leder etc.*) pflegen
con·di·tion·al[1] /kən'dɪʃənl/ *Adj* **1** bedingt, unter Vorbehalt; **~ on/upon sth** von etw abhängig ◊ *be given a conditional discharge* auf Bewährung entlassen werden **2** *nur vor Nomen* (LING) konditional, Bedingungs-
con·di·tion·al[2] /kən'dɪʃənl/ *Nomen* (LING) **1** einen Konditionalsatz einleitende Konjunktion **2 the conditional** der Konditional ◊ *the first conditional* Konditional I
con·di·tion·al·ly /kən'dɪʃənəli/ *Adv* mit/unter Vorbehalt
con·di·tion·er /kən'dɪʃənə(r)/ *Nomen* **1** (*fürs Haar*) (Pflege)spülung **2** (**fabric**) **~** Weichspüler
con·di·tion·ing /kən'dɪʃənɪŋ/ *Nomen* Konditionierung ◊ *overcome your conditioning* anerzogene Verhaltensweisen überwinden ☞ *Siehe auch* AIR CONDITIONING
condo /'kɒndəʊ; *AmE* 'kɑ:ndoʊ/ *Nomen* (*Pl* **-os**) (*AmE, umgs*) = CONDOMINIUM
con·dol·ence /kən'dəʊləns; *AmE* -'doʊ-/ *Nomen* [*meist* Pl] Beileid, Kondolenz ◊ *offer your condolences* sein Beileid ausdrücken
con·dom /'kɒndɒm; *AmE* 'kɑ:ndəm/ *Nomen* **1** Kondom, Präservativ **2 female condom** Frauenkondom
con·do·min·ium /ˌkɒndə'mɪniəm; *AmE* ˌkɑ:n-/ *Nomen* (*umgs* **condo**) *Nomen* (*bes AmE*) Eigentumswohnung, Wohnblock mit Eigentumswohnungen
con·done /kən'dəʊn; *AmE* -'doʊn/ *Verb* **~ sth** etw billigen, etw dulden
con·du·cive /kən'dju:sɪv; *AmE* -'du:s-/ *Adj* **~ to sth** (*gehoben*) einer Sache förderlich
con·duct[1] /kən'dʌkt/ *Verb* **1** durchführen; (*Verhandlungen, Geschäfte etc.*) führen; (*Sitzung etc.*) leiten ◊ *conduct a love affair* ein Verhältnis haben **2** (MUS) dirigieren **3** führen ◊ *a conducted tour of Athens* eine Führung durch Athen

4 ~ **yourself** (*gehoben*) sich benehmen, sich betragen, sich verhalten ◊ *How did the prisoner conduct himself?* Wie war die Führung des Gefangenen? **5** (PHYSIK) leiten

con·duct² /'kɒndʌkt/ *Nomen* (*gehoben*) **1** Verhalten, Benehmen **2** Führung, Durchführung, Leitung ☛ *Siehe auch* SAFE CONDUCT

con·duc·tion /kən'dʌkʃn/ *Nomen* (PHYSIK) Leitung

con·duct·ive /kən'dʌktɪv/ *Adj* (PHYSIK) leitend, leitfähig

con·duct·iv·ity /ˌkɒndʌk'tɪvəti/ *AmE* ˌkɑːn-/ *Nomen* (PHYSIK) Leitfähigkeit

con·duct·or /kən'dʌktə(r)/ *Nomen* **1** Dirigent(in) **2** (*bes AmE*) Zugbegleiter(in) **3** (*BrE*) (*Bus-*) Schaffner(in) **4** (PHYSIK) Leiter ☛ *Siehe auch* LIGHTNING CONDUCTOR

con·duc·tress /kən'dʌktrəs/ *Nomen* (*BrE, veraltet*) (*Bus-*) Schaffnerin

con·duit /'kɒndjuɪt; *AmE* 'kɑːndʊɪt/ *Nomen* (TECH) (Leitungs)rohr, Kanal (*auch fig*) ◊ *The firm had acted as a conduit for money from the arms industry.* Durch die Firma flossen Gelder aus der Rüstungsindustrie.

cone¹ /kəʊn; *AmE* koʊn/ *Nomen* **1** Kegel; (*Tüte*) Spitztüte ◊ *the cone of the volcano* der Vulkankegel **2** Leitkegel, Verkehrshütchen **3** Eistüte **4** (BOT) Zapfen

cone² /kəʊn; *AmE* koʊn/ *Verb* PHR V ˌcone sth 'off etw mit Leitkegeln absperren

con·fec·tion /kən'fekʃn/ *Nomen* (*gehoben*) **1** Konfekt, Zuckerwerk **2** (*Mode etc.*) Kreation

con·fec·tion·er /kən'fekʃənə(r)/ *Nomen* Konditor(in), Zuckerbäcker(in) ☛ *Hinweis bei* BAKER

con'fectioners' sugar *Nomen* (*AmE*) Puderzucker

con·fec·tion·ery /kən'fekʃənəri; *AmE* -ʃəneri/ *Nomen* [U] (*gehoben*) **1** Süßwaren **2** Süßwarenindustrie

con·fed·er·acy /kən'fedərəsi/ *Nomen* [Sing] Bund, Bündnis; (POL) Konföderation ☛ *Hinweis bei* UNION, S 690.

con·fed·er·ate /kən'fedərət/ **1** *Nomen* Verbündete(r), Komplize, Komplizin SYN ACCOMPLICE **2** *Adj* verbündet; (POL) konföderiert ☛ *Hinweis bei* UNION, S 690.

con·fed·er·ation /kənˌfedə'reɪʃn/ *Nomen* Bund, Bündnis; (POL) Konföderation

con·fer /kən'fɜː(r)/ *Verb* (**-rr-**) (*gehoben*) **1** ~ (**with sb**) (**on/about sth**) sich (mit jdm) (über etw/wegen einer Sache) beraten **2** ~ **sth** (**on/upon sb**) (jdm) etw verleihen

con·fer·ence /'kɒnfərəns; *AmE* 'kɑːn-/ *Nomen* **1** Kongress, Tagung, Konferenz ◊ *the Party's annual conference* der jährliche Parteitag **2** Besprechung ◊ *He was in conference with his lawyers.* Er konferierte mit seinen Rechtsanwälten. **3** (*bes AmE*) (SPORT) ≈ Liga

'conference call *Nomen* (*Telefon-*) Konferenzgespräch, Konferenzschaltung

con·fer·ment /kən'fɜːmənt; *AmE* -'fɜːrm-/ *Nomen* (*gehoben*) Verleihung (*einer Auszeichnung etc.*)

con·fess /kən'fes/ *Verb* **1** ~ (**to sth**) (etw) gestehen ◊ *She confessed to the murder.* Sie gestand den Mord. **2** ~ (**to sth**) etw zugeben, etw gestehen ◊ *I confess myself bewildered by their explanation.* Ich muss gestehen, dass mich ihre Erklärung verblüfft. ☛ *Siehe auch* SELF-CONFESSED **3** (REL) beichten, bekennen **4** (REL) ~ **sb** jdm die Beichte abnehmen

con·fes·sion /kən'feʃn/ *Nomen* **1** Geständnis ◊ *make a confession* ein Geständnis ablegen **2** Beichte, Sündenbekenntnis ◊ *hear sb's confession* jdm die Beichte abnehmen **3** (*gehoben*) (Glaubens)bekenntnis

con·fes·sion·al /kən'feʃənl/ *Nomen* Beichtstuhl

con·fes·sor /kən'fesə(r)/ *Nomen* Beichtvater

con·fetti /kən'feti/ *Nomen* Konfetti

con·fi·dant /'kɒnfɪdænt, ˌkɒnfɪ'dɑːnt; *AmE* 'kɑːnfɪdænt/ *Nomen* Vertraute(r) ☛ Wenn es sich um eine Frau handelt, ist die Schreibweise **confidante** auch geläufig.

con·fide /kən'faɪd/ *Verb* ~ **sth to sb** jdm etw anvertrauen; ~ **sth** etw im Vertrauen sagen PHR V con'fide in sb sich jdm anvertrauen

con·fi·dence /'kɒnfɪdəns; *AmE* 'kɑːn-/ *Nomen* **1** Vertrauen ◊ *The players all have confidence in their manager.* Der Trainer besitzt das volle Vertrauen der Mannschaft. ◊ *I have every confidence in her.* Ich habe volles Vertrauen in ihre Fähigkeiten. **2** Selbstvertrauen, Selbstsicherheit ◊ *He answered the questions with confidence.* Er beantwortete die Fragen mit großer Sicherheit. **3** Gewissheit, Zuversicht **4** (*gehoben*) vertrauliche Mitteilung, Geheimnis ◊ *I could never forgive Mike for betraying a confidence.* Ich könnte Mike nie verzeihen, wenn er etwas, das ich ihm im Vertrauen gesagt habe, ausplaudern würde. IDM **be in sb's confidence** jds Vertrauen genießen **take sb into your confidence** jdn ins Vertrauen ziehen

'confidence trick (*AmE* **'confidence game**) *Nomen* (*gehoben*) = CON

con·fi·dent /'kɒnfɪdənt; *AmE* 'kɑːn-/ *Adj* (*Adv* **con·fi·dent·ly**) **1** selbstbewusst ☛ *Siehe auch* SELF-CONFIDENT **2** (selbst)sicher ◊ *They don't feel confident about using computers.* Sie fühlen sich nicht sicher im Umgang mit Computern. ◊ *He was confident about his ability to cope with it.* Er traute sich zu, damit fertig zu werden. **3** zuversichtlich, sicher ◊ *She was in a relaxed, confident mood.* Sie war in entspannter und positiver Stimmung.

con·fi·den·tial /ˌkɒnfɪ'denʃl; *AmE* ˌkɑːn-/ *Adj* **1** vertraulich ◊ *keep sth confidential* etw als vertraulich behandeln **2** *nur vor Nomen* Privat-, persönlich

con·fi·den·ti·al·ity /ˌkɒnfɪˌdenʃi'æləti; *AmE* ˌkɑːn-/ *Nomen* Vertraulichkeit ◊ *a confidentiality clause/agreement* eine Geheimhaltungsklausel

con·fi·den·tial·ly /ˌkɒnfɪ'denʃəli/ *Adv* im Vertrauen, vertraulich

con·fid·ing /kən'faɪdɪŋ/ *Adj* (*Adv* **con·fid·ing·ly**) vertrauensvoll

con·fig·ur·ation /kənˌfɪgə'reɪʃn; *AmE* -ˌfɪgjə'r-/ *Nomen* (*gehoben oder Fachspr*) Konfiguration, Anordnung, Form

con·fig·ure /kən'fɪgə(r); *AmE* -'fɪgjər/ *Verb* konfigurieren

con·fine /kən'faɪn/ *Verb* **1** ~ **sb/sth to sth** (*oft passiv*) jdn/etw auf etw beschränken SYN RESTRICT **2** (*meist passiv*) ~ **sb/sth** (**in sth**) jdn/etw (in etw) (ein)sperren ◊ *Here the river is confined in a narrow channel.* Hier ist der Fluss in ein enges Bett gezwängt. **3** ◊ *He was confined to a wheelchair.* Er war an den Rollstuhl gefesselt. ◊ *She was confined to bed with the flu.* Sie lag mit Grippe im Bett. ◊ *The soldiers were confined to barracks.* Die Soldaten hatten Ausgangssperre.

con·fined /kən'faɪnd/ *Adj* beschränkt

con·fine·ment /kən'faɪnmənt/ *Nomen* **1** Haft, Eingesperrtsein **2** Beschränkung **3** (*gehoben oder veraltet*) Entbindung, Niederkunft

con·fines /'kɒnfaɪnz; *AmE* 'kɑːn-/ *Nomen* [Pl] (*gehoben*) Grenzen ◊ *the confines of family life* die Fesseln des Familienlebens

con·firm /kən'fɜːm; *AmE* -'fɜːrm/ *Verb* **1** bestätigen **2** ~ **sth** etw bestärken; ~ **sb** (**in sth**) jdn (in etw) bestärken **3** (*meist passiv*) konfirmieren, firmen

con·firm·ation /ˌkɒnfə'meɪʃn; *AmE* ˌkɑːnfər'm-/ *Nomen* **1** Bestätigung **2** Konfirmation, Firmung

con·firmed /kən'fɜːmd; *AmE* -'fɜːrmd/ *Adj* nur vor Nomen überzeugt; (*Junggeselle*) eingefleischt

con·fis·cate /'kɒnfɪskeɪt; *AmE* 'kɑːn-/ *Verb* beschlagnahmen, konfiszieren ◊ *The teacher confiscated Ian's mobile.* Die Lehrerin nahm Ian das Handy weg.

con·fis·ca·tion /ˌkɒnfɪ'skeɪʃn; *AmE* ˌkɑːn-/ *Nomen* Beschlagnahme, Konfiszierung

con·flag·ra·tion /ˌkɒnflə'greɪʃn; *AmE* ˌkɑːn-/ *Nomen* (*gehoben*) Feuersbrunst, Großbrand

con·flate /kən'fleɪt/ *Verb* (*gehoben*) verschmelzen; (*zu einem größeren Ganzen*) zusammenfassen

con·flict¹ /'kɒnflɪkt; *AmE* 'kɑːn-/ *Nomen* **1** Konflikt, Auseinandersetzung, Streit ◊ *They wanted to avoid armed conflict.* Sie wollten einen bewaffneten Konflikt vermeiden. ◊ *John often comes into conflict with his boss.* John hat oft Auseinandersetzungen mit seinem Chef. **2** Konflikt, Zwiespalt ◊ *Many of these ideas appear to be in conflict with each other.* Viele dieser Ideen scheinen miteinander im Widerspruch zu stehen. IDM **conflict of 'interest(s)** Interessenkonflikt

con·flict² /kən'flɪkt/ *Verb* **1** sich widersprechen SYN CLASH **2** ~ **with sth** einer Sache widersprechen, mit etw im Widerspruch stehen SYN CLASH

con·flict·ing /kən'flɪktɪŋ; *AmE* 'kɑːn-/ *Adj* widersprüchlich, gegensätzlich

con·flu·ence /'kɒnfluəns; *AmE* 'kɑːn-/ *Nomen* [meist Sing] **1** (*Fachspr*) Zusammenfluss (*von zwei Flüssen*) **2** (*gehoben*) Zusammenkommen; (*fig*)

con·form /kənˈfɔːm; *AmE* -ˈfɔːrm/ *Verb* **1** ~ **(to sth)** sich (einer Sache/an etw) anpassen **2** ~ **to/with sth** (*Vorschriften etc.*) entsprechen [SYN] COMPLY **3** ~ **to sth** (*einem Muster, Bild etc.*) entsprechen

con·form·ist /kənˈfɔːmɪst; *AmE* -ˈfɔːrm-/ **1** *Nomen* (*oft abwert*) Konformist(in) **2** *Adj* (*oft abwert*) angepasst, konformistisch

con·form·ity /kənˈfɔːməti; *AmE* -ˈfɔːrm-/ *Nomen* ~ **(to/with sth)** (*gehoben*) Anpassung (an etw) [IDM] **in conˈformity with sth** in Übereinstimmung mit etw

con·found /kənˈfaʊnd/ *Verb* (*gehoben*) **1** verblüffen **2** (*gehoben*) widerlegen ◊ *His success confounded all our expectations.* Sein Erfolg kam für uns völlig unerwartet. ◊ *She confounded her critics and proved she could do the job.* Sie hat es ihren Kritikern gezeigt und ihre Fähigkeit bewiesen. **3** (*veraltet*) vereiteln; (*Feind*) vernichten [IDM] **conˈfound it/you!** (*veraltet*) verdammt noch mal!

con·found·ed /kənˈfaʊndɪd/ *Adj nur vor Nomen* (*veraltet*) verflixt

con·front /kənˈfrʌnt/ *Verb* **1 sth confronts sb/sth** (*ein Problem etc.*) stellt sich jdm/etw ◊ *the economic problems confronting the country* die wirtschaftlichen Probleme, mit denen das Land konfrontiert ist **2** ~ **sth** sich mit etw auseinander setzen, einer Sache ins Gesicht sehen **3** ~ **sb** jdm gegenübersehen, sich jdm gegenüberstellen **4** ~ **sb with sb/sth** jdn mit jdm/etw konfrontieren ◊ *He confronted her with a choice between her career or their relationship.* Er zwang sie, zwischen ihrer Karriere und ihrer Beziehung zu wählen. **5 be confronted with sb/sth** sich jdm/etw gegenübersehen

con·fron·ta·tion /ˌkɒnfrʌnˈteɪʃn; *AmE* ˌkɑːnfrən-/ *Nomen* Konfrontation, Auseinandersetzung

con·fuse /kənˈfjuːz/ *Verb* **1** verwirren, durcheinander bringen **2** verwechseln **3** unklar machen ◊ *His comments only served to confuse the issue further.* Seine Ausführungen machten die Sache nur noch unklarer.

con·fused /kənˈfjuːzd/ *Adj* (*Adv* **con·fus·ed·ly** /-ədli/) **1** verwirrt ◊ *People are confused about the different labels on food.* Die Leute finden die verschiedenen Etiketten auf Lebensmitteln verwirrend. **2** verworren

con·fus·ing /kənˈfjuːzɪŋ/ *Adj* (*Adv* **con·fus·ing·ly**) verwirrend

con·fu·sion /kənˈfjuːʒn/ *Nomen* **1** Unklarheit ◊ *There was some confusion as to what people wanted.* Es war nicht ganz klar, was die Leute wollten. **2** Verwechslung **3** Verwirrung, Verlegenheit ◊ *He looked at her in confusion.* Er sah mich verwirrt an. **4** Durcheinander ◊ *Her unexpected arrival threw us into total confusion.* Ihre unerwartete Ankunft brachte uns völlig durcheinander.

conga /ˈkɒŋɡə; *AmE* ˈkɑːŋɡə/ *Nomen* Conga

con·geal /kənˈdʒiːl/ *Verb* hart werden, erstarren; (*Blut*) gerinnen

con·gen·ial /kənˈdʒiːniəl/ *Adj* (*gehoben*) **1** geistesverwandt, sympathisch **2** (*Atmosphäre etc.*) angenehm **3** ~ **(to sth)** (*gehoben*) (einer Sache) zuträglich

con·geni·tal /kənˈdʒenɪtl/ *Adj* **1** angeboren **2** *nur vor Nomen* (*fig*) unverbesserlich, eingefleischt

con·gest·ed /kənˈdʒestɪd/ *Adj* überfüllt; (*Straße, Nase*) verstopft

con·ges·tion /kənˈdʒestʃən/ *Nomen* **1** Stauung, Stau **2** ◊ *a spray to relieve nasal congestion* ein Spray, das bei einer verstopften Nase Erleichterung schafft

con·glom·er·ate /kənˈɡlɒmərət; *AmE* -ˈɡlɑːm-/ *Nomen* **1** (WIRTSCH) Konzern **2** Gemisch **3** (GEOL) Konglomerat

con·glom·er·ation /kənˌɡlɒməˈreɪʃn; *AmE* -ˌɡlɑːm-/ *Nomen* [meist Sing] (*gehoben*) Anhäufung, Ansammlung

con·gratu·late /kənˈɡrætʃuleɪt/ *Verb* ~ **sb/yourself (on sth)** jdm/sich (zu etw) gratulieren

con·gratu·la·tion /kənˌɡrætʃuˈleɪʃn/ *Nomen* **1 congratulations** [Pl] Glückwünsche ◊ *offer your congratulations to sb* jdm gratulieren **2 Congratulations!** Herzlichen Glückwunsch! **3** Gratulation

con·gratu·la·tory /kənˌɡrætʃuˈleɪtəri; *AmE* kənˈɡrætʃələtɔːri/ *Adj* Glückwunsch-

con·gre·gate /ˈkɒŋɡrɪɡeɪt; *AmE* ˈkɑːŋ-/ *Verb* sich versammeln

con·gre·ga·tion /ˌkɒŋɡrɪˈɡeɪʃn; *AmE* ˌkɑːŋ-/ *Nomen* (REL) Gemeinde ☛ G 1.3b

con·gre·ga·tion·al /ˌkɒŋɡrɪˈɡeɪʃənl; *AmE* ˌkɑːŋ-/ *Adj* (REL) **1** Gemeinde- **2 Con·gre·ga·tion·al** kongregationalistisch

Con·gre·ga·tion·al·ism /ˌkɒŋɡrɪˈɡeɪʃnəlɪzəm; *AmE* ˌkɑːŋ-/ *Adj* Kongregationalismus

Con·gre·ga·tion·al·ist /ˌkɒŋɡrɪˈɡeɪʃnəlɪst; *AmE* ˌkɑːŋ-/ *Nomen* Kongregationalist(in)

con·gress /ˈkɒŋɡres; *AmE* ˈkɑːŋɡrəs/ *Nomen* **1** Kongress, Tagung **2 Congress** (*Parlament der USA*) Kongress ◊ *Congress will vote on it tomorrow.* Der Kongress stimmt morgen darüber ab. **3** (*in Namen politischer Parteien*) Kongress ☛ G 1.3b

con·gres·sion·al /kənˈɡreʃənl/ *Adj nur vor Nomen* Kongress- ◊ *a congressional committee* ein Kongressausschuss

Con·gress·man /ˈkɒŋɡresmən; *AmE* ˈkɑːŋɡrəs-/ *Nomen* (*Pl* **-men** /-mən/) Kongressabgeordneter

Con·gress·person /ˈkɒŋɡresp3ːsn; *AmE* -p3ːrsn/ *Nomen* Kongressabgeordnete(r)

Con·gress·woman /ˈkɒŋɡreswʊmən/ *Nomen* (*Pl* **-women** /-wɪmɪn/) Kongressabgeordnete

con·gru·ence /ˈkɒŋɡruəns; *AmE* ˈkɑːŋ-/ *Nomen* [U] **1** (MATH) Kongruenz, Deckungsgleichheit **2** (*gehoben*) Übereinstimmung

con·gru·ent /ˈkɒŋɡruənt; *AmE* ˈkɑːŋ-/ *Adj* **1** (MATH) kongruent **2 be** ~ **(with sth)** (*gehoben*) sich (mit etw) decken, (mit etw) übereinstimmen, (mit etw) vereinbar sein

con·ic·al /ˈkɒnɪkl; *AmE* ˈkɑːn-/ *Adj* kegelförmig, konisch

con·ifer /ˈkɒnɪfə(r), ˈkəʊn-; *AmE* ˈkɑːn-, ˈkoʊn-/ *Nomen* Nadelbaum, Konifere

con·if·er·ous /kəˈnɪfərəs/ *Adj* (BOT) Nadel-

con·jec·ture¹ /kənˈdʒektʃə(r)/ *Nomen* (*gehoben*) Vermutung, Mutmaßung [SYN] GUESS

con·jec·ture² /kənˈdʒektʃə(r)/ *Verb* (*gehoben*) vermuten, mutmaßen, Mutmaßungen anstellen [SYN] GUESS

con·join /kənˈdʒɔɪn/ *Verb* (*gehoben*) (sich) verbinden

conˌjoined ˈtwin *Nomen* (*Fachspr*) siamesischer Zwilling

con·ju·gal /ˈkɒndʒəɡl; *AmE* ˈkɑːn-/ *Adj nur vor Nomen* (*gehoben*) ehelich ◊ *a conjugal visit* ein Besuch, bei dem ein Häftling eine bestimmte Zeit ungestört mit seinem Ehepartner verbringen darf

con·ju·gate /ˈkɒndʒəɡeɪt; *AmE* ˈkɑːn-/ *Verb* (LING) **1** konjugieren **2** sich konjugieren lassen ◊ *How does this verb conjugate?* Wie konjugiert man dieses Verb?

con·ju·ga·tion /ˌkɒndʒuˈɡeɪʃn; *AmE* ˌkɑːndʒə-/ *Nomen* (LING) Konjugation

con·junc·tion /kənˈdʒʌŋkʃn/ *Nomen* **1** (LING) Konjunktion, Bindewort **2** (*gehoben*) Zusammentreffen **3** (ASTRON) Konjunktion [IDM] **in conˈjunction with** (*gehoben*) zusammen mit; in Verbindung mit; in Zusammenarbeit mit

conjunctiva /ˌkɒndʒʌŋkˈtaɪvə, kənˈdʒʌŋktɪvə/ *Nomen* Bindehaut

con·junc·tiv·itis /kənˌdʒʌŋktɪˈvaɪtɪs/ *Nomen* Bindehautentzündung

con·jure /ˈkʌndʒə(r)/ *Verb* zaubern [PHRV] **ˌconjure sth ˈup 1** etw heraufbeschwören [SYN] EVOKE **2** (*Geister etc.*) beschwören **conjure sth from/out of sth** etw aus etw zaubern

con·jur·ing /ˈkʌndʒərɪŋ/ *Nomen* Zaubern, Zauberei ◊ *a conjuring trick* ein Zaubertrick

con·juror (*auch* **con·jurer**) /ˈkʌndʒərə(r)/ *Nomen* Zauberkünstler(in), Zauberer, Zauberin

conk¹ /kɒŋk; *AmE* kɑːŋk, kɔːŋk/ *Verb* (*bes AmE, umgs*) (*auf den Kopf*) schlagen [IDM] **ˌconk ˈout** (*umgs*) **1** (*Maschine etc.*) den Geist aufgeben, schlappmachen **2** (*bes AmE*) (*vor Müdigkeit*) zusammenbrechen; einschlafen

conk² /kɒŋk; *AmE* kɑːŋk, kɔːŋk/ *Nomen* (*BrE, Slang*) (*Nase*) Zinken

conk·er /ˈkɒŋkə(r); *AmE* ˈkɑːŋ-/ *Nomen* (*bes BrE, umgs*) **1** (*Ross*)kastanie **2 conkers** [U] (*BrE*) = Kinderspiel, bei dem die beiden Spieler versuchen, mit der eigenen an einem Faden befestigten Kastanie die des Gegners zu treffen und kaputtzuschlagen

ˈcon man *Nomen* (*umgs*) Schwindler, Trickbetrüger

con·nect /kəˈnekt/ *Verb* **1** (miteinander) verbunden sein **2** ~ **A to/with B** A mit B verbinden ◊ *The towns are connect-*

ed by train and bus services. Zwischen den Städten gibt es Zug- und Busverbindungen. **3** ~ **sth** (**to sth**) etw (an etw) anschließen OPP DISCONNECT **4** ~ **sb/sth** jdn/etw miteinander in Verbindung bringen; ~ **sb/sth with sb/sth** jdn/etw mit jdm/etw in Verbindung bringen SYN ASSOCIATE **5** (*meist passiv*) **be connected** (**with sb/sth**) (mit jdm/etw) verwandt sein (*auch fig*) ◊ *jobs connected with the environment* Berufe, die mit der Umwelt zu tun haben ☛ *Siehe auch* WELL CONNECTED **6** ~ (**with sth**) (*Flug, Zug etc.*) Anschluss (an etw) haben ◊ *These two planes connect.* Diese beiden Flüge haben Anschluss aneinander. ◊ *a connecting flight* ein Anschlussflug **7** ~ (**with sb**) (*bes AmE*) sich (mit jdm) verstehen **8** (*bes AmE*) ~ (**with sb/sth**) (*umgs*) (*Schlag etc.*) ◊ *The blow connected and she felt a surge of pain.* Der Schlag traf sie und sie fühlte einen plötzlichen Schmerz. ◊ *Her fist connected with his jawbone.* Sie landete einen Haken an seinem Kinn. PHR V **con,nect sth 'up** (**to sth**) etw (an etw) anschließen **con,nect 'up** (**to sth**) (an etw) angeschlossen sein

con·nec·tion (*BrE auch seltener* **con·nex·ion**) /kəˈnekʃn/ *Nomen* **1** Verbindung, Zusammenhang ◊ *His resignation must have some connection with the scandal.* Sein Rücktritt muss in Zusammenhang mit dem Skandal stehen. ◊ *How did you make the connection?* Wie hast du diese Zusammenhänge hergestellt? ◊ *What is your connection with the school?* Was haben Sie mit der Schule zu tun? **2** Anschluss ◊ *a loose connection* ein Wackelkontakt **3** [meist Pl] (*Bus-, Zug- etc.*) Verbindung ◊ *We arrived in good time for the connection to Paris.* Wir kamen rechtzeitig an, um den Anschlusszug nach Paris zu erreichen. **4** [meist Pl] Beziehung ◊ *One of my business connections gave them my name.* Jemand, mit dem ich geschäftlich verkehre, gab ihnen meinen Namen. **5 connections** [Pl] (*entfernte*) Verwandte IDM **in connection with sb/sth** (*gehoben*) in Zusammenhang mit jdm/etw ◊ *I am writing to you in connection with your application.* Ich schreibe Ihnen bezüglich Ihrer Bewerbung. **in this/that connection** (*gehoben*) in diesem Zusammenhang

con·nect·ive /kəˈnektɪv/ **1** *Adj* verbindend, Binde- **2** *Nomen* (LING) Bindewort

con·niv·ance /kəˈnaɪvəns/ *Nomen* [U] (*abwert*) stillschweigende Duldung

con·nive /kəˈnaɪv/ *Verb* **1** (*abwert*) ~ **at/in sth** etw stillschweigend dulden **2** ~ (**with sb**) sich (mit jdm) zusammentun SYN CONSPIRE

con·niv·ing /kəˈnaɪvɪŋ/ *Adj* (*abwert*) intrigant, raffiniert

con·nois·seur /ˌkɒnəˈsɜː(r); *AmE* ˌkɑːnəˈsɜːr, -ˈsʊr/ *Nomen* Kenner(in)

con·no·ta·tion /ˌkɒnəˈteɪʃn; *AmE* ˌkɑːn-/ *Nomen* Konnotation, Assoziation

con·note /kəˈnəʊt; *AmE* kəˈnoʊt/ *Verb* (*gehoben*) suggerieren

con·quer /ˈkɒŋkə(r); *AmE* ˈkɑːŋ-/ *Verb* **1** erobern (*auch fig*) **2** besiegen ◊ *conquering heroes* siegreiche Helden **3** bezwingen ◊ *conquer a fear* eine Angst überwinden

con·queror /ˈkɒŋkərə(r); *AmE* ˈkɑːŋ-/ *Nomen* Eroberer, Eroberin, Sieger(in)

con·quest /ˈkɒŋkwest; *AmE* ˈkɑːŋ-/ *Nomen* **1** Eroberung ◊ *the Spanish conquests in South America* die von den Spaniern eroberten Gebiete in Südamerika **2** Sieg, Bezwingung (*auch fig*)

con·science /ˈkɒnʃəns; *AmE* ˈkɑːn-/ *Nomen* Gewissen ◊ *He won't let it trouble his conscience.* Er wird sich deswegen kein Gewissen machen. ◊ *She was seized by a sudden pang of conscience.* Sie hatte plötzlich Gewissensbisse. ☛ *Siehe auch* PRISONER OF CONSCIENCE IDM **in (all/good) conscience** (*gehoben*) guten Gewissens **be on sb's 'conscience** auf jds Gewissen lasten **have sth on your 'conscience** wegen einer Sache ein schlechtes Gewissen haben

'conscience-stricken *Adj* schuldbewusst

con·scien·tious /ˌkɒnʃiˈenʃəs; *AmE* ˌkɑːn-/ *Adj* (*Adv* **con·scien·tious·ly**) gewissenhaft

con·scien·tious·ness /ˌkɒnʃiˈenʃəsnəs; *AmE* ˌkɑːn-/ *Nomen* Gewissenhaftigkeit

,conscientious ob'jector *Nomen* Wehrdienstverweigerer, Kriegsdienstverweigerer

con·scious /ˈkɒnʃəs; *AmE* ˈkɑːn-/ *Adj* **1** bewusst; ~ **of sth** sich einer Sache bewusst ◊ *I was vaguely conscious that I was being watched.* Ich spürte irgendwie, dass mich jemand beobachtete. **2** bei Bewusstsein

con·scious·ly /ˈkɒnʃəsli; *AmE* ˈkɑːn-/ *Adv* bewusst, absichtlich

con·scious·ness /ˈkɒnʃəsnəs; *AmE* ˈkɑːn-/ *Nomen* Bewusstsein ☛ *Siehe auch* STREAM OF CONSCIOUSNESS

'consciousness-raising *Nomen* [U] Bewusstmachung ◊ *Ecological consciousness-raising is important.* Es ist wichtig, dass man auf ökologische Probleme aufmerksam macht.

con·script¹ /kənˈskrɪpt/ *Verb* (*meist passiv*) (MIL) ~ **sb** (**into sth**) jdn (in etw) einberufen, jdn (in/zu etw) einziehen

con·script² /ˈkɒnskrɪpt/ *Nomen* (MIL) Einberufene(r) ◊ *young army conscripts* junge Rekruten

con·scrip·tion /kənˈskrɪpʃn/ *Nomen* [U] (MIL) Einberufung

con·se·crate /ˈkɒnsɪkreɪt; *AmE* ˈkɑːn-/ *Verb* weihen ◊ *He was consecrated (as) bishop last year.* Er wurde letztes Jahr zum Bischof geweiht.

con·se·cra·tion /ˌkɒnsɪˈkreɪʃn; *AmE* ˌkɑːn-/ *Nomen* Weihe, Weihung

con·secu·tive /kənˈsekjətɪv/ *Adj* aufeinander folgend, hintereinander

con·secu·tive·ly /kənˈsekjətɪvli/ *Adv* nacheinander, hintereinander; (*Zahlen*) fortlaufend

con·sen·su·al /kənˈsenʃuəl/ *Adj* (*gehoben*) gemeinsam ◊ *consensual sex* Sex, in den beide Partner einwilligen

con·sen·sus /kənˈsensəs/ *Nomen* [Sing] Übereinstimmung, Einigung, Konsens ◊ *There is a growing consensus of opinion on this issue.* Über dieses Thema scheint mehr und mehr Einigkeit zu herrschen. ◊ *There is a general consensus among teachers that …* Unter den Lehrern herrscht allgemein die Meinung, dass …

con·sent¹ /kənˈsent/ *Nomen* **1** [U] Einwilligung, Zustimmung ◊ *by mutual consent* in gegenseitigem Einverständnis ◊ *She was chosen as leader by common consent.* Sie wurde einstimmig zur Vorsitzenden gewählt. ☛ *Siehe auch* AGE OF CONSENT **2** Genehmigung

con·sent² /kənˈsent/ *Verb* (*meist gehoben*) zustimmen, einwilligen ◊ *She wouldn't consent to him/his staying out late.* Sie wollte ihm nicht erlauben so lange auszubleiben.

con,senting 'adult *Nomen* ~ **sex between consenting adults** Sex zwischen Erwachsenen im gegenseitigen Einvernehmen

con·se·quence /ˈkɒnsɪkwəns; *AmE* ˈkɑːnsəkwens/ *Nomen* **1** Folge, Konsequenz ☛ *Hinweis bei* EFFECT¹ (1) **2** [U] (*gehoben*) Wichtigkeit, Bedeutung ◊ *It's of no consequence.* Es ist nicht wichtig. IDM **in consequence** (*gehoben*) folglich; infolgedessen **in consequence of sth** (*gehoben*) infolge einer Sache

con·se·quent /ˈkɒnsɪkwənt/ *Adj* (*gehoben*) daraus folgend, sich daraus ergebend

con·se·quen·tial /ˌkɒnsɪˈkwenʃl; *AmE* ˌkɑːnsəˈk-/ *Adj* (*gehoben*) **1** daraus folgend, sich daraus ergebend **2** wichtig, bedeutsam, folgenreich OPP INCONSEQUENTIAL

con·se·quent·ly /ˈkɒnsɪkwəntli; *AmE* ˈkɑːnsəkwentli/ *Adv* (*gehoben*) folglich, deshalb ☛ *Hinweis bei* RESULT¹ (1)

con·ser·vancy /kənˈsɜːvənsi; *AmE* -ˈsɜːrv-/ *Nomen* **1 Conservancy** = Behörde, der der Natur- und Gewässerschutz untersteht ☛ G 1.3a **2** [U] (*gehoben*) Erhaltung, Schutz SYN CONSERVATION

con·ser·va·tion /ˌkɒnsəˈveɪʃn; *AmE* ˌkɑːnsərˈv-/ *Nomen* Erhaltung, Schutz ◊ *wildlife conservation* die Erhaltung der Tierwelt ◊ *a conservation programme* ein Naturschutzprojekt

conser'vation area *Nomen* (*BrE*) Naturschutzgebiet, unter Denkmalschutz stehendes Gebiet

con·ser·va·tion·ist /ˌkɒnsəˈveɪʃənɪst; *AmE* ˌkɑːnsərˈv-/ *Nomen* Umweltschützer(in), Naturschützer(in)

con·ser·va·tism /kənˈsɜːvətɪzəm; *AmE* -ˈsɜːrv-/ *Nomen* (*auch* **Conservatism**) Konservatismus

con·ser·va·tive¹ /kənˈsɜːvətɪv; *AmE* -ˈsɜːrv-/ *Adj* **1** konservativ **2 Conservative** (POL) ◊ *Conservative Members* Abgeordnete der Konservativen Partei ☛ *Hinweis bei* SMALL¹ **3** (*Schätzung etc.*) vorsichtig

con·ser·va·tive² /kənˈsɜːvətɪv; *AmE* -ˈsɜːrv-/ *Nomen* **1 Conservative** (*Abk* **Con**) (POL) Konservative(r), Mitglied/Anhänger(in) der Konservativen Partei **2** ◊ *He's a conservative in outlook.* Er hat konservative Ansichten. ☛ *Hinweis bei* SMALL[1]

con·ser·va·tive·ly /kənˈsɜːvətɪvli/ *Adv* konservativ, vorsichtig

the Con'servative Party *Nomen* die Konservative Partei ☛ G 1.3a

con·ser·va·tory /kənˈsɜːvətri; *AmE* -ˈsɜːrvətɔːri/ (*Pl* **-ies**) *Nomen* **1** Wintergarten **2** (*bes AmE*) Konservatorium

con·serve[1] /kənˈsɜːv; *AmE* -ˈsɜːrv/ *Verb* **1** schonen; (*Energie*) sparen **2** schützen; (*Gebäude*) erhalten

con·serve[2] /kənˈsɜːv; *AmE* -ˈsɜːrv/ *Nomen* Konfitüre

con·sider /kənˈsɪdə(r)/ *Verb* **1** (sich) überlegen, nachdenken über ◊ *She considered her options.* Sie wog ihre Alternativen ab. ◊ *a carefully considered response* eine sorgfältig durchdachte Antwort ◊ *I'd like some time to consider.* Ich hätte gern etwas Bedenkzeit. **2** ~ **doing sth** erwägen etw zu tun, daran denken etw zu tun ◊ *We're considering buying a car.* Wir tragen uns mit dem Gedanken, ein Auto zu kaufen. **3** ~ **sb/sth** (**for/as sth**) jdn/etw (für/als etw) in Erwägung ziehen **4** halten für, ansehen als ◊ *He's generally considered to be the finest tenor in the country.* Er wird allgemein als der beste Tenor im Land angesehen. ◊ *Who do you consider (to be) responsible?* Wer ist Ihrer Meinung nach schuld? ◊ *Consider yourself lucky you weren't fired!* Du kannst von Glück reden, dass du nicht gefeuert worden bist! ☛ *Hinweis bei* THINK[1] (2) **5** Rücksicht nehmen auf, denken an **6** berücksichtigen **7** (*gehoben*) etw/jdn betrachten IDM **your con,sidered o'pinion** ◊ *It is my considered opinion that ...* Nach reiflicher Überlegung bin ich zu dem Schluss gekommen, dass ...

con·sid·er·able /kənˈsɪdərəbl/ *Adj* (*Adv* **con·sid·er·ably** /-bli/) (*gehoben*) erheblich, beträchtlich

con·sid·er·ate /kənˈsɪdərət/ *Adj* (*Adv* **con·sid·er·ate·ly**) ~ (**towards sb**) rücksichtsvoll (jdm gegenüber/gegen jdn) SYN THOUGHTFUL OPP INCONSIDERATE

con·sid·er·ation /kənˌsɪdəˈreɪʃn/ *Nomen* **1** (*gehoben*) Überlegung, Erwägung ◊ *Careful consideration should be given to safety.* Die Sicherheitsaspekte müssen sorgfältig überlegt werden. ◊ *The proposals are under consideration.* Die Vorschläge werden zur Zeit geprüft. ◊ *After a moment's consideration, he began to speak.* Nach kurzem Nachdenken begann er zu sprechen. **2** Überlegung, Faktor **3** ~ (**for sb/sth**) Rücksicht (auf jdn/etw) **4** Entgelt IDM **in consideration of sth** (*gehoben*) als Entgelt für etw ◊ *a small sum in consideration of your services* eine kleine Summe in Anerkennung Ihrer Dienste **take sth into consideration** etw berücksichtigen ◊ *Taking everything into consideration ...* Alles in allem ...

con·sid·er·ing /kənˈsɪdərɪŋ/ *Präp, Konj* wenn man bedenkt ◊ *You've done very well, considering.* Eigentlich hast du es sehr gut gemacht.

con·sign /kənˈsaɪn/ *Verb* (*gehoben*) **1** übergeben, anvertrauen ◊ *I don't want to see my mother consigned to an old people's home.* Ich will nicht, dass meine Mutter in einem Altersheim landet. **2** (ver)senden

con·sign·ment /kənˈsaɪnmənt/ *Nomen* **1** (*von Waren*) Sendung ◊ *a consignment note* ein Frachtbrief **2** (*Transport*) Versendung

con'signment store *Nomen* (*AmE*) = Gebrauchtwarenladen, der Waren in Kommission nimmt

con·sist /kənˈsɪst/ *Verb* PHRV **con'sist in sth** bestehen in etw **con'sist of sth** bestehen aus etw

con·sist·ency /kənˈsɪstənsi/ *Nomen* (*Pl* **-ies**) **1** Konsequenz, Beständigkeit ◊ *She has played with great consistency.* Sie hat beständige Leistungen gezeigt. ◊ *We need to ensure our consistency of service.* Wir müssen einen gleich bleibend guten Kundendienst gewährleisten. OPP INCONSISTENCY **2** Konsistenz ◊ *Beat the ingredients together to a creamy consistency.* Verrühren Sie die Zutaten zu einer dickflüssigen Creme.

con·sist·ent /kənˈsɪstənt/ *Adj* **1** konsequent, beständig **2** (be)ständig, kontinuierlich **3** ~ **with sth** vereinbar mit etw ◊ *The results are consistent with our research.* Die Ergebnisse stimmen mit unseren Forschungen überein. ◊ *injuries consistent with a fall* Verletzungen, wie sie ein Fall verursachen würde **4** stimmig, folgerichtig OPP INCONSISTENT

con·sist·ent·ly /kənˈsɪstəntli/ *Adv* **1** konsequent; (*leugnen etc.*) hartnäckig **2** durchweg, immer (wieder)

con·so·la·tion /ˌkɒnsəˈleɪʃn; *AmE* ˌkɑːn-/ *Nomen* Trost ◊ *a few words of consolation* ein paar tröstende Worte

con·sole[1] /kənˈsəʊl; *AmE* kɑːnˈsoʊl/ *Verb* ~ **sb/yourself** (**with sth**) jdn/sich (mit etw) trösten

con·sole[2] /ˈkɒnsəʊl; *AmE* ˈkɑːnsoʊl/ *Nomen* Schaltpult, Konsole

con·soli·date /kənˈsɒlɪdeɪt; *AmE* -ˈsɑːl-/ *Verb* **1** festigen, konsolidieren **2** (WIRTSCH) (sich) zusammenlegen, (sich) zusammenschließen; (*Schulden etc.*) konsolidieren

con·soli·da·tion /kənˌsɒlɪˈdeɪʃn; *AmE* -ˌsɑːl-/ *Nomen* **1** Festigung, Konsolidierung **2** (WIRTSCH) Zusammenschluss, Zusammenlegung, Konsolidierung

con·son·ance /ˈkɒnsənəns; *AmE* ˈkɑːn-/ *Nomen* **1** (*gehoben*) Einklang, Übereinstimmung, Harmonie **2** (MUS) Konsonanz

con·son·ant[1] /ˈkɒnsənənt; *AmE* ˈkɑːn-/ *Nomen* Konsonant, Mitlaut

con·son·ant[2] /ˈkɒnsənənt; *AmE* ˈkɑːn-/ *Adj* **1** ~ **with sth** (*gehoben*) im Einklang mit etw **2** (MUS) konsonant

con·sort[1] /ˈkɒnsɔːt; *AmE* ˈkɑːnsɔːrt/ *Nomen* **1** Gemahlin des Herrschers, Gemahl der Herrscherin **2** = Kammermusikensemble (für alte Musik)

con·sort[2] /kənˈsɔːt; *AmE* -ˈsɔːrt/ *Verb* ~ **with sb** (*gehoben*) mit jdm verkehren

con·sor·tium /kənˈsɔːtiəm; *AmE* -ˈsɔːrt-/ *Nomen* (*Pl* **con·sor·tiums** *oder* **con·sor·tia** /-tiə/) Konsortium

con·spicu·ous /kənˈspɪkjuəs/ *Adj* (*Adv* **con·spicu·ous·ly**) auffällig, auffallend; (*Schild etc.*) deutlich sichtbar ◊ *Mary's red hair made her conspicuous.* Durch ihr rotes Haar fiel Mary auf. ◊ *I felt very conspicuous in my new car.* Ich fühlte mich sehr exponiert in meinem neuen Wagen. ◊ *The advertisements were posted in a conspicuous place.* Die Werbung war so platziert, dass man sie gut sehen konnte. ◊ *a conspicuous success* ein Riesenerfolg ◊ *conspicuous consumption* Luxuskonsum IDM **be con,spicuous by your 'absence** durch Abwesenheit glänzen

con·spir·acy /kənˈspɪrəsi/ *Nomen* (*Pl* **-ies**) Verschwörung, Komplott ◊ *a conspiracy of silence* ein verabredetes Stillschweigen

con·spir·ator /kənˈspɪrətə(r)/ *Nomen* Verschwörer(in)

con·spira·tor·ial /kənˌspɪrəˈtɔːriəl/ *Adj* verschwörerisch

con·spire /kənˈspaɪə(r)/ *Verb* sich verschwören (*auch fig*), (heimlich) planen

con·stable /ˈkʌnstəbl; *AmE* ˈkɑːn-/ *Nomen* Wachtmeister(in) SYN POLICE CONSTABLE ☛ *Siehe auch* CHIEF CONSTABLE

con·stabu·lary /kənˈstæbjələri; *AmE* -leri/ *Nomen* (*Pl* **-ies**) Polizei(einheit) ☛ G 1.3b

con·stancy /ˈkɒnstənsi; *AmE* ˈkɑːn-/ *Nomen* (*gehoben*) **1** Beständigkeit, Gleichmäßigkeit **2** Treue SYN FIDELITY

con·stant[1] /ˈkɒnstənt; *AmE* ˈkɑːn-/ *Adj* (*Adv* **con·stant·ly**) dauernd, ständig, anhaltend ◊ *This entrance is in constant use.* Diese Einfahrt wird ständig benutzt. **2** gleich bleibend, konstant SYN FIXED **3** treu

con·stant[2] /ˈkɒnstənt; *AmE* ˈkɑːn-/ *Nomen* Konstante, konstante Größe

con·stel·la·tion /ˌkɒnstəˈleɪʃn; *AmE* ˌkɑːn-/ *Nomen* Sternbild, Konstellation (*auch fig*)

con·ster·na·tion /ˌkɒnstəˈneɪʃn; *AmE* ˌkɑːnstərˈn-/ *Nomen* Bestürzung SYN DISMAY

con·sti·pated /ˈkɒnstɪpeɪtɪd/ *Adj* verstopft

con·sti·pa·tion /ˌkɒnstɪˈpeɪʃn; *AmE* ˌkɑːn-/ *Nomen* Verstopfung

con·stitu·ency /kənˈstɪtjuənsi; *AmE* -tʃu-/ *Nomen* (*Pl* **-ies**) **1** (*bes BrE*) Wahlkreis ☛ *Hinweis bei* FIRST-PAST-THE-POST **2** Wählerschaft ◊ *constituency opinion* die Wählermeinung ☛ G 1.3b

con·stitu·ent[1] /kənˈstɪtjuənt/ *Nomen* **1** Wähler(in) **2** Bestandteil

con·stitu·ent[2] /kənˈstɪtjuənt/ *Adj nur vor Nomen* (*gehoben*) (*Teil, Element etc.*) einzeln

con,stituent as'sembly *Nomen* verfassunggebende Versammlung ☛ G 1.3b

con·sti·tute /ˈkɒnstɪtjuːt; *AmE* ˈkɑːnstətuːt/ *Verb* (*gehoben*) **1** (*nicht in der Verlaufsform*) darstellen, sein **2** (*nicht* *in der Verlaufsform*) ausmachen, bilden SYN MAKE UP und COMPRISE **3** (*meist passiv*) gründen; (*von Ausschüssen etc.*) einsetzen

con·sti·tu·tion /ˌkɒnstɪˈtjuːʃn; *AmE* ˌkɑːnstəˈtuːʃn/ *Nomen* **1** (POL) Verfassung ◇ *your right to vote under the constitution* Ihr in der Verfassung festgelegtes Wahlrecht **2** Konstitution, körperliche Verfassung **3** (*gehoben*) Zusammensetzung, Aufbau, Struktur SYN STRUCTURE **4** (*gehoben*) Gründung; (*von Ausschüssen etc.*) Einsetzung

con·sti·tu·tion·al /ˌkɒnstɪˈtjuːʃənl; *AmE* ˌkɑːnstəˈtuː-/ *Adj* **1** *nur vor Nomen* Verfassungs-, verfassungsmäßig; (*Monarchie*) konstitutionell **2** verfassungsgemäß, verfassungskonform **3** angeboren, körperlich (bedingt), konstitutionell

con·sti·tu·tion·al·ism /ˌkɒnstɪˈtjuːʃənəlɪzəm; *AmE* ˌkɑːnstə-ˈtuː-/ *Nomen* Konstitutionalismus

con·sti·tu·tion·al·ity /ˌkɒnstɪˌtjuːʃəˈnæləti; *AmE* ˌkɑːnstə-ˌtuː-/ *Nomen* (*Fachspr*) Verfassungsmäßigkeit, Verfassungskonformität

con·sti·tu·tion·al·ly /ˌkɒnstɪˈtjuːʃənəli; *AmE* ˌkɑːnstəˈtuː-/ *Adv* **1** laut Verfassung, verfassungsmäßig **2** körperlich (bedingt); (*fig*) von Natur aus

con·strain /kənˈstreɪn/ *Verb* (*gehoben*) **1** (*meist passiv*) zwingen **2** (*oft passiv*) einengen, einschränken ◇ *Men and women are becoming less constrained by stereotyped roles.* Der Druck von Rollenklischees auf Männer und Frauen nimmt allmählich ab. ◇ *Research is constrained by a lack of funds.* Die Forschung wird durch fehlende Gelder behindert. ◇ *They had been constrained from discussing it.* Sie durften nicht darüber reden.

con·strained /kənˈstreɪnd/ *Adj* (*gehoben*) verkrampft, befangen, steif; (*Gefühle*) unterdrückt

con·straint /kənˈstreɪnt/ *Nomen* **1** Beschränkung, Einschränkung ◇ *a constraint (up)on liberty* eine Einschränkung der Freiheiten ◇ *constraints of space* Platzmangel ◇ *the constraints of her upbringing* die Fesseln ihrer Erziehung SYN RESTRICTION **2** Zwang SYN RESTRICTION **3** Befangenheit, Gezwungenheit ◇ *without constraint* unbefangen

con·strict /kənˈstrɪkt/ *Verb* **1** verengen, einengen ◇ *She felt tears constrict her throat.* Die Tränen schnürten ihr die Kehle ab. **2** enger werden, sich verengen; (*Muskeln*) sich zusammenziehen ◇ *Her throat constricted.* Es schnürte ihr die Luft ab. **3** (*fig*) behindern, einschränken

con·strict·ed /kənˈstrɪktɪd/ *Adj* **1** zugeschnürt, verengt **2** (*fig*) beschränkt, eingeschränkt

con·stric·tion /kənˈstrɪkʃn/ *Nomen* **1** Beengtheit, Einschnürung ◇ *a feeling of constriction in the chest* ein Gefühl der Beklemmung in der Brust **2** Einschränkung, Behinderung

con·struct¹ /kənˈstrʌkt/ *Verb* **1** (*oft passiv*) bauen, errichten **2** entwickeln, ausarbeiten ◇ *a well-constructed novel* ein gut aufgebauter Roman **3** (MATH) konstruieren

con·struct² /ˈkɒnstrʌkt; *AmE* ˈkɑːn-/ *Nomen* (*gehoben*) **1** Konstruktion **2** Konstrukt

con·struc·tion /kənˈstrʌkʃn/ *Nomen* **1** Bau ◇ *be under construction* sich im Bau befinden ◇ *the construction of a new database* die Entwicklung einer neuen Datenbank **2** [U] Bauweise, Konstruktion ◇ *ships of steel construction* aus Stahl gebaute Schiffe **3** (*gehoben*) Bauwerk, Konstruktion **4** (LING) Konstruktion **5** Erstellung, Entwicklung, Ausarbeitung **6** (*gehoben*) Deutung ◇ *What construction do you put on this letter?* Wie interpretierst du diesen Brief? SYN INTERPRETATION

con·struc·tion·al /kənˈstrʌkʃənl/ *Adj* Bau-, *constructional details* Details der Bauweise ◇ *constructional toys* Konstruktionsspielzeug

con·struc·tive /kənˈstrʌktɪv/ *Adj* (*Adv* **con·struc·tive·ly**) konstruktiv

con·struc·tor /kənˈstrʌktə(r)/ *Nomen* Konstrukteur(in), Bauer(in) ◇ *constructors of boats* Bootsbauer

con·strue /kənˈstruː/ *Verb* (*oft passiv*) (*gehoben*) auffassen, deuten

con·sul /ˈkɒnsl; *AmE* ˈkɑːnsl/ *Nomen* Konsul(in)

con·su·lar /ˈkɒnsjələ(r); *AmE* ˈkɑːnsəl-/ *Adj* Konsular-, konsularisch

con·sul·ate /ˈkɒnsjələt; *AmE* ˈkɑːnsəl-/ *Nomen* Konsulat

con·sult /kənˈsʌlt/ *Verb* **1** fragen, konsultieren ◇ *a consulting engineer* ein beratender Ingenieur **2** ~ (**with**) **sb** sich mit jdm beraten **3** ~ **sth** in etw nachsehen, in etw nachlesen ◇ *He consulted his watch.* Er sah auf die Uhr.

con·sult·ancy /kənˈsʌltənsi/ *Nomen* (*Pl* **-ies**) **1** Beratungsbüro, Beraterfirma ◇ *a management consultancy* eine Unternehmensberatung **2** [U] Beratung

con·sult·ant /kənˈsʌltənt/ *Nomen* **1** ~ (**on sth**) Berater(in) (für/bei etw) ◇ *a firm of management consultants* eine Unternehmensberatungsfirma **2** ~ (**in sth**) (*BrE*) Chefarzt/-ärztin (für etw) ◇ *a consultant surgeon* ein Chefarzt für Chirurgie

con·sult·ation /ˌkɒnslˈteɪʃn; *AmE* ˌkɑːn-/ *Nomen* **1** [U] Beratung, Besprechung, Konsultation ◇ *in consultation with other firms* in Absprache mit anderen Firmen ◇ *after consultation with local residents* nach Rücksprache mit den Anwohnern **2** Beratungsgespräch; (*beim Arzt*) Sprechstunde **3** Nachsehen, Nachlesen, Konsultieren

con·sulta·tive /kənˈsʌltətɪv/ *Adj* beratend, konsultativ SYN ADVISORY

conˈsulting room *Nomen* (*beim Arzt*) Sprechzimmer

con·sume /kənˈsjuːm; *AmE* -ˈsuːm/ *Verb* (*gehoben*) **1** verbrauchen **2** konsumieren, zu sich nehmen, verzehren **3** **be consumed with sth** mit etw erfüllt sein ◇ *Rage consumed her.* Sie kochte vor Wut. **4** (*Feuer*) vernichten ☞ *Siehe auch* CONSUMING

con·sum·er /kənˈsjuːmə(r); *AmE* -ˈsuː-/ *Nomen* Verbraucher(in), Konsument(in) ◇ *a consumer society* eine Konsumgesellschaft ◇ *consumer goods* Konsumgüter ◇ *boost consumer confidence* die Kaufwilligkeit steigern

conˌsumer ˈdurables *Nomen* [Pl] (WIRTSCH) langlebige Konsumgüter

con·sum·er·ism /kənˈsjuːməˌrɪzəm; *AmE* -ˈsuː-/ *Nomen* Konsumismus, Konsumdenken

con·sum·er·ist /kənˈsjuːmərɪst; *AmE* -ˈsuː-/ *Adj* konsumorientiert

conˌsumer ˈprice index *Nomen* (*AmE*) [Sing] (*Abk* **CPI**) Verbraucherpreisindex

con·sum·ing /kənˈsjuːmɪŋ; *AmE* -ˈsuː-/ *Adj nur vor Nomen* (*Interesse, Leidenschaft etc.*) brennend ☞ *Siehe auch* TIME-CONSUMING

con·sum·mate¹ /kənˈsʌmət, ˈkɒnsəmət; *AmE* ˈkɑːn-/ *Adj* (*Adv* **con·sum·mate·ly**) (*gehoben*) vollendet, unübertrefflich (*abwert*) ◇ *a consummate liar* ein(e) ausgemachte(r) Lügner(in)

con·sum·mate² /ˈkɒnsəmeɪt; *AmE* ˈkɑːn-/ *Verb* (*gehoben*) (*Ehe, Fusion etc.*) vollziehen

con·sum·ma·tion /ˌkɒnsəˈmeɪʃn; *AmE* ˌkɑːn-/ *Nomen* **1** (*einer Ehe*) Vollzug **2** Vollendung, Krönung

con·sump·tion /kənˈsʌmpʃn/ *Nomen* **1** Verbrauch ◇ (*fig*) *It was not intended for public consumption.* Es war nicht für die Ohren der Öffentlichkeit bestimmt. **2** Verzehr **3** Konsum ◇ *consumption patterns* Konsumverhalten **4** (*veraltet*) Schwindsucht SYN TUBERCULOSIS

con·sump·tive /kənˈsʌmptɪv/ *Adj* (*veraltet*) **1** *Nomen* Schwindsüchtige(r) **2** *Adj* schwindsüchtig

cont. (*auch* **contd**) Kurzform von **continued** Fortsetzung, weiter ◇ *cont. on p 74* Fortsetzung auf S. 74

con·tact¹ /ˈkɒntækt; *AmE* ˈkɑːn-/ *Nomen* **1** [U] Kontakt, Verbindung ◇ *Have you kept in contact?* Habt ihr Kontakt gehalten? ◇ *eye contact* Blickkontakt ◇ *I finally made contact with her.* Schließlich konnte ich mit ihr Verbindung aufnehmen. ◇ *Have you got a contact number for her?* Wie ist die Telefonnummer, unter der man sie erreichen kann? **2** [U] Berührung, Kontakt ◇ *This pesticide kills insects on contact.* Dieses Pestizid tötet Insekten, sobald diese damit in Berührung kommen. ◇ *She often comes into contact with lawyers.* Sie hat oft mit Anwälten zu tun. **3** Kontakt(person) ◇ *We have good contacts with the local community.* Wir pflegen sehr guten Kontakt mit der Gemeinde. ◇ *trade contacts* Handelsbeziehungen **4** (MED) Kontaktperson **5** (ELEK) Kontakt **6** **contacts** [Pl] (*umgs*) Kontaktlinsen IDM ⇒ POINT¹

con·tact² /ˈkɒntækt; *AmE* ˈkɑːn-/ *Verb* ~ **sb/sth** jdn/etw kontaktieren, sich mit jdm/etw in Verbindung setzen

ˈcontact lens *Nomen* (*umgs* **con·tact**) Kontaktlinse

con·ta·gion /kənˈteɪdʒən/ *Nomen* **1** Ansteckung **2** (*veraltet*) ansteckende Krankheit, Seuche **3** (*gehoben*) (*fig*) negativer Einfluss

con·ta·gious /kənˈteɪdʒəs/ *Adj* **1** ansteckend *(auch fig)* **2** *(Mensch)* ◊ *She is not contagious.* Ihre Krankheit ist nicht ansteckend.

con·tain /kənˈteɪn/ *Verb (nicht in der Verlaufsform)* **1** enthalten ◊ *The bottle contains two litres.* Die Flasche fasst zwei Liter. **2** *(gehoben) (Wut, Aufregung etc.)* unterdrücken, zurückhalten ◊ *I couldn't contain myself.* Ich konnte mich nicht beherrschen. **3** *(gehoben) (Epidemie, Aufstand etc.)* aufhalten, unter Kontrolle bringen

con·tain·er /kənˈteɪnə(r)/ *Nomen* **1** Behälter, Gefäß **2** Container

con·tain·ment /kənˈteɪnmənt/ *Nomen* [U] *(gehoben)* **1** Kontrolle, Aufhalten **2** Eindämmung

con·tam·in·ant /kənˈtæmɪnənt/ *Nomen (Fachspr)* verunreinigende Substanz

con·tam·in·ate /kənˈtæmɪneɪt/ *Verb* **1** verunreinigen, verseuchen **2** *(gehoben) (fig)* verderben

con·tam·in·ation /kənˌtæmɪˈneɪʃn/ *Nomen* [U] Verunreinigung, Verseuchung, Kontaminierung

contd *Abk* = CONT.

con·tem·plate /ˈkɒntəmpleɪt; *AmE* ˈkɑːn-/ *Verb* **1** erwägen, in Betracht ziehen [SYN] CONSIDER **2** ~ **sth** sich etw vorstellen ◊ *The alternative is too awful to contemplate.* An die Alternative mag man gar nicht denken. **3** *(gehoben)* ~ **(sth)** (über etw) nachdenken **4** *(gehoben)* betrachten

con·tem·pla·tion /ˌkɒntəmˈpleɪʃn; *AmE* ˌkɑːn-/ *Nomen* [U] *(gehoben)* **1** Nachdenken, Nachsinnen, Kontemplation ◊ *He sat there deep in contemplation.* Er saß tief in Gedanken versunken da. ◊ *a moment of quiet contemplation* ein Moment der stillen Besinnung **2** Betrachtung [IDM] **be in contemplation** *(gehoben)* erwogen werden

con·tem·pla·tive /kənˈtemplətɪv/ *Adj* **1** nachdenklich **2** besinnlich, kontemplativ

con·tem·por·an·eous /kənˌtempəˈreɪniəs/ *Adj (gehoben)* gleichzeitig; ~ **with sth** zur gleichen Zeit wie etw stattfindend, aus der gleichen Zeit wie etw stammend

con·tem·por·an·eous·ly /kənˌtempəˈreɪniəsli/ *Adv* zur gleichen Zeit, gleichzeitig

con·tem·por·ary¹ /kənˈtemprəri; *AmE* -pəreri/ *Adj* **1** zeitgenössisch; ~ **with sb** zur gleichen Zeit wie jd lebend; ~ **with sth** zur gleichen Zeit wie etw stattfindend, aus der gleichen Zeit wie etw stammend ◊ *He was contemporary with Shakespeare.* Er war ein Zeitgenosse Shakespeares. **2** heutig, modern ◊ *contemporary history* Zeitgeschichte [SYN] MODERN

con·tem·por·ary² /kənˈtemprəri; *AmE* -pəreri/ *Nomen (Pl* **-ies)** **1** Zeitgenosse, -genossin **2** Altersgenosse, -genossin **3** *(an der Uni)* Kommilitone, Kommilitonin

con·tempt /kənˈtempt/ *Nomen* **1** Verachtung ◊ *hold sb/sth in contempt* jdn/etw verachten ◊ *His behaviour was beneath contempt.* Sein Verhalten war unter aller Kritik. **2** ~ **for sth** Missachtung von etw ◊ *They showed a contempt for their own safety.* Sie kümmerten sich nicht um die eigene Sicherheit. **3** *(auch* **con·tempt of ˈcourt)** (RECHT) Missachtung des Gerichts, Ungebühr vor Gericht [IDM] ⇒ FAMILIARITY

con·tempt·ible /kənˈtemptəbl/ *Adj* verachtenswert

con·temp·tu·ous /kənˈtemptʃuəs/ *Adj (Adv* **con·temptu·ous·ly)** verächtlich, geringschätzig; **be ~ of sb/sth** jdn/etw verachten

con·tend /kənˈtend/ *Verb (gehoben)* **1** behaupten **2** ~ **(for sth)** um etw) kämpfen [PHRV] **conˈtend with sth/sb** mit etw/jdm fertig werden, sich mit etw/jdm herumschlagen müssen

con·tend·er /kənˈtendə(r)/ *Nomen* Kandidat(in), Anwärter(in)

con·tent¹ /ˈkɒntent; *AmE* ˈkɑːn-/ *Nomen* **1 contents** [Pl] Inhalt ◊ *a table of contents* ein Inhaltsverzeichnis ◊ *the contents of the flat* alles, was in der Wohnung ist/war ◊ *building and contents insurance* Gebäude- und Hausratversicherung **2** [Sing] Inhalt **3** [Sing] *(nach einem bestimmten Nomen)* Gehalt ◊ *a high fat content* ein hoher Fettgehalt

con·tent² /kənˈtent/ *Nomen (selten)* Zufriedenheit [SYN] CONTENTMENT [IDM] ⇒ HEART

con·tent³ /kənˈtent/ *Adj nicht vor Nomen* **1** zufrieden ◊ *Not content with …* Nicht genug damit, dass … **2** ~ **to do sth** bereit etw zu tun

con·tent⁴ /kənˈtent/ *Verb* **1** ~ **yourself with sth** sich mit etw zufrieden geben, sich mit etw begnügen **2** ~ **sb** *(gehoben)* jdn zufrieden stellen, jdn befriedigen

con·tent·ed /kənˈtentɪd/ *Adj (Adv* **con·tent·ed·ly)** zufrieden [OPP] DISCONTENTED

con·ten·tion /kənˈtenʃn/ *Nomen (gehoben)* **1** [U] Streit, Auseinandersetzung ◊ *a point of contention* ein strittiger Punkt **2** Behauptung ◊ *It is our client's contention that the fire was an accident.* Unser Klient behauptet, dass der Brand versehentlich ausgelöst wurde. [IDM] **be in conˈtention (for sth)** (für etw) im Rennen liegen **be out of conˈtention (for sth)** nicht mehr im Rennen (für etw) liegen ◊ *slip/drop out of contention* aus dem Rennen ausscheiden ☛ *Siehe auch* BONE¹

con·ten·tious /kənˈtenʃəs/ *Adj (gehoben)* **1** kontrovers, umstritten ◊ *a contentious issue* ein strittiges Thema **2** *(Debatte etc.)* hitzig; *(Person)* streitlustig

con·tent·ment /kənˈtentmənt/ *Nomen* Zufriedenheit

con·test¹ /ˈkɒntest/ *Nomen* **1** Wettbewerb, Wettkampf **2** ~ **(for sth)** Kampf (um etw) [IDM] **be ˌno ˈcontest** ◊ *She tried hard against Williams, but it really was no contest.* Sie kämpfte hart gegen Williams, hatte jedoch keine Chance.

con·test² /kənˈtest/ *AmE* ˈkɑːn-/ *Verb* **1** kämpfen um; *(bei Wahl)* sich bewerben um ◊ *a fiercely contested game* ein Spiel, in dem es heiß herging **2** bestreiten; (RECHT) anfechten

con·test·ant /kənˈtestənt/ *Nomen* Teilnehmer(in); *(bei Wahl)* Bewerber(in), Kandidat(in)

con·text /ˈkɒntekst; *AmE* ˈkɑːn-/ *Nomen* Kontext, Zusammenhang

con·text·ual /kənˈtekstʃuəl/ *Adj (Adv* **con·text·ual·ly** /-ʃuəli/) *(gehoben)* kontextuell

con·text·ual·ize *(BrE auch* **-ise)** /kənˈtekstʃuəlaɪz/ *Verb (gehoben)* in einen Kontext einordnen

con·ti·gu·ity /ˌkɒntɪˈɡjuːəti; *AmE* ˌkɑːn-/ *Nomen* Nähe, (unmittelbare) Nachbarschaft

con·tig·u·ous /kənˈtɪɡjuəs/ *Adj* ~ **(with/to sth)** *(gehoben oder Fachspr)* angrenzend (an etw) ◊ *The two countries are contiguous.* Die beiden Länder grenzen aneinander. ◊ *contiguous circles* sich berührende Kreise

con·tin·ence /ˈkɒntɪnəns; *AmE* ˈkɑːn-/ *Nomen* **1** *(gehoben)* (sexuelle) Enthaltsamkeit **2** (MED) Kontinenz

con·tin·ent¹ /ˈkɒntɪnənt; *AmE* ˈkɑːn-/ *Nomen* **1** Kontinent, Erdteil **2 the Continent** *(BrE)* [Sing] das europäische Festland

con·tin·ent² /ˈkɒntɪnənt; *AmE* ˈkɑːn-/ *Adj* **1** (MED) **be ~** Harn und Stuhl zurückhalten können **2** *(gehoben)* (sexuell) enthaltsam

con·tin·en·tal /ˌkɒntɪˈnentl; *AmE* ˌkɑːn-/ **1** *Adj nur vor Nomen* kontinental(europäisch) **2** *Adj* (GEOGR) kontinental, Festlands- ◊ *continental Asia* das asiatische Festland ◊ *continental drift* Kontinentaldrift ◊ *continental shelf* Festlandsockel **3** *Nomen (BrE, manchmal abwert)* Kontinentaleuropäer(in)

ˌcontinental ˈbreakfast *Nomen* kleines Frühstück

ˌcontinental ˈquilt *Nomen (BrE)* Steppbett

con·tin·gency /kənˈtɪndʒənsi/ *Nomen (Pl* **-ies)** Eventualität ◊ *make contingency plans* Alternativpläne machen ◊ *a contingency fund* ein Fonds für unvorhergesehene Ausgaben

conˈtingency fee *Nomen (AmE)* (RECHT) Erfolgshonorar

con·tin·gent¹ /kənˈtɪndʒənt/ *Nomen* **1** Kontingent, Gruppe ☛ G 1.3b **2** (MIL) Truppenkontingent

con·tin·gent² /kənˈtɪndʒənt/ *Adj* ~ **(on/upon sth)** *(gehoben)* (von etw) abhängig

con·tin·ual /kənˈtɪnjuəl/ *Adj (Adv* **con·tinu·al·ly** /-juəli/) ständig, dauernd ◊ *Her daughter was a continual source of delight to her.* Ihre Tochter war für sie eine stete Freude.

con·tin·u·ance /kənˈtɪnjuəns/ *Nomen (gehoben)* Fortbestand, Fortdauer

con·tinu·ation /kənˌtɪnjuˈeɪʃn/ *Nomen* **1** [Sing] Fortführung, Fortbestand ◊ *This year saw a continuation in the upward trend in sales.* Die steigende Tendenz der Verkaufszahlen hielt auch in diesem Jahr an. **2** Fortsetzung **3** *(einer Straße etc.)* Erweiterung, Verlängerung

con·tinue /kənˈtɪnjuː/ *Verb* **1** weitergehen; *(Regen, Hitze, Schmerz)* anhalten ◊ *The trial is expected to continue for*

three months. Der Prozess wird voraussichtlich noch drei Monate dauern. **2** (*Straße etc.*) weiterführen; (*Fahrzeug, Passagier*) weiterfahren ◊ *He continued on his way.* Er setzte seinen Weg fort. **3** ~ **sth** etw fortsetzen; ~ **with sth** mit etw weitermachen **4** ~ **doing/to do sth** etw weiter(hin) tun ◊ *She wanted to continue working after she was married.* Sie wollte nach ihrer Heirat weiterarbeiten. **5** ~ (**as sth**) (etw) (weiterhin) bleiben **6** (*Geschichte etc.*) weitergehen ◊ *To be continued.* Fortsetzung folgt. ⟨SYN⟩ RESUME **7** (*im Gespräch*) fortfahren

con·tinued /kənˈtɪnjuːd/ (*auch* **con·tinu·ing**) *Adj nur vor Nomen* fortgesetzt, anhaltend, kontinuierlich

con‚tinuing edu'cation *Nomen* Erwachsenenbildung

con·tinu·ity /ˌkɒntrɪˈnjuːəti; *AmE* ˌkɑːntəˈnuː-/ *Nomen* (*Pl* **-ies**) **1** Kontinuität, Fortdauer ◊ *We try to provide continuity of fuel supplies.* Wir bemühen uns, die laufende Versorgung mit Brennstoffvorräten sicherzustellen. ⟨OPP⟩ DISCONTINUITY **2** (*in Filmen etc.*) Konsistenz **3** (*logischer*) Zusammenhang ⟨OPP⟩ DISCONTINUITY

con·tinu·ous /kənˈtɪnjuəs/ *Adj* (*Adv* **con·tinu·ous·ly**) fortlaufend, ununterbrochen, stetig, dauernd ◊ *continuous employment* durchgehend beschäftigt

con‚tinuous as'sessment *Nomen* (*BrE*) = Beurteilung von Schülern oder Studenten aufgrund der während des ganzen Schuljahrs oder Studiums erbrachten Leistungen

continuous tense *Nomen* (LING) Verlaufsform

con·tinuum /kənˈtɪnjuəm/ *Nomen* (*Pl* **con·tinua** /-juə/) Kontinuum

con·tort /kənˈtɔːt; *AmE* -ˈtɔːrt/ *Verb* sich verziehen; (*Gesicht*) sich verzerren; (*Körper*) verrenken

con·tort·ed /kənˈtɔːtɪd; *AmE* -ˈtɔːrt-/ *Adj* **1** verzerrt; (*Körper*) verrenkt **2** (*fig*) verdreht, verzerrt

con·tor·tion /kənˈtɔːʃn; *AmE* -ˈtɔːrʃn/ *Nomen* Verzerrung; (*Glied, Körper*) Verrenkung ◊ *His facial contortions amused the children.* Seine Grimassen erheiterten die Kinder.

con·tor·tion·ist /kənˈtɔːʃənɪst; *AmE* -ˈtɔːrʃ-/ *Nomen* Schlangenmensch

con·tour /ˈkɒntʊə(r); *AmE* ˈkɑːntʊr/ *Nomen* **1** Kontur, Umriss ◊ *The road follows the natural contours of the coastline.* Die Straße folgt dem natürlichen Verlauf der Küste. **2** (*auch* **'contour line**) Höhenlinie

con·toured /ˈkɒntʊəd; *AmE* ˈkɑːntʊrd/ *Adj* **1** geformt, formgerecht (gestylt) **2** (GEOGR) ◊ *contoured maps* Höhenlinienkarten

con·tra·band /ˈkɒntrəbænd; *AmE* ˈkɑːn-/ *Nomen* Schmuggelware ◊ *contraband goods* geschmuggelte Waren

con·tra·cep·tion /ˌkɒntrəˈsepʃn; *AmE* ˌkɑːn-/ *Nomen* Empfängnisverhütung

con·tra·cep·tive /ˌkɒntrəˈseptɪv; *AmE* ˌkɑːn-/ **1** *Nomen* Verhütungsmittel **2** *Adj nur vor Nomen* empfängnisverhütend ◊ *a contraceptive pill* eine Antibabypille ◊ *contraceptive advice* Beratung über Empfängnisverhütung

con·tract¹ /ˈkɒntrækt; *AmE* ˈkɑːn-/ *Nomen* **1** Vertrag ◊ *She is under contract to a computer firm.* Sie steht bei einer Computerfirma unter Vertrag. ◊ *a contract worker* ein Arbeiter mit Zeitvertrag ◊ *subject to contract* vorbehaltlich vertraglicher Übereinkunft ◊ *a research contract* ein Forschungsauftrag ◊ *contract work* Auftragsarbeit **2** ~ (**on sb**) (*umgs*) Mordauftrag (auf/für jdn) ◊ *take out a contract on sb* einen Killer für jdn anheuern

con·tract² /kənˈtrækt/ *Verb* **1** (sich) zusammenziehen, schrumpfen; (*Pupille*) (sich) verengen ⟨OPP⟩ EXPAND **2** ~ **sth** etw zusammenziehen **3** (*gehoben*) (*Krankheit, Virus*) sich zuziehen, erkranken an **4** ~ **sb** (**to sth**) jdn (zu etw) vertraglich verpflichten **5** sich vertraglich verpflichten **6** (*gehoben*) ~ **a marriage/an alliance** (**with sb**) eine Ehe/ein Bündnis (mit jdm) eingehen ⟨PHRV⟩ **con‚tract 'in** (**to sth**) (*BrE*) sich (an etw) beteiligen; (*Versicherung*) (etw) beitreten **con‚tract 'out** (**of sth**) (*BrE*) (aus etw) austreten, (etw) nicht beitreten ‚**contract sth 'out** etw außer Haus machen lassen ‚**contract sth 'out** (**to sb**) etw (an jdn/einen Subunternehmer) vergeben

con·trac·tion /kənˈtrækʃn/ *Nomen* **1** Zusammenziehung, Schrumpfung; (*Pupille*) Verengung, (MED, PHYSIK, LING) Kontraktion **2 contractions** [*Pl*] Wehen

con·tract·or /kənˈtræktə(r)/ *Nomen* Unternehmer(in) ◊ *a*

building/haulage contractor ein Bau-/Fuhrunternehmer ◊ *an outside contractor* ein externer Dienstleister

con·tract·ual /kənˈtræktʃuəl/ *Adj* vertraglich

con·tra·dict /ˌkɒntrəˈdɪkt; *AmE* ˌkɑːn-/ *Verb* ~ (**yourself**) (sich) widersprechen ◊ *He contradicted everything she said.* Er hat bei allem, was sie sagte, widersprochen. ◊ *The two stories contradict each other.* Die beiden Schilderungen stehen im Widerspruch zueinander.

con·tra·dic·tion /ˌkɒntrəˈdɪkʃn; *AmE* ˌkɑːn-/ *Nomen* Widerspruch ◊ *It's a contradiction of your last statement.* Das widerspricht Ihrer vorigen Aussage. ◊ *I can say, without fear of contradiction, that …* Ich kann wohl sagen, ohne dass mir einer widersprechen könnte, dass … ⟨IDM⟩ **a ‚contradiction in 'terms** ein Widerspruch in sich selbst

con·tra·dict·ory /ˌkɒntrəˈdɪktəri; *AmE* ˌkɑːn-/ *Adj* widersprüchlich ◊ *two contradictory statements* zwei sich widersprechende Aussagen

con·tra·flow /ˈkɒntrəfləʊ; *AmE* ˈkɑːntrəfloʊ/ *Nomen* (*BrE*) = Umleitung des Verkehrs auf die Gegenfahrbahn ◊ *'Contraflow in operation.'* „Achtung, Gegenverkehr."

con·tra·indi·ca·tion /ˌkɒntrəˌɪndɪˈkeɪʃn; *AmE* ˌkɑːn-/ *Nomen* (MED) Gegenanzeige

con·tralto /kənˈtræltəʊ; *AmE* -toʊ/ *Nomen* (*Pl* **-os**) (MUS) **1** Alt **2** Altistin

con·trap·tion /kənˈtræpʃn/ *Nomen* **1** (seltsamer) Apparat, komisches Ding **2** Vehikel

con·tra·pun·tal /ˌkɒntrəˈpʌntl; *AmE* ˌkɑːn-/ *Adj* (MUS) kontrapunktisch

con·trary¹ /ˈkɒntrəri; *AmE* ˈkɑːntreri/ *Adj* **1** ~ **to sth** einer Sache entgegen(gesetzt), im Gegensatz zu etw ◊ *This is contrary to popular opinion.* Dies steht im Widerspruch zur öffentlichen Meinung. ◊ *It would be contrary to the public interest.* Das wäre nicht im Interesse der Öffentlichkeit. ◊ *contrary to expectations* wider Erwarten **2** *nur vor Nomen* gegensätzlich, widersprüchlich ⟨SYN⟩ OPPOSITE

con·trary² /ˈkɒntrəri; *AmE* ˈkɑːntreri/ *Nomen* **the contrary** [*Sing*] das Gegenteil ⟨IDM⟩ **on the 'contrary** im Gegenteil; vielmehr ‚**quite the 'contrary** ganz im Gegenteil **to the 'contrary** Gegen-; gegensätzlich ◊ *evidence to the contrary* ein Gegenbeweis ◊ *nothing to the contrary* nichts Gegenteiliges ◊ *reports to the contrary* anders lautende Meldungen

con·trary³ /kənˈtreəri; *AmE* -treri/ *Adj* (*gehoben, abwert*) widerspenstig, aufsässig

con·trast¹ /ˈkɒntrɑːst; *AmE* ˈkɑːntræst/ *Nomen* **1** ~ (**to/with sb/sth**) Gegensatz (zu jdm/etw) ◊ *by/in contrast with this system* verglichen mit diesem System ◊ *be in marked contrast to sth* in krassem Widerspruch zu etw stehen ◊ *This work is quite a contrast to what you did before.* Diese Arbeit ist grundverschieden von dem, was du früher gemacht hast. ◊ *They, by contrast, have done nothing.* Sie hingegen haben gar nichts getan.

> ✎ WRITING TIP
> **Presenting a contrasting point**
>
> • *By contrast, the female figures in the book are strong characters.* Dagegen sind die weiblichen Figuren in dem Buch starke Persönlichkeiten.
> • *The women, on the other hand, are confident.* Im Gegensatz dazu sind die Frauen selbstbewusst.
> • *The men are seen as incompetent, whereas the women are in control of their lives.* Die Männer wirken unfähig, während die Frauen ihr Leben meistern.

2 Kontrast

con·trast² /kənˈtrɑːst; *AmE* -ˈtræst/ *Verb* **1** ~ **A and/with B** A und B einander gegenüberstellen, A mit B vergleichen **2** ~ (**with sth**) (zu etw) im Gegensatz stehen, sich von etw abheben

con·trast·ing /kənˈtrɑːstɪŋ; *AmE* -ˈtræs-/ *Adj* gegensätzlich, kontrastierend

con·tra·vene /ˌkɒntrəˈviːn; *AmE* ˌkɑːn-/ *Verb* (*gehoben*) ~ **sth** einer Sache zuwiderhandeln, gegen etw verstoßen

con·tra·ven·tion /ˌkɒntrəˈvenʃn; *AmE* ˌkɑːn-/ *Nomen* Verstoß ◊ *in contravention of the regulations* entgegen den Vorschriften

con·tre·temps /ˈkɒntrətɒ̃; *AmE* ˈkɑːntrətɑ̃/ *Nomen* (*Pl* **con·tre·temps**) (*gehoben oder hum*) Auseinandersetzung, Streit

---

| u actual | aɪ my | aʊ now | eɪ say | əʊ (*BrE*) go | oʊ (*AmE*) go | ɔɪ boy | ɪə near | eə hair | ʊə pure |

con·trib·ute /kənˈtrɪbjuːt; *BrE auch* ˈkɒntrɪbjuːt/ *Verb* **1** ~ (**sth**) (**to/towards sth**) (etw) (für etw) spenden ◊ *Do you wish to contribute?* Möchten Sie etwas spenden? **2** einen Beitrag leisten, beitragen, beisteuern ◊ *It may have been a contributing factor.* Das könnte seinen Teil beigetragen haben. ◊ *He contributes regularly to 'New Scientist'.* Er schreibt regelmäßige Beiträge für den „New Scientist".

con·tri·bu·tion /ˌkɒntrɪˈbjuːʃn; *AmE* ˌkɑːn-/ *Nomen* **1** Beitrag **2** ~ (**to/toward**(**s**) **sth**) Spende (für etw)

con·trib·u·tor /kənˈtrɪbjətə(r)/ *Nomen* **1** Mitarbeiter(in), Beiträger(in) **2** Beitragsleistende(r), Geldgeber(in) ◊ *the largest net contributor to EU funds* das Land, das die höchsten Nettobeiträge zu den EU-Fonds zahlt **3** Mitverursacher, Faktor ◊ *Whisky is a major contributor to the trade balance.* Whisky nimmt einen wichtigen Platz ein in der Handelsbilanz.

con·trib·u·tory /kənˈtrɪbjətəri; *AmE* -tɔːri/ *Adj* **1** ~ be a contributory factor in sth zu etw beitragen ◊ *Smoking is a contributory cause of many diseases.* Rauchen ist für viele Krankheiten ein mitverursachender Faktor. ◊ (*BrE*) *the concept of contributory negligence* das Konzept des Mitverschuldens **2** (*Rentenversicherung etc.*) beitragspflichtig [OPP] NON-CONTRIBUTORY

con·trite /ˈkɒntraɪt, kənˈtraɪt; *AmE* ˈkɑːntraɪt/ *Adj* (*Adv* **con·trite·ly**) (*gehoben*) zerknirscht, reuevoll

con·triv·ance /kənˈtraɪvəns/ *Nomen* (*gehoben*) **1** Erfindung **2** (*meist abwert*) Künstlichkeit **3** Vorrichtung, Gerät **4** Kunstgriff, List

con·trive /kənˈtraɪv/ *Verb* (*gehoben*) **1** bewerkstelligen ◊ *contrive to do sth* es fertig bringen, etw zu tun ◊ *They contrived a meeting where they were unobserved.* Sie haben ein Treffen so arrangiert, dass sie unbeobachtet blieben. **2** (*Plan*) aushecken

con·trived /kənˈtraɪvd/ *Adj* (*abwert*) gestellt, gekünstelt

con·trol[1] /kənˈtrəʊl; *AmE* -ˈtroʊl/ *Nomen* **1** ~ (**of/over sb/sth**) Gewalt (über jdn/etw), Herrschaft (über jdn/etw) ◊ *under enemy control* in der Gewalt des Feindes ◊ *A military junta took control.* Eine Militärjunta riss die Herrschaft an sich. ◊ *The party gained control of the council.* Die Partei hat die Mehrheit im Stadtrat gewonnen. **2** ~ (**of/over sb/sth**) Macht (über jdn/etw), Kontrolle (über jdn/etw), Beherrschung (von jdm/etw); (*von Firmen etc.*) Aufsicht (über etw) ◊ *He lost control (of himself).* Er verlor die Beherrschung. ◊ *owing to circumstances beyond our control* wegen unvorhersehbarer Umstände ◊ *ball control* Ballführung **3** ~ (**of/on sth**) (*oft in Zusammensetzungen*) Regelung (einer Sache), Kontrolle (von etw) ◊ *pest control* Schädlingsbekämpfung ☞ *Siehe auch* BIRTH CONTROL **4** [*meist Pl*] Kontrollinstrumente, Regler ◊ *the controls of an aircraft* die Flugzeugsteuerung ◊ *a control panel* eine Schalttafel ◊ *The co-pilot was at the controls.* Der Kopilot war am Kontrollpult. ☞ *Siehe auch* REMOTE CONTROL **5** (*Fachspr*) Kontrollperson, Kontrollgruppe **6** [Sing] Kontrollpunkt, Kontrollstelle ◊ *This is Mission Control calling space shuttle Discovery.* Kontrollzentrum ruft Raumfähre Discovery. **7** (*auch* **conˈtrol key**) (COMP) Steuerung(staste) [IDM] **be in control** alles im Griff haben; das Sagen haben **be in control (of sth)** etw unter Kontrolle haben; etw im Griff haben; (*Fachspr.*) leiten ◊ *be in control (of your life)* sich in der Hand haben **be/get/run/etc. out of conˈtrol** außer Kontrolle sein/geraten ◊ *The children are completely out of control.* Die Kinder sind außer Rand und Band. **be under conˈtrol** unter Kontrolle sein **bring/get/keep sth under conˈtrol** etw unter Kontrolle bringen/halten

con·trol[2] /kənˈtrəʊl; *AmE* -ˈtroʊl/ *Verb* (**-ll-**) **1** kontrollieren, leiten, beherrschen ◊ *The territory is controlled by the army.* Das Gebiet ist in der Hand der Armee. ◊ *Can't you control your children?* Können Sie nicht besser auf Ihre Kinder aufpassen? ◊ *Parents should control what their kids watch on television.* Die Eltern sollten die Kontrolle darüber haben, was ihre Kinder im Fernsehen sehen. **2** beschränken **3** regeln, regulieren **4** unter Kontrolle bekommen ◊ *He found it difficult to control his feelings.* Er fand es schwierig, seine Gefühle zu bezwingen.

con·trol·lable /kənˈtrəʊləbl; *AmE* -ˈtroʊ-/ *Adj* kontrollierbar, regulierbar

con·trolled /kənˈtrəʊld; *AmE* -ˈtroʊld/ *Adj* **1** kontrolliert, geregelt; (*Luftraum*) überwacht **2 -controlled** (*in Zusammensetzungen*) -gesteuert, -geregelt ◊ *a British-controlled company* eine Firma unter britischer Leitung **3** beherrscht

conˌtrolled ˈsubstance *Nomen* (*offiz*) Rauschgift, illegale Droge

con·trol·ler /kənˈtrəʊlə(r); *AmE* -ˈtroʊ-/ *Nomen* **1** Leiter(in); (*eines Senders*) Intendant(in) ☞ *Siehe auch* AIR TRAFFIC CONTROLLER **2** (TECH) Regler **3** (*auch* **comp·trol·ler**) (FINANZ) Controller(in)

conˌtrolling ˈinterest *Nomen* (FINANZ) Mehrheitsbeteiligung

con·tro·ver·sial /ˌkɒntrəˈvɜːʃl; *AmE* ˌkɑːntrəˈvɜːrʃl/ *Adj* umstritten, kontrovers

con·tro·ver·sial·ly /ˌkɒntrəˈvɜːʃəli; *AmE* ˌkɑːntrəˈvɜːr-/ *Adv* **1** umstrittenerweise **2** *More controversially, they claim that …* Noch umstrittener ist ihre Behauptung, dass … ◊ *Controversially, he has suggested sending in troops.* Sein Vorschlag, Truppen zu entsenden, ist auf Kritik gestoßen.

con·tro·ver·sy /ˈkɒntrəvɜːsi; *BrE auch* kənˈtrɒvəsi; *AmE* ˈkɑːntrəvɜːrsi/ *Nomen* (*Pl* **-ies**) Auseinandersetzung, Kontroversen ◊ *cause controversy* für Polemik sorgen

con·tu·sion /kənˈtjuːʒn; *AmE* -ˈtuː-/ *Nomen* (MED) Prellung(en) [SYN] BRUISE

con·un·drum /kəˈnʌndrəm/ *Nomen* (*Pl* **conundrums**) Rätsel, Problem ☞ *Hinweis bei* RÄTSEL

con·ur·ba·tion /ˌkɒnɜːˈbeɪʃn; *AmE* ˌkɑːnɜːrˈb-/ *Nomen* (*bes BrE, offiz*) Ballungsraum

con·va·lesce /ˌkɒnvəˈles; *AmE* ˌkɑːn-/ *Verb* gesund werden, sich erholen [SYN] RECUPERATE

con·va·les·cence /ˌkɒnvəˈlesns; *AmE* ˌkɑːn-/ *Nomen* [Sing] Genesung(szeit), Rekonvaleszenz

con·va·les·cent /ˌkɒnvəˈlesnt; *AmE* ˌkɑːn-/ *Adj* **1** genesend ◊ *a convalescent home* ein Pflegeheim **2** *Nomen* Rekonvaleszent(in)

con·vec·tion /kənˈvekʃn/ *Nomen* (*Fachspr*) Konvektion

con·vec·tor /kənˈvektə(r)/ (*auch* **conˌvector ˈheater**) *Nomen* Konvektor(heizung)

con·vene /kənˈviːn/ *Verb* (*gehoben*) **1** (*Sitzung etc.*) einberufen; (*Leute*) zusammenrufen **2** sich versammeln, zusammentreten

con·ven·er (*auch* **con·ven·or**) /kənˈviːnə(r)/ *Nomen* **1** = jd, der Versammlungen und Sitzungen einberuft/leitet **2** (*BrE*) Gewerkschaftsvertreter(in)

con·ven·ience /kənˈviːniəns/ *Nomen* **1** Annehmlichkeit ◊ *It was a great convenience to have the school so near.* Es war sehr günstig, dass die Schule so nah war. ◊ *The house had all the modern conveniences.* Das Haus verfügte über jeglichen modernen Komfort. ◊ *We have provided seats for the convenience of our customers.* Für unsere Kunden haben wir Sitzgelegenheiten zur Verfügung gestellt. ◊ *for convenience* aus praktischen Gründen ☞ *Siehe auch* FLAG OF CONVENIENCE, MARRIAGE OF CONVENIENCE *und* PUBLIC CONVENIENCE **2** *The position of the house combines quietness and convenience.* Das Haus ist sowohl ruhig als auch günstig gelegen. [IDM] **at sb's convenience** (*gehoben*) wann es jdm passt ☞ *Siehe auch* EARLY[1]

conˈvenience foods *Nomen* [Pl] Fertiggerichte

conˈvenience store *Nomen* (*bes AmE*) = Laden (*oft auch* Tankstellenshop), der länger geöffnet hat

con·ven·ient /kənˈviːniənt/ *Adj* **1** bequem, praktisch, günstig ◊ *It isn't convenient at the moment.* Es passt gerade nicht. ◊ *What day is convenient for you?* Welcher Tag passt dir? **2** günstig (gelegen) ◊ *The house is very convenient for the shops.* Vom Haus aus sind die Geschäfte bequem zu erreichen.

con·ven·ient·ly /kənˈviːniəntli/ *Adv* **1** praktisch, vorteilhaft ◊ *The report can be conveniently divided into three main sections.* Den Bericht kann man sehr gut in drei Teile unterteilen. **2** günstig, bequem ◊ *be conveniently located* günstig liegen **3** (*iron*) praktischerweise ◊ *The papers conveniently disappeared.* Ganz zufällig waren die Dokumente plötzlich verschwunden.

con·ven·or = CONVENER

con·vent /ˈkɒnvənt; *AmE* ˈkɑːnvent, -vənt/ *Nomen* **1** (*Nonnen-*) Kloster **2** (*auch* **ˈconvent school**) Klosterschule

con·ven·tion /kənˈvenʃn/ *Nomen* **1** Konvention, Brauch, Sitte ◊ *By convention the monarch decides.* Es ist üblich, dass der Herrscher entscheidet. **2** Tagung, Konferenz ◊ *the Democratic Party Convention* der Parteitag der Demokraten [SYN] CONFERENCE **3** Vertrag, Abkommen ◊ *the Geneva Convention* die Genfer Konvention

con·ven·tion·al /kənˈvenʃənl/ *Adj* (*Adv* **con·ven·tion·al·ly** /-ʃənəli/) **1** (*oft abwert*) konventionell **2** herkömmlich, traditionell, üblich [IDM] ⇨ WISDOM

con·ven·tion·al·ity /kənˌvenʃəˈnæləti/ *Nomen* Konventionalität, Herkömmlichkeit

con·verge /kənˈvɜːdʒ; *AmE* -ˈvɜːrdʒ/ *Verb* **1** zusammenströmen ◊ *Thousands of supporters converged on London.* Tausende von Anhängern strömten nach London. **2** (*Wege etc.*) zusammenlaufen **3** (MATH) konvergieren **4** (*fig*) sich (einander) annähern [OPP] DIVERGE

con·ver·gence /kənˈvɜːdʒəns; *AmE* -ˈvɜːrd-/ *Nomen* **1** Zusammenströmen **2** Zusammenlaufen **3** (MATH) Konvergenz **4** (*fig*) Annäherung

con·ver·gent /kənˈvɜːdʒənt; *AmE* -ˈvɜːrd-/ *Adj* **1** zusammenströmend **2** zusammenlaufend **3** (MATH) konvergierend **4** (*fig*) sich (einander) annähernd

con·ver·sant /kənˈvɜːsnt; *AmE* -ˈvɜːrs-/ *Adj* (*gehoben*) **~ with sth** mit etw vertraut

con·ver·sa·tion /ˌkɒnvəˈseɪʃn; *AmE* ˌkɑːnvərˈs-/ *Nomen* Gespräch, Unterhaltung, Konversation ◊ *get into (a) conversation with sb* mit jdm ins Gespräch kommen ◊ *the main topic of conversation* das Hauptgesprächsthema ◊ *The conversation turned to work.* Wir kamen auf die Arbeit zu sprechen.

con·ver·sa·tion·al /ˌkɒnvəˈseɪʃənl; *AmE* ˌkɑːnvərˈs-/ *Adj nur vor Nomen* Unterhaltungs-, Konversations- ◊ *conversational Spanish* gesprochenes Spanisch ◊ *a casual and conversational tone* ein lockerer Plauderton

con·ver·sa·tion·al·ist /ˌkɒnvəˈseɪʃənəlɪst; *AmE* ˌkɑːnvərˈs-/ *Nomen* gute(r) Unterhalter(in) ◊ *He was a notable conversationalist.* Er war ein Konversationsgenie.

con·ver·sa·tion·al·ly /ˌkɒnvəˈseɪʃənli; *AmE* ˌkɑːnvərˈs-/ *Adv* im (lockeren) Plauderton

con·verse¹ /kənˈvɜːs; *AmE* -ˈvɜːrs/ *Verb* (*gehoben*) **~ (on sth)** sich (über etw) unterhalten

con·verse² /ˈkɒnvɜːs; *AmE* ˈkɑːnvɜːrs/ *Nomen* **the converse** [Sing] (*gehoben*) das Gegenteil

con·verse³ /ˈkɒnvɜːs; *AmE* ˈkɑːnvɜːrs/ *Adj* (*Adv* **con·verse·ly**) (*gehoben*) umgekehrt

con·ver·sion /kənˈvɜːʃn; *AmE* -ˈvɜːrʒn, -ʃn/ *Nomen* **1** Umwandlung, Konvertierung **2** (*von Gebäuden etc.*) Umbau, Ausbau ◊ *a loft conversion* ein ausgebauter Dachboden **3** Umrechnung ◊ *a metric conversion table* eine Umrechnungstabelle für metrische Einheiten **4** Umstellung ◊ *Conversion to gas central heating will save you a lot of money.* Durch die Umstellung auf Gaszentralheizung werden Sie viel Geld sparen. **5** (REL) Bekehrung (*auch fig*), Konversion **6** (*beim Rugby*) = Verwandlung von Extrapunkten nach einem Touchdown

con·version van (*auch* **ˈvan conversion**) *Nomen* (*AmE*) = Kleinbus, Van oder Transporter mit einer wohnmobilähnlichen Ausstattung

con·vert¹ /kənˈvɜːt; *AmE* -ˈvɜːrt/ *Verb* **1** umwandeln, verwandeln, konvertieren **2** sich verwandeln lassen, sich umbauen lassen **3** (*Gebäude etc.*) umbauen, ausbauen **4** umrechnen ◊ *I've converted my dollars into euros.* Ich habe meine Dollars in Euro umgetauscht. **5** umstellen **6** (REL) konvertieren, bekehrt werden (*auch fig*) **7** **~ sb** (REL) jdn bekehren (*auch fig*) **8** **~ a try** (*beim Rugby*) = einen Versuch verwandeln [IDM] ⇨ PREACH

con·vert² /ˈkɒnvɜːt; *AmE* ˈkɑːnvɜːrt/ *Nomen* Konvertit(in), Bekehrte(r) (*auch fig*) ◊ *win/gain converts to the cause* Anhänger für die Sache gewinnen

con·vert·er (*auch* **con·ver·tor**) /kənˈvɜːtə(r); *AmE* -ˈvɜːrt-/ *Nomen* **1** Wandler ☞ *Siehe auch* CATALYTIC CONVERTER **2** (*Fachspr*) Konverter **3** (ELEK) Stromgleichrichter, Umformer

con·vert·ibil·ity /kənˌvɜːtəˈbɪləti; *AmE* -ˌvɜːrt-/ *Nomen* Konvertierbarkeit, Konvertibilität, Umwandelbarkeit

con·vert·ible¹ /kənˈvɜːtəbl; *AmE* -ˈvɜːrt-/ *Adj* verwandelbar, konvertierbar ◊ *The bonds are convertible into ordinary shares.* Die Anleihen lassen sich in Stammaktien umwandeln.

con·vert·ible² /kənˈvɜːtəbl; *AmE* -ˈvɜːrt-/ *Nomen* Kabrio(lett)

con·vex /ˈkɒnveks; *AmE* ˈkɑːn-/ *Adj* konvex, Konvex- [OPP] CONCAVE

con·vex·ity /kɒnˈveksəti; *AmE* kɑːnˈv-/ *Nomen* Konvexität

con·vey /kənˈveɪ/ *Verb* **1** **~ sth (to sb)** (jdm) etw vermitteln, (jdm) etw klar machen; (*Glückwünsche etc.*) (jdm) etw übermitteln [SYN] COMMUNICATE **2** (*gehoben*) transportieren; (*Wasser etc.*) leiten

con·vey·ance /kənˈveɪəns/ *Nomen* **1** (*gehoben*) Transport, Beförderung **2** (*gehoben*) Transportmittel ◊ *horse-drawn conveyances* Pferdefuhrwerke **3** (RECHT) Übertragungsurkunde

con·vey·an·cer /kənˈveɪənsə(r)/ *Nomen* = auf Eigentumsübertragung spezialisierte(r) Notar(in) oder Anwalt/Anwältin

con·vey·an·cing /kənˈveɪənsɪŋ/ *Nomen* [U] (RECHT) Eigentumsübertragung

con·vey·or /kənˈveɪə(r)/ *Nomen* **1** (*auch* **conˈveyor belt**) Fließband, Förderband **2** (*auch* **con·vey·er**) (*gehoben*) Überbringer(in), Übermittler(in); (*von Krankheiten etc.*) Überträger(in)

con·vict¹ /kənˈvɪkt/ *Verb* (*oft passiv*) **~ sb (of sth)** jdn (wegen einer Sache) für schuldig befinden, jdn (wegen einer Sache) verurteilen [OPP] ACQUIT

con·vict² /ˈkɒnvɪkt; *AmE* ˈkɑːn-/ (*umgs* **con**) *Nomen* Sträfling, Strafgefangene(r)

con·vic·tion /kənˈvɪkʃn/ *Nomen* **1** **~ (for sth)** Verurteilung (wegen einer Sache) ◊ *a previous conviction* eine Vorstrafe **2** Überzeugung ◊ *His speech didn't carry much conviction.* Seine Rede war nicht sehr überzeugend. ◊ *moral convictions* moralische Gesinnungen [IDM] ⇨ COURAGE

con·vince /kənˈvɪns/ *Verb* **~ sb/yourself (of sth)** jdn/sich (von etw) überzeugen

con·vinced /kənˈvɪnst/ *Adj nicht vor Nomen* überzeugt

con·vin·cing /kənˈvɪnsɪŋ/ *Adj* (*Adv* **con·vin·cing·ly**) überzeugend

con·viv·ial /kənˈvɪviəl/ *Adj* (*meist gehoben*) heiter, fröhlich

con·vo·ca·tion /ˌkɒnvəˈkeɪʃn; *AmE* ˌkɑːn-/ *Nomen* (*gehoben*) **1** Versammlung **2** (*AmE*) Diplomfeier, Promotionsfeier

con·vo·luted /ˈkɒnvəluːtɪd; *AmE* ˈkɑːn-/ *Adj* (*gehoben*) **1** (*fig*) verwickelt, kompliziert **2** gewunden

con·vo·lu·tion /ˌkɒnvəˈluːʃn; *AmE* ˌkɑːn-/ *Nomen* [meist Pl] (*gehoben*) **1** (*fig*) Verschlungenheit, Kompliziertheit **2** Windung

con·voy /ˈkɒnvɔɪ; *AmE* ˈkɑːn-/ *Nomen* Konvoi ◊ *an aid convoy* ein Hilfskonvoi [IDM] **in ˈconvoy** im Konvoi

con·vulse /kənˈvʌls/ *Verb* **1** **~ (with sth)** sich (vor etw) krümmen, sich (vor etw) zusammenziehen **2** **~ sb/sth** jdn/etw erzittern lassen ◊ *A violent shiver convulsed him.* Ein krampfhaftes Zittern durchfuhr ihn. ◊ *She was convulsed with anger.* Sie bebte vor Wut. ◊ *We were convulsed with laughter.* Wir krümmten uns vor Lachen.

con·vul·sion /kənˈvʌlʃn/ *Nomen* [meist Pl] **1** (MED) (Schüttel)krampf **2** (*fig*) Erschütterung

con·vul·sive /kənˈvʌlsɪv/ *Adj* (*Adv* **con·vul·sive·ly**) konvulsiv(isch), krampfartig

coo¹ /kuː/ *Verb* (**coo·ing**, **cooed**, **cooed**) gurren (*auch fig*) [IDM] ⇨ BILL²

coo² /kuː/ *Nomen* Gurren

coo³ /kuː/ *Ausruf* (*BrE, umgs*) ui, oh

cook¹ /kʊk/ *Verb* **1** kochen, zubereiten ◊ *These potatoes aren't properly cooked.* Diese Kartoffeln sind nicht gar. ◊ *a cooked breakfast* ein Frühstück mit Eiern, Speck und Würstchen **2** kochen, braten, garen, backen **3** **be ˈcooking** (*umgs*) im Busch sein [IDM] **ˌcook the ˈbooks** (*umgs*) die Bücher frisieren; die Abrechnungen fälschen ◊ **cook sb's ˈgoose** (*umgs*) jdm die Suppe versalzen ◊ **be ˈcooking with ˈgas** (*AmE, umgs*) zur Höchstform auflaufen [PHRV] **ˌcook sth ˈup** sich etw ausdenken, etw erfinden

cook² /kʊk/ *Nomen* Koch, Köchin [IDM] **too ˌmany ˈcooks spoil the ˈbroth** zu viele Köche verderben den Brei

cook·book /ˈkʊkbʊk/ (*BrE auch* **ˈcookery book**) *Nomen* Kochbuch

cook·er /ˈkʊkə(r)/ *Nomen* (*BrE*) Herd ◊ *an electric cooker* ein Elektroherd ☞ *Siehe auch* PRESSURE COOKER

cook·ery /ˈkʊkəri/ *Nomen* Kochen ◇ *a cookery course* ein Kochkurs ◇ *Italian cookery* die italienische Küche

cook·house /ˈkʊkhaʊs/ *Nomen* Feldküche

cookie /ˈkʊki/ *Nomen* (*Pl* **-ies**) (*bes AmE*) **1** Keks, Plätzchen **2** (*umgs*) Typ ◇ *She's a tough cookie.* Sie ist eine harte Nuss. ◇ *He's a smart cookie.* Er ist ein schlauer Bursche. **3** (COMP) Cookie ⓘᴅᴍ *that's the way the cookie ˈcrumbles* (*umgs*) da kann man nichts machen; so ist es eben

cook·ing /ˈkʊkɪŋ/ **1** *Nomen* Kochen ◇ *My husband does all the cooking.* Mein Mann kocht immer. ◇ *a book on Indian cooking* ein Buch über die indische Küche **2** *Nomen* Essen ◇ *traditional home cooking* traditionelle Hausmannskost **3** *Adj nur vor Nomen* Koch- ◇ *cooking sherry* Sherry zum Kochen

ˈ**cooking apple** *Nomen* (*BrE*) Kochapfel

ˈ**cooking gas** *Nomen* (*AmE*) Butangas

cook·out /ˈkʊkaʊt/ *Nomen* (*AmE*, *umgs*) Grillparty

cook·ware /ˈkʊkweə(r)/; *AmE* -wer/ *Nomen* [U] Kochgeschirr

cool¹ /kuːl/ *Adj* **1** (*Adv* **coolˑly**) kühl (*auch fig*) ◇ *Let's sit in the shade and keep cool.* Setzen wir uns in den Schatten, da ist es kühl. ◇ *a cool breeze* eine frische Brise **2** (*Adv* **coolˑly**) gelassen, besonnen, cool ◇ *She tried to remain cool, calm and collected.* Sie versuchte, einen kühlen Kopf zu behalten. **3** (*umgs*) cool **4** (*umgs*) unverfroren, frech ◇ *She picked up the phone, cool as you please.* Sie nahm seelenruhig den Hörer ab. **5** (*zur Verstärkung einer Geldsumme*) ◇ *The car cost a cool thirty thousand.* Der Wagen hat die Kleinigkeit von dreißigtausend gekostet. **6** okay ◇ *'Can you come tomorrow?' 'That's cool.'* „Kannst du morgen kommen?" „Okay." ◇ (*bes AmE, umgs*) *I was surprised by her promotion, but I'm cool with it.* Ihre Beförderung hat mich überrascht, aber für mich ist das kein Problem. ⓘᴅᴍ (**as**) ˌ**cool as a ˈcucumber** seelenruhig **play it ˈcool** (*umgs*) sich cool geben

cool² /kuːl/ *Verb* **1** (ab)kühlen **2** (*Gefühle etc.*) sich abkühlen ◇ *Wait until tempers have cooled.* Warte, bis sich alle wieder beruhigt haben. ⓘᴅᴍ ˈ**cool it** (*umgs*) reg dich ab! ˌ**cool your ˈheels** (*umgs*) warten ᴘʜʀᴠ ˌ**cool ˈdown/ ˈoff 1** sich abkühlen **2** sich abregen, sich beruhigen ˌ**cool sb ˈdown/ˈoff 1** jdn abkühlen **2** jdn beruhigen ˌ**cool sth ˈdown/ˈoff** etw abkühlen

cool³ /kuːl/ *Nomen* **the cool** [Sing] die Kühle ⓘᴅᴍ **keep your cool** (*umgs*) die Fassung bewahren **lose your cool** (*umgs*) ausrasten

coolˑant /ˈkuːlənt/ *Nomen* Kühlmittel

ˈ**cool bag** *Nomen* (*BrE*) Kühltasche

ˈ**cool box** *Nomen* (*BrE*) Kühlbox

coolˑer /ˈkuːlə(r)/ *Nomen* **1** Kühlapparat, Kühler **2** (*bes AmE*) Kühlbox **3** (*AmE*) = eisgekühlter Fruchtsaft mit Soda und Wein

ˌ**cool-ˈheaded** *Adj* kühl, besonnen, nüchtern

coolˑie /ˈkuːli/ *Nomen* (*veraltet, beleidigend*) Kuli

ˌ**cooling-ˈoff period** *Nomen* **1** = (gesetzlich festgelegte) Frist für Schlichtungsverhandlungen **2** Rücktrittsfrist

ˈ**cooling tower** *Nomen* Kühlturm

coolˑly *Adv* ⇨ ᴄᴏᴏʟ¹ (1, 2)

coolˑness /ˈkuːlnəs/ *Nomen* **1** Kühle **2** Gelassenheit, Besonnenheit

coon /kuːn/ *Nomen* (*Slang, beleidigend*) Nigger

coop¹ /kuːp/ *Nomen* Käfig, Hühnerstall ⓘᴅᴍ ⇨ ғʟʏ¹

coop² /kuːp/ *Verb* ᴘʜʀᴠ ˌ**coop sb/sth ˈup (in sth)** jdn/ etw (in etw) einsperren

ˈ**co-op** *Nomen* (*umgs*) Genossenschaft, Kooperativ(e), Konsum

coopˑer /ˈkuːpə(r)/ *Nomen* Böttcher

co·opˑerˑate (*BrE auch* **co-operate**) /kəʊˈɒpəreɪt; *AmE* koʊˈɑːp-/ *Verb* **~ (with sb) (in/on sth) 1** (mit jdm) (bei/an etw) zusammenarbeiten **2** kooperieren, mitmachen

co·opˑerˑation (*BrE auch* **co-operation**) /kəʊˌɒpəˈreɪʃn; *AmE* koʊˌɑːp-/ *Nomen* **1** Zusammenarbeit, Kooperation **2** Mitwirkung, Hilfsbereitschaft

co·opˑerˑaˑtive¹ (*BrE auch* **co-operative**) /kəʊˈɒpərətɪv; *AmE* koʊˈɑːp-/ *Adj* **1** (WIRTSCH) Genossenschafts-, genossenschaftlich **2** kooperativ, hilfsbereit **3** (*Adv* **co·opˑeraˑtiveˑly**) (*Vorgehen, Bemühungen*) gemeinsam

co·opˑerˑaˑtive² (*BrE auch* **co-operative**) /kəʊˈɒpərətɪv; *AmE* koʊˈɑːp-/ *Nomen* Genossenschaft, Kooperativ(e), Konsum ◇ *a workers' cooperative* eine Produktionsgenossenschaft

ˌ**co-ˈopt** *Verb* **~ sb onto/into sth 1** jdn in etw (hinzu)wählen **2** jdn in etw hineinziehen

co·ordˑinˑate¹ (*BrE auch* **co-ordinate**) /kəʊˈɔːdɪneɪt; *AmE* koʊˈɔːrd-/ *Verb* **1** koordinieren **2** ~ (**with sth**) (*Farben, Kleidung etc.*) (mit etw) zusammenpassen **3** ~ **sth** (*Farben, Kleidung etc.*) aufeinander abstimmen; **~ sth with sth** etw mit etw abstimmen

co·ordˑinˑate² (*BrE auch* **co-ordinate**) /kəʊˈɔːdɪnət; *AmE* koʊˈɔːrd-/ *Nomen* **1** Koordinate **2 coordinates** [Pl] Kombimode

coˈordinate clause *Nomen* (LING) nebengeordneter Satz

co·ordˑinˑation (*BrE auch* **co-ordination**) /kəʊˌɔːdɪˈneɪʃn; *AmE* koʊˌɔːrd-/ *Nomen* Koordinierung, Koordination ◇ *colour coordination* farbliche Abstimmung

co·ordˑinˑator (*BrE auch* **co-ordinator**) /kəʊˈɔːdɪˌneɪtə(r); *AmE* koʊˈɔːrd-/ *Nomen* Koordinator(in)

coot /kuːt/ *Nomen* **1** Wasserhuhn **2 old coot** (*AmE, umgs*) dummes Huhn

cop¹ /kɒp; *AmE* kɑːp/ *Nomen* (*umgs*) (*Polizist*) Polyp, Bulle ◇ *play cops and robbers* Räuber und Gendarm spielen ◇ *a TV cop show* eine Detektivserie ⓘᴅᴍ **not much ˈcop** (*BrE, Slang*) nichts Besonderes

cop² /kɒp; *AmE* kɑːp/ *Verb* (**-pp-**) **1** (*BrE*) abkriegen **2** (*BrE*) ◇ *Cop a load of this!* Sieh dir das mal an! ⓘᴅᴍ ˌ**cop a ˈplea** (*AmE, umgs*) ein Geständnis für ein weniger schweres Verbrechen ablegen in der Hoffnung, eine mildere Strafe zu bekommen. ˈ**cop it** (*BrE, Slang*) **1** dran sein **2** dran glauben müssen ᴘʜʀᴠ ˌ**cop ˈoff with sb** (*BrE, Slang*) jdn aufreißen ˌ**cop ˈout (of sth)** (*Slang*) (aus etw) aussteigen, sich (vor etw) drücken

cope¹ /kəʊp; *AmE* koʊp/ *Verb* **1** zurechtkommen **2** ~ **with sth** mit etw fertig werden

cope² /kəʊp; *AmE* koʊp/ *Nomen* Pluviale

copˑier /ˈkɒpiə(r); *AmE* ˈkɑːp-/ (*bes AmE*) = PHOTOCOPIER

ˈ**co-pilot** *Nomen* Kopilot(in)

coˑpiˑous /ˈkəʊpiəs; *AmE* ˈkoʊ-/ *Adj* reichlich, zahlreich, umfassend ꜱʏɴ ABUNDANT

coˑpiˑousˑly /ˈkəʊpiəsli/ *Adv* reichlich ◇ *The wound was bleeding copiously.* Die Wunde blutete stark. ◇ *She was weeping copiously.* Sie vergoss Ströme von Tränen.

ˈ**cop-out** *Nomen* (*umgs, abwert*) Vorwand, Ausflucht

copˑper /ˈkɒpə(r); *AmE* ˈkɑːp-/ *Nomen* **1** Kupfer ◇ *copper-coloured hair* kupferfarbenes Haar **2 coppers** [Pl] (*BrE*) Kupfermünze, Kleingeld ◇ *I only paid a few coppers for it.* Ich habe nur ein paar Pfennige dafür bezahlt. **3** (*BrE, umgs*) (*Polizist*) Bulle, Polyp

ˌ**copper ˈbeech** *Nomen* Blutbuche

copˑperˑplate /ˈkɒpəpleɪt; *AmE* ˈkɑːpər-/ *Nomen* Schönschrift

copˑpery /ˈkɒpəri; *AmE* ˈkɑːp-/ *Adj* kupfern, kupferfarben

copˑpice /ˈkɒpɪs; *AmE* ˈkɑːp-/ *Verb* (*Bäume*) beschneiden

copra /ˈkɒprə; *AmE* ˈkoʊprə/ *Nomen* Kopra

copse /kɒps; *AmE* kɑːps/ *Nomen* Wäldchen, Gehölz

copˑter /ˈkɒptə(r); *AmE* ˈkɑːp-/ *Nomen* (*umgs*) = HELICOPTER

copˑuˑlate /ˈkɒpjuleɪt; *AmE* ˈkɑːp-/ *Verb* (*gehoben*) koitieren, (ZOOL) kopulieren, (sich) paaren

copˑuˑlation /ˌkɒpjuˈleɪʃn; *AmE* ˌkɑːp-/ *Nomen* Koitus; (ZOOL) Kopulation, Begattung

copy¹ /ˈkɒpi; *AmE* ˈkɑːpi/ *Nomen* (*Pl* **-ies**) **1** Kopie **2** Exemplar, (*Zeitung, Zeitschrift*) Ausgabe ☛ *Siehe auch* BACK COPY **3** [U] Stoff, Material, Manuskript ☛ *Siehe auch* HARD COPY

copy² /ˈkɒpi; *AmE* ˈkɑːpi/ *Verb* (**copˑies, copyˑing, copˑied, copˑied**) **1 ~ (from/off sb)** (von jdm) abschreiben **2 ~ sth (down/out)** (sich) etw abschreiben, sich etw herausschreiben **3 ~ sth into/onto sth** etw in etw schreiben **4** (foto)kopieren **5** nachahmen, nachmachen, kopieren

copˑyˑbook /ˈkɒpibʊk; *AmE* ˈkɑːp-/ *Nomen* Schönschreibheft ⓘᴅᴍ ⇨ BLOT¹

copˑyˑcat¹ /ˈkɒpikæt; *AmE* ˈkɑː-/ *Nomen* (*umgs*) ◇ *He's a right copycat!* Er macht mir immer alles nach!

copˑyˑcat² /ˈkɒpikæt; *AmE* ˈkɑː-/ *Adj nur vor Nomen* Nachahmungs- ◇ *a copycat crime* eine Nachahmungstat

¹**copy-edit** *Verb* redigieren

¹**copy editor** *Nomen* Redakteur(in), Manuskriptbearbeiter(in)

copy·ist /ˈkɒpiːɪst; *AmE* ˈkɑːp-/ *Nomen* Kopist(in)

copy·right¹ /ˈkɒpiraɪt; *AmE* ˈkɑːp-/ *Nomen* ~ (in/on sth) Copyright (für etw), Urheberrecht(e) (an etw)

copy·right² /ˈkɒpiraɪt; *AmE* ˈkɑːp-/ (*Abk* **C**) *Adj* urheberrechtlich geschützt

copy·right³ /ˈkɒpiraɪt; *AmE* ˈkɑːp-/ *Verb* urheberrechtlich schützen (lassen)

copy·writer /ˈkɒpiraɪtə(r); *AmE* ˈkɑːp-/ *Nomen* Werbetexter(in)

co·quet·tish /kɒˈketɪʃ; *AmE* koʊˈk-/ *Adj* (*Adv* **co·quet·tish·ly**) kokett

cor /kɔː(r)/ (*auch* **cor blimey**) *Ausruf* (*BrE, umgs*) Mensch!

coral /ˈkɒrəl; *AmE* ˈkɔːrəl, ˈkɑːrəl/ **1** *Nomen* [U] Koralle **2** *Nomen* Koralle(ntier) **3** *Adj* korallenrot

cor ang·lais /ˌkɔːr ˈɒŋgleɪ; *AmE* ɔːŋˈgleɪ/ (*Pl* **cors anglais** /ˌkɔːr ˈɒŋgleɪ; *AmE* ɔːŋˈgleɪ/) *Nomen* (*bes BrE*) Englischhorn

cord /kɔːd; *AmE* kɔːrd/ *Nomen* **1** Schnur, Kordel, Strick ☛ *Siehe auch* VOCAL CORDS **2** (*bes AmE*) Kabel ⟨SYN⟩ FLEX **3** = CORDUROY **4 cords** [Pl] (*veraltet* **corduroys**) Kordhose ☛ *Hinweis bei* BRILLE

cord·ed /ˈkɔːdɪd; *AmE* ˈkɔːrd-/ *Adj* **1** gerippt ⟨SYN⟩ RIBBED **2** (*Muskel*) angespannt **3** mit Schnur ⟨OPP⟩ CORDLESS

cor·dial¹ /ˈkɔːdiəl; *AmE* ˈkɔːrdʒəl/ *Adj* (*gehoben*) freundschaftlich, herzlich, freundlich

cor·dial² /ˈkɔːdiəl; *AmE* ˈkɔːrdʒəl/ *Nomen* **1** (Frucht)saft **2** (*AmE*) Likör

cor·di·al·ly /ˈkɔːdiəli; *AmE* ˈkɔːrdʒəli/ *Adv* (*gehoben*) **1** herzlich **2** (*hassen*) zutiefst

cord·ite /ˈkɔːdaɪt; *AmE* ˈkɔːrd-/ *Nomen* Kordit

cord·less /ˈkɔːdləs; *AmE* ˈkɔːrd-/ *Adj* kabellos; (*Telefon*) schnurlos ◇ *a cordless drill* eine Akkubohrmaschine ◇ *a cordless mouse* eine Funkmaus ⟨OPP⟩ CORDED

cor·don¹ /ˈkɔːdn; *AmE* ˈkɔːrdn/ *Nomen* Kordon

cor·don² /ˈkɔːdn; *AmE* ˈkɔːrdn/ *Verb* ⟨PHRV⟩ ˌ**cordon sth ˈoff** etw abriegeln, etw absperren

cor·don bleu /ˌkɔːdɒ ˈblɜː; *AmE* ˌkɔːrdʊ/ *Adj* (*Koch*) Meister-; (*Küche*) fein

cor·du·roy /ˈkɔːdərɔɪ; *AmE* ˈkɔːrd-/ *Nomen* **1** (*auch* **cord**) Kord(samt) **2 cor·du·roys** (*veraltet*) = CORD (4)

core¹ /kɔː(r)/ *Nomen* **1** Kerngehäuse **2** Kern (*auch fig*) ◇ *Concern for the environment is at the core of our policies.* Der Umweltschutz ist das zentrale Anliegen unserer Politik. ◇ *core subjects* Pflichtfächer ◇ *the core curriculum* der Grundlehrplan ◇ *the core of the argument* der Kern des Arguments **3** (*Gruppe*) Kreis ☛ *Siehe auch* HARD CORE ⟨IDM⟩ ˈ**to the ˈcore** durch und durch; zutiefst

core² /kɔː(r)/ *Verb* entkernen

cori·an·der /ˌkɒriˈændə(r); *AmE* ˈkɔːr-/ *Nomen* Koriander

cork¹ /kɔːk; *AmE* kɔːrk/ *Nomen* **1** Kork **2** Korken

cork² /kɔːk; *AmE* kɔːrk/ *Verb* ~ **sth (up)** etw verkorken, etw zukorken ⟨PHRV⟩ ˌ**cork sth ˈup** (*Gefühle etc.*) unterdrücken

corked /kɔːkt; *AmE* kɔːrkt/ *Adj* (*Wein*) korkig

cork·screw /ˈkɔːkskruː; *AmE* ˈkɔːrk-/ *Nomen* Korkenzieher

corm /kɔːm; *AmE* kɔːrm/ *Nomen* (BOT) Knolle

cor·mor·ant /ˈkɔːmərənt; *AmE* ˈkɔːrm-/ *Nomen* Kormoran

corn /kɔːn; *AmE* kɔːrn/ *Nomen* **1** (*BrE*) Korn, Getreide **2** (*AmE*) Mais ☛ *Siehe auch* CORN ON THE COB **3** Hühnerauge

¹**corn circle** *Nomen* = kreisförmige Stelle in einem Feld, auf der das Getreide aus scheinbar unerklärlichen Gründen flach gedrückt ist; Kornkreis

¹**corn cob** (*bes BrE*) = COB

cor·nea /ˈkɔːniə; *AmE* ˈkɔːrniə/ *Nomen* (*am Auge*) Hornhaut

corned beef /ˌkɔːnd ˈbiːf; *AmE* ˌkɔːrnd/ *Nomen* Corned Beef

cor·ner¹ /ˈkɔːnə(r); *AmE* ˈkɔːrn-/ *Nomen* **1** Ecke; (*Mund-, Augen-*) Winkel ◇ *in the far corner of the room* in der hinteren Zimmerecke ◇ *on/at the corner* an der Ecke ◇ *As I turned the corner ...* Als ich um die Ecke bog, ... ◇ *I hit my knee on the corner of the table.* Ich habe mir das Knie an der Tischkante gestoßen. **2** (*Straßen-*) Kurve **3** (*Gegend*) Winkel ◇ *students from the four corners of the world* Studenten aus aller Welt **4** [meist Sing] (*schwierige Situation*) Enge ◇ *force sb into a corner* jdn in die Enge treiben ◇ *He was used to talking his way out of tight corners.* Er verstand es, sich immer aus allem herauszureden. **5** (*auch* ¹**corner kick**) Eckball, Eckstoß ⟨IDM⟩ **(just) around/round the ˈcorner** (gleich) um die Ecke; ◇ (*fig*) *There were good times around the corner.* Bessere Zeiten standen vor der Tür. **cut ˈcorners (on sth)** (*abwert*) es (mit etw) nicht so genau nehmen **cut the ˈcorner** (*bes BrE* **cut off the ˈcorner**) den Weg abschneiden **see sth out of the corner of your ˈeye** etw aus den Augenwinkeln sehen **turn the ˈcorner** über den Berg sein

cor·ner² /ˈkɔːnə; *AmE* ˈkɔːrn-/ *Verb* **1** in die Enge treiben **2** (*zum Stehenbleiben zwingen*) stellen **3** ~ **the market** den Markt monopolisieren **4** (*BrE*) die Kurve(n) nehmen ◇ *The car corners well.* Das Auto hat eine gute Kurvenlage.

-cornered /ˈkɔːnəd; *AmE* ˈkɔːrnərd/ (*in Zusammensetzungen*) -eckig ◇ *a three-cornered hat* ein Dreispitz

¹**corner shop** *Nomen* (*BrE*) Tante-Emma-Laden

cor·ner·stone /ˈkɔːnəstəʊn; *AmE* ˈkɔːrnərstoʊn/ *Nomen* Eckstein, Grundstein (*auch fig*)

cor·net /ˈkɔːnɪt; *AmE* ˈkɔːrnɪt/ *Nomen* **1** (MUS) Kornett **2** (*BrE, veraltet*) (Eis)tüte

¹**corn exchange** *Nomen* (*BrE*) Getreidebörse

corn·flakes /ˈkɔːnfleɪks; *AmE* ˈkɔːrn-/ *Nomen* [Pl] Cornflakes

corn·flour /ˈkɔːnflaʊə(r); *AmE* ˈkɔːrn-/ *Nomen* (*BrE*) Stärkemehl

corn·flower /ˈkɔːnflaʊə(r); *AmE* ˈkɔːrn-/ *Nomen* Kornblume

cor·nice /ˈkɔːnɪs; *AmE* ˈkɔːrnɪs/ *Nomen* Gesims, Fries

Corn·ish /ˈkɔːnɪʃ; *AmE* ˈkɔːrnɪʃ/ *Adj* aus Cornwall

Cornish pasty *Nomen* = mit Fleisch und Gemüse gefülltes Gebäck

corn·meal /ˈkɔːnmiːl; *AmE* ˈkɔːrn-/ *Nomen* Maismehl

¹**corn on the ˈcob** *Nomen* [U] (*gekochter*) Maiskolben

¹**corn pone** (*auch* **pone**) *Nomen* [U] (*AmE*) Maisfladen, Maisbrot

corn·rows /ˈkɔːnrəʊz; *AmE* ˈkɔːrnroʊz/ *Nomen* [Pl] = eingeflochtene Zöpfchen, die direkt am Kopf liegen

corn·starch /ˈkɔːnstɑːtʃ; *AmE* ˈkɔːrnstɑːrtʃ/ *Nomen* (*AmE*) Stärkemehl

ˌ**corn ˈsyrup** *Nomen* Maissirup

cor·nu·co·pia /ˌkɔːnjuːˈkəʊpiə; *AmE* ˌkɔːrnjuːˈkoʊpiə/ *Nomen* **1** Füllhorn (*auch fig*) **2** (*gehoben*) Fülle

corny /ˈkɔːni; *AmE* ˈkɔːrni/ *Adj* (**corn·ier, corni·est**) (*umgs*) kitschig, abgedroschen, schmalzig

cor·ol·lary /kəˈrɒləri; *AmE* ˈkɔːrəleri, ˈkɑːr-/ *Nomen* (*Pl* **-ies**) ~ (**of/to sth**) (*gehoben oder Fachspr*) (Schluss)folgerung (aus etw), logische Folge (einer Sache)

cor·ona /kəˈrəʊnə; *AmE* -ˈroʊ-/ *Nomen* (*Pl* **cor·onas** /kəˈrəʊnəz/ *oder* **co·ro·nae** /-niː/) (ASTRON) Hof, Korona

cor·on·ary¹ /ˈkɒrənri; *AmE* ˈkɔːrəneri/ *Nomen* (*Pl* **-ies**) (*umgs*) (*auch* ˌ**coronary thromˈbosis**) (*Pl* **throm·boses**) Herzinfarkt, Koronarembolie

cor·on·ary² /ˈkɒrənri; *AmE* ˈkɔːrəneri/ *Adj* (MED) koronar, Koronar-, Herz- ◇ *coronary artery* Herzkranzgefäß ◇ *coronary heart disease* Erkrankung der Herzkranzgefäße

cor·on·ation /ˌkɒrəˈneɪʃn; *AmE* ˌkɔːr-/ *Nomen* Krönung

cor·on·er /ˈkɒrənə(r); *AmE* ˈkɔːr-/ *Nomen* = Beamte/Beamtin, der/die einen ungeklärten Todesfall untersucht

cor·onet /ˈkɒrənet; *AmE* ˌkɔːrəˈnet, ˌkɑːr-/ *Nomen* Krönchen, Krone

Corp. *Abk* = CORPORATION

cor·poral /ˈkɔːpərəl; *AmE* ˈkɔːrp-/ *Nomen* (*Abk* **Cpl**; *AmE* **Cpl.**) ≈ Hauptgefreiter

ˌ**corporal ˈpunishment** *Nomen* [U] körperliche Züchtigung

cor·por·ate /ˈkɔːpərət; *AmE* ˈkɔːrp-/ *Adj* nur vor Nomen **1** Unternehmens-, Firmen- ◇ *corporate hospitality* die Unterhaltung und Bewirtung von Kunden **2** (*Fachspr*) körperschaftlich ◇ *a corporate body* eine Körperschaft **3** gemeinsam, kollektiv

---

u actual | aɪ my | aʊ now | eɪ say | əʊ (*BrE*) go | oʊ (*AmE*) go | ɔɪ boy | ɪə near | eə hair | ʊə pure

cor·por·ation /ˌkɔːpəˈreɪʃn; *AmE* ˌkɔːrp-/ *Nomen* **1** (*Abk* **Corp.**) Konzern, (Handels)gesellschaft **2** (RECHT) Körperschaft **3** (*BrE*) (Stadt)verwaltung

ˌcorpoˈration tax *Nomen* [U] (*BrE*) Körperschaftssteuer

cor·por·at·ism /ˈkɔːpərətɪzəm; *AmE* ˈkɔːrp-/ *Nomen* Korporatismus

corps /kɔː(r)/ *Nomen* (*Pl* **corps** /kɔːz; *AmE* kɔːrz/) Korps, Truppe ☛ G 1.3b

corpse /kɔːps; *AmE* kɔːrps/ *Nomen* Leiche, Leichnam

cor·pu·lent /ˈkɔːpjələnt; *AmE* ˈkɔːrp-/ *Adj* (*gehoben*) korpulent

cor·pus /ˈkɔːpəs; *AmE* ˈkɔːrpəs/ *Nomen* (*Pl* **cor·pora** /ˈkɔːpərə; *AmE* ˈkɔːrp-/ *oder* **cor·puses** /-sɪz/) (*Fachspr*) (Text)sammlung, Korpus ☛ *Siehe auch* HABEAS CORPUS

cor·puscle /ˈkɔːpʌsl; *AmE* ˈkɔːrp-/ *Nomen* (ANAT) Blutkörperchen

cor·ral¹ /kəˈrɑːl; *AmE* -ˈræl/ *Nomen* Korral, Pferch

cor·ral² /kəˈrɑːl; *AmE* -ˈræl/ *Verb* (**-ll-**, *AmE auch* **-l-**) in einen Pferch treiben, einpferchen

cor·rect¹ /kəˈrekt/ *Adj* **1** richtig ◊ *Do you have the correct time?* Haben Sie die genaue Uhrzeit? ◊ *Am I correct in saying that …?* Gehe ich recht in der Annahme, dass …? SYN RIGHT ☛ *Hinweis bei* RICHTIG **2** korrekt ☛ *Siehe auch* POLITICALLY CORRECT

cor·rect² /kəˈrekt/ *Verb* korrigieren; (*Meldung etc.*) berichtigen ◊ *Correct me if I'm wrong, but …?* Ich kann mich natürlich irren, aber …? ◊ *Yes, you're right – I stand corrected.* Ja, Sie haben recht – ich habe mich geirrt.

cor·rec·tion¹ /kəˈrekʃn/ *Nomen* **1** Korrektur; (*einer Meldung etc.*) Richtigstellung **2** Berichtigung **3** (*veraltet*) Bestrafung

cor·rec·tion² /kəˈrekʃn/ *Ausruf* (*umgs*) ◊ *I don't know. Correction – I do know, but I'm not telling.* Ich weiß es nicht. Stimmt nicht – ich weiß es schon, aber ich sag es nicht.

cor·rec·tion·al /kəˈrekʃənl/ *Adj nur vor Nomen* (*bes AmE*) Straf- ◊ *a correctional center* eine Strafanstalt

corˈrection fluid *Nomen* Korrekturflüssigkeit

cor·rect·ive¹ /kəˈrektɪv/ *Adj* korrigierend ◊ *take corrective action* korrigierend eingreifen

cor·rect·ive² /kəˈrektɪv/ *Nomen* (*gehoben*) Berichtigung, Richtigstellung

cor·rect·ly /kəˈrektli/ *Adv* **1** richtig(erweise) **2** korrekt

cor·rect·ness /kəˈrektnəs/ *Nomen* **1** Richtigkeit **2** Korrektheit ☛ *Siehe auch* POLITICAL CORRECTNESS

cor·rel·ate¹ /ˈkɒrəleɪt; *AmE* ˈkɔːr-, ˈkɑːr-/ *Verb* **1** (miteinander) in Beziehung stehen, korrelieren ◊ *The figures do not seem to correlate.* Es scheint keine Korrelation zwischen den Zahlen zu bestehen. ◊ *Smoking correlates with a greater risk of heart disease.* Rauchen vermehrt das Risiko, herzkrank zu werden. **2** (miteinander) in Beziehung setzen, korrelieren

cor·rel·ate² /ˈkɒrələt; *AmE* ˈkɔːr-, ˈkɑːr-/ *Nomen* Korrelat

cor·rel·ation /ˌkɒrəˈleɪʃn; *AmE* ˌkɔːr-, ˌkɑːr-/ *Nomen* Zusammenhang, Wechselbeziehung; (MATH) Korrelation

cor·rela·tive /kəˈrelətɪv/ *Nomen* (*gehoben*) Korrelat

cor·res·pond /ˌkɒrəˈspɒnd; *AmE* ˌkɔːrəˈspɑːnd, ˌkɑːr-/ *Verb* **1** ~ (**to**/**with sth**) (mit etw) übereinstimmen **2** sich entsprechen; ~ **to sth** einer Sache entsprechen **3** (*gehoben*) ~ (**with sb**) (mit jdm) korrespondieren

cor·res·pond·ence /ˌkɒrəˈspɒndəns; *AmE* ˌkɔːrəˈspɑːn-, ˌkɑː-/ *Nomen* **1** Korrespondenz, Briefwechsel ◊ *We welcome correspondence from readers.* Wir begrüßen Leserbriefe. **2** Übereinstimmung, Ähnlichkeit

correˈspondence course *Nomen* Fernkurs

cor·res·pond·ent /ˌkɒrəˈspɒndənt; *AmE* ˌkɔːrəˈspɑːn-, ˌkɑː-/ *Nomen* **1** Korrespondent(in), Berichterstatter(in) ◊ *sports correspondents* Sportjournalisten **2** Briefschreiber(in) ◊ *be a poor correspondent* schreibfaul sein

cor·res·pond·ing /ˌkɒrəˈspɒndɪŋ; *AmE* ˌkɔːrəˈspɑːn-, ˌkɑː-/ *Adj* entsprechend

cor·res·pond·ing·ly /ˌkɒrəˈspɒndɪŋli; *AmE* ˌkɔːrəˈspɑːn-, ˌkɑː-/ *Adv* (dem)entsprechend

cor·ri·dor /ˈkɒrɪdɔː(r); *AmE* ˈkɔːr-, ˈkɑːr-/ *Nomen* Gang, Korridor IDM **the corridors of ˈpower** die Schaltstellen der Macht

cor·rie /ˈkɒri; *AmE* ˈkɔːri, ˈkɑːri/ *Nomen* (GEOL) Kar

cor·rob·or·ate /kəˈrɒbəreɪt; *AmE* -ˈrɑːb-/ *Verb* (*oft passiv*) bestätigen, bekräftigen, erhärten

cor·rob·or·ation /kəˌrɒbəˈreɪʃn; *AmE* -ˌrɑːbə-/ *Nomen* Bestätigung, Bekräftigung, Erhärtung

cor·rob·ora·tive /kəˈrɒbərətɪv; *AmE* kəˈrɑːbəreɪtɪv/ *Adj* (*gehoben*) erhärtend, bekräftigend ◊ *Is there any corroborative evidence for this theory?* Gibt es für diese Theorie irgendwelche Beweise?

cor·rode /kəˈrəʊd; *AmE* kəˈroʊd/ *Verb* **1** (*Metall*) zerfressen **2** korrodieren **3** (*Vertrauen etc.*) zerstören

cor·ro·sion /kəˈrəʊʒn; *AmE* -ˈroʊ-/ *Nomen* Korrosion, Rost(fraß)

cor·ro·sive /kəˈrəʊsɪv; *AmE* -ˈroʊ-/ *Adj* **1** ätzend, zerfressend, korrosiv **2** (*gehoben*) (*fig*) zerstörerisch

cor·ru·gated /ˈkɒrəgeɪtɪd; *AmE* ˈkɔːr-, ˈkɑːr-/ *Adj* gewellt ◊ *corrugated iron*/*cardboard* Wellblech/-pappe

cor·rupt¹ /kəˈrʌpt/ *Adj* **1** korrupt, bestechlich **2** (*moralisch*) verkommen; (*Mittel, Methoden, Praktiken*) unlauter **3** beschädigt; (*Text etc.*) korrumpiert

cor·rupt² /kəˈrʌpt/ *Verb* **1** verderben, korrumpieren **2** (*oft passiv*) (COMP) beschädigen

cor·rupt·ible /kəˈrʌptəbl/ *Adj* korrumpierbar, bestechlich OPP INCORRUPTIBLE

cor·rup·tion /kəˈrʌpʃn/ *Nomen* **1** Korruption **2** Korrumpierung, moralischer Verfall **3** [*meist Sing*] (*eines Wortes etc.*) Entstellung, Verballhornung

cor·rupt·ly /kəˈrʌptli/ *Adv* korrupt, in korrupter Weise

cor·sage /kɔːˈsɑːʒ; *AmE* kɔːrˈsɑːʒ/ *Nomen* Anstecksträußchen

cor·set /ˈkɔːsɪt; *AmE* ˈkɔːrsɪt/ *Nomen* Korsett; (MED) Stützkorsett

cor·tège (*bes AmE* **cor·tege**) /kɔːˈteʒ, -ˈteɪʒ; *AmE* kɔːrˈteʒ/ *Nomen* Trauerzug

cor·tex /ˈkɔːteks; *AmE* ˈkɔːrt-/ *Nomen* (*Pl* **cor·ti·ces** /ˈkɔːtɪsiːz; *AmE* ˈkɔːrt-/) (ANAT) Rinde, Kortex

cor·tic·al /ˈkɔːtɪkl; *AmE* ˈkɔːrt-/ *Adj* (ANAT) kortikal

cor·ti·sone /ˈkɔːtɪzəʊn, -səʊn; *AmE* ˈkɔːrtəsoʊn, -zoʊn/ *Nomen* (MED) Kortison

cor·vette /kɔːˈvet; *AmE* kɔːrˈvet/ *Nomen* (*Schiff*) Korvette

cos¹ (*auch* **'cos**) /kɒz; *AmE* kəz/ *Konj* (*BrE, umgs*) weil SYN BECAUSE

cos² *Abk* = COSINE

cosh¹ /kɒʃ; *AmE* kɑːʃ/ *Nomen* (*bes BrE*) Totschläger

cosh² /kɒʃ; *AmE* kɑːʃ/ *Verb* (*bes BrE*) niederknüppeln

ˌco-ˈsignatory /ˌkəʊˈsɪgnətəri; *AmE* ˌkoʊˈsɪgnətɔːri/ *Nomen* (*Pl* **-ies**) Mitunterzeichner(in)

cosi·ly (*AmE* **cozi·ly**) /ˈkəʊzili; *AmE* ˈkoʊzi-/ *Adv* behaglich, gemütlich

co·sine /ˈkəʊsaɪn; *AmE* ˈkoʊ-/ *Nomen* (*Abk* **cos**) (MATH) Kosinus

cosi·ness (*AmE* **cozi·ness**) /ˈkəʊzinəs; *AmE* ˈkoʊzi-/ *Nomen* Behaglichkeit, Gemütlichkeit

ˈcos lettuce /ˌkɒs ˈletɪs, ˌkɒz; *AmE* ˌkɑːs, ˌkɔːs/ *Nomen* (*BrE*) römischer Salat, Romana-Salat

cos·met·ic¹ /kɒzˈmetɪk; *AmE* kɑːz-/ *Nomen* [*meist Pl*] Kosmetikum ◊ *the cosmetics industry* die Kosmetikindustrie

cos·met·ic² /kɒzˈmetɪk; *AmE* kɑːz-/ *Adj* (*Adv* **cos·met·ic·al·ly** /-kli/) kosmetisch (*auch fig*) ◊ *cosmetic surgery* Schönheitschirurgie

cos·mic /ˈkɒzmɪk; *AmE* ˈkɑːz-/ *Adj* **1** kosmisch **2** gigantisch

ˌcosmic ˈrays *Nomen* [*Pl*] kosmische Strahlung

cosmo·logic·al /ˌkɒzməˈlɒdʒɪkl; *AmE* ˌkɑːzməˈlɑːdʒ-/ *Adj* kosmologisch

cos·mol·ogy /kɒzˈmɒlədʒi; *AmE* kɑːzˈmɑːl-/ *Nomen* Kosmologie

cosmo·naut /ˈkɒzmənɔːt; *AmE* ˈkɑːz-/ *Nomen* Kosmonaut(in)

cosmo·pol·itan /ˌkɒzməˈpɒlɪtən; *AmE* ˌkɑːzməˈpɑːl-/ **1** *Adj* kosmopolitisch **2** *Nomen* Kosmopolit(in)

cos·mos /ˈkɒzmɒs; *AmE* ˈkɑːzmoʊs, -məs/ **the cosmos** *Nomen* [*Sing*] der Kosmos

cos·set /ˈkɒsɪt; *AmE* ˈkɑːs-/ *Verb* (*oft abwert*) verhätscheln SYN PAMPER

cost¹ /kɒst; *AmE* kɔːst/ *Nomen* **1** Preis, Kosten (*auch fig*) ◊ *The cost of petrol has gone up.* Die Benzinpreise sind gestiegen. ◊ *at a cost of $80 000* zum Preis von 80 000 $ ◊ *the environmental cost of nuclear power* die Umweltbelastung durch Atomenergie ◊ *whatever the cost* koste es, was es wolle **2 costs** [Pl] die Kosten ◊ *cut costs* die Kosten reduzieren **3 costs** [Pl] (*bes BrE*) (RECHT) Gerichtskosten IDM **at 'all cost/costs** um jeden Preis **at 'any cost** um jeden Preis **at 'cost** zum Selbstkostenpreis **know/find/learn sth to your 'cost** etw aus bitterer Erfahrung wissen/lernen **learn/discover/find sth to your 'cost** etw zu seinem Schaden herausfinden

cost² /kɒst; *AmE* kɔːst/ *Verb* (**cost, cost**) **1** kosten (*auch fig*) ◊ *The hospital will cost an estimated £2 million to build.* Der Bau des Krankenhauses wird schätzungsweise zwei Millionen Pfund kosten. ◊ *That one mistake almost cost him his life.* Dieser eine Fehler kostete ihn beinahe das Leben. ◊ *It costs too much.* Es ist zu teuer. **2** (**costed, costed**) (*meist passiv*) **~ sth** (**out**) die Kosten für etw veranschlagen, die Kosten für etw kalkulieren ◊ *They have costed the project at $8.1 million.* Sie haben das Projekt mit $8,1 Millionen veranschlagt. IDM **cost sb 'dear** jdn teuer zu stehen kommen **it will 'cost you** (*umgs*) das wird dich/Sie nicht billig kommen ☞ *Siehe auch* ARM¹

'cost accounting *Nomen* [U] Kostenrechnung
'co-star¹ *Nomen* eine(r) der Hauptdarsteller(innen)
'co-star² *Verb* (**-rr-**) **1** eine der Hauptrollen spielen ◊ *a movie in which Johnny Depp co-stars with Winona Ryder* ein Film, in dem Johnny Depp und Winona Ryder die Hauptrollen spielen **2** ◊ *a film co-starring Johnny Depp and Winona Ryder* ein Film mit Johnny Depp und Winona Ryder in den Hauptrollen
'cost-benefit (WIRTSCH) *Nomen* Kosten-Nutzen-Verhältnis ◊ *cost-benefit analysis* Kosten-Nutzen-Analyse
'cost-cutting *Nomen* [U] Kostendämpfung ◊ *cost-cutting measures* Kosten sparende Maßnahmen
ˌcost-efˈfective *Adj* rentabel, (kosten)effizient, kostenwirksam
ˌcost-efˈfectiveness *Nomen* Rentabilität
cost·ing /'kɒstɪŋ; *AmE* 'kɔːst-/ *Nomen* Kostenberechnung, Kalkulation
cost·ly /'kɒstli; *AmE* 'kɔːst-/ *Adj* (**cost·li·er, cost·li·est**) (**More costly** und **most costly** sind auch möglich.) **1** kostspielig, teuer **2** teuer erkauft; (*Fehler*) folgenschwer ◊ *Such floods can be costly in terms of loss of life.* Solche Überschwemmungen können viele Menschenleben kosten.
the ˌcost of 'living *Nomen* [Sing] die Lebenshaltungskosten
ˌcost 'price *Nomen* Selbstkostenpreis
cos·tume /'kɒstjuːm; *AmE* 'kɑːstuːm/ *Nomen* **1** Tracht ◊ *national costume* Nationaltracht **2** (Bühnen)kostüm ◊ *He was in a rabbit costume.* Er war als Kaninchen verkleidet. **3** (*BrE*) = SWIMMING COSTUME
cos·tumed /'kɒstjuːmd; *AmE* 'kɑːstuːmd/ *Adj* kostümiert
'costume drama *Nomen* Kostümstück/-film
'costume jewellery *Nomen* Modeschmuck
cosy (*AmE* **cozy**) /'kəʊzi; *AmE* 'koʊzi/ *Adj* (**cosi·er, cosi·est**) **1** gemütlich, behaglich ◊ *I felt warm and cosy sitting by the fire.* Am Feuer war es warm und ich fühlte mich wohl. **2** (*oft abwert*) (allzu) bequem ☞ *Siehe auch* COSILY
cot /kɒt; *AmE* kɑːt/ *Nomen* **1** Kinderbett **2** (*AmE*) Feldbett
'cot death *Nomen* (*BrE*) plötzlicher Kindstod
co·terie /'kəʊtəri; *AmE* 'koʊ-/ *Nomen* (*oft abwert*) Clique; (*Freundes-, Künstler- etc.*) Kreis ☞ G 1.3b
cot·tage /'kɒtɪdʒ; *AmE* 'kɑːt-/ *Nomen* Häuschen, Cottage ◊ (*BrE*) *a holiday cottage* ein Ferienhaus
ˌcottage 'cheese *Nomen* [U] Hüttenkäse
ˌcottage 'in·dus·try *Nomen* (*Pl* **-ies**) Heimindustrie
ˌcottage 'pie *Nomen* = Auflauf aus Hackfleisch mit einer Schicht Kartoffelpüree darüber SYN SHEPHERD'S PIE
cot·tager /'kɒtɪdʒə(r); *AmE* 'kɑːt-/ *Nomen* (*BrE*) (GESCH) Häusler(in)
cot·ta·ging /'kɒtɪdʒɪŋ; *AmE* 'kɑːt-/ *Nomen* (*von schwulen Männern*) = Kontaktaufnahme in öffentlichen Toiletten
cot·ton¹ /'kɒtn; *AmE* 'kɑːtn/ *Nomen* **1** Baumwolle, Baumwollstoff ◊ *a cotton shirt* ein Baumwollhemd **2** (*bes BrE*) (Baumwoll)garn ◊ *a cotton reel* eine Garnspule **3** (*AmE*) Watte ◊ *a cotton ball* ein Wattebausch
cot·ton² /'kɒtn; *AmE* 'kɑːtn/ *Verb* PHRV **ˌcotton 'on (to sth)** (*umgs*) (etw) kapieren **ˌcotton (**'**up) to sb/sth** (*AmE, umgs*) sich mit jdm/etw anfreunden
ˌcotton 'bud *Nomen* (*BrE*) Wattestäbchen
ˌcotton 'candy *Nomen* (*AmE*) Zuckerwatte
ˌcotton 'wool *Nomen* (*BrE*) Watte
couch¹ /kaʊtʃ/ *Nomen* **1** Couch, Sofa SYN SETTEE und SOFA **2** (*beim Arzt*) Untersuchungsliege
couch² /kaʊtʃ/ *Verb* (*meist passiv*) (*gehoben*) formulieren ◊ *be couched in over-technical language* sehr technisch formuliert sein
couch·ette /kuːˈʃet/ *Nomen* (*im Zug*) Liegewagenplatz
'couch potato *Nomen* (*Pl* **-oes**) (*umgs, abwert*) = jd, der immer nur vor dem Fernseher sitzt
cou·gar /'kuːɡə(r)/ *Nomen* (*bes AmE*) Puma
cough¹ /kɒf; *AmE* kɔːf/ *Verb* **1** husten ◊ *cough discreetly* diskret hüsteln **2 ~ sth** (**up**) etw (aus)husten **3** (*Motor*) stottern PHRV **ˌcough (sth) 'up** (*fig, umgs*) etw herausrücken
cough² /kɒf; *AmE* kɔːf/ *Nomen* Husten ◊ *She gave a polite cough.* Sie hüstelte höflich.
cough·ing /'kɒfɪŋ; *AmE* 'kɔːfɪŋ/ *Nomen* [U] Husten ◊ *a fit of coughing* ein Hustenanfall
'cough syrup (*auch* **'cough medicine**, *BrE auch* **'cough mixture**) *Nomen* [U] Hustensaft, Hustenmittel
could /kəd; *betont* kʊd/ *Modalvb* (*verneint* **could not**, *Kurzform* **couldn't** /'kʊdnt/) **1** können **2** und kann und in der indirekten Rede) ☞ G 9.5 **2** ☞ G 10 IDM **could do with sth** (*umgs*) ◊ *I could do with a drink!* Ich könnte etwas trinken. ◊ *We could have done with your help this morning.* Wir hätten deine Hilfe heute Morgen gebraucht.
coun·cil /'kaʊnsl/ *Nomen* **1** (*Stadt-, Bezirks- etc.*) Rat ◊ *She's on the district council.* Sie ist im Bezirksrat. ◊ (*BrE*) *He's a council worker.* Er arbeitet bei der Stadt. ◊ *council services* kommunale Versorgungseinrichtungen **2** Ausschuss, Rat **3** (*gehoben*) Ratsversammlung ◊ *hold council* Rat halten ☞ *Siehe auch* PRIVY COUNCIL ☞ G 1.3b
'council chamber *Nomen* (*BrE*) Sitzungssaal (*des Rats, Stadtrats etc.*)
'council estate *Nomen* (*BrE*) Siedlung des sozialen Wohnungsbaus
'council house, council flat *Nomen* (*BrE*) Sozialwohnung
coun·cil·lor (*AmE* **coun·cil·or**) /'kaʊnsələ(r)/ *Nomen* (*Abk* **Cllr**) Ratsmitglied; (*Stadt-, Bezirks- etc.*) Rat, Rätin
coun·cil·man /'kaʊnslmən/ *Nomen* (*Pl* **-men** /-mən/) (*AmE*) Ratsmitglied; (*Stadt-, Gemeinde- etc.*) Rat
ˌcouncil of 'war *Nomen* (*Pl* **councils of war**) (*BrE*) Kriegsrat (*auch fig*)
'council tax *Nomen* [U] Gemeindesteuer ☞ *Hinweis bei* RATE¹ S. 507
coun·cil·woman /'kaʊnslwʊmən/ *Nomen* (*Pl* **-women** /-wɪmɪn/) (*AmE*) Ratsmitglied; (*Stadt- etc.*) Rätin
coun·sel¹ /'kaʊnsl/ *Nomen* **1** (*gehoben*) Rat(schlag) **2** (RECHT) Rechtsanwalt/-anwältin, Rechtsbeistand ◊ *defence counsel/counsel for the defence* Verteidiger(in) ☞ *Siehe auch* KC *und* QC IDM **keep your own 'counsel** (*gehoben*) seine Meinung für sich behalten
coun·sel² /'kaʊnsl/ *Verb* (**-ll-**, *AmE* **-l-**) beraten, raten ◊ *counsel caution* zur Vorsicht raten
coun·sel·ling (*AmE* **coun·sel·ing**) /'kaʊnsəlɪŋ/ *Nomen* [U] Beratung
coun·sel·lor (*AmE* **coun·sel·or**) /'kaʊnsələ(r)/ *Nomen* **1** Berater(in) ◊ *a marriage guidance counsellor* ein Eheberater **2** (*AmE oder IrE*) Rechtsanwalt/-anwältin **3** (*AmE*) (*in einem Sommercamp*) Betreuer(in)
count¹ /kaʊnt/ *Verb* **1 ~ (from sth) (to/up to sth)** (von etw) (bis etw) zählen ◊ *There are 12 weeks to go, counting from today.* Es sind noch 12 Wochen, von heute an gerechnet. **2 ~ sth up** etw (zusammen)zählen **3** mitzählen, mitrechnen **4 ~ (for sth)** (*nicht in der Verlaufsform*) ins Gewicht fallen ◊ *It's the thought that counts.* Der gute Wille zählt. **5 ~ (as sth)** (als etw) zählen, (als etw) gelten ◊ *That throw doesn't count.* Dieser Wurf gilt nicht. ◊ *You count as part of the family.* Du zählst zur Familie. ◊ *I count him among my closest friends.* Ich zähle ihn zu meinen engsten Freunden. ◊ *I count myself lucky to have known him.* Ich schätze mich glücklich, dass ich ihn gekannt habe. IDM **be able to**

count sth on (the fingers of) one hand etw an einer Hand/fünf Fingern abzählen können **count the cost (of** sth) den Preis (für etw) zahlen müssen **count ˈsheep** Schäfchen zählen **count your ˈblessings** sich glücklich schätzen können **donˈt count your ˈchickens (before they are ˈhatched)** man soll den Tag nicht vor dem Abend loben **stand up and be ˈcounted** sich zu seinen Überzeugungen bekennen **whoˈs counting?** (*umgs*) wen interessiertˈs? PHR V ˌcount aˈgainst sb gegen jdn sprechen ˌcount ˈdown (to …) die Tage (bis …) zählen ˌcount sb ˈin jdn mitzählen, jdn einplanen ◇ *Count me in!* Ich bin dabei! ☛ G 9.7c ˌcount on sb/sth sich auf jdn/etw verlassen, mit jdm/etw rechnen ˌcount sb ˈout *If youˈre going out tonight youˈll have to count me out.* Wenn ihr heute Abend ausgehen wollt, da kann ich leider nicht. ◇ *If itˈs illegal then you can count me out!* Wenn das illegal ist, dann ohne mich! ☛ G 9.7c ˌcount sth ˈout etw abzählen ˌcount toˈward(s) sth etw angerechnet werden

count² /kaʊnt/ *Nomen* **1** Graf **2** Zählen, Zählung; (*von Wahlstimmen*) Auszählen, Auszählung ◇ *a low sperm count* eine niedrige Spermienzahl ◇ *She did a quick count of the chairs.* Sie zählte schnell die Stühle. ◇ *On the count of three, take one pace forward.* Bei „drei" treten Sie einen Schritt vor. ☛ *Siehe auch* BLOOD COUNT *und* POLLEN COUNT **3** [meist Sing] (*beim Boxen*) Auszählen ◇ *He went down for a count of eight.* Er wurde bis acht ausgezählt. **4** (RECHT) Anklagepunkt **5** [meist Pl] (*Diskussions- etc.*) Punkt ◇ *They appear to disagree on all counts.* Sie scheinen in keinem Punkt übereinzustimmen. IDM **at the last ˈcount** nach/bei der letzten Zählung ◇ *Sheˈd applied for 30 jobs at the last count.* Als sie das letzte Mal gezählt hat, waren es 30 Stellen, um die sie sich beworben hatte. **be ˌout for the ˈcount** (*AmE* **be ˌdown for the ˈcount**) **1** (*beim Boxen*) ausgezählt werden **2** tief und fest schlafen **keep (a) ˈcount (of sth)** die Übersicht (bei etw) behalten; (bei etw) mitzählen **lose ˈcount (of sth) 1** sich (bei etw) verzählen **2** die Übersicht (über etw) verlieren ◇ *She had lost count of the number of times sheˈd told him.* Sie wusste nicht mehr, wie oft sie ihm das schon gesagt hatte.

countˈable /ˈkaʊntəbl/ *Adj* (LING) zählbar ◇ *countable nouns* zählbare Nomina

countˈdown /ˈkaʊntdaʊn/ *Nomen* [Sing] Countdown (*auch fig*)

counˈtenˈance¹ /ˈkaʊntənəns/ *Nomen* (*gehoben*) **1** Gesichtsausdruck, Miene **2** Antlitz

counˈtenˈance² /ˈkaʊntənəns/ *Verb* unterstützen, gutheißen

counˈter¹ /ˈkaʊntə(r)/ *Nomen* **1** Ladentisch, Theke; (*Post- etc.*) Schalter **2** (*bes AmE*) Arbeitsfläche **3** Spielstein, Spielmarke ☛ *Siehe auch* BARGAINING COUNTER **4** (*meist in Zusammensetzungen*) (*Gerät*) Zähler ◇ *a rev counter* ein Drehzahlmesser **5** [meist Sing] ~ **(to sb/sth)** (*gehoben*) Antwort (auf jdn/etw) (*auch fig*) **6** [meist Sing] ~ **(to sb/sth)** (*gehoben*) Gegengewicht (zu jdm/etw). IDM **ˈover the ˈcounter** über den Ladentisch ◇ *These tablets are available over the counter.* Diese Tabletten sind rezeptfrei erhältlich. **under the ˈcounter** unter dem Ladentisch

counˈter² /ˈkaʊntə(r)/ *Verb* **1** ~ **(sb/sth) (with sth)** (jdm/etw) (mit etw) kontern ◇ *Such arguments are not easily countered.* Solche Argumente lassen sich nicht leicht widerlegen. **2** entgegenwirken

counˈter³ /ˈkaʊntə(r)/ *Adv* ~ **to sth** ◇ *The plans run counter to European policy.* Die Pläne stehen im Widerspruch zu der politischen Linie Europas.

counˈter- /ˈkaʊntə(r)/ (*in Zusammensetzungen*) Gegen-, gegen ◇ *a counter-argument* ein Gegenargument

counˈterˈact /ˌkaʊntərˈækt/ *Verb* entgegenwirken SYN COUNTER² (2)

ˈcounter-attack¹ *Nomen* Gegenangriff

ˈcounter-attack² *Verb* **1** zurückschlagen, kontern SYN RETALIATE **2** ~ **sb** gegen jdn einen Gegenangriff richten

counˈterˈbalˈance¹ /ˈkaʊntəbæləns/; *AmE* ˈkaʊntərb-/ *Verb* (*gehoben*) ausgleichen, ein Gegengewicht bilden zu SYN OFFSET

counˈterˈbalˈance² /ˌkaʊntəˈbæləns/; *AmE* ˌkaʊntərˈb-/ *Nomen* [meist Sing] Gegengewicht

counˈterˈclaim /ˈkaʊntəkleɪm/ *Nomen* Gegenbehauptung

counˈterˈclockˈwise /ˌkaʊntəˈklɒkwaɪz/ *Adv, Adj* (*AmE*) gegen den Uhrzeigersinn OPP CLOCKWISE

counˈterˈculˈture /ˈkaʊntəkʌltʃə(r); *AmE* -tərk-/ *Nomen* Gegenbewegung

ˌcounter-ˈespionage *Nomen* [U] Spionageabwehr

counˈterˈfeit¹ /ˈkaʊntəfɪt; *AmE* -tərf-/ *Adj* gefälscht, falsch ◇ *counterfeit currency* Falschgeld

counˈterˈfeit² /ˈkaʊntəfɪt; *AmE* -tərf-/ *Nomen* Fälschung

counˈterˈfeit³ /ˈkaʊntəfɪt; *AmE* -tərf-/ *Verb* fälschen

counˈterˈfeitˈer /ˈkaʊntəfɪtə(r); *AmE* -tərf-/ *Nomen* Fälscher(in)

counˈterˈfoil /ˈkaʊntəfɔɪl; *AmE* -tərfɔɪl-/ *Nomen* (*BrE*) Kontrollabschnitt

ˌcounter-inˈsurgency *Nomen* [U] Gegenmaßnahmen gegen Aufständische

ˌcounter-inˈtelligence *Nomen* [U] Spionageabwehr

counˈterˈmand /ˌkaʊntəˈmɑːnd; *AmE* ˈkaʊntərmænd/ *Verb* (*gehoben*) widerrufen, rückgängig machen

counˈterˈmeasˈure /ˈkaʊntəmeʒə(r); *AmE* -tərm-/ *Nomen* [meist Pl] Gegenmaßnahme

counˈterˈofˈfenˈsive /ˈkaʊntərəfensɪv/ *Nomen* Gegenoffensive

counˈterˈpane /ˈkaʊntəpeɪn; *AmE* -tərp-/ *Nomen* (*BrE, veraltet*) Tagesdecke

counˈterˈpart /ˈkaʊntəpɑːt; *AmE* -tərpɑːrt/ *Nomen* Gegenüber, Pendant, Gegenstück

counˈterˈpoint /ˈkaʊntəpɔɪnt; *AmE* -tərp-/ *Nomen* (MUS) **1** [U] Kontrapunkt (*auch fig*) **2** Gegenstimme

counˈterˈproˈductˈive /ˌkaʊntəprəˈdʌktɪv; *AmE* -tərp-/ *Adj* kontraproduktiv ◇ *Criticizing him too much could be counter-productive.* Ihn dauernd zu kritisieren könnte die gegenteilige Wirkung haben.

ˌcounter-ˌrevoˈlution *Nomen* Gegenrevolution

ˌcounter-ˌrevoˈlutionary 1 *Nomen* (*Pl* **-ies**) Gegenrevolutionär(in) **2** *Adj* gegenrevolutionär

counˈterˈsign /ˈkaʊntəsaɪn; *AmE* -tərs-/ *Verb* gegenzeichnen

ˌcounter-ˈtenor *Nomen* **1** Kontratenor **2** (*Partie*) Contratenor

ˌcounter-ˈterrorism *Nomen* Terrorismusbekämpfung

ˌcounter-ˈterrorist *Adj* Terrorismusbekämpfungs-

counˈterˈweight /ˈkaʊntəweɪt; *AmE* -tərw-/ *Nomen* [meist Sing] Gegengewicht

countˈess /ˈkaʊntəs, -es/ *Nomen* Gräfin

countˈless /ˈkaʊntləs/ *Adj* zahllos, unzählig

ˈcount noun *Nomen* (LING) zählbares Nomen

counˈtry /ˈkʌntri/ *Nomen* (*Pl* **-ies**) **1** Land ◇ *life in a foreign country* das Leben im Ausland **2** [U] Gegend, Land, Gelände ◇ *It is superb walking country.* Es ist eine herrliche Wandergegend. ◇ *open country* unbebautes Land **3** **the country** [Sing] die Bevölkerung, das Land ☛ *Siehe auch* MOTHER COUNTRY *und* THE OLD COUNTRY **4** **the country** [Sing] das Land ◇ *live in the country* auf dem Land wohnen ☛ *Hinweis bei* LAND, S 1072. **5** = COUNTRY AND WESTERN IDM **aˈcross country** über die Felder ◇ *ride across country* über die Felder reiten ☛ *Siehe auch* CROSS-COUNTRY **go to the ˈcountry** (*BrE*) Neuwahlen ausschreiben

ˌcountry and ˈwestern *Nomen* (*auch* **country**, **ˈcountry music**) (*Abk* **C & W**) Countrymusic

ˈcountry ˈbumpkin *Nomen* (*auch* **bumpˈkin**) (*abwert*) Bauer(ntölpel), Bauerntrampel

ˈcountry club *Nomen* = Klub am Stadtrand oder auf dem Land für sportliche Aktivitäten und gesellschaftliche Anlässe

ˌcountry ˈdance *Nomen* (*bes BrE*) Volkstanz

ˌcountry ˈhouse *Nomen* (*BrE*) Landhaus, Landsitz

counˈtry man /ˈkʌntrimən/ *Nomen* (*Pl* **-men** /-mən/) **1** Landsmann SYN COMPATRIOT **2** Landbewohner, Bauer

ˈcountry music = COUNTRY AND WESTERN

ˌcountry ˈseat *Nomen* Landsitz

counˈtryˈside /ˈkʌntrisaɪd/ *Nomen* [U] Land(schaft), Natur ◇ *The surrounding countryside is idyllic.* Die Umgebung ist idyllisch. ☛ *Hinweis bei* LANDSCHAFT

counˈtryˈwide /ˌkʌntriˈwaɪd/ *Adj, Adv* landesweit

coun·try·woman /'kʌntriwʊmən/ *Nomen* (*Pl* **-women** /-wɪmɪn/) **1** Landbewohnerin **2** (*selten*) Landsmännin

county¹ /'kaʊnti/ *Nomen* (*Pl* **-ies**) (*Abk* **Co.**) = Verwaltungsbezirk, Regierungsbezirk, Landkreis; (*in GB*) Grafschaft ☞ *Hinweis bei* KREIS ☞ *Siehe auch* THE HOME COUNTIES

county² /'kaʊnti/ *Adj* (*BrE*, *meist abwert*) = typisch für den englischen Landadel

county 'council *Nomen* ≈ Bezirksverwaltung, Bezirksregierung, Landkreistag ☞ G 1.3b ☞ *Hinweis bei* KREIS

county 'councillor *Nomen* ≈ Kreistagsabgeordnete(r), Bezirksverordnete(r)

county 'court *Nomen* = Gericht in einer Kreisstadt, das in Großbritannien nur Zivilsachen behandelt, in den USA jedoch sowohl Zivil- als auch Strafgericht ist

county 'town (*AmE* **county 'seat**) *Nomen* ≈ Bezirkshauptstadt, Kreisstadt

coup /kuː/ *Nomen* (*Pl* **coups** /kuːz/) **1** (*auch* **coup d'état** /ˌkuː deɪˈtɑː/ (*Pl* **coups d'état** /ˌkuː deɪˈtɑː/)) Putsch, Staatsstreich **2** Coup

coup de grâce /ˌkuː də ˈɡrɑːs/ *Nomen* [*Sing*] (*gehoben*) Gnadenstoß (*auch fig*)

coupé /'kuːpeɪ; *AmE* kuːˈpeɪ/ (*AmE auch* **coupe** /kuːp/) *Nomen* (*Auto*) Coupé

couple¹ /'kʌpl/ *Nomen* ☞ Im britischen Englisch wird meist ein Verb im Plural gebraucht. **1** ~ (**of sth**) zwei ◊ *I saw a couple of men get out.* Ich sah, wie zwei Männer ausstiegen. ☞ G 1.3a **2** ~ (**of sth**) (ein) paar, einige ◊ *the last/past couple of years* die letzten paar Jahre SYN A FEW ☞ G 1.3a **3** Paar ◊ *married couples* Ehepaare ◊ *a young couple* ein junges Pärchen ☞ G 1.3b IDM ⇨ SHAKE²

couple² /'kʌpl/ **a couple** *Pron* ein paar

couple³ /'kʌpl/ *Verb* **1** (*meist passiv*) koppeln, verbinden **2** (*gehoben*) sich paaren

coup·let /'kʌplət/ *Nomen* Verspaar ◊ *rhyming couplets* Reimpaare ☞ *Siehe auch* HEROIC COUPLET

coup·ling /'kʌplɪŋ/ *Nomen* **1** [meist *Sing*] Verbindung, Zusammenstellung **2** (*gehoben*) Paarung **3** (TECH) Kopplung, Kupplung

cou·pon /'kuːpɒn; *AmE* -pɑːn, 'kjuː-/ *Nomen* **1** Gutschein, Marke **2** Coupon, Bestellschein ◊ *an international reply coupon* ein internationaler Antwortschein

cour·age /'kʌrɪdʒ; *AmE* 'kɜːr-/ *Nomen* Mut, Tapferkeit, Unerschrockenheit ◊ *moral courage* Zivilcourage ◊ *physical courage* Tapferkeit SYN BRAVERY IDM **have/lack the courage of your con'victions** Zivilcourage/keine Zivilcourage haben **take courage (from sth)** (aus etw) Mut schöpfen **take your 'courage in both 'hands** all seinen Mut zusammennehmen ☞ *Siehe auch* SCREW¹

cour·age·ous /kəˈreɪdʒəs/ *Adj* (*Adv* **cour·age·ous·ly**) mutig, tapfer SYN BRAVE ☞ *Hinweis bei* MUTIG

cour·gette /kʊəˈʒet, kɔːˈʒet; *AmE* kʊrˈʒet/ *Nomen* (*BrE*) Zucchini

cour·ier /'kʊriə(r)/ *Nomen* **1** Eilbote, Eilbotin, Kurier **2** (*BrE*) Reiseleiter(in)

course¹ /kɔːs; *AmE* kɔːrs/ *Nomen* **1** (*Unterrichtsstunden*) Kurs(us), Lehrgang ◊ *take/do a course in art and design* einen Kursus in Kunst und Design absolvieren ◊ *go on a management training course* einen Schulungskurs für Betriebsleitung besuchen ◊ *a course of lectures* eine Vorlesungsreihe ☞ *Siehe auch* CORRESPONDENCE COURSE, CRASH COURSE, FOUNDATION COURSE, REFRESHER COURSE *und* SANDWICH COURSE **2** (*bes BrE*) Studium, Studiengang ◊ *a degree course* ein Studium ◊ *a two-year postgraduate course* ein weiterführender zweijähriger Studiengang **3** (*Richtung*) Kurs (*auch fig*); (*eines Flusses*) Lauf ◊ *The plane was on/off course.* Das Flugzeug war auf Kurs/vom Kurs abgekommen. ◊ *They set a course for the islands.* Sie nahmen Kurs auf die Inseln. **4** (*auch* **'course of 'action** (*Pl* **courses of action**)) Vorgehensweise ◊ *There are various courses open to us.* Wir haben verschiedene Möglichkeiten. ◊ *What course of action would you recommend?* Wie würden Sie vorgehen? **5** *fig* ~ **of sth** (*Entwicklung*) (Ver)lauf einer Sache ◊ *the course of history* der Lauf der Geschichte ◊ *the unexpected course of events* der unerwartete Gang der Ereignisse **6** (*eines Menüs*) Gang ◊ *the main course* das Hauptgericht **7** = GOLF COURSE **8** Rennstrecke, Kurs ☞ *Siehe auch* ASSAULT COURSE *und* RACECOURSE **9** ~ (**of sth**) Behandlung (mit etw) ◊ *You must finish the course of antibiotics.* Sie dürfen die Antibiotikakur nicht vorzeitig abbrechen. **10** (*in einer Mauer*) Schicht IDM **in course of sth** (*gehoben*) ◊ *The new textbook is in course of preparation.* Das neue Lehrbuch ist gerade in Vorbereitung. **in/over the course of sth** im Laufe einer Sache; während einer Sache **in the course of 'time** im Laufe der Zeit SYN EVENTUALLY **in the ordinary, normal, etc. course of events, things, etc.** normalerweise; unter normalen Umständen SYN NORMALLY **let sth run/take its 'course** einer Sache ihren Lauf/freien Lauf lassen **of course** (*umgs* **course**) natürlich, selbstverständlich ◊ *Ben, of course, was the last to arrive.* Ben kam natürlich als Letzter. **on 'course** auf Kurs ◊ *They are still on course for victory.* Sie haben noch gute Aussichten auf einen Sieg. ◊ *The economy is on course for recession.* Die Wirtschaft steuert auf eine Rezession zu. **run/take its 'course** seinen Lauf nehmen ☞ *Siehe auch* COLLISION, DUE¹, HORSE¹, MATTER¹, MIDDLE², PAR, PERVERT¹ *und* STAY¹

course² /kɔːs; *AmE* kɔːrs/ *Verb* (*gehoben*) fließen, strömen

course·book /'kɔːsbʊk; *AmE* 'kɔːrs-/ *Nomen* (*BrE*) Lehrbuch

course·work *Nomen* [U] = eingereichte Arbeiten für einen Kursus

> Die Bewertungsnoten für das GCSE-Examen, A Levels und andere Prüfungen in Großbritannien setzen sich oft aus schriftlichen Prüfungen und **coursework** zusammen, d. h. Aufsätze, Referate etc., die zu Hause gemacht und dann eingereicht werden.

court¹ /kɔːt; *AmE* kɔːrt/ *Nomen* **1** Gericht, Gerichtssaal ◊ *the European Court of Justice* der Europäische Gerichtshof ◊ *take sb to court* jdn verklagen ◊ *by order of the court* auf Beschluss des Richters ◊ *He won the court case.* Er gewann den Prozess. ◊ *The case was settled out of court.* Es kam zu einem außergerichtlichen Vergleich. ☞ *Siehe auch* CONTEMPT (3) ☞ *Hinweis bei* SCHULE **2** (*Tennis etc.*) Platz **3** Hof ◊ *at court* bei Hofe **4** = COURTYARD **5** (*Abk* **Ct.**) (*als Bestandteil von Namen von Wohnhäusern und Straßen verwendet*) Hof **6** Halle, (überdachter) Innenhof IDM **hold 'court** Hof halten **rule/throw sth out of 'court** etw verwerfen ◊ *The suit was thrown out of court.* Die Klage wurde abgewiesen. ☞ *Siehe auch* BALL¹, LAUGH¹ *und* PAY²

court² /kɔːt; *AmE* kɔːrt/ *Verb* **1** umwerben SYN CULTIVATE **2** sich bemühen um **3** (*gehoben*) herausfordern ◊ *court danger* mit dem Feuer spielen ◊ *He often courted controversy.* Er hat oft Anlass zu Kontroversen gegeben. SYN INVITE¹ **4** ~ **sb** (*veraltet*) jdm den Hof machen **5** **be courting** (*veraltet*) ein Liebespaar sein, miteinander gehen

'court card *Nomen* (*BrE*) (*Kartenspiel*) Figurenkarte

'court costs *Nomen* (*AmE*) (*Gerichts*)kosten

cour·te·ous /'kɜːtiəs; *AmE* 'kɜːrt-/ *Adj* (*Adv* **cour·te·ous·ly**) höflich OPP DISCOURTEOUS

cour·tesy¹ /'kɜːtəsi; *AmE* 'kɜːrt-/ *Nomen* (*Pl* **-ies**) **1** [U] Höflichkeit ◊ *It's only common courtesy to tell them in advance.* Wir sollten so rücksichtsvoll sein, es ihnen im Voraus zu sagen. **2** [meist *Pl*] Höflichkeitsfloskel ◊ *exchange the usual courtesies* Höflichkeiten austauschen **3** (**by**) ~ **of sb/sth** mit freundlicher Genehmigung von jdm/etw **4** ~ **of sb/sth** von jdm/etw zur Verfügung gestellt ◊ *a weekend in Rome, courtesy of Fiat* ein Wochenende in Rom, auf Kosten von Fiat **5** ~ **of sth** (*gehoben*) mittels von etw, dank einer Sache IDM **do sb the courtesy of doing sth** jdm den Gefallen tun und etw tun **have the courtesy to do sth** die Höflichkeit haben, etw zu tun

cour·tesy² /'kɜːtəsi; *AmE* 'kɜːrt-/ *Adj nur vor Nomen* (*Bus, Wagen etc.*) gebührenfrei ◊ *The garage provided me with a courtesy car.* Die Werkstatt stellte mir kostenlos einen Wagen zur Verfügung.

'courtesy call (*auch* **'courtesy visit**) *Nomen* Höflichkeitsbesuch

'courtesy title *Nomen* Ehrentitel

court·house /'kɔːthaʊs; *AmE* 'kɔːrt-/ *Nomen* **1** (*bes AmE*) Gericht(sgebäude) **2** Verwaltungsgebäude eines Verwaltungsbezirks in den USA (mit Bezirksgefängnis)

court·ier /'kɔːtiə(r); *AmE* 'kɔːrt-/ *Nomen* Höfling

court·ly /'kɔːtli; *AmE* 'kɔːrt-/ *Adj* **1** höfisch, bei Hofe **2** (*gehoben*) höflich **3** (LIT) ◊ *courtly love* Minne

court martial

‚court ˈmartial *Nomen* (*Pl* **courts martial**) Militärgericht, Kriegsgericht

‚court-ˈmar·tial *Verb* (**-ll-**, *AmE* **-l-**) ~ **sb** (**for sth**) (*meist passiv*) jdn (wegen einer Sache) vor ein Militärgericht stellen

‚court of apˈpeal (*Pl* **courts of appeal**) (*AmE* ‚**court of apˈpeals** (*Pl* **courts of appeals**)) *Nomen* Berufungsgericht ☛ In Großbritannien ist der **Court of Appeal** die letzte Berufungsinstanz vor dem **House of Lords**. In Amerika gibt es zwölf Berufungsgerichte und ein Bundesberufungsgericht, **the Court of Appeals** (**for the Federal Court**), welches die letzte Berufungsinstanz vor dem **Supreme Court** ist.

‚court of enˈquiry (*auch* ‚**court of inˈquiry**) *Nomen* (*Pl* **courts of enquiry/inquiry**) (*BrE*) Untersuchungskommission

‚court of ˈlaw *Nomen* (*Pl* **courts of law**) (*gehoben*) Gericht

‚court ˈorder *Nomen* gerichtliche Verfügung

ˈcourt·room /ˈkɔːtruːm, -rʊm; *AmE* ˈkɔːrt-/ *Nomen* Gerichtssaal

ˈcourt·ship /ˈkɔːtʃɪp; *AmE* ˈkɔːrt-/ *Nomen* **1** (*veraltet oder fig*) ~ (**of sb/sth**) Werben (um jdn/etw) **2** (ZOOL) Paarungsverhalten, Balz

ˈcourt shoe *Nomen* Pump

ˈcourt·yard /ˈkɔːtjɑːd; *AmE* ˈkɔːrtjɑːrd/ (*auch* **court**) *Nomen* Hof

cous·in /ˈkʌzn/ *Nomen* **1** Cousin, Kusine ◊ *She's a distant cousin of mine.* Sie ist mit mir entfernt verwandt. ☛ *Siehe auch* FIRST COUSIN, SECOND COUSIN *und* REMOVE **2** [meist Pl] (*fig*) Bruder

cove /kəʊv; *AmE* koʊv/ *Nomen* (kleine) Bucht

cov·en /ˈkʌvn/ *Nomen* **1** Hexenzirkel **2** Hexensabbat

cov·en·ant[1] /ˈkʌvənənt/ *Nomen* **1** Vertrag, (vertragliche) Verpflichtung **2** (REL) Bund

cov·en·ant[2] /ˈkʌvənənt/ *Verb* ~ **to do sth** sich (vertraglich) verpflichten etw zu tun ◊ *All profits are covenanted to a charity.* Der Gesamtgewinn wird laut vertraglicher Vereinbarung einer Wohlfahrtsorganisation gespendet.

Cov·en·try /ˈkʌvəntri; *BrE auch* ˈkɒv-; *AmE auch* ˈkɑːv-/ *Nomen* IDM **send sb to ˈCoventry** (*BrE*) jdn schneiden

cover[1] /ˈkʌvə(r)/ *Verb* **1** bedecken, zudecken ◊ *She covered her face with her hands.* Sie hielt die Hände vors Gesicht. ◊ *a sofa covered in velvet* ein mit Samt bezogenes Sofa ◊ *Snow covered the ground.* Der Boden war schneebedeckt. ◊ *Flood water covered the fields.* Die Felder waren überflutet. ◊ *covered by forest* bewaldet ◊ *He was covered in/with mud.* Er war über und über mit Schlamm bespritzt. **2** erfassen; (*Thema*) behandeln ◊ *the salesman covering the north der Vertreter, der für den Norden zuständig ist* ◊ *Do the rules cover a case like this?* Gelten die Regeln in so einem Fall? **3** (FINANZ) decken ◊ *They will have to cover your tuition fees.* Sie müssen für die Unterrichtskosten aufkommen. **4** zurücklegen **5** sich erstrecken über **6** (*als Journalist*) berichten über **7** ~ **for sb** für jdn einspringen **8** ~ **for sb** jdn decken **9** ~ **yourself** (**against sth**) sich (gegen etw) absichern **10** ~ **sb/sth** (**against/for sth**) jdn/etw (gegen/für etw) versichern **11** ~ **sb** jdm Deckung geben **12** (*Gelände, Straße*) sichern **13** im Schussfeld haben ◊ *I've got you covered.* Ich habe meine Waffe auf Sie gerichtet. **14** (*Song*) neu interpretieren IDM **cover your ˈtracks** alle Spuren verwischen ☛ *Siehe auch* MULTITUDE PHRV ‚**cover sth ˈin** etw überdachen ‚**cover sth ˈover** etw abdecken, etw zudecken ◊ *The ruins are now covered over by buildings.* Die Ruinen sind jetzt unter Gebäuden begraben. ‚**cover** (**yourself**) ˈ**up** sich anziehen, sich zudecken ◊ *Cover yourself up, it's cold.* Zieh dich warm an, es ist kalt. ‚**cover sth ˈup 1** etw zudecken, etw abdecken **2** (*abwert*) etw vertuschen

cover[2] /ˈkʌvə(r)/ *Nomen* **1** Decke, (Schutz)hülle, Bezug, Abdeckung ☛ *Siehe auch* DUST COVER **2** (*von Büchern, Zeitschriften etc.*) Einband, Umschlag ◊ *the front cover* der vordere Buchdeckel ◊ *on the cover of the magazine* auf der Titelseite der Zeitschrift ◊ *from cover to cover* von vorn bis hinten **3** (*BrE*) [U] Versicherung(sschutz) ◊ *We have accident cover.* Wir haben eine Unfallversicherung. **4** Schutz, Deckung ◊ **take cover** Schutz suchen ◊ *After the explosion people were running for cover.* Nach der Explosion gingen alle schnell in Deckung. ◊ *Everyone ran for cover when it started to rain.* Als es zu regnen begann, rannten alle und stellten sich unter. **5** (MIL) Feuerschutz ◊ **air cover** Luftsicherung **6** [U] (*Pflanzen-, Wolken-, Schnee-*) Decke ◊ *The total forest cover of the earth is decreasing.* Es gibt immer weniger bewaldete Gebiete auf der Erde. ◊ **low cloud cover** tief hängende Wolken **7** **the covers** [Pl] das Bettzeug, die Decke **8** = COVER VERSION **9** [meist Sing] Tarnung ◊ *blow sb's cover* jdn enttarnen **10** Vertretung ◊ *Ambulance drivers provided only emergency cover during the dispute.* Während des Streiks der Krankenwagenfahrer gab es nur einen Notdienst. IDM **break ˈcover** aus der Deckung herauskommen **under ˈcover 1** getarnt ◊ *police officers working under cover* verdeckte Ermittler **2** unter einer Überdachung/Abdeckung **under** (**the**) **cover of sth** im Schutz von etw **under separate ˈcover** mit getrennter Post ☛ *Siehe auch* JUDGE[2]

cov·er·age /ˈkʌvərɪdʒ/ *Nomen* [U] **1** Berichterstattung ◊ *live coverage of the match* die Liveübertragung des Spiels **2** (*eines Themas etc.*) Behandlung ◊ *magazines with extensive coverage of health topics* Zeitschriften, die sich intensiv mit Gesundheitsthemen befassen **3** Abdeckung ◊ *Immunization coverage has increased to 99%.* Es ist gelungen, 99% der Bevölkerung zu immunisieren. **4** (*AmE*) ◊ *insurance coverage* Versicherung(sschutz) ◊ *health coverage* (eine) Krankenversicherung

cov·er·alls /ˈkʌvərɔːlz/ *Nomen* [Pl] (*AmE*) Overall ☛ *Hinweis bei* BRILLE

ˈcover charge *Nomen* [meist Sing] (Preis für ein) Gedeck

covered /ˈkʌvəd; *AmE* -vərd/ *Adj* **1** ~ **in/with sth** mit etw bedeckt ◊ *covered in bruises* voller blauer Flecke ◊ *covered in sweat* schweißüberströmt ◊ *covered with dust* verstaubt ◊ *land covered with water* unter Wasser stehendes Land ◊ *His hands were covered with mosquito bites.* Seine Hände waren übersät mit Mückenstichen. **2** *Adj* überdacht

‚covered ˈwagon *Nomen* Planwagen

cov·er·ing /ˈkʌvərɪŋ/ *Nomen* **1** Decke ◊ *a thick covering of snow* eine dicke Schneedecke **2** ◊ *floor coverings* Bodenbeläge ◊ *wall coverings* Tapeten **3** Hülle

‚covering ˈletter (*AmE* ˈ**cover letter**) *Nomen* Begleitbrief

cov·er·let /ˈkʌvələt; *AmE* -vərl-/ *Nomen* (*veraltet*) Tagesdecke

ˈcover story *Nomen* (*Pl* **-ies**) **1** Titelgeschichte **2** zur Tarnung erfundene Geschichte

cov·ert[1] /ˈkʌvət, ˈkəʊvɜːt; *AmE* ˈkoʊvɜːrt/ *Adj* (*gehoben*) Geheim-, geheim, verdeckt

cov·ert[2] /ˈkʌvət, -vərt/ *Nomen* Dickicht

cov·ert·ly /ˈkʌvətli, ˈkəʊvɜːtli; *AmE* ˈkoʊvɜːrtli/ *Adv* (*gehoben*) heimlich, im Geheimen, verstohlen

ˈcover-up *Nomen* [meist Sing] Vertuschung

ˈcover version (*auch* **cover**) *Nomen* (*Song*) Cover-Version

covet /ˈkʌvət/ *Verb* (*gehoben*) begehren, sich wünschen

cov·et·ous /ˈkʌvətəs/ *Adj* (*gehoben*) begehrlich, habgierig

cow[1] /kaʊ/ *Nomen* Kuh ☛ *Siehe auch* CASH COW IDM **till the ˈcows come home** (*umgs*) für immer ◊ *You can talk till the cows come home – you'll never make me change my mind.* Da kannst du reden, bis du schwarz wirst – ich lasse mich nicht umstimmen.

cow[2] /kaʊ/ *Verb* (*meist passiv*) einschüchtern SYN INTIMIDATE

cow·ard /ˈkaʊəd; *AmE* -ərd/ *Nomen* Feigling

cow·ard·ice /ˈkaʊədɪs; *AmE* -ərd-/ *Nomen* Feigheit

cow·ard·ly /ˈkaʊədli; *AmE* -ərd-/ *Adj* feige ☛ *Hinweis bei* FEIGE

cow·boy /ˈkaʊbɔɪ/ *Nomen* **1** Cowboy **2** (*BrE*, *umgs*, *abwert*) = unreeller und inkompetenter Handwerker oder Betrieb ◊ *The builders turned out to be real cowboys.* Die Handwerker erwiesen sich als richtige Gauner. IDM **play ‚cowboys and ˈIndians** Indianer spielen

cowed /kaʊd/ *Adj* eingeschüchtert

cower /ˈkaʊə(r)/ *Verb* sich ducken, niederkauern

cow·girl /ˈkaʊɡɜːl; *AmE* -ɡɜːrl/ *Nomen* Cowgirl

cow·hand /ˈkaʊhænd/ *Nomen* Cowboy(gehilfe)

cowl /kaʊl/ *Nomen* **1** Kapuze (an einer Mönchskutte) **2** Schornsteinaufsatz

ˈco-worker *Nomen* Kollege, Kollegin

ˈcow·pat /ˈkaʊpæt/ *Nomen* (*BrE*) Kuhfladen

cow·shed /'kaʊʃed/ *Nomen* (*BrE*) Kuhstall
cow·slip /'kaʊslɪp/ *Nomen* Schlüsselblume; (*in den USA*) Sumpfdotterblume
cox /kɒks; *AmE* kɑːks/ *Verb* **1** steuern **2** Steuermann einer Mannschaft sein
cox·swain /'kɒksn; *AmE* 'kɑːksn/ *Nomen* **1** (*auch* **cox**) (*im Rudersport*) Steuermann **2** (*eines Rettungsboots*) Bootsführer
coy /kɔɪ/ *Adj* (*Adv* **coyly**) **1** schüchtern, verschämt ◇ *Don't be so coy!* Zier dich nicht so! **2** zurückhaltend, verschwiegen ◇ *She was a little coy about how much her dress cost.* Sie wollte nicht sagen, wie teuer ihr Kleid war.
coy·ote /kɔɪ'əʊti; *BrE auch* kɔɪ-; *AmE* -'oʊti, 'kaɪoʊt/ *Nomen* Kojote
cozy (*AmE*) = **cosy**
cp. *Kurzform von* **compare** vgl.
CPI /ˌsiː piː 'aɪ/ *Abk* = CONSUMER PRICE INDEX
Cpl (*AmE* **Cpl.**) *Abk* = CORPORAL
CPU /ˌsiː piː 'juː/ *Abk* = CENTRAL PROCESSING UNIT
crab /kræb/ *Nomen* **1** Krabbe, Taschenkrebs **2** Krabbenfleisch **3** **crabs** (*umgs*) Filzlausbefall
'crab apple *Nomen* Holzapfel
crack¹ /kræk/ *Verb* **1** springen, einen Sprung/Sprünge bekommen ◇ *Her lips were cracked.* Ihre Lippen waren aufgesprungen. **2** zum Springen bringen; (*Knochen*) anbrechen **3** aufbrechen, aufschlagen ◇ *She cracked an egg into the pan.* Sie schlug ein Ei in die Pfanne. ◇ *crack a nut* eine Nuss knacken **4** schlagen ◇ *I cracked my head on the ceiling.* Ich bin mit dem Kopf gegen die Decke angekommen. **5** knallen; (*Schuss*) krachen **6** (*Stimme*) versagen **7** (*unter Druck*) zusammenbrechen **8** (*Problem etc.*) lösen, knacken ◇ *After a week of practising I think I've got it cracked!* Nach einer Woche Üben hab ich's jetzt raus! **9** (*Verbrecherring etc.*) auffliegen lassen **10** (*umgs*) ◇ *crack open a bottle* eine Flasche köpfen **11** (*umgs*) ◇ *crack a joke* einen Witz reißen [IDM] **get 'cracking** (*umgs*) sich daranmachen **not all, everything, etc. sb's/sth's cracked 'up to be** (*umgs*) nicht so gut wie erwartet ☛ *Siehe auch* SLEDGEHAMMER [PHRV] **crack 'down (on sb/sth)** hart (gegen jdn/etw) durchgreifen **crack 'on** (*BrE, umgs*) **1** sich ranhalten **2** (*Zeit*) wie im Flug vergehen **crack 'on with sth** (*BrE, umgs*) sich hinter etw klemmen **crack 'up** (*umgs*) **1** zusammenbrechen, einen Nervenzusammenbruch bekommen **2** in Gelächter ausbrechen **crack sb 'up** (*umgs*) jdn zum Lachen bringen ☛ G 9.7c
crack² /kræk/ *Nomen* **1** Sprung, Riss **2** Spalt, Schlitz **3** Knall, Krachen **4** Schlag ◇ *She got a nasty crack on the head.* Sie hat sich empfindlich den Kopf gestoßen. **5** *have a ~ at* (*doing*) **sth** (*umgs*) etw versuchen, etw in Angriff nehmen **6** (*auch* **ˌcrack co'caine**) Crack **7** (*umgs*) (*geschmackloser*) Witz **8** (*auch* **craic**) [U/Sing] (*IrE, umgs*) Spaß ◇ *What's the crack?* Was ist los? [IDM] **at the crack of 'dawn** (*umgs*) im Morgengrauen
crack³ /kræk/ *Adj* *nur vor Nomen* erstklassig ◇ *crack troops* Elitetruppen ◇ *a crack shot* ein Meisterschütze
crack·down /'krækdaʊn/ *Nomen* ~ (**on sb/sth**) scharfes Vorgehen (gegen jdn/etw)
cracked /krækt/ *Adj* **1** gesprungen; (*Rippe*) angebrochen; (*Lippen*) aufgesprungen ◇ *This plate's cracked.* Dieser Teller hat einen Sprung. **2** (*Stimme*) brüchig **3** *nicht vor Nomen* (*umgs*) verrückt
crack·er /'krækə(r)/ *Nomen* **1** Cracker **2** (*auch* **ˌChristmas 'cracker**) (*vor allem in Großbritannien populär zu Weihnachten*) Knallbonbon **3** (*BrE, umgs*) Sensation ◇ *It was a cracker of a goal!* Das Tor war einfach Spitze! **4** (*BrE, umgs, veraltet*) Schönheit **5** (*AmE, Slang*) = weißes Gesindel (*aus dem Südstaaten Amerikas*)
crack·ers /'krækəz; *AmE* -kərz/ *Adj* *nicht vor Nomen* (*BrE, umgs*) verrückt
crack·ing¹ /'krækɪŋ/ *Nomen* [U] **1** Risse (*von Donner etc.*), Krachen; (*von Ästen etc.*) Knacken
crack·ing² /'krækɪŋ/ *Adj* (*BrE, umgs*) toll ◇ *at a cracking pace* mit einer Mordsgeschwindigkeit
crackle¹ /'krækl/ *Verb* knistern, knacken
crackle² /'krækl/ *Nomen* Knistern, Knacken, Knattern
crack·ling /'kræklɪŋ/ *Nomen* **1** Knistern, Knacken **2** [U] (*AmE* **crack·lings** [Pl]) Kruste am Schweinebraten
crack·ly /'krækli/ *Adj* ◇ *The line was crackly.* Es rauschte und knackte in der Leitung. ◇ *She heard a crackly voice.* Durch das Rauschen hörte sie eine undeutliche Stimme.
crack·pot /'krækpɒt; *AmE* -pɑːt/ **1** *Nomen* (*umgs*) Spinner(in) **2** *Adj* (*umgs*) *nur vor Nomen* irrsinnig, verrückt
cra·dle¹ /'kreɪdl/ *Nomen* **1** Wiege (*auch fig*) **2** (*BrE*) Hängegerüst **3** (*von Telefon*) Gabel [IDM] **from the ˌcradle to the 'grave** von der Wiege bis zur Bahre
cra·dle² /'kreɪdl/ *Verb* festhalten, wiegen
craft¹ /krɑːft; *AmE* kræft/ *Nomen* **1** Kunsthandwerk, Kunstgewerbe ☛ *Siehe auch* ARTS AND CRAFTS **2** [Sing] Handwerk ◇ *craft skills* handwerkliches Können **3** Können, Kunst ◇ *the writer's craft* die Kunst des Schriftstellers **4** (*gehoben, abwert*) List **5** (*Pl* **craft**) Boot **6** (*Pl* **craft**) Flugzeug, Raumfahrzeug
craft² /krɑːft; *AmE* kræft/ *Verb* (*meist passiv*) herstellen ◇ *a carefully crafted speech* eine ausgefeilte Rede ◇ *beautifully crafted works of art* wunderbar gearbeitete Kunstwerke
craft·ily *Adv* ⇨ CRAFTY
'craft knife *Nomen* (*BrE*) Federmesser
crafts·man /'krɑːftsmən; *AmE* 'kræf-/ *Nomen* (*Pl* **-men** /-mən/) Handwerker(in), Kunsthandwerker(in)
crafts·man·ship /'krɑːftsmənʃɪp; *AmE* 'kræf-/ *Nomen* **1** Handwerkskunst, handwerkliche Qualität ◇ *good craftsmanship* gute handwerkliche Arbeit **2** Können, Expertise, Kunstfertigkeit
crafts·person /'krɑːftspɜːsn; *AmE* 'kræftspɜːrsn/ *Nomen* (*Pl* **-people** /-piːpl/) Handwerker(in), Kunsthandwerker(in)
crafty /'krɑːfti; *AmE* 'kræfti/ *Adj* (**craft·ier**, **crafti·est**) (*Adv* **craft·ily** /-ɪli/) (*meist abwert*) listig, schlau, raffiniert
crag /kræg/ *Nomen* Fels
craggy /'krægi/ *Adj* felsig, zerklüftet (*auch fig*)
craic = CRACK² (8)
cram /kræm/ *Verb* (**-mm-**) **1** (hinein)stopfen, voll stopfen **2** sich hineindrängen, sich hineinzwängen ◇ *We all managed to cram into his car.* Wir schafften es, uns alle in sein Auto zu zwängen. ◇ *Supporters crammed the streets.* Die Straßen waren gerammelt voll von Fans. **3** (*veraltend*) pauken
crammed /kræmd/ *Adj* **1** voll gestopft, voll gestellt **2** *nicht vor Nomen* zusammengepfercht
cramp¹ /kræmp/ *Nomen* **1** Krampf **2** **cramps** [Pl] Magenkrämpfe
cramp² /kræmp/ *Verb* bremsen, lähmen [IDM] **cramp sb's 'style** (*umgs*) jdn hemmen
cramped /kræmpt/ *Adj* **1** beengt, eng **2** verkrampft
cram·pon /'kræmpɒn; *AmE* -pɑːn/ *Nomen* Steigeisen
cran·berry /'krænbəri; *AmE* -beri/ *Nomen* (*Pl* **-ies**) Preiselbeere
crane¹ /kreɪn/ *Nomen* **1** Kran **2** Kranich
crane² /kreɪn/ *Verb* (den Hals) recken
'crane fly *Nomen* Schnake
crank¹ /kræŋk/ *Nomen* **1** (*abwert*) Spinner(in) **2** (*AmE*) Griesgram **3** Kurbel
crank² /kræŋk/ *Verb* ~ **sth** (**up**) etw ankurbeln ◇ (*fig*) *He has limited time to crank the reforms into action.* Er hat nur wenig Zeit, um die Reformen in Gang zu setzen. [PHRV] **crank sth 'out** (*AmE, umgs*) etw am laufenden Band produzieren [SYN] TURN STH OUT **crank sth 'up** (*umgs*) **1** etw ankurbeln **2** etw lauter machen [SYN] TURN STH UP
crank·shaft /'kræŋkʃɑːft; *AmE* -ʃæft/ *Nomen* (TECH) Kurbelwelle
cranky /'kræŋki/ *Adj* **1** (*BrE, umgs*) schrullig, verrückt [SYN] ECCENTRIC **2** (*bes AmE*) griesgrämig, quengelig
cranny /'kræni/ *Nomen* (*Pl* **-ies**) Ritze [IDM] ⇨ NOOK
crap¹ /kræp/ *Nomen* (*vulg, Slang*) Scheiße ◇ *have a crap* scheißen ◇ *The programme was crap.* Die Sendung war Mist.
crap² /kræp/ *Adj*, *Adv* (*BrE, vulg, Slang*) beschissen
crap³ /kræp/ *Verb* (**-pp-**) (*vulg, Slang*) scheißen
crappy /'kræpi/ *Adj* (*Slang*) beschissen
craps /kræps/ *Nomen* (*AmE*) (Würfelspiel) Craps ◇ *shoot craps* Craps spielen
crash¹ /kræʃ/ *Nomen* **1** Unfall ◇ *a plane crash* ein Flugzeugabsturz **2** [meist Sing] Krachen ◇ *a crash of thunder*

crash

ein Donnerschlag **3** (*fig*) Zusammenbruch ◊ *the 1987 stock market crash* der Börsenkrach 1987 ◊ *a systems crash* ein Systemabsturz

crash² /kræʃ/ *Verb* **1** einen Unfall haben; (*Flugzeug*) abstürzen ◊ *A truck crashed into the back of a bus.* Ein Lkw knallte in das Heck eines Busses. **2** ~ **sth** einen Unfall mit etw haben ◊ *He crashed his plane.* Er ist mit seinem Flugzeug abgestürzt. ◊ *I crashed my car into a wall.* Ich bin mit meinem Auto gegen eine Mauer gefahren. **3** (*mit Adverbien, Präpositionen*) krachen ◊ *Thunder crashed overhead.* Donner krachte über uns. **4** (*Preise*) stürzen; (*Firma, Markt etc.*) zusammenbrechen **5** (COMP) abstürzen (lassen) **6** (*umgs*) uneingeladen erscheinen (bei) **7** (SPORT) (*bes BrE*) haushoch verlieren ◊ *The team crashed to their worst defeat this season.* Die Mannschaft musste ihre schlimmste Niederlage der Saison einstecken. **8** ~ (**out**) (*umgs*) (ein)pennen ◊ *Can I crash on your floor for a couple of nights?* Kann ich ich ein paar Nächte bei dir auf dem Fußboden pennen? **9** (MED) einen Herzstillstand haben

'crash barrier *Nomen* (*BrE*) Leitplanke

'crash course *Nomen* Intensivkurs

'crash diet *Nomen* Blitzdiät

'crash helmet *Nomen* Sturzhelm

'crash-land *Verb* bruchlanden

,crash 'landing *Nomen* Bruchlandung

crass /kræs/ *Adj* **1** haarsträubend **2** vulgär

crate¹ /kreɪt/ *Nomen* **1** Kiste **2** (*für Getränke*) Kasten

crate² /kreɪt/ *Verb* ~ **sth** (**up**) etw in eine Kiste packen

crater /'kreɪtə(r)/ *Nomen* Krater

cra·vat /krə'væt/ *Nomen* Halstuch

crave /kreɪv/ *Verb* **1** (*gehoben*) ~ (**for**) **sth** sich nach etw sehnen **2** (*BrE, veraltet*) bitten um

cra·ven /'kreɪvn/ *Adj* (*Adv* **craven·ly**) (*gehoben, abwert*) feige SYN COWARDLY

crav·ing /'kreɪvɪŋ/ *Nomen* Verlangen

craw /krɔː/ *Nomen* Kropf IDM ⇒ STICK¹

craw·fish /'krɔːfɪʃ/ *Nomen* (*bes AmE*) (*Pl* **craw·fish**) **1** Flusskrebs **2** Languste

crawl¹ /krɔːl/ *Verb* **1** krabbeln, kriechen ◊ *The traffic was crawling along.* Der Verkehr bewegte sich im Schneckentempo. ◊ *The weeks crawled by.* Die Wochen zogen sich dahin. **2** ~ (**to sb**) (*umgs, abwert*) (vor jdm) kriechen IDM ⇒ SKIN¹ *und* WOODWORK PHRV **be 'crawling with sth** (*umgs*) von etw wimmeln ◊ *Her hair was crawling with lice.* Ihr Haar war voller Läuse.

crawl² /krɔːl/ *Nomen* **1** Schneckentempo ☛ *Siehe auch* PUB CRAWL **2** (*meist* **the crawl**) Kraulen

crawl·er /'krɔːlə(r)/ *Nomen* (*BrE, umgs, abwert*) Kriecher(in)

cray·fish /'kreɪfɪʃ/ *Nomen* (*Pl* **cray·fish**) (*bes BrE*) **1** Flusskrebs **2** Languste

crayon¹ /'kreɪən/ *Nomen* Buntstift ◊ *wax crayons* Wachsmalstifte

crayon² /'kreɪən/ *Verb* mit Bunt-/Wachsmalstiften malen

craze /kreɪz/ *Nomen* Mode, Fimmel

crazed /kreɪzd/ *Adj* (*gehoben*) ~ (**with sth**) wahnsinnig (vor etw)

crazy¹ /'kreɪzi/ *Adj* (**cra·zier**, **crazi·est**) (*Adv* **crazi·ly** /-ɪli/) (*umgs*) verrückt ◊ *That noise is driving me crazy.* Dieser Lärm macht mich wahnsinnig. ◊ *He went crazy and smashed the room up.* Er drehte durch und schlug alles im Zimmer kurz und klein. ◊ *I'm not crazy about Chinese food.* Ich bin nicht so wild auf chinesisches Essen. ◊ *The crowd went crazy when the band came on stage.* Die Menge wurde ganz wild, als die Band auf die Bühne kam. IDM **like 'crazy/mad** (*umgs*) wie verrückt

crazy² /'kreɪzi/ *Nomen* (*Pl* **-ies**) (*bes AmE, umgs*) Verrückte(r)

,crazy 'paving *Nomen* (*BrE*) Mosaikpflaster

creak¹ /kriːk/ *Verb* knarren, quietschen ◊ *The door creaked open.* Die Tür öffnete sich knarrend. IDM **,creak under the 'strain** überlastet sein

creak² /kriːk/ *Nomen* (*auch* **creak·ing**) Knarren, Quietschen

creaky /'kriːki/ *Adj* knarrend, quietschend

cream¹ /kriːm/ *Nomen* **1** Sahne ◊ *whipped cream* Schlagsahne ☛ *Siehe auch* ICE CREAM *und* SALAD CREAM **2** (*in Zusammensetzungen*) = Bonbon mit weicher Füllung ◊ *a peppermint cream* ein Pfefferminzbonbon **3** Creme ☛ *Siehe auch* COLD CREAM **4** Creme(farbe) **5 the ~ of** die Elite ◊ *the cream of New York society* die Creme der Gesellschaft in New York ◊ *the cream of the crop of this season's movies* die besten Filme dieser Saison IDM ⇒ CAT

cream² /kriːm/ *Adj* cremefarben

cream³ /kriːm/ *Verb* **1** cremig rühren **2** (*AmE, umgs*) (*besiegen*) in die Pfanne hauen PHRV **,cream sb/sth 'off** jdn/etw wegschnappen

,cream 'cheese *Nomen* Frischkäse

,cream 'cracker *Nomen* (*BrE*) Cracker

cream·er /'kriːmə(r)/ *Nomen* Kaffeeweißer

cream·ery /'kriːməri/ *Nomen* (*Pl* **-ies**) Molkerei

,cream 'soda *Nomen* (*bes AmE*) Sodawasser mit Vanillegeschmack

,cream 'tea *Nomen* (*BrE*) = Tee mit *scones*, Marmelade und Sahne

creamy /'kriːmi/ *Adj* (**cream·ier**, **creami·est**) **1** cremig, sahnig **2** cremefarben

crease¹ /kriːs/ *Nomen* **1** Falte ◊ *crease-resistant material* knitterfreies Material **2** Bügelfalte **3** (*Kricket*) Linie

crease² /kriːs/ *Verb* **1** knittern **2** ◊ *A frown creased her forehead.* Sie runzelte die Stirn. PHRV **,crease 'up** (*BrE, umgs*) sich kaputtlachen **,crease sb 'up** (*BrE, umgs*) jdn zum Lachen bringen ☛ G 9.7c

creased /kriːst/ *Adj* zerknittert

cre·ate /kri'eɪt/ *Verb* **1** schaffen ◊ *Did God create the universe?* Hat Gott das Universum erschaffen? ◊ *This dish was created by our head chef.* Dieses Gericht wurde von unserem Chefkoch kreiert. ◊ *create confusion* Verwirrung stiften **2** (COMP) erstellen **3** ◊ *Eight new peers were created.* Acht Personen wurden in den Adelsstand erhoben. ◊ *He was created a baronet in 1715.* Er wurde 1715 zum Baronet erhoben.

cre·ation /kri'eɪʃn/ *Nomen* **1** Schaffung ☛ *Siehe auch* JOB CREATION **2** (COMP) Erstellung **3** (*oft hum*) Kreation, Werk **4** (*meist* **Creation**) [Sing] Schöpfung ◊ *all God's creation* alle Geschöpfe Gottes

cre·ative /kri'eɪtɪv/ *Adj nur vor Nomen* (*Adv* **cre·ative·ly**) kreativ, schöpferisch ◊ *the creative and performing arts* die gestaltenden und darstellenden Künste

cre,ative ac'counting *Nomen* (*abwert*) kreative Buchführung

cre·ativ·ity /,kriːeɪ'tɪvəti/ *Nomen* Kreativität

cre·ator /kri'eɪtə(r)/ *Nomen* Schöpfer(in)

crea·ture /'kriːtʃə(r)/ *Nomen* Geschöpf, Lebewesen ◊ *a creature of habit* ein Gewohnheitstier IDM **a/the creature of sb**; **sb's creature** (*gehoben, abwert*) jds Kreatur; jds Werkzeug

,creature 'comforts *Nomen* [Pl] Komfort, leibliches Wohl

crèche (*auch* **creche**) /kreʃ/ *Nomen* **1** (*BrE*) (Kinder)krippe **2** (*AmE*) (Weihnachts)krippe

cred /kred/ (*umgs*) = STREET CRED

cre·dence /'kriːdns/ *Nomen* (*gehoben*) **1** Glaubwürdigkeit ◊ *This gives credence to his theory.* Das macht seine Theorie glaubwürdig. **2** Glaube ◊ *They could give no credence to the findings of the survey.* Sie konnten den Umfrageergebnissen keinen Glauben schenken.

cre·den·tials /krə'denʃlz/ *Nomen* [Pl] **1** Qualifikationen ◊ *She has all the credentials for the job.* Sie hat alle Voraussetzungen für den Job. ◊ *He will have to establish his leadership credentials.* Er wird seine Führungsqualitäten beweisen müssen. **2** Zeugnisse, Papiere, Referenzen

cred·ibil·ity /,kredə'bɪləti/ *Nomen* Glaubwürdigkeit ☛ *Siehe auch* STREET CRED

cred·ible /'kredəbl/ *Adj* (*Adv* **cred·ibly** /-əbli/) **1** glaubhaft, glaubwürdig **2** überzeugend, ernst zu nehmen

credit¹ /'kredɪt/ *Nomen* **1** [U] Kredit ◊ *give sb a further month's credit* jdm einen Monat Zahlungsaufschub geben ◊ *He's a bad credit risk.* Er ist nicht kreditwürdig. **2** Darlehen, Kredit ◊ *The bank refused further credit to the company.* Die Bank hat der Gesellschaft weitere Kredite verweigert. **3** [U] Kreditwürdigkeit **4 be in ~** (*Konto*) im Haben sein, nicht überzogen sein; (*Mensch*) Geld auf dem

Konto haben **5** Einzahlung, Gutschrift ◊ *You'll be paid by direct credit into your bank account.* Sie werden durch Banküberweisung auf Ihr Konto bezahlt. OPP DEBIT ☛ *Siehe auch* LETTER OF CREDIT **6** Rückerstattung ◊ *a tax credit* ein Steuerfreibetrag **7** Anerkennung, Verdienst ◊ *Credit will be given for good spelling.* Die Rechtschreibung wird in die Benotung einbezogen. ◊ *At least give him credit for trying.* Er hat es wenigstens versucht, das muss man ihm lassen. **8 be a ~ to sb/sth** jdm/einer Sache Ehre machen **9** (*im Film*) ◊ *the credits* der Vor-/Nachspann ◊ *She was given a programme credit for the costumes.* Sie wurde als Kostümbildnerin im Programm erwähnt. **10** Schein ◊ (*AmE*) *My math class is worth three credits.* Mein Mathekurs ist drei Scheine wert. IDM **do sb credit**; **do credit to sb/sth** jdm/einer Sache Ehre machen **have sth to your credit** etw vorzuweisen haben **on the 'credit side** auf der Plusseite **to sb's credit** zu jds Ehre

credit² /'kredɪt/ *Verb* (*nicht in der Verlaufsform*) **1** gutschreiben **2** (*meist passiv*) **~ sth/sth with sth**; **~ sth to sb/sth** jdm/einer Sache etw zuschreiben **3** ~ **sb** (**as sth**) jdn (als etw) nennen **4** ~ **sb with sth** jdm etw zugute halten ◊ *I credited you with a little more sense.* Ich hatte dir ein bisschen mehr Verstand zugetraut. ◊ *Credit me with some intelligence.* So dumm bin ich nun doch nicht. **5** (*meist passiv*) **~ sb/sth as sth** jdn/etw für etw halten **6** (*BrE*) (*meist in Fragen oder verneinten Sätzen*) glauben ◊ *Would you credit it?* Ist das zu glauben?

cred·it·able /'kredɪtəbl/ *Adj* anerkennenswert, achtbar
'credit card *Nomen* Kreditkarte
'credit note *Nomen* (*BrE*) Gutschein, Gutschrift
cred·it·or /'kredɪtə(r)/ *Nomen* Gläubiger(in)
'credit rating *Nomen* Einschätzung der Kreditwürdigkeit, Bonitätsbeurteilung
'credit transfer *Nomen* (*BrE*) Banküberweisung
'credit union *Nomen* Kreditgenossenschaft
credit·worthi·ness /'kredɪtwɜːðinəs; *AmE* -wɜːrði-/ *Nomen* Kreditwürdigkeit, Bonität
credit·worthy /'kredɪtwɜːði; *AmE* -wɜːrði/ *Adj* kreditwürdig
cre·du·lity /krɪ'djuːləti; *AmE* -'duː-/ *Nomen* (*gehoben*) Leichtgläubigkeit ◊ *The plot of the film strains credulity to the limit.* Die Handlung des Films ist äußerst unglaubhaft.
credu·lous /'kredjələs; *AmE* -dʒə-/ *Adj* (*gehoben*) leichtgläubig
creed /kriːd/ *Nomen* Glaubensbekenntnis, Kredo (*auch fig*) ◊ *people of all creeds* Menschen aller Konfessionen
creek /kriːk/ *Nomen* **1** (*BrE*) Meeresarm, schmale Bucht SYN INLET **2** (*AmE*, *AusE*) Bach IDM **up the 'creek (without a 'paddle)** (*umgs*) in der Klemme
creep¹ /kriːp/ *Verb* (**crept, crept** /krept/) **1** schleichen **2** (*Pflanze*) sich ranken, klettern **3** ~ (**to sb**) (*vor jdm*) kriechen IDM ⇒ FLESH¹ PHR V **creep 'in(to sth)** (*Fehler etc.*) sich (in etw) einschleichen **,creep 'up** (*Preise etc.*) langsam ansteigen **,creep 'up on sb 1** sich an jdn heranschleichen **2** (*Zeit*, *Alter*) langsam auf jdn zukommen ◊ *Tiredness can easily creep up on you.* Es passiert leicht, dass einen die Müdigkeit überkommt.
creep² /kriːp/ *Nomen* (*umgs*) **1** fieser Typ, Widerling **2** (*BrE*) Kriecher(in) IDM **give sb the 'creeps** (*umgs*) jdm nicht ganz geheuer sein ◊ *She gave me the creeps.* Sie war mir unheimlich.
creep·er /'kriːpə(r)/ *Nomen* Kriechpflanze, Kletterpflanze
creepy /'kriːpi/ *Adj* (**creep·ier, creepi·est**) (*umgs*) unheimlich; (*Geschichte, Film etc.*) gruselig
creepy-crawly /ˌkriːpi 'krɔːli/ *Nomen* (*Pl* -**ies**) (*umgs*) Krabbeltier
cre·mate /krə'meɪt/ *Verb* (*oft passiv*) einäschern
cre·ma·tion /krə'meɪʃn/ *Nomen* Einäscherung
crema·tor·ium /ˌkremə'tɔːriəm/ *Nomen* (*Pl* **crema·toria** /-'tɔːriə/ *oder* **crema·tor·iums**) (*AmE auch* **crema·tory** /'kriːmətɔːri, 'krem-/ (*Pl* -**ies**)) Krematorium
Cre·ole (*auch* **cre·ole**) /'kriːəʊl; *AmE* -oʊl/ *Nomen* **1** Mulatte, Mulattin **2** Kreole, Kreolin **3** Kreolisch
creo·sote /'kriːəsəʊt; *AmE* -soʊt/ *Nomen* (*Holzschutzmittel*) Kreosot
crêpe (*auch* **crepe**) /kreɪp/ *Nomen* **1** Krepp ◊ *a crêpe bandage* eine elastische Binde **2** Kreppgummi **3** dünner Pfannkuchen
crept *Form von* CREEP¹
cres·cendo /krə'ʃendəʊ; *AmE* -doʊ/ *Nomen* (*Pl* **-os**) **1** (MUS) Crescendo **2** Anschwellen ◊ *Voices rose in a crescendo.* Die Stimmen schwollen mehr und mehr an. **3** [*meist Sing*] (*umgs*) Höhepunkt
cres·cent /'kresnt; *BrE auch* 'kreznt/ *Nomen* **1** (*Figur, Form*) Halbmond ◊ *the crescent moon* die Mondsichel ☛ *Siehe auch* THE RED CRESCENT **2** (*als Bestandteil von Straßennamen verwendet*)
cress /kres/ *Nomen* Kresse ☛ *Siehe auch* WATERCRESS
crest¹ /krest/ *Nomen* **1** [*meist Sing*] ~ (**of sth**) (*von Bergen, Wellen*) Kamm ◊ *surfers riding the crest of the wave* Surfer, die sich von der Welle tragen lassen **2** Wappen, Helmzierde **3** (Feder)schopf IDM **on the crest of a/the 'wave** auf dem Gipfel ◊ *They've been on the crest of the wave ever since their election victory.* Seit ihrem Wahlsieg schwimmen sie ganz oben.
crest² /krest/ *Verb* **1** (*gehoben*) den höchsten Punkt erreichen von ◊ *He crested the ridge.* Er erreichte den Bergkamm. **2** (*AmE*) einen Höhepunkt/Höchststand erreichen
crest·fall·en /'krestfɔːlən/ *Adj* niedergeschlagen
cre·tin /'kretn; *AmE* 'kriːtn/ *Nomen* (*umgs, beleidigend*) Idiot
Creutzfeldt-Jakob disease /ˌkrɔɪtsfelt 'jækɒb dɪziːz; *AmE* 'jækɔːb/ *Nomen* (*Abk* **CJD**) Creutzfeldt-Jakob-Krankheit
cre·vasse /krə'væs/ *Nomen* (Gletscher)spalte
crev·ice /'krevɪs/ *Nomen* (Fels)spalte, Riss
crew¹ /kruː/ *Nomen* **1** Besatzung ☛ G 1.3b **2** (*Schiffs-*) Mannschaft ☛ G 1.3b **3** Team ◊ *a film crew* ein Filmteam ☛ G 1.3b ☛ *Siehe auch* GROUND CREW **4** [*Sing*] (*meist abwert*) (*von Leuten*) Haufen, Bande **5** Rudermannschaft, Crew ☛ G 1.3b **6** [U] (*AmE*) Mannschaftsrudern
crew² /kruː/ *Verb* ~ (**sth**) Besatzungsmitglied (einer Sache) sein
'crew cut *Nomen* Bürstenschnitt
'crew-cut *Adj* mit Bürstenschnitt
crew·man /'kruːmən/ *Nomen* (*Pl* **-men** /-mən/) Besatzungsmitglied
,crew 'neck *Nomen* runder Halsausschnitt
crib¹ /krɪb/ *Nomen* **1** (*AmE*) Kinderbett **2** Krippe SYN MANGER **3** (*umgs*) Spickzettel **4** Cribbage
crib² /krɪb/ *Verb* (**-bb-**) (*BrE, veraltet*) abschreiben, spicken
crib·bage /'krɪbɪdʒ/ *Nomen* Cribbage
'crib death *Nomen* (*AmE*) plötzlicher Kindstod
crick /krɪk/ *Nomen* [*Sing*] ◊ *a crick in the neck* ein steifer Nacken
cricket /'krɪkɪt/ *Nomen* **1** Kricket **2** Grille IDM **not 'cricket** (*BrE, umgs, veraltet*) nicht fair
crick·et·er /'krɪkɪtə(r)/ *Nomen* Kricketspieler(in)
cricket·ing /'krɪkɪtɪŋ/ *Adj* nur vor Nomen Kricket- ◊ *cricketing nations* Länder, in denen Kricket gespielt wird
cried *Form von* CRY¹
crier /'kraɪə(r)/ *Nomen* = TOWN CRIER
cri·key /'kraɪki/ *Ausruf* (*BrE, umgs, veraltet*) Mensch!
crime /kraɪm/ *Nomen* **1** Kriminalität ◊ *petty crime* kleinere Vergehen ◊ *He turned to crime.* Er wurde kriminell. ◊ *crime fiction* Kriminalromane **2** Verbrechen, Straftat, Vergehen ◊ *at the scene of the crime* am Tatort **3** [*Sing*] (*fig*) Sünde
crim·in·al¹ /'krɪmɪnl/ *Nomen* Verbrecher(in), Kriminelle(r), Straftäter(in)
crim·in·al² /'krɪmɪnl/ *Adj* **1** kriminell, strafbar ◊ *criminal negligence* grobe Fahrlässigkeit ◊ *face criminal charges* eines Verbrechens angeklagt sein ◊ *criminal damage* Sachbeschädigung **2** nur vor Nomen Kriminal-, Straf- ◊ *a criminal lawyer* ein Anwalt für Strafsachen **3** (*fig*) sträflich, kriminell
crim·in·al·ity /ˌkrɪmɪ'næləti/ *Nomen* Kriminalität
crim·in·al·ize (*BrE auch* **-ise**) /'krɪmənəlaɪz/ *Verb* kriminalisieren
crim·in·al·ly /'krɪmɪnəli/ *Adv* **1** strafrechtlich; (*verbrecherisch*) kriminell ◊ *criminally insane* wegen Geisteskrank-

criminal record

heit schuldunfähig ◇ *criminally negligent* grob fahrlässig ◇ *be held criminally liable* strafrechtlich zur Verantwortung gezogen werden **2** sträflich

‚criminal ˈrecord (*auch* **re·cord**) *Nomen* Strafregister ◇ *have a criminal record* vorbestraft sein ◇ *with no criminal record* unbescholten

crim·in·ology /ˌkrɪmɪˈnɒlədʒi; *AmE* -ˈnɑːl-/ *Nomen* Kriminologie

crimp /krɪmp/ *Verb* kräuseln

crim·son /ˈkrɪmzn/ *Adj* **1** purpurrot **2** *Nomen* Purpurrot

cringe /krɪndʒ/ *Verb* **1** (*fig*) schaudern, zurückschrecken SYN COWER **2** sich unbehaglich fühlen ◇ *I cringe when I think of the poems I wrote then.* Ich darf gar nicht daran denken, was ich damals für Gedichte geschrieben habe.

crin·kle¹ /ˈkrɪŋkl/ *Verb* (zer)knittern ◇ *He smiled, his eyes crinkling.* Er lächelte und bekam Lachfältchen um die Augen.

crin·kle² /ˈkrɪŋkl/ *Nomen* Knitterfalte; (*der Haut*) Fältchen

crin·kly /ˈkrɪŋkli/ *Adj* **1** zerknittert; (*Haut*) faltig **2** (*Haar*) kringelig, gekräuselt

crip·ple¹ /ˈkrɪpl/ *Verb* (*meist passiv*) **1** lähmen (*auch fig*) **2** schwer schädigen

crip·ple² /ˈkrɪpl/ *Nomen* (*veraltet oder beleidigend*) Krüppel (*auch fig*)

crip·pling /ˈkrɪplɪŋ/ *Adj* lähmend (*auch fig*); (*Schulden, Kosten etc.*) erdrückend; (*Schlag*) vernichtend ◇ *a crippling disease* eine Krankheit, die einen bewegungsunfähig macht

cri·sis /ˈkraɪsɪs/ *Nomen* (*Pl* **cri·ses** /-siːz/) **1** Krise ◇ *reach crisis proportions* katastrophale Ausmaße annehmen ◇ *be in crisis* sich in einer Notlage befinden **2** kritischer Punkt ◇ *The fever has passed its crisis.* Das Fieber ist gebrochen.

crisp¹ /krɪsp/ *Adj* (*Adv* **crisp·ly**) **1** knusprig **2** knackig **3** (*Luft*) frisch; (*Stoff*) frisch gebügelt **4** (*Schnee*) verharscht; (*Blätter*) raschelnd **5** (*Umriss, Züge etc.*) scharf; (*Ton*) klar **6** (*oft abwert*) (*Antwort etc.*) knapp, kurz angebunden **7** (*Gang etc.*) flott

crisp² /krɪsp/ *Nomen* (*BrE*) = POTATO CRISP IDM ⇨ BURN¹

crisp³ /krɪsp/ *Verb* knusprig backen/braten

crisp·bread /ˈkrɪspbred/ *Nomen* Knäckebrot

crisp·ly *Adv* ⇨ CRISP¹

crisp·ness /ˈkrɪspnəs/ *Nomen* **1** Knusprigkeit **2** Knackigkeit **3** Frische **4** (*von Umrissen, Zügen etc.*) Schärfe; (*eines Tons*) Klarheit **5** (*oft abwert*) (*einer Antwort etc.*) Knappheit

crispy /ˈkrɪspi/ *Adj* **1** knusprig **2** knackig

criss-cross¹ /ˈkrɪs krɒs; *AmE* krɔːs/ *Adj* Kreuz-

criss-cross² /ˈkrɪs krɒs; *AmE* krɔːs/ *Verb* **1** ~ *sth* etw kreuz und quer durchziehen, kreuz und quer durch etw fahren **2** kreuz und quer verlaufen

criss-cross³ /ˈkrɪs krɒs; *AmE* krɔːs/ *Nomen* [Sing] Gewirr

cri·ter·ion /kraɪˈtɪəriən; *AmE* -ˈtɪr-/ *Nomen* (*Pl* **cri·teria** /-riə/) Kriterium

crit·ic /ˈkrɪtɪk/ *Nomen* Kritiker(in)

crit·ic·al /ˈkrɪtɪkl/ *Adj* (*Adv* **crit·ic·al·ly** /-ɪkli/) **1** ~ (of sb/sth) kritisch (jdm/etw gegenüber) ◇ *They were highly critical of the school.* Sie standen der Schule äußerst kritisch gegenüber. ◇ *He is critically ill.* Sein Zustand ist kritisch. **2** ◇ *the film director's greatest critical success* der Film des Regisseurs, der die besten Kritiken erhielt ◇ *The album was released to critical acclaim.* Das neue Album fand bei den Kritikern großen Anklang. **3** entscheidend SYN CRUCIAL

‚critical ˈmass *Nomen* (PHYSIK) kritische Masse

‚critical ˈpath *Nomen* (*Fachspr*) kritischer Pfad

criti·cism /ˈkrɪtɪsɪzəm/ *Nomen* ~ (of sb/sth) Kritik (an jdm/etw) ◇ *My only criticism of the house is …* Das einzige, was ich gegen das Haus habe, ist …

criti·cize (*BrE auch* **-ise**) /ˈkrɪtɪsaɪz/ *Verb* **1** kritisieren ◇ *They were criticized for ignoring the problem.* Man hat sie dafür kritisiert, dass sie das Problem ignoriert haben. **2** (*BrE*) (*Gedicht, Kunstwerk etc.*) kritisch beurteilen

cri·tique¹ /krɪˈtiːk/ *Nomen* (*Abhandlung etc.*) Kritik

cri·tique² /krɪˈtiːk/ *Verb* kritisch beurteilen

crit·ter /ˈkrɪtə(r)/ *Nomen* (*AmE, umgs*) Geschöpf ◇ *wild critters* wilde Kreaturen ◇ *the old critter* der alte Kerl

croak¹ /krəʊk; *AmE* kroʊk/ *Verb* **1** quaken **2** (*Mensch*) krächzen **3** (*Slang*) (*sterben*) abkratzen

croak² /krəʊk; *AmE* kroʊk/ *Nomen* Quaken; (*eines Menschen*) Krächzen

cro·chet¹ /ˈkrəʊʃeɪ; *AmE* kroʊˈʃeɪ/ *Nomen* Häkeln, Häkelei

cro·chet² /ˈkrəʊʃeɪ/ *Verb* (**cro·chet·ing**, **cro·cheted**, **cro·cheted**) häkeln

crock /krɒk; *AmE* krɑːk/ *Nomen* **1** crocks [Pl] (*veraltet*) (Steingut)geschirr **2** (*veraltet*) Steinguttopf **3** (*BrE, umgs*) (*Person*) Alte(r) **4** (*BrE, umgs*) (*Auto*) Klapperkiste IDM **‚a crock of ˈshit** (*bes AmE, vulg, Slang*) ein Haufen Scheiße ➔ *Siehe auch* GOLD¹

crocked /krɒkt; *AmE* krɑːkt/ *Adj* nicht vor Nomen (*AmE, Slang*) besoffen

crock·ery /ˈkrɒkəri; *AmE* ˈkrɑːk-/ *Nomen* Geschirr

croco·dile /ˈkrɒkədaɪl; *AmE* ˈkrɑːk-/ *Nomen* **1** Krokodil **2** Krokodilleder **3** (*BrE*) *children walking in crocodile* Schulkinder, die paarweise hintereinander gehen IDM **ˈcrocodile tears** Krokodilstränen

cro·cus /ˈkrəʊkəs; *AmE* ˈkroʊ-/ *Nomen* Krokus

croft /krɒft; *AmE* krɔːft/ *Nomen* (*BrE*) (*besonders in Schottland*) kleiner Bauernhof

croft·er /ˈkrɒftə(r); *AmE* ˈkrɔːft-/ *Nomen* (*BrE*) (*besonders in Schottland*) Kleinbauer/-bäuerin, Kleinpächter(in)

crois·sant /ˈkrwæsɒ̃; *AmE* krəˈsɑːnt, krwɑːˈsɑ̃/ *Nomen* Croissant, Hörnchen

crone /krəʊn; *AmE* kroʊn/ *Nomen* (*gehoben, abwert*) altes Weib

crony /ˈkrəʊni; *AmE* ˈkroʊni/ *Nomen* (*Pl* **-ies**) [meist Pl] (*oft abwert*) Kumpel, Kumpan, Freund(in)

cro·ny·ism /ˈkrəʊniɪzəm; *AmE* ˈkroʊ-/ *Nomen* (*abwert*) Günstlingswirtschaft

crook¹ /krʊk/ *Nomen* **1** (*umgs*) Gauner(in), Kriminelle(r) SYN CRIMINAL **2** ~ of your arm/elbow Armbeuge **3** Hirtenstab IDM ⇨ HOOK¹

crook² /krʊk/ *Verb* (*Finger*) krümmen; (*Arm*) beugen ◇ *She crooked a finger at him.* Sie winkte ihn mit dem Finger heran.

crook³ /krʊk/ *Adj* (*AusE, umgs*) krank

crooked /ˈkrʊkɪd/ *Adj* **1** (*Adv* **crook·ed·ly**) krumm, schief **2** unehrlich, korrupt

croon /kruːn/ *Verb* leise/sanft singen; (*Popstar etc.*) schmachtend singen

crop¹ /krɒp; *AmE* krɑːp/ *Nomen* **1** Feldfrucht ◇ *crop rotation* Fruchtwechsel ➔ *Siehe auch* CASH CROP **2** Ernte **3** [Sing] **a** ~ of sth eine Gruppe von etw ◇ *a crop of disasters* eine Reihe von Katastrophen **4** (*riding*) ~ Reitpeitsche **5** Kurzhaarschnitt **6** [Sing] **a** ~ of dark, fair, etc. hair/curls ein dunkler, blonder, etc. Haar-/Lockenschopf **7** (*Fachspr*) (*eines Vogels*) Kropf

crop² /krɒp; *AmE* krɑːp/ *Verb* (-pp-) **1** (*Haar*) kurz schneiden, stutzen **2** (*Fachspr*) (*Fotos*) zuschneiden **3** (*Gras etc.*) abfressen **4** (*Ernte*) tragen ◇ *The potatoes cropped well this year.* Die Kartoffelernte war dieses Jahr gut. **5** (*Felder etc.*) bebauen PHR V **‚crop ˈup** (*fig*) auftauchen ◇ *His name cropped up in the conversation.* Sein Name fiel zufällig während des Gesprächs. ◇ *I'm afraid something's cropped up at the office.* Leider ist im Büro etwas dazwischengekommen.

ˈcrop circle *Nomen* = kreisförmige Stelle in einem Feld, auf der das Getreide aus scheinbar unerklärlichen Gründen flach gedrückt ist; Kornkreis

crop·per /ˈkrɒpə(r); *AmE* ˈkrɑːp-/ *Nomen* IDM **‚come a ˈcropper** (*BrE, umgs*) hinfallen; (*fig*) auf die Nase fallen

‚crop ˈtop *Nomen* bauchfreies Top

cro·quet /ˈkrəʊkeɪ; *AmE* kroʊˈkeɪ/ *Nomen* [U] Krocket

cro·quette /krəʊˈket; *AmE* kroʊ-/ *Nomen* Krokette

cro·sier (*auch* **croz·ier**) /ˈkrəʊziə(r); *AmE* ˈkroʊʒər-/ *Nomen* Bischofsstab

cross¹ /krɒs; *AmE* krɔːs/ *Nomen* **1** Kreuz, Kreuzchen **2** the Cross [Sing] das Kreuz (Christi) **3** [meist Sing] Mischung; (*Tier, Pflanze*) Kreuzung **4** (SPORT) Querpass IDM **have a (heavy) ˈcross to bear** ein (schweres) Kreuz zu tragen haben

cross² /krɒs; *AmE* krɔːs/ *Verb* **1** ~ (over) hinübergehen/

-fahren ◊ *She crossed over.* Sie überquerte die Straße. ◊ *We crossed from Dover to Calais.* Wir setzten von Dover nach Calais über. ◊ *cross into China* nach China einreisen **2 ~ (over) sth** etw überqueren, etw durchqueren ◊ *cross the sea to Ireland* nach Irland übersetzen ◊ *The bridge crosses the Dee.* Die Brücke führt über den Dee. ◊ *cross a bridge* über eine Brücke fahren ◊ *A look of annoyance crossed her face.* Ein ärgerlicher Blick zog sich über ihr Gesicht. ◊ *cross the finishing line* ins Ziel einlaufen ◊ (*fig*) *cross all social barriers* alle gesellschaftlichen Grenzen überschreiten **3** sich kreuzen; (*Linien*) sich schneiden ◊ *We seem to have a crossed line.* Da ist scheinbar jemand in der Leitung. **4** kreuzen; (*Arme*) verschränken; (*Beine*) übereinanderschlagen ◊ *She sat with her legs crossed.* Sie saß mit übereinander geschlagenen Beinen da. **5 ~ sb** jdm widersprechen, jdm in die Quere kommen, jds Pläne durchkreuzen ◊ (*gehoben*) *He had been crossed in love.* Er war in der Liebe enttäuscht worden. **6** (*Pflanzen, Tiere*) (miteinander) kreuzen **7 ~ (to sb)** (SPORT) einen Querpass (zu jdm) spielen **8** ◊ *cross a 't'* bei einem „t" den Querstrich machen ◊ (*BrE*) *cross a cheque* einen Scheck zur Verrechnung ausstellen **9 ~ yourself** sich bekreuzigen IDM **,cross your 'bridges when you 'come to them** Probleme/etw auf sich zukommen lassen **cross your 'fingers** die Daumen drücken/halten ◊ *I'm crossing my fingers that my proposal will be accepted.* Ich hoffe sehr, dass mein Vorschlag angenommen wird. **cross my 'heart (and hope to die)** (*umgs*) Ehrenwort **cross your 'mind** einem in den Sinn kommen **cross sb's 'palm with 'silver** (*einer Wahrsagerin etc.*) Geld geben **,cross sb's 'path** jds Weg kreuzen ◊ *Our paths never crossed again.* Unsere Wege haben sich nie mehr gekreuzt. **cross 'swords (with sb)** (*mit jdm*) die Klingen kreuzen; sich (*mit jdm*) streiten ☛ *Siehe auch* DOT² *und* WIRE¹ PHRV **,cross sb/sth 'off (sth)** jdn/etw (von etw) streichen **,cross sth 'out/'through** etw durchstreichen **,cross 'over (to/into sth)** ◊ *reggae crossing over into soul* Reggae, der Soul-Elemente enthält ◊ *a cult movie that has crossed over to mass appeal* ein Kultfilm, der inzwischen ein breites Publikum anspricht

cross³ /krɒs; *AmE* krɔːs/ *Adj* (*Adv* **cross·ly**) (*bes BrE*) verärgert, böse; **~ with sb** sauer auf jdn

cross·bar /'krɒsbɑː(r); *AmE* 'krɔːs-/ *Nomen* **1** (*beim Fußballtor*) Querlatte **2** (*beim Fahrrad*) Stange

cross·bones /'krɒsbəʊnz; *AmE* 'krɔːsboʊnz/ *Nomen* [Pl] ⇨ SKULL AND CROSSBONES

'cross-border *Adj* nur vor Nomen grenzüberschreitend, Grenz- ◊ *cross-border raids* Grenzüberfälle

cross·bow /'krɒsbəʊ; *AmE* 'krɔːsboʊ/ *Nomen* Armbrust

'cross-breed¹ *Verb* (**-bred, -bred** /-bred/) (*Tiere, Pflanzen*) kreuzen

'cross-breed² *Nomen* (*Tiere, Pflanzen*) Kreuzung

,cross-'breeding *Nomen* [U] (*Tiere, Pflanzen*) Kreuzen

,cross-'check¹ *Verb* **1** die Gegenprobe machen ◊ *I'll cross-check.* Ich werde das noch mal überprüfen. **2 ~ sth** etw nachprüfen; **~ sth against sth** etw mit etw (zur Kontrolle) vergleichen

'cross-check² *Nomen* Gegenprobe

,cross-'country¹ *Adj* **1** Querfeldein- ◊ *cross-country running* Querfeldeinlauf ◊ *cross-country skiing* Langlauf **2** Überland-

,cross-'country² *Adv* querfeldein ◊ *ski cross-country* Langlauf machen

,cross-'country³ *Nomen* **1** Querfeldeinrennen **2** (Ski-)langlauf

,cross-'cultural *Adj* interkulturell

'cross-current *Nomen* Gegenströmung (*auch fig*)

,cross-cur'ricular *Adj* (*BrE*) fächerübergreifend

,cross-'dresser *Nomen* Transvestit(in)

,cross-'dressing *Nomen* Transvestismus

,cross-e,xami'nation *Nomen* Kreuzverhör

,cross-e'xamine *Verb* ins Kreuzverhör nehmen

,cross-'eyed /'krɒs aɪd; *AmE* 'krɔːs aɪd/ *Adj* schielend; **be ~** schielen

,cross-,fertili'za·tion (*BrE auch* **-isation**) *Nomen* [U/Sing] **1** (BIOL) Kreuzbestäubung **2** (*fig*) gegenseitige Befruchtung

,cross-'fertil·ize (*BrE auch* **-ise**) *Verb* **1** (BIOL) kreuzbestäuben **2** (*fig*) (gegenseitig) befruchten

'cross-fire /'krɒsfaɪə(r); *AmE* 'krɔːs-/ *Nomen* Kreuzfeuer (*auch fig*)

'cross-hatch *Verb* kreuzweise schraffieren

'cross·ing /'krɒsɪŋ; *AmE* 'krɔːs-/ *Nomen* **1** (*Fußgänger-, Grenz- etc.*) Übergang, Überweg ◊ *The next crossing point is a long way downstream.* Die nächste Stelle, wo man den Fluss überqueren kann, ist ziemlich weit flussabwärts. ☛ *Siehe auch* LEVEL CROSSING, PELICAN CROSSING *und* ZEBRA CROSSING **2** Kreuzung **3** Überfahrt **4** Überquerung ◊ *attempted crossings of the border* Versuche, über die Grenze zu kommen

cross-legged /,krɒs 'legd, -'legɪd; *AmE* ,krɔːs-/ *Adv, Adj* im Schneidersitz

'cross·ly *Adv* ⇨ CROSS³

'cross·over /'krɒsəʊvə(r); *AmE* 'krɔːsoʊ-/ *Nomen* Mischung, Cross-over

,cross 'purposes *Nomen* **1 be at ~** sich widersprechen **2 be talking at ~** aneinander vorbeireden

,cross-'question *Verb* ins Kreuzverhör nehmen

,cross-'reference¹ *Nomen* **~ (to sth)** Querverweis (auf etw)

,cross-'reference² *Verb* **1** (*meist passiv*) **~ sth (to/with sth)** etw mit Querverweisen (zu etw) versehen **2 ~ sth to sth** von etw auf etw verweisen

cross·roads /'krɒsrəʊdz; *AmE* 'krɔːsroʊdz/ *Nomen* (*Pl* **cross·roads**) (*Straßen-*) Kreuzung; (*fig*) Scheideweg

'cross section *Nomen* Querschnitt (*auch fig*) ◊ *a wide cross-section of the population* ein repräsentativer Querschnitt durch die Bevölkerung

'cross stitch *Nomen* Kreuzstich

'cross street *Nomen* (*AmE*) Querstraße

cross·town /,krɒs'taʊn; *AmE* ,krɔːs-/ *Adj* (*AmE*) ◊ *a crosstown bus/route* ein Bus/eine Route, der/die die Stadt durchquert

'cross-training *Nomen* [U] Cross-Training

cross·walk /'krɒswɔːk; *AmE* 'krɔːs-/ *Nomen* (*AmE*) Fußgängerüberweg

cross·wind /'krɒswɪnd; *AmE* 'krɔːs-/ *Nomen* Seitenwind

cross·word /'krɒswɜːd; *AmE* 'krɔːswɜːrd/ (*auch* **'crossword puzzle**) *Nomen* Kreuzworträtsel

crotch /krɒtʃ; *AmE* krɑːtʃ/ *Nomen* Unterleib; (*Teil der Hose*) Schritt ◊ *He was scratching his crotch.* Er kratzte sich zwischen den Beinen.

crot·chet /'krɒtʃɪt; *AmE* 'krɑːtʃ-/ *Nomen* (*BrE*) (MUS) Viertelnote

crot·chety /'krɒtʃəti; *AmE* 'krɑːtʃ-/ *Adj* (*umgs*) gereizt, mürrisch

crouch¹ /kraʊtʃ/ *Verb* (sich) hocken, kauern, sich niederkauern PHRV **'crouch over sb/sth** sich über jdn/etw beugen

crouch² /kraʊtʃ/ *Nomen* [Sing] Hockstellung

crouched /kraʊtʃt/ *Adj* zusammengekauert

croup /kruːp/ *Nomen* (MED) Kehlkopfdiphterie, Krupp

crou·pier /'kruːpieɪ; *AmE auch* -piər/ *Nomen* Croupier, Croupière

crou·ton /'kruːtɒn; *AmE* -tɑːn/ *Nomen* Croûton

crow¹ /krəʊ; *AmE* kroʊ/ *Nomen* **1** Krähe **2** Krähen, Jauchzen IDM **as the 'crow flies** Luftlinie

crow² /krəʊ; *AmE* kroʊ/ *Verb* **1** krähen **2 ~ (about/over sth)** (*abwert*) (mit etw) protzen SYN BOAST **3** (*BrE*) (*Baby*) (vor Freude) quietschen

'crow·bar /'krəʊbɑː(r); *AmE* 'kroʊ-/ *Nomen* Brecheisen

crowd¹ /kraʊd/ *Nomen* **1** (Menschen)menge, Menschenmasse ◊ *crowd control* Ordnungsdienst bei Massenveranstaltungen ◊ *There was crowd trouble before the match.* Vor dem Spiel kam es zu Krawallen. ◊ *The match attracted a capacity crowd.* Das Stadion war ausverkauft. ◊ *The goal brought the crowd to their feet.* Beim Tor sprangen die Zuschauer von den Sitzen. ◊ *A whole crowd of us are going.* Eine ganze Gruppe von uns geht. ☛ G 1.3b **2** (*umgs, oft abwert*) Clique ☛ G 1.3b **3 the crowd** [Sing] (*oft abwert*) die (breite) Masse ◊ *stand out from the crowd* aus der Menge herausragen ◊ *He prefers to be one of the crowd.* Er geht lie-

ber in der Menge unter. ◊ *follow the crowd* im Strom mitschwimmen IDM ⇨ TWO
crowd² /kraʊd/ *Verb* **1** füllen, sich drängen ◊ *Memories crowded his mind.* Seine Gedanken wurden von Erinnerungen beherrscht. **2** (*umgs*) drängeln, (be)drängen (*auch fig*) PHR V ˌcrowd aˈround/ˈround sich drängen ˌcrowd aˈround/ˈround sb/sth sich um jdn/etw (herum)drängen ˌcrowd ˈin **1** hereinströmen, hineinströmen **2** sich zusammendrängen ˌcrowd ˈin (on sb) auf jdn einstürmen ˌcrowd ˈinto sth sich in etw drängen ˌcrowd ˈonto sth sich auf etw drängen ˌcrowd sb/sth ˈin jdn/etw in etw stopfen, jdn/etw in etw pferchen ˌcrowd sb/sth ˈout (*BrE*) jdn/etw verdrängen
crowd·ed /ˈkraʊdɪd/ *Adj* **1** überfüllt ◊ *In the spring the place is crowded with skiers.* Im Frühling ist der Ort voller Skiläufer. **2** vollgestopft ◊ *We have a very crowded schedule.* Wir haben ein sehr volles Programm.
ˈcrowd-pleaser *Nomen* (*umgs*) Publikumserfolg, Publikumsliebling
ˈcrowd-puller *Nomen* (*umgs*) Publikumsmagnet
crown¹ /kraʊn/ *Nomen* **1** Krone (*auch fig*) ◊ *his claim to the French crown* sein Anspruch auf den französischen Thron **2** **the Crown** die Krone, der Staat **3** (Sieger)kranz **4** (SPORT) (*umgs*) Titel **5** [Sing] Scheitel; (*eines Huts*) Kopfteil **6** höchster Punkt ◊ *the crown of a hill* die Kuppe eines Hügels **7** (*alte britische Münze*) Fünfschillingstück IDM ⇨ JEWEL
crown² /kraʊn/ *Verb* **1** krönen **2** (*Zahn*) überkronen IDM **to crown it ˈall** (*BrE*) zu allem Überfluss; als Krönung des Ganzen
ˌcrown ˈcolony *Nomen* Kronkolonie
ˌCrown ˈCourt *Nomen* = höheres Gericht für Strafsachen in England und Wales
crown·ing /ˈkraʊnɪŋ/ *Adj nur vor Nomen* krönend ◊ *The roof garden is the hotel's crowning glory.* Das Highlight des Hotels ist der Dachgarten. ◊ *the crowning achievement of his career* die Krönung seiner Laufbahn
ˌcrown ˈjewels *Nomen* [Pl] Kronjuwelen
ˌCrown ˈprince *Nomen* Kronprinz
ˌCrown ˈprinˈcess *Nomen* Kronprinzessin
ˈcrow's feet *Nomen* [Pl] Krähenfüße
croz·ier = CROSIER
cru·cial /ˈkruːʃl/ *Adj* äußerst wichtig; ~ (**to/for sth**) entscheidend (für etw) ◊ *topics of crucial importance for education* Themen, die für das Schulwesen von entscheidender Bedeutung sind ◊ *The next few weeks are going to be crucial.* Die nächsten paar Wochen werden den Ausschlag geben.
cru·cial·ly /ˈkruːʃəli/ *Adv* **1** entscheidend **2** äußerst **3** vor allem; (*am Satzbeginn auch*) von großer Bedeutung ist ◊ *Crucially, neither side had mentioned this.* Von großer Bedeutung ist, dass dies von keiner Partei erwähnt worden war.
cru·cible /ˈkruːsɪbl/ *Nomen* Schmelztiegel
cru·ci·fix /ˈkruːsəfɪks/ *Nomen* Kruzifix
cru·ci·fix·ion /ˌkruːsəˈfɪkʃn/ *Nomen* Kreuzigung
cru·cify /ˈkruːsɪfaɪ/ *Verb* (**-fies**, **-fy·ing**, **-fied**, **-fied**) **1** kreuzigen **2** (*umgs*) (*fig*) fertig machen, martern
crude¹ /kruːd/ *Adj* **1** (*Adv* **ˈcrude·ly**) grob, simpel, primitiv ◊ *In crude terms, ...* Grob gesagt, ... ◊ *a crude drawing of a face* eine grob angefertigte Zeichnung eines Gesichts **2** (*Adv* **ˈcrude·ly**) derb, ordinär, ungehobelt SYN VULGAR **3** roh, Roh-, unbearbeitet
crude² /kruːd/ *Nomen* (*auch* ˌcrude ˈoil) Rohöl
cru·dity /ˈkruːdəti/ *Nomen* (*Pl* **-ies**) (*gehoben*) **1** Primitivität ◊ *the novel's structural crudities* die primitive Struktur des Romans **2** (KUNST) schlechte Ausführung, Ungeschliffenheit **3** Derbheit, Grobheit
cruel /ˈkruːəl/ *Adj* (**cruel·ler**, **cruel·lest**) grausam ◊ *people who are cruel to animals* Leute, die Tiere quälen ◊ *a cruel blow* ein harter Schlag ◊ *Sometimes you have to be cruel to be kind.* Manchmal ist es besser, wenn man hart bleibt.
cruel·ly /ˈkruːəli/ *Adv* grausam, auf grausame Art ◊ *I was cruelly deceived.* Ich wurde bitter enttäuscht.
cruelty /ˈkruːəlti/ *Nomen* **1** Grausamkeit ◊ *cruelty to animals* Tierquälerei **2** [meist Pl] Grausamkeit, Gräueltat ◊ *Frightening cruelties were often inflicted on the slaves.* Die Sklaven wurden oft übel misshandelt. **3** Härte ◊ *the cruelties of life* die Härte des Lebens
cruet /ˈkruːɪt/ *Nomen* Salz-Pfeffer-Set, Essig-Öl-Ständer
cruise¹ /kruːz/ *Nomen* Kreuzfahrt ◊ *a luxury cruise ship* ein Luxuskreuzer
cruise² /kruːz/ *Verb* **1** ~ (**sth**) eine Kreuzfahrt/Schiffsreise (durch/in etw) machen **2** mit gleich bleibender Geschwindigkeit fliegen/fahren ◊ (*fig*) *He's just cruising along at school.* Er tut nur das Nötigste in der Schule. **3** herumfahren (in) ◊ *Taxis cruised the streets, looking for fares.* Taxis auf Fahrgastsuche fuhren durch die Straßen. **4** ◊ *The home team cruised to victory.* Die Heimmannschaft gewann locker. **5** (*Slang*) = in Parks etc. nach einen Sexpartner suchen
ˌcruise ˈmissile *Nomen* Marschflugkörper
cruiser /ˈkruːzə(r)/ *Nomen* **1** Kreuzer **2** (*auch* ˈcabin cruiser) Kajütboot **3** (*AmE*) Streifenwagen
crumb /krʌm/ *Nomen* **1** Krümel **2** Brocken ◊ *a few crumbs of useful information* einige nützliche Informationsbrocken ◊ *a crumb of comfort* ein kleiner Trost
crum·ble¹ /ˈkrʌmbl/ *Verb* **1** (zer)krümeln, (zer)bröckeln **2** zerfallen, zerbröckeln ◊ *crumbling stonework* abbröckelndes Mauerwerk ◊ *The cliff is gradually crumbling away.* Die Klippe bröckelt mehr und mehr ab. **3** ~ (**away**) sich auflösen; **crumble** (**into/to sth**) (zu etw) zerfallen ◊ *All his hopes began to crumble away.* Alle seine Hoffnungen begannen zu schwinden. IDM ⇨ COOKIE
crum·ble² /ˈkrʌmbl/ *Nomen* (*BrE*) = mit Streusel bestreutes und im Ofen gegartes Obst-Dessert
crum·bly /ˈkrʌmbli/ *Adj* krümelig, bröckelig, bröselig
crumbs /krʌmz/ *Ausruf* (*BrE*, *umgs*, *veraltet*) Mensch
crummy /ˈkrʌmi/ *Adj* (*umgs*) lausig, mies
crum·pet /ˈkrʌmpɪt/ *Nomen* (*BrE*) **1** = rundes Hefeküchlein, das getoastet wird **2** [U] (*Slang*, *beleidigend*) Miezen ◊ *She was a tasty bit of crumpet.* Sie war eine süße Mieze.
crum·ple /ˈkrʌmpl/ *Verb* **1** ~ **sth** (**up**) etw zerknüllen, etw zerknittern ◊ *She crumpled the letter up into a ball.* Sie zerknüllte den Brief. **2** knittern **3** ~ (**up**) (*Gesicht*) sich zum Weinen verziehen **4** ~ (**up**) zusammenbrechen, zusammensinken ◊ *He crumpled up in agony.* Er sank vor Schmerzen zusammen. SYN COLLAPSE
crum·pled /ˈkrʌmpld/ *Adj* **1** zerknüllt **2** (*Mensch*) zusammengebrochen
crunch¹ /krʌntʃ/ *Nomen* **1** [meist Sing] Knirschen **2** **the crunch** [Sing] der kritische Moment, der Knackpunkt ◊ *when it comes to the crunch* wenn es drauf ankommt **3** [meist Sing] (*bes AmE*) Krise ◊ *an energy crunch* eine Energiekrise
crunch² /krʌntʃ/ *Verb* **1** ~ (**on sth**) (an etw) geräuschvoll kauen ◊ *She crunched her apple noisily.* Sie biss knackend in ihren Apfel. **2** knirschen **3** mit knirschenden Schritten gehen **4** (COMP) verarbeiten ☞ *Siehe auch* NUMBER CRUNCHING PHR V ˌcrunch sth ˈup etw zusammenknüllen
crunch³ /krʌntʃ/ *Adj nur vor Nomen* (*umgs*) entscheidend
crunchy /ˈkrʌntʃi/ *Adj* knackig, knusprig
cru·sade¹ /kruːˈseɪd/ *Nomen* Kreuzzug (*auch fig*)
cru·sade² /kruːˈseɪd/ *Verb* zu Felde ziehen, einen Kreuzzug führen SYN CAMPAIGN
cru·sader /kruːˈseɪdə(r)/ *Nomen* Kreuzfahrer(in) ◊ *moral crusaders* Moralapostel
crush¹ /krʌʃ/ *Verb* **1** zusammendrücken, (zer)quetschen, zermalmen **2** zerstoßen, zerdrücken **3** (*Oliven etc.*) auspressen **4** (zer)knittern **5** (*Aufstand etc.*) niederwerfen **6** (*Hoffnungen etc.*) vernichten ◊ *She was felt completely crushed by the teacher's criticism.* Sie war von der Kritik des Lehrers völlig niedergeschmettert.
crush² /krʌʃ/ *Nomen* **1** [meist Sing] Gedränge, Gewühl **2** ~ (**on sb**) Schwärmerei (für jdn) ◊ *I had a huge crush on her.* Ich war mächtig in sie verknallt. **3** Fruchtsaftgetränk
crush·er /ˈkrʌʃə(r)/ *Nomen* (*oft in Zusammensetzungen*) (*für Obst, Schrott etc.*) Presse
crush·ing /ˈkrʌʃɪŋ/ *Adj* (*Adv* **ˈcrush·ing·ly**) vernichtend, niederschmetternd
crust /krʌst/ *Nomen* Kruste, Rinde; (*einer Pastete*) Teigdeckel ☞ *Siehe auch* THE UPPER CRUST ⇨ EARN
ˈcrust·acean /krʌˈsteɪʃn/ *Nomen* Schalentier
crust·ed /ˈkrʌstɪd/ *Adj* verkrustet, hart

crusty /'krʌsti/ *Adj* **1** knusprig **2** (*umgs, abwert*) barsch
crutch /krʌtʃ/ *Nomen* **1** Krücke (*auch fig*) **2** Unterleib; (*Teil der Hose*) Schritt
crux /krʌks/ *Nomen* [Sing] Kern ◇ *Now we come to the crux of the matter.* Jetzt kommen wir zum springenden Punkt.
cry¹ /kraɪ/ *Verb* (**cries, cry·ing, cried, cried**) **1** weinen, heulen; (*Baby*) schreien ◇ *The baby was crying for its mother.* Das Baby schrie nach seiner Mutter. **2** schreien, rufen ◇ *cry for help* um Hilfe schreien **3** (*Tier, Vogel*) schreien **IDM** ,**cry 'foul** (*umgs*) sich über ungerechte Behandlung beschweren **cry over spilt 'milk** (*AmE* **cry over spilled 'milk**) ◇ *It's no use crying over spilt milk!* Was passiert ist, ist passiert! **cry 'wolf** blinden Alarm schlagen **for ,crying out 'loud** (*umgs*) das darf doch nicht wahr sein; um Himmels willen ☛ *Siehe auch* LAUGH¹ *und* SHOULDER¹ **PHRV** ,**cry 'off** (*BrE*) absagen ,**cry 'out** (*auf*)schreien ,**cry 'out sth** etw rufen ,**cry 'out for sth 1** um etw rufen **2** (*meist in der Verlaufsform*) (*fig*) etw dringend brauchen ◇ *The company is crying out for fresh new talent.* Die Firma braucht dringend neue Talente.
cry² /kraɪ/ *Nomen* (*Pl* **cries**) **1** Schrei, Ruf ◇ *give a cry of terror* einen Schreckensschrei ausstoßen **2** [Sing] ◇ *have a good cry* sich ausweinen ◇ *have a little cry* ein bisschen weinen **3** Ruf ◇ *a cry for help* ein Hilferuf ◇ *a rallying cry* ein Ruf zu den Waffen **IDM** **in full 'cry** voll in Aktion ☛ *Siehe auch* FAR² *und* HUE
cry·baby /'kraɪbeɪbi/ (*Pl* -**ies**) *Nomen* (*umgs, abwert*) Heulsuse
cry·ing /'kraɪɪŋ/ *Adj* **IDM** **be a crying 'shame** (*umgs*) jammerschade sein **a crying 'need (for sth)** ein dringender Bedarf (nach etw)
cryo·gen·ic /,kraɪə'dʒenɪk/ *Adj* (PHYSIK) Tieftemperatur-
cryo·gen·ics /,kraɪə'dʒenɪks/ *Nomen* [U] (PHYSIK) Tieftemperaturphysik
cry·on·ics /kraɪ'ɒnɪks; *AmE* -'ɑ:n-/ *Nomen* [U] (MED) Kryotechnik
crypt /krɪpt/ *Nomen* Gruft, Krypta
cryp·tic /'krɪptɪk/ *Adj* (*Adj* **cryp·tic·al·ly** /-kli/) rätselhaft, kryptisch; (*Kreuzworträtsel*) verschlüsselt; (*Lächeln*) hintergründig
crypto- /'krɪptəʊ; *AmE* -toʊ/ (*in Zusammensetzungen*) Krypto-, geheim
crys·tal /'krɪstl/ *Nomen* **1** Kristall **2** Bergkristall **3** [U] Kristallglas **4** (*AmE*) Uhrglas
,**crystal 'ball** *Nomen* Kristallkugel
,**crystal 'clear** *Adj* kristallklar, glasklar (*auch fig*)
crys·tal·line /'krɪstəlaɪn/ *Adj* **1** (GEOL) kristallin **2** (*gehoben*) kristallen, Kristall- **SYN** TRANSPARENT
crys·tal·lize (*BrE auch* -**ise**) /'krɪstəlaɪz/ *Verb* **1** feste Form(en) annehmen, sich herauskristallisieren **2** ~ **sth** einer Sache feste Form geben, etw klar machen **3** (CHEM) (aus)kristallisieren
crys·tal·lized (*BrE auch* -**ised**) /'krɪstəlaɪzd/ *Adj* (*Früchte etc.*) kandiert
'**C-section** (*AmE*) = CAESAREAN
CS gas /,si: es 'gæs/ *Nomen* Tränengas
CSYS /si: ,es waɪ 'es/ *Kurzform von* **Certificate of Sixth Year Studies** = Abschlussprüfung an manchen schottischen Schulen
Ct (*bes AmE* **Ct.**) *Abk* = COURT
ct (*bes AmE* **ct.**) *Abk* **1** = CARAT **2** = CENT
cu. *Abk* = CUBIC
cub /kʌb/ *Nomen* **1** (Löwen-, Bären- *etc.*) Junges **2 Cub** (*auch* '**Cub Scout**) (*junger Pfadfinder*) Wölfling
cub·by·hole /'kʌbihəʊl; *AmE* -hoʊl/ *Nomen* Kämmerchen
cube¹ /kju:b/ *Nomen* **1** Würfel **2** (MATH) dritte Potenz
cube² /kju:b/ *Verb* **1** (*meist passiv*) (MATH) in die dritte Potenz erheben ◇ *10 cubed is 1 000.* 10 hoch 3 ist 1 000. **2** in Würfel schneiden **SYN** DICE
,**cube 'root** *Nomen* (MATH) Kubikwurzel
cubic /'kju:bɪk/ *Adj* **1** (*Abk* **cu.**) *nur vor Nomen* Kubik- **2** Raum- ◇ *cubic capacity* Fassungsvermögen ◇ *the cubic capacity of the engine* der Hubraum des Motors **3** würfelförmig
cu·bicle /'kju:bɪkl/ *Nomen* Kabine ◇ (*bes AmE*) *an office cubicle* ein abgeteilter Arbeitsplatz in einem Großraumbüro

cu·bism (*auch* **Cu·bism**) /'kju:bɪzəm/ *Nomen* Kubismus
cu·bist (*auch* **Cu·bist**) /'kju:bɪst/ **1** *Nomen* Kubist(in) **2** *Adj* kubistisch
cu·boid /'kju:bɔɪd/ (MATH) **1** *Nomen* Quader **2** *Adj* quaderförmig
,**cub re'porter** *Nomen* junge(r) Reporter(in)
cuck·old¹ /'kʌkəʊld; *AmE* -oʊld/ *Nomen* (*veraltet, abwert*) gehörnter Ehemann
cuck·old² /'kʌkəʊld; *AmE* -oʊld/ *Verb* (*veraltet*) ~ **sb** jdm Hörner aufsetzen
cuckoo /'kʊku:/ *Nomen* (*Pl* -**oos**) Kuckuck
'**cuckoo clock** *Nomen* Kuckucksuhr
cu·cum·ber /'kju:kʌmbə(r)/ *Nomen* (Salat)gurke **IDM** ⇨ COOL¹
cud /kʌd/ *Nomen* wiedergekäutes Futter ◇ *cows chewing the cud* wiederkäuende Kühe
cud·dle¹ /'kʌdl/ *Verb* **1** schmusen **2** ~ **sb/sth** jdn/etw an sich drücken **SYN** HUG **PHRV** **cuddle up to/against sb/sth** sich an jdn/etw kuscheln **cuddle up (together)** sich aneinander kuscheln
cud·dle² /'kʌdl/ *Nomen* [*meist Sing*] Umarmung **SYN** HUG
cud·dly /'kʌdli/ *Adj* (*umgs*) kuschelig ◇ *a cuddly toy* ein Plüschtier
cudgel¹ /'kʌdʒl/ *Nomen* Knüppel **IDM** **take up (the) cudgels for/on behalf of sb/sth** (*gehoben, veraltet*) für jdn/etw eine Lanze brechen
cudgel² /'kʌdʒl/ *Verb* (-**ll-**, *AmE auch* -**l-**) (nieder)knüppeln
cue¹ /kju:/ *Nomen* **1** (*im Theater etc.*) Stichwort; (*fig*) Signal, Anlass **2** Billardstock, Queue **IDM** **(right) on cue** wie gerufen **take your 'cue from sb/sth** sich nach jdm/etw richten
cue² /kju:/ (**cue·ing, cued, cued**) *Verb* ~ **sb** das Stichwort geben, ein Zeichen geben
cuff¹ /kʌf/ *Nomen* **1** Manschette **2 cuffs** [Pl] (*umgs*) Handschellen **3** (*AmE*) Hosenaufschlag **4** Klaps **IDM** **off the 'cuff** aus dem Handgelenk; aus dem Stegreif ◇ *an off-the-cuff remark* eine spontane Äußerung
cuff² /kʌf/ *Verb* einen Klaps geben
'**cuff·link** /'kʌflɪŋk/ *Nomen* [*meist Pl*] Manschettenknopf
cuis·ine /kwɪ'zi:n/ *Nomen* (*Kochkunst*) Küche
cul-de-sac /'kʌl də sæk/ *Nomen* (*Pl* **cul-de-sacs** *oder* **culs-de-sac**) Sackgasse
cu·lin·ary /'kʌlɪnəri; *AmE* -neri/ *Adj nur vor Nomen* (*gehoben*) kulinarisch ◇ *culinary skills* Kochkünste
cull¹ /kʌl/ *Verb* **1** erlegen; (*Herde*) keulen, ausmerzen **2** auswählen ◇ *paintings culled from several galleries* Gemälde, die aus verschiedenen Gallerien zusammengetragen wurden
cull² /kʌl/ *Nomen* Auslese
cul·min·ate /'kʌlmɪneɪt/ *Verb* (*gehoben*) einen Höhepunkt erreichen; ~ **in/with sth** in etw gipfeln, mit etw enden
cul·min·ation /,kʌlmɪ'neɪʃn/ *Nomen* [*meist Sing*] Höhepunkt
culp·abil·ity /,kʌlpə'bɪləti/ *Nomen* Schuld
culp·able /'kʌlpəbl/ *Adj* (*gehoben*) schuldig, schuldhaft
cul·prit /'kʌlprɪt/ *Nomen* Täter(in), Schuldige(r), Übeltäter(in) ◇ *The main culprit is modern farming techniques.* Hauptübeltäter sind die modernen Anbaumethoden.
cult /kʌlt/ *Nomen* Kult
cul·ti·vate /'kʌltɪveɪt/ *Verb* kultivieren; (*Getreide, Gemüse auch*) anbauen ◇ *She cultivated an American accent.* Sie kultivierte einen amerikanischen Akzent. ◇ *He tried to cultivate good relations with the press.* Er bemühte sich um gute Beziehungen zur Presse.
cul·ti·vated /'kʌltɪveɪtɪd/ *Adj* **1** (*Mensch, Boden*) kultiviert **2** (*Pflanzen*) Zucht- ◇ *cultivated mushrooms* Zuchtpilze
cul·ti·va·tion /,kʌltɪ'veɪʃn/ *Nomen* **1** (*Felder, Boden*) landwirtschaftliche Nutzung **2** (*Gemüse etc.*) Anbau **3** (*Beziehungen*) Pflege
cul·ti·va·tor /'kʌltɪveɪtə(r)/ *Nomen* **1** Ackerbauer, Ackerbäuerin **2** (*Maschine*) Kultivator
cul·tural /'kʌltʃərəl/ *Adj* (*Adv* **cul·tur·al·ly** /-rəli/) kulturell
cul·ture¹ /'kʌltʃə(r)/ *Nomen* **1** Kultur **2** Zucht
cul·ture² /'kʌltʃə(r)/ *Verb* (*Zellen*) züchten

cul·tured /ˈkʌltʃəd; *AmE* -tʃərd/ *Adj* **1** (*Mensch*) gebildet **2** (*Zellen*) kultiviert **3** (*Perlen*) Zucht-
ˈ**culture shock** *Nomen* Kulturschock
cum[1] /kʌm/ *Präp* und … in einem ◇ *a bedroom-cum-study* Schlaf- und Arbeitszimmer in einem
cum[2] /kʌm/ *Nomen* = COME[2]
cum·ber·some /ˈkʌmbəsəm; *AmE* -bərs-/ *Adj* **1** sperrig, unhandlich **2** aufwändig, umständlich; (*Verfahren*) langwierig
cumin /ˈkʌmɪn/ *Nomen* Kreuzkümmel
cu·mu·la·tive /ˈkjuːmjələtɪv; *AmE* -leɪtɪv/ *Adj* (*Adv* **cu·mu·la·tive·ly**) kumulativ, Gesamt- ◇ *the cumulative effect* die Gesamtwirkung
cun·ning[1] /ˈkʌnɪŋ/ *Adj* (*Adv* **cun·ning·ly**) **1** (*abwert*) (*Mensch*) gerissen, schlau **2** (*Plan etc.*) geschickt, clever
cun·ning[2] /ˈkʌnɪŋ/ *Nomen* Gerissenheit, Schläue
cunt /kʌnt/ *Nomen* (*vulg*) **1** Möse **2** (*abwert*) (*Mensch*) Fotze, Arsch(loch)
cup[1] /kʌp/ *Nomen* **1** Tasse **2** (*in Zusammensetzungen*) -becher ◇ *a paper cup* ein Pappbecher ◇ *an egg cup* ein Eierbecher **3** Pokal **4** (*am BrE*) Körbchen **5** Bowle IDM (**not**) **sb's cup of ˈtea** (nicht) jds Fall
cup[2] /kʌp/ *Verb* (**-pp-**) **1 ~ your hand(s)** die Hände wölben **2 ~ sth** (**in your hands**) etw (in der Hand) halten ◇ *He cupped her face in his hands.* Er umfasste ihr Gesicht mit beiden Händen.
cup·board /ˈkʌbəd; *AmE* -bərd/ *Nomen* **1** Schrank **2** (*BrE*) Wandschrank IDM **the ˌcupboard is ˈbare** (*BrE*) die Kasse ist leer ☛ *Siehe auch* SKELETON
cup·cake /ˈkʌpkeɪk/ *Nomen* (*bes AmE*) = kleiner runder Kuchen
ˈ**cup final** (*auch* ˈ**Cup Final**) *Nomen* (*BrE*) Pokalfinale
cup·ful /ˈkʌpfʊl/ *Nomen* (*Maß*) Tasse
Cupid /ˈkjuːpɪd/ *Nomen* **1** Amor, Cupido **2 cupid** Amorette IDM **play ˈCupid** Amor spielen
cu·pola /ˈkjuːpələ/ *Nomen* Kuppel
cuppa /ˈkʌpə/ *Nomen* (*BrE*, *umgs*) Tasse Tee
ˈ**cup tie** *Nomen* (*BrE*) Pokalspiel
cur·able /ˈkjʊərəbl; *AmE* ˈkjʊr-/ *Adj* heilbar OPP INCURABLE
cur·ate /ˈkjʊərət; *AmE* ˈkjʊrət/ *Nomen* = Vertreter(in) eines Pfarrers/einer Pfarrerin in der anglikanischen Kirche IDM **the ˌcurate's ˈegg** (*BrE*) etwas, das gute und schlechte Seiten hat
cura·tive /ˈkjʊərətɪv; *AmE* ˈkjʊr-/ *Adj* (*gehoben*) heilend SYN HEALING
cur·ator /kjʊəˈreɪtə(r); *AmE* kjʊˈr-/ *Nomen* Museumsdirektor(in)
curb[1] /kɜːb; *AmE* kɜːrb/ *Verb* begrenzen, einschränken
curb[2] /kɜːb; *AmE* kɜːrb/ *Nomen* **1 ~ (on sth)** Eindämmung (einer Sache), Begrenzung (einer Sache) **2** (*AmE*) Bordstein
curd /kɜːd; *AmE* kɜːrd/ *Nomen* (*auch* **curds**) = fetthaltige Masse, die übrig bleibt, nachdem die Molke von der geronnenen Milch abgegossen worden ist, und die zur Käseproduktion verwendet wird
cur·dle /ˈkɜːdl; *AmE* ˈkɜːrdl/ *Verb* gerinnen (lassen)
cure[1] /kjʊə(r); *AmE* kjʊr/ *Verb* **1** heilen ◇ *I finally managed to cure the rattle in my car.* Ich habe es endlich geschafft, dem Rattern in meinem Auto beizukommen. **3 ~ sb of sth** jdm etw austreiben **4** (*Fisch*) räuchern; (*Fleisch auch*) pökeln; (*Tabak*) trocknen
cure[2] /kjʊə(r); *AmE* kjʊr/ *Nomen* **1** Heilmittel; (*fig*) Mittel ◇ *a cure for poverty* ein Mittel gegen Armut **2** Heilung IDM ⇨ PREVENTION
cur·few /ˈkɜːfjuː; *AmE* ˈkɜːrf-/ *Nomen* **1** Ausgangssperre **2** (*AmE*) = Zeit, zu der Kinder spätestens zu Hause sein müssen ◇ *I have a 10 o'clock curfew.* Ich muss um 10 Uhr zu Hause sein.
curio /ˈkjʊəriəʊ; *AmE* ˈkjʊrioʊ/ *Nomen* (*Pl* **-os**) Kuriosität
curi·os·ity /ˌkjʊəriˈɒsəti; *AmE* ˌkjʊriˈɑːs-/ *Nomen* **1** Neugier **2** Kuriosität
curi·ous /ˈkjʊəriəs; *AmE* ˈkjʊr-/ *Adj* (*Adv* **curi·ous·ly**) **1** neugierig ◇ *Everyone was curious as to why Mark was leaving.* Jeder wollte wissen, warum Mark wegging. **2** merkwürdig, seltsam ◇ *Curiously* (*enough*), *exactly the same thing happened again.* Merkwürdigerweise passierte genau das Gleiche noch einmal.

curl[1] /kɜːl; *AmE* kɜːrl/ *Verb* **1** (*Haar*) sich locken; (*Lippen*) sich kräuseln ◇ *His hair curls naturally.* Sein Haar ist natürlich gelockt. **2** (*Lippe*) kräuseln; (*Ball*) schlenzen **3 ~** (**up**) sich zusammenrollen **4** sich winden ◇ *The smoke curled steadily upwards.* Rauchkringel stiegen auf. IDM ⇨ TOE[1]
curl[2] /kɜːl; *AmE* kɜːrl/ *Nomen* **1** Locke **2** Kringel ◇ *a contemptuous curl of the lip* ein verächtliches Kräuseln der Lippe
curl·er /ˈkɜːlə(r); *AmE* ˈkɜːrl-/ *Nomen* Lockenwickler
cur·lew /ˈkɜːljuː; *AmE* ˈkɜːrl-/ *Nomen* Brachvogel
curl·ing /ˈkɜːlɪŋ; *AmE* ˈkɜːrlɪŋ/ *Nomen* Eisstockschießen, Curling
curly /ˈkɜːli; *AmE* ˈkɜːrli/ *Adj* (**curl·ier**, **curli·est**) lockig, kraus ◇ *a curly-headed boy* ein Junge mit einem Lockenkopf ◇ *a pig with a curly tail* ein Schwein mit Ringelschwanz
cur·mudg·eon·ly /kɜːˈmʌdʒənli; *AmE* kɜːrˈm-/ *Adj* grantig
cur·rant /ˈkʌrənt; *AmE* ˈkɜːr-/ *Nomen* **1** Korinthe **2** (*meist in Zusammensetzungen*) (Вот) Johannisbeere
cur·rency /ˈkʌrənsi; *AmE* ˈkɜːr-/ *Nomen* (*Pl* **-ies**) **1** Währung ◇ *the local currency* die Landeswährung ◇ *foreign currencies* Devisen **2** Verbreitung, Gebräuchlichkeit ◇ *The qualification has gained currency all over the world.* Der Abschluss ist inzwischen weltweit anerkannt.
cur·rent[1] /ˈkʌrənt; *AmE* ˈkɜːr-/ *Adj* **1** nur vor Nomen gegenwärtig, derzeitig, aktuell ◇ *the current year* das laufende Jahr ☛ *Hinweis bei* AKTUELL **2** gebräuchlich
cur·rent[2] /ˈkʌrənt; *AmE* ˈkɜːr-/ *Nomen* **1** Strömung, Strom **2** (ELEK) Strom ◇ *a 15 amp electrical current* 15 Ampere Stromstärke **3** (*fig*) Tendenz, Trend(welle)
ˈ**current account** *Nomen* (*BrE*) Girokonto
ˌ**current afˈfairs** *Nomen* [Pl] Tagespolitik, aktuelle Ereignisse
cur·rent·ly /ˈkʌrəntli; *AmE* ˈkɜːr-/ *Adv* derzeit, zurzeit, momentan
cur·ricu·lar /kəˈrɪkjələ(r)/ *Adj* lehrplanmäßig, Lehrplan-
cur·ricu·lum /kəˈrɪkjələm/ *Nomen* (*Pl* **cur·ric·ula** /-lə/ *oder* **cur·ricu·lums**) Lehrplan ◇ *Spanish is on the curriculum.* Spanisch steht auf dem Lehrplan. ☛ *Im amerikanischen Englisch heißt es:* in the curriculum.
cur·ricu·lum vitae /kəˌrɪkjələm ˈviːtaɪ/ *Nomen* **1** (*BrE*) = CV **2** (*AmE*) akademischer Lebenslauf
cur·ried /ˈkʌrid; *AmE* ˈkɜːr-/ *Adj nur vor Nomen* mit Curry gewürzt, Curry- ◇ *curried chicken* Hähnchencurry
curry[1] /ˈkʌri; *AmE* ˈkɜːri/ *Nomen* Curry(gericht)
curry[2] /ˈkʌri; *AmE* ˈkɜːri/ *Verb* (**cur·ries**, **curry·ing**, **cur·ried**, **cur·ried**) mit Curry zubereiten IDM **curry ˈfavour** (**with sb**) (*abwert*) sich (bei jdm) anbiedern; sich (bei jdm) einschmeicheln
curse[1] /kɜːs; *AmE* kɜːrs/ *Nomen* **1** Fluch (*auch fig*) ◇ *He muttered a curse at the driver.* Er fluchte über den Fahrer. **2 the curse** [Sing] (*umgs*, *veraltet*) (Menstruation) die Tage
curse[2] /kɜːs; *AmE* kɜːrs/ *Verb* **1** fluchen **2 ~** (**sb/sth**) (**for sth**) (jdn/etw) (wegen einer Sache) verfluchen **3** mit einem Fluch belegen PHR V **be ˈcursed with sth** von etw verfolgt sein, mit etw geschlagen sein
cursed /kɜːst; *AmE* kɜːrst/ *Adj* **1** /kɜːst; *AmE* kɜːrst/ verwünscht, verflucht **2** /ˈkɜːsɪd; *AmE* ˈkɜːrsɪd/ *nur vor Nomen* (*veraltet*) verdammt, verflucht
cur·sive /ˈkɜːsɪv; *AmE* ˈkɜːrs-/ *Adj* Schreibschrift- ◇ *cursive script recognition* Schreibschrifterkennung
cur·sor /ˈkɜːsə(r); *AmE* ˈkɜːrs-/ *Nomen* (COMP) Cursor
curs·ory /ˈkɜːsəri; *AmE* ˈkɜːrs-/ *Adj* (*Adv* **cur·sor·ily** /-rəli/) (*oft abwert*) flüchtig, oberflächlich
curt /kɜːt; *AmE* kɜːrt/ *Adj* (*Adv* **curt·ly**) schroff, kurz angebunden
cur·tail /kɜːˈteɪl; *AmE* kɜːrˈt-/ *Verb* (*gehoben*) (ver)kürzen; (*Urlaub*) abbrechen; (*Rechte*) beschneiden
cur·tail·ment /kɜːˈteɪlmənt; *AmE* kɜːrˈt-/ *Nomen* (*gehoben*) Kürzung, Einschränkung; (*von Rechten*) Beschneidung ◇ *the curtailment of the holiday due to illness* das Abbrechen des Urlaubs wegen Krankheit
cur·tain[1] /ˈkɜːtn; *AmE* ˈkɜːrtn/ *Nomen* **1** Vorhang ◇ *We left just before the final curtain.* Wir verließen das Theater kurz vor Ende des Stücks. ◇ (*fig*) *It was the final curtain for the old cinema.* Das war das Aus für das alte Kino. ☛ *Hinweis*

bei VORHANG **2** (*AmE*) Gardine, Store **3** [meist Sing] (*fig*) Schleier, Wand ◇ *a curtain of smoke* ein Rauchschleier **IDM** **be curtains (for sb)** (*umgs*) das Ende (für jdn) sein **bring down the 'curtain on sth**; **bring the 'curtain down on sth** etw beenden; den Vorhang über etw senken

cur·tain² /'kɜːtn; *AmE* 'kɜːrtn/ *Verb* mit Vorhängen versehen **PHR V** **,curtain sth 'off** etw durch einen Vorhang abtrennen

'curtain call *Nomen* (THEAT) Vorhang ◇ *The actors had to take ten curtain calls.* Die Schauspieler mussten zehn Mal vor den Vorhang treten.

'curtain-raiser *Nomen* **1** (*fig*) Auftakt, Vorspiel **2** (THEAT) (kurzes) Vorspiel

curt·ly *Adv* ⇨ CURT

curtsy¹ (*auch* **curt·sey**) /'kɜːtsi; *AmE* 'kɜːrtsi/ *Nomen* (*Pl* **-ies** *oder* **-eys**) Knicks

curtsy² /'kɜːtsi; *AmE* 'kɜːrtsi/ *Verb* (**curt·sies, curt·sy·ing, curt·sied, curt·sied**) (*auch* **curt·sey**) knicksen ◇ *She curtsied to the Queen.* Sie machte einen Hofknicks vor der Königin.

curv·aceous /kɜːˈveɪʃəs; *AmE* kɜːrˈv-/ *Adj* (*umgs*) kurvenreich, üppig

curv·ature /'kɜːvətʃə(r); *AmE* 'kɜːrv-/ *Nomen* (*Fachspr*) Krümmung

curve¹ /kɜːv; *AmE* kɜːrv/ *Nomen* **1** Kurve, Bogen ☛ *Siehe auch* LEARNING CURVE **2** Rundung **3** (*auch* **'curve ball**) (*beim Baseball*) = angeschnittener Ball, der eine bogenförmige Flugbahn beschreibt ◇ (*fig*) *The journalist threw the senator a curve.* Der Journalist überrumpelte den Senator mit einer Frage.

curve² /kɜːv; *AmE* kɜːrv/ *Verb* **1** einen Bogen machen, sich krümmen, sich wölben ◇ *The road curves around the bay.* Die Straße verläuft in einem Bogen um die Bucht herum. ◇ *His lips curved in a smile.* Seine Lippen verzogen sich zu einem Lächeln. **2** biegen, krümmen

curved /kɜːvd; *AmE* kɜːrvd/ *Adj* gebogen, geschwungen, gekrümmt ◇ *a curved roof* ein gewölbtes Dach

curvy /'kɜːvi; *AmE* 'kɜːrvi/ *Adj* (*umgs*) kurvenreich ◇ *curvy lines* geschwungene Linien

cush·ion¹ /'kʊʃn/ *Nomen* **1** Kissen ◇ *scatter cushions* Sofakissen **2** (*fig*) Polster **3** (*beim Billard*) Bande

cush·ion² /'kʊʃn/ *Verb* **1** abfangen, dämpfen **2** ~ **sb/sth (against/from sth)** jdn/etw (gegen/vor etw) schützen, jdn/etw (gegen etw) abschirmen ◇ *The South has been cushioned from the recession.* Der Süden ist von der Rezession verschont geblieben. **3** (*meist passiv*) (aus)polstern

cushy /'kʊʃi/ *Adj* (**cush·ier, cushi·est**) (*umgs, oft abwert*) bequem, angenehm **IDM** **a cushy 'number** (*BrE*) **1** ein gemütlicher Job **2** (*Situation*) ◇ *He's got a very cushy number.* Er hat's wirklich gut.

cusp /kʌsp/ *Nomen* **1** (*Fachspr*) Scheitelpunkt, Spitze **2** (ASTRON) = Übergang zwischen zwei Sternbildern ◇ (*fig*) *He was on the cusp of fame.* Er befand sich an der Schwelle zum Ruhm.

cuss¹ /kʌs/ *Verb* (*umgs, veraltet*) **1** fluchen **2** verfluchen, beschimpfen

cuss² /kʌs/ *Nomen* (*umgs, veraltet*) **1** ◇ *an awkward cuss* ein komischer Kauz **2** Fluch ◇ *cuss words* Schimpfwörter

cus·tard /'kʌstəd; *AmE* -tərd/ *Nomen* **1** (*AmE meist* **,cus·tard 'sauce**) Vanillesoße **2** Vanilleauflauf

,custard 'pie *Nomen* = Torte mit Vanillefüllung, die sich Komödianten etc. gegenseitig ins Gesicht werfen

cus·to·dial /kʌˈstəʊdiəl; *AmE* -ˈstoʊ-/ *Adj* (RECHT) **1** Haft- ◇ *a custodial sentence* eine Freiheitsstrafe **2** Vormundschafts-, Fürsorge- ◇ *Who is the custodial parent?* Wer hat das Sorgerecht? **OPP** NON-CUSTODIAL

cus·to·dian /kʌˈstəʊdiən; *AmE* -ˈstoʊ-/ *Nomen* **1** Aufseher(in), Wächter(in), Hüter(in) **2** (*AmE*) Hausmeister(in)

cus·tody /'kʌstədi/ *Nomen* **1** Obhut **2** (*von Kindern*) Sorgerecht **3** Haft ◇ *take sb into police custody* jdn verhaften ◇ (*BrE*) *He was remanded in custody.* Er musste in Untersuchungshaft bleiben.

cus·tom¹ /'kʌstəm/ *Nomen* **1** Brauch, Sitte **2** [Sing] (*gehoben*) (An)gewohnheit ◇ *As was his custom, he knocked three times.* Wie immer klopfte er dreimal. **3** (*BrE, gehoben*) Kundschaft ◇ *Thank you for your custom.* Vielen Dank für Ihren Einkauf. ☛ *Siehe auch* CUSTOMS

cus·tom² /'kʌstəm/ *Adj nur vor Nomen* (*bes AmE*) = CUSTOM-BUILT, CUSTOM-MADE

cus·tom·ar·ily /'kʌstəmərəli; *AmE* ˌkʌstəˈmerəli/ *Adv* in der Regel, normalerweise

cus·tom·ary /'kʌstəməri; *AmE* -meri/ *Adj* **1** üblich **2** gewohnt

,custom-'built (*bes AmE* **custom**) *Adj* speziell angefertigt, maßgeschneidert

cus·tom·er /'kʌstəmə(r)/ *Nomen* **1** Kunde, Kundin ◇ *a regular customer* ein Stammkunde ◇ *The firm has excellent customer relations.* Die Firma hat eine ausgezeichnete Kundenbetreuung. **2** (*umgs, veraltet*) Person, Kerl ◇ *an awkward customer* eine schwierige Person ◇ *an ugly customer* ein gewalttätiger Kerl

cus·tom·ize (*BrE auch* **-ise**) /'kʌstəmaɪz/ *Verb* individuell gestalten

cus·tom·ized /'kʌstəmaɪzd/ *Adj* individuell zugeschnitten ◇ *a customized car* ein Auto mit einer besonderen Ausstattung

,custom-'made (*bes AmE* **custom**) *Adj* speziell angefertigt, maßgeschneidert

cus·toms /'kʌstəmz/ *Nomen* [Pl] **1** (*meist* **Customs**) (*BrE auch* **Customs and Excise**) (*AmE auch* **US. Customs Service**) Zoll(behörde) ◇ *customs officers* Zollbeamte ☛ Im amerikanischen Englisch folgt auf **customs** in dieser Bedeutungsgruppe ein Verb im Singular. **2** Zoll(abfertigung) **3** Zoll(abgabe) ◇ *customs duty* Zoll(abgabe)

cut¹ /kʌt/ *Verb* (**cut·ting, cut, cut**) **1** schneiden ◇ *He cut his face shaving.* Er hat sich beim Rasieren geschnitten. ◇ *He's had his hair cut really short.* Er hat sich die Haare sehr kurz schneiden lassen. ◇ *The swimsuit was cut high in the leg.* Der Badeanzug war am Bein weit ausgeschnitten. ◇ *cut the grass* den Rasen mähen ◇ *The bus was cut in two by the train.* Der Bus wurde vom Zug in zwei Teile gerissen. ◇ *She had fallen and cut her head open.* Sie war hingefallen und hatte sich den Kopf aufgeschlagen. ◇ *Two survivors were cut free.* Zwei Überlebende wurden aus dem Rettungsschere aus dem Wrack befreit. ◇ *The canoe quickly cut through the water.* Das Kanu zog schnell durch das Wasser. **2** abschneiden ◇ *I cut them all a piece of cake.* Ich schnitt jedem ein Stück Kuchen ab. ◇ *cut flowers* Schnittblumen **3** schlagen, hauen, schnitzen ◇ *The climbers cut steps in the ice.* Die Bergsteiger schlugen Stufen in das Eis. **4** sich schneiden lassen ◇ *Sandstone cuts easily.* Sandstein lässt sich leicht schneiden. **5** kürzen, reduzieren; (*Produktion etc.*) verringern; (*Preise, Kosten*) senken **6** abbrechen, kappen ◇ *His oxygen supply was cut.* Seine Sauerstoffzufuhr wurde unterbrochen. **7** (*aus einem Film, Text etc.*) herausschneiden, streichen **8** (*beim Filmen etc.*) Cut! Schnitt! **9** (*Filmszene*) überblenden **10** (COMP) ausschneiden **11** (*umgs*) aufhören mit **12** (*bes AmE, umgs*) (*Unterricht*) schwänzen **13** (*Diamanten*) schleifen **14** (*Schlüssel*) anfertigen **15** (*gehoben*) (*Gefühle*) verletzen, treffen **16** (*Karten*) abheben ◇ *Let's cut for dealer.* Wir heben ab, um zu bestimmen, wer geben soll. **17** (*Zahn*) bekommen **18** (*CD, Platte*) aufnehmen, pressen **19** (*Drogen*) verschneiden
IDM **cut and 'run** (*BrE, umgs*) abhauen; verschwinden ☛ Für andere Redewendungen mit **cut** siehe die Einträge für die Nomina und Adjektive. **Cut your losses** z.B. steht unter **loss**. **PHR V** **,cut a'cross sth 1** etw durchdringen ◇ *lessons which cut across traditional subject boundaries* fächerübergreifender Unterricht ◇ *Sports cut across age and class distinctions.* Sport kennt keine Alters- und Klassenunterschiede. **2** einer Sache widersprechen **3** (*auch* **,cut 'through sth**) etw durchqueren ◇ *I usually cut across the park.* Ich nehme meist die Abkürzung durch den Park. **,cut sth a'way (from sth)** etw (von etw) wegschneiden, etw (von etw) entfernen **,cut sth 'back 1** (*auch* **,cut 'back (on sth)**) (bei) etw zurückschrauben, etw verringern ◇ *cut back on spending* die Ausgaben kürzen **2** (*Pflanzen*) zurückschneiden **SYN** PRUNE **,cut sb 'down** (*gehoben*) jdn töten, jdn dahinraffen **,cut sth 'down** etw (zurück)schneiden; (*Baum etc.*) fällen **,cut 'down (on sth)** sich (bei etw) einschränken ◇ *I won't have a cigarette, thanks — I'm trying to cut down.* Keine Zigarette, danke. Ich rauche weniger zu rauchen. **,cut sth 'down (to sth)** etw (auf etw) reduzieren; (*Text etc.*) auf etw kürzen **,cut 'in 1** (*Motor etc.*) anspringen, sich einschalten **2** (*AmE*) sich vordrängeln **3** ~ **'in (on sb/sth)** (etw/jdn) unterbrechen ◇ *She kept cutting in on our conversation.* Sie

fiel uns dauernd ins Wort. **4** (*auch* ˌ**cut sb** ˈ**up**) (*Auto*) jdn schneiden, sich vor ein anderes Auto hineindrängen ˌ**cut sb** ˈ**in** (**on sth**) (*umgs*) jdn (an etw) beteiligen ☛ G 9.7c ˌ**cut sb** ˈ**off** jdn enterben ⌈SYN⌉ DISINHERIT ˌ**cut sb/sth** ˈ**off 1** jdn/etw unterbrechen **2** (*oft passiv*) (jdm) etw abstellen ◊ *They were cut off for not paying their phone bill.* Weil sie die Rechnung nicht bezahlt hatten, stellte man ihnen das Telefon ab. ◊ *Her father cut off her allowance.* Ihr Vater hat ihr alle finanzielle Unterstützung gestrichen. ◊ *They cut off the supply of oil to the North.* Sie haben die Ölzufuhr zum Norden abgeschnitten. ◊ *They threatened to cut off the aid programme.* Sie drohten das Hilfsprogramm zu stoppen. ˌ**cut sth** ˈ**off 1** etw abschneiden, etw abhacken, etw abschlagen **2** (*Weg, Sicht etc.*) versperren ◊ *They cut off the enemy's retreat.* Sie schnitten dem Feind den Rückzug ab. ˌ**cut sth** ˈ**off sth** etw von etw abschneiden, etw von etw abhacken, etw von etw abschlagen ◊ (*fig*) *The winner cut ten seconds off the world record.* Der Gewinner verbesserte den Weltrekord um zehn Sekunden. ˌ**cut sb/sth** ˈ**off (from sb/sth)** (*oft passiv*) jdn/etw (von etw) abschneiden ◊ *He cut himself off from all human contact.* Er zog sich von den Menschen zurück. ˌ**cut** ˈ**out** (*Motor etc.*) aussetzen ˌ**cut sb** ˈ**out of sth** jdn aus etw streichen ⌈SYN⌉ CUT SB OFF ˌ**cut sth** ˈ**out 1** (*Kleid etc.*) etw zuschneiden ◊ (*fig*) *He's cut out a niche for himself in journalism.* Er hat sich eine journalistische Nische für sich geschaffen. **2** (*umgs*) mit etw aufhören **3** etw auslassen, etw weglassen ⌈SYN⌉ OMIT **4** (*Licht*) wegnehmen, abschirmen ◊ *Thick branches cut out the sunlight.* Die großen Zweige ließen das Licht nicht herein. ˌ**cut sth** ˈ**out (of sth) 1** etw (aus etw) ausschneiden **2** etw (bei etw) weglassen, (bei etw) auf etw verzichten ˌ**be** ˌ**cut** ˈ**out for sth**; ˌ**be** ˌ**cut** ˈ**out to be sth** (*umgs*) für etw geschaffen sein, für etw geeignet sein ˌ**cut** ˈ**through sth 1** = CUT ACROSS STH **2** sich einen Weg durch etw bahnen ˌ**cut sth** ˈ**through sth** ◊ *The prisoners cut their way through the barbed wire.* Die Gefangenen zerschnitten den Stacheldraht und bahnten sich so einen Weg nach draußen. ◊ *They are planning to cut a road through the wood.* Sie planen eine Straße durch den Wald zu bauen. ˌ**cut sb** ˈ**up** (*umgs*) **1** (*in einer Schlägerei etc.*) jdn zurichten **2** (*meist passiv*) jdn mitnehmen ◊ *She was pretty cut up about them leaving.* Sie war durch ihre Abreise sehr mitgenommen. **3** = CUT IN (4) ˌ**cut sth** ˈ**up** etw aufschneiden, etw klein schneiden

cut² /kʌt/ *Nomen* **1** Schnittwunde **2** Schnitt ◊ *Make a small cut in the material.* Machen Sie einen kleinen Einschnitt in den Stoff. **3** (Ver)kürzung ◊ *price cuts* Preissenkungen **4** (Haar)schnitt, Schneiden ◊ *Your hair could do with a cut.* Deine Haare müssten mal wieder geschnitten werden. **5** (*von Edelsteinen*) Schliff **6** (*Gewinn-*) Anteil **7** (*Fleisch-*) Stück ☛ *Siehe auch* COLD CUTS ⌈IDM⌉ **a cut above sb/sth** jdm/etw überlegen **the cut and** ˈ**thrust (of sth)** (*BrE*) ◊ *the cut and thrust of political debate* der animierte Schlagabtausch der politischen Debatte ◊ *the cut and thrust of the business world* der Konkurrenzkampf im Geschäftsleben

ˌ**cut and** ˈ**dried** (*auch* ˌ**cut-and-**ˈ**dried**) *Adj* eindeutig ◊ *Things aren't as cut and dried as you think.* Das ist nicht so einfach, wie du denkst.

cut·back /ˈkʌtbæk/ *Nomen* [meist Pl] ~ (**in sth**) Kürzung (einer Sache) ◊ *staff cutbacks* Personalabbau

cute /kjuːt/ *Adj* **1** niedlich, süß **2** (*bes AmE, umgs*) sexy **3** (*bes AmE, umgs*) schlau, clever ◊ *Don't get cute with me!* Komm mir nicht auf die schlaue Art!

cut·icle /ˈkjuːtɪkl/ *Nomen* Nagelhaut

cutie /ˈkjuːti/ *Nomen* (*umgs*) niedliches Ding ◊ *He's a real cutie.* Er ist ein wirklich lieber Kerl.

cut·lass /ˈkʌtləs/ *Nomen* Entermesser

cut·lery /ˈkʌtləri/ *Nomen* **1** (*BrE*) Besteck **2** (*AmE*) Messer

cut·let /ˈkʌtlət/ *Nomen* **1** Kotelett, Schnitzel **2** (*in Zusammensetzungen*) = Hackfleisch oder andere Zutaten, die in Form eines Koteletts zubereitet werden ◊ *nut cutlets* Nussbrätlinge

ˈ**cut-off¹** *Nomen* **1** Grenze, Endpunkt ◊ *Is there a cut-off point between childhood and adulthood?* Gibt es eine klare Trennlinie zwischen der Kindheit und dem Erwachsensein? **2** Abbruch **3** **cut-offs** [Pl] abgeschnittene Hose

ˈ**cut-off²** *Adj* (*Hosen*) abgeschnitten

ˈ**cut-out** *Nomen* **1** Ausschneidemodell ◊ *a cardboard cut-out* ein Ausschneidemodell aus Pappe **2** (ELEK) Unterbrecher

ˌ**cut-**ˈ**price** *Adj nur vor Nomen* (*AmE meist* ˌ**cut-**ˈ**rate**) Billig- ◊ *cut-price goods* Billigwaren

cut·ter /ˈkʌtə(r)/ *Nomen* **1** (*meist in Zusammensetzungen*) Schneidewerkzeug ◊ *a biscuit cutter* eine Ausstechform **2** (*meist in Zusammensetzungen*) ◊ *a glass cutter* ein(e) Glasschneider(in) ◊ *sugar-cane cutters* Zuckerrohrarbeiter **3 cutters** [Pl] Schere ◊ *a pair of wire-cutters* eine Drahtschere ☛ *Hinweis bei* BRILLE **4** Kutter

ˈ**cut-throat** *Adj* halsabschneiderisch; (*Wettbewerb etc.*) gnadenlos

cut·ting¹ /ˈkʌtɪŋ/ *Nomen* **1** (*auch* ˈ**press cutting**) (*BrE*) Zeitungsausschnitt **2** (BOT) Ableger **3** (*BrE*) (*für Straßen etc.*) Durchstich

cut·ting² /ˈkʌtɪŋ/ *Adj* **1** kränkend ◊ *cutting remarks* spitze Bemerkungen **2** (*Wind*) schneidend

ˈ**cutting board** *Nomen* (*AmE*) Schneidebrett

ˌ**cutting** ˈ**edge** *Nomen* [Sing] **1 the cutting edge (of sth)** die vorderste Front (einer Sache) ◊ *working at the cutting edge of computer technology* an der neuesten Informationstechnologie arbeiten **2** Überlegenheit

ˌ**cutting-**ˈ**edge** *Adj* modern, Hightech- ◊ *cutting-edge technology* modernste Technologie

ˈ**cutting room** *Nomen* Schneideraum

cuttle·fish /ˈkʌtlfɪʃ/ *Nomen* (*Pl* **cuttle·fish**) Tintenfisch

cutup /ˈkʌtʌp/ *Nomen* (*AmE, umgs*) Witzbold

CV /ˌsiː ˈviː/ *Kurzform von* **curriculum vitae** Lebenslauf ☛ *Hinweis bei* BEWERBUNG

cwt. *Abk* (*Pl* **cwt.**) = HUNDREDWEIGHT

cy·an·ide /ˈsaɪənaɪd/ *Nomen* Zyanid

cyber- /ˈsaɪbə(r)/

> Die Vorsilbe **cyber-** kann in Nomina und Adjektiven verwendet werden und bezieht sich auf elektronische Kommunikationsnetze, besonders das Internet: *cybernetics* Kybernetik ◊ *cybercafe* Cybercafe ◊ *cyberspace* Cyberspace.

cyc·la·men /ˈsɪkləmən; *AmE* ˈsaɪk-/ *Nomen* (*Pl* **cyc·la·men** *oder* **cyc·la·mens**) Alpenveilchen

cycle¹ /ˈsaɪkl/ *Nomen* **1** Fahrrad, Motorrad ◊ *We went for a cycle ride.* Wir haben eine Fahrradtour gemacht. **2** Zyklus, Turnus, Kreislauf ◊ *the rinse cycle* der Spülgang ☛ *Siehe auch* LIFE CYCLE **3** Schwingung

cycle² /ˈsaɪkl/ *Verb* (*bes BrE*) (mit dem) Rad fahren

ˈ**cycle lane** *Nomen* (*BrE*) Radweg

cyc·lic /ˈsaɪklɪk, ˈsɪk-/ *Adj* (*auch* **cyc·lic·al** /ˈsaɪklɪkl, ˈsɪk-/) (*Adv* **cyc·lic·al·ly** /-kli/) zyklisch

cyc·ling /ˈsaɪklɪŋ/ *Nomen* Radfahren ◊ *Do you like cycling?* Fährst du gern Rad? ◊ *cycling shorts* Radlerhosen

cyc·list /ˈsaɪklɪst/ *Nomen* Radfahrer(in)

cyc·lone /ˈsaɪkləʊn; *AmE* -kloʊn/ *Nomen* Zyklon

cyg·net /ˈsɪɡnət/ *Nomen* junger Schwan

cy·lin·der /ˈsɪlɪndə(r)/ *Nomen* Zylinder, Rolle; (*Revolver-*) Trommel ◊ *a gas cylinder* eine Gasflasche ⌈IDM⌉ **working/firing on all** ˈ**cylinders** auf vollen Touren laufen

cy·lin·dric·al /səˈlɪndrɪkl/ *Adj* zylindrisch

cym·bal /ˈsɪmbl/ *Nomen* [meist Pl] (MUS) Becken

cynic /ˈsɪnɪk/ *Nomen* Zyniker(in)

cyn·ic·al /ˈsɪnɪkl/ *Adj* (*Adv* **cyn·ic·al·ly** /-kli/) zynisch

cyni·cism /ˈsɪnɪsɪzəm/ *Nomen* Zynismus

cy·pher = CIPHER

cy·press /ˈsaɪprəs/ *Nomen* Zypresse

cyst /sɪst/ *Nomen* Zyste

cys·tic fi·bro·sis /ˌsɪstɪk faɪˈbrəʊsɪs; *AmE* -ˈbroʊ-/ *Nomen* [U] Mukoviszidose

cyst·itis /sɪˈstaɪtɪs/ *Nomen* [U] Blasenentzündung

czar, czar·ina, czar·ist = TSAR, TSARINA, TSARIST

Dd

D, d /diː/ 1 *Nomen* (*Pl* **D's, d's**) (*Buchstabe*) D, d ☛ *Hinweis bei* NOTE*, S.* 1126. ☛ *Beispiele bei* A, a **2 D** = DEMOCRAT **3 d** *Abk* = DIED **4 d** (*bei der britischen Währung bis 1971*) penny, pence

DA (*AmE* **D.A.**) /ˌdiː ˈeɪ/ *Abk* = DISTRICT ATTORNEY

dab¹ /dæb/ *Verb* (**-bb-**) **1 ~ (at) sth** etw abtupfen, etw betupfen **2** tupfen

dab² /dæb/ *Nomen* **1** Tupfer, Klecks, Tropfen **2** Tupfen ◊ *He gave the cut a quick dab with the towel.* Er betupfte die Schnittwunde kurz mit dem Handtuch. **3** Kliesche

dab·ble /ˈdæbl/ *Verb* **1 ~ (in/with sth)** sich (mit etw) oberflächlich befassen **2 ~ sth** (**in sth**) mit etw (in etw) plantschen ◊ *She dabbled her toes in the stream.* Sie plantschte mit den Zehen im Bach.

ˌdab ˈhand *Nomen* (*BrE, umgs*) (*Könner*) Ass

dachs·hund /ˈdæksnd; *AmE* ˈdɑːkshʊnd/ *Nomen* Dackel

dad /dæd/ *Nomen* (*Kinderspr* **daddy** /ˈdædi/) (*umgs*) Papa, Vati, Vater

ˌdaddy-ˈlong-legs *Nomen* (*Pl* **daddy-long-legs**) (*umgs*) **1** (*BrE*) Schnake **2** (*AmE*) Weberknecht

daf·fo·dil /ˈdæfədɪl/ *Nomen* Osterglocke, Narzisse

daft /dɑːft; *AmE* dæft/ *Adj* (*BrE, umgs*) doof, blöd IDM **ˌdaft as a ˈbrush** strohdumm

dag·ger /ˈdægə(r)/ *Nomen* Dolch IDM **be at daggers ˈdrawn** (*BrE*) auf Kriegsfuß stehen **look ˈdaggers at sb** jdn wütend ansehen

dago /ˈdeɪɡəʊ; *AmE* -ɡoʊ/ *Nomen* (*Pl* **-os** *oder* **-oes**) (*Slang, beleidigend*) = Mensch aus Italien, Spanien oder Portugal

dah·lia /ˈdeɪliə; *AmE* ˈdæliə/ *Nomen* Dahlie

daily¹ /ˈdeɪli/ *Adj* **1** täglich, Tages- ◊ *our daily lives* unser Alltag ◊ *Invoices are signed on a daily basis.* Rechnungen werden täglich unterzeichnet. **2** tageweise ◊ *a daily rate* ein Tagestarif

daily² /ˈdeɪli/ *Adv* täglich

daily³ /ˈdeɪli/ *Nomen* (*Pl* **-ies**) **1** Tageszeitung **2** (*auch* **ˌdaily ˈhelp**) (*BrE, veraltet*) Putzhilfe

dainty /ˈdeɪnti/ *Adj* (**dain·tier, dain·ti·est**) (*Adv* **dain·tily** /-ɪli/) zierlich, graziös, fein

dai·quiri /ˈdaɪkəri; ˈdæk-/ *Nomen* = Getränk aus Rum mit Fruchtsaft, Zucker etc.

dairy¹ /ˈdeəri; *AmE* ˈderi/ *Nomen* (*Pl* **-ies**) **1** Molkerei **2** Milchgeschäft

dairy² /ˈdeəri; *AmE* ˈderi/ *Adj* nur vor Nomen Milch-, Molkerei- ◊ *the dairy industry* die Milchwirtschaft

dairy·man /ˈdeərimən; *AmE* ˈderi-/ *Nomen* (*Pl* **-men** /-mən/) **1** Molkereiangestellter **2** Molkereibesitzer

dais /ˈdeɪɪs/ *Nomen* Podium

daisy /ˈdeɪzi/ *Nomen* (*Pl* **-ies**) **1** Gänseblümchen **2** Margerite IDM ⇨ PUSH¹

dale /deɪl/ *Nomen* (*gehoben oder Dialekt*) Tal

dal·li·ance /ˈdæliəns/ *Nomen* (*veraltet oder hum*) Tändelei, Flirt (*auch fig*)

dally /ˈdæli/ *Verb* (**dal·lies, dally·ing, dal·lied, dal·lied**) (*veraltet*) trödeln PHRV **ˈdally with sb/sth** (*veraltet*) (*leichtfertig umgehen*) mit jdm/etw spielen

Dal·ma·tian /dælˈmeɪʃn/ *Nomen* (*Hund*) Dalmatiner

dam¹ /dæm/ *Nomen* (*Stau*)damm

dam² /dæm/ *Verb* (**-mm-**) **~ sth** (**up**) etw stauen

dam·age¹ /ˈdæmɪdʒ/ *Nomen* **1** [U] Schaden, (Be)schädigung ◊ *the damage to the house* der Schaden am Haus ◊ *smoke damage* vom Rauch verursachter Schaden ◊ *There was no damage to the car.* Das Auto wurde nicht beschädigt. ◊ *It did a lot of damage to her reputation.* Es hat ihrem Ruf sehr geschadet. ◊ *This could cause serious damage to the country's economy.* Das könnte die Wirtschaft des Landes ernsthaft schädigen. **2 damages** [Pl] Schadenersatz IDM **what's the ˈdamage?** (*umgs*) Was kostet der Spaß?

dam·age² /ˈdæmɪdʒ/ *Verb* **1** beschädigen ◊ *The fire badly damaged the town hall.* Das Feuer richtete im Rathaus großen Schaden an. **2** schädigen ◊ *Smoking seriously damages your health.* Rauchen ist sehr gesundheitsschädlich. ◊ *The allegations are likely to damage his political career.* Die Beschuldigungen schaden wahrscheinlich seiner politischen Laufbahn.

ˌdamage limiˈtation *Nomen* (*bes AmE* **ˌdamage conˈtrol**) Schadensbegrenzung

dam·aging /ˈdæmɪdʒɪŋ/ *Adj* **~ (to sb/sth)** schädlich (für jdn/etw)

dam·ask /ˈdæməsk/ *Nomen* Damast

dame /deɪm/ *Nomen* **1 Dame** = Titel der Trägerin eines Ritterordens in Großbritannien **2** (*AmE, umgs, veraltet*) Frau **3** = PANTOMIME DAME

damn¹ /dæm/ *Ausruf* (*veraltet* **dam·mit** /ˈdæmɪt/, **ˈdamn it**) (*umgs*) verdammt

damn² /dæm/ *Adj* (*auch* **damned**) *nur vor Nomen* (*umgs*) verdammt ◊ *It doesn't mean a damn thing.* Das hat überhaupt nichts zu sagen. IDM ⇨ THING

damn³ /dæm/ *Verb* **1** (*veraltet*) (*Schimpfwort*) ◊ *Damn you!* Hol dich der Teufel! ◊ *Damn this machine!* Dieses Scheißgerät! **2** verdammen **3** (*kritisieren*) verurteilen IDM **damn the consequences, expense, etc.** die Folgen, Kosten etc. vergessen ◊ *Let's celebrate and damn the expense.* Lasst uns feiern, egal was es kostet. **damn sb/sth with faint ˈpraise** jdm/etw ein schwaches Lob spenden (und damit seine Kritik zum Ausdruck bringen) **Iˈll be damned!** (*umgs, veraltet*) Donnerwetter! **Iˈm damned if …** (*umgs*) (*zur Verstärkung*) ◊ *I'm damned if I'll apologize!* Ich denke nicht daran, mich zu entschuldigen! ◊ *I'm damned if I know who he is.* Weiß der Teufel, wer das ist. ☛ *Siehe auch* NEAR²

damn⁴ /dæm/ (*auch* **damned**) *Adv* (*umgs*) verdammt

damn⁵ /dæm/ *Nomen* IDM **not give a ˈdamn (about sb/sth)** (*umgs*) sich einen Dreck scheren (um jdn/etw)

dam·nable /ˈdæmnəbl/ *Adj* (*Adv* **dam·nably** /-əbli/) (*veraltet*) fürchterlich, grässlich

dam·na·tion /dæmˈneɪʃn/ *Nomen* Verdammung ◊ *eternal damnation* ewige Verdammnis

damned¹ /dæmd/ *Adj, Adv* = DAMN²,⁴

damned² /dæmd/ *Nomen* **the damned** [Pl] die Verdammten

damn·ing /ˈdæmɪŋ/ *Adj* (*Kritik, Urteil etc.*) vernichtend; (*Bericht*) negativ; (*Beweis*) belastend

damp¹ /dæmp/ *Adj* (*Adv* **damp·ly**) feucht IDM **a damp ˈsquib** (*BrE, umgs*) ein Reinfall

damp² /dæmp/ *Nomen* (*BrE*) Feuchtigkeit ◊ *The old house smells of damp.* Das alte Haus riecht feucht.

damp³ /dæmp/ *Verb* befeuchten PHRV **ˌdamp sth ˈdown 1** (*Begeisterung etc.*) dämpfen **2** (*Feuer*) ersticken

ˈdamp course (*auch* **ˈdamp-proof course**) *Nomen* (*BrE*) = Sperrschicht gegen aufsteigende Bodenfeuchtigkeit

damp·en /ˈdæmpən/ *Verb* **1** anfeuchten, befeuchten **2** (*Begeisterung, Laune etc.*) dämpfen

damp·er /ˈdæmpə(r)/ *Nomen* **1** (*im Kamin*) Luftklappe **2** (*am Klavier*) Dämpfer IDM **put a ˈdamper on sth** (*umgs*) einer Sache den Dämpfer aufsetzen

damp·ly *Adv* ⇨ DAMP¹

damp·ness /ˈdæmpnəs/ *Nomen* Feuchtigkeit

ˈdamp-proof course *Nomen* = DAMP COURSE

dam·sel /ˈdæmzl/ *Nomen* (*veraltet*) Maid IDM **a ˌdamsel in diˈstress** (*hum*) eine hilflose junge Dame

dam·son /ˈdæmzn/ *Nomen* Haferpflaume

dance¹ /dɑːns; *AmE* dæns/ *Nomen* **1** Tanz ◊ *Let's have a*

dance. Komm, tanzen wir. **2** Tanzveranstaltung IDM ⇨ LEAD¹ *und* SONG
dance² /dɑːns; *AmE* dæns/ *Verb* tanzen (*auch fig*) ◇ *dance the tango* Tango tanzen ◇ *He asked me to dance.* Er forderte mich zum Tanz auf. IDM ˌdance atˈtendance on/upon sb (*BrE, gehoben*) jdn vorn und hinten bedienen ˌdance the ˈnight away die Nacht durchtanzen **dance to sb's ˈtune** (*BrE*) nach jds Pfeife tanzen
ˈ**dance floor** *Nomen* Tanzboden, Tanzfläche
ˈ**dance hall** *Nomen* Tanzsaal
dan·cer /ˈdɑːnsə(r); *AmE* ˈdæn-/ *Nomen* Tänzer(in)
dan·cing /ˈdɑːnsɪŋ; *AmE* ˈdæn-/ *Nomen* Tanzen ◇ *dancing shoes* Tanzschuhe
dan·delion /ˈdændɪlaɪən/ *Nomen* Löwenzahn
dan·druff /ˈdændrʌf/ *Nomen* (*Kopf-*) Schuppen
dandy¹ /ˈdændi/ *Nomen* (*Pl* **-ies**) (*veraltet*) Dandy, Stutzer
dandy² /ˈdændi/ *Adj* (*bes AmE, veraltet*) prima
dang /dæŋ/ *Adj, Ausruf* (*AmE, umgs*) verdammt
dan·ger /ˈdeɪndʒə(r)/ *Nomen* Gefahr ◇ *The building is in danger of collapsing.* Das Gebäude ist einsturzgefährdet. ◇ *animals in danger of extinction* Tiere, die vom Aussterben bedroht sind ◇ *Smoking is a serious danger to health.* Rauchen ist sehr gesundheitsschädlich. IDM **be on/off the ˈdanger list** (*BrE*) in/außer Lebensgefahr sein
ˈ**danger money** (*AmE* ˈ**danger pay**) *Nomen* [U] Gefahrenzulage
dan·ger·ous /ˈdeɪndʒərəs/ *Adj* (*Adv* **dan·ger·ous·ly**) gefährlich ◇ *dangerous driving* rücksichtsloses Fahren IDM **ˌdangerous ˈground** gefährlicher Boden
dan·gle /ˈdæŋgl/ *Verb* baumeln (lassen) ◇ *She dangled her keys.* Sie baumelte mit ihren Schlüsseln. PHR V **dangle sth before/in front of sb** jdm etw (verlockend) in Aussicht stellen
Dan·ish /ˈdeɪnɪʃ/ (*BrE auch* ˌ**Danish ˈpastry**) *Nomen* Blätterteiggebäck, Plundergebäck
dank /dæŋk/ *Adj* feucht
dap·per /ˈdæpə(r)/ *Adj* gepflegt, geschniegelt
dap·pled /ˈdæpld/ *Adj* gesprenkelt, gefleckt ◇ *dappled shade* Halbschatten
dare¹ /deə(r); *AmE* der/ *Verb* **1** (*selten in der Verlaufsform*) (es) wagen, sich trauen ◇ *She said it as loudly as she dared.* Sie sagte es so laut wie sie wagte. ◇ *He didn't dare (to) say what he thought.* Er traute sich nicht zu sagen, was er dachte. **2** ~ **sb (to do sth)** jdn herausfordern (etw zu tun) ◇ *Some of the older boys had dared him to do it.* Einige der älteren Jungen hatten ihn dazu aufgestachelt. ◇ *Go on! Take it! I dare you.* Mach schon! Nimm es! Du traust dich doch nicht.

> Das Wort **dare** kann auch wie ein Modalverb gebraucht werden. Dann ist die verneinte Form **dare not** (meist **daren't**) oder **do not/does not** (**don't/doesn't**) **dare**. In der Vergangenheit ist die verneinte Form **did not** (**didn't**) **dare**, oder (gehobener) **dared not**. Auf **dare** folgt normalerweise der Infinitiv ohne „to". *Nobody dared speak.*

IDM **Don't you ˈdare!** (*umgs*) Untersteh dich! **How ˈdare you etc.** Wie kannst du/können Sie etc. es wagen ◇ *How dare she say that I was lying?* Wie kann sie es wagen, zu sagen, dass ich gelogen habe? **I dare ˈsay** (*bes BrE* **I daresay**) ich nehme an ◇ *I dare say you know about it already.* Du weißt es wahrscheinlich schon.
dare² /deə(r); *AmE* der/ *Nomen* [meist Sing] Mutprobe ◇ *He did it for a dare.* Er hat es als Mutprobe gemacht. ☛ Im amerikanischen Englisch heißt es **on a dare**.
dare·devil /ˈdeədevl; *AmE* ˈderd-/ **1** *Nomen* Draufgänger(in) **2** *Adj nur vor Nomen* waghalsig, halsbrecherisch
dar·ing¹ /ˈdeərɪŋ; *AmE* ˈdeər-/ *Adj* (*Adv* **dar·ing·ly**) **1** (toll)kühn, verwegen, waghalsig **2** gewagt
dar·ing² /ˈdeərɪŋ; *AmE* ˈder-/ *Nomen* Kühnheit, Wagemut
dark¹ /dɑːk; *AmE* dɑːrk/ *Adj* dunkel ◇ *It was getting dark.* Es wurde dunkel. ◇ *a dark handsome stranger* ein dunkelhaariger gut aussehender Fremder ◇ (*fig*) *The film is a dark vision of the future.* Der Film ist eine düstere Zukunftsvision. IDM **a ˌdark ˈhorse 1** (*BrE*) (*Mensch*) ein stilles Wasser **2** (SPORT) (ein(e) Außenseiter(in)) **keep sth ˈdark** (*BrE, umgs*) etw geheim halten

dark² /dɑːk; *AmE* dɑːrk/ *Nomen* **1 the** ~ [Sing] die Dunkelheit **2** Dunkel ◇ *patterns of light and dark* Muster aus Licht und Dunkel IDM **after/before ˈdark** nach/vor Einbruch der Dunkelheit **in the ˈdark** (**about sth**) (über etw) im Dunkeln **a shot/stab in the ˈdark** ein Schuss ins Blaue ☛ *Siehe auch* LEAP²
the ˈdark ages *Nomen* [Pl] **1 the Dark Ages** = Periode der europäischen Geschichte zwischen 500 und 1100 n. Chr. **2** (*fig, oft hum*) das finstere Mittelalter
ˌ**dark ˈchocolate** *Nomen* (*bes AmE*) Bitterschokolade
dark·en /ˈdɑːkən; *AmE* ˈdɑːrk-/ *Verb* **1** dunkel werden, sich verfinstern (*auch fig*) **2** verdunkeln ◇ *the darkened streets* die dunklen Straßen ◇ *It was a tragedy that darkened his later life.* Es war eine Tragödie, die einen Schatten über sein späteres Leben warf. IDM **never darken my ˈdoor again** (*veraltet, hum*) lass dich/lassen Sie sich hier nie wieder blicken
ˌ**dark ˈglasses** *Nomen* [Pl] dunkle Brille ☛ *Hinweis bei* BRILLE
dark·ly /ˈdɑːkli; *AmE* ˈdɑːrk-/ *Adv* (*gehoben*) **1** düster, finster **2** ominös, geheimnisvoll **3** dunkel
dark·ness /ˈdɑːknəs; *AmE* ˈdɑːrk-/ *Nomen* **1** Dunkelheit, Finsternis, Dunkel ◇ *The house was plunged into total darkness.* Plötzlich wurde es im Haus stockfinster. ◇ *Darkness fell.* Es wurde dunkel. ◇ *The house was in darkness.* Das Haus war in Dunkelheit. **2** das Böse
dark·room /ˈdɑːkruːm, -rʊm; *AmE* ˈdɑːrk-/ *Nomen* Dunkelkammer
dar·ling¹ /ˈdɑːlɪŋ; *AmE* ˈdɑːrlɪŋ/ *Nomen* Liebling, Schatz
dar·ling² /ˈdɑːlɪŋ; *AmE* ˈdɑːrlɪŋ/ *Adj nur vor Nomen* (*umgs*) lieb
darn¹ /dɑːn; *AmE* dɑːrn/ *Verb* stopfen IDM **ˈdarn it!** (*bes AmE, umgs*) verflixt! **I'll be ˈdarned!** (*bes AmE, umgs*) na so was! ◇ *I'll be darned if I can find it.* Weiß der Teufel, wo es ist.
darn² /dɑːn; *AmE* dɑːrn/ *Nomen* gestopfte Stelle
darn³ /dɑːn; *AmE* dɑːrn/ (*auch* **darned** /dɑːnd; *AmE* dɑːrnd/) *Adj, Adv* (*umgs*) verdammt, verflixt
dart¹ /dɑːt; *AmE* dɑːrt/ *Nomen* **1** Pfeil, Wurfpfeil ◇ *a poisoned dart* ein Giftpfeil **2 darts** [U] Darts, Pfeilwurfspiel **3** [Sing] (*schnelle Bewegung*) Satz **4** (*gehoben*) Attacke ◇ *She felt a dart of panic.* Ein panischer Schrecken durchzuckte sie. **5** Abnäher
dart² /dɑːt; *AmE* dɑːrt/ *Verb* **1** flitzen, schießen ◇ *Her eyes darted around the room, looking for Greg.* Ihr Blick schoss im Zimmer hin und her auf der Suche nach Greg. **2** ~ **a glance/look (at sb)**; ~ **sb a glance/look** (jdm) einen Blick zuwerfen
dart·board /ˈdɑːtbɔːd; *AmE* ˈdɑːrtbɔːrd/ *Nomen* Dartscheibe
dash¹ /dæʃ/ *Nomen* **1** (*schnelle Bewegung*) Satz, Sprint ◇ *I made a dash for the door.* Ich machte einen Satz zur Tür. ◇ *He made a dash for the nearest bar.* Er stürzte in die nächste Bar. ◇ *We made a dash for it.* Wir ergriffen die Flucht. **2** Ansturm, Wettlauf **3** Hetzerei **4** ~ (**of sth**) Schuss, Spritzer, Prise; (*fig*) Spur **5** (*Gedanken*)strich **6** (*bes AmE*) (SPORT) Sprint **7** (*veraltet*) Schwung **8** (*bes AmE, umgs*) = DASHBOARD IDM **cut a ˈdash** (*BrE*) eine gute Figur machen
dash² /dæʃ/ *Verb* **1** (los)stürzen, stürmen ◇ *I must dash, I'm late.* Ich muss los, ich bin spät dran. ◇ *She dashed off.* Sie raste davon. **2** schleudern, schmettern **3** (*Wellen, Regen etc.*) peitschen IDM **dash sb's ˈhopes** jds Hoffnungen zunichte machen **ˌdash** (**it**)**!**; **ˌdash it ˈall!** (*BrE, veraltet*) so ein Mist! PHR V **ˌdash sth ˈoff** etw schnell schreiben, etw hinwerfen
dash·board /ˈdæʃbɔːd; *AmE* -bɔːrd/ (*bes AmE, umgs* **dash**) *Nomen* Armaturenbrett
dash·ing /ˈdæʃɪŋ/ *Adj* (*gehoben*) flott, schneidig
das·tard·ly /ˈdæstədli; *AmE* -tərd-/ *Adj* (*veraltet*) niederträchtig
data /ˈdeɪtə; *BrE auch* ˈdɑːtə; *AmE auch* ˈdætə/ *Nomen* Daten

> **Data** ist normalerweise nicht zählbar und wird daher mit einem Verb im Singular verwendet: *Data was collected from 69 countries.* Es wurden Daten aus 69 Ländern zusammengetragen.
> In einem fachsprachlichen Kontext wird es manchmal im Plural gebraucht, der Singular ist dann **datum**.

data·base /'deɪtəbeɪs; AmE auch 'dæt̬ə-/ (auch **data·bank** /'deɪtəbæŋk; AmE auch 'dæt̬ə-/) Nomen Datenbank
,**data 'processing** Nomen Datenverarbeitung
,**data pro'tection** Nomen Datenschutz
date¹ /deɪt/ Nomen **1** Datum ◇ today's date das heutige Datum ◇ 'What's the date today?' „Der Wievielte ist heute?" ◇ I can't come on that date. An dem Tag kann ich nicht kommen. **2** Termin, Verabredung ◇ Make a date in your diaries now. Schreibt euch das Datum in den Kalender. ◇ We made a date to go fishing on Saturday. Wir machten aus, am Samstag angeln zu gehen. **3** [Sing/U] Zeitpunkt ◇ at a later/future date zu einem späteren Zeitpunkt **4** Verabredung, Date ☛ Siehe auch BLIND DATE **5** (bes AmE) = Frau/Mann, mit der/dem man verabredet ist ◇ My date didn't show up. Wir waren verabredet, aber sie hat mich versetzt. **6** Dattel ☛ Siehe auch OUT OF DATE und UP TO DATE IDM **to 'date** bis heute; bisher
date² /deɪt/ Verb **1** datieren ◇ Thank you for your letter dated 24th March. Vielen Dank für Ihren Brief vom 24. März. **2** aus der Mode kommen **3 sth dates sb** etw verrät jds Alter **4** (AmE, veraltet) gehen mit ◇ She's been dating Ron for months. Sie geht schon seit Monaten mit Ron. PHRV **date back ...** ... alt sein ◇ The custom dates back hundreds of years. Die Sitte existiert schon seit Hunderten von Jahren. **date back to ...; date from ...** stammen aus
date·book /'deɪtbʊk/ Nomen (AmE) (Termin)kalender
dated /'deɪtɪd/ Adj altmodisch, überholt
'**date line** = INTERNATIONAL DATE LINE
'**date rape** Nomen = Vergewaltigung durch jdn, mit dem man verabredet war
'**dating agency** (auch '**dating service**) Nomen Partnervermittlung
dat·ive /'deɪtɪv/ Nomen Dativ
datum /'deɪtəm/ Nomen (Fachspr) Faktum, Datum ☛ Hinweis bei DATA
daub¹ /dɔːb/ Verb ~ **A on, etc. B** A auf B schmieren; ~ **B with A** B mit A beschmieren
daub² /dɔːb/ Nomen **1** (GESCH) (angeworfener Mauerputz) Bewurf ☛ Siehe auch WATTLE **2** Klecks **3** (Gemälde) Schmiererei
daugh·ter /'dɔːtə(r)/ Nomen Tochter
'**daughter-in-law** Nomen (Pl **daughters-in-law**) Schwiegertochter
daunt /dɔːnt/ Verb (meist passiv) mit Schrecken erfüllen, entmutigen IDM **nothing 'daunted** (BrE, gehoben) unverzagt
daunt·ing /'dɔːntɪŋ/ Adj (Adv **daunt·ing·ly**) beängstigend, beunruhigend ◇ a daunting task eine schwierige Aufgabe
daw·dle /'dɔːdl/ Verb trödeln, bummeln
dawn¹ /dɔːn/ Nomen **1** Morgendämmerung, Tagesanbruch ◇ at dawn bei Tagesanbruch ◇ We arrived in Sydney as dawn broke. Als wir in Sydney ankamen, wurde es gerade Tag. ◇ from dawn till dusk von morgens bis abends SYN DAYBREAK und SUNRISE **2** [Sing] Beginn ◇ the dawn of civilization das Erwachen der Zivilisation IDM ⇨ CRACK²
dawn² /dɔːn/ Verb (gehoben) (Tag etc.) anbrechen, dämmern ◇ Then the truth dawned. Everyone knew something I didn't. Dann dämmerte es mir: Alle wussten etwas, nur ich nicht. PHRV **dawn on sb** jdm klar werden
day /deɪ/ Nomen **1** Tag ◇ What day is it today? Was für ein Tag ist heute? ◇ in a few days/in a few days' time in ein paar Tagen ◇ the day before yesterday vorgestern ◇ the day after tomorrow übermorgen ◇ three times a day dreimal täglich ◇ all day long den ganzen Tag ◇ during the day tagsüber ◇ (AmE) Have a nice day! Einen schönen Tag noch! ☛ Siehe auch DAY-TO-DAY, FIELD DAY, OPEN DAY und SPEECH DAY **2** [meist Pl] Zeit, Zeiten ◇ in the early days of computers als der Computer noch in den Kinderschuhen steckte ◇ in those days damals ◇ (umgs) in the old days früher IDM **all in a day's 'work** ganz normal **any day** (**now**) (umgs) (bald) jeden Tag ◇ The letter should arrive any day now. Der Brief müsste jeden Tag kommen. **carry/win the 'day** (gehoben) den Sieg davontragen **day after 'day** tagtäglich; Tag um Tag **day by 'day** von Tag zu Tag; täglich **day 'in, day 'out** tagaus, tagein **day of 'reckoning** Tag der Abrechnung **sb's/sth's days are 'numbered** jds Tage/die Tage einer Sache sind gezählt **from day 'one** (umgs) von Anfang an **from day to 'day 1** ◇ We were living from day to day, not knowing where the next meal was coming from. Wir lebten von der Hand in den Mund. ◇ During the war they lived from day to day. Im Krieg nahm man jeden Tag wie er kam, ohne an die Zukunft zu denken. **2** von einem Tag auf den anderen **from ,one day to the 'next** von einem Tag auf den anderen **have had your 'day** seine beste Zeit hinter sich haben **if he's, she's, etc. a 'day** (umgs) ◇ He must be 70 if he's a day! Er muss mindestens 70 sein! **in sb's 'day 1** zu jds Zeit **2** einmal ◇ She was a great dancer in her day. Sie war einmal eine große Tänzerin. **in 'this day and age** heutzutage **it's not sb's 'day** (umgs) jd hat einen schlechten Tag **make sb's 'day** jdm den Tag verschönern ◇ The phone call from Michael really made my day. Der Anruf von Michael hat mich wirklich gefreut. **make a day of it** (umgs) sich einen Tag dafür nehmen ◇ Bring a picnic and make a day of it. Bringt ein Picknick mit und bleibt den ganzen Tag. **not have all 'day** nicht den ganzen Tag Zeit haben ◇ the best writer of his day der beste Schriftsteller seiner Zeit '**one day** eines Tages '**one of these days** irgendwann **one of those 'days** (umgs) ein Pechtag ◇ It's been one of those days! Das war vielleicht ein Tag! '**some day** eines Tages **take it/things one ,day at a 'time** (umgs) jeden Tag nehmen, wie er kommt ◇ I don't know if he'll get better. We're just taking it one day at a time. Ich weiß nicht, ob er wieder gesund wird. Wir planen nicht weiter als bis zum nächsten Tag. **'that'll be the day** (umgs) Das möchte ich sehen ◇ Paul? Apologize? That'll be the day! Paul? Sich entschuldigen? Das möchte ich sehen! '**these days** (umgs) heutzutage '**those were the days** (umgs) das waren noch Zeiten **to the 'day** auf den Tag (genau) **to this 'day** bis heute ☛ Siehe auch BORN², BREAK², CALL¹, CLEAR¹, DOG¹, EARLY¹, END¹, HIGH¹, LATE², NIGHT, OLD, ORDER¹, OTHER, PASS¹, RAINY, ROME, SALAD, SAVE¹ und TIME¹
'**day boy** Nomen (BrE) Tagesschüler
'**day·break** /'deɪbreɪk/ Nomen Tagesanbruch SYN DAWN
'**day care** Nomen Tagesbetreuung ◇ a day care centre eine Tagesstätte
'**day centre** Nomen (BrE) Tagesstätte
'**day·dream¹** /'deɪdriːm/ Nomen Tagtraum, Träumerei ◇ She stared out of the window, lost in a daydream. Sie starrte traumverloren aus dem Fenster.
day·dream² /'deɪdriːm/ Verb mit offenen Augen träumen, Tagträumen nachhängen
'**day girl** Nomen (BrE) Tagesschülerin
'**day job** Nomen Job IDM **don't give up the 'day job** (umgs, hum) Schuster bleib bei deinen Leisten
day·light /'deɪlaɪt/ Nomen Tageslicht ◇ They left before daylight. Sie brachen vor Tagesanbruch auf. IDM ,**daylight 'robbery** (umgs) der reinste Wucher ☛ Siehe auch BROAD¹
'**day·lights** /'deɪlaɪts/ Nomen [Pl] IDM **beat/knock the** (**living**) '**daylights out of sb** (umgs) jdn windelweich schlagen **frighten/scare the** (**living**) '**daylights out of sb** (umgs) jdn zu Tode erschrecken
'**daylight saving time** (auch '**daylight time**) Nomen (Abk **DST**) (AmE) (offizielle) Sommerzeit
day·long /'deɪlɒŋ; AmE -lɔːŋ/ Adj nur vor Nomen (bes AmE) ganztägig
'**day nursery** (auch **nursery**) Nomen (BrE) Kindertagesstätte
,**day 'off** Nomen (Pl **days off**) freier Tag
the ,Day of 'Judgement Nomen der Jüngste Tag
,**day 'out** Nomen (Pl **days out**) (Tages)ausflug
'**day pupil** Nomen (BrE) Tagesschüler(in)
,**day re'lease** Nomen (BrE) tageweise Freistellung von Berufsschülern/-schülerinnen zur praktischen Ausbildung
,**day re'turn** Nomen (BrE) Tagesrückfahrkarte
'**day room** Nomen Aufenthaltsraum, Tagesraum
'**day school** Nomen **1** (veraltet) Privatschule (für externe Schüler(innen)) **2** (BrE) eintägiger Kurs
'**day student** Nomen (AmE) Tagesschüler(in)
'**day·time** /'deɪtaɪm/ Nomen [U] Tag ◇ in (the) daytime am Tage ◇ daytime temperatures die Tagestemperaturen ◇ my daytime phone number die Telefonnummer, unter der ich

tagsüber zu erreichen bin ◊ *daytime television* Vormittags- und Nachmittagsprogramm im Fernsehen
,day-to-'day *Adj nur vor Nomen* **1** tageweise **2** alltäglich
'day trip *Nomen* Tagesausflug
'day tripper *Nomen* (*BrE*) Tagesausflügler(in)
daze /deɪz/ *Nomen* IDM in a daze (wie) benommen
dazed /deɪzd/ *Adj* benommen
daz·zle¹ /'dæzl/ *Verb* **1** blenden **2** überwältigen
daz·zle² /'dæzl/ *Nomen* blendende Helligkeit
daz·zling /'dæzlɪŋ/ *Adj* (*Adv* daz·zlingly) **1** glänzend **2** überwältigend
d.b.a. /ˌdiː biː 'eɪ/ (*AmE*) *Kurzform von* doing business as firmierend als/unter
DC /ˌdiː 'siː/ **1** = DIRECT CURRENT **2** *Kurzform von* District of Columbia D.C.
'D-Day /'diː deɪ/ *Nomen* **1** = der Tag, an dem die Alliierten 1944 in der Normandie landeten **2** der Tag X
DDT /ˌdiː diː 'tiː/ *Abk* DDT
de-

Die Vorsilbe **de-** wird in Verben und den damit verbundenen Nomina, Adjektiven und Adverbien verwendet und bedeutet entweder die Umkehrung eines Vorgangs oder das Entfernen einer Sache: *decolonialize* entkolonialisieren ◊ *desalination* Meerwasserentsalzung.

dea·con /'diːkən/ *Nomen* Diakon
dea·con·ess /ˌdiːkə'nes; *AmE* 'diːkənəs/ *Nomen* Diakonin
dead¹ /ded/ *Adj* **1** tot ◊ *a dead body* eine Leiche ◊ *He dropped dead last week.* Er ist letzte Woche ganz plötzlich gestorben. ◊ *She felt dead on her feet.* Sie war zum Umfallen müde. ◊ *a dead engine* ein Motor, der nicht anspringt ◊ *The phone went dead.* Die Leitung war tot. **2** *nicht vor Nomen* gestorben ◊ *Unfortunately racism is not yet dead.* Leider ist der Rassismus noch nicht ausgerottet. **3** (*umgs*) aufgebracht; (*Flasche, Glas*) leer; (*Glühbirne*) ausgebrannt; (*Feuer*) aus **4** (*Stadt, Straße*) ausgestorben **5** *nicht vor Nomen* (*Arm etc.*) taub ◊ *My left arm had gone dead.* Mein linker Arm war eingeschlafen. SYN NUMB¹ **6** ~ to sth einer Sache nicht zugänglich ◊ *He was dead to all feelings of pity.* Er kannte kein Mitleid. **7** ausdruckslos **8** *nur vor Nomen* völlig, total ◊ *a dead silence* völlige Stille ◊ *the dead centre of the target* genau die Mitte der Zielscheibe ◊ *The car gave a jerk and came to a dead stop.* Das Auto machte einen Ruck und blieb plötzlich stehen. ◊ *This horse is a dead cert for the race.* Dieses Pferd ist ein todsicherer Tip für das Rennen. ◊ *She crumpled to the floor in a dead faint.* Sie sank ohnmächtig zu Boden. IDM be dead 'meat (*umgs*) geliefert sein ◊ *If they find out, you're dead meat.* Wenn sie es rausfinden, bist du geliefert. be a dead 'ringer for sb (*umgs*) jdm aufs Haar gleichen (as) ,dead as a/the 'dodo (*BrE, umgs*) mausetot; (*Idee etc.*) längst überholt (as) ,dead as a 'doornail (*umgs*) mausetot a ,dead 'duck (*umgs*) (*Plan, Idee etc.*) ein tot geborenes Kind be dead and 'gone (*umgs*) tot sein be ,dead in the 'water zum Scheitern verurteilt sein be ,dead to the 'world tief und fest schlafen the dead hand of sth das Joch von etw over ,my dead 'body (*umgs*) nur über meine Leiche sb wouldn't be seen/caught 'dead ... (*umgs*) jd würde etw um nichts in der Welt tun ☛ *Siehe auch* FLOG *und* KNOCK¹
dead² /ded/ *Nomen* the dead **1** [Pl] die Toten ☛ *Hinweis bei* TODESOPFER **2** [Sing] Tod IDM in the ,dead of 'night; at ,dead of 'night mitten in der Nacht in the ,dead of 'winter mitten im Winter
dead³ /ded/ *Adv* **1** völlig, genau ◊ *You're dead right!* Du hast völlig Recht. ◊ *a dead straight road* eine schnurgerade Straße ◊ *dead on time* auf die Minute pünktlich ◊ *Dead slow!* Schritt fahren! ◊ *He stopped dead in his tracks.* Er blieb abrupt stehen. ◊ *She's dead set on getting this job.* Sie will unbedingt diese Stelle haben. **2** (*BrE, umgs*) sehr, total ◊ *dead easy* kinderleicht ◊ *You were dead lucky.* Du hast wahnsinnig Glück gehabt. ◊ *a dead good film* ein klasse Film IDM cut sb 'dead (*BrE*) (*nicht beachten*) jdn schneiden
,dead 'beat (*auch* beat) *Adj nicht vor Nomen* (*umgs*) todmüde, total erschlagen
dead·beat /'dedbiːt/ *Nomen* (*umgs*) **1** (*bes AmE*) Nichtstuer(in) **2** (*AmE*) Schuldenmacher(in)

,dead 'bolt /'dedbəʊlt; *AmE* -boʊlt/ *Nomen* (*bes AmE*) Schloss mit Riegel
dead·en /'dedn/ *Verb* abschwächen, dämpfen
,dead 'end *Nomen* Sackgasse ◊ *a dead-end job* eine Stellung ohne Aufstiegsmöglichkeiten
,dead 'heat *Nomen* **1** (*bes BrE*) totes Rennen **2** (*AmE*) Kopf-an-Kopf-Rennen ◊ *The two candidates are in a dead heat in the polls.* Laut Umfragen liegen die beiden Kandidaten Kopf an Kopf.
dead·line /'dedlaɪn/ *Nomen* (letzter) Termin ◊ *I prefer to work to a deadline.* Ich arbeite am liebsten unter Termindruck. ◊ *We won't meet the deadline.* Wir werden den Termin nicht einhalten. ◊ *the deadline for applications* der Abgabetermin für Bewerbungen
dead·lock /'dedlɒk; *AmE* -lɑːk/ *Nomen* **1** festgefahrene Situation ◊ *The strike has reached deadlock.* Der Streik ist ausweglos festgefahren. **2** (*BrE*) Schloss mit Riegel
dead·locked /'dedlɒkt; *AmE* -lɑːkt/ *Adj nicht vor Nomen* festgefahren
,dead 'loss *Nomen* (*BrE, umgs*) Versager(in); (*Sache*) Reinfall
dead·ly¹ /'dedli/ *Adj* (dead·lier, dead·li·est) (More deadly und most deadly sind auch möglich.) **1** tödlich ◊ *the seven deadly sins* die sieben Todsünden ◊ *I'm in deadly earnest.* Es ist mir todernst damit. ◊ *We sat in deadly silence.* Wir saßen da und sagten kein Wort. ◊ *His aim is deadly.* Er trifft mit tödlicher Sicherheit. **2** (*BrE, umgs*) todlangweilig
dead·ly² /'dedli/ *Adv* **1** (*umgs*) äußerst, tod- ◊ *deadly serious* todernst **2** (*selten*) toten- ◊ *deadly pale* totenblass
,dead·ly 'night·shade *Nomen* Tollkirsche
dead·pan /'dedpæn/ *Adj* unbewegt ◊ *deadpan humour* trockener Humor ◊ *His reply was deadpan.* Er antwortete mit unbewegter Miene.
,dead 'weight /ˌded'weɪt/ *Nomen* **1** Gewicht **2** schwere Last
,dead 'wood *Nomen* **1** totes Holz, Totholz **2** (*fig*) Ballast, überflüssige Mitarbeiter
deaf /def/ **1** *Adj* taub (*auch fig*) ◊ *He was deaf to my requests.* Er blieb gegenüber meinen Bitten taub. ☛ *Siehe auch* STONE DEAF *und* TONE-DEAF **2** the deaf *Nomen* [Pl] die Tauben, die Gehörlosen IDM fall on deaf 'ears kein Gehör finden turn a deaf 'ear (to sb/sth) sich (gegenüber jdm/etw) taub stellen
deaf·en /'defn/ *Verb* **1** betäuben ◊ *The noise of the siren almost deafened her.* Sie war vom Lärm der Sirene wie betäubt. **2** taub machen
deaf·en·ing /'defnɪŋ/ *Adj* **1** (*Adv* deaf·en·ing·ly) ohrenbetäubend **2** ~ silence Totenstille ◊ *The answer was a deafening silence.* Es kam keine Antwort.
,deaf 'mute *Nomen* Taubstumme(r)
deaf·ness /'defnəs/ *Nomen* Taubheit
deal¹ /diːl/ *Verb* (dealt, dealt /delt/) **1** (*Karten*) geben; ~ sth (out) (to sb) (jdm) etw geben ◊ *Whose turn is it to deal?* Wer gibt? **2** mit Rauschgift handeln IDM deal sb/sth a 'blow; deal a 'blow to sb/sth (*gehoben*) jdm/etw einen Schlag versetzen; jdn/etw hart treffen ☛ *Siehe auch* WHEEL² PHRV 'deal in sth **1** mit etw handeln **2** sich mit etw befassen ◊ *We don't deal in rumours.* Wir geben uns nicht mit Gerüchten ab. ,deal sth 'out **1** etw verteilen SYN DISTRIBUTE **2** (*Strafe*) verhängen ◊ *judges who deal out harsh sentences to burglars* Richter, die Einbrecher zu harten Strafen verurteilen 'deal with sb mit jdm zu tun haben, mit jdm umgehen 'deal with sb/sth mit jdm/etw Geschäfte machen 'deal with sth **1** etw erledigen, für etw zuständig sein **2** mit etw fertig werden ◊ *He's good at dealing with pressure.* Er wird gut mit Stress fertig. **3** von etw handeln ◊ *His poems often deal with death.* Seine Gedichte haben oft den Tod zum Thema. ☛ *Hinweis bei* ABOUT²
deal² /diːl/ *Nomen* **1** Geschäft, Vereinbarung, Abkommen ◊ (*umgs*) *Did you cut a deal?* Hast du einen Deal gemacht? ◊ *the pay deal* der Tarifabschluss ◊ *A deal was struck after lengthy negotiations.* Nach langwierigen Verhandlungen einigte man sich. ◊ *I got a good deal on the car.* Mit dem Wagen habe ich ein gutes Geschäft gemacht. ◊ *It's a deal!* Abgemacht! ◊ *Listen. This is the deal ...* Hör zu. Wir machen's so ... **2** [*meist Sing*] Bedingungen ◊ *The party has*

promised a new deal for teachers. Die Partei hat den Lehrern bessere Bedingungen versprochen. ◊ *They were given a raw/rough deal.* Man hat sie ungerecht behandelt. ◊ *It was a square deal for everyone.* Allen war Gerechtigkeit widerfahren. **3** [Sing] **a good/great ~** eine Menge, viel ◊ *I'm feeling a good deal better.* Ich fühle mich viel besser. ◊ *It took a great deal of time.* Es dauerte sehr lange. ◊ *We see them a great deal.* Wir sehen sie oft. **4** [meist Sing] (*beim Kartenspiel*) ◊ *It's your deal.* Du gibst. **5** (*bes BrE*) Tannenholz, Kiefernholz IDM ⇨ BIG¹ *und* STRIKE¹

deal·er /'diːlə(r)/ *Nomen* **1** Händler(in) ☛ *Siehe auch* WHEELER-DEALER **2** (*Rauschgift-*) Dealer(in) **3** (*beim Kartenspiel*) Geber(in)

deal·er·ship /'diːləʃɪp; *AmE* -lərʃ-/ *Nomen* Vertretung ◊ *a Ford dealership* ein Fordhändler

deal·ing /'diːlɪŋ/ *Nomen* **1 dealings** [Pl] (Geschäfts)beziehungen ◊ *Have you had any previous dealings with this company?* Haben Sie schon früher einmal mit dieser Firma zu tun gehabt? ◊ *I knew nothing of his business dealings.* Ich wusste nichts von seinen Geschäften. ◊ *She was always very polite in her dealings with me.* Mir gegenüber war sie immer sehr höflich. **2** Geschäftsgebaren **3** Handel

dealt *Form von* DEAL¹

dean /diːn/ *Nomen* **1** (*in der Kirche oder an der Universität*) Dekan **2** (*an Universitäten, vor allem in Oxford und Cambridge*) Fellow mit Aufsichtsfunktion **3** (*AmE*) Doyen

dear¹ /dɪə(r); *AmE* dɪr/ *Adj* **1 ~ (to sb)** (jdm) lieb ◊ *He's one of my dearest friends.* Er ist einer meiner liebsten Freunde. ◊ *Her daughter is very dear to her.* Sie liebt ihre Tochter über alles. **2 Dear** (*in Briefen*) Liebe(r), Sehr geehrte(r) ◊ *Dear Sir or Madam* Sehr geehrte Damen und Herren **3** (*BrE*) teuer **4 dear old/little ...** ◊ *Dear old Sue!* Die gute alte Sue! ◊ *Their baby's a dear little thing.* Ihr Baby ist ein süßes Kind. IDM **hold sb/sth 'dear** (*gehoben*) jdn/etw sehr schätzen ☛ *Siehe auch* HEART, LIFE *und* NEAR¹

dear² /dɪə(r); *AmE* dɪr/ *Ausruf* du liebe Güte ◊ *Oh dear! What a shame.* Oje! Wie schade. ◊ *Dear me! What a mess!* Ach du liebe Zeit! Was für ein Schlamassel!

dear³ /dɪə(r); *AmE* dɪr/ *Nomen* **1** (*BrE, umgs*) Schatz **2** (*freundliche Anrede*) mein Lieber, meine Liebe ◊ *What's your name, dear?* Wie heißt du, mein Kleiner?

dear⁴ /dɪə(r); *AmE* dɪr/ *Adv* (*BrE*) teuer IDM ⇨ COST²

dear·est¹ /'dɪərɪst; *AmE* 'dɪr-/ *Adj* (*veraltet*) **1** (*in Briefen*) ◊ *Dearest Nina* Liebste Nina **2** sehnlichste(r)

dear·est² /'dɪərɪst; *AmE* 'dɪr-/ *Nomen* (*veraltet*) (*Anrede*) Liebste(r) IDM ⇨ NEAR¹

dearie /'dɪəri; *AmE* 'dɪri/ *Nomen* (*veraltet*) (*freundliche Anrede*) Kleine(r)

dear·ly /'dɪəli; *AmE* 'dɪrli/ *Adv* **1** von ganzem Herzen, liebend gern ◊ *I would dearly like to know what he was thinking.* Ich würde für mein Leben gern wissen, was er dachte. **2** teuer ◊ *Success has cost him dearly.* Der Erfolg ist ihn teuer zu stehen gekommen.

dearth /dɜːθ; *AmE* dɜːrθ/ *Nomen* [Sing] **~ (of sth)** Mangel (an etw)

death /deθ/ *Nomen* **1** Tod ◊ *the anniversary of his wife's death* der Todestag seiner Frau ◊ *Two children were burnt to death.* Zwei Kinder kamen in dem Feuer um. ◊ *a death camp* ein Vernichtungslager **2** Todesfall **3** Ende **4** (*auch* **Death**) der Tod ☛ *Siehe auch* SUDDEN DEATH IDM **at death's 'door** (*oft hum*) an der Schwelle des Todes; todkrank; sterbenskrank **be the 'death of sb** (*fig*) jdn ins Grab bringen **,do sth to 'death** etw zu Tode reiten **frighten/scare sb to 'death** jdn zu Tode erschrecken **look/feel like death warmed 'up** (*AmE* **like death warmed 'over**) (*umgs*) wie eine Leiche auf Urlaub aussehen; sich wie eine Leiche auf Urlaub fühlen **put sb to death** jdn hinrichten SYN EXECUTE **to death** zu Tode ◊ *I'm sick to death of your endless criticism.* Ich hab die Nase voll von deiner ständigen Kritik. **to the death** auf Leben und Tod ☛ *Siehe auch* CATCH¹, CHEAT¹, DICE², DIE¹, FATE, FIGHT¹, FLOG, GRIM, KISS¹ *und* MATTER¹

death·bed /'deθbed/ *Nomen* Sterbebett

'**death blow** *Nomen* Todesstoß

'**death certificate** *Nomen* Totenschein

'**death duty** *Nomen* (*BrE, veraltet*) Erbschaftssteuer

'**death knell** *Nomen* (*auch* **knell**) [Sing] ◊ **sound the death knell for sth** das Ende von etw bedeuten

'**death·ly¹** /'deθli/ *Adv* toten-, Toten- ◊ *Her face was deathly pale.* Ihr Gesicht war leichenblass.

'**death·ly²** /'deθli/ *Adj* (**death·lier**, **death·li·est**) ◊ *There was a deathly hush.* Es herrschte Totenstille.

'**death mask** *Nomen* Totenmaske

the '**death penalty** *Nomen* die Todesstrafe

'**death rate** *Nomen* **1** Sterblichkeitsziffer **2** Anzahl der Todesfälle

,**death** '**row** *Nomen* Todeszellen ◊ *the prisoners on death row* die Häftlinge in den Todeszellen

'**death sentence** *Nomen* Todesurteil ◊ *be given/receive the death sentence* zum Tode verurteilt werden

'**death toll** *Nomen* Zahl der Todesopfer

'**death warrant** *Nomen* Befehl zur Vollstreckung der Todesstrafe; (*fig*) Todesurteil

'**death wish** *Nomen* Todeswunsch

deb /deb/ *Nomen* (*umgs*) = DEBUTANTE

de·bacle /deɪ'bɑːkl/ *Nomen* Debakel

debar /dɪ'bɑː(r)/ *Verb* (**-rr-**) (*meist passiv*) **~ sb (from sth)** (*gehoben*) jdn (aus etw) ausschließen, jdm etw verbieten ◊ *He was debarred from holding public office.* Er kann nie wieder ein öffentliches Amt bekleiden.

de·base /dɪ'beɪs/ *Verb* herabsetzen, entwerten, verderben ◊ *debased behaviour* degeneriertes Benehmen

de·base·ment /dɪ'beɪsmənt/ *Nomen* Herabsetzung, Entwertung, Verdorbenheit

de·bat·able /dɪ'beɪtəbl/ *Adj* fraglich

de·bate¹ /dɪ'beɪt/ *Nomen* Debatte ◊ *There has been much debate on this issue.* Es ist viel über dieses Thema debattiert worden. ◊ *Whether he deserves this is open to debate.* Man kann darüber streiten, ob er das verdient hat.

de·bate² /dɪ'beɪt/ *Verb* **1** debattieren (über) ◊ *Politicians will debate the bill later this week.* Die Parlamentsdebatte über die Gesetzesvorlage findet diese Woche statt. **2 ~ (with yourself)** hin und her überlegen

de·bauched /dɪ'bɔːtʃt/ *Adj* ausschweifend, (sittlich) verdorben

de·bauch·ery /dɪ'bɔːtʃəri/ *Nomen* [U] Ausschweifung

de·ben·ture /dɪ'bentʃə(r)/ *Nomen* (*BrE*) (FINANZ) Schuldschein

de·bili·tate /dɪ'bɪlɪteɪt/ *Verb* (*gehoben*) schwächen ◊ *a debilitating disease* eine auszehrende Krankheit ◊ *a debilitating recession* eine zermürbende Rezession

de·bil·ity /dɪ'bɪləti/ *Nomen* (*gehoben*) Schwäche

debit¹ /'debɪt/ *Nomen* **1** Soll, Debet ◊ *on the debit side of an account* auf der Sollseite eines Kontos ◊ (*fig*) *On the debit side the new shopping centre will increase traffic.* Ein Minuspunkt des neuen Einkaufszentrums wird ein Zuwachs an Verkehr sein. **2** Belastung, Debetposten ☛ *Siehe auch* DIRECT DEBIT

debit² /'debɪt/ *Verb* (FINANZ) belasten ◊ *The money will be debited from your account each month.* Das Geld wird jeden Monat von Ihrem Konto abgebucht.

'**debit card** *Nomen* Debitkarte

de·bon·air /,debə'neə(r); *AmE* -'ner/ *Adj* (*veraltet*) elegant, flott

de·brief /,diː'briːf/ *Verb* (MIL) (*nach einem Einsatz etc.*) befragen

de·brief·ing /,diː'briːfɪŋ/ *Nomen* (MIL) Besprechung (*nach einem Einsatz*)

deb·ris /'debriː, 'deɪ-; *AmE* də'briː/ *Nomen* [U] **1** Schutt, Trümmer **2** (*gehoben*) Abfall

debt /det/ *Nomen* **1** Schuld ◊ **run up debts** Schulden machen ◊ *The club is four million in debt.* Der Klub ist mit vier Millionen verschuldet. ◊ **get into debt** sich verschulden ◊ **stay out of debt** schuldenfrei bleiben ☛ *Siehe auch* BAD DEBT **2** [meist Sing] ◊ **owe a debt of gratitude to sb** jdm Dank schulden ◊ *I would like to acknowledge my debt to my teachers.* Ich bin meinen Lehrern zu großem Dank verpflichtet. IDM **be in sb's 'debt** (*gehoben*) in jds Schuld stehen

debt·or /'detə(r)/ *Nomen* Schuldner(in)

debug /ˌdiːˈbʌg/ *Verb* (**-gg-**) (Comp) Fehler suchen und beseitigen

de·bunk /ˌdiːˈbʌŋk/ *Verb* (*Mythos*) zerstören; (*Theorie*) widerlegen; (*Idol*) vom Sockel stoßen

debut (*auch* **début**) /ˈdeɪbjuː, ˈdebjuː; *AmE* deɪˈbjuː/ *Nomen* Debüt

debu·tante (*auch* **débutante**) /ˈdebjʊtɑːnt/ (*umgs* **deb**) *Nomen* Debütantin

dec·ade /ˈdekeɪd, dɪˈkeɪd/ *Nomen* Jahrzehnt

deca·dence /ˈdekədəns/ *Nomen* (*abwert*) Dekadenz

deca·dent /ˈdekədənt/ *Adj* (*abwert*) dekadent

de·caf·fein·ated /ˌdiːˈkæfɪneɪtɪd/ (*umgs* **decaf**, *BrE auch* **decaff** /ˈdiːkæf/) **1** *Adj* koffeinfrei **2** *Nomen* koffeinfreier Kaffee/Tee

decal /ˈdiːkæl/ *Nomen* (*AmE*) Abziehbild

de·camp /dɪˈkæmp/ *Verb* verschwinden; (MIL) das Lager abbrechen

de·cant /dɪˈkænt/ *Verb* (*in eine Karaffe*) umfüllen

de·cant·er /dɪˈkæntə(r)/ *Nomen* Karaffe

de·capi·tate /dɪˈkæpɪteɪt/ *Verb* enthaupten, köpfen

de·capi·ta·tion /dɪˌkæpɪˈteɪʃn/ *Nomen* Enthauptung

dec·ath·lete /dɪˈkæθliːt/ *Nomen* Zehnkämpfer(in)

dec·ath·lon /dɪˈkæθlən/ *Nomen* Zehnkampf

decay[1] /dɪˈkeɪ/ *Nomen* **1** Fäulnis, Zersetzung, Verwesung; (Physik) Zerfall ◇ *tooth decay* Karies **2** Verfall ◇ *They had let the building fall into decay.* Man hatte das Gebäude verfallen lassen. ◇ *economic decay* wirtschaftlicher Abstieg ◇ *urban decay* Verödung der Innenstädte

decay[2] /dɪˈkeɪ/ *Verb* **1** (ver)faulen, verwesen; (Physik) zerfallen SYN ROT **2** verfallen, verkümmern ◇ *decaying inner city areas* verödende Innenstadtbereiche

de·ceased /dɪˈsiːst/ (*offiz*) **1** *Adj* verstorben **2 the deceased** *Nomen* (*Pl* **the deceased**) der/die Verstorbene

de·ceit /dɪˈsiːt/ *Nomen* Betrug, Täuschung

de·ceit·ful /dɪˈsiːtfl/ *Adj* (*Adv* **de·ceit·ful·ly** /-fəli/) betrügerisch, falsch, hinterlistig

de·ceive /dɪˈsiːv/ *Verb* **1** täuschen, (be)trügen ◇ *She deceived him into handing over all his savings.* Sie brachte ihn durch einen Trick dazu, ihr seine ganzen Ersparnisse auszuhändigen. **2 ~ yourself** sich etw vormachen

de·ceiver /dɪˈsiːvə(r)/ *Nomen* Betrüger(in)

de·cel·er·ate /ˌdiːˈseləreɪt/ *Verb* (*gehoben*) **1** die Fahrt verlangsamen, das Tempo drosseln **2** sich verlangsamen **3** verlangsamen, drosseln OPP ACCELERATE

de·cel·er·ation /ˌdiːseləˈreɪʃn/ *Nomen* **1** Herabsetzung der Geschwindigkeit **2** Verlangsamung

De·cem·ber /dɪˈsembə(r)/ *Nomen* (*Abk* **Dec**) Dezember ☛ *Beispiele bei* Januar

de·cency /ˈdiːsnsi/ *Nomen* **1** Anstand, Anständigkeit **2 the decencies** [Pl] (*gehoben*) Anstandsregeln

de·cent /ˈdiːsnt/ *Adj* (*Adv* **de·cent·ly**) **1** anständig ◇ (*umgs*) *a decent job* ein ordentlicher Job ◇ (*umgs*) *I need a decent night's sleep.* Ich muss mal richtig schlafen. **2** schicklich ◇ *She ought to have waited for a decent interval before getting married again.* Sie hätte schicklicherweise länger warten sollen, ehe sie wieder heiratete. ◇ *I escaped from the wedding as soon as was decently possible.* Ich blieb nur gerade so lang auf der Hochzeitsfeier, dass es nicht unhöflich war. ◇ *That dress isn't decent.* Das Kleid ist zu gewagt. ◇ (*umgs*) *I can't go to the door — I'm not decent.* Ich kann die Tür nicht aufmachen — ich habe nichts an. IDM **do the decent 'thing** das einzig Richtige tun

de·cen·tral·iza·tion (*BrE auch* **-isation**) /ˌdiːˌsentrəlaɪˈzeɪʃn; *AmE* -lə'z-/ *Nomen* [U/Sing] Dezentralisierung

de·cen·tral·ize (*BrE auch* **ise**) /ˌdiːˈsentrəlaɪz/ *Verb* dezentralisieren

de·cep·tion /dɪˈsepʃn/ *Nomen* **1** Betrug **2** Täuschung

de·cep·tive /dɪˈseptɪv/ *Adj* (*Adv* **de·cep·tive·ly**) täuschend, trügerisch, irreführend ◇ *a deceptively simple idea* eine scheinbar einfache Idee

deci- /ˈdesɪ-/ (*in Zusammensetzungen*) Zehntel-, Dezi-

deci·bel /ˈdesɪbel/ *Nomen* Dezibel

de·cide /dɪˈsaɪd/ *Verb* **1** (sich) entscheiden ◇ *It's up to you to decide.* Die Entscheidung liegt bei dir. ◇ *I can't decide what to wear.* Ich weiß nicht, was ich anziehen soll. ◇ *She couldn't decide whether he was telling the truth or not.* Sie war sich nicht klar, ob er die Wahrheit sagte oder nicht. **2** beschließen ◇ *Why did you decide to look for a new job?* Was hat Sie bewogen, sich nach einer neuen Stelle umzusehen? **3** ~ (**for/against sb**) (für/gegen jdn) entscheiden **4** ~ **sth** etw entscheiden, etw bestimmen; (*Schicksal*) besiegeln **5** ~ **sb** für jdn den Ausschlag geben PHRV **de'cide on/upon sth** sich für etw entscheiden ◇ *I can't decide on who to invite.* Ich kann mich nicht entscheiden, wen ich einladen soll.

de·cided /dɪˈsaɪdɪd/ *Adj* nur vor Nomen eindeutig, deutlich

de·cided·ly /dɪˈsaɪdɪdli/ *Adv* **1** entschieden, eindeutig, ausgesprochen ◇ *decidedly odd* ausgesprochen seltsam **2** (*BrE*) mit Bestimmtheit

de·cider /dɪˈsaɪdə(r)/ *Nomen* [meist Sing] **1** Entscheidungsspiel, Entscheidungsrennen **2** entscheidendes Tor etc.

de·cidu·ous /dɪˈsɪdʒuəs, -dju-/ *Adj* = jedes Jahr die Blätter verlierend ◇ *a deciduous tree/forest* ein Laubbaum/-wald

deci·litre (*AmE* **deci·liter**) /ˈdesɪliːtə(r)/ *Nomen* Deziliter

deci·mal /ˈdesɪml/ **1** *Adj* Dezimal- ◇ *accurate to two decimal places* auf zwei Dezimalstellen genau **2** *Nomen* (*auch* **ˌdecimal 'fraction**) Dezimalzahl, Dezimalbruch

ˌdecimal 'point *Nomen* Komma ☛ Im Englischen wird für den Dezimalpunkt kein Komma, sondern ein Punkt geschrieben (1.5). Bei Zahlen über tausend wird dagegen kein Punkt, oft aber ein Komma gesetzt (2,000).

deci·mate /ˈdesɪmeɪt/ *Verb* (*meist passiv*) dezimieren ◇ *Cheap imports decimated the British cycle industry.* Billige Importe trafen die britische Fahrradindustrie hart.

de·cipher /dɪˈsaɪfə(r)/ *Verb* entziffern, entschlüsseln

de·ci·sion /dɪˈsɪʒn/ *Nomen* **1** ~ (**on/about sth**) Entscheidung (über etw) ◇ *take a decision* eine Entscheidung treffen ☛ Im britischen Englisch kann man auch sagen: *make a decision.* ◇ *reach a decision* zu einer Entscheidung kommen ◇ *We must come to a decision about what to do by tomorrow.* Bis morgen müssen wir uns entschieden, was wir tun werden. ◇ *The decision is yours.* Die Entscheidung liegt bei dir. ◇ *Mary is the decision-maker in the house.* In der Familie bestimmt Mary. ◇ *her decision to go abroad* ihr Entschluss ins Ausland zu gehen **2** Entschlusskraft, Entschlossenheit

de'cision-making *Nomen* Entscheidungsfindung ◇ *decision-making power* Entscheidungsgewalt ◇ *a decision-making body* ein entscheidungsfindendes Organ

de·cisive /dɪˈsaɪsɪv/ *Adj* **1** entscheidend **2** (*Adv* **de·cisive·ly**) entschlossen, energisch, resolut ◇ *take decisive action* energische Maßnahmen ergreifen

de·cisive·ness /dɪˈsaɪsɪvnəs/ *Nomen* Entschlusskraft, Entschlossenheit

deck[1] /dek/ *Nomen* **1** Deck ◇ *on deck* an Deck ◇ *below deck(s)* unter Deck **2** (*bes AmE*) (*auch* **ˌdeck of 'cards**) Spiel Karten **3** Holzterrasse **4** (*Teil einer Hi-Fi-Anlage*) Plattenspieler, Tapedeck IDM ⇨ CLEAR[2] *und* HIT[1]

deck[2] /dek/ *Verb* **1** (*oft passiv*) ~ **sb/sth** (**out**) (**in/with sth**) jdn/etw (mit etw) schmücken, jdn/etw (mit etw) herausputzen **2** (*Slang*) niederschlagen

deck·chair /ˈdektʃeə(r); *AmE* -tʃer/ *Nomen* Liegestuhl

deck·hand /ˈdekhænd/ *Nomen* (*ungelernter Matrose*) Decksmann

ˈdeck shoe *Nomen* Segeltuchschuh

de·claim /dɪˈkleɪm/ *Verb* (*gehoben*) deklamieren

dec·lam·ation /ˌdekləˈmeɪʃn/ *Nomen* (*gehoben*) Deklamation

dec·lar·ation /ˌdekləˈreɪʃn/ *Nomen* Erklärung ◇ *a declaration of faith/guilt* ein Glaubens-/Schuldbekenntnis

de·clare /dɪˈkleə(r); *AmE* -ˈkler/ *Verb* **1** erklären ◇ *The area has been declared a national park.* Das Gebiet wurde zum Nationalpark erklärt. ◇ *The government has declared war on corruption.* Die Regierung hat der Korruption den Kampf angesagt. ◇ *The contract was declared void.* Der Vertrag wurde für nichtig erklärt. ◇ *declare a state of emergency* den Notstand ausrufen ◇ *The court declared that strike action was illegal.* Das Gericht entschied, dass eine Streikaktion gesetzwidrig wäre. **2** bekannt geben, verkünden, sagen ◇ *Few people dared to declare their opposition.* Nur wenige wagten es, ihren Widerstand zu äußern.

◇ *She declared herself satisfied.* Sie sagte, sie sei zufrieden. **3** (*Einkommen*) angeben, versteuern **4** (*Ware am Zoll*) deklarieren ◇ *Do you have anything to declare?* Haben Sie etwas zu verzollen? **5** (*Kricket*) = die Runde für beendet erklären, weil man glaubt, die eigene Mannschaft hat genug Punkte PHRV **de·clare a'gainst/'for sb/sth** (*BrE*, *offiz*) sich gegen/für jdn/etw aussprechen

de·clared /dɪˈkleəd/; *AmE* -ˈklerd/ *Adj* nur vor Nomen erklärt ◇ *their declared intention* ihr erklärtes Ziel

de·clas·sify /ˌdiːˈklæsɪfaɪ/ *Verb* (**-fies, -fy·ing, -fied, -fied**) (*Informationen, Akten etc.*) freigeben

de·clen·sion /dɪˈklenʃn/ *Nomen* Deklination

de·cline¹ /dɪˈklaɪn/ *Nomen* [meist Sing] **1** ~ (**in sth**) Rückgang (einer Sache) **2** Niedergang, Verfall

de·cline² /dɪˈklaɪn/ *Verb* **1** zurückgehen, abnehmen ◇ *Her health was declining rapidly.* Ihr Gesundheitszustand verschlechterte sich zusehends. **2** (*gehoben*) ablehnen **3** (LING) deklinieren **4** (LING) dekliniert werden IDM **sb's declining years** (*gehoben*) jds letzte Jahre

de·code /ˌdiːˈkəʊd; *AmE* -ˈkoʊd/ *Verb* **1** dechiffrieren, entschlüsseln SYN DECIPHER **2** (TV) decodieren

de·coder /ˌdiːˈkəʊdə(r); *AmE* -ˈkoʊ-/ *Nomen* (TV) Decoder

dé·col·leté /derˈkɒlter; *AmE* ˌdeɪkɑːlˈteɪ/ **1** *Nomen* Dekolletee **2** *Adj* dekolletiert

de·col·on·iza·tion (*BrE auch* **-isa·tion**) /diːˌkɒlənarˈzeɪʃn; *AmE* -ˌkɑːlənəˈz-/ *Nomen* Entkolonisierung

de·com·mis·sion /ˌdiːkəˈmɪʃn/ *Verb* aus dem Dienst nehmen; (*Atomkraftwerk*) stilllegen

de·com·pose /ˌdiːkəmˈpəʊz; *AmE* -ˈpoʊz/ *Verb* **1** sich zersetzen; (*Leiche*) verwesen SYN DECAY *und* ROT **2** (*Fachspr*) zerlegt werden **3** ~ **sth** (*Fachspr*) etw zersetzen, etw zerlegen

de·com·pos·ition /ˌdiːkɒmpəˈzɪʃn; *AmE* -kɑːm-/ *Nomen* **1** Zersetzung, Verrotten **2** (*Fachspr*) Zerlegung, Zersetzung

de·com·press /ˌdiːkəmˈpres/ *Verb* **1** ~ **sth** den Druck von etw vermindern **2** (COMP) dekomprimieren

de·com·pres·sion /ˌdiːkəmˈpreʃn/ *Nomen* **1** Druckverminderung, Dekompression ◇ *decompression sickness* Taucherkrankheit **2** (COMP) Dekomprimierung

de·con·gest·ant /ˌdiːkənˈdʒestənt/ *Nomen* (*Schleim-, Husten-*) Löser, abschwellendes Medikament ◇ *nasal decongestant* Nasentropfen/-spray

de·con·struct /ˌdiːkənˈstrʌkt/ *Verb* (LIT, PHILOS) dekonstruieren

de·con·struc·tion /ˌdiːkənˈstrʌkʃn/ *Nomen* (LIT, PHILOS) Dekonstruktion

de·con·struc·tion·ist /ˌdiːkənˈstrʌkʃnɪst/ (LIT, PHILOS) **1** *Nomen* Dekonstruktivist(in) **2** *Adj* dekonstruktivistisch

de·con·tam·in·ate /ˌdiːkənˈtæmɪneɪt/ *Verb* entgiften, entseuchen, dekontaminieren

de·con·tam·in·ation /ˌdiːkənˌtæmɪˈneɪʃn/ *Nomen* Entgiftung, Entseuchung, Dekontamination

decor /ˈdeɪkɔː(r); *AmE* deɪˈkɔːr/ *Nomen* Ausstattung, Dekor ◇ *interior decor* Innenausstattung

dec·or·ate /ˈdekəreɪt/ *Verb* **1** dekorieren, verzieren **2** (*bes BrE*) streichen, tapezieren **3** schmücken SYN ADORN **4** (*meist passiv*) (*mit einem Orden*) auszeichnen

dec·or·ation /ˌdekəˈreɪʃn/ *Nomen* **1** [meist Pl] Dekoration, Schmuck **2** Verzierung **3** Austattung, Dekor ☞ *Siehe auch* INTERIOR DECORATION **4** (*BrE*) Streichen, Tapezieren **5** (*mit Medaille etc.*) Auszeichnung

dec·ora·tive /ˈdekərətɪv; *AmE* ˈdekəreɪtɪv/ *Adj* dekorativ

dec·or·ator /ˈdekəreɪtə(r)/ *Nomen* Maler(in), Tapezierer(in) ☞ *Siehe auch* INTERIOR DECORATOR

dec·or·ous /ˈdekərəs/ *Adj* (*Adv* **dec·or·ous·ly**) schicklich

de·corum /dɪˈkɔːrəm/ *Nomen* (*gehoben*) Schicklichkeit, Dekorum, Etikette

de·couple /ˌdiːˈkʌpl/ *Verb* (*gehoben*) entkoppeln

decoy /ˈdiːkɔɪ/ *Nomen* Lockvogel (*auch fig*)

de·crease¹ /dɪˈkriːs/ *Verb* **1** sinken, zurückgehen, abnehmen ◇ *decrease in value* an Wert verlieren **2** verringern, reduzieren

de·crease² /ˈdiːkriːs/ *Nomen* **1** Rückgang, Abnahme, Nachlassen ◇ *a decrease in spending* ein Rückgang der Ausgaben **2** Senkung, Reduzierung

de·cree¹ /dɪˈkriː/ *Nomen* **1** Erlass, Verordnung ◇ *by decree* auf dem Verordnungsweg **2** (RECHT) Verfügung, Urteil

de·cree² /dɪˈkriː/ *Verb* (**de·cree·ing, de·creed, de·creed**) verordnen, anordnen, verfügen

de·cree 'absolute *Nomen* [Sing] (*BrE*) (RECHT) endgültiges Scheidungsurteil

decree nisi /dɪˌkriː ˈnaɪsaɪ/ *Nomen* [Sing] (*BrE*) (RECHT) vorläufiges Scheidungsurteil

de·crepit /dɪˈkrepɪt/ *Adj* altersschwach (*auch fig*); (*Haus etc.*) baufällig; (*Auto etc.*) klapprig

de·crim·in·al·ize (*BrE auch* **-ise**) /diːˈkrɪmɪnəlaɪz/ *Verb* entkriminalisieren

decry /dɪˈkraɪ/ *Verb* (**-cries, -cry·ing, -cried, -cried**) (*gehoben*) verwerfen, ablehnen, verdammen

dedi·cate /ˈdedɪkeɪt/ *Verb* **1** widmen ◇ *The exhibition is dedicated to his late work.* Die Ausstellung widmet sich seinem Spätwerk. **2** weihen

dedi·cated /ˈdedɪkeɪtɪd/ *Adj* **1** hingebungsvoll, engagiert ◇ *a dedicated musician* ein Musiker mit Leib und Seele ◇ *She is dedicated to her job.* Sie lebt für ihren Beruf. SYN COMMITTED **2** nur vor Nomen (*Fachspr*) dediziert

ded·ica·tion /ˌdedɪˈkeɪʃn/ *Nomen* **1** Hingabe, Engagement **2** (*einer Kirche*) Weihe **3** (*in einem Buch etc.*) Widmung

de·duce /dɪˈdjuːs; *AmE* dɪˈduːs/ *Verb* (*gehoben*) folgern; ~ **sth** (**from sth**) etw (aus etw) ableiten SYN INFER ☞ *Hinweis bei* CONCLUDE

de·duct /dɪˈdʌkt/ *Verb* oft passiv abziehen

de·duct·ible¹ /dɪˈdʌktəbl/ *Adj* abziehbar ☞ *Siehe auch* TAX-DEDUCTIBLE

de·duct·ible² /dɪˈdʌktəbl/ *Nomen* (*AmE*) **1** Abzug, abziehbare Summe ◇ *The donation was a deductible.* Die Spende konnte er von der Steuer absetzen. **2** Selbstbeteiligung

de·duc·tion /dɪˈdʌkʃn/ *Nomen* **1** (Schluss)folgerung, Folgern ◇ *powers of deduction* kombinatorische Fähigkeiten **2** Abziehen, Abzug **3** (*BrE*) *tax deductions* Steuerabzüge **3** (*AmE*) ◇ *tax deductions* steuerlich absetzbare Ausgaben ◇ *the standard deduction* der Steuerfreibetrag

de·duct·ive /dɪˈdʌktɪv/ *Adj* deduktiv

deed /diːd/ *Nomen* **1** (*gehoben*) Tat **2** (*im britischen Englisch meist Plural*) (RECHT) Urkunde ◇ *the deeds of the house* die Eigentumsurkunde ☞ *Siehe auch* TITLE DEED

deed of 'covenant *Nomen* (*BrE*) = schriftliche Erklärung, regelmäßig einen bestimmten Betrag zu spenden, wodurch die betreffende Steuer auch gespendet wird

'deed poll *Nomen* [U/Sing] (*BrE*) Antrag auf Namensänderung ◇ *Smith changed his name by deed poll.* Smith hat seinen Namen offiziell ändern lassen.

dee·jay = DJ

deem /diːm/ *Verb* (*gehoben*) (*selten in der Verlaufsform*) **1** erachten, halten **2** meinen, finden SYN CONSIDER

deep¹ /diːp/ *Adj* **1** tief ◇ *She took a deep breath.* Sie atmete tief ein. ◇ *They were standing three-deep at the bar.* An der Bar drängten sich die Menschen in drei Reihen. ☞ *Siehe auch* SKIN-DEEP **2** (*Saum, Rand etc.*) breit **3** groß, tief ◇ *He's in deep trouble.* Er steckt in großen Schwierigkeiten. ◇ *deep affection* innigste Zuneigung ◇ *She felt a deep sense of shame.* Sie war zutiefst beschämt. ◇ *They were deep in debt.* Sie waren hoch verschuldet. **4** tiefgründig, tief schürfend SYN PROFOUND **5** ~ **in sth** in etw vertieft **6** (*Mensch*) verschlossen ◇ *She's a deep one.* Sie ist ein stilles Wasser. **7** (SPORT) (*Pass*) weit IDM **go off the 'deep end** (*umgs*) ausflippen **in deep 'water(s)** (*umgs*) in großen Schwierigkeiten **jump in at the 'deep end** (*umgs*) einen Sprung ins kalte Wasser machen **be thrown in at the 'deep end** (*umgs*) ins kalte Wasser geworfen werden ☞ *Siehe auch* DEVIL *und* SHIT²

deep² /diːp/ *Adv* tief ◇ *They talked deep into the night.* Sie unterhielten sich bis tief in die Nacht. ☞ *Siehe auch* DEEPLY IDM **deep 'down** im Innersten **go/run 'deep** in starkem Maße vorhanden sein; tief verwurzelt sein; (*Gefühle*) tief empfunden werden ☞ *Siehe auch* DIG¹ *und* STILL²

deep³ /diːp/ *Nomen* [Sing] **the deep** (*gehoben*) das Meer

deep·en /ˈdiːpən/ *Verb* **1** wachsen, zunehmen ◇ *Their friendship soon deepened into love.* Aus ihrer Freundschaft wurde bald Liebe. **2** vertiefen **3** (sich) verschlimmern; (*Leid etc.*) (sich) vergrößern; (*Krise etc.*) (sich) verschärfen **4** tiefer werden (*auch fig*) ◇ *His frown deepened.* Er runzelte die Stirn noch mehr. **5** tiefer machen **6** (*Farbe, Licht*) dunkler werden; **~ sth** etw dunkler machen

‚deep ˈfreeze (*AmE* **Deep-freeze**™, ‚deep ˈfreezer) *Nomen* Gefrierschrank, Tiefkühltruhe

‚deep-ˈfrozen *Adj* tiefgefroren, tiefgekühlt

‚deep-ˈfry *Verb meist passiv* frittieren, ausbacken

deep·ly /ˈdiːpli/ *Adv* **1** tief ◊ *deeply held convictions* tiefe Überzeugungen **2** zutiefst, äußerst, sehr ◊ *I have thought deeply about it.* Ich habe gründlich darüber nachgedacht.

‚deep-ˈrooted (*auch* ‚deep-ˈseated) *Adj* tief verwurzelt, tief sitzend

ˈdeep-sea *Adj nur vor Nomen* Tiefsee-

‚deep-ˈset *Adj* (*Augen*) tief liegend

‚deep-ˈsix *Verb* (*meist passiv*) (*AmE, umgs*) (*Pläne etc.*) begraben

the ‚Deep ˈSouth *Nomen* (*der USA*) der tiefe Süden

ˈdeep-water *Adj nur vor Nomen* Tiefsee-

deer /dɪə(r); *AmE* dɪr/ *Nomen* (*Pl* **deer**) Hirsch, Reh ◊ *red deer* Rotwild ☛ *Siehe auch* ROE DEER

deer·stalk·er /ˈdɪəstɔːkə(r); *AmE* ˈdɪrs-/ *Nomen* Sherlock-Holmes-Mütze

de·face /dɪˈfeɪs/ *Verb* verunstalten, verschandeln

def·am·ation /ˌdefəˈmeɪʃn/ *Nomen* (*gehoben*) Diffamierung, Verleumdung ◊ *defamation of character* Rufmord

de·fama·tory /dɪˈfæmətri; *AmE* -tɔːri/ *Adj* (*gehoben*) diffamierend, verleumderisch

de·fame /dɪˈfeɪm/ *Verb* (*gehoben*) diffamieren, verleumden

de·fault¹ /dɪˈfɔːlt, ˈdiː-/ *Nomen* **1** Verzug, Versäumnis ◊ *They are in default on the loan.* Sie sind mit den Rückzahlungen in Verzug. **2** [*meist Sing*] (COMP) Default, Standardparameter, Grundeinstellung ◊ *The default option is to save every five minutes.* Der Computer ist so voreingestellt, dass er alle fünf Minuten speichert. IDM **by deˈfault 1** kampflos **2** (*ohne aktive Entscheidung*) ◊ *I became a teacher by default rather than by design.* Ich bin Lehrer geworden, nicht weil ich es schon immer wollte, sondern weil es sich eben so ergeben hat. ◊ *This icon appears by default.* Dieses Icon erscheint automatisch. **in deˈfault of sth** (*gehoben*) mangels einer Sache

de·fault² /dɪˈfɔːlt, ˈdiː-/ *Verb* **1 ~** (**on sth**) (mit etw) in Verzug sein ◊ *defaulting tenants* säumige Mieter **2 ~ to sth** (COMP) *Background colour defaults to white.* Als Hintergrundfarbe ist weiß eingestellt. ◊ *Day of month: (defaults to 1).* Tag: (per Default auf 1 voreingestellt).

de·fault·er /dɪˈfɔːltə(r), ˈdiː-/ *Nomen* Säumige(r), säumige(r) Schuldner(in)

de·feat¹ /dɪˈfiːt/ *Verb* **1** besiegen, schlagen SYN BEAT **2** (*umgs*) überfordern **3** ablehnen **4** ◊ *Staying late at the office to discuss shorter working hours rather defeats the object of the exercise!* Es ist paradox, extra länger im Büro zu bleiben, um kürzere Arbeitszeiten zu diskutieren.

de·feat² /dɪˈfiːt/ *Nomen* **1** Niederlage ◊ *I had to admit defeat.* Ich musste mich geschlagen geben. **2 the ~ of sth** der Sieg über etw **3** (*eines Antrags etc.*) Ablehnung

de·feat·ism /dɪˈfiːtɪzəm/ *Nomen* Defätismus

de·feat·ist /dɪˈfiːtɪst/ **1** *Adj* defätistisch **2** *Nomen* Defätist(in)

defe·cate /ˈdefəkeɪt, ˈdiː-/ *Verb* (*Fachspr*) Kot ausscheiden

defe·ca·tion /ˌdefəˈkeɪʃn, ˌdiː-/ *Nomen* (*Fachspr*) Stuhlentleerung

de·fect¹ /ˈdiːfekt, dɪˈfekt/ *Nomen* Fehler, Defekt ☛ *Hinweis bei* FEHLER

de·fect² /dɪˈfekt/ *Verb* überlaufen, sich absetzen

de·fec·tion /dɪˈfekʃn/ *Nomen* Übertritt, Überlaufen, Abfall ◊ *since his defection to the West* seit er sich in den Westen abgesetzt hat

de·fect·ive /dɪˈfektɪv/ *Adj* (*Adv* **de·fect·ive·ly**) fehlerhaft, defekt

de·fect·or /dɪˈfektə(r)/ *Nomen* Überläufer(in), Abtrünnige(r)

de·fence (*AmE* **de·fense**) /dɪˈfens/ *Nomen* **1** Verteidigung ◊ *I have to say in her defence …* Zu ihrer Verteidigung muss ich sagen, dass … ◊ *He wanted to conduct his own defence.* Er wollte seine Verteidigung selbst übernehmen. **2 ~** (**against sth**) Verteidigung(sanlage) (gegen etw), Schutz (gegen etw) ◊ *sea defences* Küstenschutz ◊ *the body's natural defence mechanisms* das natürliche Abwehrsystem des Körpers **3 the defence** (RECHT) die Verteidigung ☛ *G* 1.3a **4** (SPORT) Abwehr

de·fence·less /dɪˈfensləs/ *Adj* wehrlos

de·fend /dɪˈfend/ *Verb* verteidigen ◊ *They were able to defend the town against/from attack.* Sie konnten die Stadt gegen Angriffe verteidigen. ◊ *the defending champion* der Titelverteidiger ◊ *How can you defend such behaviour?* Wie kann man solches Benehmen rechtfertigen?

de·fend·ant /dɪˈfendənt/ *Nomen* Angeklagte(r)

de·fend·er /dɪˈfendə(r)/ *Nomen* **1** (SPORT) Verteidiger(in) **2** Verfechter(in)

de·fense (*AmE*) = DEFENCE

de·fens·ible /dɪˈfensəbl/ *Adj* **1** vertretbar **2** leicht zu verteidigen

de·fen·sive¹ /dɪˈfensɪv/ *Adj* (*Adv* **de·fen·sive·ly**) defensiv, Verteidigungs- ◊ *Don't ask him about it — he just gets defensive.* Frag nicht danach — er geht bloß in die Defensive.

de·fen·sive² /dɪˈfensɪv/ *Nomen* IDM **on/onto the defensive** in der/die Defensive

defer /dɪˈfɜː(r)/ *Verb* (**-rr-**) aufschieben PHRV **deˈfer to sb/sth** (*gehoben*) sich jdm/etw fügen

def·er·ence /ˈdefərəns/ *Nomen* (*gehoben*) Achtung, Respekt

def·er·en·tial /ˌdefəˈrenʃl/ *Adj* (*Adv* **def·er·en·tial·ly** /-ʃəli/) ehrerbietig, respektvoll

de·fer·ment /dɪˈfɜːmənt/ *Nomen* (*auch* **de·fer·ral** /dɪˈfɜːrəl/) *Nomen* Aufschub, Verschiebung

de·fi·ance /dɪˈfaɪəns/ *Nomen* Trotz, Missachtung ◊ *an act of defiance* ein Akt der Auflehnung

de·fi·ant /dɪˈfaɪənt/ *Adj* (*Adv* **de·fi·ant·ly**) trotzig, herausfordernd

de·fib·ril·la·tor /diːˈfɪbrɪleɪtə(r)/ *Abk* (MED) Defibrillator

de·fi·ciency /dɪˈfɪʃnsi/ *Nomen* (*Pl* **-ies**) **1** Mangel **2** Schwäche, Unzulänglichkeit

de·fi·cient /dɪˈfɪʃnt/ *Adj* **1** ◊ *Their diet is often deficient in calcium.*/*Calcium is often deficient in their diet.* In ihrer Ernährung mangelt es ihnen oft an Kalzium. ◊ *She was deficient in iron.* Sie hatte Eisenmangel. ◊ (*gehoben*) *He felt that there was something deficient in him.* Er hatte das Gefühl, dass er gewisse Mängel hätte. **2** (*gehoben*) unzulänglich

def·icit /ˈdefɪsɪt/ *Nomen* **1** (WIRTSCH) Defizit ◊ *in deficit* defizitär **2** Fehlbetrag **3** (SPORT) Rückstand

de·fied *Form von* DEFY

de·file¹ /dɪˈfaɪl/ *Verb* schänden, beflecken

de·file² /dɪˈfaɪl/ *Nomen* (*gehoben*) Hohlweg, Engpass

de·fin·able /dɪˈfaɪnəbl/ *Adj* definierbar

de·fine /dɪˈfaɪn/ *Verb* **1 ~ sth** (**as sth**) etw (als etw) definieren **2** (*meist passiv*) umreißen

def·in·ite¹ /ˈdefɪnət/ *Adj* **1** sicher, bestimmt; (*Antwort, Ergebnis etc.*) definitiv **2** klar, deutlich **3** entschieden

def·in·ite² /ˈdefɪnət/ *Nomen* (*umgs*) ◊ *'Is Sarah coming to the party?' 'Yes, she's a definite.'* „Kommt Sarah auf die Party?" „Ja, sie hat fest zugesagt."

‚definite ˈarticle *Nomen* bestimmter Artikel

def·in·ite·ly /ˈdefɪnətli/ *Adv* **1** (*zur Verstärkung*) bestimmt, absolut ◊ *I definitely remember asking.* Ich kann mich ganz genau daran erinnern, dass ich gefragt habe. ◊ *Definitely not!* Auf keinen Fall! **2** definitiv, endgültig

def·in·ition /ˌdefɪˈnɪʃn/ *Nomen* **1** Definition ◊ *by definition* definitionsgemäß **2** (*Bild*)schärfe

de·fini·tive /dɪˈfɪnətɪv/ *Adj* (*Adv* **de·fini·tive·ly**) definitiv, maßgeblich

de·flate /dɪˈfleɪt, ˌdiː-/ ☛ *In Bedeutung 3 nur* /dɪˈfleɪt/, *in Bedeutung 4 nur* /ˌdiːˈfleɪt/ *Verb* **1 ~ sth** die Luft aus etw ablassen **2** schrumpfen **3** klein machen, ernüchtern ◊ *His indifference left her feeling deflated.* Seine Gleichgültigkeit versetzte ihr einen Dämpfer. **4** (WIRTSCH) bremsen, verringern

de·fla·tion /dɪˈfleɪʃn, ˌdiː-/ *Nomen* **1** (WIRTSCH) Deflation **2** (*eines Ballons*) Luftablassen

de·fla·tion·ary /dɪˈfleɪʃənri; *AmE* -neri/ *Adj* deflationär

de·flect /dɪˈflekt/ *Verb* **1** ablenken, abwehren **2** abprallen ◊ *The ball deflected off Reid's body into the goal.* Der Ball wurde von Reid ins Tor abgefälscht. **3 ~ sb** (**from sth**) jdn (von etw) abbringen **4** (*Licht etc.*) beugen

de·flec·tion /dɪˈflekʃn/ *Nomen* **1** Abwehren **2** Abprallen ◊ *The goal was scored with a deflection off the goalkeeper.*

Der Ball wurde vom Torwart ins Tor abgefälscht. **3** (*Licht etc.*) Beugung

de·flower /ˌdiːˈflaʊə(r)/ *Verb* (*gehoben, veraltet*) entjungfern, deflorieren

defog /ˌdiːˈfɒg; *AmE* -ˈfɔːg, -ˈfɑːg/ *Verb* (**-gg-**) (*AmE*) (*beschlagene Windschutzscheibe*) trockenblasen

de·foli·ation /ˌdiːˌfəʊliˈeɪʃn; *AmE* -ˌfoʊ-/ *Nomen* Entlaubung

de·for·est /ˌdiːˈfɒrɪst; *AmE* -ˈfɔːr-, -ˈfɑːr-/ *Verb* entwalden

de·for·est·ation /ˌdiːˌfɒrɪˈsteɪʃn; *AmE* -ˌfɔːr-, -ˌfɑːr-/ *Nomen* Entwaldung

de·form /dɪˈfɔːm; *AmE* -ˈfɔːrm/ *Verb* verformen, deformieren

de·form·ation /ˌdiːfɔːˈmeɪʃn; *AmE* -fɔːrˈm-/ *Nomen* **1** Deformierung **2** Deformation

de·formed /dɪˈfɔːmd; *AmE* -ˈfɔːrmd/ *Adj* missgebildet

de·form·ity /dɪˈfɔːməti; *AmE* -ˈfɔːrm-/ *Nomen* (*Pl* **-ies**) Missbildung, Deformation

DEFRA /ˈdefrə/ *Kurzform von* **Department for Environment, Food and Rural Affairs** (*in GB*) ≈ Umweltministerium

de·fraud /dɪˈfrɔːd/ *Verb* ~ **sb** (**of sth**) jdn (um etw) betrügen

de·frock /ˌdiːˈfrɒk; *AmE* -ˈfrɑːk/ *Verb* ~ **sb** jdm das Priesteramt entziehen

de·frost /ˌdiːˈfrɒst; *AmE* -ˈfrɔːst/ *Verb* **1** (*Lebensmittel*) auftauen **2** (*Kühlschrank*) abtauen **3** (*Scheibe*) enteisen

deft /deft/ *Adj* (*Adv* **deft·ly**) (*gehoben*) geschickt, flink

deft·ness /ˈdeftnəs/ *Nomen* Geschicklichkeit

de·funct /dɪˈfʌŋkt/ *Adj* (*gehoben*) (*Organisation*) aufgelöst; (*Unternehmen, Maschine*) stillgelegt

de·fuse /ˌdiːˈfjuːz/ *Verb* entschärfen (*auch fig*)

defy /dɪˈfaɪ/ *Verb* (**-fies, -fying, -fied, -fied**) **1** ~ **sb/sth** jdm trotzen, sich jdm/etw widersetzen ◇ *They defied his wishes.* Sie setzen sich über seine Wünsche hinweg. **2** ~ **belief, explanation, description, etc.** nicht zu glauben, erklären, beschreiben etc. sein ◇ *a political move that defies explanation* ein politischer Schachzug, der völlig unverständlich ist **3** ◇ *I defy you not to enjoy it.* Es wird dir auf jeden Fall gefallen. **IDM defy (all) the odds** ◇ *The baby defied all the odds and survived.* Das Kind überlebte entgegen allen Erwartungen.

deg. *Abk* = DEGREE

de·gen·er·acy /dɪˈdʒenərəsi/ *Nomen* Verkommenheit

de·gen·er·ate¹ /dɪˈdʒenəreɪt/ *Verb* sich verschlechtern; ~ **into sth** zu etw degenerieren, zu etw ausarten

de·gen·er·ate² /dɪˈdʒenərət/ **1** *Adj* verkommen, entartet **2** *Nomen* verkommener Mensch

de·gen·er·ation /dɪˌdʒenəˈreɪʃn/ *Nomen* Degeneration, Verschlechterung ◇ *social/moral degeneration* gesellschaftlicher/moralischer Verfall

de·gen·era·tive /dɪˈdʒenərətɪv/ *Adj* (MED) degenerativ

de·grad·able /dɪˈgreɪdəbl/ *Adj* abbaubar

deg·rad·ation /ˌdegrəˈdeɪʃn/ *Nomen* **1** Erniedrigung **2** Beeinträchtigung

de·grade /dɪˈgreɪd/ *Verb* **1** erniedrigen **2** (*Fachspr*) abbauen, zerfallen

de·grad·ing /dɪˈgreɪdɪŋ/ *Adj* erniedrigend, entwürdigend

de·gree /dɪˈgriː/ *Nomen* **1** (*Abk* **deg.**) (*Geometrie, Temperatur*) Grad ☛ *Hinweis bei* GRAD, S. 990 **2** (Aus)maß ◇ *to what degree* in welchem Maß ◇ *to a greater or lesser degree* in mehr oder weniger hohem Maße ◇ *to a (certain/some) degree* bis zu einem gewissen Grad ◇ *third-degree burns* Verbrennungen dritten Grades ☛ Im amerikanischen Englisch wird **degree** auch verwendet, um die Schwere eines Verbrechens auszudrücken. **First-degree murder/murder in the first degree** entspricht „Mord", **second-degree murder** „Totschlag". **3** akademischer Grad, Universitätsabschluss ◇ *My brother's doing a history degree at Cambridge.* Mein Bruder studiert in Cambridge Geschichte.

An britischen und amerikanischen Universitäten ist der erste Abschluss ein **bachelor's degree** (**BA, BSc** etc.). Anschließend kann man ein **master's degree** (**MA, MSc**) etc. (in Amerika auch **master's** genannt) oder einen Doktorgrad (**PhD** oder **doctorate**) erwerben. ☛ *Hinweis bei* FIRST CLASS¹ (2)

IDM by de'grees allmählich

de·hu·man·ize (*BrE auch* **-ise**) /ˌdiːˈhjuːmənaɪz/ *Verb* entmenschlichen

de·hy·drate /diːˈhaɪdreɪt/ *Verb* **1** (*meist passiv*) (*Lebensmittel*) trocknen ◇ *dehydrated soup* Trockensuppe **2** dehydrieren, Flüssigkeit verlieren

de·hy·dra·tion /ˌdiːhaɪˈdreɪʃn/ *Nomen* Austrocknung, Flüssigkeitsverlust

de·ice /ˌdiːˈaɪs/ *Verb* enteisen

deify /ˈdeɪɪfaɪ, ˈdiːɪfaɪ/ *Verb* (**-fies, -fying, -fied, -fied**) (*gehoben*) zum Gott erheben, vergöttern

deign /deɪn/ *Verb* sich herablassen

deity /ˈdeɪəti, ˈdiːəti/ *Nomen* (*Pl* **-ies**) **1** Gottheit **2** **the Deity** [Sing] (*gehoben*) Gott

déjà vu /ˌdeɪʒɑː ˈvuː/ *Nomen* Déjà-vu(-Erlebnis)

de·ject·ed /dɪˈdʒektɪd/ *Adj* (*Adv* **de·ject·ed·ly**) niedergeschlagen

de·jec·tion /dɪˈdʒekʃn/ *Nomen* Niedergeschlagenheit

de jure /ˌdeɪ ˈdʒʊəri; *AmE* ˈdʒʊri/ *Adj, Adv* (RECHT) de jure, von Rechts wegen

delay¹ /dɪˈleɪ/ *Nomen* **1** Verzögerung, Verspätung ◇ *traffic delays* Verkehrsbehinderungen **2** Verzug

delay² /dɪˈleɪ/ *Verb* **1** aufschieben, hinauszögern ◇ *He delayed talking to her.* Er schob es auf, mit ihr zu sprechen. ◇ *She's suffering a delayed reaction to the shock.* Sie leidet an Spätfolgen des Schocks. **2** zögern **3** aufhalten ◇ *The train has been delayed.* Der Zug hat Verspätung. ◇ *delaying tactics* Verzögerungstaktik

de·lect·able /dɪˈlektəbl/ *Adj* (*gehoben*) **1** köstlich **2** (*hum*) reizend

dele·gate¹ /ˈdelɪgət/ *Nomen* Delegierte(r)

dele·gate² /ˈdelɪgeɪt/ *Verb* **1** ~ (**sth**) (**to sb**) (etw) (an jdn) delegieren **2** (*meist passiv*) beauftragen

dele·ga·tion /ˌdelɪˈgeɪʃn/ *Nomen* **1** Delegation, Abordnung ☛ G 1.3b **2** [U] Delegation, Delegieren

de·lete /dɪˈliːt/ *Verb* streichen; (COMP) löschen

dele·teri·ous /ˌdeləˈtɪəriəs; *AmE* -ˈtɪr-/ *Adj* (*gehoben*) schädlich

de·le·tion /dɪˈliːʃn/ *Nomen* Streichung; (COMP) Löschung

deli /ˈdeli/ (*umgs*) = DELICATESSEN

de·lib·er·ate¹ /dɪˈlɪbərət/ *Adj* (*Adv* **de·lib·er·ate·ly**) **1** absichtlich, bewusst; (*Verbrechen*) vorsätzlich **2** bedächtig, besonnen

de·lib·er·ate² /dɪˈlɪbəreɪt/ *Verb* (sich) beraten

de·lib·er·ation /dɪˌlɪbəˈreɪʃn/ *Nomen* **1** [meist Pl] Überlegung, Beratung **2** [U] Bedächtigkeit

deli·cacy /ˈdelɪkəsi/ *Nomen* (*Pl* **-ies**) **1** Feinheit, Zerbrechlichkeit **2** Zartheit, Zierlichkeit **3** Takt, Feingefühl ◇ *a matter of some delicacy* eine etwas heikle Angelegenheit **4** Delikatesse ◇ *local delicacies* regionale Spezialitäten

deli·cate /ˈdelɪkət/ *Adj* **1** zart, empfindlich, zerbrechlich ◇ *a delicate constitution* eine labile Konstitution ◇ *a cool wash cycle for delicate fabrics* ein Feinwaschgang mit niedriger Temperatur **2** zierlich; (*Farbe, Duft, Blume*) zart; (*Geschmack*) fein **3** kunstfertig ◇ *a delicate surgical operation* eine komplizierte Operation **4** taktvoll, feinfühlig; (*Thema, Problem etc.*) heikel

deli·cate·ly /ˈdelɪkətli/ *Adv* **1** behutsam, vorsichtig, taktvoll **2** fein, zart

deli·ca·tes·sen /ˌdelɪkəˈtesn/ (*umgs* **deli**) *Nomen* Feinkostgeschäft

de·li·cious /dɪˈlɪʃəs/ *Adj* (*Adv* **de·li·cious·ly**) **1** köstlich **2** (*gehoben*) herrlich

de·light¹ /dɪˈlaɪt/ *Nomen* **1** Entzücken, Freude ◇ *He takes (great) delight in proving others wrong.* Er freut sich (diebisch), wenn er anderen beweisen kann, dass sie im Unrecht sind. **2** Vergnügen, Freude ◇ *This guitar is a delight to play.* Es ist ein Vergnügen, auf dieser Gitarre zu spielen.

de·light² /dɪˈlaɪt/ *Verb* entzücken, erfreuen PHR V **delight in sth** an etw Freude haben, an etw Vergnügen haben ◇ *He delights in shocking people.* Es bereitet ihm großes Vergnügen, andere Leute zu schockieren.

de·light·ed /dɪˈlaɪtɪd/ *Adj* **1** (*Adv* **de·light·ed·ly**) erfreut, entzückt **2** **be ~ to do sth** etw sehr gern tun ◇ *'Can you stay for dinner?' 'I'd be delighted (to)!'* „Können Sie zum Abend-

delightful

essen bleiben?" „Mit Vergnügen!" **3 be ~ that** ... sich sehr freuen, dass ... ; **be ~ by/at/with sth** sich sehr über etw freuen

de·light·ful /dɪˈlaɪtfl/ *Adj* (*Adv* **de·light·ful·ly** /-fəli/) reizend, entzückend, wunderbar

de·limit /dɪˈlɪmɪt/ *Verb* (*gehoben*) abgrenzen; (*fig*) eingrenzen

de·lin·eate /dɪˈlɪnieɪt/ *Verb* (*gehoben*) darstellen, beschreiben, (ein)zeichnen

de·lin·ea·tion /dɪˌlɪmiˈeɪʃn/ *Nomen* (*gehoben*) Darstellung, Beschreibung, (Ein)zeichnung

de·lin·quency /dɪˈlɪŋkwənsi/ *Nomen* (*Pl* **-ies**) Kriminalität

de·lin·quent¹ /dɪˈlɪŋkwənt/ *Adj* **1** (*bes Jugendliche*) straffällig ◊ *delinquent teenagers* jugendliche Kriminelle **2** (*AmE*) (FINANZ) säumig **3** (*AmE*) (FINANZ) rückständig ◊ *a delinquent loan* rückständige Zahlungen

de·lin·quent² /dɪˈlɪŋkwənt/ *Nomen* (*jugendliche(r)*) Straftäter(in) ☞ *Siehe auch* JUVENILE DELINQUENT

de·li·ri·ous /dɪˈlɪriəs; *BrE auch* -ˈlɪəriəs/ *Adj* (*Adv* **de·li·ri·ous·ly**) **1** (MED) im Delirium ◊ *He became delirious.* Er begann zu fantasieren. **2** ◊ (*fig*) *The crowds were delirious with joy.* Die Menge war in einem Freudentaumel. ◊ *deliriously happy* überglücklich

de·lir·ium /dɪˈlɪriəm; *BrE auch* -ˈlɪəriəm/ *Nomen* (MED) Delirium

de·liver /dɪˈlɪvə(r)/ *Verb* **1** liefern; (*Brief etc.*) zustellen; (*Botschaft*) überbringen ◊ *Leaflets were delivered to every household.* Flugblätter wurden an jeden Haushalt verteilt. **2** (*Verse etc.*) vortragen; (*Rede, Vortrag, Vorlesung etc.*) halten; (*Urteil*) verkünden; (*Ultimatum*) stellen **3** schaffen; (*Ergebnis etc.*) erzielen **4** Wort halten **5 ~ on sth** (*Versprechen etc.*) halten, einlösen **6** (*gehoben*) **~ sb** (**up/over**) (**to sb**) jdn (jdm) ausliefern; **~ sth** (**up/over**) (**to sb**) etw (jdm) aushändigen **7** ◊ *She was delivered of a healthy boy.* Sie wurde von einem gesunden Jungen entbunden. ◊ *The baby was delivered by Caesarian section.* Das Kind kam durch Kaiserschnitt auf die Welt. **8** werfen; (*Schlag*) versetzen **9 ~ sb** (**from sth**) (*veraltet*) jdn (von etw) erlösen IDM ⇨ GOODS *und* SIGN²

de·liv·er·ance /dɪˈlɪvərəns/ *Nomen* (*gehoben*) Erlösung

de·liv·ery /dɪˈlɪvəri/ *Nomen* (*Pl* **-ies**) **1** Lieferung; (*von Post*) Zustellung ◊ *a delivery van* ein Lieferwagen ◊ *Please pay for goods on delivery.* Bezahlen Sie bitte bei Empfang der Waren. ◊ *28 days for delivery.* Die Lieferfrist beträgt 28 Tage. **2** Entbindung ◊ *a difficult delivery* eine schwere Geburt **3** [Sing] (*eines Gedichts etc.*) Vortrag **4** (*beim Kricket, Baseball*) Wurf IDM ⇨ CASH¹

dell /del/ *Nomen* (*gehoben*) kleines bewaldetes Tal

del·phin·ium /delˈfɪniəm/ *Nomen* Rittersporn

delta /ˈdeltə/ *Nomen* Delta

de·lude /dɪˈluːd/ *Verb* **~ sb/yourself** jdm/sich etwas vormachen ◊ *He's deluding himself if he thinks it'll be easy.* Er täuscht sich, wenn er glaubt, dass es einfach sein wird.

del·uge¹ /ˈdeljuːdʒ/ *Nomen* [meist Sing] **1** Regenguss, Überschwemmung **2** (*fig*) Flut

del·uge² /ˈdeljuːdʒ/ *Verb* (*meist passiv*) überschwemmen, überfluten (*auch fig*)

de·lu·sion /dɪˈluːʒn/ *Nomen* **1** (Selbst)täuschung, Illusion, Wahn ◊ *He's getting delusions of grandeur.* Er wird größenwahnsinnig. **2** (PSYCH) Wahnvorstellung

de luxe /ˌdə ˈlʌks, ˈlʊks/ *Adj* Luxus-

delve /delv/ *Verb* greifen PHRV **delve into sth** sich mit etw befassen, sich in etw vertiefen

Dem. *Abk* = DEMOCRAT, DEMOCRATIC

dema·gog·ic /ˌdeməˈɡɒɡɪk; *AmE* -ˈɡɑːɡ-/ *Adj* demagogisch

dema·gogue /ˈdeməɡɒɡ; *AmE* -ɡɑːɡ/ *Nomen* (*abwert*) Demagoge, Demagogin

dema·gogy /ˈdeməɡɒɡi; *AmE* -ɡɑːɡi/ *Nomen* Demagogie

de·mand¹ /dɪˈmɑːnd; *AmE* dɪˈmænd/ *Nomen* **1** Forderung **2 demands** [Pl] Anforderungen ◊ *His style makes considerable demands on the reader.* Sein Stil stellt hohe Anforderungen an den Leser. ◊ *She couldn't cope with the demands of the task.* Sie war mit dieser Aufgabe einfach überfordert. **3 ~** (**for sb/sth**) Nachfrage (an jdm/etw), Bedarf (an jdm/etw) IDM **by popular deˈmand** auf allgemeinen Wunsch **in deˈmand** gefragt **on deˈmand** auf Wunsch ☞ *Siehe auch* SUPPLY AND DEMAND

de·mand² /dɪˈmɑːnd; *AmE* dɪˈmænd/ *Verb* **1** verlangen, fordern ◊ *'Who the hell are you?' he demanded angrily.* „Wer zum Teufel sind Sie?" fragte er wütend. **2** erfordern

de·mand·ing /dɪˈmɑːndɪŋ; *AmE* -ˈmæn-/ *Adj* anstrengend, anspruchsvoll, schwierig

de·mar·cate /ˈdiːmɑːkeɪt; *AmE* -mɑːrk-/ *Verb* (*gehoben*) abgrenzen, demarkieren

de·mar·ca·tion /ˌdiːmɑːˈkeɪʃn; *AmE* -mɑːrˈk-/ *Nomen* Abgrenzung

de·mean /dɪˈmiːn/ *Verb* (sich) erniedrigen ◊ *Behaviour like this demeans politics.* Ein solches Benehmen zieht die Politik in den Schmutz. SYN DEGRADE

de·mean·ing /dɪˈmiːnɪŋ/ *Adj* erniedrigend

de·mean·our (*AmE* **de·meanor**) /dɪˈmiːnə(r)/ *Nomen* (*gehoben*) Benehmen, Haltung

de·ment·ed /dɪˈmentɪd/ *Adj* (*Adv* **de·ment·ed·ly**) **1** verrückt **2** (*Fachspr oder veraltet*) wahnsinnig, dement

de·men·tia /dɪˈmenʃə/ *Nomen* (MED) Demenz, Schwachsinn

dem·er·ara sugar /ˌdeməreərə ˈʃʊɡə(r); *AmE* -rerə-/ *Nomen* (*BrE*) brauner Zucker

de·merit /diːˈmerɪt/ *Nomen* (*gehoben*) **1** [meist Pl] Schwäche **2** (*AmE*) (*wegen schlechten Benehmens in der Schule*) Minuspunkt

de·mili·tar·iza·tion (*BrE auch* **-isa·tion**) /ˌdiːˌmɪlɪtəraɪˈzeɪʃn; *AmE* -rəˈz-/ *Nomen* Entmilitarisierung

de·mili·tar·ize (*BrE auch* **-ise**) /ˌdiːˈmɪlɪtəraɪz/ *Verb* (*meist passiv*) entmilitarisieren

de·mise /dɪˈmaɪz/ *Nomen* [Sing] **1** Ende, Untergang, Verschwinden **2** (*gehoben oder hum*) Ableben

de·mist /ˌdiːˈmɪst/ *Verb* (*BrE*) (*beschlagene Windschutzscheibe*) trockenblasen

demo /ˈdeməʊ; *AmE* -moʊ/ (*umgs*) = DEMONSTRATION (1,2)

demob /ˌdiːˈmɒb; *AmE* -ˈmɑːb/ *Verb* (**-bb-**) *Nomen* (*BrE, umgs*) = DEMOBILIZE, DEMOBILIZATION

de·mo·bil·iza·tion (*BrE auch* **-isa·tion**) /dɪˌməʊbəlaɪˈzeɪʃn; *AmE* -ˌmoʊbələˈz-/ (*BrE, umgs* **demob**) *Nomen* Demobilisierung, Entlassung aus dem Kriegsdienst

de·mo·bil·ize (*BrE auch* **-ise**) /dɪˈməʊbəlaɪz; *AmE* -ˈmoʊ-/ (*BrE umgs* **demob**) *Verb* aus dem Kriegsdienst entlassen

de·moc·racy /dɪˈmɒkrəsi; *AmE* -ˈmɑːk-/ *Nomen* (*Pl* **-ies**) Demokratie

demo·crat /ˈdeməkræt/ *Nomen* **1** Demokrat(in) **2 Democrat** (*Abk* **D**, **Dem**) = Mitglied der Demokratischen Partei in den Vereinigten Staaten

demo·crat·ic /ˌdeməˈkrætɪk/ *Adj* **1** (*Adv* **demo·crat·ic·al·ly** /-kli/) demokratisch **2 Democratic** (*Abk* **Dem.**) der Demokratischen Partei in den Vereinigten Staaten angehörend

the Demoˈcratic Party *Nomen* (*in den USA*) die Demokratische Partei

dem·oc·ra·tiza·tion (*BrE auch* **-isation**) /dɪˌmɒkrətaɪˈzeɪʃn; *AmE* -ˌmɑːkrətəˈz-/ *Nomen* Demokratisierung

dem·oc·ra·tize (*BrE auch* **-ise**) /dɪˈmɒkrətaɪz; *AmE* -ˈmɑːk-/ *Verb* (*gehoben*) demokratisieren

demo·graph·ic /ˌdeməˈɡræfɪk/ *Adj* demographisch

dem·og·raphy /dɪˈmɒɡrəfi; *AmE* -ˈmɑːɡ-/ *Nomen* Demographie

de·mol·ish /dɪˈmɒlɪʃ; *AmE* -ˈmɑːl-/ *Verb* **1** zerstören; (*Gebäude etc.*) abreißen **2** vernichten; (*Theorie etc.*) widerlegen **3** vernichtend schlagen **4** (*BrE, umgs*) (*gierig essen*) verschlingen

demo·li·tion /ˌdeməˈlɪʃn/ *Nomen* **1** Zerstörung; (*eines Gebäudes etc.*) Abriss **2** Vernichtung (*auch fig*); (*einer Theorie etc.*) Widerlegung ◊ *The article was a demolition job on the new party leader.* Der Artikel griff den neuen Parteichef scharf an.

ˌdemolition ˈderby *Nomen* (*AmE*) Stockcarrennen

demon /ˈdiːmən/ *Nomen* **1** böser Geist, Dämon (*auch fig*) **2** (*umgs*) Besessene(r)

de·mon·ic /dɪˈmɒnɪk; *AmE* -ˈmɑːn-/ *Adj* dämonisch

de·mon·ize (*BrE auch* **-ise**) /ˈdiːmənaɪz/ *Verb* verteufeln

dem·on·strable /dɪˈmɒnstrəbl; *AmE* -ˈmɑːn-; *BrE auch* ˈdemənstrəbl/ *Adj* (*gehoben*) beweisbar, nachweisbar, offensichtlich

dem·on·strably /dɪˈmɒnstrəbli; *AmE* -ˈmɑːn-/ *Adv* nachweislich

dem·on·strate /ˈdemənstreɪt/ *Verb* **1** zeigen, beweisen, nachweisen ◊ *The theories were demonstrated to be false.* Es wurde nachgewiesen, dass die Theorien falsch waren.

> ✍ **WRITING TIP**
> **Demonstrate, prove, show**
> • *As every holiday weekend approaches, our love affair with the car shows no sign of abating.* Jedes Ferienwochenende ist ein Beweis dafür, dass unsere Liebe zum Auto nicht nachlässt.
> • *This accident proves once again how deadly the combination of speed and fog can be.* Dieser Unfall beweist wieder einmal, dass die Kombination von Geschwindigkeit und Nebel tödliche Folgen haben kann.
> • *This statement shows how seriously the government is taking the threat.* Diese Stellungnahme zeigt, wie ernst die Regierung die Drohung nimmt.

2 zeigen, unter Beweis stellen [SYN] DISPLAY **3** ~ sth (to sb) (jdm) etw vorführen, (jdm) etw demonstrieren **4** ~ (against sth) (gegen etw) demonstrieren; ~ in favour/support of sth für etw demonstrieren [SYN] PROTEST

de·mon·stra·tion /ˌdemənˈstreɪʃn/ *Nomen* (*bes BrE*, *umgs* **demo**) **1** Demonstration **2** (*umgs* **demo**) Vorführung, Demonstration ◊ *We were given a brief demonstration of the computer's functions.* Man hat uns die Funktionen des Computers kurz vorgeführt. **3** Beweis **4** Zeichen, Ausdruck, Demonstration ◊ *He never allows himself any public demonstration of emotion.* Er zeigt seine Gefühle nie in der Öffentlichkeit.

de·mon·stra·tive[1] /dɪˈmɒnstrətɪv; *AmE* -ˈmɑːn-/ *Adj* **1** demonstrativ, offen ◊ *Some people are more demonstrative than others.* Manche Leute zeigen ihre Gefühle mehr als andere. **2** (LING) Demonstrativ-

de·mon·stra·tive[2] /dɪˈmɒnstrətɪv; *AmE* -ˈmɑːn-/ *Nomen* Demonstrativpronomen

dem·on·stra·tor /ˈdemənstreɪtə(r)/ *Nomen* **1** Demonstrant(in) **2** Demonstrator(in)

de·mor·al·iza·tion (*BrE auch* **-isation**) /dɪˌmɒrəlaɪˈzeɪʃn; *AmE* -ˌmɔːrələˈz-, -ˌmɑːrələˈz-/ *Nomen* Demoralisierung

de·mor·al·ize (*BrE auch* **-ise**) /dɪˈmɒrəlaɪz; *AmE* -ˈmɔːr-, -ˈmɑːr-/ *Verb* (*meist passiv*) demoralisieren, entmutigen

de·mor·al·ized (*BrE auch* **-ised**) /dɪˈmɒrəlaɪzd; *AmE* -ˈmɔːr-, -ˈmɑːr-/ *Adj* demoralisiert

de·mor·al·iz·ing (*BrE auch* **-ising**) /dɪˈmɒrəlaɪzɪŋ; *AmE* -ˈmɔːr-, -ˈmɑːr-/ *Adj* demoralisierend

de·mote /ˌdiːˈməʊt; *AmE* -ˈmoʊt/ *Verb* (*meist passiv*) degradieren, zurückstufen [OPP] PROMOTE

de·mo·tion /ˌdiːˈməʊʃn; *AmE* -ˈmoʊ-/ *Nomen* Degradierung, Zurückstufung

demur[1] /dɪˈmɜː(r)/ *Verb* (**-rr-**) (*gehoben*) **1** Einwände erheben **2** protestieren

demur[2] /dɪˈmɜː(r)/ *Nomen* [IDM] **without deˈmur** (*gehoben*) ohne Einwände

de·mure /dɪˈmjʊə(r); *AmE* dɪˈmjʊr/ *Adj* (*Adv* **de·mure·ly**) sittsam, brav; (*Kleidung*) schlicht

de·mys·tify /ˌdiːˈmɪstɪfaɪ/ *Verb* (**-fies, -fy·ing, -fied, -fied**) (*gehoben*) entmystifizieren

den /den/ *Nomen* **1** (*eines Tiers*) Bau, Höhle (*auch fig*) ◊ *a den of thieves* eine Räuberhöhle **2** Versteck **3** (*AmE*) (Wohn)zimmer **4** (*BrE*, *umgs*, *veraltet*) Arbeitszimmer [IDM] ➩ BEARD *und* LION

de·nation·al·iza·tion (*BrE auch* **-isation**) /ˌdiːˌnæʃnəlaɪˈzeɪʃn; *AmE* -ləˈz-/ *Nomen* Entstaatlichung

de·nation·al·ize (*BrE auch* **-ise**) /ˌdiːˈnæʃnəlaɪz/ *Verb* entstaatlichen [SYN] PRIVATIZE [OPP] NATIONALIZE

de·nial /dɪˈnaɪəl/ *Nomen* **1** Leugnen, Dementi; (*einer Anschuldigung etc.*) Zurückweisung ◊ *He offered no denials.* Er stritt nichts ab. **2** (*von Rechten etc.*) Verweigerung **3** (PSYCH) Verdrängung

den·ier /ˈdeniə(r)/ *Nomen* Denier

---

deni·grate /ˈdenɪɡreɪt/ *Verb* (*gehoben*) (*Leistung, Verdienst etc.*) herabsetzen

deni·gra·tion /ˌdenɪˈɡreɪʃn/ *Nomen* (*von Leistung, Verdienst etc.*) Herabsetzung

denim /ˈdenɪm/ *Nomen* **1** Jeansstoff **2 denims** [Pl] (*veraltet*) Jeans

deni·zen /ˈdenɪzn/ *Nomen* (*gehoben oder hum*) Bewohner(in) ◊ *the denizens of the local pub* die Stammgäste der Kneipe an der Ecke

de·nom·in·ation /dɪˌnɒmɪˈneɪʃn; *AmE* -ˌnɑːm-/ *Nomen* **1** (*gehoben*) Konfession **2** Einheit ◊ *the lowest-denomination coin* die kleinste Münze

de·nom·in·ation·al /dɪˌnɒmɪˈneɪʃənl; *AmE* -ˌnɑːm-/ *Adj* Konfessions-, konfessionell

de·nom·in·ator /dɪˈnɒmɪneɪtə(r); *AmE* -ˈnɑːm-/ *Nomen* (MATH) Nenner ☛ *Siehe auch* COMMON DENOMINATOR

de·note /dɪˈnəʊt; *AmE* dɪˈnoʊt/ *Verb* (*gehoben*) **1** anzeigen, hindeuten auf [SYN] INDICATE **2** bedeuten, bezeichnen [SYN] REPRESENT

de·noue·ment (*auch* **dé·noue·ment**) /ˌdeɪnuːˈmɒ̃; *AmE* ˌdeɪmuːˈmɑ̃/ *Nomen* (LIT) (*einer Geschichte etc.*) Ausgang; (*des Knotens in einem Drama etc.*) Lösung

de·nounce /dɪˈnaʊns/ *Verb* **1** ~ sb/sth (as sth) jdn/etw (als etw) (öffentlich) kritisieren ◊ *She publicly denounced the government's handling of the crisis.* Sie verurteilte die Art und Weise, wie die Regierung die Krise gehandhabt hatte. **2** ~ sb (as sth) jdn (als etw) denunzieren

dense /dens/ *Adj* **1** (*Adv* **dense·ly**) dicht; (*Menge*) dicht gedrängt; (*Text etc.*) gedrängt **2** (*umgs*) beschränkt, dumm

dens·ity /ˈdensəti/ *Nomen* **1** Dichte **2** (COMP) Speicherkapazität

dent[1] /dent/ *Verb* **1** verbeulen, eindellen **2** (*Selbstvertrauen etc.*) erschüttern; (*Ruf*) schaden

dent[2] /dent/ *Nomen* Delle, Beule [IDM] **make, etc. a ˈdent in sth** (*viel Geld kosten*) ein Loch in etw reißen

dent·al /ˈdentl/ *Adj nur vor Nomen* **1** Zahn- ◊ *a dental appointment* ein Zahnarzttermin ◊ (*BrE*) *a dental surgery* eine Zahnarztpraxis **2** (LING) dental

ˈdental floss (*auch* **floss**) *Nomen* Zahnseide

ˈdental hygienist (*BrE auch* **hy·gien·ist**) *Nomen* = zahnmedizinische(r) Fachhelfer(in), der/die Zähne reinigt und den Zahnstein entfernt

ˈdental surgeon *Nomen* (*gehoben*) Zahnarzt, -ärztin

den·tist /ˈdentɪst/ *Nomen* Zahnarzt, -ärztin ☛ *Hinweis bei* BAKER

den·tis·try /ˈdentɪstri/ *Nomen* [U] **1** Zahnheilkunde, Zahnmedizin **2** Zahnbehandlung

den·tures /ˈdentʃəz; *AmE* -tʃərz/ *Nomen* [Pl] Zahnprothese, (künstliches) Gebiss

de·nude /dɪˈnjuːd; *AmE* dɪˈnuːd/ *Verb* (*meist passiv*) (*gehoben*) entblößen ◊ *hills denuded of trees* abgeholzte Hügel

de·nun·ci·ation /dɪˌnʌnsiˈeɪʃn/ *Nomen* **1** (öffentliche) Kritik; (*Ablehnung*) Verurteilung **2** Denunzierung

Denver boot /ˈdenvə buːt; *AmE* -vər/ *Nomen* (*AmE*) Parkkralle

deny /dɪˈnaɪ/ *Verb* (**de·nies, deny·ing, de·nied, de·nied**) **1** (ab)leugnen, bestreiten, abstreiten, dementieren; (*Anschuldigung etc.*) zurückweisen; (*Verantwortung*) ablehnen ◊ *There's no denying (the fact) that …/It can't be denied that …* Es lässt sich nicht leugnen, dass … ◊ *He denies attempting to murder his wife.* Er leugnet den Mordversuch an seiner Frau. **2** (*gehoben*) verweigern, abschlagen ◊ *They were denied access.* Man verwehrte ihnen den Zugang. **3** ~ yourself sth auf etw verzichten **4** ~ yourself (*gehoben*) sich kasteien

de·odor·ant /diˈəʊdərənt; *AmE* diˈoʊ-/ *Nomen* Deodorant

dep. *Abk* = DEPARTS, DEPARTURE

de·part /dɪˈpɑːt; *AmE* dɪˈpɑːrt/ *Verb* (*gehoben*) **1** abfahren, abfliegen, abreisen, weggehen ◊ (*AmE*) *The train departed Cass at 4.15 p.m.* Der Zug fuhr um 16.15 von Cass ab. **2** (*AmE*) (*aus einer Firma etc.*) ausscheiden; (*Stellung*) aufgeben [IDM] **depart this ˈlife** aus dem Leben scheiden [PHRV] **deˈpart from sth** von etw abweichen ◊ *Departing from her usual routine, she took the bus to work.* Ausnahmsweise nahm sie den Bus zur Arbeit.

de·part·ed /dɪˈpɑːtɪd; *AmE* -ˈpɑːrt-/ **1** *Adj nur vor Nomen*

department

(*gehoben*) verstorben **2 the departed** *Nomen* (*Pl* **the de·part·ed**) (*gehoben*) der/die Verstorbene

de·part·ment /dɪˈpɑːtmənt; *AmE* -ˈpɑːrt-/ *Nomen* (*Abk* **Dept**) **1** Abteilung **2** Amt, Ministerium, Ressort; (*Universitäts-*) Fachbereich ☛ *Siehe auch* THE STATE DEPARTMENT IDM **be sb's department** (*umgs*) jds Ressort sein

de·part·ment·al /ˌdiːpɑːtˈmentl; *AmE* -pɑːrt-/ *Adj nur vor Nomen* Abteilungs-

de'partment store *Nomen* Kaufhaus

de·part·ure /dɪˈpɑːtʃə(r); *AmE* -ˈpɑːrt-/ *Nomen* **1** (*Abk* **dep.**) Abreise **2** Abflug, Abfahrt ◊ *the departure lounge* die Abflughalle/der Warteraum ◊ *the departure gate* der Flugsteig **3** Abweichung, Abweichen ◊ *Their latest single represents a new departure for the band.* Mit ihrer letzten Single schlägt die Band eine neue Richtung ein. IDM ⇨ POINT[1]

de·pend /dɪˈpend/ *Verb* IDM **depending** je nachdem ◊ *We might need more food depending on how many people turn up.* Wir brauchen vielleicht mehr Essen, je nachdem, wie viele Leute kommen. **that de'pends**; **it** (**all**) **de'pends** es/das kommt darauf an ◊ *'Is he coming?' 'That depends. He may not have the time.'* „Kommt er?" „Es kommt darauf an, ob er Zeit hat oder nicht." PHRV **de'pend on/upon sb/sth 1** sich auf jdn/etw verlassen ◊ *Can we depend on you coming in on Sunday?* Können wir uns darauf verlassen, dass du am Sonntag kommst? ◊ *You can depend on her to be late.* Du kannst dich darauf verlassen, dass sie zu spät kommt. **2** auf jdn/etw angewiesen sein ◊ *I don't want to depend too much on my parents.* Ich will nicht zu sehr von meinen Eltern abhängig sein. ◊ *We depend on them for information.* Wir sind darauf angewiesen, dass sie uns mit Informationen versorgen. **de'pend on/upon sth** (*nicht in der Verlaufsform*) von etw abhängen

de·pend·abil·ity /dɪˌpendəˈbɪləti/ *Nomen* Zuverlässigkeit

de·pend·able /dɪˈpendəbl/ *Adj* zuverlässig

de·pend·ant /dɪˈpendənt/ (*BrE, veraltend*) = DEPENDENT[1]

de·pend·ence /dɪˈpendəns/ *Nomen* **1** ~ (**on/upon sb/sth**) Abhängigkeit (von jdm/etw) ◊ *his dependence on his parents* seine Abhängigkeit von seinen Eltern **2** Abhängigkeit, Sucht **3** ~ **of A and B** (*Fachspr*) Relation zwischen A und B

de·pend·ency /dɪˈpendənsi/ *Nomen* **1** ~ (**on/upon sb/sth**) Abhängigkeit (von jdm/etw) **2** Kolonie, Schutzgebiet **3** Abhängigkeit, Sucht

de·pend·ent[1] (*BrE auch, veraltend* **de·pend·ant**) /dɪˈpendənt/ *Nomen* (finanziell) abhängige(r) Angehörige(r)

de·pend·ent[2] /dɪˈpendənt/ *Adj* ~ (**on sth**) (von etw) abhängig, (auf etw) angewiesen ◊ *dependent children* finanziell abhängige Kinder ◊ *The price is dependent on how many extras you choose.* Der Preis hängt davon ab, wie viel Zubehör Sie möchten.

de·pendent 'clause *Nomen* (LING) Nebensatz

de·pict /dɪˈpɪkt/ *Verb* (*gehoben*) **1** darstellen, abbilden **2** beschreiben ☛ *Hinweis bei* DESCRIBE

de·pic·tion /dɪˈpɪkʃn/ *Nomen* Darstellung, Beschreibung

de·pila·tory /dɪˈpɪlətri; *AmE* -tɔːri/ **1** *Nomen* (*Pl* **-ies**) Enthaarungsmittel **2** *Adj nur vor Nomen* Enthaarungs- ◊ *depilatory creams* Enthaarungscremes

de·plane /ˌdiːˈpleɪn/ *Verb* (*AmE*) aus dem Flugzeug aussteigen SYN DISEMBARK

de·plete /dɪˈpliːt/ *Verb* **1** (*meist passiv*) verringern, abbauen, dezimieren, erschöpfen ◊ *Supplies were severely depleted.* Die Vorräte waren weitgehend erschöpft. ◊ *chemicals that deplete the ozone layer* Chemikalien, die die Ozonschicht zerstören **2** ~ **sth of sth** einer Sache etw entziehen

de·ple·tion /dɪˈpliːʃn/ *Nomen* Verringerung, Abbau, Dezimierung, Erschöpfung ◊ *ozone depletion* Ozonabbau

de·plor·able /dɪˈplɔːrəbl/ *Adj* (*Adv* **de·plor·ably** /-əbli/) (*gehoben*) erbärmlich, furchtbar ◊ *a deplorable incident* ein sehr bedauerlicher Vorfall

de·plore /dɪˈplɔː(r)/ *Verb* (*gehoben*) missbilligen, verurteilen

de·ploy /dɪˈplɔɪ/ *Verb* einsetzen; (*Truppen, Waffen etc. auch*) stationieren ◊ *deploy arguments* Argumente anführen

de·ploy·ment /dɪˈplɔɪmənt/ *Nomen* Einsatz

de·popu·late /ˌdiːˈpɒpjuleɪt; *AmE* -ˈpɑːp-/ *Verb* (*meist passiv*) entvölkern

de·popu·la·tion /ˌdiːˌpɒpjuˈleɪʃn; *AmE* -ˈpɑːp-/ *Nomen* Entvölkerung

de·port /dɪˈpɔːt; *AmE* dɪˈpɔːrt/ *Verb* ausweisen, abschieben, deportieren

de·port·ation /ˌdiːpɔːˈteɪʃn; *AmE* -pɔːrˈt-/ *Nomen* Abschiebung, Ausweisung, Deportation

de·port·ment /dɪˈpɔːtmənt; *AmE* -ˈpɔːrt-/ *Nomen* (*gehoben*) **1** (*BrE*) (*Körper-*) Haltung **2** (*bes AmE, veraltet*) Verhalten

de·pose /dɪˈpəʊz; *AmE* dɪˈpoʊz/ *Verb* (*Herrscher etc.*) absetzen

de·pos·it[1] /dɪˈpɒzɪt; *AmE* -ˈpɑːz-/ *Nomen* **1** Anzahlung **2** Kaution, Pfand **3** Einzahlung, Einlage **4** Vorkommen, Lagerstätte **5** (*von Kaffee etc.*) Satz, Ablagerung **6** (*BrE*) = Geldbetrag, den Kandidaten bei der Parlamentswahl hinterlegen müssen. Erhält man weniger als 5% der Stimmen, wird er nicht zurückerstattet.

de·pos·it[2] /dɪˈpɒzɪt; *AmE* -ˈpɑːz-/ *Verb* **1** hinstellen, hinlegen, abstellen **2** ablagern **3** einzahlen **4** deponieren; ~ **sth with sb** jdm etw zur Aufbewahrung geben **5** anzahlen, als Kaution zahlen

de'posit account *Nomen* (*BrE*) Sparkonto

de·pos·ition /ˌdepəˈzɪʃn/ *Nomen* **1** (*Fachspr*) Ablagerung **2** Absetzung **3** (RECHT) ≈ eidesstattliche Versicherung

de·pos·it·or /dɪˈpɒzɪtə(r); *AmE* -ˈpɑːz-/ *Nomen* Einzahler(in), Einleger(in)

de·posi·tory /dɪˈpɒzɪtri; *AmE* dɪˈpɑːzətɔːri/ (*Pl* **-ies**) *Nomen* Aufbewahrungsort, Lagerhaus

depot /ˈdepəʊ; *AmE* ˈdiːpoʊ/ *Nomen* **1** Lager, Depot **2** (*BrE*) (*für Busse etc.*) Depot **3** (*AmE*) (Omnibus)bahnhof

de·prave /dɪˈpreɪv/ *Verb* (*gehoben*) verderben, einen verderblichen Einfluss haben (auf) SYN CORRUPT

de·praved /dɪˈpreɪvd/ (*gehoben*) *Adj* verdorben, unmoralisch SYN EVIL *und* WICKED

de·prav·ity /dɪˈprævəti/ *Nomen* (*gehoben*) Verderbtheit, Verdorbenheit ◊ *a life of depravity* ein lasterhaftes Leben

dep·re·cate /ˈdeprəkeɪt/ *Verb* (*gehoben*) missbilligen

dep·re·cat·ing /ˈdeprəkeɪtɪŋ/ *Adj* (*seltener* **dep·re·ca·tory** /ˌdeprəˈkeɪtəri; *AmE* ˈdeprɪkətɔːri/) *Adj* (*Adv* **dep·re·cat·ing·ly**) missbilligend

de·pre·ci·ate /dɪˈpriːʃieɪt/ *Verb* **1** an Wert verlieren ◊ *Shares continued to depreciate.* Die Aktienpreise sind weiter gefallen. OPP APPRECIATE **2** (FINANZ) abschreiben **3** (*gehoben*) herabsetzen

de·pre·ci·ation /dɪˌpriːʃiˈeɪʃn/ *Nomen* [U] Wertminderung, Wertverlust

de·press /dɪˈpres/ *Verb* **1** deprimieren **2** drücken; (*Handel*) abschwächen ◊ *This depressed the market.* Infolge dessen zeigte der Markt eine rückläufige Entwicklung. **3** (TECH) herunterdrücken; (*Kupplung*) treten

de·pressed /dɪˈprest/ *Adj* **1** deprimiert, niedergeschlagen **2** (PSYCH) depressiv **3** (wirtschaftlich) schwach

de·press·ing /dɪˈpresɪŋ/ *Adj* (*Adv* **de·press·ing·ly**) deprimierend, trostlos

de·pres·sion /dɪˈpreʃn/ *Nomen* **1** [U] (PSYCH) Depression(en) ◊ *clinical depression* krankhafte Depression(en) **2** Niedergeschlagenheit **3** Wirtschaftskrise **4** Vertiefung SYN HOLLOW **5** (*Wetter-*) Tief

de·pres·sive /dɪˈpresɪv/ **1** *Adj* depressiv **2** *Nomen* Depressive(r), an Depressionen Leidende(r)

de·priv·ation /ˌdeprɪˈveɪʃn/ *Nomen* **1** Mangel, Verlust ◊ *the deprivation of war* die Entbehrungen des Krieges **2** Entzug ◊ *sleep deprivation* Schlafentzug **3** Armut, soziale Benachteiligung ◊ *schools in areas of deprivation* Schulen in armen und heruntergekommenen Stadtteilen

de·prive /dɪˈpraɪv/ *Verb* PHRV **de'prive sb/sth of sth** jdm/etw etw entziehen, jdm/etw etw vorenthalten ◊ *They were imprisoned and deprived of their rights.* Sie wurden eingesperrt, und ihre Rechte wurden ihnen aberkannt. ◊ *Why deprive yourself of such simple pleasures?* Warum solltest du dir solch harmlose Vergnügen nicht gönnen?

de·prived /dɪˈpraɪvd/ *Adj* benachteiligt ◊ *have a deprived childhood* in ärmlichen Verhältnissen aufwachsen

Dept *Abk* = DEPARTMENT

depth /depθ/ *Nomen* **1** Tiefe ◊ *They dug down to a depth of two metres.* Sie gruben zwei Meter tief. **2** (*von Gefühlen, Farben etc.*) Stärke, Tiefe ◊ *the depth of her anger* die Heftigkeit ihres Zorns ◊ *a job that doesn't require any great*

depth *of knowledge* eine Arbeit, die kein sehr großes Wissen erfordert ◊ *His ideas lack depth.* Seine Ideen haben keinen Gehalt. **3** [meist Pl] Tiefe ◊ *in the depths of winter* im tiefsten Winter ◊ *live in the depths of the country* ganz draußen auf dem Land wohnen ◊ *She was in the depths of despair:* Sie war zutiefst verzweifelt. ◊ *He gazed into the depths of her eyes.* Er schaute ihr tief in die Augen. **4** *(von Bildern, Fotos)* Tiefenwirkung ◊ *the depth of field* die Tiefenschärfe IDM **,in 'depth** gründlich; eingehend; ausführlich **be out of your 'depth 1** *(BrE)* keinen Grund mehr unter den Füßen haben **2** überfordert sein; ins Schwimmen kommen ☛ *Siehe auch* PLUMB

'depth charge *Nomen* Wasserbombe

depu·ta·tion /ˌdepjuˈteɪʃn/ *Nomen* Abordnung ☛ G 1.3b

de·pute /dɪˈpjuːt/ *Verb (gehoben) (oft passiv)* beauftragen SYN DELEGATE

depu·tize *(BrE auch* -**ise**) /ˈdepjutaɪz/ *Verb* ~ **for sb** als Stellvertreter für jdn fungieren, jdn vertreten

dep·uty /ˈdepjuti/ *Nomen* **1** Stellvertreter(in) ◊ *I'm acting as deputy till the manager returns.* Ich vertrete den Geschäftsführer, bis er wiederkommt. ◊ *She's the deputy head.* Sie ist stellvertretende Schuldirektorin. **2** Abgeordnete(r), Deputierte(r) **3** *(AmE)* Hilfssheriff

de·rail /dɪˈreɪl/ *Verb* zum Entgleisen bringen ◊ *be derailed* entgleisen ◊ *(fig) That could derail the peace process.* Das könnte den Friedensprozess zum Scheitern bringen.

de·rail·ment /dɪˈreɪlmənt/ *Nomen* Entgleisung, entgleister Zug

de·ranged /dɪˈreɪndʒd/ *Adj* (geistes)gestört, irre

derby /ˈdɑːbi; *AmE* ˈdɜːrbi/ *Nomen (Pl* -**ies**) **1** *(AmE) (Hut)* Melone **2** *(BrE)* (SPORT) Lokalderby **3** (SPORT) Rennen ☛ *Siehe auch* DEMOLITION DERBY **4 Derby** *(in Namen von Pferderennen)* Derby

de·regu·late /ˌdiːˈregjuleɪt/ *Verb (oft passiv)* deregulieren

de·regu·la·tion /ˌdiːˌregjuˈleɪʃn/ *Nomen* Deregulierung

dere·lict[1] /ˈderəlɪkt/ *Adj* heruntergekommen, verfallen, verlassen, brachliegend ◊ *derelict buildings* baufällige Gebäude

dere·lict[2] /ˈderəlɪkt/ *Nomen* Obdachlose(r)

dere·lic·tion /ˌderəˈlɪkʃn/ *Nomen* **1** [U] desolater Zustand, Verfall **2** [U/Sing] (RECHT) ~ **of duty** Pflichtverletzung

de·ride /dɪˈraɪd/ *Verb (gehoben)* verspotten SYN MOCK

de ri·gueur /ˌdə rɪˈɡɜː(r)/ *Adj nicht vor Nomen* unerlässlich

de·ri·sion /dɪˈrɪʒn/ *Nomen* Spott ◊ *howls of derision* spöttisches Gelächter

de·ri·sive /dɪˈraɪsɪv/ *Adj (Adv* **de·ri·sive·ly**) spöttisch

de·ri·sory /dɪˈraɪsəri/ *Adj (gehoben)* **1** lächerlich (gering) **2** *(selten)* spöttisch

der·iv·ation /ˌderɪˈveɪʃn/ *Nomen* Ableitung ◊ *words of Greek derivation* aus dem Griechischen abgeleitete Wörter

de·riva·tive[1] /dɪˈrɪvətɪv/ *Nomen* (LING, CHEM) Derivat

de·riva·tive[2] /dɪˈrɪvətɪv/ *Adj (meist abwert)* nachgemacht, nachgeahmt, nachahmend ◊ *films that were derivative of earlier styles* Filme, die ein Abklatsch früherer Stilrichtungen sind

de·rive /dɪˈraɪv/ *Verb* PHRV **de'rive sth from sth** *(gehoben oder Fachspr)* etw aus etw gewinnen; *(Nutzen)* aus etw ziehen; *(Einkommen, Informationen)* von etw beziehen; *(Freude)* an etw finden **de'rive from sth** sich von etw ableiten ☛ **be de'rived from sth** auf etw beruhen, auf etw zurückgehen

derma·titis /ˌdɜːməˈtaɪtɪs; *AmE* ˌdɜːrm-/ *Nomen* (MED) Dermatitis

derma·to·logi·cal /ˌdɜːmətəˈlɒdʒɪkl; *AmE* ˌdɜːrməˈlɑːdʒ-/ *Adj* (MED) Haut-, dermatologisch

derma·tolo·gist /ˌdɜːməˈtɒlədʒɪst; *AmE* ˌdɜːrməˈtɑːl-/ *Nomen* Hautarzt, -ärztin

derma·tol·ogy /ˌdɜːməˈtɒlədʒi; *AmE* ˌdɜːrməˈtɑːl-/ *Nomen* Dermatologie

de·roga·tory /dɪˈrɒɡətri; *AmE* dɪˈrɑːɡətɔːri/ *Adj* abschätzig, abfällig, negativ SYN INSULTING

der·rick /ˈderɪk/ *Nomen* **1** Derrick(kran) **2** Bohrturm

de·sal·in·ation /ˌdiːˌsælɪˈneɪʃn/ *Nomen* Meerwasserentsalzung

de·scale /ˌdiːˈskeɪl/ *Verb (BrE)* entkalken

des·cant /ˈdeskænt/ *Nomen* (MUS) Stimme, die oberhalb der Melodie eines Lieds gesungen oder gespielt wird

des·cend /dɪˈsend/ *Verb* **1** *(gehoben)* hinunter-/heruntergehen, hinunter-/herunterkommen; *(Aufzug, Fahrzeug)* hinunter-/herunterfahren; *(Bergsteiger)* absteigen ◊ *The results, in descending order, are ...* Die Ergebnisse, angefangen mit den besten, sind ... OPP ASCEND **2** *(gehoben)* abfallen ◊ *The path descends steeply.* Der Weg fällt steil ab. OPP ASCEND **3** ~ **(on/upon sb/sth)** *(gehoben) (Nacht, Dunkelheit)* sich (auf jdn/etw) herabsenken; *(Krieg, Krankheit etc.)* jdn/etw heimsuchen; *(Trauer, Angst)* jdn/etw befallen; *(Frieden, Ruhe)* jdn/etw erfüllen ◊ *Calm descended on the crowd.* Die Menge wurde ruhig. SYN FALL PHRV **be des'cended from sb** von jdm abstammen **des'cend into sth** *(kein Passiv) (gehoben)* in etw verfallen **des'cend on/upon sb** jdn/etw überfallen, bei jdm anrücken **des'cend on/upon sth** in etw einfallen **des'cend to sth** *(kein Passiv)* sich zu etw erniedrigen

des·cend·ant /dɪˈsendənt/ *Nomen* **1** Nachkomme ◊ *be a direct descendant of sb* in direkter Linie von jdm abstammen **2** Nachfolger(in), Nachfolgemodell

des·cent /dɪˈsent/ *Nomen* **1** Hinunter-/Heruntergehen; *(eines Skilifts)* Talfahrt; *(eines Ballons)* Sinken ◊ *The plane began its descent to Heathrow.* Das Flugzeug begann den Landeanflug auf Heathrow. ◊ *(fig) the country's swift descent into anarchy* der schnelle Verfall des Landes in die Anarchie OPP ASCENT **2** Abstieg ◊ *There is a gradual descent to the sea.* Das Gelände fällt zum Meer hin allmählich ab. OPP ASCENT **3** Abstammung, Herkunft SYN ANCESTRY

de·scribe /dɪˈskraɪb/ *Verb* **1** beschreiben, schildern

> ✎ **WRITING TIP**
> **Describing people and things**
> - *He describes their loveless marriage and the boredom of her life.* Er beschreibt ihre lieblose Ehe und die Eintönigkeit ihres Lebens.
> - *Early historians depict him as a warlike hero.* Frühe Historiker stellen ihn als kriegerischen Helden dar.
> - *The author portrays her as an overbearing, bossy wife.* Der Erzähler stellt sie als dominierende, herrische Ehefrau dar.
> - *The musical paints a vivid picture of 19th-century society.* Das Musical entwirft ein lebendiges Bild der Gesellschaft des 19. Jahrhunderts.

2 *(gehoben oder Fachspr) (Kreis, Bogen)* beschreiben

de·scrip·tion /dɪˈskrɪpʃn/ *Nomen* **1** Beschreibung, Schilderung ◊ *give a detailed description of sth* etw sehr anschaulich beschreiben ◊ *beautiful beyond description* unbeschreiblich schön **2** *(umgs)* ◊ *boats of every description/all descriptions* Schiffe aller Art ◊ *a job of some description* irgendein Job ◊ *medals, coins and things of that description* Medaillen, Münzen und dergleichen Sachen IDM **an·swer/fit a description (of sb/sth)** einer Beschreibung (von jdm/etw) entsprechen ☛ *Siehe auch* BEGGAR[2]

de·scrip·tive /dɪˈskrɪptɪv/ *Adj* **1** beschreibend, anschaulich ◊ *the descriptive passages in the novel* die Beschreibungen im Roman **2** (LING) deskriptiv OPP PRESCRIPTIVE

dese·crate /ˈdesɪkreɪt/ *Verb* schänden

dese·cra·tion [U] /ˌdesɪˈkreɪʃn/ *Nomen* Schändung *(auch fig)*

de·seg·re·gate /ˌdiːˈseɡrɪɡeɪt/ *Verb* die Rassentrennung aufheben an/in ◊ *desegregated schools* gemischtrassige Schulen

de·seg·re·ga·tion /ˌdiːˌseɡrɪˈɡeɪʃn/ *Nomen* Aufhebung der Rassentrennung

de·select /ˌdiːsɪˈlekt/ *Verb* **1** = eine(n) Abgeordnete(n) bei den Wahlen nicht mehr als Kandidat aufstellen **2** (COMP) deselektieren, (aus der Selektionsliste) entfernen

des·ert[1] /ˈdezət; *AmE* ˈdezərt/ *Nomen* Wüste; ◊ *(fig) The town is a cultural desert.* Kulturell hat die Stadt absolut nichts zu bieten. ☛ *Siehe auch* DESERTS

des·ert[2] /dɪˈzɜːt; *AmE* dɪˈzɜːrt/ *Verb* **1** verlassen, im Stich lassen, aufgeben SYN ABANDON **2** (MIL) ~ **(your post)** desertieren, fahnenflüchtig werden ◊ *(fig) Labour voters deserted.* Labour-Wähler wurden abtrünnig. ◊ *People deserted them for Solidarity.* Sie liefen in Scharen zu Solidarität über. IDM ⇒ SINK[1]

desert boot

'desert boot *Nomen* (*Schuh aus Wildleder*) Boot

des·ert·ed /dɪˈzɜːtɪd; *AmE* -ˈzɜːrt-/ *Adj* **1** menschenleer, wie ausgestorben **2** verlassen [SYN] ABANDONED

de·sert·er /dɪˈzɜːtə(r); *AmE* -ˈzɜːrt-/ *Nomen* Deserteur(in)

desert·ifi·ca·tion /dɪˌzɜːtɪfɪˈkeɪʃn; *AmE* -ˌzɜːrt-/ *Nomen* (*Fachspr*) Desertifikation, Wüstenbildung

de·ser·tion /dɪˈzɜːʃn; *AmE* -ˈzɜːrʃn/ *Nomen* **1** Verlassen **2** (MIL) Desertion, Fahnenflucht **3** Überlaufen

ˌdesert 'island *Nomen* einsame Insel

des·erts /dɪˈzɜːts; *AmE* dɪˈzɜːrts/ *Nomen* [Pl] [IDM] **get your (just) deserts** seinen gerechten Lohn bekommen

de·serve /dɪˈzɜːv; *AmE* dɪˈzɜːrv/ *Verb* (*nicht in der Verlaufsform*) verdienen ◊ *The report deserves careful consideration.* Der Bericht ist sorgfältiger Erwägung wert. ◊ *He deserves to be locked up for what he did.* Für das, was er getan hat, gehört er hinter Schloss und Riegel. [IDM] **de·serve a 'medal** (*umgs*) zu bewundern sein ˌ**get what you de'serve;** de·serve all/everything you 'get (*umgs*) es nicht besser verdient haben ☞ *Siehe auch* TURN²

de·served·ly /dɪˈzɜːvɪdli; *AmE* -ˈzɜːrv-/ *Adv* zu Recht

de·serv·ing /dɪˈzɜːvɪŋ; *AmE* -ˈzɜːrv-/ *Adj* (*gehoben*) verdienstvoll; (*Projekte etc.*) förderungswürdig ◊ *an issue deserving of attention* eine Frage, die Beachtung verdient ◊ *This family is one of the most deserving cases.* Diese Familie gehört zu den bedürftigsten.

des·ic·cated /ˈdesɪkeɪtɪd/ *Adj* **1** getrocknet ◊ *desiccated coconut* Kokosraspel **2** (*Fachspr*) ausgetrocknet, vertrocknet

de·sign¹ /dɪˈzaɪn/ *Nomen* **1** Entwurf, Design, Gestaltung ◊ *a design fault* ein Konstruktionsfehler ◊ *his designs for 'Tosca'* sein Bühnenbild für „Tosca" ◊ *designs for aircraft* Konstruktionspläne für Flugzeuge ☞ *Siehe auch* INTERIOR DESIGN **2** Muster [SYN] PATTERN **3** Absicht, Plan [IDM] **have designs on sb/sth** (*gehoben oder hum*) es auf jdn/etw abgesehen haben

de·sign² /dɪˈzaɪn/ *Verb* **1** entwerfen, konstruieren ◊ *He designed and built his own house.* Er plante und baute sein Haus selbst. **2** erstellen **3** (*meist passiv*) konzipieren ◊ *The programme is designed to help the long-term unemployed.* Das Programm ist vor allem für Langzeitarbeitslose gedacht.

des·ig·nate¹ /ˈdezɪɡneɪt/ *Verb* (*oft passiv*) **1** ~ **sb/sth (as) sth** jdn/etw zu etw bestimmen; ~ **sb as sth** jdn zu etw ernennen; ~ **sth as sth** etw zu etw erklären ◊ *Two pupils were designated as having learning difficulties.* Bei zwei Schülern wurden Lernschwierigkeiten festgestellt. ◊ *a designated nature reserve* ein Naturschutzgebiet **2** kennzeichnen

des·ig·nate² /ˈdezɪɡneɪt, -nət/ *Adj* (*dem Nomen nachgestellt*) (*gehoben*) designiert

ˌdesignated 'driver *Nomen* (*bes AmE, umgs*) = Person, die sich beim Ausgehen bereit erklärt, keinen Alkohol zu trinken und den Wagen zu fahren

ˌdesignated 'hitter *Nomen* (*beim Baseball*) = Spieler(in), der/die den Ball schlägt und nicht wirft

des·ig·na·tion /ˌdezɪɡˈneɪʃn/ *Nomen* **1** Bestimmung, Ausweisung **2** Bezeichnung

de·sign·er /dɪˈzaɪnə(r)/ **1** *Nomen* Designer(in); (THEAT) Bühnenbildner(in) **2** *Adj nur vor Nomen* Designer-

de·sir·abil·ity /dɪˌzaɪərəˈbɪləti/ *Nomen* (*gehoben*) Erwünschtheit, Notwendigkeit

de·sir·able /dɪˈzaɪərəbl/ *Adj* **1** (*gehoben*) wünschenswert, erstrebenswert, erwünscht ◊ *The house has many desirable features.* Das Haus hat viele reizvolle Besonderheiten. [OPP] UNDESIRABLE **2** (*Mensch*) begehrt, begehrenswert

de·sire¹ /dɪˈzaɪə(r)/ *Nomen* Wunsch, ~ (**for sb/sth**) Verlangen (nach jdm/etw) ◊ *an overwhelming desire to return home* eine große Sehnsucht nach der Heimat ◊ *I have no desire to discuss the matter further.* Ich will über die Angelegenheit nicht mehr sprechen.

de·sire² /dɪˈzaɪə(r)/ *Verb* (*nicht in der Verlaufsform*) **1** ~ **sth** (*gehoben*) sich etw wünschen ◊ *Add cheese if desired.* Auf Wunsch Käse hinzufügen. ◊ *achieve the desired effect* die erwünschte Wirkung erzielen **2** ~ **sb** jdn begehren [IDM] **leave a lot, much, something, etc. to be de'sired** viel/manches etc. zu wünschen übrig lassen

de·sir·ous /dɪˈzaɪərəs/ *Adj* **be ~ of sth** (*gehoben*) etw wünschen

de·sist /dɪˈzɪst, dɪˈsɪst/ *Verb* ~ (**from sth**) (*gehoben*) von etw Abstand nehmen

desk /desk/ *Nomen* **1** Schreibtisch ◊ *He has a desk job now.* Jetzt arbeitet er in einem Büro. **2** Schalter ◊ *the reception desk* die Rezeption ☞ *Siehe auch* CASH DESK **3** (*bei Zeitungen, Fernsehen etc.*) Redaktion ◊ *the news desk* die Nachrichtenredaktion ☞ *Siehe auch* CITY DESK

'desk clerk (*auch* **clerk**) *Nomen* (*AmE*) Empfangschef(in)

desk·top /ˈdesktɒp; *AmE* -tɑːp/ *Nomen* **1** Schreibtisch **2** (*auch* ˌdesktop com'puter) Desktopcomputer

ˌdesktop 'publishing *Nomen* (*Abk* **DTP**) Desktoppublishing

deso·late /ˈdesələt/ *Adj* **1** trostlos, öde **2** verlassen, verzweifelt

deso·la·tion /ˌdesəˈleɪʃn/ *Nomen* (*gehoben*) **1** Trostlosigkeit, Verzweiflung **2** Verwüstung

des·pair¹ /dɪˈspeə(r); *AmE* dɪˈsper/ *Nomen* Verzweiflung, Hoffnungslosigkeit ◊ *in despair* verzweifelt [IDM] **be the despair of sb** (*gehoben*) jdn zur Verzweiflung bringen

des·pair² /dɪˈspeə(r); *AmE* dɪˈsper/ *Verb* ~ (**of sb/sth**) (an jdm/etw) verzweifeln; ~ (**of doing sth**) alle Hoffnung aufgeben (etw zu tun) ◊ *I despair of you!* Du bist ein hoffnungsloser Fall.

des·pair·ing /dɪˈspeərɪŋ; *AmE* -ˈsper-/ *Adj* (*Adv* **des·pair·ing·ly**) verzweifelt

des·patch = DISPATCH

des·per·ate /ˈdespərət/ *Adj* (*Adv* **des·per·ate·ly**) **1** verzweifelt ◊ *They were fighting a desperate battle to save her life.* Sie kämpften verzweifelt um ihr Leben. ◊ *Stores are getting desperate after two years of poor sales.* Kaufhäuser befinden sich in einer kritischen Lage nach zwei absatzschwachen Jahren. **2** dringend; **be ~ for sth** etw ganz dringend brauchen; **be ~ to do sth** etw unbedingt tun wollen ◊ *be in desperate need of love and attention* Liebe und Aufmerksamkeit dringend nötig haben ◊ *They desperately wanted a child.* Sie wünschten sich unbedingt ein Kind. **3** schrecklich, extrem ◊ *desperate measures* extreme Maßnahmen ◊ *a desperate shortage of water* eine furchtbare Wasserknappheit ◊ *Things are getting desperate.* Es wird immer kritischer. ◊ *desperately ill* schwer krank ◊ *desperately unhappy* todunglücklich

des·per·ation /ˌdespəˈreɪʃn/ *Nomen* Verzweiflung

de·spic·able /dɪˈspɪkəbl; *auch* 'despɪkəbl/ *Adj* (*Adv* **de·spic·ably** /-bli/) (*gehoben*) verabscheuungswürdig ◊ *You're despicable!* Du bist widerwärtig!

des·pise /dɪˈspaɪz/ *Verb* (*nicht in der Verlaufsform*) verachten, verabscheuen

des·pite /dɪˈspaɪt/ *Präp* **1** trotz ◊ *despite the fact that …* obwohl … ◊ *despite appearances* dem äußeren Anschein zum Trotz ◊ *despite that* dessen ungeachtet **2** ~ **yourself** gegen seinen Willen

de·spoil /dɪˈspɔɪl/ *Verb* **1** ~ **sth** (**of sth**) (*gehoben*) etw (einer Sache) berauben **2** verunstalten

des·pond·ency /dɪˈspɒndənsi; *AmE* -ˈspɑːn-/ *Nomen* Niedergeschlagenheit, Mutlosigkeit

des·pond·ent /dɪˈspɒndənt; *AmE* -ˈspɑːn-/ *Adj* (*Adv* **des·pond·ent·ly**) ~ (**about sth**); (*bes AmE*) ~ (**over sth**) (über etw) bedrückt, niedergeschlagen (wegen einer Sache) ◊ *It's hard not to feel despondent.* Es ist schwer, nicht den Mut zu verlieren.

des·pot /ˈdespɒt; *AmE* ˈdespɑːt/ *Nomen* Despot(in)

des·pot·ic /dɪˈspɒtɪk; *AmE* -ˈspɑːt-/ *Adj* despotisch

des·pot·ism /ˈdespətɪzəm/ *Nomen* Despotismus, Gewaltherrschaft ◊ *enlighted despotism* aufgeklärter Absolutismus

des·sert /dɪˈzɜːt; *AmE* dɪˈzɜːrt/ *Nomen* Nachtisch, Dessert [SYN] PUDDING *und* SWEET

des·sert·spoon /dɪˈzɜːtspuːn; *AmE* -ˈzɜːrt-/ *Nomen* **1** Dessertlöffel **2** (*in Kochrezepten*) = 10 ml

de·sta·bil·iza·tion (*BrE auch* **-isation**) /ˌdiːˌsteɪbəlaɪˈzeɪʃn; *AmE* -ləˈz-/ *Nomen* Destabilisierung

de·sta·bil·ize (*BrE auch* **-ise**) /ˌdiːˈsteɪbəlaɪz/ *Verb* destabilisieren

des·tin·ation /ˌdestɪˈneɪʃn/ *Nomen* (Reise)ziel, Bestimmungsort

---

b **bad** | d **did** | f **fall** | g **get** | h **hat** | j **yes** | k **cat** | l **leg** | m **man** | n **now** | p **pen** | r **red**

des·tined /'destɪnd/ *Adj nicht vor Nomen (gehoben)* **1 ~ for sth** (für etw) ausersehen ◇ *We seem destined never to meet.* Das Schicksal scheint es zu wollen, dass wir uns nie begegnen. **2 ~ for ...** unterwegs nach ..., bestimmt für ...

des·tiny /'destəni/ *Nomen (Pl* **-ies)** **1** Schicksal, Los **2** (die) Vorsehung SYN FATE

des·ti·tute /'destɪtjuːt; *AmE* -tuːt/ **1** *Adj* mittellos, verarmt **2 the destitute** *Nomen* [Pl] die Armen

des·ti·tu·tion /ˌdestɪ'tjuːʃn; *AmE* -'tuːʃn/ *Nomen* Armut

des·troy /dɪ'strɔɪ/ *Verb* **1** zerstören, vernichten, kaputtmachen ◇ *You have destroyed all my hopes.* Du hast alle meine Hoffnungen zunichte gemacht. **2** (*Tier*) einschläfern

des·troy·er /dɪ'strɔɪə(r)/ *Nomen* **1** (MIL) Zerstörer **2** Zerstörer(in)

de·struc·tion /dɪ'strʌkʃn/ *Nomen* Zerstörung, Vernichtung

de·struc·tive /dɪ'strʌktɪv/ *Adj (Adv* **de·struc·tive·ly)** zerstörerisch, destruktiv ◇ *environmentally destructive* umweltschädlich OPP CONSTRUCTIVE

de·struc·tive·ness /dɪ'strʌktɪvnəs/ *Nomen* zerstörende Wirkung, Destruktivität

des·ul·tory /'desəltri; *AmE* -tɔːri/ *Adj (gehoben)* unzusammenhängend, halbherzig ◇ *in a desultory fashion* ziellos ◇ *a desultory round of applause* lauwarmer Applaus

Det *Abk (BrE)* = DETECTIVE

de·tach /dɪ'tætʃ/ *Verb* **1** abtrennen, abnehmen ◇ *become detached* sich ablösen **2 ~ (from sth)** sich (von etw) lösen **3 ~ yourself** (**from sb/sth**) *(gehoben)* sich (von jdm/etw) (los)lösen, sich (von jdm/etw) distanzieren; ◇ *(fig) I tried to detach myself from these terrible events.* Ich versuchte, zu diesen furchtbaren Ereignissen Distanz zu gewinnen. ◇ *A figure detached itself from the shadows.* Eine Gestalt trat aus dem Schatten. **4** (MIL) abkommandieren

de·tach·able /dɪ'tætʃəbl/ *Adj* abnehmbar, abtrennbar

de·tached /dɪ'tætʃt/ *Adj* **1** *(Haus)* Einzel- ☛ *Hinweis bei* EINFAMILIENHAUS **2** distanziert ◇ *his detached manner* seine kühle Art **3** unvoreingenommen SYN IMPARTIAL

de·tach·ment /dɪ'tætʃmənt/ *Nomen* **1** Distanz ◇ *He answered with an air of detachment.* Er antwortete kühl. ◇ *She felt a pleasant sense of detachment from it all.* Sie fühlte sich angenehm distanziert von allem. **2** Objektivität, Unvoreingenommenheit **3** (MIL) Sonderkommando **4** Ablösen, Ablösung, Loslösung

de·tail¹ /'diːteɪl; *AmE auch* dɪ'teɪl/ *Nomen* **1** Detail, Einzelheit ◇ *planned down to the last detail* bis in die kleinste Einzelheit geplant ◇ *Please supply the following details: ...* Bitte machen Sie die folgenden Angaben: ... ◇ *They didn't give any details about it.* Sie sagten nichts Näheres darüber. ◇ *This issue will be discussed in more detail in the next chapter.* Dieses Thema wird im nächsten Kapitel ausführlicher behandelt. ◇ *The fine detail of the plan has yet to be worked out.* Der Plan muss noch im Einzelnen ausgearbeitet werden. ◇ *It has been carried out with scrupulous attention to detail.* Es ist mit der größten Sorgfalt durchgeführt worden. **2** (KUNST, FOTO) Detail; *(eines Bildes)* Ausschnitt **3** Sonderkommando

de·tail² /'diːteɪl; *AmE auch* dɪ'teɪl/ *Verb* **1** einzeln aufführen, ausführlich beschreiben, informieren über **2** *(oft passiv)* (MIL) **~ sb** (**for sth**) jdn (zu etw) abkommandieren **3** *(AmE) (Autos)* waschen, reinigen

de·tailed /'diːteɪld; *AmE auch* dɪ'teɪld/ *Adj* ausführlich, eingehend, detailliert

de·tail·ing /'diːteɪlɪŋ; *AmE auch* dɪ'teɪlɪŋ/ *Nomen* Verzierung(en)

de·tain /dɪ'teɪn/ *Verb* **1** in Haft nehmen **2** *(gehoben)* aufhalten

de·tain·ee /ˌdiːteɪ'niː/ *Nomen* Häftling, Verhaftete(r)

de·tect /dɪ'tekt/ *Verb* entdecken, wahrnehmen, bemerken; *(Krankheit, Schadstoffe etc.)* feststellen ◇ *Do I detect a note of criticism?* Höre ich eine gewisse Kritik heraus?

de·tect·able /dɪ'tektəbl/ *Adj* wahrnehmbar; *(Krankheit, Schadstoffe etc.)* feststellbar

de·tec·tion /dɪ'tekʃn/ *Nomen* Entdeckung; *(von Verbrechen etc.)* Aufdeckung; *(von Krankheit, Schadstoffen etc.)* Feststellung ◇ *the detection rate for car theft* die Aufklärungsquote

für Autodiebstähle ◇ *Many problems, however, escape detection.* Viele Probleme werden jedoch nicht bemerkt.

de·tect·ive /dɪ'tektɪv/ *Nomen* **1** *(Abk* **Det**) Kriminalbeamte, Kriminalbeamtin ◇ *Detective Inspector Brown* Kriminalkommissar Brown **2** Detektiv(in) ◇ *a (private) detective agency* ein Detektivbüro ◇ *a detective story* ein Krimi

de·tect·or /dɪ'tektə(r)/ *Nomen* Detektor ◇ *a smoke detector* ein Rauchmelder

dé·tente *(bes AmE* **de·tente)** /ˌdeɪ'tɑːnt/ *Nomen (gehoben)* (POL) Entspannung

de·ten·tion /dɪ'tenʃn/ *Nomen* **1** Haft, Inhaftierung ◇ *a detention camp* ein Gefangenenlager **2** Nachsitzen ◇ *He gave me (a) detention.* Er ließ mich nachsitzen.

de'tention centre *(AmE* **de'tention center**) *Nomen* **1** Jugendstrafanstalt **2** Aufnahmelager

deter /dɪ'tɜː(r)/ *Verb* (**-rr-**) abschrecken, abhalten

de·ter·gent /dɪ'tɜːdʒənt; *AmE* -'tɜːrdʒ-/ *Nomen* Waschmittel, *(Geschirr)*spülmittel

de·teri·or·ate /dɪ'tɪəriəreɪt; *AmE* -'tɪr-/ *Verb* **1** sich verschlechtern, schlechter werden **2 ~ into sth** in/zu etw ausarten

de·teri·or·ation /dɪˌtɪəriə'reɪʃn; *AmE* -ˌtɪr-/ *Nomen* Verschlechterung

de·ter·min·ant /dɪ'tɜːmɪnənt; *AmE* -'tɜːrm-/ *Nomen (gehoben)* entscheidender Faktor

de·ter·min·ation /dɪˌtɜːmɪ'neɪʃn; *AmE* -ˌtɜːrm-/ *Nomen* **1** Entschlossenheit **2** *(gehoben)* Festlegung, Festsetzung, Entscheidung **3** *(von wissenschaftlichen Daten etc.)* Bestimmung, Ermittlung

de·ter·mine /dɪ'tɜːmɪn; *AmE* -'tɜːrm-/ *Verb (gehoben)* **1** feststellen, ermitteln, bestimmen **2** bestimmen, determinieren; *(Charakter)* prägen **3** entscheiden; *(Termin)* festlegen **4** sich entschließen; **~ on sth** etw beschließen

de·ter·mined /dɪ'tɜːmɪnd; *AmE* -'tɜːrm-/ *Adj* **1** *nicht vor Nomen* **~** (**to do sth**) fest entschlossen (etw zu tun) ◇ *I was determined to avoid that.* Das wollte ich unbedingt vermeiden. **2** *(Adv* **de·ter·mined·ly**) entschieden, entschlossen

de·ter·miner /dɪ'tɜːmɪnə(r); *AmE* -'tɜːrm-/ *Nomen* (LING) Bestimmungswort

de·ter·min·ism /dɪ'tɜːmɪnɪzəm; *AmE* -'tɜːrm-/ *Nomen* (PHILOS) Determinismus

de·ter·min·is·tic /dɪˌtɜːmɪ'nɪstɪk; *AmE* -ˌtɜːrm-/ *Adj* (PHILOS) deterministisch

de·ter·rence /dɪ'terəns; *AmE* -'tɜːr-/ *Nomen (gehoben)* Abschreckung

de·ter·rent /dɪ'terənt; *AmE* -'tɜːr-/ **1** *Nomen* Abschreckungsmittel ◇ *the nuclear deterrent* die atomare Abschreckung ◇ *Hopefully his punishment will act as a deterrent to others.* Hoffentlich schreckt seine Bestrafung andere ab. **2** *Adj (gehoben)* abschreckend

de·test /dɪ'test/ *Verb (nicht in der Verlaufsform)* verabscheuen, hassen

de·test·able /dɪ'testəbl/ *Adj* verabscheuenswürdig, abscheulich

de·throne /ˌdiː'θrəʊn; *AmE* -'θroʊn/ *Verb* entthronen *(auch fig)*

det·on·ate /'detəneɪt/ *Verb* **1** detonieren, explodieren **2** zünden, zur Explosion bringen

det·on·ation /ˌdetə'neɪʃn/ *Nomen* Detonation, Explosion, Zündung

det·on·ator /'detəneɪtə(r)/ *Nomen* Sprengkapsel, Zündung

de·tour¹ /'diːtʊə(r); *AmE* -tʊr/ *Nomen* **1** Umweg **2** *(AmE)* Umleitung

de·tour² /'diːtʊə(r); *AmE* -tʊr/ *Verb (AmE)* **1** einen Umweg machen **2** umleiten

de·toxi·fi·ca·tion /ˌdiːˌtɒksɪfɪ'keɪʃn; *AmE* -ˌtɑːks-/ *(umgs* **detox** /'diːtɒks; *AmE* -tɑːks/) *Nomen* Entgiftung(sbehandlung), Entzug

de·tox·ify /ˌdiː'tɒksɪfaɪ; *AmE* -'tɑːks-/ *Verb* (**-fies, -fy·ing, -fied, -fied**) entgiften

de·tract /dɪ'trækt/ *Verb (nicht in der Verlaufsform)* PHR V **de'tract from sth** etw beeinträchtigen ◇ *He was determined not to let anything detract from his enjoyment of the trip.* Er war entschlossen, sich durch nichts davon abbringen zu lassen, die Reise zu genießen.

de·tract·or /dɪˈtræktə(r)/ *Nomen* [meist Pl] (*gehoben*) Kritiker(in)

det·ri·ment /ˈdetrɪmənt/ *Nomen* [meist Sing] (*gehoben*) Schaden [IDM] **to the detriment of sb/sth**; **to sb/sth's detriment** zum Schaden von jdm/einer Sache **without detriment (to sb/sth)** ohne Schaden (für jdn/etw)

det·ri·ment·al /ˌdetrɪˈmentl/ *Adj* ~ **(to sb/sth)** schädlich (für jdn/etw), nachteilig (für jdn/etw) ◊ *The policy will be detrimental to the peace process.* Diese Politik wird den Friedensprozess unterminieren.

de·tritus /dɪˈtraɪtəs/ *Nomen* (*Fachspr oder gehoben*) Abfall, Müll (*auch fig*)

de trop /də ˈtrəʊ; *AmE* ˈtroʊ/ *Adj nicht vor Nomen* (*gehoben*) fehl am Platz

deuce /djuːs; *AmE* duːs/ *Nomen* **1** (*im Tennis*) Einstand ◊ *after three deuces* nach dreimaligem Einstand **2** (*AmE*) (*Spielkarte*) Zwei ◊ *the deuce of clubs* die Kreuzzwei **3 the deuce** [Sing] (*umgs, veraltet*) ◊ *What the deuce is he doing?* Was zum Teufel macht er denn da?

de·valu·ation /ˌdiːˌvæljuˈeɪʃn/ *Nomen* Abwertung

de·value /ˌdiːˈvæljuː/ *Verb* abwerten

dev·as·tate /ˈdevəsteɪt/ *Verb* **1** zerstören, verwüsten, zugrunde richten **2** (*oft passiv*) niederschmettern

dev·as·tated /ˈdevəsteɪtɪd/ *Adj* erschüttert, verstört, am Boden zerstört

dev·as·tat·ing /ˈdevəsteɪtɪŋ/ *Adj* (*Adv* **dev·as·tat·ing·ly**) **1** verheerend, katastrophal; (*Schlag, Niederlage, Angriff, Kritik*) vernichtend ◊ *devastating injuries* furchtbare Verletzungen **2** (*Nachricht*) niederschmetternd **3** umwerfend; (*Leistung*) überragend

dev·as·ta·tion /ˌdevəˈsteɪʃn/ *Nomen* [U] Verwüstung, Zerstörung

de·velop /dɪˈveləp/ *Verb* **1** ~ **(from sth) (into sth)** sich (aus etw) (zu etw) entwickeln ◊ *Gradually their friendship developed into love.* Nach und nach wurde aus ihrer Freundschaft Liebe. **2** entwickeln; (*Firma, Industrie*) aufbauen **3** (*Fehler etc.*) auftreten **4** erkranken an; (*Symptome etc.*) entwickeln ◊ *Her son developed asthma when he was two.* Ihr Sohn erkrankte mit zwei Jahren an Asthma. **5** (*Gelände etc.*) erschließen **6** (*Thema, Handlung, Plan etc.*) (weiter)entwickeln, näher ausführen, ausarbeiten; (*musikalisches Thema*) durchführen

de·veloped /dɪˈveləpt/ *Adj* (hoch) entwickelt ◊ *less developed countries* weniger entwickelte Länder ☞ *Siehe auch* WELL DEVELOPED

de·vel·op·er /dɪˈveləpə(r)/ *Nomen* **1** (**property**) ~ ≈ Bauunternehmer(in) **2** Entwickler(in) ◊ *a software developer* eine Firma, die Software entwickelt **3** (*Foto*) Entwickler

de·vel·op·ing /dɪˈveləpɪŋ/ *Adj nur vor Nomen* (*Land etc.*) Entwicklungs- ◊ *a developing economy* eine Wirtschaft im Entwicklungsstadium

de·vel·op·ment /dɪˈveləpmənt/ *Nomen* **1** Entwicklung ◊ *the development of basic skills such as literacy and numeracy* der Erwerb von Grundkenntnissen wie Lesen und Rechnen ◊ *career development* berufliche Weiterbildung ☞ *Siehe auch* RESEARCH AND DEVELOPMENT **2** Erschließung **3** Neubau ◊ *a new office development* ein neuer Bürokomplex ◊ *a housing development* eine Wohnsiedlung **4** (*einer Handlung etc.*) (Weiter)entwicklung, Ausführung; (*eines musikalischen Themas*) Durchführung

de·vel·op·men·tal /dɪˌveləpˈmentl/ *Adj* Entwicklungs-

de'velopment area *Nomen* (*BrE*) Entwicklungsgebiet, Fördergebiet

de·vi·ance /ˈdiːviəns/ *Nomen* (*auch* **de·vi·ancy** /ˈdiːviənsi/) *Nomen* Abweichung, abweichendes Verhalten

de·vi·ant /ˈdiːviənt/ **1** *Adj* (von der Norm) abweichend, abnormal **2** *Nomen* jd, der von der Norm abweicht

de·vi·ate /ˈdiːviːeɪt/ *Verb* ~ **(from sth)** abweichen (von etw)

de·vi·ation /ˌdiːviˈeɪʃn/ *Nomen* Abweichung, (*einer Magnetnadel*) Ablenkung ☞ *Siehe auch* STANDARD DEVIATION

de·vice /dɪˈvaɪs/ *Nomen* **1** Gerät, Vorrichtung **2** Sprengkörper **3** Vorgehensweise, Methode ◊ *stylistic devices* Stilmittel **4** Kniff, Kunstgriff [IDM] **leave sb to their own de'vices** jdn sich selbst überlassen

devil /ˈdevl/ *Nomen* **1** Teufel **2** (*umgs*) (*Mensch*) ◊ *I miss the old devil.* Ich vermisse den alten Schurken. ◊ *a naughty little devil* ein kleiner Satansbraten ◊ *She's off to Greece — lucky devil!* Sie fährt nach Griechenland — der Glückspilz! [IDM] **be a 'devil** (*BrE*) ◊ *Go on, be a devil, buy both of them.* Komm schon, lass es drauf ankommen, kauf beide. **better the ˌdevil you 'know (than the ˌdevil you 'don't)** von zwei Übeln wählt man besser das, was man kennt **beˌtween the ˌdevil and the ˌdeep blue 'sea** in einer Zwickmühle **the 'devil** (*veraltet*) verdammt (schwer) **a devil of a job/time** (*veraltet*) ◊ *I've had a devil of a job finding you.* Es war verdammt schwierig, dich zu finden. **go to the 'devil!** (*umgs, veraltet*) scher dich zum Teufel! **like the 'devil** (*umgs, veraltet*) wie der Teufel **speak/talk of the 'devil** (*umgs*) wenn man vom Teufel spricht **what, where, who, why, etc. the 'devil …** (*veraltet*) was, wo, wer, warum etc. zum Teufel … ☞ *Siehe auch* PAY

devil·ish /ˈdevəlɪʃ/ *Adj* (*Adv* **devil·ish·ly**) teuflisch

ˌdevil-may-'care *Adj* leichtsinnig, sorglos, unbekümmert

dev·il·ment /ˈdevlmənt/ (*auch* **dev·il·ry** /ˈdevlri/) *Nomen* (*gehoben*) grober Unfug [SYN] MISCHIEF

ˌdevil's 'advocate *Nomen* Advocatus Diaboli ◊ *play devil's advocate* des Teufels Advokat spielen

de·vi·ous /ˈdiːviəs/ *Adj* (*Adv* **de·vi·ous·ly**) verschlagen, gerissen, tückisch ◊ *by devious means* auf krummen Wegen [SYN] CUNNING

de·vi·ous·ness /ˈdiːviəsnəs/ *Nomen* Verschlagenheit, Gerissenheit

de·vise /dɪˈvaɪz/ *Verb* (er)finden; (*Plan, Konzept, Strategie etc.*) ausarbeiten [SYN] THINK STH UP

de·void /dɪˈvɔɪd/ *Adj* (*gehoben*) ~ **of sth** ohne etw

de·vo·lu·tion /ˌdiːvəˈluːʃn; *AmE* ˌdev-/ *Nomen* Dezentralisierung

> In Großbritannien bezeichnet **devolution** besonders den Prozess der Dezentralisierung, der in Schottland, Nordirland und Wales zur Einrichtung eigener parlamentarischer Institutionen (**the Scottish Parliament, the Welsh Assembly** und **the Northern Ireland Assembly**) geführt hat.

de·volve /dɪˈvɒlv/; *AmE* -ˈvɑːlv/ *Verb* [PHRV] **de'volve on/upon sb/sth** (*gehoben*) **1** auf jdn/etw übergehen **2** (*Verantwortung, Aufgabe etc.*) jdm zufallen **devolve sth to/on/upon sb** (*Verantwortung, Aufgabe etc.*) jdm übertragen

de·volved /dɪˈvɒlvd/; *AmE* -ˈvɑːlvd/ *Adj* (*Macht, Verantwortung*) übertragen ◊ *the devolved government in Scotland* die Regionalregierung in Schottland ☞ *Hinweis bei* DEVOLUTION

de·vote /dɪˈvəʊt/; *AmE* dɪˈvoʊt/ *Verb* [PHRV] **devote yourself to sb/sth** sich jdm/etw widmen ◊ *She devoted herself to her career.* Sie ging völlig in ihrem Beruf auf. **devote sth to sth** (*Zeit etc.*) auf etw verwenden

de·voted /dɪˈvəʊtɪd; *AmE* -ˈvoʊt-/ *Adj* (*Adv* **de·voted·ly**) **1** hingebungsvoll, liebevoll, treu; (*Fan*) begeistert **2 be ~ to sb/sth** jdn/etw sehr lieben

de·votee /ˌdevəˈtiː/ *Nomen* **1** Fan, Verehrer(in) **2** Anhänger(in)

de·vo·tion /dɪˈvəʊʃn; *AmE* -ˈvoʊ-/ *Nomen* **1** Liebe, Ergebenheit **2** Engagement, Hingabe ◊ *devotion to duty* Pflichteifer **3** [Pl] Andacht, Gebet

de·vo·tion·al /dɪˈvəʊʃənl; *AmE* -ˈvoʊ-/ *Adj* (*Literatur etc.*) religiös, Andachts-

de·vour /dɪˈvaʊə(r)/ *Verb* verschlingen (*auch fig*) [IDM] **be devoured by sth** von etw verzehrt werden/sein

de·vout /dɪˈvaʊt/ *Adj* (*Adv* **de·vout·ly**) **1** strenggläubig, fromm **2** (*Hoffnung, Wunsch*) inständig, sehnlich

dew /djuː; *AmE* duː/ *Nomen* (*Morgen-*) Tau

dewy /ˈdjuːi; *AmE* ˈduːi/ *Adj* taufeucht, taufrisch

ˌdewy-'eyed *Adj* (*abwert*) sentimental, gerührt [SYN] SENTIMENTAL

dex·ter·ity /dekˈsterəti/ *Nomen* **1** Geschicklichkeit ◊ *manual dexterity* Fingerfertigkeit **2** Geschick

dex·ter·ous (*auch* **dex·trous**) /ˈdekstrəs/ *Adj* (*gehoben*) (*Adv* **dex·ter·ous·ly**, *auch* **dex·trous·ly**) geschickt

dex·trose /ˈdekstrəʊz, -əʊs; *AmE* -oʊz, -oʊs/ *Nomen* Traubenzucker

DFES /ˌdiː ef iː ˈes/ *Kurzform von* **Department for Education and Skills** (*in Großbritannien*) Bildungsministerium

dhow /daʊ/ *Nomen* (*Schiff*) Dau

dia·betes /ˌdaɪəˈbiːtiːz/ *Nomen* Zuckerkrankheit, Diabetes ◊ *He has diabetes.* Er ist zuckerkrank.

dia·bet·ic /ˌdaɪəˈbetɪk/ **1** *Adj* zuckerkrank **2** *Adj* Diabetiker- **3** *Nomen* Zuckerkranke(r), Diabetiker(in)

dia·bol·ical /ˌdaɪəˈbɒlɪkl; *AmE* -ˈbɑː-/ *Adj* **dia·bol·ic·al·ly** /-kli/) **1** (*bes BrE*, *umgs*) furchtbar, mörderisch **2** (*auch* **dia·bol·ic**) /ˌdaɪəˈbɒlɪk; *AmE* -ˈbɑː-/ teuflisch

dia·crit·ic /ˌdaɪəˈkrɪtɪk/ *Nomen* (LING) diakritisches Zeichen

diag·nose /ˈdaɪəɡnəʊz, -ˈnəʊz; *AmE* ˌdaɪəɡˈnoʊs/ *Verb* diagnostizieren ◊ *The illness was diagnosed as cancer.* Der Befund lautete auf Krebs. ◊ *He was diagnosed with angina.* Man stellte Angina Pectoris bei ihm fest.

diag·no·sis /ˌdaɪəɡˈnəʊsɪs; *AmE* -ˈnoʊ-/ *Nomen* (*Pl* **diag·noses** /-siːz/) Diagnose

diag·nos·tic[1] /ˌdaɪəɡˈnɒstɪk; *AmE* -ˈnɑː-/ *Adj* (*Fachspr*) diagnostisch ◊ *be diagnostic of sth* auf etw hinweisen

diag·nos·tic[2] /ˌdaɪəɡˈnɒstɪk; *AmE* -ˈnɑː-/ *Nomen* (COMP) **1** (*auch* **ˌdiagˈnostic program**) Diagnoseprogramm **2** Fehlermeldung

di·ag·onal /daɪˈæɡənl/ **1** *Adj* (*Adv* **di·ag·onal·ly** /-nəli/) diagonal, schräg **2** *Nomen* Diagonale

dia·gram /ˈdaɪəɡræm/ *Nomen* Schaubild, Diagramm, Zeichnung, Abbildung ◊ *show sth in the form of a diagram* etw grafisch darstellen ☛ *Hinweis bei* DIAGRAMM

dia·gram·mat·ic /ˌdaɪəɡrəˈmætɪk/ *Adj* (*Adv* **dia·gram·mat·ic·al·ly** /-kli/) grafisch, schematisch, in Form eines Schaubildes

dial[1] /ˈdaɪəl/ *Nomen* **1** Zifferblatt; (*eines Geräts*) Anzeige, Scheibe; (*eines Telefons*) Wählscheibe ☛ *Siehe auch* SUNDIAL **2** Einstellknopf

dial[2] /ˈdaɪəl/ (**-ll-**, *AmE* **-l-**) *Verb* (*Telefonnummer*) wählen

dia·lect /ˈdaɪəlekt/ *Nomen* Dialekt, Mundart

dia·lect·ic /ˌdaɪəˈlektɪk/ *Nomen* [Sing] (*seltener* **dia·lect·ics** [U]) Dialektik

dia·lect·ic·al /ˌdaɪəˈlektɪkl/ *Adj* dialektisch

ˈdialling code (*BrE auch* **ˈcode**) *Nomen* Vorwahl(nummer), Ortsnetzkennzahl

ˈdialling tone (*AmE* **ˈdial tone**) *Nomen* Freizeichen, Wählton

ˈdialog box (*BrE auch* **ˈdialogue box**) *Nomen* (COMP) Dialogbox

dia·logue (*AmE auch* **dia·log**) /ˈdaɪəlɒɡ; *AmE* -lɔːɡ, -lɑːɡ/ *Nomen* Dialog

dia·ly·sis /daɪˈæləsɪs/ *Nomen* (MED) Dialyse

dia·manté /ˌdiːəˈmɒnteɪ; *AmE* ˌdiːəmɑːnˈteɪ/ *Adj* Strass-

diam·eter /daɪˈæmɪtə(r)/ *Nomen* **1** Durchmesser ◊ *be 40 metres in diameter* einen Durchmesser von 40 Metern haben **2** (*Fachspr*) ◊ *a lens magnifying 300 diameters* eine Linse mit dreihundertfacher Vergrößerung

dia·met·ric·al·ly /ˌdaɪəˈmetrɪkli/ *Adv* ~ **opposed/opposite** völlig entgegengesetzt, gegensätzlich

dia·mond /ˈdaɪəmənd/ *Nomen* **1** Diamant ☛ *Siehe auch* ROUGH DIAMOND **2** Raute **3** diamonds [Pl/U] (*Spielkartenfarbe*) Karo ☛ *Hinweis bei* PIK **4** (*Spielkarte*) Karo **5** (*im Baseball*) (Innen)feld

ˌdiamond in the ˈrough *Nomen* (*AmE*) = ungehobelter, aber gutherziger Mensch

ˌdiamond ˈjubilee *Nomen* 60-jähriges Jubiläum

ˌdiamond ˈwedding anniversary (*BrE auch* **ˌdiamond ˈwedding**) (*AmE auch* **ˌdiamond anniˈversary**) *Nomen* diamantene Hochzeit

di·aper /ˈdaɪəpə(r); *AmE* ˈdaɪpər/ *Nomen* (*AmE*) Windel

di·aph·an·ous /daɪˈæfənəs/ *Adj* (*gehoben*) (*Stoff*) durchscheinend

dia·phragm /ˈdaɪəfræm/ *Nomen* **1** Zwerchfell **2** Pessar **3** Scheidewand **4** (*im Telefon*) Membran

diar·ist /ˈdaɪərɪst/ *Nomen* Tagebuchschreiber(in), Tagebuchautor(in)

diar·rhoea (*AmE* **diar·rhea**) /ˌdaɪəˈrɪə; *AmE* -ˈriːə/ *Nomen* [U] Durchfall

diary /ˈdaɪəri/ *Nomen* (*Pl* **-ies**) **1** (*BrE*) (Termin)kalender **2** Tagebuch ◊ *keep a diary* (ein) Tagebuch führen

dias·pora /daɪˈæspərə/ *Nomen* [Sing] (*gehoben*) Diaspora

dia·tribe /ˈdaɪətraɪb/ *Nomen* (*gehoben*) Schmährede

dibs /dɪbz/ *Nomen* IDM **have dibs on sth** (*AmE*) ein Recht auf etw haben

dice[1] /daɪs/ *Nomen* (*Pl* **dice**) **1** (*bes BrE*) Würfel ◊ *roll/throw the dice* würfeln **2** [U] Würfelspiel ◊ *play dice* würfeln IDM **no ˈdice** (*bes AmE*, *umgs*) keine Chance **the ˈdice are loaded in sb's favour/against sb** jd hat gute/schlechte Karten

dice[2] /daɪs/ *Verb* in Würfel schneiden, würfeln IDM **dice with death** (*umgs*) mit dem/seinem Leben spielen

dicey /ˈdaɪsi/ *Adj* (*BrE*, *umgs*) riskant SYN RISKY

di·chot·omy /daɪˈkɒtəmi; *AmE* -ˈkɑːt-/ *Nomen* (*Pl* **-ies**) [meist Sing] ~ (**between A and B**) (*gehoben*) Dichotomie (von A und B)

dick /dɪk/ *Nomen* (*vulg*, *Slang*) **1** (*Penis*) Schwanz **2** = DICK-HEAD ☛ *Siehe auch* CLEVER DICK

dick·ens /ˈdɪkɪnz/ *Nomen* **the dickens** (*veraltet*, *umgs*) **1** ◊ *Where the dickens did he go?* Wo zum Teufel ist er? **2** (*AmE*) ◊ *cute as the dickens* zum Anbeißen süß

Dick·ens·ian /dɪˈkenziən/ *Adj* (wie) aus einem Roman von Dickens

dicker /ˈdɪkə(r)/ *Verb* ~ (**with sb**) (**over sth**) (*bes AmE*) (mit jdm) (um etw) feilschen SYN BARGAIN

dick·head /ˈdɪkhed/ (*auch* **dick**) *Nomen* (*vulg*, *Slang*) Trottel SYN IDIOT

dicky /ˈdɪki/ *Adj* (*BrE*, *umgs*, *veraltet*) schadhaft; (*Herz*) schwach

ˈdicky bird *Nomen* (*BrE*) (*Kindersprache*) Piepmatz IDM **not say, hear, etc. a dicky bird** (*BrE*, *umgs*) kein Sterbenswörtchen sagen, hören etc.

Dicta·phone™ /ˈdɪktəfəʊn; *AmE* -foʊn/ *Nomen* Diktiergerät

dic·tate[1] /dɪkˈteɪt; *AmE* ˈdɪkteɪt/ *Verb* **1** diktieren ◊ *What right do they have to dictate how we live our lives?* Welches Recht haben sie uns vorzuschreiben, wie wir unser Leben leben sollen? **2** bestimmen ◊ *When we go on holiday is dictated by Greg's work schedule.* Wann wir Ferien machen, hängt von Gregs Arbeit ab. PHR V **dicˈtate to sb** (*oft passiv*) jdm Vorschriften machen

dic·tate[2] /dɪkˈteɪt; *AmE* ˈdɪkteɪt/ *Nomen* [meist Pl] (*gehoben*) Diktat ◊ *the dictates of fashion* das Modediktat

dic·ta·tion /dɪkˈteɪʃn/ *Nomen* Diktat

dic·ta·tor /dɪkˈteɪtə(r); *AmE* ˈdɪkteɪtər/ *Nomen* (*abwert*) Diktator(in) (*auch fig*)

dic·ta·tor·ial /ˌdɪktəˈtɔːriəl/ *Adj* (*Adv* **dic·ta·tor·ial·ly** /-əli/) (*abwert*) diktatorisch

dic·ta·tor·ship /dɪkˈteɪtəʃɪp; *AmE* -tərʃ-/ *Nomen* Diktatur

dic·tion /ˈdɪkʃn/ *Nomen* [U] **1** Aussprache **2** (LING) Diktion, Ausdrucksweise ◊ *poetic diction* poetische Sprache

dic·tion·ary /ˈdɪkʃənri; *AmE* -neri/ *Nomen* (*Pl* **-ies**) **1** Wörterbuch **2** Lexikon

dic·tum /ˈdɪktəm/ *Nomen* (*Pl* **dicta** /-tə/ *oder* **dic·tums**) (*gehoben*) Diktum

did /dɪd/ *Form von* DO[1]

di·dac·tic /daɪˈdæktɪk/ *Adj* (*Adv* **di·dac·tic·al·ly** /-kli/) (*gehoben*) **1** didaktisch, Lehr- **2** (*oft abwert*) schulmeisterlich

did·dle /ˈdɪdl/ *Verb* (*BrE*, *umgs*) ~ **sb** jdn übers Ohr hauen; ~ **sb out of sth** jdm etw abgaunern

diddly /ˈdɪdli/ (*auch* **diddly·squat** /ˌdɪdliˈskwɒt; *AmE* -ˈskwɑːt/) *Nomen* (*AmE*) nichts

didn't /ˈdɪdnt/ = DID NOT

die[1] /daɪ/ *Verb* (**dies**, **dying**, **died**, **died**) **1** ~ (**of/from sth**) (an etw) sterben ◊ (*umgs*) *I nearly died when I saw him there.* Ich wäre fast gestorben, als ich ihn dort sah. ◊ *die of hunger* verhungern ◊ *She died from her injuries.* Sie erlag ihren Verletzungen. ◊ *She's dying.* Sie liegt im Sterben. ◊ *I'll never forget it to my dying day.* Das werde ich nie vergessen. **2** (*Pflanze*, *Tier*) eingehen; (*Motor*) absterben; (*Gerät*) den Geist aufgeben; (*Gefühl*) vergehen **3** aussterben ◊ *His secret died with him.* Er nahm sein Geheimnis mit ins Grab. IDM **be ˈdying for sth** (*umgs*) etw unbedingt brauchen ◊ *I'm dying for a pee.* Ich muss unbedingt aufs Klo. **be ˈdying to do sth** (*umgs*) darauf brennen etw zu tun ◊ *I'm dying to know what happened.* Ich möchte brennend gern wissen, was passiert ist. **die a/the ˈdeath** (*BrE*, *umgs*) untergehen; verschwinden ◊ *The play got terrible reviews and quickly died a death.* Das Stück bekam fürchterliche Kritiken und wurde schnell abgesetzt. **die**

die

in your 'bed eines natürlichen Todes sterben **die 'laughing** sich totlachen **old ˌhabits/ˌattitudes die 'hard** alte Gewohnheiten, Ansichten etc. sind nicht leicht abzulegen ◊ *Old customs die hard here.* Hier haben die alten Traditionen ein zähes Leben. **to 'die for** (*umgs*) umwerfend ☛ *Siehe auch* FLY³ *und* SAY¹ PHR V **ˌdie a'way** (*Geräusch etc.*) schwächer werden; (*Wind*) sich legen **ˌdie 'back** (*Blätter, Zweige*) absterben **ˌdie 'down** nachlassen, sich legen ◊ *The fire had died down to a dull glow.* Das Feuer glühte nur noch schwach. **ˌdie 'off** (nacheinander) sterben; (*Blätter etc.*) absterben **ˌdie 'out** aussterben

die² /daɪ/ *Nomen* **1** (Präge)stempel, Stanze, Gussform **2** (*Pl* **dice** /daɪs/) (*bes AmE*) (*zum Spielen*) Würfel IDM **the die is cast** die Würfel sind gefallen

die-hard /'daɪhɑːd; *AmE* -hɑːrd/ **1** *Adj* hartnäckig, eingefleischt, reaktionär **2** *Nomen* Ewiggestrige(r), Reaktionär(in)

diesel /'diːzl/ *Nomen* **1** (*auch* **'diesel fuel**, **'diesel oil**) [U] Diesel(kraftstoff) **2** Diesel(fahrzeug)

diet¹ /'daɪət/ *Nomen* **1** Ernährung, Kost ◊ *have a healthy diet* sich gesund ernähren ◊ *their staple diet* ihre Hauptnahrung ◊ *They live on a diet of rice and vegetables.* Sie ernähren sich von Reis und Gemüse. ◊ (*fig*) *They are brought up on a diet of cartoons and soap operas.* Ihr Erfahrungshorizont wird von nichts anderem als Zeichentrickfilmen und Seifenopern geprägt. **2** Diät ◊ *He's on a strict diet.* Er muss streng Diät halten. ◊ *a light diet* Schonkost ◊ *be/go on a diet* eine Schlankheitskur machen

diet² /'daɪət/ *Verb* eine Schlankheitskur machen, weniger essen

diet·ary /'daɪətəri; *AmE* -teri/ *Adj* Ernährungs- ◊ *dietary fibre* Ballaststoff(e)

diet·er /'daɪətə(r)/ *Nomen* = jd, der eine Schlankheitskur macht

diet·et·ics /ˌdaɪə'tetɪks/ *Nomen* Ernährungswissenschaft

diet·ician (*auch* **diet·itian**) /ˌdaɪə'tɪʃn/ *Nomen* Ernährungsberater(in), Ernährungswissenschaftler(in)

dif·fer /'dɪfə(r)/ *Verb* **1** sich unterscheiden, verschieden sein ◊ *They hold differing views.* Sie haben unterschiedliche Ansichten. ◊ *Ideas on childcare may differ considerably between the parents.* Die Eltern können völlig unterschiedliche Vorstellungen von Kindererziehung haben. **2** **~ (with sb) (about/on/over sth)** (über etw) anderer Meinung sein (als jd) ◊ *Medical opinion differs as to the treatment.* In Bezug auf die Behandlung sind die Meinungen der Mediziner geteilt. IDM ⇨ AGREE *und* BEG

dif·fer·ence /'dɪfrəns/ *Nomen* **1** Unterschied ◊ *I'll lend you $500 and you'll have to find the difference.* Ich leihe dir $500 und den Rest musst du selbst aufbringen. ◊ *I can't tell the difference between the twins.* Ich kann die Zwillinge nicht auseinander halten. **2** Auseinandersetzung ◊ *Why don't you settle your differences?* Warum legt ihr euren Streit nicht bei? ◊ *a difference of opinion* eine Meinungsverschiedenheit IDM **make all the 'difference (to sb/sth)** (für jdn/etw) viel ausmachen **make/not make a/a lot of, etc. difference to sth** (k)einen (großen) Einfluss auf etw haben ◊ *It made a big difference to my life.* Das veränderte mein Leben von Grund auf. **make no difference/not make any difference** nichts ändern; egal sein ◊ *It makes no difference.* Das ändert nichts (an der Sache). ◊ *What difference will it make if he knows or not?* Was macht es schon, ob er es weiß oder nicht? **not make much/a lot of difference** nicht viel ändern; ziemlich egal sein ◊ *It doesn't make a lot of difference what colour it is.* Die Farbe ist ziemlich egal. **same 'difference** (*umgs*) ist doch egal **with a 'difference** (*umgs*) (*nach einem Nomen*) mit einem (kleinen) Unterschied ◊ *Winter holidays with a difference.* Winterurlaub einmal anders! ☛ *Siehe auch* BURY, SINK¹ *und* WORLD

dif·fer·ent /'dɪfrənt/ *Adj* **1** nicht vor Nomen **~ (from sb/sth)**; (*BrE auch*) **~ (to sb/sth)**; (*AmE auch*) **~ (than sb/sth)** anders (als jd) ◊ *That's different.* Das ist nicht dasselbe. ◊ *She seems different.* Sie hat sich verändert. ◊ *How are they different?* Worin/wodurch unterscheiden sie sich? **2** nur vor Nomen andere(r,s), verschieden ◊ *at different times in history* mehrmals in der Geschichte **3** nur vor Nomen verschieden IDM **a different kettle of fish** (*umgs*) etwas ganz anderes ☛ *Siehe auch* COMPLEXION, KNOW, MATTER¹, SING *und* TELL

dif·fer·en·tial¹ /ˌdɪfə'renʃl/ *Nomen* **1** Unterschied **2** (*auch* **ˌdifferential 'gear**) Differenzial(getriebe) **3** (MATH) Differenzial

dif·fer·en·tial² /ˌdɪfə'renʃl/ *Adj* nur vor Nomen **1** (*gehoben*) unterschiedlich, ungleich ◊ *differential rates of pay* Lohnunterschiede **2** (MATH) Differenzial-

dif·fer·en·ti·ate /ˌdɪfə'renʃieɪt/ *Verb* **1** unterscheiden ◊ *It's difficult to differentiate between the two varieties.* Es ist schwierig die beiden Sorten zu unterscheiden. SYN DISTINGUISH **2** **~ between A and B** zwischen A und B einen Unterschied machen SYN DISCRIMINATE

dif·fer·en·ti·ation /ˌdɪfəˌrenʃi'eɪʃn/ *Nomen* Differenzierung, Unterscheidung

dif·fer·ent·ly /'dɪfrəntli/ *Adv* anders, verschieden

dif·fi·cult /'dɪfɪkəlt/ *Adj* schwierig, schwer ◊ *It's difficult to read his writing.* Seine Schrift ist schwer zu lesen. ◊ *Things are difficult for them.* Sie haben es schwer. ◊ *You're just being difficult.* Du willst bloß Schwierigkeiten machen. IDM ⇨ JOB *und* LIFE

dif·fi·culty /'dɪfɪkəlti/ *Nomen* (*Pl* **-ies**) **1** [meist Pl] Schwierigkeit, Problem ◊ *It was a time fraught with difficulties.* Es waren schwierige Zeiten. **2** [U] Schwierigkeiten, Mühe **3** [U] Schwierigkeit(sgrad)

dif·fi·dence /'dɪfɪdəns/ *Nomen* Zurückhaltung, Schüchternheit

dif·fi·dent /'dɪfɪdənt/ *Adj* (*Adv* **dif·fi·dent·ly**) zurückhaltend, schüchtern ◊ *He was diffident about his own success.* Er prahlte nicht mit seinem eigenen Erfolg. ◊ *Patients may be diffident about mentioning it.* Patienten haben oft Hemmungen darüber zu sprechen. SYN SHY

dif·fract /dɪ'frækt/ *Verb* (PHYSIK) (*Lichtstrahlen*) beugen

dif·frac·tion /dɪ'frækʃn/ *Nomen* (PHYSIK) (*von Lichtstrahlen*) Beugung

dif·fuse¹ /dɪ'fjuːs/ *Adj* **1** diffus ◊ *a diffuse community* eine zerstreute Gemeinde **2** weitschweifig

dif·fuse² /dɪ'fjuːz/ *Verb* **1** (sich) verbreiten **2** *oft passiv* (*Gas, Flüssigkeit*) diffundieren **3** (*gehoben*) (*Licht*) streuen ◊ *diffused lighting* diffuse Beleuchtung

dif·fu·sion /dɪ'fjuːʒn/ *Nomen* **1** (*gehoben*) Verbreitung, Ausbreitung **2** (*Fachspr*) Diffusion

dig¹ /dɪɡ/ *Verb* (**dig·ging**, **dug**, **dug** /dʌɡ/) **1** graben; (*Graben, Grab*) ausheben; (*Garten, Beet*) umgraben ◊ *I'll do some digging in the garden now.* Ich werde jetzt im Garten umgraben. **2** ausgraben **3** **~ around (for sth)** (nach etw) wühlen **4** (*Slang, veraltet*) auf etw stehen, etw mögen IDM **dig 'deep** tief in die Tasche greifen **dig 'deep (into sth)** gründlich (in etw) nachforschen **dig your 'heels/'toes in** sich auf die Hinterbeine stellen **dig sb in the 'ribs** jdm einen Rippenstoß geben **dig (deep) in/into your pocket(s), savings, etc.** tief in die Tasche greifen **dig your own 'grave**; **dig a 'grave for yourself** (sich) sein eigenes Grab schaufeln **dig yourself into a 'hole** sich in etw verrennen PHR V **ˌdig 'in** (*umgs*) **1** (*essen*) zugreifen **2** sich gedulden **ˌdig sth 'in** (*Kompost etc.*) untergraben **ˌdig yourself 'in** sich eingraben, sich verschanzen (*auch fig*) **ˌdig 'into sth 1** (*umgs*) (*Essen etc.*) über etw herfallen **2** sich in etw bohren, sich in etw graben **3** (*Vergangenheit*) in etw (herum)wühlen **ˌdig sth 'into sth 1** ◊ *dig manure into the soil* Kompost untergraben **2** etw in etw graben, etw in etw bohren, etw in etw schieben **ˌdig sb/sth 'out (of sth)** jdn/etw (aus etw) ausgraben (*auch fig*) ◊ *They were dug out of the avalanche alive.* Sie wurden lebend aus der Lawine geborgen. **ˌdig sth 'over** etw umgraben **ˌdig sth 'up 1** etw aufgraben, etw umgraben **2** etw ausgraben (*auch fig*)

dig² /dɪɡ/ *Nomen* **1** Stoß **2** **~ (at sb/sth)** Seitenhieb (auf jdn/etw), spitze Bemerkung(en) (über jdn/etw) ◊ *have a dig at sb/sth* eine spitze Bemerkung über jdn/etw machen **3** Ausgrabung SYN EXCAVATION ☛ *Siehe auch* DIGS

di·gest¹ /daɪ'dʒest, dɪ-/ *Verb* verdauen (*auch fig*)

di·gest² /'daɪdʒest/ *Nomen* Zusammenfassung, Überblick

di·gest·ible /daɪ'dʒestəbl, dɪ-/ *Adj* (leicht) verdaulich (*auch fig*) OPP INDIGESTIBLE

di·ges·tion /daɪ'dʒestʃən, dɪ-/ *Nomen* Verdauung

di·gest·ive /daɪ'dʒestɪv, dɪ-/ *Adj* nur vor Nomen Verdauungs-

di'gestive biscuit (*auch* **di·gest·ive**) *Nomen* (*BrE*) = Keks aus Vollkornmehl

dig·ger /ˈdɪgə(r)/ *Nomen* **1** Bagger **2** Gräber(in)

digit /ˈdɪdʒɪt/ *Nomen* **1** Ziffer ◊ *a five-digit number* eine fünfstellige Zahl **2** (ANAT) Finger, Zehe

dig·it·al /ˈdɪdʒɪtl/ *Adj* (*Adv* **dig·it·al·ly** /-təli/ /-tli/) digital, Digital- ◊ *digitally remastered* digital aufbereitet

ˌdigital ˈtelevision *Nomen* **1** (*auch* **digit·al**) digitales Fernsehen ◊ digitaler Fernseher

digit·ize (*BrE auch* **-ise**) /ˈdɪdʒɪtaɪz/ *Verb* digitalisieren

dig·ni·fied /ˈdɪgnɪfaɪd/ *Adj* würdevoll, würdig

dig·nify /ˈdɪgnɪfaɪ/ *Verb* (**-fies**, **-fy·ing**, **-fied**, **-fied**) (*gehoben*) **1** ~ **sth** einer Sache Glanz/Würde verleihen **2** ehren, würdigen

dig·ni·tary /ˈdɪgnɪtəri/; *AmE* -teri/ *Nomen* (*Pl* **-ies**) Würdenträger(in) ◊ *civic dignitaries* die Honoratioren der Stadt

dig·nity /ˈdɪgnəti/ *Nomen* [U] **1** Würde **2** Selbstachtung **IDM** **beˌneath your ˈdignity** unter seiner Würde **ˌstand on your ˈdignity** (*gehoben*) auf Förmlichkeit bestehen

di·gress /daɪˈgres/ *Verb* (*gehoben*) abschweifen

di·gres·sion /daɪˈgreʃn/ *Nomen* Abschweifung, Exkurs

digs /dɪgz/ *Nomen* [Pl] (*BrE*, *umgs*, *veraltet*) (Studenten)bude, möbliertes Zimmer

dike = DYKE

dik·tat /ˈdɪktæt/ *Nomen* (*abwert*) **1** Diktat **2** Verordnung

di·lapi·dated /dɪˈlæpɪdeɪtɪd/ *Adj* verfallen, verwahrlost

di·lapi·da·tion /dɪˌlæpɪˈdeɪʃn/ *Nomen* Verfall, Baufälligkeit

di·late /daɪˈleɪt/ *Verb* (sich) erweitern

dila·tion /daɪˈleɪʃn/ *Nomen* Erweiterung

dila·tory /ˈdɪlətəri; *AmE* -tɔːri/ *Adj* (*gehoben*) langsam

dildo /ˈdɪldəʊ; *AmE* -doʊ/ *Nomen* (*Pl* **dildos** *oder* **dildoes**) Massagestab, Dildo

di·lemma /dɪˈlemə, daɪ-/ *Nomen* Dilemma **IDM** ⇨ HORN

dil·et·tante /ˌdɪləˈtænti/ **1** *Nomen* (*Pl* **dil·et·tanti** /-tiː/ *oder* **dil·et·tan·tes**) (*abwert*) Dilettant(in), Amateur(in) **2** *Adj* (*abwert*) dilettantisch, amateurhaft

dili·gence /ˈdɪlɪdʒəns/ *Nomen* (*gehoben*) Fleiß, Eifer

dili·gent /ˈdɪlɪdʒənt/ *Adj* (*Adv* **dili·gent·ly**) (*gehoben*) **1** (*Suche etc.*) gründlich **2** fleißig; (*Arbeiter etc.*) gewissenhaft

dill /dɪl/ *Nomen* Dill

dilly-dally /ˈdɪli dæli/ *Verb* (**dilly-dallying**, **dilly-dallied**) (*umgs*, *veraltet*) trödeln

di·lute¹ /daɪˈluːt; *BrE auch* -ˈljuːt/ *Verb* verdünnen **2** (ab)schwächen

di·lute² /daɪˈluːt; *BrE auch* -ˈljuːt/ (*auch* **di·luted**) *Adj* verdünnt

di·lu·tion /daɪˈluːʃn; *BrE auch* -ˈljuːʃn/ *Nomen* **1** Verdünnung **2** Abschwächung

dim¹ /dɪm/ *Adj* (**dim·mer**, **dim·mest**) (*Adv* **dimly**) **1** schwach **2** düster (*auch fig*) **3** (*Kontur etc.*) verschwommen, undeutlich (*Erinnerung*) dunkel **4** (*bes BrE*, *umgs*) schwer von Begriff, beschränkt **IDM** **take a dim view of sb/sth** von jdm/etw nicht viel halten ☛ *Siehe auch* DISTANT

dim² /dɪm/ *Verb* (**-mm-**) **1** dämpfen, trüben, abblenden ◊ (*AmE*) **dim your headlights** die Scheinwerfer abblenden **2** schwächer werden, langsam verlöschen, nachlassen

dime /daɪm/ *Nomen* (*in den USA, Kanada*) Zehncentstück **IDM** **be a ˌdime a ˈdozen** (*umgs*) Dutzendware sein

di·men·sion /daɪˈmenʃn, dɪ-/ *Nomen* **1** Abmessung, Maß **2** [meist Pl] Ausmaß **3** Dimension (*auch fig*) ◊ *designers who work in three dimensions* Designer, die dreidimensional arbeiten ☛ *Siehe auch* THREE-DIMENSIONAL *und* TWO-DIMENSIONAL

ˈdime store *Nomen* (*AmE, veraltet*) billiger Laden

di·min·ish /dɪˈmɪnɪʃ/ *Verb* **1** abnehmen, sich verringern, sich verkleinern (*Wut, Konzentration etc.*) nachlassen; (*Preise, Kosten*) fallen ◊ *The world's resources are rapidly diminishing.* Die Ressourcen der Erde werden immer knapper. ◊ *diminishing fish stocks* schwindende Fischbestände **SYN** DECREASE **2** verringern, verkleinern; (*Wirkung*) abschwächen; (*Bedeutung, Ruf, Wert*) schmälern ◊ *diminish carbon dioxide emissions* die Kohlendioxidemissionen reduzieren ◊ *Their excesses diminish the standing of the press as a whole.* Ihre Exzesse diskreditieren die ganze Presse.

di·min·ish·ed /dɪˈmɪnɪʃt/ *Adj* **1** geringer **2** (MUS *oder* RECHT) vermindert

dim·in·ution /ˌdɪmɪˈnjuːʃn; *AmE* -ˈnuːʃn/ *Nomen* (*gehoben*) **1** Verringerung, Einschränkung **2** Abnahme, Nachlassen

di·minu·tive /dɪˈmɪnjətɪv/ **1** *Adj* (*gehoben*) winzig **2** *Adj* (LING) Diminutiv- **3** *Nomen* (LING) Diminutiv(um), Verkleinerungsform; (*von Namen*) Kurzform

dimly *Adv* ⇨ DIM¹

ˈdimmer switch (*auch* **dim·mer**) /ˈdɪmə(r)/ *Nomen* **1** Dimmer **2** (*AmE*) Abblendschalter

dim·ness /ˈdɪmnəs/ *Nomen* **1** Halbdunkel, Dämmerlicht **2** Beschränktheit

dimple /ˈdɪmpl/ *Nomen* kleine Vertiefung; (*am Kinn etc.*) Grübchen

dimpled /ˈdɪmpld/ *Adj* (*Kinn*) mit Grübchen

dim·wit /ˈdɪmwɪt/ *Nomen* (*umgs*) Idiot(in)

ˌdim-ˈwitted *Adj* (*umgs*) beschränkt

din /dɪn/ *Nomen* [Sing] Lärm, Radau

dine /daɪn/ *Verb* (*gehoben*) speisen, dinieren **IDM** ⇨ WINE² **PHR V** **ˌdine on sth** etw essen, **ˌdine ˈout** auswärts essen, essen gehen, **ˌdine ˈout on sth** (*umgs*) ◊ *She's been dining out on her visit to Buckingham Palace for weeks.* Seit Wochen gibt sie mit ihrem Besuch im Buckingham Palace an. ◊ *He dined out on the story for years.* Jahrelang erzählte er die Geschichte immer wieder.

diner /ˈdaɪnə(r)/ *Nomen* **1** (*in einem Restaurant*) Gast **2** (*bes AmE*) Imbissstube, Lokal

din·ette /daɪˈnet/ *Nomen* (*bes AmE*) Essecke

ding·bat /ˈdɪŋbæt/ *Nomen* (*AmE*, *Slang*) Idiot(in)

ding-dong /ˈdɪŋ dɒŋ; *AmE* ˈdɪŋ dɑːŋ, dɔːŋ/ *Nomen* **1** Bimbam **2** (*BrE*, *umgs*) heftiger Streit, Krach

dinghy /ˈdɪŋi, ˈdɪŋgi/ *Nomen* (*Pl* **-ies**) **1** kleines Boot ◊ *a sailing dinghy* ein kleines Segelboot **2** = RUBBER DINGHY

dingo /ˈdɪŋgəʊ; *AmE* -goʊ/ *Nomen* (*Pl* **-oes**) Dingo

dingy /ˈdɪndʒi/ *Adj* (**din·gier**, **din·gi·est**) schmuddelig, schäbig; (*Farbe*) schmutzig

ˈdining car *Nomen* Speisewagen

ˈdining room *Nomen* Esszimmer

ˈdining table *Nomen* Esstisch

dinky /ˈdɪŋki/ *Adj* (*umgs*) **1** (*BrE*) niedlich **2** (*AmE*, *abwert*) kümmerlich, mickrig

din·ner /ˈdɪnə(r)/ *Nomen* **1** Essen, Mittagessen, Abendessen ◊ *It's time for dinner.* Es ist Zeit zum Essen. ◊ *Have you had dinner yet?* Hast du schon gegessen? ◊ *He's having his dinner.* Er ist gerade beim Essen. ◊ *What shall we have for dinner tonight?* Was sollen wir heute Abend essen? ◊ *Finish your dinner!* Iss auf! ◊ *She didn't eat much dinner.* Sie hat nicht viel gegessen. ◊ *I'd like to take you out to dinner.* Ich möchte dich zum Essen einladen. ◊ (*BrE*) *school dinners* Schulmahlzeiten ☛ *Hinweis bei* MAHLZEIT **2** Festessen, Diner ☛ *Siehe auch* DINNER PARTY **IDM** ⇨ DOG¹

ˈdinner dance *Nomen* Festessen mit anschließendem Tanz

ˈdinner jacket *Nomen* (*BrE*) Smoking(jacke) ☛ *Siehe auch* BLACK TIE²

ˈdinner lady *Nomen* = Servirerin beim Essen in der Schule

ˈdinner party *Nomen* Abendgesellschaft, Abendessen

ˈdinner service *Nomen* Tafelservice

ˈdinner suit *Nomen* (*BrE*) Smoking

ˈdinner table *Nomen* [meist Sing] Esstisch ◊ *at the dinner table* beim Essen

ˈdinner theater *Nomen* (*AmE*) = Restaurant, wo nach dem Essen ein Theaterstück aufgeführt wird

ˈdinner time *Nomen* Essenszeit ☛ *Hinweis bei* MAHLZEIT

din·ner·ware /ˈdɪnəweə(r); *AmE* ˈdɪnərwer/ *Nomen* (*AmE*) (Ess)geschirr

dino·saur /ˈdaɪnəsɔː(r)/ *Nomen* Dinosaurier (*auch fig*)

dint /dɪnt/ *Nomen* **IDM** **by dint of sth** (*gehoben*) durch etw ◊ *He became an honorary member by dint of winning the championship.* Er wurde Ehrenmitglied, weil er die Meisterschaft gewonnen hatte.

dio·cesan /daɪˈɒsɪsn; *AmE* -ˈɑːs-/ *Adj* Diözesan-

dio·cese /ˈdaɪəsɪs/ *Nomen* Diözese

diode /ˈdaɪəʊd; *AmE* -oʊd/ *Nomen* (ELEK) Diode

di·ox·ide /daɪˈɒksaɪd; AmE -ˈɑːks-/ Nomen Dioxid ☛ Siehe auch CARBON DIOXIDE

di·oxin /daɪˈɒksɪn; AmE -ˈɑːks-/ Nomen Dioxin

dip¹ /dɪp/ Verb (**-pp-**) **1** (ein)tauchen ◇ *dipped in chocolate* mit Schokolade überzogen **2** sinken (lassen) ◇ *The sun dipped behind the trees.* Die Sonne verschwand hinter den Bäumen. ◇ *The road dipped suddenly.* Die Straße fiel plötzlich ab. **3** (BrE) *dip your headlights* abblenden **4** (*Schafe etc.*) in Pestizid baden **IDM** **dip into your 'pocket** (umgs) in die eigene Tasche greifen **dip a 'toe in/into sth** (umgs) vorsichtig in etw einsteigen; einen Zeh ins Wasser stecken **PHRV** **dip 'into sth 1** in etw greifen **2** einen kurzen Blick auf etw werfen, etw flüchtig durchgehen **3** (*Ersparnisse*) antasten

dip² /dɪp/ Nomen **1** (umgs) ◇ *Let's go for/take/have a dip before breakfast.* Gehen wir vor dem Frühstück kurz schwimmen. **2** Rückgang ◇ *a dip in profits* ein Gewinnrückgang **3** Senke, Mulde **4** (*Soße*) Dip **5** (*für Schafe etc.*) Pestizidlösung **6** [Sing] ~ **into sth** Blick in/auf etw **7** [meist Sing] Nicken ☛ *Siehe auch* LUCKY DIP

diph·the·ria /dɪfˈθɪərɪə; AmE -ˈθɪr-, ˈdɪp-/ Nomen Diphtherie

diph·thong /ˈdɪfθɒŋ; AmE -θɔːŋ, ˈdɪp-/ Nomen Diphthong, Doppellaut

dip·loma /dɪˈpləʊmə; AmE -ˈploʊ-/ Nomen **1** (BrE) Diplom **2** Abschlusszeugnis

dip·lo·macy /dɪˈpləʊməsi; AmE -ˈploʊ-/ Nomen Diplomatie (*auch fig*)

dip·lo·mat /ˈdɪpləmæt/ Nomen Diplomat(in) (*auch fig*)

dip·lo·mat·ic /ˌdɪpləˈmætɪk/ Adj (Adv **dip·lo·mat·ic·al·ly** /-kli/) diplomatisch, Diplomaten- (*auch fig*)

ˌdiploˌmatic 'bag (AmE **ˌdiploˌmatic 'pouch**) Nomen Diplomatenpost

ˌdiplo'matic corps Nomen (*meist* **the diplomatic corps**) (Pl **diplomatic corps**) das diplomatische Korps ☛ G 1.3b

the Diplo'matic Service Nomen (*bes BrE*) der diplomatische Dienst

dip·per /ˈdɪpə(r)/ Nomen (*Vogel*) Taucher, Wasseramsel ☛ *Siehe auch* BIG DIPPER

dippy /ˈdɪpi/ Adj (umgs) verrückt

dipso·maniac /ˌdɪpsəˈmeɪniæk/ Nomen Dipsomane, Dipsomanin, Quartalssäufer(in)

dip·stick /ˈdɪpstɪk/ Nomen **1** (Öl)messstab **2** (umgs) Idiot(in)

'dip switch Nomen (BrE) Abblendschalter

dire /ˈdaɪə(r)/ Adj **1** (gehoben) (Lage) prekär; (Konsequenzen, Wirkung) verheerend; (Warnung, Drohung) ernst ◇ *dire poverty* tiefste Armut ◇ *be in dire need of sth* etw dringend brauchen ◇ *in dire straits* in großen Schwierigkeiten **2** (BrE, umgs) (furchtbar) schlecht

dir·ect¹ /dəˈrekt, dɪ-, daɪ-/ Adj **1** unmittelbar, direkt ◇ *His death was a direct result of your action.* Ihr Verhalten hat unmittelbar zu seinem Tod geführt. ◇ *We need somebody with direct experience of this type of work.* Wir brauchen jemanden mit einschlägiger Erfahrung in diesem Arbeitsbereich. **2** (Verbindung, Nachkomme) direkt ◇ *the most direct route* die kürzeste Route ◇ *a direct hit* ein Volltreffer **3** *nur vor Nomen* genau ◇ *a direct quote* ein wörtliches Zitat **4** (Art, Antwort etc.) offen, direkt

dir·ect² /dəˈrekt, dɪ-, daɪ-/ Adv ◇ *I prefer to deal with him direct.* Geschäfte mache ich lieber direkt mit ihm. ☛ *Siehe auch* DIRECTLY

dir·ect³ /dəˈrekt, dɪ-, daɪ-/ Verb **1** (gehoben) ~ **sth to/towards sth/sb** etw auf etw/jdn richten; ~ **sth at/against sth/sb** etw an/gegen etw/jdn richten **2** leiten; (Verkehr) regeln **3** Regie führen ◇ *The movie was directed by Spielberg.* Spielberg war der Regisseur des Films. **4** ~ **sb (to ...)** jdm den Weg (nach/zu ...) sagen/zeigen ◇ *I was directed to another office.* Ich wurde in ein anderes Büro geschickt. **5** (*gehoben*) anordnen ◇ *as directed by your doctor* wie vom Arzt verordnet **6** ~ **sth to ...** (*gehoben*) etw an ... adressieren

diˌrect 'access Nomen (COMP) Direktzugriff

diˌrect 'action Nomen (Protestaktion etc.) direkte Aktion(en)

diˌrect 'current Nomen (Abk **DC**) (ELEK) Gleichstrom

diˌrect 'debit Nomen (BrE) Lastschrift

diˌrect deˈposit Nomen [U] (AmE) Gehaltsüberweisung

dir·ec·tion /dəˈrekʃn, dɪ-, daɪ-/ Nomen **1** Richtung (*auch fig*) ◇ *in the direction of the station* in Richtung Bahnhof ◇ *in a northerly direction* Richtung Norden ◇ *She glanced in his direction.* Sie schaute zu ihm hinüber. ◇ *a truck coming in the opposite direction* ein entgegenkommender Lkw ◇ *Has the wind changed direction?* Hat der Wind gedreht? ◇ *I lost all sense of direction.* Ich verlor jegliches Orientierungsgefühl. ◇ *new directions in foreign policy* neue Wege in der Außenpolitik **2** Seite ◇ *Let us approach the subject from a different direction.* Gehen wir das Thema von einer anderen Seite her an. **3** [meist Pl] Anleitung, Wegbeschreibung ◇ *Let's ask for directions.* Fragen wir jemanden nach dem Weg. **4** Leitung; (*von Film etc.*) Regie(führung)

dir·ect·ive /dəˈrektɪv, dɪ-, daɪ-/ Nomen Direktive, Verordnung

dir·ect·ly /dəˈrektli, dɪ-, daɪ-/ Adv **1** direkt **OPP** INDIRECTLY **2** unmittelbar ◇ *They are directly opposed to the plans.* Sie lehnen die Pläne grundsätzlich ab. **3** (BrE, veraltet) sogleich

diˌrect 'mail (*auch* **diˌrect 'marketing**) Nomen Direktmarketing

dir·ect·ness /dəˈrektnəs, dɪ-, daɪ-/ Nomen Offenheit, Deutlichkeit

diˌrect 'object Nomen direktes Objekt, Akkusativobjekt

dir·ect·or /dəˈrektə(r), dɪ-, daɪ-/ Nomen **1** Direktor(in), Leiter(in) ◇ *managing director* Geschäftsführer(in) ◇ *non-executive director* Mitglied im Aufsichtsrat ◇ *She's the musical director.* Sie ist die musikalische Leiterin. **2** Regisseur(in)

dir·ect·or·ate /dəˈrektərət, dɪ-, daɪ-/ Nomen **1** Ausschuss **2** Direktorium, Vorstand

diˌrector-'general Nomen Leiter(in) ◇ *the director-general of the BBC* der Generalintendant der BBC

dir·ect·or·ship /dəˈrektəʃɪp, dɪ-, daɪ-; AmE -tərʃ-/ Nomen **1** Leitung **2** Direktorenposten

dir·ec·tory /dəˈrektəri, dɪ-, daɪ-/ Nomen (Pl **-ies**) **1** Verzeichnis ◇ *a trade directory* ein Branchenverzeichnis ◇ *a telephone directory* ein Telefonbuch **2** (COMP) Directory, (Datei)verzeichnis

diˌrectory enˈquiries (AmE **diˌrectory asˈsistance**) Nomen (Telefon)auskunft ☛ G 1.3c

diˌrect 'speech Nomen direkte Rede, wörtliche Rede

diˌrect 'tax Nomen direkte Steuer

diˌrect taxˈation Nomen direkte Besteuerung

dirge /dɜːdʒ; AmE dɜːrdʒ/ Nomen **1** Totengesang **2** (umgs, abwert) Trauermarsch

dirt /dɜːt; AmE dɜːrt/ Nomen **1** Schmutz, Dreck ◇ *His clothes were covered in/with dirt.* Seine Kleidung war völlig verschmutzt. ◇ (umgs) *Do you have any dirt on him?* Weißt du, ob er Dreck am Stecken hat? **2** (*bes AmE*) Erde **3** (umgs) Kot **IDM** ⇨ DISH², *und* TREAT¹

ˈdirt 'cheap Adj, Adv (umgs) spottbillig

ˈdirt road Nomen unbefestigte Straße

dirty¹ /ˈdɜːti; AmE ˈdɜːrti/ Adj (**dirt·ier**, **dirti·est**) **1** schmutzig ◇ *a dirty grey* ein schmutziges Grau ◇ *It's a dirty job.* Was für eine Dreckarbeit! **2** unanständig **3** gemein ◇ *She's a dirty player.* Sie spielt nicht fair. ◇ *do sb's dirty jobs* die unsauberen Geschäfte für jdn besorgen **IDM** **a 'dirty 'word** ein Schimpfwort ◇ *Profit isn't a dirty word here.* Gewinn ist bei uns kein Schimpfwort. (**do sb's**) **'dirty work** (die) Dreckarbeit (für jdn machen) **do the 'dirty on sb** (*BrE, umgs*) jdn übers Ohr hauen **give sb a 'dirty 'look** jdm einen bösen Blick zuwerfen ☛ *Siehe auch* HAND¹ *und* WASH¹

dirty² /ˈdɜːti; AmE ˈdɜːrti/ Verb (**dirty·ing**, **dirt·ied**) schmutzig machen

dirty³ /ˈdɜːti; AmE ˈdɜːrti/ Adv **IDM** **dirty great/big** (*BrE, umgs*) riesig, verdammt groß **play 'dirty** (*umgs*) mauscheln ☛ *Siehe auch* TALK¹

ˌdirty old 'man Nomen (umgs) geiler Bock

ˌdirty 'trick Nomen **1** [meist Pl] schmutzige Tricks ◇ *a dirty tricks campaign* eine Verleumdungskampagne **2** Gemeinheit ◇ *What a dirty trick to play!* Was für eine Gemeinheit!

dis (*auch* **diss**) /dɪs/ Verb (**-ss-**) (*bes AmE*) beleidigen

dis- /dɪs/

Die Vorsilbe **dis-** wird in Adjektiven, Adverbien, Nomina und Verben verwendet und verkehrt den Sinn ins Gegenteil: *dishonest* unehrlich ◊ *a disadvantage* ein Nachteil ◊ *disappear* verschwinden.

dis·abil·ity /ˌdɪsəˈbɪləti/ *Nomen* (*Pl* **-ies**) **1** Behinderung ◊ *learning disabilities* Lernschwierigkeiten **2** Invalidität, Erwerbsunfähigkeit

dis·able /dɪsˈeɪbl/ *Verb* **1** ~ **sb** jdn zum Invaliden machen ◊ *He was disabled in a car accident.* Ein Autounfall machte ihn zum Invaliden. **2** ~ **sth** etw außer Betrieb setzen

dis·abled /dɪsˈeɪbld/ **1** *Adj* behindert ◊ *Does the theatre have disabled access?* Ist das Theater behindertengerecht? ☞ *Hinweis bei* BEHINDERT(E) **2 the disabled** *Nomen* [Pl] Behinderte

dis·able·ment /dɪsˈeɪblmənt/ *Nomen* **1** Behinderung **2** Invalidität

dis·ab·ling /dɪsˈeɪblɪŋ/ *Adj* behindernd

dis·abuse /ˌdɪsəˈbjuːz/ *Verb* (*gehoben*) ~ **sb** jdn eines Besseren belehren; ~ **sb of sth** jdn über etw aufklären

dis·ad·van·tage /ˌdɪsədˈvɑːntɪdʒ; *AmE* -ˈvæn-/ *Nomen* Nachteil ◊ *There are disadvantages to the plan.* Der Plan hat seine Nachteile. ◊ *be at a disadvantage* sich im Nachteil befinden ◊ *His age puts him at a disadvantage.* Er ist durch sein Alter benachteiligt.

dis·ad·van·taged /ˌdɪsədˈvɑːntɪdʒd; *AmE* -ˈvæn-/ *Adj* benachteiligt SYN DEPRIVED

dis·af·fect·ed /ˌdɪsəˈfektɪd/ *Adj* **1** abtrünnig **2** desillusioniert, verdrossen

dis·af·fec·tion /ˌdɪsəˈfekʃn/ *Nomen* Verdrossenheit

dis·agree /ˌdɪsəˈɡriː/ *Verb* **1** ~ (**with sb**) (**about/on/over sth**) sich (mit jdm) (über etw) nicht einig sein; ~ (**with sb/sth**) (jdm/etw) nicht zustimmen ◊ *He disagreed with his parents on most things.* Bei den meisten Dingen war er anderer Meinung als seine Eltern. **2** sich widersprechen PHRV **disa'gree with sb** (*Essen*) jdm nicht bekommen **disa'gree with sth/doing sth** etw ablehnen ◊ *I disagree with it.* Ich bin dagegen.

dis·agree·able /ˌdɪsəˈɡriːəbl/ *Adj* (*Adv* **dis·agree·ably** /-əbli/) (*gehoben*) **1** unangenehm **2** unleidlich SYN UNPLEASANT

dis·agree·ment /ˌdɪsəˈɡriːmənt/ *Nomen* Uneinigkeit, Streit

dis·allow /ˌdɪsəˈlaʊ/ *Verb* oft passiv nicht zulassen

dis·ap·pear /ˌdɪsəˈpɪə(r); *AmE* -ˈpɪr-/ *Verb* verschwinden (*Tierart etc.*) aussterben ◊ *disappear without trace* spurlos verschwinden SYN VANISH IDM **do/stage a dis·apˈpearing act** (*umgs*) sich verdrücken ☞ *Siehe auch* FACE¹

dis·ap·pear·ance /ˌdɪsəˈpɪərəns; *AmE* -ˈpɪr-/ *Nomen* Verschwinden, Aussterben

dis·ap·point /ˌdɪsəˈpɔɪnt/ *Verb* enttäuschen

dis·ap·point·ed /ˌdɪsəˈpɔɪntɪd/ *Adj* ~ (**at/by sth**) enttäuscht (von/über etw); ~ (**in/with sb/sth**) (von jdm/etw) enttäuscht ◊ *She was disappointed not to be chosen.* Sie war enttäuscht, dass sie nicht gewählt wurde.

dis·ap·point·ing /ˌdɪsəˈpɔɪntɪŋ/ *Adj* (*Adv* **dis·ap·point·ing·ly**) enttäuschend

dis·ap·point·ment /ˌdɪsəˈpɔɪntmənt/ *Nomen* ~ (**to sb**) Enttäuschung (für jdn)

dis·ap·proval /ˌdɪsəˈpruːvl/ *Nomen* Missbilligung ◊ *He shook his head in disapproval.* Er schüttelte missbilligend den Kopf.

dis·ap·prove /ˌdɪsəˈpruːv/ *Verb* **1** dagegen sein ◊ *She wants to be an actress but her parents disapprove.* Sie möchte Schauspielerin werden, aber ihre Eltern sind dagegen. **2** ~ **of sth** etw ablehnen; ~ **of sb** von jdm nichts halten

dis·ap·prov·ing /ˌdɪsəˈpruːvɪŋ/ *Adj* (*Adv* **dis·ap·prov·ing·ly**) missbilligend

dis·arm /dɪsˈɑːm; *AmE* -ˈɑːrm/ *Verb* **1** entwaffnen (*auch fig*) **2** abrüsten

dis·arma·ment /dɪsˈɑːməmənt; *AmE* -ˈɑːrm-/ *Nomen* Abrüstung

dis·arm·ing /dɪsˈɑːmɪŋ; *AmE* -ˈɑːrm-/ *Adj* (*Adv* **dis·arm·ing·ly**) entwaffnend

dis·array /ˌdɪsəˈreɪ/ *Nomen* Unordnung ◊ *throw sth into disarray* etw durcheinander bringen

dis·as·so·ci·ate /ˌdɪsəˈsəʊʃieɪt, -ˈsəʊs-; *AmE* -ˈsoʊ-/ *Verb* **1** ~ **yourself/sb from sb/sth** sich/jdn von jdm/etw distanzieren, sich/jdn von jdm/etw abgrenzen **2** ~ **sb/sth (from sth)** (*gehoben*) jdn/etw (von etw) trennen

dis·as·ter /dɪˈzɑːstə(r); *AmE* -ˈzæs-/ *Nomen* **1** Katastrophe, Unglück SYN CATASTROPHE **2** (*umgs*) Desaster; (*Mensch*) Niete ◊ *Letting him organize the party is a recipe for disaster.* Wenn wir ihn die Feier organisieren lassen, ist der Reinfall vorprogrammiert.

diˈsaster area *Nomen* **1** Katastrophengebiet **2** (*umgs*) (*fig*) Katastrophe ◊ *His office was a disaster area.* Sein Büro war ein einziges Chaos.

dis·as·trous /dɪˈzɑːstrəs; *AmE* -ˈzæs-/ *Adj* (*Adv* **dis·as·trous·ly**) katastrophal ◊ *a disastrous fire* ein verheerender Brand

dis·avow /ˌdɪsəˈvaʊ/ *Verb* (*gehoben*) (ab)leugnen, zurückweisen

dis·avowal /ˌdɪsəˈvaʊəl/ *Nomen* Ableugnung, Zurückweisung

dis·band /dɪsˈbænd/ *Verb* (sich) auflösen

dis·be·lief /ˌdɪsbɪˈliːf/ *Nomen* Ungläubigkeit ◊ *He stared at me in disbelief.* Er starrte mich ungläubig an. ◊ *To enjoy the movie you have to suspend your disbelief.* Man kann den Film nur genießen, wenn man bereit ist, alles zu glauben.

dis·be·lieve /ˌdɪsbɪˈliːv/ *Verb* (nicht in der Verlaufsform) (*gehoben*) nicht glauben, bezweifeln PHRV **disbeˈlieve in sb/sth** nicht an jdn/etw glauben

dis·be·liev·ing /ˌdɪsbɪˈliːvɪŋ/ *Adj* (*Adv* **dis·be·liev·ing·ly**) ungläubig

dis·burse /dɪsˈbɜːs; *AmE* -ˈbɜːrs/ *Verb* (*gehoben*) aus(be)zahlen

disc (*bes AmE* **disk**) /dɪsk/ *Nomen* **1** Scheibe **2** (*BrE*) Diskette **3** CD **4** (ANAT) Bandscheibe ◊ *a slipped disc* ein Bandscheibenvorfall **5** Schallplatte

dis·card /dɪsˈkɑːd; *AmE* -ˈkɑːrd/ *Verb* **1** wegwerfen, ausrangieren ◊ *He had discarded his jacket because of the heat.* Wegen der Hitze hatte er seine Jacke abgelegt. **2** (*Idee etc.*) verwerfen ◊ *She could now discard all thought of promotion.* Sie konnte nun jeden Gedanken an eine Beförderung aufgeben. **3** (*Karte*) abwerfen

ˈ**disc brake** *Nomen* [meist Pl] Scheibenbremse

dis·cern /dɪˈsɜːn; *AmE* -ˈsɜːrn/ *Verb* (nicht in der Verlaufsform) (*gehoben*) erkennen ◊ *He discerned a certain coldness in their welcome.* Er spürte eine gewisse Kühle in ihrer Begrüßung.

dis·cern·ible /dɪˈsɜːnəbl; *AmE* -ˈsɜːrn-/ *Adj* (*gehoben*) erkennbar, wahrnehmbar

dis·cern·ing /dɪˈsɜːnɪŋ; *AmE* -ˈsɜːrn-/ *Adj* anspruchsvoll ◊ *Clues are available for the discerning eye.* Wer scharfe Augen hat, kann die Spuren sehen.

dis·cern·ment /dɪˈsɜːnmənt; *AmE* -ˈsɜːrn-/ *Nomen* (*gehoben*) Urteilsvermögen

dis·charge¹ /dɪsˈtʃɑːdʒ; *AmE* -ˈtʃɑːrdʒ/ *Verb* **1** (meist passiv) ~ **sb (from sth)** jdn (aus etw) entlassen ◊ *She discharged herself.* Sie verließ das Krankenhaus auf eigene Verantwortung. **2** ~ **sth (into sth)** (*Gas, Flüssigkeit*) etw (in etw) ablassen **3** ~ **into sth** (*Gas, Flüssigkeit*) in etw strömen **4** (TECH) (sich) entladen **5** (*gehoben*) (*Pflicht*) erfüllen; (*Schuld*) begleichen **6** (*gehoben*) (*Gewehr etc.*) abfeuern

dis·charge² /ˈdɪstʃɑːdʒ; *AmE* -tʃɑːrdʒ/ *Nomen* **1** Ablassen ◊ *electrical discharges* elektrische Entladungen **2** (MED) Ausfluss **3** ~ (**from sth**) Entlassung (aus etw) **4** (*gehoben*) (*von Pflichten*) Erfüllung; (*von Schulden*) Begleichung

dis·ciple /dɪˈsaɪpl/ *Nomen* **1** Schüler(in), Anhänger(in) **2** (*in der Bibel*) Jünger

dis·cip·lin·ar·ian /ˌdɪsəplɪˈneəriən; *AmE* -ˈner-/ *Nomen* ◊ *She's quite a disciplinarian.* Bei ihr herrscht strenge Disziplin. ◊ *His father was a strict disciplinarian.* Sein Vater war sehr streng.

dis·cip·lin·ary /ˈdɪsəplɪnəri, ˌdɪsəˈplɪnəri; *AmE* ˈdɪsəpləneri/ *Adj* Disziplinar-

dis·cip·line¹ /ˈdɪsəplɪn/ *Nomen* Disziplin

dis·cip·line² /ˈdɪsəplɪn/ *Verb* disziplinieren ◊ *He disciplined himself to train at least three times a week.* Er zwang sich, mindestens dreimal pro Woche zu trainieren.

dis·ci·plined /ˈdɪsəplɪnd/ *Adj* diszipliniert

'disc jockey = DJ

dis·claim /dɪsˈkleɪm/ *Verb* (*offiz*) **1** abstreiten [SYN] DENY **2** (RECHT) verzichten auf

dis·claim·er /dɪsˈkleɪmə(r)/ *Nomen* **1** (*gehoben*) Dementi, Gegenerklärung **2** (RECHT) Verzichterklärung

dis·close /dɪsˈkləʊz; AmE -ˈkloʊz/ *Verb* (*gehoben*) **1** ~ sth (to sb) (jdm) etw bekannt geben ◊ *The report discloses that the police were to blame.* Aus dem Bericht geht hervor, dass die Polizei Schuld hatte. [SYN] REVEAL **2** (*gehoben*) zeigen [SYN] REVEAL

dis·clo·sure /dɪsˈkləʊʒə(r); AmE -ˈkloʊ-/ *Nomen* (*gehoben*) Bekanntgabe, Enthüllung ◊ *full disclosure of your financial situation* vollständige Informationen über Ihre finanzielle Lage [SYN] REVELATION

disco /ˈdɪskəʊ; AmE ˈdɪskoʊ/ *Nomen* (*Pl* **-os**) (*veraltet* **disco·theque**) Disko

dis·col·or·ation (*BrE auch* **dis·col·our·ation**) /ˌdɪsˌkʌləˈreɪʃn/ *Nomen* Verfärbung

dis·col·our (*AmE* **dis·color**) /dɪsˈkʌlə(r)/ *Verb* (sich) verfärben

dis·com·fit /dɪsˈkʌmfɪt/ *Verb* (*oft passiv*) (*gehoben*) verunsichern, aus der Fassung bringen

dis·com·fit·ure /dɪsˈkʌmfɪtʃə(r)/ *Nomen* Unbehagen

dis·com·fort /dɪsˈkʌmfət; AmE -fərt/ *Nomen* **1** (leichter) Schmerz ◊ *You will experience some minor discomfort during the treatment.* Die Behandlung ist etwas unangenehm. **2** Unbehagen **3** (*gehoben*) Unannehmlichkeit

dis·con·cert /ˌdɪskənˈsɜːt; AmE -ˈsɜːrt/ *Verb* beunruhigen, verwirren, irritieren

dis·con·cert·ed /ˌdɪskənˈsɜːtɪd; AmE -ˈsɜːrt-/ *Adj* beunruhigt, irritiert

dis·con·cert·ing /ˌdɪskənˈsɜːtɪŋ; AmE -ˈsɜːrt-/ *Adj* **dis·con·cert·ing·ly**) beunruhigend, irritierend

dis·con·nect /ˌdɪskəˈnekt/ *Verb* **1** ~ sth (from sth) etw (von etw) abtrennen ◊ *Make sure it is disconnected from the main socket.* Sorgen Sie dafür, dass der Stecker herausgezogen ist. **2** (*meist passiv*) (Gas, Strom etc.) abstellen ◊ *You'll be disconnected if you don't pay your gas bill.* Wenn du die Rechnung nicht bezahlst, stellt man dir das Gas ab. **3** (*meist passiv*) (*Telefongespräch*) unterbrechen ◊ *We were suddenly disconnected.* Wir wurden plötzlich unterbrochen.

dis·con·nect·ed /ˌdɪskəˈnektɪd/ *Adj* unzusammenhängend, losgelöst

dis·con·nec·tion /ˌdɪskəˈnekʃn/ *Nomen* Abtrennung, Abstellen

dis·con·so·late /dɪsˈkɒnsələt; AmE -ˈkɑːn-/ *Adj* (*Adv* **dis·con·so·late·ly**) (*gehoben*) untröstlich, niedergeschlagen [SYN] DEJECTED

dis·con·tent /ˌdɪskənˈtent/ (*auch* **dis·con·tent·ment** /ˌdɪskənˈtentmənt/) *Nomen* Unzufriedenheit [SYN] DISSATISFACTION

dis·con·tent·ed /ˌdɪskənˈtentɪd/ *Adj* (*Adv* **dis·con·tent·ed·ly**) unzufrieden

dis·con·tinue /ˌdɪskənˈtɪnjuː/ *Verb* **1** ~ sth etw einstellen, mit etw aufhören **2** be discontinued (*Produktion*) nicht mehr hergestellt werden ◊ *discontinued china* Porzellan, das nicht mehr hergestellt wird

dis·con·tinu·ity /ˌdɪsˌkɒntɪˈnjuːəti; AmE -ˌkɑːntəˈnuː-/ *Nomen* (*Pl* **-ies**) (*gehoben*) mangelnde Kontinuität

dis·con·tinu·ous /ˌdɪskənˈtɪnjuəs/ *Adj* (*gehoben*) **1** unterbrochen **2** unzusammenhängend

dis·cord /ˈdɪskɔːd; AmE -kɔːrd/ *Nomen* **1** Uneinigkeit, Streit ◊ *a note of discord* ein Missklang [OPP] CONCORD **2** (MUS) Disharmonie, Dissonanz

dis·cord·ant /dɪsˈkɔːdənt; AmE -ˈkɔːrd-/ *Adj* **1** uneinig, unharmonisch **2** unpassend, unstimmig **3** (MUS) disharmonisch, dissonant

disco·theque /ˈdɪskətek/ (*veraltet*) = DISCO

dis·count[1] /ˈdɪskaʊnt/ *Nomen* Preisnachlass, Rabatt ◊ *They were selling everything at a discount.* Sie verkauften alles zu reduzierten Preisen. ◊ *discount stores* Diskonter

dis·count[2] /dɪsˈkaʊnt; AmE auch ˈdɪskaʊnt/ *Verb* **1** (*gehoben*) ~ sth (as sth) etw (als etw) abtun ◊ *We cannot discount the possibility of further strikes.* Wir können weitere Streiks nicht ausschließen. **2** (*Preis*) diskontieren ◊ *discounted prices* Diskontpreise **3** (*Ware*) verbilligen

dis·cour·age /dɪsˈkʌrɪdʒ; AmE -ˈkɜːr-/ *Verb* **1** ~ sb (from doing sth) jdn (davon) abhalten (etw zu tun) **2** zu verhindern suchen, unterbinden ◊ *discourage drug taking among teenagers* Teenager vom Drogenkonsum abschrecken **3** entmutigen [OPP] ENCOURAGE

dis·cour·aged /dɪsˈkʌrɪdʒd; AmE -ˈkɜːr-/ *Adj* nicht vor Nomen entmutigt

dis·cour·age·ment /dɪsˈkʌrɪdʒmənt; AmE -ˈkɜːr-/ *Nomen* **1** Mutlosigkeit **2** Abhaltung, Abschreckung, Verhinderung ◊ *The rise in fuel prices is intended to act as a discouragement to car users.* Die Erhöhung der Benzinpreise soll die Autofahrer davon abhalten, ihre Fahrzeuge zu benutzen. **3** Enttäuschung

dis·cour·aging /dɪsˈkʌrɪdʒɪŋ; AmE -ˈkɜːr-/ *Adj* (*Adv* **dis·cour·aging·ly**) entmutigend

dis·course[1] /ˈdɪskɔːs; AmE -kɔːrs/ *Nomen* (*gehoben*) Diskurs

dis·course[2] /dɪsˈkɔːs; AmE -ˈkɔːrs/ *Verb* (*gehoben*) ~ on/upon sth ausführlich über etw sprechen

dis·cour·teous /dɪsˈkɜːtiəs; AmE -ˈkɜːrt-/ *Adj* (*Adv* **dis·cour·teous·ly**) (*gehoben*) unhöflich [SYN] IMPOLITE

dis·cover /dɪˈskʌvə(r)/ *Verb* entdecken ◊ *discover a cure for AIDS* ein Heilmittel gegen Aids finden ◊ *She was discovered dead at her home.* Sie wurde in ihrer Wohnung tot aufgefunden. ◊ *We never did discover why.* Wir haben nie herausgefunden, warum. ◊ *He was later discovered to be seriously ill.* Später stellte sich heraus, dass er schwer krank war.

dis·cov·er·er /dɪsˈkʌvərə(r)/ *Nomen* Entdecker(in)

dis·cov·ery /dɪˈskʌvəri/ *Nomen* (*Pl* **-ies**) Entdeckung

dis·credit[1] /dɪsˈkredɪt/ *Verb* **1** diskreditieren **2** zweifelhaft erscheinen lassen

dis·credit[2] /dɪsˈkredɪt/ *Nomen* (*gehoben*) Misskredit ◊ *Violent football fans bring discredit on the teams they support.* Randalierende Fußballfans bringen ihre Teams in Verruf. ◊ *Britain, to its discredit, did not protest.* Zu seiner Schande hat Großbritannien keinen Protest erhoben.

dis·cred·it·able /dɪsˈkredɪtəbl/ *Adj* (*gehoben*) unehrenhaft, diskreditierend

dis·creet /dɪˈskriːt/ *Adj* (*Adv* **dis·creet·ly**) diskret [OPP] INDISCREET

dis·crep·ancy /dɪsˈkrepənsi/ *Nomen* (*Pl* **-ies**) Diskrepanz

dis·crete /dɪˈskriːt/ *Adj* (*Adv* **dis·crete·ly**) (*gehoben oder Fachspr*) eigenständig, diskret [SYN] SEPARATE

dis·cre·tion /dɪˈskreʃn/ *Nomen* **1** Ermessen **2** Diskretion [IDM] **at sb's di'scretion** in jds Ermessen **do sth at your di'scretion** etw nach Ermessen tun ◊ *Tipping is at your discretion.* Es steht Ihnen frei, ein Trinkgeld zu geben.

dis·cre·tion·ary /dɪˈskreʃənəri; AmE -neri/ *Adj* (*gehoben*) Ermessens- ◊ *a discretionary clause* eine Kannvorschrift

dis·crim·in·ate /dɪˈskrɪmɪneɪt/ *Verb* **1** unterscheiden, einen Unterschied machen **2** ~ against sb jdn diskriminieren, jdn benachteiligen; ~ in favour of sb jdn bevorzugen **3** ◊ *It is illegal to discriminate on grounds of race, sex or religion.* Diskriminierung aufgrund von Rasse, Geschlecht oder Religion ist ungesetzlich.

dis·crim·in·at·ing /dɪˈskrɪmɪneɪtɪŋ/ *Adj* anspruchsvoll, kritisch

dis·crim·in·ation /dɪˌskrɪmɪˈneɪʃn/ *Nomen* **1** ~ (against sb) Diskriminierung (von jdm) ◊ *sex discrimination* Diskriminierung aufgrund des Geschlechts ◊ *discrimination in favour of the young* die Bevorzugung der Jungen **2** Urteilsvermögen, Urteilsfähigkeit ◊ *He showed great discrimination in his choice of friends.* Er hatte ein feines Gespür bei der Wahl seiner Freunde. [SYN] DISCERNMENT **3** (*gehoben*) Unterscheidung ◊ *learn discrimination between right and wrong* lernen, zwischen Gut und Böse zu unterscheiden **4** (*gehoben*) Unterschied

dis·crim·in·atory /dɪˈskrɪmɪnətəri; AmE dɪˈskrɪmɪnətɔːri/ *Adj* diskriminierend ◊ *sexually discriminatory* geschlechtsdiskriminierend

dis·cur·sive /dɪsˈkɜːsɪv; AmE -ˈkɜːrs-/ *Adj* (*Stil etc.*) weitschweifig

dis·cus /ˈdɪskəs/ *Nomen* (SPORT) **1** Diskus **2 the discus** das Diskuswerfen

dis·cuss /dɪˈskʌs/ *Verb* **1** besprechen ◊ *Have you discussed it with anyone?* Hast du mit irgendjemandem darüber gesprochen? ◊ *We discussed moving.* Wir überlegten, ob wir umziehen sollten. **2** (*Thema etc.*) erörtern, behandeln, diskutieren ☛ *Hinweis bei* ABOUT²

dis·cus·sion /dɪˈskʌʃn/ *Nomen* **1** Diskussion, Besprechung, Unterredung ◊ *topics for discussion* Diskussionsthemen ◊ *be under discussion* diskutiert werden **2** Erörterung, Abhandlung

dis·dain¹ /dɪsˈdeɪn/ *Nomen* Verachtung ◊ *He glanced away in disdain.* Er wandte sich verächtlich ab. [SYN] CONTEMPT

dis·dain² /dɪsˈdeɪn/ *Verb* (*gehoben*) **1** verschmähen, (*Mensch*) verachten **2** ~ **to do sth** es unter seiner Würde betrachten etw zu tun, zu stolz sein etw zu tun

dis·dain·ful /dɪsˈdeɪnfl/ *Adj* (*Adv* **dis·dain·ful·ly** /-fəli/) verächtlich, geringschätzig; **be ~ of sb/sth** jdn/etw verachten

dis·ease /dɪˈziːz/ *Nomen* Krankheit (*auch fig*) ◊ *prevent the spread of disease* die Ausbreitung von Krankheiten verhindern ◊ *kidney disease* Nierenerkrankung

dis·eased /dɪˈziːzd/ *Adj* krank (*auch fig*)

dis·em·bark /ˌdɪsɪmˈbɑːk; *AmE* -ˈbɑːrk/ *Verb* von Bord gehen [OPP] EMBARK

dis·em·bark·ation /ˌdɪsˌembɑːˈkeɪʃn/ *Nomen* [U] Landung, Ausschiffung

dis·em·bod·ied /ˌdɪsɪmˈbɒdid; *AmE* -ˈbɑːdid/ *Adj* **1** (*Stimme etc.*) geisterhaft ◊ *a disembodied voice* eine Stimme aus dem Nichts **2** körperlos ◊ *a disembodied head* ein abgetrennter Kopf

dis·em·bowel /ˌdɪsɪmˈbaʊəl/ *Verb* (**-ll-**, *AmE* **-l-**) die Eingeweide herausnehmen von, ausnehmen

dis·en·chant·ed /ˌdɪsɪnˈtʃɑːntɪd; *AmE* -ˈtʃænt-/ *Adj* desillusioniert; **~ with sb/sth** von jdm/etw enttäuscht

dis·en·chant·ment /ˌdɪsɪnˈtʃɑːntmənt; *AmE* -ˈtʃænt-/ *Nomen* Ernüchterung, Desillusionierung

dis·en·fran·chise /ˌdɪsɪnˈfræntʃaɪz/ *Verb* ~ **sb** jdm die Rechte/das Wahlrecht entziehen ◊ *disenfranchised groups* entrechtete Gruppen

dis·en·gage /ˌdɪsɪnˈɡeɪdʒ/ *Verb* **1** ~ (**yourself**) (*gehoben*) (sich) lösen, (sich) losmachen, (sich) befreien ◊ *disengage the clutch* auskuppeln **2** (MIL) abziehen

dis·en·gage·ment /ˌdɪsɪnˈɡeɪdʒmənt/ *Nomen* **1** Loslösung, Rückzug **2** (MIL) Abzug

dis·en·tan·gle /ˌdɪsɪnˈtæŋɡl/ *Verb* **1** (*fig*) entwirren, auseinander halten **2** lösen (*auch fig*), befreien (*auch fig*) **3** (*Seil, Knäuel etc.*) entwirren

dis·equi·lib·rium /ˌdɪsˌiːkwɪˈlɪbriəm, -ˌekw-/ *Nomen* (*gehoben oder Fachspr*) Ungleichgewicht, gestörtes Gleichgewicht

dis·es·tab·lish /ˌdɪsɪˈstæblɪʃ/ *Verb* (*Kirche*) vom Staat trennen

dis·es·tab·lish·ment /ˌdɪsɪˈstæblɪʃmənt/ *Nomen* (*der Kirche*) Trennung vom Staat

dis·favour (*AmE* **dis·favor**) /dɪsˈfeɪvə(r)/ *Nomen* (*gehoben*) **1** Missfallen **2** Ungnade ◊ *fall into disfavour with sb* bei jdm in Ungnade fallen

dis·fig·ure /dɪsˈfɪɡə(r); *AmE* -ɡjər/ *Verb* verunstalten, entstellen

dis·fig·ure·ment /dɪsˈfɪɡəmənt; *AmE* -ɡjər-/ *Nomen* **1** [U] Verunstaltung, Entstellung ◊ *He suffered permanent disfigurement in the fire.* Er erlitt Brandwunden, die ihn für immer entstellten. **2** entstellende Narbe, Brandmal etc.

dis·gorge /dɪsˈɡɔːdʒ; *AmE* -ˈɡɔːrdʒ/ *Verb* (*gehoben*) ausspeien, ausstoßen ◊ *The pipe disgorges sewage into the sea.* Durch das Rohr ergießt sich das Abwasser ins Meer. ◊ *The bus disgorged a crowd of children.* Eine Schar von Kindern strömte aus dem Bus.

dis·grace¹ /dɪsˈɡreɪs/ *Nomen* **1** Schande ◊ *Their behaviour is a disgrace to the legal profession.* Ihr Benehmen bringt Schande über den Juristenberuf. ◊ *He was sent home in disgrace.* Er wurde in Schimpf und Schande nach Hause geschickt. ◊ *She was sent up to bed in disgrace.* Zur Strafe wurde sie ins Bett geschickt. **2 in ~ (with sb)** in Ungnade (bei jdm)

dis·grace² /dɪsˈɡreɪs/ *Verb* **1** Schande bringen über; **~ yourself** sich blamieren **2 be disgraced** bloßgestellt werden, in Ungnade gefallen sein

dis·grace·ful /dɪsˈɡreɪsfl/ *Adj* (*Adv* **dis·grace·ful·ly** /-fəli/) **1** erbärmlich, miserabel **2** schändlich, skandalös ◊ *It's disgraceful that …* Es ist eine Schande, dass … ◊ *Sean had behaved disgracefully.* Es ist eine Schande, wie Sean sich aufgeführt hatte.

dis·grun·tled /dɪsˈɡrʌntld/ *Adj* ~ (**at sb/sth**) (über jdn/etw) verärgert, (wegen jds/einer Sache) verstimmt

dis·guise¹ /dɪsˈɡaɪz/ *Verb* **1** verkleiden; (MIL) tarnen ◊ *be heavily disguised* gut getarnt sein ◊ *He disguised his voice.* Er verstellte seine Stimme. **2** verbergen ◊ *Her smile disguised her anger.* Sie lächelte, aber eigentlich war sie wütend. ◊ *a thinly disguised attack on the President* eine kaum verschleierte Attacke auf den Präsidenten

dis·guise² /dɪsˈɡaɪz/ *Nomen* Verkleidung, Tarnung ◊ *in disguise* verkleidet ◊ (*fig*) *It was a wage cut in disguise.* Das war eine versteckte Lohnkürzung. [IDM] ⇒ BLESSING

dis·gust¹ /dɪsˈɡʌst/ *Nomen* ~ (**at/with sth**) Ekel (vor etw), Empörung (über etw) ◊ *I can only feel disgust for these criminals.* Für diese Verbrecher kann ich nur Abscheu empfinden. ◊ *She wrinkled her nose in disgust.* Sie rümpfte angewidert die Nase.

dis·gust² /dɪsˈɡʌst/ *Verb* anwidern, anekeln, empören

dis·gust·ed /dɪsˈɡʌstɪd/ *Adj* (*Adv* **dis·gust·ed·ly**) ~ (**at/by/with sb/sth**) (von jdm/etw) angewidert, (über jdn/etw) empört

dis·gust·ing /dɪsˈɡʌstɪŋ/ *Adj* (*Adv* **dis·gust·ing·ly**) **1** widerlich, ekelhaft **2** unerhört; (*Sprache*) ordinär ◊ *He looked disgustingly healthy.* Er sah unverschämt gesund aus.

dish¹ /dɪʃ/ *Nomen* **1** Schüssel, Schale ◊ *a soap dish* eine Seifenschale ◊ *a serving dish* eine Servierplatte **2 the dishes** [Pl] ◊ *I'll do the dishes.* Ich spüle ab. ◊ *Leave the dishes.* Lass den Abwasch stehen. **3** Gericht, Speise ◊ *a hot main dish* ein warmes Hauptgericht ☛ *Siehe auch* SIDE DISH **4** (*umgs*) toller Hecht, flotte Biene

dish² /dɪʃ/ *Verb* [IDM] **dish the 'dirt** (*umgs*) schmutzige Wäsche waschen ,**dish the 'dirt on sb** (*umgs*) jdn in den Schmutz ziehen [PHR V] ,**dish it 'out** (*abwert*) (*Kritik*) austeilen ◊ *He enjoys dishing it out, but he really can't take it.* Er kritisiert gern andere, aber er kann nichts einstecken. ,**dish sth 'out** etw verteilen, etw austeilen ,**dish (sth) 'up** (etw) anrichten, (etw) auftragen ,**dish sth 'up** etw bieten ☛ G 9.7d

dis·har·mony /dɪsˈhɑːməni; *AmE* -ˈhɑːrm-/ *Nomen* (*gehoben*) Disharmonie

dish·cloth /ˈdɪʃklɒθ; *AmE* -klɔːθ/ *Nomen* Spüllappen

dis·heart·en /dɪsˈhɑːtn; *AmE* -ˈhɑːrtn/ *Verb* (*gehoben*) entmutigen

dis·heart·en·ing /dɪsˈhɑːtnɪŋ; *AmE* -ˈhɑːrt-/ *Adj* (*gehoben*) entmutigend

dish·ev·elled (*AmE meist* **dish·ev·eled**) /dɪˈʃevld/ *Adj* zerzaust, ungepflegt

dis·hon·est /dɪsˈɒnɪst; *AmE* -ˈɑːn-/ *Adj* (*Adv* **dis·hon·est·ly**) unehrlich, unaufrichtig, unredlich; (*Händler etc.*) betrügerisch ◊ *dishonestly obtain information* sich auf betrügerische Weise Informationen verschaffen

dis·hon·esty /dɪsˈɒnɪsti; *AmE* -ˈɑːn-/ *Nomen* Unehrlichkeit, Unredlichkeit, Verlogenheit

dis·hon·our¹ (*AmE* **dis·honor**) /dɪsˈɒnə(r); *AmE* -ˈɑːn-/ *Nomen* [U] (*gehoben*) Schande, Unehre

dis·hon·our² (*AmE* **dis·honor**) /dɪsˈɒnə(r); *AmE* -ˈɑːn-/ *Verb* **1** entehren, Schande bringen über **2** (*Versprechen etc.*) nicht einhalten

dis·hon·our·able (*AmE* **dis·hon·or·able**) /dɪsˈɒnərəbl; *AmE* -ˈɑːn-/ *Adj* (*Adv* **dis·hon·our·ably**, *AmE* **dis·hon·or·ably**) /-nərəbli/ unehrenhaft ◊ *He was given a dishonourable discharge.* Er wurde unehrenhaft aus der Armee entlassen.

dish·pan /ˈdɪʃpæn/ *Nomen* (*AmE*) Spülschüssel

dish·rag /ˈdɪʃræɡ/ *Nomen* (*AmE*) Spüllappen

dish·towel /ˈdɪʃtaʊəl/ *Nomen* (*AmE*) Geschirrtuch

dish·wash·er /ˈdɪʃwɒʃə(r); *AmE* -wɑːʃ-, -wɔːʃ-/ *Nomen* **1** Geschirrspülmaschine ◊ *dishwasher safe* spülmaschinenfest **2** Tellerwäscher(in), Spüler(in)

dish·water /ˈdɪʃwɔːtə(r)/ *Nomen* Spülwasser IDM ⇨ DULL¹

dishy /ˈdɪʃi/ *Adj* (*bes BrE, umgs, veraltet*) gut aussehend

dis·il·lu·sion¹ /ˌdɪsɪˈluːʒn/ *Verb* desillusionieren ◇ *I hate to disillusion you, but …* Ich will dir deine Illusionen nicht rauben, aber …

dis·il·lu·sion² /ˌdɪsɪˈluːʒn/ *Nomen* Desillusion, Ernüchterung, Enttäuschung

dis·il·lu·sioned /ˌdɪsɪˈluːʒnd/ *Adj* desillusioniert, ernüchtert, enttäuscht

dis·il·lu·sion·ment /ˌdɪsɪˈluːʒnmənt/ *Nomen* [U/Sing] Desillusionierung, Enttäuschung

dis·in·cen·tive /ˌdɪsɪnˈsentɪv/ *Nomen* Abschreckung

dis·in·clin·ation /ˌdɪsˌɪnklɪˈneɪʃn/ *Nomen* [Sing] (*gehoben*) Abneigung, Unlust

dis·in·clined /ˌdɪsɪnˈklaɪnd/ *Adj* nicht vor Nomen (*gehoben*) unwillig, abgeneigt SYN RELUCTANT

dis·in·fect /ˌdɪsɪnˈfekt/ *Verb* **1** desinfizieren **2** (COMP) mit einem Antivirenprogramm prüfen

dis·in·fect·ant /ˌdɪsɪnˈfektənt/ *Nomen* Desinfektionsmittel

dis·in·for·ma·tion /ˌdɪsˌɪnfəˈmeɪʃn; *AmE* -fər'm-/ *Nomen* [U] Desinformation

dis·in·genu·ous /ˌdɪsɪnˈdʒenjuəs/ *Adj* (*Adv* **dis·in·genu·ous·ly**) (*gehoben*) unaufrichtig ◇ *The Minister is being slightly disingenuous.* Der Minister tut ein wenig naiv.

dis·in·herit /ˌdɪsɪnˈherɪt/ *Verb* enterben

dis·in·te·grate /dɪsˈɪntɪɡreɪt/ *Verb* auseinander brechen, zerfallen, zerbrechen (*auch fig*), sich auflösen (*auch fig*)

dis·in·te·gra·tion /dɪsˌɪntɪˈɡreɪʃn/ *Nomen* Zerfall (*auch fig*), Auflösung (*auch fig*), Zusammenbruch (*auch fig*)

dis·in·ter /ˌdɪsɪnˈtɜː(r)/ *Verb* (**-rr-**) (*gehoben*) ausgraben (*auch fig*)

dis·in·ter·est /dɪsˈɪntrəst, -trest/ *Nomen* **1** ~ (**in sth**) Desinteresse (an etw) **2** Unvoreingenommenheit, Unparteilichkeit

dis·in·ter·est·ed /dɪsˈɪntrəstɪd, -trestɪd/ *Adj* (*Adv* **dis·in·ter·est·ed·ly**) **1** unvoreingenommen, unparteiisch, uneigennützig **2** (*umgs*) desinteressiert

dis·in·vest·ment /ˌdɪsɪnˈvestmənt/ *Nomen* (FINANZ) Desinvestition

dis·joint·ed /dɪsˈdʒɔɪntɪd/ *Adj* unzusammenhängend, zusammenhanglos

dis·junc·tion /dɪsˈdʒʌŋkʃn/ *Nomen* (*seltener* **dis·junc·ture** /dɪsˈdʒʌŋktʃə(r)/) *Nomen* (*gehoben*) Auseinanderklaffen, Diskrepanz

disk /dɪsk/ *Nomen* (*bes AmE*) = DISC ☛ *Siehe auch* FLOPPY DISK *und* HARD DISK

'disk drive *Nomen* Laufwerk

disk·ette /dɪsˈket/ *Nomen* Diskette

dis·like¹ /dɪsˈlaɪk/ *Verb* nicht mögen ◇ *Why do you dislike him so much?* Warum kannst du ihn so gar nicht leiden? ◇ *I dislike being away from my family.* Ich bin ungern von meiner Familie getrennt. ◇ *Much as she dislikes such chores …* Sosehr sie solche Arbeiten auch hasst, …

dis·like² /dɪsˈlaɪk/ *Nomen* ~ (**of/for sb/sth**) Abneigung (gegen jdn/etw) ◇ *She took an instant dislike to him.* Sie fasste sofort eine Abneigung gegen ihn.

dis·locate /ˈdɪsləkeɪt; *AmE* -loʊk-, dɪsˈloʊ-/ *Verb* **1** ausrenken, verrenken, auskugeln **2** (*gehoben*) (*fig*) durcheinander bringen SYN DISRUPT

dis·loca·tion /ˌdɪsləˈkeɪʃn; *AmE* -loʊ-/ *Nomen* **1** Ausrenkung, Auskugelung, Verrenkung ◇ *a dislocation of the shoulder* ein ausgekugelter Arm **2** (*gehoben*) (*fig*) Erschütterung, Gefühl der Verlorenheit

dis·lodge /dɪsˈlɒdʒ; *AmE* -ˈlɑːdʒ/ *Verb* **1** ~ **sth** (**from sth**) etw (von etw) lösen, etw (von etw) losreißen **2** ~ **sb** (**from sth**) jdn (von etw) vertreiben, jdn (aus etw) verdrängen

dis·loyal /dɪsˈlɔɪəl/ *Adj* ~ (**to sb/sth**) illoyal (jdm/etw gegenüber)

dis·loy·alty /dɪsˈlɔɪəlti/ *Nomen* Illoyalität

dis·mal /ˈdɪzməl/ *Adj* **1** trostlos, deprimierend SYN MISERABLE *und* GLOOMY **2** (*umgs*) kläglich

dis·mal·ly /ˈdɪzməli/ *Adv* **1** deprimiert **2** kläglich

dis·man·tle /dɪsˈmæntl/ *Verb* **1** auseinander nehmen, demontieren **2** (*fig*) abbauen

dis·may¹ /dɪsˈmeɪ/ *Nomen* Bestürzung ◇ *He looked at her in dismay.* Er sah sie bestürzt an.

dis·may² /dɪsˈmeɪ/ *Verb* bestürzen

dis·mayed /dɪsˈmeɪd/ *Adj* ~ (**at/by sth**) bestürzt (über etw) ◇ *They were dismayed to find that the ferry had already left.* Sie stellten bestürzt fest, dass die Fähre schon weg war.

dis·mem·ber /dɪsˈmembə(r)/ *Verb* **1** zerstückeln **2** zersplittern

dis·mem·ber·ment /dɪsˈmembəmənt; *AmE* -bər-/ *Nomen* Verstümmelung

dis·miss /dɪsˈmɪs/ *Verb* **1** ~ **sb/sth** (**as sth**) jdn/etw (als etw) abtun ◇ *I think we can safely dismiss their objections.* Ich glaube, wir können ihre Einwände mit gutem Gewissen ignorieren. ◇ *The suggestion was dismissed out of hand.* Der Vorschlag wurde kurzerhand abgewiesen. **2** (*aus den Gedanken*) verbannen ◇ *Dismissing her fears, she climbed higher.* Sie schüttelte ihre Angst ab und kletterte höher. **3** ~ **sb** (**from sth**) jdn (aus etw) entlassen **4** wegschicken, entlassen **5** (RECHT) abweisen **6** (*beim Kricket*) ausscheiden lassen

dis·missal /dɪsˈmɪsl/ *Nomen* **1** Entlassung, Kündigung **2** Abtun, Abweisung

dis·mis·sive /dɪsˈmɪsɪv/ *Adj* (*Adv* **dis·mis·sive·ly**) ~ (**of sb/sth**) geringschätzig (jdm/etw gegenüber), abschätzig (jdm/etw gegenüber) ◇ *a dismissive gesture* eine wegwerfende Handbewegung ◇ *She was always dismissive of men.* Sie behandelte Männer immer mit Geringschätzung.

dis·mount /dɪsˈmaʊnt/ *Verb* ~ (**from sth**) (von etw) absteigen OPP MOUNT

dis·obedi·ence /ˌdɪsəˈbiːdiəns/ *Nomen* Ungehorsam

dis·obedi·ent /ˌdɪsəˈbiːdiənt/ *Adj* (*Adv* **dis·obedi·ent·ly**) ungehorsam

dis·obey /ˌdɪsəˈbeɪ/ *Verb* ~ (**sb**) (jdm) nicht gehorchen, (jdm) den Gehorsam verweigern; ~ **sth** etw nicht befolgen

dis·order /dɪsˈɔːdə(r); *AmE* -ˈɔːrd-/ *Nomen* **1** Durcheinander, Unordnung **2** Unruhen, Aufruhr **3** (MED) (Funktions)störung ◇ *eating disorders* Essstörungen

dis·ordered /dɪsˈɔːdəd; *AmE* -ˈɔːrdərd/ *Adj* **1** unordentlich, chaotisch **2** (MED) gestört ◇ *emotionally disordered children* psychisch gestörte Kinder

dis·or·der·ly /dɪsˈɔːdəli; *AmE* -ˈɔːrdərli/ *Adj* (*gehoben*) **1** undiszipliniert, ungebührlich ◇ *They were arrested for being drunk and disorderly.* Sie wurden wegen Trunkenheit und Erregung öffentlichen Ärgernisses verhaftet. **2** unordentlich

dis·or·gan·iza·tion (*BrE auch* **-isa·tion**) /dɪsˌɔːɡənaɪˈzeɪʃn; *AmE* -ˌɔːrɡənəˈz-/ *Nomen* Desorganisation, Durcheinander

dis·or·gan·ized (*BrE auch* **-ised**) /dɪsˈɔːɡənaɪzd; *AmE* -ˈɔːrɡ-/ *Adj* chaotisch

dis·orien·tate /dɪsˈɔːriənteɪt/ (*bes AmE* **dis·orient** /dɪsˈɔːrient/) *Verb* desorientieren, verwirren ◇ *The darkness had disoriented him.* In der Dunkelheit hatte er die Orientierung verloren.

dis·orien·tated /dɪsˈɔːriənteɪtɪd/ (*auch* **dis·orient·ed** /dɪsˈɔːriəntɪd/) *Adj* desorientiert, verwirrt

dis·orien·ta·tion /dɪsˌɔːriənˈteɪʃn/ *Nomen* Desorientierung, Verwirrung

dis·own /dɪsˈəʊn; *AmE* -ˈoʊn/ *Verb* verleugnen, verstoßen

dis·par·age /dɪˈspærɪdʒ/ *Verb* (*gehoben*) diskreditieren, schmälern

dis·para·ging /dɪˈspærɪdʒɪŋ/ *Adj* (*Adv* **dis·para·ging·ly**) geringschätzig, verächtlich

dis·par·ate /ˈdɪspərət/ *Adj* (*gehoben*) **1** ungleich(artig), disparat **2** grundverschieden

dis·par·ity /dɪˈspærəti/ *Nomen* (*Pl* **-ies**) (*gehoben*) Ungleichheit ◇ *the wide disparity between rich and poor* die Kluft zwischen Arm und Reich

dis·pas·sion·ate /dɪˈspæʃənət/ *Adj* (*Adv* **dis·pas·sion·ate·ly**) sachlich, objektiv SYN IMPARTIAL

dis·patch¹ (*BrE auch* **des·patch**) /dɪˈspætʃ/ *Verb* **1** (*gehoben*) (ent)senden **2** ~ **sth** (**to sb/sth**) (*gehoben*) etw (an jdn/etw) (ver)senden **3** (*gehoben*) (prompt) erledigen ◇ *He dispatched Haas in 52 minutes.* Er fegte Haas in 52 Minuten vom Platz. **4** (*veraltet*) töten

dis·patch² (*BrE auch* **des·patch**) /dɪˈspætʃ/ *Nomen* **1** (*gehoben*) Entsendung, Absendung, Versand **2** Depesche **3** (*in der Presse*) Bericht

di·spatch box (*auch* **de·spatch box**) *Nomen* (*BrE*) **1** Aktenkoffer (*von Ministern, für offizielle Dokumente*) **2 the Dispatch Box** = Kasten auf einem Tisch im britischen Parlament, an dem Minister beim Sprechen stehen

dis·patch·er /dɪˈspætʃə(r)/ *Nomen* (*AmE*) = Mitarbeiter(in) in einer Einsatzzentrale, Taxizentrale etc.

di·spatch note *Nomen* Versandanzeige, Begleitschein

di·spatch rider (*auch* **de·spatch rider**) *Nomen* (*BrE*) Motorradbote, -botin

dis·pel /dɪˈspel/ *Verb* (**-ll-**) vertreiben; (*Ängste etc.*) zerstreuen

dis·pens·able /dɪˈspensəbl/ *Adj* entbehrlich OPP INDISPENSABLE *und* ESSENTIAL

dis·pens·ary /dɪˈspensəri/ *Nomen* (*Pl* **-ies**) = Apotheke in einem Krankenhaus oder innerhalb eines Geschäfts

dis·pen·sa·tion /ˌdɪspenˈseɪʃn/ *Nomen* **1** (REL) Sondererlaubnis, Dispens **2** (*gehoben*) Verteilung ◊ *dispensation of justice* Rechtsprechung **3** (*Fachspr*) System

dis·pense /dɪˈspens/ *Verb* **1** ~ **sth** (**to sb**) etw (an jdn) austeilen **2** ~ **sth** (**to sb**) (*gehoben*) etw (an jdn) ausgeben ◊ *The organization dispenses free healthcare to the poor.* Die Organisation lässt den Armen kostenlose medizinische Versorgung zukommen. ◊ *dispense justice* Recht sprechen ◊ *dispense advice* Rat geben **3** (*Arzneien*) zubereiten und abgeben ◊ *dispense a prescription* eine Arznei nach Rezept zubereiten und abgeben ◊ (*BrE*) *a dispensing chemist* ein(e) Apotheker(in) PHRV **di'spense with sb/sth** auf jdn/etw verzichten ◊ *Debit cards dispense with the need for cash altogether.* Debitkarten machen Bargeld überflüssig.

dis·pens·er /dɪˈspensə(r)/ *Nomen* Automat ◊ *a soap dispenser* ein Seifenspender

dis·per·sal /dɪˈspɜːsl; *AmE* dɪˈspɜːrsl/ *Nomen* (*gehoben*) **1** (Zer)streuung **2** Verbreitung

dis·perse /dɪˈspɜːs; *AmE* dɪˈspɜːrs/ *Verb* **1** (sich) zerstreuen, (sich) auflösen **2** (sich) verbreiten

dis·per·sion /dɪˈspɜːʃn; *AmE* dɪˈspɜːrʒn/ *Nomen* (*Fachspr*) Streuung

dis·pir·it·ed /dɪˈspɪrɪtɪd/ *Adj* (*gehoben*) entmutigt

dis·pir·it·ing /dɪˈspɪrɪtɪŋ/ *Adj* (*gehoben*) entmutigend

dis·place /dɪsˈpleɪs/ *Verb* **1** (*meist passiv*) verdrängen, ersetzen **2** vertreiben **3** verschieben ◊ *roof tiles that have been displaced by the wind* Dachziegel, die der Wind losgerissen hat **4** (*bes AmE*) entlassen ◊ *The displaced workers receive help with job-seeking.* Die Leute, die ihre Arbeitsstelle verloren haben, erhalten Unterstützung bei der Arbeitssuche.

di͵splaced ˈperson *Nomen* (*Pl* **displaced persons**) (*Fachspr*) Vertriebene(r), Flüchtling

dis·place·ment /dɪsˈpleɪsmənt/ *Nomen* **1** (*gehoben*) Vertreibung, Verschiebung **2** (PHYSIK) Verdrängung

dis·play[1] /dɪˈspleɪ/ *Verb* ~ **sth** (**to sb**) **1** (jdm) etw zeigen **2** (*Information etc.*) anzeigen ◊ *This column displays the title of the mail message.* In dieser Spalte steht die Überschrift der Mail. **3** (*Fachspr*) balzen

dis·play[2] /dɪˈspleɪ/ *Nomen* **1** Zurschaustellung, Ausstellung ◊ *a beautiful floral display in front of the town hall* schöne Blumenbeete vor dem Rathaus ◊ *a window display* eine Schaufensterauslage ◊ *a display cabinet* eine Vitrine/ein Schaukasten **2** Vorführung, Schau ◊ *a firework display* ein Feuerwerk **3** (*von Gefühlen, Wohlstand, Macht etc.*) Demonstration, Zurschaustellung **4** Display IDM **on diˈsplay** ausgestellt ◊ *put sth on display* etw ausstellen

dis·please /dɪsˈpliːz/ *Verb* (*gehoben*) missfallen

dis·pleased /dɪsˈpliːzd/ *Adj* unzufrieden

dis·pleas·ing /dɪsˈpliːzɪŋ/ *Adj* unangenehm

dis·pleas·ure /dɪsˈpleʒə(r)/ *Nomen* ~ (**at/with sb/sth**) (*gehoben*) Missfallen (über jdn/etw)

dis·pos·able /dɪˈspəʊzəbl; *AmE* -ˈspoʊ-/ *Adj* **1** Einweg-, Wegwerf- **2** (FINANZ) verfügbar

dis·pos·ables /dɪˈspəʊzəblz; *AmE* -ˈspoʊ-/ *Nomen* [Pl] Wegwerfwindeln

dis·pos·al /dɪˈspəʊzl; *AmE* -ˈspoʊ-/ *Nomen* **1** Beseitigung, Entsorgung ◊ *a bomb disposal squad* ein Bombenentschärfungskommando **2** (WIRTSCH) Veräußerung **3** (*AmE*) Müllschlucker IDM **at sb's diˈsposal** zu jds Verfügung

dis·pose /dɪˈspəʊz; *AmE* dɪˈspoʊz/ *Verb* (*gehoben*) **1** (an)ordnen, aufstellen **2** ~ **sb to/toward**(**s**) **sth** jdn zu etw geneigt machen PHRV **diˈspose of sb/sth 1** sich jds/einer Sache entledigen ◊ *the difficulties of disposing of nuclear waste* die Schwierigkeiten der Atommüllentsorgung ◊ *dispose of stolen property* Diebesgut absetzen **2** jdn/etw aus dem Weg schaffen **3** jdn/etw eliminieren (*auch fig*)

dis·posed /dɪˈspəʊzd; *AmE* dɪˈspoʊzd/ *Adj* nicht vor Nomen (*gehoben*) **1** ~ (**to do sth**) geneigt (etw zu tun), bereit (etw zu tun) **2** (*nach einem Adverb*) ◊ *She seems favourably disposed to the move.* Sie scheint dem Umzug positiv gegenüberzustehen. ◊ *He had always been kindly disposed to her.* Er war ihr immer freundlich gesinnt.

dis·pos·ition /ˌdɪspəˈzɪʃn/ *Nomen* **1** [meist Sing] Veranlagung ◊ *a cheerful disposition* ein fröhliches Wesen ◊ *people of a nervous disposition* ängstlich veranlagte Menschen **2** [meist Sing] (*gehoben*) ~ **to/towards sth** Neigung zu etw; ~ **to do sth** (*Tendenz*) Neigung etw zu tun ◊ *a disposition towards acts of violence* ein Hang zur Gewalttätigkeit **3** [meist Sing] (*gehoben*) Anordnung, Aufstellung **4** (RECHT) Schenkung

dis·pos·sess /ˌdɪspəˈzes/ *Verb* (*meist passiv*) (*gehoben*) enteignen; ~ **sb of sth** jdm etw wegnehmen

dis·pos·ses·sion /ˌdɪspəˈzeʃn/ *Nomen* Enteignung

dis·pro·por·tion·ate /ˌdɪsprəˈpɔːʃənət; *AmE* -ˈpɔːrʃ-/ *Adj* ~ (**to sth**) in keinem Verhältnis stehend (zu etw) ◊ *A disproportionate number of students on this course are from overseas.* Unverhältnismäßig viele Studenten in diesem Kurs kommen aus dem Ausland.

dis·pro·por·tion·ately /ˌdɪsprəˈpɔːʃənətli; *AmE* -ˈpɔːrʃ-/ *Adv* unverhältnismäßig

dis·prove /ˌdɪsˈpruːv/ *Verb* widerlegen

dis·pute[1] /dɪˈspjuːt, ˈdɪspjuːt/ *Nomen* Streit, Disput ◊ *the parties in dispute* die streitenden Parteien ◊ *industrial disputes* Arbeitskonflikte ◊ *pay disputes* Tarifauseinandersetzungen ◊ *The cause of the accident was in dispute.* Die Ursache des Unglücks war umstritten. ◊ *It is beyond dispute that ...* Es steht außer Frage, dass ...

dis·pute[2] /dɪˈspjuːt/ *Verb* **1** bestreiten, anfechten **2** sich streiten über ◊ *disputed territories* umstrittene Gebiete **3** (*Führung*) sich streiten um, kämpfen um

dis·quali·fi·ca·tion /ˌdɪsˌkwɒlɪfɪˈkeɪʃn; *AmE* -ˌkwɑːl-/ *Nomen* Disqualifizierung, Disqualifikation, Ausschluss ◊ (*BrE*) *a disqualification for driving while drunk* Führerscheinentzug wegen Trunkenheit am Steuer

dis·qual·ify /dɪsˈkwɒlɪfaɪ; *AmE* -ˈkwɑːl-/ *Verb* (**-fies, -fying, -fied, -fied**) ~ **sb** (**for sth**) jdn (wegen einer Sache) ausschließen, jdn (wegen einer Sache) disqualifizieren ◊ *A heart condition disqualified him for military service.* Ein Herzleiden machte ihn untauglich fürs Militär. ◊ (*BrE*) *He was disqualified from driving for three years.* Ihm wurde der Führerschein für drei Jahre entzogen.

dis·quiet /dɪsˈkwaɪət/ *Nomen* [U] (*gehoben*) Unruhe, Besorgnis

dis·quiet·ing /dɪsˈkwaɪətɪŋ/ *Adj* (*gehoben*) Besorgnis erregend, beunruhigend

dis·re·gard[1] /ˌdɪsrɪˈɡɑːd; *AmE* -ˈɡɑːrd/ *Verb* ignorieren, nicht beachten, missachten

dis·re·gard[2] /ˌdɪsrɪˈɡɑːd; *AmE* -ˈɡɑːrd/ *Nomen* [U] ~ (**for/of sb/sth**) Gleichgültigkeit (jdm/etw gegenüber), Missachtung (einer Sache)

dis·re·pair /ˌdɪsrɪˈpeə(r); *AmE* -ˈper/ *Nomen* schlechter (baulicher) Zustand ◊ *The building quickly fell into disrepair.* Das Gebäude verfiel schnell.

dis·rep·ut·able /dɪsˈrepjətəbl/ *Adj* verrufen, anrüchig OPP RESPECTABLE

dis·re·pute /ˌdɪsrɪˈpjuːt/ *Nomen* **bring sth into ~** etw in Misskredit bringen; **fall into ~** in Verruf geraten

dis·re·spect /ˌdɪsrɪˈspekt/ *Nomen* Respektlosigkeit, Missachtung ◊ *disrespect for the dead* Mangel an Respekt vor den Toten ◊ *no/without any disrespect to ...* bei allem Respekt vor ...

dis·re·spect·ful /ˌdɪsrɪˈspektfl/ *Adj* (*Adv* **dis·re·spect·ful·ly** /-fəli/) respektlos

dis·robe /dɪsˈrəʊb; *AmE* -ˈroʊb/ *Verb* (*gehoben oder hum*) (sich) entkleiden

dis·rupt /dɪsˈrʌpt/ *Verb* /dɪsˈrʌpt/ stören; (*Verkehr*) behindern ◊ *The weather disrupted the programme.* Das Wetter brachte das Programm durcheinander.

dis·rup·tion /dɪsˈrʌpʃn/ *Nomen* Störung, Unterbrechung; (*des Verkehrs*) Behinderung ◊ *The rail strike caused serious disruptions.* Durch den Bahnstreik gab es schwere Verzögerungen.

dis·rup·tive /dɪsˈrʌptɪv/ *Adj* störend ◊ *disruptive action* Störaktionen

diss = DIS

dis·sat·is·fac·tion /ˌdɪsˌsætɪsˈfækʃn/ *Nomen* Unzufriedenheit

dis·sat·is·fied /dɪsˈsætɪsfaɪd, dɪˈsæt-/ *Adj* unzufrieden

dis·sect /dɪˈsekt, daɪ-/ *Verb* **1** präparieren, sezieren ◊ *dissecting instruments* Sezierbesteck **2** (*fig*) zergliedern, analysieren **3** zerteilen

dis·sec·tion /dɪˈsekʃn, daɪ-/ *Nomen* **1** Präparation, Sektion **2** Zergliederung, Analyse **3** Zerteilung

dis·sem·ble /dɪˈsembl/ *Verb* (*gehoben*) **1** sich verstellen **2** verbergen

dis·sem·in·ate /dɪˈsemɪneɪt/ *Verb* verbreiten

dis·sem·in·ation /dɪˌsemɪˈneɪʃn/ *Nomen* Verbreitung

dis·sen·sion /dɪˈsenʃn/ *Nomen* [U] (*gehoben*) Meinungsverschiedenheit(en), Differenz(en)

dis·sent[1] /dɪˈsent/ *Nomen* Dissens, Widerspruch **2** (*AmE*) (RECHT) = von der Mehrheit abweichende Meinung eines einzelnen Richters

dis·sent[2] /dɪˈsent/ *Verb* ~ (**from sth**) (*gehoben*) (mit etw) nicht übereinstimmen, (von etw) abweichen

dis·sent·er /dɪˈsentə(r)/ *Nomen* **1** anders Denkende(r), Abweichler(in) **2** **Dissenter** (REL) Dissenter, Nonkonformist(in)

dis·ser·ta·tion /ˌdɪsəˈteɪʃn; *AmE* -sərˈt-/ *Nomen* wissenschaftliche Arbeit, Examensarbeit, Dissertation

dis·ser·vice /ˌdɪsˈsɜːvɪs, dɪˈsɜː-; *AmE* -ˈsɜːrv-/ *Nomen* IDM **do sb a disˈservice** jdm einen schlechten Dienst erweisen; jdm schaden

dis·si·dence /ˈdɪsɪdəns/ *Nomen* Dissidententum

dis·si·dent /ˈdɪsɪdənt/ **1** *Nomen* Dissident(in) **2** *Adj* dissident

dis·simi·lar /dɪˈsɪmɪlə(r)/ *Adj* verschieden, unterschiedlich ◊ *They are not dissimilar.* Sie sind sich nicht unähnlich.

dis·simi·lar·ity /ˌdɪsɪmɪˈlærəti/ *Nomen* Verschiedenheit, Unterschiedlichkeit, Unähnlichkeit

dis·simu·la·tion /dɪˌsɪmjuˈleɪʃn/ *Nomen* (*gehoben*) Verstellung

dis·si·pate /ˈdɪsɪpeɪt/ *Verb* **1** (*gehoben*) (sich) auflösen; (*Sorgen, Zweifel etc.*) (sich) zerstreuen **2** vergeuden, verschwenden

dis·si·pated /ˈdɪsɪpeɪtɪd/ *Adj* (*abwert*) zügellos, ausschweifend

dis·si·pa·tion /ˌdɪsɪˈpeɪʃn/ *Nomen* [U] **1** Auflösung; (*von Zweifeln etc.*) Zerstreuung; (*von Energie*) Ableitung **2** Vergeudung, Verschwendung **3** (*abwert*) Ausschweifung(en)

dis·so·ci·ate /dɪˈsəʊʃieɪt, -ˈsəʊs-; *AmE* -ˈsoʊ-/ *Verb* **1** ~ **yourself/sb from sb/sth** sich/jdn von jdm/etw distanzieren, sich/jdn von jdm/etw abgrenzen **2** ~ **sb/sth** (**from sth**) (*gehoben*) jdn/etw (von etw) trennen

dis·so·ci·ation /dɪˌsəʊʃiˈeɪʃn, -ˌsəʊs-; *AmE* -ˌsoʊ-/ *Nomen* **1** Trennung, Distanzierung, Abgrenzung **2** (PSYCH) Dissoziation

dis·sol·ute /ˈdɪsəluːt/ *Adj* (*gehoben, abwert*) ausschweifend, zügellos, unsolide

dis·sol·ution /ˌdɪsəˈluːʃn/ *Nomen* [U] (*gehoben*) Auflösung

dis·solve /dɪˈzɒlv; *AmE* -ˈzɑːlv/ *Verb* **1** (sich) auflösen **2** (*gehoben*) verschwinden (lassen); (*Menge*) zerstreuen; (*Zorn, Euphorie etc.*) verfliegen (lassen) **3** ~ **into sth** in etw ausbrechen ◊ *They dissolved into giggles.* Sie fingen an zu kichern. **4** (CHEM) ~ (**away**) sich lösen; ~ **sth** (**away**) etw lösen

dis·son·ance /ˈdɪsənəns/ *Nomen* **1** (MUS) Dissonanz OPP CONSONANCE **2** (*gehoben*) Disharmonie, Dissonanz

dis·son·ant /ˈdɪsənənt/ *Adj* **1** (MUS) dissonant **2** (*gehoben*) disharmonisch, (voneinander) abweichend

dis·suade /dɪˈsweɪd/ *Verb* ~ **sb** (**from sth**) jdn (von etw) abbringen ◊ *They were going to go, but were dissuaded.* Sie wollten gehen, ließen sich aber davon abbringen.

dis·tance[1] /ˈdɪstəns/ *Nomen* **1** Entfernung, Abstand ◊ *It's within walking distance of the hotel.* Es ist vom Hotel aus zu Fuß zu erreichen. ◊ *They live some distance away.* Sie leben ziemlich weit weg. **2** Strecke ◊ *He drives very long distances.* Er fährt sehr weite Strecken. ☛ *Siehe auch* LONG DISTANCE *und* MIDDLE DISTANCE **3** (*emotional*) Distanz, Abstand IDM **at/from a ˈdistance** aus der Ferne; von weitem **go the** (**full**) **ˈdistance** über die volle Distanz gehen **in/into the ˈdistance** in der/die Ferne ◊ *Miles of sand stretched away into the distance.* Der Sand erstreckte sich meilenweit. **keep sb at a ˈdistance** jdn auf Distanz halten **keep your ˈdistance** (**from sb/sth**) Abstand (zu jdm/etw) halten ◊ *She was warned to keep her distance from him.* Man warnte sie, sich von ihm fern zu halten. ☛ *Siehe auch* SHOUTING, SPIT[1] *und* STRIKE[1]

dis·tance[2] /ˈdɪstəns/ *Verb* ~ **yourself/sb/sth** (**from sb/sth**) sich/jdn/etw (von jdm/etw) abgrenzen, sich/jdn/etw (von jdm/etw) distanzieren ◊ *He tried to distance himself emotionally.* Er versuchte, sich gefühlsmäßig nicht zu engagieren.

dis·tant /ˈdɪstənt/ *Adj* **1** entfernt, fern **2** distanziert, reserviert **3** (geistes)abwesend IDM **the** (ˌdim and) ˌdisˈtant ˈpast** die ferne Vergangenheit ◊ *in the dim and distant past* in der grauen Vorzeit **in the not too ˌdistant ˈfuture** in nicht allzu ferner Zukunft

dis·tant·ly /ˈdɪstəntli/ *Adv* **1** entfernt **2** distanziert, reserviert **3** aus/in der Ferne, weit weg

dis·taste /dɪsˈteɪst/ *Nomen* [U/Sing] ~ (**for sb/sth**) Abneigung (gegen jdn/etw), Widerwille (gegen jdn/etw) ◊ *He looked around in distaste.* Er sah sich angewidert um.

dis·taste·ful /dɪsˈteɪstfl/ *Adj* **1** unangenehm, widerlich, abstoßend **2** geschmacklos SYN TASTELESS

dis·tem·per /dɪsˈtempə(r)/ *Nomen* [U] **1** Staupe **2** (*BrE*) Temperafarbe

dis·tend /dɪˈstend/ *Verb* (*gehoben oder Fachspr*) (sich) aufblähen, (sich) erweitern

dis·til /dɪˈstɪl/ (*AmE auch* **dis·till**) *Verb* (**-ll-**) **1** destillieren **2** (*Schnaps etc.*) brennen **3** (*gehoben*) ~ **sth** (**from sth**) etw (aus etw) herausdestillieren; ~ **sth** (**into sth**) etw (in etw) zusammenfassen

dis·til·la·tion /ˌdɪstɪˈleɪʃn/ *Nomen* **1** Destillation **2** (*von Schnaps etc*) Brennen **3** Destillat

dis·til·ler /dɪˈstɪlə(r)/ *Nomen* Destillateur(in), (Brannt)wein)brenner(in)

dis·til·lery /dɪˈstɪləri/ *Nomen* (*Pl* **-ies**) Destillerie, (Branntwein)brennerei

dis·tinct /dɪˈstɪŋkt/ *Adj* **1** (*Adv* **dis·tinct·ly**) deutlich ◊ *A strike is now a distinct possibility.* Ein Streik ist jetzt sehr wahrscheinlich. ◊ *a distinctly Australian accent* ein unverkennbar australischer Akzent **2** verschieden, unterschiedlich; ~ **from sth** anders als etw ◊ *rural areas, as distinct from major cities* ländliche Gegenden im Unterschied zu Großstädten

dis·tinc·tion /dɪˈstɪŋkʃn/ *Nomen* **1** Unterschied, Unterscheidung ◊ *draw a distinction between A and B* eine Unterscheidung zwischen A und B treffen ◊ *The new law makes no distinction between adults and children.* Das neue Gesetz unterscheidet nicht zwischen Erwachsenen und Kindern. **2** Rang ◊ *a writer of distinction* ein Schriftsteller von Rang **3** Auszeichnung ◊ *He got a distinction in maths.* Er bestand seine Mathematikprüfung mit Auszeichnung. ◊ *She had the distinction of being the first woman to fly the Atlantic.* Sie zeichnete sich dadurch aus, dass sie die erste Frau war, die über den Atlantik flog.

dis·tinct·ive /dɪˈstɪŋktɪv/ *Adj* (*Adv* **dis·tinct·ive·ly**) unverwechselbar, auffällig ◊ *clothes with a distinctive style* Kleider mit einem ganz besonderen Stil

dis·tinct·ness /dɪˈstɪŋktnəs/ *Nomen* **1** Deutlichkeit **2** Verschiedenheit, Unterschiedlichkeit

dis·tin·guish /dɪˈstɪŋɡwɪʃ/ *Verb* **1** ~ (**between**) **A and B**; ~ **A from B** (zwischen) A und B unterscheiden ◊ *It was hard to distinguish one twin from the other.* Es war schwer, die Zwillinge auseinander zu halten. **2** (*nicht in der Verlaufsform*) ~ **A** (**from B**) A (von B) unterscheiden ◊ *What was it that distinguished her from the others?* Wodurch unterschied sie sich von den anderen? ◊ *Does it have any distinguishing marks?* Hat es irgendwelche besonderen Merkmale? **3** (*nicht in der Verlaufsform*) erkennen ◊ *I could not distinguish her words.* Ich konnte sie nicht verstehen, was sie sagte. **4** ~ **yourself** (**as sth**) sich (als etw) auszeichnen

dis·tin·guish·able /dɪˈstɪŋgwɪʃəbl/ *Adj* **1** erkennbar, zu erkennen **2** unterscheidbar, zu unterscheiden

dis·tin·guished /dɪˈstɪŋgwɪʃt/ *Adj* **1** angesehen, namhaft, bedeutend ◊ *a distinguished career* eine eindrucksvolle Karriere **2** distinguiert, würdevoll

dis·tort /dɪˈstɔːt; *AmE* dɪˈstɔːrt/ *Verb* **1** verzerren *(auch fig)* ◊ *distort the truth* die Wahrheit verdrehen **2** *(Werkstoff etc.)* verformen

dis·tort·ion /dɪˈstɔːʃn; *AmE* dɪˈstɔːrʃn/ *Nomen* **1** Verzerrung, Verdrehung **2** *(Werkstoff)* Verformung

dis·tract /dɪˈstrækt/ *Verb* /dɪˈstrækt/ ablenken

dis·tract·ed /dɪˈstræktɪd/ *Adj* (*Adv* **dis·tract·ed·ly**) **1** abgelenkt, zerstreut, unkonzentriert **2** besorgt, außer sich

dis·tract·ing /dɪˈstræktɪŋ/ *Adj* störend, ablenkend

dis·trac·tion /dɪˈstrækʃn/ *Nomen* **1** Ablenkung, Störung **2** Zerstreuung IDM **to di'straction** wahnsinnig ◊ *She was bored to distraction.* Sie langweilte sich entsetzlich. ◊ *drive sb to distraction* jdn zum Wahnsinn treiben

dis·traught /dɪˈstrɔːt/ *Adj* verstört, verzweifelt

dis·tress¹ /dɪˈstres/ *Nomen* **1** Verzweiflung, Leid ◊ *deep emotional distress* großes seelisches Leid ◊ *The article caused the actor considerable distress.* Der Artikel traf den Schauspieler tief. ◊ *She was obviously in distress after the attack.* Sie war offensichtlich völlig verstört nach dem Überfall. **2** Not, Elend **3** (MED) ◊ *respiratory distress* Atemnot IDM ⇨ DAMSEL

dis·tress² /dɪˈstres/ *Verb* beunruhigen, erschüttern

dis·tressed /dɪˈstrest/ *Adj* **1** beunruhigt, erschüttert, verstört **2** *(Baby)* an Sauerstoffmangel leidend **3** *(Möbel, Kleidung etc.)* auf alt gemacht

dis·tress·ing /dɪˈstresɪŋ/ *Adj* **1** erschütternd, schmerzlich **2** *(Symptome etc.)* Besorgnis erregend

dis·trib·ute /dɪˈstrɪbjuːt, ˈdɪstrɪbjuːt/ *Verb* **1** ~ **sth (to/among sb/sth)** etw (an/unter jdn/etw) verteilen **2** (WIRTSCH) *(meist passiv)* verteilen, verbreiten

dis·tri·bu·tion /ˌdɪstrɪˈbjuːʃn/ *Nomen* **1** Verteilung, Verbreitung ◊ *The map shows the distribution of plants across the world.* Die Karte zeigt die Ausbreitung von Pflanzen in der Welt. ◊ *He was arrested on drug distribution charges.* Er wurde wegen Drogenhandels verhaftet. **2** (WIRTSCH) Vertrieb; *(von Filmen)* Verleih

dis·trib·u·tor /dɪˈstrɪbjətə(r)/ *Nomen* **1** Vertrieb, Vertreiber; *(von Filmen)* Verleih **2** (TECH) Verteiler

dis·trict /ˈdɪstrɪkt/ *Nomen* **1** Gebiet, (Stadt)viertel **2** (Verwaltungs)bezirk ☛ *Hinweis bei* GEGEND *und* KREIS

ˌdistrict aˈttorney *Nomen* (*Abk* **DA**) *(AmE)* Bezirksstaatsanwalt, -anwältin

ˌdistrict ˈnurse *Nomen* *(BrE)* ≈ Gemeindeschwester

dis·trust¹ /dɪsˈtrʌst/ *Nomen* ~ **(of sb/sth)** Misstrauen (gegen jdn/etw)

dis·trust² /dɪsˈtrʌst/ *Verb* misstrauen ☛ *Hinweis bei* MISSTRAUEN

dis·trust·ful /dɪsˈtrʌstfl/ *Adj* misstrauisch, argwöhnisch ◊ *distrustful of authority* misstrauisch gegen jede Autorität

dis·turb /dɪˈstɜːb; *AmE* -ˈstɜːrb/ *Verb* **1** stören ◊ *She awoke early after a disturbed night.* Sie erwachte früh nach einer unruhigen Nacht. ☛ *Hinweis bei* STÖREN **2** durcheinander bringen **3** *(von Filmen)* Verleih

dis·turb·ance /dɪˈstɜːbəns; *AmE* -ˈstɜːrb-/ *Nomen* **1** [meist Sing/U] Störung **2** Unruhe, Tumult **3** (RECHT) Störung der öffentlichen Ordnung

dis·turbed /dɪˈstɜːbd; *AmE* -ˈstɜːrbd/ *Adj* **1** gestört ◊ *His behaviour is deeply disturbed.* Er ist sehr verhaltensgestört. ◊ *a disturbed family background* zerrüttete Familienverhältnisse **2** beunruhigt

dis·turb·ing /dɪˈstɜːbɪŋ; *AmE* -ˈstɜːrb-/ *Adj* beunruhigend, Besorgnis erregend, alarmierend; *(Szenen, Bilder etc.)* erschütternd; *(Film, Figur)* unheimlich, bedrohlich

dis·turb·ing·ly /dɪˈstɜːbɪŋli; *AmE* -ˈstɜːrb-/ *Adv* beunruhigend(erweise), alarmierend

dis·unite /ˌdɪsjuˈnaɪt/ *Verb (meist passiv) (gehoben)* entzweien ◊ *a disunited party* eine gespaltene Partei

dis·unity /dɪsˈjuːnəti/ *Nomen (gehoben)* Uneinigkeit

dis·use /dɪsˈjuːs/ *Nomen* Nichtgebrauch; **fall into** ~ außer Gebrauch kommen, nicht länger benutzt/angewendet werden

dis·used /ˌdɪsˈjuːzd/ *Adj* außer Betrieb, leer stehend, stillgelegt ◊ *a disused station* ein stillgelegter Bahnhof

ditch¹ /dɪtʃ/ *Nomen* (Straßen)graben

ditch² /dɪtʃ/ *Verb* **1** *(umgs)* wegschmeißen, fallen lassen, über Bord werfen; *(Freund etc.)* sitzen lassen **2** *(Auto)* stehen lassen **3** *(Flugzeug)* notwassern

ˈditch·water /ˈdɪtʃwɔːtə(r)/ *Nomen* IDM ⇨ DULL¹

dither¹ /ˈdɪðə(r)/ *Verb (bes BrE)* hin und her überlegen

dither² /ˈdɪðə(r)/ *Nomen* [Sing] *(umgs)* **1** *(BrE)* ◊ *She was in a dither about which carpet to choose.* Sie konnte sich nicht entscheiden, welchen Teppich sie wollte. **2** *(AmE)* **be in a** ~ ganz aufgeregt sein

ditto /ˈdɪtəʊ; *AmE* -toʊ/ *Nomen* **1** *(Abk* **do.)** *(in Auflistungen etc.)* dito, ebenso **2** *(umgs)* ebenso ◊ *The waiters were rude, the manager ditto.* Die Kellner waren unhöflich, der Geschäftsführer ebenso.

ditty /ˈdɪti/ *Nomen (Pl* **-ies)** *(meist hum)* Liedchen

ditzy /ˈdɪtsi/ *Adj (AmE, umgs)* naiv, einfältig

di·ur·et·ic /ˌdaɪjuˈretɪk/ (MED) **1** *Nomen* harntreibendes Mittel, Diuretikum **2** *Adj* harntreibend

di·ur·nal /daɪˈɜːnl; *AmE* -ˈɜːrnl/ *Adj* **1** (ZOOL) tagaktiv OPP NOCTURNAL **2** (ASTRON) Tages-, täglich, diurnal

Div. *Abk* = DIVISION

diva /ˈdiːvə/ *Nomen (Pl* **divas)** Diva

Di·vali = DIWALI

divan /dɪˈvæn; *AmE* ˈdaɪvæn/ *Nomen* **1** *(auch* **diˌvan ˈbed)** *(BrE)* = Bett mit gepolstertem Unterbau unter der Matratze, aber ohne Kopf- und Fußteil **2** Diwan

dive¹ /daɪv/ *Verb* (**dived, dived**, *AmE auch* **dove** /dəʊv/; *AmE* doʊv/, **dived**) **1** ~ **(in)** (von etw) (in etw) einen Kopfsprung machen ◊ *We dived into the river to cool off.* Wir sprangen in den Fluss, um uns abzukühlen. **2** *meist* **go diving** tauchen **3** *(U-Boot, Wal etc.)* untertauchen **4** *(Vogel, Flugzeug)* einen Sturzflug machen ◊ *The plane dived down to attack.* Das Flugzeug setzte im Sturzflug zum Angriff an. **5** *(Preise)* sinken **6** *(umgs)* ~ **(for sth)** (sich auf etw) stürzen ◊ *We heard an explosion and dived for cover.* Wir hörten eine Explosion und gingen schnell in Deckung. ◊ *It started to rain so we dived into the nearest café.* Es begann zu regnen und wir rannten ins nächste Café. **7** *(BrE) (beim Fußball)* eine Schwalbe bauen PHR V **ˈdive into sth** (schnell) in etw hineingreifen

dive² /daɪv/ *Nomen* **1** Kopfsprung **2** Tauchen ◊ *make a dive to a depth of 18 metres* 18 Meter tief tauchen **3** Sturzflug **4** *(umgs)* Spelunke IDM **make a ˈdive (for sth)** sich auf etw stürzen ◊ *The goalkeeper made a dive for the ball.* Der Torwart hechtete nach dem Ball. **take a ˈdive** *(umgs)* **1** absacken **2** schwinden

ˈdive-bomb *Verb* im Sturzflug bombardieren

diver /ˈdaɪvə(r)/ *Nomen* Taucher(in)

di·verge /daɪˈvɜːdʒ; *AmE* -ˈvɜːrdʒ/ *Verb (gehoben)* **1** *(Linien, Meinungen)* auseinander gehen **2** ~ **from sth** von etw abweichen; *(Straße etc.)* von etw abzweigen OPP CONVERGE

di·ver·gence /daɪˈvɜːdʒəns; *AmE* -ˈvɜːrdʒ-/ *Nomen* **1** Abweichung, Diskrepanz, Auseinandergehen **2** *(Fachspr)* Divergenz

di·ver·gent /daɪˈvɜːdʒənt; *AmE* -ˈvɜːrdʒ-/ *Adj* **1** auseinander gehend **2** gegensätzlich

di·verse /daɪˈvɜːs; *AmE* -ˈvɜːrs/ *Adj* unterschiedlich, vielfältig

di·ver·si·fi·ca·tion /daɪˌvɜːsɪfɪˈkeɪʃn; *AmE* -ˌvɜːrs-/ *Nomen* Diversifikation, Ausweitung; (FINANZ) Anlagestreuung

di·ver·sify /daɪˈvɜːsɪfaɪ; *AmE* -ˈvɜːrs-/ *Verb* (**-fies, -fy·ing, -fied, -fied**) **1** (WIRTSCH) diversifizieren ◊ *Farmers are being subsidized to diversify into new crops.* Landwirte werden gefördert, wenn sie sich auf andere Feldfrüchte umstellen. **2** ~ **sth** etw breiter fächern; ~ **sth into sth** etw (auf etw) ausweiten **3** unterschiedlich gestalten ◊ *Patterns of family life are diversifying and changing.* Die Strukturen des Familienlebens sind im Begriff sich zu ändern und mannigfaltiger zu werden. ◊ *The culture has been diversified with the arrival of immigrants.* Die Einwanderer haben eine größere Vielfalt in das Kulturleben gebracht.

di·ver·sion /daɪˈvɜːʃn; *AmE* -ˈvɜːrʒn/ *Nomen* **1** Umleitung *(auch fig)* ◊ *We made a short diversion to go and look at the castle.* Wir machten einen kurzen Umweg und sahen uns das Schloss an. **2** Ablenkung ◊ *A smoke bomb was used to create a diversion.* Eine Rauchbombe diente als Ablenkungsmanöver. **3** (*gehoben*) Unterhaltung, Zerstreuung

di·ver·sion·ary /daɪˈvɜːʃənəri; *AmE* -ˈvɜːrʒəneri/ *Adj* ablenkend ◊ *diversionary tactics* Ablenkungsmanöver

di·ver·si·ty /daɪˈvɜːsəti; *AmE* -ˈvɜːrs-/ *Nomen* [meist Sing] Vielfalt

di·vert /daɪˈvɜːt; *AmE* -ˈvɜːrt/ *Verb* **1** umleiten **2** (*Gelder, Mittel etc.*) entfremden **3** ablenken SYN DISTRACT **4** (*gehoben*) unterhalten

di·vest /daɪˈvest/ *Verb* (*gehoben*) **1** ~ **sb of sth** (*Kleidung*) jdm etw abnehmen; ~ **yourself of sth** etw ablegen **2** ~ **yourself of sth** sich einer Sache entledigen ◊ *The company is divesting itself of its assets.* Die Firma veräußert ihre Vermögenswerte. **3** ~ **sb/sth of sth** jdn/etw einer Sache berauben

di·vest·ment /daɪˈvestmənt/ *Nomen* (FINANZ) Devestition

div·ide¹ /dɪˈvaɪd/ *Verb* **1** ~ (**up**) (**into sth**) sich (in etw) teilen; ~ **sth** (**up**) (**into sth**) etw (in etw) teilen ◊ *divide sth in half* etw in zwei Hälften teilen ◊ *a book divided into ten sections* ein in zehn Abschnitte gegliedertes Buch **2** ~ **sth** (**out/up**) (**between/among sb**) etw (unter jdm) aufteilen **3** ~ **sth** (**between A and B**) etw (zwischen A und B) aufteilen ◊ *They divide their time between their two homes.* Sie wohnen abwechselnd in ihren beiden Wohnungen. **4** ~ **A from B** (*gehoben*) A von B trennen **5** ~ **sth** (**off**) etw abtrennen; ~ **A from B** A von B abteilen **6** entzweien, spalten **7** (MATH) ~ **sth by sth** etw durch etw dividieren ◊ *30 divided by 6 is 5.* 30 durch 6 ist 5. **8** (MATH) ~ **into sth** sich durch etw dividieren lassen, in etw aufgehen IDM di,vide and 'rule teile und herrsche; divide et impera **divided a'gainst itself** in sich gespalten

div·ide² /dɪˈvaɪd/ *Nomen* [meist Sing] **1** Kluft ◊ *the North/South divide* das Nord-Süd-Gefälle **2** (*bes AmE*) Wasserscheide SYN WATERSHED IDM ⇨ BRIDGE²

di,vided 'highway *Nomen* (*AmE*) ≈ Schnellstraße

divi·dend /ˈdɪvɪdend/ *Nomen* **1** Dividende ◊ *a dividend payment* eine Dividendenausschüttung **2** (*BrE*) Fußballtotogewinn IDM ⇨ PAY²

div·ider /dɪˈvaɪdə(r)/ *Nomen* **1** Abgrenzung ◊ *a room divider* eine Trennwand **2** dividers [Pl] Stechzirkel ➤ *Hinweis bei* BRILLE

di'viding line *Nomen* [meist Sing] Trennungslinie, Grenze (*auch fig*)

div·in·ation /ˌdɪvɪˈneɪʃn/ *Nomen* Weissagung

di·vine¹ /dɪˈvaɪn/ *Adj* (*Adv* **div·ine·ly**) göttlich ➤ *In der Bedeutung von „wunderbar" ist* divine *veraltet.*

di·vine² /dɪˈvaɪn/ *Verb* **1** (*gehoben*) erahnen, erraten **2** (*Wasser*) aufspüren

div·ing /ˈdaɪvɪŋ/ *Nomen* **1** Wasserspringen, Turmspringen ◊ *a diving board* ein Sprungbrett **2** Tauchen ◊ *a diving suit* ein Tauchanzug ➤ *Siehe auch* SKIN DIVING

di'vining rod *Nomen* Wünschelrute

div·in·ity /dɪˈvɪnəti/ *Nomen* (*Pl* **-ies**) *Nomen* **1** Göttlichkeit **2** Gottheit **3** Theologie SYN THEOLOGY

div·is·ible /dɪˈvɪzəbl/ *Adj* nicht vor Nomen ~ (**by sth**) (MATH) teilbar (durch etw)

div·ision /dɪˈvɪʒn/ *Nomen* **1** [U/Sing] Verteilung, Teilung, Einteilung ◊ *the division of labour between the sexes* die Arbeitsteilung zwischen Männern und Frauen **2** (MATH) Teilen, Division ➤ *Siehe auch* LONG DIVISION **3** Spaltung, Kluft, Unstimmigkeit ◊ *class divisions* Klassenunterschiede **4** (*Abk* **Div.**) Abteilung ➤ G 1.3b **5** (*Abk* **Div.**) (*besonders im Fußball*) Liga ➤ G 1.3b **6** (*Abk* **Div.**) (MIL) Division ➤ G 1.3b **7** Trennungslinie, Grenze **8** (*Fachspr*) (POL) Abstimmung im Hammelsprung ◊ *The Bill was read without a division.* Die Gesetzesvorlage wurde ohne Abstimmung gelesen.

div·ision·al /dɪˈvɪʒənl/ *Adj* nur vor Nomen Divisions-, Abteilungs-

div·isive /dɪˈvaɪsɪv/ *Adj* (*abwert*) entzweiend ◊ *He says that unemployment is socially divisive.* Er sagt, dass die Arbeitslosigkeit die Gesellschaft spaltet.

di·vorce¹ /dɪˈvɔːs; *AmE* dɪˈvɔːrs/ *Nomen* **1** Scheidung ◊ *file for divorce* die Scheidung einreichen ◊ *the divorce proceedings* das Scheidungsverfahren ◊ *They have agreed to get a divorce.* Sie haben beschlossen sich scheiden zu lassen. ◊ *The marriage ended in divorce in 1996.* Die Ehe wurde 1996 geschieden. **2** (*gehoben*) ~ (**between A and B**) (*fig*) Trennung (von A und B)

di·vorce² /dɪˈvɔːs; *AmE* dɪˈvɔːrs/ *Verb* **1** ~ (**sb**) sich (von jdm) scheiden lassen; **get divorced** sich scheiden lassen **2** ~ **sb/sth from sth** (*oft passiv*) (*gehoben*) jdn/etw von etw (ab)trennen

di·vorced /dɪˈvɔːst; *AmE* -ˈvɔːrst/ *Adj* geschieden ◊ *divorced from reality* realitätsfremd

di·vor·cee /dɪˌvɔːˈsiː; *AmE* dɪˌvɔːrˈseɪ/ *Nomen* Geschiedene(r)

di·vulge /daɪˈvʌldʒ/ *Verb* ~ **sth** (**to sb**) (jdm) etw preisgeben ◊ *divulge your age* sein Alter verraten

divvy /ˈdɪvi/ *Verb* (**div·vies, divvy·ing, div·vied, div·vied**) PHR V ,divvy sth 'up (*umgs*) etw aufteilen

Di·wali (*auch* **Di·vali**) /diːˈwɑːli/ *Nomen* (*Hindu-Fest*) Diwali

DIY /ˌdiː aɪ ˈwaɪ/ *Kurzform von* **do-it-yourself** *Nomen* (*BrE*) Heimwerken, Eigenbau ◊ *DIY stores* Heimwerkermärkte

diz·zi·ness /ˈdɪzinəs/ *Nomen* Schwindel(gefühl)

dizzy /ˈdɪzi/ *Adj* (*Adv* **diz·zily** /-ɪli/) **1** schwindlig ◊ *She felt dizzy.* Ihr wurde schwindlig. ◊ *dizzy spells* Schwindelanfälle **2** Schwindel erregend IDM **the dizzy 'heights** (**of sth**) (*umgs*) ◊ *the dizzy heights of stardom* die Schwindel erregenden Höhen des Ruhms

dizzy·ing /ˈdɪziɪŋ/ *Adj* Schwindel erregend

DJ¹ (*auch* **dee·jay**) /ˈdiː dʒeɪ; *BrE auch* ˌdiː ˈdʒeɪ/ (*auch* **'disc jockey**) *Nomen* DJ

DJ² (*auch* **dee·jay**) /ˈdiː dʒeɪ/ *Verb* (Musik/Platten) auflegen

DNA /ˌdiː en ˈeɪ/ *Nomen* (NATURW) DNS

do¹ /də, du/ *betont* /duː/ *Verb* (**does** /dʌz/, **did** /dɪd/, **done** /dʌn/) **1** tun, machen ◊ *Do as I tell you!* Tu, was ich dir sage! ◊ *There's nothing we can do about it.* Wir können nichts dagegen tun. ◊ *They are free to do as they please.* Sie können tun und lassen was sie wollen. ◊ *What do you do (for a living)?* Was machen Sie beruflich? ◊ *Are you doing anything tomorrow?* Hast du morgen schon was vor? ◊ *There's nothing to do in this place.* Hier ist nichts los. ◊ *I do aerobics once a week.* Einmal pro Woche gehe ich zur Aerobik. **2** (*Aufgaben*) ◊ *do your homework* Hausaufgaben machen ◊ *do the dishes* abwaschen ◊ *do the ironing* bügeln ◊ *He did all the driving.* Er ist gefahren. ◊ *do your teeth* sich die Zähne putzen ◊ *She did a lot of acting.* Sie hat viel Theater gespielt. **3** durchnehmen ◊ *We didn't do Keats at school.* Keats hatten wir in der Schule nicht. **4** vorankommen ◊ *He's doing very well at school.* Er kommt in der Schule gut voran. ◊ *How is the business doing?* Läuft die Firma gut? ◊ *Mother and baby are doing well.* Mutter und Kind sind wohlauf. ◊ *How are you doing?* Wie geht's? ◊ *She did well out of it.* Sie hat ein gutes Geschäft dabei gemacht. **5** (*anfertigen*) ◊ *Does this pub do lunch?* Gibt's in dieser Kneipe Mittagessen? ◊ *I'll do you a copy.* Ich mach dir eine Kopie. **6** (*Theaterstück etc.*) spielen **7** zubereiten ◊ *done in the oven* im Ofen gebacken/gebraten ◊ *How would you like your steak done?* Wie hätten Sie Ihr Steak gern? **8** nachmachen **9** schaffen ◊ *The car was doing 90 miles an hour.* Das Auto hatte 120 km/h drauf. ◊ *We did Tokyo in three days.* Wir haben Tokio in drei Tagen abgearbeitet. **10** verbrauchen ◊ *The car does 40 miles to the gallon.* Das Auto verbraucht 6,9 Liter auf 100 km. **11** have/be done fertig sein ◊ (*gehoben*) *I've done talking.* Ich habe genug geredet. **12** get sth done etw fertig bekommen **13** ~ (for sb/sth) gut für jdn/etw sein; ~ (as sth) sich (als etw) eignen ◊ *These shoes won't do for the party.* Mit den Schuhen kann ich nicht zur Fete gehen. ◊ *Will $20 do?* Reichen 20 Dollar? ◊ *The box will do fine as a table.* Die Kiste macht sich gut als Tisch. ◊ *This room will do me nicely.* Das Zimmer reicht mir vollkommen. **14** ◊ *She did a year at college.* Sie hat ein Jahr lang studiert. ◊ *He did twenty years for murder.* Er hat zwanzig Jahre wegen Mordes gesessen. **15** (*umgangssprachliche Wendungen*) ◊ *Sorry, I don't do funny.* Ich kann nicht witzig sein. ◊ *do drugs* Drogen nehmen ◊ (*bes AmE*) *Let's do lunch.* Wir können ja mal zusammen Mittag essen. **16** ~ **sb** (*meist passiv*) jdn reinlegen ◊ *You've been done.* Man hat dich reingelegt. **17** (*BrE*) ~ **sb** (**for sth**) jdn (für etw) bestrafen ◊ *She got done for speeding.* Sie ist geblitzt worden. **18** ~ **it** (*Slang*) (*Sex haben*) es tun

---

æ cat | ɑː father | e ten | ɜː bird | ə about | ɪ sit | iː see | i many | ɒ got (*BrE*) | ɔː saw | ʌ cup | ʊ put | uː too

do

present tense	past tense
I **do**	I **did**
you **do**	you **did**
he/she/it **does**	he/she/it **did**
we **do**	we **did**
you **do**	you **did**
they **do**	they **did**
past participle	**done**
present participle	**doing**
negative short forms	**don't, doesn't, didn't**

IDM **be to do with sb/sth** um jdn/etw gehen ◊ **have to do with sb/sth** mit jdm/etw zu tun haben ◊ **have (got) something, nothing, a lot, etc. to do with sb/sth** etwas, nichts, viel etc. mit jdm/einer Sache zu tun haben ◊ *What's it got to do with you?* Was geht Sie das an? ◊ **it won't 'do** (*bes BrE*) das geht (so) nicht ◊ **not 'do anything/a lot/much for sb** (*umgs*) jdm nicht stehen ◊ **nothing 'doing** (*umgs*) nichts ist ◊ **no you 'don't** (*umgs*) nichts da ◊ **that 'does it** (*umgs*) jetzt reicht's ◊ **that's 'done it** (*umgs*) da hast du's ◊ **that will 'do** das reicht ◊ **what do you do for …?** ◊ *What do you do for entertainment out here?* Was kann man hier in der Freizeit machen? ◊ **what is sb/sth doing …?** was sucht/soll jd/etw …? ◊ *What's this pair of shoes doing on the table?* Was sollen diese Schuhe auf dem Tisch? ☛ Für andere Redewendungen mit **do** siehe die Einträge für die Nomina, Adjektive etc. **Do a bunk** z.B. steht unter **bunk**.

PHR V ˌdo aˈway with sb/yourself (*umgs*) jdn/sich umbringen ˌdo aˈway with sth (*umgs*) etw abschaffen ˌdo ˈdown (*BrE, umgs*) jdn/etw heruntermachen ˈdo for sb/sth (*umgs*) jdn/etw fertig machen ◊ *Without that contract, we're done for.* Ohne den Auftrag sind wir erledigt. ˌdo sb/yourself ˈin (*umgs*) 1 jdn/sich umbringen 2 (*meist passiv*) ◊ *You look done in.* Du siehst völlig geschafft aus. ˌdo sth ˈin (*umgs*) sich etw verletzen ◊ *He did his back in lifting the furniture.* Er hat sich beim Möbeltragen den Rücken verhoben. ˌdo sb ˈout of sth (*umgs*) jdn um etw bringen ˌdo sb ˈover (*bes BrE, umgs*) jdn zusammenschlagen ˌdo sth ˈover 1 etw neu machen ◊ *The kitchen needs doing over.* Die Küche muss mal neu gestrichen werden. 2 (*AmE*) etw noch einmal machen ˌdo ˈup zugemacht werden ◊ *The skirt does up at the back.* Der Rock wird hinten zugemacht. ˌdo sth ˈup 1 etw zumachen 2 etw einpacken 3 (*BrE*) etw renovieren ˌdo yourˈself ˈup (*umgs*) sich zurechtmachen ˈdo sth with sb/sth (*in Fragen mit* **what** *und in verneinten Sätzen*) etw mit jdm/etw machen ◊ *I don't know what to do with all the food.* Ich weiß nicht was ich mit dem ganzen Essen machen soll. ◊ *What have you done with my umbrella?* Wo hast du meinen Regenschirm hingetan? ◊ *What have you been doing with yourselves?* Was habt ihr die ganze Zeit gemacht? ˌdo withˈout (sb/sth) ohne (jdn/etw) auskommen ◊ *If they can't get it to us in time, we'll just have to do without.* Wenn es nicht rechtzeitig hier ist, dann muss es eben ohne gehen. ◊ *I could do without being woken up at 3 o'clock.* Ich muss nicht unbedingt um 3 Uhr früh geweckt werden.

do² *Hilfsvb* ☛ G 9
do³ /du:/ *Nomen* (*Pl* **dos** *oder* **do's** /du:z/) (*BrE, umgs*) Fete; (*offiziell*) Veranstaltung **IDM** **do's and don'ts** (*umgs*) (Hinweise,) was man tun und lassen sollte
do⁴ = DOH
do. *Abk* = DITTO
dob /dɒb; *AmE* dɑːb/ *Verb* (**-bb-**) (*BrE, AusE, umgs*) **PHR V** ˌdob sb ˈin (to sb) jdn (bei jdm) verpetzen ☛ G 9.7c
Dobermann (pinscher) (*bes AmE* **Doberman (pinscher)**) /ˌdəʊbəmən (ˈpɪnʃə(r)); *AmE* ˌdoʊbərmən/ *Nomen* Dobermann
doc /dɒk; *AmE* dɑːk/ *Nomen* (*umgs*) (*häufig als Anrede gebraucht*) Doktor, Doc
doˑcile /ˈdəʊsaɪl; *AmE* ˈdɑːsl/ *Adj* fügsam
doˑcilˑity /dəʊˈsɪləti; *AmE* dɑːˈs-/ *Nomen* Fügsamkeit
dock¹ /dɒk; *AmE* dɑːk/ *Nomen* 1 Hafen, Dock 2 **docks** [Pl] Hafen 3 (*AmE*) Mole 4 (*AmE*) Verladebahnsteig 5 Anklagebank 6 Ampfer
dock² /dɒk; *AmE* dɑːk/ *Verb* 1 anlegen 2 andocken 3 ~ sth (from/off sth) etw (von etw) abziehen ◊ *Your wages will be docked.* Es wird Ihnen etwas vom Lohn abgezogen. 4 kupieren

dockˑer /ˈdɒkə(r); *AmE* ˈdɑːk-/ *Nomen* Hafenarbeiter(in)
docket /ˈdɒkɪt; *AmE* ˈdɑːk-/ *Nomen* 1 (WIRTSCH) Lieferschein, Laufzettel 2 (*AmE*) (RECHT) Verzeichnis der zu verhandelnden Termine
dockˑland /ˈdɒklænd; *AmE* ˈdɑːk-/ *Nomen* [U] (*auch* **docklands** [Pl]) (*BrE*) Hafengebiet
dockˑyard /ˈdɒkjɑːd; *AmE* ˈdɑːkjɑːrd/ *Nomen* Werft
Doc Martens = DR MARTENS
docˑtor¹ /ˈdɒktə(r); *AmE* ˈdɑːk-/ *Nomen* (*Abk* **Dr**) 1 Arzt, Ärztin ◊ *Dr Staples* (Frau) Dr. Staples ☛ *Hinweis bei* BAKER 2 (*Titel*) Doktor 3 (*bes AmE*) = Anredeform für Zahnärzte
docˑtor² /ˈdɒktə(r); *AmE* ˈdɑːk-/ *Verb* 1 (*umgs*) (Zahlen, Unterlagen etc.) frisieren 2 (*umgs*) (*einem Getränk etc.*) etwas beimischen 3 (*umgs*) kastrieren **SYN** NEUTER
docˑtorˑate /ˈdɒktərət; *AmE* ˈdɑːk-/ *Nomen* Doktorwürde
docˑtrinˑaire /ˌdɒktrɪˈneə(r); *AmE* ˌdɑːktrəˈner/ *Adj* (*abwert*) doktrinär, starr
docˑtriˑnal /dɒkˈtraɪnl; *AmE* ˈdɑːktrənl/ *Adj* doktrinär ◊ *the doctrinal position of the Catholic church* die Glaubenslehre der katholischen Kirche
docˑtrine /ˈdɒktrɪn; *AmE* ˈdɑːk-/ *Nomen* 1 Doktrin, (Glaubens)lehre 2 (POL) Programm
docuˑment¹ /ˈdɒkjumənt; *AmE* ˈdɑːk-/ *Nomen* 1 Dokument ◊ *important documents* wichtige Unterlagen 2 (COMP) Textdatei
docuˑment² /ˈdɒkjumənt; *AmE* ˈdɑːk-/ *Verb* 1 dokumentieren 2 belegen
docuˑmenˑtary¹ /ˌdɒkjuˈmentri; *AmE* ˌdɑːk-/ *Nomen* (*Pl* **-ies**) Dokumentarbeitrag, Dokumentarfilm
docuˑmenˑtary² /ˌdɒkjuˈmentri; *AmE* ˌdɑːk-/ *Adj nur vor Nomen* 1 ◊ *documentary evidence/material* Belege 2 dokumentarisch, Dokumentar-
docuˑmenˑtaˑtion /ˌdɒkjumenˈteɪʃn; *AmE* ˌdɑːk-/ *Nomen* [U] 1 Unterlagen 2 Dokumentation
DOD /ˌdiː əʊ ˈdiː; *AmE* oʊ/ *Kurzform von* **Department of Defense** (*in den USA*) Verteidigungsministerium
dodˑderˑing /ˈdɒdərɪŋ; *AmE* ˈdɑːd-/ (*BrE auch* **dodˑdery** /ˈdɒdəri; *AmE* ˈdɑːd-/) *Adj* (*Mensch*) klapperig
dodˑdle /ˈdɒdl; *AmE* ˈdɑːdl/ *Nomen* (*BrE, umgs*) Kinderspiel ◊ *It's a doddle.* Es ist kinderleicht.
dodge¹ /dɒdʒ; *AmE* dɑːdʒ/ *Verb* 1 ausweichen 2 ◊ *dodge behind sth* sich hinter etw verstecken ◊ *dodge into a doorway* sich in einen Hauseingang verdrücken ◊ *He dodged between the trees.* Er lief zwischen den Bäumen hindurch. 3 ~ sth sich vor etw drücken
dodge² /dɒdʒ; *AmE* dɑːdʒ/ *Nomen* Trick
dodgem /ˈdɒdʒəm; *AmE* ˈdɑːdʒəm/ *Nomen* 1 **the dodgems** [Pl] (*BrE*) Autoskooter ◊ *go on the dodgems* Autoskooter fahren 2 (*auch* **ˈdodgem car**) Autoskooter
dodger /ˈdɒdʒə(r); *AmE* ˈdɑːdʒ-/ *Nomen* (*umgs*) ◊ *tax dodgers* Steuerbetrüger ◊ *fare dodgers* Schwarzfahrer
dodgy /ˈdɒdʒi; *AmE* ˈdɑːdʒi/ *Adj* (*BrE, umgs*) 1 zweifelhaft ◊ *something dodgy* ein linkes Ding **SYN** SUSPICIOUS 2 nicht ganz einwandfrei, schlecht 3 gefährlich, unsicher
dodo /ˈdəʊdəʊ; *AmE* ˈdoʊdoʊ/ *Nomen* (*Pl* **-os**) 1 Dodo 2 (*AmE*) Dummkopf **IDM** ⇨ DEAD¹
doe /dəʊ; *AmE* doʊ/ *Nomen* 1 Ricke, Rehgeiß 2 Häsin
doer /ˈduːə(r)/ *Nomen* Macher(in)
does /dʌz/ *Form von* DO¹
doesn't /ˈdʌznt/ = DOES NOT
doff /dɒf; *AmE* dɑːf, dɔːf/ *Verb* (*veraltet*) (*Hut*) ziehen, lüften
dog¹ /dɒg; *AmE* dɔːg/ *Nomen* 1 Hund (*auch fig*) ◊ *You dirty dog!* Du gemeiner Hund! ☛ *Siehe auch* GUIDE DOG, GUN DOG, WATCHDOG *und* TOP DOG 2 Rüde 3 **the dogs** [Pl] (*BrE, umgs*) das Hunderennen 4 (*bes AmE, Slang*) Pleite, Reinfall 5 (*bes AmE, Slang*) (*Frau*) Vogelscheuche ☛ *Siehe auch* HOT DOG *und* SHAGGY-DOG STORY **IDM** (**a case of**) **ˈdog eat ˈdog** fressen und gefressen werden ◊ *a dog-eat-dog world* eine Ellbogengesellschaft **a ˌdog in the ˈmanger** = jd, der anderen eine Sache nicht gönnt, die er selbst gar nicht gebrauchen kann **a dog's ˈbreakfast/ˈdinner** (*BrE, umgs*) Mist; Pfusch **SYN** MESS **a ˈdog's life** ein Hundeleben **every dog has his/its ˈday**

dog

ein blindes Huhn findet auch mal ein Korn **go to the 'dogs** (*umgs*) vor die Hunde gehen **not have a 'dog's chance** nicht die geringste Chance haben ☛ *Siehe auch* HAIR, RAIN², SICK¹, SLEEP¹, TAIL¹ *und* TEACH

dog² /dɒg; *AmE* dɔːg/ *Verb* (**-gg-**) **1** verfolgen ◊ *dog sb's steps* jdm auf Schritt und Tritt folgen **2** (*fig*) heimsuchen, verfolgen

'**dog biscuit** *Nomen* Hundekuchen

'**dog collar** *Nomen* **1** Hundehalsband **2** (*umgs*) (*eines Geistlichen*) Kollar

'**dog days** *Nomen* [Pl] Hundstage

'**dog-eared** *Adj* mit Eselsohren

,**dog-'end** *Nomen* (*BrE*, *umgs*) Zigarettenkippe

dog·fight /'dɒgfaɪt; *AmE* 'dɔːg-/ *Nomen* **1** Luftkampf **2** (*fig*) Kampf, Streit **3 dog fight** Hundekampf

dog·ged /'dɒgɪd; *AmE* 'dɔːg-/ *Adj* (*Adv* **dog·ged·ly** /-li/) hartnäckig, beharrlich, zäh

dog·gerel /'dɒgərəl; *AmE* 'dɔːg-/ *Nomen* [U] Knittelvers

dog·go /'dɒgəʊ; *AmE* 'dɔːgoʊ/ *Adv* **lie ~** sich nicht rühren, keinen Mucks machen

dog·gone /'dɒgɒn; *AmE* 'dɔːgɔːn/ *Adj nur vor Nomen*, *Adv*, *Ausruf* (*AmE*, *umgs*) verdammt

dog·gy¹ (*auch* **dog·gie**) /'dɒgi; *AmE* 'dɔːgi/ *Nomen* (*Pl* **-ies**) (*umgs*, *Kinderspr*) Wauwau

dog·gy² /'dɒgi; *AmE* 'dɔːgi/ *Adj nur vor Nomen* Hunde-

'**doggy bag** (*auch* '**doggie bag**) *Nomen* (*umgs*) = Tüte, in der man nach einer Mahlzeit im Lokal die Reste mit nach Hause nimmt

'**doggy-paddle** *Nomen* (*Schwimmstil*) Hundepaddeln

'**dog handler** *Nomen* Hundeführer(in)

dog·house /'dɒghaʊs; *AmE* 'dɔːg-/ *Nomen* (*AmE*) Hundehütte IDM **be in the doghouse** (*BrE*, *AmE*, *umgs*) in Ungnade gefallen sein

dogie /'dəʊgi; *AmE* 'doʊgi/ *Nomen* (*AmE*) mutterloses Kalb

'**dog-leg** *Nomen* scharfe Kurve, Knick

dog·ma /'dɒgmə; *AmE* 'dɔːgmə/ *Nomen* Dogma, Glaubenssatz

dog·mat·ic /dɒg'mætɪk; *AmE* dɔːg-/ *Adj* (*Adv* **dog·mat·ic·al·ly** /-kli/) (*abwert*) dogmatisch

dog·ma·tism /'dɒgmətɪzəm; *AmE* 'dɔːg-/ *Nomen* [U] (*abwert*) Dogmatismus

,**do-'gooder** *Nomen* (*umgs*, *abwert*) Weltverbesserer, Weltverbesserin

'**dog-paddle** *Nomen* (*Schwimmstil*) Hundepaddeln

dogs·body /'dɒgzbɒdi; *AmE* 'dɔːgzbɑːdi/ *Nomen* (*Pl* **-ies**) (*BrE*, *umgs*) Mädchen für alles

dog·sled /'dɒgsled; *AmE* 'dɔːg-/ *Nomen* (*AmE*) Hundeschlitten

'**dog tag** *Nomen* (*AmE*, *Slang*) (*von Soldaten*) Hundemarke

,**dog-'tired** *Adj* (*umgs*) hundemüde

dog·wood /'dɒgwʊd; *AmE* 'dɔːg-/ *Nomen* Hartriegel, Hornstrauch

DoH /ˌdiː əʊ 'eɪtʃ; *AmE* oʊ/ *Kurzform von* **Department of Health** (*in GB*) Gesundheitsministerium

doh (*auch* **do**) /dəʊ; *AmE* doʊ/ *Nomen* (Mus) Do

doi·ly /'dɔɪli/ *Nomen* (*Pl* **-ies**) **1** (*BrE*) Papierdeckchen **2** (*AmE*) Spitzendeckchen, Zierdeckchen

doing /'duːɪŋ/ *Nomen* Tun ◊ *I've been hearing a lot about your doings.* Ich habe viel über dein Treiben gehört. ◊ *This was none of my doing.* Ich hatte damit nichts zu tun. IDM **sth takes a lot of/some 'doing** etw ist gar nicht so leicht ◊ *Getting it finished by tomorrow will take some doing.* Wenn wir die Arbeit bis morgen fertig haben wollen, müssen wir uns ganz schön ins Zeug legen.

,**do it your'self** = DIY

dol·drums /'dɒldrəmz; *AmE* 'doʊl-/ *Nomen* (*meist* **the dol·drums**) [Pl] **1 be in the ~** niedergeschlagen sein **2** Flaute ◊ *The economy remains in the doldrums.* Die Wirtschaftsflaute hält an.

dole¹ /dəʊl; *AmE* doʊl/ *Nomen* (*meist* **the dole**) [Sing] (*BrE*, *umgs*) Arbeitslosengeld ◊ *be on the dole* arbeitslos sein ◊ *lengthening dole queues* immer mehr Arbeitslose

dole² /dəʊl; *AmE* doʊl/ *Verb* PHRV **dole sth 'out** (**to sb**) etw (an jdn) austeilen, etw verteilen

dole·ful /'dəʊlfl; *AmE* 'doʊlfl/ *Adj* (*Adv* **dole·ful·ly** /-fəli/) (*gehoben*) traurig, bekümmert

doll¹ /dɒl; *AmE* dɑːl/ *Nomen* **1** Puppe **2** (*bes AmE*, *Slang*, *veraltet*) (*hübsches*) Mädchen, Puppe

doll² /dɒl; *AmE* dɑːl/ PHRV ,**doll sb/yourself 'up** (*umgs*) jdn/sich herausputzen

dol·lar /'dɒlə(r); *AmE* 'dɑːl-/ *Nomen* Dollar IDM ⇨ BET¹ *und* MILLION

doll·house /'dɒlhaʊs; *AmE* 'dɑːl-/ *Nomen* (*AmE*) Puppenhaus

dol·lop /'dɒləp; *AmE* 'dɑːləp/ *Nomen* (*umgs*) Klacks ◊ *a dollop of romance* ein Schuss Romantik

'**doll's house** *Nomen* (*BrE*) Puppenhaus

dolly /'dɒli; *AmE* 'dɑːli; 'dɔːli/ *Nomen* (*Pl* **-ies**) **1** (*Kinderspr*) Püppchen **2** (*bes AmE*) Transportwägelchen

dol·men /'dɒlmen; *AmE* 'doʊl-/ *Nomen* Dolmen

dol·phin /'dɒlfɪn; *AmE* 'dɑːl-/ *Nomen* Delphin

dolt /dəʊlt; *AmE* doʊlt/ *Nomen* (*abwert*) Idiot

do·main /də'meɪn, dəʊ-; *AmE* doʊ-/ *Nomen* **1** Domäne, Aufgabengebiet, Bereich ☛ *Siehe auch* PUBLIC DOMAIN **2** Ländereien, Domäne **3** (Comp) Domäne, Domain

dome /dəʊm; *AmE* doʊm/ *Nomen* **1** Kuppel **2** = Gebäude mit kuppelförmigem Dach **3** (*AmE*) (*in Namen von Stadien etc.*) ◊ *the Houston Astrodome* das Houston Astrodome

domed /dəʊmd; *AmE* doʊmd/ *Adj* **1** gewölbt, kuppelförmig **2** (*Gebäude*) mit einer Kuppel

do·mes·tic¹ /də'mestɪk/ *Adj* **1** inländisch ◊ *domestic affairs* innere Angelegenheiten ◊ *domestic flights* Inlandsflüge ◊ *the domestic market* der Binnenmarkt **2** *nur vor Nomen* Haushalts-, Familien- ◊ *domestic chores* Hausarbeit ◊ *domestic violence* Gewalt in der Familie ◊ *workers in domestic service* Hausangestellte **3** häuslich **4** (*Tier*) Haus-, Nutz-

do·mes·tic² /də'mestɪk/ *Nomen* **1** = DOMESTIC HELP **2** (*umgs*) Gewalttat in der Familie ◊ *The police were called to sort out a domestic.* Die Polizei wurde zu einem Familienstreit gerufen.

do·mes·tic·al·ly /də'mestɪkli/ *Adv* **1** heimisch ◊ *domestically produced goods* inländische Produktion **2** im Haushalt

do·mes·ti·cate /də'mestɪkeɪt/ *Verb* **1** zum Haustier machen, domestizieren **2** (*Pflanzen*) anbauen, domestizieren SYN CULTIVATE **3** (*Mensch*) an ein häusliches Leben gewöhnen

do·mes·ti·cated /də'mestɪkeɪtɪd/ *Adj* **1** domestiziert ◊ *domesticated animals* Haus-/Nutztiere **2** häuslich

do·mes·ti·ca·tion /dəˌmestɪ'keɪʃn/ *Nomen* Domestikation, Domestizierung

,**domestic 'help** (*auch* ,**domestic 'worker**, **do·mes·tic**) *Nomen* Hausangestellte(r), Bedienstete(r)

do·mes·ti·city /ˌdəʊme'stɪsəti, ˌdɒm-; *AmE* ˌdoʊ-, ˌdɑːm-/ *Nomen* (*gehoben*) Häuslichkeit, trautes Heim

do,**mestic 'science** *Nomen* (*BrE*, *veraltet*) (*Schulfach*) Hauswirtschaft

dom·i·cile /'dɒmɪsaɪl; *AmE* 'dɑːm-, 'doʊm-/ *Nomen* (*gehoben oder* RECHT) Wohnsitz

dom·i·ciled /'dɒmɪsaɪld; *AmE* 'dɑːm-, 'doʊm-/ *Adj nicht vor Nomen* (*gehoben oder Fachspr*) wohnhaft, ansässig

dom·i·cil·iary /ˌdɒmɪ'sɪliəri; *AmE* ˌdɑːmə'sɪlieri, ˌdoʊ-/ *Adj nur vor Nomen* (*gehoben*) Haus- ◊ *a domiciliary visit* ein Hausbesuch ◊ *domiciliary services* Heimhilfe

dom·in·ance /'dɒmɪnəns; *AmE* 'dɑː-/ *Nomen* Vorherrschaft, Dominanz ◊ *assert dominance over sb* über jdn dominieren

dom·in·ant /'dɒmɪnənt; *AmE* 'dɑːm-/ *Adj* **1** vorherrschend, dominant ◊ *a dominant position* eine Vormachtstellung ◊ *a dominant feature* ein hervorstechendes Merkmal **2** (*Gen*) dominant

dom·in·ate /'dɒmɪneɪt; *AmE* 'dɑːm-/ *Verb* dominieren, beherrschen ◊ *She says a lot in meetings, but she doesn't dominate.* In Sitzungen sagt sie recht viel, aber sie reißt die Diskussion nicht an sich. ◊ *The cathedral dominates the city.* Der Dom überragt die ganze Stadt.

dom·in·ation /ˌdɒmɪ'neɪʃn; *AmE* ˌdɑː-/ *Nomen* Herrschaft, Vorherrschaft

dom·in·eer·ing /ˌdɒmɪ'nɪərɪŋ; *AmE* ˌdɑːmə'nɪr-/ *Adj* (*abwert*) dominant, herrisch, herrschsüchtig

Do·min·ic·an /dəˈmɪnɪkən/ **1** Nomen Dominikaner(in) **2** Adj dominikanisch, Dominikaner-

do·min·ion /dəˈmɪniən/ Nomen **1** (gehoben) Herrschaft ◊ *The whole country was under his sole dominion.* Er herrschte über das ganze Land. **2** Herrschaftsgebiet **3** (meist **Dominion**) (GESCH) = Land des Britischen Commonwealth mit selbstständiger Verwaltung

dom·ino /ˈdɒmɪnəʊ; AmE ˈdɑːmənoʊ/ Nomen (Pl **-oes**) **1** Dominostein **2 dominoes** [U] Domino(spiel)

ˈdomino effect Nomen Dominoeffekt

don¹ /dɒn; AmE dɑːn/ Nomen **1** (BrE) = Universitätsdozent(in) (besonders in Oxford oder Cambridge) **2** (umgs) Mafiaboss

don² /dɒn; AmE dɑːn/ Verb (**-nn-**) (gehoben) anziehen, anlegen, aufsetzen

do·nate /dəʊˈneɪt; AmE ˈdoʊneɪt/ Verb spenden, schenken

do·na·tion /dəʊˈneɪʃn; AmE doʊ-/ Nomen Spende, Schenkung

done¹ /dʌn/ Form von DO¹

done² /dʌn/ Adj nicht vor Nomen **1** ~ (**with**) erledigt ◊ *I'll be glad when this job is done with.* Ich werde froh sein, wenn das erledigt ist. **2** ~ (**with sth**) (mit etw) fertig **3** (umgs) gar, durch **4** (umgs) (gesellschaftlich) üblich IDM **and have ˈdone with it** (BrE) und damit hat sich's; und damit basta **be ˈdone for** (umgs) erledigt sein ◊ *I thought I was done for.* Ich dachte, jetzt ist es aus mit mir. **be done ˈin** (umgs) fertig sein; völlig geschafft sein **be the ˌdone ˈthing** üblich sein **be/get ˈdone for sth/doing sth** (BrE, umgs) wegen einer Sache erwischt (und bestraft) werden **be/have ˈdone with sb/sth** mit jdm/etw fertig sein **over and ˈdone with** vorbei; erledigt ☛ Siehe auch EASY², HARD² und SOON

done³ /dʌn/ Ausruf abgemacht

don·key /ˈdɒŋki; AmE ˈdɑːŋ-, ˈdɔːŋ-/ Nomen Esel IDM **ˈdonkey's years** (BrE, umgs) eine Ewigkeit ☛ Siehe auch TALK¹

ˈdonkey jacket Nomen (BrE) = dicke Arbeitsjacke

ˈdonkey work Nomen (BrE, umgs) Routinearbeit, Dreckarbeit

don·nish /ˈdɒnɪʃ; AmE ˈdɑːn-/ Adj (BrE) gelehrt, professoral

donor /ˈdəʊnə(r); AmE ˈdoʊ-/ Nomen Spender(in), Geber(in) ◊ *a donor card* ein Organspenderausweis

don't /dəʊnt/ = DO NOT

donut Nomen (bes AmE) = DOUGHNUT

doo·dah /ˈduːdɑː/ (AmE **doo·dad** /ˈduːdæd/) Nomen (umgs) Dingsbums

doo·dle¹ /ˈduːdl/ Verb kritzeln

doo·dle² /ˈduːdl/ Nomen Kritzelei

doo·hickey /ˈduːhɪki/ Nomen (AmE, umgs) Dingsbums

doo·lal·ly /duːˈlæli/ Adj nicht vor Nomen (BrE, umgs) verrückt

doom¹ /duːm/ Nomen Schicksal, Verhängnis ◊ *a feeling of doom* eine Untergangsstimmung ◊ *a sense of impending doom* eine dunkle Vorahnung ☛ Siehe auch MERCHANT IDM **ˌdoom and ˈgloom**; **ˌgloom and ˈdoom** Weltuntergangsstimmung ◊ *It's not all doom and gloom for the team.* Die Lage ist für die Mannschaft nicht ganz hoffnungslos. ☛ Siehe auch PROPHET

doom² /duːm/ Verb (meist passiv) verurteilen, verdammen ◊ *The marriage was doomed from the start.* Die Ehe stand von Anfang an unter einem schlechten Stern.

doom·sayer /ˈduːmseɪə(r)/ (bes AmE) (BrE auch **doom·ster** /ˈduːmstə(r)/) Nomen Schwarzmaler(in)

dooms·day /ˈduːmzdeɪ/ Nomen der Jüngste Tag IDM **till ˈdoomsday** (umgs) ◊ *It'll take me till doomsday.* Dafür brauche ich noch eine Ewigkeit.

door /dɔː(r)/ Nomen Tür ◊ *answer the door* an die Tür gehen ◊ *the front door* die Haustür ◊ *They live three doors up from us.* Sie wohnen drei Häuser weiter. ◊ *We can pay at the door.* Wir können an der Abendkasse zahlen. ☛ Siehe auch FRENCH DOOR, OPEN-DOOR, SIDE DOOR, STAGE DOOR, TRAPDOOR, NEXT DOOR, BACK-DOOR und DOORWAY IDM **be on the door** (in Klubs, bei Veranstaltungen etc.) an der Tür sein **close/shut the ˈdoor on sth** etw unmöglich machen; etw ausschließen (**from**) **ˌdoor to ˈdoor** von Tür zu Tür **sell sth door to door** mit etw hausieren (gehen) **lay sth at sb's ˈdoor** (gehoben) jdm für etw die Schuld zuschieben **leave the door ˈopen (for sth)** die Tür (für etw) offen lassen **open the door to sth** etw ermöglichen; die Voraussetzungen für etw schaffen **out of ˈdoors** im Freien; draußen SYN OUTDOORS **shut/slam the door in sb's face** jdm die Tür vor der Nase zuschlagen ☛ Siehe auch BACK², BARN, BEAT¹, CLOSE¹, CLOSED, DARKEN, DEATH, FOOT¹, SHOW¹, STABLE² und WOLF¹

door·bell /ˈdɔːbel; AmE ˈdɔːrbel/ Nomen Klingel ◊ *ring the doorbell* klingeln

door·keeper /ˈdɔːkiːpə(r); AmE ˈdɔːrk-/ Nomen Pförtner(in)

door·knob /ˈdɔːnɒb; AmE ˈdɔːrnɑːb/ Nomen Türknopf

ˈdoor knocker (auch **knock·er**) Nomen Türklopfer

door·man /ˈdɔːmən; AmE ˈdɔːrmən/ Nomen (Pl **-men** /-mən/) Portier

door·mat /ˈdɔːmæt; AmE ˈdɔːrm-/ Nomen Fußmatte, Fußabtreter (auch fig)

door·nail /ˈdɔːneɪl; AmE ˈdɔːrn-/ Nomen IDM ⇨ DEAD¹

door·step /ˈdɔːstep; AmE ˈdɔːrs-/ Nomen **1** Eingangsstufe **2** (BrE, umgs) = dicke Scheibe Brot IDM **on the/your ˈdoorstep** direkt vor der Tür

door·stop /ˈdɔːstɒp; AmE ˈdɔːrstɑːp/ Nomen Türanschlag, Türstopper

door·way /ˈdɔːweɪ; AmE ˈdɔːrweɪ/ Nomen Eingang ◊ *He stood in the kitchen doorway.* Er stand an der Küchentür.

dope¹ /dəʊp; AmE doʊp/ Nomen **1** (umgs) Drogen, Stoff ◊ *smoke dope* Hasch rauchen **2** Dopingmittel ◊ *a dope test* ein Dopingtest **3** (umgs) Trottel **4** the ~ (**on sb/sth**) [Sing] (umgs) Informationen (über jdn/etw) ◊ *Give me the dope on him.* Was wird über ihn so geredet?

dope² /dəʊp; AmE doʊp/ Verb **1** ~ **sb** jdm ein Dopingmittel verabreichen, jdn dopen **2** betäuben; **be doped** (**up**) unter Drogeneinfluss stehen **3** ~ **sth** einer Sache ein Betäubungsmittel beimischen ◊ *The wine was doped.* Im Wein war ein Betäubungsmittel.

dopey /ˈdəʊpi; AmE ˈdoʊpi/ Adj (umgs) **1** bedeppert, blöd **2** benommen

dork /dɔːk; AmE dɔːrk/ Nomen (umgs) Langweiler(in), Trottel

dorky /ˈdɔːki; AmE ˈdɔːrki/ Adj (umgs) doof, langweilig

dor·mant /ˈdɔːmənt; AmE ˈdɔːrm-/ Adj ruhend; (Vulkan) nicht aktiv ◊ *lie dormant* ruhen

ˌdormer ˈwindow (auch **dormer** /ˈdɔːmə(r)/) Nomen Dachgaube

dor·mi·tory /ˈdɔːmətri; AmE ˈdɔːrmətɔːri/ Nomen (Pl **-ies**) (umgs **dorm** /dɔːm; AmE dɔːrm/) **1** Schlafsaal **2** (AmE) Studentenwohnheim

ˈdormitory town Nomen (BrE) Schlafstadt

dor·mouse /ˈdɔːmaʊs; AmE ˈdɔːrm-/ Nomen (Pl **dor·mice** /-maɪs/) **1** Haselmaus **2** Siebenschläfer

dor·sal /ˈdɔːsl; AmE ˈdɔːrsl/ Adj nur vor Nomen (ANAT) dorsal, Rücken-

dos·age /ˈdəʊsɪdʒ; AmE ˈdoʊ-/ Nomen [meist Sing] Dosierung, Dosis

dose¹ /dəʊs; AmE doʊs/ Nomen **1** Dosis **2** (umgs) Portion, Menge ◊ *a dose of flu* eine Grippe IDM **like a dose of ˈsalts** (BrE, umgs, veraltet) in null Komma nichts ☛ Siehe auch MEDICINE

dose² /dəʊs; AmE doʊs/ Verb ~ **yourself** (**up**) (**with sth**) etw einnehmen; ~ **sb** (**up**) (**with sth**) jdm etw verabreichen ◊ *She dosed herself up with vitamin pills.* Sie nahm tüchtig Vitaminpillen.

dosh /dɒʃ; AmE dɑːʃ/ Nomen [U] (BrE, Slang) Knete

doss¹ /dɒs; AmE dɑːs/ Verb (BrE, Slang) **1** ~ (**down**) pennen **2** ~ (**about/around**) rumgammeln

doss² /dɒs; AmE dɑːs/ Nomen (BrE, Slang) Klacks

doss·er /ˈdɒsə(r); AmE ˈdɑːs-/ Nomen (BrE) **1** Penner(in) **2** (umgs) Gammler(in)

doss·house /ˈdɒshaʊs; AmE ˈdɑːs-/ Nomen (BrE, Slang) (billige) Absteige

dos·sier /ˈdɒsieɪ; AmE ˈdɔːs-, ˈdɑːs-/ Nomen Dossier

dot¹ /dɒt; AmE dɑːt/ Nomen Punkt; (auf Stoff) Tupfen, Pünktchen IDM **on the ˈdot** (umgs) auf die Minute pünktlich ◊ *at ten on the dot* um Punkt zehn ☛ Siehe auch YEAR

dot² /dɒt; AmE dɑːt/ Verb (**-tt-**) **1** einen Punkt setzen über

dotage

2 (*meist passiv*) verstreuen, übersäen ◊ *Small villages dot the countryside.* Kleine Dörfer sind in der Landschaft verstreut. ◊ *There are lots of Italian restaurants dotted around London.* Überall in London gibt es italienische Restaurants. **3** ~ **A on/over B**; ~ **B with A** A auf B tupfen IDM **dot your ,i's and cross your 't's** peinlich genau sein; der Sache den letzten Schliff geben

dot·age /ˈdəʊtɪdʒ; *AmE* ˈdoʊ-/ *Nomen* IDM **be in your dotage** senil sein

dot·com (*auch* **dot com, dot-com**) /ˌdɒtˈkɒm; *AmE* ˈdɑːtkɑːm/ *Nomen* (WIRTSCH) Dotcom

dote /dəʊt; *AmE* doʊt/ *Verb* PHRV **dote on/upon sb** jdn abgöttisch lieben

dot·ing /ˈdəʊtɪŋ; *AmE* ˈdoʊtɪŋ/ *Adj nur vor Nomen* bewundernd, liebend ◊ *his doting mother* seine ihn kritiklos liebende Mutter

dot·ted /ˈdɒtɪd; *AmE* ˈdɑːt-/ *Adj* **1** gepunktet, getupft **2** *nur vor Nomen* (Mus) (*Note*) punktiert

,dotted 'line *Nomen* punktierte Linie IDM ⇨ SIGN²

dotty /ˈdɒti; *AmE* ˈdɑːti/ *Adj* (*BrE, umgs, veraltet*) **1** schrullig **2** ~ **about sb/sth** verrückt nach jdm/etw

double¹ /ˈdʌbl/ *Adj* **1** doppelt ◊ *double-entry bookkeeping* doppelte Buchführung **2** Doppel- ◊ *My extension is two four double 0.* Mein Anschluss ist zwei vier null null. **3** zwei-, zweifach ◊ *have a double meaning* zweideutig sein

double² /ˈdʌbl/ *Adv* doppelt ◊ *double the amount* doppelt so viel ◊ *He earns double what I do.* Er verdient doppelt so viel wie ich. ◊ *His income is double hers.* Sein Einkommen ist das Doppelte von ihrem. ◊ *fold sth double* etw einmal falten ◊ *bend double* sich krümmen

double³ /ˈdʌbl/ *Nomen* **1** das Doppelte, das Zweifache ◊ *Two Scotches — and make those doubles, will you?* Zwei Scotch — und zwar Doppelte! **2** Doppel(gänger(in)), Ebenbild **3** (*Film*) Double ☞ *Siehe auch* BODY DOUBLE **4** = DOUBLE ROOM **5 doubles** (SPORT) Doppel ☞ *Hinweis bei* SINGLE², S. 580 **6 the double** [Sing] (SPORT) Doppelsieg IDM **at the ˈdouble** (*AmE* **on the ˈdouble**) (*umgs*) auf der Stelle; schleunigst **,double or ˈquits** (*AmE* **,double or ˈnothing**) doppelt oder nichts

double⁴ /ˈdʌbl/ *Verb* **1** (sich) verdoppeln ◊ *For eight people double the quantities.* Für acht Personen nehmen Sie die doppelte Menge. **2** ~ **sth** (**over**) etw einmal falten **3** (*beim Baseball*) = den Ball so weit schlagen, dass man bis zum zweiten Laufmal laufen kann PHRV **double** (**up**) **as sth** eine Doppelfunktion als etw haben, eine Doppelrolle als etw haben/spielen **,double ˈback** kehrtmachen ◊ *We had to double back on our tracks.* Wir mussten den gleichen Weg wieder zurück. **,double ˈup** ◊ *They only have one room left: you'll have to double up.* Sie haben noch ein Zimmer: ihr müsst es euch teilen. **,double ˈup on sth** (*umgs*) sich etw teilen ◊ *We'll have to double up on books.* Wir müssen uns die Bücher teilen. **,double ˈup with sb** (*umgs*) sich mit jdm teilen **,double ˈup/ˈover; be ,doubled ˈup/ˈover** sich krümmen

ˈdouble act *Nomen* **1** Zweiershow **2** (*Komiker- etc.*) Paar

,double ˈagent *Nomen* Doppelagent(in)

,double-ˈbarrelled (*AmE* **,double-ˈbarreled**) *Adj* **1** (*Gewehr*) doppelläufig **2** (*BrE*) ◊ *a double-barrelled name* ein Doppelname ☞ *Hinweis bei* DOPPELNAME **3** (*AmE*) doppelt ◊ *a two-barrelled strategy* eine Doppelstrategie

,double ˈbass (*auch* **bass**) *Nomen* Kontrabass

,double ˈbill *Nomen* (*BrE*) Doppelprogramm ◊ *a cartoon double bill* eine Vorstellung mit zwei Zeichentrickfilmen

,double ˈbind *Nomen* [meist Sing] Zwickmühle

,double ˈbluff *Nomen* doppelter Bluff

,double-ˈbook *Verb* (*oft passiv*) doppelt buchen ◊ *the guest who was double-booked* der Gast, dessen Zimmer schon vergeben war ◊ *He was double-booked that evening.* Er hatte an dem Abend versehentlich zwei Einladungen angenommen.

,double-ˈbooking *Nomen* (*von Flug, Hotel etc.*) Doppelbuchung

,double-ˈbreasted *Adj* (*Sakko etc.*) zweireihig

,double-ˈcheck¹ *Verb* genau/noch einmal nachprüfen

,double-ˈcheck² *Nomen* genaue Nachprüfung

,double-ˈclick¹ *Verb* doppelklicken

,double-ˈclick² *Nomen* Doppelklick

,double-ˈcross¹ *Verb* hintergehen, reinlegen

,double-ˈcross² *Nomen* [meist Sing] Doppelspiel

,double-ˈdealer *Nomen* (*umgs*) Betrüger(in)

,double-ˈdealing *Nomen* [U] Doppelspiel

,double-ˈdecker *Nomen* **1** (*Bus*) Doppeldecker **2** (*AmE*) (*Sandwich*) Doppeldecker

,double-ˈdigit *Adj* (*AmE*) zweistellig

,double ˈdigits *Nomen* (*AmE*) zweistellige Zahlen

,double ˈdoor *Nomen* **1** Flügeltür **2 double doors** [Pl] Doppeltür

,double ˈDutch *Nomen* (*BrE, umgs*) Kauderwelsch, Unsinn

,double-ˈedged *Adj* **1** zweischneidig (*auch fig*) **2** zwiespältig IDM **be a double-edged ˈsword/ˈweapon** ein zweischneidiges Schwert sein

double en·ten·dre /ˌduːbl ɒ̃ˈtɒ̃drə; *AmE* ɑːˈtɑːdrə/ *Nomen* Zweideutigkeit

,double ˈfeature *Nomen* (*AmE*) Doppelprogramm

,double-ˈfigure *Adj nur vor Nomen* (*bes BrE*) zweistellig

,double ˈfigures *Nomen* [Pl] (*bes BrE*) zweistellige Zahlen ◊ *Inflation is in double figures.* Die Inflationsrate hat eine zweistellige Größenordnung erreicht.

,double-ˈglaze *Verb* mit Doppelverglasung versehen

,double-ˈglazed *Adj* doppelverglast, mit Doppelverglasung

,double ˈglazing *Nomen* (*bes BrE*) (Fenster mit) Doppelverglasung

,double ˈjeopardy *Nomen* (*AmE*) (RECHT) doppelte Strafverfolgung eines Täters wegen derselben Tat

,double-ˈjointed *Adj* mit sehr flexiblen Gelenken

,double ˈlife *Nomen* Doppelleben

,double-ˈpark *Verb* (*meist passiv*) = in zweiter Reihe parken

,double ˈquick *Adv* (*BrE, umgs*) sehr schnell, in Windeseile

,double-ˈquick *Adj nur vor Nomen* (*BrE, umgs*) ◊ *in double-quick time* im Nu

,double ˈroom (*auch* **double**) *Nomen* Doppelzimmer

,double-ˈspeak /ˈdʌblspiːk/ *Nomen* [U] Doppelzüngigkeit, zweideutiges Gerede

,double ˈstandard *Nomen* Doppelmoral

doub·let /ˈdʌblət/ *Nomen* Wams

,double ˈtake *Nomen* Spätzündung ◊ *do a double take* stutzen

,double ˈtime *Nomen* [U] doppelter Stundenlohn

doub·ly /ˈdʌbli/ *Adv* (*vor Adjektiven*) **1** besonders **2** doppelt, zweifach, auf zweifache Weise

doubt¹ /daʊt/ *Nomen* Zweifel, Ungewissheit ◊ *If you are in any doubt about it, consult your doctor.* Wenn Sie irgendwelche Bedenken haben, fragen Sie Ihren Arzt. ◊ *She knew without a shadow of a doubt that he was lying.* Sie war sich ganz sicher, dass er sie anlog. ◊ *be open to doubt* fragwürdig sein IDM **beyond** (**any**) **ˈdoubt** ohne (jeden) Zweifel **be in ˈdoubt** unsicher sein; zweifelhaft sein ◊ *The success of the system is not in doubt.* Der Erfolg des Systems wird nicht bezweifelt. ◊ *Their integrity is not in doubt.* Ihre Integrität steht außer Frage. **have your ˈdoubts** (**about sth**) (seine) Bedenken (gegen etw/wegen einer Sache) haben **if in ˈdoubt** im Zweifelsfall **,no ˈdoubt 1** bestimmt **2** kein Zweifel ◊ *There's no doubt about it.* Daran besteht kein Zweifel. **without/beyond ˈdoubt** ohne Zweifel; zweifellos ☞ *Siehe auch* BENEFIT¹

doubt² /daʊt/ *Verb* **1** anzweifeln, bezweifeln **2** ~ **sb/sth** jdm/einer Sache nicht trauen

doubt·er /ˈdaʊtə(r)/ *Nomen* Zweifler(in)

doubt·ful /ˈdaʊtfl/ *Adj* **1** zweifelhaft, ungewiss, fraglich ◊ *He's doubtful for the game tomorrow.* Es ist fraglich, ob er morgen spielen wird. **2 be** ~ (**about sth**) (an etw) zweifeln, (hinsichtlich einer Sache) Bedenken haben **3** bedenklich **4** *nur vor Nomen* fragwürdig

doubt·ful·ly /ˈdaʊtfəli/ *Adv* skeptisch, unsicher, zweifelnd

doubt·less /ˈdaʊtləs/ *Adv* (*seltener* **doubt·less·ly**) (*gehoben*) gewiss, sicherlich

douche /duːʃ/ *Nomen* Vaginalspülung

dough /dəʊ; AmE doʊ/ Nomen **1** Teig **2** (Slang, veraltet) Knete

dough·nut (bes AmE **donut**) /'dəʊnʌt; AmE 'doʊ-/ Nomen Berliner, Donut, Krapfen

doughty /'daʊti/ Adj (veraltet) kühn, wacker

doula /'duːlə/ Nomen (AmE) = Frau, die bei der Geburt emotionale Hilfestellung gibt

dour /'dʊə(r); BrE auch dʊə(r); AmE auch dʊr/ Adj **1** verschlossen, mürrisch, streng **2** düster, öde, nüchtern **3** hartnäckig, stur

douse (auch **dowse**) /daʊs/ Verb **1** ~ sth (with sth) etw (mit etw) löschen **2** ~ sb/sth (in/with sth) jdn/etw (mit etw) übergießen

dove¹ /dʌv/ Nomen Taube (auch fig)

dove² Form von DIVE¹

dove·tail¹ /'dʌvteɪl/ Verb (gehoben) **1** ~ sth (with/into sth) etw (auf etw) abstimmen **2** ~ (with sth) (mit etw) zusammenpassen **3** ~ (into sth) (in/zu etw) passen

dove·tail² /'dʌvteɪl/ (auch ˌdovetail 'joint) Nomen Schwalbenschwanzverbindung

dow·ager /'daʊədʒə(r)/ Nomen **1** (adlige) Witwe ⋄ the dowager duchess of Norfolk die Herzoginwitwe von Norfolk **2** (umgs) ältere, meist reiche Frau

dowdy /'daʊdi/ Adj mausgrau, langweilig

dowel /'daʊəl/ Nomen (Holz-) Dübel

Dow Jones /ˌdaʊ 'dʒəʊnz/ (auch **Dow 'Jones index**, **Dow 'Jones average**) Nomen (FINANZ) Dow-Jones-Index

down¹ /daʊn/ Adv ☞ Für Verben mit **down** siehe die Einträge für die Verben. **Climb down** z.B. siehe unter **climb**. **1** her-/hinunter ⋄ He looked down at her. Er sah auf sie hinunter. ⋄ She bent down. Sie bückte sich. **2** unten ⋄ We're already two goals down. Wir liegen schon zwei Tore zurück. **3** (bei Kreuzworträtseln) senkrecht **4** (im/nach Süden) runter, unten **5** auf (Papier) ⋄ Did you get that down? Hast du das notiert? ⋄ Have you got me down for the trip? Hast du meinen Namen auf der Liste für den Ausflug? **6** from … **down to …** von … bis hinunter zu …; from … down angefangen von … ⋄ Everyone will be there, from the Principal down. Alle werden da sein, sogar der Rektor. **7** At the end of the day we were $20 down. Am Ende des Tages fehlten uns $20. **8** als Anzahlung **9** (umgs) ⋄ Six down and four to go! Sechs haben wir hinter uns und vier noch vor uns. IDM **be down to sb** (umgs) jds Aufgabe sein **be down to sb/sth** an jdm/etw liegen ⋄ She claimed her problems were down to him. Sie behauptete, dass er an ihren Problemen schuld sei. **be down to sth** nur noch etw haben ⋄ I'm down to my last dollar. Ich habe nur noch einen Dollar. **be/go down with sth** (Krankheit) haben/bekommen **down through sth** (gehoben) ⋄ Down through the years/ages/generations im Laufe der Jahre/Zeiten/Generationen **down 'under** (umgs) in Australien **down with sb/sth** nieder mit jdm/etw

down² /daʊn/ Präp **1** her-/hinunter ⋄ Tears ran down her face. Tränen liefen ihr übers Gesicht. ⋄ Her hair hung down her back to her waist. Ihr Haar reichte bis zur Taille. **2** entlang, runter, hinunter ⋄ just down the street etwas weiter unten in der Straße ⋄ a mile down the river eine Meile flussabwärts **3** (mit Zeitspannen) durch ⋄ an exhibition of costumes down the ages eine Ausstellung von Trachten durch die Jahrhunderte

down³ /daʊn/ Verb (umgs) **1** schnell austrinken, schnell aufessen **2** (Flugzeug) abschießen; (Menschen) überwältigen, zu Fall bringen IDM ˌdown 'tools die Arbeit niederlegen

down⁴ /daʊn/ Adj nicht vor Nomen **1** (umgs) niedergeschlagen **2** (Computer) außer Betrieb IDM ⇨ HIT¹, KICK¹, LUCK¹ und MOUTH¹

down⁵ /daʊn/ Nomen [U] **1** Daunen **2** Flaum IDM **have a 'down on sb/sth** (BrE, umgs) etwas gegen jdn/etw haben ⋄ She's got a down on me. Sie hat mich auf dem Kieker. ☞ Siehe auch UP⁵

ˌ**down and 'out** Nomen Penner(in)

ˌ**down at 'heel** Adj heruntergekommen

down·beat /'daʊnbiːt/ Adj (umgs) **1** gedrückt, pessimistisch OPP UPBEAT **2** nüchtern, undramatisch

down·cast /'daʊnkɑːst; AmE -kæst/ Adj (gehoben) **1** (Blick) gesenkt **2** (Mensch) niedergeschlagen, entmutigt

down·er /'daʊnə(r)/ Nomen (Slang) **1** Beruhigungsmittel **2** (fig) Enttäuschung, Rückschlag **3 on a ~** nicht in Form

down·fall /'daʊnfɔːl/ Nomen [Sing] Sturz, Ruin

down·grade /ˌdaʊn'ɡreɪd/ Verb **1** herunterstufen **2** abwerten

down·grad·ing /'daʊnɡreɪdɪŋ/ Nomen **1** Herunterstufung **2** Abwertung

down·heart·ed /ˌdaʊn'hɑːtɪd; AmE -'hɑːrtɪd/ Adj nicht vor Nomen niedergeschlagen, entmutigt

down·hill¹ /ˌdaʊn'hɪl/ Adv bergab OPP UPHILL IDM **ˌgo down'hill** bergab gehen SYN DETERIORATE

down·hill² /ˌdaʊn'hɪl/ Adj abschüssig ⋄ downhill skiing Abfahrtslauf IDM **be (all) downhill**; **be ˌdownhill all the 'way** (umgs) **1** ganz einfach sein **2** bergab gehen

down·hill³ /'daʊnhɪl/ Nomen Abfahrtslauf

ˌ**down-'home** Adj rustikal, heimelig, natürlich

Down·ing Street /'daʊnɪŋ striːt/ Nomen [Sing] **1** = Straße in London, in der sich die Wohnsitze des Premierministers und des Finanzministers befinden **2** (fig) der/die britische Premierminister(in) und die Regierung

down·load /ˌdaʊn'ləʊd; AmE -'loʊd/ Verb (COMP) runterladen

down·mark·et¹ /ˌdaʊn'mɑːkɪt; AmE -'mɑːrkɪt/ Adj (abwert) billig, Massen- OPP UPMARKET

down·mark·et² /ˌdaʊn'mɑːkɪt; AmE -'mɑːrkɪt/ Adv (abwert) **go ~** sich auf den Massenmarkt konzentrieren OPP UPMARKET

down·play /ˌdaʊn'pleɪ/ Verb herunterspielen

down·pour /'daʊnpɔː(r)/ Nomen [meist Sing] Wolkenbruch

down·right /'daʊnraɪt/ Adj nur vor Nomen, Adv ausgesprochen

down·river /ˌdaʊn'rɪvə(r)/ Adv flussabwärts

downs /daʊnz/ Nomen **the downs** [Pl] (bes in Südengland) Hügelland

down·scale¹ /'daʊnskeɪl/ Adj (AmE, abwert) billig

down·scale² /'daʊnskeɪl/ Adv (AmE) **go ~** sich auf den Massenmarkt konzentrieren

down·shift¹ /'daʊnʃɪft/ Verb (AmE) (beim Auto) (einen Gang) runterschalten/zurückschalten (auch fig)

down·shift² /'daʊnʃɪft/ Nomen Runterschalten (auch fig), Zurückschalten (auch fig)

down·shift·er /'daʊnʃɪftə(r)/ Nomen Aussteiger(in)

down·side /'daʊnsaɪd/ Nomen [Sing] Kehrseite, Nachteil

down·size /'daʊnsaɪz/ Verb (WIRTSCH) **1** sich verkleinern **2** verkleinern; (Personal) abbauen

down·spout /'daʊnspaʊt/ Nomen (AmE) **1** Regenrohr **2** Abflussrohr

'**Down's syndrome** Nomen Downsyndrom

down·stairs¹ /ˌdaʊn'steəz; AmE -'sterz/ Adv **1** (die Treppe) hin-/herunter **2** unten OPP UPSTAIRS

down·stairs² /ˌdaʊn'steəz; AmE -'sterz/ Adj nur vor Nomen im Erdgeschoss gelegen OPP UPSTAIRS

down·stairs³ /ˌdaʊn'steəz; AmE -'sterz/ Nomen [Sing] Erdgeschoss, Parterre

down·stream¹ /ˌdaʊn'striːm/ Adv stromabwärts, flussabwärts

down·stream² /ˌdaʊn'striːm/ Adj flussabwärts gelegen

'**down time** Nomen (COMP) Ausfallzeit

ˌ**down-to-'earth** Adj praktisch, mit beiden Beinen auf der Erde stehend

down·town¹ /ˌdaʊn'taʊn/ Adv (bes AmE) in die/der Innenstadt, ins/im Geschäftsviertel

down·town² /ˌdaʊn'taʊn/ Adj (bes AmE) im Stadtzentrum gelegen ⋄ downtown Detroit das Stadtzentrum von Detroit

down·trend /'daʊntrend/ Nomen (AmE) Abwärtstrend OPP UPTREND

down·trod·den /'daʊntrɒdn; AmE -trɑːdn/ Adj (Menschen) unterdrückt

down·turn /'daʊntɜːn; AmE -tɜːrn/ Nomen [meist Sing] ~ **(in sth)** Rückgang(in/an etw), Rezession (in etw)

down·ward /'daʊnwəd; AmE -wərd/ Adj abfallend ⋄ the downward slope of a hill das Gefälle eines Hügels ⋄ the *downward trend in inflation* der Abwärtstrend der Inflationsrate

down·wards /ˈdaʊnwədz; *AmE* -wərdz/ (*bes AmE* **downward**) *Adv* nach unten, abwärts ◇ *politicians from the Prime Minister downwards* Politiker vom Premierminister abwärts

down·wind /ˌdaʊnˈwɪnd/ *Adv, Adj* in Windrichtung ◇ *people living downwind of the fire* Anwohner, die in Windrichtung des Feuers wohnen ◇ *sail downwind* mit dem Wind segeln ◇ *a downwind landing* eine Landung mit dem Wind im Rücken

downy /ˈdaʊni/ *Adj* flaumig, weich

dowry /ˈdaʊri/ *Nomen* (*Pl* **-ies**) **1** Mitgift **2** Brautpreis

dowse /daʊz/ *Verb* **1** mit einer Wünschelrute suchen **2** /daʊs/ = DOUSE

dowser /ˈdaʊzə(r)/ *Nomen* Wünschelrutengänger(in)

doyen /ˈdɔɪən/ *Nomen* Altmeister

doy·enne /dɔɪˈen/ *Nomen* Altmeisterin

doz. *Abk* = DOZEN

doze¹ /daʊz; *AmE* doʊz/ *Verb* dösen PHRV **doze off** einnicken

doze² /daʊz; *AmE* doʊz/ *Nomen* [Sing] Nickerchen

dozen /ˈdʌzn/ *Nomen* (*Pl* **dozen**) **1** (*Abk* **doz.**) Dutzend **2 dozens** [Pl] (*umgs*) Dutzende IDM ⇒ BAKER, DIME, NINETEEN *und* SIX

dozy /ˈdəʊzi; *AmE* ˈdoʊzi/ *Adj* (*umgs*) **1** schläfrig **2** (*BrE*) dösig

DPhil /ˌdiːˈfɪl/ *Nomen* (*BrE*) *Kurzform von* **Doctor of Philosophy** Dr. phil.

DPP /ˌdiː piː ˈpiː/ (*BrE*) *Kurzform von* **Director of Public Prosecutions** ≈ Generalstaatsanwalt

Dr. (*BrE auch* **Dr**) *Abk* **1** = DOCTOR **2** (*in Straßennamen*) = DRIVE

drab /dræb/ *Adj* (**drab·ber**, **drab·best**) trist, eintönig

drab·ness /ˈdræbnəs/ *Nomen* Tristheit, Eintönigheit

drabs /dræbz/ *Nomen* IDM ⇒ DRIBS

dra·co·nian /drəˈkəʊniən; *AmE* -ˈkoʊ-/ *Adj* (*gehoben*) drakonisch

draft¹ /drɑːft; *AmE* dræft/ *Nomen* **1** Entwurf ◇ *a draft agreement* ein Vertragsentwurf ◇ *I've made a rough draft of the letter.* Ich habe den Brief in groben Zügen aufgesetzt. ◇ *the final draft* die endgültige Fassung **2** (FINANZ) Wechsel **3 the draft** [Sing] (*bes AmE*) (MIL) die Einberufung **4** [Sing] (*AmE*) = System, wobei professionelle Mannschaften in manchen Sportarten jedes Jahr einige Studenten als Mitglieder anwerben **5** (*AmE*) = DRAUGHT¹

draft² /drɑːft; *AmE* dræft/ (*bes BrE* **draught**) *Verb* **1** entwerfen, aufsetzen **2** abkommandieren, abordnen **3** (*meist passiv*) (*AmE*) ~ **sb** (**into sth**) jdn (zu etw) einberufen, jd (zu etw) einziehen

draft³ *Adj* (*AmE*) = DRAUGHT²

ˈdraft dodger *Nomen* (*AmE*, *abwert*) = jd, der sich vor dem Wehrdienst drückt

draft·ee /ˌdrɑːfˈtiː;; *AmE* ˌdræfˈtiː/ *Nomen* (*AmE*) Wehrpflichtige(r)

drafts·man /ˈdrɑːftsmən; *AmE* ˈdræfts-/ *Nomen* (*Pl* **-men** /-mən/) **1** (*AmE*) = DRAUGHTSMAN **2** = Mann, der offizielle oder juristische Dokumente aufsetzt

drafts·man·ship (*AmE*) = DRAUGHTSMANSHIP

drafts·pers·on (*AmE*) = DRAUGHTSPERSON

drafts·woman /ˈdrɑːftswʊmən; *AmE* ˈdræfts-/ *Nomen* (*Pl* **-women** /-wɪmɪn/) **1** (*AmE*) = DRAUGHTSWOMAN **2** = Frau, die offizielle oder juristische Dokumente aufsetzt

drafty (*AmE*) = DRAUGHTY

drag¹ /dræg/ *Verb* (**-gg-**) **1** (mit Mühe) ziehen, schleifen **2** sich schleppen ◇ *I managed to drag myself out of bed.* Ich kam mit Mühe aus dem Bett. ◇ *She always drags behind when we go for a walk.* Sie trödelt immer hinterher, wenn wir spazieren gehen. **3** schleifen, zerren ◇ *I'm sorry to drag you here in the heat.* Es tut mir Leid, dass ich dich in dieser Hitze hergeschleppt habe. ◇ *The party was so good I couldn't drag myself away.* Die Party war so gut, dass ich mich nicht losreißen konnte. **4** sich in die Länge ziehen ◇ *The meeting really dragged.* Die Besprechung zog sich endlos hin. **5** ~ **sth** (**for sb/sth**) (*Gewässer*) (nach jdm/etw) absuchen **6** (COMP) hinüberziehen IDM **drag your ˈfeet/ˈheels 1** schlurfen **2** (*fig*) sich Zeit lassen; eine Verzögerungstaktik betreiben ◇ *He accused the government of dragging its feet on reducing hours.* Er beschuldigte die Regierung, die Arbeitszeitverkürzung hinauszuzögern. PHRV ˌdrag sb ˈdown jdn deprimieren, jdn fertig machen ˌdrag sb/sth ˈdown (to sth) jdn/etw (zu etw) hinunterziehen ˌdrag sth/sb ˈin **1** etw/jdn hineinziehen, jdn/etw ins Spiel bringen **2** jdn mit hineinziehen ˌdrag sth/sb ˈinto sth etw/jdn in etw hineinziehen ◇ *Must you always drag politics into everything?* Musst du immer die Politik ins Spiel bringen? ˌdrag ˈon (*abwert*) sich hinziehen, sich in die Länge ziehen ˌdrag sth ˈout etw in die Länge ziehen ˌdrag sth ˈup (*Geschichte etc.*) ausgraben ◇ *Why do you have to keep dragging up my divorce?* Warum musst du immer wieder meine Scheidung aufs Tapet bringen?

drag² /dræg/ *Nomen* **1** [Sing] (*umgs*) Langweiler(in), langweilige/blöde Sache ◇ *Walking's a drag — let's drive there.* Zu-Fuß-Gehen ist öde — nehmen wir doch den Wagen. **2** [Sing] (*umgs*) ~ **on sb/sth** Hemmschuh für jdn/etw **3** (*umgs*) (*von Männern getragene*) Frauenkleidung ◇ *a drag queen* eine Tunte **4** (*umgs*) (*an einer Zigarette etc.*) Zug **5** (NATURW) Luftwiderstand ☞ *Siehe auch* MAIN DRAG

dragon /ˈdrægən/ *Nomen* **1** Drache (*bes BrE*, *abwert*) (*Frau*) Drachen

dragon·fly /ˈdrægənflaɪ/ *Nomen* (*Pl* **-ies**) Libelle

drag·oon /drəˈguːn/ *Verb* PHRV **draˈgoon sb into sth** jdn zu etw zwingen

drain¹ /dreɪn/ *Verb* **1** entwässern, trockenlegen, abgießen ◇ *drain a central heating system* das Wasser aus dem Zentralheizung ablassen **2** abtropfen, sich leeren **3** ~ **sth** (**from/out of sth**) etw (aus etw) ableiten; ~ **sth** (**away/off**) etw abtropfen lassen ◇ *We had to drain the oil out of the engine.* Wir mussten das Motorenöl ablassen. **4** ~ (**away/off**) abfließen ◇ *The river drains into a lake.* Der Fluss mündet in einen See. ◇ *All the colour drained from his face.* Alles Blut wich aus seinem Gesicht. ◇ *My anger slowly drained away.* Mein Zorn verrauchte langsam. **5** austrinken, leeren **6** ~ **sb** jdn auslaugen; ~ **sth** etw aufbrauchen, etw aufzehren ◇ *I felt drained of energy.* Ich fühlte mich ausgelaugt. ◇ *an exhausting and draining experience* ein anstrengendes und aufreibendes Erlebnis **7** ~ **sb/sth of sth** jdn/etw einer Sache berauben ◇ *Her face was drained of colour.* Die Farbe war aus ihrem Gesicht gewichen.

drain² /dreɪn/ *Nomen* **1** Abfluss(rohr) **2** (*BrE*) Gully **3** (*AmE*) Abfluss **4** [Sing] ~ **on sb/sth** Belastung für jdn/etw IDM **down the ˈdrain** (*umgs*) vergeudet ◇ *It's money down the drain.* Das ist hinausgeworfenes Geld. **go down the ˈdrain** (*umgs*) auf den Hund kommen ☞ *Siehe auch* LAUGH¹

drain·age /ˈdreɪnɪdʒ/ *Nomen* **1** Entwässerung **2** Kanalisation

drained /dreɪnd/ *Adj* erschöpft

ˈdraining board (*AmE* **ˈdrain·board**) *Nomen* Abtropffläche

drain·pipe /ˈdreɪnpaɪp/ *Nomen* **1** Regenrohr **2** Abflussrohr

drake /dreɪk/ *Nomen* Enterich

dram /dræm/ *Nomen* (*ScotE*) (*Whisky etc.*) Schluck

drama /ˈdrɑːmə/ *Nomen* **1** Schauspiel, Fernsehspiel, Hörspiel ◇ *a historical drama* ein historisches Stück **2** Drama (*auch fig*) ◇ *a drama critic* ein(e) Theaterkritiker(in) ◇ *a drama student* ein(e) Schauspielschüler(in) ◇ *I studied English and Drama at college.* Ich habe Englisch und darstellende Kunst studiert. **3** Dramatik IDM **make a ˈdrama out of sth** ein Drama aus etw machen

dra·mat·ic /drəˈmætɪk/ *Adj* (*Adv* **dra·mat·ic·al·ly** /-kli/) **1** dramatisch **2** Theater- ◇ *dramatic societies* Theatergruppen **3** theatralisch ◇ *He flung out his arms in a dramatic gesture.* Er breitete theatralisch seine Arme aus.

dra·mat·ics /drəˈmætɪks/ *Nomen* [Pl] theatralisches Gehabe ☞ *Siehe auch* AMATEUR DRAMATICS

drama·tist /ˈdræmətɪst/ *Nomen* Dramatiker(in) ◇ *a TV dramatist* ein(e) Fernsehspielautor(in) SYN PLAYWRIGHT

drama·tiza·tion (*BrE auch* **-isation**) /ˌdræmətaɪˈzeɪʃn, -təˈz-/ *Nomen* Bühnen-/Fernsehbearbeitung; (*fig*) Dramatisierung

drama·tize (*BrE auch* **-ise**) /ˈdræmətaɪz/ *Verb* **1** für die

Bühne bearbeiten, fürs Fernsehen bearbeiten **2** (*fig*) dramatisieren

drank *Form von* DRINK²

drape¹ /dreɪp/ *Verb* **1** ~ sth around/over/across, etc. sth etw um/über etc. etw hängen ◊ *She had a shawl draped round her shoulders.* Sie hatte einen Schal um ihre Schultern drapiert. **2** ~ sb/sth in/with sth jdn/etw in etw hüllen **3** ~ sth around/round/over, etc. sth etw um/über etc. etw legen ◊ *His arm was draped casually around her shoulders.* Er hatte seinen Arm lässig um ihre Schultern gelegt.

drape² /dreɪp/ *Nomen* [meist Pl] (*bes AmE*) (langer schwerer) Vorhang

dra·pery /ˈdreɪpəri/ *Nomen* **1** (*auch* **dra·per·ies**) [Pl] Behang **2** [meist Pl] (*AmE*) Vorhang

dras·tic /ˈdræstɪk, ˈdrɑːs-/ *Adj* (*Adv* **dras·tic·al·ly** /-kli/) drastisch

drat /dræt/ *Ausruf* (*veraltet, umgs*) Verflixt!

drat·ted /ˈdrætɪd/ *Adj* (*BrE, umgs*) verflixt

draught¹ /drɑːft; *AmE* dræft/ (*AmE* **draft**) *Nomen* **1** (Luft)zug ◊ *There's a draught in here.* Hier zieht's. ◊ *I'm sitting in a draught.* Mir zieht's. **2** (*gehoben*) Schluck, Zug **3** (*veraltet oder gehoben*) Arzneisaft ◊ *a sleeping draught* ein Schlaftrunk **4 draughts** [U] (*BrE*) Dame(spiel) IDM **on 'draught** (*BrE*) vom Fass

draught² /drɑːft; *AmE* dræft/ *Adj* **1** Fass- ◊ *draught beer* Fassbier **2** Zug- ◊ *a draught horse* ein Zugpferd

draught³ /drɑːft; *AmE* dræft/ *Verb* (*bes BrE*) = DRAFT²

draught·board /ˈdrɑːftbɔːd; *AmE* ˈdræftbɔːrd/ *Nomen* (*BrE*) Damebrett

'draught excluder *Nomen* (*BrE*) Dichtungsband

draughts·man (*AmE* **drafts·man**) /ˈdrɑːftsmən; *AmE* ˈdræfts-/ *Nomen* (*Pl* **-men** /-mən/) **1** technischer Zeichner, Bauzeichner **2** Zeichner ◊ *He's a poor draughtsman.* Er kann nicht gut zeichnen.

draughts·man·ship (*AmE* **drafts·man·ship**) /ˈdrɑːftsmənʃɪp; *AmE* ˈdræfts-/ *Nomen* zeichnerisches Können

draughts·person (*AmE* **drafts·person**) /ˈdrɑːftspɜːsn; *AmE* ˈdræfts-/ *Nomen* technische(r) Zeichner(in), Bauzeichner(in)

draughts·woman (*AmE* **drafts·woman**) /ˈdrɑːftswʊmən; *AmE* ˈdræfts-/ *Nomen* (*Pl* **-women** /-wɪmɪn/) **1** technische Zeichnerin, Bauzeichnerin **2** Zeichnerin ◊ *She's a good draughtswoman.* Sie kann gut zeichnen.

draughty (*AmE* **drafty**) /ˈdrɑːfti; *AmE* ˈdræfti/ *Adj* (**draught·ier, draught·i·est**) zugig

draw¹ /drɔː/ *Verb* (**drew** /druː/, **drawn** /drɔːn/) **1** zeichnen ◊ *You draw beautifully.* Du kannst wunderbar zeichnen. **2** ziehen ◊ *I tried to draw him aside.* Ich versuchte ihn auf die Seite zu ziehen. ◊ *She drew a revolver on me.* Sie zog einen Revolver auf mich. ◊ *a horse-drawn carriage* eine Pferdekutsche ◊ *draw a distinction* einen Unterschied machen **3** (*Vorhänge etc.*) aufziehen, zuziehen ◊ *The blinds were drawn.* Die Jalousie war heruntergelassen. **4** (heran)kommen ◊ *The train drew in.* Der Zug fuhr ein. ◊ (*fig*) *Her retirement is drawing near.* Ihre Pensionierung rückt näher. **5** anziehen, anlocken ◊ *She felt drawn to him.* Sie fühlte sich zu ihm hingezogen. **6** ~ sth (from sb) etw (bei jdm) hervorrufen ◊ *The announcement drew loud applause from the audience.* Die Ankündigung wurde vom Publikum mit lautem Beifall begrüßt. **7** ~ sb (about/on sth) jdn (über etw) zum Reden bringen ◊ *Spielberg refused to be drawn on his next movie.* Über seinen nächsten Film war aus Spielberg nichts herauszuholen. **8** (*Los*) ziehen ◊ *draw lots* losen ◊ *Names were drawn from a hat for the last few places.* Die allerletzten Plätze wurden verlost. ◊ *Italy has been drawn against Spain/drawn to play Spain.* Italien ist gegen Spanien ausgelost worden. **9** ausgleichen ◊ *We drew for partners.* Wir haben die Partner ausgelost. **10** ~ (**with/against sb**) (gegen jdn) unentschieden spielen **11** (*Geld*) abheben ◊ *She went to the post office to draw her pension.* Sie ging zur Post, um ihre Rente abzuholen. **12** (*gehoben*) (*Gehalt, Rente*) beziehen **13** (*Scheck*) ausstellen ◊ *The cheque was drawn on his personal account.* Der Scheck war auf sein Privatkonto ausgestellt. **14** schöpfen, beziehen, zapfen ◊ *draw water from the well* Wasser aus dem Brunnen schöpfen ◊ *information drawn mainly from published works* vornehmlich aus veröffentlichtem Material stammende Informationen **15** ~ **at/on sth** (*Pfeife etc.*) an etw ziehen **16** ~ **sth in etw einat-**

men IDM **draw a 'blank** keinen Erfolg haben ◊ *So far, the police investigation has drawn a blank.* Die polizeilichen Nachforschungen haben bis jetzt nichts ergeben. **draw 'breath** (*AmE* **draw a 'breath**) **1** Atem holen ◊ *She talks all the time and hardly stops to draw breath.* Sie redet ohne Luft zu holen. **2** (*gehoben*) leben **draw sb's 'fire** jds Feuer auf sich lenken **draw the 'line** (**at sth**) (bei etw) nicht mehr mitmachen ◊ *You have to draw the line somewhere.* Irgendwo muss Schluss sein. **draw the 'line** (**between A and B**) die Grenze (zwischen A und B) ziehen **draw the short 'straw** (*BrE*) den Kürzeren ziehen **draw 'straws** (**for sth**) (etw) auslosen ◊ *We drew straws for who went first.* Wir losten darum, wer zuerst gehen sollte. ☛ *Siehe auch* DAGGER, HEIGHT, HORN, LOT⁴ *und* SIDE¹
PHR V **draw 'back** zurückweichen **draw 'back (from sth)** von etw absehen, von etw Abstand nehmen **draw sth back** etw zurückziehen; (*Haar*) zurücknehmen; (*Mund*) verziehen **draw 'in** ◊ *The nights/days are drawing in.* Die Nächte werden länger/die Tage werden kürzer. **draw sb 'in** jdn hineinziehen, jdn anziehen ◊ *The book gradually draws you in.* Das Buch nimmt einen immer mehr gefangen. **draw sb into sth** jdn in etw hineinziehen ◊ *youngsters drawn into a life of crime* Jugendliche, die in die Kriminalität abgleiten **draw sth 'off** etw abzapfen, etw ablassen **draw on** (*gehoben*) fortschreiten ◊ *Night was drawing on.* Er war spät in der Nacht. **draw on/upon sth** aus etw schöpfen, von etw zehren ◊ *I'll have to draw on my savings.* Ich werde auf meine Ersparnisse zurückgreifen müssen. **draw sth 'on** (*gehoben*) (*Kleidung*) länger werden **draw 'out** (*Tage, Abende*) länger werden **draw sb 'out** jdn aus der Reserve locken, jdn aus sich herauslocken ☛ G 9.7c **draw sth 'out** etw ausdehnen, etw in die Länge ziehen **draw sth 'together** jdn zusammenführen, jdn zusammenbringen, jdn zusammenrufen **draw sth 'together** etw zusammentragen, etw zusammenführen **draw 'up** vorfahren **draw sth 'up 1** etw aufsetzen, etw formulieren ◊ *draw up guidelines* Richtlinien aufstellen **2** (*Stuhl*) heranziehen **draw yourself 'up** sich aufrichten

draw² /drɔː/ *Nomen* **1** (*bes BrE*) Unentschieden ◊ *He managed to hold Smith to a draw.* Er konnte gegen Smith ein Unentschieden herausholen. **2** [meist Sing] Auslosung, Ziehung ◊ *a prize draw* eine Verlosung **3** (*BrE*) (SPORT) = Spiel, bei dem die Gegner ausgelost werden ◊ *Liverpool have an away draw against Manchester United.* Liverpool hat ein Auswärtsspiel gegen Manchester United. **4** [meist Sing] Runde (*in einem Turnier*) ◊ *the main draw* die Hauptrunde ◊ *the top/bottom half of the draw* die obere/untere Hälfte des Spielplans **5** Attraktion SYN ATTRACTION IDM ⇨ LUCK¹

draw·back /ˈdrɔːbæk/ *Nomen* Nachteil, Haken

draw·bridge /ˈdrɔːbrɪdʒ/ *Nomen* Zugbrücke

drawer /drɔː(r)/ *Nomen* Schublade

drawers /drɔːz; *AmE* drɔːrz/ *Nomen* [Pl] (*veraltet*) Unterhose

draw·ing /ˈdrɔːɪŋ/ *Nomen* **1** Zeichnung ◊ *He did/made a drawing of the old farm.* Er zeichnete den alten Bauernhof. **2** Zeichnen ◊ *I'm not very good at drawing.* Ich kann nicht gut zeichnen. **3** (*AmE*) Auslosung, Verlosung

'drawing board *Nomen* Reißbrett IDM **back to the 'drawing board** ◊ *They rejected our proposal, so it's back to the drawing board.* Unser Plan wurde abgelehnt, also müssen wir wieder ganz von vorn anfangen. **on the 'drawing board** in der Planung

'drawing pin *Nomen* (*BrE*) Reißzwecke

'drawing power *Nomen* (*AmE*) (*auch fig*) Zugkraft

'drawing room *Nomen* (*gehoben oder veraltet*) Salon

drawl /drɔːl/ *Verb* gedehnt sprechen ◊ *'Hi there!' she drawled lazily.* „Hallo!" sagte sie gedehnt.

drawl /drɔːl/ *Nomen* gedehnter Tonfall

drawn¹ *Form von* DRAW¹

drawn² /drɔːn/ *Adj* abgespannt

draw·string /ˈdrɔːstrɪŋ/ *Nomen* Durchziehband, Kordel

dray /dreɪ/ *Nomen* Rollwagen

dread¹ /dred/ *Verb* fürchten ◊ *I dread being ill.* Mir graut's davor, krank zu werden. ◊ *I dread to think what would happen if there was a fire.* Ich wage nicht daran zu denken, was bei einem Brand passieren würde.

dread² /dred/ *Nomen* [meist Sing] Angst, Grauen

dread·ed /ˈdredɪd/ (*gehoben* **dread**) *Adj nur vor Nomen* gefürchtet

dread·ful /ˈdredfl/ *Adj* (*Adv* **dread·ful·ly** /-fəli/) (*bes BrE*) schrecklich, fürchterlich ◊ *What a dreadful thing to say!* Wie kann man nur so etwas sagen!

dread·locks /ˈdredlɒks; *AmE* -lɑːks/ (*umgs* **dreads** /dredz/) *Nomen* [Pl] Dreadlocks, Rasta-Locken

dream¹ /driːm/ *Verb* (**dreamt** /dremt/, **dreamt** *oder* **dreamed, dreamed**) träumen ◊ *I wouldn't dream of going without you.* Es würde mir nicht im Traum einfallen, ohne dich zu gehen. ◊ *Who'd have dreamt it?* Wer hätte sich das träumen lassen? ◊ *I never dreamt (that) …* Ich hätte nicht im Traum gedacht, dass … IDM ˌDream ˈon! Träum nur weiter! PHR V ˌdream sth aˈway etw verträumen ˌdream sth ˈup (*umgs*) sich etw ausdenken ◊ *Trust you to dream up a crazy idea like this!* Das sieht dir ähnlich, auf so eine verrückte Idee zu kommen!

dream² /driːm/ *Nomen* Traum ◊ *Sweet dreams.* Träume süß. ◊ *She walked around in a dream all day.* Den ganzen Tag lief sie herum wie im Traum. ◊ *That meal was an absolute dream.* Das Essen war ein Gedicht. IDM ˌgo/work like a ˈdream 1 wie geschmiert gehen/laufen 2 wie am Schnürchen klappen in your ˈdreams (*umgs*) im Traum vielleicht like a bad ˈdream wie ein böser Traum ☛ *Siehe auch* WILD¹

dream·er /ˈdriːmə(r)/ *Nomen* 1 (*manchmal abwert*) Träumer(in) 2 Träumende(r)

dream·ily *Adv* ⇨ DREAMY

dreami·ness /ˈdriːmɪnəs/ *Nomen* Verträumtheit

dream·land /ˈdriːmlænd/ *Nomen* (*bes BrE*, *abwert*) Traumland, Reich der Träume

dream·less /ˈdriːmləs/ *Adj* traumlos

dream·like /ˈdriːmlaɪk/ *Adj* wie im Traum

dreamt *Form von* DREAM¹

ˈdream ticket *Nomen* [Sing] ideales Team

dreamy /ˈdriːmi/ *Adj* (**dream·ier**, **dreami·est**) (*Adv* **dream·ily** /-ɪli/) 1 verträumt ◊ *She had a dreamy look in her eyes.* Ihr Blick hatte etwas Träumerisches. ◊ *a slow, dreamy melody* eine langsame Melodie zum Träumen 2 wie im Traum 3 (*umgs*) traumhaft

dreari·ness /ˈdrɪərinəs/ *Nomen* Trostlosigkeit, Eintönigkeit

dreary /ˈdrɪəri; *AmE* ˈdrɪri/ *Adj* (**drear·ier**, **dreari·est**) (*Adv* **drear·ily** /ˈdrɪərəli; *AmE* ˈdrɪr-/) trüb, trostlos

dredge /dredʒ/ *Verb* 1 ausbaggern ◊ *They dredge the bay for gravel.* In der Bucht wird Kies abgebaut. 2 (*mit Zucker etc.*) bestäuben PHR V ˌdredge sth ˈup 1 etw (wieder) ausgraben 2 sich etw ins Gedächtnis zurückrufen

dredger /ˈdredʒə(r)/ *Nomen* (Schwimm)bagger

dregs /dregz/ *Nomen* [Pl] 1 (Boden)satz 2 Abschaum

drench /drentʃ/ *Verb* durchnässen ◊ *drenched to the skin* nass bis auf die Haut ◊ *drenched with sweat* schweißnass

dress¹ /dres/ *Nomen* 1 Kleid 2 [U] Kleider ◊ *a strict dress code* strenge Kleidervorschriften ◊ *She has no dress sense.* Sie hat keine Ahnung, wie man sich schick anzieht.

dress² /dres/ *Verb* 1 sich anziehen ◊ *I dressed quickly.* Ich zog mich schnell an. ◊ *You should dress for cold weather today.* Du solltest dich heute warm anziehen. ◊ *He was dressed as a woman.* Er trug Frauenkleidung. ◊ *dress for dinner* sich zum Abendessen umziehen 2 **~ sb** jdn anziehen, jdn einkleiden 3 (*Wunde*) verbinden 4 (*Geflügel*) ausnehmen 5 (*Salat*) anmachen 6 (*Schaufenster*) dekorieren IDM ⇨ MUTTON *und* PART¹ PHR V ˌdress ˈdown sich leger kleiden ˌdress sb ˈdown jdn herunterputzen ˌdress ˈup 1 sich fein anziehen 2 sich verkleiden ˌdress sb ˈup jdn verkleiden ˌdress sth ˈup etw beschönigen, etw frisieren

dress·age /ˈdresɑːʒ/ *Nomen* [U] Dressur(reiten)

ˌdress ˈcircle *Nomen* (*bes BrE*) (THEAT) erster Rang

dressed /drest/ *Adj nicht vor Nomen* angezogen ◊ *Get dressed!* Zieh dich an! ◊ *casually dressed* leger gekleidet ◊ *She was dressed in white.* Sie trug Weiß. IDM ˌdressed to ˈkill (*umgs*) todschick herausgeputzt ˌdressed (ˈup) to the ˈnines (*umgs*) groß in Schale

dress·er /ˈdresə(r)/ *Nomen* 1 (*BrE*) Anrichte (mit Tellerborden), Küchenschrank 2 (*AmE*) Kommode 3 ◊ *He's a snappy dresser.* Er ist immer flott gekleidet. 4 Garderobier(e)

dress·ing /ˈdresɪŋ/ *Nomen* 1 = SALAD DRESSING 2 (*AmE*) Füllung 3 (MED) Verband 4 Anziehen, Ankleiden

ˈdressing gown *Nomen* (*BrE*) Bademantel

ˈdressing room *Nomen* 1 Umkleide(kabine) 2 (Künstler)garderobe 3 (*AmE*) Ankleidezimmer 4 (*AmE*) Anproberaum

ˈdressing table *Nomen* Frisierkommode

dress·maker /ˈdresmeɪkə(r)/ *Nomen* Damenschneider(in) ☛ *Hinweis bei* BAKER

dress·making /ˈdresmeɪkɪŋ/ *Nomen* Schneidern

ˌdress reˈhearsal *Nomen* Generalprobe, Kostümprobe

drew *Form von* DRAW¹

drib·ble¹ /ˈdrɪbl/ *Verb* 1 sabbern SYN DROOL 2 tröpfeln 3 träufeln 4 (SPORT) dribbeln

drib·ble² /ˈdrɪbl/ *Nomen* 1 ein paar Tropfen ◊ *in a dribble* tröpfenweise 2 (*bes BrE*) Speichel, Sabber 3 (SPORT) Dribbling

dribs /drɪbz/ *Nomen* [Pl] IDM in ˌdribs and ˈdrabs (*umgs*) kleckerweise

dried *Form von* DRY²

ˌdried ˈfruit *Nomen* Trockenobst, Dörrobst

drier = DRYER

drift¹ /drɪft/ *Nomen* 1 [Sing] Bewegung, Tendenz ◊ *the drift away from rural areas* die Landflucht 2 [U] Drift, Abdriften 3 Strömung SYN CURRENT 4 Verwehung ◊ *deep drifts of snow* hohe Schneewehen 5 ◊ *daffodils planted in informal drifts* in lockeren Gruppen gepflanzte Osterglocken 6 [Sing] ◊ *Do you catch my drift?* Verstehen Sie, worauf ich hinauswill? ◊ *I got the drift of what she said.* Im Kern habe ich sie schon verstanden.

drift² /drɪft/ *Verb* 1 treiben, wehen ◊ *drift out to sea* aufs Meer hinaustreiben ◊ *The conversation drifted onto politics.* Das Gespräch kam auf die Politik. 2 sich treiben lassen ◊ *He's just drifting.* Er lässt sich einfach treiben. 3 sich bewegen ◊ *The crowd drifted away.* Die Menge verlief sich allmählich. ◊ *People began to drift back to their houses.* Die Leute gingen allmählich nach Hause. 4 **~ into sth** in etw (ver)fallen, in etw geraten ◊ *drift into sleep* langsam einschlafen ◊ *I didn't intend to be a teacher — I just drifted into it.* Ich hatte nie vor, Lehrerin zu werden – ich bin so hineingerutscht. 5 zusammengeweht werden ◊ *drifting sand* Treibsand 6 flößen PHR V ˌdrift aˈpart sich fremd werden, sich auseinander leben ˌdrift ˈoff (to sleep) einschlafen

drift·wood /ˈdrɪftwʊd/ *Nomen* Treibholz

drill¹ /drɪl/ *Nomen* 1 Bohrer, Bohrmaschine ◊ *a hand drill* ein Handbohrer ◊ *a drill bit* ein Bohreinsatz 2 Übung ◊ *a fire drill* eine Brandübung 3 (MIL) Exerzieren, Drill 4 the drill [Sing] (*BrE*, *veraltet*) die Prozedur ◊ *What's the drill for claiming expenses?* Wie wird die Spesenabrechnung gemacht? 5 Drillich

drill² /drɪl/ *Verb* 1 bohren ◊ *drill for oil* nach Öl bohren 2 **~ sb (in sth)** jdn (auf etw) drillen 3 (MIL) drillen PHR V ˈdrill sth into sb jdm etw eindrillen, jdm etw einbläuen

drily *Adv* ⇨ DRY¹

drink¹ /drɪŋk/ *Nomen* 1 Getränk ◊ *Can I have a drink?* Kann ich etwas zu trinken haben? ◊ *a drink of water* ein Glas Wasser ◊ *She took a drink from his glass.* Sie nahm einen Schluck aus seinem Glas. 2 Alkohol ◊ *She took to drink.* Sie fing an zu trinken. ◊ (*BrE*) *be the worse for drink* betrunken sein ◊ *drive sb to drink* jdn zum Wahnsinn treiben 3 **drinks** [Pl] (*BrE*) ◊ *Come for drinks on Sunday.* Kommen Sie doch Sonntag auf ein Gläschen vorbei. IDM ⇨ DEMON

drink² /drɪŋk/ *Verb* (**drank** /dræŋk/, **drunk** /drʌŋk/) 1 trinken 2 Alkohol trinken ◊ *He's drinking heavily.* Er trinkt ziemlich viel. IDM ˌdrink sb's ˈhealth auf jds Gesundheit trinken ˌdrink like a ˈfish saufen wie ein Loch ˌdrink sb under the ˈtable jdn unter den Tisch trinken PHR V ˌdrink sth ˈin etw aufsaugen ◊ *We just stood there drinking in the scenery.* Wir standen da und konnten uns an der Landschaft nicht satt sehen. ☛ G 9.7d ˈdrink to sb/sth auf jdn/etw trinken SYN TOAST² ˌdrink (sth) ˈup (etw) austrinken

ˌdrink-ˈdriver *Nomen* (*BrE*) angetrunkene(r) Autofahrer(in)

ˌdrink-ˈdriving *Nomen* (*BrE*) Trunkenheit am Steuer

drink·er /ˈdrɪŋkə(r)/ *Nomen* Trinker(in) ◊ *I'm not much of a drinker.* Ich trinke nicht viel.

drink·ing /'drɪŋkɪŋ/ *Nomen* Trinken ◊ *drinking and driving* Alkohol am Steuer
'**drinking chocolate** *Nomen* (*BrE*) Trinkschokolade
'**drinking fountain** *Nomen* (*bes BrE*) Trinkbrunnen
'**drinking straw** (*auch* **straw**) *Nomen* Trinkhalm, Strohhalm
'**drinking water** *Nomen* Trinkwasser
drip[1] /drɪp/ *Verb* (**-pp-**) **1** tropfen (lassen) ◊ *Be careful, you're dripping paint everywhere!* Vorsicht, du kleckerst überall mit Farbe! **2** ~ (**with**) **sth** von/vor etw triefen ◊ *The trees were dripping with fruit.* Die Bäume waren mit Früchten beladen.
drip[2] /drɪp/ *Nomen* **1** Tropfen ◊ *the steady drip, drip of water* das gleichmäßige Tropfen des Wassers **2** (MED) Tropf **3** (*umgs, veraltend*) (*Mensch*) Flasche, Waschlappen
,**drip-'dry** *Adj* bügelfrei
drip·ping[1] /'drɪpɪŋ/ *Adj* tropfend, klatsch- ◊ *dripping with sweat* schweißnass ◊ (*fig*) *dripping with diamonds* schwer behängt mit Diamanten
drip·ping[2] /'drɪpɪŋ/ *Nomen* Bratenfett
drive[1] /draɪv/ *Verb* (**drove** /drəʊv/; *AmE* droʊv/, **driven** /'drɪvn/) **1** fahren ◊ *Can you drive?* Hast du einen Führerschein? ◊ *I drove to work.* Ich bin mit dem Auto zur Arbeit gekommen. **2** antreiben ◊ *a steam-driven locomotive* eine Dampflokomotive **3** treiben ◊ *You're driving yourself too hard.* Du überforderst dich. ◊ *drive sb crazy* jdn verrückt machen ◊ *The enemy was driven back.* Der Feind wurde zurückgeschlagen. ◊ *Huge waves drove the yacht onto the rocks.* Riesige Wellen warfen die Jacht auf die Felsen. **4** schlagen, rammen ◊ *drive a nail into a piece of wood* einen Nagel in ein Stück Holz einschlagen IDM **drive sth 'home (to sb)** (jdm) etw klar machen ◊ **what sb is 'driving at** worauf jd hinauswill ☞ *Siehe auch* HARD[1] PHR V ,**drive (sth) a'way** (etw) wegfahren ◊ *We heard him drive away.* Wir hörten ihn wegfahren. ◊ ,**drive sb a'way** jdn wegbringen ◊ *as the car drove her away* als das Auto mit ihr davonfuhr **2** jdn vertreiben ,**drive 'off 1** davonfahren **2** (*beim Golf*) abschlagen ,**drive sb/sth 'off** jdn/etw zurückschlagen ,**drive 'on** weiterfahren ,**drive sb/sth 'out (of sth)** jdn/etw (aus etw) vertreiben, jdn/etw (aus etw) verdrängen ,**drive sth 'up/down** (*Preise etc.*) in die Höhe/in den Keller treiben
drive[2] /draɪv/ *Nomen* **1** (Auto)fahrt ◊ *Let's go for a drive.* Lass uns ein bisschen rausfahren. **2** = DRIVEWAY **3** Kampagne, Aktion ◊ *an economy drive* eine Sparaktion **4** Trieb **5** Energie, Schwung **6** (SPORT) Drive **7** Antrieb ◊ *four-wheel drive* Allradantrieb ◊ *right-hand drive car* ein Auto mit Rechtssteuerung **8** (COMP) Laufwerk ◊ *a 10 GB hard drive* eine Festplatte mit 10 GB **9** (*BrE*) = Kartenspielerveranstaltung **10** Treibjagd **11** **Drive** (*Abk* **Dr**) = Bestandteil von Straßennamen
'**drive-by** *Adj* (*AmE*) aus einem vorbeifahrenden Auto ◊ *a drive-by killing* ein Mord im Vorbeifahren
'**drive-in** *Nomen* (*AmE*) **1** Drive-in **2** Autokino
drivel[1] /'drɪvl/ *Nomen* (*umgs, abwert*) Gefasel, Blödsinn
drivel[2] /'drɪvl/ *Verb* (**-ll-**, *AmE* **-l-**) ~ (**on**) dummes Zeug schwatzen; ~ (**on**) **about sth** von etw faseln
driven /'drɪvn/ **1** *Form von* DRIVE[1] **2** *Adj* besessen
driver /'draɪvə(r)/ *Nomen* **1** Fahrer(in), Führer(in) ☞ *Hinweis bei* LEARNER **2** (*beim Golf*) Driver **3** (COMP) Treiber IDM ⇒ BACK SEAT *und* SEAT[1]
'**driver's license** (*auch* **li·cense**) *Nomen* (*AmE*) Führerschein
'**drive-through** (*auch* '**drive-thru**) *Nomen* (*AmE*) = Restaurant, Bank etc. mit Autoschalter
'**drive·way** /'draɪvweɪ/ (*auch* **drive**) *Nomen* Zufahrt, Einfahrt
driv·ing[1] /'draɪvɪŋ/ *Nomen* Fahren, Fahrweise, Fahr- ◊ *driving lessons* Fahrstunden IDM ⇒ SEAT[1]
driv·ing[2] /'draɪvɪŋ/ *Adj nur vor Nomen* treibend, brennend ◊ *driving rain* peitschender Regen
'**driving licence** (*auch* **li·cence**) *Nomen* (*BrE*) Führerschein
'**driving school** *Nomen* Fahrschule
'**driving test** *Nomen* Fahrprüfung
,**driving under the 'influence** *Nomen* (*Abk* **DUI**) (*AmE*) = Fahren unter Alkoholeinfluss ☞ In einigen Staaten der USA wird **DUI** weniger schwer bestraft als Fahren im Zustand der Volltrunkenheit: **driving while intoxicated** (*Abk* **DWI**).
driz·zle[1] /'drɪzl/ *Verb* **1** nieseln **2** ~ **sth** (**over sth**) etw (über etw) träufeln
driz·zle[2] /'drɪzl/ *Nomen* Nieselregen, Sprühregen
driz·zly /'drɪzli/ *Adj* nieselig, Niesel-
Dr Martens /,dɒktə 'mɑ:tnz; *AmE* -mɑ:r-/ (*auch* **Doc Martens**) *Nomen* [Pl] Springerstiefel
droll /drəʊl; *AmE* droʊl/ *Adj* (*veraltet oder iron*) drollig, komisch
drom·ed·ary /'drɒmədəri; *AmE* 'drɑ:məderi/ *Nomen* (*Pl* **-ies**) Dromedar
drone[1] /drəʊn; *AmE* droʊn/ *Nomen* **1** Dröhnen, Summen ◊ *He spoke in a low drone.* Er sprach mit leiser, monotoner Stimme. **2** [meist Sing] (MUS) Bordun-Bass **3** (BIOL, AERO) (*auch fig*) Drohne
drone[2] *Verb* /drəʊn; *AmE* droʊn/ dröhnen, summen ◊ *a droning voice* eine monotone Stimme PHR V ,**drone 'on (about sth)** (von etw) faseln, endlos (über etw) palavern
drool /dru:l/ *Verb* **1** sabbern, geifern SYN DRIBBLE **2** ~ (**over sb/sth**) (*abwert*) (für jdn/etw) schwärmen
droop[1] /dru:p/ *Verb* herabhängen ◊ *Her eyelids were beginning to droop.* Ihr fielen langsam die Augen zu. ◊ *The plants were drooping.* Die Pflanzen ließen die Köpfe hängen.
droop[2] /dru:p/ *Nomen* [Sing] Herabhängen ◊ *the slight droop of her mouth* ihre leicht nach unten gezogenen Mundwinkel
droopy /'dru:pi/ *Adj* herabhängend
drop[1] /drɒp; *AmE* drɑ:p/ *Verb* (**-pp-**) **1** fallen lassen **2** (*aus einem Flugzeug etc.*) abwerfen ◊ *Medical supplies are being dropped into the stricken area.* Medizinische Hilfsgüter werden in dem Notgebiet abgeworfen. **3** stürzen, fallen, sinken ◊ *He staggered in and dropped into a chair.* Er taumelte herein und ließ sich in einen Sessel fallen. ◊ *His team have dropped to fifth place.* Seine Mannschaft ist auf den fünften Platz zurückgefallen. ◊ *At last the wind dropped.* Endlich ließ der Wind nach. ◊ *Her voice dropped to a whisper.* Ihre Stimme sank zu einem Flüstern herab. **4** umfallen ◊ *I feel ready to drop.* Ich bin zum Umfallen müde. **5** senken ◊ *She dropped her voice dramatically.* Dramatisch senkte sie ihre Stimme. **6** (*Fach, Hobby etc.*) aufgeben; (*Freunde, Thema etc.*) fallen lassen ◊ *Let's drop the formalities — please call me Mike.* Lassen wir die Formalitäten — nenn mich Mike. ◊ *Look, can we just drop it?* Hör mal, können wir damit aufhören? **7** ~ (**away**) (**from sth**) (von etw) abfallen ◊ *In front of them the valley dropped sharply away from the road.* Vor ihnen fiel das Tal abrupt von der Straße ab. **8** ~ **sb** (**off**) jdn absetzen **9** ~ **sth** (**off**) etw abliefern ◊ *Can you drop my coat off at the cleaners?* Kannst du meinen Mantel bei der Reinigung vorbeibringen? **10** weglassen, auslassen; ~ **sb/sth (from sth)** jdn/etw (aus etw) herausnehmen ◊ *She drops her aitches.* Sie verschluckt immer das H. IDM **drop a 'brick/'clanger** (*BrE*, *umgs*) ins Fettnäpfchen treten **drop 'dead 1** (*umgs*) tot umfallen **2 Drop dead!** (*umgs*) Scher dich zum Teufel! **drop sb a 'line** jdm (ein paar Zeilen) schreiben **drop sb 'in it** jdn in Schwierigkeiten bringen **drop 'names** scheinbar beiläufig ein paar bekannte Namen fallen lassen **let sth 'drop 1** etw auf sich beruhen lassen **2** etw beiläufig erwähnen ☞ *Siehe auch* FLY[2], HEAR, JAW[1], LAP[1] *und* PENNY PHR V ,**drop 'back/be'hind** zurückfallen ,**drop be'hind sb** hinter jdn zurückfallen ,**drop 'by/in/'round** vorbeikommen ,**drop 'in on sb** bei jdm reinschauen ,**drop 'into sth** bei etw vorbeigehen ◊ *We dropped into the pub on the way.* Wir sind noch kurz ein Bier trinken gegangen. ,**drop 'off** (*BrE*, *umgs*) **1** abfallen, abgehen **2** einschlafen, einnicken **3** nachlassen, zurückgehen ,**drop 'out (of sth) 1** (aus etw) herausfallen **2** (aus etw) ausscheiden, (aus etw) aussteigen ◊ *a word that has dropped out of the language* ein Wort, das aus der Sprache verschwunden ist **3** (*Studium etc.*) abbrechen
drop[2] /drɒp; *AmE* drɑ:p/ *Nomen* **1** Tropfen **2** [meist Sing] Rückgang **3** [Sing] Höhenunterschied ◊ *a fifty-foot drop* ein Höhenunterschied von fünfzig Fuß ◊ *On our left there was a sheer drop.* Zu unserer Linken fiel das Gelände steil ab. **4 drops** [Pl] Tropfen ◊ *eye drops* Augentropfen **5** Abwurf, Absprung **6** Drops, Bonbon ◊ *cough drops* Hustenbonbons

drop-dead

[IDM] **at the ˌdrop of a ˈhat** von heute auf morgen; von jetzt auf gleich **a ˌdrop in the ˈocean** (*AmE* **a ˌdrop in the ˈbucket**) ein Tropfen auf den heißen Stein

ˌdrop-ˈdead *Adv, Adj* (*umgs*) hinreißend, umwerfend ◊ *drop-dead gorgeous* umwerfend toll

ˌdrop-down ˈmenu *Nomen* (COMP) Drop-Down-Menü

drop·let /ˈdrɒplət; *AmE* ˈdrɑːp-/ *Nomen* Tröpfchen

drop·out /ˈdrɒpaʊt; *AmE* ˈdrɑːp-/ *Nomen* **1** Abbrecher(in) ◊ *college dropouts* Studienabbrecher **2** (*abwert*) Aussteiger(in)

drop·per /ˈdrɒpə(r); *AmE* ˈdrɑːp-/ *Nomen* Pipette (*für Augentropfen etc.*)

drop·pings /ˈdrɒpɪŋz; *AmE* ˈdrɑːp-/ *Nomen* [Pl] Kot, Dreck

dross /drɒs; *AmE* drɔːs, drɑːs/ *Nomen* **1** (*BrE*) wertloses Zeug, Schund ◊ *the dross of society* der Abschaum der Gesellschaft **2** (*Fachspr*) Schlacke

drought /draʊt/ *Nomen* Dürre

drove¹ *Form von* DRIVE¹

drove² /drəʊv; *AmE* droʊv/ *Nomen* [meist Pl] Herde, Schar

drover /ˈdrəʊvə(r); *AmE* ˈdroʊv-/ *Nomen* Viehtreiber

drown /draʊn/ *Verb* **1** ertrinken **2** ertränken ◊ *He was drowned at sea.* Er ertrank auf See. **3 ~ sb/sth** (**out**) jdn/etw übertönen [IDM] **drown your ˈfears, ˈloneliness, ˈsorrows, etc.** seine Ängste/Einsamkeit/Sorgen etc. (im Alkohol) ertränken

drown·ing /ˈdraʊnɪŋ/ *Nomen* Ertrinken

drowse /draʊz/ *Verb* dösen

drows·ily *Adv* ⇨ DROWSY

drow·si·ness /ˈdraʊzinəs/ *Nomen* Schläfrigkeit

drowsy /ˈdraʊzi/ *Adj* (**drows·ier, drowsi·est**) **1** (*Adv* **drows·ily** /-əli/) schläfrig, verschlafen [SYN] SLEEPY **2** (*auch fig*) träge

drub·bing /ˈdrʌbɪŋ/ *Nomen* (*umgs*) (SPORT) (haushoher) Verlust, Niederlage ◊ *We gave them a drubbing.* Wir haben ihnen Prügel verpasst.

drudge /drʌdʒ/ *Nomen* Packesel, Kuli

drudg·ery /ˈdrʌdʒəri/ *Nomen* Schufterei

drug¹ /drʌɡ/ *Nomen* **1** Droge, Rauschgift ◊ *She was a drug addict.* Sie war rauschgiftsüchtig. ◊ *I don't do drugs.* Ich nehme keine Drogen. ◊ *drug rehabilitation* Drogenentzug **2** Arzneimittel, Medikament ◊ *drug companies* Pharmaunternehmen

drug² /drʌɡ/ *Verb* (**-gg-**) **1** unter Drogen setzen, betäuben **2 ~ sth** einer Sache ein Betäubungsmittel beimischen

ˈdrug dealer *Nomen* Drogenhändler(in), Dealer(in)

drug·gist /ˈdrʌɡɪst/ *Nomen* (*AmE*) Apotheker(in) ☞ *Hinweis bei* BAKER

drug·store /ˈdrʌɡstɔː(r)/ *Nomen* (*AmE*) Drogerie ☞ *Hinweis bei* DROGERIE *und* PARFÜMERIE

Druid /ˈdruːɪd/ *Nomen* Druide

drum¹ /drʌm/ *Nomen* **1** (MUS, TECH) Trommel ◊ *the bass drum* die große Trommel ◊ *Tony Cox on drums.* Tony Cox am Schlagzeug. ◊ *a roll of drums* ein Trommelwirbel ◊ *a revolving drum* eine Drehtrommel **2** (*Öl-, Chemikalien-*)Fass [IDM] **beat/bang the ˈdrum** (**for sb/sth**) (*bes BrE*) (für jdn/etw) die Werbetrommel rühren

drum² /drʌm/ *Verb* (**-mm-**) trommeln [PHRV] **ˈdrum sth into sb** jdm etw einhämmern **ˌdrum sb ˈout** (**of sth**) jdn (aus etw) ausstoßen **ˌdrum sth ˈup** etw auftreiben ◊ *He had come to drum up support for the campaign.* Er war gekommen, um für Unterstützung für die Kampagne zu werben.

drum·beat /ˈdrʌmbiːt/ *Nomen* Trommelschlag

ˈdrum kit *Nomen* Schlagzeug

ˌdrum ˈmajor (*AmE* **ˌdrum ˈmajor**) *Nomen* Tambourmajor

ˌdrum majoˈrette (*AmE meist* **ˌma·jorˈette**) *Nomen* Tambourmajorette

drum·mer /ˈdrʌmə(r)/ *Nomen* Schlagzeuger(in), Trommler(in)

drum·ming /ˈdrʌmɪŋ/ *Nomen* Trommeln

drum·stick /ˈdrʌmstɪk/ *Nomen* **1** Trommelstock **2** (*Hühner-, Puten-*) Schenkel

drunk¹ /drʌŋk/ **1** *Form von* DRINK² **2** *Adj* betrunken ◊ *get drunk* sich betrinken. **3** *Adj* **~ with sth** trunken vor etw ◊ *drunk with success* vom Erfolg berauscht [IDM] **as drunk**

as a ˈlord (*AmE, umgs* **as drunk as a ˈskunk**) total blau ☞ *Siehe auch* BLIND⁴

drunk² /drʌŋk/ *Nomen* Betrunkene(r), Trinker(in), Säufer(in)

drunk·ard /ˈdrʌŋkəd; *AmE* -ərd/ *Nomen* (*veraltet*) Trinker(in), Säufer(in) [SYN] ALCOHOLIC

ˌdrunk ˈdriver *Nomen* (*bes AmE*) angetrunkene(r) Autofahrer(in)

ˈdrunk driving (*auch* **ˌdrunken ˈdriving**) *Nomen* (*bes AmE*) Trunkenheit am Steuer

drunk·en /ˈdrʌŋkən/ *Adj nur vor Nomen* (*Adv* **drunk·en·ly**) betrunken ◊ *a drunken brawl* ein Streit unter Betrunkenen

drunk·en·ness /ˈdrʌŋkənəs/ *Nomen* Trunkenheit, Suff

dry¹ /draɪ/ *Adj* (**drier, dri·est**) **1** trocken ◊ *Store in a cool, dry place.* Kühl und trocken lagern. ◊ *a dry sense of humour* ein trockener Humor ◊ *The rivers were dry.* Die Flüsse waren ausgetrocknet. **2** (*Adv* **drily** *oder* **dryly**) kühl ◊ *her dry manner* ihre kühle Art **3** alkoholfrei, trocken ◊ *He's been dry since he left the clinic.* Seit er aus der Klinik raus ist, trinkt er nicht mehr. [IDM] **milk/suck sb/sth ˈdry** jdm/etw das Blut aussaugen **not a dry eye in the ˈhouse** ◊ *There wasn't a dry eye in the house.* Es blieb kein Auge trocken. **run ˈdry** versiegen ◊ *Vaccine supplies started to run dry.* Der Impfstoff begann auszugehen. ☞ *Siehe auch* HIGH¹, HOME³ *und* POWDER¹

dry² /draɪ/ *Verb* (**dries, dry·ing, dried, dried**) trocknen, abtrocknen ◊ *dry your eyes/tears* sich die Tränen trocknen [PHRV] **ˌdry ˈoff** trocken werden **ˌdry sb ˈoff** jdn abtrocknen **ˌdry sth ˈoff** etw trocknen **ˌdry ˈout 1** austrocknen **2** (*eine Entziehungskur machen*) trocken werden **ˌdry sth ˈout** etw austrocknen **ˌdry ˈup 1** austrocknen, versiegen (*auch fig*) **2** stecken bleiben, ins Stocken geraten **ˌdry** (**sth**) **ˈup** (*BrE*) (etw) abtrocknen ◊ *I'll dry up* (*the dishes*). Ich trockne ab.

dryad /ˈdraɪæd/ *Nomen* Waldnymphe

ˌdry ˈcell *Nomen* ◊ *a dry-cell battery* eine Trockenbatterie

ˌdry-ˈclean (*auch* **clean**) *Verb* chemisch reinigen

ˌdry-ˈcleaner's (*auch* **cleaner's**) *Nomen* chemische Reinigung ◊ *My coat is at the dry-cleaner's.* Mein Mantel ist in der Reinigung. ☞ *Hinweis bei* BAKER

ˌdry-ˈcleaning *Nomen* chemische Reinigung **2** ◊ *collect the dry-cleaning* die Sachen von der Reinigung holen

ˌdry ˈdock *Nomen* Trockendock

dryer (*auch* **drier**) /ˈdraɪə(r)/ *Nomen* Trockner ◊ *a hair dryer* ein Föhn

ˌdry-ˈeyed *Adj nicht vor Nomen* tränenlos, ungerührt ◊ *She remained dry-eyed throughout.* Sie hat nicht eine Träne vergossen.

ˌdry ˈice *Nomen* Trockeneis

ˌdry ˈland *Nomen* fester Boden

dryly *Adv* ⇨ DRY¹

dry·ness /ˈdraɪnəs/ *Nomen* Trockenheit

ˌdry ˈrot *Nomen* Hausschwamm

ˌdry ˈrun *Nomen* Probelauf

ˈdry-stone wall /ˌdraɪstəʊn ˈwɔːl; *AmE* -stoʊn-/ *Nomen* (*BrE*) = Steinmauer, die ohne Mörtel zusammengesetzt wird

ˈdry wall *Nomen* (*AmE*) **1** Gipskarton(platte) **2** = Steinmauer, die ohne Mörtel zusammengesetzt wird

DSS /ˌdiː es ˈes/ *Kurzform von* **Department of Social Security** (*BrE*) **1** = Ministerium für Sozialwesen **2** ≈ Sozialamt

DST /ˌdiː es ˈtiː/ *Abk* = DAYLIGHT SAVING TIME

DTI /ˌdiː tiː ˈaɪ/ *Kurzform von* **Department of Trade and Industry** (*BrE*) ≈ Wirtschaftsministerium

DTP /ˌdiː tiː ˈpiː/ *Abk* = DESKTOP PUBLISHING

DTs (*AmE* **D.T.'s**) /ˌdiː ˈtiːz/ *Nomen* [Pl] (*Latein: delirium tremens*) Säuferwahn

dual /ˈdjuːəl; *AmE* ˈduːəl/ *Adj nur vor Nomen* doppelt, Doppel-

ˌdual ˈcarriageway *Nomen* (*BrE*) ≈ Schnellstraße

dual·ity /djuːˈæləti; *AmE* duː-/ *Nomen* (*Pl* **-ies**) (*gehoben*) Dualität

ˌdual-ˈpurpose *Adj* Mehrzweck-

dub¹ /dʌb/ *Verb* (**-bb-**) **1** (*oft hum*) nennen **2** synchronisieren ◊ *dubbed into Italian* ins Italienische synchronisiert **3** (*bes BrE*) (Mus) mischen

dub² /dʌb/ *Nomen* (Mus) Dub

du·bi·ous /ˈdjuːbiəs; *AmE* ˈduː-/ *Adj* (*Adv* **du·bi·ous·ly**) **1** skeptisch ◊ *I was rather dubious about the whole idea.* Ich hatte bei der ganzen Sache so meine Zweifel. SYN DOUBTFUL **2** (*abwert*) zweifelhaft, fragwürdig ◊ *dubious business practices* zweifelhafte Geschäftspraktiken

duch·ess /ˈdʌtʃəs/ *Nomen* Herzogin

duchy /ˈdʌtʃi/ *Nomen* Herzogtum

duck¹ /dʌk/ *Nomen* **1** (*Pl* **ducks** *oder* **duck**) Ente ☛ G 1.2 **2** (*auch* **duckie**, **ducks**, **ducky**) [meist Sing] (*BrE, umgs*) Schätzchen **3** [Sing] (*beim Kricket*) ◊ *He was out for a duck.* Er schied ohne einen Punkt aus. IDM **take to sth like a duck to 'water** an etw auf Anhieb Gefallen finden ☛ *Siehe auch* DEAD¹ *und* WATER¹

duck² /dʌk/ *Verb* **1** sich ducken ◊ *She ducked into the adjoining room.* Sie verschwand ins Nebenzimmer. **2** ~ **sth** einer Sache ausweichen SYN DODGE **3** ~ **your head** den Kopf einziehen **4** ~ (**out of**) **sth** (*umgs*) sich vor etw drücken **5** ~ **sb** jdn untertauchen

ˌduck-billed ˈplatypus (*auch* **platy·pus**) *Nomen* Schnabeltier

duck·boards /ˈdʌkbɔːdz; *AmE* -bɔːrdz/ *Nomen* [Pl] Holzsteg

duck·ling /ˈdʌklɪŋ/ *Nomen* Entlein, junge Ente

duck·weed /ˈdʌkwiːd/ *Nomen* [U] Wasserlinsen, Entengrütze

duct /dʌkt/ *Nomen* **1** Rohr, Kanal **2** (ANAT) Gang

duct·ing /ˈdʌktɪŋ/ *Nomen* [U] **1** Leitungssystem **2** Rohr(e)

dud¹ /dʌd/ *Nomen* (*umgs*) Fehlschlag, Blindgänger

dud² /dʌd/ *Adj nur vor Nomen* schlecht; (*Geld*) falsch ◊ *a dud cheque* ein ungedeckter Scheck

dude /djuːd; *AmE* duːd/ *Nomen* (*bes AmE, Slang*) Mann ◊ *a real cool dude* ein total cooler Typ

ˈdude ranch *Nomen* (*AmE*) Ferienranch

dudgeon /ˈdʌdʒən/ *Nomen* IDM ⇨ HIGH¹

due¹ /djuː; *AmE* duː/ *Adj* **1** ~ **to sth** aufgrund von etw; **be ~ to sth** auf etw zurückzuführen sein **2** *nicht vor Nomen* ~ (**to do sth**); ~ (**for sth**) ◊ *She's due to start school in January.* Sie wird im Januar eingeschult. ◊ *The train was due an hour ago.* Der Zug hätte schon vor einer Stunde kommen sollen. ◊ *When's her baby due?* Wann ist es so weit? ◊ (*bes AmE*) *My essay's due next Friday.* Ich muss meinen Aufsatz nächsten Freitag abgeben. **3** fällig ◊ *Payment is due on 1 May.* Die Rechnung ist am 1. Mai fällig. **4** **be ~ to sb** jdm zustehen, jdm gelten **5** *nicht vor Nomen* ~ (**for sth**) ◊ *I'm still due 15 day's leave.* Mir stehen noch 15 Tage Urlaub zu. ◊ *She's due for promotion soon.* Ihre Beförderung ist bald fällig. **6** *nur vor Nomen* (*gehoben*) gebührend ◊ *after due consideration* nach reiflicher Überlegung ◊ (*BrE*) *driving without due care and attention* fahrlässiges Verhalten im Straßenverkehr IDM **in ˌdue ˈcourse** zu gegebener Zeit **with** (**all**) **due reˈspect** bei allem Respekt

due² /djuː; *AmE* duː/ *Nomen* **1 your/sb's ~** ◊ *It was no more than her due.* Das hat sie auch redlich verdient. ◊ *To give him his due, he does try very hard.* Fairerweise muss man sagen, dass er sich sehr anstrengt. **2 dues** [Pl] Beiträge

due³ /djuː; *AmE* duː/ *Adv* ~ **north/south/east/west** direkt nördlich/südlich/östlich/westlich ◊ *sail due east* direkt in Richtung Osten segeln

ˌdue ˈdate *Nomen* [meist Sing] Fälligkeitsdatum ◊ *the baby's due date* der Geburtstermin

duel¹ /ˈdjuːəl; *AmE* ˈduːəl/ *Nomen* Duell ◊ *fight a duel* ein Duell austragen ◊ *a verbal duel* ein Wortgefecht

duel² /ˈdjuːəl; *AmE* ˈduːəl/ *Verb* (**-ll-**, *AmE* **-l-**) sich duellieren

duet /dju'et; *AmE* du'et/ *Nomen* **1** Duett **2** Duo

duff¹ /dʌf/ *Adj* (*BrE, umgs*) schlecht

duff² /dʌf/ *Verb* (*BrE, umgs*) PHRV **ˌduff sb ˈup** jdn zusammenschlagen SYN BEAT SB UP

ˌduf·fel bag (*auch* **ˌduf·fle bag**) /ˈdʌfl bæg/ *Nomen* **1** (*BrE*) Matchbeutel **2** (*AmE*) Reisetasche

ˌduf·fel coat (*auch* **ˌduf·fle coat**) /ˈdʌfl kəʊt; *AmE* koʊt/ *Nomen* Dufflecoat

duf·fer /ˈdʌfə(r)/ *Nomen* (*BrE, umgs, veraltet*) Niete, Trottel

dug *Form von* DIG¹

dug-out /ˈdʌɡaʊt/ *Nomen* **1** Unterstand; (SPORT) Unterstand für Spieler und Betreuer **2** (*auch* **ˌdugout caˈnoe**) Einbaum

DUI /ˌdiː juː ˈaɪ/ *Abk* = DRIVING UNDER THE INFLUENCE

duke /djuːk; *AmE* duːk/ *Nomen* Herzog

duke·dom /ˈdjuːkdəm; *AmE* ˈduːk-/ *Nomen* **1** Herzogswürde **2** Herzogtum

dul·cet /ˈdʌlsɪt/ *Adj nur vor Nomen* (*hum oder iron*) ◊ *your dulcet tones* deine liebliche Stimme

dul·ci·mer /ˈdʌlsɪmə(r)/ *Nomen* **1** Hackbrett **2** Dulcimer

dull¹ /dʌl/ *Adj* **1** langweilig **2** (*Farbe, Licht*) stumpf, trübe **3** (*Geräusch, Schmerz*) dumpf **4** (*Wetter*) trübe **5** (*Schüler*) schwach SYN STUPID **6** (*bes AmE*) flau ◊ *a dull market* eine Flaute IDM (**as**) **dull as ˈditchwater** (*AmE* (**as**) **dull as ˈdishwater**) stinklangweilig

dull² /dʌl/ *Verb* **1** betäuben, benebeln **2** dämpfen, trüben, abstumpfen; (*Wahrnehmung*) beeinträchtigen **3** (*Augen, Verstand*) sich trüben; (*Schmerz*) nachlassen

dull·ness /ˈdʌlnəs/ *Nomen* **1** Einfallslosigkeit, Langweiligkeit **2** Dumpfheit **3** Mattigkeit

dully /ˈdʌlli/ *Adv* **1** dumpf **2** gleichgültig **3** trübe

duly /ˈdjuːli; *AmE* ˈduːli/ *Adv* **1** (*gehoben*) ordnungsgemäß ◊ *The document was duly signed.* Das Dokument war ordnungsgemäß unterschrieben. **2** planmäßig ◊ *They duly arrived at 9.30.* Sie kamen planmäßig um 9.30 Uhr an. **3** erwartungsgemäß, gebührend, gehörig ◊ *The painting was duly admired by all the family.* Das Bild wurde von der ganzen Familie gebührend bewundert.

dumb /dʌm/ *Adj* **1** (*veraltet, manchmal abwert*) stumm ◊ *He was deaf and dumb.* Er war taubstumm. ☛ Das Wort **dumb** wird heute in dieser Bedeutung oft als altmodisch und beleidigend empfunden und daher vermieden. Stattdessen wird **speech-impaired** benutzt. ☛ *Hinweis bei* STUMME **2** (*Adv* **dumb·ly**) sprachlos, schweigend ◊ *We were all struck dumb with amazement.* Vor Staunen verschlug es uns allen die Sprache. ◊ *Laura nodded dumbly.* Laura nickte stumm. **3** (*bes AmE, umgs*) dumm ◊ *act/play dumb* sich dumm stellen ◊ *a dumb blonde* eine dümmliche Blondine

ˌdumb ˈanimal *Nomen* [meist Pl] (*BrE*) Tier

ˈdumb-bell *Nomen* **1** Hantel **2** (*AmE, umgs*) Trottel

dumb·found·ed /dʌmˈfaʊndɪd/ *Adj* sprachlos, verblüfft ◊ *She was completely dumbfounded by the news.* Die Nachricht verschlug ihr die Sprache.

dumb·ly ⇨ DUMB

dumb·struck /ˈdʌmstrʌk/ *Adj* sprachlos, verblüfft

dum-dum /ˈdʌmdʌm/ (*auch* **ˌdumdum ˈbullet**) *Nomen* Dumdum(geschoss)

dummy¹ /ˈdʌmi/ *Nomen* (*Pl* **-ies**) **1** (*Schaufenster-, Schneider-, Bauchredner-*) Puppe **2** Attrappe **3** (*AmE, umgs*) Idiot **4** (SPORT) Täuschungsmanöver **5** (*BrE*) Schnuller **6** [U] (*beim Bridge*) Tisch

dummy² /ˈdʌmi/ *Adj nur vor Nomen* Schein-, Übungs-

ˌdummy ˈrun *Nomen* (*BrE*) Probe(lauf)

dump¹ /dʌmp/ *Verb* **1** abladen, zurücklassen ◊ *The toxic waste was dumped at sea.* Der Giftmüll wurde ins Meer gekippt. **2** ~ **sth** (**on sb**) (*umgs*) etw (auf jdn) abschieben ◊ *He's got no right to keep dumping his problems on me.* Er hat kein Recht, seine Probleme immer auf mich abzuwälzen. **3** (WIRTSCH) zu Dumpingpreisen verkaufen **4** hinwerfen, abstellen ◊ *Just dump your stuff over there.* Wirf deine Sachen einfach dorthin. **5** (*umgs*) sitzen lassen ◊ *He's dumped his girlfriend.* Er hat mit seiner Freundin Schluss gemacht. **6** (COMP) dumpen IDM ⇨ LAP¹

dump² /dʌmp/ *Nomen* **1** Müllabladeplatz, Deponie ◊ *a toxic waste dump* eine Giftmülldeponie **2** (*umgs, abwert*) Bruchbude, Saustall, Kaff **3** (MIL) Depot **4** (COMP) Dump ◊ *a screen dump* ein Bildschirmausdruck

dump·er /ˈdʌmpə(r)/ *Nomen* (*bes AmE*) Umweltsünder

ˈdumper truck *Nomen* (*BrE*) Kipper

dump·ing /ˈdʌmpɪŋ/ *Nomen* (Müll)abladen ◊ *a law against the dumping of radioactive waste at sea* ein Gesetz, das verbietet radioaktiven Müll ins Meer zu kippen

dumping ground

'**dumping ground** *Nomen* [meist Sing] Müllkippe; (*fig*) Sammelbecken
dump·ling /'dʌmplɪŋ/ *Nomen* Kloß, Knödel ◇ *apple dumplings* Äpfel im Schlafrock
dumps /dʌmps/ *Nomen* [Pl] IDM **down in the** '**dumps** (*umgs*) deprimiert SYN DEPRESSED
Dump·ster™ /'dʌmpstə(r)/ *Nomen* (*AmE*) Müllcontainer
'**dump truck** *Nomen* (*AmE*) Kipper
dumpy /'dʌmpi/ *Adj* pummelig
dun /dʌn/ *Adj* graubraun
dune /djuːn; *AmE* duːn/ = SAND DUNE
'**dune buggy** *Nomen* Strandbuggy
dung /dʌŋ/ *Nomen* Dung ◇ *cow dung* Kuhmist
dun·garees /ˌdʌŋɡəˈriːz/ *Nomen* [Pl] **1** (*BrE*) Latzhose **2** (*AmE*) Arbeitshose ☛ *Hinweis bei* BRILLE
dun·geon /'dʌndʒən/ *Nomen* Kerker, (Burg)verlies
dunk /dʌŋk/ *Verb* eintunken, eintauchen, untertauchen
dunno /də'nəʊ; *AmE* də'noʊ/ (*Schreibweise, die eine umgangssprachliche Aussprache von „I don't know" wiedergibt*)
duo /'djuːəʊ; *AmE* 'duːoʊ/ *Nomen* (*Pl* **-os**) **1** Paar, Duo **2** Duett
duo·denal /ˌdjuːəˈdiːnl; *AmE* ˌduːə-/ *Adj* Zwölffingerdarm-
duo·de·num /ˌdjuːəˈdiːnəm; *AmE* ˌduːə-/ *Nomen* (*Pl* **duo·de·nums** *oder* **duo·dena** /-'diːnə/) Zwölffingerdarm
du·op·oly /djuː'ɒpəli; *AmE* duː'ɑː-/ *Nomen* (*Pl* **-ies**) (WIRTSCH) Duopol
dupe¹ /djuːp; *AmE* duːp/ *Verb* überlisten ◇ *They soon realized they had been duped.* Sie bemerkten bald, dass man sie hereingelegt hatte. ◇ *He was duped into giving them his credit card.* Er ist auf sie hereingefallen und gab ihnen seine Kreditkarte.
dupe² /djuːp; *AmE* duːp/ *Nomen* (*gehoben*) Betrogene(r)
du·plex /'djuːpleks; *AmE* 'duː-/ *Nomen* (*bes AmE*) **1** Zweifamilienhaus **2** zweistöckige Wohnung
du·pli·cate¹ /'djuːplɪkeɪt; *AmE* 'duː-/ *Verb* **1** (*meist passiv*) vervielfältigen, kopieren ◇ *a duplicated letter* ein Rundschreiben **2** noch einmal machen
du·pli·cate² /'djuːplɪkət; *AmE* 'duː-/ *Adj* nur vor Nomen Zweit- ◇ *a duplicate copy* eine Zweitausfertigung
du·pli·cate³ /'djuːplɪkət; *AmE* 'duː-/ *Nomen* Duplikat, Abschrift SYN COPY IDM **in duplicate** in doppelter Ausfertigung
du·pli·ca·tion /ˌdjuːplɪˈkeɪʃn; *AmE* ˌduː-/ *Nomen* Wiederholung, Vervielfältigung
du·pli·city /djuː'plɪsəti; *AmE* duː-/ *Nomen* (*gehoben*) Doppelzüngigkeit, falsches Spiel
dur·abil·ity /ˌdjʊərə'bɪləti; *AmE* ˌdʊr-/ *Nomen* Strapazierfähigkeit, Unverwüstlichkeit
dur·able /'djʊərəbl; *AmE* 'dʊr-/ *Adj* strapazierfähig, langlebig, robust ◇ *a durable peace* ein dauerhafter Frieden
ˌ**durable** ˈ**goods** *Nomen* [Pl] (*AmE*) langlebige Konsumgüter
dur·ation /dju'reɪʃn; *AmE* du-/ *Nomen* (*gehoben*) Dauer ◇ *for the duration of the exhibition* solange die Ausstellung läuft IDM **for the duration** (*umgs*) bis zum Ende ◇ *She got flu and was confined to her room for the duration.* Sie hatte die Grippe und musste die ganze Zeit über in ihrem Zimmer bleiben.
dur·ess /dju'res; *AmE* du-/ *Nomen* Zwang
dur·ing /'djʊərɪŋ; *AmE* 'dʊr-/ *Präp* während ◇ *during the night* in der Nacht
dusk /dʌsk/ *Nomen* (Abend)dämmerung ◇ *at dusk* bei Einbruch der Dunkelheit
dusky /'dʌski/ *Adj* (*gehoben*) **1** dämmrig, dunkel ◇ *dusky pink* altrosa **2** dunkelhäutig
dust¹ /dʌst/ *Nomen* Staub ◇ *That guitar's been sitting gathering dust for years now.* Die Gitarre ist schon seit Jahren nicht benutzt worden. IDM **leave sb in the** '**dust** (*AmE*) jdn weit hinter sich lassen **let the dust settle**; **wait for the dust to settle** warten, bis sich die Wogen geglättet haben ☛ *Siehe auch* BITE¹
dust² /dʌst/ *Verb* **1** abstauben ◇ *I broke the vase while I was dusting.* Ich zerbrach die Vase beim Staubwischen. ◇ *Could you dust the sitting room?* Könntest du bitte im Wohnzimmer Staub wischen? **2** (ab)bürsten, wischen **3** ~ **sth** (**with**

sth) etw (mit etw) bestäuben ◇ *Dust the cake with sugar.* Bestäuben Sie den Kuchen mit Zucker. PHRV ˌ**dust sb/sth** ˈ**down** (*bes BrE*) jdn/etw abklopfen, jdn/etw abbürsten ◇ *Mel stood up and dusted herself down.* Mel stand auf und klopfte sich den Staub ab. ˌ**dust sb/sth** ˈ**off** etw abstauben ◇ *He put down the box and dusted off his hands.* Er stellte die Kiste hin und wischte sich die Hände ab. ◇ (*fig*) *For the concert, he dusted off some of his old hits.* Für das Konzert holte er einige seiner alten Hits aus der Mottenkiste.
dust·bin /'dʌstbɪn/ *Nomen* (*BrE*) Mülltonne
'**dust bowl** *Nomen* Trockengebiet
dust·cart /'dʌstkɑːt; *AmE* -kɑːrt/ *Nomen* (*BrE*) Müllwagen
'**dust cover** *Nomen* **1** (*AmE*) Schutzumschlag **2** Abdeckhaube
dust·er /'dʌstə(r)/ *Nomen* **1** Staubtuch **2** (*AmE, veraltet*) Hauskittel
dust·man /'dʌstmən/ *Nomen* (*Pl* **-men** /-mən/) Müllmann
dust·pan /'dʌstpæn/ *Nomen* Kehrschaufel
'**dust sheet** *Nomen* = Laken zum Abdecken von Möbeln
'**dust storm** *Nomen* Staubsturm
dusty /'dʌsti/ *Adj* (**dust·ier**, **dusti·est**) **1** staubig **2** (*Farbe*) schmutzig
Dutch /dʌtʃ/ *Adj* holländisch, niederländisch ☛ *Siehe auch* S. 767 IDM **go Dutch** (**with sb**) getrennte Kasse machen
duti·ful /'djuːtɪfl; *AmE* 'duː-/ *Adj* (*Adv* **duti·ful·ly** /-fəli/) gehorsam, pflichtbewusst ◇ *a dutiful son* ein gehorsamer Sohn
duty /'djuːti; *AmE* 'duːti/ *Nomen* (*Pl* **-ies**) **1** Pflicht ◇ *They have a duty to their customers.* Sie haben gegenüber ihren Kunden Verpflichtungen. **2** Dienst **3** duties [Pl] Aufgaben **4** Zoll; (*Tabak-, Alkohol- etc.*) Steuer IDM **on/off duty** im/außer Dienst ◇ *What time do you go on duty?* Wann fängst du mit dem Dienst an? ◇ *I come off duty at six.* Ich habe um sechs Dienstschluss. **in the** ˌ**line of** '**duty** im Dienst ☛ *Siehe auch* BOUNDEN
ˌ**duty-**ˈ**bound** *Adj* nicht vor Nomen (*gehoben*) verpflichtet
ˌ**duty-**ˈ**free¹** *Adj*, *Adv* zollfrei
ˌ**duty-**ˈ**free²** *Nomen* (*BrE, umgs*) **1** zollfreie Ware ◇ *We bought a load of duty-frees at the airport.* Wir kauften am Flughafen viel zollfrei ein. **2** (*auch* ˌ**duty-**ˈ**free shop**) Dutyfreeshop
duvet /'duːveɪ/ *Nomen* (*BrE*) Bettdecke, Federbett ◇ *a duvet cover* ein Bettbezug
DVD /ˌdiː viː ˈdiː/ *Nomen* DVD ☛ **DVD** steht für „digital videodisc" oder „digital versatile disk".
dwarf¹ /dwɔːf; *AmE* dwɔːrf/ *Nomen* (*Pl* **dwarfs** *oder* **dwarves** /dwɔːvz; *AmE* dwɔːrvz/) *Nomen* **1** Zwerg **2** (*manchmal beleidigend*) Liliputaner(in)
dwarf² /dwɔːf; *AmE* dwɔːrf/ *Adj* Zwerg-
dwarf³ /dwɔːf; *AmE* dwɔːrf/ *Verb* klein erscheinen lassen, in den Schatten stellen
dwarf·ism /'dwɔːfɪzəm; *AmE* 'dwɔːrf-/ *Nomen* Zwergwuchs
dweeb /dwiːb/ *Nomen* (*AmE, Slang, abwert*) = uncooler, langweiliger Typ
dwell /dwel/ *Verb* (**dwelt**, **dwelt** /dwelt/ *oder* **dwelled**, **dwelled**) (*gehoben*) wohnen, leben PHRV ˈ**dwell on/upon sth 1** sich den Kopf über etw zerbrechen, über etw brüten **2** (*gehoben*) bei etw verweilen
dwell·er /'dwelə(r)/ *Nomen* (*besonders in Zusammensetzungen*) Bewohner(in) ◇ *urban dwellers* Stadtbewohner
dwell·ing /'dwelɪŋ/ *Nomen* (*gehoben*) Wohnung, Wohnhaus
DWI /ˌdiː dʌbljuː ˈaɪ/ *Abk* (*AmE*) = DRIVING WHILE INTOXICATED ☛ *Hinweis bei* DRIVING UNDER THE INFLUENCE
dwin·dle /'dwɪndl/ *Verb* ~ (**away**) schwinden, sinken; ~ (**away**) **to sth** sich auf etw reduzieren
dye¹ /daɪ/ *Verb* (**dyes**, **dye·ing**, **dyed**, **dyed**) färben
dye² /daɪ/ *Nomen* Färbemittel, Farbstoff
ˌ**dyed in the** ˈ**wool** *Adj* eingefleischt
dying /'daɪɪŋ/ **1** *Form von* DIE **2** *Adj nur vor Nomen* sterbend ◇ *I will remember it to my dying day.* Ich werde es bis an mein Lebensende in Erinnerung behalten. ◇ *her dying words* ihre letzten Worte **3** **the dying** *Nomen* [Pl] die Sterbenden IDM ⇨ BREATH
dyke (*auch* **dike**) /daɪk/ *Nomen* **1** Deich **2** (*bes BrE*) (Ent-

---

æ cat | ɑː father | e ten | ɜː bird | ə about | ɪ sit | iː see | i many | ɒ got (*BrE*) | ɔː saw | ʌ cup | ʊ put | uː too

earmark

wässerungs)graben **3** (*vulg, Slang, meist beleidigend*) Lesbe
dy·nam·ic¹ (*auch* **dynamics**) /daɪˈnæmɪk/ *Nomen* Dynamik

> In Zusammenhängen wie *group dynamics* oder *the dynamics of political change* wird **dynamics** in der Mehrzahl gebraucht. Im Sinne von „Kräftelehre" ist **dynamics** nicht zählbar. In der Bedeutung „verändernde Kraft" wird **dynamic** im Singular verwendet.

dy·nam·ic² /daɪˈnæmɪk/ *Adj* dynamisch ◊ *a dynamic personality* eine dynamische Persönlichkeit
dyna·mism /ˈdaɪnəmɪzəm/ *Nomen* Dynamik, Energie, Schwung
dyna·mite¹ /ˈdaɪnəmaɪt/ *Nomen* **1** Dynamit **2** (*fig*) Sprengstoff, Zündstoff **3** (*umgs*) eine Wucht ◊ *Their new album is dynamite.* Ihr neues Album ist eine Wucht.
dyna·mite² /ˈdaɪnəmaɪt/ *Verb* (mit Dynamit) sprengen
dy·namo /ˈdaɪnəməʊ; *AmE* -moʊ/ *Nomen* (*Pl* **-os**) **1** Dynamo, Lichtmaschine **2** (*umgs*) Energiebündel
dyn·as·tic /dɪˈnæstɪk; *AmE* daɪ-/ *Adj* dynastisch
dyn·asty /ˈdɪnəsti; *AmE* ˈdaɪ-/ *Nomen* (*Pl* **-ies**) Dynastie
dys·en·tery /ˈdɪsəntri; *AmE* -teri/ *Nomen* Ruhr
dys·func·tion·al /dɪsˈfʌŋkʃənl/ *Adj* (*Fachspr*) gestört, nicht funktionierend ◊ *children from dysfunctional families* Kinder aus gestörten Familienverhältnissen
dys·lexia /dɪsˈleksiə/ *Nomen* Legasthenie, Dyslexie
dys·lex·ic /dɪsˈleksɪk/ **1** *Adj* legasthenisch, dyslektisch **2** *Nomen* Legastheniker(in), Dyslektiker(in)
dys·pep·sia /dɪsˈpepsiə; *AmE* dɪsˈpepʃə/ *Nomen* [U] (MED) Magenschmerzen SYN INDIGESTION
dys·pep·tic /dɪsˈpeptɪk/ *Adj* **1** (MED) an Magenschmerzen leidend, dyspeptisch **2** (*gehoben, selten*) jähzornig, übellaunig
dys·trophy ⇨ MUSCULAR DYSTROPHY

E, e /iː/ **1** *Nomen* (*Pl* **E's, e's**) (*Buchstabe*) E, e ☛ *Hinweis bei* NOTE, S. 1126. ☛ *Beispiele bei* A, A **2 E** *Abk* = EAST¹, EAST², EASTERN
each¹ /iːtʃ/ *Adj, Pron* jede(r,s) ◊ *Each answer is worth 20 points/Each of the answers is worth 20 points.* Jede Antwort ist 20 Punkte wert. ◊ *The answers are worth 20 points each.* Die Antworten sind jeweils 20 Punkte wert. ◊ *There weren't enough books for everyone to have one each.* Es war nicht für jeden ein eigenes Buch da. ☛ *Hinweis bei* JEDE(R, S)
each² /iːtʃ/ *Adv* je ◊ *They are 20p each.* Sie kosten je 20 Pence.
each ˈother *Pron* sich (gegenseitig), einander ◊ *We can wear each other's clothes.* Wir können unsere Kleider tauschen.
ˌ**each ˈway** *Adv* (*BrE*) (*beim Pferdewetten*) ◊ *bet each way* eine Platzwette abschließen
eager /ˈiːɡə(r)/ *Adj* eifrig, begeistert; **be ~ to do sth** etw unbedingt tun wollen ◊ *eager anticipation* gespannte Vorfreude ◊ *We were eager for news from home.* Wir konnten es kaum abwarten, von zu Hause zu hören. ◊ *eager to learn* lernbegierig SYN KEEN
ˌ**eager ˈbeaver** *Nomen* (*umgs*) = jd, der eifrig und fleißig ist
eager·ly /ˈiːɡəli/ *Adv* erwartungsvoll, mit Spannung ◊ *They eagerly accepted my offer.* Sie nahmen mein Angebot bereitwillig an.
eager·ness /ˈiːɡənəs/ *Nomen* Eifer, Begeisterung, Ungeduld ◊ *her eagerness to learn* ihr Lernbegier
eagle /ˈiːɡl/ *Nomen* **1** Adler **2** (*beim Golf*) Eagle
ˌ**eagle ˈeye** *Nomen* wachsamer Blick
ˌ**eagle-ˈeyed** *Adj* scharfäugig
ear /ɪə(r); *AmE* ɪr/ *Nomen* **1** Ohr ◊ *He put his hands over his ears.* Er hielt sich die Ohren zu. ◊ *He was always there with a sympathetic ear.* Er hatte immer ein offenes Ohr. **2** [Sing] **an ~ (for sth)** ein Gehör (für etw) ◊ *develop an ear for languages* ein Gehör für Fremdsprachen entwickeln **3** Ähre IDM **(be) all ˈears** ganz Ohr sein **be out on your ˈear** (*umgs*) rausfliegen **be up to your ears in sth** bis zum Hals in etw stecken **sth comes to/reaches sb's ˈears** etw kommt jdm zu Ohren **sb's ˈears are burning** jdm klingt es in den Ohren **sb's ˈears are flapping** (*BrE*, *umgs*) jd spitzt die Ohren **give sb/get a thick ˈear** jdm eine kräftige Ohrfeige verpassen **go in ˈone ear and out the ˈother** (*umgs*) in ein Ohr rein, aus dem anderen Ohr raus **have sb's ˈear/have the ear of sb** jds Vertrauen genießen **keep/have an/your ear to the ˈground** Augen und Ohren offen halten **play (sth) by ˈear** (etw) nach (dem) Gehör spielen **play it by ˈear** (*umgs*) es auf sich zukommen lassen **shut/close your ˈears to sth** die Ohren vor jdm/etw verschließen **smile/grin/beam from ear to ˈear** von einem Ohr zum anderen strahlen **with half an ˈear** (nur) mit halbem Ohr ☛ *Siehe auch* BELIEVE, BEND¹, BOX², COCK³, DEAF, EASY, FLEA, LEND, MUSIC, OPEN¹, PIG¹, PRICK¹, WALL¹, WET¹ *und* WORD
ear·ache /ˈɪəreɪk; *AmE* ˈɪr-/ *Nomen* [meist Sing/U] Ohrenschmerzen
ear·drum /ˈɪədrʌm; *AmE* ˈɪr-/ *Nomen* Trommelfell
-eared /ɪəd; *AmE* ɪrd/ *-ohrig* ◊ *long-eared bats* langohrige Fledermäuse
ear·ful /ˈɪəfʊl; *AmE* ˈɪrfʊl/ *Nomen* [Sing] (*umgs*) **give sb an ~** jdm ordentlich die Meinung sagen; **get an ~ of sth** etw zu hören bekommen, etw mitbekommen
earl /ɜːl; *AmE* ɜːrl/ *Nomen* Graf
earli·est /ˈɜːliːɪst; *AmE* ˈɜːrl-/ *Nomen* [Sing] ◊ *The earliest we can finish is Friday.* Wir können frühestens Freitag fertig werden. ◊ *We can't finish before Friday at the earliest.* Wir können frühestens Freitag fertig werden.
ˈ**ear lobe** (*auch* **lobe**) *Nomen* Ohrläppchen
early¹ /ˈɜːli; *AmE* ˈɜːrli/ *Adj* (**earl·ier, earli·est**) **1** früh ◊ *in the early days of space exploration* in den Anfangstagen der Weltraumforschung ◊ *He's in his early twenties.* Er ist Anfang zwanzig. ◊ *Early booking is essential.* Frühzeitige Anmeldung ist unbedingt notwendig. ☛ *Hinweis bei* MORGEN **2** (früh)zeitig, zu früh ◊ *You're early! I wasn't expecting you till seven.* Du bist früh dran! Ich hatte dich erst um sieben Uhr erwartet. ◊ *at an early age* in jungen Jahren OPP LATE IDM **an ˈearly bird** (*hum*) Frühaufsteher; jd, der immer früh dran ist **at your earliest conˈvenience** so bald wie möglich **it's early ˈdays (yet)** (*BrE*) die Sache ist noch im Anfangsstadium ◊ *It's early days yet. We don't know if the play will be a success.* Man kann noch nicht sagen, ob das Theaterstück ein Erfolg wird. ☛ *Siehe auch* BRIGHT¹, HOUR *und* NIGHT
early² /ˈɜːli; *AmE* ˈɜːrli/ *Adv* (**earl·ier, earli·est**) **1** zu Anfang, früh ◊ *early in the week* (zu) Anfang der Woche ◊ *early in the morning* früh morgens ◊ *The best rooms go to those who book earliest.* Die besten Zimmer gehen an die, die zuerst reservieren. ◊ *He started writing music as early as 1989.* Er begann schon im Jahre 1989 Musik zu schreiben. **2** (früh)zeitig, zu früh ◊ *The baby arrived earlier than expected.* Das Baby kam früher als erwartet. **3 earlier** vorher, früher ◊ *As I mentioned earlier …* Wie ich schon vorher erwähnte … IDM **early ˈon** sehr früh; sehr bald
ˌ**early ˈclosing** *Nomen* [U] (*BrE*) ◊ *It's early closing tomorrow.* Morgen machen die Geschäfte nachmittags zu.
ˌ**early ˈwarning** *Nomen* [U/Sing] Vorwarnung ◊ *an early warning of heart disease* ein frühes Warnzeichen einer Herzkrankheit ◊ *an early warning system* ein Frühwarnsystem
ear·mark /ˈɪəmɑːk; *AmE* ˈɪrmɑːrk/ *Verb* **~ sb/sth (for/as**

---

u **actual** | aɪ **my** | aʊ **now** | eɪ **say** | əʊ *(BrE)* **go** | oʊ *(AmE)* **go** | ɔɪ **boy** | ɪə **near** | eə **hair** | ʊə **pure**

earmuff

sth/sb) jdn/etw (für etw/jdn) vorsehen, jdn/etw für etw bestimmen
ear·muff Nomen /'ɪəmʌf; AmE 'ɪrmʌf/ Ohrenschützer
earn /ɜːn; AmE ɜːrn/ Verb **1** verdienen ◊ *earned income* Arbeitseinkommen ◊ *His victory earned him $50 000.* Der Sieg brachte ihm 50 000 Dollar ein. ◊ *All their children are earning now.* Alle ihre Kinder verdienen jetzt selbst ihren Lebensunterhalt. **2** einbringen ◊ *Your money would earn more in a savings account.* Ihr Geld würde auf einem Sparkonto mehr Zinsen einbringen. ◊ (fig) *His outstanding ability earned him a place on the team.* Seine ausgezeichneten Fähigkeiten brachten ihm einen Platz in der Mannschaft ein. **3** (sich etw) verdienen ◊ *He earned a reputation as an expert on tax law.* Er erwarb sich einen Ruf als Steuerexperte. IDM **earn a/your 'crust** (BrE, umgs) seine Brötchen verdienen ˌ**earn your 'keep 1** gegen freie Kost und Logis arbeiten **2** sich bezahlt machen ☛ Siehe auch SPUR¹
earn·er /'ɜːnə(r); AmE 'ɜːrn-/ Nomen **1** Verdiener(in) ◊ *high/low earners* Groß-/Kleinverdiener ☛ Siehe auch WAGE EARNER **2** (BrE, umgs) Einnahmequelle
earn·est /'ɜːnɪst; AmE 'ɜːrn-/ Adj (Adv **earn·est·ly**) ernsthaft IDM **in 'earnest 1** richtig ◊ *The work will begin in earnest on Monday.* Die Arbeit wird am Montag richtig beginnen. **2** ernst ◊ *You may laugh but I'm in deadly earnest.* Du kannst lachen, aber mir ist es todernst. ◊ *I knew she spoke in earnest.* Ich wusste, dass sie es ernst meinte.
earn·est·ness /'ɜːnɪstnəs/ Nomen Ernst(haftigkeit)
earn·ings /'ɜːnɪŋz; AmE 'ɜːrn-/ Nomen [Pl] **1** Verdienst, Einkommen **2** Gewinn ◊ *earnings per share* Gewinnbeteiligung
ear·phones /'ɪəfəʊnz; AmE 'ɪrfoʊnz/ Nomen [Pl] Kopfhörer SYN HEADPHONES
ear·piece /'ɪəpiːs; AmE 'ɪrpiːs/ Nomen Hörmuschel
ear·plug /'ɪəplʌɡ; AmE 'ɪrp-/ Nomen [meist Pl] Ohrenstöpsel
ear·ring /'ɪərɪŋ; AmE 'ɪrɪŋ/ Nomen Ohrring
ear·shot /'ɪəʃɒt; AmE 'ɪrʃɑːt/ Nomen IDM **out of 'earshot** außer Hörweite **within 'earshot** in Hörweite
ear-splitting Adj ohrenbetäubend
earth¹ /ɜːθ; AmE ɜːrθ/ Nomen **1** (auch **Earth, the Earth**) Erde ◊ *I must be the happiest person on earth!* Ich bin bestimmt der glücklichste Mensch der Welt! **2** [U/Sing] Boden ◊ *You could feel the earth shake.* Man konnte spüren, wie der Boden zitterte. **3** Erde, Erdreich ◊ *a clod/lump of earth* ein Erdklumpen SYN SOIL ☛ *Hinweis bei* BODEN **4** (Fuchs- etc.) Bau **5** (BrE) (ELEK) Erde IDM **bring sb (back) down to 'earth (with a 'bang/bump)** (umgs) jdn wieder auf den Boden der Tatsachen zurückholen **charge, cost, pay, etc. the 'earth** (BrE, umgs) ein Vermögen verlangen, kosten, zahlen etc. **come back/down to 'earth (with a 'bang/bump)** (unsanft) auf den Boden der Tatsachen zurückgeholt werden **go to 'earth/'ground** (BrE) (Verbrecher etc.) untertauchen **how, why, where, who, etc. on 'earth** (umgs) wie, warum, wo, wer etc. in aller Welt ◊ *What on earth are you doing?* Was in aller Welt machst du da? ◊ *How on earth did she afford that?* Wie kann sie sich das bloß leisten? **(be, look, etc.) like nothing on 'earth 1** wie nichts auf der Welt (sein, aussehen etc.) **2** fürchterlich (sein, aussehen etc.) ◊ *I woke up feeling like nothing on earth.* Als ich aufwachte, fühlte ich mich furchtbar. **on 'earth** auf der Welt ◊ *It was the last thing on earth I'd have expected.* Er war das Allerletzte, das ich erwartet hatte. **run sb/sth to 'earth/'ground** (BrE) jdn aufstöbern ☛ *Siehe auch* END, FACE¹, MOVE¹, PROMISE¹, SALT¹ *und* WIPE¹
earth² /ɜːθ; AmE ɜːrθ/ Verb (BrE) (meist passiv) erden
earth·en /'ɜːθn; AmE 'ɜːrθn/ Adj nur vor Nomen **1** (Boden, Wand) aus Lehm **2** (Gefäß etc.) Ton-
earth·en·ware /'ɜːθnweə(r); AmE 'ɜːrθnwer-/ Nomen Steingut
earth·ly /'ɜːθli; AmE 'ɜːrθ-/ Adj **1** (gehoben) irdisch **2** (oft zur Verstärkung in Fragen und verneinten Sätzen) überhaupt ◊ *There's no earthly reason why you shouldn't go.* Es besteht überhaupt kein Grund, warum du nicht gehen solltest. ◊ *What earthly reason could she have had?* Was für einen Grund könnte sie denn bloß gehabt haben? ◊ *He didn't have an earthly chance of getting the job.* Er hatte nicht die geringste Chance, die Stelle zu bekommen.

'**earth mother** Nomen **1** (auch **Earth Mother**) Erdmutter **2** (umgs) = mütterlicher Frauentyp
earth·quake /'ɜːθkweɪk; AmE 'ɜːrθ-/ Nomen (umgs **quake**) Erdbeben
'**earth science** Nomen Geowissenschaften
'**earth-shattering** Adj (Adv **earth-shatteringly**) weltbewegend
earth·work /'ɜːθwɜːk; AmE 'ɜːrθwɜːrk/ Nomen [meist Pl] Wall(anlage)
earth·worm /'ɜːθwɜːm; AmE 'ɜːrθwɜːrm/ Nomen Regenwurm
earthy /'ɜːθi; AmE 'ɜːrθi/ Adj (**earth·ier, earthi·est**) **1** derb **2** erdig
ear·wig /'ɪəwɪɡ; AmE 'ɪrwɪɡ/ Nomen Ohrwurm
ease¹ /iːz/ Nomen **1** Leichtigkeit ◊ *All important points are numbered for ease of reference.* Um das Nachschlagen zu erleichtern, sind alle wichtigen Punkte nummeriert. **2** Entspanntheit, Gelassenheit **3** gutes Leben ◊ *live a life of ease* ein Leben der Muße führen **4** Linderung IDM **(Stand) at 'ease!** Rührt euch! **be/feel at (your) 'ease** sich wohl fühlen **put sb at (their) 'ease** jdm die Befangenheit nehmen ☛ *Siehe auch* ILL¹ *und* MIND¹
ease² /iːz/ Verb **1** lindern ◊ *ease the pain* die Schmerzen lindern ◊ *ease traffic congestion in the town* die Staus in der Stadt verringern ◊ *He was trying to ease my mind.* Er wollte mich beruhigen. **2** nachlassen ◊ *The pain immediately eased.* Der Schmerz ließ sofort nach. **3** (sich) langsam/vorsichtig bewegen ◊ *He eased slowly forwards.* Er bewegte sich langsam nach vorne. ◊ *She eased herself into a chair.* Sie ließ sich vorsichtig in einen Sessel sinken. ◊ *He eased off his shoes.* Er zog sich vorsichtig die Schuhe aus. **4** erleichtern ◊ *ramps to ease access for the disabled* Rampen, die Behinderten den Zugang erleichtern **5** (sich) lockern ◊ *Ease your grip on the wheel a little.* Halten Sie das Steuer nicht so fest. **6** (sich) verringern ◊ *Share prices eased back from yesterday's levels.* Die Aktien haben seit gestern an Wert eingebüßt. PHRV '**ease (yourself) into sth** sich langsam mit etw vertraut machen '**ease sb into sth** jdn langsam mit etw vertraut machen ˌ**ease 'off** nachlassen ˌ**ease 'off sth** bei etw kürzer treten ˌ**ease sb 'out (of sth)** jdn (aus etw) verdrängen ˌ**ease 'up 1** langsamer werden **2** (Schmerzen etc.) nachlassen **3** kürzer treten ◊ *You should ease up on the cigarettes.* Sie sollten weniger rauchen.
easel /'iːzl/ Nomen Staffelei
eas·ily /'iːzəli/ Adv **1** leicht ◊ *The museum is easily accessible by car.* Das Museum ist leicht mit dem Auto zu erreichen. ◊ *Learning languages doesn't come easily to him.* Es fällt ihm nicht leicht, Sprachen zu lernen. **2** durchaus, leicht ◊ *The situation might all too easily have become a disaster.* Die Situation hätte leicht zur Katastrophe werden können. **3 the best, nicest, etc.** bei weitem der/die/das Beste, Schönste etc. **4** leicht, schnell ◊ *He's easily distracted.* Er lässt sich leicht ablenken.
east¹ /iːst/ Nomen (Abk **E**) Osten ◊ *to the east of Boston* östlich von Boston ☛ Wenn sich **east** auf ein Landesteil bezieht, wird es oft großgeschrieben. **The East** bezeichnet auch den Fernen Osten und die Oststaaten der USA.
east² /iːst/ Adj nur vor Nomen (Abk **E**) Ost-, östlich ◊ *the east wind* der Ostwind
east³ /iːst/ Adv nach Osten ◊ *east of here* östlich von hier
east·bound /'iːstbaʊnd/ Adj in Richtung Osten ◊ *the eastbound section of the freeway* die Autobahn in Richtung Osten
the ˌEast 'End Nomen = Arbeiterviertel im Osten von London
ˌ**East 'Ender** Nomen Bewohner(in) des Londoner Ostens
Easter /'iːstə(r)/ Nomen **1** (auch ˌ**Easter 'Day**, ˌ**Easter 'Sunday**) Ostern, Ostersonntag **2** (auch **East·er·time**) Ostern, Osterzeit
'**Easter egg** Nomen Osterei ☛ In Großbritannien sind hart gekochte und gefärbte Ostereier unbekannt; man schenkt sich Ostereier aus Schokolade.
east·er·ly /'iːstəli; AmE -ərli/ **1** Adj nur vor Nomen (Richtung) östlich **2** Adj (Wind) Ost- **3** Nomen (Pl **-ies**) Ostwind
east·ern /'iːstən; AmE -ərn/ Adj (Abk **E**) östlich, Ost- ◊ *the*

eastern seaboard of the USA die Ostküste der USA ☛ *Hinweis bei* NORDEN

east·ern·most /ˈiːstənməʊst; *AmE* -ərnmoʊst/ *Adj* östlichste(r,s)

the ˌEastern ˌOrthodox ˈChurch = THE ORTHODOX CHURCH

East·er·time /ˈiːstətaɪm; *AmE* ˈiːstərt-/ = EASTER (2)

east·wards /ˈiːstwədz; *AmE* -wərdz/ (*auch* **east·ward**) *Adv, Adj* ostwärts, nach Osten

easy¹ /ˈiːzi/ *Adj* (**eas·ier, easi·est**) **1** leicht, einfach ◊ *He didn't make it easy for me to leave.* Er machte mir den Abschied nicht leicht. ◊ *She's an easy person to talk to.* Man kann gut mit ihr reden. ◊ *It's easy for you to tell me to keep calm.* Du hast gut reden, dass ich ruhig bleiben soll. OPP HARD **2** sorgenfrei ◊ *I'll agree to anything for an easy life.* Für ein ruhiges Leben tue ich alles. ◊ *I don't feel easy about letting her go alone.* Mir ist nicht wohl dabei, sie allein gehen zu lassen. **3** *nur vor Nomen* ungezwungen, lässig ◊ *He has a very easy manner.* Er hat eine sehr ungezwungene Art. **4** (*umgs, abwert*) (*Frau*) leicht zu haben IDM **as ˌeasy as ˈanything/as ˌpie/as ABˈC/as falling off a ˈlog** (*umgs*) kinderleicht ˌeasy ˈmoney leicht verdientes Geld ˌeasy on the ˈear/ˈeye (*umgs*) nett anzuhören/anzusehen ˈeasy street (*AmE*) ein leichtes Leben **have an easy ˈtime (of it)** (*BrE*) es leicht haben **I'm ˈeasy** (*BrE, umgs*) es ist mir egal **take the easy way ˈout** es sich leicht machen ☛ *Siehe auch* FREE¹, OPTION, REACH², RIDE² *und* TOUCH²

easy² /ˈiːzi/ *Adv* (**eas·ier, easi·est**) vorsichtig ◊ *Easy with that chair — one of its legs is loose.* Sei vorsichtig mit dem Stuhl — ein Bein wackelt. IDM **ˌeasier ˌsaid than ˈdone** leichter gesagt als getan **ˌeasy ˈcome, ˌeasy ˈgo** wie gewonnen, so zerronnen **ˌeasy/gently ˈdoes it** (*umgs*) immer langsam **go ˈeasy on sb** (*umgs*) jdn schonen; mit jdm nicht so streng sein **go ˌeasy on/with sth** (*umgs*) mit etw sparsam umgehen ◊ *Go easy on the sugar.* Nimm nicht so viel Zucker. **stand ˈeasy!** rührt euch! **take it ˈeasy** (*umgs*) sich nicht aufregen ◊ *Take it easy! Don't panic.* Immer mit der Ruhe! Nur keine Panik! **take it/things ˈeasy** sich schonen

ˌeasy ˈchair *Nomen* Sessel

ˌeasy-ˈgoing *Adj* gelassen

ˌeasy ˈlistening *Nomen* Unterhaltungsmusik

easy-peasy /ˌiːzi ˈpiːzi/ *Adj* (*BrE, umgs, Kinderspr*) kinderleicht

eat /iːt/ *Verb* (**ate** /et; *bes AmE* eɪt/, **eaten** /ˈiːtn/) essen, fressen ◊ *She eats very sensibly.* Sie isst sehr gesund. ◊ *I couldn't eat another thing.* Ich bin wirklich satt. IDM **ˌeat sb aˈlive** (*umgs*) **1** jdn völlig fertig machen **2** jdn in der Luft zerreißen **3** (*meist passiv*) (*Mücken etc.*) jdn zerstechen **Eat your ˈheart out!** (*umgs*) Da kannst du nicht mithalten! ◊ *Look at him dance! Eat your heart out, John Travolta.* Der kann tanzen! Da kann John Travolta nicht mithalten. **eat humble ˈpie** (*AmE* **eat ˈcrow**) klein beigeben **eat like a ˈhorse** (*umgs*) wie ein Scheunendrescher essen **eat out of sb's ˈhand** jdm aus der Hand fressen **eat sb out of ˌhouse and ˈhome** (*umgs, oft hum*) jdm die Haare vom Kopf fressen **eat your ˈwords** alles, was man gesagt hat, zurücknehmen ◊ *I could eat a ˈhorse* (*umgs*) ich habe einen Bärenhunger **I'll eat my ˈhat** (*umgs*) ich fresse einen Besen **What's eating him, etc.?** (*umgs*) Was ist denn mit ihm etc. los?; Was hat er etc. denn? ☛ *Siehe auch* CAKE¹ *und* DOG¹ PHRV **ˌeat sth aˈway** etw zerfressen, etw zerstören ◊ *The cliffs are gradually being eaten away.* Die Klippen werden allmählich vom Meer zerstört. **eat aˈway at sb** an jdm nagen **ˌeat aˈway at sth** etw angreifen ◊ *Woodworm had eaten away at the door frame.* Holzwürmer hatten den Türrahmen zerfressen. **ˈeat into sth 1** etw verringern, etw angreifen ◊ *Work has begun to eat into my weekends.* Die Arbeit nimmt jetzt auch meine Wochenenden in Anspruch. **2** etw anfressen **ˌeat ˈout** essen gehen **ˌeat (sth) ˈup** (*umgs*) etw aufessen **ˌeat sb ˈup** (*meist passiv*) (*Gefühl*) jdn verzehren **ˌeat sth ˈup** (*fig*) etw verschlingen ◊ *Legal costs had eaten up all the savings he had.* Die Anwaltskosten hatten all ihre Ersparnisse verschlungen.

eat·able /ˈiːtəbl/ *Adj* (*selten*) essbar

eater /ˈiːtə(r)/ *Nomen* (*meist nach Adjektiven oder Nomina*)

Esser(in) ◊ *He's a big eater.* Er ist ein guter Esser. ◊ *We're not great meat eaters.* Wir essen nicht viel Fleisch.

eat·ery /ˈiːtəri/ (*Pl* **-ies**) *Nomen* (*bes AmE, umgs*) Esslokal

eat·ing /ˈiːtɪŋ/ *Nomen* Essen ◊ *an eating disorder* eine Essstörung

eats /iːts/ *Nomen* [Pl] (*umgs*) Essen

eau de cologne /ˌəʊ də kəˈləʊn; *AmE* ˌoʊ də kəˈloʊn/ (*auch* **coˈlogne**) *Nomen* Kölnischwasser

eaves /iːvz/ *Nomen* [Pl] Dachgesims

eaves·drop /ˈiːvzdrɒp; *AmE* -drɑːp/ *Verb* (**-pp-**) lauschen; ~ **on sb/sth** jdn/etw belauschen ◊ *electronic eavesdropping devices* elektronische Abhöranlagen

eaves·drop·per /ˈiːvzdrɒpə(r); *AmE* -drɑːp-/ *Nomen* Lauscher(in)

ebb¹ /eb/ *Nomen* **the ebb** Ebbe ◊ *They went out on the ebb tide.* Sie fuhren bei Ebbe los. IDM **the ˌebb and ˈflow** das Auf und Ab; das Hin und Her; das Kommen und Gehen ☛ *Siehe auch* LOW¹

ebb² /eb/ *Verb* **1** (*Wasser, Flut*) zurückgehen **2** ~ (**away**) (*verebben*) (dahin)schwinden

ebony /ˈebəni/ **1** *Nomen* Ebenholz **2** *Adj* schwarz wie Ebenholz ◊ *ebony skin* schwarze Haut

ebul·li·ence /ɪˈbʌliəns, -ˈbʊl-/ *Nomen* Selbstsicherheit, Überschwänglichkeit

ebul·li·ent /ɪˈbʌliənt, -ˈbʊl-/ *Adj* selbstsicher, überschwänglich ◊ *The minister was in ebullient mood.* Der Minister war in aufgeräumter Stimmung.

ec·cen·tric /ɪkˈsentrɪk/ **1** *Adj* (*Adv* **ec·cen·tric·al·ly** /-kli/) exzentrisch, ausgefallen **2** *Nomen* Exzentriker(in)

ec·cen·tri·city /ˌeksenˈtrɪsəti/ *Nomen* Exzentrizität ◊ *the eccentricity of his clothes* seine ausgefallene Kleidung ◊ *We all have our little eccentricities.* Wir haben alle unsere kleinen Macken.

ec·cle·si·as·tic /ɪˌkliːziˈæstɪk/ *Nomen* Geistlicher

ec·cle·si·as·tic·al /ɪˌkliːziˈæstɪkl/ *Adj* kirchlich, Kirchen-

ECG /ˌiː siː ˈdʒiː/ *Kurzform von* **electrocardiogram** EKG ◊ *have an ECG* ein EKG machen lassen

ech·elon /ˈeʃəlɒn; *AmE* -lɑːn/ *Nomen* [meist Pl] Rang, Stufe

echo¹ /ˈekəʊ; *AmE* ˈekoʊ/ *Nomen* (*Pl* **-oes**) **1** Echo ◊ *the echo of footsteps* hallende Schritte **2** Anklang, Erinnerung ◊ *Yesterday's crash has grim echoes of previous disasters.* Der gestrige Zusammenstoß weckt grauenvolle Erinnerungen an frühere Unglücke.

echo² /ˈekəʊ; *AmE* ˈekoʊ/ *Verb* (**echoes, echo·ing, echoed, echoed**) **1** (wider)hallen **2** ~ (**to/with sth**) (von etw) widerhallen ◊ *The whole house echoed.* Das ganze Haus hallte wider. **3** ~ **sth** (**back**) etw zurückwerfen **4** (*gehoben*) wiederholen ◊ *This is a view echoed by many members.* Diese Ansicht wird von vielen Mitgliedern geteilt.

eclair /ɪˈkleə(r); *AmE* ɪˈkler/ *Nomen* Eclair

eclec·tic /ɪˈklektɪk/ *Adj* (*Adv* **eclec·tic·al·ly** /-tɪkli/) (*gehoben*) eklektisch

eclec·ti·cism /ɪˈklektɪsɪzəm/ *Nomen* Eklektizismus

eclipse¹ /ɪˈklɪps/ *Nomen* **1** Eklipse, Finsternis ◊ *a total eclipse of the sun* eine totale Sonnenfinsternis **2** (*fig*) Niedergang ◊ *Her work was in eclipse for many years.* Ihre Werke fanden viele Jahre lang wenig Beachtung.

eclipse² /ɪˈklɪps/ *Verb* (*meist passiv*) **1** (*Sonne, Mond etc.*) verfinstern **2** (*fig*) in den Schatten stellen

eco- /ˈiːkəʊ; *AmE* ˈiːkoʊ/

Die Vorsilbe **eco-** kann mit Nomina, Adjektiven und Adverbien verbunden werden und entspricht meist dem deutschen „Öko-": *ecosystem* Ökosystem ◊ *ecofriendly* umweltfreundlich ◊ *ecotourism* Ökotourismus.

eco·logic·al /ˌiːkəˈlɒdʒɪkl; *AmE* -ˈlɑːdʒ-/ *Adj* (*Adv* **eco·logic·al·ly** /-kli/) ökologisch

ecolo·gist /ɪˈkɒlədʒɪst; *AmE* ɪˈkɑːl-/ *Nomen* Ökologe, Ökologin

ecol·ogy /ɪˈkɒlədʒi; *AmE* ɪˈkɑːl-/ *Nomen* Ökologie ◊ *the ecology movement* die Umweltbewegung

eco·nom·ic /ˌiːkəˈnɒmɪk, ˌekə-; *AmE* -ˈnɑːm-/ *Adj* **1** *nur vor Nomen* wirtschaftlich, Wirtschafts- **2** rentabel ◊ *It's not an economic proposition.* Es ist nicht rentabel.

eco·nom·ic·al /ˌiːkəˈnɒmɪkl, ˌekə-; *AmE* -ˈnɑːm-/ *Adj* sparsam ◊ *an economical car to run* ein sparsames Auto ◊ *It would be more economical to buy the bigger size.* Es wäre günstiger, eine größere Packung zu kaufen. ◊ *an economical use of the available space* eine effektive Nutzung des vorhandenen Raumes ◊ *an economical prose style* ein knapper Stil

eco·nom·ic·al·ly /ˌiːkəˈnɒmɪkli, ˌekə-; *AmE* -ˈnɑːm-/ *Adv* **1** wirtschaftlich ◊ *Economically, the region has lost its dominant role.* Wirtschaftlich gesehen hat die Region ihre führende Rolle verloren. ◊ *the economically active population* die erwerbstätige Bevölkerung ◊ *The factory is no longer economically viable.* Die Fabrik ist nicht mehr rentabel. **2** sparsam

eco·nom·ics /ˌiːkəˈnɒmɪks, ˌekə-; *AmE* -ˈnɑːm-/ *Nomen* **1** [U] (Volks)wirtschaftslehre ◊ *Marxist economics* die marxistische Wirtschaftslehre ◊ *a lecturer in economics* ein Dozent für VWL **2** [Pl] betriebswirtschaftliche Prinzipien ◊ *the economics of publishing* die betriebswirtschaftlichen Prinzipien des Verlagswesens

> Bezeichnungen für Wissenschaften, die auf **-ics** enden, sind nicht zählbar und werden mit einem Verb im Singular gebraucht: *Economics is my favourite subject.* ◊ *Linguistics is the scientific study of language.* Wird ein Wort auf **-ics** mit einem Verb im Plural verwendet, sind eher Eigenschaften, Funktionsweisen oder Prinzipien gemeint: *Aerodynamics were one of the top priorities in the design of the car.*

econo·mist /ɪˈkɒnəmɪst; *AmE* ɪˈkɑːn-/ *Nomen* Volkswirt(in), Wirtschaftswissenschaftler(in)

econo·mize (*BrE auch* **-ise**) /ɪˈkɒnəmaɪz; *AmE* ɪˈkɑːn-/ *Verb* **1** sparen ◊ **~ on sth** etw sparen, etw einsparen ◊ *economize on manpower* Arbeitskräfte einsparen

econ·omy /ɪˈkɒnəmi; *AmE* ɪˈkɑːn-/ *Nomen* (*Pl* **-ies**) **1** Wirtschaft ◊ *The economy is in recession.* Die Wirtschaft befindet sich in einer Rezession. ◊ *one of the fastest-growing economies* eins der Länder mit dem stärksten Wirtschaftswachstum **2** Sparsamkeit ◊ *The car is popular for its economy and safety.* Das Auto ist wegen seiner Sicherheit und Sparsamkeit beliebt. **3** Einsparung ◊ *It's a false economy to buy cheap carpet.* Einen billigen Teppich kaufen ist am falschen Ende sparen. **4** Spar- ◊ *economy fares* Spartarife ◊ *We're on an economy drive at home.* Wir sind zu Hause auf Sparkurs.

eco·sys·tem /ˈiːkəʊsɪstəm; *AmE* ˈiːkoʊ-/ *Nomen* Ökosystem

ec·stasy /ˈekstəsi/ *Nomen* (*Pl* **-ies**) **1** Ekstase **2** (*Abk* **E**) (*Droge*) Ecstasy [IDM] **go into 'ecstasies (over sth)** sich vor Begeisterung (für etw) überschlagen

ec·stat·ic /ɪkˈstætɪk/ *Adj* (*Adv* **ec·stat·ic·al·ly** /-kli/) begeistert ◊ *ecstatically happy* überglücklich

ecu·men·ic·al /ˌiːkjuːˈmenɪkl, ˌekjuː-/ *Adj* ökumenisch

ec·zema /ˈeksɪmə; *AmE* ɪgˈziːmə/ *Nomen* [U] (*Hautkrankheit*) Ekzem

ed. (*auch* **Ed.**) = EDITION, EDITOR

eddy /ˈedi/ *Nomen* (*Pl* **-ies**) (*Luft-, Staub-*) Wirbel; (*Wasser-*) Strudel

Eden /ˈiːdn/ (*auch the ˌGarden of ˈEden*) *Nomen* der Garten Eden

edge¹ /edʒ/ *Nomen* **1** Rand, Kante ◊ *a big house on/at the edge of town* ein großes Haus am Stadtrand ◊ *a table with a rounded edge* ein Tisch mit abgerundeten Kanten ◊ *at the water's edge* am Ufer **2** Schneide ◊ *Be careful – it has a sharp edge.* Vorsicht! Es hat eine scharfe Schneide. **3** [Sing] Vorteil, Vorsprung ◊ *The company needs to improve its competitive edge.* Die Firma muss ihre Wettbewerbsfähigkeit steigern. ◊ *They have the edge on/over us.* Sie sind uns gegenüber im Vorteil. ☛ *Siehe auch* LEADING-EDGE [IDM] **be on 'edge** gereizt sein **on the edge of your 'seat** gespannt ◊ *The film had the whole audience on the edge of their seats.* Der Film hielt das Publikum in Atem. **take the 'edge off sth** etw (ver)mindern ☛ *Siehe auch* TOOTH

edge² /edʒ/ *Verb* **1 ~ sth with sth** (*meist passiv*) etw mit etw (um)säumen ◊ *The handkerchief is edged with lace.* Das Taschentuch ist mit Spitze umsäumt. **2** (sich) schieben ◊ *The climber edged carefully along the narrow rock ledge.* Der Bergsteiger schob sich vorsichtig an dem schmalen Felsgrat

entlang. ◊ *I edged (my chair) towards the door.* Ich rückte meinen Stuhl langsam zur Tür. ◊ *Share prices edged up by 1.5% over the year.* Im Laufe des Jahres stiegen die Aktienpreise allmählich um 1,5%. [PHRV] **ˌedge sb/sth ˈout (of sth)** jdn/etw (aus etw) hinausmanövrieren

edge·ways /ˈedʒweɪz/ (*bes AmE* **edge·wise** /-waɪz/) *Adv* [IDM] ⇨ WORD¹

edging /ˈedʒɪŋ/ *Nomen* (*von einem Weg, Blumenbeet*) Einfassung; (*von Kleidung*) Besatz ◊ *green leaves with yellow edging* grüne Blätter mit gelbem Rand

edgy /ˈedʒi/ *Adj* (*Adv* **edgi·ly** /-ɪli/) (*umgs*) nervös, gereizt

ed·ible /ˈedəbl/ *Adj* essbar, genießbar

edict /ˈiːdɪkt/ *Nomen* (*gehoben*) Edikt, Erlass

edi·fice /ˈedɪfɪs/ *Nomen* (*gehoben*) **1** (*Gebäude*) Bauwerk **2** (*fig*) Gefüge

edi·fy·ing /ˈedɪfaɪɪŋ/ *Adj* erbaulich ◊ *The President's appearance on a talk show was not an edifying spectacle.* Der Auftritt des Präsidenten in einer Talkshow war wenig erbaulich.

edit /ˈedɪt/ *Verb* **1** redigieren, bearbeiten, herausgeben **2** (*Film etc.*) schneiden, cutten ◊ *Two scenes were shortened during editing.* Beim Schnitt wurden zwei Szenen gekürzt. **3** (*Zeitung, Zeitschrift*) herausgeben **4** (Comp) editieren [PHRV] **ˌedit sth ˈout (of sth)** (*bei Filmen*) etw (aus etw) herausschneiden; (*bei Texten*) etw (aus etw) streichen

edi·tion /ɪˈdɪʃn/ *Nomen* **1** Ausgabe ◊ *a paperback edition* eine Taschenbuchausgabe **2** (*Fernseh-, Radio-*) Sendung **3** (*Abk* **ed.**) Auflage

edi·tor /ˈedɪtə(r)/ *Nomen* **1** (*Zeitungs-*) Herausgeber(in) **2** Redakteur(in) **3** (*Verlags-*) Lektor(in); (*Film-*) Cutter(in) **4** (Comp) Editor

edi·tor·ial¹ /ˌedɪˈtɔːriəl/ *Adj* redaktionell ◊ *the magazine's editorial staff* die Redaktion der Zeitschrift

edi·tor·ial² /ˌedɪˈtɔːriəl/ *Nomen* **1** Leitartikel, Editorial **2** (*AmE*) (*Fernseh-, Radio-*) Kommentar

edu·cate /ˈedʒukeɪt/ *Verb* **1** (*oft passiv*) unterrichten ◊ *He was educated at Eton and Oxford.* Er ist in Eton zur Schule gegangen und hat in Oxford studiert. **2** erziehen, aufklären ◊ *educate children about the dangers of drugs* Kinder über die Gefahren von Drogen aufklären

edu·cated /ˈedʒukeɪtɪd/ *Adj* **1** (*auch* **-educated**) ausgebildet ◊ *a Princeton-educated lawyer* ein in Princeton ausgebildeter Rechtsanwalt ◊ *privately educated children* Kinder, die eine Privatschule besuchen **2** gebildet [IDM] **an ˌeducated ˈguess** eine begründete Vermutung

edu·ca·tion /ˌedʒuˈkeɪʃn/ *Nomen* **1** Bildung, Ausbildung ◊ *adult education* Erwachsenenbildung ◊ *with little formal education* mit geringer Schulbildung ◊ *children in secondary education* Schüler der Sekundarstufe ◊ *students in full-time education* Vollzeitstudenten ◊ *She had a university education.* Sie hat studiert. **2** [U/Sing] Erziehung ◊ *health education* Gesundheitserziehung ◊ *religious/physical education* Religions-/Sportunterricht **3** (*auch* **Education**) Bildungswesen ◊ *education cuts* Kündigungen im Bildungswesen **4 Education** Erziehungswissenschaften ◊ *a degree in primary education* das erste Staatsexamen für Grundschulpädagogik **5 an education** eine lehrreiche Erfahrung ◊ *The rock concert was quite an education for them!* Das Rockkonzert war eine ganz neue Erfahrung für sie!

edu·ca·tion·al /ˌedʒuˈkeɪʃənl/ *Adj* Lern- ◊ *children with special educational needs* Kinder mit Lernschwierigkeiten ◊ *educational games/toys* Lernspiele/Lernspielzeug ◊ *Watching television can be very educational.* Vom Fernsehen kann man viel lernen.

edu·ca·tion·al·ly /ˌedʒuˈkeɪʃənəli/ *Adv* pädagogisch ◊ *educationally valuable* pädagogisch wertvoll ◊ *Children from this area may be educationally disadvantaged.* Kinder aus dieser Gegend können in Bezug auf ihre Schulbildung benachteiligt sein.

eel /iːl/ *Nomen* Aal

eerie /ˈɪəri; *AmE* ˈɪri/ *Adj* (*Adv* **eer·ily** /-ɪli/) unheimlich

eff /ef/ *Verb* [IDM] **eff and 'blind** (*BrE, umgs*) fluchen; Kraftausdrücke gebrauchen ◊ **ˌeff ˈoff** (*BrE, vulg*) sich verpissen ☛ *Siehe auch* EFFING

ef·face /ɪˈfeɪs/ *Verb* auslöschen

ef·fect¹ /ɪˈfekt/ *Nomen* **1** Wirkung, Effekt, Folge ◊ *cause* *and effect* Ursache und Wirkung ◊ *the beneficial effects of exercise* die positiven Auswirkungen sportlicher Aktivitäten ◊ *She has suffered no ill effects.* Sie hat keinen Schaden genommen. ◊ *I tried to persuade him, but with little or no effect.* Ich habe versucht, ihn zu überreden, aber ohne großen Erfolg.

> ✎ WRITING TIP
> **Effects and consequences**
> - *The long-term effects of the decision are difficult to assess.* Die langfristigen Folgen der Entscheidung sind schwer zu beurteilen.
> - *The implications of this decision are far-reaching.* Diese Entscheidung ist von großer Tragweite.
> - *This decision will have consequences far beyond the present.* Die Folgen dieser Entscheidung reichen weit über die Gegenwart hinaus.
> - *The ramifications of the decision go further than the present.* Diese Entscheidung wird sich auch auf die Zukunft auswirken.

2 Eindruck, Effekt ◊ *He only behaves like that for effect.* Er will mit seinem Verhalten nur Eindruck schinden. **3** [Pl] (*gehoben*) persönliche Gegenstände IDM **bring/put sth into ef'fect** etw in Kraft setzen; etw umsetzen **come into ef'fect** in Kraft treten **in ef'fect 1** praktisch ◊ *His wife had, in effect, run the government for the past year.* Während des letzten Jahres hat praktisch seine Frau die Regierungsgeschäfte geführt. **2** in Kraft **take ef'fect 1** wirken ◊ *The aspirin soon took effect.* Das Aspirin wirkte schnell. **2** (*Gesetz etc.*) in Kraft treten ◊ *The new law takes effect from tomorrow.* Das neue Gesetz tritt morgen in Kraft. **to the ef'fect that ...** dass ... ◊ *He left a note to the effect that he would not be coming back.* Er hat eine Nachricht hinterlassen, dass er nicht zurückkommen würde. **to this/that ef'fect 1** sinngemäß ◊ *She told me to get out – or words to that effect.* Sie sagte sinngemäß, dass ich verschwinden solle. **2** entsprechend ◊ *She had given up her claim and signed a statement to this effect.* Sie hatte auf ihren Anspruch verzichtet und eine entsprechende Erklärung unterschrieben. **to good, great, dramatic, etc. ef'fect** wirkungsvoll **to no ef'fect** ohne Erfolg **with ef'fect from ...** (*gehoben*) mit Wirkung von ... **with immediate effect** (*gehoben*) mit sofortiger Wirkung

ef·fect² /ɪˈfekt/ *Verb* etw herbeiführen ◊ *effect a change* einen Wechsel herbeiführen ◊ *effect a cure* heilen

ef·fect·ive /ɪˈfektɪv/ *Adj* **1** wirksam, effektiv ◊ *drugs that are effective against cancer* Medikamente, die gegen Krebs wirken **2** effektvoll, wirkungsvoll ◊ *effective use of colour* eine effektvolle Farbgebung **3** *nur vor Nomen* tatsächlich ◊ *This meant the effective abandonment of the one-party state.* Dies bedeutete effektiv das Ende des bisherigen Einparteiensystems. **4** (*gehoben*) (*Gesetz*) in Kraft, gültig ◊ *The speed limit becomes effective from 1 June.* Die Geschwindigkeitsbegrenzung tritt am 1. Juni in Kraft.

ef·fect·ive·ly /ɪˈfektɪvli/ *Adv* **1** wirksam, effektiv, erfolgreich ◊ *The company must reduce costs to compete effectively.* Das Unternehmen muss die Kosten senken, um erfolgreich konkurrieren zu können. **2** tatsächlich, effektiv ◊ *He was very polite but effectively he was telling me that I had no chance.* Er war sehr höflich, aber effektiv hat er mir gesagt, dass ich keine Chancen habe.

ef·fect·ive·ness /ɪˈfektɪvnəs/ *Nomen* Effektivität, Wirksamkeit

ef·fec·tual /ɪˈfektʃuəl/ *Adj* (*gehoben*) (*Adv* **ef·fec·tual·ly**) wirksam, erfolgreich

ef·fem·in·ate /ɪˈfemɪnət/ *Adj* (*abwert*) weibisch; (*Züge*) weiblich

ef·fer·ves·cent /ˌefəˈvesnt/; *AmE* ˌefərˈv-/ *Adj* **1** (*Mensch*) lebhaft; (*Temperament, Freude etc.*) überschäumend **2** (*Flüssigkeit*) sprudelnd

ef·fete /ɪˈfiːt/ *Adj* (*abwert*) **1** kraftlos, schwächlich **2** verweichlicht

ef·fi·ca·cious /ˌefɪˈkeɪʃəs/ *Adj* (*gehoben*) wirksam

ef·fi·cacy /ˈefɪkəsi/ *Nomen* (*gehoben*) Wirksamkeit

ef·fi·ciency /ɪˈfɪʃnsi/ *Nomen* (*Pl* **efficiencies**) **1** (*von Menschen*) Tüchtigkeit; (*von Maschinen*) Leistungsfähigkeit; (*von Institutionen*) Effizienz ◊ *improved energy efficiency* effizientere Energienutzung ◊ *I was impressed by the efficiency with which she handled the crisis.* Es hat mich beeindruckt, mit welcher Souveränität sie die Krise bereinigt hat. **2** **efficiencies** [Pl] Rationalisierungsmaßnahmen

ef·fi·cient /ɪˈfɪʃnt/ *Adj* (*Adv* **ef·fi·cient·ly**) effizient; (*Personen*) tüchtig; (*Methoden*) rationell, wirksam ◊ *efficient heating equipment* effiziente Heizgeräte ◊ *an efficient secretary* eine tüchtige Sekretärin ◊ *efficient use of energy* rationeller Energieverbrauch ◊ *fuel-efficient cars* Autos mit geringem Treibstoffverbrauch ◊ *an efficiently organized event* eine gut organisierte Veranstaltung

ef·figy /ˈefɪdʒi/ *Nomen* (*Pl* **-ies**) Figur ◊ *The president was burnt in effigy.* Sie verbrannten eine Strohpuppe des Präsidenten.

eff·ing /ˈefɪŋ/ *Adj nur vor Nomen* (*BrE, vulg, Slang*) (verwendet, um das vulgäre Wort **fucking** zu vermeiden) Scheiß-

ef·flu·ent /ˈefluənt/ *Nomen* (*gehoben*) Abwasser

ef·fort /ˈefət; *AmE* ˈefərt/ *Nomen* **1** Anstrengung, Mühe ◊ *You should put more effort into your work.* Du solltest dich bei der Arbeit mehr anstrengen. ◊ *Getting up this morning was quite an effort.* Das Aufstehen fiel mir heute Morgen ziemlich schwer. **2** ~ (**to do sth**) Bemühungen (etw zu tun), Bestreben (etw zu tun) ◊ *make a special effort* sich ganz besonders bemühen ◊ *I didn't really feel like going out, but I am glad I made the effort.* Ich hatte eigentlich keine Lust auszugehen, aber ich bin froh, dass ich mir die Mühe gemacht habe. ◊ *The local clubs are making every effort to interest more young people.* Die Klubs am Ort geben sich große Mühe mehr Jugendliche anzulocken. ◊ *The company has laid off 150 workers in an effort to save money.* Das Unternehmen hat 150 Arbeiter entlassen im Bestreben Geld zu sparen. ◊ *With an effort of will he resisted the temptation.* Mit großer Willenskraft widerstand er der Versuchung. **3** (*meist nach einem Nomen*) Mission ◊ *the United Nations' peacekeeping effort* die Friedensmission der Vereinten Nationen ◊ *the Russian space effort* das russische Raumfahrtunternehmen **4** Leistung ◊ *This essay is a poor effort.* Dieser Aufsatz ist eine schwache Leistung.

ef·fort·less /ˈefətləs; *AmE* ˈefərt-/ *Adj* (*Adv* **ef·fort·less·ly**) mühelos ◊ *He made playing the guitar look effortless.* Bei ihm sah Gitarrespielen mühelos aus. ◊ *She dances with effortless grace.* Sie tanzt mit Anmut und Leichtigkeit.

ef·fu·sive /ɪˈfjuːsɪv/ *Adj* (*Adv* **ef·fu·sive·ly**) überschwänglich

EFL /ˌiː ef ˈel/ *Kurzform von* **English as a foreign language** Englisch als Fremdsprache

EFTA /ˈeftə/ *Kurzform von* **European Free Trade Association** EFTA

e.g. /ˌiː ˈdʒiː/ *Abk* (*Latein: exempli gratia*) z.B.

> Die Abkürzungen **e.g.** und **i.e.** werden hauptsächlich in der Schriftsprache verwendet. Im gesprochenen Englisch sagt man oft „for example" für **e.g.** und „that is" oder „that is to say" für **i.e.** ☞ *Hinweis bei* EXAMPLE.

egali·tar·ian /ɪˌgælɪˈteəriən/; *AmE* -ˈter-/ *Adj* egalitär

egg¹ /eg/ *Nomen* **1** Ei ◊ *fried eggs* Spiegeleier ◊ *Whisk the egg whites.* Das Eiweiß schlagen. **2** Eizelle ◊ *egg donors* Eizellenspenderinnen IDM **get, have, etc. ˈegg on/all over your face** blamiert dastehen **put all your eggs in/into one ˈbasket** alles auf eine Karte setzen ☞ *Siehe auch* CHICKEN¹, KILL¹, SURE² *und* TEACH

egg² /eg/ *Verb* PHRV **ˌegg sb ˈon (to do sth)** jdn anstacheln (etw zu tun)

ˈegg cup *Nomen* Eierbecher

egg·plant /ˈegplɑːnt/ *Nomen* (*bes AmE*) Aubergine

egg poacher ⇨ POACHER

egg·shell /ˈegʃel/ *Nomen* Eierschale

ˈegg timer *Nomen* Eieruhr

ego /ˈiːgəʊ, ˈegəʊ; *AmE* ˈiːgoʊ/ *Nomen* (*Pl* **-os**) **1** Selbstbewusstsein, Ego ◊ *It really boosted her ego.* Es hat ihr Selbstbewusstsein sehr gestärkt. ◊ *He's got a big ego.* Er hat ein starkes Selbstwertgefühl. **2** (PSYCH) Ich ☞ *Siehe auch* ALTER EGO

ego·cen·tric /ˌegəʊˈsentrɪk, ˌiːg-; *AmE* ˌiːgoʊ-/ *Adj* egozentrisch

ego·ism /ˈeɡəʊɪzəm, ˈiːɡ-; *AmE* -ɡoʊ-/ (*auch* **egot·ism**) /ˈeɡətɪzəm, ˈiːɡ-/ *Nomen* Egoismus, Selbstsucht

ego·ist /ˈeɡəʊɪst, ˈiːɡ-; *AmE* ˈiːɡoʊ-/ (*auch* **egot·ist**) /ˈeɡətɪst, ˈiːɡə-/ *Nomen* (*abwert*) Egoist(in)

ego·is·tic (*auch* **egot·is·tic·al**) /ˌeɡəʊˈɪstɪkl, ˌiːɡə-/ *Adj* (*Adv* **egot·is·tic·al·ly** /-kli/) egoistisch, selbstsüchtig

egre·gious /ɪˈɡriːdʒiəs/ *Adj* (*gehoben*) ungeheuer(lich)

eh /eɪ/ *Ausruf* (*BrE*, *umgs*) **1** (*wenn man etwas nicht richtig gehört hat*) hä? **2** (*Aufforderung zu Antwort oder Zustimmung*) he?, na? ◊ *So what do you think, eh?* Na, was meinst du? **3** (*um Überraschung auszudrücken*) ah! ◊ *Another new jacket, eh!* Ah — noch eine neue Jacke!

Eid (*auch* **Id**) /iːd/ *Nomen* (*muslimisches Fest*) Eid

ei·der·down /ˈaɪdədaʊn; *AmE* -dərd-/ *Nomen* (*BrE*) = Art Steppdecke, die ohne Bezug über Laken und Bettdecke gelegt wird

eight /eɪt/ *Zahl* acht ☛ *Beispiele bei* SECHS

eight·een /ˌeɪˈtiːn/ *Zahl* achtzehn ☛ *Beispiele bei* SECHS

eight·eenth /ˌeɪˈtiːnθ/ *Adj*, *Pron* achtzehnte(r,s) ☛ *Beispiele bei* SECHSTE(R,S)

eighth /eɪtθ/ **1** *Adj*, *Pron* achte(r,s) ☛ *Beispiele bei* SECHSTE(R,S) **2** *Nomen* Achtel ☛ *Siehe auch* S. 759

eighth note *Nomen* (*AmE*) Achtelnote

eight·ieth /ˈeɪtiəθ/ **1** *Adj*, *Pron* achtzigste(r,s) ☛ *Beispiele bei* SECHSTE(R,S) **2** *Nomen* Achtzigstel ☛ *Siehe auch* S. 759

eighty /ˈeɪti/ **1** *Zahl* achtzig ☛ *Beispiele bei* SECHZIG **2 the eighties** *Nomen* [Pl] ☛ *Beispiele bei* SIXTY

ei·stedd·fod /aɪˈsteðvɒd; *AmE* -vɑːd/ *Nomen* = jährlich in Wales stattfindender Sänger- und Dichterwettstreit

ei·ther[1] /ˈaɪðə(r), ˈiːðə(r)/ *Adj*, *Pron* **1** eine(r,s) von beiden ◊ *Keep either one of the photos — I don't mind which.* Behalt eins von den beiden Fotos — welches ist mir egal. ◊ *There's cake or ice cream — you can have either.* Es gibt Kuchen oder Eis. Du kannst auswählen. **2** (*mit Verb im Singular*) beide ◊ *You can park on either side of the street.* Man kann auf beiden Seiten der Straße parken. ◊ *You can ask either of them.* Du kannst jeden der beiden um Rat fragen. ◊ *at either end of the corridor* an beiden Enden des Gangs

ei·ther[2] /ˈaɪðə(r), ˈiːðə(r)/ *Adv* (*nach negativen Aussagen*) auch ◊ *I don't like the red shirt and I don't like the green one either.* Das rote Hemd gefällt mir nicht, und das grüne auch nicht. ◊ *Mary won't go and Peter won't (go) either.* Mary geht nicht, und Peter auch nicht. ◊ *I know a good Italian restaurant. It's not far from here, either.* Ich kenne ein gutes italienisches Restaurant. Es ist auch nicht weit von hier.

ei·ther[3] /ˈaɪðə(r), ˈiːðə(r)/ *Konj* **either ... or ...** entweder ... oder ... ◊ *She's either French or Spanish.* Sie ist entweder Französin oder Spanierin. ◊ *He either couldn't come or didn't want to.* Entweder konnte er nicht kommen, oder er wollte nicht.

ejacu·late /ɪˈdʒækjuleɪt/ *Verb* ejakulieren

ejacu·la·tion /ɪˌdʒækjuˈleɪʃn/ *Nomen* Ejakulation, Samenerguss

eject /ɪˈdʒekt/ *Verb* **1** ~ **sb/sth (from sth)** (*gehoben*) jdn/etw (aus etw) hinauswerfen ◊ *Police ejected a number of protesters from the hall.* Die Polizei warf mehrere Protestierende aus der Halle. **2** ~ **sth (from sth)** etw (aus etw) ausstoßen, etw (aus etw) auswerfen **3** den Schleudersitz betätigen

ejec·tion /ɪˈdʒekʃn/ *Nomen* **1** (*aus einem Lokal etc.*) Hinauswerfen **2** (*aus einem Gewehr, Vulkan*) Ausstoß

eke /iːk/ *Verb* PHR V **eke sth ˈout 1** etw strecken, sparsam mit etw umgehen ◊ *They had to eke out their supplies through the winter.* Sie mussten über den Winter sparsam mit den Vorräten umgehen. **2** ◊ *eke out a meagre existence* sich recht und schlecht durchschlagen ◊ *They were trying to eke out a meagre existence on the barren soil.* Sie versuchten dem unfruchtbaren Boden ihren Lebensunterhalt abzuringen.

EKG /ˌiːˈkeɪˈdʒiː/ *Abk* (*AmE*) EKG

elab·or·ate[1] /ɪˈlæbərət/ *Adj* (*Adv* **elab·or·ate·ly**) aufwändig, ausführlich ◊ *She had prepared a very elaborate meal.* Sie hatte ein sehr üppiges Mahl zubereitet. ◊ *an elaborate alarm system* ein ausgefeiltes Alarmsystem

elab·or·ate[2] /ɪˈlæbəreɪt/ *Verb* ins Detail gehen; ~ **on sth** etw näher ausführen

elab·or·ation /ɪˌlæbəˈreɪʃn/ *Nomen* Ausarbeitung, Ausführung ◊ *The importance of this needs no further elaboration.* Es muss nicht näher ausgeführt werden, wie wichtig das ist.

elapse /ɪˈlæps/ *Verb* (*Zeit*) vergehen

elas·tic[1] /ɪˈlæstɪk/ *Nomen* [U] Gummiband

elas·tic[2] /ɪˈlæstɪk/ *Adj* **1** Gummi- ◊ *an elastic band* ein Gummiband **2** elastisch, dehnbar ◊ *elastic rope* elastisches Seil ◊ *elastic tissue* dehnbares Gewebe

elas·ti·cated /ɪˈlæstɪkeɪtɪd/ *Adj* (*AmE* **elas·ti·cized** /ɪˈlæstɪsaɪzd/) elastisch ◊ *a skirt with an elasticated waist* ein Rock mit elastischem Bund

elas·ti·city /ˌiːlæˈstɪsəti, ˌelæ-, ˌiːlæ-/ *Nomen* Elastizität, Flexibilität

elated /iˈleɪtɪd/ *Adj* ~ (**at/by sth**) (über etw) hocherfreut

ela·tion /iˈleɪʃn/ *Nomen* Hochstimmung, freudige Erregung

elbow[1] /ˈelbəʊ; *AmE* -boʊ/ *Nomen* Ellbogen ◊ *He stood quietly at her elbow.* Er stand ruhig an ihrer Seite. IDM **give sb the ˈelbow** jdm den Laufpass geben ☛ *Siehe auch* KNOW[1] *und* POWER[1]

elbow[2] /ˈelbəʊ; *AmE* -boʊ/ *Verb* PHR V **elbow sb aˈside, etc.** jdn zur Seite etc. stoßen ◊ *He elbowed me out of the way.* Er stieß mich aus dem Weg. **ˌelbow your ˈway ˈin/ˈthrough** sich hinein-/durchdrängeln ◊ *He elbowed his way through (the crowd).* Er drängelte sich durch (die Menge).

ˈelbow grease *Nomen* (*umgs*) Muskelkraft

elder[1] /ˈeldə(r)/ *Adj* **1** nur vor Nomen ältere(r,s) ◊ *my elder brother* mein älterer Bruder ◊ *his elder sister* seine ältere Schwester ☛ *Hinweis bei* OLD *und* ÄLTER **2 the elder** der/die ältere ◊ *the elder of their two sons* der ältere von ihren beiden Söhnen **3 the elder** (*gehoben*) der/die Ältere ◊ *the elder Pliny/Pliny the elder* Plinius der Ältere ☛ *Hinweis bei* ÄLTER

elder[2] /ˈeldə(r)/ *Nomen* **1 my, etc. elder** [Sing] (*gehoben*) ◊ *He is her elder by several years.* Er ist um einige Jahre älter als sie. **2 elders** [Pl] ältere Generation ◊ *Children have no respect for their elders nowadays.* Heutzutage haben Kinder keinen Respekt vor den Erwachsenen. **3** (*einer Kirche*) Presbyter(in), Gemeindeälteste(r); (*eines Stammes etc.*) die Ältesten ◊ *the village elders* die Dorfältesten **4** (*Baum*) Holunder IDM **your ˌelders and ˈbetters** die ältere Generation

elder·berry /ˈeldəberi; *AmE* -dərb-/ *Nomen* (*Pl* **-ies**) Holunderbeere

elder·flower /ˈeldəflaʊə(r); *AmE* -dərf-/ *Nomen* Holunderblüte

eld·er·ly /ˈeldəli; *AmE* -ərli/ **1** *Adj* ältere(r,s) ◊ *elderly relatives* ältere Verwandte **2 the elderly** *Nomen* [Pl] ältere Menschen

eld·est /ˈeldɪst/ **1** *Adj* älteste(r,s) ◊ *my eldest son* mein ältester Sohn ☛ *Hinweis bei* OLD *und* ÄLTER **2 the eldest** *Nomen* der/die/das Älteste ☛ *Hinweis bei* ÄLTER

elect[1] /ɪˈlekt/ *Verb* **1** wählen; ~ **sb to sth** jdn in etw wählen; ~ **sb (to be) sth**; ~ **sb as sth** jdn zu etw wählen ◊ *She was elected to parliament last year.* Sie wurde letztes Jahr ins Parlament gewählt. ◊ *We elected James (to be) chairman.* Wir haben James zum Vorsitzenden gewählt. ◊ *He was elected as MP for Oxford East.* Er wurde zum Parlamentsabgeordneten für Oxford East gewählt. **2** (*gehoben*) ~ **to do sth** sich dafür entscheiden etw zu tun

elect[2] /ɪˈlekt/ *Adj* (*gehoben*) = Bezeichnung für eine Person, die bereits in ein Amt gewählt worden ist, es aber noch nicht angetreten hat ◊ *the president elect* der designierte Präsident

elec·tion /ɪˈlekʃn/ *Nomen* Wahl ◊ *presidential elections* Präsidentschaftswahlen ◊ *stand/run for election* bei einer Wahl kandidieren ◊ *his election as president* seine Wahl zum Präsidenten

elec·tion·eer·ing /ɪˌlekʃəˈnɪərɪŋ; *AmE* -ˈnɪr-/ *Nomen* [U] Wahlkampf, Wahlpropaganda

elect·ive[1] /ɪˈlektɪv/ *Adj* (*gehoben*) **1** gewählt ◊ *an elective assembly* eine gewählte Versammlung **2** (*Amt*) = durch Wahl zu besetzen **3** (*Operation*) nicht lebensnotwendig **4** wahlfrei, fakultativ ◊ *an elective course* ein Wahlkurs

elect·ive[2] /ɪˈlektɪv/ *Nomen* (*bes AmE*) Wahlfach

elect·or /ɪˈlektə(r)/ *Nomen* Wähler(in)

elect·or·al /ɪ'lektərəl/ *Adj nur vor Nomen* (*Adv* **elect·or·al·ly**) Wahl- ◊ *electoral reforms* Wahlrechtsreformen ◊ *the Electoral College* das Wahlmännergremium ◊ *an electorally successful campaign* eine erfolgreiche Wahlkampagne

e‚lectoral 'register *Nomen* (*auch* **e‚lectoral 'roll**) Wählerverzeichnis, Wählerliste

elect·or·ate /ɪ'lektərət/ *Nomen* **1** Wähler, Wählerschaft ☞ G 1.3b **2** (*AusE, NeusE*) Wahlkreis

elec·tric /ɪ'lektrɪk/ *Adj* **1** elektrisch, Elektro- ◊ *an electric blanket* eine Heizdecke **2** (*fig*) spannungsgeladen

elec·tric·al /ɪ'lektrɪkl/ *Adj* (*Adv* **elec·tric·al·ly** /-kli/) elektrisch ◊ *electrical equipment/appliances* Elektrogeräte ◊ *electrically operated windows* elektrische Fensterheber ☞ *Hinweis bei* ELEKTRISCH

e‚lectrical engi'neer *Nomen* Elektrotechniker(in), Elektroingenieur(in)

e‚lectrical engi'neering *Nomen* Elektrotechnik

e‚lectrical 'storm *Nomen* Gewitter

the e‚lectric 'chair (*umgs* (**the**) **chair**) *Nomen* der elektrische Stuhl

elec·tri·cian /ɪˌlek'trɪʃn/ *Nomen* Elektriker(in)

elec·tri·city /ɪˌlek'trɪsəti/ *Nomen* Strom, Elektrizität

elec·trics /ɪ'lektrɪks/ *Nomen* [Pl] (*BrE, umgs*) Elektrik ◊ *There's a problem with the electrics.* Die Elektrik funktioniert nicht.

e‚lectric 'shock (*auch* **shock**) *Nomen* (elektrischer) Schlag

e‚lectric 'storm *Nomen* (*BrE*) Gewitter

elec·tri·fi·ca·tion /ɪˌlektrɪfɪ'keɪʃn/ *Nomen* Elektrifizierung

elec·trify /ɪ'lektrɪfaɪ/ *Verb* **1** (*meist passiv*) unter Strom setzen ◊ *an electrified fence* ein elektrischer Zaun **2** (*meist passiv*) elektrifizieren **3** elektrisieren ◊ *Her speech electrified the audience.* Ihre Rede elektrisierte die Zuhörer.

elec·tri·fy·ing /ɪ'lektrɪfaɪɪŋ/ *Adj* elektrisierend

elec·tro·car·dio·gram /ɪˌlektrəʊ'kɑːdiəʊɡræm/; *AmE* ɪˌlektroʊ'kɑːrdioʊ-/ *Nomen* = ECG

elec·tro·cute /ɪ'lektrəkjuːt/ *Verb* durch Stromschlag töten/verletzen; (*als Strafe*) auf dem elektrischen Stuhl hinrichten ◊ *He electrocuted himself trying to change a light bulb.* Er bekam einen Schlag, als er versuchte, eine Glühbirne auszuwechseln.

elec·tro·cu·tion /ɪˌlektrə'kjuːʃn/ *Nomen* Tod durch Stromschlag; (*Strafe*) Hinrichtung auf dem elektrischen Stuhl

elec·trode /ɪ'lektrəʊd; *AmE* -troʊd/ *Nomen* Elektrode

elec·troly·sis /ɪˌlek'trɒləsɪs/ *Nomen* Elektrolyse

elec·tro·mag·net·ic /ɪˌlektrəʊmæɡ'netɪk; *AmE* -troʊ-/ *Adj* elektromagnetisch

elec·tron /ɪ'lektrɒn; *AmE* -trɑːn/ *Nomen* Elektron

elec·tron·ic /ɪˌlek'trɒnɪk; *AmE* -'trɑːnɪk/ *Adj* (*Adv* **elec·tron·ic·al·ly** /-kli/) elektronisch ◊ *The dictionary is available in electronic form.* Das Wörterbuch ist elektronisch erhältlich. ◊ *an electronic engineer* ein(e) Elektroniker(in) ◊ *electronic tagging* elektronische Fesseln

‚**electronic 'mail** *Nomen* = EMAIL¹

elec·tron·ics /ɪˌlek'trɒnɪks; *AmE* -'trɑːn-/ *Nomen* [U/Pl] Elektronik

ele·gance /'elɪɡəns/ *Nomen* Eleganz

ele·gant /'elɪɡənt/ *Adj* (*Adv* **ele·gant·ly**) elegant

elegy /'elədʒi/ *Nomen* (*Pl* **-ies**) Elegie, Klagelied

elem·ent /'elɪmənt/ *Nomen* **1** Element **2** Spur ◊ *an element of nostalgia* eine Spur Nostalgie ◊ *There's an element of truth in his story.* In seiner Geschichte ist ein Körnchen Wahrheit. **3** *elements* [Pl] Grundbegriffe **4** Heizelement ▣ **in your 'element** in seinem Element **be out of your 'element** sich fehl am Platz fühlen

elem·en·tal /ˌelɪ'mentl/ *Adj* (*gehoben*) elementar

elem·en·tary /ˌelɪ'mentri/ *Adj* Grund-, elementar ◊ *an elementary English course* ein Grundkurs in Englisch ◊ *a book for elementary students* ein Buch für Anfänger ◊ *an elementary mistake* ein grober Fehler

‚**elementary 'school** *Nomen* (*AmE*) Grundschule

ele·phant /'elɪfənt/ *Nomen* Elefant

ele·phant·ine /ˌelɪ'fæntaɪn; *AmE* -tiːn/ *Adj* (*oft abwertend oder hum*) massig, schwerfällig

ele·vate /'elɪveɪt/ *Verb* (*gehoben*) erheben

ele·vated /'elɪveɪtɪd/ *Adj* **1** gehoben, erhaben ◊ *elevated language* gehobene Sprache ◊ *elevated sentiments* erhabene Gefühle **2** erhöht ◊ *The house is in an elevated position.* Das Haus liegt etwas erhöht. ◊ *an elevated railway* eine Hochbahn

ele·va·tion /ˌelɪ'veɪʃn/ *Nomen* **1** (*gehoben*) Berufung, Erhebung **2** [meist Sing] Höhe ◊ *at an elevation of 2 000 m* in einer Höhe von 2000 m **3** (*gehoben*) Erhebung, Anhöhe **4** (ARCHIT) Front; (*Zeichnung*) Aufriss

ele·va·tor /'elɪveɪtə(r)/ *Nomen* **1** (*AmE*) Aufzug, Fahrstuhl **2** Getreidesilo

eleven /ɪ'levn/ **1** *Zahl* elf ☞ *Beispiele bei* SECHS **2** *Nomen* (*beim Fußball, Hockey, Kricket*) Mannschaft, Elf

e‚leven-'plus (*meist the eleven-plus*) *Nomen* [Sing] = Prüfung, die früher vor allen Kindern im Alter von elf Jahren abgelegt wurde, um zu entscheiden, auf welchen Schultyp sie gehen sollten. In manchen Bezirken gibt es diese Prüfung heute noch. ☞ *Hinweis bei* SECONDARY EDUCATION

elev·enses /ɪ'levnzɪz/ *Nomen* [U] (*BrE, umgs, veraltet*) = Kaffeepause, zweites Frühstück

elev·enth /ɪ'levnθ/ **1** *Adj, Pron* elfte(r,s) ☞ *Beispiele bei* SECHSTE(R,S) **2** *Nomen* Elftel ☞ *Siehe auch* S. 759 ▣ **at the e‚leventh 'hour** in letzter Minute

elf /elf/ *Nomen* (*Pl* **elves** /elvz/) (*gutartig*) Elf(e); (*bösartig*) Kobold

elicit /ɪ'lɪsɪt/ *Verb* (*gehoben*) herausbringen ◊ *elicit a reply from sb* jdm eine Antwort entlocken

elide /ɪ'laɪd/ *Verb* (LING) auslassen, elidieren ◊ *The 't' in 'often' may be elided.* Das „t" in „often" bleibt oft stumm.

eli·gi·bil·ity /ˌelɪdʒə'bɪləti/ *Nomen* **1** Berechtigung, Anspruch **2** Eignung, Befähigung

eli·gible /'elɪdʒəbl/ *Adj* **1** ~ (**to do sth**) berechtigt (etw zu tun); ~ (**for sth**) (zu etw) berechtigt ◊ *eligible to vote* wahlberechtigt ◊ *be eligible for housing benefit* Anspruch auf Wohngeld haben **2** geeignet ◊ *There were six eligible candidates for the job.* Sechs Bewerberinnen kamen für die Stelle infrage. **3** ◊ *an eligible bachelor* ein begehrter Junggeselle

elim·in·ate /ɪ'lɪmɪneɪt/ *Verb* **1** beseitigen; ~ **sb/sth** (**from sth**) jdn/etw (von etw) ausschließen ◊ *eliminate mistakes from your writing* Fehler im Geschriebenen beseitigen ◊ *The police have eliminated two suspects from their enquiry.* Die Polizei hat zwei Verdächtige von ihren Untersuchungen ausgeschlossen. ◊ *eliminate drug trafficking* den Drogenhandel unterbinden ◊ *eliminate the need for sth* etw überflüssig machen **2** (*umgs, verhüll*) (*töten*) eliminieren, beseitigen **3** ~ **sb** (**from sth**) (*meist passiv*) (*bei Wettbewerben*) jdn (bei etw) ausschalten ◊ *He was eliminated in the first round.* Er schied in der ersten Runde aus.

elim·in·ation /ɪˌlɪmɪ'neɪʃn/ *Nomen* (*beim Sport*) Ausschaltung; (*von Krankheit*) Ausrottung ◊ *by a process of elimination* durch negative Auslese ◊ *the elimination of toxins from the body* das Ausscheiden von Giftstoffen aus dem Körper

eli·sion /ɪ'lɪʒn/ *Nomen* (LING) Auslassung, Elision ◊ *the elision of the 't' in 'next week'* die Auslassung des „t" in „next week"

elite (*auch* **élite**) /eɪ'liːt, ɪ'liːt/ **1** *Nomen* Elite ☞ G 1.3b **2** *Adj* Elite-

elit·ism (*auch* **élitism**) /eɪ'liːtɪzəm, ɪ-/ *Nomen* **1** elitäres System **2** Elitedenken

elit·ist /eɪ'liːtɪst, ɪ'liːt-/ *Adj* elitär

elixir /ɪ'lɪksɪə(r), -sə(r)/ *Nomen* Elixier, Heilmittel

Eliza·bethan /ɪˌlɪzə'biːθən/ *Adj* = aus dem Zeitalter der Königin Elisabeth (1558-1603) ◊ *Elizabethan drama* elisabethanisches Drama

elk /elk/ *Nomen* (*Pl* **elk** *oder* **elks**) **1** (*BrE*) Elch **2** (*AmE*) Wapiti ☞ G 1.2

el·lipse /ɪ'lɪps/ *Nomen* Ellipse

el·lip·sis /ɪ'lɪpsɪs/ *Nomen* (*Pl* **el·lip·ses** /-siːz/) **1** Auslassung, Ellipse **2** Auslassungspunkte

el·lip·tic /ɪ'lɪptɪk/ (*auch* **el·lip·tic·al** /ɪ'lɪptɪkl/) *Adj* elliptisch

elm /elm/ *Nomen* **1** (*auch* ‚**elm 'tree**) Ulme **2** Ulmenholz

elo·cu·tion /ˌelə'kjuːʃn/ *Nomen* [U] Sprechkunst ◊ *elocution lessons* Sprecherziehung

elong·ated /'iːlɒŋɡeɪtɪd; *AmE* ɪ'lɔːŋ-/ *Adj* länglich

elope /ɪˈləʊp; *AmE* ɪˈloʊp/ *Verb* ~ **(with sb)** (mit jdm) durchbrennen um zu heiraten

elo·quence /ˈeləkwəns/ *Nomen* Redegewandtheit, Eloquenz ◇ *the eloquence of his smile* sein vielsagendes Lächeln

elo·quent /ˈeləkwənt/ *Adj* (*Adv* **elo·quent·ly**) **1** (*Rede, Redner*) eloquent, gewandt **2** (*Blick etc.*) beredt, ausdrucksvoll

else /els/ *Adv* **1** (*zusätzlich*) sonst (noch) ◇ *Have you got anything else to do?* Hast du sonst noch etwas zu tun? ◇ *You can't buy them anywhere else.* Die kann man sonst nirgendwo kaufen. ◇ *Would you like anything else?* Möchten Sie sonst noch etwas? ◇ *Nothing else, thank you.* Das ist alles, danke. **2** (*unterschiedlich*) andere(r,s) ◇ *Ask somebody else to help you.* Bitten Sie jemanden anders, Ihnen zu helfen. ◇ *That must be somebody else's coat.* Der Mantel muss jemand anderem gehören. ◇ *everybody else* alle anderen **IDM or else** sonst; oder (aber) ◇ *Run, or else you'll be late.* Lauf, sonst kommst du zu spät. ◇ *Give me the money or else!* Her mit dem Geld, sonst passiert was!

else·where /ˌelsˈweə(r); *AmE* -ˈwer/ *Adv* (*gehoben*) anderswo ◇ *We had to go elsewhere.* Wir mussten woanders hingehen. ◇ *Elsewhere, the weather has been sunny.* Das Wetter war sonst überall sonnig.

ELT /ˌiː el ˈtiː/ (*BrE*) *Kurzform von* **English Language Teaching** (*Fachgebiet*) Englisch als Fremdsprache

elu·ci·date /iˈluːsɪdeɪt/ *Verb* (*gehoben*) erläutern ◇ *I will try to elucidate what the problems are.* Lassen Sie mich erläutern, wo die Schwierigkeiten liegen.

elude /iˈluːd/ *Verb* (*gehoben*) ~ **sb 1** jdm entkommen ◇ *They managed to elude the police for a week.* Es gelang ihnen, sich der Festnahme eine Woche lang zu entziehen. **2** ◇ *Success eluded them.* Der Erfolg blieb ihnen versagt.

elu·sive /iˈluːsɪv/ *Adj* schwer zu fassen; (*Begriff*) schwer definierbar ◇ *She's very elusive.* Sie ist sehr schwer zu erreichen.

elves *Form von* ELF

'em /əm/ (*umgs*) = THEM

ema·ci·ated /ɪˈmeɪsieɪtɪd/ *Adj* ausgemergelt

email[1] (*auch* **e-mail**) /ˈiːmeɪl/ (*gehoben* ˌelectronic ˈmail) *Nomen* E-Mail

Zur Aussprache von E-Mail-Adressen: *johnson@oup.co.uk* „johnson at oup dot co dot uk" /kəʊ dɒt juː keɪ/.

email[2] (*auch* **e-mail**) /ˈiːmeɪl/ *Verb* (e)mailen ◇ *I emailed him yesterday.* Ich habe ihm gestern gemailt. ◇ *Please email the results to me.* Bitte emailen Sie mir die Ergebnisse.

em·an·ate /ˈeməneɪt/ *Verb* ausstrahlen **PHR V** ˈemanate **from sth** von etw ausgehen ◇ *Loud music emanated from the building.* Laute Musik drang aus dem Gebäude.

eman·ci·pate /ɪˈmænsɪpeɪt/ *Verb* (*meist passiv*) befreien ◇ *Slaves were emancipated in the US in 1863.* In den USA wurden die Sklaven 1863 befreit.

eman·ci·pated /ɪˈmænsɪpeɪtɪd/ *Adj* emanzipiert ◇ *an emancipated woman* eine emanzipierte Frau ◇ *fully emancipated* vollkommen gleichberechtigt

eman·ci·pa·tion /ɪˌmænsɪˈpeɪʃn/ *Nomen* Emanzipation; (*der Sklaven*) Befreiung

emas·cu·late /ɪˈmæskjuleɪt/ *Verb* (*meist passiv*) entkräften

emas·cu·la·tion /ɪˌmæskjuˈleɪʃn/ *Nomen* **1** Schwächung **2** Kastration

em·balm /ɪmˈbɑːm/ *Verb* einbalsamieren

em·bank·ment /ɪmˈbæŋkmənt/ *Nomen* (*Straßen-, Bahn-, Fluss-*) Damm

em·bargo /ɪmˈbɑːɡəʊ; *AmE* ɪmˈbɑːrɡoʊ/ *Nomen* (*Pl* **-oes**) Embargo ◇ *impose/enforce/lift an embargo* ein Embargo verhängen/durchsetzen/aufheben ◇ *a trade embargo against/on certain countries* ein Handelsembargo gegen bestimmte Länder

em·bark /ɪmˈbɑːk; *AmE* ɪmˈbɑːrk/ *Verb* **1** an Bord gehen; ~ **for** ... sich nach ... einschiffen **2** einschiffen **PHR V** emˈbark on/upon sth etw beginnen ◇ *embark on a long journey* sich auf eine lange Reise machen

em·bark·ation /ˌembɑːˈkeɪʃn/ *Nomen* (*offiz*) Einschiffung

em·bar·rass /ɪmˈbærəs/ *Verb* ~ **sb 1** jdm peinlich sein, jdn in Verlegenheit bringen ◇ *It embarrassed her to have to ask for money.* Es war ihr unangenehm, um Geld bitten zu müssen. **2** jdn bloßstellen

em·bar·rassed /ɪmˈbærəst/ *Adj* **1** verlegen; **be** ~ **(to do sth)** sich genieren (etw zu tun) ◇ *Ralph felt slightly embarrassed at being the centre of attention.* Ralph war es etwas peinlich, im Mittelpunkt des Interesses zu stehen. ◇ *I've never felt so embarrassed!* Ich habe mich noch nie so geschämt! **2 financially embarrassed** (*gehoben*) in finanziellen Schwierigkeiten

em·bar·rass·ing /ɪmˈbærəsɪŋ/ *Adj* (*Adv* **em·bar·rass·ing·ly**) peinlich ◇ *an embarrassing mistake* ein peinlicher Fehler ◇ *The play was embarrassingly bad.* Das Stück war so schlecht, dass es geradezu peinlich war.

em·bar·rass·ment /ɪmˈbærəsmənt/ *Nomen* **1** [U] Verlegenheit ◇ *much to the embarrassment of ministers* zur großen Verlegenheit der Minister ◇ *I nearly died of embarrassment.* Ich wäre am liebsten in der Erde versunken. **2** Ärgernis, Peinlichkeit ◇ *He has become an embarrassment to the government.* Mittlerweile schämt sich die Regierung für ihre Verbindung mit ihm. ◇ *Her resignation is a severe embarrassment to the party.* Ihr Rücktritt ist für die Partei im höchsten Grad peinlich.

em·bassy /ˈembəsi/ *Nomen* (*Pl* **-ies**) Botschaft

em·bat·tled /ɪmˈbætld/ *Adj* **1** bedrängt ◇ *the embattled party leader* der von Problemen bedrängte Parteichef **2** umkämpft

embed (*auch* **imbed**) /ɪmˈbed/ *Verb* (**-dd-**) (*oft passiv*) **1** ◇ *The bullet embedded itself in the wall.* Das Geschoss bohrte sich in die Wand. ◇ *the splinters that were embedded in his leg* die Splitter, die sich in sein Bein gebohrt hatten ◇ (*fig*) *These prejudices are deeply embedded in society.* Diese Vorurteile sind tief in der Gesellschaft verwurzelt. **2** (COMP) einbetten ◇ *embedded systems* eingebettete Systeme

em·bel·lish /ɪmˈbelɪʃ/ *Verb* (*gehoben*) **1** verzieren **2** (*Geschichte etc.*) ausschmücken

em·bel·lish·ment /ɪmˈbelɪʃmənt/ *Nomen* Ausschmückung, Beschönigung

ember /ˈembə(r)/ *Nomen* [meist Pl] Glut

em·bez·zle /ɪmˈbezl/ *Verb* veruntreuen, unterschlagen

em·bezzle·ment /ɪmˈbezlmənt/ *Nomen* Veruntreuung, Unterschlagung

em·bit·tered /ɪmˈbɪtəd/ *Adj* verbittert

em·bla·zon /ɪmˈbleɪzn/ *Verb* (*meist passiv*) ~ **A with B** A mit B bedrucken; ~ **B on, across, etc. A** B auf A aufdrucken

em·blem /ˈembləm/ *Nomen* ~ **(of sth) 1** Wappen; (*eines Landes*) Hoheitszeichen **2** Symbol, Emblem ◇ *an emblem of peace* ein Friedenssymbol

em·blem·at·ic /ˌembləˈmætɪk/ *Adj* (*gehoben*) ~ **(of sth)** symbolisch (für etw), bezeichnend (für etw)

em·bodi·ment /ɪmˈbɒdimənt; *AmE* -ˈbɑː-/ *Nomen* (*gehoben*) **an/the** ~ **of sth** die Verkörperung einer Sache, der Inbegriff einer Sache

em·body /ɪmˈbɒdi; *AmE* ɪmˈbɑːdi/ *Verb* (**-bodies, -bodying, -bodied, -bodied**) **1** verkörpern, darstellen ◇ *a politician who embodies the hopes of black youth* ein Politiker, der die Hoffnungen der jungen Schwarzen darstellt **2** (*meist passiv*) enthalten ◇ *be embodied in sth* in etw enthalten sein

em·bossed /ɪmˈbɒst; *AmE* ɪmˈbɔːst/ *Adj* geprägt ◇ *embossed stationery* geprägtes Briefpapier

em·brace[1] /ɪmˈbreɪs/ *Verb* (*gehoben*) **1** ~ **(each other)** sich umarmen; ~ **sb** jdn umarmen **2** annehmen ◇ *embrace Islam* zum Islam übertreten **3** umfassen

em·brace[2] /ɪmˈbreɪs/ *Nomen* **1** Umarmung ◇ *He held her in a close embrace.* Er hielt sie fest umschlungen. **2** (*gehoben*) Annahme ◇ *the eager embrace of conservative doctrines* die bereitwillige Annahme konservativer Ideologien

em·broi·der /ɪmˈbrɔɪdə(r)/ *Verb* **1** ~ **A (on B)** A (auf B) sticken; ~ **B (with A)** B (mit A) besticken **2** (*gehoben*) (*fig*) ausschmücken

em·broi·dery /ɪmˈbrɔɪdəri/ *Nomen* **1** Stickerei **2** (*Hobby*) Sticken

em·broil /ɪmˈbrɔɪl/ *Verb* (*gehoben*) **become embroiled (in sth)** in etw verwickelt werden; ~ **yourself in sth** sich in etw verwickeln

em·bryo /'embriəʊ; *AmE* -brioʊ/ *Nomen* (*Pl* **-os**) Embryo [IDM] **in embryo** im Ansatz

em·bry·on·ic /ˌembri'ɒnɪk; *AmE* -'ɑːnɪk/ *Adj* **1** (*gehoben*) unentwickelt, unausgereift ◊ *The plan is still in embryonic form.* Der Plan ist noch im Entstehen. **2** (BIOL) Embryonal- ◊ *embryonic cells* Embryonalzellen

em·er·ald /'emərəld/ **1** *Nomen* Smaragd **2** *Nomen* Smaragdgrün **3** *Adj* smaragdgrün

emerge /i'mɜːdʒ; *AmE* i'mɜːrdʒ/ *Verb* **1** ~ (**from sth**) (aus etw) hervortreten, (aus etw) herauskommen ◊ *We emerged into bright sunlight.* Wir traten ins helle Sonnenlicht. **2** sich herausstellen ◊ *No new evidence emerged during the investigation.* Bei der Untersuchung kam kein neues Beweismaterial zutage. **3** ~ (**as sth**) (als etw) hervorgehen ◊ *Opposition groups began to emerge.* Oppositionsgruppen begannen sich herauszubilden. ◊ *emerging markets* aufstrebende Märkte **4** ~ (**from sth**) (aus etw) hervorgehen

emer·gence /i'mɜːdʒəns; *AmE* i'mɜːrdʒ-/ *Nomen* Hervortreten, Auftauchen

emer·gency /i'mɜːdʒənsi; *AmE* i'mɜːrdʒ-/ *Nomen* Notfall, Not- ◊ *emergency exit* Notausgang ◊ *The government has been granted emergency powers.* Der Regierung sind Notstandsvollmachten erteilt worden. ◊ *a state of emergency* ein Ausnahmezustand

e'mergency brake *Nomen* (*AmE*) **1** (*beim Auto*) Handbremse **2** (*beim Zug*) Notbremse

e'mergency room (*Abk* **ER**) *Nomen* (*AmE*) Notaufnahme

e'mergency service *Nomen* (*BrE*) Rettungsdienst

'emery board *Nomen* Papiernagelfeile

emi·grant /'emɪɡrənt/ *Nomen* Auswanderer, Auswanderin, Emigrant(in)

emi·grate /'emɪɡreɪt/ *Verb* auswandern, emigrieren

emi·gra·tion /ˌemɪ'ɡreɪʃn/ *Nomen* Auswanderung, Emigration

émi·gré (*auch* **emigre**) /'emɪɡreɪ; *AmE* ˌemɪ'ɡreɪ/ *Nomen* Emigrant(in)

emi·nence /'emɪnəns/ *Nomen* (*gehoben*) **1** hohes Ansehen **2** **His/Your Eminence** Seine/Eure Eminenz

emi·nent /'emɪnənt/ *Adj* **1** hoch angesehen **2** (*gehoben*) (*Adv* **emi·nent·ly**) ausgesprochen ◊ *a man of eminent good sense* ein ausgesprochen vernünftiger Mensch ◊ *eminently suitable* vorzüglich geeignet

emir /e'mɪə(r), 'emɪə(r); *AmE* e'mɪr, eɪ'mɪr/ *Nomen* Emir

emir·ate /'emɪərət, 'emɪrət; *AmE* 'emərət/ *Nomen* Emirat

emis·sary /'emɪsəri; *AmE* -seri/ *Nomen* (*Pl* **-ies**) (*gehoben*) Abgesandte(r)

emis·sion /i'mɪʃn/ *Nomen* **1** [U] (*gehoben*) (*von Licht*) Aussenden; (*von Energie, Stoffen*) Freisetzen **2** Emissionen

emit /i'mɪt/ *Verb* (**-tt-**) (*gehoben*) **1** (*Rauch*) ausstoßen; (*Wärme*) abgeben; (*Licht, Strahlen*) aussenden; (*Gas, Schadstoffe*) freisetzen ◊ *The box emitted a faint clicking sound.* Ein leises Klicken kam aus der Schachtel. ◊ *Sulphur gases were emitted by the volcano.* Der Vulkan stieß Schwefelgase aus. **2** (*Schrei*) ausstoßen ◊ *emit a sigh* seufzen

emoti·con /i'mɒtɪkɒn; *AmE* ə'moʊdəkɑn/ *Nomen* (COMP) Emoticon, Smiley

emo·tion /ɪ'məʊʃn; *AmE* ɪ'moʊʃn/ *Nomen* Gefühl, Emotion ◊ *Emotions were running high.* Die Emotionen schlugen hoch. ◊ *She showed no emotion.* Sie zeigte keine Gefühlsregung.

emo·tion·al /ɪ'məʊʃənl; *AmE* ɪ'moʊ-/ *Adj* (*Adv* **emo·tion·al·ly** /-ʃənəli/) **1** emotional, Gefühls- ◊ *an emotional outburst* ein Gefühlsausbruch **2** seelisch ◊ *emotionally disturbed* seelisch gestört **3** emotionsgeladen, gefühlsbetont **4** (*oft umstritten*) rührselig

emo·tive /i'məʊtɪv; *AmE* i'moʊ-/ *Adj* Emotionen hervorrufend, Reiz- ◊ *an emotive issue* ein Reizthema ☛ **Emotive** wird manchmal anstelle von **emotional** verwendet.

em·pa·thize (*BrE auch* **-ise**) /'empəθaɪz/ *Verb* mitfühlen; ~ **with sb/sth** sich in jdn/etw hineinversetzen

em·pathy /'empəθi/ *Nomen* ~ (**with/for sb**) Mitgefühl (mit jdm); ~ (**with/for sb/sth**) Einfühlungsvermögen (in jdn/etw)

em·peror /'empərə(r)/ *Nomen* Kaiser

em·pha·sis /'emfəsɪs/ *Nomen* (*Pl* **em·phases** /-siːz/) **1** Betonung ◊ *give special emphasis to a word* ein Wort besonders betonen **2** Gewicht ◊ *Some schools put/lay/place great emphasis on languages.* Manche Schulen legen großes Gewicht auf Fremdsprachen. ◊ *The emphasis is on fun.* Das Schwergewicht liegt auf dem Vergnügen.

em·pha·size (*BrE auch* **-ise**) /'emfəsaɪz/ *Verb* betonen ◊ *He emphasized the importance of accuracy.* Er betonte, wie wichtig Genauigkeit sei.

> ✎ **WRITING TIP**
> **Saying that something is important**
> • *It should be emphasized/stressed that this is purely a personal opinion.* Es muss betont werden, dass es sich hier lediglich um eine persönliche Meinung handelt.
> • *The accident served to underline the need for new safety procedures.* Der Unfall zeigte deutlich, wie nötig neue Sicherheitsmaßnahmen sind.
> • *I cannot stress enough how important this is.* Ich kann nicht genug betonen, wie wichtig dies ist.

em·phat·ic /ɪm'fætɪk/ *Adj* (*Adv* **em·phat·ic·al·ly** /-kli/) **1** entschieden, energisch, nachdrücklich ◊ *an emphatic denial* eine energisches Leugnen ◊ *She was emphatic about the importance of discipline.* Sie betonte, wie wichtig Disziplin sei. ◊ *He emphatically opposed the idea.* Er war entschieden gegen die Idee. **2** klar, deutlich ◊ *an emphatic victory* ein deutlicher Sieg

em·pire /'empaɪə(r)/ *Nomen* **1** Reich **2** (*Handels-*) Imperium

em·pir·ic·al /ɪm'pɪrɪkl/ *Adj* (*Adv* **em·pir·ic·al·ly** /-kli/) empirisch

em·ploy /ɪm'plɔɪ/ *Verb* **1** ~ **sb** (**as sth**) jdn (als etw) beschäftigen **2** einstellen ◊ *We will need to employ more staff.* Wir werden mehr Personal einstellen müssen. **3** (*gehoben*) einsetzen, anwenden ◊ *the methods employed by researchers* die von Forschern angewandten Methoden

em·ploy·able /ɪm'plɔɪəbl/ *Adj* ◊ *training schemes that aim to make young people more employable* Ausbildungsprogramme mit dem Ziel, junge Leute für den Arbeitsmarkt attraktiver zu machen

em·ploy·ee /ɪm'plɔɪiː/ *Nomen* Arbeitnehmer(in) ◊ *The firm has over 500 employees.* Die Firma hat über 500 Beschäftigte.

em·ploy·er /ɪm'plɔɪə(r)/ *Nomen* Arbeitgeber(in)

em·ploy·ment /ɪm'plɔɪmənt/ *Nomen* **1** (*gehoben*) Anstellung, Arbeit ◊ *He is in regular employment.* Er hat eine feste Anstellung. ◊ *seek employment* eine Anstellung suchen **2** Einstellung ◊ *the employment of 60 new workers* die Einstellung von 60 zusätzlichen Arbeitern **3** (*gehoben*) Anwendung ◊ *He recommended the employment of a new strategy.* Er empfahl den Einsatz einer neuen Taktik.

em·power /ɪm'paʊə(r)/ *Verb* ~ **sb** (**to do sth**) (*gehoben*) **1** jdn ermächtigen (etw zu tun) ◊ *The act empowers the police to stop motorists at any time.* Das Gesetz gibt der Polizei das Recht, Autofahrer jederzeit anzuhalten. **2** jdm die Macht geben (etw zu tun) ◊ *The aim is to empower young people to control their own lives.* Das Ziel ist, junge Leute in die Lage zu versetzen, ihr Leben selbst zu gestalten. ◊ *She experienced the process as having empowered her as a woman.* Sie fand, dass der Prozess ihr neues Selbstbewusstsein als Frau gegeben hatte.

em·press /'emprəs/ *Nomen* Kaiserin

emp·ti·ness /'emptinəs/ *Nomen* Leere

empty[1] /'empti/ *Adj* (**emp·tier**, **emp·ti·est**) leer ◊ *an empty house* ein leer stehendes Haus ◊ *an empty lorry* ein unbeladener Lastwagen ◊ *There's an empty seat in the front row.* In der ersten Reihe ist ein freier Platz. ◊ *words that were empty of meaning* bedeutungsleere Worte

empty[2] /'empti/ *Verb* (**emp·ties**, **empty·ing**, **emp·tied**, **emp·tied**) **1** leeren **2** sich leeren ◊ *The streets soon emptied when the rain started.* Die Straßen leerten sich schnell, als es anfing zu regnen. **3** ~ **sth** (**out**) (**into/onto sth**) etw (in/auf etw) leeren ◊ *We emptied the waste-paper basket onto the floor.* Wir leerten den Papierkorb auf den Fußboden aus.

ˌempty-'handed *Adj* mit leeren Händen, unverrichteter Dinge

empty-'headed *Adj* blöd, hohl
EMU /ˌiː em ˈjuː/ *Kurzform von* **Economic and Monetary Union** EWU
emu /ˈiːmjuː/ *Nomen* Emu
em·u·late /ˈemjʊleɪt/ *Verb* **1** (*gehoben*) nachahmen ◊ *She wanted to emulate her sister's sporting achievements.* Sie wollte es ihrer Schwester unbedingt im Sport gleichtun. **2** (COMP) emulieren
emul·sion /ɪˈmʌlʃn/ *Nomen* **1** Emulsion **2** (*BrE*) (*auch* **eˈmulsion paint**) Dispersionsfarbe
en·able /ɪˈneɪbl/ *Verb* ermöglichen; **~ sb to do sth** jdm ermöglichen etw zu tun
enact /ɪˈnækt/ *Verb* **1** (*offiz*) (*Gesetz*) erlassen **2** (*gehoben*) (*Drama*) aufführen
en·amel¹ /ɪˈnæml/ *Nomen* **1** Email, Emaille **2** Zahnschmelz **3** (*auch* **eˌnamel ˈpaint**) Emaillack
en·amel² /ɪˈnæml/ *Verb* (**-ll-**, *AmE* **-l-**) emaillieren
en·am·oured (*AmE* **en·amored**) /ɪˈnæməd; *AmE* -ərd/ *Adj* **1** (*hum*) **~ of/with sth** von etw begeistert **2** (*gehoben*) **~ of/with sb** in jdn verliebt
en bloc /ˌɒ̃ ˈblɒk/ *Adv* gemeinsam, einstimmig
enc. *Abk* = ENCLOSED, ENCLOSURE
en·camp /ɪnˈkæmp/ *Verb* sein Lager aufschlagen
en·camp·ment /ɪnˈkæmpmənt/ *Nomen* Lager
en·cap·su·late /ɪnˈkæpsjuleɪt/ *Verb* (*gehoben*) **1** einfangen ◊ *The picture encapsulates the spirit of the age.* Das Bild fängt den Geist der Zeit ein. **2** zusammenfassen ◊ *The process can be encapsulated in three words.* Der Vorgang kann in drei Wörtern zusammengefasst werden.
en·chant /ɪnˈtʃɑːnt; *AmE* -ˈtʃænt/ *Verb* bezaubern
en·chant·ed /ɪnˈtʃɑːntɪd; *AmE* -ˈtʃæntɪd/ *Adj* **1** verzaubert ◊ *an enchanted forest* ein Zauberwald **2** (*gehoben*) entzückt
en·chant·ing /ɪnˈtʃɑːntɪŋ; *AmE* -ˈtʃæntɪŋ/ *Adj* (*Adv* **en·chant·ing·ly**) bezaubernd, entzückend
en·chant·ment /ɪnˈtʃɑːntmənt; *AmE* -ˈtʃænt-/ *Nomen* **1** Entzücken **2** Zauber
en·cir·cle /ɪnˈsɜːkl; *AmE* ɪnˈsɜːrkl/ *Verb* umgeben, (*Truppen etc.*) umstellen, umzingeln
encl. *Abk* = ENCLOSED, ENCLOSURE
en·clave /ˈenkleɪv/ *Nomen* Enklave
en·close /ɪnˈkləʊz; *AmE* ɪnˈkloʊz/ *Verb* **1** (*einem Brief etc.*) beilegen ◊ *My cheque for £10 is enclosed.* Mein Scheck über £10 liegt bei. ◊ *Please find enclosed our current price list.* Als Anlage senden wir Ihnen unsere aktuelle Preisliste. **2 ~ sth** (**in/with sth**) etw (mit etw) umgeben ◊ *The fields were enclosed with fences.* Die Felder waren eingezäunt.
en·closed /ɪnˈkləʊzd; *AmE* ɪnˈkloʊzd/ *Adj* **1** (*Abk* **encl., enc.**) (*einem Brief etc.*) beiliegend ◊ *the enclosed registration card* die beiliegende Anmeldung **2** abgeschlossen ◊ *her fear of enclosed spaces* ihre Angst vor geschlossenen Räumen ◊ *an enclosed garden* ein eingefriedeter Garten
en·clos·ure /ɪnˈkləʊʒə(r); *AmE* -ˈkloʊ-/ *Nomen* **1** (*für Tiere*) Gehege; (*für Zuschauer etc.*) Bereich **2** Einfriedung, Einzäunung **3** (*Abk* **encl., enc.**) (*bei Briefen*) Anlage
en·code /ɪnˈkəʊd; *AmE* ɪnˈkoʊd/ *Verb* verschlüsseln
en·com·pass /ɪnˈkʌmpəs/ *Verb* (*gehoben*) umfassen
en·core /ˈɒŋkɔː(r); *AmE* ˈɑːŋ-/ *Nomen* (*im Konzert etc.*) Zugabe
en·coun·ter¹ /ɪnˈkaʊntə(r)/ *Nomen* **1** Begegnung ◊ *a chance encounter* eine zufällige Begegnung ◊ *a violent encounter between demonstrators and the police* eine heftiger Zusammenstoß zwischen der Polizei und den Demonstranten **2** Erfahrung ◊ *a sexual encounter* eine sexuelle Erfahrung
en·coun·ter² /ɪnˈkaʊntə(r)/ *Verb* (*gehoben*) **1 ~ sth** (*Probleme etc.*) auf etw stoßen **2 ~ sb** jdm begegnen
en·cour·age /ɪnˈkʌrɪdʒ; *AmE* -ˈkɜːr-/ *Verb* **1** ermutigen ◊ *Her parents always encouraged her in her studies.* Ihre Eltern haben sie immer beim Lernen unterstützt. **2** fördern ◊ *measures to encourage exports* Maßnahmen zur Exportförderung
en·cour·age·ment /ɪnˈkʌrɪdʒmənt; *AmE* -ˈkɜːr-/ *Nomen* **~** (**to sb**) (**to do sth**) Ermutigung (für jdn) (etw zu tun) ◊ *a few words of encouragement* ein paar ermutigende Worte ◊ *With a little encouragement from his parents he should do well.* Mit etwas Unterstützung von seinen Eltern müsste er gut vorankommen. ◊ *The teacher's words were a great encouragement to her.* Die Worte des Lehrers waren ein großer Ansporn für sie.

en·cour·aging /ɪnˈkʌrɪdʒɪŋ/ *Adj* (*Adv* **en·cour·aging·ly**) ermutigend
en·croach /ɪnˈkrəʊtʃ; *AmE* ɪnˈkroʊtʃ/ *Verb* **~ on/upon sth** in etw vordringen ◊ *encroach on the liberty of the individual* die Freiheit des Einzelnen einschränken ◊ *signs of encroaching madness* Anzeichen von zunehmendem Wahnsinn
en·crust·ed /ˌenˈkrʌstɪd/ *Adj* **~** (**with sth**) (*Wunde*) (mit etw) verkrustet; (*Schmuck*) (mit etw) besetzt
en·crypt /ɪnˈkrɪpt/ *Verb* (COMP) verschlüsseln
en·cum·ber /ɪnˈkʌmbə(r)/ *Verb* (*meist passiv*) (*gehoben*) **~ sb/sth** (**with sth**) jdn (durch etw) behindern
en·cyc·lic·al /ɪnˈsɪklɪkl/ *Nomen* Enzyklika
en·cyc·lo·pe·dia (*BrE auch* **-pae·dia**) /ɪnˌsaɪkləˈpiːdiə/ *Nomen* Enzyklopädie, Lexikon
end¹ /end/ *Nomen* **1** Ende, Schluss ◊ *The war was at an end.* Der Krieg war zu Ende. ◊ *The coup brought his regime to an end.* Der Coup setzte seinem Regime ein Ende. ◊ *She put an end to the rumours.* Sie machte den Gerüchten ein Ende. ◊ *He came to an untimely end.* Er nahm ein vorzeitiges Ende. **2** Ende, Seite ◊ *at the far end of the table* am anderen Ende des Tisches ◊ *The teams changed ends.* Die Mannschaften wechselten die Seiten. ◊ *Are there any problems at your end?* Gibt es von Ihrer Seite aus irgendwelche Probleme? **3** Zweck, Ziel ◊ *for political/commercial ends* zu politischen/kommerziellen Zwecken ◊ *to this end* zu diesem Zweck ◊ *with this end in view* mit diesem Ziel vor Augen **4** Rest; (*Zigaretten-, Kerzen-*) Stummel IDM **at the ˌend of the ˈday** letzten Endes ☞ *Hinweis bei* ULTIMATELY **a bad/sticky ˈend** (*BrE*) ein böses Ende **be at the end of sth** ◊ *I'm at the end of my patience.* Ich bin mit meiner Geduld am Ende. ◊ *They're at the end of their food supply.* Ihre Lebensmittelvorräte gehen zu Ende. **be at the ˌend of your ˈtether** (*AmE* **be at the ˌend of your ˈrope**) (mit den Nerven) am Ende sein **be the ˈend** der Gipfel sein; das Letzte sein ◊ *Now they've lost our bags! This is the end!* Jetzt haben sie unser Gepäck verloren! Das ist doch der Gipfel! **an ˌend in itˈself** ein Selbstzweck **the end justifies the ˈmeans** der Zweck heiligt die Mittel **end of ˈstory** Schluss. Aus. Ende. **the end of the ˈline/road** das Ende **ˌend to ˈend** längs hintereinander **in the ˈend** schließlich; letzten Endes **it's not the end of the ˈworld** (*umgs*) davon geht die Welt nicht unter **make** (**both**) **ends ˈmeet** (mit seinem Geld) auskommen; sich über Wasser halten **no ˈend** (*umgs*) unheimlich ◊ *It upset me no end.* Es hat mich unheimlich mitgenommen. ◊ *We had no end of trouble.* Wir hatten unheimliche Schwierigkeiten. **on ˈend 1** aufrecht; hochkant **2** ununterbrochen ◊ *It lasted for weeks on end.* Es hielt wochenlang ununterbrochen an. **put an ˌend to it ˈall**; **put an ˈend to yourself** (mit dem Leben) Schluss machen ☞ *Siehe auch* BEGINNING, BITTER, DEEP¹, HAIR, HEAR, LOOSE END, MEANS, THIN¹ *und* WRONG¹
end² /end/ *Verb* **1** enden **2** beenden ◊ *He decided to end their relationship.* Er beschloss, ihre Beziehung zu beenden. **3** abrunden, abschließen ◊ *They ended their act with a song.* Sie rundeten ihre Nummer mit einem Lied ab. IDM **ˈend it all**; **ˌend your ˈlife** (mit dem Leben) Schluss machen **ˌend your ˈdays/ˈlife** (**in sth**) seine Tage (in etw) beschließen PHRV **ˈend in sth 1** auf etw enden ◊ *words ending in '-ous'* Wörter, die auf „-ous" enden **2** mit etw enden ◊ *The argument ended in tears.* Der Streit endete mit Tränen. **ˌend ˈup** landen ◊ *If you go on like this you'll end up in prison.* Wenn du so weitermachst, landest du noch im Gefängnis. ◊ *We ended up going to Devon as usual.* Schließlich fuhren wir wie immer nach Devon.
en·dan·ger /ɪnˈdeɪndʒə(r)/ *Verb* gefährden ◊ *an endangered species* eine vom Aussterben bedrohte Tierart
en·dear /ɪnˈdɪə(r); *AmE* -ˈdɪr/ *Verb* (*gehoben oder hum*) PHRV **enˈdear yourself/sb to sb** sich/jdn bei jdm beliebt machen
en·dear·ing /ɪnˈdɪərɪŋ; *AmE* -ˈdɪr-/ *Adj* (*Adv* **en·dear·ing·ly**) liebenswert; (*Lächeln*) gewinnend
en·dear·ment /ɪnˈdɪəmənt; *AmE* -ˈdɪrm-/ *Nomen* Kosewort ◊ *whisper endearments to each other* sich Zärtlichkeiten zuflüstern

en·deav·our[1] (*AmE* **en·deav·or**) /ɪnˈdevə(r)/ *Nomen* (*gehoben*) Anstrengung ◊ *Please make every endeavour to arrive on time.* Bitte tun Sie Ihr Möglichstes, um pünktlich zu erscheinen. ◊ *in the field of scientific endeavour* auf dem Gebiet wissenschaftlicher Forschungen ◊ *in an endeavour to reduce costs* im Bestreben, Kosten einzusparen

en·deav·our[2] (*AmE* **en·deav·or**) /ɪnˈdevə(r)/ *Verb* (*gehoben*) **~ to do sth** sich bemühen etw zu tun

en·dem·ic /enˈdemɪk/ *Adj* **1** ~ (**in/to** …) (in …) verbreitet; ◊ (*fig*) *Corruption is endemic in the system.* Korruption ist im System verwurzelt. **2** (*Tierart*) ~ (**to** …) (in …) einheimisch

end·ing /ˈendɪŋ/ *Nomen* **1** Ende, Abschluss ◊ *the ending of the cold war* das Ende des Kalten Krieges ◊ *It was the perfect ending to the perfect day.* Es war der perfekte Abschluss für einen perfekten Tag. ◊ *a happy ending* ein Happyend **2** (LING) Endung

en·dive /ˈendaɪv, -dɪv/ *Nomen* **1** (*BrE*) Endivie **2** (*AmE*) Chicorée

end·less /ˈendləs/ *Adj* **1** (*Ressourcen, Möglichkeiten etc.*) unbegrenzt, unerschöpflich **2** unendlich viel ◊ *endless questions* unzählige Fragen **3** endlos, nicht enden wollend ◊ *The journey seemed endless.* Die Fahrt schien kein Ende zu nehmen. ◊ *their endless arguing* ihre ewige Streiterei

end·less·ly /ˈendləsli/ *Adv* ständig ◊ *She talks endlessly about her problems.* Sie redet ununterbrochen von ihren Problemen.

en·dor·phin /enˈdɔːfɪn/ *Nomen* Endorphin

en·dorse /ɪnˈdɔːs; *AmE* ɪnˈdɔːrs/ *Verb* **1** ~ **sth** etw unterstützen, einer Sache zustimmen **2** ~ **sth** für etw werben **3** (*Scheck etc.*) indossieren **4** (*meist passiv*) (*BrE*) ◊ *have your driving licence endorsed* einen Strafvermerk im Führerschein bekommen

en·dorse·ment /ɪnˈdɔːsmənt; *AmE* -ˈdɔːrs-/ *Nomen* **1** Billigung, Unterstützung ◊ *The election victory is a clear endorsement of their policies.* Der Wahlerfolg ist ein klares Votum für ihre Politik. **2** Werbung **3** (*BrE*) Strafvermerk im Führerschein

endoscopy /enˈdɒskəpi/ *Nomen* (*Pl* **-ies**) Spiegelung, Endoskopie

en·dow /ɪnˈdaʊ/ *Verb* ~ **sth** eine Stiftung für etw einrichten **PHR V** **be en'dowed with sth** mit etw ausgestattet sein ◊ *be endowed with magical powers* magische Kräfte besitzen

en·dow·ment /ɪnˈdaʊmənt/ *Nomen* **1** Stiftung, Stiftungsgelder **2** [*meist Pl*] (*gehoben*) Begabung

ˈ**end product** *Nomen* (End)produkt, Resultat

ˌ**end reˈsult** *Nomen* Endergebnis

en·dur·ance /ɪnˈdjʊərəns; *AmE* -ˈdʊr-/ *Nomen* Ausdauer ◊ *humiliated beyond endurance* über die Grenzen des Ertragbaren erniedrigt

en·dure /ɪnˈdjʊə(r); *AmE* -ˈdʊr/ *Verb* (*gehoben*) **1** ertragen, aushalten **2** andauern, Bestand haben

en·dur·ing /ɪnˈdjʊərɪŋ; *AmE* -ˈdʊr-/ *Adj* anhaltend ◊ *an enduring relationship* eine lang anhaltende Beziehung ◊ *enduring memories* bleibende Erinnerungen

ˌ**end-ˈuser** *Nomen* Endverbraucher

ˈ**end zone** *Nomen* Endzone

enema /ˈenəmə/ *Nomen* Einlauf, Darmspülung

enemy /ˈenəmi/ *Nomen* (*Pl* **-ies**) Feind(in) ◊ *make an enemy of sb* sich jdn zum Feind machen ◊ *The enemy was/were forced to retreat.* Der Feind wurde zum Rückzug gezwungen. ◊ *enemy aircraft* feindliche Flugzeuge ◊ *behind enemy lines* hinter den feindlichen Linien ◊ *an enemy of progress* ein Feind des Fortschritts ☛ G 1.3b **IDM** ⇨ WORST[1]

en·er·get·ic /ˌenəˈdʒetɪk; *AmE* ˌenərˈdʒ-/ *Adj* (*Mensch*) aktiv; (*Aktivität*) anstrengend

en·er·get·ic·al·ly /ˌenəˈdʒetɪkli; *AmE* ˌenərˈdʒ-/ *Adv* schwungvoll, energisch ◊ *dance energetically* schwungvoll tanzen ◊ *New markets are being energetically pursued.* Man sucht intensiv nach neuen Märkten.

en·er·gize (*BrE auch* **-ise**) /ˈenədʒaɪz/ *Verb* **1** in Schwung bringen **2** (PHYSIK) aufladen

en·ergy /ˈenədʒi; *AmE* -ərdʒi/ *Nomen* **1** [U] Energie, Kraft ◊ *She's full of energy.* Sie steckt voller Energie. ◊ *energy efficiency* effektive Energieausnutzung ◊ *electrical energy* elektrischer Strom **2 energies** [Pl] Kräfte, Energie

en·fant ter·rible /ˌɒ̃fɒ̃ teˈriːbl/ *Nomen* (*Pl* **en·fants ter·ribles** /ˌɒ̃fɒ̃ teˈriːbl/) Enfant terrible

en·force /ɪnˈfɔːs; *AmE* ɪnˈfɔːrs/ *Verb* **1** ~ **sth** (**on/against sb**) etw (gegen jdn) durchsetzen ◊ *It's the duty of the police to enforce the law.* Es ist die Aufgabe der Polizei, für die Einhaltung der Gesetze zu sorgen. **2** (*Disziplin etc.*) erzwingen ◊ *enforced idleness* aufgezwungene Untätigkeit

en·force·able /ɪnˈfɔːsəbl; *AmE* ɪnˈfɔːrs-/ *Adj* verbindlich ◊ *a legally enforceable agreement* eine rechtlich verbindliche Vereinbarung ◊ *enforceable in the courts* vor Gericht durchsetzbar

en·force·ment /ɪnˈfɔːsmənt/ *Nomen* Durchsetzung ◊ *law enforcement* die Überwachung der Einhaltung von Gesetzen ◊ *the US Drug Enforcement Administration/Agency* die US Drogenaufsichtsbehörde

Eng *Abk* **1** = ENGINEER(ING) **2** = ENGLAND, ENGLISH

en·gage /ɪnˈɡeɪdʒ/ *Verb* **1** (*gehoben*) einstellen, engagieren **2** (*gehoben*) (*Aufmerksamkeit etc.*) fesseln **4** ~ (**with sth**) (*Zahnräder*) (in etw) greifen **5** (*Gang*) einlegen **PHR V** **en'gage in sth** etw aufnehmen, sich mit etw beschäftigen, an etw teilhaben ◊ *They are currently engaged in discussions with the union.* Sie haben Gespräche mit der Gewerkschaft aufgenommen. ◊ *engage in criminal activities* kriminell aktiv sein ◊ *I have no time to engage in gossip.* Ich habe keine Zeit mich mit Klatsch abzugeben. **en'gage sb in sth** jdn in etw verwickeln ◊ *I engaged him in conversation.* Ich verwickelte ihn in ein Gespräch.

en·gaged /ɪnˈɡeɪdʒd/ *Adj* **1** ~ (**in/on sth**) (*gehoben*) (mit etw) beschäftigt ◊ *They were engaged in conversation.* Sie waren in ein Gespräch vertieft. ◊ *They are engaged in talks with the government.* Sie stehen mit der Regierung in Verhandlung. **2** ~ (**to sb**) (mit jdm) verlobt ◊ *When did you get engaged?* Wann hast du dich verlobt? **3** (*BrE*) (*Telefon, Toilette*) besetzt

en·gage·ment /ɪnˈɡeɪdʒmənt/ *Nomen* **1** ~ (**to sb**) Verlobung (mit jdm) ◊ *a long engagement* eine lange Verlobungszeit **2** Verpflichtung ◊ *I had to refuse because of a prior/previous engagement.* Ich musste wegen einer früheren Verabredung ablehnen. **3** (MIL) Kampfhandlung **4** (*BrE*) Einstellung, Engagement ◊ *the engagement of a new conductor* die Einstellung eines neuen Dirigenten

enˈgagement ring *Nomen* Verlobungsring

en·gen·der /ɪnˈdʒendə(r)/ *Verb* erzeugen, hervorbringen

en·gine /ˈendʒɪn/ *Nomen* **1** Motor **2** Lokomotive

ˈ**engine driver** *Nomen* Lokführer(in)

en·gin·eer[1] /ˌendʒɪˈnɪə(r); *AmE* -ˈnɪr/ *Nomen* **1** Ingenieur(in) **2** Techniker(in); (*eines Schiffs*) Maschinist(in); (*eines Flugzeugs*) Bordingenieur(in) **3** (*AmE*) Lokführer(in) **4** (MIL) Pionier(in)

en·gin·eer[2] /ˌendʒɪˈnɪə(r); *AmE* -ˈnɪr/ *Verb* **1** (*abwert*) arrangieren ◊ *She managed to engineer a meeting with him.* Es gelang ihr, ein Treffen mit ihm einzufädeln. ◊ *His enemies engineered his downfall.* Seine Feinde inszenierten seinen Untergang. **2** konstruieren ◊ *a brilliantly engineered recording* eine technisch glänzende Aufzeichnung ◊ *The car is beautifully engineered.* Das Auto ist eine technische Meisterleistung. **3** (*in der Gentechnik*) verändern ◊ *genetically engineered soya* gentechnisch verändertes Soja

en·gin·eer·ing /ˌendʒɪˈnɪərɪŋ; *AmE* -ˈnɪr-/ *Nomen* **1** Technik ◊ *mechanical engineering* Maschinenbau **2** Ingenieurwesen, Maschinenbau

Eng·lish[1] /ˈɪŋɡlɪʃ/ *Nomen* **1** Englisch **2 the English** [Pl] die Engländer ☛ *Hinweis bei* ENGLISCH **IDM** **the ˌKing's/ˌQueen's ˈEnglish** die englische Hochsprache ☛ *Siehe auch* PLAIN[1]

Eng·lish[2] /ˈɪŋɡlɪʃ/ *Adj* englisch ☛ *Hinweis bei* ENGLISCH

the ˌEnglish ˈChan·nel *Nomen* (*auch* **the Channel**) der Ärmelkanal

ˌ**English ˈhorn** *Nomen* (*AmE*) Englischhorn

Eng·lish·man /ˈɪŋɡlɪʃmən/ *Nomen* (*Pl* **-men** /-mən/) Engländer **IDM** ⇨ HOME[1]

ˌ**English ˈmuffin** *Nomen* (*bes AmE*) = flaches Brötchen aus Hefeteig, das getoastet wird

en·grave /ɪnˈɡreɪv/ *Verb* (ein)gravieren ◊ *His name was engraved on the trophy./The trophy was engraved with his name.* Sein Name war auf dem Pokal eingraviert. **IDM** **be engraved on/in your ˈheart, ˈmemory, ˈmind,** *etc.*

| s see | t tea | v van | w wet | z zoo | ʃ shoe | ʒ vision | tʃ chain | dʒ jam | θ thin | ð this | ŋ sing |

engraving 198

einem unauslöschlich eingeprägt sein ◊ *The scene is engraved on my memory.* Die Szene werde ich nie vergessen.
en·grav·ing /ɪnˈɡreɪvɪŋ/ *Nomen* **1** Stich **2** Gravur
en·grossed /ɪnˈɡrəʊst; *AmE* ɪnˈɡroʊst/ *Adj* **be ~ (in sth)** (in etw) vertieft sein
en·gross·ing /ɪnˈɡrəʊsɪŋ; *AmE* -ˈɡroʊs-/ *Adj* fesselnd
en·gulf /ɪnˈɡʌlf/ *Verb* **~ sb/sth (in sth)** jdn/etw (in etw) umschließen, jdn/etw (in etw) einschließen ◊ *The waves engulfed the boat.* Die Wellen verschlangen das Boot.
en·hance /ɪnˈhɑːns; *AmE* -ˈhæns/ *Verb* verbessern, stärken ◊ *enhanced efficiency* verbesserte Leistungsfähigkeit ◊ *enhance natural hair colour* die natürliche Haarfarbe besser zur Geltung bringen
en·igma /ɪˈnɪɡmə/ *Nomen* (*Pl* **en·ig·mas**) Rätsel
en·ig·mat·ic /ˌenɪɡˈmætɪk/ *Adj* (*Adv* **en·ig·mat·ic·al·ly** /-kli/) rätselhaft, geheimnisvoll
en·join /ɪnˈdʒɔɪn/ *Verb* (*gehoben*) **1** (*oft passiv*) ermahnen; **~ sth** zu etw mahnen **2 ~ sb from doing sth** (RECHT) jdn untersagen etw zu tun
enjoy /ɪnˈdʒɔɪ/ *Verb* **1** genießen; **~ doing sth** etw gern machen ◊ *I enjoyed the evening enormously.* Der Abend hat mir großartig gefallen. **2 Enjoy!** Viel Spaß!; (*beim Essen*) Guten Appetit! IDM **en'joy yourself** sich amüsieren
en·joy·able /ɪnˈdʒɔɪəbl/ *Adj* (*Adv* **en·joy·ably** /-əbli/) angenehm, unterhaltsam ◊ *an enjoyable experience* ein schönes Erlebnis
en·joy·ment /ɪnˈdʒɔɪmənt/ *Nomen* [U] **1** Vergnügen, Freude ◊ *his enjoyment of life* seine Freude am Leben **2** (*gehoben*) (*von Rechten, Status*) Genuss
en·large /ɪnˈlɑːdʒ; *AmE* -ˈlɑːrdʒ/ *Verb* **1** erweitern, vergrößern **2 ~ (on sth)** (zu etw) ins Detail gehen ◊ *Can you enlarge on that idea?* Können Sie den Gedanken etwas weiter ausführen?
en·large·ment /ɪnˈlɑːdʒmənt; *AmE* -ˈlɑːrdʒ-/ *Nomen* **~ (of sth)** Vergrößerung, Erweiterung
en·light·en /ɪnˈlaɪtn/ *Verb* aufklären ◊ *The report makes enlightening reading.* Der Bericht klärt vieles auf.
en·light·ened /ɪnˈlaɪtnd/ *Adj* aufgeklärt
en·light·en·ing /ɪnˈlaɪtnɪŋ/ *Adj* aufschlussreich, erhellend
en·light·en·ment /ɪnˈlaɪtnmənt/ *Nomen* **1** Erleuchtung **2** (PHILOS) Aufklärung
en·list /ɪnˈlɪst/ *Verb* **1** Soldat werden; **~ in/for sth** in etw eintreten ◊ *enlist as an NCO* als Unteroffizier in die Armee eintreten **2 ~ sb (in/for sth)** jdn (in etw) anwerben ◊ *They enlisted four hundred new recruits.* Sie stellten 400 neue Rekruten ein. **3 ~ sb (in sth)** jdn (in etw) gewinnen ◊ *Sarah has been enlisted to organize the party.* Sarah wurde für die Organisation der Party eingespannt. **4** erwecken ◊ *a demonstration designed to enlist public sympathy* eine Demonstration, die die öffentliche Sympathie erwecken sollte ◊ *Can I enlist your help in collecting money?* Kann ich beim Spendensammeln auf Ihre Hilfe rechnen?
en·liven /ɪnˈlaɪvn/ *Verb* beleben
en masse /ˌɒ̃ˈmæs; *AmE* ˈɑː-/ *Adv* alle zusammen, in Massen
en·mity /ˈenməti/ *Nomen* Feindschaft
en·noble /ɪˈnəʊbl; *AmE* ɪˈnoʊbl/ *Verb* **1** adeln, in den Adelsstand erheben **2** erheben ◊ *ennobled by grief* durch Kummer erhoben
enor·mity /ɪˈnɔːməti; *AmE* ɪˈnɔːrm-/ *Nomen* [U] (*Größe*) ungeheures Ausmaß; (*Schrecken*) Ungeheuerlichkeit ◊ *the enormity of a task* das ungeheure Ausmaß einer Aufgabe
enor·mous /ɪˈnɔːməs; *AmE* ɪˈnɔːrməs/ *Adj* (*Adv* **enor·mous·ly**) riesig, enorm
enough¹ /ɪˈnʌf/ *Adj, Pron* genug, genügend ◊ *Six bottles should be enough.* Sechs Flaschen müssten reichen. IDM **eˌnough is eˈnough** was zu viel ist, ist zu viel; genug jetzt **have had eˈnough (of sth/sb)** (von etw/jdm) genug haben ◊ *I've had enough of your continual complaints!* Ihre dauernden Beschwerden reichen mir jetzt!
enough² /ɪˈnʌf/ *Adv* **1** genug ◊ *The writing must be big enough for us to read.* Die Schrift muss so groß sein, dass wir sie lesen können. **2** recht ◊ *She plays well enough for a beginner.* Für eine Anfängerin spielt sie recht gut. ◊ *He's nice enough but he isn't particularly bright.* Er ist recht nett aber nicht besonders klug. IDM ˌcuriously, ˌoddly, ˌstrangely,

etc. eˈnough merkwürdigerweise eˌnough ˈsaid mehr braucht man dazu nicht sagen ◊ *'How did he get the job?' 'I don't know, but his uncle's on the board.' 'Enough said.'* „Wie hat er die Stelle bekommen?" „Keine Ahnung, aber ich glaube, sein Onkel ist im Vorstand." „Alles klar!" ☛ *Siehe auch* FAIR¹, FUNNILY *und* SURE²
en·quire (*bes AmE* **inquire**) /ɪnˈkwaɪə(r)/ *Verb* **~ (about sb/sth)** (*gehoben*) sich (nach jdm/etw) erkundigen ◊ *She enquired as to your whereabouts.* Sie erkundigte sich nach deinem Verbleib. ◊ *Might I enquire why you have not mentioned this until now?* Dürfte ich fragen, warum Sie das bis jetzt nicht erwähnt haben? PHRV **enˈquire after sb** (*gehoben*) sich nach jdm erkundigen **enˈquire into sth** etw untersuchen SYN INVESTIGATE **enˈquire sth of sb** (*gehoben*) sich bei jdm nach etw erkundigen
en·quir·er (*bes AmE* **in·quirer**) /ɪnˈkwaɪərə(r)/ *Nomen* (*gehoben*) Fragesteller(in), Fragende(r)
en·quir·ing (*bes AmE* **in·quir·ing**) /ɪnˈkwaɪərɪŋ/ *Adj* (*Adv* **en·quir·ing·ly**) **1** wissbegierig, wissensdurstig **2** fragend
en·quiry (*bes AmE* **in·quiry**) /ɪnˈkwaɪəri; *AmE* meist ˈɪnkwəri/ *Nomen* (*Pl* **-ies**) **1 ~ (into sth)** Untersuchung (einer Sache) ◊ *Two men have been helping police with their enquiries.* Zwei Männer wurden von der Polizei vernommen. ◊ *The police are following several lines of enquiry.* Die Polizei geht mehreren Spuren nach. **2** Anfrage, Erkundigung **3 enquiries** [Pl] (*BrE*) Informationsschalter ◊ *Ask at enquiries.* Fragen Sie bei der Information.
en·rage /ɪnˈreɪdʒ/ *Verb* (*meist passiv*) wütend machen; (*Tier*) reizen ◊ *I was enraged at his insolence.* Seine Unverschämtheit machte mich wütend.
en·rap·ture /ɪnˈræptʃə(r)/ *Verb* (*meist passiv*) (*gehoben*) entzücken, bezaubern
en·rich /ɪnˈrɪtʃ/ *Verb* **1** bereichern (*auch fig*) **2** (NATURW, LANDW) anreichern
enrol (*bes AmE* **en·roll**) /ɪnˈrəʊl/ *Verb* (-ll-) **1 ~ (for/in/on sth)** sich (für etw) anmelden; **~ as sth** sich als etw einschreiben ◊ *enrol in evening classes* einen Abendkursus belegen **2 ~ sb (for/in/on sth)** jdn (in etw) aufnehmen, jdn (für etw) anmelden; **~ sb as sth** jdn als etw aufnehmen ◊ *The society is hoping to enrol new members.* Die Verein hofft, dass sich neue Mitglieder anmelden.
en·rol·lee /ɪnˌrəʊˈliː/ *Nomen* (*AmE*) Eingeschriebene(r)
en·rol·ment (*AmE* **en·roll·ment**) /ɪnˈrəʊlmənt; *AmE* -ˈroʊl-/ *Nomen* Anmeldung, Einschreibung ◊ *School enrolments are falling.* Anmeldungen für Schulen sind rückläufig.
en route /ˌɒ̃ ˈruːt, ˌɒn; *AmE* ˌɑː, ˌɑːn/ *Adv* **~ (from …) (to …)** auf dem Weg (von …) (nach …); **~ (for …)** unterwegs (nach …)
en·sconce /ɪnˈskɒns/ *Verb* (*gehoben*) **1 ~ yourself in sth** sich in etw niederlassen **2 ~ yourself in/behind sth** sich in/hinter etw verstecken
en·sem·ble /ɒnˈsɒmbl; *AmE* ɑːnˈsɑːmbl/ *Nomen* Ensemble ☛ G 1.3b
en·shrine /ɪnˈʃraɪn/ *Verb* (*gehoben*) festschreiben; **~ sth in sth** etw in etw verankern ◊ *a commitment enshrined in the constitution* eine in der Verfassung verankerte Verpflichtung
en·sign /ˈensən/ *Nomen* **1** Flagge **2** (*AmE*) Fähnrich zur See
en·slave /ɪnˈsleɪv/ *Verb* versklaven ◊ *We have become enslaved to the car.* Wir sind zu Sklaven des Autos geworden.
en·snare /ɪnˈsneə(r); *AmE* ɪnˈsner/ *Verb* (ein)fangen
ensue /ɪnˈsjuː; *AmE* -ˈsuː/ *Verb* folgen ◊ *in the ensuing years* in den darauf folgenden Jahren ◊ *Panic ensued.* Panik brach aus.
en suite /ˌɒ̃ ˈswiːt; *AmE* ˌɑː-/ *Adj, Adv* (*BrE*) ◊ *a room with en suite bathroom* ein Zimmer mit eigenem Bad ◊ *an en suite bedroom* ein Schlafzimmer mit eigenem Badezimmer
en·sure (*bes AmE* **in·sure**) /ɪnˈʃʊə(r), ɪnˈʃɔː(r); *AmE* ɪnˈʃʊr/ *Verb* gewährleisten; **~ that …** dafür sorgen, dass …
en·tail /ɪnˈteɪl/ *Verb* mit sich bringen, erforderlich machen ◊ *the risk entailed in running your own business* das Risiko, das das Führen eines eigenen Unternehmens mit sich bringt
en·tan·gle /ɪnˈtæŋɡl/ *Verb* (*meist passiv*) **1 ~ yourself (in/with sth); get/become entangled (in/with sth)** sich (in

---
æ cat | ɑː father | e ten | ɜː bird | ə about | ɪ sit | iː see | i many | ɒ got (*BrE*) | ɔː saw | ʌ cup | ʊ put | uː too

etw) verfangen ◊ *The bird had become entangled in the wire netting.* Der Vogel hatte sich im Maschendraht verfangen. **2 ~ sb/yourself in sth** (*fig*) jdn/sich in etw verwickeln ◊ *become entangled in a conflict* in einen Konflikt verwickelt werden **3 get/become entangled with sb** sich mit jdm einlassen

en·tan·gle·ment /ɪnˈtæŋglmənt/ *Nomen* Verstrickung

en·tente /ɒnˈtɒnt; *AmE* ɑːnˈtɑːnt/ *Nomen* [U/Sing] Bündnis, Entente

enter /ˈentə(r)/ *Verb* **1** eintreten **2 ~ sth** in etw hineingehen ◊ *enter a room* ein Zimmer betreten ◊ *The train entered the tunnel.* Der Zug fuhr in den Tunnel. ◊ *enter the country* ins Land einreisen ◊ *Where did the bullet enter the body?* Wo ist die Kugel in den Körper gedrungen? ◊ *It never entered my head/mind that …* Es wäre mir nie in den Kopf/Sinn gekommen, dass … **3** (THEAT) auftreten ☞ **Enter** wird auch als Regieanweisung verwendet: *Enter Hamlet/Hamlet enters.* Auftritt Hamlet. **4 ~ sth** in etw eintreten ◊ *enter a new phase* in eine neue Phase eintreten ◊ *enter the Army/Church* Soldat(in)/Geistliche(r) werden ◊ *enter politics/the legal profession* eine politische/juristische Laufbahn einschlagen **5 ~ (for sth)** (*Wettbewerb, Prüfung*) sich (für etw) anmelden **6 ~ sb (in/for sth)** (*Wettbewerb, Prüfung*) jdn (für etw) anmelden ◊ *enter a horse in a race* ein Pferd für ein Rennen melden **7 ~ sth (up) (in/into/on sth)** etw (in etw) eintragen; (*beim Computer*) etw (in etw) eingeben **8** (*offiz*) (*Widerspruch, Protest*) einlegen ◊ *enter a plea of guilty* sich schuldig bekennen IDM ⇒ NAME¹ PHR V **'enter into sth 1** auf etw eingehen ◊ *enter into the pros and cons of the plan* auf die Vor- und Nachteile des Plans eingehen **2** bei etw mitmachen ◊ *enter into the spirit of an occasion* bei einer Sache aktiv mitmachen **3** (*kein Passiv*) bei etw eine Rolle spielen **'enter into sth (with sb)** (*Vertrag*) (mit jdm) etw abschließen; (*Verhandlungen, Briefwechsel*) (mit jdm) etw aufnehmen **'enter on/upon sth** etw beginnen ◊ *enter on a new career* eine neue Karriere beginnen

en·ter·prise /ˈentəpraɪz; *AmE* -tərp-/ *Nomen* **1** Unternehmen, Betrieb **2** Vorhaben, Unternehmen ◊ *a joint enterprise* ein gemeinsame Initiative **3** Unternehmertum ◊ *an enterprise culture* eine marktwirtschaftliche Denkweise **4** [U] Unternehmergeist

en·ter·pris·ing /ˈentəpraɪzɪŋ; *AmE* -tərp-/ *Adj* einfallsreich, geschäftstüchtig; (*Projekt etc.*) kühn

en·ter·tain /ˌentəˈteɪn; *AmE* -tərˈt-/ *Verb* **1** Gäste haben ◊ *They do a lot of entertaining.* Sie laden oft Gäste ein. **2 ~ sb (to sth)** jdn (zu etw) einladen ◊ *Liz entertained us to dinner last night.* Wir waren gestern Abend bei Liz zum Essen eingeladen. **3 ~ sb (with sth)** jdn (mit etw) unterhalten **4** (*nicht in der Verlaufsform*) (*gehoben*) (*Zweifel, Verdacht, Hoffnung*) hegen

en·ter·tain·er /ˌentəˈteɪnə(r); *AmE* -tərˈt-/ *Nomen* Unterhaltungskünstler(in), Entertainer(in) ◊ *a street entertainer* ein(e) Straßenkünstler(in)

en·ter·tain·ing /ˌentəˈteɪnɪŋ; *AmE* -tərˈt-/ *Adj* (*Adv* **en·ter·tain·ing·ly**) unterhaltsam, amüsant

en·ter·tain·ment /ˌentəˈteɪnmənt; *AmE* -tərˈt-/ *Nomen* **1** Unterhaltung, Entertainment **2** [meist Pl] Veranstaltung **3** Belustigung **4** (*geschäftlich*) Bewirtung

en·thral (*bes AmE* **en·thrall**) /ɪnˈθrɔːl/ *Verb* (**-ll-**) (*meist passiv*) bezaubern, fesseln

en·thral·ling /ɪnˈθrɔːlɪŋ/ *Adv* fesselnd

en·throne /ɪnˈθrəʊn/ *Verb* (*meist passiv*) inthronisieren

en·thuse /ɪnˈθjuːz; *AmE* -ˈθuːz/ *Verb* **~ (about/over sth/sb)** (von etw/jdm) schwärmen

en·thu·si·asm /ɪnˈθjuːziæzəm; *AmE* -ˈθuː-/ *Nomen* Begeisterung, Enthusiasmus

en·thu·si·ast /ɪnˈθjuːziæst; *AmE* -ˈθuː-/ *Nomen* **1** Enthusiast, Fan **2** Anhänger(in) ◊ *enthusiasts for privatization* Anhänger der Privatisierung

en·thu·si·as·tic /ɪnˌθjuːziˈæstɪk; *AmE* -ˌθuː-/ *Adj* (*Adv* **en·thu·si·as·tic·al·ly** /-kli/) **~ (about sb/sth)** (von jdm/etw) begeistert

en·tice /ɪnˈtaɪs/ *Verb* (ver)locken, verleiten ◊ *He was enticed away from the firm by an offer of higher pay.* Mit einem höheren Gehaltsangebot wurde er von seiner Firma fortgelockt.

en·ticing /ɪnˈtaɪsɪŋ/ *Adj* (*Adv* **en·tic·ing·ly**) verlockend

en·tire /ɪnˈtaɪə(r)/ *Adj nur vor Nomen* ganze(r,s) ◊ *The entire village was destroyed.* Das ganze Dorf wurde zerstört. ☞ *Hinweis bei* GANZ

en·tire·ly /ɪnˈtaɪəli; *AmE* ɪnˈtaɪərli/ *Adv* völlig ◊ *That's an entirely different matter.* Das ist etwas völlig anderes.

en·tir·ety /ɪnˈtaɪərəti/ *Nomen* (*gehoben*) IDM **in its/their en'tirety** als Ganzes ◊ *The royal collection is on show for the first time in its entirety.* Die königliche Sammlung wird erstmalig in ihrer Gesamtheit gezeigt. ◊ *The poem is too long to quote in its entirety.* Das Gedicht ist zu lang, um es ganz zu zitieren.

en·title /ɪnˈtaɪtl/ *Verb* (*meist passiv*) **1 ~ sb to sth** jdn zu etw berechtigen ◊ *This ticket does not entitle you to travel first class.* Dieser Fahrschein berechtigt Sie nicht 1. Klasse zu fahren. ◊ *Are you entitled to unemployment benefit?* Haben Sie Anspruch auf Arbeitslosenunterstützung? ◊ *Everyone's entitled to their own opinion.* Jeder hat das Recht auf eine eigene Meinung. **2** betiteln ◊ *a poem entitled 'If'* ein Gedicht mit dem Titel „If"

en·title·ment /ɪnˈtaɪtlmənt/ *Nomen* (*offiz*) **1 ~ (to sth)** Anspruch (auf etw) **2** (*AmE*) ≈ Sozialleistungen

en·tity /ˈentəti/ *Nomen* (*Pl* **-ies**) (*gehoben*) (eigenständige) Einheit

en·tomb /ɪnˈtuːm/ *Verb* (*meist passiv*) (*gehoben*) (*in einer Gruft*) beisetzen ◊ *the site where kings were entombed* die Grabstätte der Könige ◊ *entombed in the rubble* unter den Trümmern begraben

en·to·mol·ogy /ˌentəˈmɒlədʒi; *AmE* -ˈmɑːl-/ *Nomen* Insektenkunde, Entomologie

en·tou·rage /ˈɒntʊrɑːʒ; *AmE* ˈɑːn-/ *Nomen* Gefolge ☞ G 1.3b

en·trails /ˈentreɪlz/ *Nomen* [Pl] Eingeweide, Innereien

en·trance¹ /ˈentrəns/ *Nomen* **1** Eingang, Einfahrt **2** Eintritt ◊ *His sudden entrance took everyone by surprise.* Alle waren überrascht, als er plötzlich eintrat. **3** (*auf die Bühne*) Auftritt ◊ *The hero makes his entrance in Scene 2.* Der Held hat seinen ersten Auftritt in Szene 2. **4** Zutritt ◊ *gain entrance* sich Zutritt verschaffen ◊ (*BrE*) *an entrance fee* ein Eintrittsgeld **5** Aufnahme, Zulassung ◊ *a university entrance examination* eine Zulassungsprüfung zur Universität ◊ *entrance requirements* Aufnahmebedingungen

en·trance² /ɪnˈtrɑːns; *AmE* -ˈtræns/ *Verb* (*meist passiv*) hinreißen ◊ *We listened entranced.* Wir hörten hingerissen zu.

en·tran·cing /ɪnˈtrɑːnsɪŋ; *AmE* -ˈtrænsɪŋ/ *Adj* hinreißend, bezaubernd

en·trant /ˈentrənt/ *Nomen* **1** (Berufs-/Studien-)anfänger(in) ◊ *She's a new entrant to the police force.* Sie ist Berufsanfängerin bei der Polizei. **2** (*bei einem Wettbewerb*) Teilnehmer(in)

en·trap /ɪnˈtræp/ *Verb* (**-pp-**) (*meist passiv*) (*gehoben*) **1** fangen **2** in eine Falle locken

en·trap·ment /ɪnˈtræpmənt/ *Nomen* [U] Verleitung, Verlockung

en·treat /ɪnˈtriːt/ *Verb* (*gehoben*) anflehen

en·treaty /ɪnˈtriːti/ *Nomen* (*Pl* **-ies**) Flehen, Bitte

en·trée /ˈɒntreɪ; *AmE* ˈɑːn-/ *Nomen* **1** (*BrE*) Vorspeise **2** (*AmE*) Hauptspeise **3** (*gehoben*) **~ (into/to sth)** Zutritt (zu etw)

en·trenched /ɪnˈtrentʃt; *AmE* -ˈtrenʃt/ *Adj* (*meist abwert*) verwurzelt ◊ *entrenched attitudes* tief verwurzelte Einstellungen

en·trench·ment /ɪnˈtrentʃmənt/ *Nomen* **1** [U] Verwurzelung **2** [meist Pl] Schützengraben

entre·pre·neur /ˌɒntrəprəˈnɜː(r); *AmE* ˌɑːn-/ *Nomen* Unternehmer(in)

en·tre·pre·neur·ial /ˌɒntrəprəˈnɜːriəl; *AmE* ˌɑːn-/ *Adj* unternehmerisch

en·trust /ɪnˈtrʌst/ *Verb* **~ sth to sb; ~ sb with sth** jdm etw anvertrauen; (*Aufgabe*) jdn mit etw betrauen

entry *Nomen* /ˈentri/ **1** Eintritt, Zutritt ◊ *No entry.* Einfahrt/Zutritt verboten. ◊ *gain entry* sich Zutritt verschaffen ◊ *museums that charge for entry* Museen, die Eintrittsgeld verlangen ◊ *grant/refuse sb entry to a country* jdm die Einreise in ein Land gestatten/verweigern ◊ *the entry of troops into the city* der Einmarsch von Truppen in die Stadt **2** (*zu einer Organisation etc.*) Beitritt ◊ *seek entry into/to the EU* den Beitritt zur EU anstreben ◊ *entry requirements* Aufnahmebedingungen **3** (*AmE auch* **entry·way** /ˈentriweɪ/) Eingang **4** (*im Lexikon, Tagebuch* *etc.*) Eintrag **5** Eingabe ◇ *data entry* Dateneingabe **6** (An)meldung ◇ *fifty entries for the 800 metres* 50 Meldungen für den 800-m-Lauf **7** Teilnahme ◇ *an entry fee* eine Teilnahmegebühr ◇ *Entry is open to anyone over 18.* Teilnehmen kann jeder, der das 18. Lebensjahr vollendet hat. **8** Beitrag ◇ *There have been some impressive entries in the photo competition.* Es sind einige sehr eindrucksvolle Beiträge zum Fotowettbewerb eingegangen. ◇ *Entries must arrive by 31 March.* Einsendeschluss ist der 31. März. **9** [Sing] Teilnehmerzahl ◇ *a large entry for the flower show* eine stattliche Teilnehmerzahl für die Blumenschau

Entry·phone™ /'entrɪfəʊn; *AmE* -foʊn/ *Nomen* (*BrE*) Sprechanlage

en·twine /ɪn'twaɪn/ *Verb* (*meist passiv*) ~ **sth (with/in sth)** etw (mit etw) umschlingen; ~ **sth round sth** etw um etw schlingen ◇ *They strolled through the park with (their) arms entwined.* Sie schlenderten Arm in Arm durch den Park. ◇ *Her destiny was closely entwined with his.* Ihr Schicksal war eng mit seinem verknüpft.

ˈE-number /'i: nʌmbə(r)/ *Nomen* (*BrE*) **1** E-Nummer **2** (*umgs*) Lebensmittelzusatz

enu·mer·ate /ɪ'njuːməreɪt; *AmE* ɪ'nuː-/ *Verb* (*gehoben*) aufzählen

enun·ci·ate /ɪ'nʌnsieɪt/ *Verb* artikulieren

en·velop /ɪn'veləp/ *Verb* ~ **sb/sth (in sth)** jdn/etw (in etw) einhüllen

en·vel·ope /'envələʊp, 'ɒn-; *AmE* 'envəloʊp, 'ɑːn-/ *Nomen* **1** (Brief)umschlag **2** (Plastik)hülle **IDM** ⇨ PUSH¹

en·vi·able /'enviəbl/ *Adj* beneidenswert

en·vi·ous /'enviəs/ *Adj* (*Adv* **en·vi·ous·ly**) ~ **(of sb/sth)** neidisch (auf jdn/etw)

en·vir·on·ment /ɪn'vaɪrənmənt/ *Nomen* **1 the environment** die Umwelt **2** Umfeld, Verhältnisse ◇ *the home environment* das Familienumfeld ◇ *the political environment* das politische Umfeld ◇ *an efficient working environment* ein funktioneller Arbeitsplatz

en·vir·on·men·tal /ɪn,vaɪrən'mentl/ *Adj* Umwelt- ◇ *environmental issues* Umweltbelange ◇ *an environmental health officer* ein Beamter des Gesundheitsamts

en·vir·on·men·tal·ist /ɪn,vaɪrən'mentəlɪst/ *Nomen* Umweltschützer(in)

en·vir·on·men·tal·ly /ɪn,vaɪrən'mentəli/ *Adv* umwelt- ◇ *an environmentally sensitive area* eine im Hinblick auf die Umwelt gefährdete Region

en,vironmentally ˈfriendly (*auch* **en,vironment-ˈfriendly**) *Adj* umweltfreundlich

en·vir·ons /ɪn'vaɪrənz/ *Nomen* [Pl] (*gehoben*) Umgebung ◇ *Berlin and its environs* Berlin und seine Umgebung

en·vis·age /ɪn'vɪzɪdʒ/ (*bes AmE* **en·vis·ion** /ɪn'vɪʒn/) *Verb* **1** ~ **sth** sich etw vorstellen ◇ *I can't envisage the plan working.* Ich kann mir nicht vorstellen, dass der Plan funktioniert. **2** ~ **doing sth** vorhaben etw zu tun ◇ *We don't envisage living here for very long.* Wir haben nicht vor, längere Zeit hier zu wohnen.

envoy /'envɔɪ/ *Nomen* Gesandte(r)

envy¹ /'envi/ *Nomen* ~ **(of sb/sth)** Neid (auf jdn/etw) ◇ *feel a pang/twinge of envy* einen Stich spüren ◇ *be green with envy* vor Neid erblassen **IDM** **be the envy of sb/sth** ◇ *Their racecourses are the envy of the world.* Die ganze Welt beneidet sie um ihre Rennbahnen.

envy² /'envi/ *Verb* (**en·vies**, **envy·ing**, **en·vied**, **en·vied**) ~ **sb/sth** jdn/etw beneiden; ~ **sb sth** jdn um etw beneiden ◇ *I don't envy David that job.* Um diese Aufgabe beneide ich David nicht. ◇ *I don't envy them living in that awful place.* Ich beneide sie nicht darum, dass sie in dieser schrecklichen Gegend wohnen.

en·zyme /'enzaɪm/ *Nomen* Enzym

eon (*BrE auch* **aeon**) /'iːən/ *Nomen* Äon, (*fig*) Ewigkeit

ep·aul·ette (*AmE meist* **ep·aulet**) /'epəlet/ *Nomen* Epaulette, Schulterklappe

épée /'eɪpeɪ, 'ep-/ *Nomen* Degen

ephem·eral /ɪ'femərəl/ *Adj* kurzlebig

epic¹ /'epɪk/ *Nomen* Epos

epic² /'epɪk/ *Adj* **1** episch ◇ *an epic poem* ein Heldengedicht **2** monumental ◇ *an epic struggle* ein monumentaler Kampf **3** gewaltig ◇ *a disaster of epic proportions* eine Katastrophe von gewaltigem Ausmaß

epi·centre (*AmE* **epi·cen·ter**) /'epɪsentə(r)/ *Nomen* Epizentrum

epi·dem·ic¹ /,epɪ'demɪk/ *Nomen* (*auch fig*) Epidemie

epi·dem·ic² /,epɪ'demɪk/ *Adj* seuchenhaft ◇ *reach epidemic proportions* seuchenhafte Ausmaße annehmen

epi·demi·ology /,epɪ,diːmi'ɒlədʒi; *AmE* -'ɑːl-/ *Nomen* Epidemiologie

epi·gram /'epɪɡræm/ *Nomen* Epigramm, Sinnspruch

epi·lepsy /'epɪlepsi/ *Nomen* Epilepsie

epi·lep·tic /,epɪ'leptɪk/ **1** *Adj* epileptisch **2** *Nomen* Epileptiker(in)

epi·logue (*AmE auch* **epi·log**) /'epɪlɒɡ; *AmE* -lɔːɡ, -lɑːɡ/ *Nomen* Epilog, Nachwort

Epiph·any /ɪ'pɪfəni/ *Nomen* Dreikönigstag

epis·cop·al /ɪ'pɪskəpl/ *Adj* **1** bischöflich **2 Episcopal** episkopal ◇ *the Episcopal Church* die Episkopalkirche (= die anglikanische Kirche in den USA und in Schottland)

epis·co·pa·lian (*meist* **Episcopalian**) /ɪ,pɪskə'peɪliən/ *Nomen* = Mitglied der Episkopalkirche

epi·sode /'epɪsəʊd; *AmE* -soʊd/ *Nomen* **1** Vorfall, Episode **2** (TV) Folge

epi·sod·ic /,epɪ'sɒdɪk; *AmE* -'sɑːd-/ *Adj* (*gehoben*) episodisch, episodenhaft

epis·tle /ɪ'pɪsl/ *Nomen* **1** (*meist hum*) Schreiben ◇ *I got another long epistle from him today.* Ich habe heute schon wieder eins seiner langen Schreiben bekommen. **2 Epistle** (REL) (Apostel)brief, Epistel

epis·tol·ary /ɪ'pɪstələri; *AmE* -leri/ *Adj* (*gehoben*) Brief-, in Briefform

epi·taph /'epɪtɑːf; *AmE* -tæf/ *Nomen* **1** Grabinschrift **2** ~ **(to sb/sth)** Mahnmal (für jdn/etw)

epi·thet /'epɪθet/ *Nomen* **1** Bezeichnung, Beiname **2** (*bes AmE*) Schimpfname ◇ *racial epithets* rassistische Schimpfnamen

epit·ome /ɪ'pɪtəmi/ *Nomen* **the** ~ **of sth** der Inbegriff von etw

epit·om·ize (*BrE auch* **-ise**) /ɪ'pɪtəmaɪz/ *Verb* verkörpern

epoch /'iːpɒk; *AmE* 'epək/ *Nomen* **1** (*gehoben*) Epoche **2** (GEOL) Abteilung

ˈepoch-making *Adj* (*gehoben*) epochal, Epoche machend

epony·mous /ɪ'pɒnɪməs; *AmE* ɪ'pɑːn-/ *Adj* eponym, namengebend ◇ *the eponymous hero* der Titelheld

equ·able /'ekwəbl/ *Adj* (*Adv* **equ·ably** /-əbli/) ausgeglichen ◇ *an equable climate* ein ausgeglichenes Klima

equal¹ /'iːkwəl/ *Adj* **1** gleich ◇ *two pieces of equal length* zwei gleich lange Stücke ◇ *There is an equal number of boys and girls in the class.* In der Klasse gibt es genauso viele Jungen wie Mädchen. **2 be ~ to sth** einer Sache entsprechen ◇ *One unit of alcohol is equal to a glass of wine.* Eine Alkoholeinheit entspricht einem Glas Wein. **3** gleich, gleichberechtigt ◇ *equal rights* gleiche Rechte ◇ *equal opportunities* Chancengleichheit ◇ *the principle that men and women should be equal before the law* das Prinzip der Gleichheit von Frauen und Männern vor dem Gesetz ◇ *a more equal society* eine Gesellschaft, in der es mehr Gleichheit gibt **4** ~ **to sth** (*gehoben*) einer Sache gewachsen ◇ *I hope that he proves equal to the challenge.* Ich hoffe, dass er der Herausforderung gewachsen ist. **IDM** **on ˌequal ˈterms (with sb)** (mit jdm) unter gleichen Bedingungen ◇ *compete on equal terms with overseas rivals* mit ausländischen Rivalen unter gleichen Bedingungen konkurrieren ☞ *Siehe auch* THING

equal² /'iːkwəl/ *Nomen* **1** Gleichgestellte(r) ◇ *She treats the people who work for her as (her) equals.* Sie behandelt ihre Mitarbeiter als Gleichgestellte. **2** (*Dinge*) ◇ *Our cars are the equal of those produced anywhere in the world.* Unsere Autos stehen den in der restlichen Welt produzierten in nichts nach. **IDM** **be without ˈequal; have no ˈequal** (*gehoben*) nicht seines-/ihresgleichen haben; einmalig sein

equal³ /'iːkwəl/ *Verb* (**-ll-**, *AmE* **-l-**) **1** gleich sein ◇ *x plus y equals z.* x plus y ist (gleich) z. **2** ~ **sb/sth** jdm/etw gleichkommen, an jdn/etw heranreichen ◇ *equal the world record* den Weltrekord einstellen ◇ *For one-liners there has never been anyone to equal her.* Was trockene Bemerkungen angeht, kommt niemand an sie heran.

equal·ity /i'kwɒləti; *AmE* i'kwɑː-/ *Nomen* Gleichheit,

Gleichberechtigung ◊ *equality of opportunity* Chancengleichheit ☛ Häufig spricht man auch von **equal opportunities**.

equal·ize (*BrE auch* **-ise**) /ˈiːkwəlaɪz/ *Verb* **1** ausgleichen **2** (SPORT) den Ausgleich erzielen

equal·izer (*BrE auch* **-iser**) /ˈiːkwəlaɪzər/ *Nomen* **1** (*BrE*) (SPORT) Ausgleichstreffer **2** (ELEK) Equalizer

equal·ly /ˈiːkwəli/ *Adv* **1** gleich, ebenso ◊ *Diet and exercise are equally important.* Richtige Ernährung und körperliche Bewegung sind gleich wichtig. ◊ *This job could be done equally well by a computer.* Diese Arbeit könnte ebenso gut von einem Computer verrichtet werden. **2** gleichmäßig ◊ *The money was divided equally among her children.* Das Geld wurde zu gleichen Teilen auf ihre Kinder verteilt. **3** gleichermaßen ◊ *Equally, we've got to consider the cost.* Wir müssen aber gleichermaßen die Kosten in Betracht ziehen.

equa·nim·ity /ˌekwəˈnɪməti/ *Nomen* (*gehoben*) Gelassenheit

equate /ɪˈkweɪt/ *Verb* **~ sth (with sth)** etw (mit etw) gleichsetzen ◊ *He equates success with material wealth.* Er setzt materiellen Reichtum mit Erfolg gleich. ◊ *You can't really equate the two things.* Das kann man doch nicht gleichsetzen. PHR V **e'quate to sth** einer Sache entsprechen

equa·tion /ɪˈkweɪʒn/ *Nomen* **1** Gleichung **2** Gleichsetzung ◊ *the equation of wealth with happiness* die Gleichsetzung von Reichtum und Glück

equa·tor /ɪˈkweɪtə(r)/ *Nomen* Äquator

equa·tor·ial /ˌekwəˈtɔːriəl/ *Adj* äquatorial, Äquator-

equer·ry /ɪˈkweri, ˈekwəri/ *Nomen* Kammerherr

eques·trian /ɪˈkwestriən/ *Adj* Reit(er)- ◊ *equestrian events* Reitturniere

equi·dis·tant /ˌiːkwɪˈdɪstənt, ˌek-/ *Adj* nicht vor Nomen **~ (from sth)** (*gehoben*) (von etw) gleich weit entfernt

equi·lat·eral /ˌiːkwɪˈlætərəl, ˌek-/ *Adj* (*in der Geometrie*) gleichseitig

equi·lib·rium /ˌiːkwɪˈlɪbriəm, ˌek-/ *Nomen* [U/Sing] Gleichgewicht

equine /ˈekwaɪn/ *Adj* (*gehoben*) Pferde-, Reit-

equi·nox /ˈiːkwɪnɒks, ˈek-; *AmE* -nɑːks/ *Nomen* Tagundnachtgleiche ◊ *the spring equinox* die Frühjahrs-Tagundnachtgleiche

equip /ɪˈkwɪp/ *Verb* **(-pp-)** **~ yourself/sb/sth (with sth)** **1** sich/jdn/etw (mit etw) ausstatten ◊ *equip a workshop* eine Werkstatt einrichten ◊ *All students should be equipped with a calculator.* Alle Schüler sollten mit einem Taschenrechner ausgerüstet sein. **2 ~ sb for sth** jdn auf etw vorbereiten

equip·ment /ɪˈkwɪpmənt/ *Nomen* [U] Geräte, Ausrüstung ◊ *a useful piece of equipment for the kitchen* ein nützliches Gerät für die Küche ◊ *electrical equipment* elektrische Geräte ☛ *Hinweis bei* AUSRÜSTUNG

equit·able /ˈekwɪtəbl/ *Adj* (*Adv* **equit·ably** /-bli/) (*gehoben*) gerecht

equity /ˈekwəti/ *Nomen* **1** (FINANZ) (Eigen)kapital **2 equities** [Pl] (FINANZ) Stammaktien **3** (*gehoben*) Gerechtigkeit

equiva·lence /ɪˈkwɪvələns/ *Nomen* (*gehoben*) Entsprechung, Äquivalenz

equiva·lent¹ /ɪˈkwɪvələnt/ *Adj* **1** entsprechend **2 be ~ to sth** einer Sache entsprechen ◊ *Eight kilometres is roughly equivalent to five miles.* Acht Kilometer entsprechen ungefähr fünf Meilen.

equiva·lent² /ɪˈkwɪvələnt/ *Nomen* **~ (of/to sth)** Pendant (zu etw), Gegenwert ◊ *the equivalent in francs* der Gegenwert in Franken ◊ *Congress, the American equivalent of the House of Lords* der Kongress, das amerikanische Pendant zum House of Lords ◊ *There is no German word that is the exact equivalent of the English word 'home'.* Es gibt kein deutsches Wort, das genau dem englischen Wort „home" entspricht.

equivo·cal /ɪˈkwɪvəkl/ *Adj* (*gehoben*) zweideutig, vage ◊ *give an equivocal answer* zweideutig antworten ◊ *The experiments produced equivocal results.* Die Experimente ergaben keine eindeutigen Ergebnisse.

equivo·ca·tion /ɪˌkwɪvəˈkeɪʃn/ *Nomen* (*gehoben*) Ausflucht, Wortverdrehung

ER /ˌiː ˈɑː(r)/ *Abk* (*AmE*) = EMERGENCY ROOM

er /ɜː(r)/ *Ausruf* (*BrE*) äh ◊ *'Are you coming?' 'Er, yes, I suppose so.'* „Kommst du?" „Äh, ja, ich denke schon."

era /ˈɪərə; *AmE* ˈɪrə, ˈerə/ *Nomen* Ära ◊ *the post-war era* die Nachkriegszeit

eradi·cate /ɪˈrædɪkeɪt/ *Verb* ausrotten

eradi·ca·tion /ɪˌrædɪˈkeɪʃn/ *Nomen* Ausrottung

erase /ɪˈreɪz; *AmE* ɪˈreɪs/ *Verb* **1 ~ sth (from sth)** etw (aus etw) auslöschen ◊ *erase the memory of the disaster* die Erinnerung an das Unglück auslöschen **2** ausradieren **3** (*Computer, Band*) löschen

eraser /ɪˈreɪzə(r); *AmE* ɪˈreɪsər/ *Nomen* (*BrE, gehoben oder AmE*) Radiergummi

eras·ure /ɪˈreɪʒə(r)/ *Nomen* (*gehoben*) Löschen, Auslöschung, Ausradieren

ere /eə(r); *AmE* er/ *Konj, Präp* (*veraltet*) vor, binnen kurzem

erect¹ /ɪˈrekt/ *Adj* **1** (*gehoben*) gerade ◊ *stand erect* gerade stehen **2** (*Penis*) erigiert, steif

erect² /ɪˈrekt/ *Verb* (*gehoben*) **1** (*Gebäude, Denkmal*) errichten **2** (*Gerüst, Zelt*) aufstellen

erec·tion /ɪˈrekʃn/ *Nomen* **1** Erektion **2** [U] (*gehoben*) Errichtung; (*von Baugerüsten, Zelten*) Aufstellen **3** (*gehoben*) Bau

er·go·nom·ic /ˌɜːɡəˈnɒmɪk; *AmE* ˌɜːrɡəˈnɑːm-/ *Adj* (*Adv* **er·go·nom·ic·al·ly** /-kli/) ergonomisch ◊ *ergonomically designed offices* ergonomisch konzipierte Büros

er·go·nom·ics /ˌɜːɡəˈnɒmɪks; *AmE* ˌɜːrɡəˈnɑːm-/ *Nomen* Ergonomie ☛ *Hinweis bei* ECONOMICS

er·mine /ˈɜːmɪn; *AmE* ˈɜːrmɪn/ *Nomen* Hermelin

erode /ɪˈrəʊd; *AmE* ɪˈroʊd/ *Verb* (*meist passiv*) **1** abtragen **2 ~ away** verwittern **3** (*Rechte, Selbstvertrauen, Überzeugung*) untergraben; (*Wert*) schmälern ◊ *pensions eroded by inflation* durch die Inflation geschmälerte Renten

er·ogen·ous zone /ɪˈrɒdʒənəs zəʊn; *AmE* ɪˈrɑːdʒ-: -zoʊn/ *Nomen* erogene Zone

ero·sion /ɪˈrəʊʒn; *AmE* ɪˈroʊʒn/ *Nomen* **1** Erosion ◊ *soil erosion* Bodenerosion **2** (*von einer Position, von Selbstvertrauen*) Untergrabung

erot·ic /ɪˈrɒtɪk; *AmE* ɪˈrɑːtɪk/ *Adj* (*Adv* **erot·ic·al·ly** /-kli/) erotisch

eroti·cism /ɪˈrɒtɪsɪzəm; *AmE* ɪˈrɑːt-/ *Nomen* Erotik

err /ɜː(r); *AmE* er/ *Verb* (*gehoben*) irren IDM **err on the side of sth** ◊ *It's better to err on the side of caution.* Man kann nicht vorsichtig genug sein.

er·rand /ˈerənd/ *Nomen* Besorgung, Botengang ◊ *She was sent into town on an errand.* Sie wurde in die Stadt geschickt um etwas zu besorgen.

er·rant /ˈerənt/ *Adj* nur vor Nomen (*gehoben oder hum*) **1** fehlgeleitet **2** untreu

er·rat·ic /ɪˈrætɪk/ *Adj* (*oft abwert*) (*Adv* **er·rat·ic·al·ly** /-kli/) ungleichmäßig; (*Verhalten, Leistung*) unausgeglichen

er·ratum /eˈrɑːtəm/ (*Pl* **er·rata** /-tə/) *Nomen* [*meist Pl*] **1** Druckfehler **2** Errata, Druckfehlerverzeichnis

er·ro·ne·ous /ɪˈrəʊniəs; *AmE* ɪˈroʊ-/ *Adj* (*gehoben*) falsch

er·ro·ne·ous·ly /ɪˈrəʊniəsli/ *Adv* irrtümlicherweise

error /ˈerə(r)/ *Nomen* **1** Fehler ◊ *an error of judgement* eine falsche Entscheidung ◊ *an error message* eine Fehlermeldung ☛ *Hinweis bei* FEHLER **2** [U] ◊ *human error* menschliches Versagen ◊ *in error* aus Versehen IDM **see, realize, etc. the ˌerror of your ˈways** (*gehoben oder hum*) seine Fehler einsehen ☛ *Siehe auch* TRIAL¹

erst·while /ˈɜːstwaɪl; *AmE* ˈɜːrst-/ *Adj* (*gehoben*) nur vor *Nomen* einstig

eru·dite /ˈerudaɪt/ *Adj* (*gehoben*) gelehrt

eru·di·tion /ˌeruˈdɪʃn/ *Nomen* Gelehrsamkeit

erupt /ɪˈrʌpt/ *Verb* **1** (*Vulkan*) ausbrechen **2** ausstoßen ◊ *Rocks and lava were erupted.* Geröll und Lava wurden ausgestoßen. **3** (*Lava*) ausströmen **4 ~ into sth** in etw umschlagen ◊ *The protest erupted into violence.* Die Proteste schlugen in offene Gewalt um. **5** explodieren; **~ in/into sth** in etw ausbrechen ◊ *The crowd erupted into cheers.* Die Menge brach in Jubel aus. **6** ◊ *A rash erupted all over his back.* Er hat auf seinem ganzen Rücken einen Ausschlag bekommen.

erup·tion /ɪˈrʌpʃn/ *Nomen* Ausbruch, Eruption ◊ *a volcanic eruption* ein Vulkanausbruch

es·cal·ate /ˈeskəleɪt/ *Verb* **1** eskalieren ◊ *the escalating*

escalation

costs of health care die steigenden Kosten des Gesundheitswesens **2** eskalieren lassen **3** ~ **into sth** sich zu etw ausweiten

es·cal·ation /ˌeskəˈleɪʃn/ *Nomen* [U] **1** Eskalation, Ausweitung ◊ *further escalation of the conflict* eine Ausweitung der Kämpfe **2** (*der Preise*) Steigerung

es·cal·ator /ˈeskəleɪtə(r)/ *Nomen* Rolltreppe

es·cal·ope /ˈeskəlɒp, eˈskælɒp; *AmE* ɪˈskɑːləp, ɪˈskæ-/ *Nomen* Schnitzel

es·cap·ade /ˌeskəˈpeɪd, ˈeskəpeɪd/ *Nomen* Abenteuer, Streich

es·cape¹ /ɪˈskeɪp/ *Verb* **1** ~ (**from sb**) (vor jdm) fliehen, (jdm) entkommen; ~ **from sth** aus etw fliehen, aus etw entkommen ◊ *Two prisoners have escaped.* Zwei Gefangene sind entflohen. ◊ *He often escaped into a dream world.* Er flüchtete sich oft in eine Traumwelt. ◊ *escape from a burning car* sich aus einem brennenden Auto retten **2** ~ **sb/sth** jdm/etw entkommen ◊ *escape punishment* einer Strafe entgehen ◊ *He narrowly escaped being killed.* Er kam gerade noch mit dem Leben davon. ◊ *There's no escaping the fact that …* Es lässt sich nicht leugnen, dass … **3** ~ (**with sth**) (mit etw) davonkommen ◊ *escape with minor injuries* mit leichten Verletzungen davonkommen ◊ *Both drivers escaped unhurt.* Beide Fahrer blieben unverletzt. **4** (*kein Passiv*) entfallen, entgehen ◊ *Her name escapes me.* Ihr Name ist mir entfallen. ◊ *It might have escaped your notice, but …* Es ist dir vielleicht entgangen, aber … **5** entweichen, (*von Gas*) ausströmen ◊ *toxic waste escaping into the sea* ins Meer entweichender Giftmüll **6** ~ **sth** einer Sache entfahren ◊ *A moan escaped her lips.* Ein Stöhnen entfuhr ihr.

es·cape² /ɪˈskeɪp/ *Nomen* **1** ~ (**from sth**) Flucht (aus etw) ◊ *make your escape* die Flucht ergreifen ◊ *an escape route* ein Fluchtweg ◊ *I had a narrow escape.* Ich bin mit knapper Not davongekommen. ◊ *That was a lucky escape.* Noch mal Glück gehabt. ◊ *There was no hope of escape.* Es gab kein Entkommen. **2** (*von Gas*) Austritt **IDM** **make ˌgood your eˈscape** (*gehoben*) entkommen

es·caped /ɪˈskeɪpt/ *Adj nur vor Nomen* entflohen

es·capee /ɪˌskeɪˈpiː/ *Nomen* (*gehoben*) Ausbrecher(in)

es·cap·ism /ɪˈskeɪpɪzəm/ *Nomen* Realitätsflucht

es·cap·ist /ɪˈskeɪpɪst/ *Adj* ◊ *escapist literature* Trivialliteratur ◊ *escapist fantasies* Tagträumereien

es·carp·ment /ɪˈskɑːpmənt; *AmE* ɪˈskɑːrp-/ *Nomen* Steilhang

es·cort¹ /ˈeskɔːt; *AmE* ˈeskɔːrt/ *Nomen* **1** Eskorte ◊ *Prisoners are taken to court under police escort.* Häftlinge werden unter Polizeibewachung zum Gericht gebracht. **2** (*gehoben oder veraltet*) Begleiter ◊ *I'm Miranda's escort for the ball.* Ich begleite Miranda zum Ball. **3** Begleiter, Hostess ◊ *an escort agency* eine Begleitagentur

es·cort² /ɪˈskɔːt; *AmE* ɪˈskɔːrt/ *Verb* begleiten ◊ *Let me escort you home.* Darf ich Sie nach Hause bringen?

Es·kimo /ˈeskɪməʊ; *AmE* -moʊ/ *Nomen* Eskimo ☛ Die Bezeichnung **Inuit** wird jetzt vorgezogen.

ESL /ˌiː es ˈel/ *Kurzform von* **English as a Second Language** Englisch als Zweitsprache

esopha·gus (*AmE*) = OESOPHAGUS

eso·ter·ic /ˌesəˈterɪk, ˌiːsə-/ *Adj* (*gehoben*) esoterisch

ESP /ˌiː es ˈpiː/ **1** *Kurzform von* **English for Specific/Special Purposes** Fachsprache Englisch **2** *Kurzform von* **extrasensory perception** außersinnliche Wahrnehmung

esp *Kurzform von* **especially** besonders

es·pe·cial /ɪˈspeʃl/ *Adj nur vor Nomen* (*BrE, gehoben*) besondere(r,s)

es·pe·cial·ly /ɪˈspeʃəli/ *Adv* **1** besonders, vor allem **2** extra ◊ *I made it especially for you.* Ich habe es für dich gemacht. ☛ In diesem Fall wird häufiger „specially" verwendet. ☛ *Hinweis bei* SPEZIELL

es·pi·on·age /ˈespiənɑːʒ/ *Nomen* Spionage

es·pouse /ɪˈspaʊz/ *Verb* (*gehoben*) eintreten für

Esq *Kurzform von* **Esquire 1** (*bes BrE, veraltet*) (*in Adressen statt „Mr"*) Herr(n) ◊ *Edgar Broughton, Esq* Herrn Edgar Broughton **2** (*AmE*) = in Adressen an einen Rechtsanwalt/eine Rechtsanwältin verwendet ◊ *Ann Fennell, Esq* Frau Ann Fennell

essay /ˈeseɪ/ *Nomen* **1** ~ (**on/about sth**) Aufsatz (zu/über etw) ◊ *I'm writing an essay on Italian art.* Ich schreibe einen Aufsatz über italienische Kunst. **2** ~ (**in sth**) (*gehoben*) Versuch (in etw) ◊ *an essay in governmental reform* der Versuch einer Regierungsreform

es·sence /ˈesns/ *Nomen* **1** Wesen, Kern ◊ *the essence of the argument* der Kern des Arguments ◊ *The author captures the essence of twenties' Berlin.* Dem Autor gelingt es, das Berlin der Zwanzigerjahre einzufangen. ◊ *The situation is, in essence, the same.* Die Lage ist, im Grunde genommen, die gleiche. **2** Essenz, Aroma **IDM** **of the ˈessence** wesentlich ◊ *Speed is of the essence.* Eile ist geboten.

es·sen·tial¹ /ɪˈsenʃl/ *Adj* **1** ~ (**to/for sth**) notwendig (für etw), wesentlich (für etw) ◊ *an essential part of the job* ein wesentlicher Bestandteil der Arbeit ◊ *Experience is essential for this job.* Erfahrung ist für diese Arbeit unabdingbar. ◊ *It is essential that all changes are recorded.* Es ist unbedingt erforderlich, alle Veränderungen aufzuzeichnen. ◊ *Money is not essential to happiness.* Man kann auch ohne Geld glücklich sein. **2** grundlegend ◊ *That is the essential difference between us.* Das ist der grundlegende Unterschied zwischen uns.

es·sen·tial² /ɪˈsenʃl/ *Nomen* [meist Pl] **1** ◊ *This book is an essential for parents.* Dieses Buch ist für Eltern unerlässlich. ◊ *I only had time to pack the bare essentials.* Ich hatte nur Zeit, das Allernotwendigste zu packen. **2** [Pl] das Wesentliche ◊ *the essentials of English grammar* die Grundzüge der englischen Grammatik

es·sen·tial·ly /ɪˈsenʃəli/ **1** grundsätzlich ◊ *There are three essentially different ways of doing it.* Es gibt drei grundsätzlich verschiedene Möglichkeiten, es zu tun. ◊ *He was, essentially, a teacher, not a manager.* Im Grunde genommen war er ein Lehrer, kein Manager. **2** prinzipiell ◊ *The basic pattern is essentially the same.* Das Grundmuster ist prinzipiell dasselbe.

esˌsential ˈoil *Nomen* ätherisches Öl

es·tab·lish /ɪˈstæblɪʃ/ *Verb* **1** gründen **2** herstellen ◊ *establish a close relationship with the local business community* eine enge Beziehung zur Wirtschaft in der Region herstellen **3** ~ **sb/yourself** (**in sth**) (**as sth**) jdn/sich (als etw) etablieren **4** festigen ◊ *His second novel established his reputation as a writer.* Sein zweiter Roman festigte seinen Ruf als Schriftsteller. **5** feststellen ◊ *The police are trying to establish where he was at the time of the incident.* Die Polizei versucht festzustellen, wo er zum Zeitpunkt der Tat war.

es·tab·lished /ɪˈstæblɪʃt/ *Adj nur vor Nomen* **1** etabliert ◊ *This unit is now an established part of the course.* Diese Einheit ist inzwischen ein fester Bestandteil des Lehrgangs. **2** anerkannt ◊ *an established actor* ein anerkannter Schauspieler **3** Staats- ◊ *the established church in England* die englische Staatskirche

es·tab·lish·ment /ɪˈstæblɪʃmənt/ *Nomen* **1** (*gehoben*) Einrichtung ◊ *an educational establishment* eine Bildungsanstalt ◊ *The hotel is a well-run establishment.* Das Hotel ist ein gut geführtes Haus. **2** **the Establishment** (*abwert*) das Establishment ☛ G 1.3a **3** [U] Gründung ◊ *the establishment of a new university* die Gründung einer neuen Universität ◊ *the establishment of diplomatic relations* die Aufnahme diplomatischer Beziehungen

es·tate /ɪˈsteɪt/ *Nomen* **1** (Land)gut **2** (*BrE*) Wohnsiedlung, Gewerbegebiet, Industriepark **3** (RECHT) (*zu Lebzeiten*) Besitz; (*nach dem Tod*) Nachlass

esˈtate agent *Nomen* (*BrE*) Immobilienmakler(in)

esˈtate car *Nomen* (*BrE*) Kombi(wagen)

es·teem¹ /ɪˈstiːm/ *Nomen* (*gehoben*) Achtung ◊ *She is held in great esteem by her colleagues.* Ihre Kollegen schätzen sie sehr. ◊ *a token of our esteem* ein kleines Zeichen unserer Hochachtung

es·teem² /ɪˈstiːm/ *Verb* (*gehoben*) (*nicht in der Verlaufsform*) (*meist passiv*) schätzen ◊ *two highly esteemed scientists* zwei hoch geschätzte Wissenschaftler

es·thete, es·thet·ic (*AmE*) = AESTHETE, AESTHETIC

es·ti·mate¹ /ˈestɪmət/ *Nomen* **1** Schätzung ◊ *official estimates* offizielle Schätzungen ◊ *That's a conservative estimate.* Das ist vorsichtig geschätzt. ◊ *Can you give me a rough estimate of how long it will take?* Können Sie mir ungefähr sagen, wie lange es dauern wird? **2** Kostenvoranschlag

es·ti·mate² /ˈestɪmeɪt/ *Verb* (*meist passiv*) ~ **sth** (**at sth**) etw (auf etw) schätzen ◊ *The satellite will cost an estimated*

400 million. Die Kosten des Satelliten werden auf 400 Millionen geschätzt.

es·ti·ma·tion /ˌestɪˈmeɪʃn/ *Nomen (gehoben)* **1** [Sing] Achtung, Meinung ◊ *He's gone down in my estimation.* Er ist in meiner Achtung gesunken. **2** Einschätzung ◊ *in my estimation* meiner Einschätzung nach

es·tranged /ɪˈstremdʒd/ *Adj (gehoben)* **1** getrennt lebend ◊ *his estranged wife* seine von ihm getrennt lebende Frau **2 become ~ (from sb)** mit jdm keinen Kontakt mehr haben ◊ *He became estranged from his family.* Er hatte keinen Kontakt mehr zu seiner Familie.

estrogen (*AmE*) = OESTROGEN

es·tu·ary /ˈestʃuəri; *AmE* -eri/ (*Pl* **-ies**) *Nomen* (Fluss)mündung

et al /et ˈæl/ *Abk* et al., u.a. ◊ *studies by Westman et al* Untersuchungen von Westman u.a.

etc. *Kurzform von* **et cetera** /ˌet ˈsetərə, ˌɪt-/ etc., usw.

etch /etʃ/ *Verb* **1 ~ A (with B)** (B in/auf) A ätzen; **~ B (in/on/onto A)** (B in/auf) A ätzen, B (in/auf A) eingravieren ◊ *etch a glass with his initials/etch his initials on a glass* seine Initialen in ein Glas eingravieren **2** (*gehoben*) zeichnen ◊ *His face was etched with tiredness.* Sein Gesicht war von Müdigkeit gezeichnet. [IDM] **be etched on your 'memory/'mind** sich einem unauslöschlich einprägen ◊ *The incident was etched on her mind.* Der Vorfall hatte sich ihr unauslöschlich eingeprägt.

etch·ing /ˈetʃɪŋ/ *Nomen* Radierung

eter·nal /ɪˈtɜːnl; *AmE* ɪˈtɜːrnl/ *Adj (Adv* **eter·nal·ly** /-nəli/) ewig ◊ *She's an eternal optimist.* Sie ist eine ewige Optimistin. ◊ *I'm tired of your eternal arguments.* Ich bin deine ewige Streiterei leid.

eter·nity /ɪˈtɜːnəti; *AmE* ɪˈtɜːrn-/ *Nomen (gehoben)* Ewigkeit ◊ *for all eternity (of evermore)* (bis) in die Ewigkeit ◊ *After what seemed like an eternity I got the results of the test.* Es schien eine Ewigkeit zu dauern, bis ich die Testergebnisse bekam.

ether·eal /iˈθɪəriəl; *AmE* iˈθɪr-/ *Adj (gehoben)* ätherisch

Ether·net /ˈiːθənet/ *Nomen* (COMP) Ethernet

ethic /ˈeθɪk/ *Nomen* **1 eth·ics** [Pl] Ethos ◊ *medical ethics* das ärztliche Ethos ◊ *The ethics of his decision are doubtful.* Seine Entscheidung ist moralisch fragwürdig. ◊ *a code of ethics* ein Moralkodex **2 eth·ics** [U] (PHILOS) Ethik ☛ *Hinweis bei* ECONOMICS **3** [Sing] Moral ◊ *the Protestant work ethic* die protestantische Arbeitsethik

eth·ic·al /ˈeθɪkl/ *Adj (Adv* **eth·ic·al·ly** /-kli/) **1** *nur vor Nomen* ethisch ◊ *ethical questions/problems* ethische Fragen/Probleme **2** moralisch ◊ *That would not be ethical.* Das wäre unmoralisch. ◊ *He had not behaved ethically.* Er hatte sich unmoralisch verhalten.

eth·nic /ˈeθnɪk/ *Adj* **1** (*Adv* **eth·nic·al·ly** /-kli/) ethnisch ◊ *ethnic groups/communities* ethnische Gruppen/Gemeinschaften ◊ *ethnic cleansing* ethnische Säuberung ◊ *ethnic minorities* ethnische Minderheiten ◊ *ethnic Albanians in Kosovo* Einwohner Kosovos albanischer Abstammung **2** folkloristisch, exotisch

eth·ni·city /eθˈnɪsəti/ *Nomen* Ethnizität

ethno·cen·tric /ˌeθnəʊˈsentrɪk/ *Adj* ethnozentristisch

eth·nog·raphy /eθˈnɒɡrəfi; *AmE* -ˈnɑːɡ-/ *Nomen* Völkerkunde

ethos /ˈiːθɒs; *AmE* ˈiːθɑːs/ *Nomen* [Sing] (*gehoben*) Ethos

eti·quette /ˈetɪket, -kət/ *Nomen* Etikette ◊ *advice on etiquette* Ratschläge für richtiges Benehmen ◊ *medical etiquette* Verhaltenskodex für Mediziner

ety·mol·ogy /ˌetɪˈmɒlədʒi; *AmE* -ˈmɑːl-/ *Nomen (Pl* **-ies**) Etymologie

EU /ˌiː ˈjuː/ *Abk* = EUROPEAN UNION

eu·ca·lyp·tus /ˌjuːkəˈlɪptəs/ *Nomen (Pl* **eu·ca·lyp·ti**) (*auch* **euca'lyptus tree**) Eukalyptus(baum)

eu·char·ist /ˈjuːkərɪst/ *Nomen* [Sing] Eucharistie, (heiliges) Abendmahl

eu·gen·ics /juːˈdʒenɪks/ *Nomen* [U] Eugenik

eu·logy /ˈjuːlədʒi/ *Nomen (Pl* **-ies**) **1 ~ (of/to sb/sth)** Lobrede (auf jdn/etw) **2 ~ (for/to sb)** (*bes AmE*) Grabrede (für jdn)

eu·nuch /ˈjuːnək/ *Nomen* Eunuch

eu·phem·ism /ˈjuːfəmɪzəm/ *Nomen* Euphemismus, beschönigende Umschreibung

eu·phem·is·tic /ˌjuːfəˈmɪstɪk/ *Adj (Adv* **eu·phem·is·tic·al·ly** /ˌjuːfəˈmɪstɪkli/) euphemistisch

eu·pho·nium /juːˈfəʊniəm; *AmE* -ˈfoʊ-/ *Nomen* Euphonium

eu·phoria /juːˈfɔːriə/ *Nomen* Euphorie, Hochstimmung ◊ *I was in a state of euphoria all day.* Ich war den ganzen Tag in Hochstimmung.

eu·phor·ic /juːˈfɒrɪk; *AmE* -ˈfɔːr-, -ˈfɑːr-/ *Adj* euphorisch

Euro /ˈjʊərəʊ; *AmE* ˈjʊroʊ/ *Adj (umgs)* Euro- ◊ *Euro rules* Euro-Vorschriften

euro /ˈjʊərəʊ; *AmE* ˈjʊroʊ/ *Nomen (Pl* **-os** *oder* **euro**) (*Währung)* Euro

ˈEuro-MP *Nomen* Euro-Parlamentarier

Eur·ope /ˈjʊərəp; *AmE* ˈjʊrəp/ *Nomen* **1** Europa **2** die Europäische Union ◊ *countries wanting to join Europe* Länder, die der Europäischen Union beitreten wollen **3** (*BrE*) Kontinentaleuropa

Euro·pean[1] /ˌjʊərəˈpiːən; *AmE* ˌjʊr-/ *Nomen* **1** Europäer(in) **2** (*BrE*) Pro-Europäer(in)

Euro·pean[2] /ˌjʊərəˈpiːən; *AmE* ˌjʊr-/ *Adj* **1** europäisch ◊ *European languages* europäische Sprachen **2** EU- ◊ *the single European market* der EU-Binnenmarkt

the ˌEuropean ˈUnion *Nomen (Abk* **EU**) die Europäische Union

Euro·zone /ˈjʊərəʊzəʊn; *AmE* ˈjʊroʊzoʊn/ *Nomen* **the Eurozone** Euroland, Euro-Zone

eu·tha·nasia /ˌjuːθəˈneɪziə; *AmE* -ˈneɪʒə/ *Nomen* Euthanasie, Sterbehilfe ◊ *legalizing voluntary euthanasia* die Legalisierung einer vom Patienten gewünschten Sterbehilfe

evacu·ate /ɪˈvækjueɪt/ *Verb* **1** evakuieren ◊ *They had ten minutes to evacuate the people from the store.* Sie hatten zehn Minuten Zeit, um die Menschen aus dem Geschäft zu evakuieren. **2** verlassen ◊ *Families had to evacuate their homes.* Familien mussten ihre Häuser verlassen.

evacu·ation /ɪˌvækjuˈeɪʃn/ *Nomen* Evakuierung

evac·uee /ɪˌvækjuˈiː/ *Nomen* Evakuierte(r)

evade /ɪˈveɪd/ *Verb* **1 ~ sb/sth** jdm/etw ausweichen ◊ *He evaded my eye.* Er wich meinem Blick aus. **2 ~ sth** sich einer Sache entziehen ◊ *evade capture by the police* sich der Festnahme der Polizei entziehen ◊ *He cannot evade responsibility.* Er kann sich der Verantwortung nicht entziehen. ◊ *evade tax* Steuern hinterziehen

evalu·ate /ɪˈvæljueɪt/ *Verb* einschätzen ◊ *evaluate the effects of sth* die Auswirkungen von etw einschätzen ◊ *Several other proposals are still being evaluated.* Verschiedene andere Vorschläge werden noch ausgewertet.

evalu·ation /ɪˌvæljuˈeɪʃn/ *Nomen* Evaluierung, Beurteilung, Einstufung

evan·gel·ic·al /ˌiːvænˈdʒelɪkl/ *Adj* **1 Evangelical** evangelikal **2** *Adj* missionarisch **3** *Nomen* Evangelikale(r)

evan·gel·ism /ɪˈvændʒəlɪzəm/ *Nomen* Evangelisierung

evan·gel·ist /ɪˈvændʒəlɪst/ *Nomen* Evangelist

evap·or·ate /ɪˈvæpəreɪt/ *Verb* **1** verdunsten, verdampfen **2** (*fig*) verfliegen, schwinden ◊ *evaporate into thin air* sich in Luft auflösen

eˌvaporated ˈmilk *Nomen* Kondensmilch

evap·or·ation /ɪˌvæpəˈreɪʃn/ *Nomen* Verdunstung, Verdampfung

eva·sion /ɪˈveɪʒn/ *Nomen* **1** Ausweichen, Vermeidung ◊ *tax evasion* Steuerhinterziehung **2** Ausrede, Ausflucht

eva·sive /ɪˈveɪsɪv/ *Adj (Adv* **eva·sive·ly**) ausweichend ◊ *Tessa was evasive about why she had not been at home that night.* Tessa wich der Frage aus, warum sie an dem Abend nicht zu Hause gewesen sei. [IDM] **take evasive action** zu einem Ausweichmanöver ansetzen

eve /iːv/ *Nomen* Vortag, Vorabend ◊ *Christmas Eve* Heiligabend ◊ *New Year's Eve* Silvester ◊ *on the eve of the Second World War* kurz vor Ausbruch des Zweiten Weltkriegs

even[1] /ˈiːvn/ *Adv* **1** sogar, selbst ◊ *Did you even ask him?* Hast du ihn überhaupt gefragt? **2 not ~** nicht einmal ◊ *He never even opened the letter.* Er hat den Brief nicht einmal geöffnet. **3** (*verwendet, um einen Vergleich zu verstärken*) noch ◊ *You know even less about it than I do.* Du kennst dich ja noch weniger damit aus als ich. [IDM] **even as** gerade als ◊ **even if/though** selbst wenn ☛ *Hinweis bei* OBWOHL

---

u actual | aɪ my | aʊ now | eɪ say | əʊ (*BrE*) go | oʊ (*AmE*) go | ɔɪ boy | ɪə near | eə hair | ʊə pure

,even 'now/'then 1 selbst jetzt/dann 2 (gehoben) in diesem/jenem Augenblick ◊ *The troops are even now preparing to march into the city.* Die Truppen bereiten sich in diesem Augenblick auf den Einmarsch in die Stadt vor. ,even 'so trotzdem

even² /'iːvn/ *Adj* 1 eben, glatt ◊ *an even surface* eine ebene Oberfläche 2 gleichmäßig, regelmäßig, stetig 3 (*Zahl*) gerade OPP ODD 4 (*Menschen, Gruppen, Mannschaften*) gleich, ebenbürtig ◊ *an even contest* ein ausgeglichener Wettkampf 5 (*Stimme*) ruhig; (*Charakter*) ausgeglichen IDM be 'even (*umgs*) quitt sein ◊ *If I pay for the meal then we're even.* Wenn ich das Essen bezahle, sind wir quitt. be/get 'even (with sb) (*umgs*) es jdm heimzahlen break 'even kostendeckend wirtschaften ◊ *How many tickets do we have to sell to break even?* Wie viele Karten müssen wir verkaufen, um die Kosten zu decken? sb has an even 'chance (of doing sth) jds Chancen (etw zu tun) stehen fünfzig zu fünfzig on an even 'keel im Gleichgewicht ◊ *Business is now back on an even keel after the strike.* Nach dem Streik hat sich das Geschäft jetzt wieder stabilisiert. ☞ Siehe auch HONOUR¹

even³ /'iːvn/ *Verb* IDM even the 'score etw ausgleichen; jdm etw (mit gleicher Münze) heimzahlen PHR V ,even 'out sich einpendeln ,even sth 'out etw gleichmäßig verteilen ,even sth 'up etw ausgleichen

even-'handed *Adj* unparteiisch, gerecht

even·ing /'iːvnɪŋ/ *Nomen* Abend ☞ *Beispiele bei* MORNING IDM Good 'evening Guten Abend ☞ *Siehe auch* OTHER

'evening class *Nomen* Abendkurs

'evening dress *Nomen* 1 [U] Abendgarderobe 2 Abendkleid

even·ings /'iːvnɪŋz/ *Adv* (*bes AmE*) abends

even·ly /'iːvnli/ *Adv* 1 gleichmäßig ◊ *evenly spaced* in gleichmäßigen Abständen ◊ *The two teams are very evenly matched.* Die beiden Mannschaften sind einander ebenbürtig. 2 (*sprechen*) ruhig, beherrscht

,even 'money *Nomen* (*BrE auch* evens /'iːvnz/ [*Pl*]) (*bei einer Wette*) (Gewinnchance von) eins zu eins

even·ness /'iːvənnəs/ *Nomen* Gleichmäßigkeit, Regelmäßigkeit, Ausgeglichenheit

event /ɪ'vent/ *Nomen* 1 Ereignis, Vorfall ◊ *in the normal course of events* normalerweise 2 Veranstaltung ◊ *a fundraising event* eine Wohltätigkeitsveranstaltung 3 (SPORT) Wettkampf IDM in 'any event; at 'all events jedenfalls; auf jeden Fall ◊ *He probably wouldn't believe her, and, in any event, what could he do?* Er würde ihr wahrscheinlich nicht glauben, und wenn, was konnte er schon tun? in the e'vent im Endeffekt in the event of sth; in the event that sth happens bei etw; im Falle von etw; für den Fall, dass etw passiert ◊ *in the event of his death* im Falle seines Todes in 'that event in dem Fall ☞ *Siehe auch* HAPPY *und* WISE¹

event·ful /ɪ'ventfl/ *Adj* ereignisreich, bewegt

event·ing /ɪ'ventɪŋ/ *Nomen* = THREE-DAY EVENTING

even·tual /ɪ'ventʃuəl/ *Adj nur vor Nomen* schließlich, letztlich ◊ *Brown was the eventual winner.* Brown ging schließlich als Sieger hervor.

even·tu·al·ity /ɪˌventʃu'æləti/ *Nomen* (*Pl* -ies) (*gehoben*) Eventualität, Fall

even·tu·al·ly /ɪ'ventʃuəli/ *Adv* schließlich, irgendwann (einmal)

ever /'evə(r)/ *Adv* 1 je(mals) ◊ *She hardly ever goes out.* Sie geht fast nie aus. ◊ *We see them very seldom, if ever.* Wir bekommen sie sehr selten zu sehen, wenn überhaupt. ◊ *I'll never ever do that again!* Ich werde das bestimmt nie wieder tun! ◊ *her best ever score* ihr bisher bestes Ergebnis 2 immer ◊ *Paul, ever the optimist,* Paul, der ewige Optimist, wollte es noch einmal versuchen. 3 (*zur Steigerung*) fortwährend, immer ◊ *His debts grew ever larger.* Seine Schulden wurden immer größer. ◊ *an ever-present threat* eine ständige Bedrohung 4 bloß ◊ *Why ever did you agree?* Warum hast du dich bloß dazu bereit erklärt? IDM Did you 'ever (...)! (*umgs, veraltet*) Also wirklich! ◊ *Did you ever hear anything like it!* Na, sowas! ever since (...) seit(dem) (...) ,ever so/'ever such (a) (*bes BrE, umgs*) unheimlich; so ◊ *He looks ever so smart.* Er sieht unheimlich flott aus. if ,ever there 'was (one) (*umgs*) zweifellos ◊ *That was a muddle if ever there*

was one! Das war vielleicht ein Durcheinander! 'yours 'ever/ever 'yours (*am Ende eines Briefs*) Ihre/dein ...

ever·green /'evəɡriːn; *AmE* 'evərɡ-/ 1 *Nomen* immergrüner Busch/Baum 2 *Adj* immergrün 3 *Adj* (*fig*) unvergänglich

ever·last·ing /ˌevə'lɑːstɪŋ; *AmE* ˌevər'læstɪŋ/ *Adj* (*Adv* ever·last·ing·ly) 1 ewig, immerwährend ◊ *an everlasting memory* eine bleibende Erinnerung SYN ETERNAL 2 (*abwert*) endlos, ewig SYN INTERMINABLE *und* NEVER-ENDING

ever·more /ˌevə'mɔː(r); *AmE* ˌevər'm-/ *Adv* (*gehoben*) (*auch* for ever'more) auf ewig, in Ewigkeit

every /'evri/ *Adj* 1 jede(r,s) ◊ *every day* jeden Tag ◊ *I'll satisfy your every wish.* Ich werde alle deine Wünsche erfüllen. ☞ *Hinweis bei* JEDE 2 alle(r,s) ◊ *We have every reason to be angry.* Wir haben allen Grund uns zu ärgern. ◊ *You were given every opportunity to object.* Sie hatten reichlich Gelegenheit, Einwände zu erheben. ◊ *I wish you every success.* Ich wünsche Ihnen viel Erfolg. 3 alle ◊ *every 10 minutes* alle 10 Minuten IDM every now and again/then ab und zu ◊ *We see each other every now and then.* Wir sehen uns ab und zu. every other 1 alle anderen 2 jede(r,s) zweite ◊ *They visit us every other week.* Sie besuchen uns alle zwei Wochen.

every·body /'evribɒdi; *AmE* -bɑːdi, -bʌdi/ *Pron* alle, jeder(mann) ☞ *Beispiele bei* EVERYONE

every·day /'evrideɪ/ *Adj nur vor Nomen* alltäglich, Alltags-

every·one /'evriwʌn/ (*auch* every·body) *Pron* alle, jeder(mann) ◊ *everyone else* alle anderen ◊ *I'll never remember everyone's name.* Ich werde nie alle Namen merken können.

every·place /'evripleɪs/ *Adv* (*AmE, umgs*) überall ☞ *Beispiele bei* EVERYWHERE

every·thing /'evriθɪŋ/ *Pron* alles ◊ *He's everything to her.* Er ist ihr Ein und Alles.

every·where /'evriweə(r); *AmE* -wer/ *Adv* überall ◊ *everywhere you go* wohin man auch geht ◊ *He follows me everywhere.* Er folgt mir überallhin.

evict /ɪ'vɪkt/ *Verb* zur Räumung zwingen ◊ *The tenants were evicted from their flat.* Die Mieter mussten die Wohnung räumen.

evic·tion /ɪ'vɪkʃn/ *Nomen* ◊ *They face eviction from their home.* Ihnen droht die Zwangsräumung ihrer Wohnung. ◊ *an eviction order* ein Räumungsbefehl

evi·dence¹ /'evɪdəns/ *Nomen* [U] Beweis ◊ *a piece of evidence* ein Beweis ◊ *submit sth in evidence* etw als Beweis vorlegen ◊ *We found further scientific evidence.* Wir fanden weitere wissenschaftliche Beweise. ◊ *There is not a shred of evidence that ...* Es gibt keinen Beweis dafür, dass ... ◊ *give evidence* (als Zeuge) aussagen ◊ *The room bore evidence of a struggle.* Das Zimmer wies Spuren eines Kampfes auf. ◊ *On the evidence of their recent matches ...* Gemessen an ihren jüngsten Spielen ... ☞ *Hinweis bei* BEWEIS IDM be in 'evidence präsent sein; in Erscheinung treten ◊ *She was nowhere in evidence.* Sie war nirgends zu sehen. turn King's/Queen's 'evidence (*AmE* turn State's 'evidence) als Kronzeuge auftreten

evi·dence² /'evɪdəns/ *Verb* (*gehoben*) beweisen, belegen ◊ *The legal profession is still largely a male world, as evidenced by the small number of women judges.* Das Rechtswesen ist noch immer eine Männerdomäne, wie die geringe Zahl der Richterinnen zeigt.

evi·dent /'evɪdənt/ *Adj* deutlich, offensichtlich ◊ *It has now become evident to us that ...* Inzwischen ist uns klar geworden, dass ... ◊ *with evident enjoyment* mit sichtlichem Vergnügen

evi·dent·ly /'evɪdəntli/ *Adv* offenbar, anscheinend

evil¹ /'iːvl, 'iːvɪl/ *Adj* 1 böse, schlecht ◊ *her evil grin* ihr bösartiges Grinsen 2 übel, schlimm, verhängnisvoll ◊ *the evil effects of racism* die schlimmen Auswirkungen des Rassismus 3 übel ◊ *an evil smell* ein übler Geruch IDM the evil 'hour/'day die Unglücksstunde/der Unglückstag

evil² /'iːvl, 'iːvɪl/ *Nomen* (*gehoben*) 1 das Böse ◊ *the forces of evil* die Mächte des Bösen 2 [*meist Pl*] Übel ◊ *social evils* soziale Missstände IDM ⇨ LESSER *und* NECESSARY

evis·cer·ate /ɪ'vɪsəreɪt/ *Verb* (*gehoben*) (*Tier*) ausschlachten

evoc·a·tive /ɪˈvɒkətɪv; *AmE* ɪˈvɑːk-/ *Adj* (*gehoben*) **1** evokativ, atmosphärisch **2** be ~ of sth an etw erinnern ◇ *Her book is wonderfully evocative of village life.* Ihr Buch ist eine wunderbar lebendige Schilderung des Dorflebens.

evoke /ɪˈvəʊk; *AmE* ɪˈvoʊk/ *Verb* auslösen, wecken

evo·lu·tion /ˌiːvəˈluːʃn, ˌev-/ *Nomen* **1** (BIOL) Evolution ◇ *Darwin's theory of evolution* Darwins Evolutionstheorie **2** Entwicklung, Herausbildung

evo·lu·tion·ary /ˌiːvəˈluːʃənri, ˌev-; *AmE* -neri/ *Adj* **1** Evolutions-, evolutionär **2** allmählich eintretend ◇ *evolutionary political change* ein sich allmählich vollziehender politischer Wandel

evolve /ɪˈvɒlv; *AmE* ɪˈvɑːlv/ *Verb* **1** ~ (from sth) (aus etw) entstehen ◇ *The idea evolved from a drawing.* Die Idee entsprang einer Zeichnung. **2** ~ (into sth) sich (zu etw) entwickeln **3** ~ sth etw entwickeln **4** (BIOL) ~ (from sth) sich (aus etw) entwickeln **5** (BIOL) ~ sth etw herausbilden ◇ *The dolphin has evolved a highly developed jaw.* Beim Delphin hat sich ein hoch entwickelter Kiefer herausgebildet.

ewe /juː/ *Nomen* (Mutter)schaf

ex¹ /eks/ *Nomen* (*Pl* **exes** /ˈeksəz/) (*umgs*) Ex ◇ *my ex and his new wife* mein Exmann und seine neue Frau

ex² /eks/ *Präp* (*BrE*) **1** ohne ◇ *The price is £1500 ex VAT.* Der Preis beträgt £1500 ohne Mehrwertsteuer. **2** ab ◇ *ex works* ab Werk

exact¹ /ɪɡˈzækt/ *Adj* **1** genau, exakt ◇ *What were his exact words?* Was hat er genau gesagt? ◇ *The colour of the hat was an exact match.* Der Hut hatte genau dieselbe Farbe. ◇ *They were exact contemporaries at university.* Die beiden haben genau zur gleichen Zeit studiert. ◇ *an exact science* eine exakte Wissenschaft **2** (*sorgfältig*) akkurat SYN METICULOUS

exact² /ɪɡˈzækt/ *Verb* (*gehoben*) ~ sth (from sb) etw (von jdm) fordern ◇ *She exacted a promise from him.* Sie rang ihm ein Versprechen ab. ◇ *He exacted a terrible revenge.* Er nahm furchtbare Rache.

exact·ing /ɪɡˈzæktɪŋ/ *Adj* anspruchsvoll ◇ *The boss is an exacting man.* Der Chef stellt hohe Anforderungen.

exact·ly /ɪɡˈzæktli/ *Adv* **1** genau ◇ *She still looks exactly the same.* Sie sieht noch genau so aus. ◇ *Your answer is exactly right.* Deine Antwort stimmt genau. ◇ *Where exactly did you see him?* Wo genau haben Sie ihn gesehen? ◇ *'You mean he's the murderer?' 'Exactly.'* „Sie meinen, er ist der Mörder?" „Genau." ◇ *It's exactly nine o'clock.* Es ist Punkt neun Uhr. ◇ *It'll be bright, if not exactly sunny.* Es wird heiter, wenn auch nicht gerade sonnig. SYN PRECISELY **2** (*umgs*) eigentlich ◇ *Exactly what are you trying to do?* Was willst du damit eigentlich erreichen? IDM **not exactly** (*umgs*) **1** nicht gerade ◇ *He wasn't exactly pleased.* Er war nicht gerade begeistert. **2** nicht ganz; nicht direkt

ex·ag·ger·ate /ɪɡˈzædʒəreɪt/ *Verb* übertreiben ◇ *exaggerate the difficulties* die Schwierigkeiten größer machen, als sie sind ◇ *The scale of the problem has been exaggerated.* Das Problem ist aufgebauscht worden.

ex·ag·ger·ated /ɪɡˈzædʒəreɪtɪd/ *Adj* übertrieben ◇ *grossly exaggerated claims* maßlos übertriebene Behauptungen ◇ *an exaggerated sense of your own importance* ein übertriebenes starkes Selbstbewusstsein

ex·ag·ger·ation /ɪɡˌzædʒəˈreɪʃn/ *Nomen* Übertreibung ◇ *It would be an exaggeration to say I knew her well.* Es wäre übertrieben zu sagen, dass ich sie gut kenne.

exalt·ed /ɪɡˈzɔːltɪd/ *Adj* (*gehoben, hum*) hoch ◇ *rise to an exalted position* in eine hohe Position aufsteigen ◇ *move in exalted circles* sich in gehobenen Kreisen bewegen

exam /ɪɡˈzæm/ *Nomen* (*gehoben* **exam·in·ation**) Prüfung ◇ *take/sit an exam* eine Prüfung machen ◇ *pass/fail an exam* eine Prüfung bestehen/nicht bestehen ◇ *set an exam paper* eine Klausur ausarbeiten ◇ (*BrE*) *She did well in her exams.* Sie hat bei ihrem Examen gut abgeschnitten. ☛ Im amerikanischen Englisch heißt es: *She did well on her exams.*

exam·in·ation /ɪɡˌzæmɪˈneɪʃn/ *Nomen* **1** (*gehoben*) = EXAM ◇ *Applicants are selected on the results of a competitive examination.* Die Bewerber werden in einem Auswahlverfahren ausgewählt. **2** [U] Untersuchung, Überprüfung ◇ *Your proposals are under examination.* Ihre Vorschläge werden geprüft. **3** Untersuchung ◇ *a post-mortem examination* eine Obduktion

exam·ine /ɪɡˈzæmɪn/ *Verb* **1** untersuchen ◇ *examine how the proposals can be carried out* die Umsetzbarkeit der Vorschläge prüfen **2** ~ sth/sb (for sth) etw/jdn (auf etw) untersuchen **3** (*gehoben*) ~ sb (in/on sth) jdn (zu/in etw) prüfen **4** verhören ◇ *be examined under oath* unter Eid vernommen werden IDM ⇨ HEAD¹

exam·in·er /ɪɡˈzæmɪnə(r)/ *Nomen* Prüfer(in)

ex·ample /ɪɡˈzɑːmpl; *AmE* -ˈzæmpl/ *Nomen* **1** ~ (of sth) Beispiel (für etw) ◇ *Can you give me an example of what you mean?* Können Sie an einem Beispiel erklären, was Sie meinen? ◇ *examples of how words are used* Beispiele dafür, wie die Wörter gebraucht werden ◇ *cite examples* Beispiele anführen

> ✎ WRITING TIP
> **Giving examples**
>
> • *Mediterranean countries, for example Spain or Italy* Mittelmeerländer, zum Beispiel Spanien oder Italien
> • *Some countries outside Europe (in Africa, for instance) have strong trading links with the EU.* Einige Länder außerhalb Europas (beispielsweise in Afrika) haben enge Handelsbeziehungen zur EU.
> • *oil-producing countries, e.g. Saudi Arabia and Iran* ölproduzierende Länder, z.B. Saudi-Arabien und Iran
> • *Many countries have very high rates of income tax. Sweden is a case in point.* Viele Länder haben hohe Einkommensteuersätze. Schweden ist ein gutes Beispiel dafür.
> • *Some countries do a lot to encourage cycling. Take, for example, Denmark.* In einigen Ländern wird das Radfahren stark gefördert. Ein Beispiel dafür ist Dänemark.
> • *Only wealthy countries can afford oceanographic research. To take one example, France invests $160 million a year in its national institute.* Nur reiche Länder können sich Meeresforschung leisten. Ein Beispiel dafür ist Frankreich, das im Jahr 160 Millionen Dollar in sein nationales Forschungsinstitut investiert.

2 ~ (to sb) Vorbild (für jdn) ◇ *Her courage is an example to us all.* Ihr Mut dient uns allen als Vorbild. ◇ *set an example* ein Beispiel geben ◇ *lead by example* mit gutem Beispiel vorangehen IDM **for example** (*Abk* **e.g.**) zum Beispiel **make an example of sb** ein Exempel an jdm statuieren

ex·as·per·ated /ɪɡˈzæspəreɪtɪd; *BrE auch* -ˈzɑːsp-/ *Adj* ◇ *'No!' he said in an exasperated voice.* „Nein!" sagte er aufgebracht. ◇ *She was becoming exasperated by/with all the questions.* Die vielen Fragen brachten sie zur Verzweiflung.

ex·as·per·at·ing /ɪɡˈzæspəreɪtɪŋ; *BrE auch* -ˈzɑːsp-/ *Adj* irritierend ◇ *I find him exasperating.* Er treibt mich zur Verzweiflung.

ex·as·per·ation /ɪɡˌzæspəˈreɪʃn; *BrE auch* -ˈzɑːsp-/ *Nomen* Verzweiflung ◇ *in exasperation* verzweifelt

ex·cav·ate /ˈekskəveɪt/ *Verb* **1** ausgraben ◇ *pottery excavated from the site* Keramik, die bei Ausgrabungen gefunden wurde **2** Ausgrabungen vornehmen **3** (*gehoben*) ausschachten ◇ *The skeleton was discovered when builders excavated the area.* Das Skelett wurde beim Ausschachten des Geländes gefunden. **4** Erdarbeiten ausführen

ex·cav·ation /ˌekskəˈveɪʃn/ *Nomen* **1** Ausgrabung **2** [meist *Pl*] Ausgrabungsstätte **3** [U] Ausschachtung

ex·cav·ator /ˈekskəveɪtə(r)/ *Nomen* **1** Bagger **2** Ausgräber(in)

ex·ceed /ɪkˈsiːd/ *Verb* überschreiten, übertreffen ◇ *trailers not exceeding 3 500 kg* Anhänger bis zu 3 500 kg

ex·ceed·ing·ly /ɪkˈsiːdɪŋli/ *Adv* (*veraltend, gehoben*) ausgesprochen, äußerst

excel /ɪkˈsel/ *Verb* (**-ll-**) **1** ~ (in/at sth) sich (in etw) auszeichnen ◇ *The team excels at turning defense into attack.* Die Mannschaft versteht es ausgezeichnet, die Verteidigung in einen Angriff umzuwandeln. **2** (*BrE*) ~ yourself sich übertreffen

ex·cel·lence /ˈeksələns/ *Nomen* ausgezeichnete Qualität ◇ *academic excellence* ein hohes akademisches Niveau ◇ *a centre of excellence in cancer research* ein hervorragendes Zentrum für Krebsforschung

Ex·cel·lency /ˈeksələnsi/ *Nomen* Exzellenz

ex·cel·lent /ˈeksələnt/ *Adj* (*Adv* **ex·cel·lent·ly**) ausgezeichnet, hervorragend ◇ *be excellent value* äußerst preiswert sein

ex·cept¹ /ɪkˈsept/ *Präp* außer ◊ *Open every day except Monday.* Täglich geöffnet außer montags. ◊ *except (for the fact) that ... abgesehen davon, dass ...* ◊ *I understand everything except why she killed him.* Ich verstehe alles, nur nicht, warum sie ihn umgebracht hat. ◊ *He could answer all the questions except for the last one.* Er konnte alle Fragen beantworten, bis auf die letzte.

> **WRITING TIP**
> **Making an exception**
> *I enjoyed the film very much, apart from/except for the music.* Der Film hat mir gut gefallen, bis auf die Musik.
> *The soundtrack aside, it is a very enjoyable film.* Abgesehen vom Soundtrack ist es ein sehr guter Film.
> *I enjoyed everything about the film, with the exception of the music.* Mit Ausnahme der Musik hat mir alles an dem Film gefallen.

ex·cept² /ɪkˈsept/ *Verb (meist passiv) (gehoben)* **~ sb/sth (from sth)** jdn/etw (von etw) ausnehmen ◊ *all products excepting medicines* alle Waren mit Ausnahme von Medikamenten ◊ *all year round (January excepted)* das ganze Jahr über (außer im Januar) IDM ⇨ PRESENT¹

ex·cep·tion /ɪkˈsepʃn/ *Nomen* Ausnahme IDM **the exception proves the 'rule** Ausnahmen bestätigen die Regel **make an ex'ception** eine Ausnahme machen **take ex'ception to sth** Anstoß an etw nehmen ◊ *I take great exception to the fact that I wasn't informed.* Ich protestiere. Man hätte mich informieren müssen. **with the ex'ception of** mit Ausnahme von ☞ *Hinweis bei* EXCEPT¹ **without ex'ception** ohne Ausnahme; ausnahmslos

ex·cep·tion·al /ɪkˈsepʃənl/ *Adj* außergewöhnlich (gut) ◊ *an exceptional candidate* eine hervorragende Bewerberin ◊ *in exceptional cases* in Ausnahmefällen

ex·cep·tion·al·ly /ɪkˈsepʃənəli/ *Adv* **1** außergewöhnlich ◊ *He played exceptionally well.* Er spielte unheimlich gut. **2** ausnahmsweise

ex·cerpt /ˈeksɜːpt; *AmE* -sɜːrpt/ *Nomen* **~ (from sth)** Auszug (aus etw), Ausschnitt (aus etw)

ex·cess¹ /ɪkˈses/ *Nomen* **1** [Sing] **~ (of sth)** Übermaß (an etw) ◊ *an excess of optimism* ein Übermaß an Optimismus ◊ *drink to excess* übermäßig trinken **2 in ~ of sth** mehr als etw ◊ *in excess of 1 000 pages* mehr als 1 000 Seiten ◊ *The increase will not be in excess of two per cent.* Die Erhöhung wird zwei Prozent nicht überschreiten. **3** (*BrE*) (*bei Versicherungen*) Selbstbeteiligung **5 excesses** [Pl] Ausschweifungen, Exzesse

ex·cess² /ˈekses/ *Adj nur vor Nomen* Über-, Mehr- ◊ *driving with excess alcohol in the blood* Trunkenheit am Steuer

ˌexcess ˈbaggage *Nomen* Übergepäck

ex·ces·sive /ɪkˈsesɪv/ *Adj (Adv* **ex·ces·sive·ly**) übermäßig ◊ *excessive demands* übertriebene Forderungen ◊ *The payments were not excessive.* Die Zahlungen waren nicht übermäßig hoch. ◊ *excessive drinking* exzessives Trinken ◊ *an excessive amount of packaging* zu viel Verpackung

ˌexcess ˈpostage *Nomen* Nachporto

ex·change¹ /ɪksˈtʃeɪndʒ/ *Nomen* **1** Tausch, Austausch, Wechsel ◊ *an exchange of fire* ein Schusswechsel ◊ *I'll type your report if you'll babysit in exchange.* Ich tippe deinen Bericht, wenn du dafür auf die Kinder aufpasst. **2** (Schüler)austausch ◊ *Nick went on the French exchange.* Nick hat an dem Austausch mit der französischen Schule teilgenommen. **3** Wechsel, Umtausch ◊ *currency exchange facilities* Geldwechselschalter **4** Wortwechsel **5** (*oft* **Exchange**) (*in Zusammensetzungen*) (*veraltet*) Börse ◊ *the old Corn Exchange* die alte Getreidebörse **6** = TELEPHONE EXCHANGE

ex·change² /ɪksˈtʃeɪndʒ/ *Verb* **1 ~ sth (with sb)** etw (mit jdm) austauschen, etw (mit jdm) wechseln ◊ *Juliet and David exchanged glances.* Juliet und David tauschten ein paar Blicke. ◊ *The two men exchanged blows.* Die zwei Männer schlugen sich. **2 ~ sth (for sth)** (etw in etw) umtauschen ◊ *You can exchange your currency for dollars in the hotel.* Sie können Ihr Geld im Hotel in Dollar umtauschen. IDM ⇨ WORD¹

ex·change·able /ɪksˈtʃeɪndʒəbl/ *Adj* austauschbar, umtauschbar, einlösbar

exˈchange rate *Nomen* Wechselkurs

ex·cheq·uer /ɪksˈtʃekə(r)/ *Nomen* [Sing] **1** (*oft* **the Exchequer**) (*in GB*) Schatzamt, Finanzministerium SYN TREASURY **2** Staatskasse, Fiskus

ex·cise¹ /ˈeksaɪz/ *Nomen* [U] Verbrauchssteuer

ex·cise² /ɪkˈsaɪz/ *Verb (gehoben)* **~ sth (from sth)** etw (aus etw) herausschneiden ◊ *Certain passages were excised from the book.* Bestimmte Passagen wurden aus dem Buch herausgenommen.

ex·ci·sion /ɪkˈsɪʒn/ *Nomen (gehoben oder Fachspr)* Entfernung

ex·cit·able /ɪkˈsaɪtəbl/ *Adj* leicht erregbar, leicht reizbar

ex·cite /ɪkˈsaɪt/ *Verb* **1** aufregen, begeistern ◊ *The prospect of a year in India greatly excited her.* Sie war begeistert von der Aussicht, für ein Jahr nach Indien zu gehen. **2** aufregen ◊ *Don't excite yourself.* Reg dich nicht auf. **3 ~ sth (in sb)** etw (in jdm) erregen, etw (in jdm) wecken SYN AROUSE **4** (sexuell) erregen SYN AROUSE

ex·cit·ed /ɪkˈsaɪtɪd/ *Adj (Adv* **ex·cit·ed·ly**) **1** aufgeregt, begeistert ◊ *I'm really excited at the prospect of working abroad.* Ich freue mich unheimlich darauf, im Ausland zu arbeiten. ◊ *He was very excited to be asked to play for Wales.* Er freute sich wahnsinnig, dass er für Wales spielen sollte. ◊ *nothing to get excited about* nichts Besonderes ◊ *Don't get too excited!* Nun flipp nicht gleich aus! **2** nervös **3** (sexuell) erregt

ex·cite·ment /ɪkˈsaɪtmənt/ *Nomen* **1** Aufregung, Erregung, Begeisterung ◊ *The dog wagged its tail in excitement.* Der Hund wedelte aufgeregt mit dem Schwanz. **2** (*gehoben*) Aufregung, Nervenkitzel, Spannung ◊ *The new job was not without its excitements.* Ihr neuer Job hatte durchaus seine spannenden Momente.

ex·cit·ing /ɪkˈsaɪtɪŋ/ *Adj* aufregend, spannend

ex·claim /ɪkˈskleɪm/ *Verb* (aus)rufen, (auf)schreien

ex·clam·ation /ˌekskləˈmeɪʃn/ *Nomen* Ausruf, (Auf)schrei

exclaˈmation mark (*AmE meist* **exclaˈmation point**) *Nomen* Ausrufezeichen

ex·clude /ɪkˈskluːd/ *Verb* **~ sb/sth (from sth)** jdn/etw (von etw) ausschließen ◊ *Rent has been excluded from the inflation figures.* Mieten sind bei der Berechnung der Inflationszahlen nicht berücksichtigt worden. ◊ *Try excluding sugar and fat from your diet.* Meiden Sie Zucker und Fett. ◊ *Buses run every hour, Sundays excluded.* Es geht stündlich ein Bus, außer sonntags.

ex·clud·ing /ɪkˈskluːdɪŋ/ *Präp* ausgenommen ◊ *Lunch costs $10, excluding drinks.* Das Mittagessen kostet 10 Dollar, ohne Getränke.

ex·clu·sion /ɪkˈskluːʒn/ *Nomen* **1** Ausschluss, Ausschließung ◊ (*BrE*) *Two exclusions from one school in the same week is unusual.* Zwei Verweise von derselben Schule in einer Woche sind ungewöhnlich. ◊ *Memories of the past filled her mind to the exclusion of all else.* Sie war ganz und gar von Erinnerungen an die Vergangenheit erfüllt. **2** Ausnahme ◊ *the exclusions on the insurance policy* die Ausschlussklauseln im Versicherungsvertrag

exˈclusion zone *Nomen* Schutzzone

ex·clu·sive¹ /ɪkˈskluːsɪv/ *Adj (Adv* **ex·clu·sive·ly**) **1** alleinig, Exklusiv- **2** (*Klub etc.*) exklusiv **3** ausschließend ◊ *The two options are not mutually exclusive.* Die beiden Möglichkeiten schließen einander nicht aus. **4 ~ of** ausgenommen, ohne

ex·clu·sive² /ɪkˈskluːsɪv/ *Nomen* Exklusivbericht

ex·clu·siv·ity /ˌeksklu:ˈsɪvəti/ (*auch* **ex·clu·sive·ness** /ɪkˈskluːsɪvnəs/) *Nomen* Exklusivität

ex·com·mu·ni·cate /ˌekskəˈmjuːnɪkeɪt/ *Verb* exkommunizieren

ex·com·mu·ni·ca·tion /ˌekskəˌmjuːnɪˈkeɪʃn/ *Nomen* Exkommunikation, Exkommunizierung

ex·cre·ment /ˈekskrɪmənt/ *Nomen* [U] (*gehoben*) Exkremente, Fäkalien SYN FAECES

ex·creta /ɪkˈskriːtə/ *Nomen* [U] (*gehoben*) Ausscheidungen, Exkrete

ex·crete /ɪkˈskriːt/ *Verb* (*Fachspr*) ausscheiden, absondern

ex·cre·tion /ɪkˈskriːʃn/ *Nomen* [U] (*Fachspr*) Ausscheidung, Exkretion

ex·cru·ci·at·ing /ɪkˈskruːʃieɪtɪŋ/ *Adj (Adv* **ex·cru·ci·at·ing·ly**) unerträglich, entsetzlich

ex·cur·sion /ɪkˈskɜːʃn; *AmE* ɪkˈskɜːrʒn/ *Nomen* Ausflug ☛ *Hinweis bei* REISE

ex·cus·able /ɪkˈskjuːzəbl/ *Adj nicht vor Nomen* verzeihlich, entschuldbar OPP INEXCUSABLE

ex·cuse¹ /ɪkˈskjuːs/ *Nomen* **1** Entschuldigung, Ausrede ◊ *I can't come. Will you make my excuses to Helen, please?* Ich kann nicht kommen. Kannst du mich bitte bei Helen entschuldigen? ◊ *You don't have to make excuses for her.* Du brauchst sie nicht zu verteidigen. **2** Vorwand ◊ *It gave me an excuse to take the car.* Das war für mich ein Vorwand, den Wagen zu nehmen. **3** (*AmE*) Entschuldigung(sschreiben), Attest

ex·cuse² /ɪkˈskjuːz/ *Verb* **1** entschuldigen, verzeihen ◊ (*gehoben*) *Excuse my interrupting you.* Entschuldigen Sie die Unterbrechung. ◊ *I hope you'll excuse me for being so late.* Hoffentlich nehmen Sie mir meine Verspätung nicht übel. ◊ (*BrE*) *You might be excused for thinking they were married.* Es ist ein verständlicher Irrtum anzunehmen, sie seien verheiratet. **2 ~ yourself (for sth)** sich (für etw) entschuldigen ◊ *She excused herself and left the meeting early.* Sie entschuldigte sich und verließ vorzeitig das Meeting. ◊ *He excused himself for being late.* Er entschuldigte sich für seine Verspätung. **3 ~ sb from sth** (*meist passiv*) jdn von etw befreien ◊ *She was excused from PE.* Sie war vom Sportunterricht befreit. IDM **ex'cuse me 1** Entschuldigung; Verzeihung ◊ *Excuse me, could you let me through?* Entschuldigung, würden Sie mich bitte vorbeilassen? ◊ *Excuse me, but I don't think that's true.* Verzeihung, aber ich glaube, da irren Sie sich. **2 excuse me?** (*bes AmE*) bitte?

ex-di·rectory *Adj* (*BrE*) ◊ *an ex-directory number* eine Geheimnummer ◊ *She's ex-directory.* Sie hat eine Geheimnummer.

exe·cute /ˈeksɪkjuːt/ *Verb* **1** hinrichten ◊ *He was executed for treason.* Er wurde wegen Verrats hingerichtet. **2** (*gehoben*) ausführen, durchführen **3** (*gehoben*) vollführen **4** (RECHT) vollstrecken; (*Urkunde*) unterzeichnen

exe·cu·tion /ˌeksɪˈkjuːʃn/ *Nomen* **1** Hinrichtung ◊ *He faced execution by hanging for murder.* Ihm drohte die Hinrichtung durch den Strang wegen Mordes. **2** Erfüllung, Ausführung **3** [U] (RECHT) Vollstreckung, Unterzeichnung IDM ⇨ STAY²

exe·cu·tion·er /ˌeksɪˈkjuːʃənə(r)/ *Nomen* Henker

ex·ecu·tive¹ /ɪɡˈzekjətɪv/ *Nomen* **1** Manager(in), leitende(r) Angestellte(r) ◊ *Who's their chief executive?* Wer ist der Vorstandschef? **2** Vorstand, Geschäftsführung ◊ *the union's executive* die Gewerkschaftsführung ☛ G 1.3b **3 the executive** die Exekutive ☛ G 1.3a

ex·ecu·tive² /ɪɡˈzekjətɪv/ *Adj nur vor Nomen* **1** leitend, Vorstands-, Führungs- ◊ *executive and non-executive directors* Vorstandsmitglieder und Aufsichtsräte **2** Exekutiv-; *executive power* Exekutivgewalt

ex·ecu·tor /ɪɡˈzekjətə(r)/ *Nomen* Testamentsvollstrecker(in), Nachlassverwalter(in)

ex·em·plar /ɪɡˈzemplɑː(r)/ *Nomen* (*gehoben*) Musterbeispiel SYN MODEL

ex·em·plary /ɪɡˈzempləri/ *Adj* **1** vorbildlich, beispielhaft **2** (*Strafe*) exemplarisch

ex·em·pli·fi·ca·tion /ɪɡˌzemplɪfɪˈkeɪʃn/ *Nomen* **1** Veranschaulichung (mit Beispielen) **2** typisches Beispiel

ex·em·plify /ɪɡˈzemplɪfaɪ/ *Verb* (**-fies, -fy·ing, -fied, -fied**) (*oft passiv*) (*gehoben*) **1** ein Beispiel sein für ◊ *His food exemplifies Italian cooking at its best.* Seine Gerichte zeigen die italienische Küche in Vollendung. **2** (*gehoben*) veranschaulichen, ein Beispiel geben für

ex·empt¹ /ɪɡˈzempt/ *Adj nicht vor Nomen* **~ (from sth)** befreit, ausgenommen ◊ *exempt from tax* steuerfrei

ex·empt² /ɪɡˈzempt/ *Verb* **~ sb/sth (from sth)** jdn/etw (von etw) befreien ◊ *This does not exempt them from liability.* Das bedeutet nicht, dass sie nicht haftbar sind.

ex·emp·tion /ɪɡˈzempʃn/ *Nomen* Befreiung ◊ *She was given exemption from the final examination.* Ihr wurde die Abschlussprüfung erlassen.

ex·er·cise¹ /ˈeksəsaɪz; *AmE* -sərs-/ *Nomen* **1** [U] Bewegung ◊ (*BrE*) *take exercise* sich Bewegung verschaffen ◊ *Swimming is good exercise.* Schwimmen ist ein gutes Training. **2** Übung ◊ *grammar exercises* Grammatikübungen ◊ *His speech was just an exercise in self-advertisement.* Seine Rede diente nur der Selbstdarstellung. ◊ *In the end it proved a pointless exercise.* Letzten Endes erwies es sich als ein nutzloses Unterfangen. **3** Ausübung ◊ *the exercise of civil rights* die Wahrnehmung staatsbürgerlicher Rechte **4** [meist Pl] Manöver, Exerzieren **5 exercises** [Pl] (*AmE*) Feier(lichkeiten)

ex·er·cise² /ˈeksəsaɪz; *AmE* -sərs-/ *Verb* **1** (*gehoben*) ausüben ◊ *She exercised her right to remain silent.* Sie nahm ihr Recht auf Verweigerung der Aussage in Anspruch. **2** trainieren ◊ *an hour's exercising to music* eine Stunde Gymnastik nach Musik ◊ *movements to exercise your arms and shoulders* Übungen für Arme und Schultern **3** (*meist passiv*) (*gehoben*) beschäftigen ◊ *Why are people so exercised about this issue?* Warum regen sich die Leute über diese Frage so auf?

'exercise book *Nomen* **1** (*BrE*) (Schul)heft **2** (*AmE*) Arbeitsheft

exert /ɪɡˈzɜːt; *AmE* ɪɡˈzɜːrt/ *Verb* **1 ~ sth (on sb/sth)** etw (auf jdn/etw) ausüben **2 ~ yourself** (*nicht im Passiv*) sich anstrengen, sich bemühen

ex·er·tion /ɪɡˈzɜːʃn; *AmE* -ˈzɜːrʃ-/ *Nomen* **1** [U] (*auch* **ex·er·tions** [Pl]) Anstrengung ◊ *the exertions of a busy day at work* die Strapazen eines hektischen Arbeitstages **2** [Sing] Anwendung, Ausübung

exe·unt /ˈeksiʌnt/ *Verb* = Regieanweisung, wenn mehrere Schauspieler abgehen sollen ◊ *Exeunt Antony and Cleopatra.* Antonius und Kleopatra ab.

ex·foli·ate /eksˈfəʊlieɪt; *AmE* -ˈfoʊ-/ *Verb* ein Peeling durchführen

ex·foli·ation /ˌeksfəʊliˈeɪʃn; *AmE* -ˈfoʊ-/ *Nomen* Peeling

ex·hal·ation /ˌekshəˈleɪʃn/ *Nomen* Ausatmung

ex·hale /eksˈheɪl/ *Verb* ausatmen ◊ *He sat back and exhaled deeply.* Er lehnte sich zurück und atmete tief durch.

ex·haust¹ /ɪɡˈzɔːst/ *Nomen* **1** [U] Abgase **2** = EXHAUST PIPE

ex·haust² /ɪɡˈzɔːst/ *Verb* **1** ermüden, erschöpfen **2** aufbrauchen ◊ *exhaust all the possibilities* alle Möglichkeiten ausschöpfen **3** erschöpfend behandeln

ex·haust·ed /ɪɡˈzɔːstɪd/ *Adj* erschöpft

ex·haust·ing /ɪɡˈzɔːstɪŋ/ *Adj* ermüdend, anstrengend

ex·haus·tion /ɪɡˈzɔːstʃən/ *Nomen* Erschöpfung ◊ *nervous exhaustion* psychische Erschöpfung

ex·haust·ive /ɪɡˈzɔːstɪv/ *Adj* (*Adv* **ex·haust·ive·ly**) umfassend, gründlich SYN COMPLETE

ex'haust pipe *Nomen* (*auch* **ex·haust**) Auspuff(rohr)

ex·hibit¹ /ɪɡˈzɪbɪt/ *Nomen* **1** Ausstellungsstück, Exponat **2** Beweisstück **3** (*AmE*) Ausstellung

ex·hibit² /ɪɡˈzɪbɪt/ *Verb* **1** ausstellen **2** (*gehoben*) zeigen ◊ *The patient exhibited signs of fatigue.* Der Patient ließ Zeichen von Erschöpfung erkennen.

ex·hib·ition /ˌeksɪˈbɪʃn/ *Nomen* **1** (*bes BrE*) Ausstellung, Ausstellen **2** [Sing] Vorführung, Zurschaustellung ◊ *an exhibition of his speed and skill* eine Probe seiner Schnelligkeit und Geschicklichkeit IDM **make an exhi'bition of yourself** (*abwert*) sich unmöglich aufführen

ex·hib·ition·ism /ˌeksɪˈbɪʃənɪzəm/ *Nomen* (*abwert*) **1** Selbstdarstellung **2** Exhibitionismus

ex·hib·ition·ist /ˌeksɪˈbɪʃənɪst; ˌeksɪˈbɪʃənɪst/ *Nomen* (*meist abwert*) **1** Selbstdarsteller(in) **2** Exhibitionist(in)

ex·hib·it·or /ɪɡˈzɪbɪtə(r)/ *Nomen* Aussteller(in)

ex·hil·ar·ate /ɪɡˈzɪləreɪt/ *Verb* beleben, berauschen

ex·hil·ar·ated /ɪɡˈzɪləreɪtɪd/ *Adj* belebt, berauscht ◊ *I always feel exhilarated after a few hours' skiing.* Nach ein paar Stunden auf Skiern bin ich immer in Hochstimmung.

ex·hil·ar·at·ing /ɪɡˈzɪləreɪtɪŋ/ *Adj* berauschend, erregend

ex·hil·ar·ation /ɪɡˌzɪləˈreɪʃn/ *Nomen* Hochgefühl

ex·hort /ɪɡˈzɔːt; *AmE* ɪɡˈzɔːrt/ *Verb* **~ sb (to sth)** jdn (zu etw) ermahnen

ex·hort·ation /ˌeɡzɔːˈteɪʃn; *AmE* -zɔːrˈt-/ *Nomen* Ermahnung

ex·hum·ation /ˌekshjuːˈmeɪʃn/ *Nomen* Exhumierung, Ausgrabung

ex·hume /eksˈhjuːm, ˈeksˈzjuːm; *AmE* ɪɡˈzuːm/ *Verb* (*meist passiv*) (*gehoben*) exhumieren, ausgraben

exile¹ /ˈeksaɪl, ˈeɡzaɪl/ *Nomen* **1** Exil, Verbannung **2** Exilant(in) ◊ *a tax exile* ein Steuerflüchtling

exile² /'eksaɪl, 'egzaɪl/ *Verb* (*meist passiv*) verbannen ◊ *the party's exiled leaders* die exilierte Parteiführung

exist /ɪg'zɪst/ *Verb* **1** (*nicht in der Verlaufsform*) existieren ◊ *Does life exist on other planets?* Gibt es Formen von Leben auf anderen Planeten? **2** ~ (**on sth**) (von etw) leben

ex·ist·ence /ɪg'zɪstəns/ *Nomen* **1** [U] Existenz ◊ *I was unaware of his existence until today.* Ich hatte bis heute keine Ahnung, dass es ihn gibt. ◊ *the oldest Hebrew manuscript in existence* das älteste noch vorhandene hebräische Manuskript ◊ *come into existence* entstehen **2** Dasein

ex·ist·ent /ɪg'zɪstənt/ *Adj* existent, bestehend OPP NONEXISTENT

ex·is·ten·tial /ˌegzɪ'stenʃəl/ *Adj nur vor Nomen* **1** (*gehoben*) existenziell **2** existenzial

existing /ɪg'zɪstɪŋ/ *Adj nur vor Nomen* bestehend, gegenwärtig

exit¹ /'eksɪt, 'egzɪt/ *Nomen* **1** Ausgang ◊ *a fire exit* ein Notausgang **2** Abgang ◊ *The heroine made her exit to great applause.* Die Heldin ging unter großem Applaus ab. ◊ *He made a quick exit.* Er verdrückte sich schnell. ◊ *an exit visa* ein Ausreisevisum **3** (*Autobahn*) Ausfahrt

exit² /'eksɪt, 'egzɪt/ *Verb* **1** (*gehoben*) hinausgehen ◊ *We exited via a fire door.* Wir gelangten durch einen Notausgang hinaus. **2** verlassen **3** (COMP) schließen **4** *exit …ab.* ◊ *Exit Macbeth.* Macbeth ab.

'exit poll *Nomen* ≈ Umfrage am Ausgang von Wahllokalen

exo·dus /'eksədəs/ *Nomen* [Sing] (*gehoben oder hum*) Exodus, Auszug ◊ *a general exodus* allgemeiner Aufbruch

ex·on·er·ate /ɪg'zɒnəreɪt; *AmE* -'zɑ:n-/ *Verb* ~ **sb** (**from sth**) jdn (von etw) entlasten

ex·on·er·ation /ˌɪg,zɒnə'reɪʃn; *AmE* -,zɑ:n-/ *Nomen* [U] Entlastung

ex·or·bi·tant /ɪg'zɔ:bɪtənt; *AmE* -'zɔ:rb-/ *Adj* (*Adv* **ex·or·bi·tant·ly**) (*gehoben*) überhöht, maßlos ◊ *exorbitant prices* unverschämte Preise ◊ *Rents are exorbitantly high.* Die Mieten sind übertrieben hoch.

ex·or·cism /'eksɔ:sɪzəm; *AmE* -sɔ:rs-/ *Nomen* Exorzismus, Teufelsaustreibung

ex·or·cist /'eksɔ:sɪst; *AmE* -sɔ:rs-/ *Nomen* Exorzist(in)

ex·or·cize (*BrE auch* **-ise**) /'eksɔ:saɪz; *AmE* -sɔ:rs-/ *Verb* **1** ~ **sth** (**from sb/sth**) etw (aus jdm/etw) austreiben ◊ *A priest exorcized the ghost from the house.* Ein Priester befreite das Haus von dem Spuk. **2** ~ **sb** (*oft passiv*) jdm die bösen Geister austreiben **3** vertreiben ◊ *She can never exorcize the memory of her childhood sufferings.* Sie wird die Erinnerung an ihre schreckliche Kindheit niemals los.

exot·ic /ɪg'zɒtɪk; *AmE* ɪg'zɑ:tɪk/ *Adj* (*Adv* **exot·ic·ally** /-kli/) exotisch ◊ *a CD by the exotically named Omar* die CD eines Sängers mit dem exotischen Namen Omar

ex·pand /ɪk'spænd/ *Verb* **1** expandieren, sich ausdehnen, sich erweitern ◊ *Student numbers are expanding rapidly.* Die Zahl der Studenten steigt rapide an. OPP CONTRACT **2** erweitern, vergrößern ◊ *There are no plans to expand the airport.* Es ist keine Erweiterung des Flughafens geplant. **3** ~ (**on sth**) etw weiter ausführen ◊ *I repeated the question and waited for her to expand.* Ich wiederholte die Frage und wartete darauf, dass sie mehr dazu sagte.

ex·panse /ɪk'spæns/ *Nomen* ~ (**of sth**) Fläche, Weite

ex·pan·sion /ɪk'spænʃn/ *Nomen* Expansion, Erweiterung ◊ *Despite the recession the company is confident of further expansion.* Trotz der Rezession geht das Unternehmen von einem weiteren Wachstum aus.

ex·pan·sion·ism /ɪk'spænʃənɪzəm/ *Nomen* Expansionspolitik, Expansionismus

ex·pan·sion·ist /ɪk'spænʃənɪst/ *Adj* expansionistisch

ex·pan·sive /ɪk'spænsɪv/ *Adj* **1** weit, ausgedehnt ◊ *She opened her arms wide in an expansive gesture of welcome.* In einer überschwänglichen Willkommensgeste breitete sie die Arme aus. **2** umfassend; (*Stil*) ausgreifend **3** mitteilsam ◊ *He was in an expansive mood.* Er war sehr gesprächig.

ex·pa·tri·ate /ˌeks'pætriət; *AmE* -'peɪt-/ (*umgs* **expat** /'ekspæt/) **1** *Nomen* im Ausland/im Exil Lebende(r) ◊ *British expatriates in Rome* in Rom lebende Briten **2** *Adj* im Ausland lebend

ex·pect /ɪk'spekt/ *Verb* **1** erwarten ◊ *We were expecting him to come yesterday.* Wir haben ihn eigentlich gestern erwartet. ◊ *Her parents expect high standards of her.* Ihre Eltern stellen hohe Ansprüche an sie. ◊ *We are expected to work on Saturdays.* Es wird von uns erwartet, dass wir samstags arbeiten. **2** (*bes BrE, umgs*) (*nicht in der Verlaufsform*) annehmen ◊ *'Who has eaten all the cake?' 'Tom, I expect.'* „Wer hat den Kuchen aufgegessen?" „Tom vermutlich." ◊ *'Will you be late today?' 'I expect so.'* „Kommst du heute später?" „Ich glaube schon." ◊ *'Are you going out tonight?' 'I don't expect so.'* „Gehst du heute Abend weg?" „Ich glaube nicht." IDM **be expecting** (**a baby/child**) (*umgs*) ein Kind erwarten ◊ *Ann's expecting a baby in June.* Ann bekommt im Juni ein Baby. **be** (**only**) **to be ex'pected** zu erwarten sein ◊ *A little nervousness is only to be expected on your first day.* Ein bisschen Nervosität ist am ersten Tag doch nur natürlich. **What** (**else**) **do you ex'pect?**

ex·pect·ancy /ɪk'spektənsi/ *Nomen* [U] Erwartung ◊ *an air/sense of expectancy* eine erwartungsvolle Stimmung

ex·pect·ant /ɪk'spektənt/ *Adj* **1** (*Adv* **ex·pect·ant·ly**) erwartungsvoll **2** ~ **mother/father** werdende Mutter/werdender Vater

ex·pect·ation /ˌekspek'teɪʃn/ *Nomen* Erwartung ◊ *The results exceeded our expectations.* Die Ergebnisse haben unsere Erwartungen übertroffen. ◊ *The expectation is that property prices will rise.* Es wird erwartet, dass die Immobilienpreise steigen. ◊ *Contrary to expectations, interest rates did not rise.* Wider Erwarten sind die Zinssätze nicht gestiegen. IDM **fall short of** (**sb's**) **expec'tations**; **not come/live up to** (**sb's**) **expec'tations** (jds) Erwartungen nicht entsprechen

ex·pe·di·ency /ɪk'spi:diənsi/ *Nomen* Ratsamkeit, Zweckdienlichkeit

ex·pe·di·ent /ɪk'spi:diənt/ *Adj nicht vor Nomen* angebracht, ratsam ◊ *politically expedient* politisch ratsam

ex·ped·ite /'ekspədaɪt/ *Verb* beschleunigen

ex·ped·ition /ˌekspə'dɪʃn/ *Nomen* Expedition ◊ *a shopping expedition* eine Einkaufstour

expel /ɪk'spel/ *Verb* (**-ll-**) **1** (*aus einem Land*) ausweisen; (*von der Schule*) verweisen; (*aus einem Verein*) ausschließen ◊ *Two members of the embassy staff were expelled from the country.* Zwei Botschaftsangehörige wurden ausgewiesen. **2** ausstoßen ◊ *expel air from the lungs* Luft aus der Lunge ausstoßen

ex·pend /ɪk'spend/ *Verb* (*gehoben*) ~ **sth** (**in/on sth**) etw (für etw) aufwenden; ~ **sth in/on doing sth** etw dafür aufwenden etw zu tun

ex·pend·able /ɪk'spendəbl/ *Adj* (*gehoben*) entbehrlich

ex·pend·iture /ɪk'spendɪtʃə(r)/ *Nomen* **1** Ausgabe; (*ausgegebenes Geld*) Ausgaben ◊ *a reduction in public expenditure* eine Kürzung der öffentlichen Ausgaben **2** Aufwand ◊ *an unnecessary expenditure of time and effort* ein unnötiger Zeit- und Arbeitsaufwand

ex·pense /ɪk'spens/ *Nomen* **1** [U] Kosten ◊ *regardless of expense* ohne Rücksicht auf die Kosten ◊ *The garden was transformed at vast expense.* Die Umgestaltung des Gartens war mit einem erheblichen Kostenaufwand verbunden. ◊ *No expense was spared.* Es wurde an nichts gespart. **2** [meist Sing] teure Angelegenheit **3** **expenses** [Pl] Kosten ◊ *living expenses* Lebenshaltungskosten **4** **expenses** [Pl] Spesen ◊ *That'll go on expenses.* Das geht auf Spesen. ◊ *You can claim back your travel expenses.* Sie können sich Ihre Reisekosten erstatten lassen. ◊ *an all-expenses-paid trip* eine Reise auf Geschäftskosten IDM **at sb's ex'pense** auf jds Kosten ◊ *We were taken out for a meal at the company's expense.* Wir wurden auf Kosten der Firma zum Essen eingeladen. ◊ *They had a good laugh at my expense.* Sie haben sich auf meine Kosten amüsiert. **at the ex'pense of sth** auf Kosten einer Sache ◊ *at the expense of his health* auf Kosten seiner Gesundheit **go to the expense of sth** sich für etw in Unkosten stürzen **go to a lot of expense** sich in Unkosten stürzen **put sb to a lot of expense** jdm hohe Kosten verursachen ◊ *Their visit put us to a lot of expense.* Ihr Besuch war für uns sehr teuer.

ex'pense account *Nomen* Spesenkonto

ex·pen·sive /ɪk'spensɪv/ *Adj* (*Adv* **ex·pen·sive·ly**) teuer

ex·peri·ence¹ /ɪk'spɪəriəns; *AmE* -'spɪr-/ *Nomen* **1** [U] Erfahrung ◊ *ten years' teaching experience* zehn Jahre Lehr-erfahrung ◇ *Do you have any previous experience of this type of work?* Haben Sie bereits Erfahrung auf diesem Gebiet? ◇ *He gained valuable experience whilst working on the project.* Er hat bei der Arbeit an dem Projekt nützliche Erfahrungen gesammelt. ◇ *in my experience* nach meiner Erfahrung ◇ *She knew from past experience that ...* Sie wusste aus Erfahrung, dass ... **2** Erlebnis ◇ *It was her first experience of defeat.* Es war das erste Mal, dass sie eine Niederlage erlebte.

ex·pe·ri·ence² /ɪkˈspɪəriəns; *AmE* -ˈspɪr-/ *Verb* erfahren, erleben; (*Gefühl*) empfinden

ex·pe·ri·enced /ɪkˈspɪəriənst; *AmE* -ˈspɪr-/ *Adj* erfahren

ex·pe·ri·ment¹ /ɪkˈsperɪmənt/ *Nomen* **1** Versuch, Experiment ◇ *experiments on animals* Tierversuche **2** ~ (**in sth**) Experiment (mit etw) ◇ *the country's brief experiment in democracy* das kurzlebige Experiment des Landes mit der Demokratie

ex·pe·ri·ment² /ɪkˈsperɪmənt/ *Verb* ~ (**on sb/sth**) (an jdm/etw) experimentieren; ~ (**with sth**) (mit etw) experimentieren ◇ *experiment with different hairstyles* verschiedene Frisuren ausprobieren

ex·pe·ri·men·tal /ɪkˌsperɪˈmentl/ *Adj* **1** experimentell, Experimentier- ◇ *experimental teaching methods* experimentelle Lehrmethoden ◇ *still at the experimental stage* noch im Experimentierstadium **2** Versuchs- ◇ *experimental conditions* Versuchsbedingungen ◇ *experimental evidence* experimenteller Nachweis

ex·pe·ri·men·tal·ly /ɪkˌsperɪˈmentəli/ *Adv* experimentell, versuchsweise

ex·pe·ri·men·ta·tion /ɪkˌsperɪmenˈteɪʃn/ *Nomen* (*gehoben*) Experimentieren

ex·pert¹ /ˈekspɜːt; *AmE* -pɜːrt/ *Nomen* Fachmann, Fachfrau, Experte, Expertin ◇ *an expert in child psychology* ein Experte für Kinderpsychologie ◇ *He's an expert at getting his own way.* Er versteht es meisterhaft seinen Willen durchzusetzen.

ex·pert² /ˈekspɜːt; *AmE* -pɜːrt/ *Adj* (*Adv* **ex·pert·ly**) ausgezeichnet; (*Arbeit, Rat*) fachmännisch ◇ *an expert driver* ein ausgezeichneter Fahrer ◇ *She's expert at making cheap, but stylish clothes.* Sie versteht sich auf die Anfertigung preiswerter, aber dennoch eleganter Kleidung. ◇ *an expert witness* ein sachverständiger Zeuge

ex·pert·ise /ˌekspɜːˈtiːz; *AmE* -pɜːrt-/ *Nomen* [U] Sachverstand, Fachkenntnisse

ex·pire /ɪkˈspaɪə(r)/ *Verb* **1** ablaufen **2** (*gehoben, veraltet*) verscheiden

ex·piry /ɪkˈspaɪəri/ *Nomen* (*BrE*) Ablauf; (*von Gutschein*) Verfall

exˈpiry date (*AmE* **expiˈration date**) Verfallsdatum
✱ *Hinweis bei* SELL-BY DATE

ex·plain /ɪkˈspleɪn/ *Verb* erklären ◇ *That explains his absence.* Das erklärt seine Abwesenheit. IDM **exˈplain yourself 1** *I don't understand your argument – could you explain yourself a bit more?* Ich verstehe dein Argument nicht – kannst du es mir näher erklären? **2** (*gehoben*) sich rechtfertigen ◇ *Last week you were late for work every day – please explain yourself.* Letzte Woche sind Sie jeden Tag zu spät gekommen – können Sie mir dafür eine Erklärung geben? PHRV **exˌplain sth aˈway** eine Erklärung für etw finden ◇ *How are you going to explain away the hole in the lawn?* Wie willst du das Loch im Rasen erklären?

ex·plan·ation /ˌekspləˈneɪʃn/ *Nomen* Erklärung, Erläuterung ◇ *I can't think of any possible explanation for his absence.* Ich kann mir seine Abwesenheit nicht erklären. ◇ *a full explanation of how the machine works* eine ausführliche Erläuterung der Funktionsweise der Maschine

ex·plana·tory /ɪkˈsplænətri/ *Adj nur vor Nomen* erklärend, erläuternd ◇ *There are explanatory notes at the back of the book.* Erläuterungen sind hinten im Buch.

ex·plic·able /ɪkˈsplɪkəbl, ˈeksplɪkəbl/ *Adj nicht vor Nomen* (*gehoben*) erklärbar ◇ *His behaviour is only explicable in terms of his recent accident.* Sein Verhalten lässt sich nur im Hinblick auf seinen kürzlich erlittenen Unfall erklären.

ex·pli·cit /ɪkˈsplɪsɪt/ *Adj* (*Adv* **ex·pli·cit·ly**) **1** klar ◇ *He gave me very explicit directions on how to get there.* Er hat mir ganz genau beschrieben, wie man dahin kommt. **2** *be ~ etw offen sagen* ◇ *She was quite explicit about why she had left.* Sie hat ganz offen gesagt, weshalb sie fortgegangen ist. **3** deutlich, ausdrücklich ◇ *The reasons should be made explicit.* Die Gründe sollten offen dargelegt werden. ◇ *at the explicit request of the patient* auf ausdrücklichen Wunsch des Patienten ◇ *a sexually explicit film* ein Film mit eindeutigen Sexszenen

ex·plode /ɪkˈspləʊd; *AmE* ɪkˈsploʊd/ *Verb* **1** explodieren, detonieren ◇ *At last his anger exploded.* Schließlich kam sein Zorn zum Ausbruch. **2** zur Explosion bringen, zünden ◇ *Terrorists exploded a bomb in the shopping centre.* Terroristen zündeten eine Bombe im Einkaufszentrum. **3** ~ (**into/with sth**) (*Gelächter, Jubel*) in etw ausbrechen; (*Wut, Zorn*) vor etw platzen ◇ *Everyone exploded into laughter.* Alles brach in Gelächter aus. ◇ *explode with joy* in Freudenstürme ausbrechen ◇ *'How dare you!' he exploded.* „Was fällt dir ein!", fuhr er sie an. **4** ~ **into sth** in etw umschlagen **5** rapide zunehmen, explodieren ◇ *the exploding world population* die rapide steigende Weltbevölkerung **6** (*Theorie*) widerlegen ◇ *The myth that eating carrots improves your eyesight was exploded years ago.* Die Annahme, dass Möhren gut für die Augen sind, ist schon vor Jahren über den Haufen geworfen worden.

ex·ploit¹ /ˈeksplɔɪt/ *Nomen* [meist Pl] (Helden)tat, Abenteuer ◇ *the daring exploits of Roman heroes* die kühnen Taten der römischen Helden

ex·ploit² /ɪkˈsplɔɪt/ *Verb* **1** (*abwert*) ausnutzen; (*Arbeiter*) ausbeuten ◇ *exploit a situation for one's own advantage* eine Situation zum eigenen Vorteil nutzen **2** nutzen, ausnutzen; (*Bodenschätze*) ausbeuten ◇ *exploit an opportunity* eine Gelegenheit ausnutzen

ex·ploit·ation /ˌeksplɔɪˈteɪʃn/ *Nomen* **1** (*abwert*) Ausnutzung, Ausbeutung ◇ *the exploitation of children* die Ausbeutung von Kindern **2** Nutzung; (*von Bodenschätzen*) Ausbeutung ◇ *commercial exploitation of the mineral resources in Antarctica* kommerzielle Ausbeutung der Mineralvorkommen in der Antarktis

ex·ploit·ative /ɪkˈsplɔɪtətɪv/ (*AmE auch* **ex·ploit·ive** /ɪkˈsplɔɪtɪv/) *Adj* ausbeuterisch

ex·plor·ation /ˌekspləˈreɪʃn/ *Nomen* **1** Erforschung, Erkundung ◇ *the exploration of space* die Raumforschung ◇ *oil exploration* die Erkundung von Erdöllagerstätten **2** Untersuchung ◇ *the film's explorations of the human psyche* die im Film unternommene Untersuchung der menschlichen Psyche

ex·plora·tory /ɪkˈsplɒrətri; *AmE* ɪkˈsplɔːrətɔːri/ *Adj* ◇ *exploratory drilling for oil* Probebohrungen nach Öl ◇ *exploratory discussions* Sondierungsgespräche ◇ *exploratory surgery* eine Operation zur Diagnose

ex·plore /ɪkˈsplɔː(r)/ *Verb* **1** erforschen, erkunden ◇ *companies exploring for oil* Unternehmen auf Ölsuche **2** untersuchen, prüfen, sondieren

ex·plorer /ɪkˈsplɔːrə(r)/ *Nomen* Forschungsreisende(r)

ex·plo·sion /ɪkˈspləʊʒn; *AmE* -ˈsploʊ-/ *Nomen* **1** Explosion, Detonation ◇ *an explosion of interest in learning Japanese* ein explosionsartig gestiegenes Interesse an Japanischkursen **2** (*gehoben*) Ausbruch ◇ *There would be a popular explosion of anger.* Das würde zu wütenden Protesten in der Öffentlichkeit führen. SYN OUTBURST

ex·plo·sive¹ /ɪkˈspləʊsɪv, -zɪv; *AmE* -ˈsploʊ-/ *Adj* **1** explosiv ◇ *an explosive device* ein Sprengsatz **2** brisant **3** aufbrausend ◇ *She has an explosive temper* Sie ist jähzornig. **4** explosionsartig

ex·plo·sive² /ɪkˈspləʊsɪv, -zɪv; *AmE* -ˈsploʊ-/ *Nomen* Sprengstoff ◇ *nuclear explosives* atomare Sprengsätze

ex·po·nent /ɪkˈspəʊnənt; *AmE* -ˈspoʊ-/ *Nomen* **1** Verfechter(in) **2** Interpret(in), Vertreter(in) ◇ *He was the most famous exponent of the art of mime.* Er war der berühmteste Pantomime. **3** (MATH) Hochzahl

ex·po·nen·tial /ˌekspəˈnenʃl/ *Adj* (*Adv* **ex·po·nen·ti·al·ly** /-ʃəli/) exponentiell, Exponential-

ex·port¹ /ɪkˈspɔːt; *AmE* ɪkˈspɔːrt/ *Verb* exportieren, ausführen OPP IMPORT

ex·port² /ˈekspɔːt; *AmE* ˈekspɔːrt/ *Nomen* **1** [U] Export, Ausfuhr ◇ *a ban on the export of live cattle* ein Ausfuhrverbot für Lebendvieh ◇ *packaged for export* für den Export verpackt **2** [meist Pl] Exportgut ◇ *the country's major exports* die wichtigsten Exportgüter des Landes ◇ *a fall in the* *value of exports* ein Rückgang des Exportumsatzes [OPP] IMPORT

ex·por·ta·tion /ˌekspɔːˈteɪʃn; *AmE* ˌekspɔːrˈt-/ *Nomen* Exportieren, Ausfuhr

ex·port·er /ekˈspɔːtə(r); *AmE* ekˈspɔːrt-/ *Nomen* Exporteur, Exportland

ex·pose /ɪkˈspəʊz; *AmE* ɪkˈspoʊz/ *Verb* **1** freilegen, entblößen ◇ *expose the truth* die Wahrheit ans Licht bringen ◇ *He did not want to expose his fears to anyone.* Er wollte niemandem seine Ängste offenbaren. **2** aufdecken, entlarven **3** ~ **sb/sth/yourself** (**to sth**) jdn/etw/sich (einer Sache) aussetzen ◇ *expose yourself to ridicule* sich lächerlich machen **4** ~ **sb to sth** jdn mit etw in Berührung bringen **5** (FOTO) belichten **6** ~ **yourself** sich entblößen

ex·po·sé /ekˈspəʊzeɪ; *AmE* ˌekspoʊˈzeɪ/ *Nomen* (enthüllender) Bericht

ex·posed /ɪkˈspəʊzd; *AmE* ɪkˈspoʊzd/ *Adj* **1** ungeschützt **2** ausgeliefert, preisgegeben

ex·po·si·tion /ˌekspəˈzɪʃn/ *Nomen* (*gehoben*) Erläuterung, Darstellung

ex·pos·tu·late /ɪkˈspɒstʃuleɪt; *AmE* ɪkˈspɑːs-/ *Verb* (*gehoben*) protestieren

ex·po·sure /ɪkˈspəʊʒə(r); *AmE* -ˈspoʊ-/ *Nomen* **1** Ausgesetztsein, Exponiertheit ◇ *prolonged exposure to radiation* anhaltende Strahlenbelastung ◇ *the bank's exposure to risk* das unternehmerische Risiko der Bank **2** Aufdeckung, Entlarvung **3** Publicity ◇ *The movie has had a lot of exposure in the media.* Der Film hat in den Medien ziemlich viel Aufmerksamkeit gefunden. **4** Unterkühlung ◇ *die of exposure* an Unterkühlung sterben **5** (FOTO) Bild, Foto **6** (FOTO) Belichtung(szeit) **7** Entblößung

ex·pound /ɪkˈspaʊnd/ *Verb* (*gehoben*) ~ (**on**) **sth** etw erläutern, etw darlegen

ex·press[1] /ɪkˈspres/ *Verb* **1** äußern, zum Ausdruck bringen **2** ~ **yourself** sich ausdrücken ◇ (*gehoben*) *They expressed themselves delighted.* Sie äußerten sich begeistert. **3** ~ **itself** sich äußern, zum Ausdruck kommen **4** ~ **sth as/in sth** (MATH) etw als etw angeben ◇ *expressed as percentages* in Prozenten ausgedrückt

ex·press[2] /ɪkˈspres/ *Adj nur vor Nomen* **1** Eil-, Express-, Schnell- **2** (*gehoben*) ausdrücklich ◇ *with the express purpose of preventing it* in der festen Absicht, es zu verhindern

ex·press[3] /ɪkˈspres/ *Nomen* **1** = EXPRESS TRAIN **2** (*BrE*) Eilzustellung

ex·press[4] /ɪkˈspres/ *Adv* (*bes BrE*) per Eilzustellung

ex·pres·sion /ɪkˈspreʃn/ *Nomen* **1** Ausdruck, Äußerung ◇ *Try to put a little more expression into it!* Das muss ausdrucksvoller kommen! ◇ *freedom of expression* freie Meinungsäußerung ◇ *expressions of sympathy* Beileidsbekundungen ◇ *He had expressions of support from constituents.* Einige Wähler gaben ihm ihre Unterstützung kund. ◇ *a polite expression* eine höfliche Wendung **2** (Gesichts)ausdruck ◇ *There was a worried expression on her face.* Sie sah besorgt aus.

ex·pres·sion·less /ɪkˈspreʃənləs/ *Adj* ausdruckslos

ex·pres·sive /ɪkˈspresɪv/ *Adj* **1** (*Adv* **ex·pres·sive·ly**) ausdrucksvoll, Ausdrucks- **2** **be ~ of sth** (*gehoben*) etw zum Ausdruck bringen

ex·pres·sive·ness /ɪkˈspresɪvnəs/ *Nomen* Ausdruckskraft, Ausdrucksfähigkeit

ex·pres·sly /ɪkˈspresli/ *Adv* (*gehoben*) **1** ausdrücklich **2** eigens, extra [SYN] SPECIALLY

exˈpress train (*auch* **ex·press**) *Nomen* Express, Schnellzug

ex·press·way /ɪkˈspresweɪ/ *Nomen* (*AmE*) Autobahn

ex·pro·pri·ate /eksˈprəʊprieɪt; *AmE* -ˈproʊ-/ *Verb* (*offiz*) enteignen

ex·pro·pri·a·tion /ˌeksˌprəʊpriˈeɪʃn; *AmE* -ˌproʊ-/ *Nomen* (*offiz*) Enteignung

ex·pul·sion /ɪkˈspʌlʃn/ *Nomen* **1** Ausweisung ◇ *their expulsion from the country* ihre Ausweisung aus dem Land **2** Ausschluss; (*von der Schule*) Verweis ◇ *The club faces expulsion from the league.* Dem Verein droht der Ausschluss aus der Liga.

ex·punge /ɪkˈspʌndʒ/ *Verb* (*gehoben*) ausstreichen, löschen

ex·pur·gate /ˈekspəɡeɪt; *AmE* -pərɡ-/ *Verb* (*meist passiv*) (*gehoben*) bereinigen, zensieren

ex·quis·ite /ɪkˈskwɪzɪt, ˈekskwɪzɪt/ *Adj* (*Adv* **ex·quis·ite·ly**) **1** bezaubernd, kostbar **2** (*gehoben*) köstlich ◇ *exquisite pain* süße Qualen **3** (*gehoben*) ausgesucht ◇ *an exquisite sense of timing* ein feines Gespür für das richtige Timing

ext. *Abk* = EXTENSION (5)

ex·tant /ekˈstænt, ˈekstənt/ *Adj* (*gehoben*) noch vorhanden

ex·tem·pore[1] /ekˈstempəri/ *Adj* (*gehoben*) improvisiert, Stegreif-

ex·tem·pore[2] /ekˈstempəri/ *Adv* (*gehoben*) aus dem Stegreif, ex tempore

ex·tend /ɪkˈstend/ *Verb* **1** erweitern, ausdehnen **2** verlängern **3** sich erstrecken ◇ *His willingness to help did not extend beyond making a few phone calls.* Seine Hilfsbereitschaft ging über ein paar Anrufe nicht hinaus. **4** ausstrecken ◇ *He extended his hand to me.* Er streckte mir die Hand entgegen. ◇ *She extended a rope between two posts.* Sie spannte ein Seil zwischen zwei Pfosten. **5** (*gehoben*) ~ **sth to sb** jdm etw erweisen, jdm etw gewähren ◇ *extend an invitation to sb* jdn einladen **6** (*meist passiv*) auslasten ◇ *He didn't really have to extend himself in the exam.* Er brauchte sich in der Prüfung nicht gerade zu verausgaben.

ex·tend·ed /ɪkˈstendɪd/ *Adj nur vor Nomen* länger, ausgedehnt

ex,tended ˈfamily *Nomen* (*Pl* **-ies**) Großfamilie

ex·ten·sion /ɪkˈstenʃn/ *Nomen* **1** Ausdehnung, Erweiterung, Vergrößerung ◇ *the extension of new technology into developing countries* die Verbreitung neuer Technologien in Entwicklungsländern **2** Erweiterung(sabschnitt), Ausbau(strecke) **3** (*BrE*) Anbau **4** Verlängerung **5** (*Abk* **ext.**) Nebenanschluss ◇ *What's your extension number?* Was ist Ihre Durchwahl? ◇ *Can I have extension 4332 please?* Können Sie mich bitte mit Apparat 4332 verbinden? **6** (*AmE*) Fernuniversität, Fernstudium ◇ *extension courses* Fernstudiengänge **7** (COMP) Endung **8** = EXTENSION LEAD [IDM] **by exˈtension** (*gehoben*) folglich

exˈtension lead (*auch* **extension**) (*AmE* **exˈtension cord**) *Nomen* Verlängerungsschnur

ex·ten·sive /ɪkˈstensɪv/ *Adj* **1** ausgedehnt ◇ *extensive damage* beträchtlicher Schaden ◇ *extensive injuries* erhebliche Verletzungen **2** (*Adv* **ex·ten·sive·ly**) umfassend, ausgiebig ◇ *He has travelled extensively.* Er ist weit gereist.

ex·tent /ɪkˈstent/ *Nomen* **1** Ausmaß, Umfang ◇ *I was amazed at the extent of his knowledge.* Ich war erstaunt über sein umfangreiches Wissen. **2** Größe, Ausdehnung [IDM] **to some, a certain, etc. extent** in gewissem etc. Maße; gewissermaßen ◇ *to a lesser extent* in geringerem Maße ◇ *To what extent is this true of all schools?* Inwieweit gilt dies für alle Schulen?

ex·tenu·at·ing /ɪkˈstenjueɪtɪŋ/ *Adj* (*gehoben*) *nur vor Nomen* mildernd, mindernd

ex·ter·ior[1] /ɪkˈstɪəriə(r); *AmE* -ˈstɪr-/ *Nomen* **1** Außenseite ◇ *The exterior of the house needs painting.* Das Haus muss von außen gestrichen werden. **2** Äußere(s) ◇ *Beneath his confident exterior, he was desperately nervous.* Hinter der selbstbewussten Fassade war er furchtbar nervös. [OPP] INTERIOR

ex·ter·ior[2] /ɪkˈstɪəriə(r); *AmE* -ˈstɪr-/ *Adj* Außen-, äußere(r,s) [OPP] INTERIOR

ex·ter·min·ate /ɪkˈstɜːmɪneɪt; *AmE* -ˈstɜːrm-/ *Verb* ausrotten

ex·ter·min·ation /ɪkˌstɜːmɪˈneɪʃn; *AmE* -ˌstɜːrm-/ *Nomen* Ausrottung

ex·ter·nal /ɪkˈstɜːnl; *AmE* ɪkˈstɜːrnl/ *Adj* (*Adv* **ex·ter·nal·ly** /-nəli/) **1** äußere(r,s), Außen- ◇ *for external use only* nur zur äußerlichen Anwendung ◇ *The building has been carefully restored externally.* Das Gebäude ist von außen sorgfältig restauriert worden. **2** extern **3** Außen-, Auslands-, auswärtig ◇ *the country's external debt* die Auslandsschulden ◇ *the Minister of State for external affairs* der Minister für auswärtige Angelegenheiten

ex·ter·nal·ize (*BrE auch* **-ise**) /ɪkˈstɜːnəlaɪz; *AmE* -ˈstɜːrn-/ *Verb* (*gehoben*) externalisieren

ex·ter·nals /ɪkˈstɜːnlz; *AmE* -ˈstɜːrn-/ *Nomen* [*Pl*] (*gehoben*) Äußerlichkeiten

ex·tinct /ɪkˈstɪŋkt/ *Adj* **1** ausgestorben (*auch fig*) ◇ *become extinct* aussterben ◇ *Servants are now almost extinct in* *modern society.* Bedienstete gibt es in der modernen Gesellschaft fast nicht mehr. **2** (*Vulkan*) erloschen

ex·tinc·tion /ɪkˈstɪŋkʃn/ *Nomen* Aussterben (*auch fig*) ◊ *in danger of extinction* vom Aussterben bedroht

ex·tin·guish /ɪkˈstɪŋgwɪʃ/ *Verb* **1** (*Feuer, Flammen*) löschen [SYN] PUT STH OUT **2** (*gehoben*) (*Licht, Zigarette*) ausmachen [SYN] PUT STH OUT **3** (*fig*) erlöschen lassen, auslöschen ◊ *News of the bombing extinguished all hope of peace.* Die Nachricht von dem Bombenangriff zerstörte jede Hoffnung auf Frieden.

ex·tin·guish·er /ɪkˈstɪŋgwɪʃə(r)/ *Nomen* = FIRE EXTINGUISHER

ex·tol /ɪkˈstəʊl; *AmE* ɪkˈstoʊl/ *Verb* (**-ll-**) (*gehoben*) rühmen ◊ *Doctors extol the virtues of eating less fat.* Die Ärzte preisen die Vorteile einer fettarmen Ernährung.

ex·tort /ɪkˈstɔːt; *AmE* ɪkˈstɔːrt/ *Verb* ~ **sth** (**from sb**) etw (von jdm) erpressen ◊ *extort money/bribes from sb* Geld/Schmiergelder von jdm erpressen

ex·tor·tion /ɪkˈstɔːʃn; *AmE* ɪkˈstɔːrʃn/ *Nomen* Erpressung

ex·tor·tion·ate /ɪkˈstɔːʃənət; *AmE* -ˈstɔːrʃ-/ *Adj* (*abwert*) horrend, Wucher- [SYN] EXCESSIVE *und* OUTRAGEOUS

extra- /ˈekstrə/

> Die Vorsilbe **extra-** wird mit Adjektiven verbunden und bedeutet „außer": *extramarital* außerehelich ◊ *extraterrestrial* außerirdisch, oder in der Umgangssprache „sehr": *extra-thin* extradünn ◊ *an extra-special present* ein ganz besonderes Geschenk.

extra[1] /ˈekstrə/ *Adj* zusätzlich ◊ *Breakfast is provided at no extra charge.* Frühstück gibt es ohne Aufschlag. ◊ *This will mean a lot of extra work.* Das wird viel Mehrarbeit bedeuten. ◊ *She gave me an extra pillow.* Sie gab mir noch ein Kopfkissen. ◊ *Take extra care on the roads this evening.* Fahren Sie heute Abend besonders vorsichtig. [SYN] ADDITIONAL ☞ *Siehe auch* EXTRA TIME

extra[2] /ˈekstrə/ *Nomen* **1** (*BrE*) Zusatzleistung, Extra **2** Aufschlag, zusätzliche Kosten **3** (FILM) Statist(in), Komparse, Komparsin

extra[3] /ˈekstrə/ *Adv* **1** extra, zusätzlich ◊ *We don't charge extra for the activities.* Wir berechnen keinen Aufschlag für die Veranstaltungen. ◊ *I need to earn a bit extra this month.* Ich muss diesen Monat ein bisschen dazuverdienen. **2** (*mit einem Adjektiv oder Adverb*) besonders ◊ *You need to be extra careful here.* Sie müssen hier besonders aufpassen. ◊ *extra large* extragroß

ex·tract[1] /ˈekstrækt/ *Nomen* **1** Auszug **2** Extrakt

ex·tract[2] /ɪkˈstrækt/ *Verb* **1** extrahieren, gewinnen ◊ *a machine that extracts excess moisture from the air* ein Gerät, das überschüssige Feuchtigkeit aus der Luft zieht **2** (*Geld etc.*) herausholen; (*Versprechen etc.*) abringen; (*Wahrheit etc.*) herausbekommen **3** entnehmen ◊ *This article is extracted from his new book.* Dieser Artikel ist ein Auszug aus seinem neuen Buch. **4** (*gehoben*) herausziehen; (*Zahn*) ziehen

ex·trac·tion /ɪkˈstrækʃn/ *Nomen* **1** Gewinnung; (*von Öl, Kohle*) Förderung **2** (*gehoben*) Abstammung ◊ *an American of Hungarian extraction* ein Amerikaner ungarischer Abstammung **3** (*Fachspr*) (*von Zähnen*) Ziehen, Extraktion

ex·tract·or /ɪkˈstræktə(r)/ (*auch* **ex'tractor fan**) *Nomen* Entlüfter

extra-cur·ric·u·lar /ˌekstrə kəˈrɪkjələ(r)/ *Adj* außerhalb des Lehrplans

extra·dite /ˈekstrədaɪt/ *Verb* ausliefern

extra·di·tion /ˌekstrəˈdɪʃn/ *Nomen* Auslieferung

extra-ju·di·cial /ˌekstrədʒuˈdɪʃl/ *Adj* außergerichtlich

extra·mar·it·al /ˌekstrəˈmærɪtl/ *Adj* außerehelich ◊ *an extramarital affair* eine außereheliche Affäre

extra·mural /ˌekstrəˈmjʊərəl; *AmE* -ˈmjʊrəl/ *Adj* (*BrE*) = bezieht sich auf Studienangebote für Teilzeitstudenten an manchen Universitäten

extra·ne·ous /ɪkˈstreɪniəs/ *Adj* ~ (**to sth**) (*gehoben*) (für etw) irrelevant ◊ *extraneous factors* äußere Faktoren ◊ *Ignore factors extraneous to the problem.* Ignorieren Sie Faktoren, die ohne Belang für das Problem sind. ◊ *coughs and extraneous noises* Husten und andere Störgeräusche [SYN] IRRELEVANT

extra·or·din·aire /ɪkˌstrɔːdɪˈneə(r); *AmE* ɪkˌstrɔːrdɪˈner/ *Adj* (*oft hum*) (*dem Nomen nachgestellt*) unvergleichlich ◊ *Houdini, escape artist extraordinaire* Houdini, der unvergleichliche Entfesselungskünstler

extra·or·din·ar·ily /ɪkˈstrɔːdnrəli; *AmE* ɪkˌstrɔːrdəˈnerəli/ *Adv* **1** sonderbar, merkwürdig **2** außergewöhnlich, ungewöhnlich

extra·or·din·ary /ɪkˈstrɔːdnri; *AmE* ɪkˈstrɔːrdəneri/ *Adj* **1** erstaunlich, merkwürdig ◊ *What an extraordinary thing to say!* Wie kann man nur so etwas Merkwürdiges sagen! **2** außergewöhnlich, ungewöhnlich ◊ *They went to extraordinary lengths to hide their identity.* Sie haben sich unwahrscheinlich bemüht, ihre Identität geheim zu halten. **3** *nur vor Nomen* (*gehoben*) (*Versammlung, Sitzung*) außerordentlich

ex·trap·o·late /ɪkˈstræpəleɪt/ *Verb* ~ (**sth**) (**from sth**) (*gehoben*) (etw) (aus etw) extrapolieren, (etw) (aus etw) schließen ◊ *The results cannot be extrapolated to other patient groups.* Diese Ergebnisse können nicht auf andere Patientengruppen übertragen werden.

extra·sens·ory perception /ˌekstrəˌsensəri pəˈsepʃn; *AmE* pərˈs-/ *Nomen* = ESP (2)

extra·ter·res·trial /ˌekstrətəˈrestriəl/ **1** *Nomen* außerirdisches Lebewesen **2** *Adj* außerirdisch, extraterrestrisch

ˌextra ˈtime *Nomen* [U] (*BrE*) (SPORT) Verlängerung

ex·trava·gance /ɪkˈstrævəgəns/ *Nomen* **1** [U] Verschwendung(ssucht) **2** Luxus **3** Extravaganz ◊ *the extravagance of Strauss's music* die extravagante Musik von Strauss

ex·trava·gant /ɪkˈstrævəgənt/ *Adj* (*Adv* **ex·trava·gant·ly**) **1** verschwenderisch ◊ *She's got extravagant tastes.* Sie hat einen teuren Geschmack. **2** übertrieben teuer ◊ *an extravagant present* ein sehr großzügiges Geschenk **3** übertrieben ◊ *extravagant praise* überschwängliches Lob [SYN] EXAGGERATED

ex·trava·ganza /ɪkˌstrævəˈgænzə/ *Nomen* aufwändige Show

ex·treme[1] /ɪkˈstriːm/ *Adj* **1** äußerste(r,s), größte(r,s), höchste(r,s) ◊ *We are working under extreme pressure at the moment.* Wir arbeiten im Moment unter Hochdruck. **2** extrem ◊ *extreme left-wing views* linksextreme Ansichten ◊ *Don't go doing anything extreme like leaving the country.* Tu nichts Drastisches wie etwa ins Ausland gehen.

ex·treme[2] /ɪkˈstriːm/ *Nomen* Extrem ◊ *He's gone to the other/opposite extreme.* Er ist ins andere Extrem verfallen. ◊ *extremes of love and hate* größte Liebe und tiefster Hass ◊ *The eggs are resistant to climatic extremes.* Die Eier sind gegen die extremen Klimaunterschiede resistent. [IDM] **go, etc. to ex'tremes** bis zum Äußersten gehen; es übertreiben, etw auf die Spitze treiben **take sth to ex'tremes** etw bis zum Extrem treiben ◊ *Taken to extremes, this can be dangerous.* Im Extremfall kann das gefährlich sein. **in the ex'treme** (*gehoben*) höchst; äußerst ◊ *dangerous in the extreme* höchst gefährlich

ex·treme·ly /ɪkˈstriːmli/ *Adv* höchst, äußerst

ex·tre·mis ⇨ IN EXTREMIS

ex·trem·ism /ɪkˈstriːmɪzəm/ *Nomen* Extremismus

ex·trem·ist /ɪkˈstriːmɪst/ *Nomen* (*meist abwert*) Extremist(in) ◊ *religious extremists* religiöse Fanatiker

ex·trem·ity /ɪkˈstremətɪ/ *Nomen* (*Pl* **-ies**) **1** äußerstes Ende ◊ *at the eastern extremity of the mountain range* am östlichen Rand der Bergkette **2** äußerste Grenze, höchster Grad ◊ *the extremities/extremity of pain* die schlimmsten Schmerzen **3** Not **4** **extremities** [Pl] (*gehoben*) Extremitäten

ex·tri·cate /ˈekstrɪkeɪt/ *Verb* ~ **sb/sth/yourself** (**from sth**) (*gehoben*) jdn/etw/sich (aus/von etw) befreien

ex·trin·sic /eksˈtrɪnsɪk, -zɪk/ *Adj* **1** (*gehoben*) äußere(r,s); **2** (PSYCH) extrinsisch

ex·tro·vert /ˈekstrəvɜːt/ *Nomen* extravertierter Mensch

ex·tro·vert·ed /ˈekstrəvɜːtɪd/ (*BrE auch* **ex·tro·vert**) *Adj* extravertiert

ex·trude /ɪkˈstruːd/ *Verb* **1** (*gehoben*) herauspressen, ausstoßen ◊ *Lava is extruded from the volcano.* Lava wird von dem Vulkan ausgestoßen. **2** (*gehoben*) herausgepresst werden **3** (*Fachspr*) (*Plastik etc.*) extrudieren

ex·u·ber·ance /ɪɡˈzjuːbərəns; *AmE* -ˈzuː-/ *Nomen* Überschwang, Überschwänglichkeit

ex·u·ber·ant /ɪɡˈzjuːbərənt; *AmE* -ˈzuː-/ *Adj* (*Adv* **ex·uber·ant·ly**) **1** überschäumend, überschwänglich ◊ *She gave an exuberant performance.* Sie gab eine äußerst lebendige Vorstellung. ◊ *exuberant reds and yellows* leuchtende Gelb- und Rottöne **2** (*Pflanze, Wachstum*) üppig

exude /ɪɡˈzjuːd; *AmE* -ˈzuːd/ *Verb* **1** ~ **sth** vor etw strotzen, etw ausströmen **2** absondern **3** ~ **from sth** von etw ausgehen

exult /ɪɡˈzʌlt/ *Verb* ~ (**at/in sth**) (*gehoben*) (über etw) jubeln, (über etw) frohlocken

ex·ult·ant /ɪɡˈzʌltənt/ *Adj* (*Adv* **ex·ult·ant·ly**) (*gehoben*) jubelnd, triumphierend ◊ *The fans were exultant at their team's victory.* Die Fans jubelten über den Sieg ihrer Mannschaft. SYN TRIUMPHANT

ex·ult·ation /ˌeɡzʌlˈteɪʃn/ *Nomen* [U] (*gehoben*) Jubel

eye[1] /aɪ/ *Nomen* **1** Auge ◊ *He is blind in one eye.* Er ist auf einem Auge blind. ◊ *have sharp eyes* gute Augen haben ◊ *To her expert eye, it was clearly a fake.* Für ihr geschultes Auge handelte es sich einwandfrei um eine Fälschung. ◊ *an eye for detail* ein Blick für Details ◊ *His eyes fell upon an advertisement in the magazine.* Sein Blick fiel auf eine Anzeige in der Illustrierten. ◊ *eye contact* Blickkontakt **2** Öhr, Öse ☞ *Siehe auch* BULLSEYE, CATSEYE™, FISHEYE LENS *und* RED-EYE IDM **be all ˈeyes** gespannt zusehen **before sb's very eyes** vor jds Augen **be up to your eyes in sth** bis zum Hals in etw stecken ◊ *I'm up to my eyes in work.* Ich ersticke in Arbeit. **cast/run an eye/your eyes over sth** etw überfliegen **clap/lay/set eyes on sb/sth** (*meist in verneinten Sätzen*) (*umgs*) jdn/etw sehen **an ˌeye for an ˈeye (and a ˌtooth for a ˈtooth)** Auge um Auge, Zahn um Zahn **sb's eyes are bigger than their ˈstomach** jds Augen sind größer als der Magen **for sb's eyes ˈonly** nur für jdn **get your ˈeye in** (*BrE*) sich einspielen **have eyes in the back of your ˈhead** hinten (und vorne) Augen haben **have an eye/half an eye on sth** etw aus den Augenwinkeln beobachten **have your ˈeye on sb/sth** ein Auge auf jdn/etw haben **in the eyes of the ˈlaw, ˈworld, etc.** in den Augen des Gesetzes, der Welt etc. **keep an eye on sb/sth** auf etw/jdn aufpassen **keep an eye open/out (for sb/sth)** (nach jdm/ etw) Ausschau halten **keep your ˈeyes peeled/skinned** die Augen offen halten **keep your ˈeyes peeled/skinned for sb/sth** nach jdm/etw Ausschau halten **look sb in the ˈeye(s)/ˈface** jdm in die Augen sehen **make ˈeyes at sb/give sb the ˈeye** jdm schöne Augen machen **ˌmy ˈeye!** (*BrE, umgs*) Quatsch! **not see eye to ˈeye with sb (on sth)** mit jdm (in Bezug auf etw) nicht einer Meinung sein **not (be able to) take your ˈeyes off sb/sth** kein Auge von jdm/etw lassen können **one in the eye (for sb/sth)** ein Schlag ins Gesicht (für jdn/etw) **only have eyes for/have eyes only for sb** nur Augen für jdn haben **see, look at, etc. sth through sb's eyes** etw mit jds Augen sehen **shut/close one's eyes to sth** die Augen vor etw verschließen **under the ˌ(watchful) eye of sb** unter jds wachsamen Augen **with an eye for/to the main chance** (*BrE, meist abwert*) in der Absicht, jede Gelegenheit auszunutzen **with an eye to sth** mit etw im Auge; mit Blick auf etw ◊ *The store should be sited with an eye to access.* Bei der Standortwahl sollten die Zufahrtsmöglichkeiten berücksichtigt werden. **with an eye to doing sth** in der Absicht etw zu tun **with your ˈeyes open** mit offenen Augen; bewusst **with your ˈeyes shut/closed** im Schlaf ☞ *Siehe auch* APPLE, BAT[2], BEAUTY, BELIEVE, BIRD, BLIND[1], BLINK[2], BLUE[1], CATCH[1], CLOSE[3], COCK[2], CORNER[1], DRY[1], EASY[1], FAR, FEAST, HIT[1], MEET[1], NAKED, OPEN[1], OPEN[2], PLEASE[2], PUBLIC[1], SIGHT[1], TWINKLING *und* WEATHER[1]

eye[2] /aɪ/ *Verb* (**eye·ing** *oder* **eying**, **eyed**, **eyed**) mustern, beäugen PHR V **ˌeye sb ˈup** jdn mustern, jdn ins Auge fassen

eye·ball /ˈaɪbɔːl/ *Nomen* Augapfel IDM **ˌeyeball to ˈeyeball (with sb)** ◊ *They stood eyeball to eyeball.* Sie standen sich Auge in Auge gegenüber. ◊ *an eyeball-to-eyeball confrontation* eine direkte Konfrontation **be up to your ˈeyeballs in sth** bis zum Hals in etw stecken ◊ *We're up to our eyeballs in work.* Wir ersticken in Arbeit.

eye·brow /ˈaɪbraʊ/ (*auch* **brow**) *Nomen* Augenbraue IDM **be up to your eyebrows in sth** bis zum Hals in etw stecken ☞ *Siehe auch* RAISE[1]

ˈeye-catching *Adj* ins Auge springend, auffallend

-eyed /aɪd/ (*in Adjektiven*) -äugig ◊ *a one-eyed monster* ein einäugiges Ungeheuer

eye·ful /ˈaɪfʊl/ *Nomen* **1** ◊ *I got an eyeful of sand.* Ich bekam Sand ins Auge. **2** (*umgs*) toller Anblick IDM **have/get an ˈeyeful** (*BrE, umgs*) allerhand zu sehen bekommen **have/get an ˈeyeful of sth** etw zu sehen bekommen

eye·glass /ˈaɪɡlɑːs; *AmE* -ɡlæs/ *Nomen* **1** Monokel **2** **eye·glasses** [Pl] (*AmE*) Brille ☞ *Hinweis bei* BRILLE

eye·lash /ˈaɪlæʃ/ (*auch* **lash**) *Nomen* [meist Pl] Augenwimper

ˈeye level *Nomen* Augenhöhe

eye·let /ˈaɪlət/ *Nomen* Öse

eye·lid /ˈaɪlɪd/ *Nomen* (*auch* **lid**) Augenlid IDM ⇨ BAT[2]

eye·liner /ˈaɪlaɪnə(r)/ (*auch* **liner**) *Nomen* Eyeliner

ˈeye-opener *Nomen* [meist Sing] **sth is an ~ for sb** etw öffnet jdm die Augen

eye·patch /ˈaɪpætʃ/ *Nomen* Augenklappe

eye·piece /ˈaɪpiːs/ *Nomen* Okular

eye·shadow /ˈaɪʃædəʊ; *AmE* -doʊ/ *Nomen* Lidschatten

eye·sight /ˈaɪsaɪt/ *Nomen* Sehkraft, Sehvermögen ◊ *have good eyesight* gute Augen haben ◊ *an eyesight test* ein Sehtest ◊ *lose your eyesight* erblinden

eye·sore /ˈaɪsɔː(r)/ *Nomen* Schandfleck

ˈeye strain *Nomen* Überanstrengung der Augen

ˈeye teeth *Nomen* IDM **give your eye teeth for sth/to do sth** (*umgs*) alles für etw geben

eye·wash /ˈaɪwɒʃ; *AmE* -wɑːʃ, -wɔːʃ/ *Nomen* (*umgs, veraltet*) Augenwischerei

eye·wit·ness /ˈaɪwɪtnəs/ *Nomen* Augenzeuge

eyrie (*AmE meist* **aerie**) /ˈɪəri, ˈeəri, ˈaɪəri; *AmE* ˈɪri, ˈeri/ *Nomen* Horst

Ff

F, f /ef/ **1** *Nomen* (*Pl* **F's, f's**) (*Buchstabe*) F, f ☛ *Hinweis bei* NOTE, S. 1126. ☛ *Siehe auch* F-WORD ☛ *Beispiele bei* A, a **2** *Abk* = FAHRENHEIT **3** *Abk* **f** = FEMALE **4** *Abk* **f** (LING) = FEMININE **5** *Abk* **f** (MUS) = FORTE²

fa ⇨ FAH

fab /fæb/ *Adj* (*BrE, umgs, veraltet*) toll

fa·ble /'feɪbl/ *Nomen* **1** Fabel, Sage **2** (*fig*) Märchen ◊ *He has difficulty distinguishing fact from fable.* Er kann Dichtung und Wahrheit schwer unterscheiden.

fa·bled /'feɪbld/ *Adj* (*gehoben oder hum*) legendär

fab·ric /'fæbrɪk/ *Nomen* **1** Stoff **2** (*gehoben*) Struktur ◊ *the very fabric of society* die soziale Struktur **3** Bausubstanz

fab·ri·cate /'fæbrɪkeɪt/ *Verb* **1** fälschen, erfinden **2** herstellen, fertigen SYN MANUFACTURE

fab·ri·ca·tion /ˌfæbrɪ'keɪʃn/ *Nomen* **1** Erfindung, Lügengeschichte, Fälschung ◊ *The story was a complete fabrication.* Die ganze Geschichte war erfunden. **2** (*Fachspr*) Herstellung, Fertigung

fabu·lous /'fæbjələs/ *Adj* **1** (*umgs*) fabelhaft, fantastisch **2** (*Adv* **fabu·lous·ly**) (*gehoben*) sagenhaft

fa·çade /fə'sɑ:d/ *Nomen* Fassade (*auch fig*)

face¹ /feɪs/ *Nomen* **1** Gesicht ◊ *Sue's face was a picture.* Sues Gesicht war ein Bild für die Götter. ◊ *His face fell when he read the headlines.* Er machte ein langes Gesicht, als er die Schlagzeilen las. ◊ *You should have seen the look on her face!* Du hättest ihr Gesicht sehen sollen! **2** Seite ◊ *the north face of the mountain* die Nordwand des Berges ◊ *The birds build their nests in the rock face.* Die Vögel bauen ihr Nest in der Felswand. **3** Zifferblatt **4** Aspekt ◊ *the unacceptable face of capitalism* die Kehrseite des Kapitalismus ☛ *Siehe auch* -FACED, IN-YOUR-FACE, TYPEFACE *und* VOLTE-FACE IDM **disappear/vanish off the face of the 'earth** spurlos verschwinden **sb's face is like 'thunder; sb has a face like 'thunder** jd sieht wütend aus ˌ**face to 'face (with sb)** ◊ *We had never met face to face before.* Wir hatten uns nie persönlich kennen gelernt. ◊ *She came face to face with the man who had tried to kill her.* Sie fand sich plötzlich dem Mann gegenüber, der versucht hatte, sie umzubringen. ˌ**face to 'face with sth** ◊ *He was brought face to face with the horrors of war.* Er wurde mit den Schrecken des Krieges konfrontiert. ˌ**face 'up/'down 1** (*Mensch*) auf dem Rücken/auf dem Bauch **2** (*Karten*) mit der Bildseite nach oben/unten **have the 'face to do sth** (*BrE, umgs*) die Stirn haben etw zu tun **in the face of 'sth 1** trotz einer Sache ◊ *She showed great courage in the face of danger.* Sie bewies großen Mut in einer gefährlichen Situation. **2** angesichts einer Sache **lose 'face** das Gesicht verlieren **on the ˌface of it** (*umgs*) auf den ersten Blick **pull/make 'faces/a 'face** Grimassen schneiden; ein Gesicht ziehen **put your 'face on** (*umgs*) sich schminken **say sth to sb's face** jdm etw ins Gesicht sagen **set your face against sb/sth** (*bes BrE, gehoben*) sich gegen etw sträuben; sich gegen etw stellen ˌ**what's his/her face** (*umgs*) wie heißt er/sie nur ☛ *Siehe auch* BLUE¹, BRAVE¹, DOOR, EGG¹, EYE¹, FEED¹, FLY¹, LAUGH¹, NOSE¹, PLAIN¹, PRETTY², SAVE¹, SHOW¹, SHUT¹, SLAP², STARE², STRAIGHT¹, WIPE¹ *und* WRITE

face² /feɪs/ *Verb* **1** gegenüber sein ◊ *They sat facing each other.* Sie saßen sich gegenüber. ◊ *She turned and faced him.* Sie drehte sich um und sah ihn an. ◊ *Most of the rooms face the sea.* Die meisten Zimmer liegen aufs Meer zu. ◊ *The terrace faces south.* Die Terrasse liegt nach Süden. ◊ *Stand with your feet apart and your hands facing upwards.* Stehen Sie mit gespreizten Beinen und den Händen nach oben. ◊ *Which direction are you facing?* In welcher Richtung stehst du? **2** ~ **sth** (*fig*) vor etw stehen ◊ *the problems faced by one-parent families* die Probleme, mit denen allein Erziehende zu kämpfen haben ◊ *She's faced with a difficult decision.* Sie steht vor einer schwierigen Entscheidung. **3** (*fig*) ins Gesicht sehen ◊ *Face facts — she isn't coming back.* Mach dir nichts vor — sie kommt nicht zurück. ◊ *Let's face it, we're not going to win.* Seien wir ehrlich, wir werden nicht gewinnen. **4** nicht fertig bringen ◊ *I just can't face work today.* Ich kann heute einfach nicht arbeiten. ◊ *I can't face seeing him.* Ich kann es nicht über mich bringen, ihn zu sehen. **5** ~ **sb** (*fig*) jdm gegenübertreten **6** (*Gebäude, Wand etc.*) verblenden, verkleiden IDM **face the 'music** (*umgs*) die Suppe auslöffeln PHRV ˌ**face sb 'down** jdn kleinkriegen ˌ**face 'off** (*bes AmE*) **1** (*beim Eishockey*) das erste Bully ausführen **2** sich gegenübertreten ˌ**face 'up to sth** einer Sache ins Auge sehen

ˈ**face card** *Nomen* (*bes AmE*) Figurenkarte

face-cloth /'feɪsklɒθ; *AmE* -klɔ:θ/ *Nomen* (*BrE*) Waschlappen SYN FLANNEL

ˈ**face cream** *Nomen* Gesichtscreme

-faced /feɪst/ (*in Zusammensetzungen*) ◊ *pale-faced* blass ◊ *grim-faced* grimmig (dreinblickend)

face·less /'feɪsləs/ *Adj* (*abwert*) anonym, gesichtslos

face·lift /'feɪslɪft/ *Nomen* [meist Sing] Facelifting, Facelift (*auch fig*) ◊ *have a facelift* sich das Gesicht liften lassen

ˈ**face-off** *Nomen* **1** (*bes AmE, umgs*) Konfrontation, Auseinandersetzung **2** (*beim Eishockey*) Anspiel, Bully

ˈ**face pack** *Nomen* (*BrE*) Gesichtspackung

ˈ**face powder** *Nomen* Gesichtspuder

ˈ**face-saving** *Adj* nur vor *Nomen* zur Wahrung des Gesichts

facet /'fæsɪt/ *Nomen* Facette

fa·ce·tious /fə'si:ʃəs/ (*Adv* **fa·ce·tious·ly**) *Adj* spöttisch, witzelnd ◊ *Stop being facetious; this is serious.* Hör auf zu witzeln — das ist eine ernste Sache.

ˌ**face 'value** *Nomen* [Sing] Nennwert, Nominalwert ◊ *Tickets were changing hands at three times their face value.* Karten wurden zum Dreifachen ihres offiziellen Preises verkauft. IDM **take sth at face 'value** etw für bare Münze nehmen ◊ *Taken at face value, the figures look very encouraging.* Wenn man die Ergebnisse nicht weiter untersucht, sind die Zahlen ermutigend.

fa·cia = FASCIA

fa·cial¹ /'feɪʃl/ *Adj* Gesichts- ◊ *a facial injury* eine Gesichtsverletzung

fa·cial² /'feɪʃl/ *Nomen* kosmetische Gesichtsbehandlung

fa·cial·ly /'feɪʃəli/ *Adv* was das Gesicht betrifft

fa·cile /'fæsaɪl; *AmE* 'fæsl/ *Adj* (*abwert*) **1** (*Bemerkung*) oberflächlich, nichts sagend **2** nur vor *Nomen* (*gehoben*) allzu leicht ◊ *a facile victory* ein leicht errungener Sieg

fa·cili·tate /fə'sɪlɪteɪt/ *Verb* (*gehoben*) erleichtern, fördern

fa·cili·ta·tion /fəˌsɪlɪ'teɪʃn/ *Nomen* Förderung

fa·cili·ta·tor /fə'sɪlɪteɪtə(r)/ *Nomen* = jd, der eine beratende, helfende Funktion ausübt ◊ *the role of the teacher as a facilitator of learning* die Rolle des Lehrers als Lernbegleiter

fa·cil·ity /fə'sɪləti/ *Nomen* **1 facilities** [Pl] Einrichtungen ◊ *sports/leisure facilities* Sport-/Freizeitanlagen ◊ *conference facilities* Konferenzeinrichtungen ◊ *a room with cooking facilities* ein Zimmer mit Kochgelegenheit ◊ *shopping facilities* Einkaufsmöglichkeiten ◊ *All rooms have private facilities.* Alle Zimmer mit Bad/eigenem Badezimmer. **2** Möglichkeit, Einrichtung; (*Comp*) Anwendung ◊ *a bank account with an overdraft facility* ein Bankkonto mit Überziehungsmöglichkeit ◊ *a facility for checking spelling* eine Rechtschreibhilfe **3** Anlage ◊ *the world's largest nuclear waste facility* die größte Atommüllanlage der Welt **4** ~ (**for sth**) Talent (für etw), Fähigkeit (für etw) ◊ *She has a great facility for languages.* Sie ist sehr sprachbegabt. ◊ *with great facility* mit großer Leichtigkeit

fa·cing /ˈfeɪsɪŋ/ *Nomen* **1** Verkleidung, Blende **2 facings** [Pl] Aufschläge

fac·sim·ile /fækˈsɪməli/ *Nomen* **1** Faksimile **2** (*gehoben*) Fax [SYN] FAX

fact /fækt/ *Nomen* **1** Tatsache ◊ *face (the) facts* den Tatsachen ins Auge sehen ◊ *in view of the fact that …* in Anbetracht der Tatsache, dass … ◊ *despite the fact that …* obwohl … ◊ *apart from the fact that …* abgesehen davon, dass … ◊ *The fact remains that …* Es ist unbestreitbar, dass … ◊ *Make sure you get your facts right.* Sorge dafür, dass deine Informationen stimmen. ☞ *Hinweis bei* CLEAR¹ **2** (*umgs*) ◊ *Isn't it a fact that …* Ist es nicht so, dass … ◊ *I haven't seen anyone for days and that's a fact.* Ich habe wirklich seit Tagen niemanden gesehen. ◊ *I know for a fact that …* Ich weiß ganz sicher, dass … **3** [U] Wahrheit ◊ *The story is based on fact.* Die Geschichte basiert auf wirklichen Geschehnissen. [OPP] FICTION [IDM] **after the ˈfact** im Nachhinein **the fact (of the matter) is (that) …** Tatsache ist, dass … ˌ**facts and ˈfigures** Fakten und Zahlen a ˌ**fact of ˈlife** eine unabänderliche Tatsache **the ˌfacts of ˈlife** ◊ *tell sb the facts of life* jdn sexuell aufklären ◊ *know the facts of life* (sexuell) aufgeklärt sein **the facts speak for themˈselves** die Tatsachen sprechen für sich **in (actual) fact 1** um genau zu sein **2** eigentlich **Is that a ˈfact?** (*umgs*) Tatsächlich? ☞ *Siehe auch* MATTER¹ *und* POINT¹

ˈ**fact-finding** *Adj nur vor Nomen* Erkundungs-, Ermittlungs-

fac·tion /ˈfækʃn/ *Nomen* **1** Fraktion **2** Zerstrittenheit

fac·tor /ˈfæktə(r)/ *Nomen* **1** Faktor ☞ *Hinweis bei* POINT¹ (3) **2** (MATH) Divisor, Teiler ◊ *the highest common factor* der größte gemeinsame Teiler **3** [Sing] Rate

fac·tory /ˈfæktri, -təri/ *Nomen* Fabrik, Werk

ˌ**factory ˈfloor** *Nomen* (*meist* **the factory floor**) [Sing] Produktion(sabteilung)

fac·tual /ˈfæktʃuəl/ *Adj* (*Adv* **fact·ual·ly**) tatsächlich, sachlich ◊ *a factual account of events* ein Tatsachenbericht ◊ *factual information* Sachinformation ◊ *factually accurate* sachlich korrekt

fac·ulty /ˈfæklti/ *Nomen* **1** [meist Pl] Vermögen, Fähigkeit ◊ *The patient is in full possession of his faculties.* Der Patient ist im Vollbesitz seiner (geistigen) Kräfte. **2** [Sing] **a/the ~ of/for doing sth** (*gehoben*) das Vermögen etw zu tun, die Fähigkeit etw zu tun **3** Fakultät **4** Lehrkörper einer Fakultät ☞ G 1.3b **5** (*meist* **the faculty**) (*AmE*) der Lehrkörper einer Universität

fad /fæd/ *Nomen* **1** Modeerscheinung, Fimmel **2** Marotte

fade /feɪd/ *Verb* **1** ausbleichen; (*Blumen*) verwelken **2 ~ (away)** (langsam) verschwinden; (*Töne*) verhallen ◊ *All other issues faded into insignificance.* Alles andere wurde bedeutungslos. ◊ *Summer was fading into autumn.* Der Sommer ging langsam in den Herbst über. ◊ *The music faded away.* Die Musik verklang. **3** (SPORT) zurückfallen [PHRV] ˌ**fade aˈway** schwächer werden ˌ**fade (sth) ˈin** (etw) einblenden ˌ**fade (sth) ˈout** (etw) ausblenden

fae·ces (*AmE* **feces**) /ˈfiːsiːz/ *Nomen* [Pl] (*BrE, gehoben*) Kot, Fäkalien

faff /fæf/ *Verb* [PHRV] **faff aˈbout/aˈround** (*BrE, umgs*) **1** herumrudern **2** fackeln

fag /fæg/ *Nomen* **1** (*BrE, umgs*) Kippe, Zigarette **2** (*AmE, Slang, beleidigend*) Homosexueller, Schwuchtel **3** [Sing] (*BrE, umgs*) Schlauch, Akt ◊ *It's too much of a fag.* Das ist mir zu viel Akt. **4** (*BrE, veraltet*) ☞ An manchen Internaten mussten jüngere Schüler, so genannte **fags**, früher für die älteren Schüler Dienste wie Tee kochen, Schuhe putzen etc. übernehmen.

ˌ**fag ˈend** *Nomen* (*BrE, umgs*) **1** (Zigaretten)kippe **2** [Sing] **the ~ of sth** das Ende von etw ◊ *I only caught the fag end of their conversation.* Ich hörte nur den letzten Fetzen ihrer Unterhaltung.

fagged /fægd/ (*auch* ˌ**fagged ˈout**) *Adj nicht vor Nomen* (*BrE, umgs*) erschöpft, fertig [IDM] **I can't be fagged (to do sth)** ich habe keinen Nerv (etw zu tun)

fag·got /ˈfægət/ *Nomen* **1** (*BrE*) Fleischbällchen, Klops **2** (*AmE, umgs, beleidigend*) Schwuler **3** Reisigbündel

fah (*auch* **fa**) /fɑː/ *Nomen* (MUS) fa

Fahr·en·heit /ˈfærənhaɪt/ *Adj* (*Abk* **F**) Fahrenheit

fail¹ /feɪl/ *Verb* **1 ~ (in sth)** (bei etw) versagen, (mit etw) scheitern ◊ *The letter failed to arrive in time.* Der Brief kam nicht rechtzeitig an. **2 ~ sth** durch etw (durch)fallen ◊ *He failed his driving test.* Er ist durch die Fahrprüfung gefallen. **3 ~ sb** jdn durchfallen lassen **4 ~ sb** (*gehoben*) jdn enttäuschen ◊ *He felt he had failed his children.* Er hatte das Gefühl, als Vater versagt zu haben. **5 ~ to do sth** es versäumen, etw zu tun **6** (*Mut, Worte*) ◊ *My courage failed me.* Es verließ mich der Mut. ◊ *Words fail me.* Mir fehlen die Worte. **7** (*Ernte, Strom*) ausfallen; (*Bremsen*) versagen **8** (*Gesundheit etc.*) nachlassen **9** (*Unternehmen*) eingehen

fail² /feɪl/ *Nomen* Ungenügend ◊ *I got three passes and one fail.* Ich habe drei Prüfungen bestanden und bin in einer durchgefallen. [IDM] **without ˈfail 1** unbedingt **2** ausnahmslos

failed /feɪld/ *Adj nur vor Nomen* gescheitert

fail·ing¹ /ˈfeɪlɪŋ/ *Nomen* [meist Pl] Fehler, (Charakter)schwäche

fail·ing² /ˈfeɪlɪŋ/ *Präp* ◊ *Try the library or, failing that, search the net.* Probier's in der Bibliothek, ansonsten such im Internet.

ˈ**fail-safe** *Adj* pannensicher ◊ *a fail-safe device* ein Notsystem

fail·ure /ˈfeɪljə(r)/ *Nomen* **1** Scheitern, Versagen ◊ *end in failure* scheitern **2** (*Person*) Versager(in); (*Sache*) Fehlschlag ◊ *He was a failure as a businessman.* Als Geschäftsmann hatte er keinen Erfolg. **3 ~ to do sth** Versäumnis etw zu tun ◊ *Failure to comply with the regulations will result in prosecution.* Nichtbeachtung der Bestimmungen wird gerichtlich geahndet. ◊ *after his repeated failures to appear in court* nachdem er es mehrfach versäumt hatte, vor Gericht zu erscheinen **4** Ausfall **5 business failure** Pleite

faint¹ /feɪnt/ *Adj* **1** schwach ◊ *a faint smell of perfume* ein Hauch von Parfum ◊ *They don't have the faintest chance of winning.* Sie haben nicht die leiseste Chance zu gewinnen. ◊ *show faint signs of recovery* erste Anzeichen der Erholung zeigen **2** *nicht vor Nomen* schwindelig ◊ *She felt faint.* Ihr wurde schwindelig. [IDM] **not have the ˈfaintest/ˈfoggiest (idea)** (*umgs*) keinen Schimmer haben; nicht die leiseste Ahnung haben ☞ *Siehe auch* DAMN³

faint² /feɪnt/ *Verb* ohnmächtig werden, in Ohnmacht fallen

faint³ /feɪnt/ *Nomen* [Sing] ◊ *She fell to the ground in a dead faint.* Sie fiel ohnmächtig zu Boden.

ˌ**faint-ˈhearted** *Adj* ängstlich, zaghaft

faint·ly /ˈfeɪntli/ *Adv* leicht, ein wenig ◊ *He looked faintly embarrassed.* Er wirkte etwas peinlich berührt.

fair¹ /feə(r)/; *AmE* fer/ *Adj* **1 ~ (to/on sb)** (jdm gegenüber) gerecht, (jdm gegenüber) fair ◊ *a fair question* eine berechtigte Frage ◊ *It's not fair!* Das ist ungerecht! ◊ *It seems only fair that …* Es scheint nur recht und billig, dass … ◊ *It's fair to say that …* Man kann sagen, dass … ◊ *To be fair …* Fairerweise muss man sagen, dass … **2** *a fair-sized town* eine ziemlich große Stadt ◊ *a fair bit/amount* ziemlich viel ◊ *The shore was a fair way off.* Das Ufer war ziemlich weit weg. ◊ *It's a fair bet that they won't turn up.* Ich bin ziemlich sicher, dass sie nicht kommen. ◊ *I have a fair idea of what happened.* Ich kann mir ziemlich genau vorstellen, was passiert ist. **3** (*bes BrE*) recht gut ◊ *His knowledge of French is only fair.* Seine Französischkenntnisse sind nur mäßig. **4** (*Haut*) hell; (*Haare*) blond **5** (*Wetter*) schön **6** (*gehoben, veraltet*) hold, schön [IDM] **all's fair in love and war** im Krieg und in der Liebe ist alles erlaubt **by fair means or ˈfoul** egal wie; mit allen Mitteln **fair eˈnough** (*bes BrE, umgs*) einverstanden ◊ *If you don't want to, fair enough.* Wenn du nicht willst, ist dies deine Sache. **a fair ˈhearing** ein faires Verfahren ◊ *They didn't give me a fair hearing.* Sie haben mich nicht richtig angehört. **(more than) your fair share of sth** ◊ *He has (more than) his fair share of problems.* Er hat (mehr als) genug Probleme.

fair² /feə(r); *AmE* fer/ *Adv* fair [IDM] **fair and ˈsquare 1** offen und ehrlich **2** (*BrE*) klipp und klar **set fair (to do sth/for sth)** (*BrE*) ◊ *She seems set fair to win the championship.* Es sieht ganz danach aus, dass sie die Meisterschaft gewinnen wird. ◊ *Conditions are set fair for stable development.* Die Bedingungen für eine stabile Entwicklung sind günstig. ☞ *Siehe auch* SAY¹

fair³ /feə(r); *AmE* fer/ *Nomen* **1** Jahrmarkt **2** (*AmE*) Landwirtschaftsschau **3** Ausstellung, Messe ◊ *the world's fair* die Weltausstellung **4** (*BrE*) Viehmarkt ◊ *a horse fair* ein Pferdemarkt **5 job/careers ~** Stellenbörse

fair 'game *Nomen* Freiwild

fair·ground /ˈfeəɡraʊnd; *AmE* ˈferɡ-/ *Nomen* **1** Festplatz **2** [meist Pl] (*AmE*) Messegelände, (landwirtschaftliches) Ausstellungsgelände

fair-'haired *Adj* blond

fair·ly /ˈfeəli; *AmE* ˈferli/ *Adv* **1** (*vor Adjektiven und Adverbien*) ziemlich, relativ ◊ *I'm fairly confident.* Ich bin ziemlich zuversichtlich. ◊ *fairly easy* relativ einfach ☛ *Hinweis bei* ZIEMLICH **2** gerecht **3** mit Recht ◊ *His attitude could fairly be described as hostile.* Seine Haltung kann mit Recht als feindselig bezeichnet werden. IDM **fairly and squarely** eindeutig

fair-'minded *Adj* unvoreingenommen, gerecht

fair·ness /ˈfeənəs; *AmE* ˈfernəs/ *Nomen* **1** Gerechtigkeit **2** (*von Haar, Teint*) helle Farbe ◊ *the fairness of her hair* ihr helles Haar IDM **in (all) fairness (to sb)** ◊ *In all fairness to him, he did try to tell her.* Fairerweise sei gesagt, dass er versucht hat, es ihr zu sagen.

ˌfair 'play *Nomen* Fairplay, Fairness ◊ *We must ensure fair play in the distribution of food.* Wir müssen sicherstellen, dass es bei der Nahrungsmittelvergabe gerecht zugeht.

fair·way /ˈfeəweɪ; *AmE* ˈferweɪ/ *Nomen* (*beim Golf*) Fairway

fair-weather *Adj nur vor Nomen* (*abwert*) Schönwetter-

fairy /ˈfeəri; *AmE* ˈferi/ *Nomen* (*Pl* **-ies**) **1** Fee, Elfe **2** (*Slang, beleidigend*) Schwuchtel, Tunte

ˌfairy 'godmother *Nomen* gute Fee

'fairy lights *Nomen* [Pl] (*BrE*) bunte Lichterkette

'fairy tale (*auch* **'fairy story** (*Pl* **-ies**)) *Nomen* Märchen (*auch fig*)

'fairy-tale *Adj nur vor Nomen* Märchen-, märchenhaft

fait ac·com·pli /ˌfeɪt əˈkɒmpli:; *AmE* əˈkɑːm-/ *Nomen* (*Pl* **faits ac·com·plis** /ˌfeɪz əˈkɑːm-/) [meist Sing] vollendete Tatsachen ◊ *present sb with a fait accompli* jdn vor vollendete Tatsachen stellen

faith /feɪθ/ *Nomen* **1** ~ (**in sb/sth**) Vertrauen (in jdn/etw) ◊ *This restored her faith in human nature.* Das hat ihr den Glauben an die Menschheit wiedergegeben. **2** Glaube, Glaubensrichtung ◊ *the Christian faith* der christliche Glaube ◊ *people of different faiths* Menschen anderer Glaubensrichtungen IDM **break/keep 'faith (with sb)** (jdm) die Treue brechen/halten **in bad 'faith** in böser Absicht **in good 'faith 1** nach bestem Wissen und Gewissen **2** in gutem Glauben

faith·ful /ˈfeɪθfl/ **1** *Adj* ~ (**to sb/sth**) (jdm/einer Sache) treu ◊ *He remained faithful to his ideals.* Er blieb seinen Idealen treu. ◊ *a faithful husband* ein treuer Ehemann SYN LOYAL **2** *Adj* (*Bericht etc.*) wahrheitsgetreu; (*Kopie etc.*) originalgetreu **3 the faithful** *Nomen* [Pl] die Gläubigen, die Getreuen

faith·ful·ly /ˈfeɪθfəli/ *Adv* **1** gewissenhaft **2** treu; (*versprechen*) hoch und heilig ☛ *Siehe auch* YOURS

faith·ful·ness /ˈfeɪθflnəs/ *Nomen* Treue

'faith healing *Nomen* Gesundbeten

faith·less /ˈfeɪθləs/ *Adj* (*gehoben*) treulos

fake¹ /feɪk/ *Adj* gefälscht, nachgemacht ◊ *fake designer jeans* gefälschte Designerjeans ◊ *fake fur* Kunstpelz

fake² /feɪk/ *Nomen* **1** Fälschung, Nachahmung **2** Schwindler(in), Betrüger(in)

fake³ /feɪk/ *Verb* vortäuschen, nachmachen

fal·con /ˈfɔːlkən; *AmE* ˈfælkən/ *Nomen* Falke

fal·con·er /ˈfɔːlkənə(r); *AmE* ˈfælkənər/ *Nomen* Falkner(in)

fal·con·ry /ˈfɔːlkənri; *AmE* ˈfæl-/ *Nomen* Falknerei

fall¹ /fɔːl/ *Verb* (**fell** /fel/, **fall·en** /ˈfɔːlən/) **1** fallen, stürzen ◊ *The book fell off the table onto the floor.* Das Buch fiel vom Tisch auf den Boden. ◊ *a memorial to those who fell in battle* ein Denkmal für die im Krieg Gefallenen **2** ~ (**away/off**) abfallen, sich senken ◊ *The land falls (away) sharply towards the river.* Das Land fällt steil zum Fluss hin ab. **3** sinken, zurückgehen ◊ *falling birth rates* sinkende Geburtenraten ◊ *Their profits have fallen by 30 per cent.* Ihr Gewinn ist um 30 Prozent zurückgegangen. **4** ~ (**to sb**) (jdm in die Hände) fallen ◊ *Troy finally fell (to the Greeks).* Am Ende fiel Troja (in die Hände der Griechen). ◊ *The constituency has fallen to the Greens.* Der Wahlkreis ist den Grünen zugefallen. **5** ~ (**into sth**) (*in einen Zustand geraten*) ◊ *fall asleep* einschlafen ◊ *fall ill* krank werden ◊ *He fell silent.* Er wurde still. ◊ *fall open* aufklappen ◊ *fall under the influence of sb* unter den Einfluss von jdm geraten ◊ *The house fell into decay.* Das Haus verfiel zunehmend. **6** ~ (**on sb/sth**) (über jdn/etw) hereinbrechen ◊ *Darkness fell quickly.* Die Dunkelheit brach schnell herein. ◊ *A sudden silence fell.* Eine plötzliche Stille trat ein. ◊ *An expectant hush fell on the guests.* Eine erwartungsvolle Stille senkte sich über die Gäste. PHR V **fall a'bout** (*BrE, umgs*) sich vor Lachen biegen ◊ *We fell about (laughing/with laughter).* Wir bogen uns vor Lachen. **fall a'part 1** auseinander fallen **2** auseinander gehen, platzen ◊ *The deal fell apart.* Das Geschäft ist geplatzt. **fall a'way 1** abtrünnig werden **2** verschwinden ◊ *All our doubts fell away.* Alle unsere Zweifel verschwanden. **fall 'back 1** zurückweichen **2** zurückgehen; (*Aktien, Kurse*) nachgeben **fall 'back on sb/sth** auf jdn/etw zurückgreifen **fall be'hind (sb/sth)** (hinter jdm/etw) zurückfallen **fall be'hind with sth** mit etw in Rückstand geraten **fall 'down 1** scheitern **2** (*Gebäude*) einstürzen **'fall for sb** sich in jdn verlieben **'fall for sth** auf etw einfallen **fall 'in 1** (*Dach etc.*) einstürzen **2** (MIL) eine Formation bilden, sich formieren ◊ *Fall in!* Angetreten! **fall 'in with sb/sth** (*BrE*) (jdn/etw treffen, sich mit jdm/etw einlassen **2** jdm/einer Sache zustimmen **ˌfall into sth 1** auf etw hereinfallen **2** sich in etw gliedern, sich in etw unterteilen **ˌfall 'off** zurückgehen, nachlassen **ˌfall on/upon sb/sth 1** über jdn/etw herfallen **2** (*Kosten, Verantwortung*) von jdm/etw getragen werden **ˌfall 'out 1** (*Haare, Zähne*) ausfallen **2** (MIL) wegtreten **ˌfall 'out (with sb)** sich (mit jdm) zerstreiten ◊ *They've fallen out with each other.* Sie haben sich zerstritten. **ˌfall out of sth** ◊ *fall out of favour/fashion* aus der Mode kommen ◊ *fall out of favour with sb* bei jdm in Ungnade fallen ◊ *fall out of love* nicht länger verliebt sein **ˌfall 'over yourself to do sth** sich vor Eifer überschlagen etw zu tun **ˌfall 'through** scheitern, ins Wasser fallen **'fall to doing sth** anfangen, etw zu tun **'fall to sb (to do sth)** jdm zufallen etw zu tun

fall² /fɔːl/ *Nomen* **1** Fall, Sturz **2** ~ (**of sth**) ◊ *a heavy fall of snow* ein schwerer Schneefall ◊ *a rock fall* ein Steinschlag **3 falls** [Pl] (*besonders in Namen*) (Wasser)fall ◊ *the Niagara Falls* die Niagarafälle SYN WATERFALL **4** (*AmE*) Herbst **5** ~ (**in sth**) Rückgang (einer Sache) ◊ *a fall in the numbers attending* ein Rückgang der Teilnehmerzahlen ◊ *a steep fall in prices* ein starker Preisverfall **6** [Sing] Untergang, Niedergang **7 the Fall** [Sing] der Sündenfall IDM ⇨ PRIDE¹ *und* RIDE¹

fal·lacy /ˈfæləsi/ *Nomen* (*Pl* **-ies**) **1** Irrtum **2** Trugschluss, Fehlschluss

fall·back /ˈfɔːlbæk/ *Nomen* Alternative

fall·en *Form von* FALL¹

ˌfallen 'woman *Nomen* (*veraltet*) gefallenes Mädchen

'fall guy *Nomen* (*bes AmE*) Sündenbock, Prügelknabe SYN SCAPEGOAT

fal·li·bil·ity /ˌfæləˈbɪləti/ *Nomen* Fehlbarkeit

fal·lible /ˈfæləbl/ *Adj* fehlbar ◊ *Memory is fallible.* Das Erinnerungsvermögen ist nicht unfehlbar.

'fall-off (*AmE* **fall-off**) (*BrE auch seltener* **'falling-off**) *Nomen* [Sing] ~ (**in sth**) Rückgang (einer Sache), Niedergang (einer Sache)

Fal·lo·pian tube /fəˌləʊpiən ˈtjuːb; *AmE* fəˈloʊpiən tuːb/ *Nomen* Eileiter

fall·out /ˈfɔːlaʊt/ *Nomen* **1** radioaktiver Niederschlag ◊ *a fallout shelter* ein Atombunker **2** (*nachteilige*) Auswirkungen, (*negative*) Folgen ◊ *the political fallout of the crisis* die politischen Konsequenzen der Krise

fal·low /ˈfæləʊ; *AmE* -loʊ/ *Adj* **1** brach(liegend) ◊ *lie fallow* brachliegen **2** (*fig*) ◊ *a fallow period* eine Durststrecke

ˈfallow deer *Nomen* (*Pl* **fallow deer**) Damhirsch

false¹ /fɔːls/ *Adj* **1** falsch ◊ *a false assumption* eine falsche Annahme ◊ *Buying a cheap computer is a false economy.* Einen billigen Computer zu kaufen heißt am falschen Ende sparen. ◊ *false imprisonment* Freiheitsberaubung **2** künstlich ◊ *false eyelashes* künstliche Wimpern ◊ *a false beard* ein falscher Bart **3** gefälscht ◊ *a suitcase with a false bottom* ein Koffer mit doppeltem Boden IDM **under false pre'tences** unter Vorspiegelung falscher Tatsachen

false² /fɔːls/ *Adv* IDM **play sb 'false** jdn (be)trügen

ˌfalse a'larm *Nomen* falscher Alarm

‚false 'friend *Nomen* = Wort einer Fremdsprache, das einem Wort der Muttersprache ähnlich ist, jedoch eine andere Bedeutung hat (z.B. „become" und „bekommen").

false·hood /'fɔːlshʊd/ *Nomen* (*gehoben*) Unwahrheit

false·ly /'fɔːlsli/ *Adv* **1** irrtümlich ◊ *be falsely accused of sth* zu Unrecht einer Sache angeklagt sein **2** gekünstelt

‚false 'move *Nomen* [meist Sing] falsche Bewegung; (*fig*) Fehler

‚false 'start *Nomen* **1** Fehlversuch **2** (SPORT) Fehlstart

‚false 'teeth *Nomen* [Pl] ein künstliches Gebiss

fal·set·to /fɔːl'setəʊ; *AmE* -toʊ/ *Nomen* (*Pl* **-os**) **1** (MUS) Falsett **2** Fistelstimme

fal·si·fi·ca·tion /ˌfɔːlsɪfɪ'keɪʃn/ *Nomen* Fälschung

fals·ify /'fɔːlsɪfaɪ/ *Verb* (**-fies, -fying, -fied, -fied**) **1** fälschen ◊ *falsify the records/accounts* die Unterlagen/Geschäftsbücher fälschen **2** falsch darstellen ◊ *falsify an issue/the facts* eine Sache/die Tatsachen falsch darstellen

fal·sity /'fɔːlsəti/ *Nomen* Falschheit, Unrichtigkeit

fal·ter /'fɔːltə(r)/ *Verb* **1** schwanken, ins Stocken geraten ◊ *For a moment he faltered in his purpose.* Einen Augenblick lang wurde er in seinem Ziel schwankend. **2** zögern ◊ *without faltering* ohne zu zögern

fal·ter·ing /'fɔːltərɪŋ/ *Adj* **1** stockend **2** (*Schritte*) unsicher

fame /feɪm/ *Nomen* Ruhm, Berühmtheit ◊ *rise/shoot to fame overnight* über Nacht berühmt werden ◊ *Andrew Lloyd Webber of 'Evita' fame* Andrew Lloyd Webber, durch „Evita" in aller Munde ◊ *The town's only claim to fame is its Victorian railway station.* Die Stadt ist nur für ihren viktorianischen Bahnhof bekannt. ◊ *She went to Hollywood in search of fame and fortune.* Sie ging nach Hollywood, um Geld und Ruhm zu erlangen.

famed /feɪmd/ *Adj* (*gehoben*) **1** berühmt **2** ~ **for sth** für etw bekannt ◊ *Las Vegas, famed for its gambling* das für Glücksspiele bekannte Las Vegas

fa·mil·iar /fə'mɪliə(r)/ *Adj* **1** ~ (**to sb**) (jdm) vertraut ◊ *Violent attacks are becoming all too familiar.* Gewaltsame Überfälle werden leider immer alltäglicher. **2** bekannt ◊ *Something about her voice was vaguely familiar.* Ihre Stimme kam mir irgendwie bekannt vor. **3** ~ **with sth** mit etw vertraut ◊ *Are you familiar with this software?* Kennst du dich mit dieser Software aus? **4** ~ (**with sb**) (mit jdm) vertraulich ◊ *be on very familiar terms with sb* mit jdm sehr vertraulich Umgang haben ◊ *He started getting too familiar for her liking.* Er wurde ihr etwas zu zudringlich. IDM **have a familiar ring** (**to it**) (jdm) bekannt vorkommen ◊ *The story has a familiar ring to it.* Die Geschichte kommt mir bekannt vor.

fa·mil·iar·ity /fəˌmɪli'ærəti/ *Nomen* **1** ~ (**with sth**) Vertrautheit (mit etw) **2** Ungezwungenheit IDM **familiarity breeds con'tempt** allzu große Vertraulichkeit führt zu Geringschätzung

fa·mil·iar·iza·tion (*BrE auch* **-isation**) /fəˌmɪliəraɪ'zeɪʃn; *AmE* -rə'z-/ *Nomen* (Ein)gewöhnung

fa·mil·iar·ize (*BrE auch* **-ise**) /fə'mɪliəraɪz/ *Verb* PHRV **familiarize sb/yourself with sth** jdn/sich mit etw vertraut machen

fa·mil·iar·ly /fə'mɪliəli; *AmE* -ərli/ *Adv* **1** freundschaftlich ◊ *He nodded familiarly at her.* Er nickte ihr freundschaftlich zu. **2** ◊ *the Royal Victoria Theatre, more familiarly known as the Old Vic* das Royal Victoria Theater, besser bekannt als „the Old Vic"

fam·ily /'fæməli/ *Nomen* Familie ◊ *All* (*the members of*) *my family enjoy skiing.* In meiner Familie laufen alle gerne Ski. ◊ *a family of four* eine vierköpfige Familie ◊ *a family-owned company* ein Familienunternehmen ◊ *a family show* eine Familiensendung ◊ *Lions belong to the cat family.* Löwen gehören zur Familie der Katzen. ◊ *have no family* keine familiären Bindungen haben ◊ *the family doctor* der Hausarzt/die Hausärztin ☛ G 1.3b IDM **of ‚good 'family** aus gutem Hause **run in the 'family** in der Familie liegen **start a family** eine Familie gründen

‚**family** 'man *Nomen* (*Pl* **men**) Familienvater

‚**family** 'name *Nomen* Nachname

‚**family** 'planning *Nomen* Familienplanung

‚**family** 'tree *Nomen* Stammbaum

fam·ine /'fæmɪn/ *Nomen* Hungersnot ◊ *money for famine relief* Geld für die Hungerhilfe ☛ *Hinweis bei* HUNGER¹ S. 304

fam·ished /'fæmɪʃt/ *Adj* (*umgs, veraltet*) **be ~** am Verhungern sein

fam·ous /'feɪməs/ *Adj* ~ (**for sth**) berühmt durch/für etw; ~ (**as sth**) bekannt als etw ◊ *a region famous for its wine* eine Gegend, die für ihren Wein bekannt ist

fam·ous·ly /'feɪməsli/ *Adv* bekannt, bekanntlich ◊ *Some newspapers, most famously the New York Times, printed it.* Einige Zeitungen, allen voran die New York Times druckten es. IDM **get on/along 'famously** (*umgs, veraltet*) sich ausgezeichnet verstehen

fan¹ /fæn/ *Nomen* **1** Fan **2** Ventilator ◊ *a fan heater* ein Heißlüfter **3** Fächer

fan² /fæn/ *Verb* (**-nn-**) **1** fächeln ◊ *He sat fanning himself with a newspaper.* Er saß da und fächelte sich mit einer Zeitung Kühlung zu. **2** anfachen ◊ *fan a fire* ein Feuer anfachen IDM **fan the 'flames of sth** etw schüren ◊ *This fanned the flames of his jealousy.* Dies schürte seine Eifersucht nur noch. PHRV **fan 'out** sich ausbreiten ◊ *The main railway lines fan out from the capital.* Die Hauptbahnlinien breiten sich von der Hauptstadt nach allen Richtungen hin aus. ◊ *The army fanned out across the city.* Die Armee schwärmte in der Stadt aus. **fan sth out** etw ausfächern

fan·at·ic /fə'nætɪk/ *Nomen* Fanatiker(in)

fan·at·ic·al /fə'nætɪkl/ *Adj* (*Adv* **fan·at·ic·al·ly** /-kli/) **1** leidenschaftlich ◊ *a fanatical interest in football* ein leidenschaftliches Interesse an Fußball **2** fanatisch ◊ *He's fanatically tidy.* Er hat eine fanatische Ordnungsliebe.

fan·at·i·cism /fə'nætɪsɪzəm/ *Nomen* (*abwert*) Fanatismus

'**fan belt** *Nomen* Keilriemen

fan·ci·able /'fænsiəbl/ *Adj* (*BrE, umgs*) attraktiv

fan·cier /'fænsiə(r)/ *Nomen* (*bes BrE*) (*meist in Zusammensetzungen*) Liebhaber(in) ◊ *pigeon fanciers* Taubenzüchter

fan·ci·ful /'fænsɪfl/ *Adj* **1** (*abwert*) unrealistisch **2** reich verziert

fancy¹ /'fænsi/ (**fan·cies, fancy·ing, fan·cied, fan·cied**) *Verb* **1** ~ **sth** (*BrE, umgs*) Lust auf/zu etw haben ◊ *I don't fancy going to the cinema.* Ich habe keine Lust, ins Kino zu gehen. ◊ *What do you fancy for supper?* Was möchtest du zum Abendessen? **2** (*bes BrE, umgs*)~ **sb** auf jdn stehen ◊ *I think she fancies you.* Ich glaube, sie steht auf dich. **3** ~ **sb/sth** die Chancen von jdm/etw einschätzen ◊ *I don't fancy her chances of getting the job.* Ich glaube nicht, dass sie eine Chance hat, die Stelle zu bekommen. ◊ *Australia are strongly fancied to retain the trophy.* Australiens Chancen, den Titel zu verteidigen, werden sehr hoch eingeschätzt. **4** (*bes BrE*) *Fancy that!* Na, so was! ◊ *Fancy never having seen the sea!* Unglaublich, dass einer noch nie das Meer gesehen hat! **5** (*gehoben*) meinen ◊ *He fancied* (*that*) *he heard footsteps behind him.* Er meinte, Schritte hinter sich zu hören. IDM '**fancy yourself** sehr von sich eingenommen sein '**fancy yourself as sth** sich für etw halten

fancy² /'fænsi/ *Nomen* (*Pl* **-ies**) **1** Einbildung ◊ *wild flights of fancy* wahnhafte Einbildungen **2** [Sing] Laune IDM **as/whenever the fancy 'takes you** wann immer man Lust hat **catch/take sb's 'fancy** jdn ansprechen **take a 'fancy to sb/sth** (*bes BrE*) an jdm/etw Gefallen finden ☛ *Siehe auch* TICKLE¹

fancy³ /'fænsi/ *Adj* (**fan·cier, fan·ci·est**) **1** ausgefallen ◊ *a kitchen full of fancy gadgets* eine Küche voller ausgefallener Geräte **2** *nur vor Nomen* aufwändig ◊ *He was always a fancy dresser.* Er kleidete sich immer sehr aufwändig. ◊ *fancy goods* Geschenkartikel **3** (*meist abwertend*) überspannt, übertheuert ◊ *fancy restaurants with fancy prices* schicke Restaurants mit überteuerten Preisen

‚**fancy** 'dress *Nomen* (*BrE*) (Karnevals)kostüm ◊ *a fancy dress party* ein Kostümfest

fan·fare /'fænfeə(r); *AmE* -fer/ *Nomen* **1** Fanfare, Tusch **2** Aufhebens ◊ *amid much fanfare* mit viel Aufhebens

fang /fæŋ/ *Nomen* (*bei Schlangen*) Giftzahn; (*bei Hunden, Wölfen*) Fang; (*bei Ebern*) Hauer

'**fan mail** *Nomen* Fanpost

fanny /'fæni/ *Nomen* **1** (*BrE, vulg, Slang*) Möse **2** [Sing] (*bes AmE, veraltet*) Po

'**fanny pack** *Nomen* (*AmE*) Gürteltasche

fan·ta·sia /fænˈteɪziə/ *Nomen* (Mus) Fantasie

fan·ta·size (*BrE auch* **-ise**) /ˈfæntəsaɪz/ *Verb* ~ (**about sth**) (von etw) träumen

fan·tas·tic /fænˈtæstɪk/ *Adj* (*Adv* **fan·tas·tic·al·ly** /-kli/) **1** (*umgs*) wunderschön, ausgezeichnet **2** (*umgs*) ungeheuer ◊ *fantastically expensive* wahnsinnig teuer **3** (*selten* **fan·tas·tic·al** /-tɪkl/) fantastisch, surrealistisch ◊ *fantastic dreams of forests and jungles* fantastische Träume von Wäldern und Dschungeln **4** Fantasie- ◊ *a fantastic scheme/project* ein Fantasieprojekt

fan·tasy /ˈfæntəsi/ *Nomen* (*Pl* **-ies**) **1** Träumerei **2** Fantasiegebilde, Fantasterei ◊ *escapist fantasies* wirklichkeitsferne Fantastereien **3** Fantasie- ◊ *a fantasy world* eine Fantasiewelt

fan·zine /ˈfænziːn/ *Nomen* Fan-Magazin

FAQ Kurzform von **frequently asked questions** häufig gestellte Fragen

far¹ /fɑː(r)/ *Adv* (**far·ther, far·thest** *oder* **fur·ther, fur·thest**) **1** weit ◊ *Have you come far?* Kommst du von weit her? ◊ *How far is it to your house from here?* Wie weit ist es von hier zu deinem Haus? ◊ *How much further is it?* Wie weit ist es noch? ◊ *There's not far to go now.* Es ist nicht mehr weit. ◊ *far away in the distance* weit in der Ferne ◊ *a far better idea* eine weit bessere Idee ◊ *How far have you got with that report?* Wie weit bist du mit dem Bericht? ◊ *The farther north they went, the colder it became.* Je weiter nach Norden sie fuhren, desto kälter wurde es. ◊ *far too much* viel zu viel ◊ *far above the clouds* hoch über den Wolken ◊ *I read as far as the third chapter.* Ich habe bis zum dritten Kapitel gelesen. ◊ *We'll go by train as far as London, and then take a bus.* Bis London fahren wir mit dem Zug und dann nehmen wir einen Bus. ☛ In bejahenden Sätzen wird statt **far** meist **a long way** gebraucht: *We went a long way.* ◊ *The restaurant is a long way from here.* ☛ *Hinweis bei* WEITER **2** (*zeitlich*) ◊ *They made their first record as far back as 1980.* Ihre erste Platte kam bereits 1980 heraus. ◊ *Let's try to plan further ahead.* Wir sollten länger vorausplanen. ◊ *We worked far into the night.* Wir arbeiteten bis spät in die Nacht hinein. **IDM** **as far as the eye can/could 'see** so weit das Auge reicht **as far as I can re'member** soweit ich mich erinnern kann **as far as I can 'see/tell** soweit ich es beurteilen kann **as far as I 'know** soweit ich weiß **as/so far as 'I am concerned** meinetwegen **as/so far as sb/sth is concerned** wie jdn/etw betrifft **as/so far as it 'goes** *It's a good plan as far as it goes, but ...* Der Plan ist so weit ganz gut, aber ... **and/but that's as far as it 'goes** mehr nicht; das ist auch schon alles ◊ *We're friends, but that's as far as it goes.* Wir sind Freunde, aber mehr nicht. **by 'far** bei weitem; mit Abstand ◊ *That's better by far.* Das ist viel besser. **carry/take sth too 'far** etw zu weit treiben **far and a'way** mit Abstand **far and 'wide** weit und breit **far be it from me to do sth (but ...)** (*umgs*) es liegt mir fern etw zu tun (, aber ...) **far from sth/from doing sth** ◊ *It is far from clear what he intends to do.* Es ist keineswegs klar, was er zu tun gedenkt. ◊ *Computers, far from destroying jobs, can create employment.* Computer bauen keine Arbeitsplätze ab. Im Gegenteil, sie können neue schaffen. **far 'from it** (*umgs*) im Gegenteil ◊ *Stop it now. The joke has gone far enough.* Schluss jetzt. Da hört der Spaß auf. **go so/as far as to do sth** so weit gehen etw zu tun ◊ *I wouldn't go as far as to say that he's a liar.* Ich würde nicht gerade behaupten, dass er lügt. **go too 'far** zu weit gehen **go 'this/'that far** so weit gehen ◊ *I never thought she'd go this far.* Ich hätte nie gedacht, dass sie so weit gehen würde. **in so/as 'far as** insofern, als ◊ *That's the truth, in so far as I know it.* Das ist die Wahrheit, soweit ich weiß. **not be far 'off/'out/'wrong** (*umgs*) nicht weit daneben liegen; nicht so Unrecht haben ◊ *Your guess wasn't far out at all.* Du hast gar nicht so weit daneben gelegen mit deiner Vermutung. **not go 'far** nicht weit reichen ◊ *Four bottles of wine won't go far among twenty people.* Vier Flaschen Wein werden für zwanzig Leute nicht weit reichen. ◊ *Ten dollars doesn't go very far these days.* Für zehn Dollar kriegt man heutzutage nicht viel. **'so far; 'thus far** bis jetzt **,so 'far** (*umgs*) bis zu einem gewissen Grade ◊ *I trust him only so far.* Ich traue ihm nur bis zu einem gewissen Grade. **,so far, so 'good** so weit, so gut ☛ *Siehe auch* AFIELD *und* FEW

far² /fɑː(r)/ *Adj* (**far·ther, far·thest** *oder* **fur·ther, fur·thest**) *nur vor Nomen* **1** ◊ *on the far side of the road* auf der anderen Straßenseite ◊ *at the far end of the room* am anderen Ende des Zimmers ◊ *in the far corner* in der hinteren Ecke ◊ *the far north* der hohe Norden ◊ *the far north of Scotland* ganz im Norden von Schottland ◊ *Who is that on the far left of the photograph?* Wer ist das ganz links auf dem Foto? ◊ *She is on the far right of the party.* Innerhalb der Partei steht sie ganz rechts. **2** (*veraltet oder gehoben*) fern ◊ *a far country* ein fernes Land **IDM** **a far cry from sth** weit entfernt von etw

far·away /ˈfɑːrəweɪ/ *Adj nur vor Nomen* **1** fern **2** (*Blick*) verträumt

farce /fɑːs; *AmE* fɑːrs/ *Nomen* Farce (*auch fig*), Posse

far·ci·cal /ˈfɑːsɪkl; *AmE* ˈfɑːrs-/ *Adj* absurd

fare¹ /feə(r); *AmE* fer/ *Nomen* **1** Fahrpreis ◊ *air fares* Flugpreise ◊ *Children travel (at) half fare.* Kinder zahlen den halben Fahrpreis. **2** Fahrgast (*in einem Taxi*) **3** (*veraltet oder gehoben*) Kost

fare² /feə(r); *AmE* fer/ *Verb* (*gehoben*) abschneiden ◊ *The party fared very badly in the last election.* Die Partei schnitt bei den letzten Wahlen schlecht ab. ◊ *Clinton fared little better than Bush in this regard.* In dieser Hinsicht ist es Clinton nicht besser als Bush ergangen.

the ,Far 'East *Nomen* der Ferne Osten

,Far 'Eastern *Adj* fernöstlich ☛ *Hinweis bei* ASIATISCH

fare·well¹ /ˌfeəˈwel; *AmE* ˌferˈwel/ *Nomen* Abschied ◊ *a farewell party/drink* eine Abschiedsfeier ◊ *She said her farewells and left.* Sie verabschiedete sich und ging.

fare·well² /ˌfeəˈwel; *AmE* ˌferˈwel/ *Ausruf* (*veraltet oder gehoben*) lebe wohl

,far-'fetched *Adj* an den Haaren herbeigezogen

,far-'flung *Adj* (*gehoben*) **1** abgelegen ◊ *expeditions to the far-flung corners of the world* Expeditionen in die abgelegensten Regionen der Welt **2** ◊ *all our far-flung relatives* unsere über den ganzen Erdball verstreuten Verwandten

,far 'gone *Adj nicht vor Nomen* (*umgs*) ziemlich hinüber ◊ *She was too far gone to understand anything we said to her.* Sie war zu hinüber um zu verstehen, was wir sagten.

farm¹ /fɑːm; *AmE* fɑːrm/ *Nomen* **1** Bauernhof ◊ *a farm worker/labourer* ein(e) Landarbeiter(in) ◊ *farm machinery* landwirtschaftliche Maschinen **2** (*besonders in Zusammensetzungen*) Zucht, Farm ◊ *a trout-/pig farm* eine Forellen-/Schweinezucht ☛ *Siehe auch* HEALTH FARM, TRUCK FARM *und* WIND FARM

farm² /fɑːm; *AmE* fɑːrm/ *Verb* **1** Landwirtschaft betreiben ◊ *The family has farmed in Kent for over two hundred years.* Die Familie betreibt seit über zweihundert Jahren in Kent Landwirtschaft. **2** züchten, anbauen ◊ *organically farmed produce* biologisch erzeugte Nahrungsmittel **3** (*Land*) bewirtschaften **PHRV** **,farm sb 'out (to sb)** (*BrE, abwert*) jdn (jdm) in Pflege geben **,farm sth 'out to sb** (*Arbeit etc.*) etw an jdn vergeben

'farm belt *Nomen* (*AmE*) Landwirtschaftsgürtel

farm·er /ˈfɑːmə(r); *AmE* ˈfɑːrm-/ *Nomen* Landwirt(in), Bauer, Bäuerin ◊ *an organic farmer* ein Ökobauer/eine Ökobäuerin

farm·hand /ˈfɑːmhænd; *AmE* ˈfɑːrm-/ *Nomen* Landarbeiter(in), Knecht

farm·house /ˈfɑːmhaʊs; *AmE* ˈfɑːrm-/ *Nomen* Bauernhaus, Bauernhof

farm·ing /ˈfɑːmɪŋ; *AmE* ˈfɑːrmɪŋ/ *Nomen* Landwirtschaft ◊ *This is mainly a farming community.* Die Leute hier leben hauptsächlich von der Landwirtschaft. ◊ *the local farming community* die Landwirte der Gegend ◊ *take up farming* Landwirt werden ◊ *pig farming* Schweinezucht

farm·land /ˈfɑːmlænd; *AmE* ˈfɑːrm-/ *Nomen* Ackerland, Weideland, landwirtschaftlich genutzte Fläche

farm·stead /ˈfɑːmsted; *AmE* ˈfɑːrm-/ *Nomen* (*BrE, gehoben oder AmE*) Bauernhof

farm·yard /ˈfɑːmjɑːd; *AmE* ˈfɑːrmjɑːrd/ *Nomen* Hof (*eines Bauernhauses*)

'far-off *Adj nur vor Nomen* fern, entlegen

far·rago /fəˈrɑːgəʊ; *AmE* -goʊ/ *Nomen* (*Pl* **-oes** *oder* **-os**) [*meist Sing*] (*gehoben, abwert*) Gemisch

,far-'reaching *Adj* weit reichend

far·rier /ˈfæriə(r)/ *Nomen* Hufschmied(in) ☛ *Hinweis bei* BAKER

Far·si /ˈfɑːsiː; *AmE* ˈfɑːrsiː/ *Nomen* Farsi, Persisch

ˌfar-ˈsighted *Adj* **1** weitsichtig; (*Mensch*) weit blickend ◊ *far-sighted changes in the organization* weitsichtige Änderungen in der Organisation **2** (*bes AmE*) (MED) weitsichtig

ˌfar-ˈsighted·ness *Nomen* Weitsichtigkeit, Weitblick

fart¹ /fɑːt; *AmE* fɑːrt/ *Verb* (*vulg, Slang*) furzen PHR V **ˌfart aˈbout/aˈround** herumalbern, herumfackeln

fart² /fɑːt; *AmE* fɑːrt/ *Nomen* (*vulg, Slang*) **1** Furz **2** Scheißer

far·ther¹ /ˈfɑːðə(r); *AmE* ˈfɑːrð-/ *Adv* (*Komparativ von „far"*) weiter ◊ *farther north/south, etc.* weiter nördlich/südlich etc. ◊ *I can't go any farther.* Ich kann nicht mehr weitergehen. ◊ *We grew farther and farther apart.* Wir lebten uns immer weiter auseinander. ◊ *They hadn't got any farther with the work.* Sie waren mit der Arbeit nicht weiter vorangekommen. IDM ⇨ AFIELD

far·ther² /ˈfɑːðə(r); *AmE* ˈfɑːrð-/ *Adj* (*Komparativ von „far"*) weiter entfernt ◊ *the farther shore of the lake* das gegenüberliegende Ufer des Sees ◊ *Rome is farther from Milan than from Naples.* Rom ist weiter von Mailand als von Neapel entfernt.

far·thest¹ /ˈfɑːðɪst; *AmE* ˈfɑːrð-/ *Adv* (*Superlativ von „far"*) am weitesten ◊ *Who can throw (the) farthest?* Wer kann am weitesten werfen?

far·thest² /ˈfɑːðɪst; *AmE* ˈfɑːrð-/ *Adj* (*Superlativ von „far"*) am weitesten entfernt ◊ *the farthest point of the journey* der am weitesten entfernte Punkt der Reise ◊ *the part of the garden farthest from the house* der Teil des Gartens, der am weitesten vom Haus entfernt ist

far·thing /ˈfɑːðɪŋ; *AmE* ˈfɑːrðɪŋ/ *Nomen* = alte britische Münze, die ein Viertel von einem alten Penny wert war

fa·scia (*auch* **facia**) /ˈfeɪʃə/ *Nomen* (*BrE*) Armaturenbrett

fas·cin·ate /ˈfæsmeɪt/ *Verb* faszinieren

fas·cin·ated /ˈfæsmeɪtɪd/ *Adj* ~ (**by sth**) fasziniert (von etw) ◊ *The children watched, fascinated, as the picture began to appear.* Die Kinder sahen gebannt zu, wie das Bild langsam erschien. IDM **be ˈfascinated to see, learn etc. sth 1** etw mit Interesse sehen, feststellen etc. **2** etw faszinierend finden

fas·cin·at·ing /ˈfæsmeɪtɪŋ/ *Adj* **fas·cin·at·ing·ly**) faszinierend

fas·cin·ation /ˌfæsɪˈneɪʃn/ *Nomen* Faszination ◊ *the public's fascination with the Royal Family* die Faszination der Öffentlichkeit für die königliche Familie ◊ *They listened in fascination.* Sie hörten gebannt zu.

fas·cism (*auch* **Fascism**) /ˈfæʃɪzəm/ *Nomen* Faschismus

fas·cist /ˈfæʃɪst/ **1** *Adj* faschistisch **2** (*auch* **Fascist**) *Nomen* Faschist(in)

fash·ion¹ /ˈfæʃn/ *Nomen* Mode ◊ *dressed in the latest fashion* nach der letzten Mode gekleidet ◊ *Fashions in art and literature come and go.* Kunst- und Literaturrichtungen sind der Mode unterworfen. ◊ *The fashion at the time was for teaching mainly the written language.* Damals war es gebräuchlich, hauptsächlich die geschriebene Sprache zu unterrichten. IDM **after a ˈfashion** ein wenig ◊ *I can play the piano, after a fashion.* Ich kann ein wenig Klavier spielen. **after the fashion of sb/sth** im Stil von jdm/etw **in (a) ... ˈfashion** (*gehoben*) auf eine ... Weise ◊ *How could they behave in such a fashion?* Wie konnten sie sich so benehmen? ◊ *The season began in spectacular fashion.* Die Saison begann spektakulär. **like it's going out of ˈfashion** (*umgs*) wie verrückt; in Unmengen

fash·ion² /ˈfæʃn/ *Verb* ~ **A from/out of B** A aus B formen; ~ **B into A** B zu A formen

fash·ion·able /ˈfæʃnəbl/ *Adj* (*Adv* **fash·ion·ably** /-əbli/) **1** modisch **2** vornehm OPP UNFASHIONABLE

ˈfashion-conscious *Adj* modebewusst

fast¹ /fɑːst; *AmE* fæst/ *Adj* **1** schnell ◊ *a fast car* ein schnelles Auto ◊ *She's a fast learner.* Sie lernt schnell. ☛ *Hinweis bei* SCHNELL **2 be ~** (*Uhr*) vorgehen ◊ *That clock's ten minutes fast.* Die Uhr geht zehn Minuten vor. **3** (*Film*) hoch empfindlich **4** fest ◊ *He made the boat fast.* Er machte das Boot fest. **5** farbecht, waschecht IDM **ˌfast and ˈfurious** atemberaubend; rasant ◊ *at a fast and furious pace* in einem atemberaubenden Tempo ◊ *For two hours there was no movement. Then it was fast and furious.* Zwei Stunden lang rührte sich nichts. Dann ging es Schlag auf Schlag. ☛ *Siehe auch* BUCK¹, HARD¹ *und* PULL¹

fast² /fɑːst; *AmE* fæst/ *Adv* **1** schnell ◊ *a fast-flowing stream* ein reißender Bach ☛ *Hinweis bei* SCHNELL **2** fest ◊ *Within a few minutes she was fast asleep.* Bald schlief sie fest. ◊ *The boat was stuck fast in the mud.* Das Boot saß im Schlamm fest. IDM **as fast as your legs can carry you** so schnell man kann **hold ˈfast to sth** (*gehoben*) an etw festhalten ☛ *Siehe auch* STAND¹ *und* THICK²

fast³ /fɑːst; *AmE* fæst/ *Verb* fasten

fast⁴ /fɑːst; *AmE* fæst/ *Nomen* Fasten ◊ *go on a fast* fasten

fas·ten /ˈfɑːsn; *AmE* ˈfæsn/ *Verb* **1** zugemacht werden, sich schließen lassen ◊ *The dress fastens at the back.* Das Kleid wird hinten zugemacht. ◊ *The window wouldn't fasten.* Das Fenster ließ sich nicht schließen. **2 ~ sth (up)** etw zumachen, etw festmachen ◊ *Fasten your seatbelts, please.* Bitte anschnallen. **3 ~ A to B** A an B befestigen, A und B heften; ~ **A and B** (**together**) A mit B verbinden, A und B zusammenheften **4** sich festklammern ◊ *His hand fastened on her arm.* Seine Hand klammerte sich an ihrem Arm fest. **5 ~ sth on/round sth** etw mit etw umklammern ◊ *He fastened his hands round her throat and squeezed.* Er umklammerte ihren Hals mit den Händen und drückte zu. **6** (*Blick*) heften PHR V **ˈfasten on(to) sb** sich an jdn hängen SYN LATCH ONTO SB **ˈfasten on(to) sth** etw aufgreifen, etw kapieren, sich an etw klammern SYN LATCH ONTO STH

fas·ten·er /ˈfɑːsnə(r); *AmE* ˈfæs-/ (*auch* **fas·ten·ing** /ˈfɑːsnɪŋ; *AmE* ˈfæs-/) *Nomen* Verschluss

ˌfast ˈfood *Nomen* Fastfood

ˌfast ˈforward¹ *Verb* vorspulen

ˌfast ˈforward² *Nomen* [U] Vorspultaste

fas·tidi·ous /fæˈstɪdiəs/ *Adj* (*Adv* **fas·tidi·ous·ly**) **1** sorgfältig **2** (*manchmal abwert*) pingelig

fas·tidi·ous·ness /fæˈstɪdiəsnəs/ *Nomen* **1** Sorgfalt **2** Pingeligkeit

ˈfast lane *Nomen* Überholspur IDM **in the ˈfast lane** auf der Überholspur ◊ *He was enjoying life in the fast lane.* Er lebte auf vollen Touren.

ˈfast track *Nomen* (*fig*) Überholspur, Direttissima

ˈfast-track *Adj* ◊ *the fast-track route to promotion* die Direttissima zur Beförderung ◊ *fast-track students* Leute, die das Studium in der Direttissima absolvieren

fat¹ /fæt/ *Adj* (**fat·ter**, **fat·test**) **1** dick **2** *nur vor Nomen* (*umgs*) (*Summe, Scheck, Gewinn*) fett IDM **(a) fat ˈchance (of sth/doing sth)** (*umgs*) keine Chance (auf etw/etw zu tun) ◊ *a fat lot of good, use, etc.* (*umgs*) zu nichts nütze ◊ *She was a good swimmer, but a fat lot of good that did her.* Sie konnte gut schwimmen, aber das hat ihr überhaupt nichts genützt.

fat² /fæt/ *Nomen* Fett ◊ *Cook the meat in shallow fat.* Braten Sie das Fleisch in der Pfanne. ◊ *low in fat* fettarm IDM ⇨ CHEW¹ *und* LIVE¹

fatal /ˈfeɪtl/ *Adj* (*Adv* **fa·tal·ly** /-təli/) **1** tödlich **2** verhängnisvoll ◊ *The plan was fatally flawed from the start.* Der Plan war von Anfang an zum Scheitern verurteilt.

fa·tal·ism /ˈfeɪtəlɪzəm/ *Nomen* Fatalismus

fa·tal·ist /ˈfeɪtəlɪst/ *Nomen* Fatalist(in)

fa·tal·is·tic /ˌfeɪtəˈlɪstɪk/ *Adj* (*Adv* **fa·tal·is·tic·al·ly** /-ˈlɪstɪkəli/) fatalistisch

fa·tal·ity /fəˈtæləti/ *Nomen* (*Pl* **-ies**) **1** Todesopfer ☛ *Hinweis bei* TODESOPFER **2** Sterblichkeit **3** Unabwendbarkeit ◊ *A sense of fatality gripped her.* Sie fühlte sich dem Schicksal völlig ausgeliefert.

fa·tal·ly *Adv* ⇨ FATAL

ˌfat ˈcat *Nomen* (*umgs*) = jd (besonders in der Privatwirtschaft), der viel Geld und Einfluss hat

fate /feɪt/ *Nomen* Schicksal IDM **a fate worse than ˈdeath** (*oft hum*) das Allerschlimmste ☛ *Siehe auch* TEMPT

fated /ˈfeɪtɪd/ *Adj* **be ~ to do sth** es ist jdm bestimmt sein; **sb is ~ to do sth** es ist jdm bestimmt etw zu tun **2** = ILL-FATED

fate·ful /ˈfeɪtfl/ *Adj* schicksalhaft, verhängnisvoll

father¹ /ˈfɑːðə(r)/ *Nomen* **1** Vater ◊ *He's a father of three.* Er ist Vater von drei Kindern. ◊ *Henry Moore is considered to be the father of modern British sculpture.* Henry Moore gilt als der geistige Vater der modernen britischen Plastik. ☛ *Siehe auch* FOUNDING FATHER **2** **Father** (*Abk* **Fr**) Pfarrer, Pater ◇ *Yes, Father* Ja, Herr Pfarrer IDM **from ˌfather to ˈson** vom Vater auf den Sohn **like ˌfather, like ˈson** der Apfel fällt nicht weit vom Stamm ☛ *Siehe auch* OLD

father² /ˈfɑːðə(r)/ *Verb* **1** zeugen **2** **~ sth** (*gehoben, fig*) etw erfinden, der Urheber von etw sein

ˌFather ˈChristmas *Nomen* (*BrE*) der Weihnachtsmann ☛ *Hinweis bei* NIKOLAUS

ˈfather·hood /ˈfɑːðəhʊd; *AmE* -ðərhʊd/ *Nomen* Vaterschaft ◇ *He didn't find fatherhood easy.* Es fiel ihm nicht leicht, Vater zu sein.

ˈfather-in-law (*Pl* **fathers-in-law**) *Nomen* Schwiegervater

ˈfather·land /ˈfɑːðəlænd; *AmE* -ðərlænd/ *Nomen* (*veraltet*) Vaterland

ˈfather·less /ˈfɑːðələs; *AmE* -ðərləs/ *Adj* vaterlos, ohne Vater

ˈfather·ly /ˈfɑːðəli; *AmE* -ðərli/ *Adj* väterlich ◇ *He keeps a fatherly eye on them.* Er kümmert sich wie ein Vater um sie.

ˈFather's Day *Nomen* Vatertag

fathom¹ /ˈfæðəm/ *Verb* **1** ermessen **2** **~ sb** (**out**) ◇ *I can't fathom her out.* Sie ist mir ein Rätsel. **3** **~ sth** (**out**) etw ergründen, hinter etw kommen

fathom² /ˈfæðəm/ *Nomen* (*Tiefenmaß*) Faden

fa·tigue /fəˈtiːɡ/ *Nomen* **1** Ermüdung ◇ *metal fatigue* Metallermüdung ◇ *mental fatigue* psychische Erschöpfung ◇ *driver fatigue* Übermüdung des Fahrers **2 fatigues** [Pl] (MIL) Arbeitsanzug ◇ *camouflage fatigues* ein Tarnanzug **3 fatigues** [Pl] (*bes AmE*) (MIL) (Arbeits)dienst

fa·tigued /fəˈtiːɡd/ *Adj* (*gehoben*) erschöpft

fa·tigu·ing /fəˈtiːɡɪŋ/ *Adj* (*gehoben*) anstrengend

fat·ness /ˈfætnəs/ *Nomen* Fettleibigkeit

fatso /ˈfætsəʊ; *AmE* -soʊ/ *Nomen* (*Pl* **-oes**) (*umgs, abwert*) Fettsack

fat·ten /ˈfætn/ *Verb* **1** **~ sth up** etw mästen **2** **~ sb up** jdn herausfüttern **3** **~ up** Fett ansetzen

fat·ten·ing /ˈfætnɪŋ/ *Adj* dick machend

fatty¹ /ˈfæti/ *Adj* (**fat·tier, fat·ti·est**) fetthaltig; (*Fleisch*) fett ◇ *fatty tissue* Fettgewebe

fatty² /ˈfæti/ *Nomen* (*Pl* **-ies**) (*umgs, abwert*) Fettsack

fatu·ous /ˈfætʃuəs/ *Adj* (*gehoben*) (*Adv* **fatu·ous·ly**) albern

fau·cet /ˈfɔːsɪt/ *Nomen* (*AmE*) (Wasser)hahn

fault¹ /fɔːlt/ *Nomen* **1** Schuld ◇ *It's your own fault for being careless.* Es ist deine eigene Schuld, weil du so unvorsichtig warst. ◇ *through no fault of your own* unverschuldet ◇ *I think the owners are at fault for not warning us.* Die Besitzer hätten uns warnen müssen. **2** (*Charakter-*) Fehler ☛ *Hinweis bei* FEHLER **3** (TECH) Mangel, Defekt, Fehler ◇ *the faults in the system* die Mängel des Systems ◇ *an electrical fault* ein fehlerhaftes Kabel **4** (*beim Tennis*) Fehler ◇ *serve a double fault* einen Doppelfehler machen **5** (GEOL) Verwerfung ◇ *a fault line* eine Verwerfungsspalte ◇ *the San Andreas fault* die St. Andreas-Spalte IDM **to a ˈfault** (*gehoben*) übertrieben ☛ *Siehe auch* FIND¹

fault² /fɔːlt/ *Verb* (*oft in verneinten Sätzen mit* **can** *und* **could** *gebraucht*) **~ sb/sth** an jdm/etw etwas auszusetzen haben

ˈfault-finding *Nomen* **1** Krittelei **2** Fehlersuche

fault·less /ˈfɔːltləs/ *Adj* (*Adv* **fault·less·ly**) fehlerlos, perfekt

faulty /ˈfɔːlti/ *Adj* **1** fehlerhaft; (TECH) defekt ◇ *faulty workmanship* schlechte Arbeit **2** (*Argumentation, Anweisungen*) falsch

fauna /ˈfɔːnə/ *Nomen* Fauna

faux pas /ˌfəʊ ˈpɑː; *AmE* ˌfoʊ/ (*Pl* **faux pas** /ˌfəʊ ˈpɑːz; *AmE* ˌfoʊ/) *Nomen* Fauxpas

fave /feɪv/ **1** *Nomen* (*umgs*) ◇ *The song is one of my faves.* Das ist einer von meinen Lieblingsliedern. **2** *Adj* (*umgs*) Lieblings-

fa·vour¹ (*AmE* **favor**) /ˈfeɪvə(r)/ *Nomen* **1** Gefallen ◇ *I'm going as a favour to Ann.* Ich gehe Ann zuliebe hin. ◇ *return the favour* sich revanchieren **2** [U] (*Zustimmung*) ◇ *find favour with sb* bei jdm Anklang finden ◇ *The programme has lost favour with viewers recently.* Die Sendung kommt bei den Zuschauern nicht mehr so gut an. ◇ *fall from favour* in Ungnade fallen ◇ *look with favour upon sth* etw befürworten ◇ *He's back in favour with the boss.* Er ist beim Chef wieder gut angeschrieben. **3 show ~ to sb** jdn bevorzugen **4** (*AmE*) = PARTY FAVOR **5 favours** [Pl] (*veraltet*) Liebesdienste IDM **Do me a ˈfavour!** (*umgs*) Ich bitte dich! **do sb no ˈfavours** jdm einen schlechten Dienst erweisen **in ˈfavour** dafür ◇ *There were 247 votes in favour.* Es gab 247 Stimmen dafür. **in favour of sb/sth 1** für jdn/etw ◇ *He argued in favour of a strike.* Er sprach sich für einen Streik aus. **2** für etw ◇ *He abandoned teaching in favour of a career as a musician.* Er gab den Lehrberuf für eine Karriere als Musiker auf. ◇ *The old port was abandoned in favour of a new site further down the river.* Statt des alten Hafens wurde eine neue Anlage weiter unten am Fluss gebaut. **in sb's favour 1** günstig für jdn **2** zu jds Gunsten ☛ *Siehe auch* CURRY², FEAR¹ *und* STACKED

fa·vour² (*AmE* **favor**) /ˈfeɪvə(r)/ *Verb* **1** **~ sth** etw bevorzugen, für etw sein **2** begünstigen, favorisieren **3** aussehen wie ☛ *Im britischen Englisch ist* **favour** *in dieser Bedeutung veraltet.*

fa·vour·able (*AmE* **fa·vor·able**) /ˈfeɪvərəbl/ *Adj* (*Adv* **fa·vour·ably**) (*AmE*) (*Adv* **fa·vor·ably** /-əbli/) **1** **~** (**to/for sb/sth**) günstig (für jdn/etw), vorteilhaft (für jdn/etw) ◇ *create an environment favourable to their interests* ein Klima schaffen, das ihren Interessen förderlich ist **2** positiv ◇ *I was favourably impressed by the city.* Die Stadt hat mir gut gefallen.

fa·voured (*AmE* **favored**) /ˈfeɪvəd; *AmE* -vərd/ *Adj* **1** auserwählt **2** bevorzugt

fa·vour·ite¹ (*AmE* **fa·vor·ite**) /ˈfeɪvərɪt/ *Adj* Lieblings- IDM **sth's favourite son** ◇ *Russia's favourite son* Russlands größter Sohn

fa·vour·ite² (*AmE* **fa·vor·ite**) /ˈfeɪvərɪt/ *Nomen* **1** Liebling ◇ *This song is a particular favourite of mine.* Dieses Lied liebe ich besonders. ◇ *The radio was playing old favourites.* Im Radio spielten sie alte beliebte Melodien. ◇ *Which one's your favourite?* Welches gefällt dir am besten? **2 be a ~ with sb** bei jdm sehr beliebt sein **3** Favorit(in) ◇ *the hot favourites to win the title* die heißen Favoriten auf den Titel

fa·vour·it·ism (*AmE* **fa·vor·it·ism**) /ˈfeɪvərɪtɪzəm/ *Nomen* (*abwert*) ◇ *The students accused him of favouritism.* Die Schüler warfen ihm vor, dass er einige Schüler vorzöge. ◇ *My mother never showed any favouritism.* Meine Mutter hat uns immer alle gleich behandelt.

fawn¹ /fɔːn/ *Adj* rehbraun

fawn² /fɔːn/ *Nomen* **1** Hirschkalb, Rehkitz **2** Rehbraun

fawn³ /fɔːn/ *Verb* **~** (**on/over sb**) (*abwert*) sich bei jdm einschmeicheln

fax¹ /fæks/ *Nomen* (*gehoben* **fac·sim·ile**) Fax ◇ *send sth by fax* etw per Fax schicken ◇ *a fax machine* ein Faxgerät

fax² /fæks/ *Verb* faxen ◇ **~ sth to sb**; **~ sb sth** jdm etw faxen

faze /feɪz/ *Verb* (*umgs*) (*oft passiv*) aus der Fassung bringen

FBI /ˌef biː ˈaɪ/ *Kurzform von* Federal Bureau of Investigation FBI

FC /ˌef ˈsiː/ (*BrE*) *Kurzform von* football club Fußballklub

FCO /ˌef siː ˈəʊ; *AmE* ˈoʊ/ *Kurzform von* Foreign and Commonwealth Office britisches Außen- und Commonwealthministerium

FE /ˌef ˈiː/ *Abk* = FURTHER EDUCATION

fear¹ /fɪə(r); *AmE* fɪr/ *Nomen* **1** **~** (**of sb/sth**) Angst (vor jdm/etw); **~** (**for sb/sth**) Angst (um jdn/etw) ◇ *(a) fear of flying* Flugangst ◇ *We lived in constant fear of losing our jobs.* Wir lebten in der ständigen Angst, unsere Jobs zu verlieren. ◇ *her fears for her son's safety* ihre Angst um ihren Sohn **2** **~** (**that …**) Befürchtung(, dass …) IDM **for fear of sth/of doing sth** um etw nicht zu tun **for fear (that) …** aus Angst, dass … **in ˌfear of your ˈlife** in Todesangst **ˌno ˈfear** (*BrE, umgs*) nie im Leben **put the fear of ˈGod into sb** jdm große Angst einjagen **without ˌfear or ˈfavour** (*gehoben*) unbefangen; unparteiisch ☛ *Siehe auch* STRIKE¹

fear² /fɪə(r); *AmE* fɪr/ *Verb* **1** **~ sb/sth** vor jdm/etw Angst haben, jdn/etw fürchten **2** befürchten ◇ *Hundreds of people are feared dead.* Es wird befürchtet, dass viele hunderte tot sind. ◇ *Never fear/Fear not, I shall return.* Keine Angst, ich komme wieder. **3 I fear** (*gehoben*) ich fürchte PHRV **ˈfear for sb** um jdn Angst haben **ˈfear for sth** um etw fürchten

fear·ful /ˈfɪəfl; *AmE* ˈfɪrfl/ *Adj* (*Adv* **fear·ful·ly** /-fəli/) **1** (*gehoben*) ängstlich ◇ *be fearful for sth* Angst um jdn haben

fearfulness

◊ *be fearful of sth* Angst vor etw haben **2** *nur vor Nomen* (*gehoben*) furchtbar **3** (*veraltet, umgs*) fürchterlich
fear·ful·ness /ˈfɪəflnəs; *AmE* ˈfɪrfl-/ *Nomen* Ängstlichkeit
fear·less /ˈfɪələs; *AmE* ˈfɪrləs/ *Adj* (*Adv* **fear·less·ly**) furchtlos
fear·less·ness /ˈfɪələsnəs; *AmE* ˈfɪrləs/ *Nomen* Furchtlosigkeit
fear·some /ˈfɪəsəm; *AmE* ˈfɪrsəm/ *Adj* (*gehoben*) Furcht einflößend, Furcht erregend
feasi·bil·ity /ˌfiːzəˈbɪləti/ *Nomen* Machbarkeit, Durchführbarkeit
feas·ible /ˈfiːzəbl/ *Adj* machbar, möglich; (*Plan, Vorhaben*) durchführbar
feast¹ /fiːst/ *Nomen* (*gehoben*) **1** Festessen, Festmahl **2** Fest ◊ *the feast of Christmas* das Weihnachtsfest ◊ *a feast day* ein Feiertag **3** (Hoch)genuss ◊ *a feast of colours* ein Feuerwerk von Farben ◊ *a feast for the eyes* eine Augenweide
feast² /fiːst/ *Verb* schmausen; **~ on sth** sich an etw gütlich tun [IDM] **feast your 'eyes on sb/sth** sich an dem Anblick von jdm/etw weiden
feat /fiːt/ *Nomen* Meisterleistung, Meisterwerk ◊ *acrobatic feats* akrobatische Kunststücke ◊ *That was no mean feat.* Das war eine beachtliche Leistung.
fea·ther¹ /ˈfeðə(r)/ *Nomen* Feder [IDM] **a 'feather in your cap** etwas, worauf man stolz sein kann ☛ *Siehe auch* BIRD, KNOCK¹, RUFFLE¹ *und* SMOOTH²
fea·ther² /ˈfeðə(r)/ *Verb* [IDM] **feather your (own) 'nest** sein Schäfchen ins Trockene bringen ☛ *Siehe auch* TAR²
ˌfeather-'bed *Verb* (**-dd-**) (*BrE*) verhätscheln
ˌfeather 'duster *Nomen* Staubwedel
fea·thered /ˈfeðəd; *AmE* -ðərd/ *Adj* gefiedert
fea·ther·weight /ˈfeðəweɪt; *AmE* ˈfeðərw-/ *Nomen* Federgewicht
fea·thery /ˈfeðəri/ *Adj* federleicht, gefiedert
fea·ture¹ /ˈfiːtʃə(r)/ *Nomen* **1** Merkmal, Eigenschaft; (*typisch*) Kennzeichen ◊ *no distinguishing features* keine besonderen Kennzeichen ◊ *Which features do you look for when choosing a car?* Welche Punkte sind Ihnen bei der Wahl eines Autos wichtig? ◊ *special features* Besonderheiten ◊ *landscape features* landschaftliche Besonderheiten ◊ *geological features* geologische Formationen **2** Gesichtszug ◊ *Her eyes are her most striking feature.* Ihre Augen sind das Attraktivste an ihrem Gesicht. **3** Sonderbeitrag, Sonderbericht **4** (*veraltet*) Hauptfilm
fea·ture² /ˈfiːtʃə(r)/ *Verb* **1** haben ◊ *The latest model features leather seats.* Das neueste Modell hat Ledersitze. ◊ *The film features Anthony Hopkins as Picasso.* Anthony Hopkins spielt in dem Film die Rolle von Picasso. ◊ *a menu featuring many local dishes* eine Speisekarte mit vielen Spezialitäten der Gegend **2** vorkommen, eine Rolle spielen
'feature film *Nomen* Spielfilm
fea·ture·less /ˈfiːtʃələs; *AmE* -tʃərl-/ *Adj* ohne besondere Merkmale, eintönig
Feb·ru·ary /ˈfebruəri; *AmE* -ueri/ *Nomen* (*Abk* **Feb** /feb/) Februar ☛ *Beispiele bei* JANUAR
feces (*AmE*) = FAECES
feck·less /ˈfekləs/ *Adj* arbeitsscheu, unbekümmert, windig ◊ *a feckless man* ein Taugenichts
fec·und /ˈfiːkənd, ˈfek-/ *Adj* (*gehoben*) fruchtbar [SYN] FERTILE
Fed /fed/ *Nomen* (*AmE, umgs*) FBI-Agent
fed *Form von* FEED¹
fed·eral /ˈfedərəl/ *Adj* föderalistisch, föderativ, Bundes- ◊ *a federal republic* eine föderative Republik ◊ *federal law* das Bundesrecht ◊ *the Federal Republic (of Germany)* die Bundesrepublik (Deutschland) ◊ *a federal state* ein Bundesstaat ◊ *the US federal government* die amerikanische Regierung
the ˌFederal ˌBureau of Investiˈgation *Nomen* = FBI
fed·er·al·ism /ˈfedərəlɪzəm/ *Nomen* Föderalismus
fed·er·al·ist /ˈfedərəlɪst/ **1** *Nomen* Föderalist(in) **2** *Adj* föderalistisch
fed·er·al·ly /ˈfedərəli/ *Adv* vom Bund ◊ *federally funded* vom Bund finanziert
fed·er·ation /ˌfedəˈreɪʃn/ *Nomen* **1** Föderation, Bund **2** Verband **3** Föderalisierung

fe·dora /fɪˈdɔːrə/ *Nomen* = weicher Hut mit breiter Krempe
ˌfed 'up *Adj* nicht vor Nomen (*umgs*) **be ~** die Nase voll haben; **be ~ with sb/sth** jdn/etw satt haben
fee /fiː/ *Nomen* Gebühr, Honorar; (*Mitglieds-*) Beitrag ◊ *legal fees* Anwaltsgebühren ◊ *fee-paying schools* Privatschulen
fee·ble /ˈfiːbl/ *Adj* (*Adv* **feebly** /-bli/) **1** schwach **2** kläglich; (*Ausrede*) lahm ◊ *a feeble argument* ein wenig überzeugendes Argument ◊ *Don't be so feeble!* Sei kein Waschlappen!
ˌfeeble-'minded *Adj* **1** (*veraltet, beleidigend*) schwachsinnig **2** (*willens*)schwach
feed¹ /fiːd/ *Verb* (**fed, fed** /fed/) **1** füttern **~ sb/sth** (**on**) **sth**; **~ sth to sb/sth** jdn/etw mit etw füttern ◊ *The baby can't feed itself yet.* Das Kind kann nicht allein essen. ◊ *What do you feed your dog on?* Was geben Sie Ihrem Hund zu fressen? **2** essen, fressen **3** ernähren; (*Armee*) verpflegen **4** düngen **5 ~ sb sth; ~ sth to sb** jdn mit etw versorgen ◊ *We are constantly fed gossip and speculation by the media.* Die Medien überfluten uns ständig mit Tratsch und Spekulationen. **6 ~ A** (**with B**); **~ B into A** A (mit B) versorgen, B in A eingeben ◊ *He fed coins into the meter.* Er warf Münzen in die Parkuhr. ◊ *The lake is fed by a river.* Der See wird von einem Fluss gespeist. ◊ *The fabric is fed through the machine.* Der Stoff wird durch die Maschine geführt. **7** (*Sucht, Bedürfnis*) befriedigen [IDM] **ˌfeed your 'face** (*umgs, meist abwertend*) futtern **a 'feeding frenzy** (*bes AmE*) ein Rausch ◊ *a media feeding frenzy* ein Medienrausch ☛ *Siehe auch* BITE¹ [PHRV] **ˌfeed on/off sth 1** sich von etw ernähren **2** (*fig*) (*oft abwertend*) ◊ *Racism feeds on fear.* Angst schürt den Rassismus. ◊ *He feeds off the work of others.* Er schmarotzt bei anderen. **ˌfeed 'through** (**to sb/sth**) sich auswirken (auf jdn/etw) **ˌfeed sb 'up** (*BrE*) jdn aufpäppeln
feed² /fiːd/ *Nomen* **1** Mahlzeit, Essen **2** Futter **3** Dünger **4** (TECH) Versorgung, Eingabe, Zuleitung ◊ *an automatic paper feed* ein automatischer Papiereinzug
feed·back /ˈfiːdbæk/ *Nomen* [U] **1** Reaktion, Feedback ◊ *The teacher will give you feedback on your work.* Der Lehrer wird Ihre Arbeiten mit Ihnen besprechen. **2** (TECH) Rückkoppelung
feed·bag /ˈfiːdbæɡ/ *Nomen* (*AmE*) Futtersack
feed·er /ˈfiːdə(r)/ *Nomen* **1** Zubringer **2** (*von einem Drucker*) Papiereinzug **3** (*AmE*) Mastvieh
feed·ing /ˈfiːdɪŋ/ *Nomen* Füttern, Ernähren ◊ *breast feeding* Stillen
feel¹ /fiːl/ *Verb* (**felt, felt** /felt/) **1** fühlen, befühlen ◊ *Can you feel the bump on my head?* Kannst du die Beule auf meinem Kopf fühlen? **2** (*selten in der Verlaufsform*) spüren ◊ *I felt something crawl(ing) up my arm.* Ich spürte, wie etwas meinen Arm hoch krabbelte. ◊ *She couldn't feel anything in her left leg.* Sie hatte kein Gefühl im linken Bein. **3** sich fühlen ◊ *I feel comfortable here.* Ich fühle mich wohl hier. ◊ *I feel cold.* Mir ist kalt. ◊ *I feel happy.* Ich bin glücklich. **4** sich vorkommen ◊ *I felt a complete idiot.* Ich kam mir total blöd vor. **5 ~** (**like sth**) (*nicht in der Verlaufsform*) sich (wie etw) anfühlen ◊ *The water feels warm.* Das Wasser fühlt sich warm an. **6** empfinden ◊ *feel no remorse* keine Reue empfinden ◊ *He feels strongly that …* Er ist der festen Überzeugung, dass … **7 ~ as if …/as though …** (*nicht in der Verlaufsform*) sein, als ob … ◊ *It felt as though a great weight had been lifted from us.* Es war, als ob eine schwere Last von unseren Schultern gefallen war. **8 ~ sth** unter etw leiden ◊ *He feels the cold a lot.* Er leidet sehr unter der Kälte. **9** glauben ◊ *I feel I ought to do it.* Ich glaube, ich sollte es machen. ◊ *We all felt (that) our luck was about to turn.* Wir hatten das Gefühl, dass sich unser Glück wenden würde. ◊ *I felt (that) I had to write and thank you for your kindness.* Ich musste Ihnen einfach schreiben und Ihnen für Ihre Freundlichkeit danken. ◊ *He felt the plan to be unwise/felt (that) the plan was unwise.* Er fand den Plan unklug. **10 ~ it** (**to be**) **sth** es für etw halten ◊ *She felt it (to be) her duty.* Sie hielt es für ihre Pflicht. ◊ *I felt it advisable to do nothing.* Ich hielt es für ratsam, nichts zu unternehmen. **11 ~** (**about/around**) (**for sb/sth**) (nach jdm/etw) (umher)tasten ◊ *She felt along the wall for the door.* Sie tastete sich an der Wand entlang zur Tür. [IDM] **ˌfeel your 'age** sich alt vorkommen **feel 'free** (**to do sth**) *'May I use your phone?' 'Feel free.'* „Darf ich Ihr Telefon benutzen?" „Bitte, bedienen Sie sich." *Feel*

free to ask questions if you don't understand. Fragen Sie ruhig, wenn Sie etwas nicht verstehen. **feel 'good** ein gutes/schönes Gefühl haben ◊ *feel good about sth* ein gutes Gefühl bei etw haben **feel (it) in your 'bones (that ...)** es im Gefühl haben, dass ... **feel like sth/doing sth** Lust auf etw haben/darauf haben, etw zu tun ◊ *Do you feel like a drink?* Möchtest du etwas trinken? **feel the 'pinch** finanzielle Einschränkungen zu spüren bekommen **feel your 'way 1** umhertasten **2** vorsichtig vorgehen; sich an etw herantasten ◊ *The negotiators are still feeling their way.* Die Verhandlungspartner tasten sich noch aneinander heran. ☛ *Siehe auch* MARK², MYSELF, PRESENCE, SMALL¹ *und* SORRY¹ PHRV **'feel for sb** mit jdm Mitleid haben ◊ *I really feel for her.* Sie tut mir wirklich Leid. **feel 'up to (doing) sth** sich einer Sache gewachsen fühlen, sich in der Lage fühlen etw zu tun

feel² /fiːl/ *Nomen* [*Sing*] **1 the feel** ◊ *a material with the feel of silk* ein Stoff, der sich wie Seide anfühlt ◊ *She loved the feel of the sun on her skin.* Sie liebte es, die Sonne auf ihrer Haut zu spüren. **2 have a ~ of sth** etw befühlen **3** Atmosphäre ◊ *Amsterdam has the feel of a big international city.* Amsterdam besitzt Weltstadtatmosphäre. ◊ *The room has a comfortable feel to it.* Das Zimmer macht einen gemütlichen Eindruck. IDM **get the feel of sth** sich mit etw vertraut machen **have a feel for sth** ein Gespür für etw haben

feel·er /ˈfiːlə(r)/ *Nomen* Fühler IDM **put out 'feelers** seine Fühler ausstrecken

feel·ing /ˈfiːlɪŋ/ *Nomen* **1** [*Sing*] Gefühl ◊ *a feeling of hunger* ein Hungergefühl ◊ *You have no feeling for the sufferings of others.* Du hast kein Gefühl für die Leiden anderer. ◊ *I've lost all feeling in my legs.* Ich habe kein Gefühl mehr in den Beinen. ◊ *He had the feeling of being followed.* Er hatte das Gefühl, verfolgt zu werden. ◊ *I didn't mean to hurt your feelings.* Ich wollte Sie nicht verletzen. ◊ *'I really resent the way he treats me.' 'I know the feeling.'* „Ich hasse die Art, wie er mit mir umspringt." „Ich kenne das." **2** Ansicht, Meinung ◊ *I don't have any strong feelings about it one way or the other.* Ich habe keine Meinung dazu. ◊ *The general feeling was against the decision.* Im Allgemeinen war man gegen die Entscheidung. ◊ *public feeling* die öffentliche Meinung **3** [U] **~ (for sth)** Gespür (für etw) ◊ *She has a wonderful feeling for colour.* Sie hat ein wunderbares Gespür für Farben. **4** Emotion ◊ *Feelings were running high.* Die Emotionen schlugen hoch. ◊ *He spoke with feeling.* Er sprach mit viel Gefühl. **5** [*Sing*] Atmosphäre ◊ *The house had a feeling of neglect about it.* Das Haus machte einen verwahrlosten Eindruck. IDM **bad/ill 'feeling** (*bes AmE* **bad/ill 'feelings**) böses Blut ◊ *The decision caused a lot of bad feeling.* Die Entscheidung sorgte für viel böses Blut. ☛ *Siehe auch* HARD *und* SINK¹

feet *Form von* FOOT¹

feign /feɪn/ *Verb* (*gehoben*) heucheln, vortäuschen

feisty /ˈfaɪsti/ *Adj* (**feist·ier, feisti·est**) (*bes AmE, umgs*) resolut

fe·line /ˈfiːlaɪn/ *Adj* katzenartig, Katzen-

fell¹ *Form von* FALL¹

fell² /fel/ *Verb* **1** (*Baum*) fällen **2** (*Mensch*) niederstrecken

fell³ /fel/ *Nomen* (*in Nordengland*) **1** Berg **2 fells** [*Pl*] Hochmoor

fell⁴ /fel/ *Adj* IDM **at/in one fell swoop** mit einem Schlag

fella (*auch* **fell·er**) /ˈfelə(r)/ *Nomen* (*umgs*) **1** Typ **2** Macker

fel·low¹ /ˈfeləʊ; *AmE* ˈfeloʊ/ *Nomen* **1** (*umgs, veraltend*) Mann ◊ *a nice old fellow* ein netter alter Mann **2** [*meist Pl*] Kollege, Kollegin **3** (*BrE*) = Mitglied der akademischen Universitäten **4** (*einer Organisation*) Mitglied **5** (*bes AmE*) wissenschaftliche(r) Mitarbeiter(in) ◊ *a graduate fellow* ein(e) Forschungsstudent(in) ◊ *a teaching fellow* ein(e) Dozent(in)

fel·low² /ˈfeləʊ; *AmE* ˈfeloʊ/ *Adj* nur vor Nomen Mit- ◊ *fellow passengers* Mitreisende ◊ *his fellow Italians* seine italienischen Landsleute

fel·low·ship /ˈfeləʊʃɪp; *AmE* -oʊ-/ *Nomen* **1** Kameradschaft **2** (*Organisation*) Gesellschaft **3** (*bes BrE*) = Stelle eines Fellows ☛ *Siehe auch* FELLOW¹(3) **4** Forschungsstipendium **5** (*BrE*) (*wissenschaftliche Akademie*) Mitglied-

schaft ◊ *be elected to fellowship of the British Academy* in die Britische Akademie gewählt werden

fel·ony /ˈfeləni/ *Nomen* (*Pl* **-ies**) (*BrE, Fachspr, veraltet oder AmE*) schweres Verbrechen

felt¹ /felt/ *Nomen* Filz

felt² *Form von* FEEL¹

felt-tip 'pen (*auch* **'felt tip, ,felt-tipped 'pen**) *Nomen* Filzstift

fe·male¹ /ˈfiːmeɪl/ *Adj* (*Abk* **f**) weiblich ◊ *the female sex* das weibliche Geschlecht ◊ *the female lead* die weibliche Hauptrolle ◊ *a female cat* eine Katze ◊ *a female student* eine Studentin ◊ *At least two of the candidates must be female.* Unter den Kandidaten müssen mindestens zwei Frauen sein. ☛ *Hinweis bei* MALE¹

fe·male² /ˈfiːmeɪl/ *Nomen* (*Abk* **f**) **1** (*Tier*) Weibchen **2** Frau, Mädchen

femi·nine¹ /ˈfemənɪn/ *Adj* (*Abk* **f**) **1** weiblich ◊ *a feminine figure* eine weibliche Figur **2** (LING) feminin

femi·nine² /ˈfemənɪn/ *Nomen* (*Abk* **f**) (LING) feminine Form

femi·nin·ity /ˌfeməˈnɪnəti/ *Nomen* **1** Weiblichkeit **2** Frausein

fem·in·ism /ˈfemənɪzəm/ *Nomen* Feminismus

fem·in·ist /ˈfemənɪst/ **1** *Nomen* Feminist(in) **2** *Adj* feministisch

femur /ˈfiːmə(r)/ *Nomen* Oberschenkelknochen

fen /fen/ *Nomen* (GEOGR) Niederung

fence¹ /fens/ *Nomen* **1** Zaun **2** (*im Pferdesport*) Hindernis IDM ⇨ MEND¹, SIDE¹ *und* SIT

fence² /fens/ *Verb* **1** (SPORT) fechten **2** umzäunen PHRV **,fence sth 'in** etw einzäunen **,fence sb 'in** jdn einengen **,fence sth 'off** etw abzäunen

fen·cing /ˈfensɪŋ/ *Nomen* [U] **1** (SPORT) Fechten **2** Zaun

fend /fend/ *Verb* PHRV **,fend for your'self** sich allein durchschlagen, für sich selbst sorgen **fend sb/sth off** jdn/etw abwehren ◊ *fend off a blow* einen Schlag abwehren

fend·er /ˈfendə(r)/ *Nomen* **1** (*AmE*) Kotflügel **2** (*AmE*) Schutzblech **3** Fender

feng shui /ˌfeŋ ˈʃuːi, ˌfʌŋ ˈʃweɪ/ *Nomen* Feng Shui

fen·nel /ˈfenl/ *Nomen* Fenchel

feral /ˈferəl/ *Adj* wild lebend ◊ *feral cats* verwilderte Katzen

fer·ment¹ *Verb* /fəˈment; *AmE* fərˈm-/ **1** gären, vergären **2** die Gärung auslösen

fer·ment² /ˈfɜːment; *AmE* ˈfɜːrm-/ *Nomen* [U/Sing] Unruhe ◊ *The country is in ferment.* Das Land befindet sich in Aufruhr.

fer·men·ta·tion /ˌfɜːmenˈteɪʃn; *AmE* ˌfɜːrm-/ *Nomen* Fermentation, Gärung

fern /fɜːn; *AmE* fɜːrn/ *Nomen* Farn

fer·ocious /fəˈrəʊʃəs; *AmE* -ˈroʊ-/ *Adj* (*Adv* **fer·ocious·ly**) wild, heftig

fer·ocity /fəˈrɒsəti; *AmE* fəˈrɑːs-/ *Nomen* Heftigkeit, Brutalität

fer·ret¹ /ˈferɪt/ *Nomen* Frettchen

fer·ret² /ˈferɪt/ *Verb* **1** (*umgs*) **~ (about/around) (for sth)** (nach etw) herumstöbern **2** *meist* **go ferreting** mit dem Frettchen jagen PHRV **,ferret sb/sth 'out** (*umgs*) jdn/etw aufspüren

Ferris wheel /ˈferɪs wiːl/ *Nomen* (*bes AmE*) Riesenrad

ferry¹ /ˈferi/ *Nomen* (*Pl* **-ies**) Fähre ◊ *the cross-channel ferry service* die Fährverbindung über den Kanal

ferry² /ˈferi/ *Verb* (**fer·ries, ferry·ing, fer·ried, fer·ried**) übersetzen, befördern ◊ *The children need to be ferried to and from school.* Die Kinder müssen zur Schule gefahren und wieder abgeholt werden.

'ferry boat *Nomen* Fährboot

ferry·man /ˈferimən/ *Nomen* (*Pl* **-men** /-mən/) Fährmann

fer·tile /ˈfɜːtaɪl; *AmE* ˈfɜːrtl/ *Adj* **1** fruchtbar **2** produktiv **3** schöpferisch ◊ *the product of a fertile imagination* das Produkt einer blühenden Fantasie OPP INFERTILE

fer·til·ity /fəˈtɪləti; *AmE* fərˈt-/ *Nomen* (MED) Fruchtbarkeit, Fertilität

fer·til·iza·tion (*BrE auch* **-isa·tion**) /ˌfɜːtəlaɪˈzeɪʃn; *AmE* ˌfɜːrtələˈz-/ *Nomen* **1** Befruchtung **2** Düngung, Düngen

fer·til·ize (*BrE auch* **-ise**) /'fɜːtəlaɪz; *AmE* 'fɜːrt-/ *Verb* **1** befruchten **2** düngen

fer·til·izer (*BrE auch* **-iser**) /'fɜːtəlaɪzə(r); *AmE* 'fɜːrt-/ *Nomen* Dünger, Düngemittel

fer·vent /'fɜːvənt; *AmE* 'fɜːrv-/ *Adj* (*Adv* **fer·vent·ly**) leidenschaftlich, glühend; (*Glaube, Überzeugung*) fest; (*Hoffnung, Wunsch, Gebet*) inbrünstig

fer·vour (*AmE* **fer·vor**) /'fɜːvə(r); *AmE* 'fɜːrv-/ *Nomen* Leidenschaftlichkeit, Eifer

fess /fes/ *Verb* PHRV **fess 'up** (*AmE, umgs*) beichten

-fest /fest/ (*in Zusammensetzungen*) -festival ◊ *The summit was merely a talkfest.* Das Gipfeltreffen war nur ein Diskussionsmarathon.

fes·ter /'festə(r)/ *Verb* **1** eitern **2** (*Gefühle etc.*) sich festfressen

fes·ti·val /'festɪvl/ *Nomen* **1** Festspiel, Festival **2** Fest ◊ *Christian festivals* die Feste der christlichen Kirche

fes·tive /'festɪv/ *Adj* (*BrE*) festlich, Fest- ◊ *the festive season* die Weihnachtszeit ◊ *festive decorations* Weihnachtsschmuck

fes·tiv·ity /fe'stɪvəti/ *Nomen* **1** **festivities** [Pl] Feierlichkeiten **2** Feststimmung ◊ *an air of festivity* eine festliche Stimmung

fes·toon¹ /fe'stuːn/ *Verb* **~ sb/sth** (**with sth**) (*meist passiv*) jdn/etw (mit etw) schmücken ◊ *festooned with garlands of flowers* mit Blumengirlanden behängt

fes·toon² /fe'stuːn/ *Nomen* Girlande

fetal (*bes AmE*) = FOETAL

fetch /fetʃ/ *Verb* **1** (*bes BrE*) holen, abholen **2** (*bei Verkauf, Auktion etc.*) einbringen, erzielen IDM **fetch and 'carry** (**for sb**) (jdn) (von vorn bis hinten) bedienen PHRV **fetch 'up** (*bes BrE, umgs*) landen

fetch·ing /'fetʃɪŋ/ *Adj* (*Adv* **fetch·ing·ly**) (*umgs*) reizend, attraktiv ◊ *a fetching smile* ein bezauberndes Lächeln

fête¹ /feɪt/ *Nomen* (*BrE*) = meist von der Kirche oder Verbänden organisierte Wohltätigkeitsveranstaltung mit Flohmarkt, Imbissständen, Spielen etc. ◊ *the village fête* das Dorffest

fête² /feɪt/ *Verb* (*meist passiv*) (*gehoben*) feiern, bejubeln

fetid (*seltener* **foe·tid**) /'fetɪd, 'fiːtɪd/ *Adj* (*gehoben*) stinkend

fet·ish /'fetɪʃ/ *Nomen* **1** (*meist abwert*) Manie ◊ *She has a fetish about cleanliness.* Sie hat einen Reinlichkeitsfimmel. ◊ *He makes a fetish of his work.* Seine Arbeit ist zu einer Manie geworden. **2** Fetisch

fet·ish·ism /'fetɪʃɪzm/ *Nomen* Fetischismus

fet·ish·ist /'fetɪʃɪst/ *Nomen* Fetischist(in)

fet·ish·is·tic /ˌfetɪ'ʃɪstɪk/ *Adj* fetischistisch

fet·lock /'fetlɒk; *AmE* -laːk/ *Nomen* (*bei Huftieren*) Fessel

fet·ter¹ /'fetə(r)/ *Verb* (*meist passiv*) **1** (*gehoben*) einschränken **2 ~ sb** an etw [Dat] in Fußfesseln anlegen

fet·ter² /'fetə(r)/ *Nomen* **1** [meist Pl] (*gehoben*) Fessel **2 fetters** [Pl] Fußfesseln

fet·tle /'fetl/ *Nomen* IDM **in fine/good 'fettle** (*umgs, veraltet*) gut in Form

fetus (*bes AmE*) = FOETUS

feud¹ /fjuːd/ *Nomen* Fehde, Streit ◊ *a feud over money* ein Streit um Geld

feud² /fjuːd/ *Verb* sich befehden; **~** (**with sb**) (mit jdm) in Fehde liegen

feu·dal /'fjuːdl/ *Adj* feudal ◊ *the feudal system* das Feudalsystem

feu·dal·ism /'fjuːdəlɪzəm/ *Nomen* Feudalismus

feu·dal·is·tic /ˌfjuːdə'lɪstɪk/ *Adj* feudalistisch

feud·ing /'fjuːdɪŋ/ *Nomen* [U] Machtkämpfe, Fehden

fever /'fiːvə(r)/ *Nomen* **1** Fieber (*auch fig*) ◊ *election fever* Wahlfieber ◊ *He waited in a fever of impatience.* Er wartete mit fiebriger Ungeduld. **2** (*veraltet*) (*meist in Zusammensetzungen*) Fieberkrankheit ☛ *Siehe auch* GLANDULAR FEVER

fe·vered /'fiːvəd; *AmE* -vərd/ *Adj* (*gehoben*) **1** fieberhaft ◊ *fevered speculation* wilde Spekulationen **2** fiebrig

fe·ver·ish /'fiːvərɪʃ/ *Adj* (*Adv* **fe·ver·ish·ly**) **1** aufgeregt, fieberhaft ◊ *The whole place was a scene of feverish activity.* Überall herrschte Hektik. ◊ *be in a state of feverish excitement* etw kaum erwarten können ◊ *be feverish with longing* vor Sehnsucht vergehen ◊ *Her mind raced feverishly.* Ihr Gehirn arbeitete auf Hochtouren. **2** fiebrig, Fieber-

'fever pitch *Nomen* Siedepunkt

few /fjuː/ *Adj, Pron* **1** (nur) wenige ◊ *Very few students learn Latin now.* Nur wenige Schüler lernen heutzutage Latein. ◊ *There seem to be fewer tourists around this year.* Dieses Jahr scheint es weniger Touristen zu geben. ◊ *You can pass with as few as 25 points.* Man kann mit nur 25 Punkten bestehen. ◊ *Fewer than 20 students passed all the exams.* Weniger als 20 Studenten bestanden alle Prüfungen. ☛ *Hinweis bei* WENIGER **2** (*meist* **a few**) einige, ein paar ◊ *We've had a few replies.* Wir haben einige Antworten bekommen. ◊ *every few weeks* alle paar Wochen ◊ *the last few years* die letzten paar Jahre ◊ *Quite a few people are going to arrive early.* Ziemlich viele Leute werden früh kommen. ◊ *I recognized a few of the people there.* Ich erkannte einige der Leute dort. ☛ *Vergleiche: I recognized few of the people there.* Ich erkannte nur wenige der Leute dort. **3 the few** die wenigen ◊ *Real power belongs to the few.* Wirkliche Macht haben nur einige wenige. IDM **few and far be'tween** rar **quite a 'few; a good 'few** ziemlich viele ◊ *I've been there quite a few times.* Ich bin ziemlich oft dort gewesen. **have 'had a few** (*umgs*) einen sitzen haben

fez /fez/ *Nomen* (*Pl* **fezzes**) Fes

ff *Abk* (MUS) ⇨ FORTISSIMO

ff. *Abk* ff., folgende Seiten/Zeilen

fi·ancé /fi'ɒnseɪ, -'ɑːns-; *AmE* ˌfiːɑːn'seɪ/ *Nomen* Verlobter

fi·an·cée /fi'ɒnseɪ, -'ɑːns-; *AmE* ˌfiːɑːn'seɪ/ *Nomen* Verlobte

fi·asco /fi'æskəʊ; *AmE* fi'æskoʊ/ *Nomen* (*Pl* **-os**, *AmE auch* **-oes**) Fiasko

fiat /'fiːæt, 'faɪæt/ *Nomen* (*gehoben*) Erlass

fib¹ /fɪb/ *Nomen* (*umgs*) Schwindelei ◊ *Stop telling fibs.* Hör auf zu schwindeln.

fib² /fɪb/ (**-bb-**) (*umgs*) *Verb* schwindeln

fib·ber /'fɪbə(r)/ *Nomen* Schwindler(in)

fibre (*AmE* **fiber**) /'faɪbə(r)/ *Nomen* **1** [U] Ballaststoffe ◊ *All vegetables contain some dietary fibre.* Alle Gemüsesorten enthalten Ballaststoffe. SYN ROUGHAGE **2** Faser ☛ *Siehe auch* MORAL FIBRE

fibre·glass (*AmE* **fiber·glass**) /'faɪbəglɑːs; *AmE* 'faɪbərglæs/ *Nomen* Glasfaser

ˌfibre-'optic (*AmE* ˌ**fiber-'optic**) *Adj* faseroptisch

ˌfibre 'optics (*AmE* ˌ**fiber 'optics**) *Nomen* [U] Faseroptik

fi·brous /'faɪbrəs/ *Adj* faserig, Faser-

fib·ula /'fɪbjələ/ *Nomen* (*Pl* **fibu·lae** /'fɪbjəli:/ *oder* **fibu·las**) (ANAT) Wadenbein

fickle /'fɪkl/ *Adj* (*abwert*) unberechenbar, launisch

fic·tion /'fɪkʃn/ *Nomen* **1** Belletristik, Prosaliteratur ◊ *historical fiction* historische Romane ◊ *romantic fiction* Liebesromane OPP NON-FICTION ☛ *Siehe auch* SCIENCE FICTION **2** Märchen, Fiktion IDM ⇨ TRUTH

fic·tion·al /'fɪkʃənl/ *Adj* **1** erfunden, fiktiv **2** erzählerisch

fic·tion·al·ize (*BrE auch* **-ise**) /'fɪkʃənəlaɪz/ *Verb* (*meist passiv*) = eine wahre Geschichte für einen Film oder ein Buch frei adaptieren, fiktionalisieren ◊ *a fictionalized account of his childhood* eine auf seiner Kindheit beruhende Erzählung

fic·ti·tious /fɪk'tɪʃəs/ *Adj* (frei) erfunden ◊ *The account he gives of his childhood is fictitious.* Die Schilderung seiner Kindheit beruht nicht auf Tatsachen.

fid·dle¹ /'fɪdl/ *Verb* **1 ~** (**with sth**) (an etw) herumfummeln, mit etw (herum)spielen **2** (*Abrechnungen etc.*) frisieren ◊ *fiddled figures* geschönte Zahlen **3** (*umgs*) fideln, geigen PHRV **ˌfiddle a'bout/a'round** herumtrödeln **fiddle (about/ around) with sth** an etw herummachen, an etw herumbasteln

fid·dle² /'fɪdl/ *Nomen* (*umgs*) **1** Fiedel, Geige **2** (*BrE*) Schwindel ◊ *an insurance fiddle* ein Versicherungsbetrug **3** [Sing] (*BrE*) Fummelarbeit IDM **be on the 'fiddle** (*BrE*) krumme Dinger drehen **play second 'fiddle** die zweite Geige spielen **play second 'fiddle to sb/sth** hinter jdm/etw zurückstehen

fid·dler /'fɪdlə(r)/ *Nomen* Geiger(in)

fiddle·sticks /'fɪdlstɪks/ *Ausruf* (*umgs, veraltet*) Quatsch

fid·dly /'fɪdli/ *Adj* (*BrE, umgs*) umständlich, tüftelig

fi·del·i·ty /fɪˈdeləti/ *Nomen (gehoben)* **1** Treue **2** Genauigkeit; **~ to sth** Übereinstimmung mit etw

fidget¹ /ˈfɪdʒɪt/ *Verb* **1** zappeln **2** ~ **with sth** an etw herumfummeln

fidget² /ˈfɪdʒɪt/ *Nomen* Zappelphilipp

fidgety /ˈfɪdʒɪti/ *Adj* unruhig, zappelig

field¹ /fiːld/ *Nomen* **1** Feld, Weide, Acker ◊ *bravery in the field (of battle)* Tapferkeit vor dem Feind ◊ *a landing field* ein Landeplatz ☛ *Siehe auch* AIRFIELD **2** (Sach)gebiet ◊ *people in other fields of business* Leute aus anderen Branchen **3** (*oft vor einem anderen Nomen*) Feld ◊ *a field study* eine Feldstudie ◊ *field research* Feldforschung ◊ *We then tested it in field conditions.* Dann haben wir es in der Praxis getestet. **4** (SPORT) (*meist in Zusammensetzungen*) Platz, (Spiel)feld ◊ *Today they take the field against the county champions.* Heute treten sie gegen die Landesmeister an. ☛ *Siehe auch* PLAYING FIELD **5** (*beim Kricket, Baseball*) Fängerpartei ☛ G 1.3a **6** Feld, Teilnehmer(feld) ◊ (*fig*) *They lead the field in marketing.* Sie sind führend auf dem Gebiet des Marketing. ☛ G 1.3a **7** (COMP) (Eingabe)feld [IDM] **leave the field 'clear for sb; leave sb in possession of the 'field** jdm den Weg freigeben **play the 'field** (*umgs*) viele Partner haben

field² /fiːld/ *Verb* **1** (*Kandidat, Mannschaft etc.*) aufstellen **2** (*beim Kricket, Baseball*) als Fänger(partei) spielen **3** (*Ball*) auffangen und zurückwerfen **4** (*Fragen etc.*) parieren ◊ *The BBC had to field more than 300 phone calls after the programme.* In mehr als 300 Anrufen musste die BBC zum Programm Stellung nehmen.

'**field corn** *Nomen* (*AmE*) Mais

'**field day** *Nomen* (*AmE*) (*in der Schule*) Sportfest [IDM] **have a 'field day** (*umgs*) etw voll ausnutzen, einen großen Tag haben ◊ *The press would have a field day.* Das wäre ein gefundenes Fressen für die Presse. ◊ *Shoplifters had a field day.* Ladendiebe haben reiche Beute gemacht.

field·er /ˈfiːldə(r)/ *Nomen* (*beim Kricket, Baseball*) Fänger(in)

'**field event** *Nomen* Sprung- oder Wurfdisziplin ☛ *Siehe auch* TRACK EVENT

'**field glasses** *Nomen* [Pl] Feldstecher [SYN] BINOCULARS ☛ *Hinweis bei* BRILLE *und* PAIR¹

'**field goal** *Nomen* (*beim Football, Rugby, Basketball*) Field-goal

'**field hockey** *Nomen* (*AmE*) Feldhockey

'**field hospital** *Nomen* Lazarett

'**field marshal** *Nomen* (*Abk* **FM**) (*BrE*) Feldmarschall

'**field officer** *Nomen* **1** Außendienstmitarbeiter(in) **2** = Stabsoffizier beim Regiment, nicht im Hauptquartier

'**field of 'fire** *Nomen* (*Pl* **fields of fire**) Schussfeld

'**field of 'vision** (*auch* ,**field of 'view**) *Nomen* (*Pl* **fields of vision/view**) Blickfeld, Gesichtsfeld

fields·man /ˈfiːldzmən/ (*Pl* **-men** /-mən/) *Nomen* (*BrE*) (*beim Kricket*) Fänger

'**field sports** *Nomen* [Pl] (*BrE*) Jagen und Fischen

fields·woman /ˈfiːldzwʊmən/ *Nomen* (*Pl* **-women** /-wɪmɪn/) (*BrE*) (*beim Kricket*) Fängerin

'**field test¹** *Verb* in der Praxis erproben

'**field test²** *Nomen* Feldversuch

'**field trip** *Nomen* Exkursion, Studienfahrt

field·work /ˈfiːldwɜːk; *AmE* -wɜːrk/ *Nomen* Feldforschung, Arbeit vor Ort

fiend /fiːnd/ *Nomen* **1** Unmensch **2** Teufel **3** (*umgs*) (*nach einem anderen Nomen gebraucht*) Fanatiker(in) ◊ *health fiends* Gesundheitsfanatiker [SYN] FANATIC

fiend·ish /ˈfiːndɪʃ/ *Adj* **1** unmenschlich, teuflisch ◊ *shrieks of fiendish laughter* diabolisches Gelächter **2** (*umgs*) verteufelt, tierisch **3** (*umgs*) vertrackt

fiend·ish·ly /ˈfiːndɪʃli/ *Adv* (*umgs*) verteufelt, äußerst, tierisch

fierce /fɪəs; *AmE* fɪrs/ *Adj* **1** böse, bedrohlich ◊ *Two fierce eyes glared at them.* Ein Paar Augen starrte sie böse an. ◊ *a fierce dog* ein scharfer Hund ◊ *Who was that fierce old lady?* Wer war die grimmige alte Dame? ◊ *in a fierce whisper* in einem scharfen Flüsterton **2** heftig, stark, scharf ◊ *He launched a fierce attack on the Democrats.* Er griff die Demokraten scharf an. ◊ *fierce hatred* wilder Hass ◊ *Competition became fiercer.* Die Konkurrenz verschärfte sich. ◊ *His wife is his fiercest critic.* Seine Frau ist seine strengste Kritikerin. **3** extrem; (*Wind, Regen, Sturm*) heftig ◊ *the fierce heat of the flames* die glühende Hitze der Flammen [IDM] **something 'fierce** (*AmE, umgs*) wahnsinnig

fierce·ly /ˈfɪəsli; *AmE* fɪrsli/ *Adv* **1** äußerst, heftig ◊ *fiercely ambitious* maßlos ehrgeizig ◊ *burn fiercely* lichterloh brennen ◊ *They remain fiercely opposed to it.* Sie sind weiterhin erbittert dagegen. **2** böse, bedrohlich ◊ *'Let go of me,' she said fiercely.* „Lass mich los", sagte sie böse.

fierce·ness /ˈfɪəsnəs; *AmE* fɪrs-/ *Nomen* Heftigkeit, Schärfe, Bosheit

fiery /ˈfaɪəri/ *Adj* **1** feurig, feuerrot, glühend rot **2** hitzig ◊ *a fiery character* ein aufbrausender Charakter ◊ *a fiery look* ein wütender Blick ◊ *a fiery discussion* eine stürmische Diskussion **3** (*Essen etc.*) scharf **4** (*Schmerz*) brennend, stechend

fife /faɪf/ *Nomen* (*in Militärkapellen*) Pfeife

fif·teen /ˌfɪfˈtiːn/ **1** *Zahl* fünfzehn ☛ *Beispiele bei* SECHS **2** *Nomen* Rugbymannschaft ◊ *He's in the first fifteen.* Er ist in der ersten Mannschaft. ☛ *Hinweis bei* RUGBY ☛ G 1.3b

fif·teenth /ˌfɪfˈtiːnθ/ *Adj, Pron* fünfzehnte(r,s) ☛ *Beispiele bei* SECHSTE(R,S)

fifth /fɪfθ/ **1** *Adj, Pron* fünfte(r,s) ☛ *Beispiele bei* SECHSTE(R,S) **2** *Nomen* Fünftel ☛ *Siehe auch* S. 759

,**fifth 'column** *Nomen* fünfte Kolonne

fifth·ly /ˈfɪfθli/ *Adv* fünftens

fif·ti·eth /ˈfɪftiəθ/ **1** *Adj, Pron* fünfzigste(r,s) ☛ *Beispiele bei* SECHSTE(R,S) **2** *Nomen* Fünfzigstel ☛ *Siehe auch* S. 759

fifty /ˈfɪfti/ **1** *Zahl* fünfzig ☛ *Beispiele bei* SECHZIG **2** **the fifties** *Nomen* [Pl] ☛ *Beispiele bei* SIXTY

,**fifty-'fifty** *Adj, Adv* (*umgs*) halbe-halbe, fifty-fifty ◊ *Costs were shared on a fifty-fifty basis between the two firms.* Die Kosten wurden je zur Hälfte von den zwei Firmen getragen. ◊ *She has a fifty-fifty chance of winning.* Ihre Gewinnchancen stehen fifty-fifty. ◊ *Let's split this fifty-fifty.* Lass uns halbe-halbe machen.

fig /fɪɡ/ *Nomen* Feige [IDM] **not care/give a 'fig (for sb/sth)** (*BrE, umgs, veraltet*) ◊ *I don't give a fig.* Es ist mir wurscht.

fig. *Abk* **1** = FIGURE¹ (6) **2** = FIGURATIVE(LY)

fight¹ /faɪt/ *Verb* (**fought, fought** /fɔːt/) **1** ~ **(sb/sth) (for sth)** (gegen jdn/etw) (um etw) kämpfen ◊ *fight your way through the crowds* sich durch die Menschenmenge durchkämpfen ◊ *fight a war* einen Krieg führen ◊ *fight a campaign* einen Wahlkampf austragen **2** sich prügeln, sich schlagen **3** bekämpfen, ankämpfen gegen **4** ~ **(with sb) (about/over sth)** sich (mit jdm) (um etw) streiten **5** (SPORT) boxen **6** (RECHT) ~ **sb (for sth)** gegen jdn (um etw) klagen ◊ *I'm determined to fight the case.* Ich bin entschlossen, mich vor Gericht zu verteidigen. [IDM] **fight fire with 'fire** Gleiches mit Gleichem vergelten; jdn mit den eigenen Waffen schlagen ,**fight for (your) 'life** mit dem Tod ringen **a ,fighting 'chance** eine Chance ◊ *They believe they still have a fighting chance.* Sie glauben, dass doch noch eine Aussicht auf Erfolg besteht. ,**fighting 'fit** topfit ,**fighting 'spirit** Kampfgeist ,**fighting 'talk** Kampfparolen **fight a ,losing 'battle** einen aussichtslosen Kampf führen **fight 'shy of sth** etw umgehen; etw vermeiden **fight to the 'death/'finish** bis auf den Tod kämpfen **fight ,tooth and 'nail** mit allen Mitteln kämpfen **fight your own battles** sich selbst durchsetzen; für sich selbst einstehen ☛ *Siehe auch* LIVE¹ [PHRV] ,**fight 'back (against sb/sth)** sich (gegen jdn/etw) wehren ,**fight sth 'back/'down** etw unterdrücken ,**fight sb/sth 'off** jdn/etw abwehren ,**fight 'out sth** etw (untereinander) ausfechten

fight² /faɪt/ *Nomen* **1** Kampf, Schlägerei ◊ *a gang fight* eine Schlägerei zwischen Bandenmitgliedern ◊ *put up a fight* sich wehren ◊ *The team put up a good fight.* Die Mannschaft hat sich wacker geschlagen. **2** ~ **(over/about sth)** (*bes AmE*) Streit (um etw) **3** Schlacht, Gefecht **4** Kampfgeist [IDM] **a fight to the 'finish** ein Kampf bis zum bitteren Ende ☛ *Siehe auch* PICK¹ *und* SPOIL¹

fight·back /ˈfaɪtbæk/ *Nomen* (*BrE*) ◊ *mount/stage a fightback* sich zurückkämpfen

fight·er /ˈfaɪtə(r)/ *Nomen* **1** Jagdflugzeug ◊ *a jet fighter* ein

Düsenjäger ◊ *fighter pilots* Jagdflieger **2** Kämpfer(in) ◊ *professional fighters* Berufsboxer **3** Kämpfernatur

fight·ing /'faɪtɪŋ/ *Nomen* [U] Kämpfe, Schlägereien, Streitereien

'fig leaf *Nomen* Feigenblatt

fig·ment /'fɪgmənt/ *Nomen* IDM **a figment of sb's imagi'nation** ein Hirngespinst

fig·ura·tive /'fɪgərətɪv; *AmE auch* 'fɪgjə-/ *Adj* (*Abk* **fig.**) **1** übertragen, figurativ OPP LITERAL **2** (KUNST) gegenständlich OPP ABSTRACT

fig·ura·tive·ly /'fɪgərətɪvli; *AmE auch* 'fɪgjə-/ *Adv* übertragen, im übertragenen Sinne ◊ *figuratively speaking* bildlich gesprochen

fig·ure¹ /'fɪgə(r); *AmE* 'fɪgjər/ *Nomen* **1** Zahl, Betrag, Summe ◊ *sales figures* Verkaufszahlen ◊ *The final figure looks like being much higher.* Der Endbetrag wird wahrscheinlich viel höher sein. ◊ *viewing figures for the series* die Einschaltquote für die Serie **2** Ziffer ◊ *a six-figure salary* ein sechsstelliges Gehalt ☛ *Siehe auch* DOUBLE FIGURES *und* SINGLE FIGURES **3 fig·ures** [Pl] (*umgs*) Rechnen ◊ *I don't have a head for figures.* Ich bin im Rechnen eine Niete. ◊ *Are you any good at figures?* Kannst du gut rechnen? **4** Persönlichkeit, Gestalt ◊ *a public figure* eine Persönlichkeit des öffentlichen Lebens ◊ *a figure of authority* eine Autoritätsperson **5** Figur ◊ *I'm watching my figure.* Ich achte auf meine Figur. ◊ *the central figure in the painting* die Figur in der Mitte des Gemäldes ◊ *a bronze figure of a horse* eine Bronzestatue eines Pferdes **6** (*Abk* **fig.**) Abbildung **7** (MATH) Figur, Körper ◊ *a solid figure* ein geometrischer Körper ◊ *a plane figure* eine Ebene IDM **be a figure of 'fun** eine Witzfigur sein **become a figure of 'fun** zum Gespött werden **cut a ... 'figure** *He cut a striking figure.* Er gab eine gute Figur ab. **put a figure on sth** für etw eine genaue Zahl/einen genauen Preis angeben ☛ *Siehe auch* FACT

fig·ure² /'fɪgə(r); *AmE* 'fɪgjər/ *Verb* **1** erscheinen, vorkommen, eine Rolle spielen ◊ *figure prominently* eine wichtige Rolle spielen ◊ *It did not figure high on her list of priorities.* Das stand auf ihrer Prioritätenliste nicht obenan. ◊ *Do I still figure in your plans?* Sehen Ihre Pläne noch eine Rolle für mich vor? **2** sich denken ◊ *I figured (that) you wouldn't come.* Ich dachte mir, dass Sie nicht kommen. **3** (*AmE*) schätzen IDM **it/that figures** es/das ist einleuchtend; es/das ist verständlich ◊ *'John called in sick.' 'That figures, he didn't look well yesterday.'* „John ist heute nicht hier." „Das dachte ich mir schon. Er sah gestern gar nicht gut aus." PHRV **'figure on sth** mit etw rechnen **'figure on doing sth** damit rechnen etw zu tun **'figure on sb/sth doing sth** damit rechnen, dass jd/etw etw tut **figure sb/sth 'out** aus jdm/etw schlau werden ◊ *I can't figure out how to do this.* Ich bekomme einfach nicht heraus, wie das geht. **2** etw ausrechnen

fig·ured /'fɪgəd; *AmE* 'fɪgjərd/ *Adj* nur vor Nomen (*Fachspr*) (mit Figuren) verziert, gemustert

fig·ure·head /'fɪgəhed; *AmE* -gjərh-/ *Nomen* Galionsfigur (*auch fig*)

figure of 'eight (*AmE* figure 'eight) *Nomen* (*Pl* **figures of eight, figure eights**) (Form einer) Acht

figure of 'speech *Nomen* (*Pl* **figures of speech**) Redensart

'figure-skating *Nomen* Eiskunstlauf

fig·ur·ine /'fɪgəri:n; *AmE* ˌfɪgjə'ri:n/ *Nomen* Figurine, Figürchen

fila·ment /'fɪləmənt/ *Nomen* **1** Glühfaden **2** Faden, Filament

fil·bert /'fɪlbət; *AmE* -bərt/ *Nomen* (*bes AmE*) Haselnuss

filch /fɪltʃ/ *Verb* (*umgs*) filzen, mitgehen lassen

file¹ /faɪl/ *Nomen* **1** (Akten)ordner, Hefter ◊ *a box file* eine Archivbox ◊ *A stack of files awaited me on my desk.* Ein Stapel Akten erwartete mich auf meinem Schreibtisch. **2** (COMP) Datei **3** ~ (**on sb**) Akte (über jdn) ◊ *Your application will be kept on file.* Ihre Bewerbungsunterlagen werden in den Akten aufbewahrt. ◊ *Police have reopened the file.* Die Polizei hat den Fall wieder aufgerollt. **4** Feile **5** Reihe ◊ *They set off in file behind the teacher.* Sie machten sich auf den Weg und folgten dem Lehrer in Gänsemarsch. IDM **(in) Indian/single 'file** im Gänsemarsch

file² /faɪl/ *Verb* **1** ~ **sth** (**away**) etw abheften, in den Akten legen ◊ *Please file it in my 'Research' file.* Bitte legen Sie es in meinen Akten unter „Forschung" ab. ◊ *I file the letters away in a drawer.* Ich bewahre die Briefe geordnet in einer Schublade auf. **2** einreichen ◊ *file for divorce* die Scheidung einreichen ◊ *file a lawsuit/claim* Klage/Anspruch erheben ◊ *file for bankruptcy* Konkurs anmelden **3** ◊ *file past* vorbeidefilieren ◊ *The visitors began to file in.* Ein Besucher nach dem anderen kam herein. **4** feilen ◊ *file your nails* sich die Nägel feilen ◊ *file through sth* etw durchfeilen

'file cabinet *Nomen* (*AmE*) Aktenschrank (*mit Schublade*)

'file clerk *Nomen* (*AmE*) Bürokraft

filet /'fɪleɪ/ *Nomen* (*AmE*) Filet

fil·ial /'fɪliəl/ *Adj* (*gehoben*) Kindes- ◊ *filial duty* Kindespflicht ◊ *filial affection* Elternliebe

fili·bus·ter¹ /'fɪlɪbʌstə(r)/ *Nomen* (*bes AmE*) (POL) Marathonrede als Verschleppungstaktik

fili·bus·ter² /'fɪlɪbʌstə(r)/ *Verb* (*bes AmE*) (POL) lange Reden als Verschleppungstaktik verwenden

fili·gree /'fɪlɪgri:/ *Nomen* Filigran(arbeit)

fil·ing /'faɪlɪŋ/ *Nomen* **1** Abheften, (Ab)speichern, Ablage **2** (*bes AmE*) Antrag, Einreichung ◊ *a bankruptcy filing* eine Konkursanmeldung **3 filings** [Pl] (Metall)späne

'filing cabinet *Nomen* (*BrE*) Aktenschrank (*mit Schublade*)

'filing clerk *Nomen* (*BrE*) Bürokraft

fill¹ /fɪl/ *Verb* **1** (aus)füllen; (*Zahn*) plombieren ◊ *fill a gap in the market* eine Marktlücke füllen ◊ *fill a bucket full of water* einen Eimer mit Wasser füllen ◊ *The school is filled to capacity.* Die Kapazität der Schule ist voll ausgelastet. ◊ *The wind filled the sails.* Der Wind blähte die Segel. ◊ *The crack in the wall had been filled.* Der Riss an der Wand war ausgebessert worden. **2** voll werden, sich (aus)füllen ◊ *The sails filled with wind.* Die Segel blähten sich im Wind. **3** erfüllen ◊ *We were filled with admiration for him.* Wir waren voller Bewunderung für ihn. **4** (einen Bedarf) decken **5** (*Stelle*) besetzen; (*Rolle*) übernehmen ◊ *He fills the post satisfactorily.* Er füllt die Stelle recht gut aus. ◊ *The vacancy has already been filled.* Die freie Stelle ist bereits vergeben. **6** (*Bestellung*) erledigen **7** ~ **yourself** (**up**) (**with sth**) sich (an etw) satt essen; ~ **sb** (**up**) (**with sth**) (an etw) satt essen lassen ☛ *Siehe auch* UNFILLED¹ IDM **fill sb's shoes/boots** in jds Fußstapfen treten ☛ *Siehe auch* BILL¹ PHRV **fill 'in** (**for sb**) die Vertretung (für jdn) übernehmen **fill sth 'in 1** (*bes BrE*) etw ausfüllen, etw ergänzen ◊ *Fill in your name at the top of the page.* Tragen Sie Ihren Namen oben ein. **2** auffüllen, zuschütten, verschmieren **3** (*Zeit*) überbrücken ◊ *He filled in the rest of the day watching television.* Er hat den Rest des Tages mit Fernsehen zugebracht. **4** ausmalen **fill sb 'in** (**on sth**) jdn (über etw) ins Bild setzen **fill 'out** runder werden, fülliger werden **fill sth 'out** (*bes AmE*) etw ausfüllen **fill 'up 1** sich füllen ◊ *The ditches had filled up with mud.* Die Gräben waren voller Schlamm. **2** (voll) tanken **fill sth 'up** etw (auf)füllen; (*Fahrzeug*) voll tanken

fill² /fɪl/ *Nomen* [Sing] **1 your ~ of ...** (mehr als) genug (von) ... ◊ *I've had my fill of problems for one week.* Ich habe in dieser Woche genug Probleme gehabt. **2 your ~** (**of food/drink**) ◊ *eat your fill* sich satt essen ◊ *drink your fill* seinen Durst stillen

fill·er /'fɪlə(r)/ *Nomen* **1** Füllmasse, Spachtelmasse **2** (*umgs*) Füllsel, Lückenbüßer(in) ☛ *Siehe auch* STOCKING FILLER

'filler cap *Nomen* Tankdeckel

fil·let¹ /'fɪlɪt/ *Nomen* Filet

fil·let² /'fɪlɪt; *AmE* fɪ'leɪ/ *Verb* filetieren

fill·ing¹ /'fɪlɪŋ/ *Nomen* **1** Füllung **2** Brotbelag **3** Füllmaterial, Füllung

fill·ing² /'fɪlɪŋ/ *Adj* sättigend

'filling station *Nomen* Tankstelle

fil·lip /'fɪlɪp/ *Nomen* [Sing] **a ~** (**to/for sth**) (*gehoben*) Auftrieb (für etw) ◊ *A drop in interest rates gave a welcome fillip to the housing market.* Eine Zinssenkung gab dem Wohnungsmarkt den ersehnten Auftrieb.

filly /'fɪli/ *Nomen* (*Pl* **-ies**) junge Stute

film¹ /fɪlm/ *Nomen* **1** (*bes BrE*) Film ◊ *a silent film* ein

Stummfilm ◊ *a roll of film* eine Filmrolle ◊ *a film crew* ein Kamerateam ◊ *the film version of the novel* die Verfilmung des Romans **2** [meist Sing] Schicht, Schleier ◊ *a film of dust* eine Staubschicht ☞ *Siehe auch* CLING FILM

film² /fɪlm/ *Verb* (ver)filmen, drehen ◊ *during filming* während der Dreharbeiten ◊ *They're filming on location.* Sie machen Außenaufnahmen.

'**film-goer** *Nomen* (*bes BrE*) Kinogänger(in), Kinobesucher(in)

film·ing /'fɪlmɪŋ/ *Nomen* [U] Dreharbeiten

'**film-maker** *Nomen* Filmemacher(in)

'**film star** *Nomen* (*bes AmE*) Filmstar

filmy /'fɪlmi/ *Adj* hauchdünn, zart

Filo·fax™ /'faɪləʊfæks; *AmE* -loʊ-/ *Nomen* Taschenplaner [SYN] PERSONAL ORGANIZER

filo pastry /'fiːləʊ ˌpeɪstri; *AmE* 'fiːloʊ/ (*auch* **filo**) *Nomen* Brickteig, Filoteig

fil·ter¹ /'fɪltə(r)/ *Nomen* **1** Filter **2** (*BrE*) (*an Ampel*) grüner Pfeil ◊ *a filter lane* eine Abbiegerspur

fil·ter² /'fɪltə(r)/ *Verb* **1** filtern ◊ *filtered coffee* Filterkaffee ◊ *a sun block that filters UVA effectively* ein Sunblocker, der UV-Strahlen herausfiltert **2** ◊ *The doors opened and people started filtering through.* Die Türen öffneten sich und die ersten Leute stellten sich ein. ◊ *The car filtered into the traffic.* Das Auto fädelte sich in den Verkehr ein. **3** durchsickern, zutage kommen **4** dringen ◊ *Sunlight filtered in through the curtains.* Sonnenlicht drang durch die Vorhänge. **5** (*BrE*) (*an der Ampel*) bei grünem Pfeil abbiegen [PHRV] ˌfilter sth/sb 'out etw/jdn herausfiltern

'**filter tip** *Nomen* Filter(zigarette)

filth /fɪlθ/ *Nomen* **1** Schmutz, Dreck **2** Schweinskram **3 the filth** [U] (*BrE, Slang, beleidigend*) die Bullen

filthy¹ /'fɪlθi/ *Adj* (**filth·ier**, **filthi·est**) **1** schmutzig, dreckig ◊ *It's filthy in here!* Das ist ja ein Saustall hier! **2** obszön, schmutzig **3** (*umgs*) übel, gemein ◊ *He was in a filthy mood.* Er war sehr übel gelaunt. ◊ *Ann gave him a filthy look.* Ann schaute ihn böse an. **4** (*BrE, umgs*) saumäßig, Sau- ◊ *What filthy weather!* Was für ein Sauwetter!

filthy² /'fɪlθi/ *Adv* (*umgs*) ~ **dirty** saudreckig; ~ **rich** stinkreich

fil·tra·tion /fɪl'treɪʃn/ *Nomen* Filterung, Filtrierung

fin /fɪn/ *Nomen* **1** Flosse **2** Stabilisierungsfläche

fin·agle /fɪ'neɪgl/ *Verb* (*bes AmE, umgs*) ~ **sth** sich etw erschwindeln

final¹ /'faɪnl/ *Adj* **1** nur vor Nomen letzte(r, s), Schluss-, End- ◊ *The project is in its final stages.* Das Projekt ist im Endstadium. ◊ *The referee blew the final whistle.* Der Schiedsrichter pfiff das Spiel ab. **2** endgültig ◊ *I'm not coming, and that's final!* Ich komme nicht, und dabei bleibt es! [IDM] ⇨ ANALYSIS, STRAW *und* WORD¹

final² /'faɪnl/ *Nomen* **1** Finale, Endrunde, Endspiel **2 finals** [Pl] (*BrE*) Abschlussexamen, Abschlussprüfung **3** (*AmE*) Semesterprüfung

fi·nale /fɪ'nɑːli; *AmE* fɪ'næli/ *Nomen* Finale, Abschluss

fi·nal·ist /'faɪnəlɪst/ *Nomen* Finalist(in)

fi·nal·ity /faɪ'næləti/ *Nomen* Endgültigkeit, Unabänderlichkeit

fi·nal·iza·tion (*BrE auch* **-isa·tion**) /ˌfaɪnəlarˈzeɪʃn; *AmE* -lə'z-/ *Nomen* Festlegung

fi·nal·ize (*BrE auch* **-ise**) /'faɪnəlaɪz/ *Verb* (endgültig) festlegen, beschließen, abschließen ◊ *Our route has not yet been finalized.* Unsere Route steht noch nicht endgültig fest.

fi·nal·ly /'faɪnəli/ *Adv* **1** endlich, schließlich **2** zuletzt, als letztes **3** endgültig

fi·nance¹ /'faɪnæns, faɪ'næns, fə'næns/ *Nomen* **1** [U] Geld, Kapital, finanzielle Mittel **2** Finanzwesen ◊ *the Minister of Finance* der Finanzminister ◊ *the finance director* der Leiter der Finanzabteilung **3 finances** [Pl] Finanzen, Gelder ◊ *The firm's finances are basically sound.* Die Finanzlage der Firma ist weitgehend stabil.

fi·nance² /'faɪnæns, faɪ'næns, fə'næns/ *Verb* finanzieren

'**finance company** (*Pl* **-ies**) (*BrE auch* '**finance house**) *Nomen* Finanzierungsgesellschaft

fi·nan·cial /faɪ'nænʃl, fə'næ-/ *Adj* (*Adv* **fi·nan·cial·ly** /-ʃəli/) finanziell, Finanz- ◊ *financial institutions* Geldinstitute ◊ *The project is not financially viable.* Das Projekt ist finanziell nicht realisierbar.

fiˌnancial 'aid *Nomen* (*AmE*) Beihilfe zum Studium

fiˌnancial 'year *Nomen* (*BrE*) Geschäftsjahr; (*im öffentlichen Haushalt*) Rechnungsjahr

fi·nan·cier /faɪ'nænsiə(r), fə-; *AmE* ˌfɪnən'sɪr/ *Nomen* Finanzier(in)

finch /fɪntʃ/ *Nomen* (*oft in Zusammensetzungen*) Fink ☞ *Siehe auch* BULLFINCH, CHAFFINCH *und* GOLDFINCH

find¹ /faɪnd/ *Verb* (**found**, **found** /faʊnd/) **1** finden, auffinden, wiederfinden ◊ *The child was found safe and well.* Das Kind wurde unversehrt aufgefunden. ◊ *I didn't expect to come home and find him gone.* Ich hatte nicht damit gerechnet, ihn nicht mehr anzutreffen, als ich nach Hause kam. ◊ *I suddenly found myself running down the street.* Unwillkürlich rannte ich die Straße runter. ◊ *Water will always find its own level.* Wasser verteilt sich immer gleichmäßig. ◊ *Does the money find its way to the people who need it.* Gelangt das Geld an die, die es benötigen? ◊ *The criticism found its mark.* Die Kritik saß. ◊ *The plant is found only in Africa.* Die Pflanze gibt es nur in Afrika. **2** entdecken, finden ◊ *scientists trying to find the cause of the disease* Wissenschaftler, die die Krankheitsursache erforschen ◊ *I'm having trouble finding anything new to say on the subject.* Es fällt mir schwer, mir etwas Neues zu dem Thema einfallen zu lassen. ◊ *Can you find a hotel for me?* Können Sie mir ein Hotel besorgen? **3** herausfinden ◊ *I find (that) it pays to be honest.* Ich habe gemerkt, dass Ehrlichkeit sich auszahlt. ◊ *The report found that 30% of the firms had failed.* In dem Bericht wurde festgestellt, dass 30% der Firmen gescheitert waren. ◊ *Her blood was found to contain poison.* Es stellte sich heraus, dass in ihrem Blut Gift war. ◊ *You may find your illness hard to accept.* Es wird Ihnen vielleicht schwer fallen, Ihre Krankheit zu akzeptieren. **4** (*Zeit*) finden; (*Geld*) auftreiben **5** ~ **sth for sb**; ~ **sb sth** jdm etw holen ◊ *Can you find my bag for me?* Kannst du meine Tasche holen? **6** (RECHT) ◊ *find sb guilty* jdn schuldig sprechen ◊ *How do you find the accused?* Wie lautet Ihr Urteil? ◊ *The court found in her favour.* Das Gericht hat zu ihren Gunsten entschieden. **7** (COMP) suchen [IDM] **all 'found** (*BrE, veraltet*) bei freier Kost und Logis **find fault** (**with sb/sth**) (an jdm/etw) etwas auszusetzen haben **find your 'feet** selbstständig werden ◊ *I only recently joined the firm so I'm still finding my feet.* Ich bin erst vor kurzem in die Firma eingetreten und muss mich erst eingewöhnen. **find it in your heart/ yourself to do sth** (*gehoben*) sich dazu durchringen etw zu tun ◊ *I cannot find it in myself to condemn her for it.* Ich kann es nicht übers Herz bringen, sie deswegen zu verdammen. **find your 'voice/'tongue** die Sprache wiederfinden **find your way** (**to …**) den Weg (nach …) finden **find your/its way** (**to/into …**) (bei …) landen ◊ *He found his way into the police force.* Er landete bei der Polizei. **take sb as you 'find them** von jdm nicht erwarten, dass er sich irgendwelche Umstände macht; jdn so nehmen, wie er ist ☞ *Siehe auch* BEARING, COST¹, MATCH¹ *und* NOWHERE [PHRV] ˌfind for/against sb (sth) (about sth) (RECHT) (*kein Passiv*) für/ gegen jdn entscheiden **find out** (**sth**) (**about sb/sth**) etw (über jdn/etw) herausfinden ◊ *Has she found out yet?* Hat sie das schon herausgefunden? ˌfind sb 'out jdn erwischen, jdn ertappen ☞ G 9.7c

find² /faɪnd/ *Nomen* Fund, Entdeckung ◊ *Our babysitter's a real find.* Unser Babysitter ist eine wahre Perle.

find·er /'faɪndə(r)/ *Nomen* Finder(in) ☞ *Siehe auch* VIEWFINDER

fin de siècle /ˌfæ̃ də 'sjekl/ *Adj* (KUNST) der Jahrhundertwende, Jugendstil-

find·ing /'faɪndɪŋ/ *Nomen* **1** Auffinden **2** *oft* [Pl] Ergebnis; (*einer ärztlichen Untersuchung*) Befund ◊ *The report's finding is consistent with the results of a previous study.* Das Fazit des Berichts bestätigt den Befund einer früheren Untersuchung. **3** Gerichtsentscheidung

fine¹ /faɪn/ *Adj* **1** gut ◊ *He's made a fine job of the garden.* Er hat im Garten gute Arbeit geleistet. ◊ *a very fine performance* eine ausgezeichnete Vorstellung ◊ *fine wines* erlesene Weine ◊ *fine workmanship* hochwertige Arbeit ◊ *enjoy the finer things in life* die besseren Dinge des Lebens zu genießen wissen ◊ *He tried to appeal to their finer feelings.* Er appellierte an ihre edleren Gefühle. ◊ *It was his finest hour as manager of the team.* Es war seine große Stunde als Manager der Mannschaft. **2** (*gesundheitlich*) gut ◊ *He's*

fine. Es geht ihm gut. ◇ *'How are you?' 'Fine, thanks.'* „Wie geht's?" „Danke, gut." ◇ *I was feeling fine when I got up.* Ich fühlte mich tadellos, als ich aufstand. **3** (*umgs*) in Ordnung ◇ *'I'll leave this here, OK?' 'Fine.'* „Ich lasse das hier, ja?" „Gut." ◇ *'Can Bob come too?' 'That's fine by me.'* „Kann Bob auch mitkommen?" „Von mir aus gern." ◇ *You go on without me. I'll be fine.* Geht nur ohne mich weiter. Ich komm schon zurecht. ◇ *'Can I get you another drink?' 'No, thanks. I'm fine.'* „Kann ich Ihnen noch einen Drink holen?" „Danke, ich möchte jetzt nichts." ☛ **Fine** in den Bedeutungen 2 und 3 kann nicht in Fragen oder in verneinten Sätzen vorkommen. Sätze wie 'Are you fine?' oder 'This isn't fine' sind NICHT möglich. **4** schön ◇ *It was a fine evening.* Das Wetter war schön. ◇ *a fine-looking woman* eine gut aussehende Frau ◇ *a fine figure of a man* ein stattlicher Mann **5** fein ◇ *fine bone china* feines Porzellan ◇ *a fine thread* ein dünner Faden ◇ *There's a fine line between love and hate.* Es ist nur ein kleiner Schritt zwischen Liebe und Hass. **6** (*ironisch*) schön ◇ *This is a fine mess we're in!* Da haben wir ja eine schöne Bescherung! ◇ *You're a fine one to talk!* Du hast gut reden! **7** (*Metall*) Fein- ◇ *fine gold* Feingold **IDM** **get sth down to a fine ˈart** (*umgs*) Routine in etw erwerben ◇ *I've got packing down to a fine art now.* Ich bin inzwischen ein Meister im Packen. **not to put too fine a ˈpoint on it** etw ganz offen auszusprechen; offen gesagt ☛ *Siehe auch* CHANCE¹, FETTLE, LINE¹ *und* TALK¹

fine² /faɪn/ *Adv* (*umgs*) gut, prima ◇ *Keep going – you're doing fine.* Nur weiter – du machst es gut so. ◇ *That date suits me fine.* Der Tag passt mir bestens. ◇ *An omelette will do me fine.* Ein Omelett reicht mir völlig aus. **IDM** **cut it/things ˈfine** (*umgs*) es auf die letzte Minute ankommen lassen ◇ *If we don't leave till two we'll be cutting it very fine.* Wenn wir erst um zwei losfahren, wird es sehr knapp werden.

fine³ /faɪn/ *Nomen* Geldstrafe, Geldbuße ◇ *a parking fine* ein Bußgeld fürs falsches Parken

fine⁴ /faɪn/ *Verb* zu einer Geldstrafe verurteilen ◇ *He was fined for dangerous driving.* Er erhielt eine gebührenpflichtige Verwarnung wegen rücksichtslosen Fahrens.

fine ˈart *Nomen* [U] *auch* **the fine ˈarts** [Pl] die schönen Künste ◇ *She majored in Fine Arts.* Sie hat als Hauptfach Kunst studiert.

ˈfine·ly /ˈfaɪnli/ *Adv* **1** fein **2** edel ◇ *a finely furnished room* ein elegant eingerichtetes Zimmer **3** genau ◇ *The match was finely balanced throughout.* Das Spiel stand die ganze Zeit über auf der Kippe.

ˈfine·ness /ˈfaɪnnəs/ *Nomen* **1** Feinheit **2** (*von Metall*) Feingehalt

the ˌfine ˈprint *Nomen* (*AmE*) [U] das Kleingedruckte

ˈfin·ery /ˈfaɪnəri/ *Nomen* (*gehoben*) Pracht ◇ *The mayor was dressed in all his finery.* Der Bürgermeister war in vollem Staat.

fi·nesse¹ /fɪˈnes/ *Nomen* Finesse, Geschick, Gewandheit

fi·nesse² /fɪˈnes/ *Verb* (*bes AmE*) ◇ *finesse a deal* einen Deal raffiniert aushandeln ◇ *finesse an issue* ein Problem geschickt vermeiden

ˌfine-tooth ˈcomb (*auch* ˌ**fine-toothed ˈcomb**) *Nomen* Staubkamm **IDM** **go over/through sth with a fine-tooth/fine-toothed comb** etw genauestens durchsehen/durchsuchen

ˌfine-ˈtune *Verb* ausfeilen, den letzten Schliff geben, fein einstellen

ˌfine-ˈtuning *Nomen* [U] Feineinstellung, minimale Verbesserungen ◇ *The system is set up but it needs some fine-tuning.* Das System steht, aber ihm fehlt noch der letzte Schliff

fin·ger¹ /ˈfɪŋɡə(r)/ *Nomen* **1** Finger ◇ *Hold the material between finger and thumb.* Halten Sie den Stoff zwischen Zeigefinger und Daumen. ☛ *Siehe auch* BUTTERFINGERS *und* GREEN FINGERS **2** Streifen, schmales Stück ◇ *sponge fingers* Löffelbiskuits ◇ *a narrow finger of land pointing out into the sea* eine ins Meer ragende Landzunge ☛ *Siehe auch* FISH FINGER **3** Fingerbreit **IDM** **get, pull, etc. your ˈfinger out** (*BrE, umgs*) Dampf machen; sich anstrengen | **give sb the ˈfinger** (*AmE, umgs*) jdm den Stinkefinger zeigen | **have a finger in every ˈpie** (*umgs*) überall seine Finger drin haben | **have, etc. your ˈfingers in the till** (*BrE*) in die Kasse greifen, bei der Kasse bedienen | **have/keep your finger on the ˈpulse (of sth)** (in einer Sache) auf dem Laufenden sein/bleiben | **lay a ˈfinger on sb** (*meist in verneinten Sätzen*) jdn anrühren ◇ *If you lay a finger on me, I'll call the police.* Wenn du mir auch nur ein Härchen krümmst, rufe ich die Polizei. | **not put your ˈfinger on sth** etw nicht genau ausmachen können | **put/stick two ˈfingers up at sb** (*BrE, umgs*) jdm den Stinkefinger zeigen ☛ *Siehe auch* V-SIGN | **work your ˈfingers to the ˈbone** sich die Finger/Hände wund arbeiten ☛ *Siehe auch* BURN¹, COUNT¹, CROSS², LIFT¹, POINT², SLIP¹, SNAP¹, STICKY *und* THUMB¹

fin·ger² /ˈfɪŋɡə(r)/ *Verb* **1** befühlen, herumfingern an **2** (*bes AmE, umgs*) verpfeifen, beschuldigen

-fin·gered /ˈfɪŋɡəd; *AmE* -ɡərd/ (*in zusammengesetzten Adjektiven*) **long-fingered** mit langen Fingern ◇ *a four-fingered chord* ein mit vier Fingern gespielter Akkord ◇ **nimble-fingered** geschickt ☛ *Siehe auch* LIGHT-FINGERED

ˈfin·ger·mark /ˈfɪŋɡəmɑːk; *AmE* ˈfɪŋɡərmɑːrk/ *Nomen* (*bes BrE*) Fingerabdruck

ˈfin·ger·nail /ˈfɪŋɡəneɪl; *AmE* -ɡərn-/ *Nomen* Fingernagel

ˈfin·ger·print¹ /ˈfɪŋɡəprɪnt; *AmE* -ɡərp-/ *Nomen* (*bes BrE*) Fingerabdruck ☛ *Siehe auch* GENETIC FINGERPRINT

ˈfin·ger·print² /ˈfɪŋɡəprɪnt; *AmE* -ɡərp-/ *Verb* Fingerabdrücke machen von

ˈfin·ger·print·ing /ˈfɪŋɡəprɪntɪŋ; *AmE* -ɡərp-/ *Nomen* [U] Anfertigen von Fingerabdrücken ◇ *genetic fingerprinting* der genetische Fingerabdruck

ˈfin·ger·tip /ˈfɪŋɡətɪp; *AmE* -ɡərt-/ *Nomen* Fingerspitze **IDM** **have sth at your ˈfingertips 1** etw parat haben **2** etw beherrschen ◇ **to your ˈfingertips** (*BrE*) durch und durch

fin·icky /ˈfɪnɪki/ *Adj* **1** (*abwert*) wählerisch, heikel **SYN** FUSSY ◇ *be a finicky eater* beim Essen wählerisch sein **2** knifflig, diffizil

fin·ish¹ /ˈfɪnɪʃ/ *Verb* **1** beenden, fertig werden mit ◇ *finish reading a book* ein Buch auslesen ◇ *I'll just finish this chapter.* Ich lese nur das Kapitel zu Ende. ◇ *He put the finishing touches to his painting.* Er nahm an dem Bild die letzten Pinselstriche vor. ◇ *A cup of coffee finished the meal perfectly.* Eine Tasse Kaffee schloss das Essen perfekt ab. **2** aufhören, enden; (*Konzert, Film, Schulstunde*) aus sein, zu Ende sein ◇ *Be quiet! He hasn't finished speaking.* Sei still! Er hat noch nicht ausgeredet. ◇ *The dollar finished the day slightly down.* Bei Börsenschluss war der Dollar leicht gesunken. **3** ~ (**sth**) (mit etw) fertig sein ◇ *I thought you'd never finish!* Ich dachte, du wirst nie fertig. ◇ *She finished law school last year.* Sie hat ihr Jurastudium letztes Jahr abgeschlossen. **4** ~ **sth** (**off/up**) etw aufessen, etw austrinken, etw aufbrauchen **5** (*Sport*) das Ziel erreichen ◇ *finish second* als Zweite(r) durchs Ziel gehen ◇ *He finished 12 seconds outside the world record.* Am Ziel lag er 12 Sekunden unter dem Weltrekord. **6** ~ **sb** (**off**) (*umgs*) jdm den Rest geben **PHRV** **ˌfinish sb/sth ˈoff** (*umgs*) jdn/etw vernichten, jdm/etw den Gnadenschuss geben | **ˌfinish sth ˈoff** etw fertig machen, etw beenden ◇ *They finished off the concert with their most famous song.* Zum Abschluss des Konzerts sangen sie ihren berühmtesten Song. | **ˌfinish ˈup** (*BrE*) **1** landen ◇ *Where did he finish up?* Wo ist er schließlich gelandet? **2** enden ◇ *He finished up as chairman of the board.* Er brachte es bis zum Vorstandsvorsitzenden. ◇ *We'll finish up getting shot.* Letzten Endes werden wir noch erschossen. ◇ *If you're not careful, you could finish up seriously ill.* Wenn du nicht aufpasst, wirst du am Ende womöglich noch ernsthaft krank. | **ˈfinish with sb 1** (*BrE*) mit jdm Schluss machen **2** mit jdm fertig sein | **ˈfinish with sth 1** etw nicht mehr brauchen **2** (*BrE, umgs*) mit etw aufhören | **finish (up) with sth** mit etw enden ◇ *To finish with, we'll listen to a few songs.* Zum Schluss hören wir noch einige Lieder.

fin·ish² /ˈfɪnɪʃ/ *Nomen* **1** Ende ☛ *Siehe auch* PHOTO FINISH **2** (*Sport*) (*eines Rennens*) Ziel ◇ *a dramatic finish to the race* ein Kopf-an-Kopf-Rennen. ◇ *It was a close finish.* Es war ein Kopf-an-Kopf-Rennen. **3** Deckanstrich; (*für Holz, Metall*) Politur; (*für Stoff*) Appretur ◇ *paint with a matt finish* ein Mattlack **4** Verarbeitung ◇ *available in a range of finishes* in verschiedenen Ausführungen erhältlich **5** letzter Schliff, Finish **IDM** ⇨ FIGHT²

fin·ished /ˈfɪnɪʃt/ *Adj* **1** *nicht vor Nomen* fertig **2** *nicht vor Nomen* erledigt ◇ *He's finished in politics.* Er ist als Politiker erledigt. ◇ *Their marriage was finished.* Ihre Ehe war kaputt. **3** fertig (verarbeitet), End- ◊ *the finished product* das Endprodukt ◊ *well finished* sauber verarbeitet ◊ *a beautifully finished suit* ein ausgezeichnet gearbeiteter Anzug

fin·ish·er /ˈfɪnɪʃə(r)/ *Nomen* ◊ *the first six finishers* die ersten sechs, die durchs Ziel gehen

ˈfin·ish·ing line (*AmE* **ˈfinish line**) *Nomen* Ziellinie ◊ *cross the finishing line* durchs Ziel gehen

fi·nite /ˈfaɪnaɪt/ *Adj* **1** begrenzt; (MATH) endlich ◊ *The world's resources are finite.* Die Naturschätze der Welt sind nicht unerschöpflich. OPP INFINITE **2** (*Verb*) finit OPP NON-FINITE

fink /fɪŋk/ *Nomen* (*bes AmE*, *umgs*) Ekel, Verräter(in)

fiord = FJORD

fir /fɜː(r)/ (*auch* **ˈfir tree**) *Nomen* Tanne

ˈfir cone *Nomen* (*BrE*) Tannenzapfen

fire[1] /ˈfaɪə(r)/ *Nomen* **1** Feuer ◊ *Her eyes were full of fire.* Ihre Augen sprühten. **2** Brand ◊ *set sth on fire* etw in Brand stecken ◊ *fire-fighting equipment* Feuerlöschgeräte ◊ *It took two hours to put out the fire.* Es dauerte zwei Stunden, bis der Brand gelöscht war. **3** (Kamin)feuer ◊ *light a fire* ein Feuer anmachen **4** (*bes BrE*) (Heiz)ofen ◊ *a gas fire* ein Gasofen **5** Feuer, Schüsse ◊ *return fire* zurückschießen ◊ *He ordered his men to hold their fire.* Er befahl seinen Leuten, das Feuer einzustellen. ◊ *line of fire* Schusslinie IDM **be on ˈfire** brennen **be/come under ˈfire** unter Beschuss geraten (*auch fig*) **hang/hold ˈfire 1** abwarten **2** aufgehalten werden ◊ *The project had hung fire for several months.* Das Projekt war für einige Monate auf Eis gelegt worden. **play with ˈfire** mit dem Feuer spielen ☛ *Siehe auch* ADD, BAPTISM, DRAW[1], FIGHT[1], FRYING PAN, HOUSE[1], IRON[1], SMOKE[1] *und* WORLD

fire[2] /ˈfaɪə(r)/ *Verb* **1** abschießen, schießen; (*Schuss*) abgeben; (*Raketen*) abfeuern ◊ *He fired the gun in the air.* Er schoss mit dem Gewehr in die Luft. ◊ *We heard the sounds of guns firing.* Wir hörten Gewehrschüsse. ◊ *'Fire!' shouted the officer.* „Feuer!", rief der Offizier. **2** (*entlassen*) feuern SYN SACK **3** begeistern ◊ *fire sb with enthusiasm* jdn in Begeisterung versetzen ◊ *His imagination had been fired by the film.* Der Film hatte seine Fantasie beflügelt. **4** (*Motor*) zünden **5** (*Töpferwaren*) brennen IDM **ˈfire ˈquestions, etc. at sb** jdn mit Fragen etc. bombardieren ☛ *Siehe auch* CYLINDER PHRV **ˌfire aˈway** (*umgs*) losschießen **fire sth ˈoff 1** etw abfeuern **2** (*Brief*) loslassen **ˌfire sb ˈup** jdn begeistern

ˈfire alarm *Nomen* **1** Feuermelder **2** Feueralarm

fire-arm /ˈfaɪərɑːm; *AmE* -ɑːrm/ *Nomen* Schusswaffe

fire·ball /ˈfaɪəbɔːl; *AmE* ˈfaɪərb-/ *Nomen* Feuerball

fire-bomb[1] /ˈfaɪəbɒm; *AmE* ˈfaɪərbɑːm/ *Nomen* Brandbombe

fire-bomb[2] /ˈfaɪəbɒm; *AmE* ˈfaɪərbɑːm/ *Verb* mit einer Brandbombe angreifen

fire·brand /ˈfaɪəbrænd; *AmE* ˈfaɪərb-/ *Nomen* Unruhestifter(in)

fire·break /ˈfaɪəbreɪk; *AmE* ˈfaɪərb-/ *Nomen* **1** feuerbeständige Schutzvorrichtung, Brandmauer **2** Feuerschneise

ˈfire brigade (*AmE* **ˈfire department**) *Nomen* Feuerwehr ☛ G 1.3b

fire-crack·er /ˈfaɪəkrækə(r); *AmE* ˈfaɪərk-/ *Nomen* Knallkörper

-fired /ˈfaɪəd; *AmE* ˈfaɪrd/ (*in Zusammensetzungen*) mit ... befeuert ◊ *gas-fired central heating* Gaszentralheizung

ˈfire door *Nomen* Feuerschutztür

ˈfire drill *Nomen* Probealarm

ˈfire engine *Nomen* Löschfahrzeug, Feuerwehrauto

ˈfire es·cape *Nomen* Feuertreppe, Feuerleiter

ˈfire extinguisher (*auch* **ex·tin·guish·er**) *Nomen* Feuerlöscher

fire·fight /ˈfaɪəfaɪt; *AmE* ˈfaɪərf-/ *Nomen* Schusswechsel

fire·fight·er /ˈfaɪəfaɪtə(r); *AmE* ˈfaɪərf-/ *Nomen* Feuerwehrmann, Feuerwehrfrau

fire·fight·ing *Nomen* /ˈfaɪəfaɪtɪŋ; *AmE* ˈfaɪərf-/ Brandbekämpfung ◊ *firefighting vehicles* Löschfahrzeuge

fire·fly /ˈfaɪəflaɪ; *AmE* ˈfaɪərf-/ *Nomen* (*Pl* **-ies**) Leuchtkäfer

ˈfire guard /ˈfaɪəgɑːd; *AmE* ˈfaɪərgɑːrd/ *Nomen* Funkenschutz

ˈfire hose *Nomen* Feuerwehrschlauch

ˈfire·house /ˈfaɪəhaʊs; *AmE* ˈfaɪərh-/ *Nomen* (*AmE*) Feuerwache

ˈfire hydrant (*auch* **hy·drant**) *Nomen* Hydrant

fire·light /ˈfaɪəlaɪt; *AmE* ˈfaɪərl-/ *Nomen* Schein des Feuers

fire·light·er /ˈfaɪəlaɪtə(r); *AmE* ˈfaɪərl-/ *Nomen* (*BrE*) Feueranzünder

ˈfire line *Nomen* (*AmE*) Feuerschneise

fire·man /ˈfaɪəmən; *AmE* ˈfaɪərmən/ *Nomen* (*Pl* **-men** /-mən/) Feuerwehrmann

fire·place /ˈfaɪəpleɪs; *AmE* ˈfaɪərp-/ *Nomen* Kamin

fire·power /ˈfaɪəpaʊə(r); *AmE* ˈfaɪərp-/ *Nomen* Feuerkraft

ˈfire prac·tice *Nomen* (*BrE*) Probealarm

fire·proof /ˈfaɪəpruːf; *AmE* ˈfaɪərp-/ *Adj* feuerfest

fire-retardant /ˈfaɪə rɪˌtɑːdənt; *AmE* ˈfaɪər rɪˌtɑːrd-/ *Adj* feuerhemmend

ˈfire sale *Nomen* = Ausverkauf nach Feuerschaden

ˈfire screen *Nomen* **1** (*AmE*) Funkenschutz **2** ≈ Ofenschirm

ˈfire ser·vice *Nomen* (*BrE*) Feuerwehr

fire·side /ˈfaɪəsaɪd; *AmE* ˈfaɪərs-/ *Nomen* ◊ *sit by the fireside* am Kamin sitzen

ˈfire station *Nomen* Feuerwache

fire·storm /ˈfaɪəstɔːm; *AmE* ˈfaɪərstɔːrm/ *Nomen* Feuersturm

ˈfire trap *Nomen* Feuerfalle

ˈfire truck *Nomen* (*AmE*) Löschfahrzeug, Feuerwehrauto

fire·wall *Nomen* /ˈfaɪəwɔːl; *AmE* ˈfaɪərw-/ (COMP) Brandmauer

fire·wood /ˈfaɪəwʊd; *AmE* ˈfaɪərwʊd/ *Nomen* Brennholz

fire·work /ˈfaɪəwɜːk; *AmE* ˈfaɪərwɜːrk/ *Nomen* **1** Feuerwerkskörper ◊ *a firework(s) display* ein Feuerwerk **2** **fireworks** [Pl] Feuerwerk

fir·ing /ˈfaɪərɪŋ/ *Nomen* **1** Schießen, Schießerei ◊ *There was continuous firing throughout the night.* Die ganze Nacht wurde geschossen. **2** (*bes AmE*) Rausschmiss

ˈfiring line *Nomen* IDM **be in the ˈfiring line** (*AmE* **be on the ˈfiring line**) in der Schusslinie sein

ˈfiring squad *Nomen* Exekutionskommando ☛ G 1.3b

firm[1] /fɜːm; *AmE* fɜːrm/ *Nomen* Firma ◊ *a firm of lawyers* eine Anwaltskanzlei

firm[2] /fɜːm; *AmE* fɜːrm/ *Adj* **1** fest, hart ◊ *be firm to the touch* sich fest anfühlen ◊ *She took a firm hold of my arm.* Sie packte mich fest am Arm. **2** fest, stabil ◊ *We need to keep a firm grip on the situation.* Wir müssen die Situation fest im Griff behalten. ◊ *The company now has a firm footing in the marketplace.* Die Firma hat jetzt eine sichere Position auf dem Markt. **3** fest, sicher ◊ *a firm believer in socialism* jemand, der fest an den Sozialismus glaubt ◊ *a firm decision* eine endgültige Entscheidung ◊ *firm principles* unumstößliche Prinzipien ◊ *She is a firm favourite with the children.* Sie ist bei den Kindern sehr beliebt. ◊ *They remained firm friends.* Sie blieben eng befreundet. **4** streng, fest, unnachgiebig ◊ *exercise firm discipline* strenge Disziplin halten ◊ *Parents must be firm with their children.* Kinder brauchen eine feste Hand. **5** ~ (**against sth**) (*Währung etc.*) stabil (gegenüber etw) IDM **be on firm ˈground** sich auf sicherem Boden bewegen **a firm ˈhand** eine feste Hand **take a firm ˈline on sth** (in etw) einen klaren Standpunkt vertreten **take a firm ˈstand** (**against sth**) (gegen etw) energisch vorgehen

firm[3] /fɜːm; *AmE* fɜːrm/ *Adv* IDM **hold ˈfirm** (**to sth**) (*gehoben*) (an etw) festhalten **stand ˈfast/ˈfirm** unnachgiebig sein; standhaft sein

firm[4] /fɜːm; *AmE* fɜːrm/ *Verb* **1** fest drücken **2** straffen **3** (FINANZ) sich festigen PHRV **ˌfirm ˈup** fest werden **ˌfirm sth ˈup 1** etw festmachen ◊ *The precise details still have to be firmed up.* Die genauen Einzelheiten müssen noch festgelegt werden. **2** straffen

firma·ment /ˈfɜːməmənt; *AmE* ˈfɜːrm-/ *Nomen* (*gehoben*) Firmament, Himmel

firm·ly /ˈfɜːmli; *AmE* ˈfɜːrm-/ *Adv* **1** fest **2** bestimmt

firm·ness /ˈfɜːmnəs; *AmE* ˈfɜːrm-/ *Nomen* **1** Festigkeit **2** Strenge

firm·ware *Nomen* [U] (COMP) Firmware

first[1] /fɜːst; *AmE* fɜːrst/ *Adj*, *Pron* erste(r,s) ◊ *go back to first*

first

principles zu den Grundprinzipien zurückkehren ◊ *an issue of the first importance* eine Frage von höchster Wichtigkeit IDM ⇨ ORDER¹ *und* THING

first² /fɜːst; *AmE* fɜːrst/ *Adv* **1** als Erste(r,s), zuerst ◊ *You go first.* Geh du zuerst. ◊ *Think first, then act.* Erst denken, dann handeln. ◊ *Who came first in the race?* Wer hat das Rennen gewonnen? **2** zum ersten Mal, zuerst ◊ *When did you first meet him?* Wann haben Sie ihn kennen gelernt? ◊ *The play was first performed in Paris.* Das Stück wurde in Paris uraufgeführt. **3** erstens **4** eher, lieber ◊ *He said he'd resign first.* Er sagte, er würde eher zurücktreten. IDM **at ˌfirst** zuerst; zunächst ◊ ⇨ *Hinweis bei* ZUNÄCHST **come ˈfirst** (den) Vorrang haben **ˌfirst and ˈforemost** vor allem **ˌfirst and ˈlast** durch und durch **ˌfirst ˈcome, ˌfirst ˈserved** wer zuerst kommt, mahlt zuerst **ˌfirst of ˈall 1** zuerst; zuallererst; als Erstes **2** vor allem ⇨ *Hinweis bei* ZUNÄCHST **ˌfirst ˈoff** (*umgs*) zuerst ◊ *First off, let's see how much it'll cost.* Lass uns zuerst mal sehen, was das kosten würde. **ˌfirst ˈup** (*BrE, umgs*) als Erstes **ˌhead ˈfirst 1** mit dem Kopf zuerst; kopfüber **2** Hals über Kopf **ˌput sb/sth ˈfirst** etw/jdm den Vorrang geben ◊ *She always puts her children first.* Für sie stehen ihre Kinder immer an erster Stelle.

first³ /fɜːst; *AmE* fɜːrst/ *Nomen* **1 the first** (*Pl* **the first**) der/die/das Erste ◊ *The first I heard about the wedding was when I saw the announcement in the paper.* Ich habe erst von der Hochzeit erfahren, als ich die Anzeige in der Zeitung sah. **2** (*umgs*) ◊ *It was a first for the team.* Es war das allererste Mal für die Mannschaft. ◊ *This operation is a first in medical history.* Diese Operation ist die erste ihrer Art in der Geschichte der Medizin. ◊ *We went on a cruise, a first for both of us.* Wir haben eine Kreuzfahrt gemacht, ein ganz neues Erlebnis für uns beide. **3** (*im Auto*) erster Gang **4** ~ (**in sth**) (*BrE*) (*bei Examensnoten an britischen Universitäten*) ≈ Eins (*in etw*) ◊ *She got a first in maths.* Sie hat ihr Examen in Mathematik mit „Eins" bestanden. ⇨ *Hinweis bei* FIRST CLASS¹ (2) IDM **ˌfirst among ˈequals** Primus inter pares **from the (very) ˈfirst** (gleich) von Anfang an **from ˌfirst to ˈlast** von Anfang bis Ende

ˌfirst ˈaid *Nomen* erste Hilfe

ˌfirst ˈaider *Nomen* (*BrE*) Sanitäter(in), Person, die in einem Betrieb erste Hilfe leistet

ˌfirst ˈbalcony *Nomen* (*AmE*) (*Theater*) erster Rang

ˌfirst ˈbase *Nomen* (*beim Baseball*) erstes Laufmal IDM **not get to first ˈbase (with sth/sb)** (*bes AmE, umgs*) (mit etw/bei jdm) nicht viel Erfolg haben

first-ˈborn /ˈfɜːstbɔːn; *AmE* ˈfɜːrstbɔːrn/ **1** *Nomen* (*veraltet*) Erstgeborene(r) **2** *Adj* erstgeboren

ˌfirst ˈclass¹ *Nomen* [U] **1** erste Klasse

Bei der britischen Post gibt es zwei Preisklassen. **First-class post** kostet mehr und wird schneller befördert als **second-class post**: *I sent the letter first-class/by first-class post yesterday so they should have it today.* ◊ *Ten first-class and five second-class stamps, please.* In Amerika bezeichnet **first-class mail** die Briefpost. Drucksachen werden mit der **second-class mail** befördert.

2 (*BrE*) (*Examensnote an britischen Universitäten*)

Abschlussnoten an britischen Universitäten sind in drei Kategorien untergeteilt. Die beste Note ist ein **first-class degree** (auch **first** genannt). Beim **second-class degree** wird zwischen **upper second** (oder **2:1**) und dem niedrigeren **lower second** (oder **2:2**) unterschieden. Ohne Auszeichnung bestanden hat man mit einem **third/third-class degree**.

ˌfirst ˈclass² *Adv* erster Klasse, in der ersten Klasse ◊ *travel first class* erster Klasse reisen ⇨ *Hinweis bei* FIRST CLASS¹ (1)

ˌfirst-ˈclass *Adj* **1** erstklassig ◊ *The car was in first-class condition.* Sein Auto war in erstklassigem Zustand. SYN EXCELLENT **2** erster Klasse ◊ *a first-class cabin* eine Kabine in der ersten Klasse ⇨ *Hinweis bei* FIRST CLASS¹ (1) **3** (*Examensnote an britischen Universitäten*) ⇨ *Hinweis bei* FIRST CLASS¹ (2)

ˌfirst ˈcousin *Nomen* Cousin, Kusine

ˌfirst deˈgree *Nomen* (*bes BrE*) = erster möglicher Universitätsabschluss, der der deutschen Zwischenprüfung nach dem Grundstudium entspricht, wie z.B. der BA (Bachelor of Arts) für Geisteswissenschaften oder der BSc (Bachelor of Science) für Naturwissenschaften

ˌfirst-deˈgree *Adj nur vor Nomen* **1** (*bes AmE*) = bezeichnet die jeweils schlimmste Form eines Gewaltverbrechens, die das höchste Strafmaß erfordert ◊ *first-degree murder* vorsätzlicher Mord **2** (*Verbrennungen*) ersten Grades

ˌfirst eˈdition *Nomen* Erstausgabe

ˌfirst-ˈever *Adj nur vor Nomen* allererste(r,s)

the ˌfirst ˈfamily *Nomen* ≈ die Familie des Präsidenten der USA

ˌfirst ˈfinger *Nomen* Zeigefinger

ˌfirst ˈfloor *Nomen* **1** (*bes BrE*) erster Stock ◊ *on the first floor* im ersten Stock **2** (*AmE*) Erdgeschoss

ˌfirst-ˈfloor *Adj nur vor Nomen* **1** (*bes BrE*) im ersten Stock **2** (*AmE*) Erdgeschoss-, im Erdgeschoss

ˌfirst-ˈfoot *Verb* = als erster Besucher des neuen Jahres ein Haus betreten ⇨ **First-footing** ist eine schottische Tradition. Der Besucher selbst heißt **a first-footer**.

ˌfirst ˈfruit *Nomen* [*meist Pl*] erste Frucht

ˌfirst ˈgear *Nomen* (*einer Schaltung*) erster Gang

ˌfirst geneˈration *Nomen* erste Generation ◊ *the first generation of immigrants* die erste Einwanderungsgeneration ◊ *first-generation immigrants* Einwanderer der ersten Generation

ˌfirst-ˈhand *Adj nur vor Nomen, Adv* aus erster Hand ◊ *have first-hand experience of poverty* Armut aus erster Hand kennen

ˌfirst ˈlady *Nomen* **1 the First Lady** = die Frau des Präsidenten der USA **2** (*AmE*) = Frau eines amerikanischen Gouverneurs oder eines anderen Staatsoberhauptes **3** (*fig*) Königin ◊ *the first lady of jazz* die Königin des Jazz

ˌfirst ˈlanguage *Nomen* Muttersprache

ˌfirst lieuˈtenant *Nomen* **1** Oberleutnant **2** (*umgs*) (*fig*) rechte Hand

ˌfirst ˈlight *Nomen* Morgengrauen, Tagesanbruch SYN DAWN *und* DAYBREAK

ˈfirst·ly /ˈfɜːstli; *AmE* ˈfɜːrst-/ *Adv* erstens, zuerst ⇨ *Hinweis bei* ZUNÄCHST

> ✎ **WRITING TIP**
> **Introducing a speech, a topic, or a point**
>
> • *First of all, let me thank you all for coming.* Zuerst möchte ich Ihnen allen danken, dass Sie gekommen sind.
> • *By way of introduction, let me give you some background to the story.* Als Einführung möchte ich Ihnen den Hintergrund der Geschichte schildern.
> • *It should be stated at the outset that this study does not claim to be comprehensive.* Gleich zu Anfang muss gesagt werden, dass diese Studie nicht alle Bereiche abdecken will.
> • *There are two drawbacks: firstly, the cost, and secondly, the safety risks.* Es gibt zwei Nachteile: Erstens die Kosten und zweitens die Sicherheitsrisiken.

ˌfirst ˈmate *Nomen* Erste(r) Offizier(in)

ˌFirst ˈMinister *Nomen* = Erste(r) Minister(in) des Parlaments in Schottland, Wales oder Nordirland

ˈfirst name *Nomen* Vorname ◊ *be on first-name terms with sb* mit jdm per du sein

ˌfirst ˈnight *Nomen* Premiere

ˌfirst ofˈfender *Nomen* Ersttäter(in)

ˌfirst-ˌpast-the-ˈpost *Adj nur vor Nomen*

Im britischen Mehrheitswahlsystem (**first-past-the-post system**) gewinnt der Kandidat, der in einem Wahlkreis (**constituency**) die Mehrheit der Stimmen erhält, einen Sitz im **House of Commons**. Die Partei, die meisten Abgeordneten im Haus hat, wird mit der Regierungsbildung beauftragt. Das Verhältniswahlsystem (**proportional representation**) wird für die Parlamente in Schottland und Wales und den Londoner Stadtrat angewandt.

the ˌfirst ˈperson *Nomen* (LING) die erste Person

ˌfirst-ˈrate *Adj* erstklassig

'first school *Nomen* (*BrE*) = Schule in Großbritannien für Kinder zwischen fünf und acht/neun Jahren.

,first 'strike *Nomen* Erstschlag ◊ *a strategic first strike* ein Präventivschlag

first-'timer *Nomen* = jd, der etw zum ersten Mal macht ◊ *conference first-timers* Konferenzteilnehmer, die zum ersten Mal dabei sind

the ,First 'World 'War *Nomen* der Erste Weltkrieg

firth /fɜːθ/ *AmE* fɜːrθ/ *Nomen* Meeresarm, Förde ☛ Firth wird besonders in geographischen Namen verwendet: *the Moray Firth* ◊ *the Firth of Clyde*.

fis·cal /ˈfɪskl/ *Adj* (*Adv* fis·cal·ly /-kəli/) fiskalisch, finanzpolitisch ◊ *fiscal reforms* Finanzreformen

,fiscal 'year *Nomen* (*AmE*) Rechnungsjahr, Steuerjahr, Finanzjahr

fish¹ /fɪʃ/ *Nomen* (*Pl* fish *oder* fishes) Fisch, Fischart ◊ *a fish tank* ein Aquarium ☛ Fish ist die gängige Pluralform. Fishes kann verwendet werden, um verschiedene Fischarten zu bezeichnen. ☛ *Siehe auch* COARSE FISH *und* SHELLFISH IDM a ,fish out of 'water ein Fisch auf dem Trocknen have bigger/other fish to 'fry Wichtigeres zu tun haben neither ,fish nor 'fowl weder Fisch noch Fleisch an odd/a queer 'fish (*BrE*, *veraltet*) ein komischer Kauz there are plenty more fish in the 'sea es gibt noch andere ☛ *Siehe auch* BIG¹, COLD¹, DIFFERENT *und* DRINK¹

fish² /fɪʃ/ *Verb* 1 ~ (for sth) (nach etw) fischen, (etw) angeln ◊ *You can fish for trout in this stream.* In diesem Bach kann man Forellen fangen. ◊ *The trawler was fishing off the coast of Iceland.* Das Fangboot war vor der isländischen Küste auf Fischfang. 2 ~ sth (*Fluss etc.*) in etw fischen ◊ *They fished the lake for salmon.* Sie fischten im See nach Lachs. 3 kramen, fischen PHRV 'fish for sth auf etw aus sein ◊ *fish for compliments* auf Komplimente aus sein ,fish sth/sb 'out (of sth) etw/jdn (aus etw) herausfischen

,fish and 'chips (*bes BrE*) *Nomen* [U] Backfisch mit Pommes frites ◊ *a fish and chip shop* eine Fischbraterei

'fish ,cake *Nomen* (*bes BrE*) Fischfrikadelle

fish·er·man /ˈfɪʃəmən; *AmE* ˈfɪʃərmən/ *Nomen* (*Pl* -men /-mən/) Fischer(in), Angler(in)

fish·ery /ˈfɪʃəri/ *Nomen* (*Pl* -ies) [meist Pl] 1 Fischgründe, Fanggebiet 2 Fischzucht 3 Fischerei

'fish·eye ,lens /ˌfɪʃaɪ ˈlenz/ *Nomen* Fischaugenobjektiv

'fish ,farm *Nomen* Fischzucht(anlage)

,fish 'finger *Nomen* Fischstäbchen

'fish-hook *Nomen* Angelhaken

fish·ing /ˈfɪʃɪŋ/ *Nomen* Fischen, Angeln, Fischerei ◊ *They often go fishing.* Sie gehen oft angeln. ◊ *a fishing boat* ein Fischerboot ◊ *fishing grounds* Fischgründe

'fishing ,line *Nomen* Angelschnur

'fishing ,rod (*auch* rod) *Nomen* Angelrute

'fishing ,tackle *Nomen* Angelzeug, Angelausrüstung

fish·mon·ger /ˈfɪʃmʌŋgə(r)/ *Nomen* (*bes BrE*) Fischhändler(in) ☛ *Hinweis bei* BAKER

fish·net /ˈfɪʃnet/ *Nomen* (*in der Mode*) Fischnetz ◊ *fishnet tights* eine Netzstrumpfhose

'fish ,slice *Nomen* (*BrE*) Fischwender, Pfannenwender

fish·wife /ˈfɪʃwaɪf/ *Nomen* (*Pl* -wives /-waɪvz/) (*abwert*) (*fig*) Marktweib

fishy /ˈfɪʃi/ *Adj* (fish·ier, fishi·est) 1 (*umgs*) verdächtig ◊ *There's something fishy going on here.* Hier ist irgendetwas faul. 2 Fisch-, fischig ◊ *a fishy smell* ein Fischgeruch

fis·sion /ˈfɪʃn/ *Nomen* 1 (PHYSIK) = NUCLEAR FISSION 2 (BIOL) (Zell)teilung

fis·sure /ˈfɪʃə(r)/ *Nomen* (*Fachspr*) Riss, Spalte

fis·sured /ˈfɪʃəd; *AmE* ˈfɪʃərd/ *Adj* (*Fachspr*) zerklüftet

fist /fɪst/ *Nomen* Faust ◊ *a fist fight* eine Schlägerei ☛ *Siehe auch* HAM-FISTED *und* TIGHT-FISTED IDM make a better, good, poor, etc. fist of sth (*BrE*, *umgs*) sich bei etw besser, gut, nicht gut etc. anstellen

fist·ful /ˈfɪstfʊl/ *Nomen* Handvoll

fisti·cuffs /ˈfɪstɪkʌfs/ *Nomen* [Pl] (*veraltet oder hum*) Faustkampf, Handgemenge

fit¹ /fɪt/ *Verb* (fit·ting, fit·ted, fit·ted) (*AmE meist* fit·ting, fit, fit *außer im Passiv*) 1 passen, sitzen ◊ *That jacket fits well.* Die Jacke sitzt gut. ◊ *a close-fitting dress* ein eng anliegendes Kleid ◊ *Something doesn't quite fit here.* Irgendetwas stimmt hier nicht. 2 (hinein)passen ◊ *All the kids will fit in the back of the car.* Die Kinder passen alle auf den Rücksitz. 3 ~ sb for sth jdm etw anpassen ◊ *I'm going to be fitted for my wedding dress today.* Ich gehe heute mein Hochzeitskleid anprobieren. 4 anbringen ◊ *They fitted a smoke alarm to the ceiling.* Sie brachten einen Rauchmelder an der Decke an. ◊ *I fitted these shelves myself.* Ich habe diese Regale selbst angebracht. 5 ~ sth/sb with sth jdn/etw mit etw ausstatten ◊ *The rooms were all fitted with smoke alarms.* Alle Räume waren mit Rauchmeldern ausgestattet. 6 (*nicht in der Verlaufsform*) ~ sth einer Sache entsprechen, mit etw übereinstimmen ◊ *The punishment ought to fit the crime.* Die Strafe sollte dem Verbrechen angemessen sein. 7 ~ sth to sth etw an etw anpassen ◊ *We should fit the punishment to the crime.* Wir sollten die Strafe dem Verbrechen anpassen. 8 ~ sb (for sth) (*bes BrE*) jdn (zu etw) befähigen ◊ *His experience fitted him perfectly for the job.* Aufgrund seiner Erfahrung eignete er sich ausgezeichnet für die Aufgabe. IDM fit (sb) like a 'glove wie angegossen passen ☛ *Siehe auch* BILL¹ *und* DESCRIPTION PHRV ,fit 'in sich einfügen, sich anpassen ◊ *Where do I fit in?* Welche Rolle ist für mich vorgesehen? ◊ *Do these plans fit in with your arrangements?* Lassen sich diese Pläne mit Ihren Vorkehrungen vereinbaren? fit sb/sth 'in jdn/etw einschieben, für jdn/etw Zeit finden ,fit sb/sth 'out/'up (with sth) jdn/etw (mit etw) ausstatten, jdn/etw (mit etw) ausrüsten ,fit to'gether zusammenpassen ,fit sth to'gether etw zusammensetzen ◊ *We fitted together the pieces of the puzzle.* Wir setzten die Teile des Puzzles zusammen. ,fit sb 'up (for sth) (*BrE*, *umgs*) jdm etw anhängen ◊ *I've been fitted up.* Sie haben mir die Sache angehängt.

fit² /fɪt/ *Adj* (fit·ter, fit·test) 1 fit, in Form ◊ (*BrE*) *He won't be fit to play in the match on Saturday.* Für das Spiel am Samstag wird er nicht fit genug sein. ◊ (*BrE*) *He's been ill and isn't fit enough for work yet.* Er war krank und ist noch nicht arbeitsfähig. ◊ *fighting fit* topfit ◊ *The government aims to make industry leaner and fitter.* Die Regierung plant die Gesundschrumpfung der Industrie. OPP UNFIT 2 geeignet, tauglich ◊ *It was a meal fit for a king.* Das war ein Festmahl! ◊ *Your car isn't fit to be on the road.* Ihr Auto ist vollkommen verkehrsuntauglich. ◊ *He's so angry he's in no fit state to see anyone.* Er ist so wütend, dass er niemanden empfangen kann. ◊ (*gehoben*) *This is not a fit place for you to live.* Hier kannst du unmöglich leben. OPP UNFIT 3 ~ to do sth (*BrE*, *umgs*) ◊ *They worked until they were fit to drop.* Sie arbeiteten bis zum Umfallen. ◊ *I've eaten so much I'm fit to burst.* Ich habe so viel gegessen, dass ich platzen könnte. ◊ *She was laughing fit to burst.* Sie lachte schallend. 4 (*BrE*, *umgs*) (*Mensch*) knackig IDM (as) ,fit as a 'fiddle (*umgs*) kerngesund see/think 'fit (to do sth) (*gehoben*) es für richtig halten (etw zu tun); es für angebracht halten (etw zu tun) ☛ *Siehe auch* SURVIVAL

fit³ /fɪt/ *Nomen* 1 Anfall ◊ *He had us all in fits (of laughter) with his jokes.* Bei seinen Witzen kugelten wir uns vor Lachen. 2 Ausbruch, Anwandlung ◊ *in a fit of temper* in einem Wutanfall 3 Passform, Sitz ◊ *The coat was a perfect fit.* Der Mantel passte tadellos. 4 Übereinstimmung ◊ *We need to work out the best fit between the staff required and the staff available.* Wir müssen herausfinden, wie man Personalbedarf und -angebot aufeinander abstimmen kann. IDM by/in ,fits and 'starts mit häufigen Unterbrechungen; sporadisch have/throw a 'fit (*umgs*) einen Anfall haben/kriegen; durchdrehen

fit·ful /ˈfɪtfl/ *Adj* (*Adv* fit·ful·ly /-fəli/) sporadisch, unbeständig ◊ *sleep fitfully* unruhig schlafen

fit·ment /ˈfɪtmənt/ *Nomen* [meist Pl] (*BrE*, *Fachspr*) Zubehör ◊ *kitchen fitments* Küchenausstattung ◊ *a shower fitment* eine (Hand)dusche

fit·ness /ˈfɪtnəs/ *Nomen* 1 Fitness 2 Eignung, Tauglichkeit

fit·ted /ˈfɪtɪd/ *Adj* 1 nur vor Nomen (*bes BrE*) eingebaut, Einbau- ◊ *fitted wardrobes* eingebaute Kleiderschränke ◊ *fitted cupboards* Einbauschränke ◊ *a fitted kitchen* eine Einbauküche SYN BUILT-IN 2 nur vor Nomen auf Taille gearbeitet ◊ *a fitted jacket* eine taillierte Jacke 3 (*bes BrE*) ◊ *She was well fitted to the role of tragic heroine.* Für die Rolle der tragischen Heldin war sie gut geeignet. 4 ~ with sth mit etw versehen

‚fitted 'carpet *Nomen* (*BrE*) Teppichboden
fit·ter /'fɪtə(r)/ *Nomen* **1** Monteur(in), Installateur(in), Maschinenschlosser(in) **2** Teppichleger(in)
fit·ting¹ /'fɪtɪŋ/ *Adj* (*gehoben*) geeignet, angemessen ◊ *It is fitting that he should have the last word.* Es ist nur recht, dass er das letzte Wort hat.
fit·ting² /'fɪtɪŋ/ *Nomen* **1** [meist Pl] (*Zubehör*) Teil; (*Lampen-*) Fassung; (*an Möbeln*) Beschlag ◊ *electrical fittings* Elektroinstallationen **2 fittings** [Pl] (*BrE*) Ausstattung **3** (*von Kleidung*) Anprobe
'**fitting room** *Nomen* Anprobe
five /faɪv/ *Zahl* fünf ◊ *education for the under-fives* Unterricht für Kinder unter fünf ☞ *Beispiele bei* SECHS
five·fold /'faɪvfəʊld; *AmE* -foʊld/ *Adj, Adv* ⇨ -FOLD
fiver /'faɪvə(r)/ *Nomen* **1** (*BrE, umgs*) Fünfpfundschein ◊ *Can you lend me a fiver?* Kannst du mir fünf Pfund leihen? **2** (*AmE, umgs*) Fünfdollarschein
fix¹ /fɪks/ *Verb* **1** befestigen ◊ *fix a shelf to the wall* ein Regal an der Wand anbringen ◊ *fix a post in the ground* einen Pfosten im Boden verankern **2** festlegen ◊ *Has (the date of) the meeting been fixed yet?* Steht der Termin für das Treffen schon fest? **3** feststellen **4** *~ sth on sb/sth* etw auf jdn/etw richten **5** *~ sth* (**up**) etw arrangieren ◊ *I'll fix it with Sarah.* Ich regle das mit Sarah. **6** (*bes AmE*) ◊ *He's just fixing a snack.* Er macht gerade was zu essen. ◊ *Can I fix you a drink?* Möchten Sie einen Drink? **7** reparieren ◊ *Can you fix it?* Kriegen Sie das wieder hin? **8** zurecht machen ◊ *fix your hair* sich die Haare machen **9** (*umgs*) (*meist passiv*) manipulieren ◊ *The judge had been fixed.* Der Richter war bestochen worden. **10** (*umgs*) *~ sb* sich jdn vornehmen **11** (*Film, Farbe*) fixieren IDM **fix sb with a 'look, 'stare, 'gaze, etc.** jdn fixieren PHRV '**fix on sb/sth** sich für jdn/etw entscheiden ‚**fix sth 'up** etw renovieren ‚**fix sb 'up** (**with sb**) (*umgs*) jdn (mit jdm) verkuppeln ‚**fix sb 'up with sth** jdm etw besorgen ◊ *I'll fix you up with a place to stay.* Ich besorge dir eine Unterkunft.
fix² /fɪks/ *Nomen* **1** (*umgs*) Lösung ◊ *There is no quick fix.* Es gibt keine einfache Lösung. **2** [Sing] (*Drogen*) Schuss ◊ (*fig*) *I need my breakfast fix of coffee.* Morgens brauche ich meine Dosis Kaffee. **3** [Sing] Klemme ◊ *get yourself in a fix* in die Klemme geraten **4** [Sing] (*umgs*) abgekartete Sache IDM **get a fix on sth 1** etw orten **2** sich Klarheit über etw verschaffen
fix·ation /fɪk'seɪʃn/ *Nomen* *~* (**with/on sb/sth**) Fixierung (auf jdn/etw) ◊ *a fixation with cleanliness* ein Sauberkeitsfimmel
fixa·tive /'fɪksətɪv/ *Nomen* **1** Fixiermittel **2** Klebstoff
fixed /fɪkst/ *Adj* **1** fest ◊ *fixed prices* Festpreise ◊ *for a fixed period of time* für eine bestimmte Zeit **2** (*Vorstellungen, Lächeln*) starr IDM **how are you, etc. 'fixed (for sth)?** (*umgs*) Wie sieht es bei dir etc. aus (mit etw)? **of/with no fixed abode/address** (*BrE*) (RECHT) ohne festen Wohnsitz
fixed 'assets *Nomen* [Pl] Anlagevermögen
fixed 'costs *Nomen* [Pl] (FINANZ) Fixkosten
fix·ed·ly /'fɪksɪdli/ *Adv* (*gehoben*) starr ◊ *stare/gaze fixedly at sb* jdn anstarren
fixer /'fɪksə(r)/ *Nomen* Manipulator(in) ◊ *a concert fixer* ein Konzertorganisator ◊ *a political fixer* ein politischer Macher
fixings /'fɪksɪŋz/ *Nomen* [Pl] (*AmE*) ◊ *turkey with all the fixings* Truthahn mit allem, was dazu gehört
fix·ture /'fɪkstʃə(r)/ *Nomen* **1** (*BrE*) (SPORT) Spiel, Veranstaltung ◊ *the fixture list* der Spielplan **2 fixtures** [Pl] (*bes BrE*) Einbauten ◊ *fixtures and fittings* Ausstattung und Installationen ◊ *He has become a permanent fixture here.* Er gehört schon zum Inventar.
fizz¹ /fɪz/ *Verb* sprudeln ◊ *fizz with enthusiasm* vor Begeisterung sprühen
fizz² /fɪz/ *Nomen* **1** Sprudeln ◊ *The champagne has lost its fizz.* Der Champagner perlt nicht mehr. ◊ (*fig*) *There was plenty of fizz in the show.* Die Show war sehr spritzig. **2** Zischen
fiz·zle /'fɪzl/ *Verb* zischen PHRV ‚**fizzle 'out** (*umgs*) im Sande verlaufen
fizzy /'fɪzi/ *Adj* (*BrE*) kohlensäurehaltig ◊ *The wine was slightly fizzy.* Der Wein war spritzig.

fjord (*auch* **fiord**) /'fjɔːd; *AmE* 'fjɔːrd/ *Nomen* Fjord
flab /flæb/ *Nomen* (*umgs, abwert*) Fett, Speck ◊ *Fight the flab with exercise!* Mit Sport gegen Fettpölsterchen!
flab·ber·gast·ed /'flæbəɡɑːstɪd; *AmE* 'flæbərɡæstɪd/ *Adj* (*umgs*) verblüfft
flab·by /'flæbi/ *Adj* (*umgs, abwert*) schlaff
flack /flæk/ *Nomen* **1** = FLAK **2** (*AmE, umgs*) Presseagent(in)
flag¹ /flæɡ/ *Nomen* **1** Flagge, Fahne ◊ *The hotel was flying the American flag.* Das Hotel hatte die amerikanische Flagge gehisst. ◊ *swear allegiance to the flag* den Fahneneid leisten **2** Fähnchen **3** Steinplatte IDM **fly/show/wave the 'flag** die Fahne hochhalten ◊ *fly the flag for Welsh golf* Wales beim Golfturnier vertreten **keep the 'flag flying** die Fahne hochhalten
flag² /flæɡ/ *Verb* (**-gg-**) **1** kennzeichnen, markieren **2** nachlassen, müde werden ◊ *The children were beginning to flag.* Die Kinder wurden allmählich müde. PHRV **flag sb/sth 'down** jdn/etw anhalten
'**flag-day** *Nomen* **1** (*BrE*) = Tag, an dem eine Straßensammlung für wohltätige Zwecke veranstaltet wird. Die Spender erhalten einen kleinen Papieranstecker. **2 Flag Day** (*AmE*) = Gedenktag für die Einführung der amerikanischen Nationalflagge am 14. Juni 1777
‚**flag 'football** *Nomen* (*AmE*) = abgeschwächte Form des American Football, bei der es kein Tackling gibt; statt dessen wird dem Ballträger eine am Gürtel befestigte Fahne entrissen
‚**flag of con'venience** *Nomen* (NAUT) Billigflagge
flagon /'flæɡən/ *Nomen* Krug
flag·pole /'flæɡpəʊl; *AmE* -poʊl/ (*auch* **flag·staff** /'flæɡstɑːf; *AmE* -stæf/) *Nomen* Fahnenmast
fla·grant /'fleɪɡrənt/ *Adj* (*Adv* **fla·grant·ly**) eklatant
flag·ship /'flæɡʃɪp/ *Nomen* (*auch fig*) Flaggschiff ◊ *The SL 600 is the company's new flagship.* Der SL 600 ist das neue Flaggschiff der Autofirma.
flag·stone /'flæɡstəʊn; *AmE* -stoʊn/ *Nomen* Steinplatte
flail /fleɪl/ *Verb* **1** *~* (**sth**) (**about/around**) (mit etw) um sich schlagen ◊ *He flailed around on the floor.* Er lag wie ein Wilder um sich schlagend auf dem Boden. ◊ *flailing your arms* mit den Armen rudernd **2** *~ sb/sth* auf jdn/etw einschlagen
flair /fleə(r); *AmE* fler/ *Nomen* **1** [Sing] *~ for sth* Begabung für etw **2** Gespür, Ader ◊ *She dresses with real flair.* Ihre Kleidung hat immer Stil.
flak /flæk/ (*auch* **flack**) *Nomen* **1** Flakfeuer **2** (*umgs*) (*fig*) Beschuss ◊ *He took a lot of flak for it.* Er ist deswegen heftig unter Beschuss geraten.
flake¹ /fleɪk/ *Nomen* **1** (*Schnee-, Seifen-*) Flocke; (*Farben-*) Splitter; (*Schokoladen-*) Raspel; (*Haut-*) Schuppe ◊ *dried onion flakes* geröstete Zwiebelstückchen **2** (*AmE, umgs*) Spinner(in)
flake² /fleɪk/ *Verb* **1** *~* (**off**) abblättern, abbröckeln ◊ *His skin was flaking.* Seine Haut schuppte sich. **2** zerpflücken PHRV ‚**flake 'out 1** einpennen **2** (*AmE, umgs*) spinnen, ausflippen
'**flak jacket** *Nomen* kugelsichere Weste
flaky /'fleɪki/ *Adj* **1** blättrig, schuppig ◊ *flaky pastry* Blätterteig **2** (*AmE, umgs*) verrückt
flam·boy·ant /flæm'bɔɪənt/ *Adj* (*Adv* **flam·boy·ant·ly**) **1** extravagant **2** auffallend
flame¹ /fleɪm/ *Nomen* **1** Flamme ◊ *The building was in flames.* Das Gebäude stand in Flammen. ◊ *burst into flame(s)* in Flammen aufgehen ◊ *Everything went up in flames.* Alles fiel dem Feuer zum Opfer. **2** (COMP) = beleidigende E-Mail/beleidigender Newsgroup-Beitrag IDM ⇨ FAN²
flame² /fleɪm/ *Verb* **1** (*gehoben*) brennen; ◊ (*fig*) *Hope flamed in her.* Hoffnung keimte in ihr auf. **2** (*gehoben*) glühen ◊ *Her cheeks flamed with rage.* Ihre Wangen glühten vor Zorn. **3** (COMP) = (jdm) wütende oder beleidigende E-Mails oder Newsgroup-Beiträge schicken
fla·mingo /flə'mɪŋɡəʊ; *AmE* -ɡoʊ/ (*Pl* **-oes** *oder* **-os**) *Nomen* Flamingo
flam·mable /'flæməbl/ *Adj* (*bes AmE*) feuergefährlich, leicht brennbar OPP NON-FLAMMABLE
flan /flæn/ *Nomen* ◊ *fruit flan* Obsttorte ◊ *egg and bacon flan* Speckkuchen

flank¹ /flæŋk/ *Nomen* **1** Flanke; (*von einem Gebäude*) Seite **2** (*Berg-*) Hang

flank² /flæŋk/ *Verb* (*meist passiv*) flankieren

flan·nel¹ /ˈflænl/ *Nomen* **1** Flanell **2** Waschlappen **3** **flannels** [Pl] Flanellhose ☛ *Hinweis bei* BRILLE **4** (*BrE, umgs*) Gelaber

flan·nel² /ˈflænl/ *Verb* (**-ll-**) (*BrE, umgs*) labern

flap¹ /flæp/ *Nomen* **1** Klappe ◊ *zip the tent flaps shut* den Reißverschluss der Zeltür zuziehen **2** [meist Sing] Schlag ◊ *With a flap of its wings, the bird was gone.* Mit einem Flügelschlag war der Vogel weg. ◊ *the flap of the sails* das Flattern der Segel **3** [Sing] (*bes BrE, umgs*) Aufregung ◊ *She gets in a flap over the slightest thing.* Sie regt sich über jede Kleinigkeit auf. ◊ *He's in a bit of a flap over this interview.* Er ist ziemlich aufgeregt, weil er ein Einstellungsgespräch hat. **4** [Sing] (*AmE, umgs*) Aufsehen, Aufregung

flap² /flæp/ *Verb* (**-pp-**) **1** schlagen ◊ *The sails were flapping in the wind.* Die Segel schlugen im Wind hin und her. **2** ~ **sth** mit etw schlagen ◊ *The bird flapped its wings and flew away.* Der Vogel schlug mit den Flügeln und flog davon. **3** fliegen ◊ *The heron flapped slowly off across the lake.* Flügelschlagend entschwand der Reiher langsam über den See. **4** (*BrE, umgs*) sich aufregen ◊ *The organizers were flapping about.* Die Veranstalter waren in heller Aufregung. IDM ⇨ EAR

flap·jack /ˈflæpdʒæk/ *Nomen* **1** (*BrE*) Haferflockengebäck **2** (*AmE*) Eierkuchen, Pfannkuchen

flare¹ /fleə(r); *AmE* fler/ *Verb* **1** auflodern, aufflackern ◊ ~ (**up**) ausbrechen, hochschlagen ◊ *Tempers flared.* Die Gemüter erhitzten sich. **3** aufbrausen; ~ **at sb** jdn anherrschen **4** (*Rock, Ärmel etc.*) ausgestellt sein **5** (*Nasenflügel*) beben PHRV **flare 'up 1** auflodern, aufflackern **2** aufbrausen **3** (*Krankheit etc.*) wieder auftreten

flare² /fleə(r); *AmE* fler/ *Nomen* **1** [meist Sing] Aufleuchten **2** Leuchtrakete **3 flares** [Pl] (*umgs*) Schlaghose ☛ *Hinweis bei* BRILLE

flared /fleəd; *AmE* flerd/ *Adj* (*Rock, Hose*) ausgestellt

flash¹ /flæʃ/ *Nomen* **1** Aufblitzen ◊ *There was a sudden flash of anger in her eyes.* In ihren Augen blitzte plötzlich Zorn auf. ◊ *a flash of lightning* ein Blitz ◊ *a flash of inspiration* ein Geistesblitz ◊ *Suddenly there was a flash of light.* Plötzlich war da ein grelles Licht. **2** Blinken ◊ *Give two flashes with the torch.* Blinke zweimal mit der Taschenlampe. **3** (FOTO) Blitzlicht **4** = NEWSFLASH IDM **a ˌflash in the ˈpan** eine Eintagsfliege **in/like a ˈflash** blitzartig; im Nu ☛ *Siehe auch* QUICK²

flash² /flæʃ/ *Verb* **1** blitzen, blinken ◊ *Lightning flashed during the storm.* Es blitzte während des Gewitters. ◊ *Her eyes flashed with anger.* Zorn blitzte in ihren Augen. ◊ *A lighthouse was flashing in the distance.* In der Ferne blinkte ein Leuchtturm. ◊ *lights flashing on and off* blinkende Lichter ◊ *An idea flashed into her mind.* Eine Idee schoss ihr durch den Kopf. **2** leuchten ◊ *flash a torch in sb's eyes* jdm mit einer Taschenlampe ins Gesicht leuchten **3** anblinken ◊ *flash a warning (to sb) with your headlights* jdn mit der Lichthupe warnen **4** signalisieren ◊ *Her eyes flashed anger and defiance.* Ihre Augen funkelten böse und trotzig. ◊ *He flashed her a charming smile.* Er lächelte sie charmant an. **5** ~ **past/by** vorbeirasen (an) ◊ *The ball flashed past the post.* Der Ball sauste am Pfosten vorbei. ◊ *Our holiday flashed past.* Unser Urlaub verging wie im Flug. **6** (*Bildschirm*) aufleuchten **7** ~ **sth (up)** etw einblenden **8** kurz zeigen ◊ *News of the tragedy was flashed round the world.* Die Nachricht von der Tragödie wurde sofort weltweit ausgestrahlt. **9** ~ **sth around** mit etw herumwerfen

flash³ /flæʃ/ *Adj* (*BrE, umgs*) protzig

flash·back /ˈflæʃbæk/ *Nomen* **1** Rückblende **2** = lebhafte Erinnerung ◊ *have flashbacks* eine unangenehme Situation immer wieder durchleben

ˈflash flood *Nomen* plötzliche Überschwemmung

flash·gun /ˈflæʃɡʌn/ *Nomen* (FOTO) Blitzlichtgerät

flash·light /ˈflæʃlaɪt/ *Nomen* (*bes AmE*) Taschenlampe

flash·point /ˈflæʃpɔɪnt/ *Nomen* **1** Siedepunkt ◊ *Tension is rapidly reaching flashpoint.* Die Spannung hat fast den Siedepunkt erreicht. **2** Unruheherd

flashy /ˈflæʃi/ *Adj* (**flash·ier, flashi·est**) (*Adv* **flash·ily**) (*umgs, oft abwert*) protzig, auffällig ◊ *some flashy film star* irgendein durchgestylter Filmstar

flask /flɑːsk; *AmE* flæsk/ *Nomen* **1** (*für Chemikalien*) Kolben **2** Thermosflasche **3** Flachmann

flat¹ /flæt/ *Adj* (**flat·ter, flat·test**) **1** flach ◊ *low buildings with flat roofs* Flachbauten ◊ *People used to think that the world was flat.* Früher glaubte man, dass die Erde eine Scheibe sei. ◊ *The cake is flat.* Der Kuchen ist nicht aufgegangen. **2** glatt ◊ *a flat denial/refusal* eine glatte Absage **3** (*Stimme*) tonlos **4** (*Stimmung*) wie ausgelaugt ◊ *feel flat* sich wie ausgelaugt fühlen **5** (*Bild, Foto*) kontrastlos **6** (*Geschäft*) schleppend; (*Markt*) schwach **7** Pauschal- ◊ *a flat rate* eine Pauschale **8** (MUS) (*nach Notennamen*) = um einen Halbton erniedrigt ◊ *A flat* As ◊ *B flat minor* B moll **9** (*gespielter/gesungener Ton*) zu tief **10** (*Bier, Sekt etc.*) schal **11** (*Reifen, Füße*) platt **12** (*Batterie*) leer IDM **and ˌthat's ˈflat!** (*BrE, umgs*) und damit basta! (**as**) **ˌflat as a ˈpancake** flach wie ein Brett

flat² /flæt/ *Nomen* **1** (*bes BrE*) Wohnung ◊ *a block of flats* ein Wohnblock **2** [Sing] **the ~ (of sth)** die flache Seite (von etw) ◊ *He hit me with the flat of his hand.* Er schlug mich mit der flachen Hand. **3** [meist Pl] Niederung ◊ *the mudflats* das Watt ◊ *salt flats* Salztonebene **4** (*auch* **the flat, the Flat**) [Sing] Flachrennen **5** (MUS) Erniedrigungszeichen E **6** (*bes AmE, umgs*) (*Reifenpanne*) Platte **7** Kulisse

flat³ /flæt/ *Adv* **1** flach ◊ *The sofa was flat against the wall.* Das Sofa stand direkt an der Wand. ◊ *He knocked his opponent flat.* Er schlug seinen Gegner zu Boden. ◊ *I fell flat on my face.* Ich fiel auf die Nase. ◊ *The earthquake laid the city flat.* Das Erdbeben machte die Stadt dem Erdboden gleich. **2** glattweg **3** (*singen*) zu tief **4** (*nach Zeitangaben um auszudrücken, wie schnell etwas geht*) genau ◊ *in two minutes flat* in genau zwei Minuten IDM **fall 'flat** nicht ankommen **flat 'out 1** auf Hochtouren **2** total erledigt **3** (*AmE*) geradeheraus ◊ *I told him flat out 'No'.* Ich habe ihm knallhart „Nein" gesagt.

ˌflat ˈcap *Nomen* (*BrE*) Schiebermütze

ˌflat-ˈchested *Adj* (*Frau*) flach wie ein Brett

flat·fish /ˈflætfɪʃ/ (*Pl* **flat·fish**) *Nomen* Plattfisch

ˌflat-ˈfooted *Adj* **1** plattfüßig ◊ *be flat-footed* Plattfüße haben **2** (*bes AmE*) unvorbereitet ◊ *be caught flat-footed* überrascht werden

flat·ly /ˈflætli/ *Adv* **1** rundweg **2** lustlos

flat·mate /ˈflætmeɪt/ *Nomen* (*BrE*) Mitbewohner(in)

flat·ness /ˈflætnəs/ *Nomen* **1** Flachheit ◊ *the flatness of the landscape* die flache Landschaft **2** (*einer Stimme*) Monotonie

flat·ten /ˈflætn/ *Verb* **1** flach(er) werden ◊ *The cookies will flatten slightly while cooking.* Die Kekse sinken beim Backen etwas zusammen. **2** flach(er) machen, glätten ◊ *exercises to help flatten your stomach* Übungen für einen flachen Bauch ◊ *He flattened his hair down with gel.* Er strich sein Haar mit Gel glatt. ◊ *She flattened her nose against the window.* Sie presste ihre Nase gegen die Fensterscheibe. ◊ *He flattened himself against the wall.* Er drückte sich an die Wand. **3** (*Stadt, Gebäude*) dem Erdboden gleichmachen **4** (*umgs*) niedermachen ◊ *Our team was flattened today!* Unser Team wurde heute in Grund und Boden gespielt! ◊ *He was totally flattened by her sarcasm.* Bei ihrem Sarkasmus blieb ihm die Luft weg. **5** (*umgs*) zu Boden strecken, platt machen PHRV **ˌflatten ˈout** abflachen ◊ *The graph flattens out after a steep rise.* Nach einem steilen Anstieg flacht die Kurve ab. **ˌflatten sth ˈout 1** etw glätten **2** (*Metall*) ausbeulen

flat·ter¹ *Form von* FLAT¹

flat·ter² /ˈflætə(r)/ *Verb* **1** ~ **sb** jdm schmeicheln, jdm um den Bart gehen **2** vorteilhaft aussehen lassen ◊ *The photo certainly doesn't flatter you.* Auf dem Foto bist du nicht gerade gut getroffen. **3** ~ **yourself** (**that** …) sich einbilden (dass …) ◊ *You think he likes you? You flatter yourself!* Du glaubst, er mag dich? Das bildest du dir ein! IDM **be/feel ˈflattered** sich geschmeichelt fühlen

flat·ter·ing /ˈflætərɪŋ/ *Adj* **1** schmeichelhaft ◊ *I find it flattering that he should still remember me.* Ich fühle mich geschmeichelt, dass er sich noch an mich erinnert. **2** (*Kleidung*) vorteilhaft

flat·tery /ˈflætəri/ *Nomen* Schmeichelei ◊ *fall for sb's flattery* auf jds Schmeicheleien hereinfallen IDM **ˈflattery will get you ˈnowhere** (*umgs, hum*) mit Schmeicheleien erreichst du gar nichts

flatu·lence /ˈflætjʊləns; *AmE* -tʃə-/ *Nomen* [U] (MED) Blähungen

flat·ware /ˈflætweə(r); *AmE* -wer/ *Nomen* (*AmE*) [U] Besteck

flaunt /flɔːnt/ *Verb* (*meist abwert*) zur Schau stellen **IDM** **if you've ˌgot it, ˈflaunt it** (*hum*) man soll zeigen, was man hat

flaut·ist /ˈflɔːtɪst/ *Nomen* (*BrE*) Flötist(in)

fla·vor·ful /ˈfleɪvəfʊl; *AmE* -vərf-/ *Adj* (*AmE*) schmackhaft; (*Wein*) würzig

fla·vour¹ (*AmE* **fla·vor**) /ˈfleɪvə(r)/ *Nomen* **1** Geschmack **2** Geschmacksrichtung **3** Atmosphäre, Flair **4** ~ **of sth** Eindruck von etw **IDM** **flavour of the ˈmonth** (*bes BrE*) Renner der Saison ◊ *He's not exactly flavour of the month at the moment.* Er steht im Moment nicht hoch im Kurs.

fla·vour² (*AmE* **fla·vor**) /ˈfleɪvə(r)/ *Verb* ~ **sth** (**with sth**) etw (mit etw) würzen

fla·vour·ing (*AmE* **fla·vor·ing**) /ˈfleɪvərɪŋ/ *Nomen* Aroma(stoff)

fla·vour·less (*AmE* **fla·vor·less**) /ˈfleɪvələs; *AmE* -ərləs/ *Adj* fade, ohne Geschmack

fla·vour·some /ˈfleɪvəsəm; *AmE* -vərs-/ *Adj* schmackhaft; (*Wein*) würzig

flaw /flɔː/ *Nomen* **1** Mangel, Fehler ☛ *Hinweis bei* FEHLER **2** Makel, Defekt **3** (*eines Menschen*) Charakterschwäche, Charakterfehler

flawed /flɔːd/ *Adj* fehlerhaft, mit Mängeln ◊ *a flawed heroine* eine Heldin, die ihre Fehler hat

flaw·less /ˈflɔːləs/ (*Adv* **flaw·less·ly**) *Adj* makellos, fehlerlos, einwandfrei

flax /flæks/ *Nomen* (BOT) Flachs

flax·en /ˈflæksn/ *Adj* (*gehoben*) (*Haar*) flachsblond

flay /fleɪ/ *Verb* **1** häuten; (*Haut*) abziehen **2** auspeitschen ◊ *flay sb alive* jdn gründlich auspeitschen **3** (*gehoben*) verwünschen, verfluchen ◊ *Her dark eyes flayed him.* Ihre Augen blitzten ihn zornig an.

flea /fliː/ *Nomen* Floh **IDM** **send sb away with a ˈflea in his/her ear** jdm eine Abfuhr erteilen

ˈflea market *Nomen* Flohmarkt

flea·pit /ˈfliːpɪt/ *Nomen* (*BrE*, *umgs*, *veraltet*) Flohkino

fleck¹ /flek/ *Nomen* **1** (*Farb-*) Tupfen, Fleck(en) ◊ *His hair was dark, with flecks of grey.* Sein dunkles Haar war grau meliert. **2** Teilchen, Körnchen ◊ *flecks of paint* Farbspritzer ◊ *flecks of dandruff* einzelne Schuppen

fleck² /flek/ *Verb* (*meist passiv*) sprenkeln, spritzen

fled *Form von* FLEE

fledged /fledʒd/ *Adj* (*Vögel*) flügge ☛ *Siehe auch* FULLY-FLEDGED

fledg·ling (*BrE auch* **fledge·ling**) /ˈfledʒlɪŋ/ *Nomen* **1** Jungvogel **2** ◊ (*fig*) *fledgling democracies* demokratische Staaten, die noch in den Kinderschuhen stecken ◊ *a fledgling lawyer* ein Junganwalt

flee /fliː/ *Verb* (**fled, fled** /fled/) (*kein Passiv*) flüchten, fliehen ◊ *He had fled the scene of the accident.* Er hatte Unfallflucht begangen.

fleece¹ /fliːs/ *Nomen* **1** Schaffell **2** Webpelz, Fleece

fleece² /fliːs/ *Verb* (*umgs*) schröpfen, neppen

fleecy /ˈfliːsi/ *Adj* flauschig ◊ *fleecy clouds* Schäfchenwolken

fleet¹ /fliːt/ *Nomen* **1** Flotte, Geschwader ◊ *a fishing fleet* eine Fischfangflotte **2** (*von Fahrzeugen, Flugzeugen etc.*) Fuhrpark, Wagenpark

fleet² /fliːt/ *Adj* (*gehoben*) flink, schnell ◊ *fleet-footed/fleet of foot* leichtfüßig

ˌFleet ˈAdmiral *Nomen* (*AmE*) Großadmiral

fleet·ing /ˈfliːtɪŋ/ (*Adv* **fleet·ing·ly**) *Adj* (*Moment, Blick etc.*) flüchtig ◊ *We paid a fleeting visit to Paris.* Wir machten eine Stippvisite in Paris.

ˈFleet Street *Nomen* Fleet Street; (*fig*) die britische Presse

Flem·ish /ˈflemɪʃ/ *Nomen* Flämisch

flesh¹ /fleʃ/ *Nomen* Fleisch; (*von Menschen auch*) Haut ◊ *a flesh wound* eine Fleischwunde **IDM** **ˌflesh and ˈblood** Fleisch und Blut ◊ *It was more than flesh and blood could stand.* Das war mehr als ein Mensch ertragen konnte. **in the ˈflesh** in natura; persönlich **make your ˈflesh creep** ◊ *Those stories make my flesh creep!* Diese Geschichten jagen mir eine Gänsehaut über den Rücken! ◊ *Just the sight of him makes my flesh creep.* Bei seinem bloßen Anblick rollen sich mir die Zehennägel auf! **put flesh on** (**the bones of**) **sth** etw näher ausführen; etw veranschaulichen ☛ *Siehe auch* POUND¹, PRESS¹, SPIRIT¹, THORN *und* WAY

flesh² /fleʃ/ *Verb* **PHRV** **ˌflesh sth ˈout** etw näher ausführen, etw veranschaulichen ◊ *His characters aren't fully fleshed out.* Seine Figuren sind zu eindimensional.

flesh·pots /ˈfleʃpɒts; *AmE* -pɑːts/ *Nomen* **1** (*hum*) Sex- und Vergnügungslokale **2** (*in der Bibel*) Fleischtöpfe

fleshy /ˈfleʃi/ *Adj* fleischig; (*Mensch*) füllig, korpulent

fleur-de-lis (*auch* **fleur-de-lys**) /ˌflɜː də ˈliː, -ˈliːs; *AmE* ˌflɜːr/ *Nomen* (*Pl* **fleurs-de-lis** /ˌflɜː də ˈliː, -ˈliːs; *AmE* ˌflɜːr/) Bourbonenlilie

flew *Form von* FLY¹

flex¹ /fleks/ *Verb* dehnen, strecken **IDM** **flex your ˈmuscles** seine Muskeln spielen lassen

flex² /fleks/ *Nomen* (*BrE*) Kabel

flexi·bil·ity /ˌfleksəˈbɪləti/ *Nomen* **1** Elastizität; (*von Körper, Gliedmaßen*) Beweglichkeit **2** (*fig*) Flexibilität

flex·ible /ˈfleksəbl/ (*Adv* **flex·ibly**) *Adj* **1** biegsam, elastisch ☛ **OPP** INFLEXIBLE **2** flexibel ◊ *flexible working hours* Gleitzeit

flexi·time /ˈfleksitaɪm/ (*AmE meist* **flex·time** /ˈflekstaɪm/) *Nomen* Gleitzeit, gleitende Arbeitszeit

flick¹ /flɪk/ *Verb* **1** schnippen ◊ *The striker flicked the ball into the net.* Der Stürmer schoss den Ball ins Tor. ◊ *He flicked his hair off his face.* Er strich sich das Haar aus dem Gesicht. **2** schnellen ◊ *Her eyes flicked from face to face.* Ihre Augen wanderten schnell von Gesicht zu Gesicht. **3** schlagen ◊ *The horse was flicking flies away with its tail.* Das Pferd schlug mit dem Schweif nach den Fliegen. ◊ *flick a whip* mit der Peitsche knallen **4** (*Schalter etc.*) drücken; ~ **sth on/off** etw an-/ausknipsen, etw ein-/ausschalten **PHRV** **ˌflick ˈthrough sth** etw (schnell/flüchtig) durchblättern

flick² /flɪk/ *Nomen* **1** schneller Schlag, schnelle Bewegung; (*mit dem Finger*) Schnippen; (*eines Schalters etc.*) Drücken ◊ *at the flick of a switch* auf Knopfdruck ◊ *He threw the ball back with a quick flick of the wrist.* Er warf den Ball mit einer schnellen Drehung des Handgelenks. **2** ◊ *I had a flick through the catalogue while I was waiting.* Ich blätterte im Katalog, während ich wartete. **3** (*umgs, veraltet*) Film **4 the flicks** (*BrE, umgs, veraltet*) das Kino

flicker¹ /ˈflɪkə(r)/ *Verb* flackern; (*Lächeln, Schatten, Augenlider*) zucken; (*Nadel*) zittern; (*Bildschirm, Bilder*) flimmern ◊ *A smile flickered across her face.* Ein Lächeln huschte über ihr Gesicht. ◊ *His eyes flickered with joy for an instant.* Für einen Moment blitzte in seinen Augen Freude auf.

flicker² /ˈflɪkə(r)/ *Nomen* **1** Flackern, Flimmern **2** Zucken ◊ *a flicker of movement* eine schnelle Bewegung **3** Aufflackern ◊ *a flicker of hope* ein Hoffnungsfunke ◊ *A flicker of a smile crossed her face.* Der Anflug eines Lächelns huschte über ihr Gesicht.

ˈflick knife *Nomen* (*BrE*) Springmesser

flier = FLYER

flies¹ *Form von* FLY¹

flies² /flaɪz/ *Nomen* [Pl] **1** (*BrE*) Hosenschlitz **2 the flies** der Schnürboden

flight¹ /flaɪt/ *Nomen* **1** Flug ◊ *The bird is easily recognized in flight.* Im Flug ist der Vogel leicht zu erkennen. ☛ *Siehe auch* IN-FLIGHT **2** ~ **of stairs/steps** Treppe **3** [U/Sing] Flucht ◊ *He was in flight from a failed marriage.* Er versuchte vor einer gescheiterten Ehe wegzulaufen. **4** ~ **of fancy/the imagination** (*geistiger*) Höhenflug **5** (*von Vögeln etc.*) Schwarm; (*von Flugzeugen*) Geschwader **IDM** **in the first/top ˈflight** an der Spitze **put sb to ˈflight** (*veraltet*) jdn in die Flucht schlagen **take ˈflight** die Flucht ergreifen

flight² /flaɪt/ *Verb* (*meist passiv*) (*BrE*) (*Ball*) durch die Luft befördern

ˈflight attendant *Nomen* (*bes AmE*) Flugbegleiter(in), Steward(ess)

ˈflight crew *Nomen* Flugbesatzung ☛ G 1.3b

ˈflight deck *Nomen* **1** (AERO) Cockpit **2** (NAUT) Flugdeck

flight·less /ˈflaɪtləs/ *Adj* flugunfähig

'flight lieu'tenant *Nomen* (*Abk* **Flt. Lt.**) Hauptmann der Luftwaffe
'flight path *Nomen* Flugroute; (*von Satelliten etc.*) Flugbahn
'flight recorder *Nomen* Flugschreiber, Black Box
'flight sergeant *Nomen* Hauptfeldwebel (der Luftwaffe)
flighty /'flaɪti/ *Adj* (*umgs*) flatterhaft
flim·si·ness /'flɪmsinəs/ *Nomen* [U] **1** schwache Konstruktion **2** dünne Beschaffenheit **3** Fadenscheinigkeit
flimsy /'flɪmzi/ *Adj* (**flim·sier, flim·si·est**) (*Adv* **flim·sily** /-ɪli/) **1** nicht stabil **2** (*Material*) dünn **3** fadenscheinig, dürftig
flinch /flɪntʃ/ *Verb* zusammenzucken ◇ *She flinched away from the dog.* Sie schreckte zurück, als sie den Hund sah. ◇ *He met my gaze without flinching.* Er sah mir ins Gesicht ohne die Augen zu senken. ◇ *He didn't even flinch when I told him the price.* Er zuckte noch nicht einmal mit der Wimper, als ich ihm den Preis nannte. PHR V **'flinch from sth** vor etw zurückschrecken
fling[1] /flɪŋ/ *Verb* (**flung, flung** /flʌŋ/) werfen, schleudern ◇ *The door was suddenly flung open.* Die Tür flog plötzlich auf. ◇ *He flung out an arm to stop her from falling.* Er streckte schnell den Arm aus, um sie aufzufangen. ◇ *She flung her arms around him.* Sie schloss ihn in die Arme. PHR V **'fling yourself at sb** (*umgs, abwert*) sich jdm an den Hals werfen **'fling yourself into sth** sich in etw stürzen **'fling sth 'off** (*Kleidung*) abwerfen **'fling sth 'on** (*Kleidung*) überwerfen **'fling sb 'out** (*BrE, umgs*) jdn rausschmeißen **'fling sth 'out** (*BrE, umgs*) etw wegschmeißen
fling[2] /flɪŋ/ *Nomen* [meist Sing] (*umgs*) **1** ◇ *He was determined to have one last fling.* Er war entschlossen, sich noch ein letztes Mal richtig auszuleben. **2** (*Liebesverhältnis*) Affäre ➡ *Siehe auch* HIGHLAND FLING
flint /flɪnt/ *Nomen* Feuerstein ◇ *prehistoric flint implements* prähistorische Geräte aus Feuerstein ◇ *His eyes were as hard as flint.* Sein Blick war hart wie Granit.
flinty /'flɪnti/ *Adj* **1** (*gehoben*) (*gefühllos*) steinern **2** feuersteinhaltig
flip[1] /flɪp/ *Verb* (**-pp-**) **1** (sich/etw) umdrehen ◇ *The plane flipped and crashed.* Das Flugzeug überschlug sich in der Luft und stürzte ab. ◇ *He flipped the lid open and looked inside the case.* Er schlug den Deckel zurück und schaute in den Koffer. **2** ~ **sth** (**on/off**) etw an-/ausknipsen SYN FLICK **3** schnippen ◇ *They flipped a coin to decide who would get the ticket.* Sie warfen eine Münze, um zu entscheiden, wer die Karte bekäme. **4** ~ (**out**) (*umgs*) ausflippen ◇ *She finally flipped under the pressure.* Sie brach schließlich unter dem Druck zusammen. IDM **'flip your 'lid** (*umgs*) ausflippen PHR V **'flip 'over** sich umdrehen, sich überschlagen **'flip sth 'over** etw umdrehen **'flip through sth** etw durchblättern, etw blättern
flip[2] /flɪp/ *Nomen* **1** ◇ *The whole thing was decided on the flip of a coin.* Die ganze Sache wurde durch das Werfen einer Münze entschieden. **2** *Salto* ◇ *a back flip* ein Salto rückwärts **3** [Sing] ~ **through sth** Durchblättern ◇ *I had a quick flip through the report while I was waiting.* Ich blätterte den Bericht kurz durch, während ich wartete.
flip[3] /flɪp/ *Adj* (*umgs*) schnodderig ◇ *Don't be flip with me.* Komm mir nicht auf diese schnodderige Art.
'flip chart *Nomen* Flipchart
'flip-flop[1] *Nomen* (*Schuh*) Y-förmige Badesandale
'flip-flop[2] *Verb* (**-pp-**) ~ (**on sth**) (*bes AmE, umgs*) eine Kehrtwende (in etw) vollziehen
flip·pancy /'flɪpənsi/ *Nomen* Schnodderigkeit
flip·pant /'flɪpənt/ *Adj* (*Adv* **flip·pant·ly**) schnodderig, leichtfertig
flip·per /'flɪpə(r)/ *Nomen* **1** Flosse **2** Schwimmflosse
flip·ping /'flɪpɪŋ/ *Adj, Adv* (*BrE, umgs*) verflixt
'flip side *Nomen* [meist Sing] **1** Kehrseite **2** (*veraltet*) B-Seite (*einer Schallplatte*)
flirt[1] /flɜːt; *AmE* flɜːrt/ *Verb* flirten PHR V **'flirt with sth** (*gehoben*) **1** mit etw liebäugeln **2** etw herausfordern
flirt[2] /flɜːt; *AmE* flɜːrt/ *Nomen* **be a** ~ gerne flirten
flir·ta·tion /flɜː'teɪʃn; *AmE* flɜːr't-/ *Nomen* **1** Flirt ◇ *Frank's efforts at flirtation were becoming tiresome to her.* Franks Bemühungen zu flirten begannen ihr auf die Nerven zu gehen. **2** Affäre

flir·ta·tious /flɜː'teɪʃəs; *AmE* flɜːr't-/ *Adj* (*Adv* **flir·ta·tious·ly**) kokett
flit[1] /flɪt/ *Verb* (**-tt-**) huschen ◇ *Butterflies flitted from flower to flower.* Schmetterlinge flatterten von einer Blume zur anderen. ◇ *He flits from one job to another.* Er wechselt dauernd von einem Job zum anderen. ◇ *A thought flitted through my mind.* Ein Gedanke schoss mir durch den Kopf.
flit[2] /flɪt/ *Nomen* IDM **do a moonlight/midnight 'flit** (*BrE, umgs*) in einer Nacht-und-Nebel-Aktion ausziehen
float[1] /fləʊt; *AmE* floʊt/ *Verb* **1** treiben, schwimmen, schweben ◇ *A group of swans floated by.* Eine Schar Schwäne glitt vorbei. ◇ *An idea suddenly floated into my mind.* Mir kam plötzlich ein Gedanke. **2** flößen **3** in den Raum stellen **4** (WIRTSCH) an der Börse notieren ◇ *Shares were floated at 585 cents.* Die Aktien wurden für 585 Cent pro Stück ausgegeben. **5** (*Währung*) floaten (lassen) IDM ➡ AIR[1] PHR V **float a'bout/a'round** (meist in der Verlaufsform) im Umlauf sein
float[2] /fləʊt; *AmE* floʊt/ *Nomen* **1** Festwagen ◇ *a carnival float* ein Karnevalswagen ➡ *Siehe auch* MILK FLOAT **2** Schwimmer **3** Schwimmbrett **4** (*AmE*) = Getränk mit einer Kugel Eiscreme ◇ *a Coke float* eine Cola mit Vanilleeis **5** (*bes BrE*) Wechselgeld (zu Geschäftsbeginn) **6** (WIRTSCH) Börsengang
float·ing /'fləʊtɪŋ; *AmE* 'floʊt-/ *Adj* beweglich ◇ *floating exchange rates* freie Wechselkurse ◇ *a floating population* eine mobile Bevölkerung
floating 'voter *Nomen* (*BrE*) Wechselwähler(in)
flock[1] /flɒk; *AmE* flɑːk/ *Nomen* **1** Herde, Schwarm ➡ G 1.3b **2** Schar ➡ G 1.3b **3** (*Stoff*) Flocke ◇ *flock wallpaper* Velourstapete
flock[2] /flɒk; *AmE* flɑːk/ *Verb* strömen ◇ *Huge numbers of birds had flocked together by the lake.* Vögel hatten sich scharenweise am See zusammengefunden. ◇ *People flocked to hear him speak.* Die Leute strömten herbei, um ihn reden zu hören. IDM ➡ BIRD
floe /fləʊ; *AmE* floʊ/ = ICE FLOE
flog /flɒɡ; *AmE* flɑːɡ/ *Verb* (**-gg-**) **1** auspeitschen **2** ~ **sth** (**off**) (*BrE, umgs*) etw verhökern IDM **flog a dead 'horse** (*BrE, umgs*) Zeit und Energie vergeuden **flog sth to 'death** (*BrE, umgs*) etw zu Tode reiten
flog·ging /'flɒɡɪŋ; *AmE* 'flɑːɡ-, 'flɔːɡ-/ *Nomen* Prügelstrafe, Auspeitschung
flood[1] /flʌd/ *Nomen* **1** Flut, Überschwemmung, Hochwasser (*auch fig*) ◇ *a flood of refugees* eine Flüchtlingsflut ◇ *flood water* Hochwasser ◇ *The river is in flood.* Der Fluss führt Hochwasser. ◇ *The child was in floods of tears.* Das Kind weinte jämmerlich. **2 the Flood** die Sintflut
flood[2] /flʌd/ *Verb* **1** überfluten, überschwemmen (*auch fig*); (*Fluss*) über die Ufer treten; (*Gebäude*) überflutet werden **2** ~ (**in**) (herein)strömen ◇ *Memories of her childhood came flooding back.* Eine Fülle von Erinnerungen an ihre Kindheit kehrte zurück. **3** durchströmen, durchfluten ◇ *Colour flooded her cheeks.* Sie errötete. ◇ *The room was flooded with evening light.* Das Zimmer war ins Abendlicht getaucht. **4** (*Motor*) absaufen (lassen) PHR V **flood sb 'out** ◇ *Residents were flooded out of their homes when the river broke its banks.* Die Anwohner mussten ihre Häuser verlassen, als der Fluss über die Ufer trat.
flood·gate /'flʌdɡeɪt/ *Nomen* Schleusentor IDM **open the floodgates to sth** einer Sache Tür und Tor öffnen
flood·ing /'flʌdɪŋ/ *Nomen* [U] Überschwemmung ◇ *There will be flooding in some areas.* Es wird in einigen Gegenden zu Überschwemmungen kommen.
flood·light[1] /'flʌdlaɪt/ *Nomen* [meist Pl] Flutlicht
flood·light[2] /'flʌdlaɪt/ *Verb* (**flood-lit, flood-lit** /-lɪt/) (mit Flutlicht) anstrahlen/beleuchten
flood·light·ing /'flʌdlaɪtɪŋ/ *Nomen* Flutlicht(anlage)
'flood plain *Nomen* Überschwemmungsebene
'flood tide *Nomen* Flut
floor[1] /flɔː(r)/ *Nomen* **1** Boden, Fußboden ◇ *the ocean floor* der Meeresboden ◇ *Prices have gone through the floor.* Die Preise sind in den Keller gerutscht. ➡ *Hinweis bei* BODEN **2** Stock(werk) ◇ *the guy who lives two floors above* der Typ, der zwei Stockwerke über uns wohnt ◇ *Their house is on three floors.* Ihr Haus hat drei Stockwerke. ➡ *Hinweis bei* STOCK[1], S 1233. **3 the floor** Plenarsaal, Sitzungssaal ◇ *We*

floor

will now take any questions from the floor. Wir nehmen jetzt Fragen aus dem Publikum entgegen. **4** (Börsen-) Parkett ☛ Siehe auch DANCE FLOOR, FACTORY FLOOR und SHOP FLOOR IDM **get/be given the 'floor** das Wort erhalten ,**have/hold the 'floor** das Wort haben ◊ She held the floor for over an hour. Sie redete über eine Stunde. ,**take (to) the 'floor** (zum Tanzen) sich aufs Parkett begeben ☛ Siehe auch GROUND FLOOR und WIPE[1]

floor² /flɔː(r)/ Verb **1** verblüffen **2** zu Boden schlagen **3** mit einem Boden versehen

floor·board /'flɔːbɔːd; AmE 'flɔːrbɔːrd/ Nomen **1** [meist Pl] Fußbodendiele **2** [meist Sing] (AmE) (im Auto) Boden ◊ He had his foot to the floorboard. Er trat das Gaspedal voll durch.

floor·ing /'flɔːrɪŋ/ Nomen [U] Boden(belag)

'**floor lamp** Nomen (AmE) Stehlampe

'**floor plan** Nomen (Fachspr) Grundriss

'**floor show** Nomen (im Nachtlokal etc.) Show

floo·zie (auch **floozy**) /'fluːzi/ Nomen (Pl **-ies**) (umgs, veraltet, abwert) Flittchen

flop¹ /flɒp; AmE flɑːp/ Verb (**-pp-**) **1** sich fallen lassen, sich hinplumpsen lassen **2** fallen ◊ Her hair flopped over her eyes. Das Haar fiel ihr über die Augen. **3** (umgs) ein Reinfall sein PHRV ,**flop a'round 1** herumzappeln, sich unkontrolliert bewegen **2** (nichts tun) herumhängen

flop² /flɒp; AmE flɑːp/ Nomen Reinfall

flop·house /'flɒphaʊs; AmE 'flɑːp-/ Nomen (AmE) (billige) Absteige SYN DOSSHOUSE

flop·py /'flɒpi; AmE 'flɑːpi/ Adj (**flop·pier, flop·piest**) schlaff, weich ◊ a floppy hat ein Schlapphut ◊ floppy ears Schlappohren

,**floppy 'disk** (auch **floppy** (Pl **-ies**)) Nomen Diskette, Floppydisk

flora /'flɔːrə/ Nomen [U] (Fachspr) Flora

floral /'flɔːrəl/ Adj **1** geblümt **2** Blumen- ◊ Floral tributes were sent to the church. Blumen und Kränze wurden zur Kirche geschickt.

floret /'flɒrət; AmE 'flɔː-, 'flɑː-/ Nomen (Blumenkohl etc.) Röschen

florid /'flɒrɪd; AmE 'flɔː-, 'flɑː-/ Adj (gehoben) **1** gerötet **2** (meist abwert) blumig, überladen, schwülstig

florin /'flɒrɪn; AmE 'flɔː-, 'flɑː-/ Nomen Zweischillingstück

flor·ist /'flɒrɪst; AmE 'flɔː-, 'flɑː-/ Nomen Blumenhändler(in), Florist(in) ☛ Hinweis bei BAKER

floss¹ /flɒs; AmE flɔːs, flɑːs/ Nomen **1** = DENTAL FLOSS **2** Stickgarn

floss² /flɒs; AmE flɔːs, flɑːs/ Verb Zahnseide benutzen; ~ **your teeth** die Zahnzwischenräume mit Zahnseide reinigen

flo·ta·tion /fləʊ'teɪʃn; AmE floʊ-/ Nomen **1** (von Firmen) Börsengang; (von Aktien) Aktienausgabe **2** (im Wasser) Treiben

flo'tation tank Nomen Isolationstank

flo·tilla /flə'tɪlə; AmE floʊ't-/ Nomen Flotille

flot·sam /'flɒtsəm; AmE 'flɑːt-/ Nomen **1** Treibgut, Strandgut ◊ flotsam and jetsam Treibgut **2** menschliches Treibgut, Gestrandete

flounce¹ /flaʊns/ Verb (gehoben) stolzieren

flounce² /flaʊns/ Nomen **1** Rüsche **2** ◊ She left the room with a flounce. Sie stolzierte aus dem Zimmer.

floun·der¹ /'flaʊndə(r)/ Verb **1** (fig) ins Schleudern/Schwimmen kommen ◊ At that time the industry was floundering. Zu dieser Zeit ging es mit der Industrie abwärts. **2** sich mühsam bewegen ◊ She was floundering around in the deep end of the swimming pool. Sie zappelte hilflos im tiefen Wasser des Pools.

floun·der² /'flaʊndə(r)/ Nomen (Pl **floun·der** oder **flounders**) Flunder ☛ G 1.2

flour¹ /'flaʊə(r)/ Nomen Mehl

flour² /'flaʊə(r)/ Verb mit Mehl bestäuben

flour·ish¹ /'flʌrɪʃ; AmE 'flɜːrɪʃ/ Verb **1** florieren, gedeihen, blühen SYN THRIVE **2** (gehoben) ~ **sth** etw schwenken, mit etw herumfuchteln

flour·ish² /'flʌrɪʃ; AmE 'flɜːrɪʃ/ Nomen **1** [meist Sing] Schwung, schwungvolle Bewegung **2** Schnörkel (auch fig) **3** [meist Sing] Fanfare, Tusch (auch fig)

floury /'flaʊəri/ Adj mehlig

flout /flaʊt/ Verb ~ **sth** sich etw widersetzen, sich über etw hinwegsetzen ◊ motorists who flout the law Autofahrer, die die Verkehrsregeln missachten SYN DEFY

flow¹ /fləʊ; AmE floʊ/ Nomen [meist Sing] **1** (Fließen) Fluss, Strom ◊ data flow Datenfluss ◊ Too many examples can interrupt the smooth flow of the text. Zu viele Beispiele können den Textfluss stören. ◊ air flow Luftstrom ◊ a flow of refugees ein Flüchtlingsstrom ◊ She tried to stop the flow of blood from the wound. Sie versuchte die blutende Wunde zu stillen. **2** Zufuhr ◊ the flow of goods to remote areas die Zufuhr von Gütern in abgelegene Gebiete ☛ Siehe auch CASH FLOW **3** Redefluss ◊ You've interrupted my flow. Du hast mich unterbrochen. ◊ As usual, Tom was in full flow. Tom redete wie immer ohne Punkt und Komma. **4** (des Meeres) Flut IDM **go with the 'flow** (umgs) die Dinge nehmen wie sie kommen ☛ Siehe auch EBB[1]

flow² /fləʊ; AmE floʊ/ Verb **1** fließen, strömen ◊ The police tried to keep the traffic flowing. Die Polizei sah zu, dass der Verkehr nicht ins Stocken kam. ◊ Conversation flowed freely throughout the meal. Während des Essens unterhielt man sich angeregt. **2** (Haar, Stoff) wallen, herabhängen **3** (Flut) hereinströmen, steigen OPP EBB PHRV '**flow from sth** (gehoben) einer Sache entspringen, von etw herrühren

'**flow chart** (auch '**flow diagram**) Nomen Flussdiagramm

flower¹ /'flaʊə(r)/ Nomen **1** Blume ◊ a bunch of flowers ein Blumenstrauß ◊ a flower arrangement ein Blumengesteck **2** Blüte ◊ The roses are already in flower. Die Rosen blühen schon. **3 the ~ of sth** die Blüte(zeit) von etw; (die Besten) die Elite von etw

flower² /'flaʊə(r)/ Verb **1** blühen SYN BLOOM **2** (fig) (er)blühen SYN BLOSSOM

'**flower arranging** Nomen Blumenstecken

'**flower bed** Nomen Blumenbeet

flowered /'flaʊəd; AmE 'flaʊərd/ Adj geblümt

flower·ing /'flaʊərɪŋ/ Nomen **1** Blüte **2** [meist Sing] (fig) Blüte(zeit)

flower·pot /'flaʊəpɒt; AmE 'flaʊərpɑːt/ Nomen Blumentopf

flowery /'flaʊəri/ Adj **1** Blumen-, geblümt **2** blumig

flown Form von FLY[1]

fl oz Abk (Pl **fl oz**) = FLUID OUNCE

flu /fluː/ (gehoben **in·flu·enza**) Nomen [U] Grippe

flub¹ /flʌb/ Verb (**-bb-**) (AmE, umgs) verpatzen, vermasseln SYN FLUFF² und BUNGLE

flub² /flʌb/ Nomen (AmE, umgs) Patzer

fluc·tu·ate /'flʌktʃueɪt/ Verb schwanken, fluktuieren

fluc·tu·ation /,flʌktʃu'eɪʃn/ Nomen Schwankung, Fluktuation

flue /fluː/ Nomen Abzugsrohr, Rauchabzug

flu·ency /'fluːənsi/ Nomen [U/Sing] Gewandtheit, Flüssigkeit ◊ It takes years to achieve fluency in a foreign language. Man braucht Jahre, bis man eine Fremdsprache fließend beherrscht.

flu·ent /'fluːənt/ Adj (Adv **flu·ent·ly**) gewandt, flüssig; (bei Fremdsprachen) fließend

fluff¹ /flʌf/ Nomen [U] **1** (BrE) Flusen, Fusseln **2** Flaum **3** (bes AmE, umgs) leichte Unterhaltung

fluff² /flʌf/ Verb **1** (umgs) verpatzen, vermasseln SYN BUNGLE **2** ~ **sth (out/up)** etw aufplustern; (Kissen etc.) aufschütteln

fluffy /'flʌfi/ Adj (**fluf·fier, fluf·fiest**) **1** flauschig, flaumig **2** locker ◊ fluffy clouds Schäfchenwolken ◊ fluffy pillows weiche Kopfkissen **3** (Speisen) schaumig, locker

fluid¹ /'fluːɪd/ Nomen Flüssigkeit

fluid² /'fluːɪd/ Adj **1** flüssig, fließend **2** ungewiss, unklar

flu·id·ity /flu'ɪdəti/ Nomen **1** (gehoben) Geschmeidigkeit, Flüssigkeit, Gleichmäßigkeit ◊ She danced with great fluidity of movement. Sie tanzte mit geschmeidigen Bewegungen. **2** (gehoben) Ungewissheit **3** (TECH) Flüssigkeit(sgrad)

,**fluid 'ounce** Nomen (Abk **fl oz**) = Maß für Flüssigkeiten; entspricht 0,0284 Liter, in den USA 0,02957 Liter ☛ Siehe auch S. 760

fluke /fluːk/ Nomen [meist Sing] (umgs) Dusel, Glücksstreffer ◊ a fluke goal ein Zufallstreffer

fluky (auch **flukey**) /'fluːki/ Adj zufällig, Zufalls-

flume /fluːm/ *Nomen* **1** Wasserlauf, Kanal **2** Wasserrutsche

flum·moxed /ˈflʌməkst/ *Adj* durcheinander, verwirrt

flung *Form von* FLING¹

flunk /flʌŋk/ *Verb* (*bes AmE, umgs*) **1** ~ (**sth**) (bei/in etw) durchfallen **2** durchfallen lassen PHRV **flunk ˈout** (**of sth**) (*AmE, umgs*) wegen schlechter Noten (von einer Schule etc.) abgehen müssen

flun·key (*auch* **flunky**) /ˈflʌŋki/ *Nomen* (*Pl* **-eys** *oder* **-ies**) **1** (*abwert*) Kriecher **2** (*veraltet*) Lakai

fluor·es·cence /flɔːˈresns, ˌfluːəˈresns/ *Nomen* Fluoreszenz

fluor·es·cent /ˌflɔːˈresnt, ˌfluəˈr-; *AmE auch* ˌfluˈr-/ *Adj* **1** fluoreszierend **2** (*Licht*) Neon- **3** reflektierend

fluor·ide /ˈflɔːraɪd; *BrE auch* ˈfluər-; *AmE auch* ˈflur-/ *Nomen* Fluorid

fluor·ine /ˈflɔːriːn; *BrE auch* ˈfluər-; *AmE auch* ˈflur-/ *Nomen* Fluor

flurry /ˈflʌri; *AmE* ˈflɜːri/ *Nomen* (*Pl* **-ies**) **1** [*meist Sing*] Wirbel ◊ *There was a sudden flurry of activity.* Plötzlich herrschte hektische Betriebsamkeit. **2** (*Schnee-*) Gestöber; (*fig*) Schwall ◊ *a flurry of shots* ein Kugelhagel ◊ *We've had a flurry of enquiries.* Wir hatten eine plötzliche Flut von Anfragen.

flush¹ /flʌʃ/ *Verb* **1** rot werden, erröten ◊ *Her cheeks flushed crimson.* Sie wurde hochrot. **2** (*Toilette*) spülen **3** ~ **sth out** (**with sth**) etw (mit etw) ausspülen; ~ **sth through sth** etw mit etw durchspülen **4** aufscheuchen; ~ **sb/sth out** jdn/etw aufspüren

flush² /flʌʃ/ *Nomen* **1** [*meist Sing*] (Gesichts)röte ☛ *Siehe auch* HOT FLUSH **2** [*meist Sing*] Wallung, Welle ◊ *a flush of anger* aufwallender Zorn **3** [*Sing*] (*von Toiletten*) Spülen **4** (*beim Poker etc.*) Flush IDM (**in**) **the first flush of sth** ◊ *in the first flush of youth* in der ersten Blüte der Jugend ◊ *in the first flush of enthusiasm* in der ersten Begeisterung ◊ *in the first flush of romance* wenn man frisch verliebt ist

flush³ /flʌʃ/ *Adj* **1** nicht vor Nomen (*umgs*) **be** ~ gut bei Kasse sein **2** bündig abschließend ◊ *The paving stones are flush with the lawn.* Die Pflastersteine schließen bündig mit dem Rasen ab.

flushed /flʌʃt/ *Adj* gerötet ◊ *Her face was flushed with anger.* Sie war vor Wut rot angelaufen. ◊ *He was flushed with success after his first novel was published.* Er war ganz selig über seinen Erfolg, nachdem sein erster Roman veröffentlicht worden war.

flus·ter¹ /ˈflʌstə(r)/ *Verb* (*oft passiv*) nervös machen

flus·ter² /ˈflʌstə(r)/ *Nomen* [*Sing*] (*BrE*) ◊ *be in a terrible fluster* ganz durcheinander sein

flus·tered /ˈflʌstəd; *AmE* -tərd/ *Adj* nervös, durcheinander

flute /fluːt/ *Nomen* **1** Querflöte **2** (**champagne**) ~ Sektflöte

fluted /ˈfluːtɪd/ *Adj* kanneliert

flut·ist /ˈfluːtɪst/ *Nomen* (*AmE*) Flötist(in)

flut·ter¹ /ˈflʌtə(r)/ *Verb* **1** flattern (mit) ◊ *Her eyelids fluttered but did not open.* Ihre Lider zuckten, blieben aber geschlossen. ◊ *She fluttered her eyelashes.* Sie klimperte mit den Wimpern. **2** (*Herz etc.*) schneller schlagen ◊ *He felt his stomach flutter when they called his name.* Ihm wurde flau im Magen, als sein Name aufgerufen wurde.

flut·ter² /ˈflʌtə(r)/ *Nomen* **1** [*meist Sing*] Flattern ◊ *with a flutter of her long, dark eyelashes* mit einem Klimpern ihrer langen dunklen Wimpern ◊ *She felt a flutter of panic in her stomach.* Vor Angst wurde ihr ganz flau im Magen. **2** [*meist Sing*] (*BrE, umgs*) Wette ◊ *have a flutter on the horses* sein Glück beim Pferderennen versuchen **3** [*Sing*] Unruhe ◊ *be in a flutter* ganz aufgeregt sein ◊ *Her sudden arrival caused quite a flutter.* Ihr plötzliches Erscheinen hat für erheblichen Wirbel gesorgt. **4** Herzflattern ◊ *Her heart gave a flutter when she saw him.* Sie bekam Herzklopfen, als sie ihn sah.

flux /flʌks/ *Nomen* Fluss ◊ *Our society is in a state of flux.* Unsere Gesellschaft ist dauernd im Fluss.

fly¹ /flaɪ/ *Verb* (**flies**, **fly·ing**, **flew** /fluː/, **flown** /fləʊn/; *AmE* floʊn/) *Verb* **1** fliegen ◊ *We're flying KLM.* Wir fliegen mit KLM. ◊ *fly a kite* einen Drachen steigen lassen ◊ *He had flowers specially flown in.* Er ließ extra Blumen einfliegen. ☛ *Hinweis bei* FLIEGEN **2** überfliegen ◊ *fly the Atlantic* den Atlantik überfliegen **3** ~ (**by/past**) wie im Flug vergehen ◊ *Doesn't time fly?* Wie die Zeit vergeht! **4** (*Fahne*) wehen (lassen) ◊ *The national flag flies on all government buildings.* Auf den Dächern aller Regierungsgebäude weht die Nationalflagge ◊ *Flags were flying at half mast.* Die Fahnen waren auf halbmast. **5** umherfliegen ◊ *Several people were hit by flying glass.* Mehrere Personen wurden von Glassplittern getroffen. ◊ *hair flying in the wind* im Wind wehendes Haar ◊ *The rumours were still flying.* Noch immer gingen die Gerüchte um. **6** rasen ◊ *The train was flying along.* Der Zug raste dahin. ◊ *It's late – I must fly.* Es ist spät – ich muss schnell los. **7** ~ **sth** (*gehoben*) aus etw flüchten SYN FLEE **8** (*AmE*) Erfolg haben, sich realisieren lassen IDM **fly the ˈcoop** (*bes AmE, umgs*) sich aus dem Staub machen **fly ˈhigh** Erfolg haben; Karriere machen **fly in the face of ˈsth** (*gehoben*) sich über etw hinwegsetzen; in krassem Widerspruch zu etw stehen ◊ *It flew in the face of the laws of physics.* Es widersprach allen physikalischen Regeln. **fly into a ˈrage, ˈtemper, etc.** in Wut geraten (**go**) **fly a/your ˈkite** (*AmE, umgs*) hau ab! ˌfly the ˈnest das Nest verlassen **fly off the ˈhandle** (*umgs*) in Rage geraten; explodieren **go ˈflying** (*BrE, umgs*) hinfallen **let ˈfly** (**at sb/sth**) (**with sth**) (auf jdn/etw) losgehen ◊ *She let fly with a stream of abuse.* Sie fluchte los. ☛ *Siehe auch* BIRD, CROW¹, PIG¹, TANGENT *und* WINDOW PHRV **ˈfly at sb** auf jdn losgehen

fly² /flaɪ/ *Verb* (**flies**, **flied**, **flied**) (*beim Baseball*) (den Ball) nach oben schlagen (*sodass er oft gefangen wird*) ◊ *Harrison flied (a ball) to right.* Harrison schlug den Ball nach oben rechts.

fly³ /flaɪ/ *Nomen* (*Pl* **flies**) **1** Fliege **2** (künstliche) Fliege ◊ *go fly fishing* Fliegenfischen gehen **3** [*Sing*] (*BrE auch* **flies** [*Pl*]) Hosenschlitz **4** Zelttür ☛ *Siehe auch* FLIES² IDM **die/fall/drop like ˈflies** sterben/umfallen wie die Fliegen **a/the fly in the ˈointment** der Haken an der Sache **a fly on the ˈwall** heimliche(r) Beobachter(in) ◊ *be a fly on the wall* Mäuschen spielen ◊ *a fly-on-the-wall documentary about the airport* ein Dokumentarfilm über den Alltag im Flughafen (**there are**) **no flies on ˈsb** (*umgs*) ihm/ihr kann man nichts vormachen **not harm/hurt a ˈfly** keiner Fliege etwas zuleide tun (können) **on the ˈfly 1** (*umgs*) spontan **2** (COMP) on the fly

fly·away /ˈflaɪəweɪ/ *Adj* ◊ *I have flyaway hair.* Meine Haare fliegen immer so.

fly-blown /ˈflaɪbləʊn; *AmE* -bloʊn/ *Adj* besudelt, voll Fliegendreck

ˈfly-by *Nomen* (*Pl* **fly-bys**) **1** Vorbeiflug **2** (*AmE*) Luftparade

ˈfly-by-night *Adj nur vor Nomen* **1** dubios **2** kurzlebig

fly·catch·er /ˈflaɪkætʃə(r)/ *Nomen* Fliegenschnäpper

flyer (*auch* **flier**) /ˈflaɪə(r)/ *Nomen* **1** (*umgs*) Flieger(in) **2** Flugpassagier(in) ◊ *frequent flyers* Vielflieger **3** Modellflieger(in) **4** Flugblatt **5** (*umgs*) Flitzer **6** fliegender Start ☛ *Siehe auch* HIGH-FLYER IDM **get off to a ˈflyer** einen glänzenden Start haben

ˈfly-fishing *Nomen* Fliegenfischerei

fly·ing¹ /ˈflaɪɪŋ/ *Adj* fliegend, Flug- ◊ *flying insects* Fluginsekten IDM **with ˌflying ˈcolours** glänzend

fly·ing² /ˈflaɪɪŋ/ *Nomen* Fliegen

ˌflying ˈbuttress *Nomen* Strebebogen

ˌflying ˈdoctor *Nomen* = (besonders in Australien) zu Patienten fliegender Arzt/fliegende Ärztin

ˌflying ˈfish *Nomen* Fliegender Fisch

ˌflying ˈfox *Nomen* Flughund

ˌflying ˈofficer *Nomen* Oberleutnant

ˌflying ˈsaucer *Nomen* fliegende Untertasse

ˌflying ˈsquad *Nomen* (*meist* **the Flying Squad**) Bereitschaftspolizei

ˌflying ˈstart *Nomen* [*Sing*] fliegender Start IDM **get off to a ˌflying ˈstart** einen glänzenden Start haben

ˌflying ˈvisit *Nomen* (*BrE*) Stippvisite

ˈfly-leaf /ˈflaɪliːf/ *Nomen* (*Pl* **fly-leaves**) Vorsatzblatt

fly·over /ˈflaɪəʊvə(r); *AmE* -oʊvər/ *Nomen* **1** (*BrE*) Überführung **2** (*AmE*) Luftparade

ˈfly-past *Nomen* (*BrE*) Luftparade

fly·sheet /ˈflaɪʃiːt/ *Nomen* (*BrE*) Überzelt

fly·weight /ˈflaɪweɪt/ *Nomen* Fliegengewichtler

fly·wheel /ˈflaɪwiːl/ *Nomen* Schwungrad

FM /ˌef ˈem/ **1** *Kurzform von* **Frequency Modulation** FM **2** *Abk* = Field Marshall

foal¹ /fəʊl; *AmE* foʊl/ *Nomen* Fohlen [IDM] **in foal** (*Stute*) trächtig

foal² /fəʊl; *AmE* foʊl/ *Verb* fohlen

foam¹ /fəʊm; *AmE* foʊm/ *Nomen* **1** Schaum, Gischt ◊ *a glass of beer with a good head of foam* ein Glas Bier mit einer schönen Schaumkrone **2** Schaumstoff

foam² /fəʊm; *AmE* foʊm/ *Verb* schäumen [SYN] FROTH [IDM] **foam at the ˈmouth 1** Schaum vor dem Mund haben **2** (*umgs*) vor Wut schäumen

fob¹ /fɒb; *AmE* faːb/ *Verb* (-bb-) [PHRV] ˌ**fob sb ˈoff 1** ∼ **sb off** (**with sth**) jdn (mit etw) abspeisen ◊ *She wouldn't be fobbed off this time.* Diesmal ließ sie sich nicht abwimmeln. **2** ∼ **sb off with sth** jdm etw andrehen

fob² /fɒb; *AmE* faːb/ *Nomen* **1** Uhrenkette **2** (*auch* ˈ**fob watch**) Taschenuhr **3** (*Schlüssel-, etc.*) Anhänger

focal /ˈfəʊkl; *AmE* ˈfoʊkl/ *Adj nur vor Nomen* zentral

ˌ**focal ˈlength** *Nomen* (PHYSIK) Brennweite

ˌ**focal ˈpoint** *Nomen* **1** Mittelpunkt **2** (PHYSIK) Brennpunkt, Brennweite

focus¹ /ˈfəʊkəs; *AmE* ˈfoʊ-/ *Verb* (-s- *oder* -ss-) **1** ∼ (**on/upon sb/sth**) sich (auf jdn/etw) konzentrieren; ∼ **sth** (**on/upon sb/sth**) etw auf jdn/etw konzentrieren ◊ *The discussion focused on three main problems.* In der Diskussion ging es vor allem um drei Hauptprobleme. ◊ *The visit helped to focus world attention on the plight of the refugees.* Der Besuch trug dazu bei, die Aufmerksamkeit der Welt auf das Schicksal der Flüchtlinge zu lenken. **2** ∼ **sth** (**on sb/sth**) etw (auf jdn/etw) einstellen, etw auf jdn/etw richten **3** ∼ (**on sb/sth**) sich (auf jdn/etw) einstellen ◊ *Let your eyes focus on objects that are further away from you.* Richten Sie den Blick auf weiter entfernte Gegenstände. ◊ *It took a few moments for her eyes to focus in the dark.* Es dauerte einen Moment, bis sich ihre Augen an die Dunkelheit gewöhnt hatten. **4** (*Fachspr*) (*Strahlen*) bündeln

focus² /ˈfəʊkəs; *AmE* ˈfoʊ-/ *Nomen* (*Pl* **fo·cus·es** *oder* **foci** /ˈfəʊsaɪ; *AmE* ˈfoʊ-/) **1** Mittelpunkt, Hauptpunkt ◊ *It was the main focus of attention at the meeting.* Es stand im Mittelpunkt des Treffens. ◊ *The focus will be on tax.* Es wird vor allem um Steuerfragen gehen. ◊ *The incident brought the problem of violence in schools into sharp focus.* Der Vorfall rückte das Problem der Gewalt in Schulen ins Blickfeld. ◊ *We shall maintain our focus on the needs of the customer.* Unser Hauptanliegen werden weiterhin die Bedürfnisse des Kunden sein. ◊ *What we need now is a change of focus.* Wir müssen die Dinge jetzt anders angehen. **2** Brennpunkt, Brennweite ◊ *out of focus* unscharf ◊ *in focus* scharf **3** (*von Erdbeben*) Herd

fo·cused /ˈfəʊkəst; *AmE* ˈfoʊ-/ (*auch* **fo·cussed**) *Adj* konzentriert, zielbewusst, zielgerichtet ◊ *We have to stay focused.* Wir dürfen uns nicht ablenken lassen.

ˈ**focus group** *Nomen* (*bei Meinungsforschung*) Fokusgruppe

fod·der /ˈfɒdə(r); *AmE* ˈfɑːd-/ *Nomen* Futter

foe /fəʊ; *AmE* foʊ/ *Nomen* (*gehoben, veraltet*) Feind(in)

foe·tal (*bes AmE* **fetal**) /ˈfiːtl/ *Adj* fetal, Fetal-

foe·tid = FETID

foetus (*bes AmE* **fetus**) /ˈfiːtəs/ *Nomen* Fetus

fog¹ /fɒg; *AmE* fɔːg, fɑːg/ *Nomen* Nebel ◊ *patchy fog* stellenweise Nebel ◊ *He went through the day with his mind in a fog.* Den ganzen Tag über war er wie benebelt.

fog² /fɒg; *AmE* fɑːg/ *Verb* (-gg-) **1** ∼ (**up**) beschlagen ◊ *The humidity fogged my glasses.* Durch die Feuchtigkeit beschlug meine Brille. **2** vernebeln, verschleiern

fog·bound /ˈfɒgbaʊnd; *AmE* ˈfɔːg-, ˈfɑːg-/ *Adj* in Nebel gehüllt ◊ *a fogbound airport* ein aufgrund von Nebel vorläufig geschlossener Flughafen ◊ *fogbound passengers* Passagiere, die wegen dichten Nebels festsitzen

fogey (*auch* **fogy**) /ˈfəʊgi; *AmE* ˈfoʊgi/ *Nomen* (*Pl* **fo·gies**, **fogeys**) verkalkte(r) Alte(r)

foggy /ˈfɒgi; *AmE* ˈfɔːgi, ˈfɑːgi/ *Adj* (**fog·gier**, **fog·gi·est**) neblig [IDM] **not have the ˈfoggiest** (**idea**) (*umgs*) nicht die leiseste Ahnung haben

fog·horn /ˈfɒghɔːn; *AmE* ˈfɔːghɔːrn, ˈfɑːg-/ *Nomen* Nebelhorn

ˈ**fog lamp** *Nomen* (*AmE* ˈ**fog light**) Nebellampe

foi·ble /ˈfɔɪbl/ *Nomen* Eigenheit, Schwäche

foil¹ /fɔɪl/ (*BrE auch* **silverˈfoil**) *Nomen* **1** (*Metall-*) Folie ◊ *aluminium foil* Alufolie ◊ *chocolates wrapped in gold foil* in Goldpapier verpackte Pralinen ☞ *Siehe auch* TINFOIL **2** ∼ (**for sb/sth**) Kontrast (zu jdm/etw) ◊ *The pale walls provide a perfect foil for the brightly coloured furniture.* Die hellen Wände bilden einen ausgezeichneten Hintergrund für die bunten Möbel. **3** (*im Fechten*) Florett

foil² /fɔɪl/ *Verb* (*gehoben*) **1** vereiteln, zunichte machen ◊ *He was foiled in his attempt to deceive us.* Bei seinem Versuch uns zu betrügen wurde ihm ein Strich durch die Rechnung gemacht. [SYN] THWART **2** hindern

foist /fɔɪst/ *Verb* [PHRV] ˈ**foist sb/sth on/upon sb** jdm jdn/etw aufdrängen

fold¹ /fəʊld; *AmE* foʊld/ *Verb* **1** ∼ **sth** (**up**) etw (zusammen)falten, etw zusammenlegen ◊ *First, fold the paper in two.* Falten Sie das Blatt zuerst in der Mitte. ◊ *The blankets had been folded down.* Die Decken waren zurückgeschlagen worden. ◊ *The bird folded its wings.* Der Vogel legte die Flügel an. [OPP] UNFOLD ☞ *Siehe auch* FOLD-UP **2** ∼ (**away/down**) sich zusammenklappen lassen ◊ *The table folds up.* Der Tisch lässt sich zusammenklappen. **3** ∼ **sth** (**away/down**) etw zusammenklappen **4** wickeln ◊ *She folded a blanket around the baby.* Sie wickelte eine Decke um das Baby. **5** Pleite machen; (*Theaterstück etc.*) abgesetzt werden [IDM] ˌ**fold sb in your ˈarms** (*gehoben*) jdn in die Arme schließen ˌ**fold your ˈarms** die Arme verschränken ˌ**fold your ˈhands** die Hände falten [PHRV] ˌ**fold sth ˈin** (GASTRON) etw unterheben ˌ**fold sth ˈinto sth** (GASTRON) etw unter etw heben

fold² /fəʊld; *AmE* foʊld/ *Nomen* **1** Falte ◊ *folds of skin* Hautfalten **2** Falz **3** Schafhürde, Pferch **4** **the fold** (*fig*) der Schoß ◊ *The party tried to persuade the waverers back into the fold.* Die Partei versuchte, die Zweifler zur Rückkehr in die Partei zu überreden. **5** (GEOL) Bodenfalte **6** (*BrE*) Senke

-fold *Suffix* **1** (*in Adjektiven*) -fach ◊ *There has been a threefold increase in turnover.* Der Umsatz hat sich verdreifacht. ◊ *The aim of the project is fourfold.* Das Projekt hat vier Ziele. **2** (*in Adverbien*) ◊ *increase tenfold* sich um das Zehnfache vermehren

fold·er /ˈfəʊldə(r); *AmE* ˈfoʊld-/ *Nomen* Schnellhefter, Mappe, Ordner

fold·ing /ˈfəʊldɪŋ; *AmE* ˈfoʊ-/ *Adj* (*seltener* **fold·away**) *nur vor Nomen* zusammenklappbar, Klapp-

ˈ**fold-up** *Adj nur vor Nomen* zusammenklappbar, (zusammen)faltbar

fo·li·age /ˈfəʊliɪdʒ; *AmE* ˈfoʊ-/ *Nomen* Laub(werk)

ˌ**folic ˈacid** /ˌfɒlɪk ˈæsɪd, ˌfəʊ-; *AmE* ˌfoʊ-/ *Nomen* Folsäure

folk¹ /fəʊk; *AmE* foʊk/ *Nomen* **1** (*bes AmE* **folks** [Pl]) (*umgs*) Leute ◊ *ordinary working-class folk* ganz normale Leute aus der Arbeiterklasse ◊ *Well, folks, what are we going to do today?* Na, Leute, was wollen wir heute machen? **2** **folks** [Pl] (*bes AmE, umgs*) Familie, Eltern **3** ◊ *country folk* Leute vom Land ◊ *townsfolk* Städter ◊ *farming folk* Bauersleute **4** = FOLK MUSIC

folk² /fəʊk; *AmE* foʊk/ *Adj* Volks-, volkstümlich ◊ *a folk museum* ein Heimatmuseum ◊ *folk dance* Volkstanz ◊ *a folk hero* ein(e) Volksheld(in)

folk·lore /ˈfəʊklɔː(r); *AmE* ˈfoʊk-/ *Nomen* Volkstum, Folklore ◊ *The story became part of family folklore.* Die Geschichte wurde in die Familienüberlieferung aufgenommen.

ˈ**folk ˌmemory** *Nomen* Kollektivgedächtnis

ˈ**folk music** *Nomen* (*auch* **folk**) **1** Volksmusik **2** Folk

ˈ**folk singer** *Nomen* **1** Volksliedersänger(in) **2** Folksänger(in)

ˈ**folk song** *Nomen* **1** Volkslied **2** Folksong

folksy /ˈfəʊksi; *AmE* ˈfoʊksi/ *Adj* **1** (*bes AmE*) volkstümlich, rustikal **2** (*manchmal abwert*) volkstümelnd, volkstümlich aufgemacht ◊ *a folksy ballad* eine volksliedhafte Ballade

ˈ**folk tale** *Nomen* Volksmärchen

fol·licle /ˈfɒlɪkl; *AmE* ˈfɑːl-/ *Nomen* Follikel

fol·low /ˈfɒləʊ; AmE ˈfɑːloʊ/ Verb **1** ~ sb/sth jdm/etw folgen ◊ *I think we're being followed.* Ich glaube, uns geht jemand nach. **2** ~ sth auf etw folgen ◊ *The first lesson is followed by a break of ten minutes.* Auf die erste Unterrichtsstunde folgt eine zehnminütige Pause. ◊ *There followed a short silence.* Ein kurzes Schweigen folgte. ◊ *as follows …* wie folgt … ◊ *I'll have soup and fish to follow.* Ich nehme Suppe und anschließend Fisch. **3** ~ **A** (**up**) **with B** B im Anschluss an A tun ◊ *She followed up her success with another single.* Im Anschluss an ihren Erfolg brachte sie eine weitere Single heraus. ◊ *Follow your treatment with plenty of rest.* Ruhen Sie sich nach der Behandlung gut aus. **4** ~ (**from sth**) (*selten in der Verlaufsform*) (aus etw) folgen, sich (aus etw) ergeben **5** (*Straße etc.*) entlanggehen, entlangfahren ◊ *entlangführen an* **7** folgen, folgen ◊ *follow a recipe* einem Rezept folgen ◊ *He always followed the latest fashions.* Er ging immer mit der Mode. ◊ *The movie follows the book faithfully.* Der Film hält sich genau an das Buch. **8** verstehen, folgen ◊ *The plot is almost impossible to follow.* Der Handlung kann man kaum folgen. ◊ *Sorry, I don't follow.* Es tut mir Leid, ich komme da nicht mit. **9** verfolgen, folgen ◊ *Her eyes followed him everywhere.* Sie folgte ihm mit den Augen. ◊ *The novel follows the fortunes of a village community in Scotland.* Der Roman folgt dem Schicksal einer Dorfgemeinschaft in Schottland. **10** ~ sth (*Schema, Muster*) nach etw verlaufen ◊ *The day followed the usual pattern.* Der Tag verlief wie gewohnt. IDM **follow in sb's ˈfootsteps** in jds Fußstapfen treten **follow your ˈnose 1** dem Geruch nachgehen **2** immer der Nase nach gehen **3** seiner Eingebung folgen **follow ˈsuit 1** (*Kartenspiel*) (*Farbe*) bedienen **2** gleichziehen PHRV ˌfollow sb aˈround/aˈbout jdm nachlaufen ˌfollow ˈon **1** nachkommen **2** sich (aus etw) ergeben ˌfollow ˈthrough durchschwingen ˌfollow ˈthrough (**with sth**); ˌfollow sth ˈthrough etw zu Ende führen ˌfollow sth ˈup **1** etw einer Sache folgen lassen ◊ *You should follow up your phone call with a letter.* Sie sollten zusätzlich zu ihrem Anruf noch einen Brief schicken. **2** etw nachgehen, etw weiterverfolgen SYN INVESTIGATE

fol·low·er /ˈfɒləʊə(r); AmE ˈfɑːloʊ-/ Nomen **1** Anhänger(in) **2** Fan **3** Mitläufer(in), Nachahmer(in)

fol·low·ing[1] /ˈfɒləʊɪŋ; AmE ˈfɑːloʊɪŋ/ Adj **the following …** der/die/das folgende … ◊ *Answer the following questions.* Beantworten Sie die folgenden Fragen. ◊ *the following afternoon* am nächsten Nachmittag ◊ *the following month* im nächsten Monat ◊ *the following week* die Woche darauf IDM **a ˌfollowing ˈwind** Rückenwind

fol·low·ing[2] /ˈfɒləʊɪŋ; AmE ˈfɑːloʊɪŋ/ Nomen **1** Anhängerschaft **2 the following** Folgendes, das Folgende, die Folgenden

fol·low·ing[3] /ˈfɒləʊɪŋ; AmE ˈfɑːloʊɪŋ/ Präp nach

ˌ**follow-ˈthrough** Nomen **1** (*beim Golf*) Durchschwung; (*beim Tennis*) Nachschwingen **2** Durchführung

ˈ**follow-up 1** Nomen Fortsetzung, Ergänzung ◊ *The book is a follow-up to her television series.* Es ist ein Begleitbuch zu ihrer Fernsehserie. ◊ *Despite the success of his last album, there are as yet no plans for any follow-ups.* Trotz des Erfolgs seines letzten Albums gibt es noch keine Pläne für Nachfolgealben. **2** Adj Nach-, Folge- ◊ *a follow-up study* eine Nachfolgestudie

folly /ˈfɒli; AmE ˈfɑːli/ Nomen (Pl **-ies**) **1** Torheit ◊ *Giving up a secure job seems to be the height of folly.* Einen sicheren Arbeitsplatz aufzugeben scheint reiner Wahnsinn. **2** (*BrE*) = kleines (rein) dekoratives Gebäude, meist im Park eines großen Landbesitzes

fo·ment /fəʊˈment; AmE foʊ-/ /ˈfəʊment; AmE ˈfoʊ-/ Verb (*gehoben*) schüren ◊ *They fomented political unrest.* Sie haben politische Unruhen angezettelt. SYN INCITE

fond /fɒnd; AmE fɑːnd/ Adj **1 be ~ of** jdn gern haben; **be ~ of sth** etw mögen, etw gern tun ◊ *be fond of cooking* gern kochen ◊ *He's rather too fond of the sound of his own voice.* Er hört sich gern sprechen. ◊ *I have grown quite fond of her.* Ich habe sie recht lieb gewonnen. ◊ *We had grown fond of the house.* Das Haus war uns ans Herz gewachsen. **2 be ~ of sth** zu etw neigen **3** nur vor Nomen liebevoll, zärtlich ◊ *She bade him a fond farewell.* Sie verabschiedete sich liebevoll von ihm. ◊ *I have very fond memories of my time in Spain.* Ich habe sehr schöne Erinnerungen an meine Zeit in Spanien. **4** nur vor Nomen ~ **hope** vergebliche Hoffnung

fon·dant /ˈfɒndənt; AmE ˈfɑːn-/ Nomen **1** Fondant ◊ *fondant icing* weicher Zuckerguss **2** Fondantpraline, Fondantschokolade

fon·dle /ˈfɒndl; AmE ˈfɑːndl/ /ˈfɒndl; AmE ˈfɑːndl/ Verb streicheln SYN CARESS

fond·ly /ˈfɒndli; AmE ˈfɑːndli/ Adv **1** liebevoll, zärtlich ◊ *I fondly remember my first job as a reporter.* Ich erinnere mich gern an meine erste Stelle als Reporter. **2** törichterweise, (allzu) kühn

fond·ness /ˈfɒndnəs; AmE ˈfɑːndnəs/ Nomen Zuneigung ◊ *a fondness for animals* Tierliebe ◊ *I remember my time with him with great fondness.* Ich denke sehr gern an die Zeit mit ihm zurück.

fon·due /ˈfɒndjuː; AmE fɑːnˈduː/ Nomen Fondue

font /fɒnt; AmE fɑːnt/ Nomen **1** Taufbecken **2** (*im Druckwesen*) Schrift

food /fuːd/ Nomen Nahrung, Essen, Futter ◊ *the food industry* die Lebensmittelindustrie ◊ *frozen foods* Gefrierkost ◊ *food poisoning* Lebensmittelvergiftung ◊ *He's off his food.* Er hat keinen Appetit. ☛ *Siehe auch* CONVENIENCE FOODS, FAST FOOD, HEALTH FOOD *und* JUNK FOOD IDM **food for ˈthought** ein Denkanstoß

ˈ**food bank** Nomen (*AmE*) Suppenküche

ˈ**food chain** Nomen Nahrungskette

foodie /ˈfuːdi/ Nomen (*umgs*) Hobbykoch/-köchin, Feinschmecker(in)

ˈ**food processor** Nomen Küchenmaschine

ˈ**food stamp** Nomen (*AmE*) Lebensmittelgutschein

food·stuff /ˈfuːdstʌf/ Nomen [meist Pl] Nahrungsmittel ◊ *basic foodstuffs* Grundnahrungsmittel

fool[1] /fuːl/ Nomen **1** Dummkopf ◊ *Don't be such a fool!* Sei nicht so dumm! ◊ *I felt a fool when I realized my mistake.* Ich kam mir dumm vor, als ich meinen Fehler merkte. ◊ *I was fool enough to believe him.* Ich war so dumm, ihm zu glauben. SYN IDIOT **2** Narr, Närrin SYN JESTER **3** (*BrE*) (*meist in Zusammensetzungen*) = Dessert aus püriertem Obst und Sahne oder Vanillepudding ◊ *rhubarb fool* Rhabarbercreme IDM **act/play the ˈfool** herumalbern **any fool can/could …** (*umgs*) ◊ *Any fool could tell she was lying.* Jeder Idiot konnte sehen, dass sie log. **be ˌno/ˌnobody's ˈfool** nicht auf den Kopf gefallen sein **make a ˈfool of sb/yourself** jdn/sich lächerlich machen ˌ**more fool ˈsb (for doing sth)** (*umgs*) wie kann man nur so dumm sein (etw zu tun) ☛ *Siehe auch* SUFFER

fool[2] /fuːl/ Verb **1** ~ sb jdm etw vormachen ◊ *You don't fool me!* Mir kannst du nichts vormachen! ◊ *She certainly had me fooled!* Ich bin jedenfalls auf sie reingefallen! ◊ *Don't be fooled into thinking they're going to change anything.* Glaub bloß nicht, dass sich irgendetwas ändern wird. **2** ~ (**about/around**) (**with sth**) (mit etw) Quatsch machen, (mit etw) herumalbern IDM **you could have fooled ˈme** (*umgs*) was du nicht sagst! PHRV ˌ**fool aˈround 1** (*BrE auch* ˌ**fool aˈbout**) herumtrödeln **2** ~ (**with sb**) eine Affäre (mit jdm) haben

fool[3] /fuːl/ Adj nur vor Nomen (*umgs*) blöd

fool·hardi·ness /ˈfuːlhɑːdinəs; AmE -hɑːrdi-/ Nomen Tollkühnheit, Waghalsigkeit

fool·hardy /ˈfuːlhɑːdi; AmE -hɑːrdi/ Adj (*abwert*) tollkühn, verwegen

fool·ish /ˈfuːlɪʃ/ Adj **1** dumm, blöd, albern ◊ *Don't do anything foolish!* Mach keine Dummheiten! **2** lächerlich ◊ *He's afraid of looking foolish.* Er will sich nicht lächerlich machen.

fool·ish·ly /ˈfuːlɪʃli/ Adv dumm, naiverweise

fool·ish·ness /ˈfuːlɪʃnəs/ Nomen Dummheit

fool·proof /ˈfuːlpruːf/ Adj todsicher, idiotensicher, kinderleicht

ˌ**fool's ˈparadise** Nomen [meist Sing] Wolkenkuckucksheim, Fantasiewelt

foosball /ˈfuːsbɔːl/ Nomen Tischfußball

foot[1] /fʊt/ Nomen /fiːt/ **1** (Pl **feet**) Fuß ◊ *He got/rose to his feet.* Er stand auf. ◊ *He jumped to his feet.* Er sprang auf. ◊ *I've been on my feet all day.* Ich bin den ganzen Tag auf den Beinen gewesen. ◊ *in/with bare feet* barfuß ◊ *a foot soldier* ein Infanterist ◊ *foot passengers on the ferry* Fußgänger auf

foot

der Fähre **2** (*Pl* **feet** *oder* **foot**) (*Abk* **ft**) = Längenmaß, entspricht 30,48 cm ☛ Die Pluralform **foot** wird in Maßangaben oft verwendet: *He's five foot nine tall.* Ebenfalls vor dem Nomen: *an 81-foot yacht.* ☛ *Siehe auch* S. 760 **3** [Sing] Fuß, unteres Ende ◊ *at the foot of the page* unten auf der Seite ◊ *at the foot of the bed* am Fußende des Bettes **4** [Sing] (Vers)fuß ☛ *Siehe auch* ATHLETE'S FOOT IDM **be rushed/ run off your 'feet** ganz schön auf Trab setzen; alle Hände voll zu tun haben **fall/land on your 'feet** wieder auf die Füße fallen ◊ *You landed on your feet, getting such a well-paid job with so little experience.* Du hast Glück gehabt, bei so wenig Erfahrung eine so gut bezahlte Stellung zu bekommen. **get/have a/your ˌfoot in the 'door** einen Fuß in die Tür bekommen/in der Tür haben **have feet of 'clay** doch nur ein Mensch sein **have/keep a foot in both 'camps** in beiden Welten zu Hause sein; auf zwei Hochzeiten (gleichzeitig) tanzen **have/keep your 'feet (firmly) on the ground** mit beiden Beinen (fest) auf der Erde stehen **have ˌone foot in the 'grave** (*umgs*) mit einem Fuß im Grabe stehen **my 'foot!** (*umgs, hum*) von wegen! **on** *sth* **ˌback) on your 'feet** (wieder) auf den Beinen/die Beine ◊ *She hopes to get the struggling company back on its feet soon.* Sie hofft, die Firma bald wieder auf die Beine zu bringen. **put your 'feet up** die Beine/Füße hochlegen **put your 'foot down 1** ein Machtwort sprechen; hart durchgreifen **2** (*BrE*) Gas geben **put your foot in your 'mouth** (*BrE auch* **put your 'foot in it**) ins Fettnäpfchen treten **put a foot 'wrong** (*besonders in verneinten Sätzen*) einen Fehler machen **set 'foot in/on** *sth* etw betreten **set** *sb* **on their 'feet** jdm auf die Beine helfen **set** *sth* **on its feet** etw auf die Beine stellen **stand on your own (two) 'feet** auf eigenen Füßen stehen **under** *sb's* **'feet** jdm im Weg(e) ◊ *I don't want you under my feet now.* Ich will nicht, dass er mir jetzt im Weg(e) seid. ☛ *Siehe auch* BOOT¹, COLD¹, DRAG¹, FIND¹, GRASS¹, GROUND¹, HAND¹, HEAD¹, ITCHY, LEFT², PATTER¹, PULL¹, SHOE¹, SHOOT¹, SIT, STOCKING, SWEEP¹, THINK¹, VOTE², WAIT¹, WALK¹, WEIGHT¹ *und* WORLD

foot² /fʊt/ *Verb* IDM **foot the 'bill (for** *sth***)** (*umgs*) die Rechnung (für etw) bezahlen

foot·age /'fʊtɪdʒ/ *Nomen* [U] Film(material)

ˌfoot-and-'mouth disˌease *Nomen* Maul- und Klauenseuche

foot·ball /'fʊtbɔːl/ *Nomen* **1** Fußball ☛ *Hinweis bei* FUSSBALL **2** (*AmE*) Football **3** (*Streitpunkt*) Spielball

'football boot *Nomen* (*BrE*) Fußballschuh

foot·baller /'fʊtbɔːlə(r)/ *Nomen* Fußballspieler(in), Fußballer(in)

foot·ball·ing /'fʊtbɔːlɪŋ/ *Adj nur vor Nomen* (*BrE*) Fußball-, fußballerisch

'football pools (*auch* **the pools**) *Nomen* [Pl] Fußballtoto

foot·bridge /'fʊtbrɪdʒ/ *Nomen* Fußgängerbrücke

foot·er /'fʊtə(r)/ *Nomen* Fußzeile

foot·fall /'fʊtfɔːl/ *Nomen* (*gehoben*) Schritt(e)

'foot fault *Nomen* Fußfehler

foot·hill /'fʊthɪl/ *Nomen* [meist Pl] Ausläufer, Vorgebirge

foot·hold /'fʊthəʊld; *AmE* -hoʊld/ *Nomen* **1** Halt ◊ *She edged forward, feeling for a foothold.* Sie schob sich vorwärts und suchte nach einem Halt für ihren Fuß. **2** [meist Sing] ◊ *The company is eager to gain a foothold in Europe.* Die Firma ist darauf aus, in Europa Fuß zu fassen. ◊ *With this deal we hope to establish a foothold in the US market.* Mit diesem Geschäft hoffen wir in den amerikanischen Markt einzusteigen.

footie (*auch* **footy**) /'fʊti/ *Nomen* (*BrE, umgs*) Fußball ☛ *Hinweis bei* FUSSBALL

foot·ing /'fʊtɪŋ/ *Nomen* [Sing] **1** Halt ◊ *I slipped and struggled to regain my footing.* Ich rutschte und versuchte verzweifelt, wieder Halt zu finden. **2** Basis, Ausgangsposition ◊ *The company is on a firm/sound financial footing.* Die Firma steht auf einer sicheren/gesunden finanziellen Grundlage. ◊ *on a war footing* in Kriegsbereitschaft **3** Stellung, Stufe ◊ *They were demanding to be treated on the same footing as the rest of the teachers.* Sie forderten, mit den übrigen Lehrern auf eine Stufe gestellt zu werden. ◊ *The two groups must meet on an equal footing.* Die beiden Gruppen müssen bei dem Treffen gleich gestellt sein.

foot·lights /'fʊtlaɪts/ *Nomen* [Pl] Rampenlicht

foot·loose /'fʊtluːs/ *Adj* ungebunden

foot·man /'fʊtmən/ *Nomen* (*Pl* **-men** /-mən/) Diener, Lakai

foot·note /'fʊtnəʊt; *AmE* -noʊt/ *Nomen* Fußnote

foot·path /'fʊtpɑːθ; *AmE* -pæθ/ *Nomen* Fußweg

foot·plate /'fʊtpleɪt/ *Nomen* (*BrE*) Führerstand

foot·print /'fʊtprɪnt/ *Nomen* [meist Pl] Fußabdruck, (Fuß)spur

foot·rest /'fʊtrest/ *Nomen* Fußstütze

Foot·sie™ (*auch* **FTSE**™ /'fʊtsi/) (*auch* **FTSE**™ **index**, **FTSE**™ **100 index**) *Nomen* (FINANZ) Financial-Times-(100-)Index

foot·sie /'fʊtsi/ *Nomen* (*umgs*) IDM **play 'footsie with** *sb* mit jdm füßeln

foot·sore /'fʊtsɔː(r)/ *Adj* (*gehoben*) mit wunden Füßen

foot·step /'fʊtstep/ *Nomen* **1** Schritt **2** Fußabdruck IDM ⇨ FOLLOW

foot·stool /'fʊtstuːl/ *Nomen* Fußbank

foot·wear /'fʊtweə(r); *AmE* -wer/ *Nomen* [U] Schuhe, Schuhwerk

foot·work /'fʊtwɜːk; *AmE* -wɜːrk/ *Nomen* **1** Beinarbeit **2** geschicktes Manövrieren ◊ *It was going to take some deft political footwork to save the situation.* Um die Situation zu retten, war politische Gewandtheit nötig.

footy (*BrE, umgs*) = FOOTIE

fop /fɒp; *AmE* fɑːp/ *Nomen* (*veraltet*) Geck

fop·pish /'fɒpɪʃ; *AmE* 'fɑːpɪʃ/ *Adj* geckenhaft

for¹ /fə(r); *betont* fɔː(r)/ *Präp* ☛ Für Verben mit **for** siehe die Einträge für die Verben. **Fall for** *sb* z.B. steht unter **fall**.

1 für ◊ *What can I do for you?* Was kann ich für Sie tun? ◊ *You get a coupon for every 20 litres of petrol you buy.* Für jede 20 Liter Benzin, die Sie kaufen, gibt es einen Gutschein. ◊ *There's a strong case for postponing the exam.* Es spricht viel dafür, die Prüfung zu verschieben. ◊ *I'm all for it.* Ich bin voll und ganz dafür. ◊ *Shaking your head for 'No' is not universal.* Ein Kopfschütteln ist nicht überall gleichbedeutend mit „Nein". ◊ *I'll swap these two bottles for that one.* Ich tausche diese zwei Flaschen gegen jene. ◊ *There's one bad apple for every three good ones.* Jeder vierte Apfel ist schlecht. ◊ *an award for bravery* eine Tapferkeitsmedaille ◊ *It's useless for us to continue.* Es ist sinnlos, dass wir weitermachen. ◊ *The box is too heavy for me to lift.* Die Kiste ist zu schwer, als dass ich sie heben könnte. **2** zu ◊ *a machine for slicing bread* eine Maschine zum Brotschneiden ◊ *She gave me a watch for my birthday.* Sie schenkte mir eine Uhr zum Geburtstag. ◊ *for the last time* zum letzten Mal ◊ *go for a walk* spazieren gehen ◊ *What did you do that for?* Warum hast du das gemacht? **3** (*angestellt*) bei ◊ *She's working for IBM.* Sie arbeitet bei IBM. **4** wegen, vor, aus ◊ *I couldn't speak for laughing.* Vor lauter Lachen konnte ich nichts sagen. ◊ *He didn't answer for fear of hurting her.* Er antwortete nicht aus Angst, ihr weh zu tun. **5 better, happier, etc. ~** *sth* ◊ *You'll feel better for a good night's sleep.* Dir wird besser sein, wenn du erst mal richtig ausgeschlafen hast. ◊ *This room would look more cheerful for a spot of paint.* Dieses Zimmer würde viel freundlicher aussehen, wenn es frisch gestrichen wäre. **6** (*Richtung*) nach ◊ *Is this the bus for Chicago?* Ist dies der Bus nach Chicago? ◊ *She knew she was destined for a great future.* Sie wusste, dass ihr eine große Zukunft bestimmt war. **7** (*mit Zeitspannen*) ◊ *I'm going away for a few days.* Ich fahre ein paar Tage weg. ◊ *That's all for now.* Das ist vorläufig alles. **8** seit ◊ *I've been here for six weeks.* Ich bin seit sechs Wochen hier.

Die Zeitformen, die mit **for** gebraucht werden, sind wichtig: *He was in Canada for six months.* Er war sechs Monate lang in Kanada. ◊ *He has been here for six months.* Er ist seit sechs Monaten hier.

9 (*mit Terminen*) ◊ *an appointment for May 12* ein Termin für den 12. Mai ◊ *We're invited for 7.30.* Wir sind um halb acht eingeladen. **10** (*eine Distanz anzeigend*) ◊ *The road went on for miles and miles.* Die Straße zog sich meilenweit hin. **11 it is (not) for** *sb* **to do** *sth* es steht jdm (nicht) zu etw zu tun ◊ *How to spend the money is for you to decide.* Es liegt bei dir, wie das Geld ausgegeben wird.

IDM **be 'in for it** (*BrE auch* **be 'for it**) (*umgs*) sich auf etwas gefasst machen können ◇ *We'd better hurry or we'll be in for it.* Wir beeilen uns besser, sonst können wir uns auf etwas gefasst machen. **for ˈall 1** trotz ◇ *For all its clarity of style, the book is not easy reading.* Trotz seines klaren Stils ist dieses Buch anspruchsvolle Lektüre. **2** ◇ *For all I know she's still living in Boston.* Soviel ich weiß, lebt sie noch immer in Boston. ◇ *You can do what you like, for all I care.* Von mir aus kannst du machen, was du willst. **there's/that's ... for you** (*oft iron*) ◇ *That's politics for you.* So ist das eben in der Politik. ◇ *She might at least have called. There's gratitude for you.* Sie hätte wenigstens anrufen können. So eine Undankbarkeit!

for² /fə(r); *betont* fɔ:(r)/ *Konj* (*veraltet oder gehoben*) denn

for·age¹ /ˈfɒrɪdʒ; *AmE* ˈfɔ:-, ˈfɑ:-/ *Verb* (*gehoben*) ~ (**for sth**) (nach etw) suchen, auf die Suche (nach etw) gehen ◇ *She foraged about in her bag.* Sie kramte in ihrer Tasche.

for·age² /ˈfɒrɪdʒ; *AmE* ˈfɔ:-, ˈfɑ:-/ *Nomen* Futter

for·ay /ˈfɒreɪ; *AmE* ˈfɔ:-, ˈfɑ:-/ *Nomen* **1** Abstecher, Ausflug ◇ *the company's first foray into the computer market* der erste Vorstoß der Firma auf den Computermarkt **2** (MIL) Ausfall

for·bade *Form von* FORBID

for·bear¹ /fɔ:ˈbeə(r); *AmE* fɔ:rˈber/ *Verb* (**for·bore** /fɔ:ˈbɔ:(r); *AmE* fɔ:rˈb-/, **for·borne** /fɔ:ˈbɔ:n; *AmE* fɔ:rˈbɔ:rn/) (*gehoben*) ~ (**from sth**) (von etw) Abstand nehmen; ~ **from doing sth** davon Abstand nehmen, etw zu tun

for·bear² *Nomen* = FOREBEAR

for·bear·ing /fɔ:ˈbeərɪŋ; *AmE* fɔ:rˈber-/ *Adj* (*gehoben*) nachsichtig ◇ *Thank you for being so forbearing.* Ich danke Ihnen für Ihre Nachsicht.

for·bid /fəˈbɪd; *AmE* fərˈb-/ *Verb* (**for·bade** /fəˈbæd; *AmE* fərˈb-/, **for·bid·den** /fəˈbɪdn; *AmE* fərˈb-/) **1** verbieten, untersagen ◇ *He forbade them from mentioning the subject again.* Er untersagte es ihnen, das Thema nochmals zu erwähnen. **2** (*gehoben*) nicht zulassen ◇ *Lack of space forbids the listing of all the names here.* Aus Platzmangel werden hier nicht alle Namen aufgeführt. IDM **God/Heaven forˈbid** Gott behüte ◇ *Heaven forbid (that) she's fallen down the cliff.* Um Himmels willen, dass sie bloß nicht vom Felsen gestürzt ist!

for·bid·den /fəˈbɪdn; *AmE* fərˈb-/ *Adj* verboten, untersagt IDM **forˌbidden ˈfruit** verbotene Früchte

for·bid·ding /fəˈbɪdɪŋ; *AmE* fərˈb-/ *Adj* (**for·bid·ding·ly**) Furcht einflößend, bedrohlich, unwirtlich ◇ *The house looked dark and forbidding.* Das Haus sah düster und abweisend aus.

for·bore, for·borne *Form von* FORBEAR¹

force¹ /fɔ:s; *AmE* fɔ:rs/ *Nomen* **1** Gewalt, Gewaltanwendung ◇ *The rioters were taken away by force.* Die Randalierer wurden mit Gewalt abgeführt. ◇ *by force of arms* mit Waffengewalt **2** Kraft, Macht ◇ *the force of her argument* die Überzeugungskraft ihres Arguments ◇ *have the force of law* Gesetzeskraft haben ◇ *the force of gravity* die Schwerkraft ◇ *He succeeded by sheer force of personality.* Allein seiner starken Persönlichkeit verdankte er den Erfolg. ◇ *by sheer force of numbers* durch zahlenmäßige Überlegenheit ◇ *The expansion of higher education will be a powerful force for change.* Die Ausdehnung der Hochschulbildung wird einen wirksamen Beitrag zu einem gesellschaftlichen Wandel leisten. **3** Wucht, Stärke **4** (*Gruppe*) ◇ *the sales force* das Verkaufspersonal ◇ *A large proportion of the labour force is unskilled.* Ein hoher Prozentsatz der Arbeitskräfte ist ungelernt. ➡ G 1.3b **5** (MIL) Einheit, Truppe; **the forces** die Streitkräfte ◇ *a peace-keeping force* eine Friedenstruppe ◇ *rebel forces* Rebelleneinheiten ➡ G 1.3b ➡ *Siehe auch* AIR FORCE, ARMED FORCES, POLICE FORCE *und* TASK FORCE **6 the force** [Sing] (*BrE*) die Polizei **7** Windstärke ◇ *a gale force wind* ein Wind von Sturmstärke IDM **bring sth into ˈforce** etw in Kraft setzen **come/enter into ˈforce** in Kraft treten **force of ˈhabit** die Macht der Gewohnheit **the forces of ˈnature** die Naturgewalten **in ˈforce 1** in großer Zahl **2** in Kraft **join/combine ˈforces (with sb)** zusammen (mit jdm) zusammentun; sich (mit jdm) zusammenschließen ➡ *Siehe auch* SPENT

force² /fɔ:s; *AmE* fɔ:rs/ *Verb* **1** zwingen **2** erzwingen, forcieren ◇ *We mustn't force matters.* Wir dürfen nichts erzwingen. ◇ *He forced a smile.* Er zwang sich zu einem Lächeln. ◇ *force an entry* sich gewaltsam Zutritt verschaffen ◇ *The President forced the bill through Congress.* Das Gesetz wurde vom Präsidenten im Eildurchgang durch den Kongress gebracht. **3** (*Tür etc.*) aufbrechen **4** zwängen IDM **force sb's ˈhand** jdn (zum Handeln) zwingen **ˈforce the issue** eine Entscheidung/Reaktion erzwingen **force the ˈpace 1** das Tempo anziehen **2** die Dinge forcieren ➡ *Siehe auch* THROAT PHRV **ˌforce sth ˈback** etw unterdrücken, etw zurückhalten **ˌforce sth ˈdown 1** etw herunterzwängen **2** etw zur Landung zwingen **ˌforce sth on sb** jdm etw aufzwingen, jdm etw aufdrängen **ˌforce sth ˈout of sb** etw aus jdm herausbringen ◇ *The confession had been forced out of him.* Sein Geständnis war erzwungen worden.

forced /fɔ:st; *AmE* fɔ:rst/ *Adj* **1** erzwungen, Zwangs- ◇ *a forced sale* ein Zwangsverkauf **2** gezwungen, gekünstelt

ˌforced ˈentry *Nomen* gewaltsames Eindringen, Einbruch

ˌforced ˈlabour (*AmE* **ˌforced ˈlabor**) *Nomen* [U] **1** Zwangsarbeit **2** Zwangsarbeiter ◇ *The mines were manned by forced labour.* Die Minen beschäftigten Zwangsarbeiter.

ˌforced ˈlanding *Nomen* Notlandung

ˌforced ˈmarch *Nomen* Zwangsmarsch

ˌforce-ˈfeed *Verb* (**-fed, -fed** /-fed/) zwangsernähren

force·ful /ˈfɔ:sfl; *AmE* ˈfɔ:rs-/ *Adj* **1** (*Adv* **force·ful·ly** /-fəli/) energisch, stark **2** (*Adv* **force·ful·ly**) überzeugend, eindringlich **3** gewaltsam

force·ful·ness /ˈfɔ:sfʊlnəs; *AmE* ˈfɔ:rs-/ *Nomen* **1** Eindringlichkeit **2** energische Art **3** Überzeugungskraft

force ma·jeure /ˌfɔ:s mæˈʒɜ:r; *AmE* ˌfɔ:rs/ *Nomen* (RECHT) höhere Gewalt

for·ceps /ˈfɔ:seps; *AmE* ˈfɔ:rs-/ *Nomen* Zange ◇ *a pair of forceps* eine Zange ◇ *a forceps delivery* eine Zangengeburt ➡ *Hinweis bei* BRILLE

for·cible /ˈfɔ:səbl; *AmE* ˈfɔ:rs-/ *Adj* nur vor Nomen gewaltsam, Zwangs-

for·cibly /ˈfɔ:səbli; *AmE* ˈfɔ:rs-/ *Adv* **1** gewaltsam **2** eindringlich

ford¹ /fɔ:d; *AmE* fɔ:rd/ *Nomen* Furt

ford² /fɔ:d; *AmE* fɔ:rd/ *Verb* durchqueren, durchwaten

fore¹ /fɔ:(r)/ *Nomen* IDM **be to the ˈfore** (*AmE* **be at the ˈfore**) sich hervortun; im Vordergrund stehen **bring sth to the ˈfore** etw in den Vordergrund stellen **come to the ˈfore** ins Blickfeld rücken; in den Vordergrund treten

fore² /fɔ:(r)/ *Adj nur vor Nomen* (*Fachspr*) Vorder-, vordere(r,s) ◇ *the fore wings* die Vorderflügel

fore³ /fɔ:(r)/ *Adv* vorn

fore- /fɔ:(r)/ ➡ Die Vorsilbe **fore-** kann mit Nomina und Verben verwendet werden und bedeutet Vor-, Vorder-, Voraus- oder voraus-: *forefather* Vorfahr ◇ *foreground* Vordergrund ◇ *foresight* Voraussicht ◇ *foretell* voraussagen

fore·arm¹ /ˈfɔ:rɑ:m; *AmE* -ɑ:rm/ *Nomen* Unterarm

fore·arm² /ˌfɔ:rˈɑ:m; *AmE* -ˈɑ:rm/ *Verb* **be forearmed** vorbereitet sein IDM ⇨ FOREWARN

fore·bear (*auch* **for·bear**) /ˈfɔ:beə(r); *AmE* ˈfɔ:rber/ *Nomen* (*gehoben*) Ahn(e), Vorfahr(in) SYN ANCESTOR

fore·bod·ing /fɔ:ˈbəʊdɪŋ; *AmE* fɔ:rˈboʊ-/ *Nomen* Vorahnung, ungutes Gefühl

fore·cast¹ /ˈfɔ:kɑ:st; *AmE* ˈfɔ:rkæst/ *Nomen* **1** Prognose, Voraussage **2** Wettervorhersage ◇ *The forecast said there would be showers.* Der Wetterbericht hat Regenschauer vorhergesagt. ◇ *the shipping forecast* der Seewetterdienst

fore·cast² /ˈfɔ:kɑ:st; *AmE* ˈfɔ:rkæst/ *Verb* (**fore·cast, fore·cast oder fore·cast·ed, fore·cast·ed**) voraussagen, vorhersagen

fore·cast·er /ˈfɔ:kɑ:stə(r); *AmE* ˈfɔ:rkæstər/ *Nomen* Meteorologe, Meteorologin; (WIRTSCH) Prognostiker(in)

fore·close /fɔ:ˈkləʊz; *AmE* fɔ:rˈkloʊz/ *Verb* (FINANZ) **1** ~ (**on sth**) (etw) kündigen **2** ausschließen SYN EXCLUDE

fore·clos·ure /fɔ:ˈkləʊʒə(r); *AmE* fɔ:rˈkloʊ-/ *Nomen* (FINANZ) Kündigung

fore·court /ˈfɔ:kɔ:t; *AmE* ˈfɔ:rkɔ:rt/ *Nomen* (*BrE*) Vorplatz, Vorhof

fore·father /ˈfɔ:fɑ:ðə(r); *AmE* ˈfɔ:rf-/ *Nomen* (*gehoben*) Vorfahr, Vorvater

fore·fin·ger /ˈfɔ:fɪŋɡə(r); *AmE* ˈfɔ:rf-/ *Nomen* Zeigefinger

fore·front /ˈfɔ:frʌnt; *AmE* ˈfɔ:rf-/ *Nomen* [Sing] IDM **at/in the ˈforefront** an der Spitze; in vorderster Reihe ◇ *The*

---

u *actual* | aɪ *my* | aʊ *now* | eɪ *say* | əʊ (*BrE*) *go* | oʊ (*AmE*) *go* | ɔɪ *boy* | ɪə *near* | eə *hair* | ʊə *pure*

court case was constantly at the forefront of my mind. Ich musste pausenlos über den Gerichtsprozess nachdenken. **to the forefront** an die Spitze ◊ *This protest has brought prison conditions to the forefront of public attention.* Dieser Protest rückte die Zustände in den Gefängnissen ins Blickfeld der Öffentlichkeit.

fore·gather (*auch* **for·gather**) /fɔːˈgæðə(r); *AmE* fɔːrˈgæ-/ *Verb* (*gehoben*) sich versammeln, zusammenkommen

forego = FORGO

fore·going /ˈfɔːgəʊɪŋ; *AmE* ˈfɔːrgoʊɪŋ/ (*offiz*) **1** *Adj nur vor Nomen* vorhergehend **2 the foregoing** *Nomen* das Gesagte ☞ G 1.3a

fore·gone /ˈfɔːgɒn; *AmE* ˈfɔːrgɔːn, -gɑːn/ *Adj* IDM **be a ˌforegone conˈclusion** ausgemachte Sache sein; von vornherein feststehen

fore·ground¹ /ˈfɔːgraʊnd; *AmE* ˈfɔːrg-/ *Nomen* Vordergrund

fore·ground² /ˈfɔːgraʊnd; *AmE* ˈfɔːrg-/ *Verb* in den Vordergrund stellen, hervorheben

fore·hand /ˈfɔːhænd; *AmE* ˈfɔːrh-/ *Nomen* Vorhand

fore·head /ˈfɔːhed, ˈfɒrɪd; *AmE* ˈfɔːrhed, ˈfɔːred, ˈfɑːr-/ *Nomen* Stirn

for·eign /ˈfɒrən; *AmE* ˈfɔːrən, ˈfɑːrən/ *Adj* **1** ausländisch ◊ *a foreign language* eine Fremdsprache ◊ *people from foreign countries* Leute aus dem Ausland ◊ *She's foreign.* Sie ist Ausländerin. **2** *nur vor Nomen* Außen-, Auslands- ◊ *foreign policy* Außenpolitik ◊ *foreign correspondents* Auslandskorrespondenten ◊ *foreign holidays* Ferien im Ausland **3** (*gehoben*) fremd, Fremd- ◊ *Dishonesty is foreign to his nature.* Unehrlichkeit ist ihm wesensfremd. ◊ *a foreign body* ein Fremdkörper

the ˌForeign and ˈCommonwealth Office (*auch* **the ˈForeign Office**) *Nomen* (*Abk* **FCO**) = das britische Außenministerium ☞ G 1.3a

for·eign·er /ˈfɒrənə(r); *AmE* ˈfɔːr-, ˈfɑːr-/ *Nomen* **1** Ausländer(in) **2** Fremde(r)

ˌforeign exˈchange *Nomen* **1** Devisenhandel, Devisenmarkt, Devisenbörse **2** [U] Devisen ◊ *foreign exchange rates* Wechselkurse

the ˌForeign ˈSecretary *Nomen* = der/die britische Außenminister(in)

the ˈForeign Service *Nomen* (*AmE*) [Sing] der Diplomatendienst

fore·leg /ˈfɔːleg; *AmE* ˈfɔːrleg/ *Nomen* Vorderbein, Vorderlauf

fore·lock /ˈfɔːlɒk; *AmE* ˈfɔːrlɑːk/ *Nomen* Stirnhaar, Stirnlocke IDM **touch/tug your ˈforelock (to sb)** (vor jdm) kriechen

fore·man /ˈfɔːmən; *AmE* ˈfɔːrmən/ *Nomen* (*Pl* **-men** /-mən/) **1** Vorarbeiter, Werkmeister **2** Sprecher der Geschworenen

fore·most¹ /ˈfɔːməʊst; *AmE* ˈfɔːrmoʊst/ *Adj* führend ◊ *This question has been foremost in our minds.* Diese Frage hat uns am meisten beschäftigt.

fore·most² /ˈfɔːməʊst; *AmE* ˈfɔːrmoʊst/ *Adv* IDM ⇨ FIRST²

fore·name /ˈfɔːneɪm; *AmE* ˈfɔːrn-/ *Nomen* (*gehoben*) Vorname

fo·ren·sic /fəˈrensɪk, -ˈrenzɪk/ *Adj nur vor Nomen* forensisch, gerichts-, Gerichts- ◊ *forensic science* Forensik ◊ *the forensic team* die Mitarbeiter der Spurensicherung

fore·play /ˈfɔːpleɪ; *AmE* ˈfɔːrp-/ *Nomen* Vorspiel

fore·run·ner /ˈfɔːrʌnə(r)/ *Nomen* Vorläufer(in)

fore·see /fɔːˈsiː; *AmE* fɔːrˈsiː/ *Verb* (**fore·saw** /fɔːˈsɔː; *AmE* fɔːrˈsɔː/, **fore·seen** /fɔːˈsiːn; *AmE* fɔːrˈsiːn/) vorhersehen, vorhersehen SYN PREDICT

fore·see·able /fɔːˈsiːəbl; *AmE* fɔːrˈs-/ *Adj* voraussehbar IDM **for the foreseeable future** auf/für absehbare Zeit ◊ **in the foreseeable future** in absehbarer Zeit

fore·shadow /fɔːˈʃædəʊ; *AmE* fɔːrˈʃædoʊ/ *Verb* andeuten, ahnen lassen

fore·shore /ˈfɔːʃɔː(r); *AmE* ˈfɔːrʃ-/ *Nomen* **1** Küstenvorland, Uferland **2** Strand

fore·short·en /fɔːˈʃɔːtn; *AmE* fɔːrˈʃɔːrtn/ *Verb* **1** (perspektivisch) verkürzt darstellen **2** (*gehoben*) verkürzen

fore·sight /ˈfɔːsaɪt; *AmE* ˈfɔːrs-/ *Nomen* weise Voraussicht, Weitblick

fore·skin /ˈfɔːskɪn; *AmE* ˈfɔːrs-/ *Nomen* Vorhaut

for·est /ˈfɒrɪst; *AmE* ˈfɔːr-, ˈfɑːr-/ *Nomen* Wald (*auch fig*) IDM ⇨ TREE

fore·stall /fɔːˈstɔːl; *AmE* fɔːrˈs-/ *Verb* (*gehoben*) zuvorkommen, vereiteln

for·ested /ˈfɒrɪstɪd; *AmE* ˈfɔːr-, ˈfɑːr-/ *Adj* bewaldet

for·est·er /ˈfɒrɪstə(r); *AmE* ˈfɔːr-, ˈfɑːr-/ *Nomen* Förster(in)

for·est·ry /ˈfɒrɪstri; *AmE* ˈfɔːr-, ˈfɑːr-/ *Nomen* Forstwirtschaft

fore·taste /ˈfɔːteɪst; *AmE* ˈfɔːrt-/ *Nomen* Vorgeschmack

fore·tell /fɔːˈtel; *AmE* fɔːrˈtel/ *Verb* (**fore·told**, **fore·told** /fɔːˈtəʊld; *AmE* fɔːrˈtoʊld/) vorhersagen, voraussagen SYN PREDICT

fore·thought /ˈfɔːθɔːt; *AmE* ˈfɔːrθ-/ *Nomen* Vorausplanung ◊ *He had had the forethought to book seats.* In weiser Voraussicht hatte er Plätze reserviert.

fore·told Form von FORETELL

for·ever /fərˈevə(r)/ *Adv* **1** (*BrE auch* **for ever**) (für) immer **2** (*BrE auch* **for ever**) (*umgs*) eine Ewigkeit, ewig ◊ *It takes her forever to get dressed.* Sie braucht eine Ewigkeit zum Anziehen. **3** (*umgs*) ständig ◊ *She's forever going on about how poor they are.* Sie beklagt sich ständig, wie arm sie sind.

fore·warn /fɔːˈwɔːn; *AmE* fɔːrˈwɔːrn/ *Verb* (*meist passiv*) vorher warnen, vorwarnen IDM **foreˌwarned is foreˈarmed** Gefahr erkannt, Gefahr gebannt

fore·warn·ing /fɔːˈwɔːnɪŋ; *AmE* fɔːrˈwɔːrn-/ *Nomen* Vorwarnung

forewoman /ˈfɔːwʊmən; *AmE* ˈfɔːrw-/ *Nomen* (*Pl* **-women** /-wɪmɪn/) **1** Vorarbeiterin **2** Sprecherin der Geschworenen

fore·word /ˈfɔːwɜːd; *AmE* ˈfɔːrwɜːrd/ *Nomen* Vorwort

for·feit¹ /ˈfɔːfɪt; *AmE* ˈfɔːrfət/ *Verb* verlieren, einbüßen, verwirken

for·feit² /ˈfɔːfɪt; *AmE* ˈfɔːrfət/ *Nomen* Verlust, (Ein)buße

for·gather = FOREGATHER

for·gave Form von FORGIVE

forge¹ /fɔːdʒ; *AmE* fɔːrdʒ/ *Verb* **1** (*Bündnis, Freundschaft etc.*) schließen ◊ *the move to forge links between schools and local industry* das Bestreben, Beziehungen zwischen Schulen und der ortsansässigen Industrie aufzubauen ◊ *She forged a new career for herself.* Sie baute sich eine neue Karriere auf. **2** fälschen SYN COUNTERFEIT **3** schmieden **4** (*gehoben*) vorankommen, sich vorarbeiten ◊ *He forged through the crowds to the front of the stage.* Er kämpfte sich durch die Menge vor zur Bühne. PHRV **ˌforge aˈhead** schnell vorankommen

forge² /fɔːdʒ; *AmE* fɔːrdʒ/ *Nomen* **1** Schmiede **2** Schmiedeofen, Esse

for·ger /ˈfɔːdʒə(r); *AmE* ˈfɔːrdʒ-/ *Nomen* Fälscher(in)

for·gery /ˈfɔːdʒəri; *AmE* ˈfɔːrdʒ-/ *Nomen* **1** Fälschen **2** Fälschung

for·get /fəˈget; *AmE* fərˈg-/ *Verb* (**for·got** /fəˈgɒt; *AmE* fərˈgɑːt/, **for·got·ten** /fəˈgɒtn; *AmE* fərˈgɑːtn/) **1 ~ (about)** sth etw vergessen ◊ *Aren't you forgetting something?* Hast du nicht etwas vergessen? ◊ *You forgot (about) my birthday.* Du hast meinen Geburtstag vergessen. ◊ *I was forgetting (that) you've been here before.* Ich hatte ganz vergessen, dass du hier schon warst. ◊ *I was forgetting (that) David used to teach you.* Ich habe ganz vergessen, dass David dein Lehrer war. ◊ *You never forget how to ride a bike.* Fahrradfahren verlernt man nicht. ◊ *Try to forget about it.* Versuch, nicht mehr daran zu denken. ◊ *'How much do I owe you?' 'Forget it!'* „Wie viel schulde ich dir?" „Schon gut!" ☞ *Hinweis bei* VERGESSEN **2 ~ yourself** sich vergessen ◊ *I'm forgetting myself. I haven't offered you a drink yet!* Ich bin ein schlechter Gastgeber. Ich habe Ihnen noch nichts zu trinken angeboten. IDM **forˈget it! 1** vergiss es! **2 ~** *Just forget it, will you!* Hör endlich davon auf! **not forgetting …** (*BrE*) sowie ☞ *Siehe auch* FORGIVE

for·get·ful /fəˈgetfl; *AmE* fərˈg-/ *Adj* **1** (*Adv* **for·get·ful·ly** /-fəli/) vergesslich **2** (*gehoben*) nachlässig ◊ **be forgetful of your duties** pflichtvergessen sein ◊ *He was forgetful of all dangers.* Er dachte an keine Gefahr mehr.

for·get·ful·ness /fəˈgetfʊlnəs/ *Nomen* **1** Vergesslichkeit **2** Zerstreutheit, Nachlässigkeit

for·get-me-not *Nomen* Vergissmeinnicht

for·get·ta·ble /fəˈgetəbl/ *AmE* fərˈg-/ *Adj* schnell vergessen ◊ *an instantly forgettable tune* eine Melodie, die man sofort wieder vergisst OPP UNFORGETTABLE

for·giv·a·ble /fəˈgɪvəbl/ *AmE* fərˈg-/ *Adj* verzeihlich OPP UNFORGIVABLE

for·give /fəˈgɪv/ *AmE* fərˈgɪv/ *Verb* (**for·gave** /fəˈgeɪv/ *AmE* fərˈg-/, **for·given** /fəˈgɪvn/ *AmE* fərˈg-/) **1** vergeben, verzeihen ◊ *She'd forgive him anything.* Sie würde ihm alles verzeihen. ◊ *Please forgive me for interrupting/forgive my interrupting, but ...* Bitte verzeihen Sie, dass ich Sie unterbreche, aber ... **2** (*Schulden, Sünden*) erlassen IDM **sb could/might be forgiven for doing sth** es ist durchaus verständlich, dass jd etw tut ◊ *Looking at the crowds out shopping, you could be forgiven for thinking that everyone has plenty of money.* Wenn man die Menge beim Einkaufen betrachtet, kann leicht der Eindruck entstehen, dass alle viel Geld haben. **forˌgive and forˈget** vergeben und vergessen

for·give·ness /fəˈgɪvnəs/ *AmE* fərˈg-/ *Nomen* Vergebung

for·giv·ing /fəˈgɪvɪŋ/ *AmE* fərˈg-/ *Adj* versöhnlich, nachsichtig

forgo (*auch* **forego**) /fɔːˈgəʊ/ *AmE* fɔːrˈgoʊ/ *Verb* (**for·went** /fɔːˈwent/ *AmE* fɔːrˈwent/, **for·gone** /fɔːˈgɒn/ *AmE* fɔːrˈgɔːn, -ˈgɑːn/) verzichten auf

for·got *Form von* FORGET

for·got·ten *Form von* FORGET

fork¹ /fɔːk/ *AmE* fɔːrk/ *Nomen* **1** Gabel ◊ *a fork of lightning* ein Blitz **2** Forke, Gabel **3** Gabelung, Abzweigung

fork² /fɔːk/ *AmE* fɔːrk/ *Verb* **1** (*nicht in der Verlaufsform*) sich gabeln ◊ *The road forks right after the bridge.* Die Straße gabelt sich gleich nach der Brücke. **2** abbiegen ◊ *Fork right after the bridge.* Nach der Brücke rechts abbiegen. **3** gabeln, mit der Gabel aufnehmen ◊ *Clear the soil of weeds and fork in plenty of compost.* Den Boden vom Unkraut befreien und mit der Forke reichlich Kompost untergraben. PHRV ˌfork ˈout (**for sth**) (*umgs*) (für etw) blechen, ˌfork ˈout sth (**for/on sth**) (*umgs*) etw (für etw) blechen

forked /fɔːkt/ *AmE* fɔːrkt/ *Adj* gespalten, gegabelt

ˌforked ˈlightning *Nomen* [U] Linienblitz

fork·ful /ˈfɔːkfʊl/ *AmE* ˈfɔːrk-/ *Nomen* Gabel voll

ˌforklift ˈtruck *Nomen* Gabelstapler

for·lorn /fəˈlɔːn/ *AmE* fərˈlɔːrn/ *Adj* **1** (*Adv* **for·lorn·ly**) (einsam und) verloren **2** verlassen, trostlos **3** (*Adv* **for·lorn·ly**) verzweifelt

form¹ /fɔːm/ *AmE* fɔːrm/ *Nomen* **1** Form, Art ◊ *the different life forms on the planet* die verschiedenen Lebensformen auf dem Planeten ◊ *The disease can take several different forms.* Die Krankheit kann in mehreren verschiedenen Formen auftreten. ◊ *I'm opposed to censorship in any shape or form.* Ich bin gegen jegliche Art von Zensur. ◊ *The training programme takes the form of a series of workshops.* Das Trainingsprogramm besteht aus einer Reihe von Workshops. ◊ *We need to come to some form of agreement.* Wir müssen irgendwie zu einer Übereinkunft kommen. ◊ *forms of transport* Transportmittel **2** Gestalt ◊ *the human form* die menschliche Gestalt ◊ *Help arrived in the form of two policemen.* Hilfe kam in Gestalt von zwei Polizisten. **3** Formular ◊ *an order form* ein Bestellschein ◊ *an application form* ein Bewerbungsbogen **4** Form, Verfassung ◊ *The team is in superb form.* Die Mannschaft ist in Hochform. ◊ *He's right on form as the crazy scientist in his latest film.* Als der verrückte Wissenschaftler ist er in seinem neuesten Film groß in Form. ◊ *On current/present form the party is heading for another election victory.* Wenn sie so weitermacht, geht die Partei einem weiteren Wahlsieg entgegen. **5** (*bes BrE*) (Umgangs)form ◊ *conventional social forms* konventionelle Umgangsformen ◊ *as a matter of form* der Form halber ◊ *What's the form when you apply for a research grant?* Wie geht man am besten vor, wenn man sich um ein Forschungsstipendium bewirbt? **6** (*BrE, veraltet*) **be bad ~** sich nicht gehören; **be good ~** zum guten Ton gehören **7** (*BrE, veraltet*) (SCHULE) Klasse ☛ *Siehe auch* SIXTH FORM IDM **take ˈform** Gestalt annehmen ◊ *In her body a new life was taking form.* In ihr wuchs ein neues Leben heran. ☛ *Siehe auch* SHAPE¹ *und* TRUE

form² /fɔːm/ *AmE* fɔːrm/ *Verb* **1** (sich) bilden ◊ *form the present perfect tense* das Perfekt bilden ◊ *form an opinion about sth* sich eine Meinung über etw bilden ◊ *Their friendship formed gradually over the years.* Über die Jahre wurden sie allmählich zu Freunden. **2** bilden, gründen ◊ *form a government* eine Regierung bilden **3** formen ◊ *They form the clay into figures of animals.* Sie formen den Ton zu Tierfiguren.

for·mal /ˈfɔːml/ *AmE* ˈfɔːrml/ *Adj* (*Adv* **for·mal·ly** /-məli/) **1** formell, förmlich ◊ *formal evening dress* angemessene Abendgarderobe **2** offiziell, formell ◊ *make a formal complaint* eine offizielle Beschwerde erheben ◊ *make a formal apology* sich in aller Form entschuldigen ◊ *He has no formal teaching qualifications.* Er hat keine Lehrbefähigung. ◊ *Young children are beginning their formal education sometimes as early as four years old.* Manche Kinder beginnt die Schulbildung schon mit vier Jahren. **3** formal, Form- ◊ *a purely formal matter* eine reine Formsache **4** (*Stil*) geometrisch streng, formal streng ◊ *formal gardens* streng geometrisch angelegte Gärten

for·mal·de·hyde /fɔːˈmældɪhaɪd/ *AmE* fɔːrˈm-/ *Nomen* Formaldehyd

for·mal·in /ˈfɔːməlɪn/ *AmE* ˈfɔːrm-/ *Nomen* (*Fachspr*) Formalin

for·mal·ism /ˈfɔːməlɪzəm/ *AmE* ˈfɔːrm-/ *Nomen* Formalismus

for·mal·ist /ˈfɔːməlɪst/ *AmE* ˈfɔːrm-/ *Adj* formalistisch

for·mal·ity /fɔːˈmæləti/ *AmE* fɔːrˈm-/ *Nomen* (*Pl* **-ies**) **1** Formalität **2** [meist Sing] Formsache **3** Förmlichkeit

for·mal·iza·tion (*BrE auch* **-isation**) /ˌfɔːməlaɪˈzeɪʃn/ *AmE* ˌfɔːrməlǝˈz-/ *Nomen* Formalisierung, Formalisieren

for·mal·ize (*BrE auch* **-ise**) /ˈfɔːməlaɪz/ *AmE* ˈfɔːrm-/ *Verb* regeln, offiziell machen, formalisieren

for·mal·ly *Adv* ⇨ FORMAL

for·mat¹ /ˈfɔːmæt/ *AmE* ˈfɔːrmæt/ *Nomen* Format, Aufmachung

for·mat² /ˈfɔːmæt/ *AmE* ˈfɔːrmæt/ *Verb* (**-tt-**) (COMP) formatieren

for·ma·tion /fɔːˈmeɪʃn/ *AmE* fɔːrˈm-/ *Nomen* **1** (Heraus)bildung, Formierung **2** Formation

for·ma·tive /ˈfɔːmətɪv/ *AmE* ˈfɔːrm-/ *Adj* nur vor Nomen prägend, formend

for·mer /ˈfɔːmə(r)/ *AmE* ˈfɔːrm-/ **1** *Adj nur vor Nomen* früher, ehemalig ◊ *in former times* früher ◊ *The building has been restored to its former glory.* Nach der Restaurierung erstrahlt das Gebäude in alter Pracht. **2** *Adj nur vor Nomen* erstgenannte **3** *Nomen* **the former** die/der/das erstere OPP LATTER IDM **be a shadow/ghost of your former self** nur noch ein Schatten seiner selbst sein

-former /ˈfɔːmə(r)/ *AmE* ˈfɔːrm-/ (*BrE, veraltet*) (*in Zusammensetzungen*) ≈ Schüler(in) der 6.-13. Klasse ◊ *third-formers* Schüler(innen) der achten Klasse ☛ *Siehe auch* SIXTH-FORMER

for·mer·ly /ˈfɔːməli/ *AmE* ˈfɔːrmərli/ *Adv* früher, ehemals ☛ *Siehe auch* PREVIOUSLY

For·mica™ /fɔːˈmaɪkə/ *AmE* fɔːrˈm-/ *Nomen* Resopal®

for·mid·able /ˈfɔːmɪdəbl, fəˈmɪd-/ *AmE* ˈfɔːrm-, fərˈm-/ *Adj* (*Adv* **for·mid·ably** /-əbli/) **1** gewaltig, enorm **2** Respekt einflößend, Achtung gebietend ◊ *In debate he was a formidable opponent.* In Debatten war er ein starker Gegner. ◊ *a formidable list of qualifications* eine beachtliche Liste von Qualifikationen

form·less /ˈfɔːmləs/ *AmE* ˈfɔːrm-/ *Adj* formlos, amorph

for·mula /ˈfɔːmjələ/ *AmE* ˈfɔːrm-/ (*Pl* **for·mu·las** *oder,* **for·mu·lae** /-liː/) *Nomen* **1** (MATH, NATURW, SPORT) Formel **2** (*fig*) Rezept ◊ *a magic formula* ein Patentrezept ◊ *These detective stories are all written according to a similar formula.* Diese Krimis werden nach Schema F gemacht. **3** Rezeptur **4** Formel, Floskel **5** (*auch* **ˈformula milk**) Babymilchpulver

for·mu·la·ic /ˌfɔːmjuˈleɪɪk/ *AmE* ˌfɔːrm-/ *Adj* floskelhaft

for·mu·late /ˈfɔːmjuleɪt/ *AmE* ˈfɔːrm-/ *Verb* **1** entwickeln ◊ *formulate a peace agreement* eine Friedensvereinbarung ausarbeiten **2** formulieren, ausdrücken

for·mu·la·tion /ˌfɔːmjuˈleɪʃn/ *AmE* ˌfɔːrm-/ *Nomen* Entwicklung, Formulierung

for·ni·cate /ˈfɔːnɪkeɪt/ *AmE* ˈfɔːrn-/ *Verb* (*gehoben, abwert*) Unzucht treiben

for·ni·ca·tion /ˌfɔːnɪˈkeɪʃn/ *AmE* ˌfɔːrn-/ *Nomen* (*gehoben, abwert*) Unzucht

for·sake /fəˈseɪk; *AmE* fərˈs-/ *Verb* (**for·sook** /fəˈsʊk; *AmE* fərˈs-/, **for·saken** /fəˈseɪkən; *AmE* fərˈs-/) (*gehoben*) **1** verlassen **2** entsagen, aufgeben

for·swear /fɔːˈsweə(r); *AmE* fɔːrˈswer/ *Verb* (**for·swore** /fɔːˈswɔː(r); *AmE* fɔːrˈswɔːr/, **for·sworn** /fɔːˈswɔːn; *AmE* fɔːrˈswɔːrn/) (*gehoben*) abschwören

fort /fɔːt; *AmE* fɔːrt/ *Nomen* Fort

forte[1] /ˈfɔːteɪ; *AmE* ˈfɔːrteɪ/ *Nomen* [Sing] Stärke

forte[2] /ˈfɔːteɪ; *AmE* ˈfɔːrteɪ/ *Adj, Adv* (*Abk* **f**) (Mus) forte, laut

forth /fɔːθ; *AmE* fɔːrθ/ *Adv* (*veraltet, außer in bestimmten Wendungen*) ◊ *They set forth at dawn.* Sie zogen im Morgengrauen los. ◊ *gush forth* herausströmen ◊ *Huge chimneys belched forth smoke.* Riesige Schornsteine stießen Rauch aus. IDM **from that day/time ˈforth** (*gehoben*) von jenem Tag/jener Zeit an ☛ *Siehe auch* BACK[3] *und* SO[1]

forth·com·ing /ˌfɔːθˈkʌmɪŋ; *AmE* ˌfɔːrθ-/ *Adj* **1** bevorstehend; (*Film*) in Kürze anlaufend; (*Buch etc.*) in Kürze erscheinend **2** ◊ *Financial support was not forthcoming.* Finanzielle Unterstützung blieb aus. **3** mitteilsam, gesprächig

forth·right /ˈfɔːθraɪt; *AmE* ˈfɔːrθ-/ *Adj* (*Adv* **forth·right·ly**) direkt; (*Meinungen etc.*) entschieden

forth·right·ness /ˈfɔːθraɪtnəs; *AmE* ˈfɔːrθ-/ *Nomen* Direktheit

forth·with /ˌfɔːθˈwɪθ, -ˈwɪð; *AmE* ˌfɔːrθ-/ *Adv* (*gehoben*) umgehend, sofort

for·ti·eth /ˈfɔːtiəθ; *AmE* ˈfɔːrt-/ **1** *Adj, Pron* vierzigste(r,s) ☛ *Beispiele bei* SECHSTE(R,S) **2** *Nomen* Vierzigstel ☛ *Siehe auch* S. 759

for·ti·fi·ca·tion /ˌfɔːtɪfɪˈkeɪʃn; *AmE* ˌfɔːrt-/ *Nomen* Befestigung

for·tify /ˈfɔːtɪfaɪ; *AmE* ˈfɔːrt-/ (**-fies, -fying, -fied, -fied**) *Verb* **1** ~ **sth** (**against sth/sb**) etw (gegen etw/jdn) befestigen **2** ~ **sb/yourself** jdn/sich stärken **3** bestärken **4** ~ **sth** (**with sth**) (*meist passiv*) etw (mit etw) anreichern ◊ *fortified wine* Südwein

fortiori ⇨ A FORTIORI

for·tis·si·mo /fɔːˈtɪsɪməʊ; *AmE* fɔːrˈtɪsɪmoʊ/ (*Abk* **ff**) *Adj, Adv* (Mus) fortissimo, sehr laut

for·ti·tude /ˈfɔːtɪtjuːd; *AmE* ˈfɔːrtətuːd/ *Nomen* innere Stärke

fort·night /ˈfɔːtnaɪt; *AmE* ˈfɔːrt-/ *Nomen* [meist Sing] (*BrE*) vierzehn Tage ◊ *a fortnight ago* vor vierzehn Tagen

fort·night·ly /ˈfɔːtnaɪtli; *AmE* ˈfɔːrt-/ *Adj, Adv* (*BrE*) vierzehntägig ◊ *Meetings take place at fortnightly intervals.* Besprechungen finden alle zwei Wochen statt.

fort·ress /ˈfɔːtrəs; *AmE* ˈfɔːrt-/ *Nomen* Festung

for·tuit·ous /fɔːˈtjuːɪtəs; *AmE* fɔːrˈtuː-/ *Adj* (*Adv* **for·tuit·ous·ly**) (*gehoben*) zufällig ◊ *a fortuitous combination of circumstances* eine Kette von glücklichen Zufällen

for·tu·nate /ˈfɔːtʃənət; *AmE* ˈfɔːrtʃ-/ *Adj* glücklich ◊ *those who were fortunate enough to escape* diejenigen, die das Glück hatten davonzukommen

for·tu·nate·ly /ˈfɔːtʃənətli; *AmE* ˈfɔːrtʃ-/ *Adv* glücklicherweise, zum Glück ◊ *Fortunately for him, they didn't notice.* Zu seinem Glück haben sie es nicht bemerkt. OPP UNFORTUNATELY

for·tune /ˈfɔːtʃuːn; *AmE* ˈfɔːrtʃ-/ *Nomen* **1** Glück ◊ *a stroke of fortune* ein Glücksfall **2** Vermögen **3** [meist Pl] Schicksal, Geschick ◊ *a reversal of fortunes* eine Schicksalswende **4** Schicksal ◊ *tell sb's fortune* jdm wahrsagen IDM ⇨ HOSTAGE *und* SEEK

ˈfortune cookie *Nomen* (*AmE*) (chinesischer) Glückskeks

ˈfortune teller *Nomen* Wahrsager(in)

forty /ˈfɔːti; *AmE* ˈfɔːrti/ **1** *Zahl* vierzig ☛ *Beispiele bei* SECHZIG **2** **the forties** *Nomen* [Pl] ☛ *Beispiele bei* SIXTY

forum /ˈfɔːrəm/ *Nomen* Forum

for·ward[1] /ˈfɔːwəd; *AmE* ˈfɔːrwərd/ *Adv* **1** (*BrE auch* **forwards**) vorwärts, nach vorn **2** voran **3** (NAUT, AERO) vorn IDM ⇨ BACKWARDS *und* CLOCK[1]

for·ward[2] /ˈfɔːwəd; *AmE* ˈfɔːrwərd/ *Adj* **1** *nur vor Nomen* Vorwärts- ◊ *forward slash* Slash **2** *nur vor Nomen* Vorder- **3** Voraus- ◊ *forward planning* Vorausplanung ◊ *The plans are still no further forward.* Die Pläne sind noch nicht weiter fortgeschritten. **4** dreist, unverfroren OPP BACKWARD

for·ward[3] /ˈfɔːwəd; *AmE* ˈfɔːrwərd/ *Verb* **1** ~ **sth** (**to sb**); ~ (**sb**) **sth** (*offiz*) (jdm) etw schicken **2** ~ **sth** (**to sb**) etw (an jdn) nachsenden **3** (*Pläne, Entwicklungen etc.*) vorantreiben

for·ward[4] /ˈfɔːwəd; *AmE* ˈfɔːrwərd/ *Nomen* (SPORT) Stürmer(in)

ˈforwarding address *Nomen* Nachsendeadresse

ˈforward-looking *Adj* vorausschauend, zukunftsorientiert

for·ward·ness /ˈfɔːwədnəs; *AmE* ˈfɔːrwərd-/ *Nomen* [U] Dreistigkeit, Unverfrorenheit

for·went *Form von* FORGO

fos·sil /ˈfɒsl; *AmE* ˈfɑːsl/ *Nomen* Fossil (*auch fig*)

ˈfossil fuel *Nomen* fossiler Brennstoff

fos·sil·ize (*BrE auch* **-ise**) /ˈfɒsəlaɪz; *AmE* ˈfɑːs-/ *Verb* **1** (*meist passiv*) fossilisieren (lassen), versteinern (lassen) **2** (*fig*) erstarren (lassen)

fos·ter[1] /ˈfɒstə(r); *AmE* ˈfɔːs-, ˈfɑːs-/ *Verb* (*gehoben*) **1** fördern; (*Eindruck*) verstärken **2** (*bes BrE*) (*Kind*) in Pflege nehmen

fos·ter[2] /ˈfɒstə(r); *AmE* ˈfɔːs-, ˈfɑːs-/ *Adj nur vor Nomen* Pflege- ◊ *a foster home* eine Pflegefamilie ◊ *She was placed in foster care.* Sie wurde bei Pflegeeltern untergebracht.

fought *Form von* FIGHT[1]

foul[1] /faʊl/ *Adj* (*Adv* **foul·ly**) **1** übel riechend, schmutzig; (*Wasser*) verschmutzt; (*Luft auch*) stickig **2** (*bes BrE*) scheußlich ◊ *She's in a foul mood.* Sie hat richtig miese Laune. ◊ *His boss has a foul temper.* Sein Chef ist ein Choleriker. **3** (*Sprache*) unanständig ◊ *He called her the foulest names imaginable.* Er hat sie übel beschimpft. **4** (*Wetter*) stürmisch, scheußlich **5** (*Verbrechen*) abscheulich IDM **fall foul of ˈsb/ˈsth** mit jdm/etw in Konflikt geraten ☛ *Siehe auch* CRY[1] *und* FAIR[1]

foul[2] /faʊl/ *Verb* **1** (SPORT) foulen; (*beim Baseball*) (den Ball) ins Aus schlagen **2** ~ **sth** (**up**) etw blockieren; ~ (**up**) sich verheddern **3** beschmutzen, verschmutzen; (*Luft*) verpesten PHRV **ˌfoul ˈup** Mist bauen ◊ *I've fouled up again.* Ich hab mal wieder Mist gebaut. **ˌfoul sth ˈup** etw versauen

foul[3] /faʊl/ *Nomen* (SPORT) Foul ◊ *a professional foul* eine Notbremse

ˌfoul-ˈmouthed *Adj* vulgär, unflätig

ˌfoul ˈplay *Nomen* **1** Gewaltverbrechen mit Todesfolge ◊ *Foul play is not suspected.* Man geht nicht von einem Gewaltverbrechen aus. **2** (*BrE*) (SPORT) Foulspiel

ˈfoul-up *Nomen* Fehler, Schlamassel

found[1] *Form von* FIND[1]

found[2] /faʊnd/ *Verb* **1** gründen **2** **be founded on sth** auf etw basieren **3** (*Metall*) gießen

foun·da·tion /faʊnˈdeɪʃn/ *Nomen* **1** [meist Pl] Fundament **2** Grundlage **3** Stiftung **4** Gründung **5** (*Kosmetik*) Grundierung, Foundation IDM **shake/rock the ˈfoundations of sth; shake/rock sth to its ˈfoundations** etw in seinen Grundfesten erschüttern

founˈdation course *Nomen* (*BrE*) Vorkurs

founˈdation stone *Nomen* Grundstein

foun·der[1] /ˈfaʊndə(r)/ *Nomen* Gründer(in)

foun·der[2] /ˈfaʊndə(r)/ *Verb* (*gehoben*) **1** ~ (**on sth**) (an etw) scheitern **2** (*Schiff*) sinken; ~ **on sth** auf etw auflaufen

ˌfounder ˈmember *Nomen* (*BrE*) Gründungsmitglied

ˌfounding ˈfather *Nomen* (*gehoben*) **1** Begründer, Gründervater **2** **Founding Father** = Mitglied der verfassungsgebenden Versammlung der USA von 1787

foun·dry /ˈfaʊndri/ *Nomen* (*Pl* **-ies**) Gießerei

fount /faʊnt/ *Nomen* (*gehoben oder hum*) Born, Quelle ◊ *the fount of all knowledge* der Brunnen allen Wissens

foun·tain /ˈfaʊntɪn; *AmE* ˈfaʊntn/ *Nomen* **1** Fontäne, (*Spring*)- ☛ *Siehe auch* DRINKING FOUNTAIN *und* WATER FOUNTAIN **2** Strahl, Schwall ◊ *a fountain of sparks* ein Funkenregen **3** Quelle

ˈfountain pen *Nomen* Füllfederhalter, Füller

four /fɔː(r)/ *Zahl* **1** vier ☛ *Beispiele bei* SECHS **2** Vierer(gruppe) ◊ *make up a four at tennis* beim Tennisdoppel mitspielen ◊ *a coach and four* ein Vierspänner IDM **on all ˈfours** auf allen vieren ◊ **these four ˈwalls** *Don't let this go further than these four walls.* Das muss unter uns bleiben.

four-by-'four (auch **4x4**) Nomen (AmE) Allrad, Fahrzeug mit Vierradantrieb
four·fold /ˈfɔːfəʊld; AmE ˈfɔːrfoʊld/ Adj, Adv ⇨ -FOLD
four-letter 'word Nomen Vulgärausdruck
four-poster 'bed (auch **four-'poster**) Nomen Himmelbett
four·some /ˈfɔːsəm; AmE ˈfɔːrsəm/ Nomen Vierer, Quartett ◊ *Can you make up a foursome for tennis?* Kannst du mit uns ein Tennisdoppel spielen?
four-'square¹ Adj **1** quadratisch (und solide) **2** standfest, standhaft
four-'square² Adv **1** unerschütterlich, fest ◊ *I stand four-square with the President on this issue.* In dieser Sache stehe ich voll auf der Seite des Präsidenten. ◊ *The responsibility lies four-square with him.* Die Verantwortung liegt voll und ganz bei ihm. **2** solide
four·teen /ˌfɔːˈtiːn; AmE ˌfɔːrˈt-/ Zahl vierzehn ☛ *Beispiele bei* SECHS
four·teenth /ˌfɔːˈtiːnθ; AmE ˌfɔːrˈt-/ Adj, Pron vierzehnte(r,s) ☛ *Beispiele bei* SECHSTE(R,S)
fourth /fɔːθ; AmE fɔːrθ/ **1** Pron vierte(r,s) ☛ *Beispiele bei* SECHSTE(R,S) **2** Nomen Viertel ☛ *Siehe auch* S. 759
the ˌfourth eˈstate Nomen die Presse SYN THE PRESS
fourth·ly /ˈfɔːθli; AmE ˈfɔːrθ-/ Adv viertens
the ˌFourth of Juˈly Nomen der vierte Juli: Jahrestag der amerikanischen Unabhängigkeitserklärung und amerikanischer Feiertag. ☛ *Siehe auch* INDEPENDENCE DAY
four-wheel 'drive Nomen (Auto mit) Vierradantrieb, Allradantrieb
four-'wheeler Nomen Fahrzeug mit Vierradantrieb
fowl /faʊl/ Nomen (Pl **fowl** oder **fowls**) Geflügel ◊ *a variety of domestic fowl* eine Geflügelart ☛ G 1.2 ☛ *Siehe auch* GUINEAFOWL, WATERFOWL und WILDFOWL IDM ⇨ FISH¹
fox¹ /fɒks; AmE fɑːks/ Nomen **1** Fuchs (auch fig) ☛ *Siehe auch* FLYING FOX **2** [U] Fuchspelz
fox² /fɒks; AmE fɑːks/ Verb (bes BrE, umgs) ~ **sb** jdm zu hoch sein, jdn verwirren
fox·glove /ˈfɒksɡlʌv; AmE ˈfɑːks-/ Nomen Fingerhut
fox·hole /ˈfɒkshəʊl; AmE ˈfɑːkshoʊl/ Nomen (MIL) Schützenloch ☛ *Siehe auch* HOLE
fox·hound /ˈfɒkshaʊnd; AmE ˈfɑːks-/ Nomen Foxhound
'fox-hunting (BrE auch **hunt·ing**) Nomen Fuchsjagd
fox·trot /ˈfɒkstrɒt; AmE ˈfɑːkstrɑːt/ Nomen Foxtrott
foxy /ˈfɒksi; AmE ˈfɑːksi/ Adj **1** fuchsähnlich **2** (bes AmE, umgs) (Frau) scharf, sexy **3** listig, durchtrieben SYN CUNNING
foyer /ˈfɔɪeɪ; AmE ˈfɔɪər/ Nomen **1** Foyer, Eingangshalle ☛ *Siehe auch* LOBBY **2** (AmE) Diele
Fr (bes AmE **Fr.**) Abk = FATHER¹ (2)
fra·cas /ˈfrækɑː; AmE ˈfreɪkəs/ Nomen (Pl **fra·cas** /-kɑːz/, AmE **fra·cases** /-kəsɪz/) [meist Sing] Krawall, Aufruhr, Krach
frac·tion /ˈfrækʃn/ Nomen **1** Bruchteil ◊ *The car missed him by a fraction of an inch.* Er entging dem Auto um Haaresbreite. ◊ *Could you move a fraction closer?* Könnten Sie ein kleines bisschen näher rücken? **2** (MATH) Bruch ☛ *Siehe auch* VULGAR FRACTION

> Wenn **fraction** mit einem Nomen im Plural gebraucht wird, steht das Verb gewöhnlich im Plural: *Only a fraction of cars in the UK use leaded petrol.* Wird es mit einem Nomen im Singular benutzt, das eine Gruppe von Menschen bezeichnet, kann das Verb im Singular oder Plural stehen. In amerikanischem Englisch ist es dann zumeist im Plural: *A tiny fraction of the population never vote/votes.*

frac·tion·al /ˈfrækʃənl/ Adj (gehoben) geringfügig **2** (MATH) Bruch-
frac·tion·al·ly /ˈfrækʃənəli/ Adv knapp, um eine Spur, um einen Bruchteil
frac·tious /ˈfrækʃəs/ Adj (bes BrE) **1** quengelig, übellaunig **2** (gehoben) aufsässig, aufgebracht
frac·ture¹ /ˈfræktʃə(r)/ Nomen (Knochen)bruch, Fraktur ◊ *fractures in the wall* Bruchstellen am Mauerwerk
frac·ture² /ˈfræktʃə(r)/ Verb brechen ◊ *She fractured her skull.* Sie zog sich einen Schädelbruch zu.

fra·gile /ˈfrædʒaɪl; AmE -dʒl/ Adj **1** (leicht) zerbrechlich, brüchig ◊ *a fragile ceasefire* ein unsicherer Waffenstillstand **2** schwach, gebrechlich ◊ *the world's fragile environment* die weltweit gefährdete Umwelt **3** zart, fragil **4** (BrE, umgs) angeschlagen, mitgenommen
fra·gil·ity /frəˈdʒɪləti/ Nomen Zerbrechlichkeit, Anfälligkeit, Fragilität
frag·ment¹ /ˈfræɡmənt/ Nomen Bruchstück, Fragment, Scherbe ◊ *I overheard a fragment of the conversation.* Ich bekam Gesprächsfetzen mit.
frag·ment² /fræɡˈment/ Verb (gehoben) zerbrechen, auseinander brechen ◊ *The bullets fragment on impact.* Bei Einschlag zersplittern die Kugeln.
frag·men·tary /ˈfræɡməntri; AmE -teri/ Adj bruchstückhaft, fragmentarisch ◊ *There is only fragmentary evidence.* Die Beweise sind nur lückenhaft.
frag·men·ta·tion /ˌfræɡmenˈteɪʃn/ Nomen Zerstückelung, Zersplitterung, Fragmentierung
frag·ment·ed /fræɡˈmentɪd/ Adj fragmentiert, zerstückelt
fra·grance /ˈfreɪɡrəns/ Nomen **1** Duft, Duft(note) ☛ *Hinweis bei* GERUCH **2** Parfum SYN PERFUME
fra·grant /ˈfreɪɡrənt/ Adj duftend, wohlriechend, aromatisch
frail /freɪl/ Adj **1** gebrechlich, schwach **2** zart, zerbrechlich
frailty /ˈfreɪlti/ Nomen Gebrechlichkeit, Schwäche
frame¹ /freɪm/ Nomen **1** Rahmen (auch fig) ◊ *a picture frame* ein Bilderrahmen **2** Gestell, Rahmen ◊ *the frame of an aircraft* das Gerippe eines Flugzeugs ☛ *Siehe auch* CLIMBING FRAME **3** [meist Pl] (Brillen)gestell **4** [meist Sing] Gestalt, Statur **5** (im Film, Comic) (Einzel)bild **6** = COLD FRAME **7** Spiel(runde) **8** (COMP) Frame IDM **be in the 'frame** im Rennen sein **be out of the frame** aus dem Rennen sein
frame² /freɪm/ Verb **1** (meist passiv) (um)rahmen **2** (meist passiv) ~ **sb** (**for sth**) jdm etw anhängen ◊ *She was framed for murder.* Man hat ihr einen Mord angehängt. ◊ *Was he framed?* Hat man ihm die Sache angehängt? SYN FIT SB UP **3** (gehoben) entwickeln ◊ *frame a set of rules* Richtlinien festlegen **4** formulieren
framed /freɪmd/ Adj (oft in Zusammensetzungen) gerahmt, mit ... Rahmen ◊ *a gilt-framed mirror* ein Spiegel mit Goldrahmen
ˌframe of 'mind Nomen [Sing] (Gemüts)verfassung ◊ *We'll discuss this when you're in a better frame of mind.* Wir werden dies besprechen, wenn du bessere Laune hast.
ˌframe of 'reference Nomen (Pl **frames of reference**) Bezugsrahmen
'frame-up Nomen (umgs) fabrizierte Anklage ◊ *a police frame-up* eine von der Polizei fabrizierte Anklage
frame·work /ˈfreɪmwɜːk; AmE -wɜːrk/ Nomen **1** Tragkonstruktion, (Dach)gebälk **2** Rahmen, Grundlage ◊ *within existing frameworks of practice* im Rahmen der bestehenden Praxis
franc /fræŋk/ Nomen Franc, Franken
fran·chise¹ /ˈfræntʃaɪz/ Nomen **1** Franchise, Lizenz ◊ *operate a business under franchise* ein Geschäft auf Franchise-Basis führen **2** Franchise-Unternehmen **3** (gehoben) Wahlrecht
fran·chise² /ˈfræntʃaɪz/ Verb (meist passiv) ~ **sth** (**out**) für etw eine Lizenz vergeben ◊ *franchised restaurants* Restaurants im Franchisebetrieb
fran·chisee /ˌfræntʃaɪˈziː/ Nomen Lizenznehmer(in), Franchise-Nehmer(in)
fran·chiser /ˈfræntʃaɪzə(r)/ Nomen Lizenzgeber(in), Franchise-Geber(in)
fran·chis·ing /ˈfræntʃaɪzɪŋ/ Nomen [U] Franchising, Franchise-System
franco·phone /ˈfræŋkəfəʊn; AmE -foʊn/ **1** Adj nur vor Nomen frankophon, französischsprachig **2** Nomen Französischsprachige(r)
frank¹ /fræŋk/ Adj offen, ehrlich ◊ *He was very frank about it.* Er sprach sehr offen darüber. ◊ *to be frank with you* ehrlich gesagt ◊ *a frank admission of guilt* ein volles Eingeständnis der Schuld
frank² /fræŋk/ Verb frankieren

frank·furt·er /ˈfræŋkfɜːtə(r)/; *AmE* -fɜːrt-/ *Nomen* Frankfurter/Wiener Würstchen

frank·in·cense /ˈfræŋkmsens/ *Nomen* Weihrauch

frank·ly /ˈfræŋkli/ *Adv* **1** offen **2** ehrlich gesagt

frank·ness /ˈfræŋknəs/ *Nomen* Offenheit, Unbefangenheit

fran·tic /ˈfræntɪk/ *Adj* **1** fieberhaft, verzweifelt ◊ *Things are frantic in the office right now.* Im Moment ist es im Büro sehr hektisch. ◊ *They worked with frantic haste.* Sie arbeiteten wie verrückt. **2** außer sich, völlig aufgelöst ◊ *The children are driving me frantic.* Die Kinder treiben mich zur Verzweiflung.

fran·tic·al·ly /ˈfræntɪkli/ *Adv* wie wild, wie verrückt ◊ *He waved his arms frantically.* Er winkte wie wild. ◊ *frantically worried* außer sich vor Sorge

frat /fræt/ = FRATERNITY (2)

fra·ter·nal /frəˈtɜːnl/; *AmE* -ˈtɜːrnl/ *Adj* brüderlich, unter Brüdern ◊ *a fraternal association* eine Vereinigung

fraˌternal ˈtwin *Nomen* zweieiiger Zwilling

fra·ter·ni·ty /frəˈtɜːnəti/; *AmE* -ˈtɜːrn-/ *Nomen* (*Pl* **-ies**) **1** Vereinigung, Zunft ◊ *the medical fraternity* die Ärzteschaft ◊ *among the criminal fraternity* unter Kriminellen ◊ *the sporting fraternity* die Sportlergemeinde ☛ G 1.3b **2** (*AmE* **frat** *umgs*) (*für Männer*) Studentenverbindung ☛ *Siehe auch* SORORITY **3** (*gehoben*) Brüderlichkeit

frat·er·ni·za·tion /ˌfrætənaɪˈzeɪʃn/; *AmE* -tərnəˈz-/ *Nomen* Fraternisierung, Verbrüderung

frat·er·nize (*BrE auch* **-ise**) /ˈfrætənaɪz/; *AmE* -tərn-/ *Verb* ~ (**with sb**) (mit jdm) fraternisieren, sich (mit jdm) verbrüdern

frat·ri·cid·al /ˌfrætrɪˈsaɪdl/ *Adj* brudermörderisch ◊ *a fratricidal war* ein Bruderkrieg

frat·ri·cide /ˈfrætrɪsaɪd/ *Nomen* [U] **1** (*gehoben*) Brudermord, Geschwistermord **2** Brudermörder(in), Geschwistermörder(in)

fraud /frɔːd/ *Nomen* **1** Betrug, Schwindel **2** Betrüger(in), Schwindler(in)

fraudu·lent /ˈfrɔːdjələnt/; *AmE* -dʒə-/ *Adj* betrügerisch ◊ *fraudulent advertising* Werbebetrug

fraudu·lent·ly /ˈfrɔːdjələntli/; *AmE* -dʒə-/ *Adv* in betrügerischer Weise

fraught /frɔːt/ *Adj* **1** ~ **with sth** ◊ *fraught with danger* voller Gefahr **2** (*bes BrE*) angespannt, gestresst

fray¹ /freɪ/ *Verb* **1** ausfransen ◊ *The cuffs are fraying.* Die Manschetten sind abgetragen. **2** gereizt werden ◊ *Tempers began to fray.* Die Leute wurden zunehmend gereizt.

fray² /freɪ/ *Nomen* **the fray** [Sing] Getümmel, (Wett)streit ◊ *be ready for the fray* kampfbereit sein ◊ *enter/join the fray* sich in den Kampf stürzen

fraz·zled /ˈfræzld/ *Adj* (*umgs*) erschöpft, fix und fertig

freak¹ /friːk/ *Nomen* **1** (*umgs*) Fanatiker(in) **2** (*abwert*) Freak, Sonderling **3** ◊ *a freak of fate/fortune* eine Laune des Schicksals

freak² /friːk/ *Adj nur vor Nomen* außergewöhnlich

freak³ /friːk/ *Verb* **1** ~ (**out**) ausflippen **2** ~ **sb** (**out**) jdn ausflippen lassen ◊ *Snakes really freak me out.* Ich habe einen echten Horror vor Schlangen.

freak·ish /ˈfriːkɪʃ/ *Adj* (*Adv* **freak·ish·ly**) verrückt, außergewöhnlich

freckle /ˈfrekl/ *Nomen* Sommersprosse

freckled /ˈfrekld/ *Adj* sommersprossig

free¹ /friː/ *Adj* **1** frei ◊ *set sb free* jdn freilassen ◊ *How did the dog get free?* Wie hat sich der Hund losgemacht? ◊ *the free end of the rope* das lose Ende des Seils ◊ *You are free to come and go as you wish.* Du kannst kommen und gehen, wie du willst. **2** ~ **from/of sth** frei von etw, -frei ◊ *free from pain* schmerzfrei ◊ *free of artificial colouring* ohne künstliche Farbstoffe **3** kostenlos, gratis ◊ *Delivery is free (of charge).* Die Lieferung ist kostenlos. ◊ *free tickets for the theatre* Freikarten für das Theater **4** **be ~** freihaben **5** (*meist abwert*) **be ~ with sth** freizügig mit etw sein ◊ *She's always very free with her advice.* Sie drängt einem immer gleich gute Ratschläge auf. IDM **for ˈfree** umsonst **free and ˈeasy** locker; ungezwungen **give sb a free ˈhand** jdm freie Hand lassen ☛ *Siehe auch* FEEL¹, HAND¹ *und* REIN¹

free² /friː/ *Verb* **1** freilassen; ~ **sb from sth** jdn aus etw entlassen **2** ~ **sb/sth/yourself** (**from sth**) jdn/etw/sich (von etw) befreien ◊ *free the driver from the wreckage* den Fahrer aus dem Wrack befreien ◊ *free young people from dependency on drugs* junge Leute aus der Drogenabhängigkeit befreien **3** ~ **sb/sth of sth** jdn/etw von etw entlasten ◊ *free yourself of inhibitions* sich von Zwängen freimachen ◊ *exercises to free the body of tension* Lockerungsübungen **4** ~ **sb/sth** (**up**) jdn/etw verfügbar machen; (*Mittel*) bereitstellen **5** ~ **sb to do sth** jdm etw ermöglichen ◊ *The legacy freed her to paint full-time.* Das Erbe ermöglichte es ihr, sich ganz dem Malen zu widmen.

free³ /friː/ *Adv* **1** (*auch* ˌfree of ˈcharge) umsonst **2** los- ◊ *The survivors had to be cut free.* Die Überlebenden mussten mit der Rettungsschere befreit werden. ◊ *She managed to pull herself free.* Es gelang ihr, sich zu befreien. ◊ *The wagon broke free from the train.* Der Waggon löste sich vom Zug. IDM ☛ WALK¹

free·bie /ˈfriːbi/ *Nomen* (*umgs*) Gratisgeschenk

ˌFree ˈChurch *Nomen* Freikirche

free·dom /ˈfriːdəm/ *Nomen* Freiheit ◊ *freedom of expression/action* Meinungs-/Handlungsfreiheit ◊ *freedom from pain* Schmerzfreiheit ◊ *give sb greater freedom in deciding sth* jdm größeren Entscheidungsspielraum geben IDM **the freedom of the ˈcity** das Ehrenbürgerrecht

ˈfreedom fighter *Nomen* Freiheitskämpfer(in)

ˌfree ˈenterprise *Nomen* [U] freie Marktwirtschaft

ˌfree ˈfall *Nomen* freier Fall (*auch fig*) ◊ *Share prices have gone into free fall.* Die Aktienkurse sind abgestürzt.

ˈfree-for-all *Nomen* [Sing] (Massen)schlägerei, Gerangel (*auch fig*) ◊ *a free-for-all among exporters* ein wilder Konkurrenzkampf zwischen Exporteuren

free·hand /ˈfriːhænd/ *Adv nur vor Nomen*, *Adv* freihändig

free·hold¹ /ˈfriːhəʊld/; *AmE* -hoʊld/ **1** *Nomen* (*bes BrE*) = uneingeschränktes Eigentumsrecht **2** *Adj* Eigentums- ◊ *freehold property* Grund- und Hauseigentum

free·hold² /ˈfriːhəʊld/; *AmE* -hoʊld/ *Adv* als Eigentum

free·hold·er /ˈfriːhəʊldə(r)/; *AmE* -hoʊld-/ *Nomen* (*bes BrE*) Eigentümer(in)

ˌfree ˈhouse *Nomen* (*BrE*) = brauereiunabhängiges Wirtshaus

ˌfree ˈkick *Nomen* Freistoß ◊ *take a free kick* einen Freistoß ausführen

free·lance¹ /ˈfriːlɑːns/; *AmE* -læns/ *Adj*, *Adv* freiberuflich ◊ *go freelance* sich selbstständig machen

free·lance² /ˈfriːlɑːns/; *AmE* -læns/ *Verb* freiberuflich arbeiten

free·lancer /ˈfriːlɑːnsə(r)/; *AmE* -lænsər/ (*auch* **freelance**) /ˈfriːlɑːns/; *AmE* -læns/ *Nomen* freie(r) Mitarbeiter(in)

free·ly /ˈfriːli/ *Adv* **1** frei ◊ *Traffic is moving freely.* Der Verkehr geht zügig voran. ◊ *The book is now freely available.* Das Buch ist jetzt überall erhältlich. **2** freimütig **3** großzügig ◊ *give freely* großzügig spenden ◊ *She has always given freely of her time.* Sie ist immer sehr großzügig mit ihrer Zeit.

free·man /ˈfriːmən/ (*Pl* **free·men** /-mən/) *Nomen* (*BrE*) Ehrenbürger(in)

ˌfree ˈmarket *Nomen* freier Markt ◊ *a free-market economy* eine freie Marktwirtschaft

Free·mason /ˈfriːmeɪsn/ (*auch* **mason**) *Nomen* Freimaurer

Free·mason·ry /ˈfriːmeɪsnri/ *Nomen* Freimaurerei

ˌfree ˈperiod *Nomen* (*BrE*) Freistunde

Free·post /ˈfriːpəʊst/; *AmE* -poʊst/ *Nomen* Gebühr zahlt Empfänger

ˌfree ˈradical *Nomen* freier Radikaler

ˌfree-ˈrange *Adj* frei laufend ◊ *free-range eggs* Eier von frei laufenden Hühnern

free·sia /ˈfriːʒə, ˈfriːziə/ *Nomen* Freesie

ˌfree-ˈstanding *Adj* **1** frei stehend **2** unabhängig

free·style /ˈfriːstaɪl/ *Nomen* Freistil, Kür ◊ *freestyle wrestling* Freistilringen ◊ *freestyle skiing* Trickskifahren

ˌfree ˈtrade *Nomen* Freihandel

ˌfree ˈverse *Nomen* freier Vers

ˌfree ˈvote *Nomen* (*BrE*) (*Pol*) Stimmabgabe ohne Fraktionszwang

free·ware /ˈfriːweə(r)/; *AmE* -wer/ *Nomen* Freeware, kostenlose Software

free·way /ˈfriːweɪ/ *Nomen* (*AmE*) Autobahn
free-ˈwheel /ˌfriːˈwiːl/ *Verb* im Freilauf fahren
ˌ**free ˈwill** *Nomen* freier Wille IDM **of your own free ˈwill** aus freiem Willen
freeze¹ /friːz/ *Verb* (**froze** /frəʊz; *AmE* froʊz/, **fro·zen** /ˈfrəʊzn; *AmE* ˈfroʊzn/) **1** (*Flüssigkeit, Erde etc.*) gefrieren; (*Wetter*) frieren; (*Fluss, See, Rohr*) zufrieren; (*Mensch*) erfrieren ◊ *It may freeze tonight.* Es gibt heute Nacht vielleicht Frost. ◊ *It's freezing hard outside.* Draußen ist starker Frost. ◊ *The pipes have frozen* (*up*). Die Rohre sind eingefroren. ◊ *Two men froze to death on the mountain.* Auf dem Berg sind zwei Männer erfroren. **2** (*Lebensmittel, Geld, Gehälter*) einfrieren ◊ *frozen peas* tiefgekühlte Erbsen **3** (*Lebensmittel*) sich einfrieren lassen ◊ *Raspberries freeze well.* Himbeeren lassen sich gut einfrieren. **4** erstarren ◊ *freeze with terror* vor Schreck erstarren ◊ *He stood frozen to the spot.* Er stand wie gelähmt da. ◊ *Freeze!* Keine Bewegung! IDM **freeze your ˈblood/make your ˈblood freeze** einem das Blut in den Adern gefrieren lassen PHRV ˌ**freeze sb ˈout** jdn hinausekeln ˌ**freeze ˈover** zufrieren ◊ *The lake was/had frozen over.* Der See war zugefroren.
freeze² /friːz/ *Nomen* **1** ~ (**on sth**) Stopp ◊ *a wage freeze* ein Lohnstopp **2** (*BrE*) (lang anhaltender) Frost ◊ *the big freeze of '84* die Kälteperiode von 84 **3** (*AmE*) Frost (*über Nacht*) ◊ *a freeze warning* eine Frostwarnung
ˈ**freeze-dried** *Adj* gefriergetrocknet
ˈ**freeze-frame** *Nomen* Standbild
freezer /ˈfriːzə(r)/ *Nomen* Tiefkühlschrank, Tiefkühltruhe
freez·ing¹ /ˈfriːzɪŋ/ *Adj* **1** eiskalt ◊ *I'm freezing!* Mir ist eiskalt! **2** nur vor Nomen eisig ◊ *freezing temperatures* Temperaturen unter Null
freez·ing² /ˈfriːzɪŋ/ *Adv* (*umgs*) ◊ *It's freezing cold.* Es ist eiskalt.
ˈ**freezing point** *Nomen* **1** (*auch* **freez·ing**) Null ◊ *below freezing* (*point*) unter Null **2** [meist Sing] Gefrierpunkt
freight¹ /freɪt/ *Nomen* [U] **1** Güter **2** Fracht ◊ *by air freight* per Luftfracht ◊ *a freight company* eine Spedition
freight² /freɪt/ *Verb* (ver)schicken, verschiffen
ˈ**freight car** *Nomen* (*AmE*) Güterwagen
freight·er /ˈfreɪtə(r)/ *Nomen* **1** Frachtschiff **2** Frachtflugzeug
ˈ**freight train** *Nomen* Güterzug
French¹ /frentʃ/ *Adj* französisch ◊ *a French Canadian* ein Frankokanadier ☛ *Siehe auch* S. 767
French² /frentʃ/ *Nomen* **1 the French** [Pl] die Franzosen **2** (*Sprache*) Französisch
ˌ**French ˈbean** *Nomen* grüne Bohne
ˌ**French ˈbread** *Nomen* [U] Baguette, Stangenweißbrot
ˌ**French ˈdoor** *Nomen* [meist Pl] (*AmE*) Terrassentür, Balkontür
ˌ**French ˈdressing** *Nomen* Vinaigrette
ˌ**French ˈfries** *Nomen* [Pl] (*bes AmE*) Pommes frites
ˌ**French ˈhorn** *Nomen* (Wald)horn
ˌ**French ˈkiss** *Nomen* Zungenkuss
ˌ**French ˈloaf** *Nomen* (*Pl* **loaves**) (*auch* ˌ**French ˈstick**) Baguette, Stangenweißbrot
ˌ**French ˈwindow** *Nomen* [meist Pl] (*BrE*) Terrassentür, Balkontür
fre·net·ic /frəˈnetɪk/ *Adj* hektisch ◊ *at a frenetic pace* in einem atemberaubenden Tempo
fren·zied /ˈfrenzid/ *Adj* wild ◊ *frenzied fans* wild gewordene Fans ◊ *frenzied activity* hektische Betriebsamkeit
frenzy /ˈfrenzi/ *Nomen* (*Pl* **-ies**) ◊ *in a frenzy of activity* in hektischer Betriebsamkeit ◊ *in a frenzy of excitement* in wilder Aufregung ◊ *a frenzy of violence* ein Gewaltausbruch ◊ *The speaker worked the crowd up into a frenzy.* Der Redner brachte die Menge zum Rasen. ◊ *a killing frenzy* ein Mordrausch
fre·quency /ˈfriːkwənsi/ *Nomen* (*Pl* **-ies**) **1** Häufigkeit ◊ *These accidents have increased in frequency.* Solche Unfälle sind häufiger geworden. **2** (TECH) Frequenz
fre·quent¹ /ˈfriːkwənt/ *Adj* (*Adv* **fre·quent·ly**) häufig ◊ *He is a frequent visitor to this country.* Er besucht dieses Land oft. ◊ *Her calls became less frequent.* Ihre Anrufe wurden seltener. ◊ *Buses run frequently to the airport.* Busse fahren in kurzen Abständen zum Flughafen.
fre·quent² /frɪˈkwent/ *Verb* (*gehoben*) frequentieren, häufig besuchen
fre·quent·ly *Adv* häufig
fresco /ˈfreskəʊ; *AmE* -koʊ/ *Nomen* (*Pl* **-oes, -os**) **1** Fresko **2** [U] Freskomalerei
fresh¹ /freʃ/ *Adj* **1** frisch ◊ *fresh water* Süßwasser **2** neu ◊ *make a fresh start* einen neuen Anfang machen **3** sauber ◊ *a fresh complexion* ein gesundes Aussehen **4** (*Farben*) hell **5** erfrischt ◊ *fresh as a daisy* frisch wie der junge Morgen **6** ~ **from sth** frisch von/aus etw ◊ *She arrived at Wimbledon fresh from her success in Paris.* Als sie nach Wimbledon kam, lag ihr Erfolg in Paris noch gar nicht lange zurück. **7** (*umgs*) frech ◊ *Don't get fresh* (*with me*)*!* Werd (mir) bloß nicht frech! IDM ➪ BLOOD¹, BREATH *und* GROUND¹
fresh² /freʃ/ *Adv* IDM **fresh out of sth** (*bes AmE, umgs*) ◊ *Sorry, we're fresh out of milk.* Tut mir Leid, die Milch ist uns gerade ausgegangen.
fresh·en /ˈfreʃn/ *Verb* **1** ~ **sth** (**up**) etw auffrischen ◊ *freshen the breath* den Atem erfrischen **2** (*AmE*) ◊ *Can I freshen your drink?* Darf ich Ihnen nachschenken? **3** (*Wind*) auffrischen PHRV ˌ**freshen** (**yourself**) ˈ**up** sich frisch machen
fresh·ener /ˈfreʃnə(r)/ *Nomen* (meist in Zusammensetzungen) ◊ *air freshener* Raumspray ◊ *a breath freshener* ein Mundspray
fresh·er /ˈfreʃə(r)/ *Nomen* (*BrE, umgs*) Erstsemester, Studienanfänger(in)
ˈ**fresh-faced** *Adj* gesund aussehend
fresh·ly /ˈfreʃli/ *Adv* (*meist vor einem past participle*) frisch ◊ *freshly ground* frisch gemahlen
fresh·man /ˈfreʃmən/ *Nomen* (*Pl* **-men** /-mən/) (*bes AmE*) Erstsemester, Studienanfänger(in) ◊ *during my freshman year at college* in meinem ersten Jahr an der Uni
fresh·ness /ˈfreʃnəs/ *Nomen* **1** Frische **2** (*fig*) Originalität
fresh·water /ˈfreʃwɔːtə(r)/ *Adj* nur vor Nomen Süßwasser- ◊ *freshwater fish* Süßwasserfische
fret¹ /fret/ *Verb* (**-tt-**) (*bes BrE*) **1** ~ (**about/over sth**) sich (über etw) Sorgen machen, sich (über etw) aufregen **2** quengeln
fret² /fret/ *Nomen* (von einer Gitarre etc.) Bund
fret·saw /ˈfretsɔː/ *Nomen* Laubsäge
Fri *Abk* = FRIDAY
friar /ˈfraɪə(r)/ *Nomen* Mönch ◊ *Friar Tuck* Bruder Tuck
fric·tion /ˈfrɪkʃn/ *Nomen* **1** Reibung **2** (PHYSIK) Reibungswiderstand **3** ~ (**between A and B**) Spannungen (zwischen A und B)
Fri·day /ˈfraɪdeɪ, -di/ (*Abk* **Fri**) *Nomen* Freitag ☛ *Beispiele bei* MONTAG
fridge /frɪdʒ/ *Nomen* (*BrE*) Kühlschrank
fried /fraɪd/ **1** *Form von* FRY **2** *Adj* Brat- ◊ *fried eggs* Spiegeleier ◊ *fried food* Gebratenes
friend /frend/ *Nomen* **1** Freund(in) ◊ *childhood friends* Jugendfreunde ◊ *He's a family friend.* Er ist ein Freund der Familie. **2** Förderer, Förderin ◊ *the Friends of the Museum* der Förderkreis des Museums **3** (*BrE*) **my honourable ~** (*von Abgeordneten im Unterhaus verwendet*) der Herr/die Frau Abgeordnete X **4** (*BrE*) **my learned ~** (*von Anwälten vor Gericht verwendet*) der Herr Kollege, die Frau Kollegin **5 Friend** Quäker(in) IDM **be ˈfriends** (**with sb**) (mit jdm) befreundet sein ◊ *They're friends again.* Sie haben sich wieder versöhnt. **be just good ˈfriends** ◊ *They're just good friends.* Sie sind nur Freunde. **a ˌfriend in ˈneed** (**is a ˌfriend in ˈdeed**) ein wahrer Freund zeigt sich erst in der Not **have ˌfriends in high ˈplaces** Beziehungen haben **make ˈfriends with sb** sich mit jdm anfreunden
friend·li·ness /ˈfrendlinəs/ *Nomen* Freundlichkeit, Freundschaftlichkeit
friend·ly¹ /ˈfrendli/ *Adj* (**friend·lier, friend·li·est**) **1** freundlich ◊ *Everyone was very friendly towards me.* Sie waren alle sehr freundlich zu mir. ◊ *a friendly welcome* ein herzliches Willkommen ☛ *Hinweis bei* FEIGE **2** ~ (**with sb**) (mit jdm) befreundet ◊ *We soon became friendly with them.* Wir haben uns schnell mit ihnen angefreundet. **3** freundschaftlich **4** (*meist in Zusammensetzungen*) -freundlich ◊ *This software is much friendlier.* Diese Software ist benut-

friendly

zerfreundlicher. ◊ *ozone-friendly aerosols* FCKW-freie Sprays IDM **be on friendly terms (with sb)** (mit jdm) auf freundschaftlichem Fuß stehen

friend·ly² /ˈfrendli/ *Nomen* (*Pl* **-ies**) (*auch* **'friendly match**) (*BrE*) Freundschaftsspiel

friendly 'fire *Nomen* [U] = versehentliche Treffer auf eigene Soldaten.

friend·ship /ˈfrendʃɪp/ *Nomen* Freundschaft ◊ *strike up a friendship with sb* sich mit jdm anfreunden

frier = FRYER

fries /fraɪz/ *Nomen* [Pl] (*AmE, umgs*) Pommes

frieze /friːz/ *Nomen* **1** Fries **2** Bordüre **3** = von Kindern angefertigter Bildstreifen im Klassenzimmer

frig·ate /ˈfrɪɡət/ *Nomen* Fregatte

frig·ging /ˈfrɪɡɪŋ/ *Adv, Adj nur vor Nomen* (*vulg, Slang*) scheiß- ◊ *frigging cold* scheißkalt ◊ *Mind your own frigging business!* Kümmer dich um deinen eigenen Scheiß!

fright /fraɪt/ *Nomen* Schreck(en), Erschrecken ◊ *I got the fright of my life.* Ich habe mich zutiefst erschrocken. ☞ *Siehe auch* STAGE FRIGHT IDM **take 'fright (at sth)** (*gehoben*) (vor etw) erschrecken

fright·en /ˈfraɪtn/ *Verb* (ver)ängstigen, erschrecken ◊ *She's not easily frightened./She doesn't frighten easily.* Ihr kann man nicht so leicht Angst machen. IDM ⇨ DAYLIGHTS, DEATH *und* LIFE PHRV **,frighten sb/sth a'way/'off** jdn/etw verscheuchen, jdn/etw vertreiben ◊ **,frighten sb/sth a'way from sth** jdn/etw von/aus etw vertreiben ◊ **'frighten sb into doing sth** jdm solche Angst machen, dass er etw tut

fright·ened /ˈfraɪtnd/ *Adj* **1** verängstigt **2 be ~ (to do sth/of doing sth)** Angst haben (etw zu tun), sich fürchten (etw zu tun); **be ~ (of sth)** (vor etw) Angst haben, sich (vor etw) fürchten; **be ~ that …** Angst haben, dass … ◊ *Don't be frightened.* Hab keine Angst. ◊ *He felt frightened.* Er hatte Angst. ◊ *I'm frightened for him.* Ich habe Angst um ihn. ◊ *I'd never do that. I'd be frightened to death.* Das würde ich nie machen. Ich würde vor Angst sterben. IDM ⇨ SHADOW¹ *und* WIT¹

fright·en·ers /ˈfraɪtnəz; *AmE* -nərz/ *Nomen* IDM **put the 'frighteners on sb** (*BrE, Slang*) jdm die Daumenschrauben ansetzen

fright·en·ing /ˈfraɪtnɪŋ/ *Adj* (*Adv* **fright·en·ing·ly**) schrecklich, fürchterlich, erschreckend ◊ *It's frightening to think it could happen.* Beim Gedanken daran, dass es passieren könnte, kann man Angst bekommen.

fright·ful /ˈfraɪtfl/ *Adj* (*Adv* **fright·ful·ly** /-fəli/) (*bes BrE, gehoben, veraltet*) schrecklich, furchtbar ◊ *The room's in a frightful mess.* Das Zimmer ist schrecklich unordentlich.

fri·gid /ˈfrɪdʒɪd/ *Adj* **1** frigid(e) **2** eisig ◊ *frigid air* eisige Luft **3** (*Adv* **fri·gid·ly**) frostig ◊ *'No', she said frigidly.* „Nein", sagte sie mit eisiger Stimme.

fri·gid·ity /frɪˈdʒɪdəti/ *Nomen* Frigidität

frill /frɪl/ *Nomen* **1** (*BrE*) Rüsche **2 frills** [Pl] Beiwerk ☞ *Siehe auch* NO-FRILLS

frilled /frɪld/ *Adj* (*BrE*) mit Rüschen, Rüschen-

frilly /ˈfrɪli/ *Adj* mit vielen Rüschen, Rüschen-

fringe¹ /frɪndʒ/ *Nomen* **1** [*meist Sing*] (*BrE*) Pony(fransen) **2** Fransen **3** Streifen, Rand ◊ *a fringe of woodland* ein Waldstreifen **4** (*BrE*) Rand(gebiet), Randbezirk ◊ *on the northern fringe of the city* am Nordrand der Stadt ◊ *on the fringes of society* am Rande der Gesellschaft **5** (*meist* **the fringe**) [Sing] Randgruppen ◊ *fringe meetings at the party conference* Sitzungen am Rande der Parteikonferenz ◊ *the Edinburgh fringe* das Off-Theater bei den Edinburgh Festspielen IDM ⇨ LUNATIC²

fringe² /frɪndʒ/ *Verb* umranden, umsäumen

'fringe benefit *Nomen* [*meist Pl*] Nebenleistung

fringed /frɪndʒd/ *Adj* **1** Fransen-, mit Fransen **2 ~ with sth** mit etw umsäumt

,fringe 'theatre *Nomen* (*BrE*) alternatives Theater, Off-Theater

Fris·bee™ /ˈfrɪzbi/ *Nomen* Frisbee®

frisk /frɪsk/ *Verb* **1** (*umgs*) filzen, durchsuchen **2 ~ around** herumtollen

frisky /ˈfrɪski/ *Adj* **1** ausgelassen **2** (*umgs*) geil

fris·son /ˈfriːsɒ̃; *AmE* friːˈsoːn/ *Nomen* [*meist Sing*] (*leich-*ter) Schauer ◊ *A frisson of alarm ran down my spine.* Wie ein Warnsignal lief es mir kalt den Rücken runter.

frit·ter¹ /ˈfrɪtə(r)/ *Verb* PHRV **,fritter sth a'way (on sth)** etw (mit etw) vergeuden

frit·ter² /ˈfrɪtə(r)/ *Nomen* (*meist in Zusammensetzungen*) = mit Obst, Fleisch oder Gemüse gefülltes Schmalzgebäck ◊ *banana fritters* gebackene Bananen

fritz /frɪts/ *Nomen* IDM **on the 'fritz** (*AmE, umgs*) kaputt

fri·vol·ity /frɪˈvɒləti/ *Nomen* (*Pl* **-ies**) (*oft abwert*) **1** Leichtfertigkeit, Frivolität **2** Oberflächlichkeit

frivo·lous /ˈfrɪvələs/ *Adj* (*Adv* **frivo·lous·ly**) (*abwert*) **1** leichtfertig, belanglos **2** oberflächlich

frizz¹ /frɪz/ *Verb* (*umgs*) kräuseln

frizz² /frɪz/ *Nomen* (*abwert*) Krause

frizzy /ˈfrɪzi/ *Adj* (*umgs*) kraus

fro /frəʊ; *AmE* froʊ/ *Adv* IDM ⇨ TO³

frock /frɒk; *AmE* frɑːk/ *Nomen* (*bes BrE, veraltet*) Kleid

'frock coat *Nomen* Gehrock

frog /frɒɡ; *AmE* frɔːɡ, frɑːɡ/ *Nomen* **1** Frosch **2** Frog (*umgs, beleidigend*) Franzose, Französin IDM **have, etc. a 'frog in your throat** einen Frosch im Hals haben; heiser sein

frog·man /ˈfrɒɡmən; *AmE* ˈfrɔːɡ-, ˈfrɑːɡ-/ *Nomen* (*Pl* **-men** /-mən/) (*BrE*) Froschmann

frog·march /ˈfrɒɡmɑːtʃ; *AmE* ˈfrɔːɡmɑːrtʃ, ˈfrɑːɡ-/ *Verb* **~ sb** jdn (mit den Armen auf den Rücken) unter Zwang irgendwohin führen

frog·spawn /ˈfrɒɡspɔːn; *AmE* ˈfrɔːɡ-, ˈfrɑːɡ-/ *Nomen* Froschlaich

fro·ing /ˈfrəʊɪŋ; *AmE* ˈfroʊ-/ *Nomen* IDM ⇨ TOING

frolic¹ /ˈfrɒlɪk; *AmE* ˈfrɑː-/ *Verb* (**-ck-**) **~ (about)** (herum)tollen, (herum)toben

frolic² /ˈfrɒlɪk; *AmE* ˈfrɑː-/ *Nomen* (*veraltet*) Spaß, Kapriole

from /frəm; *betont* frɒm; *AmE* frʌm, frɑːm/ *Präp* ☞ Für Verben mit **from** siehe die Einträge für die Verben. **Keep sth from sb** z.B. steht unter **keep**.

1 von, aus ◊ *go from London to Rome* von London nach Rom reisen ◊ *I'm from the North.* Ich komme aus dem Norden. ◊ *from her point of view* aus ihrer Sicht ◊ *From being a librarian he is now a publisher.* Er war anfangs Bibliothekar und ist jetzt Verleger. ◊ *powered by heat from the sun* mit Solarstrom betrieben ◊ *Six from eight leaves two.* Acht minus sechs macht zwei. **2** von … an, ab ◊ *He was blind from birth.* Er war von Geburt an blind. ◊ *I'm on leave from June 30.* Ab 30. Juni habe ich Urlaub. ◊ *It's due to arrive an hour from now.* Es soll in genau einer Stunde ankommen. ◊ *Prices start from $2.50 a bottle.* Die Preise fangen bei $2.50 die Flasche an. **3** von (… entfernt) ◊ *100 yards from the scene of the accident* 100 Meter vom Unfallort ◊ *Far from agreeing with him, I was shocked.* Ich war weit davon entfernt, ihm zuzustimmen. Ich war entsetzt. **4** vor ◊ *protect children from violence* Kinder vor Gewalt schützen **5** (*zur Bezeichnung des Materials, der Beschaffenheit*) aus ◊ *Wine is made from grapes.* Wein wird aus Trauben gemacht. **6** zwischen, von ◊ *write from 10 to 15 letters daily* zwischen 10 und 15 Briefe am Tag schreiben ◊ *The shop sells everything from shoelaces to postcards.* Das Geschäft verkauft alles von Schnürsenkeln bis zu Postkarten. **7** (*Grund*) aus, wegen, vor ◊ *She felt sick from tiredness.* Sie war so müde, dass sie sich ganz schlecht fühlte. ◊ *suffer from cold and hunger* an Kälte und Hunger leiden **8** (*gefolgert, abgeleitet*) ◊ *You can tell quite a lot from a person's handwriting.* Aus der Handschrift eines Menschen lässt sich eine ganze Menge erkennen. ◊ *From her looks I'd say she was Irish.* Ihrem Aussehen nach würde ich sagen, sie ist Irin. **9** (*unterscheidend*) ◊ *Is Portuguese very different from Spanish?* Ist Portugiesisch sehr anders als Spanisch? ◊ *I can't tell one twin from the other.* Ich kann die Zwillinge nicht auseinander halten. IDM **from … on** von … an ◊ *from now on* von jetzt an

from·age frais /ˌfrɒmɑːʒ ˈfreɪ; *AmE* frəˈmɑːʒ/ *Nomen* = Quark

frond /frɒnd; *AmE* frɑːnd/ *Nomen* (*von Palme, Farn und Seealge*) Wedel

front¹ /frʌnt/ *Nomen* **1** (*meist* **the front**) Vorderseite ◊ *The book has a picture of Rome on the front.* Auf dem Einband des Buches ist Rom abgebildet. ☞ *Siehe auch* SHOPFRONT

fruity

2 the front [Sing] ◊ *Keep your eyes to the front.* Schauen Sie nach vorne. ◊ *There's a garden at the front of the house.* Vor dem Haus ist ein Garten.

> **On the front of** bedeutet „vorne an etwas": *The number is shown on the front of the bus.* Die Nummer steht vorne am Bus. **In front of** bedeutet „weiter vorne als jemand oder etwas anderes": *A car stopped in front of the bus.* Ein Auto hat vor dem Bus angehalten. **At/in the front of** bedeutet „vorne in etwas ": *The driver sits at the front of the bus.* Der Fahrer sitzt vorne im Bus. Vergleiche auch: *The teacher usually stands in front of the class.* Der Lehrer steht normalerweise vor den Schülern. ◊ *The noisy children had to sit at the front of the class.* Die lauten Kinder mussten vorne sitzen.

3 (*Körperseite*) ◊ *She was lying on her front.* Sie lag auf dem Bauch. ◊ *I spilled coffee down my front.* Ich habe mich vorn mit Kaffee bekleckert. **4 the front** [Sing] die Promenade, die Uferstraße ◊ *streets leading down to the lake front* Gassen, die zum Seeufer führen ☞ *Siehe auch* SEA FRONT *und* WATERFRONT **5** (*Kriegs-, Wetter-*) Front ☞ *Siehe auch* FRONT LINE *und* HOME FRONT **6** *Bereich* ◊ *on the economic front* im wirtschaftlichen Bereich **7** [Sing] Fassade, Front(seite) ◊ *present a united front* eine geschlossene Front präsentieren ◊ *the west front of the cathedral* die Westseite des Doms ◊ *It's not always easy putting on a brave front for the family.* Es ist nicht immer leicht, sich für die Familie nach außen hin tapfer zu geben. **8** ~ (**for sth**) Tarnung (für etw) **9** Front [Sing] (*in Namen politischer Organisationen*) Front ◊ *the Popular Front* die Volksfront ☞ *Siehe auch* THE NATIONAL FRONT **IDM** ,**front and 'center** (*AmE*) in den Vordergrund **in 'front 1** davor ◊ *the house with the garden in front* das Haus mit dem Garten davor **2** an der Spitze **in 'front of sb/sth** vor jdm/etw ◊ *The cheques must be signed in front of the cashier.* Die Schecks müssen in Anwesenheit des Kassierers unterschrieben werden. **out 'front 1** im Zuschauerraum; (*im Lokal*) vorne **2** (*BrE auch* **out the 'front** *umgs*) am Eingang **up 'front** (*umgs*) **1** (*Zahlung*) im voraus **2** (*beim Fußball*) im Sturm ☞ *Siehe auch* UPFRONT ☞ *Siehe auch* BACK[1], CASH[1] *und* LEAD[1]

front[2] /frʌnt/ *Adj nur vor Nomen* Vorder- ◊ *in the front row* in der ersten Reihe ◊ *on the front page of the newspaper* auf der Titelseite der Zeitung ◊ *Let's go through to the front room.* Lass uns ins Wohnzimmer gehen. ◊ *a front-seat passenger* ein(e) Beifahrer(in) **IDM on the 'front burner** (*bes AmE, umgs*) im Vordergrund

front[3] /frʌnt/ *Verb* **1** ~ **onto sth** zu etw hin liegen ◊ *hotels that front onto the sea* direkt am Meer liegende Hotels **2** ~ **sth** vor etw liegen ◊ *Attractive gardens fronted the houses.* Vor den Häusern waren hübsche Gärten. **3** (*meist passiv*) ◊ *a house fronted with stone* ein Haus mit einer Steinfassade ◊ *a glass-fronted bookcase* ein Bücherschrank mit Glastür **4** (*umgs*) (*Firma*) vorstehen; (*Musikgruppe*) anführen **5** (*BrE*) (*Fernsehsendung*) moderieren

front·age /'frʌntɪdʒ/ *Nomen* **1** Vorderfront **2** (*bes AmE*) = Gelände vor einem Gebäude, an einer Straße oder einem Fluss ◊ *two miles of river frontage along the Colorado* zwei Meilen Land am Ufer des Colorado

'frontage road *Nomen* (*AmE*) = kleine Straße, die parallel zu einer größeren verläuft

front·al /'frʌntl/ *Adj nur vor Nomen* **1** frontal, Frontal- ◊ *a frontal impact* ein Frontalzusammenstoß ◊ *a frontal attack* ein Frontalangriff ◊ *scenes of full frontal nudity* Nacktszenen **2** (MED) Stirn- ◊ *the frontal lobes of the brain* die Stirnlappen des Gehirns

the ,front 'bench *Nomen* = führende Politiker im britischen Parlament, die in den vordersten Reihen sitzen ☞ G 1.3b

the ,front 'desk *Nomen* die Rezeption

,front 'door *Nomen* Haustür

fron·tier /'frʌntɪə(r); *AmE* frʌn'tɪr/ *Nomen* **1** (*BrE*) ~ (**with sth**) Grenze (zu etw) ◊ *push back the frontiers of science* neue Wissensgebiete erschließen **2 the frontier** [Sing] (*historisch, in Amerika*) die Grenze der von europäischen Siedlern erschlossenen Gebiete ◊ *a remote frontier settlement* eine abgelegene Siedlung im Grenzland

fron·tis·piece /'frʌntɪspiːs/ *Nomen* [meist Sing] (*eines Buches*) Frontispiz

the ,front 'line *Nomen* [Sing] die Front ◊ *front-line troops* Truppen an der Front **IDM in the front line** an vorderster Front ◊ *He spent his life in the front line of research.* Er war sein Leben lang an vorderster Front in der Forschung tätig.

front·man /'frʌntmæn/ *Nomen* (*Pl* **-men** /-mən/) **1** Strohmann **2** (*einer Band*) Frontmann **3** (*BrE*) (*einer Fernsehsendung*) Moderator

,front-of-'house *Nomen* (*BrE*) Foyer und Zuschauerraum ◊ *We need someone for front-of-house.* Wir brauchen jemanden, der für das Publikum zuständig ist. ☛ *Front-of-house* wird oft adjektivisch gebraucht, um die Arbeit derjenigen zu beschreiben, die das Publikum betreuen (Kartenverkauf, Platzanweisen etc.): *a front-of-house manager*.

,front-'page *Adj nur vor Nomen* auf der Titelseite ◊ *The divorce made front-page news.* Die Scheidung machte Schlagzeilen.

,front 'runner *Nomen* Favorit(in), Spitzenreiter(in)

frost[1] /frɒst; *AmE* frɔːst/ *Nomen* **1** Frost ◊ *ten degrees of frost* zehn Grad minus **2** Raureif

frost[2] /frɒst; *AmE* frɔːst/ *Verb* **1** ~ (**over/up**) vereisen; ~ **sth** (**over/up**) etw vereisen lassen ◊ *The windows were frosted up.* Die Fenster waren vereist. **2** (*bes AmE*) (*Kuchen etc.*) mit Zuckerguss überziehen

frost·bite /'frɒstbaɪt; *AmE* 'frɔːst-/ *Nomen* [U] Erfrierung

'frost-bitten *Adj* erfroren

frost·ed /'frɒstɪd; *AmE* 'frɔːstɪd/ *Adj* **1** *nur vor Nomen* ◊ *frosted glass* Strukturglas **2** (*bes AmE*) (*Kuchen etc.*) mit Zuckerguss überzogen **3** mit Reif bedeckt **4** (*Lidschatten etc.*) Perlglanz-

frost·ing /'frɒstɪŋ; *AmE* 'frɔːst-/ *Nomen* [U] (*bes AmE*) Zuckerguss

frosty /'frɒsti; *AmE* 'frɔːsti/ *Adj* **1** frostig **2** mit Reif überzogen **3** (*Adv* **frost·ily** /-ɪli/) (*Blick, Antwort etc.*) kühl, eisig

froth[1] /frɒθ; *AmE* frɔːθ/ *Nomen* **1** Schaum **2** [U] Trivialitäten, Show

froth[2] /frɒθ; *AmE* frɔːθ/ *Verb* schäumen ◊ *He was frothing at the mouth.* Er hatte Schaum vorm Mund.

frothy /'frɒθi; *AmE* 'frɔːθi/ *Adj* **1** schaumig **2** oberflächlich **3** (*Kleider, Stoffe*) duftig

frown[1] /fraʊn/ *Verb* ~ (**at sb/sth**) (über jdn/etw) die Stirn runzeln ◊ *Why are you frowning at me?* Warum schaust du mich so böse an? **PHRV 'frown on/upon sb/sth** jdn/etw ablehnen ◊ *My parents used to frown on discos.* Meine Eltern haben Diskos immer verpönt. ◊ *Gambling is frowned upon here.* Glücksspiele sind hier nicht gern gesehen.

frown[2] /fraʊn/ *Nomen* [meist Sing] Stirnrunzeln

froze, frozen[1] *Form von* FREEZE[1]

fro·zen[2] /'frəʊzn; *AmE* 'froʊzn/ *Adj* **1** tiefgekühlt, Tiefkühl- **2** durchgefroren **3** (*Boden*) gefroren (*Fluss, See*) zugefroren; (*Rohr*) eingefroren **4** ~ **with/in sth** gelähmt vor etw

fruc·tose /'frʌktəʊs, -təʊz; *AmE* -toʊs, -toʊz/ *Nomen* Fruktose, Fruchtzucker

fru·gal /'fruːgl/ *Adj* (*Leben, Mensch*) bescheiden, genügsam; (*Mahlzeit*) karg

fruit[1] /fruːt/ *Nomen* Frucht, Obst ◊ *tropical fruits* Südfrüchte ☞ *Hinweis bei* OBST **IDM** ➪ FORBIDDEN

fruit[2] /fruːt/ *Verb* Früchte tragen

'fruit cake *Nomen* = englischer Kuchen mit Rosinen, Korinthen, Nüssen etc. **IDM** ➪ NUTTY

'fruit fly *Nomen* (*Pl* **flies**) Fruchtfliege

fruit·ful /'fruːtfl/ *Adj* (*Adv* **fruit·ful·ly** /-fəli/) fruchtbar

fru·ition /fru'ɪʃn/ *Nomen* (*gehoben*) Verwirklichung ◊ *Our plans finally came to fruition.* Unsere Pläne wurden endlich Wirklichkeit. ◊ *He's never brought his ideas to fruition.* Er hat seine Ideen nie verwirklicht.

fruit·less /'fruːtləs/ *Adj* (*Adv* **fruit·less·ly**) ergebnislos, vergeblich

'fruit machine *Nomen* (*BrE*) Spielautomat

,fruit 'salad *Nomen* Obstsalat

fruity /'fruːti/ *Adj* (**fruit·ier, fruiti·est**) **1** fruchtig **2** (*Stimme*) voll; (*Lachen*) herzhaft **3** (*AmE*) (*Mensch*) verrückt

frump /frʌmp/ *Nomen* (*abwert*) = unmodisch gekleidete Frau

frumpy /ˈfrʌmpi/ *Adj* (*Kleidung, Stil*) unmodisch

frus·trate /frʌˈstreɪt; *AmE* ˈfrʌstreɪt/ *Verb* **1** frustrieren **2** vereiteln ◊ *He tried to frustrate his political opponents.* Er versuchte, seinen politischen Gegnern Steine in den Weg zu legen.

frus·trated /frʌˈstreɪtɪd; *AmE* ˈfrʌstreɪtɪd/ *Adj* **1** *nicht vor Nomen* ~ (**at/with sth**) frustriert (über etw) ◊ *They felt frustrated at/with the lack of progress.* Sie waren frustriert, dass sie so langsam vorankamen. **2** (*Leidenschaft*) unerfüllt **3** *nur vor Nomen* (*Künstler etc.*) verhindert **4** sexuell frustriert

frus·trat·ing /frʌˈstreɪtɪŋ; *AmE* ˈfrʌstreɪtɪŋ/ *Adj* (*Adv* **frus·trat·ing·ly**) frustrierend

frus·tra·tion /frʌˈstreɪʃn/ *Nomen* **1** Frustration, Frust **2** [*meist Pl*] Enttäuschung, Rückschlag **3** (*gehoben*) Vereiteln **4** (*gehoben*) Scheitern

fry /fraɪ/ *Verb* (**fries, fry·ing, fried, fried**) (in der Pfanne) braten, frittieren ◊ *a fried egg* ein Spiegelei IDM ⇨ FISH¹

fryer (*auch* **frier**) /ˈfraɪə(r)/ *Nomen* **1** tiefe Bratpfanne ◊ *a deep-fat fryer* eine Fritteuse **2** (*AmE*) Brathähnchen

ˈfrying pan (*bes AmE* **ˈfry·pan**) *Nomen* Bratpfanne IDM **out of the ˈfrying pan into the ˈfire** vom Regen in die Traufe

ˈfry-up *Nomen* (*BrE*) (einfaches) Pfannengericht

ft. (*BrE auch* **ft**) *Abk* = FOOT¹ (2)

FTSE *Abk* = FOOTSIE™

fuch·sia /ˈfjuːʃə/ *Nomen* Fuchsie

fuck¹ /fʌk/ *Verb* (*vulg, Slang*) **1** ficken **2** (*verwendet, um Ärger oder Staunen auszudrücken*) ◊ *Fuck (it)!* Scheiße! ◊ *Fuck you — I'm leaving.* Leck mich am Arsch — ich verzieh mich. ◊ *Fuck me! Have you seen how much this costs?* Meine Fresse — hast du gesehen, was das kostet! PHRV **ˌfuck aˈbout/aˈround** rumalbern **ˌfuck sb aˈbout/aˈround** jdn verarschen ☛ G 9.7c **ˌfuck ˈoff** sich verpissen **ˌfuck ˈup** Scheiße bauen **ˌfuck sb ˈup** jdn verkorksen **ˌfuck sth ˈup** etw versauen **ˈfuck with sb** jdn verarschen

fuck² /fʌk/ *Nomen* (*Slang, vulg*) **1** [*meist Sing*] Fick **2 the fuck** [*Sing*] (*verwendet, um Ärger oder Staunen auszudrücken, oder um etw zu betonen*) ◊ *Let's get the fuck out of here!* Verdammte Scheiße! Lass uns hier verschwinden! ◊ *What the fuck are you doing?!* Was zum Teufel machst du da? ☛ *Siehe auch* F-WORD IDM **not care/give a ˈfuck (about sb/sth)** sich einen Scheiß (um jdn/etw) kümmern ◊ *He doesn't give a fuck about anyone else.* Alle anderen sind ihm scheißegal.

ˌfuck ˈall *Nomen* (*BrE, vulg, Slang*) nichts ◊ *You've done fuck all today.* Du hast heute null gemacht.

fuck·er /ˈfʌkə(r)/ *Nomen* (*vulg, Slang*) (*zur Beleidigung*) Arsch

fuck·ing /ˈfʌkɪŋ/ *Adj, Adv* (*vulg, Slang*) Scheiß- ◊ *I'm fucking sick of the whole fucking lot of you!* Ich hab euch Scheißbande verdammt satt! IDM **ˈfucking well** verdammt nochmal ◊ *You're fucking well coming.* Du wirst verdammt nochmal mitkommen.

fuddy-duddy /ˈfʌdi dʌdi/ *Nomen* (*Pl* **fuddy-duddies**) (*umgs*) altmodischer Typ

fudge¹ /fʌdʒ/ *Nomen* **1** (weiche) Karamelle **2** (*AmE*) Schokofüllung, Schokoguss **3 a fudge** [*Sing*] (*bes BrE*) eine Scheinlösung

fudge² /fʌdʒ/ *Verb* (*umgs*) ausweichen

fuel¹ /ˈfjuːəl/ *Nomen* Brennstoff, Treibstoff ◊ *high fuel consumption* hoher Benzinverbrauch IDM **add fuel to the flames** Öl ins Feuer gießen

fuel² /ˈfjuːəl/ *Verb* (**-ll-**, *AmE* **-l-**) **1** betreiben ◊ *oil-fuelled power stations* ölbetriebene Kraftwerke **2** ~ (**sth**) (**up**) (etw) auftanken **3** anheizen, anfachen

ˈfuel injection *Nomen* (Kraftstoff)einspritzung ◊ *a fuel injection engine* ein Einspritzmotor

fu·gi·tive¹ /ˈfjuːdʒətɪv/ *Nomen* Flüchtige(r) ◊ *He's a fugitive from justice.* Er ist auf der Flucht vor dem Gesetz.

fu·gi·tive² /ˈfjuːdʒətɪv/ *Adj* *nur vor Nomen* flüchtig

fugue /fjuːg/ *Nomen* Fuge

ful·crum /ˈfʊlkrəm, ˈfʌlk-/ *Nomen* (*Pl* **ful·crums** *oder* **ful·cra**) /ˈfʊlkrə, ˈfʌlk-/ (PHYSIK) Drehpunkt **2** Dreh- und Angelpunkt

ful·fil (*AmE* **ful·fill**) /fʊlˈfɪl/ *Verb* (**-ll-**) **1** erfüllen **2** ausführen **3** ~ **yourself** sich selbst verwirklichen

ful·filled /fʊlˈfɪld/ *Adj* ausgefüllt, erfüllt OPP UNFULFILLED

ful·fil·ling /fʊlˈfɪlɪŋ/ *Adj* erfüllend

ful·fil·ment (*AmE* **ful·fill·ment**) /fʊlˈfɪlmənt/ *Nomen* Erfüllung

full¹ /fʊl/ *Adj* **1** ~ (**of sth/sb**) voll (von etw/jdm) ◊ *boxes stuffed full of clothes* mit Kleidern voll gestopfte Kisten ◊ *pumped full of antibiotics* mit Antibiotika voll gepumpt ◊ *The city is full of interest for tourists.* Die Stadt ist für Touristen von großem Interesse. ◊ (*fig*) *She was full of her new job.* Sie redete pausenlos von ihrem neuen Job. **2** (*BrE auch* **full up**) voll (bis obenhin), satt **3** *nur vor Nomen* ausführlich **4** vollständig, komplett ◊ *A full refund will be given.* Die Kosten werden voll erstattet. ◊ *a full member of the EU* ein vollwertiges Mitglied der EU ◊ *a full member of the committee* ein ordentliches Mitglied des Komitees **5** (*zur Verstärkung verwendet*) ganz ◊ *a full day's work* die Arbeit eines ganzen Tages **6** erfüllt ◊ *a full life* ein erfülltes Leben **7** füllig **8** weit (geschnitten), weit ausschwingend IDM **ˌfull of yourˈself** (*abwert*) von sich selbst eingenommen **in ˈfull** vollständig **to the ˈfull** in vollen Zügen ☛ Für andere Redewendungen mit **full** siehe die Einträge für die Nomina. **Come full circle** z.B. steht unter **circle**.

full² /fʊl/ *Adv* ~ **in/on sth** voll in/auf etw ◊ *She looked him full in the face.* Sie sah ihm voll ins Gesicht. IDM ⇨ KNOW¹

ˈfull·back /ˈfʊlbæk/ *Nomen* **1** Verteidiger(in) **2** (*beim American Football*) Angriffsspieler(in)

ˌfull-ˈblooded *Adj* **1** regelrecht **2** kräftig **3** reinrassig, echt

ˌfull-ˈblown *Adj* *nur vor Nomen* regelrecht ◊ *patients with full-blown AIDS* Patienten mit Vollbild AIDS

ˌfull ˈboard *Nomen* Vollpension

ˌfull-ˈcolour (*AmE* **ˌfull-ˈcolor**) *Adj* *nur vor Nomen* Farb- ◊ *a full-colour photo* ein Farbbild

ˌfull-ˈface *Adj* ◊ *a full-face portrait* ein Porträt in Frontalansicht

ˌfull-ˈfat *Adj* (*bes BrE*) ◊ *full-fat milk* Vollmilch ◊ *full-fat yogurt* Vollmilchjogurt ◊ *full-fat cheese* Vollfettkäse

ˌfull-ˈfledged *Adj* (*bes AmE*) **1** voll entwickelt **2** voll ausgebildet

ˌfull-ˈgrown *Adj* ausgewachsen

ˌfull ˈhouse *Nomen* **1** ausverkauftes Haus, volles Haus **2** (*beim Poker*) Full House

ˌfull ˈlength *Adv* in voller Länge

ˌfull-ˈlength *Adj* *nur vor Nomen* **1** ◊ *a full-length portrait* ein Ganzporträt **2** ungekürzt, richtig ◊ *his first full-length novel* sein erster richtiger Roman **3** lang, bis zum Boden reichend; (*Kleidung auch*) knöchellang

ˌfull ˈmarks *Nomen* [*Pl*] (*BrE*) ◊ *She got full marks in the exam.* Sie hat in der Prüfung die höchstmögliche Punktzahl erreicht. ◊ *Full marks to Bill for an excellent idea!* Superidee, Bill, Hut ab!

ˌfull ˈmoon *Nomen* Vollmond

ˈfull·ness /ˈfʊlnəs/ *Nomen* **1** Fülle **2** Klangfülle IDM **in the fullness of ˈtime** zu gegebener Zeit

ˌfull-ˈpage *Adj* *nur vor Nomen* ganzseitig

ˌfull proˈfessor *Nomen* (*AmE*) Professor

ˌfull-ˈscale *Adj* *nur vor Nomen* **1** groß angelegt, Groß- ◊ *a full-scale attack* ein Großangriff **2** umfassend **3** in Originalgröße, lebensgroß

ˈfull-size (*auch* **ˈfull-sized**) *Adj* *nur vor Nomen* in Originalgröße, lebensgroß ◊ *a full-size snooker table* ein Snookertisch in Wettkampfgröße

ˌfull ˈstop *Nomen* **1** (*BrE*) (*als Satzzeichen*) Punkt **2** (*umgs*) und damit Punkt IDM **come to a full ˈstop** zum Stillstand kommen

ˌfull ˈtime *Nomen* (*BrE*) ◊ *The referee blew his whistle for full time.* Der Schiedsrichter pfiff das Spiel ab. ◊ *the full-time score* der Endstand

ˌfull-ˈtime¹ *Adj* ◊ *students in full-time education* Vollstudenten ◊ *full-time employees* Vollbeschäftigte ◊ *a full-time job* eine Vollzeitstelle

ˌfull-ˈtime² *Adv* ganztags

fully /ˈfʊli/ *Adv* **1** vollständig, völlig ◊ *fully automatic* vollautomatisch **2** (*gehoben*) gut ⋄ *fully 30 per cent of the population* gut 30 Prozent der Bevölkerung

ˌfully-ˈfledged *Adj* (*BrE*) **1** voll entwickelt **2** voll ausgebildet

ful·mi·nate /ˈfʊlmɪneɪt, ˈfʌl-/ *Verb* (*gehoben*) ~ (**against sb/sth**) (gegen jdn/etw) wettern

ful·some /ˈfʊlsəm/ *Adj* überschwänglich, überzogen

fum·ble /ˈfʌmbl/ *Verb* **1** ~ **for sth** nach etw kramen ⋄ *She was fumbling for the right words.* Sie suchte nach den richtigen Worten. **2** ~ **with sth** an etw herumfummeln **3** ~ **about/around** umhertappen **4** ~ **sth** ungeschickt mit etw umgehen

fume /fjuːm/ *Verb* ~ (**at/over sb/sth**) (wegen jds/einer Sache) wütend sein ⋄ *He was fuming with indignation.* Er kochte vor Wut.

fumes /fjuːmz/ *Nomen* [Pl] Dämpfe, Schwaden, Abgase

fu·mi·gate /ˈfjuːmɪɡeɪt/ *Verb* ausräuchern

fun¹ /fʌn/ *Nomen* [U] Spaß ⋄ *Sailing is great fun.* Segeln macht großen Spaß. ⋄ *Have fun!* Viel Spaß! ⋄ *just for fun/for the fun of it* nur zum Spaß ⋄ *It was just a bit of fun.* Es sollte nur ein Spaß sein. ⋄ *She's very lively and full of fun.* Sie ist sehr lebhaft und immer zu Späßen bereit. ⋄ *The whole family can join in the fun here.* Die ganze Familie kann sich hier vergnügen. IDM **make ˈfun of sb/sth** sich über jdn/etw lustig machen ☛ *Siehe auch* FIGURE¹ *und* POKE¹

fun² /fʌn/ *Adj* lustig ⋄ *She's really fun to be with.* Es macht Spaß, mit ihr zusammen zu sein.

func·tion¹ /ˈfʌŋkʃn/ *Nomen* **1** Funktion **2** Veranstaltung, Empfang

func·tion² /ˈfʌŋkʃn/ *Verb* **1** funktionieren **2** ~ **as sth** als etw fungieren, als etw dienen

func·tion·al /ˈfʌŋkʃənl/ *Adj* **1** (*Adv* **func·tion·al·ly** /-ʃənəli/) zweckmäßig, funktionell **2** Funktions- ⋄ *a functional disorder* eine Funktionsstörung ⋄ *These units played a key functional role in the military operation.* Diese Einheiten hatten eine wichtige Funktion beim Militäreinsatz. **3** funktionsfähig

func·tion·al·ism /ˈfʌŋkʃənəlɪzəm/ *Nomen* Funktionalismus, Zweckmäßigkeit

func·tion·al·ity /ˌfʌŋkʃəˈnæləti/ *Nomen* Funktionalität

func·tion·ary /ˈfʌŋkʃənəri/ *AmE* -neri/ *Nomen* (*Pl* **-ies**) Funktionär(in)

ˈfunction key *Nomen* Funktionstaste

fund¹ /fʌnd/ *Nomen* **1** Fonds ⋄ *a relief fund* ein Hilfsfonds **2 funds** [Pl] Gelder ⋄ *government funds* Staatsgelder ⋄ *I'm short of funds at the moment.* Ich bin im Moment knapp bei Kasse. **3** [Sing] Bestand ⋄ *a fund of experience* ein Erfahrungsschatz

fund² /fʌnd/ *Verb* finanzieren

fun·da·men·tal¹ /ˌfʌndəˈmentl/ *Adj* **1** grundlegend, wesentlich **2** Haupt- ⋄ *His fundamental concern was for her welfare.* Seine Hauptsorge galt ihrem Wohl. **3** elementar, Elementar- ⋄ *a fundamental particle* ein Elementarteilchen ⋄ *the fundamental principles of mathematics* die Grundbegriffe der Mathematik

fun·da·men·tal² /ˌfʌndəˈmentl/ *Nomen* [meist Pl] Grundlage

fun·da·men·tal·ism /ˌfʌndəˈmentəlɪzəm/ *Nomen* Fundamentalismus

fun·da·men·tal·ist /ˌfʌndəˈmentəlɪst/ **1** *Nomen* Fundamentalist(in) **2** *Adj* fundamentalistisch

fun·da·men·tal·ly /ˌfʌndəˈmentəli/ *Adv* **1** im Grunde **2** wesentlich, grundlegend ⋄ *be fundamentally opposed to sth* etw grundsätzlich ablehnen

fund·ing /ˈfʌndɪŋ/ *Nomen* [U] **1** Gelder, Mittel **2** Finanzierung

ˈfund-raiser *Nomen* **1** = jd, der Geldspenden auftreibt **2** Wohltätigkeitsveranstaltung

ˈfund-raising *Nomen* [U] Spendenaktion, Geldbeschaffung

fu·neral /ˈfjuːnərəl/ *Nomen* Trauerfeier ⋄ *a funeral procession* ein Trauerzug

ˈfuneral director *Nomen* Bestattungsunternehmer ⋄ *a firm of funeral directors* ein Bestattungsinstitut

ˈfuneral home (*auch* **ˈfuneral parlour**, *AmE* **ˈfuneral parlor**) *Nomen* Bestattungsinstitut

fu·ner·ary /ˈfjuːnərəri; *AmE* -reri/ *Adj* Trauer-

fu·ner·eal /fjuːˈnɪəriəl; *AmE* -ˈnɪr-/ *Adj* Trauer-, düster

fun·fair /ˈfʌnfeə(r); *AmE* -fer/ *Nomen* (*BrE*) Jahrmarkt SYN FAIR

fung·al /ˈfʌŋɡl/ *Adj* Pilz-

fun·gi·cide /ˈfʌŋɡɪsaɪd, ˈfʌndʒɪ-/ *Nomen* Fungizid, pilztötendes Mittel

fun·gus /ˈfʌŋɡəs/ *Nomen* (*Pl* **fungi** /ˈfʌŋɡiː, -ɡaɪ, ˈfʌndʒaɪ/) *Nomen* **1** Pilz ☛ *Essbare Pilze heißen* **mushrooms**. **2** Pilzbefall

fu·nicu·lar /fjuːˈnɪkjələ(r)/ *Nomen* (Stand)seilbahn

funk¹ /fʌŋk/ *Nomen* **1** (MUS) Funk **2** (*auch* ˌblue ˈfunk) [Sing] (*umgs, veraltet*) **be in a** ~ (**about sth**) (vor etw) Bammel haben

funk² /fʌŋk/ *Verb* (*BrE*) ~ **sth** vor etw kneifen

funky /ˈfʌŋki/ *Adj* (**funk·ier, funki·est**) (*umgs*) **1** (MUS) rhythmisch, funky **2** (*bes AmE*) irre

fun·nel¹ /ˈfʌnl/ *Nomen* **1** Trichter **2** (*BrE*) Schornstein

fun·nel² /ˈfʌnl/ *Verb* (**-ll-**, *AmE* **-l-**) **1** durch einen Trichter gießen **2** leiten ⋄ *Barricades funnelled the crowds towards the gate.* Die Menge wurde durch Absperrungen zum Tor geleitet. **3** strömen ⋄ *Wind was funnelling through the gorge.* Der Wind strömte durch die Schlucht.

fun·nies /ˈfʌniz/ *Nomen* **the funnies** [Pl] (*AmE, umgs*) Witzseite (*einer Zeitung*)

fun·nily /ˈfʌnəli/ *Adv* komisch, seltsam IDM **funnily eˈnough** komischerweise

funny /ˈfʌni/ *Adj* (**fun·nier, fun·ni·est**) **1** komisch, lustig ⋄ *Are you trying to be funny?* Soll das ein Witz sein? **2** seltsam, merkwürdig ⋄ *I'm quite pleased I didn't get that job, in a funny sort of way.* Irgendwie bin ich ganz froh, dass ich die Stelle nicht bekommen habe. SYN STRANGE **3** (*umgs*) (*illegal*) faul, krumm **4** (*umgs*) unwohl **5** (*BrE*) frech ⋄ *Don't you get funny with me!* Werd nicht frech! SYN CHEEKY **6** (*umgs*) **go** ~ (*Maschine*) verrückt spielen; (*Mensch*) spinnen

ˈfunny bone *Nomen* Musikantenknochen

fur /fɜː(r)/ *Nomen* **1** Fell **2** Pelz **3** Belag (*auf der Zunge*) **4** (*BrE*) Kalkablagerung

fur·ious /ˈfjʊəriəs; *AmE* ˈfjʊr-/ *Adj* (*Adv* **furi·ous·ly**) **1** ~ (**with/at sb**) wütend (auf jdn); ~ (**at sth**) wütend (über etw) **2** (*Streit*) heftig; (*Tempo*) rasend IDM ⇨ FAST¹

furl /fɜːl/ *Verb* zusammenrollen

fur·long /ˈfɜːlɒŋ; *AmE* ˈfɜːrlɔːŋ/ *Nomen* Achtelmeile

fur·nace /ˈfɜːnɪs; *AmE* ˈfɜːrnɪs/ *Nomen* **1** Hochofen, Schmelzofen **2** (*AmE*) Boiler, Heizkessel

fur·nish /ˈfɜːnɪʃ; *AmE* ˈfɜːrnɪʃ/ *Verb* **1** einrichten ⋄ *a furnished flat* eine möblierte Wohnung **2** (*gehoben*) ~ **sb/sth with sth** jdn/etw mit etw ausstatten, jdn/etw mit etw versorgen; ~ **sth** etw zur Verfügung stellen

fur·nish·ings /ˈfɜːnɪʃɪŋz; *AmE* ˈfɜːrn-/ *Nomen* [Pl] Einrichtung ⋄ *soft furnishings* Raumtextilien

fur·ni·ture /ˈfɜːnɪtʃə(r); *AmE* ˈfɜːrn-/ *Nomen* [U] Möbel ☛ *Hinweis bei* MÖBEL IDM **he's/she's part of the ˈfurniture** er/sie gehört zum Inventar

ˈfurniture van *Nomen* (*BrE*) Möbelwagen

fur·ore /fjuːˈrɔːri, ˈfjʊərɔː(r); *AmE* ˈfjʊr-/ (*bes AmE* **furor** /ˈfjʊərɔː(r); *AmE* ˈfjʊr-/) *Nomen* [Sing] Furore, Skandal

fur·red /fɜːd; *AmE* fɜːrd/ *Adj* pelzig, mit Pelz besetzt; (*Zunge*) belegt

fur·rier /ˈfʌriə(r)/ *Nomen* Kürschner(in), Pelzhändler(in)

fur·row¹ /ˈfʌrəʊ; *AmE* ˈfɜːroʊ/ *Nomen* Furche IDM ⇨ PLOUGH²

fur·row² /ˈfʌrəʊ; *AmE* ˈfɜːroʊ/ *Verb* **1** (*meist passiv*) pflügen **2** (*Stirn*) (sich) in Falten legen

furry /ˈfɜːri/ *Adj* **1** Pelz- ⋄ *small furry animals* kleine Pelztiere **2** flauschig

fur·ther¹ /ˈfɜːðə(r); *AmE* ˈfɜːrð-/ *Adv* **1** weiter **2** (*gehoben*) des Weiteren ⋄ *Further, he claimed that…* Des Weiteren behauptete er, dass… SYN FURTHERMORE IDM **further aˌlong/down the ˈroad/line** in Zukunft ⋄ **go ˈfurther** weitergehen ⋄ **take sth ˈfurther** etw weiterverfolgen ☛ *Siehe auch* AFIELD

fur·ther² /ˈfɜːðə(r); *AmE* ˈfɜːrð-/ *Adj* weitere(r,s) ⋄ *until further notice* bis auf weiteres ⋄ *We will take no further action.* Wir werden die Sache nicht weiterverfolgen.

fur·ther³ /ˈfɜːðə(r); AmE ˈfɜːrð-/ Verb fördern ◊ *She took the new job to further her career.* Sie hat die neue Stelle angenommen, um beruflich weiterzukommen.

‚**further edu'cation** Nomen (Abk **FE**) (BrE) Weiterbildung, Erwachsenenbildung

fur·ther·more /ˌfɜːðəˈmɔː(r); AmE ˌfɜːrðərˈmɔːr/ Adv (gehoben) des Weiteren, außerdem ☛ Hinweis bei MOREOVER

fur·ther·most /ˈfɜːðəməʊst; AmE ˈfɜːrðərmoʊst/ Adv (gehoben) am weitesten entfernt

fur·thest¹ /ˈfɜːðɪst; AmE ˈfɜːrð-/ Adj **1** am weitesten entfernt ◊ *It was the furthest thing from her mind.* Nichts lag ihr ferner. **2** längste(r,s), weiteste(r,s)

fur·thest² /ˈfɜːðɪst; AmE ˈfɜːrð-/ Adv am weitesten

fur·tive /ˈfɜːtɪv; AmE ˈfɜːrtɪv/ Adj (Adv **fur·tive·ly** /-li/) (abwert) heimlich, verstohlen

fury /ˈfjʊəri; AmE ˈfjʊri/ Nomen **1** Wut **2** [Sing] Wutanfall **3 the Furies** [Pl] die Furien **IDM** **like fury** wie wild

furze /fɜːz; AmE fɜːrz/ Nomen (BrE) Stechginster

fuse¹ /fjuːz/ Nomen **1** Sicherung **2** Zündschnur **3** (AmE auch **fuze**) (Zeit)zünder **IDM** ⇨ SHORT¹

fuse² /fjuːz/ Verb **1** sich verbinden; (Knochen) zusammenwachsen; (Metall) verschmelzen **2** (WIRTSCH) fusionieren **3** (Sicherung etc.) durchbrennen (lassen) **4** (Gerät) mit einer Sicherung versehen ◊ *Is this plug fused?* Hat dieser Stecker eine Sicherung?

'**fuse box** Nomen Sicherungskasten

fu·sel·age /ˈfjuːzəlɑːʒ; AmE ˈfjuːs-/ Nomen (Flugzeug)rumpf

fu·si·lier /ˌfjuːzəˈlɪə(r)/ Nomen Füsilier

fu·sil·lade /ˌfjuːzəˈleɪd; AmE -sə-/ Nomen Salve, Hagel

fu·sion /ˈfjuːʒn/ Nomen [U/Sing] **1** Verschmelzung, Verbindung **2** (PHYSIK) = NUCLEAR FUSION

fuss¹ /fʌs/ Nomen [U/Sing] Theater, Aufhebens **IDM** **make a fuss of/over sb** sich mit jdm/etw beschäftigen ◊ *The cat loves being made a fuss of.* Die Katze hat es gern, wenn man sich mit ihr abgibt.

fuss² /fʌs/ Verb **1** Theater machen **2** ~ (**about sth**) sich (über etw) aufregen **3** ~ **with sth** an etw herumfummeln **IDM** **I'm not fussed** (**about it**) das ist mir egal **PHR V**

fuss a'bout/a'round herumfuhrwerken, herumhantieren '**fuss over sb** sich mit jdm große Umstände machen

fuss·pot /ˈfʌspɒt; AmE -pɑːt/ (AmE **fuss·budget** /ˈfʌsbʌdʒɪt/) Nomen (umgs) Umstandskrämer ◊ *Don't be such a fusspot!* Mach kein Theater!

fussy /ˈfʌsi/ Adj (**fuss·ier**, **fussi·est**) (Adv **fuss·ily** /-ɪli/) **1** pingelig, umständlich; (im Essen) wählerisch **2** nervös **3** (Muster, Stoff, Kleidung) überladen, verspielt

fusty /ˈfʌsti/ Adj (abwert) **1** muffig, moderig **2** verstaubt, rückständig

fu·tile /ˈfjuːtaɪl; AmE -tl/ Adj vergeblich, sinnlos

fu·til·ity /fjuːˈtɪləti/ Nomen Vergeblichkeit, Sinnlosigkeit

fu·ton /ˈfuːtɒn; AmE -tɑːn/ Nomen Futon-Bettsofa

fu·ture¹ /ˈfjuːtʃə(r)/ Nomen **1** Zukunft ◊ *in the near future* demnächst ◊ *in the distant future* in ferner Zukunft **2** (auch ‚**future 'tense**) (LING) Zukunft, Futur **3 futures** [Pl] (FINANZ) Termingeschäfte, Futures

fu·ture² /ˈfjuːtʃə(r)/ Adj zukünftig, künftig ◊ *at a future date* zu einem späteren Zeitpunkt

‚**future 'perfect** Nomen Futur II, vollendete Zukunft

fu·tur·ism /ˈfjuːtʃərɪzəm/ Nomen Futurismus

fu·tur·ist /ˈfjuːtʃərɪst/ **1** Nomen Futurist(in) **2** Adj futuristisch ◊ *futurist poets* Dichter des Futurismus

fu·tur·is·tic /ˌfjuːtʃəˈrɪstɪk/ Adj futuristisch

fuze (AmE) = FUSE¹ (3)

fuzz /fʌz/ Nomen **1** Flaum **2** Kraushaar **3 the fuzz** (veraltet, Slang) (Polizei) die Bullen ☛ G 1.3a

fuzzi·ness /ˈfʌzinəs/ Nomen Verschwommenheit, Unschärfe

fuzzy /ˈfʌzi/ Adj (**fuzz·ier**, **fuzzi·est**) **1** flaumig, flauschig; (Haare) kraus **2** verschwommen, unscharf; (Ton) unsauber; (Begriff etc.) schwammig

‚**fuzzy 'logic** Nomen Fuzzylogik

'**F-word** Nomen (umgs) = verhüllender Ausdruck, der statt „fuck" verwendet wird

FYI Kurzform von **for your information** zur Kenntnisnahme

Gg

G, g /dʒiː/ **1** Nomen (Pl **G's**, **g's**) (Buchstabe, Musik) G, g ☛ Siehe auch G AND T und G-STRING ☛ Beispiele bei A, A **2 G** Kurzform von **general audience** (AmE) (FILM) jugendfrei, ohne Altersbeschränkung **3 g** Abk = GRAM **4 g** Abk = GRAVITY (1)

gab /gæb/ Nomen **IDM** ⇨ GIFT¹

gab·ar·dine /ˌgæbəˈdiːn, ˈgæbədiːn; AmE -bərd-/ Nomen Gabardine(mantel)

gab·ble¹ /ˈgæbl/ Verb brabbeln; (Rede etc.) herunterrasseln

gab·ble² /ˈgæbl/ Nomen Gebrabbel

gable /ˈgeɪbl/ Nomen Giebel

gad /gæd/ (-**dd**-) Verb (bes BrE, umgs) **PHR V** ‚**gad a'bout/a'round** herumziehen, sich herumtreiben

gad·fly /ˈgædflaɪ/ (Pl -**ies**) Nomen (meist abwert) Quälgeist

gad·get /ˈgædʒɪt/ Nomen Gerät, technischer Krimskrams

Gael·ic /ˈgeɪlɪk, ˈgælɪk/ **1** Adj gälisch **2** Nomen Gälisch

> Gaelic bezeichnet die keltischen Sprachen Schottlands und Irlands und die damit verbundenen Kulturen. Die korrekte Aussprache ist /ˈgeɪlɪk/ (für Schottland und Irland) bzw. /ˈgælɪk/ (nur für Schottland).

‚**Gaelic 'football** Nomen = in Irland gespielte Mannschaftssportart, die dem Rugby ähnlich ist

gaffe /gæf/ Nomen Fauxpas, Fehler

gaf·fer /ˈgæfə(r)/ Nomen **1** (BrE, umgs) Boss, Vorarbeiter **SYN** BOSS **2** Elektro- und Beleuchtungstechniker(in)

gag¹ /gæg/ Nomen **1** Knebel **2** Knebelung ◊ *a press gag* eine Knebelung der Presse **3** (umgs) Witz, Gag ◊ *tell/crack a gag* einen Witz reißen **4** (bes AmE) Streich

gag² /gæg/ Verb (-**gg**-) **1** knebeln **2** (fig) zum Schweigen bringen; (Presse) mundtot machen **3** ~ (**on sth**) (umgs) (an etw) würgen **IDM** **be gagging for sth** (BrE, Slang) scharf auf etw sein ◊ *I'm gagging for another drink.* Ich will unbedingt noch einen Drink. **be gagging to do sth** (BrE, Slang) scharf darauf sein, etw zu tun; darauf brennen, etw zu tun sein; geil sein **be gagging for it** (BrE, Slang) scharf (auf Sex) sein

gaga /ˈgɑːgɑː/ Adj (umgs) **1** (beleidigend) verkalkt, plemplem **2** aus dem Häuschen

gage (AmE) = GAUGE

gag·gle /ˈgægl/ Nomen Schar, Horde

gai·ety /ˈgeɪəti/ Nomen (veraltet) Fröhlichkeit

gaily /ˈgeɪli/ Adv **1** fröhlich ◊ *gaily decorated streets* bunt geschmückte Straßen **2** unbekümmert, fröhlich

gain¹ /geɪn/ Verb **1** gewinnen, sich verschaffen, bekommen ◊ *Her talent gained her worldwide recognition.* Ihr Talent verhalf ihr zu weltweitem Ansehen. ◊ *There is nothing to be gained from delaying the decision.* Niemand hat etwas davon, wenn die Entscheidung aufgeschoben wird. **2** gewinnen an ◊ *gain experience* Erfahrung sammeln ◊

gain strength stärker werden ◇ *I've gained weight recently.* Ich habe in letzter Zeit zugenommen. **3** ~ **(by/from sth)** (von etw) profitieren **4** (*Uhr*) vorgehen OPP LOSE **5** (*Währungen, Aktien*) zulegen, steigen **6** (*gehoben*) (*einen Ort*) erreichen IDM **gain 'ground** an Boden gewinnen; sich durchsetzen **gain 'time** Zeit gewinnen ☛ *Siehe auch* VENTURE² PHRV **'gain in sth** an etw gewinnen ◇ *Canoeing has gained in popularity.* Der Kanusport hat an Beliebtheit gewonnen. ◇ *gain in confidence* mehr Selbstvertrauen bekommen **'gain on sb/sth** jdn/etw einholen

gain² /geɪn/ *Nomen* **1** Zunahme; (*an der Börse*) Anstieg **2** Vorteil, Verbesserung **3** (*oft abwert*) Gewinn, Profit ◇ *He was motivated by personal gain.* Er wollte sich bereichern.

gain·ful /'geɪnfl/ *Adj* (*Adv* **gain·ful·ly** /-fəli/) (*gehoben*) ◇ *gainful employment* Erwerbstätigkeit ◇ *gainfully employed* erwerbstätig

gain·say /ˌgeɪn'seɪ/ *Verb* (**gain·says** /-'sez/) (**gain·said**, **gain·said** /-'sed/) (*gehoben*) (*oft in verneinten Sätzen*) ~ **sb** jdm widersprechen; ~ **sth** etw widerlegen ◇ *There is no gainsaying the fact that …* Es lässt sich nicht leugnen, dass …

gait /geɪt/ *Nomen* [Sing] (*gehoben*) Gang

gai·ter /'geɪtə(r)/ *Nomen* [meist Pl] Gamasche

gal /gæl/ *Nomen* (*bes AmE, umgs, veraltet*) Mädchen

gal. *Abk* = GALLON(S)

gala /'gɑːlə; *AmE* 'geɪlə/ *Nomen* **1** Galaveranstaltung, Fest **2** (*BrE*) **swimming** ~ Schwimmwettbewerb

ga·lac·tic /gə'læktɪk/ *Adj* galaktisch

gal·axy /'gæləksi/ *Nomen* (*Pl* **-ies**) **1** Sternsystem **2 the Galaxy** die Milchstraße **3** (*umgs*) ◇ *a galaxy of stars* eine Vielzahl von Stars

gale /geɪl/ *Nomen* **1** Sturm ◇ (*BrE*) *It's blowing a gale.* Es stürmt. **2 gale(s) of laughter** stürmisches Gelächter

gall¹ /gɔːl/ *Nomen* **1** Dreistigkeit, Unverschämtheit **2** Verbitterung **3** (Bot) Gallapfel **4** (*veraltet*) Galle

gall² /gɔːl/ *Verb* (sehr) ärgern

gal·lant /'gælənt/ *Adj* (*Adv* **gal·lant·ly**) **1** (*veraltet oder gehoben*) tapfer **2** (*aufmerksam*) galant

gal·lant·ry /'gæləntri/ *Nomen* (*gehoben*) **1** Tapferkeit **2** (*galantes Benehmen*) Galanterie

'gall bladder *Nomen* (ANAT) Gallenblase

gal·leon /'gæliən/ *Nomen* Galeone

gal·lery /'gæləri/ *Nomen* (*Pl* **-ies**) **1** Galerie **2** (*im Theater*) Galerie, oberster Rang **3** (*im Bergbau*) Stollen IDM **play to the 'gallery** für die Galerie spielen

gal·ley /'gæli/ *Nomen* **1** Galeere **2** Kombüse, Bordküche

Gal·lic /'gælɪk/ *Adj* französisch, gallisch

gall·ing /'gɔːlɪŋ/ *Adj* (sehr) ärgerlich

gal·lon /'gælən/ *Nomen* (*Abk* **gal.**) = Flüssigkeitsmaß; entspricht 4,5 Litern bzw. 3,8 Litern in den USA ☛ *Siehe auch* S. 760

gal·lop¹ /'gæləp/ *Verb* **1** galoppieren **2** galoppieren lassen **3** (*umgs*) (*Mensch*) rennen

gal·lop² /'gæləp/ *Nomen* **1** [Sing] Galopp ◇ *at a gallop* im Galopp **2** Galoppritt

gal·lows /'gæləʊz; *AmE* -loʊz/ *Nomen* (*Pl* **gal·lows**) Galgen

gall·stone /'gɔːlstəʊn; *AmE* -stoʊn/ *Nomen* Gallenstein

gal·ore /gə'lɔː(r)/ *Adj nicht vor Nomen* in Hülle und Fülle

gal·oshes /gə'lɒʃɪz; *AmE* -'lɑːʃ-/ *Nomen* [Pl] Gummiüberschuhe

gal·van·ize (*BrE auch* **-ise**) /'gælvənaɪz/ *Verb* **1** (*gehoben*) aufrütteln; ~ **sb into sth/into doing sth** jdm den Anstoß geben etw zu tun ◇ *That galvanized them into action.* Das ließ sie sofort aktiv werden. **2** (TECH) galvanisieren

gam·bit /'gæmbɪt/ *Nomen* **1** (geschickter) Schachzug, Taktik ◇ *Her opening gambit was …* Sie eröffnete das Gespräch mit der Bemerkung … **2** (*beim Schach*) Gambit

gam·ble¹ /'gæmbl/ *Verb* **1** spielen, wetten; ~ **sth** etw (ein-) setzen; ~ **sth on sth** etw auf etw setzen ◇ *gamble at cards* um Geld Karten spielen ◇ *gamble on the horses* auf Pferde wetten **2** ~ **sth** (**on sth**) etw (bei etw) aufs Spiel setzen **3** ~ **with sth** etw aufs Spiel setzen ◇ *It was wrong to gamble with our children's future.* Es war falsch, die Zukunft unserer Kinder aufs Spiel zu setzen. PHRV ˌ**gamble sth a'way** etw verspielen **'gamble on sth** sich auf etw verlassen, auf etw spekulieren

gam·ble² /'gæmbl/ *Nomen* [Sing] Risiko ◇ *take a gamble* ein Risiko eingehen

gam·bler /'gæmblə(r)/ *Nomen* Spieler(in)

gam·bling /'gæmblɪŋ/ *Nomen* Glücksspiel, Wetten

gam·bol /'gæmbl/ *Verb* (**-ll-**, *AmE auch* **-l-**) herumspringen

game¹ /geɪm/ *Nomen* **1** Spiel ◇ *He was playing games with the dog.* Er spielte mit dem Hund. ◇ *Hendry raised his game.* Hendry hat sein Spielniveau verbessert. ◇ *a game of table tennis* eine Partie Tischtennis ◇ (*AmE*) *We're going to the ball game.* Wir gehen zum Baseball. **2 games** (*BrE, veraltet*) (*in der Schule*) Sport **3** ◇ *the game of politics* die Politik ◇ *I'm new to this game myself.* Ich mache das noch nicht lange. ◇ *It's all part of the game.* Das gehört dazu. **4** (*umgs*) Trick ◇ *So that's his little game!* Das führt er also im Schilde! **5** (*Tiere, Fleisch*) Wild IDM **be on the 'game** (*BrE, Slang*) auf den Strich gehen **the game is 'up** (*BrE, umgs*) das Spiel ist aus **game on** (*umgs*) ◇ *It was 1-1 with ten minutes to go — game on!* Es stand 1:1 mit nur noch zehn Minuten zu spielen – alles war wieder (völlig) offen! **give the 'game away** alles verraten **play the 'game** sich an die Spielregeln halten **play sb's 'game** jdm in die Hände spielen **play** (**silly**) **'games** Blödsinn machen **play** (**silly**) **'games with sb** jdm etwas vormachen **'two can play at 'that game** wie du mir, so ich dir **what's sb's/your 'game?** (*BrE, umgs*) was führt jd/führrst du im Schilde?; was soll das? ☛ *Siehe auch* BEAT¹, FUN, MUG¹ *und* NAME¹

game² /geɪm/ *Adj* **be** ~ (**for sth**) (zu etw) bereit sein; **be** ~ **to do sth** bereit sein etw zu tun ◇ *Who's game* (*to try*)? Wer versucht's?

'game bird *Nomen* Federwild

game·keep·er /'geɪmkiːpə(r)/ *Nomen* Wildhüter(in) IDM ⇨ POACHER

game·ly /'geɪmli/ *Adv* tapfer

'game plan *Nomen* Strategie

gamer /'geɪmə(r)/ *Nomen* Gamer

'game reserve (*BrE auch* **'game park**) (*AmE* **'game preserve**) *Nomen* Wildreservat

'game show *Nomen* Spielshow

games·man·ship /'geɪmzmənʃɪp/ *Nomen* [U] Ablenkungsmanöver, unfaires Taktieren

'game warden *Nomen* Wildhüter(in)

gam·ine /gæ'miːn/ *Adj* (*gehoben*) jungenhaft, knabenhaft

gam·ing /'geɪmɪŋ/ *Nomen* (*veraltet oder Fachspr*) Spiel- ◇ *gaming laws* Gesetze über das Glücksspiel

gamma radiation /ˌgæmə reɪdi'eɪʃn/ *Nomen* [U] (*auch* **'gamma rays** [Pl]) Gammastrahlen

gam·mon /'gæmən/ *Nomen* (*bes BrE*) ≈ Kasseler, Kochschinken

gamut /'gæmət/ *Nomen* **the gamut** die ganze Bandbreite

gan·der /'gændə(r)/ *Nomen* Gänserich IDM **have/take a 'gander** (**at sth**) (*umgs*) einen Blick (auf etw) werfen ☛ *Siehe auch* SAUCE

G and T /ˌdʒiː ənd 'tiː/ *Kurzform von* **gin and tonic** Gin Tonic

gang¹ /gæŋ/ *Nomen* **1** Bande, Gang **2** (*umgs*) Clique ☛ G 1.3b

gang² /gæŋ/ *Verb* PHRV ˌ**gang to'gether** (*umgs*) sich zusammentun ˌ**gang 'up** (**on/against sb**) sich (gegen jdn) zusammentun

gang·bust·ers /'gæŋbʌstəz; *AmE* -ərz/ *Nomen* IDM **like 'gangbusters** (*AmE, umgs*) wie verrückt

gang·land /'gæŋlænd/ *Nomen* [Sing] Verbrechermilieu, Unterwelt

gan·gling /'gæŋglɪŋ/ (*auch* **gan·gly** /'gæŋgli/) *Adj* schlaksig

gan·glion /'gæŋgliən/ *Nomen* (*Pl* **gan·glia** /-liə/) **1** (ANAT) Nervenknoten, Ganglion **2** (MED) Überbein, Ganglion

gang·plank /'gæŋplæŋk/ *Nomen* Laufplanke

'gang rape *Nomen* Gruppenvergewaltigung

gan·grene /'gæŋgriːn/ *Nomen* [U] (MED) Brand, Gangrän

gan·gren·ous /'gæŋgrɪnəs/ *Adj* brandig, gangränös

gang·sta /'gæŋstə/ *Nomen* **1** (*AmE, Slang*) Mitglied einer Straßenbande **2** (*auch* ˌ**gangsta 'rap**) Gangsta Rap

gang·ster /'gæŋstə(r)/ *Nomen* Gangster

gang·way /'gæŋweɪ/ *Nomen* **1** (*BrE*) (im Flugzeug, Theater etc.) Gang **2** (*Laufplanke*) Gangway

gan·net /'gænɪt/ *Nomen* (*Vogel*) Tölpel
gan·try /'gæntri/ *Nomen* (*Pl* **-ies**) Unterbau; (*über Straßen*) Schilderbrücke; (*über Bahnlinien*) Signalbrücke; (*für Raketen*) Abschussrampe
gaol, gaol·er (*BrE*) → JAIL, JAILER
gap /gæp/ *Nomen* **1** Lücke, Spalt, Abstand ◊ *a gap in the market* eine Marktlücke **2** (*BrE*) Pause, Unterbrechung ◊ *a gap in the conversation* eine Gesprächspause ◊ *after a gap of twenty years* nach einer Unterbrechung von zwanzig Jahren ◊ *young people in their gap year* junge Leute zwischen Schule und Studium **3** Kluft [IDM] ⇨ BRIDGE²
gape /geɪp/ *Verb* **1** den Mund aufsperren; ~ **at sb/sth** jdm/etw mit offenem Mund anstarren **2** ~ (**open**) (auseinander)klaffen
gap-'toothed *Adj* mit Zahnlücke(n), mit weit auseinander stehenden Zähnen
gar·age¹ /'gærɑːʒ, -rɑːdʒ, -rɪdʒ; *AmE* gə'rɑːʒ, -'rɑːdʒ/ *Nomen* **1** Garage ◊ *an underground garage* eine Tiefgarage ◊ *a bus garage* ein Busdepot **2** Werkstatt, Tankstelle
gar·age² /'gærɑːʒ, -rɑːdʒ, -rɪdʒ; *AmE* gə'rɑːʒ, -'rɑːdʒ/ *Verb* in die Garage stellen, in einer Garage unterstellen
'garage sale *Nomen* = privater Verkauf von Möbeln, Trödel etc., meist in oder vor einer Garage
garb /gɑːb; *AmE* gɑːrb/ *Nomen* [U] (*gehoben oder hum*) Gewand, Kluft
gar·bage /'gɑːbɪdʒ; *AmE* 'gɑːrb-/ *Nomen* **1** (*bes AmE*) Abfall, Müll **2** (*umgs*) Blödsinn
'garbage can *Nomen* (*AmE*) Mülleimer, Mülltonne
'garbage man (*auch* **'garbage collector**) *Nomen* (*AmE*) Müllmann ◊ *the garbage men* die Müllabfuhr
'garbage truck *Nomen* (*AmE*) Müllwagen
gar·banzo bean /gɑː'bænzəʊ biːn; *AmE* gɑːrbɑːnzoʊ, -'bæn-/ *Nomen* (*AmE*) Kichererbse
gar·bled /'gɑːbld; *AmE* 'gɑːrbld/ *Adj* konfus
Garda /'gɑːdə; *AmE* 'gɑːrdə/ *Nomen* **1 the Garda** = die Polizei (in der Irischen Republik) **2** (*auch* **garda**) (*Pl* **gardai, Gardai** /'gɑːdiː; *AmE* 'gɑːrdiː/) = Polizist(in) (in der Irischen Republik)
gar·den¹ /'gɑːdn; *AmE* 'gɑːrdn/ *Nomen* **1** Garten ◊ *a front/back garden* ein Vor-/Hintergarten **2 gardens** [Pl] (*AmE meist* **gar·den** [Sing]) Park, Gartenanlage **3 Gardens** (*Abk* **Gdns**) [Sing] (*BrE*) = Bestandteil von Straßennamen [IDM] **everything in the garden is 'rosy** alles ist in bester Ordnung ↪ *Siehe auch* COMMON¹ *und* LEAD¹
gar·den² /'gɑːdn; *AmE* 'gɑːrdn/ *Verb* im Garten arbeiten, gärtnern
'garden centre *Nomen* (*BrE*) Gartencenter
,garden 'city (*auch* **,garden 'suburb**) *Nomen* (*BrE*) Gartenstadt
gar·den·er /'gɑːdnə(r); *AmE* 'gɑːrd-/ *Nomen* Gärtner(in)
gar·denia /gɑː'diːniə; *AmE* gɑːr'd-/ *Nomen* Gardenie
gar·den·ing /'gɑːdnɪŋ; *AmE* 'gɑːrd-/ *Nomen* Gartenarbeit, Gärtnern ◊ *gardening gloves* Gartenhandschuhe
'garden party *Nomen* Gartenfest
'garden-variety *Adj* nur vor Nomen (*AmE*) gewöhnlich, Durchschnitts-
gar·gle¹ /'gɑːgl; *AmE* 'gɑːrgl/ *Verb* gurgeln
gar·gle² /'gɑːgl; *AmE* 'gɑːrgl/ *Nomen* **1** Gurgelwasser, Mundspülung **2** [Sing] Gegurgel **3** Gurgeln ◊ *have a gargle with salt water* mit Salzwasser gurgeln
gar·goyle /'gɑːgɔɪl; *AmE* 'gɑːrg-/ *Nomen* Wasserspeier
gar·ish /'geərɪʃ; *AmE* 'gerɪʃ/ *Adj* (*Adv* **gar·ish·ly**) grell, in knalligen Farben
gar·land¹ /'gɑːlənd; *AmE* 'gɑːrl-/ *Nomen* Kranz, Girlande
gar·land² /'gɑːlənd; *AmE* 'gɑːrl-/ *Verb* bekränzen, mit Girlanden schmücken
gar·lic /'gɑːlɪk; *AmE* 'gɑːrlɪk/ *Nomen* Knoblauch
gar·licky /'gɑːlɪki; *AmE* 'gɑːrl-/ *Adj* nach Knoblauch riechend, mit viel Knoblauch
gar·ment /'gɑːmənt; *AmE* 'gɑːrm-/ *Nomen* (*gehoben*) Kleidungsstück, Gewand
gar·ner /'gɑːnə(r); *AmE* 'gɑːrn-/ *Verb* (*gehoben*) sammeln
gar·net /'gɑːnɪt; *AmE* 'gɑːrn-/ *Nomen* (*Edelstein*) Granat
gar·nish¹ /'gɑːnɪʃ; *AmE* 'gɑːrnɪʃ/ *Verb* garnieren
gar·nish² /'gɑːnɪʃ; *AmE* 'gɑːrnɪʃ/ *Nomen* Garnierung

gar·otte = GARROTTE
gar·ret /'gærət/ *Nomen* (Dach)kammer, Mansarde
gar·rison¹ /'gærɪsn/ *Nomen* Garnison ↪ G 1.3b
gar·rison² /'gærɪsn/ *Verb* **1** (*Truppen*) stationieren **2** (*Stadt*) in Garnison legen ◊ *Two regiments are being sent to garrison the town.* Zwei Regimente werden zur Stationierung in die Stadt geschickt.
gar·rotte¹ (*auch* **gar·otte**) (*AmE auch* **gar·rote**) /gə'rɒt; *AmE* gə'rɑːt/ *Verb* garrottieren, erdrosseln
gar·rotte² (*auch* **gar·otte**) (*AmE auch* **gar·rote**) /gə'rɒt; *AmE* gə'rɑːt/ *Nomen* Garrotte
gar·rul·ous /'gærələs; *BrE auch* -rjʊl-/ *Adj* (*Adv* **gar·rul·ous·ly**) geschwätzig [SYN] TALKATIVE
gar·ter /'gɑːtə(r); *AmE* 'gɑːrt-/ *Nomen* **1** Strumpfband **2** (*AmE*) Straps [IDM] ⇨ GUT¹
'garter belt *Nomen* (*AmE*) Strapshalter
'garter snake *Nomen* Strumpfbandnatter
gas¹ /gæs/ *Nomen* (*Pl* **gases** *oder, seltener,* **gas·ses**) **1** Gas ◊ *a gas fire* ein Gaskaminofen ◊ *a gas ring* eine Kochstelle/ein Brenner ◊ *Pre-heat the oven to gas mark 5.* Den Backofen auf Stufe 5 vorwärmen. ↪ *Siehe auch* NATURAL GAS **2** Lachgas ↪ *Siehe auch* LAUGHING GAS **3** (*AmE*) Benzin ◊ *a gas station* eine Tankstelle **4 the gas** (*bes AmE*) das Gas(pedal) ◊ *Step on the gas, we're late.* Gib Gas, wir kommen zu spät. **5** [U] (*AmE*) Blähungen **6 a gas** (*bes AmE*) eine Wucht ◊ *The party was a real gas.* Die Party war wirklich eine Wucht. [IDM] ⇨ COOK¹
gas² /gæs/ *Verb* (**-ss-**) **1** (mit Gas) vergiften, vergasen ◊ *He was badly gassed in the war.* Im Krieg erlitt er schwere Gasvergiftungen. ◊ *She committed suicide by gassing herself.* Sie beging Selbstmord, indem sie den Gashahn aufdrehte. **2** (*umgs*) quasseln [SYN] CHAT
'gas chamber *Nomen* Gaskammer
'gas-cooled *Adj* gasgekühlt
gas·eous /'gæsiəs, 'geɪsiəs/ *Adj* gasartig, gas-, Gas-
,gas-'fired *Adj* (*BrE*) gasbetrieben
'gas-guzzler (*auch* **guz·zler**) *Nomen* (*bes AmE, umgs*) Benzinschlucker
gash¹ /gæʃ/ *Nomen* **1** klaffende Wunde **2** klaffende Spalte
gash² /gæʃ/ *Verb* aufschlitzen ◊ *a gashed knee* ein aufgeschlagenes Knie
gas·hold·er /'gæshəʊldə(r); *AmE* -hoʊl-/ *Nomen* Gasometer
gas·ket /'gæskɪt/ *Nomen* Dichtung(sring); ◊ (*fig*) *He blew a gasket at the news.* Als er das hörte, ging er an die Decke.
'gas lamp *Nomen* Gaslampe, Gaslaterne
'gas·light /'gæslaɪt/ *Nomen* **1** Gaslicht **2** Gaslampe, Gaslaterne
'gas mask *Nomen* Gasmaske
'gas meter *Nomen* Gasuhr, Gaszähler
gaso·hol /'gæsəhɒl; *AmE* -hɔːl, -hɑːl/ *Nomen* Gasohol
gas·oline (*auch* **gas·olene**) /'gæsəliːn/ *Nomen* (*AmE*) Benzin
gas·om·eter /gæ'sɒmɪtə(r); *AmE* -'sɑːm-/ *Nomen* Gasometer
gasp¹ /gɑːsp; *AmE* gæsp/ *Verb* **1** nach Luft ringen ◊ *We gasped in astonishment at the news.* Die Nachricht verschlug uns den Atem. **2** ~ **sth** (**out**) etw hervorstoßen **3 be gasping (for sth)** (*umgs*) nach etw lechzen
gasp² /gɑːsp; *AmE* gæsp/ *Nomen* (tiefer) Atemzug ◊ *She gave a gasp of horror.* Sie hielt vor Schreck den Atem an. ◊ *His breath came in short gasps.* Sein Atem ging nur stoßweise. ◊ *give a gasp of relief* erleichtert aufatmen [IDM] ⇨ LAST¹
'gas pedal *Nomen* (*AmE*) Gas(pedal)
'gas station *Nomen* (*AmE*) Tankstelle
gassy /'gæsi/ *Adj* (*BrE*) kohlensäurehaltig
gas·tric /'gæstrɪk/ *Adj* nur vor Nomen (MED) gastrisch, Magen- ◊ *gastric flu* Darmgrippe
gas·tri·tis /gæ'straɪtɪs/ *Nomen* (MED) Magenschleimhautentzündung, Gastritis
gastro-enteritis /ˌgæstrəʊ ˌentə'raɪtɪs; *AmE* ˌgæstroʊ-/ *Nomen* (MED) Magen-Darm-Entzündung, Gastroenteritis
gas·tro·nom·ic /ˌgæstrə'nɒmɪk; *AmE* -'nɑːm-/ *Adj* nur vor Nomen (*Adv* **gas·tro·nom·ic·al·ly** /-kli/) gastronomisch, kulinarisch

gas·tron·omy /gæˈstrɒnəmi; *AmE* -ˈstrɑːn-/ *Nomen* Gastronomie

gas·works /ˈgæswɜːks; *AmE* -wɜːrks/ *Nomen* (*Pl* **gasworks**) Gaswerk ☛ G 1.3b

gate /geɪt/ *Nomen* **1** Tor, Gatter ☛ *Siehe auch* STARTING GATE **2** (Flug)steig **3** (*BrE*) Zuschauer(zahl) **4** = GATE MONEY

gat·eau /ˈgætəʊ; *AmE* gæˈtoʊ/ *Nomen* (*Pl* **gat·eaux** /ˈgætəʊ; *AmE* gæˈtoʊ/) (*BrE*) Torte

gate·crash /ˈgeɪtkræʃ/ *Verb* uneingeladen erscheinen (auf) ◊ *gatecrash a party* uneingeladen auf einer Party erscheinen

gate·crash·er /ˈgeɪtkræʃə(r)/ *Nomen* uneingeladener Gast

gated /ˈgeɪtɪd/ *Adj* = mit Toren versehen, die von Autofahrern etc. geöffnet/geschlossen werden müssen

ˌgated comˈmunity *Nomen* = abgeschlossene und bewachte Wohnsiedlung

gate·house /ˈgeɪthaʊs/ *Nomen* Pförtnerhaus

gate·keep·er /ˈgeɪtkiːpə(r)/ *Nomen* Pförtner(in)

ˈgate money (*auch* **gate**) *Nomen* [U] Einnahmen eines/des Spiels

gate·post /ˈgeɪtpəʊst; *AmE* -poʊst/ *Nomen* Torpfosten

gate·way /ˈgeɪtweɪ/ *Nomen* **1** Torbogen, Tor (*auch fig*) ◊ *Hong Kong, the gateway to China* Hong Kong, das Tor zu China **2** (COMP) Gateway

gather[1] /ˈgæðə(r)/ *Verb* **1** sich versammeln **2** ~ sth together/up etw zusammensuchen, etw aufsammeln **3** sammeln, zusammentragen ◊ *gather berries* Beeren sammeln ◊ *gather wild flowers* Wildblumen pflücken ◊ *gather dust* verstauben **4** ~ sth (in) (*Ernte*) einbringen **5** schließen, entnehmen ◊ *I gather from your letter that …* Ihrem Brief kann ich entnehmen, dass … ◊ *I gather (that) you wanted to see me.* Ich höre, dass Sie mich sprechen wollten. ◊ *You're self-employed, I gather.* Sie sind freiberuflich tätig, wie ich gehört habe. **6** gewinnen an, zunehmen ◊ *the gathering gloom of a winter's afternoon* die zunehmende Düsternis eines Winternachmittags ◊ *The car gathered speed.* Das Auto fuhr schneller. ◊ *The storm was gathering.* Das Gewitter braute sich zusammen. **7** ~ sth around you/sth (*Kleidungsstück*) etw enger um sich/etw schlingen; ~ sth up etw hochraffen **8** ~ sth (in) etw raffen, etw kräuseln **9** (*gehoben*) an sich ziehen ◊ *He gathered her to him.* Er zog sie an sich. **10** ~ yourself/sth sich/etw sammeln ◊ *I sat down to gather my strength.* Ich setzte mich, um meine Kräfte zu sammeln. ◊ *Fortunately he had time to gather himself.* Zum Glück hatte er Zeit sich zu sammeln.

gather[2] /ˈgæðə(r)/ *Nomen* Kräuselung

gath·er·er /ˈgæðərə(r)/ *Nomen* Sammler(in)

gath·er·ing /ˈgæðərɪŋ/ *Nomen* **1** Versammlung, Treffen **2** Sammeln, Sammlung

gauche /gəʊʃ; *AmE* goʊʃ/ *Adj* linkisch, unbeholfen

gauche·ness /ˈgəʊʃnəs; *AmE* ˈgoʊ-/ (*auch* **gauch·erie** /ˈgəʊʃəri; *AmE* ˈgoʊʃəˈri/) *Nomen* Unbeholfenheit

gaudy /ˈgɔːdi/ *Adj* (**gaud·ier**, **gaudi·est**) (*Adv* **gaud·ily** /-ɪli/) (*abwert*) grell ◊ *gaudy colours* schreiende Farben ◊ *gaudily dressed* auffällig bunt gekleidet

gauge[1] (*AmE auch* **gage**) /geɪdʒ/ *Nomen* **1** (*oft in Zusammensetzungen*) Messgerät ◊ *a fuel/petrol gauge* eine Kraftstoffanzeige ◊ *a temperature gauge* ein Temperaturanzeiger **2** (*Dicke*) Stärke **3** Kaliber **4** (EISENB) Spurweite **5** [meist Sing] ~ (of sth) Indikator (für etw), Maßstab (für etw)

gauge[2] (*AmE auch* **gage**) /geɪdʒ/ *Verb* **1** beurteilen, abschätzen ◊ *They tried to gauge the extent of the damage.* Sie versuchten das Ausmaß des Schadens einzuschätzen. **2** messen

gaunt /gɔːnt/ *Adj* **1** hager **2** (*Gebäude*) trist, karg

gaunt·let /ˈgɔːntlət/ *Nomen* **1** Panzerhandschuh **2** Schutzhandschuh IDM **run the ˈgauntlet** Spießruten laufen **take up the ˈgauntlet** den Fehdehandschuh aufnehmen **throw down the ˈgauntlet** den Fehdehandschuh hinwerfen

gauze /gɔːz/ *Nomen* **1** Gaze **2** Mull ◊ *a gauze dressing* ein Mullverband **3** Drahtgaze

gauzy /ˈgɔːzi/ *Adj* hauchzart

gave *Form von* GIVE[1]

gavel /ˈgævl/ *Nomen* Hammer (*eines Auktionators etc.*)

Gawd /gɔːd/ (*Schreibweise, die eine bestimmte Aussprache von 'God' in Ausrufen der Überraschung, Verärgerung etc. wiedergibt*) Gott! ◊ *For Gawd's sake hurry up!* Herrgott noch mal, beeil dich doch!

gawk /gɔːk/ *Verb* (*umgs*) gaffen

gawky /ˈgɔːki/ *Adj* (**gawk·ily** /-ɪli/) schlaksig, staksig

gawp /gɔːp/ *Verb* (*BrE, umgs*) glotzen ◊ *Don't gawp at me like that!* Glotz mich nicht so an!

gay[1] /geɪ/ *Adj* **1** schwul, lesbisch SYN HOMOSEXUAL **2** *nur vor Nomen* Schwulen- ◊ *a gay bar* eine Schwulenkneipe **3** (*veraltet*) fröhlich, farbenprächtig, bunt

gay[2] /geɪ/ *Nomen* Schwuler

gay·ness /ˈgeɪnəs/ *Nomen* Schwulsein

gaze[1] /geɪz/ *Verb* blicken, starren

gaze[2] /geɪz/ *Nomen* [meist Sing] Blick ◊ *He met her gaze.* Er erwiderte ihren Blick. ◊ *the public gaze* die Augen der Öffentlichkeit

gaz·elle /gəˈzel/ *Nomen* (*Pl* **gaz·elle** *oder* **gaz·elles**) Gazelle ☛ G 1.2

gaz·ette /gəˈzet/ *Nomen* (Amts)blatt; (*in Namen*) Zeitung

gaz·et·teer /ˌgæzəˈtɪə(r); *AmE* -ˈtɪr/ *Nomen* alphabetisches Ortsverzeichnis

gaz·ump /gəˈzʌmp/ *Verb* (*meist passiv*) (*BrE*) = jdn beim Hauskauf überbieten, indem man dem Verkäufer vor Vertragsabschluss einen besseren Preis bietet

GB /ˌdʒiː ˈbiː/ *Abk* = GREAT BRITAIN

GBH /ˌdʒiː biː ˈeɪtʃ/ *Abk* = GRIEVOUS BODILY HARM

GCE /ˌdʒiː siː ˈiː/ *Kurzform von* **General Certificate of Education** = Prüfung für Schüler in England, Wales und manchen anderen Ländern. GCE O levels wurden 1988 abgeschafft und durch **GCSE** ersetzt.

GCSE /ˌdʒiː siː es ˈiː/ *Kurzform von* **General Certificate of Secondary Education** = Schulabschlussprüfung für 16-Jährige in England, Wales und Nordirland ☛ Beim **GCSE** gibt es Prüfungen in einzelnen Fächern. Die Schüler bereiten sich in der zehnten und elften Klasse je nach Interesse und Begabung auf Prüfungen in bis zu zehn Fächern vor: *How many GCSEs are you doing?* ◊ *She's got ten GCSEs.*

Gdns *Abk* = GARDEN[1] (3)

GDP /ˌdʒiː diː ˈpiː/ *Kurzform von* **Gross Domestic Product** BIP, Bruttoinlandsprodukt

GDR /ˌdʒiː diː ˈɑː(r)/ *Kurzform von* **German Democratic Republic** DDR

gear[1] /gɪə(r); *AmE* gɪr/ *Nomen* **1** **gears** [Pl] Getriebe **2** Gang ◊ *Leave the car in gear.* Lassen Sie den Gang drin. ◊ *change gear* schalten ◊ (*fig*) *The party moved into top gear as the election approached.* Die Partei setzte im Wahlkampf zum Endspurt an. **3** [U] Ausrüstung **4** [U] (*umgs*) (*Kleidung*) Klamotten **5** [U] (*umgs*) Sachen, Zeug **6** (*oft in Zusammensetzungen*) Vorrichtung **7** (*Slang*) (*Rauschgift*) Stoff IDM **get into ˈgear** in Schwung kommen **get sth into ˈgear** etw in Schwung bringen **slip/be thrown out of ˈgear** durcheinander (geraten) ☛ *Siehe auch* ASS

gear[2] /gɪə(r); *AmE* gɪr/ *Verb* PHRV **ˈgear sth to/towards sth** (*meist passiv*) etw auf etw ausrichten ◊ *The resort is geared towards children.* Der Ferienort ist auf Kinder ausgerichtet. **ˌgear (yourˈself) ˈup (for/to sth)** sich (auf etw) vorbereiten **ˌgear sb/sth ˈup (for/to sth)** jdn/etw (auf etw) vorbereiten, jdn/etw (auf etw) einstellen

gear·box /ˈgɪəbɒks; *AmE* ˈgɪrbɑːks/ *Nomen* Getriebe(kasten)

gear·ing /ˈgɪərɪŋ; *AmE* ˈgɪrɪŋ/ *Nomen* [U] **1** (*BrE*) (FINANZ) Verhältnis von Schulden zu Eigenkapital **2** Getriebe

ˈgear lever (*auch* **ˈgear·stick** /ˈgɪəstɪk; *AmE* ˈgɪr-/) (*AmE* **ˈgear shift**) *Nomen* Schalthebel

gecko /ˈgekəʊ; *AmE* ˈgekoʊ/ *Nomen* (*Pl* **-os** *oder* **-oes**) Gecko

ged·dit? /ˈgedɪt/ *Abk* (*umgs*) (*Schreibweise, die eine umgangssprachliche Aussprache von „(do you) get it?" wiedergibt, um zu fragen, ob jemand einen Witz verstanden hat*) kapiert?

gee[1] /dʒiː/ (*veraltet* **gee whiz**) *Ausruf* (*bes AmE*) Mensch!

gee[2] /dʒiː/ *Verb* (*BrE*) IDM **ˌgee ˈup** hü PHRV **ˌgee sb ˈup**, **ˌgee sb ˈon** jdn anspornen

geek /giːk/ *Nomen* (*bes AmE, Slang*) Langweiler(in)

geeky /ˈgiːki/ *Adj* (*Mensch*) langweilig

geese *Form von* GOOSE¹
gee whiz /ˌdʒiː ˈwɪz/ = GEE¹
gee·zer /ˈɡiːzə(r)/ *Nomen* (*umgs*) **1** (*BrE*) Typ **2** (*AmE*) komischer alter Kauz
Gei·ger count·er /ˈɡaɪɡə kaʊntə(r); *AmE* ˈɡaɪɡər/ *Nomen* Geigerzähler
gei·sha /ˈɡeɪʃə/ (*auch* **ˈgeisha girl**) *Nomen* Geisha
gel¹ /dʒel/ *Nomen* Gel
gel² /dʒel/ *Verb* (**-ll-**) **1** (*BrE auch* **jell**) harmonieren, zusammenwachsen ◊ *We just didn't gel as a group.* Wir haben einfach kein richtiges Team gebildet. **2** (*BrE auch* **jell**) (*Ideen*) Gestalt annehmen **3** stimmen ◊ *That day, everything gelled.* An diesem Tag stimmte einfach alles. **4** (*BrE auch* **jell**) (*Fachspr*) gelieren **5** ◊ *gel your hair* sich Gel in die Haare reiben
gel·atin /ˈdʒelətɪn/ (*auch* **gel·a·tine** /ˈdʒeləˌtiːn/) *Nomen* Gelatine
gel·at·in·ous /dʒəˈlætɪnəs/ *Adj* gallertartig, gelatineartig
geld /ɡeld/ *Verb* kastrieren
geld·ing /ˈɡeldɪŋ/ *Nomen* Wallach
gel·ig·nite /ˈdʒelɪɡnaɪt/ *Nomen* Gesteinsprengstoff aus Nitroglyzerin und Nitrozellulose
gem /dʒem/ *Nomen* **1** (*seltener* **gem·stone** /ˈdʒemstəʊn; *AmE* -stoʊn/) Edelstein, Juwel **2** (*fig*) Kostbarkeit, Schmuckstück ◊ *a gem of a story* eine großartige Geschichte
Gem·ini /ˈdʒemɪnaɪ, -niː/ *Nomen* **1** (*Sternzeichen*) Zwillinge **2** (*Mensch*) Zwilling ◊ *Are you a Taurus or a Gemini?* Bist du ein Stier oder ein Zwilling?
Gen. *Abk* = GENERAL²
gen /dʒen/ *Verb* (**-nn-**) (*BrE, umgs, veraltet*) PHR V **ˌgen** (**yourˈself**) **ˈup** (**on sth**) sich (über etw) informieren ☞ G 9.7c ˌ**gen sb ˈup** (**on sth**) jdn (über etw) informieren ☞ G 9.7c
gen·der /ˈdʒendə(r)/ *Nomen* Geschlecht ◊ *gender differences* geschlechtsspezifische Unterschiede ◊ *gender relations* Geschlechterbeziehungen ☞ *Hinweis bei* MALE¹
ˈgender-specific *Adj* geschlechtsspezifisch
gene /dʒiːn/ *Nomen* (BIOL) Gen
ge·nea·logic·al /ˌdʒiːniəˈlɒdʒɪkl; *AmE* -ˈlɑːdʒ-/ *Adj nur vor Nomen* genealogisch ◊ *a genealogical tree* ein Familienstammbaum
ge·neal·ogist /ˌdʒiːniˈælədʒɪst/ *Nomen* Ahnenforscher(in)
ge·neal·ogy /ˌdʒiːniˈælədʒi/ *Nomen* (*Pl* **-ies**) **1** Ahnenforschung **2** Stammbaum
gen·era *Form von* GENUS
gen·eral¹ /ˈdʒenrəl/ *Adj* **1** allgemein, General- ◊ *There is a general belief that the system is fair.* Man ist allgemein der Meinung, dass das System fair ist. ◊ *books of general interest* Bücher, die eine breite Öffentlichkeit ansprechen ◊ *The bad weather has been fairly general.* Das Wetter war fast überall schlecht. ◊ *the general population* die Gesamtbevölkerung **2** ungefähr ◊ *get a general idea of sth* eine ungefähre Vorstellung von etw bekommen ◊ *I know how it works in general terms.* Im Großen und Ganzen weiß ich, wie es funktioniert. **3** (*Narkose*) Voll- **4** (*auch* **General**) General- ◊ *the general manager* der Generaldirektor IDM **as a ˌgeneral ˈrule** meistens **in ˈgeneral** im Allgemeinen
gen·eral² (*auch* **Gen·eral**) /ˈdʒenrəl/ *Nomen* (*Abk* **Gen.**) General(in)
ˌGeneral Cerˈtificate of Eduˈcation = GCE
ˌGeneral Cerˌtificate of ˌSecondary Eduˈcation = GCSE
ˌgeneral ˈcounsel *Nomen* Rechtsberater(in)
ˌgeneral deˈlivery *Nomen* (*AmE*) postlagernd
ˌgeneral eˈlection *Nomen* Parlamentswahlen
ˌgeneral ˈheadquarters = GHQ
gen·er·al·ist /ˈdʒenrəlɪst/ *Nomen* Generalist(in) ◊ *Primary-school teachers receive generalist training.* Die Ausbildung von Grundschullehrern ist nicht fachspezifisch.
gen·er·al·ity /ˌdʒenəˈræləti/ *Nomen* (*Pl* **-ies**) **1** [*meist Pl*] Allgemeines ◊ *He confined his comments to generalities.* Er hat seine Bemerkungen auf allgemeine Dinge beschränkt. **2 the generality** [*Pl*] (*gehoben*) die Mehrheit **3** Allgem-

gültigkeit **4** ◊ *An account of such generality is of little value.* Ein so allgemein gehaltener Bericht hat wenig Wert.
gen·er·al·iza·tion (*BrE auch* **-isation**) /ˌdʒenrəlaɪˈzeɪʃn; *AmE* -ləˈz-/ *Nomen* Verallgemeinerung ◊ *make generalizations about sth* allgemeine Aussagen über etw treffen
gen·er·al·ize (*BrE auch* **-ise**) /ˈdʒenrəlaɪz/ *Verb* **1** ~ (**from sth**) (aus etw) allgemeine Schlüsse ziehen **2** ~ (**about sth**) (über etw) allgemeine Aussagen treffen **3** ~ **sth** (**to sth**) (*gehoben*) etw (auf etw) allgemein anwenden
gen·er·al·ized (*BrE auch* **-ised**) /ˈdʒenrəlaɪzd/ *Adj* allgemein, verallgemeinert ◊ *a generalized rash* ein Ausschlag am ganzen Körper
ˌgeneral ˈknowledge *Nomen* Allgemeinwissen ◊ *a general knowledge quiz* ein Quiz, bei dem es ums Allgemeinwissen geht
gen·er·al·ly /ˈdʒenrəli/ *Adv* **1** allgemein ◊ *It is now generally accepted that ...* Es ist jetzt allgemein anerkannt, dass ... ◊ *The new drug will soon be generally available.* Das neue Arzneimittel wird bald überall erhältlich sein. **2** gewöhnlich SYN USUALLY **3** allgemein, im Allgemeinen ◊ *Let's talk just about investment generally.* Wir wollen über Investitionen im Allgemeinen sprechen. ◊ *Generally speaking, the more you pay, the more you get.* Im Allgemeinen gilt, dass man desto mehr bekommt, je mehr man zahlt.
ˌgeneral ˈpractice *Nomen* (*BrE*) **1** Allgemeinmedizin ◊ *She's in general practice.* Sie ist Allgemeinärztin. **2** Praxis für Allgemeinmedizin
ˌgeneral pracˈtitioner *Nomen* = GP
the ˌgeneral ˈpublic *Nomen* die Öffentlichkeit, die Allgemeinheit ☞ G 1.3a
ˌgeneral ˈpurpose *Adj nur vor Nomen* Mehrzweck-, Universal-
ˌgeneral ˈstaff *Nomen* (MIL) Generalstab ☞ G 1.3a
ˌgeneral ˈstore *Nomen* (*BrE auch* **ˌgeneral ˈstores** [Pl]) Gemischtwarenladen
gen·er·ate /ˈdʒenəreɪt/ *Verb* erzeugen; (*Geld*) einbringen; (*Interesse*) wecken
gen·er·ation /ˌdʒenəˈreɪʃn/ *Nomen* **1** Generation ◊ *a second-generation American* ein Amerikaner der zweiten Generation ☞ G 1.3b **2** Erzeugung, Erwirtschaftung
gen·er·ation·al /ˌdʒenəˈreɪʃənl/ *Adj* Generations-
the geneˈration gap *Nomen* [Sing] Unterschied zwischen den Generationen
gen·era·tive /ˈdʒenərətɪv/ *Adj* (*Fachspr*) generativ
gen·er·ator /ˈdʒenəreɪtə(r)/ *Nomen* **1** Generator ◊ (*fig*) *The company is a major generator of jobs.* Die Firma schafft viele Arbeitsplätze. **2** (*BrE*) Stromerzeuger
gen·er·ic /dʒəˈnerɪk/ *Adj* (*Adv* **gen·er·ic·al·ly** /-kli/) **1** Gattungs- ◊ *the generic term for currants and raisins* der Oberbegriff für Korinthen und Rosinen **2** ohne Markenname ◊ *the supermarkets' generic brands* die Eigenmarken der Supermärkte ◊ *generic drugs* Generika ◊ *generic advertising* die Werbung einer Branche
gen·er·os·ity /ˌdʒenəˈrɒsəti; *AmE* -ˈrɑːs-/ *Nomen* ~ (**to/towards sb**) Großzügigkeit (jdm gegenüber)
gen·er·ous /ˈdʒenərəs/ *Adj* (*Adv* **gen·er·ous·ly**) **1** großzügig ◊ *be generous in giving help* bereitwillig helfen ◊ *a generous helping of potatoes* eine reichliche Portion Kartoffeln **2** großmütig ◊ *a generous spirit* Großmut
gen·esis /ˈdʒenəsɪs/ *Nomen* [Sing] (*gehoben*) Entstehung
gen·et·ic /dʒəˈnetɪk/ *Adj* (*Adv* **gen·et·ic·al·ly** /-kli/) genetisch ◊ *genetic code* genetischer Kode ◊ *genetically modified* genmanipuliert ◊ *genetically determined* erblich bedingt
geˌnetic ˌengiˈneering *Nomen* Gentechnologie, Gentechnik
geˌnetic ˈfingerprint *Nomen* genetischer Fingerabdruck
geˌnetic ˈfingerprinting *Nomen* [U] (*Methode*) genetischer Fingerabdruck
gen·eti·cist /dʒəˈnetɪsɪst/ *Nomen* Genetiker(in)
gen·et·ics /dʒəˈnetɪks/ *Nomen* [U] Genetik
gen·ial /ˈdʒiːniəl/ *Adj* (*Adv* **geni·al·ly**) freundlich, herzlich
geni·al·ity /ˌdʒiːniˈæləti/ *Nomen* Freundlichkeit, Herzlichkeit
genie /ˈdʒiːni/ *Nomen* (*Pl* **gen·ies** *oder* **genii** /ˈdʒiːniaɪ/) Flaschengeist

geni·tal /ˈdʒenɪtl/ *Adj nur vor Nomen* Geschlechts-, Genital-
geni·tals /ˈdʒenɪtlz/ *(auch* **geni·talia** /ˌdʒenɪˈteɪliə/*) Nomen* [Pl] (ANAT) Geschlechtsteile
geni·tive /ˈdʒenətɪv/ (LING) **1** *Nomen* Genitiv **2** *Adj* Genitiv-
ge·nius /ˈdʒiːniəs/ *Nomen* (*Pl* **ge·niuses**) **1** Genie ◇ *a statesman of genius* ein genialer Staatsmann ◇ *Her idea was a stroke of genius.* Ihre Idee war einfach genial. ◇ *He's a genius at storytelling.* Er ist ein unglaublich begabter Geschichtenerzähler. ◇ *You don't have to be a genius to see that …* Das sieht doch ein Blinder, dass … **2** [Sing] **~ for sth** Begabung für etw ◇ *He had a genius for conducting.* Er hatte eine besondere Begabung fürs Dirigieren.
geno·cidal /ˈdʒenəsaɪdl/ *Adj* Völkermord- ◇ *a genocidal regime* ein völkermordendes Regime
geno·cide /ˈdʒenəsaɪd/ *Nomen* Völkermord
gen·ome /ˈdʒiːnəʊm; *AmE* -oʊm/ *Nomen* (BIOL) Genom
genre /ˈʒɑːnrə/ *Nomen* (*gehoben*) Genre, Gattung
gent /dʒent/ *Nomen* (*BrE*) **1** (*veraltet oder hum*) Herr **2 a/the gents**, **a/the Gents** [Sing] (*umgs*) eine/die Herrentoilette
gen·teel /dʒenˈtiːl/ *Adj* (*Adv* **gen·teel·ly** /dʒenˈtiːlli/) (*manchmal abwert*) **1** vornehm; (*Art, Benehmen*) geziert ◇ *live in genteel poverty* in vornehmer Armut leben **2** (*Stadt etc.*) bieder
gen·tian /ˈdʒenʃn/ *Nomen* Enzian
gen·tile (*auch* **Gen·tile**) /ˈdʒentaɪl/ **1** *Nomen* Nichtjude, Nichtjüdin **2** *Adj* nichtjüdisch
gen·til·ity /dʒenˈtɪləti/ *Nomen* (*gehoben*) Vornehmheit
gen·tle /ˈdʒentl/ *Adj* (**gent·ler** /ˈdʒentlə(r)/, **gent·lest** /ˈdʒentlɪst/) (*Adv* **gen·tly** /ˈdʒentli/) **1** sanft ◇ *a gentle voice* eine sanfte Stimme ◇ *gentle pressure* sanfter Druck **2** (*Mensch*) sanftmütig **3** vorsichtig ◇ *He lifted the baby gently from its cot.* Er nahm das Baby vorsichtig aus dem Bett. **4** leicht ◇ *a gentle breeze* eine leichte Brise ◇ *a gentle stroll* ein kleiner Spaziergang ◇ *gentle exercise, such as walking* ein wenig Bewegung, zum Beispiel spazieren gehen **5** ◇ *Cook over a gentle heat.* Auf kleiner Flamme kochen lassen. ◇ *Simmer the soup gently.* Die Suppe köcheln lassen. **6** mild ◇ *gentle on the skin* hautfreundlich
gentle·folk /ˈdʒentlfəʊk; *AmE* -foʊk/ *Nomen* [Pl] (*veraltet*) vornehme Leute
gentle·man /ˈdʒentlmən/ *Nomen* (*Pl* **-men** /-mən/) **1** Gentleman **2** (*gehoben*) Herr **3** (*veraltet*) Mann von Stand ◇ *a gentleman farmer* ein Gutsherr
gentle·man·ly /ˈdʒentlmənli/ *Adj* gentlemanlike, ritterlich
ˌgentleman's aˈgreement (*auch* **ˌgentlemen's aˈgreement**) *Nomen* Gentleman's Agreement, Gentlemen's Agreement
gentle·ness /ˈdʒentlnəs/ *Nomen* Sanftheit, Sanftmut, Behutsamkeit
gentle·woman /ˈdʒentlwʊmən/ *Nomen* (*Pl* **-women** /-wɪmɪn/) (*veraltet*) Dame von Stand
gen·tly *Adv* ⇨ GENTLE
gen·tri·fi·ca·tion /ˌdʒentrɪfɪˈkeɪʃn/ *Nomen* (*Gegend*) Aufwertung
gen·tri·fy /ˈdʒentrɪfaɪ/ *Verb* (**-fies**, **-fy·ing**, **-fied**, **-fied**) (*Gegend*) aufwerten
gen·try /ˈdʒentri/ *Nomen* [Pl] (*meist* **the gentry**) (*veraltet*) niederer Adel
genu·flect /ˈdʒenjʊflekt/ *Verb* (*gehoben*) **1** (REL) eine Kniebeuge machen, das Knie beugen **2** (*fig*) einen Kniefall machen
genu·flec·tion (*BrE auch* **genu·flex·ion**) /ˌdʒenjʊˈflekʃn/ *Nomen* (REL) Kniebeuge; (*fig*) Kniefall
genu·ine /ˈdʒenjuɪn/ *Adj* (*Adv* **genu·ine·ly**) **1** echt, wirklich **2** aufrichtig
genu·ine·ness /ˈdʒenjuɪnnəs/ *Nomen* Aufrichtigkeit, Echtheit
genus /ˈdʒiːnəs/ *Nomen* (*Pl* **gen·era** /ˈdʒenərə/) (BIOL) Gattung
geo- /ˌdʒiːəʊ; *AmE* ˌdʒiːoʊ/ (*in Zusammensetzungen*) geo-, Geo-, Erd- ◇ *geophysics* Geophysik ◇ *geothermal energy* geothermische Energie
geog·raph·er /dʒiˈɒɡrəfə(r); *AmE* -ˈɑːɡ-/ *Nomen* Geograph(in)

geo·graph·ic·al /ˌdʒiːəˈɡræfɪkl/ *Adj* (*Adv* **geo·graph·ic·al·ly** /-ɪkli/) geographisch
geog·raphy /dʒiˈɒɡrəfi; *AmE* -ˈɑːɡ-/ *Nomen* **1** Geographie **2** Beschaffenheit ◇ *She knew the geography of the place.* Sie kannte sich dort aus. **3** geographische Verteilung ◇ *the geography of unemployment* die geographische Verteilung der Arbeitslosigkeit
geo·logic·al /ˌdʒiːəˈlɒdʒɪkl; *AmE* -ˈlɑːdʒ-/ *Adj* (*Adv* **geo·logic·al·ly** /-ˈlɒdʒɪkli; *AmE* -ˈlɑːdʒ-/) geologisch
geolo·gist /dʒiˈɒlədʒɪst; *AmE* -ˈɑːl-/ *Nomen* Geologe, Geologin
geol·ogy /dʒiˈɒlədʒi; *AmE* -ˈɑːl-/ *Nomen* **1** Geologie **2** geologische Beschaffenheit
geo·met·ric /ˌdʒiːəˈmetrɪk/ (*auch* **geo·met·ric·al** /-ɪkl/) *Adj* (*Adv* **geo·met·ric·al·ly** /-ɪkli/) geometrisch
ˌgeoˌmetric ˈmean *Nomen* = MEAN³ (3)
ˌgeoˌmetric proˈgression *Nomen* geometrische Reihe
geom·etry /dʒiˈɒmətri; *AmE* -ˈɑːm-/ *Nomen* **1** Geometrie **2** [Sing] geometrische Anordnung
Geor·die /ˈdʒɔːdi; *AmE* ˈdʒɔːrdi/ (*BrE, umgs*) **1** *Nomen* Einwohner von Newcastle-upon-Tyne und Umland **2** *Nomen* Dialekt der Einwohner von Newcastle-upon-Tyne und Umland **3** *Adj* typisch für Newcastle-upon-Tyne und Umland
Geor·gian /ˈdʒɔːdʒən; *AmE* ˈdʒɔːrdʒən/ *Adj* = aus der Zeit der britischen Könige George I-IV (1714-1830)
ge·ra·nium /dʒəˈreɪniəm/ *Nomen* Geranie
ger·bil /ˈdʒɜːbɪl; *AmE* ˈdʒɜːrbɪl/ *Nomen* Rennmaus
geri·at·ric¹ /ˌdʒeriˈætrɪk/ *Adj* **1** geriatrisch **2** (*umgs*) sehr alt ◇ *a geriatric vehicle* ein klappriges Fahrzeug
geri·at·ric² /ˌdʒeriˈætrɪk/ *Nomen* **1 geriatrics** Geriatrie **2** (*umgs, abwert*) Greis(in)
geria·tri·cian /ˌdʒeriəˈtrɪʃn/ *Nomen* Facharzt/-ärztin für Geriatrie
germ /dʒɜːm; *AmE* dʒɜːrm/ *Nomen* **1** [meist Pl] Bazille ◇ *a breeding ground for germs* eine Brutstätte für Bakterien ◇ *germ warfare* biologische Kriegsführung **2** [Sing] Keim (*auch fig*) ◇ *the germ of a brilliant idea* der Ansatz zu einer genialen Idee
German /ˈdʒɜːmən; *AmE* ˈdʒɜːr-/ **1** *Adj* deutsch **2** *Nomen* Deutsche(r)
ger·mane /dʒɜːˈmeɪn; *AmE* dʒɜːrˈm-/ *Adj* **~ (to sth)** (*gehoben*) von Belang (für etw), relevant (für etw)
Ger·man·ic /dʒɜːˈmænɪk; *AmE* dʒɜːrˈm-/ *Adj* **1** deutsch **2** germanisch
ˌGerman ˈmeasles *Nomen* [U] (MED) Röteln
ˌGerman ˈshepherd *Nomen* (*bes AmE*) Deutscher Schäferhund
ger·min·ate /ˈdʒɜːmɪneɪt; *AmE* ˈdʒɜːrm-/ *Verb* keimen (*auch fig*)
ger·min·ation /ˌdʒɜːmɪˈneɪʃn; *AmE* ˌdʒɜːrm-/ *Nomen* Keimung
ger·ry·man·der /ˈdʒerimændə(r)/ *Verb* (*abwert*) = Wahlkreisgrenzen manipulieren, um einer politischen Partei Vorteile zu verschaffen
ger·und /ˈdʒerənd/ *Nomen* (LING) Gerundium
ges·ta·tion /dʒeˈsteɪʃn/ *Nomen* **1** [U/Sing] Schwangerschaft, Trächtigkeit *the gestation period* die Tragezeit **2** Reifungsprozess
ges·ticu·late /dʒeˈstɪkjuleɪt/ *Verb* (*gehoben*) gestikulieren ◇ *He gesticulated wildly at the clock.* Er deutete wild gestikulierend auf die Uhr.
ges·ticu·la·tion /dʒeˌstɪkjuˈleɪʃn/ *Nomen* Gestikulieren
ges·ture¹ /ˈdʒestʃə(r)/ *Nomen* Geste, Handbewegung ◇ *They communicated by gesture.* Sie verständigten sich durch Gesten. ◇ *They sent flowers as a gesture of sympathy.* Sie schickten Blumen als Zeichen ihres Beileids. ◇ *The government has made a gesture towards public opinion.* Die Regierung hat versucht der öffentlichen Meinung etwas entgegenzukommen.
ges·ture² /ˈdʒestʃə(r)/ *Verb* eine Handbewegung machen; **~ for/to sb** (**to do sth**) jdm ein Zeichen geben (etw zu tun) ◇ *He gestured at the picture. 'Is that you?'* Er deutete auf das Bild: „Sind Sie das?" ◇ *He gestured (to me) that it was time to go.* Er gab mir durch ein Zeichen zu verstehen, dass es Zeit war zu gehen.
get /ɡet/ *Verb* (**get·ting**, **got**, **got** /ɡɒt; *AmE* ɡɑːt/) ☞ Im amerikanischen Englisch ist das *past participle* fast

immer **got·ten** /'gɒtn; *AmE* 'gɑːtn/. ☛ **Get** ist eines der am häufigsten gebrauchten Wörter der englischen Sprache, wird jedoch in der geschriebenen Sprache oft aus stilistischen Gründen vermieden.

- **bekommen 1** bekommen, kriegen ◊ *What did you get for your birthday?* Was hast du zum Geburtstag bekommen? ◊ *This room gets very little sunshine.* Dieses Zimmer hat sehr wenig Sonne. ◊ *She gets really bad headaches.* Sie hat oft sehr starke Kopfschmerzen. **2 ~ sth (for yourself/sb); ~ (yourself/sb) sth** sich/jdm etw verschaffen, (sich/jdm) etw besorgen ◊ *I can get you some tickets.* Ich kann dir Karten besorgen. ◊ *Try to get some sleep.* Versuch, etwas zu schlafen. ◊ *Why don't you get yourself a car?* Warum schaffst du dir nicht ein Auto an? ◊ *$500 will get you the luxury model.* Für $500 bekommt man die Luxusausgabe. **3** (*Zeitung etc.*) beziehen [SYN] TAKE **4** (*Sender*) (rein)kriegen **5 ~ sb** (*am Telefon*) mit jdm verbunden werden ◊ *I phoned but I only got the secretary.* Ich habe angerufen, bin aber nur mit der Sekretärin verbunden worden.
- **Bewegung 6** gehen, kommen ◊ *We didn't get to bed until 3 a.m.* Wir kamen erst um 3 Uhr morgens ins Bett. ◊ *We couldn't get across the river.* Wir konnten den Fluss nicht überqueren. ◊ *She got into bed.* Sie legte sich ins Bett. ◊ *Where have they got to?* Wo sind sie bloß? **7** (an)kommen ◊ *What time did you get here?* Wann bist du hier angekommen? ◊ *I haven't got very far with the book I'm reading.* Ich bin nicht sehr weit mit dem Buch gekommen. **8** bringen, schaffen ◊ *The general had to get his troops across the river.* Der General musste seine Truppen über den Fluss bringen. ◊ *We couldn't get the piano through the door.* Wir haben das Klavier nicht durch die Tür gekriegt. **9 ~ sb/sth (for yourself/sb); ~ (yourself/sb) sb/sth** (sich/jdm) jdn/etw holen ◊ *Quick — go and get a cloth!* Schnell — hol einen Lappen! ◊ *Somebody get a doctor!* Kann jemand einen Arzt holen? [SYN] FETCH
- **get + Adj/past participle 10 get + Adj** ◊ *It's getting late.* Es wird langsam spät. ◊ *He gets tired easily.* Er wird schnell müde. ◊ *She's getting ready.* Sie macht sich fertig. **11 ~ get married** heiraten ◊ *get divorced* sich scheiden lassen **12** (*als Hilfsverb im Passiv*) ◊ *You might get mugged.* Du könntest überfallen werden. ◊ *My car got stolen.* Mein Auto ist gestohlen worden. **13 get sth + Adj/past participle** ◊ *Don't get your dress dirty!* Mach dir nicht das Kleid schmutzig! ◊ *She got the children ready for school.* Sie machte die Kinder für die Schule fertig. ◊ *I'll never get it finished.* Ich werde es nie fertig kriegen. **14 get sth + past participle** etw machen lassen ◊ *I must get my hair cut.* Ich muss mir die Haare schneiden lassen.
- **get sb/sth to do sth 15** jdn/etw dazu bringen etw zu tun ◊ *You'll never get him to understand.* Du wirst ihn nie dazu bringen, dass er das versteht. ◊ *I couldn't get the car to start.* Das Auto wollte einfach nicht anspringen.
- **get + ing 16 get + ing** anfangen etw zu tun ◊ *I got talking to her.* Ich kam mit ihr ins Gespräch. ◊ *We need to get going soon.* Wir müssen bald los. **17 get sb/sth + ing** jdn/etw dazu bringen etw zu tun ◊ *That got him thinking.* Das hat ihm zum Nachdenken gebracht. ◊ *Can you really get the car going again?* Kannst du das Auto wirklich wieder in Gang bringen?
- **get to do sth 18** ◊ *After a time you get to realize that these things don't matter.* Nach einer Weile wird dir klar, dass das alles nicht so wichtig ist. ◊ *She's getting to be an old lady now.* Sie wird jetzt langsam eine alte Frau. **19** die Möglichkeit haben etw zu tun ◊ *He got to try out all the new software.* Er konnte die ganze neue Software ausprobieren.
- **andere Bedeutungen 20 ~ sth (for sth/sb); ~ (yourself/sb) sth** (*Essen*) (sich/jdm) etw machen ◊ *He got tea for the kids./He got the kids their tea.* Er machte den Kindern das Abendbrot. **21** (*bes AmE*) (*Bus, Taxi etc.*) nehmen **22** (*umgs*) (*Telefon*) rangehen an; (*Tür*) aufmachen **23** erwischen ◊ *get sb by the wrist* jdn am Handgelenk packen ◊ *He thinks everybody is out to get him.* Er glaubt, alle haben es auf ihn abgesehen. ◊ *I'll get you for that!* Das kriegst du zurück! **24** treffen ◊ *The bullet got him in the neck.* Die Kugel traf ihn am Hals. **25** (*umgs*) kapieren ◊ *I don't get you.* Ich verstehe nicht, was du meinst. ◊ *I get the message — you don't want me to come.* Ich hab verstanden — du willst nicht, dass ich komme. **26** (*umgs*) haben ◊ *They still get cases of typhoid there.* Sie haben dort immer noch

Fälle von Typhus. ◊ *You get all these kids hanging around in the street.* Es gibt so viele Jugendliche, die auf den Straßen herumlungern. ◊ **27** (*umgs*) ärgern ◊ *What gets me most is his arrogance.* Was mich am meisten ärgert, ist seine Arroganz.

[IDM] **be getting ˈon 1** (*umgs*) alt werden ◊ *She's getting on a bit.* Sie ist nicht mehr die Jüngste. **2** spät werden ◊ *The time's getting on — we ought to be going.* Es wird spät — wir sollten gehen. **be getting on for ...** (*bes BrE*) auf ... zugehen ◊ *He's getting on for eighty.* Er geht auf die achtzig zu. **sb can't get ˈover sth** (*umgs*) jd kommt über etw nicht hinweg **get aˈway from it all** wegfahren und völlig abschalten **get somewhere/nowhere** etw/nichts erreichen ◊ *At last I feel I'm getting somewhere!* Endlich hab ich das Gefühl, ich komme voran. **get sb somewhere/nowhere** jdn weiterbringen/nicht weiterbringen **get itˈ on (with sb)** (*bes AmE, Slang*) (mit jdm) Sex haben **get there** es schaffen ◊ *It's not perfect but we're getting there.* Es ist nicht perfekt, aber wir kommen der Sache langsam näher. **get to know sb** jdn kennen lernen **how selfish, stupid, ungrateful, etc. can you ˈget?** (*umgs*) wie kann man nur so egoistisch, dumm, undankbar etc. sein? **there's no getting aˈway from sth; you can't get aˈway from sth** etw lässt sich nicht leugnen **what are you, was he, etc. ˈgetting at?** (*umgs*) worauf willst du, wollte er etc. hinaus? **What has got into you, him, etc.?** (*umgs*) was ist bloß in dich, ihn etc. gefahren? ☛ Für andere Redewendungen mit **get** siehe die Einträge für die Nomina, Adjektive etc. z.B. **Get sb's goat** *s.v.* **goat**.

[PHR V] **ˌget aˈbout** (*BrE*) = GET AROUND **ˌget aˈbove yourself** (*bes BrE*) sich ganz schön viel einbilden **ˌget aˈcross (to sb)** (bei jdm) ankommen ◊ *Your message didn't really get across.* Deine Message ist nicht rübergekommen. **ˌget sth ˈacross (to sb)** (*auch* **ˌget sth ˈover (to sb)**) (jdm) etw klar machen, (jdm) etw rüberbringen **ˌget aˈhead** vorankommen ◊ *She wants to get ahead in her career.* Sie will in ihrem Beruf vorankommen. **ˌget aˈhead (of sb)** jdn überholen; (*fig*) jdn überflügeln **ˌget aˈlong 1** (*meist in der Verlaufsform*) sich auf den Weg machen ◊ *It's time we were getting along.* Wir sollten uns auf den Weg machen. **2** = GET ON **ˌget aˈround 1** (*BrE auch* **ˌget aˈbout**) herumkommen ◊ *He gets around.* Er kommt viel herum. ◊ *She has difficulty getting around, even with a stick.* Sogar mit einem Stock kann sie kaum noch laufen. ◊ *News soon got around that he had resigned.* Die Nachricht von seinem Rücktritt sprach sich schnell herum. **2** (*bes AmE*) = GET ROUND **ˌget at sb** (*meist in der Verlaufsform*) an jdm herumnörgeln **ˌget at sb/sth** an jdn/etw herankommen **ˌget aˈway 1** wegfahren, wegkommen ◊ *I won't be able to get away from the office before seven.* Vor sieben werde ich im Büro nicht wegkommen. **2** entkommen ◊ *They got away with computers worth $30 000.* Sie entkamen mit Computer im Wert von $30 000. **3** (*auch* **ˌget ˈoff (with sth)**) davonkommen ◊ *He got away with cuts and bruises.* Er ist mit ein paar blauen Flecken davongekommen. ◊ *She'll never get away with it.* Damit wird sie nicht durchkommen. **ˌget ˈback** zurückkommen **ˌget sth ˈback** etw zurückbekommen **ˌget ˈback (in)** (POL) wieder gewählt werden **ˌget ˈback at sb** (*umgs*) sich bei jdm wieder rächen **ˌget ˈback to sb** sich bei jdm wieder melden **ˌget ˈback to sth** auf etw zurückkommen **ˌget beˈhind (with sth)** (mit etw) in Rückstand geraten **ˌget ˈby** zurechtkommen ◊ *How does she get by on such a small salary?* Wie kommt sie mit so einem geringen Gehalt aus? ◊ *I can just about get by in French.* Ich komme mit meinem Französisch gerade eben so durch. **ˌget ˈdown 1** heruntersteigen **2** (*Kinder*) vom Tisch aufstehen **ˌget sb ˈdown** jdn deprimieren ☛ G 9.7c **ˌget sth ˈdown 1** etw runterholen ◊ *He got his case down from the rack.* Er holte seinen Koffer von der Gepäckablage runter. **2** etw runterschlucken, etw runterkriegen **3** etw aufschreiben [SYN] WRITE STH DOWN **ˌget ˈdown to sth** etw in Angriff nehmen ◊ *get down to business* zur Sache kommen **ˌget ˈin 1** ankommen ◊ *The train got in late.* Der Zug kam mit Verspätung an. **2** gewählt werden **3** (*an einer Schule, Universität etc.*) angenommen werden **ˌget sb ˈin 1** (*Handwerker etc.*) kommen lassen **ˌget sth ˈin 1** (*Ernte*) einbringen **2** etw (auf Vorrat) besorgen **3** etw ausbringen, etw einlegen ◊ *I got in an hour's work while she was asleep.* Während sie schlief, konnte ich eine Stunde Arbeit einlegen. ◊ *She talks so much it's impossible to get a word in.* Sie redet so viel, dass man überhaupt nicht zu Wort kommt. **ˌget ˈin on sth** sich an etw beteiligen **ˌget ˈin with sb**

---

b bad | d did | f fall | g get | h hat | j yes | k cat | l leg | m man | n now | p pen | r red

1 sich mit jdm gut stellen **2** an jdn geraten ◊ *She didn't want him to get in with the wrong crowd.* Sie wollte nicht, dass er in schlechte Gesellschaft geriet. ˌget ˈinto sth **1** in etw reinkommen ◊ *How much does it cost to get in?* Was hat die Eintrittskarte gekostet? **2** *(in ein Auto etc.)* in etw einsteigen **3** (an einem Ort) ankommen **4** in etw gewählt werden **5** *(an einer Schule, Universität etc.)* an etw angenommen werden **6** *(in ein Kleidungsstück)* in etw hineinkommen **7** *(Berufssparte)* in etw reinkommen **8** in etw geraten, etw beginnen ◊ *I got into conversation with an Italian.* Ich kam mit einem Italiener ins Gespräch. ◊ *I knew what I was getting into.* Ich wusste, worauf ich mich einließ. ◊ *How did she get into drugs?* Wie hat das mit den Drogen bei ihr angefangen? ◊ *You should get into the routine of saving the file every ten minutes.* Du solltest dir angewöhnen, die Datei alle zehn Minuten abzuspeichern. **9** *(umgs)* sich (immer mehr) für etw interessieren **10** sich in etw einarbeiten, sich in etw einlesen ˌget yourself/sb ˈinto sth sich/jdn in etw bringen ◊ *His jokes will get him into trouble.* Seine Witzeleien werden ihn noch in Schwierigkeiten bringen. ◊ *She got herself into a real state before the interview.* Vor dem Vorstellungsgespräch drehte sie total durch. ˌget ˈoff **1** sich aufmachen ◊ *We got off straight after breakfast.* Wir haben uns gleich nach dem Frühstück aufgemacht. **2** loskommen ◊ *I couldn't get off any earlier.* Ich bin einfach nicht früher losgekommen. **3** einschlafen ◊ *I had difficulty getting off (to sleep).* Ich konnte lange nicht einschlafen. ˌget ˈoff (sb) (jdn) loslassen ˌget ˈoff (sth) (aus etw) aussteigen; *(Pferd, Fahrrad)* (von etw) absteigen ˌget ˈoff sth **1** etw nicht machen müssen, von etw freibekommen ◊ *Could you get off work earlier tomorrow?* Kannst du morgen früher gehen? **2** *(Thema)* lassen ˌget sb ˈoff **1** jdn losschicken ◊ *He got the children off to school.* Er machte die Kinder für die Schule fertig. **2** *(Kind)* zum Einschlafen bringen **3** jdn rausbekommen ◊ *A good lawyer might be able to get you off.* Ein guter Anwalt könnte dich da rausbekommen. ˌget sb ˈoff sth **1** jdn von etw holen ◊ *We must try and get the children off the street.* Wir müssen versuchen, die Kinder von der Straße zu holen. **2** jdn von etw abbringen ◊ *I couldn't get him off the subject.* Ich konnte ihn von dem Thema nicht abbringen. ˌget sth ˈoff etw wegschicken ◊ *I must get these letters off first thing tomorrow.* Ich muss diese Briefe gleich morgen früh wegschicken. ☛ G 9.7c ˌget sth ˈoff (sth) etw (von etw) herunterbekommen ◊ *I can't get my ring off (my finger).* Ich bekomme meinen Ring nicht (vom Finger) runter. **3** jdn rausbekommen ◊ *A good lawyer might be able to get you off.* Ein guter Anwalt könnte dich da rausbekommen. ˌget ˈoff on sth *(bes AmE, umgs)* sich an etw aufgeilen ◊ *He really gets off on saying that.* Das zu sagen gibt ihm einen richtigen Kick. ˌget ˈoff (with sth) (3) = GET AWAY (WITH STH) ˌget ˈoff with sb *(bes BrE, umgs)* jdn aufreißen ˌget ˈon **1** *(auch* ˌget aˈlong*)* vorankommen ◊ *He's getting on very well at school.* Er kommt in der Schule sehr gut voran. **2** Erfolg haben ◊ *Parents are always anxious for their children to get on.* Eltern wollen immer, dass ihre Kinder Erfolg haben. **3** *(auch* ˌget aˈlong*)* zurechtkommen ˌget ˈon to sb **1** sich mit jdm in Verbindung setzen **2** jdm auf die Spur kommen ˌget ˈon to sth zu etw übergehen ◊ *Can we get on to the next point?* Können wir zum nächsten Punkt übergehen? ˌget ˈon/aˈlong (with sb) (mit jdm) gut auskommen ˌget ˈon with sth **1** *(auch* ˌget aˈlong with sth*)* mit etw vorankommen **2** mit etw weitermachen ◊ *Be quiet and get on with your work.* Sei ruhig und arbeite weiter. ◊ *(umgs) Get on with it!* Mach schon! ˌget ˈout *(bekannt werden)* herauskommen ˌget sth ˈout etw herausbringen ˌget ˈout (of sth) (aus etw) rauskommen ◊ *You ought to get out of the house more.* Du solltest mehr aus dem Haus kommen. ˌget sth ˈout (of sth) etw (aus etw) herausholen ◊ *Get the car out of the garage.* Hol das Auto aus der Garage. **2** *(Fleck etc.)* (aus etw) herausbekommen **3** *(Geld)* (von etw) abheben **4** *(Buch)* (aus etw) ausleihen ˌget ˈout of sth **1** um etw herumkommen **2** ◊ *I can't get out of the habit of interrupting him.* Ich kann es mir nicht abgewöhnen, ihn zu unterbrechen. ◊ *She's got out of practice.* Sie ist aus der Übung gekommen. ˌget ˈout of sb **1** etw aus jdm herausbekommen **2** etw aus jdm herausholen ˌget sth ˈout of sth ◊ *I didn't get a lot out of that lesson.* Die Stunde hat mir nicht viel gebracht. ◊ *He gets a lot of pleasure out of listening to music.* Es macht ihm unheimlich viel Freude, Musik zu hören. ˌget ˈover sth etw überwinden, etw bewältigen SYN OVERCOME ˌget ˈover sth/sb über etw/ jdn hinwegkommen ˌget sth ˈover (to sb) = GET STH ACROSS (TO SB) ˌget sth ˈover (with) etw hinter sich bringen ◊ *I'll be glad to get the exam over and done with.* Ich bin froh, wenn ich die Prüfung hinter mir habe. ˌget ˈround/ aˈround sb jdn herumkriegen ˌget ˈround/aˈround sth etw überwinden, etw umgehen SYN OVERCOME ˌget ˈround/ aˈround to sth zu etw kommen ˌget ˈthrough sth **1** ◊ *We got through a fortune while we were in New York!* Wir haben in New York ein Vermögen ausgegeben! ◊ *He can get through ten novels a week!* Er liest in der Woche zehn Romane! ◊ *I got through a whole packet of biscuits.* Ich habe eine ganze Packung Kekse gegessen. **2** etw erledigen ˌget ˈthrough (sth) **1** (durch etw) durchkommen **2** *(BrE)* etw bestehen ˌget sth ˈthrough (sth) *(Prüfung)* jdn durch etw bringen ˌget sth ˈthrough (sth) etw (durch/bei etw) durchbringen ☛ G 9.7c ˌget ˈthrough (to sb) (zu jdm) durchkommen ˌget ˈthrough to sth *(Spieler, Mannschaft)* in etw kommen ◊ *We've got through to the final.* Wir sind ins Finale gekommen. ˌget ˈthrough to sb ◊ *They couldn't get through to him that he was wrong.* Sie konnten ihm nicht klar machen, dass er im Unrecht war. ˌget ˈthrough with sth etw erledigen ˌget ˈto sb *(umgs)* jdm auf die Nerven gehen ˌget sb toˈgether jdn zusammenbringen ˌget sth toˈgether etw zusammenstellen ˌget toˈgether (with sb) (mit jdm) zusammenkommen ˌget ˈup **1** aufstehen **2** *(Wind)* aufkommen; *(See)* stürmisch werden ˌget sb ˈup jdn aus dem Bett holen ☛ G 9.7c ˌget yourself/sb ˈup as sb/sth *(BrE)* sich/jdn als jd/etw verkleiden ˌget sth ˈup etw organisieren ˌget ˈup to sth **1** bis zu etw kommen ◊ *We got up to page 72.* Wir sind bis Seite 72 gekommen. **2** etw anstellen, etw treiben

getˈa·way /ˈgetəweɪ/ *Nomen* [meist Sing] **1** Flucht ◊ *a getaway car* ein Fluchtauto ◊ *make a quick getaway* schnell verschwinden **2** Kurzurlaub ◊ *an ideal getaway island* eine Trauminsel

ˈget-out *Adj* ◊ *a get-out clause* eine Rückzugsklausel

ˈget-together *Nomen* Treffen

ˈget-up *Nomen (umgs)* Aufmachung, Aufzug

ˈgey·ser /ˈgiːzə(r); *AmE* ˈgaɪzər/ *Nomen* **1** Geysir **2** *(BrE)* Durchlauferhitzer

ghast·ly /ˈgɑːstli; *AmE* ˈgæstli/ *Adj* (**ghastˑlier, ghastˑliest**) **1** grässlich, grauenhaft **2** *(umgs)* schrecklich ◊ *The weather was ghastly.* Das Wetter war scheußlich. **3** *(gehoben)* leichenblass ◊ *His face was ghastly white.* Er war kalkweiß im Gesicht.

ghee /giː/ *Nomen* = in der indischen Küche verwendete Butter

gherˑkin /ˈgɜːkɪn; *AmE* ˈgɜːrkɪn/ *Nomen* **1** *(BrE)* Essiggurke **2** *(AmE)* kleine Gurke

ghetˑto /ˈgetəʊ; *AmE* ˈgetoʊ/ *Nomen (Pl* -**os** *oder* -**oes**) Getto

ghilˑlie = GILLIE

ghost[1] /gəʊst; *AmE* goʊst/ *Nomen* **1** Gespenst, Geist **2** [Sing] ~ **of sth** ◊ *a ghost of a smile* ein Anflug von einem Lächeln ◊ *You don't have a ghost of a chance.* Du hast nicht die geringste Chance. IDM **give up the ˈghost** den Geist aufgeben ☛ *Siehe auch* FORMER

ghost[2] /gəʊst; *AmE* goʊst/ *Verb* **1** = GHOSTWRITE **2** *(gehoben)* lautlos gleiten

ghostˑly /ˈgəʊstli; *AmE* ˈgoʊstli/ *Adj* gespenstisch

ˈghost town *Nomen* Geisterstadt

ˈghost train *Nomen (BrE)* Geisterbahn

ghostˑwrite /ˈgəʊstraɪt; *AmE* ˈgoʊst-/ *Verb* (-**wrote** /-rəʊt; *AmE* -roʊt/, -**written** /-rɪtn/) *(auch* **ghost**) ◊ *Her memoirs were ghostwritten.* Ihre Memoiren wurden von einem Ghostwriter geschrieben. ◊ *a ghosted autobiography* eine von einem Ghostwriter geschriebene Autobiographie

ˈghostˑwriter *Nomen* /ˈgəʊstraɪtə(r); *AmE* ˈgoʊst-/ Ghostwriter(in)

ghoul /guːl/ *Nomen* **1** Unhold, Ghul **2** Mensch mit einem Hang zum Makabren

ghoulˑish /ˈguːlɪʃ/ *Adj* makaber ◊ *ghoulish laughter* schauriges Lachen

GHQ /ˌdʒiː eɪtʃ ˈkjuː/ *Kurzform von* **General Headquarters** Generalkommando ☛ G 1.3c

GI /ˌdʒiː ˈaɪ/ *Nomen (Pl* **GIs**) amerikanischer Soldat

giant[1] /ˈdʒaɪənt/ *Nomen* **1** Riese **2** Größe ◊ *literary giants* literarische Größen

giant² /'dʒaɪənt/ *Adj* riesig, Riesen- ◊ *a giant-size box* eine Riesenpackung
giant·ess /ˌdʒaɪən'tes/ *Nomen* Riesin
ˌgiant 'panda *Nomen* Riesenpanda
gib·ber /'dʒɪbə(r)/ *Verb* stammeln
gib·ber·ish /'dʒɪbərɪʃ/ *Nomen* Unsinn, Kauderwelsch SYN NONSENSE
gib·bet /'dʒɪbɪt/ *Nomen* (*veraltet*) Galgen SYN GALLOWS
gib·bon /'gɪbən/ *Nomen* Gibbon
gibe = JIBE
gib·lets /'dʒɪbləts/ *Nomen* [Pl] Geflügelklein
gid·di·ness /'gɪdinəs/ *Nomen* [U] Schwindelgefühl
gid·dy /'gɪdi/ *Adj* (**gid·dier, gid·di·est**) (*Adv* **gid·di·ly** /-ɪli/) **1** schwindlig ◊ *I felt giddy.* Mir wurde schwindlig. SYN DIZZY **2** ~ (**with sth**) wie benommen (vor etw) ◊ *giddy with happiness* in einem Glücksrausch **3** Schwindel erregend ◊ *They were swaying giddily across the dance floor.* Sie bewegten sich in Schwindel erregendem Tempo über die Tanzfläche. **4** (*veraltet*) leichtsinnig SYN SILLY
gift¹ /gɪft/ *Nomen* **1** Geschenk ◊ (*gehoben*) *make a gift of sth* etw schenken ◊ *gifts of toys* Spielzeuggeschenke SYN PRESENT **2** ~ (**for sth**) Talent (für etw) ◊ *the gift of making friends easily* die Gabe, leicht Freundschaft zu schließen SYN TALENT **3** [meist Singl] (*umgs*) Geschenk ◊ *At 500 dollars it's a gift.* Für 500 Dollar ist es geschenkt. IDM **have the gift of the 'gab** (*AmE* **have the/a gift 'for/of gab**) (*umgs*) redegewandt sein **don't look a gift horse in the 'mouth** (*umgs*) einem geschenkten Gaul schaut man nicht ins Maul ☞ *Siehe auch* GOD
gift² /gɪft/ *Verb* (*BrE*) schenken
'gift certificate *Nomen* (*AmE*) Geschenkgutschein
gift·ed /'gɪftɪd/ *Adj* **1** begabt **2 be** ~ **with sth** mit etw gesegnet sein
'gift shop *Nomen* Geschenkladen
'gift token (*auch* **'gift voucher**) (*BrE*) *Nomen* Geschenkgutschein
'gift-wrap *Verb* (-**pp**-) (*meist passiv*) als Geschenk verpacken
gig /gɪg/ *Nomen* **1** (*umgs*) Gig, Konzert ◊ *do a gig* ein Konzert geben **2** (*Pferdewagen*) Einspänner
gigabyte /'gɪgəbaɪt/ *Nomen* Gigabyte
gi·gan·tic /dʒaɪ'gæntɪk/ *Adj* riesig
gig·gle¹ /'gɪgl/ *Verb* ~ (**at/about sb/sth**) (über jdn/etw) kichern
gig·gle² /'gɪgl/ *Nomen* **1** Kichern, Gekicher ◊ *She gave a nervous giggle.* Sie kicherte nervös. ◊ *He collapsed into giggles.* Er bekam einen Lachanfall. **2** [Sing] (*BrE, umgs*) Spaß **3 the giggles** [Pl] (*umgs*) ein Lachanfall ◊ *They had a fit of the giggles.* Sie konnten sich vor Kichern kaum einkriegen.
gig·gly /'gɪgli/ *Adj* (*oft abwert*) albern
gig·olo /'ʒɪgələʊ, 'dʒɪ-; *AmE* -loʊ/ *Nomen* (*Pl* -**os**) Gigolo
gild /gɪld/ *Verb* vergolden IDM **gild the 'lily** des Guten zu viel tun
gild·ed /'gɪldɪd/ *Adj nur vor Nomen* **1** vergoldet, goldfarben **2** (*gehoben*) ◊ *gilded youth* die Jeunesse dorée
gill¹ /gɪl/ *Nomen* Kieme IDM **to the 'gills** ◊ *packed to the gills* proppenvoll ◊ *I was stuffed to the gills with cake.* Ich hatte mir den Bauch mit Torte voll geschlagen.
gill² /dʒɪl/ *Nomen* Viertelpint
gil·lie (*auch* **ghil·lie**) /'gɪli/ *Nomen* Jagdgehilfe
gilt /gɪlt/ *Nomen* **1** Goldauflage ◊ *gilt buttons* vergoldete Knöpfe **2 gilts** [Pl] (*BrE*) (FINANZ) staatliche Wertpapiere **3** (*bes AmE*) junge Sau
ˌgilt-'edged *Adj* (FINANZ) ◊ *gilt-edged stock* staatliche Wertpapiere ◊ *gilt-edged investments* mündelsichere Papiere
gimme /'gɪmi/ (*umgs*) (*Schreibweise, die eine umgangssprachliche Aussprache von „give me" wiedergibt*) gib mir
gim·mick /'gɪmɪk/ *Nomen* Masche
gim·mick·ry /'gɪmɪkri/ *Nomen* Effekthascherei
gim·micky /'gɪmɪki/ *Adj* effekthascherisch
gin /dʒɪn/ *Nomen* Gin ◊ *a gin and tonic* ein Gin Tonic

gin·ger /'dʒɪndʒə(r)/ **1** *Nomen* Ingwer **2** *Nomen* Rotgelb **3** *Adj* rötlich-gelb ◊ *ginger hair* rötliches Haar
ˌginger 'ale *Nomen* Gingerale
ˌginger 'beer *Nomen* Ingwerbier
gin·ger·bread /'dʒɪndʒəbred; *AmE* -dʒərb-/ *Nomen* Honigkuchen
'ginger group *Nomen* (*BrE*) Aktionsgruppe
gin·ger·ly /'dʒɪndʒəli; *AmE* -dʒərli/ *Adv* vorsichtig, behutsam
'ginger snap (*BrE auch* **'ginger nut**) *Nomen* Ingwerkeks
gin·gery /'dʒɪndʒəri/ *Adj* **1** rötlich **2** ◊ *have a gingery taste* nach Ingwer schmecken
ging·ham /'gɪŋəm/ *Nomen* karierter Baumwollstoff, Gingan
gin·gi·vitis /ˌdʒɪndʒɪ'vaɪtəs/ *Nomen* (MED) Zahnfleischentzündung
gin·seng /'dʒɪnseŋ/ *Nomen* Ginseng
gipsy = GYPSY
gir·affe /dʒə'rɑːf; *AmE* -'ræf/ *Nomen* (*Pl* **gir·affe** *oder* **gir·affes**) Giraffe ☞ G 1.2
gird /gɜːd; *AmE* gɜːrd/ *Verb* IDM **gird (up) your 'loins** (*gehoben, oder hum*) sich rüsten PHRV **gird yourself (up) for sth** sich für/zu etw rüsten
gird·er /'gɜːdə(r); *AmE* 'gɜːrd-/ *Nomen* Träger
gir·dle¹ /'gɜːdl; *AmE* 'gɜːrdl/ *Nomen* **1** Hüfthalter **2** (*veraltet*) Gürtel (*auch fig*)
gir·dle² /'gɜːdl; *AmE* 'gɜːrdl/ *Verb* (*gehoben*) umgeben
girl /gɜːl; *AmE* gɜːrl/ *Nomen* **1** Mädchen ◊ *a baby girl* ein (kleines) Mädchen **2** Tochter **3** (*meist in Zusammenzungen*) (*veraltet, beleidigend*) ◊ *an office girl* eine Bürokraft ◊ *a shop girl* eine Verkäuferin **4** (*veraltet*) Freundin, Geliebte **5 girls** [Pl] (*einer Frau*) Freundinnen ◊ *She's having a night out with the girls.* Sie ist heute Abend mit ihren Freundinnen unterwegs. **6** (*als Anrede für Erwachsene oft beleidigend*) Mädel ◊ *Hi, girls!* Na, Mädels? **7** *old girl* (*abwert*) Alte
girl·friend /'gɜːlfrend; *AmE* 'gɜːrl-/ *Nomen* Freundin, Geliebte ☞ **Girlfriend** kann auch „Freundin" im Sinne von „Kameradin" heißen, besonders im amerikanischen Englisch.
ˌGirl 'Guide *Nomen* (*BrE, veraltet*) Pfadfinderin ☞ *Hinweis bei* SCOUT¹
girlie /'gɜːli; *AmE* 'gɜːrli/ *Adj nur vor Nomen* (*umgs*) **1** ◊ *girlie magazines* Zeitschriften mit nackten Frauen **2** (*abwert*) Mädchen-
girl·ish /'gɜːlɪʃ; *AmE* 'gɜːrlɪʃ/ *Adj* mädchenhaft, Mädchen-
ˌGirl 'Scout *Nomen* (*AmE*) Pfadfinderin ☞ *Hinweis bei* SCOUT¹
giro /'dʒaɪrəʊ; *AmE* -roʊ/ *Nomen* (*Pl* -**os**) (*BrE*) **1** (FINANZ) = Geldüberweisungssystem ◊ *pay by giro* per Überweisung bezahlen ◊ *a giro transfer* eine Giroüberweisung **2** (*auch* **'giro cheque**) Sozialhilfeüberweisung
girth /gɜːθ; *AmE* gɜːrθ/ *Nomen* **1** Umfang **2** (Sattel)gurt
gismo ⇨ GIZMO
gist /dʒɪst/ *Nomen* (*meist* **the gist**) [Sing] ~ (**of sth**) das Wesentliche (an etw) ◊ *Can you give me the gist of what he said?* Kannst du mir sagen, worüber er im Wesentlichen gesprochen hat? ◊ *I'm afraid I don't quite follow your gist.* Ich weiß leider nicht genau, was Sie meinen.
git /gɪt/ *Nomen* (*BrE, Slang*) Idiot
give¹ /gɪv/ *Verb* (**gave** /geɪv/, **given** /'gɪvn/) **1** ~ (**sth to sb**); ~ (**sb sth**) (jdm etw) geben ◊ *They were all given a box to carry.* Alle bekamen eine Kiste zu tragen. ◊ *I gave 50 dollars for the lot.* Ich habe insgesamt 50 Dollar bezahlt. ◊ *a job that gives her more responsibility* eine Stelle, in der sie mehr Verantwortung hat ◊ *give sb a ride* jdn mitnehmen ◊ *Don't give me any of that backchat.* Ich will keine Widerrede hören. ◊ *I gave the matter a lot of thought.* Ich habe lange darüber nachgedacht. ◊ *They have given top priority to the reform.* Sie haben der Reform höchste Priorität eingeräumt. **2** ~ **sth to sb**; ~ **sb sth** jdm etw schenken ◊ *What are you giving your father for his birthday?* Was schenkst du deinem Vater zum Geburtstag? ◊ *She was given a bunch of flowers.* Sie bekam einen Blumenstrauß ◊ **3** spenden ◊ *They gave regularly to charity.* Sie spendeten regelmäßig Geld für wohltätige Zwecke. **4** ~ **sth to sb**; ~ **sb sth** jdn mit etw anstecken **5** (*Vortrag, Pressekonferenz etc.*) (ab)halten

◊ *She gave a reading from her latest novel.* Sie las aus ihrem neuesten Roman. **6** (*mit bestimmtem Nomina*) ◊ *She gave a shrug of her shoulders.* Sie zuckte mit den Schultern. ◊ *He gave us a big smile.* Er strahlte uns an. ◊ *give a groan/laugh/sigh/yawn* stöhnen/lachen/seufzen/gähnen ◊ *give sb a call* jdn anrufen **7** (*nennen*) angeben ◊ *What does the dictionary give for 'purple'?* Was steht im Wörterbuch für „purple"? **8** bereiten, machen ◊ *All that driving has given me a headache.* Ich habe von dem vielen Fahren Kopfschmerzen bekommen. **9** nachgeben ◊ *We can't go on like this — something's got to give.* Wir können so nicht weitermachen — irgendwo müssen wir Abstriche machen. IDM **don't give me 'that** (*umgs*) erzähl mir doch nichts ,**give and 'take** entgegenkommend sein; kompromissbereit sein **give as good as you 'get** sich tüchtig wehren '**give me sth/sb** (**any day/time**) (*umgs*) mir ist etw/jd (allemal) lieber **give or 'take (sth)** plus minus ◊ *It'll take about three weeks, give or take a day or so.* Es wird etwa drei Wochen dauern. **give sb to believe/understand (that)** ... (*gehoben*) jdm den Eindruck vermitteln/jdm zu verstehen geben (, dass ...) **I give you ...** (*Trinkspruch*) auf ... ◊ *Ladies and gentlemen, I give you Alex Wiseman!* Meine Damen und Herren, auf Alex Wiseman! **I'/I'll give you 'that** (*umgs*) das gebe ich zu; das muss man dir lassen **what 'gives?** (*umgs*) Was gibt's? ☛ Für andere Redewendungen mit **give** siehe die Einträge für die Nomina, Adjektive etc. **Give rise to sth** z.B. steht unter **rise**.
PHRV **give sb a'way 1** (*Braut*) dem Bräutigam übergeben ,**give sth a'way 1** etw verschenken **2** (*Preis etc.*) vergeben ,**give sth/sb a'way** jdn/etw verraten ◊ *It was supposed to be a surprise but the children gave the game away.* Es hätte eine Überraschung sein sollen, aber die Kinder haben alles verraten. SYN BETRAY ,**give (sb) 'sth back**; ,**give sth 'back (to sb)** (jdm) etw zurückgeben ◊ *I gave it back to him.* Ich gab es ihm zurück. ◊ *The operation gave him back the use of his legs.* Durch die Operation konnte er wieder laufen. ,**give 'in 1** sich ergeben, aufgeben ◊ *The rebels were forced to give in.* Die Rebellen waren gezwungen sich zu ergeben. **2** nachgeben ◊ *She gave in to temptation.* Sie gab der Versuchung nach. ◊ *Whatever he says, I'm not giving in to him!* Egal, was er sagt, ich werde nicht nachgeben! **give sth 'in (to sb)** etw (bei jdm) abgeben ◊ **give off sth** (*Geruch, Hitze, Licht etc.*) abgeben ,**give on to/onto sth** (*BrE*) (*Fenster, Tür etc.*) auf etw gehen ,**give 'out 1** (*sich erschöpfen*) ausgehen **2** (*nicht mehr funktionieren*) versagen ,**give sth 'out 1** etw verteilen, etw austeilen **2** (*bes BrE*) etw bekannt geben ,**give sth 'out** (*Hitze, Licht etc.*) abgeben ,**give 'over** (*BrE, umgs*) aufhören ,**give sth 'over to sth** etw einer Sache widmen ,**give yourself 'over to sth** sich etw hingeben ,**give 'up** (*aufhören*) aufgeben ,**give sb 'up 1** (*AmE meist* ,**give 'up on sb**) nicht mehr mit jdm rechnen **2** (*AmE meist* ,**give 'up on sb**) jdn aufgeben ◊ *We'd given him up for dead.* Wir hatten ihn schon für tot gehalten. **3** (*Beziehung beenden*) mit jdm Schluss machen **4** jdn hergeben **give sb 'up (to sb)** jdn (jdm) übergeben ,**give sth 'up 1** etw aufgeben **2** auf etw verzichten ,**give sth 'up (to sb)** etw jdm übergeben ◊ *He gave up his seat to a pregnant woman.* Er gab seinen Sitzplatz einer schwangeren Frau. **give yourself 'up (to sb)** sich (jdm) ergeben ◊ *He gave himself up to the police.* Er hat sich der Polizei gestellt. ,**give yourself 'up to sth** sich etw hingeben

give² /gɪv/ *Nomen* Elastizität ◊ *The shoes may seem tight, but the leather has plenty of give in it.* Die Schuhe wirken vielleicht etwas eng, aber das Leder wird nachgeben. IDM ,**give and 'take 1** Entgegenkommen; Kompromissbereitschaft **2** (*Meinungs-, Gedanken- etc.*) Austausch

give·away¹ /'gɪvəweɪ/ *Nomen* (*umgs*) **1** Geschenk **2** ◊ *The grin on his face was a dead giveaway.* Sein Grinsen verriet alles.

give·away² /'gɪvəweɪ/ *Adj nur vor Nomen* (*umgs*) (*Preise*) Schleuder-

given¹ /'gɪvn/ *Adj* **1** bestimmt **2** gegeben IDM **be given to sth/to doing sth** (*gehoben*) zu etw neigen; etw oft tun

given² /'gɪvn/ *Präp* angesichts ◊ *Given his age, he's remarkably fit.* Für sein Alter ist er bemerkenswert fit.

given³ /'gɪvn/ *Konj* wenn man bedenkt, angesichts der Tatsache

given⁴ /'gɪvn/ *Nomen* ◊ *Can we accept that as a given?* Können wir das als gegeben annehmen?

'**given name** *Nomen* (*bes AmE*) Vorname

giver /'gɪvə(r)/ *Nomen* (*oft in Zusammensetzungen*) Spender(in)

gizmo (*auch* **gismo**) /'gɪzməʊ; *AmE* -moʊ/ *Nomen* (*Pl* **-os**) (*umgs*) (*Gerät*) technische Spielerei

giz·zard /'gɪzəd; *AmE* -zərd/ *Nomen* Muskelmagen

glacé /'glæseɪ; *AmE* glæ'seɪ/ *Adj nur vor Nomen* kandiert

gla·cial /'gleɪʃl, 'gleɪsiəl/ *Adj* **1** (GEOL) Eis- ◊ *the glacial period* die Eiszeit **2** Gletscher- **3** eisig, eiskalt **4** (*Mensch, Ausdruck*) eisig, frostig

gla·cier /'glæsiə(r); *AmE* 'gleɪʃər/ *Nomen* Gletscher

glad /glæd/ *Adj* **1** *nicht vor Nomen* froh **2** ~ **of sth** dankbar für etw; ~ **if ...** dankbar wenn ... ◊ *I'd be glad of your help.* Ich wäre Ihnen dankbar für Ihre Hilfe. **3** **be ~ to do sth** etw gerne tun ◊ *If you'd like me to help you, I'd be only too glad to.* Ich helfe Ihnen sehr gerne, wenn Sie das möchten. **4** *nur vor Nomen* (*veraltet*) freudig, froh ◊ *glad tidings* eine frohe Botschaft IDM **I'm glad to say (that ...)** zum Glück; erfreulicherweise

glad·den /'glædn/ *Verb* (*veraltet*) erfreuen

glade /gleɪd/ *Nomen* (*gehoben*) Lichtung

gladi·ator /'glædieɪtə(r)/ *Nomen* Gladiator

gladia·tor·ial /ˌglædiə'tɔːriəl/ *Adj* Gladiatoren- ◊ *gladiatorial combat* Gladiatorenkampf

gladi·olus /ˌglædi'əʊləs; *AmE* -'oʊləs/ *Nomen* (*Pl* **gladi·oli** /-laɪ/) Gladiole

glad·ly /'glædli/ *Adv* **1** gern, bereitwillig **2** dankbar IDM ⇨ SUFFER

glad·ness /'glædnəs/ *Nomen* (*gehoben*) Freude

glam·or·ize /'glæmərəɪz/ *Verb* verherrlichen

glam·or·ous /'glæmərəs/ (*umgs* **glam** /glæm/) *Adj* glamourös OPP UNGLAMOROUS

glam·our (*AmE* **glamor**) /'glæmə(r)/ *Nomen* Glanz, Glamour

glance¹ /glɑːns; *AmE* glæns/ *Verb* (*kurz*) blicken ◊ *He glanced around the room.* Er sah sich kurz im Zimmer um. ◊ *I only glanced at the newspapers.* Ich habe nur schnell einen Blick auf die Zeitungen geworfen. ◊ *He glanced down the list of names.* Er sah die Namensliste kurz durch. PHRV '**glance on/off sth** von etw reflektiert werden ,**glance 'off (sth)** (an/von etw) abprallen

glance² /glɑːns; *AmE* glæns/ *Nomen* ~ (**at sb/sth**) (*kurzer*) Blick (auf jdn/etw) ◊ *take/have a glance at the newspaper headlines* einen Blick auf die Schlagzeilen werfen ◊ *She stole a glance at her watch.* Sie blickte verstohlen auf ihre Uhr. IDM **at a (single) 'glance** auf einen Blick **at first 'glance/'sight** auf den ersten Blick

glan·cing /'glɑːnsɪŋ; *AmE* 'glænsɪŋ/ *Adj* streifend ◊ *strike sb/sth a glancing blow* jdn/etw streifen

gland /glænd/ *Nomen* Drüse

glan·du·lar /'glændjʊlə(r); *AmE* -dʒə-/ *Adj* Drüsen-

,**glandular 'fever** *Nomen* (*BrE*) Pfeiffersches Drüsenfieber

glare¹ /gleə(r); *AmE* gler/ *Verb* **1** ~ (**at sb/sth**) (jdn/etw) (*wütend*) anstarren **2** grell scheinen

glare² /gleə(r); *AmE* gler/ *Nomen* **1** [U/Sing] greller Schein, grelles Licht ◊ *the glare of the sun* der grelle Sonnenschein ◊ *the glare of the car's headlights* das grelle Licht der Scheinwerfer ◊ (*fig*) *in the full glare of publicity* im Rampenlicht der Öffentlichkeit **2** wütender Blick ◊ *give sb a hostile glare* jdn feindselig anstarren

glar·ing /'gleərɪŋ; *AmE* 'gler-/ *Adj* **1** (*Adv* **glar·ing·ly**) eklatant, krass, grob ◊ *a glaring injustice* eine schreiende Ungerechtigkeit ◊ *It was glaringly obvious.* Es sprang einem geradezu ins Auge. **2** (*Adv* **glar·ing·ly**) (*Licht etc.*) grell **3** (*Blick etc.*) wütend

glass¹ /glɑːs; *AmE* glæs/ *Nomen* **1** Glas ◊ *a piece of broken glass* eine Glasscherbe ☛ *Siehe auch* STAINED GLASS **2** [U] Glasgegenstände, Glas(geschirr) **3 glasses** [Pl] Brille ◊ *dark glasses* eine dunkle Brille ☛ *Hinweis bei* BRILLE **4** [*meist Sing*] (*veraltet*) Spiegel ☛ *Siehe auch* LOOKING GLASS **5 the glass** [Sing] das Barometer IDM ⇨ PEOPLE¹ *und* RAISE¹

glass² /glɑːs; *AmE* glæs/ *Verb* (*BrE, umgs*) ~ **sb** = jdm mit einem Bierglas ins Gesicht schlagen PHRV ,**glass sth 'in/over** etw verglasen

,**glass 'ceiling** *Nomen* [*meist Sing*] (*fig*) gläserne Decke

,glass 'fibre (*AmE* **,glass 'fiber**) *Nomen* Fiberglas

glass·ful /'glɑːsfʊl; *AmE* 'glæs-/ *Nomen* (*Menge*) Glas

glass·house /'glɑːshaʊs; *AmE* 'glæs-/ *Nomen* (*Pl* **-houses** /-'haʊzɪz/) (*BrE*) **1** Glashaus **2** (*Slang*) (*Militärgefängnis*) Bunker

glass·ware /'glɑːsweə(r); *AmE* 'glæswer/ *Nomen* [U] Glasgegenstände, Glas(geschirr)

glassy /'glɑːsi; *AmE* 'glæsi/ *Adj* **1** glänzend, spiegelglatt **2** (*Blick etc.*) glasig

Glas·we·gian /glæz'wiːdʒən/ **1** *Nomen* = Person aus Glasgow **2** *Adj* = aus Glasgow

glau·coma /glɔː'kəʊmə; *AmE* glaʊ'koʊmə, glɔː-/ *Nomen* [U] grüner Star, Glaukom

glaze¹ /gleɪz/ *Verb* **1** ~ (**over**) ◊ *His eyes glazed over.* Er schaltete ab. ◊ *'I'm exhausted,' he said, his eyes glazing.* „Ich bin todmüde", sagte er mit glasigem Blick. **2** verglasen **3** ~ **sth** (**with sth**) etw (mit etw) glasieren

glaze² /gleɪz/ *Nomen* Glasur

glazed /gleɪzd/ *Adj* starr, glasig

glaz·ier /'gleɪziə(r); *AmE* -ʒər/ *Nomen* Glaser(in) ☛ *Hinweis bei* BAKER

gleam¹ /gliːm/ *Verb* **1** glänzen, schimmern ◊ *gleaming white teeth* strahlend weiße Zähne **2** ~ (**with/in sth**) (vor etw) leuchten

gleam² /gliːm/ *Nomen* [meist Sing] Schein, Schimmer ◊ *a few gleams of sunshine* ein paar Sonnenstrahlen ◊ *I saw the gleam of the knife.* Ich sah das Messer aufblitzen. ◊ (*fig*) *a gleam of hope* ein Hoffnungsschimmer ◊ *the gleam of triumph in her eyes* ihr triumphierender Blick ◊ *a mischievous gleam in his eye* ein schelmisches Funkeln in den Augen

glean /gliːn/ *Verb* ~ **sth** (**from sb**) etw (aus jdm) herausbekommen; ~ **sth** (**from sth**) etw (einer Sache) entnehmen

glee /gliː/ *Nomen* (diebische) Freude, Schadenfreude

glee·ful /'gliːfl/ *Adj* (*Adv* **glee·ful·ly** /-fəli/) vergnügt, verschmitzt

glen /glen/ *Nomen* (*besonders in Schottland*) Schlucht, Tal

glib /glɪb/ *Adj* (*Adv* **glib·ly**) (*abwert*) **1** aalglatt **2** vorschnell

glide¹ /glaɪd/ *Verb* **1** gleiten ◊ *go gliding past* vorbeigleiten **2** schweben ◊ *glide down to the runway* im Gleitflug die Landebahn erreichen

glide² /glaɪd/ *Nomen* **1** [Sing] (Dahin)gleiten **2** (LING) Gleitlaut

glider /'glaɪdə(r)/ *Nomen* Segelflugzeug

glid·ing /'glaɪdɪŋ/ *Nomen* Segelfliegen

glim·mer¹ /'glɪmə(r)/ *Nomen* **1** (schwacher) Schein **2** (*AmE auch* **glim·mer·ing**) Anflug, Spur, Schimmer

glim·mer² /'glɪmə(r)/ *Verb* schwach scheinen, schimmern ◊ (*fig*) *Amusement glimmered in his eyes.* Seine Augen blitzten belustigt.

glimpse¹ /glɪmps/ *Nomen* [meist Sing] **1** (kurzer) Blick ◊ *He caught a glimpse of her.* Er sah sie flüchtig. ◊ *I caught my first glimpse of the island.* Ich erhaschte einen ersten Blick auf die Insel. **2** ~ (**into/of sth**) Einblick (in etw)

glimpse² /glɪmps/ *Verb* **1** flüchtig sehen **2** (*fig*) **sb glimpses sth** jdm geht etw auf

glint¹ /glɪnt/ *Verb* **1** glitzern **2** funkeln

glint² /glɪnt/ *Nomen* **1** Glitzern ◊ *golden glints in her hair* ein goldener Schimmer in ihrem Haar **2** Funkeln ◊ *a glint of anger* ein zorniges Funkeln

glis·ten /'glɪsn/ *Verb* glänzen

glitch /glɪtʃ/ *Nomen* (*umgs*) technische Störung

glit·ter¹ /'glɪtə(r)/ *Verb* glitzern ◊ *His eyes glittered with rage.* Seine Augen funkelten zornig. SYN SPARKLE

glit·ter² /'glɪtə(r)/ *Nomen* **1** Funkeln SYN GLINT **2** Glamour SYN GLAMOUR **3** Glitter

glit·ter·ati /ˌglɪtə'rɑːti/ *Nomen* [Pl] Prominente, Schickeria

glit·ter·ing /'glɪtərɪŋ/ *Adj* **1** glänzend, glanzvoll **2** glitzernd

glitz /glɪts/ *Nomen* (*abwert*) Glanz

glitzy /'glɪtsi/ *Adj* glanzvoll

gloam·ing /'gləʊmɪŋ/ *Nomen* (*SchotE oder gehoben*) Dämmerlicht SYN TWILIGHT *und* DUSK

gloat /gləʊt/ *AmE* gloʊt/ *Verb* triumphieren ◊ *gloat over sb's disappointment* sich an jds Enttäuschung weiden ◊ *Don't gloat!* Sei nicht so schadenfroh!

gloat·ing /'gləʊtɪŋ/ *Adj* schadenfroh

glob /glɒb; *AmE* glɑːb/ *Nomen* Klecks, Tropfen

global /'gləʊbl; *AmE* 'gloʊbl/ *Adj* (*Adv* **glob·al·ly** /-bəli/) **1** weltweit, Welt- **2** umfassend ◊ *a global email* eine E-Mail an alle Angestellten

glob·al·iza·tion (*BrE auch* **-isa·tion**) /ˌgləʊbəlaɪ'zeɪʃn; *AmE* ˌgloʊbələ'z-/ *Nomen* (WIRTSCH) Globalisierung

glob·al·ize (*BrE auch* **-ise**) /'gləʊbəlaɪz; *AmE* 'gloʊ-/ *Verb* (WIRTSCH) globalisieren

,global 'village *Nomen* [Sing] Weltdorf

,global 'warming *Nomen* Erwärmung der Erdatmosphäre

globe /gləʊb; *AmE* gloʊb/ *Nomen* **1** Globus **2 the globe** [Sing] die Welt ◊ *all over the globe* weltweit **3** Kugel

,globe 'artichoke (*auch* **ar·ti·choke**) *Nomen* Artischocke

globe·trot·ting /'gləʊbtrɒtɪŋ; *AmE* 'gloʊbtrɑːtɪŋ/ *Adj* ◊ *globetrotting business people* Geschäftsleute, die die Welt bereisen

globu·lar /'glɒbjələ(r); *AmE* 'glɑːb-/ *Adj* kugelförmig

glob·ule /'glɒbjuːl; *AmE* 'glɑːb-/ *Nomen* Tröpfchen, Kügelchen ◊ *globules of fat* Fettaugen

glock·en·spiel /'glɒkənʃpiːl; *AmE* 'glɑːk-/ *Nomen* (*Musikinstrument*) Glockenspiel

gloom /gluːm/ *Nomen* **1** düstere Stimmung, Trübsinn **2** (*gehoben*) Düsternis ◊ *the gathering gloom* die zunehmende Dunkelheit IDM ⇨ DOOM¹ *und* PILE

gloomy /'gluːmi/ *Adj* (**gloom·ier**, **gloomi·est**) (*Adv* **gloom·ily** /-ɪli/) düster IDM ⇨ PAINT²

glori·fi·ca·tion /ˌglɔːrɪfɪ'keɪʃn/ *Nomen* Verherrlichung

glori·fied /'glɔːrɪfaɪd/ *Adj nur vor Nomen* ◊ *a glorified fast-food cafe* nur ein besserer Schnellimbiss

glor·ify /'glɔːrɪfaɪ/ *Verb* (**-fies**, **-fy·ing**, **-fied**, **-fied**) **1** (*oft abwert*) verherrlichen **2** (*gehoben*) lobpreisen

glori·ous /'glɔːriəs/ *Adj* (*Adv* **glori·ous·ly**) **1** ruhmreich **2** herrlich **3** fantastisch

glory¹ /'glɔːri/ *Nomen* (*Pl* **glor·ies**) **1** [U] Ruhm, Ehre ◊ *Olympic glory* olympische Ehren ◊ *her moment of glory* ihre Sternstunde **2** Glanz, Herrlichkeit **3** ◊ *The temple is one of the ancient glories of Greece.* Der Tempel gehört zu den glänzendsten Bauwerken des alten Griechenlands. ◊ *Her long black hair is her crowning glory.* Das Allerschönste an ihr ist ihr langes schwarzes Haar.

glory² /'glɔːri/ *Verb* (**glor·ies**, **glory·ing**, **glor·ied**, **glor·ied**) PHR V **'glory in sth** (*gehoben*) etw so richtig genießen

'glory days *Nomen* [Pl] glorreiche Tage

gloss¹ /glɒs; *AmE* glɔːs, glɑːs/ *Nomen* **1** Glanz; ◊ (*fig*) *beneath the gloss of success* hinter der Fassade des Erfolgs **2** (*in Zusammensetzungen*) ◊ *lip Lipgloss* ◊ *a gloss or a matt finish* glänzend oder matt **3** (*auch* **,gloss 'paint**) Glanzlack **4** ~ (**on sth**) Erläuterung (zu etw) **5** ~ (**on sth**) Interpretation (einer Sache) ◊ *put a positive gloss on sth* etw in einem positiven Licht erscheinen lassen

gloss² /glɒs; *AmE* glɔːs, glɑːs/ *Verb* erläutern; ~ **sth as sth** etw als etw paraphrasieren PHR V **,gloss 'over sth** etw vertuschen

gloss·ary /'glɒsəri; *AmE* 'glɔːs-, 'glɑːs-/ *Nomen* (*Pl* **-ies**) Glossar

glossy¹ /'glɒsi; *AmE* 'glɔːsi, 'glɑːsi/ *Adj* glänzend, Hochglanz-

glossy² /'glɒsi; *AmE* 'glɔːsi, 'glɑːsi/ *Nomen* (*Pl* **-ies**) (*BrE*, *umgs*) Hochglanzzeitschrift

glot·tal stop /ˌglɒtl 'stɒp; *AmE* ˌglɑːtl 'stɑːp/ *Nomen* (LING) Knacklaut, Stimmritzenverschlusslaut

glot·tis /'glɒtɪs; *AmE* 'glɑːt-/ *Nomen* (ANAT) Glottis, Stimmorgan

glove /glʌv/ *Nomen* (Finger)handschuh IDM **the gloves are off** mit jeder Rücksichtnahme ist es vorbei ☛ *Siehe auch* FIT¹, HAND¹, IRON³ *und* KID¹

'glove compartment (*auch* **'glove box**) *Nomen* Handschuhfach

gloved /glʌvd/ *Adj* behandschuht

'glove puppet *Nomen* (*BrE*) Handpuppe

glow¹ /gləʊ; *AmE* gloʊ/ *Verb* ~ (**with sth**) **1** (vor etw) glühen, (vor etw) leuchten **2** (vor etw) strotzen **3** (vor etw) strahlen

glow² /gləʊ; *AmE* gloʊ/ *Nomen* [Sing] **1** Schein ◊ *He saw* *the glow of a cigarette in the dark.* Er sah, wie im Dunkeln eine Zigarette glühte. **2** (*Farbe*) Leuchten ◊ *The fresh air brought a healthy glow to her cheeks.* Durch die frische Luft bekamen ihre Wangen eine gesunde Farbe. **3** ◊ *She felt a glow of pride.* Sie empfand großen Stolz. ◊ *I was filled with a warm glow.* Mir wurde ganz warm ums Herz.

glow·er /ˈglaʊə(r)/ *Verb* finster blicken [SYN] GLARE

glow·ing /ˈgləʊɪŋ; *AmE* ˈgloʊɪŋ/ *Adj* (*Adv* **glow·ing·ly**) begeistert ◊ *She spoke of him in glowing terms.* Sie sprach voller Begeisterung von ihm.

ˈglow-worm *Nomen* Glühwürmchen

glu·cose /ˈglu:kəʊs, -kəʊz; *AmE* -koʊs, -koʊz/ *Nomen* Traubenzucker, Glukose

glue¹ /glu:/ *Nomen* Klebstoff, Leim

glue² /glu:/ *Verb* **~ A (to/onto B)** A (an/auf B) kleben; **~ A and B (together)** A und B zusammenkleben ◊ *Glue down the edges.* Die Ränder gut festkleben. [IDM] **be ˈglued to sth** (*umgs*) ◊ *He spends all his time glued to the TV.* Er sitzt ständig vor dem Fernseher. ◊ *Her eyes were glued to the screen.* Sie starrte wie gebannt auf den Bildschirm. ◊ **ˌglued to the ˈspot** wie angewurzelt

ˌglue ˈear *Nomen* (*BrE*) Leimohr

ˈglue-sniffing *Nomen* Klebstoffschnüffeln, Schnüffelsucht

glum /glʌm/ *Adj* (*Adv* **glum·ly**) verdrießlich ◊ *The report makes glum reading.* Der Bericht ist sehr bedrückend.

glut¹ /glʌt/ *Nomen* [meist Sing] **~ (of sth)** Überangebot (an etw) ◊ *a glut of apples* eine Apfelschwemme

glut² /glʌt/ *Verb* (**-tt-**) überschwemmen

glu·ten /ˈglu:tn/ *Nomen* Gluten

glu·tin·ous /ˈglu:tɪnəs/ *Adj* klebrig

glut·ton /ˈglʌtn/ *Nomen* **1** (*abwert*) Vielfraß **2** ◊ *a glutton for punishment* ein(e) Masochist(in) ◊ *a glutton for work* ein Arbeitstier

glut·ton·ous /ˈglʌtənəs/ *Adj* gefräßig

glut·tony /ˈglʌtəni/ *Nomen* Gefräßigkeit

gly·cer·ine /ˈglɪsəri:n; *AmE* -rɪn/ (*AmE meist* **gly·cerin** /-rɪn; *AmE* -rən/) *Nomen* Glyzerin

GM /ˌdʒi:ˈem/ **1** *Kurzform von* **genetically modified** gentechnisch verändert **2** *Abk* = GRANT-MAINTAINED

gm. (*BrE auch* **gm**) *Abk* (*Pl* **gm.** *oder* **gms.**) = GRAM(S)

GMO /ˌdʒi: em ˈəʊ/ *Kurzform von* **genetically modified organism** gentechnisch veränderter Organismus

GMT /ˌdʒi: em ˈti:/ *Kurzform von* **Greenwich Mean Time** WEZ, Westeuropäische Zeit

gnarled /nɑ:ld; *AmE* nɑ:rld/ *Adj* **1** knorrig **2** knotig, hutzlig

gnarly /ˈnɑ:li; *AmE* ˈnɑ:rli/ *Adj* (*AmE*) **1** knotig **2** (*Slang*) (*sehr gut*) geil **3** (*Slang*) (*sehr schlecht*) schrecklich

gnash /næʃ/ *Verb* [IDM] **gnash your ˈteeth** vor Wut mit den Zähnen knirschen

gnat /næt/ *Nomen* (Stech)mücke

gnaw /nɔ:/ *Verb* **~ (away) (at/on)** sth an etw (herum)nagen; **~ through sth** etw durchnagen ◊ *She gnawed at her fingernails.* Sie kaute an ihren Fingernägeln. [PHRV] **ˈgnaw at sb** jdn quälen

gnaw·ing /ˈnɔ:ɪŋ/ *Adj nur vor Nomen* nagend, quälend

gnome /nəʊm; *AmE* noʊm/ *Nomen* **1** Gnom **2** ◊ *garden gnomes* Gartenzwerge

GNP /ˌdʒi: en ˈpi:/ *Kurzform von* **gross national product** BSP, Bruttosozialprodukt

gnu /nu:, nju:/ *Nomen* (*Pl* **gnu** *oder* **gnus**) Gnu ☛ G 1.2

GNVQ /ˌdʒi: en vi: ˈkju:/ *Nomen Kurzform von* **General National Vocational Qualification** = Schulabschluss in einem berufs- oder praxisorientierten Fach (in England, Wales und Nordirland)

go¹ /gəʊ; *AmE* goʊ/ *Verb* (**goes** /gəʊz/, **went** /went/, **gone** /gɒn; *AmE* gɔ:n, gɑ:n/)

> **Been** wird als past participle von **go** verwendet, wenn jemand irgendwohin gefahren und wieder zurückgekehrt ist. **Gone** bedeutet, dass jemand irgendwohin gefahren ist und noch nicht wieder zurück ist: *She has just been to China.* Sie war gerade in China. ◊ *She has gone to China. She'll be back next week.* Sie ist nach China gefahren und kommt nächste Woche zurück.

• **Bewegung 1** gehen, fahren ◊ *go to the doctor's* zum Arzt gehen ◊ *go for a walk* spazieren gehen ◊ *go for a drink* einen trinken gehen ◊ *I must be going now.* Ich muss jetzt gehen. ◊ *How's it going?* Wie geht's? ◊ *This clock doesn't go.* Diese Uhr geht nicht. ◊ *She went sobbing up the stairs.* Sie lief schluchzend die Treppe hinauf. ◊ *She has gone to see her sister.* Sie ist zu ihrer Schwester gefahren. ◊ *He's going too fast.* Er fährt zu schnell. ◊ *go by plane* fliegen ◊ *Has she gone yet?* Ist sie schon weg? ◊ *Where does this road go?* Wohin führt diese Straße? **2** **~ and do sth**; (*bes AmE*) **~ do sth** ◊ *I'll go and answer the door.* Ich mach auf. ◊ *Go and get me a drink!* Hol mir was zu trinken! ◊ (*AmE*) *Go ask your mom!* Geh die Mama fragen! **3** (*BrE*) **~ to sth** ◊ *I have to go to hospital.* Ich muss ins Krankenhaus. ◊ *go to prison* ins Gefängnis kommen ◊ *Do you go to church often?* Gehst du oft in die Kirche? ◊ (*BrE*) *Did you go to university?* Hast du studiert? ☛ *Hinweis bei* SCHULE, KRANKENHAUS, GEFÄNGNIS *und* HOCHSCHULE **4** **~ on sth** (*Reise, Kreuzfahrt etc.*) machen ◊ *go on leave for two weeks* zwei Wochen Urlaub haben **5** **~ ice-skating, surfing, swimming, etc.** (*als Freizeitbeschäftigung*) Eis laufen, surfen, schwimmen etc. gehen **6** **~ flying, etc.** ◊ *The cups went flying.* Die Tassen flogen durch die Gegend. ◊ *The car went skidding off the road.* Das Auto schleuderte und kam von der Fahrbahn ab.

• **Platz 7** gehören ◊ *This book goes on the top shelf.* Dieses Buch kommt da oben ins Regal. ◊ *Where do you want the piano to go?* Wo soll das Klavier hin? **8** passen ◊ *That won't all go in one suitcase.* Das passt nicht alles in einen Koffer. **9** **~ (from …) to …** (von …) bis … reichen ◊ *a rope that goes from the window to the ground* ein Seil, das vom Fenster bis auf den Boden reicht

• **Vorgang 10** werden ◊ *She's going grey.* Ihr Haare werden grau. ◊ *go bald* eine Glatze bekommen ◊ *go out of fashion* aus der Mode kommen ◊ *go to sleep* einschlafen

• **Geräusch, Geste 11** machen ◊ *Cats go 'miaow'.* Katzen machen „miau". ◊ *The gun went 'bang'.* Das Gewehr machte „peng". ◊ *She went like this with her hand.* Sie machte so mit ihrer Hand. **12** (*umgs*) sagen, fragen ◊ *He goes, 'Ten.' and I go, 'Ten?'* Er hat „Zehn" gesagt und ich hab gefragt „Zehn?" **13** ◊ *The whistle went for the end of the game.* Das Spiel wurde abgepfiffen. ◊ *when the bell goes* wenn es klingelt

• **vorbei 14** weg sein ◊ *The old sofa will have to go.* Das alte Sofa muss weg. ◊ *The old cinema has gone.* Das alte Kino gibt es nicht mehr. **15** schlechter werden ◊ *His mind is going.* Sein Verstand lässt nach. ◊ *The brakes went.* Die Bremsen habe versagt. **16** (*verhüll*) sterben ◊ *when I'm gone* wenn ich einmal nicht mehr bin

• **Geld 17** **~ (on sth)** (für etw) verwendet werden, (für etw) draufgehen ◊ *I don't know where the money goes!* Ich weiß nicht, wo mein Geld bleibt! **18** **~ (to sb) (for sth)** (an jdn) (für etw) verkauft werden ◊ *The picture went to a Japanese bidder.* Das Gemälde wurde an einen Japaner verkauft. ◊ *It was going cheap.* Es wurde billig verkauft.

• **in bestimmten Wendungen 19** (*mit Adjektiven*) ◊ *go barefoot* barfuß laufen ◊ *go hungry* hungern ◊ *go unreported* nicht gemeldet werden ◊ *go unnoticed* unbemerkt bleiben **20** **~ quickly/slowly** (*Zeit*) schnell/langsam vergehen **21** (*umgs*) **sth is going** es gibt etw ◊ *There just aren't any jobs going.* Es gibt einfach keine Stellen. **22** (*losgehen*) ◊ *One, two, three, go!* Eins, zwei, drei, los! ◊ *We're ready to go.* Wir können los. **23** (*beitragen*) ◊ *This goes to prove my theory.* Das beweist meine Theorie. **24** **~ (to the toilet)** (*umgs*) aufs Klo gehen ◊ *Do you need to go?* Musst du aufs Klo? **25** (*umgs*) (*erwähnen*) ◊ *Let's not go there.* Da wollen wir nicht drüber reden. ◊ *The plot? I'm not even going to go there.* Die Handlung? Damit fange ich nicht mal an. [IDM] **ˈanything goes** (*umgs*) alles ist erlaubt; alles ist möglich ◊ **as people, things, etc. go** verglichen mit anderen … ◊ *As teachers go, he's not bad.* Verglichen mit anderen Lehrern ist er nicht übel. ◊ **be going on (for) sth** (*Alter, Zeit, Zahl*) auf etw zugehen ◊ *It was going on for midnight.* Es ging auf Mitternacht zu. ◊ **be going to do sth 1** etw vorhaben ◊ *We're going to buy a house when we've saved enough money.* Wenn wir genug Geld gespart haben, wollen wir ein Haus kaufen. **2** (*drückt die Zukunft aus*) ◊ *If the drought continues there's going to be a famine.* Wenn die Trockenheit anhält, wird es eine Hungersnot geben. ◊ *I think I'm going to faint.* Ich glaube, ich werde ohnmächtig. ☛ G 9.2c **don't go doing sth** (*umgs*) (*warnend*) ◊ *Don't*

go getting yourself into trouble. Pass nur auf, dass du nicht in Schwierigkeiten gerätst. **enough/something to be going 'on with** (*BrE*) ◊ *That should be enough to be going on with.* Das müsste vorerst reichen. ◊ *I'll give you half to be going on with.* Ich geb dir schon mal die Hälfte. **go all 'out for sth** sich für etw ins Zeug legen **go all out to 'do sth** sich ins Zeug legen, um etw zu tun **go and do sth** (*umgs*) ◊ *Don't go and mess things up!* Bring nicht alles durcheinander! ◊ *You've really gone and done it now!* Da hast du wirklich einen Bock geschossen! **go down well/badly (with sb)** gut/nicht gut (bei jdm) ankommen **go off well** gut verlaufen **go 'on (with you)** (*veraltet*) ◊ *Go on with you – you're never forty.* Jetzt hör aber auf – du bist doch nie im Leben vierzig. **have a lot 'going for you** viele Vorzüge haben; gute Chancen haben **,no 'go** (*umgs*) ◊ *Sorry. No go!* Auf keinen Fall! ◊ *Without that money it's no go.* Ohne das Geld geht gar nichts. ☛ *Siehe auch* NO-GO AREA **to 'go 1** (*übrig*) ◊ *I only have one exam to go.* Ich habe nur noch eine Prüfung. **2** (*AmE*, *umgs*) zum Mitnehmen ◊ *Two pizzas to go.* Zwei Pizzas zum Mitnehmen. ◊ *where does she go from 'here?* und was nun? ,**who goes 'there?** wer da?
☛ Für andere Redewendungen mit **go** siehe die Einträge für die Nomina, Adjektive etc. **Go it alone** z.B. steht unter **alone**.
[PHR V] ,**go a'bout 1** (*BrE*) = GO AROUND **2** (*beim Segeln*) wenden ,**go about sth** einer Sache nachgehen ◊ *They went about their business as usual.* Sie gingen wie gewöhnlich ihren Geschäften nach. ,**go a'bout sth** etw angehen, etw anpacken ◊ *How should I go about finding a job?* Wie finde ich am besten eine Stelle? [SYN] TACKLE
,**go 'after sb** jdm nachgehen ◊ *He went after the burglars.* Er verfolgte die Einbrecher. ,**go 'after sb/sth** hinter jdm/etw her sein ◊ *We're both going after the same job.* Wir bewerben uns beide um dieselbe Stelle.
,**go a'gainst sb** zu jds Ungunsten ausfallen ,**go a'gainst sb/sth** sich jdm/etw widersetzen ◊ *He went against my wishes.* Er handelte meinen Wünschen zuwider. ,**go a'gainst sth** einer Sache widersprechen
,**go a'head 1** vorfahren, vorgehen **2** durchgeführt werden, stattfinden ◊ *The meeting went ahead without them.* Die Besprechung fand ohne sie statt. ◊ *The building of the bridge will go ahead as planned.* Die Brücke wird wie geplant gebaut. [SYN] PROCEED **3** ◊ '*May I start now?' 'Yes, go ahead.*' „Kann ich jetzt anfangen?" „Ja, nur zu." ,**go a'head with sth** etw (tatsächlich) durchführen
,**go a'long 1** hingehen, mitgehen **2** ◊ *as you go along* nach und nach ◊ *You'll improve as you go along.* Mit der Zeit wirst du besser werden. ◊ *I'll explain things as I go along.* Ich erkläre dabei dann alles. ◊ *He made up the story as he went along.* Er hat sich die Geschichte aus den Fingern gesogen. **3** vorangehen, Fortschritte machen ◊ *Things are going along nicely.* Es läuft gut. ,**go a'long with sb/sth** mit jdm/etw einverstanden sein
,**go a'round/'round 1** sich drehen **2** ◊ *There aren't enough chairs to go around.* Wir haben nicht genügend Stühle für alle. **3** (*BrE auch* ,**go a'bout**) herumlaufen ◊ *She often goes around barefoot.* Sie läuft oft barfuß herum. ◊ (*fig*) *It's unprofessional to go around criticizing your colleagues.* Es ist nicht professionell seine Kollegen ständig zu kritisieren. ◊ *You can't go around doing that.* So was tut man nicht. **4** (*Gerücht etc.*) umgehen ,**go a'round/'round (to ...)** (zu ...) gehen ◊ *I'm going around to my sister's.* Ich besuche meine Schwester.
'**go at sb** auf jdn losgehen '**go at sth** sich an etw machen ◊ *They went at the job as if their lives depended on it.* Sie arbeiteten, als würde ihr Leben davon abhängen.
,**go a'way 1** weggehen ◊ *Go away and think about it.* Überlegen Sie es sich. **2** wegfahren, verreisen **3** verschwinden ◊ *The smell still hasn't gone away.* Der Geruch ist immer noch nicht weg.
,**go 'back** ◊ *Dave and I go back twenty years.* Dave und ich kennen uns schon seit zwanzig Jahren. ,**go 'back (to ...)** zurückgehen (zu ...) ◊ *This toaster will have to go back.* Ich muss den Toaster zurückbringen. ◊ *I'd like to go back there.* Da würde ich gern mal wieder hin. ,**go 'back (to sth) 1** (auf etw) zurückkommen ◊ *There's no going back.* Es gibt kein Zurück mehr. ◊ *Let's go back to the beginning.* Lasst uns noch mal von vorne anfangen. **2** (auf etw) zurückgehen ◊ *These ideas go back a long way.* Diese Vorstellungen gibt es schon lange. ,**go 'back on sth**

nicht (ein)halten ◊ *He never goes back on his word.* Er hält immer sein Wort. ,**go 'back to sth** wieder mit etw anfangen ◊ *They go back to school next week.* Die Schule fängt nächste Woche wieder an.
,**go be'fore** (*gehoben*) vorangehen ◊ *This crisis is worse than any that have gone before.* Diese Krise ist schlimmer als alle früheren. '**go before sb/sth** vor jdn/etw kommen ◊ *go before the committee* vor den Ausschuss kommen
,**go be'yond sth** etw übersteigen [SYN] EXCEED
,**go 'by 1** vorbeigehen/-fahren **2** (*Zeit*) vergehen ◊ *as time goes by* mit der Zeit '**go by sth** sich nach etw richten, nach etw gehen
,**go 'down 1** nach unten gehen/fahren **2** hinfallen **3** (*Schiff*) sinken [SYN] SINK **4** (*Sonne*) untergehen [SYN] SET **5** (*Essen, Getränk*) ◊ *The food wouldn't go down.* Ich konnte das Essen nicht schlucken. ◊ *A glass of wine would go down very nicely.* Ein Glas Wein wäre jetzt genau das Richtige. **6** (*umgs*) (*Qualität, Leistung*) nachlassen; (*Gegend*) herunterkommen **7** (*Preis etc.*) sinken, fallen ◊ *Oil is going down in price.* Die Ölpreise fallen. [SYN] FALL **8** (COMP) ausfallen **9** (*BrE, gehoben*) = die Universität (besonders Oxford und Cambridge) am Ende des Semesters oder des Studiums verlassen ◊ *When do the students go down?* Wann ist das Semester zu Ende? [OPP] GO UP ,**go 'down (in sth)** (in etw) vermerkt werden ◊ *go down in history* in die Geschichte eingehen ,**go 'down on sb** (*Slang*) es jdm mit dem Mund machen ,**go 'down (to sb)** (gegen jdn) verlieren ,**go 'down (to ...) (from ...)** (*Richtung*) Süden (von ...) (nach ...) hinunterfahren; (*aus der Großstadt*) (von ...) (nach ...) hinausfahren ◊ *go down to Brighton* nach Brighton runterfahren ◊ *go down to the country* aufs Land fahren [OPP] GO UP ,**go 'down with sth** (*Krankheit*) bekommen [SYN] CATCH
'**go for sb** auf jdn losgehen '**go for sb/sth 1** für jdn/etw gelten, auf jdn/etw zutreffen **2** jdn/etw holen gehen **3** jdn/etw gut finden ◊ *I don't go for modern furniture.* Moderne Möbel gefallen mir nicht. '**go for sth 1** (wählen) etw nehmen **2** ◊ *Go for it! You can beat him.* Los! Du kannst ihn schlagen! ◊ *It sounds a great idea. Go for it!* Das ist eine großartige Idee. Tu's einfach!
,**go 'in 1** hineingehen **2** (*Sonne*) (hinter einer Wolke) verschwinden ,**go 'in for sth 1** (*BrE*) (*Wettbewerb*) an etw teilnehmen; (*Prüfung*) machen **2** sich für etw interessieren ◊ *She doesn't go in for sport much.* Für Sport hat sie nicht viel übrig. ,**go 'in with sb** sich mit jdm zusammentun
,**go 'into sth 1** in etw hineingehen **2** (*Fahrzeug*) gegen etw fahren **3** in etw geraten ◊ *go into a skid.* Das Auto geriet ins Schleudern. **4** (*Beruf, Organisation*) ◊ *go into teaching* Lehrer(in) werden ◊ *go into Parliament* Abgeordnete(r) werden ◊ *go into the navy* zur Marine gehen **5** etw beginnen ◊ *He went into a long explanation of the affair.* Er fing an die Sache lang und breit zu erklären. **6** sich mit etw befassen ◊ *Let's not go into that.* Lassen wir das! **7** (*Zeit, Mühe, Geld*) für etw aufgewendet werden ◊ *A lot of work went into it.* Darin steckt viel Arbeit.
,**go 'off 1** (los)gehen, (los)fahren ◊ *She went off to get a drink.* Sie ging sich etwas zu trinken holen. **2** (*Waffe, Alarmanlage*) losgehen; (*Bombe*) explodieren; (*Wecker*) klingeln **3** (*Licht etc.*) ausgehen [OPP] GO ON **4** (*BrE, umgs*) einschlafen **5** (*bes BrE*) (*Lebensmittel*) schlecht werden **6** (*Qualität*) schlechter werden ,**go 'off sb/sth** (*BrE*) jdn/etw nicht mehr mögen ,**go 'off with sb/sth** mit jdm/etw durchbrennen
,**go 'on 1** auftreten **2** (SPORT) eingewechselt werden **3** (*Licht etc.*) angehen [OPP] GO OFF **4** (*Zeit*) verstreichen ◊ *as the evening went on* im Laufe des Abends ◊ *as time went on* mit der Zeit **5** (*meist* **be going on**) passieren, vor sich gehen ◊ *What's going on here?* Was ist hier los? **6** weitergehen ◊ *We can't go on like this.* So kann es nicht weitergehen. ◊ *It went on for hours.* Es dauerte stundenlang. **7** (*beim Sprechen*) fortfahren **8** ◊ *Go on! Jump!* Nun spring schon! ◊ *Go on! I don't believe you.* Hör auf! Das glaube ich nicht. ,**go 'on (ahead)** vorfahren, vorgehen ,**go on sth** sich auf etw stützen ◊ *The police don't have much to go on.* Die Polizei hat kaum Anhaltspunkte. ,**go 'on (about sb/sth)** die ganze Zeit (über jdn) reden ◊ *She does go on sometimes!* Manchmal hört sie einfach nicht mehr auf zu reden! ,**go 'on (at sb)** (*bes BrE, umgs*) (an jdm) herumnörgeln [SYN] CRITICIZE ,**go 'on (with sth)** (mit etw) weitermachen ,**go on doing sth** etw weiter tun ◊ *He just went on working.* Er arbeitete einfach weiter. ,**go 'on to**

sth zu etw übergehen **go on to do sth** dann etw tun ◇ *The book goes on to describe his war experiences.* In dem Buch werden dann seine Kriegserlebnisse beschrieben. ◇ *She went on to become a doctor.* Sie wurde später Ärztin. ,**go 'out 1** hinausgehen, ausgehen ◇ *She goes out a lot.* Sie geht viel weg. ◇ *go out drinking* in die Kneipe gehen **2** *(Feuer, Licht etc.)* ausgehen **3** *(Wasser, Flut)* zurückgehen ◇ *when the tide's going out* bei Ebbe [SYN] EBB [OPP] COME IN **4** *(Einladungen etc.)* verschickt werden **5** *(BrE) (im Fernsehen etc.)* gesendet werden **6** *(Neuigkeit etc.)* bekannt gegeben werden ,**go 'out (of sth) 1** *(Turnier etc.)* (aus etw) ausscheiden **2** ,*go out (of fashion)* aus der Mode kommen ◇ *They went out years ago.* Sie sind schon seit Jahren nicht mehr in. ,**go 'out of sb/sth** ◇ *All the fight had gone out of him.* Sein Kampfgeist hatte ihn verlassen. ◇ *The heat has gone out of the argument.* Der Streit hat sich entschärft. ,**go 'out (together)** miteinander gehen ,**go 'out with sb 1** mit jdm ausgehen **2** *(engere Beziehung)* mit jdm gehen ,**go 'over sth 1** über etw gehen **2** etw durchsehen ◇ *Go over your work before you hand it in.* Sieh deine Arbeit noch einmal durch, bevor du sie abgibst. **3** etw durchgehen ◇ *He went over the events of the day in his mind.* Er durchdachte den Tag noch mal. ,**go 'over (to ...)** (hinüber)gehen (zu/nach ...) ◇ *She went over to talk to him.* Sie ging hinüber, um mit ihm zu reden. ◇ *the Irish who went over to America* die Iren, die nach Amerika gegangen sind ,**go 'over to sb/sth** *(TV, Radio)* zu jdm/etw umschalten ,**go 'over to sth** etw überwechseln ,**go 'round** = GO AROUND ,**go 'round (to ...)** = GO AROUND (TO ...) ,**go 'through** *(Vertrag, Geschäft)* abgeschlossen werden; *(Gesetz)* verabschiedet werden ◇ *The deal didn't go through.* Aus dem Geschäft wurde nichts. **go through sth 1** durch etw gehen/fahren **2** etw durchsehen, überprüfen ◇ *He went through his mail.* Er sah seine Post durch. **3** etw durchgehen ◇ *Let's go through the details again.* Lassen Sie uns die Einzelheiten noch einmal durchgehen. **4** *(Formalitäten)* erledigen **5** *schwere Zeit etc.)* durchmachen ◇ *She's been going through a bad patch recently.* Sie hat in letzter Zeit viel durchgemacht. **6** *(Vorrat, Geld etc.)* aufbrauchen ,**go 'through with sth** etw durchziehen ◇ *She decided not to go through with the operation.* Sie entschied sich gegen die Operation. '**go to sb/sth** an jdn/etw gehen ,**go to'gether** *(auch go)* zusammenpassen ,**go to'gether** Hand in Hand gehen ,**go towards sth** ein Beitrag zu etw sein ◇ *The money will go towards a car.* Das Geld spare ich für ein Auto. ,**go 'under 1** *(unter Wasser)* untergehen **2** *(umgs) (Firma etc.)* Pleite gehen ,**go 'up 1** nach oben gehen/fahren **2** gebaut werden **3** *(Bühnenvorhang)* hochgehen, aufgehen **4** zerstört werden ◇ *The building went up in flames.* Das Gebäude ging in Flammen auf. **5** *(Preis, Temperatur etc.)* steigen ◇ *Petrol is going up in price.* Die Benzinpreise steigen. [SYN] RISE [OPP] GO DOWN **6** *(BrE, gehoben)* = am Anfang des Semesters oder des Studiums mit der Universität (besonders Oxford und Cambridge) beginnen ◇ *She went up to Oxford in 1995.* Sie nahm 1995 ihr Studium in Oxford auf. [OPP] GO DOWN ,**go 'up (from ...)** *(Richtung Norden)* (nach ...) (von ...) hochfahren; *(in die Großstadt)* (nach ...) (von ...) (hinein)fahren ◇ *go up to London* nach London fahren ,**go 'up to sb** zu jdm (hin)gehen '**go with sb** *(umgs, veraltet)* ◇ *He goes with a different woman every week.* Er hat jede Woche eine andere. '**go with sth 1** zu etw (dazu)gehören ◇ *A car goes with the job.* Bei der Stelle bekommt man einen Firmenwagen. **2** *(Angebot etc.)* annehmen; *(einem Plan etc.)* zustimmen ◇ *A million? I think we can go with that.* Eine Million? Ich denke, das geht in Ordnung. **3** zu etw passen **4** mit etw einhergehen ,**go wi'thout** nicht genug/nichts haben ◇ *There wasn't time for breakfast, so I had to go without.* Zum Frühstücken war keine Zeit, also habe ich nichts gegessen. ,**go wi'thout sth** etw nicht bekommen, auf etw verzichten ◇ *She went without sleep for three days.* Sie hat drei Tage lang nicht geschlafen.

go² /gəʊ/ *Nomen (Pl* **goes** /gəʊz/) **1** *(BrE)* ◇ *Whose go is it?* Wer ist dran? ◇ *It's your go.* Du bist an der Reihe. ◇ *miss a go* einmal aussetzen ◇ *'How much is it to play?' 'It's 50p a go.'* „Wie viel kostet ein Spiel?" „50p." ◇ *Can I have a go on your new bike?* Kann ich mal mit deinem neuen Fahrrad fahren? **2** *(BrE)* Versuch ◇ *I'll give it a go.* Ich versuch's mal. ◇ *It took three goes to get it right.* Wir haben es erst nach drei Anläufen geschafft. **3** *(BrE)* Schwung, Elan ☛ *Siehe auch* NO-GO AREA [IDM] **at one 'go** *(BrE)* auf einmal ◇ *She blew out the candles at one go.* Sie blies alle Kerzen auf einmal aus. **it's all 'go** *(BrE, umgs)* es ist ständig was los ◇ *It was all go in the office today.* Heute war im Büro ganz schön was los. **on the 'go** *(umgs)* auf Trab ◇ *I've been on the go all day.* Ich war den ganzen Tag beschäftigt. ◇ *Having four children keeps her on the go.* Die vier Kinder halten sie auf Trab. **have sth on the 'go** *(umgs)* ◇ *We have a number of projects on the go.* Wir haben mehrere Projekte laufen. ◇ *I always have three or four books on the go at once.* Ich lese immer drei oder vier Bücher gleichzeitig. **first, second, etc. 'go** *(BrE)* beim ersten, zweiten etc. Versuch ◇ *I passed my driving test first go.* Ich habe meine Fahrprüfung auf Anhieb bestanden. **have a 'go (at sth/at doing sth)** probieren (etw zu tun); sich (an etw) versuchen ◇ *'I can't start the car.' 'Let me have a go.'* „Der Wagen springt nicht an." „Lass mich mal probieren." ◇ *I've always wanted to have a go at windsurfing.* Ich wollte schon immer mal windsurfen. **have a 'go** *(bes BrE, umgs)* jdn angreifen ◇ *They were standing round him, all waiting to have a go.* Sie standen alle um ihn herum und warteten darauf, sich mit ihm anzulegen. **have a 'go at sb** *(umgs)* jdn heruntermachen ◇ *The boss had a go at me for being late for work.* Der Chef hat mich heruntergemacht, weil ich zu spät zur Arbeit kam. **in one 'go** *(umgs)* auf einmal ◇ *I'd rather do the journey in one go, and not stop on the way.* Ich möchte lieber durchfahren, ohne Pause. **leave 'go/'hold (of sth)** *(BrE, umgs)* (etw) loslassen ◇ *Leave go of my arm — you're hurting me!* Lass meinen Arm los — du tust mir weh! **make a 'go of sth** *(umgs) (Geschäft)* zu einem Erfolg machen; *(in der Ehe)* ernsthaft miteinander versuchen ☛ *Siehe auch* LET[1]

goad¹ /ɡəʊd; *AmE* ɡoʊd/ *Verb* provozieren, antreiben ◇ *He finally goaded her into answering.* Es gelang ihm schließlich, sie so zu provozieren, dass sie antwortete. [PHR V] ,**goad sb 'on** jdn antreiben

goad² /ɡəʊd; *AmE* ɡoʊd/ *Nomen* **1** Stachelstock **2** *(fig)* Ansporn

'**go-ahead¹** *Nomen* **the go-ahead** [Sing] grünes Licht ◇ *They've been given the go-ahead to start building.* Sie haben das grüne Licht für den Baubeginn bekommen.

'**go-ahead²** *Adj* fortschrittlich, progressiv

goal /ɡəʊl; *AmE* ɡoʊl/ *Nomen* **1** (SPORT) Tor ◇ *Who is/plays in goal for Arsenal?* Wer steht für Arsenal im Tor? **2** Ziel ◇ *pursue/achieve a goal* ein Ziel verfolgen/erreichen

goal·keep·er /'ɡəʊlkiːpə(r); *AmE* 'ɡoʊl-/ *(umgs* **goalie** /'ɡəʊli; *AmE* 'ɡoʊli/) *(BrE, umgs* **keeper**) *Nomen* Torwart, Torfrau

'**goal kick** *Nomen (beim Fußball)* Abstoß

goal·less /'ɡəʊlləs; *AmE* 'ɡoʊl-/ *Adj* (SPORT) torlos

'**goal line** *Nomen* (SPORT) Torlinie

goal·mouth /'ɡəʊlmaʊθ; *AmE* 'ɡoʊl-/ *Nomen* (SPORT) = Raum unmittelbar vor dem Tor

goal·post /'ɡəʊlpəʊst; *AmE* 'ɡoʊlpoʊst/ *(auch* **post**) *Nomen* Torpfosten [IDM] **move, etc. the 'goalposts** *(BrE, umgs, abwert)* die Spielregeln ändern; die Bedingungen ändern

goal·scor·er /'ɡəʊlskɔːrə(r); *AmE* 'ɡoʊl-/ *Nomen* (SPORT) Torschütze

goal·tend·er /'ɡəʊltendə(r); *AmE* 'ɡoʊl-/ *Nomen (AmE)* Torwart, Torfrau

goat /ɡəʊt; *AmE* ɡoʊt/ *Nomen* **1** Ziege ☛ *Siehe auch* BILLY GOAT **2** *old ~ (umgs)* geiler Bock [IDM] **get sb's 'goat** *(umgs)* jdn ärgern; jdn aufregen ☛ *Siehe auch* SEPARATE[2]

goa·tee /ɡəʊ'tiː; *AmE* ɡoʊ-/ *Nomen* Spitzbart

goat·herd /'ɡəʊthɜːd; *AmE* 'ɡoʊthɜːrd/ *Nomen* Ziegenhirt(in)

goat·skin /'ɡəʊtskɪn; *AmE* 'ɡoʊt-/ *Nomen* Ziegenleder

gob¹ /ɡɒb; *AmE* ɡɑːb/ *Nomen* **1** *(BrE, Slang, abwert) (Mund)* Schnauze ◇ *Shut your gob!* Halt die Schnauze! **2** *(umgs)* Klecks **3** *(meist* **gobs** [Pl]) *(AmE, umgs)* Batzen ◇ *great gobs of cash* ein Batzen Geld

gob² /ɡɒb; *AmE* ɡɑːb/ *Verb (BrE, Slang)* (**-bb-**) spucken [SYN] SPIT

gob·bet /'gɒbɪt; *AmE* 'gɑːb-/ *Nomen* (*umgs*) Klecks, Stückchen

gob·ble /'gɒbl; *AmE* 'gɑːbl/ *Verb* **1** ~ **sth** (**up/down**) etw hinunterschlingen **2** (*Truthahn*) kollern PHRV **gobble sth 'up** (*umgs*) etw verschlingen; (*Firma*) schlucken ◊ *Hotel costs gobbled up most of their holiday budget.* Die Hotelkosten verschlangen den größten Teil ihres Urlaubsbudgets.

gobble-de-gook (*auch* **gobble-dy-gook**) /'gɒbldiguːk; *AmE* 'gɑːbl-/ *Nomen* (*umgs*) Kauderwelsch

'go-between *Nomen* Vermittler(in)

gob·let /'gɒblət; *AmE* 'gɑːb-/ *Nomen* Kelch, Pokal

gob·lin /'gɒblɪn; *AmE* 'gɑːb-/ *Nomen* Kobold

gob·smacked /'gɒbsmækt; *AmE* 'gɑːb-/ *Adj* (*BrE*, *umgs*) (*überrascht*) platt

gob·stop·per /'gɒbstɒpə(r); *AmE* 'gɑːbstɑː.pər/ *Nomen* (*BrE*) = Riesenbonbon

'go-cart (*AmE*) = GO-KART

god /gɒd; *AmE* gɑːd/ *Nomen* **1 God** [Sing] Gott ◊ *Do you believe in God?* Glaubst du an Gott? **2** Gott ◊ *the Roman god of war* der römische Kriegsgott ◊ (*fig*) *To her fans she's a god.* Für ihre Fans ist sie eine Göttin. **3** (Ab)gott, Götze **4 the gods** [Pl] (*BrE*, *umgs*) (THEAT) die Galerie IDM **by 'God!** (*umgs*, *veraltet*) bei Gott! **God**; **God al'mighty**; **God in 'heaven**; **good 'God**; **my 'God**; **oh 'God** (*umgs*) (*zur Verstärkung oder als Ausdruck der Überraschung, des Schocks oder Ärgers gebraucht*) oh Gott **God 'bless** Gottes Segen; Gott mit dir ◊ *Goodnight, God bless.* Gute Nacht und Gottes Segen. **God 'rest his/her soul**; **God 'rest him/her** (*umgs*, *veraltet*) Gott hab ihn selig **God's 'gift (to sb/sth)** (*hum, iron*) das, worauf jd/etw nur gewartet hat ◊ *He thinks he's God's gift to women.* Er glaubt, er sei der Traum aller Frauen. **God 'willing** (*umgs*) so Gott will **play 'God** Gott spielen **to 'God/'goodness/'Heaven** (*nach einem Verb zur Verstärkung gebraucht*) inständig ◊ *I wish to God you'd listen!* Wenn du doch bloß zuhören würdest! **ye 'gods!** (*umgs*) ach du meine Güte! ☛ *Siehe auch* ACT[1], FEAR[1], FORBID, GRACE[1], HELP[1], HONEST, KNOW, LAP[1], LOVE, MAN[1], NAME[1], PLEASE, SAKE *und* THANK

> **God** wird in einer Reihe von Ausdrücken der Überraschung, des Schocks etc. benutzt. Manche Leute empfinden dies als anstößig und ziehen Ausdrücke mit z.B. **goodness** vor.

god·child /'gɒdtʃaɪld; *AmE* 'gɑːd-/ *Nomen* (*Pl* **god·children** /'gɒdtʃɪldrən; *AmE* 'gɑːd-/) Patenkind

god·dam (*auch* **god·damn**) /'gɒddæm; *AmE* 'gɑːd-/ (*auch* **god·damned** /'gɒddæmd; *AmE* 'gɑːd-/) *Adj*, *Adv* (*bes AmE*, *vulg*, *Slang*) verdammt

'god-daughter *Nomen* Patentochter

god·dess /'gɒdes, -əs; *AmE* 'gɑːdəs/ *Nomen* Göttin (*auch fig*)

god·father /'gɒdfɑːðə(r); *AmE* 'gɑːd-/ *Nomen* Patenonkel, Pate (*auch fig*)

'God-fearing *Adj* (*veraltet*) gottesfürchtig

god·for·saken /'gɒdfəseɪkən; *AmE* 'gɑːdfər-/ *Adj nur vor Nomen* gottverlassen

'God-given *Adj* ◊ *a God-given duty* eine gottgegebene Pflicht ◊ *a God-given publicity opportunity* eine Werbemöglichkeit wie vom Himmel geschickt ◊ *None of them has a God-given right to play for England.* Keiner von ihnen hat automatisch das Recht auf einen Platz in der englischen Nationalmannschaft.

god·head /'gɒdhed; *AmE* 'gɑːd-/ *Nomen* **the Godhead** (*gehoben*) der dreieinige Gott

god·less /'gɒdləs; *AmE* 'gɑːd-/ *Adj* gottlos

god·less·ness /'gɒdləsnəs; *AmE* 'gɑːd-/ *Nomen* Gottlosigkeit

god·like /'gɒdlaɪk; *AmE* 'gɑːd-/ *Adj* gottähnlich, göttlich, göttergleich

god·li·ness /'gɒdlinəs; *AmE* 'gɑːd-/ *Nomen* Gottgefälligkeit

godly /'gɒdli; *AmE* 'gɑːdli/ *Adj* (*veraltet*) gottgefällig

god·mother /'gɒdmʌðə(r); *AmE* 'gɑːd-/ *Nomen* Patin, Patentante

god·par·ent /'gɒdpeərənt; *AmE* 'gɑːdpərənt/ *Nomen* Pate, Patin ◊ *his godparents* seine Paten

god·send /'gɒdsend; *AmE* 'gɑːd-/ *Nomen* [Sing] Geschenk des Himmels, Segen

god·son /'gɒdsʌn; *AmE* 'gɑːd-/ *Nomen* Patensohn

goer /'gəʊə(r); *AmE* 'goʊər/ *Nomen* **1** **-goer** (*in Zusammensetzungen*) -gänger(in) ◊ *a cinema-goer* ein Kinogänger **2** (*BrE*, *umgs*) ◊ *I'll bet she was a bit of a goer when she was young.* Ich wette, die war bestimmt nicht ohne, als sie junger war.

gofer /'gəʊfə(r); *AmE* 'goʊ-/ *Nomen* (*umgs*) Mädchen für alles SYN DOGSBODY

gog·gle /'gɒgl; *AmE* 'gɑːgl/ *Verb* (*umgs*, *veraltet*) gaffen; ~ **at sb/sth** jdn/etw begaffen

gog·gles /'gɒglz; *AmE* 'gɑːglz/ *Nomen* [Pl] Schutzbrille ◊ *a pair of ski goggles* eine Skibrille ☛ *Hinweis bei* BRILLE

going[1] /'gəʊɪŋ; *AmE* 'goʊɪŋ/ *Nomen* **1** [Sing] (*gehoben*) Weggang, Weggehen ◊ *We were all sad at her going.* Wir waren alle traurig, als sie ging. **2** (*mit einem Adjektiv*) Tempo ◊ *Walking four miles in an hour is pretty good going for me.* Vier Meilen pro Stunde ist ein ziemlich gutes Tempo für mich. ◊ *It's still pretty slow going.* Es geht nach wie vor nur langsam voran. ◊ *She had her own company by 25 — not bad going!* Mit 25 hatte sie schon ihre eigene Firma — nicht schlecht! ◊ *It was hard going getting up at five.* Es war schon schwer um fünf aufzustehen. **3** Gelauf IDM ⇨ COMING, GOOD[1], HARD *und* HEAVY

going[2] /'gəʊɪŋ; *AmE* 'goʊɪŋ/ *Adj* **-going** (*in Zusammensetzungen*) ◊ *the theatre-going public* das regelmäßige Theaterpublikum IDM **the ˌgoing 'rate (for sth)** der geltende Satz (für etw) ◊ *They pay slightly more than the going rate.* Sie zahlen etwas mehr als das Übliche.

ˌgoing-'over *Nomen* [Sing] (*umgs*) **1 give sth a** ~ etw gründlich untersuchen/putzen **2 give sb a** ~ jdm eine Tracht Prügel verpassen

ˌgoings-'on *Nomen* [Pl] (*umgs*) (*Ereignisse*) Dinge ◊ *There were some strange goings-on next door.* Nebenan sind seltsame Dinge passiert.

goitre (*AmE* **goi·ter**) /'gɔɪtə(r)/ *Nomen* Kropf

go-kart (*AmE* **go-cart**) /'gəʊ kɑːt/ *Nomen* Gokart

gold[1] /gəʊld; *AmE* goʊld/ *Nomen* **1** Gold ◊ *made of solid/pure gold* aus massivem/reinem Gold ◊ *His wife was dripping with gold.* Seine Frau war oben und über mit Gold behängt. **2** Gold(gelb) ◊ *the reds and golds of the autumn trees* die Rot- und Goldtöne des Herbstes **3** = GOLD MEDAL IDM **a ˌcrock/pot of 'gold** eine unerreichbare Belohnung ◊ *They all go to America because they think the pot of gold lies there.* Sie gehen alle nach Amerika, weil sie glauben, dort ihr Glück finden zu können. **(as) ˌgood as 'gold** (*umgs*) sehr brav ◊ *The kids have been as good as gold all day.* Die Kinder sind den ganzen Tag sehr lieb gewesen. ☛ *Siehe auch* HEART, STREET, STRIKE[1] *und* WORTH[1]

gold[2] /gəʊld; *AmE* goʊld/ *Adj* goldfarben

'gold dust *Nomen* Goldstaub IDM **like 'gold dust** (*BrE*) eine Rarität ◊ *Tickets for the final are like gold dust.* Karten für das Endspiel sind kaum zu haben.

gold·en /'gəʊldən; *AmE* 'goʊldən/ *Adj* **1** (*gehoben*) golden ◊ *a golden crown* eine goldene Krone ◊ *a golden opportunity* eine einmalige Gelegenheit **2** goldgelb, goldbraun IDM ⇨ KILL[1], MEAN[3] *und* SILENCE

ˌgolden 'age *Nomen* [meist Sing] goldenes Zeitalter

ˌgolden anni'versary *Nomen* (*Pl* **-ies**) (*AmE*) **1** goldene Hochzeit **2** 50-jähriges Jubiläum

ˌgolden 'eagle *Nomen* Steinadler

ˌgolden 'handshake *Nomen* (*große*) Abfindungssumme, goldener Handschlag

ˌgolden 'jubilee *Nomen* (*BrE*) 50-jähriges Jubiläum

ˌgolden 'raisin *Nomen* (*AmE*) Sultanine

ˌgolden re'triever *Nomen* Golden Retriever

ˌgolden 'rule *Nomen* [meist Sing] goldene Regel

ˌgolden 'syrup *Nomen* (*BrE*) = zum Kochen verwendeter aus Zucker hergestellter gelber Sirup

ˌgolden 'wedding (*auch* **ˌgolden 'wedding anniversary**) *Nomen* goldene Hochzeit

gold·field /'gəʊldfiːld; *AmE* 'goʊld-/ *Nomen* Goldfeld

gold·finch /'gəʊldfɪntʃ; *AmE* 'goʊld-/ *Nomen* Distelfink, Stieglitz

gold·fish /'gəʊldfɪʃ; *AmE* 'goʊld-/ *Nomen* (*Pl* **gold·fish**) Goldfisch

ˌgold 'leaf (*auch* **ˌgold 'foil**) *Nomen* Blattgold

‚gold ˈmedal (*auch* **gold**) *Nomen* Goldmedaille
‚gold ˈmedallist (*AmE* **‚gold ˈmedalist**) *Nomen* Goldmedaillengewinner(in)
ˈgold mine *Nomen* **1** Goldmine **2** (*fig*) Goldgrube
ˈgold ˈplate *Nomen* **1** goldenes Tafelgeschirr **2** vergoldetes Gerät **3** Goldauflage
ˌgold-ˈplated *Adj* vergoldet
ˈgold rush *Nomen* Goldrausch
ˈgold·smith /ˈɡəʊldsmɪθ; *AmE* ˈɡoʊld-/ *Nomen* Goldschmied(in) ☛ *Hinweis bei* BAKER
ˈgold standard *Nomen* Goldstandard
golf /ɡɒlf; *AmE* ɡɑːlf, ɡɔːlf/ *Nomen* Golf
ˈgolf club *Nomen* **1** Golfschläger **2** Golfklub
ˈgolf course (*auch* **course**) *Nomen* Golfplatz
ˈgolf·er /ˈɡɒlfə(r); *AmE* ˈɡɑːl-, ˈɡɔːl-/ *Nomen* Golfer(in)
ˈgolf·ing /ˈɡɒlfɪŋ; *AmE* ˈɡɑːl-, ˈɡɔːl-/ *Nomen* Golf ◊ *his golfing career* seine Karriere als Golfspieler
ˈgolf links (*Pl* **golf links**) (*auch* **links**) *Nomen* (*besonders am Meer gelegener*) Golfplatz
gol·li·wog /ˈɡɒliwɒɡ; *AmE* ˈɡɑːliwɑːɡ/ (*umgs* **golly** /ˈɡɒli; *AmE* ˈɡɑːli/ (*Pl* **-ies**)) *Nomen* Stoffpuppe mit schwarzem Gesicht und kurzen schwarzen Haaren
golly /ˈɡɒli; *AmE* ˈɡɑːli/ *Ausruf* (*umgs, veraltet*) Mann!
gonad /ˈɡəʊnæd; *AmE* ˈɡoʊ-/ *Nomen* (ANAT) Gonade, Keimdrüse
gon·dola /ˈɡɒndələ; *AmE* ˈɡɑːn-, ɡɑːnˈdoʊlə/ *Nomen* Gondel
gon·do·lier /ˌɡɒndəˈlɪə(r); *AmE* ˌɡɑːndəˈlɪr/ *Nomen* Gondoliere
gone¹ *Form von* GO¹
gone² /ɡɒn; *AmE* ɡɔːn, ɡɑːn/ *Adj nicht vor Nomen* **1** alle ◊ *'Where's the coffee?' 'It's all gone.'* „Wo ist der Kaffee?" „Er ist alle." **2** weg, fort ◊ *'Is Tom here?' 'No, he was gone before I arrived'.* „Ist Tom hier?" „Nein, er war schon weg als ich kam." **3** (*gehoben*) vorbei ◊ *Those days are gone.* Die Zeiten sind vorbei. **4** (*BrE, umgs*) (*schwanger*) ◊ *She's seven months gone.* Sie ist im siebten Monat. IDM ⇨ DEAD¹
gone³ /ɡɒn; *AmE* ɡɔːn, ɡɑːn/ *Präp* (*BrE, umgs*) nach ◊ *It's gone six o'clock already.* Es ist schon sechs Uhr durch.
goner /ˈɡɒnə(r); *AmE* ˈɡɔːn-, ˈɡɑːn-/ *Nomen* (*umgs*) **be a ~** es nicht mehr lange machen ◊ *I thought I was a goner.* Ich dachte, es sei aus mit mir.
gong /ɡɒŋ; *AmE* ɡɔːŋ, ɡɑːŋ/ *Nomen* **1** Gong **2** (*BrE, umgs*) Orden, Medaille
gonna /ˈɡənə, ˈɡɒnə/ (*umgs*) (*Schreibweise, die eine umgangssprachliche Aussprache von "going to" wiedergibt*) ◊ *What's she gonna do now?* Was wird sie jetzt machen?
go·nor·rhoea (*auch* **go·nor·rhea**) /ˌɡɒnəˈrɪə; *AmE* ˌɡɑːnəˈriːə/ *Nomen* Gonorrhöe
goo /ɡuː/ *Nomen* (*umgs*) Schmiere, klebriges Zeug
good¹ /ɡʊd/ *Adj* (**bet·ter** /ˈbetə(r)/, **best** /best/)
• **gut 1** gut ◊ *This is as good a time as any to discuss it.* Wir können es genauso gut gleich besprechen. ◊ *'I've ordered some drinks.' 'Good man!'* „Ich habe schon etwas zu trinken bestellt." „Gut gemacht!" ◊ *It's a good thing you're not a vegetarian.* Ein Glück, dass du kein Vegetarier bist. **2 be ~ at sth** etw gut können ◊ *She's good at history.* Sie ist gut in Geschichte. ◊ *Is he good at his job?* Macht er seine Arbeit gut? **3** *nicht vor Nomen* **be ~ with sth/sb** mit etw/jdm gut umgehen können ◊ *She's good with her hands.* Sie ist handwerklich sehr geschickt. **4** rechtschaffen, gut ◊ *He is a very good man.* Er ist ein sehr anständiger Mensch. **5** nett, angenehm **6 ~ (to sb)** gut (zu jdm), lieb (zu jdm) ◊ *He was very good to me when I was ill.* Als ich krank war, hat er sich sehr um mich gekümmert. **7 ~ (of sth) (to do sth)** nett (von jdm) (etw zu tun) ◊ *It was very good of you to come.* Es war sehr nett von Ihnen, zu kommen. ◊ *I had to take a week off work but my colleagues were very good about it.* Ich musste mir eine Woche freinehmen, aber meine Kollegen waren sehr entgegenkommend. **8** brav ◊ *Get dressed now, there's a good girl.* Zieh dich jetzt an, so ist's brav.
• **geeignet 9 be ~ (for sb/sth)** jdm/etw gut tun ◊ *Too much sugar isn't good for you.* Zu viel Zucker ist nicht gesund. ◊ *It's good for you to get some criticism now and then.* Etwas Kritik ab und zu tut einem gut. **10 be no ~** nichts nützen ◊ *It's no good complaining.* Es hat keinen Zweck sich zu beschweren. **11** günstig, geeignet ◊ *She would be good for the job.* Sie wäre für die Stelle geeignet. ◊ *Monday would be good for me.* Montag würde mir passen.
• **Mengen 12** ◊ *a good many people* viele Leute ◊ *a good while* ziemlich lange ◊ *There's a good deal of evidence that …* Es spricht eine ganze Menge dafür, dass … ◊ *There's a good chance that I won't be here next year.* Es ist durchaus möglich, dass ich nächstes Jahr nicht hier sein werde. **13** (*mehr als*) gut ◊ *a good hour* eine gute Stunde ◊ *It's a good three miles to the station.* Bis zum Bahnhof sind es gute drei Meilen. **14** ordentlich ◊ *We had a good laugh about it afterwards.* Hinterher haben wir ordentlich darüber gelacht.
• **gültig 15** gültig ◊ *The ticket is good for three months.* Die Karte ist drei Monate lang gültig. **16** ◊ *You're good for a few years yet.* Du machst es noch ein paar Jahre. **17** ◊ *He's always good for a laugh.* Mit ihm gibt es immer etwas zu lachen. ◊ *Bobby should be good for a few drinks.* Bobby wird uns bestimmt einen ausgeben.
IDM **as ˈgood as** so gut wie; praktisch **that's as ˌgood as it ˈgets** besser wird es nicht **good and …** (*umgs*) wirklich ◊ *I won't go until I'm good and ready.* Ich werde erst gehen, wenn ich wirklich bereit bin. ◊ *You stitched me up good and proper.* Du hast mich richtig reingelegt. **a good ˈone** einige **ˌgood for ˈyou, ˈsb, ˈthem, etc.** (*AusE* **ˌgood ˈon you, etc.**) toll **while the ˌgoing is ˈgood** (*AmE* **while the ˌgetting is ˈgood**) solange es noch geht ☛ *Für andere Redewendungen mit* **good** *siehe die Einträge für die Nomina, Verben etc.* (**As**) **good as gold** z.B. steht unter **gold**.
good² /ɡʊd/ *Nomen* ☛ *Siehe auch* GOODS **1** Gute(s) **2** Wohl ◊ *I'm only telling you this for your own good.* Ich sage dir das nur zu deinem Besten. ◊ *What's the good of/What good is it redecorating if you're thinking of moving?* Was bringt es zu tapezieren, wenn du umziehen willst? **3 the good** [*Pl*] die Guten ◊ *a commission made up of the great and the good* eine mit Honoratioren besetzte Kommission IDM **ˌall to the ˈgood** umso besser ◊ *If these measures also reduce crime, that is all to the good.* Wenn diese Maßnahmen zudem die Kriminalität verringern, dann ist es umso besser. **no/not much ˈgood; any ˈgood 1** ◊ *It's no good trying to talk me out of leaving.* Es hat keinen Zweck, mich zum Bleiben zu überreden. ◊ *This blender isn't much good.* Dieser Mixer taugt nicht viel. ◊ *Was his advice ever any good?* Haben seine Ratschläge je etwas gebracht? **2** ◊ *Was that book any good?* War das Buch gut? ◊ *His latest film isn't much good.* Sein neuester Film ist nicht besonders. **do some, any, etc. ˈgood** etwas nützen; etwas bringen ◊ *Would talking to her do some good?* Würde es was bringen, wenn man mit ihr redet? **do sb/sth ˈgood** jdm/etw gut tun **for ˈgood** (*BrE auch* **for ˌgood and ˈall**) für immer **to the ˈgood** im Plus **be up to no ˈgood** (*umgs*) etwas im Schilde führen ◊ *Those kids are always up to no good.* Diese Kinder stellen immer etwas an. ☛ *Siehe auch* ILL¹, POWER¹ *und* WORLD
good³ /ɡʊd/ *Adv* (*bes AmE, umgs*) gut ◊ *'How's it going?' 'Pretty good.'* „Wie geht's?" „Ganz gut." ◊ *Now, you listen to me good!* Jetzt hör mir aber mal gut zu! ☛ *Diese Form wird häufig in der Umgangssprache verwendet, obwohl* **well** *hier die richtige Form wäre.*
good·bye /ˌɡʊdˈbaɪ/ *Ausruf, Nomen* auf Wiedersehen ◊ *We waved them goodbye.* Wir winkten ihnen zum Abschied zu. ◊ *We've already said our goodbyes.* Wir haben uns schon verabschiedet. IDM ⇨ KISS¹
ˌgood ˈfaith *Nomen* guter Glaube ◊ *a gesture of good faith* ein Zeichen des Vertrauens
ˌGood ˈFriday *Nomen* Karfreitag
ˌgood ˈhumour (*AmE* **ˌgood ˈhumor**) *Nomen* gute Laune
ˌgood-ˈhumoured (*AmE* **ˌgood-ˈhumored**) *Adj* (*Adv* **ˌgood-ˈhumoured·ly**, *AmE* **ˌgood-ˈhumored·ly**) gut gelaunt, freundlich, gutmütig ◊ *a good-humoured atmosphere* eine freundliche Atmosphäre
goodie = GOODY
ˌgood-ˈlooking *Adj* gut aussehend ◊ *She's strikingly good-looking.* Sie sieht auffallend gut aus.
ˌgood ˈlooks *Nomen* [*Pl*] gutes Aussehen
good·ly /ˈɡʊdli/ *Adj nur vor Nomen* (*veraltet*) **1** (*gehoben*) stattlich ◊ *a goodly sum/number* eine stattliche Summe/Anzahl **2** ansehnlich
ˌgood ˈname *Nomen* guter Ruf

,good 'nature *Nomen* Gutmütigkeit
,good-'natured *Adj* (*Adv* ,good-'natured·ly) gutmütig
good·ness /ˈgʊdnəs/ *Nomen* **1** (*als Ausdruck der Überraschung*) ◊ *My goodness!* Du meine Güte! ◊ *Goodness me, no!* Nein, um Himmels willen! ◊ *Goodness gracious!* Du lieber Himmel! **2** Güte ◊ *the belief in the essential goodness of human nature* der Glaube daran, dass der Mensch im Grunde seines Herzens gut ist **3** Nährgehalt **IDM** **out of the goodness of your 'heart** aus Herzensgüte ◊ *He lent you the money out of the goodness of his heart?* Er hat dir aus Nächstenliebe das Geld geliehen? ☛ *Siehe auch* GOD, HONEST, KNOW¹ *und* THANK
Goodnight ⇨ NIGHT
goods /gʊdz/ *Nomen* [Pl] **1** Güter, Waren ◊ *sports goods* Sportartikel **2** Gut ◊ *all his worldly goods* sein ganzes Hab und Gut **3** (*BrE*) Gut **IDM** **be the 'goods** (*BrE*, *umgs*) ganz toll sein **deliver the 'goods**; **come up with the 'goods** (*umgs*) die Erwartungen erfüllen
,good 'sense *Nomen* Vernunft ◊ *Keeping to a low-fat diet makes very good sense.* Eine fettarme Diät ist vernünftig. ◊ *She had the good sense to turn the electricity off first.* Vernünftigerweise hat sie zuerst den Strom abgestellt.
'goods train *Nomen* (*BrE*) Güterzug
,good-'tempered *Adj* ausgeglichen, gutmütig
good·will /ˌgʊdˈwɪl/ *Nomen* **1** Wohlwollen, guter Wille ◊ *a goodwill gesture* eine Geste des guten Willens ◊ *a goodwill visit* ein Freundschaftsbesuch **2** (WIRTSCH) Goodwill
goody (*auch* **goodie**) /ˈgʊdi/ *Nomen* (*Pl* **-ies**) [*meist* Pl] (*umgs*) **1** gute Sache **2** Gute(r) ◊ *the goodies and the baddies* die Guten und die Bösen
'goody-goody *Nomen* (*Pl* **goody-goodies**) (*umgs*, *abwert*) Musterkind
gooey /ˈguːi/ *Adj* (*umgs*) klebrig
goof¹ /guːf/ *Verb* (*bes AmE*, *umgs*) Mist bauen **PHRV** ,goof a'round (*bes AmE*, *umgs*) herumalbern **SYN** MESS AROUND ,goof 'off (*AmE*, *umgs*) sich vor der Arbeit drücken
goof² /guːf/ *Nomen* (*bes AmE*, *umgs*) **1** Schnitzer **2** Dussel
'goof-off *Nomen* (*AmE*, *umgs*) Drückeberger
goofy /ˈguːfi/ *Adj* (*bes AmE*, *umgs*) dämlich
googly /ˈguːgli/ *Nomen* (*Pl* **-ies**) (*beim Kricket*) = gedrehter Ball
goolie (*auch* **gooly**) /ˈguːli/ *Nomen* (*Pl* **-ies**) [*meist* Pl] (*BrE*, *Slang*) Hoden
goon /guːn/ *Nomen* (*umgs*) **1** (*bes AmE*) angeheuerter Schläger **2** (*bes BrE*, *veraltet*) Dussel
goose¹ /guːs/ *Nomen* (*Pl* **geese** /giːs/) **1** Gans ◊ *roast goose* Gänsebraten **2** (*umgs*, *veraltet*) (dumme) Gans **IDM** ⇨ BOO, COOK¹, KILL¹ *und* SAUCE
goose² /guːs/ *Verb* (*umgs*) **1** ~ **sb** jdn in den Po kneifen **2** ~ **sth** (**along/up**) (*AmE*) etw in Schwung bringen
goose·berry /ˈgʊzbəri; *AmE* ˈguːsberi/ *Nomen* (*Pl* **-ies**) Stachelbeere **IDM** **play 'gooseberry** (*BrE*) (bei einem Liebespaar) das fünfte Rad am Wagen sein
'goose pimples *Nomen* [Pl] (*seltener* 'goose flesh [U]) (*AmE* 'goose bumps [Pl]) Gänsehaut ◊ *It gave me goose pimples.* Ich bekam eine Gänsehaut.
'goose-step¹ *Nomen* [Sing] Stechschritt
'goose-step² *Verb* (**-pp-**) im Stechschritt marschieren
GOP /ˌdʒiː əʊ ˈpiː; *AmE* oʊ-/ *Kurzform von* **Grand Old Party** die Republikanische Partei in den USA
go·pher /ˈgəʊfə(r); *AmE* ˈgoʊ-/ *Nomen* **1** Taschenratte **2** Erdhörnchen
gore¹ /gɔː(r)/ *Verb* aufspießen, durchbohren
gore² /gɔː(r)/ *Nomen* Blut
gorge¹ /gɔːdʒ; *AmE* gɔːrdʒ/ *Nomen* Schlucht
gorge² /gɔːdʒ/ *Verb* ~ (**yourself**) (**on sth**) sich (mit etw) den Bauch voll schlagen
gor·geous /ˈgɔːdʒəs; *AmE* ˈgɔːrdʒəs/ *Adj* **1** (*umgs*) großartig ◊ *a gorgeous girl* ein hinreißendes Mädchen **2** (*Adv* **gor·geous·ly**) prächtig ◊ *feathers of gorgeous colours* farbenprächtiges Gefieder
gor·gon /ˈgɔːgən; *AmE* ˈgɔːrgən/ *Nomen* Gorgo
gor·illa /gəˈrɪlə/ *Nomen* Gorilla
gorm·less /ˈgɔːmləs; *AmE* ˈgɔːrm-/ *Adj* (*BrE*, *umgs*) dämlich
gorp /gɔːp; *AmE* gɔːrp/ *Nomen* (*AmE*) Studentenfutter

gorse /gɔːs; *AmE* gɔːrs/ *Nomen* Stechginster
gory /ˈgɔːri/ *Adj* **1** (*umgs*) blutig, blutrünstig **2** (*gehoben*) blutbeschmiert
gosh /gɒʃ; *AmE* gɑːʃ/ *Ausruf* (*veraltet*, *umgs*) Mensch ◊ *Gosh, is that the time?* Mensch, ist es schon so spät?
gos·ling /ˈgɒzlɪŋ; *AmE* ˈgɑːz-/ *Nomen* Gänsejunges
gos·pel /ˈgɒspl; *AmE* ˈgɑːspl/ *Nomen* **1** (*meist* **Gospel**) Evangelium (*auch fig*) **2** (*auch* ,gospel 'truth) (*umgs*) reine Wahrheit ◊ *Don't take it as gospel.* Nimm es nicht für bare Münze. **3** (*auch* 'gospel music) [U] Gospelsongs
gos·samer /ˈgɒsəmə(r); *AmE* ˈgɑːs-/ *Nomen* [U] **1** Spinnenfäden **2** (*gehoben*) hauchdünnes Material ◊ *gossamer wings* hauchzarte Flügel
gos·sip¹ /ˈgɒsɪp; *AmE* ˈgɑːsɪp/ *Nomen* **1** Klatsch ◊ *It was common gossip that …* Es war allgemein bekannt, dass … ◊ *She loves a good gossip.* Sie tratscht gern. **2** Klatschbase
gos·sip² /ˈgɒsɪp; *AmE* ˈgɑːsɪp/ *Verb* ~ (**about sb/sth**) (über jdn/etw) klatschen
'gossip column *Nomen* Klatschspalte
'gossip columnist *Nomen* Klatschkolumnist(in)
gos·sipy /ˈgɒsɪpi; *AmE* ˈgɑːs-/ *Adj* geschwätzig ◊ *a gossipy letter* ein Brief mit viel Tratsch
got *Form von* GET
gotcha /ˈgɒtʃə; *AmE* ˈgɑːtʃə/ *Ausruf* (*Schreibweise, die eine umgangssprachliche Aussprache von „I've got you" wiedergibt*) **1** hab dich **2** alles klar
goth¹ /gɒθ; *AmE* gɑːθ/ *Nomen* Goth-Rock
goth² /gɒθ; *AmE* gɑːθ/ (*auch* **gothic**) *Adj* (*Rockmusik*) Goth-
Goth·ic¹ /ˈgɒθɪk/ *Adj* **1** gotisch **2** (*Roman, etc.*) Schauer-
Goth·ic² /ˈgɒθɪk/ *Nomen* **1** Gotik **2** Fraktur
gotta /ˈgɒtə; *AmE* ˈgɑːtə/ (*Schreibweise, die eine umgangssprachliche Aussprache von „got to" oder „got to" wiedergibt*) ◊ *Gotta cigarette?* Hast 'ne Zigarette? ◊ *I gotta go.* Ich muss gehen.
got·ten (*AmE*) *Form von* GET
gou·ache /guˈɑː, gwɑːʃ/ *Nomen* Gouache
gouge¹ /gaʊdʒ/ *Verb* **1** ~ **sth** (**in sth**) (etw in etw) reißen ◊ *He had gouged her cheek with a screwdriver.* Er hatte ihre Wange mit einem Schraubenzieher durchbohrt. **2** (*AmE*) preislich übervorteilen ◊ *Price gouging is widespread.* Wucher ist weit verbreitet. **PHRV** ,gouge sth 'out (of sth) etw (aus etw) herausreißen ◊ *Glaciers gouged out valleys from the hills.* Gletscher gruben Täler in die Berge.
gouge² /gaʊdʒ/ *Nomen* **1** Hohlmeißel **2** Furche, Riss
gou·lash /ˈguːlæʃ/ *Nomen* Gulasch
gourd /gʊəd, gɔːd; *AmE* gʊrd, gɔːrd/ *Nomen* (Flaschen)kürbis
gour·mand /ˈgʊəmənd; *AmE* ˈgʊrmɑːnd/ *Nomen* Schlemmer(in)
gour·met /ˈgʊəmeɪ; *AmE* ˈgʊrm-/ **1** *Nomen* Feinschmecker(in) **2** *Adj* Feinschmecker- ◊ *gourmet food* Gerichte für Feinschmecker
gout /gaʊt/ *Nomen* Gicht
gov·ern /ˈgʌvn; *AmE* ˈgʌvərn/ *Verb* **1** regieren **2** bestimmen ◊ *Prices are governed by market demand.* Die Nachfrage bestimmt die Preise. ◊ *a new law governing hunting* ein neues Jagdgesetz **3** (LING) verlangen
gov·ern·ance /ˈgʌvənəns; *AmE* -vərn-/ *Nomen* Führung, Regieren
gov·ern·ess /ˈgʌvənəs; *AmE* -vərn-/ *Nomen* Gouvernante
gov·ern·ing /ˈgʌvənɪŋ; *AmE* -vərn-/ *Adj* regierend ◊ *the governing party* die Regierungspartei ☛ *Ein* **governing body** ist in britischen (halb)öffentlichen Einrichtungen, z.B. Schulen, Museen oder der BBC, ein Aufsichtsgremium, dem Mitarbeiter dieser Einrichtung und ggf. Eltern, kirchliche Vertreter oder Gemeindevertreter (meist ehrenamtlich) angehören.
gov·ern·ment /ˈgʌvənmənt; *AmE* -vərn-/ *Nomen* (*oft* **the Government** (*Abk* **govt**)) Regierung ◊ *lead a government* an der Spitze einer Regierung stehen ◊ *resign from the Government* von seinem Regierungsamt zurücktreten ◊ *a government department* ein Ministerium ◊ *government expenditure* öffentliche Ausgaben ◊ *government intervention* ein staatlicher Eingriff ◊ *be in government* an der Macht sein ☛ G 1.3b

gov·ern·men·tal /ˌɡʌvn'mentl; AmE ˌɡʌvərn-/ Adj Regierungs-

gov·ern·or /ˈɡʌvənə(r); AmE -vərn-/ Nomen **1** (meist **Governor**) Gouverneur **2** (bes BrE) Ratsmitglied ◊ *a school governor* ein Mitglied des Schulaufsichtsgremiums ◊ *the board of governors of the museum* die Museumsleitung ☛ Hinweis bei GOVERNING **3** (BrE, umgs) Boss

ˌGovernor-ˈGeneral Nomen (Pl **Governors-General** oder **Governor-Generals**) Generalgouverneur

govt (bes AmE **govt.**) Abk = GOVERNMENT

gown /ɡaʊn/ Nomen **1** (Fest)kleid ◊ *a wedding gown* ein Hochzeitskleid **2** Robe **3** Kittel

GP /ˌdʒi:ˈpi:/ Kurzform von **general practitioner** Allgemeinarzt/-ärztin, Hausarzt/-ärztin

GPA /ˌdʒi: pi: ˈeɪ/ (AmE) Kurzform von **grade point average** Notendurchschnitt

Gp Capt Abk = GROUP CAPTAIN

grab¹ /ɡræb/ Verb (-bb-) **1** packen ◊ *She grabbed his hand.* Sie packte ihn an der Hand. ◊ *He grabbed hold of me.* Er packte mich. ◊ *grab sb's attention* jds Aufmerksamkeit auf sich ziehen **2** schnappen ◊ *Grab a cab.* Schnapp dir ein Taxi. ◊ *Don't grab.* Sei nicht so gierig. ◊ *grab a sandwich* schnell ein Brot essen ◊ (umgs) *Grab a seat.* Setz dich doch. **3** ~ **at/for sth** nach etw greifen **4** ~ **(at) sth** etw ergreifen ◊ *grab the opportunity* die Gelegenheit ergreifen ◊ *He'll grab at any excuse to avoid it.* Er findet immer irgendeine Ausrede, um es nicht tun zu müssen. IDM **how does ... grab you?** (umgs) was hältst du von ...? **grab the ˈheadlines** Schlagzeilen machen

grab² /ɡræb/ Nomen [meist Sing] ~ **(at/for sb/sth)** Griff (nach jdm/etw) ◊ *make a grab at sth* nach etw greifen IDM **up for ˈgrabs** (umgs) zu haben sein

ˈgrab bag Nomen (AmE) **1** Grabbelsack **2** (umgs) Sammelsurium

grace¹ /ɡreɪs/ Nomen **1** Anmut **2** Anstand **3** Aufschub ◊ *give sb a month's grace* jdn einen Monat Aufschub gewähren **4** Gnade **5** **graces** [Pl] (bes BrE) gute Umgangsformen **6** Tischgebet ◊ *say grace* das Tischgebet sprechen **7** **His/Her/Your Grace** = Anrede für eine(n) Herzog(in) oder einen Erzbischof IDM **be in sb's good ˈgraces** (gehoben) bei jdm gut angeschrieben sein **ˌfall from ˈgrace** in Ungnade fallen **have the (good) grace to do sth** so anständig sein etw zu tun **there but for the grace of ˈGod (go ˈI)** es hätte auch mich treffen können **with (a) ˈbad ˈgrace** widerwillig; ungehalten **with (a) good ˈgrace** bereitwillig; mit Fassung ☛ Siehe auch AIR¹, STATE¹ und YEAR

grace² /ɡreɪs/ Verb **1** zieren **2** ~ **sb/sth (with sth)** (meist hum) jdn/etw (mit etw) beehren

grace·ful /ˈɡreɪsfl/ Adj (Adv **grace·ful·ly** /-fəli/) **1** anmutig, elegant **2** gefällig, würdevoll

grace·less /ˈɡreɪsləs/ Adj (Adv **grace·less·ly**) **1** ungehobelt **2** unansehnlich **3** plump

gra·cious /ˈɡreɪʃəs/ Adj (Adv **gra·cious·ly**) **1** gütig **2** ◊ *gracious living* kultivierter Luxus ◊ *a gracious avenue* ein eleganter Boulevard **3** ~ **(to sb)** gnädig (jdm gegenüber) IDM **Good/Goodness gracious!** (veraltet) Meine Güte!

gra·cious·ness /ˈɡreɪʃəsnəs/ Nomen **1** Güte, Gnädigkeit **2** Eleganz

grad /ɡræd/ Nomen (bes AmE, umgs) = GRADUATE¹

grad·ation /ɡrəˈdeɪʃn/ Nomen **1** (umgs) Abstufung **2** (Grad)einteilung, Maßeinteilung

grade¹ /ɡreɪd/ Nomen **1** Güteklasse, Handelsklasse, Qualität **2** Rang, Dienstgrad, Gehaltsstufe **3** Note ☛ Hinweis bei NOTE, S. 1126. **4** (AmE) Klasse **5** (Fachspr) Schweregrad (einer Krankheit) ◊ *low/high grade fever* niedriges/hohes Fieber **6** (bes AmE) Steigung, Gefälle **7** (BrE) = Musikprüfung eines bestimmten Schwierigkeitsgrads

Kinder und Erwachsene können diese Prüfungen im Instrumentalspiel, im Singen und in Musiktheorie ablegen. Sie werden von ihnen Klavier-, Gesangslehrern etc. bei der durchführenden unabhängigen Behörde (z.B. Musikakademie) dazu angemeldet. Es gibt acht **grades** bis zur Abschlussprüfung.

IDM **make the ˈgrade** (umgs) es schaffen ◊ *I don't think he'll ever make the grade as a pilot.* Ich glaube nicht, dass er es jemals bis zum Piloten bringt.

grade² /ɡreɪd/ Verb **1** ~ **sth/sb (by/according to sth)** etw/jdn (nach etw) einstufen; ~ **sth as sth** etw als etw einstufen ◊ *The containers are graded according to size.* Die Behälter werden der Größe nach sortiert. ◊ *graded tests for language students* Tests unterschiedlicher Schwierigkeitsgrade für Fremdsprachenlerner **2** (bes AmE) benoten; (Schülern) eine Note geben

ˈgrade point average Nomen (Abk **GPA**) (im amerikanischen Schulsystem) Notendurchschnitt

grader /ˈɡreɪdə(r)/ Nomen (AmE) -klässler ◊ *the seventh graders* die Siebtklässler

ˈgrade school Nomen (AmE, umgs) Grundschule

gra·di·ent /ˈɡreɪdiənt/ Nomen Gefälle; (bei Bergen auch) Steigung ◊ *a hill with a gradient of 1 in 4* ein Berg mit einer Steigung von 25%

grad·ual /ˈɡrædʒuəl/ Adj (Adv **grad·ual·ly**) **1** allmählich, langsam **2** (Anstieg, Gefälle) sanft

gradu·ate¹ /ˈɡrædʒuət/ (umgs **grad**) Nomen Hochschulabsolvent(in), Akademiker(in), Graduierte(r) ◊ *She's a graduate in law.* Sie hat einen Abschluss in Jura. ◊ *He is a graduate of Yale/a Yale graduate.* Er hat in Yale studiert.

Im amerikanischen Englisch kann sich **graduate** auch auf Schüler beziehen, die ihren Abschluss gemacht haben: *a high-school graduate* ◊ *He was a graduate of Wheaton High School and Frostburg State University.* ☛ Hinweis bei STUDENT, S. 625

gradu·ate² /ˈɡrædʒueɪt/ Verb **1** einen akademischen Grad erwerben ◊ *Only thirty students graduated in Chinese last year.* Nur dreißig Studenten haben letztes Jahr ein Chinesischstudium abgeschlossen. ◊ *He graduated from York with a first in English.* Er schloss sein Englischstudium in York mit einer Eins ab. **2** (AmE) (an der Schule) den Abschluss machen ◊ *Martha graduated from high school two years ago.* Martha ist vor zwei Jahren mit der Schule fertig geworden. **3** (AmE) ~ **sb** jdm einen akademischen Grad verleihen **4** ~ **(from sth) to sth** (von etw) zu etw aufrücken, (von etw) zu etw avancieren

gradu·ated /ˈɡrædʒueɪtɪd/ Adj **1** gestaffelt, abgestuft ◊ *graduated tests* in verschiedene Schwierigkeitsstufen unterteilte Tests **2** (Gefäß etc.) mit Maßeinteilung, (Skala) unterteilt

ˈgraduate school (umgs **ˈgrad school**) Nomen (AmE) = Teil einer Universität, in dem man für einen Magister- oder Doktorgrad studieren kann ☛ Hinweis bei HOCHSCHULE

ˈgraduate student Nomen = Student(in), der/die sich auf einen Magister- oder Doktorgrad vorbereitet ☛ Hinweis bei STUDENT, S. 625

gradu·ation /ˌɡrædʒuˈeɪʃn/ Nomen **1** = das Erlangen eines akademischen Grades (in den USA auch des Schulabschlusses) ◊ *It was my first job after graduation.* Es war meine erste Stelle nach dem Studium. **2** = Feier zur Verleihung akademischer Grade **3** (Grad)einteilung, Maßeinteilung

graf·fiti /ɡrəˈfiːti/ Nomen [U] Graffiti ☛ Obwohl **graffiti** der Form nach im Plural steht, wird es heutzutage meist mit einem Verb im Singular gebraucht: *The graffiti was all over the wall.* ☛ Hinweis bei GRAFFITI, S. 990

graft¹ /ɡrɑːft; AmE ɡræft/ Nomen **1** (BOT) Pfropfreis **2** (BOT) Pfropfung **3** (MED) Transplantat, Implantat **4** (MED) Transplantation; (Gewebe-) Implantation **5** (BrE, umgs) Schufterei **6** (bes AmE) Korruption

graft² /ɡrɑːft; AmE ɡræft/ Verb **1** ~ **sth (onto/to/into sth)** (MED) etw (auf/in etw) transplantieren, etw (in etw) implantieren **2** ~ **sth (onto sth)** (BOT) etw (auf etw) pfropfen **3** ~ **sth (onto sth)** (fig) etw (einer Sache) aufpfropfen **4** (BrE, umgs) schuften

ˈgraham cracker /ˈɡreɪəm krækə(r)/ Nomen (AmE) süßlicher Keks aus Vollkornmehl

grail /ɡreɪl/ (auch **the ˌHoly ˈGrail**) Nomen der (Heilige) Gral

grain /ɡreɪn/ Nomen **1** [U] Getreide **2** Korn ◊ *a few grains of rice* ein paar Körner Reis **3** Funke, Körnchen ◊ *a grain of truth* ein Körnchen Wahrheit **4** Gran **5** Maserung, Korn, Narbung, Faser ◊ *across the grain* quer zur Faser IDM **be/go against the ˈgrain** jdm gegen den Strich gehen

grainy /ˈɡreɪni/ Adj körnig

gram /græm/ (BrE auch **gramme**) Nomen (Abk **g**) Gramm

gram·mar /'græmə(r)/ Nomen Grammatik

'grammar school Nomen **1** Gymnasium ☛ Hinweis bei GYMNASIUM, S. 996 und SECONDARY EDUCATION **2** (AmE) Grundschule

gram·mat·i·cal /grə'mætɪkl/ Adj (Adv **gram·mat·i·cal·ly** /-kli/) grammatisch, grammatikalisch ◊ *That sentence is not grammatical.* Der Satz ist ungrammatisch. ◊ *a grammatically correct sentence* ein grammatisch richtiger Satz

gramme (BrE) = GRAM

gramo·phone /'græməfəʊn; AmE -foʊn/ Nomen (veraltet) Grammofon

gran /græn/ Nomen (BrE, umgs) Oma

Gran·ary™ /'grænəri/ Adj nur vor Nomen (BrE) ≈ Vollkorn-

gran·ary /'grænəri/ Nomen (Pl **-ies**) Getreidespeicher

grand¹ /grænd/ Adj **1** prachtvoll, imposant, eindrucksvoll ◊ *The wedding was a very grand occasion.* Die Hochzeit war ein glänzendes Fest. **2** (Adv **grand·ly**) groß, großartig **3** (Adv **grand·ly**) vornehm, hochnäsig **4** (Dialekt oder umgs) fantastisch, toll ◊ *You've done a grand job there.* Das hast du wirklich hervorragend gemacht. **5** nur vor Nomen (in Namen von großen Gebäuden etc.) Grand- ◊ *the Grand Hotel* das Grandhotel IDM **grand old 'man** Grand Old Man **on a grand 'scale** groß angelegt; im großen Rahmen; im großen Stil

grand² /grænd/ Nomen **1** (Pl **grand**) (umgs) = tausend Dollar/Pfund ◊ *It'll cost you five grand!* Das kostet dich fünf Riesen! **2** = GRAND PIANO

gran·dad (bes AmE **grand·dad**) /'grændæd/ Nomen (umgs) Opa

grand·child /'græntʃaɪld/ Nomen (Pl **grand·chil·dren**) Enkel(kind)

grand·daugh·ter /'grændɔːtə(r)/ Nomen Enkelin

,grand 'duchess Nomen Großherzogin; (in Russland) Großfürstin, Zarewna

,grand 'duke Nomen Großherzog; (in Russland) Großfürst, Zarewitsch

gran·dee /græn'diː/ Nomen Grande ◊ *party grandees* Parteiprominenz

grand·eur /'grændʒə(r), -djə(r)/ Nomen **1** Großartigkeit, Glanz ◊ *the grandeur of the mountain scenery* die überwältigende Berglandschaft **2** Würde ◊ *delusions of grandeur* Größenwahn

grand·father /'grænfɑːðə(r)/ Nomen Großvater

,grandfather 'clock Nomen Standuhr

grand·il·o·quent /græn'dɪləkwənt/ Adj (gehoben, abwert) hochtrabend, geschwollen SYN POMPOUS

gran·di·ose /'grændiəʊs; AmE -oʊs/ Adj (abwert) übertrieben, bombastisch ◊ *grandiose ideas* überzogene Vorstellungen

,grand 'jury Nomen (RECHT) Großes Geschworenengericht ☛ In den USA entscheidet die **grand jury** darüber, ob genügend Beweise vorliegen und es daher zur Verhandlung eines Falles kommt oder nicht.

grand·ly Adv ⇨ GRAND¹

grand·ma /'grænmɑː/ Nomen (umgs) Oma

,grand 'master Nomen (Schach) Großmeister

grand·mother /'grænmʌðə(r)/ Nomen Großmutter IDM ⇨ TEACH

,grand 'opera Nomen große Oper

grand·pa /'grænpɑː/ Nomen (umgs) Opa

grand·par·ent /'grænpeərənt; AmE -perənt/ Nomen Großvater/Großmutter ◊ *The children are staying with their grandparents.* Die Kinder sind bei ihren Großeltern.

,grand 'piano (auch **grand**) Nomen Flügel

Grand Prix /,grɑː 'priː/ Nomen (Pl **Grands Prix** /,grɑː 'priː/) Grand Prix

,grand 'slam Nomen **1** (auch **Grand Slam**) = wichtiger Wettbewerb **2** = Gewinn aller wichtigen Meistertitel, Grandslam **3** (auch **grand slam home 'run**) (beim Baseball) Homerun mit vier Punkten **4** (beim Kartenspiel) Schlemm

grand·son /'grænsʌn/ Nomen Enkel(sohn)

grand·stand /'grænstænd/ Nomen Haupttribüne ◊ *a grandstand finish* eine spannende Schlussphase

grand·stand·ing /'grænstændɪŋ/ Nomen (AmE) Effekthascherei

,grand 'total Nomen Gesamtsumme ◊ *A grand total of 28 women were elected.* Insgesamt wurden 28 Frauen gewählt.

,grand 'tour Nomen **1** (oft hum) Besichtigungstour **2** (auch **Grand 'Tour**) = Bildungsreise durch die wichtigsten Städte Europas, die junge reiche Engländer und Amerikaner besonders im 18. und 19. Jahrhundert machten

grange /greɪndʒ/ Nomen (BrE) (oft als Teil eines Namens) Gut(shof)

gran·ite /'grænɪt/ Nomen Granit

granny (selten **gran·nie**) /'græni/ **1** Nomen (Pl **-ies**) (umgs) Oma **2** Adj nur vor Nomen altmodisch ◊ *a pair of granny glasses* eine runde Brille mit Goldrand

'granny flat Nomen (BrE, umgs) Einliegerwohnung

gran·ola /grə'nəʊlə; AmE -'noʊ-/ Nomen (bes AmE) = Müsli aus gerösteten Getreideflocken mit Nüssen etc.

grant¹ /grɑːnt; AmE grænt/ Verb **1** ~ sth (to sb); ~ (sb) sth (jdm) etw bewilligen, (jdm) etw gewähren ◊ *Their application was granted.* Ihrem Antrag wurde stattgegeben. ◊ *I was granted permission to visit the palace.* Mir wurde die Erlaubnis erteilt, den Palast zu besuchen. ◊ *He was granted bail.* Er wurde gegen Kaution freigelassen. ◊ *grant an injunction* eine gerichtliche Verfügung erlassen **2** zugeben, zugestehen ◊ *I grant you (that) it looks good, but it's not practical.* Zugegeben, es sieht gut aus, es ist aber nicht praktisch. IDM **take it for 'granted (that ...)** es für selbstverständlich halten (, dass ...) ◊ *I just took it for granted that he'd always be around.* Für mich war es ganz einfach selbstverständlich, dass er immer da sein würde. **take sb/sth for 'granted** ◊ *You take me for granted!* Für dich ist es ja wohl selbstverständlich, dass ich immer da bin! ◊ *We take clean water for granted.* Für uns ist sauberes Wasser zur Selbstverständlichkeit geworden.

grant² /grɑːnt; AmE grænt/ Nomen Zuschuss, Stipendium ◊ *As a student, he didn't get a grant.* Er hat als Student kein BAföG bekommen.

grant·ed¹ /'grɑːntɪd; AmE 'græn-/ Adv zugegeben ◊ *'You could have done more.' 'Granted.'* „Du hättest mehr tun können." „Das gebe ich zu."

grant·ed² /'grɑːntɪd; AmE 'græn-/ Konj ~ (that) ... in Anbetracht der Tatsache, dass ...

,grant-main'tained Adj (Abk **GM**) ☛ **Grant-maintained schools** gibt es in England und Wales. Diese Schulen werden ausschließlich von den **school governors** geleitet, sind im Gegensatz zu anderen staatlichen Schulen unabhängig von der LEA und erhalten alle Gelder direkt von der Regierung.

granu·lar /'grænjələ(r)/ Adj körnig

granu·lated sugar /,grænjuleɪtɪd 'ʃʊɡə(r)/ Nomen Kristallzucker

gran·ule /'grænjuːl/ Nomen [meist Pl] Körnchen ◊ *coffee granules* löslicher Kaffee

grape /ɡreɪp/ Nomen Weintraube ◊ *a bunch of grapes* eine Traube IDM ⇨ SOUR

grape·fruit /'ɡreɪpfruːt/ Nomen (Pl **grape·fruit** oder **grape·fruits**) Grapefruit, Pampelmuse

grape·vine /'ɡreɪpvaɪn/ Nomen IDM **on/through the 'grapevine** ◊ *I heard on the grapevine that you're leaving.* Mir ist zu Ohren gekommen, dass du gehst.

graph /ɡræf; BrE auch ɡrɑːf/ Nomen Diagramm, Graph

graph·ic /'ɡræfɪk/ Adj (Adv **graph·ic·al·ly** /-kli/) **1** grafisch ◊ *a graphic designer* ein(e) Grafik-Designer(in) ◊ *a graphic artist* ein(e) Grafiker(in) ◊ *graphic works* Grafiken **2** anschaulich ◊ *in graphic detail* in allen Einzelheiten

graph·ics /'ɡræfɪks/ Nomen [Pl] Grafiken

graph·ite /'ɡræfaɪt/ Nomen Grafit

'graph paper Nomen Millimeterpapier

grap·ple /'ɡræpl/ Verb **1** ~ (with sb) (mit jdm) ringen **2** ◊ *grapple sb to the ground* jdn zu Boden ringen **3** ~ with sth sich mit etw herumschlagen, mit etw kämpfen

'grappling iron (auch **'grappling hook**) Nomen (Enter)haken

grasp¹ /ɡrɑːsp; AmE ɡræsp/ Verb **1** (er)greifen ◊ *Kay grasped him by the wrist.* Kay packte ihn am Handgelenk. **2** begreifen, verstehen **3** (Gelegenheit) beim Schopf packen IDM **grasp the 'nettle** (BrE) das Problem beherzt angehen ☛ *Siehe auch* STRAW PHR V **'grasp at sth** **1** nach etw greifen **2** etw beim Schopf packen

grasp² /grɑːsp; *AmE* græsp/ *Nomen* [meist Sing] **1** Griff ◇ *She felt a firm grasp on her arm.* Sie spürte, wie jemand sie am Arm griff. ◇ *He slipped from my grasp.* Ich konnte ihn nicht festhalten. **2** Verständnis ◇ *have a good grasp of sth* etw gut beherrschen ◇ *These formulae are beyond my grasp.* Diese Formeln begreife ich nicht. **3** ◇ *Success was within their grasp.* Der Erfolg war greifbar.

grasp·ing /'grɑːspɪŋ; *AmE* 'græs-/ *Adj* (*abwert*) habgierig SYN GREEDY

grass¹ /grɑːs; *AmE* græs/ *Nomen* **1** Gras ◇ *a blade of grass* ein Grashalm **2** (*meist* **the grass**) der Rasen ◇ *Keep off the grass!* Rasen nicht betreten! **3** (*Slang*) Marihuana, Gras **4** (*BrE, Slang*) Spitzel IDM **the grass is (always) greener on the other side (of the fence)** die Kirschen aus Nachbars Garten schmecken immer viel besser **not let the grass grow under your feet** nicht lange zögern **put sb out to 'grass** (*umgs*) jdn in den Ruhestand versetzen ☛ *Siehe auch* SNAKE¹

grass² /grɑːs; *AmE* græs/ *Verb* (*BrE, umgs*) ~ (**on sb**) (jdn) verpfeifen PHR V **,grass sth 'over** etw mit Gras bepflanzen **,grass sb 'up** (*BrE, umgs*) jdn verpfeifen

grassed /grɑːst; *AmE* græst/ *Adj* grasbewachsen

grass·hop·per /'grɑːshɒpə(r); *AmE* 'græshɑːp-/ *Nomen* Heuschrecke IDM ⇨ KNEE-HIGH

grass·land /'grɑːslænd; *AmE* 'græs-/ *Nomen* [U] (*auch* **grasslands** [Pl]) Grasland, Steppe(ngebiet)

,grass 'roots (*BrE*) *Nomen* [Pl] (POL) Basis ◇ *the grass roots of the party* die Parteibasis

'grass-roots *Adj nur vor Nomen* (POL) ◇ *win support at grass-roots level* die Unterstützung der Basis gewinnen ◇ *grass-roots opposition* Widerstand von der Basis

'grass snake *Nomen* Ringelnatter

grassy /'grɑːsi; *AmE* 'græsi/ *Adj* grasbewachsen

grate¹ /greɪt/ *Nomen* **1** Kamin(rost) **2** (*AmE*) (*als Abdeckung für einen Abfluss*) Gitter

grate² /greɪt/ *Verb* **1** raspeln, reiben **2** ~ (**on/with sb**) ◇ *Her voice really grates on me.* Ihre Stimme geht mir wirklich auf die Nerven. ◇ *It grated with him when people said that.* Es ärgerte ihn, wenn Leute das sagten. **3** knirschen

grate·ful /'greɪtfl/ *Adj* (*Adv* **grate·ful·ly** /-fəli/) dankbar ◇ *Grateful thanks are due to them all.* Mein herzlicher Dank geht an sie alle. ◇ *Kate gave him a grateful smile.* Kate lächelte ihn dankbar an. IDM ⇨ SMALL¹

grater /'greɪtə(r)/ *Nomen* Raspel, Reibe

grat·ifi·ca·tion /,grætɪfɪ'keɪʃn/ *Nomen* (*gehoben*) Befriedigung ◇ *much to my gratification* sehr zu meiner Genugtuung

grati·fied /'grætɪfaɪd/ *Adj* (*gehoben*) erfreut ◇ *She was gratified to find that …* Sie stellte mit Befriedigung fest, dass …

grat·ify /'grætɪfaɪ/ *Verb* (**-fies**, **-fy·ing**, **-fied**, **-fied**) (*gehoben*) erfreuen, befriedigen

grati·fy·ing /'grætɪfaɪɪŋ/ *Adj* (*gehoben*) erfreulich, befriedigend

grat·ing¹ /'greɪtɪŋ/ *Nomen* (*Metall-*) Gitter

grat·ing² /'greɪtɪŋ/ *Adj* knirschend

gra·tis /'grætɪs, 'greɪtɪs/ *Adj, Adv* kostenlos, gratis

grati·tude /'grætɪtjuːd; *AmE* -tuːd/ *Nomen* ~ (**to sb**) (**for sth**) Dankbarkeit (jdm gegenüber) (für etw) ◇ *in gratitude for sth* als Anerkennung für etw ◇ *I owe you a great debt of gratitude.* Ich bin Ihnen zu großem Dank verpflichtet. OPP INGRATITUDE

gra·tuit·ous /grə'tjuːɪtəs; *AmE* -'tuː-/ *Adj* (*Adv* **gra·tuit·ous·ly**) (*gehoben, abwert*) unnötig, überflüssig SYN UNNECESSARY

gra·tu·ity /grə'tjuːəti; *AmE* -'tuː-/ *Nomen* (*Pl* **-ies**) **1** (*gehoben*) Trinkgeld SYN TIP **2** (*BrE*) = einmalige Zuwendung beim Ausscheiden aus einer Firma

grave¹ /greɪv/ *Nomen* **1** Grab **2** (*meist* **the grave**) [Sing] Tod IDM **turn in his/her 'grave** (*AmE* **roll in his/her 'grave**) sich im Grab umdrehen ☛ *Siehe auch* CRADLE¹, DIG¹ *und* FOOT¹

grave² /greɪv/ *Adj* (*Adv* **grave·ly**) (*gehoben*) **1** groß, ernsthaft ◇ *a grave risk of infection* eine große Infektionsgefahr ◇ *gravely ill* schwer krank **2** ernst

grave³ /grɑːv/ (*auch* **,grave 'accent**) *Nomen* Accent grave

grave·dig·ger /'greɪvdɪgə(r)/ *Nomen* Totengräber(in)

gravel /'grævl/ *Nomen* Kies, Kieselsteine

grav·elled (*AmE* **grav·eled**) /'grævld/ *Adj* Kies-, mit Kies bedeckt

grav·el·ly /'grævəli/ *Adj* **1** kiesig **2** (*Stimme*) tief, rau

grave·stone /'greɪvstəʊn; *AmE* -stoʊn/ *Nomen* Grabstein SYN HEADSTONE

grave·yard /'greɪvjɑːd; *AmE* -jɑːrd/ *Nomen* Friedhof (*auch fig*)

gravi·tate /'grævɪteɪt/ *Verb* PHR V **gravitate to/towards sb/sth** sich zu jdm/etw hingezogen fühlen, sich auf etw zubewegen

gravi·ta·tion /,grævɪ'teɪʃn/ *Nomen* (PHYSIK) Schwerkraft

gravi·ta·tion·al /,grævɪ'teɪʃənl/ *Adj* Gravitations- ◇ *the gravitational pull of the moon* die Anziehungskraft des Mondes

grav·ity /'grævəti/ *Nomen* **1** Schwerkraft **2** Ernst, Ernsthaftigkeit ◇ *the gravity of the situation* der Ernst der Lage ◇ *the gravity of her expression* ihr ernster Gesichtsausdruck SYN SERIOUSNESS **3** (*Ausmaß*) Schwere SYN SERIOUSNESS

gravy /'greɪvi/ *Nomen* **1** Bratensoße **2** (*AmE, umgs*) Zusatzgewinn, Zusatzverdienst

'gravy boat *Nomen* Soßenschüssel, Sauciere

'gravy train *Nomen* (*bes AmE, umgs*) leichtes Geld

gray, gray·ish = GREY¹, GREYISH

graze¹ /greɪz/ *Verb* **1** weiden, (ab)grasen ◇ *The children graze on sweets and snacks.* Die Kinder essen zwischendurch ständig Süßigkeiten und Knabbereien. **2** weiden lassen **3** aufschürfen **4** streifen

graze² /greɪz/ *Nomen* Schürfwunde

graz·ing /'greɪzɪŋ/ *Nomen* Weideland

grease¹ /griːs/ *Nomen* (Schmier)fett

grease² /griːs/ *Verb* einfetten IDM **grease sb's 'palm** (*umgs, veraltet*) jdn schmieren SYN BRIBE² **grease the wheels of sth** (*AmE*) dafür sorgen, dass etw gut läuft; einer Sache den Weg ebnen

grease·paint /'griːspeɪnt/ *Nomen* Fettschminke

grease·proof paper /,griːspruːf 'peɪpə(r)/ *Nomen* (*BrE*) Pergamentpapier, Butterbrotpapier

greasy /'griːsi, 'griːzi/ *Adj* (**greas·ier**, **greasi·est**) fettig, schmierig, ölig ◇ *greasy overalls* ölverschmierte Overalls

,greasy 'spoon *Nomen* (*umgs*) = kleines, billiges Lokal

great¹ /greɪt/ *Adj* **1** groß ◇ *the great powers* die Großmächte ◇ *The great thing is to get it done quickly.* Die Hauptsache ist, es schnell hinter sich zu bringen. ◇ *a matter of great importance* eine äußerst wichtige Angelegenheit ◇ *Take great care of it.* Gehen Sie besonders vorsichtig damit um. ◇ *She lived to a great age.* Sie erreichte ein hohes Alter. ◇ *to a great extent* in hohem Maße ◇ *We are great friends.* Wir sind gute Freunde. ◇ *I've never been a great reader.* Ich habe nie sehr viel gelesen. **2** (*umgs*) riesig ◇ *a great big pile of books* ein riesiger Stapel Bücher **3** (*umgs*) toll, prima, super ◇ *You've been a great help, I must say.* Ich muss schon sagen, eine tolle Hilfe bist du gewesen. ◇ *We had a great time in Madrid.* Es hat uns in Madrid großartig gefallen. ◇ *Try this cream – it's great for spots.* Versuch diese Creme mal – sie wirkt super gegen Pickel. **4** gut ◇ *in great form/shape* gut in Form ◇ *I don't feel too great.* Ich fühle mich nicht besonders. **5** **be ~ at (doing) sth** (*umgs*) etw gut können ◇ *She's great at chess.* Sie kann ganz toll Schach spielen. **6** **Greater** (*vor Städtenamen*) Groß- ◇ *in Greater London* im Großraum London IDM **be going great 'guns** (*umgs*) super laufen; toll in Fahrt sein ◇ *The film industry is going great guns now.* In der Filmindustrie ist jetzt unheimlich viel los. **be a 'great one for (doing) sth** ◇ *I've never been a great one for writing letters.* Briefeschreiben ist noch nie meine Stärke gewesen. ◇ *He's a great one for gossip.* Er tratscht gern. **be no great 'shakes** (*umgs*) nicht gerade umwerfend sein **,great and 'small** alle möglichen ◇ *ships great and small* alle möglichen Schiffe **go to the great … in the 'sky** (*hum*) in den Himmel kommen ◇ *Their pet rabbit has gone to the great rabbit hutch in the sky.* Ihr Kaninchen ist in den Himmel gekommen. ☛ *Siehe auch* PAINS

great² /greɪt/ *Adv* (*umgs*) toll ◇ *You did great.* Das hast du toll gemacht.

great 3 /greɪt/ *Nomen* [meist Pl] (*umgs*) Größe ◊ *one of boxing's all-time greats* einer der Größten im Boxsport

great-

> **Great-** wird in Verbindung mit Verwandschaftsbezeichnungen verwendet, um zu zeigen, dass eine Generation abwärts liegt: *great-aunt* Großtante ◊ *great-nephew* Großneffe ◊ *great-grandfather* Urgroßvater ◊ *great-grandson* Urenkel ◊ *great-great-granddaughter* Ururenkelin.

great·coat /'greɪtkəʊt; *AmE* -koʊt/ *Nomen* schwerer Mantel

Great Dane /ˌgreɪt 'deɪn/ *Nomen* Deutsche Dogge

great·ly /'greɪtli/ *Adv* (*gehoben*) (*normalerweise vor einem Verb oder Partizip*) sehr, stark ◊ *Your help would be greatly appreciated.* Über Ihre Hilfe würden wir uns sehr freuen. ◊ *a greatly increased risk* ein stark erhöhtes Risiko ◊ *The service has greatly improved.* Der Service ist bedeutend besser geworden.

great·ness /'greɪtnəs/ *Nomen* Größe

the ˌGreat 'War *Nomen* [Sing] (*veraltet*) der Erste Weltkrieg

Gre·cian /'gri:ʃn/ *Adj* altgriechisch

greed /gri:d/ *Nomen* 1 Gier, Habgier ◊ *greed for power* Machthunger 2 Gefräßigkeit

greedy /'gri:di/ *Adj* (**greed·ier, greedi·est**) (*Adv* **greed·ily** /-ɪli/) 1 gierig, habgierig ◊ *with greedy eyes* mit gierigen Blicken ◊ *greedy for money* geldgierig ◊ *greedy for power* machthungrig ◊ *greedy for profit* gewinnsüchtig 2 gefräßig ◊ *You greedy pig!* Du Vielfraß!

Greek /gri:k/ *Nomen* 1 Grieche, Griechin 2 Griechisch 3 (*AmE*) = Mitglied einer Studentenverbindung IDM **it's all Greek to me** (*umgs*) für mich sind das böhmische Dörfer

green[1] /gri:n/ *Adj* 1 grün ◊ *Most of the passengers looked distinctly green.* Die meisten Passagiere waren ganz grün im Gesicht. ☞ *Beispiele bei* BLAU 2 (*umgs*) naiv, grün 3 (POL) grün ◊ *green politics* grüne Politik ◊ *the Green Party* die Grünen 4 ökologisch, umweltbewusst ◊ *green tourism* Ökotourismus ◊ *Try to adopt a greener lifestyle.* Versuchen Sie umweltbewusster zu leben. IDM ˌ**green with 'envy** blass vor Neid ☞ *Siehe auch* GRASS[1]

green[2] /gri:n/ *Nomen* 1 Grün ☞ *Beispiele bei* BLAU 2 **greens** [Pl] (*bes BrE*) (grünes) Gemüse 3 (*BrE*) Grünfläche ◊ *the village green* die Dorfwiese 4 (*beim Golf*) Grün 5 **the Greens** [Pl] (POL) die Grünen

green[3] /gri:n/ *Verb* 1 (*Innenstadt etc.*) begrünen 2 (*Organisation, Büro*) umweltbewusster gestalten; (*Menschen*) umweltbewusster machen

green·back /'gri:nbæk/ *Nomen* (*AmE, umgs*) Dollarschein

ˌ**green 'bean** *Nomen* grüne Bohne

ˌ**green 'belt** *Nomen* Grüngürtel

ˌ**green 'card** *Nomen* 1 = Aufenthalts- und Arbeitsgenehmigung in den USA 2 (*BrE*) grüne Versicherungskarte

green·ery /'gri:nəri/ *Nomen* Grün, Grünpflanzen

green·field /'gri:nfi:ld/ *Adj nur vor Nomen* (*Gelände*) unerschlossen

ˌ**green-'fingered** *Adj* (*BrE*) mit einem grünen Daumen

ˌ**green 'fingers** *Nomen* (*BrE*) [Pl] grüner Daumen

green·fly /'gri:nflaɪ/ *Nomen* (*Pl* **green·flies** *oder* **greenfly**) Blattlaus

green·gage /'gri:ngeɪdʒ/ *Nomen* Reneklode

green·gro·cer /'gri:ngrəʊsə(r); *AmE* -groʊ-/ *Nomen* (*bes BrE*) Obst- und Gemüsehändler(in) ☞ *Hinweis bei* BAKER

green·horn /'gri:nhɔ:n; *AmE* -hɔ:rn/ *Nomen* (*bes AmE, umgs*) Greenhorn, Anfänger

green·house /'gri:nhaʊs/ *Nomen* Gewächshaus

'**greenhouse effect** *Nomen* [Sing] Treibhauseffekt

ˌ**greenhouse 'gas** *Nomen* Treibhausgas

green·ing /'gri:nɪŋ/ *Nomen* 1 Begrünung 2 Stärkung des Umweltbewusstseins

green·ish /'gri:nɪʃ/ *Adj* grünlich

green·keep·er /'gri:nki:pə(r)/ *Nomen* Platzwart(in) (*eines Golfplatzes*)

ˌ**green 'light** *Nomen* [Sing] grünes Licht ◊ *He gave the green light to the plan.* Er gab grünes Licht für den Plan.

green·ness /'gri:nnəs/ *Nomen* 1 Grün ◊ *the greenness of the countryside* das Grün der Landschaft 2 Umweltbewusstsein, Umweltverträglichkeit

ˌ**green 'onion** *Nomen* (*AmE*) Frühlingszwiebel

ˌ**Green 'Paper** *Nomen* Regierungserklärung

ˌ**green 'pepper** *Nomen* grüne Paprika(schote)

'**green room** *Nomen* (*für Schauspieler etc.*) Aufenthaltsraum

ˌ**green 'salad** *Nomen* (*BrE*) grüner Salat

greens·keep·er /'gri:nzki:pə(r)/ *Nomen* (*AmE*) Platzwart(in) (*eines Golfplatzes*)

ˌ**green 'tea** *Nomen* grüner Tee

ˌ**green 'thumb** *Nomen* (*AmE*) grüner Daumen

ˌ**green 'vegetable** *Nomen* [meist Pl] grünes Gemüse

ˌGreen·wich Mean 'Time /ˌgrenɪtʃ 'mi:n taɪm, -nɪdʒ/ *Nomen* = GMT

greet /gri:t/ *Verb* 1 begrüßen ◊ *Loud cheers greeted the news.* Die Nachricht wurde mit lautem Beifall aufgenommen. 2 ~ **sth** (**with/as sth**) etw (mit/als etw) aufnehmen; ~ **sb** (**with sth**) jdm (mit etw) begegnen ◊ *The changes were greeted with suspicion.* Die Veränderungen stießen auf Misstrauen. 3 empfangen ◊ *the scene that greeted her eyes* der Anblick, der sich ihr bot

greet·ing /'gri:tɪŋ/ *Nomen* 1 Gruß, Begrüßung ◊ *She waved a friendly greeting.* Sie winkte freundlich zum Gruß. ◊ *They exchanged greetings.* Sie begrüßten sich. 2 **greetings** [Pl] Grüße, Glückwünsche ◊ *My mother sends her greetings to you all.* Meine Mutter lässt euch alle grüßen. IDM ⇨ SEASON[1]

'**greetings card** (*AmE* '**greeting card**) *Nomen* Grußkarte, Glückwunschkarte

gre·gari·ous /grɪ'geəriəs; *AmE* -'ger-/ *Adj* (*Adv* **gre·gari·ous·ly**) gesellig SYN SOCIABLE

gre·gari·ous·ness /grɪ'geəriəsnəs; *AmE* -'ger-/ *Nomen* 1 Geselligkeit 2 Herdenleben

grem·lin /'gremlɪn/ *Nomen* = imaginärer Kobold, dem man die Schuld an plötzlichen Versagen eines Geräts gibt

gren·ade /grə'neɪd/ *Nomen* Granate

grena·dier /ˌgrenə'dɪə(r); *AmE* -'dɪr/ *Nomen* Grenadier

grew *Form von* GROW

grey[1] (*AmE meist* **gray**) /greɪ/ *Adj* 1 grau 2 (*Himmel, Wetter*) grau, trüb 3 eintönig, trostlos 4 (*abwert*) unscheinbar ◊ *faceless grey men* gesichtslose, unscheinbare Männer

grey[2] (*AmE meist* **gray**) /greɪ/ *Nomen* 1 Grau 2 (*Pferd*) Grauschimmel

grey[3] (*AmE meist* **gray**) /greɪ/ *Verb* grau werden, ergrauen ◊ *His hair was greying at the sides.* Er hatte graue Schläfen. ◊ *a woman with greying hair* eine Frau mit leicht ergrautem Haar

ˌ**grey 'area** (*AmE meist* ˌ**gray 'area**) *Nomen* Grauzone

ˌ**grey-'haired** (*AmE meist* ˌ**gray-'haired**) *Adj* grauhaarig

grey·hound /'greɪhaʊnd/ *Nomen* Windhund

grey·ish (*AmE meist* **gray·ish**) /'greɪɪʃ/ *Adj* gräulich, ins Graue spielend

'**grey matter** (*AmE meist* '**gray matter**) *Nomen* [U] (*umgs*) graue Zellen

grey·ness (*AmE meist* **gray·ness**) /'greɪnəs/ *Nomen* [Sing] Grau, Trübheit

grid /grɪd/ *Nomen* 1 Gitter ◊ *New York's grid of streets* die rechtwinklig angeordneten Straßen von New York 2 Gitternetz, Gradnetz ◊ *grid reference* Koordinate 3 (*ELEKTR*) Versorgungsnetz ◊ *the national grid* das Stromversorgungsnetz 4 (*bei Autorennen*) Startaufstellung

grid·dle /'grɪdl/ *Nomen* = gusseiserne Platte zum Backen und Braten

grid·iron /'grɪdaɪən; *AmE* -aɪərn/ *Nomen* 1 Bratrost ◊ (*fig*) *streets laid out in a gridiron pattern* rechtwinklig angeordnete Straßen 2 (*AmE*) Footballfeld

grid·lock /'grɪdlɒk; *AmE* -lɑ:k/ *Nomen* 1 Totalstau 2 (*fig*) totaler Stillstand

grief /gri:f/ *Nomen* 1 Trauer, Leid ◊ *their grief at his death* ihre Trauer über seinen Tod 2 (*umgs*) Kummer ◊ *He caused his parents a lot of grief.* Er bereitete seinen Eltern großen Kummer. IDM **come to 'grief** (*umgs*) 1 scheitern 2 zu Schaden kommen **give sb 'grief** (**about/over sth**) (*umgs*) jdm (wegen einer Sache) die Leviten lesen ◊ *I hope she won't give me any grief over this essay being late.* Hoffentlich

griff kriege ich keinen Ärger mit ihr, weil ich mit dem Aufsatz zu spät dran bin. **good 'grief!** (*umgs*) meine Güte!

'grief-stricken *Adj* untröstlich

griev·ance /'griːvəns/ *Nomen* Beschwerde, Klage, Groll ◊ *nurse a grievance* einen Groll hegen ◊ *a grievance procedure* ein innerbetriebliches Beschwerdeverfahren

grieve /griːv/ *Verb* **1** ~ **(for/over sb/sth)** (um jdn/über etw) trauern **2** (*gehoben*) bekümmern

griev·ous /'griːvəs/ *Adj* (*Adv* **griev·ous·ly**) (*gehoben*) schwer

ˌgrievous ˌbodily 'harm *Nomen* (*Abk* **GBH**) (RECHT) schwere Körperverletzung

grif·fin /'grɪfɪn/ (*auch* **grif·fon, gry·phon**) /'grɪfən/ *Nomen* (*Fabeltier*) Greif

grill¹ /grɪl/ *Nomen* **1** (*BrE*) Grill **2** Bratrost **3** Grillgericht **4** (*meist in Namen*) Grillrestaurant **5** = GRILLE

grill² /grɪl/ *Verb* **1** (*BrE*) grillen ◊ *Grill the sausages for ten minutes.* Die Würstchen zehn Minuten grillen.

> Im britischen Englisch wird **grill** nur für das Grillen mit einem Grillgerät im Haus verwendet, das Grillen im Freien heißt **barbecue**. Im amerikanischen Englisch heißt das Grillen mit einem Grillgerät **broil** und das Grillen im Freien **grill** oder **barbecue**.

2 ~ **sb (about sth)** jdn (über etw) ausquetschen

grille (*auch* **grill**) /grɪl/ *Nomen* Gitter ◊ *a radiator grille* ein Kühlergrill

grill·ing /'grɪlɪŋ/ *Nomen* Verhör ◊ *The minister was given a grilling by the journalists.* Der Minister wurden von den Journalisten ins Verhör genommen.

grim /grɪm/ *Adj* (**grim·mer, grim·mest**) **1** grimmig, streng ◊ *grim-faced policemen* grimmig dreinblickende Polizisten ◊ *with grim humour* mit bitterem Humor **2** schlimm, grauenvoll ◊ *the grim prospect of a factory job* die deprimierende Aussicht auf einen Job in einer Fabrik ◊ *grim warnings* ernste Warnungen ◊ *She paints a grim picture of life in the next century.* Sie schildert das Leben in den nächsten Jahrhundert in düsteren Farben. ◊ *a grim struggle for survival* ein verbissener Kampf ums Überleben **3** (*Ort, Gebäude*) trostlos **4** (*BrE, umgs*) schlecht, mies ◊ *I feel pretty grim.* Ich fühle mich ziemlich mies. IDM **hang/hold on for/like grim 'death** (*BrE, umgs*) sich verzweifelt festklammern

grim·ace¹ /grɪ'meɪs, 'grɪməs/ *Verb* ~ **(at sth)** (bei etw) das Gesicht verziehen; ~ **at sb** ◊ *He grimaced at her.* Er sah sie an und zog eine Grimasse.

grim·ace² /grɪ'meɪs, 'grɪməs/ *Nomen* Grimasse

grime /graɪm/ *Nomen* Schmutz

grim·ly /'grɪmli/ *Adv* grimmig, verbissen

grim·ness /'grɪmnəs/ *Nomen* **1** Grimmigkeit, Verbissenheit **2** Härte, Trostlosigkeit

the ˌGrim 'Reaper *Nomen* der Sensenmann

grimy /'graɪmi/ *Adj* (**grim·i·er, grim·i·est**) schmutzig

grin¹ /grɪn/ *Verb* (**-nn-**) lächeln, grinsen; ~ **at sb** jdn anlächeln IDM **grin and 'bear it** (*nur als Infinitiv oder im Präsens*) gute Miene zum bösen Spiel machen; die Zähne zusammenbeißen ➔ *Siehe auch* EAR

grin² /grɪn/ *Nomen* Grinsen ◊ *She gave a broad grin.* Sie grinste breit.

grind¹ /graɪnd/ *Verb* (**ground, ground** /graʊnd/) **1** mahlen; ~ **sth (to/into sth)** etw (zu etw) (zer)mahlen **2** schleifen **3** drücken ◊ *He ground his cigarette into the ashtray.* Er drückte seine Zigarette im Aschenbecher aus. ◊ *The dirt was ground in.* Der Schmutz war eingedrungen. **4** knirschen ◊ *The machines were grinding away.* Die Maschinen dröhnten. IDM **bring sth to a grinding halt** etw lahm legen; etw zum Stillstand bringen **grind to a 'halt; come to a grinding 'halt** zum Stehen kommen; zum Stillstand kommen ➔ *Siehe auch* AXE¹ PHR V **ˌgrind sb 'down** jdn zermürben **ˌgrind 'on** sich lange hinziehen **ˌgrind sth 'out** etw wie am Fließband produzieren

grind² /graɪnd/ *Nomen* **1** [Sing] (*umgs*) ◊ *the daily grind* der harte Alltag ◊ *It's a long grind to the top.* Um an die Spitze zu gelangen, muss man sich ganz schön plagen. **2** [Sing] Knirschen ◊ *the distant grind of traffic* der Verkehrslärm in der Ferne **3** (*AmE, umgs*) Streber(in)

grind·er /'graɪndə(r)/ *Nomen* **1** Mühle **2** Schleifmaschine **3** Schleifer(in)

grind·ing /'graɪndɪŋ/ *Adj* nur vor Nomen zermürbend ◊ *grinding poverty* erdrückende Armut

grind·stone /'graɪndstəʊn; *AmE* -stoʊn/ *Nomen* Schleifstein IDM ➔ NOSE¹

gringo /'grɪŋgəʊ; *AmE* -goʊ/ *Nomen* (*Pl* **-os**) (*umgs, abwert*) Gringo

grip¹ /grɪp/ *Nomen* **1** Griff, Halt ◊ *lose your grip* den Halt verlieren ◊ *keep a grip on the rope* das Seil fest halten ◊ *release your grip* loslassen ◊ *Try adjusting your grip on the racket.* Versuch, den Schläger anders zu halten. ◊ *give good grip* gut greifen **2** [Sing] ~ **(on sb/sth)** Kontrolle (über jdn/etw) ◊ *We must tighten the grip we have on the market.* Wir müssen unseren Marktanteil ausbauen. **3** [Sing] ~ **(on sth)** ◊ *I couldn't get a grip on what was going on.* Ich konnte nicht verstehen, was los war. ◊ *keep a grip on reality* den Bezug zur Wirklichkeit nicht verlieren **4** (KINO) Kameramann/-frau, Kameraführung **5** = HAIRGRIP **6** (*veraltet*) Reisetasche IDM **come/get to 'grips with sth** etw in den Griff bekommen; mit etw klarkommen **get/take a 'grip (on yourself)** sich zusammenreißen (*umgs*) **in the 'grip of sth** von etw erfasst **lose your 'grip 1** den Halt verlieren **2** die Dinge nicht mehr im Griff haben **lose your 'grip on sth** etw nicht mehr im Griff haben ◊ *He's losing his grip on reality.* Er ist ganz wirklichkeitsfremd geworden.

grip² /grɪp/ *Verb* (**-pp-**) **1** ergreifen ◊ *'No,' he said, gripping her arm.* „Nein," sagte er und ergriff ihren Arm. ◊ *She gripped on to the railing with both hands.* Sie hielt sich mit beiden Händen am Geländer fest. **2** (*fig*) fesseln ◊ *I was totally gripped by the story.* Die Geschichte hat mich völlig gefesselt. **3** (*Reifen*) greifen

gripe¹ /graɪp/ *Nomen* (*umgs*) Bemängelung

gripe² /graɪp/ *Verb* (*umgs*) ~ **(about sb/sth)** (über jdn/etw) meckern

grip·ing /'graɪpɪŋ/ *Adj* ◊ *griping pains* heftige Bauchschmerzen

grip·ping /'grɪpɪŋ/ *Adj* spannend, packend

grisly /'grɪzli/ *Adj* (**gris·lier, grisliest**) grausig

grist /grɪst/ *Nomen* IDM **(all) grist to the/sb's 'mill** (*AmE* **(all) grist for the/sb's 'mill**) Wasser auf jds Mühle

gris·tle /'grɪsl/ *Nomen* Knorpel

grit¹ /grɪt/ *Nomen* **1** Splitt, Streugut ◊ *I've got some grit in my eye.* Ich habe ein Sandkorn im Auge. ◊ *spread grit on the roads* die Straßen streuen **2** Mut, Zähheit

grit² /grɪt/ *Verb* (**-tt-**) (*Straße*) streuen IDM **grit your 'teeth** die Zähne zusammenbeißen

grits /grɪts/ *Nomen* [Pl] (*AmE*) Schrot, Grütze

grit·ter /'grɪtə(r)/ *Nomen* (*BrE*) Streuwagen

gritty /'grɪti/ *Adj* (**grit·tier, grit·ti·est**) **1** sandig, grobkörnig **2** tapfer, zäh **3** (*Adv* **grit·tily**) schonungslos ◊ *gritty realism* schonungsloser Realismus

griz·zle /'grɪzl/ *Verb* (*BrE, umgs, abwert*) quengeln

griz·zled /'grɪzld/ *Adj* (*gehoben*) grau(haarig) ◊ *a grizzled beard* ein grau melierter Bart

griz·zly bear /ˌgrɪzli 'beə(r); *AmE* 'ber/ (*auch* **ˈgriz·zly**) *Nomen* Grislibär

groan¹ /grəʊn; *AmE* groʊn/ *Verb* **1** ~ **(at/with sth)** (bei/vor etw) stöhnen ◊ *groan with pain/pleasure* vor Schmerz/Lust stöhnen ◊ *moan and groan* jammern **2** ächzen IDM **groan under the weight of sth** unter dem Gewicht von etw ächzen PHR V **groan with sth** (*gehoben*) mit etw beladen sein

groan² /grəʊn; *AmE* groʊn/ *Nomen* Stöhnen ◊ *with a groan* aufstöhnend

groats /grəʊts; *AmE* groʊts/ *Nomen* [Pl] (*veraltet*) (*besonders Hafer-*) Grütze

gro·cer /'grəʊsə(r); *AmE* 'groʊ-/ *Nomen* Lebensmittelhändler(in) ➔ *Hinweis bei* BAKER

gro·cery /'grəʊsəri; *AmE* 'groʊ-/ *Nomen* (*Pl* **-ies**) (*AmE meist* **'grocery store**) **1** Lebensmittelgeschäft **2** **groceries** [Pl] Lebensmittel

grog /grɒg; *AmE* grɑːg/ *Nomen* **1** Grog **2** (*AusE, umgs*) alkoholisches Getränk, Bier

groggy /'grɒgi; *AmE* 'grɑːgi/ *Adj* (*umgs*) angeschlagen, groggy

groin /grɔɪn/ *Nomen* (ANAT) Leistengegend ◊ *a groin injury* eine Leistenverletzung ◊ *She kicked him in the groin.* Sie trat ihm in die Weichteile.

grom·met /ˈgrɒmɪt; *AmE* ˈgrɑːm-/ *Nomen* **1** (Metall)öse **2** (*BrE*) Drainage im Ohr

groom¹ /gruːm/ *Verb* **1** (*Tier*) bürsten; (*Pferd*) striegeln **2** (*Tier*) putzen ◊ *an ape grooming her mate* eine Äffin, die ihr Männchen laust **3** ~ **sb** (**for/as sth**) jdn (zu etw) heranbilden ◊ *He is being groomed to take over from his father.* Er wird als Nachfolger des Vaters herangezogen.

groom² /gruːm/ *Nomen* **1** Pferdepfleger(in) **2** Bräutigam

groomed /gruːmd/ *Adj* (*Mensch*) gepflegt ◊ *She is always perfectly groomed.* Sie sieht immer tadellos aus.

groom·ing /ˈgruːmɪŋ/ *Nomen* (Körper)pflege

grooms·man /ˈgruːmzmən/ *Nomen* (*Pl* **-men** /-mən/) (*AmE*) Trauzeuge des Bräutigams

groove /gruːv/ *Nomen* **1** Rille **2** (*umgs*) (MUS) Groove IDM **be** (**stuck**) **in a** ˈ**groove** (*BrE*) aus dem alten Trott nicht herauskommen

grooved /gruːvd/ *Adj* gerillt

groovy /ˈgruːvi/ *Adj* (*umgs, veraltet*) cool

grope /grəʊp; *AmE* groʊp/ *Verb* **1** ~ (**around**) (**for sth**) (nach etw) (herum)tasten; ◊ (*fig*) *grope for the right word* nach dem richtigen Wort suchen **2** ◊ *She groped towards the door.* Sie tastete sich zur Tür. **3** (*umgs*) befummeln

gross¹ /grəʊs; *AmE* groʊs/ *Adj* **1** Brutto- ◊ *gross salary* Bruttoverdienst **2** (*gehoben oder Fachspr*) schwer ◊ *gross negligence* grobe Fahrlässigkeit ◊ *be charged with gross indecency* wegen eines Sittlichkeitsverbrechens angeklagt sein **3** (*umgs*) widerlich **4** unfein ◊ *gross language* derbe Sprache **5** fett

gross² /grəʊs; *AmE* groʊs/ *Adv* brutto ◊ *earn 40 000 gross* 40 000 brutto verdienen

gross³ /grəʊs; *AmE* groʊs/ *Verb* brutto verdienen, (insgesamt) einbringen PHRV ˌ**gross sb** ˈ**out** (*AmE, umgs*) jdn anwidern

gross⁴ /grəʊs; *AmE* groʊs/ *Nomen* **1** (*Pl* **gross**) Gros, zwölf Dutzend **2** (*Pl* **grosses**) (*bes AmE*) Bruttoeinnahmen

ˌ**gross do**ˌ**mestic** ˈ**product** = GDP

gross·ly /ˈgrəʊsli; *AmE* ˈgroʊsli/ *Adv* (*abwert*) äußerst ◊ *grossly exaggerated* maßlos übertrieben

ˌ**gross** ˌ**national** ˈ**product** = GNP

gross·ness /ˈgrəʊsnəs/ *Nomen* **1** Ungeheuerlichkeit **2** Widerlichkeit

gro·tesque¹ /grəʊˈtesk; *AmE* groʊ-/ *Adj* (*Adv* **gro·tesque·ly**) grotesk

gro·tesque² /grəʊˈtesk; *AmE* groʊ-/ *Nomen* **1** grotesque Figur **2** *the grotesque* das Groteske

grotto /ˈgrɒtəʊ; *AmE* ˈgrɑːtoʊ/ *Nomen* (*Pl* **-oes, -os**) Grotte

grotty /ˈgrɒti; *AmE* ˈgrɑːti/ *Adj* (*BrE, umgs*) mies, schäbig

grouchy /ˈgraʊtʃi/ *Adj* (*umgs*) griesgrämig ◊ *in a grouchy mood* übellaunig

ground¹ /graʊnd/ *Nomen* **1** Boden, Erde (*auch fig*) ◊ *at ground level* auf dem Boden ◊ *ground forces* Bodentruppen ◊ *on familiar ground* auf vertrautem Boden ◊ *below ground* unter der Erde ◊ *2 metres above* (*the*) *ground* 2 Meter über der Erde ◊ *cover a lot of ground* eine Menge Dinge behandeln ☞ *Siehe auch* COMMON GROUND *und* MIDDLE GROUND ☞ *Hinweis bei* BODEN **2** [U] Gelände ◊ *on waste ground* auf unbebautem Gelände **3** (*BrE*) Platz ◊ *a sports ground* ein Sportplatz **4** ˌ**grounds** [Pl] ◊ *fishing grounds* Fischgründe ◊ *hunting grounds* Jagdgebiet ◊ *feeding grounds* Futterplätze **5** ˌ**grounds** [Pl] Gelände, Parkanlage **6** ~ **for sth** [meist Pl] Grund zu etw ◊ *You have no grounds for complaint.* Sie haben keinen Grund zur Klage. ◊ *on the grounds that* … mit der Begründung, dass … ◊ *on health grounds* aus Gesundheitsgründen SYN REASON **7** ˌ**grounds** [Pl] (Boden)satz **8** (*AmE*) Erdung IDM ˌ**break new/fresh** ˈ**ground** Neuland betreten; Pionierarbeit leisten; bahnbrechend sein **cut the ground from under sb's** ˈ**feet** jdm den Boden unter den Füßen wegziehen **gain/make up** ˈ**grouˌ**d (**on sb/sth**) (jdm/etw gegenüber) an Boden gewinnen ◊ *The police car was gaining ground.* Der Polizeiwagen holte den Vorsprung auf. **get off the** ˈ**ground** in Gang kommen **get sth off the** ˈ**ground** etw auf die Beine stellen **give** ˈ**ground** zurückweichen **hold/stand your** ˈ**ground 1** seine Position behaupten **2** nicht von der Stelle weichen **leave the** ˈ**ground** abheben **lose** ˈ**ground** (**to sb/sth**) (jdm/etw gegenüber) an Boden verlieren **on the** ˈ**ground** vor Ort; am Kriegsschauplatz **run/drive/work yourself into the** ˈ**ground** sich totarbeiten ☞ *Siehe auch* EAR, EARTH¹, FIRM², FOOT¹, GAIN¹, HIT¹, MORAL¹, NEUTRAL¹, RIVET², SHIFT¹, STONY, SUIT², THICK¹ *und* THIN¹

ground² /graʊnd/ *Verb* **1** (*Boot*) auf Grund laufen (lassen) **2 be grounded** (*Flugzeug etc.*) nicht starten können ◊ *All planes have been grounded by the strikes.* Wegen des Streiks können keine Flugzeuge starten. **3** (*Kind*) unter Hausarrest stellen ◊ *You're grounded for a week!* Du hast eine Woche lang Hausarrest! **4** (*AmE*) erden IDM **be** ˈ**grounded in/on sth** auf etw basieren

ground³ /graʊnd/ **1** *Form von* GRIND¹ **2** *Adj* gemahlen

ˌ**ground** ˈ**beef** *Nomen* (*AmE*) Rinderhackfleisch

ˈ**ground-breaking** *Adj* bahnbrechend

ˈ**ground cloth** *Nomen* (*AmE*) (Zelt)bodenplane

ˈ**ground control** *Nomen* [U] Bodenkontrolle

ˈ**ground crew** *Nomen* Bodenpersonal ☞ *Hinweis bei* COMMITTEE

ground·ed /ˈgraʊndɪd/ *Adj* **1** selbstsicher **2** begründet **3** (*Kind*) unter Hausarrest ☞ *Siehe auch* GROUND²

ˌ**ground** ˈ**floor** *Nomen* (*bes BrE*) Erdgeschoss, Parterre ☞ *Hinweis bei* STOCK¹, S. 1233 IDM **be/get in on the ground** ˈ**floor** von Anfang an dabei sein

ground·hog /ˈgraʊndhɒg; *AmE* -hɔːg, -hɑːg/ *Nomen* (Wald)murmeltier

ˈ**groundhog day** *Nomen* = 2. Februar, Tag an dem nach einer amerikanischen Wetterregel das Murmeltier aus seinem Winterschlaf erwacht. Wenn es seinen Schatten sieht (d.h. die Sonne scheint), schläft es noch 6 Wochen weiter, d.h. es folgen noch 6 Wochen Winterwetter.

ground·ing /ˈgraʊndɪŋ/ *Nomen* **1** [Sing] Grundkenntnisse, Grundwissen **2** (*von Flugzeugen etc.*) Startverbot

ground·less /ˈgraʊndləs/ *Adj* grundlos, unbegründet

ground·nut /ˈgraʊndnʌt/ *Nomen* (*BrE*) Erdnuss

ˈ**ground plan** *Nomen* **1** Grundriss **2** Grundlage, Konzept

ˈ**ground rent** *Nomen* (*BrE*) = Pachtzins für das Grundstück, auf dem jds Wohnung gebaut ist

ˈ**ground rule** *Nomen* **1 ground rules** [Pl] Grundregeln **2** (*AmE*) (SPORT) Platzregel

ground·sheet /ˈgraʊndʃiːt/ *Nomen* (*BrE*) (Zelt)bodenplane

grounds·man /ˈgraʊndzmən/ *Nomen* (*Pl* **-men** /-mən/) (*bes BrE*) Platzwart

ˈ**ground staff** *Nomen* **1** Bodenpersonal **2** (*BrE*) (SPORT) Platzwarte ◊ *a member of the ground staff* ein Platzwart ☞ *Hinweis bei* STAFF¹

ground·swell /ˈgraʊndswel/ *Nomen* [Sing] Welle ◊ *There was a groundswell of opinion that he should resign.* Man war allgemein der Meinung, dass er abtreten solle.

ground·water /ˈgraʊndwɔːtə(r)/ *Nomen* Grundwasser

ground·work /ˈgraʊndwɜːk; *AmE* -wɜːrk/ *Nomen* Vorarbeit

group¹ /gruːp/ *Nomen* **1** Gruppe ◊ *a group of trees* eine Baumgruppe ◊ *a study group* eine Arbeitsgruppe ◊ *A group of us are going to the theatre this evening.* Einige von uns gehen heute Abend ins Theater. ☞ G 1.3b **2** (WIRTSCH) Konzern, (Unternehmens)gruppe ☞ G 1.3b

group² /gruːp/ *Verb* **1** (sich) gruppieren ◊ *The children grouped themselves around her.* Die Kinder gruppierten sich um sie. ◊ *They grouped together to offer a wider range of courses.* Sie taten sich zusammen, um das Kursangebot zu erweitern. **2** ordnen, in Gruppen einteilen ◊ *The books are grouped together by subject.* Die Bücher sind nach Themen geordnet. ◊ *They were grouped according to age.* Sie wurden nach Alter in Gruppen eingeteilt.

ˌ**group** ˈ**captain** *Nomen* (*Abk* **Gp Capt**) (*in der britischen Luftwaffe*) Oberst

group·ing /ˈgruːpɪŋ/ *Nomen* Gruppierung

ˌ**group** ˈ**practice** *Nomen* Gemeinschaftspraxis

grouse¹ /graʊs/ *Nomen* **1** (*Pl* **grouse**) Rauhfußhuhn **2** (*umgs*) Beschwerde ◊ *Her main grouse is the poor pay.* Was sie am meisten stört, ist die schlechte Bezahlung.

grouse² /graʊs/ *Verb* ~ (**about sb/sth**) (*umgs*) (über jdn/etw) meckern

grout¹ /graʊt/ (auch **grout·ing** /ˈgraʊtɪŋ/) Nomen Fugenkitt
grout² /graʊt/ Verb ausfugen, verfugen
grove /grəʊv; AmE groʊv/ Nomen **1** Wäldchen, Hain **2** = Bestandteil von Straßennamen
grov·el /ˈgrɒvl; AmE ˈgrɑːvl/ Verb (**-ll-**, AmE **-l-**) **1** (abwert) ~ (**to sb**) (vor jdm) kriechen; ~ (**to sb**) **for sth** (jdn) unterwürfig um etw bitten SYN CRAWL **2** (auf allen vieren) kriechen
grov·el·ling (AmE **grov·el·ing**) /ˈgrɒvəlɪŋ; AmE ˈgrɑːv-/ Adj kriecherisch, unterwürfig
grow /grəʊ; AmE groʊ/ Verb (**grew** /gruː/, **grown** /grəʊn; AmE groʊn/) **1** zunehmen, wachsen, steigen ◇ *These roses grow to a height of 6 feet.* Diese Rosen werden 1,80 m hoch. ◇ *The family has grown in size recently.* Die Familie hat vor kurzem Zuwachs bekommen. ◇ *She is growing in confidence.* Ihr Selbstbewusstsein nimmt zu. **2** wachsen lassen ◇ *He's grown a beard.* Er hat sich einen Bart wachsen lassen. **3** anbauen ◇ *I grew them from seed.* Ich habe sie aus Samen gezogen. **4** werden ◇ *grow old* alt werden ◇ *grow bored* Langeweile bekommen **5** ~ **to do sth** etw allmählich tun, etw mit der Zeit tun ◇ *She grew to like it.* Mit der Zeit gefiel es ihr. ◇ *I grew to depend on it.* Mit der Zeit wurde ich davon abhängig. **6** sich entwickeln **7** (Geschäft etc.) erweitern IDM **it/money doesn't grow on 'trees** (umgs) man kann sich das Geld nicht einfach aus den Rippen schneiden ☛ Siehe auch GRASS¹ PHRV **grow a'part** sich auseinander leben, sich auseinander entwickeln ◇ *He's grown apart from them.* Sie haben sich auseinander entwickelt. **,grow a'way from sb** sich jdm entfremden **,grow 'back** wieder nachwachsen **,grow 'into sth** (kein Passiv) **1** (zu) etw werden, sich zu etw entwickeln **2** in etw hineinwachsen (auch fig) **'grow on sb** (kein Passiv) jdm immer besser gefallen ◇ *It grows on you.* Man lernt es schätzen. **,grow 'out** (Frisur, Tönung etc.) herauswachsen **,grow sth 'out** (Frisur, Tönung etc.) herauswachsen lassen **,grow 'out of sth** (kein Passiv) **1** (Kleidung) aus etw herauswachsen SYN OUTGROW **2** (Angewohnheit etc.) ablegen **3** aus etw entstehen ◇ *The idea for the book grew out of a visit to India.* Die Idee für das Buch entstand aus einer Indienreise. **,grow 'up 1** aufwachsen, erwachsen werden ◇ *He grew up to become a famous pianist.* Er wurde ein bekannter Pianist. ◇ *Why don't you grow up?* Du solltest endlich vernünftig werden! **2** sich entwickeln
grow·er /ˈgrəʊə(r); AmE ˈgroʊ-/ Nomen **1** Bauer, Züchter ◇ *a tobacco grower* ein Tabakpflanzer **2** ◇ *a fast/slow grower* eine schnell/langsam wachsende Pflanze
grow·ing /ˈgrəʊɪŋ; AmE ˈgroʊɪŋ/ Adj nur vor Nomen wachsend, zunehmend ◇ *a growing number of people* mehr und mehr Leute
'growing pains Nomen [Pl] **1** Wachstumsschmerzen **2** Pubertätsängste **3** Anfangsschwierigkeiten
growl¹ /graʊl/ Verb knurren; ~ **at sb/sth** jdn/etw anknurren ◇ *She growled a sarcastic reply.* Sie brummelte eine sarkastische Antwort.
growl² /graʊl/ Nomen Knurren, Brummen
grown /grəʊn; AmE groʊn/ **1** Form von GROW **2** Adj erwachsen
,grown-'up¹ Adj **1** erwachsen **2** wie ein Erwachsener, für Erwachsene
'grown-up² Nomen (bes. Kindersprache) Erwachsene(r) SYN ADULT
growth /grəʊθ; AmE groʊθ/ Nomen **1** Wachstum **2** *the rapid growth in violent crime* die rasche Zunahme der Gewaltverbrechen ◇ *personal growth and development* persönliche Entfaltung und Entwicklung **2** Geschwulst, Wucherung ◇ *a malignant growth* ein bösartiger Tumor ◇ *a cancerous growth* ein Krebsgeschwür **3** Vegetation ◇ *fresh green growths* neue Triebe **4** ◇ *several days' growth of beard* ein Dreitagebart
grub¹ /grʌb/ Nomen **1** Larve **2** (umgs) Essen, Futterage ◇ *Grub's up!* Essen ist fertig!
grub² /grʌb/ (**-bb-**) Verb ~ **around/about** (herum)wühlen; ~ (**around**) **for sth** nach etw suchen PHRV **,grub sth 'up/'out** etw ausgraben, etw roden
grubbi·ness /ˈgrʌbɪnəs/ (selten) Nomen Schmuddeligkeit, Dreck

grub·by /ˈgrʌbi/ Adj (**grub·bier**, **grub·bi·est**) **1** dreckig, schmuddelig **2** (fig) schmutzig SYN SORDID
grudge¹ /grʌdʒ/ Nomen Groll ◇ *I bear him no grudge.* Ich trage ihm das nicht nach. ◇ *He has a grudge against the world.* Er hasst die Welt. ◇ *a grudge match* ein erbitterter Zweikampf
grudge² /grʌdʒ/ Verb **1** ◇ *I grudge having to pay so much tax.* Ich zahle ungern so viel Steuern. ◇ *He grudges the time he spends travelling.* Ihm tut es Leid um die Zeit, die er verfährt. SYN BEGRUDGE **2** ~ **sb sth** jdm etw nicht gönnen SYN BEGRUDGE
grudg·ing /ˈgrʌdʒɪŋ/ Adj (Adv **grudg·ing·ly**) widerwillig, unwillig SYN RELUCTANT
gruel /ˈgruːəl/ Nomen (Hafer)grütze
gruel·ling (AmE **gruel·ing**) /ˈgruːəlɪŋ/ Adj strapaziös, äußerst anstrengend
grue·some /ˈgruːsəm/ Adj (Adv **grue·some·ly**) grausig, schaurig
gruff /grʌf/ Adj (Adv **gruff·ly**) **1** (Stimme) rauh **2** schroff ◇ *his gruff exterior* seine bärbeißige Art
grum·ble¹ /ˈgrʌmbl/ Verb **1** murren; ~ (**at/to sb**) (**about/at sb/sth**) sich (bei jdm) (über jdn/etw) beschweren **2** (Donner) grollen SYN RUMBLE
grum·ble² /ˈgrʌmbl/ Nomen **1** Klage, Murren ◇ *My main grumble is about the lack of privacy.* Am meisten stört mich, dass man nie allein ist. **2** Grollen SYN RUMBLE
grum·bler /ˈgrʌmblə(r)/ Nomen Nörgler(in)
grumpy /ˈgrʌmpi/ Adj (**grump·ier**, **grumpi·est**) (Adv **grump·ily** /ˈgrʌmpɪli/) (umgs) mürrisch, brummig
grunge /grʌndʒ/ Nomen **1** (umgs) Dreck SYN GRIME **2** (auch **'grunge rock**) Grunge(-Rock) **3** Grunge(-Stil)
grungy /ˈgrʌndʒi/ Adj (bes AmE, umgs) dreckig, schmutzig
grunt¹ /grʌnt/ Verb grunzen, ächzen
grunt² /grʌnt/ Nomen **1** Grunzen, Ächzen ◇ *give a grunt of effort* vor Anstrengung ächzen **2** (AmE, Slang) Hilfsarbeiter(in), Kuli **3** (AmE, Slang) gemeiner Soldat
gry·phon = GRIFFIN
GSOH Kurzform von **good sense of humour** (in Kleinanzeigen) Sinn für Humor
'G-string Nomen Tanga
Gt (bes AmE **Gt.**) Abk = GREAT
guar·an·tee¹ /ˌɡærənˈtiː/ Nomen **1** Garantie ◇ *The watch is still under guarantee.* Auf der Uhr ist noch Garantie. **2** Sicherheit
guar·an·tee² /ˌɡærənˈtiː/ Verb **1** garantieren **2** meist Passiv garantieren ◇ *This iron is guaranteed for a year against faulty workmanship.* Auf dieses Bügeleisen gibt es ein Jahr Garantie gegen Fertigungsmängel. **3** sicher sein **4** ~ **sth** für etw bürgen IDM **be guaran'teed to do sth** etw garantiert tun ◇ *That kind of behaviour is guaranteed to make him angry.* Ein solches Verhalten ärgert ihn garantiert.
guar·an·tor /ˌɡærənˈtɔː(r)/ Nomen (offiz) Garant(in), Bürge/Bürgin
guard¹ /gɑːd; AmE ɡɑːrd/ Nomen **1** (Person) Wachposten, Wache ◇ *a security guard* ein Sicherheitsbeamter **2** Wachmannschaft, Sicherheitsleute ◇ *the captain of the guard* der Chef der Wache ◇ *the changing of the guard* die Wachablösung ☛ G 1.3b **3** (Wach)dienst, Wache ◇ *on guard* auf Wache ◇ *do guard duty* Wachdienst haben ◇ *keep guard* Wache halten ◇ *provide a guard of honour* ein Ehrenspalier bilden **4** Bewachung **5 the Guards** [Pl] Garde(regiment) **6** (oft in Zusammensetzungen) Schutz(vorrichtung) ◇ *a mouth guard* ein Mundschutz **7** (BrE, veraltend) Schaffner(in) **8** Deckung ◇ *drop your guard* seine Deckung fallen lassen IDM **be on your 'guard** auf der Hut sein **mount 'guard over sb/sth** jdn/etw bewachen **stand/keep 'guard (over sb/sth)** (bei jdm/an etw) Wache stehen/halten **off (your) 'guard** unvorbereitet; unachtsam
guard² /gɑːd; AmE ɡɑːrd/ Verb bewachen ◇ (fig) *a closely guarded secret* ein streng gehütetes Geheimnis PHRV **'guard against sth** sich gegen etw absichern, sich vor etw schützen ◇ *guard against accidents* Unfälle verhüten/vermeiden
'guard dog Nomen Wachhund
guard·ed /ˈgɑːdɪd; AmE ˈɡɑːrd-/ Adj (Adv **guard·ed·ly**) zurückhaltend, vorsichtig OPP UNGUARDED

guard·house /ˈgɑːdhaʊs; AmE ˈgɑːrd-/ Nomen Wache
guard·ian /ˈgɑːdiən; AmE ˈgɑːrd-/ Nomen **1** Hüter(in) **2** Vormund
ˌguardian ˈangel Nomen Schutzengel
guard·ian·ship /ˈgɑːdiənʃɪp; AmE ˈgɑːrd-/ Nomen [U] **1** (gehoben) Schutz, Obhut **2** (RECHT) Vormundschaft
ˈguard rail Nomen **1** (Schutz)geländer; (beim Boot) Reling **2** (bes AmE) Leitplanke
guard·room /ˈgɑːdruːm, -rʊm; AmE ˈgɑːrd-/ Nomen Wachlokal, Wachstube
guards·man /ˈgɑːdzmən; AmE ˈgɑːrd-/ Nomen (Pl **-men** /-mən/) Gardesoldat, Gardist
ˈguard's van Nomen (BrE) Dienstabteil
guava /ˈgwɑːvə/ Nomen Guajave
gu·ber·na·tor·ial /ˌguːbənəˈtɔːriəl; AmE -bərnə-/ Adj (gehoben) (in den USA) Gouverneurs-
guer·rilla (auch **guer·illa**) /gəˈrɪlə/ Nomen Guerilla(kämpfer, -kämpferin) ◊ urban guerrillas die Stadtguerilla
guess¹ /ges/ Verb **1** raten, schätzen ◊ guess at sth Vermutungen über etw anstellen ◊ I guessed as much. Das habe ich mir schon gedacht. **2** erraten **3** I guess (bes AmE, umgs) ◊ I guess that's why he's so sad. Wahrscheinlich ist er deshalb so traurig. ◊ I guess I'm just lucky. Ich hab wohl einfach nur Glück. **IDM Guess what!** Stell dir vor! **keep sb ˈguessing** (umgs) jdn im Ungewissen lassen
guess² /ges/ Nomen Vermutung, Schätzung ◊ **at a guess** schätzungsweise ◊ (AmE) **take a guess** raten ◊ (BrE) I had to make a guess at her name. Bei ihrem Namen musste ich raten. ◊ Go on! Have a guess! Na los! Rate mal! ◊ I'll give you three guesses. Dreimal darfst du raten. **IDM** it's **ˈany·bo·dy's/ˈanyone's guess** (umgs) das wissen die Götter **your ˈguess is as good as ˈmine** (umgs) ich weiß genauso viel wie du
guess·ti·mate /ˈgestɪmət/ Nomen (umgs) grobe Schätzung
guess·work /ˈgeswɜːk; AmE -wɜːrk/ Nomen [U] Vermutung(en)
guest¹ /gest/ Nomen Gast ◊ He made a guest appearance on the show. Er trat als Gast in der Show auf. **IDM** **be my ˈguest** (umgs) ◊ 'May I use the phone?' 'Be my guest.' „Darf ich mal telefonieren?" „Bitte, gern."
guest² /gest/ Verb als Gast(star) auftreten, als Gast(spieler) spielen
ˈguest house Nomen **1** (BrE) (Fremden)pension **2** (AmE) Gästehaus
ˈguest room Nomen Gästezimmer
ˈguest worker Nomen Gastarbeiter(in)
guff /gʌf/ Nomen [U] (umgs) Blödsinn, Mist
guf·faw¹ /gəˈfɔː/ Verb brüllen vor Lachen
guf·faw² /gəˈfɔː/ Nomen kurzes, bellendes Lachen
guid·ance /ˈgaɪdns/ Nomen [U] **1** (An)leitung, Beratung, Rat(schläge) ◊ (AmE) a guidance counselor ein(e) Vertrauenslehrer(in) **2** Steuerung ◊ a missile guidance system ein Raketensteuerungssystem
guide¹ /gaɪd/ Nomen **1** ~ (**to sth**) (Buch, Broschüre) Ratgeber (für etw) ◊ a TV guide eine Fernsehzeitung **2** = GUIDEBOOK **3** Fremdenführer(in) ◊ a tour guide ein(e) Reiseleiter(in) **4** Lehrer(in), Berater(in), Vorbild **5** Richtschnur, Anhaltspunkt ◊ I let my feelings be my guide. Ich ließ mich von meinen Gefühlen leiten. **6** Guide (veraltet ˌGirl ˈGuide) (BrE) Pfadfinderin ☛ Hinweis bei SCOUT¹
guide² /gaɪd/ Verb **1** führen ◊ We were guided around the museums. Wir wurden durch die Museen geführt. **2** leiten, lenken, begleiten ◊ be guided by sth sich von etw leiten lassen **3** ~ **sb** (**through sth**) jdn (in etw) einweisen
guide·book /ˈgaɪdbʊk/ (auch **guide**) Nomen Reiseführer
guided /ˈgaɪdɪd/ Adj meist nur vor Nomen geführt ◊ a guided tour/walk eine Führung
ˌguided ˈmissile Nomen Lenkrakete
ˈguide dog Nomen Blindenhund
guide·line /ˈgaɪdlaɪn/ Nomen **1 guidelines** [Pl] Richtlinien **2** [meist Pl] Hinweis, Ratschlag **3** Richtschnur
guid·ing /ˈgaɪdɪŋ/ Adj nur vor Nomen leitend, helfend ◊ the guiding force die treibende Kraft ◊ His mother was his guiding light. Seine Mutter war sein Vorbild.
guild /gɪld/ Nomen **1** Verband, Verein **2** Gilde, Zunft ☛ G 1.3b

guil·der /ˈgɪldə(r)/ Nomen Gulden
guild·hall /ˈgɪldhɔːl/ Nomen (BrE) Gildehaus, Zunfthaus
guile /gaɪl/ Nomen (gehoben) (Arg)list, (Heim)tücke
guile·less /ˈgaɪlləs/ Adj (gehoben) arglos, harmlos
guil·le·mot /ˈgɪlɪmɒt; AmE -mɑːt/ Nomen Lumme
guil·lo·tine¹ /ˈgɪləˌtiːn/ Nomen **1** [Sing] Guillotine **2** Papierschneidemaschine **3** [Sing] (BrE) (POL) = Begrenzung der Beratungszeit
guil·lo·tine² /ˈgɪləˌtiːn/ Verb **1** guillotinieren **2** (BrE) (mit der Papierschneidemaschine) schneiden **3** (BrE) (POL) = die Beratungszeit eines Gesetzes etc. einschränken
guilt /gɪlt/ Nomen [U] Schuld **IDM** **a ˈguilt trip** (umgs) ◊ **lay a guilt trip on sb about sth** jdm wegen einer Sache Schuldgefühle einreden ◊ **be on a guilt trip** sich unablässig Vorwürfe machen
guilt·less /ˈgɪltləs/ Adj **1** schuldlos, unschuldig **2** ohne Gewissensbisse
guilty /ˈgɪlti/ Adj (**guilt·ier**, **guilti·est**) (More guilty und most guilty sind gebräuchlicher) **1** schuldig ◊ He pleaded guilty to murder. Er bekannte sich des Mordes schuldig. ◊ be guilty of sth sich einer Sache schuldig machen ◊ a guilty conscience ein schlechtes Gewissen **2** (Adv **guilt·ily** /-ɪli/) schuldbewusst
guinea /ˈgɪni/ Nomen (frühere englische Goldmünze) Guinea
ˈguinea·fowl /ˈgɪnifaʊl/ Nomen (Pl **guinea·fowl**) Perlhuhn
ˈguinea pig Nomen **1** Meerschweinchen **2** Versuchskaninchen
guise /gaɪz/ Nomen **1** Gestalt, Verkleidung **2** Vorwand, Deckmantel
gui·tar /gɪˈtɑː(r)/ Nomen Gitarre
gui·tar·ist /gɪˈtɑːrɪst/ Nomen Gitarrist(in)
Gu·ja·rati (auch **Gu·je·rati**) /ˌguːdʒəˈrɑːti/ **1** Nomen = Einwohner(in) des westindischen Staates Gujarat **2** Nomen (Sprache) Gujarati **3** Adj = den westindischen Staat Gujarat betreffend
gulch /gʌltʃ/ Nomen (bes AmE) Schlucht, Klamm
gulf /gʌlf/ Nomen **1** Golf, Meerbusen **2 the Gulf** [Sing] der (Persische) Golf **3** Kluft **IDM** ➪ BRIDGE²
the ˈGulf Stream Nomen [Sing] der Golfstrom
gull /gʌl/ = SEAGULL
gul·let /ˈgʌlɪt/ Nomen Speiseröhre **SYN** OESOPHAGUS
gul·li·bil·ity /ˌgʌləˈbɪləti/ Nomen Leichtgläubigkeit
gul·lible /ˈgʌləbl/ Adj leichtgläubig
gully (auch **gul·ley**) /ˈgʌli/ Nomen (Pl **gul·lies**, **gul·leys**) **1** Rinne **2** Schlucht
gulp¹ /gʌlp/ Verb **1** ~ **sth** (**down**) etw (hinunter)schlingen, etw (hinunter)stürzen **2** (trocken) schlucken (vor Angst, Überraschung etc.) **3** ~ **for sth** (Luft) nach etw schnappen, nach etw ringen; ~ **sth** (**in**) etw gierig (ein)atmen **PHRV** **ˌgulp sth ˈback** etw hinunterschlucken, etw unterdrücken
gulp² /gʌlp/ Nomen **1** (kräftiger) Schluck, (großer) Bissen, (tiefer) Zug **2** Schlucken ◊ She gave a gulp before she replied. Sie musste schlucken, bevor sie antworten konnte.
gum¹ /gʌm/ Nomen **1** [meist Pl] Zahnfleisch **2** [U] (Baumharz) Gummi (arabikum) **3** [U] Klebstoff **4** = CHEWING GUM **5** (Süßigkeit) ◊ fruit gums Fruchtgummis **IDM** **by ˈgum!** (BrE, umgs, veraltet) mein Gott!; verdammt!
gum² /gʌm/ Verb (**-mm-**) (veraltend) kleben ◊ She gummed the envelope down. Sie klebte den Umschlag zu. **PHRV** **ˌgum ˈup** (meist passiv) (BrE, umgs) verkleben ◊ Keep the valve clean or it will get gummed up. Halten Sie das Ventil sauber, damit es nicht verklebt. **ˌgum sth ˈup** (BrE, umgs) (meist passiv) etw verkleben
gum·ball /ˈgʌmbɔːl/ Nomen (AmE) Kaugummikugel
gumbo /ˈgʌmbəʊ; AmE -boʊ/ Nomen = Eintopf mit Huhn bzw. Meeresfrüchten und Okra
gum·boot /ˈgʌmbuːt/ Nomen (BrE, veraltet) Gummistiefel
gummed /gʌmd/ Adj gummiert
gummy /ˈgʌmi/ Adj **1** klebrig, verklebt **2** zahnlos
gump·tion /ˈgʌmpʃn/ Nomen (umgs, veraltet) **1** gesunder Menschenverstand **2** Mumm
gum·shoe /ˈgʌmʃuː/ Nomen (veraltet) **1** (AmE, umgs) Detektiv **2** Galosche **3** Turnschuh
ˈgum tree Nomen Kautschukbaum; (in Australien) Eukalyptusbaum **IDM** **be up a ˈgum tree** (BrE, umgs) in der Klemme sitzen

gun¹ /gʌn/ *Nomen* **1** Schusswaffe, Geschütz ◇ *anti-aircraft guns* Flakgeschütze **2** Pistole ◇ *a staple gun* ein Tacker **3 the gun** [Sing] der Startschuss, das Startsignal **4** (*bes AmE, umgs*) Killer **5** Schütze, Schützin IDM **hold/put a gun to sb's 'head** jdm die Pistole auf die Brust setzen ☛ *Siehe auch* GREAT¹, JUMP¹, SPIKE² *und* STICK¹

gun² /gʌn/ *Verb* (**-nn-**) **1** ~ **sb down** jdn niederschießen, jdn erschießen; ~ **sth down** etw erschießen, etw abschießen **2** (*Motor*) aufheulen lassen PHRV **be 'gunning for sb** (*umgs*) jdn auf dem Kieker haben **be 'gunning for sth** (*umgs*) es auf etw abgesehen haben, etw im Visier haben

gun·boat /'gʌnbəʊt; *AmE* -boʊt/ *Nomen* Kanonenboot

'gunboat di'plomacy *Nomen* Kanonenbootpolitik

'gun control *Nomen* (*bes AmE*) Einschränkung des privaten Schusswaffenverkaufs und -besitzes

'gun dog *Nomen* Jagdhund

gun·fight /'gʌnfaɪt/ *Nomen* Feuergefecht, Schießerei

gun·fight·er /'gʌnfaɪtə(r)/ *Nomen* Schütze

gun·fire /'gʌnfaɪə(r)/ *Nomen* [U] **1** Schießerei ◇ *an exchange of gunfire* ein Schusswechsel **2** Gewehrfeuer, Geschützfeuer ◇ *I could hear gunfire.* Ich konnte Schüsse hören.

gunge /gʌndʒ/ *Nomen* (*BrE, umgs*) Schmiere

gung-ho /ˌgʌŋ 'həʊ; *AmE* 'hoʊ/ *Adj* (*umgs, abwert*) wild begeistert

gungy /'gʌndʒi/ *Adj* (*BrE, umgs*) schmierig

gunk /gʌŋk/ *Nomen* (*bes AmE, umgs*) Schmiere

gunky /'gʌŋki/ *Adj* (*bes AmE, umgs*) schmierig

gun·man /'gʌnmən/ *Nomen* (*Pl* **-men** /-mən/) bewaffneter Mann

gun·metal /'gʌnmetl/ *Nomen* **1** Geschützbronze **2** dunkles Blaugrau

gun·nel = GUNWALE

gun·ner /'gʌnə(r)/ *Nomen* Artillerist, Kanonier

gun·ny·sack /'gʌnisæk/ *Nomen* (*AmE*) Rupfensack

gun·point /'gʌnpɔɪnt/ *Nomen* IDM **at 'gunpoint** mit vorgehaltener Schusswaffe; mit Waffengewalt

gun·pow·der /'gʌnpaʊdə(r)/ (*auch* **pow·der**) *Nomen* Schießpulver

gun·run·ner /'gʌnrʌnə(r)/ *Nomen* Waffenschmuggler

gun·run·ning /'gʌnrʌnɪŋ/ *Nomen* Waffenschmuggel

gun·ship /'gʌnʃɪp/ *Nomen* Kampfhubschrauber

gun·shot /'gʌnʃɒt; *AmE* -ʃɑːt/ *Nomen* **1** Schuss **2 out of/within ~** außer/in Schussweite

gun·sling·er /'gʌnslɪŋə(r)/ *Nomen* (*AmE*) Revolverheld(in)

gun·smith /'gʌnsmɪθ/ *Nomen* Büchsenmacher(in), Waffenschmied(in)

gun·wale (*auch* **gun·nel**) /'gʌnl/ *Nomen* Schandeck, Schandeckel; (*eines Ruderboots*) Dollbord

gur·gle¹ /'gɜːgl; *AmE* 'gɜːrgl/ *Verb* **1** gluckern ◇ *Water gurgled through the pipes.* Wasser floss gluckernd durch die Rohre. **2** (*Person*) glucksen

gur·gle² /'gɜːgl; *AmE* 'gɜːrgl/ *Nomen* **1** Gluckern **2** Glucksen

gur·ney /'gɜːni; *AmE* 'gɜːrni/ *Nomen* (*AmE*) Rollbahre

guru /'gʊruː/ *Nomen* Guru (*auch fig*)

gush¹ /gʌʃ/ *Verb* **1** (*Flüssigkeit*) strömen, schießen **2** ausströmen lassen ◇ *The tanker was gushing oil.* Aus dem Tanker strömte Öl aus. **3** (*abwert*) schwärmen

gush² /gʌʃ/ *Nomen* [meist Sing] **1** Schwall **2** Ausbruch

gush·er /'gʌʃə(r)/ *Nomen* **1** (*AmE*) natürlich sprudelnde Ölquelle **2** überschwänglicher Mensch

gush·ing /'gʌʃɪŋ/ *Adj* (*Adv* **gush·ing·ly**) (*abwert*) überschwänglich

gus·set /'gʌsɪt/ *Nomen* Zwickel, Keil

gussy /'gʌsi/ *Verb* (**gus·sies, gussy·ing, gus·sied, gus·sied**) PHRV **gussy 'up** (*AmE, umgs*) sich fein machen, sich herausputzen SYN DRESS UP

gust¹ /gʌst/ *Nomen* **1** Windstoß, Bö, Schwall **2** Anfall ◇ *a gust of despair* ein plötzliches Gefühl von Verzweiflung; *gusts of laughter* Lachsalven

gust² /gʌst/ *Verb* böig wehen

gusto /'gʌstəʊ; *AmE* -toʊ/ *Nomen* Begeisterung

gusty /'gʌsti/ *Adj* böig, stürmisch

gut¹ /gʌt/ *Nomen* **1** Darm SYN INTESTINE **2 guts** [Pl] Eingeweide, Innereien **3** (*umgs*) Bauch, Wanst SYN BELLY **4 guts** [Pl] (*umgs*) Schneid, Mumm **5** [meist Pl] Innerstes **6 guts** [Pl] (*das Wesentliche*) Kern **7** = CATGUT IDM **have sb's ˌguts for 'garters** (*BrE, umgs*) aus jdm Hackfleisch machen **slog/sweat/work your 'guts out** (*umgs*) sich abrackern ☛ *Siehe auch* BUST¹, HATE¹ *und* SPILL¹

gut² /gʌt/ *Verb* (**-tt-**) **1** (*meist passiv*) (*zerstören*) aushöhlen ◇ *a factory gutted by fire* eine ausgebrannte Fabrik **2** ausnehmen, ausweiden

gut³ /gʌt/ *Adj* nur vor *Nomen* gefühlsmäßig ◇ *a gut feeling* ein instinktives Gefühl

gut·less /'gʌtləs/ *Adj* feige, saftlos

gutsy /'gʌtsi/ *Adj* (*umgs*) **1** mutig, beherzt ◇ *a gutsy win* ein heroischer Sieg **2** markig, kernig

gut·ted /'gʌtɪd/ *Adj* (*BrE, umgs*) (*enttäuscht*) am Boden zerstört

gut·ter¹ /'gʌtə(r)/ *Nomen* **1** Dachrinne **2** Rinnstein **3 the gutter** [Sing] (*Gesellschaftsschicht*) die Gosse

gut·ter² /'gʌtə(r)/ *Verb* flackern

gut·ter·ing /'gʌtərɪŋ/ *Nomen* [U] Dachrinnen(system)

the ˌgutter 'press *Nomen* (*abwert*) die Skandalpresse

gut·tur·al /'gʌtərəl/ *Adj* guttural, kehlig ◇ *guttural consonants* Gutturale

guv'nor /'gʌvnə(r)/ (*auch* **guv** /gʌv/) *Nomen* (*BrE, umgs*) (*als Anrede verwendet*) Chef

guy /gaɪ/ *Nomen* **1** (*umgs*) Typ, Kerl ◇ *the bad guy* der Bösewicht **2 guys** [Pl] (*als Anrede verwendet*) (*bes AmE, umgs*) Leute ◇ *Come on, you guys, let's get going!* Los, Leute, lasst uns gehen! **3** Guy-Fawkes-Puppe **4** (*auch* **'guy rope**) Haltetau, Zeltschnur

ˌGuy 'Fawkes night /ˌgaɪ fɔːks naɪt/ *Nomen* = Abend des 5. November ☛ *Hinweis bei* BONFIRE NIGHT

guz·zle /'gʌzl/ *Verb* (*umgs, meist abwert*) (*trinken*) in sich hineinschütten; (*essen*) verschlingen, verputzen ◇ (*fig*) *My car guzzles fuel.* Mein Auto säuft Benzin.

guz·zler /'gʌzlə(r)/ *Nomen* (*AmE, umgs*) = GAS GUZZLER

gybe¹ (*AmE meist* **jibe**) /dʒaɪb/ *Verb* halsen

gybe² (*AmE meist* **jibe**) /dʒaɪb/ *Nomen* Halse

gym /dʒɪm/ *Nomen* **1** (*gehoben* **gym·na·sium**) Turnhalle **2** [U] Turnen **3** Fitnesscenter, Fitnessstudio

gym·khana /dʒɪm'kɑːnə/ *Nomen* (*BrE*) Reiterfest

gym·na·sium /dʒɪm'neɪziəm/ *Nomen* (*Pl* **gym·na·siums** *oder* **gym·na·sia** /-ziə/) (*gehoben*) = GYM

gym·nast /'dʒɪmnæst/ *Nomen* Turner(in)

gym·nas·tic /dʒɪm'næstɪk/ *Adj* turnerisch, gymnastisch

gym·nas·tics /dʒɪm'næstɪks/ *Nomen* [U] Turnen, Gymnastik ◇ (*fig*) *mental gymnastics* Gehirnakrobatik

'gym shoe *Nomen* (*BrE, veraltet*) Turnschuh, Leinenschuh

gym-slip /'dʒɪmslɪp/ *Nomen* (*BrE, veraltet*) Trägerkleid

gy·nae·co·log·ic·al (*AmE* **gyne·co·lo·gic·al**) /ˌgaɪnəkə'lɒdʒɪkl; *AmE* -'lɑːdʒ-/ *Adj* gynäkologisch

gy·nae·co·lo·gist (*AmE* **gyne·co·lo·gist**) /ˌgaɪnə'kɒlədʒɪst; *AmE* -'kɑːl-/ *Nomen* Frauenarzt/-ärztin, Gynäkologe, Gynäkologin

gy·nae·co·logy (*AmE* **gyne·co·logy**) /ˌgaɪnə'kɒlədʒi; *AmE* -'kɑːl-/ *Nomen* Frauenheilkunde, Gynäkologie

gyp¹ /dʒɪp/ *Nomen* [Sing] (*AmE, umgs*) Nepp IDM **give sb 'gyp** (*BrE, umgs*) (*Schmerz*) jdm sehr zu schaffen machen

gyp² /dʒɪp/ *Verb* (**-pp-**) (*bes AmE*) neppen; ~ **sb** jdn übers Ohr hauen

gyp·sum /'dʒɪpsəm/ *Nomen* Gips

gypsy (*auch* **gipsy**) /'dʒɪpsi/ *Nomen* (*Pl* **-ies**) (*manchmal beleidigend*) Zigeuner(in)

gy·rate /dʒaɪ'reɪt; *AmE* 'dʒaɪreɪt/ *Verb* **1** sich drehen, kreiseln **2** kreisen lassen

gy·ration /dʒaɪ'reɪʃn/ *Nomen* [meist Pl] Drehung

gyro·scope /'dʒaɪrəskəʊp; *AmE* -skoʊp/ (*umgs* **gyro** /'dʒaɪrəʊ; *AmE* -roʊ/) *Nomen* Gyroskop

gyro·scop·ic /ˌdʒaɪrə'skɒpɪk; *AmE* -'skɑː-/ *Adj* gyroskopisch

Hh

H, h /eɪtʃ/ *Nomen* (*Pl* **H's, h's**) (*Buchstabe*) H, h ➔ *Siehe auch* H-BOMB ➔ *Beispiele bei* A, a

ha¹ /hɑː/ *Ausruf* **1** (*auch* **hah**) (*verwendet, wenn man überrascht oder erfreut ist*) ha **2** (*auch* **ha! ha!**) (*verwendet, wenn man lacht*) haha! (*auch ironisch*)

ha² = HECTARE

hab·eas cor·pus /ˌheɪbiəs ˈkɔːpəs; *AmE* ˈkɔːrpəs/ *Nomen* (RECHT) Habeaskorpusakte ◊ *apply for a writ of habeas corpus* einen Haftprüfungsantrag stellen

hab·er·dash·er /ˈhæbədæʃə(r); *AmE* ˈhæbərd-/ *Nomen* **1** (*BrE, veraltet*) Kurzwarenhändler(in) ➔ *Hinweis bei* BAKER **2** (*AmE*) Beschäftigte(r) bei einem Herrenausstatter

hab·er·dash·ery /ˈhæbəˈdæʃəri; *AmE* ˈhæbərd-/ *Nomen* (*Pl* **-ies**) **1** (*BrE, veraltet*) Kurzwaren **2** (*AmE, veraltet*) Herrenbekleidung **3** Kurzwarengeschäft, Kurzwarenabteilung **4** (*AmE, veraltet*) Herrenausstatter

habit /ˈhæbɪt/ *Nomen* **1** Gewohnheit, Angewohnheit ◊ *eating habits* Essgewohnheiten ◊ *He only does it out of habit.* Er tut es aus reiner Gewohnheit. ◊ *I'm a creature of habit.* Ich bin ein Gewohnheitsmensch. ◊ *I'm not in the habit of letting strangers into my apartment.* Ich lasse für gewöhnlich Fremde nicht in meine Wohnung. ◊ *I've got into the habit of turning on the TV as soon as I get home.* Ich habe es mir angewöhnt, den Fernseher einzuschalten, sowie ich nach Hause komme. ◊ *I'm trying to break the habit of staying up too late.* Ich versuche es mir abzugewöhnen, so lange aufzubleiben. **2** (*umgs*) Sucht ◊ *She wants to give up smoking but just can't kick the habit.* Sie will das Rauchen aufgeben, aber sie kann es sich einfach nicht abgewöhnen. **3** Kutte, Ordenstracht IDM ⇒ FORCE¹

hab·it·able /ˈhæbɪtəbl/ *Adj* bewohnbar OPP UNINHABITABLE

habi·tat /ˈhæbɪtæt/ *Nomen* Habitat, Lebensraum

habi·ta·tion /ˌhæbɪˈteɪʃn/ *Nomen* **1** Bewohnen, Wohnen **2** (*gehoben*) Behausung, Wohnung

ˈhabit-forming *Adj* zur Gewohnheit werdend, zur Sucht führend

ha·bit·ual /həˈbɪtʃuəl/ *Adj* (*Adv* **ha·bit·ual·ly** /-tʃuəli/) **1** *nur vor Nomen* gewohnt, üblich **2** gewohnheitsmäßig, Gewohnheits- ◊ *a habitual criminal* ein Gewohnheitsverbrecher ◊ *a habitual liar* ein notorischer Lügner ➔ *Hinweis bei* HISTORIC

ha·bi·tué /(h)əˈbɪtʃueɪ/ *Nomen* (*gehoben*) regelmäßige(r) Besucher(in), Stammgast

ha·ci·en·da /ˌhæsiˈendə/ *Nomen* Hazienda

hack¹ /hæk/ *Verb* **1** hacken **2** (*Fußball etc.*) treten **3** **sb can/can't ~ it** (*umgs*) jd schafft es/schafft es nicht; (*etwas Langweiliges*) jd hält es aus/hält es nicht aus **4** (*meist* **go hacking**) (*bes BrE*) ausreiten **5** (*AmE, umgs*) Taxi fahren

hack² /hæk/ *Nomen* **1** (*abwert*) Schreiberling **2** (*abwert*) Kuli ◊ *a party hack* ein kleiner Parteifunktionär **3** Mietpferd, Reitpferd **4** Gaul, Klepper **5** (*AmE, umgs*) Taxi **6** Hieb

ˌhacked ˈoff *Adj nicht vor Nomen* (*BrE, umgs*) stocksauer, stinksauer

hack·er /ˈhækə(r)/ *Nomen* (COMP) Hacker

ˌhacking ˈcough *Nomen* [Sing] trockener Husten

hackles /ˈhæklz/ *Nomen* [Pl] Nackenhaare, Nackenfell, Nackenfedern IDM **make sb's ˈhackles rise**; **raise sb's ˈhackles** jdn wütend machen ◊ *Her controversial article is bound to raise hackles.* Ihr umstrittener Artikel wird zweifellos Ärger erregen. ◊ **sb's hackles rise** jd wird wütend ◊ *Ben felt his hackles rise.* Ben fühlte die Wut in sich aufsteigen.

hack·ney car·riage /ˈhækni kærɪdʒ/ *Nomen* (*auch* **ˈhack·ney cab**) *Nomen* (*BrE*) **1** Taxi **2** Pferdedroschke

hack·neyed /ˈhæknid/ *Adj* abgedroschen, abgegriffen ◊ *a hackneyed image* ein klischeehaftes Image

hack·saw /ˈhæksɔː/ *Nomen* Metallsäge

had /hæd; *unbetont* həd/ *Form von* HAVE

had·dock /ˈhædək/ *Nomen* (*Pl* **had·dock**) Schellfisch

Hades /ˈheɪdiːz/ *Nomen* Hades

hadn't /ˈhædnt/ = HAD NOT

haema·to·log·ic·al (*AmE* **hem·ato·log·ic·al**) /ˌhiːmətəˈlɒdʒɪkl; *AmE* -ˈlɑː-/ *Adj* hämatologisch

haema·tolo·gist (*AmE* **hema·tolo·gist**) /ˌhiːməˈtɒlədʒɪst; *AmE* -ˈtɑː-/ *Nomen* Hämatologe, Hämatologin

haema·tol·ogy (*AmE* **hema·tol·ogy**) /ˌhiːməˈtɒlədʒi; *AmE* -ˈtɑː-/ *Nomen* Hämatologie

haemo·globin (*AmE* **hemo·globin**) /ˌhiːməˈɡləʊbɪn; *AmE* -ˈɡloʊ-/ *Nomen* Hämoglobin

haemo·philia (*AmE* **hemo·philia**) /ˌhiːməˈfɪliə/ *Nomen* Bluterkrankheit, Hämophilie

haemo·phil·iac (*AmE* **hemo·phil·iac**) /ˌhiːməˈfɪliæk/ *Nomen* Bluter(in)

haem·or·rhage¹ (*AmE* **hem·or·rhage**) /ˈhemərɪdʒ/ *Nomen* **1** Blutung, Hämorrhagie **2** [meist Sing] (*von Menschen, Kapital etc.*) Abwanderung

haem·or·rhage² (*AmE* **hem·or·rhage**) /ˈhemərɪdʒ/ *Verb* Blutungen haben, bluten

haem·or·rhoids (*AmE* **hem·or·rhoids**) /ˈhemərɔɪdz/ *Nomen* [Pl] (MED) Hämorrhoiden SYN PILES

hag /hæɡ/ *Nomen* (*beleidigend*) (*alte Frau*) Hexe

hag·gard /ˈhæɡəd; *AmE* -ɡərd/ *Adj* abgespannt, abgehärmt, ausgezehrt

hag·gis /ˈhæɡɪs/ *Nomen* = schottisches Gericht aus mit gehackten Schafsinnereien, Haferflocken und Kräutern gefülltem Schafsmagen

hag·gle /ˈhæɡl/ *Verb* **~** (**with sb**) (**over sth**) (mit jdm) (um etw) feilschen, sich (mit jdm) (wegen einer Sache) herumschlagen

hah = HA

haiku /ˈhaɪkuː/ *Nomen* (*Pl* **haiku** *oder* **haikus**) (LIT) Haiku

hail¹ /heɪl/ *Verb* **1** (*meist passiv*) **~ sb/sth** (**as**) **sth** jdn/etw (als etw) feiern **2** (*Taxi etc.*) heranwinken, anhalten **3** (*gehoben*) (an)rufen ◊ **~ within hailing distance** in Rufweite **4** hageln PHR V **ˈhail from ...** (*gehoben*) aus ... stammen

hail² /heɪl/ *Nomen* Hagel ◊ *a hail of bullets* ein Kugelhagel

Hail Mary /ˌheɪl ˈmeəri; *AmE* ˈmeri/ *Nomen* (*Pl* **Hail Marys**) Ave Maria

hail·stone /ˈheɪlstəʊn; *AmE* -stoʊn/ *Nomen* [meist Pl] Hagelkorn

hail·storm /ˈheɪlstɔːm; *AmE* -stɔːrm/ *Nomen* Hagelschauer

hair /heə(r); *AmE* her/ *Nomen* [U] Haar(e) ◊ *do your hair* sich die Haare machen ◊ *He's losing his hair.* Ihm gehen die Haare aus. ◊ *cat hairs* Katzenhaare ◊ *have your hair done* zum Friseur gehen IDM **get in sb's ˈhair** (*umgs*) jdm auf die Nerven gehen; jdm in die Quere kommen ◊ **the hair of the ˈdog (that ˈbit you)** (*umgs*) Alkohol als Mittel gegen den Kater ◊ **keep your ˈhair on** (*BrE, umgs*) reg dich ab ◊ **let your ˈhair down** (*umgs*) auf den Putz hauen; aus sich herausgehen ◊ **make sb's ˈhair stand on end** jdm die Haare zu Berge stehen lassen ◊ **not harm/touch a hair of sb's ˈhead** jdm kein Haar krümmen ◊ **not have a ˈhair out of place** aussehen wie aus dem Ei gepellt ◊ **not turn a ˈhair** nicht mit der Wimper zucken ➔ *Siehe auch* HANG¹, HIDE², SPLIT¹ *und* TEAR¹

hair·band /ˈheəbænd; *AmE* ˈherb-/ *Nomen* Haarband

hair·brush /ˈheəbrʌʃ; *AmE* ˈherb-/ *Nomen* Haarbürste

hair·cut /ˈheəkʌt; *AmE* ˈherkʌt/ *Nomen* **1** Haareschneiden ⋄ *You need a haircut.* Du musst zum Friseur. **2** Haarschnitt, Frisur

hair·do /ˈheədu:; *AmE* ˈherdu:/ *Nomen* (*Pl* **-os**) (*umgs, veraltet*) Frisur

hair·dress·er /ˈheədresə(r)/; *AmE* ˈherd-/ *Nomen* Friseur(in) ☛ *Hinweis bei* BAKER

hair·dress·ing /ˈheədresɪŋ/; *AmE* ˈherd-/ *Nomen* Haareschneiden, Frisieren ⋄ *a school of hairdressing* eine Schule für Friseure

hair·dryer (*auch* **hair·drier**) /ˈheədraɪə(r)/; *AmE* ˈherd-/ *Nomen* Föhn, Haartrockner, Trockenhaube

-haired /-heəd; *AmE* herd/ (*in Zusammensetzungen*) -haarig ⋄ *dark-haired* dunkelhaarig ⋄ *long-haired* langhaarig

hair·grip /ˈheəɡrɪp/; *AmE* ˈherɡ-/ (*auch* **grip**) *Nomen* Haarklemme

hairi·ness /ˈheərɪnəs/; *AmE* ˈheri/ *Nomen* Behaartheit, Behaarung

hair·less /ˈheələs/; *AmE* ˈherləs/ *Adj* unbehaart, haarlos, kahl

hair·line /ˈheəlaɪn/; *AmE* ˈherl-/ *Nomen* **1** Haaransatz ⋄ *a receding hairline* eine Stirnglatze **2** (*oft in Zusammensetzungen*) haarfeiner Riss, haarfeine Linie ⋄ *a hairline crack* ein Haarriss ⋄ *a hairline fracture* eine Fissur

hair·net /ˈheənet; *AmE* ˈhernet/ *Nomen* Haarnetz

hair·piece /ˈheəpi:s; *AmE* ˈherp-/ *Nomen* Haarteil

hair·pin /ˈheəpɪn; *AmE* ˈherpɪn/ *Nomen* **1** Haarnadel **2** (*auch* ˌhairpin ˈbend) (*AmE* ˌhairpin ˈcurve, ˌhairpin ˈturn) Haarnadelkurve

ˈhair-raising *Adj* haarsträubend

ˈhair's breadth *Nomen* [*Sing*] Haaresbreite ⋄ *We won by a hair's breadth.* Wir haben ganz knapp gewonnen.

ˌhair ˈshirt *Nomen* härenes Gewand, Büßergewand

hair·slide /ˈheəslaɪd; *AmE* ˈhers-/ (*auch* **slide**) *Nomen* (*BrE*) Haarspange

ˈhair-splitting *Nomen* [*U*] (*abwert*) Haarspalterei IDM ⇨ SPLIT¹

hair·spray /ˈheəspreɪ; *AmE* ˈhers-/ *Nomen* Haarspray

hair·style /ˈheəstaɪl; *AmE* ˈhers-/ *Nomen* Frisur

hairy /ˈheəri; *AmE* ˈheri/ *Adj* (**hair·ier**, **hairi·est**) **1** behaart, haarig **2** (*umgs*) (*gefährlich*) haarig, brenzlig

hajj (*auch* **haj**) /hædʒ/ *Nomen* Hadsch

hake /heɪk/ *Nomen* (*Pl* **hake**) Seehecht

halal /ˈhæləl/ *Adj* nur vor *Nomen* nach muslimischem Ritus geschlachtet

hal·cyon /ˈhælsɪən/ *Adj* (*gehoben*) glücklich

hale /heɪl/ *Adj* IDM ˌhale and ˈhearty gesund und munter; rüstig

half¹ /hɑ:f/ *Nomen* (*Pl* **halves** /hɑ:vz; *AmE* hævz/) **1** Hälfte ⋄ *one and a half hours/an hour and a half* eineinhalb Stunden ⋄ *divide sth in half* etw halbieren ☛ *Siehe auch* S. 759 **2** (SPORT) (Spiel)hälfte, Halbzeit **3** = HALFBACK **4** (*BrE, umgs*) (Bier etc.) = halbes Pint ⋄ *Two halves of lager, please.* Zwei kleine Bier, bitte. IDM **and a ˈhalf** (*umgs*) ⋄ *That was a game and a half!* Das war vielleicht ein Spiel! **do nothing/not do anything by ˈhalves** keine halben Sachen machen **go half and ˈhalf (with sb); go ˈhalves (with sb)** halbe-halbe (mit jdm) machen **the ˈhalf of it** ⋄ *'That sounds awful.' 'It was, but you don't know the half of it.'* „Das hört sich ja schrecklich an." „War es auch, und das ist noch lange nicht alles." **how the other ˈhalf ˈlives** wie andere Leute leben **be too clever, etc. by ˈhalf** (*BrE, umgs, oft abwert*) viel zu schlau etc. sein ☛ *Siehe auch* MIND¹, SIX *und* TIME¹

half² /hɑ:f/ *Adj, Pron* halbe(r,s) ⋄ *half an hour* eine halbe Stunde ⋄ *He has a half share in the company.* Die Firma gehört ihm zur Hälfte. ⋄ *Out of 36 candidates, half passed.* Von 36 Kandidaten hat die Hälfte bestanden. ⋄ *Half (of) the fruit was bad.* Die Hälfte des Obstes war schlecht. IDM **half a ˈminute, ˈsecond, etc.** (*umgs*) ein Moment **half the fun (of sth)** das Schönste (an etw) **half the time** die meiste Zeit **half the trouble (with sth)** das Schlimmste (an etw) **half past ˈone, ˈtwo, etc.** (*AmE auch* **half after ˈone, ˈtwo, etc.**) (*BrE auch, umgs* **half ˈone, ˈtwo, etc.**) halb zwei, drei etc.

half³ /hɑ:f/ *Adv* **1** halb, zur Hälfte ⋄ *The chicken was only half cooked.* Das Huhn war noch nicht gar. **2** fast IDM

ˌhalf as ˌmany, ˌmuch, etc. aˈgain (*AmE* **half aˈgain as much**) um die Hälfte mehr **ˌnot ˈhalf** (*BrE, umgs*) sehr ⋄ *It wasn't half good.* Es war ausgezeichnet. ⋄ *'Was she annoyed?' 'Not half!'* „War sie böse?" „Und ob!" **not ˈhalf as; not ˈhalf such a** ⋄ *He's not half such a fool as they think.* Er ist nicht halb so dumm, wie die Leute glauben. **not half ˈbad** (*umgs*) gar nicht schlecht

ˌhalf-and-ˈhalf¹ *Nomen* (*AmE*) = Mischung aus Milch und Sahne, die für Tee und Kaffee verwendet wird

ˌhalf-and-ˈhalf² *Adv* halb und halb

ˈhalf-assed *Adj, Adv* (*AmE, Slang*) beschissen

half·back /ˈhɑ:fbæk; *AmE* ˈhæf-/ (*auch* **half**) *Nomen* (SPORT) **1** (*Mensch*) Läufer(in), Mittelfeldspieler(in) **2** (*im American Football*) Stürmer(in), Halfback (Position) Mittelfeld; (*im American Football*) Angriff

ˌhalf-ˈbaked *Adj* (*umgs*) unausgegoren, halbgar

ˈhalf-bath *Nomen* (*AmE*) (Gäste)toilette SYN POWDER ROOM

ˌhalf ˈboard *Nomen* (*BrE*) Halbpension

ˈhalf-breed *Nomen* (*beleidigend*) Halbblut, Mischling ☛ Wenn man von Menschen gemischter Rasse spricht, sagt man besser „a person of mixed race".

ˈhalf-brother *Nomen* Halbbruder

ˈhalf-caste¹ *Nomen* (*beleidigend*) Mischling, Halbblut ☛ *Hinweis bei* HALF-BREED

ˈhalf-caste² *Adj* (*beleidigend*) Mischlings-, Halbblut- ☛ *Hinweis bei* HALF-BREED

ˈhalf-ˈcock *Nomen* IDM **go off at ˌhalf-ˈcock** (*BrE, umgs*) danebengehen ⋄ *The party went off at half-cock.* Die Party war ein Reinfall. **go/fly off at ˌhalf-ˈcock** (*BrE, umgs*) (*wütend werden*) hochgehen

ˌhalf-ˈcrown (*auch* **ˌhalf a ˈcrown**) *Nomen* (*britische Münze vor 1971*) halbe Krone, Halfcrown

ˌhalf ˈday *Nomen* ⋄ *Tuesday is her half day.* Dienstags arbeitet sie nur den halben Tag.

ˌhalf ˈdollar *Nomen* (*Münze*) halber Dollar, Halfdollar

ˌhalf-ˈhearted *Adj* (*Adv* **ˌhalf-ˈheartedly**) halbherzig

ˌhalf-ˈhour (*auch* **ˌhalf an ˈhour**) *Nomen* halbe Stunde ⋄ *within the next half-hour* in der nächsten halben Stunde ⋄ *a half-hour drive* eine halbstündige Fahrt

ˌhalf-ˈhourly¹ *Adj* halbstündlich

ˌhalf-ˈhourly² *Adv* alle halbe Stunde

ˈhalf-life *Nomen* (PHYSIK) Halbwertszeit

ˈhalf-light *Nomen* [*Sing*] Halbdunkel, Dämmerlicht

ˌhalf ˈmast *Nomen* IDM **at ˌhalf ˈmast** auf halbmast

ˌhalf ˈmeasures *Nomen* [*Pl*] (*abwert*) halbe Sache, Halbheit

ˌhalf-ˈmoon *Nomen* Halbmond

ˈhalf note *Nomen* (*AmE*) halbe Note

half·penny /ˈheɪpni/ *Nomen* (*Pl* **-ies**) (*britische Münze vor 1984*) halber Penny, Halfpenny

ˈhalf-pipe *Nomen* Halfpipe

ˌhalf ˈprice *Nomen* [*U*] halber Preis

ˌhalf-ˈprice *Adj, Adv* zum halben Preis

ˈhalf-sister *Nomen* Halbschwester

ˈhalf step *Nomen* (*AmE*) (MUS) Halbton

ˈhalf-term *Nomen* (*in britischen Schulen*) = (Ferien in der) Mitte des Trimesters

ˌhalf-ˈtimbered *Adj* Fachwerk- ⋄ *half-timbered buildings* Fachwerkhäuser

ˈhalf-time *Nomen* [*U*] Halbzeit(pause)

ˈhalf-tone *Nomen* **1** (FOTO) Halbtonbild **2** (*AmE*) (MUS) Halbton

ˈhalf-truth *Nomen* (*abwert*) Halbwahrheit

half·way¹ /ˌhɑ:fˈweɪ; *AmE* ˌhæf-/ *Adv* **1** halb, auf halbem Wege ⋄ *This only goes halfway to explaining what really happened.* Dies erklärt nur zur Hälfte, was wirklich passiert ist. **2** halbwegs

half·way² /ˌhɑ:fˈweɪ; *AmE* ˌhæf-/ *Adj* Zwischen-, Mittel- ⋄ *halfway figures* Zwischenergebnisse ⋄ *the halfway line* die Mittellinie

ˌhalfway ˈhouse *Nomen* **1** [*Sing*] (*BrE*) Mittelding, Zwischending **2** = Übergangsstation für Häftlinge, Patienten mit psychiatrischen Krankheiten etc. zwischen der Ent-

halfwit

lassung aus dem Gefängnis, Krankenhaus etc. und der Wiederaufnahme eines eigenständigen Lebens

half·wit /ˈhɑːfwɪt; *AmE* ˈhæf-/ *Nomen* (*umgs*) Schwachkopf

half-ˈwitted *Adj* schwachsinnig

half-ˈyearly *Adj nur vor Nomen*, *Adv* halbjährlich

hali·but /ˈhælɪbət/ *Nomen* (*Pl* **hali·but**) Heilbutt

hali·tosis /ˌhælɪˈtəʊsɪs; *AmE* -ˈtoʊ-/ *Nomen* (MED) Halitose, Mundgeruch

hall /hɔːl/ *Nomen* **1** Flur, Diele **2** Korridor SYN CORRIDOR **3** Saal, Halle ◊ (*BrE*) *a village hall* ein Gemeindehaus **4** = HALL OF RESIDENCE **5** (*BrE*) (*oft in Namen*) Herrenhaus, Schloss

hal·le·lu·jah /ˌhælɪˈluːjə/ **1** *Nomen* Halleluja **2** *Ausruf* halleluja

hall·mark¹ /ˈhɔːlmɑːk; *AmE* -mɑːrk/ *Nomen* **1** Kennzeichen, Markenzeichen **2** Repunze, (Feingehalts)stempel

hall·mark² /ˈhɔːlmɑːk; *AmE* -mɑːrk/ *Verb* repunzieren, stempeln, kennzeichnen

hallo (*BrE*) = HELLO

ˌHall of ˈFame *Nomen* (*Pl* **Halls of Fame**) (*bes AmE*) Ruhmeshalle

ˌhall of ˈresidence (*auch* **hall**) *Nomen* (*Pl* **halls of residence**, **halls**) (*BrE*) Studentenwohnheim

hal·lowed /ˈhæləʊd; *AmE* -loʊd/ *Adj nur vor Nomen* **1** geheiligt, heilig, respektiert **2** geweiht

Hal·low·een (*auch* **Hal·lowˈe'en**) /ˌhæləʊˈiːn; *AmE* -loʊ-/ *Nomen* = Tag vor Allerheiligen, an dem sich Kinder in den Vereinigten Staaten, Kanada und Großbritannien als Hexen, Gespenster etc. verkleiden

hal·lu·cin·ate /həˈluːsɪneɪt/ *Verb* halluzinieren

hal·lu·cin·ation /həˌluːsɪˈneɪʃn/ *Nomen* Halluzination(en), Wahnvorstellung

hal·lu·cin·atory /həˈluːsɪnətri, həˌluːsɪˈneɪtəri; *AmE* həˈluːsənətɔːri/ *Adj nur vor Nomen* **1** halluzinatorisch **2** halluzinogen ◊ *hallucinatory drugs* Halluzinogene

hal·lu·cino·gen /ˌhæˈluːsɪnədʒən/ *Nomen* Halluzinogen ☛ *Hinweis bei* HISTORIC

hal·lu·cino·gen·ic /həˌluːsɪnəˈdʒenɪk/ *Adj* halluzinogen ☛ *Hinweis bei* HISTORIC

hall·way /ˈhɔːlweɪ/ *Nomen* **1** (*bes BrE*) Flur, Diele **2** (*AmE*) Korridor

halo /ˈheɪləʊ; *AmE* -loʊ/ *Nomen* (*Pl* **-oes** *oder* **-os**) **1** Heiligenschein, Glorienschein ◊ (*fig*) *a halo of blond hair* ein Kranz von blondem Haar **2** (*umgs*) (ASTRON) Hof, Corona

halo·gen /ˈhælədʒən/ *Nomen* Halogen

halon /ˈheɪlɒn; *AmE* -lɑːn/ *Nomen* Halon

halt¹ /hɔːlt; *BrE auch* hɒlt/ *Verb* stehen bleiben, anhalten, einstellen IDM ⇨ TRACK¹

halt² /hɔːlt; *BrE auch* hɒlt/ *Nomen* **1** Stillstand ◊ *The car skidded to a halt.* Das Auto kam schleudernd zum Stehen. ◊ *a halt in production* ein Produktionsstopp ◊ *call a halt to a project* ein Projekt einstellen **2** (*BrE*) Haltepunkt IDM ⇨ GRIND¹

hal·ter /ˈhɔːltə(r); *BrE auch* ˈhɒlt-/ *Nomen* **1** Halfter **2** (*meist in Zusammensetzungen*) Nackenträger ◊ *She was dressed in a halter top.* Sie trug ein Oberteil mit Nackenträger.

halt·ing /ˈhɔːltɪŋ; *BrE auch* ˈhɒlt-/ *Adj* (*Adv* **halt·ing·ly**) stockend, zögernd ◊ *the first few halting steps* die ersten unsicheren Schritte ◊ *Europe's halting progress toward unity* Europas schwieriger Weg zur Einheit

halve /hɑːv; *AmE* hæv/ *Verb* **1** um die Hälfte verringern ◊ *The shares have halved in value.* Die Aktienwerte sind um die Hälfte gesunken. **2** halbieren

halves *Form von* HALF¹

hal·yard /ˈhæljəd; *AmE* -jərd/ *Nomen* (*Fachspr*) Flaggleine; (*beim Schiff*) Fall

ham¹ /hæm/ *Nomen* **1** Schinken ◊ *a slice of ham* eine Scheibe Schinken **2** Amateurfunker(in) **3** (*umgs*) Schmierenkomödiant(in) **4** [*meist Pl*] (*umgs*) (*Oberschenkel*) Schinken

ham² /hæm/ *Verb* (**-mm-**) (*umgs*) IDM **ˌham it ˈup** übertreiben; zu dick auftragen

ham·burg·er /ˈhæmbɜːgə(r); *AmE* -bɜːrg-/ *Nomen* **1** (*auch* **bur·ger**) Hamburger **2** (*AmE auch* **ˈhamburger meat**) Hackfleisch

ˌham-ˈfisted (*AmE auch* **ˈham-handed**) *Adj* (*umgs*) **1** tollpatschig **2** undiplomatisch, ungeschickt

ham·let /ˈhæmlət/ *Nomen* Weiler, kleines Dorf

ham·mer¹ /ˈhæmə(r)/ *Nomen* **1** Hammer ◊ *come/go under the hammer* unter den Hammer kommen ◊ (*fig*) *This is a hammer blow for us.* Dies ist ein schwerer Schlag für uns. **2** (*an Waffen*) Hahn **3** (*Wurf*)hammer **4 the hammer** [*Sing*] Hammerwerfen IDM **ˌhammer and ˈtongs** ◊ *go at it hammer and tongs* sich streiten, dass die Fetzen fliegen ◊ *She went for him hammer and tongs.* Sie fiel wie eine Furie über ihn her.

ham·mer² /ˈhæmə(r)/ *Verb* **1** hämmern; **~ sth in/into sth** etw in etw schlagen ◊ *hammer sth into shape* etw in Form hämmern ◊ *Someone was hammering at the door.* Es hämmerte jemand gegen die Tür. ◊ (*fig*) *My heart was hammering.* Das Herz schlug mir bis zum Hals. **2** (*umgs*) vernichtend schlagen PHRV **ˌhammer aˈway at sth 1** sich in etw hineinknien **2** auf etw herumhacken ◊ *The thought kept hammering away at her brain.* Der Gedanke ließ sie nicht los. **ˌhammer sth ˈhome 1** ◊ *The need for subsidy was being hammered home in Brussels today.* Die Notwendigkeit von Subventionen wurde heute den Politikern in Brüssel eingehämmert. **2** (SPORT) etw ins Tor hämmern **ˌhammer sth ˈinto sb** jdm etw einbläuen **ˌhammer sth ˈout 1** etw ausarbeiten ◊ *hammer out a compromise/deal* einen Kompromiss/Deal ausarbeiten **2** (*auf dem Klavier*) etw hämmern

ham·mer·ing /ˈhæmərɪŋ/ *Nomen* **1** Hämmern, Klopfen **2** [*meist Sing*] (*BrE*, *umgs*) Abreibung ◊ *The sales team will be in for a hammering when these figures come out.* Wenn diese Zahlen bekannt werden, wird es dem Verkaufsteam an den Kragen gehen.

ham·mock /ˈhæmək/ *Nomen* Hängematte

hammy /ˈhæmi/ *Adj* (**ham·mier**, **ham·mi·est**) (*umgs*) theatralisch

ham·per¹ /ˈhæmpə(r)/ *Verb* (*gehoben*) (be)hindern, erschweren SYN HINDER

ham·per² /ˈhæmpə(r)/ *Nomen* **1** (*Deckel-*) Korb **2** (*bes BrE*) Präsentkorb **3** (*AmE*) Wäschekorb

ham·ster /ˈhæmstə(r)/ *Nomen* Hamster

ham·string¹ /ˈhæmstrɪŋ/ *Nomen* **1** Kniesehne **2** (*bei einem Tier*) Achillessehne

ham·string² /ˈhæmstrɪŋ/ *Verb* (**ham·strung**, **ham·strung** /ˈhæmstrʌŋ/) (*gehoben*) lähmen

hand¹ /hænd/ *Nomen* **1** Hand ◊ *Couples strolled past holding hands.* Händchen haltende Pärchen schlenderten vorbei. ◊ *She was on (her) hands and knees.* Sie kroch auf allen Vieren herum. ◊ *Put your hand up if you know the answer.* Melde dich, wenn du die Antwort weißt. ☛ *Siehe auch* -HANDED **2 a hand** [*Sing*] (*umgs*) Hilfe ◊ *Let me give you a hand with those bags.* Komm, ich helf dir beim Tragen. ◊ *They're always willing to lend a hand.* Sie sind immer sehr hilfsbereit. **3** [*Sing*] **have a ~ in sth** bei etw die Hände im Spiel haben; **sb's ~ in sth** jds Beteiligung an etw ◊ *Reports suggest the hand of rebels in the bombings.* Berichten zufolge hatten bei den Bombenanschlägen Rebellen die Hände im Spiel. ◊ *strengthen sb's hand in sth* jdm bei etw den Rücken stärken **4** (*meist in Zusammensetzungen*) (*Uhr*)zeiger **5** Arbeiter(in) **6** Matrose, Matrosin ◊ *All hands on deck!* Alle Mann an Deck! **7** (*Karten*) Blatt **8** (*beim Kartenspiel*) Runde **9** [*Sing*] (*veraltet*) Handschrift **10** Einheit von 10,16 cm zum Messen der Höhe von Pferden IDM **(close/near) at ˈhand** zur Hand; nah ◊ *with shops close at hand* mit nah gelegenen Einkaufsmöglichkeiten ◊ **at the ˈhands of sb**; **at sb's ˈhands** (*gehoben*) durch jdn ◊ *They suffered years of repression at the hands of the old regime.* Sie erlitten jahrelange Unterdrückung unter dem alten Regime. **be good with your ˈhands** (handwerklich) geschickt sein **ˌbind/tie sb hand and ˈfoot 1** jdn an Händen und Füßen fesseln **2** jdm die Hände binden **by ˈhand** von Hand **ˌfall into sb's ˈhands/the ˈhands of sb** jdm in die Hände fallen ◊ *fall into the wrong hands* in die falschen Hände geraten **(at) first ˈhand** (aus) erster Hand **get your ˌhands ˈdirty** sich die Hände schmutzig machen **sb's ˈhand (in marriage)** (*veraltet*) jds Hand ◊ *He asked for her hand.* Er hielt um ihre Hand an. **ˌhand in ˈglove (with sb)** (mit jdm) unter einer Decke **(get/take your) ˌhands ˈoff (sth/sb)** (*umgs*) Finger weg (von etw/jdm) ◊ *Get your hands off my car!* Lass die Finger von meinem Auto! ˌhands ˈup! (*umgs*) **1** Aufzeigen! **2** Hände hoch! **have your ˈhands full** alle Hände voll zu tun haben **have your ˈhands tied** die Hände gebunden haben ◊ *Sorry, my hands are tied.* Mir sind leider die Hände gebunden. **hold sb's ˈhand** jdm beistehen ◊ *Do you want me to come along and hold your hand?* Möchtest du, dass ich mitkomme und dir Beistand leiste? **in sb's ˈcapable, safe, etc. ˈhands** in guten, sicheren etc. Händen ◊ *Can I leave these queries in your capable hands?* Kann ich diese Beanstandungen in Ihre Hände geben? **in ˈhand 1** übrig ◊ *She finished the first part of the exam with over an hour in hand.* Sie beendete den ersten Teil der Klausur und hatte noch über eine Stunde Zeit. **2** im Griff **3** aktuell ◊ *the work in hand* die zu erledigende Arbeit ◊ *Please confine your comments to the topic in hand.* Bitte beschränken Sie Ihre Bemerkungen auf das zur Debatte stehende Thema. **4** rückwirkend **in the hands of sb**; **in sb's ˈhands** in jds Händen **keep your ˈhand in** in Übung bleiben **lay/get your ˈhands on sb** jdn in die Finger kriegen **lay/get your ˈhands on sth** etw finden **off your ˈhands** nicht mehr jds Verantwortung **on either ˈhand** (*gehoben*) auf/von beiden Seiten **on every ˈhand** (*gehoben*) auf/von allen Seiten **on ˈhand** bereit; zur Verfügung **on your ˈhands** am Hals ◊ *have enough on your hands* genug am Hals haben ◊ *Let me take care of that — you've enough on your hands.* Lass mich das erledigen — du hast genug zu tun. ◊ *They'll have a fight on their hands if they want to close down the school.* Wenn sie die Schule schließen wollen, steht ihnen noch ein Kampf bevor. **on (the) ˈone hand … on the ˈother (hand) …** auf der einen Seite … auf der anderen Seite … ☛ *Hinweis bei* CONTRAST[1] **out of ˈhand 1** außer Kontrolle **2** von vornherein ◊ *She dismissed me out of hand.* Sie wies mich ab ohne mit der Wimper zu zucken. ˌout of your ˈhands nicht mehr jds Verantwortung ◊ *I'm afraid the matter is now out of my hands.* Ich bin in der Sache leider nicht mehr zuständig. ˌplay into sb's ˈhands jdm in die Hände spielen **(at) second, third, etc. ˈhand** (aus) zweiter, dritter etc. Hand **ˌtake sb in ˈhand** jdn an die Kandare nehmen **take sth into your own ˈhands** etw selbst in die Hand nehmen **throw your ˈhand in** (*umgs*) etw aufgeben **to ˈhand** zur Verfügung; bereit **turn your ˈhand to sth** sich an etw versuchen; etw tun ◊ *He can turn his hand to anything.* Er kann alles. ☛ Für andere Redewendungen mit **hand** siehe die Einträge für die Nomina, Adjektive etc. **Give sb a big hand** z.B. steht unter **big**.

hand[2] /hænd/ *Verb* ~ **sth to sb**; ~ **sb sth** jdm etw reichen [IDM] **hand sth to sb on a ˈplate** (*umgs*) jdm etw auf dem silbernen Tablett servieren [PHRV] **have (got) to ˈhand it to sb** (*umgs*) es jdm lassen müssen ˌhand sth aˈround/ˈround etw herumreichen ˌhand sth ˈback (to sb) (jdm) etw zurückgeben ˌhand sth ˈdown (to sb) **1** etw (an jdn) weitergeben; (*mündlich*) (jdm) etw überliefern ◊ *Most of his clothes were handed down to him by his brother.* Die meisten seiner Kleidungsstücke hat er von seinem Bruder geerbt. **2** (*bes AmE*) verhängen, bekanntgeben; (*Entscheidung*) fällen [SYN] ANNOUNCE ˌhand sth ˈin (to sb) (bei jdm) etw einreichen [SYN] GIVE IN ˌhand sth ˈon (to sb) etw (an jdn) weiterreichen [SYN] PASS ON ˌhand sth ˈout (to sb) (jdm) etw aushändigen, etw (an jdn) verteilen ◊ *Could you hand these books out, please?* Könntest du bitte diese Bücher austeilen? [SYN] DISTRIBUTE ˌhand ˈover (to sb) die Führung (an jdn) abgeben ˌhand sb ˈover to sb jdn mit jdm verbinden, jdn an jdn weiterleiten ◊ *I'll hand you over to my boss.* Ich reiche Sie an meinen Chef weiter. **2** jdn an jdn übergeben ˌhand sth ˈover (to sb) **1** (jdm) etw übertragen ◊ *He finally handed over his responsibility for the company last year.* Letztes Jahr gab er endlich die Verantwortung für die Firma ab. **2** (jdm) etw überreichen, (jdm) etw übergeben

hand- /hænd/ *Adj* (*in Zusammensetzungen*) von Hand, hand-, Hand- ◊ *hand-painted* handgemalt

hand·bag /ˈhændbæg/ *Nomen* Handtasche

ˈhand baggage *Nomen* (*bes AmE*) Handgepäck

hand·ball /ˈhændbɔːl/ *Nomen* **1** Handball **2** Handspiel

hand·basin /ˈhændbeɪsn/ *Nomen* (*bes BrE*) Waschbecken

hand·bas·ket /ˈhændbɑːskɪt; *AmE* -bæs-/ *Nomen* [IDM] **go to hell in a ˈhandbasket** (*AmE*) vor die Hunde gehen

hand·bill /ˈhændbɪl/ *Nomen* Handzettel, Flugblatt

hand·book /ˈhændbʊk/ *Nomen* Handbuch, Führer

hand·brake /ˈhændbreɪk/ *Nomen* (*bes BrE*) Handbremse

hand·cart /ˈhændkɑːt; *AmE* -kɑːrt/ *Nomen* Handwagen

hand·craft /ˈhændkrɑːft; *AmE* -kræft/ *Nomen* [meist Pl/U] (*AmE*) **1** Kunsthandwerk, Handarbeit, Werken **2** kunsthandwerkliche Gegenstände

hand·cuff /ˈhændkʌf/ *Verb* (*meist passiv*) ~ **sb** jdm Handschellen anlegen; ~ **sb/yourself to sth/sb** jdn/sich mit Handschellen an etw/jdn fesseln

hand·cuffs /ˈhændkʌfs/ *Nomen* [Pl] Handschellen

-handed (*in Zusammensetzungen*) ◊ *a one-handed save* eine Abwehr mit einer Hand ◊ *a left-handed guitar* eine Gitarre für Linkshänder

hand·ful /ˈhændfʊl/ *Nomen* (*Pl* **-fuls**) **1** Handvoll **2 a handful** [Sing] (*umgs*) eine harte Nummer ◊ *Her children can be a real handful.* Ihre Kinder können einem ganz schön zu schaffen machen.

ˈhand grenade *Nomen* Handgranate

hand·gun /ˈhændɡʌn/ *Nomen* (*bes AmE*) Handfeuerwaffe

ˈhand-held[1] *Adj* Taschen-, Hand- ◊ *a hand-held computer* ein PDA

ˌhand-ˈheld[2] *Nomen* Taschengerät

hand·hold /ˈhændhəʊld; *AmE* -hoʊld/ *Nomen* Halt

handi·cap[1] /ˈhændikæp/ *Nomen* **1** (*veraltend, manchmal beleidigend*) Behinderung **2** Nachteil **3** (SPORT) Handikap(rennen), Vorgabe; (*Golf*) Handikap

handi·cap[2] /ˈhændikæp/ *Verb* (**-pp-**) benachteiligen

handi·capped /ˈhændikæpt/ *Adj* (*veraltend, manchmal beleidigend*) **1** behindert **2 the handicapped** *Nomen* [Pl] Behinderte ☛ *Hinweis bei* BEHINDERT(E)

han·di·craft /ˈhændikrɑːft; *AmE* -kræft/ *Nomen* [meist Pl/U] **1** Kunsthandwerk, Handarbeit, Werken ◊ *teach handicrafts* Handarbeitsunterricht/Werkunterricht geben **2** kunsthandwerkliche Gegenstände

hand·ily /ˈhændɪli/ *Adv* **1** günstig ◊ *We're handily placed for the station.* Wir befinden uns in günstiger Lage zum Bahnhof. **2** (*bes AmE*) mit Leichtigkeit

han·di·work /ˈhændiwɜːk; *AmE* -wɜːrk/ *Nomen* **1** Handwerksarbeit **2** (Mach)werk ◊ *This looks like the handiwork of an arsonist.* Dies sieht nach dem Werk eines Brandstifters aus.

hand·ker·chief /ˈhæŋkətʃɪf, -tʃiːf; *AmE* -kərtʃ-/ *Nomen* (*Pl* **hand·ker·chiefs** *oder* **hand·ker·chieves** /-tʃiːvz/) Taschentuch

han·dle[1] /ˈhændl/ *Verb* **1** ~ **sth** etw handhaben, mit etw umgehen, mit etw fertig werden **2** bearbeiten; (*Passagiere etc.*) abfertigen **3** anfassen ◊ *Fragile. Handle with care.* Vorsicht. Zerbrechlich. **4** ~ **yourself** sich benehmen ◊ *He handled himself very well.* Er hat eine sehr gute Figur gemacht. **5** ~ **well/badly** (*Fahrzeug*) sich gut/schlecht fahren lassen **6** (WIRTSCH) ~ **sth** mit etw handeln [SYN] DEAL IN STH

han·dle[2] /ˈhændl/ *Nomen* **1** Klinke, Knauf **2** Henkel, Bügel, Griff, Stiel ☛ *Siehe auch* [IDM] **get/have a ˈhandle on sb/sth** (*umgs*) jdn/etw verstehen **give sb a ˈhandle (on sth)** (*umgs*) jdm einen Einblick (in etw) geben ☛ *Siehe auch* FLY[1]

handle·bar /ˈhændlbɑː(r)/ *Nomen* (*auch* **handle·bars** [Pl]) Lenkstange

ˈhandlebar mousˈtache *Nomen* Schnauzbart

-handled /ˈhændld/ (*in Zusammensetzungen*) ◊ *a long-handled spoon* ein Löffel mit langem Griff

hand·ler /ˈhændlə(r)/ *Nomen* (*meist in Zusammensetzungen*) **1** Tiertrainer(in), Hundeführer(in) **2** Verlader(in), Verarbeiter(in) **3** (*bes AmE*) Organisator(in) ◊ *the President's campaign handlers* die Organisatoren der Wahlkampagne des Präsidenten **4** Händler(in)

hand·ling /ˈhændlɪŋ/ *Nomen* [U] **1** Handhabung, Umgang, Behandlung **2** Bearbeitung, Abfertigung **3** Steuerung, Lenkung **4** Fracht(kosten), Versand(kosten)

ˈhand luggage *Nomen* (*bes BrE*) Handgepäck

hand·made /ˌhændˈmeɪd/ *Adj* handgearbeitet; (*Papier*) handgeschöpft

hand·maiden /ˈhændmeɪdn/ *Nomen* (*auch* **hand·maid** /ˈhændmeɪd/) **1** (*veraltet*) (Kammer)zofe, Magd **2** (*gehoben*) Handlangerin, Dienerin 'hand-me-down *Nomen* [meist Pl] (*bes AmE*) abgelegtes Kleidungsstück

hand·out /'hændaʊt/ *Nomen* 1 (*manchmal abwert*) Almosen, Spende 2 (*oft abwert*) Zuwendung, Unterstützung 3 Handzettel, Flugblatt 4 Thesenpapier, Handout, Arbeitsblatt

hand·over /'hændəʊvə(r); AmE -oʊvər/ *Nomen* Übergabe

‚hand-'picked *Adj* handverlesen, sorgsam ausgewählt

'hand puppet *Nomen* (*AmE*) Handpuppe

hand·rail /'hændreɪl/ *Nomen* Geländer, Handlauf, Haltegriff, Reling

hand·saw /'hændsɔː/ *Nomen* Handsäge

hand·set /'hændset/ *Nomen* 1 (Telefon)hörer 2 Fernbedienung

‚hands-'free *Adj* (*Handy*) mit Freispracheinrichtung

hand·shake /'hændʃeɪk/ *Nomen* Händedruck, Handschlag

‚hands-'off *Adj nur vor Nomen* zurückhaltend, unaufdringlich ◊ *have a hands-off approach to sth* sich aus etw heraushalten ◊ *be a hands-off manager* seinen Mitarbeitern freie Hand lassen OPP HANDS-ON

hand·some /'hænsəm/ *Adj* 1 attraktiv, gut aussehend SYN GOOD-LOOKING 2 (*Adv* hand·some·ly) schön, edel, geschmackvoll 3 (*Adv* hand·some·ly) ansehnlich, stattlich, groß(zügig)

hand·some·ness /'hænsəmnəs/ *Nomen* [U] gutes Aussehen, Schönheit

‚hands-'on *Adj* 1 praktisch, praxisnah 2 ◊ *Our boss has a hands-on style of management.* Unsere Chefin hält die Zügel fest in der Hand. OPP HANDS-OFF

hand·stand /'hændstænd/ *Nomen* Handstand

‚hand-to-'hand *Adj* ◊ *hand-to-hand fighting* ein Nahkampf

‚hand-to-'mouth *Adj* kümmerlich ◊ *live a hand-to-mouth existence* von der Hand in den Mund leben IDM ⇨ LIVE[1]

hand·writ·ing /'hændraɪtɪŋ/ *Nomen* [U] 1 (Hand)schrift 2 Handgeschriebenes IDM ⇨ WALL[1]

hand·writ·ten /'hændrɪtn/ *Adj* handgeschrieben

handy /'hændi/ *Adj* (hand·i·er, handi·est) (*umgs*) 1 nützlich, praktisch, handlich 2 *nicht vor Nomen* griffbereit, zur Hand, in der Nähe 3 (handwerklich) geschickt ◊ *be handy with sth* gut mit etw umgehen können IDM come in 'handy (*umgs*) gelegen kommen; sich als nützlich erweisen

handy·man /'hændimæn/ *Nomen* (*Pl* -men /-men/) Handwerker, Heimwerker, Bastler ◊ *He's quite a handyman.* Er ist handwerklich sehr geschickt.

hang[1] /hæŋ/ *Verb* (hung, hung /hʌŋ/ *oder, in Bedeutung 5 und 6:* hanged, hanged) 1 hängen ◊ *Her hair hung down almost to her waist.* Ihr Haar ging ihr fast bis zur Taille. 2 ~ sth etw (auf)hängen 3 sich hängen lassen, sich lehnen ◊ *They hung over the gate.* Sie lehnten sich über das Tor. 4 ~ sth etw hängen lassen ◊ *She hung her head.* Sie ließ den Kopf hängen. 5 (*Mensch*) gehängt werden 6 (hanged, hanged) ~ sb jdn hängen; ~ yourself sich erhängen 7 ~ sth with sth (*meist passiv*) etw mit etw behängen ◊ *The rooms were hung with paintings.* An den Wänden hingen Gemälde. 8 (*Tapete*) ◊ *He hung the wallpaper in the kitchen.* Er hat die Küche tapeziert. 9 (*Tür*) einhängen IDM 'Hang ...! (*BrE, umgs*) Zum Henker mit ...! hang a 'left/'right (*AmE*) links/rechts abbiegen hang by a 'hair/'thread am seidenen Faden hängen hang (on) 'in there (*umgs*) durchhalten; aushalten hang on sb's 'words/on sb's every 'word an jds Lippen hängen hang 'tough (*AmE, umgs*) hart bleiben let it all hang 'out (*umgs*) alles rauslassen; sich gehen lassen ☞ *Siehe auch* BALANCE[1], FIRE[1], GRIM, HEAVY[3], LOOSE[1] *und* PEG[1] PHRV ‚hang a'bout (*BrE, umgs*) 1 rumhängen 2 (rum)trödeln 3 Hang about! Moment mal! ◊ *Hang about! What about me?* Moment mal! Und was ist mit mir? hang a'bout/a'round with sb (*umgs*) sich mit jdm rumtreiben, mit jdm rumhängen hang a'round (*umgs*) warten ‚hang 'back 1 zurückbleiben 2 zögern, sich zurückhalten ‚hang 'on 1 sich festhalten 2 (*umgs*) warten ◊ *Hang on — that's not right.* Moment mal — das stimmt nicht. 3 nicht aufgeben ◊ *The team hung on for victory.* Die Mannschaft gab den Kampf um den Sieg nicht auf. ‚hang on 'sth von etw abhängen ◊ *A lot hangs on this decision.* Von dieser Entscheidung hängt viel ab. ‚hang 'on to sth 1 sich an etw festhalten, sich an etw festklammern 2 (*umgs*) etw behalten ‚hang 'out (*umgs*) rumhängen, sich rumtreiben ‚hang 'over sb jdm drohen ‚hang to'gether 1 zusammenpassen, übereinstimmen 2 zusammenhalten ‚hang 'up (*Telefonhörer*) auflegen, aufhängen ‚hang 'up on sb (*umgs*) (einfach) auflegen ◊ *Don't hang up on me — we must talk!* Leg nicht gleich auf — wir müssen reden! ‚hang sth 'up (*umgs*) 1 etw aufhängen 2 etw an den Nagel hängen

hang[2] /hæŋ/ *Nomen* [Sing] (*von Kleidung*) Sitz; (*von Stoff*) Fall IDM get the 'hang of sth (*umgs*) den richtigen Dreh (bei etw) finden ◊ *I never got the hang of negative numbers.* Negative Zahlen habe ich nie kapiert.

hangar /'hæŋə(r), 'hæŋgə(r)/ *Nomen* Hangar, Flugzeughalle

hang·dog /'hæŋdɒg; AmE -dɔːg/ *Adj nur vor Nomen* zerknirscht

hanger /'hæŋə(r)/ = CLOTHES HANGER, COAT HANGER

‚hanger-'on *Nomen* (*Pl* hangers-on) (*oft abwert*) 1 Anhänger(in) 2 Schmarotzer(in), Abstauber(in)

'hang-glider *Nomen* 1 (Flug)drachen 2 (*Mensch*) Drachenflieger(in)

'hang-gliding *Nomen* (SPORT) Drachenfliegen

hang·ing /'hæŋɪŋ/ *Nomen* 1 Erhängen, Hinrichtung 2 [meist Pl] (Wand)behang

‚hanging 'basket *Nomen* Blumenampel

hang·man /'hæŋmən/ *Nomen* (*Pl* -men /-mən/) 1 Henker 2 (*Spiel*) Galgenraten

'hang-out *Nomen* (*umgs*) Treffpunkt, Stammplatz SYN HAUNT

hang·over /'hæŋəʊvə(r); AmE -oʊvər/ *Nomen* 1 (*nach Alkoholgenuss*) Kater 2 [meist Sing] Überbleibsel, Relikt

'hang-up *Nomen* (*umgs*) Komplex

hank /hæŋk/ *Nomen* Strang, Büschel

han·ker /'hæŋkə(r)/ *Verb* ~ after/for sth sich nach etw sehnen

han·ker·ing /'hæŋkərɪŋ/ *Nomen* [meist Sing] Sehnsucht, Verlangen

hanky (*auch* han·kie) /'hæŋki/ *Nomen* (*Pl* -ies) (*umgs*) Taschentuch

hanky-panky /ˌhæŋki'pæŋki/ *Nomen* [U] (*umgs, veraltet*) 1 Techtelmechtel, Gefummel, Geknutsche 2 Mauschelei(en)

Han·se·at·ic /ˌhænsi'ætɪk/ *Adj* Hanse- ◊ *the Hanseatic League* die Hanse

han·som /'hænsəm/ (*auch* 'hansom cab) *Nomen* = zweirädrige Kutsche

Ha·nuk·kah (*auch* Cha·nuk·kah, Cha·nuk·ah) /'hænʊkə/ *Nomen* Chanukka

hap·haz·ard /hæp'hæzəd; AmE -zərd/ *Adj* (*Adv* hap·haz·ard·ly) (*abwert*) planlos, willkürlich, wahllos

hap·less /'hæpləs/ *Adj nur vor Nomen* (*gehoben*) glücklos, unglücklich

hap·pen /'hæpən/ *Verb* 1 passieren, geschehen 2 ~ to do/be sth etw zufällig tun/sein ◊ *She happened to be out when we called./It happened that she was out when we called.* Sie war gerade nicht da, als wir sie besuchen wollten. 3 (*nur unpersönlich gebraucht*) ◊ *That happens to be my mother you're talking about!* Das ist zufällig meine Mutter, über die du so sprichst! IDM anything can/might 'happen alles ist möglich as it happens/happened zufällig(erweise) it (just) so happens (that) ... zufällig(erweise) ◊ *It just so happened they'd been invited too.* Zufällig waren sie auch eingeladen. ‚these things 'happen so was kommt (schon mal) vor; das kann jedem passieren ☞ *Siehe auch* ACCIDENT, EVENT *und* WAIT[1] PHRV 'happen on sth (*veraltet*) (zufällig) auf etw stoßen 'happen to sb/sth ◊ *I hope nothing has happened to them.* Ich hoffe, es ist ihnen nichts passiert. ◊ *What happened to her?* Was ist aus ihr geworden?

hap·pen·ing[1] /'hæpənɪŋ/ *Nomen* 1 [meist Pl] Vorfall, Ereignis 2 (*Veranstaltung*) Happening

hap·pen·ing[2] /'hæpənɪŋ/ *Adj nur vor Nomen* (*umgs*) ◊ *a happening place* ein Ort, an dem viel los ist

hap·pily /'hæpɪli/ *Adv* 1 glücklich, fröhlich, vergnügt ◊

And they all lived happily ever after. Und wenn sie nicht gestorben sind, dann leben sie noch heute. **2** glücklicherweise, zum Glück SYN FORTUNATELY **3** mit Vergnügen, gern **4** (*gehoben*) gut ◊ *It doesn't fit very happily with our plans.* Es passt nicht besonders gut in unsere Pläne.

hap·pi·ness /ˈhæpinəs/ *Nomen* [U] Glück

happy /ˈhæpi/ *Adj* (**hap·pier**, **hap·pi·est**) **1** glücklich, froh ◊ *Happy birthday!* Herzlichen Glückwunsch zum Geburtstag! ◊ *I'm very happy for you.* Das freut mich sehr für dich. **2** zufrieden ◊ *not be too happy about sth* nicht gerade begeistert von etw sein ◊ *keep sb happy* jdn bei Laune halten **3** (*gehoben*) gern bereit ◊ *be happy to do sth* gern bereit sein etw zu tun **4** (*gehoben*) gut, treffend ◊ *That wasn't the happiest choice of words.* Das hätte man glücklicher formulieren können. IDM **a ˈhappy eˈvent** ein freudiges Ereignis **a/the happy ˈmedium** ein goldener/der goldene Mittelweg **many happy reˈturns (of the ˈday)** alles Gute zum Geburtstag ☞ *Siehe auch* MEAN³

ˌhappy-go-ˈlucky *Adj* unbekümmert

har·angue¹ /həˈræŋ/ *Verb* beschimpfen ◊ *He began to harangue the audience.* Er begann eine Schimpftirade auf das Publikum loszulassen.

har·angue² /həˈræŋ/ *Nomen* Schimpftirade

har·ass /ˈhærəs, həˈræs/ *Verb* **1** (*oft passiv*) schikanieren, belästigen **2** bedrängen, wiederholt angreifen SYN HARRY

har·assed /ˈhærəst, həˈræst/ *Adj* gestresst

har·ass·ment /ˈhærəsmənt, həˈræsmənt/ *Nomen* [U] **1** Schikane, Schikanierung, Belästigung ◊ *racial harassment* rassistisch motivierte Schikanierung **2** (MIL) Bedrängen

har·bin·ger /ˈhɑːbɪndʒə(r); *AmE* ˈhɑːrb-/ *Nomen* (*gehoben*) Vorbote

har·bour¹ (*AmE* **har·bor**) /ˈhɑːbə(r); *AmE* ˈhɑːrb-/ *Nomen* Hafen

har·bour² /ˈhɑːbə(r); *AmE* ˈhɑːrb-/ *Verb* **1** Unterschlupf gewähren ◊ *This coast harbours many rare insects.* Diese Küste bietet vielen seltenen Insekten eine Heimat. ◊ *Your dishcloth may harbour many germs.* Ihr Spüllappen ist die reinste Brutstätte für Bakterien. **2** (*gehoben*) (*Zweifel, Groll etc.*) hegen

ˈharbour master (*AmE* **ˈhar·bor·mas·ter**) *Nomen* Hafenmeister(in)

hard¹ /hɑːd; *AmE* hɑːrd/ *Adj* **1** hart OPP SOFT **2** schwierig ◊ *I find his attitude very hard to take.* Ich kann seine Einstellung nur schwer akzeptieren. ◊ *She is very hard to please.* Sie stellt sehr hohe Anforderungen. ◊ *Proper jobs are hard to come by.* Richtige Stellen sind nicht leicht zu finden. OPP EASY **3** hart, schwer ◊ *They had put in hours of hard graft.* Sie haben stundenlang schwer geschuftet. SYN TOUGH OPP EASY **4** fleißig ◊ *She's a very hard worker.* Sie ist sehr fleißig. ◊ *When I left they were still hard at it.* Als ich ging, waren sie noch schwer am schuften. **5** fest, kräftig ◊ *He gave the door a good hard kick.* Er trat kräftig gegen die Tür. **6** hart, streng ◊ *My father was a hard man.* Mein Vater war ein harter Mann. ◊ *His voice was hard.* Seine Stimme klang hart. ◊ *She gave me a hard stare.* Sie sah mich kalt an. **7** (*umgs*) (*Mensch*) stark ◊ *You really think you're hard, don't you?* Du glaubst wirklich, dass du stark bist, was? ◊ *Come and get me if you think you're hard enough.* Na los doch, wenn du dich traust. **8** *nur vor Nomen* (*Beweise*) handfest; (*Fakten*) hart **9** (*Winter etc.*) hart; (*Frost*) streng **10** *nur vor Nomen* (*Alkohol*) hochprozentig ◊ (*umgs*) *He likes a drop of the hard stuff.* Er trinkt gern scharfe Sachen. IDM **be ˈhard on sb 1** streng mit jdm sein **2** schwer für jdn sein ◊ *It's hard on people who don't have a car.* Es ist schwer für Leute, die kein Auto haben. **be ˈhard on sth** belastend für etw sein ◊ *Looking at a computer screen can be very hard on the eyes.* Bildschirmarbeit kann auf die Augen gehen. **drive/strike a hard ˈbargain** knallhart verhandeln; keine Zugeständnisse machen **give sb a hard ˈtime** (*umgs*) es jdm schwer machen; jdn in die Mangel nehmen **ˌhard and ˈfast** fest ◊ *There are no hard and fast rules.* Es gibt keine festen Regeln. (**as**) **ˌhard as ˈnails** eiskalt **ˌhard ˈcheese** (*BrE, umgs, iron*) Pech (*gehabt*) **ˌhard ˈgoing** anstrengend, schwierig **ˌhard ˈluck/ˈlines** (*BrE*) schade! **the ˈhard way** ◊ *They have to learn it all the hard way.* Sie müssen ihre Fehler selbst machen. ◊ *He always does things the hard way.* Er macht es sich immer schwer. **make hard ˈwork of sth** sich mit etw schwer tun **no hard ˈfeelings** nimm's mir nicht übel **play hard to ˈget** (*umgs*) so tun als sei man nicht interessiert **too much like hard ˈwork** zu viel Arbeit ☞ *Siehe auch* JOB¹, NUT¹ *und* ROCK¹

hard² /hɑːd; *AmE* hɑːrd/ *Adv* **1** hart, schwer ◊ *You must try harder.* Du musst dich mehr anstrengen. ◊ *She tried her hardest not to show how disappointed she was.* Sie bemühte sich sehr, ihre Enttäuschung zu verbergen. ◊ *Small businesses have been hit hard/hard hit by the recession.* Kleine Unternehmen sind von der Rezession stark angeschlagen worden. ◊ *It's raining hard.* Es regnet sehr stark. **2** genau ◊ *listen hard* genau hinhören ◊ *think hard* scharf nachdenken ◊ *We thought long and hard about it.* Wir haben lange darüber nachgedacht. **3** ~ **left/right** scharf nach links/rechts IDM **hard ˈdone by** (*umgs*) ungerecht behandelt **be ˌhard ˈpressed/ˈpushed to do sth**; **be hard ˈput (to it) to do sth** Mühe haben etw zu tun **sb is hard ˈup for sth** es fehlt jdm an etw ◊ *We're hard up for ideas.* Uns fehlen die Ideen. ☞ *Siehe auch* **ˌhard on sth** (*gehoben*) unmittelbar nach etw ◊ *His death followed hard on hers.* Sein Tod folgte bald nach ihrem. **take sth ˈhard** etw schwer nehmen ◊ *He took his wife's death very hard.* Der Tod seiner Frau hat ihn schwer getroffen. ☞ *Siehe auch* DIE¹ *und* HEEL¹

hard·back /ˈhɑːdbæk; *AmE* ˈhɑːrd-/ *Nomen* Hardcover, gebundenes Buch ◊ *published in hardback* als gebundene Ausgabe veröffentlicht

hard·ball /ˈhɑːdbɔːl; *AmE* ˈhɑːrd-/ *Nomen* (*AmE*) **1** (SPORT) Hardball **2** (*fig*) ◊ *I want us to play hardball on this issue.* Ich will, dass wir in dieser Angelegenheit knallhart vorgehen. ◊ *hardball tactics* aggressive Taktik

hard-bit·ten /ˌhɑːdˈbɪtn; *AmE* ˌhɑːrd-/ *Adj* abgebrüht, hart gesotten

hard·board /ˈhɑːdbɔːd; *AmE* ˈhɑːrdbɔːrd/ *Nomen* Presspappe

ˌhard-ˈboiled *Adj* **1** hart gekocht **2** (*fig*) abgebrüht

ˌhard ˈby *Adv, Präp* (*veraltet*) ganz in der Nähe (von) ◊ *a house hard by the river* ein Haus ganz nah am Fluss

ˌhard ˈcandy *Nomen* (*AmE*) (Frucht)bonbon

ˌhard ˈcash *Nomen* Bargeld

ˌhard ˈcider *Nomen* (*AmE*) Cidre

ˌhard ˈcopy *Nomen* [U] (COMP) Ausdruck

ˌhard ˈcore *Nomen* (*BrE*) **1** harter Kern ◊ *It's really only the hard core that bother(s) to go to meetings.* Es ist wirklich nur der harte Kern, der noch zu den Besprechungen geht. ◊ *A hard core of drivers ignore the law.* Nur die unverbesserlichen Fahrer missachten das Gesetz. ☞ G 1.3a **2** (*meist* **ˈhardcore**) Schotter

ˌhard-ˈcore *Adj* *nur vor Nomen* **1** zum harten Kern gehörend **2** (*Pornografie*) hart

ˌhard ˈcourt *Nomen* Hartplatz

hard·cover /ˈhɑːdkʌvə(r); *AmE* ˈhɑːrd-/ *Nomen* (*bes AmE*) Hardcover, gebundenes Buch

ˌhard ˈcurrency *Nomen* harte Währung

ˌhard ˈdisk *Nomen* Festplatte

ˌhard ˈdrug *Nomen* harte Droge

ˌhard-ˈearned *Adj* schwer verdient, wohl verdient

ˌhard-ˈedged *Adj* streng, schonungslos

hard·en /ˈhɑːdn; *AmE* ˈhɑːrdn/ *Verb* **1** härten ◊ (*fig*) *The incident hardened her resolve to leave.* Der Vorfall bestärkte sie in ihrem Entschluss zu gehen. **2** hart werden, sich verhärten ◊ *Her face hardened into an expression of hatred.* Ihr Gesicht nahm einen harten, hasserfüllten Ausdruck an. ◊ *Opinion is hardening against the invasion.* In der Bevölkerung wächst der Widerstand gegen die Invasion. **3** abstumpfen ◊ *a hardened criminal* ein abgebrühter Verbrecher ◊ *He had to harden his heart to the suffering he saw.* Er musste gegen das Leid, das er sah, unempfindlich werden.

ˌhard-ˈfought *Adj* (*Schlacht*) erbittert; (*Sieg etc.*) hart erkämpft

ˌhard ˈhat *Nomen* Schutzhelm (*für Bauarbeiter etc.*)

ˌhard-ˈheaded *Adj* (*rational*) nüchtern ◊ *a hard-headed businessman* ein nüchterner Geschäftsmann

ˌhard-ˈhearted *Adj* hartherzig

ˌhard-ˈhitting *Adj* schonungslos

hardi·ness /'hɑːdinəs; *AmE* 'hɑːrd-/ *Nomen* Widerstandsfähigkeit

‚hard ˈlabour (*AmE* ‚hard ˈlabor) *Nomen* Zwangsarbeit

the ‚hard ˈleft *Nomen* (*bes BrE*) die extreme Linke ☛ G 1.3a

‚hard-ˈleft *Adj* (*bes BrE*) extreme linke(r,s)

‚hard ˈline *Nomen* [Sing] harte Linie, harte Haltung ◇ *The government took a hard line on/over the strike.* In Bezug auf den Streik blieb die Regierung hart.

‚hard-ˈline *Adj* **1** Hardline- **2** (*Haltung etc.*) kompromisslos

‚hard-ˈliner *Nomen* Hardliner(in)

hard·ly /'hɑːdli; *AmE* 'hɑːrd-/ *Adv* **1** kaum ◇ *She hardly ever calls me.* Sie ruft mich so gut wie nie an. ◇ *He is hardly likely to admit he was wrong.* Er wird wohl kaum zugeben, dass er Unrecht hatte. ◇ *I could hardly say no.* Ich hätte schlecht nein sagen können. **2** gerade (erst), kaum ◇ *We can't stop for coffee now, we've hardly started.* Wir können jetzt keine Kaffeepause machen, wir haben gerade erst angefangen. ◇ *Hardly had she spoken than she regretted it bitterly.* Sie hatte es kaum gesagt, da bereute sie es schon bitterlich. ☛ *Hinweis bei* FAST, S. 943

hard·ness /'hɑːdnəs; *AmE* 'hɑːrd-/ *Nomen* Härte ◇ *hardness of heart* Hartherzigkeit

‚hard-ˈnosed *Adj* abgebrüht

‚hard of ˈhearing **1** *Adj nicht vor Nomen* schwerhörig, hörgeschädigt **2** the hard of hearing *Nomen* [Pl] Hörgeschädigte

'hard-on *Nomen* (*vulg, Slang*) (*Erektion*) Ständer

‚hard ˈporn *Nomen* (*umgs*) harter Porno

‚hard-ˈpressed *Adj* unter Druck stehend

the ‚hard ˈright *Nomen* (*bes BrE*) die extreme Rechte ☛ G 1.3a

‚hard ˈrock *Nomen* Hardrock

hard·scrab·ble /ˌhɑːdˈskræbl; *AmE* ˌhɑːrd-/ *Adj* (*AmE*) armselig

‚hard ˈsell *Nomen* [Sing] aggressive Verkaufstaktik

hard·ship /'hɑːdʃɪp; *AmE* 'hɑːrd-/ *Nomen* Not ◇ *the hardships they had to endure* die Entbehrungen, die sie ertragen mussten

‚hard ˈshoulder *Nomen* [Sing] (*BrE*) Standspur

hard·top /'hɑːdtɒp; *AmE* 'hɑːrdtɑːp/ *Nomen* Hardtop

‚hard ˈup *Adj* (*umgs*) knapp bei Kasse ◇ *hard up students* Studenten, die knapp bei Kasse sind

hard·ware /'hɑːdweə(r); *AmE* 'hɑːrdwer/ *Nomen* [U] **1** (COMP) Hardware **2** Haushaltswaren, Eisenwaren **3** (**military**) ~ (Wehr)material

'hardware dealer *Nomen* (*AmE*) Eisenwarenhändler

‚hard-ˈwearing *Adj* (*BrE*) strapazierfähig

‚hard-ˈwired *Adj* (COMP) fest verdrahtet

‚hard-ˈwon *Adj* hart erkämpft, mühsam erworben

hard·wood /'hɑːdwʊd; *AmE* 'hɑːrd-/ *Nomen* Hartholz

‚hard-ˈworking *Adj* fleißig, tüchtig

hardy /'hɑːdi; *AmE* 'hɑːrdi/ *Adj* (**har·dier, har·di·est**) **1** widerstandsfähig **2** (*Pflanzen*) winterhart

hare¹ /heə(r); *AmE* her/ *Nomen* Hase IDM ⇨ MAD

hare² /heə(r); *AmE* her/ *Verb* (*BrE*) rasen, jagen

hare·bell /'heəbel; *AmE* 'herbel/ *Nomen* Glockenblume

hare·lip /'heəlɪp; *AmE* 'herlɪp/ *Nomen* Hasenscharte

harem /hɑːˈriːm, -rəm; *AmE* 'hærəm/ *Nomen* Harem (*auch fig*)

hari·cot /'hærɪkəʊ; *AmE* -koʊ/ (*auch* ‚haricot ˈbean) *Nomen* Gartenbohne, weiße Bohne

hark /hɑːk; *AmE* hɑːrk/ *Verb* (*veraltet*) (*nur als Aufforderung verwendet*) horcht(!) PHRV ˈhark at sb (*BrE, umgs*) ◇ *Just hark at him! Who does he think he is?* Hör dir den an! Was glaubt er denn, wer er ist? ‚hark ˈback (to sth) **1** wieder (von etw) anfangen **2** (auf etw) zurückgehen, (auf etw) zurückgreifen

har·ken = HEARKEN

har·le·quin /'hɑːləkwɪn; *AmE* 'hɑːrl-/ *Nomen* Harlekin

har·lot /'hɑːlət; *AmE* 'hɑːrlət/ *Nomen* (*veraltet, abwert*) Metze, Hure

harm¹ /hɑːm; *AmE* hɑːrm/ *Nomen* Schaden, Verletzung ◇ *cause sb harm* jdm schaden ◇ *It won't do him any harm.* Es wird ihm nichts schaden. ◇ *He means no harm.* Er tut niemandem was. ◇ *I don't wish him any harm.* Ich wünsche ihm bestimmt nichts Böses. ◇ *Where's the harm in that?* Was ist so schlimm daran? IDM ‚no ˈharm done (*umgs*) nichts passiert **out of ˈharm's ˈway** in Sicherheit **there is no harm in sth** etw kann nicht schaden **it does no harm to do sth** es kann nicht schaden etw zu tun ☛ *Siehe auch* MEAN¹

harm² /hɑːm; *AmE* hɑːrm/ *Verb* schaden, verletzen IDM ⇨ FLY³ *und* HAIR

harm·ful /'hɑːmfl; *AmE* 'hɑːrmfl/ *Adj* schädlich

harm·less /'hɑːmləs; *AmE* 'hɑːrm-/ *Adj* unschädlich, ungefährlich, harmlos

harm·less·ly /'hɑːmləsli; *AmE* 'hɑːrm-/ *Adv* harmlos, ohne Schaden anzurichten

harm·less·ness /'hɑːmləsnəs; *AmE* 'hɑːrm-/ *Nomen* [U] Harmlosigkeit, Ungefährlichkeit

har·mon·ic¹ /hɑːˈmɒnɪk; *AmE* hɑːrˈmɑːn-/ *Adj* (MUS) harmonisch

har·mon·ic² /hɑːˈmɒnɪk; *AmE* hɑːrˈmɑːn-/ *Nomen* [*meist* Pl] (MUS) Oberton

har·mon·ica /hɑːˈmɒnɪkə; *AmE* hɑːrˈmɑːn-/ *Nomen* Mundharmonika

har·mo·ni·ous /hɑːˈməʊniəs; *AmE* hɑːrˈmoʊ-/ *Adj* (*Adv* **har·mo·ni·ous·ly**) harmonisch

har·mo·ni·um /hɑːˈməʊniəm; *AmE* hɑːrˈmoʊ-/ *Nomen* Harmonium

har·mon·iza·tion (*BrE auch* **-isa·tion**) /ˌhɑːmənaɪˈzeɪʃn; *AmE* ˌhɑːrmənəˈz-/ *Nomen* **1** Harmonie, Einklang **2** Harmonisierung

har·mon·ize (*BrE auch* **-ise**) /'hɑːmənaɪz; *AmE* 'hɑːrm-/ *Verb* **1** harmonieren, in Einklang stehen **2** (*gehoben*) harmonisieren, aufeinander abstimmen **3** (MUS) mehrstimmig singen ◇ *Jim sang the melody while I harmonized.* Jim sang die Melodie und ich sang die zweite Stimme dazu.

har·mony /'hɑːməni; *AmE* 'hɑːrm-/ *Nomen* (*Pl* **-ies**) **1** [U] Harmonie, Einklang, Eintracht **2** (MUS) Harmonie(lehre) ◇ *sing in harmony* mehrstimmig singen

har·ness¹ /'hɑːnɪs; *AmE* 'hɑːrnɪs/ *Nomen* **1** (*Pferde*-) Geschirr, Zaumzeug **2** Gurt(zeug), Laufgeschirr ◇ *a safety harness* ein Sicherheitsgurt IDM **in ˈharness** (*BrE*) im alten Trott **work in harness (with sb)** (*BrE*) (mit jdm) zusammenarbeiten

har·ness² /'hɑːnɪs; *AmE* 'hɑːrnɪs/ *Verb* **1** anspannen, anschirren, aufzäumen; ~ **sth to sth** etw vor etw spannen (*auch fig*) **2** nutzen

harp¹ /hɑːp; *AmE* hɑːrp/ *Nomen* Harfe

harp² /hɑːp; *AmE* hɑːrp/ *Verb* PHRV ‚harp ˈon (**about**) **sth** auf etw herumreiten ◇ *He was always harping on about the war.* Er redete ständig vom Krieg.

harp·ist /'hɑːpɪst; *AmE* 'hɑːrp-/ *Nomen* Harfenist(in), Harfenspieler(in)

har·poon¹ /hɑːˈpuːn; *AmE* hɑːrˈp-/ *Nomen* Harpune

har·poon² /hɑːˈpuːn; *AmE* hɑːrˈp-/ *Verb* harpunieren

harp·si·chord /'hɑːpsɪkɔːd; *AmE* 'hɑːrpsɪkɔːrd/ *Nomen* Cembalo

harp·si·chord·ist /'hɑːpsɪkɔːdɪst; *AmE* 'hɑːrpsɪkɔːrd-/ *Nomen* Cembalist(in)

harpy /'hɑːpi; *AmE* 'hɑːrpi/ *Nomen* (*Pl* **-ies**) **1** (*mythische Figur*) Harpyie **2** Weib(sstück)

har·ri·dan /'hærɪdən/ *Nomen* (*veraltet oder gehoben*) (*Frau*) Drachen, Vettel

har·rier /'hæriə(r)/ *Nomen* (*Raubvogel*) Weihe

har·row¹ /'hærəʊ; *AmE* -roʊ/ *Nomen* Egge

har·row² /'hærəʊ; *AmE* -roʊ/ *Verb* **1** eggen **2** quälen

har·row·ing /'hærəʊɪŋ; *AmE* -roʊ-/ *Adj* entsetzlich, grauenhaft

harry /'hæri/ *Verb* (**har·ries, harry·ing, har·ried, har·ried**) (*gehoben*) ~ **sb** jdn bedrängen, jdm zusetzen

harsh /hɑːʃ; *AmE* hɑːrʃ/ *Adj* (*Adv* **harsh·ly**) **1** hart, harsch **2** scharf, rau **3** grell, schrill **4** aggressiv, scharf

harsh·ness /'hɑːʃnəs; *AmE* 'hɑːrʃ-/ *Nomen* **1** Härte, Schärfe **2** Grellheit, Schrillheit

hart /hɑːt; *AmE* hɑːrt/ *Nomen* Hirsch

har·vest¹ /'hɑːvɪst; *AmE* 'hɑːrv-/ *Nomen* Ernte IDM ⇨ REAP

har·vest² /'hɑːvɪst; *AmE* 'hɑːrv-/ *Verb* ernten; (*Wein*) lesen; (*Fische, Vögel etc.*) fangen

har·vest·er /'hɑːvɪstə(r); *AmE* 'hɑːrv-/ *Nomen* **1** Mähmaschine, Mähdrescher **2** (*veraltet*) Erntearbeiter(in), Erntehelfer(in)

ˌharvest ˈfestival *Nomen* Erntedankfest

has /həz; *betont* hæz/ *Form von* HAVE

has-been /'hæz biːn/ *Nomen* (*umgs, abwert*) ◊ *By that time, he was a political has-been.* Zu der Zeit war er als Politiker bereits auf dem absteigenden Ast.

hash /hæʃ/ *Nomen* **1** warmes Gericht aus gehacktem Fleisch und Kartoffeln **2** (*umgs*) = HASHISH **3** (*auch* **ˈhash sign**) (*BrE*) Raute(zeichen) ◊ *Dial hash.* Drücken Sie die Rautetaste. IDM **make a ˈhash of sth** (*umgs*) etwas vermasseln

ˌhash ˈbrowns *Nomen* [Pl] (*AmE*) = Gericht aus Kartoffeln, die sehr klein geschnitten und flach zusammengepresst und dann gebraten werden

hash·ish /'hæʃiːʃ, hæˈʃiːʃ/ (*umgs* **hash**) *Nomen* Haschisch SYN CANNABIS

hasn't /'hæznt/ = HAS NOT

hasp /hɑːsp; *AmE* hæsp/ *Nomen* Haspe, Schließe

has·sle¹ /'hæsl/ *Nomen* (*umgs*) **1** Mühe, Schwierigkeiten ◊ *It's a hassle having to travel with so many bags.* Es ist so umständlich, mit so vielen Taschen zu reisen. **2** Ärger, Krach ◊ *give sb hassle* jdm Ärger machen ◊ *get into a hassle with sb* sich mit jdm anlegen

has·sle² /'hæsl/ *Verb* (*umgs*) nerven, bedrängen ◊ *I'm really hassled just now.* Ich hab im Moment jede Menge um die Ohren.

has·sock /'hæsək/ *Nomen* **1** Kniekissen **2** (*AmE*) Sitzpolster, Fußpolster

hast /hæst/ **thou hast** = veraltete Form der 2. Person Singular von „have"

haste /heɪst/ *Nomen* [U] (*veraltet*) Eile, Hast ◊ *She made haste to open the door.* Sie beeilte sich, die Tür zu öffnen. IDM **ˌmore ˈhaste, ˌless ˈspeed** eile mit Weile

has·ten /'heɪsn/ *Verb* **1** ~ **to do sth** sich beeilen etw zu tun **2** (*gehoben*) eilen SYN HURRY **3** (*gehoben*) beschleunigen

hasty /'heɪsti/ *Adj* (**hasti·er**, **hasti·est**) (*Adv* **hasti·ly** /-ɪli/) **1** hastig, eilig, schnell **2** voreilig, übereilt, überstürzt IDM ⇨ BEAT¹

hat /hæt/ *Nomen* **1** Hut, Mütze **2** (*umgs*) (*Rolle, Funktion*) ◊ *with my lawyer's hat on* in meiner Funktion als Anwalt IDM **hat in ˈhand** (*AmE*) demütig; kleinlaut **keep sth under your ˈhat** (*umgs*) etw für sich behalten **pick sth out of a/the ˈhat** etw (bei einer Verlosung) ziehen **produce sth out of a/the ˈhat** etw aus dem Hut ziehen **hats off (to sb)** (*bes BrE*) Hut ab (vor jdm) **take your ˈhat off to sb** (*bes BrE*) vor jdm den Hut ziehen **throw your ˈhat into the ring** seine Kandidatur anmelden ☛ *Siehe auch* DROP¹, EAT, KNOCK¹, PASS¹, PULL¹ *und* TALK¹

hatch¹ /hætʃ/ *Verb* **1** ~ (**out**) (aus)schlüpfen ◊ *The eggs are about to hatch.* Die Jungen sind im Begriff zu schlüpfen. **2** ausbrüten **3** ~ **sth** (**up**) (*fig*) etw ausbrüten, etw aushecken IDM ⇨ COUNT¹

hatch² /hætʃ/ *Nomen* **1** (Lade)luke **2** Halbtür ◊ *a serving hatch* eine Durchreiche **3** Ausstieg(sluke) ◊ *an escape hatch* ein Notausstieg **4** (Boden)luke IDM **ˌdown the ˈhatch** (*umgs*) (*beim Trinken*) runter damit ☛ *Siehe auch* BATTEN²

hatch·back /'hætʃbæk/ *Nomen* Auto mit Heckklappe

hatch·ery /'hætʃəri/ *Nomen* (*Pl* **-ies**) Brutplatz, Brutstätte

hatchet /'hætʃɪt/ *Nomen* Beil IDM ⇨ BURY

ˈhatchet-faced *Adj* (*abwert*) mit scharfen Gesichtszügen

ˈhatchet job *Nomen* [meist Sing] (*umgs*) (bösartiger) Verriss, (wütende) Attacke ◊ *The press did a very effective hatchet job on her last film.* Die Presse hat ihren letzten Film gründlich verrissen.

ˈhatchet man *Nomen* (*umgs*) Erfüllungsgehilfe

hatch·way /'hætʃweɪ/ *Nomen* (Lade)luke

hate¹ /heɪt/ *Verb* (*nicht in der Verlaufsform*) hassen, nicht leiden können ◊ *I'd hate anything to happen to him.* Ich könnte es nicht ertragen, wenn ihm etwas zustoßen würde. ◊ *I hate to say it, but ...* Ich sage das nicht gern, aber ... IDM **hate sb's ˈguts** (*umgs*) jdn auf den Tod nicht leiden können

hate² /heɪt/ *Nomen* **1** Hass ◊ *her hate for the killers* ihr Hass auf die Mörder ◊ *a hate campaign* eine Hetzkampagne ◊ *hate mail* beleidigende Briefe SYN HATRED **2** (*umgs*) Gräuel ◊ *Noise is a particular hate of mine.* Lärm kann ich auf den Tod nicht ausstehen. IDM ⇨ PET³

hate·ful /'heɪtfl/ *Adj* **1** abscheulich, unausstehlich, verhasst **2** hasserfüllt

hater /'heɪtə(r)/ *Nomen* Hasser(in), Feind(in) ◊ *a woman hater* ein Frauenfeind

hath /hæθ/ = veraltete Form der 3. Person Singular von „have"

hat·red /'heɪtrɪd/ *Nomen* Hass(gefühl), Abscheu ◊ *his profound hatred of war* sein tiefer Hass auf den Krieg ◊ *racial hatred* Rassenhass

hat·ter /'hætə(r)/ *Nomen* (*veraltet*) Hutmacher(in), Hutverkäufer(in) IDM ⇨ MAD

ˈhat-trick *Nomen* Hattrick

haughti·ness /'hɔːtinəs/ *Nomen* [U] Hochmut

haughty /'hɔːti/ *Adj* (*Adv* **haught·ily** /-ɪli/) hochmütig, überheblich

haul¹ /hɔːl/ *Verb* ziehen, schleppen ◊ *haul yourself up* sich hochziehen ◊ *She hauled herself out of bed.* Sie quälte sich aus dem Bett. ◊ (*fig*) *haul sb up before the courts* jdn vor den Kadi zerren IDM ⇨ COAL

haul² /hɔːl/ *Nomen* **1** Fang, Fund, Beute **2** [meist Sing] Strecke, Weg

haul·age /'hɔːlɪdʒ/ *Nomen* (*BrE*) **1** Gütertransport ◊ *the road haulage industry* das Straßentransportgewerbe **2** Transportkosten

haul·ier /'hɔːliə(r)/ (*AmE* **haul·er** /'hɔːlə(r)/) *Nomen* Spediteur, Fuhrunternehmen

haunch /hɔːntʃ/ *Nomen* **1** (*eines Tieres*) Hinterkeule **2** **haunches** [Pl] ◊ *crouch/squat on your haunches* sich hinhocken ◊ *sit on your haunches* hocken **3** (GASTRON) Keule ◊ *a haunch of venison* eine Hirschkeule

haunt¹ /hɔːnt/ *Verb* **1** ~ **sth** (*als Geist*) in etw umgehen ◊ *Her ghost still haunts the place.* Ihr Geist geht heute noch um. ◊ *A headless rider haunts the country lanes.* Ein Reiter ohne Kopf spukt auf den Landstraßen. ◊ *This room is haunted.* In diesem Zimmer spukt es. **2** verfolgen, quälen ◊ *That decision came back to haunt him in later life.* Diese Entscheidung verfolgte ihn noch im späteren Leben.

haunt² /hɔːnt/ *Nomen* Lieblingsort ◊ *a favourite haunt of artists* ein beliebter Künstlertreff

haunt·ed /'hɔːntɪd/ *Adj* **1** ◊ *a haunted house* ein Haus, in dem es spukt **2** ruhelos

haunt·ing /'hɔːntɪŋ/ *Adj* (*Adv* **haunt·ing·ly**) wehmütig, ergreifend ◊ *a hauntingly beautiful landscape* eine Landschaft von ergreifender Schönheit

haute cou·ture /ˌəʊt kuˈtjʊə(r); *AmE* ˌoʊt kuˈtʊr/ *Nomen* Haute Couture

haute cuis·ine /ˌəʊt kwɪˈziːn; *AmE* ˌoʊt/ *Nomen* feine Küche

haut·eur /əʊˈtɜː(r); *AmE* hɔːˈtɜːr, oʊˈt-/ *Nomen* (*gehoben*) Hochmut

have¹ /həv, əv, hæv/ *Hilfsvb* (*zum Bilden der Perfektformen der Verben*) ☛ G 9

have² /həv, əv, hæv/ *Verb* ☛ *Besonders im britischen Englisch wird in manchen Bedeutungen „have got" verwendet.* **1** (*auch* **have got**) (*nicht in der Verlaufsform*) haben ◊ *Have you got a job yet?* Hast du schon eine Stelle? ◊ *I don't have that much money on me.* Ich habe nicht so viel Geld mit. ◊ *He's got three children.* Er hat drei Kinder. ◊ *He's got a tooth missing.* Ihm fehlt ein Zahn. **2** ~ (**got**) **sth to do** (*nicht in der Verlaufsform*) etw machen müssen ◊ *I've got some phone calls to make.* Ich muss noch ein paar Leute anrufen. ◊ *I have a bus to catch.* Ich muss zum Bus. **3** (*auch* **have got**) (*nicht in der Verlaufsform*) festhalten, packen ◊ *She'd got him by the collar.* Sie hatte ihn am Kragen gepackt. **4** veranstalten, organisieren ◊ *We're having a party.* Wir machen eine Party. **5** ◊ *have breakfast* frühstücken ◊ *have lunch/dinner* zu Mittag/Abend essen ◊ *I'll have the salmon.* Ich nehme den Lachs. ◊ *have a cigarette* eine Zigarette rauchen ◊ (*BrE*) *have a shower/bath*

have

present tense	past tense
I have (I've)	I had (I'd)
you have (you've)	you had (you'd)
he/she/it has	he/she/it had
(he's/she's/it's)	(he'd/she'd/it'd)
we have (we've)	we had (we'd)
you have (you've)	you had (you'd)
they have (they've)	they had (they'd)

past participle	had
present participle	having
negative short forms	haven't, hasn't, hadn't

duschen/baden **6** bekommen ◊ *She's going to have a baby.* Sie bekommt ein Kind. ◊ *I've had a letter from my brother.* Ich habe einen Brief von meinem Bruder bekommen. **7** ~ **sth done** ◊ *She had her bag stolen.* Ihr wurde die Tasche gestohlen. ◊ *Charles I had his head cut off.* Karl I. wurde enthauptet. **8** ~ **sth done** etw machen lassen ◊ *You've had your hair cut!* Du hast dir die Haare schneiden lassen! ◊ *We're having our car repaired.* Wir lassen unser Auto reparieren. **9** ~ **sb do sth** jdn etw machen lassen ◊ *She had the chauffeur drive her to the station.* Sie ließ sich vom Chauffeur zum Bahnhof bringen. ◊ *(umgs) I'll have you know I'm a black belt in judo.* Ich möchte dich nur darauf hinweisen, dass ich den schwarzen Gürtel im Judo habe. **10** *(in verneinten Sätzen, besonders nach „will not", „cannot" etc.)* dulden ◊ *We can't have people arriving late all the time.* Wir können es nicht dulden, dass die Leute immer zu spät kommen. ◊ *I'm fed up with your cheek — I won't have it any longer!* Jetzt reicht's — ich lass mir deine Frechheiten nicht länger gefallen! **11** *(auch* **have got)** *(nicht in der Verlaufsform) (umgs)* jdn in die Enge treiben ◊ *You've got me there. I really don't know.* Da bin ich überfragt. **12** *(Slang)* ~ **sb** es mit jdm machen ◊ *He had her in his office.* Er hat es mit ihr in seinem Büro machen ◊ *You've been had.* Man hat dich übers Ohr gehauen. **14** nehmen, zu Besuch haben ◊ *Couldn't your mum have the kids?* Könnte deine Mutter nicht die Kinder nehmen? ◊ *We had some friends to dinner.* Wir hatten ein paar Freunde zum Essen da. ☛ *Siehe auch* HAVE TO

IDM **have 'done with sth** *(bes BrE)* ◊ *Let's have done with this silly argument.* Schluss endlich mit dieser blöden Diskussion. ◊ *Why don't we give him the money and have done with it?* Warum geben wir ihm nicht einfach das Geld und damit hat sich's. **have 'had it** *(umgs)* **1** hin sein ◊ *The car has had it.* Das Auto ist hin. **2** *(müde)* total fertig sein **3** ◊ *When I heard the bang, I thought I'd had it.* Als ich den Knall hörte, dachte ich, nun ist es aus. ◊ *You're late again — you've had it now!* Du kommst schon wieder zu spät — jetzt ist es aus! **4** es satt haben ◊ *I've had it with him.* Ich hab's endgültig satt mit ihm. **have it 'off/a'way (with sb)** *(Slang)* es (mit jdm) machen ◊ *They had it off after the party.* Sie sind nach der Party miteinander ins Bett gegangen. **'have it (that ...)** ◊ *Rumour/Legend has it that ...* Einem Gerücht/Einer Legende zufolge ... **have it 'in for sb** *(umgs)* jdn auf dem Kieker haben **have it 'in you (to do sth)** *(umgs)* das Zeug haben (etw zu tun) ◊ *I didn't know you had it in you.* Das hätte ich dir nicht zugetraut. **have (got) 'nothing on sb/sth** *(umgs)* ◊ *The Eiffel Tower has nothing on this!* Der Eiffelturm ist nichts dagegen! **not 'having any** *(umgs)* ◊ *I tried to persuade her to wait but she wasn't having any.* Ich wollte sie zum Warten überreden, aber sie wollte nichts davon hören. **what 'have you** dergleichen ◊ *old furniture and what have you* alte Möbel und so (weiter) ◊ *Für andere Redewendungen* mit **have** siehe die Einträge für die Nomina, Adjektive etc. **Have your eye on sb/sth** z.B. steht unter **eye**. **PHR V** **have (got) sth a'gainst sb/sth** *(nicht in der Verlaufsform)* etw gegen jdn/etw haben ◊ *What have you got against Ruth?* Was hast du nur gegen Ruth? **have sb 'back** jdn wieder nehmen ◊ *Do you think she'll have him back?* Meinst du, sie würde ihn wieder nehmen? ☛ G 9.7c **have sth 'back** etw zurückhaben **have (got) sth 'in** *(nicht in der Verlaufsform)* etw im Haus haben ◊ *Have we got enough food in?* Haben wir genug zu essen im Haus? ☛ G 9.7c **have sb 'on** *(umgs)* jdn auf den Arm nehmen ☛ G 9.7c **have (got) sth 'on** *(nicht in der Verlaufsform)* **1** *(Kleidung, Radio, Fernseher etc.)* anhaben ◊ *He had nothing on.* Er hatte nichts an. ◊ *She has her TV on all day.* Sie hat den ganzen Tag den Fernseher an. **2** etw vorhaben ◊ *Have you got anything on on Saturday?* Hast du am Samstag was vor? **have (got) sth 'on sb** *(umgs) (nicht in der Verlaufsform)* gegen jdn etw in der Hand haben **have sth 'out** *(Blinddarm, Mandeln)* herausnehmen lassen; *(Zahn)* ziehen lassen ☛ G 9.7c **have sth 'out (with sb)** sich (mit jdm) aussprechen ◊ *I need to have it out with her once and for all.* Ich muss mit ihr reden und ein für alle Mal klare Verhältnisse schaffen. ☛ G 9.7c **have sb 'over/'round/ 'around** jdn zu sich einladen ☛ G 9.7c **have sb 'up (for sth)** *(BrE, umgs)* jdn (wegen einer Sache) drankriegen ◊ *He was had up for drunken driving.* Man hat ihn wegen Trunkenheit am Steuer drangekriegt. ☛ G 9.7c

haven /'heɪvn/ *Nomen* Zufluchtsort, Oase
the ,have-'nots *Nomen* [Pl] die Armen
haven't /'hævnt/ = HAVE NOT
hav·er·sack /'hævəsæk; *AmE* -vərs-/ *Nomen* *(BrE, veraltet)* Proviantsack
the 'haves *Nomen* [Pl] die Reichen
have to /'hæv tə, 'hæf/ *(auch* **have got to)** *Modalvb* müssen ☛ G 10
havoc /'hævək/ *Nomen* [U] Verwüstung, Chaos ◊ *These insects can wreak havoc on crops.* Diese Insekten können beim Getreide verheerende Schäden anrichten. ◊ *The computer problems played havoc with our schedule.* Die Computerprobleme haben unseren Zeitplan völlig über den Haufen geworfen.
haw /hɔː/ *Verb* **IDM** ⇒ HEM[2] *und* HUM[1]
hawk[1] /hɔːk/ *Nomen* **1** Habicht ◊ *He waited, watching her like a hawk.* Er wartete und beobachtete sie ganz genau. **2** *(fig)* Falke ◊ *He has always been a hawk on defence issues.* In Verteidigungsfragen ist er immer ein Falke gewesen.
hawk[2] *Verb* /hɔːk/ hausieren mit **SYN** PEDDLE
hawk·er /'hɔːkə(r)/ *Nomen* Hausierer(in)
,hawk-'eyed *Adj* scharfäugig
hawk·ish /'hɔːkɪʃ/ *Adj* = bereit zur militärischen Intervention
haw·ser /'hɔːzə(r)/ *Nomen* Trosse
haw·thorn /'hɔːθɔːn; *AmE* -θɔːrn/ *Nomen* Weißdorn
hay /heɪ/ *Nomen* Heu **IDM** **make hay while the 'sun shines** das Eisen schmieden, solange es heiß ist ☛ *Siehe auch* HIT[1]
'hay fever *Nomen* Heuschnupfen
hay·mak·ing /'heɪmeɪkɪŋ/ *Nomen* Heumahd
hay·stack /'heɪstæk/ *(selten* **hay·rick** /'heɪrɪk/) *Nomen* Heuhaufen, Heuschober **IDM** ⇒ NEEDLE[1]
hay·wire /'heɪwaɪə(r)/ *Adj* **IDM** **go 'haywire** *(umgs)* durcheinander geraten; verrückt spielen
haz·ard[1] /'hæzəd; *AmE* -ərd/ *Nomen* Gefahr, Risiko ◊ *a safety hazard* ein Sicherheitsrisiko ◊ *Candles are a fire hazard.* Kerzen stellen eine potenzielle Brandgefahr dar. ◊ *hazard lights* Warnblinklicht
haz·ard[2] /'hæzəd; *AmE* -ərd/ *Verb* **1** ~ **(a guess)** raten **2** *(gehoben)* in Gefahr bringen **SYN** ENDANGER
haz·ard·ous /'hæzədəs; *AmE* -ərdəs/ *Adj* gefährlich, riskant ◊ *hazardous waste* Sondermüll
haze[1] /heɪz/ *Nomen* **1** Dunst(schleier) **2** [Sing] Schwaden **3** [Sing] Benommenheit ◊ *My mind was in a complete haze.* Ich konnte einfach nicht klar denken. ◊ *He was in an alcoholic haze.* Er war vom Alkohol benebelt.
haze[2] /heɪz/ *Verb* **1** in einen Dunstschleier hüllen **2** *(AmE)* ~ **sb** jdn einer Mutprobe unterziehen, besonders vor dem Eintritt in eine Studentenverbindung etc.
hazel /'heɪzl/ **1** *Nomen* Haselnussstrauch **2** *Adj (Augen)* grünbraun
hazel·nut /'heɪzlnʌt/ *Nomen* Haselnuss
hazy /'heɪzi/ *Adj* (**hazi·er**, **hazi·est**) *(Adv* **haz·ily** /-ɪli/) **1** dunstig, diesig **2** undeutlich, verschwommen **3** **be ~ (about sth)** sich (über etw) nicht sicher sein ◊ *I'm a little hazy about what to do next.* Ich bin mir nicht ganz sicher, was ich als Nächstes tun soll.
'H-bomb *Nomen* Wasserstoffbombe
HE *Abk* **1** = HIS/HER EXCELLENCY **2** = HIGHER EDUCATION

he¹ /hi, i:, i; *betont* hi:/ *Pron* er ← G 3

Heute wird **he**, **him** und **his** zur verallgemeinernden Bezeichnung von einem Mann oder einer Frau als altmodisch empfunden. Man schreibt daher zunehmend **he or she**, **he/she**, **s/he**, **(s)he**: *Every child needs to know that he/she is loved.* Wenn der Zusammenhang weniger formell ist, kann man auch **they** oder **them** verwenden: *When somebody asks a question I try to give them a quick answer.*

In Redewendungen wird **he** manchmal in der Bedeutung von „wer" verwendet: *He who hesitates is lost.* Wer zögert, ist verloren. **He**, **Him** und **His** werden oft großgeschrieben, wenn sie sich auf Gott beziehen.

he² /hi:/ *Nomen* [Sing] **1** Männchen **2 he-** (*in Zusammensetzungen*) (*bei Tieren*) männlich ◊ *a he-goat* ein Ziegenbock

head¹ /hed/ *Nomen* **1** Kopf ◊ *The boys hung their heads in shame.* Die Jungen ließen vor Scham die Köpfe hängen. ◊ *She always has her head in a book.* Sie liest ständig. ◊ *He still has a good head of hair.* Er hat immer noch dichtes Haar. ◊ *Use your head!* Denk doch mal nach! ◊ *When will you get that into your head!* Wann begreifst du das endlich? ◊ *She's got it into her head that the others don't like her.* Sie bildet sich ein, dass die anderen sie nicht mögen. ◊ (*BrE*) *I still can't get my head round the fact that she's dead.* Ich kann immer noch nicht begreifen, dass sie tot ist. ◊ *Try to put it out of your head.* Versuch nicht daran zu denken. ◊ *The favourite was beaten by a head.* Der Favorit wurde um eine Kopflänge geschlagen. **2** (*umgs*) Kopfschmerzen ◊ *I've got a really bad head.* Ich habe fürchterliche Kopfschmerzen. SYN HEADACHE **3 heads** (*Münzseite*) Kopf **4** [Sing] Kopfende, Spitze ◊ *The President sat at the head of the table.* Der Präsident saß am Kopfende des Tisches. ◊ *The prince rode at the head of his regiment.* Der Prinz ritt an der Spitze seines Regiments. ◊ *at the head of the page/stairs* oben auf der Seite/Treppe **5** [Sing] (*Fluss*) Quelle SYN SOURCE **6** Oberhaupt, Leiter(in) ◊ *the heads of government* die Regierungschefs ◊ *She's the head of our department.* Sie ist unsere Abteilungsleiterin. ◊ *the head waiter* der Oberkellner ◊ (*BrE*) *the head boy/girl* der Schulsprecher/die Schulsprecherin **7** (*oft* **Head**) (*BrE*) Schulleiter(in) SYN HEADTEACHER, HEADMASTER *und* HEADMISTRESS **8** [Sing] (*beim Bier*) Blume **9** [Pl] (*Vieh*) Stück ◊ *200 head of sheep* 200 Stück Schafe **10** [Sing] Dampfdruck ◊ *The old engine still manages to build up a good head of steam.* Die alte Lok schafft es immer noch, ordentlich Dampf zu machen. **11 give sb** ~ (*vulg*) jdm einen blasen **12** ~ (**of sth**) Blüte, Kopf ◊ *Remove the dead heads.* Die abgestorbenen Blüten entfernen. ← *Siehe auch* HEAD-TO-HEAD

IDM **a/per ˈhead** pro Kopf **bang/knock ˌyour/their ˈheads together** (*umgs*) ◊ *I'm going to do what I can to bang their heads together.* Ich werde tun, was ich kann, um diese Streithähne zur Vernunft zu bringen. **be able to do sth standing on your ˈhead** (*umgs*) etw im Schlaf können **bite/snap sb's ˈhead off** (*umgs*) jdm den Kopf abreißen **bring sth to a ˈhead** etw zuspitzen **bury/hide your head in the ˈsand** den Kopf in den Sand stecken **come to a ˈhead** sich zuspitzen **do sb's ˈhead in** (*BrE, umgs*) jdm auf die Nerven gehen **from ˌhead to ˈfoot/ˈtoe** von Kopf bis Fuß **get your ˈhead down** (*umgs*) **1** (*BrE*) schlafen **2** = KEEP/GET YOUR HEAD DOWN **give sb their ˈhead** jdm freie Hand lassen **go to your ˈhead 1** (*Alkohol etc.*) in den Kopf steigen **2** (*Erfolg etc.*) zu Kopf steigen **have a head for sth** für etw begabt sein ◊ *have a head for figures* mit Zahlen umgehen können **hold your ˈhead high**; **hold up your ˈhead** erhobenen Hauptes gehen; über den Dingen stehen ◊ *English football can hold its head up high again.* Der englische Fußball kann sich wieder sehen lassen. **keep/get your ˈhead down** in Deckung bleiben **keep your ˈhead**; **keep a ˌclear/ˈcool ˈhead** einen klaren/kühlen Kopf bewahren **lose your ˈhead** den Kopf verlieren **on your (own) ˈhead be it** auf eigene Verantwortung ◊ *Tell him the truth if you want to, but on your own head be it!* Sag ihm die Wahrheit, wenn du willst; aber auf deine eigene Verantwortung! **out of/off your ˈhead** (*BrE, umgs*) verrückt **2** weggetreten ◊ *She was drugged out of her head.* Sie war mit Drogen völlig zugeknallt. **over sb's ˈhead 1** zu hoch für jdn **2** über jds Kopf hinweg **put our/your/their ˈheads together** die Köpfe zusammenstecken **scream, etc. your ˈhead off** (*umgs*) sich die Seele aus dem Leib schreien etc. **stand/turn sth on its ˈhead** etw auf den Kopf stellen; (*Kritik, Argument*) widerlegen **take it into your ˈhead to do sth** sich in den Kopf setzen etw zu tun **take it into your ˈhead that …** sich in den Kopf setzen, dass … ; sich einbilden, dass … ◊ *He took it into his head that I'd done it.* Er bildete sich ein, dass ich es war. **turn sb's ˈhead** jdm zu Kopf steigen ← Für andere Redewendungen mit **head** siehe die Einträge für die Nomina, Adjektive etc. **Use your head** z.B. steht unter **use**.

head² /hed/ *Verb* **1** (in Richtung von etw) gehen/fahren ◊ *Where are we heading?* Wohin gehen wir? ◊ *She headed for the door.* Sie ging auf die Tür zu. ◊ *The boat was heading out to sea.* Das Boot nahm Kurs auf das Meer. **2** (*auch* **head sth ˈup**) (*Team etc.*) leiten **3** (*Liste, Tabelle, Prozession etc.*) anführen **4** (*Kapitel etc.*) überschreiben ◊ *The chapter was headed 'Winter'.* Das Kapitel hatte die Überschrift „Winter". **5** (*Ball*) köpfen PHRV **be ˈheading for sth** (*bes AmE*) (*auch* **be ˈheaded for sth**) auf etw zugehen, auf etw zufahren, auf etw zusteuern ◊ *They're heading for divorce.* Sie sind auf dem besten Weg zur Scheidung. **ˌhead sb ˈoff** jdn abfangen SYN INTERCEPT **ˌhead sth ˈoff** etw abwenden ◊ *He headed off efforts to replace him.* Er vereitelte die Versuche ihn abzusetzen. **ˌhead sth ˈup** etw leiten ← G 9.7d

head·ache /ˈhedeɪk/ *Nomen* **1** Kopfschmerzen ◊ *a splitting headache* furchtbare Kopfschmerzen **2** (*fig*) Problem

head·band /ˈhedbænd/ *Nomen* Stirnband

head·board /ˈhedbɔːd; *AmE* -bɔːrd/ *Nomen* Kopfteil (*eines Betts*)

ˌhead ˈboy *Nomen* (*BrE*) ≈ Schulsprecher ← In Großbritannien werden Schulsprecher meist nicht von den Schülern gewählt, sondern von den Lehrern ernannt.

head·butt¹ /ˈhedbʌt/ *Verb* jdm den Kopf stoßen

head·butt² /ˈhedbʌt/ *Nomen* (*bes BrE*) Stoß mit dem Kopf

ˈhead case *Nomen* (*BrE, umgs*) Verrückte(r)

head·cheese /ˈhedtʃiːz/ *Nomen* (*AmE*) Sülze

head·count /ˈhedkaʊnt/ *Nomen* **1** Abzählen ◊ *do a headcount* abzählen **2** Beschäftigtenzahl

head·dress /ˈheddres/ *Nomen* Kopfschmuck

head·ed /ˈhedɪd/ *Adj* **1** (*Schreibpapier*) mit Briefkopf **2 -headed** -köpfig ◊ *bald-headed* kahlköpfig

head·er /ˈhedə(r)/ *Nomen* **1** (*beim Fußball*) Kopfball **2** Kopfzeile

head·gear /ˈhedɡɪə(r); *AmE* -ɡɪr/ *Nomen* Kopfbedeckung ◊ *protective headgear* Kopfschutz

ˌhead ˈgirl *Nomen* ≈ Schulsprecherin ← *Hinweis bei* HEAD BOY

head·hunt /ˈhedhʌnt/ *Verb* abwerben

head·hunt·er /ˈhedhʌntə(r)/ *Nomen* **1** Headhunter **2** Kopfjäger

head·ing /ˈhedɪŋ/ *Nomen* **1** Überschrift **2** Rubrik

head·lamp /ˈhedlæmp/ *Nomen* (*bes BrE*) Scheinwerfer

head·land /ˈhedlənd, -lænd/ *Nomen* Landspitze SYN PROMONTORY

head·less /ˈhedləs/ *Adj* kopflos IDM **run around like a ˌheadless ˈchicken** wie ein aufgescheuchtes Huhn herumlaufen

head·light /ˈhedlaɪt/ *Nomen* Scheinwerfer(licht) ◊ *dip your headlights* abblenden

head·line¹ /ˈhedlaɪn/ *Nomen* **1** Schlagzeile, Überschrift **2 the headlines** [Pl] der Nachrichtenüberblick IDM **hit/make/reach the ˈheadlines** Schlagzeilen machen ← *Siehe auch* GRAB¹

head·line² /ˈhedlaɪn/ *Verb* **1** ~ sth einer Sache die Überschrift geben ◊ *The story was headlined 'Never again'.* Die Story hatte die Schlagzeile „Nie wieder". **2** die Hauptattraktion sein ◊ *The concert was to be headlined by Sting.* Der Star des Konzerts sollte Sting sein.

head·long¹ /ˈhedlɒŋ; *AmE* -lɔːŋ/ *Adv* **1** kopfüber, vornüber **2** blindlings, Hals über Kopf **3** direkt ◊ *He ran headlong into her.* Er lief ihr direkt in den Haufen.

head·long² /ˈhedlɒŋ; *AmE* -lɔːŋ/ *Adj* überstürzt; (*Geschwindigkeit*) atemberaubend

head·man /ˈhedmæn, -mən/ *Nomen* (*Pl* **-men** /-mən, -men/) Häuptling

head·mas·ter /ˌhedˈmɑːstə(r); *AmE* -ˈmæs-/ *Nomen* (*veraltend*) Schulleiter

head·mis·tress /ˌhedˈmɪstrəs/ *Nomen* (*veraltend*) Schulleiterin

ˌhead ˈoffice *Nomen* Zentrale ☛ G 1.3c

ˌhead of ˈstate *Nomen* (*Pl* **heads of state**) Staatsoberhaupt

ˌhead-ˈon *Adj nur vor Nomen, Adv* **1** ◇ *a head-on crash/collision* ein Frontalzusammenstoß ◇ *The cars crashed head-on.* Die Autos stießen frontal zusammen. **2** (*fig*) direkt ◇ *tackle a problem head-on* ein Problem direkt angehen

head·phones /ˈhedfəʊnz; *AmE* -foʊnz/ *Nomen* [Pl] Kopfhörer

head·quar·tered /ˌhedˈkwɔːtəd; *AmE* ˈhedkwɔːrtərd/ *Adj* **be ~ in** ... seinen Hauptsitz in ... haben

head·quar·ters /ˌhedˈkwɔːtəz; *AmE* ˈhedkwɔːrtərz/ *Nomen* (*Pl* **head·quar·ters**) (*Abk* **HQ**) Hauptsitz, Zentrale ◇ *police headquarters* das Polizeipräsidium ☛ G 1.3c

head·rest /ˈhedrest/ *Nomen* Kopfstütze

head·room /ˈhedruːm, -rʊm/ *Nomen* **1** (lichte) Durchfahrtshöhe **2** Kopffreiheit

head·scarf /ˈhedskɑːf; *AmE* -skɑːrf/ *Nomen* (*Pl* **headscarves**) Kopftuch

head·set /ˈhedset/ *Nomen* Kopfhörer

head·ship /ˈhedʃɪp/ *Nomen* **1** Leitung **2** (*BrE*) Schulleiterstelle

head·stand /ˈhedstænd/ *Nomen* Kopfstand

ˌhead ˈstart *Nomen* [Sing] **~ (on/over sb)** Vorsprung (jdm gegenüber), Vorteil (jdm gegenüber)

head·stone /ˈhedstəʊn; *AmE* -stoʊn/ *Nomen* Grabstein SYN GRAVESTONE

head·strong /ˈhedstrɒŋ; *AmE* -strɔːŋ/ *Adj* (*abwert*) dickköpfig, eigensinnig

ˌhead ˈtable *Nomen* (*AmE*) Tisch am Kopf der Tafel

ˌhead ˈteacher *Nomen* (*bes BrE*) Schulleiter(in)

ˌhead-to-ˈhead *Adj nur vor Nomen, Adv* offen, direkt ◇ *a head-to-head clash* eine direkte Konfrontation ◇ *They will meet head-to-head next week.* Sie treffen nächste Woche aufeinander.

head·waters /ˈhedwɔːtəz; *AmE* -tərz/ *Nomen* [Pl] Quellflüsse

head·way /ˈhedweɪ/ *Nomen* IDM **make ˈheadway** vorankommen; Fortschritte machen

head·wind /ˈhedwɪnd/ *Nomen* Gegenwind

head·word /ˈhedwɜːd; *AmE* -wɜːrd/ *Nomen* (*Fachspr*) Stichwort

heady /ˈhedi/ *Adj* (**head·ier, headi·est**) **1** berauschend, betörend ◇ *the heady days of youth* die Begeisterung der Jugend **2** *nicht vor Nomen* berauscht ◇ *She felt heady with success.* Sie war im Erfolgsrausch.

heal /hiːl/ *Verb* **1 ~ (up)** (ver)heilen, zuheilen **2 ~ sth** etw heilen **3 ~ sb (of sth)** (*veraltend oder gehoben*) jdn (von etw) heilen

heal·er /ˈhiːlə(r)/ *Nomen* **1** Heiler(in) ◇ *faith healers* Gesundbeter **2** Heilmittel ◇ *Time is a great healer.* Die Zeit heilt alle Wunden.

heal·ing /ˈhiːlɪŋ/ *Nomen* Heilung, Verheilen

health /helθ/ *Nomen* **1** Gesundheit ◇ *mental health* seelische Gesundheit ◇ *in good/the best of health* bei guter/bester Gesundheit ◇ *in poor health* nicht gesund ◇ *She resigned because of ill health.* Sie trat aus gesundheitlichen Gründen zurück. ◇ *He was nursed back to health by his wife.* Er wurde von seiner Frau gesund gepflegt. ◇ *Your (very) good health!* Zum Wohl! **2** Gesundheitswesen ◇ *health insurance* Krankenversicherung ◇ *health and safety regulations* Arbeitsschutzvorschriften IDM ⇨ CLEAN¹, DRINK¹, PICTURE¹, PROPOSE *und* RUDE

ˈhealth care *Nomen* Gesundheitsversorgung ◇ *health-care workers* im Gesundheitswesen Tätige

ˈhealth centre *Nomen* (*BrE*) Ärztezentrum

ˈhealth club *Nomen* Fitnessstudio

ˈhealth farm *Nomen* (*BrE*) Wellness-Hotel

ˈhealth food *Nomen* [meist Pl] Naturkost, Biokost

health·ful /ˈhelθfl/ *Adj* (*gehoben*) gesund

health·ily *Adv* ⇨ HEALTHY

ˈhealth service *Nomen* Gesundheitswesen

ˈhealth spa *Nomen* Wellness-Hotel

ˈhealth visitor *Nomen* (*BrE*) = Krankenschwester, die besonders Mütter und ältere Leute zu Hause berät

healthy /ˈhelθi/ *Adj* (**health·ier, healthi·est**) (*Adv* **health·ily** /-ɪli/) gesund ◇ *It's not healthy the way she clings to the past.* Es ist nicht gut, wie sie sich an die Vergangenheit klammert. ◇ *make a healthy profit* einen ordentlichen Gewinn machen

heap¹ /hiːp/ *Nomen* **1** Haufen **2** [meist Pl] (*umgs*) eine Menge, jede Menge ◇ *I've got heaps to tell you.* Ich habe dir wahnsinnig viel zu erzählen. **3** (*umgs, hum*) (*Auto*) Klapperkiste IDM **at the top/bottom of the ˈheap** ganz oben/unten ◇ *at the bottom of the social heap* ganz unten in der Gesellschaftsordnung **collapse, fall, etc. in a ˈheap** zusammensacken ◇ *He collapsed in a heap on the floor.* Er sackte zu Boden. **heaps ˈbetter, ˈmore, ˈolder, etc.** (*BrE, umgs*) viel besser, mehr, älter etc.

heap² /hiːp/ *Verb* **1 ~ sth (up)** etw aufhäufen **2 ~ A on B; ~ B with A** A auf B häufen ◇ *She heaped food on my plate./She heaped my plate with food.* Sie häufte Essen auf meinen Teller. ◇ *a table heaped with food* ein mit Essen beladener Tisch ◇ *a sofa heaped with cushions* ein Sofa, auf dem sich Kissen stapeln **3 ~ A on B; ~ B with A** (*fig*) B mit A überschütten ◇ *He heaped praise on his team./He heaped his team with praise.* Er überschüttete seine Mannschaft mit Lob.

heap·ed /hiːpt/ (*AmE meist* **heap·ing**) *Adj* (*Teelöffel etc.*) gehäuft; (*Schüssel etc.*) randvoll

hear /hɪə(r); *AmE* hɪr/ *Verb* (**heard, heard** /hɜːd; *AmE* hɜːrd/) **1** (*nicht in der Verlaufsform*) hören ◇ *I can't hear very well.* Ich höre nicht gut. ◇ *I could hear a dog barking.* Er hörte einen Hund bellen. ◇ *Be quiet — I can't hear myself think!* Seid still — ich kann keinen klaren Gedanken fassen! ◇ *I was sorry to hear about your accident.* Es tut mir Leid, dass Sie einen Unfall hatten. ◇ *I hear what you're saying.* Ich verstehe, was du meinst. ◇ *I've heard it said (that) they met in Italy.* Man sagt, dass sie sich in Italien getroffen haben. ◇ *She has been heard to say that ...* Man hat sie sagen hören, dass ... ☛ Diese Struktur wird nur im Passiv gebraucht. **2** (RECHT) anhören; (*Fall*) verhandeln IDM **Have you heard the one about ...?** Kennen Sie schon den Witz von ...? **ˈhear! ˈhear!** Richtig!; Genau! **hear ˈtell (of sth)** (*veraltet oder gehoben*) (von etw) hören **not/never hear the ˈend of it** es immer wieder zu hören bekommen ◇ *If we don't get her a dog we'll never hear the end of it.* Wenn wir ihr keinen Hund schenken, wird sie nie Ruhe geben. **you could hear a ˈpin drop** man könnte eine Stecknadel fallen hören **(Do) you ˈhear me?** (*umgs*) Hast du mich verstanden? ☛ Siehe auch LAST³, THING *und* VOICE¹ PHRV **ˈhear (sth) from sb** (etw) von jdm hören **ˈhear of sb/sth** (etw) von jdm/etw hören ◇ *This is the first I've heard of it!* Ich höre das zum ersten Mal! **not ˈhear of sth** von etw nichts hören wollen ˌhear sb ˈout jdn ausreden lassen ☛ G 9.7c

hear·er /ˈhɪərə(r); *AmE* ˈhɪr-/ *Nomen* Hörer(in)

hear·ing /ˈhɪərɪŋ; *AmE* ˈhɪr-/ *Nomen* **1** Gehör ◇ *Her hearing is poor.* Sie kann nicht gut hören. ◇ *hearing-impaired* hörgeschädigt ☛ Hinweis bei BEHINDERTE(R) **2** Verhandlung, Anhörung **3** [Sing] ◇ *We have not been given a hearing.* Wir sind nicht richtig angehört worden. ◇ *He deserves a hearing.* Man sollte ihn wenigstens anhören. IDM **in/within (sb's) hearing** in Hörweite ☛ Siehe auch FAIR¹

ˈhearing aid *Nomen* Hörgerät

heark·en (*auch* **hark·en**) /ˈhɑːkən; *AmE* ˈhɑːrkən/ *Verb* **~ (to sb/sth)** (*veraltet*) (auf jdn/etw) horchen

hear·say /ˈhɪəseɪ; *AmE* ˈhɪr-/ *Nomen* [U] Hörensagen, Gerüchte SYN RUMOUR

hearse /hɜːs; *AmE* hɜːrs/ *Nomen* Leichenwagen

heart /hɑːt; *AmE* hɑːrt/ *Nomen* **1** Herz ◇ *His heart stopped beating for a few seconds.* Sein Herz setzte einige Sekunden lang aus. ◇ *She has a kind heart.* Sie ist gutherzig. **2** [Sing] Kern ◇ *the heart of the matter* der Kern der Sache **3** [meist Sing] **in the ~ of sth** mitten in etw ◇ *in the heart of the city* im Herzen der Stadt **4 hearts** [Pl/U] (*Spielkartenfarbe*) Herz ◇ *Hearts are/is trumps.* Herz ist Trumpf. ☛ Hinweis bei PIK **5** (*Spielkarte*) Herz ☛ *Siehe auch* HEART-TO-HEART **IDM** **at 'heart** im Grunde (seines Herzens) **break sb's 'heart** jdm das Herz brechen **by 'heart** (*BrE auch* **off by 'heart**) auswendig ◊ *I know it by heart.* Ich kann es auswendig. **be close/dear/near to sb's 'heart** jdm sehr am Herzen liegen **from the bottom of your 'heart** aus tiefstem Herzen **from the 'heart** von Herzen **give sb (fresh) 'heart** jdm (neuen) Mut machen **give your 'heart to sb** jdm sein Herz schenken **have a 'heart!** (*umgs*) ich bitte dich! **sb has their heart in their 'mouth** jdm schlägt das Herz bis zum Hals ◊ *My heart was in my mouth.* Mir schlug das Herz bis zum Hals. **have a heart of 'gold** ein gütiges Herz haben **have a heart of 'stone** ein Herz aus Stein haben **heart and 'soul** mit Leib und Seele **sb's 'heart goes 'out to sb** jd hat Mitgefühl mit jdm ◊ *Our hearts go out to the families of the victims.* Unser Mitgefühl gilt den Angehörigen der Opfer. **sb's heart is in the right 'place** jd hat das Herz am rechten Fleck **sb's 'heart is not in sth** jd ist nur mit halbem Herzen bei einer Sache **sb's heart 'leaps** jds Herz schlägt höher **sb's heart misses a beat** jdm stockt fast das Herz **sb's heart 'sinks** jdm wird das Herz schwer; jd verliert den Mut ◊ *She watched him go with a sinking heart.* Ihr wurde das Herz schwer, als sie ihn gehen sah. **in good 'heart** (*BrE*) guten Mutes **in your 'heart (of 'hearts)** im Grunde seines Herzens **it does your 'heart good** einem wird warm ums Herz **let your 'heart rule your 'head** sich von seinen Gefühlen hinreißen lassen **lose 'heart** den Mut verlieren **lose your 'heart (to sb/sth)** (*gehoben*) sein Herz (an jdn/etw) verlieren **a man/woman after my own 'heart** ein Mann/eine Frau nach meinem Herzen **my heart 'bleeds for him, her etc.** (*ironisch*) ach, der, die etc. Ärmste **the way to sb's 'heart** der Weg zu jds Herzen **not have the 'heart (to do sth)** es nicht übers Herz bringen (etw zu tun) **pour out/open your 'heart to sb** jdm sein Herz ausschütten **set your 'heart on sth**; **have your heart 'set on sth** etw unbedingt wollen **take 'heart (from sth)** (aus etw) Mut schöpfen **take sth to 'heart** sich etw zu Herzen nehmen **tear/rip the 'heart out of sth** etw im Innersten treffen **to your heart's con'tent** nach Herzenslust **with all your 'heart/your whole 'heart** von ganzem Herzen ☛ *Siehe auch* CHANGE², CROSS², EAT, ETCH, FIND¹, GOODNESS, HEAVY¹, INTEREST¹, SICK¹, SOB¹, STEAL¹, STRIKE¹, TEAR¹, WARM², WEAR¹, WIN¹ *und* YOUNG¹

heart·ache /'hɑːteɪk; *AmE* 'hɑːrt-/ *Nomen* Kummer
'heart attack *Nomen* Herzanfall, Herzinfarkt
heart·beat /'hɑːtbiːt; *AmE* 'hɑːrt-/ *Nomen* **1** Herzschlag **2** [Sing] **the ~ of sth** (*AmE*) der Kern von etw
heart·break /'hɑːtbreɪk; *AmE* 'hɑːrt-/ *Nomen* Kummer, Leid
'heart·break·ing /'hɑːtbreɪkɪŋ; *AmE* 'hɑːrt-/ *Adj* herzzerreißend
heart·broken /'hɑːtbrəʊkən; *AmE* 'hɑːrtbroʊkən/ *Adj* untröstlich, todunglücklich
heart·burn /'hɑːtbɜːn; *AmE* 'hɑːrtbɜːrn/ *Nomen* [U] Sodbrennen
-hearted /'hɑːtɪd; *AmE* 'hɑːrt-/ (*in Zusammensetzungen*) -herzig ◊ *cold-hearted* kaltherzig
heart·en /'hɑːtn; *AmE* 'hɑːrtn/ *Verb* (*meist passiv*) ermutigen
heart·en·ing /'hɑːtnɪŋ; *AmE* 'hɑːrt-/ *Adj* ermutigend
'heart failure *Nomen* Herzversagen
heart·felt /'hɑːtfelt; *AmE* 'hɑːrt-/ *Adj* tief empfunden, herzlich ◊ *a heartfelt plea* eine dringende Bitte ◊ *a heartfelt sigh* ein Seufzer aus tiefstem Herzen
hearth /hɑːθ; *AmE* hɑːrθ/ *Nomen* **1** Kamin ◊ *A log fire roared in the open hearth.* Holzscheite brannten lodernd im Kamin. ◊ *The cat dozed on the hearth.* Die Katze schlief vor dem Kamin. **2** (*gehoben*) der häusliche Herd ◊ *a longing for hearth and home* die Sehnsucht nach Haus und Herd
hearth-rug /'hɑːθrʌg; *AmE* 'hɑːrθ-/ *Nomen* Kaminvorleger
heart·ily /'hɑːtɪli; *AmE* 'hɑːrt-/ *Adv* **1** herzhaft ◊ *sing heartily* aus voller Kehle singen ◊ *eat heartily* tüchtig essen **2** von ganzem Herzen ◊ *heartily recommended* wärmstens empfohlen **3** äußerst ◊ *heartily glad* unendlich froh ◊ *I'm heartily sick of this wet weather.* Ich bin dieses nasse Wetter herzlich leid.
hearti·ness /'hɑːtinəs; *AmE* 'hɑːrt-/ *Nomen* **1** Herzlichkeit **2** Herzhaftigkeit
heart·land /'hɑːtlænd; *AmE* 'hɑːrt-/ *Nomen* (*Pl* **heartlands**) **1** Herz eines Landes ◊ *the Russian heartlands* die Regionen im Herzen Russlands **2** Zentrum ◊ *a traditional Tory heartland* eine Hochburg der Konservativen
heart·less /'hɑːtləs; *AmE* 'hɑːrt-/ *Adj* (*Adv* **heart·less·ly**) herzlos
heart·less·ness /'hɑːtləsnəs; *AmE* 'hɑːrt-/ *Nomen* Herzlosigkeit
'heart-rending *Adj* herzzerreißend
'heart-searching *Nomen* [U] Gewissensprüfung
'heart-stopping *Adj* atemberaubend ◊ *For one heart-stopping moment she thought they were too late.* Einen Moment lang dachte sie, sie kämen zu spät, und ihr stockte fast das Herz.
heart·strings /'hɑːtstrɪŋz; *AmE* 'hɑːrt-/ *Nomen* [Pl] Herz ◊ *It has touched heartstrings all over the world.* Das hat die Herzen auf der ganzen Welt gerührt. ◊ *a story that tugs at the heartstrings* eine Geschichte, die einem zu Herzen geht
'heart-throb *Nomen* (Frauen)schwarm
heart-to-'heart *Nomen* [meist Sing] offene Aussprache ◊ *have a heart-to-heart with sb* sich mit jdm offen aussprechen ◊ *a heart-to-heart talk* ein offenes Gespräch
'heart-warming *Adj* herzerquickend ◊ *It's a heart-warming story.* Bei dieser Geschichte wird einem warm ums Herz.
hearty¹ /'hɑːti; *AmE* 'hɑːrti/ *Adj* (**heart·ier**, **hearti·est**) **1** herzlich **2** (*manchmal abwert*) herzhaft; (*Mensch, Art*) forsch **3** (*Gericht*) herzhaft; (*Appetit*) gesund **4** (*Gefühle*) tief, ungeteilt ◊ *He nodded in hearty agreement.* Er nickte in vollem Einverständnis.
hearty² /'hɑːti; *AmE* 'hɑːrti/ *Nomen* (*Pl* **-ies**) (*BrE*, *meist abwert*) nassforscher Typ
heat¹ /hiːt/ *Nomen* **1** Wärme, Hitze ◊ *He could feel the heat of the sun on his back.* Er fühlte die Sonne auf seinem Rücken. **2** Hitze; (*beim Kochen*) Feuer ◊ *Return the pan to the heat.* Stellen Sie den Topf wieder aufs Feuer. ◊ *Bake at a low/high/moderate heat.* Bei schwacher/starker/mittlerer Hitze backen. **3** (*bes AmE*) Heizung **4** Erregung, Hitze ◊ *in the heat of the moment* in der Hitze des Gefechts ◊ *The chairman tried to take the heat out of the situation.* Der Vorsitzende versuchte die Situation zu entschärfen. **5** (*Zwang, Belastung*) Druck **6** Vorlauf, Vorrunde ◊ *a qualifying heat* ein Qualifikationslauf **IDM** **if you can't stand the 'heat (get out of the 'kitchen)** (*umgs*) wenn du den Druck nicht aushältst, dann musst du aufhören **be on 'heat** (*AmE* **be in 'heat**) (*Tiere*) heiß sein
heat² /hiːt/ *Verb* heizen, erwärmen, erhitzen, aufwärmen **PHRV** **heat 'up 1** warm werden, sich erwärmen, heiß werden, sich erhitzen **OPP** COOL DOWN **2** (*bes AmE*) ernst werden, spannend werden **OPP** COOL off **heat sth 'up** etw warm machen, etw erhitzen, etw aufwärmen
heat·ed /'hiːtɪd/ *Adj* **1** (*Adv* **heat·ed·ly**) hitzig, erregt ◊ *She became very heated.* Sie regte sich furchtbar auf. **2** geheizt, beheizt, beheizbar **OPP** UNHEATED
heat·er /'hiːtə(r)/ *Nomen* Heizung, Heizkörper, Ofen ◊ *a water heater* ein Boiler
heath /hiːθ/ *Nomen* Heide, Heideland
hea·then /'hiːðn/ (*veraltet, beleidigend*) **1** *Nomen* Heide, Heidin **2** *Nomen* unkultivierter Mensch **3** *Adj* heidnisch
hea·ther /'heðə(r)/ *Nomen* Heidekraut
Heath Rob·in·son /ˌhiːθ 'rɒbɪnsən; *AmE* 'rɑːb-/ *Adj* (*BrE, hum*) (*Maschine, Gerät*) kompliziert
heat·ing /'hiːtɪŋ/ *Nomen* [U] (*bes BrE*) Heizung [Pl] ◊ *a gas heating system* eine Gasheizung
heat·proof /'hiːtpruːf/ *Adj* feuerfest, hitzebeständig
'heat-resistant *Adj* hitzebeständig
'heat-seeking *Adj* nur vor Nomen infrarotgesteuert
heat·stroke /'hiːtstrəʊk; *AmE* -stroʊk/ *Nomen* Hitzschlag
heat·wave /'hiːtweɪv/ *Nomen* Hitzewelle
heave¹ /hiːv/ *Verb* **1** ziehen, hieven, wuchten **2** sich heben und senken ◊ *Her shoulders heaved with laughter.* Sie schüttelte sich vor Lachen. **3** würgen ◊ *His stomach*

heave

heaved. Ihm drehte sich der Magen um. **4** ~ **a sigh** seufzen ◊ *She heaved a sigh of relief.* Sie atmete erleichtert auf. IDM ˌheave into ˈsight/ˈview *(gehoben) (Schiff)* in Sicht kommen ☛ Als *past tense* und *past participle* wird **hove** /həʊv/ verwendet. PHRV ˌheave ˈto *(Fachspr)* beidrehen ☛ Als *past tense* und *past participle* wird **hove** /həʊv/ verwendet.
heave² /hiːv/ *Nomen* **1** ◊ *With a heave he lifted the sack onto the truck.* Er wuchtete den Sack auf den Wagen. ◊ *One more heave!* Noch einmal kräftig ziehen! **2** Wogen, Auf und Ab
heave-ho /ˌhiːv ˈhəʊ; *AmE* ˈhoʊ/ *Nomen* [Sing] IDM **give sb the (old) heave-ˈho** *(umgs) (aus dem Job)* jdn rausschmeißen; *(in einer Beziehung)* mit jdm Schluss machen
heaven /ˈhevn/ *Nomen* **1** *(auch* **Heaven**) Himmel ◊ *heaven on earth* der Himmel auf Erden. ◊ *the kingdom of heaven* das Himmelreich ◊ *This isn't exactly my idea of heaven!* Das ist nicht gerade mein Traum. **2 Heaven** *(gehoben)* Gott ◊ *It was the will of heaven.* Es war Gottes Wille. **3 the heavens** [Pl] *(gehoben)* der Himmel ◊ *Tall trees stretched up to the heavens.* Hohe Bäume ragten zum Himmel empor. IDM **(Good) ˈHeavens!;** ˌ**Heavens aˈbove!** Du lieber Himmel! **the heavens ˈopened** der Himmel öffnete die Schleusen ☛ *Siehe auch* FORBID, GOD, HELP¹, HIGH¹, KNOW¹, MOVE¹, NAME¹, SAKE, SEVENTH *und* THANK
heav·en·ly /ˈhevnli/ *Adj* **1** *nur vor Nomen* himmlisch ◊ *the heavenly kingdom* das Himmelreich **2** Himmels-, *heavenly bodies* Himmelskörper
ˌ**heaven-ˈsent** *Adj* gerade zur rechten Zeit ◊ *a heaven-sent opportunity* eine Gelegenheit, die wie gerufen kommt
heav·en·ward /ˈhevnwəd; *AmE* -wərd/ *(auch* **heav·en·wards** /ˈhevnwədz/) *Adv (gehoben)* zum Himmel
heavi·ness /ˈhevinəs/ *Nomen* Schwere
heavy¹ /ˈhevi/ *Adj* **(heav·ier, heavi·est) 1** *(Adv* **heav·ily** /-ɪli/) schwer ◊ *a heavy coat* ein dicker Mantel ◊ *How heavy is it?* Wie viel wiegt es? ◊ *a heavy blow* ein heftiger Schlag ◊ *The air was very heavy.* Es war sehr schwül. ◊ *(fig) with heavy irony* sehr ironisch **2** *(Adv* **heav·ily**) stark, schwer ◊ *It was raining heavily.* Es regnete stark. ◊ *a heavy fine* eine hohe Geldstrafe ◊ *be a heavy sleeper* einen festen Schlaf haben ◊ *heavy snoring* lautes Schnarchen ◊ *a heavy sigh* ein tiefer Seufzer **3** ~ **(with sth)** *(gehoben)* voll *(von etw)* ◊ *The air was heavy with the scent of flowers.* Die Luft war vom Duft der Blumen geschwängert. ◊ *She was heavy with child.* Sie war hochschwanger. **4** anstrengend ◊ *a heavy schedule* ein voller Terminplan **5** ~ **on sth** *(umgs)* ◊ *Older cars are heavy on gas.* Ältere Autos verbrauchen viel Benzin. ◊ *Don't go so heavy on the garlic.* Nimm nicht so viel Knoblauch. **6** *(meist abwert)* schwierig, schwer ◊ *The discussion got a little heavy.* Die Diskussion wurde ein bisschen dröge. **7** *(Person)* streng IDM **get ˈheavy** *(umgs)* ernst werden ◊ *Then he got heavy and tried to kiss me.* Dann wurde er zudringlich und versuchte mich zu küssen. ˌ**heavy ˈgoing** anstrengend ◊ *I find her a bit heavy going.* Ich finde sie ziemlich anstrengend. ◊ *I found the course rather heavy going.* Ich fand den Kurs ziemlich schwierig. ˌ**heavy ˈhand** eiserne Faust **with a heavy ˈheart** schweren Herzens **the ˈheavy mob/brigade** *(BrE, umgs)* die Schergen **a heavy ˈatmosphere** eine gespannte Atmosphäre **a heavy ˈsilence** ein betretenes Schweigen **make heavy ˈweather of sth** sich mit etw schwer tun ☛ *Siehe auch* TOLL¹
heavy² /ˈhevi/ *Nomen (Pl* **-ies) 1** *(umgs) (Mensch)* Schläger **2** *(ScotE)* starkes Bier
heavy³ /ˈhevi/ *Adv* IDM **hang/lie ˈheavy (on/in sth)** schwer liegen/hängen *(auf/in etw)* **hang/lie ˈheavy on sb/sth** auf jdn/etw schwer lasten
ˌ**heavy ˈbreathing** *Nomen* = obszönes Stöhnen ins Telefon
ˌ**heavy-ˈduty** *Adj nur vor Nomen* strapazierfähig
ˌ**heavy ˈgoods vehicle** = HGV
ˌ**heavy-ˈhanded** *Adj* ungeschickt, plump ◊ *Don't be too heavy-handed with the salt.* Sei nicht allzu großzügig mit dem Salz.
ˌ**heavy ˈindustry** *Nomen (Pl* **-ies)** Schwerindustrie
ˌ**heavy ˈmetal** *Nomen* **1** Heavymetal **2** *(Fachspr)* Schwermetall
ˌ**heavy ˈpetting** *Nomen* Petting
ˌ**heavy-ˈset** *Adj* gedrungen SYN THICKSET

heavy·weight /ˈheviweɪt/ *Nomen* **1** Schwergewicht, Schwergewichtler(in) **2** Größe(r), Schwergewicht
Heb·raic /hɪˈbreɪk/ *Adj* hebräisch
Heb·rew¹ /ˈhiːbruː/ *Nomen* **1** Hebräer(in) **2** Hebräisch **3** Iwrith, Neuhebräisch
Heb·rew² /ˈhiːbruː/ *Adj* hebräisch
heck /hek/ *Ausruf, Nomen (umgs)* ◊ *Oh heck, I'm going to be late!* Verflixt, ich komme zu spät! ◊ *Heck! You're here early!* Mensch! Du bist aber früh hier! ◊ *We had to wait a heck of a long time!* Wir mussten wahnsinnig lange warten! ◊ *Who the heck are you?* Wer zum Kuckuck sind Sie? IDM **for the ˈheck of it** *(umgs)* nur so aus Jux **what the ˈheck!** *(umgs)* was soll's!
heckle /ˈhekl/ *Verb* durch Zwischenrufe unterbrechen SYN BARRACK
heck·ler /ˈheklə(r)/ *Nomen* Zwischenrufer(in)
heck·ling /ˈheklɪŋ/ *Nomen* Zwischenrufen
hec·tare /ˈhekteə(r); *AmE* -ter; *BrE auch* ˈhektɑː(r)/ *Nomen (Abk* **ha)** Hektar
hec·tic /ˈhektɪk/ *Adj* hektisch
hec·tor /ˈhektə(r)/ *Verb (gehoben)* tyrannisieren, einschüchtern SYN BULLY
hec·tor·ing /ˈhektərɪŋ/ *Adj* herrisch
he'd /hiːd/ **1** = HE HAD **2** = HE WOULD
hedge¹ /hedʒ/ *Nomen* **1** Hecke *(an Feldern, Straßenrändern)* **2 a** ~ **against sth** Absicherung gegen etw
hedge² /hedʒ/ *Verb* **1** ausweichen, sich nicht festlegen **2** mit einer Hecke einfassen **3** *(meist passiv) (gehoben)* einschränken ◊ *Their offer was hedged around with all sorts of conditions.* Ihr Angebot war mit allen möglichen Auflagen verbunden. IDM ˌ**hedge your ˈbets** sich absichern; auf Nummer Sicher gehen PHRV ˈ**hedge against sth** sich gegen etw absichern ˈ**hedge sb/sth ˈin** jdn/etw umgeben, jdn/etw einengen SYN HEM SB/STH IN
hedge·hog /ˈhedʒhɒg; *AmE* -hɔːg, -hɑːg/ *Nomen* Igel
hedge·row /ˈhedʒrəʊ; *AmE* -roʊ/ *Nomen* Hecke
he·don·ism /ˈhiːdənɪzəm/ *Nomen* Hedonismus
he·don·ist /ˈhiːdənɪst/ *Nomen* Hedonist(in)
he·don·is·tic /ˌhiːdəˈnɪstɪk/ *Adj* hedonistisch
heed¹ /hiːd/ *Verb* beachten
heed² /hiːd/ *Nomen (gehoben)* IDM **give/pay/take ˈheed** Acht geben **give/pay ˈheed to sb/sth; take ˈheed of sb/sth** jdm/etw Beachtung schenken
heed·less /ˈhiːdləs/ *Adj (Adv* **heed·less·ly**) *(gehoben)* achtlos, unachtsam ◊ *be heedless of sb/sth* jdn/etw nicht beachten
heel¹ /hiːl/ *Nomen* **1** Ferse **2** Absatz ◊ *He clicked his heels.* Er schlug die Hacken zusammen. **3 heels** [Pl] hochhackige Schuhe **4** ~ **of your hand/palm** Handballen **5** *(umgs, veraltet)* Schuft IDM **(hard/hot) at/on sb's ˈheels** jdm (dicht) auf den Fersen **be/come/follow hard/hot on sth's ˈheels** einer Sache auf dem Fuße folgen **bring sb to ˈheel** jdn an die Kandare nehmen; jdn Disziplin lehren **come to ˈheel 1** parieren **2** bei Fuß gehen **head over heels in ˈlove** bis über beide Ohren verliebt ˌ**take to your ˈheels** sich aus dem Staub machen **turn/spin on your ˈheel** auf dem Absatz kehrtmachen **under the ˈheel of sb** *(gehoben)* unter jds Herrschaft ☛ *Siehe auch* COOL², DIG¹, DRAG¹, KICK¹ *und* TREAD¹
heel² /hiːl/ *Verb* **1** mit neuen Absätzen versehen **2** *(Boot etc.)* krängen, sich auf die Seite legen
-heeled /hiːld/ *(in Zusammensetzungen)* mit Absätzen ◊ *high-heeled shoes* Schuhe mit hohen Absätzen ☛ *Siehe auch* WELL HEELED
hefty /ˈhefti/ *Adj* **(heft·ier, heft·iest)** *(Adv* **heft·ily** /-ɪli/) *(umgs)* **1** kräftig, mächtig, schwer **2** *(Betrag)* fett, satt, saftig **3** heftig, massiv
hege·mon·ic /ˌhedʒɪˈmɒnɪk, ˌhegɪ-; *AmE* -ˈmɑːnɪk/ *Adj* hegemonial
he·gem·ony /hɪˈdʒeməni, -ˈge-, ˈhedʒɪməni; *AmE* -moʊni/ *Nomen (Pl* **-ies)** *(gehoben)* Hegemonie, Vorherrschaft
heifer /ˈhefə(r)/ *Nomen* Färse
height /haɪt/ *Nomen* **1** Höhe, Größe ◊ *It is almost 2 metres in height.* Es ist fast 2 Meter hoch. ◊ *She is the same height as her sister.* Sie ist genauso groß wie Schwester. ◊ *be of medium/average height* mittelgroß sein ◊ *from a height*

von oben **2 heights** [Pl] Höhen ◊ *(fig) He didn't know it was possible to reach such heights of happiness.* Er hatte nicht geahnt, dass man so unendlich glücklich sein konnte. **3** [Sing] Höhepunkt, Gipfel ◊ *That hat was the height of fashion then.* Der Hut war damals der letzte Schrei. ◊ *the height of summer* Hochsommer IDM **draw yourself up/ rise to your full 'height** sich zu voller Größe aufrichten **(not) have a head for 'heights** (nicht) schwindelfrei sein ☛ *Siehe auch* DIZZY

height·en /'haɪtn/ *Verb* **1** erhöhen, steigern **2** sich erhöhen, (an)steigen ◊ *The colour in Tanya's cheeks heightened.* Tanya wurde ganz rot im Gesicht. SYN INTENSIFY

hein·ous /'heɪnəs/ *Adj (gehoben)* verabscheuungswürdig, abscheulich

heir /eə(r)/ *AmE* er-/ *Nomen* Erbe, Erbin ◊ *the heir to the throne* der/die Thronfolger(in) ☛ *Der unbestimmte Artikel vor* **heir**, **heiress** *und* **heirloom** *ist* **an**.

heir ap'parent *Nomen (Pl* **heirs apparent)** **1** gesetzlicher Erbe, gesetzliche Erbin **2** designierte(r) Nachfolger(in)

heir·ess /'eərɪs, -rəs/ *AmE* 'er-/ *Nomen* Erbin ☛ *Hinweis bei* HEIR

heir·loom /'eəluːm/ *AmE* 'erl-/ *Nomen* Erbstück ☛ *Hinweis bei* HEIR

heir pre'sumptive *Nomen (Pl* **heirs presumptive)** möglicher Erbe, mögliche Erbin

heist¹ /haɪst/ *Nomen (bes AmE, umgs)* (Raub)überfall

heist² /haɪst/ *Verb (bes AmE, umgs)* rauben

held *Form von* HOLD¹

hel·i·cal /'helɪkl, 'hiːl-/ *Adj (Fachspr)* spiralförmig

hel·i·cop·ter /'helɪkɒptə(r)/ *AmE* -kɑːp-/ *(umgs* **cop·ter)** *Nomen* Hubschrauber, Helikopter

he·lio·trope /'hiːliətrəʊp/ *AmE* -troʊp/ **1** *Nomen* Heliotrop **2** *Adj* zartlila

heli·pad /'helɪpæd/ *(auch* **'helicopter pad)** *Nomen* Hubschrauberlandeplatz

heli·port /'helɪpɔːt/ *AmE* -pɔːrt/ *Nomen* Hubschrauberflugplatz, Heliport

he·lium /'hiːliəm/ *Nomen* Helium

helix /'hiːlɪks/ *Nomen (Pl* **hel·i·ces** /'hiːlɪsiːz/) Helix

hell /hel/ *Nomen* **1** *(meist* **Hell)** Hölle ◊ *go through hell* Höllenqualen ausstehen **2** (zum) Teufel, verdammt (noch mal) ◊ *What the hell do you think you are doing?* Was zum Teufel machst du denn da? ◊ *He's as guilty as hell.* Er ist so schuldig, wie man nur sein kann. IDM **all 'hell broke loose** *(umgs)* die Hölle war los **beat/kick (the) 'hell out of sb**; **knock 'hell out of sb** *(umgs)* jdn zusammenschlagen **(just) for the 'hell of it** *(umgs)* aus (lauter) Jux und Tollerei **from 'hell** *(umgs)* fürchterlich ◊ *They are the neighbours from hell.* Die Nachbarn sind fürchterlich. **get the hell 'out (of …)** *(umgs)* machen, dass man (aus …) wegkommt **give sb 'hell** *(umgs)* **1** jdm das Leben zur Hölle machen **2** jdm die Hölle heiß machen **go to hell in a 'handbasket** *(AmE, umgs)* vor die Hunde gehen **hell for 'leather** *(BrE, umgs, veraltet)* wie der Teufel ◊ *go hell for leather* laufen, was die Beine hergeben **hell hath no 'fury (like a woman 'scorned)** *(BrE)* es gibt nichts Schlimmeres als die Rache einer verschmähten Frau **(come) hell or high 'water** komme, was wolle **Hell's 'teeth!** *(BrE, umgs, veraltet) (bei Überraschung)* heilige Güte!; *(bei Ärger)* Verdammt und zugenäht! **like 'hell 1** *(umgs)* wie verrückt; verdammt **2** *(bei Widerspruch)* ◊ *'I'm coming with you.' 'Like hell you are.'* „Ich komme mit." „Kommt nicht in Frage!" ◊ *'You're not leaving.' 'Like hell I am.'* „Du gehst nicht!" „Und ob ich gehe!" **a/one hell of a …; a/one helluva …** *(Slang)* ein(e) Heiden- ◊ *This holiday is going to cost a helluva lot of money.* Dieser Urlaub wird ein Heidengeld kosten. ◊ *It must have been one hell of a party.* Die Party muss verdammt gut gewesen sein. **play (merry) 'hell with sb/sth** *(BrE, umgs)* jdm/etw mitspielen **annoy the 'hell out of sb** *(umgs)* jdn fürchterlich wütend machen **scare/frighten the 'hell out of sb** *(umgs)* jdm fürchterliche Angst einjagen **go to 'hell and back** *(umgs)* durch die Hölle gehen **to 'hell with sb/sth** *(umgs)* zur Hölle mit jdm/etw ☛ *Siehe auch* BAT¹, CAT, HOPE², PAY² *und* RAISE¹ ☛ *Die umgangssprachlichen Redewendungen mit* **hell** *werden von manchen als anstößig empfunden.*

he'll /hiːl/ = HE WILL

hell-'bent *Adj* **be ~ on sth** zu etw wild entschlossen sein

hell-hole /'helhəʊl; *AmE* -hoʊl/ *Nomen* dreckiges Loch

hel·lion /'heliən/ *Nomen (AmE)* Bengel

hell·ish /'helɪʃ/ *Adj (bes BrE, umgs)* höllisch, schlimm

hello *(BrE auch* **hullo, hallo)** /hə'ləʊ; *AmE* hə'loʊ/ *Ausruf* **1** hallo ◊ *Say hello to Liz for me.* Grüß Liz von mir. ◊ *They exchanged hellos.* Sie begrüßten sich. **2** *(BrE)* nanu, he

hel·luva ⇨ HELL

helm /helm/ *Nomen* Ruder, Steuer IDM **at the 'helm** am Ruder **take the 'helm 1** das Ruder übernehmen **2** *(fig)* das Ruder in die Hand nehmen

hel·met /'helmɪt/ *Nomen* Helm

hel·met·ed /'helmɪtɪd/ *Adj nur vor Nomen* einen Helm tragend, behelmt

helms·man /'helmzmən/ *Nomen (Pl* **-men** /-mən/) Steuermann

help¹ /help/ *Verb* **1 ~ (sb) (with sth)** (jdm) (bei etw) helfen ◊ *help sb in doing sth* jdm dabei helfen etw zu tun ◊ *Help I'm stuck!* Hilfe, ich sitze fest! ◊ *That doesn't really help matters.* Das macht die Sache nicht gerade besser. **2 ~ yourself** sich bedienen; **~ yourself to sth** sich etw nehmen; **~ sb to sth** jdm etw reichen IDM **not if 'I can help it** nicht, wenn es nach mir geht **sb can't help it** jd kann nicht anders; jd kann nichts dafür **sb can't help sth** jd kann etw nicht ändern ◊ *He can't help being short.* Er kann nichts dafür, dass er so klein ist. ◊ *It couldn't be helped.* Es ließ sich nicht ändern. **sb can't help doing sth**; **sb can't help but do sth** jd kann nicht umhin, etw zu tun **give/lend a 'helping 'hand** Hilfe leisten **God/ Heaven 'help us** *(umgs)* gnade uns Gott; der Himmel steh uns bei **so 'help me (God)** so wahr mir Gott helfe PHRV **help sb 'off/'on with sth** *(Mantel etc.)* jdm aus/in etw helfen **help (sb) 'out** (jdm) aushelfen

help² /help/ *Nomen* **1** Hilfe ◊ *Do you need any help with that?* Soll ich dir dabei helfen? ◊ *Can I be of any help to you?* Kann ich Ihnen vielleicht helfen? ◊ *Just shouting at him isn't going to be a lot of help.* Ihn nur anzuschreien wird nicht viel nützen. **2** *(veraltet)* (Haushalts)hilfe IDM **there is no 'help for it** *(bes BrE)* es hilft nichts

'help desk *Nomen (Informationsdienst)* Helpdesk

help·er /'helpə(r)/ *Nomen* Helfer(in)

help·ful /'helpfl/ *Adj* **1** hilfreich, nützlich; **be ~ (for sb) (to do sth)** (jdm) helfen (etw zu tun); **be ~ (in doing sth)** (dabei) helfen (etw zu tun) ◊ *Sorry I can't be more helpful.* Tut mir Leid, dass ich Ihnen nicht weiterhelfen kann. **2** hilfsbereit OPP UNHELPFUL

help·ful·ly /'helpfəli/ *Adv* nützlicherweise, liebenswürdigerweise

help·ful·ness /'helpflnəs/ *Nomen* **1** Nützlichkeit **2** Hilfsbereitschaft

help·ing /'helpɪŋ/ *Nomen* Portion

help·less /'helpləs/ *Adj (Adv* **help·less·ly)** **1** hilflos, machtlos ◊ *We were helpless to change anything.* Wir konnten nichts daran ändern. **2** unkontrollierbar ◊ *helpless laughter* hemmungsloses Gelächter **3** ◊ *They were helpless with laughter.* Sie konnten sich vor Lachen kaum halten.

help·less·ness /'helpləsnəs/ *Nomen* Hilflosigkeit

help·line /'helplaɪn/ *Nomen (BrE)* Telefonnotdienst, Telefonberatung ◊ *the AIDS helpline* das Aids-Telefon

help·mate /'helpmeɪt/ *(auch* **help·meet** /'helpmiːt/) *Nomen (gehoben)* Gefährte, Gefährtin, Gehilfe, Gehilfin

helter-skelter¹ /ˌheltə 'skeltə(r)/; *AmE* ˌheltər/ *Nomen (BrE)* (spiralförmige) Rutschbahn

helter-skelter² /ˌheltə 'skeltə(r)/; *AmE* ˌheltər/ *Adj nur vor Nomen* überstürzt

helter-skelter³ /ˌheltə 'skeltə(r)/; *AmE* ˌheltər/ *Adv* Hals über Kopf

hem¹ /hem/ *Nomen* Saum ◊ *take up the hem of a dress* ein Kleid kürzer machen

hem² /hem/ *Verb* **(-mm-)** säumen IDM **hem and 'haw** *(AmE)* herumdrucksen PHRV **hem sb/sth 'in** jdn/etw einschließen, jdn/etw umgeben; *(fig)* jdn/etw einengen SYN HEDGE SB/STH IN

'he-man *Nomen (Pl* **-men** /-men/) *(oft hum)* Muskelprotz

hema·tol·ogy /ˌhemə'tɒlədʒi/ *(AmE)* = HAEMATOLOGY

hemi·sphere /ˈhemɪsfɪə(r)/; *AmE* -sfɪr/ *Nomen* **1** Hemisphäre, Halbkugel **2** (ANAT) Hemisphäre, (Gehirn)hälfte

hemi·spher·ic·al /ˌhemɪˈsferɪkl/ *Adj* halbkugelförmig

hem·line /ˈhemlaɪn/ *Nomen* Saumlänge ◊ *Shorter hemlines are back in.* Die Röcke sind wieder kürzer.

hem·lock /ˈhemlɒk; *AmE* -lɑːk/ *Nomen* **1** (*Pflanze*) Schierling **2** Gift des Schierlings

hem(o)- ☞ Für Wörter, die mit **hemo-** beginnen, siehe die Schreibweise **haemo-**.

hemp /hemp/ *Nomen* Hanf

hen /hen/ *Nomen* **1** Huhn, Henne ◊ *battery hens* Hühner in Legebatterien **2** (*in Zusammensetzungen*) (*Vogel-*) Weibchen ◊ *a hen pheasant* ein Fasanenweibchen

hence /hens/ *Adv* (*gehoben*) daher IDM **six days, weeks, etc.** ˈhence (*gehoben*) in sechs Tagen, Wochen etc.

hence·forth /ˌhensˈfɔːθ; *AmE* -ˈfɔːrθ/ (*auch* **hence·for·ward** /ˌhensˈfɔːwəd; *AmE* -ˈfɔːrwərd/) *Adv* (*gehoben*) von da an, von nun an, fortan, künftig

hench·man /ˈhentʃmən/ *Nomen* (*Pl* **-men** /-mən/) Handlanger, Scherge

henna /ˈhenə/ *Nomen* Henna

ˈhen party (*auch* **ˈhen night**) *Nomen* (*BrE*, *umgs.*) Junggesellinnenabschied

hen·pecked /ˈhenpekt/ *Adj* (*umgs.*) unter dem Pantoffel stehend ◊ *a henpecked husband* ein Pantoffelheld

hepa·titis /ˌhepəˈtaɪtɪs/ *Nomen* Hepatitis, Leberentzündung

hepta·gon /ˈheptəgən; *AmE* -gɑːn/ *Nomen* Siebeneck, Heptagon

hept·agon·al /hepˈtægənl/ *Adj* siebeneckig, heptagonal

hept·ath·lon /hepˈtæθlən/ *Nomen* [Sing] Siebenkampf

her¹ /hə(r), ɜː(r), ə(r)/; *betont* hɜː(r)/ *Pron* sie (ihr) ☞ G 3

her² /hə(r), ɜː(r), ə(r)/; *betont* hɜː(r)/ *Adj* ihr ☞ G 5.1

her·ald¹ /ˈherəld/ *Verb* (*gehoben*) **1** ankündigen, einläuten **2** ~ **sb/sth** (**as sth**) (*oft passiv*) jdn/etw (als etw) anpreisen

her·ald² /ˈherəld/ *Nomen* **1** Vorbote **2** (*veraltet*) Bote

her·al·dic /heˈrældɪk/ *Adj* heraldisch

her·ald·ry /ˈherəldri/ *Nomen* Heraldik, Wappenkunde

herb /hɜːb; *AmE* ɜːrb, hɜːrb/ *Nomen* (*Heil-*, *Gewürz-*) Kraut

herb·aceous /hɜːˈbeɪʃəs; *AmE* hɜːrˈb-/ *Adj* (*Fachspr*) krautartig ◊ *herbaceous borders* Staudenbeete

herb·al /ˈhɜːbl; *AmE* ˈɜːrbl, ˈhɜːrbl/ *Adj* Kräuter- ◊ *herbal remedies* Naturheilmittel

herb·al·ist /ˈhɜːbəlɪst; *AmE* ˈɜːrb-, ˈhɜːrb-/ *Nomen* Kräuterkundler(in)

herbi·cide /ˈhɜːbɪsaɪd; *AmE* ˈɜːrb-, ˈhɜːrb-/ *Nomen* Herbizid, Unkrautvertilgungsmittel

herbi·vore /ˈhɜːbɪvɔː(r); *AmE* ˈɜːrb-, ˈhɜːrb-/ *Nomen* Herbivore, Pflanzenfresser

herb·iv·or·ous /hɜːˈbɪvərəs; *AmE* ɜːrˈb-, hɜːrˈb-/ *Adj* Pflanzen fressend

Her·cu·lean /ˌhɜːkjuˈliːən; *AmE* ˌhɜːrk-/ *Adj* herkulisch

herd¹ /hɜːd; *AmE* hɜːrd/ *Nomen* **1** Herde; (*von Rehen*) Rudel ◊ *a dairy herd* eine Kuhherde **2** (*meist abwert*) (*Menschen-*) Masse, Herde ◊ *the herd instinct* der Herdentrieb IDM ⇨ RIDE¹

herd² /hɜːd; *AmE* hɜːrd/ *Verb* **1** (sich) drängen ◊ *They were herded together into trucks.* Sie wurden in Lastwagen gepfercht. **2** (*Tiere*) zusammentreiben, hüten

herds·man /ˈhɜːdzmən; *AmE* ˈhɜːrd-/ *Nomen* (*Pl* **-men** /-mən/) Hirte

here¹ /hɪə(r); *AmE* hɪr/ *Adv* **1** hier ◊ *Come over here.* Komm hierher. **2** jetzt ◊ *Here the speaker paused.* An diesem Punkt pausierte der Sprecher. **3** hier, da ◊ *Here's the money I promised you.* Hier ist das Geld, das ich dir versprochen habe. ◊ *I'm here to help you.* Ich bin da, um dir zu helfen. ◊ *Here is your opportunity.* Das ist deine Chance. IDM ˌhere and ˈthere hier und dort ˌhere ˈgoes (*umgs.*) dann mal los; dann wollen wir mal ˌhere's to sb/sth (*beim Anstoßen*) ◊ *Here's to your future happiness!* Auf eine glückliche Zukunft! ˌhere, ˌthere and ˈeverywhere überall ˌhere we ˈgo (*umgs.*) jetzt geht's los ˌhere we go aˈgain (*umgs.*) jetzt geht (das) wieder los ˌhere you ˈare (*wenn man jdm etw gibt*) bitte schön ˌhere you ˈgo (*umgs.*) (*wenn man jdm etw gibt*) da, bitte schön ◊ *Here you*

go. Four copies, is that right? Da. Vier Kopien, stimmt das so? ☞ *Siehe auch* NEITHER¹

here² /hɪə(r); *AmE* hɪr/ *Ausruf* (*BrE*) **1** (einen) Moment mal **2** (*wenn man jdm etw anbietet*) ◊ *Here, let me carry that for you.* Lassen Sie mich das tragen.

here·abouts /ˌhɪərəˈbaʊts; *AmE* ˌhɪr-/ (*AmE auch* **hereabout**) *Adv* hier, in dieser Gegend

here·after /ˌhɪərˈɑːftə(r); *AmE* ˌhɪrˈæf-/ *Adv* **1** (RECHT) im Folgenden **2** (*gehoben*) in Zukunft **3** (*gehoben*) nach dem Tode ◊ *the life hereafter* das Leben nach dem Tode

the here·after /ˌhɪərˈɑːftə(r); *AmE* ˌhɪrˈæf-/ *Nomen* das Leben nach dem Tod

here·by /ˌhɪəˈbaɪ; *AmE* ˌhɪrˈbaɪ/ *Adv* (RECHT) hiermit

her·edi·tary /həˈredɪtri; *AmE* -teri/ *Adj* Erb-, erblich

her·ed·ity /həˈredəti/ *Nomen* Vererbung

here·in /ˌhɪərˈɪn; *AmE* ˌhɪrˈɪn/ *Adv* (*gehoben oder Fachspr*) hierin

here·in·after /ˌhɪərɪnˈɑːftə(r); *AmE* ˌhɪrɪnˈæf-/ *Adv* (RECHT) im Folgenden

her·esy /ˈherəsi/ *Nomen* **1** Ketzerei (*auch fig*) **2** Irrglaube

her·et·ic /ˈherətɪk/ *Nomen* Ketzer(in), Häretiker(in)

her·et·ical /həˈretɪkl/ *Adj* ketzerisch, häretisch ◊ *heretical beliefs* ketzerische Überzeugungen

here·to·fore /ˌhɪətuˈfɔː(r); *AmE* ˌhɪrt-/ *Adv* (*gehoben*) bisher

here·with /ˌhɪəˈwɪð, -ˈwɪθ; *AmE* ˌhɪrˈw-/ *Adv* (*gehoben*) in der Anlage ◊ *I enclose herewith a copy of the policy.* Ich füge eine Kopie der Police bei.

heri·tage /ˈherɪtɪdʒ/ *Nomen* Erbe

herm·aph·ro·dite /hɜːˈmæfrədaɪt; *AmE* hɜːrˈm-/ **1** *Nomen* Zwitter **2** *Adj* zwittrig

her·met·ic /hɜːˈmetɪk; *AmE* hɜːrˈm-/ *Adj* (*Adv* **her·met·ic·al·ly** /-kli/) **1** (TECH) luftdicht SYN AIRTIGHT **2** (*gehoben*, *abwert*) hermetisch, abgeschottet

her·mit /ˈhɜːmɪt; *AmE* ˈhɜːrmɪt/ *Nomen* Einsiedler(in)

her·mit·age /ˈhɜːmɪtɪdʒ; *AmE* ˈhɜːrm-/ *Nomen* Einsiedelei

ˈhermit crab *Nomen* Einsiedlerkrebs

her·nia /ˈhɜːniə; *AmE* ˈhɜːrniə/ *Nomen* (Eingeweide)bruch

hero /ˈhɪərəʊ; *AmE* ˈhɪroʊ, ˈhiː-/ *Nomen* (*Pl* **-oes**) **1** Held ◊ *The Olympic team were given a hero's welcome.* Man gab der Olympiamannschaft einen Jubelempfang. **2** (Titel)held **3** Idol **4** (*AmE*) = langes amerikanisches Brötchen mit reichlicher Füllung

hero·ic /həˈrəʊɪk; *AmE* -ˈroʊ-/ *Adj* **1** (*Adv* **hero·ic·al·ly** /-kli/) heroisch, heldenhaft **2** gewaltig **3** Helden- ◊ *a heroic story* eine Heldensage **4** gigantisch

heˌroic ˈcouplet *Nomen* (LIT) = Gedichtform mit fünffüßigem Jambus und Paarreimen

hero·ics /həˈrəʊɪks; *AmE* -ˈroʊ-/ *Nomen* [Pl] **1** (*abwert*) Theatralik, große Worte **2** Heldentaten

her·oin /ˈherəʊɪn; *AmE* -roʊ-/ *Nomen* Heroin

hero·ine /ˈherəʊɪn; *AmE* -roʊ-/ *Nomen* **1** Heldin **2** Protagonistin, Heroine ◊ *The heroine is played by Madonna.* Die weibliche Hauptrolle spielt Madonna. **3** Idol

hero·ism /ˈherəʊɪzəm; *AmE* -roʊ-/ *Nomen* Heldentum, Heldenhaftigkeit

heron /ˈherən/ *Nomen* Reiher

ˈhero worship *Nomen* Heldenverehrung

ˈhero-worship *Verb* (**-pp-**) vergöttern

her·pes /ˈhɜːpiːz; *AmE* ˈhɜːrp-/ *Nomen* (MED) Herpes

her·ring /ˈherɪŋ/ *Nomen* (*Pl* **herˈring** *oder* **herˈrings**) Hering ☞ *Siehe auch* RED HERRING ☞ G 1.2

her·ring·bone /ˈherɪŋbəʊn; *AmE* -boʊn/ *Nomen* [U] Fischgrätenmuster

ˈherring gull *Nomen* Silbermöwe

hers /hɜːz; *AmE* hɜːrz/ *Pron* ihre(r,s) ☞ G 5.2

her·self /hɜːˈself; *unbetont* həˈself; *AmE* hɜːrˈs-, hərˈs-/ *Pron* **1** sich ☞ G 4 **2** selbst, selber ☞ Für Redewendungen mit **herself** siehe **yourself**.

hertz /hɜːts; *AmE* hɜːrts/ *Nomen* (*Pl* **hertz**) (*Abk* **Hz**) Hertz

he's 1 /hiːz, hɪz, ɪz/ = HE IS **2** /hiːz/ = HE HAS

hesi·tancy /ˈhezɪtənsi/ *Nomen* [U] Zögern, Unsicherheit

hesi·tant /ˈhezɪtənt/ *Adj* (*Adv* **hesi·tant·ly**) zögernd, stockend, zaghaft ◊ *She's hesitant about signing the contract.* Sie hat Bedenken, den Vertrag zu unterschreiben.

hesi·tate /ˈhezɪteɪt/ *Verb* zögern, sich unschlüssig sein ◊ *She stood there, hesitating over whether or not to tell him the truth.* Sie stand da, unschlüssig, ob sie ihm die Wahrheit sagen sollte oder nicht. ◊ *If you'd like me to help you, then please don't hesitate to ask.* Wenn Sie Hilfe möchten, können Sie mich ruhig fragen.

hesi·ta·tion /ˌhezɪˈteɪʃn/ *Nomen* **1** Zögern ◊ *She agreed without the slightest hesitation.* Sie stimmte zu, ohne auch nur einen Augenblick zu zögern. **2** Stocken ◊ *We were trained to speak fluently and without unnecessary hesitations.* Man brachte uns bei, fließend und ohne Stocken zu sprechen. **3** Bedenken

hes·sian /ˈhesiən; *AmE* ˈheʃn/ *Nomen (bes BrE)* Sackleinen

het·ero·gen·eity /ˌhetərədʒəˈniːəti/ *Nomen* Heterogenität, Ungleichartigkeit

het·ero·ge·neous /ˌhetərəˈdʒiːniəs/ *Adj (gehoben)* heterogen

het·ero·sex·ual /ˌhetərəˈsekʃuəl/ **1** *Nomen* Heterosexuelle(r) **2** *Adj* heterosexuell

het·ero·sexu·al·ity /ˌhetərəˌsekʃuˈæləti/ *Nomen* Heterosexualität

het up /ˌhet ˈʌp/ *Adj nicht vor Nomen* ~ (**about/over sth**) (*BrE*, *umgs*) (über etw) aufgeregt ◊ *What are you getting so het up about?* Worüber regst du dich denn so auf?

heur·is·tic /hjuˈrɪstɪk/ *Adj (gehoben)* heuristisch

heur·is·tics /hjuˈrɪstɪks/ *Nomen (gehoben)* Heuristik

hew /hjuː/ *Verb* (**hewed**, **hewed** *oder* **hewed**, **hewn** /hjuːn/) **1** *(veraltet)* (be)hauen **2** *(gehoben)* hauen ◊ *They hewed a path through the forest.* Sie schlugen einen Weg durch den Wald.

hex[1] /heks/ *Verb (AmE)* verhexen

hex[2] /heks/ *Nomen (AmE)* Fluch ◊ *put a hex on sb* jdn verhexen

hexa·gon /ˈheksəgən; *AmE* -gɑːn/ *Nomen* Hexagon, Sechseck

hex·agon·al /heksˈægənl/ *Adj* hexagonal, sechseckig

hex·am·eter /hekˈsæmɪtə(r)/ *Nomen (LIT)* Hexameter

hey /heɪ/ *Ausruf* **1** he **2** was soll's ◊ *That's the third time I've been late this week — but hey! — who's counting?* Ich komme diese Woche schon zum dritten Male zu spät — aber was soll's — da schert sich kein Mensch drum! IDM **hey ˈpresto** *(BrE)* ruckzuck; Hokuspokus Fidibus

hey·day /ˈheɪdeɪ/ *Nomen* [meist Sing] Blütezeit, Glanzzeit

HGV /ˌeɪtʃ dʒiː ˈviː/ *Kurzform von* **heavy goods vehicle** (*BrE*) Lkw

hi /haɪ/ *Ausruf (umgs)* hallo

hia·tus /haɪˈeɪtəs/ *Nomen* [Sing] *(gehoben)* Unterbrechung

hi·ber·nate /ˈhaɪbəneɪt; *AmE* -bərn-/ *Verb* Winterschlaf halten

hi·ber·na·tion /ˌhaɪbəˈneɪʃn; *AmE* -bərˈn-/ *Nomen* Winterschlaf

hic·cup[1] *(auch* **hic·cough**) /ˈhɪkʌp/ *Nomen* **1** Schluckauf ◊ *She gave a loud hiccup.* Sie hickste laut. **2** (**the**) **hiccups** [Pl] Schluckauf **3** *(umgs)* Störung, Problem ◊ *There was a slight hiccup in the timetable.* Es gab ein kleines Problem mit dem Fahrplan.

hic·cup[2] *(auch* **hic·cough**) /ˈhɪkʌp/ *Verb* hicksen

hick[1] /hɪk/ *Nomen (bes AmE, umgs, abwert)* Hinterwäldler(in)

hick[2] /hɪk/ *Adj (abwert)* Provinz- ◊ *a hick town* ein Provinznest

hickey /ˈhɪki/ *Nomen (AmE)* Knutschfleck

hick·ory /ˈhɪkəri/ *Nomen* Hickory(baum/-holz)

hidden aˈgenda *Nomen (abwert)* verborgene Absichten

hide[1] /haɪd/ *Verb* (**hid** /hɪd/, **hid·den** /ˈhɪdn/) **1** ~ (**from sb**) sich (vor jdm) verstecken ◊ *She hides herself away in her office.* Sie verkriecht sich in ihrem Büro. **2** ~ **sth** (**from sb**) etw (vor jdm) verstecken **3** verdecken, verbergen ◊ *He hid his face in his hands.* Er vergrub das Gesicht in seinen Händen. ◊ *hide the truth* die Wahrheit verheimlichen ◊ *Had the letter some hidden meaning?* Sollte der Brief eine tiefere Bedeutung haben? IDM **hide your light under a ˈbushel** *(BrE)* sein Licht unter den Scheffel stellen ☛ *Siehe auch* MULTITUDE *und* SAND[1]

hide[2] /haɪd/ *Nomen* **1** *(BrE)* Beobachtungshütte **2** Haut, Leder **3** *(bes AmE, umgs)* Haut ◊ *All he's worried about is his own hide.* Er will nur seine eigene Haut retten. IDM **have/tan sb's ˈhide** *(umgs, veraltet oder hum)* jdm das Fell gerben **not see hide nor ˈhair of sb/sth** *(umgs)* nichts von jdm/etw sehen

hide-and-seek /ˌhaɪd n ˈsiːk/ *Nomen* Versteckspiel ◊ *play hide-and-seek* Verstecken spielen

hide·away /ˈhaɪdəweɪ/ *Nomen* Zufluchtsort, Refugium

hid·eous /ˈhɪdiəs/ *Adj (Adv* **hid·eous·ly**) **1** (sturz)hässlich ◊ *hideously deformed* grässlich entstellt **2** grauenhaft, furchtbar

hide·out /ˈhaɪdaʊt/ *Nomen* Versteck, Unterschlupf

hid·ing /ˈhaɪdɪŋ/ *Nomen* **1** ◊ *We spent months in hiding.* Wir hielten uns monatelang versteckt. ◊ *go into hiding* untertauchen ◊ *come out of hiding* wieder auftauchen **2** [Sing] *(bes BrE, umgs)* give sb a (good) hiding jdm eine (ordentliche) Tracht Prügel verpassen ◊ *The team got a hiding.* Die Mannschaft erlitt eine schwere Schlappe. SYN BEATING IDM **be on a ˈhiding to ˈnothing** *(BrE, umgs)* keine Aussicht auf Erfolg haben

ˈhiding place *Nomen* Versteck

hier·arch·ic·al /ˌhaɪəˈrɑːkɪkl; *AmE* -ˈrɑːrk-/ *Adj* hierarchisch

hier·archy /ˈhaɪərɑːki; *AmE* -rɑːrki/ *Nomen* **1** Hierarchie **2** Führungsspitze ◊ *the Catholic hierarchy* die katholischen Bischöfe ☛ G 1.3b **3** *(gehoben)* Rangfolge

hiero·glyph /ˈhaɪərəglɪf/ *Nomen* Hieroglyphe

hiero·glyph·ic /ˌhaɪərəˈglɪfɪk/ *Adj* hieroglyphisch

hiero·glyph·ics /ˌhaɪərəˈglɪfɪks/ *Nomen* [Pl] Hieroglyphen(schrift)

hi-fi /ˈhaɪ faɪ/ *Nomen* Hi-Fi-Anlage

higgledy-piggledy[1] /ˌhɪgldi ˈpɪgldi/ *Adv (umgs)* kunterbunt durcheinander ◊ *Files were left higgledy-piggledy all over the floor.* Akten lagen wie Kraut und Rüben auf dem Boden.

higgledy-piggledy[2] /ˌhɪgldi ˈpɪgldi/ *Adj (umgs)* durcheinander geworfen

high[1] /haɪ/ *Adj* **1** hoch ◊ *at high altitude* in großer Höhe ◊ *The case was referred to a higher court.* Der Fall wurde an eine höhere Instanz weitergeleitet. ◊ *high in fat* mit hohem Fettgehalt ☛ *Hinweis bei* HOCH **2** groß ◊ *a high standard of craftsmanship* großes handwerkliches Können ◊ *We had high hopes for the business.* Wir setzten große Hoffnungen in das Geschäft. ◊ *high winds* stürmische Winde **3** *(Wild)* mit Hautgout; *(Käse)* überreif **4** *(umgs)* high ◊ *be high on drugs* unter Drogen stehen IDM **be on your high ˈhorse** *(umgs)* auf dem hohen Ross sitzen **get on your high ˈhorse** *(umgs)* sich aufs hohe Ross setzen **have a ˈhigh old time** *(umgs, veraltet)* sich bestens amüsieren **high and ˈdry** auf dem Trockenen ◊ *When he married somebody else I was left high and dry.* Als er eine andere heiratete, saß ich da. **high and ˈmighty** *(umgs)* ◊ *Don't be so high and mighty.* Tu nicht so wichtig. ◊ *She's too high and mighty to come to the dog races with us.* Sie empfindet es als unter ihrer Würde, mit zum Hunderennen zu kommen. **high as a ˈkite** *(umgs)* überdreht; angeturnt **ˌhigh days and ˈholidays** Feiertage ◊ *only on high days and holidays* nur zu besonderen Anlässen **in high ˈdudgeon** *(veraltet)* sehr aufgebracht **smell, stink, etc. to high ˈheaven** *(umgs)* zum Himmel stinken ☛ *Siehe auch* FRIEND, HELL, ORDER[1], PROFILE[1] *und* TIME[1]

high[2] /haɪ/ *Nomen* **1** Höchststand ◊ *Profits have reached an all-time high.* Die Gewinne sind so hoch wie nie zuvor. **2** *(Wetter-)* Hoch ◊ *the highs and lows of her career* die Höhen und Tiefen ihrer Karriere **3** Höchsttemperatur **4** *(umgs)* (Rausch)zustand ◊ *His high lasted all night.* Er war die ganze Nacht high. **5** *(umgs)* Hochstimmung **6** *(in Namen von Oberschulen)* *Little Rock High* die Little-Rock-Oberschule IDM **on ˈhigh** hoch oben ◊ *The order came down from on high.* Die Anweisung kam von oben.

high[3] /haɪ/ *Adv* hoch ◊ *His desk was piled high with papers.* Auf seinem Schreibtisch lagen die Akten hoch aufgestapelt. ◊ *She's aiming high.* Sie hat sich hohe Ziele gesetzt. ◊ *She never got very high in the company.* Sie hat es in der Firma nicht sehr weit gebracht. ◊ *Prices will rise even higher.* Die Preise werden noch weiter steigen. IDM **ˌhigh and**

'low überall run 'high (*Stimmung, Gemüter*) sich erhitzen ☛ *Siehe auch* FLY¹, HEAD¹ *und* RIDE¹

'high beams *Nomen* [Pl] (*AmE*) Fernlicht

high-'born *Adj* (*veraltet oder gehoben*) adlig [SYN] ARISTOCRATIC

high-'brow /ˈhaɪbraʊ/ *Adj* (*oft abwert*) intellektuell, anspruchsvoll [SYN] INTELLECTUAL [OPP] LOWBROW

'high chair *Nomen* Hochstuhl (*für Kinder*)

High 'Church *Adj* hochkirchlich ☛ High Church bezeichnet den Teil der anglikanischen Kirche, der der katholischen Kirche am nächsten steht und viele ihrer Zeremonien übernommen hat.

high-'class *Adj* 1 erstklassig, Nobel- 2 vornehm [OPP] LOW-CLASS

high com'mand *Nomen* [meist Sing] Oberkommando

high com'mission *Nomen* 1 = Botschaft eines Commonwealth-Landes in einem anderen Commonwealth-Land 2 (Hohe) Kommission

High Com'missioner *Nomen* 1 = Botschafter(in) eines Commonwealth-Landes in einem anderen Commonwealth-Land 2 Kommissar(in)

High 'Court *Nomen* = oberster Gerichtshof ☛ High Court oder auch High Court of Justice nennt man den obersten Gerichtshof in England und Wales, der sich ausschließlich mit Zivilprozessen befasst.

high-defi'nition *Adj nur vor Nomen* (TECH) hochauflösend

high-'end *Adj* (*AmE*) exklusiv, der höheren Preisklasse

higher edu'cation *Nomen* (*Abk* **HE**) 1 Hochschulbildung 2 Hochschulwesen

High·ers /ˈhaɪəz; *AmE* ˈhaɪərz/ *Nomen* [Pl] (*in Schottland*) ≈ Abitur ☛ *Hinweis bei* ABITUR

high ex'plosive *Nomen* hochexplosiver Sprengstoff

high 'five (*bes AmE*) = Handschlag mit erhobener Hand als Ausdruck der Freude über einen Sieg o.ä.

high-'flown *Adj* schwülstig, hochtrabend

high-'flyer (*auch* high-'flier) *Nomen* 1 Senkrechtstarter(in) 2 (*in der Schule, beim Studium*) Hochbegabte(r)

high-'flying *Adj nur vor Nomen* 1 erfolgreich ◊ *a high-flying career woman* eine erfolgreiche Karrierefrau 2 (*Flugzeug*) hoch fliegend

high-'grade *Adj* hochwertig

'high ground (*meist* the high ground) *Nomen* [Sing] bessere Position [IDM] ⇨ MORAL¹

high-'handed *Adj* anmaßend

high-'heeled *Adj* hochhackig

high 'heels *Nomen* [Pl] Schuhe mit hohen Absätzen

high 'jinks (*AmE auch* hi·jinks) *Nomen* [Pl] (*umgs, veraltet*) ausgelassene Späße [SYN] FUN

'high jump *Nomen* [Sing] Hochsprung [IDM] be for the 'high jump (*BrE, umgs*) dran sein

high·land¹ /ˈhaɪlənd/ *Adj nur vor Nomen* 1 Hochland-, Berg- 2 Highland (*in Schottland*) Hochland- ◊ *Highland cattle* schottische Hochlandrinder ◊ *Highland dress* schottische Tracht

high·land² /ˈhaɪlənd/ *Nomen* 1 [meist Pl] Hochland 2 the Highlands [Pl] das schottische Hochland

high·land·er /ˈhaɪləndə(r)/ *Nomen* 1 Bergbewohner(in) 2 Highlander Bewohner(in) des schottischen Hochlands

Highland 'fling *Nomen* = schottischer Volkstanz für einen einzelnen Tänzer

high-'level *Adj* 1 auf höchster Ebene, hochrangig ◊ *high-level staff* Führungskräfte 2 Hoch- ◊ *a high-level walk in the hills* eine Bergwanderung 3 (*Behälter etc.*) hoch angebracht 4 (COMP) ◊ *a high-level language* eine höhere Programmiersprache 5 fortgeschritten ◊ *a high-level course* ein Kurs für Fortgeschrittene ◊ *high-level cognitive skills* komplexe kognitive Fähigkeiten [OPP] LOW-LEVEL 6 (*Atommüll*) hoch radioaktiv

'high life *Nomen* (*meist* the high life) *Nomen* [Sing] (*oft abwert*) Leben im großen Stil, Highlife

high·light¹ /ˈhaɪlaɪt/ *Verb* 1 hervorheben, unterstreichen 2 verdeutlichen ◊ *The report highlights the problem.* Der Bericht macht das Problem deutlich. 3 (*mit einem Text-marker*) markieren 4 ◊ *I'm having my hair highlighted.* Ich lasse mir Strähnchen ins Haar machen.

high·light² /ˈhaɪlaɪt/ *Nomen* 1 Höhepunkt 2 highlights [Pl] helle Strähnchen 3 highlights [Pl] (*Fachspr*) (Schlag)licht

high·light·er /ˈhaɪlaɪtə(r)/ *Nomen* 1 (*auch* 'highlighter pen) Textmarker 2 (*Make-up*) Highlighter

high 'living *Nomen* [U] (*oft abwert*) Leben im großen Stil

high·ly /ˈhaɪli/ *Adv* 1 sehr ◊ *It is highly unlikely.* Es ist höchst unwahrscheinlich. 2 hoch ◊ *highly educated* hoch gebildet 3 ◊ *think very highly of sb* eine hohe Meinung von jdm haben ◊ *She speaks highly of you.* Sie hält große Stücke auf dich. ◊ *highly regarded* hoch angesehen

highly 'strung *Adj* (*BrE*) (sehr) nervös, überspannt

high-'minded *Adj* hochgesinnt

High·ness /ˈhaɪnəs/ *Nomen* His/Her/Your Highness Seine/Ihre/Eure Hoheit

high-per'formance *Adj nur vor Nomen* Hochleistungs-

high-'pitched *Adj* (*Stimme, Ton*) hoch [OPP] LOW-PITCHED

'high point *Nomen* Höhepunkt

high-'powered *Adj* 1 Spitzen- ◊ *high-powered executives* Spitzenmanager 2 dynamisch, tatkräftig 3 (*auch* high-'power) leistungsfähig, (leistungs)stark

high 'pressure *Nomen* Hochdruck

high-'pressure *Adj nur vor Nomen* 1 aggressiv, aufdringlich 2 stressig [SYN] STRESSFUL 3 (Hoch)druck- ◊ *a high-pressure water jet* ein Hochdruckwasserstrahl

high-'priced *Adj* teuer

high 'priest *Nomen* Hohepriester (*auch fig*)

high 'priestess *Nomen* Hohepriesterin (*auch fig*)

high-'profile *Adj nur vor Nomen* profiliert, Aufsehen erregend

high-'ranking *Adj* hochrangig

'high-rise 1 *Adj nur vor Nomen* Hochhaus- ◊ *high-rise housing* Hochhauswohnungen 2 *Nomen* Hochhaus

high-'risk *Adj* Risiko-, risikoreich, riskant

'high road *Nomen* [meist Sing] 1 (*BrE, veraltet*) Hauptstraße 2 the ~ (to sth) der sicherste Weg (zu etw) [IDM] take the 'high road (*AmE*) den besten/sichersten Weg einschlagen

'high school *Nomen* 1 = (in den USA und einigen anderen englischsprachigen Ländern) Schule, die von Jugendlichen zwischen 14 und 18 Jahren besucht wird 2 = (in GB) Teil des Namens von gewissen Schulen für 11- bis 18-Jährige

the high 'seas *Nomen* [Pl] (*gehoben*) die hohe See ◊ *fishing on the high seas* die Hochseefischerei

high 'season *Nomen* [U/Sing] (*bes BrE*) Hochsaison

high-se'curity *Adj nur vor Nomen* Hochsicherheits- ◊ *high-security prisoners* Häftlinge in einem Hochsicherheitsgefängnis

high-'speed *Adj nur vor Nomen* 1 Hochgeschwindigkeits-, mit hoher Geschwindigkeit 2 (FOTO) mit kurzer Belichtungszeit

high-'spirited *Adj* lebhaft; (*Pferd etc.*) temperamentvoll [OPP] PLACID

'high spot *Nomen* Höhepunkt

'high street (*BrE*) 1 (*meist in Namen*) Hauptstraße 2 Einkaufsstraße ◊ *high-street banks* Banken mit Filialen in jeder Stadt

high-'strung *Adj* (*AmE*) (sehr) nervös, überspannt

high 'table *Nomen* (*BrE*) 1 = erhöht stehende Tafel, an der die wichtigen Teilnehmer bei einem Festessen sitzen 2 (*an Universitäten mit College-System*) = Dozententisch

high·tail /ˈhaɪteɪl/ *Verb* [IDM] 'hightail it (*bes AmE, umgs*) weglaufen

high 'tea *Nomen* (*BrE*) = am frühen Abend eingenommene Mahlzeit mit warmen Gerichten, Brot und Kuchen, zu der meist Tee getrunken wird

high-'tech (*auch* hi-'tech) *Adj* (*umgs*) Hightech-, hochtechnisiert [OPP] LOW-TECH

high tech'nology *Nomen* Hochtechnologie

high-'tension *Adj nur vor Nomen* Hochspannungs-

high ˈtide Nomen **1** Flut, Höchststand ◊ *at high tide* bei Flut **2** Höhepunkt

high ˈtreason (*auch* **trea·son**) Nomen Hochverrat

high ˈwater Nomen Hochwasser [IDM] ⇨ HELL

high-ˈwater mark Nomen **1** Hochwassermarke **2** Höhepunkt

high·way /ˈhaɪweɪ/ Nomen **1** (*bes AmE*) (Überland)straße **2** (*BrE, offiz*) (öffentliche) Straße

the ˌHighway ˈCode Nomen [Sing] (*BrE*) die Straßenverkehrsordnung

high·way·man /ˈhaɪweɪmən/ Nomen (Pl **-men** /-mən/) Straßenräuber, Wegelagerer

high ˈwire Nomen [meist Sing] Hochseil

hi·jack¹ /ˈhaɪdʒæk/ Verb **1** entführen **2** (*abwert*) an sich reißen, für seine Zwecke missbrauchen

hi·jack² /ˈhaɪdʒæk/ Nomen (Flugzeug-, Fahrzeug-) Entführung

hi·jack·er /ˈhaɪdʒækə(r)/ Nomen (Flugzeug-, Fahrzeug-) Entführer(in)

hi·jack·ing /ˈhaɪdʒækɪŋ/ Nomen (Flugzeug-, Fahrzeug-) Entführung

hi·jinks (*AmE*) ⇨ HIGH JINKS

hike¹ /haɪk/ Nomen **1** Wanderung, Marsch **2** (*bes AmE, umgs*) Anstieg, Erhöhung [IDM] **take a ˈhike** (*AmE, umgs*) zieh Leine!

hike² /haɪk/ Verb **1** wandern (in) ◊ *hike the Rockies* in den Rocky Mountains wandern **2 go hiking** wandern (gehen) **3 ~ sth** (**up**) (*Preise, Steuern etc.*) etw (deutlich) erhöhen [PHRV] **hike sth ˈup** (*umgs*) etw hochziehen [SYN] HITCH

hik·er /ˈhaɪkə(r)/ Nomen Wanderer, Wanderin

hik·ing /ˈhaɪkɪŋ/ Nomen Wandern

hil·ari·ous /hɪˈleəriəs; AmE -ˈler-/ Adj (Adv **hil·ari·ous·ly**) **1** urkomisch, unheimlich witzig **2** ausgelassen

hil·ar·ity /hɪˈlærəti/ Nomen Heiterkeit, Gelächter

hill /hɪl/ Nomen **1** Hügel, Berg, Anhöhe ◊ *on the side of a hill* an einem Hang **2** Gefälle, Steigung ◊ *do a hill start* am Berg anfahren **3** (AmE) **the Hill** Capitol Hill [IDM] **a ˌhill of ˈbeans** (*AmE, umgs, veraltet*) ein Haufen von Nichtigkeiten ◊ *not amount/add up to a hill of beans* nicht gerade von Bedeutung sein **be ˌover the ˈhill** (*umgs*) seine besten Jahre hinter sich haben ☛ *Siehe auch* OLD

hill·billy /ˈhɪlbɪli/ Nomen (Pl **-ies**) **1** (*AmE, abwert*) Hinterwäldler(in) **2** (Mus) Hillbilly [SYN] COUNTRY AND WESTERN

hil·lock /ˈhɪlək/ Nomen Anhöhe, kleiner Hügel

hill·side /ˈhɪlsaɪd/ Nomen Hang ◊ *on the hillside* am Hang

hill·top /ˈhɪltɒp; AmE -tɑːp/ Nomen (Berg)kuppe ◊ *the hilltop town of Urbino* die auf einem Hügel gelegene Stadt Urbino

hilly /ˈhɪli/ Adj (**hill·ier**, **hilli·est**) hügelig

hilt /hɪlt/ Nomen (*am Schwert etc.*) Griff, Heft [IDM] (**up**) **to the ˈhilt** voll und ganz; bis zum Gehtnichtmehr

him /hɪm/ Pron ihn (ihm) ☛ G 3

him·self /hɪmˈself/ Pron **1** sich ☛ G 4 **2** selbst, selber ☛ Für Redewendungen mit **himself** siehe **yourself**.

hind¹ /haɪnd/ Adj *nur vor Nomen* Hinter- ◊ *the hind legs* die Hinterbeine [OPP] FORE² *und* FRONT² [IDM] ⇨ TALK¹

hind² /haɪnd/ Nomen Hirschkuh [SYN] DOE

hin·der /ˈhɪndə(r)/ Verb behindern; **~ sb/sth from sth** jdn/etw an etw hindern

Hindi /ˈhɪndi/ Nomen Hindi

hind·quar·ters /ˌhaɪndˈkwɔːtəz; AmE -ˈkwɔːrtərz/ Nomen [Pl] (*eines Tieres*) Hinterteil, Hinterviertel, Hinterhand

hin·drance /ˈhɪndrəns/ Nomen **1** [meist Sing] Hindernis, Behinderung ◊ *be more of a hindrance than a help* mehr stören als helfen **2** [U] (*gehoben*) Behinderung(en), Störung(en) [IDM] ⇨ LET²

hind·sight /ˈhaɪndsaɪt/ Nomen Nachhinein ◊ *with (the benefit of) hindsight* im Nachhinein

Hindu /ˈhɪnduː; AmE ˌhɪnˈduː/ **1** Nomen Hindu **2** Adj Hindu- ◊ *a Hindu temple* ein Hindutempel

Hin·du·ism /ˈhɪnduːɪzəm/ Nomen Hinduismus

hinge¹ /hɪndʒ/ Nomen Scharnier, (Tür)angel

hinge² /hɪndʒ/ Verb (*meist passiv*) gelenkig verbinden, durch ein Scharnier verbinden [PHRV] **ˈhinge on/upon sth** von etw abhängen

hinged /hɪndʒd/ Adj Klapp- ◊ *a hinged lid* ein Klappdeckel

hint¹ /hɪnt/ Nomen **1** Andeutung, Wink ◊ *He gave a broad hint that …* Er hat unmissverständlich angedeutet, dass … ◊ *drop a hint to sb* jdm einen Wink geben **2** (An)zeichen **3** [meist Sing] Anflug, Hauch [SYN] TRACE **4** [meist Pl] Tipp, Hinweis ◊ *handy hints on saving money* nützliche Tipps zum Geldsparen [SYN] TIP [IDM] **take a/the ˈhint** einen Wink verstehen

hint² /hɪnt/ Verb andeuten; **~ at sth** auf etw hindeuten, etw durchblicken lassen ◊ *What are you hinting at?* Worauf willst du hinaus?

hin·ter·land /ˈhɪntəlænd; AmE -tərl-/ Nomen [meist Sing] Hinterland

hip¹ /hɪp/ Nomen **1** Hüfte ◊ *a hip replacement* (*operation*) eine Hüftoperation ☛ *Siehe auch* -HIPPED **2** = ROSE HIP [IDM] ⇨ SHOOT¹

hip² /hɪp/ Adj (**hip·per**, **hip·pest**) (*umgs*) angesagt, in, trendy

hip³ /hɪp/ Ausruf [IDM] **hip, hip, hooˈray!** (*auch* **hip, hip, hurˈrah/hurˈray!**) hipp, hipp, hurra!

ˈhip flask Nomen (*BrE*) Taschenflasche, Flachmann

ˈhip hop Nomen Hip Hop

-hipped /hɪpt/ Adj (*in Zusammensetzungen*) -hüftig ◊ *slim-hipped* schmalhüftig

hip·pie (*auch* **hippy**) /ˈhɪpi/ Nomen (Pl **-ies**) Hippie

hippo /ˈhɪpəʊ; AmE ˈhɪpoʊ/ Nomen (Pl **-os**) Nilpferd

the ˌHippoˈcrat·ic oath /ˌhɪpəkrætɪk ˈəʊθ; AmE ˈoʊθ/ Nomen [Sing] der Eid des Hippokrates

hippo·pot·amus /ˌhɪpəˈpɒtəməs; AmE -ˈpɑːtə-/ Nomen (Pl **hippopotˈamuses** /-məsɪz/ *oder* **hip·po·potˈami** /-maɪ/) Nilpferd ☛ G 1.2

hire¹ /ˈhaɪə(r)/ Verb **1** (*bes BrE*) mieten, leihen ☛ *Hinweis bei* MIETEN **2** (*bes AmE*) einstellen **3** beauftragen ◊ *hire a lawyer* sich einen Anwalt nehmen [PHRV] **ˌhire sth ˈout** etw verleihen **ˈhire yourself ˈout** sich verdingen ◊ *He hired himself out to whoever needed his services.* Er bot seine Dienste jedem an, der sie brauchte.

hire² /ˈhaɪə(r)/ Nomen (*bes BrE*) Miete, Verleih ◊ *a hire car* ein Mietwagen ◊ *The costumes are on hire.* Die Kostüme sind geliehen.

ˌhired ˈhand Nomen (*AmE*) Lohnarbeiter(in)

ˈhire ˈpurchase Nomen (*BrE*) (*Abk* **hp**) Ratenkauf ◊ *a hire purchase agreement* ein Teilzahlungsvertrag

his¹ /hɪz/ Adj sein ☛ G 5.1

his² /hɪz/ Pron seine(r,s) ☛ G 5.2

His·pan·ic /hɪˈspænɪk/ **1** Adj hispanisch, lateinamerikanisch **2** Nomen Lateinamerikaner(in)

hiss¹ /hɪs/ Verb **1** zischen, fauchen; **~ at sb/sth** jdn/etw anzischen, jdn/etw anfauchen **2** auszischen

hiss² /hɪs/ Nomen Zischen, Fauchen

hissy fit /ˈhɪsi fɪt/ Nomen [meist Sing] (*umgs*) Wutanfall ◊ *She threw a hissy fit.* Sie bekam einen Wutanfall.

his·ta·mine /ˈhɪstəmiːn/ Nomen (MED) Histamin

histo·gram /ˈhɪstəɡræm/ Nomen (*Fachspr*) Histogramm [SYN] BAR CHART

his·tor·ian /hɪˈstɔːriən/ Nomen Historiker(in) ☛ *Das H wird manchmal nicht ausgesprochen:* **an historian** /ən ɪˈstɔːriən/, *was aber sehr förmlich klingt.*

his·tor·ic /hɪˈstɒrɪk; AmE -ˈstɔːr-, -ˈstɑːr-/ Adj **1** historisch ◊ *a(n) historic monument* ein Kulturdenkmal ◊ *The area is of special historic interest.* Die Gegend ist historisch besonders interessant. **2** geschichtlich ☛ *Hinweis bei* HISTORIAN *und* HISTORICAL

his·tor·ic·al /hɪˈstɒrɪkl; AmE -ˈstɔːr-, -ˈstɑːr-/ Adj (Adv **his·tor·ic·al·ly** /-kli/) geschichtlich, historisch ◊ *historical research* Geschichtsforschung ◊ *The book is historically accurate.* Das Buch entspricht den historischen Tatsachen. ◊ *Historically, there has always been rivalry between them.* Im Verlauf der Geschichte hat schon immer zwischen ihnen Rivalität bestanden. ☛ *Hinweis bei* HISTORIAN

> **Historic** oder **historical**? **Historic** beschreibt eher etwas, das so wichtig ist, dass man sich wahrscheinlich daran erinnern wird: *Today is a historic occasion for our country.* **Historical** beschreibt meist etwas, das mit der

Vergangenheit oder der Geschichtsforschung zusammenhängt: *historical research* Geschichtsforschung ◊ *Was Robin Hood a historical figure?* Hat es Robin Hood tatsächlich gegeben?

the his‚toric 'present *Nomen* [Sing] (LING) das historische Präsens

his‧tor‧iog‧raphy /hɪˌstɒri'ɒgrəfi; *AmE* -ˌstɔːri'ɑːg-, -ˌstɑːr-/ *Nomen* Geschichtsschreibung

his‧tory /'hɪstri/ *Nomen* (*Pl* **-ies**) **1** Geschichte ◊ *The history of the area is fascinating.* Die Gegend hat eine faszinierende Geschichte. ◊ *long before the dawn of recorded history* lange bevor es geschichtliche Aufzeichnungen gab ◊ *The building has a long history of neglect.* Das Gebäude ist seit langem vernachlässigt worden. ◊ *She went on to catalogue a long history of disasters.* Dann begann sie mit einer langen Aufzählung von Desastern. ◊ (*umgs*) *That's history.* Das ist alles schon lange vorbei. **2** [Sing] Vorgeschichte ◊ *a patient's medical history* die Krankengeschichte eines Patienten ◊ *There is a history of heart disease in my family.* Herzleiden liegen bei uns in der Familie. IDM **the 'history books** die Annalen der Geschichte **history re'peats itself** die Geschichte wiederholt sich **make 'history** Geschichte machen **go down in 'history** in die Geschichte eingehen ☛ *Siehe auch* REST¹

his‧tri‧on‧ic /ˌhɪstri'ɒnɪk; *AmE* -'ɑːnɪk/ *Adj* (*Adv* **his‧tri‧on‧ic‧al‧ly** /-kli/) (*abwert*) theatralisch

his‧tri‧on‧ics /ˌhɪstri'ɒnɪks; *AmE* -'ɑːnɪks/ *Nomen* [Pl] (*abwert*) Theatralik ◊ *I was used to her histrionics.* Ich war an ihr theatralisches Getue gewöhnt.

hit¹ /hɪt/ *Verb* (**hit‧ting, hit, hit**) **1** ~ **sb/sth** (**with sth**) jdn/etw (mit etw) schlagen ◊ *He hit the nail squarely on the head.* Er hat den Nagel genau getroffen. **2** prallen gegen **3** ~ **sth** (**on/against sth**) sich etw (an etw) stoßen **4** treffen **5** (SPORT) erzielen **6** betreffen ◊ *the hardest hit countries* die am schwersten betroffenen Länder ◊ *A tornado hit on Tuesday night.* Das Gebiet wurde am Dienstagnacht von einem Tornado heimgesucht. **7** angreifen ◊ *We hit the enemy when they least expected it.* Unser Angriff kam, als der Feind es am wenigsten erwartete. **8** erreichen ◊ *Temperatures hit 40°.* Die Temperaturen stiegen auf 40°. ◊ *Follow this footpath and you'll eventually hit the road.* Gehen Sie diesen Weg immer weiter, bis Sie schließlich auf die Straße kommen. ◊ *The President hits town tomorrow.* Morgen kommt der Präsident. ◊ (*BrE*) *We hit top form in yesterday's match.* Wir haben gestern in Höchstform gespielt. **9** (*umgs*) stoßen auf ◊ *Then we hit trouble.* Dann gerieten wir in Schwierigkeiten. **10** (*umgs*) ~ **sb** jdm aufgehen ◊ *I couldn't remember who he was, and then it suddenly hit me.* Ich konnte mich nicht an ihn erinnern, und dann ging mir plötzlich ein Licht auf. ◊ *It hasn't really hit me yet that this is my last week at school.* Es ist mir noch gar nicht richtig zu Bewusstsein gekommen, dass dies meine letzte Woche in der Schule ist. **11** (*umgs*) drücken ◊ *Hit the brakes!* Bremsen! IDM **hit** (**it**) **'big** (*Slang*) großen Erfolg haben **hit the 'big time** (*umgs*) groß rauskommen **hit the 'ceiling/'roof** (*umgs*) an die Decke gehen **hit the 'buffers** scheitern **hit the 'deck** (*umgs*) hinfallen; sich zu Boden werfen ‚**hit the ground 'running** (*umgs*) rangehen wie Blücher **hit the 'hay/'sack** (*umgs*) in die Falle gehen **hit sb** (**straight/right**) **in the 'eye** jdm ins Auge springen '**Hit it!** (*umgs*) Also los! **hit it 'off** (**with sb**) sich gut (mit jdm) verstehen **hit the 'jackpot** das große Los ziehen **hit the nail on the 'head** den Nagel auf den Kopf treffen **hit the 'road/'trail** (*umgs*) sich auf den Weg machen **hit the 'spot** (*umgs*) genau das Richtige sein **hit the 'shops/'stores/'streets** (*umgs*) auf den Markt kommen **hit sb when they're 'down** jdn treten, der schon am Boden liegt **hit sb where it 'hurts** jdn empfindlich treffen ☛ *Siehe auch* HEADLINE, HOME³, KNOW¹, MARK², NERVE, NOTE¹, PAY DIRT, SHIT² *und* SIX PHRV **hit 'back** (**at sb/sth**) (jdn/etw) kontern ◊ *She hit back at her critics.* Sie gab ihren Kritikern Kontra. '**hit on sb** (*AmE, Slang*) jdn anmachen '**hit on/upon sth** (*kein Passiv*) auf etw kommen ◊ *She hit upon the perfect title.* Ihr fiel genau der richtige Titel ein. ‚**hit 'out** (**at sb/sth**) **1** (auf jdn/etw) einschlagen ◊ *I just hit out blindly in all directions.* Ich schlug blindlings um mich. **2** (*AmE, Slang*) scharf angreifen **hit sb** (**up**) **for sth** (*AmE, Slang*) jdn um etw anhauen

'**hit sb with sth** (*umgs*) jdn mit etw überfallen ◊ *Come on, hit me with it!* Sag's nur. Ich bin aufs Schlimmste gefasst.

hit² /hɪt/ *Nomen* **1** Schlag ◊ *Give it a good hit.* Schlag tüchtig zu. **2** Treffer ◊ *The bomber scored a direct hit on the shelter.* Der Bomber hat den Bunker voll getroffen. **3** Erfolg, Schlager ◊ *a smash hit* ein Riesenhit IDM **be/make a 'hit** (**with sb**) (bei jdm) gut ankommen; (bei jdm) einschlagen

‚**hit-and-'miss** *Adj* wahllos, ungenau

‚**hit-and-'run** *Adj nur vor Nomen* **1** ◊ *a hit-and-run accident* ein Unfall mit Fahrerflucht ◊ *a hit-and-run driver* ein unfallflüchtiger Fahrer **2** (MIL) ◊ *hit-and-run raids* Blitzüberfälle

hitch¹ /hɪtʃ/ *Verb* **1** per Anhalter fahren, trampen ◊ *They hitched a ride in a truck.* Sie ließen sich von einem Lkw mitnehmen. ◊ (*BrE auch*) *They hitched a lift.* Sie fuhren per Anhalter. **2** ~ **sth** (**up**) etw hochziehen, etw schürzen SYN HIKE **3** ~ **yourself** (**up, etc.**) ◊ *She hitched herself up.* Sie zog sich hoch. ◊ *He hitched himself onto the stool.* Er schob sich auf den Hocker. **4** ~ **sth** (**to sth**) etw (an etw) festmachen, etw (an etw) ankoppeln IDM **get 'hitched** (*umgs*) heiraten

hitch² /hɪtʃ/ *Nomen* **1** Problem ◊ *go off without a hitch* reibungslos verlaufen **2** (*Knoten*) Stek

'**hitch-hike** *Verb* per Anhalter fahren, trampen

'**hitch-hik‧er** *Nomen* Anhalter(in), Trampen(in)

hith‧er /'hɪðə(r)/ *Adv* (*veraltet*) hierher IDM ‚**hither and 'thither**; ‚**hither and 'yon** (*veraltet*) hierhin und dorthin

hith‧er‧to /ˌhɪðə'tuː; *AmE* ˌhɪðər'tuː/ *Adv* (*gehoben*) bisher, bis dahin ◊ *Her life hitherto had been devoid of adventure.* Bis dahin war ihr Leben völlig ereignislos verlaufen.

'**hit list** *Nomen* (*umgs*) Abschussliste

'**hit man** *Nomen* (*umgs*) Killer

‚**hit-or-'miss** *Adj* wahllos, ungenau

the 'hit parade *Nomen* (*veraltet*) die Hitparade

'**hit squad** *Nomen* Mordkommando

hit‧ter /'hɪtə(r)/ *Nomen* (*oft in Zusammensetzungen*) **1** (SPORT) ◊ *a big hitter* ein Spieler, der einen guten Schlag hat **2** (*mit Adjektiven*) (FINANZ) Magnat; (POL) Machthaber ◊ *the heavy hitters of Japanese industry* die Großen der japanischen Industrie

HIV /ˌeɪtʃ aɪ 'viː/ *Nomen Kurzform von* **human immunodeficiency virus** HIV

hive¹ /haɪv/ *Nomen* **1** = BEEHIVE **2** Bienenvolk **3** [meist Sing] ◊ *a hive of activity/industry* ein Ort größter Geschäftigkeit **4** **hives** [U] Nesselausschlag

hive² /haɪv/ *Verb* PHRV ‚**hive sth 'off** (**to/into sth**) (*bes BrE*) etw (zu etw) ausgliedern ◊ *The department is being hived off into a new company.* Die Abteilung wird zu einer neuen Gesellschaft verselbstständigt. ◊ *The company decided to hive off its less profitable concerns.* Die Gesellschaft beschloss, ihre weniger rentablen Abteilungen abzustoßen.

hiya /'haɪjə/ *Ausruf* hallo

H.M. (*BrE auch* **HM**) *Kurzform von* **Her/His Majesty**('**s**) S.M., I.M. ◊ *HM the Queen* Ihre Majestät die Königin ◊ *HM Customs* die britische Zollbehörde

HMG (*BrE*) *Kurzform von* **Her/His Majesty's Government** die britische Regierung

hmm (*auch* **hm, h'm**) /m, hm/ *Ausruf* hm

HMS /ˌeɪtʃ em 'es/ (*BrE*) *Kurzform von* **Her/His Majesty's Ship** (*vor dem Namen eines Schiffs der britischen Marine*)

HNC /ˌeɪtʃ en 'siː/ (*BrE*) *Kurzform von* **Higher National Certificate** = technischer oder naturwissenschaftlicher (Fach)hochschulabschluss ◊ *do an HNC course in electrical engineering* an einem zum Diplom führenden Lehrgang in Elektrotechnik teilnehmen

HND /ˌeɪtʃ en 'diː/ (*BrE*) *Kurzform von* **Higher National Diploma** = technischer oder naturwissenschaftlicher (Fach)hochschulabschluss ◊ *an HND course in fashion design* ein höheres Diplom in Modedesign

hoard¹ /hɔːd; *AmE* hɔːrd/ *Nomen* ~ (**of sth**) Vorrat (an etw) ◊ *a hoard of gold* ein Goldschatz ◊ *They dug up a hoard of Roman coins.* Sie gruben einen größeren Fund römischer Münzen aus.

hoard² /hɔːd; *AmE* hɔːrd/ *Verb* horten, hamstern

hoard‧er /'hɔːdə(r); *AmE* 'hɔːrd-/ *Nomen* Hamsterer, Hamsterin ◊ *I'm a terrible hoarder of junk.* Ich hebe allen Ramsch auf.

hoard·ing /'hɔːdɪŋ; *AmE* 'hɔːrd-/ *Nomen* (*BrE*) **1** Plakatwand, Reklamewand **2** Bauzaun

hoar frost /ˌhɔː frɒst; *AmE* 'hɔːr frɔːst/ *Nomen* Raureif

hoarse /hɔːs; *AmE* hɔːrs/ *Adj* (*Adv* **hoarse·ly**) heiser

hoarse·ness /'hɔːsnəs; *AmE* 'hɔːrs-/ *Nomen* Heiserkeit

hoary /'hɔːri/ *Adj* **1** (*veraltet*) uralt **2** (*gehoben*) ergraut, schlohweiß

hoax¹ /həʊks; *AmE* hoʊks/ *Nomen* Streich, Falschmeldung, Ente ◊ *a bomb hoax* eine leere Bombendrohung ◊ *The emergency call turned out to be a hoax.* Es stellte sich heraus, dass der Notruf ein blinder Alarm war.

hoax² /həʊks; *AmE* hoʊks/ *Verb* hereinlegen

hoax·er /'həʊksə(r); *AmE* 'hoʊks-/ *Nomen* Schwindler(in) ◊ *Bomb hoaxers brought chaos to the city.* Durch eine Bombendrohung wurde in der Stadt Chaos ausgelöst.

hob /hɒb; *AmE* hɑːb/ *Nomen* **1** (*BrE*) Kochmulde ◊ *a ceramic hob* ein Keramikkochfeld **2** Kamineinsatz

hob·ble /'hɒbl; *AmE* 'hɑːbl/ *Verb* **1** humpeln **2** an den Beinen fesseln **3** behindern, erschweren

hobby /'hɒbi; *AmE* 'hɑːbi/ *Nomen* (*Pl* **-ies**) Hobby, Steckenpferd

'**hobby horse** *Nomen* **1** (*oft abwert*) Lieblingsthema ◊ *get on/ride your hobby horse* sein Steckenpferd reiten **2** (*Spielzeug*) Steckenpferd

hob·gob·lin /ˌhɒb'gɒblɪn, 'hɒbgɒblɪn; *AmE* 'hɑːbgɑːb-/ *Nomen* Kobold

hob·nail boot /ˌhɒbneɪl 'buːt; *AmE* ˌhɑːb-/ (*auch* **hob·nailed** '**boot**) /-neɪld/ *Nomen* [meist Pl] Nagelschuh

hob·nob /'hɒbnɒb; *AmE* 'hɑːbnɑːb/ *Verb* (**-bb-**) ~ (**with sb**) (*umgs*) (mit jdm) verkehren ◊ *He was often seen hobnobbing with influential people.* Man hat ihn oft in der Gesellschaft einflussreicher Leute gesehen.

hobo /'həʊbəʊ; *AmE* 'hoʊboʊ/ *Nomen* (*Pl* **-os**) (*bes AmE, veraltet*) **1** Wanderarbeiter(in) **2** Landstreicher(in) [SYN] TRAMP¹ (1)

hock¹ /hɒk; *AmE* hɑːk/ *Nomen* **1** Sprunggelenk, Fesselgelenk **2** (*BrE*) weißer Rheinwein **3** (*bes AmE*) Hachse [IDM] **be in** '**hock** (**to sb**) (*umgs*) (bei jdm) in der Kreide stehen ◊ (*fig*) *be in hock to the unions* den Gewerkschaften verpflichtet sein **in** '**hock** (*umgs*) verpfändet

hock² /hɒk; *AmE* hɑːk/ *Verb* (*umgs*) verpfänden [SYN] PAWN

hockey /'hɒki; *AmE* 'hɑːki/ *Nomen* **1** (*BrE*) (Feld)hockey ◊ *a hockey stick* ein Hockeyschläger **2** (*AmE*) Eishockey

hocus-pocus /ˌhəʊkəs 'pəʊkəs; *AmE* ˌhoʊkəs 'poʊkəs/ *Nomen* Hokuspokus

hod /hɒd; *AmE* hɑːd/ *Nomen* Tragmulde

hodge·podge /'hɒdʒpɒdʒ; *AmE* 'hɑːdʒpɑːdʒ/ *Nomen* [Sing] (*AmE*) Mischmasch

hoe¹ /həʊ; *AmE* hoʊ/ *Nomen* Hacke

hoe² /həʊ; *AmE* hoʊ/ *Verb* (**hoe·ing**, **hoed**, **hoed**) (*Erde*) hacken

hog¹ /hɒg; *AmE* hɔːg, hɑːg/ *Nomen* **1** (*bes AmE*) Schwein **2** (*BrE*) (männliches) Mastschwein [IDM] **go the whole** '**hog** ganze Arbeit leisten; Nägel mit Köpfen machen; aufs Ganze gehen

hog² /hɒg; *AmE* hɔːg, hɑːg/ *Verb* (**-gg-**) ganz für sich beanspruchen, mit Beschlag belegen

Hog·ma·nay /'hɒgməneɪ; *AmE* ˌhɑːgmə'neɪ/ *Nomen* [U] (*in Schottland*) Silvester, Silvesterfeier

hog·wash /'hɒgwɒʃ; *AmE* 'hɔːgwɑːʃ, 'hɑːg-, -wɔːʃ/ *Nomen* (*bes AmE, umgs*) Quatsch

ho ho /ˌhəʊ 'həʊ; *AmE* ˌhoʊ 'hoʊ/ *Ausruf* **1** haha **2** ho

ho-hum /ˌhəʊ 'hʌm; *AmE* ˌhoʊ-/ *Ausruf* (*drückt Langeweile aus*) na ja, tja

the hoi pol·loi /ˌhɔɪ pə'lɔɪ/ *Nomen* [Pl] (*abwert oder hum*) der Pöbel, der Plebs

hoist¹ /hɔɪst/ *Verb* hochziehen, hieven; (*Flagge*) hissen; (*Segel*) setzen [IDM] **be hoist/hoisted by/with your own pe'tard** (*BrE*) sich in der eigenen Schlinge fangen

hoist² /hɔɪst/ *Nomen* Lastenaufzug, Hebevorrichtung

hokey /'həʊki; *AmE* 'hoʊki/ *Adj* (*AmE, umgs*) kitschig

hokum /'həʊkəm; *AmE* 'hoʊ-/ *Nomen* (*bes AmE, umgs*) **1** (*Filme, Theaterstücke etc.*) Kitsch **2** Humbug

hold¹ /həʊld; *AmE* hoʊld/ *Verb* (**held**, **held** /held/) **1** halten ◊ *He was holding the baby in his arms.* Er hielt das Baby auf dem Arm. ◊ *We were holding hands.* Wir hielten uns bei der Hand. ◊ *She groaned and held her head.* Sie stöhnte und hielt sich den Kopf. **2** (*Gewicht*) tragen ◊ *That branch won't hold your weight.* Der Ast trägt dich nicht. **3** fassen, Platz haben für ◊ *This barrel holds 25 litres.* Dieses Fass hat ein Volumen von 25 Litern. **4** festhalten ◊ *He was held prisoner for two years.* Er wurde zwei Jahre lang gefangen gehalten. **5** anhalten, andauern **6** (*Aufmerksamkeit, Interesse*) fesseln **7** aufbewahren ◊ *records held on computer* im Computer gespeicherte Dateien **8** besitzen ◊ *The Duke held land in Norfolk.* Der Graf besaß Ländereien in Norfolk. **9** (*Amt etc.*) innehaben **10** (*Ansichten*) haben ◊ *He holds strange views on politics.* Er hat seltsame Ansichten über Politik. ◊ *firmly-held beliefs* feste Überzeugungen ◊ *She is held in high regard by her students.* Sie wird von ihren Studenten hoch geschätzt. **11** (*gehoben*) betrachten ◊ *These cave paintings are held to be unique.* Diese Höhlenmalereien werden als einzigartig angesehen. **12** (*Veranstaltung, Wettbewerb*) abhalten; (*Gespräch*) führen ◊ *The meeting will be held in the community centre.* Die Versammlung findet im Gemeindezentrum statt. **13** ~ **the road** eine gute Straßenlage haben **14** ~ (**the line**) am Apparat bleiben **15** (*stoppen*) ◊ *Hold your fire!* Nicht schießen! ◊ (*AmE, umgs*) *Give me a hot dog, but hold the mustard.* Geben Sie mir ein Würstchen, aber ohne Senf. [IDM] **hold** '**good** wahr sein ◊ *The same argument does not hold good in every case.* Das gleiche Argument trifft nicht in jedem Fall zu. '**hold it** (*umgs*) warte mal; Moment mal **there is no** '**holding sb** jd ist nicht zu halten ☞ Für andere Redewendungen mit **hold** siehe die Einträge für die Nomina, Adjektive etc. **Hold the fort** z.B. steht unter **fort**.

[PHRV] ˌhold sth a'gainst sb jdm etw übel nehmen, jdm etw zum Vorwurf machen ˌhold sb/sth 'back jdn/etw zurückhalten ˌhold sth 'back **1** etw verschweigen **2** (*Zorn, Tränen etc.*) zurückhalten ˌhold 'back (**from doing sth**) zögern (etw zu tun) ˌhold sb 'back (**from doing sth**) jdn zögern lassen (etw zu tun) ˌhold sb 'down jdn niederhalten ˌhold sth 'down **1** etw niedrig halten ◊ (*AmE, umgs*) *Hold it down, will you? I'm trying to sleep!* Sei nicht so laut. Ich versuche zu schlafen! **2** (*kein Passiv*) ◊ *He was unable to hold down a job.* Er blieb nie lange an einem Arbeitsplatz aus. ˌhold 'forth sich auslassen ˌhold sth 'in (*Gefühle*) zurückhalten [OPP] LET STH OUT ˌhold 'off warten ◊ *The rain held off just long enough for us to have our picnic.* Der Regen wartete gerade so lange, bis wir mit unserem Picknick fertig waren. ˌhold sb/sth 'off jdn/etw abwehren ˌhold 'on **1** (*kein Passiv*) (sich) festhalten ◊ *Hold on and don't let go.* Halt fest und lass nicht los. **2** (*umgs*) warten ◊ *Hold on! This isn't the right road.* Warte mal! Dies ist nicht die richtige Straße. **3** durchhalten **4** (*umgs*) am Apparat bleiben ˌhold sth 'on etw festhalten ◊ *The knob is only held on by sticky tape.* Der Knauf ist nur mit Tesafilm befestigt. ˌhold 'on to sth/sb; ˌhold 'onto sth/sb (*kein Passiv*) etw/jdn festhalten, sich an etw/jdn festhalten ◊ *He held onto the back of the chair.* Er hielt sich an der Stuhllehne fest. ˌhold 'out **1** (*Vorräte etc.*) reichen **2** durchhalten, aushalten ˌhold 'out sth (*Hoffnung, Chance*) in Aussicht stellen ◊ *lifestyles which hold out the promise of improved health* Lebensweisen, die eine bessere Gesundheit versprechen ˌhold sth 'out etw hinhalten ◊ *He held out the keys and I took them.* Er hielt mir die Schlüssel hin, und ich nahm sie. ˌhold 'out for sth (*kein Passiv*) auf etw bestehen ˌhold 'out on sb (*umgs*) jdm etw verschweigen ˌhold sth 'over **1** etw vertagen, etw verschieben **2** (*Film, Schauspiel*) länger zeigen ˌhold sth 'over sb jdn mit etw erpressen ˈhold sb to sth **1** darauf bestehen, dass jd etw einhält ◊ '*We'll come and see you in America.' 'I'll hold you to that.'* „Wir kommen dich in Amerika besuchen." „Ich nehme euch beim Wort." **2** ◊ *Redcar held Carlisle to a 0-0 draw.* Redcar holte gegen Carlisle ein Unentschieden heraus. ˌhold (sth) to'gether (etw) zusammenhalten **2** (*Theorie, Argument etc.*) schlüssig sein ◊ *Their case doesn't hold together when you look at the evidence.* Ihr Fall ist nicht stichhaltig, wenn man die Beweise ansieht. ˌhold 'up stand halten ˌhold sb/sth 'up **1** jdn/etw stützen **2** jdn/etw aufhalten ◊ *My application*

hold

was held up by the postal strike. Meine Bewerbung hat sich durch den Poststreik verspätet. **3** jdn/etw hinstellen ◊ *His ideas were held up to ridicule.* Seine Ideen wurden dem Spott preisgegeben. ˌ**hold sth ˈup** etw überfallen ˈ**hold with sth** (*in Fragen und verneinten Sätzen*) mit etw einverstanden sein ◊ *I don't hold with the use of force.* Ich lehne die Anwendung von Gewalt ab.

hold² /həʊld; *AmE* hoʊld/ *Nomen* **1** [Sing] Griff ◊ *His hold on her arm tightened.* Sein Griff um ihren Arm wurde fester. ◊ *She kept hold of him.* Sie ließ ihn nicht los. ◊ *He struggled to get a hold of his anger.* Er kämpfte darum, seinen Ärger in den Griff zu bekommen. SYN GRIP **2** [Sing] ~ (**on/over sb/sth**) Macht (über jdn/etw), Einfluss (auf jdn/etw), Kontrolle (über jdn/etw) **3** (*beim Klettern*) Halt **4** Laderaum IDM **catch/grab** (**a**) ˈ**hold of sb/sth** jdn/etw fangen ◊ *He caught hold of her wrist.* Er fasste sie am Handgelenk. **get/take, etc.** (**a**) ˈ**hold of sb/sth** jdn/etw zu fassen kriegen ◊ *She took hold of the stick.* Sie ergriff den Stock. **get** ˈ**hold of sb** jdn erreichen; jdn auftreiben **get** ˈ**hold of sth 1** etw finden ◊ *It's almost impossible to get hold of tickets for the final.* Es ist fast unmöglich Karten fürs Finale zu bekommen. ◊ *How did you get hold of my name?* Wie sind Sie an meinen Namen gekommen? **2** etw lernen; etw verstehen ˌ**no** ˌ**holds** ˈ**barred** alles erlaubt **on** ˈ**hold 1** auf Eis **2** (*beim Telefonieren*) in der Warteschleife **take** (**a**) ˈ**hold** sich ausbreiten ◊ *It is best to treat the disease early before it takes a hold.* Es ist am besten die Krankheit frühzeitig zu behandeln, bevor sie fortschreitet. ◊ *Panic took hold of him and he couldn't move.* Panik übermannte ihn, und er konnte sich nicht rühren. ☛ *Siehe auch* WRONG¹

holdˑall /ˈhəʊldɔːl; *AmE* ˈhoʊ-/ *Nomen* (*BrE*) Reisetasche

holdˑer /ˈhəʊldə(r); *AmE* ˈhoʊ-/ *Nomen* (*oft in Zusammensetzungen*) **1** Inhaber(in) ◊ *a season ticket holder* ein Inhaber einer Jahreskarte ◊ *the current holder of the world record* der derzeitige Weltrekordtitelhalter ◊ *holders of high office* Träger hoher Ämter **2** Halter ◊ *a candle holder* ein Kerzenhalter

holdˑing /ˈhəʊldɪŋ; *AmE* ˈhoʊ-/ *Nomen* **1** (*von Aktien*) Anteil **2** [meist Pl] Kollektion, Sammlung **3** Pachtland

ˈ**holding company** *Nomen* (*Pl* **-ies**) Holdinggesellschaft

holdˑover /ˈhəʊldəʊvə(r); *AmE* ˈhoʊldoʊvər/ *Nomen* (*AmE*) = jd, der in seinem Amt bleibt, auch wenn die Regierung wechselt

ˈ**hold-up** *Nomen* **1** Verzögerung ◊ *What's the hold-up? Warum dauert das so lange?* ◊ *We should finish by tonight, barring hold-ups.* Wir sollten heute Abend fertig sein, wenn nichts dazwischenkommt. ◊ (*BrE*) *a hold-up on the motorway* ein Stau auf der Autobahn **2** bewaffneter Überfall

hole¹ /həʊl; *AmE* hoʊl/ *Nomen* **1** Loch ◊ *He liked to play a few holes after work.* Nach der Arbeit spielte er gerne ein bisschen Golf. **2** (*Tierbehausung*) Loch, Bau **3** [meist Sing] (*umgs, abwert*) (*Wohnung, Wohnort*) Loch, Kaff **4** [meist Pl] (*in einem Plan, Gesetz etc.*) Schwäche IDM **in a** ˈ**hole** (*umgs*) in der Klemme **in the** ˈ**hole** (*AmE, umgs*) in den roten Zahlen **make a** ˈ**hole in sth** (*Finanzen*) ein Loch in etw reißen ☛ *Siehe auch* ACE, BURN¹, DIG¹ *und* PICK¹

hole² /həʊl; *AmE* hoʊl/ *Verb* **1** ein Loch/Löcher in etw reißen, leckschlagen **2** ~ (**out**) (*beim Golf*) einlochen PHRV ˌ**hole** ˈ**up**; **be** ˌ**holed** ˈ**up** (*umgs*) sich verkriechen, sich verstecken

hole-in-ˈone *Nomen* (*Pl* **holes-in-one**) (*beim Golf*) Hole-in-One, Ass

ˌ**hole-in-the-ˈwall** *Nomen* [Sing] (*umgs*) **1** (*BrE*) Geldautomat **2** (*AmE*) Wirtshaus, Bude

holey /ˈhəʊli; *AmE* ˈhoʊ-/ *Adj* löchrig

holiˑday¹ /ˈhɒlədeɪ; *AmE* -deɪ; *BrE auch* -di/ *Nomen* **1** (*auch* **holiˑdays** [Pl]) (*BrE*) Ferien, Urlaub ◊ *holiday pay* Lohnfortzahlung während des Urlaubs **2** Feiertag ◊ *a national holiday* ein landesweiter Feiertag ☛ *Siehe auch* BANK HOLIDAY **3** **holidays** [Pl] (*AmE*) = Zeit im Dezember und Januar, die Weihnachten, Chanukka und Neujahr einschließt IDM ⇨ HIGH¹

holiˑday² /ˈhɒlədeɪ; *AmE* ˈhɑːl-; *BrE auch* -di/ *Verb* (*BrE*) Ferien machen, Urlaub machen

ˈ**holiday camp** *Nomen* (*BrE*) Ferienlager, Feriendorf

ˈ**holiˑdayˑmaker** /ˈhɒlədeɪmeɪkə(r); *AmE* ˈhɑːl-; *BrE auch* -dimeɪ-/ *Nomen* (*BrE*) Urlauber(in)

holier-than-thou /ˌhəʊliə ðən ˈðaʊ; *AmE* ˌhoʊliər/ *Adj* (*abwert*) selbstgerecht

holiˑness /ˈhəʊlinəs; *AmE* ˈhoʊ-/ *Nomen* **1** Heiligkeit **2 His/Your Holiness** Seine/Eure Heiligkeit

holˑisˑtic /həʊˈlɪstɪk, hɒˈl-; *AmE* hoʊˈl-, hɑːˈl-/ *Adj* (*Adv* **holˑisˑticˑalˑly** /-kli/) (*umgs*) holistisch

holˑler /ˈhɒlə(r); *AmE* ˈhɑːl-/ *Verb* (*bes AmE, umgs*) schreien, brüllen SYN YELL

holˑlow¹ /ˈhɒləʊ; *AmE* ˈhɑːloʊ/ *Adj* **1** hohl ◊ *Their appeals for an end to the violence had a hollow ring.* Ihre Aufrufe zur Beendigung der Gewalttaten klangen hohl. ◊ **hollow-eyed** hohläugig ◊ *hollow threats* leere Drohungen **2** (*Adv* **holˑlowˑly**) (*Geräusch*) hohl, dumpf IDM ⇨ BEAT¹ *und* RING²

holˑlow² /ˈhɒləʊ; *AmE* ˈhɑːloʊ/ *Nomen* **1** Senke, Vertiefung, Mulde **2** Höhlung, Hohlraum

holˑlow³ /ˈhɒləʊ; *AmE* ˈhɑːloʊ/ *Verb* PHRV ˌ**hollow sth** ˈ**out** etw aushöhlen

holˑlowˑness /ˈhɒləʊnəs; *AmE* ˈhɑːloʊ-/ *Nomen* Hohlheit

holly /ˈhɒli; *AmE* ˈhɑːli/ *Nomen* (*Pl* **-ies**) Stechpalme

holˑlyˑhock /ˈhɒlihɒk; *AmE* ˈhɑːlihɑːk/ *Nomen* Stockrose

holoˑcaust /ˈhɒləkɔːst; *AmE* ˈhɑːlə-, ˈhoʊlə-/ *Nomen* **1** Inferno **2 the Holocaust** der Holocaust

holoˑgram /ˈhɒləɡræm; *AmE* ˈhɑːl-, ˈhoʊl-/ *Nomen* Hologramm

hols /hɒlz; *AmE* hɑːlz/ *Nomen* [Pl] (*BrE, umgs, veraltet*) Ferien

holˑster /ˈhəʊlstə(r); *AmE* ˈhoʊ-/ *Nomen* (Pistolen)halfter

holy /ˈhəʊli; *AmE* ˈhoʊli/ *Adj* (**holiˑer**, **holiˑest**) heilig ◊ *the Holy Bible* die Bibel ◊ *the Holy Scriptures* die Heilige Schrift

ˌ**Holy Comˈmunion** (*auch* **Comˑmuˑnion**) *Nomen* (heilige) Kommunion, (heiliges) Abendmahl

the ˌ**Holy** ˈ**Ghost** *Nomen* der Heilige Geist

the ˌ**Holy** ˈ**Grail** *Nomen* der Heilige Gral

the ˌ**holy of** ˈ**holies** *Nomen* das Allerheiligste

ˌ**holy** ˈ**orders** *Nomen* [Pl] Priesterweihe, Bischofsweihe IDM ⇨ ORDER¹

the ˌ**Holy** ˈ**Spirit** *Nomen* der Heilige Geist

ˈ**Holy Week** *Nomen* die Karwoche

homˑage /ˈhɒmɪdʒ; *AmE* ˈhɑːm-/ *Nomen* ~ (**to sb/sth**) (*gehoben*) Huldigung (an jdn/etw), Hommage (an jdn/etw) ◊ *The kings of France paid homage to no one.* Die Könige von Frankreich huldigten niemandem. ◊ *They stood in silent homage around the grave.* Sie standen in stummer Ehrerbietung um das Grab.

home¹ /həʊm; *AmE* hoʊm/ *Nomen* **1** Heim, Zuhause, Haus, Wohnung ◊ *the Brontë family home* das Haus der Familie Brontë ◊ *He left home at sixteen.* Mit sechzehn verließ er das Elternhaus. ◊ *Nowadays a lot of people work from home.* Heutzutage arbeiten viele Leute von zu Hause. ◊ *home ownership* privates Hauseigentum **2** Heimat **3** (*Institution*) Heim ◊ *a retirement home* ein Altersheim **4** **the ~ of sth** [Sing] die Wiege von etw ◊ *New Orleans, the home of Jazz* New Orleans, die Wiege des Jazz IDM **at** ˈ**home 1** zu Hause **2** wie zu Hause ◊ *Sit down and make yourself at home.* Setz dich und fühl dich wie zu Hause. ◊ *Simon feels very at home on a horse.* Simon fühlt sich auf einem Pferd sehr wohl. **away from** ˈ**home 1** von zu Hause weg **2** (*BrE*) auswärts **a** ˌ**home from** ˈ**home** (*AmE* **a** ˌ**home away from** ˈ**home**) ein zweites Zuhause **set up** ˈ**home** (*BrE*) ein Zuhause gründen **when he's, it's, etc. at** ˈ**home** (*BrE, hum*) ◊ *What's that when it's at home?* Was soll das denn sein? ◊ *Who's Mrs Wilson when she's at home?* Wer in aller Welt ist Mrs Wilson? **an Englishman's home is his castle** (*AmE* **a** ˌ**man's** ˈ**home is his** ˈ**castle**) in seinen eigenen vier Wänden kann man tun und lassen, was man will ☛ *Siehe auch* CHARITY, CLOSE³, EAT *und* SPIRITUAL¹

home² /həʊm; *AmE* hoʊm/ *Adj* nur vor Nomen **1** = das Zuhause betreffend ◊ *home life* Privatleben ◊ *my home address* meine Privatanschrift ◊ *his home town* seine Heimatstadt ◊ *free home delivery* Lieferung frei Haus **2** selbstgemacht, zum häuslichen Gebrauch ◊ *home movies* Amateurfilme ◊ *home cooking* Hausmannskost ◊ *a home computer* ein Heimcomputer ◊ *home brew* selbst gebrautes

Bier **3** (*bes BrE*) inländisch ◊ *products for the home market* Produkte für den Binnenmarkt ◊ *home news* Meldungen aus dem Inland ◊ *home affairs* innere Angelegenheiten **4** (SPORT) Heim- ◊ *a home match* ein Heimspiel

home³ /həʊm; *AmE* hoʊm/ *Adv* **1** nach Hause, zu Hause **2** hinein ◊ *She leaned on the door and pushed the bolt home.* Sie lehnte sich gegen die Tür und schob den Riegel vor. ◊ *He drove the ball home from 15 metres.* Er schoss den Ball aus 15 Metern Entfernung ins Tor. ◊ *The torpedo struck home on the hull of the ship.* Der Torpedo schlug in den Schiffsrumpf ein. **IDM** **be home and 'dry** (*AmE* **be home 'free**) es geschafft haben **bring sth 'home to sb** jdm etw vor Augen führen **come 'home (to sb)** (jdm) klar werden **sth comes home to 'roost** etw rächt sich **hit/strike 'home** eine Auswirkung haben ◊ *Her face went pale as his words hit home.* Sie wurde blass, als ihr die Bedeutung seiner Worte bewusst wurde. ☞ *Siehe auch* COW¹, DRIVE¹, PRESS², RAM¹, ROMP¹ *und* WRITE

home⁴ /həʊm; *AmE* hoʊm/ *Verb* **PHR V** **home 'in on sth** auf etw zusteuern ◊ *I felt I was homing in on the answer.* Ich spürte, dass ich der Antwort näher kam.

ˌhome 'base *Nomen* [Sing] **1** (*beim Baseball*) Homeplate **2** Standort

home·body /'həʊmbɒdi; *AmE* 'hoʊmbɑːdi/ *Nomen* (*Pl* **-ies**) (*bes AmE, umgs*) häuslicher Mensch

home·boy /'həʊmbɔɪ; *AmE* 'hoʊm-/ *Nomen* (*AmE, Slang*) Kumpel

home·com·ing /'həʊmkʌmɪŋ; *AmE* 'hoʊm-/ *Nomen* **1** Heimkehr **2** (*AmE*) Ehemaligentreffen einer High School etc.

the ˌHome 'Counties *Nomen* [Pl] die Grafschaften um London

ˌhome eco'nomics *Nomen* (*Schulfach*) Hauswirtschaft

ˌhome 'front *Nomen* [Sing] Heimatfront ◊ *Things are busy on the home front.* Zu Hause ist viel los.

ˌhome 'ground *Nomen* [Sing] **1** (*BrE*) (SPORT) eigener Platz **2** heimischer Boden

ˌhome-'grown *Adj* **1** selbst gezogen **2** heimisch

home·land /'həʊmlænd; *AmE* 'hoʊm-/ *Nomen* **1** [meist Sing] Heimat(land) **2** [meist Pl] (*in der Republik Südafrika*) Homeland

home·less /'həʊmləs; *AmE* 'hoʊm-/ **1** *Adj* obdachlos **2** **the homeless** *Nomen* [Pl] die Obdachlosen

home·less·ness /'həʊmləsnəs; *AmE* 'hoʊm-/ *Nomen* Obdachlosigkeit

home·ly /'həʊmli; *AmE* 'hoʊm-/ *Adj* (**home·lier, home·liest**) **1** (*BrE*) behaglich, heimelig **2** (*BrE*) warmherzig **3** (*AmE, abwert*) nicht hübsch, nicht gut aussehend

ˌhome-'made *Adj* hausgemacht, selbst gemacht

home·maker /'həʊmmeɪkə(r); *AmE* 'hoʊm-/ *Nomen* (*bes AmE*) Hausfrau, Hausmann

the 'Home Office *Nomen* (*BrE*) das Innenministerium ☞ G 1.3a

homeo·path (*BrE auch* **hom·oeo-**) /'həʊmiəpæθ; 'hoʊ-/ *Nomen* Homöopath(in)

homeo·path·ic (*BrE auch* **hom·oeo-**) /ˌhəʊmiə'pæθɪk, ˌhɒm-; *AmE* ˌhoʊm-/ *Adj* homöopathisch

hom·eop·athy (*BrE auch* **hom·oeo-**) /ˌhəʊmi'ɒpəθi, ˌhɒmi-; *AmE* ˌhoʊmi'ɑːp-, ˌhɑːm-/ *Nomen* Homöopathie

home·own·er /'həʊməʊnə(r); *AmE* 'hoʊmoʊ-/ *Nomen* Eigenheimbesitzer(in)

'home page *Nomen* (COMP) Homepage

'home plate (*auch* **plate**) *Nomen* (*beim Baseball*) Homeplate

home·room /'həʊmruːm, -rʊm; *AmE* 'hoʊm-/ *Nomen* (*AmE*) = Klassenzimmer, in dem sich die Schüler zu Beginn jedes Schultages versammeln, so dass die Lehrer überprüfen können, wer anwesend ist; die Zeit, die in diesem Raum verbracht wird

ˌhome 'rule *Nomen* (POL) Autonomie

ˌhome 'run *Nomen* (*beim Baseball*) Homerun

ˌHome 'Secretary *Nomen* (*BrE*) Innenminister(in)

home·sick /'həʊmsɪk; *AmE* 'hoʊm-/ *Adj* **be/feel ~** Heimweh haben

home·sick·ness /'həʊmsɪknəs; *AmE* 'hoʊm-/ *Nomen* Heimweh

home·spun /'həʊmspʌn; *AmE* 'hoʊm-/ *Adj* **1** einfach, selbst gestrickt (*auch fig*) **2** handgesponnen

home·stead /'həʊmsted; *AmE* 'hoʊm-/ *Nomen* **1** Anwesen, Gehöft **2** = Landanteil, der den Siedlern in Nordamerika im 19. Jahrhundert kostenlos von der Regierung gegeben wurde

the ˌhome 'straight (*bes BrE*) (*auch* **the ˌhome 'stretch**) *Nomen* [Sing] die Zielgerade

ˌhome 'town *Nomen* Heimatstadt

ˌhome 'truth *Nomen* [meist Pl] Wahrheit

home·ward¹ /'həʊmwəd; *AmE* 'hoʊmwərd/ *Adj* Heim- ◊ *the homeward journey* die Heimreise

home·ward² /'həʊmwəd; *AmE* 'hoʊmwərd/ (*auch* **homewards**) *Adv* nach Hause, heimwärts ◊ *Commuters were heading homeward at the end of the day.* Abends waren Pendler auf dem Nachhauseweg. ◊ *We were homeward bound at last.* Wir waren endlich auf dem Heimweg.

home·work /'həʊmwɜːk; *AmE* 'hoʊmwɜːrk/ *Nomen* [U] Hausaufgabe(n) ◊ *How much homework do you get?* Wie viele Hausaufgaben bekommst du? ◊ *I have to learn vocabulary for homework.* Ich muss als Hausaufgaben Vokabeln lernen.

home·work·er /'həʊmwɜːkə(r); *AmE* 'hoʊmwɜːrk-/ *Nomen* Heimarbeiter(in)

home·work·ing /'həʊmwɜːkɪŋ; *AmE* 'hoʊmwɜːrk-/ *Nomen* Heimarbeit

homey (*auch* **homy**) /'həʊmi; *AmE* 'hoʊmi/ *Adj* (*bes AmE*) heimelig, gemütlich

homi·cidal /ˌhɒmɪ'saɪdl; *AmE* ˌhɑːm-/ *Adj* mordgierig, gemeingefährlich ◊ *He had homicidal tendencies.* Er war zum Mord fähig.

homi·cide /'hɒmɪsaɪd; *AmE* 'hɑːm-/ *Nomen* (RECHT) Tötung, Mord

hom·ily /'hɒməli; *AmE* 'hɑːm-/ *Nomen* (*Pl* **-ies**) (*gehoben, abwert*) Moralpredigt

'homing pigeon *Nomen* Brieftaube

hom·iny /'hɒmɪni; *AmE* 'hɑːm-/ *Nomen* = Art Maismehl, aus dem eine Grütze gekocht wird, die vor allem in den Südstaaten der USA gegessen wird

hom·oeo- ☞ Für Wörter die mit **homoeo-** beginnen, siehe die Schreibweise **homeo-**.

homo·gen·eity /ˌhɒmədʒə'niːəti; *AmE* ˌhɑːm-/ *Nomen* (*gehoben*) Homogenität

homo·ge·neous /ˌhɒmə'dʒiːniəs; *AmE* ˌhoʊm-/ *Adj* (*gehoben*) homogen OPP HETEROGENEOUS

hom·ogen·ized (*BrE auch* **-ised**) /hə'mɒdʒənaɪzd; *AmE* hə'mɑːdʒ-/ *Adj* homogenisiert

homo·graph /'hɒməgrɑːf; *AmE* 'hɑːməgræf/ *Nomen* Homograph

homo·nym /'hɒmənɪm; *AmE* 'hɑːm-, 'hoʊm-/ *Nomen* Homonym

homo·pho·bia /ˌhɒmə'fəʊbiə, ˌhəʊm-; *AmE* ˌhoʊmə'foʊ-/ *Nomen* Homophobie

homo·pho·bic /ˌhɒmə'fəʊbɪk, ˌhəʊm-; *AmE* ˌhoʊmə'foʊ-/ *Adj* homophobisch

homo·phone /'hɒməfəʊn; *AmE* 'hɑːməfoʊn/ *Nomen* Homophon

homo·sex·ual /ˌhəʊmə'sekʃuəl, ˌhɒm-; *AmE* ˌhoʊm-/ **1** *Nomen* Homosexuelle(r) ◊ *a practising homosexual* ein aktiver Homosexueller **2** *Adj* homosexuell

homo·sexu·al·ity /ˌhəʊməˌsekʃu'æləti, ˌhɒm-; *AmE* ˌhoʊm-/ *Nomen* Homosexualität

homy = HOMEY

Hon *Abk* **1** = HONORARY **2** = HONOURABLE

hon·cho /'hɒntʃəʊ; *AmE* 'hɑːntʃoʊ/ *Nomen* (*Pl* **-os**) (*bes AmE, umgs*) Boss ◊ *the head honcho* der Oberboss

hone /həʊn; *AmE* hoʊn/ *Verb* **1** verbessern ◊ *His body was honed to perfection.* Sein Körper war perfekt. ◊ *It was a finely honed piece of writing.* Es war ein ausgefeiltes Schriftstück. **2** schleifen, wetzen

hon·est /'ɒnɪst; *AmE* 'ɑːn-/ *Adj* (*Adv* **hon·est·ly**) ehrlich ◊ *To be honest …* Ehrlich gesagt, … ◊ *He hasn't done an honest day's work in his life.* Er ist in seinem ganzen Leben noch keiner ordentlichen Arbeit nachgegangen. ◊ *It's quite a struggle to make an honest living.* Es ist ein ehrlicher Kampf, sein Geld redlich zu verdienen. ◊ *You can't* *honestly expect me to believe that!* Du kannst doch nicht von mir erwarten, dass ich das glaube! ◊ *Honestly! Whatever will they think of next?* Also wirklich! Was werden sie sich als Nächstes ausdenken? IDM **honest to 'God/'goodness** ◊ *Honest to God, I'm not joking.* Ich schwöre bei Gott, ich mache keine Witze! ☛ *Hinweis bei* GOD ☛ *Siehe auch* HONEST-TO-GOODNESS

ˌhonest ˈbroker *Nomen* Vermittler(in)

ˌhonest-to-ˈgoodness *Adj* echt, einfach

hon·es·ty /ˈɒnəsti; *AmE* ˈɑːn-/ *Nomen* Ehrlichkeit IDM **in all 'honesty** ganz ehrlich gesagt

honey /ˈhʌni/ *Nomen* **1** Honig **2** (*umgs*) (*Kosewort*) Schatz IDM ⇨ LAND¹

honey·comb /ˈhʌnikəʊm; *AmE* -koʊm/ (*auch* **comb**) *Nomen* Bienenwabe

honey·combed /ˈhʌnikəʊmd; *AmE* -koʊmd/ *Adj* ~ (**with sth**) (von etw) durchlöchert, (von etw) durchhöhlt ◊ *The cliffs are honeycombed with caves.* Die Felsen sind von Höhlen durchzogen.

honey·dew melon /ˌhʌnidjuː ˈmelən; *AmE* -duː-/ *Nomen* Honigmelone

hon·eyed /ˈhʌnid/ *Adj* **1** honigsüß (*auch fig*) **2** (*gehoben*) honiggelb, honigfarben

honey·moon¹ /ˈhʌnimuːn/ *Nomen* [meist Sing] **1** Hochzeitsreise **2** (*Anfang*) Flitterwochen, Schonzeit

honey·moon² /ˈhʌnimuːn/ *Verb* auf Hochzeitsreise sein

honey·moon·er /ˈhʌnimuːnə(r)/ *Nomen* Hochzeitsreisende(r)

honey·pot /ˈhʌnipɒt; *AmE* -pɑːt/ *Nomen* [meist Sing] (*BrE*) Attraktion, Anziehungspunkt

honey·suckle /ˈhʌnisʌkl/ *Nomen* Geißblatt

honk¹ /hɒŋk; *AmE* hɑːŋk, hɔːŋk/ *Nomen* **1** Hupen **2** (*von Gänsen*) lautes Geschnatter

honk² /hɒŋk; *AmE* hɑːŋk, hɔːŋk/ *Verb* **1** hupen **2** (*Gans*) schnattern

honky /ˈhɒŋki; *AmE* ˈhɑːŋ-, ˈhɔːŋ-/ *Nomen* (*Pl* **-ies**) (*AmE*, *Slang*) = von Schwarzen gebrauchter abwertender Ausdruck für eine weiße Person

honky-tonk /ˈhɒŋki tɒŋk; *AmE* ˈhɑːŋki tɑːŋk, ˈhɔːŋki tɔːŋk/ *Nomen* **1** (*AmE*) (*Lokal*) Spelunke, Schuppen **2** = hauptsächlich auf dem Klavier gespielte Jazzart

honor, hon·or·able (*AmE*) = HONOUR, HONOURABLE

hon·or·arium /ˌɒnəˈreəriəm; *AmE* ˌɑːnəˈrer-/ *Nomen* (*Pl* **hon·or·aria** -riə/) (*gehoben*) Honorar

hon·or·ary /ˈɒnərəri; *AmE* ˈɑːnəreri/ *Adj* (*Abk* **Hon**) **1** Ehren- ◊ *an honorary doctorate* ein Ehrendoktor ◊ *an honorary degree* ein ehrenhalber verliehener akademischer Grad **2** ehrenamtlich **3** ◊ *Many people treat their pets as honorary humans.* Viele Leute behandeln ihre Tiere wie Menschen.

hon·or·if·ic /ˌɒnəˈrɪfɪk; *AmE* ˌɑːnə-/ *Adj* (*gehoben*) **1** ehrenhalber verliehen ◊ *an honorific title* ein Ehrentitel **2** ehrenvoll

'honor roll *Nomen* (*AmE*) **1** Ehrentafel **2** = Liste der besten Schüler/Schülerinnen einer amerikanischen Schule oder der besten Studenten/Studentinnen einer amerikanischen Universität

'honor system *Nomen* [Sing] (*AmE*) = Abkommen auf Vertrauensbasis

hon·our¹ (*AmE* **honor**) /ˈɒnə(r); *AmE* ˈɑːnər/ *Nomen* **1** Ehre ◊ *a matter of honour* eine Ehrensache ◊ *She is an honour to the profession.* Sie macht ihrem Berufsstand alle Ehre. ◊ *They stood in silence as a mark of honour.* Als Zeichen der Ehrerbietung standen sie schweigend da. **2** Auszeichnung ☛ In Großbritannien werden zwei Mal im Jahr Auszeichnungen und Titel verliehen, am Neujahrstag und am offiziellen Geburtstag der Königin im Juni. **3 honours** (*AmE* **honors**) [Pl] (*Abk* **Hons**) (*oft als Adjektiv gebraucht*) = Universitätsstudium, das einen höheren akademischen Grad anstrebt; in den USA auch ein Kurs in der Schule, der auf höherem Niveau als andere Kurse unterrichtet wird **4 His/Her Honour** Seine Ehren, Ihre Ehren **5 Your Honour** (*Anrede für eine(n) Richter(in)*) Euer Ehren **6** [meist Pl] (*beim Kartenspiel*) = eine der vier höchsten Karten einer Farbe IDM **do sb an 'honour** (*gehoben*) jdm Ehre erweisen ◊ **do sb the 'honour (of doing sth)** (*gehoben*) jdm die Ehre erweisen ◊ **do the 'honours** den Gastgeber/die Gastgeberin spielen ◊ **have the 'honour of doing sth** (*gehoben*) die Ehre haben etw zu tun ◊ *May I have the honour of the next dance?* Darf ich um den nächsten Tanz bitten? ◊ **(there is) honour among 'thieves** (es gibt so etwas wie) Ganovenehre ◊ **(feel) honour 'bound to do sth** (*gehoben*) es als Ehrensache ansehen etw zu tun ◊ **the honours are 'even** die Chancen stehen gleich ◊ **in 'honour of sb/sth; in sb's/sth's 'honour** zu Ehren von jdm/etw ◊ **on my/your/his/her/their 'honour** (*veraltet*) ◊ *I swear on my honour that I knew nothing about this.* Ich gebe mein Ehrenwort, dass ich nichts davon wusste. ◊ *The men were put on their honour not to escape.* Die Männer mussten ihr Ehrenwort geben, nicht zu fliehen. ☛ *Siehe auch* POINT¹

hon·our² (*AmE* **honor**) /ˈɒnə(r); *AmE* ˈɑːnər/ *Verb* **1** ehren ◊ *our honoured guests* unsere geehrten Gäste ◊ *He has been honoured with a knighthood.* Er wurde in den Adelsstand erhoben. **2** (*Versprechen, Vertrag etc.*) einhalten; (*Scheck*) annehmen ◊ *She is determined to honour her husband's dying wish.* Sie ist entschlossen, den letzten Wunsch ihres Mannes zu respektieren. IDM **be/feel honoured (to do sth)** sich geehrt fühlen (etw zu tun) ◊ *I would be honoured.* Es wäre mir eine Ehre.

hon·our·able (*AmE* **hon·or·able**) /ˈɒnərəbl; *AmE* ˈɑːnə-/ *Adj* (*Adv* **hon·our·ably**, *AmE* **hon·or·ably** /-əbli/) **1** ehrenhaft, ehrenwert ◊ *do the honourable thing* sich ehrenhaft verhalten ◊ *an honourable exception* eine rühmliche Ausnahme **2 the Honourable** (*Abk* **Hon**) *nur vor Nomen* = Titel in Großbritannien, der den einigen Rangstufen des Adels zukommt **3 the/my Honourable ...** (*Abk* **Hon**) *nur vor Nomen* = Titel in Großbritannien, der von Parlamentsabgeordneten benutzt wird, wenn sie miteinander oder übereinander sprechen ◊ *If my Honourable Friend would give me a chance to answer, ...* Wenn mir der ehrenwerte Kollege erlauben würde zu antworten, ... **4** (*Abk* **Hon.**) = respektvoller Titel für hohe Beamte

Hons /ɒnz; *AmE* ɑːnz/ *Abk* (*BrE*) = HONOUR¹ (3)

hooch /huːtʃ/ *Nomen* (*bes AmE*, *umgs*) **1** (*Getränk*) Alkohol **2** Fusel, schwarz gebrannter Schnaps

hood /hʊd/ *Nomen* **1** Kapuze **2** (*eines Diebes*) Maske **3** = Stola aus Seide oder Pelz, die über dem akademischen Talar getragen wird und zeigt, welchen akademischen Grad die Person hat **4** (*bes BrE*) (*Auto-*) Verdeck **5** (*AmE*) Motorhaube **6** Abdeckung ◊ *an extractor hood* eine Abzugshaube **7** (*bes AmE, Slang*) Gangster

hood·ed /ˈhʊdɪd/ *Adj* **1** mit Kapuze **2** maskiert **3** mit schweren Lidern

hood·lum /ˈhuːdləm/ *Nomen* (*umgs*) **1** Gangster **2** Rowdy

hood·wink /ˈhʊdwɪŋk/ *Verb* ~ **sb** jdn hereinlegen; ~ **sb into doing sth** jdn dazu verleiten etw zu tun

hooey /ˈhuːi/ *Nomen* (*bes AmE*, *umgs*) Blödsinn, Geschwätz

hoof¹ /huːf/ *Nomen* (*Pl* **hoofs** *oder* **hooves** /huːvz/) Huf IDM **meat, animals, etc. on the 'hoof** Lebendvieh ◊ **on the 'hoof** (*BrE*, *umgs*) schnell nebenher; in Eile

hoof² /huːf/ *Verb* (*umgs*) (*Ball*) (weg)schießen IDM **'hoof it** (*umgs*) latschen, tippeln

hoo-ha /ˈhuː hɑː/ *Nomen* [U/Sing] (*BrE*, *umgs*) Wirbel SYN FUSS

hook¹ /hʊk/ *Nomen* **1** Haken ◊ *a fish-hook* ein Angelhaken **2** = Schlag/Wurf, bei dem der Ball nicht gerade fliegt IDM **by ˌhook or by ˈcrook** auf Teufel komm raus; mit allen Mitteln ◊ **get off the 'hook** den Kopf aus der Schlinge ziehen ◊ **get/let sb off the 'hook** jdm aus der Klemme helfen ◊ **hook, line and 'sinker** voll und ganz ◊ **off the 'hook** (*Telefon*) nicht aufgelegt ☛ *Siehe auch* RING¹ *und* SLING¹

hook² /hʊk/ *Verb* **1** mit einem Haken befestigen ◊ *We hooked the trailer to the back of the car.* Wir hängten den Anhänger hinten ans Auto. **2** ◊ *a dress that hooks at the back* ein Kleid, das hinten zugehakt wird **3** schlingen ◊ *She hooked her arm through her sister's.* Sie hakte sich bei ihrer Schwester ein. ◊ *Her thumbs were hooked into the pockets of her jeans.* Sie hatte die Daumen in die Taschen ihrer Jeans gesteckt. **4** an die Angel bekommen **5** = einen Ball so werfen/schlagen/kicken, dass er nicht gerade fliegt PHRV **ˌhook 'up to sth** an etw angeschlossen sein ◊ **ˌhook sb/sth 'up to sth** an etw anschließen ◊ *She was hooked up to a drip.* Sie hing am Tropf. **ˌhook 'up**

with sb (*umgs*) **1** sich an jdn anschließen **2** sich mit jdm zusammentun

hoo·kah /ˈhʊkə/ *Nomen* Wasserpfeife

ˌhook and ˈeye *Nomen* (*Pl* **hooks and eyes**) Haken und Öse

hooked /hʊkt/ *Adj* **1** gebogen ◊ *a hooked nose* eine Hakennase **2** *nicht vor Nomen* ~ (**on sth**) (*umgs*) (von etw) abhängig **3** *nicht vor Nomen* ~ (**on sth**) (*umgs*) (von etw) besessen, (von etw) fasziniert **4** mit Haken

hook·er /ˈhʊkə(r)/ *Nomen* **1** (*im Rugby*) Hakler **2** (*umgs*) Nutte

ˈhook-up *Nomen* Zusammenschaltung

hook·worm /ˈhʊkwɜːm; *AmE* -wɜːrm/ *Nomen* **1** Hakenwurm **2** Hakenwurmkrankheit

hooky (*auch* **hookey**) /ˈhʊki/ *Nomen* (*bes AmE*) [IDM] **play ˈhooky** (*umgs, veraltet*) Schule schwänzen

hooli·gan /ˈhuːlɪɡən/ *Nomen* Rowdy, Hooligan

hooli·gan·ism /ˈhuːlɪɡənɪzəm/ *Nomen* Rowdytum

hoop /huːp/ *Nomen* **1** (*Band, Spielzeug*) Reifen **2** (*Basketball-*) Korb **3** kleines Tor, kleiner Bogen ◊ *croquet hoops* Krocket-Tore [IDM] ⇨ JUMP¹

hoopla /ˈhuːplɑː/ *Nomen* **1** (*bes AmE, umgs*) Trara **2** (*BrE*) Ringwerfen

hoo·ray (*auch* **hur·ray**) /huˈreɪ/ *Ausruf* hurra [IDM] ⇨ HIP³

hoot¹ /huːt/ *Verb* **1** johlen, buhen ◊ *hoot with laughter* sich totlachen **2** (*BrE*) hupen ◊ *The train hooted a warning.* Der Zug gab ein Warnsignal. **3** (*Eule*) rufen

hoot² /huːt/ *Nomen* **1** (*bes BrE*) Aufschrei, Auflachen ◊ *The suggestion was greeted by hoots of laughter.* Der Vorschlag wurde mit johlendem Gelächter quittiert. **2** [*Sing*] (*umgs*) **be a** ~ zum Schießen sein, zum Schreien sein **3** Hupen **4** (*einer Eule*) Ruf [IDM] **sb doesn't care/give a ˈhoot** (*umgs*) es ist jdm egal ◊ *I don't give a hoot about his mother.* Seine Mutter ist mir völlig schnuppe.

hoot·er /ˈhuːtə(r)/ *Nomen* **1** (*veraltet*) Hupe, Sirene **2** (*BrE, Slang*) (*Nase*) Zinken **3** [*meist Pl*] (*AmE, Slang*) Titte

Hoo·ver™ /ˈhuːvə(r)/ *Nomen* (*BrE*) Staubsauger

hoo·ver /ˈhuːvə(r)/ *Verb* (*BrE*) (staub)saugen [SYN] VACUUM

hoo·ver·ing /ˈhuːvərɪŋ/ *Nomen* (Staub)saugen

hooves *Form von* HOOF

hop¹ /hɒp; *AmE* hɑːp/ *Verb* (**-pp-**) **1** hüpfen **2** (*umgs*) springen ◊ *Hop in, I'll drive you home.* Steig schnell ein, ich fahre dich nach Hause. ◊ *We hopped over to Paris for the weekend.* Am Wochenende fuhren wir auf einen Sprung nach Paris. ◊ *I like to hop from channel to channel when I watch TV.* Wenn ich Fernsehen gucke, zappe ich gern. **3** (*AmE*) ~ **a plane, bus, train, etc.** ins Flugzeug, in den Bus, in den Zug etc. einsteigen [IDM] **ˈhop it** (*BrE, umgs, veraltet*) Leine ziehen ˌ**hopping ˈmad** (*umgs*) fuchsteufelswild **hop ˈto it** (*AmE*) nun mach schon

hop² /hɒp; *AmE* hɑːp/ *Nomen* **1** Hüpfer ◊ *He crossed the hall with a hop, skip and a jump.* Er hüpfte durch den Flur. **2** kurze Reise, Kurzflug **3** Hopfen **4** (*umgs, veraltet*) Schwof [IDM] ⇨ CATCH¹

hope¹ /həʊp; *AmE* hoʊp/ *Verb* ~ (**for sth**) (auf etw) hoffen ◊ *Let's hope we can find a parking space.* Hoffentlich können wir einen Parkplatz finden. [IDM] ˌ**hope against ˈhope (that ...)** wider alle Hoffnung hoffen (, dass ...) ˌ**hope for the ˈbest** das Beste hoffen **I should hope ˈnot** das will ich nicht hoffen **I should hope ˈso; so I should ˈhope** das will ich auch hoffen

hope² /həʊp; *AmE* hoʊp/ *Nomen* Hoffnung ◊ *There is now hope of a cure.* Es besteht jetzt Hoffnung auf Heilung. ◊ *They have high hopes for their children.* Sie setzen große Hoffnungen auf ihre Kinder. ◊ *Don't raise your hopes too high.* Schrauben Sie Ihre Erwartungen nicht zu hoch. ◊ *Don't get your hopes up.* Erhoffen Sie sich nicht zu viel. [IDM] **be beyond ˈhope** ein hoffnungsloser Fall sein **hold out little ˈhope (of sth/that ...)** wenig Hoffnung haben (, dass ...) **not hold out any/much ˈhope (of sth/that ...)** keine/ nicht viel Hoffnung haben (, dass ...) **in the hope of sth** in der Hoffnung auf etw **in the hope that ...** in der Hoffnung, dass ... **not have a ˈhope (in ˈhell) (of doing sth)** (*umgs*) nicht die geringste Chance haben (etw zu tun) ˌ**Some ˈhope!** (*BrE, umgs*) Keine Chance! ☛ *Siehe auch* DASH² *und* PIN²

ˈhoped-for *Adj* (*gehoben*) erhofft

hope·ful¹ /ˈhəʊpfl; *AmE* ˈhoʊp-/ *Adj* **1** zuversichtlich, optimistisch ◊ *She isn't very hopeful about it.* Sie macht sich keine großen Hoffnungen darauf. **2** hoffnungsvoll, erwartungsvoll **3** aussichtsreich, viel versprechend ◊ *be a hopeful sign* Anlass zur Hoffnung geben

hope·ful² /ˈhəʊpfl; *AmE* ˈhoʊp-/ *Nomen* Anwärter(in), Bewerber(in)

hope·ful·ly /ˈhəʊpfəli; *AmE* ˈhoʊp-/ *Adv* **1** hoffentlich ◊ *Hopefully, we'll arrive before dark.* Hoffentlich kommen wir an, bevor es dunkel ist. ☛ Die Verwendung von **hopefully** als Satzadverb ist relativ neu und ist, obwohl inzwischen sehr gebräuchlich, nach Auffassung mancher Leute nicht korrekt. **2** erwartungsvoll, voller Hoffnung

hope·ful·ness /ˈhəʊpfʊlnəs; *AmE* ˈhoʊp-/ *Nomen* Zuversicht, Optimismus

hope·less /ˈhəʊpləs; *AmE* ˈhoʊp-/ *Adj* **1** hoffnungslos, aussichtslos ◊ *His life was a hopeless mess.* Sein Leben war hoffnungslos verpfuscht. **2** (*bes BrE*) miserabel ◊ *I'm hopeless at Latin.* In Latein bin ich ein hoffnungsloser Fall. **3** verzweifelt

hope·less·ly /ˈhəʊpləsli; *AmE* ˈhoʊp-/ *Adv* **1** hoffnungslos, rettungslos ◊ *She was hopelessly confused.* Sie war vollkommen verwirrt. **2** verzweifelt

hope·less·ness /ˈhəʊpləsnəs; *AmE* ˈhoʊp-/ *Nomen* Hoffnungslosigkeit, Aussichtslosigkeit

hop·per /ˈhɒpə(r); *AmE* ˈhɑːp-/ *Nomen* Einfülltrichter

hop·scotch /ˈhɒpskɒtʃ; *AmE* ˈhɑːpskɑːtʃ/ *Nomen* Hüpfekästchen, Himmel und Hölle

horde /hɔːd; *AmE* hɔːrd/ *Nomen* Horde, Schwarm ◊ *Fans turned up in hordes.* Die Fans kamen in Scharen.

hori·zon /həˈraɪzn/ *Nomen* **1 the horizon** der Horizont **2** [*meist Pl*] Gesichtskreis ◊ *broaden your horizons* seinen Horizont erweitern

hori·zon·tal /ˌhɒrɪˈzɒntl; *AmE* ˌhɔːrəˈzɑːntl, ˌhɑːr-/ *Adj* (*Adv* **hori·zon·tal·ly** /-tli/) horizontal, waagerecht [OPP] VERTICAL **2** *Nomen* Horizontale, Waagerechte

hor·mo·nal /hɔːˈməʊnl; *AmE* hɔːrˈmoʊnl/ *Adj* Hormon-, hormonell

hor·mone /ˈhɔːməʊn; *AmE* ˈhɔːrmoʊn/ *Nomen* Hormon

ˌ**hormone reˈplacement therapy** = HRT

horn /hɔːn; *AmE* hɔːrn/ *Nomen* **1** (*Tier-*) Horn **2** (*Mus*) Horn ◊ *a hunting horn* ein Jagdhorn **3** Hupe [IDM] **blow/toot your own ˈhorn** (*AmE, umgs*) sein eigenes Lob singen **draw/pull your ˈhorns in** zurückstecken; sich einschränken **on the horns of a diˈlemma** in einer Zwickmühle ☛ *Siehe auch* BULL *und* LOCK¹

horn·beam /ˈhɔːnbiːm; *AmE* ˈhɔːrn-/ *Nomen* Hainbuche

hor·net /ˈhɔːnɪt; *AmE* ˈhɔːrnɪt/ *Nomen* Hornisse [IDM] **a ˈhornet's nest** ◊ *stir up a hornet's nest* in ein Wespennest greifen

ˌ**horn of ˈplenty** *Nomen* Füllhorn

horn·pipe /ˈhɔːnpaɪp; *AmE* ˈhɔːrn-/ *Nomen* (*Seemannstanz*) Hornpipe

ˈhorn-rimmed *Adj* (*Brille*) Horn-

horny /ˈhɔːni; *AmE* ˈhɔːrni/ *Adj* **1** (*umgs*) aufgegeilt **2** (*umgs*) ◊ *He's dead horny.* Er ist ein total geiler Typ. **3** hornig, verhornt **4** schwielig ◊ *horny skin* Hornhaut

horo·scope /ˈhɒrəskəʊp; *AmE* ˈhɔːrəskoʊp, ˈhɑːr-/ *Nomen* Horoskop

hor·ren·dous /hɒˈrendəs; *AmE* hɔːˈr-, hɑːˈr-/ *Adj* (*Adv* **hor·ren·dous·ly**) **1** grauenhaft, entsetzlich **2** horrend, schrecklich ◊ *horrendously expensive* wahnsinnig teuer

hor·rible /ˈhɒrəbl; *AmE* ˈhɔːr-, ˈhɑːr-/ *Adj* **1** (*umgs*) scheußlich, ätzend ◊ *I've got a horrible feeling that ...* Ich fürchte, dass ... **2** grauenhaft **3** (*umgs*) gemein, ekelhaft

hor·ribly /ˈhɒrəbli; *AmE* ˈhɔːr-, ˈhɑːr-/ *Adv* entsetzlich, fürchterlich ◊ *She was horribly aware that ...* Ihr war peinlich bewusst, dass ...

hor·rid /ˈhɒrɪd; *AmE* ˈhɔːr-, ˈhɑːr-/ *Adj* (*bes BrE, veraltet oder umgs*) widerlich, fies [SYN] HORRIBLE

hor·rif·ic /hɒˈrɪfɪk; *AmE* hɔːˈr-/ *Adj* (*Adv* **hor·rif·ic·al·ly** /-kli/) grauenhaft, furchtbar [SYN] HORRIFYING **2** (*umgs*) scheußlich, ätzend [SYN] HORRENDOUS

hor·ri·fied /ˈhɒrɪfaɪd; *AmE* ˈhɔːr-, ˈhɑːr-/ *Adj* entsetzt ◊ *She gazed at him in horrified disbelief.* Sie starrte ihn mit ungläubigem Entsetzen an.

---

u *actual* | aɪ *my* | aʊ *now* | eɪ *say* | əʊ (*BrE*) *go* | oʊ (*AmE*) *go* | ɔɪ *boy* | ɪə *near* | eə *hair* | ʊə *pure*

hor·ri·fy /ˈhɒrɪfaɪ; *AmE* ˈhɔːr-, ˈhɑːr-/ *Verb* (**hor·ri·fies, hor·ri·fy·ing, hor·ri·fied, hor·ri·fied**) ~ sb jdn mit Entsetzen erfüllen [SYN] APPAL

hor·ri·fy·ing /ˈhɒrɪfaɪɪŋ; *AmE* ˈhɔːr-, ˈhɑːr-/ *Adj* (*Adv* **hor·ri·fy·ing·ly**) entsetzlich, furchtbar

hor·ror /ˈhɒrə(r); *AmE* ˈhɔːr-, ˈhɑːr-/ *Nomen* **1** Entsetzen, Grauen, Angst ◊ *watch in horror* entsetzt zusehen ◊ *She has a horror of rats.* Ihr graut vor Ratten. ◊ *I have a horror of speaking in public.* Ich hasse es, Reden halten zu müssen. **2** the ~ of sth ◊ *the full horror of the accident* das erschreckende Ausmaß des Unglücks ◊ *In his dreams he relives the horror of the attack.* Im Traum durchlebt er den schrecklichen Überfall immer wieder. **3** [meist Pl] Schrecken, Gräuel, Leiden **4** Horror ◊ *a horror film* ein Horrorfilm **5** (*umgs*) Monster, Ungeheuer ◊ *She's a real horror.* Es ist wirklich schlimm mit ihr. [IDM] **horror of ˈhorrors** (*BrE, hum*) ach du Schreck; wie furchtbar ➔ *Siehe auch* SHOCK¹

ˈ**horror story** *Nomen* (*Pl* **-ies**) Schauergeschichte, Horrorgeschichte

ˈ**horror-struck** (*auch* ˈ**horror-stricken**) *Adj* von Entsetzen gepackt

hors d'oeuvre /ˌɔː ˈdɜːv; *AmE* ˌɔːr ˈdɜːrv/ *Nomen* (*Pl* **hors d'oeuvres** /ˌɔː ˈdɜːv; *AmE* ˌɔːr ˈdɜːrv/) Vorspeise

horse¹ /hɔːs; *AmE* hɔːrs/ *Nomen* **1** Pferd **2** (*Turngerät*) (Sprung)pferd [IDM] **(straight) from the horse's ˈmouth** aus erster Hand **hold your ˈhorses** (*umgs*) immer sachte mit den jungen Pferden **(it's) ˌhorses for ˈcourses** (*BrE*) man muss den richtigen Menschen an der richtigen Stelle einsetzen **a one, two, three, etc. horse ˈrace** ein Wettbewerb, bei dem ein Teilnehmer außer Konkurrenz bzw. nur gegen einen, zwei etc. weitere Teilnehmer antritt ◊ *It's a two horse race between the Conservatives and the Social Democrats.* Die Wahl ist ein Zweikampf zwischen den Konservativen und den Sozialdemokraten. ➔ *Siehe auch* BACK⁴, BARN, CART¹, CHANGE¹, COACH¹, DARK¹, EAT, FLOG, GIFT¹, HIGH¹, STABLE² *und* WILD¹

horse² /hɔːs; *AmE* hɔːrs/ *Verb* [PHRV] ˌ**horse aˈbout/aˈround** (*umgs*) herumtoben, herumtollen

horse·back¹ /ˈhɔːsbæk; *AmE* ˈhɔːrs-/ *Nomen* [IDM] **on ˈhorseback** zu Pferd ◊ *a soldier on horseback* ein berittener Soldat

horse·back² /ˈhɔːsbæk; *AmE* ˈhɔːrs-/ *Adj nur vor Nomen, Adv* (*bes AmE*) ◊ *a horseback rider* ein Reiter/eine Reiterin ◊ *ride horseback* reiten

ˈ**horseback riding** *Nomen* (*AmE*) Reiten

horse·box /ˈhɔːsbɒks; *AmE* ˈhɔːrsbɑːks/ *Nomen* (*BrE*) Pferdetransporter, Pferdeanhänger

ˈ**horse ˈchestnut** *Nomen* Rosskastanie

ˈ**horse-drawn** *Adj nur vor Nomen* von Pferden gezogen ◊ *horse-drawn trams* Pferdebahnen

horse·fly /ˈhɔːsflaɪ; *AmE* ˈhɔːrs-/ *Nomen* (*Pl* **-ies**) Pferdebremse

horse·hair /ˈhɔːsheə(r); *AmE* ˈhɔːrsher/ *Nomen* Rosshaar

horse·man /ˈhɔːsmən; *AmE* ˈhɔːrs-/ *Nomen* (*Pl* **-men** /-mən/) **1** (guter) Reiter **2** (*AmE*) Pferdekenner **3** (*AmE*) Pferdezüchter

horse·man·ship /ˈhɔːsmənʃɪp; *AmE* ˈhɔːrs-/ *Nomen* Reitkunst

horse·play /ˈhɔːspleɪ; *AmE* ˈhɔːrs-/ *Nomen* Balgerei, Rauferei

horse·power /ˈhɔːspaʊə(r); *AmE* ˈhɔːrs-/ *Nomen* (*Pl* **horse·power**) (*Abk* **h.p.**) PS, Pferdestärke

ˈ**horse race** *Nomen* Pferderennen

ˈ**horse racing** *Nomen* [U] Pferderennsport, Pferderennen

horse·rad·ish /ˈhɔːsrædɪʃ; *AmE* ˈhɔːrs-/ *Nomen* **1** Meerrettich, Kren **2** (*BrE auch* ˌ**horseradish ˈsauce**) ≈ Meerrettichsahne, Krenobers ➔ **Horseradish sauce** wird in Großbritannien oft zu Rinderbraten gegessen.

ˈ**horse riding** *Nomen* (*BrE*) Reiten ◊ *go horse riding* reiten gehen

horse·shoe /ˈhɔːsʃuː, ˈhɔːʃʃuː; *AmE* ˈhɔːrsʃ-, ˈhɔːrʃ-/ (*auch* **shoe**) *Nomen* Hufeisen

ˈ**horse trailer** *Nomen* (*AmE*) Pferdetransporter, Pferdeanhänger

horse·woman /ˈhɔːswʊmən; *AmE* ˈhɔːrs-/ *Nomen* (*Pl* **-women** /-wɪmɪn/) **1** (gute) Reiterin **2** (*AmE*) Pferdekennerin **3** (*AmE*) Pferdezüchterin

hor·sey (*auch* **horsy**) /ˈhɔːsi; *AmE* ˈhɔːrsi/ *Adj* **1** pferdenärrisch **2** pferdeähnlich

horti·cul·tural /ˌhɔːtɪˈkʌltʃərəl; *AmE* ˌhɔːrt-/ *Adj* Garten-, Gartenbau-

horti·cul·tur·al·ist /ˌhɔːtɪˈkʌltʃərəlɪst; *AmE* ˌhɔːrt-/ (*auch* **horti·cul·tur·ist** /ˌhɔːtɪˈkʌltʃərɪst; *AmE* ˌhɔːrt-/) *Nomen* Gartenbauingenieur(in), Gartenfreund(in)

horti·cul·ture /ˈhɔːtɪkʌltʃə(r); *AmE* ˈhɔːrt-/ *Nomen* Gartenbau

hose¹ /həʊz; *AmE* hoʊz/ *Nomen* **1** (*auch* **hose·pipe** /ˈhəʊzpaɪp; *AmE* ˈhoʊz-/) (*BrE*) Schlauch **2** [Pl] Strumpfwaren **3** [Pl] (Knie)hose

hose² /həʊz; *AmE* hoʊz/ *Verb* spritzen ◊ *Firemen hosed the burning car.* Die Feuerwehrleute hielten den Schlauch auf das brennende Auto. [PHRV] ˌ**hose sth ˈdown** etw abspritzen ˌ**hose sth ˈout** etw ausspritzen

ho·siery /ˈhəʊziəri; *AmE* ˈhoʊʒəri/ *Nomen* [U] Strumpfwaren

hos·pice /ˈhɒspɪs; *AmE* ˈhɑːs-/ *Nomen* Hospiz, Sterbeklinik

hos·pit·able /hɒˈspɪtəbl, ˈhɒspɪtəbl; *AmE* hɑːˈs-, ˈhɑːs-/ *Adj* **1** (*Adv* **hos·pit·ably** /-əbli/) gastfreundlich **2** gastlich, angenehm ◊ *the least hospitable place on earth* der unwirtlichste Ort auf Erden [OPP] INHOSPITABLE

hos·pital /ˈhɒspɪtl; *AmE* ˈhɑːs-/ *Nomen* Krankenhaus, Klinik ➔ *Hinweis bei* KRANKENHAUS

hos·pi·tal·ity /ˌhɒspɪˈtæləti; *AmE* ˌhɑːs-/ *Nomen* **1** Gastfreundschaft, Gastlichkeit **2** Bewirtung, Empfang ◊ *the hospitality suite* die Empfangsräume ◊ *the hospitality industry* das Hotel- und Gaststättengewerbe

hos·pi·tal·iza·tion (*BrE auch* **-isation**) /ˌhɒspɪtəlaɪˈzeɪʃn; *AmE* ˌhɑːspɪtələz-/ *Nomen* Einweisung ins Krankenhaus, Krankenhausaufenthalt

hos·pi·tal·ize (*BrE auch* **-ise**) /ˈhɒspɪtəlaɪz; *AmE* ˈhɑːs-/ *Verb* ins Krankenhaus einweisen ◊ *be hospitalized for five weeks* fünf Wochen im Krankenhaus liegen

host¹ /həʊst; *AmE* hoʊst/ *Nomen* **1** Gastgeber(in), Gastland ◊ *play host to sb* jdn zu Gast haben **2** Moderator(in) **3** (BIOL) Wirt **4** Menge, Schar ◊ *a host of musicians* ein Heer von Musikern ◊ *a host of possibilities* eine Fülle von Möglichkeiten **5** the **Host** die Hostie **6** (COMP) Zentralrechner

host² /həʊst; *AmE* hoʊst/ *Verb* **1** veranstalten, ausrichten ◊ *Birmingham is hosting the conference.* Die Tagung findet in Birmingham statt. **2** moderieren **3** (*Party etc.*) geben

hos·tage /ˈhɒstɪdʒ; *AmE* ˈhɑːs-/ *Nomen* Geisel

hos·tel /ˈhɒstl; *AmE* ˈhɑːstl/ *Nomen* **1** Wohnheim ➔ *Siehe auch* YOUTH HOSTEL **2** (*BrE*) Obdachlosenheim

hos·tel·ry /ˈhɒstəlri; *AmE* ˈhɑːs-/ (*Pl* **-ies**) *Nomen* (*bes BrE, veraltet oder hum*) Herberge, Wirtschaft

host·ess /ˈhəʊstəs, -es; *AmE* ˈhoʊstəs/ *Nomen* **1** Gastgeberin **2** Hostess **3** Moderatorin **4** (*AmE*) = Frau, die in einem Restaurant die Gäste in Empfang nimmt

hos·tile /ˈhɒstaɪl; *AmE* ˈhɑːstl, -taɪl/ *Adj* **1** feindlich, feindselig ◊ *He was hostile to the idea of change.* Er stand dem Gedanken an Veränderung ablehnend gegenüber. **2** widrig ◊ *a hostile climate* ein unwirtliches Klima

hos·til·ity /hɒˈstɪləti; *AmE* hɑːˈs-/ *Nomen* **1** [U] ~ (**to/towards sb/sth**) Feindlichkeit (gegenüber jdm/etw), Feindschaft (gegenüber jdm/etw) **2** [U] ~ (**to/towards sth**) Widerstand (zu/gegen etw) **3** **hostilities** [Pl] (*gehoben*) (*im Krieg*) Feindseligkeiten

hot¹ /hɒt; *AmE* hɑːt/ *Adj* (**-tt-**) **1** heiß, warm ◊ *I feel hot.* Mir ist heiß. ◊ *a long hot journey* eine lange, unangenehm warme Reise ◊ *Cook in a very hot oven.* Im Ofen bei sehr hoher Temperatur garen. ◊ *Her cheeks were hot with embarrassment.* Es war ihr so peinlich, dass ihre Wangen glühten. **2** (*Essen*) scharf (gewürzt) [OPP] MILD **3** (brand)heiß ◊ *a hot issue* ein heißes Thema ◊ *Competition is getting hotter day by day.* Die Konkurrenz wird von Tag zu Tag stärker. ◊ *The nude scenes were regarded as too hot for TV.* Die Nacktszenen wurden für das Fernsehen als zu anzüglich angesehen. **4** brenzlig ◊ *The report was considered too hot to publish.* Der Bericht war zu brisant für die Veröffentlichung angesehen. ◊ *They're making life hot for her.* Sie machen ihr das Leben schwer. **5** (*umgs*) cool, heiß ◊ *one of the hottest clubs in town* einer der coolsten Klubs in der Stadt ◊ *this year's hot new bands* die heißesten neuen Bands in diesem Jahr ◊ *The couple are Hollywood's hottest property.* Das Paar ist Hollywoods heißeste Zugnummer. ◊ *hot news* das Neueste ◊ *hot off the press* frisch aus der Presse **6 be ~ at/on sth** nicht vor Nomen (*umgs*) in etw etwas auf dem Kasten haben **7** aufbrausend ◊ *She has a hot temper.* Sie ist aufbrausend. **8** (*umgs*) (*sexuell*) scharf ◊ *I've got a hot date tonight.* Ich habe heute Abend eine heiße Verabredung. **9** (*Gestohlenes*) heiß **10** nicht vor Nomen **~ on sth** hinter etw her ◊ *They're very hot on punctuality at work.* Auf der Arbeit sind sie sind wirklich hinter Pünktlichkeit her. **11** nicht vor Nomen (*bei Kinderspielen*) ◊ *You're getting hot!* Es wird heiß! [IDM] **be in/get into hot 'water** (*umgs*) in Schwierigkeiten sein/kommen **sb goes hot and 'cold** es wird jdm abwechselnd heiß und kalt **go/sell like hot 'cakes** wie warme Semmeln weggehen **(all) hot and 'bothered** (*umgs*) (*ganz*) aufgelöst **hot on sb's/sth's 'heels** jdm/etw dicht auf den Fersen ◊ *Further successes came hot on the heels of his first best-selling novel.* Nach seinem ersten Bestsellerroman folgten Schlag auf Schlag weitere Erfolge. **hot on sb's/sth's 'tracks/'trail** (*umgs*) jdm/etw auf der Spur **hot under the 'collar** (*umgs*) **1** verlegen **2** wütend **in hot pur'suit (of sb)** (jdm) heiß auf der Spur ◊ *She sped away with journalists in hot pursuit.* Sie fuhr schnell davon und die Journalisten folgten ihr auf den Fersen. **not so/too 'hot 1** nicht so/besonders gut **2** nicht besonders ☛ *Siehe auch* BLOW¹, CAT, HEEL¹ *und* STRIKE¹

hot² /hɒt; *AmE* hɑːt/ *Verb* (**-tt-**) [PHRV] **hot 'up** (*BrE*, *umgs*) sich verschärfen ◊ *Things are really hotting up in the election campaign.* Der Wahlkampf kommt so richtig auf Touren.

ˌhot 'air *Nomen* (*umgs*) leeres Gerede

ˌhot-'air balloon *Nomen* Heißluftballon

hot·bed /ˈhɒtbed; *AmE* ˈhɑːt-/ *Nomen* [meist Sing] Nährboden

ˌhot-'blooded *Adj* heißblütig

ˌhot 'chocolate (*BrE auch* **choc·olate**) *Nomen* heiße Schokolade

hotch·potch /ˈhɒtʃpɒtʃ; *AmE* ˈhɑːtʃpɑːtʃ/ *Nomen* (*bes BrE*, *umgs*) Mischmasch

ˌhot cross 'bun *Nomen* = mit einem Kreuz aus Teig verziertes Rosinenbrötchen, das traditionell zu Ostern gegessen wird

'hot dog (*BrE auch* **ˌhot 'dog**) *Nomen* **1** Hotdog **2** (*AmE*) (*Skifahrer*, *Surfer*) Teufelskerl

'hot-dog *Verb* (**-gg-**) (*AmE*, *umgs*) Extremski fahren

hotel /həʊˈtel; *AmE* hoʊ-/ *Nomen* Hotel

ho·tel·ier /həʊˈteliə(r), -lieɪ; *AmE* hoʊˈteljər, ˌoʊtelˈjeɪ/ *Nomen* Hotelier

ˌhot 'flush (*AmE* **ˌhot 'flash**) *Nomen* Hitzewallung

hot·head /ˈhɒthed; *AmE* ˈhɑːt-/ *Nomen* Hitzkopf

ˌhot·head·ed /ˌhɒtˈhedɪd; *AmE* ˌhɑːt-/ *Adj* hitzköpfig

hot·house /ˈhɒthaʊs; *AmE* ˈhɑːt-/ *Nomen* (*Pl* **-houses** /-haʊzɪz/) Treibhaus (*auch fig*)

'hot key *Nomen* (COMP) Shortcut

hot·line /ˈhɒtlaɪn; *AmE* ˈhɑːt-/ *Nomen* **1** Hotline **2** heißer Draht

hotly /ˈhɒtli; *AmE* ˈhɑːtli/ *Adv* heftig, heiß ◊ *'Nonsense!' he said hotly.* „Unsinn!" sagte er scharf. ◊ *She ran away, hotly pursued by the store detective.* Sie lief weg, der Hausdetektiv dicht auf ihren Fersen.

hot·plate /ˈhɒtpleɪt; *AmE* ˈhɑːt-/ *Nomen* Kochplatte, Warmhalteplatte

hot·pot /ˈhɒtpɒt; *AmE* ˈhɑːtpɑːt/ *Nomen* (*BrE*) Fleischeintopf

ˌhot po'tato *Nomen* (*Pl* **-oes**) [meist Sing] (*fig*) (*umgs*) heißes Eisen

the 'hot seat *Nomen* [Sing] (*fig*) (*umgs*) der Schleudersitz

hot·shot /ˈhɒtʃɒt; *AmE* ˈhɑːtʃɑːt/ *Nomen* (*umgs*) Ass

'hot spot *Nomen* (*umgs*) **1** (politischer) Krisenherd **2** Anziehungspunkt, Treffpunkt **3** (*AmE*) Brandherd, Brandstelle **4** (COMP) Hotspot

ˌhot 'spring *Nomen* heiße Quelle

ˌhot 'stuff *Nomen* [U] (*bes BrE*, *umgs*) **1** (*Mensch*) heiße Nummer **2** (*Film*, *Buch etc.*) heißes Teil **3 ~ (at sth)** ein Ass (in etw) **4** Zündstoff ◊ *These proposals are proving to be hot stuff.* Diese Vorschläge werden zum Zündstoff.

ˌhot-'tempered *Adj* (*bes BrE*) jähzornig

ˌhot-'water bottle *Nomen* Wärmflasche

'hot-wire *Verb* (*umgs*) (*Auto etc.*) kurzschließen

hou·mus *Nomen* = HUMMUS

hound¹ /haʊnd/ *Nomen* Jagdhund

hound² /haʊnd/ *Verb* verfolgen [SYN] HARASS [PHRV] **ˌhound sb 'out** jdn verjagen **ˌhound sb 'out of sth**; **ˌhound sb from sth** (*meist passiv*) jdn aus etw verjagen

hour /ˈaʊə(r)/ *Nomen* **1** (*Abk* **hr**) Stunde ◊ *a three-hour exam* ein dreistündiges Examen ◊ *We're paid by the hour.* Wir werden stundenweise bezahlt. ◊ *at this hour of the night* zu dieser späten Stunde **2** [meist Sing] -zeit ◊ *the lunch hour* die Mittagspause **3 hours** [Pl] -zeiten ◊ *opening hours* die Öffnungszeiten ◊ *licensing hours* die Ausschankzeiten ◊ *This is the only place to get a drink after hours.* Dies ist der einzigste Ort, wo man nach der Sperrstunde etwas zu trinken bekommt. ◊ *out of hours* nach Geschäftsschluss ◊ *work long hours* lange arbeiten **4 hours** [Pl] Stunden, eine Ewigkeit ◊ *I've been waiting for hours.* Ich habe stundenlang gewartet. **5 the hour** [Sing] die volle Stunde ◊ *There's a bus every hour on the hour.* Es fährt ein Bus zu jeder vollen Stunde. **6 hours** [Pl] (*in Uhrzeiten*) Uhr ◊ *The first missile was launched at 2300 hours.* Das erste Geschoss wurde um 23 Uhr abgeschossen. ☛ Dies wird nur in militärischem oder hoch offiziellem Zusammenhang verwendet und wie folgt ausgesprochen: *twenty-three hundred hours*. [IDM] **'all hours** rund um die Uhr ◊ *He stays out till all hours.* Er bleibt bis spät in die Nacht weg. ◊ *She thinks she can call me at all hours of the day and night.* Sie meint, sie kann mich zu jeder Tages- und Nachtzeit anrufen. **keep ... 'hours** (*geregelte*) Arbeitszeit einhalten ◊ *He kept late hours.* Er blieb immer lange auf. **the 'small/'early hours** (*SchotE* **the wee small 'hours**) (*AmE* **the wee 'hours**) die frühen Morgenstunden ☛ *Siehe auch* ELEVENTH, EVIL¹, KILL¹, UNEARTHLY *und* UNGODLY

hour·glass /ˈaʊəglɑːs; *AmE* ˈaʊərglæs/ *Nomen* Sanduhr (*zum Messen einer Stunde*)

'hour hand *Nomen* Stundenzeiger

hour·ly¹ /ˈaʊəli; *AmE* ˈaʊərli/ *Adj* nur vor Nomen **1** stündlich ◊ *at hourly intervals* im Stundentakt **2** Stunden- ◊ *an hourly rate* ein Stundenlohn

hour·ly² /ˈaʊəli; *AmE* ˈaʊərli/ *Adv* stündlich ◊ *four hourly* alle vier Stunden

house¹ /haʊs/ *Nomen* (*Pl* **houses** /ˈhaʊzɪz/) **1** Haus ◊ *an opera house* ein Opernhaus ◊ *a full/packed house* ein volles Haus ◊ *a banking house* eine Bank ◊ *a religious house* ein Kloster ◊ *a hen house* ein Hühnerstall ☛ *Siehe auch* FREE HOUSE, HALFWAY HOUSE *und* PUBLIC HOUSE **2** (*oft* **House**) (POL) Kammer ◊ *both houses of parliament* beide Kammern des Parlaments **3 the House** [Sing] = das britische Ober- oder Unterhaus / das Abgeordnetenhaus der USA **4 the house** [Sing] (*bei einer Debatte*) die Versammlung ◊ *I urge the house to vote against the motion.* Ich bitte Sie inständig, gegen diesen Antrag zu stimmen. ☛ *Hinweis bei* SECONDER **5** = Gruppe von Schülern in verschiedenen Alters, die gegen ähnliche Gruppen in Wettbewerben etc. antreten. Im Internat leben sie in einem Wohnheim zusammen. **6** = HOUSE MUSIC [IDM] **bring the 'house down** stürmischen Beifall auslösen **get on like a 'house on fire** (*AmE* **get along like a 'house on fire**) (*umgs*) ausgezeichnet miteinander auskommen **in 'house** im Büro; im Haus ☛ *Siehe auch* IN-HOUSE **keep 'house** den Haushalt führen **on the 'house** auf Kosten des Hauses **put/set your (own) 'house in order** vor der eigenen Türe kehren **set up 'house** einen Hausstand gründen ☛ *Siehe auch* EAT, PEOPLE¹ *und* SAFE¹

house² /haʊz/ *Verb* unterbringen, beherbergen ◊ *The gallery houses 2000 works of modern art.* In der Galerie befinden sich 2000 moderne Kunstwerke.

'house arrest *Nomen* Hausarrest

house·boat /ˈhaʊsbəʊt; *AmE* -boʊt/ *Nomen* Hausboot

house·bound /ˈhaʊsbaʊnd/ **1** *Adj* ans Haus gefesselt **2 the houseboundˌ** *Nomen* [Pl] Menschen, die ans Haus gefesselt sind

house·break·er /ˈhaʊsbreɪkə(r)/ *Nomen* (*bes BrE*) Einbrecher(in)

house·break·ing /ˈhaʊsbreɪkɪŋ/ *Nomen* (*bes BrE*) Einbruch [SYN] BURGLARY

'**house-broken** *Adj* (*AmE*) stubenrein

house·coat /ˈhaʊskəʊt; *AmE* -koʊt/ *Nomen* Morgenrock

house·ful /ˈhaʊsfʊl/ *Nomen* [Sing] ◊ *He grew up in a houseful of women.* Zu Hause wuchs er nur unter Frauen auf. ◊ *They had a houseful so we didn't stay.* Sie hatten das Haus voller Gäste, deshalb sind wir nicht geblieben.

house·hold[1] /ˈhaʊshəʊld; *AmE* -hoʊld/ *Nomen* Haushalt ◊ *the head of the household* der Haushaltsvorstand ◊ *the royal household* der königliche Hofstaat

house·hold[2] /ˈhaʊshəʊld; *AmE* -hoʊld/ *Adj* Haushalts-; *household bills such as water and electricity* Nebenkosten, wie zum Beispiel Wasser und Strom

house·hold·er /ˈhaʊshəʊldə(r); *AmE* -hoʊld-/ *Nomen* (*gehoben*) Besitzer(in)/Bewohner(in) (*eines Hauses/einer Wohnung*)

ˌ**household** ˈ**name** (*seltener* ˌ**household** ˈ**word**) *Nomen* geläufiger Begriff ◊ *She became a household name.* Sie wurde allen ein Begriff.

'**house husband** *Nomen* Hausmann

house·keep·er /ˈhaʊskiːpə(r)/ *Nomen* Haushälterin

house·keep·ing /ˈhaʊskiːpɪŋ/ *Nomen* 1 Haushaltsführung; (*Wirtschaften*) Haushalten 2 (*im Hotel*) Zimmerpersonal 3 (*bes BrE* ˈ**housekeeping money**) Haushaltsgeld 4 (COMP) = Dateienverwaltung

house·maid /ˈhaʊsmeɪd/ *Nomen* (*veraltet*) Dienstmädchen

house·man /ˈhaʊsmən/ *Nomen* (*Pl* -**men** /-mən/) 1 (*BrE, veraltet*) = Arzt/Ärztin mit abgeschlossenem Studium, der/die in einem Krankenhaus arbeitet, um Berufspraxis zu bekommen 2 (*AmE*) Hausdiener

'**house martin** *Nomen* Mehlschwalbe

house·mas·ter /ˈhaʊsmɑːstə(r); *AmE* -mæs-/ *Nomen* (*bes BrE*) = Lehrer, der für die Schüler einer Wohngemeinschaft in einem Internat zuständig ist

house·mate /ˈhaʊsmeɪt/ *Nomen* (*bes BrE*) Mitbewohner(in)

'**house music** (*auch* **house**) *Nomen* (*Musik*) House

ˌ**house of** ˈ**cards** *Nomen* [Sing] (*auch fig*) Kartenhaus

the ˌ**House of** ˈ**Commons** (*auch* **the Com·mons**) *Nomen* = das Unterhaus (in Großbritannien und Kanada) ☞ G 1.3a

'**house officer** *Nomen* (*BrE*) = Arzt/Ärztin mit abgeschlossenem Studium, der/die in einem Krankenhaus arbeitet, um Berufspraxis zu bekommen

ˌ**house of** ˈ**God** *Nomen* (*Pl* **houses of God**) [meist Sing] (*gehoben*) Gotteshaus

the ˌ**House of** ˈ**Lords** (*auch* **the Lords**) *Nomen* = das Oberhaus (in Großbritannien) ☞ G 1.3a

the ˌ**House of Repre**ˈ**sentatives** *Nomen* [Sing] = das Repräsentantenhaus (in den USA, Australien und Neuseeland)

'**house plant** *Nomen* Zimmerpflanze

'**house-proud** *Adj* auf Reinlichkeit und Ordnung im Haus bedacht

'**house-sit** *Verb* (**-sitting**, **-sat**, **-sat**) = während jds Abwesenheit in dessen Haus einziehen um darauf aufzupassen

the ˌ**Houses of** ˈ**Parliament** *Nomen* [Pl] (*in London*) das Parlament(sgebäude)

ˌ**house-to-**ˈ**house** *Adj* nur vor Nomen von Haus zu Haus ◊ *a house-to-house collection* eine Haussammlung ◊ *The police are making house-to-house inquiries.* Die Polizei geht von Haus zu Haus und befragt die Bewohner.

'**house-trained** *Adj* (*BrE*) stubenrein

'**house-warming** *Nomen* Wohnungseinweihung

house·wife /ˈhaʊswaɪf/ *Nomen* (*Pl* -**wives** /-waɪvz/) Hausfrau

house·wife·ly /ˈhaʊswaɪfli/ *Adj* hausfraulich

house·work /ˈhaʊswɜːk; *AmE* -wɜːrk/ *Nomen* Hausarbeit

hous·ing /ˈhaʊzɪŋ/ *Nomen* 1 [U] Wohnungen ◊ *the housing shortage* die Wohnungsnot ◊ *the housing department* das Wohnungsamt ◊ *poor housing conditions* schlechte Wohnbedingungen 2 (TECH) Gehäuse

'**housing association** *Nomen* = gemeinnützige Wohnungsbaugenossenschaft

'**housing benefit** *Nomen* Wohngeld

'**housing development** (*BrE auch* '**housing estate**) *Nomen* Wohnsiedlung

'**housing project** (*auch* **pro·ject**) *Nomen* (*AmE*) = mit öffentlichen Mitteln finanzierte Wohnsiedlung

hove *Form von* HEAVE[1]

hovel /ˈhɒvl; *AmE* ˈhʌvl/ *Nomen* (*abwert*) Bruchbude

hover /ˈhɒvə(r); *AmE* ˈhʌvər/ *Verb* 1 schweben ◊ *The hawk hovered for a moment.* Der Falke stand einen Augenblick lang in der Luft. 2 (*Person*) herumstehen ◊ *He hovered over her, waiting for an answer.* Er drückte sich in der Nähe herum und wartete auf eine Antwort.

hov·er·craft /ˈhɒvəkrɑːft; *AmE* ˈhʌvərkræft/ *Nomen* Hovercraft, Luftkissenfahrzeug

how /haʊ/ *Adv* wie ◊ *It's funny how people always remember him.* Es ist komisch, dass sich alle immer an ihn erinnern können. ◊ *How ever did you get here so quickly?* Wie bist du bloß so schnell hierher gekommen? [IDM] **how** ˈ**can/**ˈ**could you!** (*umgs*) wie kannst/konntest du nur! ˌ**how** ˈ**come?** (*umgs*) wieso? ˌ**how do you** ˈ**do** (*veralternd*) (*bei einer förmlichen Vorstellung*) Angenehm! ˌ**how's** ˈ**that?** (*umgs*) 1 wieso? 2 ◊ *I'll get you another pillow. How's that?* Ich bringe dir noch ein Kopfkissen. Ist es so recht? 3 ◊ *Two o'clock on the dot! How's that for punctuality!* Genau zwei Uhr! Wenn das nicht pünktlich ist! **how/what about?** ➪ ABOUT[2]

howdy /ˈhaʊdi/ *Ausruf* (*AmE, umgs, oft hum*) hallo

how·ever /haʊˈevə(r)/ *Adv* 1 egal wie, wie … auch ◊ *However you look at it, it's going to cost a lot.* Egal, wie man es betrachtet, es wird eine Menge Geld kosten. ◊ *However carefully I explained, she still didn't understand.* Ich konnte es noch so genau erklären, sie verstand es trotzdem nicht. ◊ *He wanted to take no risks, however small.* Er wollte nicht das geringste Risiko eingehen. ☞ Wenn **ever** verwendet wird, um das Wort **how** zu verstärken, werden **how** und **ever** getrennt geschrieben: *How ever did you get here so quickly?* Wie bist du bloß so schnell hierher gekommen? 2 jedoch

> 📝 **WRITING TIP**
> **Ways of saying 'but'**
>
> • *A proposal to lower the speed limit was discussed, but no agreement was reached.* Ein Vorschlag zur Senkung des Tempolimits wurde diskutiert, aber es wurde keine Einigung erzielt.
> • *Politicians have promised to improve road safety. So far, however, little has been achieved.* Die Politiker haben versprochen, den Straßenverkehr sicherer zu machen. Bisher ist allerdings kaum etwas erreicht worden.
> • *Lowering the speed limit would save lives, yet the government refuses to change the law.* Eine Senkung des Tempolimits würde Menschenleben retten, und doch will die Regierung die Gesetze nicht ändern.
> • *Despite clear evidence from road safety studies, no new measures have been introduced.* Trotz klarer Beweise von Verkehrssicherheitsstudien sind keine neuen Maßnahmen eingeführt worden.
> • *The government does not want to be seen as heavy-handed. On the other hand, voluntary curbs do not work.* Die Regierung möchte nicht repressiv wirken. Andererseits funktionieren freiwillige Beschränkungen nicht.
> • *The solution is far from simple. Nevertheless, raising awareness of the problem is a first step.* Die Lösung ist wirklich nicht einfach. Dennoch ist der erste Schritt, auf das Problem aufmerksam zu machen.
> • *This is a small, but nevertheless important step.* Dies ist ein kleiner, aber trotzdem bedeutender Schritt.

how·itz·er /ˈhaʊɪtsə(r)/ *Nomen* (MIL) Haubitze

howl[1] /haʊl/ *Verb* 1 heulen 2 brüllen, schreien ◊ *We howled with laughter.* Wir brüllten vor Lachen. 3 (*Wind*) pfeifen, heulen PHRV ˌhowl sb ˈdown jdn niederschreien SYN SHOUT DOWN

howl² /haʊl/ Nomen **1** Heulen **2** Schrei ◊ *let out a howl of anguish* einen Schmerzensschrei ausstoßen ◊ *howls of laughter* brüllendes Gelächter **3** (*Wind*) Pfeifen, Heulen

howl·er /ˈhaʊlə(r)/ Nomen (*bes BrE, umgs*) (grober) Schnitzer

howl·ing /ˈhaʊlɪŋ/ Adj nur vor Nomen **1** (*Sturm etc.*) tosend **2** (*umgs*) Riesen-, riesig ◊ *a howling success* ein Riesenerfolg

h.p. (*auch* **HP**) /ˌeɪtʃ ˈpiː/ Abk **1** = HORSEPOWER **2** (*BrE*) = HIRE PURCHASE

HQ /ˌeɪtʃ ˈkjuː/ Abk = HEADQUARTERS

HR /ˌeɪtʃ ˈɑː(r)/ Abk = HUMAN RESOURCES

hr (*bes AmE* **hr.**) Abk (*Pl* **hrs** *oder* **hr**) = HOUR

HRH /ˌeɪtʃ ɑːr ˈeɪtʃ/ Abk = HER/HIS ROYAL HIGHNESS

HRT /ˌeɪtʃ ɑː ˈtiː/; AmE ɑːr/ Kurzform von **hormone replacement therapy** [U] Hormonbehandlung

hub /hʌb/ Nomen **1** [meist Sing] Zentrum, Mittelpunkt ◊ *a hub airport* ein Umsteigeflughafen **2** (Rad)nabe

hub·bub /ˈhʌbʌb/ Nomen [Sing] **1** Stimmengewirr **2** Tumult ◊ *the hubbub of city life* der Großstadttrummel

hub·by /ˈhʌbi/ Nomen (*Pl* **-ies**) (*umgs*) (Ehe)mann

hub·cap /ˈhʌbkæp/ Nomen Radkappe

hu·bris /ˈhjuːbrɪs/ Nomen (*gehoben*) Hybris, Vermessenheit

huck·ster /ˈhʌkstə(r)/ Nomen (*AmE, veraltet*) **1** (*abwert*) (skrupelloser) Geschäftemacher **2** fliegende(r) Händler(in), Hausierer(in)

hud·dle¹ /ˈhʌdl/ Verb **1** ~ **up/together** sich eng aneinander drängen ◊ *People huddled up close to each other.* Die Leute drängten sich aneinander. **2** kauern ◊ *I huddled under a blanket.* Ich kauerte unter eine Decke.

hud·dle² /ˈhʌdl/ Nomen **1** (dicht gedrängte) Gruppe ◊ *People stood around in huddles.* Die Leute standen in Gruppen eng beieinander. ◊ *a huddle of barns and sheds* eine Ansammlung von Scheunen und Schuppen **2** (*AmE*) (*im Football*) Mannschaftsbesprechung IDM **get/go into a ˈhuddle** die Köpfe zusammenstecken

hud·dled /ˈhʌdld/ Adj zusammengedrängt ◊ *People were huddled together around the fire.* Die Leute saßen zusammengedrängt ums Feuer. ◊ *We found him huddled on the floor.* Wir fanden ihn auf dem Boden zusammengekauert.

hue /hjuː/ Nomen **1** (*gehoben oder Fachspr*) Farbe, Farbton ◊ *His face took on a whitish hue.* Er wurde weiß im Gesicht. **2** (*gehoben*) Meinungsrichtung ◊ *supporters of every political hue* Vertreter aller politischen Couleurs IDM ˌhue **and ˈcry** Zeter und Mordio

huff¹ /hʌf/ Verb schnauben IDM ˌhuff **and ˈpuff** (*umgs*) **1** schnaufen und keuchen **2** sich anstellen ◊ *After much huffing and puffing she finally agreed.* Nachdem sie einen Riesenaufstand gemacht hatte, willigte sie schließlich doch ein.

huff² /hʌf/ Nomen IDM **in a ˈhuff** (*umgs*) beleidigt

huffy /ˈhʌfi/ Adj (Adv **huff·ily** /-ɪli/) (*umgs*) beleidigt, gereizt

hug¹ /hʌɡ/ Verb (**-gg-**) **1** umarmen, (an sich) drücken **2** umklammern **3** ~ **sth** sich an etw schmiegen ◊ *The track hugs the coast.* Der Weg verläuft ganz nah an der Küste. ◊ *We crept along, hugging the fence.* Wir krochen dicht am Zaun entlang. **4** eng anliegen ◊ *figure-hugging jeans* eng anliegende Jeans

hug² /hʌɡ/ Nomen Umarmung ◊ *She gave her mother a big hug.* Sie drückte ihre Mutter fest an sich.

huge /hjuːdʒ/ Adj riesig, Riesen-

huge·ly /ˈhjuːdʒli/ Adv (*gehoben*) **1** ungeheuer, sehr ◊ *hugely expensive* ungemein teuer **2** sehr viel ◊ *They are investing hugely in new technology.* Sie investieren große Summen in neue Technologien. ◊ *He turned around, grinning hugely.* Er drehte sich um und grinste übers ganze Gesicht.

huh /hʌ/ Ausruf **1** (*nachgestellt in Fragen*) ja? ◊ *Let's get out of here, huh?* Verschwinden wir, ja? ◊ *So you won't be coming tonight, huh?* Du kommst also heute Abend nicht, oder was? **2** pah! ◊ *'Try to understand.' 'Huh! What is there to understand?'* „Versteh mich doch." „Pah, was gibt's da

schon zu verstehen?" ◊ *Huh! Is that all you've done?* Was! Mehr hast du nicht gemacht? **3** (*wie bitte?*) was? ◊ *'How are you feeling?' 'Huh?'* „Wie geht es dir?" „Hm?"

hulk /hʌlk/ Nomen **1** (*alter*) (Schiffs)rumpf, Wrack **2** (*fig*) Koloss

hull¹ /hʌl/ Nomen (Schiffs)rumpf

hull² /hʌl/ enthülsen, entstielen

hul·la·ba·loo /ˌhʌləbəˈluː/ Nomen [Sing] Radau, Tumult

hullo (*bes BrE*) = HELLO

hum¹ /hʌm/ Verb (**-mm-**) **1** summen **2** brummen, surren **3** (*fig*) voller Leben sein, schwirren ◊ *The house was humming with preparations.* Im Haus wurden emsig Vorbereitungen getroffen. IDM ˌhum **and ˈhaw** (*BrE, umgs*) hin und her überlegen, herumdrucksen

hum² /hʌm/ Nomen [Sing] Summen, Brummen, Dröhnen ◊ *He could hear a hum of voices from the next room.* Er hörte Stimmengemurmel im Raum nebenan.

human¹ /ˈhjuːmən/ Adj nur vor Nomen menschlich, Menschen- ◊ *a politician who has the human touch* ein Politiker, der menschliche Wärme ausstrahlt ◊ *She's only human. Sie ist auch nur ein Mensch.* ◊ *It's only human to want that.* Es ist doch normal, das zu wollen. ◊ *human geography* Anthropogeographie IDM ⇒ MILK¹

human² /ˈhjuːmən/ (*auch* ˌhuman ˈbeing) Nomen Mensch

hu·mane /hjuːˈmeɪn/ Adj (Adv **hu·mane·ly**) **1** human, menschenwürdig OPP INHUMANE **2** tiergerecht ◊ *The dog was humanely destroyed.* Der Hund wurde eingeschläfert.

hu·man·ism /ˈhjuːmənɪzəm/ Nomen Humanismus

hu·man·ist /ˈhjuːmənɪst/ Nomen Humanist(in)

hu·man·is·tic /ˌhjuːməˈnɪstɪk/ Adj humanistisch

hu·mani·tar·ian¹ /hjuːˌmænɪˈteəriən/; AmE -ˈter-/ Adj humanitär

hu·mani·tar·ian² /hjuːˌmænɪˈteəriən/; AmE -ˈter-/ Nomen humanitär eingestellter Mensch, Menschenfreund

hu·mani·tar·ian·ism /hjuːˌmænɪˈteəriənɪzəm/; AmE -ˈter-/ Nomen humanitäre Gesinnung

hu·man·ity /hjuːˈmænəti/ Nomen **1** Menschheit **2** Menschlichkeit ◊ *united by a sense of common humanity* vereinigt im Bewusstsein des gemeinsamen menschlichen Schicksals OPP INHUMANITY **3** (**the**) **humanities** [Pl] die Geisteswissenschaften

hu·man·ize (*BrE auch* **-ise**) /ˈhjuːmənaɪz/ Verb humaner gestalten, humanisieren

hu·man·kind /ˌhjuːmənˈkaɪnd/ Nomen Menschheit ☞ Hinweis bei MAN¹ S. 378

hu·man·ly /ˈhjuːmənli/ Adv menschlich ◊ *all that was humanly possible* alles Menschenmögliche ◊ *He couldn't humanly refuse to help her.* Es wäre unmenschlich gewesen, ihr die Hilfe zu verweigern.

ˌhuman ˈnature Nomen die menschliche Natur ◊ *It has restored my faith in human nature.* Es hat meinen Glauben an das Gute im Menschen wiederhergestellt.

hu·man·oid /ˈhjuːmənɔɪd/ **1** Nomen menschenähnliches Wesen, menschenähnlicher Roboter **2** Adj menschenähnlich

the ˌhuman ˈrace Nomen [Sing] das Menschengeschlecht

ˌhuman reˈsources Nomen (*Abk* **HR**) **1** [Pl] menschliche Ressourcen, Personal **2** [U] Personalabteilung SYN PERSONNEL ☞ G 1.3c

ˌhuman ˈright Nomen [meist Pl] Menschenrecht

hum·ble¹ /ˈhʌmbl/ Adj (**hum·bler** /ˈhʌmblə(r)/, **humblest** /ˈhʌmblɪst/) (Adv **hum·bly** /ˈhʌmbli/) **1** bescheiden ◊ *My humble apologies.* Ich bitte untertänigst um Entschuldigung. ◊ *'Sorry,' she said humbly.* „Entschuldigung", sagte sie kleinlaut. **2** einfach, klein IDM ⇒ EAT

hum·ble² /ˈhʌmbl/ Verb **1** demütigen, erniedrigen ◊ *He was humbled by her courage.* Ihre Tapferkeit beschämte ihn. **2** (*meist passiv*) vernichtend schlagen

hum·bug /ˈhʌmbʌɡ/ Nomen **1** Schwindel, Heuchelei, Betrug **2** (*veraltet*) Heuchler(in) **3** (*BrE*) Pfefferminzbonbon

hum·drum /ˈhʌmdrʌm/ Adj eintönig, stumpfsinnig, langweilig

hu·merus /ˈhjuːmərəs/ Nomen (*Pl* **hu·meri** /ˈhjuːməraɪ/) (ANAT) Oberarmknochen

humid /ˈhjuːmɪd/ *Adj* feucht
hu·mid·i·fier /hjuːˈmɪdɪfaɪə(r)/ *Nomen* Luftbefeuchter
hu·mid·ity /hjuːˈmɪdəti/ *Nomen* (hohe) Luftfeuchtigkeit
hu·mili·ate /hjuːˈmɪlieɪt/ *Verb* demütigen, erniedrigen ◊ *The party was humiliated in the elections.* Die Partei hat in den Wahlen eine demütigende Niederlage erlitten.
hu·mili·at·ing /hjuːˈmɪlieɪtɪŋ/ *Adj* demütigend, blamabel ◊ *It was the most humiliating moment of her life.* Sie hatte sich noch nie im Leben so geschämt.
hu·mili·ation /hjuːˌmɪliˈeɪʃn/ *Nomen* Demütigung, Blamage
hu·mil·ity /hjuːˈmɪləti/ *Nomen* Bescheidenheit, Unterwürfigkeit
hum·ming·bird /ˈhʌmɪŋbɜːd; *AmE* -bɜːrd/ *Nomen* Kolibri
hum·mock /ˈhʌmək/ *Nomen* (*BrE*) kleiner Hügel
hum·mus (*auch* **hou·mus**) /ˈhoməs, ˈhuːməs/ *Nomen* = griechischer Dip aus Kichererbsen, Olivenöl und Knoblauch
hu·mon·gous /hjuːˈmʌŋgəs/ *Adj* (*bes AmE, umgs*) riesig
hu·mor·ist /ˈhjuːmərɪst/ *Nomen* Humorist(in)
hu·mor·ous /ˈhjuːmərəs/ *Adj* (*Adv* **hu·mor·ous·ly**) humorvoll, witzig ◊ *humorous grey eyes* lustige graue Augen
hu·mour[1] (*AmE* **hu·mor**) /ˈhjuːmə(r)/ *Nomen* **1** Humor, Komik ◊ *have a good sense of humour* Humor haben ◊ *She has her very own brand of humour.* Sie hat einen ganz eigenen Humor. ◊ *She ignored his feeble attempt at humour.* Sie ignorierte seinen kläglichen Versuch, witzig zu sein. **2** (*gehoben*) Stimmung, Laune ◊ *be out of humour* schlechter Laune sein ◊ *The meeting dissolved in ill humour.* Die Versammlung endete mit einem Missklang. **3** (*veraltet*) Körpersaft
hu·mour[2] (*AmE* **hu·mor**) /ˈhjuːmə(r)/ *Verb* ~ **sb** jdm seinen Willen lassen
hu·mour·less (*AmE* **hu·mor·less**) /ˈhjuːmələs; *AmE* -ərləs/ *Adj* humorlos ◊ *a humourless smile* ein müdes Lächeln
hump[1] /hʌmp/ *Nomen* **1** Buckel ◊ *the dark hump of the mountain* die dunkle Erhebung des Berges ◊ (*BrE*) *a road/speed/traffic hump* eine Bodenwelle zur Verkehrsberuhigung **2** Höcker ⟦IDM⟧ **get/take the ˈhump** (*BrE, umgs*) (stink)sauer werden ◊ **be over the ˈhump** (*umgs*) über den Berg sein
hump[2] /hʌmp/ *Verb* **1** (*BrE*) schleppen, buckeln **2** (*Slang*) (*Sex haben*) bumsen
hump·back /ˈhʌmpbæk/ *Nomen* **1** (*auch* ˌ**humpback ˈwhale**) Buckelwal **2** (*beleidigend*) Bucklige(r)
ˌ**humpback ˈbridge** *Nomen* (*BrE*) = kleine Brücke, die auf beiden Seiten steil ansteigt
humped /hʌmpt/ *Adj* bucklig ◊ *humped shoulders* gebeugte Schultern
humph /həmf/ *Ausruf* (*drückt Zweifel oder Missbilligung aus*) hm
humus /ˈhjuːməs/ *Nomen* Humus
hunch[1] /hʌntʃ/ *Verb* krümmen ◊ *She sat hunched over the desk.* Sie saß über den Schreibtisch gebeugt. ◊ *He hunched his shoulders.* Er zog die Schultern hoch.
hunch[2] /hʌntʃ/ *Nomen* Ahnung, Verdacht ◊ *follow/back your hunches* seinem inneren Gefühl folgen
hunch·back /ˈhʌntʃbæk/ *Nomen* (*beleidigend*) Bucklige(r)
hunched /hʌntʃt/ *Adj* (zusammen)gekrümmt, gebeugt ◊ *She sat with her shoulders hunched up.* Sie saß mit hochgezogenen Schultern da.
hun·dred /ˈhʌndrəd/ *Zahl* [mit Verb im Pl] **1** hundert ◊ *She must be over a hundred.* Sie muss über hundert sein. ◊ *This vase is worth several hundred dollars.* Diese Vase ist mehrere hundert Dollar wert. ◊ *a hundred-year lease* ein Pachtvertrag auf hundert Jahre ◊ *hundreds of thousands of people* hunderttausende von Menschen ◊ (*gehoben*) *Men died in their hundreds.* Männer starben zu hunderten. ☛ In **two, several, etc. hundred** schreibt man **hundred** ohne „s" am Ende. Wenn man die Zahl nicht genau bestimmen kann, verwendet man **hundreds** (**of …**). Das Verb steht sowohl bei **hundred** als auch bei **hundreds** immer im Plural: *One hundred (of the replies) were negative.* ☛ *Siehe auch* S. 759 **2 a hundred, hundreds (of …)** (*umgs*) hunderte (von …) ◊ *If I've said it once, I've said it a hundred times.* Das hab ich schon hundertmal gesagt. ◊ *I have a hundred and one things to do.* Ich habe tausend Sachen zu erledigen. **3 the hundreds** [Pl] die Hunderter ◊ *We're talking about a figure in the low hundreds.* Wir haben es mit einer Zahl unter fünfhundert zu tun. **4 the … hundreds** [Pl] (*umgs*) ☛ in der gesprochener Sprache verwendet; geschrieben wird es *the 1800s, 1900s* etc. ≈ das … Jahrhundert ◊ *the early nineteen hundreds* das frühe 20. Jahrhundert **5 … ~ hours** (*in offiziellen Zeitangaben*) ◊ *twelve hundred hours* zwölf Uhr ☛ *Hinweis bei* HOUR (6) ⟦IDM⟧ ⇨ NINETY
hun·dredth /ˈhʌndrədθ, -ətθ/ **1** *Adj, Pron* hundertste(r,s) ◊ *her hundredth birthday* ihr hundertster Geburtstag **2** *Nomen* Hundertstel ◊ *a/one hundredth of a second* eine Hundertstelsekunde
hun·dred·weight /ˈhʌndrədweɪt/ *Nomen* (*Pl* **hun·dred·weight**) (*Abk* **cwt**) Zentner ☛ *Siehe auch* S. 760
hung[1] *Form von* HANG[1]
hung[2] /hʌŋ/ *Adj nur vor Nomen* **1** (*BrE*) ◊ *a hung parliament* ein Parlament, in dem keine Partei eine absolute Mehrheit hat **2** ◊ *The trial ended with a hung jury.* Am Ende des Verfahrens konnten sich die Geschworenen nicht einigen.
hun·ger[1] /ˈhʌŋgə(r)/ *Nomen* **1** Hunger ◊ *die of hunger* verhungern ◊ *hunger pangs* quälender Hunger

> **Hunger** ist das Bedürfnis, Nahrung aufzunehmen: *She felt weak from hunger and heat.* **Starvation** ist der Mangelzustand, an dem der Körper leidet, wenn jemand lange Zeit nicht ausreichend zu essen bekommt: *People are facing death by starvation in some parts of the world.* **Famine** bedeutet Hungersnot: *There will be a terrible famine if the crops fail.*

2 [Sing] (*gehoben*) Verlangen ◊ *his hunger for knowledge* sein Wissensdurst
hun·ger[2] /ˈhʌŋgə(r)/ *Verb* ⟦PHRV⟧ **sb ˈhungers for/after sth/sb** (*gehoben*) jdn verlangt nach etw/jdm
ˈ**hunger strike** *Nomen* Hungerstreik ◊ *go on hunger strike* in den Hungerstreik treten
ˈ**hunger striker** *Nomen* Hungerstreikende(r)
ˌ**hung-ˈover** *Adj* verkatert
hun·gry /ˈhʌŋgri/ *Adj* (**hun·grier**, **hun·gri·est**) (*Adv* **hun·grily** /-grəli/) **1** hungrig ◊ *be hungry* Hunger haben ◊ *Is anyone getting hungry?* Habt Ihr schon Hunger? ◊ *All this gardening is hungry work.* Die Gartenarbeit macht einen hungrig. **2** hungernd ◊ *go hungry* hungern ◊ *feed the hungry* den Hungernden zu essen geben **3** ~ (**for sth**) (be)gierig (nach etw) ◊ *The child is hungry for affection.* Das Kind sehnt sich nach Liebe. ◊ *He kissed her hungrily.* Er küsste sie voller Verlangen.
ˌ**hung ˈup** *Adj nicht vor Nomen* (*umgs, abwert*) ◊ *He's too hung up about fitness.* Er hat einen Fitnesskomplex. ◊ *You're not still hung up on that woman?* Kommst du etwa immer noch nicht los von dieser Frau?
hunk /hʌŋk/ *Nomen* **1** großes Stück, dicker Brocken **2** (*umgs*) Bär von einem Mann ◊ *a bronzed hunk* ein sonnengebräunter Muskelprotz
hun·ker /ˈhʌŋkə(r)/ *Verb* ⟦PHRV⟧ ˌ**hunker ˈdown 1** (*bes AmE*) in die Hocke gehen ◊ *He hunkered down beside her.* Er hockte sich neben sie. ⟦SYN⟧ SQUAT **2** ausharren
hun·kers /ˈhʌŋkəz; *AmE* -kərz/ *Nomen* Hocke ⟦IDM⟧ **on your ˈhunkers** in der Hocke
hunky /ˈhʌŋki/ *Adj* (**hunk·ier**, **hunk·iest**) stattlich, sexy ◊ *Who is that hunky guy?* Wer ist der klasse Typ?
hunt[1] /hʌnt/ *Verb* **1** jagen **2** ~ (**for sth**) (nach etw) suchen ⟦SYN⟧ SEARCH **3** ~ (**for**) **sb** auf jdn Jagd machen, nach jdm fahnden **4** (*BrE*) = zu Pferde einen Fuchs mit einer Meute Hunde jagen ⟦PHRV⟧ ˌ**hunt sb ˈdown** auf jdn Jagd machen ◊ ˌ**hunt sth ˈdown/ˈout** etw ausfindig machen ◊ *I hunted out my old photos.* Ich habe meine alte Fotos hervorgekramt.
hunt[2] /hʌnt/ *Nomen* **1** [meist Sing] ~ (**for sb/sth**) Suche (nach jdm/etw), Fahndung (nach jdm/etw) ◊ *The hunt is on for a successor.* Die Suche nach einem Nachfolger hat begonnen. ◊ *a police hunt* eine polizeiliche Suchaktion **2** (*meist in Zusammensetzungen*) Jagd ◊ *a seal hunt* eine Robbenjagd **3** (*BrE*) Fuchsjagd **4** (*BrE*) Jagdgesellschaft ☛ G 1.3b
hunt·er /ˈhʌntə(r)/ *Nomen* **1** Jäger(in) ◊ *a bargain hunter*

ein Schnäppchenjäger **2** (*BrE*) Jagdpferd **3** (*AmE*) Jagdhund

hunt·ing /ˈhʌntɪŋ/ *Nomen* [U] **1** Jagd, Jagen ◊ *go hunting* auf die Jagd gehen **2** (*BrE*) = FOX-HUNTING **3** ◊ *How's the job hunting going?* Wie läuft die Stellensuche? ◊ *house hunting* Wohnungssuche

ˈhunting ground *Nomen* Jagdrevier ◊ *a happy hunting ground for pickpockets* ein Eldorado für Taschendiebe

hunt·ress /ˈhʌntrəs/ *Nomen* (*gehoben*) Jägerin

hunts·man /ˈhʌntsmən/ *Nomen* (*Pl* **-men** /-mən/) Jäger; (*bei der Fuchsjagd*) Jagdreiter

hur·dle¹ /ˈhɜːdl; *AmE* ˈhɜːrdl/ *Nomen* **1** Hürde (*auch fig*) ◊ *clear a hurdle* eine Hürde nehmen ◊ *fall at the final hurdle* an der letzten Hürde scheitern **2 hurdles** [Pl] Hürdenlauf; (*für Pferde*) Hürdenrennen

hur·dle² /ˈhɜːdl; *AmE* ˈhɜːrdl/ *Verb* **1** ~ (**over**) **sth** über etw springen **2** im Hürdenlauf laufen

hurd·ler /ˈhɜːdlə(r); *AmE* ˈhɜːrd-/ *Nomen* **1** Hürdenläufer(in) **2** = für Hürdenrennen trainiertes Pferd

hurd·ling /ˈhɜːdlɪŋ; *AmE* ˈhɜːrd-/ *Nomen* [U] Hürdenlauf

hurdy-gurdy /ˈhɜːdi ɡɜːdi; *AmE* ˈhɜːrdi ɡɜːrdi/ *Nomen* (*Pl* **-ies**) **1** Leierkasten **2** Drehleier

hurl /hɜːl; *AmE* hɜːrl/ *Verb* schleudern ◊ *hurl accusations at sb* jdn mit Vorwürfen überhäufen ◊ *They hurled abuse at each other.* Sie beschimpften sich gegenseitig.

hurl·ing /ˈhɜːlɪŋ; *AmE* ˈhɜːrlɪŋ/ *Nomen* [U] = dem Hockey ähnlicher Sport (in Irland)

hurly-burly /ˈhɜːli bɜːli; *AmE* ˈhɜːrli bɜːrli/ *Nomen* [U] Rummel, Trubel ◊ *the hurly-burly of political debate* der politische Rummel

hur·rah /həˈrɑː/ (*BrE selten* **hur·ray** /həˈreɪ/) *Ausruf* hurra ◊ *Hurrah for the President.* Es lebe der Präsident!

hur·ri·cane /ˈhʌrɪkən; *AmE* ˈhɜːrəkən, -keɪn/ *Nomen* **1** Hurrikan **2** Orkan

hur·ried /ˈhʌrid; *AmE* ˈhɜːr-/ *Adj* (*Adv* **hur·ried·ly**) eilig ◊ *I ate a hurried breakfast.* Ich frühstückte in aller Eile. OPP UNHURRIED

hurry¹ /ˈhʌri; *AmE* ˈhɜːri/ *Verb* (**hur·ries, hurry·ing, hur·ried, hur·ried**) **1** sich beeilen **2** eilen ◊ *She hurried after him.* Sie eilte ihm nach. **3** drängen ◊ *She was hurried into a decision.* Sie wurde zu einer Entscheidung gedrängt. SYN RUSH **4** beschleunigen ◊ *Her application was hurried through.* Ihr Antrag wurde vorrangig erledigt. ◊ *The Act was hurried through Parliament.* Das Gesetz wurde im Parlament durchgepeitscht. SYN RUSH **5** überstürzen; (*Getränk*) hinunterstürzen ◊ *A good meal should never be hurried.* Zu einem guten Essen sollte man sich Zeit lassen. SYN RUSH PHRV ˌhurry ˈon **1** (schnell) fortfahren **2** weitereilen ˌhurry ˈup (**with sth**) sich (mit etw) beeilen ◊ *I wish the bus would hurry up and come.* Ich wünschte, der Bus würde endlich kommen. ˌhurry sb ˈup jdn (zur Eile) antreiben ˌhurry sth ˈup etw vorantreiben

hurry² /ˈhʌri; *AmE* ˈhɜːri/ *Nomen* Eile ◊ *There's no hurry.* Es hat keine Eile. ◊ *What's the hurry?* Warum so eilig? IDM **in a ˈhurry 1** eilig ◊ *His defection will not be forgiven in a hurry.* Dass er übergelaufen ist, wird man ihm nicht so schnell verzeihen. **2** in Eile **be in a ˈhurry to do sth** es eilig haben etw zu tun ◊ *My daughter is in such a hurry to grow up.* Meine Tochter kann es gar nicht erwarten, erwachsen zu sein. **be in no ˈhurry (to do sth); be not in a/any ˈhurry (to do sth)** keine Eile haben (etw zu tun) **sb will not do sth again in a ˈhurry** (*umgs*) jd macht etw nicht so schnell wieder ◊ *I won't go there again in a hurry.* Da gehe ich nicht so schnell wieder hin.

hurt¹ /hɜːt; *AmE* hɜːrt/ *Verb* (**hurt, hurt**) **1** schmerzen ◊ *My feet hurt.* Meine Füße tun weh. **2** ~ **yourself/sb/sth** sich/jdn/etw verletzen ◊ *He hurt his back.* Er hat sich den Rücken verletzt. ◊ *My back is really hurting me today.* Mein Rücken tut heute gemein weh. ◊ *Strong light hurts my eyes.* Grelles Licht geht auf meine Augen. ◊ *My shoes hurt.* Meine Schuhe drücken. ☛ *Hinweis bei* VERLETZEN **3** kränken, verletzen ◊ *What really hurt was that he never answered my letter.* Was mich tief getroffen hat, ist, dass er meinen Brief nie beantwortet hat. ◊ *hurt sb's feelings* jdn verletzen ◊ *It hurt me to think that he would lie to me.* Der Gedanke, dass er mich belügen könnte, hat wehgetan. **4 be hurting** (*umgs*) unglücklich sein ◊ *I know you're hurting and I want to help you.* Ich weiß, dass es dir schmerzlich

für dich ist, und ich möchte dir helfen. **5** ~ **sb/sth** jdm/etw schaden **6 be hurting** (*AmE*) schlecht dran sein ◊ *The parish is hurting for money.* Die Gemeinde braucht dringend Geld. IDM **it wonˈt/wouldnˈt ˈhurt (sb/sth) (to do sth)** es wird/würde (jdm/etw) nichts schaden (etw zu tun) ☛ *Siehe auch* FLY³ *und* HIT¹

hurt² /hɜːt; *AmE* hɜːrt/ *Adj* **1** verletzt OPP UNHURT **2** gekränkt, verletzt ◊ *Her hurt pride showed in her eyes.* Man sah ihr den gekränkten Stolz an.

hurt³ /hɜːt; *AmE* hɜːrt/ *Nomen* [U/Sing] Schmerz, Kränkung

hurt·ful /ˈhɜːtfl; *AmE* ˈhɜːrtfl/ *Adj* (*Adv* **hurt·ful·ly** /-fəli/) verletzend ◊ *The bad reviews were very hurtful to her.* Die schlechten Kritiken haben ihr sehr wehgetan.

hur·tle /ˈhɜːtl; *AmE* ˈhɜːrtl/ *Verb* **1** ~ **along, away, down, past,** etc. ◊ *A car came hurtling towards us.* Ein Auto kam auf uns zugerast. **2** ~ **sb/sth away, down,** etc. ◊ *The slightest motion could hurtle him down.* Die kleinste Bewegung konnte ihn in die Tiefe schleudern. ◊ *A train hurtled her away.* Ein Zug trug sie davon.

hus·band¹ /ˈhʌzbənd/ *Nomen* (Ehe)mann IDM ˌhusband and ˈwife Mann und Frau ◊ *They're husband and wife.* Sie sind verheiratet. ◊ *a husband-and-wife team* ein Ehepaar-Team

hus·band² /ˈhʌzbənd/ *Verb* (*gehoben*) sparsam umgehen mit

hus·band·ry /ˈhʌzbəndri/ *Nomen* **1** ◊ *animal husbandry* Viehzucht ◊ *crop husbandry* Ackerbau **2** (*veraltet*) sparsames Wirtschaften

hush¹ /hʌʃ/ *Verb* **1** (*in Anweisungen*) still sein **2** ~ **sb** jdm bedeuten zu schweigen **3** ~ **sb** jdn beschwichtigen PHRV ˌhush sth ˈup etw vertuschen

hush² /hʌʃ/ *Nomen* Stille ◊ *There was a deathly hush in the theatre.* Im Theater herrschte Totenstille. ◊ *A hush fell over the crowd.* Die Menge wurde still. ◊ (*BrE, umgs*) *Can we have a bit of hush?* Einen Moment Ruhe bitte.

hushed /hʌʃt/ *Adj* **1** still ◊ *A hushed courtroom listened as she gave evidence.* Im Gerichtssaal herrschte Stille, als sie aussagte. **2** gedämpft, leise ◊ *in a hushed whisper* im Flüsterton

ˌhush-ˈhush *Adj* (*umgs*) geheim

ˈhush puppy *Nomen* (*AmE*) = kleines gebratenes Maisbrot

husk¹ /hʌsk/ *Nomen* Spelze, Schale, Hülse ◊ (*fig*) *There was only the husk left of his former self.* Er war nur noch ein Schatten seiner selbst.

husk² /hʌsk/ *Verb* enthülsen, schälen

huski·ness /ˈhʌskinəs/ *Nomen* Heiserkeit ◊ *the huskiness of her voice* ihre rauchige Stimme

husky¹ /ˈhʌski/ *Adj* (**husk·ier, husk·iest**) (*Adv* **husk·ily** /-ɪli/) (*Stimme*) rauchig, heiser, rau

husky² (*AmE auch* **huskie**) /ˈhʌski/ *Nomen* (*Pl* **-ies**) Husky, sibirischer Schlittenhund

hust·ings /ˈhʌstɪŋz/ *Nomen* **the hustings** [Pl] (*bes BrE*) Wahlveranstaltungen, Wahlkampf

hus·tle¹ /ˈhʌsl/ *Verb* **1** drängen, schieben ◊ *I was hustled into a waiting car.* Ich wurde in ein wartendes Auto befördert. **2** ~ **sb** (**into sth**) jdn (zu etw) drängen **3** (*bes AmE, umgs*) dealen **4** (*AmE, umgs*) forsch rangehen **5** (*AmE, Slang*) anschaffen gehen

hus·tle² /ˈhʌsl/ *Nomen* Gedränge, Gewühl ◊ *the hustle and bustle of the city* das geschäftige Treiben in der Stadt

hust·ler /ˈhʌslə(r)/ *Nomen* **1** (*bes AmE, umgs*) Gauner **2** (*AmE, Slang*) Nutte

hut /hʌt/ *Nomen* Hütte, Baracke ◊ *a beach hut* ein Strandhäuschen

hutch /hʌtʃ/ *Nomen* (*für Kaninchen etc.*) Stall

hya·cinth /ˈhaɪəsɪnθ/ *Nomen* Hyazinthe

hy·aena = HYENA

hy·brid¹ /ˈhaɪbrɪd/ *Nomen* **1** (*Pflanze, Tier*) Kreuzung, Hybride **2** Mischung

hy·brid² /ˈhaɪbrɪd/ *Adj* hybrid, Misch- ◊ *hybrid flowers* aus Kreuzung hervorgegangene Blumen

hy·brid·iza·tion (*BrE auch* **-isa·tion**) /ˌhaɪbrɪdaɪˈzeɪʃn; *AmE* -dəˈzeɪ-/ *Nomen* (*Fachspr*) Kreuzung, Hybridisierung

hy·brid·ize (*BrE auch* **-ise**) /ˈhaɪbrɪdaɪz/ *Verb* (*Fachspr*) **1**

(*Pflanzen und Tiere*) = sich mit artfremden Pflanzen oder Tieren befruchten oder paaren **2** kreuzen, hybridisieren
hy·dran·gea /haɪˈdreɪndʒə/ *Nomen* Hortensie
hy·drant /ˈhaɪdrənt/ *Nomen* = FIRE HYDRANT
hy·draul·ic /haɪˈdrɔːlɪk; *BrE auch* -ˈdrɒl-/ *Adj* (*Adv* **hy·draul·ic·al·ly** /-kli/) hydraulisch, Hydraulik- ◊ *hydraulically operated doors* hydraulisch betätigte Türen ◊ *hydraulic engineering* Wasserbau
hy·draul·ics /haɪˈdrɔːlɪks; *BrE auch* -ˈdrɒl-/ *Nomen* **1** [Pl] (*technische Anlage*) Hydraulik **2** [U] (*Fach*) Hydraulik ☛ *Hinweis bei* ECONOMICS
hydro·car·bon /ˌhaɪdrəˈkɑːbən; *AmE* -ˈkɑːrb-/ *Nomen* Kohlenwasserstoff
hydro·chlor·ic acid /ˌhaɪdrəˌklɒrɪk ˈæsɪd; *AmE* -ˌklɔːr-/ *Nomen* Salzsäure
hydro·elec·tric /ˌhaɪdrəʊˈlektrɪk; *AmE* ˌhaɪdroʊ-/ *Adj* hydroelektrisch ◊ *a hydroelectric plant* ein Wasserkraftwerk ◊ *hydroelectric power* durch Wasserkraft erzeugter Strom ◊ *a hydroelectric dam* eine Talsperre
hydro·elec·tri·city /ˌhaɪdrəʊˌlekˈtrɪsəti; *AmE* ˌhaɪdroʊ-/ *Nomen* durch Wasserkraft erzeugter Strom
hydro·foil /ˈhaɪdrəfɔɪl/ *Nomen* Tragflächenboot
hydro·gen /ˈhaɪdrədʒən/ *Nomen* Wasserstoff
ˈhydrogen bomb *Nomen* Wasserstoffbombe
ˌhydrogen peˈroxide (*auch* **per·ox·ide**) *Nomen* Wasserstoffperoxid
hydro·plane¹ /ˈhaɪdrəpleɪn/ *Nomen* **1** Gleitboot **2** (*AmE*) Wasserflugzeug
hydro·plane² /ˈhaɪdrəpleɪn/ *Verb* (*AmE*) **1** = mit einem Gleitboot fahren **2** = auf regennasser Straße ins Schleudern geraten
hydro·pon·ics /ˌhaɪdrəˈpɒnɪks; *AmE* -ˈpɑːn-/ *Nomen* [U] Hydrokultur
hydro·ther·apy /ˌhaɪdrəʊˈθerəpi; *AmE* ˌhaɪdroʊ-/ *Nomen* [U] Hydrotherapie
hyena (*auch* **hy·aena**) /haɪˈiːnə/ *Nomen* (*Pl* **-as**) Hyäne
hy·giene /ˈhaɪdʒiːn/ *Nomen* Hygiene ◊ *personal hygiene* Körperpflege
hy·gien·ic /haɪˈdʒiːnɪk; *AmE auch* ˌhaɪdʒiˈenɪk, haɪˈdʒenɪk/ *Adj* (*Adv* **hy·gien·ic·al·ly** /-kli/) hygienisch ◊ *in hygienic conditions* unter hygienisch einwandfreien Bedingungen
hy·gien·ist /haɪˈdʒiːnɪst/ (*bes BrE*) = DENTAL HYGIENIST
hymen /ˈhaɪmən/ *Nomen* (ANAT) Jungfernhäutchen
hymn /hɪm/ *Nomen* Kirchenlied, Hymne
hype¹ /haɪp/ *Nomen* [U] (*abwert*) (*Reklame*) Rummel
hype² /haɪp/ *Verb* ~ **sth** (**up**) (*umgs, abwert*) für etw viel Publicity machen, etw groß herausbringen
hyper·active /ˌhaɪpərˈæktɪv/ *Adj* hyperaktiv, überaktiv
hyper·activ·ity /ˌhaɪpəræk'tɪvəti/ *Nomen* Hyperaktivität, Überaktivität
hyper·bola /haɪˈpɜːbələ; *AmE* -ˈpɜːrb-/ *Nomen* (MATH) Hyperbel
hyper·bole /haɪˈpɜːbəli; *AmE* -ˈpɜːrb-/ *Nomen* [U] Übertreibung(en) SYN EXAGGERATION
hyper·link /ˈhaɪpəlɪŋk; *AmE* -pərl-/ *Nomen* (COMP) Hyperlink
hyper·mar·ket /ˈhaɪpəmɑːkɪt; *AmE* -pərmɑːrk-/ *Nomen* (*BrE*) Verbrauchermarkt, Hypermarkt
hyper·sen·si·tive /ˌhaɪpəˈsensətɪv; *AmE* -pərˈs-/ *Adj* ~ (**to sth**) überempfindlich (gegen etw) ◊ *He's hypersensitive to criticism.* Er reagiert überempfindlich auf Kritik.
hyper·sen·si·tiv·ity /ˌhaɪpəˌsensəˈtɪvəti; *AmE* -pərˌs-/ *Nomen* Überempfindlichkeit
hyper·ten·sion /ˌhaɪpəˈtenʃn; *AmE* -pərˈt-/ *Nomen* (MED) Bluthochdruck, Hypertonie

hyper·text /ˈhaɪpətekst; *AmE* -pərt-/ *Nomen* [U] (COMP) Hypertext
hyper·ven·ti·late /ˌhaɪpəˈventɪleɪt; *AmE* -pərˈv-/ *Verb* (*Fachspr*) hyperventilieren
hyper·ven·ti·la·tion /ˌhaɪpəˌventɪˈleɪʃn; *AmE* -pərˌven-/ *Nomen* (*Fachspr*) Hyperventilation
hy·phen /ˈhaɪfn/ *Nomen* Bindestrich, Trennungsstrich
hy·phen·ate /ˈhaɪfəneɪt/ *Verb* mit Bindestrich schreiben, trennen
hy·phen·ation /ˌhaɪfəˈneɪʃn/ *Nomen* Silbentrennung ◊ *hyphenation rules* Trennungsregeln
hyp·no·sis /hɪpˈnəʊsɪs; *AmE* -ˈnoʊ-/ *Nomen* Hypnose
hyp·not·ic¹ /hɪpˈnɒtɪk; *AmE* -ˈnɑːt-/ *Adj* **1** hypnotisierend, hypnotisch, Hypnose- ◊ *induce a hynotic state in sb* jdn in Hypnose versetzen **2** Schlaf- ◊ *hypnotic drugs* Hypnotika
hyp·not·ic² /hɪpˈnɒtɪk; *AmE* -ˈnɑːt-/ *Nomen* (*Fachspr*) Hypnotikum, Schlafmittel
hyp·no·tism /ˈhɪpnətɪzəm/ *Nomen* [U] **1** Hypnose **2** Hypnotismus
hyp·no·tist /ˈhɪpnətɪst/ *Nomen* Hypnotiseur(in)
hyp·no·tize (*BrE auch* **-ise**) /ˈhɪpnətaɪz/ *Verb* hypnotisieren
hypo-allergenic /ˌhaɪpəʊ ˌæləˈdʒenɪk; *AmE* ˌhaɪpoʊ ˌælər-/ *Adj* hautverträglich
hypo·chon·dria /ˌhaɪpəˈkɒndriə; *AmE* -ˈkɑːn-/ *Nomen* [U] Hypochondrie
hypo·chon·driac¹ /ˌhaɪpəˈkɒndriæk; *AmE* -ˈkɑːn-/ *Nomen* Hypochonder
hypo·chon·driac² /ˌhaɪpəˈkɒndriæk; *AmE* -ˈkɑːn-/ *Adj* (*auch* **hypo·chon·driacal** /ˌhaɪpəˌkɒnˈdraɪəkl; *AmE* -ˌkɑːnˈd-/) hypochondrisch
hyp·oc·risy /hɪˈpɒkrəsi; *AmE* hɪˈpɑːk-/ *Nomen* (*Pl* **-ies**) Heuchelei, Scheinheiligkeit
hypo·crite /ˈhɪpəkrɪt/ *Nomen* (*abwert*) Heuchler(in) ◊ *Don't be such a hypocrite.* Sei nicht so scheinheilig.
hypo·crit·ical /ˌhɪpəˈkrɪtɪkl/ *Adj* (*Adv* **hypo·crit·ic·al·ly** /-kli/) scheinheilig, heuchlerisch
hypo·der·mic¹ /ˌhaɪpəˈdɜːmɪk; *AmE* -ˈdɜːrm-/ *Nomen* **1** (*auch* **ˌhypodermic ˈsyringe**) Injektionsspritze **2** (*auch* **ˌhypodermic ˈneedle**) Injektionsnadel
hypo·der·mic² /ˌhaɪpəˈdɜːmɪk; *AmE* -ˈdɜːrm-/ *Adj* subkutan
hypot·en·use /haɪˈpɒtənjuːz; *AmE* -ˈpɑːtənuːs, -njuːz/ *Nomen* (MATH) Hypotenuse
hypo·ther·mia /ˌhaɪpəˈθɜːmiə; *AmE* -ˈθɜːrm-/ *Nomen* (MED) Unterkühlung
hy·poth·esis /haɪˈpɒθəsɪs; *AmE* -ˈpɑːθ-/ *Nomen* (*Pl* **hy·poth·eses** /-siːz/) **1** Hypothese **2** [U] Annahme, Vermutung ◊ *engage in hypothesis* Vermutungen anstellen SYN SPECULATION
hy·pothe·size (*BrE auch* **-ise**) /haɪˈpɒθəsaɪz; *AmE* -ˈpɑːθ-/ *Verb* (*gehoben*) **1** eine Hypothese aufstellen **2** annehmen
hypo·thet·ic·al /ˌhaɪpəˈθetɪkl/ *Adj* (*Adv* **hypo·thet·ic·al·ly** /-kli/) hypothetisch
hys·ter·ec·tomy /ˌhɪstəˈrektəmi/ *Nomen* (*Pl* **-ies**) Entfernung der Gebärmutter, Hysterektomie
hys·teria /hɪˈstɪəriə; *AmE* -ˈstɪr-/ *Nomen* [U] Hysterie
hys·ter·ic·al /hɪˈsterɪkl/ *Adj* (*Adv* **hys·ter·ic·al·ly** /-kli/) **1** hysterisch **2** (*umgs*) zum Totlachen
hys·ter·ics /hɪˈsterɪks/ *Nomen* [Pl] **1** hysterischer Anfall ◊ *go into hysterics* einen hysterischen Anfall bekommen **2** (*umgs*) Lachkrampf ◊ *The audience was in hysterics.* Das Publikum konnte sich kaum halten vor Lachen. IDM **have hysterics** (*umgs*) einen Anfall kriegen
Hz *Abk* = HERTZ

I i

I, i /aɪ/ **1** *Nomen* (*Pl* **I's, i's**) (*Buchstabe*) I, i ☛ *Beispiele bei* A, a **I** *Pron* ich ◇ *He and I are old friends.* Wir beide sind alte Freunde. ☛ G 3 **3 I** *Abk* = ISLAND, ISLE ɪᴅᴍ ⇨ ᴅᴏᴛ²

iam·bic /aɪˈæmbɪk/ *Adj* (LIT) jambisch ◇ *iambic pentameters* fünffüßige Jamben

ibex /ˈaɪbeks/ *Nomen* (*Pl* **ibex**) Steinbock

ibid. (*auch* **ib.**) *Abk* ibidem

ibis /ˈaɪbɪs/ *Nomen* (*Pl* **ibises**) Ibis

ice¹ /aɪs/ *Nomen* **1** Eis ◇ *a sheet of ice* eine Eisschicht ◇ *There was ice on the roads.* Es gab Glatteis. ☛ *Siehe auch* BLACK ICE **2** (*bes BrE, veraltet*) (*Speise-*) Eis ꜱʏɴ ICE CREAM **3** (*AmE*) Wassereis mit Fruchtaroma ɪᴅᴍ **break the ˈice** das Eis brechen **cut no ˈice** (**with sb**) (auf jdn) keinen Eindruck machen; (bei jdm) nicht ziehen ◇ *It cuts no ice with me.* Das lässt mich kalt. **on ˈice 1** kalt gestellt **2** auf Eis gelegt ◇ *We had to put our plans on ice.* Wir mussten unsere Pläne auf Eis legen. **3** (*Show etc.*) auf dem Eis; on Ice ☛ *Siehe auch* THIN¹

ice² /aɪs/ *Verb* glasieren ᴘʜʀᴠ ˌice ˈover/ˈup zufrieren, vereisen, einfrieren

ˈice age *Nomen* Eiszeit

ˈice axe (*AmE* **ˈice-ax**) *Nomen* Eispickel

ice·berg /ˈaɪsbɜːɡ; *AmE* -bɜːrɡ/ *Nomen* Eisberg ɪᴅᴍ ⇨ ᴛɪᴘ¹

ˈiceberg ˈlettuce *Nomen* Eissalat

ˌice-ˈblue *Adj* wasserblau

ˈice-breaker *Nomen* **1** Eisbrecher **2** (*zur Lockerung der Stimmung*) ◇ *It'll be a great ice-breaker.* Das wird hervorragend das Eis brechen.

ˈice cap *Nomen* Eisdecke, Eiskappe

ˌice-ˈcold *Adj* eiskalt

ˌice ˈcream (*bes AmE* **ˈice cream**) *Nomen* (*Speise-*) Eis

ˈice cube *Nomen* Eiswürfel

iced /aɪst/ *Adj* **1** eisgekühlt, Eis- **2** (*Gebäck etc.*) glasiert

ˌiced ˈwater *Nomen* (*BrE*) (*zum Trinken*) Wasser mit Eis

ˈice floe (*auch* **floe**) *Nomen* Eisscholle

ˈice hockey *Nomen* (*BrE*) Eishockey

ˌice ˈlolly (*umgs* **lolly**) *Nomen* (*BrE*) Eis am Stiel

ˈice pick *Nomen* Eispickel

ˈice rink (*auch* **rink**) *Nomen* Schlittschuhbahn, Kunsteisbahn

ˈice skate (*auch* **skate**) *Nomen* Schlittschuh

ˈice-skate *Verb* Schlittschuh laufen

ˈice skater *Nomen* Schlittschuhläufer(in)

ˈice ˌskating (*auch* **ˈskating**) *Nomen* Schlittschuhlauf(en), Eislauf(en) ◇ *go ice skating* Schlittschuhlaufen gehen

ˈice water *Nomen* (*AmE*) (*zum Trinken*) Wasser mit Eis

icicle /ˈaɪsɪkl/ *Nomen* Eiszapfen

icily ⇨ ɪᴄʏ

ici·ness /ˈaɪsɪnəs/ *Nomen* eisige Kälte

icing /ˈaɪsɪŋ/ *Nomen* (*bes BrE*) Glasur, Zuckerguss ◇ *butter icing* Buttercremeüberzug ɪᴅᴍ **the icing on the ˈcake** das Tüpfelchen auf dem i

ˈicing sugar *Nomen* (*BrE*) Puderzucker

icon /ˈaɪkɒn; *AmE* -kɑːn/ *Nomen* **1** (COMP) Symbol, Icon **2** Idol **3** (*auch* **ikon**) Ikone

icon·ic /aɪˈkɒnɪk; *AmE* -ˈkɑːnɪk/ *Adj* (*gehoben*) ikonisch

icono·clasm /aɪˈkɒnəklæzəm; *AmE* -ˈkɑːnə-/ *Nomen* (*gehoben*) Bildersturm, Bilderstürmerei, Ikonoklasmus

icono·clast /aɪˈkɒnəklæst; *AmE* -ˈkɑːnə-/ *Nomen* (*gehoben*) Bilderstürmer(in), Ikonoklast(in)

icono·clas·tic /aɪˌkɒnəˈklæstɪk; *AmE* -ˌkɑːnə-/ *Adj* (*gehoben*) bilderstürmerisch

ICU /ˌaɪ siː ˈjuː/ *Abk* = INTENSIVE CARE UNIT

icy /ˈaɪsi/ *Adj* **1** eiskalt, eisig ◇ *My feet were icy cold.* Ich hatte eiskalte Füße. **2** vereist **3** (*Adv* **icily** /ˈaɪsɪli/) (*Blick, Ton*) eisig

I'd /aɪd/ *Abk* **1** = I HAD **2** = I WOULD

ID /ˌaɪ ˈdiː/ *Kurzform von* **identity, identification** Ausweis, Identifizierung ◇ *You must carry ID at all times.* Sie müssen sich jederzeit ausweisen können. ◇ *an ID card* ein Personalausweis ◇ (*AmE*) *ID witnesses* Zeugen, die den Täter identifzieren

Id = EID

id /ɪd/ *Nomen* (*meist* **the id**) (PSYCH) das Es, das Unbewusste

idea /aɪˈdɪə; *AmE* -ˈdiː·ə/ *Nomen* **1** Idee, Gedanke ◇ *What gave you that idea?* Wie kamst du darauf? ◇ *I have a pretty good idea where it is.* Ich weiß ziemlich genau, wo es ist. **2** Vorstellung, Ansicht ◇ *It's not my idea of a good time.* Das ist nicht das, was ich mir unter Vergnügen vorstelle. ◇ *Is this your idea of a joke?* Soll das ein Witz sein? **3 the idea** [Sing] ◇ *You'll soon get the idea.* Sie werden es bald herausbaben. ◇ *What's the idea of all this?* Was soll das alles? ◇ *The whole idea of the party was so that we could meet him.* Der Sinn der Party war doch, dass wir ihn kennen lernen. ɪᴅᴍ **give sb iˈdeas; put iˈdeas into sb's head** jdn auf dumme Gedanken bringen; jdm einen Floh ins Ohr setzen **have no iˈdea** keine Ahnung haben **not have the faintest, first, etc. idea** nicht die geringste Ahnung haben; keinen blassen Schimmer haben **ˈThat's an idea!** Das wär doch was! **That's the iˈdea!** So ist es richtig! **You have no iˈdea ...** Du kannst dir gar nicht vorstellen ... ☛ *Siehe auch* BUCK²

ideal¹ /aɪˈdiːəl/ *Adj* ideal

ideal² /aɪˈdiːəl/ *Nomen* Ideal, Idealvorstellung

ideal·ism /aɪˈdiːəlɪzəm/ *Nomen* Idealismus

ideal·ist /aɪˈdiːəlɪst/ *Nomen* Idealist(in)

ideal·is·tic /aɪˌdɪəˈlɪstɪk/ *Adj* (*Adv* **ideal·is·tic·al·ly** /-kli/) idealistisch

ideal·iza·tion (*BrE auch* **-isa·tion**) /aɪˌdiːəlaɪˈzeɪʃn; *AmE* -lə'z-/ *Nomen* Idealisierung

ideal·ize (*BrE auch* **-ise**) /aɪˈdiːəlaɪz/ *Verb* idealisieren

ideal·ly /aɪˈdiːəli/ *Adv* **1** ideal **2** idealerweise, im Idealfall

iden·ti·cal /aɪˈdentɪkl/ *Adj* (*Adv* **iden·ti·cal·ly** /-kli/) **1** ~ (**to/with sb/sth**) (mit jdm/etw) völlig gleich, (mit jdm/etw) identisch ◇ *The numbers are identical.* Die Nummern stimmen überein. **2** *nur vor Nomen* **the identical** der-/die-/dasselbe

iˌdentical ˈtwin *Nomen* eineiiger Zwilling

iden·ti·fi·able /aɪˌdentɪˈfaɪəbl/ *Adj* erkennbar

iden·ti·fi·ca·tion /aɪˌdentɪfɪˈkeɪʃn/ *Nomen* **1** Identifizierung; (*von Pflanzen, Tieren*) Bestimmung ◇ *an identification number* eine Kennziffer ◇ *The early identification of special educational needs is important.* Es ist wichtig, dass Lernbehinderungen frühzeitig erkannt werden. **2** [U] (*Abk* **ID**) Ausweis ◇ *Can I see some identification, please?* Kann ich bitte Ihre Papiere sehen? **3** ~ **with sb/sth** Identifikation mit jdm/etw, Identifizierung mit jdm/etw **4** Gleichsetzung ◇ *the voters' identification of the Democrats with high taxes* die Tatsache, dass für die Wähler die Demokraten gleichbedeutend mit hohen Steuern sind

iˌdentifiˈcation parade *Nomen* (*BrE*) (*bei Ermittlungen*) Gegenüberstellung

iden·tify /aɪˈdentɪfaɪ/ *Verb* (**-fies, -fy·ing, -fied, -fied**) **1** identifizieren; **~ yourself** sich zu erkennen geben ◇ *They refused to identify themselves.* Sie weigerten sich ihre Namen zu nennen. **2** herausfinden, feststellen ◇ *They have not yet identified a buyer for the company.* Bisher ist noch kein Käufer für die Firma gefunden worden. **3** ◇ *Their clothes identify them as belonging to a particular social class.* Man kann an der Kleidung erkennen, welcher

Gesellschaftsschicht sie angehören. **PHR V** **be identified with sb/sth** mit jdm/etw in Verbindung gebracht werden **i'dentify with sb** sich mit jdm identifizieren **identify sb with sth** jdn für etw halten **identify sth with sth** etw mit etw gleichsetzen SYN EQUATE **identify yourself with sb/sth** sich mit jdm/etw identifizieren
Iden·ti·kit™ /aɪˈdentɪkɪt/ *Nomen* (*BrE*) Phantombild
iden·tity /aɪˈdentəti/ *Nomen* (*Pl* **-ies**) **1** (*Abk* **ID**) Identität ◊ *Their identities were kept secret.* Ihre Namen wurden geheim gehalten. ◊ *a case of mistaken identity* eine Verwechslung ◊ *Do you have any proof of identity?* Können Sie sich ausweisen? ◊ *The thief used a false identity.* Der Dieb gab sich als jemand anders aus. ◊ *the corporate identity of the company* das Firmenimage **2** Übereinstimmung ◊ *There's a close identity between fans and their team.* Fans identifizieren sich stark mit ihrer Mannschaft.
i'dentity card (*Abk* **ID card**) *Nomen* Personalausweis
i'dentity parade *Nomen* (*BrE*, *umgs*) (*bei Ermittlungen*) Gegenüberstellung
ideo·gram /ˈɪdiəɡræm/ (*auch* **ideo·graph** /ˈɪdiəɡrɑːf; *AmE* -ɡræf/) *Nomen* Ideogramm
ideo·logic·al /ˌaɪdiəˈlɒdʒɪkl; *AmE* -ˈlɑːdʒ-/ *Adj* (*Adv* **ideo·logic·al·ly** /-kli/) ideologisch
ideol·ogy /ˌaɪdiˈɒlədʒi; *AmE* -ˈɑːl-/ *Nomen* (*Pl* **-ies**) Ideologie, Weltanschauung
idi·ocy /ˈɪdiəsi/ *Nomen* (*Pl* **-ies**) (*gehoben*) Dummheit, Idiotie ◊ *It is sheer idiocy to go climbing today.* Es ist reiner Wahnsinn, heute klettern zu gehen. ◊ *the idiocies of bureaucracy* bürokratische Absurditäten SYN STUPIDITY
idiom /ˈɪdiəm/ *Nomen* **1** Redewendung, idiomatische Wendung **2** (*gehoben*) (*Sprache, Sprechweise*) Idiom **3** (*gehoben*) Stil
idiom·at·ic /ˌɪdiəˈmætɪk/ *Adj* (*Adv* **idiom·at·ic·al·ly** /-kli/) idiomatisch
idio·syn·crasy /ˌɪdiəˈsɪŋkrəsi/ *Nomen* (*Pl* **-ies**) Eigenart ◊ *The car has its little idiosyncrasies.* Das Auto hat so seine Mucken. SYN ECCENTRICITY
idio·syn·crat·ic /ˌɪdiəsɪŋˈkrætɪk/ *Adj* eigen, eigenwillig
idiot /ˈɪdiət/ *Nomen* (*umgs*) Idiot(in), Trottel, Blödmann SYN FOOL
idi·ot·ic /ˌɪdiˈɒtɪk; *AmE* -ˈɑːtɪk/ *Adj* idiotisch ◊ *Don't be so idiotic!* Sei doch kein Idiot!
idle¹ /ˈaɪdl/ *Adj* (*Adv* **idly** /ˈaɪdli/) **1** faul **2** ungenutzt ◊ *The machines stood idle.* Die Maschinen standen still. **3** untätig, ohne Beschäftigung ◊ *an idle moment* eine freie Minute **4** müßig, leer ◊ *idle curiosity* reiner Neugier ◊ *He wondered idly what would happen.* Er überlegte bei sich, was wohl passieren würde.
idle² /ˈaɪdl/ *Verb* **1** faulenzen, nichts tun ◊ *We idled along by the river.* Wir bummelten am Fluss entlang. **2** (*Zeit etc.*) verbummeln ◊ *They idled the time away.* Sie verbummelten die Zeit. **3** im Leerlauf sein SYN TICK OVER **4** (*AmE*) (*Fabrik*) stilllegen; (*Arbeiter*) vorübergehend entlassen
idle·ness /ˈaɪdlnəs/ *Nomen* Faulheit, Untätigkeit
idler /ˈaɪdlə(r)/ *Nomen* Faulenzer(in) SYN LOAFER
idly *Adv* ⇨ IDLE¹
idol /ˈaɪdl/ *Nomen* **1** Idol **2** Götze
idol·atry /aɪˈdɒlətri; *AmE* -ˈdɑːl-/ *Nomen* Götzendienst
idol·ize (*BrE auch* **-ise**) /ˈaɪdəlaɪz/ *Verb* **1** vergöttern **2** abgöttisch lieben
idyll /ˈɪdɪl; *AmE* ˈaɪdl/ *Nomen* Idylle
idyl·lic /ɪˈdɪlɪk; *AmE* aɪˈd-/ *Adj* (*Adv* **idyl·lic·al·ly** /-kli/) idyllisch
i.e. /ˌaɪ ˈiː/ (*Latein: id est*) das heißt, d.h.
if¹ /ɪf/ *Konj* **1** wenn ◊ *if so* wenn ja ◊ *He's a good driver, if a little over-confident.* Er ist ein guter Autofahrer, wenn auch ein bisschen zu forsch. **2** falls ◊ *Let me know if you can't come.* Sag mir Bescheid, falls du nicht kommen kannst. **3** ob ◊ *I wonder if I should wear a coat.* Ob ich einen Mantel anziehen soll? ☛ *Hinweis bei* OB **IDM** **if and 'when** falls … jemals **if 'anything 1** wenn überhaupt **2** vielleicht sogar **if I were 'you** an deiner Stelle **if 'not** wenn nicht ◊ *thousands if not millions* Tausende, wenn nicht gar Millionen **if 'only** wenn … nur ◊ *If only I were rich.* Wenn ich nur reich wäre. **'only if** (*gehoben*) nur wenn ☛ *Siehe auch* AS³
if² /ɪf/ *Nomen* Wenn ◊ *ifs and buts* Wenn und Aber ◊ *If he wins – and it's a big if …* Wenn er gewinnt – und das ist noch sehr die Frage …
iffy /ˈɪfi/ *Adj* (*umgs*) **1** (*bes BrE*) nicht ganz in Ordnung, komisch **2** unsicher
igloo /ˈɪɡluː/ *Nomen* (*Pl* **igloos**) Iglu
ig·ne·ous /ˈɪɡniəs/ *Adj* (GEOL) Eruptiv-
ig·nite /ɪɡˈnaɪt/ *Verb* (*gehoben*) (sich) entzünden ◊ *Tempers ignited.* Die Gemüter erhitzten sich.
ig·ni·tion /ɪɡˈnɪʃn/ *Nomen* **1** [*meist Sing*] Zündung ◊ *put the key in the ignition* den Schlüssel ins Zündschloss stecken **2** (TECH) Entzünden
ig·noble /ɪɡˈnəʊbl; *AmE* -ˈnoʊ-/ *Adj* (*gehoben*) unehrenhaft OPP NOBLE
ig·no·mini·ous /ˌɪɡnəˈmɪniəs/ *Adj* (*gehoben*) (*Adv* **ig·no·mini·ous·ly**) schmachvoll ◊ *an ignominious defeat* eine demütigende Niederlage SYN DISGRACEFUL *und* HUMILIATING
ig·no·miny /ˈɪɡnəmɪni/ *Nomen* (*gehoben*) Schmach SYN DISGRACE
ig·nor·amus /ˌɪɡnəˈreɪməs/ *Nomen* Ignorant(in)
ig·nor·ance /ˈɪɡnərəns/ *Nomen* **1** Ignoranz **2** ~ (**of/about sth**) Unkenntnis (einer Sache), Unwissenheit (über etw)
ig·nor·ant /ˈɪɡnərənt/ *Adj* (*Adv* **ig·nor·ant·ly**) **1** ~ (**of/about sth**) nicht informiert (über etw) ◊ *He's completely ignorant of/about modern technology.* Er versteht überhaupt nichts von moderner Technik. ◊ *an ignorant question* eine Frage, die von Unwissenheit zeugt **2** ungebildet **3** (*umgs*) ungehobelt
ig·nore /ɪɡˈnɔː(r)/ *Verb* ignorieren, nicht beachten
igu·ana /ɪˈɡwɑːnə/ *Nomen* Leguan
ikon = ICON
il- /ɪl/ ☛ *Hinweis bei* IN-, S. 313
ilk /ɪlk/ *Nomen* [*Sing*] (*umgs, oft abwert*) Art ◊ *media people and their ilk* die Medienfritzen und ihresgleichen
ill¹ /ɪl/ *Adj* **1** (*bes BrE*) krank ◊ *I feel ill.* Ich fühle mich krank. ◊ *be taken ill* krank werden ☛ *Hinweis bei* KRANK **2** schlecht ◊ *suffer no ill effects* keinen Schaden nehmen ◊ *He resigned because of ill health.* Er kündigte aus Gesundheitsgründen. **IDM** **ill at 'ease** unbehaglich **it's an ˌill 'wind (that blows nobody any good)** des einen Leid ist des anderen Freud ☛ *Siehe auch* FEELING
ill² /ɪl/ *Adv* **1** (*oft in Zusammensetzungen*) schlecht ◊ *They had been ill-treated.* Sie sind misshandelt worden. **2** (*gehoben*) schlecht, kaum ◊ *an area ill served by public transport* eine Wohngegend, wo es kaum öffentliche Verkehrsmittel gibt ◊ *We're wasting time we can ill afford.* Wir verschwenden Zeit und das können wir uns kaum leisten. **IDM** **speak/think 'ill of sb** (*gehoben*) schlecht von jdm reden/denken ◊ *Don't speak ill of the dead.* Die Toten soll man ruhen lassen.
ill³ /ɪl/ *Nomen* **1** [*meist Pl*] (*gehoben*) Missstand ◊ *the ills of the modern world* die Übel der heutigen Zeit **2** (*gehoben*) Böses
I'll /aɪl/ **1** = I WILL **2** = I SHALL
ˌill-adˈvised *Adj* unklug, schlecht beraten
ˌill-asˈsorted *Adj* schlecht zusammenpassend
ˌill-conˈcealed *Adj* (*gehoben*) unverhohlen
ˌill-conˈceived *Adj* unüberlegt
ˌill-conˈsidered *Adj* unüberlegt, undurchdacht
ˌill-deˈfined *Adj* **1** ungenau definiert, unklar **2** ◊ *an ill-defined path* ein Weg, der kaum zu erkennen ist OPP WELL DEFINED
ˌill-disˈposed *Adj* ~ (**towards sb**) (*gehoben*) (jdm gegenüber) übel gesinnt OPP WELL DISPOSED
il·legal¹ /ɪˈliːɡl/ *Adj* (*Adv* **il·legal·ly** /-ɡəli/) illegal ◊ *It's illegal to drive through a red light.* Es ist verboten, bei Rot über die Kreuzung zu fahren. ◊ *an illegally parked car* ein widerrechtlich abgestelltes Auto OPP LEGAL
il·legal² /ɪˈliːɡl/ *Nomen* (*AmE*) Illegale(r)
il·leg·al·ity /ˌɪliˈɡæləti/ *Nomen* (*Pl* **-ies**) Gesetzwidrigkeit
il·legible /ɪˈledʒəbl/ *Adj* unleserlich OPP LEGIBLE
il·legit·im·acy /ˌɪləˈdʒɪtəməsi/ *Nomen* **1** Unehelichkeit **2** Unrechtmäßigkeit
il·legit·im·ate /ˌɪləˈdʒɪtəmət/ *Adj* (*Adv* **il·legit·im·ate·ly**) **1** unehelich **2** unrechtmäßig

ill-e'quipped Adj 1 schlecht ausgerüstet ◊ They were ill-equipped to cope with emotional problems. Sie waren kaum in der Lage, mit seelischen Problemen fertig zu werden. 2 ungeeignet

ill-'fated Adj (gehoben) verhängnisvoll, unglückselig

ill-'fitting Adj schlecht passend, schlecht sitzend

ill-'founded Adj (gehoben) unbegründet, haltlos OPP WELL FOUNDED

ill-'gotten Adj (veraltet oder hum) ◊ ill-gotten gains unrechtmäßig erworbenes Geld

il·lib·er·al /ɪˈlɪbərəl/ Adj (gehoben) illiberal

il·lic·it /ɪˈlɪsɪt/ Adj 1 (Adv **illic·it·ly**) illegal SYN ILLEGAL 2 verboten, verpönt

ill-in'formed Adj schlecht informiert ◊ ill-informed criticism von fehlender Sachkenntnis zeugende Kritik OPP WELL INFORMED

il·lit·er·acy /ɪˈlɪtərəsi/ Nomen Analphabetismus

il·lit·er·ate[1] /ɪˈlɪtərət/ Adj 1 **be ~** Analphabet(in) sein ◊ illiterate parents Eltern, die nicht lesen und schreiben können OPP LITERATE 2 schlecht geschrieben 3 (meist nach einem Nomen oder Adverb) ◊ computer illiterate ohne Computerkenntnisse ◊ They're musically illiterate. Das sind musikalische Analphabeten.

il·lit·er·ate[2] /ɪˈlɪtərət/ Nomen Analphabet(in)

ill-'judged Adj (gehoben) unüberlegt

ill-'mannered Adj (gehoben) unhöflich, schlecht erzogen SYN RUDE

ill·ness /ˈɪlnəs/ Nomen Krankheit

il·logic·al /ɪˈlɒdʒɪkl/ AmE -ˈlɑːdʒ-/ Adj (Adv **il·logic·al·ly** /-kli/) unlogisch, irrational OPP LOGICAL

il·logic·al·ity /ˌɪlɒdʒɪˈkæləti/ AmE -ˌlɑːdʒ-/ Nomen mangelnde Logik

ill-pre'pared Adj 1 **~ (for sth)** (auf etw) unvorbereitet 2 schlecht vorbereitet

ill-'starred Adj (gehoben) verhängnisvoll, unglückselig ◊ an ill-starred marriage eine Ehe, die unter einem ungünstigen Stern steht

ill-'tempered Adj (gehoben) verärgert, griesgrämig

ill-'timed Adj ◊ **be ill-timed** zur falschen Zeit kommen ◊ an ill-timed remark eine unpassende Bemerkung OPP WELL TIMED

ill-'treat Verb misshandeln

ill-'treatment Nomen Misshandlung

il·lu·min·ate /ɪˈluːmɪneɪt/ Verb 1 anstrahlen, beleuchten 2 (gehoben) erläutern, erhellen SYN CLARIFY 3 festlich beleuchten, illuminieren 4 (gehoben) (er)strahlen lassen SYN LIGHT UP

il·lu·min·ated /ɪˈluːmɪneɪtɪd/ Adj 1 beleuchtet ◊ illuminated advertisements Leuchtreklamen 2 (mittelalterliche Handschriften) illuminiert

il·lu·min·at·ing /ɪˈluːmɪneɪtɪŋ/ Adj aufschlussreich

il·lu·min·ation /ɪˌluːmɪˈneɪʃn/ Nomen 1 Beleuchtung, Licht 2 **illuminations** [Pl] (BrE) Festbeleuchtung 3 [meist Pl] (von mittelalterlichen Handschriften) Illumination 4 (gehoben) Erleuchtung

il·lu·sion /ɪˈluːʒn/ Nomen Illusion, Täuschung ◊ be under the illusion that … (fälschlich) glauben, dass … ◊ I'm under no illusion about the difficulties. Ich bin mir der Schwierigkeiten voll bewusst. ◊ Mirrors in a room give an illusion of space. Spiegel lassen einen Raum größer erscheinen.

il·lu·sory /ɪˈluːsəri/ Adj (gehoben) trügerisch

il·lus·trate /ˈɪləstreɪt/ Verb 1 bebildern 2 veranschaulichen, darstellen 3 demonstrieren

il·lus·tra·tion /ˌɪləˈstreɪʃn/ Nomen 1 Abbildung, Illustration 2 Veranschaulichung

il·lus·tra·tive /ˈɪləstrətɪv/ AmE ɪˈlʌs-/ Adj (gehoben) ◊ an illustrative example ein illustratives Beispiel ◊ for illustrative purposes zur Veranschaulichung

il·lus·tra·tor /ˈɪləstreɪtə(r)/ Nomen Illustrator(in)

il·lus·tri·ous /ɪˈlʌstriəs/ Adj (gehoben) glanzvoll, namhaft

ill 'will Nomen Böswilligkeit ◊ I bear Sue no ill will. Ich wünsche Sue nichts Böses.

ILO /ˌaɪ el ˈəʊ; AmE ˈoʊ/ Kurzform von **International Labour Organization** Internationale Arbeitsorganisation

I'm /aɪm/ = I AM

im- /ɪm/ ☞ Hinweis bei IN-, S. 313

image /ˈɪmɪdʒ/ Nomen 1 Image ◊ restore your public image sein öffentliches Ansehen wieder herstellen 2 Vorstellung, Bild ◊ I always had an image of her standing by that window. Ich sah sie immer vor mir, wie sie an diesem Fenster stand. 3 (gehoben) Abbild 4 (Spiegel)bild 5 (Sprach)bild, Metapher IDM **be the image of sb**; **be the living/spitting image of sb** jdm wie aus dem Gesicht geschnitten sein

im·agery /ˈɪmɪdʒəri/ Nomen [U] 1 Metaphorik, Sprachbilder 2 (gehoben) Bilder ◊ satellite imagery Satellitenbilder

im·agin·able /ɪˈmædʒɪnəbl/ Adj 1 erdenklich 2 vorstellbar

im·agin·ary /ɪˈmædʒɪnəri; AmE -neri/ Adj imaginär; (Problem, Bedrohung) eingebildet

im·agin·ation /ɪˌmædʒɪˈneɪʃn/ Nomen 1 Fantasie ◊ The idea captured the imagination of the public. Die Idee begeisterte die Öffentlichkeit. ◊ We're looking for someone with imagination. Wir suchen eine kreative Mitarbeiterin. 2 Einbildung ◊ It's all in your imagination. Das bildest du dir bloß ein. IDM ⇒ FIGMENT und STRETCH[2]

im·agina·tive /ɪˈmædʒɪnətɪv/ Adj (Adv **im·agina·tive·ly**) fantasievoll, einfallsreich, kreativ ◊ an imaginative approach ein origineller Ansatz OPP UNIMAGINATIVE

im·agine /ɪˈmædʒɪn/ Verb 1 sich vorstellen ◊ I can just imagine it! Das kann ich mir gut vorstellen! 2 sich einbilden 3 annehmen, glauben ◊ 'Can we go?' 'I imagine so.' „Können wir gehen?" „Ich glaube schon."

im·aging /ˈɪmɪdʒɪŋ/ Nomen (COMP) digitale Bildverarbeitung

imam /ɪˈmɑːm/ Nomen Imam

im·bal·ance /ɪmˈbæləns/ Nomen Ungleichgewicht ◊ hormonal imbalance Hormonstörungen

im·be·cile /ˈɪmbəsiːl; AmE -sl/ Nomen 1 Schwachkopf, Idiot SYN IDIOT 2 (veraltet) Schwachsinnige(r)

imbed = EMBED

im·bibe /ɪmˈbaɪb/ Verb 1 (gehoben oder hum) trinken 2 sich zu eigen machen, in sich aufnehmen

imbue /ɪmˈbjuː/ Verb (meist passiv) **~ sb/sth (with sth)** (gehoben) jdn/etw (mit etw) erfüllen ◊ Her voice was imbued with an unusual seriousness. Ihre Stimme klang ungewöhnlich ernst. SYN INFUSE

IMF /ˌaɪ em ˈef/ Kurzform von **International Monetary Fund** IWF, Internationaler Währungsfonds

imi·tate /ˈɪmɪteɪt/ Verb imitieren, nachahmen

imi·ta·tion /ˌɪmɪˈteɪʃn/ Nomen 1 Imitation ◊ a pale imitation of the original ein schlechter Abklatsch des Originals ◊ imitation leather Kunstleder ◊ It was an imitation gun. Die Pistole war nur eine Attrappe. 2 Nachahmung ◊ A child learns to talk by imitation. Kinder lernen durch Nachahmung sprechen. ◊ in imitation of sb/sth in Anlehnung an jdn/etw 3 ◊ He does a hilarious imitation of Tony Blair. Er kann Tony Blair ausgezeichnet nachmachen. SYN IMPERSONATION und IMPRESSION

imi·ta·tive /ˈɪmɪtətɪv; AmE -teɪtɪv/ Adj (gehoben) 1 ◊ be imitative of sth etw nachahmen ◊ movies that encourage imitative crime Filme, die Nachahmungstäter inspirieren 2 (abwert) uneigenständig

imi·ta·tor /ˈɪmɪteɪtə(r)/ Nomen 1 Nachahmer(in) 2 Nachahmung

im·macu·late /ɪˈmækjələt/ Adj (Adv **im·macu·late·ly**) tadellos ◊ She always looks immaculate. Sie ist immer wie aus dem Ei gepellt. ◊ in immaculate condition in makellosem Zustand ◊ His sense of timing was immaculate. Sein Timing war perfekt.

im·ma·ter·ial /ˌɪməˈtɪəriəl; AmE -ˈtɪr-/ Adj 1 nicht vor Nomen **~ (to sb/sth)** nebensächlich (für jdn/etw) SYN IRRELEVANT 2 (gehoben) immateriell

im·ma·ture /ˌɪməˈtjʊə(r); AmE -ˈtʃʊr, -ˈtʊr/ Adj unreif, noch nicht ausgewachsen ◊ immature behaviour kindisches Benehmen

im·ma·tur·ity /ˌɪməˈtjʊərəti; AmE -ˈtʃʊr-, -ˈtʊr-/ Nomen Unreife

im·meas·ur·able /ɪˈmeʒərəbl/ Adj (Adv **im·meas·ur·ably** /-əbli/) (gehoben) unermesslich ◊ Housing standards improved immeasurably. Die Wohnqualität hat sich außerordeutlich verbessert. ◇ *It would be immeasurably simpler.* Das wäre weitaus einfacher.

im·me·di·acy /ɪˈmiːdiəsi/ *Nomen* (*gehoben*) Unmittelbarkeit, Direktheit

im·me·di·ate /ɪˈmiːdiət/ *Adj* **1** unmittelbar, sofortig ◇ *We need an immediate reply.* Wir brauchen umgehend eine Antwort. ◇ *take immediate action* sofort handeln ◇ *Our immediate concern is to help the children.* Unsere vorrangige Sorge ist, den Kindern zu helfen. **2** *nur vor Nomen* nächste(r,s) ◇ *the immediate future* die nächste Zukunft ◇ *He was standing on her immediate right.* Er stand gleich rechts neben ihr. ◇ *your immediate family* die engste Familie ⇨ EFFECT

im·me·di·ate·ly¹ /ɪˈmiːdiətli/ *Adv* **1** sofort **2** (*vor Präpositionen oder Partizip Perfekt*) direkt, unmittelbar ◇ *Turn right immediately after the church.* Biegen Sie gleich nach der Kirche rechts ab. ◇ *those most immediately affected* die unmittelbar Betroffenen

im·me·di·ate·ly² /ɪˈmiːdiətli/ *Konj* (*bes BrE*) sobald ◇ *Immediately she'd gone, I remembered her name.* Kaum war sie gegangen, fiel mir ihr Name wieder ein.

im·me·mor·ial /ˌɪməˈmɔːriəl/ *Adj* (*gehoben*) uralt ◇ *from time immemorial* seit undenklichen Zeiten

im·mense /ɪˈmens/ *Adj* (*Adv* **im·mense·ly**) enorm ◇ *an immense task* eine Riesenaufgabe ◇ *immensely popular* ungeheuer beliebt SYN ENORMOUS

im·mens·ity /ɪˈmensəti/ *Nomen* [U] unendliche Weite ◇ *the sheer immensity of the task* das ungeheure Ausmaß der Aufgabe

im·merse /ɪˈmɜːs; *AmE* ɪˈmɜːrs/ *Verb* **1** (ein)tauchen ◇ *They will swell when immersed in water.* Sie quellen auf, wenn man sie ins Wasser legt. **2** ~ **yourself in sth** sich in etw vertiefen; **be immersed in sth** in etw vertieft sein

im·mer·sion /ɪˈmɜːʃn; *AmE* ɪˈmɜːrʃn, -ʒn/ *Nomen* **1** Eintauchen ◇ *baptism by total immersion* Submersionstaufe ◇ *the body's long immersion in cold water* der lange Aufenthalt des Körpers im kalten Wasser **2** Versunkenheit ◇ *his long immersion in politics* sein langes und großes Engagement in der Politik ◇ *an immersion course in French* ein Intensivkurs in ausschließlich französischsprachiger Umgebung

imˈmersion heater *Nomen* (*BrE*) **1** Boiler **2** Tauchsieder

im·mi·grant /ˈɪmɪɡrənt/ *Nomen* Einwanderer, Einwanderin ◇ *immigrant workers* Gastarbeiter ◇ *second generation immigrants* Angehörige der zweiten Ausländergeneration

im·mi·grate /ˈɪmɪɡreɪt/ *Verb* (*bes AmE*) einwandern

im·mi·gra·tion /ˌɪmɪˈɡreɪʃn/ *Nomen* **1** Immigration, Einwanderung **2** Einwandererzahl **3** (*auch* **immiˈgration control**) Passkontrolle

im·mi·nence /ˈɪmɪnəns/ *Nomen* Bevorstehen ◇ *the imminence of war* der bevorstehende Krieg

im·mi·nent /ˈɪmɪnənt/ *Adj* bevorstehend ◇ *His resignation is imminent.* Sein Rücktritt steht unmittelbar bevor. ◇ *The system is in imminent danger of collapse.* Das System droht jeden Moment zusammenzubrechen.

im·mi·nent·ly /ˈɪmɪnəntli/ *Adv* jeden Moment

im·mo·bile /ɪˈməʊbaɪl; *AmE* ɪˈmoʊbl/ *Adj* **1** regungslos SYN MOTIONLESS **2** bewegungsunfähig ◇ *The cast is used to keep the leg immobile.* Der Gips dient der Ruhigstellung des Beins.

im·mo·bil·ity /ˌɪməˈbɪləti/ *Nomen* Unbeweglichkeit

im·mo·bil·ize (*BrE auch* **-ise**) /ɪˈməʊbəlaɪz; *AmE* ɪˈmoʊ-/ *Verb* lähmen, lahm legen ◇ *a device to immobilize the car engine* eine Wegfahrsperre ◇ *immobilize a broken leg* ein gebrochenes Bein schienen

im·mo·bil·izer (*BrE auch* **-iser**) (*AmE* **Im·mo·bil·iser**™) /ɪˈməʊbəlaɪzə(r); *AmE* ɪˈmoʊ-/ *Nomen* Wegfahrsperre

im·mod·est /ɪˈmɒdɪst; *AmE* ɪˈmɑːd-/ *Adj* **1** (*abwert*) unbescheiden SYN CONCEITED **2** unschicklich OPP MODEST

im·moral /ɪˈmɒrəl; *AmE* ɪˈmɔːr-, ɪˈmɑːr-/ *Adj* unmoralisch **2** unsittlich, sittenwidrig ◇ *immoral earnings* Einkünfte aus gewerbsmäßiger Unzucht

im·mor·al·ity /ˌɪməˈræləti/ *Nomen* (*Pl* **-ies**) Unmoral, Sittenlosigkeit ◇ *a life of immorality* ein zügelloses Leben

im·mor·tal /ɪˈmɔːtl; *AmE* ɪˈmɔːrtl/ *Adj* **1** unsterblich, unvergänglich ◇ *In the immortal words of Henry Ford 'If it ain't broke, don't fix it.'* Um es mit den klassischen Worten Henry Fords zu sagen: „Was nicht kaputt ist, sollte man nicht reparieren." **2** *Nomen* Unsterbliche(r) ◇ *She is one of the Hollywood immortals.* Sie zählt zu den unvergessenen Größen Hollywoods.

im·mor·tal·ity /ˌɪmɔːˈtæləti; *AmE* ˌɪmɔːrˈt-/ *Nomen* Unsterblichkeit, Unvergänglichkeit

im·mor·tal·ize (*BrE auch* **-ise**) /ɪˈmɔːtəlaɪz; *AmE* ɪˈmɔːrt-/ *Verb* unsterblich machen

im·mov·able /ɪˈmuːvəbl/ *Adj* **1** unbeweglich ◇ *an immovable obstacle* ein unüberwindbares Hindernis **2** unnachgiebig

im·mune /ɪˈmjuːn/ *Adj* **1** ~ (**to sth**) (*Krankheit*) immun (gegen etw) ◇ *an immune response* eine Immunreaktion ◇ *the immune system* das Immunsystem **2** ~ (**to sth**) unempfänglich (für etw) ◇ *Nobody was immune to her charm.* Alle erlagen ihrem Charme. **3** ~ (**from sth**) geschützt (vor etw), sicher (vor etw) ◇ *be immune from prosecution* vor Strafverfolgung geschützt sein ◇ *Nobody was immune from criticism by the press.* Niemand war sicher vor der Kritik der Presse. SYN EXEMPT

im·mun·ity /ɪˈmjuːnəti/ *Nomen* (*Pl* **-ies**) **1** ~ (**to/against sth**) Immunität (gegen etw) **2** ~ (**from sth**) Immunität (vor etw) ◇ *immunity from prosecution* Straffreiheit

im·mun·iza·tion (*BrE auch* **-isa·tion**) /ˌɪmjunaɪˈzeɪʃn; *AmE* -nəˈz-/ *Nomen* Immunisierung ◇ *an immunization campaign* eine Impfaktion

im·mun·ize (*BrE auch* **-ise**) /ˈɪmjunaɪz/ *Verb* ~ **sb/sth** (**against sth**) jdn/etw (gegen etw) impfen

im·muno·defi·ciency /ˌɪmjuːnəʊdɪˈfɪʃnsi; *AmE* -mjuːnoʊ-/ *Nomen* Immunschwäche, Immundefizienz

im·mun·ology /ˌɪmjuˈnɒlədʒi; *AmE* -ˈnɑːl-/ *Nomen* Immunologie

im·mure /ɪˈmjʊə(r); *AmE* ɪˈmjʊr/ *Verb* (*gehoben*) einmauern

im·mut·able /ɪˈmjuːtəbl/ *Adj* unabänderlich ◇ *an immutable law* ein unumstößliches Gesetz

imp /ɪmp/ *Nomen* **1** Kobold **2** Racker

im·pact¹ /ˈɪmpækt/ *Nomen* [*meist Sing*] **1** Auswirkung ◇ *the environmental impact of tourism* die Auswirkungen des Tourismus auf die Umwelt ◇ *Her speech made a profound impact on everyone.* Ihre Rede hat alle tief beeindruckt. **2** Aufprall, Einschlag ◇ *The bomb explodes on impact.* Die Bombe explodiert beim Aufprall. **3** Wucht ◇ *the impact of the blow* die Wucht des Schlags

im·pact² /ɪmˈpækt/ *Verb* **1** ~ (**on/upon**) **sth** sich auf etw auswirken ◇ *Her father's death impacted greatly on her childhood years.* Ihre Kindheit war sehr vom Tod ihres Vaters geprägt. SYN AFFECT **2** ~ (**on/upon/with**) **sth** (*gehoben*) auf etw aufschlagen, in etw einschlagen

im·pair /ɪmˈpeə(r); *AmE* ɪmˈper/ *Verb* (*gehoben*) beeinträchtigen

im·paired /ɪmˈpeəd; *AmE* ɪmˈperd/ *Adj* **1** beeinträchtigt **2** **-impaired** ◇ *hearing-impaired* schwerhörig ◇ *speech-impaired children* Kinder mit Sprachstörungen

im·pair·ment /ɪmˈpeəmənt; *AmE* -ˈperm-/ *Nomen* (*Fachspr*) Beeinträchtigung ◇ *impairment of the functions of the kidney* Nierenfunktionsstörung ◇ *visual impairment* Sehschwäche

im·pale /ɪmˈpeɪl/ *Verb* aufspießen ◇ *He fell and was impaled on some iron railings.* Er stürzte und wurde von einem Eisengeländer durchbohrt.

im·part /ɪmˈpɑːt; *AmE* ɪmˈpɑːrt/ *Verb* (*gehoben*) **1** ~ **sth** (**to sb**) (jdm) etw mitteilen, (jdm) etw vermitteln SYN CONVEY **2** ~ **sth** (**to sth**) (einer Sache) etw verleihen SYN LEND

im·par·tial /ɪmˈpɑːʃl; *AmE* ɪmˈpɑːrʃl/ *Adj* (*Adv* **im·par·tial·ly** /-ʃəli/) unparteiisch ◇ *give impartial advice to sb* jdn objektiv beraten OPP PARTIAL SYN NEUTRAL *und* UNBIASED

im·par·ti·al·ity /ˌɪmˌpɑːʃiˈæləti; *AmE* -ˌpɑːrʃi-/ *Nomen* Unparteilichkeit

im·pass·able /ɪmˈpɑːsəbl; *AmE* -ˈpæs-/ *Adj* unpassierbar ◇ *impassable to cars* für Autos unbefahrbar ◇ *an impassable barrier* eine unüberwindbare Schranke OPP PASSABLE

im·passe /ˈæmpɑːs; *AmE* ˈɪmpæs/ *Nomen* [*meist Sing*] Sackgasse ◇ *break/end the impasse* einen Weg aus der Sackgasse finden SYN DEADLOCK

im·pas·sioned /ɪmˈpæʃnd/ *Adj nur vor Nomen* (*Rede*) leidenschaftlich SYN FERVENT

im·pas·sive /ɪmˈpæsɪv/ *Adj* (*Adv* **im·pas·sive·ly**) unbewegt, teilnahmslos

im·pa·tience /ɪmˈpeɪʃns/ *Nomen* Ungeduld, Unduldsamkeit

im·pa·tient /ɪmˈpeɪʃnt/ *Adj* (*Adv* **im·pa·tient·ly**) **1** ungeduldig ◊ *Sarah was becoming increasingly impatient at their lack of interest.* Sarah verlor langsam die Geduld, weil sie so wenig Interesse zeigten. **2 be ~ to do sth** es kaum erwarten können etw zu tun; **be ~ for sth** etw mit Ungeduld erwarten ◊ *He was impatient for results.* Er wollte Ergebnisse sehen. **3 ~ of sth/sb** (*gehoben*) unduldsam gegen etw/jdn

im·peach /ɪmˈpiːtʃ/ *Verb* **1 ~ sb** (**for sth**) gegen jdn ein (Amtsenthebungs)verfahren (wegen einer Sache) anstrengen **2** (*gehoben*) infrage stellen, anzweifeln SYN QUESTION

im·peach·able /ɪmˈpiːtʃəbl/ *Adj* (*bes AmE*) ◊ *an impeachable offense* ein Vergehen, das zu einem Amtsenthebungsverfahren führen kann

im·peach·ment /ɪmˈpiːtʃmənt/ *Nomen* Anklage wegen eines Vergehens im Amt ◊ *an impeachment trial* ein Amtsenthebungsverfahren

im·pec·cable /ɪmˈpekəbl/ *Adj* (*Adv* **im·pec·cably** /-bli/) tadellos, makellos; (*Geschmack*) unfehlbar

im·pe·cu·ni·ous /ˌɪmpɪˈkjuːniəs/ *Adj* (*gehoben oder hum*) mittellos SYN POOR *und* PENNILESS

im·pede /ɪmˈpiːd/ *Verb* (*oft passiv*) (*gehoben*) behindern, aufhalten SYN HINDER *und* HAMPER

im·pedi·ment /ɪmˈpedɪmənt/ *Nomen* **1** Hindernis SYN OBSTACLE **2** (MED) Behinderung ◊ *a speech impediment* ein Sprachfehler

impel /ɪmˈpel/ *Verb* (**-ll-**) **~ sb** (**to sth**) jdn (zu etw) treiben, jdn (zu etw) nötigen

im·pend·ing /ɪmˈpendɪŋ/ *Adj nur vor Nomen* bevorstehend, drohend ◊ *his impending death* sein naher Tod

im·pene·trable /ɪmˈpenɪtrəbl/ *Adj* (*Adv* **im·pene·trably** /-bli/) **1** undurchdringlich; (*Barriere etc.*) unüberwindlich; (*Festung*) uneinnehmbar **2** unergründlich, undurchschaubar, unverständlich ◊ *Her expression was impenetrable.* Ihre Miene verriet nichts.

im·pera·tive¹ /ɪmˈperətɪv/ *Adj* **1** (*gehoben*) dringend erforderlich SYN VITAL **2** (*gehoben*) gebieterisch, herrisch **3** *nur vor Nomen* (LING) Befehls-, imperativisch

im·pera·tive² /ɪmˈperətɪv/ *Nomen* **1** (*gehoben*) dringende Notwendigkeit, Gebot **2** (LING) Imperativ, Befehlsform

im·per·cept·ible /ˌɪmpəˈseptəbl/ *AmE* -pər's-/ *Adj* (*Adv* **im·per·cept·ibly** /-bli/) unmerklich, nicht wahrnehmbar

im·per·fect¹ /ɪmˈpɜːfɪkt/ *AmE* -ˈpɜːrf-/ *Adj* (*Adv* **im·per·fect·ly**) unvollkommen, mangelhaft ◊ *All our sale items are slightly imperfect.* Alle unsere Ausverkaufswaren haben kleine Mängel.

im·per·fect² /ɪmˈpɜːfɪkt/ *AmE* -ˈpɜːrf-/ *Nomen* **the imperfect** (*auch* **the im‚perfect 'tense**) [Sing] Imperfekt

im·per·fec·tion /ˌɪmpəˈfekʃn/ *AmE* -pərˈf-/ *Nomen* Unvollkommenheit, Mangelhaftigkeit, Fehler

im·per·ial /ɪmˈpɪəriəl/ *AmE* -ˈpɪr-/ *Adj nur vor Nomen* **1** kaiserlich ◊ *Roman imperial expansion* die Expansion des römischen Reiches **2** = bezeichnet die ehemaligen britischen Maße und Gewichte, z.B. **inch**, **foot**, **gallon** etc.

im·peri·al·ism /ɪmˈpɪəriəlɪzəm/ *AmE* -ˈpɪr-/ *Nomen* (*meist abwert*) Imperialismus

im·peri·al·ist /ɪmˈpɪəriəlɪst/ *AmE* -ˈpɪr-/ **1** *Nomen* (*abwert*) Imperialist(in) **2** *Adj* (*auch* **im·peri·al·is·tic** /ɪmˌpɪəriəˈlɪstɪk/ *AmE* -ˌpɪr-/) imperialistisch

im·peril /ɪmˈperəl/ *Verb* (**-ll-**, *AmE* **-l-**) (*gehoben*) gefährden SYN ENDANGER

im·peri·ous /ɪmˈpɪəriəs/ *AmE* -ˈpɪr-/ *Adj* (*Adv* **im·peri·ous·ly**) (*gehoben*) herrisch, gebieterisch

im·per·man·ent /ɪmˈpɜːmənənt/ *AmE* -ˈpɜːrm-/ *Adj* (*gehoben*) unbeständig, vergänglich OPP PERMANENT

im·per·me·able /ɪmˈpɜːmiəbl/ *AmE* -ˈpɜːrm-/ *Adj* (*Fachspr*) undurchlässig OPP PERMEABLE

im·per·son·al /ɪmˈpɜːsənl/ *AmE* -ˈpɜːrs-/ *Adj* (*Adv* **im·per·son·ally** /-nəli/) (*oft abwert*) unpersönlich

im·per·son·al·ity /ɪmˌpɜːsəˈnæləti/ *AmE* -ˌpɜːrs-/ *Nomen* Unpersönlichkeit ◊ *the cold impersonality of some modern cities* der kalte, unpersönliche Charakter mancher moderner Städte

im·per·son·ate /ɪmˈpɜːsəneɪt/ *AmE* -ˈpɜːrs-/ *Verb* **1** sich ausgeben als **2** nachahmen, imitieren

im·per·son·ation /ɪmˌpɜːsəˈneɪʃn/ *AmE* -ˌpɜːrs-/ *Nomen* Imitation, Nachahmung

im·per·son·ator /ɪmˈpɜːsəneɪtə(r)/ *AmE* -ˈpɜːrs-/ *Nomen* Imitator(in) ◊ *a female impersonator* ein Frauenimitator

im·per·tin·ence /ɪmˈpɜːtɪnəns/ *AmE* -ˈpɜːrtn-/ *Nomen* Unverschämtheit

im·per·tin·ent /ɪmˈpɜːtɪnənt/ *AmE* -ˈpɜːrtn-/ *Adj* (*Adv* **im·per·tin·ent·ly**) unverschämt, frech

im·per·turb·ability /ˌɪmpəˌtɜːbəˈbɪləti/ *AmE* -pərˌtɜːrb-/ *Nomen* Unerschütterlichkeit, Gelassenheit

im·per·turb·able /ˌɪmpəˈtɜːbəbl/ *AmE* -pərˈtɜːrb-/ *Adj* (*Adv* **im·per·turb·ably** /-əbli/) (*gehoben*) unerschütterlich, gelassen

im·per·vi·ous /ɪmˈpɜːviəs/ *AmE* -ˈpɜːrv-/ *Adj* **1 ~ to sth** unzugänglich für etw, gegen etw gefeit ◊ *impervious to pain* schmerzunempfindlich **2** (TECH) **~** (**to sth**) undurchlässig (für etw) ◊ *impervious to moisture* wasserdicht

im·petu·os·ity /ɪmˌpetʃuˈɒsəti/ *AmE* -ˈɑːsəti/ *Nomen* Ungestüm, Impulsivität

im·petu·ous /ɪmˈpetʃuəs/ *Adj* (*Adv* **im·petu·ous·ly**) ungestüm, stürmisch, impulsiv ◊ *an impetuous decision* eine unüberlegte Entscheidung SYN RASH *und* IMPULSIVE

im·petus /ˈɪmpɪtəs/ *Nomen* **1** [U/Sing] Impuls, Anstoß, Schwung ◊ *give (a) fresh impetus to sth* einer Sache neuen Auftrieb geben SYN STIMULUS **2** (TECH) Schwung(kraft)

im·pi·ety /ɪmˈpaɪəti/ *Nomen* Gottlosigkeit, Pietätlosigkeit, Respektlosigkeit

im·pinge /ɪmˈpɪndʒ/ *Verb* **~** (**on/upon sth/sb**) (*gehoben*) sich (auf etw/jdn) auswirken ◊ *The revolution had hardly impinged on their consciousness.* Die Revolution war kaum in ihr Bewusstsein vorgedrungen. SYN ENCROACH

im·pious /ˈɪmpiəs, ɪmˈpaɪəs/ *Adj* (*gehoben*) gottlos, pietätlos, respektlos

imp·ish /ˈɪmpɪʃ/ *Adj* (*Adv* **imp·ish·ly**) verschmitzt, schelmisch; (*Freude*) diebisch

im·plac·able /ɪmˈplækəbl/ *Adj* (*Adv* **im·plac·ably** /-əbli/) unerbittlich, unversöhnlich ◊ *He was implacably opposed to the plan.* Er war ein erbitterter Gegner des Plans.

im·plant¹ /ɪmˈplɑːnt/ *AmE* -ˈplænt/ **1** *Verb* einimpfen, einprägen **2** (MED) implantieren, einpflanzen **3** (MED) (*Eizelle etc.*) sich einnisten

im·plant² /ˈɪmplɑːnt/ *AmE* -ˈplænt/ *Nomen* Implantat

im·plant·ation /ˌɪmplɑːnˈteɪʃn/ *AmE* -plænˈ-/ *Nomen* Implantation, Einpflanzung

im·plaus·ible /ɪmˈplɔːzəbl/ *Adj* (*Adv* **im·plaus·ibly** /-əbli/) unglaubwürdig, unwahrscheinlich ◊ *His theory is highly implausible.* Seine Theorie ist wenig überzeugend.

im·ple·ment¹ /ˈɪmplɪment/ *Verb* **1** umsetzen **2** einführen

im·ple·ment² /ˈɪmplɪmənt/ *Nomen* Gerät

im·ple·men·ta·tion /ˌɪmplɪmenˈteɪʃn/ *Nomen* **1** Umsetzung **2** Einführung

im·pli·cate /ˈɪmplɪkeɪt/ *Verb* **1** belasten; **~ sb in sth** jdn der Beteiligung an etw beschuldigen ◊ *He tried to avoid saying anything that would implicate him further.* Er wollte nichts sagen, was ihn stärker belasten könnte. **2 ~ sth** (**in/as sth**) etw ursächlich) (mit etw) in Zusammenhang bringen, etw als Ursache (für etw) betrachten **3 be implicated in sth** in etw verwickelt sein

im·pli·ca·tion /ˌɪmplɪˈkeɪʃn/ *Nomen* **1** [meist Pl] Auswirkung, Konsequenz ☞ *Hinweis bei* EFFECT¹ (1) **2** Implikation, Andeutung ◊ *The implication in his article is that ...* Sein Artikel unterstellt, dass ... ◊ *He criticized the Director and, by implication, the whole of the organization.* Er kritisierte den Direktor und damit implizit die ganze Organisation. **3** Verwicklung

im·pli·cit /ɪmˈplɪsɪt/ *Adj* (*Adv* **im·pli·cit·ly**) **1** unausgesprochen, stillschweigend ◊ *It reinforces, implicitly or explicitly, the idea that ...* Es bestätigt mehr oder weniger ausdrücklich die Auffassung, dass ... **2** (stillschweigend) vorausgesetzt ◊ *The ability to listen is implicit in the teacher's role.*

implode

Von Lehrern wird erwartet, dass sie zuhören können. **3** (*Vertrauen etc.*) unbedingt, blind

im·plode /ɪmˈpləʊd; *AmE* ɪmˈploʊd/ *Verb* **1** implodieren **2** versagen, zusammenbrechen

im·plore /ɪmˈplɔː(r)/ *Verb* (*gehoben*) (an)flehen, inständig bitten SYN BESEECH *und* BEG

im·plor·ing /ɪmˈplɔːrɪŋ/ *Adj* flehend, bittend

im·plo·sion /ɪmˈpləʊʒn; *AmE* -ˈploʊ-/ *Nomen* **1** Implosion **2** Zusammenbruch

imply /ɪmˈplaɪ/ *Verb* (**-plies, -ply·ing, -plied, -plied**) **1** andeuten, nahe legen ◊ *Are you implying (that) I am wrong?* Wollen Sie damit sagen, dass ich Unrecht habe? ◊ *the implied criticism in his voice* der kritische Unterton in seiner Stimme ☞ *Hinweis bei* SUGGEST (2) **2** bedeuten, voraussetzen, erfordern

im·pol·ite /ˌɪmpəˈlaɪt/ *Adj* unhöflich SYN RUDE

im·pol·it·ic /ɪmˈpɒlətɪk; *AmE* -ˈpɑːl-/ *Adj* (*gehoben*) unklug, unratsam

im·pon·der·able[1] /ɪmˈpɒndərəbl; *AmE* -ˈpɑːn-/ *Nomen* [meist Pl] (*gehoben*) Unwägbarkeit

im·pon·der·able[2] /ɪmˈpɒndərəbl; *AmE* -ˈpɑːn-/ *Adj* unwägbar

im·port[1] /ˈɪmpɔːt; *AmE* ˈɪmpɔːrt/ *Nomen* **1** [meist Pl] Import(gut) OPP EXPORT **2** Einfuhr, Import ◊ *a ban on the import of beef* eine Einfuhrsperre für Rindfleisch OPP EXPORT **3** [U] (*gehoben*) Wichtigkeit ◊ *matters of great import* Angelegenheiten von größter Bedeutung **4 the import** [Sing] (*gehoben*) die Bedeutung ◊ *He suddenly realized the full import of her words.* Plötzlich wurde ihm die volle Bedeutung ihrer Worte bewusst.

im·port[2] /ɪmˈpɔːt; *AmE* ɪmˈpɔːrt/ *Verb* einführen, importieren OPP EXPORT

im·port·ance /ɪmˈpɔːtns; *AmE* -ˈpɔːrt-/ *Nomen* Wichtigkeit, Bedeutung

im·port·ant /ɪmˈpɔːtnt; *AmE* -ˈpɔːrt-/ *Adj* wichtig, bedeutend ◊ *It is important for him to attend every day.* Es ist wichtig, dass er jeden Tag anwesend ist. ◊ *The important thing is to try.* Hauptsache, man versucht es.

> ✎ WRITING TIP
> **Singling out an important factor**
>
> *Immigrants have played a key role in the country's economic success.* Einwanderer haben beim wirtschaftlichen Erfolg des Landes eine Schlüsselrolle gespielt.
>
> *Immigrant workers make a significant contribution to the economy.* Ausländische Arbeitnehmer leisten einen großen Beitrag zur Wirtschaft.
>
> *Skilled workers from abroad have played an important part in building up the economy.* Facharbeiter aus dem Ausland haben beim Aufbau der Wirtschaft eine wichtige Rolle gespielt.
>
> *Businesses run by immigrants are a major factor in the country's economic success.* Von Einwanderern geführte Firmen sind ein wichtiger Faktor für den wirtschaftlichen Erfolg des Landes.

im·port·ant·ly /ɪmˈpɔːtntli; *AmE* -ˈpɔːrt-/ *Adv* **1** (*insbesondere*) was wichtig ist ◊ *More importantly, can he be trusted?* Was noch wichtiger ist: Kann man ihm vertrauen? **2** wichtig(tuerisch), selbstherrlich

im·port·ation /ˌɪmpɔːˈteɪʃn; *AmE* -pɔːrˈt-/ *Nomen* Einfuhr, Import

im·port·er /ɪmˈpɔːtə(r); *AmE* -ˈpɔːrt-/ *Nomen* Importeur, Importland

im·por·tune /ˌɪmpɔːˈtjuːn; *AmE* -pɔːrˈtuːn/ *Verb* (*gehoben*) **~ sb** sich jdm aufdrängen; **~ sb for sth** jdn mit Bitten um etw behelligen SYN PESTER

im·pose /ɪmˈpəʊz; *AmE* ɪmˈpoʊz/ *Verb* **1** verhängen, anordnen; **~ sth on/upon sb/sth** jdm/einer Sache etw auferlegen, jdn/etw mit etw belegen ◊ *A new tax was imposed on fuel.* Auf Kraftstoff wurde eine neue Steuer erhoben. ◊ *impose law and order* für Recht und Ordnung sorgen **2 ~ sth** etw durchsetzen; **~ sth on/upon sb** jdm etw aufdrängen ◊ *He tried to impose his will on me.* Er versuchte, mir seinen Willen aufzuzwingen. **3 ~** (**on/upon sb/sth**) sich (jdm/etw) aufdrängen ◊ *'You must stay for lunch.' 'Well, thanks, but I don't want to impose…'* „Bleiben Sie doch zum Mittagessen."„Danke, aber nur wenn's keine Umstände macht." ◊ *Everyone imposes on Dave's good nature.* Alle nutzen Daves Gutmütigkeit aus. **4 ~ yourself** (**on/upon sb/sth**) sich (jdm/etw) aufzwingen

im·pos·ing /ɪmˈpəʊzɪŋ; *AmE* -ˈpoʊz-/ *Adj* imposant

im·pos·ition /ˌɪmpəˈzɪʃn/ *Nomen* **1** Auferlegung, Verhängung ◊ *the imposition of tax on fuel* die Erhebung von Steuern auf Kraftstoff **2** Zumutung

im·pos·si·bil·ity /ɪmˌpɒsəˈbɪləti; *AmE* -ˌpɑːsə-/ *Nomen* [meist Sing] Unmöglichkeit

im·pos·sible /ɪmˈpɒsəbl; *AmE* -ˈpɑːs-/ **1** *Adj* unmöglich ◊ *an impossible dream* ein unerfüllbarer Wunschtraum **2 the impossible** *Nomen* [Sing] das Unmögliche

im·pos·sibly /ɪmˈpɒsəbli; *AmE* -ˈpɑːs-/ *Adv* unmöglich, unglaublich ◊ *an impossibly difficult problem* ein schier unlösbares Problem

im·pos·tor (*BrE auch* **im·pos·ter**) /ɪmˈpɒstə(r); *AmE* -ˈpɑːs-/ *Nomen* Betrüger(in), Schwindler(in), Hochstapler(in)

im·pos·ture /ɪmˈpɒstʃə(r); *AmE* -ˈpɑːs-/ *Nomen* (*gehoben*) Betrug

im·po·tence /ˈɪmpətəns/ *Nomen* **1** Machtlosigkeit, Ohnmacht **2** Impotenz

im·po·tent /ˈɪmpətənt/ *Adj* **1** (*Adv* **im·po·tent·ly**) machtlos, ohnmächtig **2** impotent

im·pound /ɪmˈpaʊnd/ *Verb* **1** (RECHT) beschlagnahmen SYN CONFISCATE **2** (*streunende Hunde, Katzen etc.*) einsperren

im·pov·er·ish /ɪmˈpɒvərɪʃ; *AmE* -ˈpɑːv-/ *Verb* **1** in Armut stürzen **2** verarmen lassen; (*Boden*) auslaugen

im·pov·er·ished /ɪmˈpɒvərɪʃt; *AmE* -ˈpɑːv-/ *Adj* verarmt, ärmlich; (*Boden*) ausgelaugt ◊ *the impoverished areas of the city* die Armenviertel der Stadt

im·pov·er·ish·ment /ɪmˈpɒvərɪʃmənt/ *Nomen* Verarmung

im·prac·tic·abil·ity /ɪmˌpræktɪkəˈbɪləti/ *Nomen* Undurchführbarkeit, Unmöglichkeit

im·prac·tic·able /ɪmˈpræktɪkəbl/ *Adj* nicht durchführbar, nicht praktikabel

im·prac·ti·cal /ɪmˈpræktɪkl/ *Adj* **1** nicht praktikabel, unpraktisch, unbrauchbar ◊ *It was totally impractical to think that we could finish so soon.* Es war einfach nicht realistisch zu glauben, dass wir so schnell fertig werden könnten. **2** nicht praktisch veranlagt

im·prac·ti·cal·ity /ɪmˌpræktɪˈkæləti/ *Nomen* Undurchführbarkeit

im·pre·ca·tion /ˌɪmprɪˈkeɪʃn/ *Nomen* (*gehoben*) Verwünschung

im·pre·cise /ˌɪmprɪˈsaɪs/ *Adj* (*Adv* **im·pre·cise·ly**) ungenau OPP PRECISE

im·pre·ci·sion /ˌɪmprɪˈsɪʒn/ *Nomen* [U] Ungenauigkeit

im·preg·nable /ɪmˈpregnəbl/ *Adj* uneinnehmbar, unbezwingbar

im·preg·nate /ˈɪmpregneɪt; *AmE* ɪmˈpreg-/ *Verb* **1 ~ sth** (**with sth**) etw (mit etw) durchtränken, etw (mit etw) imprägnieren **2** (*gehoben*) schwängern

im·preg·nation /ˌɪmpregˈneɪʃn/ *Nomen* **1** Durchtränkung, Imprägnierung **2** Befruchtung, Schwängerung

im·pres·ario /ˌɪmprəˈsɑːriəʊ; *AmE* -rioʊ/ *Nomen* (*Pl* **-os**) (*Theater-, Opern-*) Intendant(in); (*Ballett-*) Direktor(in)

im·press /ɪmˈpres/ *Verb* **1** beeindrucken ◊ *The Grand Canyon never fails to impress.* Der Grand Canyon beeindruckt die Leute immer. **2 ~ sth on/upon sb** (*gehoben*) jdm etw klarmachen, jdm etw einschärfen **3 ~ sth on/upon sth/sb** (*gehoben*) ◊ *Her stories were impressed on my mind.* Ihre Geschichten werde ich nie vergessen. **4 ~ itself on/upon sth** (*gehoben*) sich jdm einprägen ◊ *Her words impressed themselves on my memory.* Ihre Worte haben sich mir eingeprägt.

im·pres·sion /ɪmˈpreʃn/ *Nomen* **1** Eindruck ◊ *an overall impression* ein Gesamteindruck ◊ *She gives the impression of being very busy.* Sie erweckt den Eindruck sehr beschäftigt zu sein. ◊ *The lighting creates an impression of space.* Die Beleuchtung lässt den Raum größer erscheinen. **2** Zeichnung **3** (*Nachahmen*) Imitation ◊ *His impression of her movements was perfect.* Er machte ihre Bewegungen perfekt nach. **4** Abdruck **5** Nachdruck IDM **under the**

im·pression that ... in der Annahme, dass ... ◇ *be under the impression that ...* denken, dass ...

im·pres·sion·able /ɪmˈpreʃənəbl/ *Adj* leicht beeinflussbar, leicht zu beeindrucken

Im·pres·sion·ism /ɪmˈpreʃənɪzəm/ *Nomen* Impressionismus

im·pres·sion·ist /ɪmˈpreʃənɪst/ **1** *Nomen* (*meist* **Impressionist**) Impressionist(in) **2** Imitator(in) **3** *Adj* **Impressionist** Impressionisten-

im·pres·sion·is·tic /ˌɪmpreʃəˈnɪstɪk/ *Adj* (*gehoben*) impressionistisch

im·pres·sive /ɪmˈpresɪv/ *Adj* (*Adv* **im·pres·sive·ly**) beeindruckend, eindrucksvoll ◇ *She was very impressive in the interview.* Sie machte einen sehr guten Eindruck beim Vorstellungsgespräch. OPP UNIMPRESSIVE

im·print¹ /ˈɪmprɪnt/ *Verb* **1** einprägen ◇ *The scenes were imprinted on his mind.* Die Bilder hatten sich ihm eingeprägt. ◇ *He imprints his own personal style on his work.* Er drückt seinen Werken seinen persönlichen Stempel auf. **2** bedrucken ◇ *Their footprints were imprinted in the snow.* Ihre Fußabdrücke waren im Schnee zu sehen. ◇ *His face was imprinted with fear.* Ihm stand die Angst ins Gesicht geschrieben.

im·print² /ˈɪmprɪnt/ *Nomen* **1** Abdruck, Spur(en) ◇ *His paintings leave an imprint on the memory for ever.* Seine Gemälde bleiben einem für immer im Gedächtnis. **2** (*Fachspr*) Impressum

im·prison /ɪmˈprɪzn/ *Verb* inhaftieren, einsperren

im·pris·on·ment /ɪmˈprɪznmənt/ *Nomen* Haft(strafe)

im·prob·abil·ity /ɪmˌprɒbəˈbɪləti/ *AmE* -ˌprɑːbə-/ *Nomen* Unwahrscheinlichkeit

im·prob·able /ɪmˈprɒbəbl/ *AmE* -ˈprɑːb-/ *Adj* (*Adv* **im·prob·ably** /-əbli/) **1** unwahrscheinlich OPP PROBABLE **2** unglaubwürdig, unwahrscheinlich

im·promp·tu /ɪmˈprɒmptjuː/ *AmE* -ˈprɑːmptuː/ *Adj* improvisiert, spontan ◇ *an impromptu speech* eine Stegreifrede

im·proper /ɪmˈprɒpə(r)/ *AmE* -ˈprɑːp-/ *Adj* (*Adv* **im·prop·er·ly**) **1** unlauter ◇ *improper business practices* unlautere Geschäftspraktiken **2** (*gehoben*) unangebracht, unangemessen, unschicklich **3** unsachgemäß, unvorschriftsmäßig

im·pro·pri·ety /ˌɪmprəˈpraɪəti/ *Nomen* (*Pl* **-ies**) (*gehoben*) **1** Fehlverhalten, Verstoß **2** Unangemessenheit, Unschicklichkeit

im·prove /ɪmˈpruːv/ *Verb* (sich) (ver)bessern ◇ *I need to improve my French.* Mein Französisch muss besser werden. PHRV **im·prove on/upon sth** etw verbessern ◇ *We've improved on last year's performance.* Im Vergleich zum Vorjahr haben wir unsere Leistung gesteigert.

im·prove·ment /ɪmˈpruːvmənt/ *Nomen* Verbesserung, Besserung ◇ *There is still room for improvement in your work.* Du könntest noch besser arbeiten. ◇ *home improvements* Renovierungsarbeiten

im·pro·visa·tion /ˌɪmprəvaɪˈzeɪʃn/ *AmE* ɪmˌprɑːvəˈzeɪʃn/ *Nomen* Improvisation, Improvisieren

im·pro·vise /ˈɪmprəvaɪz/ *Verb* improvisieren ◇ *He improvised on the melody.* Er spielte Improvisationen über das Thema.

im·pru·dence /ɪmˈpruːdns/ *Nomen* Unklugheit

im·pru·dent /ɪmˈpruːdnt/ *Adj* (*Adv* **im·pru·dent·ly**) (*gehoben*) unklug SYN UNWISE OPP PRUDENT

im·pu·dence /ˈɪmpjədəns/ *Nomen* Unverschämtheit, Frechheit

im·pu·dent /ˈɪmpjədənt/ *Adj* (*gehoben*) unverschämt, frech

im·pugn /ɪmˈpjuːn/ *Verb* (*gehoben*) anfechten, in Zweifel ziehen

im·pulse /ˈɪmpʌls/ *Nomen* [meist Sing] Drang, Impuls ◇ *on (an) impulse* aus einem Impuls heraus

'impulse buying *Nomen* [U] Impulskäufe

im·pul·sive /ɪmˈpʌlsɪv/ *Adj* (*Adv* **im·pul·sive·ly**) impulsiv

im·pul·sive·ness /ɪmˈpʌlsɪvnəs/ *Nomen* Impulsivität

im·pun·ity /ɪmˈpjuːnəti/ *Nomen* (*gehoben, abwert*) Straffreiheit ◇ *They continue to break the law with impunity.* Sie brechen immer noch ungestraft das Gesetz.

im·pure /ɪmˈpjʊə(r)/ *AmE* ɪmˈpjʊr/ *Adj* unrein, unanständig

im·pur·ity /ɪmˈpjʊərəti/ *AmE* -ˈpjʊr-/ *Nomen* (*Pl* **-ies**) Unreinheit, Verunreinigung OPP PURITY

im·put·ation /ˌɪmpjuˈteɪʃn/ *Nomen* Anschuldigung, Unterstellung

im·pute /ɪmˈpjuːt/ PHRV **im'pute sth to sb/sth** (*gehoben*) jdn/etw einer Sache bezichtigen, jdm/einer Sache etw unterstellen

in¹ /m/ *Präp* ☛ Für Verben mit **in** siehe die Einträge für die Verben. **Deal in sth** z.B. steht unter **deal**.

1 in ◇ *in a week's time* in einer Woche ◇ *in bed* im Bett ◇ *She's in computers.* Sie ist in der Computerbranche tätig. ◇ *The kids were playing in the street.* Die Kinder spielten auf der Straße. ◇ *all the paintings in the collection* alle Bilder der Sammlung ◇ *I recognize his father in him.* Er ist ganz sein Vater. ◇ *in love* verliebt **2** (*mit Tätigkeiten*) bei ◇ *They died in attempting to save others.* Bei dem Versuch andere zu retten kamen sie selbst ums Leben. **3** (*mit Zeitspannen*) in, an ◇ *in summer* im Sommer ◇ *in the morning* am Morgen ◇ *I'm getting forgetful in my old age.* Ich werde vergesslich auf meine alten Tage. **4** seit ◇ *I haven't seen him in years.* Ich habe ihn seit Jahren nicht gesehen. **5** (*mit Kleidung*) ◇ *They are dressed in their best clothes.* Sie tragen ihre beste Kleidung. ◇ *the man in the hat* der Mann mit dem Hut ◇ *be in disguise* verkleidet sein **6** (*mittels*) auf, mit ◇ *in German* auf Deutsch ◇ *Can you put it in writing, please?* Können Sie mir das bitte schriftlich geben? ◇ *pay in cash* bar bezahlen **7** an ◇ *She was not lacking in courage.* Es fehlte ihr nicht an Mut. ◇ *three metres in length* drei Meter lang **8** mit ◇ *We're losing a first-rate editor in Kathy.* Mit Kathy verlieren wir eine erstklassige Redakteurin. **9** (*mit Verhältnissen oder Raten*) ◇ *a gradient of one in five* ein Gefälle von 20% ◇ *a tax rate of 22 pence in the pound* ein Steuersatz von 22% IDM **in that** insofern als

in² /m/ *Adv* ☛ Für Verben mit **in** siehe die Einträge für die Verben. **Fill in (for sb)** z.B. steht unter **fill**.

1 darin ◇ *I can't drink coffee with milk in.* Ich kann Kaffee mit Milch nicht trinken. **2** hinein ◇ *Go in.* Geh hinein. **3** zu Hause ◇ *Nobody was in.* Niemand war zu Hause. **4** da ◇ *The bus is due in at six.* Der Bus kommt laut Fahrplan um sechs an. ◇ *Applications must be in by April 30.* Bewerbungsschluss ist der 30. April. **5** (*beim Kricket etc.*) am Schlag **6** (*beim Tennis etc.*) drin **7** ◇ *Is the tide coming in or going out?* Ist jetzt Flut oder Ebbe? IDM **be 'in for sth** (*umgs*) ◇ *He's in for a shock!* Er wird einen Schock bekommen! ◇ *I'm afraid we're in for a storm.* Ich fürchte, wir müssen uns auf einen Sturm gefasst machen. **be/get 'in on sth** (*umgs*) **1** bei etw mitmachen; an etw beteiligt sein **2** in etw eingeweiht sein/werden **be (well) 'in with sb** (*umgs*) bei jdm gut angeschrieben sein ,**in and 'out (of sth)** ◇ *He was in and out of jail for most of his life.* Er landete sein ganzes Leben über immer wieder im Gefängnis.

in³ /m/ *Adj* (*umgs*) (*modisch*) in ◇ *Green is the in colour this spring.* Grün ist diesen Frühling in.

in⁴ /m/ *Nomen* IDM **the ˌins and 'outs (of sth)** die Einzelheiten (einer Sache)

in. *Abk* (*Pl* **in.** *oder* **ins.**) = INCH

in- /m/

Die Vorsilben **in-**, **il-**, **im-** und **ir-** werden in Nomina, Adjektiven und Adverbien gebraucht und entsprechen oft dem deutschen **Un-** oder **un-**: *impossibility* Unmöglichkeit ◇ *invalid* ungültig ◇ *irregularly* unregelmäßig. Bei Verben werden **in-** und **im-** verwendet, um zu beschreiben, dass etw in einen bestimmten Zustand versetzt wird: *imperil* gefährden.

in·abil·ity /ˌɪnəˈbɪləti/ *Nomen* Unfähigkeit

in ab·sen·tia /ˌɪn æbˈsenʃiə/ *Adv* in Abwesenheit

in·access·ibil·ity /ˌɪnækˌsesəˈbɪləti/ *Nomen* **1** Unzugänglichkeit **2** Unverständlichkeit

in·access·ible /ˌɪnækˈsesəbl/ *Adj* ~ (**to sb/sth**) **1** schwer zugänglich (für jdn/etw), unzugänglich (für jdn/etw), schwer/nicht erreichbar (für jdn/etw) **2** unverständlich (für jdn/etw)

in·accur·acy /ɪnˈækjərəsi/ *Nomen* (*Pl* **-ies**) Ungenauigkeit, Unrichtigkeit

in·accur·ate /ɪnˈækjərət/ *Adj* (*Adv* **in·accur·ate·ly**) ungenau, falsch ◊ *inaccurate information* Fehlinformationen

in·action /ɪnˈækʃn/ *Nomen* (*abwert*) Untätigkeit, Tatenlosigkeit

in·active /ɪnˈæktɪv/ *Adj* **1** untätig, nicht aktiv **2** nicht in Betrieb stehend **3** inaktiv

in·activ·ity /ˌmækˈtɪvəti/ *Nomen* Untätigkeit

in·ad·equacy /ɪnˈædɪkwəsi/ *Nomen* (*Pl* **-ies**) Unzulänglichkeit, Schwäche ◊ *They complained about the inadequacy of their resources.* Sie beschwerten sich darüber keine ausreichenden Mittel zu haben.

in·ad·equate /ɪnˈædɪkwət/ *Adj* **1** (*Adv* **in·ad·equate·ly**) unzulänglich, unzureichend, nicht ausreichend ◊ *They were inadequately insured.* Sie hatten keine adäquate Versicherung. **2 be/feel ~** der Sache nicht gewachsen sein ◊ *I felt inadequate as a mother.* Ich fühlte mich meiner Aufgabe als Mutter nicht gewachsen.

in·ad·mis·sible /ˌɪnədˈmɪsəbl/ *Adj* (*gehoben*) unzulässig

in·ad·vert·ent /ˌmədˈvɜːtənt; *AmE* -ˈvɜːrt-/ *Adj* (*Adv* **in·ad·vert·ent·ly**) unbeabsichtigt, vesehentlich

in·ad·vis·able /ˌɪnədˈvaɪzəbl/ *Adj* (*gehoben*) nicht ratsam

in·ali·en·able /ɪnˈeɪliənəbl/ *Adj* (*gehoben*) unveräußerlich ◊ *It is his inalienable right to do so.* Das Recht darauf kann ihm niemand nehmen.

inane /ɪˈneɪm/ *Adj* **1** (*Adv* **in·ane·ly**) albern **2** geistlos

in·ani·mate /ɪnˈænɪmət/ *Adj* unbelebt, leblos

in·an·ity /ɪˈnænəti/ *Nomen* (*Pl* **-ies**) Geistlosigkeit

in·applic·able /ˌɪnəˈplɪkəbl, ɪnˈæplɪkəbl/ *Adj nicht vor Nomen* **~ (to sb/sth)** nicht zutreffend (für jdn/etw)

in·appro·pri·ate /ˌɪnəˈprəʊpriət; *AmE* -ˈproʊ-/ *Adj* (*Adv* **in·appro·pri·ate·ly**) unangemessen, unpassend ◊ *It would be inappropriate for me to comment.* Es wäre unangebracht, wenn ich einen Kommentar dazu abgeben würde.

in·appro·pri·ate·ness /ˌɪnəˈprəʊpriətnəs/ *Nomen* Unangemessenheit, Ungeeignetheit

in·articu·late /ˌɪnɑːˈtɪkjələt; *AmE* -ɑːrˈtɪk-/ *Adj* **1** unfähig sich klar auszudrücken **2** (*Adv* **in·articu·late·ly**) unverständlich

in·as·much as /ˌɪnəzˈmʌtʃ əz/ *Konj* (*gehoben*) **1** insofern, als **2** denn

in·atten·tion /ˌɪnəˈtenʃn/ *Nomen* Unaufmerksamkeit

in·atten·tive /ˌɪnəˈtentɪv/ *Adj* (*Adv* **in·atten·tive·ly**) (*abwert*) unaufmerksam ◊ *He had been inattentive to his duties.* Er hatte seine Pflichten vernachlässigt.

in·audi·bil·ity /ɪnˌɔːdəˈbɪləti/ *Nomen* Unhörbarkeit

in·aud·ible /ɪnˈɔːdəbl/ *Adj* (*Adv* **in·aud·ibly** /-əbli/) unhörbar ◊ *inaudible to the human ear* für das menschliche Gehör nicht wahrnehmbar

in·aug·ural¹ /ɪˈnɔːɡjərəl/ *Adj nur vor Nomen* Antritts-, Eröffnungs-

in·aug·ural² /ɪˈnɔːɡjərəl/ *Nomen* (*bes AmE*) Antrittsrede

in·aug·ur·ate /ɪˈnɔːɡjəreɪt/ *Verb* **1 ~ sb** jdn in sein/ihr Amt einsetzen **2** einweihen, eröffnen **3** (*gehoben*) einführen, einleiten

in·aug·ur·ation /ɪˌnɔːɡjəˈreɪʃn/ *Nomen* Amtseinführung

in·aus·pi·cious /ˌɪnɔːˈspɪʃəs/ *Adj* (*Adv* **in·aus·pi·cious·ly**) (*gehoben*) Unheil verheißend

in·authen·tic /ˌɪnɔːˈθentɪk/ *Adj* nicht authentisch

in·authen·ti·city /ˌɪnɔːθenˈtɪsəti/ *Nomen* (*gehoben*) Unechtheit

in·born /ˌɪnˈbɔːn; *AmE* -ˈbɔːrn/ *Adj* angeboren SYN INBRED *und* INNATE

in·bound /ˈɪnbaʊnd/ *Adj* (*gehoben*) ankommend ◊ *on the inbound flight* auf dem Rückflug OPP OUTBOUND

ˈin box *Nomen* **1 inbox** (COMP) Posteingangsordner **2** (*AmE*) Ablage für Posteingänge

in·bred /ˌɪnˈbred/ *Adj* **1** durch Inzucht erzeugt **2** (*selten*) angeboren SYN INBORN

in·breed·ing /ˈɪnbriːdɪŋ/ *Nomen* Inzucht

in·built /ˈɪnbɪlt/ *Adj nur vor Nomen* natürlich, angeboren ◊ *His height gives him an inbuilt advantage.* Aufgrund seiner Größe hat er automatisch einen Vorteil.

Inc. (*auch* **inc**) /ɪŋk/ *Abk* (*AmE*) (*Gesellschaft*) eingetragen

inc. (*auch* **inc**) *Abk* (*BrE*) = INCLUDING, INCLUSIVE

in·cal·cul·able /ɪnˈkælkjələbl/ *Adj* (*Adv* **in·cal·cul·ably** /-əbli/) (*gehoben*) unermesslich, unabsehbar

in·can·des·cence /ˌɪnkænˈdesns/ *Nomen* Glut

in·can·des·cent /ˌɪnkænˈdesnt/ *Adj* **1** (*Fachspr*) weiß glühend **2** (*gehoben*) strahlend **3** (*gehoben*) ◊ *She was incandescent with rage.* Sie glühte vor Zorn.

in·can·ta·tion /ˌɪnkænˈteɪʃn/ *Nomen* Zauberspruch, Beschwörung

in·cap·able /ɪnˈkeɪpəbl/ *Adj* unfähig ◊ *I was incapable of speech.* Ich konnte nicht sprechen. ◊ *He was found lying in the road, drunk and incapable.* Man fand ihn volltrunken auf der Straße liegend.

in·cap·aci·tate /ˌɪnkəˈpæsɪteɪt/ *Verb* (*meist passiv*) (*gehoben*) stark behindern, außer Gefecht setzen ◊ *mentally incapacitated people* geistig Behinderte

in·cap·acity /ˌɪnkəˈpæsəti/ *Nomen* Unfähigkeit ◊ *She returned to work after a long period of incapacity.* Nach einer langen Zeit der Arbeitsunfähigkeit nahm sie ihre Arbeit wieder auf. ◊ *mental incapacity* geistige Behinderung

in·car·cer·ate /ɪnˈkɑːsəreɪt; *AmE* -ˈkɑːrs-/ *Verb* (*meist passiv*) **~ sb (in sth)** (*gehoben*) jdn (in etw) einsperren ◊ *They were incarcerated in labour camps.* Sie wurden in Arbeitslagern gefangen gehalten. SYN IMPRISON

in·car·cer·ation /ɪnˌkɑːsəˈreɪʃn; *AmE* -ˌkɑːrs-/ *Nomen* [U] Inhaftierung, Haft, Gefangenschaft

in·car·nate¹ /ɪnˈkɑːnət; *AmE* -ˈkɑːrn-/ *Adj* (*gehoben*) (*meist nach einem Nomen*) leibhaftig ◊ *She is generosity incarnate.* Sie ist die Großzügigkeit in Person.

in·car·nate² /ˈɪnkɑːneɪt; *AmE* -kɑːrn-/ *Verb* (*gehoben*) verkörpern

in·car·na·tion /ˌɪnkɑːˈneɪʃn; *AmE* -kɑːrˈn-/ *Nomen* **1** Inkarnation (*auch fig*) ◊ *in a previous incarnation* in einem früheren Leben **2** Verkörperung **3 the Incarnation** die Menschwerdung Christi

in·cau·tious /ɪnˈkɔːʃəs/ *Adj* (*Adv* **in·cau·tious·ly**) (*gehoben*) unbedacht, unvorsichtig

in·cen·di·ary¹ /ɪnˈsendiəri; *AmE* -dieri/ *Adj nur vor Nomen* **1** Brand- ◊ *an incendiary device* ein Brandsatz **2** (*gehoben*) (*fig*) Hetz-, hetzerisch

in·cen·di·ary² /ɪnˈsendiəri; *AmE* -dieri/ *Nomen* (*Pl* **-ies**) Brandbombe SYN FIREBOMB

in·cense¹ /ˈɪnsens/ *Nomen* Weihrauch ◊ *incense sticks* Räucherstäbchen

in·cense² /ɪnˈsens/ *Verb* (*meist passiv*) erzürnen

in·cen·tive /ɪnˈsentɪv/ *Nomen* Anreiz OPP DISINCENTIVE

in·cep·tion /ɪnˈsepʃn/ *Nomen* [Sing] (*gehoben*) Beginn

in·ces·sant /ɪnˈsesnt/ *Adj* (*Adv* **in·ces·sant·ly**) (*abwert*) unaufhörlich, ständig, unablässig ◊ *a week of almost incessant rain* eine Woche, in der es fast unaufhörlich regnete

in·cest /ˈɪnsest/ *Nomen* Inzest

in·ces·tu·ous /ɪnˈsestjuəs; *AmE* -tʃuəs/ *Adj* (*Adv* **in·ces·tu·ous·ly**) inzestuös ◊ *The record industry is an incestuous business.* In der Schallplattenindustrie herrscht Vetternwirtschaft.

inch¹ /ɪntʃ/ *Nomen* **1** (*Abk* **in.**) Zoll, Inch ◊ *She's a few inches taller than me.* Sie ist ein paar Zentimeter größer als ich. ↪ *Siehe auch S.* 760 **2** ◊ *He escaped death by an inch.* Er ist dem Tod um Haaresbreite entgangen. IDM **every inch 1** ◊ *The doctor examined every inch of his body.* Der Arzt untersuchte ihn gründlichst. ◊ *I'll fight them every inch of the way.* Ich werde die Sache bis zum Schluss durchkämpfen. **2** ◊ *She looks every inch a model.* Sie sieht so richtig wie ein Model aus. **give sb an ˈinch (and they'll take a ˈmile/ˈyard)** gibt man jdm den kleinen Finger, so nimmt er die ganze Hand ˈinch by ˈinch Zentimeter um Zentimeter nachgeben **not budge/give/move an ˈinch** keinen Zentimeter nachgeben **within an ˈinch of sth/of doing sth** ◊ *She was within an inch of being killed.* Sie wäre um ein Haar umgekommen. ◊ *They beat him within an inch of his life.* Sie richteten ihn so zu, dass er um ein Haar gestorben wäre. ↪ *Siehe auch* TRUST²

inch² /ɪntʃ/ *Verb* (sich) zentimeterweise in eine Richtung bewegen ◊ *He inched his way through the narrow passage.* Er schob sich langsam durch den engen Gang.

in·ci·dence /ˈɪnsɪdəns/ *Nomen* [Sing] **1** Vorkommen, Häufigkeitsrate ◊ *an area with a high incidence of crime* ein

Gebiet mit einer hohen Kriminalitätsrate **2** (*Fachspr*) Einfall ◊ *the angle of incidence* der Einfallswinkel

in·ci·dent /ˈɪnsɪdənt/ *Nomen* Vorfall, Zwischenfall ◊ *The demonstration passed off without incident.* Die Demonstration verlief ohne Zwischenfälle. ◊ *an isolated incident* ein Einzelfall ◊ *a shooting incident* eine Schießerei

in·ci·den·tal /ˌɪnsɪˈdentl/ *Adj* **1** ◊ *The discovery was incidental to their main area of research.* Die Entdeckung war ein Nebenprodukt ihrer Forschungsarbeit. ◊ *incidental music* Begleitmusik ◊ *incidental expenses* Nebenkosten ◊ *Her presence was purely incidental.* Ihre Anwesenheit war rein zufällig. **2** ~ **(to sth)** (*gehoben*) ◊ *These risks are incidental to the work of a firefighter.* Diese Risiken gehören zu der Arbeit eines Feuerwehrmanns dazu.

in·ci·den·tal·ly /ˌɪnsɪˈdentli/ *Adv* **1** übrigens SYN BY THE WAY **2** zufällig, nebenbei

'incident room *Nomen* = von der Polizei eingerichtete Zentrale, in der alle Hinweise zu einem wichtigen Fall gesammelt werden und von wo aus die Fahndung koordiniert wird

in·cin·er·ate /ɪnˈsɪnəreɪt/ *Verb* verbrennen

in·cin·er·ation /ɪnˌsɪnəˈreɪʃn/ *Nomen* Verbrennung

in·cin·er·ator /ɪnˈsɪnəreɪtə(r)/ *Nomen* Verbrennungsanlage, Verbrennungsofen

in·cipi·ent /ɪnˈsɪpiənt/ *Adj* (*gehoben*) beginnend, aufkommend

in·cise /ɪnˈsaɪz/ *Verb* ~ **sth** (**in/on/onto sth**) (*gehoben*) etw (in etw) einritzen, etw (in/auf etw) eingravieren

in·ci·sion /ɪnˈsɪʒn/ *Nomen* Einschnitt

in·ci·sive /ɪnˈsaɪsɪv/ *Adj* (*Adv* **in·ci·sive·ly**) scharfsinnig, treffend ◊ *an incisive mind* ein scharfer Verstand

in·ci·sive·ness /ɪnˈsaɪsɪvnəs/ *Nomen* Scharfsinn, Schärfe

in·ci·sor /ɪnˈsaɪzə(r)/ *Nomen* Schneidezahn

in·cite /ɪnˈsaɪt/ *Verb* **1** ~ **sb/sth** (**to sth**) jdn/etw (zu etw) aufhetzen, jdn/etw (zu etw) aufwiegeln **2** ◊ *incite crime* zu Verbrechen anstiften ◊ *incite racial hatred* zum Rassenhass aufstacheln

in·cite·ment /ɪnˈsaɪtmənt/ *Nomen* ~ (**to sth**) Aufhetzung (zu etw), Anstiftung (zu etw) ◊ *incitement to racial hatred* Aufstachelung zum Rassenhass

in·civil·ity /ˌɪnsəˈvɪləti/ *Nomen* (*Pl* **-ies**) (*gehoben*) Unhöflichkeit

incl. = INCLUDING, INCLUSIVE

in·clem·ent /ɪnˈklemənt/ *Adj* (*gehoben*) (*Wetter*) rau, unfreundlich

in·clin·ation /ˌɪnklɪˈneɪʃn/ *Nomen* **1** ~ (**towards/for sth**); ~ (**to do sth**) Neigung (zu etw), Lust (etw zu tun) ◊ *He did not show the slightest inclination to leave.* Er schien überhaupt nicht gehen zu wollen. ◊ *My natural inclination is to find a compromise.* Ich neige eher dazu einen Kompromiss zu suchen. ◊ *She lacked any inclination for housework.* Hausarbeit lag ihr überhaupt nicht. **2** ~ **to do sth** Tendenz etw zu tun **3** (*Fachspr*) Neigung, Steigung ◊ *an inclination of 45°* ein Gefälle von 45° **4** (*des Kopfes*) Neigung ◊ *He gave a small inclination of his head.* Er neigte seinen Kopf leicht.

in·cline¹ /ɪnˈklaɪn/ *Verb* **1** neigen ◊ *His sincerity inclined me to trust him.* Seine Aufrichtigkeit ließ mich ihm vertrauen. **2** sich neigen ◊ *The land inclined gently towards the shore.* Das Land fiel zur Küste hin sanft ab.

in·cline² /ˈɪnklaɪn/ *Nomen* (*gehoben*) Hang, Schräge, Neigung, Steigung

in·clined /ɪnˈklaɪnd/ *Adj* **1** *nicht vor Nomen* ~ (**to do sth**) geneigt (etw zu tun) ◊ *He's inclined to be lazy.* Er neigt zur Faulheit. ◊ *He writes only when he feels inclined to.* Er schreibt nur, wenn er Lust dazu hat. ◊ *They'll be more inclined to listen if you don't shout.* Sie werden dir eher zuhören, wenn du nicht schreist. **2** veranlagt ◊ *musically inclined children* musikalische Kinder **3** geneigt, schräg

in·clude /ɪnˈkluːd/ *Verb* **1** (*nicht in der Verlaufsform*) einschließen ◊ *Does the price include tax?* Ist die Steuer im Preis inbegriffen? ◊ *The tour included a visit to the museum.* Zum Rundgang gehörte ein Besuch des Museums. **2** aufnehmen, einbeziehen ◊ *We all went, myself included.* Wir sind alle hingegangen, ich auch. OPP EXCLUDE

in·clud·ing /ɪnˈkluːdɪŋ/ *Präp* (*Abk* **inc.**, **incl.**) einschließlich, inklusive ◊ *Six people were killed, including a policeman.* Sechs Menschen kamen ums Leben, darunter ein Polizist.

in·clu·sion /ɪnˈkluːʒn/ *Nomen* Aufnahme

in·clu·sive /ɪnˈkluːsɪv/ *Adj* (*Adv* **in·clu·sive·ly**) **1** (*Abk* **inc.**, **incl.**) ~ (**of sth**) einschließlich (einer Sache) **2** (*Abk* **inc.**, **incl.**) **from … to … inclusive** von … bis einschließlich … **3** ◊ *An inclusive dialogue would create a genuine peace process.* Ein Dialog, der alle Parteien miteinbezieht, würde einen echten Friedensprozess bewirken.

in·cog·nito¹ /ˌɪnkɒɡˈniːtəʊ; *AmE* ˌɪnkɑːɡˈniːtoʊ/ *Adv* inkognito

in·cog·nito² /ˌɪnkɒɡˈniːtəʊ; *AmE* ˌɪnkɑːɡˈniːtoʊ/ *Adj* ◊ *He paid an incognito visit to headquarters.* Er besuchte die Zentrale inkognito.

in·co·her·ence /ˌɪnkəʊˈhɪərəns; *AmE* ˌɪnkoʊˈhɪr-/ *Nomen* Zusammenhanglosigkeit, Durcheinander OPP COHERENCE

in·co·her·ent /ˌɪnkəʊˈhɪərənt; *AmE* ˌɪnkoʊˈhɪr-/ *Adj* (*Adv* **in·co·her·ent·ly**) **1** wirr, durcheinander ◊ *She broke off, incoherent with anger.* Sie konnte vor Wut nicht weitersprechen. **2** zusammenhanglos, unverständlich

in·come /ˈɪnkʌm, -kəm/ *Nomen* Einkommen ◊ *people on low incomes* Leute mit niedrigem Einkommen

in·comer /ˈɪnkʌmə(r)/ *Nomen* (*BrE*) Zugereiste(r)

'income support *Nomen* (*in GB*) ≈ Sozialhilfe ☛ *Hinweis bei* ARBEITSLOSE

'income tax *Nomen* Einkommenssteuer, Lohnsteuer

in·com·ing /ˈɪnkʌmɪŋ/ *Adj nur vor Nomen* **1** (*Präsident, Regierung etc.*) neu **2** ankommend ◊ *the incoming tide* die Flut ◊ *incoming mail* eingehende Post

in·com·mu·ni·cado /ˌɪnkəˌmjuːnɪˈkɑːdəʊ; *AmE* -ˈkɑːdoʊ/ *Adj* ohne Kontakt zur Außenwelt

in·com·par·abil·ity /ɪnˌkɒmpərəˈbɪləti; *AmE* -ˌkɑːm-/ *Nomen* Unvergleichlichkeit

in·com·par·able /ɪnˈkɒmprəbl; *AmE* -ˈkɑːm-/ *Adj* (*Adv* **in·com·par·ably** /-əbli/) unvergleichlich

in·com·pati·bil·ity /ˌɪnkəmˌpætəˈbɪləti/ *Nomen* (*Pl* **-ies**) Unvereinbarkeit, Unverträglichkeit, Inkompatibilität ◊ *They separated because of their incompatibility.* Sie trennten sich, weil sie nicht zueinander passten.

in·com·pat·ible /ˌɪnkəmˈpætəbl/ *Adj* **1** unvereinbar; **be ~ with sth** nicht mit etw zu vereinbaren sein **2** **be ~** (*Menschen*) nicht zueinander passen **3** (*Dinge*) nicht kompatibel, nicht verträglich ◊ *Those two blood groups are incompatible.* Diese beiden Blutgruppen vertragen sich nicht miteinander.

in·com·pe·tence /ɪnˈkɒmpɪtəns; *AmE* -ˈkɑːm-/ *Nomen* Inkompetenz, Unfähigkeit

in·com·pe·tent¹ /ɪnˈkɒmpɪtənt; *AmE* -ˈkɑːm-/ *Adj* (*Adv* **in·com·pe·tent·ly**) inkompetent, unfähig, stümperhaft

in·com·pe·tent² /ɪnˈkɒmpɪtənt; *AmE* -ˈkɑːm-/ *Nomen* Nichtskönner(in)

in·com·plete¹ /ˌɪnkəmˈpliːt/ *Adj* (*Adv* **in·com·plete·ly**) unvollständig ◊ *Our holiday would be incomplete without some time on the beach.* Es wäre kein richtiger Urlaub, wenn wir nicht einige Zeit am Strand verbrächten.

in·com·plete² /ˌɪnkəmˈpliːt/ *Nomen* (*AmE*) = Note für Schüler/Studenten, die nicht alle Arbeiten für einen Kurs beendet haben

in·com·plete·ness /ˌɪnkəmˈpliːtnəs/ *Nomen* Unvollständigkeit

in·com·pre·hen·si·bil·ity /ɪnˌkɒmprɪˌhensəˈbɪləti/ *AmE* -ˌkɑːm-/ *Nomen* Unverständlichkeit, Unbegreiflichkeit

in·com·pre·hen·sible /ɪnˌkɒmprɪˈhensəbl; *AmE* -ˌkɑːm-/ *Adj* unverständlich, unbegreiflich SYN UNINTELLIGIBLE

in·com·pre·hen·sibly /ɪnˌkɒmprɪˈhensəbli; *AmE* -ˌkɑːm-/ *Adv* unverständlich(erweise), unbegreiflich(erweise)

in·com·pre·hen·sion /ɪnˌkɒmprɪˈhenʃn; *AmE* -ˌkɑːm-/ *Nomen* Verständnislosigkeit

in·con·ceiv·able /ˌɪnkənˈsiːvəbl/ *Adj* (*Adv* **in·con·ceiv·ably** /-əbli/) unvorstellbar

in·con·clu·sive /ˌɪnkənˈkluːsɪv/ *Adj* (*Adv* **in·con·clu·sive·ly**) nicht eindeutig, ergebnislos

in·con·gru·ity /ˌɪnkɒnˈɡruːəti; *AmE* ˌɪnkɑːn-/ *Nomen* (*Pl* **-ies**) **1** Absurdität **2** Unangebrachtsein **3** Widerspruch

in·con·gru·ous /ɪnˈkɒŋɡruəs; *AmE* -ˈkɑːŋ-/ *Adj* seltsam, absurd, unangebracht ◊ *Such traditional methods seem in-*

congruous in our technical age. Solch traditionelle Methoden scheinen in unserem technischen Zeitalter fehl am Platz.

in·con·gru·ous·ly /ɪnˈkɒŋgruəsli; *AmE* -ˈkɑːŋ/ *Adv* unpassend

in·con·se·quen·tial /ˌɪnˌkɒnsɪˈkwenʃl; *AmE* -ˌkɑːn-/ *Adj* (*Adv* **in·con·se·quen·tial·ly** /-ʃəli/) belanglos, unwichtig ◇ *They chatted inconsequentially about this and that.* Sie plauderten über belanglose Dinge. SYN TRIVIAL

in·con·sid·er·able /ˌɪnkənˈsɪdrəbl/ *Adj* IDM **not incon'siderable** (*gehoben*) nicht unerheblich

in·con·sid·er·ate /ˌɪnkənˈsɪdərət/ *Adj* (*Adv* **in·con·sid·er·ate·ly**) (*abwert*) rücksichtslos ◇ *inconsiderate remarks* unbedachte Bemerkungen ◇ *It was inconsiderate of you not to call.* Es war nicht nett von dir, dass du nicht angerufen hast. SYN THOUGHTLESS

in·con·sis·ten·cy /ˌɪnkənˈsɪstənsi/ *Nomen* (*Pl* **-ies**) **1** Widersprüchlichkeit ◇ *There is some inconsistency between their statements.* Ihre Aussagen widersprechen einander zum Teil. **2** Unbeständigkeit, Inkonsequenz

in·con·sis·tent /ˌɪnkənˈsɪstənt/ *Adj* (*Adv* **in·con·sis·tent·ly**) **1** widersprüchlich; **be ~ with sth** im Widerspruch zu etw stehen, unvereinbar mit etw sein **2** (*abwert*) unbeständig, nicht konsequent ◇ *inconsistent results* schwankende Ergebnisse

in·con·sol·able /ˌɪnkənˈsəʊləbl; *AmE* -ˈsoʊl-/ *Adj* (*Adv* **in·con·sol·ably** /-əbli/) untröstlich ◇ *inconsolable grief* unendliche Trauer

in·con·spic·u·ous /ˌɪnkənˈspɪkjuəs/ *Adj* (*Adv* **in·con·spicu·ous·ly**) unauffällig

in·con·stan·cy /ɪnˈkɒnstənsi; *AmE* -ˈkɑːn-/ *Nomen* (*gehoben*) Unbeständigkeit

in·con·stant /ɪnˈkɒnstənt; *AmE* -ˈkɑːn-/ *Adj* (*gehoben*) unbeständig SYN FICKLE

in·con·test·able /ˌɪnkənˈtestəbl/ *Adj* (*Adv* **in·con·test·ably** /-əbli/) (*gehoben*) unbestreitbar, unanfechtbar

in·con·tin·ence /ɪnˈkɒntɪnəns; *AmE* -ˈkɑːn-/ *Nomen* Inkontinenz

in·con·tin·ent /ɪnˈkɒntɪnənt; *AmE* -ˈkɑːn/ *Adj* inkontinent

in·con·tro·vert·ible /ˌɪnkɒntrəˈvɜːtəbl; *AmE* ˌɪnkɑːntrəˈvɜːrt-/ *Adj* (*Adv* **in·con·tro·vert·ibly** /-əbli/) unbestreitbar, unwiderlegbar

in·con·veni·ence[1] /ˌɪnkənˈviːniəns/ *Nomen* **1** [U] Unannehmlichkeiten ◇ *I have already been put to considerable inconvenience.* Mir sind schon genug Umstände gemacht worden. **2** Ärgernis

in·con·veni·ence[2] /ˌɪnkənˈviːniəns/ *Verb* ~ **sb** jdm Umstände machen

in·con·veni·ent /ˌɪnkənˈviːniənt/ *Adj* (*Adv* **in·con·veni·ent·ly**) ungünstig ◇ *That's most inconvenient for me.* Das kommt mir äußerst ungelegen.

in·cor·por·ate /ɪnˈkɔːpəreɪt; *AmE* -ˈkɔːrp-/ *Verb* ~ **sth (in/into/within sth)** etw (in etw) einbeziehen ◇ *We have incorporated all the latest safety features into the design.* Wir haben die neueste Sicherheitstechnik bei dem Design berücksichtigt.

in·cor·por·ated /ɪnˈkɔːpəreɪtɪd; *AmE* -ˈkɔːrp-/ *Adj* (als Handelsgesellschaft) eingetragen

in·cor·por·ation /ɪnˌkɔːpəˈreɪʃn; *AmE* -ˌkɔːrp-/ *Nomen* Aufnahme, Einbeziehung

in·cor·rect /ˌɪnkəˈrekt/ *Adj* (*Adv* **in·cor·rect·ly**) **1** falsch ◇ *His version of what happened is incorrect.* Seine Version der Ereignisse stimmt nicht. **2** inkorrekt

in·cor·rect·ness /ˌɪnkəˈrektnəs/ *Nomen* Unrichtigkeit, Inkorrektheit

in·cor·ri·gible /ɪnˈkɒrɪdʒəbl; *AmE* -ˈkɔːr-/ *Adj* (*Adv* **in·cor·ri·gibly** /-əbli/) (*abwert oder hum*) unverbesserlich

in·cor·rupt·ible /ˌɪnkəˈrʌptəbl/ *Adj* **1** unbestechlich **2** unvergänglich OPP CORRUPTIBLE

in·crease[1] /ɪnˈkriːs/ *Verb* **1** (an)wachsen, zunehmen, steigen **2** erhöhen, vergrößern OPP DECREASE

in·crease[2] /ˈɪnkriːs/ *Nomen* Erhöhung, Steigerung, Zunahme ◇ *an increase in population* ein Bevölkerungszuwachs ◇ *Homelessness is on the increase.* Die Obdachlosigkeit nimmt zu. OPP DECREASE

in·creased /ɪnˈkriːst/ *Adj* gestiegen, größer ◇ *increased pressure* verstärkter Druck

in·creas·ing·ly /ɪnˈkriːsɪŋli/ *Adv* zunehmend ◇ *increasingly difficult* immer schwieriger

in·cred·ible /ɪnˈkredəbl/ *Adj* **1** unglaublich ◇ *It seemed incredible that she had only been there a week.* Sie konnte es kaum glauben, dass sie erst seit einer Woche da war. **2** (*umgs*) unwahrscheinlich, sagenhaft

in·cred·ibly /ɪnˈkredəbli/ *Adv* **1** unglaublich, unwahrscheinlich **2** unglaublicherweise ◇ *Incredibly, it was six months before I noticed.* Es ist kaum zu glauben, aber es hat sechs Monate gedauert, bis ich es merkte.

in·credu·lity /ˌɪnkrəˈdjuːləti; *AmE* -ˈduː-/ *Nomen* Ungläubigkeit

in·credu·lous /ɪnˈkredjələs; *AmE* -dʒəl-/ *Adj* (*Adv* **in·credu·lous·ly**) ungläubig

in·cre·ment /ˈɪŋkrəmənt/ *Nomen* **1** (*regelmäßige*) Gehaltserhöhung **2** (*gehoben*) Zuwachs, Erhöhung

in·cre·men·tal /ˌɪŋkrəˈmentl/ *Adj* (*Adv* **in·cre·men·tal·ly** /-təli/) zunehmend, stufenweise

in·crim·in·ate /ɪnˈkrɪmɪneɪt/ *Verb* (*schuldig erscheinen lassen*) belasten

in·crim·in·at·ing /ɪnˈkrɪmɪneɪtɪŋ/ *Adj* (*Beweise, etc.*) belastend

in·crim·in·ation /ɪnˌkrɪmɪˈneɪʃn/ *Nomen* (*Beschuldigung*) Belastung

in·crust·ation (*auch* **en·crust·ation**) /ˌɪnkrʌˈsteɪʃn/ *Nomen* Verkrustung, Kruste

in·cu·bate /ˈɪŋkjubeɪt/ *Verb* **1** ausbrüten, bebrüten **2** **be incubating sth** (*Mensch*) sich in der Inkubationszeit von etw befinden **3** (*Virus etc.*) sich vermehren

in·cu·ba·tion /ˌɪŋkjuˈbeɪʃn/ *Nomen* **1** Bebrüten, Inkubation **2** (*auch* **incu'bation period**) Inkubationszeit

in·cu·ba·tor /ˈɪŋkjubeɪtə(r)/ *Nomen* **1** Brutkasten **2** Brutapparat

in·cu·bus /ˈɪŋkjʊbəs/ *Nomen* (*Pl* **in·cu·buses** *oder* **in·cubi** /-baɪ/) **1** (*gehoben*) Albdruck, drückendes Problem **2** Inkubus

in·cul·cate /ˈɪnkʌlkeɪt; *AmE* ɪnˈkʌl-/ *Verb* **~ sth in/into sb**; **~ sb with sth** (*gehoben*) jdm etw einimpfen, jdm etw einprägen

in·cul·ca·tion /ˌɪnkʌlˈkeɪʃn/ *Nomen* Einimpfen, Einprägung

in·cum·ben·cy /ɪnˈkʌmbənsi/ *Nomen* (*Pl* **-ies**) (*gehoben*) Amt, Amtszeit

in·cum·bent[1] /ɪnˈkʌmbənt/ *Nomen* Amtsinhaber(in)

in·cum·bent[2] /ɪnˈkʌmbənt/ *Adj* **1** *nur vor Nomen* amtierend **2** **be ~ upon/on sb** (*gehoben*) jds Pflicht sein

in·cur /ɪnˈkɜː(r)/ *Verb* (**-rr-**) (*gehoben*) **1** auf sich ziehen; (*Risiko*) eingehen; (*Verlust*) erleiden **2** (*Schulden*) machen; (*Unkosten*) haben; (*Gebühren*) zahlen müssen ◇ *We will pay any expenses incurred.* Eventuell entstehende Unkosten werden zurückerstattet.

in·cur·able /ɪnˈkjʊərəbl; *AmE* -ˈkjʊr-/ *Adj* (*Adv* **in·cur·ably** /-əbli/) **1** unheilbar **2** unverbesserlich ◇ *incurably romantic* hoffnungslos romantisch veranlagt

in·cur·sion /ɪnˈkɜːʃn; *AmE* ɪnˈkɜːrʒn/ *Nomen* (*gehoben*) **1** (MIL) Einfall **2** Vordringen, Eindringen

Ind. = INDEPENDENT[2]

in·debt·ed /ɪnˈdetɪd/ *Adj* **1 ~ (to sb) (for sth)** (jdm) (für etw) zu Dank verpflichtet **2** verschuldet

in·debt·ed·ness /ɪnˈdetɪdnəs/ *Nomen* Verpflichtung, Verschuldung

in·de·cency /ɪnˈdiːsnsi/ *Nomen* (*Pl* **-ies**) **1** [U] Unanständigkeit, Anstößigkeit ◇ *an act of gross indecency* grob unsittliches Verhalten **2** anstößige Bemerkung, Geste etc.

in·de·cent /ɪnˈdiːsnt/ *Adj* (*Adv* **in·de·cent·ly**) unanständig, anstößig ◇ *That skirt of hers is positively indecent.* Der Rock, den sie da anhat, zeigt doch wirklich zu viel. ◇ *He made an indecent suggestion to my wife.* Er machte meiner Frau ein unsittliches Angebot. ◇ *He was charged with indecently assaulting five women.* Er wurde wegen sexueller Nötigung von fünf Frauen angeklagt. ◇ *with indecent haste* mit ungebührlicher Eile

in,decent as'sault *Nomen* (RECHT) sexuelle Nötigung

in,decent ex'posure *Nomen* [U] (RECHT) exhibitionistische Handlungen

in·de·ci·pher·able /ˌɪndɪˈsaɪfrəbl/ *Adj* unleserlich, unverständlich

in·de·ci·sion /ˌɪndɪˈsɪʒn/ *Nomen* Unentschlossenheit

in·de·ci·sive /ˌɪndɪˈsaɪsɪv/ *Adj* (*Adv* **in·de·ci·sive·ly**) **1** unentschlossen **2** unentschieden, ergebnislos ◊ *The results are indecisive.* Die Ergebnisse sind nicht eindeutig.

in·deed /ɪnˈdiːd/ *Adv* **1** in der Tat, wirklich ◊ *Thank you very much indeed!* Vielen herzlichen Dank! ◊ *'Was he very angry?' 'Indeed he was.'* „War er sehr böse?" „Das kann man wohl sagen." ◊ *'Do you agree?' 'Indeed I do/Yes, indeed.'* „Bist du einverstanden?" „Voll und ganz." **2** (*bes BrE, gehoben*) sogar, ja sogar **3** (*bes BrE, umgs*) sieh mal an, dass ich nicht lache ◊ *A ghost indeed!* Ein Gespenst, dass ich nicht lache! IDM ⇨ FRIEND

in·defat·ig·able /ˌɪndɪˈfætɪgəbl/ *Adj* (*Adv* **in·defat·ig·ably** /-əbli/) (*gehoben*) unermüdlich

in·defens·ible /ˌɪndɪˈfensəbl/ *Adj* **1** unentschuldbar, unverzeihlich **2** unhaltbar, unvertretbar **3** unmöglich zu verteidigen

in·defin·able /ˌɪndɪˈfaɪnəbl/ *Adj* (*Adv* **in·defin·ably** /-əbli/) undefinierbar ◊ *She has that indefinable something.* Sie hat das gewisse Etwas.

in·def·in·ite /ɪnˈdefnət/ *Adj* unbegrenzt, unbestimmt

in,definite ˈarticle *Nomen* (LING) unbestimmter Artikel

in·def·in·ite·ly /ɪnˈdefnətli/ *Adv* auf unbestimmte Zeit, unbegrenzt

in·del·ible /ɪnˈdeləbl/ *Adj* (*Adv* **in·del·ibly** /-əbli/) unauslöschlich ◊ *Her unhappy childhood left an indelible mark on her.* Ihr unglückliche Kindheit hat sie fürs Leben gezeichnet. ◊ *an indelible stain* ein Fleck, der nicht zu entfernen ist

in·deli·cacy /ɪnˈdelɪkəsi/ *Nomen* Taktlosigkeit, Ungehörigkeit

in·deli·cate /ɪnˈdelɪkət/ *Adj* (*gehoben*) taktlos, ungehörig

in·dem·ni·fi·ca·tion /ɪnˌdemnɪfɪˈkeɪʃn/ *Nomen* (RECHT) **1** Absicherung **2** Entschädigung

in·dem·nify /ɪnˈdemnɪfaɪ/ *Verb* (**-fies, -fy·ing, -fied, -fied**) (RECHT) **1** ~ **sb** (**against sth**) jdn (gegen etw) absichern **2** ~ **sb** (**for sth**) (*gehoben*) jdn (für etw) entschädigen

in·dem·nity /ɪnˈdemnəti/ *Nomen* (*Pl* **-ies**) (*gehoben*) (RECHT) **1** [U] ~ (**against sth**) Versicherung (gegen etw), Absicherung (gegen etw) ◊ *indemnity insurance* Haftpflichtversicherung **2** Entschädigung, Abfindung

in·dent¹ /ɪnˈdent/ *Verb* (*Zeile*) einrücken

in·dent² /ˈɪndent/ *Nomen* **1** = INDENTATION (2) **2** (*bes BrE*) (WIRTSCH) Bestellung

in·den·ta·tion /ˌɪndenˈteɪʃn/ *Nomen* **1** Delle, Kerbe **2** (*von Zeilen*) Einrückung

in·dented /ɪnˈdentɪd/ *Adj* **1** eingekerbt **2** (*Zeile*) eingerückt

in·den·ture /ɪnˈdentʃə(r)/ *Nomen* Lehrvertrag, Dienstvertrag

in·den·tured /ɪnˈdentʃəd/ *Adj* mit Lehrvertrag, mit Dienstvertrag

in·de·pend·ence /ˌɪndɪˈpendəns/ *Nomen* [U] **1** Unabhängigkeit ◊ *The country gained independence in 1898.* Das Land wurde 1898 unabhängig. **2** Selbstständigkeit OPP DEPENDENCE

Indeˈpendence Day *Nomen* Unabhängigkeitstag ☛ Am **Independence Day** (4. Juli) feiern die Amerikaner den Jahrestag der Unabhängigkeitserklärung von Großbritannien im Jahre 1776.

in·de·pend·ent¹ /ˌɪndɪˈpendənt/ *Adj* **1** unabhängig ◊ *a man of independent means* ein Mann mit Privateinkommen **2** selbstständig **3** nicht staatlich ◊ *an independent television company* eine private Fernsehanstalt **4** parteilos, unabhängig

in·de·pend·ent² /ˌɪndɪˈpendənt/ *Nomen* (*Abk* **Ind.**) Parteilose(r), Unabhängige(r)

in·de·pend·ent·ly /ˌɪndɪˈpendəntli/ *Adv* **1** ~ (**of sb/sth**) unabhängig (von jdm/etw) **2** allein ◊ *It was the first time that she had lived independently.* Es war das erste Mal, dass sie allein lebte.

inde,pendent ˈschool *Nomen* Privatschule

in-ˈdepth *Adj* gründlich, eingehend, ausführlich

in·des·crib·able /ˌɪndɪˈskraɪbəbl/ *Adj* (*Adv* **in·des·crib·ably** /-əbli/) unbeschreiblich

in·des·truct·ible /ˌɪndɪˈstrʌktəbl/ *Adj* unzerstörbar

in·de·ter·min·ate /ˌɪndɪˈtɜːmɪnət; *AmE* -ˈtɜːrm-/ *Adj* unbestimmbar

index¹ /ˈɪndeks/ *Nomen* **1** (*Pl* **in·dexes**) Register, Index, Quellenverzeichnis **2** (*BrE*) = CARD INDEX **3** (*Pl* **in·dexes** *oder* **in·dices** /ˈɪndɪsiːz/) Index ◊ *the cost-of-living index* der Lebenshaltungsindex **4** (*Pl* **in·dices**) Anzeichen **5** (*Pl* **in·dices**) [*meist Pl*] (MATH) Hochzahl, Exponent

index² /ˈɪndeks/ *Verb* **1** in ein Register eintragen **2** mit einem Register versehen **3** (WIRTSCH) ~ **sth to sth** etw an den Index von etw binden

in·dex·ation /ˌɪndekˈseɪʃn/ *Nomen* (WIRTSCH) Indexierung

ˈindex card *Nomen* Karteikarte

ˈindex finger *Nomen* Zeigefinger SYN FOREFINGER

ˌindex-ˈlinked *Adj* (*BrE*) (WIRTSCH) indexgebunden ◊ *an index-linked pension* eine dynamische Rente

ˌindex-ˈlinking *Nomen* (WIRTSCH) Indexierung

In·dian¹ /ˈɪndiən/ *Nomen* **1** Inder(in) **2** (*veraltet, beleidigend*) = NATIVE AMERICAN IDM ⇨ CHIEF²

In·dian² /ˈɪndiən/ *Adj* **1** indisch **2** indianisch IDM ⇨ FILE¹

ˌIndian ˈcorn *Nomen* (*bes AmE*) Ziermais

ˌIndian ˈsummer *Nomen* **1** Nachsommer, Altweibersommer **2** (*Erfolg*) späte Blüte

in·di·cate /ˈɪndɪkeɪt/ *Verb* **1** (hin)deuten auf, hinweisen auf ◊ *A red sky at night often indicates fine weather the next day.* Abendrot bedeutet oft schönes Wetter am nächsten Tag. **2** zu verstehen geben, andeuten **3** zeigen, deuten auf **4** (*schriftlich*) angeben **5** (*Gerät*) anzeigen **6** (*BrE*) (*im Straßenverkehr*) Zeichen geben, blinken **7** (*gehoben*) **be indicated** angeraten sein

in·di·ca·tion /ˌɪndɪˈkeɪʃn/ *Nomen* Zeichen, Anzeichen, Hinweis ◊ *All the indications are that the project will go ahead as planned.* Alles deutet darauf hin, dass das Projekt wie geplant vorangehen wird.

in·di·ca·tive¹ /ɪnˈdɪkətɪv/ *Adj* **1** (*gehoben*) **be** ~ **of sth** ein Zeichen von sein **2** (LING) indikativisch

in·di·ca·tive² /ɪnˈdɪkətɪv/ *Nomen* **the indicative** [*Sing*] (LING) der Indikativ, die Wirklichkeitsform

in·di·ca·tor /ˈɪndɪkeɪtə(r)/ *Nomen* **1** Anzeichen, Zeichen; (WIRTSCH) Indikator **2** Anzeiger ◊ *a depth indicator* ein Tiefenmesser **3** (*BrE*) Blinker, Richtungsanzeiger

in·dices *Form von* INDEX¹

in·dict /ɪnˈdaɪt/ *Verb* (*meist passiv*) ~ **sb** (**for sth**) (*bes AmE*) (RECHT) jdn (einer Sache) anklagen

in·dict·able /ɪnˈdaɪtəbl/ *Adj* (*bes AmE*) (RECHT) **1** strafbar **2** strafrechtlich verfolgbar

in·dict·ment /ɪnˈdaɪtmənt/ *Nomen* **1** (*bes AmE*) Anklage, Anklageschrift **2** [U] (*bes AmE*) Anklageerhebung ◊ *This led to his indictment on allegations of fraud.* Dies führte dazu, dass gegen ihn Anklage wegen Betrugs erhoben wurde. **3** ~ **of/on sb/sth** ◊ *The poverty in our cities is a damning indictment of modern society.* Die Armut in unseren Großstädten wirft ein schlechtes Licht auf die heutige Gesellschaft. ◊ *This result is a terrible indictment on the medical profession.* Dieses Ergebnis ist ein Armutszeugnis für die Ärzteschaft.

indie /ˈɪndi/ *Adj* (MUS) Indie- ◊ *an indie band* eine Indiegruppe ◊ *an indie label* ein unabhängiges Musiklabel

in·dif·fer·ence /ɪnˈdɪfrəns/ *Nomen* ~ (**to sb/sth**) Gleichgültigkeit (gegenüber jdm/etw) ◊ *Their father treated them with indifference.* Ihr Vater verhielt sich ihnen gegenüber gleichgültig.

in·dif·fer·ent /ɪnˈdɪfrənt/ *Adj* (*Adv* **in·dif·fer·ent·ly**) **1** ~ (**to sb/sth**) gleichgültig (gegenüber jdm/etw) **2** mittelmäßig, mäßig SYN MEDIOCRE

in·di·gen·ous /ɪnˈdɪdʒənəs/ *Adj* ~ (**to** ...) (*gehoben*) einheimisch (in ...) ◊ *indigenous peoples* Ureinwohner SYN NATIVE

in·di·gent /ˈɪndɪdʒənt/ *Adj* (*selten, gehoben*) arm

in·di·gest·ible /ˌɪndɪˈdʒestəbl/ *Adj* schwer verdaulich ◊ (*fig*) *an indigestible amount of data* eine schwer zu bewältigende Anzahl von Daten OPP DIGESTIBLE

in·di·ges·tion /ˌɪndɪˈdʒestʃən/ *Nomen* [U] Magenschmerzen SYN DYSPEPSIA

in·dig·nant /ɪnˈdɪgnənt/ *Adj* (*Adv* **in·dig·nant·ly**) entrüstet, empört

in·dig·na·tion /ˌɪndɪgˈneɪʃn/ *Nomen* [U] Entrüstung, Empörung ◊ *arouse sb's indignation* jds Unwillen hervorrufen ◊ *be full of righteous indignation* von gerechtem Zorn erfüllt sein

in·dig·nity /ɪnˈdɪgnəti/ *Nomen* (*Pl* **-ies**) Demütigung SYN HUMILIATION

in·digo¹ /ˈɪndɪgəʊ; *AmE* -goʊ/ *Nomen* Indigo

in·digo² /ˈɪndɪgəʊ; *AmE* -goʊ/ *Adj* tiefblau

in·dir·ect /ˌɪndəˈrekt, -daɪˈr-/ *Adj* (*Adv* **in·dir·ect·ly**) indirekt ◊ *an indirect route* ein Umweg ◊ *The plant prefers indirect sunlight.* Die Pflanze verträgt keine direkte Sonne.

ˌ**indirect ˈobject** *Nomen* (LING) Dativobjekt

in·dis·cern·ible /ˌɪndɪˈsɜːnəbl; *AmE* -ˈsɜːrn-/ *Adj* nicht wahrnehmbar, unmerklich

in·dis·cip·line /ɪnˈdɪsɪplɪn/ *Nomen* [U] (*gehoben*) Disziplinlosigkeit

in·dis·creet /ˌɪndɪˈskriːt/ *Adj* (*Adv* **in·dis·creet·ly**) indiskret, taktlos

in·dis·cre·tion /ˌɪndɪˈskreʃn/ *Nomen* Indiskretion, Unbedachtheit ◊ *youthful indiscretions* Jugendsünden

in·dis·crim·in·ate /ˌɪndɪˈskrɪmɪnət/ *Adj* (*Adv* **in·dis·crim·in·ate·ly**) wahllos, willkürlich, unüberlegt

in·dis·pens·able /ˌɪndɪˈspensəbl/ *Adj* ~ (**to sb/sth**); ~ (**for sth/for doing sth**) unentbehrlich (für jdn/etw) OPP DISPENSABLE

in·dis·posed /ˌɪndɪˈspəʊzd; *AmE* -ˈspoʊzd/ *Adj* (*gehoben*) **1** unpässlich SYN UNWELL **2** *nicht vor Nomen* ~ **to do sth** nicht geneigt etw zu tun

in·dis·pos·ition /ˌɪndɪspəˈzɪʃn/ *Nomen* (*gehoben*) Unpässlichkeit

in·dis·put·able /ˌɪndɪˈspjuːtəbl/ *Adj* (*Adv* **in·dis·put·ably** /-əbli/) unbestreitbar ◊ *indisputable evidence* unanfechtbare Beweise SYN UNDENIABLE

in·dis·sol·uble /ˌɪndɪˈsɒljəbl; *AmE* -ˈsɑːl-/ *Adj* (*Adv* **in·dis·sol·ubly** /-əbli/) (*gehoben*) unauflöslich

in·dis·tinct /ˌɪndɪˈstɪŋkt/ *Adj* (*Adv* **in·dis·tinct·ly**) undeutlich, verschwommen SYN VAGUE *und* HAZY

in·dis·tin·guish·able /ˌɪndɪˈstɪŋgwɪʃəbl/ *Adj* **1** nicht unterscheidbar **2** nicht erkennbar, nicht wahrnehmbar

in·di·vid·ual¹ /ˌɪndɪˈvɪdʒuəl/ *Adj* (*Adv* **in·di·vidu·al·ly**) **1** einzeln ◊ *an individual case* ein Einzelfall ◊ *an individual pizza* eine Pizza für eine Person ◊ *The manager spoke to them all individually.* Der Geschäftsführer sprach zu allen persönlich. **2** individuell

in·di·vid·ual² /ˌɪndɪˈvɪdʒuəl/ *Nomen* Einzelne(r), Individuum

in·di·vidu·al·ism /ˌɪndɪˈvɪdʒuəlɪzəm/ *Nomen* Individualismus

in·di·vidu·al·ist /ˌɪndɪˈvɪdʒuəlɪst/ *Nomen* Individualist(in)

in·di·vidu·al·is·tic /ˌɪndɪˌvɪdʒuəˈlɪstɪk/ (*auch* **in·di·vidu·al·ist**) *Adj* individualistisch

in·di·vidu·al·ity /ˌɪndɪˌvɪdʒuˈæləti/ *Nomen* Individualität

in·di·vidu·al·ize (*BrE auch* **-ise**) /ˌɪndɪˈvɪdʒuəlaɪz/ *Verb* (*gehoben*) ~ **sth** einer Sache die persönliche Note geben ◊ *individualize children's learning* das Wissen auf jedes einzelne Kind abstimmen

in·di·vidu·al·ized (*BrE auch* **-ised**) /ˌɪndɪˈvɪdʒuəlaɪzd/ *Adj* auf den Einzelnen ausgerichtet, individuell

in·di·vis·ibil·ity /ˌɪndɪˌvɪzəˈbɪləti/ *Nomen* Unteilbarkeit, Untrennbarkeit

in·di·vis·ible /ˌɪndɪˈvɪzəbl/ *Adj* (*Adv* **in·di·vis·ibly** /-əbli/) unteilbar, untrennbar OPP DIVISIBLE

Indo- /ˈɪndəʊ; *AmE* ˈɪndoʊ/ Indo-, indo- ◊ *the Indo-Pakistan border* die Grenze zwischen Indien und Pakistan

in·doc·trin·ate /ɪnˈdɒktrɪneɪt; *AmE* ɪnˈdɑːk-/ *Verb* (*abwert*) indoktrinieren

in·doc·trin·ation /ɪnˌdɒktrɪˈneɪʃn; *AmE* -ˌdɑːk-/ *Nomen* Indoktrination

in·do·lence /ˈɪndələns/ *Nomen* (*gehoben*) Trägheit, Faulheit

in·do·lent /ˈɪndələnt/ *Adj* (*gehoben*) träge, faul

in·dom·it·able /ɪnˈdɒmɪtəbl; *AmE* ɪnˈdɑːm-/ *Adj* (*gehoben*) unbeugsam

in·door /ˈɪndɔː(r)/ *Adj* *nur vor Nomen* ◊ *an indoor swimming pool* ein Hallenbad ◊ *indoor plants* Zimmerpflanzen ◊ *designed for indoor use* zum Gebrauch in Innenräumen OPP OUTDOOR

in·doors /ˌɪnˈdɔːz; *AmE* ˌɪnˈdɔːrz/ *Adv* drinnen, nach drinnen ◊ *go indoors* hineingehen ◊ *Many herbs can be grown indoors.* Viele Kräuter können im Haus gezogen werden. OPP OUTDOORS

in·dub·it·able /ɪnˈdjuːbɪtəbl/ *Adj* (*Adv* **in·dub·it·ably** /-əbli/) (*gehoben*) unzweifelhaft, zweifellos

in·duce /ɪnˈdjuːs; *AmE* -ˈduːs/ *Verb* **1** ~ **sb to do sth** (*gehoben*) jdn dazu bringen etw zu tun, jdn dazu veranlassen etw zu tun **2** (*gehoben*) herbeiführen ◊ *drugs which induce sleep* Medikamente, die eine einschläfernde Wirkung haben **3** (*Geburt*) einleiten

in·duce·ment /ɪnˈdjuːsmənt; *AmE* -ˈduːs-/ *Nomen* ~ (**to sb**) (**to do sth**) Anreiz (für jdn) (etw zu tun) ◊ *Officials have been accused of accepting inducements from local businessmen.* Beamte wurden beschuldigt, sich von ortsansässigen Geschäftsleuten bestechen zu lassen.

in·duct /ɪnˈdʌkt/ *Verb* (*oft passiv*) (*gehoben*) **1** ~ **sb** (**into sth**) (**as sth**) jdn (als etw) (in etw) einführen **2** (*bes AmE*) (MIL) einziehen

in·duct·ee /ˌɪndʌkˈtiː/ *Nomen* (*bes AmE*) Rekrut(in)

in·duc·tion /ɪnˈdʌkʃn/ *Nomen* **1** Einführung ◊ *The induction of new students will take place in the main hall.* Die Einführungsveranstaltung für die neuen Studenten wird in der Aula stattfinden. **2** Geburtseinleitung **3** (*Fachspr*) Induktion

in·duct·ive /ɪnˈdʌktɪv/ *Adj* (*Adv* **in·duct·ive·ly**) induktiv

in·dulge /ɪnˈdʌldʒ/ *Verb* **1** ~ (**in sth**); ~ **yourself** (**with sth**) sich etw gönnen, sich etw genehmigen ◊ *She has never been one to indulge in gossip.* Sie war nie eine Klatschtante. **2** ~ **sth** etw frönen **3** ~ **sb** (**with sth**) jdn (mit etw) verwöhnen **4** ~ **sth** etw nachgeben

in·dul·gence /ɪnˈdʌldʒəns/ *Nomen* **1** [U] (*meist abwert*) ◊ *The buffet offers a temptation to over-indulgence.* Dieses kalte Buffet verführt dazu, zu viel zu essen. ◊ *Avoid excessive indulgence in sweets.* Vermeiden Sie einen übermäßigen Genuss von Süßigkeiten. **2** [U] (*meist abwert*) Nachgiebigkeit **3** [C] (*gehoben*) Luxus **4** (*gehoben*) Nachsicht

in·dul·gent /ɪnˈdʌldʒənt/ *Adj* (*Adv* **in·dul·gent·ly**) (*meist abwert*) nachgiebig, nachsichtig ◊ *take an indulgent view of sth* etw mit Nachsicht betrachten

in·dus·trial /ɪnˈdʌstriəl/ *Adj* (*Adv* **in·dus·tri·al·ly** /-əli/) industriell, Industrie-, Arbeits- ◊ *industrial-strength cleaning fluid* extrastarkes Reinigungsmittel

ɪnˌ**dustrial ˈaction** *Nomen* [U] (*bes BrE*) Arbeitskampfmaßnahmen

ɪnˌ**dustrial ˈarts** *Nomen* [U] (*AmE*) (*Schulfach*) Werken

ɪnˌ**dustrial eˈstate** *Nomen* Industriegebiet

in·dus·tri·al·ism /ɪnˈdʌstriəlɪzəm/ *Nomen* (*Fachspr*) Industrialismus

in·dus·tri·al·ist /ɪnˈdʌstriəlɪst/ *Nomen* Industrielle(r)

in·dus·tri·al·iza·tion (*BrE auch* **-isation**) /ɪnˌdʌstriəlaɪˈzeɪʃn; *AmE* -ləˈz-/ *Nomen* Industrialisierung

in·dus·tri·al·ized (*BrE auch* **-ised**) /ɪnˈdʌstriəlaɪzd/ *Adj* industrialisiert

ɪnˌ**dustrial ˈpark** *Nomen* (*AmE*) Industriegebiet

ɪnˌ**dustrial reˈlations** *Nomen* Beziehungen zwischen Arbeitgebern und Gewerkschaften ☛ G 1.3c

the In,dustrial Revoˈlution *Nomen* die Industrielle Revolution

ɪnˌ**dustrial triˈbunal** *Nomen* (*BrE*) Arbeitsgericht

in·dus·tri·ous /ɪnˈdʌstriəs/ *Adj* (*Adv* **in·dus·tri·ous·ly**) (*gehoben*) fleißig SYN HARD-WORKING

in·dus·try /ˈɪndəstri/ *Nomen* (*Pl* **-ies**) **1** Industrie ◊ *the tourist industry* die Tourismusbranche **2** (*gehoben*) Fleiß

in·ebri·ated /ɪˈniːbrieɪtɪd/ *Adj* (*gehoben oder hum*) betrunken

in·ed·ible /ɪnˈedəbl/ *Adj* nicht essbar, ungenießbar

in·ef·fect·ive /ˌɪnɪˈfektɪv/ *Adj* (*Adv* **in·ef·fect·ive·ly**) ineffektiv, unwirksam, wirkungslos

in·ef·fect·ive·ness /ˌɪnɪˈfektɪvnəs/ *Nomen* Ineffektivität, Unwirksamkeit, Wirkungslosigkeit

in·ef·fec·tual /ˌɪnɪˈfektʃuəl/ *Adj* (*Adv* **in·ef·fec·tu·al·ly**) (*gehoben*) ineffektiv, erfolglos

in·ef·fi·ciency /ˌɪnɪˈfɪʃənsi/ *Nomen* (*Pl* **-ies**) Ineffizienz, Unwirtschaftlichkeit

in·ef·fi·cient /ˌɪnɪˈfɪʃnt/ *Adj* (*Adv* **in·ef·fi·cient·ly**) ineffizient, unwirtschaftlich ◊ *an inefficient secretary* eine Sekretärin, die nicht effizient arbeitet

in·ele·gant /ɪnˈelɪɡənt/ *Adj* (*Adv* **in·ele·gant·ly**) unelegant ◊ *an inelegant phrase* eine ungeschliffene Phrase

in·eli·gible /ɪnˈelɪdʒəbl/ *Adj* nicht berechtigt ◊ *ineligible for aid* ohne Anspruch auf finanzielle Unterstützung

inept /ɪˈnept/ *Adj* (*Adv* **in·ept·ly**) ungeschickt, unpassend, stümperhaft

in·epti·tude /ɪˈneptɪtjuːd; *AmE* -tuːd/ *Nomen* Unbeholfenheit, Unangebrachtheit, Inkompetenz

in·equal·ity /ˌɪnɪˈkwɒləti; *AmE* -ˈkwɑːl-/ *Nomen* (*Pl* **-ies**) Ungleichheit ◊ *racial inequality* Rassendiskriminierung

in·equit·able /ɪnˈekwɪtəbl/ *Adj* (*gehoben*) ungerecht

in·equity /ɪnˈekwəti/ *Nomen* (*Pl* **-ies**) (*gehoben*) Ungerechtigkeit

in·erad·ic·able /ˌɪnɪˈrædɪkəbl/ *Adj* (*gehoben*) unabänderlich, unauslöschlich, unausrottbar

inert /ɪˈnɜːt; *AmE* ɪˈnɜːrt/ *Adj* (*gehoben*) **1** unbeweglich, untätig, träge **2** (*Fachspr*) inaktiv ◊ *inert gases* Edelgase

in·er·tia /ɪˈnɜːʃə; *AmE* -ɜːrʃə/ *Nomen* Trägheit

in·escap·able /ˌɪnɪˈskeɪpəbl/ *Adj* (*Adv* **in·escap·ably** /-əbli/) unausweichlich

in·es·sen·tial /ˌɪnɪˈsenʃl/ *Adj* **1** unnötig **2** unwesentlich

in·estim·able /ɪnˈestɪməbl/ *Adj* (*gehoben*) unschätzbar

in·ev·it·abil·ity /ɪnˌevɪtəˈbɪləti/ *Nomen* Unvermeidlichkeit, Unabwendbarkeit

in·ev·it·able /ɪnˈevɪtəbl/ *Adj* **1** unvermeidlich, unabwendbar **2** (*oft hum*) obligat

in·ev·it·ably /ɪnˈevɪtəbli/ *Adv* zwangsläufig, wie nicht anders zu erwarten

in·exact /ˌɪnɪɡˈzækt/ *Adj* ungenau ◊ *Economics is an inexact science.* Die Wirtschaftswissenschaft ist keine exakte Wissenschaft.

in·ex·cus·able /ˌɪnɪkˈskjuːzəbl/ *Adj* (*Adv* **in·ex·cus·ably** /-əbli/) unverzeihlich OPP EXCUSABLE

in·ex·haust·ible /ˌɪnɪɡˈzɔːstəbl/ *Adj* unerschöpflich; (*Appetit*) unstillbar ◊ *an inexhaustible worker* ein unermüdlicher Arbeiter

in·ex·or·able /ɪnˈeksərəbl/ *Adj* (*Adv* **in·ex·or·ably** /-əbli/) **1** unaufhaltsam **2** unerbittlich

in·ex·pen·sive /ˌɪnɪkˈspensɪv/ *Adj* (*Adv* **in·ex·pen·sive·ly**) preiswert OPP EXPENSIVE

in·ex·peri·ence /ˌɪnɪkˈspɪəriəns; *AmE* -ˈspɪr-/ *Nomen* Unerfahrenheit

in·ex·peri·enced /ˌɪnɪkˈspɪəriənst; *AmE* -ˈspɪr-/ *Adj* unerfahren

in·ex·pert /ɪnˈekspɜːt; *AmE* -pɜːrt/ *Adj* (*Adv* **in·ex·pert·ly**) **1** unfachmännisch **2** ungeübt

in·ex·plic·able /ˌɪnɪkˈsplɪkəbl/ *Adj* unerklärlich SYN INCOMPREHENSIBLE

in·ex·plic·ably /ˌɪnɪkˈsplɪkəbli/ *Adv* aus unerklärlichen Gründen

in·ex·press·ible /ˌɪnɪkˈspresəbl/ *Adj* unbeschreiblich, unsagbar

in ex·tre·mis /ˌɪn ɪkˈstriːmɪs/ *Adv* (*gehoben*) **1** im Extremfall, im (äußersten) Notfall **2** im Sterben liegend

in·ex·tric·able /ˌɪnɪkˈstrɪkəbl, ɪnˈekstrɪkəbl/ *Adj* (*Adv* **in·ex·tric·ably** /-əbli/) (*gehoben*) un(auf)lösbar, untrennbar, unentwirrbar

in·fal·li·bil·ity /ɪnˌfæləˈbɪləti/ *Nomen* Unfehlbarkeit

in·fal·lible /ɪnˈfæləbl/ *Adj* (*Adv* **in·fal·libly** /-əbli/) unfehlbar

in·fam·ous /ˈɪnfəməs/ *Adj* (*gehoben*) **1** (*auch hum*) berüchtigt SYN NOTORIOUS **2** niederträchtig, schändlich

in·famy /ˈɪnfəmi/ *Nomen* (*Pl* **-ies**) (*gehoben*) **1** [U] Verrufenheit ◊ *The day will live in infamy.* Der Tag wird als berüchtigt in Erinnerung bleiben. **2** Niedertracht, Schändlichkeit

in·fancy /ˈɪnfənsi/ *Nomen* [U] **1** frühe Kindheit **2** Anfangsstadium

in·fant¹ /ˈɪnfənt/ *Nomen* **1** (*gehoben oder Fachspr*) Kleinkind, Säugling ◊ *an infant prodigy* ein Wunderkind ☛ Im amerikanischen Englisch wird **infant** nur für ein Baby verwendet, besonders für ein sehr kleines. **2** (*in GB und Australien*) = Schulkind im Alter von 4 bis 7 Jahren

in·fant² /ˈɪnfənt/ *Adj nur vor Nomen* **1** Kinder-, Säuglings- **2** in den Anfängen steckend, jung

in·fanti·cide /ɪnˈfæntɪsaɪd/ *Nomen* (*gehoben*) Kindesmord, Kindestötung

in·fant·ile /ˈɪnfəntaɪl/ *Adj* **1** (*abwert*) kindisch SYN CHILDISH **2** *nur vor Nomen* (*gehoben oder Fachspr*) Kinder-, kindlich

in·fan·try /ˈɪnfəntri/ *Nomen* Infanterie ☛ G 1.3c

in·fan·try·man /ˈɪnfəntrimən/ *Nomen* (*Pl* **-men** /-mən/) Infanterist, Fußsoldat

in·fatu·ated /ɪnˈfætʃueɪtɪd/ *Adj* ~ (**with sb/sth**) betört (von jdm/etw), vernarrt (in jdn/etw)

in·fatu·ation /ɪnˌfætʃuˈeɪʃn/ *Nomen* ~ (**with/for sb/sth**) Vernarrtheit (in jdn/etw)

in·fect /ɪnˈfekt/ *Verb* **1** infizieren, anstecken (*auch fig*) **2** (*meist passiv*) verseuchen, verunreinigen SYN CONTAMINATE

in·fected /ɪnˈfektɪd/ *Adj* **1** entzündet, infiziert ◊ *become infected* sich entzünden **2** verunreinigt, verseucht

in·fec·tion /ɪnˈfekʃn/ *Nomen* Ansteckung, Infektion, Entzündung

in·fec·tious /ɪnˈfekʃəs/ *Adj* **1** (*Adv* **in·fec·tious·ly**) ansteckend **2** *sb is* ~ bei jdm besteht Ansteckungsgefahr

infer /ɪnˈfɜː(r)/ *Verb* (**-rr-**) **1** ~ **sth** (**from sth**) etw (aus etw) folgern SYN DEDUCE **2** (*umgs*) andeuten

in·fer·ence /ˈɪnfərəns/ *Nomen* Schlussfolgerung IDM **by inference** folglich; demzufolge

in·fer·ior¹ /ɪnˈfɪəriə(r); *AmE* -ˈfɪr-/ *Adj* **1** minderwertig, unterlegen, schwächer **2** (*gehoben*) untergeordnet, niedriger OPP SUPERIOR

in·fer·ior² /ɪnˈfɪəriə(r); *AmE* -ˈfɪr-/ *Nomen* **1** Schwächere(r) ◊ *her intellectual inferiors* diejenigen, die ihr intellektuell unterlegen sind **2** Untergebene(r)

in·fer·ior·ity /ɪnˌfɪəriˈɒrəti; *AmE* -ˌfɪriˈɔːr-, -ˈɑːr-/ *Nomen* **1** Minderwertigkeit **2** Unterlegenheit

inferi'ority complex *Nomen* Minderwertigkeitskomplex

in·fer·nal /ɪnˈfɜːnl; *AmE* ɪnˈfɜːrnl/ *Adj* **1** *nur vor Nomen* (*veraltet*) höllisch, teuflisch **2** (*gehoben*) Höllen-, der Hölle ◊ *the infernal regions* die Unterwelt

in·ferno /ɪnˈfɜːnəʊ; *AmE* ɪnˈfɜːrnoʊ/ *Nomen* (*Pl* **-os**) [meist Sing] Inferno

in·fer·tile /ɪnˈfɜːtaɪl; *AmE* ɪnˈfɜːrtl/ *Adj* unfruchtbar, nicht fortpflanzungsfähig ◊ *an infertile couple* ein Paar, das keine Kinder bekommen kann OPP FERTILE

in·fer·til·ity /ˌɪnfɜːˈtɪləti; *AmE* -fɜːrˈt-/ *Nomen* Unfruchtbarkeit, Sterilität

in·fest /ɪnˈfest/ *Verb* (*meist passiv*) heimsuchen, befallen, verseuchen

in·festa·tion /ˌɪnfeˈsteɪʃn/ *Nomen* Verseuchung, Befall

in·fi·del /ˈɪnfɪdəl/ *Nomen* (*veraltet, beleidigend*) (REL) Ungläubige(r)

in·fi·del·ity /ˌɪnfɪˈdeləti/ *Nomen* (*Pl* **-ies**) **1** Untreue **2** Seitensprung

in·fight·ing /ˈɪnfaɪtɪŋ/ *Nomen* [U] interne Machtkämpfe

in·fill¹ /ˈɪnfɪl/ *Nomen* Füllmaterial, Füllung

in·fill² /ˈɪnfɪl/ *Verb* ausfüllen, auffüllen

in·fil·trate /ˈɪnfɪltreɪt/ *Verb* **1** infiltrieren, unterwandern **2** ~ **sb** (**into sth**) jdn in etw einschleusen **3** (*Fachspr*) ~ (**into**) **sth** (*Flüssigkeit, Gas etc.*) in etw ein(ein)sickern

in·fil·tra·tion /ˌɪnfɪlˈtreɪʃn/ *Nomen* **1** Unterwanderung, Infiltration **2** Einschleusen **3** (*Fachspr*) Einsickern, Eindringen, Einströmen

in·fil·tra·tor /ˈɪnfɪltreɪtə(r)/ *Nomen* Unterwanderer, Unterwandern, Infiltrant(in)

in·fin·ite¹ /ˈɪnfɪnət/ *Adj* unendlich, unermesslich, grenzenlos OPP FINITE

in·fin·ite² /ˈɪnfɪnət/ *Nomen* [Sing] **1** **the infinite** das Unendliche **2** **the Infinite** Gott

in·fin·ite·ly /'ɪnfɪnətli/ *Adv* **1** (*besonders in Vergleichen*) unendlich viel **2** unendlich, ungeheuer

in·fini·tesi·mal /ˌɪnfɪnɪ'tesɪml/ *Adj* (*gehoben*) verschwindend gering, winzig

in·fini·tesi·mal·ly /ˌɪnfɪnɪ'tesɪməli/ *Adv* **1** ein winziges bisschen **2** äußerst, extrem

in·fini·tive /ɪn'fɪnətɪv/ *Nomen* (LING) Infinitiv IDM ⇨ SPLIT¹

in·fin·ity /ɪn'fɪnəti/ *Nomen* (*Pl* **-ies**) **1** (*auch* **in·fin·it·ies** [Pl]) Unendlichkeit **2** das Unendliche, die Unendlichkeit ◊ *The number tends towards infinity.* Die Zahl geht gegen unendlich. **3** (MATH) unendliche Zahl **4** [Sing] unendliche Menge ◊ *an infinity of stars* unendlich viele Sterne

in·firm /ɪn'fɜːm; *AmE* ɪn'fɜːrm/ **1** *Adj* gebrechlich, schwach **2** **the infirm** *Nomen* [Pl] die Gebrechlichen

in·firm·ary /ɪn'fɜːməri; *AmE* -'fɜːrm-/ *Nomen* (*Pl* **-ies**) **1** (*oft in Namen*) Krankenhaus **2** Krankenzimmer, Krankenstation

in·firm·ity /ɪn'fɜːməti; *AmE* -'fɜːrm-/ *Nomen* (*Pl* **-ies**) [U] **1** Gebrechlichkeit, Schwäche, Krankheit **2** Gebrechen

in·flame /ɪn'fleɪm/ *Verb* (*gehoben*) **1** erregen, aufbringen **2** (*Emotionen*) schüren, entfachen, anheizen **3** (*Situation*) verschärfen

in·flamed /ɪn'fleɪmd/ *Adj* **1** entzündet **2** erregt, aufgebracht **3** **~ with sth** in etw entbrannt ◊ *a man inflamed with jealousy* ein Mann, der vor Eifersucht rast

in·flam·mable /ɪn'flæməbl/ *Adj* **1** (*bes BrE*) leicht entflammbar, feuergefährlich SYN FLAMMABLE **2** (*Mensch*) leicht reizbar; (*Stimmung, Situation*) explosiv

in·flam·ma·tion /ˌɪnflə'meɪʃn/ *Nomen* Entzündung

in·flam·ma·tory /ɪn'flæmətri; *AmE* -tɔːri/ *Adj* **1** (*abwert*) aufrührerisch ◊ *inflammatory remarks* Hetzreden **2** (MED) Entzündungs-, entzündlich

in·flat·able¹ /ɪn'fleɪtəbl/ *Adj* aufblasbar ◊ *an inflatable dinghy* ein Schlauchboot

in·flat·able² /ɪn'fleɪtəbl/ *Nomen* **1** Schlauchboot **2** Luftkissen **3** aufblasbares Spielgerät

in·flate /ɪn'fleɪt/ *Verb* **1** aufpumpen, aufblasen; **~ sth with sth** etw mit etw füllen **2** sich aufblasen, sich aufblähen **3** (*gehoben*) (*Thema, Bedeutung etc.*) aufblähen **4** (*gehoben*) hochtreiben, anheizen **5** steigen

in·flated /ɪn'fleɪtɪd/ *Adj* **1** überhöht **2** aufgeblasen, übertrieben, übersteigert

in·fla·tion /ɪn'fleɪʃn/ *Nomen* [U] **1** Inflation **2** Aufpumpen, Aufblasen OPP DEFLATION

in·fla·tion·ary /ɪn'fleɪʃənri; *AmE* -neri/ *Adj* Inflations-, inflationär

in·flect /ɪn'flekt/ *Verb* **1** (LING) flektierbar sein, flektiert werden **2** (LING) beugen, flektieren **3** (*Stimme, Ton etc.*) modulieren

in·flect·ed /ɪn'flektɪd/ *Adj* **1** gebeugt, flektiert **2** flektierend **3** (*Stimme, Ton etc.*) moduliert

in·flec·tion (*bes BrE* **in·flex·ion**) /ɪn'flekʃn/ *Nomen* **1** (LING) Beugung, Flexion ◊ *case inflections* Kasusendungen **2** Modulation, Änderung des Tonfalls **3** Tonfall

in·flex·ibil·ity /ɪnˌfleksə'bɪləti/ *Nomen* Unbeweglichkeit

in·flex·ible /ɪn'fleksəbl/ *Adj* **1** (*Adv* **in·flex·ibly** /-əbli/) (*abwert*) (*Haltung etc.*) starr, unbeweglich SYN RIGID **2** (*Adv* **in·flex·ibly**) (*abwert*) (*Person*) unbeugsam, wenig flexibel **3** (*Material*) unbiegsam SYN STIFF

in·flict /ɪn'flɪkt/ *Verb* verursachen; **~ sth on/upon sb/sth** jdm/etw etw zufügen, jdm/etw etw zumuten PHR V **in'flict sb on sb** (*oft hum*) jdm jdn aufhalsen ◊ **in'flict yourself on sb** (*oft hum*) sich jdm aufdrängen

in·flic·tion /ɪn'flɪkʃn/ *Nomen* [U] Zufügung, Verhängung, Auferlegung

'in-flight *Adj* nur vor Nomen während des Flugs ◊ *an in-flight meal* eine Bordmahlzeit

in·flow /'ɪnfləʊ; *AmE* -floʊ/ *Nomen* Zufluss, Zustrom SYN INFLUX OPP OUTFLOW

in·flu·ence¹ /'ɪnfluəns/ *Nomen* Einfluss ◊ *be a bad influence on sb* einen schlechten Einfluss auf jdn haben ◊ *It was a major influence in his life.* Es hat sein Leben entscheidend beeinflusst. IDM **under the 'influence** unter Alkoholeinfluss

in·flu·ence² /'ɪnfluəns/ *Verb* beeinflussen

in·flu·en·tial /ˌɪnflu'enʃl/ *Adj* einflussreich; **be ~ in sth** etw (entscheidend) beeinflussen

in·flu·enza /ˌɪnflu'enzə/ (*gehoben*) = FLU

in·flux /'ɪnflʌks/ *Nomen* [meist Sing] (Zu)strom

info /'ɪnfəʊ; *AmE* 'ɪnfoʊ/ *Nomen* **1** (*umgs*) = INFORMATION **2** **info-** (*in Zusammensetzungen*) Info-

info·mer·cial /ˈɪnfəʊmɜːʃl; *AmE* ˌɪnfoʊ'mɜːrʃl/ *Nomen* (*bes AmE*) = wie eine Informationssendung aufgemachte Fernsehwerbung

in·form /ɪn'fɔːm; *AmE* ɪn'fɔːrm/ *Verb* **1** **~ sb (of/about sth)** jdn (über etw) informieren ◊ *be reliably informed (that …)* aus zuverlässiger Quelle wissen(, dass …) ◊ *I am pleased to inform you that …* Ich freue mich, Ihnen mitteilen zu können, dass … **2** **~ yourself (of/about sth)** sich (über etw) informieren **3** (*gehoben*) prägen, beeinflussen PHR V **in'form on sb** jdn denunzieren

in·for·mal /ɪn'fɔːml; *AmE* ɪn'fɔːrml/ *Adj* (*Adv* **in·for·mal·ly** /-məli/) **1** zwanglos, informell, inoffiziell **2** leger SYN CASUAL **3** ungezwungen, locker, umgangssprachlich

in·for·mal·ity /ˌɪnfɔː'mæləti; *AmE* -fɔːr'm-/ *Nomen* Zwanglosigkeit, Ungezwungenheit ◊ *the informality of the tribunals* der informelle Charakter der Tribunale

in·form·ant /ɪn'fɔːmənt; *AmE* -'fɔːrm-/ *Nomen* Informant(in), (Informations)quelle

in·for·ma·tion /ˌɪnfə'meɪʃn; *AmE* ˌɪnfər'm-/ (*umgs* **info**) *Nomen* [U] **1** Informationen, Information ◊ *a piece of information* eine Information ◊ *ask for information* Auskünfte einholen ◊ *Our information is that the police will shortly make an arrest.* Soweit wir wissen, wird die Polizei in Kürze jemanden verhaften. ☛ *Hinweis bei* INFORMATION S. 1030 **2** (*AmE, umgs*) (Fernsprech)auskunft IDM **for your infor'mation 1** (*offiz* **for information 'only**) (*Abk* **FYI**) nur zur Kenntnisnahme **2** (*umgs*) damit du es weißt; damit Sie es wissen ☛ *Siehe auch* MINE²

in·for·ma·tion·al /ˌɪnfə'meɪʃənl; *AmE* ˌɪnfər'm-/ *Adj* nur vor Nomen Informations- ◊ *the informational role of the media* die Aufgabe der Medien zu informieren

inforˌmation super'highway (*auch* **super·high·way**) *Nomen* (COMP) Datenautobahn

inforˌmation tech'nology *Nomen* = IT

in·for·ma·tive /ɪn'fɔːmətɪv; *AmE* -'fɔːrm-/ *Adj* **1** informativ, lehrreich **2** mitteilsam OPP UNINFORMATIVE

in·formed /ɪn'fɔːmd; *AmE* ɪn'fɔːrmd/ *Adj* (gut) unterrichtet, (wohl) informiert, fundiert ◊ *Keep me informed.* Halten Sie mich auf dem Laufenden. OPP UNINFORMED

in·form·er /ɪn'fɔːmə(r); *AmE* -'fɜːrm-/ *Nomen* Informant(in), Spitzel

info·tain·ment /ˈɪnfəʊteɪnmənt; *AmE* ˌɪnfoʊ-/ *Nomen* Infotainment

in·frac·tion /ɪn'frækʃn/ *Nomen* (*gehoben*) Übertretung, Regelverstoß

infra dig /ˌɪnfrə 'dɪg/ *Adj* nicht vor Nomen (*BrE, umgs, veraltet*) unter jds Würde

in·fra-red /ˌɪnfrə'red/ *Adj* (PHYSIK) Infrarot- ◊ *infrared radiation* Infrarotstrahlung

in·fra·struc·tural /ˌɪnfrə'strʌktʃərəl/ *Adj* die Infrastruktur betreffend, infrastrukturell ◊ *infrastructural development* die Erschließung der Infrastruktur

in·fra·struc·ture /'ɪnfrəstrʌktʃə(r)/ *Nomen* Infrastruktur

in·fre·quent /ɪn'friːkwənt/ *Adj* (*Adv* **in·fre·quent·ly**) selten SYN RARE OPP FREQUENT

in·fringe /ɪn'frɪndʒ/ *Verb* **1** **~ sth** gegen etw verstoßen, etw verletzen **2** **~ on/upon sth** in etw eingreifen, in etw eindringen, etw verletzen ◊ *She refused to answer questions that infringed on her private life.* Sie weigerte sich, Fragen zu beantworten, die ihr Privatleben betrafen.

in·fringe·ment /ɪn'frɪndʒmənt/ *Nomen* Verletzung, Verstoß, Eingriff

in·furi·ate /ɪn'fjʊərieɪt; *AmE* -'fjʊr-/ *Verb* wütend machen, rasend machen ◊ *She became infuriated.* Sie wurde wütend. SYN ENRAGE

in·furi·at·ing /ɪn'fjʊərieɪtɪŋ; *AmE* -'fjʊr-/ *Adj* (wahnsinnig) ärgerlich, aufreizend ◊ *an infuriating child* ein Kind, das einen wahnsinnig macht

in·furi·at·ing·ly /ɪn'fjʊərieɪtɪŋli; *AmE* -'fjʊr-/ *Adv* aufreizend ◊ *Infuriatingly, the shop had just closed.* Es war zum Verrücktwerden. Das Geschäft hatte gerade zugemacht.

in·fuse /ɪnˈfjuːz/ *Verb* **1** *(gehoben) oft passiv* **~ A into B** A in B einflößen; **~ B with A** B mit A erfüllen ◇ *Her novels are infused with sadness.* Ihre Romane sind voller Traurigkeit. **2** *(gehoben)* durchdringen **3** *(Tee)* ziehen (lassen)

in·fu·sion /ɪnˈfjuːʒn/ *Nomen* **1** Zufuhr *(gehoben)* ◇ *a cash/capital infusion* eine Geld-/Kapitalspritze ◇ *The company needs an infusion of new blood.* Die Firma braucht dringend Nachwuchs. **2** Aufguss, Tee

in·geni·ous /ɪnˈdʒiːniəs/ *Adj* **1** einfallsreich, genial, raffiniert **2** findig, erfinderisch

in·geni·ous·ly /ɪnˈdʒiːniəsli/ *Adv* genial, erfinderisch

in·génue /ˈænʒənjuː; *AmE* ˈændʒənuː/ *Nomen* naives Mädchen ◇ *an ingénue role* die Rolle der Naiven

in·genu·ity /ˌɪndʒəˈnjuːəti; *AmE* -ˈnuː-/ *Nomen* Einfallsreichtum, Genialität

in·genu·ous /ɪnˈdʒenjuəs/ *Adj (Adv* **in·genu·ous·ly)** *(gehoben, manchmal abwert)* naiv, unschuldig, vertrauensvoll [SYN] NAIVE [OPP] DISINGENUOUS

in·gest /ɪnˈdʒest/ *Verb (Fachspr) (Nahrungsmittel etc.)* aufnehmen

in·ges·tion /ɪnˈdʒestʃn/ *Nomen* [U] *(Fachspr) (Nahrungs- etc.)* Aufnahme

ingle·nook /ˈɪŋɡlnʊk/ *Nomen* Kaminecke

in·glori·ous /ɪnˈɡlɔːriəs/ *Adj (Adv* **in·glori·ous·ly)** *(gehoben)* unrühmlich, beschämend

ingot /ˈɪŋɡət/ *Nomen (Gold-, Silber-)* Barren

in·grained /ɪnˈɡreɪnd/ *Adj* **1** tief verwurzelt **2** *(Schmutz)* tief sitzend

in·grati·ate /ɪnˈɡreɪʃieɪt/ *Verb* **~ yourself (with sb)** *(abwert)* sich (bei jdm) beliebt machen, sich (bei jdm) einschmeicheln

in·grati·at·ing /ɪnˈɡreɪʃieɪtɪŋ/ *Adj (Adv* **in·grati·at·ing·ly)** *(abwert)* schmeichlerisch, einschmeichelnd

in·grati·tude /ɪnˈɡrætɪtjuːd; *AmE* -tuːd/ *Nomen* Undankbarkeit [OPP] GRATITUDE

in·gre·di·ent /ɪnˈɡriːdiənt/ *Nomen* **1** Zutat ◇ *active ingredient: aspirin* Wirkstoff: Aspirin **2** Voraussetzung

'in-group *(meist abwert)* Clique [SYN] CLIQUE

ingrown /ˈɪnɡrəʊn; *AmE* -ˈɡroʊn/ *(BrE auch* **in·grow·ing** /ˈɪnɡrəʊɪŋ; *AmE* -ɡroʊ-/) *Adj (Fußnagel)* eingewachsen

in·habit /ɪnˈhæbɪt/ *Verb* bewohnen, leben in

in·hab·it·ant /ɪnˈhæbɪtənt/ *Nomen* Einwohner(in), Bewohner(in)

in·hal·ant /ɪnˈheɪlənt/ *Nomen* Inhalationsmittel

in·hal·ation /ˌɪnhəˈleɪʃn/ *Nomen* Inhalation ◇ *smoke inhalation* das Einatmen von Rauch

in·hale /ɪnˈheɪl/ *Verb* **1** einatmen ◇ *He inhaled deeply on his cigarette.* Er zog tief an seiner Zigarette. [SYN] BREATHE IN [OPP] EXHALE **2** inhalieren

in·haler /ɪnˈheɪlə(r)/ *Nomen (Asthmaspray)* Inhalator

in·her·ent /ɪnˈhɪərənt; *AmE* -ˈhɪr-/ *Adj (Adv* **in·her·ent·ly)** immanent, innewohnend ◇ *the dangers inherent in this enterprise* die Gefahren, die dieses Unternehmen birgt [SYN] INTRINSIC

in·herit /ɪnˈherɪt/ *Verb* **~ sth (from sb)** erben (von jdm) ◇ *an inherited disease* eine vererbte Krankheit

in·her·it·ance /ɪnˈherɪtəns/ *Nomen* Erbe ◇ *The title passes by inheritance to the eldest son.* Der Titel geht an den ältesten Sohn über.

in'heritance tax *Nomen* Erbschaftssteuer

in·heri·tor /ɪnˈherɪtə(r)/ *Nomen* Erbe, Erbin [SYN] HEIR

in·hibit /ɪnˈhɪbɪt/ *Verb* **1** hemmen **2 ~ sb from sth** jdn von etw abhalten

in·hib·it·ed /ɪnˈhɪbɪtɪd/ *Adj* gehemmt ◇ *Boys are often inhibited about discussing their problems.* Jungen haben oft Hemmungen ihre Probleme zu diskutieren.

in·hib·ition /ˌɪnhɪˈbɪʃn, ˌɪnɪ'b-/ *Nomen* Hemmung

in·hos·pit·able /ˌɪnhɒˈspɪtəbl; *AmE* ˌɪnhɑːˈs-/ *Adj* **1** unwirtlich **2** ungastlich, nicht gastfreundlich

'in-house *Adj, Adv* (betriebs)intern ◇ *in-house language training* betriebsinterner Sprachunterricht

in·human /ɪnˈhjuːmən/ *Adj* **1** unmenschlich **2** nicht menschlich ◇ *a strange inhuman sound* ein seltsames nicht von einem Menschen kommendes Geräusch

in·hu·mane /ˌɪnhjuːˈmeɪn/ *Adj (Adv* **in·hu·mane·ly)** unmenschlich, menschenunwürdig [OPP] HUMANE

in·human·ity /ˌɪnhjuːˈmænəti/ *Nomen* [U] Unmenschlichkeit

in·imi·cal /ɪˈnɪmɪkl/ *Adj (gehoben)* **1 ~ to sth** schädlich für etw **2** feindselig

in·im·it·able /ɪˈnɪmɪtəbl/ *Adj (Adv* **in·im·it·ably** /-əbli/) unnachahmlich

ini·qui·tous /ɪˈnɪkwɪtəs/ *Adj (gehoben) (ungerecht)* ungeheuerlich [SYN] WICKED

in·iquity /ɪˈnɪkwəti/ *Nomen (Pl* **-ies)** schreiende Ungerechtigkeit, Ungeheuerlichkeit

ini·tial¹ /ɪˈnɪʃl/ *Adj (Adv* **ini·tial·ly** /-ʃəli/) anfänglich, erste(r, s) ◇ *in the initial stages* in den Anfangsstadien

ini·tial² /ɪˈnɪʃl/ *Nomen* **1** Anfangsbuchstabe des Vornamens ◇ *'What initial is it, Mrs Owen?' 'It's J, J for Jane.'* „Mit welchem Buchstabe fängt Ihr Vorname an, Mrs Owen?" „Mit J für Jane." **2 initials** [Pl] Initialen

ini·tial³ /ɪˈnɪʃl/ *Verb* (-ll-, *AmE meist* -l-) **1** abzeichnen **2** *(Vertrag etc.)* paraphieren

ini·ti·ate¹ /ɪˈnɪʃieɪt/ *Verb* **1** *(gehoben)* initiieren, einleiten **2 ~ sb (into sth)** jdn (in etw) einführen **3 ~ sb (into sth)** *(besonders in Sekten, Geheimbünde)* jdn (in etw) aufnehmen

ini·ti·ate² /ɪˈnɪʃiət/ *Nomen* Initiierte(r), Neuling

ini·ti·ation /ɪˌnɪʃiˈeɪʃn/ *Nomen* **1** Einführung, Initiation **2** *(gehoben)* Einleitung, Eröffnung

ini·tia·tive /ɪˈnɪʃətɪv/ *Nomen* **1** Initiative ◇ *seize the initiative* die Initiative ergreifen **2** Eigeninitiative ◇ *She did it on her own initiative.* Sie tat es aus eigener Initiative.

ini·ti·ator /ɪˈnɪʃieɪtə(r)/ *Nomen (gehoben)* Initiator(in)

in·ject /ɪnˈdʒekt/ *Verb* **1** (ein)spritzen, injizieren **2 ~ sth (into sth)** (einer Sache) etw verleihen **3 ~ sth (into sth)** *(Geld)* in etw pumpen

in·jec·tion /ɪnˈdʒekʃn/ *Nomen* **1** Injektion, Spritze ◇ *An anaesthetic was administered by injection.* Ein Betäubungsmittel wurde gespritzt. **2** Finanzspritze **3** Einspritzung ◇ *a fuel injection system* ein Einspritzsystem

'in-joke *Nomen* Insiderwitz

in·ju·di·cious /ˌɪndʒuˈdɪʃəs/ *Adj (Adv* **in·ju·di·cious·ly)** *(gehoben)* unklug [OPP] JUDICIOUS

in·junc·tion /ɪnˈdʒʌŋkʃn/ *Nomen* **1** gerichtliche Verfügung **2** *(gehoben)* Anordnung, Verfügung

in·jure /ˈɪndʒə(r)/ *Verb* **1** (sich) verletzen ◇ *He injured his knee.* Er verletzte sich das Knie. ☛ *Hinweis bei* VERLETZEN **2** *(gehoben)* kränken

in·jured /ˈɪndʒəd; *AmE* -dʒərd/ **1** *Adj* verletzt [OPP] UNINJURED **2** *Adj* gekränkt, verletzt **3 the injured** *Nomen* [Pl] die Verletzten

the ˌinjured 'party *Nomen* der/die Geschädigte

in·juri·ous /ɪnˈdʒʊəriəs; *AmE* -ˈdʒʊr-/ *Adj (gehoben)* **~ (to sb/sth)** *(gehoben)* schädlich (für jdn/etw)

in·jury /ˈɪndʒəri/ *Nomen (Pl* **-ies)** **1** Verletzung ◇ *an injury to the head* eine Kopfverletzung ◇ *escape injury* unverletzt davonkommen ◇ *There were no injuries.* Es gab keine Verletzten. ◇ *(BrE, umgs)* *You'll do yourself an injury.* Du tust dir noch weh. **2** *(RECHT)* seelische Kränkung [IDM] ⇒ ADD

'injury time *Nomen (BrE)* Nachspielzeit

in·just·ice /ɪnˈdʒʌstɪs/ *Nomen* Ungerechtigkeit, Unrecht [IDM] **do yourself/sb an in'justice** sich/jdm Unrecht tun

ink¹ /ɪŋk/ *Nomen* Tinte, Tusche, Druckfarbe, Druckerschwärze ◇ *written in ink* mit Tinte geschrieben

ink² /ɪŋk/ *Verb* **1** *(beim Drucken)* einfärben **2** *(AmE, umgs)* unterzeichnen [PHRV] **ˌink sth 'in** etw mit Tinte/Tusche nachzeichnen ◇ *(fig) The date for the conference should have been inked in by now.* Das Datum für die Konferenz sollte jetzt schon feststehen.

'ink-jet printer *Nomen* Tintenstrahldrucker

ink·ling /ˈɪŋklɪŋ/ *Nomen* [meist Sing] Ahnung [SYN] SUSPICION

'ink-pad *Nomen* Stempelkissen

ink·well /ˈɪŋkwel/ *Nomen* Tintenfass

inky /ˈɪŋki/ *Adj* **1** tiefschwarz, dunkel **2** tintenverschmiert

in·laid /ˌɪnˈleɪd/ *Adj* eingelegt ◇ *an inlaid wooden box* eine Holzschatulle mit Einlegearbeit

in·land¹ /ˌɪnˈlænd/ *Adv* im Landesinneren, landeinwärts
in·land² /ˈɪnlænd/ *Adj* im Landesinneren, ins Landesinnere, Binnen- ◊ *an inland sea* ein Binnenmeer
the ˌInland ˈRevenue *Nomen* [Sing] (*BrE*) ≈ das Finanzamt
ˈin-laws *Nomen* [Pl] (*umgs*) Schwiegerfamilie, Schwiegereltern
inlay¹ /ˌɪnˈleɪ/ *Verb* (**in·lay·ing**, **in·laid**, **in·laid** /ˌɪnˈleɪd/) (*Dekoration*) einlegen
inlay² /ˈɪnleɪ/ *Nomen* Einlegearbeit, Intarsie
inlet /ˈɪnlet/ *Nomen* **1** schmale Bucht, Meeresarm **2** (TECH) Zuleitung OPP OUTLET
ˌin-line ˈskate *Nomen* Inineskate, Inliner
ˌin-line ˈskating *Nomen* Inlineskating
in loco par·en·tis /ɪn ˌləʊkəʊ pəˈrentɪs; *AmE* ˌloʊkoʊ-/ *Adv* (*gehoben*) an Elternstatt
in·mate /ˈɪnmeɪt/ *Nomen* (*Gefängnis- etc.*) Insasse, Insassin
in me·mor·iam /ˌɪn məˈmɔːriəm/ *Adv* (*Grabinschrift*) zum Gedenken
in·most /ˈɪnməʊst; *AmE* ˈɪnmoʊst/ *Adj* nur vor Nomen innerste(r,s), tiefste(r,s)
inn /ɪn/ *Nomen* **1** (*BrE, veraltet*) Gasthof ☛ Heute wird **inn** nur noch in Namen verwendet. **2** (*AmE*) Herberge
in·nards /ˈɪnədz; *AmE* ˈɪnərdz/ *Nomen* [Pl] (*umgs*) **1** Eingeweide, Innereien ◊ *Fear twisted her innards in knots.* Ihr war schlecht vor Angst. **2** (*einer Maschine*) Innenleben
in·nate /ɪˈneɪt/ *Adj* angeboren
in·nate·ly /ɪˈneɪtli/ *Adv* von Natur aus
inner /ˈɪnə(r)/ *Adj* inner, Innen- ◊ *the inner ear* das Innenohr ◊ *inner London* das Zentrum von London OPP OUTER
ˌinner ˈcircle *Nomen* engerer Kreis, innerer Zirkel
ˌinner ˈcity *Nomen* Innenstadt ◊ *an inner-city school* eine Schule in der Innenstadt ◊ *the social problems of decaying inner-city areas* die sozialen Probleme der heruntergekommenen Innenstädte
in·ner·most /ˈɪnəməʊst; *AmE* ˈɪnərmoʊst/ *Adj* innerste(r,s), tiefste(r,s) ◊ *her innermost thoughts* ihre geheimsten Gedanken
ˈinner tube *Nomen* (*im Reifen*) Schlauch
in·ning /ˈɪnɪŋ/ *Nomen* (*beim Baseball*) Inning
in·nings /ˈɪnɪŋz/ *Nomen* (*Pl* **in·nings**) (*bei Kricket*) = Zeit, in der ein Spieler oder eine Mannschaft am Schlag ist IDM **sb had a good ˈinnings** (*BrE, umgs*) jd hatte ein langes Leben
innit /ˈɪnɪt/ *Ausruf* (*BrE*) (*Schreibweise, die eine sehr umgangssprachliche Aussprache von „isn't it" wiedergibt und allgemein als Frageanhängsel verwendet wird*) ◊ *Cold, innit?* Kalt, was?
inn·keep·er /ˈɪnkiːpə(r)/ *Nomen* (*veraltet*) Gastwirt(in)
in·no·cence /ˈɪnəsns/ *Nomen* Unschuld, Arglosigkeit
in·no·cent¹ /ˈɪnəsnt/ *Adj* (*Adv* **in·no·cent·ly**) **1** ~ (**of sth**) unschuldig (an etw) OPP GUILTY **2** harmlos ◊ *It was all innocent fun.* Es war alles harmloser Spaß. SYN HARMLESS **3** unschuldig, arglos
in·no·cent² /ˈɪnəsnt/ *Nomen* Unschuldige(r)
in·nocu·ous /ɪˈnɒkjuəs; *AmE* ɪˈnɑːk-/ *Adj* (*gehoben*) harmlos
in·nov·ate /ˈɪnəveɪt/ *Verb* **1** Neuerungen einführen **2** (neu) einführen
in·nov·ation /ˌɪnəˈveɪʃn/ *Nomen* Innovation, Neuerung
in·nova·tive /ˈɪnəveɪtɪv/ *BrE auch* ˈɪnəvətɪv/ (*seltener* **in·nov·atory** /ˌɪnəˈveɪtəri; *AmE auch* ˈɪnəvətɔːri/) *Adj* innovativ
in·nov·ator /ˈɪnəveɪtə(r)/ *Nomen* Neuerer, Neuerin
in·nu·endo /ˌɪnjuˈendəʊ; *AmE* -doʊ/ *Nomen* (*Pl* **-oes** *oder* **-os**) (*abwert*) Anspielung
in·nu·mer·able /ɪˈnjuːmərəbl; *AmE* ɪˈnuː-/ *Adj* unzählig
in·nu·mer·ate /ɪˈnjuːmərət; *AmE* ɪˈnuː-/ *Adj* **be** ~ nicht rechnen können OPP NUMERATE
in·ocu·late /ɪˈnɒkjuleɪt; *AmE* ɪˈnɑːk-/ *Verb* ~ **sb** (**against sth**) jdn (gegen etw) impfen
in·ocu·la·tion /ɪˌnɒkjuˈleɪʃn; *AmE* ɪˌnɑːk-/ *Nomen* Impfung
in·offen·sive /ˌɪnəˈfensɪv/ *Adj* harmlos
in·op·er·able /ɪnˈɒpərəbl; *AmE* ɪnˈɑːp-/ *Adj* **1** inoperabel **2** (*gehoben*) (*Gesetz, Vorhaben etc.*) undurchführbar **3** **make/render sth** ~ etw außer Betrieb setzen
in·op·era·tive /ɪnˈɒpərətɪv; *AmE* ɪnˈɑːp-/ *Adj* (*gehoben*) **1** außer Kraft **2** außer Betrieb
in·op·por·tune /ɪnˈɒpətjuːn; *AmE* ɪnˌɑːpərˈtuːn/ *Adj* (*gehoben*) ungelegen, unpassend
in·or·din·ate /ɪnˈɔːdɪnət; *AmE* -ˈɔːrd-/ *Adj* (*Adv* **in·or·din·ate·ly**) (*gehoben*) unmäßig ◊ *an inordinate amount of money* eine Unmenge Geld SYN EXCESSIVE
in·or·gan·ic /ˌɪnɔːˈɡænɪk; *AmE* ˌɪnɔːrˈɡ-/ *Adj* anorganisch
in·pa·tient /ˈɪnpeɪʃnt/ *Nomen* stationär behandelte(r) Patient(in)
input¹ /ˈɪnpʊt/ *Nomen* **1** ~ (**into/to sth**) Beitrag (zu etw) **2** (COMP) Eingabe **3** (TECH) Anschluss; (COMP) Eingabeport
input² /ˈɪnpʊt/ *Verb* (**in·put·ting**, **input**, **input** *oder* **in·put·ting**, **in·put·ted**, **in·put·ted**) (COMP) eingeben
in·quest /ˈɪŋkwest/ *Nomen* **1** = gerichtliche Untersuchung eines Todesfalles **2** (*umgs*) Untersuchung ◊ *The Party began an inquest on its election defeat.* Die Partei begann eine Untersuchung der Gründe für die Wahlniederlage.
in·quire, in·quir·er, in·quir·ing, in·quiry (*bes AmE*) = ENQUIRE, ENQUIRER, ENQUIRING, ENQUIRY
in·qui·si·tion /ˌɪŋkwɪˈzɪʃn/ *Nomen* **1 the Inquisition** die Inquisition **2** (*gehoben oder hum*) Verhör, Inquisition
in·quisi·tive /ɪnˈkwɪzətɪv/ *Adj* (*Adv* **in·quisi·tive·ly**) **1** (*abwert*) neugierig **2** wissbegierig
in·quisi·tive·ness /ɪnˈkwɪzətɪvnəs/ *Nomen* **1** Neugier **2** Wissbegierigkeit
in·quisi·tor /ɪnˈkwɪzɪtə(r)/ *Nomen* **1** hartnäckige(r) Fragesteller(in) **2** Inquisitor(in)
in·quisi·tor·ial /ɪnˌkwɪzɪˈtɔːriəl/ *Adj* (*Adv* **in·quisi·tor·ial·ly**) inquisitorisch ◊ *He questioned her in a cold inquisitorial voice.* Er verhörte sie mit einer kalten strengen Stimme.
in·road /ˈɪnrəʊd; *AmE* -roʊd/ *Nomen* Eingriff, Vordringen IDM **make inroads into/on sth** in etw eindringen ◊ *The trip made heavy inroads on his purse.* Die Reise riss eine große Lücke in seine Finanzen.
in·rush /ˈɪnrʌʃ/ *Nomen* [meist Sing] Zustrom ◊ *an inrush of water* ein Wassereinbruch
in·sane /ɪnˈseɪn/ *Adj* (*Adv* **in·sane·ly**) geisteskrank, wahnsinnig, verrückt OPP SANE **2 the insane** *Nomen* [Pl] die Geisteskranken
in·sani·tary /ɪnˈsænətri; *AmE* -teri/ *Adj* unhygienisch
in·san·ity /ɪnˈsænəti/ *Nomen* [U] **1** Geisteskrankheit ◊ *He was found not guilty, by reason of insanity.* Aufgrund seines Geisteszustandes wurde er für unschuldig befunden. **2** Wahnsinn, Irrsinn
in·sati·able /ɪnˈseɪʃəbl/ *Adj* (*Adv* **in·sati·ably** /-əbli/) unersättlich, unstillbar
in·scribe /ɪnˈskraɪb/ *Verb* beschriften, eingravieren, einmeißeln, einritzen ◊ *The trophy was inscribed with his name.* Der Pokal war mit seinem Namen graviert. ◊ *She inscribed the words 'with grateful thanks' in the book.* Sie signierte das Buch mit der Widmung „Mit herzlichem Dank".
in·scrip·tion /ɪnˈskrɪpʃn/ *Nomen* Inschrift, Aufschrift, Widmung
in·scrut·abil·ity /ɪnˌskruːtəˈbɪləti/ *Nomen* Unergründlichkeit, Undurchdringlichkeit
in·scrut·able /ɪnˈskruːtəbl/ *Adj* (*Adv* **in·scrut·ably** /-əbli/) unergründlich, undurchdringlich, geheimnisvoll
in·sect /ˈɪnsekt/ *Nomen* Insekt
in·secti·cide /ɪnˈsektɪsaɪd/ *Nomen* Insektenvernichtungsmittel, Insektizid
in·se·cure /ˌɪnsɪˈkjʊə(r); *AmE* -ˈkjʊr/ *Adj* (*Adv* **in·se·cure·ly**) **1** unsicher ◊ *insecurely fixed* nicht fest angebracht **2** ungesichert OPP SECURE
in·secur·ity /ˌɪnsɪˈkjʊərəti; *AmE* -ˈkjʊr-/ *Nomen* (*Pl* **-ies**) Unsicherheit
in·sem·in·ate /ɪnˈsemɪneɪt/ *Verb* (*Fachspr*) befruchten, besamen, inseminieren
in·sem·in·ation /ɪnˌsemɪˈneɪʃn/ *Nomen* Befruchtung, Besamung, Insemination
in·sens·ibil·ity /ɪnˌsensəˈbɪləti/ *Nomen* **1** (*gehoben*) Bewusstlosigkeit **2** Gefühllosigkeit, Unempfindlichkeit,

Unempfänglichkeit ◊ *insensibility to beauty* Unempfänglichkeit für Schönheit

in·sens·ible /ɪnˈsensəbl/ *Adj (gehoben)* **1** *nicht vor Nomen* ~ **(to sth)** unempfindlich (gegen etw), unempfänglich (für etw) OPP SENSITIVE **2** *nicht vor Nomen* ~ **(of sth)** einer Sache nicht bewusst ◊ *They were not insensible of the risks.* Sie waren sich der Risiken voll bewusst. **3** bewusstlos OPP CONSCIOUS **4** unmerklich

in·sens·ibly /ɪnˈsensəbli/ *Adv* **1** unmerklich **2** *(gehoben)* irrational **3** ◊ *insensibly drunk* total besoffen

in·sensi·tive /ɪnˈsensətɪv/ *Adj (Adv* **in·sensi·tive·ly)** **1** gefühllos, unsensibel, unempfänglich ◊ *an insensitive remark* eine taktlose Bemerkung ◊ *The police handled the matter extremely insensitively.* Die Polizei ging in der Angelegenheit äußerst rücksichtslos vor. **2** unempfindlich ◊ *insensitive to pain* schmerzunempfindlich

in·sensi·tiv·ity /ˌɪnsensəˈtɪvəti/ *Nomen* Gefühllosigkeit, Unempfänglichkeit, Rücksichtslosigkeit, Unempfindlichkeit

in·sep·ar·ab·il·ity /ɪnˌsepərəˈbɪləti/ *Nomen* Untrennbarkeit, Unzertrennlichkeit

in·sep·ar·able /ɪnˈseprəbl/ *Adj (Adv* **in·sep·ar·ably** /-əbli/) untrennbar, unzertrennlich

in·sert¹ /ɪnˈsɜːt; *AmE* ɪnˈsɜːrt/ *Verb* **1** einführen, einwerfen, hineinstecken, hineinlegen **2** einfügen

in·sert² /ˈɪnsɜːt; *AmE* ˈɪnsɜːrt/ *Nomen* **1** Beilage **2** Einlage, Einsatz

in·ser·tion /ɪnˈsɜːʃn; *AmE* ɪnˈsɜːrʃn/ *Nomen* **1** Einführung, Einwurf **2** Einfügung

ˈin-service *Adj nur vor Nomen* berufsbegleitend ◊ *in-service training* Fortbildungskurs

inset¹ /ˈɪnset/ *Nomen* **1** Nebenkarte, Nebenbild **2** Einsatz, Einlage, Beilage

inset² /ˈɪnset/ *Verb* **(in·set·ting, inset, inset) 1** *(meist passiv)* besetzen, einlassen **2** einfügen

in·shore¹ /ˌɪnˈʃɔː(r)/ *Adj* Küsten-

in·shore² /ˌɪnˈʃɔː(r)/ *Adv* **1** in Küstennähe **2** auf die Küste zu

in·side¹ /ˌɪnˈsaɪd/ *(bes AmE* **in·side of)** *Präp* **1** in, hinein OPP OUTSIDE **3 2** in, innen ◊ *You'll feel better with a good meal inside you.* Mit einer guten Mahlzeit im Bauch wird es dir besser gehen. **3** innerhalb, binnen

in·side² /ˌɪnˈsaɪd/ *Adv* **1** (nach) innen, (nach) drinnen, hinein ◊ *There was nothing inside.* Es war nichts drin. **2** *(umgs)* im Gefängnis

in·side³ /ˌɪnˈsaɪd/ *Nomen* **1** *(meist* **the inside)** [meist Sing] Innere(s), Innenseite ◊ *The door was locked from the inside.* Die Tür war von innen verschlossen. OPP OUTSIDE¹ **the inside** [Sing] Innenspur, Innenbahn OPP OUTSIDE¹ **3 insides** [Pl] *(umgs)* Eingeweide ◊ *Her insides were like jelly.* Ihr war ganz flau im Magen. IDM ˌinside ˈout ◊ *You've got your sweater on inside out.* Du hast deinen Pullover links herum an. ◊ *Turn the bag inside out.* Stülp die Tüte um. **on the inˈside** intern ◊ *someone on the inside* ein Insider **turn sth inside out** **1** etw auf den Kopf stellen **2** etw völlig umkrempeln ➡ *Siehe auch* KNOW¹

in·side⁴ /ˌɪnˈsaɪd/ *Adj nur vor Nomen* **1** innere(r,s), Innen- ◊ *an inside pocket* eine Innentasche **2** intern, Insider- ◊ *The robbery seemed to have been an inside job.* Es sah so aus, als ob der Raub das Werk von Insidern war.

in·sider /ɪnˈsaɪdə(r)/ *Nomen* Insider

inˌsider ˈdealing *(auch* **inˌsider ˈtrading)** *Nomen* Insidergeschäft, Insiderhandel

ˌinside ˈtrack *Nomen (bes AmE)* Oberhand, vorteilhafte Position ◊ *Mike has the inside track for that job.* Mike liegt gut im Rennen für die Stelle.

in·sidi·ous /ɪnˈsɪdiəs/ *Adj (Adv* **in·sidi·ous·ly)** *(gehoben, abwert)* heimtückisch

in·sight /ˈɪnsaɪt/ *Nomen* **1** Verständnis ◊ *a writer of great insight* ein Schriftsteller mit großem Einfühlungsvermögen ◊ *With a flash of insight I realized what the dream meant.* Plötzlich wurde mir die Bedeutung des Traums klar. **2** Einblick

in·sight·ful /ˈɪnsaɪtfʊl/ *Adj* **1** verständnisvoll **2** einsichtsreich

in·sig·nia /ɪnˈsɪgniə/ *Nomen* Insignien ➡ G 1.3c

in·sig·nifi·cance /ˌɪnsɪgˈnɪfɪkəns/ *Nomen* Bedeutungslosigkeit IDM ➡ PALE²

in·sig·nifi·cant /ˌɪnsɪgˈnɪfɪkənt/ *Adj (Adv* **in·sig·nifi·cant·ly)** unbedeutend, geringfügig SYN NEGLIGIBLE

in·sin·cere /ˌɪnsɪnˈsɪə(r); *AmE* -ˈsɪr/ *Adj (Adv* **in·sin·cere·ly)** *(abwert)* unaufrichtig ◊ *an insincere smile* ein falsches Lächeln

in·sin·cer·ity /ˌɪnsɪnˈserəti/ *Nomen* Unaufrichtigkeit

in·sinu·ate /ɪnˈsɪnjueɪt/ *Verb* **1** andeuten, unterstellen ◊ *an insinuating smile* ein bedeutungsvolles Lächeln **2** ~ **yourself into sth** *(gehoben, abwert)* sich in etw einschleichen, sich in etw einschmeicheln **3** *(gehoben)* (sich) schieben ◊ *She insinuated her hand under his arm.* Sie schob ihre Hand unter seinen Arm.

in·sinu·ation /ɪnˌsɪnjuˈeɪʃn/ *Nomen* Anspielung, Unterstellung

in·sipid /ɪnˈsɪpɪd/ *Adj (abwert)* fade

in·sist /ɪnˈsɪst/ *Verb* **1** ~ **(on sth)** (auf etw) bestehen **2** beteuern PHRV **insist on/upon (doing) sth** auf etw bestehen, darauf bestehen etw zu tun **inˈsist on doing sth** etw beharrlich weiter tun

in·sist·ence /ɪnˈsɪstəns/ *Nomen* Bestehen, Drängen, Beteuerung

in·sist·ent /ɪnˈsɪstənt/ *Adj* **1 be ~ on sth** auf etw bestehen, **be ~ (that …)** darauf bestehen(, dass …) ◊ *Why are you so insistent that we leave tonight?* Warum drängst du so darauf, dass wir heute Abend fortfahren? **2** *(Adv* **in·sist·ent·ly)** beharrlich, hartnäckig ◊ *insistent demands* nachdrückliche Forderungen

in situ /ˌɪn ˈsɪtjuː; *AmE auch* ˈsaɪtuː/ *Adv* vor Ort, an Ort und Stelle, am ursprünglichen Ort, in freier Wildbahn

in·so·far as = in so/as far as *unter* FAR¹

in·sole /ˈɪnsəʊl; *AmE* ˈɪnsoʊl/ *Nomen* Einlegesohle

in·so·lence /ˈɪnsələns/ *Nomen* [U] Unverschämtheit

in·so·lent /ˈɪnsələnt/ *Adj (Adv* **in·so·lent·ly)** unverschämt, frech

in·sol·uble /ɪnˈsɒljəbl; *AmE* -ˈsɑːl-/ *Adj* **1** *(AmE meist* **in·sol·vable** /ɪnˈsɒlvəbl; *AmE* -ˈsɑːl-/) *(Problem etc.)* unlösbar **2** unlöslich

in·sol·vency /ɪnˈsɒlvənsi; *AmE* -ˈsɑːl-/ *Nomen (Pl* **-ies)** Zahlungsunfähigkeit

in·sol·vent /ɪnˈsɒlvənt; *AmE* -ˈsɑːl-/ *Adj* zahlungsunfähig SYN BANKRUPT

in·som·nia /ɪnˈsɒmniə; *AmE* -ˈsɑːm-/ *Nomen* Schlaflosigkeit

in·som·niac /ɪnˈsɒmniæk; *AmE* -ˈsɑːm-/ *Nomen* unter Schlaflosigkeit Leidende(r)

in·sou·ci·ance /ɪnˈsuːsiəns/ *Nomen (gehoben)* Unbekümmertheit, Sorglosigkeit SYN NONCHALANCE

Insp *Abk* = INSPECTOR

in·spect /ɪnˈspekt/ *Verb* **1** überprüfen, kontrollieren ◊ *The plants are regularly inspected for disease.* Die Pflanzen werden regelmäßig auf Krankheiten untersucht. SYN EXAMINE **2** inspizieren

in·spec·tion /ɪnˈspekʃn/ *Nomen* Inspektion, Überprüfung, Kontrolle ◊ *medical inspection* ärztliche Untersuchung

in·spect·or /ɪnˈspektə(r)/ *Nomen* **1** Inspektor(in), Kontrolleur(in) ◊ *health inspectors* Beamte der Gesundheitsbehörde ◊ *a safety inspector* ein(e) Sicherheitsbeauftragte(r) **2** *(Abk* **Insp)** *(bei der Polizei)* Kommissar(in) **3** (Fahrkarten)kontrolleur(in)

in·spect·or·ate /ɪnˈspektərət/ *Nomen (bes BrE)* Kontrollkommission ◊ *the schools inspectorate* die Schulaufsichtsbehörde ➡ G 1.3b

inˌspector of ˈtaxes *Nomen (in GB)* Finanzbeamte, -beamtin

in·spir·ation /ˌɪnspəˈreɪʃn/ *Nomen* **1** Inspiration, Anregung ◊ *She is an inspiration to us all.* Sie inspiriert uns alle. ◊ *Clark was the inspiration behind the victory.* Clark war die treibende Kraft hinter dem Sieg. **2** [meist Sing] Geistesblitz ◊ *It came to me in a flash of inspiration.* Wie ein Geistesblitz kam mir die Erleuchtung.

in·spir·ation·al /ˌɪnspəˈreɪʃənl/ *Adj* inspirierend

in·spire /ɪnˈspaɪə(r)/ *Verb* **1** ~ **sb (to sth)** jdn (zu etw) anspornen ◊ *The actors inspired the kids.* Die Schauspieler

inspired

begeisterten die Kinder. **2** (*meist passiv*) inspirieren **3** (*Gefühle*) wecken, einflößen, hervorrufen

in·spired /ɪn'spaɪəd; *AmE* ɪn'spaɪərd/ *Adj* **1** glänzend, genial ◊ *an inspired poet* ein begnadeter Dichter ◊ *an inspired choice* eine intuitiv richtige Wahl **2 -inspired** (*mit Nomina, Adjektiven und Adverbien kombiniert, um Adjektive zu bilden, die zeigen, wodurch etwas beeinflusst ist*) ◊ *government-inspired reforms* von der Regierung veranlasste Reformen ◊ *a politically-inspired killing* ein politisch motivierter Mord

in·spir·ing /ɪn'spaɪərɪŋ/ *Adj* begeisternd, inspirierend ◊ *an inspiring place* ein anregender Ort ◊ (*umgs*) *The book is less than inspiring.* Das Buch reißt einen nicht gerade vom Hocker. OPP UNINSPIRING

in·stabil·ity /ˌɪnstə'bɪləti/ *Nomen* [U/Pl] (*Pl* **-ies**) Instabilität, Labilität

in·stall /ɪn'stɔːl/ *Verb* **1** installieren, einbauen **2 ~ sb (as sth)** jdn (als etw) ins Amt einführen **3 ~ yourself** es sich gemütlich machen ◊ *We installed ourselves in the front row.* Wir ließen uns in der vordersten Reihe nieder. **4** ◊ *They installed their daughter in a new apartment.* Sie richteten ihrer Tochter eine neue Wohnung ein.

in·stal·la·tion /ˌɪnstə'leɪʃn/ *Nomen* **1** Installation, Einbau **2** (*Maschine etc.*) Anlage **3** (*technische Vorrichtung*) Anlage, Einrichtung **4** Amtseinführung **5** (KUNST) Installation

in'stallment plan *Nomen* (*AmE*) Ratenkauf

in·stal·ment (*AmE meist* **in·stall·ment**) /ɪn'stɔːlmənt/ *Nomen* **1** Rate **2** Fortsetzung, Folge SYN EPISODE

in·stance[1] /'ɪnstəns/ *Nomen* Beispiel, Fall IDM **for 'instance** zum Beispiel ☛ *Hinweis bei* EXAMPLE **in the 'first instance** (*gehoben*) zunächst einmal

in·stance[2] /'ɪnstəns/ *Verb* (*gehoben*) (*Beispiel etc.*) anführen

in·stant[1] /'ɪnstənt/ *Adj* **1** sofortig, unmittelbar ◊ *She took an instant dislike to me.* Sie konnte mich von Anfang an nicht leiden. **2** *nur vor Nomen* Instant- ◊ *instant coffee* löslicher Kaffee

in·stant[2] /'ɪnstənt/ *Nomen* [meist Sing] Augenblick ◊ *I recognized her the instant* (*that*) *I saw her.* Ich erkannte sie sofort, als ich sie sah. ◊ *Come here this instant!* Komm sofort her!

in·stant·an·eous /ˌɪnstən'teɪniəs/ *Adj* sofortig, unmittelbar

in·stant·an·eous·ly /ˌɪnstən'teɪniəsli/ *Adv* sofort

in·stant·ly /'ɪnstəntli/ *Adv* sofort

ˌinstant 'replay *Nomen* (*AmE*) (*im Fehrnsehen*) Wiederholung (in Zeitlupe)

in·stead /ɪn'sted/ *Adv* stattdessen ◊ *Lee was ill so I went instead.* Lee war krank, deshalb bin ich an seiner Stelle hingegangen.

in'stead of *Präp* statt, anstelle von

in·step /'ɪnstep/ *Nomen* Fußrücken, Spann

in·sti·gate /'ɪnstɪgeɪt/ *Verb* **1** (*bes BrE*) veranlassen, initiieren SYN BRING STH ABOUT **2** anstiften ◊ *They were accused of instigating the violence.* Ihnen wurde vorgeworfen, dass sie zu Gewalt aufgerufen hatten.

in·sti·ga·tion /ˌɪnstɪ'geɪʃn/ *Nomen* **1** Veranlassung ◊ *at the instigation of the President* auf Betreiben des Präsidenten **2** Anstiftung, Aufruf

in·sti·ga·tor /'ɪnstɪgeɪtə(r)/ *Nomen* **1** Anstifter(in) **2** Initiator(in)

in·stil (*AmE* **in·still**) /ɪn'stɪl/ *Verb* (**-ll-**) **~ sth (in/into sb)** (jdm) etw einflößen

in·stinct /'ɪnstɪŋkt/ *Nomen* **1** Instinkt ◊ *by instinct* instinktiv ◊ *His first instinct was to run away.* Instinktiv wollte er zuerst einmal davonrennen. ◊ *He showed he had an instinct for business.* Er bewies Geschäftssinn. **2** Gefühl ◊ *Her instincts had been right.* Ihr Gefühl hatte sie nicht getrogen. SYN INTUITION

in·stinct·ive /ɪn'stɪŋktɪv/ *Adj* (*Adv* **in·stinct·ive·ly**) instinktiv

in·sti·tute[1] /'ɪnstɪtjuːt; *AmE* -tuːt/ *Nomen* Institut, Verband

in·sti·tute[2] /'ɪnstɪtjuːt; *AmE* -tuːt/ *Verb* einführen; (RECHT) einleiten ◊ *institute a number of changes* eine Reihe von Änderungen vornehmen

in·sti·tu·tion /ˌɪnstɪ'tjuːʃn; *AmE* -'tuːʃn/ *Nomen* **1** Einrichtung, Institution **2** (*meist Abstalt*) Anstalt, Heim ◊ *a penal institution* eine Strafanstalt **3** (*fig*) Institution ◊ *Fish and chips are a British institution.* Fisch mit Pommes sind in Großbritannien eine Institution. ◊ *He's an institution around here!* Er gehört hier zum Inventar! **4** Einführung; (RECHT) Einleitung

in·sti·tu·tion·al /ˌɪnstɪ'tjuːʃənl; *AmE* -'tuː-/ *Adj* **1** institutionell **2** Heim-, Anstalts-

in·sti·tu·tion·al·iza·tion (*BrE auch* **-isa·tion**) /ˌɪnstɪˌtjuːʃənəlaɪ'zeɪʃn; *AmE* -ˌtuːʃənələ'z-/ *Nomen* **1** Unterbringung in einer Anstalt **2** Institutionalisierung

in·sti·tu·tion·al·ize (*BrE auch* **-ise**) /ˌɪnstɪ'tjuːʃənəlaɪz; *AmE* -'tuː-/ *Verb* **1** in einer Anstalt unterbringen **2** institutionalisieren

in·sti·tu·tion·al·ized (*BrE auch* **-ised**) /ˌɪnstɪ'tjuːʃənəlaɪzd; *AmE* -'tuː-/ *Adj* **1** ◊ *people who have become institutionalized* Menschen, die sich so sehr an das Anstaltsleben gewöhnt haben, dass sie davon abhängig geworden sind **2** (*abwert*) institutionalisiert

in·struct /ɪn'strʌkt/ *Verb* **1** (*gehoben*) anweisen ◊ *He was instructed to report to headquarters.* Ihm wurde die Anweisung erteilt, sich im Hauptquartier zu melden. ◊ *You will be instructed where to go.* Man wird Ihnen sagen, wohin Sie gehen sollen. ◊ *She arrived at 10 o'clock as instructed.* Sie kam wie aufgefordert um 10 Uhr. **2 ~ sb (in sth)** jdn (in etw) unterrichten **3** (*gehoben*) in Kenntnis setzen **4** (RECHT) beauftragen, instruieren

in·struc·tion /ɪn'strʌkʃn/ *Nomen* **1** [meist Pl] Anweisung, Anleitung ◊ *an instruction manual* eine Bedienungsanleitung ◊ *I'm under instructions to keep my speech short.* Man hat mir gesagt, dass ich meine Rede kurz halten müsse. **2** (COMP) Befehl **3 ~ (in sth)** (*gehoben*) Unterricht (in etw)

in·struc·tion·al /ɪn'strʌkʃənl/ *Adj* Lehr-, Schulungs-

in·struct·ive /ɪn'strʌktɪv/ *Adj* lehrreich, aufschlussreich

in·struct·or /ɪn'strʌktə(r)/ *Nomen* **1** Lehrer(in) ◊ *a driving instructor* eine Fahrlehrer(in) **2** (*AmE*) (*Hochschul-*) Assistent(in)

in·stru·ment /'ɪnstrəmənt/ *Nomen* **1** Instrument, Gerät ◊ *surgical instruments* Operationsbesteck ◊ *the instrument panel* das Armaturenbrett **2** (MUS) Instrument **3 ~ of/for sth** (*gehoben*) ◊ *The law is not the best instrument for dealing with family disputes.* Das Gesetz ist nicht das beste Mittel, um Familienstreitigkeiten beizulegen. ◊ *be an instrument of change* Änderungen bewirken **4** (*gehoben*) (*Mensch*) ◊ *an instrument of God* ein Werkzeug Gottes

in·stru·men·tal /ˌɪnstrə'mentl/ *Adj* **1** ◊ *He was instrumental in their success.* Er hat entscheidend zu ihrem Erfolg beigetragen. ◊ *She was instrumental in finding him a flat.* Sie hat ihm zu einer Wohnung verholfen. **2** Instrumental, instrumental

in·stru·men·tal·ist /ˌɪnstrə'mentəlɪst/ *Nomen* Instrumentalist(in)

in·stru·men·ta·tion /ˌɪnstrəmən'teɪʃn/ *Nomen* **1** Armaturen **2** (MUS) Instrumentation

in·sub·or·din·ate /ˌɪnsə'bɔːdɪnət; *AmE* -'bɔːrd-/ *Adj* ungehorsam, aufsässig

in·sub·or·din·ation /ˌɪnsəˌbɔːdɪ'neɪʃn; *AmE* -ˌbɔːrd-/ *Nomen* (*gehoben*) Aufsässigkeit; (MIL) Gehorsamsverweigerung

in·sub·stan·tial /ˌɪnsəb'stænʃl/ *Adj* **1** gering(fügig), dürftig ◊ *an insubstantial construction of wood and glue* ein windiges Gebilde aus Holz und Klebstoff **2** (*Befürchtungen, Gerüchte*) gegenstandslos **3** (*gehoben*) unwirklich

in·suf·fer·able /ɪn'sʌfrəbl/ *Adj* (*Adv* **in·suf·fer·ably** /-əbli/) unerträglich, unausstehlich SYN UNBEARABLE

in·suf·fi·ciency /ˌɪnsə'fɪʃənsi/ *Nomen* [U/Sing] (*meist Fachspr*) Mangel, Unzulänglichkeit

in·suf·fi·cient /ˌɪnsə'fɪʃnt/ *Adj* (*Adv* **in·suf·fi·cient·ly**) unzureichend, nicht genug ◊ *His salary is insufficient to meet his needs.* Sein Gehalt genügt seinen Ansprüchen nicht. SYN INADEQUATE

in·su·lar /'ɪnsjələ(r); *AmE* 'ɪnsələr/ *Adj* (*abwert*) borniert

in·su·lar·ity /ˌɪnsju'lærəti; *AmE* -sə'l-/ *Nomen* (*abwert*) Borniertheit, Abgeschlossenheit

in·su·late /'ɪnsjuleɪt; *AmE* -sə-/ *Verb* **1** isolieren **2 ~ sb/sth from/against sth** jdn/etw gegen etw abschirmen SYN SHIELD

in·su·lated /'ɪnsjuleɪtɪd; *AmE* -sə-/ *Adj* isoliert

in·su·la·tion /ˌɪnsjuˈleɪʃn; AmE -səˈl-/ Nomen Isolierung, Isoliermaterial

in·su·la·tor /ˈɪnsjuleɪtə(r); AmE -səl-/ Nomen Isoliermaterial, Isolator

in·su·lin /ˈɪnsjəlɪm; AmE -səl-/ Nomen Insulin

in·sult¹ /ɪnˈsʌlt/ Verb beleidigen

in·sult² /ˈɪnsʌlt/ Nomen Beleidigung ⋄ *The crowd were shouting insults at the police.* Die Menge beschimpfte die Polizei. IDM ⇨ ADD

in·sult·ing /ɪnˈsʌltɪŋ/ Adj beleidigend ⋄ *She was really insulting to me.* Es war wirklich beleidigend, wie sie mich behandelt hat.

in·su·per·able /ɪnˈsuːpərəbl; BrE auch -ˈsjuː-/ Adj (gehoben) unüberwindbar SYN INSURMOUNTABLE

in·sur·ance /ɪnˈʃʊərəns, -ˈʃɔː-; AmE -ˈʃʊr-/ Nomen 1 [U] Versicherung ⋄ *take out an insurance on sb's life* eine Lebensversicherung für jdn abschließen ⋄ *insurance against damage* Schadenversicherung ⋄ *He works in insurance.* Er ist im Versicherungsgeschäft tätig. 2 [U] Versicherungsbeitrag; (*im Schadensfall zu zahlender Betrag*) Versicherungssumme 3 Absicherung, Sicherheit

inˈsurance adjuster Nomen (AmE) Schadenssachverständige(r)

in·sure /ɪnˈʃʊə(r), -ˈʃɔː(r); AmE -ˈʃʊr/ Verb 1 versichern ⋄ *I'm insured against theft.* Ich habe eine Diebstahlversicherung. ⋄ *a way of insuring yourself against loneliness in old age* eine Möglichkeit, sich gegen die Einsamkeit im Alter abzusichern 2 (bes AmE) = ENSURE

in·sured /ɪnˈʃʊəd, -ˈʃɔːd; AmE -ˈʃʊrd/ 1 Adj versichert ⋄ *You're not insured to drive my car.* Du bist nicht versichert, wenn du mit meinem Auto fährst. 2 **the insured** Nomen (Pl **the insured**) (RECHT) der/die Versicherungsnehmer(in)

in·surer /ɪnˈʃʊərə(r), -ˈʃɔː-; AmE -ˈʃʊr-/ Nomen Versicherer

in·sur·gency /ɪnˈsɜːdʒənsi; AmE -ˈsɜːrdʒ-/ Nomen (Pl **-ies**) Aufstand SYN REBELLION

in·sur·gent¹ /ɪnˈsɜːdʒənt; AmE -ˈsɜːrdʒ-/ Nomen [meist Pl] (gehoben) Aufständische(r)

in·sur·gent² /ɪnˈsɜːdʒənt; AmE -ˈsɜːrdʒ-/ Adj (gehoben) aufständisch

in·sur·mount·able /ˌɪnsəˈmaʊntəbl; AmE -sərˈm-/ Adj (gehoben) unüberwindbar SYN INSUPERABLE

in·sur·rec·tion /ˌɪnsəˈrekʃn/ Nomen Aufstand SYN UPRISING

in·tact /ɪnˈtækt/ Adj intakt, unversehrt ⋄ *be left intact* ganz bleiben

in·take /ˈɪnteɪk/ Nomen 1 Aufnahme, aufgenommene Menge ⋄ *fluid intake* Flüssigkeitszufuhr ⋄ *your daily intake of alcohol* der tägliche Alkoholkonsum ⋄ *a sharp intake of breath* ein tiefer Atemzug 2 Neuzugänge ⋄ *the annual student intake* die Zahl der Studienanfänger pro Jahr

in·tan·gible¹ /ɪnˈtændʒəbl/ Adj 1 nicht greifbar, unbestimmbar 2 (WIRTSCH) immateriell

in·tan·gible² /ɪnˈtændʒəbl/ Nomen [meist Pl] (WIRTSCH) immaterieller Vermögenswert

in·te·ger /ˈɪntɪdʒə(r)/ Nomen (MATH) ganze Zahl

in·te·gral /ˈɪntɪɡrəl/ Adj 1 ~ (**to sth**) wesentlich (für etw) ⋄ *Practical experience is integral to the course.* Praktische Erfahrung ist ein wesentlicher Bestandteil des Kurses. 2 integriert, eingebaut 3 vollständig ⋄ *an integral system* eine Einheit

ˌintegral ˈcalculus Nomen Integralrechnung

in·te·grate /ˈɪntɪɡreɪt/ Verb 1 sich integrieren (lassen), sich eingliedern ⋄ *integrate with the local community* sich in die Ortsgemeinschaft eingliedern ⋄ *They will integrate with your software.* Sie sind kompatibel mit Ihrer Software. 2 ~ **A with B** A auf B abstimmen; ~ **A and B** A und B aufeinander abstimmen ⋄

in·te·grated /ˈɪntɪɡreɪtɪd/ Adj einheitlich, integriert ⋄ *an integrated school in Belfast* eine Schule in Belfast, in der katholische und protestantische Schüler zusammen unterrichtet werden

ˌintegrated ˈcircuit Nomen integrierter Schaltkreis

in·te·gra·tion /ˌɪntɪˈɡreɪʃn/ Nomen Integration

in·teg·rity /ɪnˈteɡrəti/ Nomen 1 Rechtschaffenheit, Integrität ⋄ *a man of great integrity* ein sehr redlicher Mann 2 (gehoben) ⋄ *the territorial integrity of the nation* die Unverletzlichkeit der Staatsgrenzen ⋄ *maintain the integrity of the ecosystem* das Ökosystem bewahren

in·tel·lect /ˈɪntəlekt/ Nomen 1 Intellekt, Verstand 2 kluger Kopf

in·tel·lec·tual /ˌɪntəˈlektʃuəl/ 1 Adj (Adv **in·tel·lec·tu·al·ly** /-əli/) intellektuell, geistig ⋄ *intellectually challenging* geistig anspruchsvoll ⋄ *an intellectual novel* ein geistig anspruchsvoller Roman 2 Nomen Intellektuelle(r)

ˌintelˌlectual ˈproperty Nomen (RECHT) geistiges Eigentum

in·tel·li·gence /ɪnˈtelɪdʒəns/ Nomen [U] 1 Intelligenz ⋄ *an intelligence test* ein Intelligenztest 2 Geheimdienst

inˈtelligence quotient Nomen = IQ

in·tel·li·gent /ɪnˈtelɪdʒənt/ Adj (Adv **in·tel·li·gent·ly**) intelligent

in·tel·li·gent·sia /ɪnˌtelɪˈdʒentsiə/ **the intelligentsia** Nomen (Gruppe von Menschen) die Intelligen ⏵ G 1.3a

in·tel·li·gi·bil·ity /ɪnˌtelɪdʒəˈbɪləti/ Nomen Verständlichkeit

in·tel·li·gible /ɪnˈtelɪdʒəbl/ Adj (Adv **in·tel·li·gibly** /-əbli/) ~ (**to sb**) (für jdn) verständlich ⋄ *The child's speech was barely intelligible.* Es war kaum zu verstehen, was das Kind sagte. OPP UNINTELLIGIBLE

in·tem·per·ance /ɪnˈtempərəns/ Nomen (gehoben) Maßlosigkeit

in·tem·per·ate /ɪnˈtempərət/ Adj (gehoben) 1 maßlos, unbeherrscht, heftig 2 (bes AmE) trunksüchtig

in·tend /ɪnˈtend/ Verb beabsichtigen, vorhaben ⋄ *He intended her no harm.* Er wollte ihr nichts Böses tun.

in·tend·ed /ɪnˈtendɪd/ Adj nur vor Nomen 1 beabsichtigt ⋄ *Was he their intended victim?* Hatten sie es auf ihn abgesehen? 2 ~ **for sb/sth** für jdn/etw gedacht; ~ **as sth** als etw gedacht ⋄ *Originally the land was intended to be used for housing.* Ursprünglich sollten auf dem Gebiet Wohnhäuser gebaut werden.

in·tense /ɪnˈtens/ Adj (Adv **in·tense·ly**) 1 intensiv, enorm, ungeheuer ⋄ *the intense blue of her eyes* das kräftige Blau ihrer Augen ⋄ *She disliked him intensely.* Sie konnte ihn überhaupt nicht leiden. ⋄ *There was intense speculation about the result.* Es wurde heftig über das Ergebnis spekuliert. 2 ernsthaft, intensiv ⋄ *He's very intense about everything.* Er nimmt alles sehr ernst.

in·ten·si·fi·ca·tion /ɪnˌtensɪfɪˈkeɪʃn/ Nomen Intensivierung, Zunahme

in·ten·si·fier /ɪnˈtensɪfaɪə(r)/ Nomen (LING) Verstärkungspartikel

in·ten·sify /ɪnˈtensɪfaɪ/ Verb (**-fies, -fying, -fied, -fied**) 1 sich verschärfen 2 verstärken SYN HEIGHTEN

in·ten·sity /ɪnˈtensəti/ Nomen (Pl **-ies**) Intensität ⋄ *She had never experienced such intensity of feeling.* Sie hatte nie so starke Gefühle gehabt. ⋄ *The heat had lost some of its intensity.* Die Hitze hatte etwas nachgelassen.

in·ten·sive /ɪnˈtensɪv/ Adj (Adv **in·ten·sive·ly**) 1 intensiv 2 eingehend

inˌtensive ˈcare Nomen 1 Intensivpflege 2 (auch **inˌtensive ˈcare unit**) Intensivstation

in·tent¹ /ɪnˈtent/ Adj 1 (Adv **in·tent·ly**) aufmerksam, konzentriert ⋄ ~ **on/upon doing sth** erpicht darauf etw zu tun; ~ **on/upon sth** zu etw entschlossen 3 ~ **on/upon sth** in etw vertieft ⋄ *His eyes were intent on Marie's face.* Er beobachtete Maries Gesicht genau.

in·tent² /ɪnˈtent/ Nomen [U] (gehoben oder Fachspr) Absicht ⋄ *He was charged with wounding with intent.* Er war wegen vorsätzlicher Verletzung angeklagt. SYN INTENTION IDM **to all intents and ˈpurposes** (AmE **for all intents and ˈpurposes**) praktisch; so gut wie

in·ten·tion /ɪnˈtenʃn/ Nomen Absicht, Vorsatz

in·ten·tion·al /ɪnˈtenʃənl/ Adj absichtlich, vorsätzlich ⋄ *I'm sorry — it wasn't intentional.* Tut mir Leid — es war keine Absicht. OPP UNINTENTIONAL

inter /ɪnˈtɜː(r)/ Verb (**-rr-**) (gehoben) bestatten

inter-

> Die Vorsilbe **inter-** kann in Nomina, Verben, Adjektiven und Adverbien verwendet werden und bedeutet „zwischen": *the interwar years* die Jahre zwischen den Kriegen ⋄ *intercity trains* Intercityzüge

inter·act /ˌɪntərˈækt/ *Verb* **1** miteinander umgehen, interagieren **2** miteinander in Wechselbeziehung stehen **3** (NATURW) miteinander reagieren

inter·action /ˌɪntərˈækʃn/ *Nomen* **1** Interaktion, Umgang miteinander **2** Wechselbeziehung, Wechselwirkung

inter·active /ˌɪntərˈæktɪv/ *Adj* interaktiv

inter·activ·ity /ˌɪntəræk'tɪvəti/ *Nomen* Interaktivität

inter alia /ˌɪntər ˈeɪliə/ *Adv* (*gehoben*) unter anderem

inter·breed /ˌɪntəˈbriːd; *AmE* -tərˈb-/ *Verb* **1** ~ **sth** (**with sth**) etw (mit etw) kreuzen **2** (*sich paaren*) sich kreuzen

inter·cede /ˌɪntəˈsiːd; *AmE* -tərˈs-/ *Verb* (*gehoben*) sich einschalten, eingreifen; ~ (**with sb for/on behalf of sb**) sich (bei jdm) für jdn einsetzen

inter·cept /ˌɪntəˈsept; *AmE* -tərˈs-/ *Verb* abfangen, aufhalten ◊ *Reporters intercepted him as he tried to leave the hotel.* Reporter schnitten ihm den Weg ab, als er das Hotel zu verlassen versuchte.

inter·cep·tion /ˌɪntəˈsepʃn; *AmE* -tərˈs-/ *Nomen* Abfangen

inter·cept·or /ˌɪntəˈseptə(r); *AmE* -tərˈs-/ *Nomen* (MIL) Abfangjäger

inter·ces·sion /ˌɪntəˈseʃn; *AmE* -tərˈs-/ *Nomen* Fürsprache, Fürbitte

inter·change¹ /ˈɪntətʃeɪndʒ; *AmE* -tərtʃ-/ *Nomen* **1** Austausch **2** Autobahnkreuz

inter·change² /ˌɪntəˈtʃeɪndʒ; *AmE* -tərˈtʃ-/ *Verb* **1** austauschen **2** vertauschen

inter·change·able /ˌɪntəˈtʃeɪndʒəbl; *AmE* -tərˈtʃ-/ *Adj* (*Adv* **inter·change·ably** /-əbli/) austauschbar ◊ *These terms are used interchangeably.* Diese Begriffe werden oft in der gleichen Bedeutung verwendet.

inter·col·le·gi·ate /ˌɪntəkəˈliːdʒiət; *AmE* ˌɪntərkə-/ *Adj* (*bes AmE*) = zwischen (verschiedenen) Colleges

inter·com /ˈɪntəkɒm; *AmE* ˈɪntərkɑːm/ *Nomen* (Gegen-)sprechanlage, Lautsprecher

inter·con·nect /ˌɪntəkəˈnekt; *AmE* -tərkə-/ *Verb* **1** verbinden **2** miteinander in Zusammenhang stehen ◊ *separate bedrooms that interconnect* getrennte Schlafzimmer mit einer Verbindungstür

inter·con·nec·tion /ˌɪntəkəˈnekʃn; *AmE* -tərke-/ *Nomen* Verbindung, Zusammenhang

inter·con·tin·en·tal /ˌɪntəˌkɒntɪˈnentl; *AmE* ˌɪntərˌkɑːn-/ *Adj* interkontinental

inter·course /ˈɪntəkɔːs; *AmE* ˈɪntərkɔːrs/ *Nomen* **1** Geschlechtsverkehr **2** (*veraltet*) gesellschaftlicher Verkehr

inter·de·part·men·tal /ˌɪntəˌdiːpɑːˈtmentl; *AmE* ˌɪntərˌdiːpɑːrt-/ *Adj* zwischen den Abteilungen, abteilungsübergreifend

inter·de·pend·ence /ˌɪntədɪˈpendəns; *AmE* -tərdɪ-/ (*seltener* **inter·de·pend·ency** /-ənsi/ (*Pl* **-ies**)) *Nomen* gegenseitige Abhängigkeit, Interdependenz

inter·de·pend·ent /ˌɪntədɪˈpendənt; *AmE* -tərdɪ-/ *Adj* voneinander abhängig

inter·dict /ˈɪntədɪkt; *AmE* ˈɪntərd-/ *Nomen* **1** (RECHT) Verbot **2** (*Fachspr*) Interdikt

inter·dic·tion /ˌɪntəˈdɪkʃn; *AmE* -tərˈd-/ *Nomen* (*bes AmE*, *gehoben*) Verbot, Unterbindung

inter·dis·cip·lin·ary /ˌɪntəˈdɪsəplɪnəri; *AmE* ˌɪntərˈdɪsəplɪneri/ *Adj* interdisziplinär

inter·est¹ /ˈɪntrəst, -trest/ *Nomen* **1** ~ (**in sb/sth**) Interesse (an jdm/etw) ◊ *take an interest in sth* sich für etw interessieren ◊ *Her main interests are music and tennis.* Sie interessiert sich hauptsächlich für Musik und Tennis. ◊ *As a matter of interest, when was that?* Sag mal interessehalber, wann war das? ◊ *places of interest* Sehenswürdigkeiten **2** [U] ~ (**on sth**) Zinsen (auf etw) IDM **have sb's interests at 'heart** ◊ *We had your interests at heart.* Uns war an deinem Wohlergehen gelegen. **in the interest(s) of sth** im Interesse von etw **to do sth (back) with interest** jdm etw so richtig heimzahlen ☛ *Siehe auch* CONFLICT¹

inter·est² /ˈɪntrəst, -trest/ *Verb* ~ **sb/yourself** (**in sth**) jdn/sich (für etw) interessieren ◊ *It may interest you to know that …* Vielleicht interessiert es Sie, dass … ◊ *The museum has something to interest everyone.* Das Museum bietet allen etwas Interessantes. PHR V **'interest sb in sth** jdn für etw interessieren

inter·est·ed /ˈɪntrəstɪd, -trest-/ *Adj* **1** ◊ *I'm very interested in history.* Geschichte interessiert mich sehr. ◊ *He sounded genuinely interested.* Es klang so, als ob es ihn wirklich interessieren würde. **2** beteiligt, betroffen ◊ *As an interested party, I was not allowed to vote.* Als unmittelbar Betroffener durfte ich nicht abstimmen.

ˌinterest-'free *Adj* zinslos

'interest group *Nomen* Interessengruppe

inter·est·ing /ˈɪntrəstɪŋ, -trest-/ *Adj* interessant ◊ *The interesting point in this case is …* Das Interessante an diesem Fall ist … ◊ *Her account makes interesting reading.* Ihr Bericht ist sehr aufschlussreich.

inter·est·ing·ly /ˈɪntrəstɪŋli, -trest-/ *Adv* interessanterweise, auf interessante Weise

inter·face¹ /ˈɪntəfeɪs; *AmE* ˈɪntər-/ *Nomen* Interface, Schnittstelle

inter·face² /ˈɪntəfeɪs; *AmE* ˈɪntər-/ *Verb* (COMP) **1** sich verkoppeln lassen **2** ~ **sth with sth** etw an etw koppeln; ~ **A and B** A und B aneinander koppeln

inter·fere /ˌɪntəˈfɪə(r); *AmE* ˌɪntərˈfɪr/ *Verb* ~ (**in sth**) sich (in etw) einmischen PHR V **inter'fere with sb** (*BrE*) sich an jdm vergehen, jdn sexuell missbrauchen **inter'fere with sth 1** etw stören, etw beeinträchtigen, etw durchkreuzen ◊ *She never allows her personal feelings to interfere with her work.* Sie lässt ihre persönlichen Gefühle niemals ihre Arbeit beeinträchtigen. **2** an etw herumhantieren ◊ *Someone's been interfering with his records.* Jemand ist an seine Akten gegangen.

inter·fer·ence /ˌɪntəˈfɪərəns; *AmE* -tərˈfɪr-/ *Nomen* [U] **1** Einmischung **2** (*Radio-, Fernseh-*) Störung

inter·fer·ing /ˌɪntəˈfɪərɪŋ; *AmE* -tərˈfɪr-/ *Adj* (*abwert*) sich ständig einmischend ◊ *She's an interfering busybody!* Sie glaubt, ihre Nase immer in fremde Angelegenheiten stecken zu müssen!

inter·feron /ˌɪntəˈfɪərɒn; *AmE* ˌɪntərˈfɪrɑːn/ *Nomen* Interferon

inter·gal·act·ic /ˌɪntəgəˈlæktɪk; *AmE* -tərgə-/ *Adj* nur vor *Nomen* intergalaktisch

inter·gov·ern·men·tal /ˌɪntəˌgʌvənˈmentl; *AmE* ˌɪntərˌgʌvərn-/ *Adj* nur vor *Nomen* zwischenstaatlich ◊ *intergovernmental conferences* Regierungskonferenzen

in·ter·im¹ /ˈɪntərɪm/ *Adj* nur vor *Nomen* **1** vorläufig, Übergangs-, Interims- ◊ *an interim report* ein Zwischenbericht **2** (FINANZ) Zwischen-, Interims- ◊ *the interim figures* die Zwischenbilanz SYN PROVISIONAL

in·ter·im² /ˈɪntərɪm/ *Nomen* IDM **in the interim** in der Zwischenzeit

in·ter·ior¹ /ɪnˈtɪəriə(r); *AmE* -ˈtɪr-/ *Nomen* **1** Innere ◊ *the interior of the car* das Wageninnere OPP EXTERIOR **2** **the interior** [Sing] das Landesinnere **3** **the Interior** [Sing] innere Angelegenheiten ◊ *the Department of the Interior* das Innenministerium

in·ter·ior² /ɪnˈtɪəriə(r); *AmE* -ˈtɪr-/ *Adj* nur vor *Nomen* innere(r,s), Innen- OPP EXTERIOR

inˌterior decoˈration *Nomen* Innenausstattung ◊ *We did all the interior decoration ourselves.* Wir haben alles selbst tapeziert und gestrichen.

inˌterior ˈdecorator *Nomen* Raumausstatter(in), Maler(in) und Tapezierer(in)

inˌterior deˈsign *Nomen* Innenarchitektur

inˌterior deˈsigner *Nomen* Innenarchitekt(in)

inter·ject /ˌɪntəˈdʒekt; *AmE* -tərˈdʒ-/ *Verb* (*gehoben*) (*Bemerkung*) einwerfen, dazwischenrufen

inter·jec·tion /ˌɪntəˈdʒekʃn; *AmE* -tərˈdʒ-/ *Nomen* (LING) **1** Ausruf SYN EXCLAMATION **2** (*gehoben*) Zwischenbemerkung, Einwurf

inter·lace /ˌɪntəˈleɪs; *AmE* -tərˈl-/ *Verb* (*gehoben*) **1** ~ **sth** (**with sth**) etw (mit etw) verflechten, etw (mit etw) verweben ◊ *Her hair was interlaced with ribbons and flowers.* Ihr Haar war mit Bändern und Blumen durchflochten. **2** verschlungen sein ◊ *interlacing branches* miteinander verschlungene Zweige

inter·leave /ˌɪntəˈliːv; *AmE* -tərˈl-/ *Verb* ~ **sth** (**with sth**) etw (mit etw) durchschießen

inter·link /ˌɪntəˈlɪŋk; *AmE* -tərˈl-/ *Verb* **1** ~ **sth** (**with sth**) etw (mit etw) verbinden ◊ *The two processes are interlinked.* Die beiden Vorgänge sind miteinander verbunden. **2** ~ **(with sth)** (mit etw) verbunden sein ◊ *a series of short interlinking stories* eine Reihe kurzer miteinander verknüpfter Geschichten

inter·lock /ˌɪntəˈlɒk; *AmE* ˌɪntərˈlɑːk/ *Verb* **1** ~ **sth (with sth)** etw (mit etw) verbinden, etw (mit etw) zusammenfügen **2** ineinander greifen; ~ **(with sth)** sich (mit etw) zusammenfügen ◊ *interlocking shapes* ineinander greifende Formen ◊ *interlocking systems* gekoppelte Systeme

inter·locu·tor /ˌɪntəˈlɒkjətə(r); *AmE* ˌɪntərˈlɑːk-/ *Nomen* (*gehoben*) **1** Gesprächspartner(in) **2** Vermittler(in)

inter·loper /ˈɪntələʊpə(r); *AmE* ˈɪntərloʊpər/ *Nomen* Eindringling [SYN] INTRUDER

inter·lude /ˈɪntəluːd; *AmE* -tərl-/ *Nomen* **1** Episode, Periode ◊ *a romantic interlude* eine Romanze **2** (THEAT, FILM) Pause **3** (MUS) Zwischenspiel

inter·mar·riage /ˌɪntəˈmærɪdʒ/ *Nomen* [U] = Heirat zwischen Menschen verschiedener Rassen, Religionen oder Nationalitäten oder unter bestimmten Gesellschaftsgruppen ◊ *intermarriage between blacks and whites* Mischehe zwischen Schwarzen und Weißen ◊ *intermarriage between noble families* Heirat unter Adelsfamilien

inter·marry /ˌɪntəˈmæri; *AmE* -tərˈm-/ *Verb* (**-marries, -marry·ing, -mar·ried, -mar·ried**) **1** eine Mischehe eingehen **2** (*Verwandte*) untereinander heiraten

inter·medi·ary /ˌɪntəˈmiːdiəri; *AmE* ˌɪntərˈmiːdieri/ **1** *Nomen* (*Pl* **-ies**) Vermittler(in), Mittelsmann, Mittelsperson [SYN] MEDIATOR *und* GO-BETWEEN **2** *Adj nur vor Nomen* vermittelnd, Vermittlungs-, Zwischen-

inter·medi·ate¹ /ˌɪntəˈmiːdiət; *AmE* -tərˈm-/ *Adj* **1** Zwischen- ◊ *an intermediate stage* ein Zwischenstadium **2** für fortgeschrittene Anfänger

inter·medi·ate² /ˌɪntəˈmiːdiət; *AmE* -tərˈm-/ *Nomen* fortgeschrittene(r) Anfänger(in)

ˌintermediate techˈnology *Nomen* [U] mittlere Technologie

in·ter·ment /ɪnˈtɜːmənt; *AmE* -ˈtɜːrm-/ *Nomen* (*gehoben*) Bestattung, Beisetzung

in·ter·min·able /ɪnˈtɜːmɪnəbl; *AmE* -ˈtɜːrm-/ *Adj* (*Adv* **in·ter·min·ably** /-əbli/) endlos ◊ *The lesson seemed interminable.* Die Stunde schien nicht enden zu wollen.

inter·min·gle /ˌɪntəˈmɪŋgl; *AmE* -tərˈm-/ *Verb* (*gehoben*) **1** vermischen ◊ *The book intermingles fact with/and fiction.* In dem Buch mischt sich Dichtung mit Wahrheit. **2** ~ **(with sth)** sich (mit etw) vermischen

inter·mis·sion /ˌɪntəˈmɪʃn; *AmE* -tərˈm-/ *Nomen* **1** (*bes AmE*) (THEAT, FILM) Pause ☞ *Hinweis bei* PAUSE, S.1139 **2** Unterbrechung

inter·mit·tent /ˌɪntəˈmɪtənt; *AmE* -tərˈm-/ *Adj* (*Adv* **inter·mit·tent·ly**) in gewissen Abständen auftretend, sporadisch ◊ *Protests continued intermittently throughout November.* Die Proteste gingen mit Unterbrechungen den ganzen November weiter.

in·tern¹ /ɪnˈtɜːn; *AmE* ɪnˈtɜːrn/ *Verb* ~ **sb (in sth)** jdn (in etw) internieren

in·tern² (*auch* **interne**) /ˈɪntɜːn; *AmE* ˈɪntɜːrn/ *Nomen* (*AmE*) **1** ≈ Famulant(in) **2** Praktikant(in)

in·ter·nal /ɪnˈtɜːnl; *AmE* ɪnˈtɜːrnl/ *Adj* (*Adv* **in·tern·al·ly** /-nəli/) **1** *nur vor Nomen* innere(r,s), Innen- ◊ *internal organs* innere Organe ◊ *the internal fittings* die Innenausstattung ◊ *not for internal use/not to be taken internally* nur zur äußerlichen Anwendung [OPP] EXTERNAL **2** intern ◊ *the internal workings of government* die Interna der Regierung [OPP] EXTERNAL **3** *nur vor Nomen* innere(r,s), Binnen- ◊ *an internal flight* ein Inlandsflug

inˌternal-comˈbustion engine *Nomen* Verbrennungsmotor

in·tern·al·iza·tion (*BrE auch* **-isa·tion**) /ɪnˌtɜːnəlaɪˈzeɪʃn; *AmE* -ˌtɜːrnələˈz-/ *Nomen* Verinnerlichung

in·tern·al·ize (*BrE auch* **-ise**) /ɪnˈtɜːnəlaɪz; *AmE* -ˈtɜːrn-/ *Verb* (*Fachspr*) verinnerlichen

the Inˌternal ˈRevenue Service *Nomen* [Sing] (*Abk* **IRS**) = die Behörde in den USA, die die auf Bundesebene erhobenen Steuern einzieht

inter·nation·al¹ /ˌɪntəˈnæʃnəl; *AmE* -tərˈn-/ *Adj* (*Adv*

inter·nation·al·ly /-nəli/) international ◊ *an international call* ein Auslandsgespräch

inter·nation·al² /ˌɪntəˈnæʃnəl; *AmE* -tərˈn-/ *Nomen* (*BrE*) **1** Länderspiel **2** Nationalspieler(in), Mitglied der Nationalmannschaft

the Interˌnational ˈDate Line (*auch* ˈ**date line**) *Nomen* [Sing] die Datumsgrenze

inter·nation·al·ism /ˌɪntəˈnæʃnəlɪzəm; *AmE* -tərˈn-/ *Nomen* Internationalismus

inter·nation·al·ist¹ /ˌɪntəˈnæʃnəlɪst; *AmE* -tərˈn-/ *Adj* internationalistisch

inter·nation·al·ist² /ˌɪntəˈnæʃnəlɪst; *AmE* -tərˈn-/ *Nomen* **1** Internationalist(in) **2** Nationalspieler(in), Mitglied der Nationalmannschaft

inter·nation·al·iza·tion (*BrE auch* **-isa·tion**) /ˌɪntəˌnæʃnəlaɪˈzeɪʃn; *AmE* -tər,næʃnələˈz-/ *Nomen* Internationalisierung

inter·nation·al·ize (*BrE auch* **-ise**) /ˌɪntəˈnæʃnəlaɪz; *AmE* -tərˈn-/ *Verb* internationalisieren

inter·nation·al·ly *Adv* ⇨ INTERNATIONAL¹

interne = INTERN

inter·necine /ˌɪntəˈniːsaɪn; *AmE* -tərˈn-/ *Adj nur vor Nomen* (*gehoben*) (*Krieg, Kampf, Zwistigkeit*) intern ◊ *internecine warfare in South Africa* Kriege unter den Völkergruppen in Südafrika

in·tern·ee /ˌɪntɜːˈniː; *AmE* -tɜːrˈniː/ *Nomen* Internierte(r)

Inter·net /ˈɪntənet; *AmE* -tərn-/ *Nomen* (*meist* **the Internet**) (*umgs* **the Net**) [Sing] Internet

ˌInternet ˈService Provider *Nomen* = ISP

in·tern·ist /ɪnˈtɜːnɪst; *AmE* -ˈtɜːrn-/ *Nomen* (*AmE*) (MED) Internist(in)

in·tern·ment /ɪnˈtɜːnmənt; *AmE* -ˈtɜːrn-/ *Nomen* [U] Internierung

in·tern·ship /ˈɪntɜːnʃɪp; *AmE* -ˈtɜːrn-/ *Nomen* Praktikum

inter·per·son·al /ˌɪntəˈpɜːsənl; *AmE* -tərˈpɜːrs-/ *Adj nur vor Nomen* zwischenmenschlich ◊ *interpersonal skills* die Fähigkeit, mit Menschen umzugehen

inter·plan·et·ary /ˌɪntəˈplænɪtri; *AmE* ˌɪntərˈplænəteri/ *Adj nur vor Nomen* interplanetar, interplanetarisch

inter·play /ˈɪntəpleɪ; *AmE* -tərp-/ *Nomen* (*gehoben*) Zusammenspiel, Wechselspiel [SYN] INTERACTION

Inter·pol /ˈɪntəpɒl; *AmE* ˈɪntərpoʊl/ *Nomen* Interpol ☞ G 1.3a

in·ter·pol·ate /ɪnˈtɜːpəleɪt; *AmE* -ˈtɜːrp-/ *Verb* (*gehoben*) **1** (*Bemerkung*) einwerfen **2** einfügen

in·ter·pol·ation /ɪnˌtɜːpəˈleɪʃn; *AmE* -ˌtɜːrp-/ *Nomen* **1** (*Bemerkung*) Einwurf **2** Einfügung

inter·pose /ˌɪntəˈpəʊz; *AmE* ˌɪntərˈpoʊz/ *Verb* (*gehoben*) **1** (*Bemerkung*) einwerfen **2** ~ **sb/sth (between A and B)** jdn/etw (zwischen A und B) stellen

in·ter·pret /ɪnˈtɜːprɪt; *AmE* -ˈtɜːrp-/ *Verb* **1** deuten, interpretieren, auslegen **2** ~ **(for sb)** (für jdn) dolmetschen **3** (*Rolle, Musikstück etc.*) interpretieren

in·ter·pret·able /ɪnˈtɜːprɪtəbl; *AmE* -ˈtɜːrp-/ *Adj* interpretierbar

in·ter·pret·ation /ɪnˌtɜːprɪˈteɪʃn; *AmE* -ˌtɜːrp-/ *Nomen* **1** Deutung, Interpretation, Auslegung ◊ *Dreams are open to interpretation.* Träume können unterschiedlich gedeutet werden. **2** (*Rolle, Musikstück etc.*) Interpretation **3** Dolmetschen

in·ter·pret·ative /ɪnˈtɜːprɪtətɪv; *AmE* ɪnˈtɜːrpətətɪv/ (*bes AmE* **in·ter·pret·ive** /ɪnˈtɜːprɪtɪv; *AmE* -ˈtɜːrp-/) *Adj* interpretierend, erläuternd, interpretativ ◊ *an interpretative problem* ein Problem der Interpretation ◊ *an interpretive center* ein Besucherzentrum

in·ter·pret·er /ɪnˈtɜːprɪtə(r); *AmE* -ˈtɜːrp-/ *Nomen* **1** Dolmetscher(in) **2** Interpret(in) **3** (COMP) Interpreter

inter·racial /ˌɪntəˈreɪʃl/ *Adj nur vor Nomen* gemischtrassig, zwischen verschiedenen Rassen ◊ *interracial marriage* Mischehen

inter·reg·num /ˌɪntəˈregnəm/ *Nomen* [meist Sing] (*gehoben*) = Zeitraum, in dem ein Land, eine Organisation etc. ohne Führung ist und auf eine neue wartet

inter·relate /ˌɪntərɪˈleɪt/ *Verb* (*gehoben*) **1** in Beziehung zueinander stehen, zusammenhängen ◊ *a discussion of how the mind and body interrelate/how the mind inter-*

interrelated

relates with the body eine Diskussion darüber, in welcher Beziehung Geist und Körper zueinander stehen **2 be interrelated (with sth)** (mit etw) zusammenhängen ◊ *the belief that the mind is closely interrelated with the body* die Überzeugung, dass Geist und Körper eng miteinander zusammenhängen

inter·related /ˌɪntərɪˈleɪtɪd/ *Adj* zusammenhängend ◊ *a number of interrelated problems* eine Anzahl miteinander zusammenhängender Probleme

inter·rela·tion·ship /ˌɪntərɪˈleɪʃnʃɪp/ (*auch* **inter·relation** /ˌɪntərɪˈleɪʃn/) *Nomen* Wechselbeziehung, Verhältnis

in·ter·ro·gate /ɪnˈterəgeɪt/ *Verb* **1** vernehmen, verhören, ausfragen **2** (*Fachspr*) abfragen; (*Datenbank*) befragen

in·ter·ro·ga·tion /ɪnˌterəˈgeɪʃn/ *Nomen* Vernehmung, Verhör ◊ *He confessed after four days under interrogation.* Nach vier Tagen Verhör legte er ein Geständnis ab. ◊ *She hated her parents' endless interrogations.* Sie hasste es, wenn ihre Eltern sie endlos lange ausfragten.

inter·roga·tive[1] /ˌɪntəˈrɒgətɪv; *AmE* -ˈrɑːg-/ *Adj* (*Adv* **inter·roga·tive·ly**) **1** (LING) Interrogativ-, Frage- ◊ *interrogative pronouns* Fragewörter **2** (*gehoben*) fragend

inter·roga·tive[2] /ˌɪntəˈrɒgətɪv; *AmE* -ˈrɑːg-/ *Nomen* (LING) Interrogativ, Interrogativpronomen, Fragewort

in·ter·ro·ga·tor /ɪnˈterəgeɪtə(r)/ *Nomen* Vernehmer(in)

inter·rupt /ˌɪntəˈrʌpt/ *Verb* unterbrechen, stören

inter·rup·tion /ˌɪntəˈrʌpʃn/ *Nomen* Unterbrechung ◊ *an interruption to the power supply* ein Stromausfall

inter·sect /ˌɪntəˈsekt; *AmE* -tərˈs-/ *Verb* **1** sich kreuzen; (*Linien*) sich schneiden ◊ *The lines intersect at right angles.* Die Linien schneiden sich im rechten Winkel. ◊ *The path intersected with a busy road.* Der Pfad kreuzte eine belebte Straße. **2** ~ **sth (with sth)** (*meist passiv*) etw (mit etw) durchziehen

inter·sec·tion /ˌɪntəˈsekʃn; *AmE* -tərˈs-/ *Nomen* **1** Kreuzung; (*von Linien*) Schnittpunkt **2** Schneiden, Durchziehen

inter·sperse /ˌɪntəˈspɜːs; *AmE* -tərˈspɜːrs/ *Verb* (*gehoben*) **1** ~ **A with B** (*oft passiv*) ◊ *beeches interspersed with conifers* Buchen, zwischen denen vereinzelte Nadelbäume stehen ◊ *pop programmes interspersed with news flashes* Popsendungen, die von Kurznachrichten unterbrochen werden ◊ *her own language, interspersed with Arabic* ihre eigene Sprache, in die arabische Wörter eingestreut waren **2 be interspersed by sth** von etw unterbrochen sein ◊ *flat fields interspersed by dykes* flache Felder, die von Deichen unterbrochen werden **3** ~ **B among A** B in A einstreuen

inter·state[1] /ˈɪntəsteɪt; *AmE* -tərs-/ *Adj* nur vor Nomen zwischen den Bundesstaaten (der USA), zwischenstaatlich

inter·state[2] /ˈɪntəsteɪt; *AmE* -tərs-/ (*auch* ˌ**interstate ˈhighway**) *Nomen* (*AmE*) ≈ Fernstraße, Autobahn

inter·stel·lar /ˌɪntəˈstelə(r); *AmE* -tərˈst-/ *Adj* nur vor Nomen interstellar

inter·twine /ˌɪntəˈtwaɪn; *AmE* -tərˈtw-/ *Verb* **1** (sich) verschlingen ◊ *intertwining branches* ineinander verschlungene Äste **2** (*fig*) sich verknüpfen

inter·val /ˈɪntəvl; *AmE* ˈɪntərvl/ *Nomen* **1** Abstand ◊ *The runners started at 5-minute intervals.* Die Läufer starteten in Abständen von 5 Minuten. ◊ *after a brief interval* nach kurzer Zeit **2** (*BrE*) (*im Theater, Konzert etc.*) Pause ☞ *Hinweis bei* PAUSE, S.1139 **3** [meist Pl] Abschnitt ◊ *She's delirious, but has lucid intervals.* Sie ist im Delirium, hat aber ab und zu lichte Momente. **4** (MUS) Intervall

inter·vene /ˌɪntəˈviːn; *AmE* -tərˈv-/ *Verb* (*gehoben*) **1** ~ **(in sth)** (in etw) eingreifen, (in etw) intervenieren **2** unterbrechen **3** dazwischenkommen ◊ *Fate intervened.* Das Schicksal wollte es anders. **4** (*gehoben*) dazwischenliegen ◊ *during the years that intervened* in den dazwischenliegenden Jahren

inter·ven·tion /ˌɪntəˈvenʃn; *AmE* -tərˈv-/ *Nomen* Eingreifen, Intervention

inter·ven·tion·ism /ˌɪntəˈvenʃənɪzəm; *AmE* -tərˈv-/ *Nomen* Interventionismus

inter·ven·tion·ist /ˌɪntəˈvenʃənɪst/ *Adj* interventionistisch

inter·view[1] /ˈɪntəvjuː; *AmE* -tərv-/ *Nomen* **1** Vorstellungsgespräch ◊ *a job interview* ein Vorstellungsgespräch ◊ *be called for (an) interview* zu einem Vorstellungsgespräch eingeladen werden **2** Interview **3** Gespräch ◊ *an interview with the careers adviser* ein Gespräch mit dem Berufsberater

inter·view[2] /ˈɪntəvjuː; *AmE* -tərv-/ *Verb* **1** ~ **sb** mit jdm ein Vorstellungsgespräch führen **2** ~ **sb (about sth)** jdn (über etw) befragen, jdn (zu etw) befragen ◊ *He declined to be interviewed.* Er lehnte ein Interview ab.

inter·view·ee /ˌɪntəvjuːˈiː; *AmE* -tərv-/ *Nomen* **1** (*in einem Vorstellungsgespräch*) Bewerber(in) **2** Befragte(r)

inter·view·er /ˈɪntəvjuːə(r); *AmE* -tərv-/ *Nomen* **1** = jd, der ein Vorstellungsgespräch führt **2** Interviewer(in)

inter·weave /ˌɪntəˈwiːv; *AmE* -tərˈw-/ *Verb* (**inter·wove** /ˌɪntəˈwəʊv; *AmE* -ˈwoʊv/, **inter·woven** /ˌɪntəˈwəʊvn; *AmE* -ˈwoʊvn/) (*meist passiv*) verweben, verflechten ◊ *The blue fabric was interwoven with red and gold thread.* Der blaue Stoff war mit roten und goldenen Fäden durchwirkt. ◊ (*fig*) *The problems are inextricably interwoven.* Die Probleme sind unentwirrbar miteinander verknüpft.

in·tes·tacy /ɪnˈtestəsi/ *Nomen* (RECHT) Fehlen eines Testaments

in·tes·tate /ɪnˈtesteɪt/ *Adj* (RECHT) ◊ *He died intestate.* Er starb, ohne ein Testament zu hinterlassen.

in·tes·tinal /ɪnˈtestɪnl, ˌɪnteˈstaɪnl/ *Adj* Darm-

in·tes·tine /ɪnˈtestɪn/ *Nomen* [meist Pl] Darm

in·tim·acy /ˈɪntɪməsi/ *Nomen* (*Pl* **-ies**) **1** Vertrautheit **2** [meist Pl] Geheimnis **3** (*gehoben oder* RECHT) Intimität

in·tim·ate[1] /ˈɪntɪmət/ *Adj* (*Adv* **in·tim·ate·ly**) **1** vertraut; (*Freunde etc.*) eng **2** intim ◊ *an area that he knew intimately* eine Gegend, die er sehr genau kannte

in·tim·ate[2] /ˈɪntɪmeɪt/ *Verb* ~ **sth (to sb)** (*gehoben*) (jdm) etw andeuten

in·tim·ate[3] /ˈɪntɪmət/ *Nomen* (*gehoben*) Vertraute(r)

in·tim·ation /ˌɪntɪˈmeɪʃn/ *Nomen* **1** (*gehoben*) Andeutung **2** Mitteilung **3** Ahnung

in·timi·date /ɪnˈtɪmɪdeɪt/ *Verb* einschüchtern ◊ *He tried to intimidate people into voting for him.* Er hat versucht, die Leute unter Druck zu setzen, sodass sie für ihn stimmen würden.

in·timi·dated /ɪnˈtɪmɪdeɪtɪd/ *Adj* eingeschüchtert

in·timi·dat·ing /ɪnˈtɪmɪdeɪtɪŋ/ *Adj* einschüchternd, bedrohlich

in·timi·da·tion /ɪnˌtɪmɪˈdeɪʃn/ *Nomen* Einschüchterung

into /ˈɪntə; *vor Vokalen* ˈɪntu; *betont* ˈɪntuː/ *Präp* ☞ Für Verben mit **into** siehe die Einträge für die Verben. **Lay into sb/sth** z.B. steht unter **lay**.

1 in ◊ *Come into the house.* Kommen Sie ins Haus. ◊ *late into the night* bis spät in die Nacht hinein ◊ *He's well into his forties.* Er ist weit über vierzig. **2** in (Richtung), gegen ◊ *Speak clearly into the microphone.* Sprechen Sie deutlich ins Mikrofon. ◊ *driving into the sun* gegen die Sonne fahren **3** (*zur Bezeichnung einer Zustandsänderung*) ◊ *The fruit can be made into jam.* Aus der Frucht kann man Marmelade machen. ◊ *translate into German* ins Deutsche übersetzen ◊ *come into power* an die Macht kommen ◊ *slide into depression* in eine Depression verfallen **4** (*bezeichnet die Folge einer Handlung*) zu ◊ *I was forced into a decision.* Ich wurde zu einer Entscheidung gezwungen. **5** zu ◊ *an inquiry into safety procedures* eine Untersuchung der Sicherheitsvorkehrungen **6** (*beim Dividieren*) ◊ *3 into 24 is 8.* 24 durch 3 ist 8. IDM **be ˈinto sth** (*umgs*) auf etw stehen; auf etw abfahren

in·toler·able /ɪnˈtɒlərəbl; *AmE* -ˈtɑːl-/ *Adj* (*Adv* **in·toler·ably** /-əbli/) unerträglich SYN UNBEARABLE

in·toler·ance /ɪnˈtɒlərəns/ *Nomen* **1** Intoleranz **2** Überempfindlichkeit ◊ *food allergy and intolerance* Allergie und Überempfindlichkeit gegen bestimmte Lebensmittel

in·toler·ant /ɪnˈtɒlərənt; *AmE* -ˈtɑːl-/ *Adj* **1** ~ **(of sb/sth)** (*abwert*) intolerant (gegenüber jdm/etw) **2 be** ~ **(of sth)** (*Fachspr*) eine Überempfindlichkeit (gegen etw) haben

in·ton·ation /ˌɪntəˈneɪʃn/ *Nomen* (LING, MUS) Intonation

in·tone /ɪnˈtəʊn; *AmE* ɪnˈtoʊn/ *Verb* (*gehoben*) psalmodieren, herunterleiern

in toto /ɪn ˈtəʊtəʊ; *AmE* ˈtoʊtoʊ/ *Adv* (*gehoben*) im Ganzen

in·toxi·cated /ɪnˈtɒksɪkeɪtɪd; *AmE* -ˈtɑːk-/ *Adj* (*gehoben*) berauscht (*auch fig*)

in·toxi·cat·ing /ɪnˈtɒksɪkeɪtɪŋ; *AmE* -ˈtɑːk-/ *Adj* (*gehoben*) berauschend (*auch fig*) ◊ *intoxicating liquor* Alkohol

in·toxi·ca·tion /ɪnˌtɒksɪˈkeɪʃn; *AmE* -ˌtɑːk-/ *Nomen* **1** Rausch **2** (*Fachspr*) Vergiftung
intra- /ɪntrə/

> Die Vorsilbe **intra-** bei Adjektiven und Adverbien heißt soviel wie „innerhalb": *intra-departmental* innerhalb der Abteilung ◇ *intravenous* intravenös

in·tract·abil·ity /ɪnˌtræktəˈbɪləti/ *Nomen* (*eines Problems etc.*) Unlösbarkeit; (*von Menschen*) Unnachgiebigkeit
in·tract·able /ɪnˈtræktəbl/ *Adj* (*gehoben*) (*Problem etc.*) unlösbar; (*von Menschen*) unnachgiebig
intra·mural /ˌɪntrəˈmjʊərəl; *AmE* -ˈmjʊrəl/ *Adj* innerhalb der Universität/Schule etc.
Intra·net /ˈɪntrənet/ *Nomen* (COMP) Intranet
in·transi·gence /ɪnˈtrænsɪdʒəns; *AmE* -ˈtrænz-/ *Nomen* Unnachgiebigkeit
in·transi·gent /ɪnˈtrænsɪdʒənt; *AmE* -ˈtrænz-/ *Adj* (*gehoben, abwert*) unnachgiebig SYN STUBBORN
in·transi·tive /ɪnˈtrænsətɪv/ *Adj* (*Adv* **in·transi·tive·ly**) (LING) intransitiv
intra·uter·ine /ˌɪntrəˈjuːtəraɪn/ *Adj* (*Fachspr*) intrauterin
ˌintrauterine deˈvice *Nomen* = IUD
intra·ven·ous /ˌɪntrəˈviːnəs/ *Adj* (*Adv* **intra·ven·ous·ly**) intravenös ◇ *an intravenous drug user* jemand, der Drogen spritzt
ˈin tray *Nomen* (*BrE*) Ablage für Posteingänge
in·trepid /ɪnˈtrepɪd/ *Adj* (*gehoben, oft hum*) unerschrocken, kühn
in·tri·cacy /ˈɪntrɪkəsi/ *Nomen* **1 intricacies** [Pl] Feinheiten ◇ *the intricacies of economic policy* die komplexen Details der Wirtschaftspolitik **2** Kompliziertheit ◇ *He admired the intricacy of the design.* Er bewunderte das filigrane Muster.
in·tri·cate /ˈɪntrɪkət/ *Adj* (*Adv* **in·tri·cate·ly**) kompliziert, fein ◇ *intricately carved* fein geschnitzt
in·trigue¹ /ɪnˈtriːɡ/ *Verb* **1** (*meist passiv*) faszinieren ◇ *I'm intrigued — tell me more!* Jetzt bin ich aber neugierig — erzähl mir mehr davon! ◇ *I'm intrigued to know what you thought of the movie.* Mich würde wirklich interessieren, was du von dem Film hältst. **2** (*gehoben*) intrigieren
in·trigue² /ˈɪntriːɡ/ *Nomen* **1** [U] Intrige ◇ *political intrigue* politische Intrigen **2** Machenschaften **3** [U] Reiz
in·tri·guing /ɪnˈtriːɡɪŋ/ *Adj* (*Adv* **in·tri·guing·ly**) faszinierend ◇ *These discoveries raise intriguing questions.* Diese Entdeckungen werfen interessante Fragen auf.
in·trin·sic /ɪnˈtrɪnsɪk, -zɪk/ *Adj* innewohnend ◇ *the intrinsic value of education* der Eigenwert der Erziehung
in·trin·sic·al·ly /ɪnˈtrɪnsɪkli; *AmE* -zɪk-/ *Adv* an sich ◇ *There is nothing intrinsically wrong with the idea.* An sich ist an der Idee nichts auszusetzen.
intro /ˈɪntrəʊ; *AmE* ˈɪntroʊ/ *Nomen* (*Pl* **-os**) (*umgs*) Einleitung
intro·duce /ˌɪntrəˈdjuːs; *AmE* -ˈduːs/ *Verb* **1** ~ **sb** (**to sb**) jdn (jdm) vorstellen; ~ **A and B** A und B einander vorstellen; ~ **yourself** (**to sb**) sich (jdm) vorstellen ◇ *We've already been introduced.* Wir kennen uns bereits. **2** (*Sendung*) moderieren **3** ~ **sb to sth**; ~ **sth to sb** jdn in etw einführen ◇ *It was she who first introduced the pleasures of sailing to me.* Sie hat mir als Erste die Freuden des Segelns nahe gebracht. **4** ~ **sth** (**into/to sth**) etw (in etw) einführen **5** einleiten ◇ *Bands like 'James' introduced the craze for indie music.* Durch Bands wie „James" wurde Indie-Musik beliebt. **6** (*Gesetz*) einbringen **7** ~ **sth** (**into sth**) (*gehoben*) etw (einer Sache) beimischen, etw einschleusen
intro·duc·tion /ˌɪntrəˈdʌkʃn/ *Nomen* **1** Einführung **2** Bekanntmachung, Vorstellung ◇ *Our speaker today needs no introduction.* Unseren heutigen Redner brauche ich nicht vorzustellen. ◇ *a letter of introduction* ein Empfehlungsschreiben **3** [Sing] Bekanntschaft ◇ *This album was my first introduction to modern jazz.* Dieses Album war meine erste Bekanntschaft mit modernem Jazz. **4** Einleitung ◇ *By way of introduction …* Als Einleitung …
intro·duc·tory /ˌɪntrəˈdʌktəri/ *Adj* **1** einleitend **2** Einführungs-, einführend
intro·spec·tion /ˌɪntrəˈspekʃn/ *Nomen* Selbstbeobachtung
intro·spect·ive /ˌɪntrəˈspektɪv/ *Adj* introspektiv ◇ *Jim be-* *came increasingly introspective.* Jim zog sich immer mehr in sich selbst zurück. ◇ *an introspective piece of writing* ein Beispiel literarischer Selbstbeobachtung
intro·ver·sion /ˌɪntrəˈvɜːʃn; *AmE* -ˈvɜːrʒn/ *Nomen* Introvertiertheit
intro·vert /ˈɪntrəvɜːt; *AmE* -vɜːrt/ *Nomen* introvertierter Mensch OPP EXTROVERT
intro·vert·ed /ˈɪntrəvɜːtɪd; *AmE* -vɜːrt-/ (*auch* **intro·vert**) *Adj* introvertiert OPP EXTROVERT
in·trude /ɪnˈtruːd/ *Verb* **1** ~ (**on/upon sb/sth**) (jdn/etw in/bei etw) stören ◇ *I'm sorry to intrude, but I need to talk to someone.* Entschuldige, dass ich so hereinplatze, aber ich muss mit jemandem sprechen. **2** ~ (**into/on/upon sth**) (in etw) eindringen ◇ *intrude on people's private lives* die Privatsphäre anderer Leute verletzen
in·truder /ɪnˈtruːdə(r)/ *Nomen* Eindringling ◇ *intruder alarms* Alarmanlagen
in·tru·sion /ɪnˈtruːʒn/ *Nomen* **1** Störung ◇ *an intrusion into their private lives* eine Verletzung ihrer Privatsphäre **2** Eindringen
in·tru·sive /ɪnˈtruːsɪv/ *Adj* störend, aufdringlich ◇ *intrusive questions* aufdringliche Fragen
in·tuit /ɪnˈtjuːɪt; *AmE* -ˈtuː-/ *Verb* (*gehoben*) intuitiv spüren
in·tu·ition /ˌɪntjuˈɪʃn; *AmE* -tuˈ-/ *Nomen* **1** [U] Intuition ◇ *Intuition told her that he had told the truth.* Sie spürte intuitiv, dass er die Wahrheit gesagt hatte. ◇ *It came to me in a flash of intuition.* Ich hatte einen Geistesblitz. **2** Vorahnung
in·tui·tive /ɪnˈtjuːɪtɪv; *AmE* -ˈtuː-/ *Adj* (*Adv* **in·tui·tive·ly**) **1** intuitiv, instinktiv ◇ *Intuitively, she knew that he was lying.* Ihr Instinkt sagte ihr, dass er log. **2** mit Einfühlungsvermögen ◇ *Are women really more intuitive than men?* Haben Frauen wirklich mehr Intuition als Männer?
Inuit /ˈɪnjuɪt, ˈmʊɪt/ *Nomen* (*Pl* **In·uits** *oder* **Inuit**) Inuit, Eskimo ☛ *Hinweis bei* ESKIMO, S.202
in·un·date /ˈɪnʌndeɪt/ *Verb* **1** ~ **sb** (**with sth**) (*meist passiv*) jdn (mit etw) überschwemmen ◇ *We have been inundated with offers of help.* Bei uns ist eine Flut von Hilfsangeboten eingegangen. ◇ *inundated with work* mit Arbeit überhäuft SYN OVERWHELM *und* SWAMP **2** (*gehoben*) (*Gebiet*) überschwemmen SYN FLOOD
in·un·da·tion /ˌɪnʌnˈdeɪʃn/ *Nomen* (*gehoben*) Überschwemmung, Überhäufung
inure /ɪˈnjʊə(r); *AmE* ɪˈnjʊr/ *Verb* ~ **sb/yourself to sth** (*meist passiv*) (*gehoben*) jdn/sich an etw gewöhnen ◇ *They quickly became inured to the harsh conditions.* Sie nahmen die schlimmen Zustände bald nicht mehr wahr.
in·vade /ɪnˈveɪd/ *Verb* **1** einmarschieren **2** ~ **sth** in etw einfallen ◇ *When did the Romans invade Britain?* Wann fielen die Römer in Großbritannien ein? ◇ *Demonstrators invaded the government buildings.* Demonstranten drangen in die Regierungsgebäude ein. ◇ *The cancer cells may invade other parts of the body.* Die Krebszellen können andere Körperteile befallen. **3** ~ **sth** in etw eindringen, etw stören
in·vader /ɪnˈveɪdə(r)/ *Nomen* Angreifer, Invasor, Eindringling
in·valid¹ /ɪnˈvælɪd/ *Adj* **1** ungültig **2** (*Ausrede*) unzulässig; (*Theorie*) falsch; (*Argument*) nicht stichhaltig
in·valid² /ˈɪnvəlɪd; *BrE auch* ˈɪnvəliːd/ *Nomen* Invalide, Invalidin, Körperbehinderte(r)
in·valid³ /ˈɪnvəlɪd, ˈɪnvəliːd/ *Verb* (*BrE*) ~ **sb** jdn dienstuntauglich erklären; ~ **sb out** jdn als dienstuntauglich entlassen; ~ **sb out** (**of sth**) jdn als dienstuntauglich (aus etw) entlassen ◇ *He was invalided home.* Er wurde wegen Krankheit nach Hause entlassen.
in·vali·date /ɪnˈvælɪdeɪt/ *Verb* **1** widerlegen **2** ungültig machen OPP VALIDATE
in·val·id·ity /ˌɪnvəˈlɪdəti/ *Nomen* **1** (*BrE, Fachspr*) Invalidität, Körperbehinderung **2** (*gehoben*) Ungültigkeit, Unzulässigkeit
in·valu·able /ɪnˈvæljuəbl/ *Adj* von unschätzbarem Wert, außerordentlich wichtig ◇ *invaluable help* sehr große Hilfe ◇ *invaluable information* wertvolle Informationen ◇ *an invaluable tool* ein unersetzliches Werkzeug
in·vari·able /ɪnˈveəriəbl; *AmE* -ˈver-/ *Adj* gleich bleibend,

in·variably

unveränderlich ◊ *Her routine was invariable.* Ihre Routine war immer gleich.
in·vari·ably /ɪn'veəriəbli; *AmE* -'ver-/ *Adv* unweigerlich, immer
in·va·sion /ɪn'veɪʒn/ *Nomen* **1** Invasion, Einmarsch ◊ *an invasion force* eine Invasionstruppe ◊ *the Russian invasion of Czechoslovakia in 1968* der Einmarsch der Russen in die Tschechoslowakei 1968 **2** Eindringen, Störung ◊ *an invasion of privacy* eine Verletzung der Privatsphäre
in·va·sive /ɪn'veɪsɪv/ *Adj* (MED) invasiv
in·vec·tive /ɪn'vektɪv/ *Nomen* [U] (*gehoben*) Beschimpfungen
in·veigh /ɪn'veɪ/ *Verb* PHRV **in'veigh against sb/sth** (*gehoben*) über jdn/etw schelten
in·vei·gle /ɪn'veɪgl/ *Verb* **1** ~ **yourself into sth; ~ your way into sth** sich in etw einschleichen ◊ *He inveigled his way into her affections.* Er erschlich sich ihre Liebe. **2** ~ **sb (into sth)** jdn (in etw) locken; ~ **sb into doing sth** jdn dazu verleiten etw zu tun, jdn dazu überreden etw zu tun
in·vent /ɪn'vent/ *Verb* erfinden, sich ausdenken
in·ven·tion /ɪn'venʃn/ *Nomen* **1** Erfindung ◊ *the invention of the printing press* die Erfindung der Druckerpresse **2** Ideenreichtum ◊ *John was full of invention – always making up new dance steps.* John war voller Ideen – immer dachte er sich neue Tanzschritte aus.
in·vent·ive /ɪn'ventɪv/ *Adj* (*Adv* **in·vent·ive·ly**) **1** erfinderisch, kreativ ◊ *She has a highly inventive mind.* Sie ist sehr kreativ. **2** originell, einfallsreich
in·ven·tive·ness /ɪn'ventɪvnəs/ *Nomen* Kreativität, Einfallsreichtum, Originalität
in·vent·or /ɪn'ventə(r)/ *Nomen* Erfinder(in)
in·ven·tory /ɪn'ventri; *AmE* -tɔːri/ *Nomen* (*Pl* **-ies**) **1** Inventar, Bestandsliste **2** (*AmE*) Warenbestand ◊ *inventory control* Lagerkontrolle SYN STOCK
in·verse¹ /ˌɪn'vɜːs; *AmE* ɪn'vɜːrs/ *Adj* (*Adv* **in·verse·ly**) umgekehrt, entgegengesetzt ◊ *be inversely related to sth* im umgekehrten Verhältnis zu etw stehen
in·verse² /'ɪnvɜːs; *AmE* 'ɪnvɜːrs/ *Nomen* **the inverse** (*Fachspr*) das Gegenteil
in·ver·sion /ɪn'vɜːʃn; *AmE* ɪn'vɜːrʃn, -ʒn/ *Nomen* Inversion, Umkehrung ◊ *an inversion of the truth* eine Verdrehung der Wahrheit
in·vert /ɪn'vɜːt; *AmE* ɪn'vɜːrt/ *Verb* (*gehoben*) umstülpen, umkehren, umstellen
in·ver·te·brate /ɪn'vɜːtɪbrət; *AmE* -'vɜːrt-/ *Nomen* wirbelloses Tier
in·verted 'commas *Nomen* [Pl] (*BrE*) Anführungszeichen ➔ *Hinweis bei* QUOTATION MARKS IDM **in inverted commas** (*umgs*) in Anführungszeichen ◊ *He showed us to our 'luxury apartment' in inverted commas.* Er führte uns zu unserem sogenannten „Luxusapartment".
in·vest /ɪn'vest/ *Verb* **1** ~ (**sth**) (**in sth**) (etw) (in etw) investieren **2** ~ **sb with sth** (*gehoben*) jdm etw verleihen ◊ *The new position invested her with a good deal of responsibility.* Die neue Stellung übertrug ihr recht viel Verantwortung. **3** ~ **sb** (**as sth**) (*gehoben*) jdn (als etw) einsetzen PHRV **in'vest in sth** (*umgs, oft hum*) sich etw anschaffen
in·ves·ti·gate /ɪn'vestɪgeɪt/ *Verb* **1** ermitteln ◊ *The FBI has been called in to investigate.* Das FBI wurde mit den Ermittlungen beauftragt. ◊ (*umgs*) *'What was that noise?' 'I'll go and investigate.'* „Was war das für ein Geräusch?" „Ich gehe mal nachsehen." **2** ~ **sb** (**for sth**) gegen jdn (wegen einer Sache) ermitteln **3** untersuchen ◊ *Police are investigating the attacks.* Die Polizei untersucht die Anschläge.
in·ves·ti·ga·tion /ɪnˌvestɪ'geɪʃn/ *Nomen* **1** Untersuchung, Ermittlung ◊ *She is still under investigation.* Gegen sie wird noch ermittelt. **2** Erforschung, Untersuchung ◊ *an investigation into our spending habits* eine Untersuchung darüber, wie wir unser Geld ausgeben
in·ves·ti·ga·tive /ɪn'vestɪgətɪv; *AmE* -geɪtɪv/ (*seltener* **in·ves·ti·ga·tory** /ɪn'vestɪgətəri; *AmE* -gətɔːri/) *Adj* **1** Untersuchungs- ◊ *investigatory powers* Untersuchungsbefugnisse **2** ◊ *investigative journalism* Enthüllungsjournalismus
in·ves·ti·ga·tor /ɪn'vestɪgeɪtə(r)/ *Nomen* Ermittler(in) ◊ *Air accident investigators have found the black box.* Exper-

ten, die das Flugunglück untersuchen, haben den Flugschreiber gefunden. ◊ *a private investigator* ein Privatdetektiv
in·ves·ti·ture /ɪn'vestɪtʃə(r)/ *Nomen* **1** Amtseinführung **2** Verleihung (*eines Ordens*)
in·vest·ment /ɪn'vestmənt/ *Nomen* **1** [U] Investitionen ◊ *encourage foreign investment* ausländische Investitionen fördern ◊ *investment income* Kapitalerträge **2** (*Summe*) Investition ◊ *a minimum investment of $10 000* eine Mindestinvestition von $10 000 ◊ *a high return on my investments* eine hohe Rendite auf meine Anlagen **3** Kapitalanlage ◊ *We bought the house as an investment.* Wir haben das Haus als Kapitalanlage gekauft. **4** gute Anschaffung ◊ *A microwave is a good investment.* Eine Mikrowelle macht sich bezahlt. **5** Einsatz ◊ *considerable investment of time and effort* ein beträchtlicher Aufwand an Zeit und Mühe
in·vest·or /ɪn'vestə(r)/ *Nomen* Investor(in) ◊ *small investors* Kleinanleger
in·vet·er·ate /ɪn'vetərət/ *Adj* (*gehoben, oft abwert*) **1** unverbesserlich, ständig ◊ *She's an inveterate traveller.* Sie reist leidenschaftlich gern. **2** (*Feindschaft*) unüberwindbar; (*Gewohnheit*) hartnäckig
in·vidi·ous /ɪn'vɪdiəs/ *Adj* (*gehoben*) gemein, ungerecht ◊ *We were in the invidious position of having to choose between them.* Wir waren in der unerfreulichen Lage, uns zwischen ihnen entscheiden zu müssen.
in·vigi·late /ɪn'vɪdʒɪleɪt/ *Verb* (*BrE*) ~ (**sth**) (*bei einer Prüfung*) (bei etw) Aufsicht führen
in·vigi·la·tion /ɪnˌvɪdʒɪ'leɪʃn/ *Nomen* (*BrE*) (*bei einer Prüfung*) Aufsicht
in·vigi·la·tor /ɪn'vɪdʒɪleɪtə(r)/ *Nomen* (*BrE*) (*bei einer Prüfung*) Aufsichtsperson
in·vig·or·ate /ɪn'vɪgəreɪt/ *Verb* **1** stärken, beleben **2** anregen ◊ *ways of invigorating the department* Wege, der Abteilung neues Leben einzuhauchen
in·vig·or·at·ing /ɪn'vɪgəreɪtɪŋ/ *Adj* stärkend, belebend, anregend
in·vin·cible /ɪn'vɪnsəbl/ *Adj* unbesiegbar; (*Glaube etc.*) unerschütterlich
in·viol·abil·ity /ɪnˌvaɪələ'bɪləti/ *Nomen* Unantastbarkeit, Unverletzlichkeit
in·viol·able /ɪn'vaɪələbl/ *Adj* (*gehoben*) unantastbar, unverletzlich ◊ *an inviolable rule* eine unumstößliche Regel
in·viol·ate /ɪn'vaɪələt/ *Adj* (*gehoben*) unantastbar, unangetastet
in·visi·bil·ity /ɪnˌvɪzə'bɪləti/ *Nomen* Unsichtbarkeit
in·vis·ible /ɪn'vɪzəbl/ *Adj* (*Adv* **in·vis·ibly** /-əbli/) unsichtbar ◊ *stars invisible to the naked eye* mit dem bloßen Auge nicht erkennbare Sterne ◊ *invisible earnings/exports* unsichtbare Einkünfte/Exporte OPP VISIBLE
in·vi·ta·tion /ˌɪnvɪ'teɪʃn/ *Nomen* **1** Einladung ◊ *issue/extend an invitation to sb* jdn einladen ◊ *I have an open invitation to visit my friend in Japan.* Ich bin bei meiner Freundin in Japan jederzeit willkommen. **2** ~ **to sb** (**to do sth**) Aufforderung an jdn (etw zu tun); ~ **to sth** Aufforderung zu etw ◊ *Open windows are an open invitation to burglars.* Offene Fenster kommen einer Aufforderung zum Diebstahl gleich.
in·vi·ta·tion·al /ˌɪnvɪ'teɪʃənl/ **1** *Nomen* (*bes AmE*) Einladungsturnier **2** *Adj* Einladungs- (*Turnier etc.*)
in·vite¹ /ɪn'vaɪt/ *Verb* **1** ~ **sb** (**to/for sth**) jdn (zu etw) einladen **2** ~ **sb** (**to/for sth**) (*gehoben*) jdn (zu etw) bitten, jdn (zu etw) auffordern ◊ *invite sb for interview* jdn zu einem Vorstellungsgespräch einladen ◊ *Readers are invited to write in with their comments.* Kommentare von den Lesern werden erbeten. **3** ~ **sth** (**from sb**) (*gehoben*) etw (von jdm) erbitten ◊ *He invited questions from the audience.* Er forderte das Publikum auf, Fragen zu stellen. **4** auslösen ◊ *Such comments are just inviting trouble.* Solche Kommentare können zu Ärger führen. PHRV **inˌvite sb a'long** jdn mit einladen **inˌvite sb 'back 1** jdn noch zu sich einladen **2** jdn wieder einladen ◊ *We'll never be invited back there!* Sie werden uns nie wieder einladen! **3** sich bei jdm (mit einer Gegeneinladung) revanchieren **inˌvite sb 'over/'round/a'round** jdn zu sich einladen ➔ G 9.7c
in·vite² /'ɪnvaɪt/ *Nomen* (*umgs*) Einladung

in·vit·ing /ɪnˈvaɪtɪŋ/ *Adj* (*Adv* **in·vit·ing·ly**) einladend, verlockend

in·vo·ca·tion /ˌɪnvəˈkeɪʃn/ *Nomen* **1** (*gehoben*) Anrufung, Beschwörung **2** (COMP) Aktivierung

in·voice¹ /ˈɪnvɔɪs/ *Nomen* Rechnung SYN BILL

in·voice² /ˈɪnvɔɪs/ *Verb* ~ **sb** (**for sth**) jdm (für etw) eine Rechnung ausstellen; ~ **sth** etw berechnen ◊ *Invoice the goods to my account.* Stellen Sie die Waren bei meinem Konto in Rechnung.

in·voke /ɪnˈvəʊk; *AmE* ɪnˈvoʊk/ *Verb* (*gehoben*) **1** (*Gericht, Gesetz etc.*) anrufen; ~ **sth against sb** etw gegen jdn zur Anwendung bringen **2** ~ **sb/sth** sich auf jdn/etw berufen, jdn/etw anführen **3** appellieren an; (*Gott*) anrufen **4** (heraufbeschwören ◊ *The book invokes a vision of England in the Middle Ages.* In dem Buch wird ein Bild von England im Mittelalter heraufbeschworen. ☛ Diese Verwendung von **invoke** im Sinne von **evoke** wird nicht von allen als korrekt angesehen. **5** verwenden ◊ *He frequently invokes animal metaphors in his poetry.* In seinen Gedichten verwendet er häufig Metaphern aus der Tierwelt. **6** (COMP) aufrufen, aktivieren

in·vol·un·tary /ɪnˈvɒləntri; *AmE* ɪnˈvɑːlənteri/ *Adj* (*Adv* **in·vol·un·tar·i·ly** /ɪnˈvɒləntrəli; *AmE* ɪnˌvɑːlənˈterəli/) unwillkürlich, unfreiwillig

in·volve /ɪnˈvɒlv; *AmE* ɪnˈvɑːlv/ *Verb* **1** mit sich bringen, zur Folge haben ◊ *Any investment involves an element of risk.* Mit jedem Investment ist ein gewisses Risiko verbunden. ◊ *Many of the crimes involved drugs.* Viele der Verbrechen hatten mit Drogen zu tun. ◊ *The test will involve answering questions about a photograph.* Der Test wird aus Fragen zu einem Foto bestehen. SYN ENTAIL **2** betreffen ◊ *How many vehicles were involved in the crash?* Wie viele Fahrzeuge waren an dem Unfall beteiligt? **3** ~ **sb** (**in sth**) jdn (an etw) beteiligen, jdn (in etw) einbeziehen PHRV **in'volve sb in sth** jdm etw verursachen ◊ *You have involved me in a great deal of extra work.* Sie haben mir eine Menge zusätzliche Arbeit aufgebürdet.

in·volved /ɪnˈvɒlvd; *AmE* ɪnˈvɑːlvd/ *Adj* **1** ~ (**in/with sth**) (an etw) beteiligt, (in etw) involviert, (bei etw) engagiert ◊ *become/get involved in politics* sich politisch engagieren ◊ *I don't want to get involved.* Ich möchte nicht hineingezogen werden. ◊ *the people involved* die Betroffenen **2** (*dazugehörig*) ◊ *the paperwork involved with any purchase* der Papierkram, der zu jedem Kauf dazugehört **3** *be* ~ (**with sb**) eine Beziehung (mit jdm) haben ◊ *They're not romantically involved.* Sie haben kein Verhältnis miteinander. **4** kompliziert; (*Handlung etc.*) verwickelt

in·volve·ment /ɪnˈvɒlvmənt; *AmE* -ˈvɑːlv-/ *Nomen* **1** ~ (**in/with sth**) Beteiligung (an etw), Engagement (bei etw), Verbindung (zu etw) ◊ *They suspected him of involvement with drugs.* Sie vermuteten, dass er mit Drogen zu tun hätte. ◊ *Avoid personal involvement with patients' problems.* Lassen Sie sich nicht in die Probleme Ihrer Patienten hineinziehen. **2** ~ (**with sb**) Verhältnis (mit jdm) **3** ~ **with sb** Involvierung mit jdm

in·vul·ner·abil·ity /ɪnˌvʌlnərəˈbɪləti/ *Nomen* Unverwundbarkeit, Unangreifbarkeit

in·vul·ner·able /ɪnˈvʌlnərəbl/ *Adj* unverwundbar, unangreifbar ◊ *be invulnerable to attack* unangreifbar sein

in·ward¹ /ˈɪnwəd; *AmE* -wərd/ *Adj* **1** *nur vor Nomen* innere(r,s) **2** nach innen gerichtet ◊ *the inward flow of immigrants* der Zustrom von Einwanderern ◊ *an inward curve* eine Innenkurve ◊ *on an inward breath* beim Einatmen OPP OUTWARD

in·ward² /ˈɪnwəd; *AmE* -wərd/ (*bes BrE* **in·wards**) *Adv* nach innen ◊ *Her thoughts turned inwards.* Sie versank in Selbstbetrachtung. ◊ (*abwert*) *an inward-looking person* ein in sich gekehrter Mensch OPP OUTWARDS

inward in'vestment *Nomen* (FINANZ) aus dem Ausland stammende Investitionen

in·ward·ly /ˈɪnwədli; *AmE* -wərd-/ *Adv* innerlich OPP OUTWARDLY

in·ward·ness /ˈɪnwədnəs; *AmE* -wərd-/ *Nomen* (*gehoben*) Innerlichkeit

'in-your-face *Adj* (*umgs*) unverfroren

iod·ine /ˈaɪədiːn; *AmE* -daɪn/ *Nomen* Jod

ion /ˈaɪən; *BrE auch* ˈaɪɒn; *AmE auch* ˈaɪɑːn/ *Nomen* (NATURW) Ion

ion·iza·tion (*BrE auch* **-isa·tion**) /ˌaɪənaɪˈzeɪʃn; *AmE* -nəˈz-/ *Nomen* Ionisierung

ion·ize (*BrE auch* **-ise**) /ˈaɪənaɪz/ *Verb* ionisieren

ion·izer (*BrE auch* **-iser**) /ˈaɪənaɪzə(r)/ *Nomen* Ionisator

iono·sphere /aɪˈɒnəsfɪə(r); *AmE* aɪˈɑːnəsfɪr/ *Nomen* Ionosphäre

iota /aɪˈəʊtə; *AmE* aɪˈoʊtə/ *Nomen* Jota ◊ *There is not one iota of truth in the story.* An der Geschichte ist kein Körnchen Wahrheit. ◊ *not make an iota of difference* nicht den kleinsten Unterschied machen

IOU /ˌaɪ əʊ ˈjuː; *AmE* -oʊ-/ *Kurzform von* **I owe you** (*umgs*) Schuldschein

IPA /ˌaɪ piː ˈeɪ/ *Kurzform von* **International Phonetic Alphabet** internationale Lautschrift

ipso facto /ˌɪpsəʊ ˈfæktəʊ; *AmE* ˌɪpsoʊ ˈfæktoʊ/ *Adv* (*gehoben*) eo ipso, automatisch

IQ /ˌaɪ ˈkjuː/ *Kurzform von* **intelligence quotient** IQ, Intelligenzquotient ◊ *IQ tests* Intelligenztests

ir- /ɪr-/ ☛ *Hinweis bei* IN-, S.313

IRA /ˌaɪ ɑːr ˈeɪ/ *Kurzform von* **Irish Republican Army** IRA

iras·ci·bil·ity /ɪˌræsəˈbɪləti/ *Nomen* (*gehoben*) Jähzorn, Reizbarkeit

iras·cible /ɪˈræsəbl/ *Adj* (*gehoben*) jähzornig, aufbrausend

irate /aɪˈreɪt/ *Adj* wütend

ire /ˈaɪə(r)/ *Nomen* (*gehoben*) Zorn

iri·des·cence /ˌɪrɪˈdesns/ *Nomen* (*gehoben*) Schillern

iri·des·cent /ˌɪrɪˈdesnt/ *Adj* (*gehoben*) schillernd

irid·ium /ɪˈrɪdiəm/ *Nomen* Iridium

iris /ˈaɪrɪs/ *Nomen* **1** (ANAT) Regenbogenhaut, Iris **2** (BOT) Schwertlilie, Iris

Irish /ˈaɪrɪʃ/ **1** *Nomen* (*auch* ˌIrish ˈGaelic) die irische Sprache **2** *Nomen* **the Irish** [Pl] die Iren **3** *Adj* irisch ☛ *Siehe auch* S.767

ˌIrish ˈcoffee *Nomen* Irishcoffee

irk /ɜːk; *AmE* ɜːrk/ *Verb* (*gehoben*) verdrießen

irk·some /ˈɜːksəm; *AmE* ˈɜːrk-/ *Adj* (*gehoben*) lästig

iron¹ /ˈaɪən; *AmE* ˈaɪərn/ *Nomen* **1** Eisen ◊ *a nine iron* ein Neunereisen ◊ *a will of iron* ein eiserner Wille ◊ *corrugated iron* Wellblech **2** Bügeleisen **3 irons** [Pl] Arm- und Fußschellen IDM **have several, etc. irons in the 'fire** mehrere etc. Eisen im Feuer haben ☛ *Siehe auch* PUMP², RULE² *und* STRIKE¹

iron² /ˈaɪən; *AmE* ˈaɪərn/ *Verb* bügeln ◊ *That dress needs ironing.* Das Kleid muss gebügelt werden. ☛ *Hinweis bei* BÜGELN PHRV ˌiron sth ˈout etw ausbügeln (*auch fig*)

iron³ /ˈaɪən; *AmE* ˈaɪərn/ *Adj* nur vor Nomen eisern IDM **an iron 'fist/'hand** (**in a velvet 'glove**) eine eiserne Faust (im Samthandschuh)

the ˌIron ˈAge *Nomen* die Eisenzeit

the ˌIron ˈCurtain *Nomen* der Eiserne Vorhang

ˌiron-ˈgrey (*bes AmE* ˌiron-ˈgray) *Adj* eisengrau

iron·ic /aɪˈrɒnɪk; *AmE* -ˈrɑːn-/ (*auch* **iron·ic·al** /aɪˈrɒnɪkl; *AmE* -ˈrɑːn-/) *Adj* **1** ironisch **2** paradox

iron·ic·al·ly /aɪˈrɒnɪkli; *AmE* -ˈrɑːn-/ *Adv* **1** paradoxerweise **2** ironisch

iron·ing /ˈaɪənɪŋ; *AmE* ˈaɪərnɪŋ/ *Nomen* **1** Bügeln ◊ *do the ironing* bügeln **2** Bügelwäsche

'ironing board *Nomen* Bügelbrett

iron·mon·ger /ˈaɪənmʌŋɡə(r); *AmE* ˈaɪərn-/ *Nomen* (*Pl* **-ies**) (*BrE*) Eisenwarenhändler(in) ☛ *Hinweis bei* BAKER

iron·mon·gery /ˈaɪənmʌŋɡəri; *AmE* ˈaɪərn-/ *Nomen* (*BrE*) **1** [U] Eisenwaren **2** Eisenwarenhandlung

ˌiron ˈrations *Nomen* [Pl] eiserne Ration

iron·stone /ˈaɪənstəʊn; *AmE* ˈaɪərnstoʊn/ *Nomen* Eisengestein

iron·work /ˈaɪənwɜːk; *AmE* ˈaɪərnwɜːrk/ *Nomen* Schmiedearbeiten, Eisenbeschläge

iron·works /ˈaɪənwɜːks; *AmE* ˈaɪərnwɜːrks/ *Nomen* (*Pl* **iron·works**) Eisenhütte ☛ G 1.3b

irony /ˈaɪrəni/ *Nomen* (*Pl* **-ies**) Ironie ◊ *the irony of it* das Ironische daran

ir·radi·ate /ɪˈreɪdieɪt/ *Verb* **1** (*Fachspr*) bestrahlen **2** (*gehoben*) erhellen

ir·radi·ation /ɪˌreɪdiˈeɪʃn/ *Nomen* (Be)strahlung

ir·ra·tion·al /ɪˈræʃənl/ *Adj* (*Adv* **ir·ra·tion·al·ly** /-ʃnəli/) irrational, unvernünftig ◊ *irrationally optimistic* grundlos optimistisch

ir·ra·tion·al·ity /ɪˌræʃəˈnæləti/ *Nomen* Irrationalität, Unsinnigkeit

ir·re·con·cil·able /ɪˈrekənsaɪləbl, ɪˌrekənˈsaɪləbl/ *Adj* **1** unversöhnlich **2** unvereinbar

ir·re·cov·er·able /ˌɪrɪˈkʌvərəbl/ *Adj* (*gehoben*) unwiederbringlich verloren ◊ *irrecoverable costs* nicht beitreibbare Kosten ◊ *irrecoverable loss of sight* der irreversible Verlust des Sehvermögens

ir·re·deem·able /ˌɪrɪˈdiːməbl/ *Adj* (*gehoben*) **1** unverbesserlich, nicht wieder gutzumachend, hoffnungslos ◊ *irredeemable sinners* Sünder, die nicht zu retten sind **2** nicht einlösbar

ir·re·deem·ably /ˌɪrɪˈdiːməbli/ *Adv* rettungslos ◊ *irredeemably spoilt* völlig verdorben

ir·re·fut·able /ˌɪrɪˈfjuːtəbl, ɪˈrefjətəbl/ *Adj* (*Adv* **ir·re·fut·ably** /-əbli/) (*gehoben*) unwiderlegbar ◊ *prove sth irrefutably* etw eindeutig beweisen

ir·regu·lar[1] /ɪˈregjələ(r)/ *Adj* (*Adv* **ir·regu·lar·ly**) **1** ungleichmäßig, uneben **2** unregelmäßig **3** regelwidrig, ungehörig ◊ *an irregular marriage* eine ungültige Ehe **4** (MIL) irregulär

ir·regu·lar[2] /ɪˈregjələ(r)/ *Nomen* (MIL) Irreguläre(r)

ir·regu·lar·ity /ɪˌregjəˈlærəti/ *Nomen* (*Pl* -**ies**) **1** Regelwidrigkeit, Ungehörigkeit ◊ *irregularities in the election campaign* Unkorrektheiten in der Wahlkampagne **2** Unregelmäßigkeit **3** Ungleichmäßigkeit, Unebenheit

ir·rele·vance /ɪˈreləvəns/ (*selten* **ir·rele·vancy** /-ənsi/ (*Pl* -**ies**)) *Nomen* Irrelevanz, Bedeutungslosigkeit ◊ *His idea was rejected as an irrelevance.* Sein Vorschlag wurde als irrelevant zurückgewiesen.

ir·rele·vant /ɪˈreləvənt/ *Adj* ~ (**to sth/sb**) irrelevant (für etw/jdn) ◊ *Many people consider politics as irrelevant to their lives.* Viele Leute meinen, dass die Politik in ihrem Leben keine Rolle spielt.

ir·rele·vant·ly /ɪˈreləvəntli/ *Adv* ohne jede Relevanz

ir·rep·ar·able /ɪˈrepərəbl/ *Adj* (*Adv* **ir·rep·ar·ably** /-əbli/) irreparabel ◊ *an irreparable loss* ein unersetzlicher Verlust ◊ *irreparably damaged* nicht mehr zu reparieren ◊ *The houses had been irreparably damaged.* Die Häuser hatten unwiederbringlich Schaden genommen.

ir·re·place·able /ˌɪrɪˈpleɪsəbl/ *Adj* unersetzlich

ir·re·press·ible /ˌɪrɪˈpresəbl/ *Adj* **1** unbezähmbar ◊ *an irrepressible tremor* ein unkontrollierbares Zittern **2** (*Adv* **ir·re·press·ibly** /-əbli/) unerschütterlich

ir·re·proach·able /ˌɪrɪˈprəʊtʃəbl; *AmE* -ˈproʊ-/ *Adj* untadelig

ir·re·sist·ible /ˌɪrɪˈzɪstəbl/ *Adj* (*Adv* **ir·re·sist·ibly** /-əbli/) unwiderstehlich ◊ *His arguments were irresistible.* Seine Argumente waren bestechend.

ir·re·spect·ive /ˌɪrɪˈspektɪv/ *Adj* (*gehoben*) ~ **of sth** ungeachtet einer Sache ◊ *irrespective of whether* … egal, ob …

ir·re·spon·si·bil·ity /ˌɪrɪˌspɒnsəˈbɪləti; *AmE* -ˌspɑːnsə-/ *Nomen* Verantwortungslosigkeit

ir·re·spon·sible /ˌɪrɪˈspɒnsəbl; *AmE* -ˈspɑːn-/ *Adj* (*Adv* **ir·re·spon·sibly** /-əbli/) (*abwert*) verantwortungslos, unverantwortlich

ir·re·triev·able /ˌɪrɪˈtriːvəbl/ *Adj* (*Adv* **ir·re·triev·ably** /-əbli/) (*gehoben*) unwiederbringlich (verloren) ◊ *an irretrievable situation* eine ausweglose Situation ◊ *irretrievable decline* unaufhaltsamer Niedergang

ir·rev·er·ence /ɪˈrevərəns/ *Nomen* Respektlosigkeit, Pietätlosigkeit

ir·rev·er·ent /ɪˈrevərənt/ *Adj* (*Adv* **ir·rev·er·ent·ly**) respektlos, pietätlos

ir·re·vers·ible /ˌɪrɪˈvɜːsəbl; *AmE* -ˈvɜːrs-/ *Adj* (*Adv* **ir·re·vers·ibly** /-əbli/) unwiderruflich, nicht rückgängig zu machend ◊ *an irreversible decline* ein unaufhaltsamer Verfall ◊ *irreversible brain damage* irreparabler Gehirnschaden

ir·rev·oc·able /ɪˈrevəkəbl/ *Adj* (*Adv* **ir·rev·oc·ably** /-əbli/) (*gehoben*) unwiderruflich

ir·ri·gate /ˈɪrɪgeɪt/ *Verb* **1** bewässern **2** (MED) spülen

ir·ri·ga·tion /ˌɪrɪˈgeɪʃn/ *Nomen* **1** Bewässerung **2** (MED) Spülung

ir·rit·abil·ity /ˌɪrɪtəˈbɪləti/ *Nomen* Gereiztheit, Reizbarkeit

ir·rit·able /ˈɪrɪtəbl/ *Adj* (*Adv* **ir·rit·ably** /-əbli/) gereizt, reizbar

irritable bowel syndrome *Nomen* Reizdarmsyndrom

ir·ri·tant[1] /ˈɪrɪtənt/ *Nomen* **1** (*Fachspr*) Reizstoff **2** (*gehoben*) Ärgernis

ir·ri·tant[2] /ˈɪrɪtənt/ *Adj* Reiz- ◊ *irritant substances* Reizstoffe ◊ *These organisms are irritant to the skin.* Diese Organismen verursachen Hautreizungen.

ir·ri·tate /ˈɪrɪteɪt/ *Verb* **1** ärgern ◊ *Her voice really irritates me.* Ihre Stimme geht mir wirklich auf die Nerven. **2** (*Haut, Magen etc.*) reizen

ir·ri·tated /ˈɪrɪteɪtɪd/ *Adj* gereizt ◊ *I was getting irritated with him.* Ich wurde immer ungehaltener über ihn. ◊ *I was irritated by the noise.* Der Lärm ging mir auf die Nerven.

ir·ri·tat·ing /ˈɪrɪteɪtɪŋ/ *Adj* **1** ärgerlich ◊ *I found her extremely irritating.* Sie ging mir furchtbar auf die Nerven. **2** lästig

ir·ri·tat·ing·ly /ˈɪrɪteɪtɪŋli/ *Adv* **1** ärgerlicherweise **2** unangenehm ◊ *She was irritatingly cheerful.* Ihre Fröhlichkeit ging mir auf die Nerven.

ir·ri·ta·tion /ˌɪrɪˈteɪʃn/ *Nomen* **1** Verärgerung ◊ *to her irritation* zu ihrem Ärger ◊ *a source of irritation* ein Stein des Anstoßes **2** (MED) Reizung

ir·rup·tion /ɪˈrʌpʃn/ *Nomen* (*gehoben*) Eindringen

IRS /ˌaɪ ɑːr ˈes/ *Kurzform von* **Internal Revenue Service** (*in den USA*) ≈ Finanzamt

Is. *Abk* = ISLAND

is /ɪz/ *Form von* BE

ISBN /ˌaɪ es biː ˈen/ *Kurzform von* **International Standard Book Number** ISBN-Nummer

ish /ɪʃ/ *Adv* (*umgs*) mehr oder weniger

Islam /ˈɪzlɑːm, ɪzˈlɑːm/ *Nomen* **1** Islam **2** die islamische Welt

Is·lam·ic /ɪzˈlæmɪk, -ˈlɑːm-/ *Adj* islamisch

is·land /ˈaɪlənd/ *Nomen* **1** (*Abk* **I, I., Is.**) Insel (*auch fig*) **2** (*BrE*) = TRAFFIC ISLAND

is·land·er /ˈaɪləndə(r)/ *Nomen* Inselbewohner(in)

isle /aɪl/ *Nomen* (*gehoben*) (*Abk* **I, I., Is.**) (*besonders in dichterischer Sprache und in Eigennamen für „island" verwendet*) Insel, Eiland ◊ *the Isle of Skye* die Insel Skye

islet /ˈaɪlət/ *Nomen* (*selten*) kleine Insel

ism /ˈɪzəm/ *Nomen* (*meist abwertende Bezeichnung für eine Theorie, eine Lehrmeinung oder ein System*) Ismus

isn't /ˈɪznt/ = IS NOT

iso·bar /ˈaɪsəbɑː(r)/ *Nomen* (*Fachspr*) Isobare

isol·ate /ˈaɪsəleɪt/ *Verb* **1** isolieren, absondern **2** ~ **sth** (**from sth**) etw (von etw) isoliert betrachten ◊ *This study isolates key aspects of the problem.* Diese Studie stellt Schlüsselaspekte des Problems heraus. ◊ *It is possible to isolate a number of factors.* Es lassen sich einige Faktoren herauskristallisieren.

isol·ated /ˈaɪsəleɪtɪd/ *Adj* **1** abgelegen **2** isoliert, abgesondert **3** einzeln ◊ *an isolated incident* ein Einzelfall

isol·ation /ˌaɪsəˈleɪʃn/ *Nomen* **1** Absonderung, Isolierung ◊ *an isolation hospital/ward* ein Infektionskrankenhaus/eine Isolierstation **2** Isolation ◊ *geographical isolation* Abgelegenheit ◊ *He lives in splendid isolation.* Er lebt in völliger Abgeschiedenheit. IDM **in isolation** (**from sb/sth**) isoliert (von jdm/etw) ◊ *look at sth in isolation* etw isoliert betrachten

isol·ation·ism /ˌaɪsəˈleɪʃənɪzəm/ *Nomen* Isolationismus

isol·ation·ist /ˌaɪsəˈleɪʃənɪst/ **1** *Adj* isolationistisch **2** *Nomen* Isolationist(in)

iso·met·ric /ˌaɪsəˈmetrɪk/ *Adj* (*Fachspr*) isometrisch

isos·celes /aɪˈsɒsəliːz; *AmE* -ˈsɑːs-/ *Adj* (*Dreieck*) gleichschenkelig

iso·therm /ˈaɪsəθɜːm; *AmE* -θɜːrm/ *Nomen* (*Fachspr*) Isotherme

iso·tope /ˈaɪsətəʊp; *AmE* -toʊp/ *Nomen* (*Fachspr*) Isotop

ISP /ˌaɪ es ˈpiː/ *Kurzform von* **Internet Service Provider** ISP, Internetanbieter

issue[1] /ˈɪʃuː; *BrE auch* ˈɪsjuː/ *Nomen* **1** (Streit)frage, Thema ◊ *You're just avoiding the issue.* Du willst nur vom Thema ablenken. ◊ *Money is not an issue.* Geld ist kein Problem. ◊ *I don't think my private life is the issue here.* Mein

Privatleben steht hier nicht zur Debatte. ◇ *make an issue of sth* etw zu einem Problem aufbauschen ◇ *the main issue* das Wichtigste

> ✍ **WRITING TIP**
> **Issue, topic, question**
> *This is a controversial issue.* Dies ist ein umstrittenes Thema.
> *Many books have been written about this topic/subject.* Zu diesem Thema sind viele Bücher geschrieben worden.
> *This is a question which needs to be addressed.* Dies ist eine Frage, mit der wir uns auseinander setzen müssen.

2 Nummer, Ausgabe **3** (Her)ausgabe, Auflage ◇ *a new share issue* die Emission von neuen Aktien **4** Ausgabe ◇ *on the date of issue* am Ausgabetag ◇ *the issue of a joint statement* eine gemeinsame Stellungnahme **5** (RECHT) Nachkommen ◇ *He died without issue.* Er starb kinderlos. **IDM** **at 'issue** ◇ *That's not what's at issue.* Darum geht es nicht. ◇ *What is at issue is whether she was responsible.* Die Frage ist, ob sie verantwortlich war. **take 'issue with sb (about/on/over sth)** (gehoben) jdm (in Bezug auf etw) widersprechen ☛ *Siehe auch* FORCE²
issue² /'ɪʃuː; *BrE auch* 'ɪsjuː/ *Verb* **1** (offiziell) bekannt geben ◇ *They issued a joint statement denying the charges.* Sie wiesen die Beschuldigungen in einer gemeinsamen Stellungnahme zurück. ◇ *The police have issued an appeal for witnesses.* Die Polizei hat potentielle Zeugen aufgefordert sich zu melden. **2 ~ sth (to sb)** (jdm) etw ausstellen; **~ sb with sth** etw an jdn ausgeben ◇ *New members will be issued with a temporary identity card.* Neue Mitglieder bekommen einen provisorischen Ausweis. **3** (RECHT) erlassen **4** (her)ausgeben **PHRV** **'issue from sth** (gehoben) aus etw herausdringen
isth·mus /'ɪsməs/ *Nomen* Landenge
IT /ˌaɪ 'tiː/ *Kurzform von* **information technology** IT, Informationstechnologie
it /ɪt/ *Pron* **1** (*bezieht sich auf einen Gegenstand oder ein Tier*) er (ihn, ihm), sie (ihr), es (ihm) ☛ G 3 **2** (*unbestimmt*) es, das ◇ *Yes, I was at home. What about it?* Ja, ich war zu Hause. Wieso? ◇ *Stop it!* Hör auf damit! ◇ *It's your mother on the phone.* Deine Mutter ist am Telefon. ◇ *Was it you who put this here?* Hast du das hier hingelegt? **3** (*zur Verstärkung eines Satzteils verwendet; im Deutschen meist unübersetzt*) ◇ *It's Jim who's the clever one.* Jim ist der intelligente. **4** das gewisse Etwas **IDM** **that is 'it; that's 'it 1** ja, genau so ◇ *Up a bit … that's it!* Etwas höher … ja, genau so! **2** jetzt reicht's ◇ *That's it – I can't work in this noise!* Mir reicht's – ich kann bei dem Lärm nicht arbeiten! **3** das war's ◇ *I'm afraid that's it – we've lost.* Ich fürchte, das war's – wir haben verloren. **this is 'it 1** es ist soweit ◇ *Well, this is it! Wish me luck.* Also, es ist soweit! Drück mir die Daumen. **2** das ist es eben
ital·ic /ɪ'tælɪk/ *Adj* kursiv
itali·cize (*BrE auch* **-ise**) /ɪ'tælɪsaɪz/ *Verb* kursiv schreiben/drucken
ital·ics /ɪ'tælɪks/ *Nomen* [Pl] (*auch* **ital·ic** [Sing]) Kursivschrift

ITC /ˌaɪ tiː 'siː/ *Kurzform von* **Independent Television Commission** = unabhängige Fernsehkommission Großbritanniens, die für Privatsender zuständig ist
itch¹ /ɪtʃ/ *Verb* **1** jucken ◇ *I itch all over.* Mich juckt es überall. **2** (*oft in der Verlaufsform*) (*umgs*) **~ for sth** auf etw brennen; **~ to do sth** darauf brennen etw zu tun ◇ *The crowd was itching for a fight.* Die Menge war auf eine Schlägerei aus.
itch² /ɪtʃ/ *Nomen* **1** [meist Sing] Jucken, Juckreiz **2** [Sing] **an/the ~ (to do sth)** (*umgs*) einen/den Drang (etw zu tun) ◇ *She has an itch to travel.* Sie ist reiselustig. **IDM** ⇨ SEVEN
itchi·ness /'ɪtʃinəs/ *Nomen* Juckreiz
itchy /'ɪtʃi/ *Adj* juckend ◇ *I feel itchy all over.* Mich juckt es am ganzen Körper. ◇ *I have an itchy nose.* Meine Nase juckt. **IDM** **(get/have) itchy 'feet 1** (*umgs*) Lust auf Veränderung (bekommen/haben) **2** Fernweh (bekommen/haben)
it'd /'ɪtəd/ **1** = IT HAD **2** = IT WOULD
item /'aɪtəm/ *Nomen* **1** Punkt (*auf einer Liste etc.*) **2** Artikel, Gegenstand, Posten ◇ *a collector's item* ein Liebhaberstück **3** (*in den Medien*) Nachricht, Bericht ◇ *an item of news/a news item* eine Nachrichtenmeldung **IDM** **be an item** (*umgs*) ein Paar sein
item·ize (*BrE auch* **-ise**) /'aɪtəmaɪz/ *Verb* einzeln aufführen ◇ *an itemized phone bill* eine Telefonrechnung mit Einzelnachweis
it·in·er·ant¹ /aɪ'tɪnərənt/ *Adj* Wander-, fahrend
it·in·er·ant² /aɪ'tɪnərənt/ *Nomen* Landfahrer(in) ◇ *homeless itinerants* Landstreicher
it·in·er·ary /aɪ'tɪnərəri; *AmE* aɪ'tɪnəreri/ *Nomen* (*Pl* **-ies**) Reiseroute
it'll /'ɪtl/ = IT WILL
its /ɪts/ *Adj* sein, ihr ☛ G 5.1
it's /ɪts/ **1** = IT IS **2** = IT HAS
it·self /ɪt'self/ *Pron* **1** sich ☛ G 4 **2** selbst, selber **IDM** **be ˌhonesty, ˌpatience, simˈplicity, etc. itˈself** die Ehrlichkeit, Geduld, Einfachheit etc. selbst sein (**all**) **by itˈself 1** (ganz) von selbst ◇ *The machine will start by itself in a few seconds.* Die Maschine wird in ein paar Sekunden von selbst angehen. **2** (für sich) allein **in itˈself** an sich (betrachtet) **to itˈself** für sich allein
itty-bitty /ˌɪti 'bɪti/ (*auch* **itsy-bitsy** /ˌɪtsi 'bɪtsi/) *Adj* nur vor Nomen (*bes AmE, umgs*) klitzeklein
ITV /ˌaɪ tiː 'viː/ *Kurzform von* **Independent Television** = Zusammenschluss britischer Privatsender
IUD /ˌaɪ juː 'diː/ *Kurzform von* **intrauterine device** Intrauterinpessar
IV¹ /ˌaɪ 'viː/ *Nomen* (*AmE*) (MED) Tropf
IV² /ˌaɪ 'viː/ *Abk* = INTRAVENOUS, INTRAVENOUSLY
I've /aɪv/ = I HAVE
IVF /ˌaɪ viː 'ef/ *Kurzform von* **in vitro fertilization** IVF, In-vitro-Fertilisation
ivory /'aɪvəri/ *Nomen* (*Pl* **-ies**) **1** Elfenbein **2** Elfenbeinschnitzerei
ˌivory ˈtower *Nomen* (*abwert*) Elfenbeinturm
ivy /'aɪvi/ *Nomen* (*Pl* **-ies**) Efeu
the ˌIvy ˈLeague *Nomen* [Sing] = Gruppe von Eliteuniversitäten im Osten der USA

Jj

J, j /dʒeɪ/ *Nomen* (*Pl* **J's, j's**) (*Buchstabe*) J, j, Jot ☛ *Beispiele bei* A, A

jab¹ /dʒæb/ *Verb* (**-bb-**) stechen ◊ *He jabbed at the picture with his finger.* Er stieß mit dem Finger auf das Bild. ◊ *She jabbed her finger in his ribs./She jabbed him in the ribs with her finger.* Sie stieß ihm den Finger in die Rippen. ◊ *The boxer jabbed at his opponent.* Der Boxer versetzte seinem Gegner einen Jab.

jab² /dʒæb/ *Nomen* **1** Stoß, Stich **2** (*beim Boxen*) Jab **3** (*BrE, umgs*) Impfung

jab·ber¹ /dʒæbə(r)/ *Verb* (*abwert*) schnattern, plappern

jab·ber² /dʒæbə(r)/ *Nomen* (*abwert*) Geplapper, Geschnatter

jack¹ /dʒæk/ *Nomen* **1** Wagenheber, Winde **2** (ELEK) Buchse, Steckdose **3** (*beim Kartenspiel*) Bube ☛ *Hinweis bei* PIK **4** (*bei Boule-Spielen*) Zielkugel **5 jacks** [Pl] ≈ Kinderspiel, bei dem man einen Ball in die Luft wirft oder auftippen lässt und kleine Metallgegenstände vom Boden aufhebt, bevor man ihn wieder fängt ☛ *Siehe auch* UNION JACK **IDM a jack of 'all trades** ein Mann für alles

jack² /dʒæk/ *Verb* **PHRV jack sth 'in** (*BrE, umgs*) etw hinschmeißen **jack 'off** (*vulg, Slang*) sich einen runterholen **jack sth 'up 1** (*Fahrzeug etc.*) aufbocken **2** (*umgs*) (*Preise etc.*) in die Höhe treiben

jackal /ˈdʒækl, -kɔːl/ *Nomen* Schakal

jack·ass /ˈdʒækæs/ *Nomen* (*bes AmE, umgs*) Esel (*auch fig*)

jack·boot /ˈdʒækbuːt/ *Nomen* **1** Schaftstiefel **2 the jackboot** (*fig*) die eiserne Rute

'Jack cheese *Nomen* (*AmE*) = milde, weiße Käsesorte

jack·daw /ˈdʒækdɔː/ *Nomen* Dohle

jacket /ˈdʒækɪt/ *Nomen* **1** Jacke, Jackett **2** (*Isolierung*) Mantel **3** (*BrE*) ◊ *jacket potatoes/potatoes baked in their jackets* in der Schale gebackene Kartoffeln **4** (*bes AmE*) (*Platten-*) Hülle

Jack 'Frost *Nomen* (*hum*) Väterchen Frost

jack·ham·mer /ˈdʒækhæmə(r)/ *Nomen* (*AmE*) Presslufthammer

'jack-in-the-box *Nomen* (*Kinderspielzeug*) Kastenteufel

jack·knife¹ /ˈdʒæknaɪf/ *Nomen* (*Pl* **-knives** /-naɪvz/) Klappmesser

jack·knife² /ˈdʒæknaɪf/ *Verb* wie ein Taschenmesser zusammenklappen ◊ *The tanker jackknifed on the motorway.* Der Tanklastwagen stellte sich auf der Autobahn quer.

jack·pot /ˈdʒækpɒt; *AmE* -pɑːt/ *Nomen* Hauptgewinn ◊ (*fig*) *United hit the jackpot with a 5-0 win.* United hatten einen Bombenerfolg mit einem 5:0 Sieg.

jack·rab·bit /ˈdʒækræbɪt/ *Nomen* Eselhase

Jack Robinson /ˌdʒæk ˈrɒbɪnsn; *AmE* ˈrɑːb-/ *Nomen* **IDM before you can say Jack 'Robinson** (*veraltet*) im Handumdrehen

Jack Russell /ˌdʒæk ˈrʌsl/ (*auch* ˌJack ˌRussell 'terrier) *Nomen* Jack Russell Terrier

Jaco·bean /ˌdʒækəˈbiːən/ *Adj* = aus der Zeit des Königs James I. (1603–25)

Ja·cuzzi™ /dʒəˈkuːzi/ *Nomen* Whirlpool

jade /dʒeɪd/ *Nomen* [U] **1** Jade **2** Jadearbeiten **3** (*auch* ˌjade 'green) Jadegrün

jaded /ˈdʒeɪdɪd/ *Adj* **1** abgespannt **2** abgestumpft

jagged /ˈdʒægɪd/ *Adj* zackig ◊ *jagged rocks* zerklüftete Felsen ◊ *jagged peaks* schroffe Gipfel ◊ *jagged edges* schartige Kanten

jag·uar /ˈdʒægjuə(r)/ *Nomen* Jaguar

jail¹ (*BrE auch* **gaol**) /dʒeɪl/ *Nomen* Gefängnis

jail² (*BrE auch* **gaol**) /dʒeɪl/ *Verb* (*ins Gefängnis*) einsperren

jail·bird /ˈdʒeɪlbɜːd; *AmE* -bɜːrd/ *Nomen* (*umgs, veraltet*) Knastbruder, Knastschwester

jail·break /ˈdʒeɪlbreɪk/ *Nomen* (*bes AmE*) Gefängnisausbruch

jail·er (*BrE auch* **gaol·er**) /ˈdʒeɪlə(r)/ *Nomen* (*veraltet*) Gefängnisaufseher(in)

jail·house /ˈdʒeɪlhaʊs/ *Nomen* (*AmE*) Gefängnis

jala·peño /ˌhæləˈpeɪnjəʊ; *AmE* ˌhɑːləˈpeɪnjoʊ/ (*auch* ˌjalaˌpeño 'pepper) *Nomen* Jalapeño(-Chili)

jam¹ /dʒæm/ *Nomen* **1** Marmelade **2** Stau, Gedränge **IDM be in a 'jam** (*umgs*) in der Klemme sitzen **jam to'morrow** (*BrE, umgs*) das Blaue vom Himmel ◊ *a promise of jam tomorrow* eine Vertröstung auf die Zukunft ☛ *Siehe auch* MONEY

jam² /dʒæm/ *Verb* **-mm- 1** stopfen, (fest) drücken ◊ *The cupboards were jammed full of old newspapers.* Die Schränke waren mit alten Zeitungen vollgestopft. ◊ *A chair had been jammed against the door.* Die Tür war mit einem Stuhl blockiert worden. **2** ~ (**up**) klemmen **3** ~ **sth** (**up**) etw verklemmen, etw blockieren ◊ *There's a loose part that keeps jamming the mechanism.* Ein lockeres Teil blockiert den Mechanismus dauernd. ◊ *He jammed the door open with a piece of wood.* Er stellte die Tür mit einem Holzkeil fest. **4** (hinein)zwängen ◊ *We were jammed together like sardines in a can.* Wir waren wie die Ölsardinen zusammengedrängt. **5** verstopfen ◊ *Viewers jammed the lines with complaints.* Sämtliche Leitungen waren durch Beschwerdeanrufe von Zuschauern blockiert. **6** (*Radiosender etc.*) stören **7** (MUS) improvisieren **IDM jam on the brake(s); jam the brake(s) on** voll auf die Bremse steigen

jamb /dʒæm/ *Nomen* (*Tür-, Fenster-*) Pfosten

jam·bo·ree /ˌdʒæmbəˈriː/ *Nomen* **1** Fest, Rummel **2** Pfadfindertreffen

jammed /dʒæmd/ *Adj* **1** verklemmt ◊ *The door's jammed.* Die Tür klemmt. **SYN** STUCK **2** (*bes AmE*) voll gestopft **SYN** JAM-PACKED

jammy /ˈdʒæmi/ *Adj* (*umgs*) **1** (*mit Marmelade*) klebrig ◊ *He had jammy fingers.* Seine Finger klebten vor Marmelade. **2** (*BrE, Slang*) vom Glück verfolgt ◊ *'What did you get for Maths?' 'A.' 'You jammy bastard.'* „Was hast du in Mathe bekommen?" „Eine Eins." „Du verdammter Glückspilz." ◊ *They were jammy to win.* Sie hatten unverschämtes Glück zu gewinnen.

jam-'packed *Adj* (*umgs*) brechend voll

'jam session *Nomen* (*Jazz-*) Jamsession

Jane Doe /ˌdʒeɪn ˈdəʊ; *AmE* ˈdoʊ/ *Nomen* [Sing] (*AmE*) **1** = fiktiver Name, besonders vor Gericht, um die Identität einer Frau zu schützen **2** Durchschnittsfrau

jan·gle¹ /ˈdʒæŋgl/ *Verb* **1** scheppern, klimpern **2** (*Nerven*) blank liegen **3** (*Nerven*) blank legen

jan·gle² /ˈdʒæŋgl/ *Nomen* Scheppern, Klimpern

jani·tor /ˈdʒænɪtə(r)/ *Nomen* (*AmE, SchotE*) Hausmeister(in)

Janu·ary /ˈdʒænjuəri; *AmE* -jueri/ *Nomen* (*Abk* **Jan.**) Januar ☛ *Beispiele bei* JANUAR

Jap /dʒæp/ *Nomen* (*Slang, beleidigend*) Japs

jape /dʒeɪp/ *Nomen* (*BrE, veraltet*) Streich

jar¹ /dʒɑː(r)/ *Nomen* **1** (Einmach)glas ◊ *a storage jar* ein Vorratsglas **2** (*veraltet*) Krug **3** (*BrE, umgs*) Bierchen

jar² /dʒɑː(r)/ *Verb* (**-rr-**) **1** stoßen, stauchen ◊ *The jolt seemed to jar every bone in her body.* Der Stoß rüttelte sie bis auf die Knochen durch. **2** ~ (**on sth**) (für etw) eine Beleidigung sein ◊ *His constant moaning was beginning to jar on her nerves.* Sein dauerndes Gejammer begann ihr auf die Nerven zu gehen. ◊ *There was a jarring note in his voice.* Seine Stimme hatte einen unangenehmen Unterton. **3** ~ (**with sth**) (mit etw) nicht harmonieren ◊ *The only jarring* *note was the cheap furniture.* Der einzige Misston waren die billigen Möbel. SYN CLASH

jar·gon /ˈdʒɑːɡən; *AmE* ˈdʒɑːrɡən/ *Nomen (oft abwert)* Fachsprache, Fachchinesisch

jas·mine /ˈdʒæzmɪn/ *Nomen* Jasmin

jaun·dice /ˈdʒɔːndɪs/ *Nomen* Gelbsucht

jaun·diced /ˈdʒɔːndɪst/ *Adj* **1** verbittert, zynisch **2** gelbsüchtig ◊ *a jaundiced patient* ein Patient mit Gelbsucht

jaunt /dʒɔːnt/ *Nomen (veraltet oder hum)* Spritztour, Ausflug

jaunti·ness /ˈdʒɔːntɪnəs/ *Nomen* Unbeschwertheit, Fröhlichkeit

jaunty /ˈdʒɔːnti/ *Adj (Adv* **jaunt·ily** /-ɪli/) **1** unbeschwert, fröhlich ◊ *a hat set at a jaunty angle* ein keck aufgesetzter Hut **2** beschwingt

jav·elin /ˈdʒævlɪn/ *Nomen* **1** (SPORT) Speer **2 the javelin** [Sing] das Speerwerfen

jaw[1] /dʒɔː/ *Nomen* **1** Kiefer **2** [Sing] Kinnbacken ◊ *The punch broke my jaw.* Der Schlag brach mir den Unterkiefer. **3 jaws** [Pl] Maul **4 jaws** [Pl] Klemmbacken **5** (*einer Höhle, eines Tunnels*) Schlund IDM **sb's ˈjaw dropped/ fell/sagged** jdm klappte die Kinnlade herunter **the jaws of ˈdeath** (*gehoben*) die Klauen des Todes **the jaws of deˈfeat** ◊ *The team snatched victory from the jaws of defeat.* Kurz vor der drohenden Niederlage errang die Mannschaft doch noch den Sieg.

jaw[2] /dʒɔː/ *Verb (umgs, oft abwert)* quasseln

jaw·bone /ˈdʒɔːbəʊn; *AmE* -boʊn/ *Nomen* Kieferknochen SYN MANDIBLE

jaw·line /ˈdʒɔːlaɪn/ *Nomen* Kinn(partie)

jay /dʒeɪ/ *Nomen* Eichelhäher

jay·walk·ing /ˈdʒeɪwɔːkɪŋ/ *Nomen* = unvorschriftsmäßiges Überqueren der Fahrbahn

jazz[1] /dʒæz/ *Nomen* Jazz IDM **and all that ˈjazz** (*umgs*) und der ganze Kram

jazz[2] /dʒæz/ *Verb* PHRV **jazz sth ˈup** (*umgs*) **1** etw aufpeppen **2** verjazzen

jazzy /ˈdʒæzi/ *Adj* (*umgs*) **1** Jazz- **2** (*manchmal abwert*) auffallend, poppig

JCB™ /ˌdʒeɪ siːˈbiː/ *Nomen* (*BrE*) Bagger

jeal·ous /ˈdʒeləs/ *Adj* **1** eifersüchtig **2** ~ **(of sb/sth)** neidisch (auf jdn/etw) SYN ENVIOUS **3** ~ **of sth** sehr auf etw bedacht

jeal·ous·ly /ˈdʒeləsli/ *Adv* **1** energisch, sorgsam **2** eifersüchtig

jeal·ousy /ˈdʒeləsi/ *Nomen (Pl* **-ies**) **1** Eifersucht **2** Eifersüchtelei

jeans /dʒiːnz/ *Nomen* [Pl] Jeans

jeer[1] /dʒɪə(r); *AmE* dʒɪr/ *Verb* ~ **(at sb)** (über jdn) laut spotten ◊ *a jeering crowd* eine johlende Menge ◊ *The players were jeered by disappointed fans.* Die Spieler wurden von den enttäuschten Fans ausgebuht.

jeer[2] /dʒɪə(r); *AmE* dʒɪr/ *Nomen* [meist Pl] höhnischer Zwischenruf, Buhruf

jeez /dʒiːz/ *Ausruf* (*bes AmE, umgs*) Mann!

Je·ho·vah /dʒɪˈhəʊvə; *AmE* -ˈhoʊ-/ *Nomen* Jehovah, Jahwe

Jeˌhovah's ˈWitness *Nomen* Zeuge Jehovas

Jek·yll and Hyde /ˌdʒekl ən ˈhaɪd/ *Nomen* Jekyll und Hyde ◊ *a Jekyll-and-Hyde character* eine gespaltene Persönlichkeit

jell (*bes AmE*) = GEL[2]

jel·lied /ˈdʒelid/ *Adj* (*bes BrE*) in Aspik

jelly /ˈdʒeli/ (*Pl* **-ies**) *Nomen* **1** (*AmE* **jello, Jell-O**™ /ˈdʒeləʊ/) Götterspeise **2** Aspik, Sülze SYN ASPIC **3** Gelee **4** Gallert, gallertartige Masse ◊ *petroleum jelly* Vaseline **5** JELLY SHOE IDM **be/feel like ˈjelly** ◊ *My legs were/felt like jelly.* Ich hatte Pudding in den Beinen. ◊ *Her whole body felt like jelly.* Innerlich zitterte sie wie Espenlaub. **turn to ˈjelly** ◊ *My arms had turned to jelly.* Ich hatte Pudding in den Armen.

ˈjelly baby *Nomen* (*BrE*) = gummibärchenartige Süßigkeit in der Form eines Babys

ˈjelly bean *Nomen* Geleebonbon

jel·ly·fish /ˈdʒelifɪʃ/ *Nomen* (*Pl* **jel·ly·fish**) Qualle

ˈjelly roll *Nomen* (*AmE*) Biskuitrolle

ˈjelly shoe *Nomen* (*auch* **jelly** (*Pl* **-ies**)) Plastiksandale

jemmy /ˈdʒemi/ *Nomen* (*Pl* **-ies**) (*BrE*) Brecheisen

je ne sais quoi /ˌʒə nə seɪ ˈkwɑː/ *Nomen (oft hum)* gewisses Etwas

jeop·ard·ize (*BrE auch* **-ise**) /ˈdʒepədaɪz; *AmE* -pərd-/ *Verb* (*gehoben*) gefährden

jeop·ardy /ˈdʒepədi; *AmE* -pərdi/ *Nomen* IDM **in ˈjeopardy** in Gefahr ☛ *Siehe auch* DOUBLE JEOPARDY

jerk[1] /dʒɜːk; *AmE* dʒɜːrk/ *Verb* rucken ◊ *The bus jerked to a halt.* Der Bus kam mit einem Ruck zum Stehen. ◊ *She jerked her head up.* Sie warf den Kopf zurück. PHRV **jerk sb aˈround** (*bes AmE, umgs*) jdn an der Nase herumführen **jerk ˈoff** (*Slang, vulg*) sich einen runterholen **jerk ˈout 1** nach vorne schnellen **2** (*Worte*) herauskommen **jerk sth ˈout** etw hervorstoßen

jerk[2] /dʒɜːk; *AmE* dʒɜːrk/ *Nomen* **1** Ruck ◊ *He gave a jerk of his head, indicating that we should follow him.* Mit einer Kopfbewegung signalisierte er uns, dass wir ihm folgen sollten. **2** (*umgs*) Trottel

jer·kin /ˈdʒɜːkɪn; *AmE* ˈdʒɜːrkɪn/ *Nomen* (*BrE*) Wams

jerky[1] /ˈdʒɜːki; *AmE* ˈdʒɜːrki/ *Adj* (*Adv* **jerk·ily** /-ɪli/) ruckartig; (*Sprechweise*) abgehackt

jerky[2] /ˈdʒɜːki; *AmE* ˈdʒɜːrki/ *Nomen* (*AmE*) = in Streifen geschnittenes Dörr- oder Räucherfleisch

Jerry /ˈdʒeri/ *Nomen* (*Pl* **-ies**) (*BrE, Slang, beleidigend*) = abwertende Bezeichnung für einen Deutschen, besonders in den beiden Weltkriegen

ˈjerry-built *Adj* (*veraltet, abwert*) schlampig gebaut

jer·ry·can /ˈdʒerikæn/ *Nomen* (*veraltet*) (großer) Kanister

Jer·sey /ˈdʒɜːzi; *AmE* ˈdʒɜːrzi/ *Nomen* Jerseyrind

jer·sey /ˈdʒɜːzi; *AmE* ˈdʒɜːrzi/ *Nomen* **1** Pullover **2** Trikot **3** (*Stoff*) Jersey

Je·ru·sa·lem ar·ti·choke /dʒəˌruːsələm ˈɑːtɪtʃəʊk; *AmE* ˈɑːrtətʃoʊk/ (*BrE auch* **ar·ti·choke**) *Nomen* Erdartischocke, Topinambur

jest[1] /dʒest/ *Nomen (gehoben oder veraltet)* Scherz SYN JOKE IDM **in ˈjest** im Spaß

jest[2] /dʒest/ *Verb (gehoben oder hum)* ~ **(about sth)** (über etw) scherzen SYN JOKE

jest·er /ˈdʒestə(r)/ *Nomen* Narr ◊ *the court jester* der Hofnarr

Jes·uit /ˈdʒezjuɪt; *AmE* ˈdʒeʒəwət/ *Nomen* Jesuit

Jesus /ˈdʒiːzəs/ (*auch* **Jesus ˈChrist**) *Nomen* Jesus (Christus) ☛ *Als Ausrufe werden* **Jesus!** *oder* **Jesus Christ!** *von manchen als anstößig empfunden.*

jet[1] /dʒet/ *Nomen* **1** Düsenflugzeug ◊ *a jet aircraft/fighter* ein Düsenflugzeug/-jäger **2** Strahl, Düse **3** Gagat

jet[2] /dʒet/ *Verb* (**-tt-**) (*umgs*) jetten

ˌjet-ˈblack *Adj* pechschwarz, kohlrabenschwarz

ˈjet ˌengine *Nomen* Düsentriebwerk

ˈjet lag *Nomen* [U] Jetlag

ˈjet-lagged *Adj* vom Jetlag angegriffen

ˈjet-proˌpelled *Adj* mit Düsenantrieb

ˈjet proˈpulsion *Nomen* Düsenantrieb

jet·sam /ˈdʒetsəm/ *Nomen* Treibgut

the ˈjet set *Nomen* der Jetset ☛ G 1.3a

ˈjet-setter *Nomen* Jetsetter(in)

ˈjet-setting *Adj* zum Jetset gehörend

ˈJet Ski™ *Nomen* Jetski

ˈjet-skiing *Nomen* Jetskifahren

ˈjet stream *Nomen* **1** Jetstream **2** Düsenstrahl

jet·ti·son /ˈdʒetɪsn/ *Verb* **1** abwerfen, über Bord werfen **2** loswerden ◊ *He was jettisoned as team coach after the defeat.* Nach der Niederlage haben sie ihn als Trainer abserviert. SYN DISCARD

jetty /ˈdʒeti/ *Nomen* (*Pl* **-ies**) Mole, Landungssteg

Jew /dʒuː/ *Nomen* Jude, Jüdin

jewel /ˈdʒuːəl/ *Nomen* **1** Edelstein **2** [meist Pl] Juwel ◊ *the family jewels* der Familienschmuck **3** (*in einer Uhr*) Stein **4** (*umgs*) (*fig*) Juwel ◊ *Alice, you are a jewel.* Alice, du bist ein Goldstück. ◊ *Venice is the jewel of the Adriatic.* Venedig ist die Perle der Adria. IDM **the jewel in the ˈcrown** das Prunkstück

ˈjewel case *Nomen* **1** Schmuckkassette **2** CD-Hülle

jew·elled (*AmE* **jew·eled**) /'dʒu:əld/ *Adj* juwelengeschmückt

jew·el·ler (*AmE* **jew·el·er**) /'dʒu:ələ(r)/ *Nomen* Juwelier(in) ☛ *Hinweis bei* BAKER

jew·el·lery (*AmE* **jew·el·ry**) /'dʒu:əlri/ *Nomen* Schmuck

Jew·ess /'dʒu:əs/ *Nomen* (*veraltet, oft beleidigend*) Jüdin

Jew·ish /'dʒu:ɪʃ/ *Adj* jüdisch ◊ *We're Jewish.* Wir sind Juden.

Jewry /'dʒʊəri; *AmE* 'dʒʊri, 'dʒu:-/ *Nomen* [U] (*gehoben*) (*ethnische Gruppe*) Judentum

jib¹ /dʒɪb/ *Nomen* **1** Klüver **2** Ausleger (*eines Krans*)

jib² /dʒɪb/ *Verb* (**-bb-**) ~ (**at sth**) (*veraltet, umgs*) sich (gegen etw) sträuben

jibe¹ (*auch* **gibe**) /dʒaɪb/ *Nomen* **1** ~ (**at sb/sth**) spöttische Bemerkung (über jdn/etw) **2** (*AmE*) = GYBE

jibe² (*auch* **gibe**) /dʒaɪb/ *Verb* **1** spötteln, sticheln **2** ~ (**with sb**) (*AmE, umgs*) (mit etw) übereinstimmen ◊ *Your statement doesn't jibe with the facts.* Ihre Aussage stimmt nicht mit den Tatsachen überein.

jiffy /'dʒɪfi/ *Nomen* [*meist Sing*] (*umgs*) Augenblick

'Jiffy bag™ *Nomen* (*BrE*) wattierter Umschlag

jig¹ /dʒɪɡ/ *Nomen* **1** ≈ dynamischer Volkstanz **2** Einspannvorrichtung

jig² /dʒɪɡ/ *Verb* (**-gg-**) **1** auf und ab wippen, herumhampeln **2** ~ **sth** mit etw wippen

jiggery-pokery /ˌdʒɪɡəri 'pəʊkəri; *AmE* 'poʊk-/ *Nomen* (*bes BrE, umgs*) Schmu

jig·gle /'dʒɪɡl/ *Verb* (*umgs*) **1** wackeln, herumhampeln **2** ~ **sth** an etw wackeln, an etw rütteln

jig·saw /'dʒɪɡsɔ:/ *Nomen* (*BrE*) **1** (*BrE auch* **'jigsaw puzzle**) Puzzle **2** Dekupiersäge

jihad /dʒɪ'hɑ:d/ *Nomen* Dschihad

jilt /dʒɪlt/ *Verb* (*Geliebte(n), Verlobte(n)*) sitzen lassen ◊ *a jilted bride* eine verschmähte Braut

jimmy /'dʒɪmi/ *Nomen* (*AmE*) Brecheisen

jin·gle¹ /'dʒɪŋɡl/ *Nomen* **1** [*Sing*] Klimpern, Bimmeln **2** Werbemelodie, Jingle

jin·gle² /'dʒɪŋɡl/ *Verb* **1** klimpern, bimmeln ◊ *The chimes jingled in the breeze.* Die Brise ließ das Windspiel erklingen. **2** klimpern mit *etw* ◊ *She jingled the coins in her pocket.* Sie klimperte mit den Münzen in ihrer Tasche.

jin·go·ism /'dʒɪŋɡəʊɪzəm; *AmE* -ɡoʊ-/ *Nomen* (*abwert*) Hurrapatriotismus

jin·go·is·tic /ˌdʒɪŋɡəʊ'ɪstɪk; *AmE* -ɡoʊ-/ *Adj* hurrapatriotisch

jink /dʒɪŋk/ *Verb* (*BrE, umgs*) Haken schlagen

jinks *Nomen* ⇨ HIGH JINKS

jinx /dʒɪŋks/ *Nomen* Fluch ◊ *I'm convinced there's a jinx on this car.* Ich bin überzeugt, dass dieses Auto verhext ist.

jinxed /dʒɪŋkst/ *Adj* (*umgs*) verhext ◊ *They all seemed to be jinxed.* Sie schienen alle vom Pech verfolgt zu sein.

JIT /ˌdʒeɪ aɪ 'ti:/ *Abk* = JUST IN TIME

jit·ters /'dʒɪtəz; *AmE* -tərz/ (*oft* **the jitters**) *Nomen* [Pl] (*umgs*) Bammel ◊ *Louise had pre-wedding jitters.* Vor der Hochzeit war Louise ganz schön rappelig.

jit·tery /'dʒɪtəri/ *Adj* (*umgs*) rappelig, nervös

jiu-jitsu *Nomen* = JU-JITSU

jive¹ /dʒaɪv/ *Nomen* **1** Jive **2** (*AmE, Slang*) Unsinn ◊ *talk jive* Unsinn reden

jive² /dʒaɪv/ *Verb* **1** Jive tanzen **2** (*AmE, umgs*) auf den Arm nehmen [SYN] KID **3** (*AmE, umgs*) Spaß machen [SYN] KID

Jnr (*bes AmE*) *Abk* = JUNIOR¹ (3)

job /dʒɒb; *AmE* dʒɑ:b/ *Nomen* **1** Arbeit, Stelle ◊ *a temporary job* eine Aushilfsstelle ◊ *He certainly knows his job.* Er versteht sein Handwerk. ◊ *I'm only doing my job.* Ich tue nur meine Pflicht. ◊ *out of a job* arbeitslos ◊ *I've got various jobs around the house to do.* Ich habe verschiedene Sachen im Haus zu tun. ◊ *Sorting these papers out is going to be a long job.* Es wird lange dauern, bis diese Dokumente sortiert sind. ◊ *We've got a big job on at the moment.* Wir haben im Moment einen großen Auftrag. **2** [*meist Sing*] Aufgabe ◊ *It's not my job to lock up!* Abschließen ist nicht meine Aufgabe! **3** (*umgs*) (*Verbrechen*) (*krummes*) Ding ◊ *a bank job* ein Bankraub ◊ *an inside job* ein von einem Insider begangenes Verbrechen **4** (*umgs*) Teil, Dings ◊ *It's one of those cheap plastic jobs.* Es ist so ein billiges Plastikteil. **5** (COMP) Job, Auftrag [IDM] **do a good, bad, etc. 'job** gute, schlechte etc. Arbeit leisten **do the 'job** (*umgs*) genau richtig sein ◊ *This extra strong glue should do the job.* Dieser extrastarke Klebstoff müsste genau das Richtige sein. **give sb/sth up as a bad 'job** jdn/etw abschreiben **Good 'job!** (*AmE, umgs*) Gut gemacht! **a good 'job** (*umgs*) ein Glück ◊ *It's a good job you were there.* Gut, dass du da warst. **have a (hard/difficult) job doing/to do sth** (große) Mühe haben etw zu tun ◊ *You'll have a job convincing them.* Es wird nicht einfach sein für dich, sie davon zu überzeugen. **it's more than your 'job's worth** (*BrE, umgs*) es könnte einem die Stellung kosten ◊ *It's more than my job's worth to let you in without a ticket.* Ich könnte rausfliegen, wenn ich euch ohne Eintrittskarten reinlasse. **a job of 'work** (*BrE, veraltet oder gehoben*) eine Arbeit **jobs for the 'boys** (*BrE, umgs, abwert*) Vetternwirtschaft **make a good, bad, etc. job of sth** etw gut, schlecht etc. machen ◊ *They did a very professional job.* Sie haben die Sache sehr fachmännisch erledigt. ◊ *We haven't done a very good job on the publicity for the show.* Die Werbung für die Show haben wir ziemlich vermurkst. **on the 'job 1** bei der Arbeit ◊ *on-the-job training* praktische Ausbildung **2 be on the ~** (*BrE, Slang*) es treiben ☛ *Siehe auch* BEST, DEVIL, JUST¹ *und* WALK

job·bing /'dʒɒbɪŋ; *AmE* 'dʒɑ:b-/ *Adj nur vor Nomen* (*BrE*) ◊ *a jobbing builder* ein kleiner Bauunternehmer ◊ *a jobbing printer* ein Akzidenzdrucker

'job centre /'dʒɒbsentə(r); *AmE* 'dʒɑ:b-/ *Nomen* (*BrE*) Arbeitsamt

'job creation *Nomen* Schaffung von Arbeitsplätzen

'job description *Nomen* Tätigkeitsbeschreibung

'job-hunt *Verb* (*meist in der Verlaufsform*) auf Arbeitssuche sein

job·less /'dʒɒbləs; *AmE* 'dʒɑ:b-/ **1** *Adj* arbeitslos **2 the jobless** *Nomen* [Pl] die Arbeitslosen

job·less·ness /'dʒɒbləsnəs; *AmE* 'dʒɑ:b-/ *Nomen* Arbeitslosigkeit

'job lot *Nomen* (*umgs*) Warenposten, Restposten

'job seeker *Nomen* (*BrE*) Arbeitssuchende(r)

'job-share¹ *Nomen* geteilte Stelle

'job-share² *Verb* den Arbeitsplatz teilen

'job-sharing *Nomen* Arbeitsplatzteilung, Jobsharing

jobs·worth /'dʒɒbzwɜ:θ; *AmE* dʒɑ:bzwɜ:rθ/ *Nomen* (*BrE, umgs, abwert*) Paragraphenreiter(in)

Jock /dʒɒk; *AmE* dʒɑ:k/ *Nomen* (*umgs, oft abwert*) Schotte

jock /dʒɒk; *AmE* dʒɑ:k/ *Nomen* (*AmE*) **1** Sportfreak **2** Freak ◊ *a computer jock* ein Computerfreak

jockey¹ /'dʒɒki; *AmE* 'dʒɑ:ki/ *Nomen* Jockey

jockey² /'dʒɒki; *AmE* 'dʒɑ:ki/ *Verb* ~ (**for sth**) (um etw) rangeln ◊ *The runners jockeyed for position at the start.* Beim Start versuchten die Läufer, sich an die Spitze zu drängeln.

'jock-strap /'dʒɒkstræp; *AmE* 'dʒɑ:k-/ *Nomen* Suspensorium

jocu·lar /'dʒɒkjələ(r); *AmE* 'dʒɑ:k-/ *Adj* (*gehoben*) spaßig, scherzhaft

jocu·lar·ity /ˌdʒɒkjə'lærəti; *AmE* ˌdʒɑ:k-/ *Nomen* [U] **1** Scherzhaftigkeit **2** Scherze

jocu·lar·ly /'dʒɒkjələli; *AmE* ˌdʒɑ:k-/ *Adv* scherzhaft, im Scherz

jodh·purs /'dʒɒdpəz; *AmE* 'dʒɑ:dpərz/ *Nomen* [Pl] Reithose ☛ *Hinweis bei* BRILLE

Joe Bloggs /ˌdʒəʊ 'blɒɡz; *AmE* 'blɔ:ɡz, 'blɑ:ɡz/ *Nomen* (*umgs*) Otto Normalverbraucher

ˌJoe 'Public *Nomen* (*BrE, umgs*) der Durchschnittsmensch, Otto Normalverbraucher

joey /'dʒəʊi; *AmE* 'dʒoʊi/ *Nomen* **1** junges Känguru **2** junges Opossum

jog¹ /dʒɒɡ/ *Verb* (**-gg-**) **1** (*oft* **go jogging**) joggen **2** (an)stoßen an ◊ *Someone jogged her elbow, making her spill her coffee.* Jemand stieß sie am Ellbogen an, sodass sie ihren Kaffee verschüttete. [IDM] **jog sb's 'memory** jds Gedächtnis auf die Sprünge helfen [PHRV] **jog a'long** (*BrE, umgs*) seinen Gang gehen, vor sich hin wursteln

jog² /dʒɒg/ *Nomen* [Sing] **1** Dauerlauf **2** Schubs
jog·ger /'dʒɒgə(r)/ *AmE* 'dʒɑːg-/ *Nomen* Jogger(in)
jog·ging /'dʒɒgɪŋ/ *AmE* 'dʒɑːg-/ *Nomen* Jogging, Joggen
'jogging suit *Nomen* Igganzug [SYN] TRACKSUIT
jog·gle /'dʒɒgl/ *AmE* 'dʒɑːgl/ *Verb* (*umgs*) **1** wackeln, durcheinanderwirbeln **2** wippen; (*hin und her/auf und ab*) bewegen
john /dʒɒn/ *AmE* dʒɑːn/ *Nomen* (*umgs*) **1** (*bes AmE*) Klo **2** (*von Prostituierten*) Freier
John 'Bull *Nomen* (*veraltet*) = Figur, die England oder den typischen Engländer darstellen soll
John 'Doe *Nomen* (*AmE*) **1** = fiktiver Name, besonders vor Gericht, um die Identität eines Mannes zu schützen **2** der Durchschnittsmann
John Q. 'Public *Nomen* (*AmE*) der Durchschnittsmensch, Otto Normalverbraucher
joie de vivre /ˌʒwɑː də 'viːvrə/ *Nomen* (*gehoben*) Lebensfreude
join¹ /dʒɔɪn/ *Verb* **1** ~ A to B; ~ A and B (**together/up**) A mit/und B verbinden ◇ *a line that joins (up) all the crosses* eine Linie, die alle Kreuze miteinander verbindet **2** ~ sth auf etw stoßen, in etw münden ◇ *The path joins the road near the trees.* Der Weg stößt bei den Bäumen auf die Straße. **3** zusammenpassen ◇ *How do these two pieces join?* Wie passen diese beiden Teile zusammen? **4** aufeinander treffen ◇ *the place where the two paths join* da, wo die beiden Wege sich treffen **5** (*in eine Organisation, einen Verein etc.*) eintreten ◇ *I've joined a Spanish class.* Ich mache einen Spanischkurs mit. ◇ *It costs £20 to join.* Die Beitrittsgebühr ist £20. ◇ *She joined the tennis club.* Sie trat dem Tennisklub bei. **6** sich jdm/etw anschließen ◇ *Will you join us for lunch?* Wollen Sie mit uns Mittag essen? ◇ *Do you mind if I join you?* Darf ich mich zu euch setzen? ◇ *I'm sure you'll all join me in thanking the committee.* Ich spreche sicher für euch alle, wenn ich dem Ausschuss unseren Dank aussspreche. **7** (*BrE*) (*in einen Zug, ein Flugzeug*) einsteigen **8** (*BrE*) (*auf eine Straße*) fahren; (*einen Weg*) einschlagen [IDM] **join 'battle (with sb)** (*gehoben*) den Kampf (mit jdm) aufnehmen **Join the 'club!** Da bist du/sind Sie nicht der/die Einzige! ◇ *So you didn't get a job either? Join the club!* Sie haben also auch keine Stellung bekommen? Da können wir uns die Hände reichen! **join 'hands 1** sich die Hand reichen **2** Hand in Hand arbeiten **join 'hands with sb 1** jdm die Hand/Hände reichen **2** mit jdm Hand in Hand arbeiten ☞ *Siehe auch* BEAT¹ *und* FORCE¹ [PHRV] **join in (sth)** (bei etw) mitmachen **join 'in (with sb/sth)** sich (jdm/etw) anschließen ◇ *She listens but she never joins in.* Sie hört zu, beteiligt sich aber nie. **join 'up** (*BrE*) zum Militär gehen **join 'up (with sb)** sich (mit jdm) zusammentun ◇ *We'll join up with the other groups later.* Wir werden später mit den anderen Gruppen zusammentreffen.
join² /dʒɔɪn/ *Nomen* Nahtstelle, Fuge
join·er /'dʒɔɪnə(r)/ *Nomen* (*BrE*) Tischler(in), Schreiner(in)
join·ery /'dʒɔɪnəri/ *Nomen* [U] **1** Tischlerei, Schreinerei, Schreinerhandwerk **2** Tischlerarbeiten, Schreinerarbeiten
joint¹ /dʒɔɪnt/ *Adj nur vor Nomen* gemeinsam, Gemeinschafts- ◇ *They finished in joint first place.* Sie teilten sich den ersten Platz. ◇ *joint owners* Miteigentümer
joint² /dʒɔɪnt/ *Nomen* **1** Gelenk **2** Verbindungsstelle, Nahtstelle, Fuge **3** (*BrE*) Braten(stück); (*Hähnchen-*) Teil, Keule ◇ *a joint of beef* ein Rinderbraten **4** (*umgs*) (*Lokal, Bar etc.*) Schuppen, Laden ◇ *a fast-food joint* ein Fastfoodladen **5** (*umgs*) Joint [IDM] **out of 'joint 1** (*Hüfte etc.*) ausgerenkt; ausgekugelt **2** aus den Fugen geraten ◇ *Time is thrown completely out of joint in the opening chapters.* In den ersten Kapiteln ist die zeitliche Dimension völlig durcheinander. ☞ *Siehe auch* CASE² *und* NOSE¹
joint³ /dʒɔɪnt/ *Verb* (*Fleisch*) zerlegen
Joint Chiefs of 'Staff *Nomen* [Pl] = militärischer Beraterstab des US-Präsidenten, dem die Kommandanten der Armee, Marine, Luftwaffe, Marineinfanterie sowie der Verteidigungsminister angehören
joint de'gree *Nomen* = Studium oder Abschluss in zwei Hauptfächern
joint·ed /'dʒɔɪntɪd/ *Adj* beweglich
joint·ly /'dʒɔɪntli/ *Adv* gemeinsam

joint-'stock company *Nomen* Aktiengesellschaft
joist /dʒɔɪst/ *Nomen* Balken, (Stahl)träger
joke¹ /dʒəʊk/ *AmE* dʒoʊk/ *Nomen* **1** Witz ◇ *I didn't get the joke.* Den Witz habe ich nicht kapiert. ◇ *I only did it as a joke.* Das sollte ein Spaß sein. ◇ *a practical joke* ein Streich **2** [Sing] (*umgs*) Witz, Witzfigur ◇ *They treated her as a joke.* Sie nahmen sie nicht für voll. [IDM] **be/get beyond a 'joke** zu weit gehen **be no 'joke** nicht zum Lachen sein, kein Kinderspiel sein ◇ *It's no joke trying to find a job these days.* Es ist keine Kleinigkeit, heute eine Stelle zu finden. **the joke's on 'sb** (*umgs*) jd ist der Narr; jd steht dumm da **make a 'joke of sth** etw ins Lächerliche ziehen **take a 'joke** Spaß verstehen
joke² /dʒəʊk/ *AmE* dʒoʊk/ *Verb* scherzen ◇ *a man they all joked about* ein Mann, über den sich alle lustig machten ◇ *They often joked about all the things that could go wrong.* Sie haben oft im Scherz davon gesprochen, was alles schief gehen könnte. ◇ *She joked that she only loved him for his money.* Sie sagte im Scherz, dass sie ihn nur seines Geldes wegen liebte. [IDM] **joking a'part/a'side** (*BrE*) Spaß beiseite **you're 'joking; you must be 'joking** (*umgs*) das ist doch wohl nicht dein Ernst; mach keine Witze!
jok·er /'dʒəʊkə(r)/ *AmE* 'dʒoʊk-/ *Nomen* **1** Spaßvogel ◇ (*umgs*) *Some joker's been using my computer.* Irgendein Heini hat meinen Computer benutzt. **2** Joker
jokey (*auch* **joky**) /'dʒəʊki/ *AmE* 'dʒoʊki/ *Adj* (*umgs*) witzig, lustig
jok·ing·ly /'dʒəʊkɪŋli/ *AmE* 'dʒoʊk-/ *Adv* im Scherz
jol·lity /'dʒɒləti/ *AmE* 'dʒɑːl-/ *Nomen* (*veraltet*) Fröhlichkeit, Ausgelassenheit
jolly¹ /'dʒɒli/ *AmE* 'dʒɑːli/ *Adj* (**jol·lier**, **jol·li·est**) **1** fröhlich, ausgelassen **2** (*veraltet*) (*Tag, Fest etc.*) vergnügt
jolly² /'dʒɒli/ *AmE* 'dʒɑːli/ *Adv* (*BrE, umgs, veraltet*) sehr ◇ *It was jolly lucky it didn't rain.* Es war ein großes Glück, dass es nicht geregnet hat. [IDM] **jolly 'good!** (*BrE, veraltet*) prima **jolly well** (*BrE, veraltet*) (*um Verärgerung auszudrücken*) ◇ *If you don't come now, you can jolly well walk home!* Wenn du jetzt nicht kommst, dann kannst du nach Hause laufen, das sag ich dir. ◇ *I should jolly well think so.* Das möchte ich auch meinen. ◇ *I should jolly well hope so.* Das will ich auch schwer hoffen.
jolly³ /'dʒɒli/ *AmE* 'dʒɑːli/ *Verb* (**jol·lies**, **jolly·ing**, **jol·lied**, **jol·lied**) (*BrE*) [PHRV] **jolly sb a'long** jdm gut zureden ☞ G 9.7c **jolly sb 'into sth** jdn zu etw ermuntern **jolly sb/sth 'up** jdn/etw aufmuntern
jolt¹ /dʒəʊlt/ *AmE* dʒoʊlt/ *Verb* **1** einen Ruck geben, schleudern, werfen ◇ *He was jolted forwards as the bus moved off.* Er wurde nach vorn geschleudert, als der Bus anfuhr. **2** holpern ◇ *The bus jolted to a halt.* Der Bus hielt mit einem Ruck. **3** ~ sb (**out of/into sth**) jdn (aus/zu etw) aufrütteln
jolt² /dʒəʊlt/ *AmE* dʒoʊlt/ *Nomen* **1** Ruck, Stoß [SYN] JERK **2** Schock ◇ *a jolt of dismay* jähe Bestürzung
Joneses /'dʒəʊnzɪz/ *AmE* 'dʒoʊn-/ *Nomen* [Pl] [IDM] **keep up with the 'Joneses** /'dʒəʊnzɪz/ *AmE* 'dʒoʊn-/ (*umgs, oft abwert*) mit den anderen gleichziehen
josh /dʒɒʃ/ *AmE* dʒɑːʃ/ *Verb* (*umgs*) **1** scherzen **2** veräppeln, aufziehen
joss stick /'dʒɒs stɪk; *AmE* 'dʒɑːs/ *Nomen* Räucherstäbchen
jos·tle /'dʒɒsl/ *AmE* 'dʒɑːsl/ *Verb* **1** (an)rempeln **2** (sich) drängeln ◇ *People were jostling and arguing.* Die Leute drängelten sich und stritten. [PHRV] **'jostle for sth** um etw rangeln, sich um etw drängeln
jot¹ /dʒɒt; *AmE* dʒɑːt/ *Verb* (**-tt-**) [PHRV] **jot sth 'down** etw notieren ◇ *I'll just jot down the address for you.* Ich schreibe Ihnen schnell die Adresse auf.
jot² /dʒɒt; *AmE* dʒɑːt/ *Nomen* **not a/one jot** kein bisschen ◇ *There's not a jot of truth in what he says.* Es ist kein Körnchen Wahrheit an dem, was er sagt.
jot·ter /'dʒɒtə(r)/ *AmE* 'dʒɑːt-/ *Nomen* (*BrE*) Notizbuch, Notizblock; (*in Schottland*) (Schul)heft
jot·tings /'dʒɒtɪŋz/ *AmE* 'dʒɑːt-/ *Nomen* [Pl] Notizen
joule /dʒuːl/ *Nomen* (PHYSIK) Joule
jour·nal /'dʒɜːnl/ *AmE* 'dʒɜːrnl/ *Nomen* **1** (Fach)zeitschrift **2** (*in Namen*) Journal **3** Tagebuch
jour·nal·ese /ˌdʒɜːnə'liːz/ *AmE* ˌdʒɜːrn-/ *Nomen* (*meist abwert*) Zeitungsstil, Journalistenjargon

jour·nal·ism /ˈdʒɜːnəlɪzəm; *AmE* ˈdʒɜːrn-/ *Nomen* Journalismus
jour·nal·ist /ˈdʒɜːnəlɪst; *AmE* ˈdʒɜːrn-/ *Nomen* Journalist(in)
jour·nal·is·tic /ˌdʒɜːnəˈlɪstɪk; *AmE* ˌdʒɜːrn-/ *Adj* journalistisch
jour·ney¹ /ˈdʒɜːni; *AmE* ˈdʒɜːrni/ *Nomen* **1** Reise, Fahrt ◊ *Safe journey!* Gute Reise! ☛ *Hinweis bei* REISE **2** (*bes BrE*) Weg ◊ *Don't use the car for short journeys.* Für kurze Wege lasst das Auto zu Hause.
jour·ney² /ˈdʒɜːni; *AmE* ˈdʒɜːrni/ *Verb* (*gehoben*) reisen
jour·ney·man /ˈdʒɜːnimən; *AmE* ˈdʒɜːrn-/ *Nomen* (*Pl* **-men** /-mən/) (*veraltet*) Geselle
journo /ˈdʒɜːnəʊ; *AmE* ˈdʒɜːrnoʊ/ (*Pl* **-os**) *Nomen* (*BrE, AusE, Slang*) Journalist(in)
joust¹ /dʒaʊst/ *Verb* **1** tjostieren **2** (*gehoben*) sich ein Rededuell liefern
joust² /dʒaʊst/ *Nomen* Tjost
Jove /dʒəʊv; *AmE* dʒoʊv/ *Nomen* IDM **by ˈJove** (*bes BrE, umgs, veraltet*) potztausend!
jo·vial /ˈdʒəʊviəl; *AmE* ˈdʒoʊ-/ *Adj* (*Adv* **jo·vial·ly** /-iəli/) freundlich ◊ *He was in a jovial mood.* Er war gut gelaunt.
jovi·al·ity /ˌdʒəʊviˈæləti; *AmE* ˌdʒoʊ-/ *Nomen* Freundlichkeit
jowl /dʒaʊl/ *Nomen* [meist Pl] (*gehoben*) Hängebacke IDM ⇨ CHEEK¹
joy /dʒɔɪ/ *Nomen* **1** Freude ◊ *I didn't expect them to jump for joy at the news.* Ich habe mir schon gedacht, dass sie über die Nachricht nicht gerade beglückt sein würden. SYN DELIGHT **2** (*BrE, umgs*) (*in Fragen und verneinten Sätzen*) Erfolg ◊ *We complained about our rooms but got no joy from the manager.* Wir haben uns beim Manager über unsere Zimmer beschwert, aber ohne Erfolg. ◊ *Any joy at the shops?* Hast du in den Geschäften etwas Brauchbares gefunden? IDM **full of the joys of ˈspring** vergnügt und guter Laune ☛ *Siehe auch* PRIDE¹
joy·ful /ˈdʒɔɪfl/ *Adj* (*Adv* **joy·ful·ly** /-fəli/) (*gehoben*) froh, freudig ◊ *She gave a joyful laugh.* Sie lachte froh.
joy·less /ˈdʒɔɪləs/ *Adj* (*gehoben*) freudlos
joy·ous /ˈdʒɔɪəs/ *Adj* (*Adv* **joy·ous·ly**) (*gehoben*) froh, freudig SYN JOYFUL
joy·ride /ˈdʒɔɪraɪd/ *Nomen* = Spritztour mit einem gestohlenen Auto
joy·rider /ˈdʒɔɪraɪdə(r)/ *Nomen* = Autodieb(in), der/die mit einem gestohlenen Auto eine Spritztour macht
joy·rid·ing /ˈdʒɔɪraɪdɪŋ/ *Nomen* Autodiebstahl (*für Spritztouren*)
joy·stick /ˈdʒɔɪstɪk/ *Nomen* **1** (COMP) Joystick **2** (AERO) Steuerknüppel
JP /ˌdʒeɪˈpiː/ *Abk* = JUSTICE OF THE PEACE
Jr. *Abk* = JUNIOR¹ (3)
ju·bi·lant /ˈdʒuːbɪlənt/ *Adj* (*Adv* **ju·bi·lant·ly**) (*gehoben*) jubelnd
jubi·la·tion /ˌdʒuːbɪˈleɪʃn/ *Nomen* Jubel
ju·bi·lee /ˈdʒuːbɪliː/ *Nomen* Jubiläum
Ju·da·ic /dʒuːˈdeɪɪk/ *Adj* judaisch
Ju·da·ism /ˈdʒuːdeɪɪzəm; *AmE* -dəɪzəm/ *Nomen* Judaismus
Judas /ˈdʒuːdəs/ *Nomen* Judas SYN TRAITOR
jud·der /ˈdʒʌdə(r)/ *Verb* ruckeln
judge¹ /dʒʌdʒ/ *Nomen* **1** Richter(in) **2** Preisrichter(in) ◊ *the panel of judges* die Jury **3** [meist Sing] Kenner(in) ◊ *a good judge of character* ein guter Menschenkenner ◊ *Let me be the judge of that.* Lassen Sie mich das beurteilen.
judge² /dʒʌdʒ/ *Verb* **1** (be)urteilen ◊ *The tour was judged a great success.* Die Tour galt als großer Erfolg. ◊ *They judged it wise to say nothing.* Sie hielten es für klug, nichts zu sagen. **2** schätzen ◊ *It's difficult to judge.* Es ist schwer zu sagen. **3** Preisrichter(in) sein bei **4** verurteilen, urteilen über ◊ *We're in no position to judge.* Wir können uns kein Urteil erlauben. **5** (RECHT) die Verhandlung führen (über) ◊ *judge a case* einen Fall verhandeln ◊ *judge sb guilty/not guilty* jdn für schuldig/unschuldig befinden IDM **don't judge a ˌbook by its ˈcover** man soll nicht nach dem Äußeren gehen
judge·ment (*bes AmE* **judg·ment**) /ˈdʒʌdʒmənt/ *Nomen* **1** Urteilsvermögen ◊ *use your judgement* nach eigenem Ermessen vorgehen ◊ *more by luck than (good) judgement* mit mehr Glück als Verstand ◊ *an error of judgement* eine Fehleinschätzung **2** Meinung ◊ *in her judgement* ihrer Meinung nach ◊ *Who am I to pass judgement on her?* Wer bin ich denn, dass ich sie verurteilen könnte? ◊ *He refused to make a judgement about the situation.* Er wollte kein Urteil über die Situation abgeben. ◊ *against my better judgement* wider besseres Wissen **3** (*meist gehoben*) (RECHT) Urteil ◊ *pass judgment* ein Urteil fällen **4** [meist Sing] **~ (on sth)** (*gehoben*) Strafe Gottes IDM ⇨ SIT¹
ˈJudgement Day (*auch the ˌDay of ˈJudgement, the ˌLast ˈJudgement*) *Nomen* der Tag des Jüngsten Gerichts
judg·ment·al (*BrE auch* **judge·ment·al**) /dʒʌdʒˈmentl/ *Adj* **1** (*abwert*) (über)kritisch ◊ *You're so judgemental!* Du bist so kritisch! **2** (*gehoben*) Urteils-
ju·di·ca·ture /ˈdʒuːdɪkətʃə(r)/ *Nomen* **1** Gerichtswesen **2 the judicature** der Richterstand ☛ G 1.3a
ju·di·cial /dʒuːˈdɪʃl/ *Adj* (*Adv* **ju·di·cial·ly** /-ʃəli/) gerichtlich, richterlich ◊ *the judicial system* das Justizsystem
ju·di·ciary /dʒuːˈdɪʃəri; *AmE* -ʃieri/ *Nomen* (*meist* **the judiciary**) (*Pl* **-ies**) der Richterstand ☛ G 1.3a
ju·di·cious /dʒuːˈdɪʃəs/ *Adj* (*Adv* **ju·di·cious·ly**) (*gehoben*) wohl überlegt, besonnen ◊ *The letter was judiciously worded.* Der Brief war vorsichtig formuliert. OPP INJUDICIOUS
judo /ˈdʒuːdəʊ; *AmE* -doʊ/ *Nomen* Judo
jug /dʒʌɡ/ *Nomen* (*BrE*) Krug, Kanne
jug·ger·naut /ˈdʒʌɡənɔːt; *AmE* -ɡərn-/ *Nomen* **1** (*BrE, oft abwert*) Schwerlaster **2** (*gehoben*) Moloch
jug·gle /ˈdʒʌɡl/ *Verb* **1** jonglieren (mit) (*auch fig*) **2** (*fig*) vereinbaren
jug·gler /ˈdʒʌɡlə(r)/ *Nomen* Jongleur(in)
jugu·lar /ˈdʒʌɡjələ(r)/ (*auch* **ˌjugular ˈvein**) *Nomen* Drosselvene, Jugularvene IDM **go for the/sb's ˈjugular** (*umgs*) versuchen, jds schwache Stelle zu treffen
juice /dʒuːs/ *Nomen* **1** Saft **2** (*bes BrE, umgs*) (Benzin) Sprit **3** (*AmE, umgs*) (Strom) Saft IDM ⇨ STEW²
juicer /ˈdʒuːsə(r)/ *Nomen* **1** Saftpresse **2** (*AmE*) Zitronenpresse
juicy /ˈdʒuːsi/ *Adj* (**juici·er**, **juici·est**) **1** saftig **2** (*umgs*) (*Klatsch etc.*) pikant **3** (*umgs*) lukrativ
ju-jitsu (*auch* **jiu-jitsu**) /ˌdʒuːˈdʒɪtsuː/ *Nomen* Jiu-Jitsu
juke·box /ˈdʒuːkbɒks; *AmE* -bɑːks/ *Nomen* Musikbox
July /dʒuˈlaɪ/ *Nomen* (*Abk* **Jul.**) Juli ☛ *Beispiele bei* JANUAR
jum·ble¹ /ˈdʒʌmbl/ *Verb* **~ sth (together/up)** etw (kunterbunt) durcheinander werfen
jum·ble² /ˈdʒʌmbl/ *Nomen* **1** [Sing] Durcheinander **2** [U] (*BrE*) gebrauchte Sachen, Trödel
jum·bled /ˈdʒʌmbld/ *Adj* durcheinander geworfen, kunterbunt ◊ *jumbled thoughts* verworrene Gedanken
ˈjumble sale *Nomen* (*BrE*) Wohltätigkeitsbasar, Flohmarkt ☛ *Hinweis bei* BRING-AND-BUY SALE
jumbo¹ /ˈdʒʌmbəʊ; *AmE* -boʊ/ *Nomen* (*Pl* **-os**) (*auch* **ˌjumbo ˈjet**) Großraumflugzeug, Jumbo(jet)
jumbo² /ˈdʒʌmbəʊ; *AmE* -boʊ/ *Adj* (*umgs*) Riesen-
jump¹ /dʒʌmp/ *Verb* **1** springen ◊ *He jumped to his feet.* Er sprang auf. ◊ *The pilot jumped from the burning plane.* Der Pilot sprang aus dem brennenden Flugzeug ab. ◊ *The children were jumping up and down with excitement.* Die Kinder hüpften aufgeregt herum. ◊ (*fig*) *jump about from one topic to another* von einem Thema zum anderen springen **2** (*Graben, Zaun etc.*) springen über, überspringen ◊ *The horse jumped the hurdle.* Das Pferd setzte über die Hürde. **3** (*als Reiter*) springen lassen ◊ *I jumped my horse over the fence.* Ich bin mit meinem Pferd über den Zaun gesetzt. **4** (*vor Schreck etc.*) zusammenzucken ◊ *You made me jump!* Du hast mich erschreckt! ◊ *Her heart jumped at the news.* Bei der Nachricht machte ihr Herz einen Sprung. **5** (*Preise, etc.*) sprunghaft ansteigen **6** (*Schritt etc.*) auslassen, überspringen **7 ~ (on) sb** (*umgs*) jdn überfallen, über jdn herfallen **8** (*AmE*) (*auf einen/von einem Bus, Zug*) aufspringen auf, abspringen von **9** (*AmE*) = JUMP-START **10 be jumping** (*umgs*) voller Leben sein ◊ *The bar's jumping tonight.* In der Bar ist heute Abend unheimlich was los. IDM **jump down sb's ˈthroat** (*umgs*) jdn anfahren **jump the ˈgun** (*umgs*) voreilig sein **jump the ˈlights** (*umgs*) bei Rot über die Ampel fahren **jump out of your ˈskin**

(*umgs*) vor Schreck hochfahren **jump the 'queue** (*AmE* **jump the 'line**) sich vordrängeln **jump the 'rails** (*Zug*) entgleisen **jump 'ship 1** (*Matrose etc.*) heimlich abheuern **2** (*fig*) abspringen; sich absetzen **jump through 'hoops** sich alle Mühe geben ◊ *They really made me jump through hoops at the interview.* Sie haben mich bei dem Gespräch richtig durch die Mangel gedreht. **jump 'to it** (*umgs*) sich dranmachen ◊ *Jump to it!* Mach schon! ☛ *Siehe auch* BANDWAGON, CONCLUSION *und* DEEP¹ PHR V **'jump at sth** (*Angebot etc.*) bei etw sofort zugreifen; (*Gelegenheit*) sofort ergreifen **jump 'in 1** hineinspringen **2** einsteigen ◊ *Do you want a ride? Jump in.* Soll ich dich mitnehmen? Dann steig schnell ein. **3** (*fig*) sich einmischen, eingreifen **'jump on sb** (*AmE auch* **'jump at sb**) (*umgs*) jdn anfahren **jump 'out at sb** jdm (sofort) ins Auge springen

jump² /dʒʌmp/ *Nomen* **1** Sprung ◊ *make/do a parachute jump* mit einem Fallschirm (ab)springen ◊ *I sat up with a jump.* Ich fuhr plötzlich hoch. **2** (*bei Rennen*) Hindernis **3** (plötzlicher) Anstieg ◊ *unusually large price jumps* ungewöhnlich große Preiserhöhungen IDM **to keep, etc. one jump ahead (of sb)** (jdm) einen Schritt voraus sein ☛ *Siehe auch* HIGH JUMP *und* RUNNING²

'jumped-up *Adj* (*BrE, umgs, abwert*) arriviert

jump·er /ˈdʒʌmpə(r)/ *Nomen* **1** (*BrE*) Pullover **2** (*AmE*) Trägerkleid **3** Springer(in)

jumping-'off point (*auch* **jumping-'off place**) *Nomen* Ausgangspunkt

'jump lead (*AmE* **'jumper cable**) *Nomen* [meist Pl] Starthilfekabel

'jump-off *Nomen* (*Springreiten*) Stechen

'jump rope *Nomen* (*AmE*) Sprungseil

jump 'rope *Verb* (*AmE*) seilspringen

'jump-start (*AmE* **jump**) *Verb* **1** (*Motor, Auto*) mittels Starthilfekabel anlassen **2** (*fig*) ankurbeln, in Schwung bringen

jump·suit /ˈdʒʌmpsuːt; BrE auch -sjuːt/ *Nomen* Overall, Jumpsuit

jumpy /ˈdʒʌmpi/ *Adj* (*umgs*) nervös, schreckhaft

junc·tion /ˈdʒʌŋkʃn/ *Nomen* **1** (*bes BrE*) Kreuzung, Knoten(punkt); (*Autobahn-*) Anschlussstelle **2** Anschluss ◊ *a telephone junction box* in der Telefonverteilerkasten

junc·ture /ˈdʒʌŋktʃə(r)/ *Nomen* (*gehoben*) Zeitpunkt ◊ *reach a crucial juncture* ein kritisches Stadium erreichen

June /dʒuːn/ *Nomen* (*Abk* **Jun.**) Juni ☛ *Beispiele bei* JANUAR

jun·gle /ˈdʒʌŋgl/ *Nomen* Dschungel (*auch fig*) IDM ⇨ LAW

'jungle gym *Nomen* (*AmE*) Klettergerüst

jun·ior¹ /ˈdʒuːniə(r)/ *Adj* **1** ~ **(to sb)** (jdm) untergeordnet ◊ *junior employees* einfache Angestellte ◊ *She is junior to me.* Sie steht unter mir. **2** Junioren-, Jugend- ◊ *the junior tennis championships* die Tennismeisterschaft der Junioren **3** *Junior* (*Abk* **Jnr., Jr.**) (*bes AmE*) (*unterscheidet den Sohn von dem gleichnamigen Vater*) junior, der Jüngere **4** (*BrE*) (*Schule, Abteilung etc.*) = für Kinder zwischen 7 und 11 **5** (*AmE*) = für Schüler/Studenten im vorletzten Schuljahr/Studienjahr

jun·ior² /ˈdʒuːniə(r)/ *Nomen* **1** (*bes BrE*) Gehilfe, Gehilfin ◊ *office juniors* Bürogehilfen **2** Junior(in), Jugendliche(r) **3** (*BrE*) = Grundschüler(in) im Alter von 7 bis 11 **4** (*AmE*) = Schüler(in)/Student(in) im vorletzten Schuljahr/Studienjahr **5** (*AmE, umgs*) (*Sohn*) der Kleine IDM **be sb's 'junior** jünger als jd sein ◊ *She's four years his junior./She's his junior by four years.* Sie ist vier Jahre jünger als er.

junior 'college *Nomen* = (in den USA) College, das ein Zweijahresstudium anbietet

'junior doctor *Nomen* Assistenzarzt, Assistenzärztin

junior 'high school (*auch* **junior 'high**) *Nomen* = (in den USA) Schule für Kinder zwischen 12 und 14 ☛ *Hinweis bei* GYMNASIUM, S. 996

'junior school *Nomen* = (in GB) Grundschule für Kinder zwischen 7 und 11

ju·ni·per /ˈdʒuːnɪpə(r)/ *Nomen* Wacholder

junk¹ /dʒʌŋk/ *Nomen* **1** Gerümpel, Trödel, Ramsch ◊ *a junk shop* ein Trödelladen ◊ *There's nothing but junk on the TV.* Im Fernsehen läuft nur Mist. **2** = JUNK FOOD **3** Dschunke

junk² /dʒʌŋk/ *Verb* (*umgs*) wegschmeißen

'junk bond *Nomen* = Anleihe, die wegen des großen Risikos hohe Zinsen trägt

jun·ket /ˈdʒʌŋkɪt/ *Nomen* (*bes AmE, umgs, abwert*) Vergnügungsreise auf Staatskosten

'junk food (*auch* **junk**) *Nomen* (*umgs, abwert*) = ungesundes Essen, z.B. Fertiggerichte und Fastfood

junkie /ˈdʒʌŋki/ *Nomen* (*umgs*) Fixer(in), Junkie

'junk mail *Nomen* [U] (*abwert*) Reklame, Wurfsendungen

junky /ˈdʒʌŋki/ *Adj* (*bes AmE, umgs*) mies, billig

'junk·yard /ˈdʒʌŋkjɑːd; AmE -jɑːrd/ *Nomen* (*bes AmE*) Schrottplatz

junta /ˈdʒʌntə; AmE ˈhʊntə/ *Nomen* Junta

Ju·pi·ter /ˈdʒuːpɪtə(r)/ *Nomen* Jupiter ☛ *Beispiele bei* MERKUR

jur·id·ic·al /dʒʊəˈrɪdɪkl; AmE dʒʊˈr-/ *Adj* (*gehoben*) gerichtlich, juristisch

jur·is·dic·tion /ˌdʒʊərɪsˈdɪkʃn; AmE ˌdʒʊr-/ *Nomen* (*gehoben*) **1** Gerichtsbarkeit, Zuständigkeit ◊ *These matters do not fall within our jurisdiction.* Für diese Angelegenheiten sind wir nicht zuständig. **2** Zuständigkeitsbereich

jur·is·pru·dence /ˌdʒʊərɪsˈpruːdns; AmE ˌdʒʊr-/ *Nomen* (*Fachspr*) Jura, Rechtswissenschaft

jur·ist /ˈdʒʊərɪst; AmE ˈdʒʊr-/ *Nomen* (*gehoben*) Jurist(in), Rechtswissenschaftler(in)

juror /ˈdʒʊərə(r); AmE ˈdʒʊr-/ *Nomen* **1** Geschworene(r) ☛ *Hinweis bei* JURY DUTY **2** Preisrichter(in), Juror(in)

jury /ˈdʒʊəri; AmE ˈdʒʊri/ *Nomen* (*Pl* **-ies**) **1** (*oft* **the jury**) (*bes AmE* **'jury panel, panel**) (RECHT) die Geschworenen ◊ *be/sit/serve on a jury* Geschworene(r) sein ◊ *trial by jury* ein Schwurgerichtsverfahren ☛ G 1.3b ☛ *Hinweis bei* JURY DUTY ☛ *Siehe auch* GRAND JURY **2** (*bei Wettbewerben*) Jury ◊ (*the members of*) *the jury* die Preisrichter ☛ G 1.3b IDM **the jury is (still) 'out on sth** etw ist (noch) nicht entschieden

'jury duty (*BrE auch* **'jury service**) *Nomen* Dienst als Geschworene(r) ◊ *do jury service* Geschworene(r) sein ☛ In Großbritannien und den USA können mit wenigen Ausnahmen alle Bürger zwischen 18 und 70 Jahren zum Einsatz als Geschworene aufgerufen werden. Die Namen werden beliebig aus dem Wählerregister ausgesucht.

just¹ /dʒʌst/ *Adv* **1** genau ◊ *You're just in time.* Du kommst genau richtig. ◊ *This gadget is just the thing.* Dieses Gerät ist genau das Richtige. ◊ *Just my luck. The phone's not working.* Ich hab aber auch nie Glück. Das Telefon geht nicht. **2** ~ **as good, nice, easily, etc.** genauso gut, schön, leicht etc. **3** etwas, wenig ◊ *just after nine* kurz nach neun ◊ *I only just caught the train.* Ich habe den Zug gerade noch erwischt. **4** (*vor kurzem, jetzt*) gerade ◊ *I'm just off.* Ich gehe jetzt. ◊ *The water's just about to boil.* Das Wasser kocht gleich. **5** einfach ◊ *It was just an ordinary day.* Es war ein ganz normaler Tag. **6** (*umgs*) wirklich ◊ *I can just imagine his reaction.* Ich kann mir genau vorstellen, wie er reagiert hat. ◊ *'He's very pompous.' 'Isn't he just?'* „Er ist sehr aufgeblasen." „Und wie!" **7** nur ◊ *I waited an hour just to see you.* Ich habe eine Stunde gewartet, nur um dich zu sehen. **8** vielleicht ◊ *He might just be at home.* Vielleicht ist er ja zu Hause. IDM **it is just as 'well (that …)** es ist nur gut (, dass …) **just about** (*umgs*) **1** so ziemlich ◊ *I've just about finished.* Ich bin so gut wie fertig. ◊ *'Did you reach your target?' 'Just about.'* „Haben Sie Ihr Soll erreicht?" „Nur knapp." **2** (in) etwa **Just a 'minute/'moment/'second!** (*umgs*) Einen Augenblick! **just like 'that** einfach so **just 'now 1** gerade ◊ *I'm busy just now.* Ich bin gerade beschäftigt. **2** gerade noch ◊ *I saw her just now.* Ich habe sie gerade eben gesehen. **just 'so** sauber und ordentlich; genau richtig ◊ *He likes everything just so.* Er hat es gern, wenn alles seine Ordnung hat. **just the 'ticket** (*BrE auch* **just the 'job**) genau das Richtige **just 'then** genau in dem Moment **not just 'yet** jetzt noch nicht **I, etc. would just as soon do sth** ich etc. würde genauso gern etw tun

just² /dʒʌst/ 1 *Adj* gerecht ◊ *She got her just deserts.* Sie hat das bekommen, was sie verdient hat. **2 the just** *Nomen* [Pl] die Gerechten OPP UNJUST

just·ice /ˈdʒʌstɪs/ *Nomen* **1** Gerechtigkeit OPP INJUSTICE **2** Rechtmäßigkeit ◊ *He demanded, not without justice, that …* Durchaus zu Recht forderte er, dass … OPP INJUSTICE **3** Justiz, Recht ◊ *the criminal justice system* das Strafrecht ◊ *the European Court of Justice* der Europäische Gerichtshof **4 Justice** (*BrE*) Richter(in) ◊ *Mr Justice Davies* Richter Davies IDM **bring sb to ˈjustice** jdn vor Gericht bringen **do justice to ˈsb/ˈsth; do sb/sth ˈjustice** jdm/ etw gerecht werden ◊ *That photo doesn't do you justice.* Auf diesem Foto bist du nicht gut getroffen. ◊ *To do him justice, he usually plays better.* Man muss gerechterweise sagen, dass er sonst besser spielt. **do yourself ˈjustice** zur Geltung kommen; zeigen, was man kann ☞ *Siehe auch* PERVERT¹

ˌJustice of the ˈPeace *Nomen* (*Pl* **Justices of the Peace**) (*Abk* **JP**) Friedensrichter(in) SYN MAGISTRATE

jusˑtiˑfiˑable /ˈdʒʌstɪfaɪəbl, ˌdʒʌstɪˈfaɪəbl/ *Adj* berechtigt, gerechtfertigt SYN LEGITIMATE

jusˑtiˑfiˑably /ˈdʒʌstɪfaɪəbli, ˌdʒʌstɪˈfaɪəbli/ *Adv* zu Recht

jusˑtiˑfiˑcaˑtion /ˌdʒʌstɪfɪˈkeɪʃn/ *Nomen* Rechtfertigung ◊ *He was getting angry – and with some justification.* Er wurde böse – und das zu Recht. IDM **in justifiˈcation** zur Rechtfertigung; als Entschuldigung

jusˑtiˑfied /ˈdʒʌstɪfaɪd/ *Adj* berechtigt ◊ *She felt fully justified in asking for her money back.* Sie hielt es für ihr gutes Recht, ihr Geld zurückzufordern.

jusˑtify /ˈdʒʌstɪfaɪ/ *Verb* (**-fies, -fyˑing, -fied, -fied**) **1** rechtfertigen **2** (*Fachspr*) ausrichten IDM ⇨ END¹

justˌinˑˈtime *Adj* (*Abk* **JIT**) (WIRTSCH) (*Fertigung, Lieferung*) bedarfsorientiert

justˑly /ˈdʒʌstli/ *Adv* **1** gerecht **2** mit Recht

jut /dʒʌt/ *Verb* (**-tt-**) **1** ~ (**out**) ragen ◊ *A rocky headland jutted into the sea.* Ein felsige Landspitze ragte ins Meer hinaus. SYN PROJECT **2** ~ **sth out** (*Kinn*) nach vorne schieben

jute /dʒuːt/ *Nomen* Jute

juˑveˑnile¹ /ˈdʒuːvənaɪl; *AmE* -vənl/ *Adj* **1** nur vor Nomen (*offiz*) jugendlich, Jugend- **2** (*abwert*) kindisch, infantil SYN CHILDISH

juˑveˑnile² /ˈdʒuːvənaɪl; *AmE* -vənl/ *Nomen* (*offiz*) Jugendliche(r)

ˌjuvenile ˈcourt *Nomen* Jugendgericht

ˌjuvenile deˈlinquency *Nomen* Jugendstraffälligkeit

ˌjuvenile deˈlinquent *Nomen* jugendliche(r) Straftäter(in)

juxtaˑpose /ˌdʒʌkstəˈpəʊz; *AmE* -ˈpoʊz/ *Verb* ~ **A and/with B** (*gehoben*) A und B nebeneinander stellen

juxtaˑposˑition /ˌdʒʌkstəpəˈzɪʃn/ *Nomen* Nebeneinanderstellung

Kk

K, k /keɪ/ **1** *Nomen* (*Pl* **K's, k's**) (*Buchstabe*) K, k ☞ *Beispiele bei* A, A **2** *Abk* (*Pl* **K**) (*umgs*) tausend ◊ *She earns 40K a year.* Sie verdient 40 000 im Jahr. **3 k** *Abk* (*Pl* **k**) = KILOMETRE **4** *Abk* (*Pl* **K**) (COMP) = KILOBYTE **5** *Abk* (*Pl* **K**) (*Fachspr*) = KELVIN

kafˑtan (*auch* **cafˑtan**) /ˈkæftæn/ *Nomen* Kaftan

kale /keɪl/ *Nomen* Grünkohl

kalˑeiˑdoˑscope /kəˈlaɪdəskəʊp; *AmE* -skoʊp/ *Nomen* Kaleidoskop

kalˑeiˑdoˑscopˑic /kəˌlaɪdəˈskɒpɪk; *AmE* -ˈskɑːpɪk/ *Adj* kaleidoskopisch

kamiˑkaze /ˌkæmɪˈkɑːzi; *AmE* -ˈkɑːzi/ *Adj* nur vor Nomen Kamikaze-

kanˑgaˑroo /ˌkæŋgəˈruː/ *Nomen* (*Pl* **-oos**) Känguru

ˌkangaroo ˈcourt *Nomen* (*abwert*) (*Lynchjustiz*) Femegericht

kaoˑlin /ˈkeɪəlɪn/ *Nomen* Kaolin, Porzellanerde

kapok /ˈkeɪpɒk; *AmE* -pɑːk/ *Nomen* Kapok

kaput /kəˈpʊt/ *Adj nicht vor Nomen* (*umgs*) kaputt

karˑaˑoke /ˌkæriˈəʊki; *AmE* -ˈoʊki/ *Nomen* Karaoke

karat (*AmE*) = CARAT

karˑate /kəˈrɑːti/ *Nomen* Karate

karma /ˈkɑːmə; *AmE* ˈkɑːrmə/ *Nomen* (REL) Karma

kayak /ˈkaɪæk/ *Nomen* Kajak

KC /ˌkeɪ ˈsiː/ *Kurzform von* **King's Counsel** = hochrangige(r) Anwalt/Anwältin oder Staatsanwalt/-anwältin

kebab /kɪˈbæb/ (*bes AmE* **ˈshish kebab**) *Nomen* Kebab

kedgˑeree /ˈkedʒəriː/ *Nomen* = warmes Reisgericht mit Fisch und Eiern

keel¹ /kiːl/ *Nomen* Kiel IDM ⇨ EVEN²

keel² /kiːl/ *Verb* kentern SYN CAPSIZE PHRV **ˌkeel ˈover** umkippen

keen¹ /kiːn/ *Adj* **1** (*bes BrE, umgs*) be ~ (**to do sth**); be ~ (**on doing sth**) darauf wild sein (etw zu tun); ~ (**that** …) erpicht darauf, (dass …) ◊ *John was very keen to help.* John wollte unbedingt helfen. ◊ *We are keen that you should come.* Uns ist sehr daran gelegen, dass Sie kommen. **2** leidenschaftlich, begeistert ◊ *She was a keen student.* Sie war eine eifrige Studentin. **3** ~ **on sb/sth** (*BrE, umgs*) scharf auf jdn/etw **4** *nur vor Nomen* (*Verstand etc.*) (*messer*)scharf **5** (*Gefühle etc.*) stark ◊ *take a keen interest in sth* reges Interesse an etw zeigen **6** *nur vor Nomen* ausgeprägt ◊ *a keen eye for a bargain* ein echter Kennerblick für Schnäppchen **7** (*Konkurrenz*) heftig, scharf ◊ *They were keen rivals.* Sie waren schärfste Rivalen. **8** (*bes BrE*) (*Preis*) niedrig **9** (*gehoben*) (*Kälte*) schneidend IDM **be (as) ˌkeen as ˈmustard** (*BrE, umgs*) Feuer und Flamme sein ☞ *Siehe auch* MAD

keen² /kiːn/ *Verb* (*meist in der Verlaufsform*) (*veraltet*) Totenklage halten

keenˑly /ˈkiːnli/ *Adv* **1** sehr (stark) ◊ *We were keenly aware of the danger.* Wir waren uns der Gefahr nur allzu bewusst. **2** eifrig **3** heftig

keenˑness /ˈkiːnnəs/ *Nomen* **1** Eifer **2** Schärfe

keep¹ /kiːp/ *Verb* (**kept, kept** /kept/) **1** halten ◊ *keep your promise/word* sein Versprechen/Wort halten ◊ *She kept the children amused for hours.* Sie beschäftigte die Kinder stundenlang. ◊ *Don't keep us in suspense!* Spann uns nicht auf die Folter! ◊ *I'm sorry to keep you waiting.* Es tut mir Leid, dass Sie warten müssen. ◊ *keep chickens and bees* Hühner halten und Bienen züchten **2** ~ (**on**) **doing sth** etw (immer) weiter tun ◊ *Keep smiling!* Immer lächeln! ◊ *Don't keep on interrupting me!* Unterbrich mich nicht andauernd! **3** aufhalten ◊ *You're late – what kept you?* Du kommst zu spät – wo warst du denn so lange? **4** behalten ◊ *Please keep the change.* Stimmt so. **5** ~ **sth** (**for sb**) etw (für jdn) verwahren, (jdm) etw aufheben ◊ *Please keep a seat for me.* Bitte halten Sie mir einen Platz frei. ☞ *Besonders im britischen Englisch sagt man oft:* Please keep me a seat. **6** aufbewahren **7** (*Geschäft, Restaurant*) führen, betreiben **8** (*umgs*) (*in der Verlaufsform verwendet, wenn man nach jds Gesundheit erkundigt*) ◊ *How is your mother keeping?* Wie geht es deiner Mutter? ◊ *We're all keeping well.* Es geht uns allen gut. **9** (*Lebensmittel*) sich halten; (*fig*) (*umgs*) ◊ *'Can you tell me later?' 'Sure, it'll keep.'* „Erzähl mir später davon." „In Ordnung, das kann warten." **10** ~ **a secret** ein Geheimnis bewahren; ~ **sth secret** (**from sb**) etw (vor jdm) geheim halten **11** ~ **an appointment** einen Termin einhalten **12** ~ **a diary, an account, a record, etc.** (ein) Tagebuch, ein Konto, eine Liste etc. führen ◊ *Keep a note of his address.* Notieren Sie sich seine Adresse. **13** versorgen, unterhalten **14** ~ **sb** (**from sth**) (*gehoben*) jdn (vor etw) bewahren ◊ *May the Lord bless you and keep you.* Der Herr segne und behüte dich. **15** ~ **goal** (*BrE*) im Tor stehen IDM **ˌkeep ˈgoing 1** weitermachen, durchhalten ◊ *I don't know how she keeps going.* Ich weiß nicht, wie sie das durchhält. **2** (*umgs*) dranbleiben **ˌkeep sb ˈgoing** (*umgs*) jdm helfen durchzuhalten ◊ *Have an apple to keep you going till dinner time.* Iss einen Apfel, dann hältst du es bis zum Abendessen durch. ☛ Für andere Redewendungen mit **keep** siehe die Einträge für die Nomina, Adjektive etc. **Keep house** z.B. steht unter **house**.

PHRV ˌkeep sb ˈafter (*AmE*) = KEEP SB BACK (1)
ˌkeep ˈat sth etw weitermachen ◊ *Come on, keep at it, you've nearly finished!* Los, nicht lockerlassen, du bist doch fast fertig! ˌkeep sb ˈat sth dafür sorgen, dass jd mit etw weitermacht ◊ *He kept us at it all day.* Er hatte uns den ganzen Tag an der Kandare.
ˌkeep aˈway (from sb/sth) (von jdm/etw) wegbleiben ˌkeep sb/sth aˈway (from sb/sth) jdn/etw (von jdm/ etw) fern halten ◊ *Her illness kept her away from work for several weeks.* Ihre Krankheit hielt sie mehrere Wochen von der Arbeit ab.
ˌkeep ˈback (from sb/sth) (von jdm/etw) fernbleiben ◊ *Keep well back from the road.* Geh nicht zu nah an die Straße. ˌkeep sb ˈback 1 (*AmE* ˌkeep sb ˈafter) jdn nachsitzen lassen 2 (*AmE*) (*Schüler*) sitzen lassen ˌkeep ˈback (from sb/sth) jdn (von jdm/etw) zurückhalten ˌkeep sth ˈback 1 (*Gefühle*) zurückhalten **SYN** RESTRAIN 2 etw (ein)behalten ˌkeep sth ˈback (from sb) (jdm) etw verschweigen
ˌkeep ˈdown sich ducken ˌkeep sb ˈdown jdn unterdrücken ◊ *You can't keep her down.* Sie lässt sich nicht unterkriegen. ˌkeep sth ˈdown 1 etw niedrig halten ◊ *Keep the noise down!* Nicht so laut! 2 (*Essen*) bei sich behalten
ˈkeep (yourself) from doing sth vermeiden, etw zu tun ◊ *She could hardly keep from laughing.* Sie konnte sich das Lachen kaum verbeißen. ˌkeep sb from sth jdn von etw abhalten ˌkeep sth from sb etw vor jdm verheimlichen ˌkeep sth from sth etw aus etw heraushalten ◊ *She could not keep the dismay from her voice.* Sie konnte die Bestürzung in ihrer Stimme nicht verbergen.
ˌkeep ˈin with sb (*BrE*, *umgs*) sich mit jdm gut stellen ˌkeep sb ˈin jdn nicht weglassen ☛ G 9.7c ˈkeep sb/ yourself in sth jdn/sich mit etw versorgen ◊ *The money should keep him in cigarettes for a week.* Das Geld müsste ihm eine Woche lang für Zigaretten reichen. ˌkeep sth ˈin etw verbergen **SYN** RESTRAIN
ˌkeep ˈoff (*Regen, Schnee etc.*) ausbleiben ˌkeep ˈoff sth 1 etw vermeiden ◊ *Keep off the grass.* Betreten des Rasens verboten. 2 nicht über etw sprechen ˌkeep sb/sth ˈoff (sb/sth) jdn/etw (von jdm/etw) fern halten ◊ *Keep your hands off me!* Rühr mich nicht an!
ˌkeep ˈon 1 weitermachen, (*Regen etc.*) anhalten ◊ *Keep on until you get to the church.* Gehen Sie weiter, bis Sie zur Kirche kommen. 2 (*bes BrE*) pausenlos meckern ˌkeep ˈon at sb (about sb/sth) (*bes BrE*) jdm etw unaufhörlich (wegen jds/einer Sache) in den Ohren liegen **SYN** NAG ˌkeep sb ˈon jdn weiterbeschäftigen ˌkeep sth ˈon 1 (*Mantel etc.*) anbehalten; (*Hut etc.*) aufbehalten 2 (*Haus, Wohnung etc.*) behalten
ˌkeep ˈout draußen bleiben ◊ *Danger – Keep Out!* Gefahr – Betreten verboten! ˌkeep ˈout of sth 1 etw nicht betreten 2 sich aus etw heraushalten ◊ *He can't keep out of mischief.* Er schafft es nicht, keinen Unfug anzustellen. ˌkeep sb/sth ˈout (of sth) jdn/etw (aus etw) heraushalten ◊ *Keep the baby out of the sun.* Lass das Baby nicht in die Sonne.
ˈkeep to sth 1 (*Weg, Straße etc.*) auf etw bleiben ◊ *Keep to the track – the land is very boggy around here.* Bleib auf dem Weg – das Gelände ist hier sehr sumpfig. 2 bei etw bleiben ◊ *keep to the point* beim Thema bleiben 3 sich an etw halten 4 in etw bleiben ◊ *She keeps to her room.* Sie bleibt in ihrem Zimmer. ˈkeep (yourself) to yourˈself für sich bleiben ◊ *He keeps himself to himself.* Er ist nicht sehr gesellig. ˌkeep sth to yourˈself etw für sich behalten
ˌkeep sb ˈunder jdn unterdrücken ☛ G 9.7c
ˌkeep ˈup (*Wetter*) anhalten ˌkeep ˈup (with sb/sth) (mit jdm/etw) Schritt halten ◊ *Slow down – I can't keep up!* Langsamer – ich komme nicht mit! ˌkeep ˈup with sb den Kontakt zu jdm aufrechterhalten ˌkeep ˈup with sth 1 sich über etw auf dem Laufenden halten ◊ *She likes to keep up with the latest fashions.* Sie hält sich über die neueste Mode mit. 2 etw weiterhin zahlen ◊ *You must keep up with the payments.* Sie müssen Ihre Zahlungen nachkommen. ˌkeep sb ˈup jdn wach halten ◊ *I hope we're not keeping you up.* Ich hoffe, wir halten Sie nicht davon ab, ins Bett zu gehen. ☛ G 9.7c ˌkeep sth ˈup 1 etw aufrechterhalten ◊

etw nicht sinken lassen ◊ *keep prices up* die Preise hoch halten ◊ *They sang songs to keep their spirits up.* Sie sangen Lieder, um nicht den Mut zu verlieren. 2 etw fortsetzen ◊ *We can't keep up our repayments.* Wir können unsere Rückzahlungen nicht weiterhin leisten. ◊ *Well done! Keep up the good work/Keep it up!* Gut gemacht! Mach so weiter/nur weiter so! 3 etw pflegen 4 etw in Schuss halten **SYN** MAINTAIN

keep² /kiːp/ *Nomen* 1 (Lebens)unterhalt 2 Bergfried **IDM** for ˈkeeps (*umgs*) für immer ◊ *Is it yours for keeps or does he want it back?* Gehört es nun dir, oder will er es zurückhaben? ☛ *Siehe auch* EARN

keep·er /ˈkiːpə(r)/ *Nomen* 1 (*meist in Zusammensetzungen*) Kustos 2 Wärter(in), Halter(in) 3 (*BrE*, *umgs*) = GOALKEEPER, WICKETKEEPER

keep·ing /ˈkiːpɪŋ/ *Nomen* **IDM** in sb's ˈkeeping in jds Obhut in/out of ˈkeeping with sth (einer Sache) entsprechend/nicht entsprechend ◊ *The results are in keeping with our report.* Die Resultate stimmen mit unserem Bericht überein.

keep·sake /ˈkiːpseɪk/ *Nomen* Andenken **SYN** MEMENTO

keg /keg/ *Nomen* 1 kleines Fass 2 (*BrE*) (*auch* ˈkeg beer) Bier vom Fass

kelp /kelp/ *Nomen* (See)tang

kel·vin /ˈkelvɪn/ *Nomen* (*Abk* **K**) (NATURW) Kelvin

ken¹ /ken/ *Nomen* **IDM** be beyond sb's ken (*veraltet*) jds Wissen übersteigen

ken² /ken/ *Verb* (-nn-) (*Schott oder Dialekt*) wissen, kennen

ken·nel /ˈkenl/ *Nomen* 1 (*BrE*) Hundehütte 2 **kennels** Hundepension, Tierheim ☛ G 1.3b

kept *Form von* KEEP¹

kept ˈwoman *Nomen* (*veraltet, meist hum*) Mätresse

kerb (*AmE* **curb**) /kɜːb; *AmE* kɜːrb/ *Nomen* Bordstein

ˈkerb-crawling *Nomen* (*BrE*) Abfahren des Autostrichs

kerb·side (*AmE* **curb·side**) /ˈkɜːbsaɪd; *AmE* ˈkɜːrb-/ *Nomen* Bordsteinkante

ker·chief /ˈkɜːtʃɪf; *AmE* ˈkɜːrtʃɪf/ *Nomen* (*veraltet*) (Hals)tuch, (Kopf)tuch

ker·fuf·fle /kəˈfʌfl; *AmE* kərˈf-/ *Nomen* (*BrE*, *umgs*) Wirbel, Theater **SYN** COMMOTION

ker·nel /ˈkɜːnl; *AmE* ˈkɜːrnl/ *Nomen* Kern (*auch fig*)

kero·sene (*auch* **kero·sine**) /ˈkerəsiːn/ *Nomen* (*bes AmE*) Kerosin, Petroleum

kes·trel /ˈkestrəl/ *Nomen* Turmfalke

ketch /ketʃ/ *Nomen* zweimastiger Segler, Ketsch

ketchup /ˈketʃəp/ *Nomen* Ketschup

ket·tle /ˈketl/ *Nomen* (Wasser)kessel; (*elektrisch*) Wasserkocher ◊ (*BrE*) *I'll put the kettle on.* Ich setze schon mal Wasser auf. **IDM** ⇒ DIFFERENT *und* POT¹

kettle·drum /ˈketldrʌm/ *Nomen* (Kessel)pauke

key¹ /kiː/ *Nomen* 1 Schlüssel ◊ *Someone holds the key to solving this crime.* Irgendjemand kann wahrscheinlich Aufschluss über dieses Verbrechen geben. ◊ (*bes AmE*) *The key is, how long …?* Die Schlüsselfrage ist, wie lang …? 2 Taste 3 Tonart ◊ *in the key of E flat major* in Es-Dur 4 (Lösungs)schlüssel 5 Legende **IDM** ⇒ LOCK²

key² /kiː/ *Verb* ~ sth (in) etw eingeben; ~ sth (into sth) etw (in etw) eingeben ◊ *Key (in) your password.* Geben Sie Ihr Passwort ein. **PHRV** ˈkey sb/sth to sth *meist passiv* (*bes AmE*) jdn/etw auf etw ausrichten ◊ *keyed to their needs* ihren Bedürfnissen angepasst

key³ /kiː/ *Adj nur vor Nomen* Schlüssel- ☛ *Hinweis bei* IMPORTANT

key·board¹ /ˈkiːbɔːd; *AmE* -bɔːrd/ *Nomen* 1 Tastatur 2 Klaviatur 3 Keyboard

key·board² /ˈkiːbɔːd; *AmE* -bɔːrd/ *Verb meist passiv* (Text) eingeben

key·board·er /ˈkiːbɔːdə(r); *AmE* -bɔːrd-/ *Nomen* Texterfasser(in)

key·board·ing /ˈkiːbɔːdɪŋ; *AmE* -bɔːrd-/ *Nomen* Texteingabe

ˌkeyed ˈup *Adj nicht vor Nomen* aufgeregt

key·hole /ˈkiːhəʊl; *AmE* -hoʊl/ *Nomen* Schlüsselloch

ˌkeyhole ˈsurgery *Nomen* minimal invasive Chirurgie

key·note /'ki:nəʊt; *AmE* -noʊt/ *Nomen* [meist Sing] Leitgedanke ◊ *a keynote speech* eine Eröffnungsrede

key·pad /'ki:pæd/ *Nomen* Tastenfeld

ˈ**key ring** *Nomen* Schlüsselring

ˈ**key signature** *Nomen* Tonartvorzeichen

key·stone /'ki:stəʊn; *AmE* -stoʊn/ *Nomen* **1** (ARCHIT) Schlussstein **2** [meist Sing] (*fig*) (*gehoben*) Grundpfeiler

kg *Abk* (*Pl* **kg** *oder* **kgs**) = KILOGRAM

kha·ki /'kɑ:ki/ **1** *Nomen* Khaki **2** *Adj* khakifarben, Khaki-

kHz *Abk* = KILOHERTZ

kib·butz /kɪ'bʊts/ *Nomen* (*Pl* **kib·butz·im** /ˌkɪbʊt'si:m/) Kibbuz

kick¹ /kɪk/ *Verb* **1** treten ◊ *kick the door down* die Tür eintreten ◊ *We were kicking a ball around in the yard.* Wir bolzten auf dem Hof herum. ◊ *They kicked their legs in the air.* Sie warfen die Beine hoch. **2** ~ **yourself** (*umgs*) sich ärgern ◊ *I could kick myself for forgetting.* Ich könnte mich dafür in den Hintern treten, dass ich es vergessen habe. **3** (SPORT) schießen **4** (*umgs*) (*Gewohnheit etc.*) aufgeben ◊ *It helped her kick her drug habit.* Es hat ihr geholfen, von den Drogen runterzukommen. ◊ *He's kicked the booze.* Er hat mit dem Saufen aufgehört. IDM **kick (some/sb's) ˈass** (*bes AmE*, *Slang*) (jdm) in den Hintern treten **kick the ˈbucket** (*umgs oder hum*) ins Gras beißen **kick your ˈheels** (*BrE*) Däumchen drehen **kick sb in the ˈteeth** jdm vor den Kopf stoßen **kick over the ˈtraces** (*BrE*, *veraltet*) über die Stränge schlagen **kick up a ˈfuss, ˈstink, etc.** (*umgs*) Krach schlagen; Stunk machen **kick up your ˈheels** (*bes AmE*, *umgs*) die Füße hochlegen **kick sb upˈstairs** (*umgs*) jdn durch eine angebliche Beförderung kaltstellen **kick sb when they're ˈdown** jdn gänzlich fertigmachen ☛ *Siehe auch* ALIVE *und* HELL PHRV **kick aˈbout/aˈround** (*umgs*) **1** (*meist in der Verlaufsform*) rumliegen **2** herumziehen ˌ**kick sb aˈround** (*umgs*) jdn schikanieren ☛ G 9.7c ˌ**kick sth aˈbout/aˈround** (*umgs*) etw bequatschen ˈ**kick against sth** sich gegen etw aufbäumen ˌ**kick ˈin** (*umgs*) eintreten, einsetzen ◊ *Reforms will kick in later this year.* Die Reformen werden noch in diesem Jahr wirksam. ◊ *The fan kicks in automatically.* Der Ventilator geht von selber an. ˌ**kick ˈin (sth)** (*AmE*) etw beisteuern ˌ**kick ˈoff** anstoßen ˌ**kick ˈoff (with sth)** (*umgs*) (mit etw) anfangen ˌ**kick sth ˈoff** (*Schuhe etc.*) abstreifen ˌ**kick ˈoff sth** etw anfangen ˌ**kick ˈout (at sb/sth)** **1** (nach jdm/etw) treten **2** sich (an jdm/etw) auslassen ˌ**kick sb ˈout (of sth)** (*umgs*) jdn (aus etw) hinauswerfen ˌ**kick sth ˈup** (*bes AmE*) (*Wind etc.*) (noch) stärker werden ˌ**kick sth ˈup** etw aufwirbeln, etw hochschleudern

kick² /kɪk/ *Nomen* **1** Tritt **2** (*umgs*) Kick, (Nerven)kitzel ◊ *I get a kick out of driving fast cars.* Ich fahre leidenschaftlich gern schnelle Autos. **3** [meist Sing] (*umgs*) ◊ *This drink has quite a kick.* Dieses Getränk hat es in sich. IDM **a kick in the ˈteeth** (*umgs*) ein Schlag ins Gesicht

kick·back /'kɪkbæk/ *Nomen* [meist Pl] (*bes AmE*, *umgs*) Schmiergeld SYN BRIBE

ˈ**kick-boxing** *Nomen* Kickboxen

kick·er /'kɪkə(r)/ *Nomen* **1** ~ Spieler, der Strafstöße ausführt **2** (*AmE*, *umgs*) überraschendes Ende

kick·ing /'kɪkɪŋ/ *Adj* (*umgs*) voller Leben ◊ *The club was really kicking.* Im Klub war echt was los. IDM ⇒ ALIVE

ˈ**kick-off** *Nomen* **1** (SPORT) Anstoß **2** [Sing] (*umgs*) Start, Anfang

kick·stand /'kɪkstænd/ *Nomen* (*Fahrrad-*, *Motorrad-*)Ständer

ˈ**kick-start**¹ *Verb* **1** mit dem Kickstarter anlassen **2** (*fig*) ankurbeln

ˈ**kick-start**² (*auch* ˈ**kick-starter**) *Nomen* **1** Kickstarter **2** (*fig*) Ankurbelung

kid¹ /kɪd/ *Nomen* **1** (*umgs*) Kind, Jugendliche(r) ◊ *She's a bright kid.* Sie ist ein intelligentes Mädchen. ☛ In der gesprochenen Sprache und im amerikanischen Englisch ist **kid** gebräuchlicher als **child**. **2** (*umgs*) (als Anrede) Kleine(r) **3** Kitz, Zicklein **4** *white kid gloves* weiße Glacéhandschuhe IDM **handle/treat, etc. sb with kid ˈgloves** jdn mit Glacéhandschuhen anfassen ˈ**kid's stuff** (*AmE* ˈ**kid stuff**) ein Kinderspiel; was für kleine Kinder

kid² /kɪd/ *Verb* (**-dd-**) (*umgs*) **1** (*meist in der Verlaufsform*) Spaß machen ◊ *I was only kidding.* Ich habe nur Spaß gemacht. **2** ~ **sb** jdn verkohlen ◊ *I'm not kidding you. It does work.* Ich ziehe dich nicht auf. Es funktioniert wirklich. SYN JOKE **3** ~ **sb/yourself** jdm/sich etw vormachen ◊ *I tried to kid myself (that) everything was normal.* Ich versuchte mir vorzumachen, dass alles wie immer war. SYN DECEIVE IDM ˌ**no ˈkidding** (*umgs*) **1** das kann man wohl sagen! **2** im Ernst **you're ˈkidding; you must be ˈkidding** (*umgs*) das ist doch nicht dein Ernst! ˈ**kid aˈround** (*bes AmE*) herummalbern

kid³ /kɪd/ *Adj* (*bes AmE*, *umgs*) ~ **sister** kleine Schwester; ~ **brother** kleiner Bruder

kid·die (*auch* **kiddy**) /'kɪdi/ *Nomen* (*Pl* **-ies**) (*umgs*) (kleines) Kind

kid·nap /'kɪdnæp/ *Verb* (**-pp-**, *AmE* **-p-**) kidnappen, entführen

kid·nap·per /'kɪdnæpə(r)/ *Nomen* Kidnapper(in), Entführer(in)

kid·nap·ping /'kɪdnæpɪŋ/ (*auch* **kid·nap** /'kɪdnæp/) *Nomen* Kidnapping, Entführung

kid·ney /'kɪdni/ *Nomen* Niere ◊ *a kidney infection* eine Nierenentzündung ◊ *steak and kidney pie* Pastete mit Rindfleisch und Nieren

ˈ**kidney bean** *Nomen* rote Bohne, Kidneybohne

ˈ**kidney machine** *Nomen* künstliche Niere

kike /kaɪk/ *Nomen* (*bes AmE*, *Slang*, *beleidigend*) Jude

kill¹ /kɪl/ *Verb* **1** töten, umbringen; (*Unkraut*) vernichten ◊ *Cancer kills thousands every year.* Jedes Jahr sterben Tausende an Krebs. ◊ *Three people were killed in the crash.* Drei Leute kamen bei dem Unfall ums Leben. **2** zunichte machen, verderben ◊ *kill a rumour* einem Gerücht ein Ende machen **3** (*meist in der Verlaufsform*, *kein Passiv*) (*umgs*) weh tun **4** (*BrE*) ◊ *He was killing himself laughing.* Er lachte sich tot. ◊ (*AmE*) *Stop it! You're killing me!* Hör auf! Ich lache mich noch tot! IDM **kill the goose that lays the golden ˈegg/ˈeggs** das Huhn, das die goldenen Eier legt, schlachten **be ˌkill or ˈcure** (*BrE*) entweder das Ende oder die Rettung sein **kill an ˈhour, a couple of ˈhours, etc.** sich eine Stunde/zwei Stunden etc. die Zeit vertreiben **kill ˈtime** die Zeit totschlagen; sich die Zeit vertreiben **kill two birds with one ˈstone** zwei Fliegen mit einer Klappe schlagen ˌ**kill sb/sth with ˈkindness** es allzu gut mit jdm/etw meinen ☛ *Siehe auch* DRESSED PHRV ˌ**kill sb/sth ˈoff** jdn/etw vernichten; (*fig*) jdn/etw zerstören

kill² /kɪl/ *Nomen* [meist Sing] **1** Tötung, Abschuss ◊ *I was in at the kill.* Ich war am Schluss dabei. **2** Beute

kill·er /'kɪlə(r)/ *Nomen* **1** Mörder(in) ◊ *Heart disease is the biggest killer there.* Herzkrankheiten sind die häufigste Todesursache dort. **2** (*umgs*) Wahnsinn ◊ *The exam was a real killer.* Die Prüfung war mörderisch. ◊ *The new movie is a killer.* Der neue Film ist wahnsinnig gut.

ˈ**killer whale** *Nomen* Schwertwal

kill·ing¹ /'kɪlɪŋ/ *Nomen* Tötung, Mord IDM ˌ**make a ˈkilling** (*umgs*) einen Riesengewinn machen

kill·ing² /'kɪlɪŋ/ *Adj* (*umgs*) mörderisch

kill·joy /'kɪldʒɔɪ/ *Nomen* (*abwert*) Spielverderber(in)

kiln /kɪln/ *Nomen* Brennofen, Trockenofen

kilo /'ki:ləʊ; *AmE* 'ki:loʊ/ *Nomen* (*Pl* **-os**) = KILOGRAM

kilo·byte /'kɪləbaɪt/ *Nomen* (*Abk* **K**) Kilobyte

kilo·gram (*BrE auch* **kilo·gramme**) /'kɪləɡræm/ (*auch* **kilo**) *Nomen* (*Abk* **kg**) Kilo(gramm)

kilo·hertz /'kɪləhɜːts; *AmE* -hɜːrts/ *Nomen* (*Pl* **kilo·hertz**) (*Abk* **kHz**) Kilohertz

kilo·metre (*AmE* **kilo·meter**) /'kɪləmiːtə(r); *BrE auch* kɪ'lɒmɪtə(r); *AmE* kɪ'lɑːm-/ *Nomen* (*Abk* **k, km**) Kilometer

kilo·watt /'kɪləwɒt; *AmE* -wɑːt/ *Nomen* (*Abk* **kW, kw**) Kilowatt

ˌ**kilowatt-ˈhour** *Nomen* (*Abk* **kWh**) Kilowattstunde

kilt /kɪlt/ *Nomen* Kilt, Schottenrock

kilt·ed /'kɪltɪd/ *Adj* mit einem Kilt bekleidet

kilt·er /'kɪltə(r)/ *Nomen* IDM **out of kilter** aus dem Lot

ki·mono /kɪ'məʊnəʊ; *AmE* kɪ'moʊnoʊ/ *Nomen* (*Pl* **-os**) Kimono

kin /kɪn/ Nomen [Pl] (veraltet oder gehoben) Verwandte IDM ⇨ KITH

kind¹ /kaɪnd/ Nomen Art, Sorte ◊ *What kind of house did they buy?* Was für ein Haus haben sie gekauft? ◊ *all kinds of things* alles Mögliche ◊ *She isn't that kind of girl.* Sie ist nicht so eine. ◊ *paper and pencils, that kind of thing* Papier, Bleistifte und so was ◊ *that kind of money* so viel Geld ◊ *(gehoben) Would you like a drink of some kind?* Möchten Sie irgendetwas trinken? ◊ *That's not my kind of music.* Solche Musik ist nicht mein Fall. IDM **in 'kind 1** in Naturalien ◊ *benefits in kind* Sachbezüge **2** (*gehoben*) ◊ *She insulted him and he replied in kind.* Sie beleidigte ihn und er zahlte es ihr mit gleicher Münze heim. ◊ *If you help them, they will respond in kind.* Wenn du ihnen hilfst, werden sie es umgekehrt auch tun. **a 'kind of** (*umgs*) eine Art; so ein ◊ *I had a kind of feeling this might happen.* Ich hatte so ein komisches Gefühl, dass das passieren könnte. **'kind of** (*umgs*) (*auch* **'kinda**) irgendwie ◊ *I like him, kind of.* Er ist mir irgendwie sympathisch. **nothing of the 'kind/'sort** nichts dergleichen ◊ *'I was terrible!' 'You were nothing of the kind.'* „Ich war furchtbar!" „Nicht die Spur." ◊ *You'll do nothing of the kind!* Das kommt gar nicht infrage! **of a 'kind 1** (*abwert*) ◊ *It's progress of a kind.* Das ist wohl eine Art Fortschritt. ◊ *It's soup of a kind.* Das soll wohl Suppe sein. **2** ◊ *They're two of a kind.* Die beiden sind vom gleichen Schlag. **one of a 'kind** einmalig; einzigartig **something of the/that 'kind** so etwas Ähnliches ◊ *'He's resigning.' 'I'd suspected something of the kind.'* „Er kündigt." „So etwas Ähnliches hatte ich erwartet."

kind² /kaɪnd/ Adj freundlich, nett ◊ *a kind heart* ein gutes Herz ◊ *a kind face* ein gütiges Gesicht ◊ *be kind to animals* Tiere gut behandeln ◊ (*fig*) *Soft water is kinder to your hair.* Weiches Wasser schont Ihr Haar. ◊ (*fig*) *The weather was very kind to us.* Wir hatten Glück mit dem Wetter. OPP UNKIND

kin·der·gar·ten /ˈkɪndəɡɑːtn; AmE -dərɡɑːrtn/ Nomen **1** (*bes AmE*) Vorschule **2** (*BrE*) Kindergarten

ˌkind-ˈhearted Adj gutherzig, gütig

kin·dle /ˈkɪndl/ Verb (*gehoben*) **1** (*Feuer*) sich entzünden; (*fig*) (*Gefühl*) auflammen **2** (*Feuer*) entzünden; (*Flamme*) entfachen; (*Interesse etc.*) wecken

kind·li·ness /ˈkaɪndlinəs/ Nomen Freundlichkeit, Güte

kind·ling /ˈkɪndlɪŋ/ Nomen Anzündholz

kind·ly¹ /ˈkaɪndli/ Adv **1** freundlich(erweise) **2** (*gehoben, veraltet*) bitte, gefälligst ◊ *Kindly leave me alone!* Lassen Sie mich bitte in Ruhe! IDM **not take 'kindly to sth/sb** etw/jdm nicht wohlwollend gegenüberstehen **look 'kindly on/upon sth/sb** etw/jdm gutheißen

kind·ly² /ˈkaɪndli/ Adj (*veraltet oder gehoben*) freundlich, gütig

kind·ness /ˈkaɪndnəs/ Nomen **1** Güte, Freundlichkeit **2** Gefälligkeit ◊ *I can never repay your many kindnesses to me.* Ich kann dir all das, was du für mich getan hast, nie vergelten. IDM ⇨ KILL¹ *und* MILK¹

kin·dred¹ /ˈkɪndrəd/ Nomen (*veraltet oder gehoben*) **1** [Pl] Verwandtschaft, Verwandte **2** [U] Verwandtschaft

kin·dred² /ˈkɪndrəd/ Adj (*gehoben*) verwandt, ähnlich ◊ *a kindred spirit* ein gleich Gesinnter

kin·et·ic /kɪˈnetɪk; BrE auch kaɪ-/ Adj kinetisch

king /kɪŋ/ Nomen König (*auch fig*) ◊ *the king of spades* der Pikkönig IDM **a ˌkingˈs 'ransom** (*gehoben*) ein Vermögen ☞ *Siehe auch* ENGLISH¹ *und* EVIDENCE

king·dom /ˈkɪŋdəm/ Nomen Königreich, Reich (*auch fig*) ◊ *the kingdom of God* das Reich Gottes ◊ *the animal kingdom* das Tierreich IDM **till/until kingdom 'come** (*veraltet*) bis in alle Ewigkeit ☞ *Siehe auch* BLOW¹

king·fish·er /ˈkɪŋfɪʃə(r)/ Nomen Eisvogel

king·ly /ˈkɪŋli/ Adj (*gehoben*) königlich SYN REGAL

king·pin /ˈkɪŋpɪn/ Nomen Stütze, Schlüsselfigur

ˌKingˈs 'Counsel Nomen = KC

king·ship /ˈkɪŋʃɪp/ Nomen Königswürde

ˈking-size (*auch* **ˈking-sized**) Adj extragroß ◊ *a king-size bed* ein extrabreites Bett ◊ *a king-sized headache* rasende Kopfschmerzen

kink /kɪŋk/ Nomen **1** Knick, Welle ◊ (*fig*) *the kinks in the new system* die Defekte in dem neuen System **2** (*umgs, abwert*) Schrulle, Abartigkeit **3** (*AmE*) steifer Nacken

kinky /ˈkɪŋki/ Adj (*umgs, meist abwert*) abartig

kin·ship /ˈkɪnʃɪp/ Nomen (*gehoben*) **1** Verwandtschaft **2** [U/Sing] geistige Verwandtschaft

kins·man /ˈkɪnzmən/ Nomen (Pl **-men** /-mən/) (*veraltet oder gehoben*) Verwandter

kins·wo·man /ˈkɪnzwʊmən/ Nomen (Pl **-women** /-wɪmɪn/) (*veraltet oder gehoben*) Verwandte

kiosk /ˈkiːɒsk; AmE -ɑːsk/ Nomen **1** Kiosk, Bude **2** (*BrE, veraltet*) Telefonzelle

kip¹ /kɪp/ Nomen (*BrE, umgs*) Schlaf ◊ *I must get some kip.* Ich muss mal eine Runde pennen.

kip² /kɪp/ Verb (**-pp-**) (*BrE, umgs*) pennen

kip·per /ˈkɪpə(r)/ Nomen Räucherhering, Bückling

kirk /kɜːk; AmE kɜːrk/ Nomen **1** (*SchotE*) Kirche **2 the Kirk (of Scotland)** [Sing] die Kirche von Schottland

kirsch /kɪəʃ; AmE kɪrʃ/ Nomen Kirsch(wasser)

kiss¹ /kɪs/ Verb **1** (sich) küssen ◊ *Kiss your mother good night.* Gib deiner Mutter einen Gutenachtkuss. **2** (*gehoben*) (*fig*) sanft berühren IDM **ˌkiss and 'tell** Einzelheiten über eine Affäre mit einem Star etc. an die Medien verkaufen ◊ *a kiss and tell interview* eine Enthüllungsstory **kiss sbˈs 'arse** (*AmE* **kiss sbˈs 'ass**) (*vulg, Slang*) jdm in den Arsch kriechen **ˌkiss sth 'better** (*umgs*) ◊ *Come here and let me kiss it better.* Komm her, ich blase mal drauf, dann tut es nicht mehr weh. **ˌkiss sth goodˈbye; ˌkiss goodˈbye to sth** (*umgs*) sich etw abschminken PHR V **ˌkiss sth aˈway** etw wegküssen

kiss² /kɪs/ Nomen Kuss IDM **the kiss of 'death** (*umgs, bes hum*) ein Danaergeschenk ◊ *An award can be the kiss of death for a writer.* Ein Literaturpreis kann für einen Schriftsteller das Ende seiner Karriere bedeuten. **the kiss of 'life** (*BrE*) Mund-zu-Mund-Beatmung ☞ *Siehe auch* STEAL¹

kisso·gram /ˈkɪsəɡræm/ Nomen [Sing] = Überraschung zum Geburtstag etc. in Form eines Kusses von einem/einer kostümierten Unbekannten

kit¹ /kɪt/ Nomen **1** Bausatz ◊ *She built the doll's house from a kit.* Sie baute das Puppenhaus aus einem Bausatz. **2** Ausrüstung ◊ *a first-aid kit* ein Verbandskasten ◊ *a drum kit* ein Schlagzeug ◊ *a tool kit* Werkzeug ◊ *sports kit* Sportzeug ◊ *repair kit* Flickzeug IDM **get your 'kit off** (*BrE, Slang*) sich ausziehen ☞ *Siehe auch* CABOODLE

kit² /kɪt/ Verb (**-tt-**) PHR V **ˌkit sb 'out/up (in/with sth)** (*BrE*) jdn (mit etw) ausstatten, jdn (mit etw) ausrüsten

kit·bag /ˈkɪtbæɡ/ Nomen (*bes BrE*) Seesack

kit·chen /ˈkɪtʃɪn/ Nomen Küche IDM **everything but the kitchen 'sink** (*umgs, hum*) die halbe Wohnungseinrichtung ☞ *Siehe auch* HEAT¹

kit·chen·ette /ˌkɪtʃɪˈnet/ Nomen kleine Küche, Kochnische

ˌkitchen 'garden Nomen (*BrE*) Gemüsegarten

ˈkitchen paper (*auch* **ˈkitchen roll**, **ˈkitchen towel**) Nomen Küchenkrepp

kit·chen·ware /ˈkɪtʃɪnweə(r); AmE -wer/ Nomen [U] Küchengeräte

kite¹ /kaɪt/ Nomen **1** Drachen ◊ *fly a kite* einen Drachen steigen lassen **2** (Roter) Milan IDM ⇨ FLY¹ *und* HIGH¹

kite² /kaɪt/ Verb (*AmE, umgs*) (*Scheck*) fälschen

Kite·mark™ /ˈkaɪtmɑːk; AmE -mɑːrk/ Nomen [meist Sing] (*in GB*) = amtliches Gütezeichen

kith /kɪθ/ Nomen IDM **kith and kin** (*veraltet*) Freunde und Verwandte

kitsch¹ /kɪtʃ/ Nomen (*abwert*) Kitsch

kitsch² /kɪtʃ/ (*auch* **kitschy** /ˈkɪtʃi/) Adj (*abwert*) kitschig

kit·ten /ˈkɪtn/ Nomen junge Katze, Kätzchen IDM **have 'kittens** (*BrE, umgs*) Zustände kriegen

kitty /ˈkɪti/ Nomen (Pl **-ies**) **1** (*umgs*) gemeinsame Kasse **2** Spielkasse **3** (*umgs*) (*Katze*) Mieze

ˌkitty-ˈcorner(ed) Adj, Adv (*AmE, umgs*) schräg (gegenüber)

kiwi /ˈkiːwiː/ Nomen **1 Kiwi** (*umgs*) Neuseeländer(in) **2** (*Vogel*) Kiwi **3** (*auch* **ˈkiwi fruit** (*Pl* **kiwi fruit**)) Kiwi

Klaxon™ /ˈklæksən/ Nomen (*BrE*) Hupe, Horn

Klee·nex™ /ˈkliːneks/ Nomen (Pl **Klee·nex**) Papiertaschentuch

klep·to·ma·nia /ˌkleptəˈmeɪniə/ Nomen Kleptomanie

klep·to·maniac /ˌkleptəˈmeɪniæk/ *Nomen* Kleptomane, Kleptomanin

km *Abk* (*Pl* **km** *oder* **kms**) = KILOMETRE(S)

knack /næk/ *Nomen* [Sing] **1** Trick ◇ *It's easy, once you've got the knack.* Es ist leicht, wenn du den Dreh heraushast. **2** Talent ◇ *He's got a real knack for making money.* Er hat ein echtes Talent zum Geldverdienen. ◇ *She has the knack of always saying the wrong thing.* Sie hat die unglückliche Angewohnheit, immer das Falsche zu sagen.

knacker /ˈnækə(r)/ *Verb* (*BrE*, *Slang*) **1** (*erschöpfen*) schaffen, fertig machen SYN EXHAUST **2** kaputt machen

knackered /ˈnækəd; *AmE* -kərd/ *Adj* (*BrE*, *Slang*) **1** (*müde*) völlig kaputt, total geschafft **2** kaputt, hinüber

knacker·ing /ˈnækərɪŋ/ *Adj* (*BrE*, *umgs*) wahnsinnig anstrengend

ˈknacker's yard (*auch* **the knackers**) *Nomen* [meist Sing] (*BrE*, *veraltet*) Abdeckerei

knap·sack /ˈnæpsæk/ *Nomen* (*BrE*, *veraltet oder AmE*) Rucksack

knave /neɪv/ *Nomen* (*veraltet*) **1** (*beim Kartenspiel*) Bube **2** Schurke

knead /niːd/ *Verb* **1** kneten **2** massieren

knee¹ /niː/ *Nomen* **1** Knie ◇ *He went down on one knee.* Er ging auf die Knie. ◇ *She was on her knees.* Sie lag auf den Knien. ◇ *a knee patch* ein Flicken am Knie ◇ *She was sitting on her mother's knee.* Sie saß bei ihrer Mutter auf dem Schoß. IDM **bring sb to their ˈknees** jdn in die Knie zwingen **bring sth to its ˈknees** etw zugrunde richten **put sb over your ˈknee** jdn übers Knie legen ➡ *Siehe auch* BEE, BEND¹, MOTHER¹ *und* WEAK

knee² /niː/ *Verb* mit dem Knie stoßen

knee·cap¹ /ˈniːkæp/ *Nomen* Kniescheibe SYN PATELLA

knee·cap² /ˈniːkæp/ *Verb* (**-pp-**) die Kniescheiben durchschießen/brechen

knee·cap·ping /ˈniːkæpɪŋ/ *Nomen* = Durchschießen/Brechen der Kniescheiben

ˌknee-ˈdeep *Adj, Adv* knietief ◇ *I waded in knee-deep.* Ich watete bis zu den Knien hinein. ◇ (*fig*) *I was knee-deep in work.* Ich steckte bis über den Hals in Arbeit.

ˌknee-ˈhigh *Adj* kniehoch IDM **knee-high to a ˈgrasshopper** (*umgs*, *hum*) (*Mensch*) klein

ˈknee-jerk *Adj* (*abwert*) automatisch, reflexartig ◇ *It was a knee-jerk reaction.* Es war eine Kurzschlussreaktion.

kneel /niːl/ *Verb* (**knelt, knelt** /nelt/, *AmE auch* **kneeled, kneeled**) **1** knien **2** ~ (**down**) sich hinknien

ˈknee-length *Adj* knielang, kniehoch

ˈknees-up *Nomen* [meist Sing] (*BrE*, *umgs*) Fete, Schwof

knell /nel/ = DEATH KNELL

knew *Form von* KNOW

knick·er·bockers /ˈnɪkəbɒkəz; *AmE* ˈnɪkərbɑːkərz/ (*AmE auch* **knick·ers**) *Nomen* [Pl] Knickerbocker ➡ *Hinweis bei* BRILLE

knick·ers /ˈnɪkəz; *AmE* -kərz/ *Nomen* [Pl] **1** (*BrE*) (Damen)slip ◇ *a pair of knickers* ein Schlüpfer ➡ *Hinweis bei* BRILLE **2** (*AmE*) = KNICKERBOCKERS IDM **get your ˈknickers in a twist** (*BrE*, *Slang*) durchdrehen; ausrasten ➡ *Siehe auch* WET²

knick-knack /ˈnɪk næk/ *Nomen* [meist Pl] (*manchmal abwert*) dekorative Kleinigkeit ◇ *a collection of knick-knacks* eine Sammlung von Nippes

knife¹ /naɪf/ *Nomen* (*Pl* **knives** /naɪvz/) Messer IDM **the ˈknives are out** (**for sb**) das Messer wird (für jdn) schon gewetzt **like a knife through ˈbutter** (*umgs*) mühelos **put/stick the ˈknife in** aggressiv werden **put/stick the ˈknife into sb** jdn fertig machen **turn/twist the ˈknife (in the wound)** Salz in die Wunde streuen **under the ˈknife** (*umgs*) unterm/unters Messer

knife² /naɪf/ *Verb* ~ **sb** auf jdn einstechen, jdn erstechen ◇ *She knifed him in the back.* Sie stach ihm ein Messer in den Rücken.

ˈknife-edge *Nomen* [meist Sing] Schneide IDM **on a ˈknife-edge 1** auf (des) Messers Schneide **2** (wie) auf glühenden Kohlen

ˈknife·point *Nomen* IDM **at ˈknifepoint** mit vorgehaltenem Messer

knight¹ /naɪt/ *Nomen* **1** Ritter **2** (*beim Schach*) Springer IDM **a knight in shining ˈarmour** (*meist hum*) ein Retter in der Not

knight² /naɪt/ *Verb* zum Ritter schlagen

knight·hood /ˈnaɪthʊd/ *Nomen* Ritterwürde

knight·ly /ˈnaɪtli/ *Adj* (*gehoben*) ritterlich, Ritter-

knit¹ /nɪt/ *Verb* (**knit·ting**, **knit·ted**, **knit·ted** *in Bedeutung* 3 *und* 4 *häufig:* **knit, knit**) **1** stricken **2** rechts stricken ◇ *Knit two, purl two.* Zwei rechts, zwei links. **3** ~ (**sb/sth**) (**together**) (jdn/etw) verbinden ◇ *The village is a closely/tightly knit community.* Die Dorfbewohner halten fest zusammen. **4** (*Knochen*) zusammenwachsen (lassen) IDM **knit your ˈbrow(s)** die Stirn runzeln

knit² /nɪt/ *Nomen* Strickware

knit·ted /ˈnɪtɪd/ (*auch* **knit**) *Adj* gestrickt, Strick-

knit·ter /ˈnɪtə(r)/ *Nomen* Stricker(in)

knit·ting /ˈnɪtɪŋ/ *Nomen* **1** Strickzeug **2** Stricken

ˈknitting needle *Nomen* Stricknadel

knit·wear /ˈnɪtweə(r); *AmE* -wer/ *Nomen* [U] Strickwaren

knives *Form von* KNIFE¹

knob /nɒb; *AmE* nɑːb/ *Nomen* **1** Knopf, Regler **2** Knauf, Griff **3** Verdickung, Knoten **4** (*bes BrE*) Stückchen ◇ *a knob of butter* ein Stich Butter **5** (*BrE*, *vulg*, *Slang*) (*Penis*) Kolben, Pimmel

knob·bly /ˈnɒbli; *AmE* ˈnɑːbli/ (*auch* **knobby** /ˈnɒbi; *AmE* ˈnɑːbi/) *Adj* knotig

knock¹ /nɒk; *AmE* nɑːk/ *Verb* **1** ~ (**at/on sth**) (an etw) klopfen **2** ~ (**sth**) (**against/on sth**) (etw) (an etw) stoßen ◇ *Be careful you don't knock your head.* Pass auf, dass du nicht den Kopf stößt. **3** hauen, schlagen ◇ *She knocked my drink flying.* Sie stieß mein Glas um. ◇ *The two rooms had been knocked into one.* Sie haben die Wand durchbrochen, um aus den beiden Zimmern ein großes zu machen. **4** anschlagen ◇ *The criticism had knocked her self-esteem.* Die Kritik hat ihr Selbstbewusstsein angeschlagen. **5** (*Herz*) klopfen, pochen; (*Knie*) schlottern **6** (*umgs*) meckern über ◇ *The newspapers are always knocking the England team.* Die Presse hat an der englischen Nationalmannschaft immer was auszusetzen. ◇ *'Porridge?' 'Don't knock it!'* „Haferbrei?" „Sag ja nichts dagegen!" IDM **I'll knock your ˈblock/ˈhead off!** (*BrE*, *umgs*) Ich polier dir die Fresse! **knock sb ˈdead** (*umgs*) (*beeindrucken*) jdn umhauen **knock sb/sth into a cocked ˈhat** (*BrE*) jdn/etw in den Sack stecken **knock it ˈoff!** (*umgs*) hör(t) auf! **knock sb off their ˈpedestal/ˈperch** jdn vom Sockel stoßen **knock sth on the ˈhead** (*BrE*, *umgs*) einer Sache ein Ende setzen **knock on ˈwood** (*AmE*) toi, toi, toi **knock sb ˈsideways** (*umgs*) (*schocken*) jdn umhauen **knock ˈspots off sb/sth** (*BrE*, *umgs*) jdn/etw in den Sack stecken **knock the ˈstuffing out of sb** (*umgs*) jdn fertig machen, jdn am Boden zerstören **you could have knocked me down with a ˈfeather** (*umgs*) ich war völlig baff ➡ *Siehe auch* DAYLIGHTS, HEAD¹, HELL, SENSE¹, SHAPE¹, SIX *und* SOCK¹ PHR V **ˌknock aˈround …** (*BrE auch* **ˌknock aˈbout …**) (*umgs*) **1** herumkommen in … ◇ *He spent a few years knocking around Europe.* Er ist ein paar Jahre in Europa herumgereist. **2** herumliegen ◇ *It must be knocking around here somewhere.* Es muss irgendwo hier sein. **ˌknock aˈround with sb** (*BrE auch* **ˌknock aˈbout with sb**) (*umgs*) mit jdm herumhängen **ˌknock sb aˈround** (*BrE auch* **ˌknock sb aˈbout**) (*umgs*) jdn verprügeln ➡ G 9.7c **ˌknock sth aˈround** (*BrE auch* **ˌknock sth aˈbout**) (*umgs*) **1** etw herumkicken ➡ G 9.7c **2** etw ramponieren ➡ G 9.7c **ˌknock sb ˈback** (*BrE*, *umgs*) **1** (*schocken*) jdn mitnehmen **2** jdm eine Abfuhr erteilen **ˌknock sth ˈback** (*umgs*) etw herunterkippen **ˌknock sb ˈdown** (*umgs*) ◇ *I managed to knock him down to $400.* Ich konnte ihn auf $400 herunterhandeln. **ˌknock sb ˈdown/ˈover 1** jdn zu Boden schlagen **2** jdn umfahren, jdn anfahren **ˌknock sth ˈdown 1** etw umhauen **2** etw abreißen, etw niederreißen SYN DEMOLISH **3** (*Preis*) heruntersetzen **ˌknock ˈoff (sth)** (*umgs*) (mit etw) aufhören ◇ *knock off work* Feierabend machen ◇ *Let's knock off for lunch.* Lasst uns Mittagspause machen. **ˌknock sb ˈoff** (*Slang*) jdn umlegen **ˌknock sth ˈoff 1** (*umgs*) etw schnell erledigen; (*Aufsatz*) hinhauen; (*ohne Schwierigkeit*) etw aus dem Ärmel schütteln ◇ *He knocks off three novels a year.* Er produziert drei Romane pro Jahr. **2** (*BrE*, *Slang*) etw klauen; (*Bank*) ausrauben **knock sth 'off (sth)** ◊ *They knocked 60 dollars off (the price) because of a scratch.* Sie haben es sechzig Dollar billiger gemacht, weil es einen Kratzer hatte. ◊ *The news knocked 13% off the company's shares.* Die Nachricht ließ die Aktien um 13% fallen. **knock sb 'out 1** jdn k.o. schlagen, jdn bewusstlos schlagen **2** jdn zum Schlafen bringen ◊ *The tablets knocked me out.* Von den Tabletten bin ich gleich eingeschlafen. **3** (*umgs*) jdn umhauen ◊ *The movie just knocked me out.* Ich war ganz hin von dem Film. **4** jdn fix und fertig machen **knock sb 'out (of sth)** (*bei Wettbewerben*) jdn (aus etw) herauswerfen ◊ *England had been knocked out of the World Cup.* England war aus der Weltmeisterschaft ausgeschieden. **knock sth 'out 1** etw ausschlagen ◊ *The force of the blast knocked the window out.* Durch die Wucht der Explosion ging das Fenster kaputt. **2** (*umgs*) etw aus dem Ärmel schütteln ◊ *He knocks out five books a year.* Er produziert fünf Bücher im Jahr. **knock yourself 'out 1** = sich den Kopf einrennen und bewusstlos werden **2** sich ganz fertig machen **knock sb 'over** = KNOCK SB DOWN **knock sth 'over** etw umstoßen **knock sth to'gether** (*umgs*) etw zusammenzimmern **knock 'up** sich warm spielen, sich einspielen **knock sb 'up** (*umgs*) **1** (*BrE*) jdn aus dem Schlaf klopfen **2** (*bes AmE*) jdm ein Kind machen **knock sth 'up** etw zaubern

knock² /nɒk; *AmE* nɑːk/ *Nomen* **1** Klopfen ◊ *There was a knock on/at the door.* Es klopfte. **2** Stoß, Schlag ◊ *He got a nasty knock on the head.* Er hat sich ganz schön den Kopf gestoßen. ◊ *knocks and scratches on the furniture* Dellen und Kratzer an den Möbeln [IDM] **take a (hard, nasty, etc.) 'knock** (schwer) getroffen werden ◊ *Her confidence took a knock when she lost her job.* Ihr Selbstvertrauen litt, als sie ihre Stelle verlor.

'knock-down *Adj nur vor Nomen* (*umgs*) **1** (*Preis etc.*) Billig-, Schleuder- **2** vernichtend ◊ *a knock-down punch* ein K.o.-Schlag

knock·er /'nɒkə(r); *AmE* 'nɑːk-/ *Nomen* **1** (*auch* **'door knocker**) Türklopfer **2** (*umgs*) Kritiker(in), Nörgler(in) **3 knockers** [Pl] (*vulg, Slang*) Titten

knock-'kneed *Adj* x-beinig

knock-on *Adj* (*bes BrE*) ◊ *The increase in the price of oil had a knock-on effect on the cost of many other goods.* Die Erhöhung des Ölpreises wirkte sich auf den Preis vieler anderer Waren aus. ◊ *If one thing is delayed, it causes a knock-on delay throughout the system.* Eine Verzögerung hat Auswirkungen auf alle weiteren Termine.

knock·out¹ /'nɒkaʊt; *AmE* 'nɑːk-/ *Nomen* **1** (*Abk* **KO**) Knock-out, K.o. **2** (*umgs*) absolute Klasse ◊ *She's an absolute knockout.* Sie haut dich um.

knock·out² /'nɒkaʊt; *AmE* 'nɑːk-/ *Adj nur vor Nomen* **1** (*bes BrE*) Ausscheidungs- (*Wettbewerb*) **2** Knock-out-, K.O.-(*Schlag*)

'knock-up *Nomen* [Sing] (*beim Tennis etc.*) Warmspielen ◊ *We were just having a knock-up.* Wir haben nur ein paar Bälle gespielt.

knoll /nəʊl; *AmE* noʊl/ *Nomen* Anhöhe

knot¹ /nɒt; *AmE* nɑːt/ *Nomen* **1** Knoten ◊ *tie a knot* einen Knoten machen ◊ *She had her hair in a loose knot.* Sie trug ihr Haar in einem losen Knoten. ◊ (*fig*) *My stomach was in knots.* Mein Magen krampfte sich zusammen. ◊ (*fig*) *I could feel a knot of fear in my throat.* Die Angst schnürte mir die Kehle zu. **2** Astknoten **3** (*gehoben*) Grüppchen, Knäuel **4** (NAUT) Knoten [IDM] ⇨ RATE *und* TIE¹

knot² /nɒt; *AmE* nɑːt/ *Verb* (**-tt-**) **1** (ver)knoten, binden ◊ *She wore her hair loosely knotted on top of her head.* Sie trug das Haar locker hochgesteckt. **2** sich verknoten, (*Haar*) sich verfilzen [SYN] TANGLE **3** (*Muskeln etc.*) sich verkrampfen ◊ *She felt her stomach knot with fear.* Sie merkte, wie sich ihr Magen vor Angst verkrampfte. [IDM] **get 'knotted!** (*BrE, Slang*) du kannst mich mal!

knot·ty /'nɒti; *AmE* 'nɑːti/ *Adj* (**knot·ti·er, knot·ti·est**) **1** (*Problem etc.*) schwierig, verzwickt **2** knorrig

know¹ /nəʊ; *AmE* noʊ/ *Verb* (**knew** /njuː; *AmE* nuː/, **known** /nəʊn; *AmE* noʊn/) (*nicht in der Verlaufsform*) **1** wissen ◊ *How do you know?* Woher weißt du das? ◊ *You know about Amanda's baby, don't you?* Du weißt doch von Amandas Baby, oder? ◊ (*umgs*) *I don't know about you, but I want to go home.* Ich weiß nicht, wie es mit dir steht, aber ich will nach Hause. ◊ (*umgs*) *'Isn't that his car?' 'I wouldn't know./How should I know?'* „Ist das nicht sein Auto?" „Woher soll ich das wissen?" ◊ *Does he know to come here first?* Weiß er, dass er zuerst hierher kommen soll? ◊ *We know her to be honest.* Wir wissen, dass sie ehrlich ist. ◊ *Two women are known to have died.* Man weiß, das zwei Frauen gestorben sind. ◊ (*umgs*) *I knew it!* Ich hab's doch gewusst! ◊ *I know of at least two similar cases.* Ich weiß, dass es mindestens zwei ähnliche Fälle gegeben hat. ◊ *Do you know how to use spreadsheets?* Kennst du dich mit Tabellenkalkulation aus? ◊ *The cause of the fire is not yet known.* Die Ursache des Brandes ist noch unbekannt. ◊ (*umgs*) *'What are you two whispering about?' 'You don't want to know.'* „Was flüstert ihr beiden?" „Frag lieber nicht." ◊ *I don't know that I can be ready by 6 o'clock.* Ich glaube nicht, dass ich um 6 fertig bin. **2** kennen ◊ *I've known David for 20 years.* Ich kenne David seit 20 Jahren. ◊ *Knowing Ben, we could be waiting a long time.* So wie ich Ben kenne, werden wir wohl noch eine Weile warten. ◊ *This man is known to the police.* Der Mann ist der Polizei nicht unbekannt. **3 be known as sth** als etw bekannt sein; **be known for sth** wegen einer Sache bekannt sein **4** erkennen ◊ *I thought I knew the voice.* Die Stimme kam mir bekannt vor. **5 ~ sb/sth from sb/sth** jdn/etw von jdm/etw unterscheiden können ◊ *Our children know right from wrong.* Unsere Kinder können Recht und Unrecht unterscheiden. **6** (*Sprache etc.*) können **7** (*nur in Perfektformen*) erlebt haben ◊ *I've never known it (to) snow in July before.* Ich habe noch nie erlebt, dass es im Juli schneit. ◊ *She has known what it is like to be poor.* Sie hat am eigenen Leib erfahren, was es bedeutet, arm zu sein. ◊ *He has been known to spend all morning in the bathroom.* Es ist schon vorgekommen, dass er den ganzen Vormittag im Badezimmer war. [IDM] **before you know where you 'are** ehe man sichs versieht **be not to 'know** etw nicht wissen können ◊ *He wasn't to know that I'd already bought one.* Er konnte nicht wissen, dass ich schon eins gekauft hatte. **for all you, I, they, etc. know** (*umgs*) ◊ *She could be dead for all I know.* Vielleicht ist sie tot, was weiß ich. ◊ *I could have been a burglar for all they knew.* Ich hätte doch ein Einbrecher sein können. **God/goodness/Heaven knows 1** was weiß ich; weiß der Kuckuck **2** weiß Gott **I don't know how, why, etc. ...** (*umgs*) (*zum Ausdruck von Kritik*) ◊ *I don't know how you can speak like that to your mother.* Wie kannst du bloß so mit deiner Mutter reden! **I know** (*umgs*) **1** (*zum Ausdruck von Mitleid*) ja ich weiß **2** ich habs ◊ *I know, let's ask Jane.* Ich habs, wir fragen mal Jane. **know sth 'backwards** (*bes BrE, umgs*) etw in- und auswendig kennen **know 'best** etw besser wissen ◊ *The doctor knows best.* Die Ärztin muss es ja wissen. **know better (than that/than to do sth)** ◊ *You left the car unlocked? I thought you'd know better.* Du hast das Auto nicht abgeschlossen? Ich hätte dich für klüger gehalten. ◊ *He knows better than to judge by appearances.* Er ist nicht so dumm, nur nach dem Äußeren zu gehen. **know sb by 'sight** jdn vom Sehen kennen **know 'different/'otherwise** (*umgs*) wissen, dass etw nicht stimmt; es besser wissen **know full 'well** sehr gut wissen; sehr wohl wissen ◊ *He knew full well what he was doing.* Er wusste ganz genau, was er tat. **know sb/sth inside 'out; know sb/sth like the back of your 'hand** (*umgs*) jdn/etw sehr genau kennen ◊ *I know this area like the back of my hand.* Ich kenne diese Gegend wie meine Westentasche. **know the' score** Bescheid wissen; wissen, was gespielt wird **know your own 'mind** wissen, was man will **know your 'stuff** (*umgs*) sich auskennen; Bescheid wissen **know your way a'round** sich auskennen **know what you're 'talking about** (*umgs*) aus Erfahrung sprechen; Ahnung haben ◊ *I've lived in China, so I know what I'm talking about.* Ich habe in China gelebt, ich spreche also aus Erfahrung. **know which side your 'bread is buttered** (*umgs*) wissen, wo es etw zu holen gibt **let it be known/make it known that ...** (*gehoben*) bekannt geben, dass ...; verlauten lassen, dass ... **let sb 'know** jdn wissen lassen; jdm (Bescheid) sagen ◊ *Let me know how I can help.* Sagen Sie mir, wie ich helfen kann. **make yourself 'known to sb** sich bei jdm melden **not know any 'better** es nicht anders kennen, es nicht anders wissen ◊ *Don't blame the children — they don't know any better.* Du kannst die Kinder nicht verantwortlich machen — sie können es ja nicht wis-

know

sen. **not know you are 'born** (*BrE, umgs*) nicht wissen, wie gut man es hat **not know your ˌarse from your 'elbow** (*BrE, vulg, Slang*) dümmer sein, als die Polizei erlaubt; keine Ahnung haben **not know the first thing a'bout sb** nicht das Geringste über jdn wissen **not know the first thing a'bout sth** von einer Sache nicht das Geringste verstehen ◊ *I'm afraid I don't know the first thing about cars.* Leider habe ich von Autos keine Ahnung. **not know sb from 'Adam** (*umgs*) keine Ahnung haben, wer jd ist **not know what 'hit you** (*umgs*) nicht wissen, wie einem geschah **not know where to 'look** (*umgs*) schrecklich verlegen sein **not know whether you're 'coming or 'going** (*umgs*) nicht wissen, wo einem der Kopf steht **there's no 'knowing** wer weiß; man kann nie wissen **what does … know?** was versteht … davon?; was weiß … davon? ◊ *What does he know about football, anyway?* Was versteht er denn überhaupt von Fußball? **what do you 'know (about 'that)?** (*umgs*) Sieh mal einer an! ˌyou 'know **1** (*als Lückenfüller, während man überlegt, was man als nächstes sagen möchte*) ◊ *Well, you know, it's difficult to explain.* Ja weißt du, es ist schwer zu erklären. **2** (*als Bezug auf schon bekanntes Wissen*) du weißt schon; Sie wissen schon ◊ *You know that restaurant round the corner? It's closed down.* Du kennst doch das Restaurant um die Ecke? Es hat zugemacht. **3** (*als Verstärkung dessen, was man gerade gesagt hat*) ◊ *I'm not stupid, you know.* Ich bin schließlich nicht dumm. **you ˌknow something/ 'what?** (*umgs*) Weißt du was? **you know 'who/'what** (*umgs*) du weißt schon wer/was; Sie wissen schon wer/was **you never know** (*umgs*) man kann nie wissen ☛ *Siehe auch* ANSWER[1], COST[1], DAY, DEVIL, FAR[1], LORD[1], OLD, PAT[4], ROPE[1], THING, TRUTH *und* WANT[1]

know[2] /nəʊ; *AmE* noʊ/ *Nomen* IDM **be in the 'know** (*umgs*) Bescheid wissen; (*bei Vertraulichem*) eingeweiht sein ◊ *Somebody in the know told me.* Ein Eingeweihter hat mir es gesagt.

'know-all *Nomen* (*BrE, umgs, abwert*) Schlaumeier(in), Besserwisser

'know-how *Nomen* (*umgs*) Know-how

know·ing /'nəʊɪŋ; *AmE* 'noʊ-/ *Adj* vielsagend, wissend ◊ *a knowing smile* ein vielsagendes Lächeln

know·ing·ly *Adv* /'nəʊɪŋli; *AmE* 'noʊ-/ **1** wissentlich, bewusst ◊ *Did she knowingly make a false statement?* Hat sie wissentlich eine falsche Aussage gemacht? SYN DELIBERATELY **2** vielsagend, wissend ◊ *He glanced at her knowingly.* Er warf ihr einen vielsagenden Blick zu.

'know-it-all *Nomen* (*bes AmE*) Schlaumeier, Besserwisser

know·ledge /'nɒlɪdʒ; *AmE* 'nɑ:l-/ *Nomen* **1** [U/Sing] Kenntnisse ◊ *a wide knowledge of painting* umfassende Kenntnisse auf dem Gebiet der Malerei ◊ *a lack of knowledge about the tax system* Unkenntnis des Steuersystems **2** [U] Wissen, Kenntnis ◊ *He denied all knowledge of the affair.* Er bestritt, von der Angelegenheit gewusst zu haben. IDM **be common/public 'knowledge** allgemein bekannt sein **sth comes to sb's 'knowledge** (*gehoben*) jd erfährt etw **to my, etc. 'knowledge** meines etc. Wissens ◊ *There has to our knowledge been no detailed study on this.* Soviel wir wissen, gibt es dazu bisher keine umfassenden Untersuchungen.

know·ledge·able /'nɒlɪdʒəbl; *AmE* 'nɑ:l-/ *Adj* (*Adv* **know·ledge·ably** /-əbli/) bewandert, versiert ◊ *be knowledgeable about sth* sich mit/in etw gut auskennen ◊ *He talked knowledgeably about architecture.* Er sprach mit viel Sachkenntnis über Architektur.

known /nəʊn; *AmE* noʊn/ *Adj* bekannt ◊ *The disease has no known cure.* Die Krankheit gilt als unheilbar.

knuckle[1] /'nʌkl/ *Nomen* **1** (Finger)knöchel **2** Hachse, Eisbein ◊ *knuckle of pork* Eisbein IDM **near the 'knuckle** (*BrE, umgs*) hart an der Grenze ☛ *Siehe auch* RAP[1,2]

knuckle[2] /'nʌkl/ *Verb* PHR V **ˌknuckle 'down** (*umgs*) sich reinknien **ˌknuckle 'down to sth** (*umgs*) sich hinter etw klemmen ◊ *I'm going to have to knuckle down to some serious study.* Ich muss mich ganz ernsthaft hinter die Bücher klemmen. **ˌknuckle 'under (to sb/sth)** (*umgs*) sich (jdm/etw) fügen

knuckle·dust·er /'nʌkldʌstə(r)/ *Nomen* Schlagring

knuckle·head /'nʌklhed/ *Nomen* (*AmE, umgs*) Dummkopf

KO /ˌkeɪ 'əʊ; *AmE* 'oʊ/ *Abk* = KNOCKOUT

koala /kəʊ'ɑːlə; *AmE* koʊ-/ (*auch* **koˌala 'bear**) *Nomen* Koala(bär)

kohl /kəʊl; *AmE* koʊl/ *Nomen* Kajal

kohl·rabi /ˌkəʊl'rɑːbi; *AmE* ˌkoʊl-/ *Nomen* Kohlrabi

kook /kuːk/ *Nomen* (*bes AmE, umgs*) Spinner(in)

kooka·burra /'kʊkəbʌrə; *AmE* -bɜːrə/ *Nomen* (*Vogel*) Lachender Hans

kooky /'kuːki/ *Adj* (*bes AmE, umgs*) verrückt

Koran (*auch* **Qur'an**) /kə'rɑːn/ *Nomen* Koran

Kor·an·ic /kə'rænɪk/ *Adj* Koran-

korfball /'kɔːfbɔːl; *AmE* 'kɔːrf-/ *Nomen* Korfball

ko·sher /'kəʊʃə(r); *AmE* 'koʊ-/ *Adj* **1** koscher **2** (*umgs*) (*ehrlich*) koscher, sauber

kow·tow /ˌkaʊ'taʊ/ *Verb* **~ (to sb/sth)** (*umgs, abwert*) (vor jdm/etw) buckeln

kph /ˌkeɪ piː 'eɪtʃ/ *Abk* = KILOMETRES PER HOUR

Kraut /kraʊt/ *Nomen* (*Slang, beleidigend*) Deutsche(r)

krill /krɪl/ *Nomen* [Pl] Krill

kryp·ton /'krɪptɒn; *AmE* -tɑːn/ *Nomen* Krypton

kudos /'kjuːdɒs; *AmE* 'kuːdɑːs/ *Nomen* (*umgs*) Prestige

kum·quat /'kʌmkwɒt; *AmE* -kwɑːt/ *Nomen* Kumquat

kung fu /ˌkʌŋ 'fuː/ *Nomen* Kung-Fu

Kurd /kɜːd; *AmE* kɜːrd/ *Nomen* Kurde, Kurdin

Kurdish /'kɜːdɪʃ; *AmE* 'kɜːrd-/ *Adj* kurdisch

kvetch /kvetʃ/ *Verb* (*AmE, umgs*) jammern

kW *Abk* = KILOWATT

kWh *Abk* = KILOWATT HOUR

Ll

L, l /el/ **1** *Nomen* (*Pl* **L's, l's**) (*Buchstabe*) L, l ☛ *Siehe auch* L-PLATE ☛ *Beispiele bei* A, a **2 L.** *Abk* = LAKE **3 L** *Abk* = LARGE **4** *l Abk* (*Pl* **l**) = LITRE **5 l** (*auch* **l.**) *Abk* (*Pl* **ll**) = LINE¹ (10)

la = LAH

Lab *Nomen* = LABOUR

lab /læb/ *Nomen* (*umgs*) = LABORATORY

label¹ /'leɪbl/ *Nomen* **1** Etikett, Anhänger ◊ *price labels* Preisschilder **2** Marke ◊ *the supermarkets' own labels* die Eigenmarken der Supermärkte **3** (*abwert*) Etikett ◊ *I hated the label 'housewife'.* Ich hasste es, als Hausfrau abgestempelt zu werden. **4** Plattenfirma, Label

label² /'leɪbl/ *Verb* (**-ll-**, *AmE* **-l-**) **1** etikettieren, beschriften; (*Ware*) auszeichnen ◊ *The file was labelled 'Private'.* Die Akte trug die Aufschrift „privat". **2 ~ sb/sth (as) sth** jdn/etw als etw abstempeln

labia /'leɪbɪə/ *Nomen* [Pl] Schamlippen

la·bi·al¹ /'leɪbɪəl/ *Nomen* Labial(laut), Lippenlaut

la·bi·al² /'leɪbɪəl/ *Adj* labial, Labial-

labor *Nomen* (*AmE*) = LABOUR

la·bora·tory /ləˈbɒrətri; *AmE* 'læbrətɔːri/ *Nomen* (*Pl* **-ies**) (*umgs* **lab**) Labor

Labor Day *Nomen* = Feiertag in den USA und Kanada am ersten Montag im September zu Ehren der arbeitenden Bevölkerung

la·bor·er *Nomen* (*AmE*) = LABOURER

la·bori·ous /ləˈbɔːrɪəs/ *Adj* (*Adv* **la·bori·ous·ly**) mühselig, mühsam

'labor union *Nomen* (*AmE*) Gewerkschaft

la·bour¹ (*AmE* **labor**) /'leɪbə(r)/ *Nomen* **1** Arbeit ◊ *manual labour* (harte) körperliche Arbeit ◊ *The price includes labour.* Im Preis sind die Arbeitsstunden inbegriffen. ◊ *The workers withdrew their labour.* Die Arbeiter legten ihre Arbeit nieder. **2** [meist Pl] (*gehoben*) Mühe **3** [U] Arbeitskräfte, Arbeiter ◊ *a shortage of labour* eine Arbeitskräfteknappheit ◊ *These repairs involve skilled labour.* Für diese Reparaturen braucht man Facharbeiter. ◊ *good labour relations* ein kooperatives Klima zwischen den Betriebsparteien **4** [meist Sing/U] (*Geburts-*) Wehen ◊ *Jane was in labour for ten hours.* Jane lag zehn Stunden in den Wehen. ◊ *She went into labour early.* Die Wehen setzten zu früh ein. ◊ *She had a difficult labour.* Es war eine schwere Entbindung. **5 Labour** (*Abk* **Lab**) = THE LABOUR PARTY ☛ G 1.3a ⓘⓓⓜ **a labour of 'love** ◊ *Writing the book was a labour of love for her.* Sie schrieb das Buch aus Liebe zur Sache.

la·bour² (*AmE* **labor**) /'leɪbə(r)/ *Verb* **1 ~ (away)** arbeiten, sich abmühen **2** sich quälen ⓘⓓⓜ **labour the 'point** auf etw herumreiten; etw breittreten ⓟⓗⓡⓥ **'labour under sth** (*gehoben*) (*einem Irrtum, einer Vorstellung etc.*) unterliegen ◊ *He's labouring under the impression that he's written an important book.* Er gibt sich der Illusion hin, dass er ein wichtiges Buch geschrieben hat.

la·boured (*AmE* **la·bored**) /'leɪbəd; *AmE* -bərd/ *Adj* **1** (*Atmung*) schwer **2** schwerfällig

la·bour·er (*AmE* **la·bor·er**) /'leɪbərə(r)/ *Nomen* Arbeiter(in) ◊ *unskilled labourers* Hilfsarbeiter ◊ *casual labourers* Gelegenheitsarbeiter ◊ *a builder's labourer* ein ungelernter Bauarbeiter ◊ *a manual labourer* ein Schwerarbeiter

'labour force (*AmE* **'labor force**) *Nomen* Arbeiterschaft, Arbeitskräfte, Belegschaft ◊ *an unskilled labour force* ungelernte Arbeitskräfte

la·bour·ing (*AmE* **la·bor·ing**) /'leɪbərɪŋ/ *Nomen* harte körperliche Arbeit

,labour-in'tensive (*AmE* **,labor-in'tensive**) *Adj* arbeitsintensiv

'labour market (*AmE* **'labor market**) *Nomen* Arbeitsmarkt

the 'Labour Party (*auch* **Labour**) (*Abk* **Lab**) *Nomen* die Labour-Partei, die Labour Party ☛ G 1.3a

'labour-saving (*AmE* **'labor-saving**) *Adj* arbeitssparend

Lab·ra·dor /'læbrədɔː(r)/ *Nomen* Labrador(hund)

la·bur·num /ləˈbɜːnəm; *AmE* -'bɜːrn-/ *Nomen* (BOT) Goldregen

laby·rinth /'læbərɪnθ/ *Nomen* (*gehoben*) Labyrinth (*auch fig*)

laby·rin·thine /ˌlæbəˈrɪnθaɪn/ *Adj* (*gehoben*) labyrinthisch, labyrinthartig

lace¹ /leɪs/ *Nomen* **1** Spitze **2** = SHOELACE

lace² /leɪs/ *Verb* **1** schnüren; **~ sth up** etw zuschnüren ◊ *The dress laced up at the side.* Das Kleid wurde an der Seite geschnürt. **2 ~ A with B** B A beimischen, A B untermischen ◊ *The food had been laced with arsenic.* Dem Essen war Arsen untergemischt. ◊ *a coffee laced with brandy* ein Kaffee mit einem Schuss Brandy **3 ~ sth (with sth)** (*Rede, Unterhaltung etc.*) (mit etw) würzen ◊ *His speech was laced with witty asides.* Seine Rede war mit witzigen Bemerkungen gespickt. **4** (ineinander) verschlingen ◊ *They sat with their fingers laced.* Sie saßen mit verschlungenen Händen da.

la·cer·ate /'læsəreɪt/ *Verb* (*gehoben*) zerschneiden, eine Schnittwunde zufügen

la·cer·ation /ˌlæsəˈreɪʃn/ *Nomen* (*gehoben*) **1** Schnittwunde **2** Einreißen, Verletzung

'lace-up *Nomen* [meist Pl] (*bes BrE*) Schnürschuh, Schnürstiefel

lack¹ /læk/ *Nomen* [U/Sing] **~ (of sth)** Mangel (an etw) ◊ *The trip was cancelled through lack of interest.* Die Reise wurde mangels Interesses abgesagt. ⓘⓓⓜ ⇒ TRY¹

lack² /læk/ *Verb* **sb/sth lacks sth** jdm/etw fehlt es an etw ☛ *Siehe auch* LACKING ⓘⓓⓜ **sb 'lacks (for) 'nothing** (*gehoben*) jdm fehlt es an nichts ☛ *Siehe auch* COURAGE

lacka·dai·si·cal /ˌlækəˈdeɪzɪkl/ *Adj* (*gehoben*) gleichgültig, desinteressiert

lackey /'læki/ *Nomen* Diener, Lakai (*auch fig*)

lack·ing /'lækɪŋ/ *Adj* nicht vor Nomen **1 sb/sth is ~ in sth** jdm/etw mangelt es an etw, jdm/etw fehlt es an etw **2 find sb/sth ~** (*oft passiv*) jdn/etw für mangelhaft befinden ◊ *He was taken on as a teacher but was found lacking.* Er wurde als Lehrer eingestellt, doch er bewährte sich nicht. **3 be ~** fehlen ◊ *I feel there is something lacking in my life.* Ich spüre, dass meinem Leben etwas fehlt. ⓢⓨⓝ MISSING

lack·lustre (*AmE* **lack·lus·ter**) /'læklʌstə(r)/ *Adj* glanzlos (*auch fig*) ◊ *a lacklustre performance* eine langweilige Vorstellung ◊ *lacklustre hair* stumpfes Haar

la·con·ic /ləˈkɒnɪk; *AmE* -'kɑːn-/ *Adj* **1** (*Adv* **la·con·ic·al·ly** /-kli/) lakonisch **2** (*Mensch*) wortkarg

lac·quer¹ /'lækə(r)/ *Nomen* **1** Lack **2** (*veraltet*) Haarspray

lac·quer² /'lækə(r)/ *Verb* **1** lackieren **2** (*BrE*, *veraltet*) (*mit Haarspray*) sprayen

la·crosse /ləˈkrɒs; *AmE* -'krɔːs/ *Nomen* (SPORT) Lacrosse

lac·tate /læk'teɪt/ *Verb* (*Fachspr*) laktieren, Milch absondern

lac·ta·tion /læk'teɪʃn/ *Nomen* (*Fachspr*) Laktation, Milchabsonderung ◊ *the period of lactation* die Stillzeit

lac·tic acid /ˌlæktɪk 'æsɪd/ *Nomen* Milchsäure

lac·tose /'læktəʊs, -təʊz; *AmE* -toʊs, -toʊz/ *Nomen* Laktose, Milchzucker

la·cuna /ləˈkjuːnə; *AmE auch* -'kuː-/ *Nomen* (*Pl* **-nae** /-niː/ *oder* **la·cu·nas**) (*gehoben*) Lücke ⓢⓨⓝ GAP

lacy /'leɪsi/ *Adj* Spitzen-, spitzenartig

lad /læd/ *Nomen* **1** (*veraltet oder umgs*) Junge, (junger) Kerl, Bursche **2 the lads** [Pl] (*BrE*, *umgs*) die Kumpels

ladder

3 [meist Sing] (BrE, umgs) Draufgänger, Frauenheld **4** (BrE) Stallbursche

lad·der¹ /'lædə(r)/ Nomen **1** Leiter (auch fig) ◊ move up the social ladder gesellschaftlich aufsteigen **2** (BrE) Laufmasche

lad·der² /'lædə(r)/ Verb (BrE) **1** eine Laufmasche bekommen **2** sich eine Laufmasche holen ◊ laddered tights eine Strumpfhose mit einer Laufmasche

lad·die /'lædi/ Nomen (ScotE, umgs) Bub, Junge

lad·dish /'lædɪʃ/ Adj (umgs) machohaft ◊ laddish humour Männerhumor

laden /'leɪdn/ Adj **1** ~ (with sth) (mit etw) beladen, voll (von/mit etw) (auch fig) ◊ laden with meaning bedeutungsgeladen ◊ The trees were laden with apples. Die Bäume hingen voller Äpfel. **2 -laden** -geladen, -haltig ◊ calorie-laden cream cakes kalorienreiche Sahnetorten ◊ a doom-laden atmosphere eine düstere Stimmung ◊ value-laden nicht wertfrei

la-di-da /ˌlɑː diˈdɑː/ Adj (bes BrE, umgs, abwert) affektiert

ˈladies' man (auch **ˈlady's man**) Nomen (Pl **men**) Frauenheld

ˈladies' room Nomen (bes AmE) Damentoilette

ladle¹ /'leɪdl/ Nomen Schöpflöffel, Suppenkelle

ladle² /'leɪdl/ Verb schöpfen, aufhäufen [PHRV] ˌladle sth ˈout etw austeilen

lady /'leɪdi/ (Pl **-ies**) Nomen **1** Dame ◊ the ladies' golf championship die Golfmeisterschaft der Damen ◊ Can I take your coats, ladies? Kann ich Ihre Mäntel nehmen, meine Damen? ◊ ladies and gentlemen sehr geehrte Damen und Herren ◊ a lady's maid eine Kammerzofe ◊ (BrE) a tea lady eine Frau, die in Büros für Angestellte Tee zubereitet ◊ a lady doctor eine Ärztin ◊ a lady golfer eine Golfspielerin ◊ (AmE) She's a tough lady. Sie ist eine starke Frau. ☞ Hinweis bei DAME, S. 877. ☞ Siehe auch BAG LADY, CLEANING LADY und LEADING LADY **2** (AmE) (unhöfliche Anrede für eine Frau) ◊ Listen, lady, don't shout at me. Hör mal zu, Gnädigste, schrei mich nicht an. **3 Lady** = Titel einer aristokratischen Frau (auch Ehefrau und Tochter von Grafen etc.), einer Frau, die im Oberhaus einen Sitz hat, einer Ehefrau eines Oberhausmitglieds oder einer Frau, deren Mann in den Ritterstand erhoben wurde ☞ Die Anrede ist **My Lady**. **4 a/the ladies** (AmE **ˈladies' room**) eine/die Damentoilette **5 Our Lady** (REL) (Jungfrau Maria) Unsere Liebe Frau

lady·bird /'leɪdibɜːd/; AmE **-bɜːrd/** (AmE **lady·bug** /'leɪdibʌɡ/) Nomen Marienkäfer

ˌlady-in-ˈwaiting Nomen (Pl **ladies-in-waiting**) Hofdame

lady·kill·er Nomen (veraltet oder umgs) Herzensbrecher, Frauenheld

lady·like /'leɪdilaɪk/ Adj (veraltet) damenhaft, ladylike

ˌlady ˈmayor Nomen Bürgermeisterin

lady·ship /'leɪdiʃɪp/ Nomen Ladyschaft

ˈlady's man = LADIES' MAN

lag¹ /læɡ/ Verb (**-gg-**) **1** ~ (behind sb/sth); ~ (behind) (hinter jdm/etw) zurückliegen; (fig) (hinter jdm/etw) hinterherhinken ◊ The little boy lagged behind his parents. Der kleine Junge trödelte hinter seinen Eltern her. **2** (Rohre etc.) isolieren

lag² /læɡ/ Nomen = TIME LAG ☞ Siehe auch OLD LAG

lager /'lɑːɡə(r)/ Nomen (BrE) helles Bier, Lager

ˈlager lout Nomen (BrE) betrunkener Randalierer

lag·gard /'læɡəd; AmE **-ɡərd/** Nomen (veraltet) Trödler(in), Nachzügler(in)

la·goon /lə'ɡuːn/ Nomen **1** Lagune **2** (AmE) kleiner See **3** (Fachspr) Klärteich

lah (auch **la**) /lɑː/ Nomen (MUS) la

laid Form von LAY¹

ˌlaid-ˈback Adj (umgs) gelassen, entspannt

lain Form von LIE¹

lair /leə(r)/; AmE **ler/** Nomen [meist Sing] **1** Höhle, Bau ◊ a fox's lair ein Fuchsbau **2** (fig) Unterschlupf, Zufluchtsort

laird /leəd; AmE **lerd/** Nomen (in Schottland) Gutsherr(in)

laissez-faire /ˌleseɪ 'feə(r); AmE **'fer/** Nomen Laisser-faire ◊ a laissez-faire style of management eine lockere Geschäftsführung

laity /'leɪəti/ Nomen **the laity** die Laien, der Laienstand ☞ G 1.3a

lake /leɪk/ Nomen (Abk **L.**) (Binnengewässer) See

lake·side /'leɪksaɪd/ Nomen [Sing] Seeufer ◊ a lakeside hotel ein Hotel am See

la-la land /'lɑː lɑː lænd/ Nomen (AmE, umgs) Wolkenkuckucksheim

lam /læm/ Nomen [IDM] **on the ˈlam** (AmE, umgs) auf der Flucht

lamb¹ /læm/ Nomen Lamm ◊ You poor lamb! Du armes Ding! [IDM] **(like) a lamb to the ˈslaughter** (wie) ein Lamm, das zur Schlachtbank geführt wird ☞ Siehe auch MUTTON

lamb² /læm/ Verb lammen

lam·baste (auch **lam·bast**) /læm'beɪst/ Verb (gehoben) abkanzeln

lambs·wool /'læmzwʊl/ Nomen Lammwolle, Lambswool

lame /leɪm/ Adj **1** lahm ◊ My horse had gone lame. Mein Pferd lahmte. **2** (Adv **lame·ly** /'leɪmli/) (fig) wenig überzeugend, lahm, schwach ◊ Stephen made some lame excuse. Stephen fand eine faule Ausrede.

lamé /'lɑːmeɪ; AmE læ'meɪ/ Nomen Lamé

ˌlame ˈduck Nomen **1** (WIRTSCH) unrentable Firma **2** (Mensch) Niete, Versager(in) **3** (bes AmE, umgs) = Politiker(in), dessen/deren Amtszeit sich dem Ende nähert

lame·ness /'leɪmnəs/ Nomen ◊ horses affected with lameness Pferde, die lahmen ◊ The disease has left her with permanent lameness. Seit dieser Krankheit hinkt sie.

lam·ent¹ /lə'ment/ Verb (gehoben) (be)klagen, (be)trauern

lam·ent² /lə'ment/ Nomen (gehoben) (Weh)klage, Klagelied

lam·ent·able /'læməntəbl, lə'ment-/ Adj (Adv **lam·ent·ably** /-əbli/) (gehoben) kläglich, beklagenswert, erbärmlich [SYN] REGRETTABLE

lam·en·ta·tion /ˌlæmən'teɪʃn/ Nomen (gehoben) Klage, Jammern

la·mented /lə'mentɪd/ Adj (gehoben oder hum) viel beweint, viel betrauert ◊ her late lamented husband ihr verschiedener Ehemann

lamin·ate /'læmɪnət/ Nomen Laminat, Schichtpressstoff

lamin·ated /'læmɪneɪtɪd/ Adj laminiert, geschichtet; (Oberflächen) beschichtet ◊ laminated timber Sperrholz ◊ laminated glass Verbundglas

lamp /læmp/ Nomen Lampe ◊ a street lamp eine Straßenlaterne ☞ Siehe auch FOG LAMP, STANDARD LAMP und SUNLAMP

lamp·light /'læmplaɪt/ Nomen Lampenlicht; (auf der Straße) Laternenlicht

lamp·lit /'læmplɪt/ Adj von Lampenlicht beleuchtet; (Straße etc.) von Laternen beleuchtet

lam·poon¹ /læm'puːn/ Verb (gehoben) verspotten

lam·poon² /læm'puːn/ Nomen (gehoben) Spottschrift, Satire

ˈlamp post Nomen (bes BrE) Laternenpfahl

lamp·shade /'læmpʃeɪd/ Nomen Lampenschirm

LAN /læn/ Kurzform von **local area network** (COMP) LAN

lance¹ /lɑːns; AmE læns/ Nomen Lanze

lance² /lɑːns; AmE læns/ Verb öffnen ◊ lance an abscess einen Abszess eröffnen

ˌlance ˈcorporal Nomen Obergefreite(r)

lan·cet /'lɑːnsɪt; AmE 'læn-/ Nomen Lanzette

land¹ /lænd/ Nomen **1** Land ◊ We made the journey by land. Wir machten die Reise auf dem Landweg. ◊ grazing lands Weidegründe ◊ She longed to return to her native land. Sie sehnte sich danach, in ihr Vaterland zurückzukehren. **2** (gehoben **lands** [Pl]) Grundstück ◊ During the war their lands were occupied by the enemy. Während des Krieges waren ihre Ländereien vom Feind besetzt. **3 the land** Land, Boden ◊ live off the land von der Landwirtschaft leben ◊ farm the land Landwirtschaft betreiben [IDM] **(back) in the land of the ˈliving** (wieder) unter den Lebenden **the land of ˌmilk and ˈhoney** das Land, wo Milch und Honig fließt **see, etc. how the ˈland lies** (BrE) sehen, woher der Wind weht **the ˌlie of the ˈland** (AmE **the ˌlay of the ˈland**) **1** die Landschaft; das Gelände ◊ The castle was hidden by the lie of the land. Die Burg lag in der Landschaft versteckt. **2** die Sachlage; die Lage der Dinge ☞ Siehe auch LIVE¹ und SPY

land² /lænd/ Verb **1** landen **2** absetzen, an Land bringen;

(*Truppen*) landen **3** (*umgs*) (sich) an Land ziehen, (sich) angeln ◊ *She's just landed herself a company directorship.* Sie hat sich gerade eine Stelle als Firmenleiterin verschafft. **4** (*beim Angeln*) an Land ziehen IDM **land a 'blow, 'punch, etc.** einen Schlag, Hieb etc. landen ◊ *She landed a punch on his chin.* Sie versetzte ihm einen Kinnhaken. ➙ *Siehe auch* FOOT¹ PHRV **'land in sth**; **'land sb/yourself in sth** (*umgs*) ◊ *She was arrested and landed in court.* Sie wurde festgenommen und landete vor Gericht. ◊ *His hot temper has landed him in trouble before.* Sein ungezügeltes Temperament hat ihn schon früher in Schwierigkeiten gebracht. ◊ *Now you've really landed me in it!* Jetzt hast du mich wirklich reingeritten. **,land 'up in, at ...** (*umgs*) in, bei ... landen ◊ *land up in hospital* im Krankenhaus landen **'land sb/yourself with sth/sb** (*umgs*) jdm/sich etw/jdn aufhalsen

'land-based *Adj* landgestützt ◊ *land-based animals* Landtiere

land·ed /'lændɪd/ *Adj nur vor Nomen* **1** viel Land besitzend ◊ *the landed gentry* der Landadel **2** (Groß)grund- ◊ *landed estates* Großgrundbesitz

land·fall /'lændfɔːl/ *Nomen* **1** (*gehoben*) Landen ◊ *make landfall* landen **2** Erdrutsch

land·fill /'lændfɪl/ *Nomen* **1** Müllgrube, Mülldeponie **2** Mülldeponierung **3** Müll (*zur Deponierung*)

land·form /'lændfɔːm; *AmE* -fɔːrm/ *Nomen* (*Fachspr*) Geländeform

land·hold·er /'lændhəʊldə(r); *AmE* -hoʊld-/ *Nomen* **1** Pächter(in) **2** Landbesitzer(in)

land·hold·ing /'lændhəʊldɪŋ; *AmE* -hoʊld-/ *Nomen* (*Fachspr*) Pacht **2** Grundbesitz

land·ing /'lændɪŋ/ *Nomen* **1** Treppenabsatz ◊ *the door on the top landing* die Tür im obersten Stock **2** Landung ◊ *Only a field was available for landing.* Nur auf einem Feld konnte man landen. ◊ *a landing site* ein Landeplatz OPP TAKE-OFF **3** (*BrE auch* **'landing stage**) Anlegeponton SYN JETTY

'landing craft *Nomen* (*Pl* **landing craft**) Landungsboot

'landing gear *Nomen* [U] Fahrwerk

'landing strip *Nomen* Landebahn

land·lady /'lændleɪdi/ *Nomen* (*Pl* **-ies**) **1** Vermieterin **2** (*BrE*) Gastwirtin

land·less /'lændləs/ *Adj* landlos

land·line /'lændlaɪn/ *Nomen* Festnetzleitung ◊ *calls made on a landline* Anrufe aus dem Festnetz

land·locked /'lændlɒkt; *AmE* -lɑːkt/ *Adj* vom Land eingeschlossen ◊ *Switzerland is completely landlocked.* Die Schweiz hat keine Küste. ◊ *a landlocked stretch of water* eine Wasserfläche ohne Verbindung zum Meer

land·lord /'lændlɔːd; *AmE* -lɔːrd/ *Nomen* **1** Vermieter **2** (*BrE*) Gastwirt

land·mark /'lændmɑːk; *AmE* -mɑːrk/ *Nomen* **1** Wahrzeichen ◊ *The church spire was a landmark for ships.* Die Kirchturmspitze diente Schiffen zur Orientierung. **2** (*fig*) Meilenstein ◊ *a landmark ruling in the courts* eine wegweisendes Gerichtsurteil

'land mass *Nomen* (*Fachspr*) Landmasse

land·mine /'lændmaɪn/ *Nomen* Landmine

'land office *Nomen* (*AmE*) Grundbuchamt

land·own·er /'lændəʊnə(r); *AmE* -oʊn-/ *Nomen* Grundbesitzer(in)

land·own·er·ship /'lændəʊnəʃɪp; *AmE* -oʊnərʃɪp/ (*auch* **land·own·ing**) *Nomen* Grundbesitz

land·own·ing /'lændəʊnɪŋ; *AmE* -oʊn-/ *Adj nur vor Nomen* Grundbesitz- ◊ *the great landowning families* die Großgrundbesitzerfamilien

'land reform *Nomen* Bodenreform

'land registry *Nomen* (*BrE*) Grundbuchamt

land·scape¹ /'lændskeɪp/ *Nomen* **1** [*meist Sing*] Landschaft **2** Landschaftsbild **3** (*Fachspr*) Querformat IDM ⇨ BLOT²

land·scape² /'lændskeɪp/ *Verb* landschaftlich/gärtnerisch gestalten ◊ *The park was landscaped in the 17th century.* Der Park wurde im 17. Jahrhundert angelegt.

,landscape 'architect *Nomen* Landschaftsarchitekt(in)

,landscape 'architecture *Nomen* Landschaftsarchitektur

,landscape 'gardener *Nomen* Landschaftsgärtner(in), Gartenbauingenieur(in)

,landscape 'gardening *Nomen* Landschaftsgärtnerei, Gartenbau

land·slide /'lændslaɪd/ *Nomen* **1** Erdrutsch **2** Erdrutschwahlsieg ◊ *a landslide victory* ein Erdrutschwahlsieg

land·slip /'lændslɪp/ *Nomen* Erdrutsch

land·ward¹ /'lændwəd; *AmE* -wərd/ *Adj nur vor Nomen* zum (Fest)land ◊ *on the landward side* auf der Landseite ◊ *in a landward direction* in Richtung Festland

land·ward² /'lændwəd; *AmE* -wərd/ (*auch* **land·wards**) *Adv* zum Festland (hin)

lane /leɪn/ *Nomen* **1** (Land)sträßchen, Weg **2** (*besonders in Straßennamen*) Gasse **3** (Fahr)spur ◊ *get in the right lane* sich richtig einordnen **4** (SPORT) Bahn **5** Route ◊ *a shipping lane* ein Seeweg IDM ⇨ FAST LANE

lan·guage /'læŋgwɪdʒ/ *Nomen* **1** Sprache ◊ *my first/native language* meine Muttersprache ◊ *language learning* Spracherwerb **2** [U] Ausdrucksweise ◊ *bad/strong language* Kraftausdrücke ◊ *foul language* Schimpfwörter IDM **mind/watch your 'language/'tongue** auf seine Ausdrucksweise achten ◊ *Watch your language!* Drück dich gefälligst anständig aus! **speak/talk the same 'language** die gleiche Sprache sprechen

'language laboratory *Nomen* (*Pl* **-ies**) Sprachlabor

lan·guid /'læŋgwɪd/ *Adj* (*Adv* **lan·guid·ly**) (*gehoben*) lässig, matt ◊ *a languid afternoon in the sun* ein untätiger Nachmittag in der Sonne

lan·guish /'læŋgwɪʃ/ *Verb* (*gehoben*) **1** schmachten **2** verkümmern ◊ *The share price languished.* Der Aktienkurs blieb weiter schwach.

lank /læŋk/ *Adj* strähnig

lanky /'læŋki/ *Adj* schlaksig

lano·lin /'lænəlɪn/ *Nomen* Lanolin

lan·tern /'læntən; *AmE* -tərn/ *Nomen* Laterne ◊ *Chinese lanterns* Lampions

lap¹ /læp/ *Nomen* **1** [*meist Sing*] Schoß **2** (SPORT) Runde **3** Abschnitt ◊ *the first lap of their round-the-world tour* der erste Abschnitt ihrer Weltreise IDM **be in the lap of the 'gods** in den Sternen (geschrieben) stehen **,drop/ ,dump sth in sb's 'lap** (*umgs*) etw auf jdn abwälzen ◊ *They dropped the problem firmly back in my lap.* Sie luden das Problem ganz klar bei mir ab. **sth ,drops/,falls into sb's 'lap** etw fällt jdm in den Schoß **live in the lap of 'luxury** ein Luxusleben führen

lap² /læp/ *Verb* (**-pp-**) **1** plätschern ◊ *The waves lapped around our feet.* Die Wellen umspielten unsere Füße. ◊ *the sound of water lapping against the boat* das Geräusch kleiner Wellen, die gegen das Boot schlugen **2** auflecken **3** (SPORT) überrunden PHRV **,lap sth 'up 1** (*umgs*) etw begierig aufnehmen ◊ *It's a terrible movie but audiences are lapping it up.* Es ist ein schrecklicher Film, aber das Publikum stürzt sich darauf. **2** etw aufschlecken

'lap belt *Nomen* Beckengurt

'lap dancing *Nomen* Lapdancing

lap·dog /'læpdɒg; *AmE* -dɔːg/ *Nomen* **1** Schoßhund **2** (*abwert*) Schoßhündchen

lapel /lə'pel/ *Nomen* Revers

lapi·dary /'læpɪdəri; *AmE* -deri/ *Adj* **1** (*gehoben*) treffend und gelungen ◊ *in lapidary style* mit treffender Eleganz **2** die Steinschneidekunst betreffend

lapis laz·uli /,læpɪs 'læzjuli; *AmE* 'læzəli/ *Nomen* Lapislazuli

lapse¹ /læps/ *Nomen* **1** Lapsus, Aussetzen ◊ *a lapse of concentration/memory* eine momentane Konzentrationsschwäche/Gedächtnislücke **2** Zeitraum ◊ *after a considerable lapse of time* nach einer beträchtlichen Pause **3** Versäumnis

lapse² /læps/ *Verb* **1** verfallen ◊ *The treaty lapsed in 1995.* Der Vertrag wurde 1995 ungültig. **2** schwinden ◊ *This custom had lapsed over the years.* Dieser Brauch war über die Jahre in Vergessenheit geraten. **3** ~ (**from sth**) (*vom Glauben*) abfallen ◊ *They have lapsed since growing up.* Sie haben sich als Erwachsene von der Kirche abgewendet. PHRV **'lapse into sth 1** in etw abgleiten ◊ *lapse into un-*

consciousness in Bewusstlosigkeit fallen ◇ *She lapsed into silence.* Sie verfiel in Schweigen. **2** in etw zurückfallen
lapsed /læpst/ *Adj nur vor Nomen* **1** abgelaufen **2** von der Kirche abgefallen
lap·top /'læptɒp; *AmE* -tɑːp/ *Nomen* Laptop
lap·wing /'læpwɪŋ/ *Nomen* Kiebitz
lar·ceny /'lɑːsəni; *AmE* 'lɑːrs-/ *Nomen* (*Pl* **-ies**) (*BrE, veraltet oder AmE*) Diebstahl ◇ *grand larceny* schwerer Diebstahl ◇ *petty larceny* Bagatelldiebstahl SYN THEFT
larch /lɑːtʃ; *AmE* lɑːrtʃ/ *Nomen* Lärche
lard¹ /lɑːd; *AmE* lɑːrd/ *Nomen* Schweineschmalz
lard² /lɑːd; *AmE* lɑːrd/ *Verb* spicken PHRV **'lard sth with sth** (*meist abwert*) etw mit etw spicken
lar·der /'lɑːdə(r); *AmE* 'lɑːrd-/ *Nomen* (*bes BrE*) Speisekammer, Vorratsschrank SYN PANTRY
large /lɑːdʒ; *AmE* lɑːrdʒ/ *Adj* **1** groß ◇ *a large appetite* ein mächtiger Appetit ◇ *Who's the rather large lady in the hat?* Wer ist die recht korpulente Dame mit dem Hut? **2** umfassend ◇ *We need to look at the larger picture.* Wir müssen die Situation im weiteren Kontext betrachten. → *Hinweis bei* GROSS, S. 992 IDM **at 'large 1** im Großen und Ganzen ◇ *society at large* die Gesellschaft im Allgemeinen **2** auf freiem Fuß ◇ *A tiger is at large.* Ein Tiger ist los. **by and 'large** (*umgs*) im Großen und Ganzen **in 'large part/measure** (*gehoben*) zum großen Teil **(as) large as 'life** (*hum*) (in) voller Lebensgröße; nicht zu übersehen **larger than 'life** (*hum*) übertrieben **2** (alles) überragend → *Siehe auch* LOOM¹ *und* WRIT²
large·ly /'lɑːdʒli; *AmE* 'lɑːrdʒli/ *Adv* **1** weitgehend **2** hauptsächlich, vor allem
'large-scale *Adj* **1** groß angelegt, Groß-, Massen- ◇ *a large-scale study* eine groß angelegte Studie **2** (*Modell, Landkarte*) in großem Maßstab OPP SMALL-SCALE
lar·gesse (*auch* **lar·gess**) /lɑːˈdʒes; *AmE* lɑːrˈdʒes/ *Nomen* (*gehoben oder hum*) **1** Großzügigkeit **2** [U] großzügige Gaben ◇ *distribute/dispense largesse to the poor* großzügige Gaben an die Armen verteilen
lar·gish /'lɑːdʒɪʃ; *AmE* 'lɑːrdʒɪʃ/ *Adj* ziemlich groß
lark¹ /lɑːk; *AmE* lɑːrk/ *Nomen* **1** Lerche **2** [meist *Sing*] Jux, Spaß **3** (*BrE, umgs*) Geschichte ◇ *I'm too old for this globe-trotting lark.* Ich bin zu alt für diese Weltenbummlerei. IDM **be/get up with the 'lark** (*BrE, veraltet*) mit dem ersten Hahnenschrei aufstehen **blow/sod that for a lark** (*BrE, Slang*) Scheiß drauf!
lark² /lɑːk; *AmE* lɑːrk/ *Verb* PHRV **,lark a'bout/a'round** (*BrE, umgs, veraltet*) herumalbern
lark·spur /'lɑːkspɜː(r); *AmE* 'lɑːrk-/ *Nomen* (Вот) Rittersporn
larva /'lɑːvə; *AmE* 'lɑːrvə/ *Nomen* (*Pl* **lar·vae** /'lɑːviː; *AmE* 'lɑːrviː/) Larve
lar·val /'lɑːvl; *AmE* 'lɑːrvl/ *Adj* Larven-
laryn·gi·tis /ˌlærɪnˈdʒaɪtɪs/ *Nomen* Kehlkopfentzündung
lar·ynx /'lærɪŋks/ *Nomen* Kehlkopf
la·sagne (*auch* **la·sagna**) /ləˈzænjə/ *Nomen* Lasagne
la·scivi·ous /ləˈsɪviəs/ *Adj* (*Adv* **la·scivi·ous·ly**) (*gehoben, abwert*) lüstern
la·scivi·ous·ness /ləˈsɪviəsnəs/ *Nomen* (*gehoben, abwert*) Lüsternheit
laser /'leɪzə(r)/ *Nomen* Laser
'laser printer *Nomen* Laserdrucker
lash¹ /læʃ/ *Verb* **1** peitschen, schlagen ◇ *Huge waves lashed the shore.* Hohe Wellen schlugen an die Küste. **2** festbinden ◇ *lash sth down* etw festbinden ◇ *lash sth together* etw zusammenbinden **3** geißeln PHRV **,lash 'out** um sich schlagen; (*Pferd*) ausschlagen **,lash 'out at sb/sth 1** auf jdn/etw losgehen **2** (*kritisieren*) jdn/etw angreifen
lash² /læʃ/ *Nomen* **1** = EYELASH **2** Peitschenhieb ◇ (*fig*) *feel the lash of sb's tongue* jds scharfe Zunge spüren **3** Peitschenschnur
lash·ing /'læʃɪŋ/ *Nomen* **1 lashings** [Pl] (*BrE, umgs*) Unmengen ◇ *a bowl of strawberries with lashings of cream* eine Schüssel Erdbeeren mit einem Berg Sahne **2** Auspeitschung, Peitschen ◇ (*fig*) *She gave him a tongue lashing.* Sie hat ihm eine Standpauke gehalten.
lass /læs/ (*auch* **las·sie** /'læsi/) *Nomen* (*vor allem in Schottland und Nordengland*) Mädchen

las·si·tude /'læsɪtjuːd; *AmE* -tuːd/ *Nomen* (*gehoben*) Trägheit, Mattigkeit
lasso¹ /læˈsuː, 'læsəʊ; *AmE* 'læsoʊ/ *Nomen* (*Pl* **-os** *oder* **-oes**) Lasso
lasso² /læˈsuː, 'læsəʊ; *AmE* 'læsoʊ/ *Verb* mit dem Lasso einfangen
last¹ /lɑːst; *AmE* læst/ *Adj* letzte(r,s) ◇ *the last bus* der letzte Bus ◇ *She was last to arrive.* Sie kam als Letzte. ◇ *That was the last thing she needed.* Das war das Letzte, was sie brauchte. ◇ *He's the last person to trust with a secret.* Er ist der Letzte, dem ich ein Geheimnis anvertrauen würde. ◇ *last night* gestern Abend/Nacht ◇ *last summer* vorigen Sommer ◇ *her last book* ihr neuestes Buch IDM **be on your/its last 'legs** es nicht mehr lange machen **the day before 'last** vorgestern **the week, month, etc. before 'last** vorletzte Woche/vorletzten Monat etc. ◇ *the summer before last* vorletzten Sommer **every last ...** ◇ *We spent every last penny we had on the house.* Wir haben unser ganzes Geld für das Haus ausgegeben. ◇ *They all knew, every last one of them.* Jeder hat es gewusst. **in the last re'sort** letzten Endes; wenn alle Stränge reißen **your/the last 'gasp** der letzte Atemzug ◇ *breathe your last gasp* seinen letzten Atemzug tun ◇ *They threw the chance away at the last gasp.* Sie haben ihre Chance in letzter Minute vertan. **the ,last 'minute/moment** die letzte Minute; der letzte Moment ◇ *at the last minute* in letzter Minute ◇ *Don't leave it to the last moment.* Warte nicht bis auf den letzten Drücker. **a/your last re'sort** die letzte Rettung; der letzte Ausweg ◇ *You're my last resort.* Du bist meine letzte Rettung. **the ,last 'word (in sth)** der letzte Schrei (in etw) ◇ *the last word in green technology* das Nonplusultra an ökologischer Technik → *Siehe auch* STRAW, THING, WEEK *und* WORD¹
last² /lɑːst; *AmE* læst/ *Adv* **1** als Letzte(r) ◇ *He came last.* Er wurde Letzter. ◇ *They arrived last of all.* Sie kamen als Allerletzte. **2** zuletzt, das letzte Mal ◇ *When did you see him last?* Wann haben Sie ihn zuletzt gesehen? IDM **,last but not 'least** nicht zuletzt **,last 'in, ,first 'out** wer zuletzt kommt, geht zuerst → *Siehe auch* FIRST²
last³ /lɑːst; *AmE* læst/ *Pron* **the last** (*Pl* **the last**) **1** der/die/das Letzte ◇ *They were the last to arrive.* Sie kamen als Letzte. **2** ◇ *I ate the last of the chocolate.* Ich habe die restliche Schokolade gegessen. ◇ *These are the last of our apples.* Das sind unsere letzten Äpfel. IDM **hear/see the 'last of sb/sth** ◇ *That was the last I ever saw of her.* Danach habe ich sie nie wieder gesehen. ◇ *I don't think we've heard the last of this affair.* Ich glaube nicht, dass diese Sache schon erledigt ist. ◇ *You haven't heard the last of this.* In dieser Sache ist das letzte Wort noch nicht gesprochen. **the last I 'heard** (*umgs*) ◇ *The last I heard he was still working at the garage.* Das Letzte, was ich gehört habe, ist, dass er immer noch in der Werkstatt arbeitet. **to/till the 'last** bis zuletzt; bis zum Schluss → *Siehe auch* BREATHE *und* FIRST³
last⁴ /lɑːst; *AmE* læst/ *Nomen* Leisten
last⁵ /lɑːst; *AmE* læst/ *Verb* **1** (*nicht in der Verlaufsform*) dauern ◇ *The meeting only lasted (for) a few minutes.* Die Besprechung dauerte nur einige Minuten. **2** anhalten, andauern, halten **3** ~ (**out**) durchhalten, überleben ◇ *Can you last (out) until help arrives?* Hältst du durch, bis Hilfe kommt? ◇ *He won't last long in that job.* Diese Stelle wird sie nicht lange haben. **4** ~ **sth** (**out**) etw überleben, etw überstehen **5** ~ (**sb**) (**out**) ◇ *Will the coffee last out till next week?* Reicht der Kaffee bis nächste Woche? ◇ *We've got enough food to last (us) three days.* Wir haben genug Lebensmittel für drei Tage.
,last 'call *Nomen* **1** (*bes AmE*) = die letzte Möglichkeit, in einer Bar oder Kneipe etwas zu bestellen, bevor sie schließt **2** (*im Flughafen*) letzter Aufruf
,last-'ditch *Adj* ◇ *a last-ditch attempt/effort* ein letzter (verzweifelter) Versuch
last·ing /'lɑːstɪŋ; *AmE* 'læstɪŋ/ *Adj* dauerhaft, bleibend
the ,Last 'Judgement *Nomen* [*Sing*] das Jüngste Gericht
last·ly /'lɑːstli; *AmE* 'læstli/ *Adv* schließlich, zum Schluss
'last name *Nomen* Nachname
,last 'orders *Nomen* [Pl] (*BrE*) = die letzte Möglichkeit, in einer Bar oder Kneipe etwas zu bestellen, bevor sie schließt

the ˌlast ˈpost *Nomen* [Sing] (*BrE*) der Zapfenstreich
the ˌlast ˈrites *Nomen* [Pl] die letzte Ölung
lat. *Abk* = LATITUDE
latch¹ /lætʃ/ *Nomen* **1** Riegel **2** (*bes BrE*) Schnappschloss ◇ IDM **on the ˈlatch** (*BrE*) ◇ *Can you leave the door on the latch so I can get in?* Schließ die Tür bitte nicht zu, so dass ich reinkomme.
latch² /lætʃ/ *Verb* verriegeln PHR V **ˌlatch ˈon (to sb)**, **ˌlatch ˈonto sb** (*umgs*) sich (jdm) anschließen, sich (an jdn) anhängen **ˌlatch ˈon (to sth)**, **ˌlatch ˈonto sth** (*umgs*) **1** (*etw*) kapieren **2** sich (an etw) festhaken **3** sich (an etw) anschließen; (*Idee etc.*) aufgreifen
ˈlatch-key /ˈlætʃkiː/ *Nomen* Hausschlüssel
ˈlatchkey child (*Pl* **chil·dren**; *auch* **ˈlatchkey kid**) *Nomen* (*abwert*) Schlüsselkind
late¹ /leɪt/ *Adj* **1** spät ◇ *in the late afternoon* am späten Nachmittag ◇ *She's in her late twenties.* Sie ist Ende zwanzig. ◇ *In later life he started playing golf.* Im späteren Leben fing er an Golf zu spielen. ◇ *in the late 1970s* Ende der Siebzigerjahre ◇ *It's getting late.* Es ist schon spät. ◇ *I had a late night last night.* Ich bin gestern erst spät ins Bett gekommen. OPP EARLY ☞ *Hinweis bei* MORGEN **2** verspätet ◇ *I'm sorry I'm late.* Es tut mir Leid, dass ich zu spät komme. ◇ *My flight was an hour late.* Mein Flug hatte eine Stunde Verspätung. ◇ *The cherries are late this year.* Die Kirschen sind dieses Jahr spät dran. OPP EARLY **3** verstorben
late² /leɪt/ *Adv* spät ◇ *late in March* Ende März ◇ *The birthday card arrived three days late.* Die Geburtstagskarte kam drei Tage zu spät an. ◇ *late last century* Ende des letzten Jahrhunderts ◇ *She has to work late tomorrow.* Sie muss morgen länger arbeiten. ◇ *As late as the 1950s, it was still a fatal illness.* Bis in die Fünfzigerjahre war die Krankheit immer noch tödlich. ◇ *You've left it too late to apply for the job.* Jetzt ist es zu spät, um dich für die Stelle zu bewerben. OPP EARLY IDM **ˌbetter ˌlate than ˈnever** besser spät als nie **ˌlate in the ˈday** spät ◇ *They had sought help from a marriage counsellor a little late in the day.* Sie hatten sich erst ziemlich spät an einen Eheberater gewandt. **ˌlate of ...** (*gehoben*) ehemals von ... **of ˈlate** (*gehoben*) in letzter Zeit
ˈlate·comer /ˈleɪtkʌmə(r)/ *Nomen* Nachzügler(in), Zuspätkommende(r)
ˈlate·ly /ˈleɪtli/ *Adv* in letzter Zeit, vor kurzem
la·tency /ˈleɪtənsi/ *Nomen* Latenz
ˈlate·ness /ˈleɪtnəs/ *Nomen* **1** Verspätung **2** ◇ *Despite the lateness of the hour ...* Trotz der späten Stunde ...
ˈlate-night *Adj nur vor Nomen* Spät- ◇ *a late-night movie* ein Spätfilm ◇ *It's late-night shopping today.* Heute haben die Geschäfte länger auf.
la·tent /ˈleɪtnt/ *Adj* latent, verborgen, unterschwellig
later /ˈleɪtə(r)/ *Adj nur vor Nomen, Adv* **1** später ◇ *See you later.* Bis später! ◇ *at a later date* zu einem späteren Zeitpunkt ◇ *in the later part of the seventeenth century* gegen Ende des siebzehnten Jahrhunderts ◇ *She started writing in her later years.* Erst als sie älter war, begann sie zu schreiben. **2 Later!** (*umgs*) Bis später! IDM **ˌlater ˈon** (*umgs*) später ◇ *I'm going out later on.* Ich gehe nachher noch weg. **not/no later than ...** spätestens ☞ *Siehe auch* SOON
lat·eral /ˈlætərəl/ *Adj* (*Adv* **lat·eral·ly**) seitlich, Seiten-
ˌlateral ˈthinking *Nomen* (*bes BrE*) Querdenken, unkonventionelles Denken
lat·est¹ /ˈleɪtɪst/ *Adj nur vor Nomen* neueste(r,s) ◇ *the latest unemployment figures* die jüngsten Arbeitslosenzahlen ◇ *the latest trend* der letzte Trend
lat·est² /ˈleɪtɪst/ *Nomen* **the latest** (*umgs*) das Neueste IDM **at the ˈlatest** spätestens
latex /ˈleɪteks/ *Nomen* **1** Milchsaft **2** Latex
lath /lɑːθ; *AmE* læθ/ *Nomen* (*Pl* **laths** /lɑːðz; *AmE* læðz/) Latte
lathe /leɪð/ *Nomen* Drehbank
la·ther¹ /ˈlɑːðə(r); *AmE* ˈlæð-/ *Nomen* (Seifen)schaum IDM **get into a ˈlather**; **work yourself up into a lather** (*BrE, umgs*) sich furchtbar aufregen **in a ˈlather** (*BrE, umgs*) in heller Aufregung
la·ther² /ˈlɑːðə(r); *AmE* ˈlæð-/ *Verb* **1** einschäumen **2** schäumen
Latin /ˈlætɪn; *AmE* ˈlætn/ **1** *Nomen* Latein **2** *Nomen* = Mensch aus einem Land, dessen Sprache auf Latein basiert **3** *Adj* lateinisch **4** *Adj* romanisch, südländisch
ˌLatin Aˈmerica *Nomen* Lateinamerika ☞ *Hinweis bei* AMERICAN¹
ˌLatin Aˈmerican 1 *Nomen* Lateinamerikaner(in) **2** *Adj* lateinamerikanisch ☞ *Hinweis bei* AMERICAN¹
La·tino /læˈtiːnəʊ; *AmE* -noʊ/ *Nomen* (*Pl* **-os**) = Einwohner der USA mit lateinamerikanischer Abkunft **2** *Adj* Latino-
lati·tude /ˈlætɪtjuːd; *AmE* -tuːd/ *Nomen* **1** (*Abk* **lat.**) (GEOGR) Breite **2 latitudes** [Pl] Breiten ◇ *the northern latitudes* die nördlichen Breiten **3** (*gehoben*) Freiheit, Spielraum
la·trine /ləˈtriːn/ *Nomen* Latrine
latte *Nomen* = CAFFÈ LATTE
lat·ter /ˈlætə(r)/ **1** *Adj nur vor Nomen* letztere(r,s) ◇ *the latter point* der letztere Punkt **2** *Adj nur vor Nomen* letzte(r,s) ◇ *the latter half of the year* die zweite Hälfte des Jahres **3** *Nomen* **the latter** (*Pl* **the latter**) Letztere(r,s)
ˈlatter-day *Adj nur vor Nomen* modern ◇ *a latter-day Robin Hood* ein moderner Robin Hood ◇ *the Latter-day Saints* die Heiligen der letzten Tage
lat·ter·ly /ˈlætəli; *AmE* -tərli/ *Adv* (*gehoben*) **1** in letzter Zeit **2** am Ende
lat·tice /ˈlætɪs/ *Nomen* (*auch* **ˈlat·tice·work**) Gitter ◇ *a wooden latticework fence* ein Jägerzaun
ˌlattice ˈwindow (*auch* **ˌlat·ticed ˈwindow**) *Nomen* Rautenfenster
laud /lɔːd/ *Verb* (*gehoben*) preisen
laud·able /ˈlɔːdəbl/ *Adj* (*Adv* **laud·ably** /-əbli/) (*gehoben*) lobenswert
laud·anum /ˈlɔːdənəm/ *Nomen* Laudanum
laugh¹ /lɑːf; *AmE* læf/ *Verb* **1** ~ (**at/about sth**) (über etw) lachen ◇ *She always makes me laugh.* Sie bringt mich immer zum Lachen. ◇ *He burst out laughing.* Er brach in Gelächter aus. **2 be laughing** (*umgs*) gut dastehen IDM **Don't make me ˈlaugh!** Dass ich nicht lache! **laugh all the way to the ˈbank** (*umgs*) einen Reibach machen **laugh your ˈhead off** sich kaputtlachen **laugh in sb's ˈface** jdm (dreist) ins Gesicht lachen **laugh like a ˈdrain** (*BrE*) vor Lachen brüllen **laugh sb/sth out of ˈcourt** (*BrE, umgs*) jdn/etw verlachen **laugh till/until you ˈcry** lachen, bis einem die Tränen kommen **laugh up your ˈsleeve (at sb/sth)** (*umgs*) sich (über jdn/etw) ins Fäustchen lachen **sb will be laughing on the other side of his/her ˈface** (*BrE, umgs*) jdm wird das Lachen vergehen **you ˈhave/you've got to ˈlaugh** (*umgs*) ◇ *Well, I'm sorry you've lost your shoes, but you've got to laugh, haven't you?* Nun, es tut mir Leid, dass du deine Schuhe verloren hast; aber lustig ist es trotzdem! ☞ *Siehe auch* PISS¹ PHR V **ˈlaugh at sb/sth** sich über jdn/etw lustig machen **ˌlaugh sth ˈoff** (*umgs*) etw mit einem Lachen abtun
laugh² /lɑːf; *AmE* læf/ *Nomen* **1** Lachen ◇ *She gave a little laugh.* Sie lachte kurz auf. ◇ *His first joke got/raised the biggest laugh.* Sein erster Witz löste das größte Gelächter aus. **2 a laugh** [Sing] (*umgs*) ein Spaß ◇ *Come to the karaoke night — it should be a good laugh.* Komm doch zum Karaoke-Abend — das wird bestimmt ein Spaß. ◇ *And he didn't realize it was you? What a laugh!* Und er hat nicht gemerkt, dass du's warst? Das ist ja zum Brüllen! **3 a laugh** [Sing] ulkige Nudel IDM **do sth for a ˈlaugh/for ˈlaughs** etw zum Spaß machen ◇ *I just did it for a laugh, but it got out of hand.* Das war als Spaß gemeint, aber es ist dann außer Kontrolle geraten. **have a (good) ˈlaugh (about sth)** (über etw) (sehr) lachen ☞ *Siehe auch* LAST
laugh·able /ˈlɑːfəbl; *AmE* ˈlæf-/ *Adj* (*Adv* **laugh·ably** /-əbli/) lächerlich ◇ *The whole incident would be laughable if it were not so serious.* Man könnte über den ganzen Vorfall lachen, wenn es nicht so ernst wäre.
laugh·ing /ˈlɑːfɪŋ; *AmE* ˈlæfɪŋ/ *Adj* lachend ◇ *laughing faces* strahlende Gesichter IDM **be no laughing ˈmatter** nicht zum Lachen sein ☞ *Siehe auch* DIE¹
ˈlaughing gas *Nomen* (*umgs*) Lachgas
laugh·ing·ly /ˈlɑːfɪŋli; *AmE* ˈlæf-/ *Adv* lachend (*iron*) ◇ *I finally reached what we laughingly call civilization.* Schließlich erreichte ich das, was sich so Zivilisation nennt.
ˈlaughing stock *Nomen* [meist Sing] Gegenstand des

laughter

Gelächters, Lachnummer ◊ *I can't wear that! I'd be a laughing stock.* Das kann ich nicht anziehen! Ich sähe ja darin aus wie eine Witzfigur.

laugh·ter /ˈlɑːftə(r); *AmE* ˈlæf-/ *Nomen* [U] Lachen, Gelächter ◊ *roar with laughter* vor Lachen brüllen ◊ *gales of laughter* Lachsalven ◊ *a house full of laughter* ein fröhliches Haus

launch[1] /lɔːntʃ/ *Verb* **1** starten, einleiten ◊ *An appeal has been launched to help victims of the disaster.* Es wurde zu Spenden für die Unglücksopfer aufgerufen. ◊ *launch an attack* angreifen **2** lancieren, auf den Markt bringen **3** vom Stapel lassen, ins Wasser lassen **4** aussetzen; (*Rakete*) abschießen; (*Satellit*) in Umlauf bringen **5** ~ **yourself** sich stürzen ◊ *Without warning he launched himself at me.* Ohne jede Warnung stürzte er sich auf mich. **PHR V** **launch (yourself) into sth** etw beginnen ◊ *He launched into a lengthy account of his career.* Er legte los und erzählte lang und breit von seiner Karriere.

launch[2] /lɔːntʃ/ *Nomen* **1** (*einer Rakete etc.*) Start **2** Lancierung, Einführung (*eines Produktes auf dem Markt*) **3** Barkasse ◊ *a police launch* ein Streifenboot der Wasserschutzpolizei

launch·er /ˈlɔːntʃə(r)/ *Nomen* (*oft in Zusammensetzungen*) **1** Abschussvorrichtung, Trägerrakete **2** Raketenwerfer

ˈlaunch pad (*auch* **ˈlaunching pad**) *Nomen* Abschussrampe; (*fig*) Sprungbrett ◊ (*fig*) *She regards the job as a launch pad for her career.* Sie sieht in der Stelle ein Sprungbrett für ihre Karriere.

laun·der /ˈlɔːndə(r)/ *Verb* **1** (*gehoben*) waschen und bügeln ◊ *freshly laundered sheets* frisch gewaschene und gebügelte Bettlaken **2** (*Geld*) waschen

laun·der·ette (*auch* **laun·drette**) /ˌlɔːnˈdret/ (*AmE* **Laundromat**™ /ˈlɔːnˈdrəmæt/) *Nomen* Waschsalon

laun·dry /ˈlɔːndri/ *Nomen* (*Pl* **-ies**) **1** Wäsche **2** [U/Sing] Waschen ◊ *a laundry room* eine Waschküche ◊ *do the laundry* Wäsche waschen ◊ *The hotel has a laundry service.* Das Hotel hat einen Wäscheservice. **3** Wäscherei

laure·ate /ˈlɒriət; *AmE* ˈlɔːr-/ *Nomen* **1** Preisträger(in) **2** = POET LAUREATE

laurel /ˈlɒrəl; *AmE* ˈlɔːr-, ˈlɑːr-/ *Nomen* **1** Lorbeer **2 laurels** [Pl] (*fig*) Lorbeeren **IDM** **rest/sit on your ˈlaurels** (*meist abwert*) sich auf seinen Lorbeeren ausruhen

ˈlaurel wreath *Nomen* Lorbeerkranz

lava /ˈlɑːvə/ *Nomen* Lava, Lavagestein

lava·tor·ial /ˌlævəˈtɔːriəl/ *Adj* (*bes BrE*) (*Humor etc.*) Fäkal-

lav·atory /ˈlævətri/ *Nomen* (*Pl* **-ies**) (*veraltet oder gehoben*) **1** (*bes BrE*) Toilette ☞ *Hinweis bei* TOILETTE **2** (*AmE*) Waschbecken

lav·en·der /ˈlævəndə(r)/ **1** *Nomen* Lavendel **2** *Nomen* Lavendel(blau) **3** *Adj* lavendelblau

lav·ish[1] /ˈlævɪʃ/ *Adj* (*Adv* **lav·ish·ly**) sehr großzügig, verschwenderisch, aufwändig ◊ *He was lavish in his praise for the book.* Er geizte nicht mit Lob für das Buch.

lav·ish[2] /ˈlævɪʃ/ *Verb* **PHR V** **ˈlavish sth on/upon sb/sth** (*gehoben*) jdn/etw mit etw überhäufen ◊ *She lavishes most of her attention on her youngest son.* Ihre Aufmerksamkeit gehört vor allem ihrem jüngsten Sohn.

law /lɔː/ *Nomen* **1** Gesetz ◊ *any means within the law* jedes gesetzlich rechtmäßige Mittel ◊ *the need for better law enforcement* die Notwendigkeit einer besseren Gesetzesdurchführung ◊ (*hum*) *There ought to be a law against it!* Das gehört gesetzlich verboten! **2** [U] Recht ◊ *under Scottish law* nach schottischem Recht ☞ *Siehe auch* COMMON LAW **3** [U] Rechtswissenschaften, Jura ◊ (*AmE*) *He's in law school.* Er ist Student an der juristischen Fakultät. ☞ *Im britischen Englisch heißt es: He's at law school.* ◊ *What made you go into law?* Warum haben Sie die juristische Laufbahn eingeschlagen? ◊ *a law firm* eine Anwaltskanzlei **4 the law** [Sing] die Polizei ◊ *Jim is always getting into trouble with the law.* Jim hat immer Schwierigkeiten mit der Polizei. **5** Gebot, Regel ◊ *the laws of the Church* die Gebote der Kirche **IDM** **be a law unto yourˈself** tun, was man will ◊ **go to ˈlaw** (*BrE*) vor Gericht gehen ◊ **ˈlaw and ˈorder** Recht und Ordnung ◊ **the ˌlaw of the ˈjungle** das Recht des Stärkeren ◊ **the ˌlaw of ˈaverages** ◊ *By the law of averages, we should win this time.* Aller Wahrscheinlichkeit nach sollten wir dieses Mal gewinnen. ◊ **lay**

down the ˈlaw Vorschriften machen ◊ **take the ˈlaw into your own ˈhands** zur Selbstjustiz greifen ◊ **there's no ˈlaw against sth** (*umgs*) das kann keiner verbieten ☞ *Siehe auch* LETTER, RULE[1] *und* WRONG[1]

ˈlaw-abiding *Adj* gesetzestreu

ˈlaw-break·er /ˈlɔːbreɪkə(r)/ *Nomen* Rechtsbrecher(in)

ˈlaw court *Nomen* Gericht

law·ful /ˈlɔːfl/ *Adj* (*Adv* **law·ful·ly** /-fəli/) (*gehoben*) rechtmäßig ◊ *his lawful wife* seine Ehefrau **OPP** UNLAWFUL

law·less /ˈlɔːləs/ *Adj* gesetzlos ◊ *lawless streets* Straßen ohne jedes Gesetz ◊ *lawless gangs* kriminelle Banden

law·less·ness /ˈlɔːləsnəs/ *Nomen* Gesetzlosigkeit

ˈlaw lord *Nomen* [meist Pl] (*BrE*) = Mitglied des britischen Oberhauses mit richterlicher Funktion

law·maker /ˈlɔːmeɪkə(r)/ *Nomen* Gesetzgeber(in)

lawn /lɔːn/ *Nomen* **1** Rasen **2** Batist

ˈlawn bowling *Nomen* (*AmE*) Rasenbowling

lawn-mow·er /ˈlɔːnməʊə(r); *AmE* -moʊ-/ (*auch* **mower**) *Nomen* Rasenmäher

ˌlawn ˈtennis *Nomen* (*gehoben*) Tennis

law·suit /ˈlɔːsuːt; *BrE auch* -sjuːt/ (*auch* **suit**) *Nomen* Prozess ◊ *He filed a lawsuit against me.* Er reichte eine Klage gegen mich ein.

law·yer /ˈlɔːjə(r)/ *Nomen* (Rechts)anwalt, -anwältin

lax /læks/ *Adj* (*abwert*) nachlässig, locker ◊ *lax discipline* lockere Disziplin

laxa·tive /ˈlæksətɪv/ **1** *Nomen* Abführmittel **2** *Adj* abführend

lax·ity /ˈlæksəti/ *Nomen* Nachlässigkeit ◊ *the moral laxity of the times* die lockere Moral der Zeit

lay[1] /leɪ/ *Verb* (**laid**, **laid** /leɪd/) **1** legen ◊ *new-laid eggs* frisch gelegte Eier ◊ *The cloth should be laid flat.* Das Tuch sollte glatt aufgelegt werden. ◊ *lay the blame on sb* jdm die Schuld zuweisen

Manchmal werden **lay** und **lie** in dieser Bedeutung verwechselt. **Lay** wird mit Objekt gebraucht, **lie** jedoch nicht: *She was lying on the beach.* ◊ *Why don't you lie on the bed?* In der Vergangenheitsform werden **lain** (von „lie") und **laid** (von „lay") oft verwechselt. Korrekt ist: *She had lain there all night.*

2 ~ **sth** (**down**) (*Teppichboden, Kabel, Leitung*) verlegen; (*Fundament*) legen **3** ~ **A with B** A mit B bedecken ◊ *The floor was laid with newspaper.* Der Boden war mit Zeitungen abgedeckt. **4** (*BrE*) (*Tisch*) decken **SYN** SET **5** (*Gesetzesentwurf, Vorschlag etc.*) vorlegen **6** (*gehoben*) ~ **sth on sb**; ~ **sb under sth** jdm etw auferlegen ◊ *lay sb under an obligation to do sth* jdn dazu verpflichten etw zu tun ◊ *Stop laying a guilt trip on me.* Hör auf mir Schuldgefühle zu machen. **7** (*Falle*) stellen; (*Plan*) schmieden, vorbereiten ◊ *lay a trap for sb* jdm eine Falle stellen ◊ *Bad weather can upset the best-laid plans.* Schlechtes Wetter kann die besten Pläne durcheinander bringen. **8** (*oft passiv*) (*vulg, Slang*) bumsen ◊ *He went out hoping to get laid.* Er ging aus und hoffte, jemanden zum Bumsen zu finden. **9** (*Feuer*) anlegen **10** (*Geld*) setzen; (*Wette*) abschließen ◊ *I wouldn't lay money on it.* Ich würde nicht darauf wetten. ◊ *I'll lay you any money you like (that) he won't come.* Jede Wette, dass er nicht kommt. ☞ *Für andere Redewendungen mit* **lay** *siehe die Einträge für die Nomina, Adjektive etc.* **Lay sth bare** z.B. steht unter **bare**. **PHR V** **ˌlay aˈbout sb (with sth)** auf jdn (mit etw) einschlagen ◊ **ˌlay aˈbout you/yourself (with sth)** (mit etw) (wie wild) um sich schlagen ◊ **ˌlay sth aˈside** (*gehoben*) etw beiseite legen ◊ (*fig*) *Doctors have to lay their personal feelings aside.* Ärzte müssen ihre Gefühle ausklammern. ◊ **ˌlay sth ˈby** etw auf die hohe Kante legen ◊ **ˌlay sth ˈdown 1** etw (hin)legen ◊ *lay down your arms* die Waffen niederlegen **2** (*gehoben*) (*Amt*) niederlegen **3** etw festlegen ◊ *It is laid down that ...* Es ist vorgeschrieben, dass ... **4** (*meist passiv*) etw ablagern ◊ *If you eat too much, the surplus is laid down as fat.* Wenn man zu viel isst, lagert sich der Überschuss als Fett an. ◊ **ˌlay sth ˈin** (*Vorräte*) anlegen ◊ **ˌlay ˈinto sb/sth** (*umgs*) über jdn/etw herfallen ◊ **ˌlay ˈoff (doing sth)** (*umgs*) (mit etw) aufhören ◊ **ˌlay ˈoff sb** (*umgs*) jdn in Ruhe lassen ◊ **ˌlay ˈoff sth** (*umgs*) etw aufgeben ◊ *I think you'd better lay off fatty foods.* Ich glaube, du solltest so fett zu essen. ◊ **ˌlay**

sb 'off jdn entlassen [SYN] MAKE SB REDUNDANT ◇ **lay sth 'on** (*BrE*, *umgs*) für etw sorgen ◇ *A bus has been laid on to take you to the airport.* Ein Bus steht zur Verfügung, um Sie zum Flughafen zu bringen. ◇ **lay sb 'out 1** jdn k.o. schlagen **2** jdn aufbahren ◇ **lay sth 'out 1** etw ausbreiten **2** (*oft passiv*) etw gestalten; (*Garten etc.*) anlegen ◇ *a well laid-out magazine* ein gut aufgemachtes Magazin **3** etw ausführen ◇ *All the terms and conditions are laid out in the contract.* Alle Bedingungen und Bestimmungen sind im Vertrag niedergelegt. [SYN] SET STH OUT **4** (*umgs*) etw berappen ◇ **lay 'over (at/in ...)** (*AmE*) Zwischenstation machen (bei/in ...) ◇ **lay sb 'up** jdn außer Gefecht setzen ◇ *She's laid up with a broken leg.* Sie liegt mit einem gebrochenen Bein im Bett. ◇ **lay sth 'up 1** (*Vorräte*) anlegen **2** sich etw für später einhandeln **3** etw aus dem Verkehr ziehen

lay² /leɪ/ *Adj* nur vor Nomen Laien-

lay³ /leɪ/ *Nomen* **1** (*Slang*) ◇ *be an easy lay* leicht ins Bett zu kriegen sein **2** (*veraltet*) Ballade [IDM] ⇨ LAND¹

lay·a·bout /ˈleɪəbaʊt/ *Nomen* (*BrE*, *umgs*, *veraltet*) Nichtstuer(in)

'lay-by *Nomen* (*BrE*) Haltebucht

layer¹ /ˈleɪə(r), ˈleə(r); *AmE* ˈler/ *Nomen* **1** Schicht **2** Ebene

layer² /ˈleɪə(r), ˈleə(r); *AmE* ˈler/ *Verb* schichten ◇ *Her hair had been layered.* Ihr Haar war stufig geschnitten.

lay·ette /leɪˈet/ *Nomen* Babyausstattung

lay·man /ˈleɪmən/ *Nomen* (*Pl* **-men** /-mən/) Laie ◇ *in layman's terms* in Laiensprache

'lay-off *Nomen* **1** (vorübergehende) Entlassung **2** (wegen Verletzung etc.) Pause

lay·out /ˈleɪaʊt/ *Nomen* Anordnung, Layout ◇ *What do you think of the kitchen layout?* Was hältst du von der Aufteilung der Küche? ◇ *road layout* Straßenführung

lay·over /ˈleɪəʊvə(r); *AmE* -oʊ-/ *Nomen* (*AmE*) Zwischenaufenthalt [SYN] STOPOVER

lay·per·son /ˈleɪpɜːsn; *AmE* -pɜːrsn/ *Nomen* (*auch* **'lay person**) (*Pl* **lay people** *oder* **lay·persons**) Laie

laze /leɪz/ *Verb* ~ (**about/around**) (herum)faulenzen [PHR V] **'laze sth away** etw verbummeln

lazi·ness /ˈleɪzinəs/ *Nomen* Faulheit, Trägheit

lazy /ˈleɪzi/ *Adj* (**lazi·er**, **lazi·est**) (*Adv* **lazi·ly** /-ɪli/) (*abwert*) **1** faul, träge **2** nachlässig

lazy·bones /ˈleɪzibəʊnz; *AmE* -boʊnz/ *Nomen* [*Sing*] (*veraltet*, *umgs*) Faulpelz

lb (*AmE* **lb.**) (*Pl* **lb** *oder* **lbs**) = POUND¹ (2)

lbw /ˌel biː ˈdʌbljuː/ *Kurzform von* **leg before wicket** (*beim Kricket*) = Situation, in der ein Bein des Schlagmanns vor dem Wicket steht und vom Ball getroffen wird, woraufhin der Schlagmann ausscheidet

LCD /ˌel siː ˈdiː/ **1** *Kurzform von* **liquid crystal display** LCD **2** *Abk* = LOWEST COMMON DENOMINATOR

LEA /ˌel iː ˈeɪ/ *Kurzform von* **Local Education Authority** ≈ Schulbehörde

leach /liːtʃ/ *Verb* (*Fachspr*) **1** sickern **2** ~ **sth** etw auslaugen; ~ **sth from sth** etw aus etw waschen; ~ **sth into sth** etw in etw spülen ◇ *The nutrient is quickly leached away.* Der Nährstoff wird schnell weggespült.

lead¹ /liːd/ *Verb* (**led**, **led** /led/) **1** führen; ~ **to sth** zu etw führen (*auch fig*) ◇ *The department led the world in cancer research.* Die Abteilung war in der Krebsforschung weltweit führend. ◇ *lead the way* führend sein ◇ *She led the way to the boardroom.* Sie ging uns voran in den Sitzungssaal. ◇ *The champion is leading* (*her nearest rival*) *by 18 seconds.* Die Meisterin hat (ihrer nächsten Konkurrentin gegenüber) einen Vorsprung von 18 Sekunden. ◇ *Which door leads to the yard?* Welche Tür geht auf den Hof? ◇ *the pipe leading from the top of the water tank* das Rohr, das vom Rand der Wassertanks abgeht **2** ~ **sb to sth** jdn zu etw bringen; ~ **sb to do sth** jdn dazu veranlassen etw zu tun ◇ *What led you to this conclusion?* Wie sind Sie zu diesem Schluss gekommen? ◇ *The situation is far worse than we had been led to believe.* Die Situation ist viel schlimmer, als man uns glauben gemacht hat. ◇ *He's too easily led.* Er lässt sich zu leicht beeinflussen. **3** leiten ◇ *lead an army* eine Armee anführen ◇ (*Kartenspiel*) ausspielen [IDM] **lead sb by the 'nose** jdn nach seiner Pfeife tanzen lassen ◇ **lead sb a**

(**merry**) **'dance** (*BrE*) jdm Ärger bereiten ◇ **lead from the 'front** mit gutem Beispiel vorangehen ◇ **lead sb 'nowhere** zu nichts führen ◇ **lead sb 'nowhere** (*fig*) jdn nicht weiterführen ◇ **lead sb up/down the garden 'path** jdn an der Nase herumführen ☛ *Siehe auch* BLIND¹ *und* THING [PHR V] **ˌlead 'off (from)** sth (*abzweigen*) von etw abgehen ◇ **ˌlead (sth) 'off** (etw) beginnen ◇ **ˌlead sb 'on** (*umgs*) jdn an der Nase herumführen ◇ **ˌlead 'up to sth 1** einer Sache vorangehen ◇ *the weeks leading up to the exam* die Wochen vor der Prüfung ◇ *Were you leading up to saying anything important?* Wolltest du gerade irgendetwas Wichtiges sagen? **2** zu etw führen ◇ *the events leading up to the strike* die Ereignisse, die zum Streik führten ◇ **ˌlead with sth 1** (*Zeitung*) über etw ganz groß berichten **2** mit etw boxen ◇ *lead with your right/left* Rechtsausleger/Linksausleger sein

lead² /liːd/ *Nomen* **1 the lead** [*Sing*] Führung ◇ *take/go into the lead* in Führung gehen ◇ *the lead car* der in Führung liegende Wagen **2** [*Sing*] Vorsprung ◇ *a lead of two seconds over the competition* ein Vorsprung von zwei Sekunden gegenüber der Konkurrenz **3** [*Sing*] Beispiel ◇ *Someone must take the environmental lead in Europe.* Was die Umweltpolitik in Europa betrifft, muss irgendjemand mit gutem Beispiel vorangehen. ◇ *You go first, I'll take my lead from you.* Fang du an, ich orientiere mich an dir. **4** Hinweis, Anhaltspunkt ◇ *give sb a lead* jdn auf die Spur bringen **5** Hauptrolle, Hauptpartie **6** Hauptdarsteller(in) **7** (*BrE*) (*Hunde-*) Leine **8** (*BrE*) (*Strom-*) Kabel

lead³ /led/ *Nomen* **1** Blei **2** Bleistiftmine [IDM] **go ˌdown like a lead bal'loon** (*umgs*) überhaupt nicht ankommen

lead·ed /ˈledɪd/ *Adj* **1** verbleit [OPP] UNLEADED **2** mit Blei verstärkt

ˌleaded 'light (*auch* **ˌleaded 'window**) *Nomen* (*BrE*) Fenster mit Bleiverglasung

lead·en /ˈledn/ *Adj* **1** Blei- **2** (*bleifarben*) bleiern ◇ *leaden skies* ein bleierner Himmel **3** bleiern, schwer wie Blei

lead·er /ˈliːdə(r)/ *Nomen* **1** Führer(in) ◇ *their spiritual leader* ihr geistiges Oberhaupt ◇ *the leader of the Conservative party* der Vorsitzende der konservativen Partei ◇ *He was not a natural leader.* Er war kein Naturtalent, was Menschenführung anbetraf. ◇ *be a world leader in IT* im Bereich der Informatik weltweit führend sein ◇ *She was among the leaders of the race.* Sie war in den Rennen unter den Ersten. **2** (*BrE*) Konzertmeister(in) **3** (*BrE*) Leitartikel [SYN] EDITORIAL

lead·er·less /ˈliːdələs; *AmE* -dərl-/ *Adj* führungslos

lead·er·ship /ˈliːdəʃɪp; *AmE* -dərʃ-/ *Nomen* Führung ◇ *This organisation needs strong leadership.* Diese Organisation braucht eine starke Führung. ◇ *The party leadership is/are divided.* Die Parteiführung ist gespalten. ◇ *church leadership* die Kirchenleitung ☛ G 1.3b

ˌlead-'free /ˌled ˈfriː/ *Adj* bleifrei

'lead-in /ˈliːd ɪn/ *Nomen* Einleitung

lead·ing /ˈliːdɪŋ/ *Adj* nur vor Nomen führend ◇ *the leading role* die Hauptrolle [SYN] MAIN

ˌleading 'article *Nomen* Leitartikel [SYN] EDITORIAL

ˌleading 'edge *Nomen* **1** [*Sing*] Spitze ◇ *at the leading edge of scientific research* an der Spitze der wissenschaftlichen Forschung **2** (*Fachspr*) Vorderkante

ˌleading-'edge *Adj* Spitzen-, führend

ˌleading 'lady *Nomen* (*Pl* **-ies**) Hauptdarstellerin ◇ *Who was his leading lady?* Wer hat neben ihm die weibliche Hauptrolle gespielt?

ˌleading 'light *Nomen* führender Kopf, führende Persönlichkeit

ˌleading 'man *Nomen* Hauptdarsteller ◇ *Who was her leading man?* Wer hat neben ihm die männliche Hauptrolle gespielt?

ˌleading 'question *Nomen* Suggestivfrage

'lead shot /ˌled ˈʃɒt; *AmE* ˈʃɑːt/ (*auch* **shot**) *Nomen* [*U*] (*Bleikügelchen*) Schrot

'lead story /ˈliːd stɔːri/ *Nomen* (*Pl* **-ies**) Titelgeschichte

'lead time /ˈliːd taɪm/ *Nomen* ◇ *engineering lead time* Konstruktionszeit ◇ *manufacturing lead time* Herstellungszeit

leaf¹ /liːf/ *Nomen* (*Pl* **leaves** /liːvz/) **1** Blatt ◇ *The trees are coming into leaf.* Die Bäume schlagen aus. ◇ *The trees are still in leaf.* Die Bäume stehen noch grün. **2 -leaf, -leafed**

leaf

-blättrig ◇ *a four-leaf clover* ein vierblättriges Kleeblatt **3** Blatt, Seite **4** (*Metall-*) Blättchen ◇ *gold leaf* Blattgold **5** (*Teil eines Tisches*) Ausziehplatte, (herunterklappbares) Seitenteil IDM **take a 'leaf from/out of sb's 'book** sich von jdm eine Scheibe abschneiden ☞ *Siehe auch* NEW

leaf² /liːf/ *Verb* PHRV **leaf 'through sth** etw durchblättern

leaf·less /'liːfləs/ *Adj* (*unbelaubt*) kahl

leaf·let¹ /'liːflət/ *Nomen* (*meist kostenlos*) Informationsblatt, Handzettel, Faltblatt, Flugblatt

leaf·let² /'liːflət/ *Verb* Handzettel/Flugblätter verteilen

'leaf mould (*AmE* **'leaf mold**) *Nomen* Laubkompost

leafy /'liːfi/ *Adj* **1** Blatt- ◇ *leafy green vegetables* Blattgemüse **2** (*begrünt, bewachsen*) grün **3** belaubt

league /liːɡ/ *Nomen* **1** Bund, Bündnis, Liga ◇ *the League of Nations* der Völkerbund **2** (SPORT) Liga ◇ *league champions* Tabellenführer **3** (*umgs*) Klasse, Format ◇ *They're in a different league for us.* Sie sind um Klassen besser als wir. ◇ *As a painter, he is in a league of his own.* Als Maler ist nicht zu übertreffen. ◇ *A house like that is out of our league.* So ein Haus können wir uns nicht leisten. **4** (*veraltet*) = Längenmaß von etwa 4 km IDM **in 'league (with sb)** (mit jdm) im Bunde

leak¹ /liːk/ *Verb* **1** (*undicht sein*) lecken ◇ *a leaking pipe* ein undichtes Rohr ◇ *The tank had leaked a small amount of water.* Aus dem Tank war etwas Wasser ausgetreten. **2** sickern, auslaufen **3** (*fig*) zuspielen, durchsickern lassen ◇ *The report was leaked to the press.* Der Bericht wurde der Presse zugespielt. PHRV **leak 'out** durchsickern

leak² /liːk/ *Nomen* **1** Leck, undichte Stelle ◇ *There was a leak to the press about the government plans on tax.* Die Steuerpläne der Regierung wurden der Presse zugespielt. **2** (*vulg*) ◇ *have/take a leak* pissen gehen IDM ⇒ SPRING²

leak·age /'liːkɪdʒ/ *Nomen* Austreten, Ausströmen, Auslaufen ◇ *There are signs of leakage on the floor.* Am Boden sieht man, dass Flüssigkeit ausgelaufen ist. ◇ *pollution due to fuel tank leakage* Umweltverschmutzung durch undichte Benzintanks

leaky /'liːki/ *Adj* undicht (*auch fig*) ◇ *a leaky tap* ein tropfender Wasserhahn ◇ *the other team's leaky defence* die schwache Verteidigung des anderen Teams

lean¹ /liːn/ *Verb* (**leaned**, **leaned**) (*BrE auch* **leant**, **leant** /lent/) **1** sich lehnen ◇ *The tower is leaning dangerously.* Der Turm neigt sich gefährlich. ◇ *She leant across the desk.* Sie beugte sich über den Schreibtisch. **2** ~ **against/on sth** (*Schaufel etc.*) an etw lehnen; (*Mensch*) sich auf etw stützen **3** ~ **sth against/on sth** etw an etw lehnen IDM ⇒ BACKWARDS PHRV **'lean on sb/sth 1** auf jdn/etw angewiesen sein **2** jdn/etw unter Druck setzen **'lean to/towards/toward sth** etw ergreifen, sich auf etw stürzen ◇ *I leapt at the chance.* Ich ergriff die Gelegenheit beim Schopf.

lean² /liːn/ *Adj* **1** hager, schlank **2** mager ◇ *a lean spell* eine Durststrecke **3** (*Betriebe, Organisationen etc.*) schlank, verschlankt

lean³ /liːn/ *Nomen* mageres Fleisch

lean·ing /'liːnɪŋ/ **1** *Nomen* ~ (**towards sth**) Hang (zu etw), Neigung (zu etw) SYN INCLINATION **2** *Adj* schief

'lean-to *Nomen* (*Pl* **-tos** /-tuːz/) Anbau

leap¹ /liːp/ *Verb* (**leapt**, **leapt** /lept/ *oder* **leaped**, **leaped**) springen; ~ **sth** über etw springen ◇ *I leapt to my feet.* Ich sprang auf. ◇ *His name leapt out at me.* Sein Name sprang mir ins Auge. ◇ *He leapt across the room.* Er machte einen Satz durchs Zimmer. ◇ *They leapt into action immediately.* Sie machten sich sofort an die Arbeit. ◇ *Shares leapt in value.* Die Aktienkurse schnellten nach oben. IDM **look before you 'leap** Vorsicht ist besser als Nachsicht ☞ *Siehe auch* CONCLUSION *or* HEART PHRV **'leap at sth** etw ergreifen, sich auf etw stürzen ◇ *I leapt at the chance.* Ich ergriff die Gelegenheit beim Schopf.

leap² /liːp/ *Nomen* **1** Sprung, Satz ◇ *She took a flying leap across the stream.* Sie machte einen Riesensatz über den Bach. **2** sprunghafter Anstieg IDM **by/in ˌleaps and 'bounds** sprunghaft ◇ *Her health has improved in leaps and bounds.* Ihr Gesundheitszustand hat sich unheimlich schnell gebessert. **a leap in the 'dark** ein Sprung ins Ungewisse

leap·frog¹ /'liːpfrɒɡ; *AmE* -frɔːɡ, -frɑːɡ/ *Nomen* Bockspringen

leap·frog² /'liːpfrɒɡ; *AmE* -frɔːɡ, -frɑːɡ/ *Verb* (**-gg-**) bockspringen ◇ (*fig*) *Our team leapfrogged into third place.* Unsere Mannschaft sprang auf Platz drei.

'leap year *Nomen* Schaltjahr

learn /lɜːn; *AmE* lɜːrn/ *Verb* (**learnt**, **learnt** /lɜːnt; *AmE* lɜːrnt/ *oder* **learned**, **learned**) **1** ~ (**sth**) (**from sb/sth**) (etw) (von jdm/etw) lernen ◇ *He's learning how to dance.* Er lernt tanzen. ◇ *learn a skill* sich eine Fähigkeit aneignen **2** ~ (**of/about**) **sth** (von) etw erfahren **3** (*auswendig*) lernen SYN MEMORIZE **4** ~ (**from sth**) (aus etw) lernen IDM **ˌlearn sth the 'hard way** etw schmerzlich lernen **ˌlearn your 'lesson** seine Lektion lernen ☞ *Siehe auch* COST¹, LIVE¹ *und* ROPE¹

learned /'lɜːnɪd/ *Adj* **1** (*gehoben*) gelehrt **2** (*gehoben*) wissenschaftlich SYN SCHOLARLY **3** erlernt

learn·er /'lɜːnə(r); *AmE* 'lɜːrn-/ *Nomen* **1** Lernende(r), Lerner ◇ *be a slow/quick learner* langsam/schnell lernen **2** (*auch* **ˌlearner 'driver**) Fahrschüler(in)

Fahrschüler in Großbritannien und den USA bekommen einen vorläufigen Führerschein und dürfen damit ab 17 Jahren auch vor der Prüfung schon Auto fahren, allerdings nicht auf der Autobahn und nur in Begleitung eines Führerscheininhabers.

'learner's permit *Nomen* (*AmE*) = vorläufiger Führerschein für Fahrschüler ☞ *Hinweis bei* LEARNER (2)

learn·ing /'lɜːnɪŋ; *AmE* 'lɜːrnɪŋ/ *Nomen* **1** Lernen ◇ *a process of learning* ein Lernprozess **2** Bildung

'learning curve *Nomen* Lernkurve

'learning difficulties *Nomen* [Pl] Lernschwierigkeiten

lease¹ /liːs/ *Nomen* Mietvertrag, Pachtvertrag IDM **a ˌnew) lease of 'life** (*AmE* **a ˌnew) lease on 'life**) ◇ *Since her hip operation she's had a new lease of life.* Seit ihrer Hüftoperation ist sie richtig aufgelebt.

lease² /liːs/ *Verb* ~ **sth** (**from sb**) etw (von jdm) mieten, etw (von jdm) pachten, etw (von jdm) leasen; ~ **sth** (**out**) (**to sb**) etw (an jdn) vermieten, etw (an jdn) verpachten, etw (an jdn) verleasen

lease·back /'liːsbæk/ *Nomen* ≈ Rückmiete

lease·hold¹ /'liːshəʊld; *AmE* -hoʊld/ *Adv* (*bes BrE*) ◇ *purchase land leasehold* das Nutzungsrecht für ein Grundstück erwerben

lease·hold² /'liːshəʊld; *AmE* -hoʊld/ *Nomen* (*bes BrE*) = Art Pachtvertrag, der festlegt, dass jemand Eigentümer eines Hauses etc. ist, jedoch nicht des Grundstücks, auf dem es steht. Für das Nutzungsrecht des Grundstücks ist Miete zu zahlen

lease·hold·er /'liːshəʊldə(r); *AmE* -hoʊld-/ *Nomen* (*bes BrE*) = jd, der Eigentümer eines Hauses etc. ist, jedoch nicht des Grundstücks, auf dem es steht; für das Nutzungsrecht des Grundstücks ist Miete zu zahlen

leash¹ /liːʃ/ *Nomen* (*bes AmE*) (*Hunde*-) Leine SYN LEAD IDM ⇒ STRAIN²

leash² /liːʃ/ *Verb* an die Leine nehmen

leas·ing /'liːsɪŋ/ *Nomen* Leasing

least¹ /liːst/ *Adj, Pron* (*meist* **the least**) wenigste(r,s), geringste(r,s) ◇ *He has the least experience.* Er hat am wenigsten Erfahrung. ◇ *It's the least I can do to help.* Das ist das Mindeste, was ich tun kann. ◇ *That's the least of my worries.* Darüber mache ich mir nun wirklich keine Sorgen. IDM **at the (very) 'least** mindestens **ˌnot in the 'least** überhaupt nicht; nicht im Geringsten ☞ *Siehe auch* SAY¹

least² /liːst/ *Adv* am wenigsten ◇ *She chose the least expensive of the hotels.* Sie suchte das preiswerteste Hotel aus. IDM **at 'least 1** mindestens **2** zumindest; wenigstens **not 'least** (*gehoben*) besonders ☞ *Siehe auch* LAST², LINE¹ *und* SAY¹

lea·ther /'leðə(r)/ *Nomen* **1** Leder **2 leathers** [Pl] = Motorradkleidung aus Leder IDM ⇒ HELL

lea·ther·ette /ˌleðə'ret/ *Nomen* Kunstleder

lea·thery /'leðəri/ *Adj* ledern, ledrig

leave¹ /liːv/ *Verb* (**left**, **left** /left/) **1** gehen, weggehen, abfahren, abfliegen **2** verlassen ◇ *He left his job.* Er hat gekündigt. **3** stehen lassen, liegen lassen ◇ *Why do you always leave everything until the last moment?* Warum machst du alles immer erst im letzten Augenblick? **4** lassen ◇ *Leave the door open, please.* Lass die Tür bitte offen. ◇ *The bomb blast left 25 people dead.* Bei dem Bombenanschlag starben 25 Menschen. ◇ *We left it that he'd phone me tomorrow.* Wir sind so verblieben, dass er mich morgen anruft. **5** hinterlassen ◇ *Red wine leaves a stain.* Rotwein gibt Flecken. ◇ *Seven from ten leaves three.* Zehn minus sieben ist drei. **6 be left** (*passiv*) übrig bleiben, übrig sein ◇ *The only course of action left to me was to notify her employer.* Mir blieb nichts anderes übrig, als ihren Arbeitgeber zu benachrichtigen. **7 ~ sth** (**behind**) etw liegen lassen; **~ sb** (**behind**) jdn zurücklassen ◇ *I've left my bag on the bus.* Ich habe meine Tasche im Bus liegen gelassen. **8 ~ sth with/to sb** jdm etw überlassen ◇ *Leave it with me.* Überlass das mir. **9 ~ sth** (**for sb**); **~** (**sb**) **sth** etw (für jdn) abgeben [IDM] **‚leave ˈgo** (**of sth**) (*BrE, umgs*) (etw) loslassen **leave it at ˈthat** (*umgs*) es dabei bewenden lassen **‚leave it ˈout!** (*umgs*) hör auf! ☛ Die meisten Redewendungen mit **leave** sind unter den jeweiligen Nomina und Adjektiven zu finden. **Leave sb in the lurch** z.B. steht bei **lurch**. [PHR V] **‚leave sth aˈside** (*außer Acht lassen*) von etw absehen **‚leave sb/sth beˈhind 1** jdn/etw überflügeln ◇ *We're leaving all our competitors behind.* Wir stellen alle unsere Konkurrenten in den Schatten. **2** jdn/etw zurücklassen, jdn/etw (da)lassen ◇ *She had left her childhood behind her.* Sie hatte ihre Kindheit hinter sich gelassen. **3** jdn/etw vergessen **‚leave ˈoff** (**doing sth**) (*umgs*) aufhören (etw zu tun) **‚leave sth ˈoff** (*Licht*) auslassen; (*Kleidungsstück*) nicht anziehen **‚leave sb/sth ˈoff** (*weglassen*) jdn/etw auslassen ◇ *We left him off the list.* Wir haben ihn nicht auf die Liste gesetzt. **‚leave sth ˈon** (*Kleidungsstück, Licht etc.*) anlassen **‚leave sth ˈout 1** (*weglassen*) etw auslassen **2** (*nicht wegräumen*) etw liegen lassen **‚leave sb/sth ˈout** (**of sth**) jdn/etw (aus etw) heraushalten ◇ *He was feeling left out.* Er fühlte sich übergangen. **be ‚left ˈover** (**from sth**) (von etw) übrig sein

leave² /liːv/ *Nomen* **1** Urlaub ◇ *be on maternity leave* in Mutterschaftsurlaub sein **2 ~** (**to do sth**) (*gehoben*) Erlaubnis (etw zu tun) ◇ *be absent without leave* ohne Erlaubnis fehlen ◇ *She asked for leave of absence.* Sie hat sich beurlauben lassen. [IDM] **‚by/with your ˈleave** (*gehoben*) mit Ihrer Erlaubnis **take** (**your**) **ˈleave** (**of sb**) (*gehoben*) sich (von jdm) verabschieden

leaven /ˈlevn/ *Nomen* Treibmittel, Sauerteig ◇ (*fig*) *A few jokes add leaven to a boring speech.* Ein paar Witze können eine langweilige Rede aufpeppen.

leav·er /ˈliːvə(r)/ *Nomen* (*meist in Zusammensetzungen*) Abgänger ◇ *university leavers* Universitätsabsolventen

leaves *Form von* LEAF¹

leav·ings /ˈliːvɪŋz/ *Nomen* [Pl] (*Essens- etc.*) Reste, Überbleibsel

lech·er /ˈletʃə(r)/ *Nomen* (*abwert*) Lüstling

lech·er·ous /ˈletʃərəs/ *Adj* (*abwert*) lüstern, geil

lech·ery /ˈletʃəri/ *Nomen* (*abwert*) Lüsternheit

lec·tern /ˈlektən; *AmE* -tərn/ *Nomen* (*Lese- etc.*) Pult

lec·tor /ˈlektɔː/ *Nomen* Lektor(in) ☛ *Hinweis bei* LEKTOR(IN)

lec·ture¹ /ˈlektʃə(r)/ *Nomen* **1** Vortrag, Vorlesung ◇ *a lecture room/hall* ein Hörsaal **2** Standpauke, Strafpredigt

lec·ture² /ˈlektʃə(r)/ *Verb* **1 ~** (**in/on sth**) einen Vortrag/Vorträge halten (über etw), eine Vorlesung/Vorlesungen halten (über etw) **2 ~ sb** (**about/on sth**) jdm (über etw) eine Standpauke halten

lec·tur·er /ˈlektʃərə(r)/ *Nomen* **1** Redner(in) **2** (*in GB*) Hochschullehrer(in), Dozent(in)

lec·ture·ship /ˈlektʃəʃɪp; *AmE* -tʃərʃ-/ *Nomen* Lehrauftrag, Dozentur

ˈlecture theatre (*AmE* **ˈlecture theater**) *Nomen* Hörsaal

LED /ˌel iː ˈdiː/ *Kürzform von* **light emitting diode** Leuchtdiode

led /led/ **1** *Form von* LEAD¹ **2 -led** (*in Adjektiven*) ◇ *a consumer-led society* eine konsumorientierte Gesellschaft

ledge /ledʒ/ *Nomen* **1** (*Fels-*) Vorsprung **2** Sims, Bord ◇ *a window ledge* ein Fensterbrett

ledger /ˈledʒə(r)/ *Nomen* (FINANZ) Hauptbuch

lee /liː/ *Nomen* **1** [Sing] Lee, Windschatten **2 lees** [Pl] Bodensatz

leech /liːtʃ/ *Nomen* **1** Blutegel **2** (*abwert*) Blutsauger

leek /liːk/ *Nomen* Lauch, Porree

leer¹ /lɪə(r)/; *AmE* lɪr/ *Nomen* anzüglicher Blick, anzügliches Grinsen

leer² /lɪə(r)/; *AmE* lɪr/ *Verb* **~** (**at sb**) (jdn) anzüglich anblicken, (jdn) anzüglich angrinsen

leery /ˈlɪəri; *AmE* ˈlɪri/ *Adj* (*umgs*) misstrauisch, argwöhnisch [SYN] WARY

lee·ward¹ /ˈliːwəd; *AmE* -wərd/ *Adj* Lee-, Windschatten-

lee·ward² /ˈliːwəd, ˈluːəd; *AmE* -wərd/ *Nomen* Lee, Windschattenseite

lee·ward³ /ˈliːwəd/ *Adv* leewärts

lee·way /ˈliːweɪ/ *Nomen* Spielraum ◇ *How much leeway should parents give their children?* Wie viel Freiheit sollten Eltern ihren Kindern lassen? [IDM] **make up ˈleeway** (*BrE*) Zeitverlust aufholen

left¹ *Form von* LEAVE¹

left² /left/ *Adj nur vor Nomen* linke(r,s) ◇ *Take a left turn at the intersection.* Biegen Sie an der Kreuzung links ab. ◇ *a left back* ein linker Verteidiger ◇ *a left wing* ein Linksaußen [IDM] **have two left ˈfeet** (*umgs*) sehr unbeholfen sein **‚left, right and ˈcentre**; **ˌright, left and ˈcentre** (*umgs*) ◇ *He's giving away money left, right and centre.* Er verschenkt sein Geld in alle Richtungen. ◇ *I was getting offers left, right and centre.* Ich bekam von überallher Angebote. ☛ *Siehe auch* RIGHT²

left³ /left/ *Adv* links ◇ *Look left.* Schau nach links.

left⁴ /left/ *Nomen* **1** [Sing] ◇ *on the left* links ◇ *She was sitting on my left.* Sie saß links von mir. ◇ *To the left of the library is the bank.* Links neben der Bücherei ist die Bank. ◇ *Take the first left.* Nehmen Sie die erste Straße links. **2 a left** ◇ *make a left* links abbiegen ☛ Im amerikanischen Englisch kann man auch **hang a left** sagen. **3 the left, the Left** (POL) die Linke ◇ *a left-leaning newspaper* eine linksorientierte Zeitung ◇ *She's on the left of the party.* Sie gehört zum linken Parteiflügel. ☛ G 1.3a **4** Linke ◇ *He hit him with two sharp lefts.* Mit der Linken landete er bei ihm zwei harte Treffer.

ˈleft field *Nomen* [Sing] **1** (*Spielfeld*) linkes Feld **2** (*AmE, umgs*) ◇ *The governor is way out/over in left field.* Mit seinen Ansichten liegt der Gouverneur völlig daneben. ◇ *She's way over in left field on some issues.* Sie hat, was manche Themen anbetrifft, sehr ungewöhnliche Ansichten.

ˈleft-hand *Adj nur vor Nomen* linke(r,s)

ˌleft-hand ˈdrive *Adj* (*Fahrzeug*) mit Linkssteuerung

ˌleft-ˈhanded¹ *Adj* **1** linkshändig ◇ *I'm left-handed.* Ich bin Linkshänder. **2** für Linkshänder [IDM] ⇒ COMPLIMENT¹

ˌleft-ˈhanded² *Adv* mit links

ˌleft-ˈhanded·ness *Nomen* Linkshändigkeit

ˌleft-ˈhander *Nomen* Linkshänder(in)

leftie = LEFTY

left·ism /ˈleftɪzəm/ *Nomen* [U] (POL) linke Orientierung, linke Strömung

left·ist /ˈleftɪst/ **1** *Nomen* Linke(r) **2** *Adj* linksorientiert, linke(r,s)

ˌleft-ˈluggage office (*auch* **left ˈluggage**) *Nomen* (*BrE*) Gepäckaufbewahrung

left·over¹ /ˈleftəʊvə(r); *AmE* -oʊv-/ *Nomen* **1** [meist Pl] (Über)rest **2** Überbleibsel

left·over² /ˈleftəʊvə(r); *AmE* -oʊv-/ *Adj nur vor Nomen* übrig geblieben ◇ *leftover meat* Fleischreste

left·ward¹ /ˈleftwəd; *AmE* -wərd/ *Adj* nach links ◇ *move your eyes in a leftward direction* die Augen nach links wenden

left·ward² /ˈleftwəd; *AmE* -wərd/ (*BrE auch* **left·wards** /ˈleftwədz; *AmE* -wərdz/) *Adv* nach links

‚left ˈwing *Nomen* **1** linker Flügel (*einer Partei*) **2** (SPORT) Linksaußen

ˌleft-ˈwing *Adj* (POL) linksorientiert, linke(r,s)

ˌleft-ˈwinger *Nomen* **1** (POL) Linke(r) **2** (SPORT) Linksaußen

lefty¹ (*auch* **leftie**) /ˈlefti/ *Nomen* (*Pl* **-ies**) (*umgs*) **1** (*bes BrE, abwert*) (POL) Linke(r), Rote(r) **2** (*bes AmE*) Linkshänder(in)

lefty² (*auch* **leftie**) /ˈlefti/ *Adj* (*umgs*) **1** (*bes BrE*) (POL) linke(r,s) **2** (*AmE*) für Linkshänder

leg¹ /leg/ *Nomen* **1** Bein ◇ *These jeans are too long in the leg.* Diese Jeans ist zu lang. ☛ *Siehe auch* LEG-UP **2** (*Gastronomie*) Keule, Schenkel **3** Etappe **4** (SPORT) Runde, Durchgang [IDM] **break a ˈleg!** (*umgs*) Hals und Beinbruch! **get your ˈleg over** (*BrE, umgs*) (*Sex*) bumsen **not have a ˌleg to ˈstand on** (*umgs*) nichts in der Hand haben

leg

☞ *Siehe auch* ARM¹, FAST², LAST¹, PULL¹, SHAKE¹, STRETCH¹, TAIL¹ *und* TALK¹

leg² /leg/ *Verb* (**-gg-**) ɪᴅᴍ ˈ**leg it** (*bes BrE, umgs*) (weg)rennen ◇ *We legged it down the street.* Wir rannten die Straße runter.

leg·acy /ˈlegəsi/ *Nomen* (*Pl* **-ies**) Vermächtnis, Erbschaft, Erbe ◇ *leave sb a legacy of sth* jdm etw hinterlassen

legal /ˈliːgl/ *Adj* **1** *nur vor Nomen* Rechts-, Gerichts-, juristisch ◇ *legal costs* Anwalts-/Gerichtskosten ◇ *a member of the legal profession* ein(e) Jurist(in) **2** gesetzlich, zulässig ◇ *the legal limit* die Promillegrenze ◇ *make sth legal* etw legalisieren ◇ *Shoplifting is a legal offence.* Ladendiebstahl ist strafbar. ᴏᴘᴘ ILLEGAL

ˌ**legal ˈaction** *Nomen* [U] Gerichtsverfahren ◇ *take legal action against sb* gerichtlich gegen jdn vorgehen

ˌ**legal ˈaid** *Nomen* [U] Prozesskostenhilfe

le·gal·ese /ˌliːgəˈliːz/ *Nomen* (*umgs*) Juristensprache, Juristendeutsch

ˌ**legal ˈholiday** *Nomen* (*in den USA*) gesetzlicher Feiertag

le·gal·is·tic /ˌliːgəˈlɪstɪk/ *Adj* (*abwert*) legalistisch

le·gal·i·ty /liːˈgæləti/ *Nomen* (*Pl* **-ies**) **1** [U] Legalität, Rechtmäßigkeit **2 legalities** [Pl] juristische Aspekte

le·gal·iza·tion (*BrE auch* **-isa·tion**) /ˌliːgəlaɪˈzeɪʃn/ *Nomen* [U] Legalisierung

le·gal·ize (*BrE auch* **-ise**) /ˈliːgəlaɪz/ *Verb* legalisieren

le·gal·ly /ˈliːgəli/ *Adv* rechtlich, juristisch, gesetzlich ◇ *be legally responsible for sb/sth* für jdn/etw die juristische Verantwortung tragen

ˌ**legal proˈceedings** *Nomen* [Pl] Gerichtsverfahren

ˌ**legal ˈtender** *Nomen* [U] gesetzliches Zahlungsmittel

leg·ate /ˈlegət/ *Nomen* (päpstlicher) Gesandter, Legat

lega·tee /ˌlegəˈtiː/ *Nomen* (ʀᴇᴄʜᴛ) Legatar(in), Vermächtnisnehmer(in)

le·ga·tion /lɪˈgeɪʃn/ *Nomen* Gesandtschaft

le·gato¹ /lɪˈgɑːtəʊ/; *AmE* -toʊ/ (ᴍᴜs) *Adj* Legato-

le·gato² /lɪˈgɑːtəʊ/; *AmE* -toʊ/ (ᴍᴜs) *Adv* legato

le·gend /ˈledʒənd/ *Nomen* Sage, Legende ◇ *Legend has it that giants lived there.* Der Legende nach wohnten dort Riesen.

le·gend·ary /ˈledʒəndri; *AmE* -deri/ *Adj* **1** legendär, sagenhaft **2** *nur vor Nomen* sagenumwoben, mythisch

-legged /ˈlegd, ˈlegɪd/ (*in Zusammensetzungen*) -beinig ◇ *a three-legged stool* ein dreibeiniger Hocker

> Wenn **-legged** mit Zahlen kombiniert wird, wird es fast immer /ˈlegd/ ausgesprochen; mit anderen Adjektiven kann es /ˈlegɪd/ oder /ˈlegd/ ausgesprochen werden.

leg·gings /ˈlegɪŋz/ *Nomen* [Pl] **1** Leggings **2** Überhose ☞ *Hinweis bei* BRILLE

leggy /ˈlegi/ *Adj* (*umgs*) langbeinig

le·gi·bil·ity /ˌledʒəˈbɪləti/ *Nomen* Leserlichkeit, Lesbarkeit

le·gible /ˈledʒəbl/ *Adj* (*Adv* **le·gibly** /-əbli/) leserlich, lesbar ᴏᴘᴘ ILLEGIBLE

le·gion /ˈliːdʒən/ *Nomen* **1** Legion ◇ *the British Legion* der britische Verband der Kriegsveteranen **2** *Adj nicht vor Nomen* (*gehoben*) (*sehr viele*) Legion ◇ *The examples are legion.* Die Beispiele sind Legion.

le·gion·ary /ˈliːdʒənəri; *AmE* -neri/ **1** *Nomen* (*Pl* **-ies**) Legionär **2** *Adj nur vor Nomen* Legions- ◇ *a legionary base* ein Legionslager

le·gion·naire /ˌliːdʒəˈneə(r); *AmE* -ˈner/ *Nomen* Legionär

ˌ**legionˈnaires' disease** *Nomen* Legionärskrankheit

le·gis·late /ˈledʒɪsleɪt/ *Verb* (*gehoben*) Gesetze erlassen ◇ *legislate for a democratic society* Gesetze zum Schutz der Demokratie erlassen

le·gis·la·tion /ˌledʒɪsˈleɪʃn/ *Nomen* **1** Gesetze ◇ *an important piece of legislation* ein wichtiges Gesetz **2** Gesetzgebung, Legislatur

le·gis·la·tive /ˈledʒɪslətɪv; *AmE* -leɪtɪv/ *Adj nur vor Nomen* (*gehoben*) gesetzgebend, gesetzgeberisch, legislativ ◇ *legislative changes* Gesetzesänderungen

le·gis·la·tor /ˈledʒɪsleɪtə(r)/ *Nomen* (*gehoben*) Mitglied der Legislative, Gesetzgeber(in)

le·gis·la·ture /ˈledʒɪsleɪtʃə(r)/ *Nomen* (*gehoben*) Legislative

legit /lɪˈdʒɪt/ *Adj* (*umgs*) legal, in Ordnung

le·git·im·acy /lɪˈdʒɪtɪməsi/ *Nomen* **1** Legitimität, Rechtmäßigkeit **2** Ehelichkeit

le·git·im·ate /lɪˈdʒɪtɪmət/ *Adj* (*Adv* **le·git·im·ate·ly**) **1** berechtigt, begründet, legitim ◇ *She can now legitimately claim to be the best in the world.* Jetzt kann sie zu Recht den Anspruch erheben, die Beste der Welt zu sein. sʏɴ VALID **2** rechtmäßig, legal sʏɴ LEGAL **3** ehelich, legitim ᴏᴘᴘ ILLEGITIMATE

le·git·im·ize (*BrE auch* **-ise**) /lɪˈdʒɪtəmaɪz/ *Verb* (*gehoben*) **1** rechtfertigen **2** legitimieren **3** für ehelich erklären

leg·less /ˈlegləs/ *Adj* **1** beinlos, ohne Beine **2** (*BrE, umgs*) sternhagelvoll

leg·room /ˈlegruːm, ˈlegrʊm/ *Nomen* Beinfreiheit

leg·ume /ˈlegjuːm, lɪˈgjuːm/ *Nomen* (*Fachspr*) Hülsenfrucht

ˈ**leg-up** *Nomen* ɪᴅᴍ **give sb a ˈleg-up 1** (*aufs Pferd*) jdm hochhelfen; (*über eine Mauer etc.*) jdm eine Räuberleiter machen **2** (*finanziell, beruflich*) jdm helfen

leg·work /ˈlegwɜːk; *AmE* -wɜːrk/ *Nomen* [U] (*umgs*) Laufarbeit

leis·ure /ˈleʒə(r); *AmE* ˈliːʒər/ *Nomen* [U] Freizeit, Muße ◇ *leisure time* Freizeit ɪᴅᴍ **at ˈleisure 1** in Ruhe **2** in der Freizeit **at your ˈleisure** (*gehoben*) ◇ *Read it at your leisure.* Lesen Sie es, wenn Sie Zeit dazu haben.

ˈ**leisure centre** *Nomen* (*BrE*) Freizeitzentrum

leis·ured /ˈleʒəd; *AmE* ˈliːʒərd/ *Adj nur vor Nomen* müßig ◇ *the leisured classes* die privilegierten Müßiggänger

leis·ure·ly¹ /ˈleʒəli; *AmE* ˈliːʒərli/ *Adj* geruhsam, gemütlich, gemächlich

leis·ure·ly² /ˈleʒəli; *AmE* ˈliːʒərli/ *Adv* gemächlich, in Ruhe

leis·ure·wear /ˈleʒəweə(r); *AmE* ˈliːʒərwer/ *Nomen* Freizeitkleidung

leit·motif (*auch* **leit·motiv**) /ˈlaɪtməʊtiːf; *AmE* -moʊ-/ *Nomen* (ᴍᴜs, ʟɪᴛ) Leitmotiv

lem·ming /ˈlemɪŋ/ *Nomen* Lemming

lemon¹ /ˈlemən/ *Nomen* **1** Zitrone **2** (*auch* ˌ**lemon ˈyellow**) Zitronengelb **3** (*BrE*) Blödmann ◇ *I felt a right lemon.* Ich kam mir richtig doof vor.

lemon² /ˈlemən/ *Adj* (*auch* ˌ**lemon ˈyellow**) zitronengelb

lem·on·ade /ˌleməˈneɪd/ *Nomen* (Zitronen)limonade

ˌ**lemon ˈcurd** *Nomen* [U] (*BrE*) = dicke, gelbe Masse aus Zitrone, Zucker, Eiern und Butter, die als Brotaufstrich oder für Kuchenfüllungen verwendet wird

ˈ**lemon grass** *Nomen* Zitronengras

ˈ**lemon squeezer** *Nomen* Zitronenpresse

lem·ony /ˈleməni/ *Adj* Zitronen-

lemur /ˈliːmə(r)/ *Nomen* (ᴢᴏᴏʟ) Lemur(e)

lend /lend/ *Verb* (**lent, lent** /lent/) **1** ~ (**out**) **sth** (**to sb**) etw (an jdn) verleihen; ~ (**sb**) **sth** (jdm) etw (aus)leihen ☞ *Hinweis bei* LEIHEN **2** ~ **sth** (**to sb/sth**); ~ (**sb/sth**) **sth** (*gehoben*) (jdm/etw) etw geben, (jdm/etw) etw verleihen ◇ (*gehoben*) *It lent the occasion a certain dignity.* Es verlieh dem Ereignis eine gewisse Würde. ɪᴅᴍ **lend an ˈear** (**to sb/sth**) (jdm/etw) Gehör schenken **lend** (**sb**) **a** (**helping**) ˈ**hand** (**with sth**) (*umgs*) (jdm) (bei etw) helfen **lend your name to sth** (*gehoben*) **1** seinen Namen für etw hergeben **2** ◇ *the woman who lent her name to the hospital* die Frau, nach der das Krankenhaus benannt wurde **lend supˈport, ˈweight, ˈcredence, etc. to sth** etw bekräftigen; etw bestätigen ᴘʜʀ ᴠ ˈ**lend itself to sth** sich für etw eignen

lend·er /ˈlendə(r)/ *Nomen* (ꜰɪɴᴀɴᴢ) Darlehensgeber(in), Geldverleiher(in)

lend·ing /ˈlendɪŋ/ *Nomen* [U] (ꜰɪɴᴀɴᴢ) Kreditvergabe, Geldverleih

ˈ**lending library** *Nomen* Leihbücherei

ˈ**lending rate** *Nomen* (ꜰɪɴᴀɴᴢ) (Darlehens)zinssatz

length /leŋθ/ *Nomen* **1** Länge ◇ *This room is twice the length of the kitchen.* Dieses Zimmer ist doppelt so lang wie die Küche. ◇ *He ran the entire length of the beach.* Er lief den ganzen Strand entlang. **2** Dauer ◇ *Each class is 45 minutes in length.* Jede Unterrichtsstunde dauert 45 Minuten. **3** Stück ◇ *a length of rope* ein Stück Seil **4 -length** (*in Zusammensetzungen*) -lang ◇ *shoulder-length hair* schulterlanges Haar ɪᴅᴍ **at considerable/great/some length** lang und breit

at 'length 1 ausführlich; lang und breit **2** (*gehoben*) schließlich **go to any 'lengths (to do sth)** vor nichts zurückscheuen (um etw zu tun) **go to some, great, etc. 'lengths (to do sth)** einen ziemlichen, ungeheuren etc. Aufwand treiben (um etw zu tun) **the length and 'breadth of ...** kreuz und quer durch ... ☛ *Siehe auch* ARM¹

length·en /'leŋθən/ *Verb* **1** länger werden **2** verlängern, länger machen OPP SHORTEN

length·ways /'leŋθweɪz/ (*auch* **length·wise** /'leŋθwaɪz/) *Adv* der Länge nach, längs

lengthy /'leŋθi/ *Adj* (**length·ier, lengthi·est**) sehr lang

le·ni·ency /'liːniənsi/ *Nomen* Milde, Nachsicht

le·ni·ent /'liːniənt/ *Adj* (*Adv* **le·ni·ent·ly**) milde, nachsichtig

lens /lenz/ *Nomen* **1** Linse ◇ *a pair of glasses with tinted lenses* eine Brille mit getönten Gläsern **2** Objektiv **3** (*umgs*) = CONTACT LENS

Lent /lent/ *Nomen* Fastenzeit

lent *Form von* LEND

len·til /'lentl/ *Nomen* (*Nahrungsmittel*) Linse

Leo /'liːəʊ/ *AmE* /'liːoʊ/ *Nomen* (*Pl* **-os**) (*Sternzeichen, Mensch*) Löwe

leo·nine /'liːənaɪn/ *Adj* Löwen-, löwenähnlich

leop·ard /'lepəd/ *AmE* -ərd/ *Nomen* Leopard IDM **a leop·ard cannot change its 'spots** niemand kann aus seiner Haut heraus ◇ *He'll be off to the pub tonight as usual - a leopard can't change its spots.* Er geht heute Abend wie immer in die Kneipe. Du kennst ihn ja.

leo·tard /'liːətɑːd; *AmE* -tɑːrd/ *Nomen* Trikot

leper /'lepə(r)/ *Nomen* **1** Leprakranke(r) **2** (*fig*) Aussätzige(r)

lep·re·chaun /'leprəkɔːn/ *Nomen* (*in irischen Volksmärchen*) Kobold

lep·rosy /'leprəsi/ *Nomen* Lepra

les·bian /'lezbiən/ **1** *Nomen* Lesbe **2** *Adj* lesbisch, Lesben-

les·bian·ism /'lezbiənɪzəm/ *Nomen* lesbische Liebe, Lesbischsein

le·sion /'liːʒn/ *Nomen* (MED) **1** Verletzung **2** krankhafte Veränderung

less¹ /les/ *Adj, Pron* weniger ◇ *The meeting took less time this week.* Die Besprechung ging diese Woche schneller. ◇ *It is less of a problem than I'd expected.* Es ist kein so großes Problem, wie ich dachte. ◇ *in less than no time* in null Komma nichts ◇ *It was nothing less than a miracle.* Es war das reinste Wunder. ☛ *Hinweis bei* WENIGER IDM **less and 'less** immer weniger ◇ *They saw less and less of each other.* Sie sahen sich immer seltener. **no 'less** *the Director, no less* kein Geringerer als der Direktor **no less than ... 1** ◇ *No less than 87% favoured peace talks.* Stattliche 87% befürworteten Friedensgespräche. **2** kein Geringerer als ...

less² /les/ *Adv* weniger ◇ *less expensive* günstiger ◇ *You're less likely to forget it if you write it down.* Wenn du es aufschreibst, vergisst du es nicht so leicht. ◇ *She was less than helpful.* Sie war überhaupt nicht hilfsbereit. ◇ *He wasn't any the less happy for being on his own.* Die Tatsache, dass er allein war, tat seinem Glück keinen Abbruch. IDM **even/much/still 'less** geschweige denn; erst recht nicht **less and 'less** immer weniger ☛ *Siehe auch* MORE²

less³ /les/ *Präp* abzüglich, weniger SYN MINUS

les·see /le'siː/ *Nomen* (RECHT) Pächter(in), Mieter(in)

less·en /'lesn/ *Verb* **1** mindern, verringern ◇ *lessen the pain* die Schmerzen lindern **2** abnehmen ◇ *With every step her trembling lessened.* Mit jedem Schritt zitterte sie weniger.

less·er¹ /'lesə(r)/ *Adj* nur vor Nomen **1** geringere(r,s) ◇ *matters of lesser importance* weniger wichtige Angelegenheiten ◇ *to a greater or lesser degree* in unterschiedlichem Maße ◇ (*hum*) *us lesser mortals* wir Normalsterbliche **2** (*in Tiernamen, Pflanzennamen etc.*) kleiner ◇ *lesser spotted woodpecker* Kleiner Buntspecht IDM **the ˌlesser of two 'evils; the ˌlesser 'evil** das geringere Übel

less·er² /'lesə(r)/ *Adv* weniger

les·son /'lesn/ *Nomen* **1** (*Unterrichts-*) Stunde ◇ *They are given lessons in/on how to use the library.* Ihnen wird beigebracht, wie man die Bibliothek benutzt. ☛ *Hinweis bei* KURS **2** Lektion **3** (*lehrreiche Erfahrung*) Lehre, Lektion ◇ *The accident taught me a lesson.* Durch diesen Unfall habe ich einiges gelernt. **4** Lesung (*aus der Bibel*) IDM ⇨ LEARN

les·sor /le'sɔː(r)/ *Nomen* (RECHT) Verpächter(in), Vermieter(in)

lest /lest/ *Konj* (*gehoben*) **1** damit ... nicht **2** dass ◇ *She was concerned lest the company's image be damaged.* Sie machte sich Sorgen, dass das Image der Firma geschädigt werden könnte.

let¹ /let/ *Verb* (**let·ting, let, let**) **1** lassen ◇ *Don't let her upset you.* Lass dich von ihr nicht aus der Fassung bringen. ◇ *They won't let him leave the country.* Sie werden ihm nicht erlauben das Land zu verlassen. ◇ *Let your body relax.* Entspannen Sie Ihren Körper. ◇ *I'll give you a key so that you can let yourself in.* Ich gebe Ihnen einen Schlüssel, damit Sie hinein können. ◇ *Let's go to the beach.* Gehen wir an den Strand! ◇ '*Shall we call in on Pete on the way?' 'Yes, let's.'* „Sollen wir auf dem Weg bei Pete vorbeischauen?" „Ja, gut!" ◇ *Let us get those boxes down for you.* Komm, wir holen dir die Kisten herunter. ◇ *Let me have your report by Friday.* Geben Sie mir Ihren Bericht bis Freitag. ◇ *If he thinks he can cheat me, just let him try!* Wenn er meint, dass er mich betrügen kann, dann soll er es nur versuchen. **2** (*kein Passiv*) (*Fachspr*) annehmen ◇ *Let line AB be equal to line CD.* Nehmen wir an, dass die Gerade AB gleich der Geraden CD ist. **3** ~ **sth (out) (to sb)** (jdm) etw vermieten IDM **ˌlet 'fall sth** (*nebenbei anmerken*) etw fallen lassen **ˌlet 'go** loslassen **ˌlet sb 'go 1** jdn freilassen **2** jdn entlassen **3** (*auch* **ˌlet 'go of sb**) jdn loslassen **4** (*auch* **ˌlet 'go of sb**) sich von jdm lösen **ˌlet sth 'go 1** (*auch* **ˌlet 'go of sth**) etw loslassen **2** (*auch* **ˌlet 'go of sth**) sich von etw lösen **3** etw vernachlässigen **ˌlet sb 'have it** (*umgs*) (*verprügeln*) es jdm geben **ˌlet sb 'have sth** jdm etw geben **ˌlet it 'go (at 'that)** es (damit) gut sein lassen **ˌlet me 'see/'think** einen kleinen Augenblick bitte; Moment mal **ˌlet us 'say** sagen wir beispielsweise **ˌlet yourself 'go** sich gehen lassen ☛ Für andere Redewendungen mit **let** siehe die Einträge für die Nomina, Adjektive etc. wie **let alone** z.B. unter **alone**. PHRV **ˌlet sb 'down** jdn im Stich lassen, jdn enttäuschen **ˌlet sb/sth 'down** ◇ *She speaks excellent French, but her pronunciation lets her down.* Abgesehen von ihrer Aussprache spricht sie ausgezeichnet Französisch. ◇ *It's a good book but the ending lets it down.* Es ist ein gutes Buch, nur das Ende ist enttäuschend. **ˌlet sth 'down 1** etw herunterlassen **2** (*Mantel, Kleid etc.*) länger machen **ˌlet sb 'in for sth** (*umgs*) ◇ *Now look what you've let us in for!* Schau mal, in was für einen Schlamassel du uns gebracht hast. ◇ *He's really let her in for some hard work with that house.* Mit dem Haus hat er ihr ganz schön viel Arbeit aufgehalst. **ˌlet yourself 'in for sth** (*umgs*) sich auf etw einlassen **ˌlet sb 'in on sth; ˌlet sb 'into sth** (*umgs*) jdn in etw einweihen **ˌlet sth 'into sth** etw in etw einlassen **ˌlet sb 'off (with sth)** jdn (mit etw) davonkommen lassen ◇ *She was let off with a warning.* Sie kam mit einer Verwarnung davon. ◇ *They let us off lightly.* Sie waren sehr nachsichtig mit uns. ◇ *Just this once, I'll let you off.* Dieses eine Mal drücke ich noch ein Auge zu. ☛ G 9.7c **ˌlet sb 'off sth** jdm etw erlassen ◇ *My boss let me off work for the day.* Mein Chef hat mir den Tag freigegeben. ◇ *Year 1 was let off school early today.* Die Erstklässler durften heute früher gehen. ◇ *The meeting was cancelled so I was let off giving the presentation.* Ich brauchte den Vortrag nicht zu halten, da das Treffen abgesagt wurde. ☛ G 9.7c **ˌlet sth 'off** etw abfeuern, etw hochgehen lassen **ˌlet 'on (to sb)** (*umgs*) es (jdm) verraten **ˌlet sb 'out** ◇ *They think he was very tall — so that lets you out.* Sie glauben, dass er sehr groß war. Also kommst du schon mal nicht infrage. **ˌlet sth 'out 1** (*Schrei etc.*) ausstoßen OPP HOLD STH IN **2** (*Hemd, Mantel etc.*) weiter machen **ˌlet 'up** (*umgs*) nachlassen

let² /let/ *Nomen* **1** (*beim Aufschlag*) Netzball **2** (*BrE*) ◇ *I've taken a month's let on the flat.* Ich habe die Wohnung für einen Monat gemietet. ◇ *long-term/short-term lets* langfristige/kurzfristige Mietverträge IDM **without ˌlet or 'hindrance** (*offiz*) ungehindert

'let-down *Nomen* [meist Sing] Enttäuschung SYN DISAPPOINTMENT

le·thal /'liːθl/ *Adj* **1** tödlich ◇ *lethal to humans* für Menschen tödlich ◇ *The closure of the factory dealt a lethal blow* *to the town.* Die Schließung der Fabrik versetzte der Stadt den Todesstoß. **2** (*umgs*) äußerst gefährlich ◊ *This wine's pretty lethal!* Dieser Wein hat's in sich! SYN DEADLY

le·thal·ly /ˈliːθəli/ *Adv* hoch-, äußerst ◊ *His voice was lethally soft.* Seine Stimme war gefährlich sanft.

leth·ar·gic /ləˈθɑːdʒɪk; *AmE* -ˈθɑːrdʒ-/ *Adj* lethargisch, träge

leth·ar·gy /ˈleθədʒi; *AmE* ˈleθərdʒi/ *Nomen* Lethargie, Trägheit

ˈlet-out *Nomen* [Sing] (*BrE*) Ausrede, Ausweg ◊ *He always leaves himself a let-out.* Er lässt sich immer ein Hintertürchen offen. ◊ *let-out clauses* Rücktrittsklauseln

let's ⇨ LET US

let·ter /ˈletə(r)/ *Nomen* **1** Brief, Schreiben ◊ *You will be notified by letter.* Sie werden schriftlich Bescheid bekommen. **2** Buchstabe **3** (*AmE*) = Aufnäher in Form von den Initialen einer Schule oder eines Colleges, der in Anerkennung sportlicher Leistungen verliehen wird IDM **the ˌletter of the ˈlaw** (*oft abwert*) der Buchstabe des Gesetzes **to the ˈletter** buchstabengetreu

ˈletter bomb *Nomen* Briefbombe

ˈletter box *Nomen* (*BrE*) Briefkasten

ˈletter carrier *Nomen* (*AmE*) Briefträger(in) SYN MAIL CARRIER

let·ter·head /ˈletəhed; *AmE* -tərh-/ *Nomen* Briefkopf

let·ter·ing /ˈletərɪŋ/ *Nomen* Aufschrift, Beschriftung, Aufdruck

ˌletter of ˈcredit *Nomen* Kreditbrief

ˈletter opener *Nomen* Brieföffner

ˌletter-ˈperfect *Adj* (*AmE*) ◊ *She's learned it well, she's letter-perfect.* Sie hat es bis aufs Wort auswendig gelernt. ◊ *Everything he does has to be letter-perfect.* Alles, was er macht, muss absolut perfekt sein.

let·ting /ˈletɪŋ/ *Nomen* (*BrE*) Vermietung

let·tuce /ˈletɪs/ *Nomen* (*Salatkopf*) (grüner) Salat

ˈlet-up *Nomen* Nachlassen, Unterbrechung ◊ *There can be no let-up in the war against drugs.* Im Krieg gegen Drogen darf nicht nachgelassen werden.

leu·kae·mia (*AmE* **leu·ke·mia**) /luːˈkiːmiə/ *Nomen* Leukämie

levee /ˈlevi/ *Nomen* (*AmE*) **1** (*Fluss-*) Deich **2** (*Boots-*) Anlegestelle

level¹ /ˈlevl/ *Nomen* **1** Niveau, Grad, Stufe ◊ *the level of alcohol in the blood* der Alkoholspiegel ◊ *a high level of interest in the subject* ein sehr großes Interesse an diesem Fach ◊ *low levels of unemployment* niedrige Arbeitslosigkeit ◊ *He studied French to degree level.* Er hat einen Universitätsabschluss in Französisch. **2** Ebene **3** Stand, Höhe ◊ *one metre below ground level* ein Meter unter dem Erdboden ◊ *The flood water nearly reached roof level.* Das Flutwasser erreichte fast das Dach. **4** Stockwerk, Ebene ◊ (*AmE*) *a multi-level parking lot* ein Parkhaus **5** = SPIRIT LEVEL IDM **on the ˈlevel 1** eben ◊ *walk on the level* auf ebenem Boden gehen **2** (*umgs*) ehrlich ◊ *Are you sure this deal is on the level?* Bist du sicher, dass dieses Geschäft legal ist?

level² /ˈlevl/ *Adj* **1** eben ◊ *a level tablespoon of flour* ein gestrichener Esslöffel Mehl SYN FLAT **2** gerade; ~ (**with sb/sth**) auf gleicher Höhe (mit jdm/etw) ◊ *Are these pictures level?* Hängen die Bilder gerade? ◊ *My outgoings are level with my income.* Meine Ausgaben und meine Einnahmen halten sich die Waage. ◊ *Keep vitamin intake level with recommended daily allowances.* Nehmen Sie nicht mehr Vitamine zu sich als die empfohlene Tagesdosis. **3** (*bes BrE*) (SPORT) punktgleich ◊ *Wales soon drew level.* Wales erzielte bald den Ausgleich. **4** (*Adv* **lev·el·ly** /ˈlevəli/) kühl, fest ◊ *She gave her mother a level glance.* Sie sah ihre Mutter fest an. SYN EVEN IDM **be ˌlevel ˈpegging** (*BrE*) punktgleich sein ◊ *The two parties were level pegging.* Die beiden Parteien erhielten die gleiche Stimmenzahl. **do/try your level ˈbest** sein Möglichstes tun **a ˌlevel ˈplaying field** Chancengleichheit für alle

level³ /ˈlevl/ *Verb* (**-ll-**, *AmE* **-l-**) **1** ~ **sth** (**off/out**) etw ebnen **2** einebnen, dem Erdboden gleichmachen **3** (SPORT) den Ausgleich erzielen ◊ (*BrE*) *Davies levelled the score at 2 all.* Davies glich zum 2:2 aus. **4** ~ **sth at sb** (*Pistole etc.*) auf jdn richten IDM **ˌlevel the ˈplaying field** Chancengleich-

heit für alle schaffen PHRV **ˈlevel sth against/at sb** (*Kritik, Anschuldigungen etc.*) gegen jdn richten **ˌlevel sth ˈdown** etw senken, etw herabsetzen **ˌlevel ˈoff/ˈout 1** ◊ *The plane levelled off at 1 500 feet.* Das Flugzeug erreichte eine Flughöhe von 1 500 Fuß. ◊ *The road levelled out.* Die Straße verlief flach. **2** sich einpendeln **ˌlevel sth ˈup** etw anheben, etw erhöhen **ˈlevel with sb** (*umgs*) jdm die Wahrheit sagen, mit jdm ehrlich sein

ˌlevel ˈcrossing *Nomen* (*BrE*) Bahnübergang

ˌlevel-ˈheaded *Adj* ausgeglichen, sachlich

lev·el·ler (*AmE* **lev·el·er**) /ˈlevələ(r)/ *Nomen* [meist Sing] Gleichmacher

lev·el·ly *Adv* ⇨ LEVEL² (4)

lever¹ /ˈliːvə(r); *AmE* ˈlevər/ *Nomen* **1** Hebel **2** Brechstange **3** (*fig*) Druckmittel

lever² /ˈliːvə(r); *AmE* ˈlevər/ *Verb* stemmen ◊ *lever the door open* die Tür aufstemmen ◊ *I levered the lid off the paint tin with a knife.* Ich habe den Deckel der Farbdose mit einem Messer angehoben.

le·ver·age /ˈliːvərɪdʒ; *AmE* ˈlev-/ *Nomen* **1** (*gehoben*) Einfluss ◊ *exert leverage over sb* Druck auf jdn ausüben **2** (TECH) Hebelwirkung, Hebelkraft **3** (*AmE*) (FINANZ) Verhältnis von Schulden zu Eigenkapital

le·vi·a·than /ləˈvaɪəθən/ *Nomen* **1** Meerungeheuer **2** (*gehoben*) Gigant

levi·tate /ˈlevɪteɪt/ *Verb* schweben (lassen)

levi·ta·tion /ˌlevɪˈteɪʃn/ *Nomen* Levitation

lev·ity /ˈlevəti/ *Nomen* (*gehoben*) Frivolität, Leichtfertigkeit SYN FRIVOLITY

levy¹ /ˈlevi/ *Nomen* (*Pl* **-ies**) ~ (**on sth**) Steuer (auf etw)

levy² /ˈlevi/ *Verb* (**lev·ies**, **levy·ing**, **lev·ied**, **lev·ied**) (*Gebühr, Steuer*) erheben; (*Bußgeld*) auferlegen

lewd /luːd; *BrE auch* ljuːd/ *Adj* (*Adv* **lewd·ly**) unanständig, anzüglich SYN OBSCENE

lewd·ness /ˈluːdnəs; *BrE auch* ˈljuːdnəs/ *Nomen* Unanständigkeit, Anzüglichkeit

lex·ic·al /ˈleksɪkl/ *Adj* (*Adv* **lex·ic·al·ly** /-kli/) lexikalisch

lexi·cog·raph·er /ˌleksɪˈkɒɡrəfə(r); *AmE* -ˈkɑːɡ-/ *Nomen* Lexikograph(in)

lexi·cog·raphy /ˌleksɪˈkɒɡrəfi; *AmE* -ˈkɑːɡ-/ *Nomen* Lexikographie

lexi·con /ˈleksɪkən; *AmE auch* -kɑːn/ *Nomen* **1** **the lexicon** (LING) das Lexikon, der Wortschatz **2** Wörterbuch

lexis /ˈleksɪs/ *Nomen* [U] (LING) Lexik, Wortschatz SYN VOCABULARY

ley /leɪ/ *Nomen* **1** (*auch* **ˈley line**) = mystische Linie, die einer uralten Route folgt **2** (*Fachspr*) = Stück Land, auf dem zeitweilig Gras statt Getreide gesät wird

li·abil·ity /ˌlaɪəˈbɪləti/ *Nomen* (*Pl* **-ies**) **1** Haftung **2** [meist Sing] (*umgs*) Belastung **3** [meist Pl] (finanzielle) Verpflichtung OPP ASSET

li·able /ˈlaɪəbl/ *Adj nicht vor Nomen* **1** ~ (**for sth**) haftbar (für etw) **2** **be ~ to do sth** leicht etw tun, dazu neigen etw zu tun ◊ *We're all liable to make mistakes when we're tired.* Wir machen alle leicht Fehler, wenn wir müde sind. ◊ *The bridge is liable to collapse at any moment.* Die Brücke kann jeden Augenblick einstürzen. **3** **be ~ to sth** für etw anfällig sein SYN PRONE **4** **be ~ to sth** (*Geldstrafe, Steuer*) mit etw belegt werden können ◊ *They are liable to disqualification.* Sie können disqualifiziert werden. ◊ *They are liable to prosecution.* Sie werden strafrechtlich verfolgt. **5** verpflichtet ◊ *The tenant is not liable to repair the damage.* Der Mieter ist nicht verpflichtet, den Schaden wieder gutzumachen. ◊ *liable to pay tax* steuerpflichtig ◊ *liable for compensation* schadensersatzpflichtig

li·aise /liˈeɪz/ *Verb* **1** ~ (**with sb**) (*bes BrE*) (mit jdm) zusammenarbeiten **2** ~ (**between A and B**) Bindeglied (zwischen A und B) sein

li·aison /liˈeɪzn; *AmE* liˈeɪzɑːn, ˈliəzɑːn/ *Nomen* **1** [U/Sing] Verbindung, Zusammenarbeit ◊ *We work in close liaison with the police.* Wir arbeiten eng mit der Polizei zusammen. **2** Verbindungsperson, Bindeglied **3** (*Affäre*) Verhältnis

liˈaison officer *Nomen* Verbindungsoffizier, Verbindungsfrau, Verbindungsmann ◊ *a press liaison officer* ein(e) Pressesprecher(in)

liar /ˈlaɪə(r)/ *Nomen* Lügner(in)

lib /lɪb/ *Nomen* (*umgs*) = in den Namen von Befreiungsbewegungen verwendete Kurzform von „liberation" ◊ *women's/gay lib* die Frauen-/Schwulenbewegung

li·ba·tion /laɪˈbeɪʃn/ *Nomen* (*gehoben*) Trankopfer

Lib Dem /ˌlɪb ˈdem/ *Abk* = LIBERAL DEMOCRAT

libel¹ /ˈlaɪbl/ *Nomen* (schriftliche) Verleumdung

libel² /ˈlaɪbl/ *Verb* (**-ll-**, *AmE* **-l-**) (schriftlich) verleumden

li·bel·lous (*AmE* **li·bel·ous**) /ˈlaɪbələs/ *Adj* verleumderisch

lib·er·al¹ /ˈlɪbərəl/ *Adj* **1** liberal, aufgeschlossen **2** liberal, frei ◊ *more liberal trade relations with Europe* freiere Handelsbeziehungen mit Europa **3 Liberal** (*Partei*) liberal ☞ *Hinweis bei* THE LIBERAL DEMOCRATS **4** großzügig ◊ *She is very liberal with her money.* Sie geht mit ihrem Geld sehr großzügig um. ◊ *He's too liberal with his criticism.* Er ist einfach zu kritisch. **5** (**a**) **~ education** = eine allgemeine Bildung mit Schwerpunkt auf Kritik und Denkfähigkeit ☞ *Siehe auch* LIBERAL ARTS **6** (*Übersetzung, Auslegung*) frei [SYN] FREE

lib·er·al² /ˈlɪbərəl/ *Nomen* Liberale(r) ☞ *Siehe auch* LIBERAL DEMOCRAT

ˌliberal ˈarts *Nomen* [Pl] (*bes AmE*) Geisteswissenschaften

ˌLiberal ˈDemocrat *Nomen* (*Abk* **Lib Dem**) Liberaldemokrat(in)

the ˌLiberal ˈDemocrats *Nomen* [Pl] (*Abk* **Lib Dems**) die Liberaldemokratische Partei Großbritanniens ☞ Die Liberal Democrats bildeten sich 1988 aus dem Zusammenschluss der Liberal Party und der Social Democratic Party.

lib·er·al·ism /ˈlɪbərəlɪzəm/ *Nomen* Liberalismus

lib·er·al·ity /ˌlɪbəˈræləti/ *Nomen* (*gehoben*) **1** Liberalität, liberale Einstellung **2** Großzügigkeit

lib·er·al·iza·tion (*BrE auch* **-isa·tion**) /ˌlɪbərəlaɪˈzeɪʃn; *AmE* -ləˈz-/ *Nomen* (*gehoben*) Liberalisierung

lib·er·al·ize (*BrE auch* **-ise**) /ˈlɪbərəlaɪz/ *Verb* (*gehoben*) liberalisieren

lib·er·al·ly /ˈlɪbərəli/ *Adv* großzügig, reichlich

lib·er·ate /ˈlɪbəreɪt/ *Verb* befreien

lib·er·ated /ˈlɪbəreɪtɪd/ *Adj* emanzipiert

lib·er·ation /ˌlɪbəˈreɪʃn/ *Nomen* Befreiung ◊ *women's liberation* die Frauenbewegung

lib·er·ator /ˈlɪbəreɪtə(r)/ *Nomen* Befreier(in)

lib·er·tar·ian /ˌlɪbəˈteəriən; *AmE* -bərˈter-/ *Nomen* libertär eingestellter Mensch

lib·erty /ˈlɪbəti; *AmE* -bərti/ *Nomen* (*Pl* **-ies**) **1** Freiheit ◊ *six months' loss of liberty* Freiheitsentzug von sechs Monaten **2** Recht ◊ *The right to vote should be a liberty enjoyed by all.* Jeder sollte das Recht haben zu wählen. ◊ *personal liberties* die Persönlichkeitsrechte **3** [Sing] Frechheit ◊ *He took the liberty of reading my files.* Er hat es sich einfach herausgenommen, meine Akten zu lesen. ◊ *They've got a liberty!* So eine Frechheit! [IDM] **at liberty** (*gehoben*) (*Gefangene, Tiere*) frei; in Freiheit **be at liberty to do sth** (*gehoben*) etw tun dürfen ◊ *You are at liberty to say what you like.* Es steht Ihnen frei zu sagen, was Sie wollen. **take ˈliberties 1 take liberties with sth** allzu frei mit etw umgehen **2 take liberties (with sb)** (*veraltet*) sich (jdm gegenüber) Freiheiten herausnehmen

li·bid·in·ous /lɪˈbɪdɪnəs/ *Adj* (*gehoben*) triebhaft

li·bido /lɪˈbiːdəʊ, ˈlɪbɪdəʊ; *AmE* -doʊ/ *Nomen* (*Pl* **-os**) [meist Sing] Libido

Libra /ˈliːbrə/ *Nomen* (*Sternzeichen, Mensch*) Waage

Libran /ˈliːbrən/ **1** *Nomen* Waage(mensch) **2** *Adj* (*bezüglich des Sternzeichens*) Waage-

li·brar·ian /laɪˈbreəriən/ *Nomen* Bibliothekar(in)

li·brar·ian·ship /laɪˈbreəriənʃɪp/ *Nomen* Bibliothekswesen

li·brary /ˈlaɪbrəri, ˈlaɪbri; *AmE* -breri/ *Nomen* (*Pl* **-ies**) **1** Bibliothek; (*öffentlich*) Bücherei **2** (*gehoben*) (*Bücher-, Platten- etc.*) Sammlung **3** Buchreihe

li·bret·tist /lɪˈbretɪst/ *Nomen* Librettist(in)

li·bretto /lɪˈbretəʊ; *AmE* -toʊ/ *Nomen* (*Pl* **-os** *oder* **li·bretti** /-tiː/) Libretto

lice *Form von* LOUSE¹

li·cence (*AmE* **li·cense**) /ˈlaɪsns/ *Nomen* **1** Genehmigung, Lizenz ◊ *the licence fee* die Fernsehgebühr **2** = DRIVING LICENCE, DRIVER'S LICENSE **3** Schankerlaubnis **4 ~ (to do sth)** die Freiheit (etw zu tun) **5** (*gehoben*) Zügellosigkeit [IDM] **artistic/poetic ˈlicence** künstlerische/dichterische Freiheit **a licence to print ˈmoney** (*abwert*) ein sehr lukratives Geschäft **under ˈlicence** in Lizenz

li·cense (*BrE auch seltener* **li·cence**) /ˈlaɪsns/ *Verb* zulassen ◊ (*BrE*) *licensing hours* Zeiten, zu denen Alkohol ausgeschenkt werden darf ◊ *They had licensed the firm to produce the drug.* Sie hatten der Firma die Lizenz zur Herstellung des Medikaments erteilt.

li·censed /ˈlaɪsnst/ *Adj* **1** (*BrE*) mit Schankerlaubnis **2** amtlich zugelassen, mit Genehmigung ◊ *Is that gun licensed?* Haben Sie für dieses Gewehr einen Waffenschein? ◊ *licensed street vendors* Straßenhändler, die eine Genehmigung haben

li·cen·see /ˌlaɪsənˈsiː/ *Nomen* **1** (*BrE*) Inhaber(in) einer Schankerlaubnis **2** Lizenzinhaber(in)

ˈlicense number *Nomen* (*AmE*) polizeiliches Kennzeichen

ˈlicense plate (*auch* **plate**) *Nomen* (*AmE*) Nummernschild

ˈlicensing laws *Nomen* [Pl] (*BrE*) Ausschankgesetze

li·chen /ˈlaɪkən, ˈlɪtʃən/ *Nomen* (*Pflanze*) Flechte

lick¹ /lɪk/ *Verb* **1** lecken, ablecken ◊ *He licked his fingers.* Er leckte seine Finger ab. ◊ *The dog licked her hand.* Der Hund leckte ihr die Hand. ◊ *The cat licked up the milk.* Die Katze hat die Milch aufgeleckt. **2** (*umgs*) in den Griff bekommen [IDM] **lick sb's ˈarse** (*vulg, Slang, abwert*) jdm hinten reinkriechen **lick sb's ˈboots** (*abwert*) jdm die Stiefel lecken **lick your ˈwounds** seine Wunden lecken ☞ *Siehe auch* LIP *und* SHAPE¹

lick² /lɪk/ *Nomen* **1** Lecken ◊ *Can I have a lick of your ice cream?* Kann ich mal an deinem Eis lecken? **2** [Sing] **a ~ of paint** (*umgs*) ein bisschen Farbe **3** (*umgs*) = kurzes Gitarrensolo (als Teil eines Songs) [IDM] **at a (fair) ˈlick** (*umgs*) mit einem Affenzahn

lick·ing /ˈlɪkɪŋ/ *Nomen* [Sing] (*umgs*) schwere Niederlage, Abreibung

lic·orice (*AmE*) = LIQUORICE

lid /lɪd/ *Nomen* **1** Deckel ☞ *Hinweis bei* DECKEL **2** = EYELID [IDM] **keep a/the ˈlid on sth 1** etw geheim halten **2** etw unter Kontrolle halten **lift the ˈlid on sth**; **take/blow the ˈlid off sth** etw enthüllen **That puts the (tin) lid on it!** (*BrE, umgs*) Das schlägt dem Fass den Boden aus! ☞ *Siehe auch* FLIP¹

lid·ded /ˈlɪdɪd/ *Adj* **1** mit Deckel **2** (*gehoben*) ◊ *heavily-lidded eyes* Augen mit schweren Lidern ◊ *his lidded gaze* sein Blick aus halb geschlossenen Augen

lido /ˈliːdəʊ; *AmE* -doʊ/ *Nomen* (*Pl* **-os**) (*BrE*) Freibad

lie¹ /laɪ/ *Verb* (**lies, lying, lay** /leɪ/, **lain** /leɪn/) liegen ◊ *Snow was lying thick on the ground.* Es lag tiefer Schnee. ◊ *The machines lie idle.* Die Maschinen stehen still. ☞ **Lie** wird auch im Sinne von *sich (hin)legen* benutzt: *Go and lie on the bed.* ◊ *Lie on your back with knees bent.* ☞ *Hinweis bei* LAY¹ [IDM] **lie in ˈstate** öffentlich aufgebahrt sein **lie in ˈwait for sb** jdm auflauern **lie ˈlow** (*umgs*) sich versteckt halten; untertauchen **take sth lying ˈdown** sich etw gefallen lassen ☞ *Siehe auch* BED¹, BOTTOM¹, HEAVY³, LAND¹ *und* SLEEP¹ [PHR V] **lie aˈround/aˈbout 1** herumliegen **2** faulenzen **ˌlie ˈback** sich zurücklehnen, sich entspannen **ˌlie beˈhind sth** hinter etw stehen **ˌlie ˈdown** sich hinlegen ◊ *He lay down on the sofa.* Er legte sich aufs Sofa. **ˌlie ˈin** (*umgs*) lange schlafen, ausschlafen **ˈlie with sb (to do sth)** (*gehoben*) bei jdm liegen (etw zu tun)

lie² /laɪ/ *Verb* (**lies, lying, lied, lied**) *Verb* lügen; **~ to sb** jdn anlügen, jdn belügen ◊ *He lied about his age in order to join the army.* Er gab sein Alter falsch an, um in die Armee eintreten zu können. [IDM] **lie through your ˈteeth** (*umgs*) das Blaue vom Himmel herunterlügen **lie your way out of sth** sich aus etw herauslügen

lie³ /laɪ/ *Nomen* Lüge ◊ *tell a lie* lügen ◊ *a barefaced lie* eine glatte Lüge [IDM] **give the lie to sth** (*gehoben*) etw Lügen strafen **I tell a ˈlie** (*BrE, umgs*) das stimmt ja gar nicht ☞ *Siehe auch* TISSUE

lie⁴ /laɪ/ *Nomen* [IDM] ⇨ LAND¹

lied /liːd/ *Nomen* (*Pl* **lieder** /ˈliːdə(r)/) (*deutsches*) Kunstlied

ˈlie detector *Nomen* Lügendetektor

lie-down

‚lie-'down *Nomen* [Sing] (*BrE, umgs*) Schläfchen, Nickerchen ◊ *have a lie-down* sich hinlegen

‚lie-'in *Nomen* (*BrE, umgs*) ◊ *have a lie-in* ausschlafen

lien /'liːən/ *Nomen* ~ (**in/over sth**) (RECHT) Retentionsrecht (an etw)

lieu /luː; *BrE auch* ljuː/ *Nomen* (*gehoben*) IDM **in lieu (of sth)** anstelle (von etw)

lieu·ten·ant /lef'tenənt; *AmE* luː't-/ *Nomen* (*Abk* **Lieut.**, **Lt**) **1** (*BrE*) Leutnant **2** (*in den USA*) Kommissar **3** Statthalter

life /laɪf/ *Nomen* (*Pl* **lives** /laɪvz/) **1** Leben ◊ *He has little experience of life.* Er hat wenig Lebenserfahrung. ◊ *The floods caused a massive loss of life.* Bei der Überschwemmung kamen viele Menschen ums Leben. ◊ *She has been an accountant all her working life.* Sie hat ihr Leben lang als Buchhalterin gearbeitet. ◊ *a life member* ein Mitglied auf Lebenszeit ◊ *Brenda took up tennis late in life.* Brenda hat erst spät damit angefangen Tennis zu spielen. ◊ *In real life he wasn't how she had imagined him at all.* In Wirklichkeit war er ganz anders als sie sich ihn vorgestellt hatte. ◊ *The International Stock Exchange started life as a London coffee shop.* Die Londoner Börse war ursprünglich ein Kaffeehaus. ◊ *She has a full social life.* Sie geht viel aus. ◊ *a holiday resort that is full of life* ein Ferienort, in dem viel los ist ◊ *life drawing* Aktzeichnen **2** lebenslänglich ◊ *She is doing life for murder.* Sie sitzt wegen Mordes lebenslänglich. **3** Biografie, Lebensgeschichte SYN BIOGRAPHY IDM **be sb's 'life** jds Leben sein **bring sth to 'life** ◊ *She really brought French to life for the class.* Sie hat den Französischunterricht so richtig lebendig gestaltet. **come to 'life** lebendig werden ◊ *The match finally came to life in the second half.* In der zweiten Hälfte kam endlich Leben ins Spiel. **for dear 'life; for your 'life** um sein Leben (*rennen, schwimmen etc.*) ◊ *She was holding on to the rope for dear life.* Sie klammerte sich mit aller Kraft an das Seil. **for the 'life of you** (*umgs*) beim besten Willen **frighten/scare the 'life out of sb** jdn zu Tode erschrecken **full of 'life** voller Leben **get a 'life!** (*umgs*) sei nicht so langweilig! ◊ *Stop grumbling and get a life!* Hör auf zu murren und mach was aus deinem Leben! **have, take on, etc. a life of its 'own** sich verselbstständigen **lay down your 'life (for sb/sth)** (*gehoben*) sein Leben hingeben (für jdn/etw) **life after 'death** ein Leben nach dem Tod **the life and 'soul of the party, etc.** (*BrE*) ◊ *I've never been the life and soul of the party.* Ich war noch nie jemand, der gern im Mittelpunkt steht. ◊ *You're the life and soul of every party!* Du bringst überall Leben in die Bude! **life is 'cheap** (*abwert*) ◊ *Life is cheap there.* Menschenleben sind dort nicht viel wert. **make life 'difficult for sb** jdm das Leben schwer machen **the 'man/woman in your life** (*umgs*) ◊ *Anna has a new man in her life.* Anna hat einen neuen Mann in ihrem Leben. **not on your 'life** (*umgs*) auf gar keinen Fall **take sb's 'life** jdn umbringen **take your (own) 'life** sich das Leben nehmen **take your life in your 'hands** sein Leben aufs Spiel setzen **that's 'life** (*umgs*) so ist das Leben (halt) ► Für andere Redewendungen mit **life** siehe die Einträge für die Nomina, Adjektive etc. **True to life** z.B. steht unter **true**.

‚life-and-'death *Adj nur vor Nomen* lebenswichtig; (*Kampf*) auf Leben und Tod

'life assurance *Nomen* (*BrE*) Lebensversicherung

life·belt /'laɪfbelt/ *Nomen* Rettungsring

life·blood /'laɪfblʌd/ *Nomen* **1** (*fig*) Lebensnerv **2** (*gehoben*) (*Blut*) Lebenssaft

life·boat /'laɪfbəʊt; *AmE* -boʊt/ *Nomen* Rettungsboot, Rettungsschiff ◊ *a lifeboat station* eine Seenotrettungsstation

life·buoy /'laɪfbɔɪ; *AmE auch* 'buːi/ *Nomen* Rettungsring

'life cycle *Nomen* Lebenszyklus

'life-enhancing *Adj* bereichernd

'life expectancy *Nomen* Lebenserwartung, Lebensdauer

'life form *Nomen* Lebensform

'life-giving *Adj* lebensspendend

life·guard /'laɪfgɑːd; *AmE* -gɑːrd/ *Nomen* **1** Rettungsschwimmer(in) **2** Bademeister(in)

‚life 'history *Nomen* Lebensgeschichte

'life insurance *Nomen* Lebensversicherung

'life jacket *Nomen* Schwimmweste

life·less /'laɪfləs/ *Adj* **1** (*gehoben*) leblos **2** unbelebt, ohne Leben **3** (*fig*) trübe, stumpf ◊ *his lifeless performance on stage* seine farblose schauspielerische Leistung

life·like /'laɪflaɪk/ *Adj* lebensecht, naturgetreu

life·line /'laɪflaɪn/ *Nomen* **1** Rettungsleine **2** Signalleine **3** (*fig*) (lebenswichtige) Verbindung, Rettungsanker

life·long /'laɪflɒŋ; *AmE* -lɔːŋ/ *Adj nur vor Nomen* lebenslang ◊ *He has been a lifelong supporter of the club.* Er hat den Verein sein ganzes Leben lang unterstützt.

‚life-or-'death *Adj* lebenswichtig; (*Kampf*) auf Leben und Tod

‚life 'peer *Nomen* (*in GB*) Peer auf Lebenszeit

'life preserver *Nomen* (*AmE*) Schwimmweste, Rettungsring

lifer /'laɪfə(r)/ *Nomen* (*Slang*) Lebenslängliche(r)

'life raft *Nomen* Rettungsfloß

life·saver /'laɪf seɪvə(r)/ *Nomen* **1** Lebensretter(in) ◊ *The new drug is a potential lifesaver.* Das neue Medikament könnte Leben retten. **2** Rettungsschwimmer(in)

'life-saving[1] *Adj* lebensrettend

'life-saving[2] *Nomen* Rettungsschwimmen

'life sciences *Nomen* [Pl] Biowissenschaften

'life sentence *Nomen* lebenslängliche Freiheitsstrafe

'life-size (*auch* **'life-sized**) *Adj* lebensgroß

'life-span /'laɪfspæn/ *Nomen* Lebensdauer

'life story *Nomen* Lebensgeschichte

life·style /'laɪfstaɪl/ *Nomen* Lebensstil ◊ *They enjoyed a comfortable lifestyle.* Sie führten ein komfortables Leben.

'life sup,port *Nomen* [U] lebenserhaltende Maßnahmen ◊ *She's on life support.* Sie wird künstlich am Leben erhalten.

'life-sup,port machine (*auch* **‚life-sup'port system**) *Nomen* Herz-Lungen-Maschine

'life's 'work *Nomen* [Sing] Lebenswerk

'life-threatening *Adj* lebensgefährlich, lebensbedrohlich

life·time /'laɪftaɪm/ *Nomen* Leben, Lebensdauer ◊ *He retired after a lifetime of hard work.* Er ging in Rente, nachdem er ein Leben lang hart gearbeitet hatte. ◊ *His diary was not published during his lifetime.* Sein Tagebuch wurde nicht zu seinen Lebzeiten veröffentlicht. IDM **the chance, etc. of a 'lifetime** eine einmalige Chance etc. ◊ *the holiday of a lifetime* ein einmaliger Urlaub

'life vest *Nomen* (*AmE*) Schwimmweste

life·work /‚laɪf'wɜːk; *AmE* -'wɜːrk/ *Nomen* (*AmE*) Lebenswerk

lift[1] /lɪft/ *Verb* **1** ~ **sb/sth** (**up**) jdn/etw heben, jdn/etw hochheben ◊ *John lifted his eyes from his book.* John sah von seinem Buch auf. ◊ *His heart lifted at the sight of her.* Seine Stimmung hob sich, als er sie sah. **2** (*per Flugzeug, Hubschrauber*) transportieren **3** (*Verbot etc.*) aufheben **4** sich auflösen, sich heben ◊ *Gradually my depression started to lift.* Allmählich verschwanden meine Depressionen. **5** ~ **sth** (*umgs*) etw klauen **6** (*Kartoffeln, Rüben etc.*) ausgraben **7** erhöhen, steigern IDM **not lift/raise a finger/hand (to do sth)** (*umgs*) keinen Finger rühren (um etw zu tun) PHRV **lift 'off** starten, abheben

lift[2] /lɪft/ *Nomen* **1** (*BrE*) Aufzug ◊ *take the lift* mit dem Aufzug fahren **2** (*BrE*) Mitfahrgelegenheit ◊ *I'll give you a lift to the station.* Ich bringe dich zum Bahnhof. ◊ *Could I have a lift into town?* Könntest du mich in die Stadt mitnehmen? ◊ *hitch a lift* trampen **3** Auftrieb **4** [Sing] Heben ◊ *She saw the lift of his eyebrows.* Sie sah, wie sich seine Augenbrauen hoben. IDM ⇒ THUMB[2]

'lift-off *Nomen* (*Abheben*) Start

liga·ment /'lɪgəmənt/ *Nomen* (ANAT) Band ◊ *I've torn a ligament.* Ich habe einen Bänderriss.

liga·ture /'lɪgətʃə(r)/ *Nomen* (*Fachspr*) **1** (MUS, MED) Ligatur **2** (*zum Abbinden*) Schnur, Binde

light[1] /laɪt/ *Nomen* **1** Licht ◊ *turn/switch the lights on/off* das Licht an-/ausmachen ◊ *ceiling/wall lights* Decken-/Wandlampen ◊ *Keep going — the lights are green.* Fahr weiter – die Ampel ist grün. ◊ *see sth in a new light* etw mit anderen Augen betrachten ◊ *The light was beginning to fail.* Es fing an zu dämmern. ◊ *by the light of the candle* beim Schein der Kerze **2** [Sing] (*zum Anzünden einer Zigarette etc.*) Feuer IDM **according to sb's lights** (*gehoben*) nach jds Gutdünken **be/go out like a 'light** (*umgs*) sofort einschlafen **be in sb's 'light** jdm im Licht sein **bring sth to 'light** etw ans Licht bringen **cast/shed/throw 'light on sth** Licht in etw bringen **come to 'light** ans Licht kommen **in ˌa good, bad, favourable, etc. 'light** in einem guten/schlechten/günstigen etc. Licht **in the light of sth** (*AmE* **in light of sth**) in Anbetracht einer Sache **light at the end of the 'tunnel** Licht am Ende des Tunnels **(the) light 'dawned (on sb)** ◊ *The light suddenly dawned (on me)*. Mir ging plötzlich ein Licht auf. **the light of sb's 'life** für jdn das Liebste auf der Welt **see the 'light 1** etw begreifen **2** (REL) erleuchtet werden **see the 'light of 'day** ◊ *The project won't see the light of day until next year*. Das Projekt wird erst nächstes Jahr verwirklicht werden. ◊ *He's written a lot of interesting material that has never seen the light of day*. Er hat viele interessante Sachen geschrieben, die nie veröffentlicht worden sind. **set 'light to sth** (*bes BrE*) etw anzünden; etw entzünden ➙ *Siehe auch* BRIGHT[1], HIDE[1], JUMP[1] *und* SWEETNESS

light[2] /laɪt/ *Adj* **1** hell ◊ *light blue* hellblau OPP DARK **2** leicht ◊ *light on your feet* leichtfüßig ◊ *I've always been a light sleeper*. Ich habe schon immer einen leichten Schlaf gehabt. OPP HEAVY **3** zu leicht ◊ *The delivery of potatoes was several kilos light*. Bei der Kartoffellieferung fehlten mehrere Kilos. **4** wenig ◊ *Trading on the stock exchange was light today*. Der Handel an der Börse war heute flau. OPP HEAVY **5** (*Strafe*) mild **6** heiter ◊ *a little light relief* eine kleine Aufheiterung ◊ *The job does have its lighter moments*. Die Arbeit hat auch ihre lichteren Seiten. ◊ *On a lighter note ...* Nun etwas Heiteres ... **7** (*oft in Produktnamen*) kalorienarm, leicht **8** mit geringem Alkoholgehalt IDM **be ˌlight on ...** (*BrE*) wenig ... haben **a light touch** eine sanfte Vorgehensweise ◊ *She handles this difficult subject with a light touch*. Sie behandelt dieses komplizierte Thema mit leichter Eleganz. ◊ *He directs with a light touch*. Er führt mit leichter Hand Regie. **make 'light of sth** etw auf die leichte Schulter nehmen ◊ *I didn't mean to make light of your injuries*. Ich wollte deine Verletzungen nicht herunterspielen. **make light 'work of sth** etw mühelos erledigen **many hands make light 'work** gemeinsam geht die Arbeit leichter von der Hand

light[3] /laɪt/ *Verb* (**lit, lit** /lɪt/) (**Lighted** *wird auch in den Vergangenheitsformen verwendet, besonders vor Nomen.*) **1** anzünden **2** (*sich entzünden*) brennen **3** beleuchten **4** (*gehoben*) erhellen PHRV **ˌlight on/upon sth** (*gehoben*) etw entdecken ◊ *His eye lit upon a small boat on the horizon*. Seine Augen entdeckten am Horizont ein kleines Boot. **ˌlight 'up 1** (*umgs*) eine Zigarette, Zigarre etc. anstecken **2** sich erhellen **3** aufleuchten ◊ *His eyes lit up*. Seine Augen leuchteten auf. **ˌlight sth 'up 1** (*Zigarette etc.*) sich etw anstecken **2** etw erhellen ◊ *A smile lit up her face*. Ein Lächeln erhellte ihr Gesicht.

light[4] /laɪt/ *Adv* IDM ⇨ TRAVEL[1]

ˌlight 'aircraft *Nomen* (*Pl* **light aircraft**) kleines Flugzeug

'light bulb *Nomen* (*auch* **bulb**) Glühbirne

ˌlight-'coloured (*AmE* **ˌlight-'colored**) *Adj* ◊ *light-coloured curtains* Vorhänge in hellen Farben

light·ed /'laɪtɪd/ *Adj* **1** (*Kerze, Zigarette, Streichholz*) brennend **2** (*Fenster*) erleuchtet OPP UNLIT

light·en /'laɪtn/ *Verb* **1** verringern, erleichtern **2** (*sich*) aufhellen ◊ *Use bleach to lighten the wood*. Verwenden Sie Bleichmittel, um das Holz heller zu machen. **3** ~ (**up**) sich aufhellen **4** ~ **sth** (**up**) etw auflockern ◊ *She told a joke to lighten the atmosphere*. Sie erzählte einen Witz, um die Atmosphäre aufzulockern. **5** leichter machen PHRV **ˌlighten 'up** (*umgs*) es lockerer nehmen

light·er /'laɪtə(r)/ *Nomen* **1** (*auch* **ciga'rette lighter**) Feuerzeug **2** Lastkahn

ˌlight-'fingered *Adj* (*umgs*) langfingerig

ˌlight-'headed *Adj* leicht benommen

ˌlight-'hearted *Adj* (*Adv* **ˌlight-'hearted·ly**) **1** heiter **2** unbekümmert ◊ *She felt light-hearted*. Das Herz war ihr leicht.

ˌlight 'heavyweight *Nomen* Halbschwergewichtler(in), Halbschwergewicht

'light·house /'laɪthaʊs/ *Nomen* Leuchtturm

ˌlight 'industry *Nomen* Leichtindustrie

light·ing /'laɪtɪŋ/ *Nomen* Beleuchtung ◊ *natural lighting* natürliches Licht ◊ *The play had excellent lighting effects*. Das Theaterstück hatte hervorragende Lichteffekte.

'lighting engineer *Nomen* Beleuchter(in)

light·ly /'laɪtli/ *Adv* **1** sanft **2** leicht ◊ *She tended to sleep lightly nowadays*. Jetzt hatte sie oft einen leichten Schlaf. ◊ *eat lightly* sich von leichter Kost ernähren ◊ *She ran lightly up the stairs*. Sie lief leichtfüßig die Treppe hinauf. **3** leichthin **4** leichtfertig ◊ *take sth lightly* etw auf die leichte Schulter nehmen IDM **get off/be let off 'lightly** (*umgs*) glimpflich davonkommen; mit Nachsicht behandelt werden

'light meter *Nomen* Belichtungsmesser

light·ning[1] /'laɪtnɪŋ/ *Nomen* [U] Blitz ◊ *a flash of lightning* ein Blitz ◊ (*AmE*) *lightning strikes* Blitzeinschläge IDM **lightning never strikes (in the same place) twice** (*auch fig*) Der Blitz schlägt nicht zweimal in denselben Baum ein. **like (greased) 'lightning** wie ein geölter Blitz

light·ning[2] /'laɪtnɪŋ/ *Adj* blitzschnell ◊ *Police made a lightning raid on the house*. Die Polizei hat das Haus in einer Blitzaktion durchsucht.

'lightning conductor (*AmE* **'lightning rod**) *Nomen* Blitzableiter (*auch fig*)

ˌlightning 'strike *Nomen* (*BrE*) spontaner Streik

'light pen *Nomen* Lichtstift

light·ship /'laɪtʃɪp/ *Nomen* Feuerschiff

'light show *Nomen* Light-Show, Lichterschau

light·weight[1] /'laɪtweɪt/ *Adj* **1** leicht **2** (*abwert*) anspruchslos ◊ *He's too lightweight for the job*. Er ist der Aufgabe nicht ganz gewachsen.

light·weight[2] /'laɪtweɪt/ *Nomen* **1** Leichtgewichtler(in) **2** (*umgs, abwert*) Leichtgewicht ◊ *a political lightweight* jd, der politisch nicht für voll genommen wird ◊ *He's an intellectual lightweight*. Intellektuell ist er kein großes Licht.

'light year *Nomen* Lichtjahr ◊ (*fig*) *Full employment still seems light years away*. Von der Vollbeschäftigung sind wir wohl noch meilenweit entfernt.

lig·nite /'lɪɡnaɪt/ *Nomen* Braunkohle

lik·able (*bes AmE*) = LIKEABLE

like[1] /laɪk/ *Präp* **1** wie ◊ *She's wearing a dress like mine*. Sie trägt ein ähnliches Kleid wie ich. ◊ *It's just like her to tell everyone about it*. Das sieht ihr wieder ähnlich, dass sie es jedem erzählt. ◊ *That sounds like him coming now*. Das hört sich so an, als würde er jetzt kommen. ➙ *Hinweis bei* WIE **2 what's sb/sth ~?** wie ist jd/etw? ◊ *What's she like?* Wie ist sie denn so? ◊ *What's it like studying in Spain?* Wie ist das so, wenn man in Spanien studiert? ➙ *Hinweis bei* WIE **more like ...** eher um/bei ◊ *He believes the figure should be more like $10 million*. Er glaubt, dass die Zahlen eher bei $10 Millionen liegen sollten. **more 'like (it)** (*umgs*) **1** schon besser so **2** wohl eher ◊ *Just talking? Arguing more like it*. Reden, sagst du? Das hört sich eher wie Streiten an. **What are you 'like?/What is she, etc, 'like?** (*umgs*) Also wirklich!; Oh Mann!

like[2] /laɪk/ *Verb* (*selten in der Verlaufsform*) **1** (gerne) mögen ◊ *Which tie do you like best?* Welche Krawatte gefällt dir am besten? ◊ *How did you like Japan?* Wie hat es Ihnen in Japan gefallen? ◊ *I like to see them enjoying themselves*. Ich habe es gerne, wenn sie sich amüsieren. **2** wollen ◊ *Do what you like — I don't care*. Tu was du willst — mir ist es egal. **3** (*mit "would"*) mögen ◊ *Would you like a drink?* Möchtest du etwas zu trinken? ◊ *I'd like to think it over*. Ich möchte es mir noch einmal überlegen. ◊ (*AmE*) *I'd like for us to work together*. Ich möchte, dass wir zusammenarbeiten. IDM **how would 'you like it?** wie würdest du es finden? **if you 'like** (*umgs*) **1** wenn du möchtest **2** wenn man so will ◊ *It was, if you like, the dawn of a new era*. Es war, wenn man so will, der Anbruch einer neuen Ära. **I like 'that!** (*umgs, veraltet*) Das ist ja allerhand! **I/I'd 'like to think** ◊ *I like to think I'm broad-minded*. Ich lake mich gern für tolerant. ◊ *I'd like to think that you're helping me because you want to*. Ich würde es schön finden, wenn du mir aus freien Stücken hilfst.

like[3] /laɪk/ *Konj* (*umgs*) **1** wie ◊ *like I said* wie ich schon gesagt habe **2** als ob ➙ *Hinweis bei* WIE

like[4] /laɪk/ *Nomen* **1 likes** [Pl] Vorlieben ◊ *likes and dislikes* Vorlieben und Abneigungen **2** [Sing] dergleichen ◊ *jazz, rock and the like* Jazz, Rock und dergleichen ◊ *a storm the like of which had not been seen for years* ein Sturm, wie es ihn seit Jahren nicht mehr gegeben hatte ◊ *You're not comparing like with like.* Das kannst du nicht miteinander vergleichen. **IDM the likes of sb/sth** (*umgs*) solche wie jd/etw ◊ *She didn't want to associate with the likes of me.* Mit solchen wie mir wollte sie nichts zu tun haben.

like⁵ /laɪk/ *Adj* (*gehoben*) gleich ◊ *a chance to meet people of like mind* eine Gelegenheit, gleich Gesinnte zu treffen

like⁶ /laɪk/ *Adv* (*umgs*) **1** also ◊ *It was, like, weird.* Also, es war schon etwas seltsam. **2 I'm, he's, she's, etc.** ~ (*AmE, umgs*) (ersetzt „say" in sehr informeller Rede) ◊ *And then I'm like 'No Way!'* Und dann sage ich „Auf keinen Fall!" **3** so wie ◊ *There was silence, but not like before.* Es herrschte Schweigen; aber nicht so wie vorher. ☛ *Hinweis bei* WIE **IDM** (**as**) **like as 'not**; **like e'nough**; **most/very 'like** (*veraltet*) aller Wahrscheinlichkeit nach

like·able (*bes AmE* **lik·able**) /'laɪkəbl/ *Adj* sympathisch ◊ *She's warm, friendly and likeable.* Sie hat eine warme, freundliche und nette Art.

like·li·hood /'laɪklihʊd/ *Nomen* Wahrscheinlichkeit ◊ *The likelihood is that unemployment will fall.* Wahrscheinlich wird die Arbeitslosigkeit sinken.

like·ly¹ /'laɪkli/ *Adj* (**like·li·er**, **like·li·est**) ☛ More **likely** und **most likely** sind üblicher. **1** wahrscheinlich ◊ *Tickets are likely to be expensive.* Die Eintrittskarten sind wahrscheinlich teuer. ◊ *It's more than likely that the thieves don't know how much it is worth.* Höchstwahrscheinlich wissen die Diebe nicht, wie viel es wert ist. ◊ *They're not likely to agree.* Es ist unwahrscheinlich, dass sie zustimmen. ☛ *Hinweis bei* FEIGE **2** geeignet **IDM a 'likely story** (*umgs*) wer's glaubt, wird selig!

like·ly² /'laɪkli/ *Adv* **IDM as** ˌ**likely as 'not**; **most/very 'likely** höchstwahrscheinlich ☛ *Hinweis bei* WAHRSCHEINLICH **not 'likely!** (*bes BrE, umgs*) wohl kaum!

ˌ**like-'minded** *Adj* gleich gesinnt

liken /'laɪkən/ *Verb* **PHRV 'liken sth/sb to sth/sb** (*gehoben*) etw/jdn mit etw/jdm vergleichen

like·ness /'laɪknəs/ *Nomen* **1** Ähnlichkeit **SYN** RESEMBLANCE **2** [*meist Sing*] Bild ◊ *The drawing is a good likeness of the attacker.* Die Zeichnung sieht dem Angreifer recht ähnlich.

likes /laɪks/ *Nomen* ⇨ LIKE⁴

like·wise /'laɪkwaɪz/ *Adv* **1** (*gehoben*) ebenso ◊ *He voted for the change and he expected his colleagues to do likewise.* Er stimmte für die Veränderung und erwartete von seinen Kollegen, dass sie das Gleiche tun würden. **2** (*umgs*) gleichfalls ◊ *'Let me know if you ever need any help.' 'Likewise.'* „Lass es mich wissen, wenn du Hilfe brauchst." „Du auch."

lik·ing /'laɪkɪŋ/ *Nomen* [*Sing*] ~ (**for sb/sth**) Vorliebe (für jdn/etw) ◊ *take a liking to sb* eine Zuneigung zu jdm fassen **IDM for sb's 'liking** für jds Geschmack **to sb's 'liking** (*gehoben*) nach jds Geschmack

lilac /'laɪlək/ **1** *Nomen* Flieder **2** *Nomen* Zartlila **3** *Adj* fliederfarben

Lil·li·pu·tian /ˌlɪlɪ'pjuːʃn/ *Adj* (*gehoben*) liliputanisch

lilo (*auch* **Li-Lo**™) /'laɪləʊ; *AmE* -loʊ/ *Nomen* (*Pl* **-os**) (*BrE*) Luftmatratze

lilt /lɪlt/ *Nomen* [*Sing*] **1** singender Tonfall ◊ *Her voice had a soft Welsh lilt to it.* Ihre Stimme hatte den weichen singenden Tonfall der Waliser. **2** schwungvoller Rhythmus

lilt·ing /'lɪltɪŋ/ *Adj* **1** (*Melodie*) schwungvoll **2** (*Tonfall*) singend

lily /'lɪli/ *Nomen* (*Pl* **-ies**) Lilie **IDM** ⇨ GILD

ˌ**lily of the 'valley** *Nomen* (*Pl* **lilies of the valley**) Maiglöckchen

ˌ**lily-'white** *Adj* **1** schneeweiß **2** tugendhaft

lima bean /'liːmə biːn/ *Nomen* (*AmE*) Limabohne

limb /lɪm/ *Nomen* **1** (ANAT) Glied ◊ *For a while, she lost the use of her limbs.* Eine Zeit lang konnte sie ihre Gliedmaßen nicht bewegen. **2 -limbed** -glied(e)rig ◊ *loose-limbed* gelenkig **3** Ast **IDM out on a 'limb** (*umgs*) exponiert ◊ *Are you prepared to go out on a limb and make your suspicions public?* Bist du bereit, dich zu exponieren und deinen Verdacht publik zu machen? ◊ *He's hardly putting himself out on a limb.* Er riskiert nicht viel. **tear/rip sb** ˌ**limb from 'limb** (*oft hum*) jdm alle Glieder einzeln ausreißen ☛ *Siehe auch* RISK²

lim·ber /'lɪmbə(r)/ *Verb* **PHRV** ˌ**limber 'up** sich aufwärmen

limbo /'lɪmbəʊ; *AmE* -boʊ/ *Nomen* **1** Limbo **2** Schwebe(zustand)

lime¹ /laɪm/ *Nomen* **1** = QUICKLIME **2** Limone **3** (*auch* '**lime tree**) Limonenbaum **4** (*auch* '**lime tree**) Linde

lime² /laɪm/ *Verb* kalken

ˌ**lime 'green** *Adj* (*auch* **lime**) lindgrün **2** *Nomen* Lindgrün

lime·light /'laɪmlaɪt/ (*meist* **the limelight**) *Nomen* Rampenlicht ◊ *steal/hog the limelight* die Schau stehlen

lim·er·ick /'lɪmərɪk/ *Nomen* Limerick

lime·scale /'laɪmskeɪl/ *Nomen* (*BrE*) Kalk(ablagerung)

lime·stone /'laɪmstəʊn; *AmE* -stoʊn/ *Nomen* Kalkstein

Limey /'laɪmi/ *Nomen* (*AmE, veraltet*) = leicht abwertende Bezeichnung für einen Briten/eine Britin

limit¹ /'lɪmɪt/ *Nomen* **1** ~ (**to sth**) Grenze (für etw) ◊ *There is a limit to the amount of pain we can bear.* Unserer Schmerzbelastung sind Grenzen gesetzt. ◊ *push/stretch sb/sth to the limit* jdn/etw bis zum Äußersten treiben/fordern ◊ *His arrogance knew no limits.* Sein Hochmut war grenzenlos. **2** ~ (**on sth**) Begrenzung (einer Sache) ◊ *strict limits on levels of pollution* strenge Schadstoffgrenzwerte ◊ *You can't drive — you're over the limit.* Du kannst nicht fahren – du hast zu viel Promille. **IDM be the 'limit** (*umgs, veraltet*) unmöglich sein **off 'limits** (*bes AmE*) verboten **within 'limits in Grenzen** ☛ *Siehe auch* SKY

limit² /'lɪmɪt/ *Verb* ~ **sth** (**to sth**) **1** etw (auf etw) begrenzen ◊ *limit sb's choice* jds Wahl einschränken **2** ~ **yourself/sb** (**to sth**) sich/jdn (auf etw) beschränken ◊ *Families are limited to four free tickets each.* Die Vergabe von Freikarten an Familien ist jeweils auf vier Karten begrenzt. **PHRV 'limit sth to sb/sth** etw auf jdn/etw begrenzen

limi·ta·tion /ˌlɪmɪ'teɪʃn/ *Nomen* **1** Einschränkung **2** ~ (**on sth**) Beschränkung (einer Sache) ◊ *Disability is a physical limitation on your life.* Eine Körperbehinderung engt das Leben ein. **3** [*meist Pl*] Grenze

limit·ed /'lɪmɪtɪd/ *Adj* ~ (**to sth**) (auf etw) begrenzt ◊ *The offer is for a limited period only.* Das Angebot ist zeitlich begrenzt. ◊ *a limited role* eine beschränkte Rolle

ˌ**limited 'company** (*auch* ˌ**limited lia'bility company**) *Nomen* (*BrE*) Gesellschaft mit beschränkter Haftung

ˌ**limited e'dition** *Nomen* limitierte Auflage

ˌ**limited lia'bility** *Nomen* (RECHT) beschränkte Haftung

limit·ing /'lɪmɪtɪŋ/ *Adj* einschränkend

limit·less /'lɪmɪtləs/ *Adj* grenzenlos

lim·ou·sine /'lɪməziːn, ˌlɪmə'ziːn/ (*umgs* **limo** /'lɪməʊ; *AmE* 'lɪmoʊ/ (*Pl* **-os**)) *Nomen* **1** Straßenkreuzer **2** (*bes AmE*) Kleinbus (für Fluggäste)

limp¹ /lɪmp/ *Adj* (*Adv* **limp·ly**) schlapp, schlaff ◊ *Her hair hung limply over her forehead.* Das Haar fiel ihr strähnig über die Stirn.

limp² /lɪmp/ *Verb* **1** hinken, humpeln **2** sich schleppen ◊ *The plane limped back to the airport.* Das Flugzeug schaffte es mit Müh und Not zum Flughafen zurück.

limp³ /lɪmp/ *Nomen* Humpeln ◊ *walk with a limp* hinken

lim·pet /'lɪmpɪt/ *Nomen* Napfschnecke ◊ *He clung to her like a limpet.* Er hing wie eine Klette an ihr.

lim·pid /'lɪmpɪd/ *Adj* (*gehoben*) klar; (*Augen*) hell

linch·pin (*auch* **lynch·pin**) /'lɪntʃpɪn/ *Nomen* **1** Lünse **2** (*fig*) (tragende) Säule

linc·tus /'lɪŋktəs/ *Nomen* (*BrE*) Hustensaft

lin·den /'lɪndən/ (*auch* '**linden tree**) *Nomen* Linde

line¹ /laɪn/ *Nomen* **1** Linie ◊ *a wavy line* eine Schlangenlinie ◊ *draw a line through sth* etw durchstreichen ◊ *Be careful not to cross the line.* Du darfst nicht über die Straßenmarkierung fahren. ◊ *She comes from a long line of actors.* Sie stammt aus einer alten Schauspielerfamilie. **2** Falte ◊ *fine lines* Fältchen **3** Reihe ◊ *sit back in a line of traffic* in einer Autoschlange stecken **4** = ASSEMBLY LINE, PRODUCTION LINE **5** (*AmE*) (*Reihe*) Schlange ◊ *stand/wait in line for sth* sich nach etw anstellen **6** Grenze ◊ *lines of longitude* Längengrade **7** Grenzlinie, Schranke ◊ *The slump cut across class lines.* Die Flaute betraf alle Gesellschaftsschichten. ◊ *How do you draw a line between the two?* Wie unterscheidet man beide? ◊ *There is a fine line between interest and interference.* Es ist nur ein kleiner Schritt von

Interesse zu Einmischung. **8** Kontour ◊ *the line of her jaw der Umriss ihres Kinns* ◊ *his use of clean line and colour* seine klare Linienführung und Farbwahl ◊ *I prefer simple lines in clothes.* Bei Kleidern gefällt mir ein einfacher Schnitt. ◊ *a car with sleek lines* ein Auto mit schnittigem Design **9** Rangfolge ◊ *He is second in line to the chairman.* Er ist nach dem Vorsitzenden der Ranghöchste. ◊ *be next in line to the throne* in der Thronfolge an nächster Stelle stehen ◊ *Orders came down the line.* Die Befehle wurden nach unten weitergegeben. ◊ *a line of command* eine Befehlskette **10** (*Abk* I) Zeile **11** (THEAT, KINO) ◊ *a line from 'Casablanca'* ein Satz aus „Casablanca" ◊ *learn your lines* seinen Text lernen **12 lines** [*Pl*] (*BrE*) Strafarbeit ◊ *He gave me 100 lines.* Er ließ mich den Satz 100 mal schreiben. **13** (*umgs*) (*Trick*) Masche ◊ (*BrE*) *That's a terrible chat-up line!* Was für eine furchtbare Anmache! **14** Leine ◊ *They threw a line to the sailor.* Sie warfen dem Matrosen ein Tau zu. ☛ *Siehe auch* CLOTHES LINE *und* WASHING LINE **15** Leitung, Telefonanschluss ◊ *hold the line* am Apparat bleiben **16** Gleise, (U-)Bahnlinie **17** Richtung ◊ *this line of reasoning* diese Gedankenfolge ◊ *try a different line of argument* versuchen anders zu argumentieren ◊ *the first line of attack* die erste Angriffsweise ◊ *find a new line of attack* eine neue Angriffstaktik finden ◊ *You're right in my line of vision.* Du versperrst mir die Sicht. ◊ *the line of the river* der Flusslauf **18** [*Sing*] Branche ◊ *His line of work pays well.* In seinem Beruf verdient man gut. **19** (WIRTSCH) Artikel, Sortiment **20** ◊ *a shipping line* eine Reederei **21** (MIL) Front(linie) **22** (*Slang*) (*Dosis Kokain*) Straße **IDM along/down the 'line** (*umgs*) ◊ *somewhere along the line* an irgendeinem Punkt ◊ *all along the line* von Anfang an ◊ *further down the line* zu einem späteren Zeitpunkt ◊ **along/on (the) ... 'lines 1** ◊ *They voted along class lines.* Sie wählten ihrer Schichtzugehörigkeit entsprechend. ◊ *operate along the same lines* in der gleichen Art funktionieren **2** (*umgs*) ◊ *something along those lines* etwas in dieser Richtung ◊ *built along the lines of a French chateau* im Stil eines französischen Schlosses gebaut ◊ **be brought, come, get, fall, etc. into 'line (with sb/sth)** ◊ *be brought into line with the EU* mit der EU gleichgeschaltet werden ◊ *fall into line* sich fügen ◊ **be in 'line for sth** Aussichten auf etw haben ◊ **in (a) 'line (with sth)** in einer Linie (mit etw) ◊ **in 'line with sth** in Einklang mit etw ◊ *in line with inflation* an die Inflationsrate angepasst ◊ **lay it on the 'line** (*umgs*) es rundheraus sagen ◊ **(choose, follow, take, etc.) the line of least re'sistance** den Weg des geringsten Widerstandes (gehen) ◊ **on 'line 1** in Betrieb ◊ *come on line* wirksam werden **2** (COMP) online ◊ **on the 'line** (*umgs*) ◊ *be on the line* auf dem Spiel stehen ◊ *put sth on the line* etw aufs Spiel setzen ◊ **out of 'line 1** nicht in der Reihe **2** (*AmE*) nicht in Ordnung ◊ *He was way out of line.* Das war überhaupt nicht in Ordnung von ihm. ◊ **out of 'line (with sb/sth) 1** nicht auf der gleichen Linie (mit jdm/etw) **2** nicht im Einklang (mit jdm/etw) ◊ *London prices are way out of line with the rest of the country.* Die Londoner Preise sind mit denen im Rest des Landes nicht zu vergleichen. ◊ **walk/tread a fine/thin line** eine Gratwanderung machen ◊ *He was walking a fine line between being funny and being rude.* Seine Darbietung war ein Balanceakt zwischen Humor und Unverschämtheit. ☛ *Für andere Redewendungen mit* **line** *siehe die Einträge für die Verben.* **Toe the line** *z.B. steht unter* **toe.**

line² /laɪn/ *Verb* **1** (*oft passiv*) auskleiden, füttern **2** säumen ◊ *The walls were lined with books.* Die Wände waren voll gestellt mit Büchern. **IDM line your (own)/sb's 'pockets** in die eigene/jds Tasche arbeiten **PHRV 'line 'up** (sich in einer Reihe) aufstellen, eine Schlange bilden ◊ **,line sb/sth 'up 1** jdn/etw in einer Reihe aufstellen **2** jdn/etw organisieren ◊ *He already had a job lined up.* Es wartete schon ein Job auf ihn. ◊ *I've got a lot lined up.* Ich habe viel zu tun. ◊ **,line sth 'up (with sth)** etw (auf etw) ausrichten

lin·eage /ˈlɪnɪɪdʒ/ *Nomen* **1** (*gehoben*) Abstammung, Herkunft **2** (BIOL) Stamm

lin·ear /ˈlɪniə(r)/ *Adj* (*Adv* **lin·ear·ly**) **1** linear **2** geradlinig ◊ **OPP** NON-LINEAR **3** Längen-

lined /laɪnd/ *Adj* **1** faltig ◊ *a deeply lined face* ein runzeliges Gesicht **2** liniert **3** gefüttert **4** gesäumt

'line dancing *Nomen* Country-Linedancing

'line-drawing *Nomen* Strichzeichnung

'line-man /ˈlaɪmən/ *Nomen* (*Pl* **-men** /-mən/) (*AmE*) (*Football*) Stürmer

'line management *Nomen* (*BrE*) Linienmanagement

'line manager *Nomen* Vorgesetzte(r)

linen /ˈlɪnɪn/ *Nomen* **1** Leinen **2** Wäsche **IDM** ⇨ WASH¹

'line printer *Nomen* (COMP) Zeilendrucker

liner /ˈlaɪnə(r)/ *Nomen* **1** ◊ *an ocean liner* ein Ozeandampfer ◊ *a luxury cruise liner* ein Kreuzfahrtschiff **2** (*meist in Zusammensetzungen*) Einlage ◊ *bin liners* Müllbeutel ◊ *nappy liners* Windeleinlagen ◊ *pond liner* Teichfolie **3** = EYELINER

'lines·man /ˈlaɪnzmən/ *Nomen* (*Pl* **-men** /-mən/) Linienrichter

'line-up *Nomen* **1** Aufstellung, Aufgebot **2** Programm ◊ *this evening's TV line-up* das Fernsehprogramm des heutigen Abends **3** (*bes AmE*) (*von Verdächtigen*) Gegenüberstellung

lin·ger /ˈlɪŋɡə(r)/ *Verb* **1** ~ **(on)** anhalten ◊ *Her perfume lingered in the room.* Ihr Parfum hing noch im Raum. **2** ~ **(on sb/sth)** (auf/bei jdm/etw) verweilen ◊ *She lingered for a few minutes.* Sie blieb noch ein paar Minuten. ◊ *We lingered over breakfast.* Wir saßen lange beim Frühstück. **3** ~ **(on)** dahinsiechen

lin·ge·rie /ˈlænʒəri; *AmE* ˌlɑːndʒəˈreɪ/ *Nomen* [*U*] Damenunterwäsche, Dessous

lin·ger·ing /ˈlɪŋɡərɪŋ/ *Adj* (*Adv* **lin·ger·ing·ly**) anhaltend ◊ *a lingering death* ein langsamer Tod ◊ *any lingering hopes* jede letzte Hoffnung ◊ *He kissed her lingeringly.* Er gab ihr einen langen Kuss.

lingo /ˈlɪŋɡəʊ; *AmE* -ɡoʊ/ *Nomen* [*Sing*] (*umgs*) **1** Sprache **2** (*bes AmE*) Fachjargon **SYN** JARGON

lin·gua franca /ˌlɪŋɡwə ˈfræŋkə/ *Nomen* [meist *Sing*] (*Fachspr*) Verkehrssprache

lin·guist /ˈlɪŋɡwɪst/ *Nomen* **1** Sprachkundige(r) ◊ *be an excellent linguist* sehr sprachbegabt sein **2** Linguist(in)

lin·guis·tic /lɪŋˈɡwɪstɪk/ *Adj* (*Adv* **lin·guis·tic·al·ly** /-kli/) sprachlich, sprachwissenschaftlich, Sprach-

lin·guis·tics /lɪŋˈɡwɪstɪks/ *Nomen* [*U*] Sprachwissenschaft, Linguistik

lini·ment /ˈlɪnəmənt/ *Nomen* Einreibemittel

lin·ing /ˈlaɪnɪŋ/ *Nomen* **1** Futter **2** Futterstoff **3** Auskleidung **4** (ANAT) Schleimhaut **IDM** ⇨ CLOUD¹

link¹ /lɪŋk/ *Nomen* **1** Verbindung, Zusammenhang **2** Verbindung ◊ *a high-speed rail link* eine Schnellstrecke ◊ *via a video link* über Video **3** Beziehung ◊ *a vital link* ein wichtiges Bindeglied **4** (*Ketten-*) Glied **IDM a link in the 'chain** ein Glied in der Kette ☛ *Siehe auch* WEAK

link² /lɪŋk/ *Verb* **1** verbinden ◊ *The two factors are directly linked.* Die beiden Faktoren hängen direkt zusammen. ◊ *They are inextricably linked.* Sie sind verzahnt. **2** ~ **A to B** A mit B in Verbindung bringen **3** ◊ *link arms* sich unterhaken ◊ *link hands* sich bei den Händen halten **PHRV ,link 'up (with sb)** sich (mit jdm) zusammentun ◊ **,link 'up (with sth)** sich (mit etw) verbinden ◊ *The spacecraft will link up in orbit.* Die Raumschiffe werden sich im Weltraum aneinander koppeln.

link·age /ˈlɪŋkɪdʒ/ *Nomen* **1** Verknüpfung, Verbindung, Verzahnung **2** (*Gene, Daten*) Kopplung

'linking verb *Nomen* (LING) Kopula

link·man /ˈlɪŋkmæn/ *Nomen* (*Pl* **-men** /-mən/) (*BrE*) **1** Verbindungsmann **2** (*Radio, Fernsehen*) Moderator, Ansager

links /lɪŋks/ *Nomen* = GOLF LINKS

'link-up *Nomen* Verbindung

li·no·leum /lɪˈnəʊliəm; *AmE* -ˈnoʊ-/ (*BrE, umgs* **lino** /ˈlaɪnəʊ; *AmE* -noʊ/) *Nomen* Linoleum

lin·seed oil /ˌlɪnsiːd ˈɔɪl/ *Nomen* Leinöl

lint /lɪnt/ *Nomen* [*U*] **1** (*bes BrE*) Mull **2** (*Fachspr*) Fasern **3** (*bes AmE*) Fusseln

lin·tel /ˈlɪntl/ *Nomen* (ARCHIT) Sturz

lion /ˈlaɪən/ *Nomen* Löwe **IDM the 'lion's den** die Höhle des Löwen ◊ **the 'lion's share** (*BrE*) der Löwenanteil

lion·ess /ˈlaɪənəs/ *Nomen* Löwin

lip /lɪp/ *Nomen* **1** Lippe **2** Rand **3** (*umgs*) Frechheit **IDM lick/smack your 'lips** sich die Lippen lecken ◊ **my lips are 'sealed** ich werde schweigen wie ein Grab ◊ **on**

everyone's 'lips in aller Munde ☛ *Siehe auch* BITE¹, PASS¹, READ¹ *und* STIFF¹
li·po·suc·tion /ˈlɪpəʊsʌkʃn, ˈlaɪ-; *AmE* ˈlaɪpoʊ-, ˈlɪ-/ *Nomen* Fettabsaugung
-lipped /lɪpt/ (*in Adjektiven*) -lippig ◦ *thick-lipped* mit vollen Lippen
lippy¹ /ˈlɪpi/ *Adj* (*BrE, umgs*) frech, vorlaut
lippy² /ˈlɪpi/ *Nomen* [U] (*umgs*) Lippenstift
'lip-read *Verb* (**-read, -read** /-red/) von den Lippen ablesen
'lip-service *Nomen* Lippenbekenntnis
lip·stick /ˈlɪpstɪk/ *Nomen* Lippenstift
lip-sync (*auch* **lip-synch**) /ˈlɪp sɪŋk/ *Verb* die Lippen synchron bewegen ◦ *He lip-synced* (*to*) *'Yesterday'.* Er machte die Lippenbewegungen zu „Yesterday".
li·quefy /ˈlɪkwɪfaɪ/ *Verb* (**li·que·fies, li·que·fy·ing, li·que·fied, li·que·fied**) *Verb* (*gehoben*) (sich) verflüssigen
li·queur /lɪˈkjʊə(r); *AmE* -ˈkɜːr/ *Nomen* Likör
li·quid¹ /ˈlɪkwɪd/ *Nomen* Flüssigkeit
li·quid² /ˈlɪkwɪd/ *Adj* **1** flüssig, Flüssig- ◦ *liquid refreshment* Getränke ◦ *a liquid consonant* ein Fließlaut **2** (FINANZ) flüssig, (frei) verfügbar ◦ *liquid assets* flüssige Mittel **3** (*gehoben*) (*Augen*) glänzend **4** (*gehoben*) melodisch
li·quid·ate /ˈlɪkwɪdeɪt/ *Verb* **1** liquidieren **2** (FINANZ) flüssig machen **3** (FINANZ) tilgen **4** beseitigen, liquidieren ◦ *liquidate the rebel movement* die Rebellenbewegung zerschlagen
li·quid·ation /ˌlɪkwɪˈdeɪʃn/ *Nomen* **1** Liquidation **2** (FINANZ) Tilgung **3** Liquidierung
li·quid·ator /ˈlɪkwɪdeɪtə(r)/ *Nomen* Liquidator(in)
ˌliquid ˌcrystal disˈplay *Nomen* = LCD
li·quid·ity /lɪˈkwɪdəti/ *Nomen* (FINANZ) Liquidität
li·quid·ize (*BrE auch* **-ise**) /ˈlɪkwɪdaɪz/ *Verb* (*bes BrE*) pürieren
li·quid·izer (*BrE auch* **-iser**) /ˈlɪkwɪdaɪzə(r)/ *Nomen* (*BrE*) Mixer
li·quor /ˈlɪkə(r)/ *Nomen* [U] **1** (*bes AmE*) Spirituosen ◦ *hard liquor* harte Getränke [SYN] SPIRIT **2** (*BrE, Fachspr*) Alkohol
li·quor·ice (*AmE meist* **lic·orice**) /ˈlɪkərɪʃ, -rɪs/ *Nomen* [U] Süßholz, Lakritze
'liquor ˌstore *Nomen* (*AmE*) Spirituosenladen
lisp¹ /lɪsp/ *Nomen* [*meist Sing*] Lispeln
lisp² /lɪsp/ *Verb* lispeln
list¹ /lɪst/ *Nomen* **1** Liste ◦ *a shopping list* ein Einkaufszettel ◦ *the wine list* die Weinkarte ◦ *It came high on the list of complaints.* Das war eine der häufigsten Beschwerden. **2** [*Sing*] (*Schiff*) Schlagseite [IDM] ⇨ DANGER
list² /lɪst/ *Verb* **1** aufzählen, auflisten **2** in eine Liste eintragen ◦ *listed as missing* als vermisst aufgeführt ◦ *a listed building* ein Gebäude, das unter Denkmalschutz steht **3** (*AmE*) katalogisiert sein **4** (*Schiff*) Schlagseite haben
lis·ten¹ /ˈlɪsn/ *Verb* **1** ~ (**to sb/sth**) (jdm/etw) zuhören ◦ *listen to the radio* Radio hören ◦ *Listen! What's that noise?* Hör mal! Was ist das für ein Geräusch? ◦ *listen hard* genau hinhören ◦ *listen at the door* an der Tür horchen **2** ~ (**to sb/sth**) (auf jdn/etw) hören **3** *listen!* (*umgs*) pass (mal gut) auf [PHRV] **ˈlisten (ˈout) for sth** auf etw horchen ◦ *listen out for the doorbell* auf die Türklingel aufpassen **ˌlisten ˈin 1** abhören, mithören **2** (*Radio*) hören ◦ *listen in to Radio 5* Radio 5 hören **ˌlisten ˈup** (*bes AmE, umgs*) (genau) zuhören
lis·ten² /ˈlɪsn/ *Nomen* [*meist Sing*] ◦ *Have a listen to this.* Hör dir das mal an.
lis·ten·er /ˈlɪsnə(r)/ *Nomen* **1** Zuhörer(in) **2** Hörer(in)
lis·teria /lɪˈstɪəriə; *AmE* -ˈstɪr-/ *Nomen* Listeria
list·ing /ˈlɪstɪŋ/ *Nomen* **1** Auflistung, Verzeichnis ◦ *a stock exchange listing* eine Börsennotierung **2 listings** [Pl] Veranstaltungsliste, Sparte ◦ *TV listings* das Fernsehprogramm
list·less /ˈlɪstləs/ *Adj* (*Adv* **list·less·ly**) lustlos, teilnahmslos
list·less·ness /ˈlɪstləsnəs/ *Nomen* Lustlosigkeit, Teilnahmslosigkeit
ˈlist ˌprice *Nomen* [*meist Sing*] Listenpreis
lit *Form von* LIGHT³

lit·any /ˈlɪtəni/ *Nomen* (*Pl* **-ies**) Litanei (*auch fig*)
lite /laɪt/ *Adj* (*bes AmE, umgs*) kalorienarm, alkoholarm
liter (*AmE*) = LITRE
lit·er·acy /ˈlɪtərəsi/ *Nomen* Fähigkeit, lesen und schreiben zu können, Alphabetisierung
lit·eral /ˈlɪtərəl/ *Adj* **1** wörtlich ◦ *the literal meaning of the word* die eigentliche Bedeutung des Wortes [OPP] FIGURATIVE *und* METAPHORICAL **2** wortgetreu [OPP] FREE **3** (*abwert*) prosaisch
lit·er·al·ly /ˈlɪtərəli/ *Adv* **1** wörtlich **2** buchstäblich
lit·er·ary /ˈlɪtərəri; *AmE* -reri/ *Adj* literarisch, Literatur- ◦ *a literary man* ein Literat
lit·er·ate /ˈlɪtərət/ *Adj* **1** des Lesens und Schreibens kundig [OPP] ILLITERATE **2** gebildet
lit·er·ati /ˌlɪtəˈrɑːti/ *the literati Nomen* [Pl] (*gehoben*) die Bildungsbürger, die Literaturliebhaber
lit·era·ture /ˈlɪtrətʃə(r); *AmE auch* -tʃʊr/ *Nomen* Literatur
lithe /laɪð/ *Adj* (*Adv* **lithe·ly**) geschmeidig, sportlich
lith·ium /ˈlɪθiəm/ *Nomen* Lithium
litho·graph /ˈlɪθəɡrɑːf; *AmE* -ɡræf/ *Nomen* Lithographie
litho·graph·ic /ˌlɪθəˈɡræfɪk/ *Adj* lithographisch
lith·og·raphy /lɪˈθɒɡrəfi; *AmE* -ˈθɑːɡ-/ *Nomen* (*umgs* **litho** /ˈlɪθəʊ; *AmE* -θoʊ/) Lithographie
liti·gant /ˈlɪtɪɡənt/ *Nomen* Prozesspartei
liti·gate /ˈlɪtɪɡeɪt/ *Verb* **1** einen Prozess anstrengen **2** vor Gericht bringen
liti·ga·tion /ˌlɪtɪˈɡeɪʃn/ *Nomen* [U] Rechtsstreit, Prozess ◦ *The company is in litigation with its auditors.* Die Firma führt einen Prozess mit ihren Rechnungsprüfern. ◦ *the risk of litigation* das Risiko strafverfolgt zu werden ◦ *the rate of litigation* die Zahl der Verfahren
li·ti·gious /lɪˈtɪdʒəs/ *Adj* (*gehoben, abwert*) prozesssüchtig
li·ti·gious·ness *Nomen* /lɪˈtɪdʒəsnəs/ (*gehoben, abwert*) Prozesssucht
lit·mus /ˈlɪtməs/ *Nomen* Lackmus
ˈlitmus ˌtest *Nomen* Lackmustest ☛ Im amerikanischen Englisch wird **litmus test** auch figurativ verwendet. Siehe auch **acid test**.
litre (*AmE* **liter**) /ˈliːtə(r)/ *Nomen* (*Abk* **l**) Liter
lit·ter¹ /ˈlɪtə(r)/ *Nomen* **1** [U] Abfall **2** [*Sing*] ◦ *The floor was covered with a litter of newspapers, clothes and empty cups.* Der Boden war mit Zeitungen, Kleidern und leeren Tassen übersät. **3** Streu ◦ *cat litter* Katzenstreu ◦ (*BrE*) *a litter tray* ein Katzenklo ◦ (*AmE*) *a litter box* ein Katzenklo **4** (*Tiere*) Wurf **5** (*veraltet*) Sänfte, Bahre
lit·ter² /ˈlɪtə(r)/ *Verb* **1** übersäen ◦ *Books and newspapers littered the floor.* Auf dem Fußboden lagen Bücher und Zeitungen herum. **2 be littered with sth** mit etw übersät sein ◦ *Your essay is littered with spelling mistakes.* Dein Aufsatz wimmelt von Rechtschreibfehlern. **3** (*AmE*) Abfälle zurücklassen
ˈlitter ˌbin *Nomen* (*BrE*) Abfalleimer
lit·ter·bug /ˈlɪtəbʌɡ/ *AmE* -tər- (*BrE auch* **ˈlitter ˌlout**) *Nomen* (*umgs, abwert*) = jd, der Abfälle zurücklässt
lit·tle¹ /ˈlɪtl/ *Adj* **1** klein ◦ *She gave a little laugh.* Sie lachte ein wenig. ◦ (*BrE*) *Here's a little something for your birthday.* Hier ist eine Kleinigkeit zu deinem Geburtstag. ☛ Die Formen **littler** und **littlest** sind selten. Es ist üblich, **smaller** und **smallest** zu benutzen. **2** wenig ◦ *a little while later* wenig später ☛ *Hinweis bei* SMALL¹ [IDM] **ˌa little ˈbird told me** (*umgs*) das hat mir ein Vögelchen gesungen ☛ *Siehe auch* WONDER²
lit·tle² /ˈlɪtl/ *Pron, Adj* **1** wenig ◦ *We have little or no choice.* Wir haben kaum eine Wahl. **2 a little** etwas ◦ *a little milk* etwas Milch ◦ *If you have any spare milk, could you give me a little?* Wenn Sie Milch übrig haben, könnten Sie mir etwas geben? ◦ *I've only read a little of the book so far.* Ich habe erst ein paar Seiten von dem Buch gelesen. ◦ (*gehoben*) *It caused not a little/no little confusion.* Das verursachte nicht wenig Verwirrung. ◦ *After a little he got up and left.* Nach kurzer Zeit stand er auf und ging. [IDM] **ˌlittle by ˈlittle** nach und nach
lit·tle³ /ˈlɪtl/ *Adv* **1** wenig ◦ *He is little known as an artist.* Als Künstler ist er nur wenig bekannt. ◦ (*gehoben*) *Little did I know that this spelled the end of my career.* Ich hatte keine Ahnung, dass das das Ende meiner Karriere bedeutete. ◦ *It was little short of a miracle.* Es war fast ein Wun-

der. **2 a little** (*auch* **a little bit**) ein wenig ◊ (*umgs*) *Everything has become just that little bit harder.* Alles ist ein kleines bisschen schwieriger geworden. ☛ *Hinweis bei* WENIG

ˌlittle ˈfinger *Nomen* kleiner Finger IDM **twist/wrap/ wind sb around your little ˈfinger** (*umgs*) jdn um den (kleinen) Finger wickeln

ˈLittle League *Nomen* [Sing] = Kinder-Baseball-Liga in den USA

ˈlittle people *Nomen* [Pl] **1** (*machtlose*) kleine Leute **2 the little people** (*BrE*) = kleine Märchenwesen mit magischen Kräften SYN FAIRIES

lit·toral /ˈlɪtərəl/ (*Fachspr*) **1** *Nomen* Küstengebiet **2** *Adj nur vor Nomen* Küsten-, an der Küste vorkommend

li·tur·gi·cal /lɪˈtɜːdʒɪkl; *AmE* -ˈtɜːrdʒ-/ *Adj* (*Adv* **li·tur·gic·al·ly** /-kli/) liturgisch

lit·urgy /ˈlɪtədʒi; *AmE* ˈlɪtərdʒi/ *Nomen* (*Pl* **-ies**) Liturgie

live¹ /lɪv/ *Verb* **1** wohnen ◊ *She needs to find somewhere to live.* Sie muss eine Unterkunft finden. ◊ (*BrE*, *umgs*) *Where do these plates live?* Wohin gehören diese Teller? **2** leben ◊ *She lived to see her first grandchild.* Sie erlebte noch die Geburt ihres ersten Enkelkindes. ◊ *the greatest player who ever lived* der größte Spieler aller Zeiten ◊ *She lived a very peaceful life.* Sie führte ein ganz ruhiges Leben. **3** fortleben ◊ *Her words have lived with me all my life.* Ihre Worte haben mich mein ganzes Leben begleitet. ◊ *I don't want to be stuck in an office all my life — I want to live!* Ich will nicht mein ganzes Leben in einem Büro verbringen — ich will etwas vom Leben haben. IDM **ˌlive and ˈbreathe sth** für etw leben ◊ *He just lives and breathes football.* Er lebt nur für den Fußball. **ˌlive and ˈlet live** leben und leben lassen **live by your ˈwits** sich (so) durchschlagen **live (from) ˌhand to ˈmouth** von der Hand in den Mund leben **live in the ˈpast** von gestern sein **live in ˈsin** (*veraltet oder hum*) in Sünde leben **live it ˈup** (*umgs*) sich ein schönes Leben machen; in Saus und Braus leben **live off the fat of the ˈland** wie die Made im Speck leben **live off the ˈland** von dem leben, was die Natur hergibt **sb lives a ˈlie** jds Leben basiert auf einer Lüge **ˌlive to fight another ˈday** überleben; weitermachen **you haven't ˈlived** da hast du was versäumt ☛ *Siehe auch* CLOVER, HALF¹, PEOPLE¹, POCKET¹ *und* ROUGH⁴ PHRV **ˈlive by sth** nach etw leben **ˈlive by doing sth** von etw leben ◊ *a community that lives by fishing* eine Gemeinde, die vom Fischfang lebt **ˌlive sth ˈdown** etw loswerden ◊ *What a fiasco! She'll never live it down.* Was für ein Fiasko! Das wird ihr ewig anhängen. **ˈlive for sb/sth** für jdn/etw leben ◊ *After his wife died, he had nothing to live for.* Nachdem seine Frau starb, hatte sein Leben keinen Sinn mehr. **ˌlive ˈin** im Haus wohnen ◊ *They have an au pair living in.* Sie haben ein Aupairmädchen im Haus wohnen. **ˈlive off sb/sth** (*oft abwert*) von jdm/etw leben ◊ *live off welfare* von Sozialhilfe leben ◊ *She's still living off her parents.* Sie liegt ihren Eltern immer noch auf der Tasche. **ˌlive off sth** von etw leben, sich von etw ernähren **ˌlive ˈon** weiterleben ◊ *Her memory lives on.* Die Erinnerung an sie lebt weiter. ◊ *He lived on for five years after his wife died.* Er lebte noch fünf Jahre, nachdem seine Frau gestorben war. **ˈlive on sth 1** sich von etw ernähren **2** von etw leben **ˌlive ˈout** außerhalb des Colleges wohnen **ˌlive ˈout sth 1** etw ausleben **2** (*Zeit*, *Leben*) verbringen ◊ *He lived out his days alone.* Er verbrachte den Rest seines Lebens allein. **ˌlive ˈthrough sth** etw mitmachen ◊ *She has lived through two world wars.* Sie hat zwei Weltkriege mitgemacht. **ˌlive toˈgether 1** zusammenwohnen **2** zusammenleben **ˌlive ˈup to sth** etw gerecht werden **ˈlive with sb 1** mit jdm zusammenleben **2** mit jdm zusammenwohnen **ˈlive with sth** mit etw leben ◊ *I had to learn to live with the pain.* Ich musste lernen mit dem Schmerz zu leben.

live² /laɪv/ *Adj* **1** lebend, lebendig ◊ *We saw a real live rattlesnake.* Wir haben eine richtige Klapperschlange gesehen! **2** (*Übertragung*, *Musik etc*.) live **3** unter Strom stehend ◊ *a live socket* eine Steckdose, auf der Strom ist **4** (*Munition*) scharf **5** (*Kohle*) glühend **6** (*Joghurt*) aktiv **7** (*Thema*) aktuell IDM **a ˌlive ˈwire** ein Energiebündel

live³ /laɪv/ *Adv* live ◊ *The show is going out live.* Die Show wird live ausgestrahlt. IDM **ˌgo ˈlive** ans Netz gehen

ˈlived-in *Adj* behaglich

ˈlive-in /ˈlɪv m/ *Adj* **1** im Haus wohnend ◊ *a live-in nanny* ein im Haus wohnendes Kindermädchen **2** ~ **lover**, **boy-**

friend, **girlfriend**, etc. = Geliebter, Freund, Freundin etc, mit dem/der man zusammenlebt

live·li·hood /ˈlaɪvlihʊd/ *Nomen* [meist Sing] Lebensunterhalt ◊ *They had lost their means of livelihood.* Sie hatten ihre Einkommensquelle verloren.

live·li·ness /ˈlaɪvlinəs/ *Nomen* Lebhaftigkeit

live·ly /ˈlaɪvli/ *Adj* (**live·li·er**, **live·li·est**) **1** (*Schilderung etc*.) lebendig, lebhaft ◊ *a lively and enquiring mind* ein wacher und forschender Geist **2** (*bes BrE*) (*Handel*) rege

liven /ˈlaɪvn/ *Verb* PHRV **ˌliven ˈup** ◊ *The game didn't liven up till the second half.* Das Spiel kam erst in der zweiten Hälfte in Gang. **ˌliven sb/sth ˈup** Leben in jdn/etw bringen ◊ *Let's put some music on to liven things up.* Lasst uns Musik auflegen, um etwas Stimmung zu machen. ◊ *You look as if you need livening up!* Du siehst so aus, als ob du eine Aufmunterung brauchst.

liver /ˈlɪvə(r)/ *Nomen* Leber

liv·er·ied /ˈlɪvərid/ *Adj* **1** (*BrE*) in den Firmenfarben gestrichen **2** (*Diener*) livriert

Liv·er·pud·lian /ˌlɪvəˈpʌdliən; *AmE* ˌlɪvərˈp-/ *Nomen*, *Adj* Liverpooler

ˈliver sausage (*AmE* **ˈliv·er·wurst** /ˈlɪvəwɜːst; *AmE* ˈlɪvərwɜːrst/) *Nomen* Leberwurst

liv·ery /ˈlɪvəri/ *Nomen* (*Pl* **-ies**) **1** (*BrE*) Firmenfarben **2** Livree

ˈlivery stable *Nomen* Mietstall

lives *Form von* LIFE

live·stock /ˈlaɪvstɒk; *AmE* -stɑːk/ *Nomen* [U/Pl] Vieh

livid /ˈlɪvɪd/ *Adj* **1** (*umgs*) fuchsteufelswild SYN FURIOUS **2** intensiv gefärbt ◊ *a livid bruise* ein schlimmer blauer Fleck

liv·ing¹ /ˈlɪvɪŋ/ *Adj* lebend, lebendig ◊ *all living things* alle Lebewesen ◊ *the finest living pianist* der beste lebende Pianist IDM **ˌliving ˈproof** der lebende Beweis **withˈin/in ˌliving ˈmemory** seit Menschengedenken ☛ *Siehe auch* IMAGE

liv·ing² /ˈlɪvɪŋ/ *Nomen* **1** [meist Sing] Lebensunterhalt ◊ *make a good living* gut verdienen ◊ *What do you do for a living?* Was machen Sie beruflich? **2** Leben ◊ *the cost of living* die Lebenshaltungskosten **3 the living** [Pl] die Lebenden **4** (*BrE*) Pfründe SYN BENEFICE IDM ⇨ LAND¹

ˌliving ˈdeath *Nomen* [Sing] Hölle auf Erden

ˌliving ˈhell *Nomen* [Sing] die reine Hölle

ˈliving room *Nomen* Wohnzimmer

ˌliving ˈwage *Nomen* [Sing] ausreichender Lohn

ˌliving ˈwill *Nomen* Patientenverfügung

liz·ard /ˈlɪzəd; *AmE* -ərd/ *Nomen* Eidechse

ll *Abk* = LINES

llama /ˈlɑːmə/ *Nomen* Lama

lo /ləʊ; *AmE* loʊ/ *Ausruf* (*veraltet oder hum*) siehe IDM **ˌlo and beˈhold** (*hum*) siehe da

load¹ /ləʊd; *AmE* loʊd/ *Nomen* **1** Last, Ladung **2** [Sing] (*BrE auch* **loads** [Pl]) (*umgs*) **a ~ (of sth)** eine Menge (von etw) ◊ *There's loads to do today.* Es gibt heute jede Menge zu tun. ◊ *He wrote loads and loads of letters.* Er schrieb Unmengen von Briefen. **3** [Sing] **a ~ of rubbish**, **garbage**, **nonsense**, etc. (*bes BrE*, *umgs*) totaler Blödsinn **4** Belastung ◊ *Teaching loads have increased.* Die Arbeitsbelastung der Lehrer hat zugenommen. ◊ *Knowing that they had arrived safely took a load off my mind.* Zu wissen, dass sie gut angekommen waren, nahm eine Last von meiner Seele. **5** (ELEK) Leistung IDM **ˌget a ˈload of sb/sth** (*umgs*) hör/guck jdn/etw mal an ◊ *Get a load of that dress!* Guck dir das Kleid mal an!

load² /ləʊd; *AmE* loʊd/ *Verb* **1** ~ (**up**) laden, beladen ◊ *Sacks were being loaded onto the truck.* Säcke wurden auf den Lkw geladen. ◊ *We finished loading and set off.* Wir luden alles auf und fuhren los. ◊ *Can you help me load the dishwasher?* Kannst du mir helfen die Geschirrspülmaschine einzuräumen? ◊ *The ship is still loading.* Das Schiff lädt noch. ◊ *They loaded her with gifts.* Sie überhäuften sie mit Geschenken. ◊ *She loaded film into the camera./She loaded the camera with film.* Sie legte einen Film in die Kamera ein. **2** (COMP) laden IDM ⇨ DICE¹ PHRV **ˌload sb/sth ˈdown** (**with sth**) (*meist passiv*) jdn/etw (mit etw) überladen, jdn/etw mit etw schwer beladen

load·ed /ˈləʊdɪd; *AmE* ˈloʊd-/ *Adj* **1** ~ (**with sth**) (mit etw)

loaf

beladen **2** ~ **with sth** (*umgs*) strotzend vor etw **3** *nicht vor Nomen* (*umgs*) stinkreich **4 sth is ~ in favour of sb/sth** etw begünstigt jdn/etw; **sth is ~ against sb/sth** etw benachteiligt jdn/etw **5** suggestiv ◊ *a loaded question* eine Suggestivfrage **6** (*Gewehr*) geladen; (*Kamera*) mit eingelegtem Film **7** (*bes AmE, umgs*) total betrunken

loaf¹ /ləʊf; *AmE* loʊf/ *Nomen* (*Pl* **loaves** /ləʊvz; *AmE* loʊvz/) Brot, Laib IDM ⇨ USE¹

loaf² /ləʊf; *AmE* loʊf/ *Verb* ~ (**about/around**) (*umgs*) faulenzen, herumlungern

loaf·er /ˈləʊfə(r); *AmE* ˈloʊf-/ *Nomen* **1** Faulenzer(in), Nichtstuer(in) **2 Loafer**™ = Art Slipper

loam /ləʊm; *AmE* loʊm/ *Nomen* [U] (*Fachspr*) **1** Lehm **2** Lehmboden

loamy /ˈləʊmi/ *Adj* lehmig

loan¹ /ləʊn; *AmE* loʊn/ *Nomen* **1** Darlehen ◊ *take out a loan* ein Darlehen aufnehmen **2** [Sing] *I gave her the loan of my car.* Ich habe ihr mein Auto geliehen. ◊ *paintings on loan to the museum* Gemälde, die dem Museum als Leihgabe zur Verfügung gestellt wurden ◊ *inter-library loan* Fernleihe

loan² /ləʊn; *AmE* loʊn/ *Verb* **1** ~ **sth** (**to sb**); ~ (**sb**) **sth** (jdm) etw leihen **2** ~ **sth** (**out**) (**to sb/sth**); ~ (**sb**) **sth** (*bes BrE*) etw (an jdn/etw) ausleihen

ˈ**loan shark** *Nomen* (*abwert*) Kredithai

loath (*seltener* **loth**) /ləʊθ; *AmE* loʊθ/ *Adj* **be ~ to do sth** (*gehoben*) etw ungern tun

loathe /ləʊð; *AmE* loʊð/ *Verb* (*nicht in der Verlaufsform*) nicht ausstehen können, verabscheuen

loath·ing /ˈləʊðɪŋ; *AmE* ˈloʊð-/ *Nomen* [Sing] ~ (**for/of sb/sth**) (*gehoben*) Abscheu (vor jdm/etw)

loath·some /ˈləʊðsəm; *AmE* ˈloʊð-/ *Adj* (*gehoben*) abscheulich, widerlich

loaves *Form von* LOAF¹

lob /lɒb; *AmE* lɑːb/ *Verb* (**-bb-**) **1** (*umgs*) (*in hohem Bogen*) schmeißen, werfen **2** (SPORT) lobben

lob /lɒb; *AmE* lɑːb/ *Nomen* (SPORT) Lob

lobby /ˈlɒbi; *AmE* ˈlɑːbi/ *Nomen* (*Pl* **-ies**) **1** Eingangshalle; (*im Theater*) Foyer SYN FOYER **2** = großer Raum im britischen Parlamentsgebäude, der der Öffentlichkeit für Gespräche mit den Abgeordneten zugänglich ist **3** Lobby, Interessengruppe ➥ G 1.3b

lobby /ˈlɒbi; *AmE* ˈlɑːbi/ *Verb* (**lob·bies, lobby·ing, lob·bied, lob·bied**) ~ (**sb**) (**for/against sth**) sich (bei jdm) (für/gegen etw) einsetzen ◊ *Farmers will lobby Congress for higher subsidies.* Die Bauernlobby wird versuchen, beim Kongress höhere Subventionen durchzusetzen.

lobby·ist /ˈlɒbiɪst; *AmE* ˈlɑːbi-/ *Nomen* Lobbyist(in)

lobe /ləʊb; *AmE* loʊb/ *Nomen* **1** = EAR LOBE **2** (*Lungen-, Gehirn-*) Hälfte

lo·belia /ləʊˈbiːliə; *AmE* loʊ-/ *Nomen* Lobelie

lob·ot·omy /ləʊˈbɒtəmi, lə-; *AmE* loʊˈbɑːt-/ *Nomen* (*Pl* **-ies**) Leukotomie

lob·ster /ˈlɒbstə(r); *AmE* ˈlɑːb-/ *Nomen* Hummer

ˈ**lobster pot** *Nomen* Hummerreuse

local¹ /ˈləʊkl; *AmE* ˈloʊkl/ *Adj* Orts-, örtlich; (*Zeitung, Sender*) Lokal-; (*Politik*) Kommunal- ◊ *the local farmers* die Bauern aus der Region ◊ *She married a local man.* Sie hat einen Hiesigen geheiratet. ◊ *Our children go to the local school.* Unsere Kinder gehen hier im Ort in die Schule. ◊ *decisions made at local level* auf kommunaler Ebene getroffene Entscheidungen

> Eine Zeitung in Großbritannien, die nur über Vorkommnisse in ihrer Stadt und der näheren Umgebung berichtet, wird mit dem Wort **local paper**. Sie enthält keine überregionalen Nachrichten, denn die meisten Leuten lesen diese in einer **national newspaper**.

local² /ˈləʊkl; *AmE* ˈloʊkl/ *Nomen* **1** [meist Pl] Einheimische(r), Einwohner(in) **2** (*BrE, umgs*) (Stamm)kneipe ◊ *my local* die Kneipe bei mir um die Ecke **3** (*AmE*) örtliche Gewerkschaft **4** (*AmE*) Nahverkehrszug

ˌlocal ˌarea ˈnetwork *Nomen* = LAN

ˌlocal auˈthority *Nomen* (*Pl* **-ies**) (*BrE*) ≈ Kommunalbehörde

ˈlocal call *Nomen* Ortsgespräch

ˌlocal ˈcolour (*AmE* ˌlocal ˈcolor) *Nomen* Lokalkolorit

lo·cale /ləʊˈkɑːl; *AmE* loʊˈkæl/ *Nomen* (*gehoben oder Fachspr*) Ort, Schauplatz

ˌlocal ˈgovernment *Nomen* **1** (*bes BrE*) ≈ Kommunalverwaltung **2** (*AmE*) ≈ Kommunalbehörde

lo·cal·ity /ləʊˈkæləti; *AmE* loʊ-/ *Nomen* (*Pl* **-ies**) (*gehoben*) **1** Gegend, Umgebung **2** Gebiet

lo·cal·iza·tion (*BrE auch* **-isa·tion**) /ˌləʊkəlaɪˈzeɪʃn; *AmE* ˌloʊkələˈz-/ *Nomen* Lokalisierung

lo·cal·ize (*BrE auch* **-ise**) /ˈləʊkəlaɪz; *AmE* ˈloʊ-/ *Verb* lokalisieren ◊ *This phenomenon was localized to the south.* Dieses Phänomen war auf den Süden beschränkt.

lo·cal·ized (*BrE auch* **-ised**) /ˈləʊkəlaɪzd; *AmE* ˈloʊ-/ *Adj* (*gehoben*) (örtlich) begrenzt; (*Infektion*) lokal

lo·cal·ly /ˈləʊkəli; *AmE* ˈloʊ-/ *Adv* in der Gegend, am Ort ◊ *Do you live locally?* Wohnen Sie hier in der Gegend? ◊ *locally grown fruit* in der Region angebautes Obst

ˈlocal time *Nomen* Ortszeit

lo·cate /ləʊˈkeɪt; *AmE* ˈloʊkeɪt/ *Verb* (*gehoben*) **1** ausfindig machen, orten **2** errichten **3** (*bes AmE*) sich ansiedeln, sich niederlassen

lo·cated /ləʊˈkeɪtɪd; *AmE* ˈloʊkeɪ-/ *Adj nicht vor Nomen* (*gehoben*) gelegen ◊ *The offices are conveniently located.* Das Bürogebäude ist günstig gelegen. SYN SITUATED

lo·ca·tion /ləʊˈkeɪʃn; *AmE* loʊ-/ *Nomen* **1** Ort, Platz, Lage ◊ *What is the exact location of the ship?* Wie ist die genaue Position des Schiffes? ◊ *an ideal location for a department store* ein idealer Standort für ein Kaufhaus **2** Drehort ◊ *These scenes were shot on location in Italy.* Die Außenaufnahmen für den Film wurden in Italien gemacht. **3** Lokalisierung, Ortung

loch /lɒk, lɒx; *AmE* lɑːk, lɑːx/ *Nomen* (*in Schottland*) See

loci *Form von* LOCUS

lock¹ /lɒk; *AmE* lɑːk/ *Verb* **1** abschließen, zuschließen ◊ *She locked her passport in the safe.* Sie schloss ihren Pass im Safe ein. **2** sich abschließen lassen ◊ *This suitcase doesn't lock.* Dieser Koffer lässt sich nicht abschließen. **3** ~ (**in/into/around, etc. sth**) (in etw) einrasten ◊ *The brakes locked.* Die Bremsen blockierten. **4** ~ **sth** (**in/into/around, etc. sth**) etw (in etw) einrasten lassen, (in etw) befestigen ◊ *The blade swivels round and is locked into place.* Die Klinge dreht sich und rastet ein. ◊ *His hands were locked around the monster's tail.* Seine Hände umschlossen den Schwanz des Ungeheuers fest. **5 be locked in/into sth** in etw verwickelt sein ◊ *The company is locked in a dispute with the wholesalers.* Die Firma liegt mit den Großhändlern im Clinch. ◊ *They are locked into a vicious cycle.* Sie stecken in einem Teufelskreis. **6 be locked** (**together**) sich fest umschlungen halten ◊ *They were locked in a passionate embrace.* Sie hielten sich fest umschlungen. IDM ˈlock ˈhorns (**with sb**) (**over sth**) (mit jdm) (wegen einer Sache) in Streit geraten PHRV ˌlock sb/sth aˈway = LOCK SB/STH UP ˌlock sb/yourˈself ˈin jdn/sich einschließen, jdn/sich einsperren ˌlock ˈonto sth (*Rakete*) sich auf etw richten ˌlock sb/yourˈself ˈout (of sth) jdn/sich (aus etw) aussperren ˌlock sb ˈout (*Arbeitnehmer*) aussperren ˌlock (**sth**) ˈup (etw) abschließen ˌlock sb ˈup/aˈway (*umgs*) jdn einsperren ˌlock sth ˈup/aˈway **1** etw wegschließen **2** (*Geld*) fest anlegen

lock² /lɒk; *AmE* lɑːk/ *Nomen* **1** Schloss **2** Blockierung, Arretierung **3** [U/Sing] (*BrE*) Wendekreis ◊ *I had the steering wheel on full lock.* Ich hatte das Lenkrad voll eingeschlagen. **4** Schleuse **5** Locke, Haarsträhne **6** Locks [Pl] (*gehoben*) Haar **7** (*Rugby*) Spieler in der zweiten Reihe des Gedränges **8** [Sing] (*AmE*) **have a ~ on sth** etw fest in der Hand haben IDM ˌlock, ˌstock and ˈbarrel mit allem Drum und Dran ˌunder ˌlock and ˈkey hinter Schloss und Riegel; unter Verschluss

lock·er /ˈlɒkə(r); *AmE* ˈlɑːk-/ *Nomen* Schließfach, Spind

ˈlocker room *Nomen* (*bes AmE*) Umkleideraum

locket /ˈlɒkɪt; *AmE* ˈlɑːk-/ *Nomen* (*Schmuck*) Medaillon

lock·jaw /ˈlɒkdʒɔː; *AmE* ˈlɑːk-/ *Nomen* (*umgs*) Kieferklemme

ˈlock-keeper *Nomen* Schleusenwärter(in)

lock·out /ˈlɒkaʊt; *AmE* ˈlɑːk-/ *Nomen* Aussperrung

lock·smith /ˈlɒksmɪθ; *AmE* ˈlɑːk-/ *Nomen* Schlosser(in)
➥ *Hinweis bei* BAKER

lock-up¹ *Nomen* **1** Gewahrsamszelle **2** (*BrE*) = in einiger Entfernung vom Wohngebäude liegende Garage, die vom Benutzer angemietet wird **3** (*BrE*) = Laden, der dem Wohngebäude des Besitzers nicht angeschlossen ist **4** (*BrE*) = außerhalb des Wohngebäudes befindlicher Lagerraum

lock-up² *Adj nur vor Nomen* ◊ *a lock-up garage* eine separat gelegene Garage ◊ *a lock-up shop* ein nur von außen zugänglicher Laden

loco¹ /ˈləʊkəʊ; *AmE* ˈloʊkoʊ/ *Nomen* (*Pl* **-os**) (*umgs*) Lok

loco² /ˈləʊkəʊ; *AmE* ˈloʊkoʊ/ *Adj nicht vor Nomen* (*bes AmE, Slang*) meschugge ☛ Siehe auch IN LOCO PARENTIS

lo·co·mo·tion /ˌləʊkəˈməʊʃn; *AmE* ˌloʊ-/ *Nomen* (*gehoben*) Fortbewegung, Fortbewegungsfähigkeit

lo·co·mo·tive¹ /ˌləʊkəˈməʊtɪv; *AmE* ˈloʊkəˌmoʊ-/ *Nomen* Lokomotive

lo·co·mo·tive² /ˌləʊkəˈməʊtɪv; *AmE* ˌloʊkəˈmoʊ-/ *Adj* (*gehoben*) Fortbewegungs-

locum /ˈləʊkəm; *AmE* ˈloʊ-/ *Nomen* (*BrE*) = Vertreter(in) eines Arztes oder Priesters

locus /ˈləʊkəs; *AmE* ˈloʊ-/ *Nomen* (*Pl* **loci** /ˈləʊsaɪ; *AmE* ˈloʊ-/) (*gehoben oder Fachspr*) Ort, Stelle

lo·cust /ˈləʊkəst; *AmE* ˈloʊ-/ *Nomen* (Wander)heuschrecke

lode /ləʊd; *AmE* loʊd/ *Nomen* (Erz-) Ader

lodge¹ /lɒdʒ; *AmE* lɑːdʒ/ *Nomen* **1** Hütte ◊ *a hunting lodge* eine Jagdhütte **2** Pförtnerhaus **3** Pförtnerloge **4** (*Freimaurer- etc.*) Loge ☛ G 1.3b **5** (*Biber-, Otter-*) Bau **6** Wigwam

lodge² /lɒdʒ; *AmE* lɑːdʒ/ *Verb* **1** (*Beschwerde*) einlegen; (*Protest, Einspruch*) erheben **2** ein Zimmer bei jdm mieten **3** unterbringen **4** ~ **in sth** in etw stecken bleiben ◊ *One of the bullets lodged in his chest.* Eine der Kugeln blieb in seiner Brust stecken. **5** ~ **sth in sth** etw in etw stecken **6** (*Geld, Unterlagen*) hinterlegen, deponieren

lodg·er /ˈlɒdʒə(r); *AmE* ˈlɑːdʒ-/ *Nomen* (*bes BrE*) Mieter(in) (*in jds Haus*) ◊ *We had to take in a lodger.* Wir mussten ein Zimmer vermieten.

lodg·ing /ˈlɒdʒɪŋ; *AmE* ˈlɑːdʒ-/ *Nomen* (*bes BrE*) **1** Unterkunft ◊ *full board and lodging* Unterkunft mit voller Verpflegung **2** [meist Pl] (*veraltet*) möblierte(s) Zimmer

ˈlodging house *Nomen* (*BrE, veraltet*) Pension

loft¹ /lɒft; *AmE* lɔːft/ *Nomen* **1** (*bes BrE*) Speicher, (Dach)boden ◊ *a loft conversion* ein Dachausbau **2** (*in einer Kirche*) Empore **3** Loft **4** (*AmE*) (*in einem Raum*) Galerie

loft² /lɒft; *AmE* lɔːft/ *Verb* hochwerfen, hochschlagen, hochkicken

loft·ily *Adv* ⇒ LOFTY

lofti·ness /ˈlɒftinəs; *AmE* ˈlɔːfti-/ *Nomen* Hochmut

lofty /ˈlɒfti; *AmE* ˈlɔːfti/ *Adj* (**loft·ier, lofti·est**) (*Adv* **loft·ily** /-ɪli/) (*gehoben*) **1** (*Gebäude, Zimmerdecke, Berg, Ideale*) hoch **2** hoch gesteckt **3** (*abwertend*) hochmütig

log¹ /lɒɡ; *AmE* lɔːɡ, lɑːɡ/ *Nomen* **1** Holzklotz, Baumstamm, Holzscheit **2** Aufzeichnungen ◊ *keep a log* Buch führen **3** = LOGBOOK **4** (*umgs*) = LOGARITHM IDM ⇒ EASY¹ *und* SLEEP¹

log² /lɒɡ; *AmE* lɔːɡ, lɑːɡ/ (**-gg-**) *Verb* **1** Buch führen über, aufzeichnen ◊ *The police log all phone calls.* Bei der Polizei werden alle Telefongespräche registriert. SYN RECORD **2** (*Stunden, Kilometer, etc.*) zurücklegen **3** (*Bäume*) fällen PHRV **ˌlog ˈin/on** (COMP) einloggen **ˌlog ˈoff/out** (COMP) ausloggen

lo·gan·berry /ˈləʊɡənbəri; *AmE* ˈloʊɡənberi/ *Nomen* (*Pl* **-ies**) (*Kreuzung aus Himbeere und Brombeere*) Loganbeere

loga·rithm /ˈlɒɡərɪðəm; *AmE* ˈlɔːɡ-, ˈlɑːɡ-/ (*umgs* **log**) *Nomen* Logarithmus

loga·rith·mic /ˌlɒɡəˈrɪðmɪk; *AmE* ˌlɔːɡ-, ˌlɑːɡ-/ *Adj* logarithmisch

log·book /ˈlɒɡbʊk; *AmE* ˈlɔːɡ-, ˈlɑːɡ-/ *Nomen* **1** (*BrE, veraltend*) Kraftfahrzeugschein **2** (*auch* **log**) Bordbuch, Logbuch

ˌlog ˈcabin *Nomen* Blockhütte

log·ger /ˈlɒɡə(r); *AmE* ˈlɔːɡər-, ˈlɑːɡ-/ *Nomen* Holzfäller(in)

log·ger·heads /ˈlɒɡəhedz; *AmE* ˈlɔːɡər-, ˈlɑːɡ-/ *Nomen* IDM **be at loggerheads (with sb) (over sth)** (mit jdm) (wegen einer Sache) im Clinch liegen

log·gia /ˈləʊdʒə, ˈlɒdʒiə; *AmE* ˈloʊdʒə, ˈlɑːdʒiə/ *Nomen* (*BrE*) Loggia

log·ging /ˈlɒɡɪŋ; *AmE* ˈlɔːɡ-, ˈlɑːɡ-/ *Nomen* Holzeinschlag ◊ *illegal logging* illegale Abholzung

logic /ˈlɒdʒɪk; *AmE* ˈlɑːdʒɪk/ *Nomen* Logik

lo·gic·al /ˈlɒdʒɪkl; *AmE* ˈlɑːdʒ-/ *Adj* (*Adv* **logic·al·ly** /-kli/) logisch ◊ *It was the logical solution.* Es war die naheliegende Lösung. ◊ *someone with a logical mind* jemand, der logisch denken kann OPP ILLOGICAL

lo·gis·tic /ləˈdʒɪstɪk/ (*auch* **lo·gis·tic·al** /ləˈdʒɪstɪkl/) *Adj* (*Adv* **lo·gis·tic·al·ly** /-kli/) logistisch

lo·gis·tics /ləˈdʒɪstɪks/ *Nomen* [U] Logistik ☛ G 1.3c

log·jam /ˈlɒɡdʒæm; *AmE* ˈlɔːɡ-, ˈlɑːɡ-/ *Nomen* **1** = Stau von auf einem Fluss treibenden Baumstämmen **2** (*fig*) Rückstand, Engpass

logo /ˈləʊɡəʊ; *AmE* ˈloʊɡoʊ/ *Nomen* (*Pl* **-os**) Logo, Markenzeichen

loin /lɔɪn/ *Nomen* **1** (*Fleisch*) Lende, Lendenstück **2** **loins** [Pl] (*veraltet*) (*Körperteil*) Lenden IDM ⇒ GIRD

loin·cloth /ˈlɔɪnklɒθ; *AmE* -klɔːθ/ *Nomen* Lendenschurz

loi·ter /ˈlɔɪtə(r)/ *Verb* herumlungern, sich herumtreiben

loll /lɒl/ *Verb* **1** liegen, hängen ◊ *The girls lolled in their chairs.* Die Mädchen hingen in ihren Sesseln. **2** (*Kopf*) hängen; (*Zunge*) heraushängen ◊ *My head lolled against his shoulder.* Mein Kopf lehnte schwer an seiner Schulter.

lol·li·pop /ˈlɒlipɒp; *AmE* ˈlɑːlipɑːp/ (*BrE auch* **lolly**) *Nomen* (Dauer)lutscher

ˈlollipop lady (*Pl* **-ies**) *Nomen* (*BrE, umgs*) ≈ Schülerlotsin ☛ In Großbritannien werden immer Erwachsene als Schülerlotsen eingesetzt.

ˈlollipop man (*Pl* **men** /men/) *Nomen* (*BrE, umgs*) ≈ Schülerlotse ☛ *Hinweis bei* LOLLIPOP LADY

lol·lop /ˈlɒləp; *AmE* ˈlɑːləp/ *Verb* (*bes BrE, umgs*) hoppeln, traben, zotteln

lolly /ˈlɒli; *AmE* ˈlɑːli/ *Nomen* (*Pl* **-ies**) (*BrE, umgs*) **1** = LOLLIPOP **2** = ICE LOLLY **3** [U] (*veraltet*) (*Geld*) Kohle

lone /ləʊn; *AmE* loʊn/ *Adj nur vor Nomen* **1** einzeln ◊ *a lone sailor crossing the Atlantic* jd, der im Alleingang über den Atlantik segelt SYN SOLITARY **2** (*bes BrE*) (*Mutter, Vater*) allein erziehend ◊ *lone parents* allein Erziehende IDM **a ˌlone ˈwolf** ein Einzelgänger

lone·li·ness /ˈləʊnlinəs; *AmE* ˈloʊn-/ *Nomen* Einsamkeit

lone·ly /ˈləʊnli; *AmE* ˈloʊn-/ *Adj* (**lone·lier, lone·li·est**) einsam

ˌlonely ˈhearts *Adj nur vor Nomen* ◊ *a lonely hearts ad* eine Kontaktanzeige ◊ *read the lonely hearts column* die Kontaktanzeigen lesen

ˌlone-parent ˈfamily *Nomen* Einelternfamilie

loner /ˈləʊnə(r); *AmE* ˈloʊn-/ *Nomen* Einzelgänger(in)

lone·some /ˈləʊnsəm; *AmE* ˈloʊn-/ *Adj* (*bes AmE*) einsam

long¹ /lɒŋ; *AmE* lɔːŋ/ *Adj* (**long·er** /ˈlɒŋɡə(r); *AmE* ˈlɔːŋ-/) (**long·est** /ˈlɒŋɡɪst; *AmE* ˈlɔːŋ-/) **1** (*räumlich*) (*Weg, Reise, Fahrt etc.*) weit ◊ *They live a long way from anywhere.* Sie leben völlig abgeschieden. ◊ *It's a long way away.* Das ist weit weg. **2** (*zeitlich*) lang ◊ *a long time* lange ◊ *They have to work long hours.* Sie haben einen langen Arbeitstag. ◊ (*AmE*) *He stared at them for the longest time.* Er starrte sie sehr lange an. ◊ *How long is the course?* Wie lange dauert der Kurs? IDM **as long as your ˈarm** ellenlang **at long last** endlich **at the ˈlongest** höchstens **by a ˈlong way** bei weitem; weitaus **go back a long ˈway** sich schon lange kennen **go a long ˈway** lange reichen ◊ *A small amount of this paint goes a long way.* Man braucht nur sehr wenig von dieser Farbe. ◊ *She seems to make her money go a long way.* Sie scheint mit ihrem Geld gut hauszuhalten. **have come a long ˈway** große Fortschritte gemacht haben; sich sehr verändert haben; es weit gebracht haben **have a long way to ˈgo** noch lange nicht am Ziel sein ◊ *She still has a long way to go before she can set up on her own.* Sie hat noch einiges vor sich, bevor sie sich selbstständig machen kann. **How long is a piece of ˈstring?** (*BrE, umgs*) Das kann man so genau nicht sagen. **in the ˈlong run** auf die Dauer; auf lange Sicht **the long and (the) ˈshort of it** ◊ *The long and the short of it is …* Kurz gesagt, … ◊ *… and that was the long and the short of it. …* so war's nun mal. **the long arm of**

long

sth die Macht einer Sache ◇ *There is no escape from the long arm of the law.* Dem Arm des Gesetzes kann sich keiner entziehen. **ˌlong in the ˈtooth** (*bes BrE, hum*) alt ◇ *She's getting a bit long in the tooth.* Sie ist nicht mehr die Jüngste. **a ˈlong shot** ein gewagter Versuch; (*Vermutung*) reine Spekulation **long time no ˈsee!** (*umgs*) lange nicht gesehen! **not by a ˈlong shot** (*BrE auch* **not by a ˈlong chalk**) bei weitem nicht **take a long (cool/hard) ˈlook at sth** sich etw (sehr) genau überlegen ◇ *We need to take a long hard look at all the options.* Wir müssen alle Optionen genau prüfen. **take the ˈlong view (of sth)** (etw) auf weite Sicht planen **to cut a long story ˈshort** (*AmE* **to make a long story ˈshort**) (*umgs*) kurz und gut ☛ *Siehe auch* BROAD¹, TERM¹ *und* WAY¹

long² /lɒŋ; *AmE* lɔːŋ/ *Adv* (**long·er** /ˈlɒŋɡə(r); *AmE* ˈlɔːŋ-/) (**long·est** /ˈlɒŋɡɪst; *AmE* ˈlɔːŋ-/) lange ◇ *Have you been here long?* Sind Sie schon lange hier? ◇ *These reforms are long overdue.* Diese Reformen sind schon seit langem fällig. ◇ *long ago* vor langer Zeit ◇ *They had long since moved away.* Sie waren schon vor langer Zeit weggezogen. ◇ *It wasn't long before she had persuaded him.* Es dauerte gar nicht lange, da hatte sie ihn überredet. ◇ *We'll be home before long.* Wir sind bald zu Hause. ◇ *You go on ahead – I won't be long.* Geht schon mal vor – ich bin gleich so weit. ◇ *The party went on long into the night.* Die Party ging bis spät in die Nacht. ◇ **all day/night long** den ganzen Tag/die ganze Nacht IDM **as/so ˈlong as** solange **for (so) ˈlong** (so) lange ☛ *Hinweis bei* LANGE **no/not any ˈlonger** nicht länger; nicht mehr ◇ *I can't wait any longer.* Ich kann nicht länger warten. ◇ *He no longer lives here.* Er wohnt nicht mehr hier. **so ˈlong** (*umgs*) tschüs; bis bald

long³ /lɒŋ; *AmE* lɔːŋ/ *Verb* ~ **for sb/sth** sich nach jdm/etw sehnen; ~ **to do sth** sich danach sehnen etw zu tun; ~ **for sb to do sth** sehnsüchtig darauf warten, dass jd etw tut ◇ *He longed for Pat to phone.* Er wartete sehnsüchtig auf einen Anruf von Pat.

long. *Abk* = LONGITUDE

ˌlong-aˈwaited *Adj* lang erwartet

long·boat /ˈlɒŋbəʊt; *AmE* ˈlɔːŋboʊt/ *Nomen* 1 Beiboot 2 Wikingerschiff

long·bow /ˈlɒŋbəʊ; *AmE* ˈlɔːŋboʊ/ *Nomen* Langbogen

ˌlong ˈdistance *Adv* über große Entfernungen ◇ *call long distance* ein Ferngespräch führen

ˌlong-ˈdistance *Adj nur vor Nomen* 1 Langstrecken-; *long-distance commuters* Pendler über große Entfernungen 2 Fern- ◇ *long-distance lorry drivers* Fernfahrer

ˌlong diˈvision *Nomen* (MATH) schriftliches Teilen

ˌlong-drawn-ˈout (*seltener* **ˌlong-ˈdrawn**) *Adj* langwierig

ˈlonged-for *Adj nur vor Nomen* ersehnt

lon·gev·ity /lɒnˈdʒevəti; *AmE* lɑːn-, lɔːn-/ *Nomen* (*gehoben*) Langlebigkeit

long·hand /ˈlɒŋhænd; *AmE* ˈlɔːŋ-/ *Nomen* Langschrift

ˈlong-haul *Adj* Langstrecken-, Fernverkehrs- ◇ *long-haul destinations* Fernreiseziele OPP SHORT-HAUL

long·house /ˈlɒŋhaʊs; *AmE* ˈlɔːŋ-/ *Nomen* 1 = Bauernhaus, in dem Menschen und Tiere unter einem Dach wohnten 2 (*Indianer-*) Langhaus

long·ing¹ /ˈlɒŋɪŋ; *AmE* ˈlɔːŋ-/ *Nomen* Sehnsucht; (*sexuell*) Verlangen

long·ing² /ˈlɒŋɪŋ; *AmE* ˈlɔːŋ-/ *Adj* (*Adv* **long·ing·ly**) sehnsüchtig

lon·gi·tude /ˈlɒŋɡɪtjuːd, ˈlɒndʒɪ-; *AmE* ˈlɑːndʒətuːd/ *Nomen* [U] (*Abk* **long.**) (GEOGR) Länge ◇ *the longitude of the island* die geographische Länge der Insel

lon·gi·tu·din·al /ˌlɒŋɡɪˈtjuːdɪnl, ˌlɒndʒɪ-; *AmE* ˌlɑːndʒəˈtuːdnl/ *Adj* (*Fachspr*) 1 Längs- ◇ *longitudinal stripes* Längsstreifen 2 Langzeit- ◇ *a longitudinal study* eine Langzeitstudie

lon·gi·tu·din·al·ly /ˌlɒndʒɪˈtjuːdɪnəli, ˌlɒŋɡɪ-; *AmE* ˌlɑːndʒəˈtuːdnəli/ *Adv* 1 der Länge nach 2 in einer Langzeitstudie

ˈlong johns *Nomen* [Pl] (*umgs*) lange Unterhosen ☛ *Hinweis bei* BRILLE

the ˈlong jump *Nomen* [Sing] der Weitsprung

ˌlong-ˈlasting *Adj* dauerhaft, anhaltend

ˌlong-ˈlife *Adj* (*BrE*) ◇ *a long-life battery* eine Batterie mit langer Lebensdauer ◇ *long-life milk* H-Milch

ˌlong-ˈlived *Adj* langlebig; (*haltbar*) andauernd, anhaltend ◇ *The growth was not long-lived.* Das Wachstum war nicht von langer Dauer.

ˈlong-lost *Adj nur vor Nomen* 1 ◇ *a long-lost friend, uncle, etc.* ein Freund, Onkel etc. von dem man schon lange nichts mehr gehört hat 2 längst vergangen, verloren gegangen ◇ *a long-lost era* längst vergangene Zeiten

ˈlong-range *Adj nur vor Nomen* 1 Langstrecken- ◇ *long-range missiles* Langstreckenraketen 2 langfristig ◇ *long-range plans* langfristige Pläne ◇ *long-range effects* Langzeitwirkungen

ˈlong-running *Adj nur vor Nomen* schon lange (an)dauernd; (*Serie, Kampagne*) schon lange laufend

ˈlong-serving *Adj nur vor Nomen* langgedient

ˈlong·ship /ˈlɒŋʃɪp; *AmE* ˈlɔːŋ-/ *Nomen* Wikingerschiff

ˈlong·shore·man /ˈlɒŋʃɔːmən; *AmE* ˈlɔːŋʃɔːrmən/ *Nomen* (*Pl* **-men** /-mən/) (*AmE*) Schauermann

ˌlong-ˈsighted *Adj* (*bes BrE*) weitsichtig

ˌlong-ˈstanding *Adj* schon lange bestehend, alt, langjährig

ˈlong-stay *Adj* Langzeit- ◇ *a long-stay car park* ein Langzeitparkplatz

ˌlong-ˈsuffering *Adj* schwer geprüft

ˌlong-ˈterm *Adj* langfristig, Langzeit-

ˈlong-time *Adj nur vor Nomen* alt, langjährig

ˈlong wave *Nomen* (*Abk* **LW**) Langwelle

ˌlong-ˈwinded *Adj* (*abwert*) langatmig, weitschweifig ◇ *a long-winded procedure* eine langwierige Prozedur

loo /luː/ *Nomen* (*Pl* **loos**) (*BrE, umgs*) Klo ☛ *Hinweis bei* TOILETTE

loo·fah /ˈluːfə/ *Nomen* Luffa(schwamm)

look¹ /lʊk/ 1 sehen; ~ **at sb/sth** jdm/etw ansehen ◇ *If you look carefully you can just see it.* Wenn du genau hinsiehst, kannst du es sehen. ◇ *She looked at me.* Sie sah mich an. ◇ *Look at the time! We're going to be late.* Sieh mal, wie spät es ist! Wir kommen zu spät. ◇ *'Has the mail come yet?' 'I'll look and see.'* „Ist die Post schon da?" „Ich seh mal nach." ◇ *Can't you look where you're going?* Hast du keine Augen im Kopf? 2 ~ **(for sb/sth)** (jdn/etw) suchen 3 aussehen ◇ *You look pale.* Du siehst blass aus. ◇ *The boy looks like his father.* Der Junge sieht seinem Vater ähnlich. ◇ *You made me look a complete fool!* Du hast mich völlig lächerlich gemacht! 4 ~ **like sth** etw zu sein scheinen, nach etw aussehen ◇ *That looks like an interesting book.* Das scheint ein interessantes Buch zu sein. ◇ *It looks to me like an excuse.* Das scheint mir eine Ausrede zu sein. 5 ~ **as if …/as though …** (*danach*) aussehen, als ob ◇ *You look as though you slept badly.* Du siehst aus, als ob du schlecht geschlafen hättest.

> Im gesprochenem Englisch, vor allem in den USA, verwendet man oft **like** statt **as if** oder **as though** in dieser Bedeutung: *You look like you slept badly.* Im geschriebenen britischen Englisch gilt dies als falsch.

6 (*Zimmer, Fenster, etc.*) gehen nach, liegen nach ◇ *The window/room looks east.* Das Fenster/Zimmer geht nach Osten. ◇ *Our hotel room looks onto the sea.* Unser Hotelzimmer liegt zum Meer hin. IDM **be just ˈlooking** (*im Geschäft*) sich nur umsehen **be looking to do sth** versuchen etw zu tun ◇ *The company is looking to expand.* Die Firma will expandieren. **look ˈbad; not look ˈgood** einen schlechten Eindruck machen **look ˈbad (for sb)** schlecht (um jdn) stehen ◇ *Things are looking bad for him.* Er steht schlecht um ihn. **look ˈgood** gut aussehen ◇ *The figures are looking good.* Die Zahlen sehen gut aus. **look ˈhere** (*veraltet*) Moment mal!, hören Sie mal! **look sb ˌup and ˈdown** jdn von oben bis unten mustern **(not) look ˈyourˌself** (nicht) gut aussehen **never/not look ˈback** (*umgs*) immer erfolgreicher werden ◇ *Since then he's never looked back.* Seitdem ist er auf Erfolgskurs. ◇ *She started her own business and has not looked back.* Sie hat ihre eigene Firma gegründet und es nicht bereut. **not be much to ˈlook at** (*umgs*) nicht besonders gut aussehen **to ˈlook at sb/sth** wenn man jdm/etw sieht ◇ *To look at him you'd never think he was fifty.* Wenn man ihn sieht, würde man ihn nie für fünfzig halten. ☛ *Für andere Redewendungen mit* **look** *siehe die Einträge bei den Nomina, Adjektive etc.* **Look** daggers at sb *z.B. steht unter* **dagger**. PHR V **ˌlook ˈafter sb/sth** (*bes BrE*) sich um jdn/etw kümmern **ˌlook ˈafter sth** (*Interessen*) wahren, vertreten **ˌlook ˈafter yourˌself** (*bes BrE*) auf sich aufpassen, sich (selbst)

versorgen ◊ *Don't worry about me – I can look after myself.* Mach dir keine Gedanken um mich – ich komme schon allein zurecht. ◊ *You need to look after yourself.* Du musst auf deine Gesundheit achten. ˌlook aˈhead in die Zukunft blicken ˌlook aˈhead to sth an etw denken ˌlook aˈround/ˈround sich umsehen ˌlook aˈround/ˈround for sth sich nach etw umsehen ˌlook aˈround/ˈround sth sich etw ansehen ˈlook at sth 1 sich etw ansehen; (*Zeitung etc.*) lesen 2 sich etw überlegen, etw in Betracht ziehen ◊ *The implications of the new law will need to be looked at.* Die Auswirkungen des neuen Gesetzes müssen in Betracht gezogen werden. ◊ *the topics we have looked at so far* die Themen, mit denen wir uns bisher befasst haben 3 etw betrachten, etw sehen ◊ *Looked at from that point of view …* Von dem Standpunkt aus betrachtet … ˌlook ˈback (on sth) (auf etw) zurückblicken, (an etw) zurückdenken ˌlook ˈdown on sb/sth auf jdn/etw herabsehen ˈlook for sth etw erwarten ◊ *We shall be looking for an improvement.* Wir rechnen mit einer Verbesserung. ˌlook ˈforward to sth sich auf etw freuen ˌlook ˈin (on sb) (*BrE*) (bei jdm) vorbeigehen, (bei jdm) vorbeikommen ˌlook ˈinto sth etw untersuchen, etw prüfen ˌlook ˈon zusehen ˈlook on sb/sth as sb/sth jdn/etw als jdn/etw betrachten ◊ *She's looked on as the leading authority on the subject.* Sie gilt als die führende Autorität auf dem Gebiet. ˈlook on sb/sth with sth jdn/etw mit etw betrachten ◊ *They looked on him with contempt.* Sie verachteten ihn. ˌlook ˈout aufpassen ◊ *Look out! There's a car coming.* Vorsicht! Da kommt ein Auto. ˌlook ˈout for sb sich um jdn kümmern ◊ *We should look out for each other.* Wir sollten uns umeinander kümmern. ˌlook ˈout for sb/sth nach jdm/etw Ausschau halten ˌlook ˈout for yourself auf sich aufpassen ˌlook ˈout (for sb/sth) (*BrE*) etw (für jdn/etw) heraussuchen ˌlook sth ˈover sich etw ansehen ˌlook ˈround 1 = LOOK AROUND 2 (*BrE*) sich umdrehen ˌlook ˈthrough sb jdn ignorieren, durch jdn hindurchsehen ˌlook ˈthrough sth etw durchsehen; (*Notizen, Zeitung etc.*) durchlesen ˈlook to sb/sth for sth etw von jdm/etw erwarten ◊ *We are looking to you for help.* Wir rechnen mit Ihrer Hilfe. ˈlook to sb to do sth (*gehoben*) von jdm erwarten, dass er etw tut ˈlook to sth (*gehoben*) auf etw achten ˌlook ˈup (*umgs*) (*Lage etc.*) sich bessern ˌlook sb ˈup (*umgs*) jdn besuchen ˌlook sth ˈup etw nachschlagen, etw heraussuchen ˌlook ˈup (from sth) (von etw) aufsehen ˌlook ˈup to sb zu jdm aufsehen

look² /lʊk/ *Nomen* 1 [meist Sing] Blick; **have/take a ~ at sb/sth** sich jdn/etw ansehen ◊ *Here, have a look at this.* Hier, sieh dir das mal an. ◊ *Let's have a look!* Lass mal sehen! ◊ *A look passed between them.* Sie blickten sich an. ◊ *take a look around* sich umsehen ◊ *We'll be taking a close look at these proposals.* Wir werden diese Vorschläge genau studieren. ◊ *He didn't like the look in her eyes.* Ihr Blick war ihm unbehaglich. ◊ *We got a number of curious looks from passers-by.* Einige Passanten sahen uns neugierig an. **2** Ausdruck ◊ *a look of surprise* ein überraschter Ausdruck **3 have a ~ for sb/sth** nach jdm/etw suchen **4** Aussehen, Äußeres ◊ *It's going to rain today by the look of it.* Es sieht heute nach Regen aus. ◊ *Looks can be deceptive.* Man kann nicht immer nach dem Äußeren gehen. ◊ *I don't like the look of that guy.* Der Kerl gefällt mir gar nicht. **5 looks** [Pl] Aussehen ◊ *He lost his looks in later life.* In späteren Jahren sah er nicht mehr so gut aus. **6** Look IDM ⇨ DIRTY¹ *und* LONG¹

look³ /lʊk/ *Ausruf* hör mal, hören Sie mal

look·alike /ˈlʊkəlaɪk/ *Nomen* Doppelgänger(in) ◊ *an Elvis lookalike* ein Doppelgänger von Elvis

look·er /ˈlʊkə(r)/ *Nomen* (*umgs*) ◊ *She's a real looker!* Sie sieht toll aus!

ˈlook-in *Nomen* IDM **(not) have/get a look-in** (*BrE*, *umgs*) (k)eine Chance haben ◊ *She talks so much that nobody else can get a look-in.* Sie redet so viel, dass kein anderer zu Wort kommt.

ˈlooking glass *Nomen* (*veraltet*) Spiegel

look-out /ˈlʊkaʊt/ *Nomen* **1** Ausguck ◊ *a lookout point* ein Aussichtspunkt ◊ *a lookout tower* ein Beobachtungsturm **2** Wachposten ◊ *One of the thieves stood at the door to act as a lookout.* Einer der Diebe stand an der Tür Schmiere. IDM **be on the/keep a ˈlookout (for sb/sth)** (*umgs*) (nach jdm/etw) Ausschau halten **her, his, etc. (own) look-**

out (*BrE*, *umgs*) seine, ihre etc. (eigene) Sache; sein, ihr etc. Problem

ˌlook-ˈsee *Nomen* [Sing] (*bes AmE, umgs*) kurzer Blick ◊ *Come and have a look-see.* Komm und sieh dir das mal an.

loom¹ /luːm/ *Verb* **1** (drohend) aufragen, auftauchen **2** drohen IDM **ˌloom ˈlarge 1** von großer Bedeutung sein/scheinen **2** bedrohlich näher rücken

loom² /luːm/ *Nomen* Webstuhl

loon /luːn/ *Nomen* **1** Seetaucher **2** (*umgs*) Verrückte(r)

loony /ˈluːni/ (*umgs*) **1** *Adj* bekloppt **2** *Nomen* (*Pl* **-ies**) Verrückte(r)

loop¹ /luːp/ *Nomen* **1** Schlaufe, Schlinge, Schleife **2** Stromkreis IDM **be in/out of the ˈloop** (*AmE, umgs*) bei etw mitmischen/nicht mitmischen **knock/throw sb for a ˈloop** (*AmE, umgs*) jdn umhauen; jdn umwerfen

loop² /luːp/ *Verb* **1** schlingen **2** sich schlingen, eine Schleife machen IDM **ˌloop the ˈloop** einen Looping machen

loop·hole /ˈluːphəʊl; *AmE* -hoʊl/ *Nomen* Hintertürchen, Lücke ◊ *a legal loophole* eine Gesetzeslücke

loopy /ˈluːpi/ *Adj* (*umgs*) **1** bekloppt **2** (*BrE*) verrückt vor Wut SYN CRAZY

loose¹ /luːs/ *Adj* (*Adv* **loose·ly**) **1** lose, locker ◊ *loose morals* lockere Sitten ◊ *The plug has come loose.* Der Stecker hat sich gelockert. **2** offen, lose ◊ *The potatoes were sold loose.* Die Kartoffeln wurden lose verkauft. **3** frei ◊ *The horse had broken loose.* Das Pferd hatte sich losgerissen. **4** (*Kleidung*) weit OPP TIGHT **5** ungenau, grob ◊ *a loose translation* eine freie Übersetzung ◊ *use a term loosely* ein Wort in einem weiteren Sinn gebrauchen **6** (*Ball*) frei ◊ *He pounced on a loose ball.* Er hechtete nach einem freien Ball. **7** weich ◊ *loose bowel movements* Durchfall IDM **ˌbreak/cut/tear ˈloose from sb/sth** sich von jdm/ etw losreißen; sich von jdm/etw trennen ◊ *He cut himself loose from his family.* Er löste sich von seiner Familie. **hang/stay ˈloose** (*bes AmE, umgs*) cool bleiben **have a ˈloose ˈtongue** geschwätzig sein **let ˈloose** (*BrE, umgs*) sich gehen lassen **let ˈloose sth** etw loslassen **let sb/ sth ˈloose** jdn/etw loslassen ◊ *She let her hair loose.* Sie löste ihr Haar. **let sb ˈloose (on sth) 1** jdn (auf etw) loslassen **2** jdm freie Hand geben (etw zu tun) ☞ *Siehe auch* HELL *und* SCREW¹

loose² /luːs/ *Verb* (*gehoben*) **1** auslösen **2** lockern **3** ~ **sth (off) (at sb/sth)** etw auf (auf jdn/etw) abfeuern, etw (auf jdn/etw) abschießen ☞ Vorsicht! Nicht mit dem Verb **lose** verwechseln!

loose³ /luːs/ *Nomen* IDM **be on the ˈloose** frei herumlaufen ◊ *We were on the loose in town.* Wir machten die Stadt unsicher.

ˈloose box *Nomen* (*BrE*) Pferdebox

ˌloose ˈcannon *Nomen* = unberechenbarer Mensch

ˌloose ˈchange *Nomen* Kleingeld

ˌloose ˈcover *Nomen* [meist Pl] (*BrE*) Überzug

ˌloose ˈend *Nomen* [meist Pl] ◊ *There are still a few loose ends to tie up.* Es sind noch ein paar Kleinigkeiten zu erledigen. ◊ *The play has too many loose ends.* In dem Stück gibt es zu viele Dinge, die offen bleiben. IDM **be at a loose ˈend** (*AmE* **be at loose ˈends**) nichts mit sich anzufangen wissen ◊ *Come over, if you're at a loose end.* Komm uns besuchen, wenn du nichts Besseres vorhast.

ˌloose-ˈfitting *Adj* weit (geschnitten)

ˌloose-ˈleaf *Adj* Loseblatt- ◊ *a loose-leaf binder* ein Ringbuch

ˌloose-ˈlimbed *Adj* (*Person*) gelenkig, beweglich

loos·en /ˈluːsn/ *Verb* **1** lockern ◊ (*fig*) *The military regime has not loosened its hold on power.* Das Militärregime hat die Macht immer noch fest im Griff. ◊ *She loosened her hair.* Sie löste ihr Haar. OPP TIGHTEN **2** sich lockern OPP TIGHTEN IDM **ˌloosen sb's ˈtongue** jdm die Zunge lösen PHRV **ˌloosen ˈup 1** sich entspannen **2** sich aufwärmen **ˌloosen sth ˈup** etw auflockern

loose·ness /ˈluːsnəs/ *Nomen* (*in der Sprache etc.*) Ungenauigkeit; (*einer Übersetzung*) Freiheit ◊ *the looseness of the structure* die lockere Struktur

loot¹ /luːt/ *Verb* plündern

loot² /luːt/ *Nomen* **1** Beute **2** (*umgs*) (*Geld*) Zaster

loot·er /ˈluːtə(r)/ *Nomen* Plünderer

loot·ing /ˈluːtɪŋ/ *Nomen* Plündern, Plünderung
lop /lɒp; *AmE* lɑːp/ *Verb* (**-pp-**) **1** fällen **2** (*Baum etc.*) beschneiden, stutzen PHRV **lop sth ˈoff** (**sth**) etw (von etw) abschneiden, etw (von etw) abschlagen
lope /ləʊp; *AmE* loʊp/ *Verb* in großen Sätzen springen
lop·sided /ˌlɒpˈsaɪdɪd; *AmE* ˌlɑːp-/ *Adj* schief, einseitig
lo·qua·cious /ləˈkweɪʃəs/ *Adj* (*gehoben*) redselig, gesprächig
lo·qua·city /ləˈkwæsəti/ *Nomen* (*gehoben*) Redseligkeit, Gesprächigkeit
lord¹ /lɔːd; *AmE* lɔːrd/ *Nomen* **1** Lord **2** Lord = britischer Titel, der für bestimmte hohe Ämter gebraucht wird ⋄ *the Lord Chancellor* der Lordkanzler ⋄ *the Lord Mayor* der Oberbürgermeister ⋄ *Lord Justice Smith* Berufungsrichter Smith ☛ Die Anrede ist **MyLord**. **3** Feudalherr ⋄ *a feudal lord* ein Lehnsherr ⋄ *the lord of the manor* der Gutsherr **4** (*meist* **the Lord**) [Sing] (*Religionslehre*) (der) Herr **5** Our Lord [Sing] unser Herr (Jesus) **6** the Lords = HOUSE OF LORDS IDM (**good**) ˈLord**!**; oh ˈLord**!** (*drückt Überraschung, Ärger oder Besorgnis aus*) o du lieber Gott! ˈLord knows ... (*verstärkend*) weiß Gott ... ˈLord (ˈonly) knows (what, where, why, etc.) ... (*umgs*) weiß der Himmel (was, wo warum etc.) ... ☛ *Siehe auch* DRUNK¹ *und* YEAR
lord² /lɔːd; *AmE* lɔːrd/ *Verb* IDM ˈlord it over sb (*abwert*) jdn herumkommandieren ⋄ *A good manager does not try to lord it over his or her team.* Ein guter Manager kommandiert sein Team nicht herum.
lord·ly /ˈlɔːdli; *AmE* ˈlɔːrd-/ *Adj* **1** hochmütig SYN HAUGHTY **2** herrschaftlich
lord·ship /ˈlɔːdʃɪp; *AmE* ˈlɔːrd-/ *Nomen* **1** His/Your Lordship (*Anrede für einen Richter, Bischof oder Angehörigen des Hochadels*) seine/Eure Ehren, seine/Eure Gnaden, seine/Eure Lordschaft **2** his lordship (*BrE*) (*scherzhafte Anrede für einen Jungen oder Mann, der sich wichtig vorkommt*) der Herr **3** Lordschaft
the ˌLord's ˈPrayer *Nomen* [Sing] das Vaterunser
lore /lɔː(r)/ *Nomen* überliefertes Wissen ⋄ *Celtic lore* keltisches Sagengut
lor·gnette /lɔːˈnjet; *AmE* lɔːrˈnjet/ *Nomen* Lorgnette
lorry /ˈlɒri; *AmE* ˈlɔːri/ *Nomen* (*BrE*) (*Pl* **-ies**) Last(kraft)wagen IDM ⇒ BACK¹
lose /luːz/ *Verb* (**lost, lost** /lɒst; *AmE* lɔːst/) **1** verlieren ⋄ *The keys seem to have got lost.* Die Schlüssel sind scheinbar verloren gegangen. ⋄ *We lost on that deal.* Wir erlitten bei dem Geschäft einen Verlust. ⋄ *His carelessness lost him the job.* Seine Unvorsichtigkeit kostete ihn die Stellung. ⋄ *He's losing his hair.* Ihm gehen die Haare aus. ⋄ *The ship was lost at sea.* Das Schiff ging auf hoher See unter. ⋄ *We managed to lose our pursuers in the darkness.* Es gelang uns, unsere Verfolger in der Dunkelheit abzuschütteln. ⋄ *lose weight* abnehmen ⋄ *The train was losing speed.* Der Zug fuhr langsamer. ⋄ *I'm afraid you've lost me there.* Ich kann dir leider nicht mehr folgen. ⋄ *His words were lost in the applause.* Seine Worte gingen im Applaus unter. **2** (*Uhr*) nachgehen ☛ Für andere Redewendungen mit **lose** siehe die Einträge für die Nomina, Adjektive etc. **Lose your bearings** z.B. steht unter **bearing**. IDM ˈlose it durchdrehen PHRV ˌlose ˈout (on sth) (*umgs*) (bei etw) schlecht wegkommen, den Kürzeren (bei etw) ziehen ˌlose ˈout to sb/sth (*umgs*) von jdm/etw verdrängt werden ˈlose yourself in sth sich in etw verlieren
loser /ˈluːzə(r)/ *Nomen* Verlierer(in) ⋄ *He's one of life's losers.* Er ist einer von den ewigen Verlierern. ⋄ *You're such a loser!* Du bist blöd!
loss /lɒs; *AmE* lɔːs/ *Nomen* [meist Sing] Verlust ⋄ *hair loss* Haarausfall ⋄ *The drought has led to widespread loss of life.* Die Dürre hat bereits viele Todesopfer gefordert. ⋄ *That's his loss.* Das ist sein Schaden. IDM at a ˈloss ratlos ⋄ *I was at a loss for words.* Ich wusste nicht, was ich sagen sollte. ⋄ *I'm at a loss what to do next.* Ich weiß nicht mehr aus noch ein. **cut your ˈlosses** nicht noch größere Verluste riskieren
ˈloss adjuster *Nomen* (*BrE*) Schadensermittler(in)
ˈloss-leader *Nomen* Lockvogelangebot
ˈloss-making *Adj* mit Verlust arbeitend
lost /lɒst; *AmE* lɑːst, lɔːst/ *Adj* **1** verirrt ⋄ *We always get lost in London.* Wir verirren uns immer in London. ⋄ *They spoke so quickly I just got lost.* Sie sprachen so schnell, dass ich nicht mitkam. ⋄ *a lost cat* eine entlaufene Katze **2** verloren gegangen, verlegt ⋄ *I'm still looking for that lost file.* Ich suche immer noch die verschwundene Datei. **3** verloren ⋄ *The strike cost them thousands of dollars in lost business.* Der Streik bedeutete für sie Geschäftsverluste von Tausenden von Dollars. ⋄ *a lost civilization* eine ausgestorbene Zivilisation IDM all is not ˈlost es ist noch nicht alles verloren be ˈlost for ˈwords sprachlos sein ⋄ *I'm lost for words.* Mir fehlen die Worte. be ˈlost in sth in etw verloren sein; in etw versunken sein ⋄ *be lost in admiration* voller Bewunderung sein be ˈlost on sb ⋄ *His jokes were completely lost on most of the students.* Seine Witze gingen über die Köpfe der meisten Studenten hinweg. be ˈlost to the ˈworld die ganze Welt um sich herum vergessen get ˈlost (*umgs*) verschwinden give sb up for ˈlost (*gehoben*) die Hoffnung aufgeben, dass jd noch am Leben ist make up for lost ˈtime verlorene Zeit aufholen ☛ *Siehe auch* LOVE¹
ˌlost and ˈfound *Nomen* (*AmE*) Fundbüro
ˌlost ˈcause *Nomen* aussichtsloser Fall
ˌlost ˈproperty *Nomen* (*BrE*) **1** [U] Fundsachen ⋄ *a lost property office* ein Fundbüro **2** Fundbüro
lot¹ /lɒt; *AmE* lɑːt/ *Pron* **a lot** (*umgs* **lots**) viel(e)
lot² /lɒt; *AmE* lɑːt/ *Adj, Pron* **a lot of** (*umgs* **lots of**) viel(e) ⋄ *coffee with lots of sugar* Kaffee mit viel Zucker ⋄ *I saw a lot of her last summer.* Ich sah sie oft letzten Sommer.
lot³ /lɒt; *AmE* lɑːt/ *Adv* (*umgs*) **1** a lot (*umgs* lots) (*mit Adjektiven und Adverbien gebraucht*) viel ⋄ *I'm feeling a lot better today.* Heute geht es mir viel besser. ⋄ *I eat lots less than I used to.* Ich esse viel weniger als früher. **2** a lot (*verstärkend mit Verben gebraucht*) sehr ⋄ *Thanks a lot for your help.* Vielen Dank für Ihre Hilfe. ⋄ *I play tennis quite a lot.* Ich spiele ziemlich oft Tennis.
lot⁴ /lɒt; *AmE* lɑːt/ *Nomen* **1** the lot, the whole lot (*umgs*) alle(s) ☛ G 1.3b **2** (*bes BrE*) ⋄ *The first lot of visitors has/have arrived.* Die ersten Besucher sind da. ⋄ *I have several lots of essays to mark this weekend.* Dieses Wochenende muss ich mehrere Stöße Aufsätze korrigieren. ⋄ (*umgs*) *What do you lot want?* Was wollt ihr denn? ☛ G 1.3b **3** (*Ware*) Posten **4** Gelände ⋄ *a parking lot* ein Parkplatz **5** [Sing] Los, Schicksal IDM all ˈover the ˈlot (*AmE*) ⋄ *We're all over the lot.* Bei uns geht es drunter und drüber. a bad ˈlot (*BrE, veraltet*) ein fieser Typ by ˈlot durch das Los draw/cast ˈlots (for sth) (um etw) losen fall to sb's ˈlot (to do sth) (*gehoben*) jdm zufallen (etw zu tun) throw in your ˈlot with sb sich mit jdm zusammentun
loth = LOATH
lo·tion /ˈləʊʃn; *AmE* ˈloʊʃn/ *Nomen* Lotion
lot·tery /ˈlɒtəri; *AmE* ˈlɑːt-/ *Nomen* (*Pl* **-ies**) **1** Lotterie ⋄ *a lottery ticket* ein Lotterieschein **2** [Sing] (*oft abwert*) (*fig*) Glücksspiel
lotto /ˈlɒtəʊ; *AmE* ˈlɑːtoʊ/ *Nomen* **1** (*Gesellschaftsspiel*) Lotto **2** (*bes AmE, umgs*) Lotterie
lotus /ˈləʊtəs; *AmE* ˈloʊ-/ *Nomen* **1** Lotos **2** Lotosfrucht
loud¹ /laʊd/ *Adj* **1** (*Adv* **loud·ly**) laut ☛ *Hinweis bei* LAUT **2** (*Person*) penetrant **3** (*Farben etc.*) grell SYN GAUDY
loud² /laʊd/ *Adv* (*umgs*) laut ⋄ *You'll have to speak louder.* Du musst lauter sprechen. SYN LOUDLY ☛ *Hinweis bei* LAUT IDM ˌloud and ˈclear laut und deutlich ˌout ˈloud laut ⋄ *I almost laughed out loud.* Ich hätte fast laut gelacht. ⋄ *Please read the letter out loud.* Lies den Brief bitte vor. ☛ *Siehe auch* ACTION¹ *und* CRY¹
loud·hail·er /ˌlaʊdˈheɪlə(r)/ *Nomen* (*BrE*) Megaphon
loud·ly *Adv* ⇒ LOUD¹
loud·mouth /ˈlaʊdmaʊθ/ *Nomen* (*umgs*) Großmaul
ˈloud-mouthed *Adj* großmäulig
loud·ness /ˈlaʊdnəs/ *Nomen* **1** Lautstärke **2** Auffälligkeit
loud·speak·er /ˌlaʊdˈspiːkə(r)/ (*auch* **speak·er**) *Nomen* Lautsprecher
lough /lɒk, lɒx; *AmE* lɑːk, lɑːx/ *Nomen* (*in irischen Eigennamen*) See
lounge¹ /laʊndʒ/ *Nomen* **1** Wartehalle ⋄ *the departure lounge* die Abflughalle **2** Gesellschaftsraum ⋄ *the television lounge* der Fernsehraum **3** (*BrE*) Wohnzimmer **4** (*AmE*) Salon, Bar **5** (*AmE*) Aufenthaltsraum ⋄ *the faculty lounge* das Dozentenzimmer
lounge² /laʊndʒ/ *Verb* herumliegen/-sitzen/-stehen

lounge bar *Nomen* (*BrE*) = vornehmere Bar in einem Pub oder Hotel
loun·ger /ˈlaʊndʒə(r)/ *Nomen* = SUNLOUNGER
lounge suit *Nomen* (*BrE*) (Straßen)anzug
lour = LOWER³
louse¹ /laʊs/ *Nomen* **1** (*Pl* **lice** /laɪs/) Laus **2** (*Pl* **louses**) (*umgs*) mieser Typ
louse² /laʊs/ *Verb* PHRV **louse sth 'up** etw vermasseln
lousy /ˈlaʊzi/ *Adj* (*umgs*) **1** mies ◇ *What lousy weather!* Was für ein saumäßiges Wetter! SYN AWFUL **2** nur vor Nomen lausig, lumpig
lout /laʊt/ *Nomen* (*BrE*) Flegel
lout·ish /ˈlaʊtɪʃ/ *Adj* flegelhaft
louvre (*auch* **lou·ver**) /ˈluːvə(r)/ *Nomen* **1** Lamelle **2** Lamellenrost
louvred /ˈluːvəd; AmE -vərd/ *Adj* Jalousien-, Lamellen-
lov·able (*auch* **love·able**) /ˈlʌvəbl/ *Adj* liebenswert
love¹ /lʌv/ *Nomen* **1** Liebe ◇ *love of your country* Vaterlandsliebe ◇ *a love of learning* Freude am Lernen ◇ *We're in love!* Wir sind verliebt! ◇ *fall in love* sich verlieben ◇ *Yes, my love.* Ja, Schatz. ◇ *Tennis is my first love.* Tennis ist meine größte Leidenschaft. **2** (*auch* **luv**) (*bes BrE, umgs*) = freundliche Anrede auch bei Unbekannten ◇ *Can I help you, love?* Kann ich Ihnen helfen? **3** (*Tennis, Squash etc.*) null IDM **for 'love** aus Liebe **for the love of 'God** (*umgs, veraltet*) um Himmels willen **for the 'love of sth** aus Liebe zu etw ◇ *work for the love of it* aus Liebe zur Sache arbeiten **give/send your 'love (to sb)** (*umgs*) (jdn) grüßen lassen ◇ *Give my love to Mary when you see her.* Schöne Grüße an Mary, wenn du sie siehst. **'love from; lots of 'love (from)** (*umgs*) (*in Briefen*) alles Liebe **make 'love** miteinander schlafen **make 'love to sb** mit jdm schlafen **not for love or/nor 'money** nicht für Geld und gute Worte **there's little/no 'love lost between A and B** A und B können sich nicht ausstehen ☞ *Siehe auch* FAIR¹, HEEL¹ *und* LABOUR¹
love² /lʌv/ *Verb* **1** (*nicht in der Verlaufsform*) lieben, lieb haben ◇ *a well-loved member of staff* eine beliebte Kollegin ◇ *protect your loved ones* seine Lieben beschützen **2** sehr gern haben, lieben ◇ *I love it in Spain.* Es gefällt mir sehr in Spanien. ◇ *He loved her to sing to him.* Er liebte es, wenn sie ihm vorsang. ◇ *his best-loved songs* seine beliebtesten Lieder ◇ (*iron*) *You're going to love this. They've cancelled again.* Das wird dir gar nicht gefallen. Sie haben wieder abgesagt. **3** (*bes BrE*) ~ **doing sth**; (*bes AmE*) ~ **to do sth** etw sehr gerne tun **4 would love** hätte(n) gern, würde(n) gern ◇ *I'd love her to come and live with us.* Ich würde mich so freuen, wenn sie bei uns einziehen würde. ◇ *'Coffee?' 'I'd love one.'* „Einen Kaffee?" „Ja, gerne." IDM **love you and 'leave you** (*umgs, hum*) ◇ *I'll love you and leave you.* Ich muss jetzt leider gehen.
'love affair *Nomen* **1** (Liebes)verhältnis **2** Leidenschaft ◇ *their love affair with Goa* ihre Leidenschaft für Goa
love·bird /ˈlʌvbɜːd; AmE -bɜːrd/ *Nomen* **1** (*Vogel*) Unzertrennlicher **2 lovebirds** [Pl] (*hum*) (*Liebende*) Turteltauben
'love bite *Nomen* (*BrE*) Knutschfleck
'love child *Nomen* Kind der Liebe
love-'hate relationship *Nomen* Hassliebe
love·less /ˈlʌvləs/ *Adj* lieblos
love·li·ness /ˈlʌvlinəs/ *Nomen* [U] (*gehoben*) Schönheit, Lieblichkeit
love·lorn /ˈlʌvlɔːn; AmE -lɔːrn/ *Adj* (*gehoben*) liebeskrank
love·ly¹ /ˈlʌvli/ *Adj* (**love·lier, love·li·est**) (*More lovely* und *most lovely* sind besonders im britischen Englisch auch möglich.) **1** schön, hübsch **2** (*umgs*) herrlich, nett ◇ *Thanks. That would be lovely.* Danke, das wäre wunderbar. ◇ *We had a lovely time.* Es war sehr schön. **3** lieb, entzückend ☞ **Very lovely** ist selten und beschreibt nur die äußere Erscheinung. IDM **lovely and warm, cold, quiet etc.** (*BrE, umgs*) schön warm, kalt, ruhig etc.
love·ly² /ˈlʌvli/ *Nomen* (*Pl* **-ies**) (*veraltet*) (*Frau*) Schöne
love·mak·ing /ˈlʌvmeɪkɪŋ/ *Nomen* (körperliche) Liebe
'love match *Nomen* Liebesheirat
'love nest *Nomen* (*umgs*) Liebesnest
lover /ˈlʌvə(r)/ *Nomen* **1** Liebhaber(in), Geliebte(r) ◇ *The park was full of young lovers.* Der Park war voller Liebes-

paare. **2** (*oft in Zusammensetzungen*) Freund(in), Liebhaber(in) ◇ *a nature-lover* ein Naturfreund
'love seat *Nomen* (*AmE*) = Bank/Sofa für zwei Personen
love-sick /ˈlʌvsɪk/ *Adj* liebeskrank ◇ *He's lovesick.* Er hat Liebeskummer.
lovey (*auch* **luvvy**) /ˈlʌvi/ *Nomen* (*BrE, umgs*) (*Anrede*) Schätzchen
lov·ing /ˈlʌvɪŋ/ *Adj* **1** (*Adv* **lov·ing·ly**) liebevoll **2 -loving** (*in Zusammensetzungen mit Nomen*) ◇ *peace-loving* friedliebend ◇ *home-loving* häuslich ◇ *fun-loving young people* junge Leute, die sich gern amüsieren
low¹ /ləʊ; AmE loʊ/ *Adj* **1** niedrig ◇ *low clouds* tief hängende Wolken ◇ *The sun was low in the sky.* Die Sonne stand tief am Himmel. ◇ *low-fat yogurt* fettarmer Joghurt OPP HIGH **2** unter ◇ *low back pain* Schmerzen im unteren Rückenbereich ◇ *temperatures in the low 20s* knapp über 20° ◇ *the lower slopes of the mountain* die tiefer gelegenen Hänge des Berges OPP HIGH **3** ◇ *a dress with a low neckline* ein tief ausgeschnittenes Kleid **4** knapp ◇ *They were low on fuel.* Sie hatten wenig Treibstoff. **5** (*Ton, Stimme*) tief, leise ◇ *They were speaking in low voices.* Sie sprachen leise. OPP HIGH **6** nieder ◇ *lower forms of life* niedere Lebensformen ◇ *the lower classes of society* die unteren Gesellschaftsschichten ◇ *Training was given a low priority.* Der Ausbildung wurde wenig Bedeutung beigemessen. OPP HIGH **7** geschwächt, niedergeschlagen ◇ *be in low spirits* niedergeschlagen sein ◇ *I'm feeling really low.* Ich bin ziemlich down. **8** schlecht ◇ *students with low marks* Studenten mit schlechten Noten ◇ *She has a very low opinion of them.* Sie hat eine sehr geringe Meinung von ihnen. **9** mies ◇ *low cunning* Gerissenheit **10** (*Licht*) gedämpft SYN DIM IDM **at a low 'ebb** auf einem Tiefstand **be brought 'low** (*veraltet*) zu Fall gebracht werden **be laid 'low** krank sein ◇ *He was laid low by a virus.* Eine Virusinfektion hatte ihn außer Gefecht gesetzt. **the ˌlowest of the 'low** der letzte Abschaum ☞ *Siehe auch* PROFILE¹
low² /ləʊ; AmE loʊ/ *Adv* **1** tief ◇ *crouch low* sich niederkauern **2** (nach) unten ◇ *a window set low in the wall* ein Fenster unten in der Wand ◇ *The candles were burning low.* Die Kerzen waren heruntergebrannt. **3** (*meist in Zusammensetzungen*) niedrig ◇ *low-powered* mit geringer Leistung ◇ *low-priced* preisgünstig **4** (*singen etc.*) tief, leise IDM ⇒ HIGH³, LIE¹ *und* STOOP¹
low³ /ləʊ; AmE loʊ/ *Nomen* **1** Tiefpunkt, Tiefstand **2** Tief(druckgebiet)
low⁴ /ləʊ; AmE loʊ/ *Verb* (*gehoben*) muhen
low-brow /ˈləʊbraʊ; AmE ˈloʊ-/ *Adj* (*meist abwert*) (geistig) anspruchslos, ungebildet OPP HIGHBROW
Low 'Church *Adj* = zum reformierten Teil der Anglikanischen Kirche gehörig
ˌlow-'class *Adj* **1** minderwertig **2** aus der Unterschicht OPP HIGH-CLASS
ˌlow-'cut *Adj* tief ausgeschnitten
ˌlow-'down¹ *Adj* (*umgs*) gemein
ˌlow-'down² *Nomen* [Sing] **the ~ (on sb/sth)** (*umgs*) die (wichtigsten) Informationen (über jdn/etw) ◇ *She gave me the low-down on the other guests.* Sie klärte mich über die anderen Gäste auf.
lower¹ /ˈləʊə(r); AmE ˈloʊ-/ *Adj* **1** Unter- ◇ *his lower lip* seine Unterlippe **2** untere(r), Nieder- OPP UPPER
lower² /ˈləʊə(r); AmE ˈloʊ-/ *Verb* **1** sinken lassen, hinunter lassen OPP RAISE **2** (sich) senken IDM **lower your 'sights** seine Ansprüche zurückschrauben **'lower yourself (by doing sth)** (*meist in verneinten Sätzen*) sich (so weit) erniedrigen (etw zu tun) ☞ *Siehe auch* TEMPERATURE
lower³ (*auch* **lour**) /ˈləʊə(r); AmE ˈloʊ-/ *Verb* (*gehoben*) (*Himmel, Wolken*) tief stehen, sich türmen
ˌlower 'case *Nomen* [U] ◇ *in lower case* in Kleinbuchstaben ◇ *lower-case letters* Kleinbuchstaben
ˌlower 'class *Adj* Unterschicht-
the ˌlower 'classes *Nomen* [Pl] (*auch* **the ˌlower 'class** [Sing]) die Unterschicht
ˌlower 'house (*auch* **ˌlower 'chamber**) *Nomen* [Sing] Unterhaus
the ˌlower 'orders *Nomen* [Pl] (*veraltet*) die unteren Bevölkerungsschichten

lower school *Nomen* = (die Klassen einer) Schule für Elfbis Vierzehnjährige

lowest ˌcommon deˈnominator *Nomen* (*Abk* **LCD**) kleinster gemeinsamer Nenner (*auch fig*)

ˌlow-ˈkey *Adj* zurückhaltend, unauffällig ◊ *Their wedding was a very low-key affair.* Ihre Hochzeit war sehr einfach gehalten.

ˈlow·land /ˈləʊlənd; *AmE* ˈloʊ-/ *Nomen* [meist Pl] Tiefland, Flachland ◊ *the* (*Scottish*) *Lowlands* das schottische Tiefland

ˈlow·land·er /ˈləʊləndə(r); *AmE* ˈloʊ-/ *Nomen* Flachländer(in)

ˌlow-ˈlevel *Adj* **1** niedrig ◊ *low-level bombing* Tieffliegerangriffe **2** auf niedriger Ebene ◊ *a low-level job* eine untergeordnete Stellung **3** (Comp) (*Programmiersprache*) der untersten Ebene OPP HIGH-LEVEL

ˈlow life *Nomen* (*kriminelles*) Milieu

ˈlow·lights /ˈləʊlaɪts; *AmE* ˈloʊ-/ *Nomen* [Pl] dunkle Strähnchen

lowly /ˈləʊli; *AmE* ˈloʊli/ *Adj* (**low·li·er, low·li·est**) (*oft hum*) bescheiden SYN HUMBLE

ˌlow-ˈlying *Adj* tief gelegen

ˌlow-ˈpaid *Adj* Niedriglohn-

ˌlow-ˈpitched *Adj* (*Stimme, Laut*) tief OPP HIGH-PITCHED

ˈlow point *Nomen* Tiefpunkt OPP HIGH POINT

ˌlow ˈpressure *Nomen* **1** Niederdruck **2** Tiefdruck OPP HIGH PRESSURE

ˌlow-ˈprofile *Adj* zurückhaltend, wenig bekannt

ˈlow-rise *Adj* (*Gebäude*) mit wenigen Stockwerken

ˌlow-ˈrisk *Adj* mit geringem Risiko ◊ *low-risk patients* wenig gefährdete Patienten OPP HIGH-RISK

ˈlow season *Nomen* [U/Sing] (*bes BrE*) Nebensaison OPP HIGH SEASON

ˌlow ˈslung *Adj* niedrig, tief liegend

ˌlow-ˈtech *Adj* (*umgs*) nicht hoch technisiert, technisch anspruchslos OPP HIGH-TECH

ˌlow ˈtide (*auch* ˌlow ˈwater) *Nomen* Ebbe, Niedrigwasser ◊ *at low tide* bei Ebbe OPP HIGH TIDE

ˌlow-ˈwater mark *Nomen* Niedrigwassermarke OPP HIGH-WATER MARK

lox /lɒks; *AmE* lɑːks/ *Nomen* (*AmE*) Räucherlachs

loyal /ˈlɔɪəl/ *Adj* (*Adv* **loy·al·ly** /ˈlɔɪəli/) ~ (**to sb/sth**) (jdm/etw) treu, (jdm/etw gegenüber) loyal

loyal·ist /ˈlɔɪəlɪst/ *Nomen* **1** Loyalist(in) ◊ *party loyalists* treue Parteianhänger **2 Loyalist** (*in Nordirland*) = jd, der die Union zwischen Großbritannien und Nordirland unterstützt

loy·alty /ˈlɔɪəlti/ *Nomen* (*Pl* **-ies**) **1** [U] Treue, Loyalität **2** [meist Pl] Treuepflicht ◊ *a conflict of loyalties* ein Loyalitätskonflikt

ˈloyalty card *Nomen* Kundenkarte

loz·enge /ˈlɒzɪndʒ; *AmE* ˈlɑːz-/ *Nomen* **1** Rhombus **2** ◊ *throat/cough lozenges* Hals-/Hustenbonbons

LP /ˌel ˈpiː/ *Kurzform von* **long-playing record** LP

ˈL-plate *Nomen* = Schild, das Fahrschüler am Auto tragen ☛ *Hinweis bei* LEARNER

LPN /ˌel piː ˈen/ (*AmE*) *Kurzform von* **licensed practical nurse** = staatlich geprüfte Pflegekraft, die Patienten unter Aufsicht einer Vollpflegekraft, eines Arztes oder Zahnarztes betreut

LSD /ˌel es ˈdiː/ *Nomen* LSD

Lt (*AmE* **Lt.**) *Abk* = LIEUTENANT

Ltd *Kurzform von* **Limited** (*BrE*) GmbH

lu·bri·cant /ˈluːbrɪkənt/ *Nomen* Schmiermittel

lu·bri·cate /ˈluːbrɪkeɪt/ *Verb* schmieren, ölen

lu·bri·ca·tion /ˌluːbrɪˈkeɪʃn/ *Nomen* Schmieren, Schmierung

lu·bri·cious /luːˈbrɪʃəs/ *Adj* (*gehoben*) anzüglich

lucid /ˈluːsɪd/ *Adj* (*Adv* **lu·cid·ly**) klar ◊ *a lucid explanation* eine einleuchtende Erklärung ◊ *a lucid moment* ein lichter Augenblick SYN CLEAR¹

lu·cid·ity /luːˈsɪdəti/ *Nomen* Klarheit ◊ *a rare moment of lucidity* ein seltener lichter Augenblick

luck¹ /lʌk/ *Nomen* Glück, (glücklicher) Zufall ◊ *have good/bad luck* Glück/Pech haben ◊ *You're out of luck.* Sie haben Pech. ◊ *Finally my luck ran out.* Schließlich war meine Glückssträhne zu Ende. IDM **Any ˈluck?** (*umgs*) Hat es geklappt? **as luck would ˈhave it** wie es der Zufall wollte **bad, hard, etc. luck** (**on sb**) ◊ *Bad luck!* Pech gehabt! ◊ *It's hard luck on him.* Er hat Pech gehabt. **be down on your ˈluck** (*umgs*) eine Pechsträhne haben **the best of ˈluck** (**with sth**); **good ˈluck** (**with sth**) viel Glück (bei etw) **better luck ˈnext time** mehr Glück beim nächsten Mal **do sth for ˈluck 1** etw tun, damit es einem Glück bringt ◊ *Take something blue. It's for luck.* Nimm etwas Blaues. Das bringt Glück. **2** um auf Nummer sicher zu gehen ◊ *I hit him once more for luck.* Ich haute ihm noch eine rein, nur so. **good ˈluck to sb** (*umgs*) ◊ *I don't want to, but if she does, good luck to her.* Ich persönlich würde das nicht wollen, aber wenn sie es will, wünsche ich ihr viel Glück dabei. **just my, your, etc. ˈluck** (*umgs*) das muss natürlich wieder mir, dir etc. passieren **sb's ˈluck is in** jd hat Glück **the luck of the ˈdraw** Glückssache **no such ˈluck** (*drückt Enttäuschung aus*) leider nicht ☛ *Siehe auch* BEGINNER, HARD¹, POT¹, PUSH¹, TOUGH¹, TRY¹ *und* WORSE¹

luck² /lʌk/ *Verb* PHR V **luck ˈout** (*AmE, umgs*) Schwein haben

luck·ily /ˈlʌkɪli/ *Adv* zum Glück, glücklicherweise ◊ *Luckily for us, the train was late.* Zu unserem Glück hatte der Zug Verspätung.

luck·less /ˈlʌkləs/ *Adj* (*gehoben*) glücklos, unglücklich

lucky /ˈlʌki/ *Adj* (**luck·ier, lucki·est**) **1** glücklich ◊ *be lucky* Glück haben ◊ *Think yourself lucky!* Sei froh! SYN FORTUNATE **2** Glücks- ◊ *a lucky charm* ein Glücksbringer IDM **lucky ˈyou, him, etc.** (*umgs*) du/so ein Glückspilz **ˌyou'll be ˈlucky** (*umgs*) (*verwendet um jdm zu sagen, dass seine Erwartungen wahrscheinlich nicht erfüllt werden*) ◊ *'I'm hoping to get a ticket for Saturday.' 'You'll be lucky.'* „Ich hoffe, dass ich noch eine Karte für Samstag bekomme." „Na, dann viel Glück." **ˌyou, etc. should be so ˈlucky** (*umgs*) schön wär's; das Glück müsste man haben ☛ *Siehe auch* STRIKE¹, THANK *und* THIRD¹

ˌlucky ˈdip *Nomen* (*BrE*) [meist Sing] Grabbelsack

lu·cra·tive /ˈluːkrətɪv/ *Adj* lukrativ, einträglich

lucre /ˈluːkə(r)/ *Nomen* [U] (*abwert*) (*Geld*) Mammon

Lud·dite /ˈlʌdaɪt/ *Nomen* (*BrE*) **1** (GESCH) = Mitglied der nach Ned Lud benannten Arbeitergruppen, die zu Beginn des 19. Jahrhunderts aus Furcht um ihre Arbeitsplätze die neu eingeführten Spinn- und Webmaschinen zerstörten **2** (*abwert*) Maschinenstürmer(in), Technikfeind(in)

ludi·crous /ˈluːdɪkrəs/ *Adj* (*Adv* **ludi·crous·ly**) absurd, lächerlich; (*Geldbetrag*) haarsträubend

ludo /ˈluːdəʊ; *AmE* -doʊ/ *Nomen* (*BrE*) (*Spiel*) Mensch ärgere dich nicht

lug¹ /lʌg/ *Verb* (**-gg-**) (*umgs*) schleppen, zerren

lug² /lʌg/ *Nomen* **1** (TECH) Henkel **2** = LUGHOLE

luge /luːʒ, luːdʒ/ *Nomen* **1** (SPORT) Rodeln **2** Rodel(schlitten)

lug·gage /ˈlʌgɪdʒ/ *Nomen* (*bes BrE*) Gepäck

ˈluggage rack *Nomen* Gepäckablage, Gepäcknetz

ˈluggage van *Nomen* (*BrE*) Gepäckwagen

lug·hole /ˈlʌghəʊl; *AmE* -hoʊl/ *Nomen* (*auch* **lug**) (*BrE, hum*) Ohr, Löffel

lu·gu·bri·ous /ləˈguːbriəs/ *Adj* (*Adv* **lu·gu·bri·ous·ly**) (*gehoben*) schwermütig, melancholisch

lug·worm /ˈlʌgwɜːm; *AmE* -wɜːrm/ *Nomen* Köderwurm

luke·warm /ˌluːkˈwɔːm; *AmE* -ˈwɔːrm/ *Adj* (*oft abwert*) lauwarm ◊ *She was lukewarm about the plan.* Sie war von dem Plan nur mäßig begeistert.

lull¹ /lʌl/ *Nomen* [meist Sing] Pause ◊ *the lull before the storm* die Ruhe vor dem Sturm

lull² /lʌl/ *Verb* (*gehoben*) **1** einlullen, beruhigen ◊ *The music lulled us to sleep.* Die Musik wiegte uns in den Schlaf. **2** (*Ängste etc.*) dämpfen PHR V **lull sb ˈinto sth** ◊ *He lulled her into a false sense of security.* Er wiegte sie in falscher Sicherheit. ◊ *It's easy to be lulled into thinking that everything is all right.* Man wiegt sich allzu leicht in dem Glauben, alles sei in Ordnung wäre.

lul·laby /ˈlʌləbaɪ/ *Nomen* (*Pl* **-ies**) Wiegenlied

lum·ba·go /lʌmˈbeɪɡəʊ; AmE -goʊ/ Nomen [U] Lumbago, Hexenschuss

lum·bar /ˈlʌmbə(r)/ Adj nur vor Nomen (MED) Lumbal-, Lenden-, lumbal ◇ *lumbar puncture* Lumbalpunktion

lum·ber¹ /ˈlʌmbə(r)/ Nomen **1** (bes AmE) (Bau)holz ◇ *a lumber mill* eine Sägemühle **2** (BrE) Gerümpel ◇ *a lumber room* eine Rumpelkammer

lum·ber² /ˈlʌmbə(r)/ Verb **1** sich schwerfällig bewegen, trotten; (Fahrzeug) rumpeln ◇ *The great beast lumbered to its feet.* Das Riesentier kam schwerfällig auf die Beine. **2** (umgs) (meist passiv) **~ sb (with sb/sth)** jdm jdn/etw aufhalsen

lum·ber·jack /ˈlʌmbədʒæk; AmE -bərdʒ-/ Nomen (besonders in den USA und Kanada) Holzfäller

lu·mi·nary /ˈluːmɪnəri; AmE -neri/ Nomen (Pl **-ies**) Koryphäe ◇ *the great jazz luminaries* die Jazz-Größen

lu·mi·nes·cence /ˌluːmɪˈnesns/ Nomen [U] (Fachspr oder gehoben) Lumineszens, Leuchten

lu·mi·nes·cent /ˌluːmɪˈnesnt/ Adj (Fachspr oder gehoben) lumineszierend, leuchtend

lu·mi·nos·ity /ˌluːmɪˈnɒsəti; AmE -ˈnɑːs-/ Nomen Helligkeit, Leuchtkraft

lu·mi·nous /ˈluːmɪnəs/ Adj (Adv **lu·mi·nous·ly**) Leucht-, leuchtend

lump¹ /lʌmp/ Nomen **1** Stück, Klumpen, Brocken ◇ *This sauce has lumps in it.* Die Soße hat Klümpchen. **2** = SUGAR LUMP **3** Beule, Knoten, Geschwulst **4** (bes BrE, umgs) (Mensch) Klotz, Brocken, Trampel **IDM** **feel, get, have a lump in your throat** einen Kloß im Hals haben **take your ˈlumps** (AmE, umgs) den Brocken schlucken

lump² /lʌmp/ Verb **~ A and B together; ~ A (in) with B** A und B in einen Topf werfen **IDM** **ˈlump it** (umgs) sich (D) damit abfinden ◇ *That's the situation – like it or lump it!* So ist es eben, ob es dir passt oder nicht.

lump·ish /ˈlʌmpɪʃ/ Adj klobig, plump

ˌlump ˈsum (auch **ˌlump ˌsum ˈpayment**) Nomen einmalige Zahlung

lumpy /ˈlʌmpi/ Adj klumpig

lu·nacy /ˈluːnəsi/ Nomen Wahnsinn ☛ Als medizinischer Begriff für Geistesgestörtheit ist **lunacy** veraltet. Heutzutage spricht man von **mental illness**.

lunar /ˈluːnə(r)/ Adj Mond-, lunar

lu·na·tic¹ /ˈluːnətɪk/ Nomen Wahnsinnige(r), Irre(r), Verrückte(r) ☛ Als Bezeichnung für eine(n) Geisteskranke(n) ist **lunatic** veraltet und gilt als beleidigend. Heute spricht man von **people who are mentally ill**.

lu·na·tic² /ˈluːnətɪk/ Adj wahnsinnig, irre, verrückt **IDM** **the ˌlunatic ˈfringe** (abwert) das extremistische Lager ☛ G 1.3a

ˌlunatic aˈsylum Nomen (bes BrE, veraltet) Irrenanstalt

lunch¹ /lʌntʃ/ Nomen Mittagessen ◇ *have lunch* (zu) Mittag essen ◇ *She's gone to lunch.* Sie hat gerade Mittagspause. ◇ *Let's do lunch.* Treffen wir uns doch zum Mittagessen. ☛ Hinweis bei MAHLZEIT

lunch² /lʌntʃ/ Verb (gehoben) zu Mittag essen

ˈlunch box Nomen Butterbrotdose

lunch·eon /ˈlʌntʃən/ Nomen (gehoben) Lunch, Mittagessen

ˈluncheon meat Nomen Frühstücksfleisch

ˈluncheon voucher Nomen Essensmarke

ˈlunch hour Nomen Mittagspause

lunch·room /ˈlʌntʃruːm, -rʊm/ Nomen (AmE) Speisesaal

lunch·time /ˈlʌntʃtaɪm/ Nomen Mittagszeit ◇ *at lunchtimes* mittags

lung /lʌŋ/ Nomen **1** Lungenflügel **2** **lungs** [Pl] Lunge

lunge¹ /lʌndʒ/ Verb **~ (forward)** vorschnellen; **~ (at/towards/for sb/sth)** sich (auf jdn/etw) stürzen

lunge² /lʌndʒ/ Nomen Ausfall ◇ *He made a lunge for the phone.* Er stürzte sich auf das Telefon.

lung·ful /ˈlʌŋfʊl/ Nomen (Atem)zug ◇ *take a lungful of sth* etw einatmen

lupin (AmE **lu·pine**) /ˈluːpɪn/ Nomen Lupine

lurch¹ /lɜːtʃ; AmE lɜːrtʃ/ Verb **1** schwanken, rucken; (fig) schlittern **2** flattern ◇ *Her stomach lurched as she realized how near she'd come to disaster.* Ihr flatterte das Herz, als ihr bewusst wurde, wie nahe sie einer Katastrophe gewesen war.

lurch² /lɜːtʃ; AmE lɜːrtʃ/ Nomen [meist Sing] Ruck ◇ *His heart gave a lurch when he saw her.* Er zuckte innerlich zusammen, als er sie sah. **IDM** **leave sb in the ˈlurch** (umgs) jdn im Stich lassen

lurch·er /ˈlɜːtʃə(r); AmE ˈlɜːrtʃər/ Nomen (BrE) = Kreuzung zwichen zwei Hunderassen, von denen eine meistens ein Windhund ist

lure¹ /lʊə(r), ljʊə(r); AmE lʊr/ Verb (abwert) locken

lure² /lʊə(r), ljʊə(r); AmE lʊr/ Nomen **1** [meist Sing] (Ver)lockungen **2** Köder

lurid /ˈlʊərɪd, ˈljʊər-; AmE ˈlʊr-/ Adj (Adv **lur·id·ly**) (abwert) **1** grell **2** grässlich; (Darstellung) reißerisch ◇ *lurid headlines* sensationslüsterne Schlagzeilen

lurk /lɜːk; AmE lɜːrk/ Verb lauern, auf der Lauer liegen ◇ *a lurking doubt* ein heimlicher Zweifel

lus·cious /ˈlʌʃəs/ Adj **1** köstlich **SYN** DELICIOUS **2** (Mädchen, Frau) üppig, knackig

lush¹ /lʌʃ/ Adj **1** (Vegetation) üppig, satt **2** (Ausstattung) luxuriös

lush² /lʌʃ/ Nomen (AmE, umgs) Säufer(in)

lust¹ /lʌst/ Nomen (oft abwert) **1** (sinnliche) Begierde **2** Gier ◇ *his lust for revenge* sein Racheburst ◇ *She has a real lust for life.* Sie steckt voller Lebenslust.

lust² /lʌst/ Verb **PHR V** **ˈlust after/for sb/sth** (oft abwert) jdn/etw begehren ◇ *He lusted after her.* Er war scharf auf sie.

lust·ful /ˈlʌstfl/ Adj (oft abwert) lüstern, begierig

lustre (AmE **lust·er**) /ˈlʌstə(r)/ Nomen Glanz

lus·trous /ˈlʌstrəs/ Adj (gehoben) glänzend

lusty /ˈlʌsti/ Adj (Adv **lust·ily**, /-ɪli/) kräftig, herzhaft ◇ *They sang lustily.* Sie sangen aus vollem Halse.

lute /luːt/ Nomen Laute

lu·ten·ist (auch **lu·tan·ist**) /ˈluːtənɪst/ Nomen Lautenist(in), Lautenspieler(in)

luv /lʌv/ (BrE, umgs) = LOVE¹ (2)

luvvy (auch **luv·vie**) /ˈlʌvi/ Nomen (Pl **-ies**) (BrE, umgs) **1** (abwert) = Bezeichnung für eine(n) Schauspieler(in), besonders wenn er/sie sich in übertriebener, übersteigerter Weise benimmt **2** = LOVEY

lux·uri·ance /lʌɡˈʒʊəriəns; AmE -ˈʒʊr-/ Nomen Üppigkeit, Fülle, Reichtum

lux·uri·ant /lʌɡˈʒʊəriənt; AmE -ˈʒʊr-/ Adj (Adv **lux·uri·ant·ly**) **1** üppig, dicht **2** genüsslich

lux·uri·ate /lʌɡˈʒʊərieɪt; AmE -ˈʒʊr-/ Verb **PHR V** **luˈxuri·ate in sth** (gehoben) sich in etw aalen, in etw baden

lux·uri·ous /lʌɡˈʒʊəriəs; AmE -ˈʒʊr-/ Adj (Adv **lux·uri·ous·ly**) **1** luxuriös, kostbar **OPP** SPARTAN **2** wohlig, genüsslich

lux·ury /ˈlʌkʃəri/ Nomen (Pl **-ies**) **1** Luxus **2** Genuss, Luxus **IDM** ⇒ LAP¹

LW Abk = LONG WAVE

ly·chee /ˌlaɪˈtʃiː, ˈlaɪtʃi:/ Nomen Litschi

Lycra™ /ˈlaɪkrə/ Nomen Lycra™

lying Form von LIE¹,²

lymph /lɪmf/ Nomen Lymphe

lymph·at·ic /lɪmˈfætɪk/ Adj lymphatisch, Lymph-

lynch /lɪntʃ/ Verb lynchen

lynch·ing /ˈlɪntʃɪŋ/ Nomen Lynchen ◇ *A lynching took place.* Es wurde jemand gelyncht.

ˈlynch mob Nomen Lynchmob

ˈlynch·pin = LINCHPIN

lynx /lɪŋks/ Nomen (Pl **lynx** oder **lynxes**) Luchs ☛ G 1.2

lyre /ˈlaɪə(r)/ Nomen (Saiteninstrument) Lyra

lyric¹ /ˈlɪrɪk/ Adj lyrisch ◇ *lyric poetry* Lyrik ◇ *a lyric poet* ein Lyriker

lyric² /ˈlɪrɪk/ Nomen **1** lyrisches Gedicht **2** **lyrics** [meist Pl] (Lied-) Text(e)

lyr·ic·al /ˈlɪrɪkl/ Adj lyrisch ◇ *wax lyrical about sth* über etw ins Schwärmen geraten

lyr·ic·al·ly /ˈlɪrɪkli/ Adv **1** lyrisch, schwärmerisch **2** was den Text betrifft

lyri·cism /ˈlɪrɪsɪzəm/ Nomen Lyrismus, Gefühlsbetontheit

lyri·cist /ˈlɪrɪsɪst/ Nomen (Musicals, Pop) Texter(in)

Mm

M, m /em/ **1** *Nomen* (*Pl* **M's, m's**) (*Buchstabe*) M, m ☛ *Beispiele bei* A, a **2 M** *Abk* = MOTORWAY **M** *Abk* = MEDIUM¹ **4 m.** (*BrE auch* **m**) *Abk* = MALE¹ (1) **5 m.** (*BrE auch* **m**) *Abk* = MARRIED (1) **6 m.** (*BrE auch* **m**) *Abk* = METRE (1) **7 m.** (*BrE auch* **m**) *Abk* = MILLION

M.A. (*BrE auch* **MA**) /ˌem 'eɪ/ *Nomen* (*umgs*) Kurzform von **Master of Arts** = Magister Artium ◊ *do an MA* seinen Magister machen ◊ *be/have an MA* einen Magisterabschluss haben ☛ *Hinweis bei* DEGREE

ma /mɑː/ *Nomen* (*umgs*) Mama

ma'am /mæm, mɑːm/ *Nomen* [Sing] **1** (*AmE*) Kurzform von **Madam** (*wird oft nicht übersetzt*) meine Dame, gnädige Frau **2** (*BrE*) Majestät

Mac /mæk/ *Nomen* [Sing] (*AmE, umgs*) = Anrede für jdn, den man nicht kennt ◊ *Where to, Mac?* Wohin soll's gehen?

mac (*auch* **mack**) /mæk/ (*veraltet* **mack·in·tosh** /'mækɪntɒʃ; *AmE* -tɑːʃ/) *Nomen* (*BrE, umgs*) Regenmantel

ma·cabre /mə'kɑːbrə/ *Adj* makaber

maca·da·mia /ˌmækə'deɪmiə/ (*auch* **maca'damia nut**) *Nomen* Macadamia-Nuss

maca·roni /ˌmækə'rəʊni; *AmE* -'roʊni/ *Nomen* [U] Makkaroni ◊ *macaroni cheese* Makkaroni mit Käsesoße

maca·roon /ˌmækə'ruːn/ *Nomen* Makrone

macaw /mə'kɔː/ *Nomen* (*Papagei*) Ara

mace /meɪs/ *Nomen* **1** Amtsstab **2** (*altertümliche Waffe*) Streitkolben **3** [U] Muskatblüte(n)

Mach /mɑːk, mæk/ *Nomen* (PHYSIK) Mach

ma·chete /mə'ʃeti/ *Nomen* Machete

Ma·chia·vel·lian /ˌmækiə'veliən/ *Adj* (*gehoben, abwert*) machiavellistisch, machtpolitisch, skrupellos

ma·chin·ation /ˌmæʃɪ'neɪʃn/ *Nomen* [meist Pl] (*gehoben, abwert*) Machenschaft, Intrige

ma·chine¹ /mə'ʃiːn/ *Nomen* **1** (*oft in Zusammensetzungen*) Maschine, Gerät ◊ *an answering machine* ein Anrufbeantworter ◊ *by machine* maschinell **2** (*in Zusammensetzungen auch*) Automat **3** (*umgs*) (*Computer*) Rechner **4** (*Partei-, Propaganda- etc.*) Apparat **5** (*oft abwert*) (*Mensch*) Roboter, Maschine IDM ⇨ COG

ma·chine² /mə'ʃiːn/ *Verb* **1** maschinell bearbeiten **2** mit der Nähmaschine nähen

ma'chine code (*auch* **ma'chine language**) *Nomen* (COMP) Computersprache

ma'chine gun *Nomen* Maschinengewehr

ma'chine-gun *Verb* (-**nn**-) mit dem Maschinengewehr beschießen

maˌchine-'made *Adj* maschinell hergestellt

maˌchine-'readable *Adj* maschinenlesbar

ma·chin·ery /mə'ʃiːnəri/ *Nomen* **1** [U] Maschinen ◊ *agricultural machinery* Landmaschinen ◊ *stage machinery* Unterbühnen-Maschinerie ◊ *a piece of machinery* eine Maschine **2** [U/Sing] (*fig*) Maschinerie, Räderwerk, System

ma'chine tool *Nomen* Werkzeugmaschine

ma·chin·ist /mə'ʃiːnɪst/ *Nomen* **1** Maschinist(in) **2** Maschinenschlosser(in)

mach·ismo /mə'tʃɪzməʊ; *AmE* mɑː'tʃiːzmoʊ/ *Nomen* (*meist abwert*) Machismo

macho /'mætʃəʊ; *AmE* 'mɑːtʃoʊ/ *Adj* (*meist abwert*) Macho-, machohaft

mack = MAC

mack·erel /'mækrəl/ *Nomen* (*Pl* **mack·erel**) Makrele

mack·in·tosh /'mækɪntɒʃ; *AmE* -tɑːʃ/ *Nomen* (*veraltet*) = MAC

macro /'mækrəʊ; *AmE* 'mækroʊ/ *Nomen* (*Pl* **macros**) Makro

macro·bi·ot·ic /ˌmækrəʊbaɪ'ɒtɪk; *AmE* -kroʊbaɪ'ɑːt-/ *Adj* makrobiotisch

macro·cosm /'mækrəʊkɒzəm; *AmE* -kroʊkɑːz-/ *Nomen* Makrokosmos

macro·eco·nom·ic /ˌmækrəʊˌiːkə'nɒmɪk; *AmE* -kroʊˌekə'nɑːm-/ *Adj* makroökonomisch

macro·eco·nom·ics /ˌmækrəʊˌiːkə'nɒmɪks; *AmE* -kroʊˌekə'nɑːm-/ *Nomen* Makroökonomie ☛ *Hinweis bei* ECONOMICS

mad /mæd/ *Adj* (**mad·der, mad·dest**) **1** (*bes BrE*) wahnsinnig, verrückt ◊ *go mad* wahnsinnig werden ◊ *You must be mad!* Du spinnst wohl! ◊ *'I'm going shopping.' 'Well, don't go mad'.* „Halt ich geh einkaufen." „Halt dich aber ein bisschen zurück." **2** (*bes AmE, umgs*) ~ (**at/with sb**) (**about sth**) sauer (auf jdn) (wegen einer Sache), wütend (auf jdn) (wegen einer Sache) ◊ *He got mad.* Er wurde sauer. **3** ~ (**about/on sth/sb**) verrückt (nach/auf etw/jdn) ◊ *She's mad on tennis.* Sie mag Tennis wahnsinnig gern. ◊ *He's football mad.* Er ist ein Fußballfanatiker. ◊ *power-mad* machtversessen. **4** ~ (**with sth**) (*umgs*) außer sich (vor etw) ◊ *mad with love* verrückt vor Liebe ◊ *mad with grief* vor Schmerz ganz von Sinnen ◊ *The fans went mad.* Die Fans wurden ganz wild. **5** tollwütig IDM (**as**) **mad as a 'hatter/a March 'hare** (*umgs*) völlig verrückt **mad 'keen (on sb/sth)** (*BrE*) (*umgs*) total verrückt (auf jdn/etw) ☛ *Siehe auch* CRAZY¹ *und* HOP¹

madam /'mædəm/ *Nomen* [Sing] (*gehoben*) (*wird meist nicht übersetzt*) gnädige Frau ◊ *Your coffee, madam.* Bitte schön, Ihr Kaffee. **2** (*in Briefen*) ◊ *Dear Madam* Sehr geehrte gnädige Frau ◊ *Dear Sir or Madam* Sehr geehrte Damen und Herren **3** (*bes BrE, umgs, abwert*) Kratzbürste, verwöhnte Prinzessin **4** Puffmutter

mad·cap /'mædkæp/ *Adj* (*umgs*) wild, verrückt SYN RECKLESS

mad 'cow disease *Nomen* (*umgs*) Rinderwahnsinn

mad·den /'mædn/ *Verb* **1** wahnsinnig machen **2** wahnsinnig ärgern

mad·den·ing /'mædnɪŋ/ *Adj* (*Adv* **mad·den·ing·ly**) unerträglich ◊ *It's maddening.* Es ist zum Verrücktwerden! ◊ *maddening delays* frustrierende Verzögerungen

made *Form von* MAKE¹ IDM **have (got) it made** (*umgs*) es geschafft haben; alles haben, was man sich nur wünschen kann **made for sb/each other** wie für jdn/füreinander geschaffen

Ma'deira cake /mə'dɪərə keɪk; *AmE* mə'dɪrə/ *Nomen* (*BrE*) ≈ Sandkuchen

'made-up *Adj* **1** geschminkt **2** erfunden

mad·house /'mædhaʊs/ *Nomen* **1** [meist Sing] (*umgs*) (*fig*) Tollhaus **2** (*veraltet*) Irrenanstalt

mad·ly /'mædli/ *Adv* **1** (*steht nur nach dem Verb*) wie verrückt **2** (*umgs*) wahnsinnig

mad·man /'mædmən/ *Nomen* (*Pl* -**men** /-mən/) Verrückter, Irrer

mad·ness /'mædnəs/ *Nomen* (*veraltet*) Wahnsinn ◊ *in a moment of madness* in einem Augenblick geistiger Umnachtung IDM ⇨ METHOD

ma·donna /mə'dɒnə; *AmE* mə'dɑːnə/ *Nomen* **1** **the Madonna** [Sing] die Jungfrau Maria **2** Madonna, Marienbild

mad·ri·gal /'mædrɪgl/ *Nomen* Madrigal

mad·woman /'mædwʊmən/ *Nomen* (*Pl* -**women** /-wɪmɪn/) Verrückte, Irre

mael·strom /'meɪlstrɒm; *AmE* -strɑːm/ *Nomen* [meist Sing] (*gehoben*) Strudel ◊ *be sucked into the maelstrom of war* in die Kriegswirren hineingezogen werden SYN WHIRLPOOL

maes·tro /'maɪstrəʊ; *AmE* -stroʊ/ *Nomen* (*Pl* -**os**) Maestro

Mafia /'mæfiə; *AmE* 'mɑːf-/ *Nomen* Mafia (*auch fig*)

| æ cat | ɑː father | e ten | ɜː bird | ə about | ɪ sit | iː see | i many | ɒ got (*BrE*) | ɔː saw | ʌ cup | ʊ put | uː too |

☛ G 1.3a ☛ Im übertragenen Sinne wird **mafia** kleingeschrieben.
Ma·fi·oso /ˌmæfiˈəʊsəʊ; *AmE* ˌmɑːfiˈoʊsoʊ/ *Nomen* (*Pl* **Ma·fi·osi** /-siː/) Mafioso
maga·zine /ˌmæɡəˈziːn; *AmE* ˈmæɡəziːn/ *Nomen* **1** (*umgs* **mag** /mæɡ/) Zeitschrift **2** (*Fernseh-, Radiosendung*) Magazin **3** (*an Waffen*) Magazin **4** Waffenlager
ma·genta /məˈdʒentə/ **1** *Adj* purpurrot **2** *Nomen* Purpur, Magenta
mag·got /ˈmæɡət/ *Nomen* Made
Magi /ˈmeɪdʒaɪ/ *Nomen* [Pl] **the Magi** die Heiligen Drei Könige
magic¹ /ˈmædʒɪk/ *Nomen* **1** Magie, Zauberei ◇ *as if by/like magic* wie durch ein Wunder **2** Zauberkunst, Zauberei ⎡SYN⎤ CONJURING **3** Zauber ◇ *He can work his magic on everybody.* Sein Charme wirkt auf alle. ◇ *be pure/sheer magic* einfach zauberhaft sein ⎡IDM⎤ ⇨ WEAVE¹
magic² /ˈmædʒɪk/ *Adj* **1** Zauber- ◇ *a magic spell* ein Zauberspruch **2** (*umgs*) wundervoll, zauberhaft ◇ *He's lost his magic touch.* Er hat keine glückliche Hand mehr. ◇ *She has a magic touch with children.* Sie kann unglaublich gut mit Kindern umgehen. ◇ *Trust is the magic ingredient in our relationship.* Vertrauen ist das Zauberwort in unserer Beziehung. **3** *nicht vor Nomen* (*BrE, umgs*) fantastisch
magic³ /ˈmædʒɪk/ *Verb* (**-ck-**) ◇ *magic sth away* etw wegzaubern ◇ *a sonata, which he magicked into a masterpiece* eine Sonate, die er auf zauberhafte Weise in ein Meisterwerk verwandelte
magic·al /ˈmædʒɪkl/ *Adj* **1** magisch **2** (*umgs*) wundervoll, traumhaft
ma·gic·al·ly /ˈmædʒɪkli/ *Adv* auf wunderbare Weise, wunderbar
ˌ**magic ˈcarpet** *Nomen* fliegender Teppich
ma·gi·cian /məˈdʒɪʃn/ *Nomen* **1** Zauberkünstler(in) ⎡SYN⎤ CONJURER **2** Magier(in) ⎡SYN⎤ SORCERER
ˌ**magic ˈrealism** (*auch* ˌ**magical ˈrealism**) *Nomen* magischer Realismus
ˌ**magic ˈwand** (*auch* **wand**) *Nomen* Zauberstab
magis·ter·ial /ˌmædʒɪˈstɪəriəl; *AmE* -ˈstɪr-/ *Adj* (*gehoben*) **1** (*Adv* **magis·ter·ial·ly** /-iəli/) gebieterisch, herrisch **2** meisterhaft **3** *nur vor Nomen* eines Friedensrichters/einer Friedensrichterin
magis·tracy /ˈmædʒɪstrəsi/ *Nomen* **the magistracy 1** (*Berufsgruppe*) Friedensrichter(innen) ☛ G 1.3a **2** [Sing] Amt des Friedensrichters/der Friedensrichterin
magis·trate /ˈmædʒɪstreɪt/ *Nomen* Friedensrichter(in) ◇ *He will appear before magistrates tomorrow.* Er erscheint morgen vor dem Friedensgericht. ⎡SYN⎤ JUSTICE OF THE PEACE
magma /ˈmæɡmə/ *Nomen* (*Fachspr*) Magma
magna cum laude /ˌmæɡnə kʊm ˈlɔːdi, ˈlaʊdeɪ/ *Adv, Adj* = zweitbeste Note bei einem Abschluss an amerikanischen Universitäten ☛ *Hinweis bei* DEGREE
mag·na·nim·ity /ˌmæɡnəˈnɪməti/ *Nomen* Großmut
mag·nani·mous /mæɡˈnænɪməs/ *Adj* (*Adv* **mag·nani·mous·ly**) (*gehoben*) großmütig
mag·nate /ˈmæɡneɪt/ *Nomen* Magnat ◇ *a property magnate* ein Immobilienkönig
mag·ne·sium /mæɡˈniːziəm/ *Nomen* Magnesium
mag·net /ˈmæɡnət/ *Nomen* Magnet
mag·net·ic /mæɡˈnetɪk/ *Adj* (*Adv* **mag·net·ic·al·ly** /-kli/) **1** magnetisch, Magnet- ◇ *magnetic media* magnetische Datenträger ◇ *a magnetic compass* ein Magnetkompass **2** anziehend ◇ *her magnetic personality* ihre positive Ausstrahlung
mag·net·ism /ˈmæɡnətɪzəm/ *Nomen* **1** Magnetismus **2** Ausstrahlung ◇ *personal magnetism* Charisma
mag·net·ize (*BrE auch* **-ise**) /ˈmæɡnətaɪz/ *Verb* **1** (*meist passiv*) magnetisieren **2** (*gehoben*) magnetisch anziehen
mag·neto /mæɡˈniːtəʊ; *AmE* -ˈniːtoʊ/ *Nomen* (*Pl* **-os**) Magnetzünder
mag·ni·fi·ca·tion /ˌmæɡnɪfɪˈkeɪʃn/ *Nomen* Vergrößerung
mag·nifi·cence /mæɡˈnɪfɪsns/ *Nomen* Großartigkeit, Pracht
mag·nifi·cent /mæɡˈnɪfɪsnt/ *Adj* (*Adv* **mag·nifi·cent·ly**) großartig, prachtvoll

mag·nify /ˈmæɡnɪfaɪ/ *Verb* (**-fies, -fy·ing, -fied, -fied**) **1** vergrößern **2** (*Probleme, Geräusche etc.*) verstärken
ˈ**magnifying glass** *Nomen* Lupe
mag·ni·tude /ˈmæɡnɪtjuːd; *AmE* -tuːd/ *Nomen* **1** (*gehoben*) Größe, Ausmaß ◇ *a disaster of the first magnitude* eine Katastrophe ersten Ranges **2** (ASTRON) Größenklasse **3** Stärke (*eines Erdbebens*)
mag·no·lia /mæɡˈnəʊliə; *AmE* -ˈnoʊ-/ *Nomen* Magnolie
mag·num /ˈmæɡnəm/ *Nomen* 1,5-Liter-Flasche
ˌ**magnum ˈopus** *Nomen* [Sing] Hauptwerk
mag·pie /ˈmæɡpaɪ/ *Nomen* Elster
maha·raja (*auch* **maha·ra·jah**) /ˌmɑːhəˈrɑːdʒə/ *Nomen* Maharadscha
maha·rani (*auch* **maha·ra·nee**) /ˌmɑːhəˈrɑːni/ *Nomen* Maharani
mah·jong /mɑːˈdʒɒŋ; *AmE* -ˈʒɑːŋ/ *Nomen* Mah-Jongg
ma·hog·any /məˈhɒɡəni; *AmE* -ˈhɑːɡ-/ *Nomen* **1** Mahagoni ◇ *a mahogany table* ein Mahagonitisch **2** Mahagonibraun
maid /meɪd/ *Nomen* (*oft in Zusammensetzungen*) Hausangestellte, Zimmermädchen, Putzfrau
maid·en¹ /ˈmeɪdn/ *Nomen* (*gehoben, veraltet*) Jungfer
maid·en² /ˈmeɪdn/ *Adj nur vor Nomen* Jungfern- ◇ *a maiden voyage* eine Jungfernfahrt
ˌ**maiden ˈaunt** *Nomen* (*veraltet*) unverheiratete Tante
ˈ**maiden name** *Nomen* Mädchenname
ˌ**maid of ˈhonour** (*AmE* ˌ**maid of ˈhonor**) *Nomen* (*Pl* **maids of honour/honor**) (*bes AmE*) erste Brautjungfer
mail¹ /meɪl/ *Nomen* **1** Post ◇ *Your cheque is in the mail.* Wir haben Ihren Scheck schon abgeschickt. **2** [U] E-Mail **3** = CHAIN MAIL
mail² /meɪl/ *Verb* (*bes AmE*) **1** ~ **sth** (**to sb/sth**); ~ (**sb**) **sth** etw (an jdn/etw) (per Post) schicken, (jdm) etw schicken **2** ~ **sb/sth** jdn/etw anschreiben ⎡PHRV⎤ ˌ**mail sth ˈout** etw verschicken
mail·bag /ˈmeɪlbæɡ/ *Nomen* **1** Postsack **2** (*BrE*) ◇ *Transport has been the main subject of the MP's mailbag today.* Der Abgeordnete hat heute hauptsächlich Post zum Thema Verkehr bekommen.
mail·box /ˈmeɪlbɒks; *AmE* -bɑːks/ *Nomen* **1** (*AmE*) Briefkasten **2** Mailbox
ˈ**mail carrier** *Nomen* (*AmE*) Briefträger(in)
mail·er /ˈmeɪlə(r)/ *Nomen* (*AmE*) **1** Mailing **2** = Umschlag/Schachtel zum Verschicken kleinerer Gegenstände
mail·ing /ˈmeɪlɪŋ/ *Nomen* **1** Versenden ◇ *a mailing address* eine Postanschrift **2** Mailing
ˈ**mailing list** *Nomen* **1** Adressenliste **2** (COMP) Mailingliste, E-Mail-Verteiler
mail·man /ˈmeɪlmæn/ *Nomen* (*Pl* **-men** /-mən/) (*AmE*) Briefträger
ˌ**mail ˈorder** *Nomen* Versandhandel
mail·shot /ˈmeɪlʃɒt; *AmE* -ʃɑːt/ *Nomen* Mailing
ˈ**mail slot** *Nomen* (*AmE*) Briefkasten(schlitz)
maim /meɪm/ *Verb* verstümmeln, zum Krüppel machen
main¹ /meɪn/ *Adj nur vor Nomen* Haupt- ◇ *the main thing* die Hauptsache ⎡IDM⎤ ⇨ EYE¹
main² /meɪn/ *Nomen* **1** Hauptleitung **2** Abwasserrohr **3 the mains** [Pl] das öffentliche Versorgungsnetz ◇ *The shaver will run off batteries or mains.* Der Rasierer funktioniert mit Batterien oder Netzstrom. ◇ *mains gas/water* Gas/Wasser aus dem Versorgungsnetz **4 the mains** (*für Gas, Wasser*) Haupthahn; (*für Strom*) Hauptschalter ⎡IDM⎤ ˌ**in the ˈmain** im Allgemeinen; hauptsächlich
ˌ**main ˈclause** *Nomen* Hauptsatz
ˌ**the main ˈdrag** *Nomen* (*AmE, umgs*) die Hauptstraße
main·land /ˈmeɪnlænd/ *Nomen* Festland ◇ *mainland Greece* das griechische Festland
ˌ**main ˈline** *Nomen* (EISENB) Hauptstrecke
main·line¹ /ˈmeɪnlaɪn/ *Adj* (*bes AmE*) vorherrschend ◇ *mainline churches* die wichtigsten Religionsgemeinschaften ⎡SYN⎤ MAINSTREAM
main·line² /ˈmeɪnlaɪn/ *Verb* (*Slang*) fixen; (*Heroin etc.*) spritzen
main·ly /ˈmeɪnli/ *Adv* hauptsächlich, vorwiegend
main·sail /ˈmeɪnseɪl, ˈmeɪnsl/ *Nomen* Hauptsegel

main·spring /'meɪnsprɪŋ/ *Nomen* Triebfeder

main·stay /'meɪnsteɪ/ *Nomen* [meist Sing] wichtigstes Standbein, wichtigste Stütze

main·stream¹ /'meɪnstriːm/ *Nomen* **the mainstream** [Sing] (*Hauptrichtung*) der Mainstream ◇ *He was never part of the literary mainstream.* Er gehörte nie dem literarischen Mainstream an.

main·stream² /'meɪnstriːm/ *Adj* **1** Mainstream-, konventionell **2** allgemein, regulär ◇ *children in mainstream education* Kinder an Regelschulen

ˈ**main street** *Nomen* (*AmE*) **1** Hauptstraße **2 Main Street** das kleinbürgerliche Amerika

main·tain /meɪnˈteɪn/ *Verb* **1** aufrechterhalten, bewahren ◇ *maintain law and order* für Recht und Ordnung sorgen ◇ *maintain prices* die Preise stabil halten SYN PRESERVE **2** instand halten, warten **3** behaupten ◇ *She has always maintained her innocence.* Sie hat immer ihre Unschuld beteuert. **4** (*für den Unterhalt aufkommen*) unterhalten SYN KEEP

main·ten·ance /'meɪntənəns/ *Nomen* **1** Instandhaltung, Wartung **2** Wahrung, Aufrechterhaltung **3** (*BrE*) (RECHT) Unterhalt ◇ *a maintenance order* eine gerichtliche Anordnung zur Zahlung von Unterhalt

mai·son·ette /ˌmeɪzəˈnet/ *Nomen* (*BrE*) kleines Reihenhaus oder Wohnung über zwei Stockwerke mit separatem Eingang

maize /meɪz/ *Nomen* Mais

Maj. *Abk* = MAJOR

ma·jes·tic /məˈdʒestɪk/ *Adj* (*Adv* **ma·jes·tic·al·ly** /-kli/) mächtig, erhaben, majestätisch

maj·esty /'mædʒəsti/ *Nomen* (*Pl* **-ies**) **1** (*gehoben*) Erhabenheit, Größe **2 His/Her/Your Majesty** (*Anrede*) Seine/Ihre/Eure Majestät **3** hoheitsvolle Würde, Majestät

major¹ /'meɪdʒə(r)/ *Adj* **1** *nur vor Nomen* bedeutend, groß, Haupt- ◇ *a major road* eine Hauptverkehrsstraße OPP MINOR ☞ *Hinweis bei* IMPORTANT **2** *nicht vor Nomen* (*bes AmE, umgs*) schwerwiegend ◇ *Never mind — it's nothing major.* Schon gut — nicht so schlimm. **3** (MUS) Dur ◇ *D major* D-Dur

major² /'meɪdʒə(r)/ *Nomen* **1** (*auch* **Major**) Major

> Berufs-, Rang- und Amtsbezeichnungen werden im Allgemeinen kleingeschrieben: *When did the major arrive?* Wann ist der Major gekommen? Werden sie dagegen als Titel verwendet, so schreibt man sie groß: *Major Lea is arriving.* Major Lea kommt.

2 (*AmE*) Hauptfach ◇ *Her major is French.* Ihr Hauptfach ist Französisch. **3** (*AmE*) ◇ *She's a French major.* Sie studiert Französisch als Hauptfach. **4** (MUS) Dur **5 the majors** (*auch* **the** ˌ**Major** ˈ**Leagues**) [Pl] (*AmE*) (*beim Baseball*) ≈ die Oberliga

major³ /'meɪdʒə(r)/ *Verb* PHRV ˈ**major in sth** (*AmE*) etw im Hauptfach studieren ˈ**major on sth** (*BrE*) das Hauptaugenmerk auf etw legen

ma·jor·ette /ˌmeɪdʒəˈret/ *Nomen* = DRUM MAJORETTE

ˌ**major** ˈ**general** *Nomen* Generalmajor

ma·jor·ity /məˈdʒɒrəti; *AmE* -ˈdʒɔːr-, -ˈdʒɑːr-/ *Nomen* (*Pl* **-ies**) **1** Mehrzahl OPP MINORITY **2** Mehrheit ◇ *an overall majority* eine absolute Mehrheit ☞ G 1.3a OPP MINORITY **3** (*AmE*) = Differenz zwischen der Anzahl der Stimmen, die der Gewinner/die Gewinnerin einer Wahl erhalten hat, und der Gesamtstimmenzahl der übrigen Kandidaten **4** (RECHT) Volljährigkeit

ma·jority leader *Nomen* (*in den USA*) = Führer(in) der Partei, die im Repräsentantenhaus bzw. im Senat die Mehrheit innehat

maˌ**jority** ˈ**rule** *Nomen* Mehrheitsregierung

maˌ**jority** ˈ**verdict** *Nomen* (RECHT) = nicht einstimmiger, aber von der Mehrheit getragener Geschworenenspruch

ˌ**major** ˈ**league** *Adj nur vor Nomen* (*AmE*) **1** (*beim Baseball*) Oberliga- ◇ *a major league team* eine Oberligamannschaft **2** bedeutend, überaus wichtig **3** erstklassig

major·ly /'meɪdʒəli; *AmE* -dʒərli/ *Adv* (*vor Adjektiven*) (*bes AmE, umgs*) unheimlich, sehr

make¹ /meɪk/ *Verb* (**made**, **made** /meɪd/)

• **machen, herstellen 1** machen ◇ *The news made him very happy.* Die Nachricht machte ihn sehr glücklich. ◇ *make yourself heard* sich Gehör verschaffen ☞ *Hinweis bei* MACHEN **2** ~ **sth** (**from sth/**(**out**) **of sth**) etw (aus etw) machen, etw (aus etw) herstellen; ~ **sth into sth** etw zu etw verarbeiten ◇ *make a cake* einen Kuchen backen ◇ *She made us all coffee.* Sie kochte uns allen Kaffee. ☞ *Hinweis bei* MACHEN **3** ~ **sth of sb/sth** etw aus jdm/etw machen ◇ *We'll make a tennis player of you yet.* Wir werden schon noch einen Tennisspieler aus dir machen. ◇ *You've made a terrible mess of this job.* Du hast die Sache total verpfuscht. **4** ~ **sb/sth sth** jdn/etw zu etw machen ◇ *I made painting the house my next project.* Ich habe mir vorgenommen, als Nächstes das Haus zu streichen. **5** werden, abgeben ◇ *This room would make a nice office.* Aus diesem Raum könnte man ein schönes Büro machen. **6** darstellen ◇ *The painter made her hands too big.* Der Maler hat ihr zu große Hände gemalt. **7** verfassen ◇ *These regulations were made to protect children.* Diese Vorschriften wurden zum Schutz von Kindern erlassen.

• **bewirken 8** verursachen ◇ *make a noise* Lärm machen ◇ *The holes in the cloth were made by moths.* Die Löcher im Stoff stammen von Motten. **9** ~ **sb do sth** jdn dazu bringen etw zu tun, jdn etw tun lassen ◇ *This dress makes me look fat.* In diesem Kleid sehe ich dick aus.

• **Geld, Mathematik, Schätzungen 10** verdienen ◇ *make a living* seinen Lebensunterhalt verdienen **11** ergeben, sein ◇ *5 and 7 make 12.* 5 und 7 sind 12. **12** (*kein Passiv*) schätzen, kalkulieren ◇ *What time do you make it?* Wie viel Uhr ist es bei dir? ◇ *I make that exactly $50.* Nach meiner Rechnung sind das genau $50.

• **andere Ausdrücke 13** (*kein Passiv*) erreichen, es schaffen ◇ *I'm sorry I couldn't make your party last night.* Tut mir Leid, dass ich gestern Abend nicht zu deiner Party konnte. ◇ *make a deadline* einen Termin einhalten ◇ *make the front page of the newspapers* auf die Titelseite der Zeitungen kommen **14** krönen, zu einem Erfolg machen **15** ◇ *make a decision* eine Entscheidung treffen ◇ *make a guess* raten ☞ **Make** kann mit vielen verschiedenen Nomina auf diese Weise verwendet werden. Die entsprechenden Wendungen finden sich unter dem jeweiligen Nomen.

IDM **make as if to do sth** (*gehoben*) Anstalten machen etw zu tun; so tun, als wolle man etw tun **make** ˈ**do** (**with sth**) sich (mit etw) begnügen **make** ˈ**good** es zu etw bringen **make sth** ˈ**good 1** für etw aufkommen; etw (wieder) gutmachen **2** etw erfüllen; etw wahr machen SYN FULFIL ˈ**make it 1** erfolgreich sein; Erfolg haben; es schaffen ◇ *He never really made it as an actor.* Er schaffte nie den Durchbruch als Schauspieler. **2** kommen (können) ◇ *I'm sorry I won't be able to make it on Saturday.* Es tut mir Leid, ich kann am Samstag nicht kommen. **make it through sth** etw überstehen ˈ**make it with sb** (*AmE, Slang*) (*Sex*) es mit jdm treiben **make like ...** (*AmE, umgs*) so tun als ob **make the** ˈ**most of sth/sb** das Beste aus etw/jdm machen **make the** ˈ**most of yourself** sich von seiner besten Seite zeigen; das Beste aus sich machen **make** ˈ**much of sth/sb** (*gehoben*) viel Wesens um etw/jdn machen ˌ**make or** ˈ**break sth** für etw Erfolg oder Misserfolg bedeuten ◇ *This meeting is of make-or-break importance.* Mit dieser Sitzung steht und fällt alles. ◇ *It's make-or-break time for the company.* Das ist die Stunde der Wahrheit für die Firma. ˈ**make something of yourself** etwas aus sich machen ☞ Für andere Redewendungen mit **make** siehe die Einträge für die Nomina, Adjektive etc. **Make merry** z.B. steht unter **merry**.

PHRV ˈ**make for sth 1** auf etw zusteuern **2** zu etw führen ◇ *This play makes for compulsive viewing.* Dieses Stück nimmt einen gefangen. ˈ**make A into B** B aus A machen ˈ**make sth of sb/sth** etw von jdm/etw halten ◇ *I've read the book, but I can't make anything of it.* Ich habe das Buch gelesen, aber ich kann damit nichts anfangen. ˌ**make** ˈ**off** (**with sth/sb**) sich (mit etw/jdm) davonmachen ˌ**make** ˈ**out** (*umgs*) zurechtkommen ˌ**make** ˈ**out** (**with sb**) (*AmE*) (*Sex*) (mit jdm) herummachen ˌ**make sb** ˈ**out** aus jdm schlau werden ˌ**make sb/sth** ˈ**out 1** jdn/etw erkennen ◇ *I couldn't make out what they were saying.* Ich konnte nicht verstehen, was sie sagten. **2** ◇ *She's not as rich as people make out.* Sie ist nicht so reich wie die Leute behaupten. SYN CLAIM ˌ**make sth** ˈ**out 1** (*Scheck etc.*) ausstellen ◇ *He made out a cheque for $100.* Er stellte einen Scheck über 100 Dollar aus. **2** (*in Fragen und indirekten Sätzen*) ◇ *How do you make out what she wants?* Wie kommst du dahinter, was sie will?

,make sth 'over (to sb/sth) etw (jdm/etw) überschreiben ◇ **'make towards sth** auf etw zusteuern **,make yourself/sb 'up** sich/jdn schminken **,make sth 'up 1** etw ausmachen, etw bilden ➡ G 9.7d [SYN] CONSTITUTE **2** etw zusammenstellen **3** etw erfinden, sich etw ausdenken **4** etw zusammen bekommen, etw komplett/vollständig machen; (*Summe*) etw aufrunden; (*Flüssigkeit*) etw auffüllen **5** etw nachholen, etw ausgleichen **6** (*Essen, Medikament*) etw zubereiten **7** (*Bett*) etw zurechtmachen **,make 'up for sth 1** etw ausgleichen, etw aufholen **2** etw (wieder) gutmachen [SYN] COMPENSATE **,make it 'up to sb** es an jdm wieder gutmachen **,make 'up to sb** (*BrE, umgs, abwert*) sich an jdn heranmachen **,make 'up (with sb)** (*BrE auch* **,make it 'up**) sich wieder (mit jdm) vertragen

make² /meɪk/ *Nomen* Marke, Fabrikat ◇ *What make of car do you drive?* Was für ein Auto fahren Sie? [IDM] **on the 'make** (*umgs, abwert*) auf Vorteil/Geld/Ruhm/Sex aus

'make-believe *Nomen* **1** (*abwert*) Fantasie ◇ *They live in a world of make-believe/a make-believe world.* Sie leben in einer Scheinwelt. **2** ◇ *'Let's play make-believe,' said Sam.* „Lasst uns so tun, als ob", sagte Sam.

make-over /'meɪkəʊvə(r); *AmE* -oʊ-/ *Nomen* **1** Schönheitsbehandlung **2** Neugestaltung ◇ *The offices had undergone a thorough makeover.* Die Büros sind komplett renoviert worden.

maker /'meɪkə(r)/ *Nomen* **1** (*oft in Zusammensetzungen*) Macher(in), Produzent(in), Hersteller(in) ◇ *a decision maker* ein(e) Entscheidungsträger(in) ◇ *an electric coffeemaker* eine elektrische Kaffeemaschine **2 the, his, your, etc. Maker** der, sein, dein etc. Schöpfer [IDM] ⇨ MEET¹

make-shift /'meɪkʃɪft/ *Adj* behelfsmäßig, Behelfs-, Not- ◇ *a makeshift camp* ein Behelfslager

'make-up *Nomen* **1** Make-up ◇ *put on your make-up* sich schminken ◇ *a make-up artist* ein(e) Maskenbildner(in) **2** Wesen(sart), Veranlagung **3** Zusammensetzung **4** (*Fachspr*) (Seiten)umbruch, (Seiten)layout **5** (*AmE*) Wiederholungsprüfung

make-weight /'meɪkweɪt/ *Nomen* **1** Lückenbüßer(in) **2** Gegengewicht, Ausgleich

mak·ing /'meɪkɪŋ/ *Nomen* (*oft in Zusammensetzungen*) Machen, Herstellen, Zubereiten ◇ *strategic decision making* das Treffen von strategischen Entscheidungen ◇ *the making of social policy* das Entwerfen einer Sozialpolitik [IDM] **be the 'making of sb** ◇ *University will be the making of him.* Wenn er studiert, wird aus ihm etwas werden. ◇ *The Navy was the making of him.* Die Marine hat ihm zu dem gemacht, was er ist. ◇ *Her third novel was the making of her.* Ihr dritter Roman hat ihr zum Durchbruch verholfen. **have the 'makings of sth** das Zeug zu etw haben **in the 'making** im Entstehen; im Werden ◇ *This model was two years in the making.* An diesem Modell ist zwei Jahre lang gearbeitet worden. ◇ *This is history in the making.* Dies wird Geschichte machen. **of your own 'making** hausgemacht; selbst verschuldet; selbst geschaffen

mal- /mæl/

> Die Vorsilbe **mal-** kann mit Nomina oder Adjektiven verbunden werden und bedeutet „schlecht": *malabsorb* schlecht aufnehmen

mal·ach·ite /'mæləkaɪt/ *Nomen* Malachit

mal·ad·just·ed /ˌmæləˈdʒʌstɪd/ *Adj* verhaltensgestört

mal·ad·just·ment /ˌmæləˈdʒʌstmənt/ *Nomen* [U] Verhaltensstörung

mal·ad·min·is·tra·tion /ˌmælədˌmɪnɪˈstreɪʃn/ *Nomen* [U] (*gehoben*) Misswirtschaft

mal·ady /'mælədi/ *Nomen* (*Pl* **-ies**) **1** (*gehoben*) Übel **2** (*veraltet*) Leiden, Krankheit

mal·aise /mə'leɪz/ *Nomen* [U/Sing] (*gehoben*) **1** Misere **2** Unbehagen, Missstimmung

mal·aria /mə'leəriə; *AmE* -'ler-/ *Nomen* Malaria

mal·con·tent /'mælkəntent; *AmE* ˌmælkən'tent/ *Nomen* [*meist Pl*] (*gehoben, abwert*) Unzufriedene(r)

male¹ /meɪl/ *Adj* **1** (*Abk* **m**) männlich ◇ *a male model* ein Dressman ◇ *male bonding* Männerfreundschaft(en)

> **Male** und **female** werden manchmal mit Berufs- und ähnlichen Bezeichnungen benutzt, wenn man deutlich machen will, welchem Geschlecht die Person angehört, von der die Rede ist: *a male nurse* ein Krankenpfleger ◇ *their female colleagues* ihre Kolleginnen.

2 (TECH) ◇ *a male screw* eine Schraube ◇ *a male thread* ein Außengewinde ◇ *a 5-pin male plug* ein 5-poliger Stecker

male² /meɪl/ *Nomen* **1** Mann ◇ *a male-dominated profession* ein männerdominierter Beruf **2** (*Tier*) Männchen

male·ness /'meɪlnəs/ *Nomen* Männlichkeit, männliches Geschlecht

ma·levo·lence /mə'levələns/ *Nomen* Böswilligkeit, Boshaftigkeit

ma·levo·lent /mə'levələnt/ *Adj* (*Adv* **ma·levo·lent·ly**) böswillig, bösartig, boshaft ◇ *malevolent forces* böse Kräfte [OPP] BENEVOLENT

mal·for·ma·tion /ˌmælfɔːˈmeɪʃn; *AmE* -fɔːr'm-/ *Nomen* Missbildung

mal·formed /ˌmæl'fɔːmd; *AmE* -'fɔːrmd/ *Adj* missgebildet

mal·func·tion¹ /ˌmæl'fʌŋkʃn/ *Verb* (*gehoben*) nicht richtig funktionieren

mal·func·tion² /ˌmæl'fʌŋkʃn/ *Nomen* (*gehoben*) Fehlfunktion

mal·ice /'mælɪs/ *Nomen* Böswilligkeit, Bösartigkeit ◇ *She bears you no malice.* Sie hat dir gegenüber keine bösen Absichten. [IDM] **with ,malice a'forethought** (RECHT) ◇ *murder with malice aforethought* vorsätzlicher Mord

ma·li·cious /məˈlɪʃəs/ *Adj* (*Adv* **ma·li·cious·ly**) **1** böswillig, bösartig, hämisch **2** mutwillig

ma·lign¹ /mə'laɪn/ *Verb* (*gehoben*) schlecht machen, in Verruf bringen

ma·lign² /mə'laɪn/ *Adj* (*gehoben*) bösartig, bösartig, böse ◇ *a malign force* eine unheilvolle Kraft [OPP] BENIGN

ma·lig·nancy /mə'lɪgnənsi/ *Nomen* (*Pl* **-ies**) (*gehoben*) **1** bösartiger Tumor [SYN] TUMOUR **2** Bösartigkeit

ma·lig·nant /mə'lɪgnənt/ *Adj* bösartig [OPP] BENIGN

ma·lin·ger /mə'lɪŋgə(r)/ *Verb* (*meist in der Verlaufsform*) (*abwert*) eine Krankheit vortäuschen, simulieren

ma·lin·ger·er /mə'lɪŋgərə(r)/ *Nomen* Simulant(in)

mall /mɔːl, mæl/ (*bes AmE*) = SHOPPING MALL

mal·lard /'mælɑːd; *AmE* 'mælərd/ *Nomen* (*Pl* **mal·lards** *oder* **mal·lard**) Stockente

mal·le·abil·ity /ˌmæliəˈbɪləti/ *Nomen* Formbarkeit

mal·le·able /'mæliəbl/ *Adj* **1** (TECH) formbar **2** leicht beeinflussbar, leicht manipulierbar

mal·let /'mælɪt/ *Nomen* **1** Holzhammer **2** (*bei Polo und Krocket*) Schläger

mal·nour·ished /ˌmælˈnʌrɪʃt; *AmE* -'nɜːr-/ *Adj* unterernährt

mal·nu·tri·tion /ˌmælnjuːˈtrɪʃn; *AmE* -nuː-/ *Nomen* (*gehoben*) Unterernährung, falsche Ernährung

mal·prac·tice /ˌmælˈpræktɪs/ *Nomen* Berufsvergehen, Amtsvergehen ◇ *medical malpractice* ärztliches Fehlverhalten ◇ *electoral malpractice* Wahlbetrug

malt /mɔːlt; *BrE auch* mɒlt/ *Nomen* **1** Malz **2** = MALT WHISKY **3** (*AmE*) = MALTED MILK

malt·ed /'mɔːltɪd; *BrE auch* 'mɒltɪd/ *Adj* nur vor Nomen **1** gemalzt **2** Malz-

,malted 'milk (*AmE auch* **malt**) *Nomen* = Milchgetränk mit Malz

mal·treat /ˌmælˈtriːt/ *Verb* **1** misshandeln **2** schlecht behandeln

mal·treat·ment /ˌmælˈtriːtmənt/ *Nomen* **1** Misshandlung **2** schlechte Behandlung

,malt 'whisky (*BrE auch* **malt**) *Nomen* Malzwhisky

mam /mæm/ *Nomen* (*BrE, umgs, Dialekt*) Mama

mama (*auch* **mamma**) /'mæmə; *BrE auch* mə'mɑː/ *Nomen* (*AmE oder veraltet*) Mama

mam·mal /'mæml/ *Nomen* Säugetier

mam·ma·lian /mæ'meɪliən/ *Adj* Säugetier-

mam·mary /'mæməri/ *Adj nur vor Nomen* (BIOL) Brust-

mam·mo·gram /'mæməgræm/ *Nomen* (*Fachspr*) Mammogramm

mam·mog·raphy /mæ'mɒgrəfi; *AmE* -'mɑːg-/ *Nomen* (*Fachspr*) Mammographie

Mam·mon /'mæmən/ *Nomen* (*gehoben, abwert*) Mammon

mam·moth¹ /'mæməθ/ *Nomen* Mammut

mam·moth² /ˈmæməθ/ *Adj* Mammut- ◊ *The problem took on mammoth proportions.* Das Problem nahm gigantische Ausmaße an.

mammy /ˈmæmi/ *Nomen* (*Pl* **-ies**) (*umgs, Dialekt*) Mami

man¹ /mæn/ *Nomen* (*Pl* **men** /men/) **1** Mann ◊ *What's her new man like?* Wie ist ihr neuer Typ so? **2** [U] der Mensch ◊ *the damage caused by man to the environment* die vom Menschen angerichteten Umweltschäden ← Diese Verwendung von **man** gilt als politisch nicht korrekt. Wörter wie **humans**, **humankind** und **people** werden heute vorgezogen. **3** (*in Zusammensetzungen*) ◊ *a Frenchman* ein Franzose ◊ *a medical man* ein Mediziner ◊ *a sportsman* ein Sportler

-man in Zusammensetzungen, die einen Beruf oder eine gesellschaftliche Stellung bezeichnen, wie z.B. **policeman**, **fireman** oder **chairman** wird heutzutage vermieden, es sei denn man spricht von einem bestimmten Mann. Stattdessen verwendet man Worte wie **police officer**, **firefighter** oder **chairperson**.

4 (*Typ von Mann*) ◊ *He's a beer man.* Er ist ein Biertrinker. ◊ *He's not a drinking man.* Er trinkt nicht gern. ◊ *He's not a man to do something like that.* Er ist nicht der Typ, der so etwas tut. ◊ *He's not a man to be trifled with.* Mit ihm ist nicht zu spaßen. **5** Vertreter ◊ *the BBC's man in Moscow* der BBC-Reporter in Moskau ◊ *a loyal party man* ein treues Mitglied der Partei **6** [Sing] (*veraltet*) (*Anrede, die gebraucht wird, wenn man ärgerlich oder ungeduldig ist*) ◊ *Don't just stand there, man – get a doctor!* Stehen Sie nicht so rum, holen Sie einen Arzt! **7** [Sing] (*veraltet, gehoben*) Diener **8** (*Spiel*)figur **IDM as one ˈman** (*ohne Ausnahme*) geschlossen ◊ *We speak as one man on this issue.* Wir sind uns in dieser Angelegenheit durchweg einig. **be sb's ˈman** jds Mann sein; genau der/die Richtige sein **be ˈman enough** Manns genug sein **every man for himˈself** jeder für sich **make a ˈman (out) of sb** jdn zum Mann machen **a/the ˌman about ˈtown** ◊ *He looked quite the man about town.* Er war ganz der feine Herr. ◊ *a fun-loving man about town* ein Lebemann **ˌman and ˈboy** von frühester Jugend an; schon immer **the ˌman (and/or ˌwoman) in the ˈstreet** der Mann auf der Straße; der/die Durchschnittsbürger(in) **a ˌman of ˈGod/the ˈcloth** (*veraltet, gehoben*) ein Mann Gottes **the ˈman of the ˈmatch** (*BrE*) (Sport) der Mann des Tages **man's best friend** (*Hund*) der beste Freund des Menschen **a ˈman's man** ein Mann, der besser mit Männern zurechtkommt **ˌman to ˈman** von Mann zu Mann **separate/sort out the ˌmen from the ˈboys** ◊ *This will separate the men from the boys.* Dadurch wird sich zeigen, wer die ganzen Männer sind. **to a ˈman**; **to the last ˈman** (*gehoben*) alle ohne Ausnahme ◊ *to the last man* bis auf den letzten Mann ← *Siehe auch* GRAND, HEART, HOME¹, MARKED, NEXT¹, ODD, OWN, PART¹, POOR, POSSESSED, SUBSTANCE, THING, WORD¹ und WORLD

man² /mæn/ *Verb* (**-nn-**) bemannen ◊ *The switchboard is manned 24 hours a day.* Die Telefonzentrale ist rund um die Uhr besetzt.

man³ /mæn/ *Ausruf* (*bes AmE, umgs*) Mann ◊ *Man, that was great!* Mann, das war toll!

man·acle¹ /ˈmænəkl/ *Nomen* [meist Pl] Fessel

man·acle² /ˈmænəkl/ *Verb* fesseln

man·age /ˈmænɪdʒ/ *Verb* **1** (*fertig bringen*) schaffen ◊ *He managed a weak smile.* Er brachte ein schwaches Lächeln zustande. ◊ *Let's meet up again – can you manage next week sometime?* Treffen wir uns noch einmal – könnt ihr irgendwann nächste Woche? **2** ~ (**with/without sb/sth**) es (mit/ohne jdm/etw) schaffen, (mit/ohne jdm/etw) zurechtkommen **SYN** COPE **3** ~ (**on sth**) (mit etw) zurechtkommen **4** (*Geld, Angelegenheiten etc.*) verwalten, regeln **5** (*Betrieb etc.*) leiten ◊ *manage a hotel* ein Hotel führen ◊ *people who are good at managing* Leute mit Führungsqualitäten **6** klarkommen, fertig werden

man·age·able /ˈmænɪdʒəbl/ *Adj* (leicht) zu bewältigen, überschaubar ◊ *manageable hair* Haar, das sich leicht frisieren lässt **OPP** UNMANAGEABLE

man·aged /ˈmænɪdʒd/ *Adj nur vor Nomen* verwaltet ◊ *managed funds* Investmentfonds ◊ *wood from managed forests* Holz aus Nutzwäldern

man·age·ment /ˈmænɪdʒmənt/ *Nomen* **1** (*Personenkreis*) Management, Leitung ← G 1.3b **2** (*Leiten*) Führung, Management ◊ *performance management* Leistungskontrolle ◊ *Diet plays an important role in the management of heart disease.* Ernährung spielt bei der Kontrolle von Herzkrankheiten eine wichtige Rolle.

man·ager /ˈmænɪdʒə(r)/ *Nomen* **1** Manager(in), Direktor(in), Leiter(in) **2** (*Sport*) Trainer(in), Manager(in)

man·ager·ess /ˌmænɪdʒəˈres/ *Nomen* (*BrE, veraltend*) Leiterin

man·ager·ial /ˌmænəˈdʒɪəriəl; *AmE* -ˈdʒɪr-/ *Adj* Management-, Führungs-

ˌmanaging diˈrector *Nomen* (*Abk* **MD**) (*bes BrE*) Geschäftsführer(in)

Man·cu·nian /mænˈkjuːniən/ **1** *Nomen* = Person aus Manchester **2** *Adj* = aus Manchester

man·da·rin /ˈmændərɪn/ *Nomen* **1** (*BrE*) hoher Beamter, hohe Beamtin, Bonze **2** Mandarin **3 Mandarin** Hochchinesisch **4** (*auch* ˌmandarin ˈorange) Mandarine

man·date¹ /ˈmændeɪt/ *Nomen* **1** Mandat **2** Amtsperiode **3** (*gehoben*) Auftrag ◊ *The bank had no mandate to honour the cheque.* Die Bank war nicht befugt den Scheck zu honorieren. **4** Mandat, Regierungsgewalt

man·date² /ˈmændeɪt, ˌmænˈdeɪt/ *Verb* (*meist passiv*) (*gehoben*) **1** (*bes AmE*) vorschreiben **2** beauftragen **3** befugen

man·dated /ˈmændeɪtɪd/ *Adj nur vor Nomen* (*gehoben*) **1** unterstellt ◊ *mandated territories* Mandatsgebiete **2** vorgeschrieben **3** mit Regierungsauftrag

man·da·tory /ˈmændətəri; *AmE* -tɔːri; *BrE auch* mænˈdeɪtəri/ *Adj* (*gehoben*) obligatorisch ◊ *This offence carries a mandatory life sentence.* Auf dieses Verbrechen steht lebenslänglich. **SYN** COMPULSORY

man·dible /ˈmændɪbl/ *Nomen* **1** Unterkiefer(knochen) **2** Mundwerkzeug

man·do·lin /ˈmændəlɪn, ˌmændəˈlɪn/ *Nomen* Mandoline

mane /meɪn/ *Nomen* Mähne

ˈman-eater *Nomen* **1** (*wildes Tier*) Menschenfresser **2** (*hum*) männermordende Frau

ˈman-eating *Adj nur vor Nomen* **1** Menschen fressend **2** (*hum*) männermordend

man·eu·ver, **man·eu·ver·able** (*AmE*) = MANOEUVRE, MANOEUVRABLE

man·ful·ly /ˈmænfəli/ *Adv* tapfer, beherzt

man·ga·nese /ˈmæŋɡəniːz/ *Nomen* Mangan

mange /meɪndʒ/ *Nomen* Räude

man·ger /ˈmeɪndʒə(r)/ *Nomen* Krippe **IDM** ⇨ DOG¹

mange·tout /ˌmɑːnʒˈtuː/ *Nomen* [meist Pl] (*BrE*) Zuckererbse

man·gle¹ /ˈmæŋɡl/ *Verb* **1** verstümmeln, übel zurichten **2** entstellen, verhunzen

man·gle² /ˈmæŋɡl/ *Nomen* = Gerät, mit dem man Wäsche auswringt

man·gled /ˈmæŋɡld/ *Adj* verstümmelt

mango /ˈmæŋɡəʊ; *AmE* -ɡoʊ/ *Nomen* (*Pl* **-oes**) Mango

man·grove /ˈmæŋɡrəʊv; *AmE* -ɡroʊv/ *Nomen* Mangrovenbaum ◊ *mangrove swamps* Mangroven

mangy /ˈmeɪndʒi/ *Adj* **1** räudig **2** (*umgs*) schäbig

man·handle /ˈmænhændl/ *Verb* **1** grob behandeln ◊ *They were manhandled into a truck.* Sie wurden in einen Lastwagen gestoßen. **2** schleppen, hieven

man·hole /ˈmænhəʊl; *AmE* -hoʊl/ *Nomen* Kanalisationsschacht

man·hood /ˈmænhʊd/ *Nomen* **1** Mannesalter ◊ *His early manhood was spent in America.* Er verbrachte seine ersten Jahre als junger Mann in Amerika. **2** Männlichkeit **3** [U] (*verhüll*) Penis **4** (*gehoben*) Männer

ˈman-hour *Nomen* [meist Pl] Arbeitsstunde

man·hunt /ˈmænhʌnt/ *Nomen* Großfahndung

mania /ˈmeɪniə/ *Nomen* **1** [meist Sing] Fimmel ◊ *football mania* Fußballfieber **2** [U] (Psych) Wahn

ma·niac¹ /ˈmeɪniæk/ *Nomen* **1** (*umgs*) Irre(r), Wahnsinnige(r,*fn*) Fanatiker(in) ◊ *a football maniac* ein Fußballfanatiker ◊ *a sex maniac* ein(e) Sexbessessene(r)

ma·niac² /ˈmeɪniæk/ *Adj nur vor Nomen* verrückt, irr

ma·ni·acal /məˈnaɪəkl/ *Adj* wahnsinnig, irr

manic /'mænɪk/ *Adj* (*Adv* **man·ic·al·ly** /-kli/) **1** (*umgs*) verrückt, hektisch ◊ *Things are manic in the office.* Es herrscht totale Hektik im Büro. ◊ *The performers had a manic energy.* Die Darsteller waren von einer fieberhaften Energie getrieben. **2** (PSYCH) manisch

ˌmanic de'pression *Nomen* (PSYCH) manisch-depressive Psychose

ˌmanic-de'pressive (PSYCH) **1** *Nomen* Manisch-Depressive(r) **2** *Adj* (PSYCH) manisch-depressiv

mani·cure¹ /'mænɪkjʊə(r); *AmE* -kjʊr/ *Nomen* Maniküre ◊ *have a manicure* sich die Nägel maniküren lassen

mani·cure² /'mænɪkjʊə(r); *AmE* -kjʊr/ *Verb* maniküren

mani·cured /'mænɪkjʊəd; *AmE* -kjʊrd/ *Adj* gepflegt

mani·cur·ist /'mænɪkjʊərɪst; *AmE* -kjʊr-/ *Nomen* (*Person*) Maniküre

mani·fest¹ /'mænɪfest/ *Verb* (*gehoben*) **1** zeigen, aufweisen ◊ *Social tensions were manifested in the recent political crisis.* Die sozialen Spannungen zeigten sich in der jüngsten politischen Krise. SYN DEMONSTRATE **2** ~ **itself** (**in sth**) sich (in etw) zeigen ◊ *The symptoms manifested themselves ten days later.* Die Symptome zeigten sich zehn Tage später. SYN APPEAR

mani·fest² /'mænɪfest/ *Adj* (*Adv* **mani·fest·ly**) (*gehoben*) offensichtlich

mani·fest·ation /ˌmænɪfe'steɪʃn/ *Nomen* (*gehoben*) **1** Zeichen, Ausdruck **2** (*Geister-*) Erscheinung

mani·festo /ˌmænɪ'festəʊ; *AmE* -'festoʊ/ *Nomen* (*Pl* ~**os**) Manifest, Parteiprogramm

mani·fold¹ /'mænɪfəʊld; *AmE* -foʊld/ *Adj* (*gehoben*) vielfältig

mani·fold² /'mænɪfəʊld; *AmE* -foʊld/ *Nomen* (TECH) Krümmer

Ma·nila (*auch* **Ma·nilla**) /mə'nɪlə/ *Nomen* Packpapier ◊ *Manila envelopes* braune Briefumschläge

ma·nipu·late /mə'nɪpjuleɪt/ *Verb* **1** (*abwert*) manipulieren **2** handhaben, bedienen; (*Daten etc.*) bearbeiten **3** (*Knochen, Gelenke*) einrenken

ma·nipu·la·tion /məˌnɪpju'leɪʃn/ *Nomen* **1** Manipulation **2** Handhabung, Bedienung ◊ *data manipulation* Datenmanipulation **3** Einrenkung

ma·nipu·la·tive /mə'nɪpjələtɪv; *AmE* -leɪtɪv/ *Adj* **1** (*abwert*) manipulativ **2** (*gehoben*) ◊ *manipulative skills* Fähigkeiten, die Fingerfertigkeit erfordern

ma·nipu·la·tor /mə'nɪpjuleɪtə(r)/ *Nomen* (*oft abwert*) Manipulator(in)

man·kind /mæn'kaɪnd/ *Nomen* die Menschheit ◊ *the history of mankind* die Geschichte der Menschheit ◊ *for all mankind* für alle Menschen ☛ *Hinweis bei* MAN¹ S. 378

man·li·ness /'mænlinəs/ *Nomen* Mannhaftigkeit, Männlichkeit

manly /'mænli/ *Adj* männlich

ˌman-'made *Adj* **1** Kunst-, künstlich ◊ *man-made fibres* Kunstfasern **2** von Menschen verursacht ◊ *man-made disasters* von Menschen verursachte Katastrophen

manna /'mænə/ *Nomen* Manna

man·ne·quin /'mænɪkɪn/ *Nomen* (*veraltet*) **1** Mannequin SYN MODEL **2** Schaufensterpuppe

man·ner /'mænə(r)/ *Nomen* **1** [Sing] (*gehoben*) (Art und) Weise ◊ *the manner in which the decision was reached* die Art und Weise, wie die Entscheidung getroffen wurde **2** [Sing] Art ◊ *His manner was polite but cool.* Er war höflich, aber kühl. **3 manners** [Pl] Manieren ◊ *It is bad manners to talk with your mouth full.* Mit vollem Mund spricht man nicht. **4 manners** [Pl] (*gehoben*) Sitten IDM **all 'manner of ...** alle möglichen ... **in a manner of 'speaking** sozusagen; gewissermaßen **in the manner of sb/sth** (*gehoben*) im Stil von jdm/etw **what manner of ...** (*gehoben*) was für ein(e) ...

man·nered /'mænəd; *AmE* -nərd/ *Adj* **1** (*abwert*) unnatürlich, gekünstelt **2 -mannered** (*in Adjektiven*) ◊ *a well-mannered child* ein Kind mit guten Manieren ◊ *a mild-mannered person* ein Mensch von sanftem Wesen

man·ner·ism /'mænərɪzəm/ *Nomen* **1** Eigenheit, Angewohnheit **2** Manieriertheit **3 Mannerism** (KUNST) Manierismus

man·nish /'mænɪʃ/ *Adj* (*meist abwert*) unweiblich, maskulin

man·oeuv·ra·bil·ity (*AmE* **man·eu·ver·abil·ity**) /məˌnuːvərə'bɪləti/ *Nomen* Manövrierfähigkeit, Wendigkeit

man·oeuv·rable (*AmE* **man·euv·er·able**) /mə'nuːvərəbl/ *Adj* manövrierfähig, wendig

man·oeuvre¹ (*AmE* **man·eu·ver**) /mə'nuːvə(r)/ *Nomen* **1** (*Fahr-, Flug-*) Manöver **2** (*fig*) Schachzug **3 manoeuvres** [Pl] (MIL) Manöver, Truppenübung IDM **freedom of/room for ma'noeuvre** Spielraum

man·oeuvre² (*AmE* **man·eu·ver**) /mə'nuːvə(r)/ *Verb* manövrieren ◊ *The yachts manoeuvred for position.* Die Jachten manövrierten sich in eine günstige Position. ◊ *The new laws have left us little room to manoeuvre.* Die neuen Gesetze lassen uns wenig Spielraum. ◊ *She manoeuvred her way to the top of the company.* Durch geschicktes Taktieren hat sie es zu einer Spitzenposition gebracht.

ˌman-of-'war *Nomen* (*Pl* **ˌmen-of-'war**) (*veraltet*) Kriegsschiff

manor /'mænə(r)/ *Nomen* (*BrE*) **1** (*auch* **'manor house**) Herrenhaus **2** Landgut

man·orial /mə'nɔːriəl/ *Adj* herrschaftlich, Guts-

man·power /'mænpaʊə(r)/ *Nomen* [U] Arbeitskräfte, Personal

man·qué /'mɒŋkeɪ; *AmE* mɑːŋ'keɪ/ *Adj* (*dem Nomen nachgestellt*) (*gehoben oder hum*) gescheitert, verkannt ◊ *He is an artist manqué.* An ihm ist ein Künstler verloren gegangen.

manse /mæns/ *Nomen* Pfarrhaus

man·ser·vant /'mænsɑːvənt; *AmE* -sɜːrv-/ *Nomen* (*Pl* **men·ser·vants**) (*veraltet*) Diener

man·sion /'mænʃn/ *Nomen* **1** Herrenhaus **2 Mansions** [Pl] (*BrE*) (*als Bestandteil von Namen von Wohnblöcken verwendet*)

man·slaugh·ter /'mænslɔːtə(r)/ *Nomen* Totschlag

man·tel·piece /'mæntlpiːs/ (*bes AmE* **man·tel** /'mæntl/) *Nomen* Kaminsims

man·tis /'mæntɪs/ *Nomen* (*Pl* **man·tises** *oder* **man·tids** /'mæntɪdz/) = PRAYING MANTIS

man·tle /'mæntl/ *Nomen* **1** [Sing] (*gehoben*) Umhang ◊ (*fig*) *The vice-president must now take on the mantle of supreme power.* Der Vizepräsident muss jetzt die Rolle des Machthabers übernehmen. ◊ (*fig*) *She will inherit her father's mantle.* Sie wird die Fackel ihres Vaters weitertragen. **2** (*gehoben*) Decke, Hülle ◊ *a mantle of snow* eine Schneedecke

man·tra /'mæntrə/ *Nomen* Mantra

man·ual¹ /'mænjuəl/ *Adj* (*Adv* **manu·al·ly** /-juəli/) **1** manuell ◊ *manual labour* körperliche Arbeit ◊ *manual dexterity* Fingerfertigkeit

> **Manual work** bezieht sich auf körperliche Tätigkeiten, bei denen überwiegend mit den Händen gearbeitet wird. **Manual workers** sind oft ungelernte oder angelernte Arbeitskräfte, die vor allem in Fabriken, in Handwerksberufen (z.B. auf dem Bau), als Reinigungskräfte oder im Gaststättengewerbe arbeiten. ☛ *Hinweis bei* MANUELL

2 handbetrieben ◊ *a five-speed manual gearbox* eine Fünf-Gang-Handschaltung ◊ *The numbers have to be entered manually.* Die Zahlen müssen per Hand eingegeben werden.

man·ual² /'mænjuəl/ *Nomen* Handbuch

manu·fac·ture¹ /ˌmænju'fæktʃə(r)/ *Verb* **1** herstellen, produzieren ◊ *manufactured goods* Fertigprodukte **2** (*Geschichte, Ausrede, etc.*) erfinden

manu·fac·ture² /ˌmænju'fæktʃə(r)/ *Nomen* **1** Herstellung **2 manufactures** [Pl] (*Fachspr*) Erzeugnisse

manu·fac·tur·er /ˌmænju'fæktʃərə(r)/ *Nomen* (*auch* **the manu·fac·tur·ers** [Pl]) Hersteller(firma)

manu·fac·tur·ing /ˌmænju'fæktʃərɪŋ/ *Nomen* [U] die Fertigungsindustrie

ma·nure¹ /mə'njʊə; *AmE* mə'nʊr/ *Nomen* Dung, Mist

ma·nure² /mə'njʊə; *AmE* mə'nʊr/ *Verb* (mit Mist) düngen

manu·script /'mænjuskrɪpt/ *Nomen* **1** Manuskript ◊ *in manuscript* in Manuskriptform **2** Handschrift

Manx /mæŋks/ *Adj* = von der Insel Man
,Manx 'cat *Nomen* Manx-Katze
many /'meni/ *Adj, Pron* **1** (*meist in Fragen oder verneinten Sätzen oder im gehobenen Englisch*) viele ◊ *twice as many* doppelt so viele ◊ *one chair too many* ein Stuhl zu viel ◊ *a many-headed monster* ein vielköpfiges Ungeheuer **2 the many** [mit Verb im Pl] die (breite) Masse ◊ *improve conditions for the many* die Lebensbedingungen für die breite Masse verbessern **3 many a** (*gehoben*) so manche(r,s) ◊ *many a time* so manches Mal IDM **as many as ...** ◊ *There were as many as 200 people at the lecture.* Es waren bestimmt 200 Leute bei der Vorlesung. ◊ *As many as 40% have second jobs.* Bis zu 40% haben einen Nebenjob. **a good/great many** sehr viele ◊ *I've known her for a great many years.* Ich kenne sie seit vielen Jahren. **have had one too 'many** (*umgs*) einen über den Durst getrunken haben **many's the ...** (*gehoben*) so manche(r,s) ... ◊ *Many's the time I've said it.* Das habe ich so manches Mal gesagt.
Maori /'mauri/ **1** *Nomen* Maori **2** *Adj* Maori-, maorisch
map¹ /mæp/ *Nomen* Landkarte, Stadtplan IDM **put sb/sth on the 'map** jdn/etw bekannt machen ☞ *Siehe auch* WIPE¹
map² /mæp/ *Verb* (**-pp-**) **1** kartographieren ◊ *a region that has not yet been mapped* ein Gebiet, von dem es noch keine Karte gibt **2** erfassen, aufzeigen; (*Entwicklung*) verfolgen; (*Genom*) kartieren PHRV **'map sth on/onto sth** etw auf etw übertragen **,map sth 'out** etw festlegen ◊ *He has his career path clearly mapped out.* Er hat seine berufliche Laufbahn genau geplant. **2** (*Pläne etc.*) vorlegen
maple /'meɪpl/ *Nomen* Ahorn
map·ping /'mæpɪŋ/ *Nomen* **1** Kartographierung, Kartierung **2** Erfassung ◊ *digital mapping* digitale Datenerfassung
mar /mɑː(r)/ *Verb* (**-rr-**) verderben, stören
mara·thon /'mærəθən; *AmE* -θɑːn/ *Nomen* Marathon ◊ *a marathon legal battle* ein langwieriger Rechtsstreit
ma·raud·er /mə'rɔːdə(r)/ *Nomen* Plünderer, Räuber
ma·raud·ing /mə'rɔːdɪŋ/ *Adj nur vor Nomen* (*gehoben*) plündernd ◊ *marauding wolves* beutegierige Wölfe
mar·ble /'mɑːbl; *AmE* 'mɑːrbl/ *Nomen* **1** Marmor **2** Murmel **3 marbles** [U] Murmelspiel **4 marbles** [Pl] (*umgs*) Verstand
mar·bled /'mɑːbld; *AmE* 'mɑːrbld/ *Adj* marmoriert ◊ *a marbled effect* ein Marmoreffekt
March /mɑːtʃ; *AmE* mɑːrtʃ/ *Nomen* (*Abk* **Mar.**) März ☞ *Beispiele bei* JANUAR IDM ⇨ MAD
march¹ /mɑːtʃ; *AmE* mɑːrtʃ/ *Verb* **1** marschieren ◊ *Quick march!* Kompanie, marsch! **2** abführen ◊ *They marched him away.* Sie führten ihn ab. ◊ *She was marched out of the door and into a car.* Sie wurde abgeführt und in ein Auto gesetzt. **3** demonstrieren ◊ *They marched through London.* Sie zogen in einem Protestmarsch durch London. SYN DEMONSTRATE IDM **get your 'marching orders** (*BrE, umgs*) rausgeworfen werden **give sb their 'marching orders** (*umgs*) jdn rauswerfen ◊ *He was given his marching orders for a foul.* Er wurde wegen eines Fouls vom Platz verwiesen. PHRV **,march 'on** ◊ *Time marches on.* Die Zeit bleibt nicht stehen. **'march on sth** auf etw marschieren ◊ (*fig*) *They marched on City Hall.* Sie zogen demonstrierend zum Rathaus.
march² /mɑːtʃ; *AmE* mɑːrtʃ/ *Nomen* **1** Demonstration, Marsch **2** (MIL, MUS) Marsch **3** ◊ *the march of time* der unaufhaltsame Lauf der Zeit ◊ *the march of technology* der Vormarsch der Technik IDM **be on the 'march** marschieren; auf dem Vormarsch sein ☞ *Siehe auch* STEAL¹
march·er *Nomen* /'mɑːtʃə(r); *AmE* 'mɑːrtʃ-/ Demonstrant(in)
mar·chion·ess /,mɑːʃə'nes; *AmE* ,mɑːrʃ-/ *Nomen* Marquise
'march past *Nomen* [Sing] Vorbeimarsch
Mardi Gras /,mɑːdi 'grɑː; *AmE* ,mɑːrdi grɑː/ *Nomen* [U] Faschingsdienstag
mare /meə(r); *AmE* mer/ *Nomen* Stute IDM **a 'mare's nest 1** ein Windei **2** ein Labyrinth; ein Durcheinander
mar·gar·ine /,mɑːdʒə'riːn; *AmE* 'mɑːrdʒərən/ (*BrE, umgs* **marge** /mɑːdʒ; *AmE* mɑːrdʒ/) *Nomen* Margarine
mar·gin /'mɑːdʒɪn; *AmE* 'mɑːrdʒən/ *Nomen* Rand ◊ *on the margins of society* am Rande der Gesellschaft **2** [meist Sing] Vorsprung ◊ *They voted in favour by a margin of 7 to 1.* Sie stimmten mit einer Mehrheit von 7 zu 1 dafür. **3** = PROFIT MARGIN **4** [meist Sing] Spielraum ◊ *a safety margin* ein Sicherheitsspielraum
mar·gin·al¹ /'mɑːdʒɪnl; *AmE* 'mɑːrdʒ-/ *Adj* **1** (*Adv* **mar·gin·al·ly** /-nəli/) gering(fügig), unwesentlich **2** Rand-, marginal ◊ *marginal groups in society* Randgruppen der Gesellschaft **3** (*bes BrE*) (POL) ◊ *a marginal seat* ein mit knapper Mehrheit gewonnener Sitz ◊ *a marginal constituency* ein Wahlkreis, in dem der/die Abgeordnete mit knapper Mehrheit gewählt wurde ☞ *Hinweis bei* FIRST-PAST-THE-POST **4** (*Land*) = als Ackerland nicht sehr geeignet
mar·gin·al² /'mɑːdʒɪnl; *AmE* 'mɑːrdʒ-/ *Nomen* (*BrE*) (POL) = Wahlkreis, in dem der/die Abgeordnete mit knapper Mehrheit gewählt wurde ☞ *Hinweis bei* FIRST-PAST-THE-POST
mar·gin·al·iza·tion (*BrE auch* **-isa·tion**) /'mɑːdʒɪnəlaɪzeɪʃn; *AmE* 'mɑːrdʒ-/ *Nomen* Marginalisierung ◊ *The problem is the marginalization of the elderly.* Das Problem ist, dass die älteren Menschen an den Rand der Gesellschaft gedrängt werden.
mar·gin·al·ize (*BrE auch* **-ise**) /'mɑːdʒɪnəlaɪz; *AmE* 'mɑːrdʒ-/ *Verb* ins Abseits drängen, an den Rand drängen
,margin of 'error *Nomen* [meist Sing] Fehlerspielraum
mari·gold /'mærɪɡəʊld; *AmE* -ɡoʊld/ *Nomen* **1** Ringelblume **2 French/African ~** Tagetes
ma·ri·juana (*auch* **ma·ri·huana**) /,mærə'wɑːnə/ *Nomen* Marihuana SYN CANNABIS
mar·ina /mə'riːnə/ *Nomen* Jachthafen
mar·in·ade /,mærɪ'neɪd/ *Nomen* Marinade
marin·ate /'mærɪneɪt/ (*auch* **mar·in·ade**) *Verb* marinieren (lassen)
mar·ine¹ /mə'riːn/ *Adj nur vor Nomen* **1** Meeres- ◊ *marine life* die Meeresflora und -fauna **2** See- ◊ *a marine engineer* ein Marineingenieur
mar·ine² /mə'riːn/ *Nomen* Marineinfanterist
mari·ner /'mærɪnə(r)/ *Nomen* (*veraltet oder gehoben*) Seemann
mar·io·nette /,mæriə'net/ *Nomen* Marionette
mari·tal /'mærɪtl/ *Adj nur vor Nomen* ehelich, Ehe-
,marital 'status *Nomen* (*gehoben*) Familienstand
mari·time /'mærɪtaɪm/ *Adj* **1** See-, Schifffahrts- **2** (*gehoben*) Küsten- ◊ *the maritime climate* das Seeklima
mar·joram /'mɑːdʒərəm; *AmE* 'mɑːrdʒ-/ *Nomen* Majoran
mark¹ /mɑːk; *AmE* mɑːrk/ *Verb* **1** kennzeichnen, markieren; ~ **A on B** A auf B einzeichnen, A auf B schreiben ◊ *mark sth with a cross* etw ankreuzen ◊ *Prices are marked on the goods.* Die Waren sind mit Preisen ausgezeichnet. ◊ *The teacher marked her absent.* Die Lehrerin trug sie als fehlend ein. **2** beschädigt werden, einen Fleck bekommen; ~ **sth** auf etw einen Fleck hinterlassen ◊ *A large scar marked his cheek.* Er hatte eine große Narbe auf der Wange. **3** ◊ *a ceremony to mark the 50th anniversary* eine Feier zum 50. Jahrestag ◊ *a press conference to mark his victory* eine Pressekonferenz anlässlich seines Sieges **4** ~ **sth** ein Zeichen für etw sein ◊ *It marked a new phase in international relations.* Damit begann ein neuer Abschnitt in den internationalen Beziehungen. **5** (*gehoben*) prägen ◊ *a life marked by suffering* ein vom Leid gezeichnetes Leben SYN CHARACTERIZE **6** (*BrE*) (*Arbeiten*) benoten, korrigieren ◊ *mark sth wrong* etw als falsch anstreichen **7** (SPORT) decken **8** (*veraltet*) (*als Aufforderung aufzupassen*) ◊ *There'll be trouble, mark my words.* Das wird Ärger geben, das sage ich dir. ◊ *You mark what I say.* Lass dir das gesagt sein. IDM ,mark 'time auf der Stelle treten ,mark 'you (*bes BrE, veraltet*) allerdings PHRV ,mark sb 'down (*BrE*) jds Note herabsetzen ,mark sb 'down as sth (*bes BrE*) jdn als etw einschätzen ,mark sth 'down etw (im Preis) herabsetzen OPP MARK STH UP **2** etw vormerken ◊ *The factory is already marked down for closure.* Die Stilllegung der Fabrik ist bereits geplant. ,mark sb/sth 'off (from sb/sth) (*unterscheiden*) jdn/etw (von jdm/etw) abheben ,mark sth 'off etw abgrenzen ◊ *The playing area was marked off with a white line.* Das Spielfeld war mit einer weißen Linie markiert. ,mark sb 'out as sth **1** ◊ *It marks him out as a true mountaineer.* Daran erkennt man den wahren Bergsteiger in ihm. ,mark sb 'out for sth

---

b **bad** | d **did** | f **fall** | g **get** | h **hat** | j **yes** | k **cat** | l **leg** | m **man** | n **now** | p **pen** | r **red**

jdn für etw bestimmen ◊ *She was marked out for promotion.* Sie war zur Beförderung vorgesehen. ˌmark sb 'out from sb/sth ◊ *It marked him out from the others.* Dadurch hob er sich von den anderen ab. ˌmark sth 'out etw aufzeichnen ◊ *mark out a tennis court* die Markierung für einen Tennisplatz ziehen ˌmark sth 'up 1 etw (im Preis) hinaufsetzen OPP MARK STH DOWN 2 (*Fachspr*) (*Manuskript*) auszeichnen, redigieren

mark² /mɑːk; *AmE* mɑːrk/ *Nomen* 1 Fleck, Spur ◊ *a scratch mark* ein Kratzer ◊ *distinguishing marks* besondere Kennzeichen 2 Zeichen (*auch fig*) ◊ *punctuation marks* Satzzeichen ◊ *It's the mark of a champion.* Dadurch zeichnet sich ein Champion aus. 3 (*bes BrE*) (*Schul-*) Note ◊ *a high/low mark* eine gute/schlechte Note ◊ *I got full marks.* Ich habe die volle Punktzahl erreicht. ◊ (*hum*) *'You're wearing a tie!' 'Full marks for observation.'* „Du trägst eine Krawatte!" „Ausgezeichnet beobachtet." 4 (*Niveau*) Marke ◊ *She was leading at the halfway mark.* Nach der Hälfte der Strecke lag sie in Führung. 5 Mark Typ, Modell 6 Mark (*BrE*) (*am Gasherd*) Stufe 7 (*als Unterschrift*) Kreuz 8 (*gehoben*) Ziel IDM **be close to/near the 'mark** der Sache (sehr) nahe kommen **be off the 'mark** danebenliegen **be quick/slow off the 'mark** schnell/langsam reagieren **be ˌup to the 'mark** den Anforderungen entsprechen **get off the 'mark** (*Kricket*) die ersten Punkte erzielen ˌleave your/its/a 'mark (on sth/sb) (in/an etw/bei jdm) Spuren hinterlassen ˌmake your/a 'mark (on sth) sich (in etw) profilieren ◊ *She quickly made her mark as a director.* Sie machte sich als Regisseurin schnell einen Namen. **not be/feel ˌup to the 'mark** (*BrE*, *veraltet*) nicht auf der Höhe sein **on your ˌmarks, get ˌset, 'go!** auf die Plätze, fertig, los! ☛ *Siehe auch* HIT¹, MISS¹, OVERSTEP, TOE² *und* WIDE¹

marked /mɑːkt; *AmE* mɑːrkt/ *Adj* (*Adv* **markˈedˈly** /ˈmɑːkɪdli; *AmE* ˈmɑːrk-/) deutlich, merklich IDM **be a marked 'man** auf der schwarzen Liste stehen

markˈer /ˈmɑːkə(r); *AmE* ˈmɑːrk-/ *Nomen* 1 Markierung ◊ *He placed a marker where the ball had landed.* Er markierte die Stelle, wo der Ball gelandet war. 2 [*Sing*] **a ~ (of/for sth)** ein Zeichen (für etw) (*fig*) 3 (*BrE auch* 'marker pen) (*Stift*) Marker 4 (*BrE*) Korrektor(in) (*von Prüfungsarbeiten*) 5 (*BrE*) (SPORT) Spieler(in), der/die jdn anderen deckt

marˈket¹ /ˈmɑːkɪt; *AmE* ˈmɑːrk-/ *Nomen* 1 Markt ◊ *increase your share of the market* seinen Marktanteil erhöhen ◊ *an important market* ein wichtiger Absatzmarkt ◊ *the domestic market* der Inlandsmarkt 2 → STOCK MARKET 3 [*Sing*] freier Markt ◊ *a market-led economy* eine Marktwirtschaft 4 [*Sing*] **~ (for sth)** Nachfrage (nach etw) SYN DEMAND IDM **come on(to) the 'market** auf den Markt kommen **in the 'market for sth** an etw interessiert ◊ *I'm not in the market for a new car.* Ich habe nicht vor, einen neuen Wagen zu kaufen. **on the 'market** zu verkaufen ◊ *put your house on the market* sein Haus zum Verkauf anbieten **on the open 'market** auf dem freien Markt **play the 'market** an der Börse spekulieren ☛ *Siehe auch* PRICE² *und* SELLER

marˈket² /ˈmɑːkɪt; *AmE* ˈmɑːrk-/ *Verb* vertreiben, vermarkten

marˌketˈabilˈity /ˌmɑːkɪtəˈbɪləti; *AmE* ˌmɑːrk-/ *Nomen* Marktfähigkeit, Marktgängigkeit

marˈketˈable /ˈmɑːkɪtəbl; *AmE* ˈmɑːrk-/ *Adj* marktfähig, vermarktbar

marˌketˈeer /ˌmɑːkɪˈtɪə(r); *AmE* ˌmɑːrkəˈtɪr/ *Nomen* (*meist in Zusammensetzungen*) ◊ *a free marketeer* ein Befürworter der freien Marktwirtschaft

marˈketˈer /ˈmɑːkɪtə(r); *AmE* ˈmɑːrk-/ *Nomen* Vermarkter

ˌmarket 'forces *Nomen* [*Pl*] Kräfte des freien Marktes

ˌmarket 'garden *Nomen* (*BrE*) Gemüsebaubetrieb

ˌmarket 'gardener *Nomen* (*BrE*) Gemüsebauer, -bäuerin

marˈketˈing /ˈmɑːkɪtɪŋ; *AmE* ˈmɑːrk-/ *Nomen* Marketing, Vermarktung

ˌmarket 'leader *Nomen* Marktführer

marˈketˈplace /ˈmɑːkɪtpleɪs; *AmE* ˈmɑːrk-/ *Nomen* 1 **the marketplace** [*Sing*] der Markt ◊ *be able to survive in the marketplace* auf dem Markt bestehen können 2 (*auch* ˌmarket 'square) Marktplatz

ˌmarket 'price *Nomen* Marktpreis

ˌmarket reˈsearch (*auch* ˌmarket 'research) *Nomen* Marktforschung

ˌmarket 'share *Nomen* [*U/ Sing*] Marktanteil

ˌmarket 'value *Nomen* [*U/Sing*] Marktwert

markˈing /ˈmɑːkɪŋ; *AmE* ˈmɑːrk-/ *Nomen* 1 [*meist Pl*] Muster, Zeichnung; (*bei Holz auch*) Maserung 2 [*meist Pl*] Markierung 3 (*bes BrE*) Korrigieren, Benoten 4 Benotung, Beurteilung 5 (SPORT) Decken, Deckung

marksˈman /ˈmɑːksmən; *AmE* ˈmɑːrk-/ *Nomen* (*Pl* **-men** /-mən/) (Scharf)schütze

marksˈmanˈship /ˈmɑːksmənʃɪp; *AmE* ˈmɑːrk-/ *Nomen* Schießkunst, Treffsicherheit

ˈmark-up *Nomen* [*meist Sing*] Preisaufschlag, Handelsspanne

marˈmaˈlade /ˈmɑːməleɪd; *AmE* ˈmɑːrm-/ *Nomen* = Marmelade aus Zitrusfrüchten

Marˈmite™ /ˈmɑːmaɪt; *AmE* ˈmɑːrm-/ *Nomen* (*BrE*) = salziger Brotaufstrich aus Hefeextrakt

marˈmoˈset /ˈmɑːməzet; *AmE* ˈmɑːrm-/ *Nomen* Weißbüschelaffe

marˈmot /ˈmɑːmət; *AmE* ˈmɑːrmət/ *Nomen* Murmeltier

maˈroon¹ /məˈruːn/ *Adj* kastanienbraun

maˈroon² /məˈruːn/ *Nomen* 1 Kastanienbraun 2 Notrakete

maˈroon³ /məˈruːn/ *Verb* (*meist passiv*) aussetzen, einschließen, von der Außenwelt abschneiden ◊ *They were marooned on a desert island.* Sie waren auf einer einsamen Insel gestrandet.

marque /mɑːk; *AmE* mɑːrk/ *Nomen* (*gehoben*) Marke, Fabrikat ◊ *the Porsche marque* die Automarke Porsche

marˈquee /mɑːˈkiː; *AmE* mɑːrˈkiː/ *Nomen* 1 Festzelt 2 (*AmE*) Vordach

marˈquess (*auch* **marˈquis**) /ˈmɑːkwɪs; *AmE* ˈmɑːrk-/ *Nomen* Marquis

marˈquetˈry /ˈmɑːkɪtri; *AmE* ˈmɑːrk-/ *Nomen* Intarsienarbeit, Einlegearbeit

marˈriage /ˈmærɪdʒ/ *Nomen* 1 Ehe ◊ *She has two children by a previous marriage.* Sie hat zwei Kinder aus einer früheren Ehe. 2 [*U*] Heirat 3 Trauung, Hochzeit ☛ Wedding ist gebräuchlicher in dieser Bedeutung. IDM **related by 'marriage** verschwägert ☛ *Siehe auch* HAND¹

marˈriageˈable /ˈmærɪdʒəbl/ *Adj* (*veraltet*) heiratsfähig

ˈmarriage licence (*AmE* ˈmarriage license) *Nomen* 1 Heiratserlaubnis 2 (*AmE*) Trauschein, Heiratsurkunde

ˌmarriage of conˈvenience *Nomen* Vernunftehe

marˈried /ˈmærɪd/ *Adj* 1 **~** (*Abk* **m**) **~ (to sb)** (mit jdm) verheiratet ◊ *get married* heiraten OPP UNMARRIED *und* SINGLE¹ (3) 2 **~** *vor Nomen* Ehe- ◊ *married life* das Eheleben

marˈrow /ˈmærəʊ/ *Nomen* 1 → BONE MARROW 2 (*BrE*) Flaschenkürbis

marˈry /ˈmæri/ *Verb* (**marˈries**, **marˈrying**, **marˈried**, **marˈried**) 1 heiraten 2 (*kirchlich, standesamtlich*) trauen 3 **~ sb (to sb)** jdn (mit jdm) verheiraten 4 (*gehoben*) **~ sth and/ sb**; **~ sth to/with sth** etw (eng) mit etw verbinden IDM **marry 'money** reich heiraten PHR V **ˌmarry 'into sth** in etw einheiraten **ˌmarry sb 'off (to sb)** (*abwert*) jdn (mit jdm) verheiraten ◊ *Daughters used to be married off as young as possible.* Töchter wurden in der Regel so früh wie möglich unter die Haube gebracht. **ˌmarry sth 'up (with sth)** etw (mit etw) verbinden

Mars /mɑːz; *AmE* mɑːrz/ *Nomen* Mars ☛ *Beispiele bei* MERKUR

marsh /mɑːʃ; *AmE* mɑːrʃ/ *Nomen* Sumpf, Feuchtgebiet, Feuchtwiese

marˈshal¹ /ˈmɑːʃl; *AmE* ˈmɑːrʃl/ *Nomen* 1 (*meist in Zusammensetzungen*) Marschall 2 (*AmE*) Platzwart(in), Ordner(in) 3 (*in den USA*) Vollzugsbeamte, Vollzugsbeamtin 4 (*in der USA*) Polizeichef(in); (*Feuerwehr*) Brandmeister(in)

marˈshal² /ˈmɑːʃl; *AmE* ˈmɑːrʃl/ *Verb* (-ll-, *AmE* -l-) (*gehoben*) 1 ordnen, sammeln, zusammenstellen 2 führen, leiten, kontrollieren

marshˈland /ˈmɑːʃlænd; *AmE* ˈmɑːrʃ-/ *Nomen* Sumpfland

marshˈmalˈlow /ˌmɑːʃˈmæləʊ; *AmE* ˈmɑːrʃmeloʊ/ *Nomen* = rosafarbene oder weiße gummiartige Süßigkeit

marshˈy /ˈmɑːʃi; *AmE* ˈmɑːrʃi/ *Adj* sumpfig ◊ *marshy land* Sumpfland

mar·su·pial /mɑːˈsuːpiəl; *AmE* mɑːrˈs-/ **1** *Nomen* Beuteltier **2** *Adj* Beutel- ◊ *marsupial mammals* Beuteltiere
mart /mɑːt; *AmE* mɑːrt/ *Nomen* (*bes AmE*) Markt ◊ *a used car mart* ein Gebrauchtwagenmarkt
mar·ten /ˈmɑːtɪn; *AmE* ˈmɑːrtn/ *Nomen* Marder
mar·tial /ˈmɑːʃl; *AmE* ˈmɑːrʃl/ *Adj nur vor Nomen* (*gehoben*) Kampf-, Kriegs-, militärisch
‚**martial** ˈ**art** *Nomen* [meist Pl] Kampfsport, Kampfkunst
‚**martial** ˈ**law** *Nomen* Kriegsrecht
Mar·tian /ˈmɑːʃn; *AmE* ˈmɑːrʃn/ *Nomen* Marsmensch
mar·tini /mɑːˈtiːni; *AmE* mɑːrˈt-/ *Nomen* **1 Martini**™ Martini® **2** (*AmE*) = Mixgetränk auf der Basis von Gin und Wermutwein
mar·tyr[1] /ˈmɑːtə(r); *AmE* ˈmɑːrt-/ *Nomen* **1** Märtyrer(in) ◊ *a martyr to the cause of freedom* eine Märtyrerin für die Freiheit **2 be a ~ to sth; feel like a ~ to sth** (*umgs*) entsetzlich unter etw leiden
mar·tyr[2] /ˈmɑːtə(r); *AmE* ˈmɑːrt-/ *Verb* (*meist passiv*) den Märtyrertod sterben lassen ◊ *They were martyred.* Sie starben den Märtyrertod.
mar·tyr·dom /ˈmɑːtədəm; *AmE* ˈmɑːrtərdəm/ *Nomen* Märtyrertod, Martyrium
mar·vel[1] /ˈmɑːvl; *AmE* ˈmɑːrvl/ *Nomen* **1** Wunder **2 marvels** [Pl] Wunder(werk) ◊ *The doctors have done marvels for her.* Die Ärzte haben an ihr vollbracht.
mar·vel[2] /ˈmɑːvl; *AmE* ˈmɑːrvl/ *Verb* (**-ll-**, *AmE* **-l-**) **~ (at sth)** (über etw) staunen
mar·vel·lous (*AmE* **mar·vel·ous**) /ˈmɑːvələs; *AmE* ˈmɑːrv-/ *Adj* (*Adv* **mar·vel·lous·ly**, *AmE* **mar·vel·ous·ly**) wunderbar, fantastisch, erstaunlich
Marx·ism /ˈmɑːksɪzəm; *AmE* ˈmɑːrks-/ *Nomen* Marxismus
Marx·ist /ˈmɑːksɪst; *AmE* ˈmɑːrks-/ **1** *Nomen* Marxist(in) **2** *Adj* marxistisch
mar·zi·pan /ˈmɑːzɪpæn, ˌmɑːzɪˈpæn; *AmE* ˈmɑːrtsəpæn, ˈmɑːrz-/ *Nomen* Marzipan
mas·cara /mæˈskɑːrə; *AmE* -ˈskærə/ *Nomen* Wimperntusche
mas·cot /ˈmæskət; *AmE* -skɑːt/ *Nomen* Maskottchen
mas·cu·line /ˈmæskjəlɪn/ **1** *Adj* männlich, maskulin **2** *Nomen* **the masculine** [Sing] das Maskulinum
mas·cu·lin·ity /ˌmæskjuːˈlɪnəti/ *Nomen* Männlichkeit
mash[1] /mæʃ/ *Nomen* **1** (*auch* ‚**mashed poˈtato**, ‚**mashed poˈtatoes** [Pl]) Kartoffelbrei, Kartoffelpüree **2** (Landw) Futterbrei, Getreidefutter **3** Maische **4** [Sing] Brei, Püree
mash[2] /mæʃ/ *Verb* **~ sth (up)** etw zerdrücken, etw zerstampfen, etw pürieren
mashed /mæʃt/ *Adj* püriert ☞ *Siehe auch* MASH
mask[1] /mɑːsk; *AmE* mæsk/ *Nomen* Maske (*auch fig*) ◊ *a surgical mask* ein Mundschutz
mask[2] /mɑːsk; *AmE* mæsk/ *Verb* verdecken, maskieren; **~ sth (with sth)** etw (hinter etw) verbergen
masked /mɑːskt; *AmE* mæskt/ *Adj* maskiert
ˈ**masking tape** *Nomen* Abdeckband, Abklebeband
maso·chism /ˈmæsəkɪzəm/ *Nomen* Masochismus
maso·chist /ˈmæsəkɪst/ *Nomen* Masochist(in)
maso·chis·tic /ˌmæsəˈkɪstɪk/ *Adj* masochistisch
mason /ˈmeɪsn/ *Nomen* **1** Steinmetz(in) **2 Mason** = FREEMASON
Ma·son·ic /məˈsɒnɪk; *AmE* -ˈsɑːn-/ *Adj* freimaurerisch
ma·son·ry /ˈmeɪsənri/ *Nomen* **1** Mauerwerk **2** Mauern, Steinmetzarbeit
masque /mɑːsk; *AmE* mæsk/ *Nomen* Maskenspiel
mas·quer·ade[1] /ˌmæskəˈreɪd; *BrE auch* ˌmɑːsk-/ *Nomen* **1** (*gehoben*) Maskerade, Versteckspiel **2** (*bes AmE*) Maskenball, Kostümfest
mas·quer·ade[2] /ˌmæskəˈreɪd; *BrE auch* ˌmɑːsk-/ *Verb* **~ as sth/sb** vorgeben etw/jd zu sein, sich als etw/jd ausgeben
Mass (*auch* **mass**) /mæs/ *Nomen* Messe ◊ *celebrate/say Mass* die Messe lesen
mass[1] /mæs/ *Nomen* **1** Masse **2** [meist Sing] Fülle, Wust **3** [Sing] Menge ◊ *a mass of people* eine Menschenmenge **4 masses** [Pl] (*umgs*) Unmenge(n) **5 the masses** [Pl] die (breite) Masse ◊ *bring sth to the masses* etw der breiten Masse zugänglich machen **6 the mass of sth** [Sing] Mehrzahl SYN MAJORITY **7** (Physik) Masse IDM **be a ˈmass of sth** voll von etw sein ◊ *Her arm was a mass of bruises.* Ihr Arm war voller blauer Flecke.
mass[2] /mæs/ *Adj nur vor Nomen* Massen- ◊ *weapons of mass destruction* Massenvernichtungswaffen
mass[3] /mæs/ *Verb* (sich) (ver)sammeln, (sich) zusammenziehen
mas·sacre[1] /ˈmæsəkə(r)/ *Nomen* **1** Massaker, Blutbad **2** (*umgs*) (Sport) vernichtende Niederlage
mas·sacre[2] /ˈmæsəkə(r)/ *Verb* **1** massakrieren **2** (*umgs*) (Sport) fertigmachen, überrollen
mas·sage[1] /ˈmæsɑːʒ; *AmE* məˈsɑːʒ/ *Nomen* Massage ◊ *to give sb a massage* jdn massieren ◊ *have a massage* sich massieren lassen
mas·sage[2] /ˈmæsɑːʒ; *AmE* məˈsɑːʒ/ *Verb* **1** massieren ◊ (*fig*) *massage sb's ego* jdm Auftrieb geben **2 ~ sth into sth** etw in etw einmassieren **3** (*abwert*) zurechtbiegen; (*Zahlen*) frisieren
ˈ**massage parlour** (*AmE* ˈ**massage parlor**) *Nomen* Massagesalon
massed /mæst/ *Adj* vereinigt ◊ *the massed ranks of his opponents* die geschlossenen Reihen seiner Widersacher
mas·seur /mæˈsɜː(r)/ *Nomen* Masseur(in)
mas·seuse /mæˈsɜːz/ *Nomen* Masseuse
mas·sif /mæˈsiːf/ *Nomen* (Gebirgs)massiv
mas·sive /ˈmæsɪv/ *Adj* (*Adv* **mas·sive·ly**) **1** wuchtig, massiv, massig **2** riesig, gewaltig, enorm ◊ *a massive heart attack* ein schwerer Herzinfarkt
‚**mass-ˈmarket** *Adj nur vor Nomen* für den Massenmarkt
the ‚**mass** ˈ**media** *Nomen* [Pl] die Massenmedien
‚**mass-proˈduced** *Adj* in Massenproduktion hergestellt
‚**mass proˈduction** *Nomen* [U] Massenproduktion
mast /mɑːst; *AmE* mæst/ *Nomen* **1** (Schiffs)mast **2** (Antennen)mast **3** (Fahnen)mast IDM ⇒ NAIL[2]
mast·ec·tomy /mæˈstektəmi/ *Nomen* (*Pl* **-ies**) Brustamputation
mas·ter[1] /ˈmɑːstə(r); *AmE* ˈmæs-/ *Nomen* **1** (*veraltet*) (Haus)herr **2** (*gehoben*) Herr(in) ◊ *be master of your own destiny* sein Schicksal in der Hand haben **3** Meister(in) ◊ *a master of disguise* eine Meisterin der Verstellung **4** (Hundebesitzer) Herr(chen) **5** (*veraltend*) Lehrer ◊ *the physics master* der Physiklehrer **6 master's** = MASTER'S DEGREE ☞ *Hinweis bei* DEGREE **7** (*meist* **Master**) = Person mit einem zweiten, oder in Schottland mit einem ersten Universitätsabschluss ◊ *He's a Master of Science.* Er hat ein Diplom in Naturwissenschaften. ☞ *Hinweis bei* DEGREE **8** Kapitän (*eines Frachters*) **9** (*oft in Zusammensetzungen*) Original **10 Master** (*Anrede für einen geistigen Führer oder Lehrer*) Meister **11 Master** (*in GB*) Rektor (*an einem College in Oxford oder Cambridge*) **12 Master** (*veraltet*) = Titel für einen Jungen, der zu jung ist, um **Mr** genannt zu werden (auch als Anrede auf Briefumschlägen verwendet) IDM **be your own** ˈ**master/**ˈ**mistress** sein eigener Herr/seine eigene Herrin sein ☞ *Siehe auch* SERVE[2]
mas·ter[2] /ˈmɑːstə(r); *AmE* ˈmæs-/ *Verb* **1** meistern, beherrschen ◊ *He never mastered French.* Französisch hat er nie in den Griff bekommen. **2** (*Gefühl*) zügeln **3** (*Mensch, Tier*) bändigen
mas·ter[3] /ˈmɑːstə(r); *AmE* ˈmæs-/ *Adj nur vor Nomen* **1** Meister- ◊ *a master craftsman* ein Handwerksmeister **2** Haupt-, Original- ◊ *the master bedroom* das große Schlafzimmer ◊ *the master copy* die Originalvorlage
mas·ter·class /ˈmɑːstəklɑːs; *AmE* ˈmæstərklæs/ *Nomen* Meisterklasse
mas·ter·ful /ˈmɑːstəfl; *AmE* ˈmæstərfl/ *Adj* (*Adv* **mas·ter·ful·ly** /-fəli/) **1** herrisch, gebieterisch **2** meisterhaft SYN MASTERLY
ˈ**master key** *Nomen* Hauptschlüssel, Generalschlüssel
mas·ter·ly /ˈmɑːstəli; *AmE* ˈmæstərli/ *Adj* meisterhaft, souverän
mas·ter·mind[1] /ˈmɑːstəmaɪnd; *AmE* ˈmæstərm-/ *Nomen* [meist Sing] (führender) Kopf
mas·ter·mind[2] /ˈmɑːstəmaɪnd; *AmE* ˈmæstərm-/ *Verb* leiten, planen
‚**master of** ˈ**ceremonies** *Nomen* (*Abk* **MC**) Zeremonienmeister(in)

mas·ter·piece /'mɑːstəpiːs; AmE 'mæstərp-/ Nomen Meisterwerk, Meisterstück

'**master plan** Nomen [Sing] Gesamtplan

'**master's degree** (auch **master's**) Nomen = der zweite, oder in Schottland der erste Universitätsabschluss ◊ He has a Master's in Business Administration. Er hat ein Diplom in Betriebswirtschaft. ☛ Hinweis bei DEGREE

'**master stroke** Nomen [meist Sing] Glanzleistung, geschickter Schachzug

mas·ter·work /'mɑːstəwɜːk; AmE 'mæstərwɜːrk/ Nomen Meisterwerk, Meisterstück

mas·tery /'mɑːstəri; AmE 'mæst-/ Nomen **1** Können **2** Beherrschung

mast·head /'mɑːsthed; AmE 'mæst-/ Nomen **1** Masttop **2** Titel (einer Zeitung)

mas·tic /'mæstɪk/ Nomen Mastix

mas·ti·cate /'mæstɪkeɪt/ Verb (Fachspr) kauen

mas·tiff /'mæstɪf/ Nomen Mastiff

mas·titis /mæ'staɪtɪs/ Nomen [U] Brust(drüsen)entzündung

mas·tur·bate /'mæstəbeɪt; AmE -stərb-/ Verb masturbieren

mas·tur·ba·tion /ˌmæstə'beɪʃn; AmE -stər'b-/ Nomen Masturbation

mat¹ /mæt/ Nomen **1** Matte ◊ an exercise mat eine Turnmatte **2** Deckchen, Untersetzer ◊ a beer mat ein Bierdeckel **3** Masse, Fülle ◊ a mat of small green leaves eine dichte Decke aus kleinen grünen Blättern

mat² /mæt/ Adj (AmE) = MATT

mata·dor /'mætədɔː(r)/ Nomen Matador

match¹ /mætʃ/ Nomen **1** Streichholz, Zündholz ◊ strike a match ein Streichholz anzünden ◊ put a match to sth etw anzünden **2** (bes BrE) (SPORT) Spiel **3** [Sing] **be a ~ for sb; be sb's match** jdm ebenbürtig sein, es mit jdm aufnehmen können ◊ I was his match at tennis. Ich war ihm im Tennis gewachsen. **4** [Sing] **be a good ~** gut zusammenpassen ◊ Jo and Ian are a perfect match. Jo und Ian sind ein ideales Paar. **5** Gegenstück ◊ This colour is a close enough match to the original. Diese Farbe kommt an die Originalfarbe nah genug heran. **6** (veraltet) Partie ◊ He made a good match. Er hat eine gute Partie gemacht. IDM **find/meet your 'match (in sb)** (in jdm) seinen Meister finden ☛ Siehe auch MAN¹ und SHOOTING MATCH

match² /mætʃ/ Verb **1** zusammenpassen; **~ sth** zu etw passen ◊ None of these glasses match. Diese Gläser passen überhaupt nicht zusammen. ◊ As a couple they are not very well matched. Die beiden passen nicht besonders gut zusammen. ◊ a scarf with gloves to match ein Schal mit passenden Handschuhen **2 ~ (sth)** (mit etw) übereinstimmen **3 ~ sb/sth to/with sb/sth** jdn/etw jdm/etw zuordnen ◊ Match the quote to the person who said it. Ordne die Zitate den Personen zu, von denen sie stammen. **4** erreichen, herankommen an ◊ The teams were evenly matched. Die Mannschaften waren gleich stark. SYN EQUAL **5** gleichziehen mit **6** (Bedürfnissen etc.) entsprechen PHR V '**match sth against sth** etw mit etw abstimmen '**match sb/sth against/with sb/sth** (SPORT) jdn/etw gegen jdn/etw antreten lassen ◊ We are matched against Italy in the first round. Wir müssen in der ersten Runde gegen Italien antreten. ˌ**match 'up (to sb/sth)** (meist in verneinten Sätzen) (mit jdm/etw) mithalten ◊ The trip failed to match up to her expectations. Die Reise kam an ihre Erwartungen nicht heran. SYN MEASURE UP ˌ**match 'up (with sth)** (mit etw) zusammenpassen, (mit etw) übereinstimmen SYN TALLY ˌ**match sth 'up** etw zusammenbringen ˌ**match sth 'up with sth** etw einer Sache zuordnen

match·box /'mætʃbɒks; AmE -bɑːks/ Nomen Streichholzschachtel

match·ing /'mætʃɪŋ/ Adj nur vor Nomen passend

match·less /'mætʃləs/ Adj (gehoben) unvergleichlich, einzigartig

match·maker /'mætʃmeɪkə(r)/ Nomen Kuppler(in), Ehestifter(in)

match·mak·ing /'mætʃmeɪkɪŋ/ Nomen Kuppelei, Ehestiftung

ˌ**match 'point** Nomen (Tennis) Matchball

match·stick /'mætʃstɪk/ Nomen Streichholz

'**matchstick figure** Nomen (BrE) Strichmännchen

match·wood /'mætʃwʊd/ Nomen Kleinholz

mate¹ /meɪt/ Nomen **1** (BrE, umgs) Freund(in) **2** (BrE, umgs) (freundlich gemeinte Anrede, besonders unter Männern) ◊ All right, mate? Alles klar, Kumpel? **3** (in Zusammensetzungen) Kamerad(in), Genosse, Genossin ◊ workmates Arbeitskolleg(inn)en **4** (umgs) Partner(in), Gefährte, Gefährtin **5** (BrE) Gehilfe, Gehilfin ◊ a builder's mate ein Handlanger **6** (Schiffsoffizier) Maat **7** = CHECKMATE¹

mate² /meɪt/ Verb **1** (Tiere, Vögel) sich paaren **2 ~ sth (to/with sth)** (Tiere, Vögel) etw (mit etw) paaren **3** = CHECKMATE²

ma·ter·ial¹ /mə'tɪəriəl; AmE -'tɪr-/ Nomen **1** Stoff, Material ◊ raw materials Rohstoffe ◊ (fig) He's not really champion material. Er hat nicht gerade das Zeug zum Champion. **2** [meist Pl] Material ◊ teaching materials Unterrichtsmaterialien **3** Material ◊ The band played all new material. Die Band brachte nur neue Sachen.

ma·ter·ial² /mə'tɪəriəl; AmE -'tɪr-/ Adj (Adv **ma·teri·ally** /-iəli/) **1** nur vor Nomen materiell, wirtschaftlich, finanziell **2** stofflich, materiell OPP SPIRITUAL und IMMATERIAL **3** (gehoben oder Fachspr) wichtig, wesentlich ◊ information that was material to the case Informationen, die für den Fall von Bedeutung waren

ma·ter·ial·ism /mə'tɪəriəlɪzəm; AmE -'tɪr-/ Nomen Materialismus

ma·ter·ial·ist /mə'tɪəriəlɪst; AmE -'tɪr-/ Nomen Materialist(in)

ma·ter·ial·is·tic /məˌtɪəriə'lɪstɪk; AmE -ˌtɪr-/ Adj (abwert) materialistisch

ma·ter·ial·iza·tion (BrE auch **-isa·tion**) /məˌtɪəriəlaɪ'zeɪʃn; AmE -ˌtɪriələ'z-/ Nomen Verwirklichung, Materialisation

ma·ter·ial·ize (BrE auch **-ise**) /mə'tɪəriəlaɪz; AmE -'tɪr-/ Verb **1** (meist in verneinten Sätzen) sich verwirklichen, zustande kommen, Gestalt annehmen **2** auftauchen, erscheinen

ma·ter·nal /mə'tɜːnl; AmE mə'tɜːrnl/ Adj (Adv **ma·ter·nal·ly** /-nəli/) **1** Mutter-, mütterlich **2** nur vor Nomen mütterlicherseits ◊ my maternal grandfather mein Großvater mütterlicherseits

ma·ter·nity /mə'tɜːnəti; AmE -'tɜːrn-/ Nomen Mutterschaft ◊ maternity clothes Umstandskleidung ◊ a maternity ward eine Entbindungsstation

ma'**ternity leave** Nomen [U] Mutterschaftsurlaub

matey¹ /'meɪti/ Adj (BrE, umgs) kumpelhaft, vertraulich

matey² /'meɪti/ Nomen (BrE) (informelle Anrede von Männern für andere Männer) Kumpel, Mann

math·emat·ic·al /ˌmæθə'mætɪkl/ Adj (Adv **math·emat·ic·al·ly** /-kli/) mathematisch

math·em·at·ician /ˌmæθəmə'tɪʃn/ Nomen Mathematiker(in)

math·em·at·ics /ˌmæθə'mætɪks/ (BrE, umgs **maths** /mæθs/) (AmE, umgs **math** /mæθ/) Nomen **1** [U] Mathematik **2** Rechnen ◊ Is your maths correct? Hast du richtig gerechnet? ☛ G 1.3c

mat·inee (auch **mat·inée**) /'mætɪneɪ; AmE ˌmætn'eɪ/ Nomen Nachmittagsvorstellung, Frühvorstellung

mat·ing /'meɪtɪŋ/ Nomen Paarung

mat·ins (auch **mat·tins**) /'mætɪnz; AmE 'mætnz/ Nomen [U] Morgenandacht, Matutin

ma·tri·arch /'meɪtriɑːk; AmE -ɑːrk/ Nomen Matriarchin

ma·tri·arch·al /ˌmeɪtri'ɑːkl; AmE -'ɑːrkl/ Adj matriarchalisch

ma·tri·archy /'meɪtriɑːki; AmE -ɑːrki/ Nomen (Pl **-ies**) Matriarchat

matri·ces Form von MATRIX

matri·cide /'mætrɪsaɪd/ Nomen (gehoben) **1** [U] Muttermord **2** Muttermörder(in)

ma·tric·ulate /mə'trɪkjuleɪt/ Verb (gehoben) sich immatrikulieren

ma·tricu·la·tion /məˌtrɪkju'leɪʃn/ Nomen (gehoben) Immatrikulation

matri·mo·nial /ˌmætrɪˈməʊniəl; AmE -ˈmoʊ-/ Adj (gehoben) Ehe-, ehelich

matri·mony /ˈmætrɪməni; AmE -moʊni/ Nomen (gehoben) Ehe(stand)

mat·rix /ˈmeɪtrɪks/ Nomen (Pl **matri·ces** /ˈmeɪtrɪsiːz/) **1** (MATH, COMP) Matrix **2** (gehoben) Nährboden ◊ the European cultural matrix der Nährboden der europäischen Kultur **3** (gehoben) Netz [SYN] NETWORK **4** (TECH) Matrize, Form **5** (GEOL) Grundgestein

ma·tron /ˈmeɪtrən/ Nomen **1** (BrE) = Krankenschwester an einer Schule **2** (BrE, veraltet) Oberschwester, Oberin **3** (meist abwert) Matrone

ma·tron·ly /ˈmeɪtrənli/ Adj (abwert) matronenhaft

matron of honour (AmE **matron of honor**) Nomen [Sing] = verheiratete Brautführerin

matt (AmE **mat, matte**) /mæt/ Adj matt

mat·ted /ˈmætɪd/ Adj zottelig, verfilzt

mat·ter¹ /ˈmætə(r)/ Nomen **1** Angelegenheit, Sache ◊ let the matter drop die Sache auf sich beruhen lassen ◊ Let's get back to the matter in hand. Lassen Sie uns zum Thema zurückkehren. ◊ (ironisch) There's still the little matter of the money. Und was ist mit dem Geld? [SYN] AFFAIR **2** **matters** [Pl] Lage, Sache ◊ To make matters worse … Zu allem Unglück … [SYN] THINGS **3** **the matter** [Sing] (verwendet, um zu fragen, ob es ein Problem gibt) ◊ Is anything the matter? Stimmt irgendetwas nicht? ◊ What's the matter with you today? Was ist denn heute mit dir los? **4** [Sing] Frage, Sache ◊ It's a matter of opinion. Das ist Ansichtssache. ◊ It's simply a matter of letting people know in time. Es kommt nur darauf an, dass man die Leute rechtzeitig verständigt. [SYN] QUESTION **5** (Fachspr) Materie ◊ the properties of matter die Eigenschaften der Materie **6** [U] Stoff(e) ◊ reading matter Lesestoff [IDM] **as a matter of ˈfact** (umgs) **1** übrigens **2** keineswegs **be another/a different ˈmatter** (ganz) etwas anderes sein **for ˈthat matter** (umgs) eigentlich ◊ I didn't like it much. Nor did the kids, for that matter. Mir hat es nicht besonders gefallen. Den Kindern eigentlich auch nicht. **it's just/only a matter of ˈtime** (before …) es ist nur eine Frage der Zeit (bis …) **it's a ˌmatter of ˌlife and ˈdeath** es geht um Leben oder Tod (**as**) **a matter of ˈcourse** selbstverständlich **a matter of ˈhours, ˈminutes, etc.** ein paar Stunden, Minuten etc. **a matter of ˈinches, ˈmetres, etc.** ein paar Zoll, Meter etc. **a ˌmatter of ˈrecord** (gehoben) bekannt **no matter** (umgs) egal **no matter who, what, where, etc.** ganz gleich wer, was, wo etc. ☞ Siehe auch FACT und LAUGHING

mat·ter² /ˈmætə(r)/ Verb (nicht in der Verlaufsform) einen Unterschied machen, wichtig sein; **~ to sb** jdm etwas ausmachen, jdm etwas bedeuten ◊ 'What did you say?' 'Oh, it doesn't matter.' „Was hast du gesagt?" „Ach, nicht so wichtig." ◊ 'I'm afraid I forgot that book again.' 'It doesn't matter.' „Jetzt habe ich das Buch schon wieder vergessen." „Macht nichts."

ˌmatter-of-ˈfact Adj (Adv **ˌmatter-of-ˈfactly**) sachlich, nüchtern

mat·ting /ˈmætɪŋ/ Nomen [U] (geflochtene) Matten

mat·tins = MATINS

mat·tress /ˈmætrəs/ Nomen Matratze

mat·ur·ation /ˌmætʃuˈreɪʃn/ Nomen (gehoben) Reifung, Heranreifen, Reifeprozess

ma·ture¹ /məˈtʃʊə(r), -ˈtjʊə(r); AmE -ˈtʃʊr, -ˈtʊr/ Adj („Maturer" wird gelegentlich anstelle von „more mature" verwendet) **1** (Adv **ma·ture·ly**) verständig, vernünftig, reif [OPP] IMMATURE **2** ausgewachsen ◊ sexually mature geschlechtsreif [OPP] IMMATURE **3** (aus)gereift (auch fig), reif ◊ mature Gouda alter Gouda **4** (nicht mehr jung) reif(er) ◊ a man of mature years ein Mann in reiferen Jahren **5** (WIRTSCH) (Zahlung etc.) fällig [IDM] **on mature reˈflection/consideˈration** (gehoben) nach reiflicher Überlegung

ma·ture² /məˈtʃʊə(r), -ˈtjʊə(r); AmE -ˈtʃʊr, -ˈtʊr/ Verb **1** (heran)reifen, reif(er) werden **2** auswachsen **3** (WIRTSCH) (Zahlung etc.) fällig werden

maˌture ˈstudent Nomen (BrE) Spätstudierende(r)

ma·tur·ity /məˈtʃʊərəti, -ˈtjʊə-; AmE -ˈtʃʊr-, -ˈtʊr-/ Nomen **1** Reife ◊ He has maturity beyond his years. Er ist sehr reif für sein Alter. [OPP] IMMATURITY **2** volle Reife, volle Größe ◊ reach maturity voll jährig/erwachsen werden ◊ The forest will take 100 years to reach maturity. Der Wald braucht 100 Jahre, um heranzuwachsen. [OPP] IMMATURITY **3** (WIRTSCH) Fälligkeit (von Zahlungen etc.)

matzo /ˈmætsəʊ; AmE ˈmɑːtsoʊ/ Nomen (Pl **-os**) Matze

maud·lin /ˈmɔːdlɪn/ Adj rührselig, sentimental

maul /mɔːl/ Verb **1** anfallen, übel zurichten **2** betatschen, grob behandeln **3** (kritisieren) verreißen **4** (umgs) (SPORT) vernichtend schlagen, fertig machen

maul·ing /ˈmɔːlɪŋ/ Nomen [Sing] **1 a mauling** heftige Angriffe **2** Verriss **3** Niederlage

Maundy Thurs·day /ˌmɔːndi ˈθɜːzdeɪ, -di; AmE ˈθɜːrz-/ Nomen Gründonnerstag

mau·so·leum /ˌmɔːsəˈliːəm/ Nomen Grabmal, Mausoleum

mauve /məʊv; AmE moʊv/ **1** Adj malvenfarben **2** Nomen Malvenfarbe

maven /ˈmeɪvn/ Nomen (AmE) Experte, Expertin

maw /mɔː/ Nomen (gehoben) Rachen, Schlund

mawk·ish /ˈmɔːkɪʃ/ Adj (abwert) rührselig

mawk·ish·ness /ˈmɔːkɪʃnəs/ Nomen Rührseligkeit

max¹ /mæks/ Abk **1** (bes AmE **max.**) = MAXIMUM **2** maximal, höchstens [OPP] MIN

max² /mæks/ Nomen [IDM] **to the max** bis zum Äußersten ◊ She believes in living life to the max. Sie glaubt daran, das Leben bis zur Neige auszukosten.

max³ /mæks/ Verb [PHR V] **ˌmax ˈout** (AmE, umgs) einen Höchststand erreichen

maxim /ˈmæksɪm/ Nomen Maxime

max·imal /ˈmæksɪml/ Adj (Fachspr) maximal [OPP] MINIMAL

maxi·miza·tion (BrE auch **-isation**) /ˌmæksɪmaɪˈzeɪʃn; AmE -məˈz-/ Nomen Maximierung

maxi·mize (BrE auch **-ise**) /ˈmæksɪmaɪz/ Verb **1** maximieren [OPP] MINIMIZE **2** (COMP) (Fenster etc.) vergrößern **3 ~ sth** aus etw das Beste machen

max·imum¹ /ˈmæksɪməm/ Adj nur vor Nomen (Abk **max**) Höchst-, maximal ◊ a maximum security prison ein Hochsicherheitsgefängnis [OPP] MINIMUM

max·imum² /ˈmæksɪməm/ Nomen (Pl **maxima** /ˈmæksɪmə/) [meist Sing] (Abk **max**) **1** Maximum ◊ The job will require you to use all your skills to the maximum. Die Stelle wird Ihre Fähigkeiten bis zum Äußersten beanspruchen. [OPP] MINIMUM **2** Höchsttemperatur [OPP] MINIMUM

May /meɪ/ Nomen Mai ☞ Beispiele bei JANUAR

may¹ /meɪ/ Modalvb ☞ Die verneinte Form ist **may not**, die selten zu **mayn't** /ˈmeɪənt/ verkürzt wird. Die Vergangenheit ist **might** /maɪt/, verneint **might not** oder **mightn't** /ˈmaɪtnt/. **1** können, dürfen ☞ G 10 **2** (gehoben) (drückt Wünsche und Hoffnungen aus) möge ◊ Long may it continue. Möge es lange so weitergehen. [IDM] **be that as it ˈmay** (gehoben) wie dem auch sei [SYN] NEVERTHELESS ☞ Siehe auch WELL¹

may² /meɪ/ Nomen Weißdornblüte, Rotdornblüte

maybe /ˈmeɪbi/ Adv vielleicht

ˈMay Day Nomen Maifeiertag ☞ Hinweis bei FEIERTAG

May·day /ˈmeɪdeɪ/ Nomen [Sing] (Notsignal) Mayday

may·fly /ˈmeɪflaɪ/ Nomen (Pl **-ies**) Eintagsfliege

may·hem /ˈmeɪhem/ Nomen [U] Chaos

may·on·naise /ˌmeɪəˈneɪz; AmE ˈmeɪəneɪz/ (umgs **mayo** /ˈmeɪəʊ; AmE ˈmeɪoʊ/) Nomen Majonäse

mayor /meə(r); AmE ˈmeɪər/ Nomen Bürgermeister(in)

may·oral /ˈmeərəl; AmE ˈmeɪə-/ Adj nur vor Nomen bürgermeisterlich, des Bürgermeisters, der Bürgermeisterin

may·or·alty /ˈmeərəlti; AmE ˈmeɪər-/ Nomen (Pl **-ies**) (gehoben) **1** Bürgermeisteramt **2** Amtszeit als Bürgermeister(in)

may·or·ess /meəˈres; AmE ˈmeɪərəs/ Nomen **1** Bürgermeisterin ☞ Hinweis bei MAN, S. 378. **2** (in England, Wales und Nordirland) = Gattin des Bürgermeisters

may·pole /ˈmeɪpəʊl; AmE -poʊl/ Nomen Maibaum

maze /meɪz/ Nomen **1** Irrgarten, Labyrinth **2** [meist Sing] Wirrwarr **3** (AmE) Labyrinthrätsel

MB /ˌem ˈbiː/ **1** Kurzform von **Bachelor of Medicine** (in GB) = Inhaber(in) eines Hochschulabschlusses in Medizin **2** (auch **Mb**) = MEGABYTE

MBA /ˌem biː ˈeɪ/ Kurzform von **Master of Business Ad-**

ministration 1 ≈ Diplom in Betriebswirtschaft ◊ *do an MBA* Betriebswirtschaft studieren **2** ≈ Diplombetriebswirt(in)

MBE /ˌem biː ˈiː/ *Kurzform von* **Member (of the Order) of the British Empire 1** = britischer Verdienstorden **2** = Träger(in) eines britischen Verdienstordens

MC /ˌem ˈsiː/ **1** *Kurzform von* **Master of Ceremonies** Zeremonienmeister(in) **2 M.C.** *Kurzform von* **Member of Congress** (*in der USA*) Kongressabgeordnete(r)

MCC /ˌem esˈsiː/ *Kurzform von* **Marylebone Cricket Club** = britischer Kricketverband

McCoy /məˈkɔɪ/ *Nomen* IDM **the real McˈCoy** (*umgs*) das Original

MD /ˌem ˈdiː/ **1** *Kurzform von* **Doctor of Medicine** Dr. med. **2** *Kurzform von* **Managing Director** Geschäftsführer(in) **3** = MINIDISC

ME /ˌem ˈiː/ **1** (*BrE*) *Kurzform von* **myalgic encephalomyelitis** chronisches Erschöpfungssyndrom **2** = MEDICAL EXAMINER

me¹ *Pron* /miː/; *betont* miː/ mich (mir) ☛ G 3

me² (*auch* **mi**) /miː/ *Nomen* (Mus) mi

mead /miːd/ *Nomen* Met

meadow /ˈmedəʊ/; *AmE* -doʊ/ *Nomen* Wiese ◊ *water meadows* Auen

meagre (*AmE* **mea·ger**) /ˈmiːɡə(r)/ *Adj* karg, dürftig, mager

meal /miːl/ *Nomen* **1** Mahlzeit **2** Essen ◊ *Let's go out for a meal.* Lass uns essen gehen. ◊ *a three-course meal* ein Drei-Gänge-Menü ◊ *Enjoy your meal.* Guten Appetit. **3** (*oft in Zusammensetzungen*) Schrot, Mehl IDM **make a ˈmeal of sth** (*umgs*) eine große Sache aus etw machen ☛ *Siehe auch* SQUARE¹

ˌ**meals on ˈwheels** *Nomen* [Pl] Essen auf Rädern

ˈ**meal ticket** *Nomen* **1** (*umgs*) Einnahmequelle, Versorger **2** (*AmE*) Essenmarke

meal-time /ˈmiːltaɪm/ *Nomen* Essenszeit

mealy-mouthed /ˌmiːli ˈmaʊðd/ *Adj* (*abwert*) unaufrichtig ◊ *Don't be so mealy-mouthed!* Rede nicht um den heißen Brei herum!

mean¹ /miːn/ *Verb* (**meant, meant** /ment/) **1** (*nicht in der Verlaufsform*) bedeuten, heißen ◊ *Does the name David Berwick mean anything to you?* Sagt Ihnen der Name David Berwick was? SYN SIGNIFY **2** (*nicht in der Verlaufsform*) meinen ◊ *Don't laugh! I mean it.* Lach nicht! Ich meine es ernst. ◊ *What did she mean by leaving so early?* Warum ist sie denn so früh gegangen? **3** wollen ◊ *He means trouble.* Er will Ärger machen. SYN INTEND **4** (*oft passiv*) ~ **sb to be sth** wollen, dass jd etw wird; **be meant for sb/sth** für jdn/etw geschaffen sein, für jdn/etw bestimmt sein ◊ *It just wasn't meant to be.* Es hat einfach nicht sein sollen. **5** zur Folge haben, nach sich ziehen SYN ENTAIL *und* RESULT IN **6** (*kein Passiv*) ~ **sth (to sb)** (jdm) etw bedeuten ◊ *$20 means a lot when you live on $100 a week.* $20 ist eine Menge Geld, wenn man von $100 in der Woche lebt. IDM **be meant to be sth** etw sein sollen ◊ *This restaurant is meant to be excellent.* Dieses Restaurant soll ausgezeichnet sein. **be meant to do sth** etw tun sollen ◊ *You're meant to pay before you go in.* Vor dem Hineingehen muss man zahlen. **I mean** (*umgs*) ich meine **mean ˈbusiness** (*umgs*) es ernst meinen **mean (sb) no ˈharm; not mean (sb) any ˈharm** es nicht böse (mit jdm) meinen **mean to ˈsay** sagen wollen ◊ ˈ**mean well** (*meist abwert*) es gut meinen

mean² /miːn/ *Adj* **1** (*BrE*) geizig **2** gemein, fies **3** (*bes AmE*) bösartig **4** (*bes AmE, umgs*) klasse, spitze ◊ *She plays a mean game of chess.* Sie spielt klasse Schach. **5** nur vor Nomen (*Fachspr*) mittlere(r,s) (*Temperatur etc.*) **6** (*gehoben*) (*Intelligenz etc.*) niedrig, mindere(r,s) **7** (*gehoben*) schäbig **8** (*veraltet*) (*soziale Verhältnisse*) klein, einfach IDM **be no mean …** kein(e) schlechte(r,s) … sein ◊ *He's no mean artist.* Er ist kein schlechter Künstler.

mean³ /miːn/ *Nomen* **1** Mitte, Mittelweg **2** (*auch* ˌ**arithˈmetic ˈmean**) arithmetisches Mittel **3** (*auch* ˌ**geoˈmetric ˈmean**) geometrisches Mittel IDM **the happy/golden ˈmean** die goldene Mitte

me·ander¹ /miˈændə(r)/ *Verb* **1** sich schlängeln, sich winden **2** schlendern **3** (*vom Thema*) abschweifen; (*Gespräch etc.*) sich dahinschleppen

me·ander² /miˈændə(r)/ *Nomen* Windung, Mäander

me·ander·ings /miˈændrɪŋz/ *Nomen* [Pl] **1** Windungen, Biegungen **2** Abschweifungen ◊ *his philosophical meanderings* seine philosophischen Exkurse

meanie /ˈmiːni/ *Nomen* (*umgs, Kinderspr*) Fiesling, Geizkragen ◊ *Don't be such a meanie!* Sei doch nicht so fies!

meaning¹ /ˈmiːnɪŋ/ *Nomen* Bedeutung, Sinn ◊ ˈ*Honesty'? He doesn't know the meaning of the word!* „Ehrlichkeit"? Er weiß doch gar nicht, was das ist! ◊ *I don't quite get your meaning.* Ich verstehe nicht ganz, was du meinst. ◊ *What's the meaning of this?* Was soll das?

meaning² /ˈmiːnɪŋ/ *Adj* bedeutungsvoll

meaning·ful /ˈmiːnɪŋfl/ *Adj* (*Adv* **meaning·ful·ly** /-fəli/) **1** aussagekräftig ◊ *words that are meaningful to pupils* Wörter, die den Schülern etwas sagen **2** wichtig, bedeutend **3** (*Blick, Pause, Lächeln etc.*) bedeutungsvoll

meaning·ful·ness /ˈmiːnɪŋfəlnəs/ *Nomen* Bedeutsamkeit, Bedeutung

meaning·less /ˈmiːnɪŋləs/ *Adj* (*Adv* **meaning·less·ly**) **1** sinnlos **2** wenig aussagekräftig; (*Worte, Gesten etc.*) leer ◊ *To me that painting is completely meaningless.* Mir sagt dieses Gemälde überhaupt nichts. **3** unbedeutend

meaning·less·ness /ˈmiːnɪŋləsnəs/ *Nomen* Bedeutungslosigkeit

mean·ness /ˈmiːnnəs/ *Nomen* **1** Geiz **2** Gemeinheit **3** Armseligkeit

means /miːnz/ *Nomen* (*Pl* **means**) **1** Mittel, Möglichkeit ◊ *We had no means of transport.* Wir hatten keine Fahrgelegenheit. ◊ *By this means …* Auf diese Weise … ◊ *Have you any means of identification?* Können Sie sich ausweisen? **2** [Pl] (*Geld*)mittel, finanzielle Möglichkeiten ◊ *That would be beyond their means.* Das könnten sie sich nicht leisten. ◊ *They try to live within their means.* Sie versuchen ihren Verhältnissen entsprechend zu leben. ◊ *a man of means* ein vermögender Mann IDM **by ˈall means** (*umgs*) selbstverständlich **by means of sth** (*gehoben*) mit Hilfe von etw **by ˈno means; not by ˈany (ˈmanner of) means** keineswegs **a ˌmeans to an ˈend** ein Mittel zum Zweck ˌ**ways and ˈmeans** Mittel und Wege ☛ *Siehe auch* END¹ *und* FAIR¹

ˈ**means test** *Nomen* Bedürftigkeitsprüfung

ˈ**means-test** *Verb* ~ **sb** jds Bedürftigkeit überprüfen

ˈ**means-tested** *Adj* nach Bedürftigkeit gestaffelt

meant *Form von* MEAN¹

mean·time¹ /ˈmiːntaɪm/ *Nomen* IDM **in the ˈmeantime** in der Zwischenzeit SYN MEANWHILE

mean·time² /ˈmiːntaɪm/ *Adv* (*umgs*) inzwischen

mean·while¹ /ˈmiːnwaɪl/ *Adv* **1** unterdessen, solange **2** inzwischen, bis dahin **3** indessen

mean·while² /ˈmiːnwaɪl/ *Nomen* IDM **in the ˈmeanwhile** in der Zwischenzeit

mea·sles /ˈmiːzlz/ *Nomen* [U] Masern ☛ *Siehe auch* GERMAN MEASLES

measly /ˈmiːzli/ *Adj* (*umgs, abwert*) mickrig ◊ *I get a measly $10 a day.* Ich bekomme lumpige $10 am Tag.

meas·ur·able /ˈmeʒərəbl/ *Adj* (*Adv* **meas·ur·ably** /-əbli/) **1** messbar **2** merklich

meas·ure¹ /ˈmeʒə(r)/ *Verb* **1** messen ◊ *measuring equipment* Messausrüstung **2** ~ **sb for sth** (*für einen Anzug etc.*) (bei) jdm Maß für etw nehmen **3** (*nicht in der Verlaufsform*) messen ◊ *The room measures 4m by 5m.* Das Zimmer misst 4 mal 5 Meter. **4** abschätzen, einschätzen SYN ASSESS PHRV ˌ**measure sb/sth against sb/sth** jdn/etw mit jdm/etw vergleichen ˌ**measure sth ˈout** etw abmessen ˌ**measure sb ˈup** (bei) jdm Maß nehmen ˌ**measure (sth) ˈup** (etw) ausmessen ◊ *We'll have to measure up before the furniture comes.* Wir müssen das Zimmer ausmessen, bevor die Möbel angeliefert werden. ˌ**measure ˈup** den Erwartungen entsprechen ◊ *The new player just doesn't measure up.* Der neue Spieler ist wirklich eine Enttäuschung. ˌ**measure ˈup to sth/sb** (*meist in Fragen und verneinten Sätzen*) etw/jdm gerecht werden

meas·ure² /ˈmeʒə(r)/ *Nomen* **1** Maßnahme **2** [Sing] Maß, Grad ◊ *She achieved some measure of success.* Sie hat einen gewissen Erfolg erreicht. SYN DEGREE **3** [Sing] Zeichen ◊ *Sending flowers is a measure of how much you love her.* Dass du Blumen schickst, zeigt, wie sehr du sie liebst. **4** Maß-

measured

stab ◊ *Is this test a good measure of reading comprehension?* Ist dieser Test eine gute Methode, um das Leseverständnis zu beurteilen? **5** Maß(einheit) ◊ *a measure of weight* eine Gewichtseinheit **6** Quantum ◊ *a generous measure of whisky* ein ordentliches Quantum Whisky **7** Messstab, Maßband, Messbecher **8** (*AmE*) (Mus) Takt IDM **beyond 'measure** (*gehoben*) über die Maßen; außerordentlich **for good 'measure** sicherheitshalber ◊ *I put in an extra spoonful for good measure.* Ich habe sicherheitshalber einen Löffel mehr genommen. **full 'measure** volles (Aus)maß ◊ *Only one out of 208 pints served came up to a full measure.* Nur eines von 208 servierten Gläsern Bier war bis zum Strich gefüllt. **get/have the 'measure of sb; get/have sb's 'measure** (*gehoben*) jdn richtig einschätzen **in full 'measure** (*gehoben*) voll und ganz **in no small 'measure** (*gehoben*) in nicht geringem Maße **in some, equal, etc. 'measure** (*gehoben*) in gewissem, gleichem etc. Maße ◊ *Our thanks are due in equal measure to every member of the team.* Unser Dank geht gleichermaßen an jedes Mitglied der Arbeitsgruppe. **,made to 'measure** (*BrE*) nach Maß (an)gefertigt ◊ *a made-to-measure suit* ein Maßanzug **short 'measure** zu wenig ◊ *The barman gave me short measure.* Der Barmann hat mein Glas nicht voll gemacht. ◊ *The concert only lasted an hour, so we felt we were getting short measure.* Das Konzert hat nur eine Stunde gedauert; deshalb hatten wir das Gefühl, dass wir zu kurz gekommen waren. ☛ *Siehe auch* LARGE

meas·ured /'meʒəd; *AmE* -ərd/ *Adj nur vor Nomen* gemessen ◊ *with measured steps* gemessenen Schrittes

meas·ure·ment /'meʒəmənt; *AmE* 'meʒərm-/ *Nomen* **1** (Ab)messen, Messung **2** [meist Pl] Maß, (Mess)wert ◊ *a unit of measurement* eine Maßeinheit

'measuring jug (*AmE* **'measuring cup**) *Nomen* Messbecher

'measuring tape *Nomen* Maßband, Metermaß

meat /miːt/ *Nomen* **1** Fleisch ◊ *horse meat* Pferdefleisch ◊ *dog meat* Hundefutter ◊ (*fig, hum*) *There's not much meat on her.* Sie hat nicht viel Fleisch auf den Knochen. **2** (*fig*) Kern, Substanz ◊ *the real meat of the argument* der eigentliche Kern der Argumentation IDM **,meat-and-po'tatoes** (*AmE*) **1** grundlegend **2** alltäglich **3** (*Küche*) gutbürgerlich; (*Mensch*) bodenständig

'meat·ball /'miːtbɔːl/ *Nomen* Fleischkloß

'meat grinder *Nomen* (*AmE*) Fleischwolf

'meat loaf *Nomen* Hackbraten

'meat packing *Nomen* (*AmE*) Fleischverarbeitung

meaty /'miːti/ *Adj* (**meat·ier**, **meati·est**) **1** fleischig, Fleisch- ◊ *a meaty casserole* ein Eintopf mit reichlich Fleisch ◊ (*umgs, fig*) *a meaty hand* eine fleischige Hand **2** (*fig*) gehaltvoll, inhaltsschwer

Mecca /'mekə/ *Nomen* Mekka ☛ *Wird es im übertragenen Sinne gebraucht, so wird es oft kleingeschrieben:* The coast is a mecca for tourists.

mech·an·ic /mə'kænɪk/ *Nomen* **1** Mechaniker(in) **2** **mechanics** [U] (*Wissenschaft*) Mechanik ☛ *Hinweis bei* ECONOMICS **3** **mechanics** [U] Maschinenbau **4** **the mechanics** [Pl] der Ablauf, der Mechanismus ◊ *the exact mechanics of how payment will be made* wie die Zahlungen im Einzelnen abzuwickeln sind

mech·an·ic·al /mə'kænɪkl/ *Adj* (*Adv* **mech·an·ic·al·ly** /-kli/) **1** maschinell, Maschinen-, technisch ◊ *a mechanical failure* ein technisches Versagen **2** mechanisch ◊ (*fig*) *a mechanical gesture* eine mechanische Geste **3** technisch begabt

me,chanical engi'neer *Nomen* Maschinenbauingenieur(in)

me,chanical engi'neering *Nomen* Maschinenbau

mech·an·ism /'mekənɪzəm/ *Nomen* **1** Mechanismus, Mechanik ◊ *a survival/escape mechanism* ein Überlebens-/Fluchtmechanismus **2** Verfahren(sweise)

mech·an·is·tic /ˌmekə'nɪstɪk/ *Adj* (*Adv* **mech·an·is·ti·cal·ly** /-kli/) (*oft abwert*) mechanistisch

mech·an·iza·tion (*BrE auch* **-isa·tion**) /ˌmekənaɪ'zeɪʃn; *AmE* -nə'z-/ *Nomen* Mechanisierung

mech·an·ize (*BrE auch* **-ise**) /'mekənaɪz/ *Verb* (*meist passiv*) mechanisieren

Med /med/ **the Med** (*umgs*) = MEDITERRANEAN²

med /med/ *Adj* (*bes AmE, umgs*) = MEDICAL¹ (1)

medal /'medl/ *Nomen* Medaille ◊ *award sb a medal for bravery* jdm eine Tapferkeitsmedaille verleihen IDM ⇨ DESERVE

med·al·lion /mə'dæliən/ *Nomen* Medaillon

med·al·list (*AmE* **med·al·ist**) /'medəlɪst/ *Nomen* Medaillengewinner(in)

,Medal of 'Freedom *Nomen* = in den Vereinigten Staaten die höchste Auszeichnung für Zivilisten, die sich besonders verdient gemacht haben

,Medal of 'Honor *Nomen* = höchste militärische Tapferkeitsauszeichnung in den Vereinigten Staaten

med·dle /'medl/ *Verb* **1** ~ (**in/with sth**) (*abwert*) sich (in etw) einmischen **2** ~ (**with sth**) (an/mit etw) herumspielen

med·dling /'medlɪŋ/ *Nomen* Einmischung

media /'miːdiə/ *Nomen* **1** **the media** die Medien ◊ *the broadcasting media* Rundfunk und Fernsehen ◊ *The case received widespread media coverage.* In den Medien wurde von dem Fall ausführlich berichtet. ☛ G1.3a **2** *Form von* MEDIUM²

medi·aeval = MEDIEVAL

me·dian¹ /'miːdiən/ *Adj nur vor Nomen* (*Fachspr*) **1** mittlere(r, s) ◊ *the median price* die mittlere Preisklasse **2** Mittel- ◊ *a median point* ein Mittelpunkt

me·dian² /'miːdiən/ *Nomen* **1** (MATH) Median(wert) **2** (*Geometrie*) Mediane, Seitenhalbierende **3** (*AmE*) (*auch* **'median strip**) Mittelstreifen

'media studies *Nomen* Medienwissenschaft(en), Publizistik ☛ G 1.3c

me·di·ate /'miːdieɪt/ *Verb* **1** vermitteln ◊ *mediate disputes* Streitigkeiten ausräumen **2** (*Einigung etc.*) aushandeln, erzielen **3** (*meist passiv*) (*gehoben oder Fachspr*) beeinflussen

me·di·ation /ˌmiːdi'eɪʃn/ *Nomen* [U] Vermittlung

me·di·ator /'miːdieɪtə(r)/ *Nomen* Vermittler(in)

medic /'medɪk/ *Nomen* **1** (*BrE, umgs*) Medizinstudent(in) **2** (*umgs*) (*Arzt, Ärztin*) Doktor(in) **3** (*AmE*) Sanitäter(in)

Me·dic·aid /'medɪkeɪd/ *Nomen* = aus Steuermitteln finanzierte staatliche Gesundheitsfürsorge für Bedürftige in den USA

med·ic·al¹ /'medɪkl/ *Adj* (*Adv* **med·ic·al·ly** /-kli/) **1** (*bes AmE, umgs* **med**) medizinisch, gesundheitlich, ärztlich ◊ *the medical profession* die Ärzte(schaft) ◊ *a medical student* ein(e) Medizinstudent(in) ◊ *She's in med school.* Sie studiert Medizin. **2** ◊ *the medical ward* die innere Abteilung

med·ic·al² /'medɪkl/ *Nomen* (*umgs*) (*auch* **,medical exami'nation** *gehoben*) ärztliche Untersuchung

,medical e'xaminer *Nomen* (*Abk* **ME**) (*AmE*) Gerichtsmediziner(in)

'medical officer *Nomen* (*Abk* **MO, M.O.**) **1** ≈ Amtsarzt/-ärztin **2** Betriebsarzt/-ärztin **3** Militärarzt/-ärztin

Medi·care /'medɪkeə(r); *AmE* -ker/ *Nomen* = aus Steuermitteln finanzierte staatliche Gesundheitsfürsorge für Senioren in den USA

medi·cat·ed /'medɪkeɪtɪd/ *Adj* medizinisch

medi·ca·tion /ˌmedɪ'keɪʃn/ *Nomen* **1** Medikamente ◊ *be on medication* Medikamente nehmen **2** Medikation

me·di·cin·al /mə'dɪsɪnl/ *Adj* heilend, Heil-, medizinisch

medi·cine /'medsn, -dɪsn/ *Nomen* **1** [U] Medizin ◊ *practise medicine* als Arzt praktizieren ☛ *Hinweis bei* MEDIKAMENT **2** Heilmittel, Medizin IDM **the best 'medicine** die beste Medizin **a taste/dose of your own 'medicine** ◊ *Let the bully have a taste of his own medicine.* Zahl ihm die Schikanen doch mit gleicher Münze heim.

'medicine man *Nomen* Medizinmann

med·ico /'medɪkəʊ; *AmE* -koʊ/ *Nomen* (*Pl* **-os**) (*umgs*) Doktor

medi·eval (*auch* **medi·aeval**) /ˌmedi'iːvl; *AmE auch* ˌmiːd-/ *Adj* mittelalterlich ◊ *the medieval period* das Mittelalter

me·di·ocre /ˌmiːdi'əʊkə(r); *AmE* -'oʊkər/ *Adj* (*abwert*) mittelmäßig

me·di·oc·rity /ˌmiːdi'ɒkrəti; *AmE* -'ɑːk-/ *Nomen* (*Pl* **-ies**) (*abwert*) **1** [U] Mittelmäßigkeit **2** unbedeutende Figur, kleines Licht

medi·tate /'medɪteɪt/ *Verb* **1** ~ (**on/upon sth**) (über etw) meditieren **2** ~ **sth** (*gehoben*) etw planen, über etw nachdenken

medi·ta·tion /ˌmedɪˈteɪʃn/ *Nomen* **1** [U] Meditation ◇ (*fig*) *He was deep in meditation.* Er war tief in Gedanken versunken. **2** [meist Pl] ~ (**on sth**) (*gehoben*) Betrachtung (über etw)

medi·ta·tive /ˈmedɪtətɪv/ *AmE* -teɪt-/ *Adj* (*gehoben*) **1** nachdenklich, besinnlich **2** Meditations-, meditativ

Medi·ter·ra·nean /ˌmedɪtəˈreɪniən/ *Adj nur vor Nomen* mediterran, Mittelmeer- **2** *Nomen* **the Mediterranean (Sea)** (*umgs* **the Med**) das Mittelmeer

me·dium¹ /ˈmiːdiəm/ (*Abk* **M**) *Adj* mittel, mittlere(r,s) ◇ *a medium size car* ein Mittelklassewagen ◇ *a medium size business* ein mittelständischer Betrieb ◇ *a medium steak* ein halb durchgebratenes Steak [SYN] AVERAGE [IDM] ⇨ TERM¹

me·dium² /ˈmiːdiəm/ *Nomen* (*Pl* **media** /ˈmiːdiə/ *oder* **me·diums**) **1** Kommunikationsmittel, Medium **2** (Hilfs)mittel ◇ *English is the medium of instruction.* Die Unterrichtssprache ist Englisch. **3** (*künstlerisches*) Ausdrucksmittel, Medium **4** (NATURW) Lösung, Medium **5** (*Pl* **me·diums**) (*Parapsychologie*) Medium [IDM] ⇨ HAPPY

ˈmedium-sized *Adj* mittelgroß

ˈmedium-term *Adj* mittelfristig

ˈmedium wave *Nomen* (*Abk* **MW**) [Sing] Mittelwelle

med·ley /ˈmedli/ *Nomen* **1** Potpourri, Medley **2** Gemisch, Sammelsurium **3** (*Schwimmen*) Lagenstaffel

meek /miːk/ **1** *Adj* (*Adv* **meek·ly**) sanft(mütig), demütig, nachgiebig ◇ *He meekly did as he was told.* Er tat widerspruchslos, was man ihm sagte. **2** **the meek** *Nomen* [Pl] die Sanftmütigen

meek·ness /ˈmiːknəs/ *Nomen* Sanftmütigkeit, Nachgiebigkeit

meet¹ /miːt/ *Verb* (**met, met** /met/) **1** (*kein Passiv*) sich treffen **2** (*kein Passiv*) ~ **sb** jdn treffen **3** (*kein Passiv*) sich kennen lernen ◇ *I don't think we've met.* Ich glaube, wir kennen uns noch nicht. **4** (*kein Passiv*) ~ **sb** jdn kennen lernen (*bes BrE*) ◇ *Pleased to meet you.* Freut mich. ◇ (*AmE*) *Nice meeting you.* Freut mich. **5** abholen ◇ *meet sb at the airport* jdn vom Flughafen abholen ◇ *He met my train.* Er hat mich vom Bahnhof abgeholt. **6** (*kein Passiv*) (*in einem Wettbewerb*) aufeinander treffen **7** (*kein Passiv*) ~ **sb** auf jdn treffen **8** ~ **sth** auf etw stoßen, etw (vor)finden, etw erleiden [SYN] COME ACROSS *und* ENCOUNTER **9** (*kein Passiv*) sich berühren **10** (*kein Passiv*) ~ **sth** etw berühren ◇ *That's where the river meets the sea.* Dort fließt der Fluss ins Meer. **11** befriedigen, erfüllen ◇ *meet a deadline* einen Termin einhalten ◇ *meet criticism* einer Kritik begegnen **12** (*Kosten etc.*) tragen [IDM] **meet sb's ˈeye(s) 1** (*auch* **meet sb's gaze, look, etc.**) jdm in die Augen sehen; jds Blick begegnen **2** (*Anblick etc.*) sich jds Augen bieten **meet sb ˈhalfway** jdm auf halbem Wege entgegenkommen **meet your ˈMaker** (*hum*) (*sterben*) vor seinen Schöpfer treten **there is more to sb/sth than meets the ˈeye** in jdm/hinter etw steckt mehr, als es den Anschein hat ☛ *Siehe auch* END¹ *und* MATCH¹ [PHRV] ˌmeet ˈup (**with sb**) sich (mit jdm) treffen **ˈmeet with sb** (*bes AmE*) sich mit jdm treffen **ˈmeet with sth** (*gehoben*) auf etw stoßen, etw (vor)finden, etw erleiden ◇ *meet with failure* keinen Erfolg haben ◇ *meet with success* Erfolg ernten **ˈmeet sth with sth** auf etw mit etw reagieren ◇ *meet the occasion with confidence* der Situation selbstbewusst entgegentreten

meet² /miːt/ *Nomen* **1** (*bes AmE*) (SPORT) Wettkampf ◇ *a track meet* ein Rennen **2** (*BrE*) Fuchsjagd

meet·ing /ˈmiːtɪŋ/ *Nomen* **1** Versammlung, Sitzung, Besprechung **2** **the meeting** [Sing] = die Teilnehmer einer Versammlung ◇ *The meeting voted to accept the proposal.* In der Sitzung wurde beschlossen, den Vorschlag zu akzeptieren. **3** Begegnung, Treffen **4** (SPORT) Wettkampf, Rennen [IDM] **a meeting of ˈminds** eine Verständigung, ein Gedankenaustausch; eine Begegnung

ˈmeeting place *Nomen* Treffpunkt

mega¹ /ˈmegə/ *Adj* (*umgs*) Mega-, Riesen- ◇ *a mega hit* ein Riesenhit

mega² /ˈmegə/ *Adv* mega-, super- ◇ *mega rich* superreich

mega- /ˈmegə/

Die Vorsilbe **mega-** kann mit Nomina oder Adjektiven verbunden werden. Im allgemeinen Sprachgebrauch bedeutet sie „riesig": *a megastore* ein Riesenkaufhaus ◇ *megabucks* viel Geld. In Maßeinheiten und in der Informatik bedeutet sie „eine Million": *megawatt* Megawatt.

mega·byte /ˈmegəbaɪt/ *Nomen* (*Abk* **MB**) Megabyte

mega·hertz /ˈmegəhɜːts; *AmE* -hɜːrts/ *Nomen* (*Pl* **megahertz**) (*Abk* **MHz**) Megahertz

mega·lith /ˈmegəlɪθ/ *Nomen* Megalith

mega·lith·ic /ˌmegəˈlɪθɪk/ *Adj* megalithisch

meg·alo·ma·nia /ˌmegələˈmeɪniə/ *Nomen* [U] Megalomanie, Größenwahn

meg·alo·ma·niac /ˌmegələˈmeɪniæk/ **1** *Nomen* Größenwahnsinnige(r) **2** *Adj* größenwahnsinnig

mega·phone /ˈmegəfəʊn; *AmE* -foʊn/ *Nomen* Megaphon

mega·ton (*auch* **mega·tonne**) /ˈmegətʌn/ *Nomen* Megatonne

mega·watt /ˈmegəwɒt; *AmE* -wɑːt/ *Nomen* (*Abk* **MW**) Megawatt

mela·mine /ˈmeləmiːn/ *Nomen* [U] Melamin(harz)

mel·an·cho·lia /ˌmelənˈkəʊliə; *AmE* -ˈkoʊ-/ *Nomen* [U] (*veraltet*) (*Krankheit*) Melancholie, Schwermut

mel·an·chol·ic /ˌmelənˈkɒlɪk; *AmE* -ˈkɑːl-/ *Adj* (*gehoben oder veraltet*) melancholisch, schwermütig

mel·an·choly¹ /ˈmelənkəli, -kɒli; *AmE* -kɑːli/ *Nomen* [U] (*gehoben*) (*Stimmung*) Melancholie, Schwermut

mel·an·choly² /ˈmelənkəli, -kɒli; *AmE* -kɑːli/ *Adj* (*gehoben*) melancholisch, schwermütig

mel·anin /ˈmelənɪn/ *Nomen* (*Fachspr*) Melanin

mela·noma /ˌmeləˈnəʊmə; *AmE* -ˈnoʊmə/ *Nomen* (MED) Melanom

meld /meld/ *Verb* (*gehoben*) verschmelzen

melee /ˈmeleɪ; *AmE* ˈmeɪleɪ/ *Nomen* [Sing] Gedränge, Gewühl ◇ *a melee of people* eine Menschenmenge

mel·low¹ /ˈmeləʊ; *AmE* -loʊ/ *Adj* **1** (*Farben, Musik etc.*) weich, warm, sanft **2** (*Aroma, Geschmack*) ausgereift, abgerundet **3** (*Person*) gelassen, gereift **4** (*umgs*) umgänglich; (*nach Alkoholgenuss*) angeheitert

mel·low² /ˈmeləʊ; *AmE* -loʊ/ *Verb* **1** reifen, reifer werden **2** reifen lassen, reifer machen **3** verblassen **4** dämpfen, mildern, abschwächen [PHRV] ˌmellow ˈout (*bes AmE, umgs*) (*zur Ruhe kommen*) abschalten, abhängen

mel·od·ic /məˈlɒdɪk; *AmE* -ˈlɑːd-/ *Adj* **1** *nur vor Nomen* melodisch, Melodie- **2** wohlklingend

me·lo·di·ous /məˈləʊdiəs; *AmE* -ˈloʊ-/ *Adj* (*Adv* **me·lo·di·ous·ly**) melodisch, wohlklingend

melo·drama /ˈmelədrɑːmə/ *Nomen* **1** Melodrama **2** (*Verhalten etc.*) ◇ *her love of melodrama* ihr Hang zum Dramatischen ◇ *I've had enough of your melodrama!* Ich hab genug von deinen Übertreibungen!

melo·dra·mat·ic /ˌmelədrəˈmætɪk/ *Adj* (*Adv* **melo·dra·mat·ic·al·ly** /-kli/) (*oft abwert*) dramatisch

mel·ody /ˈmelədi/ *Nomen* (*Pl* **-ies**) **1** Melodie **2** Melodik

melon /ˈmelən/ *Nomen* Melone

melt /melt/ *Verb* **1** zergehen, sich auflösen, schmelzen **2** schmelzen; (*Butter etc.*) zerlassen; (*Zucker etc.*) auflösen **3** weich werden; (*Ärger*) verfliegen; (*Spannung*) sich lösen **4** erweichen; (*Ärger*) verfliegen lassen; (*Spannung*) lösen [IDM] ˌmelt in your ˈmouth auf der Zunge zergehen ☛ *Siehe auch* BUTTER¹ [PHRV] ˌmelt aˈway dahinschmelzen, sich auflösen ˌmelt sth aˈway etw (dahin)schmelzen lassen, etw auflösen ˌmelt sth ˈdown etw (ein)schmelzen ˈmelt into sth mit etw verschmelzen

melt·down /ˈmeltdaʊn/ *Nomen* **1** Kernschmelze **2** (*fig*) Zusammenbruch

melt·ing /ˈmeltɪŋ/ *Adj* schmelzend

ˈmelting point *Nomen* Schmelzpunkt

ˈmelting pot *Nomen* [meist Sing] Schmelztiegel [IDM] **in the ˈmelting pot** (*bes BrE*) im Umbruch; Veränderungen unterworfen ◇ *The crisis threw central Europe into the melting pot.* Die Krise stürzte Mitteleuropa in Ungewissheit.

mem·ber /ˈmembə(r)/ *Nomen* **1** Mitglied, Angehörige(r) ◇ *all members of the species* alle Artgenossen **2** (*gehoben oder veraltet*) Glied(maße) **3** (*verhüll*) (*männliches*) Glied **4** **Member** (*BrE*) Abgeordnete(r)

ˌMember of ˈCongress *Nomen* Kongressabgeordnete(r)

Member of Parliament *Nomen* = MP

mem·ber·ship /ˈmembəʃɪp; *AmE* -bərʃ-/ *Nomen* **1** ~ **(of sth)**; (*AmE*) ~ **(in sth)** Mitgliedschaft (in etw) **2** Mitglieder, Mitgliederzahl ◊ *The membership has/have not yet voted. Die Mitglieder haben noch nicht abgestimmt.* ☛ G 1.3b

mem·brane /ˈmembreɪn/ *Nomen* Membran

mem·bran·ous /ˈmembrənəs/ *Adj* membranartig

me·men·to /məˈmentəʊ; *AmE* -toʊ/ *Nomen* (*Pl* **-oes** *oder* **-os**) Andenken

memo /ˈmeməʊ; *AmE* -moʊ/ *Nomen* (*Pl* **-os**) (*gehoben* **memo·ran·dum**) Mitteilung, Notiz

mem·oir /ˈmemwɑː(r)/ *Nomen* **1 memoirs** [Pl] Memoiren **2** (*gehoben*) Biografie, Bericht

mem·ora·bilia /ˌmemərəˈbɪliə/ *Nomen* [Pl] Erinnerungsstücke

mem·or·able /ˈmemərəbl/ *Adj* (*Adv* **mem·or·ably** /-əbli/) unvergesslich, einprägsam

memo·ran·dum /ˌmeməˈrændəm/ *Nomen* (*Pl* **memoranda** /ˌmeməˈrændə/) **1** (*gehoben*) = MEMO **2** (RECHT) Absichtserklärung **3** Bericht

me·mor·ial¹ /məˈmɔːriəl/ *Nomen* ~ **(to sb/sth)** Denkmal (für jdn/etw) ◊ *a war memorial* ein Kriegerdenkmal

me·mor·ial² /məˈmɔːriəl/ *Adj* nur vor Nomen Gedenk- ◊ *a memorial service* ein Gedenkgottesdienst

Meˈmorial Day *Nomen* = Feiertag in den USA zum Gedenken an gefallene Soldaten, meistens am letzten Montag im Mai

me·mor·ial·ize (*BrE auch* **-ise**) /məˈmɔːriəlaɪz/ *Verb* (*gehoben*) verewigen

me·mor·iam ⇨ IN MEMORIAM

mem·or·ize (*BrE auch* **-ise**) /ˈmeməraɪz/ *Verb* auswendig lernen, sich einprägen

mem·ory /ˈmeməri/ *Nomen* (*Pl* **-ies**) **1** Gedächtnis ◊ *She recited the poem from memory. Sie trug das Gedicht auswendig vor.* ◊ **commit sth to memory** sich etw einprägen ◊ *There hasn't been peace here in/within my memory. Solange ich mich erinnern kann, hat es hier keinen Frieden gegeben.* ◊ *It was the worst storm in recent memory. Es war der schlimmste Sturm der letzten Zeit.* **2** Erinnerung ◊ *I have vivid memories of it. Es ist mir in lebhafter Erinnerung.* **3** (COMP) Speicher(kapazität) **4** (*gehoben*) Andenken IDM **if (my) memory serves me well, correctly, etc.** wenn ich mich recht erinnere **in memory of sb**; **to the memory of sb** zum Andenken an jdn ☛ *Siehe auch* ETCH, JOG¹, LIVING¹, REFRESH *und* SIEVE¹

ˌmemory ˈlane *Nomen* IDM **a trip/walk down ˌmemory ˈlane** ein Nostalgietrip

men *Form von* MAN¹

men·ace¹ /ˈmenəs/ *Nomen* **1** [meist Sing] ~ **(to sb/sth)** Bedrohung (für jdn/etw) SYN THREAT **2** Drohung ◊ *a hint of menace in his voice* ein drohender Unterton in seiner Stimme **3** [meist Sing] (*umgs*) Plage SYN NUISANCE **4 menaces** [Pl] (*BrE*) (RECHT) Androhung von Gewalt ◊ *demand money with menaces* Geld erpressen

men·ace² /ˈmenəs/ *Verb* (*gehoben*) bedrohen SYN THREATEN

men·acing /ˈmenəsɪŋ/ *Adj* (*Adv* **men·acing·ly**) drohend, bedrohlich SYN THREATENING

ménage à trois /ˌmeɪnɑːʒ ɑː ˈtrwɑː/ *Nomen* (*Pl* **ménages à trois** /ˌmeɪnɑːʒ ɑː ˈtrwɑː/) [meist Sing] Dreiecksverhältnis

men·agerie /məˈnædʒəri/ *Nomen* Menagerie

mend¹ /mend/ *Verb* **1** (*bes BrE*) reparieren **2** (*fig*) kitten; (*Differenzen*) ausräumen **3** sich erholen **4** (*Knochen*) heilen IDM **mend (your) fences (with sb)** einen Streit (mit jdm) beilegen; sich (mit jdm) versöhnen **mend your ˈways** sich bessern ☛ *Siehe auch* SAY¹

mend² /mend/ *Nomen* IDM **on the ˈmend** (*umgs*) auf dem Wege der Besserung

men·da·city /menˈdæsəti/ *Nomen* (*gehoben*) Verlogenheit

mend·er /ˈmendə(r)/ *Nomen* (*BrE*) (*meist in Zusammensetzungen*) ◊ *road menders* Straßenarbeiter ◊ *take your shoes to the mender's* die Schuhe zum Schuster bringen

men·folk /ˈmenfəʊk; *AmE* -foʊk/ *Nomen* [Pl] (*veraltet*) Männer

me·nial /ˈmiːniəl/ *Adj* (*abwert*) (*Arbeit*) niedere(r,s), untergeordnet

men·in·gi·tis /ˌmenɪnˈdʒaɪtɪs/ *Nomen* Hirnhautentzündung

meno·pausal /ˌmenəˈpɔːzl/ *Adj* klimakterisch ◊ *menopausal women* Frauen in den Wechseljahren

meno·pause /ˈmenəpɔːz/ *Nomen* [Sing] Wechseljahre

men·ses /ˈmensiːz/ *Nomen* [Pl] (*Fachspr*) Menses, Menstruation

ˈmen's room *Nomen* (*AmE*) Herrentoilette

men·strual /ˈmenstruəl/ *Adj* Menstruations- ◊ *a menstrual period* eine Monatsblutung

men·stru·ate /ˈmenstrueɪt/ *Verb* (*gehoben*) menstruieren

men·stru·ation /ˌmenstruˈeɪʃn/ *Nomen* (*gehoben*) Menstruation

mens·wear /ˈmenzweə(r); *AmE* -wer/ *Nomen* (*besonders im Handel*) Herrenbekleidung

men·tal /ˈmentl/ *Adj* **1** (*Adv* **men·tal·ly** /-təli/) geistig, psychisch, seelisch ◊ *a mental disorder* eine psychische Störung ◊ *mentally ill* geisteskrank ◊ *He has a complete mental block when it comes to physics. Wenn es um Physik geht, hat er ein totales Brett vorm Kopf.* ◊ *Do you have a mental picture of what it will look like? Hast du eine Vorstellung davon, wie es aussehen wird?* ◊ *I must make a mental note to ask her. Ich darf nicht vergessen, sie zu fragen.* ◊ *Mentally, I began making a list. Ich begann mir im Kopf eine Liste zu machen.* **2** (*BrE*, *Slang*) verrückt

ˌmental ˈage *Nomen* [meist Sing] geistiger Entwicklungsstand

ˌmental aˈrithmetic *Nomen* Kopfrechnen

men·tal·ity /menˈtæləti/ *Nomen* (*Pl* **-ies**) [meist Sing] Mentalität

men·tal·ly *Adv* ⇨ MENTAL

men·thol /ˈmenθɒl; *AmE* -θɔːl, -θɑːl/ *Nomen* Menthol

men·tion¹ /ˈmenʃn/ *Verb* ~ **sth/sb (to sb)** etw/jdn (jdm gegenüber) erwähnen ◊ *Nobody mentioned anything to me about it. Mir hat niemand etwas gesagt.* IDM **don't ˈmention it** gern geschehen **not to mention ...** ganz zu schweigen von ...

men·tion² /ˈmenʃn/ *Nomen* [meist Sing] Erwähnung ◊ *He made no mention of her work. Er hat ihre Arbeit nicht erwähnt.* ◊ *Richard deserves (a) special mention. Richard muss besonders lobend erwähnt werden.*

men·tor /ˈmentɔː(r)/ *Nomen* Mentor(in)

men·tor·ing /ˈmentɔːrɪŋ/ *Nomen* Betreuung durch Mentoren

menu /ˈmenjuː/ *Nomen* **1** Speisekarte **2** (COMP) Menü

meow (*bes AmE*) = MIAOW

MEP /ˌem iːˈpiː/ *Kurzform von* **Member of the European Parliament** Mitglied des Europäischen Parlaments

mer·can·tile /ˈmɜːkəntaɪl; *AmE* ˈmɜːrk-, -tiːl/ *Adj* (*gehoben*) Handels-

mer·cen·ary¹ /ˈmɜːsənəri; *AmE* ˈmɜːrsəneri/ *Nomen* (*Pl* **-ies**) (*auch* **ˌmercenary ˈsoldier**) Söldner

mer·cen·ary² /ˈmɜːsənəri; *AmE* ˈmɜːrsəneri/ *Adj* (*abwert*) gewinnsüchtig, geldgierig ◊ *a mercenary attitude* eine profitorientierte Einstellung ◊ *for purely mercenary reasons* aus reiner Geldgier

mer·chan·dise¹ /ˈmɜːtʃəndaɪs, -daɪz; *AmE* ˈmɜːrtʃ-/ *Nomen* [U] **1** (*gehoben*) Ware(n) ◊ *a wide selection of merchandise* eine breit gefächerte Warenpalette **2** Werbeartikel

mer·chan·dise² /ˈmɜːtʃəndaɪz; *AmE* ˈmɜːrtʃ-/ *Verb* vermarkten

mer·chan·dis·ing /ˈmɜːtʃəndaɪzɪŋ; *AmE* ˈmɜːrtʃ-/ *Nomen* **1** (*bes AmE*) Merchandising, Vermarktung **2** Merchandisingprodukte

mer·chant¹ /ˈmɜːtʃənt; *AmE* ˈmɜːrtʃ-/ *Nomen* **1** Händler(in) ◊ *builders' merchants* Baustoffhändler **2** (*veraltet*) Kaufmann ◊ *rich merchants* reiche Kaufleute **3** (*umgs*, *abwert*) ◊ *a speed merchant* ein Raser ◊ *noise merchants* Radaumacher ◊ *doom merchants* Schwarzmaler

mer·chant² /ˈmɜːtʃənt; *AmE* ˈmɜːrtʃ-/ *Adj* nur vor Nomen Handels- ◊ *merchant seamen* Matrosen der Handelsmarine

mer·chant·able /ˈmɜːtʃəntəbl; *AmE* ˈmɜːrtʃ-/ *Adj* (RECHT) ◊ *goods of merchantable quality* Waren von handelsüblicher Qualität

ˌmerchant ˈbank *Nomen* (*BrE*) Handelsbank

merchant banker *Nomen* (*BrE*) Leiter(in) einer Handelsbank, Bankier

merchant banking *Nomen* (*BrE*) Handelsbankgeschäft

merchant navy (*AmE* **merchant marine**) *Nomen* Handelsmarine ➡ G 1.3b

mer·ci·ful /'mɜːsɪfl; *AmE* 'mɜːrs-/ *Adj* **1** barmherzig, gnädig **2** erlösend ◊ *Death came as a merciful release.* Der Tod war eine Erlösung.

mer·ci·ful·ly /'mɜːsɪfəli; *AmE* 'mɜːrs-/ *Adv* **1** glücklicherweise **2** barmherzig

mer·ci·less /'mɜːsɪləs; *AmE* 'mɜːrs-/ *Adj* (*Adv* **mer·ci·less·ly**) gnadenlos, unbarmherzig [SYN] CRUEL

mer·cur·ial /mɜː'kjʊəriəl; *AmE* mɜːr'kjʊr-/ *Adj* **1** wechselhaft, unberechenbar **2** (*gehoben*) (*Verstand etc.*) rege **3** (NATURW) Quecksilber-

Mer·cury /'mɜːkjəri; *AmE* 'mɜːrk-/ *Nomen* Merkur ➡ *Beispiele bei* MERKUR

mer·cury /'mɜːkjəri; *AmE* 'mɜːrk-/ *Nomen* Quecksilber

mercy /'mɜːsi; *AmE* 'mɜːrsi/ *Nomen* (*Pl* **-ies**) **1** Gnade ◊ *a mercy mission* eine Hilfsmission **2** [meist Sing] (*umgs*) (*Glück*) Segen [IDM] **be at the mercy of sb/sth** jdm/etw ausgeliefert sein **leave sb/sth to the mercy/mercies of sb/sth** jdn/etw jdm/einer Sache auf Gedeih und Verderb ausliefern **throw yourself on sb's mercy** (*gehoben*) sich jdm auf Gnade und Ungnade ausliefern ➡ *Siehe auch* SMALL[1]

mercy killing *Nomen* Sterbehilfe [SYN] EUTHANASIA

mere[1] /mɪə(r); *AmE* mɪr/ *Adj* nur vor Nomen **1** rein ◊ *It took her a mere 20 minutes.* Sie brauchte bloß 20 Minuten. **2** ◊ *The mere fact that …* Allein die Tatsache, dass … ◊ *the mere thought of eating* schon der Gedanke an Essen ◊ *The merest noise is enough to wake her.* Sie wacht beim geringsten Geräusch auf.

mere[2] /mɪə(r); *AmE* mɪr/ *Nomen* (*BrE*) (*gehoben oder in Namen*) (kleiner) See

mere·ly /'mɪəli; *AmE* 'mɪrli/ *Adv* nur

mere·tri·cious /ˌmerə'trɪʃəs/ *Adj* (*gehoben*) wertlos, trügerisch

merge /mɜːdʒ; *AmE* mɜːrdʒ/ *Verb* **1** fusionieren; ~ (**with/into sth**) sich (mit/zu etw) zusammenschließen **2** ~ **together** ineinander übergehen, verschmelzen; ~ (**into sth**) (in etw) übergehen ◊ *The hills merged into the sky.* Die Hügel und der Himmel gingen ineinander über. **3** zusammenlegen **4** (COMP) mischen [IDM] **merge into the background** sich im Hintergrund halten

mer·ger /'mɜːdʒə(r); *AmE* 'mɜːrdʒ-/ *Nomen* Fusion, Zusammenschluss

me·rid·ian /mə'rɪdiən/ *Nomen* Meridian

mer·ingue /mə'ræŋ/ *Nomen* Baiser, Meringe

me·rino /mə'riːnəʊ; *AmE* -noʊ/ *Nomen* (*Pl* **-os**) **1** Merinoschaf **2** Merinowolle; (*Stoff*) Merino

merit[1] /'merɪt/ *Nomen* **1** (*gehoben*) Verdienst ◊ *The plan is entirely without merit.* Es spricht nichts für den Plan. ◊ *I want to get the job on merit.* Ich will die Stelle aufgrund meiner Leistungen bekommen. **2** [meist Pl] Vorzug ◊ *We will consider each case on its (own) merits.* Wir werden jeden Fall gesondert beurteilen.

merit[2] /'merɪt/ *Verb* (*nicht in der Verlaufsform*) (*gehoben*) verdienen ◊ *The case does not merit further investigation.* Es lohnt sich nicht in diesem Fall weiter zu ermitteln. [SYN] DESERVE

mer·it·oc·racy /ˌmerɪ'tɒkrəsi; *AmE* -'tɑːk-/ *Nomen* (*Pl* **-ies**) **1** = Gesellschaftssystem, das sehr fähige und begabte Menschen besonders begünstigt **2 the meritocracy** [Sing] = Menschen, die aufgrund ihrer großen Begabung und ihres persönlichen Könnens von der Gesellschaft besonders begünstigt werden

mer·ito·crat·ic /ˌmerɪtə'krætɪk/ *Adj* ◊ *a meritocratic society* eine Gesellschaft, in der sehr fähige und begabte Menschen besonders begünstigt werden

meri·tori·ous /ˌmerɪ'tɔːriəs/ *Adj* (*gehoben*) verdienstvoll

mer·maid /'mɜːmeɪd; *AmE* 'mɜːrm-/ *Nomen* Meerjungfrau, Nixe

mer·rily /'merəli/ *Adv* **1** fröhlich, vergnügt **2** munter, unbekümmert

mer·ri·ment /'merɪmənt/ *Nomen* Heiterkeit ◊ *sounds of merriment* fröhlicher Lärm

merry /'meri/ *Adj* (**mer·rier, mer·ri·est**) **1** fröhlich **2 Merry Christmas** Frohe Weihnachten **3** (*bes BrE*, *umgs*) beschwipst [IDM] **make merry** (*veraltet*) feiern **the more the merrier** je mehr, desto besser ➡ *Siehe auch* HELL *und* LEAD[1]

merry-go-round *Nomen* Karussell

mes·ca·line (*auch* **mes·ca·lin**) /'meskəlɪn/ *Nomen* Meskalin

mesh[1] /meʃ/ *Nomen* **1** (Maschen)gewebe ◊ *wire mesh* Maschendraht ◊ *The nets should have fine meshes.* Die Netze sollten feinmaschig sein. **2** [meist Sing] (*fig*) Geflecht

mesh[2] /meʃ/ *Verb* (*gehoben*) **1** ~ (**with sth**) (zu etw) passen; ~ (**together**) zusammenpassen **2** ~ **with sth** (*fig*) etw (mit etw) verbinden **3** (TECH) ineinander greifen

mes·mer·ic /mez'merɪk/ *Adj* hypnotisch, fesselnd, hypnotisierend

mes·mer·ize (*BrE auch* **-ise**) /'mezməraɪz/ *Verb* (*meist passiv*) faszinieren ◊ *They were mesmerized by her performance.* Sie waren gebannt von ihrer Darbietung.

mes·mer·iz·ing (*BrE auch* **-is·ing**) /'mezməraɪzɪŋ/ *Adj* fesselnd

mess[1] /mes/ *Nomen* **1** [meist Sing] Durcheinander, Chaos, Dreck ◊ *The room was in a mess.* Das Zimmer war sehr unordentlich. ◊ *Don't make a mess with that paint.* Mach mit der Farbe nicht alles schmutzig. ◊ *My hair's a real mess!* Meine Haare sehen fürchterlich aus. ◊ *You're a mess!* Wie siehst du denn aus? **2** [meist Sing] Schlamassel, Chaos ◊ *I feel I've made a mess of things.* Ich habe das Gefühl, ich habe alles vermasselt. ◊ *The whole situation is a mess.* Die ganze Situation ist ziemlich verfahren. **3** (*umgs*) (*Kot*) Dreck **4 a ~ of …** (*AmE*, *umgs*) eine Menge … ◊ *There's a mess of fish down there.* Da unten sind eine Menge Fische. **5** (*bes AmE* **mess hall**) (*Speiseraum*) Messe ◊ *the officers' mess* das Offizierskasino

mess[2] /mes/ *Verb* **1** (*bes AmE*, *umgs*) schmutzig machen, durcheinander bringen **2** (*Notdurft*) hinmachen [IDM] **no messing** (*ohne Probleme*) locker [PHR V] **mess a'round** (*BrE auch* **mess a'bout**) **1** Unsinn machen, herumalbern ◊ *They really don't mess about.* Sie fackeln nicht lange. [SYN] FOOL AROUND **2** gammeln **mess a'round with sb** (*BrE auch* **mess a'bout with sb**) etwas mit jdm haben, etwas mit jdn anfangen **mess a'round with sth** (*BrE auch* **mess a'bout with sth**) **1** mit/an etw herumspielen ◊ *Who's been messing around with my computer?* Wer hat an meinem Computer herumgespielt? **2** an etw herumbasteln **mess sb a'bout/a'round** (*BrE*) jdm Scherereien bereiten ◊ *I'm not going to be messed around by them.* So können sie nicht mit mir umspringen. ➡ G 9.7c **mess 'up** sich einen Patzer leisten ◊ *I've really messed up this time.* Ich hab diesmal alles vermasselt. **'mess sb up 1** (*umgs*) jdn (psychisch) fertig machen **2** (*AmE*) jdn übel zurichten **mess sth 'up 1** etw durcheinander bringen, etw vermasseln **2** etw dreckig machen **mess with sb** (*meist in verneinten Sätzen*) sich mit jdm einlassen **'mess with sth** (*meist in verneinten Sätzen*) mit etw herumspielen ◊ *Don't mess with things you don't understand.* Lass die Finger von Sachen, von denen du keine Ahnung hast.

mes·sage[1] /'mesɪdʒ/ *Nomen* **1** Nachricht ◊ *Jenny's not here. Can I take a message?* Jenny ist nicht hier. Kann ich ihr etwas ausrichten? ◊ *a mail message* eine E-Mail ◊ *an error message* eine Fehlermeldung **2** [meist Sing] Botschaft, Aussage ◊ *They are trying to get their message across to people that …* Sie versuchen, den Leuten klarzumachen, dass … **3 messages** [Pl] (*SchotE*) Einkäufe [IDM] **get the message** (*umgs*) verstehen **on/off message** auf/nicht auf Parteilinie ◊ *He warned representatives to stay on message.* Er mahnte die Abgeordneten, sich an die Parteilinie zu halten.

mes·sage[2] /'mesɪdʒ/ *Verb* mailen, Nachrichten schicken

message board *Nomen* (COMP) Messageboard

mes·sa·ging /'mesɪdʒɪŋ/ *Nomen* Mailen, Versenden von Nachrichten

mes·sen·ger /'mesɪndʒə(r)/ *Nomen* Kurier(in), Bote, Botin

Mes·siah /mə'saɪə/ *Nomen* Messias

mes·si·an·ic /ˌmesi'ænɪk/ *Adj* messianisch

Messrs (*AmE* **Messrs-**) /ˈmesəz; *AmE* -sərz/ *Abk* die Herren; (*in Firmennamen*) Fa.
messy /ˈmesi/ *Adj* (**mess·i·er, messi·est**) (*Adv* **messily**) **1** schmutzig, unordentlich **2** (*Situation*) hässlich
Met /met/ *Abk* (*umgs*) **1** = METEOROLOGICAL **2 the Met** *Kurzform von* **the Metropolitan Opera House** = die New Yorker Oper **3 the Met** *Kurzform von* **the Metropolitan Police** = die Londoner Polizei
met *Form von* MEET¹
meta- /ˈmetə/

> **Meta-** wird in Nomina, Adjektiven und Verben benutzt, entweder um eine Zustandsänderung zu bezeichnen: *metamorphosis* Metamorphose ◊ *metabolism* Stoffwechsel, oder um „höher" oder „weiter" auszudrücken: *metaphysics* Metaphysik.

meta·bol·ic /ˌmetəˈbɒlɪk; *AmE* -ˈbɑːl-/ *Adj* Stoffwechsel- ◊ *a high metabolic rate* ein hoher Stoffwechsel
me·tab·ol·ism /məˈtæbəlɪzəm/ *Nomen* Stoffwechsel
me·tab·ol·ize (*BrE auch* **-ise**) /məˈtæbəlaɪz/ *Verb* (*beim Stoffwechsel*) umsetzen
metal /ˈmetl/ *Nomen* Metall
meta·lan·guage /ˈmetəlæŋɡwɪdʒ/ *Nomen* Metasprache
ˈmetal detector *Nomen* Metalldetektor
ˈmetal fatigue *Nomen* Metallermüdung
met·alled /ˈmetld/ *Adj* (*BrE*) (*Straße*) Asphalt-
me·tal·lic /məˈtælɪk/ *Adj* **1** metallisch, metallic ◊ *metallic paint* Metalliclackierung **2** Metall-, metallen
me·tal·lur·gical /ˌmetəˈlɜːdʒɪkl; *AmE* ˌmetlˈɜːrdʒ-/ *Adj* metallurgisch
me·tal·lur·gist /məˈtælədʒɪst; *AmE* ˈmetlɜːrdʒɪst/ *Nomen* Metallurg(in)
me·tal·lurgy /məˈtælədʒi; *AmE* ˈmetlɜːrdʒi/ *Nomen* Hüttenkunde, Metallurgie
met·al·work /ˈmetlwɜːk; *AmE* -wɜːrk/ *Nomen* [U] **1** (Kunst)gegenstände aus Metall **2** Metallbearbeitung **3** Metall(teile)
meta·morph·ose /ˌmetəˈmɔːfəʊz; *AmE* -ˈmɔːrfoʊz/ *Verb* (*gehoben*) **1** ~ (**yourself**) sich verwandeln **2** ~ **sth/sb** etw/jdn verwandeln
meta·mor·phosis /ˌmetəˈmɔːfəsɪs; *AmE* -ˈmɔːrf-/ *Nomen* (*Pl* **meta·mor·phoses** /-əsiːz/) (*gehoben*) Verwandlung, Metamorphose
meta·phor /ˈmetəfə(r)/ *Nomen* Metapher ◊ *the use of metaphor* die Verwendung von Metaphern
meta·phor·ical /ˌmetəˈfɒrɪkl; *AmE* -ˈfɔːr-, -ˈfɑːr-/ *Adj* (*Adv* **meta·phor·ic·al·ly** /-kli/) metaphorisch, bildlich
meta·phys·ic·al /ˌmetəˈfɪzɪkl/ *Adj* metaphysisch
meta·phys·ics /ˌmetəˈfɪzɪks/ *Nomen* [U] Metaphysik
mete /miːt/ *Verb* PHRV **mete sth out** (**to sb**) (*gehoben*) ◊ *mete out punishment to sb* jdn bestrafen ◊ *mete out justice* Recht sprechen ◊ *the treatment meted out to the prisoners* die Behandlung, die die Gefangenen erfuhren
me·teor /ˈmiːtiə(r), -iɔː(r)/ *Nomen* Meteor
me·teor·ic /ˌmiːtiˈɒrɪk; *AmE* -ˈɔːr-, -ˈɑːr-/ *Adj* **1** kometenhaft **2** Meteoriten-, Meteor-
me·teor·ite /ˈmiːtiəraɪt/ *Nomen* Meteorit
me·teoro·logic·al /ˌmiːtiərəˈlɒdʒɪkl; *AmE* -ˈlɑːdʒ-/ *Adj* (*Abk* **met**) meteorologisch, Wetter- ◊ *the Met Office* das Wetteramt
me·teor·olo·gist /ˌmiːtiəˈrɒlədʒɪst; *AmE* -ˈrɑːl-/ *Nomen* Meteorologe, Meteorologin
me·teor·ology /ˌmiːtiəˈrɒlədʒi; *AmE* -ˈrɑːl-/ *Nomen* Meteorologie, Wetterkunde
meter¹ /ˈmiːtə(r)/ *Nomen* **1** (*besonders in Zusammensetzungen*) (*Instrument*) Zähler ◊ *the gas meter* der Gaszähler **2** = PARKING METER **3** (*AmE*) = METRE
meter² /ˈmiːtə(r)/ *Verb* messen, abmessen
metha·done /ˈmeθədəʊn; *AmE* -doʊn/ *Nomen* Methadon
me·thane /ˈmiːθeɪn/ *Nomen* Methan
metha·nol /ˈmeθənɒl/ *Nomen* Methanol
me·thinks /mɪˈθɪŋks/ *Verb* (**me·thought**) (*kein Perfekt*) (*veraltet oder hum*) mich dünkt
method /ˈmeθəd/ *Nomen* Methode, Weise ◊ *a method of payment* eine Zahlungsweise ◊ *a method of selection* ein Auswahlverfahren IDM **there is (a) method in your madness** der Wahnsinn hat Methode
meth·od·ic·al /məˈθɒdɪkl; *AmE* -ˈθɑːd-/ *Adj* (*Adv* **meth·od·ic·al·ly** /-kli/) systematisch, methodisch
Meth·od·ism /ˈmeθədɪzəm/ *Nomen* Methodismus
Meth·od·ist /ˈmeθədɪst/ **1** *Nomen* Methodist(in) **2** *Adj* Methodisten-, methodistisch
meth·odo·logic·al /ˌmeθədəˈlɒdʒɪkl; *AmE* -ˈlɑːdʒ-/ *Adj* (*Adv* **meth·odo·logic·al·ly** /-kli/) methodologisch, methodisch
meth·od·ology /ˌmeθəˈdɒlədʒi; *AmE* -ˈdɑːl-/ *Nomen* (*Pl* **-ies**) (*gehoben*) Methodologie, Methodik
meth·yl·ated spirit /ˌmeθəleɪtɪd ˈspɪrɪt/ (*auch* **meth·yl·ated spirits**) (*bes BrE, umgs* **meths**) *Nomen* (Brenn)spiritus
me·ticu·lous /məˈtɪkjələs/ *Adj* (*Adv* **me·ticu·lous·ly**) sorgfältig, gründlich ◊ *She planned her trip in meticulous detail.* Sie plante ihre Reise bis ins kleinste Detail. ◊ *meticulously clean* peinlich sauber
me·ticu·lous·ness /məˈtɪkjələsnəs/ *Nomen* Sorgfalt, peinliche Genauigkeit
me·ton·ymy /məˈtɒnəmi; *AmE* -ˈtɑːn-/ *Nomen* Metonymie
metre (*AmE* **meter**) /ˈmiːtə(r)/ *Nomen* **1** (*Abk* **m**) Meter ◊ *She came second in the 200 metres.* Sie wurde Zweite im 200-m-Lauf. **2** (LIT) Metrum
met·ric /ˈmetrɪk/ *Adj* metrisch ◊ *British currency went metric in 1971.* Die britische Währung wurde 1971 auf das metrische System umgestellt.
met·ric·al /ˈmetrɪkl/ *Adj* (LIT) metrisch
met·ri·ca·tion /ˌmetrɪˈkeɪʃn/ *Nomen* = Umstellung auf das metrische System
ˌmetric ˈton *Nomen* (*Gewicht*) Tonne
metro¹ /ˈmetrəʊ; *AmE* ˈmetroʊ/ *auch* **the Metro** *Nomen* [Sing] U-Bahn
metro² (*AmE, umgs*) = METROPOLITAN (1)
met·ro·nome /ˈmetrənəʊm; *AmE* -noʊm/ *Nomen* Metronom
me·trop·olis /məˈtrɒpəlɪs; *AmE* məˈtrɑːp-/ *Nomen* Metropole, Hauptstadt
met·ro·pol·itan /ˌmetrəˈpɒlɪtən; *AmE* -ˈpɑːl-/ *Adj nur vor Nomen* **1** (*AmE auch, umgs* **metro** /ˈmetrəʊ; *AmE* ˈmetroʊ/) hauptstädtisch, großstädtisch, Stadt- ◊ *the New York metropolitan area* der Großraum New York **2** ◊ *the relationship between Guadeloupe and metropolitan France* die Beziehungen zwischen Guadeloupe und dem Mutterland Frankreich
met·tle /ˈmetl/ *Nomen* ◊ *show/prove your mettle* zeigen, was man kann ◊ *be on your mettle* auf der Hut sein ◊ *The game will be a real test of their mettle.* Bei diesem Spiel wird sich zeigen, aus welchem Holz sie geschnitzt sind.
mew¹ /mjuː/ *Nomen* Miau
mew² /mjuː/ *Verb* miauen
mews /mjuːz/ *Nomen* (*Pl* **mews**) (*BrE*) = Gasse mit zu Wohnhäusern umgebauten ehemaligen Stallungen
ˌMexican ˈwave /ˌmeksɪkən ˈweɪv/ *Nomen* (*BrE*) La-Ola-Welle
mez·za·nine /ˈmezəniːn, ˈmetsə-/ *Nomen* **1** Mezzanin, Halbgeschoss **2** (*AmE*) (THEAT) erster Rang
mezzo-soprano /ˌmetsəʊ səˈprɑːnəʊ; *AmE* ˌmetsoʊ səˈprɑːnoʊ, -ˈpræn-/ *Nomen* (*Pl* **mezzo-sopranos**) (*auch* **ˈmezzo** (*Pl* **mezzos**)) Mezzosopran
mg *Abk* = MILLIGRAM
Mgr (*bes AmE* **Mgr.**) *Abk* = MONSIGNOR
MHz *Abk* = MEGAHERTZ
mi /miː/ = ME²
MIA /ˌem aɪ ˈeɪ/ (*bes AmE*) *Kurzform von* **missing in action** vermisst
miaow¹ (*bes AmE* **meow**) /miˈaʊ/ *Nomen* Miau
miaow² (*bes AmE* **meow**) /miˈaʊ/ *Verb* miauen
mi·asma /miˈæzmə, maɪˈæ-/ *Nomen* (*gehoben*) Miasma, Pesthauch
mic /maɪk/ *Nomen* (*umgs*) = MICROPHONE
mice *Form von* MOUSE

Mich·ael·mas /'mɪklməs/ *Nomen* Michaelis(tag) ◇ *Michaelmas term* Herbsttrimester

mickey /'mɪki/ *Nomen* IDM **take the 'mickey (out of sb)** (*BrE*, *umgs*) jdn auf den Arm nehmen ◇ *Are you taking the mickey?* Du willst mich wohl auf den Arm nehmen?

Mickey 'Mouse *Adj* (*abwert*) lachhaft, nicht ernst zu nehmen ◇ *He's doing some Mickey Mouse course at college.* Er studiert irgendso'n Pipifax.

mi·crobe /'maɪkrəʊb; *AmE* -kroʊb/ *Nomen* Mikrobe

micro·bio·logic·al /ˌmaɪkrəʊˌbaɪə'lɒdʒɪkl; *AmE* -kroʊˌbaɪə'lɑːdʒ-/ *Adj* mikrobiologisch

micro·biolo·gist /ˌmaɪkrəʊbaɪ'ɒlədʒɪst; *AmE* -kroʊbaɪ'ɑːl-/ *Nomen* Mikrobiologe, Mikrobiologin

micro·biol·ogy /ˌmaɪkrəʊbaɪ'ɒlədʒi; *AmE* -kroʊbaɪ'ɑːl-/ *Nomen* Mikrobiologie

micro·chip /'maɪkrəʊtʃɪp; *AmE* -kroʊ-/ (*auch* **chip**) *Nomen* Mikrochip, Chip

micro·cosm /'maɪkrəʊkɒzəm; *AmE* -kroʊkɑːz-/ *Nomen* Mikrokosmos IDM **in microcosm** im Kleinen

micro·elec·tron·ic /ˌmaɪkrəʊɪˌlek'trɒnɪk; *AmE* -kroʊɪˌlek'trɑːn-/ *Adj nur vor Nomen* mikroelektronisch

micro·elec·tron·ics /ˌmaɪkrəʊɪˌlek'trɒnɪks; *AmE* -kroʊɪˌlek'trɑːn-/ *Nomen* [U] Mikroelektronik

micro·en·gin·eer·ing /ˌmaɪkrəʊˌendʒɪ'nɪərɪŋ; *AmE* -oʊˌendʒɪ'nɪrɪŋ/ *Nomen* Mikrotechnik

micro·fibre (*AmE* **micro·fiber**) /'maɪkrəʊfaɪbə(r); *AmE* -roʊf-/ *Nomen* Mikrofaser

micro·fiche /'maɪkrəʊfiːʃ; *AmE* -kroʊ-/ *Nomen* Mikrofiche

micro·film /'maɪkrəʊfɪlm; *AmE* -kroʊ-/ *Nomen* Mikrofilm

micro·light /'maɪkrəʊlaɪt; *AmE* -kroʊ-/ *Nomen* Ultraleichtflugzeug

micro·metre (*AmE* **micro·meter**) /'maɪkrəʊmiːtə(r); *AmE* -kroʊ-/ *Nomen* Mikrometer

micro-'organism /ˌmaɪkrəʊ 'ɔːgənɪzəm; *AmE* -kroʊ/ *Nomen* (*Fachspr*) Mikroorganismus, Kleinstlebewesen

micro·phone /'maɪkrəfəʊn; *AmE* -foʊn/ (*umgs* **mic, mike**) *Nomen* Mikrofon

micro·pro·ces·sor /ˌmaɪkrəʊ'prəʊsesə(r); *AmE* -kroʊ'proʊ-/ *Nomen* Mikroprozessor

micro·scope /'maɪkrəskəʊp; *AmE* -skoʊp/ *Nomen* Mikroskop ◇ (*fig*) *In the play, love and marriage are put under the microscope.* In dem Stück werden Liebe und Ehe unter die Lupe genommen.

micro·scop·ic /ˌmaɪkrə'skɒpɪk; *AmE* -'skɑːpɪk/ *Adj* (*Adv* **micro·scop·ic·al·ly** /-kli/) **1** winzig, mikroskopisch klein **2** Mikroskop-, mikroskopisch ◇ *a microscopic slide* ein Objektträger

micro·wave¹ /'maɪkrəweɪv/ *Nomen* **1** (*gehoben* **micro·wave 'oven**) Mikrowellenherd **2** (*Fachspr*) Mikrowelle

micro·wave² /'maɪkrəweɪv/ *Verb* in der Mikrowelle garen

micro·wave·able (*auch* **micro·wav·able**) /'maɪkrəweɪvəbl/ *Adj* mikrowellengerecht

mid *Präp* (*gehoben*) = AMID

mid- /mɪd/ (*in Zusammensetzungen*) in der Mitte von, Mitt-, Mitte ◇ *She's in her mid-thirties.* Sie ist Mitte dreißig.

mid-'air *Nomen* ◇ *in mid-air* in der Luft ◇ *a mid-air collision* ein Zusammenstoß in der Luft

Midas touch /'maɪdəs tʌtʃ/ *Nomen* glückliche Hand ◇ *She has the Midas touch.* Was sie anfasst, wird zu Gold.

mid-At'lantic *Adj* **1** mitten im Atlantik **2** an der Ostküste der USA gelegen ◇ *the mid-Atlantic states* die Ostküstenstaaten **3** (*Akzent*) angloamerikanisch

mid·day /ˌmɪd'deɪ/ *Nomen* Mittag ◇ *We arrive at midday.* Wir kommen um zwölf Uhr mittags an. SYN NOON

mid·dle¹ /'mɪdl/ *Nomen* **1** **the middle** die Mitte ◇ *in the middle of the front page* mitten auf der ersten Seite ◇ *in the middle of the night* mitten in der Nacht **2** [*meist Sing*] (*umgs*) Taille IDM **be in the middle of sth** gerade bei etw sein ◇ *I'm in the middle of writing a letter.* Ich bin gerade dabei, einen Brief zu schreiben. **the middle of 'nowhere** (*umgs*) das Ende der Welt **split/di,vide sth down the 'middle 1** etw in der Mitte teilen **2** etw in zwei Lager spalten ➢ *Siehe auch* PIG¹

mid·dle² /'mɪdl/ *Adj nur vor Nomen* mittlere(r,s) ◇ *He's in his middle forties.* Er ist Mitte vierzig. IDM **a middle 'course; a/the middle 'way** ein/der Mittelweg

middle 'age *Nomen* mittleres Lebensalter ◇ *men in middle age* Männer in mittleren Jahren

middle-'aged 1 *Adj* mittleren Alters, in mittleren Jahren **2** *Adj* (*abwert*) altmodisch, spießig **3 the middle aged** *Nomen* [Pl] Menschen mittleren Alters

the Middle 'Ages *Nomen* [Pl] das Mittelalter

middle-age 'spread (*auch* **middle-aged 'spread**) *Nomen* (*hum*) Speckgürtel, Rettungsring

Middle A'merica *Nomen* **1** die amerikanische Mittelschicht **2** (GEOGR) der Mittlere Westen **3** (GEOGR) Mittelamerika

middle 'C *Nomen* [*meist Sing*] eingestrichenes C

middle 'class *Nomen* Mittelstand, Mittelschicht ➢ G 1.3b

middle-'class *Adj* **1** des Mittelstandes ◇ *her middle-class background* ihre bürgerliche Herkunft **2** (*abwert*) spießig, spießbürgerlich

middle 'distance *Nomen* **the middle distance** [*Sing*] **1** (KUNST) der Mittelgrund **2** die mittlere Entfernung ◇ *She stood staring into the middle distance.* Sie stand da und starrte vor sich hin.

middle-'distance *Adj nur vor Nomen* (SPORT) Mittelstrecken-

middle 'ear *Nomen* Mittelohr

the Middle 'East *Nomen* der Nahe Osten

Middle 'Eastern *Adj* Nahost-, nahöstlich, aus dem Nahen Osten

Middle 'England *Nomen* die englische Mittelschicht

Middle 'English *Nomen* Mittelenglisch

middle 'finger *Nomen* Mittelfinger

'middle ground *Nomen* **1** gemeinsame Basis, gemeinsamer Nenner **2** Mittelstellung, Mittelweg **3** (KUNST) Mittelgrund

middle·man /'mɪdlmæn/ *Nomen* (*Pl* **-men** /-mən/) **1** Zwischenhändler **2** Vermittler(in), Mittelsmann, Mittelsperson SYN INTERMEDIARY *und* GO-BETWEEN

middle 'management *Nomen* mittleres Management ➢ G 1.3c

middle 'manager *Nomen* Führungskraft der mittleren Ebene

middle 'name *Nomen* zweiter Vorname IDM **be sb's middle 'name** (*umgs*) jds Stärke sein ◇ *'Patience' is my middle name!* Ich bin die Geduld in Person!

middle-of-the-'road *Adj* gemäßigt, moderat ◇ *Their music is very middle-of-the-road.* Ihre Musik ist ziemlich Mainstream.

middle-'ranking *Adj nur vor Nomen* mittleren Rangs

'middle school *Nomen* **1** (*in GB*) = Schule für 9- bis 13-Jährige **2** (*in den USA*) = Schule für 11- bis 14-Jährige

middle·weight /'mɪdlweɪt/ *Nomen* Mittelgewicht

the Middle 'West *Nomen* der Mittlere Westen

mid·dling /'mɪdlɪŋ/ *Adj* mittlere(r,s), mittel(mäßig)

mid·field /'mɪdfiːld, ˌmɪd'fiːld/ *Nomen* [*Sing*] Mittelfeld

mid·field·er /'mɪdfiːldə(r)/ *Nomen* Mittelfeldspieler(in)

midge /mɪdʒ/ *Nomen* (Stech)mücke, Zuckmücke

midget¹ /'mɪdʒɪt/ *Nomen* (*oft beleidigend*) Zwerg(in), Lilliputaner(in) ➢ **Midget** kann spaßig gemeint sein, unter Umständen aber auch als Beleidigung verstanden werden.

midget² /'mɪdʒɪt/ *Adj nur vor Nomen* Kleinst-, Mini-, winzig

Mid·land /'mɪdlənd/ *Adj nur vor Nomen* in/von Mittelengland

Mid·lands /'mɪdləndz/ **the Midlands** *Nomen* Mittelengland, die Midlands ➢ G 1.3a

mid-life /mɪd'laɪf/ *Nomen* mittleres Alter ◇ *in midlife* in mittleren Jahren

midlife 'crisis *Nomen* [*meist Sing*] Midlifecrisis

mid·night /'mɪdnaɪt/ *Nomen* Mitternacht IDM ⇨ BURN¹ *und* FLIT²

'mid-point *Nomen* [*meist Sing*] Mitte, Hälfte

mid-'range *Adj nur vor Nomen* von mittlerer Qualität; (*Auto*) Mittelklasse- ◇ *a mid-range computer* ein Computer mittlerer Preislage

mid·riff /'mɪdrɪf/ *Nomen* Oberbauch ◇ *with a bare midriff* bauchfrei

mid·ship·man /ˈmɪdʃɪpmən/ *Nomen* (*Pl* **-men** /-mən/) Fähnrich zur See

mid-ˈsized (*auch* **mid-ˈsize**) *Adj* (*bes AmE*) mittelgroß

midst /mɪdst/ *Nomen* (*gehoben*) (*nach Präpositionen*) Mitte ◇ *She appeared from the midst of the crowd.* Sie tauchte plötzlich aus der Menge auf. IDM **in the midst of sth** mitten in/bei etw ◇ *in the midst of sorting out his things* mitten beim Sortieren seiner Sachen **in their/our/its/your midst** (*gehoben*) in ihrer/unserer/seiner/eurer Mitte

mid·stream /ˌmɪdˈstriːm/ *Nomen* = Mitte eines Flusses IDM **(in) midstream** mittendrin ☞ *Siehe auch* CHANGE¹

mid·sum·mer /ˌmɪdˈsʌmə(r)/ *Nomen* Mittsommer, Hochsommer

Midsummer's ˈDay (*bes AmE* ˌMidsummer ˈDay) *Nomen* Johannistag

mid·term /ˌmɪdˈtɜːm; *AmE* -ˈtɜːrm/ *Adj nur vor Nomen*, *Adv* **1** mitten in der Amtszeit, zur Halbzeit der Legislaturperiode ◇ *mid-term elections* Wahlen nach der Hälfte der Amtszeit **2** in der Mitte des Trimesters/Semesters/Schulhalbjahrs

mid·town /ˈmɪdtaʊn/ *Nomen* (*AmE*) = Stadtteil zwischen dem Wirtschaftskern und den Wohngebieten

mid·way¹ /ˌmɪdˈweɪ/ *Adj* mittlere(r,s) ◇ *reach the midway point* bis zur Hälfte kommen

mid·way² /ˌmɪdˈweɪ/ *Adv* in der Mitte, auf halbem Weg ◇ *The goal came midway through the first half.* Das Tor fiel mitten in der ersten Halbzeit. SYN HALFWAY

mid·week¹ /ˌmɪdˈwiːk/ *Nomen* Mitte der Woche, Wochenmitte

mid·week² /ˌmɪdˈwiːk/ *Adj, Adv* mitten in der Woche, Mitte der Woche

Mid·west /ˌmɪdˈwest/ *Nomen* **the Midwest** der Mittlere Westen

Mid·west·ern /ˌmɪdˈwestən; *AmE* -ərn/ *Adj* im Mittleren Westen

mid·wife /ˈmɪdwaɪf/ *Nomen* (*Pl* **mid·wives** /-waɪvz/) Hebamme

mid·wif·ery /ˌmɪdˈwɪfəri/ *Nomen* Geburtshilfe

mid·win·ter /ˌmɪdˈwɪntə(r)/ *Nomen* Mitte des Winters

miffed /mɪft/ *Adj nicht vor Nomen* (*umgs*) pikiert, ein bisschen beleidigt

might¹ /maɪt/ *Modalvb* (*verneint* **might not**) (*Kurzform* **mightn't** /ˈmaɪtnt/) **1** können ☞ G 10.2b, 10.2j **2** (*in der indirekten Rede als Vergangenheit von* **may** *verwendet*) ◇ *They said they might come.* Sie sagten, sie würden vielleicht kommen. **3** ☞ G 10.2d **4** ◇ *'And where's the money coming from?' 'You might well ask!'* „Und woher soll das Geld kommen?" „Gute Frage!" ☞ *Siehe auch* WELL¹

might² /maɪt/ *Nomen* Macht ◇ *with all my might* mit aller Kraft

might·ily /ˈmaɪtɪli/ *Adv* (*veraltet*) **1** mächtig, gewaltig **2** (*gehoben*) mit aller Kraft, nach Kräften

mighty¹ /ˈmaɪti/ *Adj* (**might·ier**, **mighti·est**) mächtig, gewaltig IDM ⇨ HIGH¹

mighty² /ˈmaɪti/ *Adv* (*bes AmE, umgs*) unheimlich, äußerst

mi·graine /ˈmiːgreɪn, ˈmaɪg-; *AmE* ˈmaɪg-/ *Nomen* Migräne ◇ *I'm getting a migraine.* Ich kriege Migräne.

mi·grant /ˈmaɪgrənt/ *Nomen* **1** Zuwanderer, Zuwanderin, Umsiedler(in) ◇ *migrant workers* Wanderarbeiter ◇ *economic migrants* Wirtschaftsflüchtlinge **2** (*Tier*) Migrant, Wanderfisch, Zugvogel

mi·grate /maɪˈgreɪt; *AmE* ˈmaɪgreɪt/ *Verb* **1** ziehen, wandern **2** abwandern, auswandern

mi·gra·tion /maɪˈgreɪʃn/ *Nomen* (Zu-/Ab-/Aus-)wanderung, Zug

mi·gra·tory /ˈmaɪgrətri, maɪˈgreɪtəri; *AmE* ˈmaɪgrətɔːri/ *Adj* Zug-, wandernd

mike /maɪk/ (*umgs*) = MICROPHONE

mild /maɪld/ *Adj* **1** leicht ◇ *a mild sedative* ein leichtes Beruhigungsmittel ◇ *She looked at him in mild surprise.* Sie sah ihn ein wenig überrascht an. **2** mild, sanft ◇ *She had a mild manner.* Sie hatte ein sanftes Wesen. ◇ *a mild soap* eine hautschonende Seife

mil·dew /ˈmɪldjuː; *AmE* -duː/ *Nomen* Schimmel, Mehltau

mild·ly /ˈmaɪldli/ *Adv* **1** ein wenig, etwas ◇ *She was only mildly interested.* Sie war nicht besonders interessiert. **2** sanft, milde IDM **to put it ˈmildly** (*umgs*) gelinde gesagt

mild·ness /ˈmaɪldnəs/ *Nomen* Milde, Sanftheit ◇ *her mildness of manner* ihre sanfte Art

mile /maɪl/ *Nomen* **1** Meile ☞ *Siehe auch* S. 760 **2** **miles** [Pl] Meilen ◇ *There isn't a house for miles around here.* Hier gibt es meilenweit kein Haus. **3** [*meist Pl*] (*umgs*) sehr viel ◇ *I'm miles behind with my work.* Ich bin schwer im Rückstand mit meiner Arbeit. **4** [*Sing*] (*SPORT*) Meilenlauf ◇ *run a four-minute mile* eine Meile in vier Minuten laufen IDM **be ˈmiles away** (*umgs*) mit seinen Gedanken ganz woanders sein **go the ˌextra ˈmile (for sb/sth)** (für jdn/etw) besondere Anstrengungen unternehmen **ˌmiles from ˈanywhere** (*umgs*) mitten in der Pampa; (*auf See*) meilenweit von der Küste entfernt **run a ˈmile (from sb/sth)** (*umgs*) (vor jdm/etw) weglaufen ◇ *Get married? I'd run a mile!* Heiraten? Nie im Leben! **see, spot, tell, smell, etc. sth a ˈmile off** (*umgs*) etw schon von weitem sehen, erkennen, riechen etc. ◇ *After twenty years in the police he could smell a lie a mile off.* Nach zwanzig Jahren bei der Polizei roch er eine Lüge drei Meilen gegen den Wind. **stand/stick out a ˈmile** nicht zu übersehen sein ◇ *It stood out a mile that she was lying.* Dass sie log, sah ein Blinder mit Krückstock. ☞ *Siehe auch* INCH¹

mile·age /ˈmaɪlɪdʒ/ *Nomen* **1** [*meist Sing*] Meilenstand ◇ *My annual mileage is about 10 000.* Ich fahre etwa 10 000 Meilen im Jahr. **2** Benzinverbrauch ◇ *If you drive carefully you can get better mileage from your car.* Wenn Sie vorsichtig fahren, verbraucht der Wagen weniger Benzin. **3** (*fig*) (*umgs*) ◇ *I don't think the press can get any more mileage out of that story.* Ich glaube nicht, dass die Presse aus dieser Geschichte noch irgendetwas herausholen kann.

mile·om·eter = MILOMETER

mile·stone /ˈmaɪlstəʊn; *AmE* -stoʊn/ (*bes AmE* **mile·post** /ˈmaɪlpəʊst; *AmE* -poʊst/) *Nomen* Meilenstein

mi·lieu /ˈmiːljɜː; *AmE* miːˈljɜː/ *Nomen* (*Pl* **mi·lieux** *oder* **mi·lieus** /-ˈjɜːz/) (*gehoben*) Milieu

mili·tancy /ˈmɪlɪtənsi/ *Nomen* Gewaltbereitschaft, Militanz

mili·tant /ˈmɪlɪtənt/ **1** *Adj* militant **2** *Nomen* Militante(r)

mili·tar·ily /ˈmɪlətrəli/ *Adv* militärisch, militärisch gesehen ◇ *militarily sensitive areas* militärische Sperrgebiete

mili·tar·ism /ˈmɪlɪtərɪzəm/ *Nomen* Militarismus

mili·tar·is·tic /ˌmɪlɪtəˈrɪstɪk/ *Adj* militaristisch

mili·tar·ize (*BrE auch* **-ise**) /ˈmɪlɪtəraɪz/ *Verb* militarisieren, militärisch besetzen OPP DEMILITARIZE

mili·tary¹ /ˈmɪlətri; *AmE* -teri/ *Adj* militärisch, Militär- ◇ *military intelligence* der militärische Geheimdienst ◇ *take military action* militärisch eingreifen

mili·tary² /ˈmɪlətri; *AmE* -teri/ *Nomen* **the military** das Militär ☞ G 1.3a

ˌmilitary ˈservice *Nomen* **1** Militärdienst, Wehrdienst **2** Militärzeit

mili·tate /ˈmɪlɪteɪt/ *Verb* PHRV **ˈmilitate against sth** (*gehoben*) etw nicht zulassen, gegen etw sprechen

mili·tia /məˈlɪʃə/ *Nomen* Miliz ☞ G 1.3a

mili·tia·man /məˈlɪʃəmən/ *Nomen* (*Pl* **-men** /-mən/) Milizsoldat

milk¹ /mɪlk/ *Nomen* Milch ◇ *powdered milk* Milchpulver IDM **the milk of human ˈkindness** (*gehoben*) die Milch der frommen Denkungsart ☞ *Siehe auch* CRY¹ *und* LAND¹

milk² /mɪlk/ *Verb* **1** melken (*auch fig*) **2** (*abwert*) **~ sb of sth** jdm etw abluchsen; **~ sth (from sb)** sich etw (von jdm) erschleichen **3** (*abwert*) (*Situation, Gelegenheit*) ausnutzen IDM ⇨ DRY¹

ˈmilk float *Nomen* (*BrE*) = elekrobetriebener Milchwagen

milk·ing /ˈmɪlkɪŋ/ *Nomen* **do the milking** melken ◇ *milking machines* Melkmaschinen

milk·maid /ˈmɪlkmeɪd/ *Nomen* Melkerin

milk·man /ˈmɪlkmən/ *Nomen* (*Pl* **-men** /-mən/) (*bes BrE*) Milchmann

ˈmilk round *Nomen* (*BrE*) Milch(aus)lieferung

milk·shake /ˈmɪlkʃeɪk/ (*auch* **shake**) *Nomen* Milchshake

ˈmilk tooth *Nomen* (*BrE*) Milchzahn

milky /ˈmɪlki/ *Adj* **1** Milch- ◇ *a hot milky drink* ein heißes

Milchgetränk ◊ *milky tea* Tee mit viel Milch **2** milchig ◊ *milky skin* eine Haut so weiß wie Milch

the ˌMilky ˈWay *Nomen* [Sing] die Milchstraße

mill¹ /mɪl/ *Nomen (oft in Zusammensetzungen)* **1** Mühle **2** Fabrik **IDM** **put sb through the ˈmill** jdn in die Mangel nehmen ☞ *Siehe auch* GRIST

mill² /mɪl/ *Verb* mahlen **PHRV** ˌmill aˈround (*BrE auch* ˌmill aˈbout) herumlaufen, sich drängen

milˈlenˈnium /mɪˈleniəm/ *Nomen* (*Pl* **milˈlenˈnia** /-niə/ *oder* **milˈlenˈniums**) **1** Jahrtausend, Millennium ◊ *for millennia* jahrtausendelang **2 the millennium** die Jahrtausendwende

millˈer /ˈmɪlə(r)/ *Nomen* Müller(in)

milˈlet /ˈmɪlɪt/ *Nomen* Hirse

milliˈbar /ˈmɪlibɑː(r)/ (*umgs* **bar**) *Nomen* Millibar

milliˈgram (*BrE auch* **milliˈgramme**) /ˈmɪlɪɡræm/ *Nomen* (*Abk* **mg**) Milligramm

milliˈlitre (*AmE* **milliˈliter**) /ˈmɪlɪliːtə(r)/ *Nomen* (*Abk* **ml**) Milliliter

milliˈmetre (*AmE* **milliˈmeter**) /ˈmɪlɪmiːtə(r)/ *Nomen* (*Abk* **mm**) Millimeter

milˈlion /ˈmɪljən/ *Zahl* (*Abk* **m**) Million ◊ *hundreds of millions of people* Abermillionen von Menschen ◊ *I still have a million things to do.* Ich habe noch tausend Dinge zu erledigen. ☞ *Hinweis bei* HUNDERT ☞ *Beispiele bei* HUNDRED **IDM** **look like a million ˈdollars/ˈbucks** (*umgs*) fantastisch aussehen **one, etc. in a ˈmillion** einmalig ◊ *He's a man in a million.* Er ist einmalig.

milˈlionˈaire /ˌmɪljəˈneə(r)/; *AmE* -ˈner/ *Nomen* Millionär(in) ◊ *a millionaire businessman* ein millionenschwerer Geschäftsmann

milˈlionˈairˈess /ˌmɪljəˈneərəs/; *AmE* -ˈner-/ *Nomen* (*veraltet*) Millionärin

milˈlionth¹ /ˈmɪljənθ/ *Adj* millionste(r,s)

milˈlionth² /ˈmɪljənθ/ *Nomen* Millionstel

milliˈpede /ˈmɪlɪpiːd/ *Nomen* Tausendfüßler

milliˈsecˈond /ˈmɪlisekənd/ *Nomen* Tausendstelsekunde ◊ *I hesitated a millisecond too long.* Ich zögerte den Bruchteil einer Sekunde zu lang.

millˈstone /ˈmɪlstəʊn; *AmE* -stoʊn/ *Nomen* Mühlstein **IDM** **a millstone around/round your ˈneck** ein Klotz am Bein

ˈmill wheel *Nomen* Mühlrad

milˈomˈeter (*auch* **mileometer** /maɪˈlɒmɪtə(r); *AmE* -ˈlɑːm-/) *Nomen* (*BrE*) Meilenzähler

mime¹ /maɪm/ *Nomen* Pantomime ◊ *a mime artist* ein Pantomime

mime² /maɪm/ *Verb* **1** pantomimisch darstellen **2** ◊ *mime to a tape track* zu einem Playback mimen ◊ *She was miming the words.* Sie bewegte nur die Lippen.

mimic¹ /ˈmɪmɪk/ *Verb* (-ck-) **1** nachmachen **2** nachahmen, imitieren **SYN** IMITATE

mimic² /ˈmɪmɪk/ *Nomen* Imitator(in)

mimˈicˈry /ˈmɪmɪkri/ *Nomen* [U] **1** Nachahmung ◊ *a talent for mimicry* ein Talent, andere nachzuahmen **2** (ZOOL) Mimikry

miˈmosa /mɪˈməʊzə, -ˈməʊsə; *AmE* -ˈmoʊ-/ *Nomen* **1** Mimose **2** (*AmE*) Sekt mit Orangensaft

min. *Abk* **1** = MINUTE¹ (1) **2** = MINIMUM¹

minˈaret /ˌmɪnəˈret/ *Nomen* Minarett

mince¹ /mɪns/ *Verb* **1** durch den Fleischwolf drehen ◊ (*BrE*) *minced beef* Rinderhackfleisch **2** (*abwert*) geziert trippeln, schwänzeln **IDM** **not mince (your) ˈwords** kein Blatt vor den Mund nehmen

mince² /mɪns/ *Nomen* (*BrE*) Hackfleisch

minceˈmeat /ˈmɪnsmiːt/ *Nomen* (*bes BrE*) = Pastetenfüllung aus Dörrobst, Rosinen, Nüssen, Fett und Zucker **IDM** **make ˈmincemeat of sb** (*umgs*) Hackfleisch aus jdm machen; jdn zur Schnecke machen

ˌmince ˈpie *Nomen* = süßes, mit *mincemeat* gefülltes gedecktes Törtchen, das in Großbritannien zur Weihnachtszeit gegessen wird

minˈcer /ˈmɪnsə(r)/ *Nomen* (*bes BrE*) Fleischwolf

mind¹ /maɪnd/ *Nomen* **1** Verstand ◊ *I've no idea how her mind works!* Ich habe keine Ahnung, was in ihrem Kopf vor sich geht. ◊ *insights into the criminal mind* Einblicke in die Denkweise von Kriminellen ◊ *the subconscious mind* das Unterbewusstsein ◊ *have a suspicious mind* misstrauisch sein ◊ *She was in a disturbed state of mind.* Sie war sehr verstört. ◊ *I could not have complete peace of mind before they returned.* Ich war erst richtig beruhigt, als sie wieder da waren. ◊ *There was no doubt in his mind that he'd get the job.* Er war sich ganz sicher, dass er die Stelle bekommen würde. **2** (*Mensch*) ◊ *a great mind* ein großer Geist **3** Gedanken ◊ *Your mind's not on the job.* Du bist mit deinen Gedanken nicht bei der Arbeit. ◊ *Keep your minds on your work!* Konzentriert euch auf eure Arbeit! ◊ *Her mind is completely occupied by the baby.* Sie kann an nichts anderes als das Baby denken. ◊ *Nothing could be further from my mind.* Nichts liegt mir ferner. **4** [meist Sing] Kopf ◊ *When I saw the question my mind went blank.* Als ich die Frage sah, fiel mir nichts mehr ein. ◊ *The name had gone right out of my mind.* Ich konnte mich nicht mehr an den Namen erinnern. **IDM** **be all in sb's/the ˈmind** (nur) Einbildung sein **bear/keep sb/sth in ˈmind** an jdn/etw denken ◊ *We'll keep your suggestion in mind.* Wir werden Ihren Vorschlag im Auge behalten. **be in two ˈminds about sth** (*AmE* **be of two ˈminds about sth**) sich über etw unschlüssig sein **be of one/the same ˈmind (about sb/sth)** (über jdn/etw) einer Meinung sein **be/go ˌout of your ˈmind** verrückt sein/werden ◊ (*umgs*) *He must be out of his tiny mind!* Er ist ja wohl verrückt! **be out of your ˈmind with worry** vor Angst ganz außer sich sein **be pissed/stoned out of your ˈmind** (*Slang*) völlig besoffen/high sein **bring/call sb/sth to ˈmind** (*gehoben*) sich an jdn/etw erinnern **2** an jdn/etw erinnern **come/spring to ˈmind** jdm einfallen ◊ *Nothing comes to mind.* Mir fällt nichts ein. **have a good mind to do sth; have half a mind to do sth 1** ◊ *I've half a mind to come with you.* Ich hätte fast Lust mitzukommen. **2** ◊ *I've a good mind to tell your parents.* Ich sollte es eigentlich deinen Eltern sagen. **have sb/sth in ˈmind (for sth)** (für etw) an jdn/etw gedacht haben **have it in mind to do sth** (*gehoben*) vorhaben etw zu tun; daran denken etw zu tun ◊ *the words he had in mind to use* die Worte, die er verwenden wollte **have a mind of your ˈown** eine eigene Meinung haben; seinen eigenen Kopf haben ◊ (*hum*) *My computer seems to have a mind of its own!* Mein Computer macht, was er will! **lose your ˈmind** den Verstand verlieren **make up your ˈmind** sich entscheiden ◊ *His mind's made up.* Er hat sich entschieden. **ˌmind over ˈmatter** ◊ *It's just a question of mind over matter.* Es ist lediglich eine Willensfrage. **your mind's ˈeye** das geistige Auge ◊ *He pictured the scene in his mind's eye.* Er stellte sich die Szene im Geiste vor. **on your ˈmind** ◊ *You've been on my mind all day.* Ich hab den ganzen Tag an dich gedacht. ◊ *He seemed to have something on his mind.* Ihn schien etwas zu beschäftigen. ◊ *Don't bother him — he's got a lot on his mind.* Stör ihn nicht — er hat genug Sorgen. **put/get sb/sth out of your ˈmind** jdn/etw vergessen; jdn/etw aus dem Gedächtnis streichen **put sb in mind of sb/sth** (*veraltet*) an jdn/etw erinnern **put/set sb's ˈmind at ease/rest** jdn beruhigen **put/set/turn your ˈmind to sth; set your ˈmind on sth** sich voll auf etw konzentrieren **take sb's mind off sth** jdn von etw ablenken ◊ *It'll take your mind off things.* Das wird dich auf andere Gedanken bringen. **to ˈmy mind** meiner Meinung nach ☞ *Siehe auch* BACK¹, BEND¹, BLOW¹, BOGGLE, BORED, CAST¹, CHANGE¹, CHANGE², CLOSE¹, CROSS¹, ETCH, KNOW¹, MEETING, OPEN¹, OPEN², PIECE¹, PREY², PUSH¹, RIGHT¹, SIEVE¹, SIGHT¹, SLIP¹, SPEAK¹, STICK¹, TURN² *und* UNSOUND

mind² /maɪnd/ *Verb* **1** sb minds sth (kein Passiv) etw macht jdm etwas aus ◊ *Did she mind (about) not getting the job?* Hat es ihr etwas ausgemacht, dass sie den Job nicht bekommen hat? ◊ *I hope you don't mind the noise.* Ich hoffe, der Lärm stört Sie nicht. **2** (in höflichen Fragen) ◊ *Do you mind if I smoke?* Stört es Sie, wenn ich rauche? ◊ *Are you married, if you don't mind me asking?* Darf ich fragen, ob Sie verheiratet sind? ◊ *Would you mind explaining that again, please?* Könnten Sie das bitte noch einmal erklären? ◊ *Do you mind driving? I'm feeling pretty tired.* Kannst du bitte fahren? Ich bin ziemlich müde. **3 not mind** (*kein Passiv*) ◊ *'Tea or coffee?' 'I don't mind.'* „Tee oder Kaffee?" „Das ist mir egal." ◊ *Don't mind her — she didn't mean it.* Mach dir nichts draus, sie hat es nicht so gemeint. ◊ *Don't mind me — I'll wait.* Lass dich durch mich nicht stören — ich

mind-blowing

warte. **4** not ~ doing sth nichts dagegen haben, etw zu tun **5** (*BrE*) aufpassen (auf), achten auf ◊ *Mind how you go!* Pass auf dich auf! ◊ *Mind the step!* Vorsicht Stufe! ◊ *Mind your head!* Vorsicht, niedrige Decke! ◊ *You must be home for dinner, mind.* Sieh zu, dass du zum Abendessen zurück bist. **6** (*bes BrE*) ~ **sb/sth** auf jdn/etw aufpassen IDM **do you 'mind?** Also hören Sie mal!; Was fällt Ihnen ein! **I don't mind admitting/telling you ...** ich gebe zu ... ◊ *I don't mind admitting I was scared!* Ich hatte Angst, das muss ich zugeben! **I don't mind if I 'do** (*umgs*) ich hätte nichts dagegen **if you ˌdon't 'mind; if you ˌwouldn't 'mind 1** wenn Sie nichts dagegen haben; wenn es Ihnen recht ist; wenn es Ihnen nichts ausmacht ◊ *Read it carefully, if you wouldn't mind.* Bitte lesen Sie es sorgfältig durch. **2** (*oft iron*) ist das klar? ◊ *I give the orders around here, if you don't mind.* Ich habe hier zu sagen, ist das klar? **if you ˌdon't mind me/my 'saying so** wenn ich mir die Bemerkung erlauben darf; mit Verlaub gesagt **I wouldn't mind sth** ich hätte nichts gegen etw ◊ *I wouldn't mind having her problems!* Ihre Sorgen möchte ich haben! **ˌmind your ˌown 'business** (*umgs*) sich um seine eigenen Angelegenheiten kümmern ◊ *Mind your own business!* Das geht dich nichts an! ◊ *I was just sitting there, minding my own business.* Ich saß einfach nur so da. **mind the 'shop** (*AmE* **mind the 'store**) nach dem Rechten sehen **ˌmind 'you** (*umgs*) allerdings **ˌnever 'mind 1** (*bes BrE*) (das) macht nichts; nicht (so) schlimm **2** geschweige denn SYN LET ALONE **ˌnever mind (about) sth** ◊ *Never mind about that now.* Das ist doch jetzt egal. ◊ *Never mind your car – what about my fence?* Ihr Auto ist mir egal – was ist mit meinem Zaun? ◊ *Never mind washing the dishes now.* Lass den Abwasch doch stehen. **ˌnever you 'mind** (*umgs*) das geht dich nichts an ☛ *Siehe auch* LANGUAGE *und* STEP[1] PHR V **mind 'out (for sb/sth)** (*umgs*) (auf jdn/etw) aufpassen ◊ *Mind out!* Vorsicht!

'mind-blowing *Adj* (*umgs*) irre, wahnsinnig

'mind-boggling *Adj* (*umgs*) kaum fassbar ◊ *a problem of mind-boggling complexity* ein irrsinnig komplexes Problem

mind·ed /'maɪndɪd/ *Adj* **1** (*mit Adjektiven zusammengesetzt*) ◊ *all like-minded people* alle Gleichgesinnten ◊ *a fair-minded employer* ein fairer Arbeitgeber ◊ *high-minded principles* hohe Prinzipien ☛ *Siehe auch* ABSENT-MINDED *und* BLOODY-MINDED **2** (*mit Adverbien*) ◊ *politically minded* politisch interessiert ◊ *technically minded* technisch begabt **3** (*mit Substantiven zusammengesetzt*) ◊ *a reform-minded government* eine reformorientierte Regierung ◊ *conservation-minded citizens* Umweltschützer **4** ~ (**to do sth**) *nicht vor Nomen* (*gehoben*) geneigt (etw zu tun), gewillt (etw zu tun) SYN INCLINED

mind·er *Nomen* /'maɪndə(r)/ (*bes BrE*) Aufpasser(in), Beschützer(in), Leibwächter(in)

mind·ful /'maɪndfl/ *Adj* **be ~ of sb/sth** (*gehoben*) jdn/etw berücksichtigen; **be ~ that ...** bedenken, dass ... ◊ *mindful of our responsibilities* im Bewusstsein unserer Verantwortung SYN CONSCIOUS

mind·less /'maɪndləs/ *Adj* (*Adv* **mind·less·ly**) **1** sinnlos ◊ *mindless vandals* hirnlose Wandalen SYN SENSELESS **2** stumpfsinnig, geistlos SYN DULL

'mind-reader *Nomen* Gedankenleser(in)

mind·set /'maɪndset/ *Nomen* Mentalität, Denkweise

mine[1] *Pron* meine(r,s) ☛ G 5.2

mine[2] /maɪn/ *Nomen* **1** Bergwerk, Mine **2** (*Bombe*) Mine IDM **a mine of infor'mation (about/on sb/sth)** eine wahre Fundgrube an Wissen (über jdn/etw)

mine[3] /maɪn/ *Verb* **1** (*Kohle etc.*) fördern, abbauen ◊ *They were mining for gold.* Sie haben Gold geschürft. **2** Bergbau betreiben (in) **3** verminen; (*Fahrzeug*) sprengen

mine·field /'maɪnfiːld/ *Nomen* **1** Minenfeld **2** kompliziertes Gebiet ◊ *This problem is a political minefield.* Dieses Problem enthält politischen Sprengstoff.

miner /'maɪnə(r)/ *Nomen* Bergmann, Bergarbeiter(in)

min·eral /'mɪnərəl/ *Nomen* **1** Mineral **2** [*meist Pl*] (*BrE*, *gehoben*) ≈ Limonade

min·er·alˈogic·al /ˌmɪnərəˈlɒdʒɪkl; *AmE* -ˈlɑːdʒ-/ *Adj* mineralogisch

min·erˈal·ogist /ˌmɪnəˈrælədʒɪst/ *Nomen* Mineraloge, Mineralogin

min·erˈal·ogy /ˌmɪnəˈrælədʒi/ *Nomen* Mineralogie

'mineral ˌwater *Nomen* Mineralwasser

mine-sweeper /'maɪnswiːpə(r)/ *Nomen* Minenräumboot

mine-work·er /'maɪnwɜːkə(r); *AmE* -wɜːrk-/ *Nomen* Bergmann, Bergarbeiter(in)

min·gle /'mɪŋgl/ *Verb* **1** (*gehoben*) (sich) mischen, (sich) vermischen **2** sich unter die Gäste etc. mischen ◊ *The princess mingled freely with the crowds.* Die Prinzessin mischte sich ungehindert unters Volk.

mini·ature[1] /'mɪnətʃə(r); *AmE auch* -tʃʊr/ *Adj nur vor Nomen* Miniatur-, Zwerg- ◊ *miniature roses* Zwergrosen

mini·ature[2] /'mɪnətʃə(r); *AmE auch* -tʃʊr/ *Nomen* **1** (*Bild*) Miniatur **2** Kleinausgabe, Miniaturausgabe IDM **in miniature** im Kleinen; in miniature

mini·aturˈiza·tion (*BrE auch* **-isation**) /ˌmɪnətʃəraɪˈzeɪʃn; *AmE* -rəˈzeɪ-/ *Nomen* Verkleinerung, Miniaturisierung

mini·atur·ize (*BrE auch* **-ise**) /'mɪnətʃəraɪz/ *Verb* verkleinern, miniaturisieren

mini·bar /'mɪnibɑː(r)/ *Nomen* Minibar

mini·bus /'mɪnibʌs/ *Nomen* Kleinbus

mini·cab /'mɪnikæb/ *Nomen* (*BrE*) Funktaxi

mini·disc /'mɪnidɪsk/ *Nomen* (*Abk* **MD**) Minidisc

minim /'mɪnɪm/ *Nomen* (*BrE*) halbe Note

min·imal /'mɪnɪml/ *Adj* sehr gering, minimal

min·imˈal·ism /'mɪnɪməlɪzəm/ *Nomen* Minimalismus

min·imˈal·ist /'mɪnɪməlɪst/ **1** *Nomen* Minimalist(in) **2** *Adj* minimalistisch

min·imˈal·ly /'mɪnɪməli/ *Adv* kaum

min·imˈize (*BrE auch* **-ise**) /'mɪnɪmaɪz/ *Verb* **1** auf ein Minimum reduzieren **2** bagatellisieren, herunterspielen SYN PLAY DOWN **3** (COMP) (*Fenster etc.*) verkleinern

min·imum[1] /'mɪnɪməm/ *Adj* (*Abk* **min.**) Mindest- ◊ *with the minimum amount of effort* mit einem Minimum an Anstrengung OPP MAXIMUM

min·imum[2] /'mɪnɪməm/ *Adv* mindestens ◊ *two hours minimum* mindestens zwei Stunden

min·imum[3] /'mɪnɪməm/ *Nomen* (*Pl* **min·ima** /-mə/) [*meist Sing*] Minimum OPP MAXIMUM

ˌminimum seˈcurity prison *Nomen* (*AmE*) = Strafanstalt mit offenem Vollzug

min·ing /'maɪnɪŋ/ *Nomen* Bergbau ◊ *gold mining* Goldabbau

min·ion /'mɪniən/ *Nomen* (*abwert oder hum*) Lakai, Hiwi

mini·ser·ies /'mɪnisɪəriːz; *AmE* -sɪriːz/ *Nomen* (*Pl* **mini·ser·ies**) (drei- bis sechsteilige) Fernsehserie

mini·skirt /'mɪniskɜːt; *AmE* -skɜːrt/ *Nomen* Minirock

min·is·ter[1] /'mɪnɪstə(r)/ *Nomen* **1** (*oft* **Minister**) (*BrE*) Minister ☛ *Hinweis bei* MAJOR[2] S. 376 **2** = Pfarrer, bes in der presbyterianischen und nonkonformistischen Kirche **3** Gesandte(r)

min·is·ter[2] /'mɪnɪstə(r)/ *Verb* PHR V **'minister to sb/sth** (*gehoben*) sich um jdn/etw kümmern

min·is·ter·ial /ˌmɪnɪˈstɪəriəl; *AmE* -ˈstɪr-/ *Adj* Minister- ◊ *hold ministerial office* ein Ministeramt innehaben

min·is·ter·ing /'mɪnɪstərɪŋ/ *Adj* (*gehoben*) barmherzig

ˌMinister of 'State *Nomen* (*BrE*)

> In Großbritannien werden die den großen Ministerien, z.B. dem **Ministry of Defence**, vorstehenden Minister (die **Secretaries of State**) oft von mehreren **Ministers of State** in ihrer Arbeit unterstützt. Diese sind gewählte Mitglieder der Regierung und in etwa den parlamentarischen Staatssekretären/-innen im deutschen System vergleichbar.

min·isˈtra·tions /ˌmɪnɪˈstreɪʃnz/ *Nomen* [*Pl*] (*gehoben oder hum*) Fürsorge, Betreuung, Seelsorge

min·is·try /'mɪnɪstri/ *Nomen* (*Pl* **-ies**) **1** (*BrE*) Ministerium **2 the Ministry** die Geistlichkeit ☛ G 1.3a **3** [*meist Sing*] Pfarramt ◊ *the period of his ministry* seine Amtszeit als Pfarrer

mini·van /'mɪnivæn/ *Nomen* (*AmE*) Großraumlimousine

mink /mɪŋk/ *Nomen* (*Pl* **mink** *oder* **minks**) Nerz ☛ G 1.2

min·now /'mɪnəʊ; *AmE* -noʊ/ *Nomen* **1** Elritze **2** (*fig*) kleiner Fisch

minor[1] /'maɪnə(r)/ *Adj* **1** klein(er), gering ◊ *a minor road* eine Nebenstraße ⋄ *minor offences* Bagatelldelikte **2** (Mus) Moll ⋄ *C minor* c-Moll

minor² /'maɪnə(r)/ *Nomen* **1** (Recht) Minderjährige(r) **2** (*bes AmE*) Nebenfach

minor³ /'maɪnə(r)/ *Verb* PHR V '**minor in** sth (*AmE*) etw im Nebenfach studieren

mi·nor·ity /maɪ'nɒrəti; *AmE* -'nɔːr-, -'nɑːr-/ *Nomen* (*Pl* **-ies**) **1** Minderzahl ⋄ *minority shareholders* Aktionäre mit Minderheitsbeteiligungen → G 1.3a **2** (*ethnische, nationale, religiöse etc.*) Minderheit ⋄ (*AmE*) *The school is 95 per cent minority.* 95% der Schüler gehören Minderheiten an. **3** (Recht) Minderjährigkeit IDM **be, etc. in a minority of 'one** (*oft hum*) ⋄ *I was in favour but I was in a minority of one.* Ich war dafür, aber mit dieser Meinung stand ich allein da.

mi,nority 'government *Nomen* Minderheitsregierung

min·ster /'mɪnstə(r)/ *Nomen* (*BrE*) Münster

min·strel /'mɪnstrəl/ *Nomen* Spielmann ⋄ *a wandering minstrel* ein fahrender Sänger

mint¹ /mɪnt/ *Nomen* **1** Minze, Pfefferminze **2** Pfefferminzbonbon **3** Münzanstalt **4 a mint** [Sing] (*umgs*) ein Haufen Geld IDM **in mint con'dition** in tadellosem Zustand; wie neu

mint² /mɪnt/ *Verb* (*Münze*) prägen

mint·ed /'mɪntɪd/ *Adj* **1 freshly/newly ~** neu geprägt **2** mit Pfefferminzgeschmack

minty /'mɪnti/ *Adj* Pfefferminz- ⋄ *a minty smell* ein Pfefferminzgeruch

min·uet /ˌmɪnju'et/ *Nomen* Menuett

minus¹ /'maɪnəs/ *Präp* **1** minus, weniger, abzüglich **2** (*Temperatur*) minus ⋄ *It was minus ten.* Es waren minus 10 Grad. **3** (*umgs*) ohne ⋄ *We're going to be minus a car.* Wir werden ohne Auto sein.

minus² /'maɪnəs/ *Nomen* **1** (*auch* **'minus sign**) Minus(zeichen) **2** (*umgs*) Nachteil

minus³ /'maɪnəs/ *Adj* **1** Minus-, negativ ⋄ *On the minus side, the flat is expensive.* Ein Nachteil ist, dass die Wohnung teuer ist. **2** *nicht vor Nomen* (*in Benotungen*) minus ⋄ *I got (a) B minus.* Ich habe eine Zwei minus gekriegt. → *Hinweis bei* NOTE, S 1126.

min·us·cule /'mɪnəskjuːl/ *Adj* winzig

min·ute¹ /'mɪnɪt/ **1** *Nomen* (*Abk* **min.**) Minute ⋄ *just minutes into the second half* gleich in den ersten Minuten der zweiten Spielhälfte **2** [Sing] Moment ⋄ *Hang on a minute.* (Warte einen) Moment. ⋄ *I won't be a minute.* Es dauert nicht lange. **3** (*meist the minutes*) [Pl] Protokoll IDM (**at) any 'minute/'moment ('now)** jeden Augenblick ⋄ **the minute/moment (that)** ... sobald ... ⋄ *I want to see him the minute he arrives.* Wenn er kommt, will ich ihn sofort sehen. **,not for a/one 'minute/'moment** nicht eine Sekunde lang **'this minute** sofort; jetzt **to the 'minute** auf die Minute genau **,up to the 'minute** (*umgs*) **1** hochmodern; topmodisch **2** auf dem neuesten Stand → *Siehe auch* BORN, JUST¹, LAST¹ *und* WAIT¹

mi·nute² /maɪ'njuːt/ *Adj* (**minut·est**) *kein Komparativ* **1** winzig, verschwindend gering **2** (*Adv* **mi·nute·ly**) minutiös, peinlich genau ⋄ *in minute detail/in the minutest detail(s)* bis ins kleinste Detail

min·ute³ /'mɪnɪt/ *Verb* protokollieren

mi·nu·tiae /maɪ'njuːʃiː; *AmE* mɪ'nuːʃiː/ *Nomen* [Pl] kleinste Einzelheiten

minx /mɪŋks/ *Nomen* [Sing] (*veraltet oder hum*) kleines Biest

mir·acle /'mɪrəkl/ *Nomen* Wunder IDM **work/perform 'miracles** Wunder wirken

mi·racu·lous /mɪ'rækjələs/ *Adj* Wunder-, wundersam ⋄ *She's made a miraculous recovery.* Sie hat sich erstaunlich gut erholt.

mi·racu·lous·ly /mɪ'rækjələsli/ *Adv* wie durch ein Wunder

mir·age /'mɪrɑːʒ, mɪ'rɑːʒ; *AmE* mə'rɑːʒ/ *Nomen* **1** Luftspiegelung, Fata Morgana **2** (*fig*) Trugbild, Illusion

mire /'maɪə(r)/ *Nomen* (*gehoben*) Schlamm, Sumpf, Morast ⋄ *drag sb's name through the mire* jds Namen in den Schmutz ziehen

mir·ror¹ /'mɪrə(r)/ *Nomen* Spiegel

mir·ror² /'mɪrə(r)/ *Verb* (*gehoben*) **1** widerspiegeln **2** spiegeln ⋄ *She saw herself mirrored in the window.* Sie sah ihr Spiegelbild im Fenster. SYN REFLECT

mir·rored /'mɪrəd; *AmE* -rərd/ *Adj nur vor Nomen* Spiegel- ⋄ *mirrored sunglasses* eine Spiegelbrille

,mirror 'image *Nomen* Spiegelbild

mirth /mɜːθ; *AmE* mɜːrθ/ *Nomen* (*gehoben*) Heiterkeit, Gelächter

mirth·less /'mɜːθləs; *AmE* 'mɜːrθ-/ *Adj* (*Adv* **mirth·less·ly**) freudlos, unfroh

mis- /mɪs/

Die Vorsilbe **mis-** wird in Nomina und Verben mit der Bedeutung „schlecht" oder „falsch" verwendet: *misbehaviour* schlechtes Benehmen ⋄ *misinterpret* fehlinterpretieren

mis·ad·ven·ture /ˌmɪsəd'ventʃə(r)/ *Nomen* **1** [U] (*BrE*) (Recht) (tödlicher) Unfall **2** (*gehoben*) Missgeschick

mis·an·throp·ic /ˌmɪsən'θrɒpɪk; *AmE* -'θrɑːp-/ *Adj* (*gehoben*) menschenfeindlich

mis·ap·pre·hen·sion /ˌmɪsæprɪ'henʃn/ *Nomen* (*gehoben*) falsche Vorstellung ⋄ *be under a misapprehension* einem Irrtum unterliegen

mis·ap·pro·pri·ate /ˌmɪsə'prəʊprieɪt; *AmE* -'proʊ-/ *Verb* (*gehoben*) unterschlagen, veruntreuen SYN EMBEZZLE

mis·ap·pro·pri·ation /ˌmɪsəˌprəʊpri'eɪʃn; *AmE* -ˌproʊ-/ *Nomen* Unterschlagung, Veruntreuung

mis·be·have /ˌmɪsbɪ'heɪv/ *Verb* **~ (yourself)** sich schlecht benehmen, sich danebenbenehmen OPP BEHAVE

mis·be·hav·iour (*AmE* **mis·be·hav·ior**) /ˌmɪsbɪ'heɪvjə(r)/ *Nomen* [U] schlechtes Benehmen, Ungezogenheit

mis·cal·cu·late /ˌmɪs'kælkjuleɪt/ *Verb* **1** falsch einschätzen, falsch berechnen **2** sich verschätzen, sich verrechnen

mis·cal·cu·la·tion /ˌmɪskælkju'leɪʃn/ *Nomen* Fehleinschätzung ⋄ *make a miscalculation* einen Fehler machen

mis·car·riage /'mɪskærɪdʒ; *BrE auch* ˌmɪs'k-/ *Nomen* Fehlgeburt

mis,carriage of 'justice *Nomen* (Recht) Justizirrtum, Fehlurteil

mis·carry /ˌmɪs'kæri/ *Verb* (**-car·ries, -carry·ing, -car·ried, -car·ried**) **1** eine Fehlgeburt erleiden **2** (*gehoben*) fehlschlagen, fehlgehen

mis·cast /ˌmɪs'kɑːst; *AmE* -'kæst/ *Verb* (**-cast, -cast**) (*meist passiv*) fehlbesetzen

mis·cel·lan·eous /ˌmɪsə'leɪniəs/ *Adj* divers, gemischt

mis·cel·lany /mɪ'seləni; *AmE* 'mɪsəlemi/ *Nomen* [Sing] (*gehoben*) Vielfalt, (bunte) Mischung

mis·chance /ˌmɪs'tʃɑːns; *AmE* -'tʃæns/ *Nomen* (*gehoben*) unglücklicher Zufall

mis·chief /'mɪstʃɪf/ *Nomen* [U] **1** Unfug, Dummheiten ⋄ *Those children are always getting into mischief.* Diese Kinder stellen dauernd etwas an. **2** Übermut **3** (*gehoben*) (*politischer, sozialer*) Unfrieden IDM **,do yourself a 'mischief** (*BrE, umgs*) sich verletzen **make 'mischief** Unfrieden stiften

'mischief-making *Nomen* Unruhestiftung

mis·chiev·ous /'mɪstʃɪvəs/ *Adj* (*Adv* **mis·chiev·ous·ly**) **1** schelmisch, übermütig **2** (*gehoben*) bösartig

mis·con·ceived /ˌmɪskən'siːvd/ *Adj* verfehlt, falsch

mis·con·cep·tion /ˌmɪskən'sepʃn/ *Nomen* falsche Vorstellung, irrige Annahme(n)

mis·con·duct /ˌmɪs'kɒndʌkt; *AmE* -'kɑːn-/ *Nomen* [U] (*gehoben*) **1** Fehlverhalten, Verfehlung(en) **2** schlechte Führung

mis·con·struc·tion /ˌmɪskən'strʌkʃn/ *Nomen* falsche Auslegung, Fehlinterpretation

mis·con·strue /ˌmɪskən'struː/ *Verb* (*gehoben*) missdeuten, missverstehen SYN MISINTERPRET

mis·cre·ant /'mɪskriənt/ *Nomen* (*gehoben*) Schurke

mis·deed /ˌmɪs'diːd/ *Nomen* [*meist Pl*] (*gehoben*) Missetat

mis·de·meanour (*AmE* **mis·de·meanor**) /ˌmɪsdɪ'miːnə(r)/ *Nomen* **1** (*gehoben*) Missetat **2** (*bes AmE*) (Recht) Vergehen

mis·diag·nose /ˌmɪs'daɪəgnəʊz; *AmE* -noʊz/ *Verb* **~ sth (as sth)** etw (als etw) fehldiagnostizieren

mis·diag·nosis /ˌmɪsdaɪəg'nəʊsɪs; *AmE* -'noʊ-/ *Nomen* (*Pl* **mis·diag·noses** /-siːz/) Fehldiagnose

mis·dir·ect /ˌmɪsdə'rekt, -daɪ'rekt/ *Verb* **1** (*meist passiv*) (*gehoben*) fehlleiten **2** (RECHT) falsch informieren, falsch belehren

mis·dir·ec·tion /ˌmɪsdə'rekʃn, -daɪ'rek-/ *Nomen* **1** Fehlleitung **2** (RECHT) falsche Belehrung

miser /'maɪzə(r)/ *Nomen* (*abwert*) Geizhals

mis·er·able /'mɪzərəbl/ *Adj* (*Adv* **mis·er·ably** /-əbli/) **1** elend, unglücklich ◊ *She knows how to make life miserable for her employees.* Sie versteht es, ihren Angestellten das Leben schwer zu machen. **2** erbärmlich, jämmerlich, trostlos SYN DEPRESSING **3** *nur vor Nomen* (*abwert*) griesgrämig, missmutig, mies **4** (*Lohn etc.*) kläglich IDM ⇨ SIN[1]

miser·ly /'maɪzəli/; *AmE* -ərli/ *Adj* (*abwert*) **1** geizig SYN MEAN **2** armselig SYN PALTRY

mis·ery /'mɪzəri/ *Nomen* (*Pl* **-ies**) **1** [U] Trübsal, Kummer SYN DISTRESS **2** Elend, Armut SYN POVERTY **3** Qual, Leid **4** (*BrE, umgs*) Miesepeter, Miesmacher(in) IDM **make sb's life a 'misery** jdm das Leben schwer machen **put an animal, etc. out of its 'misery** ein Tier etc. von seinen Qualen erlösen **put sb out of their 'misery** (*umgs*) jdn nicht länger auf die Folter spannen

mis·fire /ˌmɪs'faɪə(r)/ *Verb* **1** danebengehen, fehlschlagen **2** eine Fehlzündung haben **3** (*Gewehr etc.*) versagen

mis·fit /'mɪsfɪt/ *Nomen* Außenseiter(in)

mis·for·tune /ˌmɪs'fɔːtʃuːn; *AmE* -'fɔːrtʃ-/ *Nomen* (*gehoben*) **1** Unglück, Pech **2** Unglücksfall

mis·giv·ing /ˌmɪs'gɪvɪŋ/ *Nomen* Bedenken ◊ *I read the letter with (a sense of) misgiving.* Ich las den Brief mit einem unguten Gefühl.

mis·guided /ˌmɪs'gaɪdɪd/ *Adj* irregeleitet, irrig

mis·guided·ly /ˌmɪs'gaɪdɪdli/ *Adv* irrigerweise

mis·handle /ˌmɪs'hændl/ *Verb* (*gehoben*) falsch handhaben; (*Kampagne etc.*) schlecht führen

mis·hand·ling /ˌmɪs'hændlɪŋ/ *Nomen* [U] falsche Handhabung; (*Kampagne etc.*) schlechte Führung

mis·hap /'mɪshæp/ *Nomen* Missgeschick

mis·hear /ˌmɪs'hɪə(r); *AmE* -'hɪr/ *Verb* (**mis·heard, mis·heard** /-'hɜːd; *AmE* -'hɜːrd/) **1** sich verhören **2** ~ sb/sth jdn/etw falsch verstehen

mis·hit[1] /'mɪshɪt/ *Verb* (**-hit·ting, -hit, -hit**) (*Ball*) verschlagen

mis·hit[2] /'mɪshɪt/ *Nomen* (*Ballspiel*) Fehlschlag

mish·mash /'mɪʃmæʃ/ *Nomen* [Sing] (*umgs, meist abwert*) Mischmasch

mis·in·form /ˌmɪsɪn'fɔːm; *AmE* -'fɔːrm/ *Verb* (*oft passiv*) ~ sb (**about sth**) (*gehoben*) jdn (über etw) falsch informieren

mis·in·for·ma·tion /ˌmɪsɪnfə'meɪʃn/ *Nomen* [U] Fehlinformationen

mis·in·ter·pret /ˌmɪsɪn'tɜːprɪt; *AmE* -'tɜːrp-/ *Verb* fehlinterpretieren, falsch auffassen; ~ **sth as sth** etw fälschlicherweise als etw auslegen SYN MISCONSTRUE *und* MISREAD

mis·in·ter·pret·ation /ˌmɪsɪntɜːprɪ'teɪʃn; *AmE* -tɜːrp-/ *Nomen* Fehlinterpretation, falsche Auslegung

mis·judge /ˌmɪs'dʒʌdʒ/ *Verb* ~ **sb/sth** jdn/etw falsch einschätzen

mis·judge·ment (*auch* **mis·judg·ment**) /ˌmɪs'dʒʌdʒmənt/ *Nomen* Fehleinschätzung, Fehlurteil

mis·lay /ˌmɪs'leɪ/ *Verb* (**-laid, -laid** /-'leɪd/) (*bes BrE*) verlegen ◊ *Our luggage was temporarily mislaid.* Unser Gepäck war vorübergehend verschwunden.

mis·lead /ˌmɪs'liːd/ *Verb* (**-led, -led** /-'led/) irreführen; ~ **sb** (**about sth**) jdn (über etw) täuschen; ~ **sb** (**into doing sth**) jdn verleiten (etw zu tun)

mis·lead·ing /ˌmɪs'liːdɪŋ/ *Adj* irreführend SYN DECEPTIVE

mis·lead·ing·ly /ˌmɪs'liːdɪŋli/ *Adv* irreführenderweise

mis·man·age /ˌmɪs'mænɪdʒ/ *Verb* schlecht handhaben, schlecht verwalten SYN MISHANDLE

mis·man·age·ment /ˌmɪs'mænɪdʒmənt/ *Nomen* [U] schlechte Handhabung, schlechte Verwaltung, Misswirtschaft

mis·match /'mɪsmætʃ/ *Nomen* fehlende Übereinstimmung

mis·matched /ˌmɪs'mætʃt/ *Adj* ungleich ◊ *The furniture was dirty and mismatched.* Die Möbel waren schmutzig und passten nicht zusammen.

mis·name /ˌmɪs'neɪm/ *Verb* (*meist passiv*) (*gehoben*) unzutreffend benennen

mis·nomer /ˌmɪs'nəʊmə(r); *AmE* -'noʊ-/ *Nomen* unzutreffende Bezeichnung

mis·ogyn·ist /mɪ'sɒdʒɪnɪst; *AmE* -'sɑːdʒ-/ *Nomen* (*gehoben*) Frauenfeind

mis·ogyn·is·tic /mɪˌsɒdʒɪ'nɪstɪk; *AmE* -ˌsɑːdʒ-/ (*auch* **mis·ogyn·ist**) *Adj* frauenfeindlich

mis·ogyny /mɪ'sɒdʒəni; *AmE* -'sɑːdʒ-/ *Nomen* Frauenfeindlichkeit

mis·place /ˌmɪs'pleɪs/ *Verb* (*gehoben*) verlegen SYN MISLAY

mis·placed /ˌmɪs'pleɪst/ *Adj* unangebracht, ungerechtfertigt, fehl am Platz

mis·print /'mɪsprɪnt/ *Nomen* Druckfehler

mis·pro·nounce /ˌmɪsprə'naʊns/ *Verb* falsch aussprechen

mis·pro·nun·ci·ation /ˌmɪsprəˌnʌnsi'eɪʃn/ *Nomen* falsche Aussprache

mis·quo·ta·tion /ˌmɪskwəʊ'teɪʃn; *AmE* -kwoʊ-/ *Nomen* falsches Zitat

mis·quote /ˌmɪs'kwəʊt; *AmE* -'kwoʊt/ *Verb* falsch zitieren

mis·read /ˌmɪs'riːd/ *Verb* (**-read, -read** /-'red/) **1** falsch auffassen; ~ **sb** (**as sth**) jdn (als etw) missverstehen SYN MISINTERPRET **2** falsch lesen ◊ *I misread the 1 as a 7.* Ich habe die 1 als 7 gelesen.

mis·re·port /ˌmɪsrɪ'pɔːt; *AmE* -'pɔːrt/ *Verb* falsch wiedergeben, falsch berichten

mis·rep·re·sent /ˌmɪsˌreprɪ'zent/ *Verb* (*oft passiv*) falsch darstellen, verfälschen

mis·rep·re·sen·ta·tion /ˌmɪsˌreprɪzen'teɪʃn/ *Nomen* falsche Darstellung, Verfälschung ◊ *a deliberate misrepresentation of the facts* eine gezielte Verdrehung der Tatsachen

mis·rule /ˌmɪs'ruːl/ *Nomen* (*gehoben*) Misswirtschaft

Miss /mɪs/ *Nomen* **1** Fräulein

Das groß geschriebene **Miss** als Anrede für eine unverheiratete bzw. junge Frau ist im Englischen noch sehr viel gebräuchlicher als die Anrede **Fräulein** im deutschen Sprachgebrauch: **Dear Miss Jones** *Sehr geehrte Frau Jones.*

Anstelle eines Namens wird es z.B. in der Alltagssprache (besonders von Männern) verwendet, um eine junge Frau anzureden, die man nicht kennt: *Will that be all, Miss?* Außerdem reden in manchen Schulen die Kinder ihre Lehrerin mit **Miss** an, unabhängig davon, ob sie verheiratet ist oder nicht.

Das klein geschriebene **miss** als Bezeichnung für ein junges Mädchen oder eine junge Frau ist dagegen auch im Englischen veraltet: *a young miss* ein kleines Fräulein. ☛ *Siehe auch* Ms *und* SIR ☛ *Hinweis bei* PROFESSOR, *S.* 1151

2 (*Schönheitskönigin*) Miss ◊ *the Miss World contest* die Miss-World-Wahl

miss[1] /mɪs/ *Nomen* **1** Fehlschuss ◊ *He scored two goals and had another two near misses.* Er erzielte zwei Tore und zweimal schoss er knapp daneben. **2** Fräulein, Mädchen ☛ *Hinweis oben bei* Miss IDM **give sth a 'miss** (*bes BrE, umgs*) sich etw schenken; etw auslassen

miss[2] /mɪs/ *Verb* **1** verfehlen, nicht treffen **2** übersehen, überhören ◊ *Your mother doesn't miss much.* Deine Mutter kriegt so ziemlich alles mit. **3** nicht verstehen **4** verpassen, versäumen **5** auslassen ◊ *miss a turn* einmal aussetzen **6** ~ **sth** sich etw entgehen lassen **7** vermissen ◊ *We seem to be missing some students this morning.* Heute Morgen scheinen einige Studenten zu fehlen. **8** ~ **sth** einer Sache entgehen **9** eine Fehlzündung haben IDM **he, she, etc. doesn't miss a 'trick** (*umgs*) er, sie etc. lässt nichts aus ˌmiss the 'boat (*umgs*) die Chance verpassen ☛ *Siehe auch* HEART *und* MARK[2] PHR V ˌmiss 'out zu kurz kommen ◊ *Book early, so you don't miss out.* Buchen Sie, bevor es zu spät ist. ˌmiss sb/sth 'out (*BrE*) jdn/etw auslassen, jdn/etw übersehen ˌmiss 'out on sth sich etw entgehen lassen, etw verpassen

mis·sal /'mɪsl/ *Nomen* Messbuch

mis·sha·pen /ˌmɪsˈʃeɪpən/ *Adj* missgestaltet, unförmig
mis·sile /ˈmɪsaɪl; *AmE* ˈmɪsl/ *Nomen* **1** Rakete, Flugkörper **2** (Wurf)geschoss
miss·ing /ˈmɪsɪŋ/ *Adj* **1** fehlend, verschwunden ◊ *go missing* verschwinden [SYN] LOST **2** *be ~* fehlen ◊ *The book has two pages missing/missing pages.* In dem Buch fehlen zwei Seiten. **3** vermisst, verschollen
ˌ**missing ˈlink** *Nomen* **1** fehlendes Glied **2** *the missing link* = die Übergangsform zwischen Affen und Menschen
ˌ**missing ˈperson** *Nomen* (*Pl* **missing persons**) Vermisste(r)
mis·sion /ˈmɪʃn/ *Nomen* **1** Auftrag, Einsatz ◊ *a trade mission to China* eine Handelsreise nach China **2** Gesandtschaft, (Kom)mission, Delegation **3** (REL) Mission **4** Mission(sstation) **5** Berufung ◊ *It was her mission in life.* Es war ihre Lebensaufgabe. **6** (Weltraum)mission ◊ *a US space mission* ein amerikanischer Weltraumflug ◊ *mission control* das Kontrollzentrum [IDM] ˌ**mission acˈcomplished** Auftrag ausgeführt
mis·sion·ary /ˈmɪʃənri; *AmE* -neri/ (*Pl* **-ies**) **1** *Nomen* Missionar(in) **2** *Adj* missionarisch, Missions-
ˈ**mission statement** *Nomen* Firmenphilosophie
mis·sis = MISSUS
mis·sive /ˈmɪsɪv/ *Nomen* (*gehoben oder hum*) Schreiben
mis·spell /ˌmɪsˈspel/ *Verb* (**-spelled, -spelled** *oder* **-spelt, -spelt** /-ˈspelt/) falsch schreiben
mis·spell·ing /ˌmɪsˈspelɪŋ/ *Nomen* (Recht)schreibfehler
mis·spend /ˌmɪsˈspend/ *Verb* (**-spent, -spent** /-ˈspent/) (*meist passiv*) verschwenden, vergeuden, vertun
mis·sus (*auch* **mis·sis**) /ˈmɪsɪz/ *Nomen* (*veraltend*) **1** (*umgs*) (*verwendet nach „the", „my" etc.*) (Ehe)frau **2** (*bes BrE, Slang*) = Anrede für eine Frau, die man nicht kennt ◊ *Is this your bag, missus?* Ist das Ihre Tasche?
mist¹ /mɪst/ *Nomen* Nebel, Dunst(schleier) ◊ (*fig*) *in the mists of time* im Dunkel der Vergangenheit
mist² /mɪst/ *Verb* **1** *~ up/over* beschlagen; *~ (over)* (*Augen*) sich mit Tränen füllen **2** benetzen; *~ sth (up)* etw beschlagen lassen ◊ *Tears misted his eyes.* Tränen verschleierten seinen Blick.
mis·take¹ /mɪˈsteɪk/ *Nomen* Fehler ◊ *a spelling mistake* ein Rechtschreibfehler [IDM] **and ˈno mistake** (*bes BrE, umgs, veraltet*) bestimmt, wirklich ◊ *This is a strange business and no mistake.* Das ist vielleicht eine seltsame Geschichte, kann ich dir sagen. **by miˈstake** aus Versehen ˌ**make no miˈstake (about sth)** (*umgs*) sich (in einer Sache) nichts vormachen
mis·take² /mɪˈsteɪk/ *Verb* (**mis·took** /mɪˈstʊk/, **mis·taken** /mɪˈsteɪkən/) **1** *~ sth as sth* etw als etw missverstehen **2** (*selten*) *~* **sb/sth** jdn/etw verkennen [PHRV] **miˈstake sb/sth for sb/sth** jdn/etw mit jdm/etw verwechseln, jdn/etw (fälschlich) für jdn/etw halten
mis·taken /mɪˈsteɪkən/ *Adj* **1** *be ~* sich irren; *be ~ (about sb/sth)* sich (in jdm/etw) täuschen ◊ *You are completely mistaken about Jane.* Du hast ein vollkommen falsches Bild von Jane. **2** falsch, fälschlich
miˌ**staken iˈdentity** *Nomen* [U] Verwechslung
mis·taken·ly /mɪˈsteɪkənli/ *Adv* fälschlicherweise, irrtümlicherweise
mis·ter /ˈmɪstə(r)/ *Nomen* **1 Mister** (*schriftlich selten gebrauchte Form der Abkürzung „Mr"*) Herr **2** (*umgs*) = Anrede, besonders von Kindern verwendet, um einen Mann anzusprechen, den sie nicht kennen ◊ *Please, mister, can we have our ball back?* Können wir bitte unseren Ball wiederhaben?
mis·time /ˌmɪsˈtaɪm/ *Verb* einen schlechten Zeitpunkt wählen, schlecht timen ◊ *The horse completely mistimed the jump.* Das Pferd sprang im völlig falschen Moment.
mis·tim·ing /ˌmɪsˈtaɪmɪŋ/ *Nomen* schlechtes Timing, Wahl des falschen Zeitpunkts
mistle·toe /ˈmɪsltəʊ, ˈmɪzl-; *AmE* -toʊ/ *Nomen* Mistel(zweig) ☛ Mistelzweige dienen in vielen englischsprachigen Ländern zur Weihnachtszeit als Schmuck in den Häusern. Es gibt die Sitte, sich unter dem Mistelzweig („under the mistletoe") zu küssen.
mis·took *Form von* MISTAKE²
mis·treat /ˌmɪsˈtriːt/ *Verb* schlecht behandeln, misshandeln [SYN] ILL-TREAT *und* MALTREAT

mis·treat·ment /ˌmɪsˈtriːtmənt/ *Nomen* schlechte Behandlung, Misshandlung
mis·tress /ˈmɪstrəs/ *Nomen* **1** Geliebte, Mätresse **2** (*BrE, veraltend*) Lehrerin **3** (Haus)herrin **4** (*Hundebesitzerin*) Frauchen **5** (*gehoben*) Meisterin ◊ *She wants to be mistress of her own affairs.* Sie will ihr eigener Herr sein.
mis·trial /ˌmɪsˈtraɪəl/ *Nomen* **1** wegen Verfahrensmängeln eingestellter Prozess ◊ *declare a mistrial* ein Urteil wegen Verfahrensmängeln aufheben **2** (*AmE*) ergebnisloser Prozess
mis·trust¹ /ˌmɪsˈtrʌst/ *Verb* misstrauen [SYN] DISTRUST
mis·trust² /ˌmɪsˈtrʌst/ *Nomen* Misstrauen [SYN] SUSPICION
mis·trust·ful /ˌmɪsˈtrʌstfl/ *Adj* (*Adv* **mis·trust·ful·ly** /-fəli/) misstrauisch ◊ *He's very mistrustful of machines.* Er ist Maschinen gegenüber sehr misstrauisch.
misty /ˈmɪsti/ *Adj* **1** neblig, dunstig **2** verschwommen, verschleiert ◊ *His eyes grew misty.* Sein Blick verschleierte sich.
ˌ**misty-ˈeyed** *Adj* mit verschleiertem Blick, mit feuchten Augen
mis·un·der·stand /ˌmɪsʌndəˈstænd; *AmE* -dərˈs-/ *Verb* (**-stood, -stood** /-ˈstʊd/) missverstehen, falsch verstehen
mis·un·der·stand·ing /ˌmɪsʌndəˈstændɪŋ; *AmE* -dərˈs-/ *Nomen* **1** Missverständnis **2** Meinungsverschiedenheit
mis·un·der·stood /ˌmɪsʌndəˈstʊd/ *Adj* unverstanden, verkannt
mis·use¹ /ˌmɪsˈjuːs/ *Nomen* [meist Sing] Missbrauch, Zweckentfremdung
mis·use² /ˌmɪsˈjuːz/ *Verb* missbrauchen, zweckentfremden
mite /maɪt/ *Nomen* **1** Milbe **2** (*kleines Kind, kleines Tier*) Würmchen ◊ *Poor little mite!* Armes kleines Würmchen! **3** (*veraltet*) bisschen ◊ *The place looked a mite expensive.* Das Lokal sah ein bisschen teuer aus.
miter (*AmE*) = MITRE¹
miti·gate /ˈmɪtɪgeɪt/ *Verb* (*gehoben*) lindern, (ab)mildern [SYN] ALLEVIATE
miti·gat·ing /ˈmɪtɪgeɪtɪŋ/ *Adj* nur vor Nomen (*gehoben oder Fachspr*) mildernd
miti·ga·tion /ˌmɪtɪˈgeɪʃn/ *Nomen* (*gehoben*) Linderung, Milderung ◊ *mitigation of punishment* Strafmilderung [IDM] **in mitiˈgation** (RECHT) zur Verteidigung; zur Entlastung
mitre¹ (*AmE* **mi·ter**) /ˈmaɪtə(r)/ *Nomen* **1** Mitra **2** (*auch* ˈ**mitre joint**) Gehrung(sverbindung)
mitre² /ˈmaɪtə(r)/ *Verb* (TECH) gehren
mitt /mɪt/ *Nomen* **1** = MITTEN **2** (*Baseball*) Fanghandschuh **3** [meist Pl] (*Slang*) (*Hand*) Pfote
mit·ten /ˈmɪtn/ (*auch* **mitt**) *Nomen* Fausthandschuh
mix¹ /mɪks/ *Verb* **1** (ver)mischen ◊ *I don't like to mix business with pleasure.* Ich halte Geschäftliches und Privates lieber auseinander. **2** (ver)(sich) mischen ◊ *Oil and water do not mix.* Öl vermischt sich nicht mit Wasser. **3** zusammenpassen **4** anrühren, mixen **5** *~* (**with sb**) (mit jdm) verkehren ◊ *mix with the guests* sich unter die Gäste mischen [IDM] **be mixed ˈup in sth** in etw verwickelt sein **get mixed ˈup in sth** in etw hineingezogen werden **get mixed ˈup with sb** sich mit jdm einlassen ˌ**mix and ˈmatch** beliebig zusammenstellen **mix ˈit** (*AmE* ˌ**mix it ˈup**) (*umgs*) Ärger machen **mix ˈit with sb** (*AmE* ˌ**mix it ˈup with sb**) (*umgs*) sich mit jdm anlegen [PHRV] ˌ**mix sth ˈin** etw unterrühren ◊ *Mix the remaining cream in with the sauce.* Die restliche Sahne unter die Soße rühren. ˈ**mix sth into sth** etw unter etw mischen ˈ**mix sth into/to sth** etw zu etw verrühren ˌ**mix sth ˈup** etw durcheinander bringen ˌ**mix sb/sth ˈup (with sb/sth)** jdn/etw (mit jdm/etw) verwechseln
mix² /mɪks/ *Nomen* **1** [meist Sing] Mischung, Mix ◊ *a school with a good social/racial mix of children* eine Schule mit Kindern aus allen gesellschaftlichen/ethnischen Gruppen ◊ *a cake mix* eine Backmischung **2** (MUS) Remix **3** [Sing] Arrangement, Mix
mixed *Adj* **1** gemischt, unterschiedlich **2** *nur vor Nomen* Misch-, gemischt ◊ *a mixed economy* eine gemischte Wirtschaftsform ◊ *a mixed salad* ein gemischter Salat **3** gemischt(geschlechtlich)
ˌ**mixed-aˈbility** *Adj nur vor Nomen* mit unterschiedlichen

mixed bag

Fähigkeiten ◊ *a mixed-ability class* eine Klasse von Schülern mit unterschiedlichen Fähigkeiten
,mixed 'bag *Nomen* [Sing] (*umgs*) bunte Mischung
,mixed 'blessing *Nomen* [meist Sing] zweischneidiges Schwert, zweifelhaftes Vergnügen
,mixed 'doubles *Nomen* gemischtes Doppel ☛ *Hinweis bei* SINGLE², S. 580
,mixed 'grill *Nomen* (*BrE*) Grillteller
,mixed 'marriage *Nomen* Mischehe
,mixed 'metaphor *Nomen* Bildbruch
,mixed-'up *Adj* (*umgs*) verwirrt, verdreht, konfus
mix·er /'mɪksə(r)/ *Nomen* **1** Küchenmaschine ◊ *a (hand) mixer* ein Handrührgerät **2** = nicht alkoholisches Getränk zum Auffüllen von Mixgetränken **3** (TECH) Mischpult, Mischgerät **4** (*Beruf*) Mischer; (*Ton-*) Techniker IDM *a good 'mixer* ◊ *She's not a good mixer.* Sie ist nicht besonders kontaktfreudig.
'**mixer tap** *Nomen* (*BrE*) Mischbatterie
'**mixing bowl** *Nomen* Rührschüssel
mix·ture /'mɪkstʃə(r)/ *Nomen* **1** [meist Sing] Mischung **2** Mixtur, Mischung ◊ *cough mixture* Hustensaft **3** (TECH) Gemisch **4** Mischen
'**mix-up** *Nomen* (*umgs*) Durcheinander, Missverständnis SYN MUDDLE
ml *Abk* = MILLILITRE
MLA /ˌem el 'eɪ/ *Kurzform von* **Member of the Legislative Assembly** Mitglied des 1998 gegründeten Parlaments für Nordirland
mm¹ *Abk* = MILLIMETRE
mm² (*auch* **mmm**) /m/ *Ausruf* (*drückt Interesse, Zustimmung, Zweifel etc. aus*) mmm
mne·mon·ic /nɪ'mɒnɪk; *AmE* -'mɑːn-/ **1** *Nomen* Gedächtnishilfe, Eselsbrücke **2** *Adj* Gedächtnis-, mnemotechnisch ◊ *a mnemonic device* eine Gedächtnisstütze
M.O. (*BrE auch* **MO**) /ˌem 'əʊ/ *Abk* = MEDICAL OFFICER
mo /məʊ; *AmE* moʊ/ *Nomen* [Sing] (*BrE, umgs*) Moment ◊ *See you in a mo!* Bis gleich! SYN MOMENT
moan¹ /məʊn; *AmE* moʊn/ *Verb* **1** stöhnen **2** (*BrE, umgs*) **~ (on) (about sth)** (über etw) jammern; **~ (on) to/at sb (about sth)** jdm (wegen einer Sache) die Ohren volljammern **3** (*gehoben*) (*Wind, etc.*) heulen
moan² /məʊn; *AmE* moʊn/ *Nomen* **1** Stöhnen **2** (*BrE, umgs*) Klage, Gejammer ◊ *We had a good moan about work.* Wir haben uns gründlich über die Arbeit ausgelassen. **3** [Sing] (*gehoben*) Heulen (*des Windes, etc.*)
moan·er /'məʊnə(r); *AmE* moʊn-/ *Nomen* Meckerer
moat /məʊt; *AmE* moʊt/ *Nomen* Wassergraben, Burggraben
moat·ed /'məʊtɪd; *AmE* 'moʊt-/ *Adj* mit einem Wassergraben
mob¹ /mɒb; *AmE* mɑːb/ *Nomen* **1** Mob, Menge ◊ *There was mob rule.* Es herrschte das Gesetz der Straße. ☛ G 1.3b **2** [meist Sing] (*umgs*) (*Gruppe, Menge*) Haufen ◊ *All the usual mob were there.* Alle, die sonst auch immer da sind, waren da. SYN GANG **3 the Mob** (*umgs*) die Mafia IDM ⇒ HEAVY¹
mob² /mɒb; *AmE* mɑːb/ *Verb* (**-bb-**) **1** herfallen über **2** belagern
'**mob cap** *Nomen* (Spitzen)haube
mo·bile¹ /'məʊbaɪl; *AmE* 'moʊbl/ *Adj* **1** mobil, fahrbar ◊ *a mobile library* ein Bücherbus **2** (*Mensch*) beweglich, mobil **3** motorisiert **4** (*Gesicht*) lebhaft
mo·bile² /'məʊbaɪl; *AmE* 'moʊbiːl/ *Nomen* **1** Mobile **2** = MOBILE PHONE
,mobile 'home *Nomen* (*bes AmE*) Wohnmobil
,mobile 'phone (*auch* **mo·bile**) *Nomen* (*BrE*) Handy
mo·bil·ity /məʊ'bɪləti; *AmE* moʊ-/ *Nomen* Beweglichkeit, Mobilität
mo·bil·iza·tion (*BrE auch* **-isa·tion**) /ˌməʊbɪlaɪ'zeɪʃn; *AmE* ˌmoʊbələ'z-/ *Nomen* Mobilisierung, (MIL) Mobilmachung
mo·bil·ize (*BrE auch* **-ise**) /'məʊbɪlaɪz; *AmE* 'moʊ-/ *Verb* mobilisieren, mobil machen
mob·ster /'mɒbstə(r); *AmE* 'mɑːb-/ *Nomen* Gangster(in)
moc·ca·sin /'mɒkəsɪn; *AmE* 'mɑːk-/ *Nomen* Mokassin
mocha /'mɒkə; *AmE* 'moʊkə/ *Nomen* Mokka

mock¹ /mɒk; *AmE* mɑːk/ *Verb* spotten; **~ sb/sth** sich über jdn/etw lustig machen, jdn/etw verspotten
mock² /mɒk; *AmE* mɑːk/ *Adj nur vor Nomen* **1** gespielt ◊ *mock horror* gespieltes Entsetzen **2** simuliert ◊ *mock leather* Kunstleder ◊ *a mock examination* eine Probeklausur
mock³ /mɒk; *AmE* mɑːk/ *Nomen* (*BrE, umgs*) Probeklausur
mock·ery /'mɒkəri; *AmE* 'mɑːk-/ *Nomen* **1** Spott **2** [Sing] (*abwert*) Farce ◊ *It was a mockery of a trial.* Das Verfahren war die reinste Farce. IDM *make a 'mockery of sth* etw zum Gespött machen
mock·ing /'mɒkɪŋ; *AmE* 'mɑːk-/ *Adj* (*Adv* **mock·ing·ly**) spöttisch
mock·ing·bird /'mɒkɪŋbɜːd; *AmE* 'mɑːkɪŋbɜːrd/ *Nomen* Spottdrossel
'**mock-up** *Nomen* Modell (in Originalgröße)
MOD /ˌem əʊ 'diː; *AmE* oʊ/ *Abk* (*BrE*) *Kurzform von* **Ministry of Defence** Verteidigungsministerium
mod /mɒd; *AmE* mɑːd/ *Nomen* = modisch gekleideter, Motorroller fahrender Jugendlicher (in den sechziger Jahren), Mod
modal¹ /'məʊdl; *AmE* 'moʊdl/ (*auch* **modal 'verb, modal au'xiliary, modal au'xiliary verb**) *Nomen* (LING) Modalverb
modal² /'məʊdl; *AmE* 'moʊdl/ *Adj* modal
,mod 'cons *Nomen* [Pl] (*BrE, umgs*) (moderner) Komfort
mode /məʊd; *AmE* moʊd/ *Nomen* **1** (*gehoben*) Methode, Art und Weise ◊ *her mode of dress* die Art, wie sie sich anzieht ◊ *mode of behaviour* Verhaltensweise ◊ *mode of transport* Transportmittel **2** Modus ◊ *Switch the camera into the automatic mode.* Stellen Sie die Kamera auf Automatik. **3** [Sing] (*umgs*) ◊ *be in holiday/work mode* auf Urlaub/Arbeit eingestellt sein **4** [meist Sing] Mode **5** (MUS) Tonart
model¹ /'mɒdl; *AmE* 'mɑːdl/ *Nomen* **1** Modell ◊ *model aeroplanes* Modellflugzeuge **2** Vorbild **3** Muster(beispiel) ◊ *a model of clarity* ein Muster an Klarheit **4** Fotomodell ◊ *a fashion model* ein Mannequin ◊ *a male model* ein Dressman
model² /'mɒdl; *AmE* 'mɑːdl/ (**-ll-**, *AmE* **-l-**) *Verb* **1** als (Foto)modell arbeiten ◊ *model for an artist* einem Künstler Modell stehen **2** (*Kleidung etc.*) vorführen **3** nachbilden ◊ *The program models the real world as accurately as possible.* Das Programm bildet die Wirklichkeit so genau wie möglich nach. **4** (*Ton, Wachs etc.*) modellieren PHR V '**model yourself on sb** sich jdn zum Vorbild nehmen '**model sth on/after sth** etw einer Sache nachbilden
'**model home** *Nomen* (*AmE*) Musterhaus
mod·el·ler (*AmE* **mod·el·er**) /'mɒdələ(r); *AmE* 'mɑːd-/ *Nomen* Modellbauer(in)
mod·el·ling (*AmE* **mod·el·ing**) /'mɒdəlɪŋ; *AmE* 'mɑːd-/ *Nomen* **1** Arbeit als (Foto)modell ◊ *a career in modelling* eine Karriere als Fotomodell ◊ *a modelling agency* eine Fotoagentur **2** Modellieren
modem /'məʊdem; *AmE* 'moʊ-/ *Nomen* Modem
mod·er·ate¹ /'mɒdərət; *AmE* 'mɑːd-/ *Adj* **1** mäßig ◊ *Even moderate amounts of the drug can be fatal.* Schon geringe Mengen der Droge können tödlich sein. ◊ *Bake in a moderate oven.* Bei mittlerer Hitze backen. **2** gemäßigt **3** maßvoll ◊ *He is a moderate drinker.* Er trinkt in Maßen.
mod·er·ate² /'mɒdəreɪt; *AmE* 'mɑːd-/ *Verb* **1** nachlassen **2** mäßigen **3** = durch Stichproben kontrollieren, ob Prüfungsarbeiten gerecht bewertet worden sind
mod·er·ate³ /'mɒdərət; *AmE* 'mɑːd-/ *Nomen* Gemäßigte(r)
mod·er·ate·ly /'mɒdərətli; *AmE* 'mɑːd-/ *Adv* **1** einigermaßen, mäßig ◊ *in a moderately hot oven* bei mittlerer Hitze SYN REASONABLY **2** in Maßen
mod·er·ation /ˌmɒdə'reɪʃn; *AmE* ˌmɑːd-/ *Nomen* **1** Mäßigung ◊ *a call for moderation on the part of the trade unions* ein Aufruf an die Gewerkschaften, ihre Forderungen zu mäßigen ◊ *eat in moderation* maßvoll essen **2** (*BrE*) = Kontrolle durch Stichproben, ob Prüfungsarbeiten gerecht bewertet worden sind
mod·er·ator /'mɒdəreɪtə(r); *AmE* 'mɑːd-/ *Nomen* **1** Schlichter(in), Vermittler(in) **2** (*bes AmE*) (*bei einer Debatte*) Moderator(in) **3** (*BrE*) = jd, der kontrolliert, ob

---

| æ cat | ɑː father | e ten | ɜː bird | ə about | ɪ sit | iː see | i many | ɒ got (*BrE*) | ɔː saw | ʌ cup | ʊ put | uː too |

Prüfungsarbeiten gerecht bewertet worden sind **4 Moderator** Vorsitzende(r) der Presbyterianischen Kirche

mod·ern /ˈmɒdn; *AmE* ˈmɑːdərn/ *Adj* modern ◊ *modern history* neuere Geschichte ◊ *modern Greek* Neugriechisch

ˈ**modern-day** *Adj* modern ◊ *modern-day America* das Amerika von heute SYN CONTEMPORARY

mod·ern·ism /ˈmɒdənɪzəm; *AmE* ˈmɑːdərn-/ *Nomen* Modernismus

mod·ern·ist /ˈmɒdənɪst; *AmE* ˈmɑːdərn-/ **1** *Adj* modernistisch **2** *Nomen* Modernist(in)

mod·ern·is·tic /ˌmɒdəˈnɪstɪk; *AmE* ˌmɑːdərˈn-/ *Adj* modernistisch

mod·ern·ity /məˈdɜːnəti; *AmE* -ˈdɜːrn-/ *Nomen* (*gehoben*) Modernität

mod·ern·iza·tion (*BrE auch* **-isa·tion**) /ˌmɒdənaɪˈzeɪʃn; *AmE* ˌmɑːdərnəˈz-/ *Nomen* Modernisierung

mod·ern·ize (*BrE auch* **-ise**) /ˈmɒdənaɪz; *AmE* ˈmɑːdərn-/ *Verb* modernisieren

ˌ**modern** ˈ**language** *Nomen* neuere Sprache ◊ *the department of modern languages* der Fachbereich Neuphilologie ◊ *a modern language teacher* ein Lehrer für moderne Fremdsprachen

mod·est /ˈmɒdɪst; *AmE* ˈmɑːd-/ *Adj* (*Adv* **mod·est·ly**) **1** bescheiden ◊ *modest improvements* kleine Verbesserungen ◊ *modestly priced goods* Waren zu mäßigen Preisen **2** sittsam, züchtig OPP IMMODEST

mod·esty /ˈmɒdəsti; *AmE* ˈmɑːd-/ *Nomen* **1** Bescheidenheit ◊ *the modesty of their achievements* ihre bescheidenen Leistungen **2** Sittsamkeit

modi·cum /ˈmɒdɪkəm; *AmE* ˈmɑːd-/ *Nomen* [*Sing*] (*gehoben*) Quentchen

modi·fi·ca·tion /ˌmɒdɪfɪˈkeɪʃn; *AmE* ˌmɑːd-/ *Nomen* (Ver)änderung, Modifikation

modi·fier /ˈmɒdɪfaɪə(r); *AmE* ˈmɑːd-/ *Nomen* (LING) Modifikator, nähere Bestimmung

mod·ify /ˈmɒdɪfaɪ; *AmE* ˈmɑːd-/ *Verb* (**-fies, -fy·ing, -fied, -fied**) **1** (ver)ändern, modifizieren **2** mäßigen ◊ *modify your views* seine Ansichten mäßigen **3** (LING) näher bestimmen

mod·ish /ˈməʊdɪʃ; *AmE* ˈmoʊ-/ *Adj* modisch

modu·lar /ˈmɒdjələ(r); *AmE* ˈmɑːdʒə-/ *Adj* **1** (*Studium*) modular **2** (*Maschinen, Gebäude etc.*) modular, aus (Bau)elementen zusammengesetzt

modu·late /ˈmɒdjuleɪt; *AmE* ˈmɑːdʒə-/ *Verb* **1** modulieren **2** regulieren

modu·la·tion /ˌmɒdjuˈleɪʃn; *AmE* ˌmɑːdʒəˈl-/ *Nomen* Modulation, Regulierung

mod·ule /ˈmɒdjuːl; *AmE* ˈmɑːdʒuːl/ *Nomen* **1** Kurseinheit, Modul **2** (COMP) Modul **3** (Bau)element **4** Raumkapsel, Modul ◊ *the lunar module* die Mondlandefähre

modus op·er·andi /ˌməʊdəs ˌɒpəˈrændiː; *AmE* ˌmoʊdəs ˌɑːpə-/ *Nomen* [*Sing*] (*gehoben*) Vorgehensweise

modus vi·vendi /ˌməʊdəs vɪˈvendiː; *AmE* ˌmoʊdəs-/ *Nomen* [*Sing*] (*gehoben*) = Kompromiss, der das Zusammenleben ermöglicht

mog·gie (*auch* **moggy**) /ˈmɒɡi; *AmE* ˈmɔːɡi, ˈmɑːɡi/ *Nomen* (*Pl* **-ies**) (*BrE, umgs*) Katze, Mieze

mogul /ˈməʊɡl; *AmE* ˈmoʊɡl/ *Nomen* Mogul

mo·hair /ˈməʊheə(r); *AmE* ˈmoʊher-/ *Nomen* Mohair

Mo·ham·med = MUHAMMAD

Mo·hi·can /məʊˈhiːkən; *AmE* moʊ-/ *Nomen* Irokesenschnitt

moi /mwɑː/ *Ausruf* (*umgs*) ich

moist /mɔɪst/ *Adj* feucht; (*Kuchen*) saftig

mois·ten /ˈmɔɪsn/ *Verb* anfeuchten, befeuchten

moist·ness /ˈmɔɪstnəs/ *Nomen* Feuchtigkeit

mois·ture /ˈmɔɪstʃə(r)/ *Nomen* Feuchtigkeit

mois·tur·ize (*BrE auch* **-ise**) /ˈmɔɪstʃəraɪz/ *Verb* **1** (*Haut*) mit einer Feuchtigkeitscreme eincremen **2** (*Creme etc.*) Feuchtigkeit spenden

mois·tur·izer (*BrE auch* **-iser**) /ˈmɔɪstʃəraɪzə(r)/ *Nomen* Feuchtigkeitscreme

molar /ˈməʊlə(r); *AmE* ˈmoʊ-/ *Nomen* Backenzahn

mo·las·ses /məˈlæsɪz/ *Nomen* (*AmE*) Melasse

mold, mol·der, mold·ing, moldy (*AmE*) = MOULD, MOULDER, MOULDING, MOULDY

mole /məʊl; *AmE* moʊl/ *Nomen* **1** Maulwurf **2** Leberfleck **3** Spion(in) **4** (NATURW) Mol

mo·lec·u·lar /məˈlekjələ(r)/ *Adj nur vor Nomen* molekular, Molekular-

mol·ecule /ˈmɒlɪkjuːl; *AmE* ˈmɑː-/ *Nomen* Molekül

mole·hill /ˈməʊlhɪl; *AmE* ˈmoʊl-/ *Nomen* Maulwurfshügel IDM ⇨ MOUNTAIN

mo·lest /məˈlest/ *Verb* (sexuell) belästigen

mo·lest·ation /ˌməʊleˈsteɪʃn; *AmE* ˌmoʊ-/ *Nomen* (sexuelle) Belästigung

mo·lest·er /məˈlestə(r)/ *Nomen* Sexualtäter(in) ◊ *a child molester* ein Kinderschänder

moll /mɒl; *AmE* mɑːl/ *Nomen* (*Slang, veraltet*) Gangsterbraut

mol·lify /ˈmɒlɪfaɪ; *AmE* ˈmɑː-/ *Verb* (**-fies, -fy·ing, -fied, -fied**) (*gehoben*) besänftigen SYN PLACATE

mol·lusc (*AmE meist* **mol·lusk**) /ˈmɒləsk; *AmE* ˈmɑː-/ *Nomen* (*Fachspr*) Molluske

molly·cod·dle /ˈmɒlikɒdl; *AmE* ˈmɑː-/ *Verb* (*abwert, veraltend*) verhätscheln

Molo·tov cock·tail /ˌmɒlətɒf ˈkɒkteɪl; *AmE* ˌmɑːlətɔːf ˈkɑːk-, ˌmoʊl-/ *Nomen* Molotowcocktail

molt (*AmE*) = MOULT

mol·ten /ˈməʊltən; *AmE* ˈmoʊl-/ *Adj* flüssig, geschmolzen

mom /mɒm; *AmE* mɑːm/ *Nomen* (*AmE, umgs*) Mama

mo·ment /ˈməʊmənt; *AmE* ˈmoʊ-/ *Nomen* Augenblick, Moment ◊ *We're busy at the moment.* Wir haben im Moment keine Zeit. ◊ *moments later* kurz danach IDM **for the ˈmoment/ˈpresent** vorläufig **have its/your ˈmoments** ◊ *I found the play rather boring, but it had its moments.* Ich fand das Stück ziemlich langweilig, aber es war stellenweise ganz gut. ◊ *I had my moments in the game.* Ich habe teilweise gut gespielt. **the ˌmoment of ˈtruth** die Stunde der Wahrheit **of ˈmoment** (*gehoben*) von Bedeutung **of the ˈmoment** (*gehoben*) des Tages ☛ *Siehe auch* JUST¹, LAST¹, MINUTE¹, NOTICE¹, SPUR¹ *und* WAIT¹

mo·ment·ar·ily /ˈməʊməntrəli; *AmE* ˌmoʊmənˈterəli/ *Adv* **1** für einen Augenblick SYN BRIEFLY **2** (*AmE, umgs*) gleich, jeden Augenblick

mo·ment·ary /ˈməʊməntri; *AmE* ˈmoʊmənteri/ *Adj* flüchtig, vorübergehend SYN BRIEF

mo·men·tous /məˈmentəs; *AmE* moʊˈm-/ *Adj* bedeutend, folgenschwer

mo·men·tum /məˈmentəm; *AmE* moʊˈm-/ *Nomen* **1** Schwung, Fahrt ◊ *gain/gather momentum* in Fahrt kommen **2** (TECH) Impuls

mommy /ˈmɒmi; *AmE* ˈmɑːmi/ (*auch* **momma** /ˈmɒmə; *AmE* ˈmɑːmə/) *Nomen* (*AmE*) Mutti, Mama

Mon. *Abk* = MONDAY

mon·arch /ˈmɒnək; *AmE* ˈmɑːnərk, -ɑːrk/ *Nomen* Monarch(in)

mo·nar·chic·al /məˈnɑːkɪkl; *AmE* -ˈnɑːrk-/ *Adj* (*gehoben*) monarchisch

mon·arch·ist /ˈmɒnəkɪst; *AmE* ˈmɑːnərk-/ **1** *Nomen* Monarchist(in) **2** *Adj* monarchistisch

mon·archy /ˈmɒnəki; *AmE* ˈmɑːnərki/ *Nomen* (*Pl* **-ies**) **1** Monarchie **2** *the monarchy* das Königshaus

mon·as·tery /ˈmɒnəstri; *AmE* ˈmɑːnəsteri/ *Nomen* (*Pl* **-ies**) (Mönchs)kloster

mo·nas·tic /məˈnæstɪk/ *Adj* mönchisch, Kloster-, klösterlich

mo·nas·ti·cism /məˈnæstɪsɪzəm/ *Nomen* Mönch(s)tum

Mon·day /ˈmʌndeɪ, -di/ *Nomen* (*Abk* **Mon.**) Montag ☛ *Beispiele bei* MONTAG

mon·et·ar·ism /ˈmʌnɪtərɪzəm/ *Nomen* Monetarismus

mon·et·ar·ist /ˈmʌnɪtərɪst/ **1** *Nomen* Monetarist(in) **2** *Adj* monetaristisch

mon·et·ary /ˈmʌnɪtri; *AmE* -teri/ *Adj* Währungs-, Geld-, monetär ◊ *monetary growth* das Wachstum der Geldmenge (im Umlauf)

money /ˈmʌni/ *Nomen* **1** Geld ◊ *The money's better here.* Hier ist die Bezahlung besser. **2 moneys** *oder* **monies** [Pl] (*veraltet oder Fachspr*) Beträge, Gelder IDM **be in the ˈmoney** (*umgs*) (gerade) viel Geld haben **be ˈmade of**

money (umgs) ein Krösus sein **for 'my money** meiner Meinung nach; wenn man mich fragt **get your 'money's worth** etwas für sein Geld bekommen **good 'money** gutes Geld; teures Geld **have money to 'burn** zu viel Geld haben **make 'money 1** das große Geld verdienen **2** sich rentieren; Geld einbringen **make/lose money ˌhand over 'fist** in kürzester Zeit viel Geld scheffeln/hohe Verluste machen **money for 'jam/old 'rope** (BrE, umgs) leicht verdientes Geld **money is no 'object** Geld spielt keine Rolle **money 'talks** mit Geld geht alles **on the 'money** (AmE) auf den Punkt genau **put 'money into sth** Geld in etw investieren **put your 'money on sb/sth** (Geld) auf jdn/etw setzen; auf jdn/etw wetten **put your money where your 'mouth is** (umgs) seinen Worten Taten folgen lassen **throw good money after 'bad** (abwert) noch mehr Geld für etw rausschmeißen **throw your 'money about/around** (umgs) mit (seinem) Geld um sich werfen **throw 'money at sth** (abwert) etw mit Geld verbessern wollen ☞ Siehe auch CAREFUL, COIN², COLOUR¹, EASY¹, GROW, LICENCE, LOVE¹, MARRY, POT¹, ROLL² und RUN²

ˌ**money-back guaran'tee** Nomen Geld-zurück-Garantie
'**money box** Nomen (bes BrE) Spardose SYN PIGGY BANK
mon·eyed (auch **mon·ied**) /'mʌnid/ Adj nur vor Nomen (gehoben) vermögend, besitzend
'**money·lend·er** /'mʌnɪlendə(r)/ Nomen (veraltet) Geldverleiher(in)
'**money·mak·er** /'mʌnimeɪkə(r)/ Nomen Verkaufsschlager, Gewinn bringendes Unternehmen
'**money·mak·ing¹** /'mʌnimeɪkɪŋ/ Adj einträglich, Gewinn bringend ◊ a moneymaking movie ein Kassenschlager
'**money·mak·ing²** /'mʌnimeɪkɪŋ/ Nomen Geldverdienen
'**money order** Nomen (bes AmE) Zahlungsanweisung
'**money-spinner** Nomen (BrE, umgs) Verkaufsschlager, Renner
'**money supply** Nomen [Sing] Geldmenge (im Umlauf)
mon·gol /'mɒŋgəl/; AmE 'mɑːŋ-/ Nomen (veraltet, beleidigend) Mongoloide(r)
mon·goose /'mɒŋguːs; AmE 'mɑːŋ-/ Nomen (Pl **mongooses** /-sɪz/) Mungo
mon·grel /'mʌŋɡrəl/ Nomen (bes BrE) Mischling(shund)
mon·ied = MONEYED
moni·ker /'mɒnɪkə(r); AmE 'mɑːn-/ Nomen (hum) Name
moni·tor¹ /'mɒnɪtə(r); AmE 'mɑːn-/ Nomen **1** (COMP) Bildschirm, Monitor **2** Überwachungsgerät **3** Beobachter(in) ◊ UN monitors UN-Beobachter
moni·tor² /'mɒnɪtə(r); AmE 'mɑːn-/ Verb **1** überwachen, kontrollieren, dokumentieren **2** abhören, mithören
monk /mʌŋk/ Nomen Mönch
mon·key /'mʌŋki/ Nomen **1** Affe **2** (umgs) Schlingel, Strolch IDM **I don't/couldn't give a monkey's** (BrE, Slang) das ist mir so was von egal **make a 'monkey (out) of sb** jdn lächerlich machen ☞ Siehe auch BRASS
'**monkey wrench** Nomen verstellbarer Schraubenschlüssel, Engländer
mono¹ /'mɒnəʊ; AmE 'mɑːnoʊ/ Adj Mono-, mono(phon)
mono² /'mɒnəʊ; AmE 'mɑːnoʊ/ Nomen **1** Mono(phonie) **2** (AmE, umgs) = MONONUCLEOSIS
mono·chrome¹ /'mɒnəkrəʊm; AmE 'mɑːnəkroʊm/ Adj **1** Schwarzweiß-, schwarzweiß **2** (fig) langweilig, eintönig **3** (auch **mono·chro·mat·ic** /ˌmɒnəkrə'mætɪk; AmE ˌmɑːnəkroʊ'm-/) monochrom, einfarbig
mono·chrome² /'mɒnəkrəʊm; AmE 'mɑːnəkroʊm/ Nomen **1** Schwarzweiß **2** (KUNST) monochrome Farbgebung
mon·ocle /'mɒnəkl; AmE 'mɑːn-/ Nomen Monokel
mon·og·am·ous /mə'nɒɡəməs; AmE mə'nɑːɡ-/ Adj monogam
mon·og·amy /mə'nɒɡəmi; AmE mə'nɑːɡ-/ Nomen Monogamie, Einehe
'**mono·gram** /'mɒnəɡræm; AmE 'mɑːn-/ Nomen Monogramm
'**mono·grammed** /'mɒnəɡræmd; AmE 'mɑːn-/ Adj a monogrammed shirt ein Hemd mit Monogramm
'**mono·graph** /'mɒnəɡrɑːf; AmE 'mɑːnəɡræf/ Nomen (Fachspr) Monografie

mono·lin·gual /ˌmɒnə'lɪŋɡwəl; AmE ˌmɑːnə-/ Adj einsprachig
mono·lith /'mɒnəlɪθ; AmE 'mɑːn-/ Nomen Monolith
mono·lith·ic /ˌmɒnə'lɪθɪk; AmE ˌmɑːnə-/ Adj monolithisch
mono·logue (AmE auch **mono·log**) /'mɒnəlɒɡ; AmE 'mɑːnəlɔːɡ, -lɑːɡ/ Nomen Monolog
mono·nucle·osis /ˌmɒnəʊˌnjuːkli'əʊsɪs; AmE ˌmɑːnoʊˌnuːkli'oʊsɪs/ (umgs **mono**) Nomen (AmE) Drüsenfieber ☞ Im britischen Englisch außer in der Fachsprache **glandular fever** genannt.
'**mono·plane** /'mɒnəpleɪn; AmE 'mɑː-/ Nomen (Flugzeug) Eindecker
mon·op·ol·ist /mə'nɒpəlɪst; AmE mə'nɑːp-/ Nomen (Fachspr) Monopolist(in), Monopolinhaber(in)
mon·op·ol·is·tic /məˌnɒpə'lɪstɪk; AmE məˌnɑːpə-/ Adj Monopol-, monopolistisch
mon·op·ol·iza·tion (BrE auch **-isation**) /məˌnɒpəlaɪ'zeɪʃn; AmE məˌnɑːpələ'z-/ Nomen Monopolisierung
mon·op·ol·ize (BrE auch **-ise**) /mə'nɒpəlaɪz; AmE mə'nɑːp-/ Verb **1** monopolisieren, ganz für sich beanspruchen ◊ monopolize the conversation die Unterhaltung an sich reißen **2** mit Beschlag belegen
mon·op·oly /mə'nɒpəli; AmE mə'nɑːp-/ Nomen (Pl **-ies**) ~ (**in/on sth**) Monopol (für/auf etw) ◊ They do not have a monopoly on stress. Sie sind nicht die Einzigen, die an Stress leiden.
'**mono·rail** /'mɒnəʊreɪl; AmE 'mɑːnoʊ-/ Nomen Einschienenbahn
mono·syl·lab·ic /ˌmɒnəsɪ'læbɪk; AmE ˌmɑːn-/ Adj einsilbig
'**mono·syl·lable** /'mɒnəsɪləbl; AmE 'mɑːn-/ Nomen einsilbiges Wort ◊ He answered in monosyllables. Er antwortete nur mit Ja oder Nein.
'**mono·the·ism** /'mɒnəʊθiɪzəm; AmE 'mɑːnoʊ-/ Nomen Monotheismus
mono·the·is·tic /ˌmɒnəʊθi'ɪstɪk; AmE ˌmɑːnoʊ-/ Adj monotheistisch
mono·tone¹ /'mɒnətəʊn; AmE 'mɑːnətoʊn/ Nomen [Sing] **1** monotone Stimme **2** Monotonie
mono·tone² /'mɒnətəʊn; AmE 'mɑːnətoʊn/ Adj nur vor Nomen **1** ausdruckslos ◊ He spoke in a monotone drawl. Er sprach mit monotoner, schleppender Stimme. **2** in Schwarzweiß
mon·ot·on·ous /mə'nɒtənəs; AmE mə'nɑːt-/ Adj (Adv **mon·ot·on·ous·ly**) eintönig, monoton, langweilig ◊ with monotonous regularity mit trauriger Regelmäßigkeit
mon·ot·ony /mə'nɒtəni; AmE mə'nɑːt-/ Nomen Eintönigkeit, Monotonie ◊ the monotony of everyday life das tägliche Einerlei
Mon·si·gnor /mɒn'siːnjə(r); AmE mɑːn-/ Nomen (Abk **Mgr**) Monsignore
mon·soon /ˌmɒn'suːn; AmE ˌmɑːn-/ Nomen **1** Regenzeit **2** Monsunregen **3** Monsun(wind)
mon·ster¹ /'mɒnstə(r); AmE 'mɑːn-/ Nomen **1** Ungeheuer, Ungetüm **2** Unmensch, Scheusal, Monster
mon·ster² /'mɒnstə(r); AmE 'mɑːn-/ Adj (umgs) Riesen-, riesig
mon·stros·ity /mɒn'strɒsəti; AmE mɑːn'strɑːs-/ Nomen (Pl **-ies**) Monstrosität, Monstrum ◊ a concrete monstrosity ein Betonklotz
mon·strous /'mɒnstrəs; AmE 'mɑːn-/ Adj **1** (Adv **mon·strous·ly**) ungeheuerlich, schrecklich ◊ a monstrous injustice eine schreiende Ungerechtigkeit **2** ungeheuer (groß), monströs, scheußlich
mont·age /ˌmɒn'tɑːʒ, 'mɒn-; AmE ˌmɑːn'tɑːʒ/ Nomen (KUNST, FILM) Montage
Mon·terey Jack /ˌmɒntəreɪ 'dʒæk; AmE ˌmɑːn-/ Nomen = milder, weißer amerikanischer Käse
month /mʌnθ/ Nomen Monat ◊ in the month of August im August ◊ $2 000 a/per month $2 000 im Monat ◊ month after month Monat für Monat ◊ month by month von Monat zu Monat ◊ a month-long strike ein einmonatiger Streik IDM **not, never, etc in a ˌmonth of 'Sundays** (umgs) nie im Leben; niemals ☞ Siehe auch FLAVOUR¹
month·ly¹ /'mʌnθli/ Adj Monats-, (all)monatlich ◊ a monthly season ticket eine Monatskarte

month·ly² /'mʌnθli/ *Adv* monatlich, einmal im Monat
month·ly³ /'mʌnθli/ *Nomen* (*Pl* **-ies**) Monats(zeit)schrift
monty /'mɒnti; *AmE* 'mɑːnti/ *Nomen* IDM **the ˌfull ˈmonty** das Ganze ◊ *They do the full monty.* Sie lassen alle Hüllen fallen.
monu·ment /'mɒnjumənt; *AmE* 'mɑːn-/ *Nomen* **1** Denkmal, Monument ◊ *A monument was erected to him.* Ihm wurde ein Denkmal errichtet. **2** Baudenkmal ◊ *be listed as a historic monument* unter Denkmalschutz stehen
monu·men·tal /ˌmɒnjuˈmentl; *AmE* ˌmɑːn-/ *Adj* **1** monumental, herausragend **2** *nur vor Nomen* (*Adv* **monu·men·tal·ly** /-təli/) kolossal, gewaltig, ungeheuer **3** *nur vor Nomen* Denkmals-, monumental ◊ *a monumental inscription* eine Inschrift ◊ *a monumental tomb* ein Grabmal ◊ *a monumental mason* ein(e) Steinmetz(in)
moo¹ /muː/ *Nomen* (*Pl* **moos**) Muhen, Muh
moo² /muː/ *Verb* muhen, Muh machen
mooch /muːtʃ/ (*umgs*) *Verb* **1** (*BrE*) **~ about, around, etc** herumhängen, (he)rumlungern **2 ~ (sth) (off sb)** (*AmE*) (etw) (bei jdm) schnorren
mood /muːd/ *Nomen* **1** Laune, Stimmung ◊ *be in a good/bad mood* gute/schlechte Laune haben ◊ *I'm not in the mood.* Ich hab keine Lust. **2** schlechte Laune ◊ *He's in such a mood today.* Er hat heute unheimlich schlechte Laune. **3** [*Sing*] Stimmung, Atmosphäre **4** (LING) Modus ◊ *the subjunctive mood* der Konjunktiv
moodi·ness /'muːdinəs/ *Nomen* Launenhaftigkeit, Missmut
moody /'muːdi/ *Adj* (**mood·ier, moodi·est**) (*Adv* **mood·ily**) **1** launenhaft, launisch **2** missmutig, schlecht gelaunt **3** stimmungsvoll, trüb(sinnig)
moon¹ /muːn/ *Nomen* Mond ◊ *the crescent moon* die Mondsichel ◊ *by the light of the moon* im Mondlicht IDM **ask, cry, etc. for the ˈmoon** (*BrE, umgs*) Unmögliches verlangen **many ˈmoons ago** (*gehoben*) vor langer, langer Zeit **over the ˈmoon** (*bes BrE, umgs*) ganz aus dem Häuschen ☛ *Siehe auch* ONCE¹ *und* PROMISE¹
moon² /muːn/ *Verb* **1** (*umgs*) = seinen nackten Hintern herausstrecken **2** träumen, grübeln PHRV **ˌmoon aˈbout/ aˈround** (*BrE, umgs*) **1** vor sich hin träumen, verträumt durch die Gegend laufen **2** traurig herumschleichen **ˈmoon over sb** (*umgs*) für jdn schwärmen, von jdm träumen
moon·beam /'muːnbiːm/ *Nomen* ◊ *ghostly moonbeams* gespenstisches Mondlicht
ˈmoon boot *Nomen* (*Stiefel*) Moonboot
moon·less /'muːnləs/ *Adj* mondlos
moon·light¹ /'muːnlaɪt/ *Nomen* Mondlicht, Mondschein IDM ⇨ FLIT²
moon·light² /'muːnlaɪt/ *Verb* (**moon·lighted, moon·lighted**) (*umgs*) schwarzarbeiten
moon·lit /'muːnlɪt/ *Adj* mondhell
moon·scape /'muːnskeɪp/ *Nomen* Mondlandschaft
moon·shine /'muːnʃaɪn/ *Nomen* **1** (*AmE, veraltet*) = schwarzgebrannter Alkohol **2** (*umgs*) Geschwafel, Blödsinn SYN NONSENSE
moon·struck /'muːnstrʌk/ *Adj* verrückt, verliebt
Moor /mɔː(r), mʊə(r); *AmE* mʊr/ *Nomen* Maure, Maurin
moor¹ /mɔː(r); *AmE* mʊr/ *Nomen* **1** [*meist Pl*] (*bes BrE*) Heide ◊ *go for a walk on the moors* über die Heide wandern **2** = MOORLAND
moor² /mɔː(r), mʊə(r); *AmE* mʊr/ *Verb* **1** anlegen, ankern **2** vertäuen, festmachen
moor·hen /'mɔːhen, 'mʊə-; *AmE* 'mʊrhen/ *Nomen* Teichhuhn
moor·ing /'mɔːrɪŋ, 'mʊər-; *AmE* 'mʊr-/ *Nomen* **1** [*meist Pl*] **moorings** [*Pl*] Vertäuung, Verankerung **2** Anlegestelle
Moor·ish /'mɔːrɪʃ, 'mʊə-; *AmE* 'mʊrɪʃ/ *Adj* maurisch
moor·land /'mɔːlənd, 'mʊə-; *AmE* 'mʊrlənd/ (*auch* **moor**) *Nomen* [*U*] (*bes BrE*) Heideland
moose /muːs/ *Nomen* (*Pl* **moose**) Elch
moot¹ /muːt/ *Adj* (*AmE*) fraglich; (*Diskussion etc.*) überflüssig IDM **a moot ˈpoint/ˈquestion** ein strittiger Punkt/ eine strittige Frage
moot² /muːt/ *Verb* (*meist passiv*) (*gehoben*) zur Debatte stellen SYN PROPOSE *und* PUT STH FORWARD

ˈmoot court *Nomen* (*bes AmE*) = Verhandlung eines angenommenen Rechtsfalles als Debattierübung für angehende Juristen
mop¹ /mɒp; *AmE* mɑːp/ *Nomen* **1** (Wisch)mopp **2** Spülbürste **3** (*Haare*) Mähne
mop² /mɒp; *AmE* mɑːp/ *Verb* (**-pp-**) **1** (*Fußboden*) moppen, (auf)wischen **2** (weg)wischen **3** (ab)wischen PHRV **ˌmop sth ˈup 1** etw aufwischen; (*Soße, etc.*) auftunken **2** (*Unternehmen, Budget etc.*) schlucken **3** etw erledigen **4** (*Widerstand etc.*) mit etw aufräumen
mope /məʊp; *AmE* moʊp/ *Verb* Trübsal blasen PHRV **ˌmope aˈbout/aˈround** (*abwert*) trübselig herumschleichen ◊ *mope around the house* trübselig durchs Haus schleichen
moped /'məʊped; *AmE* 'moʊ-/ *Nomen* Moped
ˈmop·pet /'mɒpɪt; *AmE* 'mɑːp-/ *Nomen* (*umgs*) (*Kind*) Püppchen
mo·raine /məˈreɪn; *BrE auch* mɒˈreɪn/ *Nomen* (*Fachspr*) Moräne
moral¹ /'mɒrəl; *AmE* 'mɔːr-, 'mɑːr-/ *Adj* (*Adv* **mor·al·ly** /-əli/) **1** *nur vor Nomen* Moral-, moralisch ◊ *traditional moral values* traditionelle Moralvorstellungen ◊ *Children are not naturally moral beings.* Kinder haben kein natürliches Gefühl für Gut und Böse. **2** tugendhaft IDM **take, claim, seize, etc. the moral ˈhigh ground** die moralisch bessere Position beanspruchen
moral² /'mɒrəl; *AmE* 'mɔːr-, 'mɑːr-/ *Nomen* **1 morals** [*Pl*] Moral **2** Lehre, Moral
mor·ale /məˈrɑːl; *AmE* -ˈræl/ *Nomen* [*U*] Selbstvertrauen, Moral ◊ *boost morale* die Stimmung heben
ˌmoral ˈfibre (*AmE,* **ˌmoral ˈfiber**) *Nomen* Rückgrat, Moral
mor·al·ist /'mɒrəlɪst; *AmE* 'mɔːr-, 'mɑːr-/ *Nomen* **1** (*oft abwert*) Moralist(in) **2** Ethiker(in), Moralphilosoph(in)
mor·al·is·tic /ˌmɒrəˈlɪstɪk; *AmE* ˌmɔːr-, ˌmɑːr-/ *Adj* (*meist abwert*) moralistisch
mor·al·ity /məˈræləti/ *Nomen* [*U*] **1** Moral **2** Moralität, Sittlichkeit **3** Ethik
mor·al·ize (*BrE auch* **-ise**) /'mɒrəlaɪz; *AmE* 'mɔːr-, 'mɑːr-/ *Verb* (*meist abwert*) moralisieren
mor·al·ly *Adv* ⇨ MORAL¹
the ˌmoral maˈjority *Nomen* = die angenommenermaßen konservative Wertvorstellungen vertretende Mehrheit in der Gesellschaft ☛ G 1.3a
ˌmoral supˈport *Nomen* [*U*] moralische Unterstützung
ˌmoral ˈvictory *Nomen* moralischer Sieg
mor·ass /məˈræs/ *Nomen* [*meist Sing*] (*gehoben*) (*auch fig*) Sumpf, Morast ◊ *a morass of detail* ein Wust von Einzelheiten
mora·tor·ium /ˌmɒrəˈtɔːriəm; *AmE* ˌmɔːr-/ *Nomen* (*Pl* **-riums** *oder* **-toria** /-riə/) Moratorium, Aufschub, Stopp
mor·bid /'mɔːbɪd; *AmE* 'mɔːrbɪd/ *Adj* (*Adv* **mor·bid·ly**) **1** makaber, düster **2** (*Fachspr*) pathologisch, krankhaft, morbide
mor·bid·ity /mɔːˈbɪdəti; *AmE* mɔːrˈb-/ *Nomen* Krankhaftigkeit, Morbidität
mor·dant /'mɔːdnt; *AmE* 'mɔːrdnt/ *Adj* (*Adv* **mor·dant·ly**) (*gehoben*) beißend, ätzend, scharf
more¹ /mɔː(r)/ *Adj, Pron* (*verwendet als Komparativ zu* „much", „a lot of", „many") mehr ◊ *Only two more days to go!* Nur noch zwei Tage! ◊ *I hope we'll see more of you.* Ich hoffe, wir werden Sie noch öfter sehen. IDM **ˌmore and ˈmore** immer mehr
more² /mɔː(r)/ *Adv* **~ (than …) 1** (*verwendet zur Bildung des Komparativs von Adjektiven und Adverbien mit zwei und mehr Silben*) ◊ *more intelligent* intelligenter ◊ *Read it more carefully.* Lies es sorgfältiger. **2** (*in höherem Maße, in größerem Umfang*) mehr ◊ *I like her more than her husband.* Ich mag sie lieber als ihren Mann. ◊ *I'm more than happy to take you there.* Ich bringe dich wirklich gerne hin. ◊ *She was more than a little shaken by the experience.* Die Sache hatte sie ziemlich mitgenommen. IDM **ˌmore and ˈmore** immer mehr SYN INCREASINGLY **ˌmore or ˈless** mehr oder weniger; fast **2** ungefähr **what is ˈmore** außerdem
more·ish /'mɔːrɪʃ/ *Adj* (*BrE, umgs*) **be ~** nach mehr schmecken
morˈello cherry /məˌreləʊ ˈtʃeri; *AmE* -loʊ/ *Nomen* Schattenmorelle

more·over /mɔːrˈəʊvə(r); *AmE* -ˈoʊvər/ *Adv* (*gehoben*) zudem, außerdem, ferner SYN IN ADDITION

> WRITING TIP
> **Adding a new point**
> - *The mini-credit system helps many people out of poverty. Moreover, it gives them a degree of independence.* Das Mini-Kredit-System hilft vielen Menschen aus der Armut herauszukommen. Dazu gibt es ihnen eine gewisse Unabhängigkeit.
> - *Lending families the money enables them to start a small business. In addition, it benefits the whole village through increased employment.* Mit dem geliehenen Geld können die Familien eine Existenz gründen. Darüber hinaus profitiert das ganze Dorf, weil es mehr Arbeitsstellen gibt.
> - *Families in the scheme are able to earn a living, and, furthermore, they are not at the mercy of unscrupulous employers.* Die Familien, die an dem Programm teilnehmen, können sich ihren Lebensunterhalt selbst verdienen und sind außerdem nicht auf skrupellose Arbeitgeber angewiesen.

mores /ˈmɔːreɪz/ *Nomen* [Pl] (*gehoben*) Sitten(kodex)

morgue /mɔːɡ; *AmE* mɔːrɡ/ *Nomen* **1** (*BrE*) Leichenhalle **2** Leichenschauhaus

mori·bund /ˈmɒrɪbʌnd; *AmE* ˈmɔːr-, ˈmɑːr-/ *Adj* (*gehoben*) untergehend, (aus)sterbend ◇ *a moribund company* eine Firma, die vor dem Bankrott steht

Mor·mon /ˈmɔːmən; *AmE* ˈmɔːrmən/ **1** *Nomen* Mormone, Mormonin **2** *Adj* mormonisch

morn /mɔːn; *AmE* mɔːrn/ *Nomen* [meist Sing] (*gehoben*) Morgen

morn·ing /ˈmɔːnɪŋ; *AmE* ˈmɔːrnɪŋ/ *Nomen* Morgen, Vormittag ◇ *this morning* heute Morgen ◇ *tomorrow morning* morgen früh ◇ *on Friday mornings* jeden Freitagmorgen ◇ *all morning* den ganzen Vormittag ◇ *the other morning* neulich morgens ☛ *Siehe auch* MORNINGS IDM (**good**) ˈ**morning** (guten) Morgen **in the** ˈ**morning** morgen früh **2** morgens **morning, noon and** ˈ**night** Tag und Nacht; von morgens bis abends ☛ *Siehe auch* OTHER

ˌ**morning-**ˈ**after** *Adj* nur vor Nomen **1** (*verwendet für etw, das am Morgen nach einem wichtigen Ereignis geschieht*) ◇ *After his election victory, the president held a morning-after news conference.* Am Morgen nach seinem Wahlsieg hielt der Präsident eine Pressekonferenz ab. **2** (*beschreibt die Katerstimmung am Morgen nach einem Besäufnis oder, im übertragenen Sinne, nach einem anderweitig beschämenden Verhalten*) ◇ *a morning-after feeling* ein Kater ◇ (*fig*) *There's a morning-after mood in the country.* Es herrscht Katzenjammer im Lande.

ˌ**morning-**ˈ**after pill** *Nomen* Pille danach

ˈ**morning coat** *Nomen* (*BrE*) (*Jackett*) Cutaway

ˈ**morning dress** *Nomen* = Anzug, der von einem Mann zu formellen Anlässen getragen wird, bestehend aus Cutaway und Hose

morn·ings /ˈmɔːnɪŋz; *AmE* ˈmɔːr-/ *Adv* morgens, vormittags

ˈ**morning sickness** *Nomen* [U] morgendliche Übelkeit

moron /ˈmɔːrɒn; *AmE* -rɑːn/ *Nomen* (*umgs*) Trottel, Idiot

mor·on·ic /məˈrɒnɪk; *AmE* -ˈrɑːn-/ *Adj* idiotisch, schwachsinnig

mor·ose /məˈrəʊs; *AmE* məˈroʊs/ *Adj* (*Adv* **mor·ose·ly**) verdrießlich, missmutig

mor·pheme /ˈmɔːfiːm; *AmE* ˈmɔːrf-/ *Nomen* (LING) Morphem

mor·phine /ˈmɔːfiːn; *AmE* ˈmɔːrf-/ (*veraltet* **mor·phia** /ˈmɔːfiə; *AmE* ˈmɔːrf-/) *Nomen* Morphium

mor·pho·logic·al /ˌmɔːfəˈlɒdʒɪkl; *AmE* ˌmɔːrfəˈlɑːdʒ-/ *Adj* morphologisch

morph·ology /mɔːˈfɒlədʒi; *AmE* mɔːrˈfɑːl-/ *Nomen* **1** (BIOL) Morphologie **2** (LING) Formenlehre

ˈ**mor·ris dance** /ˈmɒrɪs dɑːns; *AmE* ˈmɔːrɪs dæns/ *Nomen* Moriskentanz ☛ *Der* **morris dance** *ist ein alter englischer Volkstanz, der traditionell nur von Männern getanzt wird. Die Tänzer tragen meist weiße Kostüme mit kleinen Schellen an den Waden. In manchen Gegenden gehört es zum Brauch, Stöcke aneinander zu schlagen.*

mor·row /ˈmɒrəʊ; *AmE* ˈmɑːroʊ, ˈmɔːr-/ *Nomen* **the mor·row** [Sing] (*gehoben*, *veraltet*) der folgende Tag ◇ *on the morrow* tags darauf

ˈ**Morse code** /ˌmɔːs ˈkəʊd; *AmE* ˌmɔːrs ˈkoʊd/ *Nomen* Morsealphabet

mor·sel /ˈmɔːsl; *AmE* ˈmɔːrsl/ *Nomen* Bissen, Happen ◇ *a tasty morsel of food* ein Leckerbissen

mor·tal[1] /ˈmɔːtl; *AmE* ˈmɔːrtl/ *Adj* **1** sterblich OPP IMMORTAL **2** (*gehoben*) tödlich, Tod-, Todes- ◇ *They were locked in mortal combat.* Sie kämpften auf Leben und Tod. SYN DEADLY

mor·tal[2] /ˈmɔːtl; *AmE* ˈmɔːrtl/ *Nomen* (*oft hum*) (Normal)sterbliche(r) SYN HUMAN BEING

mor·tal·ity /mɔːˈtæləti; *AmE* mɔːrˈt-/ *Nomen* (*Pl* **-ies**) **1** Sterblichkeit **2** [U] Sterblichkeitsrate **3** (*Fachspr*) Todesfall

mor·tal·ly /ˈmɔːtəli; *AmE* ˈmɔːrt-/ *Adv* (*gehoben*) **1** tödlich SYN FATALLY **2** zutiefst, tödlich ◇ *They were mortally afraid.* Sie haben Todesängste ausgestanden. ◇ *be mortally ashamed* sich zu Tode schämen

ˌ**mortal** ˈ**sin** *Nomen* Todsünde

mor·tar /ˈmɔːtə(r); *AmE* ˈmɔːrt-/ *Nomen* **1** Mörtel **2** Granatwerfer ◇ *come under mortar fire* mit Granaten beschossen werden **3** (*Küchengerät*) Mörser

ˈ**mortar board** *Nomen* Doktorhut

mort·gage[1] /ˈmɔːɡɪdʒ; *AmE* ˈmɔːrɡ-/ *Nomen* Hypothek

mort·gage[2] /ˈmɔːɡɪdʒ; *AmE* ˈmɔːrɡ-/ *Verb* ~ **sth** auf etw eine Hypothek aufnehmen

mor·ti·cian /mɔːˈtɪʃn; *AmE* mɔːrˈt-/ *Nomen* (*AmE*) Bestattungsunternehmer(in) ☛ *Hinweis bei* BAKER

mor·ti·fi·ca·tion /ˌmɔːtɪfɪˈkeɪʃn; *AmE* ˌmɔːrt-/ *Nomen* Beschämung ◇ *Imagine my mortification when she turned up after all.* Sie können sich ja vorstellen, wie äußerst peinlich mir das war, als sie doch noch auftauchte.

mor·tify /ˈmɔːtɪfaɪ; *AmE* ˈmɔːrt-/ *Verb* (**-fies, -fy·ing, -fied, -fied**) (*meist passiv*) beschämen ◇ *She was mortified to realize he had heard every word.* Es war ihr äußerst peinlich, als ihr klar wurde, dass er jedes Wort gehört hatte.

mor·ti·fy·ing /ˈmɔːtɪfaɪɪŋ; *AmE* ˈmɔːrt-/ *Adj* beschämend, peinlich

mor·tu·ary /ˈmɔːtʃəri; *AmE* ˈmɔːrtʃueri/ *Nomen* (*Pl* **-ies**) **1** Leichenhalle, Leichenschauhaus **2** (*AmE*) Bestattungsunternehmen

mo·saic /məʊˈzeɪɪk; *AmE* moʊ-/ *Nomen* (*auch fig*) Mosaik

Mos·lem /ˈmɒzləm; *AmE* ˈmɑːz-/ *Nomen, Adj* = MUSLIM ☛ *Die Verwendung des Wortes* **Moslem** *kann beleidigend sein. Stattdessen sollte man daher* **Muslim** *sagen.*

mosque /mɒsk; *AmE* mɑːsk/ *Nomen* Moschee

mos·quito /məˈskiːtəʊ, -toʊ; *BrE auch* mɒs-/ *Nomen* (*Pl* **-oes**, *seltener* **-os**) Stechmücke, Moskito

moss /mɒs; *AmE* mɔːs/ *Nomen* Moos

mossy /ˈmɒsi; *AmE* ˈmɔːsi/ *Adj* **1** moosig **2** moosartig

most[1] /məʊst; *AmE* moʊst/ *Adj, Pron* **1** (*Superlativ von* „much", „a lot of", „many") der, die, das meiste, die meisten ◇ *I spent most time on the first question.* Für die erste Frage habe ich am längsten gebraucht. ◇ *Who ate the most?* Wer hat am meisten gegessen? ☛ *Der Artikel „the" wird im britischen Englisch in der Umgangssprache oft weggelassen.* **2** (*ohne Artikel gebraucht*) (*Großteil*) der, die, das meiste, die meisten ◇ *Most of the people I had invited turned up.* Fast alle Leute, die ich eingeladen hatte, kamen. ☛ *Hinweis bei* MEISTE(N) IDM **at** (**the**) ˈ**most** höchstens ◇ **at the very most** allerhöchstens ☛ *Siehe auch* MAKE[1]

most[2] /məʊst; *AmE* moʊst/ *Adv* **1** (*verwendet, um den Superlativ von zwei- oder mehrsilbigen Adjektiven und Adverbien zu bilden*) ◇ *the most boring/beautiful part* der langweiligste/schönste Teil ◇ *It was you who gave most generously.* Du hast am meisten gespendet. ☛ *Wenn auf* **most** *nur ein Adverb folgt, wird der Artikel* **the** *nicht gebraucht: This reason is mentioned most frequently, aber the most frequently mentioned reason.* **2** am meisten ◇ *What did you enjoy (the) most?* Was hat dir am besten gefallen? ☛ *Der Artikel „the" wird in der Umgangssprache oft weggelassen.* **3** (*gehoben*) äußerst ◇ *most probably* höchstwahrscheinlich ◇ *Most certainly not!* Ganz bestimmt nicht! **4** (*AmE, umgs*) fast

most·ly *Adv* /ˈməʊstli; *AmE* ˈmoʊst-/ **1** hauptsächlich ◇ *The* *sauce is mostly cream.* Die Soße besteht hauptsächlich aus Sahne. **2** meistens

MOT /ˌem əʊ 'tiː/; *AmE* oʊ/ (*auch* **MOT test**) *Nomen* (*BrE*) TÜV

mote /məʊt/ *Nomen* (*veraltet*) Staubkörnchen ◊ *the mote in your brother's eye* der Splitter in deines Bruders Auge ⟨SYN⟩ SPECK

motel /məʊ'tel/; *AmE* moʊ-/ *Nomen* Motel

motet /məʊ'tet/; *AmE* moʊ-/ *Nomen* Motette

moth /mɒθ/; *AmE* mɔːθ/ *Nomen* **1** Nachtfalter **2** (*umgs*) Motte

moth·ball[1] /'mɒθbɔːl/; *AmE* 'mɔːθ-/ *Nomen* Mottenkugel ⟨IDM⟩ **in 'mothballs** eingemottet ◊ *The plan has been put in mothballs.* Der Plan ist auf Eis gelegt worden.

moth·ball[2] /'mɒθbɔːl/; *AmE* 'mɔːθ-/ *Verb* (*meist passiv*) (*verschieben*) auf Eis legen

'moth-eaten *Adj* **1** mottenzerfressen **2** (*umgs, abwert*) zerfleddert, schäbig

mother[1] /'mʌðə(r)/ *Nomen* **1** Mutter **2** (*Nonne*) Oberin ⟨IDM⟩ **at your ˌmother's 'knee** ◊ *I learnt these songs at my mother's knee.* Ich habe diese Lieder mit der Muttermilch eingesogen. **the 'mother of (all) sth** (*umgs*) (*verwendet, um zu betonen, wie außerordentlich groß, unangenehm, wichtig, etc. etw ist*) unglaublich ◊ *I woke up with the mother of all hangovers.* Ich wachte auf und hatte einen tierischen Kater.

mother[2] /'mʌðə(r)/ *Verb* bemuttern

mother·board /'mʌðəbɔːd/; *AmE* 'mʌðərbɔːrd/ *Nomen* Hauptplatine

'mother country *Nomen* [Sing] **1** Heimat **2** (*Kolonialmacht*) Mutterland

'mother figure *Nomen* Mutterfigur

mother·fuck·er /'mʌðəfʌkə(r)/; *AmE* -ðərf-/ *Nomen* (*bes AmE, vulg*) (*Schimpfwort*) Wichser

mother·hood /'mʌðəhʊd/; *AmE* -ðərh-/ *Nomen* Mutterschaft, Muttersein

'Mothering Sunday *Nomen* (*veraltet*) Muttertag

'mother-in-law *Nomen* (*Pl* **mothers-in-law**) Schwiegermutter

mother·land /'mʌðəlænd/; *AmE* -ðərl-/ *Nomen* (*gehoben*) Heimat

mother·less /'mʌðələs/; *AmE* -ðərl-/ *Adj* mutterlos

mother·ly /'mʌðəli/; *AmE* -ərli/ *Adj* mütterlich ⟨SYN⟩ MATERNAL

ˌMother 'Nature *Nomen* Mutter Natur

ˌmother-of-'pearl (*auch* **pearl**) *Nomen* Perlmutter

'Mother's Day *Nomen* Muttertag

ˌMother Su'perior *Nomen* Oberin

ˌmother-to-'be *Nomen* (*Pl* **mothers-to-be**) werdende Mutter

ˌmother 'tongue *Nomen* Muttersprache

motif /məʊ'tiːf/; *AmE* moʊ-/ *Nomen* **1** Muster **2** Motiv

mo·tion[1] /'məʊʃn/; *AmE* 'moʊʃn/ *Nomen* **1** Bewegung ◊ *Do not alight while the train is still in motion.* Nicht aussteigen, solange der Zug nicht zum Stillstand gekommen ist. **2** Antrag ◊ *The motion was carried by six votes to one.* Der Antrag wurde mit sechs zu eins angenommen. **3** (*BrE, gehoben*) Stuhl(gang) ⟨IDM⟩ **go through the 'motions of doing sth 1** etw pro forma tun; so tun, als ob **2** etw wie mechanisch tun **set/put sth in 'motion** (*auch fig*) etw in Gang bringen

mo·tion[2] /'məʊʃn/; *AmE* 'moʊʃn/ *Verb* **~ to sb** (**to do sth**) jdm ein Zeichen geben (etw zu tun); **~** (**for**) **sb to do sth** jdm bedeuten etw zu tun ◊ *I motioned to the waiter.* Ich gab dem Kellner einen Wink.

mo·tion·less /'məʊʃnləs/; *AmE* 'moʊʃn-/ *Adj* regungslos, unbeweglich

ˌmotion 'picture *Nomen* (*bes AmE*) (Kino)film

'motion sickness *Nomen* Reisekrankheit

mo·tiv·ate /'məʊtɪveɪt/; *AmE* 'moʊ-/ *Verb* **1** motivieren **2** (*meist passiv*) antreiben ◊ *What motivates customers to buy organic produce?* Aus welchen Gründen kaufen Kunden Bioprodukte?

mo·tiv·ated /'məʊtɪveɪtɪd/; *AmE* 'moʊ-/ *Adj* motiviert

mo·tiv·ation /ˌməʊtɪ'veɪʃn/; *AmE* ˌmoʊ-/ *Nomen* **1** Motivation, Beweggrund ◊ *He lacks motivation.* Es fehlt ihm an Motivation. **2** Grund

mo·tiv·ation·al /ˌməʊtɪ'veɪʃənəl/; *AmE* ˌmoʊ-/ *Adj* (*gehoben*) Motivations-, motivational

mo·tiv·ator /ˌməʊtɪ'veɪtə(r)/; *AmE* ˌmoʊ-/ *Nomen* **1** Motivation **2** jd, der Leute motiviert

mo·tive[1] /'məʊtɪv/; *AmE* 'moʊ-/ *Nomen* Motiv, Beweggrund ◊ *He was suspicious of her motives in inviting him into the house.* Er fragte sich, was sie damit bezweckte, ihn ins Haus zu bitten. ◊ *the profit motive* das Gewinnstreben ◊ *an ulterior motive* ein Hintergedanke

mo·tive[2] /'məʊtɪv/; *AmE* 'moʊ-/ *Adj* nur vor Nomen (*auch fig*) Antriebs-, treibend

mo·tive·less /'məʊtɪvləs/; *AmE* 'moʊ-/ *Adj* ohne Motiv

mot·ley /'mɒtli/; *AmE* 'mɑːtli/ *Adj* (*abwert*) bunt (zusammengewürfelt)

moto·cross /'məʊtəʊkrɒs/; *AmE* 'moʊtoʊkrɔːs/ *Nomen* Motocross

motor[1] /'məʊtə(r)/; *AmE* 'moʊ-/ *Nomen* **1** Motor **2** (*BrE, veraltet oder hum*) Automobil

motor[2] /'məʊtə(r)/; *AmE* 'moʊ-/ *Adj* nur vor Nomen **1** Motor- ◊ *motor vehicles* Kraftfahrzeuge **2** (*bes BrE*) (Kraft)fahrzeug-, Auto- ◊ *a motor accident* ein Verkehrsunfall **3** (*Fachspr*) motorisch ◊ *motor activity* Motorik

motor[3] /'məʊtə(r)/; *AmE* 'moʊ-/ *Verb* (*BrE, veraltet*) mit dem Auto fahren

motor·bike *Nomen* /'məʊtəbaɪk/; *AmE* 'moʊtərb-/ **1** (*BrE*) Motorrad **2** (*AmE*) Motorroller

'motor boat *Nomen* Motorboot

motor·cade /'məʊtəkeɪd/; *AmE* 'moʊtərk-/ *Nomen* Wagenkolonne

'motor car *Nomen* (*gehoben*) Automobil

motor·cycle /'məʊtəsaɪkl/; *AmE* 'moʊtərs-/ *Nomen* Motorrad

motor·cyc·ling /'məʊtəsaɪklɪŋ/; *AmE* 'moʊtərs-/ *Nomen* Motorradfahren, Motorradsport

motor·cyc·list /'məʊtəsaɪklɪst/; *AmE* 'moʊtərs-/ *Nomen* Motorradfahrer(in)

motor·home /'məʊtəhəʊm/; *AmE* 'moʊtərhoʊm/ *Nomen* Wohnmobil

motor·ing /'məʊtərɪŋ/; *AmE* 'moʊ-/ *Adj* nur vor Nomen Auto- ◊ *the motoring organization* der Automobilklub ◊ *motoring offences* Verkehrsdelikte

motor·ist /'məʊtərɪst/; *AmE* 'moʊ-/ *Nomen* Autofahrer(in) ☞ *Hinweis bei* AUTOFAHRER(IN)

motor·ized (*BrE auch* **-ised**) /'məʊtəraɪzd/; *AmE* 'moʊ-/ *Adj* motorisiert ◊ *motorized vehicles* Kraftfahrzeuge

motor neur·one dis·ease *Nomen* amyotrophe Lateralsklerose

'motor pool *Nomen* (*bes AmE*) Fahrgemeinschaft

'motor racing *Nomen* Autorennsport

'motor scooter (*auch* **scoot·er**) *Nomen* (*bes AmE*) Motorroller

'motor vehicle *Nomen* Kraftfahrzeug

motor·way /'məʊtəweɪ/; *AmE* 'moʊtərweɪ/ *Nomen* (*BrE*) (*Abk* **M**) Autobahn

mot·tled /'mɒtld/; *AmE* 'mɑːtld/ *Adj* gesprenkelt, fleckig

motto /'mɒtəʊ/; *AmE* 'mɑːtoʊ/ *Nomen* (*Pl* **-oes** *oder* **-os**) Motto, Devise

mould[1] (*AmE* **mold**) /məʊld/; *AmE* moʊld/ *Nomen* **1** (*auch fig*) (Guss)form, Model ◊ (*fig*) *They broke the mould when they made you.* Du bist wirklich einmalig. **2** [meist Sing] Art, Typ; (*Menschen-*) Schlag ◊ *He is cast in a different mould from his predecessor.* Er ist aus anderem Holz geschnitzt als sein Vorgänger. ◊ *fit (into) the traditional mould of sth* den traditionellen Vorstellungen von etw entsprechen **3** Schimmel ⟨IDM⟩ **break the 'mould (of sth)** mit der Tradition (von etw) brechen

mould[2] (*AmE* **mold**) /məʊld/; *AmE* moʊld/ *Verb* **1** **~ sb/sth** (**into sth**) jdn/etw (zu etw) formen; **~ sth** (**from/out of/in sth**) etw (aus etw) formen ◊ *He moulded them into a superb team.* Er machte eine erstklassige Mannschaft aus ihnen. **2** **~ to sth** die Gestalt von etw annehmen ◊ *The fabric moulds to the body.* Der Stoff schmiegt sich an den Körper an.

mould·er (*AmE* **mol·der**) /'məʊldə(r)/; *AmE* 'moʊ-/ *Verb* vermodern, verfallen, vergammeln

mould·ing (*AmE* **mold·ing**) /ˈməʊldɪŋ; *AmE* ˈmoʊ-/ *Nomen* Zierleiste

mouldy (*AmE* **moldy**) /ˈməʊldi; *AmE* ˈmoʊ-/ *Adj* **1** schimmelig, verschimmelt ◊ *go mouldy* schimmeln **2** verrottet, vergammelt

moult (*AmE* **molt**) /məʊlt; *AmE* moʊlt/ *Verb* sich mausern, (sich) haaren

mound /maʊnd/ *Nomen* **1** (Erd)hügel ◊ *a burial mound* ein Grabhügel **2** Haufen (*auch fig*) **3** (*Baseball*) Abwurfstelle

mount[1] /maʊnt/ *Verb* **1** organisieren, starten ◊ *mount a campaign* eine Aktion ins Leben rufen **2** steigen **3** (*gehoben*) **~ sth** etw besteigen, auf etw (hoch) steigen ◊ *She slowly mounted the steps.* Sie stieg langsam die Treppe hoch. OPP DISMOUNT **4** montieren, einbauen ◊ *a ceiling-mounted fan* ein Deckenventilator **5** präparieren, fixieren **6** (ein)fassen IDM ⇒ GUARD[1] PHRV **mount ˈup** (an)wachsen, (an)steigen, sich häufen

mount[2] /maʊnt/ *Nomen* **1** **Mount** (*Abk* **Mt**) (*heute nur noch in Namen von Bergen gebraucht*) ◊ *Mount Everest* Mount Everest **2** (*gehoben*) Ross **3** Fassung, Passepartout **4** Gestell, Sockel, Unterlage

moun·tain /ˈmaʊntən; *AmE* ˈmaʊntn/ *Nomen* Berg ◊ *a range of mountains* ein Gebirge ◊ *mountain roads* Gebirgsstraßen IDM **make a ˌmountain out of a ˈmolehill** aus einer Mücke einen Elefanten machen

ˌ**mountain ˈash** *Nomen* Eberesche

ˈ**mountain bike** *Nomen* Mountainbike

moun·tain·eer /ˌmaʊntəˈnɪə(r); *AmE* -ntnˈɪər/ *Nomen* Bergsteiger(in)

moun·tain·eer·ing /ˌmaʊntəˈnɪərɪŋ; *AmE* -tnˈɪrɪŋ/ *Nomen* Bergsteigen ◊ *a mountaineering expedition* eine Bergtour

ˈ**mountain lion** *Nomen* (*AmE*) Puma, Silberlöwe

moun·tain·ous /ˈmaʊntənəs/ *Adj* **1** bergig, gebirgig **2** riesig ◊ *a mountainous plateful of food* eine Riesenportion Essen

moun·tain·side /ˈmaʊntənsaɪd/ *Nomen* (Berg)hang

moun·tain·top /ˈmaʊntəntɒp; *AmE* ˈmaʊntntɑːp/ *Nomen* (Berg)gipfel ◊ *a mountaintop ranch* ein Bergbauernhof

mount·ed /ˈmaʊntɪd/ *Adj* *nur vor Nomen* **1** beritten **2** (ein)gefasst ◊ *a mounted photograph* ein mit Passepartout gerahmtes Foto

Moun·tie /ˈmaʊnti/ *Nomen* (*umgs*) = Mitglied der berittenen kanadischen Polizei

mount·ing[1] /ˈmaʊntɪŋ/ *Adj* *nur vor Nomen* steigend, wachsend, zunehmend SYN GROWING

mount·ing[2] /ˈmaʊntɪŋ/ *Nomen* Befestigung, Aufhängung, Stütze

mourn /mɔːn; *AmE* mɔːrn/ *Verb* **1** betrauern, beklagen **2 ~ (for sb/sth)** (um jdn/etw) trauern **3 ~ for sth** einer Sache nachtrauern SYN GRIEVE

mourn·er /ˈmɔːnə(r); *AmE* ˈmɔːrn-/ *Nomen* Trauernde(r), Trauergast

mourn·ful /ˈmɔːnfl; *AmE* ˈmɔːrnfl/ *Adj* (*Adv* **mourn·ful·ly** /-fəli/) (*gehoben*) traurig, klagend, weinerlich ◊ *mournful music* Trauermusik

mourn·ing /ˈmɔːnɪŋ; *AmE* ˈmɔːrn-/ *Nomen* **1** Trauer ◊ *a day of national mourning* eine eintägige Staatstrauer **2** Trauer(kleidung)

mouse /maʊs/ *Nomen* (*Pl* **mice** /maɪs/) **1** Maus **2** (*Pl auch* **mouses**) (COMP) Maus IDM ⇒ CAT

ˈ**mouse mat** (*AmE* ˈ**mouse pad**) *Nomen* Mauspad

mouse·trap /ˈmaʊstræp/ *Nomen* Mausefalle

mousey = MOUSY

mous·saka /muːˈsɑːkə/ *Nomen* Moussaka

mousse /muːs/ *Nomen* **1** Schaumspeise, Mousse **2** Schaumfestiger

mous·tache /məˈstɑːʃ; *AmE* ˈmʌstæʃ/ *Nomen* Schnurrbart, Oberlippenbart **2 moustaches** [*Pl*] (Schnurr)bart

mous·tached /məˈstɑːʃt/ *Adj* schnurrbärtig

mousy (*auch* **mousey**) /ˈmaʊsi/ *Adj* (*abwert*) **1** mittelbraun **2** schüchtern, unscheinbar

mouth[1] /maʊθ/ *Nomen* (*Pl* **mouths** /maʊðz/) **1** Mund (*Tier*) Maul (*Vogel*) Schnabel **2** Öffnung, Eingang, Einfahrt **3** Mündung **4** (*Ausdrucksweise*) Klappe, Maul ◊ *He has a foul mouth on him!* Er hat eine dreckige Ausdrucksweise! ◊ *Watch your mouth!* Drück dich bitte etwas gepflegter aus! IDM **be all ˈmouth** (*umgs*) eine große Klappe haben **down in the ˈmouth** deprimiert; niedergeschlagen **keep your ˈmouth shut** (*umgs*) den Mund halten ◊ *Keep your mouth shut about this, okay?* Behalte das aber für dich, ja? **out of the ˌmouths of ˈbabes (and ˈsucklings)** Kindermund tut Wahrheit kund ☞ *Siehe auch* BIG[1], BORN[1], BREAD, BUTTER[1], FOAM[2], FOOT[1], GIFT[1], HEART, HORSE[1], LIVE[1], MELT, MONEY, SHOOT[1], SHUT[1], TASTE[1] *und* WORD[1]

mouth[2] /maʊð/ *Verb* **~ sth 1** = etw (unhörbar) mit den Lippen formen ◊ *He mouthed a few obscenities at us.* Er schickte uns ein paar stumme Flüche hinterher. **2** (*abwert*) = etw ohne Überzeugung oder Verständnis dahersagen ◊ *He mouthed the usual platitudes.* Er bediente sich der üblichen Floskeln. PHRV ˌ**mouth ˈoff (at/about sth)** (*umgs*) sich (über etw) das Maul zerreißen

-mouthed /maʊðd/ (*in Adjektiven*) **1** ◊ *a narrow-mouthed cave* eine Höhle mit einem engen Eingang **2** (*Ausdrucksweise*) ◊ *a crude-mouthed individual* ein Mensch mit einer derben Ausdrucksweise

mouth·ful /ˈmaʊθfʊl/ *Nomen* **1** Bissen, Schluck **2** [*Sing*] (*umgs*) langes Wort, Zungenbrecher

ˈ**mouth organ** *Nomen* (*BrE*) Mundharmonika

mouth·piece /ˈmaʊθpiːs/ *Nomen* **1** Sprechmuschel **2** Mundstück **3** (*fig*) Sprachrohr

ˌ**mouth-to-ˌmouth reˌsusciˈtation** (*auch* ˌ**mouth-to-ˈmouth**) *Nomen* [*U*] Mund-zu-Mund-Beatmung

mouth·wash /ˈmaʊθwɒʃ; *AmE* -wɑːʃ, -wɔːʃ/ *Nomen* Mundwasser

ˈ**mouth-watering** *Adj* appetitlich, köstlich, verlockend

mouthy /ˈmaʊθi, -ði/ *Adj* (*umgs, abwert*) vorlaut, großmäulig

mov·able[1] (*auch* **move·able**) /ˈmuːvəbl/ *Adj* beweglich ◊ *movable partitions* verschiebbare Wände ◊ *a movable feast* ein bewegliches Fest

mov·able[2] (*auch* **move·able**) /ˈmuːvəbl/ *Nomen* [*meist Pl*] (RECHT) bewegliches Vermögen

move[1] /muːv/ *Verb* **1** bewegen ◊ *We moved our chairs a little nearer.* Wir rückten unsere Stühle etwas näher. **2** sich bewegen ◊ *Phil moved towards the window.* Phil ging zum Fenster. **3** seine Meinung ändern SYN SHIFT **4** verschieben, verlegen SYN SHIFT **5** sich ändern, Fortschritte machen ◊ *Share prices hardly moved today.* Auf dem Aktienmarkt gab es heute kaum Bewegungen. ◊ *Things are not moving as fast as we hoped.* Die Sache geht nicht so schnell voran, wie wir gehofft haben. **6** Maßnahmen ergreifen, etw unternehmen **7 ~ (house)** umziehen; **~ from … to …** von … nach … ziehen; **~ away** wegziehen **8** versetzen SYN TRANSFER **9** (*Brettspiel*) *It's your turn to move.* Du bist am Zug. ◊ *She moved her queen.* Sie machte einen Zug mit ihrer Dame. **10 ~ sb (to sth)** jdn (zu etw) rühren ◊ *We were deeply moved by her plight.* Ihr Unglück hat uns tief bewegt. **11** (*gehoben*) veranlassen SYN PROMPT[2] **12** (*gehoben*) beantragen SYN PUT STH FORWARD IDM **get ˈmoving** (*umgs*) sich (schnellstens) in Bewegung setzen ◊ *It's late — we'd better get moving.* Es ist spät — wir sollten aufbrechen. ◊ *You're here to work, so get moving.* Du bist hier, um zu arbeiten, also beweg dich. ◊ *Let's get moving!* Nichts wie weg hier! **get sth ˈmoving** (*umgs*) etw vorantreiben ◊ *The new director has really got things moving.* Seit wir den neuen Direktor haben, geschieht endlich etwas. **move heaven and ˈearth** Himmel und Hölle in Bewegung setzen **move house** umziehen **move with the ˈtimes** mit der Zeit gehen ☞ *Siehe auch* ASS PHRV ˌ**move aˈhead** Fortschritte machen ˌ**move aˈhead of sb/sth** jdn/etw überholen, einen Vorsprung vor jdm/etw gewinnen ˌ**move aˈlong** weitergehen, weiterfahren ˌ**move ˈin** einziehen OPP MOVE OUT ˌ**move ˈin (on sb/sth)** (gegen jdn/etw) vorrücken ˌ**move ˈinto sth** in etw einziehen ˌ**move ˈoff** sich in Bewegung setzen ˌ**move ˈon 1** weitergehen, weiterfahren **2** weiterziehen, wegziehen ◊ *I've been in this job long enough — it's time I moved on.* Ich bin lang genug in diesem Job gewesen — es wird Zeit, dass ich was anderes mache. ˌ**move ˈon from sth** von etw loskommen ˌ**move ˈon to sth** zu etw übergehen, zu etw kommen ˌ**move sb ˈon** jdn auffordern weiterzugehen/weiterzufahren ☞ G 9.7c ˌ**move ˈout** ausziehen OPP MOVE IN ˌ**move ˈover** zur Seite rücken ˌ**move ˈup** aufrücken

move[2] /muːv/ *Nomen* **1** Maßnahme, Schritt ◊ *Her new job* *is just a sideways move.* Ihre neue Stelle bringt sie nicht weiter. **2** [meist Sing] Bewegung ◊ *Don't make a move!* Keine Bewegung! ◊ *It's time I made a move.* Ich muss langsam los. **3** Tendenz ◊ *the move back to old values* die Rückkehr zu alten Werten **4** Umzug, Wechsel **5** (*Spiel-*) Zug ◊ *It's your move.* Du bist am Zug. IDM **be on the 'move 1** unterwegs sein; in Bewegung sein **2** umziehen **get a 'move on** (*umgs*) in Gang kommen; sich auf die Socken machen **make the first 'move** den ersten Schritt tun **make a 'move** (*BrE*, *umgs*) anfangen; aufbrechen **make a, your, etc. 'move** aktiv werden

move·able = MOVABLE

move·ment /'mu:vmənt/ *Nomen* **1** Bewegung ◊ *freedom of movement* Bewegungsfreiheit ◊ *the Romantic movement* die Romantik **2** Beförderung **3** Tendenz, Bewegung ◊ *a movement away from sth* eine Abkehr von etw **4** (Mus) Satz **5** = BOWEL MOVEMENT

mov·er /'mu:və(r)/ *Nomen* **1** ◊ *a great mover on the dance floor* ein großartiger Tänzer ◊ *You're a fast mover.* Du bist aber fix. **2** = Maschine oder Person, die etwas befördert ◊ *an earth mover* ein Muldenkipper ◊ *professional furniture movers* Umzugsunternehmen **3** Kraft ◊ *the prime mover* die treibende Kraft IDM **movers and 'shakers** treibende Kräfte

mov·ie /'mu:vi/ *Nomen* (*bes AmE*) **1** Film ◊ *make a movie* einen Film drehen SYN FILM[1] (1) ☛ *Hinweis bei* RATING (4) **2 the movies** [Pl] das Kino ◊ *go to the movies* ins Kino gehen **3 the movies** die Filmindustrie ◊ *work in the movies* beim Film arbeiten

mov·ie·goer /'mu:vigəʊə(r)/ *Nomen* (*bes AmE*) Kinogänger(in)

'movie star *Nomen* (*bes AmE*) Filmstar

'movie theater (*auch* **theater**) *Nomen* (*AmE*) Kino

mov·ing /'mu:vɪŋ/ *Adj* **1** (*Adv* **mov·ing·ly**) bewegend, ergreifend **2** *nur vor Nomen* sich bewegend, beweglich ◊ *fast-moving water* schnell fließendes Wasser

'moving van *Nomen* (*AmE*) Umzugswagen

mow /məʊ; *AmE* moʊ/ *Verb* (**mowed**, **mown** /məʊn; *AmE* moʊn/ *oder* **mowed**) mähen PHRV **mow sb 'down** (*töten*) jdn niedermähen

mow·er /'məʊə(r); *AmE* moʊ-/ *Nomen* (*meist in Zusammensetzungen*) (Rasen)mäher

moxie /'mɒksi; *AmE* 'mɑːksi/ *Nomen* (*AmE*, *umgs*) Mumm

MP /ˌem 'pi:/ *Nomen* **1** *Kurzform von* **Member of Parliament** Abgeordnete(r) **2** Militärpolizist(in)

mpg /ˌem pi: 'dʒi:/ *Kurzform von* **miles per gallon** ☛ In Großbritannien und den USA berechnet man den Benzinverbrauch eines Fahrzeugs in **Meilen pro Gallone** anstatt in Liter auf 100 Kilometer: (*BrE*) *It does 40 mpg.* Er braucht 6,9 l auf 100 km. Ein **gallon** fasst in den USA weniger als: (*AmE*) ◊ *It gets 40 mpg.* Es verbraucht 5,9 l auf 100 km.

mph /ˌem pi: 'eɪtʃ/ *Kurzform von* **miles per hour** ◊ *a 60 mph speed limit* eine Geschwindigkeitsbegrenzung von 100 km/h

MPV /ˌem pi: 'vi:/ *Kurzform von* **multi-purpose vehicle** Großraumlimousine SYN PEOPLE CARRIER

Mr (*bes AmE* **Mr.**) /'mɪstə(r)/ *Abk* (*Anrede*) Herr ☛ Im amerikanischen Englisch werden Abkürzungen wie diese mit einem Punkt versehen, während es im britischen Englisch üblicher ist, den Punkt wegzulassen. IDM **Mr 'Nice Guy** (*umgs*) netter Kerl ◊ *I'm talking to no more Mr Nice Guy!* Ich bin mit meiner Geduld am Ende! **Mr 'Right** (*umgs*) der Richtige

Mrs (*bes AmE* **Mrs.**) /'mɪsɪz/ *Abk* (*Anrede*) Frau

MS /ˌem 'es/ *Abk* = MULTIPLE SCLEROSIS

Ms (*bes AmE* **Ms.**) /mɪz, məz/ *Abk* = schriftliche Anrede für eine Frau, wenn man die Unterscheidung zwischen verheiratet (**Mrs**) und unverheiratet (**Miss**) vermeiden will

MSc (*bes AmE* **M.Sc.**) /ˌem es 'si:/ *Kurzform von* **Master of Science** = zweiter, oder in Schottland erster Universitätsabschluss in den naturwissenschaftlichen Fächern ☛ *Hinweis bei* DEGREE

MSP /ˌem es 'pi:/ *Kurzform von* **Member of the Scottish Parliament** Abgeordnete(r) des schottischen Parlaments

Mt (*bes AmE* **Mt.**) *Abk* = MOUNT

much[1] /mʌtʃ/ *Pron*, *Adj* (*meist mit unzählbaren Nomina in verneinten Sätzen, Fragen und Vergleichen verwendet*) viel ◊ *How much is it?* Was kostet das? ◊ (*gehoben*) *I lay awake for much of the night.* Ich lag fast die ganze Nacht wach. IDM **as 'much** dasselbe ◊ *'He did it.' 'I thought as much.'* „Er war's!" „Das habe ich mir schon gedacht." **as much as sb can do** alles, was jd tun kann ◊ *It was as much as he could do to walk up the hill.* Er hat es gerade so zu Fuß den Berg hinauf geschafft. **not much 'in it** ◊ *I won, but there wasn't much in it.* Ich habe gewonnen, aber es war knapp. **'not much of a …** ◊ *He's not much of a tennis player.* Er ist kein großer Tennisspieler. **'this much** nur so viel

much[2] /mʌtʃ/ *Adv* viel, sehr ◊ *It's much the same as before.* Es ist fast genauso wie vorher. IDM **'much as** so gern(e) (wie)

much·ness /'mʌtʃnəs/ *Nomen* IDM **much of a 'muchness** einer wie der andere; eine wie die andere; eins wie das andere

muck[1] /mʌk/ *Nomen* **1** (*Tier-*) Mist SYN MANURE **2** (*bes BrE*, *umgs*) Dreck, Zeug IDM **where there's ,muck there's 'brass** (*BrE*) mit Dreckarbeit ist oft das meiste Geld zu verdienen

muck[2] /mʌk/ *Verb* PHRV **,muck a'bout/a'round** (*BrE*, *umgs*) **1** herumalbern **2** herumgammeln SYN MESS ABOUT, **,muck a'bout/a'round with sth** (*BrE*, *umgs*, *abwert*) an etw herumfummeln, mit etw herumspielen SYN MESS ABOUT WITH STH **,muck sb a'bout/a'round** (*BrE*, *umgs*) **1** jdn verarschen ☛ G 9.7c **2** jdn hinhalten SYN MESS SB ABOUT/AROUND ☛ G 9.7c **,muck 'in (together)** (*BrE*, *umgs*) sich zusammentun **,muck (sth) 'out** (*etw*) ausmisten **,muck sth 'up** (*bes BrE*, *umgs*) etw verhauen, etw vermasseln, etw versauen SYN MESS STH UP

muck·rak·ing /'mʌkreɪkɪŋ/ *Nomen* [U] (*umgs*, *abwert*) = Schnüffeln nach Skandalen im Leben anderer

mucky /'mʌki/ *Adj* (*bes BrE*, *umgs*) dreckig, schmutzig (*auch fig*)

mu·cous /'mju:kəs/ *Adj* Schleim-, schleimig

mucus /'mju:kəs/ *Nomen* Schleim

mud /mʌd/ *Nomen* Schlamm, Matsch, Lehm IDM **fling, sling, etc. 'mud at sb** jdn mit Dreck bewerfen ☛ *Siehe auch* CLEAR[1] *und* NAME[1]

mud·dle[1] /'mʌdl/ *Verb* (*bes BrE*) **1** ~ **sth (up)** etw durcheinander bringen **2** ~ **sb (up)** (*verwirren*) jdn durcheinander bringen ◊ *He got all muddled up.* Er geriet ganz durcheinander. **3** ~ **sb/sth (with sb/sth)** jdn/etw (mit jdm/etw) verwechseln PHRV **,muddle a'long** (*bes BrE*) vor sich hin wursteln **,muddle 'through** sich durchwursteln

mud·dle[2] /'mʌdl/ *Nomen* Durcheinander ◊ *be in a muddle* durcheinander sein

mud·dled /'mʌdld/ *Adj* (*bes BrE*) durcheinander, wirr, konfus

mud·dling /'mʌdlɪŋ/ *Adj* (*bes BrE*) verwirrend

muddy[1] /'mʌdi/ *Adj* (**mud·dier**, **mud·di·est**) **1** schlammig, matschig, schmutzig **2** trüb

muddy[2] /'mʌdi/ *Verb* (**mud·dies**, **muddy·ing**, **mud·died**, **mud·died**) schmutzig machen IDM **muddy the 'waters, 'issue, etc.** (*abwert*) eine(e) Situation, Angelegenheit etc. noch verworrener machen

mud·flat /'mʌdflæt/ *Nomen* [meist Pl] Watt

mud·guard /'mʌdɡɑːd; *AmE* -ɡɑːrd/ *Nomen* (*BrE*) Schutzblech

mud·slide /'mʌdslaɪd/ *Nomen* (*bes AmE*) Erdrutsch

'mud-slinging *Nomen* [U] (*abwert*) Verunglimpfungen, Schlammschlacht

mues·li /'mju:zli/ *Nomen* (*BrE*) Müsli

muez·zin /mu:'ezɪn, mju:-/ *Nomen* Muezzin

muff[1] /mʌf/ *Nomen* Muff

muff[2] /mʌf/ *Verb* (*umgs*, *abwert*) verpatzen

muf·fin /'mʌfɪn/ *Nomen* **1** (*AmE* **English 'muffin**) = flaches, rundes Hefeküchlein, das getoastet und mit Butter gegessen wird **2** Muffin

muf·fle /'mʌfl/ *Verb* **1** (*Lärm etc.*) dämpfen **2** ~ **sb/sth (up) (in sth)** jdn/etw (in etw) (ein)hüllen

muf·fled /'mʌfld/ *Adj* gedämpft

muf·fler /'mʌflə(r)/ *Nomen* **1** (*veraltet*) (dicker) Schal SYN SCARF **2** (*AmE*) Schalldämpfer

mufti /'mʌfti/ *Nomen* **1 Mufti** Mufti **2** (*veraltet*) Zivil(kleidung)

mug¹ /mʌɡ/ *Nomen* **1** Becher ◊ *a beer mug* ein Bierkrug **2** (*Slang*) Visage **3** (*umgs*) Trottel IDM **a 'mug's game** (*bes BrE, abwert*) ◊ *Boxing is a mug's game.* Boxen lohnt sich nicht.

mug² /mʌɡ/ *Verb* (**-gg-**) **1** überfallen **2** ~ **for sb/sth** (*bes AmE, umgs*) für jdn/etw Grimassen schneiden PHRV **,mug sth 'up; ,mug 'up on sth** (*BrE, umgs*) etw büffeln, etw pauken

mug·ger /'mʌɡə(r)/ *Nomen* Straßenräuber(in)

mug·ging /'mʌɡɪŋ/ *Nomen* Straßenraub ◊ *Mugging is on the increase.* Raubüberfälle auf offener Straße nehmen zu.

mug·gins /'mʌɡɪnz/ *Nomen* [Sing] (*BrE, umgs, hum*) (*auf die eigene Person bezogen verwendet, wenn man sich dumm vorkommt; ohne Artikel*) ◊ *And muggins here had to clean up all the mess.* Und ich war der Dumme, der das ganze Durcheinander aufräumen musste.

mug·gy /'mʌɡi/ *Adj* schwül

'mug shot *Nomen* (*umgs*) Verbrecherfoto

Mu·ham·mad (*auch* **Mo·ham·med**) /məˈhæmɪd/ *Nomen* Mohammed

mu·ja·he·din (*auch* **mu·ja·hi·din, mu·ja·hed·din, mu·ja·hi·deen**) /ˌmuːdʒəhəˈdiːn/ *Nomen* [Pl] Mudschahedin

mu·lat·to /mjuˈlætəʊ, məˈl-; *AmE* -toʊ/ *Nomen* (*Pl* **-os** *oder* **-oes**) (*beleidigend*) Mulatte, Mulattin

mul·berry /'mʌlbəri; *AmE* -beri/ *Nomen* (*Pl* **-ies**) **1** Maulbeerbaum **2** Maulbeere **3** (*Farbe*) dunkles Violett

mulch¹ /mʌltʃ/ *Nomen* Mulch

mulch² /mʌltʃ/ *Verb* mulchen

mule /mjuːl/ *Nomen* **1** Maultier **2** (*Slang*) Drogenkurier(in) **3** Pantoffel

mull /mʌl/ *Verb* PHRV **,mull sth 'over** über etw nachdenken, sich etw durch den Kopf gehen lassen

mul·lah /'mʌlə, 'mʊlə/ *Nomen* Mullah

mulled /mʌld/ *Adj nur vor Nomen* = mit Zucker und Gewürzen angesetzt und erhitzt ◊ *mulled wine* Glühwein

mul·let /'mʌlɪt/ *Nomen* (*Pl* **mul·let**) (*Fisch*) **red** ~ Seebarbe; **grey** ~ Meeräsche

mul·lion /'mʌliən/ *Nomen* Längspfosten, Mittelpfosten

mul·lioned /'mʌliənd/ *Adj nur vor Nomen* mit Längspfosten, mit Mittelpfosten ◊ *mullioned windows* Fenster mit Stabwerk

multi- /'mʌlti/

Die Vorsilbe **multi-** kann mit Nomen und Adjektiven verbunden werden und bedeutet „viel" oder „mehr": *multicoloured* mehrfarbig.

multi·cul·tural /ˌmʌltiˈkʌltʃərəl/ *Adj* multikulturell

multi·cul·tural·ism /ˌmʌltiˈkʌltʃərəlɪzəm/ *Nomen* Multikulturalismus

,multi-disci'plinary *Adj* multidisziplinär

multi·fa·cet·ed /ˌmʌltiˈfæsɪtɪd/ *Adj* (*gehoben*) vielschichtig

multi·fari·ous /ˌmʌltiˈfeəriəs; *AmE* -ˈfer-/ *Adj* (*gehoben*) **1** vielfältig, mannigfaltig **2** vielgestaltig

multi·lat·eral /ˌmʌltiˈlætərəl/ *Adj* **1** multilateral **2** mehrseitig

multi·lin·gual /ˌmʌltiˈlɪŋɡwəl/ *Adj* mehrsprachig

multi·media /ˌmʌltiˈmiːdiə/ *Adj nur vor Nomen* **1** Multimedia- **2** multimedial

multi·nation·al /ˌmʌltiˈnæʃnəl/ **1** *Adj* multinational **2** *Nomen* multinationaler Konzern, Multi

multi·party /ˌmʌltiˈpɑːti; *AmE* -ˈpɑːrti/ *Adj nur vor Nomen* Mehrparteien- ◊ *multiparty elections* Wahlen, an denen mehrere Parteien teilnehmen

mul·tiple¹ /'mʌltɪpl/ *Adj nur vor Nomen* mehrfach ◊ *a multiple birth* eine Mehrlingsgeburt ◊ *a multiple pile-up* eine Massenkarambolage

mul·tiple² /'mʌltɪpl/ *Nomen* **1** (MATH) Vielfaches **2** (*auch* **,multiple 'store**) (*BrE*) Kettenladen

,multiple-'choice *Adj* Multiple-Choice-

,multiple scle'rosis *Nomen* (*Abk* **MS**) Multiple Sklerose

multi·plex /'mʌltɪpleks/ (*BrE auch* **,multiplex 'cinema**) *Nomen* Kinozentrum

multi·pli·ca·tion /ˌmʌltɪplɪˈkeɪʃn/ *Nomen* [U] **1** Multiplikation ◊ *the multiplication sign* das Malzeichen **2** Vervielfältigung, Vermehrung

,multipli'cation table (*auch* **table**) *Nomen* Multiplikationstabelle

multi·pli·city /ˌmʌltɪˈplɪsəti/ *Nomen* (*gehoben*) Vielzahl

multi·ply /'mʌltɪplaɪ/ *Verb* (**-plies, -ply·ing, -plied, -plied**) **1** (MATH) multiplizieren, malnehmen ◊ *2 multiplied by 4 is/equals/makes 8.* 2 mal 4 ist 8. **2** vervielfachen, vermehren **3** sich vervielfachen, sich vermehren

,multi-'purpose *Adj* Mehrzweck-

multi·racial /ˌmʌltiˈreɪʃl/ *Adj* gemischtrassig

,multi-'skilling *Nomen* [U] = berufliche Vielseitigkeit

,multi-storey 'car park (*auch* **,multi-'storey**) *Nomen* (*BrE*) Parkhaus

multi·task /ˌmʌltiˈtɑːsk; *AmE* -tæsk/ *Verb* **1** (COMP) parallel laufen lassen ◊ *It could multitask even when I was on line.* Selbst wenn ich im Netz/Internet war, konnten mehrere Programme gleichzeitig laufen. **2** mehrere Sachen gleichzeitig/parallel machen

multi·tasking /ˌmʌltiˈtɑːskɪŋ; *AmE* -tæsk-/ *Nomen* (COMP) Multitasking

multi·tude /'mʌltɪtjuːd; *AmE* -tuːd/ *Nomen* (*gehoben*) **1** Vielzahl, Menge ◊ **the multitude** (*auch* **the multi·tudes** [Pl]) (*manchmal abwert*) Masse(n) ☛ G 1.3a **3** (*gehoben*) (Menschen)menge, Schar IDM **cover/hide a multitude of sins** (*hum*) vieles verbergen

multi·tu·di·nous /ˌmʌltɪˈtjuːdɪnəs; *AmE* -ˈtuː-/ *Adj* (*gehoben*) zahlreich

mum¹ /mʌm/ *Nomen* (*BrE, umgs*) Mama, Mutti

mum² /mʌm/ *Adj* IDM **keep mum** (*umgs*) den Mund halten ◊ **mum's the 'word!** (*umgs*) nichts verraten!

mum·ble¹ /'mʌmbl/ *Verb* murmeln, brummeln ◊ *mumble to yourself* vor sich hinmurmeln SYN MUTTER

mum·ble² /'mʌmbl/ *Nomen* [meist Sing] (*auch* **mumbling**) Murmeln, Gemurmel, Brummeln

mumbo-jumbo /ˌmʌmbəʊ ˈdʒʌmbəʊ; *AmE* ˌmʌmboʊ ˈdʒʌmboʊ/ *Nomen* [U] (*umgs, abwert*) **1** Kauderwelsch **2** Hokuspokus

mum·mify /'mʌmɪfaɪ/ *Verb* (**-fies, -fy·ing, -fied, -fied**) (*meist passiv*) mumifizieren

mummy /'mʌmi/ *Nomen* (*Pl* **-ies**) **1** (*BrE, umgs*) Mutti, Mama **2** Mumie

mumps /mʌmps/ *Nomen* [U] Mumps

munch /mʌntʃ/ *Verb* ~ **(on/at) sth** etw mampfen, etw mümmeln

munch·ies /'mʌntʃɪz/ *Nomen* [Pl] (*AmE, umgs*) Knabberei(en) IDM **have the 'munchies** (*umgs*) Hunger haben

mun·dane /mʌnˈdeɪn/ *Adj* (*oft abwert*) banal, alltäglich, langweilig

mu·ni·ci·pal /mjuːˈnɪsɪpl/ *Adj* Gemeinde-, Stadt-, städtisch

mu·ni·ci·pal·ity /mjuːˌnɪsɪˈpæləti/ *Nomen* (*Pl* **-ies**), Stadt, Gemeinde ☛ *Hinweis bei* KREIS

mu·nifi·cent /mjuːˈnɪfɪsnt/ *Adj* (*gehoben*) großzügig, generös

mu·ni·tions /mjuːˈnɪʃnz/ *Nomen* [Pl] Kriegsmaterial ◊ *a munitions factory* ein Rüstungsbetrieb

mural /'mjʊərəl; *AmE* 'mjʊrəl/ *Nomen* Wandgemälde

mur·der¹ /'mɜːdə(r); *AmE* 'mɜːrd-/ *Nomen* **1** Mord ◊ *She was charged with the attempted murder of Jones.* Sie war wegen versuchten Mordes an Jones angeklagt. SYN HOMICIDE **2** (*schwierig, unangenehm*) reiner Mord ◊ *It was murder in the office today.* Es war mörderisch heute im Büro. IDM **get away with 'murder** (*umgs, oft hum*) sich alles erlauben können ☛ *Siehe auch* SCREAM¹

mur·der² /'mɜːdə(r); *AmE* 'mɜːrd-/ *Verb* **1** ermorden **2** (*Musik, Sprache*) verhunzen **3** (*BrE, umgs*) (*haushoch schlagen*) fertig machen SYN THRASH IDM **I could murder a ...** (*umgs*) (*Essen, Trinken*) Ich habe tierische Lust auf ein(e,n) ... ◊ *He'll murder me if I'm late.* Er bringt mich um, wenn ich zu spät komme.

mur·der·er /'mɜːdərə(r); *AmE* 'mɜːrd-/ *Nomen* Mörder(in)

mur·der·ess /'mɜːdərəs; *AmE* 'mɜːrd-/ *Nomen* (*veraltet*) Mörderin

mur·der·ous /'mɜːdərəs; *AmE* 'mɜːrd-/ *Adj* (*Adv* **mur·derous·ly**) **1** blutrünstig, mörderisch ◊ *She gave him a murderous look.* Sie warf ihm einen vernichtenden Blick zu. **2** (*schwierig, unangenehm*) mörderisch ◊ *It's a murderously*

difficult piece to play. Dieses Stück ist tierisch schwer zu spielen.
murk /mɜːk; *AmE* mɜːrk/ *Nomen* Düsternis
murky /'mɜːki; *AmE* 'mɜːrki/ *Adj* (**murk·ier, murki·est**) **1** trüb **2** (*Licht, Atmosphäre etc.*) düster **3** (*abwert oder hum*) dunkel, zwielichtig IDM ⇨ WATER¹
mur·mur¹ /'mɜːmə(r); *AmE* 'mɜːrm-/ *Verb* **1** murmeln ◊ *She was murmuring in his ear.* Sie raunte ihm etwas ins Ohr. **2** (*vom Wind, von Blättern etc.*) rauschen **3** ~ (**against/about sb/sth**) (*gehoben*) (über jdn/etw) murren
mur·mur² /'mɜːmə(r); *AmE* 'mɜːrm-/ *Nomen* **1** Murmeln ◊ *She replied in a low murmur.* Sie antwortete leise murmelnd. **2** (*auch* **mur·mur·ings** [Pl]) Raunen, Gemurmel ◊ *murmurings of discontent* ein unzufriedenes Raunen ◊ *He paid the extra cost without a murmur.* Ohne zu murren bezahlte er die Extrakosten. **3** (*auch* **mur·mur·ing**) [Sing] (*Wind, Blätter etc.*) Rauschen **4** (MED) ◊ *a heart murmur* ein Herzgeräusch
Murphy's Law /ˌmɜːfiz 'lɔː; *AmE* ˌmɜːrfiz/ *Nomen* (*hum*) Murphys Gesetz
muscle¹ /'mʌsl/ *Nomen* **1** Muskel ◊ *pull/strain a muscle* sich eine Muskelzerrung zuziehen *tear a muscle* sich einen Muskelriss zuziehen ◊ *build muscle* Muskeln aufbauen ◊ *I won't move a muscle until you're back.* Ich werde mich nicht von der Stelle rühren, bis du zurück bist. **2** Kraft **3** Stärke, Einfluss ◊ *financial muscle* Finanzkraft IDM ⇨ FLEX¹
muscle² /'mʌsl/ *Verb* PHR V **muscle 'in** (**on sth**) (*umgs, abwert*) sich (in etw) einmischen, sich (in etw) drängen
'muscle-bound *Adj* muskelbepackt
muscled /'mʌsld/ *Adj* muskulös
mus·cu·lar /'mʌskjələ(r)/ *Adj* **1** Muskel-, muskulär **2** (*umgs* **muscly** /'mʌsli/) muskulös
muscular dystrophy /ˌmʌskjələ 'dɪstrəfi; *AmE* -lər/ *Nomen* Muskeldystrophie
mus·cu·la·ture /'mʌskjələtʃə(r)/ *Nomen* [U/Sing] (*Fachspr*) Muskulatur
muse¹ /mjuːz/ *Nomen* Muse ☞ Wenn man von den Musen in der griechischen Mythologie spricht, wird **Muse** großgeschrieben
muse² /mjuːz/ *Verb* **1** ~ (**about/on/over/upon sth**) (über etw) nachsinnen **2** sinnierend sagen
mu·seum /mju'ziːəm/ *Nomen* Museum
mush /mʌʃ/ *Nomen* **1** (*meist abwert*) Brei (*auch fig*), Mus ◊ *His insides suddenly felt like mush.* Er fühlte sich auf einmal ganz flau. **2** (*AmE*) = dicker Brei aus Maismehl **3** (*abwert*) Schmalz
mush·room¹ /'mʌʃrʊm, -ruːm/ *Nomen* (Speise)pilz ◊ *field mushroom* Champignon
mush·room² /'mʌʃrʊm, -ruːm/ *Verb* **1** sprunghaft ansteigen ◊ *new mushrooming TV stations* neue Fernsehsender, die wie Pilze aus dem Boden schießen **2** (*meist* **go mushrooming**) Pilze sammeln (gehen)
'mushroom cloud *Nomen* Atompilz
mushy /'mʌʃi/ *Adj* **1** breiig, matschig **2** (*umgs, abwert*) schmalzig SYN SENTIMENTAL
ˌmushy 'peas *Nomen* (*BrE*) [Pl] Erbsenbrei
music /'mjuːzɪk/ *Nomen* [U] **1** Musik ◊ *his career in music* seine Karriere als Musiker ◊ *The poem has been set to music.* Das Gedicht ist vertont worden. ◊ *make music* musizieren **2** Noten IDM **music to your 'ears** Musik in jds Ohren ☞ *Siehe auch* FACE²
mu·sic·al¹ /'mjuːzɪkl/ *Adj* (*Adv* **music·al·ly** /-kli/) **1** nur vor Nomen Musik-, musikalisch ◊ *She's very musical.* Sie ist sehr musikalisch. ◊ *He plays really musically.* Er spielt mit großer Musikalität. **2** melodisch, wohlklingend
mu·sic·al² /'mjuːzɪkl/ (*veraltet* ˌ**musical 'comedy**) *Nomen* Musical
'musical box *Nomen* (*bes BrE*) = MUSIC BOX
ˌmusical 'chairs *Nomen* [Pl] **1** (*Spiel*) ≈ Reise nach Jerusalem **2** (*oft abwert*) (*Politiker, Geschäftsleute*) Stühlerücken ◊ *After the election there was a prolonged period of musical chairs.* Nach der Wahl kam es zu einem großen Stühlerücken.
ˌmusical 'instrument (*auch* **in·stru·ment**) *Nomen* Musikinstrument
'music box (*bes BrE* **'musical box**) *Nomen* Spieldose

'music hall *Nomen* (*BrE*) **1** Varietee **2** Varieteetheater
mu·si·cian /mju'zɪʃn/ *Nomen* Musiker(in)
mu·si·cian·ship /mju'zɪʃnʃɪp/ *Nomen* musikalisches Können
mu·sic·olo·gist /ˌmjuːzɪ'kɒlədʒɪst; *AmE* -'kɑːl-/ *Nomen* Musikwissenschaftler(in)
mu·sic·ology /ˌmjuːzɪ'kɒlədʒi; *AmE* -'kɑːl-/ *Nomen* Musikwissenschaft
musk /mʌsk/ *Nomen* Moschus
mus·ket /'mʌskɪt/ *Nomen* Muskete
mus·ket·eer /ˌmʌskə'tɪə(r); *AmE* -'tɪr/ *Nomen* Musketier
musky *Adj* /'mʌski/ moschusartig (riechend)
Mus·lim /'mʊzlɪm, 'mʌz-, -ləm/ **1** *Nomen* Muslim(e) **2** *Adj* muslimisch
mus·lin /'mʌzlɪn/ *Nomen* Musselin
mus·sel /'mʌsl/ *Nomen* (Mies)muschel
must¹ /məst; *betont* mʌst/ *Modalvb* (*verneint* **must not**, *Kurzform* **mustn't** /'mʌsnt/) müssen; (*in verneinten Sätzen*) dürfen ☞ G 10 IDM **if you 'must** (**do sth**) ◊ *'Can I smoke?' 'If you must.'* „Darf ich rauchen?" „Wenn es sein muss." ◊ *It's from my boyfriend, if you must know.* Es ist von meinem Freund, wenn du es unbedingt wissen willst.
must² /mʌst/ *Nomen* **1** [*meist Sing*] (*umgs*) Muss **2** (*Traubensaft*) Most
mus·tache /'mʌstæʃ, mə'stæʃ/ *Nomen* (*AmE*) Schnurrbart
mus·tached /'mʌstæʃt, mə'stæʃt/ *Adj* (*AmE*) schnurrbärtig
mus·tang /'mʌstæŋ/ *Nomen* Mustang
mus·tard¹ /'mʌstəd; *AmE* -tərd/ *Nomen* Senf IDM (**not**) **cut the 'mustard** (*leisten*) etw (nicht) bringen ☞ *Siehe auch* KEEN¹
mus·tard² /'mʌstəd; *AmE* -tərd/ *Adj* Senf-, senfgelb
mus·ter¹ /'mʌstə(r)/ *Verb* **1** ~ **sth** (**up**) (*beschaffen*) etw zusammenbekommen, etw aufbringen ◊ *We mustered what support we could for the plan.* Für den Plan versuchten wir, so viel Unterstützung wie möglich zu bekommen. ◊ *She left the room with all the dignity she could muster.* Sie verließ den Raum so würdevoll wie sie nur konnte. SYN SUMMON **2** (sich) versammeln ◊ *The troops mustered.* Die Truppen traten zum Appell an. ◊ *The unit mustered 1 000 strong.* Die Einheit war 1 000 Mann stark.
mus·ter² /'mʌstə(r)/ *Nomen* Appell, Versammlung ◊ *muster station* Sammelplatz IDM ⇨ PASS¹
musty /'mʌsti/ *Adj* muffig
mut·able /'mjuːtəbl/ *Adj* (*gehoben*) veränderlich, wandlungsfähig
mu·tant¹ /'mjuːtənt/ *Adj* mutiert
mu·tant² /'mjuːtənt/ *Nomen* Mutante
mu·tate /mjuː'teɪt; *AmE* 'mjuːteɪt/ *Verb* ~ (**into sth**) **1** (zu etw) mutieren **2** (*fig*) sich (in etw) verwandeln
mu·ta·tion /mjuː'teɪʃn/ *Nomen* **1** (BIOL) Mutation **2** Wandel, Veränderung
mute¹ /mjuːt/ *Adj* **1** (*Adv* **mute·ly**) (*gehoben*) schweigend, stumm SYN SILENT *und* SILENTLY **2** (*veraltet*) (*sprachbehindert*) stumm SYN DUMB
mute² /mjuːt/ *Nomen* **1** (MUS) Dämpfer **2** (*veraltet*) Stumme(r)
mute³ /mjuːt/ *Verb* dämpfen
muted /'mjuːtɪd/ *Adj* (*gehoben*) **1** gedämpft **2** verhalten
mu·ti·late /'mjuːtɪleɪt/ *Verb* **1** verstümmeln **2** (*Gemälde, Statue etc.*) verunstalten
mu·ti·la·tion /ˌmjuːtɪ'leɪʃn/ *Nomen* Verstümmelung ◊ *Thousands suffered mutilation in the bomb blast.* Bei der Bombenexplosion wurden Tausende verstümmelt.
mu·tin·eer /ˌmjuːtɪ'nɪə(r); *AmE* -'nɪr/ *Nomen* Meuterer
mu·tin·ous /'mjuːtənəs/ *Adj* (*Adv* **mu·tin·ous·ly**) **1** rebellisch, aufrührerisch ◊ *a mutinous expression* ein trotziger Ausdruck ◊ *She was beginning to feel mutinous.* Sie spürte, wie etwas in ihr rebellierte. SYN REBELLIOUS **2** meuternd, rebellierend
mu·tiny¹ /'mjuːtəni/ *Nomen* (*Pl* **-ies**) Meuterei, Aufstand
mu·tiny² /'mjuːtəni/ *Verb* (**mu·tin·ies, mu·tiny·ing, mu·tin·ied, mu·tin·ied**) meutern
mutt /mʌt/ *Nomen* (*bes AmE, umgs*) Köter SYN MONGREL

mut·ter¹ /ˈmʌtə(r)/ *Verb* **1** murmeln, brummeln ◊ *I muttered something about needing to get back to work.* Ich murmelte etwas davon, dass ich wieder an die Arbeit müsste. **2** ~ (**about sth**) (über etw) murren

mut·ter² /ˈmʌtə(r)/ *Nomen* [meist Sing] Murmeln, Gemurmel, Brummeln ◊ *the soft mutter of voices* das leise Stimmengemurmel ◊ *She spoke in a low mutter.* Sie murmelte leise.

mut·ter·ing /ˈmʌtərɪŋ/ *Nomen* **1** (*auch* **mutterings** [Pl]) Murren **2** (*leises Sprechen*) Gemurmel

mut·ton /ˈmʌtn/ *Nomen* Hammelfleisch [IDM] **mutton dressed as ˈlamb** (*BrE, umgs*) ◊ *Look at her! Mutton dressed as lamb!* Schau dir die an! Wie sie auf jung macht!

mu·tual /ˈmjuːtʃuəl/ *Adj* **1** (*Adv* **mu·tu·al·ly** /-tʃuəli/) gegenseitig ◊ *She hates me and the feeling is mutual.* Sie hasst mich und das beruht auf Gegenseitigkeit. ◊ *a mutually convenient time* ein für beide günstiger Zeitpunkt ◊ *Their views are mutually exclusive.* Ihre Ansichten schließen sich gegenseitig aus. **2** *nur vor Nomen* gemeinsam

ˈmutual fund *Nomen* (*AmE*) ≈ Investmentfonds

mu·tu·al·ity /ˌmjuːtʃuˈæləti/ *Nomen* (*gehoben*) Gegenseitigkeit ◊ *mutuality of respect* gegenseitiger Respekt

Muzak™ /ˈmjuːzæk/ *Nomen* (*oft abwert*) Berieselungsmusik

muz·zle¹ /ˈmʌzl/ *Nomen* **1** Schnauze, Maul **2** Maulkorb **3** (*Gewehr*) Mündung

muz·zle² /ˈmʌzl/ *Verb* (*auch fig*) einen Maulkorb anlegen

muzzy /ˈmʌzi/ *Adj* (*BrE, umgs*) **1** benommen, benebelt **2** verschwommen, unklar

MV /ˌem ˈviː/ *Abk* (*BrE*) Motorschiff

MVP /ˌem viː ˈpiː/ *Kurzform von* **most valuable player** bester Spieler, beste Spielerin

MW *Abk* **1** = MEDIUM WAVE **2** = MEGAWATT

my /maɪ/ *Adj* mein ☞ G 5.1

my·al·gic /maɪˈældʒɪk/ *Adj* myalgisch

my·col·ogy /maɪˈkɒlədʒi; *AmE* -ˈkɑːl-/ *Nomen* Mykologie, Pilzkunde

mynah /ˈmaɪnə/ (*auch* **ˈmynah bird**) *Nomen* Beo

my·opia /maɪˈəʊpiə; *AmE* -ˈoʊpiə/ *Nomen* (*Fachspr*) Kurzsichtigkeit [SYN] SHORT-SIGHTEDNESS

my·opic /maɪˈɒpɪk; *AmE* -ˈɑːpɪk/ *Adj* (*Adv* **my·opic·al·ly** /-kli/) (*Fachspr*) kurzsichtig [SYN] SHORT-SIGHTED

myr·iad¹ /ˈmɪriəd/ *Nomen* (*gehoben*) Unzahl, Myriade ◊ *a myriad of colours* viele verschiedene Farben

myr·iad² /ˈmɪriəd/ *Adj* unzählig (viele)

myrrh /mɜː(r)/ *Nomen* Myrrhe

myr·tle /ˈmɜːtl; *AmE* ˈmɜːrtl/ *Nomen* Myrte

my·self /maɪˈself/ *Pron* **1** mich, mir ☞ G 4 **2** selbst, selber ☞ Für Redewendungen mit **myself** siehe **yourself**.

mys·teri·ous /mɪˈstɪəriəs; *AmE* -ˈstɪr-/ *Adj* mysteriös, geheimnisvoll, unerklärlich

mys·teri·ous·ly /mɪˈstɪəriəsli; *AmE* -ˈstɪr-/ *Adv* **1** geheimnisvoll **2** auf geheimnisvolle Weise, unerklärlicherweise

mys·tery /ˈmɪstri/ *Nomen* (*Pl* **-ies**) **1** Rätsel ◊ *His past is shrouded in mystery.* Seine Vergangenheit ist rätselhaft. **2** Geheimnis ◊ *He's a bit of a mystery.* Er ist ein ziemlich geheimnisvoller Mensch. ◊ (*BrE*) *a mystery tour* eine Fahrt ins Blaue **3** Detektivgeschichte **4** (REL) Mysterium ◊ *the mystery of creation* das Wunder der Schöpfung

ˈmystery play *Nomen* Mysterienspiel

mys·tic /ˈmɪstɪk/ *Nomen* Mystiker(in)

mys·tic·al /ˈmɪstɪkl/ (*auch* **mys·tic**) *Adj* (*Adv* **mys·tic·al·ly** /-kli/) mystisch, geheimnisvoll

mys·ti·cism /ˈmɪstɪsɪzəm/ *Nomen* Mystizismus, Mystik

mys·ti·fi·ca·tion /ˌmɪstɪfɪˈkeɪʃn/ *Nomen* Verblüffung, Verwirrung ◊ *He looked at her in mystification.* Er sah sie verblüfft an.

mys·tify /ˈmɪstɪfaɪ/ *Verb* (**-fies**, **-fy·ing**, **-fied**, **-fied**) verblüffen, verwirren ◊ *It mystified her.* Es war ihr ein völliges Rätsel. [SYN] BAFFLE

mys·ti·fy·ing /ˈmɪstɪfaɪɪŋ/ *Adj* verblüffend, rätselhaft

mys·tique /mɪˈstiːk/ *Nomen* [U/Sing] geheimnisvoller Nimbus ◊ *She has a certain mystique.* Sie hat etwas Geheimnisvolles an sich.

myth /mɪθ/ *Nomen* **1** Mythos **2** Gerücht

myth·ic /ˈmɪθɪk/ *Adj* mythisch, legendär

myth·ic·al /ˈmɪθɪkl/ *Adj* **1** mythisch, legendär **2** fiktiv [SYN] FICTITIOUS

mytho·logic·al /ˌmɪθəˈlɒdʒɪkl; *AmE* -ˈlɑːdʒ-/ *Adj* mythologisch

myth·ology /mɪˈθɒlədʒi; *AmE* -ˈθɑːl-/ *Nomen* (*Pl* **-ies**) **1** Mythologie **2** (*Gerücht*) Mythos

myxo·ma·tosis /ˌmɪksəməˈtəʊsɪs; *AmE* -ˈtoʊ-/ *Nomen* Myxomatose

Nn

N, n (*auch* **n**) /en/ **1** *Nomen* (*Pl* **N's, n's**) (*Buchstabe*) N, n ☞ *Siehe auch* NTH ☞ *Beispiele bei* A, A **2 N** (*AmE auch* **No.**) *Abk* = NORTH², NORTHERN **3 n.** *Abk* = NOUN

NAACP /ˌen dʌbəlˌeɪ siːˈpiː/ *Abk* = nationale Vereinigung zur Förderung afroamerikanischer Bürger

NAAFI /ˈnæfi/ *Nomen* [Sing] (*in GB*) = Laden/Kantine für Soldaten

naan = NAN

nab /næb/ *Verb* (**-bb-**) (*umgs*) schnappen [SYN] COLLAR

nadir /ˈneɪdɪə(r); *AmE* -dɪr/ *Nomen* [Sing] (*gehoben*) Tiefstpunkt [OPP] ZENITH

nae¹ /neɪ/ *Adj* (*ScotE, umgs*) kein(e)

nae² /neɪ/ *Adv* (*ScotE, umgs*) nicht

naff /næf/ *Adj* (*BrE, Slang*) uncool, dämlich, kitschig

nag¹ /næɡ/ *Verb* (**-gg-**) **1** meckern; ~ (**at sb**) (an jdm) herumnörgeln **2** ~ **sb to do sth** jdm mit etw in den Ohren liegen **3** (*Gefühl, Zweifel etc.*) jdm keine Ruhe lassen

nag² /næɡ/ *Nomen* (*umgs, veraltet*) Mähre

nag·ging /ˈnæɡɪŋ/ *Adj* *nur vor Nomen* **1** (*quälend*) nagend **2** nörgelnd

nail¹ /neɪl/ *Nomen* Nagel [IDM] **a nail in sb's/sth's ˈcoffin** ein Nagel in jds Sarg/im Sarg einer Sache **on the ˈnail** (*umgs*) sofort ☞ *Siehe auch* FIGHT¹, HARD¹, HIT¹ *und* TOUGH¹

nail² /neɪl/ *Verb* **1** nageln **2** (*umgs*) (*Dieb etc.*) kriegen [IDM] **nail your colours to the ˈmast** (*bes BrE*) Farbe bekennen [PHRV] **ˌnail sth ˈdown 1** etw festnageln, etw zunageln **2** etw abschließen **ˌnail sb ˈdown** (**to sth**) jdn (auf etw) festnageln **ˌnail sth ˈup 1** etw annageln **2** etw zunageln

ˈnail-biting *Adj* spannungsgeladen, sehr spannend ◊ *a nail-biting finish* ein packendes Finish

ˈnail brush *Nomen* Nagelbürste

ˈnail file *Nomen* Nagelfeile

ˈnail polish (*BrE auch* **ˈnail varnish**) *Nomen* Nagellack

ˈnail scissors *Nomen* [Pl] Nagelschere ☞ *Hinweis bei* BRILLE

naive (*auch* **naïve**) /naɪˈiːv/ *Adj* (*Adv* **naive·ly**, *auch* **naïve·ly**) **1** (*abwert*) naiv **2** unkompliziert

naiv·ety (*auch* **naïv·ety**) /naɪˈiːvəti/ *Nomen* **1** Naivität **2** Unkompliziertheit

naked /ˈneɪkɪd/ *Adj* **1** nackt, blank ⋄ *stark naked* splitternackt ⋄ *a naked flame* eine offene Flamme **2** schutzlos, wehrlos [SYN] HELPLESS [IDM] **with/to the naked 'eye** mit dem bloßen Auge

naked·ness /ˈneɪkɪdnəs/ *Nomen* Nacktheit, Blöße, Nacktsein

namby-pamby /ˌnæmbi ˈpæmbi/ *Adj* (*umgs, abwert*) verweichlicht ⋄ *a namby-pamby sport* ein Sport für Weichlinge

name¹ /neɪm/ *Nomen* **1** Name ⋄ *What's your name?* Wie heißen Sie? **2** [meist Sing] Name, Ruf ⋄ *He's made a name for himself.* Er ist berühmt geworden. ⋄ *This gives students a bad name.* Das bringt Studenten in Verruf. **3** (*in Adjektivzusammensetzungen*) ⋄ *a big-name company* eine bekannte Firma ⋄ *brand-name goods* Markenartikel **4** Persönlichkeit, Name [IDM] **by 'name** dem Namen nach ⋄ **by the name of ...** (*gehoben*) namens ⋄ **enter sb's/your 'name (for sth); put sb's/your 'name down (for sth)** jdn/sich (für etw) anmelden ⋄ *Have you put your name down yet?* Hast du dich schon eingetragen? ⋄ **give your 'name to sth** ⋄ *Yale, who gave his name to the university* Yale, nach dem die Universität benannt wurde ⋄ **go by the name of ...** sich ... nennen ⋄ **in ˌall but 'name** (*im Grunde*) praktisch ⋄ **in 'God's/'Heaven's name; in the name of 'God/Heaven** in Gottes Namen; um Himmels willen ⋄ **in the name of 'sb/'sth; in sb's/sth's 'name 1** auf jds Namen ⋄ *reserved in your name* auf Ihren Namen reserviert **2** in jds Namen; im Namen einer Sache ⋄ **in 'name only** nur dem Namen nach ⋄ **sb's name is 'mud** (*umgs, hum*) jd ist unten durch ⋄ **the name of the 'game** (*umgs*) das, worum es geht ⋄ *the Devise* **put a 'name to sb/sth** wissen, wie jd/etw heißt ⋄ *Who can put a name to these faces?* Wer weiß, wer diese Leute sind? ⋄ **take sb's name in 'vain** ⋄ *take the Lord's name in vain* Gotteslästerung betreiben ⋄ (*hum*) *Have you been taking my name in vain again?* Habt ihr wieder von mir geredet? ⋄ **(have sth) to your 'name** ⋄ *an athlete with five gold medals to his name* ein Leichtathlet mit fünf Goldmedaillen ⋄ *She doesn't have a penny to her name.* Sie besitzt keinen Pfennig. ⋄ **under the name (of) ...** unter dem Namen ... ⋄ *Siehe auch* ANSWER², CALL¹, DROP¹, LEND, MIDDLE NAME *und* NAME²

name² /neɪm/ *Verb* **1** ~ sb/sth (after sb); (*AmE auch*) ~ sb/sth (for sb) jdn/etw (nach jdm) (be)nennen **2** nennen, bekannt geben ⋄ *The victim has not yet been named.* Der Name des Opfers ist noch nicht bekannt gegeben worden. **3** ~ sb (as) sth; ~ sb (to sth) jdn (zu etw) ernennen ⋄ *He was named to the committee.* Er wurde als Mitglied in den Ausschuss berufen. [IDM] **name 'names** Namen nennen

'name-calling *Nomen* [U] Beschimpfungen

'name-dropping *Nomen* (*abwert*) = Angeben, indem man die Namen prominenter Bekannter in die Unterhaltung einfließen lässt

name·less /ˈneɪmləs/ *Adj* **1** unbekannt, namenlos, anonym [SYN] ANONYMOUS **2** (*gehoben*) unbeschreiblich schlimm

name·ly /ˈneɪmli/ *Adv* nämlich, und zwar

name·plate /ˈneɪmpleɪt/ *Nomen* **1** Namensschild **2** Firmenschild

name·sake /ˈneɪmseɪk/ *Nomen* Namensvetter, Namensschwester

'name tag *Nomen* Namensschild (*am Jackett etc.*)

'name tape *Nomen* Wäschezeichen

nan¹ /næn/ *Nomen* (*BrE*) = NANNY

nan² (*auch* **naan**) /nɑːn/ (*auch* **'nan bread, 'naan bread**) *Nomen* = flaches indisches Brot

nanny /ˈnæni/ *Nomen* (*Pl* **-ies**) **1** Kindermädchen **2** (*auch* **nan**) (*BrE*) Oma [IDM] **the 'nanny state** (*BrE*) Staat, der die Bürger zu sehr bevormundet

'nanny goat *Nomen* Ziege

nanny·ing /ˈnæniɪŋ/ *Nomen* **1** Kinderbetreuung **2** (*BrE, abwert*) Bemutterung

nano- /ˈnænəʊ/ (*Fachspr*) (*in Nomina und Adjektiven*) Nano- ⋄ *a nanometre* ein Nanometer

nap¹ /næp/ *Nomen* **1** Nickerchen **2** [Sing] (*bei Teppichen, Samt etc.*) Flor

nap² /næp/ *Verb* (**-pp-**) ein Nickerchen machen [IDM] ⋄ CATCH¹

na·palm /ˈneɪpɑːm/ *Nomen* Napalm

nape /neɪp/ *Nomen* [Sing] ~ (**of sb's neck**) Nacken

naph·tha /ˈnæfθə/ *Nomen* Naphta

nap·kin /ˈnæpkɪn/ *Nomen* **1** = TABLE NAPKIN **2** (*AmE*) = SANITARY NAPKIN **3** (*BrE, gehoben, veraltet*) Windel

nappy /ˈnæpi/ *Nomen* (*Pl* **-ies**) (*BrE*) Windel

nar·cis·sism /ˈnɑːsɪsɪzəm; *AmE* ˈnɑːrs-/ *Nomen* (*gehoben, abwert*) Narzissmus

nar·cis·sis·tic /ˌnɑːsɪˈsɪstɪk; *AmE* ˌnɑːrs-/ *Adj* (*gehoben, abwert*) narzisstisch

nar·cis·sus /nɑːˈsɪsəs; *AmE* nɑːrˈs-/ *Nomen* (*Pl* **nar·cissi** /nɑːˈsɪsaɪ; *AmE* nɑːrˈs-/) Narzisse

nar·cot·ic¹ /nɑːˈkɒtɪk; *AmE* nɑːrˈkɑː-/ *Nomen* **1** Rauschgift ⋄ *a narcotics agent* ein Rauschgiftfahnder **2** (MED) Betäubungsmittel

nar·cot·ic² /nɑːˈkɒtɪk; *AmE* nɑːrˈkɑː-/ *Adj* **1** Rauschgift- **2** betäubend

nark /nɑːk; *AmE* nɑːrk/ *Nomen* (*BrE, Slang*) Spitzel

narked /nɑːkt; *AmE* nɑːrkt/ *Adj* (*BrE, umgs, veraltet*) sauer

nar·rate /nəˈreɪt; *AmE auch* ˈnæreɪt/ *Verb* **1** (*gehoben*) erzählen, schildern [SYN] RELATE **2** (*Dokumentarfilm etc.*) sprechen

nar·ra·tion /nəˈreɪʃn, næˈr-/ *Nomen* (*gehoben*) **1** Erzählung, Schilderung ⋄ *first-person narration* Ich-Erzählung **2** Erzählerkommentar

nar·ra·tive¹ /ˈnærətɪv/ *Nomen* (*gehoben*) **1** Erzählung, Schilderung **2** Erzählen ⋄ *The novel contains too much dialogue and not enough narrative.* Der Roman enthält zu viele Dialoge und zu wenige Erzählpassagen.

nar·ra·tive² /ˈnærətɪv/ *Adj* nur vor Nomen Erzähl-, erzählend, erzählerisch

nar·ra·tor /nəˈreɪtə(r)/ *Nomen* **1** Erzähler(in) **2** Sprecher(in)

nar·row¹ /ˈnærəʊ; *AmE* -roʊ/ *Adj* **1** eng, schmal [OPP] BROAD *und* WIDE **2** knapp ⋄ *He had a narrow escape.* Er kam mit knapper Not davon. **3** beschränkt [OPP] BROAD [IDM] ⋄ STRAIGHT²

nar·row² /ˈnærəʊ; *AmE* -roʊ/ *Verb* (sich) verengen ⋄ *He narrowed his eyes at her.* Er sah sie mit zusammengekniffenen Augen an. [PHR V] **ˌnarrow sth 'down (to sth)** etw (auf etw) reduzieren

nar·row·boat /ˈnærəʊbəʊt; *AmE* ˈnæroʊboʊt/ *Nomen* (*BrE*) = langes schmales (Haus)boot, das für Kanalfahrten benutzt wird

'narrow gauge *Nomen* Schmalspur

nar·row·ly /ˈnærəʊli; *AmE* -roʊ-/ *Adv* **1** knapp ⋄ *She narrowly escaped injury.* Sie wäre beinahe verletzt worden. **2** (*abwert*) eng **3** genau

ˌnarrow-'minded *Adj* (*abwert*) engstirnig [OPP] BROAD-MINDED *und* OPEN-MINDED

ˌnarrow-'mindedness /ˌnærəʊ ˈmaɪndɪdnəs/ *Nomen* (*abwert*) Engstirnigkeit

nar·row·ness /ˈnærəʊnəs; *AmE* -roʊ-/ *Nomen* [U] **1** Enge, Schmalheit ⋄ *because of the narrowness of the streets* wegen der engen Straßen **2** Beschränktheit ⋄ *narrowness of mind* Engstirnigkeit **3** Knappheit

nar·rows /ˈnærəʊz; *AmE* -roʊz/ *Nomen* [Pl] Meerenge

nar·whal /ˈnɑːwəl; *AmE* ˈnɑːrwɑːl/ *Nomen* Narwal

NASA /ˈnæsə/ *Kurzform von* **National Aeronautics and Space Administration** NASA

nasal /ˈneɪzl/ *Adj* **1** Nasen- **2** näselnd ⋄ *nasal consonants* Nasallaute

nas·cent /ˈnæsnt/ *Adj* (*gehoben*) im Entstehen begriffen, werdend

nas·tily *Adv* ⇨ NASTY

nas·ti·ness /ˈnɑːstinəs; *AmE* ˈnæsti-/ *Nomen* [U] **1** Scheußlichkeit ⋄ *the nastiness of the attacks* die Brutalität der Überfälle **2** Gemeinheit **3** Widerlichkeit, Hässlichkeit

na·stur·tium /nəˈstɜːʃəm; *AmE* -ˈstɜːrʃ-/ *Nomen* Kapuzinerkresse

nasty /ˈnɑːsti; *AmE* ˈnæsti/ *Adj* (**nas·tier, nas·ti·est**) (*Adv* **nas·tily**) **1** schlimm ⋄ *have a nasty feeling that ...* das unangenehme Gefühl haben, dass ... ⋄ *a nasty surprise* eine böse Überraschung ◊ *He had a nasty moment when he thought he'd lost his passport.* Er bekam einen Schreck, als er seinen Pass nicht finden konnte. **2** gemein, hässlich ◊ *have a nasty temper* gemein werden können ◊ *'I hate you,' he said nastily.* „Ich hasse dich", sagte er böse. **3** gefährlich ◊ *He had a nasty look in his eye.* Sein Blick verhieß nichts Gutes. **4** scheußlich, widerlich ◊ *be cheap and nasty* Billigramsch sein SYN HORRIBLE IDM **get/turn 'nasty 1** unangenehm werden ◊ *Afterwards things turned nasty.* Danach wendeten sich die Dinge zum Schlimmen. **2** schlecht(er) werden ◊ *The cut turned nasty.* Die Wunde entzündete sich. **a nasty piece of 'work** (*BrE, umgs*) (*Person*) ein Ekel ➡ Siehe auch TASTE¹

natch /nætʃ/ *Adv* (*Slang*) logisch SYN NATURALLY
na·tion /'neɪʃn/ *Nomen* Nation, Volk
na·tion·al¹ /'næʃnəl/ *Adj* **1** national, National- ◊ *national newspapers* überregionale Zeitungen ◊ *a national debate* eine landesweite Debatte **2** Staats-, staatlich **3** Landes-
na·tion·al² /'næʃnəl/ *Nomen* (*offiz*) Staatsbürger(in) SYN CITIZEN
,**national 'anthem** *Nomen* Nationalhymne
,**national con'vention** *Nomen* (*AmE*) = Parteitreffen zur Nominierung eines Präsidentschaftskandidaten
the ,national cur'riculum *Nomen* [Sing] (*BrE*) (*in England, Wales und Nordirland*) = Pflichtlehrplan für die Hauptfächer in Schulen ➡ Siehe auch NCT
,**national 'debt** *Nomen* Staatsverschuldung
the ,National 'Front *Nomen* = neofaschistische Partei in Großbritannien ➡ G 1.3a
,**national 'grid** *Nomen* [Sing] (*BrE*) = landesweites Verbundnetz für Strom
the ,National 'Guard *Nomen* [Sing] **1** (*AmE*) = US-Reservistenarmee **2** Nationalgarde
the ,National 'Health Service *Nomen* = NHS
,**National In'surance** *Nomen* [U] (*Abk* **NI**) = allgemeines Sozialversicherungssystem in Großbritannien, das das Gesundheits- und Sozialwesen und die Altersversorgung umfasst ◊ *pay National Insurance (contributions)* Sozialversicherungsbeiträge zahlen
na·tion·al·ism /'næʃnəlɪzəm/ *Nomen* Nationalismus
na·tion·al·ist /'næʃnəlɪst/ **1** *Nomen* Nationalist(in) **2** *Adj* nationalistisch
na·tion·al·is·tic /,næʃnə'lɪstɪk/ *Adj* (*meist abwert*) nationalistisch
na·tion·al·ity /,næʃə'næləti/ *Nomen* (*Pl* **-ies**) **1** Staatsangehörigkeit, Nationalität ◊ *students of all nationalities* Studenten aus allen Ländern **2** Volksgruppe
na·tion·al·iza·tion (*BrE auch* **-isa·tion**) /,næʃnəlaɪ'zeɪʃn/ *Nomen* Verstaatlichung
na·tion·al·ize (*BrE auch* **-ise**) /'næʃnəlaɪz/ *Verb* verstaatlichen OPP DENATIONALIZE *und* PRIVATIZE
na·tion·al·ly /'næʃnəli/ *Adv* landesweit, auf nationaler Ebene ◊ *compete nationally and internationally* an nationalen und internationalen Wettbewerben teilnehmen
,**national 'park** *Nomen* Nationalpark
,**national 'service** *Nomen* Wehrdienst SYN MILITARY SERVICE
,**National 'Socialism** *Nomen* Nationalsozialismus
na·tion·hood /'neɪʃnʊd/ *Nomen* Nationalstaatlichkeit ◊ *a sense of nationhood* ein nationales Selbstgefühl
,**nation 'state** *Nomen* Nationalstaat
na·tion·wide /,neɪʃn'waɪd/ *Adj, Adv* im ganzen Land, landesweit; (*in Deutschland, Österreich*) bundesweit
na·tive¹ /'neɪtɪv/ *Adj* **1** *nur vor Nomen* Heimat- ◊ *his native Poland* seine Heimat Polen ◊ *her native language* ihre Muttersprache **2** *nur vor Nomen* gebürtig, einheimisch **3** *nur vor Nomen* (*oft beleidigend*) eingeboren ◊ *native traditions* die Traditionen der Eingeborenen **4** ~ **(to …)** (*Pflanze, Tier*) einheimisch (in …) ◊ *The tiger is native to India.* Die Heimat des Tigers ist Indien. ◊ *animals whose native habitat is being destroyed* Tierarten, deren Lebensraum zerstört wird **5** *nur vor Nomen* angeboren, Mutter- SYN INNATE IDM **go 'native** (*oft hum*) zum Einheimischen werden; die Lebensweise der Eingeborenen annehmen
na·tive² /'neɪtɪv/ *Nomen* **1** ~ *a native of New York/Greece* ein gebürtiger New-Yorker/Grieche **2** Einheimische(r) ◊ *She speaks Italian like a native.* Sie spricht Italienisch, als wäre es ihre Muttersprache. SYN LOCAL **3** (*veraltet, beleidigend*) Eingeborene(r) **4** heimisches Tier, einheimische Pflanze ◊ *The kangaroo is a native of Australia.* Die Heimat des Kängurus ist Australien.
,**Native A'merican 1** *Nomen* Indianer(in) ➡ *Hinweis bei* INDIANER **2** *Adj* (*in Nordamerika*) indianisch
,**native 'speaker** *Nomen* Muttersprachler(in)
na·tiv·ity /nə'tɪvəti/ *Nomen* **1 the Nativity** [Sing] Christi Geburt **2** = künstlerische Darstellung von Christi Geburt
na'tivity play *Nomen* Krippenspiel
NATO (*auch* **Nato**) /'neɪtəʊ; *AmE* -toʊ/ Kurzform von **North Atlantic Treaty Organization** NATO
nat·ter¹ /'nætə(r)/ *Verb* ~ **(away/on)** (**about sth**) (*BrE, umgs*) (über etw) schwatzen SYN CHAT
nat·ter² /'nætə(r)/ *Nomen* [Sing] (*BrE, umgs*) Schwätzchen
natty /'næti/ *Adj* (**nat·ti·ly**) (*umgs, veraltet*) **1** schick ◊ *He's a natty dresser.* Er ist immer schick angezogen. **2** (*Gerät etc.*) raffiniert
nat·ur·al¹ /'nætʃrəl/ *Adj* **1** *nur vor Nomen* natürlich, Natur- ◊ *the natural world* die Natur ◊ *My hair soon grew back to its natural colour.* Mein gefärbtes Haar war bald wieder herausgewachsen. **2** normal, natürlich ◊ *He thought social inequality was all part of the natural order of things.* Er hielt soziale Ungleichheit für naturgegeben. ◊ *She was the natural choice for the job.* Sie war die gegebene Kandidatin für die Stelle. **3** *nur vor Nomen* geboren ◊ *He's a natural leader.* Er ist eine Führernatur. **4** *nur vor Nomen* leiblich **5** *nur vor Nomen* (*veraltet oder gehoben*) unehelich SYN ILLEGITIMATE **6** (Mus) = ohne Vorzeichen. Is *it A flat or A natural?* Ist das ein As oder ein A? ◊ *B natural* H
nat·ur·al² /'nætʃrəl/ *Nomen* **1** Naturtalent ◊ *He's a natural for the role.* Die Rolle ist ihm wie auf den Leib geschrieben. **2** (Mus) Stammnote **3** (Mus) Auflösungszeichen
,**natural-'born** *Adj nur vor Nomen* geborene(r)
,**natural 'childbirth** *Nomen* [U] die natürliche Geburt
,**natural 'gas** *Nomen* Erdgas
,**natural 'history** *Nomen* Naturkunde
nat·ur·al·ism /'nætʃrəlɪzəm/ *Nomen* Naturalismus
nat·ur·al·ist /'nætʃrəlɪst/ *Nomen* Naturforscher(in)
nat·ur·al·is·tic /,nætʃrə'lɪstɪk/ *Adj* **1** naturalistisch **2** naturgetreu
nat·ur·al·iza·tion (*BrE auch* **-isa·tion**) /,nætʃrəlaɪ'zeɪʃn; *AmE* -lə'z-/ *Nomen* Einbürgerung
nat·ur·al·ize (*BrE auch* **-ise**) /'nætʃrəlaɪz/ *Verb* (*meist passiv*) **1** einbürgern ◊ *a naturalized American* ein naturalisierter Amerikaner ◊ *The grey squirrel is now naturalized in Britain.* Das graue Eichhörnchen ist jetzt in Großbritannien heimisch. **2** heimisch werden, sich einbürgern
nat·ur·al·ly /'nætʃrəli/ *Adv* **1** natürlich ◊ *Just act naturally.* Gib dich ganz natürlich. ◊ *die naturally* eines natürlichen Todes sterben **2** in der Natur **3** naturgemäß, wie von selbst ◊ *This leads naturally to my next point.* Hieraus ergibt sich mein nächster Punkt. **4** von Natur aus ◊ *be naturally artistic* künstlerisch veranlagt sein IDM **come 'naturally (to sb)** ◊ *Playing the piano well does not just come naturally.* Niemand wird als guter Klavierspieler geboren. ◊ *It comes naturally to me.* Das liegt mir im Blut.
nat·ur·al·ness /'nætʃrəlnəs/ *Nomen* **1** Natürlichkeit, Naturtreue ◊ *the naturalness of the dialogue* der natürlich klingende Dialog ◊ *her simplicity and naturalness* ihre Unkompliziertheit und ihr natürliches Wesen **2** Selbstverständlichkeit
,**natural 'science** *Nomen* Naturwissenschaft
,**natural se'lection** *Nomen* natürliche Auslese
,**natural 'wastage** *Nomen* (*BrE*) natürliche Fluktuation
na·ture /'neɪtʃə(r)/ *Nomen* **1** (*oft* **Nature**) die Natur ◊ *substances not found in nature* Stoffe, die in der Natur nicht vorkommen ◊ *nature conservation* Naturschutz ◊ *let nature take its course* den natürlichen Verlauf der Dinge abwarten ◊ *Her illness was Nature's way of telling her to do less.* Ihre Krankheit war eine Warnung des Körpers, sich mehr zu schonen. ➡ In diesem Sinne steht **nature** immer ohne Artikel. **2** Wesensart, Natur, Naturell ◊ *We appealed to his better nature.* Wir appellierten an sein gutes Herz. **3** [Sing] Art, Wesen ◊ *information which is confidential in nature* Informationen vertraulicher Art ◊ *The future by its very nature is*

uncertain. Die Zukunft ist naturgemäß ungewiss. ◇ *books of a general nature* Bücher allgemeinen Inhalts ◇ *things of that nature* derartige Dinge IDM *against 'nature* wider die Natur **back to 'nature** zurück zur Natur ◇ *get/go back to nature* zur Natur zurückkehren **in the nature of 'sth** so etwas wie etw; eine Art von etw ◇ *His speech was in the nature of an apology.* Seine Rede war so etwas wie eine Entschuldigung. **in the 'nature of things** naturgemäß

-natured /'neɪtʃəd/ (*in Adjektiven*) ◇ *good-natured* gutmütig ◇ *sweet-natured* lieb

'nature reserve *Nomen* Naturschutzgebiet

'nature trail *Nomen* Naturlehrpfad

na·tur·ism /'neɪtʃərɪzəm/ *Nomen* [U] (*bes BrE*) Freikörperkultur SYN NUDISM

na·tur·ist /'neɪtʃərɪst/ *Nomen* (*bes BrE*) FKK-Anhänger(in) SYN NUDIST

naught = NOUGHT

naugh·ti·ness /'nɔːtinəs/ *Nomen* **1** Ungezogenheit **2** (*oft hum*) Gewagtheit

naughty /'nɔːti/ *Adj* (**naugh·tier, naugh·ti·est**) (*Adv* **naugh·tily**) **1** (*bes BrE*) ungezogen ◇ *a naughty boy* ein ungezogener Junge ◇ (*hum*) *I'm being very naughty and having a second slice.* Ich sündige heute mal und esse noch ein Stück Torte. **2** (*umgs, oft hum*) gewagt ◇ *a naughty word* ein unanständiger Ausdruck

nau·sea /'nɔːziə, 'nɔːsiə/ *Nomen* Übelkeit

nau·se·ate /'nɔːzieɪt, 'nɔːsieɪt/ *Verb* **1** ~ **sb** jdm den Magen umdrehen ◇ *The smell nauseated me.* Bei dem Geruch wurde mir übel. **2** (*fig*) anwidern

nau·se·at·ing /'nɔːzieɪtɪŋ, 'nɔːsieɪtɪŋ/ *Adj* (*Adv* **nau·se·at·ing·ly**) Ekel erregend, ekelhaft

nau·se·ous /'nɔːziəs, 'nɔːsiəs; *AmE* 'nɔːʃəs/ *Adj* **1** *She felt nauseous.* Ihr war übel. ◇ *It made me nauseous.* Dabei wurde mir übel. **2** ekelhaft

naut·ical /'nɔːtɪkl/ *Adj* nautisch, Marine- ◇ *a nautical look* ein Marine-Look ◇ *nautical terms* Seemannssprache ◇ *a nautical chart* eine Seekarte

'nautical 'mile *Nomen* Seemeile

naval /'neɪvl/ *Adj* Marine-, Flotten-, See-

nave /neɪv/ *Nomen* Kirchenschiff

navel /'neɪvl/ *Nomen* Nabel

nav·ig·able /'nævɪgəbl/ *Adj* schiffbar

navi·gate /'nævɪgeɪt/ *Verb* **1** navigieren ◇ *Both of these websites are easy to read and navigate.* Beide Websites sind übersichtlich und lassen sich gut navigieren. **2** (*Fluss etc.*) befahren; (*Meer*) überqueren **3** den Weg finden ◇ *I'll drive, and you can navigate.* Ich fahre, und du liest die Karte. **4** ~ **sth** sich durch etw durchlotsen

navi·ga·tion /ˌnævɪ'geɪʃn/ *Nomen* **1** Navigation ◇ *navigation lights* Positionslichter **2** Schiffverkehr, Flugverkehr

nav·iga·tion·al /ˌnævɪ'geɪʃənl/ *Adj* Navigations-

navi·ga·tor *Nomen* /'nævɪgeɪtə(r)/ Navigator(in)

navvy /'nævi/ *Nomen* (*Pl* **-ies**) (*BrE, veraltet*) Straßenarbeiter, Bauarbeiter, Schwerarbeiter

navy /'neɪvi/ *Nomen* **1** Marine ◇ *join the navy* zur Marine gehen ☛ G 1.3b **2** = NAVY BLUE

'navy bean *Nomen* (*AmE*) weiße Bohne

ˌnavy 'blue (*auch* **navy**) **1** *Adj* marineblau, dunkelblau **2** *Nomen* Marineblau, Dunkelblau

nay /neɪ/ *Adv* **1** (*veraltet*) ja sogar ◇ *It is difficult, nay impossible.* Es ist schwierig, ja sogar unmöglich. **2** nein ☛ **Nay** ist die alte Form von **no**, die in manchen Dialekten noch gebraucht wird.

Nazi /'nɑːtsi/ **1** *Nomen* Nazi **2** *Nomen* (*abwert*) Faschist(in) **3** *Adj* Nazi-

Nazi·ism /'nɑːtsɪzəm/ *Nomen* Nazismus

N.B. (*BrE auch* **NB**) /ˌen 'biː/ *Abk* (*Latein: nota bene*) (*weist auf eine wichtige schriftliche Information hin*) NB ◇ *NB The office will be closed from 1 July.* Achtung! Das Büro ist ab 1. Juli geschlossen.

NCO /ˌen siː 'əʊ; *AmE* 'oʊ/ *Kurzform von* **non-commissioned officer** Uffz.

NCT /ˌen siː 'tiː; *AmE* 'oʊ/ *Kurzform von* **National Curriculum Test** = Standardtest in den Hauptfächern für alle Schüler einer bestimmten Altersstufe

NE *Abk* = NORTH-EAST (1), NORTH-EASTERN

Ne·an·der·thal¹ (*auch* **ne·an·der·thal**) /ni'ændətɑːl; *AmE* -dərt-/ *Adj* **1** ◇ *Neanderthal man* der Neandertaler Mensch ◇ *a Neanderthal axe* die Axt eines Neandertalers **2** (*abwert*) steinzeitlich ◇ *neanderthal attitudes* Ansichten aus der Steinzeit **3** (*abwert*) rüpelhaft

Ne·an·der·thal² /ni'ændətɑːl; *AmE* -dərt-/ *Nomen* Neandertaler

neap tide /'niːp taɪd/ (*auch* **neap**) *Nomen* Nippflut

near¹ /nɪə(r); *AmE* nɪr/ *Adj* nah(e) ◇ *in the near future* in nächster Zukunft ◇ *Where's the nearest bank?* Wo ist die nächste Bank? ☛ *Hinweis bei* NAH(E) **2 nearest** unmittelbar folgend ◇ *She has a 12-point lead over her nearest rival.* Sie führt mit 12 Punkten vor ihrer stärksten Rivalin. **3** (*meist* **near·est**) ◇ *He was the nearest thing to a father she had had.* Er war so etwas wie ein Vater für sie. **4** (*ohne Komparativ oder Superlativ*) ◇ *a near disaster* beinahe ein Desaster ◇ *It's a near impossibility.* Es ist nahezu unmöglich. ◇ *the near certainty* die an Sicherheit grenzende Wahrscheinlichkeit **5** (*Familienangehörige*) nahe, eng IDM **my, etc. ˌnearest and 'dearest** (*umgs*) meine etc. Lieben **a ˌnear 'thing** knapp ◇ *We won in the end but it was a near thing.* Wir haben letzten Endes gewonnen, aber nur um Haaresbreite. **to the nearest ...** (*mit Zahlen oder Mengenangaben*) auf das nächste/die nächsten ... ◇ *calculated to the nearest 50 dollars* auf die nächsten 50 Dollar berechnet

near² /nɪə(r); *AmE* nɪr/ *Adv* **1** nahe, in der Nähe ◇ *The exams are drawing near.* Die Prüfungen rücken näher. **2** (*meist in Zusammensetzungen*) fast, nahezu ◇ *a near-perfect performance* eine nahezu perfekte Aufführung ◇ *I'm as near certain as I can be.* Ich bin mir so gut wie sicher. IDM **as near as** soweit **as ˌnear as 'damn it/'dammit** (*BrE, umgs*) so gut wie ◇ *We've finished, as near as dammit.* Wir sind so gut wie fertig. **near e'nough** (*BrE, umgs*) mehr oder weniger, knapp ◇ *We've been here twenty years, near enough.* Wir sind seit knapp zwanzig Jahren hier. **not anywhere near/nowhere near** bei weitem nicht **so ˌnear and ˌyet so 'far** so nah und doch so fern ☛ *Siehe auch* PRETTY¹

near³ /nɪə(r); *AmE* nɪr/ *Präp* (*auch* **near to**) (*Abk* **nr**) **1** nahe (an) ◇ *Go and sit nearer (to) the fire.* Setz dich näher an den Kamin. ◇ *Do you live near here?* Wohnen Sie hier in der Nähe? ◇ *Nobody else comes near her in intellect.* Was den Verstand angeht, kommt niemand an sie heran. ◇ *Share prices are near their record high.* Die Aktienpreise haben beinahe Rekordhöhe erreicht. ◇ *Profits fell from $11 million to nearer $8 million.* Die Gewinne sanken von $11 Millionen auf nahezu $8 Millionen. **2** gegen ◇ *My birthday is very near Christmas.* Mein Geburtstag ist kurz vor Weihnachten. ◇ *I'll write nearer to the time.* Ich schreibe dir, wenn der Zeitpunkt näher gerückt ist. **3** ~ **sth** einer Sache nahe; ~ (**doing**) **sth** nahe daran etw zu tun ◇ *a state near (to) death* ein dem Tod naher Zustand ☛ *Hinweis bei* NAH(E) IDM ⇨ HAND¹, HEART *und* MARK²

near⁴ /nɪə(r); *AmE* nɪr/ *Verb* (*gehoben*) sich nähern ◇ *The project is nearing completion.* Das Projekt steht kurz vor dem Abschluss. SYN APPROACH

near·by¹ /ˌnɪə'baɪ; *AmE* ˌnɪr'baɪ/ *Adj* nahe gelegen ◇ *nearby residents* in der Nähe wohnende Anwohner

near·by² /ˌnɪə'baɪ; *AmE* ˌnɪr'baɪ/ *Adv* in der Nähe

the ˌNear 'East *Nomen* [Sing] (*selten*) der Nahe Osten

near·ly /'nɪəli; *AmE* 'nɪrli/ *Adv* fast, beinahe ◇ *It's nearly time to leave.* Es wird bald Zeit zu gehen. IDM **not 'nearly** bei weitem nicht ☛ *Siehe auch* PRETTY¹

ˌnear 'miss *Nomen* **1** knappes Entkommen; (*mit dem Auto, Flugzeug*) Beinahezusammenstoß **2** = Torschuss, der knapp daneben geht oder Bombe, die ihr Ziel knapp verfehlt ◇ *Both teams had some near misses.* Beide Mannschaften trafen einige Male knapp daneben. ◇ (*fig*) *He should have won the match — it was a near miss.* Er hätte das Spiel gewinnen sollen — es war eine knappe Sache.

near·ness /'nɪənəs; *AmE* 'nɪr-/ *Nomen* Nähe

near·side /'nɪəsaɪd; *AmE* 'nɪrs-/ (*BrE*) **1** *Nomen* **the nearside** die Beifahrerseite **2** *Adj* nur vor Nomen auf der Beifahrerseite

ˌnear-'sighted *Adj* (*bes AmE*) kurzsichtig

neat /niːt/ *Adj* **1** (*Adv* **neat·ly**) ordentlich, sauber ◇ *neat handwriting* eine saubere Schrift ◇ *a neat black suit* ein adrettes schwarzes Kostüm ◇ *The box fitted neatly into the*

| u *actual* | aɪ *my* | aʊ *now* | eɪ *say* | əʊ (*BrE*) *go* | oʊ (*AmE*) *go* | ɔɪ *boy* | ɪə *near* | eə *hair* | ʊə *pure* |

drawer. Die Schachtel passte genau in die Schublade. **2** wohlgeformt, formschön ◊ *her neat waist* ihre schlanke Taille **3** (*Adv* **neat·ly**) elegant, gelungen ◊ *a neat solution to the problem* eine elegante Lösung des Problems ◊ *neat categories* genau getrennte Kategorien **4** (*AmE, umgs*) klasse ◊ *It was pretty neat.* Es war große Klasse. **5** (*BrE*) pur, unverdünnt

neat·en /'niːtn/ *Verb* versäubern

neat·ness /'niːtnəs/ *Nomen* **1** Ordentlichkeit, Sauberkeit **2** schöne Form **3** Prägnanz

neb·ula /'nebjələ/ *Nomen* (*Pl* **neb·u·lae** /-liː/) (ASTRON) Nebel

nebu·lous /'nebjələs/ *Adj* (*gehoben*) nebulös, vage SYN VAGUE

ne·ces·sar·ily /ˌnesəˈserəli; *BrE auch* ˈnesəsərəli/ *Adv* zwangsläufig IDM ˌnot necesˈsarily nicht unbedingt

ne·ces·sary /'nesəsəri; *AmE* -seri/ *Adj* **1** nötig, erforderlich ◊ *It's not necessary for you to answer.* Sie brauchen nicht zu antworten. **2** *nur vor Nomen* (*gehoben*) notwendig ◊ *a necessary consequence of progress* eine notwendige Folge des Fortschritts IDM a ˌnecessary ˈevil ein notwendiges Übel

> ✍ **WRITING TIP**
> **Saying that something is necessary**
>
> - *As food allergies are on the increase, it has become necessary to include further information on the labels.* Da Lebensmittelallergien zunehmen, ist es nötig geworden, ausführlichere Informationen auf den Etiketten zu geben.
> - *It is vital that consumers are given accurate information.* Es ist unerlässlich, das die Verbraucher genaue Informationen bekommen.
> - *Clear labelling is crucial if consumers are to make informed choices.* Eine deutliche Etikettierung ist äußerst wichtig, wenn die Verbraucher bewusste Entscheidungen treffen sollen.
> - *It is essential that the symbols and terms used on food labels are standardized.* Es ist unbedingt erforderlich, dass die Symbole und Begriffe auf Lebensmitteletiketten vereinheitlicht werden.

ne·ces·si·tate /nəˈsesɪteɪt/ *Verb* (*gehoben*) erfordern, erforderlich machen

ne·ces·sity /nəˈsesəti/ *Nomen* Notwendigkeit ◊ *There had never been any necessity for her to go out to work.* Sie hatte es nie nötig gehabt, arbeiten zu gehen. ◊ *This is, of necessity, an incomplete account.* Dies ist zwangsläufig ein unvollständiger Bericht. ◊ *basic necessities such as food and clothing* das Notwendigste wie Essen und Kleidung IDM ⇨ VIRTUE

neck¹ /nek/ *Nomen* **1** Hals ◊ *the neck of a bottle* ein Flaschenhals ◊ *a stiff neck* ein steifer Nacken ◊ *He broke his neck.* Er brach sich das Genick. ◊ *a neck of land* eine Landenge **2** (*in Zusammensetzungen*) (Hals)ausschnitt ◊ *a round-necked sweater* ein Pullover mit rundem Ausschnitt **3** Halsstück IDM **be up to your neck in sth** bis zum Hals in etw stecken ◊ *He's in it up to his neck.* Er steckt bis über beide Ohren in der Tinte. **by a ˈneck** um eine Kopflänge ˌget it in the ˈneck (*BrE, umgs*) eins aufs Dach kriegen ˌneck and ˈneck (**with sb/sth**) Kopf an Kopf (mit jdm/etw) ˌneck of the ˈwoods (*umgs*) Gegend ☛ *Siehe auch* BLOCK¹, BRASS, BREATHE, MILLSTONE, PAIN¹, RISK², SAVE¹ *und* SCRUFF

neck² /nek/ *Verb* (*meist in der Verlaufsform*) (*umgs, veraltet*) knutschen

neck·lace¹ /'nekləs/ *Nomen* Halskette

neck·lace² /'nekləs/ *Verb* = jdn töten, indem man ihm einen brennenden Autoreifen um den Hals legt

neck·line /'neklaɪn/ *Nomen* Ausschnitt ◊ *a dress with a plunging neckline* ein tief ausgeschnittenes Kleid

neck·tie /'nektaɪ/ *Nomen* (*BrE, veraltet oder AmE*) Krawatte

necro·man·cer /'nekrəʊmænsə(r); *AmE* 'nekroʊ-/ *Nomen* Nekromant(in), Geisterbeschwörer(in)

necro·mancy /'nekrəʊmænsi; *AmE* 'nekroʊ-/ *Nomen* Nekromantie, Geisterbeschwörung

necro·philia /ˌnekrəˈfɪliə/ *Nomen* Nekrophilie

ne·crop·olis /nəˈkrɒpəlɪs; *AmE* -ˈkrɑːp-/ *Nomen* (*Pl* **ne·crop·olises** /-lɪsɪz/) Nekropole, Totenstadt

nec·tar /'nektə(r)/ *Nomen* Nektar

nec·tar·ine /'nektəriːn/ *Nomen* Nektarine

née /neɪ/ *Adj* (*mit Mädchennamen*) geborene

need¹ /niːd/ *Verb* brauchen ◊ (*umgs*) *I don't need your comments, thank you.* Ihr Kommentar ist überflüssig, danke. ◊ *This shirt needs washing.* Dieses Hemd muss gewaschen werden. IDM **need (to have) your ˈhead examined** (*umgs*) spinnen

need² /niːd/ *Modalvb* (*verneint* **need not**, *Kurzform* /'niːdnt/) (*BrE*) ☛ G 10 IDM **Need I say more?** Muss ich noch mehr sagen?

need³ /niːd/ *Nomen* **1** [Sing] ~ (**for sth/sb**) Bedarf (an etw/jdm **2** Notwendigkeit ◊ *The house is in need of a thorough clean.* Das Haus muss gründlich geputzt werden. ◊ *if the need arises* falls nötig ◊ (*umgs*) *There's no need to cry.* Nicht weinen! ◊ *There's no need to worry.* Es besteht kein Grund zur Sorge. **3** Bedürfnis ◊ *She had no more need of me.* Sie brauchte mich nicht mehr. ◊ *I'm in need of some fresh air.* Ich brauche frische Luft. **4** [U] Not ◊ *people in need* Notleidende IDM **if need ˈbe** wenn nötig; zur Not ☛ *Siehe auch* CRYING *und* FRIEND

need·ful /'niːdfl/ *Adj* (*veraltet*) nötig

nee·dle¹ /'niːdl/ *Nomen* Nadel ◊ *a hypodermic needle* eine Injektionsnadel IDM **a needle in a ˈhaystack** eine Stecknadel im Heuhaufen

nee·dle² /'niːdl/ *Verb* (*umgs*) nerven, provozieren ◊ *Stop needling me.* Hör auf, an mir herumzusticheln.

need·less /'niːdləs/ *Adj* (*Adv* **need·less·ly**) unnötig, sinnlos IDM ˌneedless to ˈsay natürlich ◊ *The problem, needless to say, is the cost of the project.* Das Problem sind natürlich die Kosten des Projekts.

needle·woman /'niːdlwʊmən/ *Nomen* (*Pl* **-women** /-wɪmɪn/) Näherin ◊ *I'm not a very good needlewoman.* Ich kann nicht gut nähen.

needle·work /'niːdlwɜːk; *AmE* -wɜːrk/ *Nomen* [U] Handarbeit, Nadelarbeit

needn't /'niːdnt/ = NEED NOT

needy /'niːdi/ **1** *Adj* (**need·i·er**, **needi·est**) bedürftig ◊ *help for needy people* Hilfe für Bedürftige **2 the needy** *Nomen* [Pl] die Bedürftigen

ne'er-do-well /'neə duː wel; *AmE* 'ner/ *Nomen* (*veraltet*) Taugenichts

ne·fari·ous /nɪˈfeəriəs; *AmE* -ˈfer-/ *Adj* (*gehoben, selten*) schändlich

neg. *Abk* = NEGATIVE¹ (1)

neg·ate /nɪˈgeɪt/ *Verb* (*gehoben*) **1** aufheben, durchkreuzen SYN NULLIFY **2** verneinen

neg·ation /nɪˈgeɪʃn/ *Nomen* (*gehoben*) **1** [meist Sing] Negation, Aufhebung, Widerlegung ◊ *For them coalition was the negation of the party system.* Für sie stand Koalition im Widerspruch zum Parteiensystem. **2** Verneinung ◊ *She shook her head in negation.* Sie schüttelte verneinend den Kopf.

nega·tive¹ /'negətɪv/ *Adj* **1** (*Adv* **nega·tive·ly**) (*Abk* **neg.**) negativ ◊ *negative side-effects* unangenehme Nebenwirkungen ◊ *'He probably won't show up.' 'Don't be so negative!'* „Wahrscheinlich wird er nicht kommen." „Sieh nicht gleich schwarz!" OPP POSITIVE **2** (*Adv* **nega·tive·ly**) verneinend ◊ *His response was negative.* Er antwortete mit Nein. ◊ *answer negatively* verneinen OPP AFFIRMATIVE **3** (LING) verneint ◊ *a negative sentence* ein verneinter Satz ◊ *a negative form* eine Verneinung

nega·tive² /'negətɪv/ *Nomen* **1** Verneinung ◊ *She answered in the negative.* Sie antwortete mit Nein. OPP AFFIRMATIVE **2** (*Foto*) Negativ **3** (*bei Versuchen, Tests etc.*) negatives Ergebnis OPP POSITIVE

nega·tive³ /'negətɪv/ *Verb* (*gehoben*) **1** ablehnen **2** negieren

ˌnegative ˈequity *Nomen* = Situation, in der der Wert einer Immobilie geringer ist als die noch abzuzahlende Hypothek

nega·tive·ly *Adv* ⇨ NEGATIVE¹

nega·tiv·ity /ˌnegəˈtɪvəti/ *Nomen* (*gehoben*) [U] negative Einstellung ◊ *feelings of negativity* negative Gefühle

neg·lect¹ /nɪˈglekt/ *Verb* **1** vernachlässigen **2** verwahrlosen lassen **3** ~ **to do sth** (*gehoben*) versäumen etw zu tun

neg·lect² /nɪˈglekt/ *Nomen* **1** Vernachlässigung **2** Verwahrlosung

neg·lect·ed /nɪˈglektɪd/ *Adj* **1** vernachlässigt **2** verwahrlost

neg·lect·ful /nɪˈglektfl/ *Adj* (*gehoben*) nachlässig; **be ~ of sb/sth** jdn/etw vernachlässigen

neg·li·gée /ˈneglɪʒeɪ; *AmE* ˌneglɪˈʒeɪ/ *Nomen* Negligee

neg·li·gence /ˈneglɪdʒəns/ *Nomen* (*gehoben oder Fachspr*) Fahrlässigkeit, Nachlässigkeit

neg·li·gent /ˈneglɪdʒənt/ *Adj* (*Adv* **neg·li·gent·ly**) **1** (*gehoben oder Fachspr*) nachlässig, fahrlässig **2** (*gehoben*) lässig, ungezwungen [SYN] NONCHALANT

neg·li·gible /ˈneglɪdʒəbl/ *Adj* unwesentlich, geringfügig [SYN] INSIGNIFICANT

ne·go·ti·able /nɪˈgəʊʃiəbl; *AmE* -ˈgoʊ-/ *Adj* **1** verhandlungsfähig ◊ *salary negotiable* Gehalt nach Vereinbarung ◊ *The price was not negotiable.* Der Preis war fix. **2** (FINANZ) verkäuflich, veräußerlich

ne·go·ti·ate /nɪˈgəʊʃieɪt; *AmE* -ˈgoʊ-/ *Verb* **1** ~ (**with sb**) (**for/about sth**) (mit jdm) (über etw) verhandeln **2** aushandeln **3** (*schwierige Wegstrecke*) bewältigen

ne·go·ti·ation /nɪˌgəʊʃiˈeɪʃn; *AmE* -ˌgoʊʃi-/ *Nomen* Verhandlung ◊ *It's still under negotiation.* Darüber wird noch verhandelt.

ne·go·ti·ator /nɪˈgəʊʃieɪtə(r); *AmE* -ˈgoʊʃi-/ *Nomen* Unterhändler(in)

Ne·gress /ˈniːgres/ *Nomen* (*veraltet, oft beleidigend*) Negerin

Negro /ˈniːgrəʊ; *AmE* -groʊ/ *Nomen* (*Pl* **-oes**) (*veraltet, oft beleidigend*) Neger

neigh¹ /neɪ/ *Verb* wiehern

neigh² /neɪ/ *Nomen* Wiehern

neigh·bour (*AmE* **neigh·bor**) /ˈneɪbə(r)/ *Nomen* Nachbar(in) ◊ *We should love our neighbours.* Wir sollen unsere Nächsten lieben.

neigh·bour·hood (*AmE* **neigh·bor·hood**) /ˈneɪbəhʊd; *AmE* ˈneɪbər-/ *Nomen* **1** Gegend, Viertel ◊ *the neighbourhood police* die örtliche Polizei **2** (*Leute*) Nachbarschaft **3** Umgebung [IDM] **in the neighbourhood of** (*etwa*) so um (die)

ˌneighbourhood ˈwatch (*AmE* ˌ**neighborhood ˈwatch**) *Nomen* = Vereinbarung, nach der die Einwohner einer Wohnsiedlung gegenseitig auf ihre Häuser aufpassen, um Einbrüche etc. zu verhüten

neigh·bour·ing (*AmE* **neigh·bor·ing**) /ˈneɪbərɪŋ/ *Adj nur vor Nomen* benachbart ◊ *a neighbouring farmer* ein Bauer aus der Nachbarschaft

neigh·bour·li·ness (*AmE* **neighbor·li·ness**) /ˈneɪbəlinəs; *AmE* ˈneɪbərli-/ *Nomen* Nachbarschaftlichkeit ◊ *good neighbourliness* gutnachbarliche Beziehungen

neigh·bour·ly (*AmE* **neigh·bor·ly**) /ˈneɪbəli; *AmE* -bərli/ *Adj* nachbarlich, nachbarschaftlich

nei·ther¹ /ˈnaɪðə(r), ˈniːðə(r)/ *Pron* keine(r,s) (*von beiden*) ◊ *Neither answer is correct.* Die Antworten sind beide falsch. ◊ *Neither of them has/have a car.* Sie haben beide kein Auto. [IDM] **neither ˈhere nor ˈthere** völlig unwichtig; nebensächlich ◊ *What might have happened is neither here nor there.* Was hätte passieren können ist völlig nebensächlich. [SYN] IRRELEVANT

nei·ther² /ˈnaɪðə(r), ˈniːðə(r)/ *Adv* **1** auch nicht ◊ *'I don't know.' 'Me neither.'* „Ich weiß nicht." „Ich auch nicht." **2** **neither ... nor ...** weder ... noch ... ☛ Wenn **neither ... nor ...** mit zwei Nomina im Singular verwendet wird, kann das Verb im Singular oder im Plural stehen. *Neither the TV nor the video actually work/works.* Die Verwendung des Plurals ist weniger formell.

nem·esis /ˈneməsɪs/ *Nomen* [U/Sing] (*gehoben*) Nemesis, gerechte Strafe

neo- /ˈniːəʊ; *AmE* ˈniːoʊ/ (*in Zusammensetzungen*) neo-

neo·clas·sic·al /ˌniːəʊˈklæsɪkl; *AmE* ˌniːoʊ-/ *Adj* klassizistisch

Neo·lith·ic /ˌniːəˈlɪθɪk/ *Adj* jungsteinzeitlich, neolithisch

neolo·gism /niˈɒlədʒɪzəm; *AmE* -ˈɑːl-/ *Nomen* (*gehoben*) Neologismus

neon /ˈniːɒn; *AmE* ˈniːɑːn/ *Nomen* Neon

neo·natal /ˌniːəʊˈneɪtl; *AmE* ˌniːoʊ-/ *Adj* (*Fachspr*) neugeboren, Neugeborenen- ◊ *neonatal mortality* die Sterblichkeitsrate bei Neugeborenen

nephew /ˈnefjuː, ˈnevjuː/ *Nomen* Neffe

nepo·tism /ˈnepətɪzəm/ *Nomen* (*abwert*) Vetternwirtschaft, Nepotismus

Nep·tune /ˈneptjuːn; *AmE* -tuːn/ *Nomen* Neptun ☛ *Beispiele bei* MERKUR

nerd /nɜːd; *AmE* nɜːrd/ *Nomen* (*umgs, abwert*) **1** Trottel ◊ *I feel like a nerd in these shoes.* Ich komme mir doof vor in diesen Schuhen. **2** Computerfreak

nerdy /ˈnɜːdi; *AmE* ˈnɜːrdi/ *Adj* doof

nerve¹ /nɜːv; *AmE* nɜːrv/ *Nomen* **1** Nerv ◊ *the optic nerve* der Sehnerv ◊ *I lost my nerve at the last minute.* Ich verlor im letzten Augenblick die Nerven. ◊ *He always suffers from nerves before a performance.* Er hat vor jeder Vorstellung Lampenfieber. **2** [Sing] (*umgs*) Frechheit ◊ *He's got a nerve asking us for money!* Er hat Nerven, uns nach Geld zu fragen! [IDM] **be a bag/bundle of ˈnerves** (*umgs*) ein Nervenbündel sein, **get on sb's ˈnerves** (*umgs*) jdm auf die Nerven gehen, **have nerves of steel** Nerven aus Stahl haben, **hit/touch a (raw/sensitive) ˈnerve** einen wunden Punkt treffen ◊ *of all the nerve!* so eine Frechheit! ☛ *Siehe auch* BRASS, STRAIN² *und* WAR

nerve² /nɜːv; *AmE* nɜːrv/ *Verb* ~ **yourself for sth** (*gehoben*) seinen ganzen Mut/seine ganze Kraft für etw zusammennehmen

ˈnerve centre (*AmE* **ˈnerve center**) *Nomen* Schaltzentrale

ˈnerve gas *Nomen* Nervengas

nerve·less /ˈnɜːvləs; *AmE* ˈnɜːrv-/ *Adj* **1** kraftlos **2** furchtlos [OPP] NERVOUS

ˈnerve-racking (*auch* **ˈnerve-wracking**) *Adj* nervenaufreibend

ner·vous /ˈnɜːvəs; *AmE* ˈnɜːrvəs/ *Adj* (*Adv* **ner·vous·ly**) **1** ängstlich, nervös ◊ *She was nervous of meeting him.* Sie hatte Angst davor ihn zu treffen. [OPP] CONFIDENT **2** Nerven-, nervlich

ˌnervous ˈbreakdown (*auch* **ˈbreak·down**) *Nomen* Nervenzusammenbruch

ner·vous·ness /ˈnɜːvəsnəs/ *Nomen* Ängstlichkeit, Nervosität

ˈnervous system *Nomen* Nervensystem

nervy /ˈnɜːvi; *AmE* ˈnɜːrvi/ *Adj* (*umgs*) **1** (*BrE*) nervös **2** (*AmE*) dreist, unverschämt

nest¹ /nest/ *Nomen* **1** Nest **2** (*Tische etc.*) Satz [IDM] ⇨ FEATHER², HORNET *und* MARE

nest² /nest/ *Verb* nisten

ˈnest egg *Nomen* (*umgs*) Notgroschen

nes·tle /ˈnesl/ *Verb* **1** (sich) schmiegen, (sich) kuscheln ◊ *He nestled the baby in his arms.* Er hielt das Baby schützend in seinen Armen. **2** (*Dorf, Haus etc.*) eingebettet sein, sich schmiegen

nest·ling /ˈnestlɪŋ/ *Nomen* Nestling

net¹ /net/ *Nomen* **1** Netz ☛ *Siehe auch* NET CURTAIN **2** **the Net** (*umgs*) das Netz [IDM] ⇨ CAST¹, SLIP¹ *und* SPREAD¹

net² /net/ *Adj* (*BrE auch* **nett**) netto, Netto- ◊ *net earnings* Nettoverdienst ◊ (*fig*) *the net result* das Endergebnis

net³ /net/ *Adv* netto

net⁴ /net/ *Verb* (**-tt- 1** netto einbringen, netto einnehmen **2** fangen ◊ *They netted large quantities of drugs.* Sie haben große Mengen von Drogen sichergestellt. **3** (*bes BrE*) (ein Tor) schießen [SYN] SCORE **4** mit einem Netz abdecken

ˈnet·ball /ˈnetbɔːl/ *Nomen* Korbball

ˌnet ˈcurtain *Nomen* (*BrE*) Gardine, Store

nether /ˈneðə(r)/ *Adj nur vor Nomen* (*gehoben oder hum*) untere(r,s), Unter-

neti·quette /ˈnetɪket/ *Nomen* (COMP) (*umgs*) Netikette, Netiquette

netizen /ˈnetɪzn/ *Nomen* Netizen

ˈNet surfer (*auch* **ˈsurf·er**) *Nomen* Netzsurfer(in)

nett = NET²

net·ting /ˈnetɪŋ/ *Nomen* Netz ◊ *wire netting* Maschendraht

net·tle¹ /'netl/ *Nomen* = STINGING NETTLE [IDM] ⇨ GRASP¹

net·tle² /'netl/ *Verb* (*bes BrE*) ärgern [SYN] ANNOY

net·work¹ /'netwɜːk; *AmE* -wɜːrk/ *Nomen* **1** Netz **2** (COMP) Netzwerk **3** (*überregionaler*) Sender [IDM] ⇨ OLD BOY

net·work² /'netwɜːk; *AmE* -wɜːrk/ *Verb* **1** (COMP) vernetzen **2** (*überregional*) ausstrahlen **3** (*berufliche*) Kontakte knüpfen

net·work·ing /'netwɜːkɪŋ; *AmE* -wɜːrk-/ *Nomen* = Aufbauen eines beruflichen Kontaktnetzes

neur·al /'njʊərəl; *AmE* 'nʊrəl/ *Adj* Nerven-

neur·al·gia /njʊə'rældʒə; *AmE* nʊ'r-/ *Nomen* [U] Neuralgie, Nervenschmerzen

neur·al·gic /njʊə'rældʒɪk; *AmE* nʊ'r-/ *Adj* neuralgisch, Nerven-

neuro- /'njʊərəʊ; *AmE* 'nʊroʊ/ Neuro-, neuro-

neuro·logic·al /ˌnjʊərə'lɒdʒɪkl; *AmE* ˌnʊrə'lɑːdʒ-/ *Adj* neurologisch, Nerven-

neuro·lo·gist /njʊə'rɒlədʒɪst; *AmE* nʊ'rɑːl-/ *Nomen* Neurologe, Neurologin

neurol·ogy /njʊə'rɒlədʒi; *AmE* nʊ'rɑːl-/ *Nomen* Neurologie

neuron /'njʊərɒn; *AmE* 'nʊrɑːn/ (*auch* **neur·one** /'njʊərəʊn; *AmE* 'nʊroʊn/) *Nomen* Neuron, Nervenzelle

neur·osis /njʊə'rəʊsɪs; *AmE* nʊ'roʊ-/ *Nomen* (*Pl* **neur·oses** /-əʊsiːz; *AmE* -oʊ-/) Neurose

neur·ot·ic /njʊə'rɒtɪk; *AmE* nʊ'rɑː-/ **1** *Adj* (*Adv* **neur·ot·ic·al·ly** /-kli/) neurotisch ◊ *She's neurotic about her weight.* Sie hat einen Komplex bezüglich ihres Gewichts. **2** *Nomen* Neurotiker(in)

neu·ter¹ /'njuːtə(r); *AmE* 'nuːtə(r)/ *Adj* (LING) sächlich

neu·ter² /'njuːtə(r); *AmE* 'nuːtə(r)/ *Verb* kastrieren

neu·tral¹ /'njuːtrəl; *AmE* 'nuːtrəl/ *Adj* (*Adv* **neu·tral·ly** /-əli/) **1** neutral, unparteiisch **2** gleichgültig **3** (*Abk* **N**) (elektrisch) neutral, Null- [IDM] **on neutral ground/territory** auf neutralem Boden

neu·tral² /'njuːtrəl; *AmE* 'nuːtrəl/ *Nomen* **1** Leerlauf ◊ *put the car in neutral* beim Auto den Gang herausnehmen **2** Unparteiische(r) **3** neutrale Farbe

neu·tral·ist /'njuːtrəlɪst; *AmE* 'nuː-/ **1** *Nomen* (*bes AmE*) Neutrale(r) **2** *Adj* (*bes AmE*) neutralistisch

neu·tral·ity /njuː'træləti; *AmE* nuː-/ *Nomen* Neutralität

neu·tral·iza·tion (*BrE auch* **-isa·tion**) /ˌnjuːtrəlaɪ'zeɪʃn; *AmE* ˌnuːtrələ'z-/ *Nomen* Neutralisierung

neu·tral·ize (*BrE auch* **-ise**) /'njuːtrəlaɪz; *AmE* 'nuː-/ *Verb* **1** aufheben **2** neutralisieren

neu·tron /'njuːtrɒn; *AmE* 'nuːtrɑːn/ *Nomen* Neutron

never /'nevə(r)/ *Adv* **1** nie, niemals **2** (*zur Verstärkung einer negativen Aussage statt „not" gebraucht*) ◊ *I never knew you had a sister.* Ich habe gar nicht gewusst, dass du eine Schwester hast. ◊ *He never so much as smiled.* Er lächelte kein einziges Mal. ◊ (*BrE*) *That would never do.* Das darf einfach nicht passieren. ◊ (*bes BrE*) *'I told him exactly what I thought of him.' 'You never did!'* „Ich habe ihm klipp und klar gesagt, was ich von ihm halte." „Nein, ehrlich?" ◊ (*BrE*, *Slang*) *'You took my bike.' 'No, I never (did).'* „Du hast mein Fahrrad genommen." „Hab ich nicht!" ◊ (*veraltet oder hum*) *Never fear.* Nur keine Bange. [IDM] **never mind 1** macht nichts **2** vergiss es **3** ganz zu schweigen von ◊ **on the never-'never** (*BrE*, *umgs*) auf Pump ◊ **Well, I never (did)!** (*veraltet*) ◊ *Well, I never! Fancy him getting married!* Nein, so was! Stell dir vor, er heiratet! ☛ *Siehe auch* KNOW¹

never-'ending *Adj* endlos ◊ *It's a never-ending task.* Damit ist man nie fertig.

never·more /ˌnevə'mɔː(r); *AmE* ˌnevər'm-/ *Adv* (*veraltet*) nie wieder

never-'never land *Nomen* [Sing] das Land Nirgendwo

never·the·less /ˌnevəðə'les; *AmE* -vərðə-/ *Adv* trotzdem

new /njuː; *AmE* nuː/ *Adj* **1** neu ◊ *I am new to the town.* Ich bin neu in der Stadt. ◊ *a good mix of the old and the new* eine gute Mischung aus Altem und Neuem ◊ *Comedy is the new rock and roll.* Komödien sind die neue Mode. ◊ *I feel a new man.* Ich fühle mich wie neugeboren. ◊ *new potatoes* Frühkartoffeln [OPP] OLD **2** frisch ◊ *new-laid eggs* frische Eier [IDM] **(as) good as 'new; like 'new** (so gut) wie neu **a new one on 'me** mir noch nicht untergekommen ◊ *That's a new one on me.* Das ist mir neu. **turn over a new 'leaf** sich ändern **what's 'new?** **1** (*umgs*) Was gibts Neues? **2** (*ironisch*) ◊ *So what's new?* Wie zu erwarten. ☛ *Siehe auch* NEWLY ☛ *Siehe auch* BLOOD, BRAVE¹, BREATHE, COMPLEXION, GROUND¹ *und* TEACH

New 'Age 1 *Adj* New Age-, esoterisch ◊ *New Age travellers* reisende Aussteiger mit esoterischem Interesse **2** *Nomen* New Age, Esoterik

new·bie /'njuːbi; *AmE* 'nuː-/ *Nomen* (*umgs*) Neuling, Einsteiger(in), Anfänger(in)

new·born /'njuːbɔːn; *AmE* 'nuːbɔːrn/ *Adj* nur vor Nomen neugeboren

new 'broom *Nomen* (*BrE*) neuer Besen

New·cas·tle /'njuːkɑːsl; *AmE* 'nuːkæsl/ *Nomen* [IDM] ⇨ COAL

new·comer /'njuːkʌmə(r); *AmE* 'nuː-/ *Nomen* Neuling

new·fan·gled /ˌnjuː'fæŋgld; *AmE* ˌnuː'f-/ *Adj* (*abwert*) neumodisch

newly /'njuːli; *AmE* 'nuːli/ *Adv* (*meist vor einem past participle*) vor kurzem ◊ *a newly created post* ein neu geschaffener Posten ◊ *newly independent* gerade unabhängig geworden

'newly-wed *Nomen* [meist Pl] Frischvermählte(r)

new 'man *Nomen* (*BrE*) neuer Mann

new 'moon *Nomen* Neumond(zeit)

new·ness /'njuːnəs; *AmE* 'nuː-/ *Nomen* Neuheit, Frische ◊ *She noticed the newness of the sofa.* Sie bemerkte, dass das Sofa neu war.

news /njuːz; *AmE* nuːz/ *Nomen* [U] **1** Neuigkeit, Nachricht ◊ *the latest news* das Allerneueste ◊ *Any news on that?* Gibt es dazu etwas Neues? ◊ *It's news to me.* Das ist mir neu. ☛ *Hinweis bei* NACHRICHT **2** Nachrichten ◊ *a news report* ein Pressebericht ◊ *She is always in the news.* Sie macht dauernd von sich reden. ◊ *be front-page news* für Schlagzeilen sorgen ☛ *Hinweis bei* NACHRICHT **3** dankbarer Nachrichtenstoff [IDM] **be bad 'news (for sb/sth)** (für jdn/etw) gefährlich sein ◊ *Central heating is bad news for plants.* Zentralheizung ist für die Pflanzen nicht gut. **be good news (for sb/sth)** eine gute Nachricht (für jdn/etw) sein **break the 'news** die schlechte Nachricht überbringen ◊ *How am I going to break the news to her?* Wie kann ich ihr das bloß beibringen? **no news is 'good news** keine Nachricht, gute Nachricht

'news agency *Nomen* (*Pl* **-ies**) Nachrichtenagentur

news·agent /'njuːzeɪdʒənt; *AmE* 'nuːz-/ *Nomen* (*BrE*) Zeitungshändler(in) ☛ *Hinweis bei* BAKER

news·cast /'njuːzkɑːst; *AmE* 'nuːzkæst/ *Nomen* (*bes AmE*) Nachrichtensendung

news·cast·er /'njuːzkɑːstə(r); *AmE* 'nuːzkæstər/ *Nomen* Nachrichtensprecher(in)

'news conference *Nomen* (*bes AmE*) Pressekonferenz

news·deal·er /'njuːzdiːlə(r); *AmE* 'nuːz-/ *Nomen* (*AmE*) Zeitungshändler(in) ☛ *Hinweis bei* BAKER

news·flash /'njuːzflæʃ; *AmE* 'nuːz-/ (*auch* **flash**) *Nomen* (*bes BrE*) (Kurz)meldung ◊ *We interrupt this programme to bring you a newsflash.* Wir unterbrechen diese Sendung wegen einer wichtigen Meldung.

news·group /'njuːzɡruːp/ *Nomen* (COMP) Newsgroup

news·let·ter /'njuːzletə(r); *AmE* 'nuːz-/ *Nomen* (regelmäßiges) Informationsblatt

news·paper /'njuːzpeɪpə(r); *AmE* 'nuːz-/ *Nomen* **1** Zeitung ◊ *a local newspaper* ein Lokalblatt **2** Zeitungspapier

news·paper·man /'njuːzpeɪpəmæn; *AmE* 'nuːzpeɪpərmæn/ *Nomen* (*Pl* **-men** /-mən/) Journalist

news·print /'njuːzprɪnt; *AmE* 'nuːz-/ *Nomen* Zeitungspapier

news·read·er /'njuːzriːdə(r); *AmE* 'nuːz-/ *Nomen* (*BrE*) Nachrichtensprecher(in)

news·reel /'njuːzriːl; *AmE* 'nuːz-/ *Nomen* Wochenschau

'news room *Nomen* Nachrichtenredaktion

'news-sheet *Nomen* Nachrichtenblatt

'news-stand *Nomen* Zeitungsstand

news·worthy /'njuːzwɜːði; *AmE* 'nuːzwɜːrði/ *Adj* (für die Medien) interessant, berichtenswert

newsy /'njuːzi; *AmE* 'nuːzi/ *Adj* (*umgs*) mit Neuigkeiten gespickt

newt /njuːt; *AmE* nuːt/ *Nomen* Molch [IDM] ⇨ PISSED

the ,New 'Testament *Nomen* das Neue Testament

'new town *Nomen* (*BrE*) = eine der britischen Städte, die nach 1946 geplant und komplett errichtet wurden

,new 'wave (*auch* **,New 'Wave**) *Nomen* [U/Sing] neue Generation ◊ *directors of the Australian new wave* Regisseure des neuen australischen Films

the ,New 'World *Nomen* (*Amerika*) die Neue Welt

,new 'year (*auch* **,New 'Year**) *Nomen* neues Jahr ◊ *They went to Paris for New Year.* Sie fuhren zu Silvester nach Paris.

,New Year's 'Day (*AmE auch* **,New Year's**) *Nomen* Neujahrstag

,New Year's 'Eve (*AmE auch* **,New Year's**) *Nomen* Silvester

next¹ /nekst/ *Adj nur vor Nomen* nächste(r, s) ◊ *in the next room* im Nebenzimmer ◊ *I fainted and the next thing I knew I was in the hospital.* Ich wurde ohnmächtig und als ich wieder zu mir kam, war ich im Krankenhaus. ◊ (*umgs*) (*and*) *next thing you know ...* (und) ehe man sich's versieht ... ☛ *Siehe auch* NEXT TO ⦁IDM⦁ **the 'next man** ≈ *as well as the next man* wie jeder andere auch ☛ *Siehe auch* DAY *und* LUCK¹

next² /nekst/ *Adv* **1** als Nächstes **2** ~ **best, most important, etc.** zweitbeste(r), zweitwichtigste(r) etc. ◊ *The next best thing to flying is sailing.* Nach Fliegen ist Segeln das Schönste. ◊ *Jo was the next oldest after Martin.* Jo war nach Martin der Älteste. **3** (*in Ausdrücken der Überraschung*) ◊ *Whatever next?* Was denn noch alles?

next³ /nekst/ *Nomen* (*meist* **the next**) [Sing] nächste(r,s), Nächste(r) ◊ *One moment he was there, the next he wasn't.* Einen Augenblick war er da, im nächsten war er weg. ◊ *the week after next* die übernächste Woche

> Bitte auf den Unterschied zwischen **nearest** und **next to** achten: *Janet's sitting nearest to the window.* Janet sitzt den Fenster am nächsten. ◊ *Sarah's sitting next to the window.* Sarah sitzt gleich neben dem Fenster. Umgangssprachlich kann man im britischen Englisch auch **nearest** anstelle von **nearest to** verwenden: *Who's sitting nearest the door?* Wer sitzt der Tür am nächsten?

,next 'door¹ *Adv* nebenan ◊ *from the house next door* vom Nachbarhaus ◊ *next door to the pub* gleich neben dem Pub

,next 'door² *Nomen* (*BrE, umgs*) die Nachbarn ◊ *Is that next door's dog?* Ist das der Hund von den Nachbarn? ☛ G 1.3c

next-'door *Adj nur vor Nomen* ◊ *our next-door neighbours* die Nachbarn direkt nebenan ◊ *the next-door house* das Nachbarhaus

,next of 'kin *Nomen* (*Pl* **next of kin**) nächste(r) Verwandte(r) ◊ *Her next of kin have been informed.* Ihre nächsten Angehörigen sind unterrichtet worden.

'next to *Präp* **1** neben ◊ *next to each other* nebeneinander ☛ *Hinweis bei* NEXT³ **2** nach ◊ *Next to skiing it's my favourite sport.* Nach Skifahren ist es mein Lieblingssport. **3** fast ◊ *next to nothing* so gut wie nichts ◊ *The horse came next to last.* Das Pferd belegte den vorletzten Platz. **4** im Vergleich mit

nexus /'neksəs/ *Nomen* [Sing] (*gehoben*) **1** Verknüpfung ◊ *the nexus between industry and political power* der komplizierte Zusammenhang zwischen Industrie und politischer Macht **2** Knotenpunkt

NFL /,en ef 'el/ (*AmE*) *Kurzform von* **National Football League** = nationale Footballliga

NGO /,en dʒi: 'əʊ; *AmE* 'oʊ/ *Kurzform von* **non-governmental organization** Nichtregierungsorganisation

NHS /,en eɪtʃ 'es/ *Nomen Kurzform von* **National Health Service** = staatlicher Gesundheitsdienst in Großbritannien ◊ *NHS hospitals* staatlich geführte Krankenhäuser

NI /,en 'aɪ/ (*BrE*) *Kurzform von* **National Insurance** = Sozialversicherung in Großbritannien

nib /nɪb/ *Nomen* Feder (*eines Füllers*)

nib·ble¹ /'nɪbl/ *Verb* **1** ~ (**at sth**) (an etw) knabbern **2** ~ **at sth** ◊ (*fig*) *He nibbled at the idea, but would not make a decision.* Er ließ sich die Idee durch den Kopf gehen, aber er wollte noch keine Entscheidung treffen. ⦁PHRV⦁ **,nibble a'way at sth** etw langsam unterhöhlen

nib·ble² /'nɪbl/ *Nomen* **1** kleiner Biss ◊ *I took a nibble from the biscuit.* Ich habe den Keks angebissen. **2 nibbles** [Pl] Häppchen, Knabberzeug

nibs /nɪbz/ *Nomen* ⦁IDM⦁ **his nibs** (*BrE, umgs, veraltet*) der hohe Herr ◊ *What time did his nibs get up?* Um wie viel Uhr ist der hohe Herr aufgestanden?

nice /naɪs/ *Adj* **1** schön ◊ *You look very nice.* Du siehst sehr hübsch aus. ◊ *The nicest thing about her is that she never criticizes us.* Das Beste an ihr ist, dass sie uns nie kritisiert. ◊ *Nice to meet you!* Sehr erfreut! ◊ *It's been nice meeting you.* Es hat mich gefreut, Ihre Bekanntschaft zu machen. ◊ *We all had the flu last week – it wasn't very nice.* Wir hatten letzte Woche alle Grippe – es war nicht sehr angenehm. ◊ *nice and warm* schön warm ☛ **Nice and** + Adjektiv steht nicht vor dem Nomen. **2** nett, freundlich ◊ *I complained to him and he was very nice about it.* Ich habe mich bei ihm beschwert, und er hat sehr nett reagiert. ◊ (*ironisch*) *That's a nice way to speak to your mother!* Das ist ja eine schöne Art, mit deiner Mutter zu sprechen! **3** (*gehoben*) subtil, fein

> Man sollte die zu häufige Verwendung von (**very**) **nice** vermeiden und präzisere Adjektiven einsetzen: *pleasant/perfect/beautiful weather* ◊ *a cosy/a comfortable/an attractive room* ◊ *a pleasant/an interesting/an enjoyable experience* ◊ *expensive/fashionable/smart clothes* ◊ *a kind/a charming/an interesting man* ◊ *The party was fun.* Umgangssprachlich kann man auch **great, wonderful, lovely** und im britischen Englisch **brilliant** sagen: *The party was great.* ◊ *We had a brilliant weekend.*

⦁IDM⦁ **Have a nice 'day!** (*bes AmE, umgs*) Schönen Tag noch! **'Nice one!** (*BrE, umgs*) Spitze! **Nice 'work!** (*bes BrE, umgs*) Gut gemacht! **nice work if you can 'get it** (*umgs*) das sollte mir auch mal passieren ☛ *Siehe auch* MR

,nice-'looking *Adj* gut aussehend

nice·ly /'naɪsli/ *Adv* **1** schön, gut, hübsch **2** (*umgs*) nett **3** (*gehoben*) genau ⦁IDM⦁ **do 'nicely 1** (*meist* **be doing nicely**) gut gehen **2** gut passen

nice·ness /'naɪsnəs/ *Nomen* [U] Nettigkeit

ni·cety /'naɪsəti/ *Nomen* (*Pl* **-ies**) **1** [*meist* Pl] Feinheit **2** (*gehoben*) Genauigkeit

niche /nɪtʃ, ni:ʃ/ *Nomen* Nische (*auch fig*), Platz (*auch fig*)

nick¹ /nɪk/ *Nomen* **1 the nick** [Sing] (*BrE, Slang*) Knast, das Polizeirevier **2** Kerbe ⦁IDM⦁ **in good/bad 'nick** gut/nicht gut in Schuss **in the ,nick of 'time** gerade noch rechtzeitig

nick² /nɪk/ *Verb* **1** schneiden, einkerben **2** (*BrE, umgs*) klauen ⦁SYN⦁ PINCH¹ **3** (*BrE, umgs*) (*Verbrecher*) schnappen, einsperren ◊ *You're nicked!* Sie sind verhaftet!

nickel /'nɪkl/ *Nomen* **1** Nickel ◊ *nickel-plated* vernickelt **2** (*in den USA und Kanada*) Fünfcentstück

nick·name¹ /'nɪkneɪm/ *Nomen* Spitzname

nick·name² /'nɪkneɪm/ *Verb* ◊ *He was nicknamed 'Tarzan'.* Sein Spitzname war „Tarzan".

nico·tine /'nɪkəti:n/ *Nomen* Nikotin

niece /ni:s/ *Nomen* Nichte

nifty /'nɪfti/ *Adj* (*umgs*) **1** geschickt ◊ *nifty guitar work* fingerfertige Gitarrentechnik **2** raffiniert

nig·gard·ly /'nɪgədli; *AmE* -gərd-/ *Adj* (*abwert*) **1** knauserig **2** kümmerlich, armselig

nig·ger /'nɪgə(r)/ *Nomen* (*vulg, beleidigend*) Nigger

nig·gle¹ /'nɪgl/ *Nomen* **1** Einwand ◊ *My only niggle is ...* Das Einzige, was mir nicht gefällt, ist ... **2** Bedenken ◊ *a niggle of doubt* ein leiser Zweifel **3** leichter Schmerz

nig·gle² /'nɪgl/ *Verb* **1** ~ (**at**) **sb** jdm zu schaffen machen, jdn ärgern **2** ~ (**about/over sth**) (über etw) meckern **3** ~ (**at sb**) (**for sth**) (an jdm) (wegen einer Sache) herumnörgeln

nig·gling /'nɪglɪŋ/ (*auch* **nig·gly** /-li/) *Adj* **1** lästig, quälend ◊ *She had niggling doubts.* Sie zweifelte immer wieder. **2** belanglos

nigh /naɪ/ *Adv* **1** (*veraltet*) ~ **on** nahezu **2** (*veraltet oder gehoben*) nahe ◊ *Winter was drawing nigh.* Der Winter nahte. ◊ *The time is nigh.* Die Zeit ist gekommen.

night /naɪt/ *Nomen* **1** Nacht ◊ *at night* nachts ◊ *You're welcome to stay the night here.* Du kannst gern hier übernachten. ◊ *What is he doing calling at this time of night?* Wie

nightcap

kann er nur so spät noch anrufen? ◊ *You'll feel better after a good night's sleep.* Schlaf mal ordentlich, dann geht's dir besser. **2** Abend ◊ *late at night* spät abends ◊ *I saw her in town the other night.* Ich habe sie neulich abends in der Stadt gesehen. ◊ *the first/opening night* die Premiere IDM **(Good) night!** (*auch* **Goodnight!**) Gute Nacht! **have an early/a late 'night** früh/spät ins Bett gehen **have a good/bad 'night** gut/schlecht schlafen **have a night on the 'tiles** (*BrE, umgs*) einen draufmachen **have a night 'out** abends ausgehen **‚night and 'day; ‚day and 'night** Tag und Nacht **night 'night** (*Kindersprm*) gute Nacht ☛ *Siehe auch* DANCE², DEAD², MORNING, SPEND¹, STILL² *und* THING

night·cap /'naɪtkæp/ *Nomen* **1** Schlaftrunk **2** Nachtmütze
night·clothes /'naɪtkləʊðz; *AmE* -kloʊðz/ *Nomen* [Pl] Nachtwäsche
night·club /'naɪtklʌb/ *Nomen* Nachtklub
'night depository *Nomen* (*AmE*) Nachtsafe
night·dress /'naɪtdres/ *Nomen* Nachthemd
'night duty *Nomen* Nachtdienst
night·fall /'naɪtfɔːl/ *Nomen* (*gehoben*) Einbruch der Dunkelheit SYN DUSK
night·gown /'naɪtɡaʊn/ *Nomen* (*BrE, veraltet oder AmE*) Nachthemd
nightie /'naɪti/ *Nomen* (*umgs*) Nachthemd
night·in·gale /'naɪtɪŋɡeɪl/ *Nomen* Nachtigall
night·life /'naɪtlaɪf/ *Nomen* Nachtleben
night·ly¹ /'naɪtli/ *Adj* **1** (all)nächtlich **2** (all)abendlich
night·ly² /'naɪtli/ *Adv* **1** jede Nacht **2** jeden Abend
night·mare /'naɪtmeə(r)/ *AmE* -mer/ *Nomen* Albtraum (*auch fig*) ◊ *a nightmare situation* eine grauenhafte Situation
night·mar·ish /'naɪtmeərɪʃ; *AmE* -mer-/ *Adj* albtraumhaft, grauenhaft
'night school *Nomen* Abendschule
night·shirt /'naɪtʃɜːt; *AmE* -ʃɜːrt/ *Nomen* (Herren)nachthemd
night·spot /'naɪtspɒt; *AmE* -spɑːt/ *Nomen* (*umgs*) Nachtlokal SYN NIGHTCLUB
night·stand /'naɪtstænd/ (*AmE auch* **'night table**) *Nomen* Nachttisch
night·stick /'naɪtstɪk/ *Nomen* (*AmE*) Schlagstock
night·watch·man /naɪt'wɒtʃmən; *AmE* -'wɑːtʃ-, -'wɔːtʃ-/ *Nomen* (*Pl* **-men** /-mən/) Nachtwächter
night·wear /'naɪtweə(r); *AmE* -wer/ *Nomen* [U] Nachtwäsche
ni·hil·ism /'naɪɪlɪzəm/ *Nomen* Nihilismus
ni·hil·ist /'naɪɪlɪst/ *Nomen* Nihilist(in)
ni·hil·is·tic /ˌnaɪɪ'lɪstɪk/ *Adj* nihilistisch
nil /nɪl/ *Nomen* **1** (*bes BrE*) null ◊ *four nil* vier zu null SYN ZERO **2 be ~** gleich null sein
nim·ble /'nɪmbl/ *Adj* (*Adv* **nim·bly** /-bli/) (**nim·bler** /-blə(r)/, **nim·blest** /-blɪst/) flink, geschickt, beweglich ◊ *You need nimble fingers for that job.* Für diese Arbeit muss man sehr fingerfertig sein. ◊ *have a nimble mind* schnell denken können
nim·bus /'nɪmbəs/ *Nomen* **1** [*meist Sing*] Nimbostratus **2** [*meist Sing*] Nimbus, Heiligenschein
nimby /'nɪmbi/ *Nomen* (*Pl* **-ies**) (*hum, abwert*) = jd, der ein Projekt befürwortet, solange es nicht in seiner Nähe realisiert wird.
nin·com·poop /'nɪŋkəmpuːp/ *Nomen* (*umgs, veraltet*) Trottel
nine /naɪn/ *Zahl* neun ☛ *Beispiele bei* SECHS IDM **have nine 'lives** mehr Glück als Verstand haben; (*Katze*) sieben Leben haben **a ‚nine days' 'wonder** eine Eintagsfliege **‚nine to 'five** = normale Büroarbeitszeit ◊ *I work nine to five.* Ich arbeite von neun bis fünf. ◊ *a nine-to-five job* ein Bürojob ☛ *Siehe auch* DRESSED
nine·pins /'naɪnpɪnz/ *Nomen* IDM **‚go down, ‚drop, etc. like 'ninepins** (*BrE, umgs*) umfallen wie die Fliegen
nine·teen /ˌnaɪn'tiːn/ *Zahl* neunzehn ☛ *Beispiele bei* SECHS IDM **talk nineteen to the dozen** (*BrE, umgs*) wie ein Wasserfall reden
nine·teenth /ˌnaɪn'tiːnθ/ *Adj, Pron* neunzehnte(r,s) ☛ *Beispiele bei* SECHSTE(R,S)

nine·ti·eth /'naɪntiəθ/ **1** *Adj, Pron* neunzigste(r,s) ☛ *Beispiele bei* SECHSTE(R,S) **2** *Nomen* Neunzigstel ☛ *Siehe auch* S. 759
nine·ty /'naɪnti/ **1** *Zahl* neunzig ☛ *Beispiele bei* SECHZIG **2** *Nomen* **the nineties** [Pl] ☛ *Beispiele bei* SIXTY IDM **‚ninety-nine ‚times out of a 'hundred** in 99 Prozent aller Fälle
ninny /'nɪni/ *Nomen* (*Pl* **-ies**) (*umgs*) Dussel
ninth /naɪnθ/ **1** *Adj, Pron* neunte(r,s) ☛ *Beispiele bei* SECHSTE(R,S) **2** *Nomen* Neuntel ☛ *Siehe auch* S. 759
nip¹ /nɪp/ *Verb* (**-pp-**) **1** beißen, kneifen **2** ◊ *The icy wind nipped our faces.* Der eisige Wind schnitt uns ins Gesicht. ◊ *growing shoots nipped by frost* junge Triebe, vom Frost beschädigt **3** (*BrE, umgs*) flitzen ◊ *He's just nipped out to the bank.* Er ist bloß kurz zur Bank gegangen. ◊ *A car nipped in ahead of me.* Ein Wagen schlüpfte vor mir in die Schlange. IDM **nip sth in the 'bud** etw im Keim ersticken PHR V **nip sth 'off** etw abzwicken, etw abknipsen
nip² /nɪp/ *Nomen* **1** Biss, Kniff ◊ *The dog gave her a nip on the leg.* Der Hund biss sie ins Bein. **2** (*umgs*) ◊ *There was a real nip in the air.* Es war richtig frisch draußen. **3** (*umgs*) Schlückchen IDM **‚nip and 'tuck (with sb)** (*AmE*) Kopf an Kopf (mit jdm)
nip·per /'nɪpə(r)/ *Nomen* (*BrE, umgs*) Kleine(r,s)
nip·ple /'nɪpl/ *Nomen* **1** Brustwarze **2** (*AmE*) Sauger **3** Nippel
nippy /'nɪpi/ *Adj* **1** (*BrE*) flink ◊ *a nippy little sports car* ein spritziger kleiner Sportwagen **2** (*umgs*) (*Wetter*) kühl, frisch
nir·vana /nɪə'vɑːnə; *AmE* nɪr'v-/ *Nomen* Nirwana
Nis·sen hut /'nɪsn hʌt/ *Nomen* (*BrE*) Nissenhütte
nit /nɪt/ *Nomen* **1** Nisse, Kopflaus **2** (*BrE, umgs*) Dussel
'nit-picker *Nomen* Pedant, Kleinigkeitskrämer
'nit-picking¹ *Nomen* (*umgs, abwert*) Pingeligkeit
'nit-picking² *Adj* pingelig
ni·trate /'naɪtreɪt/ *Nomen* Nitrat
ni·tric acid /ˌnaɪtrɪk 'æsɪd/ *Nomen* Salpetersäure
ni·tro·gen /'naɪtrədʒən/ *Nomen* Stickstoff
ni·tro·gen·ous /naɪ'trɒdʒənəs; *AmE* -'trɑːdʒ-/ *Adj* stickstoffhaltig
nitro·gly·cer·ine /ˌnaɪtrəʊ'ɡlɪsəriːn, -rɪn; *AmE* ˌnaɪtroʊ-'ɡlɪsərən/ (*bes BrE* **nitro·gly·cerin** /-rɪn; *AmE* -rən/) *Nomen* Nitroglyzerin
ni·trous oxide /ˌnaɪtrəs 'ɒksaɪd; *AmE* 'ɑːk-/ *Nomen* Distickstoffmonoxid, Lachgas
the nitty-gritty /ˌnɪti 'ɡrɪti/ *Nomen* (*umgs*) der Kern der Sache
nit·wit /'nɪtwɪt/ *Nomen* (*umgs*) Schwachkopf
nix /nɪks/ *Verb* (*AmE, umgs*) fallen lassen, über den Haufen werfen
No. *Abk* **1** (*auch* **no.**) (*Pl* **Nos, nos**) = NUMBER¹ (2) **2** (*AmE*) = NORTH¹, NORTHERN
no¹ /nəʊ; *AmE* noʊ/ *Ausruf* nein IDM **not take no for an answer** nicht locker lassen ◊ *You're coming and I won't take no for an answer!* Du kommst, ich bestehe darauf!
no² /nəʊ; *AmE* noʊ/ *Adj* kein ◊ *No two days are the same.* Kein Tag ist wie der andere. ◊ *No smoking!* Rauchen verboten! ◊ *There's no telling what will happen next.* Es lässt sich nicht sagen, was als Nächstes passieren wird. ◊ *She's no fool.* Sie ist nicht dumm. ◊ *It was no easy matter.* Es war nicht leicht.
no³ /nəʊ; *AmE* noʊ/ *Adv* (*vor Adjektiven und Adverbien*) nicht ◊ *no later than six* bis spätestens 6 Uhr
no⁴ /nəʊ; *AmE* noʊ/ *Nomen* (*Pl* **noes** /nəʊz; *AmE* noʊz/) *Nomen* **1** Nein **2 the noes** [Pl] die Neinstimmen ◊ *The noes have it.* Die Mehrheit ist dagegen. OPP YES
Noah's ark /ˌnəʊəz 'ɑːk; *AmE* ˌnoʊəz 'ɑːrk/ *Nomen* die Arche Noah
nob /nɒb; *AmE* nɑːb/ *Nomen* (*BrE, umgs, veraltet*) feiner Pinkel
‚no-'ball *Nomen* (*Kricket*) ungültiger Ball
nob·ble /'nɒbl; *AmE* 'nɑːbl/ *Verb* (*BrE, umgs*) **1** = auf illegale Weise dafür sorgen, dass ein Rennpferd nicht gewinnt (z.B. durch Beruhigungsmittel) **2** bestechen **3** (*Pläne*) vereiteln, durchkreuzen SYN THWART **4** sich schnappen ◊ *He was nobbled by the press.* Er wurde von der Presse bedrängt.

no·bil·ity /nəʊˈbɪləti; AmE noʊ-/ Nomen **1 the nobility** der Adel [SYN] ARISTOCRACY ⇒ G 1.3a **2** [U] (gehoben) hohe Gesinnung

noble¹ /ˈnəʊbl; AmE ˈnoʊbl/ Adj (**no·bler** /ˈnəʊblə(r); AmE ˈnoʊ-/, **nob·lest** /ˈnəʊblɪst; AmE noʊ-/) (Adv **nobly** /-bli/) **1** edel ◇ *noble ideals* hohe Ideale ◇ *He died for a noble cause.* Er starb für eine gute Sache. **2** stattlich, prächtig [SYN] SPLENDID **3** adlig ◇ *be nobly born* von adliger Geburt sein

noble² /ˈnəʊbl; AmE ˈnoʊbl/ Nomen Adlige(r)

noble·man /ˈnəʊblmən; AmE ˈnoʊbl-/ Nomen (Pl **-men** /-mən/) Adliger

no·blesse ob·lige /nəʊˌblɛs əˈbliːʒ; AmE noʊ-/ Nomen Adel verpflichtet

noble·woman /ˈnəʊblwʊmən; AmE ˈnoʊbl-/ Nomen (Pl **-women** /-wɪmɪn/) Adlige

no·body¹ /ˈnəʊbədi; AmE ˈnoʊ-/ Pron niemand, keiner [OPP] SOMEBODY ⇒ In der gesprochenen Sprache ist **nobody** gebräuchlicher als **no one**.

no·body² /ˈnəʊbədi; AmE ˈnoʊ-/ Nomen (Pl **-ies**) Niemand [SYN] NONENTITY

ˌno-ˈclaims bonus (auch **ˌno-ˈclaim bonus**, **ˌno-ˈclaim(s) discount**) Nomen (BrE) Schadenfreiheitsrabatt

noc·tur·nal /nɒkˈtɜːnl; AmE nɑːkˈtɜːrnl/ Adj nächtlich, Nacht-

noc·turne /ˈnɒktɜːn; AmE ˈnɑːktɜːrn/ Nomen Nocturne

nod¹ /nɒd; AmE nɑːd/ Verb (**-dd-**) **1** nicken ◇ *She nodded approval.* Sie nickte zustimmend. **2 ~ at/to sb** jdm zunicken ◇ *nod a greeting* zur Begrüßung nicken **3** (mit dem Kopf) deuten **4** ein Nickerchen machen ◇ *He sat nodding in front of the fire.* Er war am Kamin eingenickt. [IDM] **have a nodding acˈquaintance with sb/sth** jdn flüchtig kennen [PHRV] **nod ˈoff** (umgs) einnicken

nod² /nɒd; AmE nɑːd/ Nomen Nicken ◇ *give a nod of approval* zustimmend nicken [IDM] **get the ˈnod** (umgs) **1** ausgewählt werden ◇ *He got the nod from the team manager.* Er wurde vom Trainer in die Mannschaft aufgenommen. **2** genehmigt werden **give sb/sth the ˈnod** (umgs) jdm/etw grünes Licht geben **a ˌnod and a ˈwink** wortloses Einverständnis ◇ *Everything could be done by a nod and a wink.* Alles konnte inoffiziell geregelt werden. **on the ˈnod** (BrE, umgs) ohne weitere Diskussion

node /nəʊd; AmE noʊd/ Nomen Knoten ◇ *a lymph node* ein Lymphknoten

nod·ule /ˈnɒdjuːl; AmE ˈnɑːdʒuːl/ Nomen Knötchen

Noel /nəʊˈel; AmE noʊ-/ Nomen Weihnachten

noes Form von NO⁴

ˌno-ˈfault Adj nur vor Nomen (bes AmE) ◇ *no-fault insurance* Vollkaskoversicherung

ˌno-ˈfly zone Nomen (Flug)sperrzone

no-frills Adj ohne großen Service, ohne Extras ◇ *a no-frills airline* eine Billigfluglinie

ˌno-ˈgo area Nomen (bes BrE) Sperrgebiet ◇ *Some estates have become no-go areas for the police.* In manche Siedlungen traut sich die Polizei nicht mehr rein. ◇ *This subject is definitely a no-go area.* Dieses Thema ist eindeutig tabu.

ˈno-good Adj nur vor Nomen (Slang) nichtsnutzig

ˌno-ˈhoper Nomen (umgs) Niete

noise /nɔɪz/ Nomen **1** Geräusch, Lärm ◇ *reduce noise levels* den Geräuschpegel reduzieren ◇ *Don't make so much noise.* Sei nicht so laut. **2** (TECH) Rauschen [IDM] **make a ˈnoise (about sth)** (umgs) (wegen einer Sache) Krach schlagen **make noises** Andeutungen machen ◇ *He made all the right noises.* Er hat genau das Richtige gesagt. **make ˈnoises about sth 1** etw andeuten **2** wegen einer Sache Krach schlagen **make soothing, encouraging, etc. noises** beruhigende, ermutigende etc. Bemerkungen von sich geben ⇒ Siehe auch BIG¹

noise·less /ˈnɔɪzləs/ Adj (Adv **noise·less·ly**) (gehoben) geräuschlos, lautlos

noi·some /ˈnɔɪsəm/ Adj (selten, gehoben) widerlich

noisy /ˈnɔɪzi/ Adj (**nois·ier**, **noisi·est**) (Adv **nois·ily** /-ɪli/) laut, lärmend ◇ *a noisy protest* ein lautstarker Protest ◇ *a noisy classroom* ein Klassenzimmer voller Lärm

nomad /ˈnəʊmæd; AmE ˈnoʊ-/ Nomen Nomade, Nomadin

no·mad·ic /nəʊˈmædɪk; AmE noʊ-/ Adj nomadisch, Nomaden- ◇ *nomadic tribes* Nomadenstämme

ˈno-man's-land Nomen Niemandsland

nom de plume /ˌnɒm də ˈpluːm; AmE ˌnɑːm-/ Nomen (Pl **noms de plume** /ˌnɒm də ˈpluːm; AmE ˌnɑːm-/) Pseudonym [SYN] PEN-NAME *und* PSEUDONYM

no·men·clat·ure /nəˈmenklətʃə(r); AmE ˈnoʊmənklətʃər/ Nomen (gehoben) Nomenklatur

no·men·klat·ura /nəˈmenklətʃʊə(r)ə/ Nomen (POL) Nomenklatura ⇒ G 1.3c

nom·in·al /ˈnɒmɪnl; AmE ˈnɑːm-/ Adj (Adv **nom·in·al·ly** /-nəli/) nominell, dem Namen nach ◇ *the nominal value* der Nennwert **2** (Miete, Gebühr etc.) symbolisch, äußerst gering **3** (LING) Nominal-

nom·in·ate /ˈnɒmɪneɪt; AmE ˈnɑːm-/ Verb **1** nominieren **2** ernennen [SYN] APPOINT **3** (Termin etc.) festlegen

nom·in·ation /ˌnɒmɪˈneɪʃn; AmE ˌnɑːm-/ Nomen Nominierung ◇ *She has had nine Oscar nominations.* Sie wurde neunmal für einen Oscar nominiert.

nom·ina·tive /ˈnɒmɪnətɪv; AmE ˈnɑːm-/ Nomen (LING) Nominativ

nom·inee /ˌnɒmɪˈniː; AmE ˌnɑːm-/ Nomen Kandidat(in) ◇ *an Oscar nominee* jd, der für einen Oscar nominiert wird

non- /nɒn; AmE nɑːn/

> Die Vorsilbe **non** wird in Substantiven, Adjektiven und Adverbien gebraucht und bedeutet nicht: *non-alcoholic* alkoholfrei. Im britischen Englisch werden die Zusammensetzungen mit **non** meist mit Bindestrich, im amerikanischen Englisch meist in einem Wort geschrieben.

nona·gen·ar·ian /ˌnɒnədʒəˈneəriən, ˌnəʊn-; AmE ˌnɑːnədʒəˈner-, ˌnoʊn-/ **1** Nomen Neunziger(in) **2** Adj in den Neunzigern

ˌnon-agˈgres·sion Nomen Gewaltverzicht ◇ *a non-aggression pact* ein Nichtangriffspakt

ˌnon-alcoˈholic Adj alkoholfrei

ˌnon-aˈligned Adj bündnisfrei, blockfrei

ˌnon-aˈlignment Nomen Bündnisfreiheit

ˌnon-apˈpear·ance Nomen (gehoben) Nichterscheinen

ˌnon-atˈtend·ance Nomen Fernbleiben

non·cha·lance /ˈnɒnʃələns; AmE ˌnɑːnʃəˈlɑːns/ Nomen Nonchalance, Lässigkeit

non·cha·lant /ˈnɒnʃələnt; AmE ˌnɑːnʃəˈlɑːnt/ Adj (Adv **non·cha·lant·ly**) lässig, nonchalant

ˌnon-ˈcitizen Nomen (AmE) Ausländer(in)

ˌnon-ˈcombat·ant Nomen **1** Nichtkämpfende(r) **2** Zivilist(in) [SYN] CIVILIAN

ˌnon-commisˈsioned ˈofficer Nomen = NCO

ˌnon-comˈmit·tal Adj (Adv **non-comˈmit·tally** /-təli/) unverbindlich ◇ *The doctor was non-committal about when I could drive again.* Der Arzt wollte sich nicht festlegen, wann ich wieder Auto fahren könnte.

ˌnon-comˈpli·ance Nomen ~ (**with sth**) Nichteinhaltung (von etw), Verstoß (gegen etw)

non-conˈform·ist /ˌnɒnkənˈfɔːmɪst; AmE ˌnɑːnkənˈfɔːrm-/ **1** Nomen Nonkonformist(in) **2** Adj nonkonformistisch ⇒ **Noncomformist** wird meist großgeschrieben, wenn es sich auf die nonkonformistische Kirche bezieht.

non-conˈform·ity /ˌnɒnkənˈfɔːməti; AmE ˌnɑːnkənˈfɔːrm-/ (auch **non-conˈform·ism** /ˌnɒnkənˈfɔːmɪzm; AmE ˌnɑːnkənˈfɔːrm-/) Nomen Nonkonformismus ⇒ Hinweis bei NONCONFORMIST

ˌnon-conˈtribu·tory Adj ohne Eigenbeteiligung ◇ *non-contributory pension schemes* beitragsfreie Altersversorgung [OPP] CONTRIBUTORY

ˌnon-controˈver·sial Adj nicht kontrovers [OPP] CONTROVERSIAL ⇒ **Uncontroversial** ist stärker und wird häufiger verwendet.

ˌnon-coˌopeˈr·ation Nomen Verweigerung der Mitarbeit, passiver Widerstand

ˌnon-cuˈstod·ial Adj nur vor Nomen **1** ◇ *a non-custodial penalty/sentence* eine Strafe ohne Freiheitsentzug **2** = bezeichnet den Elternteil, der nicht das Sorgerecht besitzt [OPP] CUSTODIAL

ˌnon-ˈdairy Adj nur vor Nomen milchfrei ◇ *a non-dairy whipped topping* ein Sahneersatz

non·de·script /ˈnɒndɪskrɪpt; *AmE* ˈnɑːn-/ *Adj* (*abwert*) unauffällig, unscheinbar [SYN] DULL

none[1] /nʌn/ *Pron* keine(r,s) ◊ *None of these pens works/work.* Keiner von diesen Füllern funktioniert. ◊ *Tickets for Friday? Sorry we've got none left.* Karten für Freitag? Tut mir Leid, wir haben keine mehr. ◊ *He told me all the news but none of it was very exciting.* Er erzählte mir alle Neuigkeiten, aber da war nichts Aufregendes dabei. ◊ *'Is there any more milk?' 'No, none at all.'* „Ist noch Milch da?" „Nein, es ist keine mehr da." ◊ (*gehoben*) *Everybody liked him but none more than I.* Alle mochten ihn, aber keiner mehr als ich. [IDM] **'none but** (*gehoben*) nur ˌ**none the 'less** = NONETHELESS **none ˈother than** kein anderer als; nichts anderes als **have/want none of sth** etw nicht dulden; von etw nichts wissen wollen

none[2] /nʌn/ *Adv* **1** ~ **the ...** gar nicht, überhaupt nicht ◊ *I'm none the wiser.* Ich bin nicht viel schlauer geworden. ◊ *He seems none the worse for the experience.* Das Erlebnis hat ihm anscheinend nicht geschadet. **2 ~ too ...** keineswegs, gar nicht ◊ *She was looking none too pleased.* Sie sah gar nicht glücklich aus.

non·en·ti·ty /nɒˈnentəti; *AmE* nɑːˈn-/ *Nomen* (*Pl* **-ies**) (*abwert*) (*Mensch*) Null, Nichts [SYN] NOBODY

ˌ**non-esˈsential** *Adj* nicht unbedingt nötig, nicht lebensnotwendig ☞ **Inessential** ist stärker und beinhaltet eine kritische Einstellung.

ˌ**non-esˈsentials** *Nomen* [Pl] nicht unbedingt notwendige Dinge

none·the·less (*auch* ˌ**none the ˈless**) /ˌnʌnðəˈles/ *Adv* (*gehoben*) trotzdem, nichtsdestoweniger

ˌ**non-eˈvent** *Nomen* (*umgs*) Reinfall, Pleite

ˌ**non-exˈecutive** *Adj* nur vor Nomen (*BrE*) ohne Entscheidungsbefugnis

ˌ**non-eˈxistence** *Nomen* Nichtvorhandensein

ˌ**non-eˈxistent** *Adj* nicht vorhanden

ˌ**non-ˈfiction** *Nomen* [U] Sachliteratur, Sachbücher

ˌ**non-ˈfinite** *Adj* infinit

ˌ**non-ˈflammable** *Adj* nicht entzündlich

ˌ**non-ˈhuman** *Adj* nicht menschlich

ˌ**non-interˈven·tion** (*auch* ˌ**non-interˈfer·ence**) *Nomen* Nichteinmischung

ˌ**non-interˈven·tion·ist** *Adj* ◊ *a non-interventionist policy* eine Politik der Nichteinmischung

ˌ**non-ˈlinear** *Adj* (*Fachspr*) nicht linear [OPP] LINEAR

ˌ**non-neˈgotiable** *Adj* **1** ◊ *non-negotiable demands* Forderungen, über die nicht verhandelt werden kann **2** (*Scheck etc.*) nicht übertragbar

ˈ**no-no** *Nomen* [Sing] (*umgs*) **be a ~** nicht infrage kommen

ˌ**non-obˈservance** *Nomen* (*gehoben*) Nichtbeachtung, Nichteinhaltung

no-ˈnonsense *Adj* nur vor Nomen nüchtern, sachlich

ˌ**non-partiˈsan** *Adj* überparteilich, unparteiisch

ˌ**non-ˈpayment** *Nomen* (*gehoben*) Nichtzahlung, Zahlungsverweigerung

non·plussed (*AmE auch* **non·plused**) /ˌnɒnˈplʌst; *AmE* nɑːˈn-/ *Adj* verblüfft, verdutzt

ˌ**non-preˈscrip·tion** *Adj nur vor Nomen* rezeptfrei

ˌ**non-proˈfes·sion·al** *Adj* **1** ohne Hochschulbildung **2** Amateur-

ˌ**non-ˈprofit** (*BrE auch* ˌ**non-ˈprofit-making**) *Adj* gemeinnützig, nicht auf Gewinn ausgerichtet

ˌ**non-proˌlifeˈr·ation** *Nomen* Nichtverbreitung von Atomwaffen

ˌ**non-reˈfund·able** *Adj* nicht rückzahlbar ◊ *non-refundable tickets* Karten ohne Rückerstattungsanspruch

ˌ**non-ˈrenewable** *Adj* **1** nicht erneuerbar ◊ *non-renewable resources* nicht erneuerbare Ressourcen **2** nicht verlängerbar

ˌ**non-ˈresident**[1] *Adj* (*gehoben*) **1** nicht ansässig **2** nicht im Haus wohnend ◊ *non-resident guests* Gäste, die nicht im Haus wohnen

ˌ**non-ˈresident**[2] *Nomen* (*gehoben*) **1** = Ausländer(in), der/die nicht auf Dauer in einem Land wohnhaft ist **2** = nicht im Hotel wohnender Gast

ˌ**non-resiˈdent·ial** *Adj* **1** (*Haus, Viertel etc.*) Geschäfts- ◊ *The new buildings will be non-residential.* Die neuen Bauten werden keine Wohnhäuser. **2** ◊ *a non-residential course* ein Kurs, bei dem man nicht im Haus/Wohnheim wohnen muss

ˌ**non-reˈturnable** *Adj* **1** nicht rückzahlbar **2** (*Flaschen etc.*) Einweg-

non·sense /ˈnɒnsns; *AmE* ˈnɑːnsens, -sns/ *Nomen* **1** Unsinn, Quatsch, dummes Zeug [SYN] RUBBISH **2** Unsinn, Dummheiten ◊ *The new teacher won't stand for any nonsense.* Der neue Lehrer duldet keinen Unsinn. **3** Nonsens ◊ *children's nonsense poems* Nonsens-Gedichte für Kinder [IDM] **make (a)** ˈ**nonsense of sth** etw zur Farce werden lassen; etw ad absurdum führen

non·sens·ical /nɒnˈsensɪkl; *AmE* nɑːn-/ *Adj* unsinnig [SYN] ABSURD

non ˈsequi·tur /ˌnɒn ˈsekwɪtə(r); *AmE* ˌnɑːn ˌ*Nomen* (*gehoben*) unlogische Folgerung

ˌ**non-ˈslip** *Adj* rutschfest

ˌ**non-ˈsmoker** *Nomen* Nichtraucher(in)

ˌ**non-ˈsmoking 1** *Nomen* Nichtrauchen ◊ *Non-smoking is now the norm in most workplaces.* An den meisten Arbeitsplätzen darf heute nicht mehr geraucht werden. **2** *Adj* Nichtraucher- ◊ *a non-smoking area* eine Nichtraucherzone **3** *Adj* ◊ *a non-smoking tenant* ein Mieter, der nicht raucht

ˌ**non-speˈcific** *Adj* **1** allgemein (gehalten) **2** (MED) unspezifisch

ˌ**non-ˈstandard** *Adj* **1** nicht der Standardsprache entsprechend **2** nicht üblich ◊ *The paper was of non-standard size.* Das Papier war eine Sondergröße.

ˌ**non-ˈstarter** *Nomen* (*umgs*) Blindgänger, Reinfall, Versager

ˌ**non-ˈstick** *Adj* beschichtet

ˌ**non-ˈstop**[1] *Adj* Nonstop-, durchgehend ◊ *a non-stop flight* ein Nonstopflug ◊ *non-stop rain* Dauerregen

ˌ**non-ˈstop**[2] *Adv* nonstop, ununterbrochen

ˌ**non-ˈunion** (*seltener* ˌ**non-ˈunionized**, *BrE auch* **-ised**) *Adj* **1** nicht gewerkschaftlich organisiert **2** (*Firma*) gewerkschaftsfrei

ˌ**non-ˈverbal** *Adj* nonverbal

ˌ**non-ˈviolence** *Nomen* Gewaltlosigkeit

ˌ**non-ˈviolent** *Adj* gewaltlos ◊ *non-violent crimes* Straftaten ohne Anwendung von Gewalt

ˌ**non-ˈwhite** **1** *Nomen* Farbige(r) **2** *Adj* farbig

noo·dle /ˈnuːdl/ *Nomen* **1** [meist Pl] Nudel **2** (*AmE, Slang, veraltet*) (*Kopf*) Birne

nook /nʊk/ *Nomen* Ecke, Winkel [IDM] **every** ˌ**nook and ˈcranny** (*umgs*) alle Ecken und Winkel

nooky (*auch* **nookie**) /ˈnʊki/ *Nomen* (*Slang*) Bumsen

noon /nuːn/ *Nomen* [U] Mittag, 12 Uhr mittags [SYN] MIDDAY [IDM] ⇨ MORNING

noon·day /ˈnuːndeɪ/ *Adj nur vor Nomen* (*gehoben oder veraltet*) Mittags- ◊ *the noonday sun* die Mittagssonne

ˈ**no one** *Pron* niemand ◊ *There was no one else around.* Es war sonst niemand da. ☞ *Hinweis bei* NOBODY[1]

noose /nuːs/ *Nomen* (*fig*) Schlinge

nope /nəʊp; *AmE* noʊp/ *Ausruf* (*umgs*) nein, nee

ˈ**no place** *Adv* (*bes AmE, umgs*) nirgendwo, nirgendwohin

nor /nɔː(r)/ *Konj, Adv* **1 neither ... nor ... ; not ... nor ...** nicht ... und auch nicht ..., weder ... noch ... ◊ *She seemed neither surprised nor worried.* Sie schien weder überrascht noch besorgt. ◊ *It is not possible, nor is it necessary.* Es ist nicht möglich und auch nicht nötig. **2** auch nicht ◊ *She doesn't like them and nor does Jeff.* Sie mag sie nicht, und Jeff auch nicht. ◊ *'I'm not going.' 'Nor am I.'* „Ich gehe nicht." „Ich auch nicht." ◊ *He wasn't there on Monday. Nor on Tuesday, for that matter.* Er war Montag nicht da. Dienstag aber auch nicht.

Nor·dic /ˈnɔːdɪk; *AmE* ˈnɔːrdɪk/ *Adj* nordisch

norm /nɔːm; *AmE* nɔːrm/ *Nomen* [Sing] Norm

nor·mal[1] /ˈnɔːml; *AmE* ˈnɔːrml/ *Adj* normal ◊ *in the normal course of events* normalerweise ◊ *We are open during normal office hours.* Wir haben zu den üblichen Geschäftszeiten geöffnet. ◊ *That's normal practice.* Das ist so üblich.

nor·mal[2] /ˈnɔːml; *AmE* ˈnɔːrml/ *Nomen* [U] Normalwert ◊ *Her temperature is above normal.* Sie hat erhöhte Tempe-

ratur. ◊ *Things soon returned to normal.* Bald hatte sich wieder alles normalisiert.
nor·mal·i·ty /nɔːˈmæləti; *AmE* nɔːrˈm-/ (*bes AmE* **nor·mal·cy** /ˈnɔːmlsi; *AmE* ˈnɔːrm-/) *Nomen* Normalität
nor·mal·iza·tion (*BrE auch* **-isa·tion**) /ˌnɔːməlaɪˈzeɪʃn; *AmE* ˌnɔːrmələˈz-/ *Nomen* Normalisierung
nor·mal·ize (*BrE auch* **-ise**) /ˈnɔːməlaɪz; *AmE* ˈnɔːrm-/ *Verb* (sich) normalisieren
nor·mal·ly /ˈnɔːməli; *AmE* ˈnɔːrm-/ *Adv* **1** normalerweise **2** normal ◊ *Just try to behave normally.* Versuchen Sie, sich ganz normal zu benehmen.
Nor·man /ˈnɔːmən; *AmE* ˈnɔːrm-/ *Adj* normannisch ◊ *Norman churches* Kirchen im normannischen Stil ◊ *the Norman Conquest* die Eroberung Englands durch die Normannen
nor·ma·tive /ˈnɔːmətɪv; *AmE* ˈnɔːrm-/ *Adj* (*gehoben*) normativ
north¹ /nɔːθ; *AmE* nɔːrθ/ *Nomen* (*Abk* **N**; *AmE auch* **No.**) Norden ◊ *to the north of Bath* nördlich von Bath

> Wenn **north** sich auf einen Landesteil bezieht, wird es oft großgeschrieben. **The North** bezeichnet auch die Nordstaaten der USA, die im Bürgerkrieg gegen die Südstaaten gekämpft haben, und die Länder der nördlichen Hemisphäre.

north² /nɔːθ; *AmE* nɔːrθ/ *Adj nur vor Nomen* (*Abk* **N**; *AmE auch* **No.**) Nord-, nördlich ◊ *the north wind* der Nordwind
north³ /nɔːθ; *AmE* nɔːrθ/ *Adv* nach Norden ◊ *north of York* nördlich von York IDM **up ˈnorth** (*umgs*) im Norden; in den Norden
north·bound /ˈnɔːθbaʊnd; *AmE* ˈnɔːrθ-/ *Adj* in Richtung Norden ◊ *the northbound carriageway of the motorway* die Autobahn in Richtung Norden
ˈnorth-country *Adj nur vor Nomen* nordenglisch
ˌnorth-ˈeast 1 *Nomen* (*Abk* **NE**) Nordosten **2** *Adv, Adj* nach Nordosten, nordöstlich, Nordost-
ˌnorth-ˈeasterly 1 *Adj nur vor Nomen* (*Richtung*) nordöstlich **2** (*Wind*) Nordost-
ˌnorth-ˈeastern *Adj nur vor Nomen* (*Abk* **NE**) nordöstlich ◊ *the north-eastern city of Recife* die im Nordosten liegende Stadt Recife ◊ *the north-eastern frontier* die Nordostgrenze
ˌnorth-ˈeastwards (*auch* **ˌnorth-ˈeastward**) *Adv, Adj* nordostwärts, nach Nordosten
north·er·ly /ˈnɔːðəli; *AmE* ˈnɔːrðərli/ **1** *Adj nur vor Nomen* (*Richtung*) nördlich **2** *Adj* (*Wind*) Nord- **3** *Nomen* (*Pl* **-ies**) Nordwind
north·ern /ˈnɔːðən; *AmE* ˈnɔːrðərn/ *Adj* (*Abk* **N**; *AmE auch* **No.**) Nord-, nördlich ◊ *the northern slopes of the mountains* die Nordseite des Gebirges ☛ *Hinweis bei* NORDEN
north·ern·er /ˈnɔːðənə(r); *AmE* ˈnɔːrðən-/ *Nomen* = Bewohner(in) des Nordens eines Landes
the ˌnorthern ˈlights *Nomen* [Pl] das Nordlicht
north·ern·most /ˈnɔːðənməʊst; *AmE* ˈnɔːrðərnmoʊst/ *Adj* nördlichste(r,s)
the ˌNorth ˈPole *Nomen* der Nordpol
north·wards /ˈnɔːθwədz; *AmE* ˈnɔːrθwərdz/ (*auch* **northward**) *Adv, Adj* nordwärts, nach Norden
ˌnorth-ˈwest *Nomen* **1** (*Abk* **NW**) Nordwesten **2** *Adv, Adj* nach Nordwesten, nordwestlich, Nordwest-
ˌnorth-ˈwesterly *Adj* **1** *nur vor Nomen* (*Richtung*) nordwestlich **2** (*Wind*) Nordwest-
ˌnorth-ˈwestern *Adj nur vor Nomen* (*Abk* **NW**) nordwestlich ☛ *Beispiele bei* NORTH-EASTERN
ˌnorth-ˈwestwards (*auch* **ˌnorth-ˈwestward**) *Adv, Adj* nordwestwärts, nach Nordwesten
nose¹ /nəʊz; *AmE* noʊz/ *Nomen* **1** Nase ◊ *He blew his nose.* Er putzte sich die Nase. ◊ *I have a blocked nose.* Meine Nase ist verstopft. ◊ *The child had a runny nose.* Dem Kind lief die Nase. **2** (*Flugzeug*) Nase; (*Rakete*) Spitze **3** **a ~ for sth** ein Riecher für etw **4** [Sing] Geruchssinn, Nase **5** [Sing] (*von Wein*) Blume SYN BOUQUET IDM **cut off your ˈnose to spite your ˈface** (*umgs*) sich ins eigene Fleisch schneiden ◊ **get up sb's ˈnose** (*BrE, umgs*) jdm auf den Wecker gehen ◊ **have your nose in a book, etc.** (*umgs*) die Nase in ein Buch etc. stecken ◊ *Peter always has his nose in a book.* Peter ist immer in ein Buch vertieft. ◊ **have a**

nose ˈround (*BrE, umgs*) sich umsehen, herumschnüffeln ◊ *I'll have a nose round.* Ich sehe mich mal um. ◊ **keep your ˈnose clean** (*umgs*) sich nichts zuschulden kommen lassen ◊ **keep your nose out of sth** sich aus etw heraushalten ◊ **keep your nose to the ˈgrindstone** (*umgs*) sich dahinter klemmen ◊ **look down your ˈnose at sb/sth** (*bes BrE, umgs*) auf jdn/etw herabsehen ◊ **nose to ˈtail** (*BrE*) Stoßstange an Stoßstange ◊ **on the ˈnose** (*bes AmE, umgs*) genau ◊ **poke/stick your nose into ˈsth** (*umgs*) seine Nase in etw stecken ◊ **put sb's ˈnose out of joint** (*umgs*) jdn vor den Kopf stoßen ◊ **turn your ˈnose up at sth** (*umgs*) die Nase über etw rümpfen ◊ **under sb's ˈnose** (*umgs*) **1** (direkt) vor jds Nase **2** vor jds Augen ◊ **with your nose in the air** (*umgs*) hochnäsig ☛ *Siehe auch* FOLLOW¹, LEAD¹, PAY², PLAIN¹, POWDER², RUB¹, SKIN¹ *und* THUMB²
nose² /nəʊz; *AmE* noʊz/ *Verb* **1** sich vorsichtig bewegen ◊ *The taxi nosed its way back into the traffic.* Das Taxi schob sich vorsichtig wieder in den Verkehr hinein. **2** (*Tier*) schnüffeln ◊ *The horses nosed at the straw.* Die Pferde rochen am Stroh. PHR V **ˌnose aˈbout/aˈround (for sth)** (nach etw) herumschnüffeln ◊ **ˌnose sth ˈout** (*umgs*) etw aufspüren
ˈnose·bag /ˈnəʊzbæg; *AmE* ˈnoʊz-/ *Nomen* (*BrE*) Futterbeutel
nose·bleed /ˈnəʊzbliːd; *AmE* ˈnoʊz-/ *Nomen* Nasenbluten
ˈnose-cone *Nomen* (Raketen)spitze, Rumpfspitze
-nosed (*in Adjektiven*) ◊ *large-nosed* mit einer großen Nase
nose·dive¹ /ˈnəʊzdaɪv; *AmE* ˈnoʊz-/ *Nomen* **1** Sturzflug **2** (*fig*) Einbruch, Sturzflug ◊ *Oil prices took a nosedive.* Die Ölpreise sind rapide gesunken. ◊ *Her spirits took a sudden nosedive.* Ihre Stimmung sank plötzlich auf den Nullpunkt.
nose·dive² /ˈnəʊzdaɪv; *AmE* ˈnoʊz-/ *Verb* **1** in einen Sturzflug gehen **2** rapide sinken
ˈnose·gay /ˈnəʊzgeɪ; *AmE* ˈnoʊz-/ *Nomen* (*veraltet*) (Blumen)sträußchen
ˈnose job *Nomen* (*umgs*) Nasenkorrektur
ˈnose ring *Nomen* Nasenring
nosey = NOSY
nosh¹ /nɒʃ; *AmE* nɑːʃ/ *Nomen* **1** [U/Sing] (*BrE, Slang, veraltet*) Essen, Futter **2** (*bes AmE*) Imbiss
nosh² /nɒʃ; *AmE* nɑːʃ/ *Verb* futtern
ˌno-ˈshow *Nomen* (*umgs*) **1** nicht erscheinender Gast/Passagier etc. **2** Nichterscheinen ◊ *Fans were disappointed by his no-show at the festival.* Die Fans waren enttäuscht, dass er beim Festival nicht erschien.
ˈnosh-up *Nomen* (*bes BrE, Slang*) Fressgelage
nosi·ness /ˈnəʊzməs; *AmE* ˈnoʊz-/ *Nomen* (*umgs*) Neugierde
ˌno-ˈsmoking *Adj nur vor Nomen* Nichtraucher-
nos·tal·gia /nɒˈstældʒə; *AmE* nəˈs-, nɑːˈs-/ *Nomen* Nostalgie ◊ *She is filled with nostalgia for her schooldays.* Sie denkt wehmütig an ihre Schulzeit zurück.
nos·tal·gic /nɒˈstældʒɪk; *AmE* nəˈs-, nɑːˈs-/ *Adj* (*Adv* **nos·tal·gic·al·ly** /-kli/) nostalgisch, wehmütig ◊ *I feel quite nostalgic for the town where I grew up.* Ich denke mit Nostalgie an meine Heimatstadt zurück.
nos·tril /ˈnɒstrəl; *AmE* ˈnɑːs-/ *Nomen* Nasenloch, Nüster
nosy (*auch* **nosey**) /ˈnəʊzi; *AmE* ˈnoʊzi/ *Adj* (*umgs, abwert*) neugierig SYN INQUISITIVE
ˌNosy ˈParker (*auch* **ˌNosey ˈParker**) *Nomen* (*BrE, umgs, veraltend*) neugierige Person, Schnüffler(in)
not /nɒt; *AmE* nɑːt/ *Adv* (*häufig zu* **n't** gekürzt) nicht ◊ *She did not/didn't see him.* Sie hat ihn nicht gesehen. ◊ *It's cold, isn't it?* Es ist kalt, nicht wahr? ◊ *Certainly not.* Auf keinen Fall. IDM **not a …; not one …** kein(e) einzige(r,s) ◊ *He didn't speak to me – not one word.* Er hat nicht mit mir gesprochen – kein einziges Wort. ◊ **not at ˈall 1** überhaupt nicht **2** keine Ursache ◊ **not only … (but) also …** nicht nur …, sondern auch … ◊ **ˈnot that** nicht, dass ◊ *I was right. Not that it matters now.* Ich hatte Recht. Aber das ist jetzt egal.
not·able¹ /ˈnəʊtəbl; *AmE* ˈnoʊ-/ *Adj* bemerkenswert, bedeutend; **~ for sth** bekannt für etw
not·able² /ˈnəʊtəbl; *AmE* ˈnoʊ-/ *Nomen* [meist Pl] (*gehoben*) bekannte Persönlichkeit
not·ably /ˈnəʊtəbli; *AmE* ˈnoʊ-/ *Adv* **1** insbesondere,

hauptsächlich ◊ *most notably* vor allem SYN ESPECIALLY **2** ausgesprochen, besonders SYN REMARKABLY

no·ta·ry /ˈnəʊtəri; *AmE* ˈnoʊ-/ *Nomen* (*Pl* **-ies**) (*Fachspr* ˌnotary ˈpublic (*Pl* **notaries public**)) Notar(in)

no·ta·tion /nəʊˈteɪʃn; *AmE* noʊ-/ *Nomen* Notation

notch¹ /nɒtʃ; *AmE* nɑːtʃ/ *Nomen* **1** Kerbe ◊ *She tightened her belt an extra notch.* Sie schnallte ihren Gürtel ein Loch enger. **2** ◊ (*fig*) *He raised his voice a notch.* Er sprach etwas lauter. ◊ *My spirits lifted a few notches.* Meine Stimmung wurde um einiges besser.

notch² /nɒtʃ; *AmE* nɑːtʃ/ *Verb* **1** (*umgs*) ~ **sth** (**up**) etw verzeichnen können **2** einkerben

note¹ /nəʊt; *AmE* noʊt/ *Nomen* **1** Notiz ◊ *Please make a note of the dates.* Notieren Sie sich bitte die Termine. ◊ *He occasionally took notes.* Er machte ab und zu Notizen. ◊ *Keep a note of who has paid.* Schreib auf, wer bezahlt hat. ◊ *She made a mental note to ask Alan about it.* Sie merkte sich, dass sie Alan danach fragen wollte. ◊ *Can I borrow your lecture notes?* Kann ich mir deine Vorlesungsmitschrift ausleihen? **2** kurzer Brief ◊ *Just a quick note to say thank you for the flowers.* Nur ein paar Zeilen als Dank für die Blumen. ◊ *a suicide note* ein (vor dem Selbstmord geschriebener) Abschiedsbrief **3** Anmerkung ◊ *explanatory notes* Erläuterungen ◊ *the sleeve notes* der Text auf der Plattenhülle **4** (Geld)schein **5** (MUS) Note **6** [Sing] (*fig*) Klang, Ton ◊ *There was a note of amusement in his voice.* Seine Stimme klang leicht belustigt. ◊ *On a more serious note ...* Nun zu etwas Ernsterem ... **7** (*Dokument*) Schein ◊ *He's got a sick note from the doctor.* Der Arzt hat ihn krank geschrieben. ◊ *a delivery note* ein Lieferschein ◊ *Students returning to school after absence must bring a note from their parents.* Schüler, die gefehlt haben, müssen eine schriftliche Entschuldigung ihrer Eltern mitbringen. **8** (*Fachspr*) (POL) Note ◊ *an exchange of diplomatic notes* ein diplomatischer Notenaustausch IDM **hit/strike the right/wrong ˈnote** (*bes BrE*) den richtigen/falschen Ton treffen **of ˈnote** bedeutend ◊ *The museum contains nothing of great note.* Das Museum enthält nichts sonderlich Erwähnenswertes. **sound a ˈnote of ˈcaution; sound a ˈnote of ˈwarning/a ˈwarning note** eine Warnung aussprechen **strike a ...ˈnote ...** klingen ◊ *strike a conciliatory note* versöhnlich klingen ◊ *The modern painting struck a discordant note in the ballroom.* Das moderne Gemälde passte nicht in den Ballsaal. **take note** es zur Kenntnis nehmen ◊ *I hope British companies will take note.* Ich hoffe, britische Firmen werden das beachten. **take note of sth** etw beachten ◊ *Take note of what he says.* Höre darauf, was er sagt. ☛ *Siehe auch* COMPARE

note² /nəʊt; *AmE* noʊt/ *Verb* (*gehoben*) **1** beachten **2** anmerken PHRV ˌnote sth ˈdown (sich) etw notieren

note·book /ˈnəʊtbʊk; *AmE* ˈnoʊt-/ *Nomen* **1** Notizbuch **2** (COMP) Notebook

noted /ˈnəʊtɪd; *AmE* ˈnoʊt-/ *Adj* bekannt SYN FAMOUS

note·let /ˈnəʊtlət; *AmE* ˈnoʊt-/ *Nomen* (*BrE*) Briefkarte

note·pad /ˈnəʊtpæd; *AmE* ˈnoʊt-/ *Nomen* Notizblock

note·paper /ˈnəʊtpeɪpə(r); *AmE* ˈnoʊt-/ *Nomen* Briefpapier

note·worthy /ˈnəʊtwɜːði; *AmE* ˈnoʊtwɜːrði/ *Adj* bemerkenswert

noth·ing /ˈnʌθɪŋ/ *Pron* nichts ◊ *The doctor said there was nothing wrong with me.* Der Arzt hat gesagt, dass mir nichts fehlt. ◊ (*BrE*) *He's five foot nothing.* Er ist genau fünf Fuß groß. IDM **be ˈnothing to sb** jdm nichts bedeuten **be/have nothing to do with sb/sth** nichts mit jdm/etw zu tun haben ◊ *Get out! It's nothing to do with you.* Geh raus! Das geht dich nichts an! **for ˈnothing** umsonst SYN FREE¹ (3) **have nothing on sb** (*umgs*) nicht mit jdm mithalten können **2** (*Polizei etc.*) keine Beweise gegen jdn haben **not for ˈnothing** nicht ohne Grund; nicht umsonst **ˈnothing but** nur ◊ *He does nothing but grumble.* Er beschwert sich ständig. **ˈnothing if not** äußerst ◊ *The trip was nothing if not varied.* Der Ausflug war äußerst abwechslungsreich. **ˈnothing less than 1** nur ◊ *Nothing less than victory would do.* Nur ein Sieg war gut genug. **2** geradezu ◊ *It was nothing less than a disaster.* Es war eine totale Katastrophe. **nothing ˈlike** (*umgs*) **1** überhaupt nicht wie ◊ *It looks nothing like a horse.* Es sieht überhaupt nicht wie ein Pferd aus. **2** überhaupt nicht ◊ *I had nothing like enough time.* Ich hatte längst nicht genug Zeit. **ˌnothing ˈmuch** nicht viel **(there's) ˌnothing ˈto it** (es ist) kinderleicht **there is/was nothing (else) ˈfor it (but to do sth)** es gibt/gab keine andere Möglichkeit (als etw zu tun) **there is/was nothing in sth** an etw ist/war nichts Wahres dran **there's nothing like sth** es geht nichts über etw ☛ *Siehe auch* ALL² *und* SWEET¹

noth·ing·ness /ˈnʌθɪŋnəs/ *Nomen* Nichts

no·tice¹ /ˈnəʊtɪs; *AmE* ˈnoʊ-/ *Nomen* **1 take ~** aufmerksam werden; **take ~ of sth** etw beachten, etw zur Kenntnis nehmen, Notiz von etw nehmen; **bring sth to sb's ~** jdn auf etw aufmerksam machen ◊ *Normally, the letter would not have come to my notice.* Normalerweise hätte ich von dem Brief nichts erfahren. ◊ *He takes no notice of what I say.* Er hört nicht auf mich. ◊ (*gehoben*) *It will not have escaped your notice that ...* Es wird Ihrer Aufmerksamkeit nicht entgangen sein, dass ... **2** Bekanntmachung, Anschlag **3** Schild **4** Anzeige ◊ *notices of births, marriages and deaths* Geburts-, Heirats- und Todesanzeigen **5** (*bei Versammlungen etc.*) Ankündigung, Bekanntgabe **6** Bescheid ◊ *You must give one month's notice.* Sie müssen einen Monat vorher Bescheid geben. ◊ *Prices may be altered without notice.* Die Preise können ohne Ankündigung geändert werden. ◊ *closed until further notice* bis auf weiteres geschlossen. ◊ *You must be available at two days' notice.* Sie müssen innerhalb von zwei Tagen zur Verfügung stehen. **7** Kündigung ◊ *He has handed in/given in his notice.* Er hat gekündigt. ◊ *They gave her two weeks' notice.* Ihr wurde mit einer Frist von zwei Wochen gekündigt. ◊ *They have been give notice to quit.* Ihnen ist gekündigt worden. **8** Kritik, Rezension IDM **at a moment's notice** jederzeit **at short ˈnotice** (*AmE auch* **on short ˈnotice**) kurzfristig

no·tice² /ˈnəʊtɪs; *AmE* ˈnoʊ-/ *Verb* (*selten in der Verlaufsform*) **1** (be)merken ◊ *I couldn't help noticing (that) she was wearing a wig.* Mir fiel auf, dass sie eine Perücke trug. ◊ *I noticed them come in.* Ich sah, wie sie hereinkamen. **2** Notiz nehmen von ◊ *He hardly seems to notice me any more.* Er scheint mich kaum noch wahrzunehmen. ◊ *She wears those clothes just to get herself noticed.* Sie trägt diese Sachen nur um aufzufallen.

no·tice·able /ˈnəʊtɪsəbl; *AmE* ˈnoʊ-/ *Adj* erkennbar, auffällig, deutlich ◊ *It was noticeable that ...* Es fiel auf, dass ...

no·tice·ably /ˈnəʊtɪsəbli; *AmE* ˈnoʊ-/ *Adv* merklich, deutlich

no·tice·board /ˈnəʊtɪsbɔːd; *AmE* ˈnoʊtɪsbɔːrd/ *Nomen* (*auch* **board**) (*BrE*) Anschlagbrett, schwarzes Brett

no·ti·fi·able /ˈnəʊtɪfaɪəbl; *AmE* ˈnoʊ-/ *Adj* (*gehoben*) meldepflichtig

no·ti·fi·ca·tion /ˌnəʊtɪfɪˈkeɪʃn; *AmE* ˌnoʊ-/ *Nomen* (*gehoben*) Mitteilung, Benachrichtigung

no·tify /ˈnəʊtɪfaɪ; *AmE* ˈnoʊ-/ *Verb* (**-fies**, **-fy·ing**, **-fied**, **-fied**) ~ **sb** (**of sth**) jdn (von etw) benachrichtigen; ~ **sth to sb** jdm etw mitteilen ◊ *Winners will be notified by post.* Gewinner werden schriftlich benachrichtigt. SYN INFORM

no·tion /ˈnəʊʃn; *AmE* ˈnoʊʃn/ *Nomen* Vorstellung, Idee, Ahnung

no·tion·al /ˈnəʊʃənl; *AmE* ˈnoʊ-/ *Adj* (*Adv* **no·tion·al·ly** /-ʃənəli/) (*gehoben*) theoretisch, angenommen ◊ *a notional sum* eine angenommene Summe

no·tori·ety /ˌnəʊtəˈraɪəti; *AmE* ˌnoʊ-/ *Nomen* traurige Berühmtheit

no·tori·ous /nəʊˈtɔːriəs; *AmE* noʊ-/ *Adj* (*Adv* **no·tori·ous·ly**) (berühmt-)berüchtigt, notorisch ◊ *Mountain weather is notoriously difficult to predict.* Es ist bekannt, wie schwer sich das Wetter im Gebirge vorhersagen lässt.

not·with·stand·ing¹ /ˌnɒtwɪθˈstændɪŋ, -wɪð-; *AmE* ˌnɑːt-/ *Präp* (*gehoben*) (*auch nachgestellt*) ungeachtet, trotz ◊ *the bad weather notwithstanding* trotz des schlechten Wetters

not·with·stand·ing² /ˌnɒtwɪθˈstændɪŋ, -wɪð-; *AmE* ˌnɑːt-/ *Adv* (*gehoben*) nichtsdestoweniger, dennoch SYN HOWEVER *und* NEVERTHELESS

nou·gat /ˈnuːɡɑː; *AmE* ˈnuːɡət/ *Nomen* Nugat

nought /nɔːt/ *Nomen* **1** (*BrE*) Null ◊ *I give the programme nought out of ten for humour.* Für Humor bekommt die Sendung von mir null Punkte. ☛ *Siehe auch* S. 759 **2** (*auch* **naught**) (*gehoben*) nichts ◊ *come to nought* zunichte werden

noughts and crosses Nomen [U] (BrE) (Spiel) Tic Tac Toe
noun /naʊn/ Nomen (Abk **n.**) Nomen, Substantiv, Hauptwort
noun phrase Nomen (LING) Nominalphrase
nour·ish /ˈnʌrɪʃ/ AmE ˈnɜːrɪʃ/ Verb **1** (er)nähren, mit Nährstoffen versorgen **2** (gehoben) (fig) nähren, fördern
nour·ish·ing /ˈnʌrɪʃɪŋ/ AmE ˈnɜːr-/ Adj nahrhaft
nour·ish·ment /ˈnʌrɪʃmənt/ AmE ˈnɜːr-/ Nomen [U] (gehoben oder Fachspr) Nährstoffe, Nahrung (auch fig)
nous /naʊs/ Nomen (BrE, umgs) Verstand, Grips SYN COMMON SENSE
nou·veau riche /ˌnuːvəʊ ˈriːʃ; AmE ˌnuːvoʊ/ **1** Nomen (Pl **nou·veaux riches** /ˌnuːvəʊ ˈriːʃ; AmE ˌnuːvoʊ/ oder **the nou·veau riche**) (abwert) Neureiche(r) **2** Adj neureich
nou·velle cuis·ine /ˌnuːvel kwɪˈziːn/ Nomen Nouvelle Cuisine
nova /ˈnəʊvə; AmE ˈnoʊvə/ Nomen (Pl **novae** /-viː/ oder **novas**) (ASTRON) Nova
novel¹ /ˈnɒvl; AmE ˈnɑːvl/ Nomen Roman
novel² /ˈnɒvl; AmE ˈnɑːvl/ Adj neu(artig), innovativ
nov·el·ette /ˌnɒvəˈlet; AmE ˌnɑːv-/ Nomen **1** Groschenroman **2** Novelle
nov·el·ist /ˈnɒvəlɪst; AmE ˈnɑːv-/ Nomen Romanautor(in), Romancier ◇ a historical novelist ein Autor von historischen Romanen
nov·el·is·tic /ˌnɒvəˈlɪstɪk; AmE ˌnɑːv-/ Adj (gehoben) romanhaft
nov·ella /nəˈvelə/ Nomen Novelle
nov·elty /ˈnɒvlti; AmE ˈnɑːv-/ Nomen (Pl **-ies**) **1** Neuheit, Neuartigkeit ◇ The novelty soon wore off. Der Reiz des Neuen war schnell vorbei. ◇ There's a certain novelty value in this approach. Dieser Ansatz ist mal etwas Neues. **2** Geschenkartikel ◇ chocolate novelties for the Christmas tree Weihnachtsbaumschmuck aus Schokolade
No·vem·ber /nəʊˈvembə(r); AmE noʊ-/ Nomen (Abk **Nov**) November ☞ Beispiele bei JANUAR
nov·ice /ˈnɒvɪs; AmE ˈnɑːv-/ Nomen **1** Anfänger(in) **2** Novize, Novizin **3** = Pferd, das noch kein größeres Rennen gewonnen hat
now /naʊ/ Adv **1** jetzt, nun ◇ From now on I'll be more careful. In Zukunft werde ich vorsichtiger sein. ◇ right now sofort ◇ That's all for now. Das ist im Moment alles. ◇ What do you want now? Was willst du denn jetzt schon wieder? **2** (einleitend) jetzt, also ◇ Now, the next point is quite complex. Also, der nächste Punkt ist ziemlich kompliziert. **3** ~ (that) ... jetzt, wo ... ◇ Now that the kids have left home we've got more space. Jetzt, wo die Kinder aus dem Haus sind, haben wir mehr Platz. IDM (**every**) **now and aˈgain/ˈthen** hin und wieder; ab und zu **now for ˈsb/ˈsth** und jetzt zu jdm/etw ◇ Now for some travel news. Und nun die Verkehrsnachrichten. ˌnow, ˈnow (auch ˌnow ˈthen) also wirklich; na, na ◇ Now then, that's enough noise. Also wirklich, hört auf mit dem Lärm. **now ... now ...** mal ..., mal ...; bald ..., bald ... (**it's**) ˌnow or ˈnever jetzt oder nie **ˈnow then 1** = NOW, NOW **2** also ◇ Now then, who wants to come for a walk? Also, wer möchte mit spazieren gehen? ˈ**Now what?** (umgs) **1** (auch **What is it ˈnow?**) Was ist denn nun schon wieder? **2** Was nun?
now·adays /ˈnaʊədeɪz/ Adv heute, heutzutage
no·where /ˈnəʊweə(r); AmE ˈnoʊwer/ Adv nirgends, nirgendwo, nirgendwohin IDM **get sb ˈnowhere** jdm nichts (ein)bringen ◇ Talking to him will get you nowhere. Du wirst nichts damit erreichen, wenn du mit ihm redest. **go ˈnowhere**; **get ˈnowhere** keine Fortschritte machen; nichts erreichen **nowhere to be ˈfound/ˈseen; nowhere in ˈsight** nirgends zu sehen; (fig) nicht in Sicht ☞ Siehe auch LEAD¹, MIDDLE¹ und LAST
ˌno-ˈwin Adj nur vor Nomen ◇ a no-win situation eine Situation, in der man nicht gewinnen kann ◇ a no-win choice eine Wahl, bei der man immer etwas verkehrt macht
nowt /naʊt/ Pron (BrE, umgs, Dialekt) nichts, nix
nox·ious /ˈnɒkʃəs; AmE ˈnɑːk-/ Adj (gehoben) **1** giftig, schädlich **2** übel, unangenehm
noz·zle /ˈnɒzl; AmE ˈnɑːzl/ Nomen Düse; (für Benzin) Zapfpistole
nr Abk = NEAR³

nth /enθ/ Adj (umgs) nur vor Nomen ◇ for the nth time zum x-ten Mal ◇ every nth word jedes soundsovielte Wort IDM **to the ˌnth deˈgree** bis zum Äußersten
nu·ance /ˈnjuːɑːns; AmE ˈnuː-/ Nomen Nuance, Schattierung
nub /nʌb/ Nomen [Sing] Kernpunkt ◇ That's the nub. Das ist der springende Punkt.
nu·bile /ˈnjuːbaɪl; AmE ˈnuː-, ˈnuːbl/ Adj (gehoben) (junge Frau) attraktiv
nu·clear /ˈnjuːkliə(r); AmE ˈnuː-/ Adj Kern-, Atom- ◇ the country's nuclear capability das Atomwaffenpotential des Landes ◇ a nuclear-free zone eine atomwaffenfreie Zone
ˌnuclear ˈfamily Nomen (Fachspr) Kleinfamilie, Kernfamilie
ˌnuclear ˈfission (auch **fis·sion**) Nomen (Kern)spaltung
ˌnuclear ˈfusion (auch **fu·sion**) Nomen (Kern)fusion
ˌnuclear reˈactor (auch **re·act·or**) Nomen (Kern)reaktor
nu·cle·ic acid /njuːˌkliːɪk ˈæsɪd, -ˌkleɪɪk/ AmE nuː-/ Nomen Nukleinsäure
nu·cleus /ˈnjuːkliəs; AmE ˈnuː-/ Nomen (Pl **nu·clei** /-kliaɪ/) **1** (PHYSIK) (Atom)kern **2** (BIOL) (Zell)kern, Nukleus **3** (zentraler Teil) Kern
nude¹ /njuːd/ AmE nuːd/ Adj nackt, Nackt-; (Kunst) Akt- SYN NAKED
nude² /njuːd/ AmE nuːd/ Nomen Akt IDM **in the ˈnude** nackt SYN NAKED
nudge¹ /nʌdʒ/ Verb **1** anstoßen, (an)stupsen **2** schieben ◇ He nudged his way through the crowd. Er bahnte sich einen Weg durch die Menge. ◇ (fig) She nudged the conversation towards the subject of money. Sie brachte die Unterhaltung auf das Thema Geld. **3** erreichen (lassen) ◇ Inflation is nudging 20%. Die Inflation hat fast die Zwanzig-Prozent-Marke erreicht.
nudge² /nʌdʒ/ Nomen Schubs, Stoß
nud·ism /ˈnjuːdɪzəm; AmE ˈnuː-/ Nomen Nudismus, Freikörperkultur
nud·ist /ˈnjuːdɪst; AmE ˈnuː-/ Nomen Nudist(in), FKK-Anhänger(in) ◇ a nudist beach ein FKK-Strand
nud·ity /ˈnjuːdəti; AmE ˈnuː-/ Nomen Nacktheit
nug·get /ˈnʌɡɪt/ Nomen **1** Nugget, (Gold)klumpen **2** paniertes Klößchen **3** (fig) Stück ◇ a useful nugget of information eine nützliche Information
nuis·ance /ˈnjuːsns; AmE ˈnuː-/ Nomen **1** [meist Sing] Ärgernis, Plage ◇ I hope you're not making a nuisance of yourself. Ich hoffe, du fällst niemandem lästig. ◇ It's a nuisance having to go back tomorrow. Es ist ärgerlich, dass wir morgen zurückmüssen. ◇ What a nuisance! So etwas Dummes! **2** (RECHT) Ärgernis
nuke /njuːk/ Verb (umgs) mit Atomwaffen angreifen
null /nʌl/ Adj (MATH) Null- IDM **ˌnull and ˈvoid** (RECHT) (null und) nichtig; ungültig
nul·lify /ˈnʌlɪfaɪ/ Verb (**-fies**, **-fy·ing**, **-fied**, **-fied**) (gehoben) **1** (RECHT) für (null und) nichtig erklären, für ungültig erklären SYN INVALIDATE **2** zunichte machen SYN NEGATE
nul·lity /ˈnʌləti/ Nomen [Sing] (gehoben oder Fachspr) Ungültigkeit, Nichtigkeit
numb¹ /nʌm/ Adj **1** taub, gefühllos ◇ My fingers were numb. Ich hatte kein Gefühl mehr in den Fingern. **2** (wie) betäubt, benommen
numb² /nʌm/ Verb taub machen, betäuben
num·ber¹ /ˈnʌmbə(r)/ Nomen **1** Zahl ◇ odd/even numbers ungerade/gerade Zahlen **2** (Abk **No.**) Nummer ◇ I think you have the wrong number. Ich glaube, Sie sind falsch verbunden. **3** Anzahl, Zahl ◇ A number of problems have arisen. Eine Reihe Probleme sind aufgetaucht. ◇ I could give you any number of reasons for not going. Ich könnte dir beliebig viele Gründe nennen, nicht hinzugehen. ◇ one of our number uns von (BrE) **4** (BrE) (Zeitschrift) Ausgabe SYN ISSUE ☞ Siehe auch BACK NUMBER **5** [Sing] (Slang) ◇ She was wearing a black velvet number. Sie trug eine Kreation aus schwarzem Samt. ◇ He drives a shiny red number. Er fährt eine tollen roten Schlitten. **6** [U] (LING) Numerus IDM **by ˈnumbers** nach Zahlen **have (got) sb's ˈnumber** (umgs) jdn durchschauen **your ˈnumber is up** (umgs) (Drohung) du bist dran **ˌnumber ˈone** (umgs) **1** die Nummer eins ◇ the number one priority die höchste

---

s see | t tea | v van | w wet | z zoo | ʃ shoe | ʒ vision | tʃ chain | dʒ jam | θ thin | ð this | ŋ sing

number 422

Priorität **2** man selbst ◇ *Looking after number one is all she thinks about.* Sie denkt nur an sich selbst. **'numbers game** Spiel mit Zahlen ◇ *MPs were playing the numbers game.* Die Abgeordneten jonglierten mit Zahlen. ☛ *Siehe auch* CUSHY, OPPOSITE¹, SAFETY *und* WEIGHT¹

num·ber² /'nʌmbə(r)/ *Verb* **1** nummerieren ◇ *We numbered 20.* Wir waren 20. [SYN] ADD UP TO STH **3** ~ **(sb/sth) among sth** (*gehoben*) (jdn/etw) zu etw zählen, (jdn/etw) zu etw rechnen [IDM] ⇨ DAY

'number crunching *Nomen* (COMP) (*umgs*) Number-crunching

num·ber·less /'nʌmbələs; *AmE* -bərl-/ *Adj* (*gehoben*) zahllos, unzählig [SYN] INNUMERABLE

'number plate *Nomen* (*bes BrE*) Nummernschild, Autokennzeichen

'Number 'Ten *Nomen* **No 10** = 10 Downing Street, London, die offizielle Adresse des Premierministers/der Premierministerin, daher oft als Synonym für die Regierung gebraucht ☛ G 1.3c

numb·ing /'nʌmɪŋ/ *Adj* betäubend, lähmend ◇ *numbing cold* grimmige Kälte

numb·ly /'nʌmli/ *Adv* benommen, betäubt

numb·ness /'nʌmnəs/ *Nomen* Starre, Gefühllosigkeit, Benommenheit

numb·skull (*auch* **num·skull**) /'nʌmskʌl/ *Nomen* (*umgs*) Dummkopf

nu·mer·acy /'njuːmərəsi; *AmE* 'nuː-/ *Nomen* [U] rechnerische Fähigkeiten

nu·meral /'njuːmərəl; *AmE* 'nuː-/ *Nomen* Ziffer

nu·mer·ate /'njuːmərət; *AmE* 'nuː-/ *Adj* ◇ *All students should be numerate and literate when they leave school.* Beim Schulabgang sollten all Schüler rechnen, lesen und schreiben können. [OPP] INNUMERATE

nu·mer·ator /'njuːməreɪtə(r); *AmE* 'nuː-/ *Nomen* (*Mathematik*) Zähler

nu·mer·ic·al /njuː'merɪkl; *AmE* nuː-/ (*auch* **nu·mer·ic** /-ɪk/) *Adj* (*Adv* **nu·mer·ic·al·ly** /-kli/) numerisch, zahlenmäßig

nu·mer·ous /'njuːmərəs; *AmE* 'nuː-/ *Adj* (*gehoben*) zahlreich [SYN] MANY

nu·mis·mat·ic /ˌnjuːmɪz'mætɪk; *AmE* ˌnuː-/ *Adj* numismatisch

nu·mis·mat·ics /ˌnjuːmɪz'mætɪks; *AmE* ˌnuː-/ *Nomen* [U] Numismatik

nu·mis·ma·tist /njuː'mɪzmətɪst; *AmE* nuː-/ *Nomen* Numismatiker(in)

num·skull = NUMBSKULL

nun /nʌn/ *Nomen* Nonne

nun·cio /'nʌnsiəʊ; *AmE* -sioʊ/ *Nomen* (*Pl* **-os**) Nuntius

nun·nery /'nʌnəri/ *Nomen* (*Pl* **-ies**) (*veraltet oder gehoben*) (Nonnen)kloster

nup·tial /'nʌpʃl/ *Adj* nur vor Nomen (*gehoben*) Hochzeits-, Ehe- ◇ *a nuptial mass* eine Hochzeitsmesse ◇ *nuptial bliss* Eheglück

nup·tials /'nʌpʃlz/ *Nomen* [Pl] (*veraltet*) Hochzeit

nurse¹ /nɜːs; *AmE* nɜːrs/ *Nomen* **1** Krankenschwester, Krankenpfleger(in) ◇ *student nurses* Schwesternschülerinnen ◇ *a male nurse* ein Krankenpfleger ◇ *a dental nurse* eine Zahnarzthelferin ◇ *a psychiatric nurse* ein(e) Krankenpfleger(in) in der Psychiatrie **2** = NURSEMAID

nurse² /nɜːs; *AmE* nɜːrs/ *Verb* **1** pflegen **2** auskurieren ◇ (*fig*) *She was nursing her hurt pride.* Sie bemühte sich, über ihren verletzten Stolz hinwegzukommen. **3** (*gehoben*) hegen [SYN] HARBOUR **4** ◇ *He sat nursing his teddy bear.* Er saß da und drückte seinen Teddy an sich. **5** stillen [SYN] SUCKLE **6** an der Brust trinken [SYN] SUCKLE

nurse·maid /'nɜːsmeɪd; *AmE* 'nɜːrs-/ *Nomen* (*auch* **nurse**) (*veraltet*) Kinderfrau, Kindermädchen

ˌnurse prac'titioner *Nomen* = Krankenpfleger(in) mit Sonderausbildung, der/die manche sonst von Ärzten ausgeführte Aufgaben übernimmt

nur·sery¹ /'nɜːsəri; *AmE* 'nɜːrs-/ *Nomen* (*Pl* **-ies**) **1** = DAY NURSERY **2** = NURSERY SCHOOL **3** (*AmE oder veraltet*) Kinderzimmer **4** Gärtnerei, Baumschule

nur·sery² /'nɜːsəri; *AmE* 'nɜːrs-/ *Adj* nur vor Nomen (*BrE*) ◇ *nursery education* Vorschulerziehung ◇ *She's a nursery teacher.* Sie ist Kindergärtnerin.

'nur·sery·man /'nɜːsərimən; *AmE* 'nɜːrs-/ *Nomen* (*Pl* **-men** /-mən/) Gärtner

'nursery nurse *Nomen* (*BrE*) Kindergärtnerin

'nursery rhyme *Nomen* Kinderreim, Kinderlied

'nursery school *Nomen* (*BrE*) Kindergarten

'nursery slope *Nomen* (*BrE*) [meist Pl] Anfängerhügel

nurs·ing /'nɜːsɪŋ; *AmE* 'nɜːrs-/ *Nomen* Krankenpflege ◇ *nursing care* Pflege ◇ *the nursing profession* die Pflegeberufe

'nursing home *Nomen* Pflegeheim

nur·ture¹ /'nɜːtʃə(r); *AmE* 'nɜːrtʃ-/ *Verb* (*gehoben*) **1** aufziehen, pflegen **2** entwickeln, fördern ◇ *My father nurtured a love of art in me.* Mein Vater förderte meine Liebe zur Kunst. **3** hegen

nur·ture² /'nɜːtʃə(r); *AmE* 'nɜːrtʃ-/ *Nomen* (*gehoben*) Erziehung, Pflege

nut¹ /nʌt/ *Nomen* **1** Nuss ◇ *nuts and raisins* Studentenfutter **2** Schraubenmutter **3** (*BrE*, *Slang*) (*Kopf*) Birne **4** (*umgs*) Spinner **5** (*umgs*) Freak **6 nuts** [Pl] (*Slang*) (*Hoden*) Eier [IDM] **do your 'nut** (*BrE*, *umgs*) in die Luft gehen **a hard/tough 'nut** (*umgs*) (*Mensch*) ein harter Brocken **a hard/tough 'nut (to 'crack)** eine harte Nuss (zu knacken) **the ˌnuts and 'bolts (of sth)** (*umgs*) die Grundlagen (von etw) **ˌoff your 'nut** (*BrE*, *umgs*) verrückt ☛ *Siehe auch* SLEDGEHAMMER

nut² /nʌt/ *Verb* (**-tt-**) (*BrE*, *umgs*) jdm einen Kopfstoß versetzen

ˌnut-'brown *Adj* haselnussbraun

nut·case /'nʌtkeɪs/ *Nomen* (*umgs*) Spinner

nut·crack·er /'nʌtkrækə(r)/ *Nomen* (*BrE auch* **nut·crack·ers** [Pl]) Nussknacker

nut·meg /'nʌtmeg/ *Nomen* Muskatnuss

nu·tri·ent /'njuːtriənt; *AmE* 'nuː-/ *Nomen* (*Fachspr*) Nährstoff

nu·tri·tion /nju'trɪʃn; *AmE* nu-/ *Nomen* Ernährung, Ernährungswissenschaft ◇ *nutrition information* Nährwertangaben

nu·tri·tion·al /nju'trɪʃnl; *AmE* nu-/ *Adj* den Nährwert betreffend, Nähr- ◇ *the nutritional value of milk* der Nährwert von Milch

nu·tri·tion·al·ly /nju'trɪʃnəli; *AmE* nu-/ *Adv* vom Nährwert her

nu·tri·tion·ist /nju'trɪʃənɪst; *AmE* nu-/ *Nomen* Ernährungswissenschaftler(in)

nu·tri·tious /nju'trɪʃəs; *AmE* nu-/ *Adj* nahrhaft [SYN] NOURISHING

nuts /nʌts/ *Adj* nicht vor Nomen (*umgs*) **1** verrückt ◇ *It's driving me nuts!* Das treibt mich zum Wahnsinn! **2** ~ **about sb/sth** ganz verrückt nach jdm/auf etw

nut·shell /'nʌtʃel/ *Nomen* Nussschale [IDM] **(put sth) in a 'nutshell** kurz (gesagt)

nut·ter /'nʌtə(r)/ *Nomen* (*BrE*, *umgs*) Spinner

nutty /'nʌti/ *Adj* **1** nussartig, nussig **2** (*umgs*) (leicht) verrückt ◇ *as nutty as a fruitcake* total verrückt

nuz·zle /'nʌzl/ *Verb* **1** = mit Mund oder Nase liebkosen **2** ~ **up to/against sb** sich an jdn schmiegen

NVQ /ˌen viː 'kjuː/ *Nomen* = berufsbezogene Qualifikation in Großbritannien (außer Schottland) für im Berufsleben stehende Personen (Abkürzung für National Vocational Qualification)

NW *Abk* = NORTH-WEST (1), NORTH-WESTERN

NY *Abk* New York

NYC *Abk* New York City

nylon /'naɪlɒn; *AmE* -lɑːn/ *Nomen* **1** Nylon® **2 nylons** [Pl] (*veraltet*) Nylons, Nylonstrümpfe

nymph /nɪmf/ *Nomen* Nymphe

nymph·et /'nɪmfet, nɪm'fet/ *Nomen* (*gehoben*) Nymphchen

nym·pho·maniac /ˌnɪmfə'meɪniæk/ (*umgs* **nym·pho** /'nɪmfəʊ; *AmE* -foʊ/) *Nomen* (*abwert*) Nymphomanin

N.Z. (*BrE auch* **NZ**) *Abk* = NEW ZEALAND ☛ *Siehe auch* S. 767

æ cat | ɑː father | e ten | ɜː bird | ə about | ɪ sit | iː see | i many | ɒ got (*BrE*) | ɔː saw | ʌ cup | ʊ put | uː too

O o

O, o /əʊ; AmE oʊ/ 1 Nomen (Pl **O's, o's**) (Buchstabe) O, o ☛ Siehe auch O LEVEL ☛ Beispiele bei A, A 2 Null ◊ *My number is six o double three.* Meine Nummer ist sechs null drei drei. ☛ Siehe auch S. 759 und S. 761 3 *Ausruf* (gehoben, selten) Oh

o' /ə/ *Präp, Abk* ≈ Schreibweise, die eine umgangssprachliche Aussprache von „of" wiedergibt

oaf /əʊf; AmE oʊf/ *Nomen* Tölpel, Stoffel

oaf·ish /ˈəʊfɪʃ; AmE ˈoʊ-/ *Adj* tölpelhaft, stoffelig

oak /əʊk; AmE oʊk/ *Nomen* 1 (*auch* '**oak tree**) Eiche 2 Eichenholz, Eiche

oak·en /ˈəʊkən; AmE ˈoʊkən/ *Adj nur vor Nomen* (gehoben) Eichen-, eichen

OAP /ˌəʊ eɪ ˈpiː; AmE ˌoʊ-/ *Nomen* (*BrE, veraltend*) Rentner(in)

oar /ɔː(r)/ *Nomen* Ruder IDM **put/stick your 'oar in** (*BrE, umgs*) seinen Senf dazugeben; sich einmischen SYN INTERFERE

oar·lock /ˈɔːlɒk; AmE ˈɔːrlɑːk/ *Nomen* (*AmE*) Dolle

oars·man /ˈɔːzmən; AmE ˈɔːrz-/ *Nomen* (*Pl* **-men** /-mən/) Ruderer

oa·sis /əʊˈeɪsɪs; AmE oʊ-/ *Nomen* (*Pl* **oases** /-siːz/) Oase ◊ (*fig*) *an oasis of calm* eine Oase der Ruhe

oat /əʊt; AmE oʊt/ *Adj nur vor Nomen* Hafer-

oath /əʊθ; AmE oʊθ/ *Nomen* (*Pl* **oaths** /əʊðz; AmE oʊðz/) 1 Schwur, Eid 2 (*veraltet*) Fluch IDM **on/under 'oath** (RECHT) unter Eid

oat·meal /ˈəʊtmiːl; AmE ˈoʊt-/ 1 *Nomen* Hafermehl 2 *Nomen* (*AmE*) Haferbrei 3 *Nomen* Hellbeige 4 *Adj* hellbeige

oats /əʊts; AmE oʊts/ *Nomen* [Pl] Hafer ◊ *porridge oats* Haferflocken IDM ⇨ sow¹

ob·du·ra·cy /ˈɒbdjərəsi; AmE ˈɑːbdər-/ *Nomen* (*gehoben, selten*) Halsstarrigkeit, Starrköpfigkeit

ob·du·rate /ˈɒbdjərət; AmE ˈɑːbdər-/ *Adj* (*Adv* **ob·du·rate·ly**) (*gehoben, selten*) halsstarrig, starrköpfig ◊ *remain obdurate* unerbittlich bleiben SYN STUBBORN

OBE /ˌəʊ biː ˈiː; AmE ˌoʊ-/ *Kurzform von* **Order of the British Empire** Auszeichnung, die in Großbritannien für besondere Leistungen verliehen wird ◊ *She was made/awarded an OBE.* Ihr wurde ein OBE verliehen.

obedi·ence /əˈbiːdiəns/ *Nomen* Gehorsam ◊ *He has acted in obedience to the law.* Er hat dem Gesetz entsprechend gehandelt.

obedi·ent /əˈbiːdiənt/ *Adj* (*Adv* **obedi·ent·ly**) gehorsam ◊ *be obedient to sb/sth* jdm/etw gehorchen OPP DISOBEDIENT IDM **your obedient servant** (*veraltet*) Ihr ergebenster Diener; Ihre ergebenste Dienerin

obei·sance /əʊˈbeɪsns; AmE oʊˈbiːsns/ *Nomen* (*gehoben, selten*) Ehrerbietung 2 Verbeugung

ob·el·isk /ˈɒbəlɪsk; AmE ˈɑːb-, ˈoʊb-/ *Nomen* Obelisk

obese /əʊˈbiːs; AmE oʊ-/ *Adj* fettleibig

obes·ity /əʊˈbiːsəti; AmE oʊ-/ *Nomen* Fettleibigkeit

obey /əˈbeɪ/ *Verb* gehorchen, befolgen ◊ *obey the law* sich an das Gesetz halten OPP DISOBEY

ob·fus·cate /ˈɒbfʌskeɪt; AmE ˈɑːb-/ *Verb* (*gehoben, selten*) verschleiern

ob·fus·ca·tion /ˌɒbfʌsˈkeɪʃn; AmE ˌɑːb-/ *Nomen* (*gehoben, selten*) Verschleierung

ob-gyn /ˌəʊ biː ˌdʒiː waɪˈen; AmE ˌoʊ-/ *Nomen* (*AmE, umgs*) 1 Geburtshilfe und Gynäkologie 2 Frauenarzt, Frauenärztin

ob·itu·ary /əˈbɪtʃuəri; AmE oʊˈbɪtʃueri/ *Nomen* (*Pl* **-ies**) Nachruf

ob·ject¹ /ˈɒbdʒɪkt; AmE ˈɑːbdʒekt, -dʒɪkt/ *Nomen* 1 Gegenstand 2 Ziel, Zweck 3 (LING) Objekt IDM **expense, money, etc. is no 'object** Geld spielt keine Rolle

ob·ject² /əbˈdʒekt/ *Verb* 1 ~ (**to sb/sth**) Einwände haben (gegen jdn/etw), jdn/etw ablehnen; ~ (**to doing sth/to sb doing sth**) etw dagegen haben (etw zu tun/dass jd etw tut) 2 einwenden

ob·jec·tion /əbˈdʒekʃn/ *Nomen* 1 ~ (**to sth**) Einwand (gegen etw) ◊ *I have no objection to going.* Ich habe nichts dagegen hinzugehen. 2 (RECHT) Einspruch

ob·jec·tion·able /əbˈdʒekʃənəbl/ *Adj* (*gehoben*) unangenehm, anstößig, unausstehlich

ob·ject·ive¹ /əbˈdʒektɪv/ *Nomen* Ziel

ob·ject·ive² /əbˈdʒektɪv/ *Adj* (*Adv* **ob·ject·ive·ly**) 1 objektiv, sachlich ◊ *Can these effects be objectively measured?* Können diese Auswirkungen tatsächlich gemessen werden? 2 (PHILOS) tatsächlich, objektiv OPP SUBJECTIVE

ob·ject·iv·ity /ˌɒbdʒekˈtɪvəti; AmE ˌɑːb-/ *Nomen* Objektivität

'object lesson *Nomen* [meist Sing] Musterbeispiel ◊ *Her handling of the emergency was an object lesson to us all.* Wie sie in dieser Notfallsituation handelte, war beispielhaft.

ob·ject·or /əbˈdʒektə(r)/ *Nomen* Gegner(in) ☛ Siehe auch CONSCIENTIOUS OBJECTOR

objet d'art /ˌɒbʒeɪ ˈdɑː; AmE ˌɔːbdʒeɪ ˈdɑːr/ *Nomen* (*Pl* **objets d'art** /ˌɒbʒeɪ ˈdɑː; AmE ˌɔːbdʒeɪ ˈdɑːr/) Kunstgegenstand

ob·li·gated /ˈɒblɪɡeɪtɪd; AmE ˈɑːb-/ *Adj* (*BrE, gehoben oder AmE*) verpflichtet SYN OBLIGED

ob·li·ga·tion /ˌɒblɪˈɡeɪʃn; AmE ˌɑːb-/ *Nomen* [meist Sing] Verpflichtung, Pflicht ◊ *You are under no obligation to buy anything.* Es besteht kein Kaufzwang. ◊ *She did not feel under any obligation to tell him the truth.* Sie fühlte sich nicht verpflichtet, ihm die Wahrheit zu sagen. ◊ *without obligation* unverbindlich

ob·liga·tory /əˈblɪɡətri; AmE -tɔːri/ *Adj* (*gehoben*) obligatorisch

ob·lige /əˈblaɪdʒ/ *Verb* 1 (*meist passiv*) verpflichten, zwingen 2 ~ **sb** (**by doing sth**) jdm den Gefallen tun (und etw tun) ◊ *If you need any help — I'd be happy to oblige.* Wenn du Hilfe brauchst — ich stehe dir gern zur Verfügung.

ob·liged /əˈblaɪdʒd/ *Adj nicht vor Nomen* ~ (**to sb**) (**for sth**) (*gehoben*) (jdm) (für etw) dankbar

ob·li·ging /əˈblaɪdʒɪŋ/ *Adj* entgegenkommend

ob·li·gingly /əˈblaɪdʒɪŋli/ *Adv* freundlicherweise

ob·lique¹ /əˈbliːk/ *Adj* (*Adv* **ob·lique·ly**) 1 indirekt ◊ *an oblique reference* ein versteckter Hinweis SYN INDIRECT 2 schräg, schief

ob·lique² /əˈbliːk/ *Nomen* (*BrE*) Schrägstrich

ob·lit·er·ate /əˈblɪtəreɪt/ *Verb* (*oft passiv*) auslöschen, vernichten ◊ *The snow had obliterated their footprints.* Der Schnee hatte ihre Spuren zugedeckt.

ob·lit·er·ation /əˌblɪtəˈreɪʃn/ *Nomen* 1 Auslöschen, Vernichtung 2 Aufhebung

ob·liv·ion /əˈblɪviən/ *Nomen* 1 Vergessen ◊ *Sam longed for the oblivion of sleep.* Sam sehnte sich danach, im Schlaf Vergessen zu finden. ◊ *He drank himself into oblivion.* Er trank bis zur Bewusstlosigkeit. 2 Vergessenheit ◊ (*fig*) *bombed into oblivion* dem Erdboden gleichgemacht

ob·livi·ous /əˈblɪviəs/ *Adj* (*Adv* **ob·livi·ous·ly**) ahnungslos ◊ *He drove off, oblivious of the damage he had caused.* Er fuhr davon, ohne sich des Schadens, den er verursacht hatte, bewusst zu sein. ◊ *You eventually become oblivious to the noise.* Irgendwann nimmt man den Lärm nicht mehr wahr.

ob·long¹ /ˈɒblɒŋ; AmE ˈɑːblɔːŋ/ *Adj* 1 rechteckig 2 (*AmE*) länglich

ob·long² /ˈɒblɒŋ; AmE ˈɑːblɔːŋ/ *Nomen* Rechteck

| uː actual | aɪ my | aʊ now | eɪ say | əʊ (BrE) go | oʊ (AmE) go | ɔɪ boy | ɪə near | eə hair | ʊə pure |

ob·nox·ious /əb'nɒkʃəs; *AmE* -'nɑːk-/ *Adj* (*Adv* **ob·nox·ious·ly**) widerlich, widerwärtig

oboe /'əʊbəʊ; *AmE* 'oʊboʊ/ *Nomen* Oboe

obo·ist /'əʊbəʊɪst; *AmE* 'oʊboʊɪst/ *Nomen* Oboist(in)

ob·scene /əb'siːn/ *Adj* (*Adv* **ob·scene·ly**) **1** obszön ◊ *obscene books* pornografische Bücher **2** unverschämt, widerlich ◊ *an obscene amount of money* unverschämt viel Geld

ob·scen·ity /əb'senəti/ *Nomen* (*Pl* **-ies**) Obszönität ◊ *The editors are being prosecuted for obscenity.* Die Redakteure werden wegen der Veröffentlichung pornografischen Materials strafrechtlich verfolgt. ◊ *She screamed a string of obscenities at the judge.* Sie beschimpfte den Richter mit unflätigen Ausdrücken.

ob·scure¹ /əb'skjʊə(r); *AmE* əb'skjʊr/ *Adj* (*Adv* **ob·scure·ly**) **1** unbekannt ◊ *an obscure German poet* ein unbedeutender deutscher Dichter **2** unklar, undurchsichtig ◊ *I found her lecture very obscure.* Ich fand ihre Vorlesung nur schwer verständlich. ◊ *For some obscure reason, he failed to turn up.* Aus irgendeinem unerklärlichen Grund kam er nicht.

ob·scure² /əb'skjʊə(r); *AmE* əb'skjʊr/ *Verb* verdecken; (*Bedeutung*) unklar machen ◊ *We mustn't let these details obscure the main issue.* Wir dürfen über den Details nicht die Hauptsache aus den Augen verlieren.

ob·scur·ity /əb'skjʊərəti; *AmE* -'skjʊr-/ *Nomen* (*Pl* **-ies**) **1** Unbekanntheit, Vergessenheit ◊ *The actress was plucked from obscurity and made a star.* Die Schauspielerin war völlig unbekannt, als sie entdeckt und zum Star gemacht wurde. ◊ *He spent most of his life living and working in obscurity.* Die meiste Zeit seines Lebens lebte und arbeitete er völlig zurückgezogen. **2** [meist Pl/U] Unklarheit, unverständliche Ausdrücke **3** (*gehoben*) Dunkelheit

ob·se·qui·ous /əb'siːkwiəs/ *Adj* (*Adv* **ob·se·qui·ous·ly**) (*gehoben, abwert*) servil, unterwürfig

ob·serv·able /əb'zɜːvəbl; *AmE* -'zɜːrv-/ *Adj* wahrnehmbar, erkennbar ◊ *observable differences* sichtbare Unterschiede ◊ *Similar trends are observable here.* Ähnliche Entwicklungen sind hier zu beobachten.

ob·ser·vance /əb'zɜːvəns; *AmE* -'zɜːrv-/ *Nomen* **1** Einhaltung, Befolgung [OPP] NON-OBSERVANCE **2** [meist Pl] Ritus

ob·ser·vant /əb'zɜːvənt; *AmE* -'zɜːrv-/ *Adj* **1** aufmerksam ◊ *How very observant of you!* Das haben Sie aber scharf beobachtet! ◊ *an observant eye* ein scharfes Auge **2** (*gehoben*) (REL) praktizierend

ob·ser·va·tion /ˌɒbzə'veɪʃn; *AmE* ˌɑːbzər'v-/ *Nomen* **1** Beobachtung ◊ *We managed to escape observation.* Es gelang uns, unbeobachtet zu bleiben. ◊ *The suspect is being kept under observation.* Der Verdächtige wird überwacht. ◊ *outstanding powers of observation* eine außerordentliche Beobachtungsgabe ◊ *an observation tower* ein Wachturm **2** Bemerkung ◊ *She has some interesting observations to make.* Sie hat einiges Interessantes zu sagen.

ob·ser·va·tory /əb'zɜːvətri; *AmE* əb'zɜːrvətɔːri/ *Nomen* (*Pl* **-ies**) Sternwarte

ob·serve /əb'zɜːv; *AmE* əb'zɜːrv/ *Verb* (*nicht in der Verlaufsform*) (*gehoben*) **1** beobachten ◊ *He was observed to follow her closely.* Er wurde dabei beobachtet, wie er ihr in kurzem Abstand folgte. ◊ *They observed him entering the bank.* Sie sahen, wie er die Bank betrat. ◊ *Observe how the parts fit together.* Achten Sie darauf, wie die Teile zusammenpassen. **2** (*sagen*) bemerken; (*Regeln etc.*) einhalten; (*Feste, Feiertage*) feiern, einhalten ◊ *observe a ceasefire* einen Waffenstillstand einhalten ◊ *observe a minute's silence* eine Schweigeminute halten

ob·ser·ver /əb'zɜːvə(r); *AmE* -'zɜːrv-/ *Nomen* **1** Zuschauer(in) **2** Beobachter(in) ◊ *apparent even to the casual observer* selbst für den Laien ersichtlich

ob·sess /əb'ses/ *Verb* **1** ununterbrochen beschäftigen; **be obsessed by/with sb/sth** von jdm/etw besessen sein ◊ *He's obsessed by computers.* Er ist total auf Computer versessen. **2 be obsessing** (**about sth**) sich zwanghaft (mit etw) beschäftigen

ob·ses·sion /əb'seʃn/ *Nomen* **1** Besessenheit, Wahn, Obsession ◊ *Her fear of flying is bordering on obsession.* Ihre Angst vor dem Fliegen ist fast schon zwanghaft. ◊ *The media's obsession with the prince continues.* Das Interesse der Medien ist weiterhin auf den Prinzen fixiert. **2** fixe Idee

ob·ses·sion·al /əb'seʃənl/ *Adj* (*Adv* **ob·ses·sion·al·ly**

/-nəli/) zwanghaft, obsessiv ◊ *She is obsessional about cleanliness.* Sie hat einen Sauberkeitsfimmel.

ob·ses·sive /əb'sesɪv/ **1** *Adj* (*Adv* **ob·ses·sive·ly**) zwanghaft, obsessiv ◊ *He became obsessive about punctuality.* Pünktlichkeit wurde bei ihm zur Manie. **2** *Nomen* (PSYCH) Zwangsneurotiker(in).

ob·so·les·cence /ˌɒbsə'lesns; *AmE* ˌɑːb-/ *Nomen* (*gehoben*) Veralten ◊ *products with built-in/planned obsolescence* Produkte mit eingebautem Verschleiß

ob·so·les·cent /ˌɒbsə'lesnt; *AmE* ˌɑːb-/ *Adj* (*gehoben*) fast überholt

ob·so·lete /'ɒbsəliːt, ˌɑːbsə'liːt/ *Adj* veraltet, überholt [SYN] OUT OF DATE

obs·tacle /'ɒbstəkl; *AmE* 'ɑːb-/ *Nomen* ~ (**to sth**) Hindernis (für etw) ◊ *Her lack of qualifications was a major obstacle to finding a job.* Ihre mangelnden Qualifikationen waren bei der Stellensuche ein wesentliches Handicap. ◊ *Union leaders are accused of putting obstacles in the way of progress.* Den Gewerkschaftsführern wird vorgeworfen, den Fortschritt zu behindern.

'obstacle course *Nomen* **1** Hindernisparcours **2** (*fig*) Hindernislauf

'obstacle race *Nomen* Hindernisrennen

ob·stet·ric /əb'stetrɪk/ *Adj* Geburts-, Entbindungs-, geburtshilflich ◊ *obstetric medicine* Obstetrik

ob·stet·ri·cian /ˌɒbstə'trɪʃn; *AmE* ˌɑːb-/ *Nomen* Geburtshelfer(in)

ob·stet·rics /əb'stetrɪks/ *Nomen* Geburtshilfe

ob·stin·acy /'ɒbstɪnəsi; *AmE* 'ɑːb-/ *Nomen* Hartnäckigkeit, Sturheit

ob·stin·ate /'ɒbstɪnət; *AmE* 'ɑːb-/ *Adj* (*Adv* **ob·stin·ate·ly**) **1** eigensinnig, stur [SYN] STUBBORN **2** hartnäckig

ob·strep·er·ous /əb'strepərəs/ *Adj* (*gehoben oder hum*) widerspenstig

ob·struct /əb'strʌkt/ *Verb* **1** blockieren, versperren **2** behindern ◊ *obstruct the police in the course of duty* die Polizei an der Ausübung ihrer Pflichten hindern

ob·struc·tion /əb'strʌkʃn/ *Nomen* **1** Behinderung ◊ *the obstruction of justice* Strafvereitelung **2** Blockierung ◊ *The abandoned car was causing an obstruction.* Das abgestellte Auto behinderte den Verkehr. **3** Hindernis **4** (MED) Verstopfung

ob·struct·ive /əb'strʌktɪv/ *Adj* hinderlich ◊ *She's just being deliberately obstructive.* Sie macht mit Absicht Schwierigkeiten.

ob·tain /əb'teɪn/ *Verb* (*gehoben*) **1** erhalten, erwerben, erzielen **2** (*nicht in der Verlaufsform*) (*offiz*) (*Regelungen, Bräuche etc.*) gelten, herrschen

ob·tain·able /əb'teɪnəbl/ *Adj* erhältlich

ob·tru·sive /əb'truːsɪv/ *Adj* (*Adv* **ob·tru·sive·ly**) aufdringlich, auffällig ◊ *Their presence was not obtrusive.* Ihre Anwesenheit störte kaum.

ob·tuse /əb'tjuːs; *AmE* -'tuːs/ *Adj* (*Adv* **ob·tuse·ly**) (*gehoben, abwert*) **1** begriffsstutzig ◊ *Are you being deliberately obtuse?* Stellst du dich absichtlich dumm? **2** undurchschaubar **3** (*Winkel*) stumpf

ob·tuse·ness /əb'tjuːsnəs; *AmE* əb'tuːsnəs/ *Nomen* (*gehoben, abwert*) **1** Begriffsstutzigkeit **2** Undurchschaubarkeit

ob·verse /'ɒbvɜːs; *AmE* 'ɑːbvɜːrs/ *Nomen* (*meist* **the obverse**) [Sing] **1** (*gehoben*) Kehrseite, Gegenstück **2** (*Fachspr*) Avers, Vorderseite (*einer Münze*)

ob·vi·ate /'ɒbvieɪt; *AmE* 'ɑːb-/ *Verb* (*gehoben*) (*Problem*) umgehen; (*Risiko*) vermeiden ◊ *obviate the need/necessity for sth* etw unnötig machen

ob·vi·ous /'ɒbviəs; *AmE* 'ɑːb-/ *Adj* **1** offensichtlich, klar ◊ *with obvious pleasure* mit sichtlichem Vergnügen **2** nahe liegend ◊ *She was the obvious choice for the job.* Es lag nahe, dass sie die Stelle bekommen würde. ◊ *for obvious reasons* aus nahe liegenden Gründen ◊ *There's no obvious solution.* Eine einfache Lösung gibt es nicht. **3** (*abwert*) plump ◊ *The ending was pretty obvious.* Das Ende war ja vorauszusehen. ◊ *I may be stating the obvious but …* Ich sage Ihnen sicher nichts Neues, aber …

ob·vi·ous·ly /'ɒbviəsli; *AmE* 'ɑːb-/ *Adv* **1** natürlich, selbstverständlich **2** offensichtlich, sichtlich ◊ *They're obviously not coming.* Sie kommen wohl nicht mehr.

ob·vi·ous·ness /ˈɒbviəsnəs; *AmE* ˈɑːb-/ *Nomen* **1** Offensichtlichkeit **2** Plumpheit

oc·ca·sion¹ /əˈkeɪʒn/ *Nomen* **1** Gelegenheit ◊ *on this occasion* bei dieser Gelegenheit ◊ *I've met him on several occasions.* Ich habe ihn mehrmals getroffen. ◊ *On one occasion, he came to visit.* Ein Mal kam er zu Besuch. **2** Ereignis, Anlass ◊ *Their wedding was quite an occasion.* Ihre Hochzeit war ein großes Ereignis. ◊ *on the occasion of his retirement* anlässlich seiner Pensionierung ◊ *an occasion for rejoicing* ein Anlass zur Freude ◊ *if the occasion arises* wenn sich die Gelegenheit ergibt ☛ *Hinweis bei* GELEGENHEIT [IDM] **on oc'casion(s)** gelegentlich ☛ *Siehe auch* SENSE¹

oc·ca·sion² /əˈkeɪʒn/ *Verb* (*gehoben*) verursachen

oc·ca·sion·al /əˈkeɪʒənl/ *Adj nur vor Nomen* **1** gelegentlich ◊ *He works for us on an occasional basis.* Er arbeitet gelegentlich für uns. ◊ *I enjoy the occasional glass of wine.* Ich trinke gern ab und zu ein Glas Wein. ◊ *an occasional smoker* ein Gelegenheitsraucher **2** (*gehoben*) (*Dichtung etc.*) Gelegenheits-

oc·ca·sion·al·ly /əˈkeɪʒnəli/ *Adv* gelegentlich, hin und wieder ◊ *This can very occasionally be fatal.* Dies kann in ganz seltenen Fällen zum Tode führen.

Oc·ci·dent /ˈɒksɪdənt; *AmE* ˈɑːk-/ *Nomen* **the Occident** (*gehoben*) das Abendland

oc·ci·den·tal /ˌɒksɪˈdentl; *AmE* ˌɑːk-/ *Adj* abendländisch

oc·cult /əˈkʌlt, ˈɒkʌlt; *AmE* ˈɑːk-/ **1** *Adj nur vor Nomen* okkult **2 the occult** *Nomen* [Sing] das Okkulte

oc·cu·pancy /ˈɒkjəpənsi; *AmE* ˈɑːk-/ *Nomen* (*offiz*) ◊ *Prices are based on double occupancy of a room.* Die Preise verstehen sich für eine Übernachtung im Doppelzimmer. ◊ *The company has sole occupancy of the building.* Die Firma mietet das ganze Gebäude. ◊ *a rise in owner occupancy* ein Anstieg im Erwerb von Wohneigentum ◊ *100% bed occupancy* volle Bettenauslastung

oc·cu·pant /ˈɒkjəpənt; *AmE* ˈɑːk-/ *Nomen* (*offiz*) **1** Bewohner(in), Mieter(in) **2** Insasse, Insassin (*eines Autos*)

oc·cu·pa·tion /ˌɒkjuˈpeɪʃn; *AmE* ˌɑːk-/ *Nomen* **1** (*offiz*) Beruf **2** Beschäftigung **3** Besetzung, Besatzungszeit ◊ *the areas under occupation* die besetzten Gebiete **4** ◊ *ready for occupation* bezugsfertig ◊ *The tenants are already in occupation.* Die Mieter sind schon eingezogen. ◊ *The level of owner occupation has increased.* Der Erwerb von Wohneigentum ist gestiegen.

oc·cu·pa·tion·al /ˌɒkjuˈpeɪʃənl; *AmE* ˌɑːk-/ *Adj nur vor Nomen* Berufs- ◊ *an occupational hazard* ein Berufsrisiko ◊ *occupational health* Arbeitsmedizin ◊ *occupational pension schemes* betriebliche Altersversorgung

ˌoccuˈpational ˈtherapist *Nomen* Beschäftigungstherapeut(in)

ˌoccuˈpational ˈtherapy *Nomen* Beschäftigungstherapie

oc·cu·pied /ˈɒkjupaɪd; *AmE* ˈɑːk-/ *Adj* **1** bewohnt, belegt, besetzt **2** *nicht vor Nomen* beschäftigt ◊ *It's important to keep yourself occupied.* Es ist wichtig, sich zu beschäftigen.

oc·cu·pier /ˈɒkjupaɪə(r); *AmE* ˈɑːk-/ *Nomen* **1** (*gehoben*) Bewohner(in) [SYN] OCCUPANT **2** [meist Pl] Besatzer, Besatzungssoldat

oc·cupy /ˈɒkjupaɪ; *AmE* ˈɑːk-/ *Verb* (**-pies, -py·ing, -pied, -pied**) **1** einnehmen, beanspruchen **2** (*gehoben*) bewohnen, mieten **3** (MIL) besetzen **4** beschäftigen ◊ *These problems continued to occupy his mind.* Diese Probleme beschäftigten ihn weiterhin. **5** innehaben [SYN] HOLD

occur /əˈkɜː(r)/ *Verb* (**-rr-**) **1** (*gehoben*) sich ereignen, geschehen ◊ *An error has occurred.* Ein Fehler ist aufgetreten. [SYN] HAPPEN **2** vorkommen [PHRV] **oc'cur to sb** jdm einfallen, jdm in den Sinn kommen

oc·cur·rence /əˈkʌrəns; *AmE* əˈkɜːr-/ *Nomen* **1** Ereignis, Begebenheit **2** Vorkommen, Auftreten

ocean /ˈəʊʃn; *AmE* ˈoʊʃn/ *Nomen* Ozean, Meer ☛ Im britischen Englisch wird **ocean** meist in Bezug auf die fünf Ozeane verwendet: *the Antarctic/Arctic/Atlantic/Indian/Pacific Ocean*. Im amerikanischen Englisch bezeichnet **ocean** hingegen allgemein *das Meer*: *Our beach house is just a couple of miles from the ocean.* [IDM] **an ocean of sth** (*BrE auch* **oceans of sth**) (*umgs*) jede Menge von etw ◊ *oceans of food and drink* massenhaft zu essen und zu trinken ☛ *Siehe auch* DROP²

ˈocean-going *Adj nur vor Nomen* (*Schiffe*) Hochsee-

ocean·ic /ˌəʊʃiˈænɪk; *AmE* ˌoʊʃi-/ *Adj* (*Fachspr*) Meeres- ◊ *oceanic islands* Meeresinseln

ocean·og·raph·er *Nomen* /ˌəʊʃəˈnɒgrəfə(r); *AmE* ˌoʊʃəˈnɑːg-/ Meereskundler(in)

ocean·og·raphy /ˌəʊʃəˈnɒgrəfi; *AmE* ˌoʊʃəˈnɑːg-/ *Nomen* Meereskunde

oce·lot /ˈɒsəlɒt; *AmE* ˈɑːsəlɑːt, ˈoʊs-/ *Nomen* Ozelot

och /ɒk, ɒx; *AmE* ɑːk, ɑːx/ *Ausruf* (*IrE, SchotE*) (*Ausdruck der Überraschung etc.*) ach

ochre (*AmE auch* **ocher**) /ˈəʊkə(r); *AmE* ˈoʊ-/ *Nomen* Ocker

o'clock /əˈklɒk; *AmE* əˈklɑːk/ *Adv* (*in Zeitangaben*) Uhr ◊ *five o'clock* fünf Uhr

OCR /ˌəʊ siː ˈɑː(r); *AmE* ˌoʊ-/ *Abk* = OPTICAL CHARACTER RECOGNITION

octa·gon /ˈɒktəgən; *AmE* ˈɑːktəgɑːn/ *Nomen* Achteck

oc·tag·on·al /ɒkˈtægənl; *AmE* ɑːkˈt-/ *Adj* achteckig

oc·tane /ˈɒkteɪn; *AmE* ˈɑːk-/ *Nomen* Oktan

oct·ave /ˈɒktɪv; *AmE* ˈɑːk-/ *Nomen* (Mus) Oktave

octet /ɒkˈtet; *AmE* ɑːk-/ *Nomen* (Mus) Oktett ☛ G 1.3b

octo- /ˈɒktəʊ; *AmE* ˈɑːktoʊ-/ (*auch* **oct-**)

Die Vorsilben **octo-** und **oct-** bedeuten *acht* und werden in Nomina, Adjektiven und Adverben verwendet: *octa-gon* Achteck ◊ *octosyllabic* achtsilbig.

Oc·to·ber /ɒkˈtəʊbə(r); *AmE* ɑːkˈtoʊ-/ *Nomen* (*Abk* **Oct.**) Oktober ☛ *Beispiele bei* JANUAR

oc·to·gen·ar·ian /ˌɒktədʒəˈneəriən; *AmE* ˌɑːktədʒəˈner-/ *Nomen* Achtziger(in)

octo·pus /ˈɒktəpəs; *AmE* ˈɑːk-/ *Nomen* (*Pl* **octo·puses**) Krake, Tintenfisch

ocu·lar /ˈɒkjələ(r); *AmE* ˈɑːk-/ *Adj nur vor Nomen* **1** (*Fachspr*) Augen- ◊ *ocular defects* Sehdefekte **2** (*gehoben*) sichtbar

OD /ˌəʊ ˈdiː; *AmE* ˌoʊ-/ *Verb* (**OD's, OD'ing, OD'd, OD'd**) (*umgs*) = OVERDOSE²

odd /ɒd; *AmE* ɑːd/ *Adj* **1** seltsam, merkwürdig, sonderbar ◊ *an odd-sounding name* ein eigenartig klingender Name **2 the odd ...** ◊ *I've cooked the odd meal for them.* Ich habe ab und zu für sie gekocht. [SYN] OCCASIONAL **3** *nur vor Nomen* übrig (geblieben) ◊ *Christmas decorations made of odd scraps of paper* aus Papierresten gemachter Weihnachtsschmuck ◊ *Could I see you when you've got an odd moment?* Könnte ich Sie sprechen, wenn Sie mal einen Moment haben? **4** einzeln ◊ *You're wearing odd socks!* Deine Socken passen nicht zusammen. **5** (*Zahlen*) ungerade [OPP] EVEN **6** (*nach einer Zahl*) etwas mehr als, etwas über ◊ *She's seventy odd.* Sie ist etwas über siebzig. [IDM] **the odd man/one 'out** der/die Außenseiter(in) ◊ *At school he was always the odd man out.* In der Schule war er immer ein Außenseiter. ◊ *Dog, cat, horse, shoe — which is the odd one out?* Hund, Katze, Pferd, Schuh — welches gehört nicht dazu? ☛ *Siehe auch* FISH¹

odd·ball¹ /ˈɒdbɔːl; *AmE* ˈɑːd-/ *Nomen* (*umgs*) Sonderling, komischer Kauz

odd·ball² /ˈɒdbɔːl; *AmE* ˈɑːd-/ *Adj* kauzig

odd·ity /ˈɒdəti; *AmE* ˈɑːd-/ *Nomen* (*Pl* **-ies**) **1** Kuriosität, Eigentümlichkeit, Sonderling **2** Eigenartigkeit

ˌodd-ˈjob man *Nomen* (*Pl* **men**) (*bes BrE*) = jd, der die anfallenden Arbeiten in Haus und Garten etc. macht

ˌodd ˈjobs *Nomen* [Pl] = in Haus und Garten etc. anfallende Arbeiten

oddly /ˈɒdli; *AmE* ˈɑːd-/ *Adv* **1** seltsam, merkwürdig, eigenartig ◊ *It was oddly disturbing.* Es war auf seltsame Weise beunruhigend. **2 ~ (enough)** seltsamerweise, merkwürdigerweise

odd·ments /ˈɒdmənts; *AmE* ˈɑːd-/ *Nomen* [Pl] (*bes BrE*) **1** Reste, Restposten **2** Krimskrams

odd·ness /ˈɒdnəs; *AmE* ˈɑːd-/ *Nomen* Seltsamkeit, Eigentümlichkeit ◊ *the oddness of her appearance* ihr seltsames Aussehen

odds /ɒdz; *AmE* ɑːdz/ *Nomen* [Pl] **1** (*meist* **the odds**) Chancen, Aussichten ◊ *The odds are very much in our favour.* Unsere Chancen stehen sehr gut. ◊ *The odds are that they'll win.* Es sieht so aus, als ob sie gewinnen wird. **2** Widrigkeiten ◊ *They secured a victory in the face of overwhelming odds.* Entgegen aller Widrigkeiten errangen sie den Sieg. ◊ *Against all (the) odds, he made a full recovery.* Wider

odds and ends

Erwarten ist er völlig gesund geworden. **3** Gewinnchancen, Odds ⋄ *They are offering long/short odds on the defending champion.* Sie geben dem Titelverteidiger geringe/hohe Chancen. ⋄ *(fig) I'll lay odds on him getting the job.* Ich wette, dass er die Stelle bekommt. [IDM] **be at 'odds (with sth)** (mit etw) nicht übereinstimmen **be at 'odds (with sb) (over/on sth)** sich (mit jdm) (in etw) uneinig sein **it makes no 'odds** (*bes BrE*, *umgs*) es ist egal **pay over the 'odds** (*BrE*, *umgs*) einen überhöhten Preis zahlen ☛ *Siehe auch* DEFY *und* STACK

,odds and 'ends (*BrE auch* ,odds and 'sods) *Nomen* [Pl] (*umgs*) **1** Kleinigkeiten, Krimskrams **2** Reste

,odds-'on *Adj* ⋄ *the odds-on favourite* der klare Favorit ⋄ *It's odds-on that she'll be late.* Es ist so gut wie sicher, dass sie zu spät kommt.

ode /əʊd; *AmE* oʊd/ *Nomen* Ode

odi·ous /'əʊdiəs; *AmE* 'oʊ-/ *Adj* (*gehoben*) widerwärtig, widerlich

odom·eter /əʊ'dɒmɪtə(r); *AmE* oʊ'dɑ:m-/ *Nomen* (*AmE*) Wegmesser, Kilometerzähler

odor·ous /'əʊdərəs; *AmE* 'oʊ-/ *Adj* (*gehoben oder Fachspr*) (intensiv) riechend ⋄ *be odorous* einen Geruch haben

odour (*AmE* **odor**) /'əʊdə(r); *AmE* 'oʊ-/ *Nomen* (*gehoben*) Geruch ☛ *Siehe auch* BODY ODOUR ☛ *Hinweis bei* GERUCH [IDM] **be in good/bad 'odour (with sb)** (*gehoben*) (bei jdm) gut/schlecht angeschrieben sein

odour·less (*AmE* **odor·less**) /'əʊdələs; *AmE* 'oʊdərləs/ *Adj* geruchlos

odys·sey /'ɒdəsi; *AmE* 'ɑ:d-/ *Nomen* [Sing] (*gehoben*) Odyssee

OECD /ˌəʊ i: si: 'di:; *AmE* ˌoʊ/ *Kurzform von* **Organization for Economic Cooperation and Development** OECD

Oedi·pus com·plex /'i:dɪpəs kɒmpleks; *AmE meist* 'edɪpəs kɑ:m-/ *Nomen* [Sing] (PSYCH) Ödipuskomplex

o'er /ɔː(r)/ *Adv*, *Präp* (*veraltet*) = OVER

oe·sopha·gus (*AmE* **eso·pha·gus**) /i'sɒfəgəs; *AmE* i'sɑː-/ *Nomen* (*Pl* **-phag·uses** *oder* **-phagi** /-gaɪ/) Speiseröhre, Ösophagus [SYN] GULLET

oes·tro·gen /'iːstrədʒən; (*BrE*) (*AmE* **estrogen**) /'es-/ *Nomen* Östrogen

of /əv; *betont* ɒv; *AmE* ʌv/ *Präp* **1** von ⋄ *that old bike of Tommy's* das alte Fahrrad von Tommy ⋄ *the people of Wales* das walisische Volk ⋄ *a girl of 12* ein zwölfjähriges Mädchen ⋄ *the result of the debate* das Ergebnis der Debatte ⋄ *a woman of Italian descent* eine Frau italienischer Herkunft ⋄ *the city of Dublin* die Stadt Dublin ⋄ *the issue of housing* das Wohnungsproblem **2** aus ⋄ *It's made of gold.* Es ist aus Gold. **3** (*mit Maßen und Mengenangaben*) ⋄ *2 litres/a glass of milk* 2 Liter/ein Glas Milch **4** (*AmE*) (*in Zeitangaben*) vor ⋄ *at a quarter of eleven* um Viertel vor elf [IDM] **of 'all** ausgerechnet ⋄ *you of all people* ausgerechnet du ⋄ *in rain of all weathers* ausgerechnet bei Regen ☛ *Siehe auch* CHEEK[1] *und* NERVE[1]

off[1] /ɒf; *AmE* ɔːf, ɑːf/ *Adv* ☛ Für Verben mit **off**, siehe die Einträge für die Verben. **Come off** z. B. steht unter **come**. **1** weg, los ⋄ *Off we go!* Los geht's! ⋄ *A solution is still some way off.* Von einer Lösung sind wir noch ein ganzes Stück entfernt. ⋄ *Sarah's off in India somewhere.* Sarah ist irgendwo in Indien unterwegs. **2** (*Rennen*) gestartet **3** ab, aus ⋄ *Don't leave the toothpaste with the top off.* Mach den Deckel auf die Zahnpasta. **4** abgesagt ⋄ *The wedding is off.* Die Hochzeit fällt aus. **5** abgestellt ⋄ *Make sure the TV is off.* Sorg dafür, dass der Fernseher aus ist. **6** (*bes BrE*) (*Essen, Getränke*) aus(gegangen), alle **7** (*Schule, Arbeit*) ⋄ *She's off today.* Sie ist heute nicht da. ⋄ *How many days did you take off?* Wie viele Tage hast du freigenommen/warst du krank? **8** heruntergesetzt ⋄ *shoes with 5% off* Schuhe mit 5% Preisnachlass ⋄ *All shirts have/are 10% off.* Alle Hemden sind um 10% heruntergesetzt. **9** (THEAT) hinter den Kulissen [SYN] OFFSTAGE [IDM] **be better 'off** besser dran sein ⋄ *Her promotion means she's $100 a week better off.* Ihre Beförderung bedeutet 100 Dollar mehr die Woche. ⋄ *You'd have been better off going by train.* Du hättest besser mit dem Zug fahren sollen. **be ,off for 'sth** (*umgs*) ⋄ *How are we off for coffee?* Wie viel Kaffee haben wir noch? ,**off and 'on** or ,**on and 'off** immer mal wieder, ab und an

off[2] /ɒf; *AmE* ɔːf, ɑːf/ *Präp* ☛ Für Verben mit **off**, siehe die Einträge für die Verben. **Take sth off sth** z. B. steht unter

take. **1** von … (herunter) ⋄ *I fell off the ladder.* Ich bin von der Leiter gefallen. **2** von … (entfernt) ⋄ *100 metres of the summit* 100 Meter vom Gipfel entfernt ⋄ *an island off the coast of Spain* eine Insel vor der Küste Spaniens ⋄ *We're getting right of the subject.* Wir kommen ganz vom Thema ab. ⋄ *Keep off the grass!* Betreten des Rasens verboten! **3** abseits von ⋄ *We live off Main Street.* Wir wohnen in einer Nebenstraße der Main Street. ⋄ *There's a bathroom off the main bedroom.* Vom großen Schlafzimmer geht ein Badezimmer ab. **4** ab ⋄ *I want about an inch off my fringe.* Ich möchte den Pony ungefähr 2 cm kürzer haben. **5** (*Arbeit, Schule etc.*) ⋄ *He had ten days off school.* Er war 10 Tage nicht in der Schule. ⋄ *She took a week off work.* Sie hat (sich) eine Woche freigenommen. **6** (*Preis*) ⋄ *They knocked 500 dollars off the car.* Sie haben das Auto 500 Dollar billiger verkauft. **7 off of** (*umgs*) von ⋄ *I got it off of my brother.* Das hab ich von meinem Bruder gekriegt. ☛ **Off of** ist akzeptiert im amerikanischen Englisch, gehört aber nicht zur britischen Standardsprache. **8 be ~ sth/sb** ⋄ *He's finally off drugs.* Er ist endlich von Drogen losgekommen. ⋄ *I'm off alcohol for a week.* Ich trinke diese Woche keinen Alkohol. ⋄ *I'm really off her at the moment.* Zurzeit habe ich die Nase voll von ihr.

off[3] /ɒf; *AmE* ɔːf, ɑːf/ *Adj nicht vor Nomen* **1** schlecht, verdorben; (*Milch*) sauer **2 ~ (with sb)** (*bes BrE*, *umgs*) komisch (zu jdm), sauer (auf jdn) **3** (*bes BrE*, *umgs*) daneben, unangebracht

off[4] /ɒf; *AmE* ɔːf, ɑːf/ *Nomen* [Sing] **the off** der Start

off- /ɒf; *AmE* ɔːf, ɑːf/

> Die Vorsilbe **off-** kann mit Nomina, Verben und Adjektiven verbunden werden und bedeutet „ab" oder „abseits von": *offload* abladen ⋄ *offstage* hinter der Bühne.

offal /'ɒfl; *AmE* 'ɔːfl, 'ɑːfl/ *Nomen* [U] Innereien

off-beat /ˌɒf'biːt; *AmE* ˌɔːf-, ˌɑːf-/ *Adj* (*umgs*) unkonventionell, ausgefallen

,**off-'centre** (*AmE* ,**off-'center**) *Adv, Adj* **1** seitlich, schräg, schief **2** außerhalb (gelegen) ⋄ *an off-centre development* in Baugebiet außerhalb des Zentrums

'**off chance** *Nomen* [IDM] **do sth on the 'off chance** etw auf gut Glück tun ⋄ *I rang the office on the off chance that you would still be there.* Ich hab im Büro angerufen falls du etwa noch da wärst.

'**off day** *Nomen* (*umgs*) schlechter Tag

,**off-'duty** *Adj* außerdienstlich, dienstfrei ⋄ *an off-duty policeman* ein Polizist außer Dienst

of·fence (*AmE* **of·fense**) /ə'fens/ *Nomen* **1** Vergehen, Verbrechen [SYN] CRIME **2** Beleidigung ⋄ *mean no offence* niemanden beleidigen wollen ⋄ *cause offence to some people* bei manchen Leuten Anstoß erregen ⋄ *take offence* beleidigt sein [IDM] **no of'fence** (*umgs*) ⋄ *No offence, but I'd really like to be on my own.* Nimm's mir nicht übel, aber ich würde wirklich lieber allein sein.

of·fend /ə'fend/ *Verb* **1** (*oft passiv*) beleidigen **2** stören **3** (*gehoben*) straffällig werden **4 ~ (against sth)** (*gehoben*) (gegen etw) verstoßen

of·fend·ed /ə'fendɪd/ *Adj* **1** beleidigt **2** (RECHT) ⋄ *the offended party* die Klägerseite

of·fend·er /ə'fendə(r)/ *Nomen* **1** Straftäter(in), Verbrecher(in) ⋄ *a young offender institution* eine Jugendstrafanstalt **2** (Übel)täter(in)

of·fend·ing /ə'fendɪŋ/ *Adj nur vor Nomen* **1** beleidigend, Anstoß erregend **2** störend **3** schuldig, zuwiderhandelnd

of·fense /ə'fens/ *Nomen* (*AmE*) **1** = OFFENCE **2** (SPORT, MIL) Angriff

of·fen·sive[1] /ə'fensɪv/ *Adj* **1** (*Adv* **of·fen·sive·ly**) beleidigend, Anstoß erregend [OPP] INOFFENSIVE **2** (*gehoben*) abstoßend, widerlich **3** (*Adv* **of·fen·sive·ly**) (SPORT, MIL) *nur vor Nomen* Angriffs-, offensiv ⋄ *offensive action* eine Offensive

of·fen·sive[2] /ə'fensɪv/ *Nomen* **1** Angriff **2** Offensive, Kampagne [IDM] **be on the of'fensive** in der Offensive sein **go on (to) the of'fensive** zum Angriff übergehen **take the of'fensive** in die Offensive gehen

of·fen·sive·ness /ə'fensɪvnəs/ *Nomen* Anstößigkeit, Widerlichkeit

offer[1] /'ɒfə(r); *AmE* 'ɔːf-, 'ɑːf-/ *Verb* **1** (an)bieten ⋄ *He* *offered me some useful advice.* Er gab mir ein paar nützliche Ratschläge. ◇ *He did not offer any explanation for his behaviour.* Er gab uns keine Erklärung für sein Verhalten. **2** ~ **sth/sb** (**up**) (**to sb**) (*gehoben*) (jdm) etw/jdn darbringen IDM **have sth to offer** etw zu bieten haben **offer your 'hand** (**to sb**) (*gehoben*) (jdm) die Hand (zum Gruß) bieten

offer² /'ɒfə(r); *AmE* 'ɔːf-, 'ɑːf-/ *Nomen* **1** Angebot ◇ *The original price was 3 000 dollars, but I'm open to offers.* Der ursprüngliche Preis war 3 000 Dollar, aber darüber lässt sich reden. ◇ *an offer of marriage* ein Heiratsantrag ☞ Siehe auch O.N.O. **2** (Sonder)angebot ◇ *They have an offer on paint at the moment.* Sie haben im Moment Farbe im Angebot. IDM **on 'offer 1** (an)geboten ◇ *Prizes worth more than 20 000 dollars are on offer to the winner.* Dem Gewinner winken Preise im Wert von mehr als 20 000 Dollar. **2** (*bes BrE*) im (Sonder)angebot **under 'offer** (*BrE*) ◇ *Their house is under offer.* Jemand hat ihnen ein Angebot für ihr Haus gemacht.

of·fer·ing /'ɒfərɪŋ; *AmE* 'ɔːf-, 'ɑːf-/ *Nomen* **1** Darbietung, Angebot, Produkt **2** Gabe, Opfer

of·fer·tory /'ɒfətri; *AmE* 'ɔːfərtɔːri, 'ɑːf-/ *Nomen* (*Pl* **-ies**) (REL) **1** Offertorium, Opferung **2** Kollekte

off·hand¹ /ˌɒfˈhænd; *AmE* ˌɔːf-, ˌɑːf-/ *Adj* (*Adv* **off·hand·ed·ly** /-ɪdli/) (*abwert*) lässig ◇ *He was very offhand with me.* Er war recht kühl mir gegenüber. ◇ *'Oh, it's just a small affair,' he answered offhandedly.* „Ach, das ist nichts von Bedeutung," antwortete er leichthin.

off·hand² /ˌɒfˈhænd; *AmE* ˌɔːf-, ˌɑːf-/ *Adv* auf Anhieb, aus dem Stand ◇ *I can't remember their number offhand.* Ich weiß ihre Telefonnummer nicht auswendig.

of·fice /'ɒfɪs; *AmE* 'ɔːf-, 'ɑːf-/ *Nomen* **1** Büro ◇ *head office* die Hauptgeschäftsstelle ◇ *the local tourist office* das örtliche Fremdenverkehrsamt ◇ *a ticket office* eine Kartenverkaufsstelle **2** (*AmE*) (Arzt-, Zahnarzt-) Praxis **3 Office** Ministerium ◇ *the Home Office* das Innenministerium **4** Amt ◇ *hold office* ein Amt innehaben ◇ *The party has been out of office for many years.* Die Partei hat seit vielen Jahren keine Regierung mehr gestellt. ◇ *take office* sein Amt antreten ◇ *seek/run for office* (für ein Amt) kandidieren ◇ (*BrE*) *stand for office* sich für ein Amt zur Wahl stellen IDM **through sb's good 'offices** (*gehoben*) durch jds gute Dienste; durch jds Vermittlung

'**office boy** *Nomen* (*veraltet*) Bürogehilfe

'**office building** (*BrE* auch '**office block**) *Nomen* Bürogebäude ◇ *high-rise office blocks* Bürohochhäuser

'**office girl** *Nomen* (*veraltet*) Bürogehilfin

'**office-holder** (*auch* '**office-bearer**) *Nomen* Amtsinhaber(in)

'**office hours** *Nomen* [Pl] Dienststunden, Dienstzeit

of·fi·cer /'ɒfɪsə(r); *AmE* 'ɔːf-, 'ɑːf-/ *Nomen* **1** (MIL) Offizier(in) **2** (*oft in Zusammensetzungen*) Beamte, Beamtin ◇ *a customs/prison officer* ein Zoll-/Gefängnisbeamter ◇ *officers of state* Minister ☞ Siehe auch RETURNING OFFICER **3** = POLICE OFFICER

> **Officer** kann als Anrede für einen Polizisten verwendet werden, wenn man seinen Rang nicht weiß: *Yes, officer, I saw her.* Im amerikanischen Englisch kann **officer** vor dem Namen des Polizisten stehen: *Officer Dibble.*

'**office worker** *Nomen* Büroangestellte(r)

of·fi·cial¹ /əˈfɪʃl/ *Adj* **1** nur vor Nomen Amts-, amtlich ◇ *official responsibilities* Amtspflichten ◇ *He attended in his official capacity as mayor.* Er war in seiner Eigenschaft als Bürgermeister anwesend. **2** (*Adv* **of·fi·cial·ly** /-ʃəli/) offiziell ◇ *an official biography* eine autorisierte Biografie ◇ *The news is not yet official.* Es ist noch nicht offiziell. ◇ *the official version of events* die offizielle Version der Ereignisse ◇ *the official opening* die offizielle Eröffnung OPP UNOFFICIAL

of·fi·cial² /əˈfɪʃl/ *Nomen* (*oft in Zusammensetzungen*) Beamte, Beamtin ◇ *UN officials* UN-Vertreter

> Ein **office worker** ist jemand, der in einem Büro an einem Schreibtisch arbeitet. Ein **official** ist jemand, der in einer Organisation, besonders der Regierung, eine verantwortliche Stellung innehat: *senior government officials* hohe Regierungsbeamte. Ein **officer** ist entweder jemand, der anderen in der Armee, Marine, etc, Befehle gibt, oder ein(e) Polizist(in). Gelegentlich wird das Wort auch wie **official** benutzt: *She's an executive officer in the Civil Service.* Sie ist höhere Beamtin im Staatsdienst.

of·fi·cial·dom /əˈfɪʃldəm/ *Nomen* (*abwert*) Beamtentum, Bürokratie

of·fi·cial·ese /əˌfɪʃəˈliːz/ *Nomen* (*abwert*) Behördensprache, Amtssprache

of·fi·cial·ly *Adv* ⇨ OFFICIAL¹ (2)

ofˌficial reˈceiver (*auch* **reˈceiver**) *Nomen* Konkursverwalter(in) ◇ *call in the receivers* Konkurs anmelden

ofˌficial 'secret *Nomen* (*BrE*) Staatsgeheimnis

of·fi·ci·ate /əˈfɪʃieɪt/ *Verb* ~ (**at sth**) (*gehoben*) (bei etw) amtieren ◇ *officiate at the wedding* die Trauung vornehmen

of·fi·cious /əˈfɪʃəs/ *Adj* (*Adv* **of·fi·cious·ly**) (*abwert*) übereifrig, wichtigtuerisch

off·ing /'ɒfɪŋ; *AmE* 'ɔːf-, 'ɑːf-/ *Nomen* IDM **in the offing** (*umgs*) in (Aus)sicht

ˌ**off-'key** *Adj, Adv* **1** (MUS) verstimmt, falsch **2** (*Bemerkung etc.*) unpassend

'**off-licence** *Nomen* (*BrE*) = Wein- und Spirituosenhandlung

ˌ**off-'line** *Adj* (COMP) offline, Offline-

off·load /ˌɒfˈləʊd; *AmE* ˌɔːfˈloʊd, ˌɑːf-/ *Verb* ~ **sb/sth** (**on/onto sb**) jdn/etw (auf jdn) abladen, jdn/etw (bei jdm) loswerden ◇ *offload waste from oil tankers into the sea* den Abfall von Öltankern ins Meer kippen

ˌ**off-'peak** *Adj nur vor Nomen, Adv* außerhalb der Spitzenzeiten ◇ *off-peak electricity* Nachtstrom

'**off-putting** *Adj* (*bes BrE, umgs*) abstoßend, unangenehm

'**off-road** *Adj* Gelände-, Querfeldein-

ˌ**off-'screen** *Adj nur vor Nomen, Adv* im wirklichen Leben

ˌ**off-'season¹** *Nomen* [Sing] **1** Nebensaison **2** (*AmE*) (SPORT) Saisonpause

ˌ**off-'season²** *Adj nur vor Nomen* Nebensaison-

ˌ**off-'season³** *Adv* außerhalb der Saison

off·set¹ /ˈɒfset; *AmE* ˈɔːf-, ˈɑːf-/ *Verb* (**-set·ting, -set, -set**) ~ **sth** (**against sth**) etw (durch etw) ausgleichen (*BrE*) ◇ *What expenses can you offset against tax?* Welche Unkosten kann man von der Steuer absetzen?

off·set² /ˈɒfset; *AmE* ˈɔːf-, ˈɑːf-/ *Adj nur vor Nomen* (*Druck*) Offset- (*Druck etc.*)

off·shoot /ˈɒfʃuːt; *AmE* ˈɔːf-, ˈɑːf-/ *Nomen* Ableger (*auch fig*)

off·shore¹ /ˌɒfˈʃɔː(r); *AmE* ˌɔːf-, ˌɑːf-/ *Adj* **1** küstennah, Offshore- ◇ *an offshore island* eine Insel nahe der Küste **2** (*Wind*) ablandig **3** (WIRTSCH) Auslands- ◇ *offshore investments* Offshore-Investitionen

off·shore² /ˌɒfˈʃɔː(r); *AmE* ˌɔːf-, ˌɑːf-/ *Adv* **1** vor der Küste **2** (WIRTSCH) im Ausland

off·side¹ /ˌɒfˈsaɪd; *AmE* ˌɔːf-, ˌɑːf-/ *Adj* **1** (*AmE auch* **off·sides**) (SPORT) im Abseits ◇ *the offside rule* die Abseitsregel **2** (*BrE*) auf der Fahrerseite

off·side² *Nomen* **1** /ˌɒfˈsaɪd; *AmE* ˌɔːf-, ˌɑːf-/ (*AmE auch* **off·sides**) (SPORT) Abseits **2** /ˈɒfsaɪd; *AmE* ˈɔːf-, ˈɑːf-/ (*BrE*) Fahrerseite

off·spring /ˈɒfsprɪŋ; *AmE* ˈɔːf-, ˈɑːf-/ *Nomen* (*Pl* **off·spring**) **1** (*gehoben oder hum*) Sprössling, Nachwuchs **2** (*Tier*) Junge(s)

ˌ**off-'stage** /ˌɒfˈsteɪdʒ; *AmE* ˌɔːf-, ˌɑːf-/ *Adj, Adv* in den Kulissen ◇ *offstage sound effects* Toneffekte aus den Kulissen ◇ *The stars were having an offstage relationship.* Abseits der Bühne hatten die Stars ein Verhältnis miteinander.

'**off-street** *Adj* nicht auf der Straße ◇ *an apartment with off-street parking* eine Wohnung mit Auto-Stellplatz

ˌ**off-the-'cuff** ⇨ CUFF

ˌ**off-'white** *Adj* gebrochen weiß

oft /ɒft; *AmE* ɔːft/ *Adv* (*veraltet*) (*oft in Zusammensetzungen*) oft ◇ *an oft-repeated claim* eine oft wiederholte Behauptung

often /'ɒfn, 'ɒftən; *AmE* 'ɔːfn, 'ɔːftən, 'ɑːf-/ *Adv* oft, häufig IDM **as ˌoften as 'not; ˌmore ˌoften than 'not** meistens ˌ**every so 'often** von Zeit zu Zeit ☞ Siehe auch ONCE

often·times /'ɒfntaɪmz, 'ɒftən-; *AmE* 'ɔːfn-, 'ɔːftən-, 'ɑːf-/ *Adv* (*BrE, veraltet oder AmE*) oft(mals)

ogle /'əʊgl; *AmE* 'oʊgl/ *Verb* (*abwert*) gaffen; ~ **at sb** jdn beäugen, jdn angaffen

ogre /'əʊɡə(r); AmE 'oʊ-/ Nomen **1** (Menschen fressender) Riese **2** Ungeheuer

oh (seltener **O**) /əʊ; AmE oʊ/ Ausruf **1** ach, oh ◊ *Oh dear! What's happened now?* Oje! Was ist jetzt passiert? **2** (um Aufmerksamkeit zu erregen) hallo ◊ *Oh, Sue! Could you help me a moment?* Hallo Sue! Könntest du mir einen Augenblick helfen? **3** (um eine Sprechpause zu überbrücken) äh ◊ *I've been in this job for, oh, about six years.* Ich bin jetzt seit, äh, sechs Jahren in dieser Stellung.

ohm /əʊm; AmE oʊm/ Nomen Ohm

OHP /ˌəʊ eɪtʃ 'piː; AmE ˌoʊ eɪtʃ 'piː/ = OVERHEAD PROJECTOR

oi /ɔɪ/ Ausruf (BrE, umgs) he

oik /ɔɪk/ Nomen (BrE, Slang) Prolet(in)

oil¹ /ɔɪl/ Nomen **1** (Erd)öl SYN PETROLEUM **2** Öl ◊ *engine oil* Motoröl ◊ *olive oil* Olivenöl **3** (auch **oils**) [Pl] Ölfarben **4** = OIL PAINTING IDM ⇨ BURN¹ *und* POUR¹

oil² /ɔɪl/ Verb **1** ölen, schmieren **2** einölen IDM **oil the 'wheels** (BrE) ⇨ WHEEL¹

oil·can /'ɔɪlkæn/ Nomen Ölkanne

oil·cloth /'ɔɪlklɒθ; AmE -klɔːθ/ Nomen Wachstuch

'oil colour (AmE **'oil color**) Nomen Ölfarbe

oiled /ɔɪld/ Adj **well ~** (BrE, umgs) betrunken

oil·field /'ɔɪlfiːld/ Nomen Ölfeld

ˌoil-'fired Adj Öl-, mit Öl befeuert ◊ *oil-fired central heating* Ölheizung

oil·man /'ɔɪlmæn/ Nomen (Pl **-men** /-mən/) **1** Ölmagnat **2** Beschäftigter in der Ölindustrie

'oil paint Nomen Ölfarbe

'oil painting Nomen **1** (auch **oil**) Ölgemälde **2** Ölmalerei IDM **be no 'oil painting** (BrE, hum) nicht gerade eine Schönheit sein

'oil pan Nomen (AmE) Ölwanne

'oil rig (bes AmE **'oil platform**) Nomen Bohrinsel

ˌoilseed 'rape Nomen Raps

oil·skin /'ɔɪlskɪn/ Nomen **1** Öltuch **2** Öljacke **3** oilskins [Pl] Ölzeug

'oil slick Nomen Ölteppich, Ölpest

'oil tanker Nomen Öltanker

'oil well (auch **well**) Nomen Ölquelle

oily /'ɔɪli/ Adj (**oil·ier, oil·iest**) **1** ölig ◊ *oily fish* fetter Fisch **2** (abwert) (fig) ölig, schleimig

oink /ɔɪŋk/ Ausruf, Nomen Grunzen (eines Schweins)

oint·ment /'ɔɪntmənt/ Nomen Salbe IDM ⇨ FLY³

OK¹ (auch **okay**) /əʊ'keɪ; AmE oʊ-/ Ausruf (umgs) okay, gut ◊ *OK, so I was wrong.* Gut, ich habe mich geirrt.

OK² (auch **okay**) /əʊ'keɪ; AmE oʊ-/ Adj, Adv (umgs) okay, in Ordnung ◊ *Does my hair look okay?* Sieht meine Frisur einigermaßen gut aus? ◊ *an okay movie* ein ganz guter Film ◊ *if it's OK with you* wenn es dir recht ist

OK³ (auch **okay**) /əʊ'keɪ; AmE oʊ-/ Nomen (umgs) Zustimmung, Okay

OK⁴ (auch **okay**) /əʊ'keɪ; AmE oʊ-/ Verb (**OK's, OK'ing, OK'd**) (umgs) genehmigen

okey-doke /ˌəʊki 'dəʊk; AmE ˌoʊki 'doʊk/ (auch **okey-dokey**) /ˌəʊki 'dəʊki; AmE ˌoʊki 'doʊki/ Ausruf (BrE, umgs) okay, alles klar SYN OK

okra /'əʊkrə, 'ɒkrə; AmE 'oʊkrə/ Nomen Okra

old /əʊld; AmE oʊld/ **1** Adj alt ◊ *two fourteen-year-old boys* zwei vierzehnjährige Jungen ◊ *Good old Dad!* Der gute alte Papa! ◊ *You poor old thing!* Du armes Ding!

> **Older** und **oldest** sind die üblichen Formen des Komparativs und Superlativs von **old**: *My father's older than my mother.* ◊ *That's the oldest story in the world.* **Elder** und **eldest** können auch gebraucht werden, wenn man das Alter von Menschen vergleicht, besonders in einer Familie: *She is the eldest child.* Sie stehen nur vor dem Nomen und werden nicht mit *than* verwendet. ☛ Hinweis bei ALTER

2 Adj nur vor Nomen alt, frühere(r,s) ◊ *Things were different in the old days.* Früher war alles anders. ◊ *Old and Middle English* Alt- und Mittelenglisch **3 the old** Nomen [Pl] alte Menschen IDM **ˌany old ...** irgendein(e) ... ◊ *Any old bag will do.* Irgendeine Tüte reicht. **ˌany old 'how** irgendwie **as old as the 'hills** uralt **be one of the 'old school** von der alten Schule sein **for ˌold times' sake** zur Erinnerung an alte Zeiten **the ˌgood/bad old days** die gute alte Zeit/die schlimmen Jahre **he/she is old enough to know 'better** in seinem/ihrem Alter sollte er/sie das besser wissen **of 'old** (gehoben) ◊ *in days of old* in alten Zeiten ◊ *We know him of old.* Wir kennen ihn von früher her. **ˌold 'boy, 'chap, 'man, etc.** (BrE, umgs, veraltet) (als Anrede) alter Junge/Knabe (**have**) **an old head on young 'shoulders** reif für sein Alter sein **the (ˌsame) old 'story** das alte Lied **an old 'wives' tale** (abwert) ein Ammenmärchen ☛ *Siehe auch* CHIP¹, GRAND¹, HEAVE-HO, HIGH¹, MONEY, RIPE, SETTLE, TEACH, TOUGH¹ *und* TRICK¹

ˌold 'age Nomen Alter ◊ *He lived alone in his old age.* Im Alter lebte er allein. ◊ *die of old age* an Altersschwäche sterben

ˌold-age 'pension Nomen (BrE) (Alters)rente

ˌold-age 'pensioner Nomen (Abk **OAP**) (BrE, veraltend) Rentner(in)

ˌold 'bat Nomen (BrE, umgs, abwert) alte Schrulle

the ˌOld 'Bill Nomen [Sing] (umgs) (die Poizei) die Bullen

ˌold 'boy Nomen **1 'old boy** (BrE) ehemaliger Schüler **2 ˌold 'boy** (bes BrE, umgs) Alte(r), alter Herr ◊ *The old boy next door has died.* Der alte Herr von nebenan ist gestorben. IDM **the ˌold 'boy network** (BrE, umgs) Beziehungen von der Schule her (besonders bei Absolventen von Privatschulen)

the 'old country Nomen die alte Heimat

olde /əʊld, 'əʊldi; AmE oʊld, 'oʊldi/ Adj nur vor Nomen (veraltet oder hum) alt ☛ Diese alte Schreibweise von **old** soll den Eindruck von Tradition erzeugen.

olden /'əʊldən; AmE 'oʊldən/ Adj nur vor Nomen alt ◊ *in the olden days* früher

ˌOld 'English Nomen Altenglisch

ˌOld ˌEnglish 'sheepdog Nomen Bobtail

ˌold-e'stablished Adj nur vor Nomen alteingesessen ◊ *old-established customs* alte Bräuche

olde worlde /ˌəʊldi 'wɜːldi; AmE ˌoʊldi/ Adj (BrE, hum) altertümlich, auf alt gemacht

ˌold-'fashioned Adj (manchmal abwert) altmodisch ◊ *She wants to be an old-fashioned mother.* Sie will eine Mutter im alten Stil sein.

ˌold 'girl Nomen **1 'old girl** (BrE) ehemalige Schülerin **2 ˌold 'girl** (bes BrE) Alte, alte Dame ◊ *The old girl next door has died.* Die alte Dame von nebenan ist gestorben.

ˌOld 'Glory Nomen (AmE) das Sternenbanner

the ˌold 'guard Nomen die alte Garde ☛ G 1.3a

ˌold 'hand Nomen alter Hase

ˌold 'hat Nomen ein alter Hut ◊ *Today's hits soon become old hat.* Die Hits von heute bekommen schnell aus der Mode.

oldie /'əʊldi; AmE 'oʊldi/ Nomen (umgs) Oldie

old·ish /'əʊldɪʃ; AmE 'oʊldɪʃ/ Adj ältlich

ˌold 'lady Nomen (umgs) **my, his, etc. ~** (Ehefrau) meine/seine etc. Alte; (Mutter) meine/seine etc. alte Dame

ˌold 'lag Nomen (BrE, umgs) Knastbruder

ˌold 'maid Nomen (veraltet, abwert) alte Jungfer

ˌold 'man Nomen (umgs) **1 my, her, etc. ~** (Ehemann) mein/ihr etc. Alter **2 my, her, etc. ~** (Vater) mein/ihr etc. alter Herr

ˌold 'master Nomen alter Meister

ˌOld 'Nick Nomen (veraltet, hum) der Teufel

ˌold 'people's home Nomen (BrE) Altersheim

ˌold school 'tie Nomen (BrE) = Schulschlips, der von ehemaligen Schülern einer Privatschule getragen wird ☛ **Old school tie** beschreibt auch die traditionelle oder elitäre Einstellung der Absolventen von Privatschulen.

'old-style Adj nur vor Nomen im alten Stil, alten Stils

the ˌOld 'Testament Nomen [Sing] das alte Testament

'old-time Adj nur vor Nomen (wie) aus alter Zeit

ˌold-'timer Nomen **1** alter Hase, Oldtimer **2** (AmE) alter Mann

ˌold 'woman Nomen **my, his, etc.~ 1** (bes BrE, umgs) (Ehefrau) die/meine etc. Alte **2** (Mutter) meine/seine etc. alte Dame **3** (BrE, abwert) (Mann) altes Weib

'old-world *Adj nur vor Nomen* altertümlich ⋄ *a charming old-world hotel* ein altertümliches Hotel mit viel Charme

ole /əʊl; *AmE* oʊl/ *Adj* (*in der Schriftsprache gebraucht, um die Aussprache mancher Sprecher von „old" wiederzugeben*) alt

ole·an·der /ˌəʊliˈændə(r); *AmE* ˌoʊli-/ *Nomen* Oleander

'O level (*auch* **'ordinary level**) *Nomen* ≈ Abschluss der Mittelstufe ☛ **O level** war früher in England und Wales eine Prüfung in einem bestimmten Fach, die von Schülern im Alter von 16 Jahren abgelegt wurde. Diese Prüfung wurde 1988 abgeschafft und durch das **GCSE** ersetzt.

ol·fac·tory /ɒlˈfæktəri; *AmE* ɑːl-, oʊl-/ *Adj* (*Fachspr*) Geruchs-, Riech-

oli·garch /ˈɒlɪɡɑːk; *AmE* ˈɑːləɡɑːrk/ *Nomen* Oligarch

oli·garchy /ˈɒlɪɡɑːki; *AmE* ˈɑːləɡɑːrki/ *Nomen* (*Pl* **-ies**) Oligarchie ☛ G 1.3b

olive¹ /ˈɒlɪv; *AmE* ˈɑːlɪv/ *Nomen* **1** Olive **2** (*auch* **'olive tree**) Olivenbaum ⋄ *olive groves* Olivenhaine **3** (*auch* ˌolive-ˈgreen) Olivgrün

olive² /ˈɒlɪv; *AmE* ˈɑːlɪv/ *Adj* **1** (*auch* ˌolive-ˈgreen) olivgrün **2** (*Teint*) bräunlich

'olive branch *Nomen* [meist Sing] Ölzweig ⋄ *They are holding out an olive branch to the strikers.* Sie machen den Streikenden ein Friedensangebot.

ˌolive 'oil *Nomen* Olivenöl

Olym·piad /əˈlɪmpiæd/ *Nomen* Olympiade

Olym·pian /əˈlɪmpiən/ *Adj* (*gehoben*) (*majestätisch*) olympisch

Olym·pic /əˈlɪmpɪk/ *Adj nur vor Nomen* Olympia-, olympisch ⋄ *the British Olympic team* die britische Olympiamannschaft

the Oˌlympic 'Games (*auch* **the Olym·pics**) *Nomen* [Pl] die Olympischen Spiele, die Olympiade

om·buds·man /ˈɒmbʊdzmən, -mæn; *AmE* ˈɑːm-/ *Nomen* (*Pl* **-men** /-mən/) Ombudsmann

om·elette (*AmE auch* **om·elet**) /ˈɒmlət; *AmE* ˈɑːm-/ *Nomen* Omelett(e) IDM **you can't make an ˌomelette without breaking 'eggs** wo gehobelt wird, da fallen Späne

omen /ˈəʊmən; *AmE* ˈoʊ-/ *Nomen* Omen, Vorzeichen

om·in·ous /ˈɒmɪnəs; *AmE* ˈɑːm-/ *Adj* (*Adv* **om·ni·ous·ly**) bedrohlich, ominös

omis·sion /əˈmɪʃn/ *Nomen* Auslassung ⋄ (*gehoben*) *sins of omission* Unterlassungssünden

omit /əˈmɪt/ *Verb* (**-tt-**) (*gehoben*) **1** auslassen ⋄ *Smith was omitted from the team.* Smith war nicht aufgestellt worden. SYN LEAVE OUT **2** unterlassen

Die Vorsilbe **omni-** kann mit Nomina, Adjektiven und Adverbien verbunden werden und bedeutet „all-" oder „Alles-": *omnipresent* allgegenwärtig ⋄ *omnivores* Allesfresser.

omni·bus¹ /ˈɒmnɪbəs; *AmE* ˈɑːm-/ *Nomen* **1** (*BrE*) = Fernseh- oder Radioprogramm, in dem mehrere Folgen einer Serie zusammengefasst werden **2** Sammelausgabe **3** (*veraltet*) Omnibus

omni·bus² /ˈɒmnɪbəs; *AmE* ˈɑːm-/ *Adj* (*AmE*) Sammel-, umfassend

om·nipo·tence /ɒmˈnɪpətəns; *AmE* ɑːm-/ *Nomen* (*gehoben*) Allmacht

om·nipo·tent /ɒmˈnɪpətənt; *AmE* ɑːm-/ *Adj* (*gehoben*) allmächtig

om·nis·ci·ent /ɒmˈnɪsiənt; *AmE* ɑːm-/ *Adj* (*gehoben*) allwissend

omni·vore /ˈɒmnɪvɔː(r); *AmE* ˈɑːm-/ *Nomen* Allesfresser

om·niv·or·ous /ɒmˈnɪvərəs; *AmE* ɑːm-/ *Adj* (*gehoben*) **1** alles fressend, omnivor **2** (*gehoben*) unersättlich

on¹ /ɒn; *AmE* ɑːn, ɔːn/ *Präp* ☛ Für Verben mit **on** siehe die Einträge für die Verben. **Turn on** z.B. steht unter **turn**.
• Ort **1** an ⋄ *on the wall* an der Wand ⋄ *a house on the Thames* ein Haus an der Themse **2** auf ⋄ *on page 5* auf Seite 5 ⋄ *She climbed on to the bed.* Sie kletterte auf das Bett. **3** (*in der Tasche*) bei ⋄ *Have you got any money on you?* Hast du Geld dabei?

• Richtung **4** auf ... (zu) ⋄ *They marched on Rome.* Sie marschierten auf Rom zu. ⋄ *on the left/right* links/rechts ⋄ *He turned his back on us.* Er wandte uns den Rücken zu.
• Zeit **5** an ⋄ *on Sunday* am Sonntag ⋄ *on Sundays* sonntags ⋄ *on one occasion* einmal **6** bei ⋄ *on arrival* bei der Ankunft ⋄ *on his return* als er zurückkam
• Fortbewegung **7** mit ⋄ *travel on the bus* mit dem Bus reisen ⋄ *He wasn't on the train.* Er war nicht im Zug. ⋄ *on horseback* zu Pferd ⋄ *on skis* auf Skiern
• Thema **8** über ⋄ *She tested us on irregular verbs.* Sie fragte uns unregelmäßige Verben ab.
• Zugehörigkeit **9** bei, in ⋄ *be on the committee* im Ausschuss sitzen ⋄ *be on the staff* zur Belegschaft gehören ⋄ *be on the jury* Geschworener sein ⋄ *Whose side are you on?* Auf wessen Seite stehst du eigentlich?
• Essen, Medikamente **10** ⋄ *live on junk food* von Junkfood leben ⋄ *be on a diet* auf Diät sein ⋄ *be on antibiotics* Antibiotika nehmen ⋄ *The doctor put me on antibiotics.* Der Arzt verschrieb mir Antibiotika.
• Grund(lage) **11** ⋄ *a story based on fact* eine wahre Geschichte ⋄ *on their advice* auf ihren Rat hin
• Geld **12** von ⋄ *live on a pension* von einer Rente leben ⋄ *be on a low wage* einen geringen Lohn beziehen ⋄ *You can't feed a family on that.* Davon kann man keine Familie ernähren. ⋄ *Drinks are on me.* Die Getränke spendiere ich.
• Medien **13** in, auf ⋄ *on TV* im Fernsehen ⋄ *We spoke on the phone.* Wir sprachen am Telefon. **14** (*Telefonnummer*) unter
• in Redewendungen **15** ⋄ *He's hard on his kids.* Er ist streng zu seinen Kindern. ⋄ *a ban on smoking* ein Rauchverbot ⋄ *Go easy on the mayo!* Nicht so viel Majonäse! **16** ⋄ *Sales are up on last year.* Die Verkaufsziffern sind im Vergleich zum letzten Jahr gestiegen. **17** ⋄ *The book is currently on loan.* Das Buch ist im Moment ausgeliehen. ☛ Für andere Redewendungen mit **on** siehe die Einträge für die Nomina. **On board** z.B. steht unter **board**, **on time** unter **time**.

on² /ɒn; *AmE* ɑːn, ɔːn/ *Adv* ☛ Für Verben mit **on** siehe die Einträge für die Verben. **Get on** z.B. steht unter **get**. **1** weiter ⋄ *Keep straight on.* Gehen Sie immer geradeaus weiter. ⋄ *from then on* von dem Augenblick an ⋄ *Please send the letter on to my new address.* Bitte schicken Sie mir den Brief an meine neue Adresse nach. **2** (*Kleidung, Brille etc.*) auf, an **3** (*Deckel etc.*) drauf **4** (*angeschaltet*) an ⋄ *The electricity is on again now.* Es gibt wieder Strom. **5** (*im Gang*) ⋄ *There was a war on at the time.* Damals war Krieg. ⋄ *What's on at the movies?* Was gibt's im Kino? ⋄ *The band are on in ten minutes.* Die Band ist in zehn Minuten dran. **6** (*geplant*) ⋄ *The game is still on.* Bis jetzt soll das Spiel stattfinden. ⋄ *We haven't got anything on this weekend.* Wir haben dieses Wochenende nichts vor. ⋄ *I've got a lot on at the moment.* Zurzeit habe ich viel zu tun. **7** (*im Dienst*) ⋄ *I'm on now till 8.* Ich habe jetzt bis 8 Uhr Dienst. **8** (*bei Verkehrsmitteln*) ⋄ *Four people got on.* Vier Leute stiegen ein. ⋄ *They hurried on to the plane.* Sie stiegen schnell ins Flugzeug. IDM **be 'on about sth** (*umgs*) von etw reden **be/go/keep 'on about sth** (*umgs, abwert*) immer wieder von etw reden ⋄ *Stop keeping on about it!* Hör endlich auf damit! **be/go/keep 'on at sb (to do sth)** (*umgs, abwert*) jdm (damit) in den Ohren liegen(, dass er etw tun soll) **it isn't 'on** (*umgs*) das kommt gar nicht in die Tüte ˌon and 'on immer weiter ⋄ *She went on and on about her trip.* Sie redete ohne Ende über ihre Reise. **you're 'on!** (*umgs*) (*um eine Wette anzunehmen*) abgemacht! ☛ Siehe auch OFF¹

ˌon-'air *Adj, Adv* auf Sendung

once¹ /wʌns/ *Adv* **1** einmal ⋄ *once every six months* alle sechs Monate **2** einst, (früher) einmal IDM **ˌall at 'once 1** mit einem Mal **2** auf einmal **at 'once 1** sofort **2** gleichzeitig (**just**) **for 'once**; **just this 'once** ausnahmsweise; dieses eine Mal **once a ... , always a ...** ⋄ *Once an actor, always an actor.* Einmal Schauspieler, immer Schauspieler. **once aˈgain**; **once 'more** wieder einmal; noch einmal **once and for 'all** ein für alle Mal ˌonce 'bitten, ˌtwice 'shy ein gebranntes Kind scheut das Feuer **once in a blue 'moon** (*umgs*) alle Jubeljahre einmal **(every) ˌonce in a 'while** von Zeit zu Zeit ˌonce or 'twice ein paar Mal ˌonce too 'often zu oft; einmal zu viel ⋄ *You've tried that trick once too often.* Mit diesem Trick kommst du jetzt nicht mehr durch. ˌonce upon a ˈtime es war einmal

once² /wʌns/ *Konj* sobald, wenn (erst)

ˈonce-over *Nomen* IDM **give sb/sth a/the ˈonce-over** (*umgs*) **1** jdn/etw (kurz) in Augenschein nehmen **2** etw (schnell) aufräumen

on·co·lo·gist /ɒŋˈkɒlədʒɪst; *AmE* ɑnˈkɑːl-/ *Nomen* Onkologe, Onkologin

on·col·ogy /ɒŋˈkɒlədʒi; *AmE* ɑnˈkɑːl-/ *Nomen* Onkologie

on·com·ing /ˈɒnkʌmɪŋ; *AmE* ɑːn-, ˈɔːn-/ *Adj nur vor Nomen* entgegenkommend SYN APPROACHING

one¹ /wʌn/ *Zahl, Adj* **1** ein(e/r), eins ◇ *I left at one.* Ich ging um eins. ◇ *There's only one thing we can do.* Wir können nur eins tun. ◇ *one of my friends* einer meiner Freunde ☞ *Beispiele bei* SECHS **2** einzig ◇ *It's the one thing I can't stand about him.* Es ist das Einzige, was ich an ihm nicht aussehen kann. **3** (*in unbestimmten Zeitangaben*) ◇ *one afternoon last week* letzte Woche an einem Nachmittag ◇ *one day* eines Tages **4** der/die/das gleiche ◇ *They all went off in one direction.* Sie entfernten sich alle in die gleiche Richtung. **5** (*bes AmE, umgs*) (*statt* **a(n)** *zur Verstärkung*) ◇ *That was one hell of a game!* Das war vielleicht ein Spiel! ◇ *She's one snappy dresser.* Sie ist immer todschick angezogen. **6** (*vor Namen*) ein(e) gewisse(r) ◇ *one Mr Ming* ein gewisser Mr Ming SYN A CERTAIN IDM **as ˈone** (*gehoben*) **1** einer Meinung **2** alle auf einmal **at ˈone (with sb/sth)** (*gehoben*) mit jdm/etw im Einklang **for ˈone** (*zur Verstärkung*) ◇ *I, for one, would prefer to postpone it.* Ich für meinen Teil würde es lieber verschieben. **get sth in ˈone** etw (sofort) erraten **get one ˈover (on) sb/sth** (*umgs*) jdm/etw gegenüber einen Vorteil herausschlagen ◇ *I'm not going to let them get one over on me!* Ich lasse mich nicht von ihnen übervorteilen! **go one ˈbetter (than sb/sth)** noch besser abschneiden (als jd/etw) SYN OUTDO **in ˈone** in einem **ˌone after aˈnother/the ˈother** eins nach dem anderen; eine(r) nach dem/der anderen ˌone and ˈall (*umgs, veraltet*) alle miteinander ˌone and ˈonly der/die/das unvergleichliche ˌone and the ˈsame ein und der-/die-/dasselbe ˌone by ˈone einzeln ˌone or ˈtwo ein, zwei ◇ *one or two problems* ein, zwei Probleme ˌone ˈup (on sb) im Vorteil (jdm gegenüber) ☞ *Siehe auch* ALL², MINORITY, NUMBER¹ *und* SQUARE²

one² /wʌn/ *Pron* **1** eine(r,s) ◇ *She was never one to criticize.* Sie war nie eine, die viel kritisierte. ◇ *My favourite band?* Oh, that's a hard one. Meine Lieblingsband? Oh, das ist aber schwer. ◇ *at home with his loved ones* zu Hause mit der Familie ◇ *the little ones* die Kleinen ◇ (*BrE*) *How about those ones over there?* Wie wäre es mit denen dort drüben? ◇ *I find it difficult to tell (the) one from the other.* Ich kann sie kaum auseinander halten.

> **One**/**ones** wird verwendet, um die Wiederholung eines zählbaren Nomens zu vermeiden: *her new dress, the red one.*
>
> Besonders im formellen Schrift- oder Redegebrauch wird es aber nach Besitzangaben, **some**, **any**, und **both** vermieden: *My camera takes better pictures than his.*
>
> Mit Zahlen wird **ones** nur verwendet, wenn ein Adjektiv dabei steht: *'Did you get any postcards?' 'Yes, I got four/four nice ones'.*

2 der/die/das(jenige) ◇ *Our house is the one next to the school.* Unser Haus ist das neben der Schule. ◇ *the ones that arrive late* die, die zu spät kommen **3** ~ **of** eine(r) von ◇ *We think of you as one of the family.* Du gehörst für uns zur Familie. **4** (*gehoben*) man ☞ *Hinweis bei* MAN, S. 1091 **5** a ˈone (*bes BrE, veraltet*) ◇ *Oh, you are a one!* Oh, du bist mir vielleicht einer! **6 the ~ about sb/sth** der (Witz) von jdm/etw IDM **be (a) one for (doing) sth** ein großer Freund von etw haben

ˌone aˈnother *Pron* einander ☞ *Hinweis bei* EINANDER

ˌone-armed ˈbandit *Nomen* einarmiger Bandit SYN FRUIT MACHINE

ˌone-ˈliner *Nomen* (*umgs*) (*Witz*) Einzeiler

ˌone-ˈman *Adj nur vor Nomen* Einpersonen-, Einmann-, Solo--

ˌone-man ˈband *Nomen* Einmannkapelle ◇ (*fig*) *He runs the business as a one-man band.* Er macht alles selbst in seinem Betrieb.

ˌone upon a ˈtime es war einmal

ˈone·ness /ˈwʌnnəs/ *Nomen* (*gehoben*) Einklang, Einssein

ˌone-night ˈstand *Nomen* (*umgs*) One-Night-Stand

ˌone-ˈoff¹ *Nomen* [*Sing*] (*BrE*) einmalige Sache, Einzelstück ◇ *It was a one-off.* Es passierte nur einmal.

ˌone-ˈoff² *Adj* (*BrE*) einmalig

ˌone-on-ˈone *Adj, Adv* (*AmE*) von Angesicht zu Angesicht ◇ *a one-on-one fight* ein Zweikampf ◇ *one-on-one tutoring* Einzelunterricht

ˌone-parent ˈfamily *Nomen* Einelternfamilie

ˈone-piece *Adj nur vor Nomen* einteilig

ˈoner·ous /ˈəʊnərəs; *AmE* ˈɑːn-, ˈoʊ-/ *Adj* (*gehoben*) schwer, lästig

ˌone·ˈself /wʌnˈself/ *Pron* (*gehoben*) **1** sich **2** selbst, selber ☞ *Hinweis bei* MAN, S. 1091. ☞ *Für Redewendungen mit* **oneself** *siehe* **yourself***.*

ˈone-shot *Adj nur vor Nomen* (*AmE*) einmalig, Einzel-

ˌone-ˈsided *Adj* (*abwert*) einseitig

ˈone-stop *Adj* ◇ *one-stop customer service* kompletter Kundendienst ◇ *Our agency is a one-stop shop for all your travel needs.* In unserem Reisebüro finden Sie alles, was Sie für Ihre Reise brauchen, an einem Ort.

ˈone-time *Adj nur vor Nomen* **1** ehemalig **2** einmalig

ˌone-to-ˈone¹ (*bes BrE*) *Adj* **1** von Angesicht zu Angesicht, Einzel- ◇ *a one-to-one relationship* eine persönliche Beziehung **2** sich hundertprozentig entsprechend

ˌone-to-ˈone² (*bes BrE*) *Adv* **1** ◇ *teach one-to-one* Einzelunterricht geben **2** ◇ *correspond one-to-one* sich hundertprozentig entsprechen

ˌone-track ˈmind *Nomen* ◇ *have a one-track mind* nur eine Sache im Kopf haben

ˌone-upmanship /wʌnˈʌpmənʃɪp/ *Nomen* (*abwert*) = die Kunst, andere auszustechen

ˌone-ˈway *Adj* **1** Einbahn-, Einweg- **2** (*bes AmE*) (*Fahrkarte*) einfach **3** in einer Richtung ◇ *a one-way relationship* eine einseitige Beziehung

ˌone-ˈwoman *Adj nur vor Nomen* Einfrau-, Solo--

on·go·ing /ˈɒngəʊɪŋ; *AmE* ˈɑːngoʊ-, ˈɔːn-/ *Adj* andauernd, laufend, im Gang befindlich

on·ion /ˈʌnjən/ *Nomen* Zwiebel

on-line /ˌɒnˈlaɪn; *AmE* ˌɑːn-, ˌɔːn-/ *Adj, Adv* online, Online-

on·look·er /ˈɒnlʊkə(r); *AmE* ˈɑːn-, ˈɔːn-/ *Nomen* Zuschauer(in) ◇ *onlookers at the scene of the crash* Schaulustige an der Unfallstelle

only¹ /ˈəʊnli; *AmE* ˈoʊnli/ *Adj nur vor Nomen* einzige(r,s) ◇ *We were the only people there.* Außer uns war niemand dort. IDM **the only thing is …** (*umgs*) bloß ◇ *I'd love to come — the only thing is I might be late.* Ich komme gern — aber es wird vielleicht etwas später. ☞ *Siehe auch* NAME¹ *und* ONE¹

only² /ˈəʊnli; *AmE* ˈoʊnli/ *Adv* **1** nur ◇ *If you do that, it will only make matters worse.* Wenn du das tust, wird alles nur noch schlimmer. ◇ (*gehoben*) *She left, only to return three days later.* Sie ging, aber nach drei Tagen kam sie zurück. **2** erst IDM **not only … but (also) …** nicht nur, … sondern (auch) … **only ˈjust 1** gerade erst **2** gerade noch **only ˌso …** nur (all)zu … **you're only young ˈonce** man ist nur einmal jung ☞ *Siehe auch* EYE¹ *und* IF¹

only³ /ˈəʊnli; *AmE* ˈoʊnli/ *Konj* (*umgs*) nur, bloß

ˌonly ˈchild *Nomen* Einzelkind

o.n.o. (*BrE*) *Kurzform von* **or nearest offer** ◇ *Guitar £200 o.n.o.* Gitarre £200 auf Verhandlungsbasis

ono·ma·to·poeia /ˌɒnəˌmætəˈpiːə; *AmE* ˌɑːn-/ *Nomen* (*Fachspr*) Lautmalerei, Onomatopöie

ono·ma·to·po·e·ic /ˌɒnəˌmætəˈpiːɪk; *AmE* ˌɑː-/ *Adj* (*Fachspr*) lautmalerisch, onomatopoetisch

on·rush /ˈɒnrʌʃ; *AmE* ˈɑːn-, ˈɔːn-/ *Nomen* [*Sing*] (*gehoben*) Ansturm

ˌon-ˈscreen *Adv, Adj nur vor Nomen* **1** auf dem Bildschirm **2** im Film ◇ *his on-screen father* sein Filmvater

on·set /ˈɒnset; *AmE* ˈɑːn-, ˈɔːn-/ *Nomen* [*Sing*] Einsetzen

on·shore¹ /ˈɒnʃɔː(r); *AmE* ˈɑːn-, ˈɔːn-/ *Adj* **1** (Fest)land- ◇ *an onshore oil field* ein Binnenfeld **2** (*Wind*) auflandig

on·shore² /ˈɒnʃɔː(r); *AmE* ˈɑːn-, ˈɔːn-/ *Adv* an Land

on·side /ˌɒnˈsaɪd; *AmE* ˌɑːn-, ˌɔːn-/ *Adj, Adv* (*Sport*) nicht abseits

on·slaught /ˈɒnslɔːt; *AmE* ˈɑːn-, ˈɔːn-/ *Nomen* **1** (heftiger) Angriff **2** Ansturm

on·stage /ˌɒnˈsteɪdʒ; *AmE* ˌɑːn-, ˌɔːn-/ *Adj, Adv* auf der Bühne

onto (*auch* **'on to**) /'ɒntə; *vor Vokalen* 'ɒntu; *AmE* 'ɑːn-, 'ɔːn-/ *Präp* auf ◇ *put sth onto a database* etw in einer Datenbank speichern PHR V **be 'onto sth 1** (*umgs*) jdm auf die Spur kommen **2** jdn bearbeiten **be 'onto sth** einer Sache auf der Spur sein ◇ *Scientists are onto something big.* Die Wissenschaftler stehen vor einer großen Entdeckung. ◇ *She's onto a good thing with that job.* Diese Stelle ist eine große Chance für sie.

ontol·ogy /ɒnˈtɒlədʒi; *AmE* ɑːnˈtɑːl-/ *Nomen* Ontologie

onus /ˈəʊnəs; *AmE* ˈoʊnəs/ *Nomen* (*meist* **the onus**) [Sing] (*gehoben*) Pflicht, Verpflichtung ◇ *The onus of proof lies with the prosecution.* Die Anklage trägt die Beweislast.

on·ward /ˈɒnwəd; *AmE* ˈɑːnwərd, ˈɔːn-/ *Adj nur vor Nomen* (*gehoben*) weitere(r,s) ◇ *the onward rail journey* die Weiterfahrt mit der Eisenbahn ◇ *the onward march of time* das Fortschreiten der Zeit

on·wards /ˈɒnwədz; *AmE* ˈɑːnwərdz, ˈɔːn-/ (*AmE meist* **onward**) *Adv* **1** **from … onwards** von … an ◇ *It is open from 7 onwards.* Es ist ab 7 Uhr geöffnet. **2** (*gehoben*) weiter

onyx /ˈɒnɪks; *AmE* ˈɑːn-/ *Nomen* Onyx

oo·dles /ˈuːdlz/ *Nomen* [Pl] (*umgs, veraltet*) Unmengen, jede Menge

ooh /uː/ *Ausruf* (*drückt Überraschung, Freude aus*) huch, oh; (*drückt Schmerz aus*) au

oomph /ʊmf/ *Nomen* (*umgs*) Pep, Schwung

oops /ʊps; uːps/ *Ausruf* **1** upps, huch **2** oje

ooze¹ /uːz/ *Verb* **1** quellen, sickern ◇ *Blood oozed out of the wound.* Blut quoll aus der Wunde. ◇ *an ugly wound oozing with pus* eine schlimme Wunde, aus der Eiter fließt **2** triefen von ◇ *The wound was oozing blood.* Aus der Wunde quoll Blut. **3** ~ (**with**) **sth** (*fig*) etw ausstrahlen

ooze² /uːz/ *Nomen* **1** Schlamm **2** Sickern, Quellen

op /ɒp; *AmE* ɑːp/ *Nomen* (*BrE, umgs*) = OPERATION (1)

op. *Abk* = OPUS (1)

opa·city /əʊˈpæsəti; *AmE* oʊ-/ *Nomen* (*gehoben oder Fachspr*) Undurchsichtigkeit

opal /ˈəʊpl; *AmE* ˈoʊpl/ *Nomen* Opal

opaque /əʊˈpeɪk; *AmE* oʊ-/ *Adj* **1** trüb, undurchsichtig ◇ *opaque tights* eine blickdichte Strumpfhose **2** unklar, unverständlich OPP TRANSPARENT

op. cit. *Abk* = verweist auf ein Werk, das in einer wissenschaftlichen Arbeit bereits erwähnt wurde

OPEC /ˈəʊpek; *AmE* ˈoʊ-/ *Kurzform von* **Organization of Petroleum Exporting Countries** OPEC

open¹ /ˈəʊpən; *AmE* ˈoʊ-/ *Adj* **1** offen ◇ *The door flew open.* Die Tür flog auf. ◇ *The flowers are all open now.* Die Blumen sind jetzt alle aufgeblüht. ◇ *open spaces* offenes Gelände ◇ *an open drain* eine Abflussrinne ◇ *work in the open air* im Freien arbeiten **2** (*Museum etc.*) geöffnet ◇ *I declare this festival open.* Ich erkläre die Festspiele für eröffnet. **3** (*Wettbewerb, Debatte etc.*) offen, öffentlich ◇ *She was tried in open court.* Ihr Fall wurde öffentlich verhandelt. ◇ *The debate was thrown open to the audience.* Das Publikum konnte sich an der Debatte beteiligen. **4** ~ **to sb** für jdn zugänglich ◇ *The competition is open to all.* An dem Wettbewerb können sich alle beteiligen. **5** **be ~ (to sb)** (jdm) offen stehen ◇ *Is the offer still open?* Steht das Angebot noch? **6** ◇ *The system is open to abuse.* Das System kann missbraucht werden. ◇ *He has laid himself open to political attack.* Er hat sich politischen Angriffen ausgesetzt. ◇ *He left his bishop open.* Er ließ seinen Läufer ungedeckt. **7** offen, ungeklärt ◇ *It remains an open question.* Es bleibt ungeklärt. ◇ *The price is not open to negotiation.* Über den Preis kann nicht verhandelt werden. ◇ *Some phrases are open to interpretation.* Einige Wendungen können unterschiedlich ausgelegt werden. ◇ *In an interview try to ask open questions.* Versuchen Sie in einem Interview Fragen zu stellen, die nicht mit „ja" oder „nein" beantwortet werden können. **8** (*Gewebe*) grobmaschig IDM **have/keep an ˌopen ˈmind (about/on sth)** (in einer Sache) unvoreingenommen sein/bleiben **an ˌopen inviˈtation (to sb) 1** eine Einladung (an jdn), jederzeit zu Besuch zu kommen **2** geradezu eine Aufforderung (zu etw) ◇ *Leaving your camera on the seat in the car is an open invitation to thieves.* Den Fotoapparat auf dem Autositz liegen zu lassen lädt geradezu zum Diebstahl ein. ☛ *Siehe auch* BURST¹, DOOR, EYE¹, MARKET¹ *und* OPTION

open² /ˈəʊpən; *AmE* ˈoʊ-/ *Verb* **1** öffnen, aufmachen ◇ *The road will be opened again in a few hours.* Die Straße wird in ein paar Stunden wieder offen sein. **2** sich öffnen, aufgehen **3** ausbreiten ◇ *He opened his arms wide to embrace her.* Er breitete seine Arme aus, um sie zu umarmen. **4** (*Geschäft, Amt etc.*) aufmachen ◇ *When does the new play open?* Wann hat das neue Theaterstück Premiere? **5** eröffnen ◇ *The bridge was opened by the Queen.* Die Brücke wurde von der Königin eröffnet. ◇ *The police have opened an investigation into the death.* Die Polizei hat eine Untersuchung des Todesfalls eingeleitet. **6** (*Geschichte, Film etc.*) beginnen IDM **ˌopen sb's ˈeyes (to sth)** jdm die Augen (für etw) öffnen ◇ *Travelling opens your eyes to other cultures.* Reisen öffnet einem die Augen für andere Kulturen. **ˌopen your ˈmind to sth** sich einer Sache öffnen **ˌopen sb's ˈmind to sth** jdn an etw heranführen **ˌopen the ˈway for sb/sth (to do sth)** es jdm/etw ermöglichen (etw zu tun) ☛ *Siehe auch* HEART *und* HEAVEN PHR V **ˌopen ˈinto/onto sth** auf etw führen ◇ *The two rooms open into each other.* Die beiden Zimmer sind miteinander verbunden. **ˌopen ˈout** sich erweitern **ˌopen ˈout (to sb)** (jdm) öffnen **ˌopen ˈup 1** sich öffnen **2** über sth sprechen **3** das Feuer eröffnen **4** sich auftun **5** (*Möglichkeit etc.*) sich auftun **ˌopen sth ˈup 1** etw öffnen, etw aufmachen **2** etw eröffnen; (*Gebiet, Markt etc.*) erschließen ◇ *He opened up a 3-point lead.* Er ging 3 Punkte in Führung. **3** (*Firma, Restaurant etc.*) aufmachen

open³ /ˈəʊpən; *AmE* ˈoʊ-/ *Nomen* IDM **in the ˈopen** im Freien **in/into the ˈopen** an der/die Öffentlichkeit ◇ *They intend to bring their complaints out into the open.* Sie wollen ihre Beschwerden an die Öffentlichkeit bringen.

ˌopen-ˈair *Adj nur vor Nomen* im Freien, Freilicht- ◇ *an open-air swimming pool* ein Freibad

ˌopen-and-ˈshut ˈcase *Adj* klarer Fall

open·cast /ˈəʊpənkɑːst; *AmE* ˈoʊpənkæst/ *Adj* über Tage ◇ *opencast mining* Tagebau

ˈopen day *Nomen* Tag der offenen Tür

ˌopen-ˈdoor *Adj nur vor Nomen* der offenen Tür

ˌopen-ˈended *Adj* zeitlich nicht begrenzt, unbegrenzt

open·er /ˈəʊpnə(r); *AmE* ˈoʊ-/ *Nomen* **1** (*meist in Zusammensetzungen*) Öffner ◇ *a bottle-opener* ein Flaschenöffner **2** Eröffnung(sspiel), erster Zug, Treffer etc. IDM **for ˈopeners** (*bes AmE, umgs*) erstens ◇ *And that was just for openers.* Und das war nur der Anfang.

ˌopen-ˈhanded *Adj* **1** freigebig, großzügig **2** ◇ *an open-handed blow* ein Schlag mit der offenen Hand

ˌopen-ˈhearted *Adj* herzlich, offen

ˌopen-heart ˈsurgery *Nomen* Operation am offenen Herzen

ˌopen ˈhouse *Nomen* **1** ◇ *It's always open house at their place.* Sie haben immer ein offenes Haus. **2** (*AmE*) Tag der offenen Tür

open·ing¹ /ˈəʊpnɪŋ; *AmE* ˈoʊ-/ *Nomen* **1** Öffnung **2** Anfang ◇ *The movie has an exciting opening.* Der Film fängt aufregend an. **3** Eröffnung **4** Öffnen ◇ *the opening of a flower* das Aufgehen einer Blume ◇ *the opening of the new play* die Premiere des neuen Theaterstücks ◇ *opening hours/times* Öffnungszeiten **5** freie Stelle **6** Chance

open·ing² /ˈəʊpnɪŋ; *AmE* ˈoʊ-/ *Adj* erste(r, s), einleitend OPP CLOSING

ˌopening ˈnight *Nomen* Premiere

ˈopening time *Nomen* [U] (*BrE*) Öffnungszeit von Pubs

ˌopening ˈup *Nomen* Erschließung

open·ly /ˈəʊpənli; *AmE* ˈoʊ-/ *Adv* offen

ˌopen ˈmarket *Nomen* freier Markt

ˌopen-ˈminded *Adj* aufgeschlossen OPP NARROW-MINDED

ˌopen-ˈmouthed *Adj* mit offenem Mund

ˌopen-ˈnecked (*auch* **ˌopen-ˈneck**) *Adj nur vor Nomen* (*Hemd*) mit offenem Kragen

open·ness /ˈəʊpənnəs; *AmE* ˈoʊ-/ *Nomen* **1** Offenheit **2** Aufgeschlossenheit **3** Weite

ˌopen-ˈplan *Adj* offen angelegt ◇ *an open-plan office* ein Großraumbüro

ˌopen ˈprison *Nomen* (*BrE*) offene (Vollzugs)anstalt

ˈopen season *Nomen* [Sing] Jagdzeit; ◇ (*fig*) *It seems to be*

open season on teachers now. Es scheint, dass Lehrer jetzt Freiwild sind.
,open 'sesame *Nomen* Sesam-öffne-dich
,open 'verdict *Nomen* = gerichtliche Entscheidung, dass die genaue Todesursache nicht festzustellen ist
opera /'ɒpərə; *AmE* 'ɑ:p-/ *Nomen* Oper ◇ *go to the opera* in die Oper gehen
op·er·able /'ɒpərəbl; *AmE* 'ɑ:p-/ *Adj* **1** in Betrieb **2** (MED) operabel
'opera glasses *Nomen* [Pl] Opernglas ☛ *Hinweis bei* BRILLE
'opera house *Nomen* Opernhaus
op·er·ate /'ɒpəreɪt; *AmE* 'ɑ:p-/ *Verb* **1** arbeiten **2** bedienen **3** in Betrieb sein; (*Bus etc.*) verkehren ◇ *The regulation operates in favour of married couples.* Die Regelung wirkt sich zugunsten Verheirateter aus. **4** unterhalten ◇ *The airline operates flights to 25 countries.* Die Fluglinie fliegt 25 Länder an. **5** (*Firma, Truppen etc.*) operieren **6** (MED) ~ (**on sb/sth**) (jdn/an etw) operieren
op·er·at·ic /,ɒpə'rætɪk; *AmE* ,ɑ:p-/ *Adj* Opern-
'operating system *Nomen* (COMP) Betriebssystem
'operating table *Nomen* Operationstisch
'operating theatre (*auch* theatre; *AmE* 'operating room) *Nomen* Operationssaal
op·er·ation /,ɒpə'reɪʃn; *AmE* ,ɑ:p-/ *Nomen* **1** (*BrE, umgs op*) (MED) Operation ◇ *have an operation* operiert werden **2** Einsatz ◇ *a rescue operation* eine Rettungsaktion **3** (*Firma*) Unternehmen **4** Geschäft ◇ *the firm's banking operations overseas* die überseeischen Bankgeschäfte der Firma **5** Arbeitsgang, Operation **6** [U] (*von Maschinen etc.*) Arbeitsweise, Funktionieren **7** [U] (*von Maschinen etc.*) Bedienung IDM **come into ope'ration** den Betrieb aufnehmen; in Kraft treten **in ope'ration** in Kraft; in Betrieb **put sth into ope'ration** etw zur Anwendung bringen; etw durchführen
op·er·ation·al /,ɒpə'reɪʃənl; *AmE* ,ɑ:p-/ *Adj* (*Adv* op·er·ation·al·ly /-ʃənəli/) **1** betrieblich ◇ *operational costs* Betriebskosten **2** betriebsbereit **3** *nur vor Nomen* (MIL) Einsatz- ◇ *operational headquarters* Einsatzhauptquartier
,operational 'research (*auch* 'operations research) *Nomen* Unternehmensforschung
op·era·tive¹ /'ɒpərətɪv; *AmE* 'ɑ:p-, -reɪt-/ *Nomen* **1** (*Fachspr*) Arbeiter(in) **2** (*bes AmE*) Agent(in) ◇ *an intelligence operative* ein Geheimagent
op·era·tive² /'ɒpərətɪv; *AmE* 'ɑ:p-, -reɪt-/ *Adj* **1** wirksam, in Betrieb ◇ *This law becomes operative immediately.* Dieses Gesetz tritt sofort in Kraft. ◇ *The station will be operative again in January.* Der Bahnhof wird im Januar wieder den Betrieb aufnehmen. **2** *nur vor Nomen* (MED) operativ ◇ *operative mortality* Sterblichkeitsrate bei Operationen IDM **the operative word** das entscheidende Wort
op·er·ator /'ɒpəreɪtə(r); *AmE* 'ɑ:p-/ *Nomen* **1** (*oft in Zusammensetzungen*) ◇ *a computer operator* ein Operator ◇ *a radio operator* ein Funker ◇ *skilled operators* ausgebildete Bedienungskräfte **2** Telefonist(in), Vermittlung **3** (*oft in Zusammensetzungen*) Unternehmen ◇ *a tour operator* ein Reiseveranstalter **4** (*umgs, abwert*) ◇ *a smooth operator* ein raffinierter Typ ◇ *a slick operator* ein gewiefter Typ
op·er·etta /,ɒpə'retə; *AmE* ,ɑ:pə-/ *Nomen* Operette
oph·thal·mic /ɒf'θælmɪk; *AmE* ɑ:f-/ *Adj* Augen-
oph·thal·molo·gist /,ɒfθæl'mɒlədʒɪst; *AmE* ,ɑ:fθæl'mɑ:l-/ *Nomen* Augenarzt, -ärztin
oph·thal·mol·ogy /,ɒfθæl'mɒlədʒi; *AmE* ,ɑ:fθæl'mɑ:l-/ *Nomen* Augenheilkunde
opi·ate /'əʊpiət; *AmE* 'oʊ-/ *Nomen* (*Fachspr*) Opiat
opin·ion /ə'pɪnjən/ *Nomen* **1** Meinung, Ansicht ◇ *in my opinion* meiner Meinung nach ◇ *legal/medical opinion* die Meinung der Juristen/Ärzteschaft ◇ *a difference of opinion* eine Meinungsverschiedenheit ◇ *Opinion is divided on the issue.* In der Frage sind die Meinungen geteilt. **2** Gutachten ◇ *I'd like a second opinion.* Ich hätte gern die Meinung eines zweiten Sachverständigen. IDM **be of the opinion that ...** (*gehoben*) der Ansicht sein, dass **have a good, bad, high, etc. opinion of sb/sth** von jdm/etw eine gute, schlechte, hohe etc. Meinung haben ☛ *Siehe auch* CONSIDER *und* MATTER¹
opin·ion·ated /ə'pɪnjəneɪtɪd/ = SELF-OPINIONATED

o'pinion poll *Nomen* Meinungsumfrage
opium /'əʊpiəm; *AmE* 'oʊ-/ *Nomen* Opium
opos·sum /ə'pɒsəm; *AmE* ə'pɑ:s-/ *Nomen* Opossum
op·pon·ent /ə'pəʊnənt; *AmE* ə'poʊ-/ *Nomen* Gegner(in)
op·por·tune /'ɒpətju:n; *AmE* ,ɑ:pər'tu:n/ *Adj* (*Adv* op·por·tune·ly) (*gehoben*) **1** günstig **2** zur rechten Zeit, passend OPP INOPPORTUNE
op·por·tun·ism /,ɒpə'tju:nɪzəm; *AmE* ,ɑ:pər'tu:-/ *Nomen* (*abwert*) Opportunismus
op·por·tun·ist¹ /,ɒpə'tju:nɪst; *AmE* ,ɑ:pər'tu:-/ *Adj* (*abwert*) opportunistisch, Gelegenheits- ◇ *an opportunist goal* ein Abstaubertor
op·por·tun·ist² /,ɒpə'tju:nɪst; *AmE* ,ɑ:pər'tu:-/ *Nomen* (*abwert*) Opportunist(in) ◇ *80% of burglaries are committed by casual opportunists.* 80% der Einbrüche werden von Gelegenheitsdieben begangen.
op·por·tun·is·tic /,ɒpətju:'nɪstɪk; *AmE* ,ɑ:pərtu:'n-/ *Adj* opportunistisch
op·por·tun·ity /,ɒpə'tju:nəti; *AmE* ,ɑ:pər'tu:-/ *Nomen* (*Pl* -ies) Gelegenheit, Chance, Möglichkeit ◇ *equal opportunities* Chancengleichheit ◇ *We have a window of opportunity here.* Wir haben hier eine Chance. ☛ *Hinweis bei* MÖGLICHKEIT
op·pose /ə'pəʊz; *AmE* ə'poʊz/ *Verb* ~ **sb/sth** sich jdm/etw widersetzen, gegen jdn/etw opponieren ◇ *I oppose a change in the law.* Ich bin gegen eine Gesetzesänderung. ☛ *Hinweis bei* SECONDER
op·posed /ə'pəʊzd; *AmE* ə'poʊzd/ *Adj* *nicht vor Nomen* **1** be ~ to sth gegen etw sein **2** entgegengesetzt IDM **as opposed to** (*gehoben*) im Gegensatz zu; gegenüber
op·pos·ing /ə'pəʊzɪŋ; *AmE* ə'poʊzɪŋ/ *Adj* *nur vor Nomen* **1** Gegen-, gegnerisch **2** gegensätzlich, entgegengesetzt
op·pos·ite¹ /'ɒpəzɪt, -sɪt; *AmE* 'ɑ:pəzət/ *Adj* **1** *nur vor Nomen* gegenüberliegend **2** (*dem Nomen nachgestellt*) gegenüber **3** entgegengesetzt, gegensätzlich IDM **sb's ,opposite 'number** jds Pendant **the ,opposite 'sex** das andere Geschlecht
op·pos·ite² /'ɒpəzɪt, -sɪt; *AmE* 'ɑ:pəzət/ *Nomen* Gegenteil, Gegensatz
op·pos·ite³ /'ɒpəzɪt, -sɪt; *AmE* 'ɑ:pəzət/ *Präp, Adv* gegenüber ◇ *She starred opposite Tom Hanks.* Sie spielte die weibliche Hauptrolle an der Seite von Tom Hanks.
op·pos·ition /,ɒpə'zɪʃn; *AmE* ,ɑ:pə-/ *Nomen* **1** ~ (**to sth**) Widerstand gegen etw ◇ *There was strong opposition to the plan.* Es gab starken Widerstand gegen den Plan. ◇ *opposition forces* oppositionelle Gruppen **2** the opposition die Konkurrenz **3** the opposition (SPORT) der Gegner ☛ G 1.3a **4** the Opposition die Opposition ◇ *Opposition MPs* Abgeordnete der Opposition ☛ G 1.3a **5** (*gehoben*) Gegensatz IDM **in oppo'sition** (POL) in der Opposition **in oppo'sition to sb/sth** 1 in Opposition zu jdm/etw ◇ *Several colleagues were in opposition to us on this issue.* Einige Kollegen waren in dieser Frage anderer Meinung als wir. **2** im Gegensatz zu jdm/etw
op·pos·ition·al /,ɒpə'zɪʃənl; *AmE* ,ɑ:pə-/ *Adj* (*gehoben*) oppositionell
op·press /ə'pres/ *Verb* (*gehoben*) **1** unterdrücken **2** bedrücken
op·pressed /ə'prest/ **1** *Adj* unterdrückt **2** the oppressed *Nomen* [Pl] die Unterdrückten
op·pres·sion /ə'preʃn/ *Nomen* [U] Unterdrückung
op·pres·sive /ə'presɪv/ *Adj* (*Adv* op·pres·sive·ly) **1** repressiv, (er)drückend, tyrannisch **2** (*Hitze, Stimmung etc.*) (be)drückend
op·press·or /ə'presə(r)/ *Nomen* Unterdrücker(in)
opt /ɒpt; *AmE* ɑ:pt/ *Verb* ~ **for/against sth** sich für/gegen etw entscheiden; ~ **to do sth** sich entscheiden etw zu tun PHRV ,opt 'in (**to sth**) (einer Sache) beitreten ,opt 'out (**of sth**) bei etw nicht (länger) mitmachen, aus etw austreten ◇ *I opted out of going on the trip to France.* Ich habe mich entschlossen, nicht nach Frankreich zu fahren.
optic /'ɒptɪk; *AmE* 'ɑ:p-/ *Adj* Seh-, Augen-, optisch
op·tic·al /'ɒptɪkl; *AmE* 'ɑ:p-/ *Adj* (*Adv* op·tic·al·ly /-kli/) optisch ◇ *optical aids* Sehhilfen
,optical 'character recognition *Nomen* (*Abk* **OCR**) (COMP) optische Zeichenerkennung

optical fibre (*AmE* **optical fiber**) *Nomen* Glasfaser(kabel)

optical illusion *Nomen* optische Täuschung

op·ti·cian /ˈɒpˈtɪʃn; *AmE* ɑːp-/ *Nomen* (*auch* **ophthalmic optician**) (Augen)optiker(in) ☛ *Hinweis bei* BAKER

op·tics /ˈɒptɪks; *AmE* ˈɑːp-/ *Nomen* [U] Optik

op·ti·mal /ˈɒptɪməl; *AmE* ˈɑːp-/ *Adj* bestmöglich

op·ti·mism /ˈɒptɪmɪzəm; *AmE* ˈɑːp-/ *Nomen* [U] Optimismus OPP PESSIMISM

op·ti·mist /ˈɒptɪmɪst; *AmE* ˈɑːp-/ *Nomen* Optimist(in) OPP PESSIMIST

op·ti·mis·tic /ˌɒptɪˈmɪstɪk; *AmE* ˌɑːp-/ *Adj* (*Adv* **op·ti·mis·tic·al·ly** /-kli/) optimistisch OPP PESSIMISTIC

op·ti·mize (*BrE auch* **-ise**) /ˈɒptɪmaɪz; *AmE* ˈɑːp-/ *Verb* (*gehoben*) optimieren

op·ti·mum /ˈɒptɪməm; *AmE* ˈɑːp-/ *Adj* (*gehoben*) **1** *nur vor Nomen* optimal, bestmöglich **2 the optimum** *Nomen* [Sing] das Optimum

op·tion /ˈɒpʃn; *AmE* ˈɑːp-/ *Nomen* **1** Möglichkeit, Wahl ◊ *Going to college was not an option for me.* Ein Studium kam für mich nicht infrage. ◊ *I had no option but to leave.* Mir blieb nichts anderes übrig als zu gehen. **2** Wahlfach **3** Option, Vorkaufsrecht **4** (COMP) Option, Angabe IDM **keep/leave your options open** sich alle Möglichkeiten offen halten **the soft/easy option** (*oft abwert*) der bequeme Weg

op·tion·al /ˈɒpʃənl; *AmE* ˈɑːp-/ *Adj* freiwillig, fakultativ ◊ *optional subjects* Wahlfächer ◊ *This model comes with a large number of optional extras.* Dieses Modell ist auf Wunsch mit vielen Extras zu haben.

op·tom·etrist /ɒpˈtɒmətrɪst; *AmE* ɑːpˈtɑːm-/ *Nomen* (Augen)optiker(in)

op·tom·etry /ɒpˈtɒmətri; *AmE* ɑːpˈtɑːm-/ *Nomen* [U] Optometrie

opt-out *Nomen* (*oft in Zusammensetzungen*) Ausstieg, Nichtbeitritt

opu·lence /ˈɒpjələns; *AmE* ˈɑːp-/ *Nomen* [U] (*gehoben*) Reichtum, Prunk, Üppigkeit

opu·lent /ˈɒpjələnt; *AmE* ˈɑːp-/ *Adj* (*gehoben*) **1** (*Adv* **opu·lent·ly**) aufwändig, prunkvoll, üppig **2** reich, wohlhabend

opus /ˈəʊpəs; *AmE* ˈoʊ-/ *Nomen* (*Pl* **opera** /ˈɒpərə; *AmE* ˈɑːp-/) [meist Sing] **1** (*Abk* **op.**) (MUS) Opus **2** (*gehoben*) (LIT) Werk

or /ɔː(r)/ *Konj* **1** oder **2** noch ◊ *He can't read or write.* Er kann weder lesen noch schreiben. **3** (*auch* **or else**) sonst ◊ *Turn the heat down or it'll burn.* Stell die Platte kleiner, sonst brennt es an. **4** oder (auch), das heißt ◊ *It weighs a kilo, or just over two pounds.* Es wiegt ein Kilo, das heißt etwas über zwei englische Pfund. IDM **or so** oder so ◊ *It'll cost 100 dollars or so.* Es kostet 100 Dollar oder so. **or somebody/something/somewhere** (*umgs*) oder so ◊ *She lives in Bath or somewhere.* Sie wohnt in Bath oder so. **somebody/something/somewhere or other** (*umgs*) irgendwer/irgendwas/irgendwo

or·acle /ˈɒrəkl; *AmE* ˈɔːr-, ˈɑːr-/ *Nomen* **1** Orakel **2** [meist Sing] Koryphäe, Autorität

or·acu·lar /əˈrækjələ(r)/ *Adj* (*gehoben oder hum*) orakelhaft, seherisch

oral[1] /ˈɔːrəl/ *Adj* (*Adv* **or·al·ly** /ˈɔːrəli/) **1** mündlich **2** *nur vor Nomen* Mund-, Oral-, oral ◊ *an oral contraceptive* ein Verhütungsmittel zum Einnehmen

oral[2] /ˈɔːrəl/ *Nomen* (*bes BrE*) mündliche Prüfung, Mündliches

or·ange[1] /ˈɒrɪndʒ; *AmE* ˈɔːr-, ˈɑːr-/ *Nomen* **1** Apfelsine **2** (*BrE*) Orangensaft **3** (*Farbe*) Orange

or·ange[2] /ˈɒrɪndʒ; *AmE* ˈɔːr-, ˈɑːr-/ *Adj* orange(farben)

orang-utan /ɔːˌræŋuːˈtæn, əˈræŋuːtæn; *AmE* əˈræŋətæn/ *Nomen* Orang-Utan

ora·tion /ɔːˈreɪʃn/ *Nomen* (*gehoben*) Ansprache

ora·tor /ˈɒrətə(r); *AmE* ˈɔːr-, ˈɑːr-/ *Nomen* (*gehoben*) Redner(in), Rhetoriker(in)

ora·tor·ic·al /ˌɒrəˈtɒrɪkl; *AmE* ˌɔːrəˈtɔːr-, ˌɑːrəˈtɑːr-/ *Adj* (*gehoben*) Rede-, rednerisch

ora·torio /ˌɒrəˈtɔːriəʊ; *AmE* ˌɔːrəˈtɔːrioʊ, ˌɑːrə-/ *Nomen* (*Pl* **-os**) (MUS) Oratorium

ora·tory /ˈɒrətri; *AmE* ˈɔːrətɔːri, ˈɑːr-/ *Nomen* Rhetorik, Redekunst

orb /ɔːb; *AmE* ɔːrb/ *Nomen* **1** (*gehoben*) Kugel, Ball **2** Reichsapfel

orbit[1] /ˈɔːbɪt; *AmE* ˈɔːrbɪt/ *Nomen* **1** Umlaufbahn ◊ *a space station in orbit round the moon* eine Weltraumstation auf ihrer Umlaufbahn um den Mond **2** [Sing] Sphäre, Bereich

orbit[2] /ˈɔːbɪt; *AmE* ˈɔːrbɪt/ *Verb* kreisen; **~ (around) sth** etw umkreisen

or·bit·al[1] /ˈɔːbɪtl; *AmE* ˈɔːrb-/ *Adj* *nur vor Nomen* **1** (ASTRON) Umlauf- ◊ *orbital altitude* Umlaufhöhe **2** (*BrE*) Ring- ◊ *orbital road* Ringstraße

or·bit·al[2] /ˈɔːbɪtl; *AmE* ˈɔːrb-/ *Nomen* (*BrE*) Ringstraße

orch·ard /ˈɔːtʃəd; *AmE* ˈɔːrtʃərd/ *Nomen* Obstgarten

or·ches·tra /ˈɔːkɪstrə; *AmE* ˈɔːrk-/ *Nomen* Orchester ☛ G 1.3b

or·ches·tral /ɔːˈkestrəl; *AmE* ɔːrˈk-/ *Adj* Orchester-

or·ches·trate /ˈɔːkɪstreɪt; *AmE* ˈɔːrk-/ *Verb* **1** (MUS) orchestrieren **2** organisieren SYN STAGE-MANAGE

or·ches·tra·tion /ˌɔːkɪˈstreɪʃn; *AmE* ˌɔːrk-/ *Nomen* **1** (MUS) Orchestrierung **2** Organisation

or·chid /ˈɔːkɪd; *AmE* ˈɔːrkɪd/ *Nomen* Orchidee

or·dain /ɔːˈdeɪn; *AmE* ɔːrˈd-/ *Verb* **1** (zum Priester) weihen, ordinieren ◊ *He was ordained (as) a priest.* Er wurde zum Priester geweiht. **2** (*gehoben*) bestimmen, wollen

or·deal /ɔːˈdiːl, ˈɔːdiːl; *AmE* ɔːrˈd-/ *Nomen* [meist Sing] Qual, Tortur

order[1] /ˈɔːdə(r); *AmE* ˈɔːrd-/ *Nomen* **1** Reihenfolge ◊ *arranged in order of priority* nach Dringlichkeit geordnet **2** Ordnung ◊ *It was time she put/set her life in order.* Es wurde Zeit, dass sie ihr Leben in Ordnung brachte. ◊ *Get your ideas into some sort of order.* Bring etwas Ordnung in deine Ideen. ◊ *The house had been kept in good order.* Das Haus war in einem guten Zustand gehalten worden. **3** Befehl, Anweisung ◊ *I'm under orders not to let anyone in.* Ich habe die Anweisung niemanden hereinzulassen. ◊ (*umgs*) *No sugar for me — doctor's orders.* Kein Zucker für mich — auf ärztliche Anweisung. **4** Bestellung ◊ *place an order for sth* etw bestellen ◊ *These items can be made/supplied to order.* Diese Waren können auf Bestellung angefertigt/geliefert werden. ◊ *a side order* eine Beilage **5** (*Zahlungs*)anweisung ☛ *Siehe auch* BANKER'S ORDER, COURT ORDER, MONEY ORDER, POSTAL ORDER *und* STANDING ORDER **6** [meist Sing] (*abwert oder hum*) Schicht ◊ *the lower orders* die unteren Schichten **7** Orden ◊ *the Benedictine order* der Benediktinerorden ◊ *the Order of the Garter* der Hosenbandorden ☛ G 1.3b IDM **be in (holy) orders** dem geistlichen Stand angehören **be the order of the day** an der Tagesordnung sein; unerlässlich sein **in order 1** in Ordnung SYN VALID **2** angebracht; erlaubt ◊ *Is it in order to speak now?* Ist es erlaubt jetzt zu sprechen? ◊ *I think a small drink would be in order.* Ich glaube, wir können uns ein Gläschen genehmigen. **3** in der richtigen Reihenfolge **in order that** (*gehoben*) damit **in order to do sth** um etw zu tun ◊ *She left early in order to get a good seat.* Sie ging schon früh, um einen guten Platz zu bekommen. **in running/working order** funktionsfähig ◊ *The engine is now in perfect working order.* Der Motor ist jetzt voll funktionsfähig. **of a high order** von hohem Rang **of the highest/first order** ersten Ranges **of/in the order of sth** (*AmE* **on the order of sth**) (*gehoben*) ungefähr **Order! Order!** (*bei Versammlungen etc.*) Ruhe bitte! **out of order 1** außer Betrieb **2** nicht in der richtigen Reihenfolge ◊ *Some of the papers were out of order.* Einige Unterlagen waren durcheinander. **3** (*BrE, umgs*) nicht in Ordnung ◊ *What you just did was right out of order.* Was du gerade getan hast, war aber nicht in Ordnung. **4** (*umgs*) ◊ *His objection was ruled out of order.* Sein Einwand wurde abgelehnt. **take (holy) orders** die (geistlichen) Weihen empfangen ☛ *Siehe auch* HOUSE[1], LAW, MARCH[1], PECK[1], SHORT[1], STARTER *und* TALL

order[2] /ˈɔːdə(r); *AmE* ˈɔːrd-/ *Verb* **1** befehlen, anordnen; **~ sb to do sth** jdm befehlen etw zu tun ◊ *They were ordered out of the class for fighting.* Wegen einer Prügelei wurden sie aus der Klasse gewiesen. **2** bestellen **3** (*gehoben*) ordnen PHRV **order sb about/around** (*abwert*) jdn herumkommandieren ☛ G 9.7c

order book *Nomen* Auftragsbuch

or·dered /'ɔːdəd; AmE 'ɔːrdərd/ Adj geordnet
'order form Nomen Bestellschein
'order·ing /'ɔːdərɪŋ; AmE 'ɔːrdər-/ Nomen Ordnung, Ordnen
or·der·li·ness /'ɔːdəlinəs; AmE 'ɔːrdər-/ Nomen Ordentlichkeit
or·der·ly¹ /'ɔːdəli; AmE 'ɔːrdərli/ Adj **1** ordentlich, geregelt **2** friedlich OPP DISORDERLY
or·der·ly² /'ɔːdəli; AmE 'ɔːrdərli/ Nomen **1** Pfleger(in) **2** (MIL) Bursche
'order of 'magnitude Nomen Größenordnung
'Order Paper Nomen (BrE) (POL) Tagesordnung
or·din·al /'ɔːdɪnl; AmE 'ɔːrdənl/ **1** Nomen Ordnungszahl **2** Adj Ordnungs- ◇ an ordinal number eine Ordnungszahl
or·din·ance /'ɔːdɪnəns; AmE 'ɔːrd-/ Nomen (gehoben) Verordnung, Anordnung
or·din·and /'ɔːdɪnænd; AmE 'ɔːrd-/ Nomen angehender Priester, angehende(r) Pfarrer(in)
or·din·ar·ily /'ɔːdnrəli; AmE ˌɔːrdn'erəli/ Adv **1** normal **2** normalerweise
or·din·ary /'ɔːdnri; AmE 'ɔːrdneri/ Adj **1** normal, gewöhnlich ◇ an ordinary sort of day ein ganz normaler Tag **2** (abwert) mittelmäßig, durchschnittlich ◇ The meal was very ordinary. Das Essen war ziemlich mittelmäßig. IDM **in the ordinary way** (BrE) normalerweise **out of the 'ordinary** außergewöhnlich
'ordinary level Nomen = O LEVEL
ˌordinary 'seaman Nomen (Abk **OS**) ≈ Matrose
ˌordinary 'share Nomen Stammaktie
or·din·ation /ˌɔːdɪ'neɪʃn; AmE ˌɔːrdn'eɪʃn/ Nomen Ordination
ord·nance /'ɔːdnəns; AmE 'ɔːrd-/ Nomen **1** Geschütze SYN ARTILLERY **2** Wehrmaterial
ˌOrdnance 'Survey map Nomen amtliche topografische Karte
ore /ɔː(r)/ Nomen Erz ◇ iron ore Eisenerz
ore·gano /ˌɒrɪ'gɑːnəʊ; AmE ə'regənoʊ/ Nomen Oregano
organ /'ɔːgən; AmE 'ɔːrgən/ Nomen **1** Organ **2** (meist hum) Penis ◇ the male organ das männliche Glied **3** (auch **'pipe organ**) Orgel
'organ-grinder Nomen Drehorgelspieler(in)
or·gan·ic /ɔː'gænɪk; AmE ɔːr'g-/ Adj **1** biodynamisch, Bio- ◇ an organic farmer ein Biobauer ◇ organic vegetables/wine Gemüse/Wein aus biologisch kontrolliertem Anbau ◇ organic farming ökologischer Landbau **2** (Chemie etc.) organisch
or·gan·ism /'ɔːgənɪzəm; AmE 'ɔːrg-/ Nomen Organismus
or·gan·ist /'ɔːgənɪst; AmE 'ɔːrg-/ Nomen Organist(in)
or·gan·iza·tion (BrE auch **-isa·tion**) /ˌɔːgənaɪ'zeɪʃn; AmE ˌɔːrgənəˈz-/ Nomen **1** Organisation, Unternehmen **2** Einteilung ◇ the organization of labour within the company die Arbeitseinteilung in der Firma **3** Ordnung ◇ Her work lacks organization. Ihrer Arbeit fehlt die Ordnung.
or·gan·iza·tion·al (BrE auch **-isational**) /ˌɔːgənaɪ'zeɪʃənl; AmE ˌɔːrgənəˈz-/ Adj nur vor Nomen organisatorisch
or·gan·ize (BrE auch **ise**) /'ɔːgənaɪz; AmE 'ɔːrg-/ Verb **1** organisieren; (Essen, Getränke etc.) sorgen für **2** ordnen; (Zeit) einteilen ◇ How is the brain organized? Wie ist das Gehirn aufgebaut?
or·gan·ized (BrE auch **-ised**) /'ɔːgənaɪzd; AmE 'ɔːrg-/ Adj **1** nur vor Nomen organisiert ◇ organized crime das organisierte Verbrechen ◇ a well-organized office ein gut organisiertes Büro **2** geplant ◇ a carefully organized campaign eine sorgfältig geplante Kampagne **3** (Mensch) You're so organised! Du hast alles voll im Griff! ◇ If you were organized, you'd finish your work on time. Wenn du deine Zeit besser einteilen würdest, würdest du rechtzeitig mit deiner Arbeit fertig werden.
or·gan·izer (BrE auch **-iser**) /'ɔːgənaɪzə(r); AmE 'ɔːrg-/ Nomen Organisator(in), Veranstalter(in) ☛ Siehe auch PERSONAL ORGANIZER
or·gasm /'ɔːgæzəm; AmE 'ɔːrg-/ Nomen Orgasmus
or·gas·mic /ɔː'gæzmɪk; AmE ɔːr'g-/ Adj orgastisch
or·gi·as·tic /ˌɔːdʒi'æstɪk; AmE ˌɔːrdʒ-/ Adj orgiastisch
orgy /'ɔːdʒi; AmE 'ɔːrdʒi/ Nomen (Pl **-ies**) **1** Orgie **2** (abwert) Rausch ◇ an orgy of spending ein Kaufrausch

oriel /'ɔːriəl/ Nomen Erker
Ori·ent /'ɔːriənt/ Nomen **the Orient** der Orient
ori·ent /'ɔːrient/ Verb **1** (meist passiv) ausrichten ◇ oriented to the needs of children auf die Bedürfnisse von Kindern ausgerichtet ◇ Neither of them is politically oriented. Sie sind beide nicht politisch interessiert. **2** ~ **yourself** sich orientieren; (fig) sich zurechtfinden
Orien·tal /ˌɔːri'entl/ Nomen (manchmal beleidigend) Asiat(in), Orientale, Orientalin ☛ Hinweis bei ASIAT(IN)
orien·tal /ˌɔːri'entl/ Adj orientalisch ☛ Hinweis bei ASIATISCH
orien·tal·ist /ˌɔːri'entəlɪst/ Nomen Orientalist(in)
orien·tate /'ɔːriənteɪt/ Verb (BrE) **1** ausrichten ☛ Beispiele bei ORIENT **2** ~ **yourself** sich orientieren; (fig) sich zurechtfinden
orien·ta·tion /ˌɔːriən'teɪʃn/ Nomen **1** Ausrichtung ◇ a greater orientation to the market eine stärkere Ausrichtung am Markt **2** Orientierung **3** Einführung ◇ an orientation course ein Einführungskurs
orien·teer·ing /ˌɔːriən'tɪərɪŋ; AmE -'tɪr-/ Nomen Orientierungslauf
ori·fice /'ɒrɪfɪs; AmE 'ɔːr-, 'ɑːr-/ Nomen (gehoben oder hum) Öffnung
ori·gami /ˌɒrɪ'gɑːmi; AmE ˌɔːr-/ Nomen Origami
ori·gin /'ɒrɪdʒɪn; AmE 'ɔːr-, 'ɑːr-/ Nomen (auch **ori·gins** [Pl]) **1** Ursprung ◇ the origins of life on earth die Entstehung des Lebens auf der Erde ◇ Most coughs are viral in origin. Husten entsteht meist durch ein Virus. **2** Herkunft, Abstammung ◇ a person's country of origin das Herkunftsland einer Person
ori·gin·al¹ /ə'rɪdʒənl/ Adj **1** nur vor Nomen (Adv **ori·gin·al·ly** /-əli/) ursprünglich **2** originell **3** Original- ◇ an original painting ein Original ◇ the original manuscript das Original des Manuskripts
ori·gin·al² /ə'rɪdʒənl/ Nomen Original IDM **in the o'riginal** im Originaltext
ori·gin·al·ity /əˌrɪdʒə'næləti/ Nomen Originalität
oˌriginal 'sin Nomen Erbsünde
ori·gin·ate /ə'rɪdʒɪneɪt/ Verb (gehoben) **1** entstehen, seinen Ursprung haben **2** hervorbringen
ori·gin·ator /ə'rɪdʒɪneɪtə(r)/ Nomen Urheber(in), Erfinder(in)
or·na·ment¹ /'ɔːnəmənt; AmE 'ɔːrn-/ Nomen (gehoben) **1** Ziergegenstand **2** (gehoben) Schmuck(stück) **3** (gehoben) Verzierung, Dekoration
or·na·ment² /'ɔːnəment; AmE 'ɔːrn-/ Verb (meist passiv) verzieren SYN DECORATE
or·na·men·tal /ˌɔːnə'mentl; AmE ˌɔːrn-/ Adj dekorativ ◇ purely ornamental nur zur Dekoration ◇ an ornamental plant eine Zierpflanze
or·na·men·ta·tion /ˌɔːnəmen'teɪʃn; AmE ˌɔːrn-/ Nomen Ausschmückung, Verzierung
or·nate /ɔː'neɪt; AmE ɔːr'n-/ Adj (Adv **or·nate·ly**) kunstvoll, reich verziert; (Stil) überladen
or·nery /'ɔːnəri; AmE 'ɔːrn-/ Adj (AmE, umgs) streitlustig, mürrisch
or·ni·tho·logic·al /ˌɔːnɪθə'lɒdʒɪkl; AmE ˌɔːrnɪθə'lɑːdʒ-/ Adj ornithologisch, vogelkundlich
or·ni·tholo·gist /ˌɔːnɪ'θɒlədʒɪst; AmE ˌɔːrnɪ'θɑːl-/ Nomen Ornithologe, Ornithologin
or·ni·thol·ogy /ˌɔːnɪ'θɒlədʒi; AmE ˌɔːrnɪ'θɑːl-/ Nomen Ornithologie, Vogelkunde
orphan¹ /'ɔːfn; AmE 'ɔːrfn/ Nomen Waise, Waisenkind
orphan² /'ɔːfn; AmE 'ɔːrfn/ Verb zur Waise machen ◇ She was orphaned in the war. Sie wurde im Krieg zur Waise.
or·phan·age /'ɔːfənɪdʒ; AmE 'ɔːrf-/ Nomen Waisenhaus
ortho·don·tic /ˌɔːθə'dɒntɪk; AmE ˌɔːrθə'dɑːn-/ Adj kieferorthopädisch
ortho·don·tics /ˌɔːθə'dɒntɪks; AmE ˌɔːrθə'dɑːn-/ Nomen [U] Kieferorthopädie
ortho·don·tist /ˌɔːθə'dɒntɪst; AmE ˌɔːrθə'dɑːn-/ Nomen Kieferorthopäde, -orthopädin
ortho·dox /'ɔːθədɒks; AmE 'ɔːrθədɑːks/ Adj **1** konventionell OPP UNORTHODOX **2** **Orthodox** (REL) orthodox
the ˌOrthodox 'Church (auch the ˌEastern ˌOrthodox 'Church) Nomen die orthodoxe Kirche

ortho·doxy /'ɔːθədɒksi; *AmE* 'ɔːrθədɑːksi/ *Nomen* (*Pl* **-ies**) **1** (*gehoben*) herrschende Meinung **2** [*meist Pl*] Orthodoxie **3 Orthodoxy** die orthodoxe Kirche

or·tho·graph·ic /ˌɔːθə'græfɪk; *AmE* ˌɔːrθ-/ *Adj* orthographisch

orth·og·raphy /ɔː'θɒɡrəfi; *AmE* ɔːr'θɑːɡ-/ *Nomen* (*gehoben*) Orthographie, Rechtschreibung

ortho·paed·ic (*AmE* **ortho·ped·ic**) /ˌɔːθə'piːdɪk; *AmE* ˌɔːrθə-/ *Adj* orthopädisch

ortho·paed·ics (*AmE* **ortho·ped·ics**) /ˌɔːθə'piːdɪks; *AmE* ˌɔːrθə-/ *Nomen* [U] Orthopädie

OS /ˌəʊ 'es; *AmE* ˌoʊ/ *Abk* **1** = ORDNANCE SURVEY **2** = ORDINARY SEAMAN

os·cil·late /'ɒsɪleɪt; *AmE* 'ɑːs-/ *Verb* **1** ~ (**between A and B**) (*gehoben*) (zwischen A und B) schwanken **2** (*Nadel etc.*) ausschlagen **3** (PHYSIK) oszillieren, schwingen

os·cil·la·tion /ˌɒsɪ'leɪʃn; *AmE* ˌɑːs-/ *Nomen* (*gehoben*) [U/Sing] Schwankung, Schwanken, Schwingung ◊ *the oscillation of the compass needle* das Zittern der Kompassnadel ◊ *the oscillation of radio waves* die Schwingung der Radiowellen

os·mo·sis /ɒz'məʊsɪs; *AmE* ɑːz'moʊ-/ *Nomen* (BIOL) Osmose (*auch fig*)

os·prey /'ɒspreɪ; *AmE* 'ɑːs-/ *Nomen* Fischadler

os·sify /'ɒsɪfaɪ; *AmE* 'ɑːs-/ *Verb* (*meist passiv*) (**-fies, -fy·ing, -fied, -fied**) **1** (*gehoben, abwert*) erstarren (lassen) **2** (*Fachspr*) ossifizieren, verknöchern (lassen)

os·ten·sible /ɒ'stensəbl; *AmE* ɑː'st-/ *Adj nur vor Nomen* (*Adv* **os·ten·sibly** /-əbli/-) angeblich

os·ten·ta·tion /ˌɒsten'teɪʃn; *AmE* ˌɑːs-/ *Nomen* (*abwert*) Pomp, Großtuerei

os·ten·ta·tious /ˌɒsten'teɪʃəs; *AmE* ˌɑːs-/ *Adj* (*Adv* **os·ten·ta·tious·ly**) (*abwert*) **1** pompös, protzig **2** (*abwert*) großtuerisch **3** auffällig

osteo·arth·ritis /ˌɒstiəʊɑː'θraɪtɪs; *AmE* ˌɑːstioʊɑːr'θ-/ *Nomen* (MED) Arthrose

osteo·path /'ɒstiəpæθ; *AmE* 'ɑːs-/ *Nomen* Osteopath(in)

osteo·path·ic /ˌɒstiə'pæθɪk; *AmE* ˌɑːs-/ *Adj* osteopathisch

oste·op·athy /ˌɒsti'ɒpəθi; *AmE* ˌɑːsti'ɑːp-/ *Nomen* Osteopathie

osteo·por·osis /ˌɒstiəʊpə'rəʊsɪs; *AmE* ˌɑːstioʊpə'roʊ-/ *Nomen* [U] (MED) Osteoporose

os·tra·cism /'ɒstrəsɪzəm; *AmE* 'ɑːs-/ *Nomen* (*gehoben*) Ächtung

os·tra·cize (*BrE auch* **-ise**) /'ɒstrəsaɪz; *AmE* 'ɑːs-/ *Verb* (*gehoben*) ächten, ausschließen

os·trich /'ɒstrɪtʃ; *AmE* 'ɑːs-, 'ɔːs-/ *Nomen* **1** Strauß **2** (*umgs*) = jd, der den Kopf in den Sand steckt

other /'ʌðə(r)/ *Adj, Pron* andere(r,s), die **~ one** der/die/das andere; **the others** die anderen ◊ *This option is preferable to any other.* Diese Möglichkeit ist besser als alle anderen. ◊ *You must ask one or other of your parents.* Du musst einen von deinen Eltern fragen. ◊ (*hum*) *my other half* meine bessere Hälfte ◊ *He crashed into a car coming the other way.* Er stieß mit einem entgegenkommenden Wagen zusammen. ◊ Für andere Redewendungen mit **other** siehe die Einträge für die Nomina, Adjektive etc. **In other words** z.B. steht unter **word**. IDM **the ˌother 'day/'week** neulich; vor kurzem **the ˌother 'morning/'evening** neulich morgens/abends **other than** (*meist in verneinten Sätzen*) **1** außer **2** (*gehoben*) anders als **other than that** abgesehen davon

other·ness /'ʌðənəs; *AmE* 'ʌðərnəs/ *Nomen* (*gehoben*) Anderssein, Andersartigkeit

other·wise /'ʌðəwaɪz; *AmE* 'ʌðərwaɪz/ *Adv* **1** sonst ◊ *Shut the window, otherwise it'll get too cold.* Mach das Fenster zu, sonst wird es zu kalt. **2** ansonsten, davon abgesehen **3** auch ◊ *Bismarck, otherwise known as the 'Iron Chancellor'* Bismarck, auch als der „Eiserne Kanzler" bekannt **4** anderweitig ◊ *He was otherwise engaged.* Er war anderweitig beschäftigt. IDM **or otherwise** ◊ *the truth or otherwise of these statements* die Wahrheit oder Unwahrheit dieser Aussagen ◊ *all damage, accidental or otherwise* alle Schäden, ob durch Unfall oder anderweitig entstanden ☛ *Siehe auch* KNOW[1]

ˌother ˈwoman *Nomen* [*meist Sing*] Geliebte

other-ˈworldly *Adj* weltfremd, entrückt

oti·ose /'əʊtiəʊs; *AmE* 'oʊʃioʊs/ *Adj* (*gehoben*) überflüssig, müßig SYN UNNECESSARY

OTT /ˌəʊ tiː 'tiː; *AmE* ˌoʊ/ (*BrE, umgs*) Kurzform von **over the top** übertrieben, zu viel des Guten

otter /'ɒtə(r); *AmE* 'ɑːtər/ *Nomen* Otter

ot·to·man /'ɒtəmən; *AmE* 'ɑːt-/ *Nomen* Ottomane, Polstertruhe

OU /ˌəʊ 'juː; *AmE* ˌoʊ/ *Abk* = OPEN UNIVERSITY

ouch /aʊtʃ/ *Ausruf* autsch

ought to /'ɔːt tə; *vor Vokalen und am Satzende* 'ɔːt tu/ *Modalvb* (*Die verneinte Form ist* **ought not to** *mit der Kurzform* **oughtn't to** /'ɔːtnt tə, 'ɔːtnt tu/) (*bes BrE*) sollen ☛ G 10

ounce /aʊns/ *Nomen* **1** (*Abk* **oz**) Unze ☛ *Siehe auch* S. 760 **2** [*Sing*] **an ~ of …** (*umgs*) ein bisschen … ◊ *There's not an ounce of truth in it.* Daran ist kein Körnchen Wahrheit. ◊ *Lifting him took every ounce of my strength.* Es erforderte meine ganze Kraft, ihn zu heben.

our /ɑː(r), 'aʊə(r)/ *unser* ☛ G 5.1

ours /ɑːz, 'aʊəz; *AmE* ɑːrz, 'aʊərz/ *Pron* unsere(r,s) ☛ G 5.2

our·selves /ɑː'selvz, ˌaʊə's-; *AmE* ɑːr's-, ˌaʊər's-/ *Pron* **1** uns ☛ G 4 **2** selbst, selber ☛ Für Redewendungen mit **ourselves** siehe **yourself**.

oust /aʊst/ *Verb* ~ **sb** (**as sth**) jdn (als etw) absetzen; ~ **sb** (**from sth**) jdn (aus etw) verdrängen, jdn (aus etw) vertreiben ◊ *oust the government from power* die Regierung stürzen

out[1] /aʊt/ *Adv, Präp* ☛ Für Verben mit **out** siehe die Einträge für die entsprechenden Verben. **Burst out** z.B. steht unter **burst**.

1 hinaus, heraus ◊ *Out with it!* Heraus mit der Sprache! ◊ *Out you go!* Raus mit dir! **2** nicht da, nicht zu Hause ◊ *She is out of the office this week.* Sie ist diese Woche nicht im Haus. **3** ~ (**of sth**) aus (etw) ☛ Im amerikanischen Englisch sagt man oft *He ran out the door.* Das gilt allerdings als inkorrekt. ◊ *Do not lean out of the window.* Nicht aus dem Fenster lehnen. ◊ *out of spite* aus Boshaftigkeit ◊ *a statue made out of bronze* ein Denkmal aus Bronze ◊ *I got out of bed.* Ich stand auf. ◊ *a romance straight out of a fairy tale* eine Romanze wie im Märchen ◊ *They'll be out on bail in no time.* Sie werden sicher bald auf Kaution freigelassen. ◊ *It was an awful job and I'm glad to be out of it.* Es war eine schreckliche Arbeit und ich bin froh, dass ich sie los bin. ◊ *We want this government out.* Wir wollen diese Regierung loswerden. **4** (*weit weg, entfernt*) ◊ *She's working out in Australia.* Sie arbeitet drüben in Australien. ◊ *He lives right out in the country.* Er wohnt so richtig auf dem Land. ◊ *The boats are all out at sea.* Die Boote sind alle auf See. ◊ *The ship sank ten miles out of Stockholm.* Das Schiff sank zehn Meilen vor Stockholm. **5** (*ohne*) ◊ *We're out of milk.* Wir haben keine Milch mehr. ◊ *He's been out of work for six months.* Er ist seit sechs Monaten arbeitslos. ◊ *You're out of luck — she left ten minutes ago.* Du hast Pech — sie ist vor zehn Minuten gegangen. **6** (*mit Zahlen*) ~ **of** von ◊ *You scored six out of ten.* Du hast sechs von zehn möglichen Punkten erzielt. **7** (*nicht richtig*) ◊ *Your guess was a long way out.* Deine Schätzung war völlig falsch. ◊ *I was out in my calculations.* Ich habe mich bei meinen Berechnungen vertan. ◊ *The estimate was out by more than €100.* Der Voranschlag lag über 100€ daneben. **8** (*nicht möglich*) ausgeschlossen ◊ *Swimming is out until the weather gets warmer.* Schwimmen ist nicht drin, bis es wärmer wird. **9** (*aus der Mode*) out **10** (*als Homosexuelle(r)*) ◊ *I have been out since I was 17.* Ich hatte mit 17 mein Coming-out. **11** bewusstlos, weg ◊ *She was knocked out cold.* Sie wurde bewusstlos geschlagen.

IDM **be out 1** (*Buch*) verliehen sein **2** (*Sonne, Mond, Sterne etc.*) am Himmel stehen **3** (*Blume*) blühen **4** (*Spieler etc.*) ausgeschieden sein ◊ *India were all out for 364.* Indien hatte am Ende des Innings 364. **5** (*Ball*) aus sein; im Aus sein **6** (*BrE, umgs*) (*Arbeiter etc.*) streiken **7** (*Gezeiten*) ◊ *when the tide is out* bei Ebbe **8** ◊ *She regretted it before the day was out.* Sie bereute es noch bevor der Tag zu Ende war. **be out for sth** auf etw aus sein ◊ *She's out for what she can get.* Sie will haben, was sie nur kriegen kann. ◊ *The company is out to capture the Canadian market.* Die Firma will den kanadischen Markt erobern. **ˌout and**

a·bout 1 wieder auf den Beinen 2 unterwegs '**out of it** (*umgs*) 1 (*isoliert*) ausgeschlossen 2 (*geistig*) weggetreten
out² /aʊt/ *Nomen* [IDM] ⇨ IN⁴
out³ /aʊt/ *Verb* ≈ (als schwul) outen
out·age /'aʊtɪdʒ/ *Nomen* (*AmE*) (Strom- etc.) Ausfall
,**out-and-'out** *Adj nur vor Nomen* durch und durch
out·back /'aʊtbæk/ *Nomen* **the outback** [Sing] (*in Australien*) das Hinterland
out·bid /ˌaʊt'bɪd/ *Verb* (**-bid·ding**, **-bid**, **-bid**) ~ **sb** mehr bieten als jd, jdn überbieten
out·board /'aʊtbɔːd; *AmE* -bɔːrd/ *Adj* Außenbord-
out·bound /'aʊtbaʊnd/ *Adj* (*gehoben*) abfliegend; (*Schiff*) auslaufend ◊ *the outbound flight* der Hinflug
'**out box** *Nomen* 1 **outbox** (COMP) Postausgangsordner 2 (*AmE*) Ablage für Ausgabe
out·break /'aʊtbreɪk/ *Nomen* Ausbruch ◊ *Outbreaks of rain are expected tomorrow.* Morgen sind Regenschauer zu erwarten.
out·build·ing /'aʊtbɪldɪŋ/ *Nomen* [meist Pl] Nebengebäude
out·burst /'aʊtbɜːst; *AmE* -bɜːrst/ *Nomen* Ausbruch ◊ *an outburst of anger* ein Wutanfall
out·cast¹ /'aʊtkɑːst; *AmE* -kæst/ *Nomen* Ausgestoßene(r)
out·cast² /'aʊtkɑːst; *AmE* -kæst/ *Adj* ausgestoßen
out·class /ˌaʊt'klɑːs; *AmE* -'klæs/ *Verb* ~ **sb** (*oft passiv*) jdm eindeutig überlegen sein ◊ *She was outclassed 0–6 0–6 in the final.* Im Endspiel wurde sie 0:6 0:6 deklassiert. ◊ *They were totally outclassed by the Italians.* Sie wurden von den Italienern völlig in den Schatten gestellt.
out·come /'aʊtkʌm/ *Nomen* Ergebnis, Resultat
out·crop /'aʊtkrɒp; *AmE* -krɑːp/ *Nomen* (GEOL) Felsvorsprung
out·cry /'aʊtkraɪ/ *Nomen* (*Pl* **-ies**) Empörung, Entrüstung ◊ *an outcry over the changes* ein Sturm der Entrüstung über die Änderungen
out·dated /ˌaʊt'deɪtɪd/ *Adj* veraltet, nicht mehr aktuell
outdo /ˌaʊt'duː/ *Verb* (**-does** /-'dʌz/, **-did** /-'dɪd/, **-done** /-'dʌn/) (*gehoben*) übertreffen ◊ *Not wanting to be outdone, she tried again.* Da wollte sie nicht zurückstehen und versuchte es noch einmal.
out·door /'aʊtdɔː(r)/ *Adj nur vor Nomen* Außen-, im Freien ◊ *outdoor activities* Beschäftigungen im Freien ◊ *outdoor shoes* Straßenschuhe ◊ *an outdoor swimming-pool* ein Freibad [OPP] INDOOR
out·doors¹ /ˌaʊt'dɔːz; *AmE* -'dɔːrz/ *Adv* im Freien, (nach) draußen [OPP] INDOORS
out·doors² /ˌaʊt'dɔːz; *AmE* -'dɔːrz/ *Nomen* **the outdoors** die freie Natur
outer /'aʊtə(r)/ *Adj nur vor Nomen* Außen- ◊ *Outer London* die Außenbezirke Londons ◊ *the outer layers of the skin* die obersten Hautschichten ◊ *Outer Mongolia* die Äußere Mongolei ◊ *the outer limits of human experience* die äußersten Grenzen menschlicher Erfahrung [OPP] INNER
outer·most /'aʊtəməʊst; *AmE* 'aʊtərmoʊst/ *Adj nur vor Nomen* äußerste(r,s)
,**outer 'space** (*auch* **space**) *Nomen* der Weltraum
outer·wear /'aʊtəweə(r)/ *Nomen* [U] Straßenkleidung
out·face /ˌaʊt'feɪs/ *Verb* ~ **sb** sich jdm (mutig) entgegenstellen
out·fall /'aʊtfɔːl/ *Nomen* (*Fachspr*) 1 Abfluss ◊ *a sewage outfall* ein Abwasserrohr 2 Mündung (*ins Meer*)
out·fit¹ /'aʊtfɪt/ *Nomen* 1 Outfit, Kleidung, Kostüm 2 (*umgs*) Team ◊ *a market research outfit* eine Marktforschungsfirma 3 Ausrüstung
out·fit² /'aʊtfɪt/ *Verb* (**-tt-**) (*bes AmE*) ~ **sb/sth** (**with sth**) jdn/etw (mit etw) ausstatten
out·fit·ter (*auch* **out·fit·ters**) /'aʊtfɪtə(r)/ *Nomen* 1 (*BrE*, *veraltet*) Herrenausstatter 2 (*BrE, veraltet*) = Geschäft, das Schuluniformen verkauft 3 (*AmE*) Geschäft, das Outdoorartikel verkauft ☛ *Hinweis bei* BAKER
out·flank /ˌaʊt'flæŋk/ *Verb* 1 (MIL) überflügeln 2 (*fig*) überlisten
out·flow /'aʊtfləʊ; *AmE* -floʊ/ *Nomen* 1 Ausfluss, Abfluss 2 Ausfließen, Abfließen, Ausströmen
out·going /'aʊtɡəʊɪŋ; *AmE* -ɡoʊ-/ *Adj* 1 kontaktfreudig 2 *nur vor Nomen* (aus dem Amt) scheidend ◊ *the outgoing government* die abtretende Regierung 3 *nur vor Nomen* (hin)ausgehend ◊ *Can this phone be used for outgoing calls?* Kann man von diesem Apparat aus hinaustelefonieren? ◊ *outgoing flights* Abflüge ◊ *the outgoing tide* die Ebbe [OPP] INCOMING
out·goings /'aʊtɡəʊɪŋz; *AmE* -ɡoʊ-/ *Nomen* [Pl] (*BrE*) Ausgaben
out·grow /ˌaʊt'ɡrəʊ; *AmE* -'ɡroʊ/ *Verb* (**out·grew** /-'ɡruː/, **out·grown** /-'ɡrəʊn; *AmE* -'ɡroʊn/) 1 ~ **sth** aus etw herauswachsen (*fig*) aus einem bestimmten Alter raus sein ◊ *The company has outgrown its offices.* Die Büros sind für die Firma inzwischen zu klein geworden. ◊ *He's outgrown his passion for rock music.* Die Zeiten, als er sich für Rockmusik begeistern konnte, sind vorbei. [SYN] GROW OUT OF STH 2 ~ **sb** jdm über den Kopf wachsen
out·growth /'aʊtɡrəʊθ; *AmE* -ɡroʊθ/ *Nomen* (*gehoben*) 1 Folge, Ergebnis 2 Auswuchs
out·gun /ˌaʊt'ɡʌn/ *Verb* (**-nn-**) jdm an Feuerkraft überlegen sein (*auch fig*) ◊ *The England team was completely outgunned.* Das englische Team wurde in Grund und Boden gespielt.
out·house /'aʊthaʊs/ *Nomen* 1 (*BrE*) Nebengebäude 2 (*AmE*) Außentoilette
out·ing /'aʊtɪŋ/ *Nomen* 1 Ausflug ◊ *We went on an outing.* Wir machten einen Ausflug. 2 (*umgs*) (SPORT) Wettkampf, Rennen, Spiel 3 Outen
out·land·ish /aʊt'lændɪʃ/ *Adj* (*Adv* **out·land·ish·ly**) (*meist abwert*) sonderbar, seltsam
out·last /ˌaʊt'lɑːst; *AmE* -'læst/ *Verb* überdauern, überleben, länger aus-/durchhalten
out·law¹ /'aʊtlɔː/ *Verb* 1 verbieten, für ungesetzlich erklären 2 (GESCH) ächten
out·law² /'aʊtlɔː/ *Nomen* (GESCH) Geächtete(r), Bandit
out·lay /'aʊtleɪ/ *Nomen* ~ (**on sth**) (Kosten)aufwand, Ausgaben
out·let /'aʊtlet/ *Nomen* 1 (*fig*) Ventil ◊ *He needed to find an outlet for his many interests.* Er brauchte ein Betätigungsfeld für seine zahlreichen Interessen. 2 (WIRTSCH) Absatzmöglichkeit, Abnehmer, Verkaufsstelle; (*Geschäft*) Laden ◊ *a factory outlet* ein Fabrikverkauf 3 Abfluss [OPP] INLET 4 (*AmE*) Steckdose
out·line¹ /'aʊtlaɪn/ *Verb* 1 grob beschreiben, kurz skizzieren 2 (*meist passiv*) umreißen ◊ *They saw the building outlined against the sky.* Sie sahen die Umrisse des Gebäudes, die sich gegen den Himmel abzeichneten.
out·line² /'aʊtlaɪn/ *Nomen* 1 Abriss, Grundriss, Übersicht ◊ *describe sth in outline* etw in Grundzügen schildern ◊ *an outline agreement* ein Vertragsentwurf 2 Umriss(linie) ◊ *We could see the outline of an island.* Wir konnten die Umrisse einer Insel erkennen.
out·live /ˌaʊt'lɪv/ *Verb* 1 überleben 2 überdauern, überstehen ◊ *The machine has outlived its usefulness.* Die Maschine hat ausgedient.
out·look /'aʊtlʊk/ *Nomen* 1 ~ (**on sth**) Einstellung (zu etw) ◊ *be liberal in outlook* eine liberale Weltanschauung haben 2 [meist Sing] (Zukunfts)aussichten ◊ *The outlook for jobs is bleak.* Die Aussichten, eine Stelle zu bekommen, sind schlecht. 3 Aussicht, Blick ◊ *The house has a pleasant outlook over the valley.* Vom Haus hat man einen hübschen Blick über das Tal.
out·ly·ing /'aʊtlaɪɪŋ/ *Adj nur vor Nomen* abgelegen, entlegen ◊ *the outlying districts of London* die Außenbezirke von London
out·man·oeuvre (*AmE* **out·ma·neu·ver**) /ˌaʊtmə'nuːvə(r)/ *Verb* (*gehoben*) ausmanövrieren, ausstechen
out·moded /ˌaʊt'məʊdɪd; *AmE* -'moʊd-/ *Adj* (*abwert*) veraltet, überholt ◊ *an outmoded attitude* eine unzeitgemäße Haltung
out·num·ber /ˌaʊt'nʌmbə(r)/ *Verb* zahlenmäßig überlegen sein ◊ *In this profession, women outnumber men by two to one.* In diesem Beruf gibt es doppelt so viele Frauen wie Männer.
,**out of 'date** *Adj nur vor Nomen* 1 veraltet ◊ *out-of-date technology* überholte Technologie 2 abgelaufen, ungültig
,**out-of-'state** *Adj nur vor Nomen* (*AmE*) außerhalb des Bundesstaates gelegen
,**out-of-'town** *Adj nur vor Nomen* 1 außerhalb der Stadt

gelegen **2** auswärtig ◊ *an out-of-town performance* ein Gastspiel
,out-of-'work *Adj nur vor Nomen* arbeitslos
out·pace /ˌaʊt'peɪs/ *Verb (gehoben)* hinter sich lassen ◊ *Demand is outpacing production.* Der Bedarf übersteigt die Herstellungskapazität. SYN OUTSTRIP
out·pa·tient /'aʊtpeɪʃnt/ *Nomen* ambulante(r) Patient(in) ◊ *an outpatient clinic* eine Poliklinik ◊ *an outpatient department* eine Ambulanz
out·per·form /ˌaʊtpə'fɔːm; *AmE* -pər'fɔːrm/ *Verb* übertreffen, ausstechen
out·place·ment /'aʊtpleɪsmənt/ *Nomen* [U] = professionelle Hilfe zur beruflichen Neuorientierung gekündigter Mitarbeiter
out·play /ˌaʊt'pleɪ/ *Verb* besser spielen als ◊ *We were totally outplayed and lost 106–74.* Wir wurden in Grund und Boden gespielt und verloren 106:74.
out·post /'aʊtpəʊst; *AmE* -poʊst/ *Nomen* (MIL) Vorposten
out·pour·ing /'aʊtpɔːrɪŋ/ *Nomen* (Gefühls)erguss
out·put¹ /'aʊtpʊt/ *Nomen* [U/Sing] **1** Produktion, Ausstoß **2** (COMP) Output, (Daten)ausgabe **3** (ELEK) Leistung **4** (TECH) Ausgang
out·put² /'aʊtpʊt/ *Verb* (**-put·ting, -put, -put**) (COMP) (*Daten etc.*) ausgeben
out·rage¹ /'aʊtreɪdʒ/ *Nomen* **1** Empörung **2** Gräueltat ◊ *bomb outrages* verbrecherische Bombenanschläge
out·rage² /'aʊtreɪdʒ/ *Verb* empören
out·ra·geous /aʊt'reɪdʒəs/ *Adj* (*Adv* **out·ra·geous·ly**) **1** unerhört, unverschämt, empörend ◊ *outrageous clothes* ausgeflippte Kleidung ◊ *outrageously funny* zum Brüllen komisch **2** (*Grausamkeit etc.*) ungeheuerlich
out·rank /ˌaʊt'ræŋk/ *Verb* **~ sb** rangmäßig über jdm stehen ◊ *Colonel Jones outranks everyone here.* Oberst Jones ist hier der Ranghöchste.
out·reach /'aʊtriːtʃ/ *Nomen* = Kombination von Streetwork und Sozialarbeit
out·rider /'aʊtraɪdə(r)/ *Nomen* Eskorte ◊ *The President's car was escorted by six motorcycle outriders.* Der Wagen des Präsidenten wurde von sechs Motorrädern eskortiert.
out·rig·ger /'aʊtrɪɡə(r)/ *Nomen* **1** Ausleger **2** Auslegerboot
out·right¹ /'aʊtraɪt/ *Adj nur vor Nomen* **1** total ◊ *outright refusal* strikte Weigerung ◊ *She was the outright winner.* Sie war die klare Siegerin. ◊ *an outright majority* eine absolute Mehrheit **2** offen, direkt
out·right² /'aʊtraɪt/ *Adv* **1** direkt ◊ *She laughed outright.* Sie lachte laut. **2** klar ◊ *Neither candidate won outright.* Keinem der Kandidaten gelang ein klarer Sieg. ◊ *The group rejects outright any negotiations.* Die Gruppe weigert sich glatt, zu verhandeln. **3** sofort
out·run /ˌaʊt'rʌn/ *Verb* (**-run·ning, -ran** /-'ræn/, **-run**) (*gehoben*) **1 ~ sb** jdn abhängen **2 ~ sth** etw übersteigen
out·sell /ˌaʊt'sel/ *Verb* (**-sold, -sold** /-'səʊld; *AmE* -'soʊld/) **1** mehr verkaufen als **2** sich besser verkaufen
out·set /'aʊtset/ *Nomen* IDM **at the 'outset (of sth)** am Anfang (einer Sache) **from the 'outset (of sth)** von Anfang (einer Sache) an
out·shine /ˌaʊt'ʃaɪn/ *Verb* (**-shone, -shone** /-'ʃɒn; *AmE* -'ʃoʊn/) (*gehoben*) **1** heller leuchten als **2** übertreffen, in den Schatten stellen
out·side¹ /ˌaʊt'saɪd/ *Nomen* **1** (*meist* **the outside**) die Außenseite, das Äußere OPP **INSIDE 2** [Sing] Fahrerseite, Innenspur **3** [Sing] Außenkurve IDM **at the outside** höchstens; äußerstenfalls **on the outside 1** äußerlich **2** außerhalb der Gefängnismauern
out·side² /'aʊtsaɪd/ *Adj* **1** äußere(r,s), Außen- ◊ *the outside world* die Außenwelt ◊ *outside calls* externe Anrufe ◊ *She has a lot of outside interests.* Sie hat auch viele andere Interessen. SYN **EXTERNAL 2** ◊ *an outside chance* eine geringe Chance ◊ *150 is an outside estimate.* 150 ist bereits hoch geschätzt.
out·side³ /ˌaʊt'saɪd/ *Präp* (*bes AmE* **out·side of**) außerhalb ◊ *You can park your car outside our house.* Sie können Ihr Auto vor unserem Haus abstellen. ◊ *Don't go outside of the school playground.* Geh nicht aus dem Schulhof heraus. OPP **INSIDE¹**
out·side⁴ /ˌaʊt'saɪd/ *Adv* draußen, nach draußen

out·sider /ˌaʊt'saɪdə(r)/ *Nomen* **1** Außenseiter(in) ◊ *The post went to a rank outsider.* Die Stelle wurde an einen völligen Außenseiter vergeben. **2** Außenstehende(r) ◊ *They have decided to hire outsiders.* Sie haben beschlossen, neue Kräfte von außen anzuwerben.
out·size /'aʊtsaɪz/ (*auch* **out·sized** /'aʊtsaɪzd/) *Adj* übergroß, überdimensional; (*Kleidung*) in Übergrößen
out·skirts /'aʊtskɜːts; *AmE* -skɜːrts/ *Nomen* [Pl] Stadtrand, Außenbezirke
out·smart /ˌaʊt'smɑːt; *AmE* -'smɑːrt/ *Verb* überlisten, austricksen SYN OUTWIT
out·spoken /ˌaʊt'spəʊkən; *AmE* -'spoʊkən/ *Adj* (*Adv* **out·spoken·ly**) freimütig, direkt, unverblümt ◊ *She was outspoken in her criticism.* Sie hielt mit ihrer Kritik nicht hinter dem Berg.
out·spoken·ness /ˌaʊt'spəʊkənnəs; *AmE* -'spoʊkən-/ *Nomen* Freimütigkeit, Direktheit, Unverblümtheit
out·stand·ing /aʊt'stændɪŋ/ *Adj* **1** (*Adv* **out·stand·ing·ly**) hervorragend, überragend, außergewöhnlich ◊ *an area of outstanding natural beauty* ein Naturschutzgebiet **2** bemerkenswert, auffallend **3** ausstehend ◊ *A lot of work is still outstanding.* Eine Menge Arbeit ist noch nicht erledigt. ◊ *That is still an outstanding problem.* Dieses Problem ist noch ungeklärt.
out·stay /ˌaʊt'steɪ/ *Verb* IDM ➪ WELCOME³
out·stretched /ˌaʊt'stretʃt/ *Adj* ausgestreckt, ausgebreitet
out·strip /ˌaʊt'strɪp/ *Verb* (**-pp-**) **1** übersteigen ◊ *Demand is outstripping supply.* Die Nachfrage ist größer als das Angebot. **2** überflügeln, übertreffen SYN SURPASS **3** (*Laufen*) überholen
'out-take *Nomen* (Film) Outtake
'out tray *Nomen* (BrE) Ablage für Ausgänge
out·vote /ˌaʊt'vəʊt; *AmE* -'voʊt/ *Verb* (*meist passiv*) überstimmen
out·ward /'aʊtwəd; *AmE* -wərd/ *Adj nur vor Nomen* **1** (*Adv* **out·ward·ly**) äußere(r,s), äußerlich ◊ *Mark showed no outward signs of grief.* Äußerlich merkte man Mark nichts von seinem Kummer an. ◊ *Outwardly, they seemed perfectly happy.* Nach außen hin schienen sie vollkommen glücklich zu sein. **2** Hin- ◊ *the outward journey* die Hinreise ◊ *the outward bound ship* das auslaufende Schiff **3** nach außen gehend ◊ *outward investment* Auslandsinvestition
out·ward /'aʊtwədz; *AmE* -wərdz/ (*BrE auch* **out·wards**) *Adv* nach außen
out·weigh /ˌaʊt'weɪ/ *Verb* überwiegen ◊ *The advantages outweigh the disadvantages.* Die Vorteile wiegen schwerer als die Nachteile.
out·wit /ˌaʊt'wɪt/ *Verb* (**-tt-**) überlisten SYN OUTSMART
out·work /'aʊtwɜːk; *AmE* -'wɜːrk/ *Nomen* (BrE) Heimarbeit
ova *Form von* OVUM
oval /'əʊvl; *AmE* 'oʊvl/ **1** *Adj* oval **2** *Nomen* Oval
ovar·ian /əʊ'veərɪən; *AmE* oʊ'ver-/ *Adj nur vor Nomen* Eierstock-
ovary /'əʊvəri; *AmE* 'oʊ-/ *Nomen* (*Pl* **-ies**) **1** Eierstock **2** (BOT) Fruchtknoten
ova·tion /əʊ'veɪʃn; *AmE* oʊ-/ *Nomen* Ovation, begeisterter Beifall ◊ *give sb a huge/rapturous/rousing ovation* jdm stürmisch Beifall klatschen
oven /'ʌvn/ *Nomen* Ofen, Backofen ◊ *bake in a cool/hot/moderate oven* bei schwacher/starker/mäßiger Hitze backen ◊ *an oven glove/mitt* ein Topfhandschuh IDM ➪ BUN
oven·proof /'ʌvnpruːf/ *Adj* feuerfest
,oven-'ready *Adj* ofenfertig, backfertig, bratfertig
over¹ /'əʊvə(r); *AmE* 'oʊ-/ *Adv* ☞ Für Verben mit **over** siehe die Einträge für die Verben. **Take sth over** z. B. steht unter **take**.
1 ◊ *Don't knock that vase over.* Stoß die Vase nicht um. ◊ *The wind must have blown it over.* Der Wind muss es umgeweht haben. ◊ *The car skidded off the road and rolled over and over.* Das Auto kam von der Straße ab und überschlug sich mehrmals. **2** hinüber, herüber ◊ *I stopped and crossed over.* Ich blieb stehen, dann ging ich über die Straße. ◊ *He's gone over to the enemy.* Er ist zum Feind übergelaufen. ◊ *They have gone over to France.* Sie sind nach Frankreich gefahren. ◊ *This is my aunt who's over from Canada.* Das ist meine Tante, die aus Kanada zu Besuch ist. ◊ *Let's*

ask some friends over. Lass uns ein paar Freunde einladen. ◊ *Put it down over there.* Stellen Sie es da drüben hin. ◊ *Hand over the money!* Geld her! **3** ◊ *The lake is frozen over.* Der See ist zugefroren. ◊ *Cover her over.* Deck sie ganz zu. **4** ◊ *children of fourteen and over* Kinder von vierzehn Jahren und darüber **5** übrig ◊ *If there's any food left over, put it in the fridge.* Wenn noch Essen übrig ist, stell es in den Kühlschrank. ◊ *7 into 30 goes 4 with 2 over.* 30 geteilt durch 7 ist 4, Rest 2. **6** wieder, noch einmal ◊ *He repeated it several times over.* Er wiederholte es mehrmals. **7** vorüber, zu Ende ◊ *I was glad when it was over and done with.* Ich war froh, als die Angelegenheit ausgestanden war. **8** (*Radio*) ◊ *Message received. Over.* Nachricht erhalten. Übernehmen Sie. IDM (**all**) **over a'gain** noch einmal **over against sth** im Gegensatz zu etw '**over** (**a'gain**) immer (und immer) wieder ,**over to 'you** jetzt sind Sie dran

over² /ˈəʊvə(r); *AmE* ˈoʊ-/ *Präp* ☛ Für Verben mit **over** siehe die Einträge für die Verben. **Get over sth** z. B. steht unter **get**.
1 über ◊ *Spread a cloth over the table.* Leg ein Tischtuch auf. ◊ *We're over the worst of the recession.* Die schlimmste Phase der Rezession haben wir hinter uns. ◊ *an argument over money* ein Streit um Geld ◊ *We heard it over the radio.* Wir haben es im Radio gehört. ◊ *She wouldn't tell me over the phone.* Sie wollte es mir am Telefon nicht sagen. **2** auf der anderen Seite ◊ *He lives over the road.* Er wohnt gegenüber. **3** überall ◊ *Snow is falling all over the country.* Es schneit im ganzen Land. **4** bei, während ◊ *We'll discuss it over lunch.* Wir besprechen es beim Mittagessen. IDM ,**over and a'bove** zusätzlich zu

over³ /ˈəʊvə(r); *AmE* ˈoʊ-/ *Nomen* (*Kricket: 6 Würfe*) Over
over- /ˈəʊvə(r); *AmE* ˈoʊ-/

Die Vorsilbe **over-** wird in Substantiven, Verben, Adjektiven und Adverbien gebraucht und bedeutet „über" oder „sehr": *overload* überladen.

over·all¹ /ˌəʊvəˈrɔːl; *AmE* ˌoʊ-/ *Adj nur vor Nomen* allgemein, gesamt, Gesamt- ◊ *the overall winner* der Gesamtgewinner
over·all² /ˌəʊvəˈrɔːl; *AmE* ˌoʊ-/ *Adv* **1** insgesamt **2** im Großen und Ganzen
over·all³ /ˈəʊvərɔːl; *AmE* ˈoʊ-/ *Nomen* **1** (*BrE*) Kittel, Arbeitskittel **2 overalls** [Pl] (*BrE*) Overall **3 overalls** [Pl] (*AmE*) Latzhose ☛ *Hinweis bei* BRILLE
,**overall ma'jority** *Nomen* [meist Sing] absolute Mehrheit
over·arch·ing /ˌəʊvərˈɑːtʃɪŋ; *AmE* ˌoʊvərˈɑːrtʃɪŋ/ *Adj* (*gehoben*) allumfassend, übergreifend
over·arm /ˈəʊvərɑːm; *AmE* ˈoʊvərɑːrm/ *Adv* mit gestrecktem Arm
over·awe /ˌəʊvərˈɔː; *AmE* ˌoʊ-/ *Verb* (*meist passiv*) überwältigen, einschüchtern
over·bal·ance /ˌəʊvəˈbæləns; *AmE* ˌoʊvərˈb-/ *Verb* (*bes BrE*) **1** das Gleichgewicht verlieren, umkippen **2** aus dem Gleichgewicht bringen
over·bear·ing /ˌəʊvəˈbeərɪŋ; *AmE* ˌoʊvərˈber-/ *Adj* (*abwert*) herrisch, dominierend
over·blown /ˌəʊvəˈbləʊn; *AmE* ˌoʊvərˈbloʊn/ *Adj* **1** übersteigert, übertrieben; (*Stil etc.*) geschwollen, schwülstig SYN EXAGGERATED **2** verblühend ◊ *overblown roses* Rosen, die am Verblühen sind
over·board /ˈəʊvəbɔːd; *AmE* ˈoʊvərbɔːrd/ *Adv* über Bord IDM **go 'overboard** (*umgs*) es übertreiben ◊ *Don't go overboard on fitness.* Übertreib es nicht mit der Fitness. **throw sth/sb 'overboard** etw/jdn loswerden
over·book /ˌəʊvəˈbʊk; *AmE* ˌoʊvərˈbʊk/ *Verb* überbuchen
over·bur·den /ˌəʊvəˈbɜːdn; *AmE* ˌoʊvərˈbɜːrdn/ *Verb* (*meist passiv*) überlasten
over·cap·acity /ˌəʊvəkəˈpæsəti; *AmE* ˌoʊvərkə-/ *Nomen* (WIRTSCH) Überkapazität
over·cast /ˈəʊvəkɑːst; *AmE* ˈoʊvərkæst/ *Adj* bewölkt, bedeckt ◊ *an overcast day* ein trüber Tag
over·charge /ˌəʊvəˈtʃɑːdʒ; *AmE* ˌoʊvərˈtʃɑːrdʒ/ *Verb* ~ (**sb**) (**for sth**) (jdm) (für etw) zu viel berechnen OPP UNDERCHARGE
over·coat /ˈəʊvəkəʊt; *AmE* ˈoʊvərkoʊt/ *Nomen* Mantel
over·come /ˌəʊvəˈkʌm; *AmE* ˌoʊvərˈkʌm/ *Verb* (**-came** /-ˈkeɪm/, **-come**) **1** überwinden, hinwegkommen über; (*Problem*) meistern; (*Versuchung*) widerstehen **2** (*geho-*

ben) besiegen, schlagen **3** (*meist passiv*) übermannt werden ◊ *She was overcome by smoke and fumes.* Sie war von Rauch und Gas betäubt.
over·com·pen·sate /ˌəʊvəˈkɒmpenseɪt; *AmE* ˌoʊvərˈkɑːm-/ *Verb* ~ (**for sth**) (etw) überkompensieren
over·cook /ˌəʊvəˈkʊk; *AmE* ˌoʊvərˈkʊk/ *Verb* verkochen, verbraten
over·crowd·ed /ˌəʊvəˈkraʊdɪd; *AmE* ˌoʊvərˈk-/ *Adj* überfüllt, übervölkert ◊ *They are living in overcrowded conditions.* Sie leben in beengten Verhältnissen.
over·crowd·ing /ˌəʊvəˈkraʊdɪŋ; *AmE* ˌoʊvərˈk-/ *Nomen* Überfüllung, Übervölkerung
over·de·velop /ˌəʊvədɪˈveləp; *AmE* ˌoʊvərd-/ *Verb* (sich) überentwickeln
over·de·veloped /ˌəʊvədɪˈveləpt; *AmE* ˌoʊvərd-/ *Adj* überentwickelt
over·do /ˌəʊvəˈduː; *AmE* ˌoʊvərˈduː/ *Verb* (**over·did** /-ˈdɪd/, **over·done** /-ˈdʌn/) **1** übertreiben ◊ *Don't overdo the salt.* Seien Sie nicht zu großzügig mit dem Salz. ◊ *Use illustrations where appropriate but don't overdo it.* Benutzen Sie Illustrationen, wo sie angebracht sind, aber nicht zu viele. **2** (*meist passiv*) verkochen, verbraten IDM **over'do it/things** sich übernehmen; sich zu viel zumuten
over·dose¹ /ˈəʊvədəʊs; *AmE* ˈoʊvərdoʊs/ *Nomen* Überdosis
over·dose² /ˈəʊvədəʊs; *AmE* ˈoʊvərdoʊs/ (*umgs* **OD**) *Verb* ~ (**on sth**) eine Überdosis (von etw) nehmen
over·draft /ˈəʊvədrɑːft; *AmE* ˈoʊvərdræft/ *Nomen* **1** Kontoüberziehung ◊ *run up an overdraft* sein Konto überziehen **2** Überziehungskredit
over·draw /ˌəʊvəˈdrɔː; *AmE* ˌoʊvərˈdrɔː/ *Verb* (**-drew** /-ˈdruː/, **-drawn** /-ˈdrɔːn/) (*bes BrE*) überziehen
over·drawn /ˌəʊvəˈdrɔːn; *AmE* ˌoʊvərˈd-/ *Adj* überzogen
over·dressed /ˌəʊvəˈdrest; *AmE* ˌoʊvərˈd-/ *Adj* (*meist abwert*) zu elegant angezogen
over·drive /ˈəʊvədraɪv; *AmE* ˈoʊvərd-/ *Nomen* Schnellgang, Overdrive IDM **go into 'overdrive** einen Gang zulegen
over·due /ˌəʊvəˈdjuː; *AmE* ˌoʊvərˈduː/ *Adj* überfällig ◊ *This car is overdue for a service.* Das Auto hätte schon länger zur Inspektion gebracht werden sollen. ◊ *overdue reforms* schon längst fällige Reformen
,**over 'easy** *Adj* (*AmE*) (*Eier*) beidseitig gebraten
over·eat /ˌəʊvəˈriːt; *AmE* ˌoʊ-/ *Verb* (**-ate** /-ˈet; *AmE* -ˈeɪt/, **-eaten** /-ˈiːtn/) zu viel essen, sich überfressen
over·eat·ing /ˌəʊvəˈriːtɪŋ; *AmE* ˌoʊ-/ *Nomen* übermäßiges Essen ◊ *compulsive overeating* Esszwang
over·empha·sis /ˌəʊvərˈemfəsɪs; *AmE* ˌoʊ-/ *Nomen* ~ (**on sth**) Überbetonung (von etw)
over·empha·size (*BrE auch* **-ise**) /ˌəʊvərˈemfəsaɪz; *AmE* ˌoʊ-/ *Verb* überbetonen, zu sehr betonen
over·esti·mate¹ /ˌəʊvərˈestɪmeɪt; *AmE* ˌoʊ-/ *Verb* überschätzen, überbewerten OPP UNDERESTIMATE
over·esti·mate² /ˌəʊvərˈestɪmət; *AmE* ˌoʊ-/ *Nomen* [meist Sing] zu hohe Schätzung, Überbewertung
over·ex·cited /ˌəʊvərɪkˈsaɪtɪd; *AmE* ˌoʊ-/ *Adj* aufgeregt, aufgedreht ◊ *an over-excited crowd* eine erregte Menge
over·ex·pose /ˌəʊvərɪkˈspəʊz; *AmE* ˌoʊvərɪkˈspoʊz/ *Verb* (*meist passiv*) **1** überbelichten OPP UNDEREXPOSE **2** ◊ *be overexposed in the media* zu häufig in den Medien zu sehen sein ◊ *The club tries not to overexpose the players.* Der Klub bemüht sich, die Spieler nicht zu stark der Publicity auszusetzen.
over·ex·pos·ure /ˌəʊvərɪkˈspəʊʒə(r); *AmE* ˌoʊvərɪkˈspoʊ-/ *Nomen* [U] **1** Überbelichtung ◊ *overexposure to the sun* zu langer Aufenthalt in der Sonne **2** ◊ *overexposure in the media* zu häufiges Erscheinen in den Medien
over·ex·tend /ˌəʊvərɪkˈstend; *AmE* ˌoʊ-/ *Verb* ~ **yourself** sich übernehmen
over·ex·tend·ed /ˌəʊvərɪkˈstendɪd; *AmE* ˌoʊ-/ *Adj* überlastet ◊ *They found themselves overextended when they borrowed the money.* Sie hatten sich übernommen, als sie den Kredit aufnahmen.
over·fed /ˌəʊvəˈfed; *AmE* ˌoʊvərˈfed/ *Adj* überfüttert OPP UNDERFED
over·feed /ˌəʊvəˈfiːd; *AmE* ˌoʊvərˈfiːd/ *Verb* (**over·fed**, **over·fed** /ˌəʊvəˈfed; *AmE* ˌoʊvərˈfed/) überfüttern

æ cat | ɑː father | e ten | ɜː bird | ə about | ɪ sit | iː see | i many | ɒ got (*BrE*) | ɔː saw | ʌ cup | ʊ put | uː too

over·fish·ing /ˌəʊvəˈfɪʃɪŋ; *AmE* ˌoʊvərˈf-/ *Nomen* Überfischung

over·flow¹ /ˌəʊvəˈfləʊ; *AmE* ˌoʊvərˈfloʊ/ *Verb* **1** überfließen, überquellen **2** überlaufen; **~ sth** etw überschwemmen, etw überfluten, etw überlaufen lassen ◊ *overflow the rim* über den Rand laufen ◊ *The bath is overflowing.* Das Bad läuft über. ◊ *The river overflowed its banks.* Der Fluss ist über die Ufer getreten. **3 ~ (with sth)** (von etw) überquellen, (mit etw) überfüllt sein **4 ~ (into sth)** sich (in etw) ergießen ◊ *The meeting overflowed into the street.* Die Versammlung war so voll, dass die Leute bis auf die Straße standen.

over·flow² /ˈəʊvəfləʊ; *AmE* ˈoʊvərfloʊ/ *Nomen* **1** Überschuss ◊ *an overflow car park* ein zusätzlicher Parkplatz **2** Überlaufen, übergelaufene Flüssigkeit ◊ (*fig*) *an overflow of powerful emotions* ein Überquellen heftiger Gefühle **3** (*auch* **'overflow pipe**) Überlauf, Überlaufrohr

over·fly /ˌəʊvəˈflaɪ; *AmE* ˌoʊvərˈf-/ *Verb* (**-flies**, **-fly·ing**, **-flew** /-ˈfluː/, **-flown** /-ˈfləʊn; *AmE* -ˈfloʊn/) überfliegen

over·ground /ˈəʊvəɡraʊnd; *AmE* ˈoʊvərɡ-/ *Adj* (*Adv* **overground**) (*BrE*) über der Erde, oberirdisch

over·grown /ˌəʊvəˈɡrəʊn; *AmE* ˌoʊvərˈɡroʊn/ *Adj* **1 ~ (with sth)** (*Garten etc.*) (von etw) überwachsen, (von etw) überwuchert **2** (*oft abwert*) zu groß (geworden) ◊ *They act like overgrown children.* Sie benehmen sich wie große Kinder.

over·growth /ˈəʊvəɡrəʊθ; *AmE* ˈoʊvərɡroʊθ/ *Nomen* (*Fachspr*) übermäßiges Wachstum

over·hand /ˈəʊvəhænd; *AmE* ˈoʊvərh-/ *Adj, Adv* (*bes AmE*) mit gestrecktem Arm

over·hang¹ /ˌəʊvəˈhæŋ; *AmE* ˌoʊvərˈh-/ *Verb* (**-hung**, **-hung** /-ˈhʌŋ/) hinausragen über; (*Geschoss, Dach*) ausragen ◊ *His fat belly overhung his belt.* Sein dicker Wanst quoll über dem Gürtel vor. ◊ *The path is sheltered by overhanging trees.* Der Weg ist schattig durch die überhängenden Bäume.

over·hang² /ˈəʊvəhæŋ; *AmE* ˈoʊvərh-/ *Nomen* **1** Überhang **2** [*meist Sing*] (*bes AmE*) (WIRTSCH) Überschuss

over·haul¹ /ˈəʊvəhɔːl; *AmE* ˈoʊvərh-/ *Nomen* Überholung ◊ *a major overhaul* eine Generalüberholung

over·haul² /ˌəʊvəˈhɔːl; *AmE* ˌoʊvərˈh-/ *Verb* überholen SYN OVERTAKE

over·head¹ /ˌəʊvəˈhed; *AmE* ˌoʊvərˈhed/ *Adv* oben, in der Luft ◊ *Planes flew overhead constantly.* Dauernd flogen Flugzeuge über uns hinweg.

over·head² /ˈəʊvəhed; *AmE* ˈoʊvərhed/ *Adj* Hoch-, Ober- ◊ *an overhead railway* eine Hochbahn ◊ *overhead lighting* Deckenbeleuchtung ◊ *overhead power lines* Freileitungen ◊ *an overhead compartment* ein Gepäckfach (über dem Sitz) ◊ *overhead costs/expenses* Gemeinkosten

over·head³ /ˈəʊvəhed; *AmE* ˈoʊvərh-/ *Nomen* [U] (*bes AmE*; *bes BrE* **over·heads** [Pl]) Gemeinkosten, allgemeine Unkosten, indirekte Kosten

‚overhead proˈjector *Nomen* (*Abk* **OHP**) Overheadprojektor

over·hear /ˌəʊvəˈhɪə(r); *AmE* ˌoʊvərˈhɪr/ *Verb* (**-heard**, **-heard** /-ˈhɜːd; *AmE* -ˈhɜːrd/) mit anhören, zufällig mithören

over·heat /ˌəʊvəˈhiːt; *AmE* ˌoʊvərˈh-/ *Verb* (sich) überhitzen (*auch fig*); (*Wohnung*) überheizen ◊ *The engine is overheating.* Der Motor hat sich heiß gelaufen.

over·heated /ˌəʊvəˈhiːtɪd; *AmE* ˌoʊvərˈh-/ *Adj* **1** heißgelaufen; (*Wohnung*) überheizt **2** überhitzt; (*Gemüter*) erhitzt ◊ *the figment of an overheated imagination* die Ausgeburt einer überdrehten Fantasie

over·joyed /ˌəʊvəˈdʒɔɪd; *AmE* ˌoʊvərˈdʒ-/ *Adj* nicht vor *Nomen* **~ (at sth)** überglücklich (über etw)

over·kill /ˈəʊvəkɪl; *AmE* ˈoʊvərkɪl/ *Nomen* [U] (*abwert*) Overkill, Übertreibung, zu viel des Guten

over·land /ˈəʊvəlænd; *AmE* ˈoʊvərl-/ *Adj, Adv* (*Reise*) über Land, auf dem Landweg

over·lap¹ /ˌəʊvəˈlæp; *AmE* ˌoʊvərˈlæp/ *Verb* (**-pp-**) **1** (*Flächen, Ziegel*) einander teilweise überdecken, (sich) überlappen ◊ *The floor was covered with overlapping sheets of newspaper.* Der Fußboden war mit am Rand übereinander liegenden Zeitungspapier ausgelegt. **2** überlappend anordnen, teilweise überlagern **3** (*zeitlich*) sich überschneiden **4** (*Interessengebiete, Aufgabenbereiche etc.*) sich überschneiden, sich teilweise decken

over·lap² /ˈəʊvəlæp; *AmE* ˈoʊvərlæp/ *Nomen* **1** Überschneidung ◊ *There is (a) considerable overlap between the two subjects.* Die beiden Themen überschneiden sich weitgehend. **2** (*Fachspr*) Überlappung

over·lay¹ /ˌəʊvəˈleɪ; *AmE* ˌoʊvərˈleɪ/ *Verb* (**-laid**, **-laid** /-ˈleɪd/) (*meist passiv*) **1** (TECH) bedecken, überziehen ◊ *wood overlaid with gold* Holz mit einer Goldauflage **2** überlagern ◊ *The place was overlaid with memories of his childhood.* Der Ort war von Erinnerungen aus seiner Kindheit beherrscht.

over·lay² /ˈəʊvəleɪ; *AmE* ˈoʊvərleɪ/ *Nomen* **1** Auflegefolie **2** Auflage, Überzug

over·leaf /ˌəʊvəˈliːf; *AmE* ˌoʊvərˈliːf/ *Adv* (*gehoben*) umseitig

over·lie /ˌəʊvəˈlaɪ; *AmE* ˌoʊvərˈlaɪ/ *Verb* (**-ly·ing**, **-lay** /-ˈleɪ/, **-lain** /-ˈleɪn/) (*Fachspr*) bedecken ◊ *overlying rock* überlagernder Felsen

over·load¹ /ˌəʊvəˈləʊd; *AmE* ˌoʊvərˈloʊd/ *Verb* (*oft passiv*) überladen, überlasten ◊ *Don't overload the students with information.* Überfordern Sie die Studenten nicht mit allzu vielen Informationen.

over·load² /ˈəʊvələʊd; *AmE* ˈoʊvərloʊd/ *Nomen* Überlastung ◊ *suffer from information overload* mit Informationen überfüttert werden

over·long /ˌəʊvəˈlɒŋ; *AmE* ˌoʊvərˈlɔːŋ/ *Adj* (*BrE*) zu lang, überlang

over·look /ˌəʊvəˈlʊk; *AmE* ˌoʊvərˈlʊk/ *Verb* **1** übersehen SYN MISS **2** (*ignorieren*) übersehen, hinwegsehen über **3** überblicken ◊ *Our garden is overlooked by several houses.* Man kann von mehreren Häusern in unseren Garten hineinsehen. **4 ~ sb** (**for sth**) (*Stelle, Beförderung etc.*) jdn (bei etw) übergehen

over·lord /ˈəʊvəlɔːd; *AmE* ˈoʊvərlɔːrd/ *Nomen* (GESCH) Herr ◊ *imperial overlords* Kaiser

over·ly /ˈəʊvəli; *AmE* ˈoʊvərli/ *Adv* allzu ◊ *I'm not overly fond of pasta.* Ich bin kein großer Freund von Nudeln.

over·manned /ˌəʊvəˈmænd; *AmE* ˌoʊvərˈm-/ *Adj* **be ~** zu viel Personal haben SYN OVERSTAFFED

over·man·ning /ˌəʊvəˈmænɪŋ; *AmE* ˌoʊvərˈm-/ *Nomen* Überbesetzung

over·much /ˌəʊvəˈmʌtʃ; *AmE* ˌoʊvərˈm-/ *Adj, Adv* (*BrE*) (*meist in verneinten Sätzen*) (all)zu viel

over·night¹ /ˌəʊvəˈnaɪt; *AmE* ˌoʊvərˈn-/ *Adv* **1** über Nacht **2** über Nacht, von einem Tag auf den anderen

over·night² /ˈəʊvənaɪt; *AmE* ˈoʊvərn-/ *Adj* nur vor *Nomen* **1** Nacht- ◊ *overnight accommodation* Übernachtung ◊ *an overnight bag* eine kleine Reisetasche **2** Blitz- ◊ *The play was an overnight success.* Das Stück wurde über Nacht ein Erfolg.

over·pass /ˈəʊvəpɑːs; *AmE* ˈoʊvərpæs/ *Nomen* Überführung

over·pay /ˌəʊvəˈpeɪ; *AmE* ˌoʊvərˈpeɪ/ *Verb* (**-paid**, **-paid** /-ˈpeɪd/) (*meist passiv*) überbezahlen

over·pay·ment /ˌəʊvəˈpeɪmənt; *AmE* ˌoʊvərˈp-/ *Nomen* Überbezahlung

over·play /ˌəʊvəˈpleɪ; *AmE* ˌoʊvərˈp-/ *Verb* übertreiben; (*im Theater etc.*) übertrieben spielen ◊ *His role in the negotiations has been overplayed.* Seine Rolle in den Verhandlungen wurde hochgespielt. OPP UNDERPLAY IDM **overplay your 'hand** es übertreiben

over·popu·lated /ˌəʊvəˈpɒpjuleɪtɪd; *AmE* ˌoʊvərˈpɑːp-/ *Adj* überbevölkert

over·popu·la·tion /ˌəʊvəˌpɒpjuˈleɪʃn; *AmE* ˌoʊvərˌpɑːp-/ *Nomen* Überbevölkerung

over·power /ˌəʊvəˈpaʊə(r); *AmE* ˌoʊvərˈp-/ *Verb* überwältigen; (*Gefühle etc.*) übermannen ◊ *The flavour of the garlic overpowered the meat.* Man konnte den Knoblauch am Fleisch zu sehr herausschmecken.

over·power·ing /ˌəʊvəˈpaʊərɪŋ; *AmE* ˌoʊvərˈp-/ *Adj* (*Adv* **over·power·ing·ly**) überwältigend ◊ *an overpowering smell of fish* ein penetranter Fischgeruch ◊ *an overpowering personality* eine dominierende Persönlichkeit ◊ *The heat was overpowering.* Die Hitze war unerträglich.

over·priced /ˌəʊvəˈpraɪst; *AmE* ˌoʊvərˈp-/ *Adj* zu teuer, überteuert

over·pro·tect·ive /ˌəʊvəprəˈtektɪv; *AmE* ˌoʊvərp-/ *Adj* überängstlich

over·qua·li·fied /ˌəʊvəˈkwɒlɪfaɪd; *AmE* ˌoʊvərˈkwɑːl-/ *Adj* überqualifiziert

over·rate /ˌəʊvəˈreɪt; *AmE* ˌoʊvərˈr-/ *Verb* (*meist passiv*) überschätzen, überbewerten

over·reach /ˌəʊvəˈriːtʃ; *AmE* ˌoʊvərˈr-/ *Verb* ~ (**yourself**) sich übernehmen

over·react /ˌəʊvəriˈækt; *AmE* ˌoʊ-/ *Verb* ~ (**to sth**) (auf etw) übertrieben heftig reagieren

over·reac·tion /ˌəʊvəriˈækʃn; *AmE* ˌoʊ-/ *Nomen* [Sing] ~ (**to sth**) Überreaktion (auf etw)

over·ride /ˌəʊvəˈraɪd; *AmE* ˌoʊvərˈr-/ *Verb* (**-rode** /-ˈrəʊd; *AmE* -ˈroʊd/, **-rid·den** /-ˈrɪdn/) **1** sich hinwegsetzen über SYN OVERRULE **2** Vorrang haben vor **3** die Automatik abschalten von, außer Kraft setzen

over·rid·ing /ˌəʊvəˈraɪdɪŋ; *AmE* ˌoʊvərˈr-/ *Adj* nur vor *Nomen* wichtigste(r) ◊ *Time was of overriding importance.* Vor allem anderen ging es um die Zeit.

over·rule /ˌəʊvəˈruːl; *AmE* ˌoʊvərˈr-/ *Verb* ablehnen; (*Entscheidung etc.*) zurückweisen ◊ *The verdict was overruled by the Supreme Court.* Das Urteil wurde vom Obersten Gerichtshof aufgehoben.

over·run¹ /ˌəʊvəˈrʌn; *AmE* ˌoʊ-/ *Verb* (**-ran** /-ˈræn/, **-run**) **1** (*meist passiv*) (*Festung*) überrennen; (*von Unkraut*) überwuchern ◊ *The market was completely overrun with rats.* Auf dem Markt wimmelte es von Ratten. **2** (*Zeit, Etat*) überziehen

over·run² /ˈəʊvərʌn; *AmE* ˈoʊ-/ *Nomen* Überziehung

over·seas¹ /ˌəʊvəˈsiːz; *AmE* ˌoʊvərˈs-/ *Adj* Übersee-, Auslands-, ausländisch

over·seas² /ˌəʊvəˈsiːz; *AmE* ˌoʊvərˈs-/ *Adv* in Übersee, im Ausland ◊ *go overseas* nach Übersee/ins Ausland gehen SYN ABROAD

over·see /ˌəʊvəˈsiː; *AmE* ˌoʊvərˈsiː/ *Verb* (**-saw** /-ˈsɔː/, **-seen** /-ˈsiːn/) beaufsichtigen, überwachen SYN SUPERVISE

over·seer /ˈəʊvəsɪə(r); *AmE* ˈoʊvərsɪr/ *Nomen* **1** Vorarbeiter(in) **2** (*veraltet*) Aufseher

over·sell /ˌəʊvəˈsel; *AmE* ˌoʊvərˈsel/ *Verb* (**-sold**, **-sold** /ˌəʊvəˈsəʊld; *AmE* ˌoʊvərˈsoʊld/) = mehr verkaufen, als vorhanden ist ◊ *The seats on the plane were oversold.* Der Flug war überbucht. ◊ *He has a tendency to oversell himself.* Er neigt dazu, seine Fähigkeiten zu übertreiben.

over·sen·si·tive /ˌəʊvəˈsensɪtɪv; *AmE* ˌoʊvərˈs-/ *Adj* überempfindlich

over·sexed /ˌəʊvəˈsekst; *AmE* ˌoʊvərˈs-/ *Adj* sexsüchtig

over·shadow /ˌəʊvəˈʃædəʊ; *AmE* ˌoʊvərˈʃædoʊ/ *Verb* **1** (*meist passiv*) in den Schatten stellen **2** überschatten, einen Schatten werfen auf **3** beschatten

over·shoot /ˌəʊvəˈʃuːt; *AmE* ˌoʊvərˈʃ-/ *Verb* (**-shot**, **-shot** /-ˈʃɒt; *AmE* -ˈʃɑːt/) **1** hinausschießen über ◊ *She had overshot by 20 metres.* Ihr Ball landete 20 Meter zu weit. **2** übertreffen; (*Etat*) überziehen, überschreiten

over·sight /ˈəʊvəsaɪt; *AmE* ˈoʊvərs-/ *Nomen* **1** Versehen **2** (*gehoben*) Aufsicht

over·sim·pli·fi·ca·tion /ˌəʊvəˌsɪmplɪfɪˈkeɪʃn; *AmE* ˌoʊvərˌs-/ *Nomen* [meist Sing] zu starke Vereinfachung

over·sim·plify /ˌəʊvəˈsɪmplɪfaɪ; *AmE* ˌoʊvərˈs-/ *Verb* (**-fies**, **-fying**, **-fied**, **-fied**) zu stark vereinfachen

over·sized /ˈəʊvəsaɪzd; *AmE* ˈoʊvərs-/ (*seltener* **over·size** /-saɪz/) *Adj* übergroß ◊ *an oversized T-shirt* ein T-Shirt, das ein paar Nummern zu groß ist

over·sleep /ˌəʊvəˈsliːp; *AmE* ˌoʊvərˈs-/ *Verb* (**-slept**, **-slept** /-ˈslept/) verschlafen

over·spend¹ /ˌəʊvəˈspend; *AmE* ˌoʊvərˈs-/ *Verb* (**-spent**, **-spent** /ˌəʊvəˈspent; *AmE* ˌoʊvərˈs-/) ~ (**on sth**) (für etw) zu viel ausgeben; ~ **sth** (*Etat etc.*) überziehen ◊ *The organisation is heavily overspent.* Die Organisation hat ihren Etat stark überzogen.

over·spend² /ˈəʊvəspend; *AmE* ˈoʊvərs-/ *Nomen* [Sing] (*BrE*) Überschreitung des Etats

over·spill /ˈəʊvəspɪl; *AmE* ˈoʊvərs-/ *Nomen* (*BrE*) Bevölkerungsüberschuss ◊ *New towns were designed to house London's overspill.* Neue Städte wurden als Trabantenstädte für London geplant.

over·staffed /ˌəʊvəˈstɑːft; *AmE* ˌoʊvərˈstæft/ *Adj* personell überbesetzt OPP UNDERSTAFFED

over·state /ˌəʊvəˈsteɪt; *AmE* ˌoʊvərˈs-/ *Verb* übertreiben ◊ *The seriousness of the case cannot be overstated.* Die Schwere des Falls kann gar nicht deutlich genug herausgestellt werden. SYN EXAGGERATE OPP UNDERSTATE

over·state·ment /ˈəʊvəsteɪtmənt; *AmE* ˈoʊvərs-/ *Nomen* Übertreibung

over·stay /ˌəʊvəˈsteɪ; *AmE* ˌoʊvərˈs-/ *Verb* überziehen ◊ *They overstayed their visa.* Sie blieben länger als ihr Visum erlaubte. IDM ⇒ WELCOME³

over·step /ˌəʊvəˈstep; *AmE* ˌoʊvərˈs-/ *Verb* (**-pp-**) überschreiten IDM **overstep the ˈmark/line** zu weit gehen

over·stretch /ˌəʊvəˈstretʃ; *AmE* ˌoʊvərˈs-/ *Verb* **1** (*bes BrE*) *He's financially overstretched.* Er hat sich finanziell übernommen. **2** überdehnen

over·sub·scribed /ˌəʊvəsəbˈskraɪbd; *AmE* ˌoʊvərs-/ *Adj* **1** überzeichnet **2** ◊ *oversubscribed courses* Kurse, für die es zu viele Bewerber gibt

overt /əʊˈvɜːt, ˈəʊvɜːt; *AmE* oʊˈvɜːrt, ˈoʊvɜːrt/ *Adj* (*Adv* **overt·ly**) (*gehoben*) offenkundig ◊ *There was little overt support for it.* Dafür gab es nur wenig offen gezeigte Unterstützung.

over·take /ˌəʊvəˈteɪk; *AmE* ˌoʊvərˈt-/ *Verb* (**-took** /-ˈtʊk/, **-taken** /-ˈteɪkən/) **1** (*bes BrE*) überholen (*auch fig*) **2** (*meist passiv*) überraschen ◊ *Sudden panic overtook her.* Plötzlich wurde sie von Panik ergriffen.

ˌover-the-ˈcounter *Adj* nur vor *Nomen* **1** nicht verschreibungspflichtig **2** (*AmE*) (FINANZ) unnotiert

over·throw¹ /ˌəʊvəˈθrəʊ; *AmE* ˌoʊvərˈθroʊ/ *Verb* (**-threw** /-ˈθruː/, **-thrown** /-ˈθrəʊn; *AmE* -ˈθroʊn/) (*Staatsoberhaupt, Regime etc.*) stürzen

over·throw² /ˈəʊvəθrəʊ; *AmE* ˈoʊvərθroʊ/ *Nomen* [meist Sing] (*Staatsoberhaupt, Regime etc.*) Sturz

over·time /ˈəʊvətaɪm; *AmE* ˈoʊvərt-/ *Nomen* [U] **1** Überstunden **2** (*AmE*) (SPORT) Verlängerungszeit IDM **be working ˈovertime** (*umgs*) auf Hochtouren laufen ◊ *Her imagination was working overtime.* Ihre Fantasie war einfach mit ihr durchgegangen.

over·tired /ˌəʊvəˈtaɪəd; *AmE* ˌoʊvərˈtaɪərd/ *Adj* übermüdet

over·tone /ˈəʊvətəʊn; *AmE* ˈoʊvərtoʊn/ *Nomen* [meist Pl] (*Beiklang*) Unterton

over·ture /ˈəʊvətʃʊə(r), -tjʊə(r); *AmE* ˈoʊvərtʃər, -tʃʊr/ *Nomen* **1** Ouvertüre **2** [meist Pl] Annäherungsversuch, Antrag ◊ *He began making overtures to merchant banks.* Er wurde bei Handelsbanken vorstellig.

over·turn /ˌəʊvəˈtɜːn; *AmE* ˌoʊvərˈtɜːrn/ *Verb* **1** umkippen, sich überschlagen ◊ *He stood up quickly, overturning his chair.* Er stand schnell auf und warf seinen Stuhl dabei um. **3** aufheben; (*Entscheidung*) widerrufen

over·use¹ /ˌəʊvəˈjuːz; *AmE* ˌoʊvərˈj-/ *Verb* zu häufig verwenden

over·use² /ˌəʊvəˈjuːs; *AmE* ˌoʊvərˈj-/ *Nomen* zu häufiger Gebrauch

over·value /ˌəʊvəˈvæljuː; *AmE* ˌoʊvərˈv-/ *Verb* überbewerten

over·view /ˈəʊvəvjuː; *AmE* ˈoʊvərv-/ *Nomen* Überblick

over·ween·ing /ˌəʊvəˈwiːnɪŋ; *AmE* ˌoʊvərˈw-/ *Adj* nur vor *Nomen* (*gehoben, abwert*) **1** (*Ehrgeiz etc.*) maßlos **2** (*Mensch*) anmaßend

over·weight /ˌəʊvəˈweɪt; *AmE* ˌoʊvərˈw-/ *Adj* übergewichtig ◊ *She was a few pounds overweight.* Sie hatte einige Pfund Übergewicht. OPP UNDERWEIGHT

over·whelm /ˌəʊvəˈwelm; *AmE* ˌoʊvərˈw-/ *Verb* (*oft passiv*) **1** überwältigen **2** überschütten

over·whelm·ing /ˌəʊvəˈwelmɪŋ; *AmE* ˌoʊvərˈw-/ *Adj* (*Adv* **over·whelm·ing·ly**) überwältigend, überwiegend ◊ *She had the almost overwhelming desire to tell him the truth.* Sie konnte dem Verlangen, ihm die Wahrheit zu sagen, kaum widerstehen. ◊ *You may find it somewhat overwhelming at first.* Anfangs werden Sie sich eventuell etwas überfordert fühlen.

over·work¹ /ˌəʊvəˈwɜːk; *AmE* ˌoʊvərˈwɜːrk/ *Verb* **1** sich überarbeiten **2** ~ **sb** jdm zu viel Arbeit aufbürden

over·work² /ˈəʊvəwɜːk; *AmE* ˈoʊvərwɜːrk/ *Nomen* Überarbeitung, Überlastung

over·worked /ˌəʊvəˈwɜːkt; *AmE* ˌoʊvərˈwɜːrkt/ *Adj* **1** überlastet, überarbeitet **2** abgenutzt

over·write /ˌəʊvəˈraɪt; *AmE* ˌoʊvərˈr-/ *Verb* (**-wrote** /-ˈrəʊt; *AmE* -ˈroʊt/, **-writ·ten** /-ˈrɪtn/) (COMP) überschreiben

over·wrought /ˌəʊvəˈrɔːt; AmE ˌoʊvərˈr-/ Adj überreizt
ovoid /ˈəʊvɔɪd; AmE ˈoʊ-/ Adj (gehoben) eiförmig
ovu·late /ˈɒvjuleɪt; AmE ˈɑːv-/ Verb ovulieren
ovu·la·tion /ˌɒvjuˈleɪʃn; AmE ˌɑːv-/ Nomen Eisprung
ovum /ˈəʊvəm; AmE ˈoʊ-/ Nomen (Pl **ova** /ˈəʊvə; AmE ˈoʊvə/) (BIOL) Eizelle
ow /aʊ/ Ausruf au
owe /əʊ; AmE oʊ/ Verb (nicht in der Verlaufsform) **1** ~ **sth (to sb)**; ~ **(sb) sth** (jdm) etw schulden ◊ How much do I owe you? Was bin ich Ihnen schuldig? ◊ I'm still owed three days' leave. Mir stehen noch drei Tage Urlaub zu. ◊ (fig) I owe them a debt of gratitude. Ich bin ihnen zu Dank verpflichtet. ◊ I owe you one. Ich stehe in deiner Schuld. **2** ~ **sth to sb/sth** jdm/etw etw zu verdanken haben; ~ **sb sth** jdm etw verdanken ◊ The play owes much to French tragedy. Das Stück lehnt sich stark an die französische Tragödie an.
owing /ˈəʊɪŋ; AmE ˈoʊɪŋ/ Adj nicht vor Nomen (BrE) ausstehend ◊ €100 is still owing. 100€ stehen noch aus.
ˈowing to Präp wegen
owl /aʊl/ Nomen Eule ☞ Siehe auch BARN OWL
own¹ /əʊn; AmE oʊn/ Adj, Pron **1** eigen ◊ Your day off is your own. Was bin ich Ihnen schuldig? ◊ For reasons of his own he refused. Aus einem bestimmten Grund weigerte er sich. ◊ The accident happened through no fault of her own. Sie traf keine Schuld an dem Unfall. ☞ Hinweis bei EIGEN **2** ◊ She makes her own clothes. Sie näht ihre Kleider selbst. ◊ They now have children of their own. Jetzt haben sie selbst Kinder. IDM **be your own ˈman/ˈwoman** sein eigener Herr/seine eigene Herrin sein **come into your/its ˈown** zeigen, wozu man/etw fähig ist **get your ˈown back (on sb)** (umgs) sich (bei jdm) revanchieren ◊ I'll get my own back on him one day. Ich werde ihm eines Tages heimzahlen. **hold your ˈown (against sb/sth)** sich (gegen jdn/etw) behaupten ◊ She can hold her own against anybody. Sie kann es mit jedem aufnehmen. ◊ She is holding her own although she is still very ill. Ihr Zustand hat sich stabilisiert, obwohl sie noch immer schwer krank ist. **(all) on your ˈown** (ganz) allein ◊ He can be left to work on his own. Man kann ihn allein arbeiten lassen.
own² /əʊn; AmE oʊn/ Verb (nicht in der Verlaufsform) **1** besitzen ◊ The flats are privately owned. Es sind Eigentumswohnungen. ◊ an American owned company eine Firma in amerikanischem Besitz **2** ~ **to sth** (veraltet) etw zugeben PHR V **ˌown ˈup (to sth)** etw (ein)gestehen
ˌown-ˈbrand Adj (BrE) der Eigenmarke
owner /ˈəʊnə(r); AmE ˈoʊnər/ Nomen Besitzer(in), Eigentümer(in), Inhaber(in), Halter(in)
ˌowner-ˈoccupier Nomen Eigenheimbesitzer(in)
own·er·ship /ˈəʊnəʃɪp; AmE ˈoʊnərʃɪp/ Nomen Besitz ◊ Ownership of the land is disputed. Die Besitzverhältnisse an dem Grundstück sind umstritten. ◊ be in public ownership Staatseigentum sein ◊ a growth in home ownership eine Zunahme an Eigenheimen
ˌown ˈgoal Nomen [meist Sing] (BrE) Eigentor (auch fig)
ˌown-ˈlabel Adj (BrE) der Eigenmarke
ox /ɒks; AmE ɑːks/ Nomen (Pl **oxen** /ˈɒksn; AmE ˈɑːksn/) **1** Ochse **2** (veraltet) Rindvieh
Ox·bridge /ˈɒksbrɪdʒ; AmE ˈɑːks-/ Nomen = die Universitäten von Oxford und Cambridge, besonders im Kontrast zu weniger traditionsreichen Hochschulen ◊ an Oxbridge graduate ein(e) Absolvent(in) der Universität Oxford oder Cambridge
oxide /ˈɒksaɪd; AmE ˈɑːk-/ Nomen Oxid
oxi·diza·tion (BrE auch **-isation**) /ˌɒksɪdaɪˈzeɪʃn; AmE ˌɑːksɪdəˈz-/ Nomen (auch **oxi·da·tion** /ˌɒksɪˈdeɪʃn; AmE ˌɑːk-/) Nomen Oxidation
oxi·dize (BrE auch **-ise**) /ˈɒksɪdaɪz; AmE ˈɑːk-/ Verb oxidieren
Oxon /ˈɒksɒn; AmE ˈɑːksɑːn/ Abk (nach lateinischem Titeln) (der) Universität Oxford
ox·tail /ˈɒksteɪl; AmE ˈɑːks-/ Nomen Ochsenschwanz
oxy·gen /ˈɒksɪdʒən; AmE ˈɑːk-/ Nomen Sauerstoff
oys·ter /ˈɔɪstə(r)/ Nomen Auster IDM ⇨ WORLD
Oz /ɒz; AmE ɑːz/ Nomen (BrE, AusE, umgs) Australien
oz Abk = OUNCE
ozone /ˈəʊzəʊn; AmE ˈoʊzoʊn/ Nomen **1** (NATURW) Ozon **2** (BrE, umgs) Seeluft
ˌozone-ˈfriendly Adj FCKW-frei
ˈozone hole Nomen Ozonloch
ˈozone layer Nomen [Sing] Ozonschicht ◊ the hole in the ozone layer das Ozonloch

Pp

P, p /piː/ **1** Nomen (Pl **P's**, **p's**) (Buchstabe) P, p ☞ Beispiele bei A, A **2** Abk = PAGE¹ (1) **3** Abk (BrE) = PENNY (1) **4** Abk = PIANO² ☞ Siehe auch P. AND H. und P. AND P.
PA /ˌpiː ˈeɪ/ Abk **1** = PUBLIC ADDRESS (SYSTEM) **2** (bes BrE) = PERSONAL ASSISTANT **3** Kurzform von **Press Association** britische Presseagentur
pa /pɑː/ Nomen (umgs, veraltet) Papa
p.a. Abk = PER ANNUM
pace¹ /peɪs/ Nomen **1** [Sing] Tempo, Geschwindigkeit ◊ The ball gathered pace as it rolled down the hill. Der Ball rollte immer schneller den Hügel runter. ◊ keep up with the rapid pace of change mit dem schnellen Wechsel mithalten **2** Schritt(länge) **3** (Pferd) Gangart **4** Schnelllebigkeit, Zeitdruck ◊ The novel lacks pace. Der Roman kommt nicht schnell genug voran. IDM **go through/show your ˈpaces** zeigen, was man kann ◊ We watched the horses going through their paces. Wir sahen zu, wie die Pferde die Gangarten durchliefen. **keep ˈpace (with sb/sth)** (mit jdm/etw) Schritt halten **put sb/sth through their/its ˈpaces** jdn/etw auf die Probe stellen; jdn/etw testen **set the ˈpace 1** das Tempo angeben; wegweisend sein **2** das Tempo vorgeben ☞ Siehe auch FORCE² und SNAIL
pace² /peɪs/ Verb **1** (ab)schreiten ◊ pace up and down auf- und abgehen ◊ Ted paced the floor restlessly. Ted lief unaufhörlich im Zimmer auf und ab. **2** das Tempo bestimmen für ◊ One runner was selected to pace the race. Ein Läufer wurde als Schrittmacher ausgesucht. **3** ~ **yourself** den richtigen Rhythmus finden, sich die Zeit gut einteilen PHR V **ˌpace sth ˈoff/ˈout** etw abschreiten ☞ G 9.7d
pace³ /ˈpɑːkeɪ, ˈpɑːtʃeɪ, ˈpeɪsi/ Präp ~ **sb** ohne jdm zu nahe treten zu wollen
pace·maker /ˈpeɪsmeɪkə(r)/ Nomen **1** (MED) Schrittmacher **2** (bes AmE **pace-setter**) Schrittmacher(in) (auch fig) **3** (bes AmE **pace-setter**) Spitzenreiter(in)
pachy·derm /ˈpækɪdɜːm; AmE -dɜːrm/ Nomen (Fachspr) Dickhäuter
pa·cif·ic /pəˈsɪfɪk/ Adj (gehoben) friedfertig
paci·fi·ca·tion /ˌpæsɪfɪˈkeɪʃn/ Nomen Befriedung
the Pa·ˌcific ˈRim Nomen [Sing] der pazifische Raum
paci·fier /ˈpæsɪfaɪə(r)/ Nomen (AmE) Schnuller
paci·fism /ˈpæsɪfɪzəm/ Nomen Pazifismus
paci·fist /ˈpæsɪfɪst/ **1** Nomen Pazifist(in) **2** Adj pazifistisch
pacify /ˈpæsɪfaɪ/ Verb (**-fies**, **-fying**, **-fied**, **-fied**) **1** besänftigen, beruhigen **2** befrieden
pack¹ /pæk/ Verb **1** (ein)packen ◊ He packed a bag with a few things./He packed a few things into a bag. Er packte ein paar Sachen in eine Tasche. OPP UNPACK **2** ~ **sth (up)**

pack (in/into sth) etw (in etw) (ein-/ver)packen ◊ *I carefully packed up the gifts.* Ich packte die Geschenke sorgfältig ein. **3** füllen ◊ *Fans packed the hall.* Die Halle war voll gestopft mit Fans. ☛ *Siehe auch* PACKED *und* PACKED OUT **4** sich zwängen ◊ *We all packed together into one car.* Wir zwängten uns alle in ein Auto. **5** ~ **sth** (**down**) etw festdrücken **6** (*AmE*, *umgs*) (bei sich) tragen ◊ *to pack a gun* eine Pistole bei sich tragen [IDM] **pack a** (**powerful, real, etc.**) '**punch**(*umgs*) **1** einen harten Schlag haben **2** einen starken Eindruck hinterlassen **pack your 'bags** (*umgs*) seine Koffer packen ☛ *Siehe auch* SEND [PHRV] ,**pack 'away** sich (weg)packen lassen ,**pack sth a'way** etw wegpacken ,**pack sb 'in** (*kein Passiv*) jdn in Scharen anziehen ◊ *The show is still packing them in.* Das Stück ist immer noch ein Publikumsmagnet. ,**pack sth 'in** (*umgs*) etw aufgeben, (mit etw) aufhören ◊ *Pack it in!* Hör auf (damit)! ,**pack sth 'in/into sth** jdn in etw hineinpferchen ,**pack sth 'in/into sth** etw in etw (hinein)packen, etw in etw (hinein)stopfen ,**pack 'into sth** sich in etw drängen ,**pack sb 'off** (**to ...**) (*umgs*) jdn (in/zu/nach ...) schicken ,**pack sth 'out** etw bis auf den letzten Platz füllen ,**pack 'up** (*bes BrE*, *umgs*) (*Maschine, Gerät etc.*) seinen Geist aufgeben ,**pack** (**sth**) '**up 1** (etw) zusammenpacken ◊ *Are you packing up already? It's only 4 o'clock.* Machst du schon Feierabend? Es ist doch erst 4 Uhr. **2** (*BrE*, *umgs*) (*Job*) aufgeben

pack² /pæk/ *Nomen* **1** (*bes AmE*) Schachtel, Packung ☛ *Siehe auch* SIX-PACK **2** Broschüre **3** Set **4** Bündel, Last ◊ *a pack of lies* ein Haufen Lügen **5** Rucksack **6** Rudel, Meute (*auch fig*) ☛ G 1.3b **7** (SPORT) Pulk (*auch fig*) ◊ *measures aimed at keeping the company ahead of the pack* Maßnahmen, die gewährleisten sollen, dass die Firma der Konkurrenz auch weiterhin einen Schritt voraus ist ☛ G 1.3b **8** (*BrE*) Spielkarten **9** (*Pfadfinder*) Gruppe ☛ G 1.3b **10** (*für Wunden, Kosmetik*) Packung

pack·age¹ /'pækɪdʒ/ *Nomen* **1** (*bes AmE*) Paket **2** (*AmE*) Schachtel, Verpackung **3** (*auch* '**package deal**) Paket ◊ *an aid package* ein Hilfspaket **4** (*auch* '**software package**) Softwarepaket

pack·age² /'pækɪdʒ/ *Verb* **1** ~ **sth** (**up**) etw (ver)packen **2** (*fig*) ~ **sb/sth** (**as sth**) jdn/etw (als etw) verpacken, jdn/etw (als etw) repräsentieren

'**package tour** (*BrE auch* '**package holiday**) *Nomen* Pauschalreise

pack·aging /'pækɪdʒɪŋ/ *Nomen* [U] Verpackung (*auch fig*)

'**pack animal** *Nomen* Lasttier

packed /pækt/ *Adj* **1** (knall)voll ◊ *The show played to packed houses.* Das Stück spielte vor ausverkauften Häusern. ◊ *The book is packed with information.* Das Buch enthält eine Fülle von Informationen. **2** (dicht) aneinandergedrängt **3** (*umgs*) **be** ~ gepackt haben ◊ *I'm all packed.* Ich habe alles gepackt.

,**packed 'lunch** *Nomen* (*BrE*) Lunchpaket

,**packed 'out** *Adj nicht vor Nomen* (*bes BrE*, *umgs*) knallvoll

pack·er /'pækə(r)/ *Nomen* **1** Packer(in) **2** Verpackungsmaschine

packet /'pækɪt/ *Nomen* **1** (*BrE*) Schachtel, Packung **2** Päckchen **3** (*AmE*) Beutel **4** [Sing] (*umgs*) Stange Geld **5** (COMP) Datenpaket ☛ *Siehe auch* PAY PACKET

'**pack horse** *Nomen* Packpferd

'**pack ice** *Nomen* Packeis

pack·ing /'pækɪŋ/ *Nomen* **1** Packen **2** (*BrE*) Verpackung

'**packing case** *Nomen* (*BrE*) Kiste

'**pack rat** *Nomen* (*AmE*) Hamsterer

pact /pækt/ *Nomen* Pakt

pacy /'peɪsi/ *Adj* **1** rasant ◊ *a pacy thriller* ein Thriller mit einer rasanten Handlung **2** schnell

pad¹ /pæd/ *Nomen* **1** Bausch ◊ *sanitary pads* Damenbinden ◊ *brake pads* Bremsbeläge ◊ *a scouring pad* ein Topfkratzer ☛ *Siehe auch* INK-PAD *und* SHOULDER PAD **2** (Schreib)block ☛ *Siehe auch* SCRATCH PAD **3** (*eines Tieres*) Ballen, Pfote **4** Abschussrampe, (Hubschrauber-)Landeplatz **5** (SPORT) Beinschützer, Knieschützer **6** (*umgs*, *veraltet*) Bude

pad² /pæd/ *Verb* (**-dd-**) **1** polstern, wattieren **2** tappen **3** (*AmE*) (*Rechnung*) fälschen [PHRV] ,**pad sth 'out 1** etw polstern **2** (*Aufsatz etc.*) = mit überflüssigen Informationen, Zitaten etc. auffüllen

,**padded 'cell** *Nomen* Gummizelle

pad·ding /'pædɪŋ/ *Nomen* **1** Polsterung **2** Füllsel

pad·dle¹ /'pædl/ *Nomen* **1** Paddel **2** Rührschaufel **3 a** ~ [Sing] (*BrE*) ◊ *Let's go for a paddle.* Komm, gehen wir planschen. **4** (*AmE*) Tischtennisschläger **5** (*AmE*) = hölzernes Züchtigungsinstrument für Kinder [IDM] ⇨ CREEK

pad·dle² /'pædl/ *Verb* **1** paddeln **2** (*BrE*) planschen, (durchs Wasser) waten

'**paddle boat** (*BrE auch* '**paddle steamer**) *Nomen* Raddampfer

'**paddling pool** *Nomen* (*BrE*) Planschbecken

pad·dock /'pædək/ *Nomen* **1** Koppel **2** (*Pferderennsport*) Sattelplatz; (*Motorrennsport*) Fahrerlager

Paddy /'pædi/ *Nomen* (*umgs*, *beleidigend*) (*Spitzname der Iren*) Paddy

paddy /'pædi/ *Nomen* (*Pl* **-ies**) **1** (*auch* '**paddy field**) Reisfeld **2** [meist Sing] (*BrE*, *umgs*) Wutanfall

'**paddy wagon** *Nomen* (*AmE*, *umgs*) grüne Minna

pad·lock¹ /'pædlɒk/ *AmE* -lɑːk/ *Nomen* Vorhängeschloss

pad·lock² /'pædlɒk/ *AmE* -lɑːk/ *Verb* mit einem Vorhängeschloss (ver)schließen ◊ *She always padlocked her bike to the railings.* Sie machte ihr Rad immer mit einem Vorhängeschloss am Geländer fest.

padre /'pɑːdreɪ/ *Nomen* Militärgeistlicher; (*Anrede*) Herr Pfarrer

paean /'piːən/ *Nomen* (*gehoben*) Preislied

paedi·at·ric (*AmE* **pedi·at·ric**) /ˌpiːdiˈætrɪk/ *Adj* (MED) Kinder-, pädiatrisch

paedi·at·ri·cian (*AmE* **pedi·at·ri·cian**) /ˌpiːdiəˈtrɪʃn/ *Nomen* Kinderarzt, -ärztin

paedi·at·rics (*AmE* **pedi·at·rics**) /ˌpiːdiˈætrɪks/ *Nomen* [U] Kinderheilkunde, Pädiatrie

paedo·phile (*AmE* **pedo·phile**) /'piːdəʊfaɪl/ *AmE* -doʊ-/ *Nomen* Pädophile(r)

paedo·philia (*AmE* **pedo·philia**) /ˌpiːdəˈfɪliə/ *AmE* -doʊ-/ *Nomen* Pädophilie

pagan /'peɪɡən/ **1** *Nomen* Heide, Heidin **2** *Nomen* Ungläubige(r) **3** *Adj* heidnisch

pa·gan·ism /'peɪɡənɪzəm/ *Nomen* Heidentum

page¹ /peɪdʒ/ *Nomen* **1** (*Abk* **p**) Seite ◊ *over the page* auf der nächsten Seite ◊ *turn* (*over*) *the page* umblättern ☛ *Siehe auch* HOME PAGE **2** (*in der Geschichte*) Kapitel **3** (*BrE*) Hotelpage **4** Page **5** (*auch* '**page-boy**) (*bei einer Hochzeit*) ≈ Blumenkind **6** (*AmE*) = Student(in), der/die als Assistent(in) eines Kongressabgeordneten arbeitet

page² /peɪdʒ/ *Verb* **1** ausrufen **2** anpiepsen

pa·geant /'pædʒənt/ *Nomen* **1** historischer Umzug **2** (*AmE*) Schönheitswettbewerb

pa·geant·ry /'pædʒəntri/ *Nomen* Pomp, Prunk

'**page-boy** /'peɪdʒbɔɪ/ *Nomen* **1** (*BrE*) Hotelpage **2** = PAGE (5) **3** (*Frisur*) Pagenkopf

pager /'peɪdʒə(r)/ *Nomen* Piepser, Pager

pa·goda /pəˈɡəʊdə/ *AmE* -'ɡoʊ-/ *Nomen* Pagode

pah /pɑː/ *Ausruf* pah, pfui

paid /peɪd/ **1** *Form von* PAY² **2** *Adj* bezahlt ◊ *a well-paid job* eine gut bezahlte Stelle ◊ *a poorly paid teacher* ein schlecht bezahlter Lehrer [IDM] ⇨ PAY²

'**paid-up** *Adj nur vor Nomen* **1** ◊ *a fully paid-up member* ein Mitglied ohne Beitragsrückstände **2** (*umgs*) überzeugt, engagiert ◊ *a fully paid-up environmental campaigner* ein sehr engagierter Umweltschützer

pail /peɪl/ *Nomen* (*BrE*, *veraltet oder AmE*) Eimer

pain¹ /peɪn/ *Nomen* **1** Schmerz(en) ◊ *He was in a lot of pain.* Er hatte starke Schmerzen. ◊ *She screamed in pain.* Sie schrie vor Schmerzen. ☛ *Siehe auch* PAINS **2** Schmerz, Kummer ◊ *the pain of separation* der Trennungsschmerz **3** (*umgs*) Plage ◊ *She can be a real pain.* Sie kann einem wirklich auf den Wecker gehen. ◊ *It's a pain having to go all that way.* Es ist lästig, so weit fahren zu müssen. [IDM] **be a pain in the 'neck** (*BrE auch* **be a pain in the 'arse/backside**) (*AmE auch* **be a pain in the 'ass/'butt**) (*umgs*) jdm auf den Geist gehen **on/under pain of sth** (*gehoben*) bei/unter Androhung von etw

pain² /peɪn/ Verb (nicht in der Verlaufsform) (gehoben) schmerzen [SYN] HURT

pained /peɪnd/ Adj gequält

pain·ful /ˈpeɪnfl/ Adj **1** schmerzhaft ◊ *Is your back still painful?* Tut dir der Rücken noch weh? ◊ *a painful death* ein qualvoller Tod **2** schmerzlich ◊ *Their efforts were painful to watch.* Es tat weh, ihren Anstrengungen zuzusehen. **3** beschwerlich, mühsam

pain·ful·ly /ˈpeɪnfəli/ Adv **1** furchtbar, äußerst ◊ *painfully shy* furchtbar schüchtern **2** schmerzhaft, schmerzlich

pain·kill·er /ˈpeɪnkɪlə(r)/ Nomen Schmerzmittel ◊ *She's on painkillers.* Sie nimmt Schmerztabletten.

pain·kill·ing /ˈpeɪnkɪlɪŋ/ Adj schmerzstillend

pain·less /ˈpeɪnləs/ Adj (Adv **pain·less·ly**) schmerzlos (auch fig)

pains /peɪnz/ Nomen [Pl] [IDM] **be at pains to do sth** sich große Mühe geben etw zu tun **for your 'pains** (bes BrE) (oft ironisch) als Dank für seine Mühe **take (great) pains (to do sth); go to great pains (to do sth)** sich (große) Mühe geben (etw zu tun) **take (great) pains with/over sth** sich (große) Mühe mit etw geben

pains·tak·ing /ˈpeɪnzteɪkɪŋ/ Adj (Adv **pains·tak·ing·ly**) sorgfältig ◊ *painstaking research* gewissenhafte Forschung ◊ *He described it in painstaking detail.* Er hat es bis ins Kleinste beschrieben.

paint¹ /peɪnt/ Nomen Farbe; (für Autos) Lack ◊ *oil paints* Ölfarben ◊ *a fresh coat of paint* ein neuer Anstrich ◊ *Wet paint!* Frisch gestrichen!

paint² /peɪnt/ Verb **1** streichen, lackieren ◊ *have the house painted* das Haus streichen lassen **2** malen ◊ *She paints in oils.* Sie malt mit Ölfarben. **3 ~ sb/sth (as sth)** jdn/etw (als etw) darstellen [SYN] PORTRAY **4** ◊ *paint your face* sich anmalen [IDM] **paint a (grim, gloomy, rosy, etc.) 'picture of sb/sth** ein (düsteres, gutes etc.) Bild von jdm/etw zeichnen ◊ *The report paints a vivid picture of life in the city.* Der Bericht schildert das Stadtleben in lebhaften Farben. **paint the town 'red** (umgs) die Stadt unsicher machen **paint sth with a ˌbroad 'brush** etw grob schildern ➡ Siehe auch BLACK¹ [PHR V] **ˌpaint sth 'out** etw übermalen, etw überstreichen **ˌpaint 'over sth** etw übermalen, etw überstreichen

paint·ball /ˈpeɪntbɔːl/ Nomen Paintball, Gotcha

paint·box /ˈpeɪntbɒks; AmE -bɑːks/ Nomen Malkasten

paint·brush /ˈpeɪntbrʌʃ/ Nomen Pinsel

paint·er /ˈpeɪntə(r)/ Nomen **1** Maler(in), Anstreicher(in) **2** Fangleine

paint·ing /ˈpeɪntɪŋ/ Nomen **1** Gemälde, Bild **2** Malerei, Malen **3** (An)streichen

paint·work /ˈpeɪntwɜːk; AmE -wɜːrk/ Nomen Anstrich, Lack ◊ *The paintwork is scratched.* Der Lack ist zerkratzt.

pair¹ /peə(r); AmE per/ Nomen **1** Paar ◊ *a pair of gloves* ein Paar Handschuhe ◊ *a huge pair of eyes* zwei riesige Augen **2** ◊ *a pair of trousers* eine Hose ◊ *two pairs of jeans* zwei Jeans ➡ Hinweis bei BRILLE

> **Pair** in dieser Bedeutung wird manchmal mit einem Verb im Plural verwendet: *a pair of gloves which were new*. In der amerikanischen Umgangssprache wird **pair** manchmal als Plural verwendet: *three pair of shoes*. Beides gilt in der Schriftsprache jedoch als falsch.

3 ◊ *a pair of children* zwei Kinder ◊ *The pair are planning a trip to India.* Die beiden wollen nach Indien fahren. ◊ *Go away, the pair of you!* Haut ab, alle beide! ➡ G 1.3b **4** Paar, Pärchen ◊ *a pair of swans* ein Schwanenpaar ➡ G 1.3b [IDM] **in 'pairs** paarweise; zu zweit **I've only got one pair of hands** (umgs) ich habe nur zwei Hände **a pair of 'hands** (umgs) ◊ *We need an extra pair of hands.* Wir brauchen noch jemanden, der uns hilft. ◊ *He's regarded as a safe pair of hands.* Man hält ihn für besonnen und zuverlässig. ➡ Siehe auch SHOW¹

pair² /peə(r); AmE per/ Verb **1** (meist passiv) **~ A with B; ~ A and B (together)** A und B (einander) zuordnen **2** (Fachspr) sich paaren [PHR V] **ˌpair 'off (with sb)** (mit jdm) ein Paar bilden **ˌpair sb 'off (with sb)** jdn (mit jdm) verkuppeln **ˌpair 'up (with sb)** (mit jdm) eine Zweiergruppe bilden **ˌpair sb 'up (with sb)** jdn (mit jdm) in eine Zweiergruppe stecken

pair·ing /ˈpeərɪŋ; AmE ˈper-/ Nomen **1** Paarung **2** Paar

pais·ley /ˈpeɪzli/ Adj Paisley- ◊ *a paisley tie* eine Krawatte mit Paisley-Muster

---

palmist

pa·ja·mas (AmE) = PYJAMAS

pak choi /ˌpæk ˈtʃɔɪ/ Nomen (BrE) Pak Choi, chinesischer Senfkohl

pal¹ /pæl/ Nomen **1** (umgs, veraltet) Kumpel **2** (umgs) (als unfreundliche Anrede eines Mannes) ◊ *If I were you, pal, I'd stay away from her!* An deiner Stelle, Alter, würde ich die Finger von ihr lassen!

pal² /pæl/ Verb **(-ll-)** [PHR V] **ˌpal aˈround (with sb)** (bes AmE, umgs) (mit jdm) gut befreundet sein **ˌpal 'up (with sb)** (BrE, umgs) sich (mit jdm) anfreunden

pal·ace /ˈpæləs/ Nomen **1** Palast, Schloss **2** (meist **the Palace**) [Sing] das Königshaus ◊ *a Palace spokesman* ein Sprecher des Königshauses

palaeo·lith·ic (bes AmE **paleo-**) /ˌpæliəˈlɪθɪk, ˈpeɪl-/ Adj paläolithisch, altsteinzeitlich

palae·on·tolo·gist (AmE meist **paleontologist**) /ˌpæliɒnˈtɒlədʒɪst, ˌpeɪl-; AmE ˌpeɪliɑːnˈtɑːl-/ Nomen Paläontologe, Paläontologin

palae·on·tol·ogy (AmE meist **paleontology**) /ˌpæliɒnˈtɒlədʒi, ˌpeɪl-; AmE ˌpeɪliɑːnˈtɑːl-/ Nomen Paläontologie

pal·at·able /ˈpælətəbl/ Adj **1** schmackhaft, trinkbar, süffig **2 ~ (to sb)** ansprechend (für jdn) [OPP] UNPALATABLE

pal·atal /ˈpælətl/ **1** Nomen Palatallaut **2** Adj palatal, Gaumen-

pal·ate /ˈpælət/ Nomen Gaumen

pa·la·tial /pəˈleɪʃl/ Adj palastartig; (Zimmer) riesig

pa·la·ver /pəˈlɑːvə(r); AmE -ˈlæv-/ Nomen **1** (BrE) Theater, Getue **2** (AmE) Unsinn, Quatsch

pale¹ /peɪl/ Adj (Adv **pale·ly** /-li/) **1** blass ◊ *go/turn pale* blass werden ◊ *pale blue* blassblau ◊ *a pale sky* ein bleicher Himmel **2** fahl

pale² /peɪl/ Verb **~ (at sth)** (gehoben) (bei etw) blass werden, (bei etw) erblassen [IDM] **'pale beside/next to sth; 'pale in comparison with/to sth** neben etw verblassen **'pale into insignificance** unbedeutend erscheinen

pale³ /peɪl/ Nomen [IDM] **beˌyond the 'pale** ◊ *His remarks were clearly beyond the pale.* Seine Bemerkungen gingen eindeutig zu weit. ◊ *She has put herself beyond the pale.* Sie hat sich unmöglich gemacht.

pale·ness /ˈpeɪlnəs/ Nomen Blässe

Palestinian /ˌpæləˈstɪniən/ **1** Adj palästinensisch **2** Nomen Palästinenser(in)

pal·ette /ˈpælət/ Nomen Palette

pali·mony /ˈpælɪməni/ Nomen (bes AmE, umgs) = Unterhaltszahlungen für eine(n) nichteheliche(n) Partner(in)

pal·in·drome /ˈpælɪndrəʊm; AmE -droʊm/ Nomen Palindrom

pal·ing /ˈpeɪlɪŋ/ Nomen [meist Pl] **1** Zaunpfahl, Latte **2** [U] Lattenzaun

pal·is·ade /ˌpælɪˈseɪd/ Nomen **1** Palisadenzaun **2 palisades** [Pl] (AmE) Steilufer

pall¹ /pɔːl/ Nomen **1** [meist Sing] Wolke ◊ *a pall of smoke* eine Rauchwolke ◊ (fig) *Her death cast a pall over the event.* Ihr Tod warf einen Schatten auf das Ereignis. **2** Sargtuch

pall² /pɔːl/ Verb (nicht in der Verlaufsform) **~ (on sb)** (für jdn) an Reiz verlieren

'pall-bearer Nomen Sargträger

pal·let /ˈpælət/ Nomen **1** Palette **2** Pritsche, Strohsack

pal·lia·tive¹ /ˈpæliətɪv/ Nomen (gehoben) **1** Palliativum **2** (oft abwert) Trostpflaster

pal·lia·tive² /ˈpæliətɪv/ Adj palliativ, lindernd

pal·lid /ˈpælɪd/ Adj (gehoben) **1** bleich, blass **2** fahl

pal·lor /ˈpælə(r)/ Nomen Blässe

pally /ˈpæli/ Adj (umgs) befreundet ◊ *I got very pally with him.* Wir zwei wurden dicke Freunde.

palm¹ /pɑːm/ Nomen **1** Hand(fläche) ◊ *read sb's palm* jdm aus der Hand lesen **2** Palme ◊ *palm fronds* Palmwedel [IDM] **have sb in the ˌpalm of your 'hand 1** jdn in seinen Bann geschlagen haben **2** jdn (ganz) in der Hand haben ➡ Siehe auch CROSS² und GREASE²

palm² /pɑːm/ Verb (Karte, Münze etc.) in der Hand verschwinden lassen [PHR V] **ˌpalm sb 'off (with sth)** (umgs) jdn (mit etw) abspeisen **ˌpalm sth 'off on/onto sb; ˌpalm sb 'off with sth** (umgs) jdm etw andrehen, jdm etw aufhalsen **ˌpalm sth 'off as sth** (umgs) etw als etw ausgeben

palm·ist /ˈpɑːmɪst/ Nomen Handleser(in)

Palm Sunday

,Palm 'Sunday *Nomen* Palmsonntag
palm·top /'pɑːmtɒp; *AmE* -tɑːp/ *Nomen* (COMP) Palmtop
'palm tree *Nomen* Palme
palp·able /'pælpəbl/ *Adj* (*Adv* palp·ably /-əbli/) spürbar, offensichtlich
pal·pate /pæl'peɪt/ *Verb* (MED) abtasten
pal·pi·ta·tions /ˌpælpɪ'teɪʃnz/ *Nomen* [Pl] Herzklopfen
palsy /'pɔːlzi/ *Nomen* (*veraltet*) Lähmung
pal·try /'pɔːltri/ *Adj* schäbig, lächerlich, läppisch
pam·per /'pæmpə(r)/ *Verb* (*oft abwert*) verwöhnen, verhätscheln
pamph·let /'pæmflət/ *Nomen* Broschüre, Pamphlet
pan¹ /pæn/ *Nomen* 1 Topf, Pfanne ◊ *pots and pans* Kochtöpfe 2 (*AmE*) Backform 3 Waagschale 4 (*BrE*) Toilettenschüssel IDM go down the 'pan (*BrE, Slang*) den Bach runter gehen ☞ *Siehe auch* FLASH²
pan² /pæn/ *Verb* (-nn-) 1 (*meist passiv*) (*umgs*) verreißen 2 (*Kamera*) schwenken 3 ~ (for sth) *pan for gold* Gold waschen PHRV 'pan 'out (*umgs*) sich entwickeln
pana·cea /ˌpænə'siːə/ *Nomen* Allheilmittel, Patentlösung
pan·ache /pə'næʃ, pæ'n-/ *Nomen* Schwung, Elan
pan·cake /'pænkeɪk/ *Nomen* 1 Pfannkuchen, Eierkuchen 2 dicke Schminke, Theaterschminke IDM ⇒ FLAT¹
'Pancake Day *Nomen* (*umgs*) Fastnachtsdienstag SYN SHROVE TUESDAY
pan·creas /'pæŋkriəs/ *Nomen* Bauchspeicheldrüse
pan·cre·at·ic /ˌpæŋkri'ætɪk/ *Adj nur vor Nomen* Bauchspeicheldrüsen-
panda /'pændə/ *Nomen* 1 (*auch* ˌgiant 'panda) Riesenpanda 2 (*auch* ˌred 'panda) Kleiner Panda
pan·dem·ic¹ /pæn'demɪk/ *Nomen* Seuche, Pandemie
pan·dem·ic² /pæn'demɪk/ *Adj* seuchenartig, pandemisch, weit verbreitet
pan·de·mon·ium /ˌpændə'məʊniəm; *AmE* -'moʊ-/ *Nomen* [U] Tumult, Chaos
pan·der /'pændə(r)/ *Verb* PHRV 'pander to sth/sb (*abwert*) etw/jdm (zu sehr) nachgeben ◊ *The magazine panders to the readers' baser instincts.* Die Zeitschrift appelliert an die niedrigsten Instinkte der Leser.
p. and h. (*auch* p. & h.) /ˌpiː ənd 'eɪtʃ/ (*AmE*) Kurzform von postage and handling Porto und Verpackung
Pandora's box /pænˌdɔːrəz 'bɒks; *AmE* 'bɑːks/ *Nomen* Büchse der Pandora
p. and p. (*auch* p. & p.) /ˌpiː ən 'piː/ (*BrE*) Kurzform von postage and packing Porto und Verpackung
pane /peɪn/ *Nomen* (Glas)scheibe
panel¹ /'pænl/ *Nomen* 1 Platte, Tafel ◊ *the glass panels in the door* die Glasscheiben in der Tür ☞ *Siehe auch* SOLAR PANEL 2 Karosserieteil 3 (*Stoff*) Streifen, Einsatz 4 Gremium ◊ *a panel of experts* ein Sachverständigengremium ◊ *a panel discussion* ein Podiumsgespräch ◊ *We have two politicians on tonight's panel.* Heute Abend haben wir zwei Politiker in der Diskussionsrunde. ☞ G 1.3b 5 (*bes AmE*) = JURY PANEL 6 (Schalt)tafel, Anzeige(tafel) ◊ *an instrument panel* ein Armaturenbrett
panel² /'pænl/ *Verb* (-ll-, *AmE* -l-) (*meist passiv*) täfeln ◊ *a glass-panelled door* eine Tür mit Glasausschnitt
'panel beater *Nomen* (*BrE*) Karosseriespengler(in)
pan·el·ling (*AmE* pan·el·ing) /'pænlɪŋ/ *Nomen* Täfelung, Paneel
pan·el·list (*AmE* pan·el·ist) /'pænəlɪst/ *Nomen* 1 Diskussionsteilnehmer(in) 2 Mitglied eines Rateteams
'pan-fry *Verb* (-fries, -frying, -fried, -fried) in der Pfanne braten
pang /pæŋ/ *Nomen* (plötzlicher) Schmerz, Stich ◊ *hunger pangs/pangs of hunger* (plötzliche) Hungergefühle ◊ *pangs of conscience* Gewissensbisse
pan·han·dle /'pænhændl/ *Verb* 1 betteln 2 erbetteln
pan·han·dler /'pænhændlə(r)/ *Nomen* (*AmE, umgs*) Bettler(in)
panic¹ /'pænɪk/ *Nomen* [meist Sing] Panik ◊ *They were in a state of panic.* Sie waren von Panik ergriffen. ◊ *a panic decision* eine Kurzschlusshandlung IDM 'panic stations (*BrE, umgs*) Panik ◊ *It was panic stations when the deadline was brought forward by a week.* Alles war am Rotieren, als der Termin eine Woche vorverlegt wurde.
panic² /'pænɪk/ *Verb* (-ck-) 1 in Panik geraten 2 in Panik versetzen 3 be panicked into doing sth in Panik geraten und etw tun ◊ *It's easy to be panicked into offering more than you can afford.* Es ist leicht, in Panik zu geraten, und mehr Geld zu bieten, als man sich leisten kann.
'panic button *Nomen* Alarmknopf IDM press/push the 'panic button (*BrE*) die Panik kriegen; Alarm schlagen
pan·icky /'pænɪki/ *Adj* (*umgs*) in Panik, panisch
'panic-stricken *Adj* von Panik ergriffen
pan·nier /'pæniə(r)/ *Nomen* Satteltasche; (*für Pferd oder Esel*) Tragkorb
pan·oply /'pænəpli/ *Nomen* [Sing/U] (*gehoben*) Spektrum, Palette
pan·or·ama /ˌpænə'rɑːmə; *AmE* -'ræmə/ *Nomen* 1 Panorama, Rundblick 2 Übersicht, Überblick
pan·or·am·ic /ˌpænə'ræmɪk/ *Adj* Panorama- ◊ *a panoramic view over the valley* ein Panoramablick auf das Tal
'pan pipes *Nomen* [Pl] (*auch* 'pan·pipe) Panflöte
pansy /'pænzi/ *Nomen* (*Pl* -ies) 1 (BOT) Stiefmütterchen 2 (*vulg, beleidigend*) Tunte, Schwuchtel
pant¹ /pænt/ *Verb* keuchen, hecheln ◊ *She was panting for breath.* Sie schnappte nach Luft. IDM ⇒ PUFF¹ PHRV 'pant for/after sb/sth nach jdm/etw lechzen
pant² /pænt/ *Nomen* [meist Pl] Atemstoß ◊ *His breath came in short pants.* Er atmete stoßartig.
pan·the·ism /'pænθiɪzəm/ *Nomen* Pantheismus
pan·ther /'pænθə(r)/ *Nomen* 1 Panther 2 (*AmE*) Puma
pan·ties /'pæntiz/ *Nomen* [Pl] (*bes AmE*) (Damen)slip ☞ *Hinweis bei* BRILLE
pan·tile /'pæntaɪl/ *Nomen* Dachziegel
panto·mime /'pæntəmaɪm/ *Nomen* (*BrE, umgs* panto /'pæntəʊ; *AmE* -toʊ/ (*Pl* pantos)) 1 ≈ Theaterstück, das traditionellerweise in der Weihnachtszeit in Großbritannien aufgeführt wird. ☞ Die Handlung basiert auf einem Märchen, aber es werden Lieder, Witze und aktuelle Bezüge eingeschoben. Der Held wird immer von einer Frau, die Rolle einer alten Dame (pantomime dame) von einem Mann gespielt. 2 [meist Sing/U] (THEAT) Pantomime SYN MIME 3 [meist Sing] (*BrE*) (*fig*) Farce
pan·try /'pæntri/ *Nomen* (*Pl* -ies) Speisekammer
pants /pænts/ *Nomen* [Pl] 1 (*BrE*) Unterhose ◊ *a pair of pants* eine Unterhose ☞ *Hinweis bei* BRILLE 2 (*bes AmE*) Hose ☞ *Hinweis bei* BRILLE 3 (*BrE, Slang*) (*adjektivisch gebraucht*) lausig IDM bore, scare, etc. the 'pants off sb (*umgs*) jdn zu Tode langweilen, erschrecken etc. ☞ *Siehe auch* ANT, CATCH¹, SEAT¹, WEAR¹ *und* WET²
'pant·suit /'pæntsuːt; *BrE auch* -sjuːt/ *Nomen* (*AmE*) Hosenanzug
panty·hose /'pæntihəʊz; *AmE* -hoʊz/ *Nomen* [Pl] (*AmE*) Strumpfhose ☞ *Hinweis bei* BRILLE
pap /pæp/ *Nomen* 1 (*abwert*) Schund(literatur) 2 Brei
papa /pə'pɑː; *AmE* 'pɑːpə/ *Nomen* (*umgs, veraltet, Kinderspr*) Papa
pap·acy /'peɪpəsi/ *Nomen* 1 the papacy [Sing] das Papsttum, das päpstliche Amt 2 [meist Sing] Pontifikat
papal /'peɪpl/ *Adj nur vor Nomen* päpstlich
pap·ar·azzo /ˌpæpə'rætsəʊ; *AmE* -'rætsoʊ/ *Nomen* (*Pl* pap·ar·azzi /-tsi/) [meist Pl] Paparazzo, (aufdringlicher) Pressefotograf
pa·paya /pə'paɪə/ *Nomen* Papaya
paper¹ /'peɪpə(r)/ *Nomen* 1 Papier ◊ *a sheet of paper* ein Blatt Papier 2 Zeitung 3 [meist Pl] Unterlage, Dokument 4 papers [Pl] (Ausweis)papiere 5 (*BrE*) (*an der Universität*) Klausur; (*in der Schule*) (schriftliche) Prüfung 6 (*BrE*) (wissenschaftlicher) Aufsatz, Referat 7 Tapete SYN WALLPAPER IDM on paper 1 schriftlich 2 theoretisch ◊ *It's a fine plan on paper, but will it work in practice?* Theoretisch ist es ein ausgezeichneter Plan, aber ist er praktisch durchführbar? ☞ *Siehe auch* PEN¹ *und* WORTH¹
paper² /'peɪpə(r)/ *Verb* tapezieren PHRV ˌpaper 'over sth 1 über etw tapezieren 2 (*fig*) etw übertünchen, etw vertuschen
paper·back /'peɪpəbæk; *AmE* -pərb-/ *Nomen* Taschenbuch

paper boy *Nomen* Zeitungsjunge
paper clip *Nomen* Büroklammer
paper cup *Nomen* Pappbecher
paper cutter *Nomen* (*AmE*) Papierschneidemaschine
paper girl *Nomen* Zeitungsmädchen
paper knife *Nomen* (*bes BrE*) Brieföffner
paper·less /'peɪpələs; *AmE* -pərləs/ *Adj* papierlos
paper plate *Nomen* Pappteller
paper round *Nomen* (*AmE* **paper route**) *Nomen* Zeitungenaustragen, Zeitungsrunde ◇ *I used to do a Sunday morning paper round.* Am Sonntagmorgen trug ich immer Zeitungen aus.
paper shop *Nomen* (*BrE*) Zeitungsladen
paper-thin *Adj* hauchdünn
paper tiger *Nomen* Papiertiger
paper towel *Nomen* **1** Papierhandtuch **2** (*AmE*) Küchenkrepp
paper trail *Nomen* (*bes AmE, umgs*) belastende Dokumente
paper·weight /'peɪpəweɪt; *AmE* -pərw-/ *Nomen* Briefbeschwerer
paper·work /'peɪpəwɜːk; *AmE* 'peɪpərwɜːrk/ *Nomen* [U] **1** Schreibarbeit **2** Unterlagen
pa·pery /'peɪpəri/ *Adj* papierartig ◇ *wrinkled, papery skin* runzlige, papierartige Haut
pa·pier mâché /ˌpæpieɪ 'mæʃeɪ; *AmE* ˌpeɪpər məˈʃeɪ, ˌpæpjeɪ/ *Nomen* Papiermaschee
pap·ist /'peɪpɪst/ **1** *Nomen* (*beleidigend*) Papist(in) **2** *Adj* (*beleidigend*) papistisch
pap·rika /pəˈpriːkə; *BrE* auch 'pæprɪkə/ *Nomen* Paprika(pulver)
Pap smear *Nomen* (*AmE*) (MED) Pap-Test, Zellabstrich des Gebärmutterhalses
pa·pyrus /pəˈpaɪrəs/ *Nomen* (*Pl* **pa·pyri** /pəˈpaɪriː/) Papyrus
par /pɑː(r)/ *Nomen* **1** (*Golf*) Par **2** (*auch* **par value**) Nennwert (*einer Aktie*) IDM **below/under par 1** nicht auf der Höhe **2** unter (dem zu erwartenden) Niveau ◇ *Teaching in some subjects has been well below par.* Die Unterrichtsqualität in manchen Fächern lag weit unter dem Erwartungshorizont. **be par for the course** (*abwert*) zu erwarten sein; üblich sein **be on a par with sb/sth** mit jdm/etw vergleichbar sein **put sb/sth on a par with sb/sth** jdn/etw mit jdm/etw auf eine Stufe stellen **up to par** auf der Höhe ◇ *I didn't like her performance was up to par.* Meiner Meinung nach war ihre Leistung nicht so gut wie sonst.
par. (*auch* **para.**) *Abk* = PARAGRAPH
para /'pærə/ (*umgs*) = PARATROOPER
par·able /'pærəbl/ *Nomen* Gleichnis
para·bola /pəˈræbələ/ *Nomen* (MATH) Parabel
para·bol·ic /ˌpærəˈbɒlɪk; *AmE* -ˈbɑːlɪk/ *Adj* parabelförmig, Parabol-
para·chute¹ /'pærəʃuːt/ *Nomen* Fallschirm
para·chute² /'pærəʃuːt/ *Verb* **1** mit dem Fallschirm abspringen **2** mit dem Fallschirm absetzen/abwerfen
para·chut·ist /'pærəʃuːtɪst/ *Nomen* Fallschirmspringer(in)
par·ade¹ /pəˈreɪd/ *Nomen* **1** Umzug, Prozession **2** Parade ◇ *soldiers on parade* Soldaten bei der Parade ◇ (*fig*) *The latest software will be on parade.* Es wird die neueste Software vorgeführt. **3** Reihe **4** [meist Sing] Zurschaustellung **5** (*bes BrE*) Promenade ◇ *a shopping parade* eine Ladenzeile
par·ade² /pəˈreɪd/ *Verb* **1** marschieren, ziehen **2** promenieren **3** zur Schau stellen ◇ *parade your achievements* sich mit seinen Leistungen brüsten **4** aufmarschieren (lassen) **5 ~ as sth** sich als etw ausgeben; **~ sb/sth as sth** jdn/etw als etw ausgeben ◇ *myth parading as fact* als Tatsache hingestelltes Gerücht
pa'rade ground *Nomen* Exerzierplatz, Paradeplatz
para·digm /'pærədaɪm/ *Nomen* (*gehoben oder Fachspr*) Paradigma, Musterbeispiel
para·dig·mat·ic /ˌpærədɪgˈmætɪk/ *Adj* paradigmatisch
para·dise /'pærədaɪs/ *Nomen* Paradies; ◇ (*fig*) *It's his idea of paradise.* Das ist für ihn der Himmel auf Erden.
para·dox /'pærədɒks; *AmE* -dɑːks/ *Nomen* **1** Paradox ◇ *He was a paradox.* Er steckte voller Widersprüche. **2** (LIT)

parasol

Paradoxon ◇ *a work full of paradox* ein Werk voller Widersprüchlichkeit
para·dox·ical /ˌpærəˈdɒksɪkl; *AmE* -ˈdɑːks-/ *Adj* paradox
para·dox·ic·al·ly /ˌpærəˈdɒksɪkli/ *Adv* paradoxerweise
par·af·fin /'pærəfɪn/ *Nomen* **1** (*bes BrE* **paraffin oil**) Petroleum ◇ *a paraffin heater* ein Kerosinofen **2** (*AmE*) (*BrE* **paraffin wax**) Paraffin
para·glid·ing /'pærəglaɪdɪŋ/ *Nomen* Gleitschirmfliegen
para·gon /'pærəgən; *AmE* -gɑːn/ *Nomen* Muster, Inbegriff
para·graph /'pærəgrɑːf; *AmE* -græf/ *Nomen* (*Abk* **par., para.**) **1** Absatz **2** Paragraph
para·keet /'pærəkiːt/ *Nomen* Sittich
para·legal /ˌpærəˈliːgl/ *Nomen* (*AmE*) Anwaltsgehilfe/-gehilfin
par·al·lel¹ /'pærəlel/ *Adj, Adv* **1 ~ (to/with sth)** parallel (zu etw) **2** Parallel-, parallel verlaufend, vergleichbar
par·al·lel² /'pærəlel/ *Nomen* **1** Parallele **2** (*auch* **parallel of latitude**) Breitengrad ◇ *the 49th parallel* der 49. Breitengrad IDM **in parallel (with sth/sb)** parallel (zu etw/jdm)
par·al·lel³ /'pærəlel/ *Verb* (**-l-**) (*gehoben*) **1 ~ sth** mit etw vergleichbar sein, mit etw einhergehen **2 ~ sth** einer Sache gleichkommen
parallel bars *Nomen* [Pl] Barren
par·al·lel·ism /'pærəlelɪzəm/ *Nomen* (*gehoben*) Parallelität
par·al·lelo·gram /ˌpærəˈleləgræm/ *Nomen* Parallelogramm
para·lyse (*AmE* **para·lyze**) /'pærəlaɪz/ *Verb* (*meist passiv*) **1** lähmen ◇ *paralysed from the waist down* querschnittsgelähmt **2** lahm legen
par·aly·sis /pəˈræləsɪs/ *Nomen* (*Pl* **par·aly·ses** /-siːz/) **1** Lähmung **2** Lahmlegung
para·lyt·ic /ˌpærəˈlɪtɪk/ *Adj* **1** nicht vor Nomen (*BrE*, *umgs*) stockbetrunken **2** (*gehoben*) gelähmt, zur Lähmung führend ◇ *paralytic fear* lähmende Angst
para·med·ic /ˌpærəˈmedɪk/ *Nomen* Rettungssanitäter(in)
para·med·ic·al /ˌpærəˈmedɪkl/ *Adj* ◇ *paramedical staff* medizinisches Hilfspersonal
par·am·eter /pəˈræmɪtə(r)/ *Nomen* [meist Pl] Parameter ◇ *set the parameters* den Rahmen setzen
para·mili·tary /ˌpærəˈmɪlətri; *AmE* ˌpærəˈmɪləteri/ **1** *Adj* paramilitärisch **2** *Nomen* (*Pl* **-ies**) [meist Pl] Paramilitär
para·mount /'pærəmaʊnt/ *Adj* **1** Haupt-, höchste(r) ◇ *Safety is paramount.* Sicherheit hat absoluten Vorrang. **2** (*gehoben*) oberste(r)
para·noia /ˌpærəˈnɔɪə/ *Nomen* **1** (MED) Paranoia **2** (*umgs*) Verfolgungswahn
para·noid /'pærənɔɪd/ (*seltener* **para·noiac** /ˌpærəˈnɔɪk, -ˈnɔɪæk/) **1** *Adj* krankhaft misstrauisch ◇ *She's getting paranoid about what other people say about her.* Ihre Angst davor, was andere Leute über sie sagen, wird zur Manie. **2** *Adj* paranoid **3** *Nomen* Paranoiker(in)
para·nor·mal /ˌpærəˈnɔːml; *AmE* -ˈnɔːrml/ **1** *Adj* übersinnlich SYN SUPERNATURAL **2 the paranormal** *Nomen* [Sing] das Übersinnliche SYN THE SUPERNATURAL
para·pet /'pærəpɪt, -pet/ *Nomen* Brüstung, Brustwehr ◇ (*fig*) *He was not prepared to put his head above the parapet.* Er wollte sich nicht in die Schusslinie begeben.
para·pher·na·lia /ˌpærəfəˈneɪliə; *AmE* auch -fərˈn-/ *Nomen* [U] **1** Ausrüstung, Zubehör **2** (*fig*) Instrumentarium
para·phrase¹ /'pærəfreɪz/ *Verb* anders ausdrücken, umschreiben
para·phrase² /'pærəfreɪz/ *Nomen* Umschreibung
para·ple·gia /ˌpærəˈpliːdʒə/ *Nomen* Querschnittslähmung
para·ple·gic /ˌpærəˈpliːdʒɪk/ **1** *Nomen* Querschnittsgelähmte(r) **2** *Adj* querschnittsgelähmt
para·site /'pærəsaɪt/ *Nomen* Parasit; (*fig*) Schmarotzer ◇ *parasites on society* Schmarotzer der Gesellschaft
para·sit·ic /ˌpærəˈsɪtɪk/ (*seltener*) (*auch* **para·sit·ical** /ˌpærəˈsɪtɪkl/) *Adj* (*Adv* **para·sit·ic·al·ly** /-kli/) **1** parasitär **2** Schmarotzer- **3** schmarotzerhaft
para·sol /'pærəsɒl; *AmE* -sɔːl, -sɑːl/ *Nomen* **1** Parasol **2** Sonnenschirm

para·troop /ˈpærətruːp/ *Adj nur vor Nomen* Fallschirmjäger

para·troop·er /ˈpærətruːpə(r)/ (*umgs* **para**) *Nomen* Fallschirmjäger

para·troops /ˈpærətruːps/ *Nomen* [Pl] Fallschirmjäger

par·boil /ˈpɑːbɔɪl/ *AmE* ˈpɑːrb-/ *Verb* halbgar kochen

par·cel[1] /ˈpɑːsl/ *AmE* ˈpɑːrsl/ *Nomen* **1** (*bes BrE*) Paket **2** Stück Land IDM ⇨ PART[1]

par·cel[2] /ˈpɑːsl/ *AmE* ˈpɑːrsl/ *Verb* (*bes BrE*) (**-ll-**, *AmE* **-l-**) ~ **sth** (**up**) etw zu einem Paket verpacken PHRV **ˌparcel ˈsth ˈout** etw aufteilen, etw verteilen

parch /pɑːtʃ/ *AmE* pɑːrtʃ/ *Verb* austrocknen, ausdörren

parched /pɑːtʃt/ *AmE* pɑːrtʃt/ *Adj* **1** ausgedörrt, ausgetrocknet **2** (*umgs*) sehr durstig

Par·cheesi /pɑːˈtʃiːzi/ *AmE* pɑːrˈtʃ-/ *Nomen* (*AmE*) (*Spiel*) Mensch ärgere dich nicht

parch·ment /ˈpɑːtʃmənt/ *AmE* ˈpɑːrtʃ-/ *Nomen* **1** Pergament ◊ *parchment scrolls* Schriftrollen **2** Pergamentpapier ◊ *baking parchment* Backpapier

par·don[1] /ˈpɑːdn/ *AmE* ˈpɑːrdn/ *Ausruf* **1** wie bitte **2** Entschuldigung

par·don[2] /ˈpɑːdn/ *AmE* ˈpɑːrdn/ *Nomen* **1** Begnadigung ◊ *grant sb a pardon* jdn begnadigen **2** (*gehoben*) ~ (**for sth**) Verzeihung (für etw), Vergebung (für/von etw) ◊ *ask sb's pardon* jdn um Verzeihung bitten IDM ⇨ BEG

par·don[3] /ˈpɑːdn/ *AmE* ˈpɑːrdn/ *Verb* (*selten in der Verlaufsform*) **1** begnadigen **2** ◊ *Pardon me for interrupting you.* Entschuldigen Sie, wenn ich Sie unterbreche. ◊ *Pardon my asking, but ...?* Entschuldigen Sie die Frage, aber ...? ◊ (*BrE*) *You could be pardoned for thinking that ...* Man könnte wirklich meinen, dass ... SYN EXCUSE IDM **ˌpardon ˈme** (*umgs*) **1** (*bes AmE*) wie bitte **2** Entschuldigung

par·don·able /ˈpɑːdnəbl/ *AmE* ˈpɑːrdn-/ *Adj* (*Adv* **par·don·ably** /-əbli/) (*gehoben*) verständlich ◊ *a pardonable error* ein verzeihlicher Fehler

pare /peə(r)/ *AmE* per/ *Verb* **1** ~ **sth** (**off/away**) etw entfernen ◊ *She pared the apple.* Sie schälte den Apfel. **2** ~ **sth** (**back/down**) etw kürzen ◊ *be pared to the bone* auf ein Minimum reduziert werden

par·ent /ˈpeərənt/ *AmE* ˈper-/ *Nomen* **1** [meist Pl] Elternteil ◊ *his parents* seine Eltern ◊ *a good parent* ein guter Vater/eine gute Mutter **2** Elterntier, Mutterpflanze

par·ent·age /ˈpeərəntɪdʒ/ *AmE* ˈper-/ *Nomen* Herkunft

par·en·tal /pəˈrentl/ *Adj* elterlich ◊ *the parental home* das Elternhaus

ˌparent ˈcompany *Nomen* Muttergesellschaft

par·en·thesis /pəˈrenθəsɪs/ *Nomen* (*Pl* **par·en·theses** /-əsiːz/) **1** Parenthese, Einschub ◊ *say sth in parenthesis* etw einflechten **2** [meist Pl] (*BrE, gehoben oder AmE*) (runde) Klammer

par·en·thet·ic /ˌpærənˈθetɪk/ *Adj* (*auch* **par·en·thet·ical** /-ɪkl/) (*Adv* **par·en·thet·ical·ly** /-kli/) (*gehoben*) parenthetisch ◊ *a parenthetical remark* eine Bemerkung am Rande

par·ent·hood /ˈpeərənthʊd/ *AmE* ˈper-/ *Nomen* Elternschaft ◊ *the experience of parenthood* das Erlebnis, Vater/Mutter zu sein ◊ *the strains of lone parenthood* die Belastungen, denen allein Erziehende ausgesetzt sind

par·ent·ing /ˈpeərəntɪŋ/ *AmE* ˈper-/ *Nomen* elterliche Fürsorge

ˌparent-ˈteacher association = PTA

par excellence /ˌpɑːr ˈeksəlɑːns; *AmE* ˌeksəˈlɑːns/ *Adj nicht vor Nomen, Adv* par excellence, schlechthin

par·iah /pəˈraɪə/ *Nomen* Paria, Ausgestoßene(r)

par·ish /ˈpærɪʃ/ *Nomen* **1** Kirchengemeinde ☞ G 1.3a **2** Gemeinde ☞ G 1.3b ☞ *Hinweis bei* KREIS

pa·rish·ion·er /pəˈrɪʃənə(r)/ *Nomen* Gemeinde(mit)glied

ˌparish-ˈpump *Adj* (*BrE, abwert*) ◊ *parish-pump politics* Kirchturmpolitik

ˌparish ˈregister *Nomen* Kirchenbuch

par·ity /ˈpærəti/ *Nomen* (*Pl* **-ies**) **1** (*gehoben*) Gleichheit ◊ *pay parity* Lohngleichheit **2** (FINANZ) Parität

park[1] /pɑːk; *AmE* pɑːrk/ *Nomen* **1** Park **2** (*in Zusammensetzungen*) -gebiet, -park ◊ *a business park* ein Gewerbegebiet ☞ *Siehe auch* AMUSEMENT PARK, BALLPARK, CAR PARK *und* THEME PARK **3** (*AmE*) Sportplatz **4** **the park** [Sing] (*BrE*) das Spielfeld

park[2] /pɑːk; *AmE* pɑːrk/ *Verb* **1** parken **2** ~ **yourself** (*umgs*) sich (hin)hocken, sich (hin)stellen

parka /ˈpɑːkə; *AmE* ˈpɑːrkə/ *Nomen* Parka

ˌpark and ˈride *Nomen* Park-and-ride-System

park·ing /ˈpɑːkɪŋ; *AmE* ˈpɑːrk-/ *Nomen* Parken ◊ *a parking space* ein Parkplatz ◊ *a parking fine* eine Geldbuße für falsches Parken ◊ *The hotel has ample free parking.* Das Hotel bietet reichlich gebührenfreie Parkplätze.

ˈparking brake *Nomen* (*AmE*) Handbremse

ˈparking garage *Nomen* (*AmE*) Parkhaus

ˈparking lot *Nomen* (*AmE*) Parkplatz

ˈparking meter (*auch* **meter**) *Nomen* Parkuhr

ˈparking ticket (*auch* **ticket**) *Nomen* Strafzettel (für falsches Parken)

ˈPar·kin·son's dis·ease /ˈpɑːkɪnsnz dɪziːz; *AmE* ˈpɑːrk-/ (*auch* **Par·kin·son·ism** /ˈpɑːkɪnsənɪzəm; *AmE* ˈpɑːrk-/) *Nomen* die Parkinsonsche Krankheit

ˈParkinson's law *Nomen* (*hum*) Parkinsons Gesetz: die Theorie, dass eine Arbeit sich ausdehnt, sodass sie immer die ganze verfügbare Zeit in Anspruch nimmt

park·land /ˈpɑːklænd; *AmE* ˈpɑːrk-/ *Nomen* Parklandschaft, Grünland

park·way /ˈpɑːkweɪ; *AmE* ˈpɑːrk-/ *Nomen* (*AmE*) Allee

par·lance /ˈpɑːləns; *AmE* ˈpɑːrl-/ *Nomen* (*gehoben*) Sprache, Sprachgebrauch ◊ *in common parlance* im allgemeinen Sprachgebrauch ◊ *in legal parlance* in der Rechtssprache

par·lay /ˈpɑːleɪ; *AmE* ˈpɑːrleɪ/ *Verb* (*AmE*) **parlay sth into sth** (*AmE*) etw (als Sprungbrett) für etw nutzen

par·ley[1] /ˈpɑːli; *AmE* ˈpɑːrli/ *Verb* (*veraltet*) ~ (**with sb**) (mit jdm) verhandeln

par·ley[2] /ˈpɑːli; *AmE* ˈpɑːrli/ *Nomen* (*veraltet*) Verhandlungen

par·lia·ment /ˈpɑːləmənt; *AmE* ˈpɑːrl-/ *Nomen* **1** Parlament ☞ G 1.3a ☞ Wenn das Wort großgeschrieben wird, bezieht es sich meist auf das britische Unterhaus. ☞ G 1.3c **2** Legislaturperiode

par·lia·men·tar·ian /ˌpɑːləmənˈteəriən; *AmE* ˌpɑːrləmənˈter-/ *Nomen* Parlamentarier(in)

par·lia·men·tary /ˌpɑːləˈmentri; *AmE* ˌpɑːrl-/ *Adj* parlamentarisch ◊ *parliamentary elections* Parlamentswahlen

par·lour (*AmE* **par·lor**) /ˈpɑːlə(r); *AmE* ˈpɑːrl-/ *Nomen* **1** (*veraltet*) Wohnzimmer, Salon **2** (*in Zusammensetzungen*) (*bes AmE*) ◊ *a beauty parlour* ein Schönheitssalon ◊ *an ice-cream parlour* eine Eisdiele ☞ *Siehe auch* FUNERAL PARLOUR *und* MASSAGE PARLOUR

ˈparlour game (*AmE* **ˈparlor game**) *Nomen* Gesellschaftsspiel

par·lous /ˈpɑːləs; *AmE* ˈpɑːrləs/ *Adj* (*gehoben*) prekär

Par·mesan /ˈpɑːmɪzæn, ˌpɑːmɪˈzæn; *AmE* ˈpɑːrməzɑːn, -zæn/ *Nomen* Parmesan

pa·ro·chial /pəˈrəʊkiəl; *AmE* -ˈroʊ-/ *Adj* **1** (*gehoben*) Gemeinde- ◊ *parochial schools* Konfessionsschulen ◊ *the parochial church council* der Gemeindekirchenrat **2** (*abwert*) beschränkt, engstirnig

pa·ro·chial·ism /pəˈrəʊkiəlɪzəm; *AmE* -ˈroʊ-/ *Nomen* Beschränktheit, Engstirnigkeit

par·od·ist /ˈpærədɪst/ *Nomen* Parodist(in)

par·ody[1] /ˈpærədi/ *Nomen* (*Pl* **-ies**) **1** Parodie ◊ *a parody of a horror film* eine Parodie auf einen Horrorfilm **2** (*abwert*) Zerrbild, Verzerrung ◊ *The trial was a parody of justice.* Der Prozess sprach allem Recht Hohn.

par·ody[2] /ˈpærədi/ *Verb* (**par·o·dies**, **par·o·dy·ing**, **par·o·died**, **par·o·died**) parodieren

par·ole[1] /pəˈrəʊl; *AmE* pəˈroʊl/ *Nomen* bedingter Straferlass ◊ *He was released on parole.* Er wurde auf Bewährung entlassen. ◊ *She was let out on parole for her mother's funeral.* Für die Beerdigung ihrer Mutter bekam sie Kurzurlaub vom Gefängnis.

par·ole[2] /pəˈrəʊl; *AmE* pəˈroʊl/ *Verb* (*meist passiv*) auf Bewährung entlassen

par·ox·ysm /ˈpærəksɪzəm/ *Nomen* (*gehoben*) Anfall, Krampf ◊ *paroxysms of hate* Hassausbrüche

par·quet /ˈpɑːkeɪ; *AmE* pɑːrˈkeɪ/ *Nomen* Parkett ◊ *parquet flooring* Parkett

parri·cide /ˈpærɪsaɪd/ *Nomen* (*gehoben*) **1** Vater-/Muttermord, Verwandtenmord **2** Vater-/Muttermörder(in), Verwandtenmörder(in)

par·rot¹ /ˈpærət/ *Nomen* Papagei IDM ⇨ SICK¹

par·rot² /ˈpærət/ *Verb* (*abwert*) nachplappern

ˈparrot-fashion *Adv* (*BrE, abwert*) papageienhaft; (*lernen*) mechanisch

parry¹ /ˈpæri/ *Verb* (**par·ries, parry·ing, par·ried, par·ried**) abwehren, parieren (*auch fig*)

parry² /ˈpæri/ *Nomen* (*Pl* **-ies**) Abwehr; (*beim Fechten*) Parade

Par·see (*auch* **Parsi**) /ˌpɑːˈsiː/ *Nomen* Parse

par·si·mo·ni·ous /ˌpɑːsɪˈməʊniəs; *AmE* ˌpɑːrsəˈmoʊ-/ *Adj* (*Adv* **par·si·mo·ni·ous·ly**) (*gehoben*) geizig SYN MEAN

par·si·mony /ˈpɑːsɪməni; *AmE* ˈpɑːrsəmoʊni/ *Nomen* (*gehoben*) Geiz

pars·ley /ˈpɑːsli; *AmE* ˈpɑːrsli/ *Nomen* Petersilie

pars·nip /ˈpɑːsnɪp; *AmE* ˈpɑːrs-/ *Nomen* Pastinake

par·son /ˈpɑːsn; *AmE* ˈpɑːrsn/ *Nomen* (*veraltet*) Pfarrer

par·son·age /ˈpɑːsənɪdʒ; *AmE* ˈpɑːrs-/ *Nomen* Pfarrhaus

ˌparson's ˈnose *Nomen* Bürzel

part¹ /pɑːt; *AmE* pɑːrt/ *Nomen* **1** Teil ◊ *Part of me feels sorry for him.* Irgendwie tut er mir Leid. ◊ *The novel is good in parts.* Teilweise ist der Roman gut. ◊ *The worst part was having to wait three hours.* Das Schlimmste war, dass wir drei Stunden warten mussten. ◊ *You need to be able to work as part of a team.* Sie müssen in einem Team mitarbeiten können. **2** (Einzel)teil, (Maschinen)teil, (Bau)teil ◊ *spare parts* Ersatzteile **3** (Körper)teil ☛ *Siehe auch* PRIVATE PARTS **4** Gegend, Teil ◊ *Come and visit us if you're ever in our part of the world.* Besuchen Sie uns, wenn Sie mal in unserer Gegend sind. **5 parts** [*Pl*] (*veraltet*) Gegend ◊ *He's just arrived back from foreign parts.* Er ist gerade aus dem Ausland zurückgekehrt. **6** (*Abk* **pt**) (*einer Serie*) Folge; (*bei Veröffentlichungen*) Lieferung **7** (*Theater, Film etc.*) Rolle; (*fig*) *He's always playing a part.* Er spielt den Leuten immer etwas vor. **8** (MUS) Stimme, Part ◊ *four-part harmony* vierstimmige Harmonie **9** (Bruch)teil ◊ *Add three parts wine to one part water.* Fügen Sie zu einer Menge Wasser die dreifache Menge Wein hinzu. ◊ *fluoride levels of 0.2 parts per million* ein Fluoridgehalt von 0,2 Promille **10** (*AmE*) Scheitel IDM **be ˌpart of the ˈfurniture** zum Inventar gehören **the best/better part of sth** mehr als die Hälfte einer Sache ◊ *the best part of an hour* fast eine Stunde **dress the ˈpart** sich entsprechend kleiden **for the ˈmost part, for ˈmy, ˈhis, ˈtheir, etc. part** ich für mein(en) Teil, er für sein(en) Teil, sie für ihr(en) Teil, etc.; was mich/ihn/sie etc. betrifft **have a part to ˈplay (in sth)** (zu etw) beitragen können; einen Beitrag (zu etw) leisten können **have/play a ˈpart (in sth)** (bei etw) eine Rolle spielen ◊ *She plays an active part in local politics.* Sie ist in der Kommunalpolitik aktiv. **have/play/take no ˈpart in sth** mit etw nichts zu tun haben; an etw nicht beteiligt sein **in ˈpart** teilweise; zum Teil **look the ˈpart** genau richtig (für eine Rolle) aussehen **a man/woman of (many) ˈparts** ein vielseitiger Mann/eine vielseitige Frau **on the part of sb/on sb's ˈpart** seitens einer Person ◊ *It was an error on my part.* Es war ein Versehen meinerseits. **part and parcel of sth** ein wesentlicher Bestandteil von etw **take sth in good ˈpart** (*BrE*) etw nicht übel nehmen **take ˈpart (in sth)** (an etw) teilnehmen **take sb's ˈpart** (*BrE*) jds/für jdn Partei ergreifen; sich auf jds Seite stellen ☛ *Siehe auch* LARGE *und* SUM¹

part² /pɑːt; *AmE* pɑːrt/ *Verb* **1** ~ (**from sb**) (*gehoben*) sich (von jdm) trennen ◊ *his parting words* seine Abschiedsworte **2** ~ **sb (from sb)** (*gehoben*) jdn (von jdm) trennen **3** (sich) teilen, (sich) öffnen ◊ *The crowd parted in front of them.* Die Menge teilte sich vor ihnen. ◊ *She parted the curtains a little.* Sie schob die Vorhänge einen Spaltbreit auseinander. **4** scheiteln ◊ *He parts his hair in the middle.* Er trägt einen Mittelscheitel. IDM **part ˈcompany (with/from sb) 1** sich (von jdm) trennen **2** (mit jdm) nicht übereinstimmen PHRV **ˈpart with sth** sich von etw trennen ◊ *Make sure you read the contract before parting with any money.* Lies bloß den Vertrag, ehe du irgendwas bezahlst.

part³ /pɑːt; *AmE* pɑːrt/ *Adv* teils, zum Teil, halb ◊ *He is part owner of a restaurant.* Er ist Mitbesitzer eines Restaurants.

par·take /pɑːˈteɪk; *AmE* pɑːrˈt-/ *Verb* (**-took** /-ˈtʊk/, **-taken** /-ˈteɪkən/) (*gehoben*) **1** ~ (**of sth**) (*veraltet oder hum*) etw zu sich nehmen **2** ~ (**in sth**) (*veraltet*) (an etw) teilnehmen

ˌpart exˈchange *Nomen* (*BrE*) Inzahlungnahme

par·tial /ˈpɑːʃl; *AmE* ˈpɑːrʃl/ *Adj* **1** teilweise, Teil-, partiell **2** *nicht vor Nomen* **be ~ to sb/sth** eine Schwäche für jdn/etw haben; **not be ~ to sb/sth** sich nichts aus jdm/etw machen **3** ~ (**towards sb/sth**) (*abwert*) voreingenommen (gegenüber jdm/etw) ◊ *The referee was accused of being partial.* Dem Schiedsrichter wurde vorgeworfen parteiisch zu sein. OPP IMPARTIAL

par·ti·al·ity /ˌpɑːʃiˈæləti; *AmE* ˌpɑːrʃ-/ *Nomen* **1** (*abwert*) Voreingenommenheit OPP IMPARTIALITY **2** ~ **for sb/sth** Schwäche für jdn/etw

par·tial·ly /ˈpɑːʃəli; *AmE* ˈpɑːrʃ-/ *Adv* teilweise, zum Teil ◊ *partially sighted* sehbehindert

par·tici·pant /pɑːˈtɪsɪpənt; *AmE* pɑːrˈt-/ *Nomen* ~ (**in sth**) Teilnehmer(in) (an etw)

par·tici·pate /pɑːˈtɪsɪpeɪt; *AmE* pɑːrˈt-/ *Verb* (*gehoben*) ~ (**in sth**) (an etw) teilnehmen, sich (an etw) beteiligen

par·tici·pa·tion /pɑːˌtɪsɪˈpeɪʃn; *AmE* pɑːrˌt-/ *Nomen* ~ (**in sth**) Teilnahme (an etw), Beteiligung (an etw)

par·ti·ci·pial /ˌpɑːtɪˈsɪpiəl; *AmE* ˌpɑːrt-/ *Adj* (LING) Partizipial-, partizipial

par·ti·ciple /ˈpɑːtɪsɪpl; *AmE* ˈpɑːrt-/ *Nomen* (LING) Partizip, Mittelwort

par·ticle /ˈpɑːtɪkl; *AmE* ˈpɑːrt-/ *Nomen* **1** Teilchen, Körnchen **2** (LING) Partikel

par·ticu·lar¹ /pəˈtɪkjələ(r); *AmE* pərˈt-/ *Adj* **1** *nur vor Nomen* bestimmt, speziell **2** *nur vor Nomen* besondere(r,s) ◊ *We must pay particular attention to this.* Dies müssen wir besonders beachten. **3** ~ (**about/over sth**) wählerisch (in Bezug auf etw) ◊ *She's very particular about her clothes.* Sie nimmt es sehr genau mit ihrer Kleidung. SYN FUSSY IDM **anything/nothing in parˈticular** etwas/nichts Besonderes **anyone/no one in parˈticular** jemand/niemand Bestimmter **in parˈticular** vor allem; ganz besonders ◊ *Is there anything in particular you'd like for dinner?* Hast du einen besonderen Wunsch fürs Abendessen?

par·ticu·lar² /pəˈtɪkjələ(r); *AmE* pərˈt-/ *Nomen* [*meist Pl*] (*gehoben*) Einzelheit ◊ *The nurse asked me for my particulars.* Die Krankenschwester fragte mich nach meinen Personalien.

par·ticu·lar·ity /pəˌtɪkjuˈlærəti; *AmE* pərˈt-/ *Nomen* (*gehoben*) **1** Besonderheit **2** Genauigkeit **3 particularities** [*Pl*] Einzelheiten

par·ticu·lar·ly /pəˈtɪkjələli; *AmE* pərˈtɪkjələrli/ *Adv* besonders, vor allem, insbesondere

part·ing¹ /ˈpɑːtɪŋ; *AmE* ˈpɑːrt-/ *Nomen* **1** Abschied **2** (*BrE*) Scheitel IDM **a/the ˌparting of the ˈways** eine/die Trennung

part·ing² /ˈpɑːtɪŋ; *AmE* ˈpɑːrt-/ *Adj nur vor Nomen* Abschieds- ◊ *a parting kiss* ein Abschiedskuss IDM **ˌparting ˈshot** (boshafte) Abschiedsbemerkung

par·ti·san¹ /ˌpɑːtɪˈzæn, ˈpɑːtɪzæn; *AmE* ˈpɑːrtəzn/ *Adj* (*oft abwert*) parteiisch ◊ *Most newspapers are politically partisan.* Die meisten Zeitungen sind politisch nicht neutral.

par·ti·san² /ˌpɑːtɪˈzæn, ˈpɑːtɪzæn; *AmE* ˈpɑːrtəzn/ *Nomen* **1** Anhänger(in) **2** Partisane, Partisanin

par·ti·san·ship /ˌpɑːtɪˈzænʃɪp, ˈpɑːtɪzæn-; *AmE* ˈpɑːrtəzn-/ *Nomen* Parteilichkeit

par·ti·tion¹ /pɑːˈtɪʃn; *AmE* pɑːrˈt-/ *Nomen* **1** Trennwand **2** [U] (*eines Landes*) Teilung

par·ti·tion² /pɑːˈtɪʃn; *AmE* pɑːrˈt-/ *Verb* (*meist passiv*) (*Land, Zimmer, etc.*) teilen PHRV **partition sth off** etw abteilen

part·ly /ˈpɑːtli; *AmE* ˈpɑːrt-/ *Adv* zum Teil, teilweise ◊ *I feel partly responsible.* Ich fühle mich mitverantwortlich.

part·ner¹ /ˈpɑːtnə(r); *AmE* ˈpɑːrt-/ *Nomen* **1** Partner(in) **2** (WIRTSCH) Gesellschafter(in), Teilhaber(in) **3** Partner(land), Partner(organisation) ◊ *trading partners* Handelspartner ☛ *Siehe auch* SLEEPING PARTNER *und* SPARRING PARTNER

part·ner² /ˈpɑːtnə(r); *AmE* ˈpɑːrt-/ *Verb* Partner(in) sein

part·ner·ship /ˈpɑːtnəʃɪp; *AmE* ˈpɑːrtnərʃɪp/ *Nomen* **1** Partnerschaft, Zusammenarbeit **2** (Personen)gesellschaft

ˌpart of ˈspeech *Nomen* (LING) Wortart

par·took *Form von* PARTAKE

par·tridge /'pɑːtrɪdʒ; *AmE* 'pɑːrt-/ *Nomen* (*Pl* **par·tridges** *oder* **par·tridge**) Rebhuhn ☞ G 1.2

ˌpart-ˈtime¹ *Adj* (*Abk* **PT, P/T**) Teilzeit-

ˌpart-ˈtime² *Adv* (*Abk* **PT, P/T**) halbtags

ˌpart-ˈtimer *Nomen* Teilzeitkraft

ˈpart-work *Nomen* (*BrE*) = Nachschlagewerk in einzelnen Heften

party¹ /'pɑːti; *AmE* 'pɑːrti/ *Nomen* (*Pl* **-ies**) **1** (*auch* **Party**) Partei ◊ *the ruling party* die Regierungspartei ☞ G 1.3b **2** Party ☞ *Siehe auch* DINNER PARTY, HEN PARTY *und* STAG PARTY **3** Gruppe ◊ *a party of forty children* eine Gruppe von vierzig Kindern ☞ G 1.3b ☞ *Siehe auch* SEARCH PARTY *und* WORKING PARTY **4** (*gehoben*) (Vertrags)partei ◊ *the guilty party* der/die Schuldige ☞ *Siehe auch* INJURED PARTY *und* THIRD PARTY [IDM] **be (a) party to sth** (*gehoben*) an etw beteiligt sein; sich an etw beteiligen

party² /'pɑːti; *AmE* 'pɑːrti/ *Verb* (**par·ties, party·ing, par·tied, par·tied**) (*umgs*) feiern

ˌparty ˈfavor (*auch* **favor**) *Nomen* (*AmE*) ≈ kleines Partygeschenk

ˈparty-goer *Nomen* **1** Partygast **2** ◊ *She's always been an enthusiastic party-goer.* Sie ist immer gern zu Partys gegangen.

ˌparty ˈline *Nomen* Parteilinie

ˈparty piece *Nomen* (*BrE, umgs*) = Lied oder Sonstiges von Unterhaltungswert, das man auf Partys zum Besten gibt

ˌparty poˈlitical *Adj nur vor Nomen* (*bes BrE*) parteipolitisch

ˌparty ˈpolitics *Nomen* Parteipolitik ☞ G 1.3c

party-pooper /'pɑːti puːpə(r); *AmE* 'pɑːrti puːpər/ *Nomen* (*umgs*) Partymuffel

ˌparty ˈwall *Nomen* Mauer zum Nachbargrundstück/ -gebäude

pass¹ /pɑːs; *AmE* pæs/ *Verb*
• Bewegung **1** ∼ (**sb/sth**) (an jdm/etw) vorbeigehen/-fahren/-fliegen ◊ *I hailed a passing taxi.* Ich winkte einem vorbeifahrenden Taxi. ◊ *Let me pass!* Lass mich vorbei! **2** (*Sperre etc.*) passieren **3** (*mit Präpositionen oder Adverbien*) gehen, fahren, kommen; (*Wasser*) fließen; (*Gas*) strömen ◊ *The procession passed slowly along the street.* Die Prozession zog langsam die Straße entlang. ◊ *A plane passed low overhead.* Ein Flugzeug flog tief über uns hinweg. ◊ *We passed through Iowa on our way to Ohio.* Auf unserem Weg nach Ohio kamen wir durch Iowa. **4** vorübergehen, aufhören; (*Sturm*) sich legen; (*Gewitter*) vorüberziehen **5** (*fig*) überschreiten, übersteigen ◊ *It passes belief.* Es ist kaum zu fassen. ◊ *It passes my comprehension.* Das geht über meinen Verstand.
• geben **6** ∼ **sth** (**to sb**); ∼ **sb sth** jdm etw reichen, jdm etw geben ◊ *Pass that book over.* Reich mir das Buch dort. ◊ *They passed the photo around.* Man ließ das Foto herumgehen. **7** ∼ (**sth**) (**to sb**) (SPORT) (etw) (jdm) zuspielen, (etw) (an jdn) abgeben, (etw) (zu jdm) passen **8** ∼ **to sb** auf jdn übergehen ◊ *On his death, the title passed to his son.* Nach seinem Tod ging der Titel auf seinen Sohn über. **9** ∼ **sth through, round, etc. sth** etw durch, um etc. etw führen ◊ *He passed the rope around the post.* Er wickelte das Seil um den Pfosten.
• Zeit **10** vergehen ◊ *We grew more anxious with each passing day.* Mit jedem Tag wuchs unsere Besorgnis. **11** vertreiben, überbrücken ◊ *We sang songs to pass the time.* Wir sangen Lieder um uns die Zeit zu vertreiben.
• Prüfung **12** bestehen [OPP] FAIL **13** ∼ **sb** jdn bestehen lassen [OPP] FAIL
• **14** (*Gesetz*) verabschieden; (*Antrag etc.*) genehmigen ☞ *Hinweis bei* SECONDER **15** durchgehen lassen, hingenommen werden ◊ *I couldn't let that pass without comment.* Ich konnte das nicht kommentarlos durchgehen lassen.
• geschehen **16** vorfallen, passieren ◊ *His departure passed unnoticed.* Niemand bemerkte, dass er wegging. ◊ *A few remarks passed between them.* Sie wechselten ein paar Worte. **17** ∼ **from sth to/into sth** von etw in etw übergehen ◊ *She had passed from childhood to early womanhood.* Aus dem Kind war eine junge Frau geworden.
• aufgeben **18** (*in Kartenspielen*) passen **19** ∼ (**on sth**) *Thanks. I'm going to pass on dessert, if you don't mind.* Nein danke. Keine Nachspeise für mich. **20** ∼ (**on sth**) (*nicht weiterwissen*) (bei etw) passen
• andere Ausdrücke **21** (*Bemerkung*) machen; (*Urteil*) fällen; (*Strafe*) verhängen **22** (MED) ausscheiden ◊ *If you're passing blood you ought to see a doctor.* Bei Blut im Urin oder Stuhl sollten Sie zum Arzt gehen. ◊ **pass water** Wasser lassen

[IDM] ˌcome to ˈpass (*veraltet*) (*geschehen*) sich begeben **not pass your ˈlips 1** nicht über die Lippen kommen **2** ◊ *He never allowed a drop of alcohol to pass his lips.* Er hat nie im Leben auch nur einen Tropfen Alkohol getrunken. **pass the ˈhat round/around** (*umgs*) den Hut herumgehen lassen **pass ˈmuster** akzeptabel sein **pass the time of ˈday** (**with sb**) (*mit jdm*) ein paar Worte wechseln

[PHR V] ˌpass as sb/sth = PASS FOR SB/STH ˌpass aˈway (*auch* ˌpass ˈon) **1** verscheiden **2** untergehen ◊ *civilizations that have passed away* untergangene Kulturen ˌpass ˈby (sb/sth) (an jdm/etw) vorbeigehen/-fahren/-ziehen ˌpass sb/sth ˈby an jdm/etw vorübergehen ◊ *She feels that life is passing her by.* Sie hat das Gefühl, dass das Leben an ihr vorübergeht. ◊ *The whole business passed him by.* Die ganze Angelegenheit hat ihn kaum berührt. ☞ G 9.7c ˌpass sth ˈdown (*oft passiv*) etw weitergeben, etw überliefern ˈpass for/as sb/sth für jdn/etw gehalten werden ◊ *He speaks the language so well he could easily pass for a German.* Sein Deutsch ist so gut, dass man ihn leicht für einen Deutschen halten könnte. ˌpass ˈinto sth in etw eingehen ◊ *Many foreign words have passed into the English language.* Das Englische hat viele Fremdwörter übernommen. ◊ *His deeds have passed into legend.* Seine Taten sind Legende geworden. ˌpass ˈoff (*BrE*) verlaufen ˌpass sb/yourself/sth ˈoff as sb/sth jdn/sich/etw als jdn/etw ausgeben ˌpass ˈon = PASS AWAY ˌpass ˈon (to sth) zu etw übergehen ◊ *Let's pass on to the next item on the agenda.* Gehen wir zum nächsten Punkt auf der Tagesordnung über. ˌpass sth ˈon (to sb) etw (an jdn) weitergeben ◊ *Pass the book on to me when you've finished with it.* Gib mir das Buch, wenn du damit fertig bist. ˌpass ˈout ohnmächtig werden [SYN] FAINT ˌpass ˈout (of sth) (*BrE*) seine Ausbildung (an einer Militärakademie) abschließen ˌpass sb ˈover jdn übergehen ◊ *He was passed over in favour of a younger man.* Man überging ihn zugunsten eines jüngeren Mannes. ˌpass ˈover sth etw (stillschweigend) übergehen ˌpass ˈthrough durchreisen ◊ *be passing through* auf der Durchreise sein ˌpass sth ˈup (*umgs*) sich etw entgehen lassen

pass² /pɑːs; *AmE* pæs/ *Nomen* **1** (*bes BrE*) bestandene Prüfung ◊ *She got a pass in French.* Sie hat ihre Französischprüfung bestanden. ◊ *There were 21 passes and 3 fails.* 21 haben bestanden und drei sind durchgefallen. ◊ *Two A-level passes are needed for this course.* Für dieses Studium muss man „A-Level"-Abschlüsse in zwei Fächern haben. ◊ *The pass mark is 50%.* Zum Bestehen der Klausur müssen mindestens 50% der Punkte erreicht werden. ◊ *The school has a 90% pass rate.* An dieser Schule bestehen 90% der Schüler ihre Abschlussprüfungen. **2** Ausweis ◊ *a monthly bus pass* eine Monatskarte für den Bus ◊ *a security pass* ein Passierschein **3** (SPORT) Pass, Vorlage **4** (*Gebirgs-*) Pass **5** ◊ *The helicopter made several passes over the village.* Der Hubschrauber flog mehrere Male über das Dorf. **6** Arbeitsschritt [IDM] **come to such a ˈpass; come to a pretty pass** (*veraltet oder hum*) ◊ *Things have come to a pretty pass when we can't afford to pay the heating bills!* So weit ist es also gekommen, dass wir nicht einmal die Heizrechnung bezahlen können! **make a pass at sb** (*umgs*) jdn anmachen

pass·able /'pɑːsəbl; *AmE* 'pæs-/ *Adj* **1** passabel [SYN] SATISFACTORY **2** befahrbar, gangbar [OPP] IMPASSABLE

pass·ably /'pɑːsəbli; *AmE* 'pæs-/ *Adv* leidlich, einigermaßen

pas·sage /'pæsɪdʒ/ *Nomen* **1** (*auch* **pas·sage·way**) (Durch)gang, Korridor ◊ *a secret underground passage* ein geheimer unterirdischer Gang [SYN] CORRIDOR **2** (ANAT) (Gehör- *etc.*) Gang; (Atem-/Harn- *etc.*) Weg(e); (Verdauungs-) Trakt ◊ *blocked nasal passages* eine verstopfte Nase **3** *the back passage* der After **3** (*eines Buches/Musikstücks etc.*) Passage [SYN] EXCERPT *und* EXTRACT **4** **in/with the** ∼ **of time** (*gehoben*) im Verlauf der Zeit, mit der Zeit **5** (*einer Gesetzesvorlage*) parlamentarische Behandlung, Verabschiedung ◊ *The bill is now guaranteed an easy passage through the House of Representatives.* Der Gesetzentwurf wird nun vom Represäntantenhaus ohne größerer Schwierigkeiten angenommen werden. **6** [Sing] Überfahrt **7** [Sing] **a ~ (through sth)** ein Durchgang (durch etw), eine Durchfahrt (durch etw) ◊ *The officers forced a passage through the crowd.* Die Beamten bahnten sich einen Weg durch die Menge. **8** (*gehoben*) Durchgehen **9** [meist Sing/U] Durchreise(erlaubnis) ☛ *Siehe auch* BIRD OF PASSAGE *und* RITE OF PASSAGE

pas·sant ⇨ EN PASSANT

pass·book /ˈpɑːsbʊk; *AmE* ˈpæs-/ *Nomen* Sparbuch

passé /ˈpæseɪ, ˈpɑː-; *AmE* pæˈseɪ/ *Adj* überholt, passé

pas·sen·ger /ˈpæsɪndʒə(r)/ *Nomen* **1** Passagier(in), Fluggast, Mitfahrer(in), Beifahrer(in) ◊ *a passenger train* ein Personenzug **2** (*bes BrE, umgs, abwert*) Drückeberger(in), Nichtstuer(in) ◊ *The firm cannot afford to carry passengers.* Die Firma kann es sich nicht leisten Leute durchzuschleppen.

ˌpasser-ˈby *Nomen* (*Pl* **passers-by**) Passant(in)

ˌpass-ˈfail *Adj, Adv* (*AmE*) = beschreibt eine Methode der Leistungsmessung, in der es keine Noten, sondern nur „bestanden" oder „ nicht bestanden" gibt

pas·sim /ˈpæsɪm/ *Adv* passim, an verschiedenen Stellen

pass·ing¹ /ˈpɑːsɪŋ; *AmE* ˈpæs-/ *Nomen* **1 the ~ of time/the years** das Vergehen der Zeit ◊ *with the passing of time* im Lauf der Zeit **2** (*gehoben*) Niedergang; (*eines Jahres*) Ausklang; (*Tod*) Hinscheiden **3** (*einer Gesetzesvorlage etc.*) Verabschiedung IDM **in passing** beiläufig

pass·ing² /ˈpɑːsɪŋ; *AmE* ˈpæs-/ *Adj nur vor Nomen* **1** vorübergehend; (*Blick, Gedanke, Ähnlichkeit*) flüchtig; (*Bemerkung, Hinweis*) beiläufig **2** vorbeifahrend, vorbeikommend

pas·sion /ˈpæʃn/ *Nomen* **1** Leidenschaft ◊ *a crime of passion* ein Verbrechen aus Leidenschaft ◊ *Passions were running high at the meeting.* In der Versammlung schlug die Erregung hohe Wellen. **2** [Sing] (*gehoben*) erregter Zustand ◊ *fly into a passion* einen Wutanfall bekommen **3 the Passion** [Sing] die Passion, die Leiden Christi ◊ *a passion play* ein Passionsspiel

pas·sion·ate /ˈpæʃənət/ *Adj* (*Adv* **pas·sion·ate·ly**) leidenschaftlich

ˈpassion flower *Nomen* Passionsblume

ˈpassion fruit *Nomen* (*Pl* **passion fruit**) Maracuya, Passionsfrucht

pas·sion·less /ˈpæʃnləs/ *Adj* (*selten*) leidenschaftslos

pas·sive¹ /ˈpæsɪv/ *Adj* (*Adv* **pas·sive·ly**) **1** passiv **2** (LING) passiv, Passiv-

pas·sive² /ˈpæsɪv/ (*auch* ˌ**passive ˈvoice**) *Nomen* (LING) Passiv

ˌpassive ˈsmoking *Nomen* passives Rauchen

pas·siv·ity /pæˈsɪvəti/ *Nomen* Passivität

ˈpass key *Nomen* Hauptschlüssel, Generalschlüssel

Pass·over /ˈpɑːsəʊvə(r); *AmE* ˈpæsoʊ-/ *Nomen* Passah

pass·port /ˈpɑːspɔːt; *AmE* ˈpæspɔːrt/ *Nomen* **1** (Reise)pass **2** (*fig*) **~ to sth** Schlüssel zu etw ◊ *the passport to success* der Schlüssel zum Erfolg

pass·word /ˈpɑːswɜːd; *AmE* ˈpæswɜːrd/ *Nomen* **1** Kennwort **2** (COMP) Passwort

past¹ /pɑːst; *AmE* pæst/ *Adj* **1** *nur vor Nomen* vergangene(r,s), frühere(r,s), ehemalige(r,s) ◊ *come to terms with past events* mit den Ereignissen der Vergangenheit fertig werden ◊ *from past experience* aus Erfahrung ◊ *in times past* in alten/früheren/vergangenen Zeiten ◊ *It's all past history.* Das ist alles Vergangenheit. **2** *nur vor Nomen* letzte(r,s) ◊ *in the past few weeks* in den letzten Wochen **3** *nicht vor Nomen* vorbei ◊ *The time for discussion is past.* Die Zeit für Diskussionen ist vorbei. **4** (LING) *nur vor Nomen* Vergangenheits-

past² /pɑːst; *AmE* pæst/ *Nomen* **1** Vergangenheit ◊ *the recent past* die jüngste Vergangenheit ◊ *I used to go there often in the past.* Dort bin ich früher oft hingegangen. **2 the past** = PAST TENSE IDM ⇨ DISTANT *und* LIVE¹

past³ /pɑːst; *AmE* pæst/ *Präp* **1** (*bei Zeitangaben*) nach ◊ *ten past six* zehn nach sechs ◊ *half past two* halb zwei ◊ *It's well past your bedtime.* Du solltest schon längst im Bett sein. **2** (*bei Ortsangaben*) nach, hinter an ... vorbei, an ... vorüber ◊ *He just walked straight past us!* Er lief einfach an uns vorbei! **4** über (etw hinaus) ◊ *She's past forty.* Sie ist über vierzig. ◊ *Unemployment is now past the 3 million mark.* Die Arbeitslosigkeit hat jetzt die 3-Millionen-Grenze überschritten. ◊ *The flowers are past their best.* Die Blumen sind nicht mehr frisch. ◊ *I'm past caring what happens.* Es kümmert mich nicht mehr, was passiert. ◊ *I didn't get past the first question in the exam.* Ich kam über die erste Frage im Examen nicht hinaus. IDM **ˈpast it** (*BrE, umgs*) zu alt ◊ *That overcoat is looking decidedly past it.* Der Mantel sieht ziemlich abgetragen aus. ☛ *Siehe auch* PUT

past⁴ /pɑːst; *AmE* pæst/ *Adv* vorbei, vorüber ◊ *walk past* vorbeigehen ◊ *A week went past.* Eine Woche verging.

pasta /ˈpæstə; *AmE* ˈpɑːstə/ *Nomen* [U] Teigwaren, Nudeln

paste¹ /peɪst/ *Nomen* **1** [Sing] Brei **2** (*meist in Zusammensetzungen*) Paste, (Brot)aufstrich ◊ *tomato paste* Tomatenmark **3** Kleister **4** Strass

paste² /peɪst/ *Verb* **1** (an-/ein-/zusammen)kleben **2** (COMP) einfügen

pas·tel /ˈpæstl; *AmE* pæˈstel/ *Nomen* **1** [U] Pastell **2** pastels [Pl] Pastellstifte, Pastellkreiden **3** Pastellzeichnung **4** Pastellton

pastern /ˈpæstən; *AmE* ˈpæstərn/ *Nomen* (*beim Pferd*) Fessel

pas·teur·iza·tion (*BrE auch* **-isation**) /ˌpɑːstʃəraɪˈzeɪʃn; *AmE* ˌpæstʃərəˈzeɪʃn/ *Nomen* Pasteurisierung

pas·teur·ize (*BrE auch* **-ise**) /ˈpɑːstʃəraɪz; *AmE* ˈpæs-/ *Verb* pasteurisieren

pas·tiche /pæˈstiːʃ/ *Nomen* **1** Persiflage ◊ *a pastiche of the classic detective story* eine Persiflage auf den klassischen Detektivroman **2** Pastiche

pas·tille /ˈpæstəl; *AmE* pæˈstiːl/ *Nomen* (*bes BrE*) Pastille

pas·time /ˈpɑːstaɪm; *AmE* ˈpæs-/ *Nomen* Zeitvertreib, Hobby SYN HOBBY

past·ing /ˈpeɪstɪŋ/ *Nomen* [Sing] (*bes BrE, umgs*) **1 get/take a ~** in die Pfanne gehauen werden **2 give sb a ~** jdn in die Pfanne hauen

ˌpast ˈmaster *Nomen* (*fig*) Meister(in) ◊ *She's a past master at getting what she wants.* Sie versteht es meisterhaft, ihren Willen durchzusetzen. SYN EXPERT

pas·tor /ˈpɑːstə(r); *AmE* ˈpæs-/ *Nomen* Pfarrer(in), Pastor(in)

pas·tor·al /ˈpɑːstərəl; *AmE* ˈpæs-/ *Adj* **1** seelsorgerisch, pastoral ◊ *pastoral care* Seelsorge ◊ *pastoral care of students* soziale Betreuung der Schüler/Studenten **2** ländlich, idyllisch, pastoral ◊ *a pastoral poem* ein Hirten-/Schäfergedicht **3** (*Landwirtschaft*) Weide-

ˌpast ˈparticiple *Nomen* (LING) Partizip Perfekt

ˌpast ˈperfect (*auch* ˌ**past ˌperfect ˈtense**) *Nomen* (LING) Plusquamperfekt

pas·trami /pæˈstrɑːmi/ *Nomen* = stark gewürztes geräuchertes Rindfleisch

pas·try /ˈpeɪstri/ *Nomen* (*Pl* **-ies**) **1** (*für Pasteten etc.*) Teig **2** Gebäck(stück) ☛ *Siehe auch* DANISH PASTRY

ˌpast ˈtense (*auch* **past**) *Nomen* (LING) Vergangenheit

pas·ture¹ /ˈpɑːstʃə(r); *AmE* ˈpæs-/ *Nomen* Weide(land), Weidegrund ◊ *The cattle were put out to pasture.* Das Vieh wurde auf die Weide getrieben. ◊ (*fig*) *She decided it was time to move on to pastures new.* Sie fand, dass es an der Zeit war, sich nach etwas Neuem umzusehen.

pas·ture² /ˈpɑːstʃə(r); *AmE* ˈpæs-/ *Verb* weiden (lassen)

pas·ture·land /ˈpɑːstʃələnd; *AmE* ˈpæstʃərl-/ (*auch* **pas·tur·age** /ˈpɑːstʃərɪdʒ, ˈpɑːstʊərɪdʒ/) *Nomen* Weideland

pasty¹ /ˈpæsti/ *Nomen* (*Pl* **-ies**) (*BrE*) Pastete mit Fleisch- oder Gemüsefüllung ☛ *Siehe auch* CORNISH PASTY

pasty² /ˈpeɪsti/ *Adj* blass, käsig

pat¹ /pæt/ *Verb* (**-tt-**) tätscheln ◊ *She patted the dog on the head.* Sie tätschelte dem Hund den Kopf. ◊ *pat your face dry* sich das Gesicht trocken tupfen IDM **ˌpat sb/yourself on the ˈback** sich/jdm auf die Schulter klopfen

pat² /pæt/ *Nomen* **1** Klaps ◊ *He gave her knee an affectionate pat.* Er tätschelte ihr liebevoll das Knie. **2** (*Butter*) Stückchen IDM **a ˌpat on the ˈback (for sth)** ein Lob (für etw) ◊ *He deserves a pat on the back for all his hard work.* Man muss ihn wirklich loben für seine harte Arbeit.

pat³ /pæt/ *Adj* (*abwert*) (zu) einfach, (zu) schnell

pat⁴ /pæt/ *Adv* IDM **have/know sth off ˈpat** (*AmE* **have/know sth down ˈpat**) etw auswendig können ◊ *He*

patch

had all the answers off pat. Er hatte alle Antworten parat. **stand 'pat** (bes AmE) keinen Zollbreit nachgeben

patch¹ /pætʃ/ Nomen **1** Fleck, Stelle ◊ *patches of dense fog* stellenweise dichter Nebel ◊ *The ground is wet in patches.* Der Boden ist stellenweise nass. **2** Flicken **3** Augenklappe **4** (bes AmE) Abzeichen aus Stoff **5** Pflaster ◊ *nicotine patches* Nikotinpflaster **6** (Land) Stück ◊ *a vegetable patch* ein Gemüsebeet **7** (BrE, umgs) Revier ◊ *She had a lot of success in her home patch.* In ihrer Heimat war sie sehr erfolgreich. **8** (umgs) Phase ◊ *go through a bad/sticky patch* eine schwierige Phase durchmachen ☛ Siehe auch PURPLE PATCH [IDM] **not be a 'patch on sb/sth** nicht mit jdm/etw mithalten können

patch² /pætʃ/ Verb ~ **sth** (**with sth**) etw (mit etw) flicken [PHR V] **,patch sb 'through** (**to sb/sth**) jdn (mit jdm/etw) telefonisch verbinden ☛ G 9.7c **,patch sth to'gether** (etw) zusammenschustern **,patch sb 'up** jdn zusammenflicken **,patch sth 'up 1** etw zusammenflicken, etw notdürftig reparieren ◊ *They've patched up their marriage.* Sie haben ihre Ehe wieder gekittet. **2** (Differenzen etc.) beilegen ◊ *Have you tried patching things up with her?* Hast du versucht, dich mit ihr auszusöhnen? **3** etw zusammenschustern

patch·ily Adv ⇨ PATCHY

patchi·ness /'pætʃinəs/ Nomen Unregelmäßigkeit; (eines Buches, Films etc.) unterschiedliche Qualität

patch·ouli /'pætʃuli, pə'tʃu:li/ Nomen Patschuli

patch·work /'pætʃwɜːk; AmE -wɜːrk/ Nomen **1** Patchwork ◊ *a patchwork quilt* eine Patchworkdecke **2** [Sing] bunte Mischung ◊ *a patchwork of fields* ein bunter Teppich von Feldern

patchy /'pætʃi/ Adj (Adv **patch·ily** /-ɪli/) **1** stellenweise ◊ *patchy fog* stellenweise Nebel ◊ *patchy clouds* wechselnd bewölkt ◊ *patchy rain* gelegentliche Regenfälle **2** ungleichmäßig, uneinheitlich; (Buch, Film, Darbietung etc.) von unterschiedlicher Qualität; (Wissen, Kenntnis etc.) lückenhaft

pate /peɪt/ Nomen (veraltet oder hum) Kopf, Birne

pâté /'pæteɪ; AmE pɑː'teɪ/ Nomen (Leber-, etc.) Pastete

pa·tel·la /pə'telə/ Nomen (Pl **pa·tel·lae** /-liː/) (ANAT) Kniescheibe

pa·tent¹ /'pætnt; BrE auch 'peɪtnt/ Nomen Patent ◊ *obtain a patent on sth* etw patentieren lassen ◊ *protected by patent* patentrechtlich/gesetzlich geschützt

pa·tent² /'pætnt; AmE meist 'peɪtnt/ Adj nur vor Nomen **1** Patent- ◊ *patent applications* Patentanmeldungen **2** Marken- ◊ *patent medicines* Markenmedizin/patentrechtlich geschützte Arzneimittel **3** (gehoben) offenkundig, offensichtlich

pa·tent³ /'pætnt; BrE auch 'peɪtnt/ Verb patentieren lassen

patent leather /ˌpeɪtnt 'leðə(r); AmE 'pætnt/ Nomen Lackleder ◊ *patent leather shoes* Lackschuhe

pa·tent·ly /'peɪtntli, 'pætntli; AmE 'pæt-/ Adv (gehoben) offensichtlich, offenkundig ◊ *It was patently obvious that she was lying.* Es lag auf der Hand, dass sie log.

pa·ter·nal /pə'tɜːnl; AmE -'tɜːrnl/ Adj (Adv **pa·ter·nal·ly** /-nəli/) väterlich ◊ *my paternal grandmother* meine Großmutter väterlicherseits

pa·ter·nal·ism /pə'tɜːnəlɪzəm; AmE -'tɜːrn-/ Nomen (manchmal abwert) Bevormundung

pa·ter·nal·is·tic /pəˌtɜːnə'lɪstɪk; AmE -ˌtɜːrn-/ (auch **pa·ter·nal·ist** /pə'tɜːnəlɪst/) Adj paternalistisch, bevormundend

pa·ter·nity /pə'tɜːnəti; AmE -'tɜːrn-/ Nomen (gehoben) Vaterschaft

pa'ternity leave Nomen Vaterschaftsurlaub

pa'ternity suit (auch **pa'ternity case**) Nomen Vaterschaftsklage

path /pɑːθ; AmE pæθ/ Nomen **1** Weg (auch fig), Pfad ◊ *the path to victory* der Weg zum Sieg ☛ Siehe auch FOOTPATH **2** Bahn, Weg ◊ *Three men blocked her path.* Drei Männer stellten sich ihr in den Weg. ◊ *He threw himself into the path of an oncoming car.* Er warf sich vor ein fahrendes Auto. ☛ Siehe auch FLIGHT PATH [IDM] ⇨ BEAT¹, CROSS², LEAD¹, PRIMROSE und SMOOTH²

path·et·ic /pə'θetɪk/ Adj (Adv **path·et·ic·al·ly** /-kli/) **1** Mitleid erregend, jämmerlich ◊ *a pathetic and lonely old man* ein jämmerlicher, einsamer alter Mann ◊ *The starv-*

ing children were a pathetic sight. Die hungernden Kinder waren ein Bild des Jammers. **2** (umgs, abwert) kläglich, jämmerlich, armselig ◊ *I know it sounds pathetic, but I can't ride a bike.* Ich weiß, es klingt lächerlich, aber ich kann nicht Rad fahren. ◊ *a pathetically small sum* eine lächerlich kleine Summe

pa,thetic 'fallacy Nomen Vermenschlichung der Natur

patho·gen /'pæθədʒən/ Nomen (Fachspr) Krankheitserreger

patho·logic·al /ˌpæθə'lɒdʒɪkl; AmE -'lɑːdʒ-/ Adj (Adv **patho·logic·al·ly** /-kli/) pathologisch, krankhaft

path·olo·gist /pə'θɒlədʒɪst; AmE -'θɑːl-/ Nomen Pathologe, Pathologin

path·ology /pə'θɒlədʒi; AmE -'θɑːl-/ Nomen Pathologie

pathos /'peɪθɒs; AmE -θɑːs/ Nomen Pathos

path·way /'pɑːθweɪ; AmE 'pæθ-/ Nomen Weg

pa·tience /'peɪʃns/ Nomen **1** Geduld ◊ *My patience is wearing thin.* Meine Geduld geht zu Ende. ◊ *She has little patience with such views.* Für solche Ansichten hat sie nicht viel übrig. ◊ *People have lost patience with the slow pace of reform.* Die Leute haben das langsame Tempo der Reformen satt. **2** (BrE) Patience [IDM] ⇨ TRY¹

pa·tient¹ /'peɪʃnt/ Nomen Patient(in) ☛ Hinweis bei PATIENT(IN)

pa·tient² /'peɪʃnt/ Adj (Adv **pa·tient·ly** /'peɪʃəntli/) geduldig ◊ *She's very patient with young children.* Sie hat viel Geduld mit kleinen Kindern. ◊ *You'll just have to be patient.* Du musst dich eben gedulden.

pat·ina /'pætɪnə; AmE pə'tiːnə/ Nomen [meist Sing] **1** Patina **2** (Alters)glanz ◊ (fig) *the patina of success* der Glanz des Erfolges

patio /'pætiəʊ; AmE -oʊ/ Nomen (Pl -**os**) Terrasse

pat·ois /'pætwɑː/ Nomen (Pl **pat·ois** /-twɑːz/) Mundart

patri·arch /'peɪtriɑːk; AmE -ɑːrk/ Nomen **1** Familienoberhaupt **2** (ehrwürdiger) Greis **3** (REL) Patriarch

patri·arch·al /ˌpeɪtri'ɑːkl; AmE -'ɑːrkl/ Adj patriarchalisch

patri·arch·ate /'peɪtriɑːkət; AmE -ɑːrk-/ Nomen (gehoben) (Gesellschaftsordnung) Patriarchat

patri·archy /'peɪtriɑːki; AmE -ɑːrki/ Nomen Patriarchat

pa·tri·cian /pə'trɪʃn/ **1** Nomen Patrizier(in) **2** Adj (gehoben) Patrizier-, patrizisch

patri·cide /'pætrɪsaɪd/ Nomen (gehoben) **1** Vatermord **2** Vatermörder(in)

patri·mony /'pætrɪməni; AmE -moʊni/ Nomen [Sing] (gehoben) **1** väterliches Erbe [SYN] INHERITANCE **2** (Kultur-, Kunst-, etc.) Erbe, Patrimonium [SYN] HERITAGE

pat·riot /'peɪtriət; BrE auch 'pæt-/ Nomen Patriot(in)

patri·ot·ic /ˌpeɪtri'ɒtɪk, ˌpæt-; AmE ˌpeɪtri'ɑːtɪk/ Adj patriotisch

patri·ot·ism /'peɪtriətɪzəm; BrE auch 'pæt-/ Nomen Patriotismus

pa·trol¹ /pə'trəʊl; AmE pə'troʊl/ Verb (-ll-) ~ (**sth**) (in, durch, etc. etw) patrouillieren, (in, durch, etc. etw) Streife gehen/fahren

pa·trol² /pə'trəʊl; AmE pə'troʊl/ Nomen **1** Streife, Runde, Rundgang ◊ *a police car on patrol* ein Polizeiwagen auf Streife ◊ *a police patrol* eine Polizeistreife **2** (MIL) Patrouille

pa·trol·man /pə'trəʊlmən; AmE pə'troʊl-/ Nomen (Pl -**men** /-mən/) **1** (in den USA) (Streifen)polizist **2** (in GB) Mitarbeiter der Straßenwacht

pa'trol wagon Nomen (AmE) Gefangenenwagen

pa·trol·woman /pə'trəʊlwʊmən; AmE pə'troʊl-/ (Pl -**women** /-wɪmɪn/) Nomen (Streifen)polizistin

pat·ron /'peɪtrən/ Nomen **1** Gönner(in), Mäzen **2** Schirmherr(in) ☛ Siehe auch PATRON SAINT **3** (gehoben) Kunde, Kundin; (Hotel- etc.) Gast; (Theater- etc.) Besucher(in)

pat·ron·age /'pætrənɪdʒ, 'peɪt-/ Nomen **1** (finanzielle) Förderung **2** Schirmherrschaft **3** (bes AmE) Kundschaft

pat·ron·ize (BrE auch -**ise**) /'pætrənaɪz; AmE 'peɪt-/ Verb **1** (abwert) von oben herab behandeln, herablassend behandeln, gönnerhaft behandeln ◊ *Don't patronize me!* Red nicht in so einem gönnerhaften Ton mit mir! ◊ *Some television programmes patronize children.* Manche Kinder-programme nehmen die Kinder nicht ernst genug. **2** (*gehoben*) frequentieren **3** fördern, unterstützen

pat·ron·iz·ing (*BrE auch* **-ising**) /ˈpætrənaɪzɪŋ; *AmE* ˈpeɪ-/ *Adj* (*Adv* **pat·ron·iz·ing·ly**, *auch* **-isingly**) (*abwert*) herablassend, gönnerhaft, überlegen ◊ *I was only trying to explain; I didn't want to sound patronizing.* Ich wollte es nur erklären; ich wollte nicht schulmeisterlich klingen.

ˌ**patron ˈsaint** *Nomen* Schutzheilige(r), Schutzpatron(in)

patsy /ˈpætsi/ *Nomen* (*Pl* **-ies**) (*bes AmE, umgs, abwert*) Einfaltspinsel, Schwächling, Sündenbock

pat·ter[1] /ˈpætə(r)/ *Nomen* **1** [*Sing*] Getrappel; (*von Regen*) Prasseln **2** [*U/Sing*] Sprüche ◊ *sales patter* Vertretersprüche IDM **the patter of tiny feet** (*umgs oder hum*) ◊ *We can't wait to hear the patter of tiny feet.* Wir können es kaum erwarten, Kinder zu kriegen

pat·ter[2] /ˈpætə(r)/ *Verb* **1** prasseln **2** trippeln, trippeln

pat·tern[1] /ˈpætn; *AmE* -tərn/ *Nomen* **1** Schema, Muster ◊ *changing patterns of behaviour* sich ändernde Verhaltensmuster ◊ *an irregular sleeping pattern* ein unregelmäßiger Schlafrhythmus **2** [*meist Sing*] Vorbild, Muster(beispiel) **3** (*Verzierung, Probe*) Muster **4** Vorlage, Schnitt(muster), Strickanleitung

pat·tern[2] /ˈpætn; *AmE* -tərn/ *Verb* **1** (*mit Mustern versehen*) mustern **2** (*Fachspr*) (*Verhalten etc.*) prägen PHR V ˈ**pattern sth on sth** (*AmE* ˈ**pattern sth after sth**) (*meist passiv*) etw einer Sache nachbilden, etw nach dem Vorbild einer Sache gestalten

pat·terned /ˈpætənd; *AmE* -tərnd/ *Adj* gemustert

patty /ˈpæti/ *Nomen* (*Pl* **-ies**) (*bes AmE*) Frikadelle

pau·city /ˈpɔːsəti/ *Nomen* [*Sing*] (*gehoben*) ~ (**of sth**) Mangel (an etw) ◊ *a paucity of information* ein Informationsdefizit

paunch /pɔːntʃ/ *Nomen* (dicker) Bauch

pau·per /ˈpɔːpə(r)/ *Nomen* (*veraltet*) Arme(r)

pause[1] /pɔːz/ *Verb* **1** eine Pause einlegen/machen, pausieren, innehalten; (*im Reden*) zögern ◊ *pause for breath* Luft holen **2** (*CD etc.*) anhalten

pause[2] /pɔːz/ *Nomen* Pause ◊ *There was a long pause before she answered.* Sie schwieg lange, bevor sie antwortete. ☛ *Hinweis bei* PAUSE, S. 1139 IDM **give** (**sb**) ˈ**pause** (*BrE auch* **give** (**sb**) **pause for ˈthought** *gehoben*) (jdm) zu denken geben

pave /peɪv/ *Verb* (*oft passiv*) ~ **sth** (**with sth**) etw (mit etw) pflastern IDM ˌ**pave the ˈway** (**for sb/sth**) (jdm/etw) den Weg ebnen ☛ *Siehe auch* STREET

pave·ment /ˈpeɪvmənt/ *Nomen* **1** (*BrE*) Bürgersteig, Gehsteig ◊ *a pavement cafe* ein Straßencafé **2** (*AmE*) Pflaster **3** (*AmE*) Fahrbahn

pa·vil·ion /pəˈvɪliən/ *Nomen* **1** (*auf einer Messe etc.*) Stand **2** (*BrE*) Klubhaus **3** (*AmE*) ≈ Sporthalle **4** Pavillon

pav·ing /ˈpeɪvɪŋ/ *Nomen* [U] **1** Pflaster ☛ *Siehe auch* CRAZY PAVING **2** Pflastersteine, Bodenplatten

ˈ**paving stone** *Nomen* Pflasterstein, Bodenplatte

paw[1] /pɔː/ *Nomen* Pfote (*auch fig*), Pranke

paw[2] /pɔː/ *Verb* **1** ~ (**at**) **sth** etw mit der Pfote/Tatze berühren, (an etw) scharren **2** (*manchmal hum*) befummeln

pawn[1] /pɔːn/ *Nomen* **1** (*Schach*) Bauer **2** (*fig*) Schachfigur IDM **in pawn** verpfändet; versetzt

pawn[2] /pɔːn/ *Verb* verpfänden, versetzen

pawn·broker /ˈpɔːnbrəʊkə(r); *AmE* -broʊ-/ *Nomen* Pfandleiher(in)

pawn·shop /ˈpɔːnʃɒp; *AmE* -ʃɑːp/ *Nomen* (*BrE*) Pfandleihe, Pfandhaus

paw·paw /ˈpɔːpɔː/ *Nomen* (*BrE*) Papaya

pay[1] /peɪ/ *Nomen* Gehalt, Lohn, Bezahlung ◊ *They accepted a 3% pay offer.* Sie nahmen das Angebot einer Tariferhöhung von 3% an. ◊ *holiday pay* Lohnfortzahlung während des Urlaubs ◊ *make a pay claim* eine Gehaltserhöhung fordern ☛ *Siehe auch* SICK PAY ☛ *Hinweis bei* LOHN IDM **be in the pay of sb/sth** (*meist abwert*) für jdn arbeiten

pay[2] /peɪ/ *Verb* (**paying, paid, paid** /peɪd/) **1** zahlen; ~ **for sth** etw bezahlen ◊ *Are you paying in cash or by credit card?* Zahlen Sie bar oder mit Kreditkarte? ◊ *pay cash* bar zahlen ◊ *Her parents paid for her to go to Canada.* Ihre Eltern bezahlten ihr die Reise nach Kanada. ◊ *I paid her for the tickets.* Ich habe ihr das Geld für die Karten gegeben. ◊ *Would you mind paying the taxi driver?* Würdest du das Taxi zahlen? ◊ *We paid him $3 000 for the car.* Wir haben ihm 3 000$ für den Wagen gezahlt. ◊ *Membership fees should be paid to the secretary.* Mitgliedsbeiträge sollten bei der Sekretärin entrichtet werden. ◊ *I'm paid €100 a day.* Ich bekomme 100€ pro Tag. ☛ *Siehe auch* LOW-PAID **2** rentabel sein ◊ *It's hard to make farming pay.* Es ist schwierig Landwirtschaft rentabel zu machen. **3** sich bezahlt machen, sich lohnen ◊ *Crime doesn't pay.* Verbrechen lohnt sich nicht. ◊ *It would probably pay you to hire an accountant.* Es würde sich für dich wahrscheinlich lohnen einen Steuerberater einzustellen. **4** ~ (**for sth**) (für etw) büßen ◊ *Many people paid with their lives..* Viele Leute mussten mit dem Leben bezahlen. **5** (*mit bestimmten Nomina*) ◊ **pay a call**/**a visit to sb** jdm einen Besuch abstatten ◊ *I didn't pay attention to what she was saying.* Ich schenkte ihren Worten keine Beachtung. ◊ *The director paid tribute to all she had done for the charity.* Der Direktor würdigte ihre Arbeit für die Wohlfahrtsorganisation. ◊ **pay sb compliments** jdm Komplimente machen IDM **the ˈdevil/ˈhell to pay** (*umgs*) ◊ *There'll be hell to pay when he finds out.* Wenn er draufkommt, wird der Teufel los sein. **he who pays the piper calls the ˈtune** wes Brot ich ess, des Lied ich sing **pay ˈcourt to sb** (*veraltet*) jdn hofieren **pay ˈdividends** sich auszahlen; sich rentieren ˌ**pay for itˈself** sich bezahlt machen **pay its ˈway** rentabel sein **pay the ˈpenalty** (**for sth**); **pay a/the ˈprice** (**for sth**) (für etw) büßen müssen; einen/den Preis (für etw) zahlen **pay your reˈspects** (**to sb**) (*gehoben*) jdm seine Aufwartung machen ◊ *pay your last respects to sb* jdm die letzte Ehre erweisen **pay through the ˈnose** (**for sth**) (*umgs*) (für etw) tief in die Tasche greifen müssen **pay your ˈway** (*umgs*) für sich selbst aufkommen **put ˈpaid to sth** (*umgs*) etw zunichte machen ☛ *Siehe auch* ARM[1], HEED[2] *und* LIP-SERVICE PHR V ˌ**pay sb** ˈ**back** (**sth**) jdm (etw) zurückzahlen ˌ**pay sth** ˈ**back** (**to sb**) etw (jdm) zurückzahlen ◊ *I'll pay you back next week.* Ich zahle es dir nächste Woche zurück. ˌ**pay sb** ˈ**back** es jdm heimzahlen ˌ**pay sb** ˈ**back for sth** jdm etw heimzahlen ◊ *I'll pay him back for making me look like a fool in front of everyone.* Das wird er mir büßen, dass er mich vor allen Leuten blamiert hat. ˌ**pay sth** ˈ**in** *auch* ˌ**pay sth into sth** etw auf ein Konto einzahlen ˌ**pay** ˈ**off** (*umgs*) sich auszahlen ˌ**pay sb** ˈ**off 1** jdn ausbezahlen **2** (*umgs*) jdm Schmiergeld zahlen, jdn bestechen ˌ**pay sth** ˈ**off** etw abzahlen ˌ**pay sth** ˈ**out 1** etw ausgeben ◊ *I had to pay out £500 to get my car repaired.* Die Reparatur an meinem Auto hat mich £500 gekostet. **2** (*Seil, Tau etc.*) etw ablaufen lassen ˌ**pay** ˈ**up** zahlen ◊ *I had a hard time getting him to pay up.* Es war schwer, das Geld aus ihm rauszukriegen.

ˌ**pay·able** /ˈpeɪəbl/ *Adj nicht vor Nomen* **1** zahlbar, fällig ◊ *A 10% deposit is payable in advance.* Eine Anzahlung von 10% ist im Voraus zu zahlen. **2** **make a cheque ~ to sb** einen Scheck auf jdn ausstellen

ˌ**pay as you ˈearn** = PAYE

pay·back /ˈpeɪbæk/ *Nomen* **1** Rendite, Amortisation **2** Belohnung, Gegenleistung, Revanche

ˈ**pay channel** *Nomen* Pay-TV-Kanal

ˈ**pay cheque** (*AmE* **pay-check**) /ˈpeɪtʃek/ *Nomen* **1** Gehaltsscheck ◊ *when my pay check arrives* wenn mein Gehalt überwiesen wird **2** (*bes AmE*) Gehalt ◊ *a huge paycheck* ein fürstliches Gehalt

ˈ**pay day** *Nomen* Zahltag

ˈ**pay dirt** *Nomen* (*bes AmE*) abbauwürdiges Erzlager IDM **hit/strike ˈpay dirt** (*umgs*) einen Volltreffer landen

PAYE /ˌpiː eɪ waɪ ˈiː/ *Kurzform von* **pay as you earn** = System, bei dem die Lohnsteuer direkt abgezogen wird

payee /ˌpeɪˈiː/ *Nomen* (*Fachspr*) Zahlungsempfänger(in)

payer /ˈpeɪə(r)/ *Nomen* Zahler(in) ◊ *mortgage payers* Hypothekenschuldner(in) ◊ *The company are not very good payers.* Die Firma hat eine schlechte Zahlungsmoral.

ˌ**paying ˈguest** *Nomen* zahlender Gast

pay·load /ˈpeɪləʊd; *AmE* -loʊd/ *Nomen* (*Fachspr*) **1** Nutzlast **2** Ladung **3** Bombenladung

pay·master /ˈpeɪmɑːstə(r); *AmE* -mæs-/ *Nomen* **1** (*meist abwert*) Geldgeber(in) **2** Zahlmeister(in)

pay·ment /ˈpeɪmənt/ *Nomen* **1** (Be)zahlung, Begleichung, Abzahlung ◊ *method of payment* Zahlungsweise ◊ *the pay-*

pay-off

ments on my car die Abzahlungen für mein Auto ◇ *ten monthly payments of £50* zehn Monatsraten von 50 Pfund ◇ *We need to agree on a figure as payment for the work.* Wir müssen einen Betrag als Entlohnung für die Arbeit festlegen. ☞ *Siehe auch* BALANCE OF PAYMENTS **2** [U/Sing] (*fig*) Entgelt, Lohn

'**pay-off** *Nomen* (*umgs*) **1** Schmiergeld, Bestechungsgeld [SYN] BRIBE **2** Abfindungssumme **3** (*fig*) Belohnung, Vorteil

pay-out /'peɪaʊt/ *Nomen* Auszahlung

'**pay packet** *Nomen* (*BrE*) Lohntüte

'**pay-phone** /'peɪfəʊn; *AmE* -foʊn/ *Nomen* öffentliches Telefon, Münztelefon

pay-roll /'peɪrəʊl; *AmE* -roʊl/ *Nomen* **1** Lohn-/Gehaltsliste ◇ *We have 500 people on the payroll.* Wir haben 500 Beschäftigte. **2** Lohn-/Gehaltssumme

pay-slip /'peɪslɪp/ *Nomen* (*BrE*) Lohn-/Gehaltsstreifen

PC /ˌpiːˈsiː/ **1** *Kurzform von* **personal computer** PC **2** *Kurzform von* **police constable** (*BrE*) Polizeimeister ☞ *Siehe auch* WPC **3** *Kurzform von* **politically correct** politisch korrekt

PDA /ˌpiː diː ˈeɪ/ *Kurzform von* **personal digital assistant** PDA

PE (*AmE* **P.E.** /ˌpiː ˈiː/) *Kurzform von* **physical education** [U] (Schul)sport, Leibesübungen ◇ *a PE lesson* eine Sport- / Turnstunde

pea /piː/ *Nomen* Erbse ☞ *Siehe auch* CHICKPEA, MUSHY PEAS, SPLIT PEA *und* SWEET PEA

peace /piːs/ *Nomen* **1** Friede(n) ◇ *A UN force has been sent to keep the peace.* Eine UN-Einheit wurde zur Sicherung des Friedens entsandt. **2** Ruhe ◇ *I need to phone him, just for my own peace of mind.* Ich muss ihn anrufen, sonst habe ich keine Ruhe. ◇ *He never felt really at peace* (*with himself*). Er ist nie so recht mit sich (selbst) ins Reine gekommen. **3** Frieden ◇ *They can't live in peace with each other.* Sie können nicht in Frieden miteinander leben. ◇ *She felt at peace with the world.* Sie fühlte sich in Eintracht mit der Welt. ☞ *Siehe auch* BREACH¹ *und* JUSTICE OF THE PEACE [IDM] ,**hold your 'peace/'tongue** (*veraltet*) schweigen **make** (**your**) **peace with sb** sich mit jdm aussöhnen ☞ *Siehe auch* WICKED²

peace-able /'piːsəbl/ *Adj* (*Adv* **peace-ably** /-əbli/) **1** friedlich [SYN] PEACEFUL **2** friedfertig [SYN] PEACEFUL *und* CALM

peace-ful /'piːsfl/ *Adj* (*Adv* **peace-ful-ly** /-fəli/) **1** friedlich **2** ruhig ◇ *The baby slept peacefully in the corner.* Das Baby schlief ruhig in der Ecke. **3** friedfertig [SYN] PEACEABLE

peace-keep-ing /'piːskiːpɪŋ/ *Adj nur vor Nomen* Friedens- ◇ *peacekeeping operations* Maßnahmen zur Friedenssicherung ◇ *a United Nations peacekeeping force* eine UN-Friedenstruppe

peace-maker /'piːsmeɪkə(r)/ *Nomen* Friedensstifter(in)

'**peace offering** *Nomen* Versöhnungsgeschenk

peach¹ /piːtʃ/ *Nomen* **1** Pfirsich **2** (*umgs, veraltet*) ◇ *an absolute peach of a job* ein Traumjob **3** (*Farbe*) Pfirsichton

peach² /piːtʃ/ *Adj* pfirsichfarben

peachy /'piːtʃi/ *Adj* **1** Pfirsich- ◇ *pale peachy skin* blasse Pfirsichhaut **2** (*AmE, umgs*) klasse

pea-cock /'piːkɒk; *AmE* -kɑːk/ *Nomen* Pfau

,**pea-'green** *Adj* erbsengrün

pea-hen /'piːhen/ *Nomen* Pfauenhenne

peak¹ /piːk/ *Nomen* **1** [meist Sing] Höhepunkt, Höchststand ◇ *the peaks and troughs of married life* die Höhen und Tiefen des Ehelebens ☞ *Siehe auch* OFF-PEAK **2** Gipfel ◇ *halfway up the peak* auf halbem Weg zum Gipfel **3** Spitze **4** (*BrE*) (*Mützen*-) Schirm

peak² /piːk/ *Verb* den Höhepunkt erreichen, den Höchststand erreichen; (*Sportler*) in Höchstform sein

peak³ /piːk/ *Adj nur vor Nomen* Höchst-, Spitzen- ◇ *the peak summer season* die Hochsaison im Sommer ◇ (*BrE*) *peak viewing time* Hauptsendezeit ◇ (*BrE*) *peak rate telephone calls* Telefongespräche zum Spitzentarif ☞ *Siehe auch* OFF-PEAK

peaked /piːkt/ *Adj* **1** spitz **2** (*AmE*) kränklich

peaky /'piːki/ *Adj* (*BrE, umgs*) kränklich

peal¹ /piːl/ *Nomen* **1** ◇ *peals of laughter* schallendes Gelächter ◇ *peals of thunder* Donnerschläge **2** ~ **of bells** Glockengeläut(e), Kirchenglocken

peal² /piːl/ *Verb* **1** ~ (**out**) läuten **2** schallen ◇ *peal with laughter* schallend lachen

pea-nut /'piːnʌt/ *Nomen* **1** Erdnuss ◇ *peanut butter* Erdnussbutter **2 peanuts** [Pl] (*umgs*) (*wenig Geld*) ein Klacks ◇ *work for peanuts* für einen Hungerlohn arbeiten ◇ *sell sth for peanuts* etw für ein Butterbrot verkaufen

pear /peə(r); *AmE* per/ *Nomen* Birne ☞ *Siehe auch* PRICKLY PEAR

pearl /pɜːl; *AmE* pɜːrl/ *Nomen* **1** Perle (*auch fig*) **2** = MOTHER-OF-PEARL **3** [meist Sing] Tropfen ◇ *pearls of dew* Tautropfen [IDM] **cast, throw, etc. pearls before** '**swine** Perlen vor die Säue werfen **a** ,**pearl of** '**wisdom** (*ironisch*) eine Weisheit ◇ *Thank you for those pearls of wisdom.* Deine Weisheiten kannst du für dich behalten.

pearly /'pɜːli; *AmE* 'pɜːrli/ *Adj* perlmuttern ◇ *pearly white* perlweiß

'**pear-shaped** *Adj* birnenförmig [IDM] **go** ,**pear-shaped** (*BrE, umgs*) danebengehen

peas-ant /'peznt/ *Nomen* **1** (Klein)bauer ◇ *a peasant woman* eine Bäuerin/Bauersfrau **2** (*umgs, abwert*) Prolet; (*ignorante Person*) Banause

peas-ant-ry /'pezntri/ *Nomen* Bauernschaft, Bauerntum ☞ G 1.3a

pea-shoot-er /'piːʃuːtə(r)/ *Nomen* (*BrE*) Pusterohr

peat /piːt/ *Nomen* Torf

peaty /'piːti/ *Adj* torfig, Torf-

peb-ble /'pebl/ *Nomen* Kieselstein

pecan /'piːkən, pɪ'kæn; *AmE* pɪ'kɑːn/ *Nomen* Pekannuss

pecca-dillo /ˌpekəˈdɪləʊ; *AmE* -ˈdɪloʊ/ *Nomen* (*Pl* **-oes** *oder* **-os**) (*gehoben*) Fehltritt, Ausrutscher, Kavaliersdelikt

peck¹ /pek/ *Verb* **1** ~ (**at sth**) (an etw) picken **2** ~ **sb** (**on sth**) (*umgs*) jdm (auf etw) ein Küsschen geben [IDM] **a/the** '**pecking order** (*umgs, oft hum*) eine/die Hackordnung; eine/die Rangordnung [PHRV] '**peck at sth** (*beim Essen*) in etw herumstochern

peck² /pek/ *Nomen* Küsschen

peck-er /'pekə(r)/ *Nomen* (*bes AmE, Slang*) (*Penis*) Schwanz [IDM] ,**keep your** '**pecker up** (*BrE, umgs*) die Ohren steif halten

peck-ish /'pekɪʃ/ *Adj* (*BrE, umgs*) (ein wenig) hungrig

pec-tin /'pektɪn/ *Nomen* Pektin

pec-toral /'pektərəl/ *Adj* Brust-, pektoral

pec-torals /'pektərəlz/ (*umgs* **pecs** /peks/) *Nomen* [Pl] Brustmuskeln

pe-cu-liar /pɪˈkjuːliə(r)/ *Adj* **1** sonderbar, eigenartig ◇ *He died in very peculiar circumstances.* Er starb unter sehr merkwürdigen Umständen. **2** ~ (**to sb/sth**) (jdm/etw) eigen, charakteristisch (für jdn/etw) ◇ *He has his own peculiar style which you soon get used to.* Er hat seinen eigenen Stil, an den man sich schnell gewöhnt. ◇ *a species of bird peculiar to Asia* eine Vogelart, die nur in Asien vorkommt **3** (*BrE, umgs*) unwohl

pe-cu-li-ar-ity /pɪˌkjuːliˈærəti/ *Nomen* (*Pl* **-ies**) **1** [U] Eigentümlichkeit, Eigenartigkeit **2** Eigenheit, Merkmal, Besonderheit ◇ *the cultural peculiarities of the English* die kulturellen Eigenheiten der Engländer **3** [U] Absonderlichkeit, Verschrobenheit

pe-cu-li-ar-ly /pɪˈkjuːliəli; *AmE* -ərli/ *Adv* (*meist gehoben*) **1** besonders [SYN] PARTICULARLY *und* ESPECIALLY **2** rein, ausschließlich ◇ *a peculiarly British problem* ein rein britisches Problem **3** seltsam, eigenartig

pe-cu-ni-ary /pɪˈkjuːniəri/ *Adj* (*gehoben*) finanziell, pekuniär

peda-gogic /ˌpedəˈɡɒdʒɪk; *AmE* -ˈɡɑːdʒ-/ (*auch* **peda-gogic-al** /-ɪkl/) *Adj* (*Adv* **peda-gogic-al-ly** /-kli/) (*gehoben*) pädagogisch

peda-gogue /'pedəɡɒɡ; *AmE* -ɡɑːɡ/ *Nomen* (*veraltet oder gehoben*) Pädagoge, Pädagogin

peda-gogy /'pedəɡɒdʒi; *AmE* -ɡoʊdʒi/ *Nomen* (*Fachspr*) Pädagogik

pedal¹ /'pedl/ *Nomen* Pedal ◇ *She pressed her foot down sharply on the brake pedal.* Sie trat voll auf die Bremse.

pedal² /'pedl/ *Verb* (**-ll-**, *AmE auch* **-l-**) **1** Rad fahren, radeln ◇ *I saw her pedalling along the canal bank.* Ich sah, wie sie mit dem Rad am Kanal entlangfuhr. **2** in die Pedale treten, strampeln (auf) ◊ *She was pedalling her exercise bike.* Sie war auf ihrem Heimtrainer. ☛ *Siehe auch* BACK-PEDAL

'pedal bin *Nomen* (*BrE*) Treteimer

ped·alo /'pedələʊ; *AmE* -loʊ/ *Nomen* (*Pl* **-oes** *oder* **-os**) (*BrE*) Tretboot

ped·ant /'pednt/ *Nomen* (*abwert*) Pedant(in)

pe·dan·tic /pɪ'dæntɪk/ *Adj* (*Adv* **pe·dan·tic·al·ly** /-kli/) (*abwert*) pedantisch

ped·ant·ry /'pedntri/ *Nomen* [U] (*abwert*) Pedanterie

ped·dle /'pedl/ *Verb* **1** hausieren (gehen), handeln mit ◊ *peddle illegal drugs* mit Drogen handeln **2** verbreiten ◊ *This line is being peddled by ministers.* Diese Linie wird von den Ministern vertreten.

ped·dler /'pedlə(r)/ *Nomen* (*AmE*) = PEDLAR

ped·es·tal /'pedɪstl/ *Nomen* Sockel ◊ *a pedestal basin* ein Waschbecken mit Standsäule [IDM] **put/place sb on a 'pedestal** jdn in den Himmel heben; jdn vergöttern ☛ *Siehe auch* KNOCK[1]

ped·es·trian[1] /pə'destriən/ *Nomen* Fußgänger(in)

ped·es·trian[2] /pə'destriən/ *Adj* **1** *nur vor Nomen* Fußgänger- ◊ *a pedestrian crossing* ein Fußgängerüberweg ◊ *pedestrian accidents* Unfälle, bei denen Fußgänger betroffen sind **2** langweilig, fantasielos, fad

ped·es·tri·an·iza·tion (*BrE auch* **-isation**) /pə,destriənaɪ'zeɪʃn/ *Nomen* Einführung von Fußgängerzonen, Umwandlung in eine Fußgängerzone

ped·es·tri·an·ize (*BrE auch* **-ise**) /pə'destriənaɪz/ *Verb* in eine Fußgängerzone umwandeln

pe,destrian 'precinct *Nomen* (*BrE*) Fußgängerzone

pedi·at·ri·cian, pedi·at·rics (*AmE*) = PAEDIATRICIAN, PAEDIATRICS

pedi·cure /'pedɪkjʊə(r); *AmE* -kjʊr/ *Nomen* Fußpflege

pedi·gree[1] /'pedɪgriː/ *Nomen* Stammbaum, Ahnentafel; (*fig*) Vorgeschichte ◊ *She was proud of her long pedigree.* Auf ihre lange Ahnenreihe war sie stolz.

pedi·gree[2] /'pedɪgriː/ (*AmE* **pedi·greed**) *Adj nur vor Nomen* (*Tier*) mit Stammbaum, Zucht-, reinrassig

pedi·ment /'pedɪmənt/ *Nomen* Giebel(dreieck)

ped·lar (*AmE* **ped·dler**) /'pedlə(r)/ *Nomen* Hausierer(in)

ped·ometer /pe'dɒmɪtə(r); *AmE* -'dɑːm-/ *Nomen* Pedometer, Schrittzähler

pedo·phile, pedo·philia (*AmE*) = PAEDOPHILE, PAEDOPHILIA

pee[1] /piː/ *Verb* (**peed, peed**) (*umgs*) pinkeln [SYN] URINATE

pee[2] /piː/ *Nomen* (*umgs*) **1** [Sing] (*BrE*) = *go for a pee* pinkeln gehen ◊ (*BrE*) *have a pee* pinkeln ◊ (*AmE*) *take a pee* pinkeln gehen **2** Urin, Pipi

peek[1] /piːk/ *Verb* **1** gucken; **~ at sth** etw verstohlen ansehen **2 ~ out/over/through, etc.** herausgucken, hervorgucken

peek[2] /piːk/ *Nomen* [Sing] kurzer Blick ◊ *I took a quick peek inside.* Ich guckte schnell mal rein.

peek·aboo /ˌpiːkə'buː/ *Nomen* (*bes AmE*) Guck-Guck-Spiel

peel[1] /piːl/ *Verb* **1** (sich) schälen **2 ~ away/off/back** sich ablösen; **~ sth away/off/back** etw ablösen **3 ~ (off)** sich lösen **4** abblättern [IDM] ⇨ EYE[1] [PHRV] **,peel 'off 1** ausscheren **2** sich ausziehen ◊ **,peel sth 'off** (*umgs*) etw abstreifen

peel[2] /piːl/ *Nomen* **1** (*Zitronen- etc.*) Schale **2 peels** [Pl] (*AmE*) Schalen

peel·er /'piːlə(r)/ *Nomen* (*meist in Zusammensetzungen*) Schälmesser

peel·ings /'piːlɪŋz/ *Nomen* [Pl] Schalen

peep[1] /piːp/ *Verb* **1** (verstohlen) gucken, linsen; **~ at sth** einen Blick auf etw werfen ◊ *Could I just peep inside?* Könnte ich mal kurz reingucken? **2** (*gehoben*) hervorgucken **3** piepsen

peep[2] /piːp/ *Nomen* **1** [meist Sing] kurzer Blick, verstohlener Blick ◊ *He took a quick peep at the last page.* Er überflog kurz die letzte Seite. **2** [Sing] (*umgs*) Ton, Pieps, Mucks **3** (*von Vogel*) Piepsen **4** (*auch* **peep 'peep**) tut, tut

peep-bo /'piːpbəʊ, 'piːpəʊ; *AmE* -boʊ, -oʊ/ *Nomen* (*BrE*) Guck-Guck-Spiel

peep·hole /'piːphəʊl; *AmE* -hoʊl/ *Nomen* Guckloch

Peeping 'Tom *Nomen* (*abwert*) Spanner, Voyeur

'peep show *Nomen* **1** Guckkasten(schau) **2** Peepshow

peer[1] /pɪə(r); *AmE* pɪr/ *Nomen* **1** [meist Pl] Ebenbürtige(r), Gleichaltrige(r) ◊ *She enjoys the respect of her peers.* Sie genießt unter ihresgleichen großen Respekt. ◊ *Peer pressure is strong among young people.* Bei jungen Leuten ist der Einfluss der Clique stark. **2** (*in GB*) = Mitglied des hohen Adels ☛ *Siehe auch* LIFE PEER

peer[2] /pɪə(r); *AmE* pɪr/ *Verb* angestrengt schauen ◊ *We peered into the shadows.* Wir starrten in die Dunkelheit. ◊ *She kept peering over her shoulder.* Sie sah sich dauernd um. ◊ *He peered closely at the photograph.* Er betrachtete das Foto ganz genau.

peer·age /'pɪərɪdʒ; *AmE* 'pɪr-/ *Nomen* **1** [Sing] = Gesamtheit der Peers ◊ *a member of the peerage* ein Mitglied des Adels ◊ *be elevated to the peerage* in den Adelsstand erhoben werden **2** Peerswürde ◊ *accept a peerage* eine Ernennung zum Peer annehmen

peer·ess /'pɪəres; *AmE* 'pɪrəs/ *Nomen* **1** = weibliches Mitglied des hohen Adels in Großbritannien **2** Frau eines Peers

'peer group *Nomen* Peergroup ◊ *She gets on well with her peer group.* Mit den anderen Gleichaltrigen kommt sie gut zurecht. ◊ **,peer-group 'pressure** Druck der Clique

peer·less /'pɪələs; *AmE* 'pɪrləs/ *Adj* (*gehoben*) unvergleichlich

peeve /piːv/ *Nomen* (*umgs*) [IDM] **be sb's 'pet 'peeve** (*AmE*) jdm ein Dorn im Auge sein ◊ *Do you have a pet peeve?* Worüber ärgern Sie sich am meisten?

peeved /piːvd/ *Adj* (*umgs*) sauer, pikiert

peev·ish /'piːvɪʃ/ *Adj* (*Adv* **peev·ish·ly**) gereizt, quengelig

pee·wit /'piːwɪt/ *Nomen* Kiebitz

peg[1] /peg/ *Nomen* **1** Haken, Pflock **2** = TENT PEG **3** (*BrE*) = CLOTHES PEG **4** = TUNING PEG [IDM] **,off the 'peg** (*BrE*) von der Stange ◊ *off-the-peg fashions* Konfektionskleidung ◊ **,bring/take sb 'down a peg (or two)** jdn in seine Schranken weisen ◊ **a peg to 'hang sth on** ein Aufhänger für etw ☛ *Siehe auch* SQUARE[1]

peg[2] /peg/ *Verb* (**-gg-**) **1 ~ sth (out)** etw aufhängen; (*Zelt*) etw festpflocken **2** (*meist passiv*) **~ sth (at/to sth)** etw (auf etw) festsetzen ◊ *peg the exchange rate to the dollar* den Wechselkurs an den Dollar binden ◊ *Admission prices have been pegged.* Die Eintrittspreise wurden eingefroren. **3 ~ sb as sth** (*AmE, umgs*) jdn für etw halten ◊ *She pegged him as a big spender.* Ihrer Ansicht nach saß bei ihm das Geld locker. [IDM] ⇨ LEVEL[2] [PHRV] **,peg a'way (at sth)** (*bes BrE, umgs*) (mit etw) weitermachen ◊ *She kept pegging away at her novel.* Sie arbeitete verbissen an ihrem Roman. ◊ **,peg sb/sth 'back** jdn/etw einholen ◊ **,peg 'out** (*BrE, umgs*) (*sterben*) abkratzen

'peg leg *Nomen* (*umgs*) Holzbein

pe·jora·tive /prɪ'dʒɒrətɪv; *AmE* -'dʒɔːr-, -'dʒɑːr-/ *Adj* (*Adv* **pe·jora·tive·ly**) (*gehoben*) pejorativ, abwertend

Pe·kin·ese (*auch* **Pe·king·ese**) /ˌpiːkɪ'niːz/ *Nomen* (*Pl* **Pe·kin·ese** *oder* **Pe·kin·eses**) (*Hund*) Pekinese

peli·can /'pelɪkən/ *Nomen* Pelikan

,pelican 'crossing *Nomen* (*BrE*) = durch eine Ampel geregelter Fußgängerüberweg

pel·let /'pelɪt/ *Nomen* **1** Kügelchen, Pellet ◊ *slug pellets* Schneckenkörner **2** Schrotkugel

pel·met /'pelmɪt/ *Nomen* (*BrE*) Schabracke; (*aus Stoff*) Querbehang

pelt[1] /pelt/ *Verb* **1** bewerfen, bombardieren **2 ~ (down)** (herunter)prasseln ◊ *By now the rain was pelting down.* Inzwischen goss es in Strömen. **3** (*umgs*) rasen

pelt[2] /pelt/ *Nomen* Fell [IDM] **(at) full 'pelt/'tilt** mit Karacho

pel·vic /'pelvɪk/ *Adj nur vor Nomen* (ANAT) Becken-

pel·vis /'pelvɪs/ *Nomen* (ANAT) Becken

pen[1] /pen/ *Nomen* **1** Stift, Füller ◊ *Have you got a pen?* Hast du was zum Schreiben? ◊ *a pen-and-ink drawing* eine Federzeichnung ◊ *a new book from the pen of Martin Amis* ein neues Buch von Martin Amis **2** Pferch, Koben **3** (*AmE, Slang*) Knast [IDM] **put pen to 'paper** schreiben ☛ *Siehe auch* SLIP[2]

pen[2] /pen/ *Verb* (**-nn-**) **1** (*gehoben*) schreiben, verfassen **2 ~ sb/sth (in/up)** jdn/etw einpferchen, jdn/etw einsperren

penal /'pi:nl/ *Adj* **1** strafrechtlich, Straf- ◇ *the penal laws* das Strafgesetz ◇ *the penal system* das Strafrecht ◇ *a penal offence* eine Straftat ◇ *penal reforms* Strafrechtsreformen ◇ *a penal colony* eine Strafkolonie ◇ *penal servitude* Zwangsarbeit **2** harsch ◇ *penal rates of interest* völlig überhöhte Zinssätze

'**penal code** *Nomen* Strafgesetzbuch, Strafgesetzordnung

pen·al·ize (*BrE auch* **-ise**) /'pi:nəlaɪz/ *Verb* **1** bestrafen, eine Strafe verhängen gegen **2** benachteiligen, diskriminieren

pen·al·ty /'penəlti/ *Nomen* (*Pl* **-ies**) **1** Strafe ◇ *You can withdraw money from the account without penalty.* Sie können ohne Zinsverlust Geld von dem Konto abheben. **2** Nachteil **3** (Sport) Strafstoß, Strafpunkt **4** (*Fußball*) Elfmeter [IDM] ⇨ PAY²

'**penalty area** (*auch* **area**, *BrE auch* '**penalty box**) *Nomen* Strafraum

'**penalty point** *Nomen* (*BrE*) Strafpunkt

'**penalty 'shoot-out** *Nomen* Elfmeterschießen

pen·ance /'penəns/ *Nomen* **1** [*meist Sing*] (Rel) Buße **2** [*Sing*] (*fig*) Strafe ◇ *She regards living here as a penance.* Hier zu leben ist eine Strafe für sie.

pence *Form von* PENNY

pen·chant /'pɒ̃ʃɒ̃; *AmE* 'pentʃənt/ *Nomen* (*gehoben*) Vorliebe, Schwäche

pen·cil¹ /'pensl/ *Nomen* Bleistift

pen·cil² /'pensl/ *Verb* (**-ll-**, *AmE* **-l-**) mit Bleistift zeichnen, schreiben etc. [PHR V] ,**pencil sth/sb 'in** jdn/etw (vorläufig) vormerken

'**pencil case** *Nomen* Federmäppchen

'**pencil-pusher** *Nomen* (*AmE, umgs, abwert*) Büromensch

'**pencil sharpener** *Nomen* Bleistiftspitzer

pen·dant /'pendənt/ *Nomen* (*Schmuck*) Anhänger

pend·ing¹ /'pendɪŋ/ *Präp* (*gehoben*) bis zu ◇ *pending elections in May* bis zu den Wahlen im Mai ◇ *He was released pending further inquiries.* Er wurde freigelassen, während weitere Nachforschungen angestellt wurden.

pend·ing² /'pendɪŋ/ *Adj* (*gehoben*) **1** *nicht vor Nomen* (noch) unentschieden ◇ *Nine cases are still pending.* Neun Fälle sind noch anhängig. **2** ◇ *a pending tray* ein Ablagekorb (für noch nicht Erledigtes) **3** bevorstehend

pen·du·lous /'pendjələs; *AmE* -dʒələs/ *Adj* (*gehoben*) herabhängend, Hänge-

pen·du·lum /'pendjələm; *AmE* -dʒələm/ *Nomen* Pendel (*auch fig*)

pene·trate /'penɪtreɪt/ *Verb* **1** ~ (**into**) sth in etw eindringen, in etw vorstoßen **2** ~ (**through**) sth etw durchdringen ◇ *The knife had penetrated his chest.* Das Messer hatte seine Brust durchstochen. ◇ (*fig*) *The war penetrates every area of the nation's life.* Der Krieg ist in allen Lebensbereichen des Landes spürbar. **3** infiltrieren **4** durchschauen, ergründen **5** verstanden werden ◇ *None of my advice seems to have penetrated his thick skull.* Keiner meiner Ratschläge scheint ihm eingegangen zu sein. **6** (*sexuell*) eindringen in, penetrieren

pene·trat·ing /'penɪtreɪtɪŋ/ *Adj* **1** durchdringend **2** (*Bemerkung etc.*) scharfsinnig

pene·tra·tion /,penɪ'treɪʃn/ *Nomen* **1** Eindringen, Durchdringen ◇ *the penetration of overseas markets* die Eroberung ausländischer Märkte **2** (*sexuell*) Eindringen, Penetration

pene·tra·tive /'penɪtrətɪv; *AmE* -treɪtɪv/ *Adj* **1** ◇ *penetrative sex* Geschlechtsverkehr mit Penetration **2** eindringend ◇ *the penetrative power of the weapon* die Durchschlagskraft der Waffe **3** eingehend

'**pen·friend** /'penfrend/ *Nomen* (*BrE*) Brieffreund(in)

'**pen·guin** /'peŋgwɪn/ *Nomen* Pinguin

peni·cil·lin /,penɪ'sɪlɪn/ *Nomen* Penizillin

pen·in·sula /pə'nɪnsjələ; *AmE* -sələ/ *Nomen* Halbinsel

pen·in·su·lar /pə'nɪnsjələ(r); *AmE* -sələr/ *Adj* Halbinsel-

penis /'pi:nɪs/ *Nomen* Penis

peni·tence /'penɪtəns/ *Nomen* (*gehoben*) Reue

peni·tent /'penɪtənt/ *Adj* (*gehoben*) **1** reuig, zerknirscht **2** Nomen Büßer(in), reuige(r) Sünder(in)

peni·ten·tial /,penɪ'tenʃl/ *Adj* (*gehoben*) reumütig

peni·ten·tiary /,penɪ'tenʃəri/ *Nomen* (*Pl* **-ies**) (*umgs* **pen**) (*AmE*) Strafanstalt

'**pen·knife** /'pennaɪf/ *Nomen* (*Pl* **-knives** /-naɪvz/) Taschenmesser

'**pen-name** *Nomen* Pseudonym, Schriftstellername [SYN] NOM DE PLUME

pen·nant /'penənt/ *Nomen* **1** Wimpel **2** (*AmE*) (Sport) Meisterschaftswimpel

pen·ni·less /'penɪləs/ *Adj* mittellos, arm

penny /'peni/ *Nomen* (*Pl* **pen·nies** /'peniz/ *oder* **pence** /pens/) **1** (*BrE*) (*Abk* **p**) Penny **2** (*AmE*) Cent

In Großbritannien verwendet man die Pluralform **pennies** für die Münzen und **pence** oder (*umgangssprachlich*) **p** für eine Geldsumme. In den USA ist die Pluralform **pennies**. *He had a few pennies in his pocket.* ◇ *Potatoes were 20 pence a pound.* ◇ *They cost 40p each.*

[IDM] ,**every 'penny** jeder Pfennig ,**in for a 'penny, ,in for a 'pound** (*BrE*) wennschon, dennschon **not a 'penny** kein(en) Pfennig; gar nichts ◇ *She hasn't got a penny to her name.* Sie hat keinen roten Heller. **the 'penny drops** (*bes BrE, umgs*) der Groschen fällt **a ,penny for your 'thoughts**; **a ,penny for them** woran denkst du gerade? **turn up like a bad 'penny** (*umgs*) immer wieder auftauchen ,**two/,ten a 'penny 1** spottbillig **2** wie Sand am Meer ☛ *Siehe auch* PINCH¹, PRETTY² *und* SPEND¹

,**penny-'farthing** *Nomen* (*BrE*) Hochrad

'**penny-pinching¹** *Adj* (*abwert*) knauserig

'**penny-pinching²** *Nomen* Knauserei, Pfennigfuchserei

,**penny 'whistle** *Nomen* Blechflöte

penny·worth /'peniwɜːθ; *AmE* -wɜːrθ/ *Nomen* (*BrE, veraltet*) **1** ◇ *a pennyworth of sweets* Süßigkeiten für einen Penny **2** ◇ *It doesn't make a pennyworth of difference.* Es macht nicht den geringsten Unterschied. ◇ *I'm going to add my pennyworth.* Ich werde meinen Teil dazu sagen.

'**pen pal** *Nomen* (*bes AmE*) Brieffreund(in)

'**pen-pusher** *Nomen* (*bes BrE, umgs, abwert*) Büromensch

pen·sion¹ /'penʃn/ *Nomen* **1** Rente ◇ *take out a private pension* eine private Rentenversicherung abschließen **2** Pension

pen·sion² /'penʃn/ *Verb* [PHR V] ,**pension sb 'off** (*bes BrE*) (*meist passiv*) jdn (vorzeitig) pensionieren

pen·sion·able /'penʃənəbl/ *Adj* zu einer Rente berechtigend/berechtigt ◇ *people of pensionable age* Leute im Rentenalter

pen·sion·er /'penʃənə(r)/ *Nomen* (*bes BrE*) Rentner(in) ◇ *old-age pensioners* Rentner

'**pension plan** (*BrE auch* '**pension scheme**) *Nomen* Rentenversicherung

pen·sive /'pensɪv/ *Adj* (*Adv* **pen·sive·ly**) nachdenklich

penta·gon /'pentəgən; *AmE* -gɑːn/ *Nomen* **1** Fünfeck **2** **the Pentagon** [*Sing*] das Pentagon

pen·tagon·al /pen'tægənl/ *Adj* fünfeckig

penta·gram /'pentəgræm/ *Nomen* ≈ Pentagramm, Drudenfuß

pen·tam·eter /pen'tæmɪtə(r)/ *Nomen* Pentameter

pent·ath·lon /pen'tæθlən/ *Nomen* Fünfkampf

Pente·cost /'pentɪkɒst; *AmE* -kɔːst, -kɑːst/ *Nomen* **1** Pfingsten **2** (*jüdisch*) Schawuoth, Wochenfest

Pente·cos·tal /,pentɪ'kɒstl; *AmE* -'kɔːs-, -'kɑːs-/ *Adj* Pfingst-

Pente·cos·talist /,pentɪ'kɒstlɪst; *AmE* -'kɔːs-, -'kɑːs-/ *Nomen* Anhänger(in) der Pfingstbewegung

'**pent·house** /'penthaʊs/ *Nomen* Penthouse, Dachterrassenwohnung

,**pent-'up** /,pent 'ʌp/ *Adj* **1** (*Gefühle, Energie etc.*) aufgestaut **2** aufgewühlt

pen·ul·ti·mate /pen'ʌltɪmət/ *Adj* *nur vor Nomen* (*gehoben*) vorletzte(r,s)

pen·ury /'penjəri/ *Nomen* (*gehoben*) Armut [SYN] POVERTY

peon /'piːən/ *Nomen* **1** Tagelöhner(in) (*in Lateinamerika*) **2** (*AmE, hum*) Arbeitstier

peony /'piːəni/ *Nomen* (*Pl* **-ies**) Pfingstrose

people¹ /'piːpl/ *Nomen* **1** [*Pl*] Leute, Menschen ◇ *He doesn't care what people think of him.* Es ist ihm egal, was die Leute von ihm denken. ◇ *People often say that.* Das wird oft gesagt. ◇ *sports people* Sportler **2** Volk ◇ *the French people* die Franzosen ◇ *the native peoples of Siberia* die Ureinwohner Sibiriens **3 the people** [Pl] die (einfachen) Leute ◇ *the life of the common people* das Leben der einfachen Leute **4** [Pl] (*veraltet*) Familie ☛ Siehe auch LITTLE PEOPLE, STREET PEOPLE *und* TRADESPEOPLE **IDM of 'all people** ausgerechnet; gerade ◇ *She of all people should know.* Gerade sie sollte es wissen. **people (who live) in glass houses shouldn't throw 'stones** wer im Glashaus sitzt, soll nicht mit Steinen werfen ☛ Siehe auch MAN[1] *und* THING

people[2] /'piːpl/ *Verb* (*meist passiv*) (*gehoben*) bevölkern

'people carrier (*auch* **'people mover**) *Nomen* (*BrE*) Großraumlimousine

pep[1] /pep/ *Verb* (**-pp-**) **PHR V pep sb/sth 'up** (*umgs*) jdn/etw in Schwung bringen ◇ *Pep up meals by adding more unusual spices.* Kochen Sie pikanter mit ausgefalleneren Gewürzen.

pep[2] /pep/ *Nomen* Schwung, Elan

pep·per[1] /'pepə(r)/ *Nomen* **1** Pfeffer **2** (*BrE*) (*Gemüse*) Paprika(schote)

pep·per[2] /'pepə(r)/ *Verb* pfeffern **PHR V 'pepper sth with sth** etw mit etw spicken

pep·per·corn /'pepəkɔːn; *AmE* -pərkɔːrn/ *Nomen* Pfefferkorn

,peppercorn 'rent *Nomen* (*BrE*) symbolische Miete

pep·per·mint /'pepəmɪnt; *AmE* -pərm-/ *Nomen* **1** Pfefferminze **2** Pfefferminzbonbon

pep·per·oni /ˌpepə'rəʊni; *AmE* -'roʊ-/ *Nomen* Pepperoni, scharf gewürzte Salami

'pepper pot (*AmE meist* **'pep·per·shaker**) *Nomen* Pfefferstreuer

pep·pery /'pepəri/ *Adj* **1** pfeffrig **2** hitzig, jähzornig

'pep pill *Nomen* (*umgs*) Aufputschtablette

'pep rally *Nomen* (*Pl* **-ies**) (*AmE, umgs*) **1** (SPORT) = Veranstaltung zur Aufheizung der Stimmung (vor einem Spiel) **2** (POL) = Wahlkampfveranstaltung

'pep talk *Nomen* (*umgs*) aufmunternde Worte

pep·tic ulcer /ˌpeptɪk 'ʌlsə(r)/ *Nomen* Magengeschwür

per /pə(r)/; *betont* pɜː(r)/ *Präp* pro **IDM as per sth** (*umgs*) einer Sache gemäß **as per 'normal/'usual** wie gewöhnlich/üblich

per annum /pər 'ænəm/ *Adv* pro Jahr

per cap·ita /pə 'kæpɪtə; *AmE* pər/ *Adj, Adv* pro Kopf

per·ceive /pə'siːv; *AmE* pər's-/ *Verb* (*gehoben*) **1** wahrnehmen, erkennen **2 ~ sb/sth as sth** jdn/etw für etw halten, jdn/etw als etw betrachten **3** (*meist passiv*) ◇ *They were widely perceived to have been unlucky.* Viele meinten, dass sie Pech gehabt hätten. ◇ *He was perceived to have failed.* Er wurde als Versager angesehen.

per cent[1] (*AmE meist* **per·cent**) /pə 'sent; *AmE* pər 'sent/ *Nomen* (*Pl* **per cent, per·cent**) Prozent

✎ WRITING TIP
Talking about statistics
- *one in four people*/*one out of four people*/*one out of every four people* jeder Vierte
- *25% of the population*/*A quarter of the population is affected.* 25% der Bevölkerung sind/Ein Viertel der Bevölkerung ist betroffen.

per cent[2] (*AmE meist* **per·cent**) /pə 'sent; *AmE* pər 'sent/ *Adj, Adv* von ... Prozent, -prozentig ◇ *a 5 per cent rise in price* ein fünfprozentiger Preisanstieg ◇ *House prices rose five per cent last year.* Die Hauspreise sind im vergangenen Jahr um fünf Prozent gestiegen.

per·cent·age /pə'sentɪdʒ; *AmE* pər's-/ *Nomen* **1** Prozentsatz, (prozentualer) Anteil ◇ *Interest rates are expected to rise by one percentage point.* Man erwartet einen Zinsanstieg von einem Prozentpunkt. ◇ *The figure is expressed as a percentage.* Die Zahl ist in Prozenten ausgedrückt. ◇ *The results were analysed in percentage terms.* Die Ergebnisse wurden prozentual ausgewertet. ☛ G 1.3b **2** [*meist Sing*] prozentuale Beteiligung am Umsatz, Prozente

per·cent·ile /pə'sentaɪl; *AmE* pər's-/ *Nomen* (*Fachspr*) Perzentil

per·cep·tible /pə'septəbl; *AmE* pər's-/ *Adj* (*gehoben*) wahrnehmbar, spürbar

per·cep·tibly /pə'septəbli; *AmE* pər'septəbli/ *Adv* deutlich, spürbar

per·cep·tion /pə'sepʃn; *AmE* pər's-/ *Nomen* **1** (*gehoben oder Fachspr*) Wahrnehmung **2** (*gehoben*) Verständnis ◇ *He had an acute perception of their problems.* Er verstand ihre Probleme genau. **3** (*gehoben*) Vorstellung ◇ *the public perception of the police* das Bild, das die Öffentlichkeit von der Polizei hat

per·cep·tive /pə'septɪv; *AmE* pər's-/ *Adj* (*Adv* **per·cep·tive·ly**) **1** scharfsinnig **2** Wahrnehmungs-

per·cep·tive·ness /pə'septɪvnəs; *AmE* pər's-/ *Nomen* Scharfsinn

perch[1] /pɜːtʃ; *AmE* pɜːrtʃ/ *Verb* **1** (*Vogel*) sich niederlassen **2 ~ (on sth)** (auf etw) sitzen **3 ~ sb/yourself (on sth)** jdn/sich (auf etw) setzen **4 ~ (on sth)** (*Haus etc.*) (hoch) (auf etw) stehen

perch[2] /pɜːtʃ; *AmE* pɜːrtʃ/ *Nomen* **1** (Sitz)stange, Ast, Hühnerstange **2** (*hoher*) Sitz, Platz **3** (*Pl* **perch**) Flussbarsch **IDM** ⇨ KNOCK[1]

per·chance /pə'tʃɑːns; *AmE* pər'tʃæns/ *Adv* (*veraltet*) vielleicht

perched /pɜːtʃt; *AmE* pɜːrtʃt/ *Adj* **1** ◇ *There was a bird perched on the roof.* Auf dem Dach saß ein Vogel. **2** ◇ *a hotel perched high on the mountain* ein Hotel, das hoch auf dem Berg steht

per·co·late /'pɜːkəleɪt; *AmE* 'pɜːrk-/ *Verb* **1** (durch)sickern **2** mit der Kaffeemaschine zubereiten **3** (*Kaffee*) durchlaufen

per·co·la·tor /'pɜːkəleɪtə(r); *AmE* 'pɜːrk-/ *Nomen* ≈ Kaffeemaschine

per·cus·sion /pə'kʌʃn; *AmE* pər'k-/ *Nomen* **1** Schlagzeug ◇ *percussion instruments* Schlaginstrumente **2 the percussion** [Sing] (*auch* **per'cussion section**) (*im Orchester*) das Schlagzeug

per·cus·sion·ist /pə'kʌʃənɪst; *AmE* pər'k-/ *Nomen* Schlagzeuger(in)

per diem /ˌpɜː 'diːem; *AmE* ˌpɜːr/ *Nomen* (*bes AmE*) Tagegeld

pere·grine /'perɪgrɪn/ (*auch* ˌ**peregrine 'falcon**) *Nomen* Wanderfalke

per·emp·tory /pə'remptəri/ *Adj* (*Adv* **per·emp·tor·ily** /-trəli/) (*gehoben, abwert*) herrisch, gebieterisch ◇ *She peremptorily dismissed the idea.* Sie hat die Idee ohne Diskussion kategorisch abgelehnt.

per·en·nial /pə'reniəl/ **1** *Adj* ewig, immer während, immer wiederkehrend **2** *Adj* (*Pflanze*) mehrjährig **3** *Nomen* mehrjährige Pflanze

per·en·ni·al·ly /pə'reniəli/ *Adv* ständig, immer wieder ◇ *perennially popular* immer wieder beliebt

per·fect[1] /'pɜːfɪkt; *AmE* 'pɜːrf-/ *Adj* **1** einwandfrei, makellos, vollkommen **2** perfekt ◇ *The suit was a perfect fit.* Der Anzug saß wie angegossen. ◇ *What perfect timing!* Gerade im rechten Augenblick! **3** ausgezeichnet ◇ *The weather was perfect.* Das Wetter war herrlich. **4** ideal SYN IDEAL **5** *nur vor Nomen* (*umgs*) völlig ◇ *a perfect stranger* ein Wildfremder **6** (LING) **the ~ tense** das Perfekt ☛ Siehe auch PAST PERFECT **IDM** ⇨ PRACTICE *und* WORLD

per·fect[2] /'pɜːfɪkt; *AmE* 'pɜːrf-/ *Nomen* (LING) Perfekt ☛ Siehe auch PAST PERFECT

per·fect[3] /pə'fekt; *AmE* pər'f-/ *Verb* perfektionieren, vervollkommnen

per·fec·tion /pə'fekʃn; *AmE* pər'f-/ *Nomen* **1** Perfektion, Vollkommenheit ◇ *The fish was cooked to perfection.* Der Fisch war perfekt zubereitet. **2** Perfektionierung, Vervollkommnung

per·fec·tion·ism /pə'fekʃənɪzəm; *AmE* pər'f-/ *Nomen* Perfektionismus

per·fec·tion·ist /pə'fekʃənɪst; *AmE* pər'f-/ *Nomen* Perfektionist(in)

per·fect·ly /'pɜːfɪktli; *AmE* 'pɜːrf-/ *Adv* **1** völlig, ganz ◇ *You know perfectly well what I mean.* Du weißt ganz genau, was ich meine. **2** tadellos, perfekt

ˌ**perfect 'pitch** *Nomen* (MUS) das absolute Gehör

per·fidi·ous /pə'fɪdiəs; *AmE* pər'f-/ *Adj* (*gehoben*) verräterisch, perfid(e) SYN TREACHEROUS

per·for·ate /'pɜːfəreɪt; *AmE* 'pɜːrf-/ *Verb* durchlöchern, perforieren, durchbrechen

per·for·ation /ˌpɜːfə'reɪʃn; *AmE* ˌpɜːrf-/ *Nomen* **1** [meist Pl] Perforation **2** (MED) Durchbruch

per·force /pə'fɔːs; *AmE* pər'fɔːrs/ *Adv* (*veraltet oder gehoben*) notgedrungen

per·form /pə'fɔːm; *AmE* pər'fɔːrm/ *Verb* **1** durchführen; (*Pflicht, Aufgabe etc.*) erfüllen; (*Zeremonie*) vollziehen **2** vorführen, aufführen ◊ *I'm looking forward to seeing you perform.* Ich freue mich schon auf deinen Auftritt. ◊ *I'd like to hear it performed live.* Ich würde es gern in einer Liveaufführung hören. **3** eine Vorstellung geben, auftreten ◊ *perform on the flute* Flöte spielen **4** (*funktionieren, Leistung bringen*) gehen, laufen ◊ *The engine performs well.* Der Motor zeigt eine gute Leistung. ◊ *The company has been performing poorly over the past year.* Die Firma hatte im letzten Jahr schlechte Ergebnisse. ◊ *If Owen performs then England can win.* Wenn Owen gut spielt, kann England gewinnen. ◊ *She performed less well in the second test.* Im zweiten Test war sie weniger gut. **IDM** ⇒ MIRACLE

per·form·ance /pə'fɔːməns; *AmE* pər'fɔːrm-/ *Nomen* **1** Aufführung, Vorführung ◊ *a live performance* ein Liveauftritt **2** darstellerische Leistung **3** Leistung ◊ *performance-related pay* leistungsorientierte Vergütung **4** (*gehoben*) Erfüllung, Durchführung ◊ *the performance of her duties* die Erfüllung ihrer Pflichten ◊ *He did not want a repeat performance of that humiliating defeat.* Er wollte keine Wiederholung seiner demütigenden Niederlage. **5** [Sing (*bes BrE, umgs*) Umstand, Theater

per·form·er /pə'fɔːmə(r); *AmE* pər'fɔːrm-/ *Nomen* **1** Künstler(in) **2** ◊ *He was a poor performer at school.* Er war kein guter Schüler.

the per·forming ˈarts *Nomen* [Pl] die darstellenden Künste

per·fume¹ /'pɜːfjuːm; *AmE* pər'fjuːm/ *Nomen* **1** Parfum **2** Duft

per·fume² /'pɜːfjuːm; *AmE* pər'fjuːm/ *Verb* (*oft passiv*) **1** (*gehoben*) mit Wohlgeruch erfüllen **2** parfümieren

per·fumed /'pɜːfjuːmd; *AmE* pər'fjuːmd/ *Adj* parfümiert

per·fum·ery /pə'fjuːməri; *AmE* pər'f-/ *Nomen* (*Pl* **-ies**) **1** Parfümerie **2** Parfümherstellung

per·func·tory /pə'fʌŋktəri; *AmE* pər'f-/ *Adj* (*Adv* **per·func·tor·ily** /-trəli/) (*gehoben*) der Form halber, flüchtig

per·gola /'pɜːɡələ; *AmE* 'pɜːrɡ-/ *Nomen* Pergola

per·haps /pə'hæps, præps; *AmE* pər'h-/ *Adv* **1** vielleicht **2** (*abschwächend*) möglicherweise, wohl ◊ *This is perhaps his best novel.* Dies ist wohl sein bester Roman.

> ✎ WRITING TIP
> **Expressing a tentative opinion**
> - *This is arguably the best poem in the collection.* Dies ist wohl das beste Gedicht in der Sammlung.
> - *This poem is perhaps his best known work.* Dieses Gedicht ist vielleicht sein bekanntestes Werk.
> - *It can be argued that this poem, more than all the others, sums up the poet's hopes and dreams.* Man kann sagen, dass dieses Gedicht mehr als alle anderen die Hoffnungen und Träume des Dichters zusammenfasst.
> - *The poem is possibly the finest that he wrote.* Das Gedicht ist möglicherweise das beste, das er geschrieben hat.

peril /'perəl/ *Nomen* (*gehoben*) Gefahr **IDM** **do sth at your (own) ˈperil** etw auf eigene Gefahr tun

per·il·ous /'perələs/ *Adj* (*Adv* **per·il·ous·ly**) (*gehoben*) gefährlich

per·im·eter /pə'rɪmɪtə(r)/ *Nomen* **1** Rand, Grenze ◊ *Guards patrol the perimeter of the camp.* Wachmänner patrouillieren um das Lager. ◊ *a perimeter fence* eine Umzäunung **2** (MATH) Umfang

period¹ /'pɪəriəd; *AmE* 'pɪr-/ *Nomen* **1** Zeit, Zeitraum, Zeitspanne **2** Epoche, Zeitalter ◊ *Picasso's Cubist period* Picassos kubistische Periode **3** (GEOL) Periode, Formation ◊ *the Jurassic period* der Jura **4** (Schul)stunde ◊ *a free period* eine Freistunde **SYN** LESSON **5** Periode ◊ *period pains* Menstruationsschmerzen **6** (*AmE*) (*Satzzeichen*) Punkt

period² /'pɪəriəd; *AmE* 'pɪr-/ *Adv* (*bes AmE, umgs*) (und damit) basta

period³ /'pɪəriəd; *AmE* 'pɪr-/ *Adj* nur vor Nomen zeitgenössisch, im Zeitstil ◊ *period costumes* zeitgenössische Kostüme ◊ *period furniture* antike Möbel

peri·od·ic /ˌpɪəri'ɒdɪk; *AmE* ˌpɪri'ɑːdɪk/ (*seltener* **peri·od·ical** /ˌpɪəri'ɒdɪkl; *AmE* ˌpɪri'ɑːd-/) *Adj* (*Adv* **peri·od·ic·al·ly** /-kli/) regelmäßig

peri·od·ical /ˌpɪəri'ɒdɪkl; *AmE* ˌpɪri'ɑːd-/ *Nomen* Zeitschrift

the ˌperiodic ˈtable *Nomen* [Sing] (CHEM) das Periodensystem

ˈperiod piece *Nomen* **1** (*Theaterstück etc.*) Zeitstück **2** (*Möbelstück etc.*) antikes Stück

peri·pat·et·ic /ˌperɪpə'tetɪk/ *Adj* (*gehoben*) umherreisend ◊ *peripatetic music teachers* Musiklehrer, die an mehreren Schulen unterrichten

per·iph·eral¹ /pə'rɪfərəl/ *Adj* **1** Rand- ◊ *peripheral areas* Randgebiete **2** ~ (**to sth**) (*gehoben*) nebensächlich (für etw) **3** (*Fachspr*) peripher **4** (COMP) Peripherie-

per·iph·eral² /pə'rɪfərəl/ *Nomen* (COMP) Peripheriegerät

per·iph·er·al·ly /pə'rɪfərəli/ *Adv* am Rande

per·iph·ery /pə'rɪfəri/ *Nomen* (*Pl* **-ies**) [meist Sing] (*gehoben*) Rand ◊ *on the periphery of the town* am Stadtrand

peri·scope /'perɪskəʊp; *AmE* -skoʊp/ *Nomen* Periskop

per·ish /'perɪʃ/ *Verb* **1** (*gehoben*) umkommen **2** (*gehoben*) zerfallen **3** (*BrE*) (*Gummi etc.*) brüchig werden, altern **IDM** **ˌperish the ˈthought** (*umgs*) Gott bewahre!

per·ish·able /'perɪʃəbl/ *Adj* verderblich

per·ish·ables /'perɪʃəblz/ *Nomen* [Pl] (*Fachspr*) (leicht) verderbliche Waren

per·ished /'perɪʃt/ *Adj* nicht vor Nomen (*BrE, umgs*) durchgefroren

per·ish·ing /'perɪʃɪŋ/ *Adj* (*BrE, umgs*) **1** eiskalt ◊ *I'm perishing!* Ich erfriere! **2** (*veraltet*) elend, verdammt

peri·ton·itis /ˌperɪtə'naɪtɪs; *AmE* (MED) Bauchfellentzündung

peri·win·kle /'perɪwɪŋkl/ *Nomen* **1** Immergrün **2** Strandschnecke

per·jure /'pɜːdʒə(r); *AmE* 'pɜːrdʒ-/ *Verb* ~ **yourself** einen Meineid leisten

per·jurer /'pɜːdʒərə(r); *AmE* 'pɜːrdʒ-/ *Nomen* Meineidige(r)

per·jury /'pɜːdʒəri; *AmE* 'pɜːrdʒ-/ *Nomen* [U] Meineid ◊ *commit perjury* einen Meineid leisten

perk¹ /pɜːk; *AmE* pɜːrk/ *Nomen* [meist Pl] Vergünstigung; (*fig*) Vorteil

perk² /pɜːk; *AmE* pɜːrk/ *Verb* **PHRV** **ˌperk ˈup** (*umgs*) **1** munter werden, aufleben **2** sich beleben **ˌperk sb ˈup** (*umgs*) jdn munter machen, jdn aufmuntern **ˌperk sth ˈup** (*umgs*) **1** etw beleben **2** etw aufpeppen

perky /'pɜːki; *AmE* 'pɜːrki/ *Adj* (**perk·ier, perki·est**) (*umgs*) lebhaft, munter

perm¹ /pɜːm; *AmE* pɜːrm/ *Nomen* Dauerwelle

perm² /pɜːm; *AmE* pɜːrm/ *Verb* ◊ *have your hair permed* sich eine Dauerwelle machen lassen ◊ *permed hair* dauergewelltes Haar

per·man·ence /'pɜːmənəns; *AmE* 'pɜːrm-/ (*seltener* **per·man·ency** /-nənsi/) *Nomen* Dauerhaftigkeit, Beständigkeit

per·man·ent /'pɜːmənənt; *AmE* 'pɜːrm-/ *Adj* Dauer-, fest, (be)ständig ◊ *permanent damage* bleibende Schäden ◊ *be a permanent fixture* zum Inventar gehören

per·man·ent·ly /'pɜːmənəntli; *AmE* 'pɜːrm-/ *Adv* dauerhaft, auf Dauer, dauernd

ˌPermanent ˈUndersecretary (*auch* **ˌPermanent ˈSecretary**) *Nomen* (*in GB*) Staatssekretär(in)

per·me·able /'pɜːmiəbl; *AmE* 'pɜːrm-/ *Adj* (*Fachspr*) durchlässig **OPP** IMPERMEABLE

per·me·ate /'pɜːmieɪt; *AmE* 'pɜːrm-/ *Verb* (*gehoben*) **1** ~ (**through**) **sth** etw durchdringen ◊ *The smell of leather permeated the room.* Der Geruch von Leder durchdrang den Raum. **2** dringen; ~ **down to sth** zu etw durchdringen; ~ **into sth** in etw vordringen

per·mis·sible /pə'mɪsəbl; *AmE* pər'm-/ *Adj* (*gehoben*) zulässig

per·mis·sion /pə'mɪʃn; *AmE* pər'm-/ *Nomen* Genehmigung, Erlaubnis ◊ *ask permission for sth* für etw um Erlaubnis bitten

per·mis·sive /pəˈmɪsɪv; *AmE* pərˈm-/ *Adj* freizügig; *(Erziehungsstil)* nachgiebig

per·mis·sive·ness /pəˈmɪsɪvnəs; *AmE* pərˈm-/ *Nomen* Freizügigkeit, Nachgiebigkeit

per·mit¹ /pəˈmɪt; *AmE* pərˈm-/ *Verb* **(-tt-)** *(gehoben)* **~ sb to do sth** jdm gestatten etw zu tun, jdm erlauben etw zu tun; **~ sb sth** jdm etw gestatten

per·mit² /ˈpɜːmɪt; *AmE* ˈpɜːrmɪt/ *Nomen* Genehmigung, Erlaubnis

per·mu·ta·tion /ˌpɜːmjuˈteɪʃn; *AmE* ˌpɜːrm-/ *Nomen* Anordnung, Gruppierung

per·ni·cious /pəˈnɪʃəs; *AmE* pərˈn-/ *Adj (gehoben)* schädlich, bösartig

per·nick·ety /pəˈnɪkəti; *AmE* pərˈn-/ *Adj (BrE, umgs, abwert)* pingelig

per·ox·ide /pəˈrɒksaɪd; *AmE* -ˈrɑːk-/ *Nomen* (Wasserstoff)peroxyd ◊ *a woman with peroxide blonde hair* eine Frau mit wasserstoffblondem Haar

per·pen·dicu·lar /ˌpɜːpənˈdɪkjələ(r); *AmE* ˌpɜːrp-/ **1** *Adj (meist Fachspr)* senkrecht **2** *Nomen (meist* **the perpendicular***)* [*Sing*] (die) Senkrechte ◊ *The wall is a little out of the perpendicular.* Die Wand ist nicht ganz senkrecht.

per·pet·rate /ˈpɜːpətreɪt; *AmE* ˈpɜːrs-/ *Verb (gehoben)* begehen; **~ sth (against/upon/on sb)** etw (an jdm) verüben

per·pet·ra·tion /ˌpɜːpəˈtreɪʃn; *AmE* ˌpɜːrp-/ *Nomen (gehoben)* Begehung, Verübung

per·pet·ra·tor /ˈpɜːpətreɪtə(r); *AmE* ˈpɜːrp-/ *Nomen (gehoben)* Täter(in)

per·pet·ual /pəˈpetʃuəl; *AmE* pərˈp-/ *Adj* **1** *(Adv* **per·petu·al·ly***)* ewig, (an)dauernd, ständig **2** *nur vor Nomen* auf Lebenszeit

per·petu·ate /pəˈpetʃueɪt; *AmE* pərˈp-/ *Verb (gehoben)* aufrechterhalten

per·petu·ation /pəˌpetʃuˈeɪʃn; *AmE* pərˌp-/ *Nomen (gehoben)* Aufrechterhaltung

per·petu·ity /ˌpɜːpəˈtjuːəti; *AmE* ˌpɜːrpəˈtuː-/ *Nomen* IDM **in perpetuity** *(gehoben)* für alle Zeiten

per·plex /pəˈpleks; *AmE* pərˈp-/ *Verb (meist passiv)* verwirren, verblüffen SYN PUZZLE

per·plexed /pəˈplekst; *AmE* pərˈp-/ *Adj* verwirrt, verblüfft, perplex

per·plex·ing /pəˈpleksɪŋ; *AmE* pərˈp-/ *Adj* verwirrend, kompliziert

per·plex·ity /pəˈpleksəti; *AmE* pərˈp-/ *Nomen (Pl* **-ies***) (gehoben)* **1** Verwirrung, Ratlosigkeit **2** [*meist Pl*] Kompliziertheit

per·quis·ite /ˈpɜːkwɪzɪt; *AmE* ˈpɜːrk-/ *Nomen (gehoben)* **1** Vergünstigung **2** Privileg, Vorrecht

per se /ˌpɜː ˈseɪ; *AmE* ˌpɜːr/ *Adv* per se, an sich

per·se·cute /ˈpɜːsɪkjuːt; *AmE* ˈpɜːrs-/ *Verb (oft passiv)* **~ sb (for sth)** jdn (wegen einer Sache) verfolgen

per·se·cu·tion /ˌpɜːsɪˈkjuːʃn; *AmE* ˌpɜːrs-/ *Nomen* Verfolgung ◊ *a persecution complex* Verfolgungswahn

per·se·cu·tor /ˈpɜːsɪkjuːtə(r); *AmE* ˈpɜːrs-/ *Nomen* Verfolger(in), Peiniger(in)

per·se·ver·ance /ˌpɜːsɪˈvɪərəns; *AmE* ˌpɜːrsəˈvɪr-/ *Nomen* Ausdauer, Beharrlichkeit

per·se·vere /ˌpɜːsɪˈvɪə(r); *AmE* ˌpɜːrsəˈvɪr/ *Verb* durchhalten, beharrlich sein; **~ in sth** etw nicht aufgeben; **~ with sth** mit etw weitermachen

per·se·ver·ing /ˌpɜːsɪˈvɪərɪŋ; *AmE* ˌpɜːrsəˈvɪrɪŋ/ *Adj* beharrlich, ausdauernd

Per·sian /ˈpɜːʃn, -ʒn; *AmE* ˈpɜːrʒn/ **1** *Nomen* Perser(in) **2** *Nomen* Persisch **3** *Adj* persisch

per·sim·mon /pəˈsɪmən; *AmE* pərˈs-/ *Nomen* Persimone

per·sist /pəˈsɪst; *AmE* pərˈs-/ *Verb* **1** beharren; **~ in sth** etw unbeirrt fortsetzen, etw beharrlich verfolgen; **~ in doing sth** darauf beharren etw zu tun; **~ with sth** mit etw beharrlich fortfahren **2** anhalten, fortbestehen

per·sist·ence /pəˈsɪstəns; *AmE* pərˈs-/ *Nomen* **1** Beharrlichkeit, Hartnäckigkeit **2** Anhalten, Fortbestehen

per·sist·ent /pəˈsɪstənt; *AmE* pərˈs-/ *Adj (Adv* **per·sist·ent·ly***)* **1** beharrlich, hartnäckig ◊ *a persistent offender* ein(e) Wiederholungstäter(in) **2** anhaltend, ständig

per·snick·ety /pəˈsnɪkəti; *AmE* pərˈsn-/ *Adj (AmE, umgs, abwert)* pingelig

per·son /ˈpɜːsn; *AmE* ˈpɜːrsn/ *Nomen (Pl* **people** *oder, besonders offiziell,* **per·sons***)* **1** Mensch ◊ *He's just the person we need for the job.* Er ist genau der Richtige für den Job. **2** *(gehoben oder abwert)* Person ◊ *a certain person* ein gewisser Jemand **3** **-person** *(in Zusammensetzungen)* ◊ *a salesperson* ein(e) Verkäufer(in) ◊ *a spokesperson* ein(e) Sprecher(in) **4** (LING) Person ◊ *the first person singular* die erste Person Singular IDM **about/on your 'person** bei sich **about/on sb's person** bei jdm **in 'person** persönlich **in the person of sb** *(gehoben)* ◊ *Help arrived in the person of his mother.* Hilfe kam in der Person seiner Mutter. ← *Siehe auch* RESPECTER

per·sona /pəˈsəʊnə; *AmE* pərˈsoʊnə/ *Nomen (Pl* **per·son·ae** /-niː, -naɪ/ *oder* **per·so·nas***) (gehoben)* Erscheinung(sbild), Persönlichkeit ← *Siehe auch* PERSONA NON GRATA

per·son·able /ˈpɜːsənəbl; *AmE* ˈpɜːrs-/ *Adj* sympathisch, angenehm

per·son·age /ˈpɜːsənɪdʒ; *AmE* ˈpɜːrs-/ *Nomen (gehoben)* Persönlichkeit ◊ *a royal personage* ein(e) Angehörige(r) der königlichen Familie

per·son·al /ˈpɜːsənl; *AmE* ˈpɜːrs-/ *Adj* **1** *nur vor Nomen* persönlich ◊ *a personal best* eine persönliche Bestleistung ◊ *The President made a personal appearance.* Der Präsident erschien persönlich. ◊ *personal cleanliness/hygiene* Körperpflege **2** privat ◊ *my personal life* mein Privatleben **3** *(ausfallend, anzüglich)* persönlich ◊ *Nothing personal, but I do have to go now.* Nichts gegen Sie, aber ich muss jetzt gehen.

ˌpersonal asˈsistant *Nomen (bes BrE) (Abk* **PA***)* persönliche(r) Referent(in), Chefsekretär(in), persönliche(r) Assistent(in)

ˈpersonal column *Nomen* = Rubrik für private Kleinanzeigen

ˌpersonal comˈputer *Nomen* = PC (1)

per·son·al·ity /ˌpɜːsəˈnæləti; *AmE* ˌpɜːrs-/ *Nomen (Pl* **-ies***)* **1** Persönlichkeit, Charakter ◊ *There is a personality clash between my daughter and her teacher.* Meine Tochter und ihr Lehrer kommen einfach nicht miteinander aus. **2** Ausstrahlung **3** *(prominente)* Persönlichkeit

perˈsonality cult *Nomen (abwert)* Personenkult

per·son·al·ize *(BrE auch* **-ise***)* /ˈpɜːsənəlaɪz; *AmE* ˈpɜːrs-/ *Verb* **1** *(meist passiv)* persönlich(er) gestalten, individuell gestalten ◊ *The towels were personalized with their initials.* Die Handtücher waren mit ihren Initialen versehen. ◊ *Our courses are personalized to the needs of the individual.* Unsere Kurse werden an die individuellen Bedürfnisse der Teilnehmer angepasst. **2** personalisieren

per·son·al·ly /ˈpɜːsənəli; *AmE* ˈpɜːrs-/ *Adv* **1** persönlich ◊ *Personally, I prefer the second option.* Ich persönlich bevorzuge die zweite Möglichkeit. **2** privat IDM **take sth ˈpersonally** etw persönlich nehmen

ˌpersonal ˈorganizer *(BrE auch* **-iser***) Nomen* Terminplaner, elektronisches Notizbuch

ˌpersonal ˈpronoun *Nomen* (LING) Personalpronomen

ˌpersonal ˈspace *Nomen* persönlicher Raum ◊ *He had invaded her personal space.* Er war ihr zu nahe gekommen.

ˌpersonal ˈstereo *Nomen* Walkman®

persona non grata /pɜːˌsəʊnə nɒn ˈgrɑːtə, nəʊn; *AmE* pɜːrˌsoʊnə nɑːn, noʊn/ *Nomen* Persona non grata

per·soni·fi·ca·tion /pəˌsɒnɪfɪˈkeɪʃn; *AmE* pərˌsɑːn-/ *Nomen* [*meist Sing*] Verkörperung, Personifizierung ◊ *the personification of elegance* die Eleganz in Person

per·son·ify /pəˈsɒnɪfaɪ; *AmE* pərˈsɑːn-/ *Verb* **(-fies, -fying, -fied, -fied)** verkörpern, personifizieren ◊ *He is kindness personified.* Er ist die Freundlichkeit in Person.

per·son·nel /ˌpɜːsəˈnel; *AmE* ˌpɜːrs-/ *Nomen* **1** [*Pl*] Personal **2** Personalabteilung ← G 1.3c

perˈsonnel carrier *Nomen* Mannschaftstransportwagen

ˌperson-to-ˈperson *Adj* **1** direkt **2** *(bes AmE) (Anruf)* mit Voranmeldung

per·spec·tive /pəˈspektɪv; *AmE* pərˈs-/ *Nomen* **1** Perspektive, Blickwinkel **2** ◊ *She was losing all sense of perspective.* Sie verlor den Bezug zur Realität. ◊ *Talking to others can often help to put your own problems into perspective.* Mit anderen reden kann oft dazu beitragen, eigene Proble-

Perspex

me objektiver zu sehen. ◇ *Try to keep these issues in perspective.* Versuch, diese Sache gelassen zu nehmen. **3** (KUNST) Perspektive ◇ *We learnt how to draw buildings in perspective.* Wir haben gelernt, wie man Gebäude perspektivisch zeichnet. **4** Aussicht

Per·spex™ /ˈpɜːspeks; *AmE* ˈpɜːrs-/ *Nomen* Plexiglas®

per·spi·ca·cious /ˌpɜːspɪˈkeɪʃəs; *AmE* ˌpɜːrs-/ *Adj* (*gehoben*) scharfsinnig

per·spir·ation /ˌpɜːspəˈreɪʃn; *AmE* ˌpɜːrs-/ *Nomen* **1** Schweiß [SYN] SWEAT **2** Schwitzen, Transpiration

per·spire /pəˈspaɪə(r); *AmE* pər's-/ *Verb* (*gehoben*) schwitzen, transpirieren [SYN] SWEAT

per·suade /pəˈsweɪd; *AmE* pər's-/ *Verb* **1** ~ sb (**into sth**) jdn (zu etw) überreden; ~ **sb** (**into doing sth**) jdn (dazu) überreden (etw zu tun) ◇ *I'm sure he'll come with a bit of persuading.* Ich bin sicher, dass er sich dazu überreden lässt zu kommen. **2** ~ sb (**of sth**) jdn (von etw) überzeugen [SYN] CONVINCE

per·sua·sion /pəˈsweɪʒn; *AmE* pər's-/ *Nomen* **1** Überredung ◇ *It didn't take much persuasion to get her to tell us where he was.* Wir brauchten sie nicht lange zu überreden, uns zu sagen, wo er war. ◇ *her powers of persuasion* ihre Überredungskünste ◇ *I'm open to persuasion.* Ich lasse mich gern überreden. **2** Überzeugung [IDM] **of** (**a/the**) ... **persuasion** (*gehoben oder hum*) der ... Überzeugung

per·sua·sive /pəˈsweɪsɪv; *AmE* pər's-/ *Adj* (*Adv* **per·sua·sive·ly**) überzeugend ◇ *He can be very persuasive.* Er kann einen leicht überreden.

per·sua·sive·ness /pəˈsweɪsɪvnəs; *AmE* pər's-/ *Nomen* **1** Überredungskunst **2** Überzeugungskraft

pert /pɜːt; *AmE* pɜːrt/ *Adj* (*Adv* **pert·ly**) **1** kess **2** (*Körperteil*) hübsch

per·tain /pəˈteɪn; *AmE* pər't-/ *Verb* (*gehoben*) existieren, gelten [PHRV] **per·tain to sb/sth** (*gehoben*) jdn/etw betreffen ◇ *the laws pertaining to adoption* die Gesetze bezüglich der Adoption

per·tin·acious /ˌpɜːtɪˈneɪʃəs; *AmE* ˌpɜːrtnˈeɪ-/ *Adj* (*gehoben*) beharrlich

per·tin·ence /ˈpɜːtɪnəns/ *Nomen* (*gehoben*) Relevanz

per·tin·ent /ˈpɜːtɪnənt; *AmE* ˈpɜːrtnənt/ *Adj* ~ (**to sth**) (*gehoben*) relevant (für etw)

per·tin·ent·ly /ˈpɜːtɪnəntli; *AmE* ˈpɜːrtnəntli/ *Adv* (*gehoben*) ganz richtig ◇ *More pertinently, ...* Was noch wichtiger ist, ...

pert·ly *Adv* ⇒ PERT

per·turb /pəˈtɜːb; *AmE* pərˈtɜːrb/ *Verb* (*gehoben*) beunruhigen [SYN] ALARM

per·turb·ation /ˌpɜːtəˈbeɪʃn; *AmE* ˌpɜːrtərˈb-/ *Nomen* **1** (*gehoben*) Beunruhigung **2** (TECH) Störung, Veränderung

per·turbed /pəˈtɜːbd; *AmE* pərˈtɜːrbd/ *Adj* beunruhigt ◇ *She didn't seem perturbed at the news.* Die Nachricht schien sie nicht zu beunruhigen. [OPP] UNPERTURBED

per·usal /pəˈruːzl/ *Nomen* (*gehoben*) Lektüre

per·use /pəˈruːz/ *Verb* (*gehoben oder hum*) (genau) durchlesen

per·vade /pəˈveɪd; *AmE* pər'v-/ *Verb* (*gehoben*) durchziehen ◇ *a pervading mood of fear* eine allgemein verbreitete Angst

per·va·sive /pəˈveɪsɪv; *AmE* pər'v-/ *Adj* (*Adv* **per·va·sive·ly**) durchdringend ◇ *His influence was all pervasive.* Sein Einfluss war überall spürbar.

per·verse /pəˈvɜːs; *AmE* pərˈvɜːrs/ *Adj* pervers, abwegig, unsinnig ◇ *It would be perverse to quit now that we're almost finished.* Es wäre unsinnig gerade jetzt aufzuhören, wo wir fast fertig sind. ◇ *She finds a perverse pleasure in upsetting her parents.* Paradoxerweise macht es ihr Spaß, ihren Eltern Kummer zu bereiten. ◇ *Do you mean that or are you just being deliberately perverse?* Ist das dein Ernst oder willst du mir nur widersprechen?

per·verse·ly /pəˈvɜːsli; *AmE* pərˈvɜːrs-/ *Adv* seltsam, paradoxerweise ◇ *She seemed perversely proud of her criminal record.* Sie schien seltsam stolz darauf zu sein, dass sie bereits vorbestraft war.

per·ver·sion /pəˈvɜːʃn; *AmE* pərˈvɜːrʒn/ *Nomen* **1** Perversion **2** Pervertierung

per·vers·ity /pəˈvɜːsəti; *AmE* pərˈvɜːrs-/ *Nomen* Perver-

sität, Trotz, Unsinnigkeit ◇ *He refused out of sheer perversity.* Er weigerte sich aus reinem Trotz.

per·vert¹ /pəˈvɜːt; *AmE* pərˈvɜːrt/ *Verb* **1** pervertieren **2** verderben [SYN] CORRUPT [IDM] **perˌvert the course of ˈjustice** (RECHT) die Justiz behindern

per·vert² /ˈpɜːvɜːt; *AmE* ˈpɜːrvɜːrt/ *Nomen* Perverse(r)

per·verted /pəˈvɜːtɪd; *AmE* pərˈvɜːrtəd/ *Adj* pervers

pesky /ˈpeski/ *Adj nur vor Nomen* (*bes AmE, umgs*) lästig, verdammt

pes·sary /ˈpesəri/ *Nomen* (*Pl* **-ies**) **1** Scheidenzäpfchen **2** (MED) Cerclage-Pessar

pes·sim·ism /ˈpesɪmɪzəm/ *Nomen* Pessimismus

pes·sim·ist /ˈpesɪmɪst/ *Nomen* Pessimist(in)

pes·sim·is·tic /ˌpesɪˈmɪstɪk/ *Adj* (*Adv* **pes·sim·is·tic·al·ly** /-kli/) pessimistisch

pest /pest/ *Nomen* **1** Schädling **2** (*umgs*) Plage, Nervensäge

pes·ter /ˈpestə(r)/ *Verb* belästigen ◇ *The kids kept pestering me to read to them.* Die Kinder lagen mir in den Ohren, ihnen etwas vorzulesen.

pesti·cide /ˈpestɪsaɪd/ *Nomen* Schädlingsbekämpfungsmittel, Pestizid

pesti·lence /ˈpestɪləns/ *Nomen* [U/Sing] (*veraltet oder gehoben*) Seuche, Pest

pes·tle /ˈpesl/ *Nomen* Stößel

pesto /ˈpestəʊ; *AmE* ˈpestoʊ/ (*auch* ˌpesto ˈsauce) *Nomen* Pesto

pet¹ /pet/ *Nomen* **1** Haustier ◇ *a pet shop* eine Tierhandlung **2** (*meist abwert*) Liebling ◇ *She's the teacher's pet.* Sie ist der Liebling des Lehrers. **3** (BrE, *umgs*) (Kosewort) Schatz

pet² /pet/ *Verb* (-tt-) **1** (*bes AmE*) streicheln, liebkosen **2** (*umgs*) fummeln, knutschen

pet³ /pet/ *Adj nur vor Nomen* Lieblings- ◇ *It's his pet subject.* Das ist sein Lieblingsthema. [IDM] **pet hate** (BrE) etw, was man auf den Tod nicht ausstehen kann

petal /ˈpetl/ *Nomen* Blütenblatt

pe·tard /pəˈtɑːd; *AmE* pəˈtɑːrd/ *Nomen* [IDM] ⇒ HOIST¹

Peter /ˈpiːtə(r)/ *Nomen* [IDM] ⇒ ROB

peter /ˈpiːtə(r)/ *Verb* [PHRV] ˌpeter ˈout (allmählich) zu Ende gehen ◇ *The campaign petered out for lack of support.* Mangels Unterstützung verlief die Kampagne im Sande. ◇ *The road petered out into a dirt track.* Die Straße verlief sich in einen Feldweg.

petit bourgeois (*auch* ˌpetty ˈbourgeois) /ˌpeti ˈbʊəʒwɑː; *AmE* ˈbʊrʒ-/ *Nomen* (*Pl* **petits/petty bourgeois**) (*abwert*) Kleinbürger(in) **2** *Adj* kleinbürgerlich

pe·tite /pəˈtiːt/ *Adj* zierlich

the peˌtite ˌbourgeoiˈsie (*auch* ˌpetty ˌbourgeoiˈsie) *Nomen* [Sing] das Kleinbürgertum

petit four /ˌpeti ˈfɔː(r)/ *Nomen* (*Pl* **petits fours** /ˌpeti ˈfɔː(r)/) [meist Pl] Gebäck(stück), Petit four

pe·ti·tion¹ /pəˈtɪʃn/ *Nomen* **1** Petition, Unterschriftensammlung **2** (RECHT) Antrag **3** (*gehoben*) Bittgebet, Bittgesuch

pe·ti·tion² /pəˈtɪʃn/ *Verb* **1** ~ for/against sth eine Petition für/gegen etw einreichen **2** ~ sb (for sth) jdn (um etw) ersuchen **3** (RECHT) beantragen ◇ *petition for divorce* die Scheidung einreichen

pe·ti·tion·er /pəˈtɪʃənə(r)/ *Nomen* **1** = jd, der eine Unterschriftensammlung durchführt, oder jd, der eine Petition unterschreibt **2** (RECHT) Kläger(in) **3** (*gehoben*) Antragsteller(in)

ˈpet name *Nomen* Kosename

pet·rel /ˈpetrəl/ *Nomen* Sturmvogel

Petri dish /ˈpetri dɪʃ, ˈpiːtri/ *Nomen* Petrischale

petri·fied /ˈpetrɪfaɪd/ *Adj* **1** be ~ (**of sth**) vor etw entsetzliche Angst haben ◇ *a petrified expression* ein vor Angst erstarrtes Gesicht ◇ *They were petrified with fear.* Sie waren starr vor Schreck. [SYN] TERRIFIED **2** *nur vor Nomen* versteinert

pet·rify /ˈpetrɪfaɪ/ *Verb* (-fies, -fying, -fied) **1** ◇ *Just the thought of it petrifies me.* Der bloße Gedanke daran jagt mir entsetzliche Angst ein. [SYN] TERRIFY **2** versteinern

petro·chem·ical /ˌpetrəʊˈkemɪkl; *AmE* ˌpetroʊ-/ *Nomen* petrochemisches Erzeugnis ◇ *the petrochemical industry* die petrochemische Industrie

petro·dol·lar /ˈpetrəʊdɒlə(r)/; *AmE* ˈpetroʊdɑːlər/ *Nomen* Petrodollar

pet·rol /ˈpetrəl/ *Nomen* (*BrE*) Benzin ◊ *fill a car up with petrol* ein Auto voll tanken

pet·rol·atum /ˌpetrəˈleɪtəm/ *Nomen* (*AmE*) Vaseline

'petrol bomb *Nomen* (*BrE*) Benzinbombe, Molotowcocktail

pet·rol·eum /pəˈtrəʊliəm/; *AmE* -ˈtroʊ-/ *Nomen* Petroleum

peˌtroleum ˈjelly *Nomen* Vaseline

'petrol station *Nomen* (*BrE*) Tankstelle

petti·coat /ˈpetɪkəʊt/; *AmE* -koʊt/ *Nomen* (*veraltend*) Unterrock, Unterkleid SYN SLIP

petti·fog·ging /ˈpetɪfɒgɪŋ/; *AmE* -fɑːg-, -fɔːg-/ *Adj nur vor Nomen* (*selten, veraltet*) kleinlich

petti·ness /ˈpetinəs/ *Nomen* Kleinlichkeit, Kleingeistigkeit

pet·ting /ˈpetɪŋ/ *Nomen* Petting

'petting zoo *Nomen* (*AmE*) = Streichelzoo

petty /ˈpeti/ *Adj* (*abwert*) **1** klein, belanglos ◊ *petty crime* Kleinkriminalität ◊ *petty theft* kleinere Diebstähle ◊ *a petty official* ein kleiner Beamter **2** kleinlich, kleingeistig

ˌpetty ˈbourgeois, the petty bourgeoisie = PETIT BOURGEOIS, PETIT BOURGEOISIE

ˌpetty ˈcash *Nomen* [U] Portokasse

ˌpetty ˈofficer *Nomen* (*Abk* **PO**) (*oft als Titel gebraucht*) (*bei der Marine*) ≈ Maat

petu·lance /ˈpetjʊləns/ *Nomen* Trotz, Bockigkeit

petu·lant /ˈpetjʊlənt/; *AmE* ˈpetʃə-/ *Adj* (*Adv* **petu·lant·ly**) (*gehoben*) trotzig, bockig

pe·tu·nia /pəˈtjuːniə/; *AmE* -ˈtuː-/ *Nomen* Petunie

pew /pjuː/ *Nomen* Kirchenbank IDM ˌTake a ˈpew! (*BrE*, *umgs, hum*) Setz dich!; Setzt euch!

pew·ter /ˈpjuːtə(r)/ *Nomen* Zinn

PG /ˌpiː ˈdʒiː/ *Abk* (*BrE*) = Bezeichnung für Filme, die Kinder nur in Begleitung Erwachsener sehen dürfen ➔ *Hinweis bei* RATING

PGCE /ˌpiː dʒiː siː ˈiː/ *Nomen* = Lehrqualifikation, die nach einem Fachstudium erworben werden kann

pH /ˌpiː ˈeɪtʃ/ *Nomen* [Sing] pH-Wert

phal·anx /ˈfælæŋks/ *Nomen* (*gehoben*) Phalanx, geschlossene Reihe

phal·lic /ˈfælɪk/ *Adj* phallisch

phal·lus /ˈfæləs/ *Nomen* Phallus

phantom¹ /ˈfæntəm/ *Nomen* **1** Geist, Gespenst **2** Phantom, Wahnvorstellung

phantom² /ˈfæntəm/ *Adj nur vor Nomen* **1** Geister- ◊ *a phantom horseman* ein Geisterreiter **2** Phantom-, eingebildet **3** Schein- ◊ *phantom companies* Scheinfirmen

Phar·aoh /ˈfeərəʊ/; *AmE* ˈferoʊ/ *Nomen* Pharao

pharma·ceut·ical /ˌfɑːməˈsuːtɪkl, -ˈsjuː-/; *AmE* ˌfɑːrməˈsuː-/ **1** *Adj nur vor Nomen* pharmazeutisch, Pharma- **2** *Nomen* [meist Pl] (*Fachspr*) Arzneimittel

pharma·cist /ˈfɑːməsɪst/; *AmE* ˈfɑːrm-/ *Nomen* (*BrE*) Apotheker(in) ◊ *at the pharmacist's* in der Apotheke

pharma·co·logic·al /ˌfɑːməkəˈlɒdʒɪkl/; *AmE* ˌfɑːrməkəˈlɑːdʒ-/ *Adj* pharmakologisch

pharma·col·ogy /ˌfɑːməˈkɒlədʒi/; *AmE* ˌfɑːrməˈkɑːl-/ *Nomen* Pharmakologie

phar·macy /ˈfɑːməsi/; *AmE* ˈfɑːrm-/ *Nomen* (*Pl* **-ies**) **1** Apotheke **2** Krankenhausapotheke **3** Pharmazie

phase¹ /feɪz/ *Nomen* Phase, Abschnitt ◊ *His anxiety was just a passing phase.* Seine Ängste waren nur vorübergehend. IDM **in phase/out of phase (with sth)** (*BrE*) phasengleich/nicht phasengleich; synchronisiert/nicht synchronisiert (mit etw) ◊ *The traffic lights were out of phase.* Die Ampeln waren nicht aufeinander abgestimmt. ◊ *This idea was out of phase with the spirit of the age.* Diese Vorstellung entsprach nicht dem Zeitgeist.

phase² /feɪz/ *Verb* (*meist passiv*) stufenweise durchführen ◊ *the phased withdrawal of troops* das schrittweise Abziehen der Truppen PHRV ˌphase sth ˈin etw stufenweise einführen ˌphase sth ˈout (*beenden*) etw auslaufen lassen

PhD (*bes AmE* **Ph.D.**) /ˌpiː eɪtʃ ˈdiː/ *Nomen* Doktor(grad) ◊ *Has he got a PhD?* Hat er promoviert? ◊ *She's doing a PhD in chemistry.* Sie promoviert in Chemie.

phea·sant /ˈfeznt/ *Nomen* (*Pl* **phea·sant** *oder* **phea·sants**) Fasan ➔ G 1.2

phe·nol /ˈfiːnɒl/; *AmE* -nɑːl/ *Nomen* (NATURW) Phenol

phe·nom·enal /fəˈnɒmɪnl/; *AmE* -ˈnɑːm-/ *Adj* (*Adv* **phe·nom·en·al·ly** /-nəli/) phänomenal, unglaublich, außerordentlich

phe·nom·enon /fəˈnɒmɪnən/; *AmE* fəˈnɑːm-/ *Nomen* (*Pl* **phe·nom·ena** /-mə/) Phänomen, Erscheinung

phero·mone /ˈferəməʊn/; *AmE* -moʊn/ *Nomen* (BIOL) Pheromon, Lockstoff

phew /fjuː/ *Ausruf* (*BrE*) (*bei Hitze, Müdigkeit oder Erleichterung*) puh ◊ *Phew, I'm glad that's all over.* Mensch, bin ich froh, dass das vorbei ist.

phial /ˈfaɪəl/ *Nomen* Fläschchen

phil·an·throp·ic /ˌfɪlənˈθrɒpɪk/; *AmE* -ˈθrɑːp-/ *Adj* (*Adv* **phil·an·throp·ic·al·ly** /-kli/) philanthropisch, menschenfreundlich, karitativ

phil·an·throp·ist /fɪˈlænθrəpɪst/ *Nomen* Philanthrop(in), Menschenfreund(in)

phil·an·thropy /fɪˈlænθrəpi/ *Nomen* Philanthropie, Wohltätigkeit

phila·tel·ist /fɪˈlætəlɪst/ *Nomen* (*Fachspr*) Philatelist(in)

phil·ately /fɪˈlætəli/ *Nomen* (*Fachspr*) Philatelie

phil·har·mon·ic /ˌfɪlɑːˈmɒnɪk/; *AmE* ˌfɪlɑːrˈmɑːnɪk/ *Adj* (*in Orchester- und Chornamen*) philharmonisch

phil·is·tine /ˈfɪlɪstaɪn/; *AmE* -stiːn/ **1** *Nomen* (*abwert*) (*Kultur*)banause **2** *Adj* (*abwert*) banausisch

phil·is·tin·ism /ˈfɪlɪstɪnɪzəm/; *AmE* -stiːn-/ *Nomen* Banausentum

phil·olo·gic·al /ˌfɪləˈlɒdʒɪkl/; *AmE* -ˈlɑːdʒ-/ *Adj* philologisch

phil·olo·gist /fɪˈlɒlədʒɪst/; *AmE* -ˈlɑːl-/ *Nomen* Philologe, Philologin

phil·ology /fɪˈlɒlədʒi/; *AmE* -ˈlɑːl-/ *Nomen* Philologie ➔ Nur im amerikanischen Englisch bezieht sich **philology** auch auf die Literaturwissenschaft.

phil·oso·pher /fəˈlɒsəfə(r)/; *AmE* -ˈlɑːs-/ *Nomen* Philosoph(in)

philo·soph·ical /ˌfɪləˈsɒfɪkl/ (*auch* **philo·soph·ic** /-ˈsɒfɪk/; *AmE* -ˈsɑːfɪk/) *Adj* (*Adv* **philo·soph·ic·al·ly** /-kli/) **1** philosophisch **2** gelassen

philo·so·phize (*BrE auch* **-ise**) /fəˈlɒsəfaɪz/; *AmE* -ˈlɑːs-/ *Verb* ~ (**about/on sth**) (über etw) philosophieren

phil·oso·phy /fəˈlɒsəfi/; *AmE* -ˈlɑːs-/ *Nomen* Philosophie

phlegm /flem/ *Nomen* **1** (*bei einer Erkältung etc.*) Schleim SYN MUCUS **2** (*gehoben*) Phlegma, Gleichmut, Gemütsruhe

phleg·mat·ic /flegˈmætɪk/ *Adj* phlegmatisch, gleichmütig ◊ *a phlegmatic man* ein Phlegmatiker

pho·bia /ˈfəʊbiə/; *AmE* ˈfoʊ-/ *Nomen* Phobie, krankhafte Angst

pho·bic /ˈfəʊbɪk/; *AmE* ˈfoʊ-/ **1** *Nomen* = jd, der eine Phobie hat **2** *Adj* phobisch

phoe·nix /ˈfiːnɪks/ *Nomen* Phönix

phone¹ /fəʊn/; *AmE* foʊn/ *Nomen* **1** Telefon ◊ *They like to do business by phone/over the phone.* Sie wickeln ihre Geschäfte gern telefonisch ab. **2** (Telefon)hörer ◊ *pick up the phone* abheben ◊ *put the phone down* auflegen ◊ *leave the phone off the hook* den Hörer (absichtlich) nicht auflegen IDM **be on the ˈphone 1** telefonieren **2** (*BrE*) ein Telefon haben

phone² /fəʊn/; *AmE* foʊn/ *Verb* (*bes BrE*) (*BrE auch* **phone (sb) ˈup**) anrufen ◊ *Someone phone for an ambulance!* Kann jemand den Krankenwagen rufen! ◊ *Don't forget to phone New York.* Vergiss nicht, in New York anzurufen. PHRV **phone (sb) back** (jdn) zurückrufen ˌphone ˈin (*bes BrE*) (*im Büro, bei einem Sender*) anrufen ◊ *She's phoned in sick.* Sie hat angerufen und sich krank gemeldet. ◊ *Listeners can phone in with their comments.* Die Hörer können anrufen und ihre Meinung sagen. **phone sth ˈin** (*bes BrE*) etw telefonisch durchgeben

'phone book *Nomen* Telefonbuch

'phone booth (*auch* **'telephone booth**) *Nomen* Telefonzelle

'phone box (*auch* **'telephone box, 'telephone kiosk**) *Nomen* (*BrE*) Telefonzelle

'phone call (*auch* **call**) *Nomen* Anruf, (Telefon)gespräch ◊

phonecard

I have to make a phone call. Ich muss telefonieren. ◊ *give sb a call* jdn anrufen

phone·card /ˈfəʊnkɑːd; *AmE* ˈfoʊnkɑːrd/ *Nomen* (*BrE*) Telefonkarte

ˈ**phone-in** *Nomen* (*BrE*) Phone-in-Sendung

phon·eme /ˈfəʊniːm; *AmE* ˈfoʊ-/ *Nomen* Phonem

phon·em·ic /fəˈniːmɪk/ *Adj* phonemisch

ˈ**phone tapping** *Nomen* = TELEPHONE TAPPING

phon·et·ic /fəˈnetɪk/ *Adj* (*Adv* **phon·et·ic·al·ly** /-kli/) phonetisch, lautlich ◊ *the International Phonetic Alphabet* die internationale Lautschrift

phon·et·ics /fəˈnetɪks/ *Nomen* [U] Phonetik

pho·ney¹ (*bes AmE* **phony**) /ˈfəʊni; *AmE* ˈfoʊni/ *Adj* (**pho·ni·er**, **pho·ni·est**) (*umgs, abwert*) falsch, unecht, gefälscht ◊ *She spoke with a phoney Russian accent.* Sie sprach mit einem gespielten russischen Akzent. ◊ *the phoney war* der Scheinkrieg

pho·ney² (*bes AmE* **phony**) /ˈfəʊni; *AmE* ˈfoʊni/ *Nomen* (*Pl* **-neys** *oder* **-nies**) (*umgs, abwert*) Schwindler(in), Täuscher(in)

phono·logic·al /ˌfəʊnəˈlɒdʒɪkl, ˌfɒn-; *AmE* ˌfoʊnəˈlɑːdʒ-, ˌfɑːn-/ *Adj* phonologisch

phon·ology /fəˈnɒlədʒi; *AmE* -ˈnɑːl-/ *Nomen* **1** Phonologie **2** Lautsystem

phos·phate /ˈfɒsfeɪt; *AmE* ˈfɑːs-/ *Nomen* Phosphat

phos·phor·es·cence /ˌfɒsfəˈresns; *AmE* ˈfɑːs-/ *Nomen* Phosphoreszenz

phos·phor·es·cent /ˌfɒsfəˈresnt; *AmE* ˌfɑːs-/ *Adj* (*Fachspr*) phosphoreszierend, leuchtend

phos·phorus /ˈfɒsfərəs; *AmE* ˈfɑːs-/ *Nomen* Phosphor

photo /ˈfəʊtəʊ; *AmE* ˈfoʊtoʊ/ *Nomen* (*Pl* **-os** /-təʊz; *AmE* -toʊz/) Foto

ˈ**photo booth** *Nomen* Fotoautomat

ˈ**photo call** *Nomen* Fototermin

photo·copier /ˈfəʊtəʊkɒpiə(r); *AmE* ˈfoʊtoʊkɑːp-/ (*bes AmE* **copier**) *Nomen* Kopierer

photo·copy¹ /ˈfəʊtəʊkɒpi; *AmE* ˈfoʊtoʊkɑːpi/ (*auch* **copy**) *Nomen* (*Pl* **-ies**) (Foto)kopie

photo·copy² /ˈfəʊtəʊkɒpi; *AmE* ˈfoʊtoʊkɑːpi/ *Verb* (**-copies**, **-copying**, **-copied**, **-copied**) (*bes BrE* **copy**) **1** fotokopieren **2** ~ **well/badly** sich gut/schlecht fotokopieren lassen

ˌ**photo** ˈ**finish** *Nomen* [meist Sing] Fotofinish

ˈ**Photo-Fit**™ *Nomen* (*BrE*) Phantombild

photo·gen·ic /ˌfəʊtəʊˈdʒenɪk; *AmE* ˌfoʊtoʊ-/ *Adj* fotogen

photo·graph¹ /ˈfəʊtəɡrɑːf; *AmE* ˈfoʊtoʊɡræf/ *Nomen* Fotografie, Foto ◊ *aerial photographs* Luftaufnahmen

photo·graph² /ˈfəʊtəɡrɑːf; *AmE* ˈfoʊtoʊɡræf/ *Verb* **1** fotografieren ◊ *a beautifully photographed book* ein Buch mit wunderschönen Fotos **2** ~ **well**, **badly**, **etc**. sich gut, schlecht etc. fotografieren lassen ◊ *Some people just don't photograph well.* Manche Leute sind einfach nicht fotogen.

pho·tog·raph·er /fəˈtɒɡrəfə(r); *AmE* fəˈtɑːɡ-/ *Nomen* Fotograf(in)

photo·graph·ic /ˌfəʊtəˈɡræfɪk; *AmE* ˌfoʊ-/ *Adj* (*Adv* **photo·graph·ic·al·ly** /-kli/) Foto-, fotografisch ◊ *photographic equipment* Fotoausrüstung ◊ *a photographic record* eine Bilddokumentation ◊ *His paintings are almost photographic in detail.* Seine Gemälde sind fast naturgetreu. ◊ *a photographic memory* ein fotografisches Gedächtnis

pho·tog·raphy /fəˈtɒɡrəfi; *AmE* fəˈtɑːɡ-/ *Nomen* [U] Fotografie, Kameraführung ◊ *aerial photography* Luftaufnahmen

pho·ton /ˈfəʊtɒn; *AmE* ˈfoʊtɑːn/ *Nomen* (PHYSIK) Photon

ˈ**photo opportunity** *Nomen* Fototermin

photo·syn·thesis /ˌfəʊtəʊˈsɪnθəsɪs; *AmE* ˌfoʊtoʊ-/ *Nomen* (BIOL) Photosynthese

ˌ**phrasal** ˈ**verb** /ˌfreɪzl ˈvɜːb/ *Nomen* ≈ Verb mit Präposition und/oder Adverb, z.B. „call in"

phrase¹ /freɪz/ *Nomen* **1** (LING) Satzglied **2** Formulierung ◊ *in Adorno's phrase* wie Adorno es formulierte **3** (MUS) Phrase IDM ⇒ COIN² *und* TURN²

phrase² /freɪz/ *Verb* **1** ~ **sth** (**as sth**) etw (als etw) formulieren **2** (MUS) phrasieren

ˈ**phrase book** *Nomen* Sprachführer

phrase·ology /ˌfreɪziˈɒlədʒi; *AmE* -ˈɑːlə-/ *Nomen* (*gehoben*) **1** Ausdrucksweise **2** Phraseologie

phras·ing /ˈfreɪzɪŋ/ *Nomen* [U] **1** Formulierung **2** (MUS) Phrasierung

phylum /ˈfaɪləm/ *Nomen* (*Pl* **phyla** /-lə/) (BIOL) Stamm

phys·ic·al /ˈfɪzɪkl/ *Adj* **1** körperlich, physisch, Körper- ◊ *his physical appearance* sein Äußeres **2** *nur vor Nomen* stofflich, materiell ◊ *the physical world* die materielle Welt ◊ *the physical environment* die konkrete Umgebung **3** *nur vor Nomen* physikalisch ◊ *It is a physical impossibility for one person to do all that.* Es ist einfach nicht möglich, dass einer das alles schafft. **4** körperlich, sexuell **5** (*umgs*) sinnlich ◊ *She's not very physical.* Sie ist nicht sehr sinnlich.

phys·ic·al /ˈfɪzɪkl/ (*auch* ˌ**physical** exami**ˈnation**) *Nomen* ärztliche Untersuchung, Musterung

ˌ**physical** edu**ˈcation** *Nomen* = PE

phys·ic·al·ity /ˌfɪzɪˈkæləti/ *Nomen* Körperlichkeit

phys·ic·al·ly /ˈfɪzɪkli/ *Adv* **1** körperlich, physisch ◊ *He was physically attractive.* Er hatte ein ansprechendes Äußeres. ◊ *They were physically prevented from entering the building.* Sie wurden gewaltsam am Betreten des Gebäudes gehindert. ◊ *Physically, she hadn't changed much.* Rein äußerlich hatte sie sich nicht sehr verändert. **2** praktisch ◊ *It's physically impossible to finish by Friday.* Es ist völlig unmöglich, bis Freitag fertig zu sein.

ˌ**physical** ˈ**science** *Nomen* [U] (*auch* **the** ˌ**physical** ˈ**sciences** [Pl]) ≈ Naturwissenschaften wie Physik, Chemie, Astronomie, die sich mit Naturphänomenen befassen, im Gegensatz zu Biologie und Medizin

ˌ**physical** ˈ**therapist** *Nomen* (*AmE*) Physiotherapeut(in)

ˌ**physical** ˈ**therapy** *Nomen* (*AmE*) Physiotherapie

ˌ**physical** ˈ**training** *Nomen* = PT

phys·ician /fɪˈzɪʃn/ *Nomen* (*bes AmE, gehoben*) Arzt, Ärztin

phys·icist /ˈfɪzɪsɪst/ *Nomen* Physiker(in)

phys·ics /ˈfɪzɪks/ *Nomen* **1** Physik ◊ *nuclear physics* Kernphysik ◊ *the laws of physics* die physikalischen Gesetze **2** physikalische Eigenschaften, physikalische Prinzipien ➤ *Hinweis bei* ECONOMICS

physio /ˈfɪziəʊ; *AmE* ˈfɪzioʊ/ *Nomen* (*Pl* **-os**) (*BrE, umgs*) **1** = PHYSIOTHERAPY **2** = PHYSIOTHERAPIST

physi·ognomy /ˌfɪziˈɒnəmi; *AmE* -ˈɑːnə-/ *Nomen* (*Pl* **-ies**) (*gehoben*) Physiognomie, Gesichtszüge

physio·logic·al /ˌfɪziəˈlɒdʒɪkl; *AmE* -ˈlɑːdʒ-/ *Adj* (*Adv* **physio·lo·gic·al·ly** /-ɪkli/) physiologisch, körperlich

physi·ologist /ˌfɪziˈɒlədʒɪst; *AmE* -ˈɑːlə-/ *Nomen* Physiologe, Physiologin

physi·ology /ˌfɪziˈɒlədʒi; *AmE* -ˈɑːlə-/ *Nomen* Physiologie

physio·ther·ap·ist /ˌfɪziəʊˈθerəpɪst; *AmE* ˌfɪzioʊ-/ (*umgs* **physio**) *Nomen* Physiotherapeut(in)

physio·ther·apy /ˌfɪziəʊˈθerəpi; *AmE* ˌfɪzioʊ-/ *Nomen* (*umgs* **physio**) Physiotherapie

phys·ique /fɪˈziːk/ *Nomen* Körperbau, Statur

pi /paɪ/ *Nomen* (*Geometrie*) Pi

pi·an·ist /ˈpɪənɪst/ *Nomen* Pianist(in)

piano¹ /piˈænəʊ; *AmE* -noʊ/ *Nomen* (*Pl* **-os**) Klavier ◊ *play the piano* Klavier spielen

piano² /piˈɑːnəʊ; *AmE* -noʊ/ *Adv*, *Adj* (*Abk* **p**) (MUS) piano, Piano- OPP FORTE

ˌ**piano ac**ˈ**cordion** (*BrE*) = ACCORDION

pic /pɪk/ *Nomen* (*umgs*) Bild

pic·colo /ˈpɪkələʊ; *AmE* -loʊ/ *Nomen* (*Pl* **-os**) Pikkoloflöte

pick¹ /pɪk/ *Verb* **1** aussuchen, auswählen ◊ *He has been picked to play in the match.* Er ist für das Spiel aufgestellt worden. **2** (*Blumen, Beeren etc.*) pflücken ◊ *go blackberry picking* Brombeeren suchen gehen **3** abzupfen ◊ *She picked bits of fluff from her sweater.* Sie zupfte ein paar Fusseln von ihrem Pullover. **4** ◊ *pick your nose* in der Nase bohren ◊ *pick your teeth* in den Zähnen stochern ◊ *The dogs picked the bones clean.* Die Hunde nagten die Knochen restlos ab. **5** (*bes AmE*) (MUS) zupfen **6** (*Schloss*) knacken IDM ˌ**pick and** ˈ**choose** wählerisch sein **pick sb's** ˈ**brains** (*umgs*) jdn ausquetschen **pick a** ˈ**fight/quarrel** (**with sb**) einen Streit (mit jdm) anfangen **pick** ˈ**holes in sth**

| b bad | d did | f fall | g get | h hat | j yes | k cat | l leg | m man | n now | p pen | r red |

etw kritisieren; (*Argumente*) zerpflücken **pick sb's 'pocket** jdn bestehlen ◊ *How can you avoid having your pockets picked?* Wie kann man es vermeiden, einem Taschendieb zum Opfer zu fallen? **pick up the 'bill, 'tab, etc. (for sth)** (*umgs*) die Rechnung (für etw) bezahlen; die Kosten (für etw) übernehmen **pick up the 'pieces** die Scherben aufsammeln; etw wieder geradebiegen **pick up 'speed** schneller werden **pick up the 'threads** sich in etw wieder hineinfinden **pick your 'way (through, etc. sth)** sich einen Weg (durch etc.) suchen **pick a 'winner 1** auf das richtige Pferd setzen **2** (*umgs*) eine gute Wahl treffen ☛ Siehe auch BONE¹ und PIECE¹

PHRV **'pick at sth 1** in etw herumstochern **2** an etw herumzupfen **,pick sb 'off** (*umgs*) jdn abknallen **pick sth off** etw abzupfen, etw abpflücken **'pick on sb/sth 1** auf jdm/etw herumhacken **2** jdn/etw heraussuchen **,pick sth 'out 1** etw auswählen, jdn/etw heraussuchen **2** jdn/etw ausmachen ◊ *See if you can pick me out in this photo.* Schau mal, ob du mich auf diesem Foto finden kannst. **pick sth 'out 1** etw heraussuchen, etw herausgreifen ◊ *Pick out the most important aspects.* Suchen Sie die wichtigsten Aspekte heraus. **2** etw hervorheben ◊ *The car lights picked out the sign for Burnham.* Im Scheinwerferlicht leuchtete das Ortsschild auf: Burnham. **3** (*Melodie*) klimpern **,pick sth 'over; ,pick 'through sth** etw durchsehen **,pick 'up 1** sich erholen, sich beleben, zunehmen **2** (*umgs*) weitermachen ◊ *Let's pick up where we left off yesterday.* Machen wir da weiter, wo wir gestern aufgehört haben. **3** (*bes AmE, umgs*) aufräumen **,pick sb 'up 1** jdn abholen [SYN] COLLECT **2** jdn mitnehmen ◊ *The bus picks up passengers outside the airport.* Fahrgäste können vor dem Flughafen in den Bus einsteigen. **3** jdn bergen **4** (*umgs, abwert*) jdn aufreißen **5** (*umgs*) jdn aufgreifen **6** jdn beleben, jdn wieder auf die Beine stellen **,pick sb/sth 'up 1** jdn/etw aufheben, jdn/etw hochheben ◊ *He picked up the phone.* Er nahm den Hörer ab. **2** (*Signal etc.*) empfangen **,pick sth 'up 1** etw auffschnappen; (*Sprache, Kenntnisse*) sich etw aneignen ◊ *I picked up a bit of Spanish on holiday.* Im Urlaub habe ich ein paar Brocken Spanisch gelernt. **2** etw erkennen **3** etw abholen ◊ *I picked up my coat from the cleaner's.* Ich habe meinen Mantel von der Reinigung geholt. **4** etw mitbringen, etw kaufen ◊ *I'll pick up some bread.* Ich bringe Brot mit. **5** etw kaufen ◊ *We picked up a bargain at the auction.* Wir haben bei der Versteigerung ein Schnäppchen gemacht. **6** (*Virus etc.*) sich etw holen **7** etw verdienen ◊ *She picked up a million in sponsorship deals.* Sie hat eine Million mit Werbeverträgen verdient. **8** (*Spur, Fährte*) wieder aufnehmen ◊ *We can pick up the motorway in Slough.* In Slough können wir dann auf die Autobahn. **9** (*Thema*) wieder aufnehmen ◊ *He picks up this theme again in later chapters.* Er nimmt dieses Thema in späteren Kapiteln wieder auf. **10** (*Geräusch*) ausmachen **11** (*bes AmE*) etw wegräumen **12** (*AmE*) (*Zimmer, Wohnung*) aufräumen **,pick 'up on sth 1** etw bemerken, auf etw reagieren **2** auf etw zurückkommen **,pick sb 'up on sth** jdm etw vorhalten **,pick yourself 'up** wieder aufstehen, sich wieder aufrappeln

pick² /pɪk/ *Nomen* **1** [Sing] Wahl ◊ *Take your pick.* Suchen Sie sich etwas aus. ◊ *The winner gets first pick of the prizes.* Der Gewinner darf sich als Erster etwas aussuchen **2** [Sing] **the ~ of sth** der/die/das Beste von etw ◊ *I think we got the pick of the bunch.* Meiner Meinung nach haben wir die Allerbesten bekommen. **3** Spitzhacke

pick-and-mix *Adj* (*BrE*) beliebig kombinierbar

pick·axe (*AmE auch* **pick·ax**) /ˈpɪkæks/ *Nomen* Spitzhacke

pick·er /ˈpɪkə(r)/ *Nomen* Pflücker(in), Pflückmaschine

picket¹ /ˈpɪkɪt/ *Nomen* **1** Streikposten **2** Vorposten **3** Pfahl ◊ *a picket fence* ein Palisadenzaun

picket² /ˈpɪkɪt/ *Verb* Streikposten stehen (vor)

pick·et·er /ˈpɪkɪtə(r)/ *Nomen* (*AmE*) (*Person*) Streikposten

picket·ing /ˈpɪkɪtɪŋ/ *Nomen* Aufstellen von Streikposten

pick·ings /ˈpɪkɪŋz/ *Nomen* [Pl] (Aus)beute

pickle¹ /ˈpɪkl/ *Nomen* **1** (*BrE*) = in Essig oder Salzwasser eingelegtes Gemüse **2** [U] (*BrE*) = kalte, würzige Soße aus gekochtem Obst und Gemüse, die zu Käse, kaltem Fleisch etc. gegessen wird **3** (*AmE*) saure Gurken [IDM] **in a 'pickle** in der Klemme

pickle² /ˈpɪkl/ *Verb* einlegen

'pick-me-up *Nomen* (*umgs*) Muntermacher, Stärkung(smittel)

pick·pocket /ˈpɪkpɒkɪt; *AmE* -pɑːkɪt/ *Nomen* Taschendieb(in)

pick-up /ˈpɪkʌp/ *Nomen* **1** (*auch* **'pick-up truck**) Pritschenwagen **2** (*umgs*) Zufallsbekanntschaft ◊ *Is he looking for a pick-up?* Will er jemanden aufreißen? **3** Verbesserung; (*Preise*) Anstieg **4** Abholung

picky /ˈpɪki/ *Adj* (*umgs*) wählerisch, pingelig

pic·nic¹ /ˈpɪknɪk/ *Nomen* Picknick ◊ **have a picnic** ein Picknick machen ◊ *We'll have a picnic lunch.* Wir werden mittags draußen Picknick machen. ◊ *I had a picnic lunch.* Ich habe mittags draußen gepicknickt. [IDM] **be no 'picnic** (*umgs*) kein Honiglecken sein

pic·nic² /ˈpɪknɪk/ *Verb* (**-ck-**) picknicken

pic·nick·er /ˈpɪknɪkə(r)/ *Nomen* = jd, der picknickt

picto·gram /ˈpɪktəɡræm/ *Nomen* Piktogramm

pic·tor·ial /pɪkˈtɔːriəl/ *Adj* Bild-, bildlich, illustriert ◊ *a pictorial encyclopedia* ein Bildlexikon

pic·tori·al·ly /pɪkˈtɔːriəli/ *Adv* bildlich, in Bildern

pic·ture¹ /ˈpɪktʃə(r)/ *Nomen* **1** Bild, Zeichnung, Gemälde **2** Foto **3** (*Fernseh-*) Bild **4** Darstellung **5** Vorstellung **6** **the picture** [Sing] die Lage **7** Film **8** **the pictures** [Pl] (*umgs, veraltet*) Kino [IDM] **be/look a 'picture** bildschön sein ◊ **be the picture of 'guilt/'health** (*umgs*) aussehen wie das personifizierte schlechte Gewissen/das blühende Leben ◊ **be the picture of 'misery** (*umgs*) ein Bild des Elends bieten ◊ **get the 'picture** (*umgs*) verstehen; begreifen ◊ **be in/out of the 'picture** (*umgs*) dabei/nicht mehr dabei sein ◊ **keep sb in the 'picture** (*umgs*) jdn auf dem Laufenden halten ◊ **put sb in the 'picture** (*umgs*) jdn ins Bild setzen

pic·ture² /ˈpɪktʃə(r)/ *Verb* **1** ~ **sb/sth** jdn/etw (vor sich) sehen **2** ~ **sb/sth (as sth)** sich jdn/etw (als etw) vorstellen **3** ~ **sb/sth as sth** jdn/etw als etw darstellen [SYN] PORTRAY **4** (*meist passiv*) abbilden

'picture book *Nomen* Bilderbuch, Bildband

,picture-'perfect *Adj* (*AmE*) bilderbuchmäßig

'picture 'postcard *Nomen* (*veraltet*) Ansichtskarte

'picture rail *Nomen* Bilderleiste

pic·tur·esque /ˌpɪktʃəˈresk/ *Adj* (*Adv* **pic·tur·esque·ly**) **1** malerisch, pittoresk **2** bildreich, anschaulich

pid·dle /ˈpɪdl/ *Verb* (*umgs, veraltet*) pinkeln

pidgin /ˈpɪdʒɪn/ *Nomen* **1** Pidgin **2** Pidgin Tok Pisin

pie /paɪ/ *Nomen* **1** gedeckter Obstkuchen, Obsttörtchen ◊ *a slice of apple pie* ein Stück Apfelkuchen **2** (*bes BrE*) Pastete [IDM] **pie in the 'sky** (*umgs*) Luftschlösser **a ,piece/,slice/,share of the pie** (*AmE*) ein Stück von Kuchen ☛ Siehe auch AMERICAN¹, EASY¹, EAT, FINGER¹ und NICE

pie·bald /ˈpaɪbɔːld/ *Adj* gescheckt

piece¹ /piːs/ *Nomen* **1** (*meist mit "of" und unzählbaren konkreten Nomina verwendet*) Stück ◊ *a piece of machinery* ein Gerät/eine Maschine **2** Scherbe ◊ **smash sth to pieces** etw in Stücke schlagen **3** [meist Pl] Bestandteil ◊ **take sth to pieces** etw in seine Einzelteile zerlegen ◊ **by the piece** stückweise ◊ *a 50-piece orchestra* ein 50-köpfiges Orchester **4** **~ of sth** (*mit vielen unzählbaren abstrakten Nomen verwendet, um ein einzelnes Beispiel oder eine Menge von etw zu bezeichnen*) ◊ *a piece of advice* ein Ratschlag ◊ *Isn't that a piece of luck?* Wenn das kein Glücksfall ist! **5** Werk ◊ *a piece of art* ein Kunstwerk ◊ *a piece of poetry* ein Gedicht **6** (*Zeitungs-*) Artikel; (*Fernseh-, Radio-*) Sendung **7** Münze **8** Figur, Stein (*eines Brettspiels*) **9** [Sing] (*bes BrE*) (WIRTSCH) Anteil(e) **10** (*AmE, Slang*) (*Waffe*) Knarre [IDM] **be (all) of a piece** aus einem Guss sein; zusammenpassen **be (all) of a 'piece with sth** (*gehoben*) (*genau*) mit etw übereinstimmen **fall to 'pieces** (*meist in der Verlaufsform*) auseinander fallen; kaputtgehen **give sb a piece of your 'mind** (*umgs*) jdm ordentlich seine Meinung sagen **go to 'pieces** (*umgs*) zusammenbrechen **(all) in one 'piece** (*umgs*) unversehrt; heil **(all) of a 'piece** in einem Stück **pick/pull/tear sb/sth to 'pieces/'shreds** (*umgs*) jdn/etw verreißen **a ,piece of 'cake** (*umgs*) ein Kinderspiel **a ,piece of 'piss** (*BrE, Slang*) ein Kinderspiel **a/some piece of work** (*AmE*,

piece

umgs) ◇ *You're some piece of work, Jack!* Du bist vielleicht einer, Jack!☛ *Siehe auch* ACTION, BIT, LONG¹· NASTY, PICK¹, PIE, SAY¹ *und* VILLAIN

piece² /piːs/ *Verb* PHRV ˌpiece sth toˈgether **1** etw rekonstruieren **2** etw zusammensetzen

pièce de réˈsistˑance /ˌpjes də reˈzɪstɒs; *AmE* -staːns/ *Nomen* (*Pl* **pièces de réˑsistˑance** /ˌpjes -/) [meist Sing] (*gehoben*) Krönung, Höhepunkt, Glanzstück

pieceˑmeal¹ /ˈpiːsmiːl/ *Adj* (*oft abwert*) zusammengestückelt, wenig systematisch

pieceˑmeal² /ˈpiːsmiːl/ *Adv* Stück für Stück, stückweise

pieceˑwork /ˈpiːswɜːk; *AmE* -wɜːrk/ *Nomen* Stückarbeit, Akkordarbeit

ˈpie chart *Nomen* Tortendiagramm

pied /paɪd/ *Adj* gescheckt, gefleckt

pier /pɪə(r); *AmE* pɪr/ *Nomen* Pier, Landungsbrücke, Anlegestelle

pierce /pɪəs; *AmE* pɪrs/ *Verb* **1** piercen ◇ *have your ears pierced* sich Ohrlöcher stechen lassen **2** ~ **(through)** sth etw durchbohren, etw durchstechen **3** ~ **sth in sth** etw in etw bohren, etw in etw stechen **4** ~ **(through) sth** (*gehoben*) etw durchdringen, etw durchbrechen

pierˑcing¹ /ˈpɪəsɪŋ; *AmE* ˈpɪrsɪŋ/ *Adj* (*Adv* **pierˑcingˑly**) **1** stechend, durchdringend **2** gellend, schrill **3** schneidend, beißend **4** *nur vor Nomen* (Stacheln etc.) scharf

pierˑcing² /ˈpɪəsɪŋ; *AmE* ˈpɪrsɪŋ/ *Nomen* Piercing

piety /ˈpaɪəti/ *Nomen* Frömmigkeit, Pietät OPP IMPIETY

pig¹ /pɪɡ/ *Nomen* **1** Schwein **2** (*umgs, abwert*) (*Mensch*) Schwein, Sau ◇ *make a pig of yourself with sth* sich den Bauch mit etw voll schlagen **3** (*Slang, beleidigend*) (*Polizist*) Bulle IDM **make a ˈpig's ear (out) of sth** (*BrE, umgs*) etw versauen **(buy) a pig in a ˈpoke** die Katze im Sack (kaufen) **pig/piggy in the ˈmiddle a pig of a sth** (*BrE, umgs*) ein(e) Scheiß-; ein(e) Drecks- ◇ *a pig of a day* ein Scheißtag (*BrE*) **1** = Ballspiel, bei dem ein(e) in der Mitte stehende(r) Spieler(in) den Ball, den sich die anderen zuwerfen, zu fangen versucht **2** = jd, der zwischen zwei streitende oder kämpfende Personen oder Gruppen gerät **pigs might ˈfly** (*AmE* **when pigs ˈfly**) (*umgs, ironisch*) wer's glaubt, wird selig

pig² /pɪɡ/ *Verb* (**-gg-**) (*BrE, umgs*) ~ **sth** etw auffressen; ~ **yourself (on sth)** sich (mit etw) voll stopfen PHRV ˌpig ˈout (on sth) (*umgs*) sich den Bauch (mit etw) voll schlagen

piˑgeon /ˈpɪdʒɪn/ *Nomen* Taube IDM **sb's pigeon** (*BrE, veraltet*) jds Angelegenheit ☛ *Siehe auch* CAT

ˈpigeon-hole¹ *Nomen* (*Post-*) Fach

ˈpigeon-hole² *Verb* **1** ~ **sb (as sth)** jdn (als etw) einordnen, jdn (zu/als etw) abstempeln SYN CATEGORIZE *und* LABEL **2** (*Pläne etc.*) auf Eis legen

ˌpigeon-ˈtoed *Adj* x-beinig

pigˑgery /ˈpɪɡəri/ *Nomen* (*Pl* **-ies**) Schweinefarm

piggy¹ /ˈpɪɡi/ *Nomen* (*Pl* **-ies**) Schweinchen IDM ⇨ PIG¹

piggy² /ˈpɪɡi/ *Adj nur vor Nomen* (*umgs, abwert*) Schweins- ◇ *piggy eyes* Schweinsäuglein

pigˑgyˑback /ˈpɪɡibæk/ *Nomen* ◇ *Give me a piggyback, Daddy!* Trag mich huckepack, Papi!

ˈpiggy bank *Nomen* Sparschwein

pigˑheaded *Adj* stur

ˈpig iron *Nomen* Gusseisen

pigˑlet /ˈpɪɡlət/ *Nomen* Ferkel

pigˑment /ˈpɪɡmənt/ *Nomen* **1** Pigment **2** Farbstoff

pigˑmenˑtaˑtion /ˌpɪɡmenˈteɪʃn/ *Nomen* [U] Pigmentierung

pigˑmentˑed /pɪɡˈmentɪd/ *Adj* pigmentiert

pigmy = PYGMY

pigˑsty /ˈpɪɡstaɪ/ (*auch* **sty**) *Nomen* (*Pl* **-ies**) (*AmE auch* **ˈpig-pen** /ˈpɪɡpen/) **1** Schweinestall **2** [Sing] (*umgs*) (*fig*) Saustall

pigˑswill /ˈpɪɡswɪl/ (*auch* **swill**) *Nomen* Schweinefutter

pigˑtail /ˈpɪɡteɪl/ *Nomen* (*BrE*) Zopf

pike /paɪk/ *Nomen* **1** (*Pl* **pike**) Hecht **2** Pike, Spieß **3** (*AmE*) = TURNPIKE IDM **come down the ˈpike** (*AmE, umgs*) vor der Tür stehen; in Entwicklung sein

pikeˑperch /ˈpaɪkpɜːtʃ; *AmE* -pɜːr(r)tʃ/ *Nomen* (*Pl* **-perch**) Zander

ˈpike-staff /ˈpaɪkstɑːf; *AmE* -stæf/ *Nomen* IDM ⇨ PLAIN¹

pilaf /ˈpiːlæf; *AmE* pɪˈlɑːf/ (*auch* **pilau** /ˈpiːlaʊ/) *Nomen* Pilaw

pilˑchard /ˈpɪltʃəd; *AmE* -tʃərd/ *Nomen* Sardine

pile¹ /paɪl/ *Nomen* **1** Stapel, Haufen, Stoß ◇ *piles of dirty washing* Berge von schmutziger Wäsche **2** [meist Pl] Menge ◇ *I've got piles of work to do.* Ich habe eine Menge Arbeit. **3** (*bei Samt, Teppichen etc.*) Flor **4** Pfeiler **5** (*gehoben oder hum*) Bauwerk ☛ *Siehe auch* PILES IDM **at the bottom of the ˈpile** ganz unten **at the top of the ˈpile** an der Spitze **make a ˈpile** (*umgs*) ein Vermögen machen

pile² /paɪl/ *Verb* **1** ~ **sth (up)** etw (auf)stapeln ◇ *The clothes were piled high on the chair.* Auf dem Stuhl türmten sich die Kleidungsstücke. ◇ *Snow was piled up against the door.* Die Tür war vom Schnee zugeweht. **2** ~ **A in(to) B** A in B stopfen ◇ *She piled everything into her suitcase.* Sie stopfte alles in ihren Koffer. **3** ~ **A on(to) B** A auf B stapeln ◇ *He piled as much food as he could onto his plate.* Er häufte so viel Essen wie er nur konnte auf seinen Teller. **4** ~ **B with A** B mit A beladen ◇ *The desk was piled with papers.* Auf dem Schreibtisch stapelten sich Papiere. **5** (*umgs*) (sich) drängen ◇ *They all piled into the car.* Sie stiegen alle in den Wagen. IDM **pile on the ˈagony/ˈgloom** (*bes BrE, umgs*) etw (noch) schlimmer machen PHRV ˈpile sth on **1** etw anhäufen ◇ *The team piled on the points in the first half of the game.* In der ersten Spielhälfte sammelte die Mannschaft eine Menge Punkte. ◇ *I've been piling on the pounds.* Ich habe ziemlich viel zugenommen. ◇ *Our boss is piling on the pressure.* Der Chef setzt uns immer mehr unter Druck. **2** etw übertreiben ˌpile sth ˈon(to) sb jdn mit etw überhäufen ˌpile ˈup sich häufen, sich auftürmen

piles /paɪlz/ *Nomen* [Pl] Hämorrhoiden SYN HAEMORRHOIDS

ˈpile-up *Nomen* Massenkarambolage

pilˑfer /ˈpɪlfə(r)/ *Verb* klauen

pilˑferˑing /ˈpɪlfərɪŋ/ *Nomen* Diebstahl ◇ *We know that pilfering goes on.* Wir wissen, dass geklaut wird.

pilˑgrim /ˈpɪlɡrɪm/ *Nomen* Pilger(in)

pilˑgrimˑage /ˈpɪlɡrɪmɪdʒ/ *Nomen* Pilgerfahrt, Wallfahrt (*auch fig*)

pill /pɪl/ *Nomen* **1** Pille, Tablette **2** **the pill, the Pill** die Pille ◇ *be/go on the pill* die Pille nehmen ◇ *come off the pill* die Pille absetzen **3** (*AmE*) (*Mensch*) Ekel IDM **sugar/sweetˑen the ˈpill** die bittere Pille versüßen ☛ *Siehe auch* BITTER

pilˑlage¹ /ˈpɪlɪdʒ/ *Verb* plündern

pilˑlage² /ˈpɪlɪdʒ/ *Nomen* (*gehoben*) Plünderung

pilˑlar /ˈpɪlə(r)/ *Nomen* **1** Säule, Pfeiler **2** (*fig*) Stütze; (*eines Systems, einer Theorie*) Grundpfeiler ◇ *She is a pillar of strength in a crisis.* In einer Krise ist sie wie ein Fels in der Brandung. IDM **from ˌpillar to ˈpost** von Pontius zu Pilatus

ˈpillar box *Nomen* (*BrE, veraltet*) (*von der Post aufgestellter*) Briefkasten

pilˑlion¹ /ˈpɪliən/ *Nomen* Soziussitz

pilˑlion² /ˈpɪliən/ *Adv* **ride pillion** auf dem Soziussitz mitfahren

pilˑlock /ˈpɪlək/ *Nomen* (*BrE, Slang*) Schwachkopf

pilˑlory¹ /ˈpɪləri/ *Verb* (**pilˑlorˑies, pilˑloryˑing, pilˑlorˑied, pilˑlorˑies**) (*gehoben*) an den Pranger stellen

pilˑlory² /ˈpɪləri/ *Nomen* (*Pl* **-ies**) Pranger

pilˑlow¹ /ˈpɪləʊ; *AmE* -loʊ/ *Nomen* **1** Kopfkissen ◇ *pillow talk* Bettgeflüster **2** (*AmE*) Kissen

pilˑlow² /ˈpɪləʊ; *AmE* -loʊ/ *Verb* (*gehoben*) betten

pilˑlowˑcase /ˈpɪləʊkeɪs; *AmE* -loʊ-/ (*auch* **ˈpilˑlowˑslip** /ˈpɪləʊslɪp; *AmE* -loʊ-/) *Nomen* Kopfkissenbezug

pilot¹ /ˈpaɪlət/ *Nomen* **1** Pilot(in) ◇ *an airline pilot* ein (für eine Fluggesellschaft fliegender) Pilot ☛ *Siehe auch* AUTOMATIC PILOT **2** Lotse, Lotsin **3** Pilotsendung **4** (*auch* **ˈpilot light**) (*am Gasboiler*) Zündflamme

pilot² /ˈpaɪlət/ *Verb* **1** fliegen **2** lotsen (*auch fig*) **3** probeweise testen

pilot³ /ˈpaɪlət/ *Adj nur vor Nomen* Pilot- ◇ *a pilot study* eine Pilotstudie

ˈPilot Officer *Nomen* (*Abk* **PO**) (*in der britischen Luftwaffe*) Leutnant

piˑmento /pɪˈmentəʊ; *AmE* -toʊ/ *Nomen* (*Pl* **-os**) Piment

pimp¹ /pɪmp/ *Nomen* Zuhälter
pimp² /pɪmp/ *Verb* ~ **(for sb)** (jds) Zuhälter sein
pim·per·nel /ˈpɪmpənel; *AmE* -pərnel/ *Nomen* Gauchheil
pim·ple /ˈpɪmpl/ *Nomen* Pickel, Pustel ☞ *Siehe auch* GOOSE PIMPLES
pim·ply /ˈpɪmpli/ *Adj* pickelig
PIN /pɪn/ (*auch* ˈPIN **number**) *Kurzform von* **personal identification number** Geheimzahl, PIN
pin¹ /pɪn/ *Nomen* **1** Stecknadel ☞ *Siehe auch* SAFETY PIN **2** (Ansteck)nadel **3** (*AmE*) Brosche **4** (*bes AmE*) Abzeichen **5** (MED) Stift, Nagel **6** Pol ◇ *a 3-pin plug* ein dreipoliger Stecker **7** Kegel **8** (*Golf*) Flaggenstock **9** (*bei Granaten*) Sicherungsstift **10 pins** [Pl] (*umgs*) Beine ☞ *Siehe auch* PINS AND NEEDLES IDM **for two ˈpins** (*BrE*, *veraltet*) liebend gern ☞ *Siehe auch* HEAR
pin² /pɪn/ *Verb* (**-nn-**) **1** heften, stecken **2** pressen, drücken ◇ *They found him pinned under the wreckage of the car.* Man fand ihn im Autowrack eingeklemmt. IDM ˌ**pin (all) your ˈhopes on sb/sth**; ˌ**pin your ˈfaith on sb/sth** seine ganze Hoffnung auf etw/jdn setzen PHRV ˌ**pin sb ˈdown** jdn zu Boden drücken ˌ**pin sb ˈdown (to sth)** jdn (auf etw) festnageln ˌ**pin sth ˈdown** etw (genau) feststellen ˌ**pin sth on sb** jdm die Schuld für etw zuschieben
pina·fore /ˈpɪnəfɔː(r)/ *Nomen* **1** (*BrE*) Schürze **2** (*auch* ˈ**pinafore dress**) (*bes BrE*) Trägerkleid, Schürzenkleid
pin·ball /ˈpɪnbɔːl/ *Nomen* Flippern ◇ *a pinball machine* ein Flipperautomat
pince-nez /ˌpæs ˈneɪ/ *Nomen* (*Pl* **pince-nez**) Pincenez, Kneifer
pin·cer /ˈpɪnsə(r)/ *Nomen* **1 pincers** [Pl] Zange ☞ *Hinweis bei* BRILLE **2** (ZOOL) Schere, Zange
ˈ**pincer movement** *Nomen* Zangenbewegung
pinch¹ /pɪntʃ/ *Verb* **1** kneifen, zwicken ◇ *pinch sb's arm* jdn in den Arm kneifen **2** zusammendrücken ◇ *a pinched nerve* ein eingeklemmter Nerv **3** (*Schuhe*) drücken **4** (*BrE*, *umgs*) klauen IDM ˌ**pinch ˈpennies** knausern PHRV ˌ**pinch sth ˈoff/ˈout** etw abknipsen
pinch² /pɪntʃ/ *Nomen* **1** Kniff ◇ *She gave him a pinch on the arm.* Sie kniff ihn in den Arm. **2** Prise IDM **at a ˈpinch** (*AmE* **in a ˈpinch**) zur Not **take sth with a pinch of ˈsalt** etw nicht für bare Münze nehmen ☞ *Siehe auch* FEEL¹
pinched /pɪntʃt/ *Adj* (*Gesicht*) ausgehungert, bleich, verfroren
ˈ**pinch-hit** *Verb* (*AmE*) **1** (*Baseball*) = Ersatzspieler sein **2** ~ (**for sb**) (*umgs*) (für jdn) einspringen
pin·cush·ion /ˈpɪnkʊʃn/ *Nomen* Nadelkissen
pine¹ /paɪn/ *Nomen* **1** (*auch* ˈ**pine tree**) Kiefer **2** (*auch* **pine-wood**) Kiefernholz
pine² /paɪn/ *Verb* sich (vor Kummer) verzehren PHRV ˌ**pine aˈway** vor Gram vergehen ˈ**pine for sb/sth** sich nach jdm/etw sehnen
pine·apple /ˈpaɪnæpl/ *Nomen* Ananas
ˈ**pine cone** *Nomen* Kiefernzapfen
ˈ**pine marten** *Nomen* Baummarder
ˈ**pine nut** (*BrE auch* ˈ**pine kernel**) *Nomen* Pinienkern
pine-wood /ˈpaɪnwʊd/ *Nomen* = PINE¹ (2)
ping¹ /pɪŋ/ *Nomen* Klingeln ◇ *The bell went ping.* Die Glocke klingelte.
ping² /pɪŋ/ *Verb* **1** klingeln **2** (*AmE*) (*Motor*) klopfen
ˈ**ping-pong** *Nomen* (*umgs*) Tischtennis
pin·head /ˈpɪnhed/ *Nomen* Stecknadelkopf
pin·hole /ˈpɪnhəʊl; *AmE* -hoʊl/ *Nomen* (nadelfeines) Loch
pin·ion /ˈpɪnjən/ *Verb* ~ **sb/sth** (**against/to sth**) jdn/etw (an etw) binden, jdn/etw (an etw) drücken
pink¹ /pɪŋk/ *Adj* **1** rosa ◇ *She went bright pink with embarrassment.* Sie wurde ganz rot vor Verlegenheit. **2** *nur vor Nomen* ◇ *the pink dollar* die Kaufkraft der Homosexuellen als Wirtschaftsfaktor **3** (POL) (*umgs*, *abwert*) rot angehaucht IDM ⇨ TICKLE¹
pink² /pɪŋk/ *Nomen* **1** Rosa ◇ *pale pinks and blues* blasse Rosa- und Blautöne **2** (Garten)nelke IDM **in the ˈpink** (*umgs*, *veraltet*) kerngesund
pink³ /pɪŋk/ *Verb* (*BrE*) (*Motor*) klopfen
ˌ**pink ˈgin** *Nomen* = Gin und Angostura
pinkie /ˈpɪŋki/ = *Nomen* (*SchotE oder AmE*) kleiner Finger

ˈ**pink·ing shears** *Nomen* [Pl] Zackenschere ☞ *Hinweis bei* BRILLE
pink·ish /ˈpɪŋkɪʃ/ *Adj* rötlich
ˌ**pink ˈslip** *Nomen* (*AmE*, *umgs*) Entlassungsschreiben
ˈ**pin money** *Nomen* (*selbstverdientes*) Taschengeld
pin·na·cle /ˈpɪnəkl/ *Nomen* **1** [meist Sing] Höhepunkt **2** (*auf einem Dach*) Türmchen **3** Gipfel
pinny /ˈpɪni/ *Nomen* (*Pl* **-ies**) (*BrE*, *umgs*) Schürze
pin·point¹ /ˈpɪnpɔɪnt/ *Verb* genau lokalisieren; (*Zeitpunkt*, *Ursache, etc.*) genau feststellen; (*Ziel etc.*) genau festlegen
pin·point² /ˈpɪnpɔɪnt/ *Nomen* **1** *Nomen* (Steck)nadelspitze **2** *Adj* IDM **with pinpoint accuracy** mit hoher Genauigkeit
pin·prick /ˈpɪnprɪk/ *Nomen* **1** (Licht)punkt **2** Nadelstich **3** Kleinigkeit
ˌ**pins and ˈneedles** *Nomen* Kribbeln (in eingeschlafenen Gliedern) ◇ *I've got pins and needles in my leg.* Mein Bein ist eingeschlafen. IDM **be on ˌpins and ˈneedles** (*AmE*) wie auf glühenden Kohlen sitzen
pin·stripe /ˈpɪnstraɪp/ *Nomen* **1** Nadelstreifen **2** Stoff mit Nadelstreifen
pin·striped /ˈpɪnstraɪpt/ *Adj* nur vor Nomen Nadelstreifen- ◇ *a pinstriped suit* ein Nadelstreifenanzug
pint /paɪnt/ *Nomen* **1** (*Abk* **pt**) = Flüssigkeitsmaß, entspricht 0,57 Liter, in den USA 0,47 Liter ☞ *Siehe auch* S. 760 **2** (*BrE*) Halbe, Glas Bier ◇ *go for a pint* auf ein Bier gehen
ˈ**pint-sized** *Adj* (*umgs*) winzig
ˈ**pin-up** *Nomen* **1** Pin-up(-Foto) **2** Pin-up-Modell
pin·wheel /ˈpɪnwiːl/ *Nomen* (*AmE*) Feuerrad
pi·on·eer¹ /ˌpaɪəˈnɪə(r); *AmE* -ˈnɪr/ *Nomen* Pionier(in) (*auch fig*) ◇ *a pioneer project* ein bahnbrechendes Projekt
pi·on·eer² /ˌpaɪəˈnɪə(r); *AmE* -ˈnɪr/ *Verb* zum ersten Mal anwenden, entwickeln
pi·on·eer·ing /ˌpaɪəˈnɪərɪŋ; *AmE* -ˈnɪr-/ *Adj* bahnbrechend, Pionier-
pious /ˈpaɪəs/ *Adj* (*Adv* **pi·ous·ly**) **1** fromm ◇ *a pious hope* ein frommer Wunsch **2** (*abwert*) scheinheilig
pip¹ /pɪp/ *Nomen* **1** (*bes BrE*) (*eines Apfels etc.*) Kern **2 the pips** [Pl] (*BrE*, *veraltet*) (*im Radio*) Zeitzeichen **3** (*AmE*) (*auf Spielkarten, Dominosteinen etc.*) Punkt, Auge
pip² /pɪp/ *Verb* (**-pp-**) (*BrE*, *umgs*) knapp besiegen IDM **sb is pipped at/to the post** jdm wird etw vor der Nase weggeschnappt
pipe¹ /paɪp/ *Nomen* **1** Rohr, Leitung ◇ *a burst pipe* ein Rohrbruch **2** Pfeife **3** (MUS) Flöte; (*in Orgel*) Pfeife ☞ *Siehe auch* PAN PIPES **4 pipes** [Pl] Dudelsack IDM **put ˈthat in your pipe and smoke it** lass dir das gesagt sein; schreib dir das hinter die Löffel
pipe² /paɪp/ *Verb* **1** (in Rohren) leiten **2** (*meist passiv*) übertragen ◇ *piped music* Hintergrundmusik **3** Flöte spielen, Dudelsack spielen **4** piepsen **5** (*Glasur*) spritzen PHRV ˌ**pipe ˈdown** (*umgs*) ruhig sein ˌ**pipe ˈup (with sth)** sich (mit etw) melden, sich (mit etw) vernehmen lassen
ˈ**pipe-cleaner** *Nomen* Pfeifenreiniger
ˈ**pipe·dream** /ˈpaɪpdriːm/ *Nomen* Luftschloss
pipe·line /ˈpaɪplaɪn/ *Nomen* Pipeline IDM **in the ˈpipeline** in Vorbereitung
ˈ**pipe organ** *Nomen* = ORGAN
piper /ˈpaɪpə(r)/ *Nomen* Dudelsackpfeifer(in), Flötenspieler(in) IDM ⇨ PAY²
pip·ette /pɪˈpet/ *Nomen* Pipette
pipe·work /ˈpaɪpwɜːk; *AmE* -wɜːrk/ *Nomen* [U] Rohrleitungen
pip·ing¹ /ˈpaɪpɪŋ/ *Nomen* [U] **1** Rohrleitung **2** Paspel; (*an Uniform*) Biese **3** Spritzgussverzierung **4** Pfeifen
pip·ing² /ˈpaɪpɪŋ/ *Adj* (*Stimme*) piepsend
ˌ**piping ˈhot** *Adj* kochend heiß
pip·squeak /ˈpɪpskwiːk/ *Nomen* (*umgs*, *abwert*) (*Mensch*) Würstchen
pi·quancy /ˈpiːkənsi/ *Nomen* **1** pikanter Geschmack **2** (*fig*) Pikanterie
pi·quant /ˈpiːkənt/ *Adj* (*gehoben*) pikant (*auch fig*)
pique¹ /piːk/ *Nomen* (*gehoben*) verletzter Stolz
pique² /piːk/ *Verb* (*gehoben*) kränken; (*Stolz*) verletzen IDM ˌ**pique sb's ˈinterest, curiˈosity, etc.** (*bes AmE*) jds Interesse, Neugier etc. wecken

pir·acy /ˈpaɪrəsi/ *Nomen* **1** Piraterie **2** Raubdruck, Raubpressung, illegale Vervielfältigung

pi·ranha /pɪˈrɑːnə/ *Nomen* (*Pl* **-as**) Piranha

pir·ate¹ /ˈpaɪrət/ *Nomen* **1** Pirat(in) **2** Raubdrucker(in), Raubkopierer(in) ◊ *a pirate copy* eine Raubkopie ◊ *a pirate radio station* ein Piratensender

pir·ate² /ˈpaɪrət/ *Verb* unerlaubt nachdrucken, raubkopieren ◊ *pirated books* Raubdrucke ◊ *pirated videos* Raubkopien von Videos

pir·at·ical /paɪˈrætɪkl/ *Adj* piratenhaft, seeräuberisch

pirou·ette¹ /ˌpɪruˈet/ *Nomen* Pirouette

pirou·ette² /ˌpɪruˈet/ *Verb* pirouettieren

Pis·cean /ˈpaɪsiən/ **1** *Nomen* (*unter dem Sternzeichen* geborener *Mensch*) Fisch **2** *Adj* (*bezüglich des Sternzeichens*) Fisch-

Pis·ces /ˈpaɪsiːz/ *Nomen* (*Sternzeichen, Mensch*) Fische ◊ *I'm a Pisces.* Ich bin Fisch.

piss¹ /pɪs/ *Verb* (*vulg, Slang*) pissen IDM **'piss yourself** (**laughing**) sich einen Bruch lachen PHRV **ˌpiss sb aˈbout/aˈround** (*BrE*) jdm Schwierigkeiten machen ☛ G 9.7c **piss down** (*regnen*) schiffen **ˌpiss ˈoff** (*bes BrE*) sich verpissen **ˌpiss sb ˈoff** jdn ankotzen ◊ *be pissed off with sb/sth* von jdm/etw die Schnauze voll haben

piss² /pɪs/ *Nomen* (*vulg, Slang*) **1** Pisse **2** [*Sing*] ◊ *go for a piss* pissen gehen IDM **be on the ˈpiss** (*BrE*) sich (in einer Kneipe) voll laufen lassen **take the ˈpiss** (**out of sb/sth**) (*BrE*) jdn/etw verarschen ☛ *Siehe auch* PIECE¹

ˈpiss artist *Nomen* (*BrE, vulg, Slang*) **1** Säufer(in) **2** Idiot(in)

pissed /pɪst/ *Adj* **1** (*BrE, vulg, Slang*) besoffen **2** (*AmE, Slang*) stocksauer IDM (**as**) **pissed as a ˈnewt** (*BrE*) sternhagelvoll

ˈpiss-up *Nomen* (*BrE, Slang*) Besäufnis

pis·ta·chio /pɪˈstɑːʃiəʊ, -ˈstɑːʃiəʊ; *AmE* -ʃioʊ/ *Nomen* (*Pl* **-os**) **1** (*auch* **piˈstachio nut**) Pistazie **2** Pistaziengrün

piste /piːst/ *Nomen* Piste ◊ *skiing off piste* abseits der Piste fahren

pistil /ˈpɪstɪl/ *Nomen* (BOT) Stempel

pis·tol /ˈpɪstl/ *Nomen* Pistole

ˈpistol-whip *Verb* mit der Pistole schlagen

pis·ton /ˈpɪstən/ *Nomen* Kolben

pit¹ /pɪt/ *Nomen* **1** Grube ◊ *a chalk pit* ein Kalksteinbruch **2** (Kohlen)grube, Zeche **3** Narbe **4** (*bes AmE*) Kern **5 the pits** [*Pl*] (*AmE* **the pit**) (*Motorrennsport*) Box **6** Orchestergraben **7** (*AmE, umgs*) Achselhöhle **8** (*AmE*) (*in einem Börsensaal*) Maklerstand ◊ *the corn pit* der Maklerstand für Getreide IDM **be the ˈpits** (*umgs*) das Allerletzte sein **in the pit of your/the ˈstomach** in der Magengrube ☛ *Siehe auch* BOTTOMLESS

pit² /pɪt/ *Verb* (**-tt-**) **1** (*meist passiv*) (mit Vertiefungen) bedecken ◊ *Smallpox scars had pitted his face.* Sein Gesicht war voller Pockennarben. **2** entkernen PHRV **ˈpit sb/sth against sb/sth** jdn/etw gegen jdn/etw einsetzen ◊ *pit your wits against sb/sth* seinen Verstand an jdm/etw messen

pita = PITTA

pit-a-pat¹ /ˌpɪtəˈpæt/ *Adv* **go** ~ trippeln; (*Herz*) pochen

pit-a-pat² /ˌpɪtəˈpæt/ *Nomen* (*Schritte*) Getrippel; (*Herz*-) Pochen

ˌpit ˌbull ˈterrier (*auch* **ˈpit ˌbull**) *Nomen* Pitbull

pitch¹ /pɪtʃ/ *Nomen* **1** (*BrE*) (*Sport*-) Platz, (Spiel)feld **2** [*Sing*] Intensität(sgrad) ◊ *a frenetic pitch of activity* hektische Betriebsamkeit **3** (MUS) Tonhöhe; (*Stimme*) Stimmlage ☛ *Siehe auch* PERFECT PITCH **4** Verkaufsgespräch ◊ *the candidate's campaign pitch* die Wahlrede des Kandidaten **5** (*Baseball*) Pitch, Wurf **6** (*aus Erdöl*) Pech **7** (*bes BrE*) (*Verkaufs-, Markt-*) Stand **8** (*Schiff*) Stampfen; (*Flugzeug*) Absacken **9** (*Dach-*) Schräge, Neigung IDM **make a ˈpitch for sb/sth** (*bes AmE*) jdn zu gewinnen versuchen **make a ˈpitch to sb** (*bes AmE*) sich sehr um jdn bemühen ☛ *Siehe auch* QUEER³

pitch² /pɪtʃ/ *Verb* **1** schleudern, werfen **2** (*Ball*) werfen, schlagen **3** (*Ball*) aufschlagen **4** stürzen, fallen **5** (*Schiff*) stampfen; (*Flugzeug*) absacken **6** abstimmen, ansetzen ◊ *They have pitched their prices too high.* Sie haben ihre Preise zu hoch angesetzt. ◊ *The test was pitched at too low a level.* Bei der Prüfung war der Schwierigkeitsgrad zu niedrig angesetzt worden. **7** ~ **sth at sb** etw (auf jdn) zuschneiden **8** ~ **sth as sth** etw (als etw) anbieten **9** (MUS) (an)stimmen ◊ *You pitched that note a little flat.* Du hast die Note etwas zu tief gespielt. ◊ *The song was pitched too low for my voice.* Das Lied war zu tief für meine Stimme. **10** ~ (**for sth**) (für etw) werben **11** (*Zelt*) aufstellen; (*Lager*) aufschlagen IDM **ˌpitch a ˈstory/ˈline/ˈyarn** (**to sb**) (*umgs*) (jdm) ein Märchen auftischen PHRV **ˌpitch ˈin** (**with sth**) (bei etw) (mit)helfen, (bei etw) mit anpacken **ˌpitch ˈin with sth** (*umgs*) etw zur Verfügung stellen **ˌpitch sth ˈin** etw beisteuern **ˌpitch ˈinto sb** über jdn herfallen **ˌpitch ˈinto sth** (*umgs*) sich an etw machen **ˈpitch up** (*BrE, umgs*) kommen SYN TURN UP

ˌpitch-ˈblack *Adj* stockfinster, kohlrabenschwarz

ˌpitch-ˈdark *Adj* stockfinster

pitched /pɪtʃt/ *Adj* (*Dach*) schräg

ˌpitched ˈbattle *Nomen* **1** Massenschlägerei **2** Schlacht auf offenem Feld

pitch·er /ˈpɪtʃə(r)/ *Nomen* **1** Krug **2** (*BrE*) Henkelkrug **3** (*Baseball*) Werfer

pitch·fork /ˈpɪtʃfɔːk; *AmE* -fɔːrk/ *Nomen* Forke, Heugabel

pit·eous /ˈpɪtiəs/ *Adj* (*Adv* **pit·eous·ly**) (*gehoben*) jämmerlich

pit·fall /ˈpɪtfɔːl/ *Nomen* Fallgrube, Gefahr

pith /pɪθ/ *Nomen* **1** weiße Haut unter der Schale von Zitrusfrüchten **2** Kern

pithy /ˈpɪθi/ *Adj* (*Adv* **pith·ily** /-ɪli/) prägnant ◊ *pithy sayings* markige Sprüche

piti·able /ˈpɪtiəbl/ *Adj* (*gehoben*) **1** bemitleidenswert **2** kläglich

piti·ful /ˈpɪtɪfl/ *Adj* (*Adv* **piti·fully** /-fəli/) **1** jämmerlich **2** kläglich

piti·less /ˈpɪtiləs/ *Adj* (*Adv* **piti·less·ly**) erbarmungslos, unbarmherzig

ˈpit stop *Nomen* **1** Boxenstopp **2** (*AmE, umgs*) Rast

pitta (*des AmE* **pita**) /ˈpiːtə; *BrE auch* ˈpɪtə/ (*auch* **ˈpitta bread**, **ˈpita bread**) *Nomen* Pittabrot

pit·tance /ˈpɪtns/ *Nomen* [*meist Sing*] Hungerlohn ◊ *She could barely survive on the pittance she received as a pension.* Von ihrer kärglichen Rente konnte sie kaum leben.

pit·ted /ˈpɪtɪd/ *Adj* **1** löchrig; (*Haut*) pockennarbig; (*Mond*) voller Krater **2** entsteint

pitter-patter¹ /ˈpɪtə pætə(r)/ *Adv* **go** ~ trippeln; (*Herz*) pochen

pitter-patter² /ˈpɪtə pætə(r)/ *Nomen* (*Schritte*) Getrippel; (*Herz*-) Pochen

pi·tu·it·ary /pɪˈtjuːɪtəri; *AmE* -ˈtuːəteri/ (*auch* **piˈtuitary gland**) *Nomen* Hirnanhangsdrüse

pity¹ /ˈpɪti/ *Nomen* **1** ~ (**for sb/sth**) Mitleid (mit jdm/etw) ◊ *He had no pity for her.* Er hatte kein Mitleid mit ihr. ◊ *She took pity on them and let them in.* Sie erbarmte sich und ließ sie hinein. **2** [*Sing*] **a** ~ schade ◊ *It's a pity that you can't stay.* Schade, dass du nicht bleiben kannst. ◊ (*What a*) *pity.* (Wie) schade! IDM **for pity's ˈsake** (*umgs*) um Himmels willen **more's the ˈpity** (*BrE, umgs*) leider

pity² /ˈpɪti/ *Verb* (**pit·ies**, **pity·ing**, **pit·ied**, **pit·ied**) (*nicht in der Verlaufsform*) bedauern ◊ *I pity her having to work such long hours.* Sie tut mir Leid, dass sie so lange arbeiten muss.

pity·ing /ˈpɪtiɪŋ/ *Adj* (*Adv* **pity·ing·ly**) mitleidig

pivot¹ /ˈpɪvət/ *Nomen* **1** Angel, Zapfen **2** Dreh- und Angelpunkt

pivot² /ˈpɪvət/ *Verb* **1** sich drehen **2** drehbar lagern PHRV **ˈpivot on/around sth** sich auf etw stützen

piv·otal /ˈpɪvətl/ *Adj* (*gehoben*) zentral, Schlüssel-

pixel /ˈpɪksl/ *Nomen* (COMP) Pixel

pix·el·ated (*auch* **pix·el·lated**) /ˈpɪksəleɪtɪd/ *Adj* = durch Vergrößern der Bildpunkte unscharf/unkenntlich gemacht

pixie /ˈpɪksi/ *Nomen* Kobold

pizza /ˈpiːtsə/ *Nomen* Pizza

piz·azz /pɪˈzæz/ *Nomen* (*umgs*) Schwung

piz·zeria /ˌpiːtsəˈriːə/ (*AmE auch* **ˈpizza parlor**) *Nomen* Pizzeria

Pl. (*in Straßennamen*) *Abk* = PLACE

pl. *Abk* = PLURAL (1), PLURAL (2)

plac·ard /ˈplækɑːd; *AmE* -kɑːrd/ *Nomen* Plakat

pla·cate /pləˈkeɪt; *AmE* ˈpleɪkeɪt/ *Verb* beschwichtigen, besänftigen SYN PACIFY

pla·ca·tory /pləˈkeɪtəri; *AmE* ˈpleɪkətɔːri/ *Adj* (*gehoben*) beschwichtigend

place¹ /pleɪs/ *Nomen* **1** Stelle ◊ *This is the place where it happened.* An dieser Stelle ist es passiert. **2** Platz ◊ *swap places* die Plätze tauschen ◊ *Four places were laid.* Vier Gedecke waren aufgelegt. ◊ *the place of honour* der Ehrenplatz ◊ *This is a great place to work.* Es macht Spaß, hier zu arbeiten. ◊ *Is there a place for bicycles here?* Kann man sein Fahrrad hier abstellen? ◊ *We're looking for a place to stay.* Wir suchen eine Unterkunft. ◊ *factories and places like that* Fabriken und Ähnliches **3** Ort, Stätte ◊ *the place where I was born* mein Geburtsort ◊ *a place of worship* eine Andachtsstätte ◊ *at his place of work* an seinem Arbeitsplatz ◊ *Paris is a big place.* Paris ist eine große Stadt. ◊ *a meeting-place* ein Treffpunkt ◊ *a hiding-place* ein Versteck ◊ *a place of learning* eine Stätte der Gelehrsamkeit **4** [Sing] Rolle ◊ *He is assured of his place in history.* Er wird in die Geschichte eingehen. ◊ *There's no place for sentiment here.* Sentimentalität ist hier fehl am Platz. ◊ *Accurate reporting takes second place to lurid detail.* Sensationslüsterne Details sind wichtiger als akkurate Berichterstattung. ◊ *know your place* wissen, wo man hingehört ◊ *It's not your place to give advice.* Es steht dir nicht zu, anderen Leuten Ratschläge zu geben. **5** [Sing] Haus, Wohnung ◊ *a place of my own* eine eigene Wohnung ◊ *at my place* bei mir **6 Place** [Sing] (*Abk* **Pl.**) (*in Straßennamen*) Platz, Straße IDM **all ˈover the place** (*BrE, umgs*) **1** überall **2** ganz durcheinander ◊ *Your calculations are all over the place.* Deine Berechnungen stimmen hinten und vorne nicht. **be ˈgoing places** es zu etwas bringen ◊ *They are really going places.* Ihnen winkt eine große Zukunft. **change/swap ˈplaces (with sb)** (mit jdm) tauschen **fall/slot into ˈplace** klar werden **give ˈplace to sth** (*gehoben*) einer Sache weichen **in the ˈfirst place** *Why did you take the job in the first place?* Warum hast du die Stelle überhaupt angenommen? ◊ *Why didn't you tell us that in the first place?* Warum haben Sie uns das nicht gleich gesagt? **in the ˈfirst, ˈsecond, etc. place** erstens, zweitens etc. **in ˈher, ˈyour, etc. place** an ihrer, deiner etc. Stelle **in/into ˈplace** ◊ *All the arrangements are now in place.* Alles steht bereit. ◊ *How long has the ban been in place?* Seit wann ist das Verbot in Kraft? ◊ *click into place* einrasten **in place of sb/sth; in sb's/sth's ˈplace** anstelle von jdm/etw **out of ˈplace 1** nicht am richtigen Platz **2** fehl am Platz ◊ *The furniture is out of place in a modern house.* Diese Möbel passen nicht in ein modernes Haus. **a place in the ˈsun** ein Platz an der Sonne **put sb in their ˈplace** jdn in seine Schranken weisen **put yourself in sb else's/sb's ˈplace** sich in jds Lage versetzen **take ˈplace** stattfinden **take sb's/sth's ˈplace; take the place of sb/sth** jdn/etw ersetzen **take your ˈplace** seinen Platz einnehmen ☛ *Siehe auch* HEART, PRIDE¹ *und* ROCK¹

place² /pleɪs/ *Verb* **1** legen, stellen SYN PUT **2** (*mit bestimmten Nomina*) ◊ *place an order* einen Auftrag erteilen ◊ *place sb under arrest* jdn verhaften **3** (*in verneinten Sätzen*) einordnen **4** ~ **sb (in sth)**; ~ **sb (with sb/sth)** jdn (in etw/bei jdm/etw) unterbringen **5** zählen ◊ *I would place her among the top ten players.* Ich zähle sie zu den zehn besten Spielerinnen. **6** (SPORT) ◊ *He was placed fifth.* Er kam auf den fünften Platz. IDM **be well, ideally, uniquely, better, etc. placed for sth/to do sth** in einer guten, idealen, einzigartigen, besseren etc. Lage sein für etw/etw zu tun ◊ *be well placed for a wide range of jobs* vielfältige Einsatzmöglichkeiten haben ◊ *The hotel is well placed for restaurants and bars.* Vom Hotel aus sind Restaurants und Bars gut zu erreichen. ☛ *Siehe auch* PEDESTAL, PREMIUM¹ *und* RECORD¹

pla·cebo /pləˈsiːbəʊ; *AmE* -boʊ/ *Nomen* (*Pl* **-os**) Placebo

ˈplace mat *Nomen* (*Tisch-*) Set

place·ment /ˈpleɪsmənt/ *Nomen* **1** Unterbringung, Vermittlung **2** (*BrE*) Praktikum ◊ *A year is spent on placement.* Das Jahr wird als Praktikum absolviert. **3** Anlegen

pla·centa /pləˈsentə/ (*meist* **the placenta**) *Nomen* Plazenta, Mutterkuchen SYN AFTERBIRTH

ˈplace setting *Nomen* Gedeck

pla·cid /ˈplæsɪd/ *Adj* (*Adv* **pla·cid·ly**) ruhig, friedlich

pla·cing /ˈpleɪsɪŋ/ *Nomen* Platzierung

pla·giar·ism /ˈpleɪdʒərɪzəm/ *Nomen* (*abwert*) Plagiat

pla·giar·ist /ˈpleɪdʒərɪst/ *Nomen* Plagiator(in)

pla·giar·ize (*BrE auch* **-ise**) /ˈpleɪdʒəraɪz/ *Verb* plagiieren ◊ *He plagiarized his colleague's results.* Er hat die Ergebnisse seines Kollegen als die eigenen ausgegeben.

plague¹ /pleɪɡ/ *Nomen* **1** (*meist* **the plague**) Pest **2** Seuche **3** Plage IDM ⇨ AVOID

plague² /pleɪɡ/ *Verb* **1** plagen ◊ *plagued by doubts* von Zweifeln geplagt **2** belästigen

plaice /pleɪs/ *Nomen* (*Pl* **plaice**) Scholle

plaid /plæd/ *Nomen* **1** Schottenstoff **2** = über die Schulter getragener Schal als Teil der schottischen Nationalkleidung

plain¹ /pleɪn/ *Adj* **1** (*Adv* **plain·ly**) klar, deutlich ◊ *She made her annoyance plain.* Sie brachte ihre Verärgerung klar zum Ausdruck. ◊ *Plainly something was wrong.* Es war klar, dass etwas nicht stimmte. SYN CLEAR **2** (*Adv* **plain·ly**) offen ◊ *I'll be plain with you.* Ich werde es Ihnen offen sagen. ◊ *He has a reputation for plain speaking.* Er ist dafür bekannt, dass er kein Blatt vor den Mund nimmt. **3** (*Adv* **plain·ly**) einfach, schlicht ◊ *The plain fact/truth is that …* Die schlichte Wahrheit ist, dass … ◊ *plain cooking* gutbürgerliche Küche **4** gewöhnlich ◊ *You just need plain common sense.* Man braucht nur gesunden Menschenverstand. **5** ohne Muster, einfarbig ◊ *plain paper* unliniertes Papier **6** (*Schokolade*) halbbitter, zartbitter; (*Joghurt etc.*) Natur- **7** (*Frau, Mädchen*) wenig attraktiv IDM **in plain ˈEnglish** in einfachen Worten; in klarer Sprache **(as) plain as ˈday** (*BrE*) **(as) plain as the nose on your ˈface** (*BrE*) **(as) plain as a ˈpikestaff 1** sehr unscheinbar **2** völlig klar ☛ *Siehe auch* SAILING

plain² /pleɪn/ *Nomen* (*auch* **plains** [Pl]) Ebene ◊ *the flat coastal plain of Thassos* das Küstenflachland von Thassos ◊ *the Great Plains* die Prärie

plain³ /pleɪn/ (*umgs*) *Adv* (*verstärkend*) (*ganz*) einfach

plain·chant /ˈpleɪntʃɑːnt; *AmE* -tʃænt/ *Nomen* [U] gregorianischer Gesang SYN PLAINSONG

ˌplain ˈchocolate *Nomen* (*BrE*) Bitterschokolade

ˌplain ˈclothes *Nomen* [Pl] Zivil(kleidung) ◊ *plain-clothes policemen* Polizeibeamte in Zivil

ˌplain ˈflour *Nomen* = Mehl ohne Zusatz von Backpulver

plain·ly *Adv* ⇨ PLAIN¹

plain·song /ˈpleɪnsɒŋ/ *Nomen* [U] gregorianischer Gesang SYN PLAINCHANT

plain·tiff /ˈpleɪntɪf/ *Nomen* (*BrE*) (RECHT) Kläger(in)

plain·tive /ˈpleɪntɪv/ *Adj* (*Adv* **plaint·ive·ly**) (*gehoben*) klagend, leidend SYN MOURNFUL

plait¹ /plæt/ *Nomen* (*BrE*) Zopf

plait² /plæt/ *Verb* (*BrE*) flechten

plan¹ /plæn/ *Nomen* **1** Plan ◊ *Everything went according to plan.* Alles verlief planmäßig. ◊ *Your best plan would be to go by car.* Es wäre am besten, wenn du mit dem Auto fahren würdest. ◊ *unless there's a change of plan* wenn sich nichts ändert **2** Plan, Entwurf ◊ *a street plan* ein Stadtplan

plan² /plæn/ *Verb* (**-nn-**) **1** planen ◊ *They planned that the two routes would connect.* Sie planten eine Verbindung zwischen den beiden Strecken. ◊ *Everything went exactly as planned.* Alles verlief genau nach Plan. ◊ *plan for the future* Pläne für die Zukunft machen **2** vorhaben ◊ *We're planning a trip to France.* Wir haben vor, nach Frankreich zu fahren. **3** ~ **on (doing) sth** etw vorhaben ◊ *I was planning on an early night.* Ich hatte vor, früh ins Bett zu gehen. **4** planen, entwerfen PHRV **ˌplan sth ˈout** etw durchplanen

plane¹ /pleɪn/ *Nomen* **1** (*BrE auch* **aero·plane**, *AmE auch* **air·plane**) Flugzeug ◊ *go by plane* fliegen ◊ *I caught the next plane to Dublin.* Ich nahm den nächsten Flug nach Dublin. **2** (MATH) Ebene **3** Ebene ◊ *exist on a different spiritual plane* in einer höheren geistigen Sphäre leben **4** Hobel

plane² /pleɪn/ *Verb* **1** (ab)hobeln **2** gleiten

planet /ˈplænɪt/ *Nomen* **1** Planet **2 the planet** [Sing] die

Erde, die Umwelt, unser Planet IDM **be on another 'planet** (*hum*) auf einem anderen Stern leben **what 'planet is sb on?** (*hum*) auf welchem Stern lebt jd?

plan·et·arium /ˌplænɪˈteəriəm; *AmE* -ˈter-/ *Nomen* (*Pl* **-iums**) Planetarium

plan·et·ary /ˈplænətri; *AmE* -teri/ *Adj* nur vor *Nomen* (*Fachspr*) Planeten-, planetarisch

'**plane tree** *Nomen* Platane

plan·gent /ˈplændʒənt/ *Adj* (*gehoben*) klangvoll, getragen, klagend

plank /plæŋk/ *Nomen* **1** (*schmales*) Brett **2** (*Thema*) Punkt ◊ *the central plank of their policy* der Schwerpunkt ihrer Politik IDM ⇨ THICK¹ *und* WALK¹

plank·ton /ˈplæŋktən/ *Nomen* Plankton ☛ G 1.3c

plan·ner /ˈplænə(r)/ *Nomen* **1** = TOWN PLANNER **2** Planer(in) ◊ *curriculum planners* Lehrplaner **3** (*Software, Wandkalender etc.*) Planer ◊ *year planner* Jahresplaner

plan·ning /ˈplænɪŋ/ *Nomen* **1** Planung ◊ *curriculum planning* Erstellung von Lehrplänen **2** = TOWN PLANNING

'**planning permission** *Nomen* [U] Baugenehmigung

plant¹ /plɑːnt; *AmE* plænt/ *Nomen* **1** Pflanze ◊ *the animal and plant life of this area* die Fauna und Flora dieses Gebietes **2** Fabrik, Werk ◊ *a nuclear reprocessing plant* eine atomare Wiederaufbereitungsanlage **3** [U] Maschinen ◊ *a power plant* ein Generator **4** (*umgs*) ◊ *The drugs in my luggage were a plant.* Die Drogen in meinem Gepäck sind mir untergeschoben worden. **5** Spitzel

plant² /plɑːnt; *AmE* plænt/ *Verb* **1** (an)pflanzen, setzen, säen ◊ *plant and harvest rice* Reis anbauen und ernten **2** ~ **sth** (**with sth**) etw (mit etw) bepflanzen **3** (sich) aufbauen ◊ *They planted themselves in front of us.* Sie pflanzten sich vor uns auf. **4** (*Bombe etc.*) legen **5** (*umgs*) einschmuggeln; ~ **sth on sb** jdm etw unterschieben **6** ~ **sb** (**in sth**) (*Spitzel etc.*) (in etw) einschleusen **7** ~ **sth in sb's mind etc.** jdm etw in den Kopf setzen ◊ *He planted the first seeds of doubt in my mind.* Er säte in mir die ersten Zweifel. ◊ *with this intention firmly planted in her mind* nachdem sie sich dies fest vorgenommen hatte PHRV ,**plant sth** '**out** etw auspflanzen

plan·tain /ˈplæntɪn/ *Nomen* **1** Kochbanane **2** Wegerich

'**plantar wart** /ˈplæntə wɔːt; *AmE* ˈplæntər wɔːrt/ *Nomen* (*AmE*) (Dorn)warze

plan·ta·tion /plɑːnˈteɪʃn; *AmE* plæn-/ *Nomen* **1** Plantage **2** (*Wald*) Schonung, Waldanpflanzung

plant·er /ˈplɑːntə(r); *AmE* ˈplæn-/ *Nomen* **1** Blumentopf, Blumenkübel **2** Plantagenbesitzer(in) **3** Sämaschine

plant·ing /ˈplɑːntɪŋ; *AmE* ˈplæn-/ *Nomen* Pflanzung ◊ *tree planting* das Pflanzen von Bäumen

plaque /plæk; *BrE auch* plɑːk/ *Nomen* **1** Gedenktafel **2** [U] Zahnbelag

plasma /ˈplæzmə/ (*auch* **plasm** /ˈplæzəm/) *Nomen* Plasma

plas·ter¹ /ˈplɑːstə(r); *AmE* ˈplæs-/ *Nomen* **1** Verputz **2** Gips ◊ *Her leg's in plaster.* Sie hat ein Gipsbein. **3** (*BrE*) = STICKING PLASTER

plas·ter² /ˈplɑːstə(r); *AmE* ˈplæs-/ *Verb* **1** verputzen **2** voll kleistern ◊ *Her picture was plastered all over the newspapers.* Ihr Bild prangte in allen Zeitungen. **3** ~ **sb/sth in/with sth** jdn/etw über und über mit etw einschmieren ◊ *We were plastered from head to foot with mud.* Wir waren von Kopf bis Fuß mit Schlamm beschmiert. **4** (an)klatschen ◊ *His wet hair was plastered to his head.* Sein nasses Haar klebte ihm am Kopf. PHRV ,**plaster sth** '**over** etw zugipsen

plas·ter·board /ˈplɑːstəbɔːd; *AmE* ˈplæstərbɔːrd/ *Nomen* [U] Gipskartonplatte(n)

'**plaster cast** *Nomen* **1** (*auch* **cast**) Gipsverband **2** Gipsabdruck

plas·tered /ˈplɑːstəd; *AmE* ˈplæstərd/ *Adj* nicht vor *Nomen* (*umgs*) besoffen

plas·terer /ˈplɑːstərə(r); *AmE* ˈplæs-/ *Nomen* Gipser(in)

'**plaster of Paris** /ˌplɑːstər əv ˈpærɪs; *AmE* ˌplæs-/ *Nomen* Gips

plas·tic¹ /ˈplæstɪk/ *Nomen* **1** Kunststoff, Plastik **2** **plastics** [U] Kunststoffherstellung **3** (*umgs*) Plastikgeld ◊ *Do they take plastic?* Nehmen sie Kreditkarten? SYN CREDIT CARDS

plas·tic² /ˈplæstɪk/ *Adj* **1** Plastik-, Kunststoff- **2** formbar **3** (*abwert*) künstlich; ◊ (*fig*) *plastic food with little taste* Essen, das künstlich schmeckt

,**plastic** '**bullet** *Nomen* Plastikgeschoss

,**plastic ex**'**plosive** *Nomen* Plastiksprengstoff

Plas·ti·cine™ /ˈplæstəsiːn/ *Nomen* (*BrE*) Plastilin®

,**plastic** '**surgeon** *Nomen* Facharzt/-ärztin für plastische Chirurgie, Schönheitschirurg(in)

,**plastic** '**surgery** *Nomen* plastische Chirurgie

'**plastic wrap** *Nomen* (*AmE*) Frischhaltefolie

plate¹ /pleɪt/ *Nomen* **1** Teller **2** Platte ◊ *tectonic plates* tektonische Erdplatten **3** (Metall)schild **4** = LICENSE PLATE, NUMBER PLATE **5** vergoldetes Metall, versilbertes Metall **6** = Tafelgeschirr aus Gold oder Silber **7** (*Buchdruck*) Tafel **8** Gaumenplatte **9** (*AmE*) = HOME PLATE IDM **have enough/ a lot/ too much on your** '**plate** genug/ viel/ zu viel am Hals haben ☛ *Siehe auch* HAND²

plate² /pleɪt/ *Verb* (*meist passiv*) **1** (*mit Gold, Silber etc.*) überziehen **2** panzern

plat·eau /ˈplætəʊ; *AmE* plæˈtoʊ/ *Nomen* (*Pl* **plat·eaux** *oder* **plat·eaus** /-təʊz; *AmE* -ˈtoʊz/) Hochebene, Plateau ◊ (*fig*) *Inflation has reached a plateau.* Die Inflationsrate hat sich stabilisiert.

plate·ful /ˈpleɪtfʊl/ *Nomen* Teller (voll)

,**plate** '**glass** *Nomen* Tafelglas

plate·let /ˈpleɪtlət/ *Nomen* (BIOL) Blutplättchen

plat·form /ˈplætfɔːm; *AmE* -fɔːrm/ *Nomen* **1** (*BrE*) Bahnsteig ◊ *The train at platform 1 is for Leeds.* Der Zug auf Gleis 1 fährt nach Leeds. **2** Podium **3** Plattform ◊ *an oil platform* eine Erdölbohrinsel ◊ *a launch platform* eine Startrampe ◊ *She used the newspaper column as a platform for her feminist views.* Sie benutzte die Zeitungskolumne als Forum für ihre feministischen Ansichten. ◊ *They are campaigning on an anti-immigration platform.* Ihr Wahlkampf basiert auf einer einwanderungsfeindlichen Politik. **4** Plateausohle

plat·ing /ˈpleɪtɪŋ/ *Nomen* ◊ *gold plating and other plating techniques* Vergoldung und andere Beschichtungsverfahren ◊ *steel plating* Stahlverkleidung ◊ *armour plating* Panzerung

plat·inum /ˈplætnəm/ *Nomen* Platin

,**platinum** '**blonde** (*umgs*) **1** *Nomen* platinblonde Frau **2** *Adj* platinblond

plati·tude /ˈplætɪtjuːd; *AmE* -tuːd/ *Nomen* (*gehoben, abwert*) Plattitüde, Plattheit

pla·ton·ic /pləˈtɒnɪk; *AmE* -ˈtɑːn-/ *Adj* platonisch

pla·toon /pləˈtuːn/ *Nomen* (MIL) Zug

plat·ter /ˈplætə(r)/ *Nomen* (*Servier-*) Platte IDM ⇨ SILVER¹

platy·pus /ˈplætɪpəs/ *Nomen* (*Pl* **platy·puses**) = DUCK-BILLED PLATYPUS

plau·dits /ˈplɔːdɪts/ *Nomen* [Pl] (*gehoben*) Beifall

plausi·bil·ity /ˌplɔːzəˈbɪləti/ *Nomen* Plausibilität, Glaubwürdigkeit

plaus·ible /ˈplɔːzəbl/ *Adj* (*Adv* **plaus·ibly** /-əbli/) **1** plausibel, glaubwürdig, einleuchtend, wahrscheinlich OPP IMPLAUSIBLE **2** (*abwert*) überzeugend

play¹ /pleɪ/ *Verb* **1** spielen; ~ **sb** (**sth**) (etw) mit jdm spielen ◊ *You played out of turn!* Du warst gar nicht dran! ◊ *There's a time to work and a time to play.* Erst die Arbeit, dann das Vergnügen. **2** spielen lassen **3** (*Schach etc.*) einen Zug machen (mit) ◊ *She played her bishop.* Sie machte einen Zug mit dem Läufer. **4** (MUS) ~ (**sth**) (**on sth**) (etw) (auf etw) spielen ◊ *play the piano* Klavier spielen ◊ *Play that new piece to us./Play us that new piece.* Spiel uns das neue Stück vor. ◊ *Play their new CD for me, please./Play me their new CD, please.* Spiel mir bitte ihre neue CD vor. **5** (*kein Passiv*) (*so tun als ob*) spielen ◊ *play dead* sich tot stellen **6** (*Theaterstück etc.*) aufgeführt werden ◊ *The production is playing to packed houses.* Das Stück wird vor ausverkauften Häusern aufgeführt. **7** handhaben, angehen ◊ *He played the situation quite carefully.* Er ging ziemlich vorsichtig vor. ◊ *I decided to play it safe.* Ich beschloss auf Nummer sicher zu gehen. **8** (*Brunnen*) plätschern IDM **have money, time, etc. to** '**play with** (*umgs*) zeitlich, finanziell etc. viel Spielraum haben **play it/your cards right** es geschickt anstellen **what is he/are you etc.** '**playing at?** (*drückt Ärger oder Ungeduld aus*) ◊ *What do you think you are playing at?* Was glaubst du eigentlich, was du da tust? ☛ Für andere Redewendungen mit **play** siehe die Einträge für die Nomina, Adjektive etc. **Play the game** z.B. steht unter **game**. PHR V ˌplay aˈbout/aˈround (with sth) (mit etw) herumspielen ◊ *Stop playing around and get to work.* Hör auf herumzutrödeln und fang an zu arbeiten. ˌplay aˈbout/aˈround (with sb) (mit jdm) eine Affäre haben ˈplay along (with sb) (jdm) zum Schein zustimmen ˈplay along (with sth) (bei etw) zum Schein mitmachen ˌplay sth ˈback etw abspielen ◊ *Play that last section back to me again.* Spiel mir den letzten Abschnitt noch einmal vor. ˌplay sth ˈdown (etw als unwichtig darstellen) etw herunterspielen SYN DOWNPLAY OPP PLAY STH UP **play A off against B** (*AmE* **play A off B**) A gegen B ausspielen **play A and B off against each other** A und B gegeneinander ausspielen ˌplay ˈon (SPORT) weiterspielen ˈplay on/upon sth sich etw (geschickt) zunutze machen SYN EXPLOIT ˌplay sth ˈout etw aufführen, etw (vor)spielen ◊ *The dispute was played out on a national stage.* Der Streit wurde auf nationaler Ebene ausgetragen. SYN ENACT ˌplay yourself/itself ˈout sich erschöpfen, zu einem Ende kommen ◊ *Wait until events have played themselves out.* Warte bis all die Aufregung vorbei ist. ◊ *Events must play themselves out to logical conclusions.* Die Ereignisse müssen zu einem logischen Ergebnis führen. ˌplay (sb) ˈup (umgs) (jdm) Schwierigkeiten machen ◊ *The kids have been playing up all day.* Die Kinder haben den ganzen Tag verrückt gespielt. ˌplay sth ˈup etw hochspielen ☛ G 9.7d SYN OVERPLAY OPP PLAY STH DOWN ˈplay with yourself (umgs) an sich herumspielen

play² /pleɪ/ *Nomen* **1** Spiel (*auch fig*) ◊ *the happy sounds of children at play* der fröhliche Lärm spielender Kinder ◊ *There was some excellent play in yesterday's match.* Im gestrigen Match wurde zeitweise hervorragend gespielt. ◊ *during play* während des Spiels **2** Theaterstück ◊ *a radio play* ein Hörspiel **3** Spielraum ◊ *We need some more play in the rope.* Wir müssen das Seil etwas lockern. IDM **in/out of ˈplay** (SPORT) im Spiel/im Aus **make great/much ˈplay of sth** viel Aufhebens um etw machen **make a ˈplay for sb** (*bes AmE*) bei jdm Annäherungsversuche machen **make a ˈplay for sth** (*bes AmE*) es auf etw abgesehen haben **a play on ˈwords** ein Wortspiel SYN PUN ☛ *Siehe auch* CALL¹, CHILD *und* STATE¹

play·able /ˈpleɪəbl/ *Adj* **1** spielbar, nicht schwierig **2** (*Spielfeld etc.*) bespielbar

ˈ**play-act** *Verb* (*fig*) (vortäuschen) Theater spielen

ˈ**play-acting** *Nomen* (*fig*) Schauspielerei ◊ *Stop your play-acting!* Hör auf Theater zu spielen!

play·back /ˈpleɪbæk/ *Nomen* [meist Sing] Wiedergabe, Abspielen

play·boy /ˈpleɪbɔɪ/ *Nomen* Playboy

ˌ**play-by-ˈplay** *Nomen* [meist Sing] (*AmE*) (SPORT) Spielkommentar

ˌ**played ˈout** /ˌpleɪd ˈaʊt/ *Adj nicht vor Nomen* (umgs) erschöpft, erledigt

play·er /ˈpleɪə(r)/ *Nomen* **1** Spieler(in) **2** (*gehoben*) (*fig*) Akteur(in) ◊ *a major player* ein Hauptakteur ◊ *a major player in educational publishing* einer der wichtigsten Schulbuchverlage **3** (*meist in Zusammensetzungen*) (*Kassetten- etc.*) Spieler **4** (*meist in Zusammensetzungen*) (MUS) Spieler(in) ◊ *a cello player* ein(e) Cellist(in) **5** (*veraltet*) Schauspieler(in)

play·ful /ˈpleɪfl/ *Adj* (*Adv* **play·ful·ly** /-fəli/) **1** verspielt **2** (*Bemerkung, Handlung etc.*) scherzhaft, im Spaß

play·ful·ness /ˈpleɪfəlnəs/ *Nomen* Verspieltheit

play·ground /ˈpleɪɡraʊnd/ *Nomen* **1** Spielplatz **2** Tummelplatz

play·group /ˈpleɪɡruːp/ *Nomen* (*BrE*) Spielgruppe

play·house /ˈpleɪhaʊs/ *Nomen* **1** (*oft in Theaternamen*) Schauspielhaus **2** (*für Kinder*) Spielhaus

play·ing /ˈpleɪɪŋ/ *Nomen* **1** [Pl] (MUS) Spiel ◊ *The orchestral playing is superb.* Das Orchester spielt großartig. **2** *after repeated playings of the National Anthem* nachdem die Nationalhymne wiederholt gespielt wurde

ˈ**playing card** (*auch* **card**) *Nomen* Spielkarte

ˈ**playing field** *Nomen* Sportplatz IDM ⇨ LEVEL²

ˈ**play·mate** /ˈpleɪmeɪt/ *Nomen* Spielkamerad(in)

ˈ**play-off** *Nomen* Entscheidungsspiel

ˈ**play·pen** /ˈpleɪpen/ *Nomen* Laufgitter

ˈ**play·room** /ˈpleɪruːm, -rʊm/ *Nomen* Spielzimmer

ˈ**play school** *Nomen* (*BrE*) Spielgruppe SYN PLAYGROUP

ˈ**play·thing** /ˈpleɪθɪŋ/ *Nomen* Spielzeug (*auch fig*)

ˈ**play·time** /ˈpleɪtaɪm/ *Nomen* **1** (*bes BrE*) (Schul-) Pause **2** [U] Freizeit

play·wright /ˈpleɪraɪt/ *Nomen* Dramatiker(in), Stückeschreiber(in) SYN DRAMATIST

plaza /ˈplɑːzə; *AmE* ˈplæzə/ *Nomen* (*bes AmE*) **1** Platz **2** kleines Einkaufszentrum

plc (*auch* **PLC**) /ˌpiː el ˈsiː/ *Kurzform von* **Public Limited Company** (*BrE*) ≈ Aktiengesellschaft

plea /pliː/ *Nomen* **1** (*gehoben*) ~ (for sth) Plädoyer (für etw), Appell (zu etw), Bitte (um etw) **2** (RECHT) ◊ *enter a plea of (not) guilty* auf (nicht) schuldig plädieren/sich (nicht) schuldig bekennen **3** ~ of sth (RECHT) Grund (*auch fig*) ◊ *He got off on a plea of insanity.* Er wurde wegen Unzurechnungsfähigkeit freigesprochen. ◊ (*fig*) *She went to bed on the plea of a headache.* Sie sagte, sie hätte Kopfschmerzen und ging zu Bett. IDM ⇨ COP²

ˈ**plea bargain** *Nomen* (RECHT) (*auch* ˈ**plea bargaining**) = Übereinkommen zwischen Ankläger und Angeklagtem, demzufolge sich der Angeklagte eines geringeren Vergehens für schuldig bekennt und so auf Strafmilderung hofft

plead /pliːd/ *Verb* (**pleaded**, **pleaded**, *AmE auch* **pled**, **pled** /pled/) **1** ~ (for sth) (um etw) flehen ◊ *She pleaded with him not to go.* Sie flehte ihn an nicht zu gehen. **2** (RECHT) plädieren, sich bekennen ◊ *plead (not) guilty* auf (nicht) schuldig plädieren/sich (nicht) schuldig bekennen ◊ *How do you plead?* Bekennen Sie sich schuldig? ◊ *unfit to plead* nicht verhandlungsfähig **3** (RECHT) geltend machen, sich berufen auf **4** (RECHT) vor Gericht vertreten **5** ~ sth (for sth) sich mit etw (für etw) entschuldigen, etw (für etw) als Grund angeben **6** ~ (for sb/sth) sich (für jdn/etw) einsetzen, sich (für jdn/etw) aussprechen

plead·ing¹ /ˈpliːdɪŋ/ *Nomen* **1** Flehen **2** [meist Pl] (RECHT) Schriftsatz

plead·ing² /ˈpliːdɪŋ/ *Adj* flehend

plead·ing·ly /ˈpliːdɪŋli/ *Adv* flehentlich

pleas·ant /ˈpleznt/ *Adj* (*Adv* **pleas·ant·ly** /ˈplezntli/) **1** angenehm, schön **2** freundlich ◊ *Please try to be pleasant to our guests.* Sei bitte nett zu unseren Gästen. ◊ *'Can I help you?' he asked pleasantly.* „Kann ich Ihnen helfen?" fragte er höflich. OPP UNPLEASANT

pleas·ant·ness /ˈplezntnəs/ *Nomen* **1** Freundlichkeit **2** ◊ *She remembered the pleasantness of the evening.* Sie dachte daran, wie nett der Abend gewesen war.

pleas·ant·ry /ˈplezntri/ *Nomen* (*Pl* **-ies**) [meist Pl] (*gehoben*) (Bemerkung etc.) Höflichkeit, Nettigkeit

please¹ /pliːz/ *Ausruf* bitte

please² /pliːz/ *Verb* **1** gefallen; ~ sb jdn zufrieden stellen ◊ *eager to please* gefällig OPP DISPLEASE **2** mögen, wollen ◊ *I'm free now to live wherever I please.* Ich kann jetzt leben, wo immer es mir gefällt. IDM **if you ˈplease 1** (*gehoben, veraltet*) wenn ich bitten darf **2** (*bes BrE, veraltet*) stell dir vor; stellen Sie sich vor ˌ**please the ˈeye** schön anzusehen sein ˌ**please yourˈself!** (umgs) mach doch, was du willst! ˌ**please yourˈself**; ˌ**do as you ˈplease** machen, was einem beliebt; machen, was man will

pleased /pliːzd/ *Adj* zufrieden, froh, erfreut ◊ *Pleased to meet you.* Freut mich Sie kennen zu lernen. ◊ (*bes BrE, umgs*) *I am pleased to inform you that ...* Es freut mich Ihnen mitteilen zu können, dass ... IDM **be (as) ˌpleased as ˈPunch** (*BrE*) sich freuen wie ein Schneekönig ˌ**far from ˈpleased**; ˌ**none too ˈpleased** nicht gerade erfreut ˈ**sb is only too ˈpleased (to do sth)** jdm ist es wirklich eine Freude (etw zu tun) ˌ**pleased with yourˈself** (*oft abwert*) selbstzufrieden; zufrieden mit sich

pleas·ing /ˈpliːzɪŋ/ *Adj* (*Adv* **pleas·ing·ly**) ansprechend, angenehm, erfreulich

pleas·ur·able /ˈpleʒərəbl/ *Adj* angenehm, vergnüglich

pleas·ur·ably /ˈpleʒərəbli/ *Adv* genüsslich, angenehm

pleas·ure /ˈpleʒə(r)/ *Nomen* **1** Vergnügen, Freude, Spaß ◊ *He takes no pleasure in his work.* Seine Arbeit macht ihm keinen Spaß. ◊ *'Thanks.' 'It's a pleasure.'* „Danke." „Gern geschehen." **2** Freude(n), angenehme Seite(n) IDM **at**

pleat

sb's pleasure (*gehoben*) nach jds Belieben **with 'pleasure** (*gehoben*) gern; mit Vergnügen
pleat /pliːt/ *Nomen* Falte
pleat·ed /'pliːtɪd/ *Adj* gefältelt ◇ *a pleated skirt* ein Faltenrock
plebe /pliːb/ *Nomen* (*AmE, umgs*) = Student(in) im ersten Jahr der Militär- oder Marineakademie in den USA
ple·beian /plə'biːən/ **1** *Adj* plebejisch **2** *Adj* (*abwert*) ordinär **3** *Nomen* (*meist abwert*) Plebejer(in)
pleb·is·cite /'plebɪsɪt, -saɪt/ *Nomen* (POL) Volksabstimmung, Plebiszit
plebs /plebz/ *Nomen* [Pl] (*umgs*) Plebs
plec·trum /'plektrəm/ *Nomen* (*Pl* **plec·trums** *oder* **plec·tra** /-trə/) Plektrum, Plektron
pled *Form von* PLEAD
pledge[1] /pledʒ/ *Nomen* **1** Versprechen ◇ *a pledge of help* ein Versprechen zu helfen **2** Pfand IDM **sign/take the 'pledge** (*veraltet*) dem Alkohol abschwören
pledge[2] /pledʒ/ *Verb* **1** ~ **sth** (**to sb/sth**) (*gehoben*) (jdm/etw) etw geloben ◇ *pledge allegiance to the flag* den Treueeid auf die Fahne leisten **2** ~ **sb/yourself** (**to sth**) jdn/sich (zu etw) verpflichten **3** verpfänden **4** (*AmE*) = sich einer Studentenvereinigung anschließen
plen·ary /'pliːnəri/ *Adj nur vor Nomen* (*gehoben*) **1** Plenar-, Voll- ◇ *a plenary session* eine Plenarsitzung **2** uneingeschränkt, umfassend
plen·ti·ful /'plentɪfl/ *Adj* (*Adv* **plen·ti·ful·ly** /-fəli/) reichlich, im Überfluss (vorhanden)
plenty[1] /'plenti/ *Pron* ~ (**of**) reichlich ◇ *We've got plenty of time.* Wir haben jede Menge Zeit.
plenty[2] /'plenti/ *Adv* **1** ~ **more** (**of sth**) viel mehr (von etw) ◇ *We have plenty more of them.* Wir haben noch viel mehr davon. **2** ~ **big, long etc. enough** (*umgs*) groß, lang etc. genug
plenty[3] /'plenti/ *Nomen* [U] (*gehoben*) Überfluss
plenum /'pliːnəm/ *Nomen* Plenum, Vollversammlung
pleth·ora /'pleθərə/ *Nomen* [Sing] (*gehoben*) Fülle
pleur·isy /'plʊərəsi/ *AmE* 'plʊr-/ *Nomen* [U] (MED) Rippenfellentzündung
plexus ⇒ SOLAR PLEXUS
pli·able /'plaɪəbl/ *Adj* **1** biegsam, geschmeidig **2** fügsam, nachgiebig
pli·ant /'plaɪənt/ *Adj* (*Adv* **pli·ant·ly**) (*gehoben*) **1** geschmeidig, anschmiegsam **2** (*manchmal abwert*) gefügig, fügsam
pli·ers /'plaɪəz/ *AmE* -ərz/ *Nomen* [Pl] Zange ◇ *a pair of pliers* eine Zange ☛ *Hinweis bei* BRILLE
plight[1] /plaɪt/ *Nomen* [Sing] Notlage, Elend
plight[2] /plaɪt/ *Verb* IDM **plight your 'troth** (**to sb**) (*veraltet, hum*) (jdm) die Ehe versprechen
plim·soll /'plɪmsəl/ *Nomen* (*BrE*) Turnschuh, Leinenschuh
plinth /plɪnθ/ *Nomen* Sockel
plod /plɒd/ *AmE* plɑːd/ *Verb* (**-dd-**) trotten, stapfen PHRV **plod a'long/'on 1** weitertrotten, weiterstapfen **2** sich weiterkämpfen, mühsam vorwärtskommen
plod·ding /'plɒdɪŋ/ *AmE* 'plɑːd-/ *Adj* **1** hart arbeitend **2** schwerfällig, mühsam, langwierig
plonk[1] /plɒŋk/ *AmE* plɑːŋk, plɔːŋk/ *Verb* (*bes BrE, umgs*) **1** hinwerfen, hinknallen **2** ~ (**yourself**) (**down**) sich hinhauen
plonk[2] /plɒŋk/ *AmE* plɑːŋk, plɔːŋk/ *Nomen* (*bes BrE, umgs*) **1** [U] billiger Wein, Gesöff **2** [meist Sing] Knall
plonk·er /'plɒŋkə(r)/ *AmE* 'plɑːŋk-, 'plɔːŋk-/ *Nomen* (*BrE, Slang*) Niete
plop[1] /plɒp/ *AmE* plɑːp/ *Nomen* [meist Sing] Platsch
plop[2] /plɒp/ *AmE* plɑːp/ *Verb* (**-pp-**) **1** plumpsen, platschen, klatschen **2** plumpsen lassen, klatschen **3** ~ (**yourself**) (**down**) sich (hin)plumpsen lassen
plo·sive /'pləʊsɪv/ *AmE* 'ploʊ-/ (LING) **1** *Nomen* Verschlusslaut **2** *Adj* Verschluss-, plosiv
plot[1] /plɒt/ *AmE* plɑːt/ *Nomen* **1** Handlung **2** Verschwörung, Komplott **3** Stück (Land) ◇ *a plot of land* ein Grundstück ◇ *a vegetable plot* ein Gemüsebeet IDM **lose the 'plot** (*BrE, umgs*) überschnappen; nicht mehr wissen, was man tut **the plot 'thickens** die Lage spitzt sich zu

plot[2] /plɒt/ *AmE* plɑːt/ *Verb* (**-tt-**) **1** ~ (**with sb**) (**against sb**) sich (mit jdm) (gegen jdn) verschwören **2** (*heimlich*) planen **3** ~ **sth** (**on sth**) etw (auf/in etw) (ein)zeichnen, etw (in etw) eintragen **4** die Handlung entwerfen ◇ *a tightly-plotted thriller* ein Thriller mit einer dichten Handlung
plot·ter /'plɒtə(r)/ *AmE* 'plɑːtər/ *Nomen* **1** Verschwörer(in) **2** (COMP) Plotter
plough[1] (*AmE* **plow**) /plaʊ/ *Nomen* **1** Pflug **2** **the Plough** (*BrE*) [Sing] (ASTRON) der Große Wagen
plough[2] (*AmE* **plow**) /plaʊ/ *Verb* pflügen; (*Furche*) ziehen IDM **plough a lonely, your own, etc. furrow** (*gehoben*) **1** allein auf weiter Flur stehen **2** sein eigenes Ding durchziehen PHRV **plough sth 'back** (**in**) **1** etw wieder unterpflügen **2** (*Gewinne*) wieder hineinstecken **plough sth 'into sth** etw in etw investieren **plough into sb/sth** in jdn/etw (hinein)rasen, in jdn/etw (hinein)rasseln **plough on** weitermachen **plough on with sth** etw durchziehen **plough through sth** durch etw (hindurch)rasen **plough your way through sth** 1 sich einen Weg durch etw bahnen **2** sich (hindurch)kämpfen **plough sth 'up** etw aufwühlen
plough·man (*AmE* **plow·man**) /'plaʊmən/ *Nomen* (*Pl* **-men** /-mən/) Pflüger
'ploughman's 'lunch (*auch* **ploughman's**) *Nomen* (*BrE*) = Imbiss aus Käse, Brot, Pickle und Salat
plough·share (*AmE* **plow·share**) /'plaʊʃeə(r)/ *AmE* -ʃer/ (*AmE auch* **share**) *Nomen* Pflugschar IDM ⇒ SWORD
plover /'plʌvə(r)/ *Nomen* Regenpfeifer
plow, plow·man, plow·share (*AmE*) = PLOUGH, PLOUGHMAN, PLOUGHSHARE
ploy /plɔɪ/ *Nomen* Trick, Masche
pluck[1] /plʌk/ *Verb* **1** ~ **sth** (**out**) (sich) etw (aus)zupfen, (sich) etw (aus)ziehen **2** (*Huhn etc.*) rupfen **3** (MUS) zupfen **4** ~ **sb/sth** (**from sth**) (*gehoben*) jdn/etw (aus etw) (her)aus)ziehen ◇ *He plucked the wallet from her grasp.* Er riss ihr die Brieftasche aus der Hand. **5** ~ **sth** (**from sth**) (*veraltet oder gehoben*) etw (von etw) (ab)pflücken IDM **pluck sth out of the 'air** etw aus der Luft greifen **pluck up 'courage** all seinen Mut zusammennehmen PHRV **'pluck at sth** an etw zupfen
pluck[2] /plʌk/ *Nomen* [U] (*umgs, veraltet*) Mut, Schneid
plucky /'plʌki/ *Adj* (*umgs*) tapfer, mutig
plug[1] /plʌɡ/ *Nomen* **1** Stecker **2** (*bes BrE, umgs*) Steckdose SYN SOCKET **3** = SPARK PLUG **4** Stöpsel, Pfropfen **5** Dübel **6** (*umgs*) (Schleich)werbung ◇ *get in a plug for sth* für etw Schleichwerbung machen IDM ⇒ PULL[1]
plug[2] /plʌɡ/ *Verb* (**-gg-**) **1** ~ **sth** (**up**) etw (zu)stopfen, etw (ver)schließen **2** ~ **sth** für etw (Schleich)werbung machen SYN PROMOTE PHRV **plug a'way** (**at sth**) sich (mit etw) abschuften **plug sth 'in** etw anschließen OPP UNPLUG **plug 'into sth 1** an etw angeschlossen werden, in etw eingestöpselt werden **2** (*fig*) in/bei etw einsteigen, etw aufgreifen **plug sth 'into sth** etw an etw anschließen, etw in etw (ein)stecken
plug·hole /'plʌɡhəʊl/ *AmE* -hoʊl/ *Nomen* (*BrE*) Abfluss
plum[1] /plʌm/ *Nomen* Pflaume
plum[2] /plʌm/ *Adj* (*BrE*) **1** pflaumenblau **2** Bomben-, traumhaft
plum·age /'pluːmɪdʒ/ *Nomen* Gefieder
plumb[1] /plʌm/ *Verb* **1** ausloten **2** (*gehoben*) ergründen SYN FATHOM IDM **plumb the depths of sth** in die Tiefen von etw vordringen **plumb new depths** einen neuen Tiefstand erreichen PHRV **plumb sth 'in** (*bes BrE*) etw anschließen (*an die Wasserversorgung*)
plumb[2] /plʌm/ *Adv* **1** (*vor Präpositionen*) genau ◇ *plumb in the middle of the road* mitten auf der Straße **2** (*AmE, umgs, veraltet*) total
plumb·er /'plʌmə(r)/ *Nomen* Installateur(in)
plumb·ing /'plʌmɪŋ/ *Nomen* [U] **1** Wasserrohre **2** Klempnerarbeiten
plume /pluːm/ *Nomen* **1** Wolke ◇ *a plume of smoke* eine Rauchfahne **2** Feder **3** Federbusch
plumed /pluːmd/ *Adj* mit Federschmuck
plum·met /'plʌmɪt/ *Verb* **1** stürzen **2** (*fig*) fallen, (ab)sacken SYN PLUNGE
plum·my /'plʌmi/ *Adj* **1** (*BrE, umgs, meist abwert*) vor-

nehm, affektiert ☛ **Plummy** beschreibt die für die englische Oberschicht typische Aussprache. **2** wie Pflaumen

plump¹ /plʌmp/ *Adj* **1** mollig, rundlich **2** fleischig ◊ *plump cushions* dicke, weiche Kissen

plump² /plʌmp/ *Verb* ~ **sth** (**up**) etw aufschütteln PHR V '**plump for sb/sth** (*umgs*) sich für jdn/etw entscheiden

plump·ness /'plʌmpnəs/ *Nomen* Molligkeit, Rundlichkeit

,**plum** '**pudding** *Nomen* (*BrE*, *veraltet*) = aus Rosinen, Orangen, Nüssen, Nierenfett etc. zubereiteter Nachtisch, der zu Weihnachten heiß mit einer Soße serviert wird

plun·der¹ /'plʌndə(r)/ *Verb* plündern

plun·der² /'plʌndə(r)/ *Nomen* **1** Plünderung **2** Beute

plunge¹ /plʌndʒ/ *Verb* **1** stürzen **2** stürzen lassen **3** (*Preise, Temperaturen etc.*) fallen, absacken ◊ *Stock markets plunged.* Das Börsengeschäft ging drastisch zurück. SYN PLUMMET **4** (*Straße etc.*) steil abfallen **5** (*Pferd*) bocken PHR V ,**plunge 'in(to sth)** **1** (in etw) hineinspringen **2** sich (in etw) hineinstürzen ,**plunge sth 'in(to sth)** etw (in etw) stoßen, etw (in etw) (hinein)tauchen **plunge** (**sb/sth**) **into sth** (jdn/etw) in etw stürzen ◊ *The whole street was plunged into darkness.* Die ganze Straße war plötzlich in Dunkelheit getaucht.

plunge² /plʌndʒ/ *Nomen* [*meist Sing*] **1** Sturz ◊ *Here the river begins a headlong plunge.* Der Fluss beginnt hier nach unten zu stürzen. **2** Sprung ◊ (*fig*) *a plunge into the commercial market* ein Sprung in den kommerziellen Markt IDM **take the** '**plunge** **1** springen **2** (*fig*) den Sprung wagen

plun·ger /'plʌndʒə(r)/ *Nomen* **1** Tauchkolben **2** Pümpel, Gummiglocke

plunk¹ /plʌŋk/ *Verb* (*AmE*) **1** hinwerfen, hinknallen **2** (herum)klimpern auf

plunk² /plʌŋk/ *Nomen* Klimpern, Geklimper

plu·per·fect /,pluː'pɜːfɪkt; *AmE* -'pɜːrf-/ *Nomen* Plusquamperfekt, Vorvergangenheit SYN PAST PERFECT

plural /'plʊərəl; *AmE* 'plʊrəl/ **1** *Nomen* (*Abk* **pl.**) Plural, Mehrzahl **2** *Adj* (*Abk* **pl.**) Plural-, Mehrzahl- **3** *Adj* pluralistisch

plur·al·ism /'plʊərəlɪzəm; *AmE* 'plʊr-/ *Nomen* (*gehoben*) **1** Pluralismus **2** (*meist abwert*) Ämterhäufung

plur·al·ist¹ /'plʊərəlɪst; *AmE* 'plʊr-/ *Nomen* (*auch* **plur·al·is·tic** /,plʊərə'lɪstɪk; *AmE* ,plʊr-/) *Adj* pluralistisch

plur·al·ist² /'plʊərəlɪst; *AmE* 'plʊr-/ *Nomen* **1** Pluralist(in) **2** Inhaber(in) mehrerer (Kirchen)ämter

plur·al·ity /plʊə'ræləti; *AmE* plʊ'r-/ *Nomen* (*Pl* **-ies**) **1** (*gehoben*) Vielzahl, Vielfalt **2** (*bes AmE*) [*meist Sing*] (POL) einfache Mehrheit

plus¹ /plʌs/ *Präp* (*beim Rechnen*) plus, und ◊ *£22 plus postage* £22 zuzüglich Porto IDM **plus or** '**minus** plus/minus ◊ *plus or minus 3%* plus/minus 3%

plus² /plʌs/ *Nomen* **1** (*umgs*) Plus(punkt) **2** (*auch* '**plus sign**) Pluszeichen OPP MINUS

plus³ /plʌs/ *Adj* **1** über, mehr als ◊ *It will cost £10 000 plus.* Es wird über 10 000 Pfund kosten. **2** plus, über Null **3** *nur vor Nomen* Plus- ◊ *the plus side of working at home* der Vorteil, wenn man zu Hause arbeitet

plus⁴ /plʌs/ *Konj* (*umgs*) und dazu, außerdem

plush¹ /plʌʃ/ *Adj* **1** (*umgs*) feudal ◊ *a plush hotel* ein feudales Hotel **2** Plüsch-

plush² /plʌʃ/ *Nomen* Plüsch

Pluto /'pluːtəʊ; *AmE* -toʊ/ *Nomen* Pluto ☛ *Beispiele bei* MERKUR

plu·to·nium /pluː'təʊniəm; *AmE* -'toʊ-/ *Nomen* Plutonium

ply¹ /plaɪ/ *Verb* (**plies, ply·ing, plied, plied**) (*gehoben*) **1** (*Schiff, Bus etc.*) verkehren ◊ *Ferries ply across the channel.* Fährschiffe fahren über den Kanal. **2** (*Schiff, Bus etc.*) befahren **3** (*Werkzeug etc.*) handhaben IDM **ply for 'hire** (*BrE*) auf Kundschaft warten **ply for 'trade/'business** (*BrE*) seine Dienste anbieten **ply your 'trade** (*gehoben*) seiner Arbeit nachgehen PHR V '**ply sb with questions** jdn mit Fragen überhäufen '**ply sb with sth** jdn reichlich mit etw versorgen

ply² /plaɪ/ *Nomen* (*meist in Zusammensetzungen*) (Einzel)faden, Strang, Schicht ◊ *four-ply knitting yarn* vierfädige Strickwolle

ply·wood /'plaɪwʊd/ *Nomen* Sperrholz

PM /,piː 'em/ *Abk* (*bes BrE*, *umgs*) = PRIME MINISTER

p.m. (*AmE auch* **P.M.**) /,piː 'em/ *Abk* (*Latein: post meridiem*) nachmittags, abends ◊ *3 p.m.* 3 Uhr nachmittags/15 Uhr ◊ *8 p.m.* 8 Uhr abends/20 Uhr ☛ *Siehe auch* S. 761

PMT /,piː em 'tiː/ (*BrE auch* **PMS** /,piː em 'es/) *Kurzform von premenstrual tension/syndrome* [U] prämenstruelles Syndrom

pneu·mat·ic /njuː'mætɪk; *AmE* nuː-/ *Adj* **1** Luft- ◊ *a pneumatic tyre* ein Luftreifen **2** pneumatisch, Pressluft-

pneu·mo·nia /njuː'məʊniə; *AmE* nuː'moʊ-/ *Nomen* Lungenentzündung

PO /,piː 'əʊ; *AmE* 'oʊ/ *Abk* **1** = POST OFFICE **2** = POSTAL ORDER

poach /pəʊtʃ; *AmE* poʊtʃ/ *Verb* **1** pochieren **2** wildern, unerlaubt jagen **3** stehlen; (*Angestellte etc.*) abwerben ◊ *I hope I'm not poaching on your territory.* Hoffentlich komme ich Ihnen damit nicht ins Gehege.

poach·er /'pəʊtʃə(r); *AmE* 'poʊtʃ-/ *Nomen* **1** Wilddieb(in) **2** (*auch* '**egg poacher**) = Eierkocher für pochierte Eier

'**P'O box** *Nomen* (*auch* '**post office box**) Postfach

pocked /pɒkt; *AmE* pɑːkt/ *Adj* **1** narbig **2** ~ **with** … übersät mit …

pocket¹ /'pɒkɪt; *AmE* 'pɑːk-/ *Nomen* **1** (*Hosen- etc.*) Tasche **2** Fach, Ablage, Innentasche **3** (*fig*) Geldbeutel ◊ *holidays to suit every pocket* Ferien für jeden Geldbeutel ◊ *pay for sth out of your own pocket* etw selbst bezahlen ◊ *have very deep pockets* sehr reich sein **4** Gebiet ◊ *a pocket of air* ein Luftloch ◊ *pockets of resistance* Widerstandsnester IDM **be/live in each other's 'pockets** (*BrE*) dauernd zusammen sein **be 'in/out of 'pocket** (*bes BrE*) einen Gewinn/Verlust gemacht haben ◊ *That left him several hundred out of pocket.* Das hat ihn mehrere hundert gekostet. **be in sb's 'pocket** von jdm finanziell abhängig sein **have sb/sth in your 'pocket** jdn/etw in der Tasche haben **put your 'hand in your 'pocket** (*BrE*) in die Tasche greifen ◊ *I've heard he doesn't like putting his hand in his pocket.* Ich habe gehört, dass er knauserig ist. ☛ *Siehe auch* BURN¹, DIG¹, LINE² *und* PICK¹

pocket² /'pɒkɪt; *AmE* 'pɑːk-/ *Verb* **1** einstecken **2** in die eigene Tasche stecken **3** kassieren **4** (*Billard etc.*) einlochen SYN POT

pock·et·book /'pɒkɪtbʊk; *AmE* 'pɑːk-/ *Nomen* **1** (*AmE*) Brieftasche **2** (*bes BrE*) Notizbuch SYN NOTEBOOK **3** (*AmE, veraltet*) Handtasche

pock·et·ful /'pɒkɪtfʊl; *AmE* 'pɑːk-/ *Nomen* (*Hosen- etc.*) Tasche voll ◊ *a pocketful of coins* eine Tasche voller Münzen

'**pocket knife** *Nomen* (*bes AmE*) Taschenmesser

'**pocket money** *Nomen* (*bes BrE*) Taschengeld

'**pocket-sized** (*auch* '**pocket-size**) *Adj* im Taschenformat

pock·mark /'pɒkmɑːk; *AmE* 'pɑːkmɑːrk/ *Nomen* Pockennarbe

'**pock-marked** *Adj* pockennarbig; ~ **with** … übersät mit …

pod /pɒd; *AmE* pɑːd/ *Nomen* **1** Hülse, Schote **2** (*an Flugzeugen*) Außentank, Außenbehälter

podgy /'pɒdʒi; *AmE* 'pɑːdʒi/ *Adj* (*BrE, umgs, abwert*) dicklich

po·dia·trist /pə'daɪətrɪst/ *Nomen* (*bes AmE*) Fußpfleger(in) ☛ *Hinweis bei* BAKER

po·dia·try /pə'daɪətri/ *Nomen* (*bes AmE*) Fußpflege

po·dium /'pəʊdiəm; *AmE* 'poʊ-/ *Nomen* **1** Podest **2** (*AmE*) (Lehr)pult

poem /'pəʊɪm; *AmE* 'poʊəm/ *Nomen* Gedicht

poet /'pəʊɪt; *AmE* 'poʊət/ *Nomen* Dichter(in)

poet·ess /,pəʊɪ'tes; *AmE* ,poʊə'tes/ *Nomen* (*veraltet*) Dichterin

poet·ic /pəʊ'etɪk; *AmE* poʊ-/ *Adj* (*auch* **poet·ical** /-ɪkl/) *Adj* (*Adv* **poet·ic·al·ly** /-kli/) **1** *nur vor Nomen* dichterisch **2** poetisch

po,etic 'justice *Nomen* ausgleichende Gerechtigkeit

po,etic 'licence *Nomen* dichterische Freiheit

,**Poet 'Laureate** (*auch* **Laureate**) *Nomen* **1** Hofdichter(in), Poeta laureatus **2** (*bes BrE*) Nationaldichter(in), anerkannte(r) Dichter(in) (*als Vertreter(in) einer bestimmten Region*)

poet·ry /'pəʊətri; *AmE* 'poʊ-/ *Nomen* **1** Dichtung, Lyrik ◊ *his poetry* seine Gedichte SYN VERSE **2** Poesie

po-faced /'pəʊ feɪst; *AmE* 'poʊ/ *Adj* (*BrE, umgs, abwert*) grimmig

pog·rom /'pɒɡrəm; *AmE* 'poʊɡ-/ *Nomen* Pogrom

poign·ancy /'pɔɪnjənsi/ *Nomen* Schmerzlichkeit, Wehmut ◊ *of particular poignancy* besonders ergreifend

poign·ant /'pɔɪnjənt/ *Adj* (*Adv* **poign·ant·ly**) ergreifend, wehmütig, schmerzlich SYN MOVING

poin·set·tia /ˌpɔɪn'setiə/ *Nomen* (Bot) Weihnachtsstern

point¹ /pɔɪnt/ *Nomen* **1** Argument, Sache ◊ *He's just saying that to prove a point.* Das sagt er nur der Sache wegen. ◊ *get to the point* zur Sache kommen ◊ *I take your point.* Ich verstehe, was Sie sagen. ◊ *OK, you've made your point.* Gut, wir wissen jetzt, wie du darüber denkst. ◊ *Do you see my point?* Verstehen Sie, was ich meine? ◊ *You've missed the point.* Du hast nicht verstanden, worum es geht. ◊ *You have a point.* Da haben Sie Recht. ◊ *That's the whole point.* Das ist es ja gerade. ◊ *That's beside the point.* Darum geht es nicht. **2** Sinn, Zweck ◊ *There's no point in getting angry.* Es hat keinen Zweck, sich aufzuregen. ◊ *What's the point of that?* Was soll das? **3** Punkt ◊ *the main points of the news* die wichtigsten Nachrichten ◊ *learn the program's finer points* die Feinheiten des Programms lernen

> ✎ WRITING TIP
> **Considering various points**
> • *Several factors must be taken into consideration.* Mehrere Faktoren müssen berücksichtigt werden.
> • *There are a number of points to be considered.* Es gibt eine Reihe von Punkten, die man berücksichtigen muss.
> • *Three points are worth noting here.* Hier sind drei Punkte zu beachten.
> • *We will look at these two aspects first.* Diese beiden Aspekte werden zuerst behandelt.

4 Seite ◊ *his strong/weak points* seine Stärken/Schwächen ◊ *Living alone has its good points.* Allein zu leben hat seine Vorteile. **5** (Zeit)punkt ◊ *at the point of death* an der Schwelle des Todes ◊ *We were on the point of giving up.* Wir wollten gerade aufgeben. ◊ *at this point in time* jetzt **6** Punkt, Stelle ◊ *a meeting point* ein Treffpunkt ◊ *There is no parking beyond this point.* Ab hier ist Parkverbot. ◊ *the points of the compass* die Himmelsrichtungen **7** Punkt ◊ *win on points* nach Punkten gewinnen **8** (*vor Dezimalstellen*) Komma ◊ *2.4/two point four* zwei Komma vier ← *Hinweis bei* DECIMAL POINT **9** Spitze, Landspitze **10** Steckdose **11 points** [Pl] (*Ballett*) Spitzen **12 points** [Pl] (*BrE*) Weichen IDM **if/when it comes to the 'point** wenn es hart auf hart geht **in point of 'fact** eigentlich **make a 'point of doing sth** darauf achten etw zu tun; Wert darauf legen etw zu tun ˌmore to the 'point was noch wichtiger ist ˌpoint of 'contact **1** Kontaktstelle **2** (*Person*) Kontakt **a ˌpoint of de'parture** (ein) Ausgangspunkt **a ˌpoint of 'honour** (eine) Ehrensache **the ˌpoint of ˌno re'turn** der Punkt, von dem es kein Zurück gibt ˌpoint 'taken gut, Sie haben Recht **to the 'point** treffend **to the point of …** in einem Maße, dass … ◊ *He was rude to the point of being aggressive.* Er war so unhöflich, dass er schon fast aggressiv war. **up to a (certain) 'point** bis zu einem gewissen Grad ← *Siehe auch* CASE¹, FINE¹, LABOUR², MOOT, SCORE², SORE¹ *und* STRETCH¹

point² /pɔɪnt/ *Verb* **1 ~ (at/to/towards sb/sth)** (auf jdn/etw) zeigen ◊ *She pointed her finger in my direction.* Sie zeigte mit dem Finger in meine Richtung. **2 ~ sth at sb/sth** (*Gewehr etc.*) etw auf jdn/etw richten **3** zeigen, weisen ◊ *The telescope was pointing in the wrong direction.* Das Teleskop war in die falsche Richtung gerichtet. ◊ *The evidence seems to point in that direction.* Die Beweise scheinen darauf hinzudeuten. **4** ◊ *Can you point me in the right direction for the station?* Können Sie mir den Weg zum Bahnhof zeigen? **5** (*Mauer*) ausfugen IDM **point a/the ˌfinger at sb** jdn anklagen ◊ *The article points an accusing finger at the authorities.* Der Artikel prangert die Behörden an. **point the ˌfinger of suspicion at sb** jdn anklagen **point the 'way (to/towards sth)** den Weg (zu etw) weisen PHRV **point sb/sth 'out (to sb)** jdm jdn/etw zeigen **point sth 'out (to sb)** (jdn) auf etw hinwei-

sen **'point to sth 1** auf etw hinweisen **2** auf etw hindeuten ˌpoint sth 'up (*gehoben*) etw verdeutlichen ← G 9.7d

point-'blank *Adj nur vor Nomen, Adv* **1** (*Schuss*) aus kürzester Entfernung **2** direkt ◊ *a point-blank refusal* eine glatte Absage

point·ed /'pɔɪntɪd/ *Adj* **1** spitz ◊ *a pointed arch* ein Spitzbogen **2** (*Adv* **point·ed·ly**) deutlich, unmissverständlich ◊ *a pointed remark* eine spitze Bemerkung

point·er /'pɔɪntə(r)/ *Nomen* **1** Hinweis, Tipp **2 ~ (to sth)** Anzeichen (für etw) **3** Zeiger **4** Zeigestock **5** Pointer, Vorstehhund

point·less /'pɔɪntləs/ *Adj* (*Adv* **point·less·ly**) sinnlos

point·less·ness /'pɔɪntləsnəs/ *Nomen* Sinnlosigkeit

'point man *Nomen* **1** Späher(in) **2** (*AmE, fig*) verantwortlicher Experte, verantwortliche Expertin

ˌpoint of 'order *Nomen* (*Pl* **points of order**) (*gehoben*) Frage zur Geschäftsordnung

ˌpoint of 'reference *Nomen* (*Pl* **points of reference**) Bezugspunkt

ˌpoint of 'view *Nomen* (*Pl* **points of view**) **1** Meinung, Standpunkt ◊ *from my point of view* von meinem Standpunkt aus gesehen **2** Perspektive, Gesichtspunkt

ˌpoint-to-'point *Nomen* (*BrE*) Geländerennen

pointy /'pɔɪnti/ *Adj* (*umgs*) spitz SYN POINTED

poise¹ /pɔɪz/ *Nomen* **1** Selbstsicherheit, Gelassenheit ◊ *She quickly recovered her poise.* Sie fing sich schnell wieder. **2** Haltung

poise² /pɔɪz/ *Verb* balancieren ◊ *He was poising himself to launch a final attack.* Er machte sich bereit einen letzten Angriff zu starten.

poised /pɔɪzd/ *Adj* **1** *nicht vor Nomen* bereit ◊ *The cat crouched in the grass, poised to jump.* Die Katze kauerte sprungbereit im Gras. ◊ *Her hand was poised over the telephone.* Ihre Hand schwebte über dem Telefon. ◊ *The economy is poised for recovery.* Die Wirtschaft steht vor einem Aufschwung. ◊ *The team is poised to win the title.* Die Mannschaft ist auf dem besten Weg den Titel zu gewinnen. **2** *nicht vor Nomen* **be ~ (in, on, above, etc. sth)** (in, auf, über etc. etw) balancieren, (in, auf, über etc. etw) stehen **3** selbstsicher, gelassen

poi·son¹ /'pɔɪzn/ *Nomen* Gift (*auch fig*)

poi·son² /'pɔɪzn/ *Verb* vergiften (*auch fig*) IDM **a ˌpoisoned 'chalice** (*bes BrE*) = Aufgabe oder Ehre, die demjenigen, der sie annimmt, später Nachteile bringt

poi·son·er /'pɔɪzənə(r)/ *Nomen* Giftmörder(in)

poi·son·ing /'pɔɪzənɪŋ/ *Nomen* Vergiftung

poi·son·ous /'pɔɪzənəs/ *Adj* giftig ◊ (*fig*) *the poisonous atmosphere in the office* die vergiftete Atmosphäre im Büro

ˌpoison 'pen letter *Nomen* = Verleumdungen oder Drohungen enthaltender anonymer Brief

poke¹ /pəʊk; *AmE* poʊk/ *Verb* **1** stoßen ◊ *I poked him.* Ich stieß ihn an. ◊ *She poked her elbow into his ribs.* Sie stieß ihm den Ellbogen in die Rippen. ◊ *She poked the fire.* Sie schürte das Feuer. **2** stecken ◊ *He poked his head around the corner.* Er guckte um die Ecke. ◊ *Don't poke her eye out with that stick!* Stich ihr mit dem Stock nicht das Auge aus! **3 ~ a hole in sth (with sth)** (mit etw) ein Loch in etw bohren IDM **poke 'fun at sb/sth** sich über jdn/etw lustig machen ← *Siehe auch* NOSE¹ PHRV ˌpoke a'bout/a'round (*umgs*) herumstöbern, herumschnüffeln **ˌpoke at sth** in etw herumstochern ˌpoke 'out of/through sth (aus etw) herausgucken

poke² /pəʊk; *AmE* poʊk/ *Nomen* Stoß ◊ *give the fire a poke* das Feuer schüren IDM **have a ˌpoke a'round** (*umgs*) herumschnüffeln **take a 'poke at sb/sth** (*AmE, umgs*) jdn/etw runtermachen; sich über jdn/etw lustig machen ← *Siehe auch* BUY¹

poker /'pəʊkə(r); *AmE* 'poʊ-/ *Nomen* **1** Poker **2** Schürhaken

'poker face *Nomen* (*umgs*) Pokergesicht, Pokerface

'poker-faced *Adj* (*umgs*) mit unbewegter Miene

poky /'pəʊki; *AmE* 'poʊki/ *Adj* **1** (*umgs*) winzig, eng **2** (*AmE* **pokey**) langsam

pol /pɒl; *AmE* pɑːl/ *Nomen* (*AmE, umgs*) Politiker(in)

polar /'pəʊlə(r); *AmE* 'poʊ-/ *Adj nur vor Nomen* **1** Polar- **2** (TECH) polar **3** (*gehoben*) diametral entgegengesetzt

'polar bear *Nomen* Eisbär

po·lar·ity /pəˈlærəti/ Nomen (gehoben oder Fachspr) Polarität

po·lar·iza·tion (BrE auch **-isa·tion**) /ˌpəʊləraɪˈzeɪʃn; AmE ˌpoʊlərəˈz-/ Nomen Polarisierung

po·lar·ize (BrE auch **-ise**) /ˈpəʊləraɪz; AmE ˈpoʊ-/ Verb **1** (sich) polarisieren, (sich) spalten **2** (PHYSIK) polarisieren

Po·lar·oid™ /ˈpəʊlərɔɪd; AmE ˈpoʊ-/ Nomen **1** (auch ˌPo·laroid ˈcamera) Sofortbildkamera, Polaroidkamera® **2** Polaroidfoto®

pole /pəʊl; AmE poʊl/ Nomen **1** Pol (auch fig) ◊ Their opinions were at opposite poles of the debate. Sie vertraten in der Debatte völlig entgegengesetzte Ansichten. **2** Stange ◊ a telegraph pole ein Telegrafenmast ◊ a ski pole ein Skistock IDM be ˈpoles aˈpart durch Welten getrennt sein be up the ˈpole (BrE, umgs) eine Schraube locker haben

pole-axe (AmE ˈpole-ax) /ˈpəʊlæks; AmE ˈpoʊl-/ Verb **1** zu Boden schlagen **2** (fig) jdn verblüffen

pole·cat /ˈpəʊlkæt; AmE ˈpoʊl-/ Nomen **1** Iltis **2** (AmE) Stinktier

po·lem·ic /pəˈlemɪk/ Nomen (gehoben) **1** scharfer Angriff, leidenschaftliche Verteidigung **2** (auch **po·lem·ics** [Pl]) Polemik

po·lem·ic·al /pəˈlemɪkl/ (auch **po·lem·ic**) Adj (gehoben) polemisch

po·lemi·cist /pəˈlemɪsɪst/ Nomen Polemiker(in)

ˈpole position Nomen Poleposition

ˈPole Star Nomen Polarstern

the ˈpole vault Nomen der Stabhochsprung

ˈpole-vaulter Nomen Stabhochspringer(in)

ˈpole-vaulting Nomen Stabhochsprung

po·lice¹ /pəˈliːs/ Nomen [Pl] Polizei ◊ hundreds of police hunderte von Polizisten

po·lice² /pəˈliːs/ Verb überwachen, kontrollieren

poˌlice ˈconstable Nomen (Abk **PC**) (auch **conˈstable**) Polizeimeister(in)

poˈlice force Nomen Polizei

po·lice·man /pəˈliːsmən/ Nomen (Pl **-men** /-mən/) Polizist

poˈlice officer (auch **officer**) Nomen Polizeibeamter, -beamtin

poˈlice state Nomen (abwert) Polizeistaat

poˈlice station Nomen Polizeirevier

po·lice·wo·man /pəˈliːswʊmən/ Nomen (Pl **-women** /-wɪmɪn/) Polizistin

po·licing /pəˈliːsɪŋ/ Nomen Kontrolle, Überwachung

pol·icy /ˈpɒləsi; AmE ˈpɑː-/ Nomen (Pl **-ies**) **1** Politik, Linie, Vorgehensweise ◊ US foreign/domestic policy die Außenpolitik/Innenpolitik der USA ◊ the government's policy on education die Bildungspolitik der Regierung ◊ The company has adopted a firm policy on shoplifting. Die Firma geht bei Ladendiebstahl streng vor. **2** (gehoben) Methode, Politik ◊ Honesty is the best policy. Ehrlich währt am längsten. **3** (Versicherungs)police

pol·icy·hold·er /ˈpɒləsihəʊldə(r); AmE ˈpɑːləsihoʊl-/ Nomen Versicherungsnehmer(in), Versicherte(r)

polio /ˈpəʊliəʊ; AmE ˈpoʊlioʊ/ (gehoben **polio·my·el·itis** /ˌpəʊliəʊˌmaɪəˈlaɪtɪs; AmE ˌpoʊlioʊ-/) Nomen Polio, Kinderlähmung

pol·ish¹ /ˈpɒlɪʃ; AmE ˈpɑː-/ Nomen **1** Poliermittel, Politur ◊ floor polish Bohnerwachs ◊ shoe polish Schuhcreme **2** [Sing] ◊ give sth a polish etw polieren ◊ Your shoes could do with a polish. Deine Schuhe müssten mal geputzt werden. **3** [Sing] Glanz, Politur **4** (einer Vorstellung etc.) Brillanz **5** (im Benehmen etc.) Schliff IDM ⇨ SPIT²

pol·ish² /ˈpɒlɪʃ; AmE ˈpɑː-/ Verb **1** polieren; (Schuhe, Brille) putzen **2** ~ **sth** (**up**) (fig) etw (auf)polieren ◊ The statement was carefully polished and checked before release. Die Erklärung wurde vor der Veröffentlichung sorgfältig überarbeitet. ◊ The hotel has polished up its act. Das Hotel hat sich sehr verbessert. PHR V ˌpolish sth ˈoff (umgs) etw wegputzen ˌpolish sb ˈoff (bes AmE, umgs) jdn erledigen

pol·ished /ˈpɒlɪʃt; AmE ˈpɑː-/ Adj **1** poliert **2** geschliffen, brillant

po·lite /pəˈlaɪt/ Adj (Adv **po·lite·ly**) **1** höflich ◊ make polite conversation Konversation machen SYN COURTEOUS OPP IMPOLITE **2** nur vor Nomen (Gesellschaft) fein ◊ in polite company in feiner Gesellschaft

po·lite·ness /pəˈlaɪtnəs/ Nomen Höflichkeit

pol·it·ic /ˈpɒlətɪk; AmE ˈpɑːl-/ Adj (gehoben) klug SYN WISE und PRUDENT ☛ Siehe auch BODY POLITIC

pol·it·ical /pəˈlɪtɪkl/ Adj (Adv **pol·it·ic·al·ly** /-kli/) **1** politisch **2** politisch engagiert ◊ She became very political at university. An der Universität fing sie an, sich politisch stark zu engagieren. ◊ a political animal ein politisch engagierter Mensch

poˌlitical aˈsylum (auch **asyˈlum**) Nomen (gehoben) politisches Asyl

poˌlitical corˈrectness Nomen (manchmal abwert) Political Correctness

poˌlitical eˈconomy Nomen Volkswirtschaft

poˌlitical geˈography Nomen politische Geographie

pol·it·ic·al·ly Adv ⇨ POLITICAL

poˌlitically corˈrect Adj (Abk **PC**) politisch korrekt

poˌlitically incorˈrect Adj politisch nicht korrekt

poˌlitical ˈscience (auch **pol·it·ics**) Nomen Politologie

poˌlitical ˈscientist Nomen Politologe, Politologin

pol·it·ician /ˌpɒləˈtɪʃn; AmE ˌpɑːl-/ Nomen Politiker(in)

pol·iti·ciza·tion (BrE auch **-isation**) /pəˌlɪtɪsaɪˈzeɪʃn/ Nomen Politisierung

pol·iti·cize (BrE auch **-ise**) /pəˈlɪtɪsaɪz/ Verb (oft passiv) politisieren

pol·it·ico /pəˈlɪtɪkəʊ; AmE -koʊ/ Nomen (Pl **-os**) (umgs, abwert) Politiker(in)

pol·it·ics /ˈpɒlətɪks; AmE ˈpɑːl-/ Nomen **1** Politik ◊ local politics Kommunalpolitik ◊ go into politics in die Politik gehen **2** [Pl] politische Ansichten **3** Politikwissenschaft **4** (abwert) (Interessen)politik, Machenschaften ◊ I don't want to get involved in office politics. Ich will mich nicht in die Machtkämpfe im Büro einmischen. ◊ sexual politics Sexualpolitik

> Im allgemeinen Sinn und in der Bedeutung „Politikwissenschaft" ist das Wort **politics** nicht zählbar. In der Bedeutung „Politikwissenschaft" wird es mit einem Verb im Singular gebraucht: *Politics is a popular subject at this university.* Im allgemeinen Sinn wird es meist mit einem Verb im Singular gebraucht: *They think politics is a dirty business,* aber gelegentlich auch mit einem Verb im Plural. Wenn es um jds persönliche Ansichten geht, wird es mit einem Verb im Plural verwendet: *His politics are extreme.*
>
> **Politics** kann auch im Singular gebraucht werden, wenn es um eine bestimmte Form der Politik geht: *A politics of the future has to engage with new ideas.*

pol·ity /ˈpɒləti; AmE ˈpɑːl-/ Nomen (Pl **-ies**) (Fachspr) **1** Staatswesen **2** [U] Regierungsform, Verfassung

polka /ˈpɒlkə; AmE ˈpoʊlkə/ Nomen Polka

ˈpolka dot Nomen Tupfen

poll¹ /pəʊl; AmE poʊl/ Nomen **1** (auch **oˈpinion poll**) Umfrage **2** (auch **the polls** [Pl]) Wahl ◊ the final result of the poll das endgültige Wahlergebnis ◊ Polls close at 9 p.m. Die Wahllokale schließen um 9 Uhr. **3** [Sing] Stimmen(anzahl) ◊ Labour is ahead in the poll. Labour hat einen Stimmenvorsprung. ◊ They gained 20% of the poll. Sie gewannen 20% der Stimmen. ☛ Siehe auch DEED POLL, EXIT POLL und STRAW POLL

poll² /pəʊl; AmE poʊl/ Verb **1** (Stimmen) erhalten ◊ They polled 39% of the vote. Sie erhielten 39% der Stimmen. ◊ The Republicans have polled well in recent elections. Die Republikaner haben bei den letzten Wahlen gut abgeschnitten. **2** (meist passiv) befragen

pol·lard /ˈpɒləd; ˈpɒlɑːd; AmE ˈpɑːlərd/ Verb (meist passiv) (Baum) kappen

pol·len /ˈpɒlən/; AmE ˈpɑːlən/ Nomen Blütenstaub

ˈpollen count Nomen [meist Sing] Pollenzahl, Pollenwerte

pol·lin·ate /ˈpɒləneɪt; AmE ˈpɑːl-/ Verb (BOT) bestäuben

pol·lin·ation /ˌpɒləˈneɪʃn; AmE ˌpɑːl-/ Nomen (BOT) Bestäubung

poll·ing /ˈpəʊlɪŋ; AmE ˈpoʊ-/ Nomen [U] **1** Stimmabgabe, Wahlbeteiligung **2** Befragung

ˈpolling booth Nomen (bes BrE) Wahlkabine

ˈpolling day Nomen (BrE) Wahltag

'polling station (*AmE meist* **'polling place**) *Nomen* Wahllokal

poll·ster /'pəʊlstə(r); *AmE* 'poʊl-/ *Nomen* Meinungsforscher(in)

'poll tax *Nomen* Kopfsteuer

pol·lu·tant /pə'luːtənt/ *Nomen* (*gehoben*) Schadstoff

pol·lute /pə'luːt/ *Verb* **1** ~ **sth** (**with sth**) etw (mit etw) verschmutzen, etw (mit etw) verunreinigen **2** (*fig*) korrumpieren, verderben

pol·lut·er /pə'luːtə(r)/ *Nomen* Umweltsünder(in), Umweltverschmutzer(in)

pol·lu·tion /pə'luːʃn/ *Nomen* [U] **1** (Umwelt)verschmutzung **2** Schadstoffe ◊ *beaches covered with pollution* verschmutzte Strände **3** **noise** ~ Lärmbelästigung; **light** ~ Lichtverschmutzung

polo /'pəʊləʊ; *AmE* 'poʊloʊ/ *Nomen* Polo ☛ *Siehe auch* WATER POLO

'polo neck *Nomen* (*BrE*) Rollkragen

pol·ter·geist /'pəʊltəɡaɪst, 'pɒl-; *AmE* 'poʊltərɡ-/ *Nomen* Poltergeist

poly /'pɒli; *AmE* 'pɑːli/ *Nomen* (*Pl* **polys**) (*BrE*, *umgs*) = POLYTECHNIC

poly- /'pɒli; *AmE* 'pɑːli/

Die Vorsilbe **poly-** kann mit Adjektiven und Nomina verbunden werden und bedeutet „viel-": *polygamy* Polygamie ◊ *polyphonic* polyphon.

poly·es·ter /ˌpɒli'estə(r); *AmE* ˌpɑːli-, 'pɑːliestər/ *Nomen* Polyester

poly·ethyl·ene /ˌpɒli'eθəliːn; *AmE* ˌpɑːl-/ *Nomen* (*AmE*) Polyäthylen

pol·yg·am·ous /pə'lɪɡəməs/ *Adj* polygam

pol·yg·amy /pə'lɪɡəmi/ *Nomen* (*Fachspr*) Polygamie

poly·glot /'pɒliɡlɒt; *AmE* 'pɑːliɡlɑːt/ *Adj* (*gehoben*) polyglott

poly·gon /'pɒliɡən; *AmE* 'pɑːliɡɑːn/ *Nomen* Polygon, Vieleck

pol·yg·on·al /pə'lɪɡənl/ *Adj* polygonal, vieleckig

poly·graph /'pɒliɡræf; *AmE* 'pɑːli-; *BrE auch* -ɡrɑːf/ *Nomen* (*Fachspr*) Lügendetektor

poly·math /'pɒlimæθ; *AmE* 'pɑːl-/ *Nomen* (*gehoben*) Mensch, der vielseitig gebildet ist

poly·mer /'pɒlimə(r); *AmE* 'pɑːl-/ *Nomen* (NATURW) Polymer

polyp /'pɒlɪp; *AmE* 'pɑːlɪp/ *Nomen* Polyp

poly·phon·ic /ˌpɒli'fɒnɪk; *AmE* ˌpɑːli'fɑːnɪk/ *Adj* (MUS) polyphon

pol·yph·ony /pə'lɪfəni/ *Nomen* (MUS) Polyphonie

poly·pro·pyl·ene /ˌpɒli'prəʊpəliːn; *AmE* ˌpɑːli'proʊ-/ *Nomen* Polypropylen

poly·sem·ous /ˌpɒli'siːməs; *AmE* ˌpɑːl-/ *Adj* (LING) polysem ◊ *polysemous words* Wörter mit mehreren Bedeutungen

poly·styr·ene /ˌpɒli'staɪriːn; *AmE* ˌpɑːl-/ *Nomen* Styropor®

poly·syl·lab·ic /ˌpɒlɪsɪ'læbɪk; *AmE* ˌpɑːl-/ *Adj* mehrsilbig, vielsilbig

poly·syl·lable /'pɒlɪsɪləbl; *AmE* 'pɑːl-/ *Nomen* (*Fachspr*) vielsilbiges Wort

poly·tech·nic /ˌpɒli'teknɪk; *AmE* ˌpɑːl-/ (*BrE*, *umgs* **poly**) *Nomen* ≈ Fachhochschule ☛ Seit 1992 haben die *polytechnics* in Großbritannien Universitätsstatus.

poly·the·ism /'pɒliθiːɪzəm; *AmE* 'pɑːl-/ *Nomen* Polytheismus

poly·the·is·tic /ˌpɒliθi'ɪstɪk; *AmE* ˌpɑːl-/ *Adj* polytheistisch

poly·thene /'pɒliθiːn; *AmE* 'pɑːl-/ *Nomen* (*BrE*) Polyäthylen ◊ *a polythene bag* eine Plastiktüte

poly·un·sat·ur·ated /ˌpɒliʌn'sætʃəreɪtɪd; *AmE* ˌpɑːl-/ *Adj* mehrfach ungesättigt

poly·ur·eth·ane /ˌpɒli'jʊərəθeɪn; *AmE* ˌpɑːli'jʊr-/ *Nomen* Polyurethan

pom /pɒm; *AmE* pɑːm/ *Nomen* = POMMY

po·man·der /pə'mændə(r); *AmE* 'poʊmændər/ *Nomen* Duftkugel

pom·egran·ate /'pɒmɪɡrænɪt; *AmE* 'pɑːm-/ *Nomen* Granatapfel

pom·mel /'pɒml; *AmE* 'pɑːml/ *Nomen* **1** Sattelknopf **2** Schwertknauf

pommy /'pɒmi; *AmE* 'pɑːmi/ *Nomen* (*Pl* **-ies**) (*auch* **pom**) (*AusE*, *NeusE*, *umgs*, *oft abwert*) Brite, Britin

pomp /pɒmp; *AmE* pɑːmp/ *Nomen* Pomp IDM ˌpomp and 'circumstance Pomp und Prunk

pom·pom /'pɒmpɒm; *AmE* 'pɑːmpɑːm/ (*auch* **pom·pon**) *Nomen* Pompon, Quaste

pom·pos·ity /pɒm'pɒsəti; *AmE* pɑːm'pɑːs-/ *Nomen* Aufgeblasenheit, Wichtigtuerei, Schwülstigkeit

pom·pous /'pɒmpəs; *AmE* 'pɑːm-/ *Adj* (*Adv* **pom·pous·ly**) (*abwert*) aufgeblasen, wichtigtuerisch; (*Sprache*) schwülstig

ponce /pɒns; *AmE* pɑːns/ *Nomen* (*BrE*, *umgs*) **1** Zuhälter SYN PIMP **2** (*beleidigend*) Schwuler

pon·cho /'pɒntʃəʊ; *AmE* 'pɑːntʃoʊ/ *Nomen* (*Pl* **-os**) Poncho

pond /pɒnd; *AmE* pɑːnd/ *Nomen* Teich IDM aˌcross the 'pond (*umgs*) über den großen Teich

pon·der /'pɒndə(r); *AmE* 'pɑːn-/ *Verb* **1** ~ (**about/on/over sth**) (*gehoben*) nachdenken (über etw) **2** ~ **sth** etw bedenken **3** überlegen ◊ *They are pondering whether the money could be better used elsewhere.* Sie überlegen, ob das Geld woanders besser eingesetzt werden könnte. SYN CONSIDER

pon·der·ous /'pɒndərəs; *AmE* 'pɑːn-/ *Adj* (*Adv* **pon·der·ous·ly**) (*gehoben*, *abwert*) schwerfällig

pon·der·ous·ness /'pɒndərəsnəs; *AmE* 'pɑːn-/ *Nomen* Schwerfälligkeit

pone /pəʊn; *AmE* poʊn/ *Nomen* (*AmE*) = CORN PONE

pong¹ /pɒŋ; *AmE* pɑːŋ/ *Nomen* (*BrE*, *umgs*) Gestank

pong² /pɒŋ; *AmE* pɑːŋ/ *Verb* (*BrE*, *umgs*) stinken

pon·tiff /'pɒntɪf; *AmE* 'pɑːn-/ *Nomen* (*gehoben*) Papst

pon·tifi·cate¹ /pɒn'tɪfɪkeɪt; *AmE* pɑːn-/ *Verb* ~ (**about/on sth**) (*abwert*) in dozierendem Ton reden (über etw)

pon·tifi·cate² /pɒn'tɪfɪkət; *AmE* pɑːn-/ *Nomen* Pontifikat

pon·toon /pɒn'tuːn; *AmE* pɑːn-/ *Nomen* **1** Ponton **2** (*BrE*) (*Kartenspiel*) Siebzehnundvier

pony /'pəʊni; *AmE* 'poʊni/ *Nomen* (*Pl* **-ies**) **1** Pony **2** (*BrE*, *Slang*) 25 Pfund IDM ⇒ SHANK

pony·tail /'pəʊniteɪl; *AmE* 'poʊ-/ *Nomen* (*Frisur*) Pferdeschwanz

'pony-trekking *Nomen* (*BrE*) Pony-trekking, Wanderritt

poo¹ (*auch* **pooh**) /puː/ *Nomen* (*BrE*, *Kinderspr*) Aa, Kacke SYN FAECES

poo² (*auch* **pooh**) /puː/ *Verb* (*Kinderspr*) Aa machen, kacken

pooch /puːtʃ/ *Nomen* (*bes AmE*, *umgs*) Hündchen

poo·dle /'puːdl/ *Nomen* **1** Pudel **2** (*BrE*, *umgs*) (*fig*) Lakai

poof¹ /pʊf/ *Nomen* (*auch* **poof·ter** /'pʊftə(r)/) (*BrE*, *Slang*, *beleidigend*) Schwuler

poof² /pʊf/ *Ausruf* puff ◊ *All of a sudden he was gone — poof!* Plötzlich war er weg. Puff!

pooh¹ /puː/ *Ausruf* **1** pfui **2** pah

pooh² = POO

ˌpooh-'pooh *Verb* (*umgs*) zurückweisen, (verächtlich) abtun

pool¹ /puːl/ *Nomen* **1** = SWIMMING POOL **2** Tümpel ◊ *freshwater pools* Süßwassertümpel ☛ *Siehe auch* ROCK POOL **3** Pfütze, Lache **4** Pool ◊ *a pool of software engineers* ein Pool von Softwareingenieuren ◊ *the ministerial car pool* der Wagenpark des Ministeriums ◊ *measures to encourage car pools* Maßnahmen, die die Bildung von Fahrgemeinschaften fördern sollen **5** (*AmE*) *shoot pool* Billard spielen **6** **the pools** ⇒ FOOTBALL POOLS

pool² /puːl/ *Verb* zusammenlegen, vereinigen

pool·side /'puːlsaɪd/ *Nomen* [Sing] Schwimmbeckenrand

poop¹ /puːp/ *Nomen* **1** (*auch* **'poop deck**) Hinterdeck, Achterdeck **2** (*bes AmE*, *umgs*) Kacke

poop² /puːp/ *Verb* (*AmE*, *umgs*) **1** kacken **2** ~ **sb** (**out**) jdn schlauchen PHRV ˌpoop 'out (*Maschine*, *Gerät etc*) streiken

pooped /puːpt/ (*auch* ˌpooped 'out) *Adj* nicht vor Nomen (*bes AmE*, *umgs*) geschlaucht

poor /pɔː(r), pʊə(r); *AmE* pɔːr, pʊr/ **1** *Adj* arm ◊ *poor old Harry* der arme Harry ◊ *a country poor in natural resources* ein rohstoffarmes Land **2** *Adj* schlecht, schwach, minderwertig ◊ *poor quality* mindere Qualität ◊ *He's a poor swimmer.* Er kann nicht gut schwimmen. ◊ *I'm a poor sailor.* Ich werde leicht seekrank. ◊ *have a poor opinion of sb* keine hohe Meinung von jdm haben **3 the poor** *Nomen* [Pl] die Armen IDM **be/come a poor second, third, etc.** (*bes BrE*) mit großem Abstand Zweiter, Dritter werden **the ‚poor man's 'sb/'sth** jd/etw des kleinen Mannes

poor·house /'pɔːhaʊs, 'pʊə-; *AmE* 'pʊrh-, 'pɔːr-/ *Nomen* Armenhaus

poor·ly¹ /'pɔːli, 'pʊəli; *AmE* 'pʊrli, 'pɔːrli/ *Adv* schlecht ◊ *poorly organized/paid* schlecht organisiert/bezahlt ◊ *The meeting was poorly attended.* Nicht viele Leute sind zu der Besprechung gekommen. SYN BADLY

poor·ly² /'pɔːli, 'pʊəli; *AmE* 'pʊrli, 'pɔːrli/ *Adj* (*BrE, umgs*) krank ◊ *She felt/looked poorly.* Sie fühlte sich krank./Sie sah krank aus.

pop¹ /pɒp; *AmE* pɑːp/ *Nomen* **1** (*auch* **'pop music**) Pop **2** [Sing] (*bes AmE, umgs*) Papa, Vati ☞ *Hinweis bei* PAPA, S. 1136. **3** Knall **4** (*BrE, umgs, veraltet*) Limonade IDM **have/take a pop at sb** (*BrE, umgs*) auf jdn losgehen; sich mit jdm anlegen

pop² /pɒp; *AmE* pɑːp/ *Verb* (**-pp-**) **1** knallen (lassen), platzen (lassen) **2** (*BrE, umgs*) (*schnell*) gehen ◊ *I'll pop over and see you this evening.* Ich komme heute Abend auf einen Sprung zu dir. ◊ *I'm just popping out to the shops.* Ich gehe nur mal schnell was einkaufen. ◊ *Why don't you pop in for a coffee.* Komm doch auf einen Kaffee vorbei. **3** (*bes BrE, umgs*) stecken, schieben ◊ *He popped his head around the door and said hello.* Er steckte den Kopf zur Tür rein und sagte Hallo. ◊ *I'll pop the books in on my way home.* Ich bring die Bücher auf dem Nachhauseweg vorbei. **4** (*plötzlich*) auftauchen ◊ *An idea suddenly popped into his head.* Er hatte plötzlich eine Idee. **5** (*Ohren*) knacken, aufgehen **6** (*Augen*) aus dem Kopf fallen ◊ *Her eyes nearly popped out of her head when she saw him.* Ihr fielen fast die Augen aus dem Kopf, als sie ihn sah. **7** (*umgs*) (*Pillen*) schlucken IDM **pop your 'clogs** (*BrE, hum*) sterben **pop the 'question** (*umgs*) jdm einen Heiratsantrag machen PHRV **‚pop 'off** (*umgs*) sterben **‚pop sth 'on** (*BrE, umgs*) **1** sich etw anziehen, etw anmachen

pop³ /pɒp; *AmE* pɑːp/ *Adj* Pop- ◊ *a pop concert* ein Popkonzert ◊ *pop culture* die Popkultur

pop⁴ /pɒp; *AmE* pɑːp/ *Adv* IDM **go 'pop** (*BrE*) platzen

pop. *Abk* = POPULATION

'pop art (*auch* **'Pop Art**) *Nomen* Pop-Art

'pop·corn /'pɒpkɔːn; *AmE* 'pɑːpkɔːrn/ *Nomen* Popcorn

pope /pəʊp; *AmE* poʊp/ *Nomen* Papst

‚pope's 'nose *Nomen* (*AmE*) Bürzel

pop·ish /'pəʊpɪʃ; *AmE* 'poʊ-/ *Adj* (*beleidigend*) papistisch

pop·lar /'pɒplə(r); *AmE* 'pɑːp-/ *Nomen* Pappel

poppa /'pɒpə; *AmE* 'pɑːpə/ *Nomen* (*AmE, umgs, Kinderspr*) Papa

pop·pa·dom /'pɒpədəm; *AmE* 'pɑːp-/ *Nomen* = knuspriger hauchdünner frittierter Fladen der indischen Küche

pop·per /'pɒpə(r); *AmE* 'pɑːp-/ *Nomen* (*BrE*) Druckknopf

pop·pet /'pɒpɪt; *AmE* 'pɑːp-/ *Nomen* (*BrE, umgs*) Schätzchen

poppy /'pɒpi; *AmE* 'pɑːpi/ *Nomen* (*Pl* **-ies**) Mohn(blume)

'pop quiz *Nomen* (*Pl* **pop quizzes**) (*AmE*) = kurzer Test, der nicht vorher angesagt wurde

Pop·sicle™ /'pɒpsɪkl; *AmE* 'pɑːp-/ *Nomen* (*AmE*) Eis am Stiel

popu·lace /'pɒpjələs; *AmE* 'pɑːp-/ (*meist* **the populace**) *Nomen* (*gehoben*) Bevölkerung, Volk ☞ G 1.3a

popu·lar /'pɒpjələ(r); *AmE* 'pɑːp-/ *Adj* **1** ~ (**with sb**) populär (bei jdm), beliebt (bei jdm) ◊ *I'm not very popular with my parents at the moment.* Meine Eltern sind zur Zeit nicht gut auf mich zu sprechen. OPP UNPOPULAR **2** *nur vor Nomen* (*manchmal abwert*) populär, Massen-, Volks- ◊ *the popular press* die Regenbogenpresse ◊ *popular music* Unterhaltungsmusik ◊ *popular fiction* Trivialliteratur ◊ *popular pressure* der Druck der Öffentlichkeit **3** *nur vor Nomen* weit verbreitet ◊ *contrary to popular belief/opinion* im Gegensatz zur vorherrschenden Meinung ◊ *by popular demand* auf allgemeinen Wunsch

popu·lar·ity /ˌpɒpju'lærəti; *AmE* ˌpɑːp-/ *Nomen* Beliebtheit, Popularität ◊ *win/lose popularity with sb* bei jdm an Beliebtheit gewinnen/verlieren

popu·lar·iza·tion (*BrE auch* **-isation**) /ˌpɒpjələraɪ'zeɪʃn; *AmE* ˌpɑːpjələrə'z-/ *Nomen* [U] Popularisierung

popu·lar·ize (*BrE auch* **-ise**) /'pɒpjələraɪz; *AmE* 'pɑːp-/ *Verb* (*gehoben*) **1** populär machen, bekannt machen **2** für die Allgemeinheit verständlich darstellen

popu·lar·ly /'pɒpjələli; *AmE* 'pɑːpjələrli/ *Adv* **1** allgemein ◊ *a popularly held belief* ein verbreiteter Glaube SYN COMMONLY **2** demokratisch SYN DEMOCRATICALLY

popu·late /'pɒpjuleɪt; *AmE* 'pɑːp-/ *Verb* (*oft passiv*) bevölkern, besiedeln SYN INHABIT

popu·la·tion /ˌpɒpju'leɪʃn; *AmE* ˌpɑːp-/ *Nomen* Bevölkerung ◊ *countries with ageing populations* Länder mit einer alternden Bevölkerungsstruktur ◊ *areas of dense/sparse population* dicht/dünn besiedelte Gebiete ◊ *The prison population is continuing to rise.* Die Anzahl der Gefängnisinsassen steigt weiter an. ◊ *fish populations* die Fischbestände ☞ G 1.3

popu·lism /'pɒpjəlɪzəm; *AmE* 'pɑːp-/ *Nomen* [U] Populismus

popu·list /'pɒpjəlɪst; *AmE* 'pɑːp-/ **1** *Nomen* Populist(in) **2** *Adj nur vor Nomen* populistisch

popu·lous /'pɒpjələs; *AmE* 'pɑːp-/ *Adj* (*gehoben*) bevölkerungsreich, einwohnerstark

'pop-up *Adj nur vor Nomen* **1** (*Computer, Grußkarten*) Pop-up- **2** (*Toaster*) mit Auswurfmechanismus

por·cel·ain /'pɔːsəlɪn; *AmE* 'pɔːrs-/ *Nomen* Porzellan

porch /pɔːtʃ; *AmE* pɔːrtʃ/ *Nomen* **1** Vorbau, Portal **2** (*AmE*) Veranda

por·cu·pine /'pɔːkjupaɪn; *AmE* 'pɔːrk-/ *Nomen* Stachelschwein ◊ *porcupine fish* Igelfisch

pore¹ /pɔː(r)/ *Nomen* Pore

pore² /pɔː(r)/ *Verb* PHRV **'pore over sth** etw genau studieren, über etw brüten

pork /pɔːk; *AmE* pɔːrk/ *Nomen* Schweinefleisch ◊ *roast pork* Schweinebraten ◊ *a leg of pork* eine Schweinshaxe

porker /'pɔːkə(r); *AmE* 'pɔːrk-/ *Nomen* Mastschwein

‚pork 'pie *Nomen* (*BrE*) Schweinefleischpastete

porky /'pɔːki; *AmE* 'pɔːrki/ *Nomen* (*Pl* **-ies**) (*auch* **‚porky 'pie**) (*BrE, Slang*) Schwindelei ◊ *tell porkies* schwindeln

porn *Nomen* (*umgs*) = PORNOGRAPHY ☞ *Siehe auch* HARD PORN *und* SOFT PORN

porno *Adj* (*umgs*) = PORNOGRAPHIC

porn·og·raph·er /pɔː'nɒgrəfə(r); *AmE* pɔːr'nɑːg-/ *Nomen* (*abwert*) Pornograf(in), Pornohändler(in)

porno·graph·ic /ˌpɔːnə'græfɪk; *AmE* ˌpɔːrn-/ (*umgs* **porno**) *Adj* (*abwert*) Porno-, pornografisch

porn·og·raphy /pɔː'nɒgrəfi; *AmE* pɔːr'nɑːg-/ (*umgs* **porn**) *Nomen* (*abwert*) Pornografie

por·os·ity /pɔː'rɒsəti; *AmE* -'rɑːs-/ *Nomen* (*Fachspr*) Porosität

por·ous /'pɔːrəs/ *Adj* porös, durchlässig

por·poise /'pɔːpəs; *AmE* 'pɔːrpəs/ *Nomen* (*Meeressäugetier*) Tümmler

por·ridge /'pɒrɪdʒ; *AmE* 'pɔːr-, 'pɑːr-/ *Nomen* (*bes BrE*) [U] Haferbrei ◊ *porridge oats* Haferflocken

port¹ /pɔːt; *AmE* pɔːrt/ *Nomen* **1** (*Abk* **Pt.**) Hafen(stadt) ◊ *They reached port.* Sie erreichten den Hafen. **2** Portwein **3** Backbord IDM **any port in a 'storm** in der Not frisst der Teufel Fliegen

port² *Verb* (COMP) ~ **sth** (**to sth**) etw (auf etw) portieren

port·ab·il·ity /ˌpɔːtə'bɪləti; *AmE* ˌpɔːrt-/ *Nomen* Tragbarkeit

port·able¹ /'pɔːtəbl; *AmE* 'pɔːrt-/ *Adj* **1** (*Fernseher etc.*) tragbar **2** (*Darlehen etc.*) übertragbar

port·able² /'pɔːtəbl; *AmE* 'pɔːrt-/ *Nomen* = kleines tragbares Gerät, z. B. ein Fernseher oder ein Computer

por·tal /'pɔːtl; *AmE* 'pɔːrtl/ *Nomen* **1** [*meist* Pl] (*gehoben*) Portal, Tor **2** (COMP) Portal ◊ *an internet shopping portal* ein Internet-Shopping-Portal

port·cul·lis /pɔːt'kʌlɪs; *AmE* pɔːrt-/ *Nomen* Fallgitter

por·tend /pɔːˈtend; AmE pɔːrˈt-/ Verb (gehoben) ~ sth auf etw hindeuten, etw bedeuten

por·tent /ˈpɔːtent; AmE ˈpɔːrt-/ Nomen (gehoben) Vorzeichen, Vorbote [SYN] OMEN

por·tent·ous /pɔːˈtentəs; AmE pɔːrˈt-/ Adj (Adv **por·tent·ous·ly**) **1** (gehoben) unheilvoll, bedeutungsvoll **2** (gehoben, abwert) gewichtig, bedeutungsschwanger

por·ter /ˈpɔːtə(r); AmE ˈpɔːrt-/ Nomen **1** Gepäckträger(in), Lastenträger(in) **2** (bes BrE) ~ jd, der beim Hol- und Bringedienst in einem Krankenhaus arbeitet **3** (BrE) Pförtner(in), Portier, Portiersfrau **4** (AmE) Schlafwagenschaffner(in)

port·folio /pɔːtˈfəʊliəʊ; AmE pɔːrtˈfoʊlioʊ/ Nomen (Pl **-os**) **1** Mappe **2** (FINANZ) (Aktien-) Portefeuille, Paket **3** (bes BrE, gehoben) Geschäftsbereich (eines Ministers) ◊ She resigned her portfolio. Sie trat von ihrem Amt zurück. **4** Sortiment, Angebot, Kollektion

port·hole /ˈpɔːthəʊl; AmE ˈpɔːrthoʊl/ Nomen Bullauge

por·tion /ˈpɔːʃn; AmE ˈpɔːrʃn/ Nomen **1** (An)teil **2** Portion **3** (einer Eintrittskarte) Abschnitt

port·ly /ˈpɔːtli; AmE ˈpɔːrt-/ Adj beleibt, korpulent

port·man·teau¹ /pɔːtˈmæntəʊ; AmE pɔːrtˈmæntoʊ/ Nomen (Pl **-eaus**, **-eaux**) (veraltet) (großer, schwerer) Reisekoffer

port·man·teau² /pɔːtˈmæntəʊ; AmE pɔːrtˈmæntoʊ/ Adj nur vor Nomen Kombinations- ◊ a portmanteau course ein Kombinationsstudiengang

ˌport of ˈcall Nomen (Pl **ports of call**) **1** Anlaufhafen **2** (umgs) Anlaufstelle

por·trait¹ /ˈpɔːtreɪt, -trət; AmE ˈpɔːrtrət/ Nomen Porträt

por·trait² /ˈpɔːtreɪt, -trət; AmE ˈpɔːrtrət/ Adj im Hochformat

por·trait·ist /ˈpɔːtreɪtɪst, -trət-; AmE ˈpɔːrtrət-/ Nomen Porträtist(in)

por·tray /pɔːˈtreɪ; AmE pɔːrˈt-/ Verb ~ sb/sth (as sb/sth) jdn/etw (als jdn/etw) darstellen [SYN] DEPICT

por·tray·al /pɔːˈtreɪəl; AmE pɔːrˈt-/ Nomen Darstellung, Schilderung

pose¹ /pəʊz; AmE poʊz/ Verb **1** darstellen; (Problem etc.) aufwerfen **2** posieren **3** ~ as sb sich als jd ausgeben

pose² /pəʊz; AmE poʊz/ Nomen Pose, Haltung, Stellung [IDM] ⇨ STRIKE¹

poser /ˈpəʊzə(r); AmE ˈpoʊ-/ Nomen **1** (umgs) knifflige Frage, schwieriges Problem **2** (auch **pos·eur**) (abwert) Blender(in), Angeber(in)

posh /pɒʃ; AmE pɑːʃ/ Adj (umgs) **1** nobel, edel **2** (Adv **posh**) (BrE, manchmal abwert) vornehm, piekfein

posit /ˈpɒzɪt; AmE ˈpɑːz-/ Verb (gehoben) postulieren; (Theorie) aufstellen [SYN] POSTULATE

pos·ition¹ /pəˈzɪʃn/ Nomen **1** Platz, Stelle, Standort ◊ get into position sich in Position begeben **2** Haltung, Stellung, Positur ◊ in an upright/a horizontal position stehend/liegend **3** [meist Sing] Lage, Situation ◊ I am not in a position to help you. Ich bin nicht in der Lage Ihnen zu helfen. **4** Standpunkt, Haltung ◊ declare your position seinen Standpunkt darlegen **5** Rang, (gesellschaftliche) Stellung ◊ What's his position in class? Wie steht er in der Klasse? **6** (gehoben) (Arbeits-) Stelle, Stellung **7** Platz(ierung), Stellung ◊ United's 3 – 0 win moved us up to third position. Der 3:0-Sieg von United ließ uns auf Platz drei aufsteigen. **8** (SPORT) Position (auf dem Spielfeld) **9** [meist Pl] (MIL) Stellung ◊ the enemy positions die feindlichen Stellungen

pos·ition² /pəˈzɪʃn/ Verb (auf)stellen, platzieren ◊ be well positioned sich in einer guten Position befinden ◊ Position your hands correctly on the shaft of the club. Halten Sie den Schaft des Schlägers wie vorgeschrieben.

pos·ition·al /pəˈzɪʃənl/ Adj nur vor Nomen (TECH, SPORT) Stellungs- ◊ make positional changes Stellungswechsel vornehmen

pos·ition·ing Nomen [U] Platzierung, Aufstellung

poˈsition ˌpaper Nomen Grundsatzpapier

posi·tive¹ /ˈpɒzətɪv; AmE ˈpɑːz-/ Adj **1** positiv ◊ She tried to be more positive about her new job. Sie versuchte, in Bezug auf ihre neue Arbeit positiver eingestellt zu sein. ◊ on the positive side auf der Plusseite. ◊ He tested positive for steroids. Der vorgenommene Steroid-Test fiel positiv aus. [OPP] NEGATIVE **2** konstruktiv **3** eindeutig, sicher ◊ be positive about sth sich einer Sache sicher sein ◊ 'Are you sure?' 'Positive.' „Bist du sicher?" „Absolut." ◊ This requires positive action. Das erfordert entschiedenes Handeln. **4** (verstärkend) wahr, echt, wirklich ◊ It was a positive miracle that we survived. Es war ein wahres Wunder, dass wir überlebt haben.

posi·tive² /ˈpɒzətɪv; AmE ˈpɑːz-/ Nomen **1** Positivum ◊ accentuate the positive das Positive betonen **2** (FOTO) Positiv **3** positives Ergebnis [OPP] NEGATIVE

ˌpositive disˌcrimiˈnation Nomen (BrE) positive Diskriminierung

posi·tive·ly /ˈpɒzətɪvli; AmE ˈpɑːz-/ Adv **1** wirklich, geradezu **2** positiv [OPP] NEGATIVELY **3** eindeutig [SYN] CONCLUSIVELY

ˌpositive ˈvetting Nomen (BrE) Sicherheitsüberprüfung

posi·tiv·ism /ˈpɒzətɪvɪzəm; AmE ˈpɑːz-/ Nomen Positivismus

posi·tiv·ist /ˈpɒzətɪvɪst; AmE ˈpɑːz-/ **1** Adj positivistisch **2** Nomen Positivist(in)

poss /pɒs; AmE pɑːs/ Adj nicht vor Nomen (BrE, umgs) möglich ◊ as soon as poss so schnell wie möglich

posse /ˈpɒsi; AmE ˈpɑːsi/ Nomen **1** (umgs) Schar, Gruppe **2** (früher, in den USA) vom Sheriff organisierter Suchtrupp

pos·sess /pəˈzes/ Verb **1** (gehoben) besitzen ◊ He was charged with possessing a shotgun without a licence. Er wurde wegen des Besitzes einer Schusswaffe ohne Waffenschein angeklagt. **2** (gehoben) haben ◊ He doesn't possess a sense of humour. Er hat keinen Sinn für Humor. **3** ~ sb (gehoben) von jdm Besitz ergreifen, jdn ergreifen ◊ I don't know what possessed me. Ich weiß nicht, was in ihn gefahren ist.

pos·sessed /pəˈzest/ Adj nicht vor Nomen ~ (by sth) (von etw) besessen [IDM] **be possessed of sth** (gehoben) über etw verfügen **like a man/woman posˈsessed; like one posˈsessed** wie ein(e) Besessene(r)

pos·ses·sion /pəˈzeʃn/ Nomen **1** [U] (gehoben) Besitz ◊ be caught in possession of stolen goods im Besitz gestohlener Ware ertappt werden **2** [meist Pl] Habe, Besitz ◊ She lost all her possessions. Sie verlor alles. ◊ He put her possessions into the car. Er verstaute ihre Sachen in Auto. [SYN] BELONGINGS **3** (SPORT) Ballbesitz ◊ have possession of the ball in Ballbesitz sein **4** (RECHT) Drogen-/Waffenbesitz **5** (gehoben) Besitzung ◊ the former colonial possessions die ehemaligen Kolonien [IDM] ⇨ FIELD¹

pos·ses·sive¹ /pəˈzesɪv/ Adj **1** (Adv **pos·ses·sive·ly**) besitzergreifend, eifersüchtig ◊ They are too possessive of their children. Sie lassen ihren Kindern zu wenig Freiraum. ◊ He's very possessive about his toys. Er teilt seine Spielsachen mit niemandem. **2** (LING) Possessiv-

pos·ses·sive² /pəˈzesɪv/ Nomen (LING) **1** Possessivpronomen **2 the possessive** [Sing] der Genetiv

pos·ses·sive·ness /pəˈzesɪvnəs/ Nomen besitzergreifende Art, Eifersucht

pos·ses·sor /pəˈzesə(r)/ Nomen (gehoben oder hum) Besitzer(in) [SYN] OWNER

pos·si·bil·ity /ˌpɒsəˈbɪləti; AmE ˌpɑːs-/ Nomen (Pl **-ies**) **1** Möglichkeit ◊ Is there any possibility that we can meet? Ist es irgendwie möglich, dass wir uns treffen? ◊ Bankruptcy is a distinct possibility. Ein Bankrott ist nicht auszuschließen. **2** [meist Pl] Chance, Möglichkeit ◊ career possibilities for women Karriereaussichten für Frauen OPPORTUNITY ➡ Hinweis bei MÖGLICHKEIT **3 possibilities** [Pl] Potenzial ◊ The house has possibilities. Aus dem Haus lässt sich etwas machen. [SYN] POTENTIAL

pos·sible¹ /ˈpɒsəbl; AmE ˈpɑːs-/ Adj **1** möglich ◊ a possible future president ein potenzieller Präsident ◊ Would it be possible for me to leave a message for her? Könnte ich eine Nachricht für sie hinterlassen? ◊ It's just possible that I gave them the wrong number. Es könnte sein, dass ich ihnen die falsche Nummer gegeben habe. ◊ Suggest possible ways in which you would improve the existing program. Machen Sie Vorschläge, wie Sie das jetzige Programm verbessern würden. ◊ all that is humanly possible alles Menschenmögliche ◊ Buy a larger size to allow for any possible shrinking. Kaufen Sie eine größere Nummer für den Fall, dass es einläuft. **2** (nach Adjektiven, zur Verstärkung) ◊ the worst possible solution von allen möglichen

Lösungen die schlechteste ◊ *until the last possible moment* bis zum allerletzten Augenblick ◊ *It was the best possible surprise.* Es war die allerbeste Überraschung. [IDM] ⇒ WORLD

pos·sible² /ˈpɒsəbl; *AmE* ˈpɑːs-/ *Nomen* (*Person*) (möglicher) Kandidat, (mögliche) Kandidatin, Anwärter(in); (*Sache*) Möglichkeit

pos·sibly /ˈpɒsəbli; *AmE* ˈpɑːs-/ *Adv* **1** möglicherweise, vielleicht ◊ *Quite possibly.* Schon möglich. [SYN] PERHAPS ☞ *Hinweis bei* PERHAPS (2) **2** (*umgs*) (*zur Verstärkung gebraucht*) ◊ *You can't possibly mean that!* Das kann doch nicht dein Ernst sein! ◊ *How could I possibly have phoned you?* Wie hätte ich dich denn anrufen sollen? **3** (*umgs*) (*in höflichen Bitten*) vielleicht ◊ *Could you possibly open the door for me?* Könnten Sie mir vielleicht die Tür aufmachen? **4** (*drückt aus, dass jd alles, was in seiner Macht steht, tut/getan hat*) ◊ *I will come as soon as I possibly can.* Ich komme so bald ich nur kann. **5** (*umgs*) (*in verneinten Sätzen*) ◊ *John couldn't possibly have murdered her.* John hätte sie ganz bestimmt nicht umbringen können. ◊ *'Let me buy it for you.' 'That's very kind of you, but I couldn't possibly.'* „Kommen Sie, ich kaufe es Ihnen." „Das ist sehr nett von Ihnen, aber das kann ich nicht annehmen."

pos·sum /ˈpɒsəm; *AmE* ˈpɑːsəm/ *Nomen* Opossum [IDM] **play ˈpossum** (*umgs*) sich schlafend stellen

post¹ /pəʊst; *AmE* poʊst/ *Nomen* **1** (*BrE*) Post ◊ *I'll put/get the information in the post to you.* Ich schicke Ihnen die Informationen mit der Post. **2** Briefkastenleerung, Postzustellung ◊ *catch the post* rechtzeitig zur Briefkastenleerung kommen ◊ *The parcel came in this morning's post.* Das Paket kam heute Morgen mit der Post. ◊ *by return of post* postwendend **3** Stelle, Posten ◊ *an administrative post* eine Stelle in der Verwaltung **4** (MIL) Posten ☞ *Siehe auch* THE LAST POST, STAGING POST *und* TRADING POST **5** (*oft in Zusammensetzungen*) Pfosten, Pfahl ◊ *corner posts* Eckpfosten ☞ *Siehe auch* BEDPOST, GATEPOST, LAMP POST *und* SIGNPOST **6** *the post* [*Sing*] die Ziellinie ◊ *the first horse past the post* das erste Pferd im Ziel ☞ *Siehe auch* FIRST-PAST-THE-POST *und* WINNING POST **7** = GOALPOST [IDM] ⇒ DEAF, PILLAR *und* PIP²

post² /pəʊst; *AmE* poʊst/ *Verb* **1** (*BrE*) ~ **sth (off) (to sb)** etw (an jdn) (ab)schicken; ~ **sb sth** jdm etw schicken **2** (*BrE*) aufgeben **3** (ein)werfen **4** (*meist passiv*) versetzen ◊ *He was posted abroad/to Tokyo.* Er wurde ins Ausland/nach Tokio versetzt. **5** (*Wachposten etc.*) aufstellen, postieren **6** (*meist passiv*) anschlagen ◊ *The letter was posted on the noticeboard.* Der Brief wurde am schwarzen Brett angeschlagen. **7** (*bes AmE*) bekannt geben ◊ *The company posted a $1.1 billion loss.* Die Firma verzeichnete einen Verlust von 1,1 Milliarden Dollar. ◊ *be posted missing* als vermisst gemeldet werden **8** ~ **bail/(a) bond** (*bes AmE*) eine Kaution hinterlegen [IDM] **keep sb ˈposted (about/on sth)** jdn (über etw) auf dem Laufenden halten

post- /pəʊst; *AmE* poʊst/

Die Vorsilbe **post-** wird in Nomina, Verben und Adjektiven im Sinne von „nach" verwendet: *the post-war years* die Nachkriegsjahre ◊ *the post-1945 period* der Zeitabschnitt nach 1945 ◊ *post-industrial* postindustriell ◊ *post-date* mit einem späteren Datum versehen.

post·age /ˈpəʊstɪdʒ; *AmE* poʊ-/ *Nomen* [U] **1** Porto, Postgebühr **2** ~ **and packing**; (*AmE*) ~ **and handling** Porto und Verpackung

ˈpostage stamp *Nomen* (*gehoben*) (*auch* **stamp**) Briefmarke

pos·tal /ˈpəʊstl; *AmE* ˈpoʊstl/ *Adj nur vor Nomen* **1** Post- ◊ *your full postal address* Ihre vollständige Adresse ◊ *postal services* Dienstleistungen der Post **2** (*bes BrE*) per Post ◊ *postal bookings* Buchungen per Post

ˈpostal ballot *Nomen* (*BrE*) Briefwahl

ˈpostal code *Nomen* (*BrE*) Postleitzahl

ˈpostal order *Nomen* (*BrE*) (*Abk* **PO**) Zahlungsanweisung

ˈpostal service *Nomen* **1** Post(dienst) **2** *the Postal Service* (*AmE*) die Post

ˈpostal vote *Nomen* (*BrE*) Briefwahl(stimme) ◊ *have a postal vote* das Recht haben, per Briefwahl zu wählen

post·bag /ˈpəʊstbæɡ; *AmE* poʊst-/ *Nomen* (*BrE*) Postsack ◊ *We had a huge postbag on the subject from our readers.* Wir bekamen eine Menge Leserbriefe zu diesem Thema.

post·box /ˈpəʊstbɒks; *AmE* ˈpoʊstbɑːks/ *Nomen* (*BrE*) Briefkasten

post·card /ˈpəʊstkɑːd; *AmE* ˈpoʊstkɑːrd/ *Nomen* Postkarte, Ansichtskarte

post·code /ˈpəʊstkəʊd; *AmE* ˈpoʊstkoʊd/ *Nomen* (*BrE*) Postleitzahl

ˌpost-ˈdate *Verb* **1** vordatieren [OPP] BACKDATE **2** späteren Datums sein [OPP] PRE-DATE

post·doc·tor·al /ˌpəʊstˈdɒktərəl; *AmE* ˌpoʊstˈdɑːk-/ *Adj* im Anschluss an die Promotion ◊ *postdoctoral assistants* promovierte Assistent(inn)en

pos·ter /ˈpəʊstə(r); *AmE* ˈpoʊ-/ *Nomen* **1** Plakat ◊ *a wanted poster* ein Steckbrief **2** Poster

poste rest·ante¹ /ˌpəʊst resˈtɑːnt; *AmE* ˌpoʊst reˈstɑːnt/ *Nomen* (*BrE*) [U] Schalter für postlagernde Sendungen

poste rest·ante² /ˌpəʊst resˈtɑːnt; *AmE* ˌpoʊst reˈstɑːnt/ *Adv* (*BrE*) postlagernd

pos·ter·ior¹ /pɒˈstɪəriə(r); *AmE* pɑːˈstɪr-/ *Adj nur vor Nomen* (*gehoben*) hinter(r,s)

pos·ter·ior² /pɒˈstɪəriə(r); *AmE* pɑːˈstɪr-/ *Nomen* (*hum*) Hinterteil

pos·teri·ori ⇒ A POSTERIORI

pos·ter·ity /pɒˈsterəti; *AmE* pɑːˈs-/ *Nomen* [U] (*gehoben*) Nachwelt

post·gradu·ate /ˌpəʊstˈɡrædʒuət; *AmE* ˌpoʊst-/ *Nomen* ≈ jd, der nach dem ersten akademischen Grad ein weiterführendes Studium macht ◊ *a postgraduate course* ein weiterführendes Studium ☞ *Hinweis bei* STUDENT, S. 625

post·hu·mous /ˈpɒstjʊməs; *AmE* ˈpɑːstʃəməs/ *Adj* (*Adv* **post·hu·mous·ly**) postum

post·ing /ˈpəʊstɪŋ; *AmE* poʊ-/ *Nomen* **1** (*bes BrE*) Versetzung, Abkommandierung ◊ *get an overseas posting* ins Ausland versetzt werden ◊ *accept an overseas posting* eine Stelle im Ausland annehmen **2** (COMP) Posting

ˈPost-it™ (*auch* **ˈpost-it note**) *Nomen* Haftnotiz-Zettel

post·man /ˈpəʊstmən; *AmE* ˈpoʊst-/ (*Pl* **-men** /-mən/) *Nomen* Briefträger

post·mark¹ /ˈpəʊstmɑːk; *AmE* ˈpoʊstmɑːrk/ *Nomen* Poststempel

post·mark² /ˈpəʊstmɑːk; *AmE* ˈpoʊstmɑːrk/ *Verb* (*meist passiv*) abstempeln

post·mas·ter /ˈpəʊstmɑːstə(r); *AmE* ˈpoʊstmæstər/ *Nomen* Leiter eines Postamtes

post·mis·tress /ˈpəʊstmɪstrəs; *AmE* ˈpoʊst-/ *Nomen* Leiterin eines Postamtes

post·mod·ern /ˌpəʊstˈmɒdn; *AmE* ˌpoʊstˈmɑːdərn/ *Adj* postmodern

post·mod·ern·ism /ˌpəʊstˈmɒdənɪzəm; *AmE* ˌpoʊstˈmɑːdərn-/ *Nomen* die Postmoderne

post·mod·ern·ist /ˌpəʊstˈmɒdənɪst; *AmE* ˌpoʊstˈmɑːdərn-/ **1** *Nomen* Postmodernist(in) **2** *Adj* postmodern

post-mortem /ˌpəʊst ˈmɔːtəm; *AmE* ˌpoʊst ˈmɔːrtəm/ *Nomen* **1** (*auch* **ˌpost-ˌmortem examiˈnation**) Obduktion ◊ *the post-mortem on the child* die Obduktion des Kindes [SYN] AUTOPSY **2** Überlegungen, was schief gelaufen ist ◊ *They held a post-mortem on the election defeat.* Sie suchten nach Gründen für die Wahlniederlage.

post-natal /ˌpəʊst ˈneɪtl; *AmE* ˌpoʊst-/ *Adj nur vor Nomen* nach der Geburt, postnatal

ˈpost office *Nomen* Post, Postamt

ˈpost office box *Nomen* = PO BOX

ˌpost-ˈop·era·tive *Adj nur vor Nomen* nach der Operation, postoperativ

post·pone /pəˈspəʊn; *AmE* poʊˈspoʊn/ *Verb* verschieben, aufschieben ◊ *We'll have to postpone the meeting until/to Monday.* Wir müssen die Besprechung auf Montag verschieben. ◊ *They postponed their marriage for/by a year.* Sie verschoben ihre Hochzeit um ein Jahr.

post·pone·ment /pəˈspəʊnmənt; *AmE* poʊˈspoʊn-/ *Nomen* Verschiebung, Aufschub

post·script /ˈpəʊstskrɪpt; *AmE* ˈpoʊst-/ *Nomen* (*Abk* **PS**) Postskript ◊ (*fig*) *As a postscript, they did marry in the end.* Im Nachhinein sollte noch gesagt werden, dass sie tat-

sächlich heirateten. ◇ (fig) *There is a tragic postscript to the tale.* Die Geschichte hatte ein tragisches Nachspiel.
,post-,traumatic 'stress di‧sor‧der *Nomen* (MED) Posttraumatische Belastungsstörung
pos‧tu‧late¹ /'pɒstjuleɪt; *AmE* 'pɑːstʃəl-/ *Verb* (gehoben) postulieren, ausgehen von [SYN] POSIT
pos‧tu‧late² /'pɒstjʊlət; *AmE* 'pɑːstʃəl-/ *Nomen* (gehoben) (*These*) Postulat
pos‧tur‧al /'pɒstʃərəl; *AmE* 'pɑːs-/ *Adj* (gehoben) Haltungs- ◇ *bad postural habits* schlechte Körperhaltung
pos‧ture¹ /'pɒstʃə(r); *AmE* 'pɑːs-/ *Nomen* Haltung (*auch fig*) ◇ *bad posture* schlechte Körperhaltung ◇ *He adopted a relaxed posture leaning against the bar.* Er lehnte sich entspannt an die Theke.
pos‧ture² /'pɒstʃə(r); *AmE* 'pɑːs-/ *Verb* ~ (**as sth**) (gehoben) sich (als etw) in Pose werfen ◇ *He postures as a political activist.* Er gibt sich als politischer Aktivist aus.
pos‧tur‧ing /'pɒstʃərɪŋ; *AmE* 'pɑːs-/ *Nomen* (abwert) Gehabe
,post-'war *Adj* Nachkriegs-, der Nachkriegszeit
post‧wom‧an /'pəʊstwʊmən; *AmE* 'poʊst-/ (*Pl* **-women** /-wɪmɪn/) *Nomen* Briefträgerin
posy /'pəʊzi; *AmE* 'poʊzi/ *Nomen* (*Pl* **-ies**) Sträußchen
pot¹ /pɒt; *AmE* pɑːt/ *Nomen* **1** Topf **2** (*bes BrE*) Gefäß, Glas, Becher, Kanne ◇ *a pepper pot* ein Pfefferstreuer **3** Tonware **4 the pot** [Sing] (*bes AmE*) der Gesamteinsatz, der Pot **5 the pot** [Sing] (*bes AmE*) Pott, gemeinsame Kasse **6** (umgs) (*Marihuana*) Pot **7** = POTSHOT **8** (*Billard*) Einlochen **9** (umgs) (*Spitz-*) Bauch = POT BELLY [IDM] **go to 'pot** (*umgs*) den Bach hinuntergehen; vor die Hunde gehen **the pot calling the kettle 'black** (*umgs*) ◇ *You say I'm nosy, but talk about the pot calling the kettle black!* Und du sagst, ich bin neugierig! Fass dich doch mal an deiner eigenen Nase! **,pot 'luck** ◇ *It's pot luck whether you get good service or not.* Es ist Glückssache, ob man gut bedient wird oder nicht. ◇ *You're welcome to stay to supper, but you'll have to take pot luck.* Du kannst gern zum Abendessen bleiben, aber du musst essen, was es gibt. ☞ *Siehe auch* POT-LUCK **'pots of money** (*BrE, umgs*) Geld wie Heu ☞ *Siehe auch* GOLD¹ *und* QUART
pot² /pɒt; *AmE* pɑːt/ *Verb* (**-tt-**) **1** eintopfen **2** (*Billard*) einlochen **3** schießen
pot‧a‧ble /'pəʊtəbl; *AmE* 'poʊ-/ *Adj* (gehoben) Trink-, trinkbar
pot‧ash /'pɒtæʃ; *AmE* 'pɑːt-/ *Nomen* Pottasche
po‧tas‧si‧um /pə'tæsiəm/ *Nomen* Kalium
po‧ta‧to /pə'teɪtəʊ; *AmE* -toʊ/ *Nomen* (*Pl* **-oes**) Kartoffel ◇ (*BrE*) *mashed potato* Kartoffelbrei ◇ *boiled potatoes* Salzkartoffeln ◇ *jacket potatoes* Backkartoffeln
po,tato 'crisp (*auch* **crisp**) *Nomen* (*BrE*) Kartoffelchip
,pot-'bellied *Adj* dickbäuchig
'pot ,belly (*umgs* **pot**) *Nomen* (*Spitz-*) Bauch
po‧ten‧cy /'pəʊtnsi; *AmE* 'poʊ-/ *Nomen* (*Pl* **-ies**) **1** Stärke, Wirksamkeit, Macht **2** (*sexuelle*) Potenz
po‧tent /'pəʊtnt; *AmE* 'poʊ-/ *Adj* (*Adv* **po‧tent‧ly**) **1** stark, mächtig, wirkungsvoll ◇ *a potent argument* ein durchschlagendes Argument ◇ *a potent reason* ein gewichtiger Grund **2** (*sexuell*) potent
po‧ten‧tate /'pəʊtnteɪt; *AmE* 'poʊ-/ *Nomen* (gehoben, abwert) Potentat(in)
po‧ten‧tial¹ /pə'tenʃl/ *Adj* (*Adv* **po‧ten‧tial‧ly** /-ʃəli/) *nur vor Nomen* potenziell ◇ *This is a potential source of confusion.* Dies könnte möglicherweise verwirrend sein. [SYN] POSSIBLE
po‧ten‧tial² /pə'tenʃl/ *Nomen* Potenzial ◇ *The European marketplace offers excellent potential for increasing sales.* Der europäische Markt bietet ein hervorragendes Potenzial zur Absatzsteigerung. ◇ *reach/realize your full potential* seine volle Leistungsfähigkeit ausschöpfen ◇ *She has great potential as an artist.* Sie hat das Zeug zur Künstlerin. ◇ *The house has a lot of potential.* Aus dem Haus lässt sich einiges machen.
po‧ten‧ti‧al‧ity /pəˌtenʃi'æləti/ *Nomen* (*Pl* **-ies**) (gehoben) Möglichkeit(en), Potenzial
pot‧hole /'pɒthəʊl; *AmE* 'pɑːthoʊl/ *Nomen* **1** Schlagloch **2** Höhle

pot‧hol‧ing /'pɒthəʊlɪŋ; *AmE* 'pɑːthoʊlɪŋ/ *Nomen* Höhlenforschen
po‧tion /'pəʊʃn; *AmE* 'poʊʃn/ *Nomen* (gehoben) Trank ◇ *a magic/love potion* ein Zauber-/Liebestrank ◇ *I've tried all sorts of pills and potions.* Ich habe alle möglichen Medikamente probiert.
pot‧luck /pɒt'lʌk; *AmE* pɑːt-/ *Nomen* (*AmE*) = Essen, zu dem jeder etwas mitbringt, was man sich dann teilt
'pot plant *Nomen* Topfpflanze
pot-pour‧ri /ˌpəʊ pʊ'riː; *AmE* ˌpoʊ-/ *Nomen* [Sing] Potpourri (*auch fig*)
pot‧shot /'pɒtʃɒt; *AmE* 'pɑːtʃɑːt/ (*auch* **pot**) *Nomen* (umgs) ◇ *Somebody took a potshot at him.* Jemand schoss aufs Geratewohl auf ihn. ◇ (*fig*) *The newspapers took constant potshots at the president.* Die Presse griff den Präsidenten unentwegt an.
pot‧ted /'pɒtɪd; *AmE* 'pɑːt-/ *Adj nur vor Nomen* **1** (*Pflanze*) Topf- **2** (*BrE*) (*Buch, Geschichte etc.*) gekürzt, Kurz- ◇ *a potted history of England* eine Kurzfassung der englischen Geschichte **3** (*BrE*) (*Pasteten*) aus dem Glas
pot‧ter¹ /'pɒtə(r); *AmE* 'pɑːt-/ *Verb* (*BrE*) (herum)schlendern, herumwerkeln, (herum)wursteln
pot‧ter² /'pɒtə(r); *AmE* 'pɑːt-/ *Nomen* Töpfer(in)
,potter's 'wheel *Nomen* Töpferscheibe
pot‧tery /'pɒtəri; *AmE* 'pɑːt-/ *Nomen* (*Pl* **-ies**) **1** Töpferware ◇ *Roman pottery* römische Keramik **2** Ton ◇ *a pottery casserole dish* ein Schmortopf aus Ton **3** Töpfern **4** (*Werkstatt*) Töpferei
pot‧ty¹ /'pɒti; *AmE* 'pɑːti/ *Adj* (*BrE, umgs, veraltet*) verrückt ◇ *He's potty about you!* Er ist verrückt nach dir!
pot‧ty² /'pɒti; *AmE* 'pɑːti/ *Nomen* (umgs) (*Kindertoilette*) Töpfchen
'potty-train *Verb* (*einem Kind*) beibringen aufs Töpfchen zu gehen
'potty-trained *Adj* (*Kleinkind*) sauber
pouch /paʊtʃ/ *Nomen* **1** Beutel **2** Postsack **3** (*beim Hamster, Pelikan etc.*) (Backen)tasche
poult‧ice /'pəʊltɪs; *AmE* 'poʊ-/ *Nomen* Breiumschlag
poul‧try /'pəʊltri; *AmE* 'poʊ-/ *Nomen* [Pl] Geflügel
pounce /paʊns/ *Verb* ◇ *pounce on/upon sb/sth* sich auf jdn/etw stürzen ◇ *The cat pounced.* Die Katze stürzte sich auf ihre Beute. ◇ *The killers pounced.* Die Mörder schlugen zu. ◇ *The lion crouched ready to pounce.* Der Löwe kauerte sprungbereit.
pound¹ /paʊnd/ *Nomen* **1** (*Fachspr* ,pound 'sterling) (britisches) Pfund ◇ *a ten-pound note* ein Zehnpfundschein **2** (*Abk* **lb**; *AmE* **lb.**) = Gewichtseinheit, entspricht 0,454 kg ☞ *Siehe auch* S. 760 **3** = Abstellplatz für amtlich abgeschleppte Fahrzeuge **4** = Zwinger für streunende Hunde [IDM] **(have, get, want, etc.) your pound of 'flesh** ◇ *She's insisting on having her pound of flesh.* Sie pocht auf das, was ihr zusteht. ☞ *Siehe auch* PENNY
pound² /paʊnd/ *Verb* **1** hämmern, schlagen, stampfen ◇ *She pounded him with her fists.* Sie schlug mit den Fäusten auf ihn ein. ◇ *The machinery pounded away day and night.* Die Maschinen stampften Tag und Nacht ohne Unterlass. ◇ *Heavy rain pounded on the roof.* Heftiger Regen trommelte auf das Dach. ◇ *Rock music was pounding out from the jukebox.* Rockmusik dröhnte aus der Musikbox. **2** pochen **3** ~ **sth** (**to/into sth**) etw (zu etw) zerstoßen **4** beschießen [PHR V] **,pound sth 'out** (*an der Schreibmaschine, am Klavier*) etw herunterhämmern
pound‧age /'paʊndɪdʒ/ *Nomen* **1** (*Fachspr*) Gebühr pro Pfund **2** (umgs) Gewicht
'pound cake *Nomen* (*AmE*) ≈ Sandkuchen
pound‧er /'paʊndə(r)/ *Nomen* (*in Zusammensetzungen*) -pfünder ◇ *a quarter pounder* ein Viertelpfünder
pound‧ing /'paʊndɪŋ/ *Nomen* **1** Hämmern, Klopfen, Dröhnen ◇ *There was a pounding in his head.* In seinem Kopf dröhnte es. **2** ◇ *The boat took a pounding in the gale.* Das Schiff hat bei dem Sturm ganz schön was abbekommen. ◇ (*fig*) *The team took a pounding.* Die Mannschaft musste eine schwere Schlappe einstecken.
'pound sign *Nomen* **1** Pfundzeichen **2** (*AmE*) Doppelkreuz **3** (*AmE*) Rautetaste
pour /pɔː(r)/ *Verb* **1** gießen, schütten **2** strömen ◇ *Thick black smoke was pouring out of the roof.* Dichter schwarzer

Rauch quoll aus dem Dach. ◊ *(fig)* *Letters of complaint continue to pour in.* Die Flut von Beschwerdebriefen reißt nicht ab. **3 ~ (sth) (out)** (etw) einschenken **4 ~ (down) (with rain)** (in Strömen) gießen IDM **pour oil on troubled 'water(s)** Öl auf die Wogen gießen ☛ *Siehe auch* COLD¹ *und* HEART PHRV **,pour sth 'into sth** (Geld) in etw pumpen **,pour 'out** herausströmen ◊ *The whole story then came pouring out.* Dann kam die ganze Geschichte hervorgesprudelt. **,pour sth 'out** etw erzählen; (Gefühle) zum Ausdruck bringen ◊ *She poured out her troubles to me.* Sie schüttete mir ihr Herz aus. ☛ *Siehe auch* OUTPOURING

pout¹ /paʊt/ *Verb* **~ (your lips)** einen Schmollmund machen, eine Schnute ziehen

pout² /paʊt/ *Nomen* Schmollmund, Schnute

pov·erty /'pɒvəti; *AmE* 'pɑːvərti/ *Nomen* **1** Armut **2** *(fig)* Mangel

the 'poverty line (*bes AmE* **the 'poverty level**) *Nomen* [Sing] die Armutsgrenze

'poverty-stricken *Adj* Not leidend

'poverty trap *Nomen* [meist Sing] Armutsfalle

POW /,piː əʊ 'dʌbljuː; *AmE* oʊ/ *Abk* = PRISONER OF WAR

pow /paʊ/ *Ausruf* bum, peng

pow·der¹ /'paʊdə(r)/ *Nomen* **1** Pulver ◊ *powder skiing* Skilaufen in Pulverschnee **2** Puder **3** = GUNPOWDER IDM **keep your 'powder dry** (*veraltet*) sein Pulver trocken halten **take a 'powder** (*AmE, umgs*) sich schnell verziehen; türmen

pow·der² /'paʊdə(r)/ *Verb* pudern IDM **powder your 'nose** (*veraltet*) (*zur Toilette gehen*) kurz verschwinden

,powder 'blue *Adj* hellblau, taubenblau

pow·dered /'paʊdəd; *AmE* -dərd/ *Adj* **1** Trocken- ◊ *powdered milk* Trockenmilch **2** pulverisiert **3** gepudert

'powdered sugar *Nomen* (*AmE*) Puderzucker

'powder keg *Nomen* (*auch fig*) Pulverfass

'powder puff *Nomen* Puderquaste

'powder room *Nomen* **1** (*verhüll*) Damentoilette **2** (*AmE*) (Gäste)toilette SYN HALF-BATH

pow·dery /'paʊdəri/ *Adj* pulvrig, gepudert, pudrig ◊ *powdery snow* Pulverschnee

power¹ /'paʊə(r)/ *Nomen* **1** Macht ◊ *be in power* an der Macht sein ◊ *world powers* Weltmächte ◊ *have sb in your power* jdn in seiner Gewalt haben **2** (*auch* **powers** [Pl]) Vermögen ◊ *his powers of persuasion* seine Überredungskünste **3** (*auch* **powers** [Pl]) Fähigkeiten ◊ *He is at the height of his powers.* Er ist auf der Höhe seiner Leistungsfähigkeit. **4** Kompetenz, Befugnis ◊ *have the power of veto* das Vetorecht haben **5** Kraft, Stärke ◊ *the power of her arguments* die Überzeugungskraft ihrer Argumentation ◊ *the power of a microscope* die Vergrößerungskraft eines Mikroskops **6** Energie ◊ *solar power* Sonnenenergie ◊ *increase engine power* die Motorleistung erhöhen **7** (ELEK) Strom **8** (MATH) Potenz ◊ *4 to the power of 3* 4 hoch 3 IDM **do sb a 'power of good** (*umgs, veraltet*) jdm wirklich gut tun **more power to sb's 'elbow** (*BrE, umgs, veraltet*) weiter so ◊ *More power to his elbow.* Ich wünsche ihm viel Erfolg damit. **the (real) power behind the 'throne** die graue Eminenz; der/die Drahtzieher(in) **the ,powers that 'be** (*oft iron*) die maßgeblichen Stellen; die da oben ☛ *Siehe auch* CORRIDOR *und* SWEEP¹

power² /'paʊə(r)/ *Verb* **1** (*meist passiv*) antreiben, mit Energie versorgen ◊ *The aircraft is powered by a jet engine.* Das Flugzeug wird von einem Düsentriebwerk angetrieben. **2** rasen ◊ *He powered through the water.* Er pflügte durchs Wasser. **3** (*Ball etc.*) donnern PHRV **power sth 'up** etw starten; (*Computer*) hochfahren

,power-assisted 'steering *Nomen* (*BrE*) Servolenkung

'power base *Nomen* Machtbasis

'power·boat /'paʊəbəʊt; *AmE* 'paʊərboʊt/ *Nomen* Powerboot

'power broker *Nomen* (POL) jd, der im Hintergrund die Fäden zieht

'power cut *Nomen* (*BrE*) Stromausfall, Stromsperre

'power dressing *Nomen* Managerkleidung

powered /'paʊəd; *AmE* 'paʊərd/ *Adj* (*meist in Zusammensetzungen*) ◊ *a powered wheelchair* ein elektrischer Rollstuhl ◊ *solar-powered* mit Sonnenenergie betrieben ◊ *battery-powered* mit Batterieantrieb

power·ful /'paʊəfl; *AmE* 'paʊərfl/ *Adj* **1** mächtig, einflussreich SYN INFLUENTIAL **2** (*Adv* **power·ful·ly** /-fəli/) stark, kräftig; (*Waffe, Werkzeug etc.*) effektiv ◊ *a powerful car* ein Auto mit starkem Motor ◊ *I traded my computer in for a more powerful model.* Ich tauschte meinen Computer gegen einen leistungsstärkeren aus. ◊ *a powerful argument* ein überzeugendes Argument ◊ *He is powerfully built.* Er ist kräftig gebaut.

power·house /'paʊəhaʊs; *AmE* 'paʊərh-/ *Nomen* **1** treibende Kraft ◊ *economic powerhouse* wirtschaftliche Macht ◊ *a powerhouse of ideas* ein Quell innovativer Ideen **2** (*Person*) Energiebündel

power·less /'paʊələs; *AmE* 'paʊərləs/ *Adj* **1** machtlos SYN HELPLESS **2** **be ~ to do sth** nicht in der Lage sein etw zu tun

power·less·ness /'paʊələsnəs; *AmE* 'paʊərləs-/ *Nomen* Machtlosigkeit, Ohnmacht

'power line *Nomen* Starkstromleitung ◊ *overhead power lines* Überlandleitungen

,power of at'torney *Nomen* (*Pl* **powers of attorney**) (RECHT) Vollmacht

'power outage *Nomen* (*AmE*) Stromausfall, Stromsperre

'power plant *Nomen* Kraftwerk

'power point *Nomen* (*BrE*) Steckdose

'power politics *Nomen* Machtpolitik ☛ G 1.3c

'power-sharing *Nomen* [U] Teilhabe an der Macht, Machtaufteilung ◊ *enter into a power-sharing agreement* eine Vereinbarung treffen, sich die Macht zu teilen

'power station *Nomen* (*BrE*) Kraftwerk

'power steering *Nomen* Servolenkung

pow·wow /'paʊwaʊ/ *Nomen* **1** ≈ Versammlung von Indianern **2** (*umgs, hum*) Versammlung, Kriegsrat

pox /pɒks; *AmE* pɑːks/ *Nomen* **the pox** [Sing] (*veraltet*) **1** Syphilis SYN SYPHILIS **2** Pocken SYN SMALLPOX

poxy /'pɒksi; *AmE* 'pɑːksi/ *Adj* *nur vor Nomen* (*BrE*) mickrig

pp *Abk* **1 pp.** = PAGES **2** (*bes BrE* **p.p.**) per procura, im Auftrag von

PPS /,piː piː 'es/ *Nomen* (*BrE*) Kurzform von **Parliamentary Private Secretary** ≈ Abgeordnete(r), die (der) für eine(n) Minister(in) arbeitet

PR /,piː 'ɑː(r)/ *Abk* **1** = PUBLIC RELATIONS **2** = PROPORTIONAL REPRESENTATION

prac·tic·abil·ity /,præktɪkə'bɪləti/ *Nomen* (*gehoben*) Durchführbarkeit

prac·tic·able /'præktɪkəbl/ *Adj* (*gehoben*) durchführbar, praktikabel ◊ *at the earliest practicable date* zum frühestmöglichen Zeitpunkt OPP IMPRACTICABLE SYN FEASIBLE *und* WORKABLE

prac·tical¹ /'præktɪkl/ *Adj* **1** praktisch ◊ *In practical terms, it means spending less.* In der Praxis bedeutet das geringere Ausgaben. ◊ *Let's be practical and work out the cost first.* Lass uns die Sache praktisch angehen und zuerst die Kosten ausrechnen. **2** sinnvoll, vernünftig SYN WORKABLE OPP IMPRACTICAL **3** praktisch veranlagt, geschickt **4** *nur vor Nomen* ◊ *She married a practical stranger.* Sie heiratete praktisch einen Fremden. ◊ *They're a practical certainty to win the game.* Es ist so gut wie sicher, dass sie das Spiel gewinnen. SYN VIRTUAL IDM **for (all) 'practical purposes** praktisch

prac·tical² /'præktɪkl/ *Nomen* (*BrE, umgs*) praktische Prüfung, praktische Unterrichtsstunde

prac·ti·cal·ity /,præktɪ'kæləti/ *Nomen* **1** Durchführbarkeit **2** Funktionalität **3** praktisches Wesen, praktische Veranlagung **4 practicalities** [Pl] praktische Einzelheiten/Dinge

,practical 'joke *Nomen* Streich

,practical 'joker *Nomen* Witzbold

prac·tic·al·ly /'præktɪkli/ *Adv* **1** so gut wie, praktisch SYN VIRTUALLY **2** in der Praxis, praktisch ◊ *practically oriented* praxisbezogen ◊ *Practically speaking, we can't afford it.* Realistisch betrachtet können wir uns das nicht leisten. OPP THEORETICALLY

‚practical ˈnurse *Nomen* (*AmE*) Hilfsschwester ☛ *Siehe auch* LPN

prac·tice /ˈpræktɪs/ *Nomen* **1** Praxis **2** Vorgehensweise, übliche Verfahrensweise ◇ *be common practice* allgemein üblich sein ◇ *working practices* Arbeitsmethoden SYN PROCEDURE **3** Brauch, Gewohnheit ◇ *It is his practice to read several books a week.* Er liest gewöhnlich mehrere Bücher pro Woche. **4** Übung, Training ◇ *She does an hour's piano practice.* Sie übt eine Stunde Klavier. ◇ *a choir practice* eine Chorprobe **5** (*Arzt-, Rechtsanwalts-*) Praxis ◇ *the practice of medicine* der Arztberuf ◇ *He set up in practice in London.* Er ließ sich als Arzt/Rechtsanwalt in London nieder. ◇ *My solicitor is no longer in practice.* Mein Rechtsanwalt praktiziert nicht mehr. ◇ *a practice nurse* ein(e) Arzthelfer(in) **6** (*einer Religion*) Ausübung IDM **be/get out of ˈpractice** aus der Übung sein/kommen **in ˈpractice** in der Praxis ‚**practice makes ˈperfect** Übung macht den Meister

prac·tise (*AmE* **prac·tice**) /ˈpræktɪs/ *Verb* **1** trainieren, üben; ~ **sth on sb/sth** etw an jdm/etw ausprobieren ◇ *She's practising for her piano exam.* Sie übt für ihre Klavierprüfung. ◇ *He wanted to practise his English on me.* Er wollte sein Englisch an mir ausprobieren. **2** ~ **sth** etw praktizieren, etw (aus)üben ◇ *practise self-restraint* Selbstbeherrschung üben **3** ~ (**as sth**) (als etw) praktizieren IDM ‚**practise what you ˈpreach** seine Lehren in die Tat umsetzen

prac·tised (*AmE* **practiced**) /ˈpræktɪst/ *Adj* geübt, erfahren

prac·tis·ing (*AmE* **practicing**) /ˈpræktɪsɪŋ/ *Adj* nur vor *Nomen* praktizierend, aktiv ◇ *practising teachers* Lehrer, die ihren Beruf ausüben

prac·ti·tion·er /prækˈtɪʃənə(r)/ *Nomen* **1** Praktiker(in) ◇ *medical practitioners* praktische Ärzte ◇ *dental practitioners* Zahnärzte ◇ *legal practitioners* Rechtsanwälte **2** (*gehoben*) Fachmann, Fachfrau

prae·sid·ium (*bes BrE*) = PRESIDIUM

prag·mat·ic /prægˈmætɪk/ *Adj* (*Adv* **prag·mat·ic·al·ly** /-kli/) pragmatisch SYN REALISTIC

prag·mat·ics /prægˈmætɪks/ *Nomen* [U] (LING) Pragmatik

prag·ma·tism /ˈprægmətɪzəm/ *Nomen* (*gehoben*) Pragmatismus

prag·ma·tist /ˈprægmətɪst/ *Nomen* Pragmatiker(in)

prai·rie /ˈpreəri; *AmE* ˈpreri/ *Nomen* (*in Nordamerika*) Prärie, Grasland

praise[1] /preɪz/ *Nomen* [U] **1** (*seltener* **praises** [Pl]) Lob ◇ *The coach singled out two players for special praise.* Der Trainer zollte zwei Spielern ein besonderes Lob. ◇ *poems in praise of freedom* Loblieder auf die Freiheit **2** (REL) Lob(preis) ◇ *Praise be (to God)!* Gelobt sei der Herr! IDM ⇨ DAMN[2]

praise[2] /preɪz/ *Verb* **1** loben, rühmen SYN COMPLIMENT **2** (REL) (lob)preisen ◇ *Allah be praised.* Gelobt sei Allah. IDM **praise sb/sth to the ˈskies** jdn/etw in den Himmel heben

praise·worthy /ˈpreɪzwɜːði; *AmE* -wɜːrði/ *Adj* (*gehoben*) lobenswert

praline /ˈprɑːliːn/ *Nomen* Krokant

pram /præm/ *Nomen* Kinderwagen

prance /prɑːns; *AmE* præns/ *Verb* tänzeln ◇ *prance about/around* herumhüpfen/-tanzen

prank /præŋk/ *Nomen* Streich

prank·ster /ˈpræŋkstə(r)/ *Nomen* Witzbold

prat /præt/ *Nomen* (*BrE, umgs*) Trottel

prate /preɪt/ *Verb* (*veraltet, abwert*) ~ (**on**) (daher)schwatzen

prat·tle[1] /ˈprætl/ *Verb* ~ (**on/away**) (*veraltet, oft abwert*) (drauflos)plappern, (daher)schwafeln

prat·tle[2] /ˈprætl/ *Nomen* [U] (*veraltet, oft abwert*) Geplapper, Geschwätz

prawn /prɔːn/ *Nomen* (*bes BrE*) Garnele, Krabbe

pray[1] /preɪ/ *Verb* **1** ~ (**to sb**) (**for sb/sth**) (zu jdm) (für jdn/um etw) beten ◇ *He prayed to be forgiven.* Er betete um Vergebung. **2** ~ (**for sth**) (auf etw) hoffen

pray[2] /preɪ/ *Adv* (*veraltet oder ironisch*) bitte

pray·er /preə(r); *AmE* prer/ *Nomen* **1** Gebet ◇ *say your prayers* beten **2** (*auch* **prayers** [Pl]) Andacht **3** [*meist Sing*] inständiger Wunsch, Hoffnung IDM ⇨ WING[1]

‚**prayer book** *Nomen* Gebetbuch

‚**prayer rug** (*auch* ‚**prayer mat**) *Nomen* Gebetsteppich

‚**praying ˈmantis** (*auch* **mantis**) *Nomen* (*Insekt*) Gottesanbeterin

pre- /priː/

> Die Vorsilbe **pre-** kann mit Nomina, Verben oder Adjektiven verwendet werden und bedeutet „vor": *precautions* Vorsichtsmaßnahmen ◇ *pre-heat* vorwärmen ◇ *pre-war buildings* Vorkriegsbauten.

preach /priːtʃ/ *Verb* **1** predigen ◇ *preach a sermon* eine Predigt halten **2** verkündigen, propagieren **3** (*abwert*) eine Moralpredigt halten IDM ‚**preach to the conˈverted** offene Türen einrennen ☛ *Siehe auch* PRACTISE

preach·er /ˈpriːtʃə(r)/ *Nomen* Prediger(in)

preachy /ˈpriːtʃi/ *Adj* (*umgs, abwert*) moralisierend

pre·am·ble /priˈæmbl, ˈpriːæmbl/ *Nomen* (*gehoben*) Präambel, Vorwort, Einleitung

‚**pre-arˈranged** *Adj* verabredet, vorher vereinbart

pre·car·ious /prɪˈkeəriəs; *AmE* -ˈker-/ *Adj* (*Adv* **pre·carˈious·ly**) **1** unsicher, prekär **2** prekär, ungesichert ◇ *He earned a precarious living as an artist.* Als Künstler hatte er kein gesichertes Einkommen.

pre·cau·tion /prɪˈkɔːʃn/ *Nomen* (*oft Pl*) **1** (Sicherheits-)vorkehrung, Vorsichtsmaßnahme ◇ *precautions against fire* Brandschutzmaßnahmen ◇ *as a precaution* zur Sicherheit **2** **precautions** [Pl] Verhütungsmittel

pre·cau·tion·ary /prɪˈkɔːʃənəri; *AmE* -neri/ *Adj* vorbeugend, vorsorglich, Vorsichts-, Sicherheits- ◇ *as a precautionary measure* vorsichtshalber

pre·cede /prɪˈsiːd/ *Verb* (*gehoben*) vorausgehen, vorangehen ◇ *The conference was preceded by a training session.* Der Tagung ging ein Seminar voraus. ◇ *She preceded me in the job.* Sie war meine Vorgängerin in der Stelle. PHR V **preˈcede sth with sth** einer Sache etw vorausschicken

pre·ce·dence /ˈpresɪdəns/ *Nomen* [U] vorrangige Stellung, Vorrang, Priorität ◇ *Writing the report takes precedence over filing.* Der Bericht ist wichtiger als die Datenablage. ◇ *in order of precedence* der Rangordnung entsprechend SYN PRIORITY

pre·ce·dent /ˈpresɪdənt/ *Nomen* **1** Präjudiz **2** Präzedenzfall, Beispiel **3** [U] Tradition ◇ *break with precedent* mit der Tradition brechen SYN TRADITION

pre·cept /ˈpriːsept/ *Nomen* (*gehoben*) Grundsatz, Prinzip SYN PRINCIPLE

pre·cinct /ˈpriːsɪŋkt/ *Nomen* **1** (*BrE*) (*Geschäfts-*) Zone **2** (*AmE*) (*Wahl-*) Bezirk **3** (*AmE*) (*Polizei-*) Revier **4** [*meist Pl*] Gelände ◇ *the cathedral precinct* der Domplatz

pre·cious[1] /ˈpreʃəs/ *Adj* **1** wertvoll, kostbar ◇ *Water is a precious commodity.* Wasser ist etwas Kostbares. **2** lieb (geworden) **3** *nur vor Nomen* (*umgs, ironisch*) heiß geliebt, kostbar **4** (*abwert*) geziert, affektiert

pre·cious[2] /ˈpreʃəs/ *Adv* (*umgs*) ~ **little/few** herzlich wenig/wenige

‚**precious ˈmetal** *Nomen* Edelmetall

pre·cious·ness /ˈpreʃəsnəs/ *Nomen* [U] **1** Kostbarkeit, Wert **2** Geziertheit, Affektiertheit

‚**precious ˈstone** (*auch* **stone**) *Nomen* Edelstein

preci·pice /ˈpresəpɪs/ *Nomen* Abgrund (*auch fig*) ◇ *on the edge of a/the precipice* am Rande des Abgrunds

pre·cipi·tate[1] /prɪˈsɪpɪteɪt/ *Verb* **1** ~ **sth** etw auslösen, zu etw führen **2** ~ **sb/sth into sth** jdn/etw in etw stürzen

pre·cipi·tate[2] /prɪˈsɪpɪtət/ *Adj* (*Adv* **pre·cipi·tate·ly**) (*gehoben*) überstürzt, voreilig

pre·cipi·tate[3] /prɪˈsɪpɪteɪt/ *Nomen* (*Chemie*) Niederschlag

pre·cipi·ta·tion /prɪˌsɪpɪˈteɪʃn/ *Nomen* **1** [U] (*Fachspr*) (*Regen etc*) Niederschlag **2** (*Chemie*) Ausfällung, Ausflockung **3** Voreiligkeit

pre·cipit·ous /prɪˈsɪpɪtəs/ *Adj* (*Adv* **pre·cipit·ous·ly**) (*gehoben*) **1** steil **2** rapide, rasant **3** überstürzt, voreilig

pre·cis[1] /ˈpreɪsiː; *AmE* preɪˈsiː/ *Nomen* (*Pl* **pre·cis** /-siːz/) Zusammenfassung, Inhaltsangabe SYN SUMMARY

pre·cis[2] /ˈpreɪsiː; *AmE* preɪˈsiː/ *Verb* (**pre·cises** /-siːz/,

pre·cis·ing /-siːŋ/, **pre·cised**, **pre·cised** /-siːd/) zusammenfassen

pre·cise /prɪˈsaɪs/ Adj **1** präzise, genau, exakt ◊ be precise about sth etw präzise angeben **2** gewissenhaft, sorgfältig, exakt IDM **to be (more) pre'cise** um genau(er) zu sein; genau(er) gesagt

pre·cise·ly /prɪˈsaɪsli/ Adv **1** genau ◊ at 2 o'clock precisely um Punkt 2 Uhr **2** präzise, exakt **3** (zur Verstärkung) gerade ◊ I did it precisely because I love you. Gerade weil ich dich liebe, habe ich es getan. IDM **more pre'cisely** genauer gesagt

pre·ci·sion /prɪˈsɪʒn/ Nomen [U] Genauigkeit, Präzision

pre·clude /prɪˈkluːd/ Verb (gehoben) ~ **sth** etw ausschließen; ~ **sb from doing sth** jdn daran hindern etw zu tun

pre·co·cious /prɪˈkəʊʃəs; AmE -ˈkoʊ-/ Adj (Adv **pre·co·cious·ly**) (manchmal abwert) frühreif, altklug ◊ a precociously talented child ein Kind mit einer frühen Begabung

pre·co·cious·ness /prɪˈkəʊʃəsnəs/ Nomen (auch **pre·co·city** /prɪˈkɒsəti/) Nomen Frühreife

pre·con·ceived /ˌpriːkənˈsiːvd/ Adj nur vor Nomen vorgefasst

pre·con·cep·tion /ˌpriːkənˈsepʃn/ Nomen vorgefasste Meinung, Vorstellung

pre·con·di·tion /ˌpriːkənˈdɪʃn/ Nomen (gehoben) Vorbedingung, Voraussetzung SYN PREREQUISITE

ˌpre-'cooked Adj vorgekocht

pre·cur·sor /priːˈkɜːsə(r); AmE -ˈkɜːrs-/ Nomen (gehoben) **1** Vorläufer(in), Wegbereiter(in) **2** Vorbote, Vorbotin **3** Vorgänger(in) SYN FORERUNNER

ˌpre-'date Verb **1** ~ **sth** aus der Zeit vor etw stammen, einer Sache vorausgehen **2** (Brief etc.) zurückdatieren OPP POST-DATE

preda·tor /ˈpredətə(r)/ Nomen **1** Raubtier ◊ Some animals have no natural predators. Einige Tiere haben keine natürlichen Feinde. **2** (abwert) Ausbeuter(in), Halsabschneider(in) ◊ protect the company from foreign predators die Firma davor schützen, von ausländischen Investoren geschluckt zu werden

preda·tory /ˈpredətri; AmE -tɔːri/ Adj **1** (Fachspr) Raub-, räuberisch ◊ predatory birds Raubvögel **2** (gehoben) aggressiv, gierig ◊ predatory young women junge Frauen, die auf Männer aus sind

pre·de·cease /ˌpriːdɪˈsiːs/ Verb (RECHT) ~ **sb** früher sterben als jd

pre·de·ces·sor /ˈpriːdɪsesə(r); AmE ˈpredəs-/ Nomen Vorgänger(in), Vorläufer(in)

pre·des·tin·ation /ˌpriːdestɪˈneɪʃn/ Nomen Vorherbestimmung, Prädestination

pre·des·tined /ˌpriːˈdestɪnd/ Adj (gehoben) prädestiniert, bestimmt ◊ It seems she was predestined to be famous. Es scheint, dass es ihr bestimmt war, berühmt zu sein.

pre·de·ter·mine /ˌpriːdɪˈtɜːmɪn; AmE -ˈtɜːrm-/ Verb (gehoben) vorher festlegen, im Voraus bestimmen

pre·de·ter·miner /ˌpriːdɪˈtɜːmɪnə(r); AmE -ˈtɜːrm-/ Nomen = einem Bestimmungswort vorausgehende(s) Wort(e), z.B. „all" in „all the boys"

pre·dica·ment /prɪˈdɪkəmənt/ Nomen Dilemma, Zwangslage

predi·cate[1] /ˈpredɪkət/ Nomen (LING) Prädikat

predi·cate[2] /ˈpredɪkeɪt/ Verb (gehoben) **1** (meist passiv) ~ **sth on/upon sth** etw auf etw gründen **2** behaupten

pre·dica·tive /prɪˈdɪkətɪv; AmE ˈpredɪkeɪtɪv/ Adj (Adv **pre·dica·tive·ly**) (LING) prädikativ

pre·dict /prɪˈdɪkt/ Verb vorher-/voraussagen, prophezeien ◊ The trial is predicted to last for months. Der Prozess wird voraussichtlich Monate dauern.

pre·dict·abil·ity /prɪˌdɪktəˈbɪləti/ Nomen Vorhersagbarkeit

pre·dict·able /prɪˈdɪktəbl/ Adj **1** (Adv **pre·dict·ably** /-əbli/) vorhersehbar, vorhersagbar ◊ Prices were predictably high. Wie vorauszusehen waren die Preise sehr hoch. **2** (oft abwert) berechenbar, durchschaubar ◊ I find him so predictable. Bei ihm weiß man schon im Voraus, wie er reagieren wird. ◊ Rock music is getting so predictable these days. Rockmusik heutzutage folgt immer demselben Muster.

pre·dic·tion /prɪˈdɪkʃn/ Nomen Voraussage, Vorhersage, Prophezeiung

pre·dict·ive /prɪˈdɪktɪv/ Adj (gehoben) vorhersagend, Vorhersage- ◊ This is usually predictive of a good result. Dies ist meist ein Vorzeichen für ein gutes Ergebnis. ◊ The predictive validity of the test is high. Der Test ermöglicht eine genaue Vorhersage.

pre·dic·tor /prɪˈdɪktə(r)/ Nomen (gehoben) Vorzeichen, Anzeichen

pre·digest·ed /ˌpriːdaɪˈdʒestɪd/ Adj (fig) häppchenweise, vereinfacht

pre·di·lec·tion /ˌpriːdɪˈlekʃn; AmE ˌpredlˈek-/ Nomen [meist Sing] (gehoben) Vorliebe

pre·dis·pose /ˌpriːdɪˈspəʊz; AmE -ˈspoʊz/ Verb (gehoben) **1** anfällig machen, prädisponieren **2** be predisposed to sth für etw anfällig sein, zu etw neigen, gegenüber etw positiv eingestellt sein **3** be predisposed towards sb gegenüber jdm positiv eingestellt sein

pre·dis·pos·ition /ˌpriːdɪspəˈzɪʃn/ Nomen (gehoben) Neigung, Anfälligkeit, Veranlagung

pre·dom·in·ance /prɪˈdɒmɪnəns; AmE -ˈdɑːm-/ Nomen **1** Vorherrschaft, Vormachtstellung SYN DOMINANCE **2** [Sing] Überwiegen SYN PREPONDERANCE

pre·dom·in·ant /prɪˈdɒmɪnənt; AmE -ˈdɑːm-/ Adj vorherrschend, dominierend

pre·dom·in·ant·ly /prɪˈdɒmɪnəntli; AmE -ˈdɑːm-/ Adv überwiegend

pre·dom·in·ate /prɪˈdɒmɪneɪt; AmE -ˈdɑːm-/ Verb **1** vorherrschen, überwiegen, beherrschen **2** ~ **(over sb/sth)** (etw/jdn) beherrschen ◊ Private interest must not predominate over the public good. Das Allgemeinwohl muss vor den Privatinteressen Vorrang haben.

pree·mie /ˈpriːmi/ Nomen (AmE, umgs) Frühgeburt, Frühchen

ˌpre-'eminence Nomen herausragende Stellung, Vorrangstellung

ˌpre-'eminent Adj herausragend, überragend

ˌpre-'eminently Adv **1** hauptsächlich, in erster Linie **2** überaus

pre-empt /priˈempt/ Verb **1** verhindern ◊ A good training course will pre-empt many problems. Ein guter Ausbildungslehrgang wird viele Probleme gar nicht erst aufkommen lassen. **2** zuvorkommen ◊ I do not want to pre-empt anything that the treasurer is going to say. Ich will dem Schatzmeister nichts vorwegnehmen. **3** (AmE) (beim Fernsehprogramm etc.) ersetzen

pre-emption /priˈempʃn/ Nomen (WIRTSCH) Vorkaufsrecht ◊ pre-emption rights Vorkaufsrechte

pre-emptive /priˈemptɪv/ Adj Präventiv-

preen /priːn/ Verb **1** ~ **(yourself)** (Vogel etc.) sich putzen; (Mensch) sich herausputzen **2** (Federn) putzen **3** ~ **yourself (on sth)** sich (mit etw) brüsten

ˌpre-e'xist Verb vorher vorhanden sein, (bereits) vorher existieren

ˌpre-e'xistent Adj vorher dagewesen, vorher vorhanden

pre·fab /ˈpriːfæb/ Nomen (umgs) Fertighaus

pre·fab·ri·cated /ˌpriːˈfæbrɪkeɪtɪd/ Adj vorgefertigt ◊ prefabricated houses Fertighäuser

pre·fab·ri·ca·tion /ˌpriːfæbrɪˈkeɪʃn/ Nomen Vorfabrikation, Vorfertigung

pref·ace[1] /ˈprefəs/ Nomen Vorwort

pref·ace[2] /ˈprefəs/ Verb ~ **sth by/with sth** etw mit etw einleiten, einer Sache etw voranstellen; (Buch etc.) mit einem Vorwort versehen

pre·fect /ˈpriːfekt/ Nomen **1** (bes BrE) = ältere(r) Schüler(in), der/die die Aufsicht führt **2** (auch **Prefect**) (POL) Präfekt(in)

pre·fec·ture /ˈpriːfektʃə(r)/ Nomen Präfektur

pre·fer /prɪˈfɜː(r)/ Verb (-rr-) ~ **sth (to sth)** (nicht in der Verlaufsform) etw (einer Sache) vorziehen ◊ I would prefer it if you didn't tell anyone. Es wäre mir sehr recht, wenn du es niemandem sagen würdest. ◊ Would you prefer me to stay? Wäre es dir lieber, wenn ich bliebe? IDM ⇨ CHARGE[1]

pref·er·able /ˈprefrəbl/ Adj vorzuziehen ◊ It would be preferable to wait. Es wäre besser zu warten.

pref·er·ably /ˈprefrəbli/ Adv am besten, am liebsten

pref·er·ence /ˈprefrəns/ *Nomen* Vorliebe ◇ *Many people expressed a strong preference for the original plan.* Vielen Leuten gefiel der ursprüngliche Entwurf viel besser. ◇ *in order of preference* nach Präferenz (geordnet) IDM **give (a) preference to sb/sth** jdm/etw den Vorzug geben ◇ **in preference to sb/sth** ◇ *She was chosen in preference to me.* Bei der Auswahl wurde sie mir vorgezogen.

pref·er·en·tial /ˌprefəˈrenʃl/ *Adj* **pref·er·en·tial·ly** /-ʃəli/ *nur vor Nomen* bevorzugt, Sonder-

pre·fer·ment /prɪˈfɜːmənt; *AmE* -ˈfɜːrm-/ *Nomen* (*gehoben*) Beförderung

pre·fig·ure /ˌpriːˈfɪɡə(r); *AmE* -ɡjər/ *Verb* (*gehoben*) ankündigen

pre·fix¹ /ˈpriːfɪks/ *Nomen* **1** (LING) Präfix, Vorsilbe **2** Vorsatz ◇ *goods with the UN prefix* Güter, die die Buchstaben UN vorangestellt haben **3** (*veraltet*) Namenszusatz

pre·fix² /ˈpriːfɪks/ *Verb* **~ A to B**; **~ B with A** A vor B setzen ◇ *The numbers are prefixed with US.* Den Zahlen sind die Buchstaben US vorangestellt.

preg·nancy /ˈpreɡnənsi/ *Nomen* (*Pl* **-ies**) Schwangerschaft, Trächtigkeit

preg·nant /ˈpreɡnənt/ *Adj* **1** schwanger, trächtig ◇ *a heavily pregnant woman* eine hochschwangere Frau ◇ *She's six months pregnant.* Sie ist im sechsten Monat schwanger. ◇ *Tom got his girlfriend pregnant.* Toms Freundin ist schwanger von ihm. **2** (*gehoben*) bedeutungsvoll ◇ *a pregnant pause* eine bedeutungsvolle Pause ◇ *Her silences were pregnant with criticism.* Ihr Schweigen war voller Kritik.

pre·heat /ˌpriːˈhiːt/ *Verb* vorheizen

pre·his·toric /ˌpriːhɪˈstɒrɪk; *AmE* -ˈstɔːr-, -ˈstɑːr-/ *Adj* vorgeschichtlich, prähistorisch

pre·his·tory /ˌpriːˈhɪstri/ *Nomen* Vorgeschichte ◇ *throughout prehistory* während der gesamten prähistorischen Zeit

pre·judge /ˌpriːˈdʒʌdʒ/ *Verb* (*gehoben*) vorschnell/voreilig urteilen, vorverurteilen

preju·dice¹ /ˈpredʒudɪs/ *Nomen* Vorurteil, Voreingenommenheit ◇ *colour prejudice* Vorurteile aufgrund der Hautfarbe ◇ *I must admit to a prejudice in favour of British universities.* Ich muss zugeben, dass ich britische Universitäten für besser halte. IDM **without ˈprejudice** (RECHT) ohne Präjudiz **without ˈprejudice to sth** (RECHT) unbeschadet einer Sache

preju·dice² /ˈpredʒudɪs/ *Verb* **1** beeinflussen, einnehmen **2** (*gehoben*) gefährden, beeinträchtigen

preju·diced /ˈpredʒədɪst/ *Adj* voreingenommen, befangen ◇ *be racially prejudiced* Rassenvorurteile haben

preju·di·cial /ˌpredʒuˈdɪʃl/ *Adj* (*gehoben*) abträglich, nachteilig

prel·ate /ˈprelət/ *Nomen* (*gehoben*) Prälat

pre·lim·in·ary¹ /prɪˈlɪmɪnəri; *AmE* -neri/ *Adj* vorangehend, einleitend, Vor- ◇ *discussions preliminary to negotiations* den Verhandlungen vorangehende Diskussionen ◇ *preliminary findings* erste Befunde ◇ *the preliminary rounds* die Vorrunden ◇ *preliminary results* vorläufige Ergebnisse SYN INITIAL

pre·lim·in·ary² /prɪˈlɪmɪnəri; *AmE* -neri/ *Nomen* (*Pl* **-ies**) **1** Vorbereitung, Einleitung ◇ *Research will be needed as a preliminary to taking a decision.* Bevor eine Entscheidung getroffen wird, müssen Nachforschungen unternommen werden. ◇ *I'll skip the usual preliminaries.* Ich möchte gleich zur Sache kommen. **2** Vorrunde

prel·ude /ˈpreljuːd/ *Nomen* **1** (MUS) Vorspiel, Präludium **2** (*gehoben*) (*fig*) Auftakt

pre·mar·ital /ˌpriːˈmærɪtl/ *Adj nur vor Nomen* vorehelich

pre·ma·ture /ˈpremətʃə(r); *AmE* ˌpriːməˈtʃʊr, -ˈtʊr/ *Adj* (*Adv* **pre·ma·ture·ly**) **1** vorzeitig, frühzeitig **2** verfrüht ◇ *The baby was four weeks premature.* Das Baby wurde vier Wochen zu früh geboren. ◇ *a premature birth* eine Frühgeburt **3** voreilig

pre·medi·tated /ˌpriːˈmedɪteɪtɪd/ *Adj* vorsätzlich OPP UNPREMEDITATED

pre·medi·ta·tion /ˌpriːˌmedɪˈteɪʃn/ *Nomen* Vorsatz

pre·men·strual /ˌpriːˈmenstruəl/ *Adj* prämenstruell

prem·ier¹ /ˈpremiə(r); *AmE* prɪˈmɪr, -ˈmjɪr/ *Adj nur vor Nomen* Spitzen-, Top-, führend ◇ *the Premier League* die Erste Liga

prem·ier² /ˈpremiə(r); *AmE* prɪˈmɪr, -ˈmjɪr/ *Nomen* Premierminister(in)

premi·ere¹ /ˈpremieə(r); *AmE* prɪˈmɪr, -ˈmjɪr/ *Nomen* Premiere, Uraufführung

premi·ere² /ˈpremieə(r); *AmE* prɪˈmɪr, -ˈmjɪr/ *Verb* **1** uraufführen, erstaufführen **2** uraufgeführt werden, erstaufgeführt werden

prem·ier·ship /ˈpremiəʃɪp; *AmE* prɪˈmɪrʃɪp, -ˈmjɪr-/ *Nomen* [Sing] **1** Amtsperiode als Premierminister(in) **2** Amt des Premierministers/der Premierministerin **3** (*auch* **the Premiership**) (SPORT) ≈ Bundesliga

prem·ise (*BrE auch* **prem·iss**) /ˈpremɪs/ *Nomen* (*gehoben*) Prämisse, Voraussetzung

prem·ised /ˈpremɪst/ *Adj* **be ~ on/upon sth** (*gehoben*) auf etw basieren

prem·ises /ˈpremɪsɪz/ *Nomen* [Pl] Gelände; (*in einem Gebäude*) Räumlichkeiten ◇ *business premises* Geschäftsräume ◇ *Police escorted her off the premises.* Die Polizei sorgte dafür, dass sie ging.

pre·mium¹ /ˈpriːmiəm/ *Nomen* **1** Versicherungsprämie **2** Aufgeld, Aufpreis, Zuschlag ◇ *He was willing to pay a premium for a house near the sea.* Er war bereit, für ein Haus am Meer einen hohen Preis zu zahlen. **3** (*bei Ausbezahlung*) Bonus, Prämie IDM **at a ˈpremium 1** sehr gefragt; knapp **2** über dem Wert **put/place/set a premium on sb/sth** großen Wert auf etw legen

pre·mium² /ˈpriːmiəm/ *Adj nur vor Nomen* **1** Höchst- ◇ *premium prices* extrem hohe Preise **2** erstklassig, Spitzen-

ˈPremium Bond /ˈpriːmiəm bɒnd/ *Nomen* Losanleihe

pre·mon·ition /ˌpriːməˈnɪʃn, ˌprem-/ *Nomen* Vorahnung ◇ *I had a premonition of disaster.* Ich ahnte eine Katastrophe.

pre·natal /ˌpriːˈneɪtl/ *Adj* (*bes AmE*) pränatal, vor der Geburt

pre·occu·pa·tion /priˌɒkjuˈpeɪʃn; *AmE* -ˌɑːk-/ *Nomen* **~ (with sth)** (*gedanklich*) Beschäftigtsein (mit etw) ◇ *She found his preoccupation with money irritating.* Es störte sie, dass er immer nur an Geld dachte. ◇ *She spoke slowly, in a state of preoccupation.* Sie sprach langsam, da sie mit ihren Gedanken ganz woanders war.

pre·occu·pied /priˈɒkjupaɪd; *AmE* -ˈɑːk-/ *Adj* (*gedanklich*) beschäftigt ◇ *She seemed preoccupied.* Sie schien mit ihren Gedanken ganz woanders zu sein.

pre·occupy /priˈɒkjupaɪ; *AmE* -ˈɑːk-/ *Verb* (**-pies**, **-py·ing**, **-pied**, **-pied**) (*die Gedanken*) (ständig) beschäftigen, völlig in Anspruch nehmen

pre·or·dained /ˌpriːɔːˈdeɪnd; *AmE* -ɔːrˈd-/ *Adj* vorherbestimmt SYN PREDESTINED

prep¹ /prep/ *Nomen* (*BrE*) **1** Hausaufgaben **2** ≈ Arbeitsstunde/Studierzeit (v.a. in Internaten, in der die Hausaufgaben gemacht werden ☞ *Siehe auch* PREPARATORY SCHOOL

prep² /prep/ *Verb* (*bes AmE*) vorbereiten

ˌpre-ˈpacked (*auch* **ˌpre-ˈpackaged**) *Adj* abgepackt

pre·paid /ˌpriːˈpeɪd/ *Adj* vorausbezahlt ◇ *a prepaid envelope* ein frankierter Umschlag

prep·ar·ation /ˌprepəˈreɪʃn/ *Nomen* **1** Vorbereitung; (*von Essen etc.*) Zubereitung **2** (CHEM, MED) Präparat

pre·para·tory /prɪˈpærətəri; *AmE* -tɔːri/ *Adj nur vor Nomen* (*gehoben*) vorbereitend ◇ *preparatory work* Vorarbeiten ◇ *Security checks had been carried out preparatory to the President's visit.* Im Vorfeld des Präsidentenbesuchs wurden Sicherheitsüberprüfungen durchgeführt.

preˈparatory school (*auch* **ˈprep school**) *Nomen* **1** (*BrE*) Privatschule für Kinder zwischen 7 und 13 Jahren **2** (*AmE*) (meist private) Schule, die Schüler auf die Universität vorbereitet

pre·pare /prɪˈpeə(r); *AmE* -ˈper/ *Verb* **1** vorbereiten **2 ~ (yourself) (for sth)** sich (auf etw) vorbereiten ◇ *You must prepare yourselves for the worst.* Sie müssen sich auf das Schlimmste gefasst machen. ◇ *I was preparing to leave.* Ich machte mich bereit zu gehen. ◇ *The troops prepared themselves to go into battle.* Die Truppen rüsteten sich zum Kampf. **3** (*Mahlzeit*) zubereiten **4 ~ sth (from sth)** etw (aus etw) herstellen IDM **prepare the ˈground (for sth)** (einer Sache) den Weg ebnen

pre·pared *Adj* /prɪˈpeəd; *AmE* -ˈperd/ **1** *nicht vor Nomen* ~ **(for sth)** (auf etw) vorbereitet OPP UNPREPARED **2** ~ **to do sth** bereit etw zu tun OPP UNPREPARED

pre·pared·ness /prɪˈpeərɪdnəs; *AmE* -ˈperd-/ *Nomen* (*gehoben*) **1** Vorbereitetsein **2** Bereitschaft

pre·pay·ment /ˌpriːˈpeɪmənt/ *Nomen* Vorauszahlung

pre·pon·der·ance /prɪˈpɒndərəns; *AmE* -ˈpɑːn-/ *Nomen* (zahlenmäßiges) Übergewicht SYN PREDOMINANCE

prep·os·ition /ˌprepəˈzɪʃn/ *Nomen* Präposition

prep·os·ition·al /ˌprepəˈzɪʃənl/ *Adj* präpositional, Präpositional-

pre·pos·ter·ous /prɪˈpɒstərəs; *AmE* -ˈpɑːs-/ *Adj* (*Adv* **pre·pos·ter·ous·ly**) (*gehoben*) **1** ungeheuerlich SYN OUTRAGEOUS **2** grotesk SYN OUTRAGEOUS

prep·py (*auch* **prep·pie**) /ˈprepi/ (*AmE, umgs*) **1** *Nomen* (*Pl* **-ies**) = (ehemalige(r)) Schüler(in) einer teuren Privatschule (mit entsprechenden Allüren) **2** *Adj* für einen „Preppy" typisch, preppy ◊ *preppy clothes* Kleidung im College-Stil

ˈprep school *Nomen* = PREPARATORY SCHOOL

pre·quel /ˈpriːkwəl/ *Nomen* Prequel

Pre-Raphael·ite /ˌpriːˈræfəlaɪt/ (KUNST) **1** *Nomen* Präraffaelit(in) **2** *Adj* präraffaelitisch

ˌpre-reˈcord *Verb* vorher aufnehmen, vorher aufzeichnen ◊ *a pre-recorded tape* ein bespieltes Band

pre·regis·ter /ˌpriːˈredʒɪstə(r)/ *Verb* (*bes AmE*) sich voranmelden

pre·regis·tra·tion /ˌpriːredʒɪˈstreɪʃn/ *Nomen* Voranmeldung

pre·requis·ite¹ /ˌpriːˈrekwəzɪt/ *Nomen* [*meist Sing*] (*gehoben*) Voraussetzung SYN PRECONDITION

pre·requis·ite² /ˌpriːˈrekwəzɪt/ *Adj* *nur vor Nomen* (*gehoben*) erforderlich

pre·roga·tive /prɪˈrɒgətɪv; *AmE* -ˈrɑːg-/ *Nomen* (*gehoben*) Vorrecht, Privileg ◊ *the royal prerogative* die königliche Prärogative

pres·age¹ /ˈpresɪdʒ, prɪˈseɪdʒ/ *Verb* (*gehoben*) ankünden

pres·age² /ˈpresɪdʒ/ *Nomen* Ankündigung, Vorbote

Pres·by·ter·ian /ˌprezbɪˈtɪəriən; *AmE* -ˈtɪr-/ **1** *Nomen* Presbyterianer(in) **2** *Adj* presbyterianisch

Pres·by·ter·ian·ism /ˌprezbɪˈtɪəriənɪzəm; *AmE* -ˈtɪr-/ *Nomen* Presbyterianismus

pres·by·tery /ˈprezbɪtri; *AmE* -teri/ *Nomen* (*Pl* **-ies**) **1** Presbyterium **2** (katholisches) Pfarrhaus

ˌpre-ˈschool *Adj* *nur vor Nomen* Vorschul-, Kindergarten-

pre·school /ˈpriːskuːl/ *Nomen* (*bes AmE*) Vorschule, Kindergarten SYN NURSERY SCHOOL

ˌpre-ˈschooler *Nomen* (*bes AmE*) Vorschüler(in), Kindergartenkind

pres·ci·ence /ˈpresiəns/ *Nomen* (*gehoben*) Voraussicht

pres·ci·ent /ˈpresiənt/ *Adj* (*gehoben*) ◊ *prescient remarks* Bemerkungen, die sich im Nachhinein als richtig erweisen

pre·scribe /prɪˈskraɪb/ *Verb* **1** ~ **(sb) sth (for sth)** (jdm) etw (gegen etw) verschreiben **2** vorschreiben

pre·scrip·tion /prɪˈskrɪpʃn/ *Nomen* **1** (Anweisung eines Arztes) Rezept (*auch fig*) ◊ *prescription drugs* rezeptpflichtige Arzneimittel ☛ Im amerikanischen Englisch wird die Abkürzung **Rx** benutzt. **2** Arznei **3** (*von Medikamenten*) Verschreiben, Verordnen

pre·scrip·tive /prɪˈskrɪptɪv/ *Adj* **1** präskriptiv **2** (*Fachspr*) gewohnheitsrechtlich

pres·ence /ˈprezns/ *Nomen* **1** Anwesenheit, Gegenwart ◊ *She felt a presence behind her.* Sie fühlte, dass hinter ihr irgendwas war. ◊ *in the presence of three witnesses* in Anwesenheit dreier Zeugen OPP ABSENCE **2** Vorhandensein OPP ABSENCE **3** [Sing] Präsenz ◊ *military presence* Militärpräsenz **4** Ausstrahlung IDM **make your presence ˈfelt** sich bemerkbar machen

ˌpresence of ˈmind *Nomen* Geistesgegenwart

pres·ent¹ /ˈpreznt/ *Adj* **1** *nur vor Nomen* gegenwärtig ◊ *at the present time* zum gegenwärtigen Zeitpunkt ◊ *in the present case* im vorliegenden Fall ◊ *club members past and present* frühere und jetzige Vereinsmitglieder SYN CURRENT **2** *nicht vor Nomen* ~ **(in sth)** anwesend (bei etw) OPP ABSENT **3** *nicht vor Nomen* ~ **(in sth)** vorhanden (in etw) OPP ABSENT IDM **all ˌpresent and corˈrect** (*AmE* **all**

ˌpresent and acˈcounted for) alle(s) da **ˌpresent comˌpany exˈcepted** (*umgs*) Anwesende ausgenommen

pres·ent² /ˈpreznt/ *Nomen* **1** Geschenk **2** (*meist* **the present**) [Sing] Gegenwart ◊ *He's out at present.* Er ist im Moment nicht da. **3** **the present** [Sing] (LING) = THE PRESENT TENSE IDM ⇨ MOMENT *und* TIME¹

pres·ent³ /prɪˈzent/ *Verb* **1** überreichen ◊ *The sword was presented to the museum.* Das Schwert wurde dem Museum gestiftet. **2** präsentieren, vorlegen ◊ *Are you presenting a paper at the conference?* Hältst du bei der Konferenz einen Vortrag? **3** zeigen, präsentieren ◊ *You need to present yourself better.* Du musst dich in einem günstigeren Licht zeigen. ◊ *As soon as the opportunity presented itself, she got another job.* Sobald sich die Gelegenheit bot, wechselte sie die Stelle. **4** ~ **sb with sth** jdn mit etw konfrontieren; ~ **sth** etw bieten ◊ *Use of these chemicals may present a fire risk.* Beim Gebrauch dieser Chemikalien entsteht ein Feuerrisiko. **5** moderieren **6** aufführen, zeigen **7** ~ **sb (to sb)** (*gehoben*) jdn (jdm) vorstellen **8** ~ **yourself** (*gehoben*) erscheinen **9** ~ **sth (to sb)** (*gehoben*) (jdm gegenüber) etw zum Ausdruck bringen IDM **preˌsent ˈarms** das Gewehr präsentieren

pre·sent·able /prɪˈzentəbl/ *Adj* **1** vorzeigbar ◊ *I must go and make myself presentable.* Ich muss mich noch zurechtmachen. ◊ *I've got nothing presentable to wear.* Ich habe nichts Anständiges anzuziehen. **2** akzeptabel

pre·sen·ta·tion /ˌpreznˈteɪʃn; *AmE* ˌpriːzen-/ *Nomen* **1** Vorlage, Überreichung ◊ *The Mayor will make the presentation herself.* Die Bürgermeisterin wird den Preis selbst überreichen. **2** Präsentation ◊ *The sales manager will give a presentation on the new products.* Der Verkaufsleiter wird die neuen Waren präsentieren. **3** Aufführung **4** Geburtslage

pre·sen·ta·tion·al /ˌpreznˈteɪʃənl; *AmE* ˌpriːzen-/ *Adj* *nur vor Nomen* Präsentations- ◊ *presentational skills* Präsentationsfähigkeiten

the ˌpresent ˈday *Nomen* [Sing] der heutige Tag, die Gegenwart

ˌpresent-ˈday *Adj* *nur vor Nomen* heutig

pre·sent·er /prɪˈzentə(r)/ *Nomen* Moderator(in)

pre·sen·ti·ment /prɪˈzentɪmənt/ *Nomen* (*gehoben*) Vorahnung

pres·ent·ly /ˈprezntli/ *Adv* **1** zurzeit SYN CURRENTLY **2** (*gehoben*) gleich darauf **3** bald SYN SHORTLY

ˌpresent ˈparticiple *Nomen* Partizip Präsens

the ˌpresent ˈperfect *Nomen* [Sing] das Perfekt

ˌpresent ˈtense (*auch* **the present**) *Nomen* [*meist Sing*] Präsens

pre·ser·va·tion /ˌprezəˈveɪʃn; *AmE* -zər v-/ *Nomen* Erhaltung, Bewahrung ◊ *food preservation* Nahrungsmittelkonservierung

preserˈvation order *Nomen* = Verordnung, die etw unter Denkmalschutz/Naturschutz stellt

pre·ser·va·tive /prɪˈzɜːvətɪv; *AmE* -ˈzɜːrv-/ **1** *Nomen* Konservierungsmittel ◊ *wood preservative* Holzschutzmittel **2** *Adj* *nur vor Nomen* konservierend, Konservierungs-

pre·serve¹ /prɪˈzɜːv; *AmE* -ˈzɜːrv/ *Verb* **1** (be)wahren, erhalten ◊ *He's remarkably well preserved for his age.* Er hat sich bemerkenswert gut gehalten. **2** konservieren; (*Nahrungsmittel*) haltbar machen ◊ *olives preserved in brine* in Salzlake eingelegte Oliven

pre·serve² /prɪˈzɜːv; *AmE* -ˈzɜːrv/ *Nomen* **1** [Sing] ~ **(of sb)** **3** (*gehoben*) Domäne **2** (*gehoben*) [meist Pl] Konfitüre **3** [meist Pl] Eingemachtes **4** (*AmE*) Reservat **5** Jagdrevier, Angelrevier

pre·server /prɪˈzɜːvə(r); *AmE* -ˈzɜːrv-/ *Nomen* **1** Hüter(in) **2** Holzschutzmittel ☛ *Siehe auch* LIFE PRESERVER

pre·set /ˌpriːˈset/ *Verb* (**-setting, -set, -set**) **1** (vorher) einstellen **2** (vorher) vereinbaren

pre·side /prɪˈzaɪd/ *Verb* ~ **(at/over sth)** (etw) leiten, (bei etw) den Vorsitz haben

presi·dency /ˈprezɪdənsi/ *Nomen* (*Pl* **-ies**) Präsidentschaft; (*eines Rats, Gremiums*) Vorsitz ◊ *elect sb to the presidency* jdn zum Präsidenten wählen ◊ *during his presidency* während seiner Amtszeit

presi·dent /ˈprezɪdənt/ *Nomen* **1** (*auch* **President**) Präsident(in); (*eines Vereins, Gremiums etc. auch*) Vorsitzende(r) **2** (*bes AmE*) Aufsichtsratsvorsitzende(r)

president-elect

ˌpresident-eˈlect *Nomen* (*Pl* **presidents-elect**) designierte(r) Präsident(in), designierte(r) Vorsitzende(r)

presiˈdenˈtial /ˌprezɪˈdenʃl/ *Adj* **1** Präsidentschafts- ◊ *a presidential system of government* ein Präsidialsystem ◊ *1884 was a presidential year.* 1884 wurden Präsidentschaftswahlen abgehalten. **2** Präsidenten-

ˈPresidents' Day *Nomen* = amerikanischer Nationalfeiertag am dritten Montag im Februar zum Gedenken an die Geburtstage von G. Washington und A. Lincoln

preˈsidˈium (*BrE auch* **praeˈsidˈium**) /prɪˈsɪdiəm/ *Nomen* Präsidium

press¹ /pres/ *Nomen* **1** (*oft* **the Press**) Presse, Zeitungen ◊ *The event attracted wide press coverage.* Über das Ereignis wurde groß in der Presse berichtet. ◊ *the popular press* die Massenblätter ☛ *Siehe auch* GUTTER PRESS ☛ G 1.3a **2** (Drucker)presse ◊ *These prices are correct at the time of going to press.* Diese Preise sind gültig zum Zeitpunkt der Drucklegung. ◊ *news hot off the press* brandaktuelle Nachrichten ☛ *Siehe auch* STOP PRESS **3** Verlag **4** (*meist in Zusammensetzungen*) Presse ◊ *a trouser press* eine Bügelpresse **5** [meist Sing] Druck, Drücken ◊ *He gave the bell another press.* Er drückte noch einmal auf die Klingel. **6** ◊ *Those shirts need a press.* Die Hemden müssen gebügelt werden. **7** Gedränge ◊ *He glimpsed a taxi among the press of cars.* Im Gewühl der Autos sah er ein Taxi. **8** (*Möbelstück*) Schrank

press² /pres/ *Verb* **1** drücken ◊ *She pressed her lips together.* Sie presste die Lippen zusammen. **2** ~ **sb** jdn bedrängen; ~ **sb for sth** jdn zu etw drängen; ~ **sb into sth** jdn drängen etw zu tun ◊ *When pressed he admitted he had known.* Als man ihn unter Druck setzte, gab er zu, dass er davon gewusst hatte. **3** ~ **sth** auf etw beharren, auf etw nachdrücklich bestehen ◊ *I don't wish to press the point, but ...* Ich will nicht darauf herumreiten, aber ... ◊ *They were determined to press their case at the highest level.* Sie waren entschlossen, ihren Fall auch vor der höchsten Instanz zu verfechten. **4** (*Menschenmenge*) (sich) drängen **5** (*Sorgen etc.*) lasten **6** (*Äpfel, Oliven etc.*) pressen; (*Trauben auch*) auspressen **7** (*CD, Metall, Blumen*) pressen **8** (*Kleidung*) bügeln SYN IRON IDM **ˌpress (the) ˈflesh** (*umgs*) Hände schütteln **ˌpress sth ˈhome** ausnutzen; (*Angriff*) durchführen; (*Argument*) durchsetzen **ˌpress sb/sth into ˈservice** jdn/etw einspannen ◊ *Every available boat was pressed into service.* Jedes Schiff wurde eingesetzt. ☛ *Siehe auch* CHARGE¹ *und* PANIC BUTTON PHRV **ˌpress aˈhead/ˈon** weiterfahren/-gehen; (*ohne Pause*) durchfahren **ˌpress aˈhead/ˈon with sth** etw durchziehen ◊ *The company is pressing ahead with its plans.* Die Firma will ihre Pläne durchziehen. **ˈpress for sth** auf etw drängen **ˈpress sth on sb** jdm etw aufdrängen

ˈpress agent *Nomen* Presseagent(in)
ˈpress box *Nomen* Pressetribüne
ˈpress card *Nomen* Presseausweis
ˈpress clipping (*BrE auch* **ˈpress cutting**) *Nomen* Zeitungsausschnitt SYN CUTTING
ˈpress conference *Nomen* (*bes BrE*) Pressekonferenz
ˈpress corps *Nomen* (*Pl* **press corps**) Pressekorps
pressed /prest/ *Adj* **1** be ~ (**for sth**) wenig (von etw) haben ◊ *I'm rather pressed (for time) right now.* Ich habe jetzt gerade gar keine Zeit. ◊ *pressed for cash* knapp bei Kasse ☛ *Siehe auch* HARD-PRESSED **2** (*Blumen etc.*) gepresst; (*Kleidung*) gebügelt
ˈpress gallery *Nomen* Pressetribüne
ˈpress gang *Nomen* (GESCH) (*für die Marine etc.*) Werber
ˈpress-gang *Verb* (*umgs*) ~ **sb** (**into sth**) jdn (zu etw) zwingen; ~ **sb into doing sth** jdn zwingen (etw zu tun)
presˈsie = PREZZIE
pressˈing¹ /ˈpresɪŋ/ *Adj* **1** dringend SYN URGENT **2** (*Einladung*) nachdrücklich
pressˈing² /ˈpresɪŋ/ *Nomen* **1** (*Schallplattenherstellung*) Pressung **2** (*Anzahl*) Auflage
pressˈman /ˈpresmæn/ *Nomen* (*Pl* **-men** /-mən/) (*BrE, umgs*) Pressemann, Reporter
ˈpress office *Nomen* Pressebüro, Pressestelle
ˈpress officer *Nomen* Pressesprecher(in)
ˈpress release *Nomen* Pressemitteilung

ˈpress secretary *Nomen* Pressesprecher(in), Pressesekretär(in)
ˈpress stud *Nomen* (*BrE*) Druckknopf
ˈpress-up *Nomen* (*BrE*) [meist Pl] Liegestütz
presˈsure¹ /ˈpreʃə(r)/ *Nomen* **1** Druck (*auch fig*) ◊ *The government bowed to popular pressure.* Die Regierung gab dem Druck der Bevölkerung nach. ◊ *Teenagers find it difficult to resist peer pressure.* Teenagern fällt es schwer, sich dem Gruppendruck zu widersetzen. ◊ *a pressure gauge* ein Druckmesser ◊ *I applied pressure to his arm to stop the bleeding.* Ich versuchte durch Abdrücken des Arms die Blutung zu stillen. ◊ *social pressures* gesellschaftliche Zwänge **2** [Pl] Belastung, Stress ◊ *the pressures of city life* das stressige Großstadtleben ◊ *She was unable to attend because of the pressure of work.* Weil sie zu viel zu tun hatte, konnte sie nicht kommen. ◊ *This will take the pressure off our department.* Das wird unsere Abteilung entlasten. SYN STRESS **3** Luftdruck ◊ *a band of high pressure* ein Hochdruckgebiet IDM **put ˈpressure on sb** auf jdn Druck ausüben **under ˈpressure** unter Druck ◊ (*auch fig*) *put sb under pressure* jdn unter Druck setzen
presˈsure² /ˈpreʃə(r)/ *Verb* (*bes AmE*) (*oft passiv*) ~ **sb** (**into sth**) jdn (zu etw) drängen SYN PRESSURIZE
ˈpressure cooker *Nomen* Schnellkochtopf
ˈpressure group *Nomen* Pressuregroup, Lobby
ˈpressure point *Nomen* **1** (ANAT) Druckpunkt **2** (*fig*) Reizthema; (*Gebiet*) Konfliktherd
presˌsuriˈzaˈtion (*BrE auch* **-isation**) /ˌpreʃəraɪˈzeɪʃn; *AmE* -rəˈz-/ *Nomen* Druckausgleich
presˈsurˈize (*BrE auch* **-ise**) /ˈpreʃəraɪz/ *Verb* **1** (*BrE*) ~ **sb** (**into sth**) jdn (zu etw) drängen ◊ *She was pressurized into accepting the job.* Man setzte sie unter Druck, damit sie die Stelle annahm. ◊ *He felt that he was being pressurized to resign.* Er hatte das Gefühl, dass man ihn zur Kündigung zwingen wollte. **2** (*meist passiv*) auf Normaldruck halten ◊ *a pressurized cabin* eine Druckkabine
presˈtige¹ /preˈstiːʒ/ *Nomen* Prestige ◊ *jobs with low prestige* Berufe mit geringem Ansehen SYN STATUS
presˈtige² /preˈstiːʒ/ *Adj nur vor Nomen* **1** renommiert, Prestige-, prestigeträchtig ◊ *a prestige job* ein angesehener Beruf **2** Luxus- SYN LUXURY
presˈtiˈgious /preˈstɪdʒəs/ *Adj* angesehen, renommiert
presto /ˈprestəʊ; *AmE* ˈprestoʊ/ *Ausruf* (*AmE*) Tata, Simsalabim IDM ⇨ HEY
preˈsumˈably /prɪˈzjuːməbli; *AmE* -ˈzuː-/ *Adv* vermutlich
preˈsume /prɪˈzjuːm; *AmE* -ˈzuːm/ *Verb* **1** annehmen, vermuten ◊ *I presumed him to be her husband.* Ich hielt ihn für ihren Mann. ◊ *15 passengers are missing, presumed dead.* 15 Passagiere werden vermisst; man nimmt an, dass sie tot sind. ◊ *Defendants are presumed innocent until proved guilty.* Der Angeklagte gilt als unschuldig, bis ihm seine Schuld nachgewiesen wird. **2** (*gehoben*) voraussetzen SYN PRESUPPOSE **3** (*gehoben*) ~ **to do sth** sich anmaßen etw zu tun PHRV **preˈsume on/upon sb/sth** (*gehoben*) jdn/etw ausnutzen
preˈsumpˈtion /prɪˈzʌmpʃn/ *Nomen* **1** Annahme, Vermutung **2** (*gehoben*) Anmaßung, Dreistigkeit
preˈsumpˈtive /prɪˈzʌmptɪv/ *Adj* (*Fachspr*) vermutlich ◊ *a presumptive diagnosis of cancer* eine Diagnose, die auf Krebs hinweist ☛ *Siehe auch* HEIR PRESUMPTIVE
preˈsumpˈtuˈous /prɪˈzʌmptʃuəs/ *Adj* anmaßend, dreist
preˈsupˈpose /ˌpriːsəˈpəʊz; *AmE* -ˈpoʊz/ *Verb* (*gehoben*) **1** voraussetzen SYN PRESUME **2** zur Voraussetzung haben SYN ASSUME
preˈsupˈposˈition /ˌpriːsʌpəˈzɪʃn/ *Nomen* (*gehoben*) **1** Annahme **2** Voraussetzung, Prämisse ◊ *theories based on presupposition* Theorien, die auf Annahmen basieren SYN ASSUMPTION
ˌpre-ˈtax *Adj nur vor Nomen* vor Abzug der Steuern
pre-teen /ˌpriːˈtiːn/ *Adj* ◊ *the pre-teen years* die Jahre vor dem Teenageralter ◊ *pre-teen taste* der Geschmack der 10- bis 12-Jährigen
pre-teen /ˌpriːˈtiːn/ *Nomen* = Kind im Alter von 10 bis 12 Jahren
preˈtence (*AmE* **preˈtense**) /prɪˈtens/ *Nomen* **1** Anschein, Heuchelei ◊ *Their friendliness was only pretence.* Ihre Freundlichkeit war nur geheuchelt. ◊ *She abandoned*

all/any **pretence** *of being interested.* Sie gab auf, so zu tun, als ob sie interessiert wäre. ◊ *He made no pretence of great musical knowledge.* Er gab nicht etwa vor, dass er viel von Musik verstünde. **2** (*gehoben*) ~ (**to sth**) Anspruch (auf etw) ◊ *I make no pretence to being an expert.* Ich erhebe gar keinen Anspruch darauf, ein Experte zu sein. ◊ *a woman with some pretence to beauty* eine Frau, die zweifellos sehr schön ist [IDM] ⇨ FALSE¹

pre·tend¹ /prɪˈtend/ *Verb* **1** so tun, als ob ◊ *She didn't love him, though she pretended to.* Sie liebte ihn nicht, obwohl sie so tat. ◊ *I'm tired of having to pretend all the time.* Ich bin es leid, mich die ganze Zeit verstellen zu müssen. ◊ *Of course I was wrong; it would be hypocritical to pretend otherwise.* Natürlich war ich im Unrecht; es wäre heuchlerisch, etwas anderes zu behaupten. ◊ *She pretended (that) she was his niece.* Sie gab vor, seine Nichte zu sein. ◊ *I pretended to be asleep.* Ich stellte mich schlafend. ◊ *She pretended an interest she did not feel.* Sie täuschte ein Interesse vor, das gar nicht bestand. **2** *spielen* ◊ *Let's pretend (that) we're astronauts.* Lass uns Astronauten spielen. ◊ *They didn't have any real teacups so they had to pretend.* Sie hatten keine richtigen Teetassen, daher taten sie nur so. **3** ~ (**to sth**) (*meist in Fragen und verneinten Sätzen*) (auf etw) Anspruch erheben ◊ *I can't pretend to any great musical talent.* Ich habe kein großes musikalisches Talent. ◊ *I can't pretend I know much about the subject.* Ich kann nicht behaupten, dass ich darüber viel weiß.

pre·tend² /prɪˈtend/ *Adj* (*umgs*) (*häufig von Kindern benutzt*) **1** Spiel- ◊ *pretend money* Spielgeld **2** ◊ *The child offered round pretend cakes.* Das Kind tat so, als ob es Kuchen verteilen würde.

pre·tend·er /prɪˈtendə(r)/ *Nomen* ~ (**to sth**) Prätendent(in) (auf etw)

pre·tense (*AmE*) = PRETENCE

pre·ten·sion /prɪˈtenʃn/ *Nomen* [meist Pl/U] **1** Ambition; (*negativ*) Anmaßung ◊ *The play mocks the pretensions of the nouveaux riches.* Das Theaterstück macht sich über das Getue der Neureichen lustig. **2** Anspruch

pre·ten·tious /prɪˈtenʃəs/ *Adj* (*Adv* **pre·ten·tious·ly** /*abwert*/) prätentiös, anmaßend, protzig; (*Name, Worte, Stil*) hochtrabend

pre·ten·tious·ness /prɪˈtenʃəsnəs/ *Nomen* Prätention, Anmaßung

pre·ter·nat·ural /ˌpriːtəˈnætʃrəl; *AmE* -tərˈn-/ *Adj* (*Adv* **pre·ter·nat·ur·al·ly** /-əli/) *nur vor Nomen* (*gehoben*) **1** übernatürlich, übersinnlich **2** außergewöhnlich

pre·text /ˈpriːtekst/ *Nomen* Vorwand ◊ *He left on/under the pretext of having work to do.* Er ging unter dem Vorwand, dass er noch arbeiten müsse.

pret·ti·fy /ˈprɪtɪfaɪ/ *Verb* (**-fies**, **-fy·ing**, **-fied**, **-fied**) (*meist abwert*) herausputzen

pret·ti·ly /ˈprɪtɪli/ *Adv* (*bes BrE*) hübsch, nett

pret·ti·ness /ˈprɪtɪnəs/ *Nomen* Hübschheit, Anmut

pretty¹ /ˈprɪti/ *Adv* (*umgs*) (*vor Adjektiven und Adverbien*) ziemlich, ganz ☞ *Hinweis bei* ZIEMLICH [IDM] **pretty ˈmuch/ˈwell** (*umgs*) fast; ungefähr ◊ *One dog looks pretty much like another to me.* Für mich sieht ein Hund so ziemlich aus wie der andere. **pretty ˈnearly** (*AmE* **pretty ˈnear**) (*umgs*) fast; ungefähr ☞ *Siehe auch* SIT

pretty² /ˈprɪti/ *Adj* (**pret·tier**, **pret·ti·est**) **1** hübsch **2** schön, nett [IDM] **as ˌpretty as a ˈpicture** (*veraltet*) bildhübsch **not just a pretty ˈface** (*hum*) ◊ *'I didn't know you could play the piano.' 'I'm not just a pretty face, you know!'* „Ich wusste nicht, dass du Klavier spielen kannst." „Ja, du hast mich unterschätzt." **ˌnot a pretty ˈsight** (*hum*) kein schöner Anblick **a pretty ˈpenny** (*veraltet*) viel Geld ☞ *Siehe auch* PASS²

pret·zel /ˈpretsl/ *Nomen* Brezel

pre·vail /prɪˈveɪl/ *Verb* **1** (*gehoben*) (vor)herrschen ◊ *Those beliefs still prevail here.* Das sind hier immer noch gängige Vorstellungen. **2** ~ (**against/over sth**) (*gehoben*) (über etw) siegen, sich (gegen etw) durchsetzen **3** ~ (**against/over sb**) (*gehoben*) (über jdn) die Oberhand gewinnen, sich (gegen jdn) durchsetzen [PHRV] **preˈvail on/upon sb to do sth** (*gehoben*) jdn dazu bewegen etw zu tun

pre·vail·ing /prɪˈveɪlɪŋ/ *Adj nur vor Nomen* (*gehoben*) (vor)herrschend [SYN] CURRENT *und* PREDOMINANT

preva·lence /ˈprevələns/ *Nomen* Verbreitung, Häufigkeit

preva·lent /ˈprevələnt/ *Adj* weit verbreitet, gängig [SYN] COMMON *und* WIDESPREAD

pre·vari·cate /prɪˈværɪkeɪt/ *Verb* (*gehoben*) ausweichen ◊ *prevaricate on the issue* dem Thema ausweichen ◊ *Stop prevaricating.* Hör auf Ausflüchte zu machen.

pre·vari·ca·tion /prɪˌværɪˈkeɪʃn/ *Nomen* (*gehoben*) Ausflucht, Ausweichen ◊ *She accused him of prevarication.* Sie warf ihm vor, Ausflüchte zu machen.

pre·vent /prɪˈvent/ *Verb* **1** verhindern ◊ *prevent the fire (from) spreading* verhindern, dass das Feuer sich ausbreitet **2** ~ **sb** jdn zurückhalten; ~ **sb** (**from**) **doing sth** jdn (daran) hindern etw zu tun ◊ *He is prevented by law from holding a licence.* Er kann laut Gesetz keinen Führerschein besitzen.

pre·vent·able /prɪˈventəbl/ *Adj* vermeidbar

pre·ven·tion /prɪˈvenʃn/ *Nomen* Verhütung ◊ *fire prevention* Brandschutz [IDM] **preˌvention is better than ˈcure** (*BrE*) Vorbeugen ist besser als Heilen

pre·vent·ive /prɪˈventɪv/ (*auch* **pre·venta·tive** /prɪˈventətɪv/) *Adj nur vor Nomen* Präventiv-, vorbeugend

pre·view¹ /ˈpriːvjuː/ *Nomen* **1** Vorpremiere, Vorbesichtigung **2** Vorschau

pre·view² /ˈpriːvjuː/ *Verb* **1** (*Film, Fernsehprogramm*) (vorab) besprechen **2** (*bes AmE*) ~ **sth** eine Vorschau auf etw geben

pre·vi·ous /ˈpriːviəs/ *Adj nur vor Nomen* früher, Vor-, vorherig ◊ *previous convictions* Vorstrafen ◊ *He was unable to attend because of a previous engagement.* Aufgrund anderweitiger Verpflichtungen konnte er nicht kommen. ◊ *No previous experience is necessary for the job.* Für den Job wird keine Berufserfahrung vorausgesetzt. ◊ *I had seen him the previous day.* Ich hatte ihn am Tag davor gesehen.

pre·vi·ous·ly /ˈpriːviəsli/ *Adv* vorher, zuvor

pre·vi·ous to *Präp* (*umgs*) vor, bis ◊ *Previous to this, she'd been well.* Bis dahin war sie gesund gewesen.

ˌpre-ˈwar *Adj* Vorkriegs-, vor dem Krieg

prey¹ /preɪ/ *Nomen* Beute ◊ *birds of prey* Raubvögel [IDM] **be/fall ˈprey to sth** (*gehoben*) **1** von etw gefressen werden **2** einer Sache zum Opfer fallen

prey² /preɪ/ *Verb* [IDM] **prey on sb's ˈmind** jdm keine Ruhe lassen [PHRV] **ˈprey on sb** sich jdn als Opfer aussuchen **ˈprey on/upon sth** auf etw Jagd machen

prez·zie (*auch* **pres·sie**) /ˈprezi/ *Nomen* (*BrE, umgs*) Geschenk

price¹ /praɪs/ *Nomen* **1** Preis ◊ *Computers have come down in price.* Die Preise für Computer sind gesunken. ◊ *Can you give me a price for the work?* Können Sie mir sagen, was das kosten wird? ◊ *share prices* Aktienkurse ☞ *Siehe auch* ASKING PRICE, COST PRICE, CUT-PRICE, HALF-PRICE, LIST PRICE, MARKET PRICE *und* SELLING PRICE **2** [Sing] (*fig*) Preis ◊ *Criticism is part of the price of leadership.* Als Führungskraft muss man Kritik in Kauf nehmen. ◊ *even at the price of ruining their relationship* selbst auf die Gefahr hin, ihre Beziehung zu zerstören **3** (*Pferderennen*) (Wett)quote [SYN] ODDS [IDM] **at ˈany price** um jeden Preis **at a ˈprice** zum entsprechenden Preis **beyond ˈprice** (*gehoben*) unbezahlbar; von unschätzbarem Wert **everyone has their ˈprice** jeder Mensch ist käuflich **not at ˈany price** um keinen Preis **put a ˈprice on sth** 1 den Geldwert von etw bestimmen **2** etw mit Gold aufwiegen **thereˈs a ˈprice on sb's head** auf jds Kopf ist eine Belohnung ausgesetzt **ˌwhat price ...?** (*BrE, umgs*) **1** ◊ *What price fame and fortune?* Was sind Ruhm und Reichtum? **2** wie stehen die Chancen für ...? ☞ *Siehe auch* CHEAP¹ *und* PAY²

price² /praɪs/ *Verb* **1** (*meist passiv*) ◊ *They are priced at $100 each.* Sie kosten 100 Dollar pro Stück. ◊ *They are priced too high.* Sie sind überteuert. ◊ *a reasonably priced house* ein Haus zu einem annehmbaren Preis **2** ~ **sth** (**up**) etw auszeichnen **3** etw im Preis vergleichen ◊ *We priced various models.* Wir haben die Preise von verschiedenen Modellen verglichen. [IDM] **price yourself/sth out of the ˈmarket** sich/etw durch hohe Preise konkurrenzunfähig machen

ˈprice-fixing *Nomen* [U] Preisabsprache(n)

ˈprice index *Nomen* = RETAIL PRICE INDEX

price·less /ˈpraɪsləs/ *Adj* **1** unbezahlbar, von unschätzbarem Wert **2** (*umgs*) (*unterhaltsam*) köstlich, unbezahlbar

price tag *Nomen* Preisschild
pricey /ˈpraɪsi/ *Adj* (**prici·er, prici·est**) (*umgs*) teuer
pri·cing /ˈpraɪsɪŋ/ *Nomen* [U] Preis(e)
prick¹ /prɪk/ *Verb* **1** ~ **sth** (**with sth**) (mit etw) (in) etw stechen ◦ *Prick holes in the paper with a pin.* Stechen Sie mit einer Nadel Löcher ins Papier. **2** ~ **sth** (**on sth**) sich/jdn (mit etw) in etw stechen ◦ *She pricked her finger on a needle.* Sie hat sich mit einer Nadel in den Finger gestochen. **3** stechen, brennen ◦ *He felt a pricking sensation in his throat.* Er spürte ein Stechen in der Kehle. ◦ *Tears pricked her eyes.* Tränen brannten in ihren Augen. **IDM** **your ˈconscience pricks you** man hat Gewissensbisse **sth pricks your ˈconscience** etw verursacht einem Gewissensbisse **prick** (**up**) **your ˈears** die Ohren spitzen **your ˈears prick up** man spitzt die Ohren **PHRV** **ˌprick sth ˈout** etw (aus)pflanzen, etw pikieren
prick² /prɪk/ *Nomen* **1** (*vulg, Slang*) (*Penis*) Schwanz **2** (*vulg, Slang*) (*Mann*) Idiot, blöder Hund **3** Stich **4** Stechen, Brennen ◦ *the prick of conscience* Gewissensbisse
prickle¹ /ˈprɪkl/ *Verb* **1** ~ (**with sth**) (auf etw) kratzen **2** prickeln, brennen ◦ *The hairs on the back of my neck prickled.* Mir stellten sich die Nackenhaare auf. ◦ *Her eyes prickled with tears.* In ihren Augen brannten Tränen. **3** gereizt reagieren
prickle² /ˈprɪkl/ *Nomen* **1** Stachel **2** Prickeln
prick·ly /ˈprɪkli/ *Adj* **1** stachelig, dornig **2** prickelnd ◦ *The sweat made my skin feel all prickly.* Der Schweiß prickelte auf meiner Haut. **3** (*umgs*) (*Mensch*) reizbar, empfindlich **SYN** TOUCHY **4** (*Thema, Entscheidung etc.*) haarig, schwierig **SYN** THORNY
ˌprickly ˈpear *Nomen* **1** Feigenkaktus **2** Kaktusfeige
pride¹ /praɪd/ *Nomen* **1** Stolz, Genugtuung ◦ *He felt a glow of pride.* Er glühte vor Stolz. ◦ *We take great pride in offering the best service in town.* Wir sind sehr stolz darauf, dass wir den besten Service der Stadt bieten. ◦ *take pride in your appearance* Wert auf sein Äußeres legen ◦ *I take (a) pride in my work.* Ich gebe mir immer Mühe mit meiner Arbeit. **2** (*abwert*) Hochmut **3** (*Löwen-*) Rudel ☛ G 1.3b **IDM** **sb's pride and ˈjoy** jds ganzer Stolz **pride comes/goes before a ˈfall** Hochmut kommt vor dem Fall **pride of ˈplace** der Ehrenplatz
pride² /praɪd/ *Verb* **PHRV** **ˈpride yourself on sth** (*kein Passiv*) auf etw stolz sein, sich mit etw brüsten können
priest /priːst/ *Nomen* Priester(in) ◦ *He's the parish priest.* Er ist der Pfarrer. ◦ *women priests* weibliche Priester
priest·ess /ˈpriːstes/ *Nomen* Priesterin
priest·hood /ˈpriːsthʊd/ *Nomen* **the priesthood** [Sing] **1** das Priesteramt ◦ *enter the priesthood* Priester(in) werden **2** die Geistlichkeit
priest·ly /ˈpriːstli/ *Adj* Priester-, priesterlich
prig /prɪɡ/ *Nomen* (*abwert*) Tugendbold
prig·gish /ˈprɪɡɪʃ/ *Adj* (*abwert*) selbstgefällig, pedantisch
prim /prɪm/ *Adj* (*Adv* **prim·ly**) **1** (*abwert*) spröde, prüde ◦ *prim and proper* etepetete **2** korrekt, streng
prima ballerina /ˌpriːmə ˌbæləˈriːnə/ *Nomen* Primaballerina
pri·macy /ˈpraɪməsi/ *Nomen* (*Pl* **-ies**) (*gehoben*) **1** Vorrang(stellung), Primat **2** (*kirchlich*) Primat
prima donna /ˌpriːmə ˈdɒnə; *AmE* ˈdɑːnə/ *Nomen* (*auch fig*) Primadonna
prim·aeval = PRIMEVAL
prima facie /ˌpraɪmə ˈfeɪʃi/ *Adj nur vor Nomen* besonders (RECHT) auf den ersten Anschein basierend, Prima-facie- ◦ *prima facie evidence* Anscheinsbeweis
prima facie /ˌpraɪmə ˈfeɪʃi/ *Adv* (RECHT) prima facie, allem Anschein nach
primal /ˈpraɪml/ *Adj nur vor Nomen* (*gehoben*) ursprünglich, Ur- ◦ *the primal hunter-gatherer* der Jäger und Sammler der Urzeit **SYN** PRIMEVAL
pri·mar·ily /praɪˈmerəli; *BrE auch* ˈpraɪmərəli/ *Adv* hauptsächlich, vor allem, in erster Linie
pri·mary¹ /ˈpraɪməri; *AmE* -meri/ *Adj* **1** grundlegend, Haupt-, hauptsächlich ◦ *That's of primary importance.* Das ist von größter Wichtigkeit. **2** Anfangs-, ursprünglich ◦ *primary causes* Primärursachen **3** (*bes für vor Nomen*) = die Schulbildung von Kindern im Alter von etwa 5 bis 11 Jahren betreffend ◦ *primary teachers* Grundschullehrer ☛ *Siehe auch* PRIMARY SCHOOL
pri·mary² /ˈpraɪməri; *AmE* -meri/ *Nomen* (*Pl* **-ies**) (*auch* **ˌprimary eˈlection**) (POL) (*in den USA*) Vorwahl ◦ *the presidential primaries* die Vorwahlen um die Präsidentschaftskandidatur
ˌprimary ˈcolour (*AmE* **ˌprimary ˈcolor**) *Nomen* Grundfarbe
ˌprimary ˈhealth care *Nomen* [U] primärärztliche Versorgung
ˈprimary school *Nomen* (*BrE*) ≈ Grundschule ☛ *Siehe auch* SECONDARY SCHOOL
ˈprimary source *Nomen* Primärquelle
ˌprimary ˈstress *Nomen* (LING) Hauptakzent
pri·mate /ˈpraɪmeɪt/ *Nomen* **1** (ZOOL) Primat **2** (*Erzbischof*) Primas
prime¹ /praɪm/ *Adj nur vor Nomen* **1** Haupt-, hauptsächlich ◦ *That's of prime importance.* Das ist von größter Wichtigkeit. ◦ *the prime candidate for the job* der aussichtsreichste Bewerber für die Stelle ◦ *The house is a prime target for burglars.* Das Haus bietet sich Einbrechern geradezu an. **2** erstklassig, hervorragend ◦ *prime (cuts of) beef* Rindfleisch erster Güteklasse
prime² /praɪm/ *Nomen* [Sing] Blüte(zeit), beste Zeit ◦ *a young woman in her prime* eine junge Frau in der Blüte ihrer Jahre
prime³ /praɪm/ *Verb* **1** ~ **sb** jdn instruieren; ~ **sb** (**for/with sth**) jdn (auf/mit etw) vorbereiten ◦ *They had been primed with good advice.* Man hatte ihnen gute Ratschläge mit auf den Weg gegeben. **SYN** BRIEF **2** einsatzbereit machen; (*Bombe*) scharf machen **3** grundieren **IDM** **prime the ˈpump** *The money was intended to prime the community care pump.* Mit dem Geld sollte die Gemeindepflege in Gang gebracht werden.
ˌprime ˈminister (*auch* **ˌPrime ˈMinister**) *Nomen* (*bes BrE, umgs*) (*Abk* **PM**) Premierminister(in)
ˌprime ˈmover *Nomen* treibende Kraft
ˌprime ˈnumber *Nomen* (MATH) Primzahl
primer /ˈpraɪmə(r); *AmE* ˈprɪmər/ *Nomen* **1** Grundierfarbe, Grundierung **2** (*AmE*) Fibel
ˈprime rate *Nomen* (*bes AmE*) Vorzugszinssatz
ˈprime time *Nomen* Hauptsendezeit
pri·meval (*auch* **prim·aeval**) /praɪˈmiːvl/ *Adj* Ur-, urzeitlich
primi·tive¹ /ˈprɪmətɪv/ *Adj* **1** primitiv **2** Ur-, urzeitlich
primi·tive² /ˈprɪmətɪv/ *Nomen* **1** = Künstler(in) der Vorrenaissance **2** naive(r) Maler(in)
primi·tive·ness /ˈprɪmətɪvnəs/ *Nomen* **1** Primitivität **2** Ursprünglichkeit
prim·ly *Adv* ⇨ PRIM
primo·geni·ture /ˌpraɪməʊˈdʒenɪtʃə(r); *AmE* -moʊ-/ *Nomen* (*gehoben oder Fachspr*) Erstgeburt(srecht)
prim·or·dial /praɪˈmɔːdiəl; *AmE* -ˈmɔːrdiəl/ *Adj* (*gehoben*) Ur-, primordial **SYN** PRIMEVAL
prim·rose /ˈprɪmrəʊz; *AmE* -roʊz/ *Nomen* **1** Primel **2** (*auch* **ˌprimrose ˈyellow**) [U] Blassgelb
prim·ula /ˈprɪmjələ/ *Nomen* Primel
Pri·mus™ /ˈpraɪməs/ (*auch* **ˈPrimus stove**) *Nomen* Primuskocher
prince /prɪns/ *Nomen* **1** Prinz **2** Fürst **3** **the ~ of sth; a ~ among sth** (*gehoben*) ◦ *the prince of comedy* der König der Komödie ◦ *a prince among men* ein außergewöhnlicher Mensch
ˌprince ˈconsort *Nomen* Prinzgemahl
prince·ling /ˈprɪnslɪŋ/ *Nomen* (*meist abwert*) Prinzchen, Duodezfürst
prince·ly /ˈprɪnsli/ *Adj* **1** (*gehoben, veraltet*) stattlich, fürstlich **2** Prinzen-, prinzlich, Fürsten-, fürstlich
prin·cess /ˌprɪnˈses, ˈprɪnses/ *Nomen* **1** Prinzessin **2** Fürstin
ˌPrincess ˈRoyal *Nomen* = Titel, der oft an die älteste Tochter des Monarchen/der Monarchin verliehen wird
prin·ci·pal¹ /ˈprɪnsəpl/ *Adj nur vor Nomen* Haupt-, wichtigste(r,s)
prin·ci·pal² /ˈprɪnsəpl/ *Nomen* **1** (*BrE*) Rektor(in) **2**

[meist Sing] (FINANZ) (Investitions)kapital, Kreditsumme **3** Hauptdarsteller(in)
prin·ci·pal·ity /ˌprɪnsɪˈpæləti/ *Nomen* (*Pl* **-ies**) **1** Fürstentum **2 the Principality** (*BrE*) Wales
prin·ci·pal·ly /ˈprɪnsəpli/ *Adv* hauptsächlich, in erster Linie
ˌprincipal ˈparts *Nomen* [Pl] (LING) Stammformen
prin·ciple /ˈprɪnsəpl/ *Nomen* **1** Prinzip, Grundsatz ◊ *on principle* aus Prinzip ◊ *as a matter of principle* grundsätzlich **2** Grundlage ◊ *We must get back to first principles.* Wir müssen zu den Grundlagen zurückkehren. IDM **in ˈprinciple 1** im Prinzip; im Grunde **2** prinzipiell; grundsätzlich
prin·cipled /ˈprɪnsəpld/ *Adj* **1** prinzipientreu **2** auf Grundsätzen beruhend ◊ *a principled policy* eine auf Prinzipien beruhende Politik
print¹ /prɪnt/ *Verb* **1** drucken, ausdrucken ◊ *printed matter/papers* Drucksache **2** ~ **(A on) B**; ~ **B (with A)** B (mit A) bedrucken ◊ *They have printed their own design on the T-shirt.* Sie haben das T-Shirt mit ihrem eigenen Logo bedruckt. **3** (ab)drucken, veröffentlichen **4** (*Foto*) abziehen **5** in Druckschrift schreiben **6** ~ **sth (in/on sth)** etw (in etw/einer Sache) einprägen ◊ *The tracks of the animal were clearly printed in the sand.* Das Tier hatte eine deutliche Fährte im Sand hinterlassen. IDM **the ˌprinted ˈword** das gedruckte Wort ☞ *Siehe auch* LICENCE *und* WORTH¹ PHR V **ˌprint sth ˈoff/ˈout** etw ausdrucken
print² /prɪnt/ *Nomen* **1** Druck ◊ *in small/bold print* klein/fett gedruckt ◊ *print unions* die Gewerkschaften der Druckindustrie **2** *a print run* eine Auflage **2** [meist Pl] Abdruck **3** (*Bild*) Druck **4** Foto, Abzug **5** bedruckter Stoff ◊ *a cotton print dress* ein bedrucktes Baumwollkleid **6** (Druck)muster ◊ *a floral print* ein aufgedrucktes Blumenmuster IDM **get into ˈprint** erscheinen; veröffentlicht werden **in ˈprint 1** gedruckt, veröffentlicht ◊ *It was the first time he had seen his name in print.* Es war das erste Mal, dass er etwas veröffentlicht hatte. **2** (*Buch*) lieferbar **ˌout of ˈprint** vergriffen; nicht mehr lieferbar
print·able /ˈprɪntəbl/ *Adj* (*meist in verneinten Sätzen gebraucht*) druckfähig OPP UNPRINTABLE
print·er /ˈprɪntə(r)/ *Nomen* **1** Drucker ◊ *a laser printer* ein Laser-Drucker **2** (*Mensch*) Drucker(in) **3** Druckerei
print·ing /ˈprɪntɪŋ/ *Nomen* [U] **1** Drucken, Buchdruck ◊ *the printing trade* die Druckindustrie **2** Auflage
ˈprinting press *Nomen* Druckerpresse
print·out /ˈprɪntaʊt/ *Nomen* (COMP) Ausdruck
prion /ˈpriːɒn; *AmE* -ɑːn/ *Nomen* (BIOL) Prion
prior¹ /ˈpraɪə(r)/ *Adj nur vor Nomen* **1** Vor-, vorherig, früher ◊ *Please give us prior notice if you need an evening meal.* Bitte lassen Sie uns frühzeitig wissen, ob Sie zu Abend essen möchten. ◊ *They have a prior claim to the property.* Sie haben ältere Rechte auf den Besitz. SYN PREVIOUS **2 ˈprior to** (*gehoben*) vor
prior² /ˈpraɪə(r)/ *Nomen* Prior
pri·or·ess /ˈpraɪərəs; *BrE auch* ˌpraɪəˈres/ *Nomen* Priorin
pri·ori ⇨ A PRIORI
pri·ori·ti·za·tion (*BrE auch* **-isation**) /praɪˌɒrətaɪˈzeɪʃn; *AmE* -ˌɔːrətəˈz-, -ˌɑːrə-/ *Nomen* **1** Anordnung nach Priorität ◊ *Prioritization was necessary.* Es galt, Prioritäten zu setzen. **2** Priorisierung ◊ *She was criticized for excessive prioritization of foreign policy.* Man warf ihr vor, die Außenpolitik zu sehr in den Vordergrund zu stellen.
pri·ori·tize (*BrE auch* **-ise**) /praɪˈɒrətaɪz; *AmE* -ˈɔːr-, -ˈɑːr-/ *Verb* **1** Prioritäten setzen **2** der Wichtigkeit nach ordnen **3** (*gehoben*) **~ sth** einer Sache Priorität einräumen
pri·or·ity /praɪˈɒrəti; *AmE* -ˈɔːr-, -ˈɑːr-/ *Nomen* (*Pl* **-ies**) **1** Priorität ◊ *Education is a top priority.* Die Bildung hat höchste Priorität. **2** (*BrE*) *You need to get your priorities right.* Du musst dir überlegen, was dir am wichtigsten ist. ☞ *Im amerikanischen Englisch heißt es: You need to get your priorities straight.* **2** ~ **(over sth/sb)** Vorrang (vor etw/jdm) ◊ *The search for a new vaccine will take priority.* Die Suche nach einem neuen Impfstoff hat Vorrang. ◊ *priority cases* dringende Fälle SYN PRECEDENCE **3** (*BrE*) Vorfahrt(srecht)
pri·ory /ˈpraɪəri/ *Nomen* (*Pl* **-ies**) Priorat
prise (*AmE* **prize**) /praɪz/ *Verb* mit Gewalt/Schwierigkeiten losmachen ◊ *She used a knife to prise open the lid.* Sie benutzte ein Messer, um den Deckel zu öffnen. ◊ *He prised her fingers from the bag and took it from her.* Er löste ihre Finger von der Tasche und nahm sie ihr weg. PHR V **ˌprise Bth ˈout (of sb)**; **ˌprise sth from sb** etw (aus jdm) herausbekommen, etw aus jdm herausquetschen
prism /ˈprɪzəm/ *Nomen* Prisma
prison /ˈprɪzn/ *Nomen* **1** Gefängnis (*auch fig*) ◊ *a five-year prison sentence* eine Freiheitsstrafe von 5 Jahren ◊ *go to prison* ins Gefängnis kommen ◊ *She is in prison awaiting trial.* Sie sitzt in Untersuchungshaft. ◊ *the prison population* die Zahl der Strafgefangenen ◊ *prison officers* Gefängniswärter ☞ *Hinweis bei* GEFÄNGNIS **2** Strafvollzug ◊ *the prison service/system* das Strafvollzugssystem
ˈprison camp *Nomen* Gefangenenlager
pris·on·er /ˈprɪznə(r)/ *Nomen* Gefangene(r), Untersuchungshäftling ◊ *the prisoner at the bar* der Angeklagte ◊ *He was taken prisoner.* Er wurde gefangen genommen. ◊ *hold sb prisoner* jdn gefangen halten
ˌprisoner of ˈconscience *Nomen* (*Pl* **prisoners of conscience**) Gefangene(r) aus Gewissensgründen
ˌprisoner of ˈwar *Nomen* (*Pl* **prisoners of war**) (*Abk* **POW**) Kriegsgefangene(r)
prissy /ˈprɪsi/ *Adj* (*umgs, abwert*) etepetete, brav
pris·tine /ˈprɪstiːn/ *Adj* **1** tadellos, makellos **2** unberührt
priv·acy /ˈprɪvəsi; *AmE* ˈpraɪv-/ *Nomen* **1** Alleinsein, Ruhe ◊ *He read the letter later in the privacy of his own room.* Er las den Brief später, als er allein in seinem Zimmer war. **2** Privatsphäre, Intimsphäre
pri·vate¹ /ˈpraɪvət/ *Adj* (*Adv* **pri·vate·ly**) privat ◊ (*BrE*) *private patients* Privatpatienten ◊ *patients who decide to go private* Patienten, die beschließen, privat zum Arzt zu gehen ◊ *a privately owned company* eine Firma in Privatbesitz ◊ *Their children were educated privately.* Ihre Kinder gingen auf eine Privatschule. ◊ *return state companies to private ownership* staatliche Unternehmen reprivatisieren ◊ *private talks* persönliche Gespräche ◊ *They were sharing a private joke.* Sie lachten zusammen über irgendetwas. ◊ *her private thoughts* ihre geheimen Gedanken ◊ *Let's go somewhere a bit more private.* Lass uns irgendwo hingehen, wo wir alleine sind. ◊ *She smiled, but privately she was furious.* Sie lächelte, aber innerlich war sie wütend. ◊ *a room with a private bathroom* ein Zimmer mit Bad
pri·vate² /ˈpraɪvət/ *Nomen* **1** (*BrE*) (*Abk* **Pte**) Grenadier, Gefreite(r) **2** (*AmE*) Obergefreite **3** **privates** [Pl] (*umgs, verhüll*) Geschlechtsteile IDM **in ˈprivate** privat; persönlich; unter vier Augen, in den eigenen vier Wänden
ˌprivate ˈcompany = PRIVATE LIMITED COMPANY
ˌprivate deˈtective (*auch* **ˌprivate inˈvestigator** *umgs* **ˌprivate ˈeye**) *Nomen* Privatdetektiv(in)
ˌprivate ˈenterprise *Nomen* [U] **1** freies Unternehmertum, Privatwirtschaft **2** Eigeninitiative
pri·vat·eer /ˌpraɪvəˈtɪə(r); *AmE* -ˈtɪr/ *Nomen* Kaperschiff
ˌprivate ˈlaw *Nomen* Privatrecht
ˌprivate ˌlimited ˈcompany (*auch* **ˌprivate ˈcompany**) *Nomen* (*Pl* **-ies**) (WIRTSCH) ≈ Gesellschaft mit beschränkter Haftung
ˌprivate ˈmember *Nomen* = Abgeordnete(r) im britischen Unterhaus, der/die keinen Ministerposten innehat
ˌprivate ˈparts *Nomen* [Pl] (*verhüll*) Geschlechtsteile
ˌprivate ˈpractice *Nomen* **1** ◊ *Most solicitors in England and Wales are in private practice.* Die meisten Rechtsanwälte in England und Wales sind selbstständig oder arbeiten in kleinen Kanzleien. **2** (*in GB*) = medizinische Betreuung von Patienten außerhalb des staatlichen Gesundheitswesens ◊ *They set up a private practice.* Sie haben eine Privatpraxis aufgemacht.
ˌprivate ˈsecretary *Nomen* **1** Privatsekretär(in) **2** Staatssekretär(in)
the ˌprivate ˈsector *Nomen* die Privatwirtschaft
ˌprivate ˈview (*auch* **ˌprivate ˈviewing**) *Nomen* Vernissage
pri·va·tion /praɪˈveɪʃn/ *Nomen* (*gehoben*) Not, Entbehrung ◊ *They endured years of suffering and privation.* Jahrelang erlitten sie Not und Elend.
pri·vat·iza·tion (*BrE auch* **-isation**) /ˌpraɪvətaɪˈzeɪʃn; *AmE* -təˈz-/ *Nomen* Privatisierung

privatize 486

pri·vat·ize (BrE auch **-ise**) /ˈpraɪvətaɪz/ Verb privatisieren SYN DENATIONALIZE OPP NATIONALIZE

privet /ˈprɪvɪt/ Nomen Liguster

priv·il·ege¹ /ˈprɪvəlɪdʒ/ Nomen **1** Privileg ◇ *a life of wealth and privilege* ein Leben des Wohlstands und der Privilegien **2** [Sing] Ehre SYN HONOUR **3** (POL) Immunität ◇ *parliamentary privilege* Immunität der Abgeordneten

priv·il·ege² /ˈprɪvəlɪdʒ/ Verb (gehoben) privilegieren, bevorzugen

priv·il·eged /ˈprɪvəlɪdʒd/ Adj **1** privilegiert **2** nicht vor Nomen ◇ *We are privileged to welcome him here this evening.* Es ist uns eine Ehre, ihn heute Abend bei uns willkommen zu heißen. SYN HONOURED **3** (RECHT) vertraulich ◇ *act on privileged information* aufgrund von Insiderwissen handeln SYN CONFIDENTIAL

privy¹ /ˈprɪvi/ Adj (gehoben) **~ to sth** in etw eingeweiht

privy² /ˈprɪvi/ Nomen (Pl **-ies**) (veraltet) (Außen)toilette

the ˌPrivy ˈCouncil Nomen (in Großbritannien) Geheimer Staatsrat ☞ G 1.3a

ˌPrivy ˈCouncillor Nomen (in Großbritannien) Geheimer Staatsrat, Geheime Staatsrätin

the ˌprivy ˈpurse Nomen [Sing] (BrE) = Gelder, die der Staat dem König/der Königin für seine/ihre privaten Ausgaben zur Verfügung stellt

prize¹ /praɪz/ Nomen **1** Preis ◇ *I won $500 prize money.* Ich habe einen Geldpreis von 500 Dollar gewonnen. ◇ *a prize draw* eine Lotterie ◇ *There are no prizes for guessing who it was.* Dreimal darfst du raten, wer das war. **2** Lohn ◇ *World peace is the greatest prize of all.* Der Weltfrieden ist das allerhöchste Gut.

prize² /praɪz/ Adj nur vor Nomen **1** preisgekrönt ◇ *prize cattle* prämiertes Zuchtvieh **2** Muster- ◇ *a prize student* ein vorbildlicher Student ◇ *a prize specimen* ein Prachtexemplar ◇ (umgs) *What a prize idiot he is!* So ein Volldiot!

prize³ /praɪz/ Verb **1** meist passiv **~ sth** (**for sth**) etw (wegen einer Sache) (hoch) schätzen SYN TREASURE **2** (AmE) = PRISE

prized /praɪzd/ Adj nur vor Nomen wertvoll, hoch geschätzt ◇ *my most prized possessions* mein wertvollster Besitz ◇ *his prized collection of beer mats* seine heiß geliebte Bierdeckelsammlung

prize·fight /ˈpraɪzfaɪt/ Nomen Preisboxkampf

prize·fight·er /ˈpraɪzfaɪtə(r)/ Nomen Preisboxer(in)

prize·fight·ing /ˈpraɪzfaɪtɪŋ/ Nomen Preisboxen

ˈprize-giving Nomen (BrE) Preisverleihung

prize·win·ner /ˈpraɪzwɪnə(r)/ Nomen Preisträger(in), Gewinner(in)

prize·win·ning /ˈpraɪzwɪnɪŋ/ Adj preisgekrönt, prämiert ◇ *the prizewinning numbers* die Gewinnzahlen

pro¹ /prəʊ; AmE proʊ/ Nomen (Pl **pros**) (umgs) Profi IDM **the ˌpros and ˈcons** das Für und Wider

pro² /prəʊ; AmE proʊ/ Adj nur vor Nomen (bes AmE) (SPORT) Profi- ◇ *pro football* Profifußball

pro- /prəʊ; AmE proʊ/

Die Vorsilbe **pro-** wird in Adjektiven benutzt und bedeutet „für": *pro-democracy* prodemokratisch ◇ *pro-European* pro-europäisch ◇ *pro-German* deutschfreundlich.

pro·active /ˌprəʊˈæktɪv; AmE ˌproʊ-/ Adj (Adv **pro·active·ly**) proaktiv OPP REACTIVE

ˌpro-ˈam (SPORT) **1** Adj nur vor Nomen (SPORT) für Profis und Amateure **2** Nomen Wettbewerb für Profis und Amateure

prob·abil·ist·ic /ˌprɒbəbɪˈlɪstɪk; AmE ˌprɑːb-/ Adj (Fachspr) probabilistisch

prob·abil·ity /ˌprɒbəˈbɪləti; AmE ˌprɑːb-/ Nomen (Pl **-ies**) Wahrscheinlichkeit ◇ *The probability is that …* Es ist wahrscheinlich, dass … IDM **in ˌall probaˈbility** (gehoben) aller Wahrscheinlichkeit nach

prob·able¹ /ˈprɒbəbl; AmE ˈprɑːb-/ Adj (Adv **prob·ably** /-bli/) **1** wahrscheinlich ◇ *highly probable* höchstwahrscheinlich **2** voraussichtlich

prob·able² /ˈprɒbəbl; AmE ˈprɑːb-/ Nomen **~** (**for sth**) (bes BrE) = jd, der wahrscheinlich etw gewinnt oder für eine Mannschaft etc. ausgewählt wird

pro·bate¹ /ˈprəʊbeɪt; AmE ˈproʊ-/ Nomen (RECHT) gerichtliche Testamentsbestätigung

pro·bate² /ˈprəʊbeɪt; AmE ˈproʊ-/ Verb (AmE) (Testament) beglaubigen, bestätigen

pro·ba·tion /prəˈbeɪʃn; AmE proʊ-/ Nomen **1** (RECHT) Bewährung ◇ *be on probation* unter Bewährung stehen **2** Probe(zeit) **3** (AmE) (für Schüler) Bewährungsfrist

pro·ba·tion·ary /prəˈbeɪʃnri; AmE proʊˈbeɪʃəneri/ Adj Probe- ◇ *on a probationary basis* auf Probe

pro·ba·tion·er /prəˈbeɪʃənə(r)/ Nomen **1** = jd, der in der Probezeit ist **2** unter Bewährung Stehende(r)

proˈbation officer Nomen Bewährungshelfer(in)

probe¹ /prəʊb; AmE proʊb/ Verb **1 ~** (**into**) **sth** etw untersuchen ◇ *The media were probing into his past.* Die Medien stocherten in seiner Vergangenheit herum. ◇ *Searchlights probed the night sky.* Scheinwerfer suchten den Nachthimmel ab. **2** nachforschen, nachfragen

probe² /prəʊb; AmE proʊb/ Nomen **1 ~** (**into sth**) Nachforschung (über etw), Untersuchung (einer Sache) **2** = SPACE PROBE **3** (Fachspr) Sonde

prob·ing /ˈprəʊbɪŋ; AmE ˈproʊ-/ Adj **1** gründlich; (Fragen) bohrend **2** durchdringend, prüfend

prob·ity /ˈprəʊbəti; AmE ˈproʊ-/ Nomen (gehoben) Integrität

prob·lem¹ /ˈprɒbləm; AmE ˈprɑːb-/ Nomen **1** Problem ◇ *There's no history of heart problems in our family.* In unserer Familie war noch nie jemand herzkrank. ◇ *the magazine's problem page* die Kummerseite der Zeitschrift **2** (MATH) Aufgabe IDM **Do you have a ˈproblem with that?** (umgs) Stört dich das? **no ˈproblem** (umgs) **1** kein Problem **2** gern geschehen; macht nichts **not a ˈproblem** (umgs) kein Problem **What's ˈyour problem?** (umgs) Hast du damit vielleicht ein Problem?; Passt dir vielleicht etwas nicht?

prob·lem² /ˈprɒbləm; AmE ˈprɑːb-/ Adj nur vor Nomen Problem-

prob·lem·at·ic /ˌprɒbləˈmætɪk; AmE ˌprɑːb-/ (auch **prob·lem·at·ical** /ˌprɒbləˈmætɪkəl; AmE ˌprɑːb-/) Adj problematisch

ˈproblem-solving Nomen Problemlösung

pro·bos·cis /prəˈbɒsɪs; AmE -ˈbɑːs-/ (Pl **pro·bos·ces** /-siːz/, **pro·bos·cises**) Nomen **1** (Insekten- etc.) Rüssel **2** (hum) Nase

probs /prɒbz; AmE prɑːbz/ Nomen [Pl] IDM **no probs** (umgs) kein Problem

pro·ced·ural /prəˈsiːdʒərəl/ Adj (gehoben) verfahrenstechnisch, verfahrensrechtlich

pro·ced·ure /prəˈsiːdʒə(r)/ Nomen **1** Verfahren, Vorgehensweise ◇ *safety procedures* Sicherheitsvorschriften ◇ *Booking a room is quite a simple procedure.* Es ist relativ einfach ein Hotelzimmer zu reservieren. ◇ *What is the regular procedure?* Wie wird das normalerweise gehandhabt? **2** (MED) Eingriff

pro·ceed /prəˈsiːd; AmE proʊ-/ Verb **1** fortfahren, weitermachen **2** (Fortschritte machen) vorangehen **3** (vorgehen) verfahren **4 ~ to do sth** zu etw übergehen **5** (gehoben) gehen, fahren, sich begeben PHR V **proˈceed against sb** ein Verfahren gegen jdn einleiten **proˈceed from sth** (gehoben) ausgehen, auf etw basieren

pro·ceed·ing /prəˈsiːdɪŋ/ Nomen (gehoben) **1** ◇ *this way of proceeding* diese Vorgehensweise **2** [meist Pl] **~** (**against sb**) (**for sth**) Verfahren (gegen jdn) (wegen einer Sache) ◇ *start divorce proceedings* die Scheidung einreichen ◇ *bring legal proceedings against sb* gegen jdn gerichtlich vorgehen **3** **proceedings** [Pl] Veranstaltung, Vorgänge **4** **proceedings** [Pl] Protokoll, Tätigkeitsbericht

pro·ceeds /ˈprəʊsiːdz; AmE ˈproʊ-/ Nomen [Pl] Erlös

pro·cess¹ /ˈprəʊses; AmE ˈprɑːses, ˈproʊ-/ Nomen **1** Prozess, Vorgang ◇ *a consultation process* eine Befragung ◇ *It's going to be a slow process.* Das wird eine Weile dauern. ◇ *We're in the process of selling our house.* Wir sind dabei unser Haus zu verkaufen. **2** Verfahren ◇ *manufacturing processes* Produktionsverfahren

pro·cess² /ˈprəʊses; AmE ˈprɑːses, ˈproʊ-/ Verb **1** behandeln, verarbeiten; (Film) entwickeln ◇ *processed cheese* Schmelzkäse ◇ *a sewage processing plant* eine Abwasser-

---

æ cat | ɑː father | e ten | ɜː bird | ə about | ɪ sit | iː see | i many | ɒ got (BrE) | ɔː saw | ʌ cup | ʊ put | uː too

aufbereitungsanlage 2 bearbeiten; *(Fahrgäste etc.)* abfertigen **3** (COMP) verarbeiten

pro·cess³ /prəˈses/ *Verb (gehoben)* ziehen, schreiten

pro·cess·ing /ˈprəʊsesɪŋ; *AmE* ˈprɑːsesɪŋ, ˈproʊ-/ *Nomen* Verarbeitung, Bearbeitung, Behandlung; *(Foto-)* Entwicklung ◊ *the food processing industry* die Lebensmittelindustrie

pro·ces·sion /prəˈseʃn/ *Nomen* **1** Prozession ◊ *a ceremonial procession* ein Umzug ◊ *a funeral procession* ein Trauerzug **2** Reihe *(von Menschen)*

pro·ces·sor /ˈprəʊsesə(r); *AmE* ˈprɑː-, ˈproʊ-/ *Nomen* (COMP) Prozessor

pro-ˈchoice *Adj* = die Meinung vertretend, dass eine Frau selbst entscheiden können sollte, ob sie abtreiben will oder nicht OPP PRO-LIFE

pro·claim /prəˈkleɪm/ *Verb* **1** *(öffentlich verkündigen)* ausrufen, erklären SYN DECLARE **2** *(gehoben)* verraten ◊ *His accent proclaimed him a Scot/to be a Scot.* Sein Akzent verriet, dass er Schotte war.

pro·cla·ma·tion /ˌprɒkləˈmeɪʃn; *AmE* ˌprɑːk-/ *Nomen* Proklamation, Verkündung, Bekanntmachung

pro·cliv·ity /prəˈklɪvəti/ *Nomen (Pl* **-ies)** *(gehoben)* Hang, Neigung

pro·cras·tin·ate /prəʊˈkræstɪneɪt; *AmE* proʊ-/ *Verb (gehoben, abwert)* = wichtige Dinge aufschieben(, weil man sie nicht erledigen will)

pro·cras·tin·ation /prəʊˌkræstɪˈneɪʃn; *AmE* proʊ-/ *Nomen (gehoben, abwert)* = das Aufschieben wichtiger Dinge(, weil man sie nicht erledigen will)

pro·cre·ate /ˈprəʊkrieɪt; *AmE* ˈproʊ-/ *Verb (gehoben)* sich fortpflanzen, zeugen SYN REPRODUCE

pro·cre·ation /ˌprəʊkriˈeɪʃn; *AmE* ˌproʊ-/ *Nomen* Fortpflanzung

proc·tor /ˈprɒktə(r); *AmE* ˈprɑːk-/ *Nomen (AmE) (Mensch)* Prüfungsaufsicht

pro·cure /prəˈkjʊə(r); *AmE* -ˈkjʊr/ *Verb (gehoben)* beschaffen

pro·cure·ment /prəˈkjʊəmənt; *AmE* -ˈkjʊrm-/ *Nomen (gehoben)* Beschaffung

prod¹ /prɒd; *AmE* prɑːd/ *Verb* (**-dd-**) **1** *(mit dem Finger)* (an)stoßen ◊ *She prodded him in the ribs.* Sie gab ihm einen Rippenstoß. ◊ *He prodded at his breakfast.* Er stocherte in seinem Frühstück herum. SYN POKE **2** *(umgs)* ~ **sb (into sth)** jdn (zu etw) antreiben; ~ **sb into doing sth** jdn dazu bringen etw zu tun

prod² /prɒd; *AmE* prɑːd/ *Nomen* **1** Stoß (mit dem Finger) ◊ *(fig) This sight gave my memory a prod.* Dieser Anblick half meinem Gedächtnis auf die Sprünge. ◊ *Can you call them and give them a prod?* Kannst du sie anrufen und ein bisschen antreiben? **2** *(zum Antreiben von Tieren)* Stock

prod·igal /ˈprɒdɪgl; *AmE* ˈprɑːd-/ *Adj* **1** *(gehoben, abwert)* **1** *Adj* verschwenderisch SYN EXTRAVAGANT **2** *Nomen* Verschwender(in) IDM **the/a ˌprodigal (ˈson)** der/ein verlorene(r) Sohn

pro·di·gious /prəˈdɪdʒəs/ *Adj (Adv* **pro·di·gious·ly)** *(gehoben)* erstaunlich, ungeheuer SYN COLOSSAL

prod·igy /ˈprɒdədʒi; *AmE* ˈprɑːd-/ *Nomen (Pl* **-ies)** außergewöhnliches Talent ◊ *a child/an infant prodigy* ein Wunderkind ◊ *a tennis prodigy* ein Tenniswunder

pro·duce¹ /prəˈdjuːs; *AmE* -ˈduːs/ *Verb* **1** herstellen, produzieren ◊ *Produced in Germany* Deutsches Erzeugnis SYN MANUFACTURE **2** hervorbringen, produzieren ◊ *These shrubs produce red berries.* An diesen Büschen wachsen rote Beeren. ◊ *Our cat produced kittens last week.* Unsere Katze hat letzte Woche Junge bekommen. **3** schaffen, kreieren ◊ *She produced a delicious meal out of a few leftovers.* Sie zauberte aus ein paar Resten ein leckeres Essen. **4** erzielen, bewirken, hervorrufen **5** ~ **sth (from/out of sth)** etw aus etw herausholen **6** vorzeigen, vorlegen **7** produzieren, inszenieren

pro·duce² /ˈprɒdjuːs; *AmE* ˈprɑːduːs, ˈproʊ-/ *Nomen* [U] *(Agrar-)* Produkt, Erzeugnis ◊ *local produce* landwirtschaftliche Erzeugnisse aus der Region

pro·du·cer /prəˈdjuːsə(r); *AmE* -ˈduː-/ *Nomen* **1** Erzeuger(in), Hersteller(in), Produzent(in) ◊ *French wine producers* französische Weinbauern **2** Regisseur(in), Produzent(in)

prod·uct /ˈprɒdʌkt; *AmE* ˈprɑːd-/ *Nomen* **1** Produkt **2** Ergebnis

pro·duc·tion /prəˈdʌkʃn/ *Nomen* **1** Produktion, Herstellung ◊ *The car went out of production in 1990.* Der Wagen wird seit 1990 nicht mehr hergestellt. ◊ *Production of the new aircraft will start next year.* Mit dem Bau des neuen Flugzeugtyps wird nächstes Jahr begonnen werden. **2** Produktion, Inszenierung ◊ *He wants a career in film production.* Er möchte Filmproduzent werden. ◊ *We're putting on a musical production.* Wir führen ein Musical auf. IDM **on production of sth** *(gehoben)* gegen Vorlage von etw

proˈduction line *(auch* **line)** *Nomen* Fließband, Fertigungsstraße

pro·duct·ive /prəˈdʌktɪv/ *Adj* **1** *(Adv* **pro·duct·ive·ly)** produktiv, ertragreich, leistungsfähig, fruchtbar ◊ *The time I spent in the library today was very productive.* Die Stunden in der Bibliothek heute waren sehr ergiebig. ◊ *productive investments* rentable Investitionen OPP UNPRODUCTIVE **2** ~ **of sth** *(gehoben)* etw auslösend

prod·uct·iv·ity /ˌprɒdʌkˈtɪvəti; *AmE* ˌprɑːd-, ˌproʊd-/ *Nomen* Produktivität, Leistung ◊ *productivity bonus* Leistungszulage ◊ *the productivity of the soil* die Fruchtbarkeit des Bodens

Prof., prof = PROFESSOR

pro·fane¹ /prəˈfeɪn/ *Adj* **1** gotteslästerlich, respektlos **2** weltlich, profan SYN SECULAR

pro·fane² /prəˈfeɪn/ *Verb (gehoben)* entweihen

pro·fan·ity /prəˈfænəti; *AmE auch* proʊˈf-/ *Nomen (Pl* **-ies)** *(gehoben)* **1** Respektlosigkeit, Gotteslästerlichkeit **2** Gotteslästerung, Fluch

pro·fess /prəˈfes/ *Verb (gehoben)* **1** behaupten ◊ *She still professes her innocence.* Sie besteht immer noch darauf unschuldig zu sein. **2** erklären, bekunden ◊ *She professed herself satisfied with progress.* Sie erklärte, dass sie mit dem Lauf der Dinge zufrieden war. **3** ~ **sth** (REL) sich zu etw bekennen

pro·fessed /prəˈfest/ *Adj nur vor Nomen (gehoben)* **1** erklärt **2** angeblich

pro·fes·sion /prəˈfeʃn/ *Nomen* **1** Beruf ◊ *She's in the legal profession.* Sie ist Juristin. ◊ *by profession* von Beruf ◊ *She was at the very top of her profession.* Sie konnte beruflich nicht mehr weiter aufsteigen. **2** *(alle Angehörigen einer Berufsgruppe)* ◊ *The legal profession has/have always resisted change.* Die Juristen haben sich immer gegen Änderungen gewehrt. ➡ G 1.3a **3 the professions** [Pl] die gehobenen/akademischen Berufe **4** ~ **of sth** Bekenntnis einer Sache

pro·fes·sion·al¹ /prəˈfeʃənl/ *Adj* **1** *nur vor Nomen* beruflich, geschäftlich **2** in einem gehobenen Beruf tätig **3** fachmännisch, kompetent, professionell OPP AMATEUR **4** Berufs-, Profi- ◊ *a professional cook* ein Profikoch OPP AMATEUR

pro·fes·sion·al² /prəˈfeʃənl/ *Nomen* **1** in einem gehobenen Beruf Tätige(r) ◊ *medical professionals* Angehörige medizinischer Berufe **2** *(umgs* **pro)** Fachmann, Fachfrau, Profi

proˌfessional ˈfoul *Nomen (BrE)* (SPORT) absichtliches Foul

pro·fes·sion·al·ism /prəˈfeʃənəlɪzəm/ *Nomen* **1** Professionalität **2** (SPORT) Profitum, Professionalismus

pro·fes·sion·al·iza·tion *(BrE auch* **-isation)** /prəˌfeʃənəlaɪˈzeɪʃn/ *Nomen* Professionalisierung

pro·fes·sion·al·ize *(BrE auch* **-ise)** /prəˈfeʃənəlaɪz/ *Verb (meist passiv)* professionalisieren

pro·fes·sion·al·ly /prəˈfeʃənəli/ *Adv* **1** beruflich, geschäftlich ◊ *professionally qualified staff* ausgebildete Fachkräfte **2** fachmännisch, kompetent, professionell **3** berufsmäßig

pro·fes·sor /prəˈfesə(r)/ *(umgs* **prof)** *Nomen (Abk* **Prof.)** **1** *(AmE meist* **ˈfull professor)** Professor(in) ➡ **Full professor** wird im Unterschied zu **professor** nicht als Titel verwendet. **2** *(AmE)* Dozent(in)

pro·fes·sor·ial /ˌprɒfɪˈsɔːriəl; *AmE* ˌprɑːf-/ *Adj* professoral, professorenhaft ◊ *a professorial post* eine Professur

pro·fes·sor·ship /prəˈfesəʃɪp; *AmE* -sərʃ-/ *Nomen* Professur, Lehrstuhl

prof·fer /ˈprɒfə(r); *AmE* ˈprɑːf-/ *Verb (gehoben)* anbieten

pro·fi·ciency /prəˈfɪʃnsi/ Nomen [U] Können, Kenntnisse, Fähigkeiten ◊ *a high level of oral proficiency in English* ein hohes Niveau im gesprochenen Englisch ◊ *a certificate of language proficiency* ein Sprachzeugnis

pro·fi·cient /prəˈfɪʃnt/ Adj (gehoben) tüchtig, fähig, gut ◊ *She's proficient in several languages.* Sie beherrscht mehrere Sprachen.

pro·file¹ /ˈprəʊfaɪl; AmE ˈproʊ-/ Nomen **1** Profil **2** Beschreibung, Porträt **3** Image, Kontur(en) **4** Umriss IDM **have a ˈhigh ˈprofile** im Vordergrund stehen **keep a ˈlow ˈprofile** sich im Hintergrund halten

pro·file² /ˈprəʊfaɪl; AmE ˈproʊ-/ Verb (gehoben) **1** beschreiben, porträtieren **2** im Profil darstellen

pro·fil·ing /ˈprəʊfaɪlɪŋ; AmE ˈproʊ-/ Nomen Erstellung eines Profils (einer Firma etc.)

profit¹ /ˈprɒfɪt; AmE ˈprɑːfɪt/ Nomen **1** Gewinn ◊ *sell sth at a profit* etw mit Gewinn verkaufen OPP LOSS **2** [U] (gehoben) Nutzen, Vorteil

profit² /ˈprɒfɪt; AmE ˈprɑːfɪt/ Verb **1** ~ (**by/from sth**) (gehoben) (von etw) profitieren **2** ~ **by sth** aus etw lernen **3** ~ **sb** jdm nützen

prof·it·abil·ity /ˌprɒfɪtəˈbɪləti; AmE ˌprɑːf-/ Nomen [U] Rentabilität, Einträglichkeit

prof·it·able /ˈprɒfɪtəbl; AmE ˈprɑːf-/ Adj (Adv **prof·it·ably** /-əbli/) **1** Gewinn bringend, einträglich **2** nutzbringend, nützlich

prof·it·eer /ˌprɒfɪˈtɪə(r); AmE ˌprɑːfəˈtɪr/ Nomen (abwert) Profiteur(in), Profithai

prof·it·eer·ing /ˌprɒfɪˈtɪərɪŋ; AmE ˌprɑːfəˈtɪr-/ Nomen (abwert) Profitmacherei, Wucher

pro·fit·er·ole /prəˈfɪtərəʊl; AmE -roʊl/ Nomen (bes BrE) = kleiner, mit Sahne gefüllter und meist mit Schokolade überzogener Windbeutel

ˈprofit margin (auch **margin**) Nomen Gewinnspanne

ˈprofit-sharing Nomen [U] Gewinnbeteiligung

prof·li·gacy /ˈprɒflɪɡəsi; AmE ˈprɑːf-/ Nomen [U] (gehoben, abwert) Verschwendung(ssucht), Verworfenheit

prof·li·gate /ˈprɒflɪɡət; AmE ˈprɑːf-/ Adj (gehoben, abwert) verschwenderisch, verworfen

pro forma¹ /ˌprəʊ ˈfɔːmə; AmE ˌproʊ ˈfɔːrmə/ Adj **1** Muster-, Standard- ◊ *a pro forma letter* ein Standardbrief ◊ *a pro forma invoice* ein Lieferschein **2** formal, Pro-forma- ◊ *give pro forma approval to sth* etw pro forma genehmigen **3** Schein- ◊ *a pro forma debate* eine Scheindebatte

pro forma² /ˌprəʊ ˈfɔːmə; AmE ˌproʊ ˈfɔːrmə/ Nomen Formular, Vordruck

pro·found /prəˈfaʊnd/ Adj **1** (Adv **pro·found·ly**) tief (greifend), tief gehend, nachhaltig ◊ *profoundly moved* zutiefst gerührt **2** tief(gründig), tiefsinnig **3** (Adv **pro·found·ly**) (MED) schwer ◊ *profoundly deaf* gehörlos

pro·fund·ity /prəˈfʌndəti/ Nomen (Pl **-ies**) (gehoben) **1** Gründlichkeit, Tiefgründigkeit **2** Tiefe

pro·fuse /prəˈfjuːs/ Adj (Adv **pro·fuse·ly**) (über)reichlich, überschwänglich, üppig ◊ *profuse bleeding* starke Blutung

pro·fu·sion /prəˈfjuːʒn/ Nomen (gehoben) (Über)fülle ◊ *roses in profusion* Rosen in Hülle und Fülle

prog /prɒɡ; AmE prɑːɡ/ Nomen (umgs) = PROGRAMME¹ (2)

pro·geni·tor /prəˈdʒenɪtə(r); AmE -tər/ Nomen (gehoben) **1** Vorfahr(in), Ahne **2** Vorläufer(in) SYN ANCESTOR

pro·geny /ˈprɒdʒəni; AmE ˈprɑːdʒ-/ Nomen [Pl] (gehoben oder hum) Nachkommen(schaft)

prog·no·sis /prɒɡˈnəʊsɪs; AmE prɑːɡˈnoʊ-/ Nomen (Pl **prog·no·ses** /-siːz/) Prognose, Voraussage

pro·gram¹ /ˈprəʊɡræm; AmE ˈproʊ-/ Nomen **1** (COMP) Programm **2** (AmE) = PROGRAMME¹

pro·gram² /ˈprəʊɡræm; AmE ˈproʊ-/ Verb (**-mm-**, AmE auch **-m-**) **1** (COMP) programmieren **2** (AmE) = PROGRAMME²

pro·gram·mable /ˈprəʊɡræməbl, prəʊˈɡræm-; AmE ˈproʊ-, proʊˈɡ-/ Adj programmierbar

pro·gram·mat·ic /ˌprəʊɡrəˈmætɪk; AmE ˌproʊ-/ Adj (gehoben) programmatisch

pro·gramme¹ (AmE **pro·gram**) /ˈprəʊɡræm; AmE ˈproʊ-/ Nomen **1** Programm **2** (umgs **prog** /prɒɡ; AmE prɑːɡ/) (TV, RADIO) Sendung **3** (AmE) Studienplan, Lehrplan

pro·gramme² (AmE **pro·gram**) /ˈprəʊɡræm; AmE ˈproʊ-/ Verb (meist passiv) **1** planen, vorsehen **2** programmieren

pro·gram·mer /ˈprəʊɡræmə(r); AmE ˈproʊ-/ Nomen Programmierer(in)

pro·gram·ming /ˈprəʊɡræmɪŋ; AmE ˈproʊ-/ Nomen [U] **1** Programmierung, Programmieren **2** Programmgestaltung

pro·gress¹ /ˈprəʊɡres; AmE ˈprɑːɡ-, -ɡrəs/ Nomen [U] **1** Fortschritt(e) ◊ *a progress report* ein Zwischenbericht **2** Vorwärtskommen, Vorrücken ◊ *make good progress* gut vorankommen IDM **in progress** (gehoben) im Gange ◊ *Silence — examination in progress.* Prüfung — bitte Ruhe!

pro·gress² /prəˈɡres/ Verb **1** Fortschritte machen, vorankommen **2** sich (vorwärts) bewegen **3** fortschreiten ◊ *as the day progressed* im Laufe des Tages PHR V **proˈgress to sth** zu etw übergehen

pro·gres·sion /prəˈɡreʃn/ Nomen **1** Fortschreiten, (Weiter)entwicklung ◊ *opportunities for career progression* berufliche Aufstiegschancen **2** Reihe, Folge

pro·gres·sive¹ /prəˈɡresɪv/ Adj **1** fortschrittlich **2** fortschreitend **3** (LING) Verlaufs- ◊ *the progressive tenses* die Verlaufsformen SYN CONTINUOUS

pro·gres·sive² /prəˈɡresɪv/ Nomen [meist Pl] Progressive(r)

pro·gres·sive·ly /prəˈɡresɪvli/ Adv (oft mit Komparativen verwendet) zunehmend

pro·gres·siv·ism /prəˈɡresɪvɪzəm/ Nomen Fortschrittsdenken, Progressismus

pro·hibit /prəˈhɪbɪt; AmE auch proʊˈh-/ Verb (gehoben) **1** ~ (**sb from doing sth**) (jdm) untersagen (etw zu tun) SYN FORBID **2** verbieten; ~ **sb from doing sth** jdn daran hindern etw zu tun SYN PREVENT

pro·hib·ition /ˌprəʊɪˈbɪʃn; AmE ˌproʊəˈb-/ Nomen **1** Verbot **2** **Prohibition** (GESCH) (in den USA) Prohibition

pro·hibi·tive /prəˈhɪbətɪv; AmE auch proʊˈh-/ Adj **1** unerschwinglich; (Kosten) untragbar **2** Verbots-, prohibitiv ◊ *prohibitive measures* Verbote

pro·hibi·tive·ly /prəˈhɪbətɪvli; AmE proʊˈh-/ Adv ungeheuer ◊ *prohibitively expensive* unerschwinglich

pro·ject¹ /ˈprɒdʒekt; AmE ˈprɑːdʒ-/ Nomen **1** Projekt, Vorhaben, Plan **2** Arbeit ◊ *a history/science project* eine geschichtliche/naturwissenschaftliche Arbeit **3** Programm **4** (AmE) = HOUSING PROJECT

pro·ject² Verb /prəˈdʒekt/ **1** (meist passiv) (voraus)planen **2** (meist passiv) voraussagen, hochrechnen, prognostizieren **3** ~ **sth** (**on/onto sth**) etw (auf etw) projizieren, etw (auf etw) werfen **4** hervorragen, herausragen ◊ *balconies projecting out over the street* Balkons, die über die Straße ragen SYN PROTRUDE **5** ~ **sth** etw vermitteln ◊ *She projects an air of self-confidence.* Sie strahlt Selbstvertrauen aus. **6** ~ **yourself** sich darstellen **7** (meist passiv) schleudern, schießen ◊ *Actors learn to project their voices.* Schauspieler lernen, ihre Stimme zum Tragen zu bringen. ◊ *(fig) the men who would project him into The White House* die Männer, die ihn ins Weiße Haus lancieren würden PHR V **proˈject sth onto sb** etw auf jdn projizieren

pro·ject·ile /prəˈdʒektaɪl; AmE -tl/ Nomen (gehoben oder Fachspr) (Wurf)geschoss

pro·jec·tion /prəˈdʒekʃn/ Nomen **1** Voraussage, Hochrechnung, Prognose **2** Projektion ◊ *laser projections* Laserbilder ◊ *a projection room* ein Vorführraum **3** (etwas Hervorstehendes) Vorsprung **4** ◊ *take lessons in voice projection* lernen, wie man seine Stimme zum Tragen bringt

pro·jec·tion·ist /prəˈdʒekʃənɪst/ Nomen Filmvorführer(in)

pro·ject·or /prəˈdʒektə(r)/ Nomen Projektor

pro·lapse /ˈprəʊlæps; AmE ˈproʊ-/ Nomen (MED) Senkung, Vorfall

prole /prəʊl; AmE proʊl/ Nomen (BrE, umgs, veraltet) Prolet(in)

pro·le·tar·ian /ˌprəʊləˈteəriən; AmE ˌproʊləˈter-/ **1** Adj proletarisch ◊ *proletarian power* die Macht des Proletariats **2** Nomen Proletarier(in)

pro·le·tar·iat /ˌprəʊləˈteəriət; AmE ˌproʊləˈter-/ Nomen **the proletariat** das Proletariat ➡ G 1.3a

ˌpro-ˈlife Adj Anti-Abtreibungs- ◊ *the pro-life movement* die Anti-Abtreibungs-Bewegung OPP PRO-CHOICE

pro·lif·er·ate /prəˈlɪfəreɪt/ *Verb* wuchern ◊ *Nuclear weapons proliferated.* Die Zahl der Atomwaffen hat stark zugenommen. ◊ *Expert advice proliferated.* Es gab eine Unzahl von Expertenratschlägen. SYN MULTIPLY

pro·lif·er·ation /prəˌlɪfəˈreɪʃn/ *Nomen* Wucherung, starke Zunahme

pro·lif·ic /prəˈlɪfɪk/ *Adj* **1** sehr produktiv ◊ *a prolific goalscorer* ein Goalgetter **2** fruchtbar, üppig **3** zahlreich

pro·lif·ic·al·ly /prəˈlɪfɪkli/ *Adv* üppig, viel ◊ *animals that breed prolifically* Tiere, die sich schnell vermehren

pro·logue (*AmE auch* **pro·log**) /ˈprəʊlɒg; *AmE* ˈproʊlɔːg, -lɑːg/ *Nomen* Prolog

pro·long /prəˈlɒŋ; *AmE* -ˈlɔːŋ, -ˈlɑːŋ/ *Verb* verlängern ◊ *Don't prolong the agony — just tell us!* Spann uns nicht länger auf die Folter — sag es uns schon!

pro·lon·ga·tion /ˌprəʊlɒŋˈgeɪʃn; *AmE* ˌproʊlɔː-, -lɑː-/ *Nomen* (*gehoben*) Verlängerung

pro·longed /prəˈlɒŋd; *AmE* -ˈlɔːŋd, -ˈlɑːŋd/ *Adj* nur vor *Nomen* lang (anhaltend) ◊ *the effects of prolonged exposure to the sun* die Folgen längerer Sonnenbestrahlung

prom /prɒm; *AmE* prɑːm/ *Nomen* **1** (*AmE*) Schülerball, Studentenball ◊ *the senior prom* der Schulabschlussball **2** (*BrE, umgs, veraltet*) = PROMENADE¹ (1) **3** (*BrE*) Promenadenkonzert ☛ Die **proms** sind eine Reihe von Konzerten, die jeden Sommer in der Londoner Royal Albert Hall stattfinden und live übertragen werden. Ein Großteil des Publikums hat Stehplätze im Parkett. Am letzten Abend (**last night of the proms**) hält der Dirigent eine Rede und bei bestimmten traditionellen Liedern singt das Publikum mit.

prom·en·ade¹ /ˌprɒməˈnɑːd; *AmE* ˌprɑːməˈneɪd/ *Nomen* (*BrE* **prom**) **1** (*umgs, veraltet*) (Strand)promenade **2** (*veraltet*) Spaziergang, Promenade

prom·en·ade² /ˌprɒməˈnɑːd; *AmE* ˌprɑːməˈneɪd/ *Verb* (*veraltet*) promenieren

ˌpromenade ˈconcert *Nomen* (*BrE*) = PROM (3)

prom·in·ence /ˈprɒmɪnəns; *AmE* ˈprɑːm-/ *Nomen* Bekanntheit, Berühmtheit ◊ *come/rise to prominence* berühmt werden ◊ *give undue prominence to sth* etw zu sehr in den Vordergrund stellen

prom·in·ent /ˈprɒmɪnənt; *AmE* ˈprɑːm-/ *Adj* **1** bekannt, bedeutend **2** (*Adv* **prom·in·ent·ly**) deutlich sichtbar ◊ *The tower was a prominent feature in the landscape.* Der Turm war in der Landschaft weithin zu sehen. ◊ *The story was given a prominent position on the front page.* Die Geschichte stand ganz groß auf der Titelseite. ◊ *These problems feature prominently in her novels.* Diese Problematik spielt in ihren Romanen eine große Rolle. **3** vorspringend, vorstehend SYN NOTICEABLE

prom·is·cu·ity /ˌprɒmɪˈskjuːəti; *AmE* ˌprɑːməs-/ *Nomen* Promiskuität

pro·mis·cu·ous /prəˈmɪskjuəs/ *Adj* (*abwert*) **1** promiskuitiv ◊ *a promiscuous man* ein Mann, der häufig die Partnerin wechselt ◊ *promiscuous behaviour* häufiger Partnerwechsel ◊ *be sexually promiscuous* häufig den Partner wechseln **2** (*gehoben*) kunterbunt

prom·ise¹ /ˈprɒmɪs; *AmE* ˈprɑːm-/ *Verb* ~ **sth** (**to sb**) (jdm) etw versprechen; ~ **sb sth** jdm etw versprechen ◊ *Promise? Versprochen? I promised myself I would come back.* Ich nahm mir fest vor wiederzukommen. ◊ (*gehoben*) *dark clouds promising rain* dunkle Wolken, die Regen ankündigen IDM **I** (**can**) **ˈpromise you** (*umgs*) ich verspreche dir/euch ◊ *You'll regret it, I promise you.* Es wird dir noch Leid tun, das kann ich dir sagen. **promise** (**sb**) **the ˈearth/ˈmoon/ˈworld** (*umgs*) (jdm) das Blaue vom Himmel versprechen

prom·ise² /ˈprɒmɪs; *AmE* ˈprɑːm-/ *Nomen* **1** Versprechen, Versprechung **2** [U] ◊ *Her work shows great promise.* Ihre Arbeit ist vielversprechend. ◊ *He failed to fulfil his early promise.* Er hat die in ihn gesetzten Hoffnungen nicht erfüllt. **3** ~ **of sth** Aussicht auf etw

the ˌpromised ˈland *Nomen* [Sing] das Gelobte Land

prom·is·ing /ˈprɒmɪsɪŋ; *AmE* ˈprɑːm-/ *Adj* (*Adv* **prom·is·ing·ly**) vielversprechend

ˈprom·is·sory note /ˈprɒmɪsəri nəʊt; *AmE* ˈprɑːm- noʊt/ *Nomen* (*Fachspr*) Schuldschein

prom·on·tory /ˈprɒməntri; *AmE* ˈprɑːməntɔːri/ *Nomen* (*Pl* **-ies**) Kap, Landzunge

pro·mote /prəˈməʊt; *AmE* -ˈmoʊt/ *Verb* **1** fördern ◊ *promote economic growth* das Wirtschaftswachstum ankurbeln **2** ~ **sth** für etw werben, für etw Werbung machen ◊ *promote the area as a tourist destination* die Gegend als Urlaubsziel bekannt machen **3** ~ **sb** (**from sth**) (**to sth**) jdn (von etw) (zu etw) befördern OPP DEMOTE **4** **be promoted** (**from sth**) (**to sth**) (SPORT) (aus etw) (in etw) aufsteigen OPP RELEGATE

pro·moter *Nomen* /prəˈməʊtə(r); *AmE* -ˈmoʊ-/ **1** Veranstalter(in), Promoter(in) **2** Befürworter(in)

pro·mo·tion /prəˈməʊʃn; *AmE* -ˈmoʊʃn/ *Nomen* **1** Beförderung, Aufstieg ◊ *excellent promotion prospects* ausgezeichnete Aufstiegschancen **2** Werbung, Werbeaktion ◊ *We are doing a special promotion of Spanish wines.* Wir haben im Moment spanische Weine im Sonderangebot. **3** (*gehoben*) Förderung

pro·mo·tion·al /prəˈməʊʃənl; *AmE* -ˈmoʊ-/ *Adj* Werbe-

prompt¹ /prɒmpt; *AmE* prɑːmpt/ *Adj* (*Adv* **prompt·ly**) **1** prompt, unverzüglich ◊ *They were prompt to condemn the attack.* Sie haben den Anschlag unverzüglich verurteilt SYN IMMEDIATE **2** nicht vor *Nomen* pünktlich ◊ *Please be prompt.* Wir bitten um pünktliches Erscheinen. **3** **be ~ to do sth** nicht zögern etw zu tun

prompt² /prɒmpt; *AmE* prɑːmpt/ *Verb* **1** veranlassen, hervorrufen ◊ *The discovery prompted an increase in security.* Diese Entdeckung löste eine Verstärkung der Sicherheitsmaßnahmen aus. **2** weiterhelfen, vorsagen ◊ *'And then?' he prompted.* „Und dann?" ermunterte er sie. **3** ~ (**sb**) (jdm) soufflieren **4** (COMP) auffordern

prompt³ /prɒmpt; *AmE* prɑːmpt/ *Nomen* **1** ◊ *give sb a prompt* jdm soufflieren **2** Souffleur, Souffleuse **3** (COMP) Prompt, Eingabeaufforderung

prompt⁴ /prɒmpt; *AmE* prɑːmpt/ *Adv* ◊ *at ten o'clock prompt* (um) Punkt zehn Uhr

prompt·er *Nomen* /ˈprɒmptə(r); *AmE* ˈprɑːm-/ Souffleur, Souffleuse

prompt·ing /ˈprɒmptɪŋ; *AmE* ˈprɑːm-/ *Nomen* (*auch* **promptings** [Pl]) Aufforderung ◊ *He did it without further prompting.* Er machte es, ohne dass man ihn zweimal bitten musste.

pro·mul·gate /ˈprɒmlgeɪt; *AmE* ˈprɑːm-/ *Verb* (*gehoben*) **1** (*meist passiv*) verbreiten **2** (*Gesetz*) verkünden

pro·mul·ga·tion /ˌprɒmlˈgeɪʃn; *AmE* ˌprɑːm-/ *Nomen* (*gehoben*) **1** Verbreitung **2** Verkündung

prone /prəʊn; *AmE* proʊn/ *Adj* **1** **be ~ to sth** zu etw neigen, anfällig für etw sein SYN LIABLE ☛ *Siehe auch* ACCIDENT-PRONE **2** (*gehoben*) ◊ *lie prone/in a prone position* auf dem Bauch liegen SYN PROSTRATE

prone·ness /ˈprəʊnəs; *AmE* ˈproʊn-/ *Nomen* Neigung, Anfälligkeit

prong /prɒŋ; *AmE* prɔːŋ, prɑːŋ/ *Nomen* (*Gabel*) Zinke

-pronged /prɒŋd; *AmE* prɔːŋd, prɑːŋd/ (*in zusammengesetzten Adjektiven*) ◊ *a two-pronged fork* eine zweizinkige Gabel ◊ *a three-pronged attack* ein Angriff von drei Seiten

pro·nom·inal /prəʊˈnɒmɪnl; *AmE* proʊˈnɑːm-/ *Adj* Pronominal-, pronominal

pro·noun /ˈprəʊnaʊn; *AmE* ˈproʊ-/ *Nomen* Pronomen, Fürwort

pro·nounce /prəˈnaʊns/ *Verb* **1** aussprechen **2** verkünden, erklären PHRV **proˈnounce for/against sb** (RECHT) ◊ *The judge pronounced for/against the defendant.* Die Richterin entschied zugunsten des/gegen den Angeklagten. **proˈnounce on/upon sth** (*gehoben*) zu etw Stellung nehmen

pro·nounced *Adj* /prəˈnaʊnst/ stark, ausgeprägt ◊ *walk with a pronounced limp* stark hinken SYN DEFINITE

pro·nounce·ment /prəˈnaʊnsmənt/ *Nomen* ~ (**on sth**) Erklärung (über etw), Stellungnahme (zu etw)

pronto /ˈprɒntəʊ; *AmE* ˈprɑːntoʊ/ *Adv* (*umgs*) dalli, schleunigst

pro·nun·ci·ation /prəˌnʌnsiˈeɪʃn/ *Nomen* Aussprache

proof¹ /pruːf/ *Nomen* **1** ~ (**of sth**) Beweis (für etw) ◊ *I don't have any proof yet.* Ich habe noch keine Beweise. ◊ *Can you provide any proof of identity?* Können Sie sich irgendwie ausweisen? ◊ *Keep the receipt as proof of purchase.* Heben Sie die Quittung als Kaufbestätigung auf. ◊ *Is the claim capable of proof?* Lässt sich diese Behauptung beweisen?

proof

2 (MATH) Probe 3 [meist Pl] Korrektur(fahne) 4 Alkoholgehalt ◊ *What proof is this whisky?* Wie viel Prozent hat dieser Whisky? ☛ In Großbritannien entsprechen **70 degrees proof** 40% Alkoholgehalt, in den USA jedoch 35%. IDM **the proof of the 'pudding (is in the 'eating)** man kann etwas erst beurteilen, wenn man es ausprobiert hat ◊ *Look at the sales figures. That's the proof of the pudding.* Schau dir doch die Verkaufszahlen an. Darin liegt der Beweis. ☛ *Siehe auch* LIVING¹

proof² /pru:f/ *Adj* **1** ~ **against sth** (*gehoben*) sicher vor etw, gefeit gegen etw ◊ *The wall was not proof against the waves.* Die Mauer konnte den Wellen nicht standhalten. **2** (*in Zusammensetzungen*) ◊ *rainproof* regenfest ◊ *windproof* windundurchlässig ◊ *a car with childproof locks* ein Auto mit Kindersicherung

proof³ /pru:f/ *Verb* **1** imprägnieren **2** Korrekturfahnen herstellen von

proof-read /'pru:fri:d/ *Verb* (**proof-read, proof-read** /-red/) **1** korrigieren **2** Korrektur lesen

proof-read-er /'pru:fri:də(r)/ *Nomen* Korrektor(in)

prop¹ /prɒp; *AmE* prɑːp/ *Nomen* **1** Stütze, Halt **2 props** [Pl] Requisiten **3** (*Rugby*) = Außenspieler in der vorderen Reihe des Gedränges

prop² /prɒp; *AmE* prɑːp/ *Verb* (**-pp-**) stützen, lehnen ◊ *He propped himself up on one elbow.* Er stützte sich auf einen Ellbogen auf. ◊ *The door was propped open with a stone.* Die Tür wurde mit einem Stein offen gehalten. PHRV **prop sth 'up 1** etw abstützen **2** (*oft abwert*) etw (unter)stützen

propa·ganda /ˌprɒpəˈɡændə; *AmE* ˌprɑːpə-/ *Nomen* (*meist abwert*) Propaganda

propa·gand·ist /ˌprɒpəˈɡændɪst; *AmE* ˌprɑːpə-/ (*gehoben, meist abwert*) **1** *Nomen* Propagandist(in) **2** *Adj nur vor Nomen* Propaganda-, propagandistisch

propa·gate /'prɒpəɡeɪt; *AmE* 'prɑːp-/ *Verb* **1** (*gehoben*) propagieren, verbreiten **2** (*Fachspr*) ziehen, züchten **3** (*Fachspr*) sich züchten lassen

propa·ga·tion /ˌprɒpəˈɡeɪʃn; *AmE* ˌprɑːp-/ *Nomen* **1** (*gehoben*) Propagierung, Verbreitung **2** (*Fachspr*) (*von Pflanzen*) Ziehen, Züchten

pro·pane /'prəʊpeɪn; *AmE* 'proʊ-/ *Nomen* Propan ◊ *a propane gas cylinder* eine Propangasflasche

pro·pel /prə'pel/ *Verb* (**-ll-**) (*oft passiv*) **1** antreiben (*auch fig*) ◊ *The plane is jet-propelled.* Das Flugzeug hat Düsenantrieb. **2** stoßen, schubsen

pro·pel·lant /prə'pelənt/ *Nomen* **1** Treibgas **2** Treibstoff

pro·pel·ler /prə'pelə(r)/ *Nomen* Propeller

pro·pen·sity /prə'pensəti/ *Nomen* (*Pl* **-ies**) (*gehoben*) Neigung ◊ *a propensity for violence* ein Hang zur Gewalt ◊ *She has a propensity to exaggerate.* Sie neigt dazu zu übertreiben.

proper /'prɒpə(r); *AmE* 'prɑːp-/ *Adj* **1** *nur vor Nomen* (*bes BrE*) richtig ◊ *Please follow the proper procedures.* Bitte halten Sie sich an die ordnungsgemäße Vorgehensweise. **2** gebührend, angemessen ◊ *That's only right and proper.* Das ist nur recht und billig. **3** korrekt, anständig OPP IMPROPER **4** (*dem Nomen nachgestellt*) eigentlich ◊ *The celebrations proper begin at 12.* Die eigentliche Feier beginnt um 12. **5** *nur vor Nomen* (*BrE, umgs*) echt, völlig ◊ *We're in a proper mess.* Wir sitzen echt in der Klemme. IDM **ˌgood and 'proper** (*BrE, umgs*) völlig

prop·er·ly /'prɒpəli; *AmE* 'prɑːpərli/ *Adv* **1** (*bes BrE*) richtig ◊ *If we're going to do it, then let's do it properly.* Wenn wir's schon machen, dann ordentlich. **2** anständig, angemessen OPP IMPROPERLY **3** eigentlich ◊ *properly speaking* genau genommen

ˌproper 'noun (*auch* **ˌproper 'name**) *Nomen* Eigenname

prop·er·tied /'prɒpətid; *AmE* 'prɑːpərtid/ *Adj nur vor Nomen* (*gehoben*) begütert, besitzend

prop·erty /'prɒpəti; *AmE* 'prɑːpərti/ *Nomen* (*Pl* **-ies**) **1** [U] Eigentum ☛ *Siehe auch* LOST PROPERTY *und* PUBLIC PROPERTY **2** [U] Immobilien ◊ *the price of property* die Immobilienpreise **3** Immobilie, Haus ◊ *empty properties* leerstehende Häuser **4** (*gehoben*) Eigenschaft ◊ *a plant with medicinal properties* eine Heilpflanze

proph·ecy /'prɒfəsi/ *Nomen* (*Pl* **-ies**) **1** Prophezeiung **2** (*gehoben*) Prophetie ◊ *have the gift of prophecy* in die Zukunft sehen können

proph·esy /'prɒfəsaɪ; *AmE* 'prɑːf-/ *Verb* (**-es·ies, -esy·ing, -es·ied, -es·ied**) prophezeien

prophet /'prɒfɪt; *AmE* 'prɑːf-/ *Nomen* **1** Prophet **2** ~ (**of sth**) Vorkämpfer(in) (von etw) IDM **ˌprophet of 'doom** Schwarzseher(in)

proph·et·ess /'prɒfɪtes, ˌprɒfɪ'tes; *AmE* 'prɑːfətes/ *Nomen* Prophetin

proph·et·ic /prə'fetɪk/ *Adj* (*Adv* **proph·et·ic·al·ly** /-kli/) (*gehoben*) prophetisch ◊ *His warnings proved prophetic.* Seine Warnungen haben sich bewahrheitet.

prophy·lac·tic¹ /ˌprɒfɪˈlæktɪk; *AmE* ˌprɑːf-/ *Adj* (MED) prophylaktisch, vorbeugend

prophy·lac·tic² /ˌprɒfɪˈlæktɪk; *AmE* ˌprɑːf-/ *Nomen* (*gehoben auch Fachspr*) **1** Prophylaktikum, Mittel zur Vorbeugung **2** (*AmE*) Kondom, Präservativ

pro·pi·tious /prə'pɪʃəs/ *Adj* (*gehoben*) günstig

pro·pon·ent /prə'pəʊnənt; *AmE* -'poʊ-/ *Nomen* (*gehoben*) Befürworter(in), Anhänger(in) SYN ADVOCATE

pro·por·tion /prə'pɔːʃn; *AmE* -'pɔːrʃn/ *Nomen* **1** Anteil, Teil ☛ G 1.3b **2** Verhältnis ◊ *limestone and clay in the proportion 2:1* Kalk und Ton im Verhältnis 2:1 SYN RATIO **3** Proportion ◊ *The figures in the foreground aren't in proportion.* Die Proportionen der Figuren im Vordergrund stimmen nicht. ◊ *The head is out of proportion to/with the body.* Der Kopf passt in seinen Proportionen nicht zum Körper. ◊ *Try to keep a sense of proportion.* Lassen Sie doch die Kirche im Dorf! ◊ *lose all sense of proportion* jegliches Augenmaß verlieren **4 proportions** [Pl] Ausmaß(e) ◊ *reach crisis proportions* zur Krise werden ◊ *a room of generous proportions* ein Zimmer von ansehnlicher Größe IDM **ˌkeep sth in pro'portion** etw im richtigen Licht sehen; bei etw nicht übertreiben **out of (ˌall) pro'portion (to sth)** in keinem Verhältnis (zu etw) ◊ *They earn salaries out of all proportion to their ability.* Sie verdienen Gehälter, die in keinem Verhältnis zu ihren Fähigkeiten stehen. ◊ *The media have blown the incident up out of all proportion.* Der Vorfall wurde von den Medien unverhältnismäßig hochgespielt. ◊ *You're getting things out of proportion.* Jetzt übertreibst du aber!

pro·por·tion·al /prə'pɔːʃənl; *AmE* -'pɔːrʃ-/ *Adj* (*Adv* **pro·por·tion·al·ly** /-ʃənəli/) proportional ◊ *Salary is proportional to years of experience.* Das Gehalt hängt von den Berufsjahren ab.

pro·por·tion·al·ity /prəˌpɔːʃəˈnæləti; *AmE* -pɔːrʃ-/ *Nomen* (*gehoben*) Verhältnismäßigkeit, Proportionalität

proˌportional ˌrepresen'tation *Nomen* (*Abk* **PR**) Verhältniswahlrecht

pro·por·tion·ate /prə'pɔːʃənət; *AmE* -'pɔːrʃ-/ *Adj* (*Adv* **pro·por·tion·ate·ly**) (*gehoben*) proportional, entsprechend SYN PROPORTIONAL

pro·por·tioned /prə'pɔːʃnd; *AmE* -'pɔːrʃ-/ *Adj* (*meist mit einem Adverb*) ◊ *a well-proportioned room* ein Zimmer mit guten Proportionen ◊ *perfectly proportioned* wohlproportioniert

pro·posal /prə'pəʊzl; *AmE* -'poʊzl/ *Nomen* **1** Vorschlag ◊ *The time was right for the proposal of new terms.* Es war der richtige Zeitpunkt, um neue Bedingungen vorzuschlagen. **2** Heiratsantrag

pro·pose /prə'pəʊz; *AmE* -'poʊz/ *Verb* **1** (*gehoben*) vorschlagen ◊ *I propose Tom Ellis for/as chairman.* Ich schlage Tom Ellis als Vorsitzenden vor. ◊ *propose a motion* einen Antrag stellen ◊ *propose an amendment* einen Änderungsantrag einbringen ☛ *Hinweis bei* SECONDER *und* ARGUE **2** (*gehoben*) unterbreiten, darlegen SYN PROPOUND **3** beabsichtigen, gedenken **4** ~ (**marriage**) (**to sb**) (jdm) einen Heiratsantrag machen IDM **propose a 'toast (to sb); propose sb's 'health** einen Toast (auf jdn) ausbringen ◊ *I'd like to propose a toast to the bride and groom.* Trinken wir auf das Brautpaar.

pro·poser /prə'pəʊzə; *AmE* -'poʊz-/ *Nomen* Vorschlagende(r), Antragsteller(in) ☛ *Hinweis bei* SECONDER

prop·os·ition¹ /ˌprɒpəˈzɪʃn; *AmE* ˌprɑːp-/ *Nomen* **1** Vorschlag; (*geschäftlich auch*) Angebot ◊ *He tried to make it look like an attractive proposition.* Er versuchte seinen Vorschlag attraktiv erscheinen zu lassen. **2** Unterfangen, Sache ◊ *It's is not always a simple proposition.* Das ist nicht immer so einfach. **3** (*auch* **Proposition**) (*in den USA*) = Vorschlag zur Gesetzesänderung oder -ergänzung, über die durch Abstimmung entschieden wird **4** (gehoben) These **5** (MATH) (Lehr)satz

prop·os·ition² /ˌprɒpəˈzɪʃn; AmE ˌprɑː-/ Verb (mit sexueller Absicht) anmachen

pro·pound /prəˈpaʊnd/ Verb (gehoben) darlegen SYN PROPOSE

pro·pri·etary /prəˈpraɪətri; AmE -teri/ Adj **1** Marken- **2** Eigentums- ◊ She cast a proprietary eye over her new car. Sie betrachtete ihr neues Auto voll Besitzerstolz.

pro·pri·etor /prəˈpraɪətə(r)/ Nomen (gehoben) Inhaber(in), Besitzer(in)

pro·pri·etor·ial /prəˌpraɪəˈtɔːriəl/ Adj (gehoben, abwert) ◊ proprietorial pride Besitzerstolz ◊ He laid a proprietorial hand on her arm. Er legte seine Hand besitzergreifend auf ihren Arm. ◊ She felt proprietorial about the valley. Sie hatte das Gefühl, als ob das Tal ihr gehörte.

pro·pri·etor·ship /prəˈpraɪətəʃɪp; AmE -tərʃ-/ Nomen (gehoben) Eigentum, Besitz ◊ under his proprietorship während er der Besitzer war

pro·pri·etress /prəˈpraɪətres/ Nomen (veraltet) Inhaberin, Besitzerin

pro·pri·ety /prəˈpraɪəti/ Nomen **1** Angemessenheit, Schicklichkeit ◊ Nobody questioned the propriety of her being there alone. Niemand empfand es als unschicklich, dass sie allein dort war. ◊ He behaved with the utmost propriety. Er war der vollendete Gentleman. OPP IMPROPRIETY **2** the proprieties [Pl] die Anstandsregeln ◊ They were careful to observe the proprieties. Sie achteten sehr darauf, keinen Anstoß zu erregen.

pro·pul·sion /prəˈpʌlʃn/ Nomen (TECH) Antrieb(skraft)

pro·pul·sive /prəˈpʌlsɪv/ Adj (TECH) Antriebs-

pro rata /ˌprəʊ ˈrɑːtə; AmE ˌproʊ-/ Adj, Adv (gehoben) anteilmäßig ◊ Prices will increase pro rata. Die Preise werden entsprechend steigen. SYN PROPORTIONATE

pro·sa·ic /prəˈzeɪɪk/ Adj (gehoben, meist abwert) **1** (Adv **pro·saic·al·ly** /-kli/) nüchtern, prosaisch **2** banal SYN MUNDANE

pro·scen·ium /prəˈsiːniəm/ Nomen Vorbühne, Proszenium ◊ a proscenium arch theatre ein Theater mit einer Guckkastenbühne

pro·scribe /prəˈskraɪb; AmE proʊˈs-/ Verb (gehoben) verbieten

pro·scrip·tion /prəˈskrɪpʃn; AmE proʊˈs-/ Nomen Verbot, Verbieten

prose /prəʊz; AmE proʊz/ Nomen Prosa

pros·ecute /ˈprɒsɪkjuːt; AmE ˈprɑːs-/ Verb **1** ~ **sb** (for sth) jdn (wegen einer Sache) strafrechtlich verfolgen ◊ The police decided not to prosecute. Die Polizei entschied, keine strafrechtliche Verfolgung einzuleiten. ◊ Trespassers will be prosecuted. Betreten bei Strafe verboten. **2** die Anklage vertreten ◊ Ian Kent, prosecuting, claimed that … Ian Kent, der Vertreter der Anklage, behauptete, dass … ◊ the prosecuting counsel der Staatsanwalt/die Staatsanwältin **3** (gehoben) (Krieg) weiterführen

pros·ecu·tion /ˌprɒsɪˈkjuːʃn; AmE ˌprɑːs-/ Nomen **1** strafrechtliche Verfolgung, Anklage ◊ He threatened to bring a private prosecution for murder against the doctor. Er drohte, gegen den Arzt eine Privatklage wegen Mordes einzuleiten. **2** the prosecution die (Vertreter der) Anklage ◊ a witness for the prosecution ein Zeuge der Anklage ◊ a prosecution lawyer ein(e) Staatsanwalt/-anwältin ☞ G 1.3a **3** (gehoben) (eines Krieges) Weiterführung

pros·ecu·tor /ˈprɒsɪkjuːtə(r); AmE ˈprɑːs-/ Nomen **1** Ankläger(in) **2** Staatsanwalt, -anwältin

pros·elyt·ize (BrE auch **-ise**) /ˈprɒsələtaɪz; AmE ˈprɑːs-/ Verb (gehoben, oft abwert) missionieren, bekehren ◊ proselytizing zeal missionarischer Eifer

pros·ody /ˈprɒsədi; AmE ˈprɑːs-/ Nomen (Fachspr) Verslehre, Prosodie

pro·spect¹ /ˈprɒspekt; AmE ˈprɑːs-/ Nomen **1** Aussicht (auch fig) ◊ There's a reasonable prospect that debts will be paid. Die Aussichten, dass die Schulden gezahlt werden, sind recht gut. **2** ~ (for sth) Anwärter(in) (auf etw)

pro·spect² /prəˈspekt/ Verb **1** nach Bodenschätzen suchen **2** ~ **for sth** nach etw suchen ~ (fig) ◊ prospect for new clients neue Kunden zu gewinnen suchen

pro·spect·ive /prəˈspektɪv/ Adj **1** voraussichtlich ◊ a prospective buyer ein potenzieller Käufer SYN POTENTIAL **2** zukünftig, bevorstehend SYN FORTHCOMING

pro·spect·or /prəˈspektə(r); AmE ˈprɑːspektər/ Nomen Gold-/Erzsucher(in)

pro·spec·tus /prəˈspektəs/ Nomen **1** (für Schulen, Universitäten) Prospekt, Broschüre **2** (FINANZ) Emissionsprospekt

pros·per /ˈprɒspə(r); AmE ˈprɑːs-/ Verb florieren, gedeihen ◊ He seems to be prospering. Es scheint ihm finanziell sehr gut zu gehen. SYN THRIVE

pros·per·ity /prɒˈsperəti; AmE prɑːˈs-/ Nomen Wohlstand SYN AFFLUENCE

pros·per·ous /ˈprɒspərəs; AmE ˈprɑːs-/ Adj wohlhabend SYN AFFLUENT

pros·tate /ˈprɒsteɪt; AmE ˈprɑːs-/ (auch **prostate gland**) Nomen Prostata, Vorsteherdrüse

pros·thesis /prɒsˈθiːsɪs; AmE prɑːs-/ Nomen (Pl **prostheses** /-ˈθiːsiːz/) (Fachspr) Prothese

pros·thet·ic Adj /prɒsˈθetɪk; AmE prɑːs-/ Adj (Fachspr) prothetisch ◊ a prosthetic arm eine Armprothese

pros·ti·tute¹ /ˈprɒstɪtjuːt; AmE ˈprɑːstətuːt/ Nomen Prostituierte(r)

pros·ti·tute² /ˈprɒstɪtjuːt; AmE ˈprɑːstətuːt/ Verb prostituieren

pros·ti·tu·tion /ˌprɒstɪˈtjuːʃn; AmE ˌprɑːstəˈtuːʃn/ Nomen Prostitution

pros·trate¹ /ˈprɒstreɪt; AmE ˈprɑːs-/ Adj **1** flach (auf dem Bauch) ausgestreckt **2** ~ (**with sth**) (von etw) übermannt

pros·trate² /prɒˈstreɪt; AmE prɑːs-/ Verb (gehoben) **1** ~ **yourself** sich niederwerfen **2** (meist passiv) niederschmettern, schwächen ◊ prostrated with grief vor Gram völlig gebrochen

pros·tra·tion /prɒˈstreɪʃn; AmE prɑːs-/ Nomen (gehoben) **1** Erschöpfung **2** Fußfall

prot·ag·on·ist /prəˈtæɡənɪst/ Nomen **1** (LIT) Protagonist(in) ◊ the leading/main protagonist die Hauptfigur **2** Hauptakteur(in) **3** Befürworter(in), Verfechter(in)

pro·tean /ˈprəʊtiən, prəʊˈtiːən; AmE ˈproʊ-, proʊˈtiː-/ Adj (gehoben) proteisch, wandelbar

pro·tect /prəˈtekt/ Verb ~ **sb/sth** (against sth) jdn/etw (gegen/vor etw) schützen; ~ **sb/sth** (from sth) jdn/etw (vor etw) schützen ◊ a protected area ein Schutzgebiet ◊ protected markets (durch Schutzzoll) geschützte Märkte

pro·tec·tion /prəˈtekʃn/ Nomen **1** Schutz ◊ the conservation and protection of the environment der Umweltschutz ◊ data protection laws Datenschutzgesetze ◊ The government is ready to introduce protection for the car industry. Die Regierung will für Autos Importzölle einführen, um die Autoindustrie zu schützen. **2** Schutzgeld ◊ pay protection money Schutzgeld zahlen ◊ run a protection racket Schutzgelder erpressen

pro·tec·tion·ism /prəˈtekʃənɪzəm/ Nomen (WIRTSCH) Protektionismus, Schutzzollpolitik

pro·tec·tion·ist /prəˈtekʃənɪst/ Adj protektionistisch

pro·tec·tive /prəˈtektɪv/ Adj **1** nur vor Nomen Schutz-, schützend **2** (Adv **pro·tect·ive·ly**) beschützend, fürsorglich ◊ He put a protective arm around her shoulders. Er legte beschützend den Arm um ihre Schulter. ◊ parents who are over-protective of their children Eltern, die ihre Kinder zu sehr behüten **3** (WIRTSCH) protektionistisch

proˌtective ˈcustody Nomen Schutzhaft

pro·tect·ive·ness /prəˈtektɪvnəs/ Nomen Fürsorge

pro·tect·or /prəˈtektə(r)/ Nomen **1** Beschützer(in) **2** Schutz, Schützer ◊ ear protectors Ohrenschützer

pro·tect·or·ate /prəˈtektərət/ Nomen Protektorat

pro·tégé /ˈprɒtəʒeɪ; AmE ˈproʊt-/ Nomen Schützling ☞ Die weibliche Form von **protégé** ist **protégée** und wird genauso ausgesprochen.

pro·tein /ˈprəʊtiːn; AmE ˈproʊ-/ Nomen Protein, Eiweiß

pro tem /ˌprəʊ ˈtem; AmE ˌproʊ-/ Adv vorübergehend SYN TEMPORARILY

pro·test¹ /ˈprəʊtest; AmE ˈproʊ-/ Nomen Protest ◊ She resigned in protest at the decision. Sie trat aus Protest über

protest

die Entscheidung zurück. ◊ *a storm of protest* ein Proteststurm ◊ *The workers staged a protest against the changes.* Die Arbeiter organisierten eine Protestkundgebung gegen die Änderungen.

pro·test² /prəˈtest; *AmE* ˈproʊ-/ *Verb* **1** ~ (**about/against/at sth**); (*AmE auch*) ~ (**sth**) (gegen etw) protestieren ◊ *Students took to the streets to protest against the decision.* Die Studenten gingen auf die Straße, um gegen den Beschluss zu demonstrieren. **2** beteuern ◊ *protest your innocence* seine Unschuld beteuern ◊ *'It's not true!' Jane protested.* „Das stimmt nicht!" empörte sich Jane. **3** einwenden

Prot·est·ant /ˈprɒtɪstənt; *AmE* ˈprɑːt-/ **1** *Nomen* Protestant(in) ◊ *He's a Protestant.* Er ist evangelisch. **2** *Adj* protestantisch, evangelisch

Prot·est·ant·ism /ˈprɒtɪstəntɪzəm; *AmE* ˈprɑːt-/ *Nomen* Protestantismus

pro·test·ation /ˌprɒtəˈsteɪʃn; *AmE* ˌprɑːt-/ *Nomen* (*gehoben*) Beteuerung

pro·test·er *Nomen* /prəˈtestə(r)/ Demonstrant(in)

proto- /ˈprəʊtəʊ; *AmE* ˈproʊtoʊ/

Die Vorsilbe **proto-** wird mit Nomina oder Adjektiven verbunden und bedeutet „ur-" oder „proto-": *a prototype* ein Prototyp ◊ *prototypical* prototypisch.

proto·col /ˈprəʊtəkɒl; *AmE* ˈproʊtəkɔːl, -kɑːl/ *Nomen* Protokoll

pro·ton /ˈprəʊtɒn; *AmE* ˈproʊtɑːn/ *Nomen* (PHYSIK) Proton

proto·plasm /ˈprəʊtəplæzəm; *AmE* ˈproʊ-/ *Nomen* (BIOL) Protoplasma

proto·type /ˈprəʊtətaɪp; *AmE* ˈproʊ-/ *Nomen* Prototyp

proto·typ·ical /ˌprəʊtəˈtɪpɪkl; *AmE* ˌproʊ-/ *Adj* prototypisch

proto·zoan¹ /ˌprəʊtəˈzəʊən; *AmE* ˌproʊtəˈzoʊən/ (*auch* **proto·zoon** /-ˈzəʊɒn; *AmE* -ˈzoʊɑːn/) *Nomen* (*Pl* **proto·zoans** *oder* **proto·zoa** /-ˈzəʊə; *AmE* -ˈzoʊə/) Protozoon, Urtierchen

proto·zoan² /ˌprəʊtəˈzəʊən; *AmE* ˌproʊtəˈzoʊən/ *Adj* einzellig

pro·tract·ed /prəˈtræktɪd; *AmE auch* proʊˈt-/ *Adj* langwierig, ausgedehnt

pro·tract·or /prəˈtræktə(r); *AmE auch* proʊˈt-/ *Nomen* Winkelmesser

pro·trude /prəˈtruːd; *AmE* proʊ-/ *Verb* (*gehoben*) herausragen, hervorstehen ◊ *protruding teeth* vorstehende Zähne

pro·tru·sion /prəˈtruːʒn; *AmE* proʊˈt-/ *Nomen* (*gehoben*) **1** Vorsprung **2** Herausragen, Vorstehen

pro·tu·ber·ance /prəˈtjuːbərəns; *AmE* proʊˈtuː-/ *Nomen* (*gehoben*) Auswuchs, Beule

pro·tu·ber·ant /prəˈtjuːbərənt; *AmE* proʊˈtuː-/ *Adj* (*gehoben*) vorstehend, hervortretend

proud¹ /praʊd/ *Adj* (*Adv* **proud·ly**) stolz ◊ *The car is his proudest possession.* Das Auto ist sein ganzer Stolz. ◊ *Don't be too proud to ask for help.* Genieren Sie sich nicht, um Hilfe zu bitten.

proud² /praʊd/ *Adv* [IDM] **do sb ˈproud** (*BrE*, *veraltet*) jdn fürstlich bewirten **do yourself/sb ˈproud** sich/jdm Ehre antun

prov·able /ˈpruːvəbl/ *Adj* nachweisbar [SYN] VERIFIABLE

prove /pruːv/ *Verb* (**proved**, **proved** *oder bes AmE* **proven**, /ˈpruːvn/) **1** beweisen ◊ *She was determined to prove me wrong.* Sie wollte unbedingt beweisen, dass ich im Unrecht war. [OPP] DISPROVE **2** ~ (**yourself**) **sth** sich als etw erweisen **3** ~ **yourself** sich beweisen, sich bewähren [IDM] ⇨ EXCEPTION

proven /ˈpruːvn, ˈprəʊvn/; *AmE* ˈproʊ-/ **1** *Form von* PROVE **2** *Adj nur vor Nomen* bewährt, erwiesen ◊ *a student of proven ability* ein nachweislich begabter Student [IDM] **not ˈproven** (*im schottischen Recht*) Schuldbeweis nicht erbracht

prov·en·ance /ˈprɒvənəns; *AmE* ˈprɑːv-/ *Nomen* (*gehoben*) Herkunft, Provenienz [SYN] ORIGIN

prov·erb /ˈprɒvɜːb; *AmE* ˈprɑːvɜːrb/ *Nomen* Sprichwort

pro·verb·ial /prəˈvɜːbiəl; *AmE* -ˈvɜːrb-/ *Adj* (*Adv* **pro·verbi·al·ly** /-biəli/) sprichwörtlich

pro·vide /prəˈvaɪd/ *Verb* **1** ~ **sb with sth** jdm etw zur Verfügung stellen, jdn mit etw versorgen; ~ **sth** (**for sb**) etw (für jdn) zur Verfügung stellen ◊ *The report doesn't provide any answers.* Der Bericht bietet keine Lösungen an. [SYN] SUPPLY **2** (*gehoben*) bestimmen, festsetzen [SYN] STIPULATE [PHRV] **proˈvide for sb** für jdn sorgen ◊ *He didn't provide for them in his will.* Er hat in seinem Testament keine Vorsorge für sie getroffen. **proˈvide for sth** (*gehoben*) **1** für etw Vorkehrungen treffen ◊ *The system did not provide for the increase in demand.* Das System war auf diese Nachfrage nicht vorbereitet. **2** etw vorsehen ◊ *The legislation provides for the detention of suspected terrorists for up to seven days.* Die Gesetzgebung sieht eine bis zu siebentägige Untersuchungshaft für des Terrorismus verdächtige Personen vor.

pro·vided /prəˈvaɪdɪd/ *Konj* ~ (**that**) ... vorausgesetzt, (dass) ... [SYN] IF

provi·dence /ˈprɒvɪdəns; *AmE* ˈprɑːv-/ *auch* **Providence** *Nomen* Vorsehung ◊ *sent by providence* gottgegeben [IDM] ⇨ TEMPT

provi·dent /ˈprɒvɪdənt; *AmE* ˈprɑːv-/ *Adj* (*gehoben*) vorausschauend, sparsam

provi·den·tial /ˌprɒvɪˈdenʃl; *AmE* ˌprɑːv-/ *Adj* (*gehoben*) **1** günstig ◊ *be providential* ein Glücksfall sein **2** gottgegeben

pro·vider /prəˈvaɪdə(r)/ *Nomen* **1** Ernährer(in) **2** Anbieter ◊ *the largest providers of employment in the area* die größten Arbeitgeber der Region ◊ *information providers* Informationsvermittler ☛ *Siehe auch* ISP

pro·vid·ing /prəˈvaɪdɪŋ/ *Konj* ~ (**that**) ... vorausgesetzt, (dass) ... [SYN] IF

prov·ince /ˈprɒvɪns; *AmE* ˈprɑːv-/ *Nomen* **1** Provinz ◊ *Canada's western provinces* die westlichen Provinzen Kanadas **2** **the provinces** [Pl] (*BrE*) die Provinz ◊ *from the provinces* aus der Provinz **3** [Sing] (*gehoben*) (Zuständigkeits)bereich

pro·vin·cial¹ /prəˈvɪnʃl/ *Adj* Provinz-, provinziell

pro·vin·cial² /prəˈvɪnʃl/ *Nomen* Provinzler(in)

pro·vin·cial·ism /prəˈvɪnʃlɪzəm/ *Nomen* (*abwert*) Provinzialismus

ˈproving ground *Nomen* **1** Teststrecke **2** (*fig*) Bewährungsprobe

pro·vi·sion /prəˈvɪʒn/ *Nomen* **1** [*meist Sing*] Versorgung, Bereitstellung ◊ *housing provision* die Bereitstellung von Wohnraum ◊ *There is no provision for anyone to sit down here.* Hier gibt es überhaupt keine Sitzgelegenheiten. **2** Vorkehrungen, Vorsorge ◊ *You should make provision for things going wrong.* Sie sollten für den Fall, dass etwas schief geht, Vorkehrungen treffen. **3 provisions** [Pl] Vorräte, Proviant **4** Bestimmung ◊ *under the provisions of the lease* den Bestimmungen des Mietvertrags zufolge

pro·vi·sion·al /prəˈvɪʒənl/ *Adj* (*Adv* **pro·vi·sion·al·ly** /-nəli/) provisorisch, vorläufig ◊ *The booking is only provisional.* Die Buchung muss noch bestätigt werden.

proˌvisional ˈlicence *Nomen* (*BrE*) vorläufige Fahrerlaubnis ☛ *Hinweis bei* LEARNER

pro·viso /prəˈvaɪzəʊ; *AmE* -zoʊ/ *Nomen* (*Pl* **-os**) Bedingung, Klausel

provo·ca·tion /ˌprɒvəˈkeɪʃn; *AmE* ˌprɑːv-/ *Nomen* Provokation, Herausforderung ◊ *He reacts violently under provocation.* Er wird gewalttätig, wenn man ihn provoziert. ◊ *at the slightest provocation* beim geringsten Anlass

pro·voca·tive /prəˈvɒkətɪv; *AmE* -ˈvɑːkə-/ *Adj* (*Adv* **pro·voca·tive·ly**) **1** provozierend ◊ *He's being deliberately provocative.* Er will absichtlich provozieren. **2** aufreizend, erregend

pro·voke /prəˈvəʊk; *AmE* -ˈvoʊk/ *Verb* **1** auslösen **2** provozieren [SYN] GOAD

prov·ost (*auch* **Provost**) /ˈprɒvəst; *AmE* ˈproʊvoʊst/ *Nomen* **1** (*BrE*) Leiter(in) eines Colleges **2** (*AmE*) = Mitglied der Universitätsleitung **3** (*in Schottland*) Bürgermeister(in) **4** Propst, Pröpstin

prow /praʊ/ *Nomen* (*gehoben*) Bug

prow·ess /ˈpraʊəs/ *Nomen* (*gehoben*) Leistungsfähigkeit, Können

prowl¹ /praʊl/ *Verb* (umher)schleichen ◊ *He was seen prowling around outside the factory.* Er wurde gesehen, wie er um die Fabrik herumschlich.

prowl² /praʊl/ *Nomen* [IDM] **be/go on the ˈprowl** herumschleichen ◊ *a fox on the prowl* ein Fuchs auf Streifzug

prowl·er /ˈpraʊlə(r)/ *Nomen* ◊ *Neighbours had seen a*

prowler in the garden. Die Nachbarn hatten jemanden gesehen, der sich im Garten herumtrieb.

prox·im·ity /ˈprɒksɪməti; *AmE* prɑːk-/ *Nomen (gehoben)* Nähe ◊ *in close proximity to each other* in unmittelbarer Nähe zueinander

proxy /ˈprɒksi; *AmE* ˈprɑːksi/ *Nomen (Pl* **-ies***)* **1** Vollmacht ◊ *a proxy vote* eine in Vertretung abgegebene Stimme **2** Bevollmächtigte(r) **3** *(gehoben oder Fachspr)* Anhaltspunkt, Maßstab

prude /pruːd/ *Nomen (abwert)* prüder Mensch

pru·dence /ˈpruːdns/ *Nomen (gehoben)* Vorsicht, Besonnenheit

pru·dent /ˈpruːdnt/ *Adj (Adv* **pru·dent·ly***)* besonnen, vorsichtig OPP IMPRUDENT

prud·ery /ˈpruːdəri/ *Nomen* Prüderie

prud·ish /ˈpruːdɪʃ/ *Adj* prüde

prune¹ /pruːn/ *Nomen* Backpflaume, Dörrpflaume

prune² /pruːn/ *Verb* ~ *sth* (**back**) **1** etw (zurück)schneiden **2** etw kürzen, etw stutzen ◊ *Staff numbers have been pruned back to 175.* Das Personal wurde auf 175 reduziert.

prun·ing /ˈpruːnɪŋ/ *Nomen* **1** Schneiden ◊ *Roses require annual pruning.* Rosen müssen jedes Jahr zurückgeschnitten werden. **2** Kürzen ◊ *The company would benefit from a little pruning.* Einige Kürzungen würden der Firma gut tun.

pruri·ent /ˈprʊəriənt; *AmE* ˈprʊr-/ *Adj (gehoben)* lüstern

pry /praɪ/ *Verb* (**pries**, **pry·ing**, **pried**, **pried** /praɪd/) **1** herumschnüffeln ◊ *the prying eyes of the media* die zudringliche Schnüffelei der Medien ◊ *I'm sorry. I didn't mean to pry.* Entschuldigen Sie, ich wollte nicht indiskret sein. **2** *(bes AmE)* aufhebeln, ausheben ◊ *He managed to pry the lid off.* Es gelang ihm, den Deckel aufzuhebeln.

PS /ˌpiː ˈes/ *Abk* PS

psalm /sɑːm/ *Nomen* Psalm

pseph·olo·gist /siˈfɒlədʒɪst; *AmE* -ˈfɑːl-/ *Nomen* Wahlanalytiker(in)

pseph·ology /siˈfɒlədʒi; *AmE* -ˈfɑːl-/ *Nomen* Wahlanalytik

pseud /suːd; *BrE auch* sjuːd/ *Nomen (BrE, umgs, abwert)* Möchtegern, Angeber(in) ◊ *She's such a pseud!* Bei ihr ist alles Angeberei.

pseudo·nym /ˈsuːdənɪm; *BrE auch* ˈsjuː-/ *Nomen* Pseudonym

psor·ia·sis /səˈraɪəsɪs/ *Nomen* (MED) Schuppenflechte

psst /pst/ *Ausruf (um sich bemerkbar zu machen)* st

psych /saɪk/ *Verb* PHR V ˌ**psych sb ˈout** *(umgs)* jdn psychologisch fertig machen ◊ *He was psyched out of the match.* Er verlor das Spiel, weil sein Gegner ihn psychologisch fertig gemacht hatte. ˌ**psych sb/yourself ˈup (for sth)** *(umgs)* jdn/sich (für etw) hochputschen, jdn/sich seelisch (auf etw) vorbereiten

psy·che /ˈsaɪki/ *Nomen (gehoben)* Psyche ◊ *the national psyche* das nationale Bewusstsein

psyched /saɪkt/ *Adj nicht vor Nomen (bes AmE, umgs)* aufgeregt, aufgedreht

psy·che·del·ic /ˌsaɪkəˈdelɪk/ *Adj* psychedelisch; *(Droge)* bewusstseinserweiternd

psy·chi·at·ric /ˌsaɪkiˈætrɪk/ *Adj* psychiatrisch; *(Krankheit)* psychisch ◊ *a psychiatric nurse* eine Krankenschwester in der Psychiatrie

psych·iatrist /saɪˈkaɪətrɪst/ *Nomen* Psychiater(in)

psych·iatry /saɪˈkaɪətri/ *Nomen* Psychiatrie

psy·chic¹ /ˈsaɪkɪk/ *Adj (seltener* **psych·ical** /ˈsaɪkɪkl/) **1** übersinnlich, übernatürlich ◊ *psychic healing* Wunderheilung ◊ *How was I supposed to know – I'm not psychic!* Woher sollte ich das wissen – ich kann doch nicht hellsehen! **2** *(Adv* **psych·ic·al·ly** /-kli/) *(gehoben)* psychisch, seelisch

psy·chic² /ˈsaɪkɪk/ *Nomen* Hellseher(in), Medium

psy·cho /ˈsaɪkəʊ; *AmE* -koʊ/ **1** *Nomen (Pl* **-os***) (umgs)* Verrückte(r) **2** *Adj (umgs)* verrückt

psy·cho·ana·lyse *(BrE)* /ˌsaɪkəʊˈænəlaɪz; *AmE* -koʊ-/ *(AmE* **psychoanalyze**) *Verb* psychoanalytisch behandeln, psychoanalysieren

psy·cho·analy·sis /ˌsaɪkəʊəˈnæləsɪs; *AmE* -koʊə-/ *Nomen* Psychoanalyse

psy·cho·ana·lyst /ˌsaɪkəʊˈænəlɪst; *AmE* -koʊ-/ *Nomen* Psychoanalytiker(in)

psy·cho·ana·lyt·ic /ˌsaɪkəʊˌænəˈlɪtɪk; *AmE* -koʊ-/ *Adj nur vor Nomen (Adv* **psy·cho·ana·lyt·ic·al·ly** /-kli/) psychoanalytisch

psy·cho·logic·al /ˌsaɪkəˈlɒdʒɪkl; *AmE* -ˈlɑːdʒ-/ *Adj (Adv* **psy·cho·logic·al·ly** /-kli/) **1** psychisch **2** *nur vor Nomen* psychologisch

psych·olo·gist /saɪˈkɒlədʒɪst; *AmE* -ˈkɑːl-/ *Nomen* Psychologe, Psychologin

psych·ology /saɪˈkɒlədʒi; *AmE* -ˈkɑːl-/ *Nomen* **1** Psychologie **2** [Sing] Psyche

psy·cho·met·ric /ˌsaɪkəˈmetrɪk/ *Adj nur vor Nomen* psychometrisch

psy·cho·path /ˈsaɪkəpæθ/ *Nomen* Psychopath(in)

psy·cho·path·ic /ˌsaɪkəˈpæθɪk/ *Adj* psychopathisch

psy·cho·path·ology /ˌsaɪkəʊpəˈθɒlədʒi; *AmE* -koʊpəˈθɑːl-/ *Nomen* **1** Psychopathologie **2** Psychopathie

psych·osis /saɪˈkəʊsɪs; *AmE* -ˈkoʊ-/ *Nomen (Pl* **psych·oses** /-siːz/) Psychose

psy·cho·somat·ic /ˌsaɪkəʊsəˈmætɪk; *AmE* -koʊ-/ *Adj* psychosomatisch

psy·cho·ther·ap·ist /ˌsaɪkəʊˈθerəpɪst; *AmE* -koʊ-/ *(auch* **ther·ap·ist***) Nomen* Psychotherapeut(in)

psy·cho·ther·apy /ˌsaɪkəʊˈθerəpi; *AmE* -koʊ-/ *(auch* **ther·apy***) Nomen* Psychotherapie

psych·ot·ic /saɪˈkɒtɪk; *AmE* -ˈkɑːt-/ **1** *Nomen* Psychotiker(in) **2** *Adj* psychotisch

PT /ˌpiː ˈtiː/ *Abk* **1** *(BrE) Kurzform von* **physical training** Sport **2** *Abk (auch* **P/T**) = PART-TIME

pt *(auch* **pt.***) Abk* **1** = PART **2** *(Pl* **pts***)* = PINT (1) **3** *(Pl* **pts***)* = POINT **4 Pt.** = PORT

PTA /ˌpiː tiː ˈeɪ/ *Nomen Kurzform von* **parent-teacher association** ≈ Elternbeirat

Pte *Abk (BrE)* = PRIVATE² (1)

ptero·dac·tyl /ˌterəˈdæktɪl/ *Nomen* Pterodaktylus

PTO /ˌpiː tiː ˈəʊ; *AmE* ˈoʊ/ *(BrE) Kurzform von* **please turn over** b. w.

pub /pʌb/ *Nomen (BrE) (gehoben* ˌ**public ˈhouse***)* Kneipe, Wirtschaft

ˈ**pub crawl** *Nomen (BrE, umgs)* Kneipenbummel, Zechtour

pu·berty /ˈpjuːbəti; *AmE* -bərti/ *Nomen* Pubertät ◊ *reach (the age of) puberty* in die Pubertät kommen

pu·bes·cent /pjuːˈbesnt/ *Adj (gehoben)* pubertierend, heranreifend

pubic /ˈpjuːbɪk/ *Adj nur vor Nomen* Scham- ◊ *the pubic bone* das Schambein

pub·lic¹ /ˈpʌblɪk/ *Adj (Adv* **pub·lic·ly***)* **1** *nur vor Nomen* öffentlich ◊ *a danger to public health* ein allgemeines Gesundheitsrisiko ◊ *public funding* Finanzierung aus öffentlichen Mitteln ◊ *be on public display* öffentlich ausgestellt sein ◊ *the public good* das Allgemeinwohl **2** *nur vor Nomen* Staats- ◊ *be in public office* im Staatsdienst sein ◊ *a publicly owned company* ein staatliches Unternehmen **3** allgemein bekannt ◊ *make sth public* etw öffentlich bekannt machen ◊ *a public figure* eine Persönlichkeit des öffentlichen Lebens **4** ◊ *Let's go somewhere a little less public.* Suchen wir uns ein ruhiges Plätzchen. OPP PRIVATE IDM **go ˈpublic 1** etw an die Öffentlichkeit bringen; mit etw an die Öffentlichkeit treten **2** (FINANZ) an die Börse gehen **in the public ˈeye** im Blickpunkt der Öffentlichkeit ➜ *Siehe auch* KNOWLEDGE

pub·lic² /ˈpʌblɪk/ *Nomen* **1 the public** die Öffentlichkeit ◊ *several members of the public* mehrere Bürger ➜ G 1.3a **2** Publikum ◊ *the theatre-going public* Theaterbesucher IDM **in ˈpublic** öffentlich; in aller Öffentlichkeit ➜ *Siehe auch* WASH¹

ˌ**public ˈaccess** *Nomen* **1** Zugang für die Öffentlichkeit **2** *(AmE)* ◊ *a public access channel* ein offener Kanal

ˌ**public adˈdress system** *Nomen (Abk* **PA***)* Lautsprecheranlage, Verstärkeranlage

ˌ**public afˈfairs** *Nomen [Pl]* öffentliche Angelegenheiten

pub·lican /ˈpʌblɪkən/ *Nomen* Gastwirt(in)

pub·li·ca·tion /ˌpʌblɪˈkeɪʃn/ *Nomen* Veröffentlichung ◊ *a*

specialist publication eine Fachpublikation ◇ *the publication of the results* die Bekanntgabe der Ergebnisse
,public 'bar *Nomen* (*veraltet*) = einfach ausgestatteter Teil eines Pubs, wo das Bier billiger war
,public 'company *Nomen* ~ Aktiengesellschaft
,public con'venience *Nomen* (*BrE, gehoben*) öffentliche Bedürfnisanstalt ☛ *Hinweis bei* TOILETTE
,public corpo'ration *Nomen* 1 (*AmE*) ~ Aktiengesellschaft 2 (*BrE*) öffentlich-rechtliche Anstalt
,public de'fender *Nomen* (*AmE*) Pflichtverteidiger(in)
,public do'main *Nomen* [Sing] ◇ *be in the public domain* Allgemeingut sein
,public 'holiday *Nomen* gesetzlicher Feiertag
,public 'house (*BrE, gehoben*) = PUB
,public 'housing *Nomen* (*AmE*) [U] Sozialwohnungen
pub·li·cist /ˈpʌblɪsɪst/ *Nomen* Publicitymanager(in), Agent(in)
pub·li·city /pʌbˈlɪsəti/ *Nomen* 1 Publicity ◇ *The trial took place amid a blaze of publicity.* Der Prozess fand unter grossem Aufsehen statt. 2 Werbung ◇ *a publicity stunt* ein Werbegag
pub·li·cize (*BrE auch -ise*) /ˈpʌblɪsaɪz/ *Verb* ~ sth auf etw aufmerksam machen; (*Film, Produkt*) für etw Werbung machen ◇ *a much/widely publicized speech* eine Rede, die große Verbreitung fand
,public ,limited 'company *Nomen* (*BrE*) = PLC
,public 'nuisance *Nomen* [Sing] (RECHT) öffentliches Ärgernis
,public 'property *Nomen* 1 öffentliches Eigentum 2 Allgemeingut
,public 'prosecutor *Nomen* (*BrE*) Staatsanwalt, -anwältin
the ,Public 'Record Office *Nomen* [Sing] (*BrE*) das Nationalarchiv
,public re'lations *Nomen* (*Abk* PR) Public Relations, Öffentlichkeitsarbeit
,public 'school *Nomen* 1 (*BrE*) = Privatschule (oft als Internat) für Kinder von 13 bis 18 2 'public school (*AmE*) staatliche Schule
the ,public 'sector *Nomen* (WIRTSCH) der öffentliche Sektor ◇ *public sector housing* sozialer Wohnungsbau
,public 'service *Nomen* 1 öffentlicher Dienstleistungsbetrieb ◇ *a public-service broadcaster* ein öffentlich-rechtlicher Rundfunksender 2 Dienst an der Allgemeinheit 3 öffentlicher Dienst
,public 'spirit *Nomen* Gemeinsinn
,public-'spirited *Adj* von Gemeinsinn zeugend
,public u'tility *Nomen* (*gehoben*) öffentlich-rechtlicher Versorgungsbetrieb
,public 'works *Nomen* staatliche Bauprojekte
pub·lish /ˈpʌblɪʃ/ *Verb* 1 veröffentlichen, herausbringen ◇ *The first edition was published in 1998.* Die erste Ausgabe ist 1998 erschienen. 2 (*gehoben*) publik machen, bekannt machen
pub·lish·er /ˈpʌblɪʃə(r)/ *Nomen* 1 Verleger(in) 2 Verlag
pub·lish·ing /ˈpʌblɪʃɪŋ/ *Nomen* Verlagswesen ◇ *a publishing house* ein Verlag(shaus)
puce /pjuːs/ *Adj* violett; (*Gesicht*) puterrot
puck /pʌk/ *Nomen* (*Eishockey*) Puck
puck·er /ˈpʌkə(r)/ *Verb* 1 sich verziehen, sich kräuseln 2 ~ sth (up) etw kraus ziehen, etw kräuseln ◇ *puckered fabric* gekräuselter Stoff
pud·ding /ˈpʊdɪŋ/ *Nomen* 1 (*BrE*) (*umgs* pud /pʊd/) Nachspeise ◇ *What's for pudding?* Was gibt's zum Nachtisch? SYN AFTERS, DESSERT *und* SWEET 2 (*BrE*) = warme, süße Mehlspeise ◇ *bread and butter pudding* Auflauf aus Brot, Butter, Milch und Rosinen 3 (*BrE*) ~ Art Fleischkasserolle, die mit einer Teigplatte aus Mehl und Nierenfett bedeckt ist und im Wasserbad gegart wird ◇ *a steak and kidney pudding* eine (im Wasserbad gegarte) Rindfleisch-Nieren-Pastete 4 (*AmE*) Pudding ◇ *chocolate pudding* Schokoladenpudding IDM ⇨ OVER-EGG *und* PROOF[1]
pud·dle /ˈpʌdl/ *Nomen* Pfütze
pudgy /ˈpʌdʒi/ *Adj* (*umgs, abwert*) dicklich
pu·er·ile /ˈpjʊəraɪl; *AmE* ˈpjʊrəl/ *Adj* (*abwert*) kindisch, infantil SYN CHILDISH

puff[1] /pʌf/ *Verb* 1 ~ (at/on) (sth) (etw) paffen, (etw) schmauchen 2 stoßweise entweichen 3 ~ sth (out) etw (aus)stoßen, etw (aus)blasen ◇ *Chimneys were puffing out clouds of smoke.* Schornsteine stießen Rauchwolken aus. 4 keuchen, schnaufen 5 sich schnaufend vorwärts bewegen IDM be puffed up with 'pride, etc. (zum Bersten) von Stolz etc. erfüllt sein ,puff and 'pant (*auch* ,puff and 'blow) (*umgs*) pusten und schnaufen ☛ *Siehe auch* HUFF[1] PHRV ,puff sth 'out/'up etw aufblasen, etw (auf)blähen ◇ *The bird puffed up its feathers.* Der Vogel plusterte sich auf. ,puff (yourself) 'up sich aufblähen, sich aufplustern
puff[2] /pʌf/ *Nomen* 1 Zug, Hub ◇ *He had a few puffs at the cigar.* Er zog ein paarmal an der Zigarre. ◇ *Take two puffs from the inhaler every four hours.* Nehmen Sie alle vier Stunden zwei Hübe aus dem Inhalator. 2 (*Wind-, Atem-*) Stoß; (*Luft-*) Zug; (*Dampf-, Rauch-*) Wolke ◇ *vanish in a puff of smoke* sich in Rauch auflösen 3 Blätterteigteilchen 4 (*bes BrE, umgs*) Puste
'puff·ball /ˈpʌfbɔːl/ *Nomen* Bofist
puffed /pʌft/ (*auch* ,puffed 'out) *Adj* nicht vor Nomen (*BrE, umgs*) außer/aus der Puste
'puff·er /ˈpʌfə(r)/ *Nomen* (*umgs*) (Inhalations)spray
puf·fin /ˈpʌfɪn/ *Nomen* Papageientaucher
'puf·fi·ness /ˈpʌfinəs/ *Nomen* Verschwollenheit, Aufgedunsenheit
,puff 'pastry *Nomen* Blätterteig
puffy /ˈpʌfi/ *Adj* (puff·ier, puffi·est) 1 verquollen, aufgedunsen 2 bauschig ◇ *puffy clouds* Wattebauschwolken
pug /pʌɡ/ *Nomen* Mops
pug·na·cious /pʌɡˈneɪʃəs/ *Adj* (*Adv* pug·na·cious·ly) (*gehoben*) kampflustig, streitlustig
puke[1] /pjuːk/ *Verb* (*umgs*) ~ (sth) (up) (etw) (aus)kotzen, (etw) (aus)spucken ◇ *That guy makes me puke!* Der Typ kotzt mich an!
puke[2] /pjuːk/ *Nomen* (*umgs*) Kotze
pukka /ˈpʌkə/ *Adj* (*BrE*) 1 (*veraltet*) echt, anständig 2 (*umgs*) erstklassig
pull[1] /pʊl/ *Verb* 1 ziehen ◇ *She pulled him gently towards her.* Sie zog ihn zärtlich an sich. ◇ *He pulled a gun on me.* Er zog eine Pistole und bedrohte mich damit. ◇ *John pulled himself free and ran off.* John riss sich los und rannte weg. 2 ~ sth an etw ziehen ◇ *Stop pulling her hair!* Hör auf sie an den Haaren zu ziehen! 3 (*Vorhänge etc.*) (zu)ziehen, (auf)ziehen ◇ *She pulled (down) the blinds.* Sie zog das Rollo runter. 4 ~ sth (*Muskel, Sehne etc.*) sich etw zerren 5 rudern 6 ~ sb/sth (in) jdn/etw anziehen ◇ *Their concerts pulled in huge crowds.* Ihre Konzerte zogen große Massen an. 7 (*BrE, umgs*) ~ (sb) bei jdm ankommen ◇ *He can still pull the girls.* Er kommt immer noch bei den Mädchen an. ◇ *She's hoping to pull tonight.* Sie hofft, heute Abend jemanden abzuschleppen. 8 (*umgs*) (*Trick, Verbrechen*) abziehen ◇ *What are you trying to pull?* Was versuchst du hier abzuziehen? 9 (*Bier*) zapfen 10 (*umgs*) absagen, streichen IDM pull a 'fast one (on sb) (*Slang*) jdn übers Ohr hauen pull sb's 'leg (*umgs*) jdn auf den Arm nehmen pull the 'other one (– it's got 'bells on) (*BrE, umgs*) das kannst du deiner Großmutter erzählen pull out all the 'stops (*umgs*) alle Register ziehen pull the 'plug on sth (*umgs*) etw stoppen pull your 'punches (*umgs*) (*meist in verneinten Sätzen*) sich zurückhalten; zimperlich sein pull sth 'out of the 'hat (*umgs*) etw aus dem Hut zaubern pull 'rank (on sb) (jdm gegenüber) den Vorgesetzten heraushehren pull the rug (out) from under sb's 'feet (*umgs*) jdm den Boden unter den Füßen wegziehen pull your 'socks up (*BrE, umgs*) sich am Riemen reißen pull 'strings (for sb) (*AmE*) pull 'wires (for sb) (seine) Beziehungen (für jdn) spielen lassen pull the 'strings die Fäden in der Hand halten pull your 'weight sich voll einsetzen pull the 'wool over sb's eyes (*umgs*) jdm etw vormachen ☛ *Siehe auch* BOOTSTRAPS, FACE[1] *und* PIECE[1] PHRV ,pull a'head (of sb/sth) (vor jdm/etw) in Führung gehen ,pull sb a'part (*Kämpfende*) trennen ,pull sth a'part etw auseinander ziehen ,pull at sth = PULL ON STH ,pull a'way (from sb/sth) 1 (von etw) wegfahren ◇ *They waved as the bus pulled away.* Sie winkten, als der Bus wegfuhr. 2 (von jdm/etw) losreißen pull 'back 1 sich zurückziehen SYN WITHDRAW 2 einen Rückzieher machen SYN WITHDRAW 3 (SPORT) aufholen ◇ *Rangers pulled back*

to 4-3. Die Rangers holten zu einem 4-3 auf. ˌpull sth ˈback mit etw aufholen ◊ *They pulled back a goal just before half-time.* Sie holten kurz vor Ende der Halbzeit mit einem Tor auf. ˌpull sb ˈdown *(bes AmE)* jdn herunterziehen ˌpull sth ˈdown **1** etw abreißen SYN DEMOLISH **2** = PULL STH IN ˌpull sb ˈin *(umgs) (Verdächtige)* einkassieren ˌpull sth ˈin *(auch* ˌpull sth ˈdown*) (umgs)* etw reinholen, etw verdienen ˌpull ˈin (to sth) **1** *(Zug, Bus)* (in etw) einfahren **2** *(BrE)* an den Straßenrand fahren ˌpull ˈoff (sth) (von etw) abfahren ◊ *pull off the motorway* von der Autobahn abfahren ˌpull sth ˈoff *(umgs)* etw an Land ziehen, etw schaffen; *(Sieg)* einfahren ˈpull on sth *(auch* ˈpull at sth*) (Zigarette etc.)* an etw ziehen ˌpull ˈout *(Fahrzeug)* ausscheren, rausziehen ˌpull ˈout (of sth) **1** *(Fahrzeug)* (aus etw) herausfahren **2** *(fig)* (aus etw) aussteigen ˌpull sb/sth ˈout (of sth) *(Truppen etc.)* jdn/etw (aus etw) abziehen ˌpull ˈover an den Rand fahren ˌpull sb/sth ˈover jdn/etw an den Rand winken ˌpull sth ˈover *(Fahrzeug)* an den Rand fahren ˌpull ˈthrough durchkommen ˌpull ˈthrough sth etw durchstehen ˌpull sb ˈthrough jdn durchbringen ˌpull sb ˈthrough sth jdn durch etw bringen ˌpull toˈgether am selben Strang ziehen ˌpull yourself toˈgether sich zusammenreißen ˌpull ˈup anhalten ˌpull sb ˈup *(BrE, umgs)* jdn zurechtweisen

pull² /pʊl/ *Nomen* **1** Ziehen, Ruck ◊ *I gave the door a sharp pull.* Ich zog mit einem festen Ruck an der Tür. **2** Anziehungskraft, Sog *(auch fig)* ◊ *the earth's gravitational pull* die Anziehungskraft der Erde **3** *(umgs)* Einfluss **4** Zug, Schluck **5** *(fig)* Aufstieg **6** (MED) Zerrung IDM **be on the ˈpull** *(BrE, Slang)* jdn aufreißen wollen

ˈpull date *Nomen (AmE) (auf Lebensmitteln)* letztes Verkaufsdatum ☞ *Hinweis bei* SELL-BY DATE

ˈpull-down *Adj* **1** herunterklappbar ◊ *a pull-down bed* Wand(klapp)bett **2** **~ menu** (COMP) Pull-down-Menü

ˈpul·ley /ˈpʊli/ *Nomen* Flaschenzug, Rolle

ˈpulling power *Nomen (BrE)* **1** Anziehungskraft **2** Zugkraft

ˈpull-out *Nomen* **1** heraustrennbarer Teil *(einer Zeitschrift etc.)* **2** Abzug, Ausstieg

ˈpull-over /ˈpʊləʊvə(r); *AmE* -oʊ-/ *Nomen (bes BrE)* Pullover

ˈpull-tab *Nomen (AmE)* Aufreißlasche

ˈpull-up *Nomen* Klimmzug

ˈpul·mon·ary /ˈpʌlmənəri; *AmE* -neri/ *Adj nur vor Nomen (Fachspr)* Lungen-

pulp¹ /pʌlp/ *Nomen* **1** Mus *(auch fig)* **2** *(Papier-, Holz-)* Brei **3** Fruchtfleisch SYN FLESH

pulp² /pʌlp/ *Verb* (zer)stampfen, zerdrücken; *(Bücher etc.)* einstampfen

pulp³ /pʌlp/ *Adj nur vor Nomen* Groschen-, Schund- ◊ *pulp fiction* Groschenromane

ˈpul·pit /ˈpʊlpɪt/ *Nomen* Kanzel

ˈpul·sar /ˈpʌlsɑː(r)/ *Nomen* (ASTRON) Pulsar

ˈpul·sate /pʌlˈseɪt; *AmE* ˈpʌlseɪt/ *Verb* pulsieren, pochen, zucken ◊ *a pulsating game* ein aufregendes Spiel ◊ *The streets were pulsating with life.* In den Straßen pulsierte das Leben.

pulˈsa·tion /pʌlˈseɪʃn/ *Nomen* Pulsieren, Pochen, Zucken

pulse¹ /pʌls/ *Nomen* **1** Puls(schlag) ◊ *a high pulse rate* eine hohe Pulsfrequenz **2** Rhythmus **3** Impuls **4 pulses** [Pl] Hülsenfrüchte IDM ⇒ FINGER¹

pulse² /pʌls/ *Verb* pulsieren, zucken SYN THROB

ˈpul·ver·ize *(BrE auch* **-ise***)* /ˈpʌlvəraɪz/ *Verb* pulverisieren, zerstampfen ◊ *We pulverized the opposition.* Wir haben die Opposition in Grund und Boden gestampft.

puma /ˈpjuːmə; *AmE* ˈpuːmə/ *Nomen (bes BrE)* Puma

ˈpum·ice /ˈpʌmɪs/ *(auch* **ˈpumice stone***) Nomen* Bimsstein

ˈpum·mel /ˈpʌml/ *Verb* (-ll-, *AmE* -l-) einschlagen auf, eintrommeln auf

pump¹ /pʌmp/ *Nomen* **1** Pumpe ◊ *(BrE) a petrol pump* eine Zapfsäule **2** *(BrE, veraltet)* Turnschuh **3** *(bes AmE)* Pumps **4** *(BrE)* Tanzschuh, Gymnastikschuh IDM ⇒ PRIME³

pump² /pʌmp/ *Verb* **1** pumpen **2** *(Flüssigkeit)* schießen ◊ *Blood was pumping out of the wound.* Blut schoss aus der Wunde. **3** (sich) heftig auf und ab bewegen ◊ *My heart was pumping with excitement.* Mein Herz pochte vor Aufregung. **4** **~ sb for sth** *(umgs)* etw aus jdm herausholen ◊ *Try to pump him for more details.* Versuch noch mehr Einzelheiten aus ihm herauszuholen. IDM ˌpump ˈbullets, ˈshots, etc. into sb jdn mit Blei voll pumpen ˌpump sb ˈfull of sth jdn mit etw voll pumpen ˌpump ˈiron *(umgs)* Gewichte stemmen ˌpump sb's ˈstomach jdm den Magen auspumpen PHRV ˌpump sth ˈinto sth *(Geld etc.)* etw in etw hineinpumpen ˌpump sth ˈinto sb etw in jdn hineinstopfen ˌpump sth ˈout *(umgs) (produzieren)* etw herauspumpen ◊ *loudspeakers pumping out rock music* Lautsprecher, aus denen Rockmusik dröhnt ˌpump sth ˈup **1** etw aufpumpen **2** *(umgs) (steigern)* etw erhöhen

pumped /pʌmpt/ *(auch* ˌpumped ˈup*) Adj (bes AmE, umgs)* aufgeregt

ˈpump·kin /ˈpʌmpkɪn/ *Nomen* Kürbis

pun¹ /pʌn/ *Nomen* Wortspiel

pun² /pʌn/ *Verb* (-nn-) ein Wortspiel/Wortspiele machen

Punch /pʌntʃ/ *Nomen* IDM ⇒ PLEASED

punch¹ /pʌntʃ/ *Verb* **1** mit der Faust/mit Fäusten schlagen, boxen ◊ *He was punching the air in triumph.* Triumphierend stieß er die Faust in die Luft. **2** lochen, stanzen **3** *(Taste, Knopf etc.)* drücken PHRV ˌpunch ˈin/ˈout *(AmE)* die Stechkarte stempeln, stechen ˌpunch sth ˈin; ˌpunch sth ˈinto sth (COMP) etw eingeben ˌpunch sb ˈout *(AmE, umgs)* jdn umhauen ☞ G 9.7c ˌpunch sth ˈout **1** *(Nummer, Code etc.)* eingeben **2** etw herausschlagen ◊ *He threatened to punch my teeth out.* Er drohte mir die Zähne auszuschlagen. **3** etw ausstanzen

punch² /pʌntʃ/ *Nomen* **1** (Faust)schlag **2** Pep, Schwung **3** Locher, Stanzgerät ◊ *a hole punch* ein Locher **4** *(Früchte)punsch* IDM ⇒ BEAT¹, PACK¹, PULL¹ *und* ROLL²

Punch and Judy show /ˌpʌntʃ ən ˈdʒuːdi ʃəʊ; *AmE* ʃoʊ/ *Nomen* Kasper(le)theater

ˈpunch·bag /ˈpʌntʃbæg/ *Nomen (BrE) (Boxen)* Sandsack

ˈpunch·ball /ˈpʌntʃbɔːl/ *Nomen* Punchingball

ˈpunch-drunk *Adj* **1** *(Boxen)* hirngeschädigt (durch Schläge auf den Kopf) **2** benommen

ˈpunching bag *Nomen (AmE) (Boxen)* Sandsack

ˈpunch-line /ˈpʌntʃlaɪn/ *Nomen* Pointe

ˈpunch-up *Nomen (BrE, umgs)* Prügelei, Schlägerei

punchy /ˈpʌntʃi/ *Adj* prägnant, kraftvoll ◊ *a punchy style of writing* ein flotte Schreibe

ˈpunc·til·ious /pʌŋkˈtɪliəs/ *Adj (Adv* **punc·til·ious·ly***) (gehoben) (Verhalten, Person)* (peinlich) korrekt, (peinlich) genau, übergenau

ˌpunc·til·ious·ness /pʌŋkˈtɪliəsnəs/ *Nomen (gehoben)* Korrektheit, Genauigkeit

ˈpunc·tual /ˈpʌŋktʃuəl/ *Adj (Adv* **punc·tu·al·ly***)* pünktlich

ˌpunc·tu·al·ity /ˌpʌŋktʃuˈæləti/ *Nomen* Pünktlichkeit

ˈpunc·tu·ate /ˈpʌŋktʃueɪt/ *Verb* **1** (hin und wieder) unterbrechen **2** Satzzeichen setzen **3** mit Satzzeichen versehen

ˌpunc·tu·ation /ˌpʌŋktʃuˈeɪʃn/ *Nomen* Zeichensetzung

ˌpunctuˈation mark *Nomen* Satzzeichen

punc·ture¹ /ˈpʌŋktʃə(r)/ *Nomen* **1** *(BrE) (Reifen)* Loch, Reifenpanne, Platten **2** Einstich

punc·ture² /ˈpʌŋktʃə(r)/ *Verb* **1** **~ sth** ein Loch in etw stechen ◊ *She was taken to the hospital with a punctured lung.* Sie wurde mit perforierten Lunge ins Krankenhaus gebracht. **2** ein Loch bekommen ◊ *One of the front tyres had punctured.* Einer der Vorderreifen hatte ein Loch. **3** *(Stimmung etc.)* zerstören ◊ *puncture sb's complacency* an jds Selbstzufriedenheit kratzen

ˈpun·dit /ˈpʌndɪt/ *Nomen* Experte, Expertin

ˈpun·gency /ˈpʌndʒənsi/ *Nomen (von Geruch)* Schärfe

ˈpun·gent /ˈpʌndʒənt/ *Adj (Adv* **pung·ent·ly***)* **1** *(Geruch)* beißend, stechend, durchdringend **2** *(Worte etc.)* beißend, scharf

ˈpun·ish /ˈpʌnɪʃ/ *Verb* bestrafen

ˈpun·ish·able /ˈpʌnɪʃəbl/ *Adj* **~ (by/with sth)** (mit etw) strafbar ◊ *a crime punishable by/with imprisonment* ein Verbrechen, auf das Gefängnisstrafe steht

ˈpun·ish·ing /ˈpʌnɪʃɪŋ/ *Adj* anstrengend, mörderisch

ˈpun·ish·ment /ˈpʌnɪʃmənt/ *Nomen* **1** Strafe, Bestrafung **2** ◊ *This carpet takes the most punishment.* Dieser Teppich wird am meisten strapaziert.

ˈpu·ni·tive /ˈpjuːnətɪv/ *Adj (Adv* **pu·ni·tive·ly***) (gehoben)*

1 strafend, bestrafend, Straf- ◊ *punitive measures* Strafmaßnahmen **2** (*Steuer etc.*) extrem hoch
punk /pʌŋk/ *Nomen* **1** (*auch* ˌpunk ˈrock) Punk (rock) **2** (*auch* ˌpunk ˈrocker) Punker(in), Punkrocker(in) **3** (*bes AmE, umgs, abwert*) Rabauke
pun·net /ˈpʌnɪt/ *Nomen* (*BrE*) (*für Obst*) Körbchen
punt¹ /pʌnt/ *Nomen* **1** Stocherkahn **2** (*BrE, umgs*) Wette **3** (*Rugby etc.*) = Schuss, bei dem der Spieler den Ball aus der Hand fallen lässt und schießt, bevor der Ball den Boden berührt
punt² /pʌnt/ *Verb* **1** Stocherkahn fahren **2** ~ (**a ball**) (einen Ball) weit schießen
punt³ /pʊnt/ *Nomen* Punt, irisches Pfund
punt·er /ˈpʌntə(r)/ *Nomen* (*BrE, umgs*) **1** Kunde **2** (*Glücksspiel*) Wetter(in), Spieler(in)
puny /ˈpjuːni/ *Adj* (*abwert*) **1** mickrig **2** kläglich
pup /pʌp/ *Nomen* **1** = PUPPY **2** (*verschiedener Tierarten*) Junges ◊ *a seal pup* ein Robbenbaby
pupa /ˈpjuːpə/ *Nomen* (*Pl* **pupae** /ˈpjuːpiː/) (*Insekt*) Puppe
pupil /ˈpjuːpl/ *Nomen* **1** (*bes BrE*) Schüler(in) ☛ *Hinweis bei* STUDENT, S. 625 **2** Pupille
pup·pet /ˈpʌpɪt/ *Nomen* **1** Handpuppe, Marionette **2** (*Person*) Marionette
puppy /ˈpʌpi/ *Nomen* (*Pl* **-ies**) (*auch* **pup**) junger Hund, Welpe
ˈ**puppy fat** *Nomen* Babyspeck
ˈ**puppy love** *Nomen* jugendliche Schwärmerei
pur·chase¹ /ˈpɜːtʃəs; *AmE* ˈpɜːrtʃ-/ *Nomen* (*gehoben*) **1** Kauf, Anschaffung **2** (*Fachspr*) (*Stütze*) Halt
pur·chase² /ˈpɜːtʃəs; *AmE* ˈpɜːrtʃ-/ *Verb* (*gehoben*) kaufen ◊ *The material can be purchased from your local supplier.* Das Material kann von Ihrem örtlichen Lieferanten bezogen werden. ◊ *Victory was purchased at too great a price.* Für den Sieg wurde ein zu hoher Preis bezahlt.
pur·chaser /ˈpɜːtʃəsə(r); *AmE* ˈpɜːrtʃ-/ *Nomen* (*gehoben*) Käufer(in)
ˈ**purchasing power** *Nomen* Kaufkraft
pure /pjʊə(r); *AmE* pjʊr/ *Adj* **1** rein, pur ◊ *They met by pure chance.* Sie trafen sich rein zufällig. ◊ *His motives were pure.* Seine Motive waren ehrbar. **2** sauber, rein **IDM** ˌ**pure and ˈsimple** schlicht und einfach
ˈ**pure-bred** *Adj* reinrassig
purée¹ /ˈpjʊəreɪ; *AmE* pjʊˈreɪ/ *Nomen* Püree
purée² /ˈpjʊəreɪ; *AmE* pjʊˈreɪ/ *Verb* (**pur·éed, pur·éed**) pürieren
pure·ly /ˈpjʊəli; *AmE* ˈpjʊrli/ *Adv* rein ◊ *She took the job purely for the money.* Sie nahm die Stelle schlicht und einfach wegen des Geldes an.
pur·ga·tory /ˈpɜːgətəri; *AmE* ˈpɜːrgətɔːri/ *Nomen* (*Pl* **-ies**) **1** (*meist* **Purgatory**) das Fegefeuer **2** (*umgs oder hum*) Hölle
purge¹ /pɜːdʒ; *AmE* pɜːrdʒ/ *Verb* **1** ~ **sth** (**of sb**) etw (von jdm) säubern ◊ *He purged the party of extremists.* Er säuberte die Partei von Extremisten. **2** ~ **sb** (**from sth**) jdn (aus etw) entfernen ◊ *He purged extremists from the party.* Er entfernte Extremisten aus der Partei. **3** ~ **yourself/sb/sth** (**of sth**) sich/jdn/etw (von etw) befreien **4** ~ **sth** (**from sth**) etw (aus etw) vertreiben
purge² /pɜːdʒ; *AmE* pɜːrdʒ/ *Nomen* (*Politik, Gesellschaft*) Säuberung(saktion)
puri·fi·ca·tion /ˌpjʊərɪfɪˈkeɪʃn; *AmE* ˌpjʊr-/ *Nomen* Reinigung ◊ *a water-purification plant* eine Wasseraufbereitungsanlage
pur·ify /ˈpjʊərɪfaɪ; *AmE* ˈpjʊr-/ *Verb* (**-fies, -fying, -fied, -fied**) **1** reinigen **2** ~ **sth** (**from sth**) (TECH) etw (aus etw) extrahieren
pur·ism /ˈpjʊərɪzəm; *AmE* ˈpjʊr-/ *Nomen* Purismus
pur·ist /ˈpjʊərɪst; *AmE* ˈpjʊr-/ *Nomen* Purist(in)
pur·itan /ˈpjʊərɪtən; *AmE* ˈpjʊr-/ **1** *Nomen* Puritaner(in) **2** *Adj* puritanisch ☛ **Puritan** mit großem **P** bezieht sich auf die streng protestantische Glaubensbewegung englischen Ursprungs des späten 16. und 17. Jahrhunderts.
pur·it·an·ical /ˌpjʊərɪˈtænɪkl; *AmE* ˌpjʊr-/ *Adj* (*meist abwert*) puritanisch
pur·itan·ism /ˈpjʊərɪtənɪzəm; *AmE* ˈpjʊr-/ *Nomen* [U] **1 Puritanism** Puritanismus ☛ *Hinweis bei* PURITAN (2) **2** puritanische Einstellung

pur·ity /ˈpjʊərəti; *AmE* ˈpjʊr-/ *Nomen* Reinheit
purl¹ /pɜːl; *AmE* pɜːrl/ *Nomen* [U] (*beim Stricken*) linke Masche
purl² /pɜːl; *AmE* pɜːrl/ *Verb* links stricken
pur·loin /pɜːˈlɔɪn, ˈpɜːlɔɪn; *AmE* pɜːrˈl-, ˈpɜːrl-/ *Verb* (*gehoben oder hum*) entwenden
pur·ple /ˈpɜːpl; *AmE* ˈpɜːrpl/ **1** *Adj* lila, violett ◊ *a purple bruise* ein blauer Fleck ◊ *His face was purple with rage.* Sein Gesicht war dunkelrot vor Wut. **2** *Adj* ~ **prose** blumiger Prosastil; **a** ~ **passage** ein blumig formulierter Abschnitt **3** *Nomen* Lila, Violett
ˌ**Purple ˈHeart** *Nomen* (*AmE*) = Verwundetenabzeichen
ˈ**purple patch** *Nomen* (*BrE*) Glückssträhne, Erfolgsphase
pur·plish /ˈpɜːpəlɪʃ; *AmE* ˈpɜːrp-/ *Adj* leicht violett ◊ *purplish lips/skin* blau angelaufene Lippen/Haut
pur·port /pɜːˈpɔːt; *AmE* pərˈpɔːrt/ *Verb* (*gehoben*) vorgeben
pur·ported /pəˈpɔːtɪd; *AmE* pərˈpɔːrt-/ *Adj* (*Adv* **pur·port·ed·ly** /-li/) *nur vor Nomen* (*gehoben*) angeblich
pur·pose /ˈpɜːpəs; *AmE* ˈpɜːrpəs/ *Nomen* **1** Zweck, Absicht **2** Sinn, Ziel **3** Entschlossenheit, Zielstrebigkeit ◊ *She has enormous confidence and strength of purpose.* Ihre Selbstsicherheit und Zielstrebigkeit sind enorm. **IDM** **on ˈpur·pose** absichtlich; mit Absicht **to little/no ˈpurpose** (*gehoben*) mit wenig Erfolg/ohne Erfolg ☛ *Siehe auch* INTENT² *und* PRACTICAL¹
ˌ**purpose-ˈbuilt** *Adj* (*BrE*) eigens dafür gebaut, speziell entwickelt
pur·pose·ful /ˈpɜːpəsfl; *AmE* ˈpɜːrp-/ *Adj* (*Adv* **pur·pose·ful·ly** /-fəli/) zielstrebig, zielgerichtet ◊ *Purposeful work is important for young offenders.* Sinnvolle Arbeit ist wichtig für jugendliche Straftäter.
pur·pose·less /ˈpɜːpəsləs; *AmE* ˈpɜːrp-/ *Adj* sinnlos, ziellos
pur·pose·ly /ˈpɜːpəsli; *AmE* ˈpɜːrp-/ *Adv* absichtlich
pur·pos·ive /ˈpɜːpəsɪv; *AmE* ˈpɜːrp-/ *Adj* (*gehoben*) gezielt, zielgerichtet
purr¹ /pɜː(r)/ *Verb* **1** (*Katze*) schnurren **2** (*Motor etc.*) surren **3** gurren, säuseln
purr² /pɜː(r)/ (*auch* **pur·ring** /ˈpɜːrɪŋ/) *Nomen* [Sing] **1** Schnurren **2** Surren **3** Gurren
purse¹ /pɜːs; *AmE* pɜːrs/ *Nomen* **1** (*bes BrE*) Portmonee, Geldbeutel (*auch fig*) ◊ *the public purse* die öffentlichen Kassen **2** (*AmE*) Handtasche **3** (*beim Boxen*) Preisgeld **IDM** ⇒ SILK
purse² /pɜːs; *AmE* pɜːrs/ *Verb* (*die Lippen*) schürzen
pur·ser /ˈpɜːsə(r); *AmE* ˈpɜːrs-/ *Nomen* Zahlmeister(in)
the ˈpurse strings *Nomen* [Pl] ◊ *Who holds the purse strings in your house?* Wer bestimmt in Ihrem Haus über die Finanzen? ◊ *The government will have to tighten the purse strings.* Die Regierung wird den Gürtel enger schnallen müssen.
pur·su·ance /pəˈsjuːəns; *AmE* pərˈsuː-/ *Nomen* **IDM** **in pursuance of sth** (*offiz*) **1** in Ausübung einer Sache; in Verfolgung einer Sache **2** (*eines Gesetzes, einer Verfügung etc.*) gemäß einer Sache
pur·su·ant /pəˈsjuːənt; *AmE* pərˈsuː-/ *Adj* ~ **to sth** (*offiz*) gemäß einer Sache
pur·sue /pəˈsjuː; *AmE* pərˈsuː/ *Verb* (*gehoben*) **1** verfolgen (*auch fig*) ◊ *She was hotly pursued by the press.* Die Presse folgte ihr dicht auf den Fersen. ◊ *Jake's been pursuing her for months.* Jake stellt ihr seit Monaten nach. **2** nachgehen (*auch fig*) ◊ *pursue an enquiry* eine Untersuchung durchführen **3** (*Klage, Anspruch*) erheben
pur·suer /pəˈsjuːə(r); *AmE* pərˈsuː-/ *Nomen* Verfolger(in)
pur·suit /pəˈsjuːt; *AmE* pərˈsuːt/ *Nomen* **1** ~ **of sth** Streben nach etw, Jagd auf etw ◊ *the pursuit of profit* das Profitstreben **2** Verfolgung, Jagd ◊ *We drove away with two police cars in pursuit.* Wir fuhren davon, verfolgt von zwei Polizeifahrzeugen. ◊ *I galloped off with Rosie in hot pursuit.* Ich galoppierte los, mit Rosie dicht auf den Fersen. **3** [*meist* Pl] Betätigung, Beschäftigung ◊ *leisure pursuits* Freizeitbetätigungen
pur·vey /pəˈveɪ; *AmE* pərˈveɪ/ *Verb* (*gehoben*) **1** liefern, verkaufen **2** (*Ideen, Information*) vermitteln
pur·vey·or /pəˈveɪə(r); *AmE* pərˈv-/ *Nomen* (*gehoben*) **1** Lieferant(in) **2** Verbreiter(in) ◊ *He was hardly a purveyor of great literature.* Er produzierte nicht gerade große Literatur.

pus /pʌs/ *Nomen* Eiter

push¹ /pʊʃ/ *Verb* **1** schieben, drücken, pressen ◊ *Push hard when I tell you to.* Fest drücken, wenn ich's dir sage. ◊ *He pushed at the door but it wouldn't budge.* Er drückte gegen die Tür, aber sie gab nicht nach. **2** schubsen, stoßen **3** (sich) drängeln ◊ *The fans pushed against the barrier.* Die Fans drängten gegen die Barriere. **4** treiben ◊ *This development could push the country into recession.* Diese Entwicklung könnte das Land in die Rezession stürzen. ◊ *The rise in interest rates will push prices up.* Die Erhöhung der Zinssätze wird die Preise in die Höhe treiben. **5** drängen, antreiben ◊ *My teacher pushed me into entering the competition.* Meine Lehrerin drängte mich dazu, an dem Wettbewerb teilzunehmen. ◊ *He really pushes his pupils.* Er fordert wirklich viel von seinen Schülern. ◊ *Lucy should push herself a little harder.* Lucy sollte sich etwas mehr bemühen. **6** (*umgs*) die Werbetrommel schlagen für, pushen **7** beharren auf, herumreiten auf ◊ *She didn't want to push the matter any further at the moment.* Sie wollte die Sache für den Moment ruhen lassen. **8** (*umgs*) ◊ *His parents are very tolerant, but sometimes he pushes them too far.* Seine Eltern sind sehr tolerant, aber manchmal geht er zu weit. **9** vorstoßen ◊ *The army pushed (on) towards the Nile.* Die Armee stieß (weiter) in Richtung des Nils vor.
IDM be ,pushing '40/'50, etc. (*umgs*) auf die 40/50 etc. zugehen be ,pushing up (the) 'daisies (*veraltet, hum*) die Radieschen von unten ansehen push the 'boat out (*BrE, umgs*) groß feiern; den Putz hauen push your 'luck; 'push it/things übermütig werden push sth to the back of your 'mind nicht mehr an etw denken ◊ *I tried to push the thought to the back of my mind.* Ich versuchte den Gedanken beiseite zu schieben. ☞ *Siehe auch* PANIC BUTTON
PHR V ,push sb a'bout/a'round jdn herumkommandieren ☞ G 9.7c ,push a'head/'forward weitermachen ,push a'head/'forward with sth etw voran-/vorwärts treiben ,push sth 'aside etw beiseite schieben ,push sth 'back **1** etw zurückschieben; (*Hut, Ärmel*) hochschieben ◊ *She pushed back her hair from her face.* Sie strich sich das Haar aus dem Gesicht. **2** etw verschieben 'push for sth für etw kämpfen, auf etw bestehen 'push sb for sth etw von jdm fordern ◊ *I'm going to push you for an answer.* Ich muss auf einer Antwort bestehen. ,push 'forward vorstoßen ,push sb 'forward jdn in den Vordergrund schieben ☞ G 9.7c ,push yourself 'forward sich hervortun ☞ G 9.7c ,push 'in (*BrE*) sich vordrängeln ,push 'off **1** (*BrE, umgs*) abhauen **2** (*mit einem Boot etc.*) abstoßen; (*vom Schwimmbeckenrand*) sich abstoßen ,push 'on weitermachen ◊ *We decided to push on to the next town.* Wir entschieden uns, bis zur nächsten Stadt weiterzufahren. ,push sb 'out jdn hinausdrängen ,push sb/sth 'out jdn/etw verdrängen push sth 'out etw massenweise produzieren, etw am laufenden Band produzieren ,push sb/sth 'over jdn/etw umstoßen ,push sth 'through etw durchsetzen

push² /pʊʃ/ *Nomen* **1** Schubs, Stoß, Pressen ◊ *Can you give the car a push?* Kannst du das Auto mal anschieben? ◊ *at the push of a button* auf Knopfdruck **2** Offensive, Vorstoß **3** Initiative, Kampagne **IDM** at a 'push (*BrE, gehoben*) wenn es sein muss; notfalls get the 'push (*BrE, umgs*) rausfliegen give sb the 'push (*BrE, umgs*) jdn rausschmeißen when ,push comes to 'shove wenn es hart auf hart geht

pushbike /'pʊʃbaɪk/ *Nomen* (*BrE, veraltet*) Fahrrad

'push-button 1 *Adj* nur vor Nomen (Druck)tasten- **2** *Nomen* (Druck)taste

push-chair /'pʊʃtʃeə(r); *AmE* -tʃer/ *Nomen* (*BrE*) (Kinder)sportwagen

pushed /pʊʃt/ *Adj* (*umgs*) **1** be ~ to do sth Mühe haben etw zu tun **2** be ~ for sth zu wenig von etw haben ◊ *be pushed for money* knapp bei Kasse sein ◊ *be pushed for time* knapp dran sein **3** be ~ unter Druck stehen

push-er /'pʊʃə(r)/ *Nomen* (*umgs*) Pusher(in) ☞ *Siehe auch* PEN-PUSHER

push-over /'pʊʃəʊvə(r); *AmE* -oʊ-/ *Nomen* (*umgs*) **1** (*Leichtigkeit*) Kinderspiel **2** leichter Gegner ◊ *I don't think she'll agree – she's no pushover.* Ich glaube nicht, dass sie einverstanden ist – sie lässt sich nicht so schnell einschüchtern.

push-pin /'pʊʃpɪn/ *Nomen* (*AmE*) Pinnnadel

'push-start¹ *Verb* (*bes BrE*) zum Starten anschieben, durch Anschieben starten

'push-start² *Nomen* Anschieben, Starten durch Anschieben

'push-up *Nomen* (*bes AmE*) Liegestütz

pushy /'pʊʃi/ *Adj* (*umgs, abwert*) zudringlich, (übermäßig) ehrgeizig ◊ *a pushy salesman* ein aufdringlicher Verkäufer ◊ *Her parents were never pushy, although they encouraged her acting ambitions from an early age.* Ihre Eltern setzen sie nie unter Druck, auch wenn sie ihre Schauspielambitionen schon früh unterstützten.

pu·sil·lan·im·ous /ˌpjuːsɪˈlænɪməs/ *Adj* (*gehoben*) zaghaft, feige **SYN** COWARDLY

puss /pʊs/ *Nomen* (*bes BrE*) (verwendet, um eine Katze anzulocken) Mieze

pussy /'pʊsi/ *Nomen* (*Pl* -ies) **1** (*auch* 'pussy cat) (Kinderspr) Miezekatze **2** (*vulg, Slang*) Muschi

pussy-foot /'pʊsifʊt/ *Verb* ~ about/around (*umgs, abwert*) um den heißen Brei herumschleichen

'pussy willow *Nomen* Salweide

pus-tule /'pʌstjuːl; *AmE* -tʃuːl/ *Nomen* (*gehoben oder* MED) Pustel

put /pʊt/ *Verb* (**put·ting, put, put**) **1** legen, stellen, setzen ◊ *Did you put sugar in my coffee?* Hast du Zucker in meinen Kaffee getan? ◊ *It's time to put the baby to bed.* Es ist Zeit das Baby ins Bett zu bringen. ◊ *He put his fist through a plate-glass door.* Er schlug eine Flachglastür ein. **2** einbauen **3** schicken ◊ *Her family put her into a nursing home.* Ihre Familie steckte sie in ein Pflegeheim. **4** (hin)schreiben ◊ *Did he put his signature to the document?* Hat er seine Unterschrift unter die Urkunde gesetzt? **5** bringen, versetzen ◊ *I was put in charge of the office.* Mir wurde die Leitung des Büros übertragen. ◊ *The incident put her in a bad mood.* Der Vorfall versetzte sie in schlechte Laune. ◊ *Let's put your suggestion into practice.* Lassen Sie uns Ihren Vorschlag in die Praxis umsetzen. ◊ *The injury to her back will put her out of action.* Ihre Rückenverletzung wird sie außer Gefecht setzen. **6** ~ sth on/onto/to sb/sth jdn/etw unter etw setzen, jdn/etw einer Sache aussetzen ◊ *Her job puts a great strain on her.* Ihr Job setzt sie großer Belastung aus. ◊ *They put all the blame onto me.* Sie haben mir die ganze Schuld zugeschoben. **7** ~ sth on sth (*Wert etc.*) auf etw legen **8** einordnen ◊ *I'd put her in the top rank of modern novelists.* Ich würde sie zu den ersten Garde der modernen Romanschriftsteller zählen. **9** ausdrücken, formulieren ◊ *I was, to put it mildly, annoyed.* Ich war verärgert, um es milde auszudrücken. **10** ~ the shot (SPORT) kugelstoßen
IDM put it a'bout (*BrE, umgs*) herumschlafen I wouldn't put it 'past sb (to do sth) (*umgs*) ich würde es jdm zutrauen(, dass er etw tut) ◊ *I wouldn't put it past him to steal from his own family!* Ich würde es ihm zutrauen, dass er seine eigene Familie bestiehlt! put it to sb that … ◊ *I put it to you that you are the only person who had a motive for the crime.* Ich behaupte, dass Sie die einzige Person sind, die ein Motiv für das Verbrechen hatte. ◊ *It was put to the Prime Minister that the new law would only make things worse.* Die Premierministerin wurde mit der Behauptung konfrontiert, dass das neue Gesetz die Lage nur verschlimmern würde. put one 'over on sb (*umgs*) jdn hereinlegen put sb 'through it (*umgs*) jdn durch die Mangel drehen put to'gether zusammen(genommen) ◊ *more than all the others put together* mehr als alle anderen zusammen ☞ *Für andere Redewendungen mit put siehe die Einträge für die entsprechenden Nomina etc.* Put your foot in it z.B. steht unter foot.
PHR V ,put sth a'bout (*BrE, umgs*) etw verbreiten ◊ *Someone's been putting it about that you plan to resign.* Jemand hat in Umlauf gebracht, dass du vorhast zurückzutreten. 'put sth above sth etw über etw stellen ,put sth a'cross/'over (to sb) (jdm) etw vermitteln ,put yourself a'cross/'over (to sb) (bei jdm) einen Eindruck machen, sich (jdm) verständlich machen ,put sth a'side **1** etw beiseite legen, etw beiseite lassen ◊ *They decided to put aside their differences.* Sie entschlossen sich, ihre Differenzen beiseite zu lassen. **SYN** DISREGARD **2** etw zurücklegen, etw beiseite legen 'put sth at sth etw auf etw festsetzen, etw auf etw schätzen ,put sb a'way (*oft passiv*) (*umgs*) jdn einlochen, jdn in ein Heim stecken ,put sth

put

a'way 1 etw wegräumen ◊ *I'm just going to put the car away.* Ich stelle noch gerade das Auto rein. **2** etw auf die Seite legen **3** (*umgs*) etw verdrücken ◊ *He must have put away half a bottle of whisky last night.* Er muss gestern Abend wohl eine halbe Flasche Whisky runtergekippt haben. **put sth 'back 1** etw zurückstellen, etw zurücktun **2** (*Termin etc.*) verschieben **3** etw zurückwerfen ◊ *Poor trading figures put back our plans for expansion.* Schlechte Verkaufszahlen haben uns in unseren Expansionsplänen zurückgeworfen. **4** (*Uhr*) zurückstellen **'put sth before sth** etw vor/über etw stellen, etw Vorrang vor etw geben **put sth be'hind you** einen Strich unter etw ziehen **put sth 'by** etw beiseite legen, etw zurücklegen **put 'down** landen ◊ *The helicopter put down in a field.* Der Helikopter landete auf einem Feld. **put sb 'down 1** (*umgs*) jdn herabsetzen, jdn demütigen ◊ *He's always putting his wife down in public.* Er demütigt seine Frau immer vor anderen Leuten. **2** (*Baby*) ins Bett legen **put sth 'down 1** etw hinlegen ◊ *It's a great book. I couldn't put it down.* Es ist ein großartiges Buch. Ich konnte es nicht aus der Hand legen. ◊ *She put the phone down on me.* Sie legte einfach auf. **2** etw aufschreiben, etw eintragen **3** etw anzahlen ◊ *We put a 5% deposit down on the house.* Wir machten eine Anzahlung von 5% auf das Haus. **4** (*Aufstand etc.*) niederschlagen [SYN] CRUSH **5** (*oft passiv*) (*Tier*) einschläfern **6** (POL) etw einbringen, etw vorlegen ◊ *put down a motion/an amendment* einen Antrag/einen Änderungsantrag vorlegen [SYN] TABLE **put sb 'down as sth** jdn für etw halten ◊ *I'd put them both down as retired teachers.* Ich würde sagen, sie sind beide pensionierte Lehrer. **put sb 'down for sth** jdn für etw eintragen, jdn für etw anmelden ◊ *Put me down for three tickets for Saturday's performance.* Reservieren Sie mir drei Karten für die Vorstellung am Samstag. **'put sth down to sth** etw auf etw zurückführen ◊ *What do you put her success down to?* Wie erklärst du dir ihren Erfolg? **put sth 'forth** (*gehoben*) etw hervorbringen, etw sprießen lassen **put sb/sth 'forward** jdn/etw vorschlagen **put yourself 'forward** kandidieren, sich vorschlagen ◊ *He has put himself forward for a place on the national executive.* Er hat sich für eine Position im Landesvorstand vorgeschlagen. **put sth 'forward 1** etw vorverlegen **2** (*Uhr*) vorstellen **3** etw vorbringen, etw zur Diskussion stellen ➡ *Hinweis bei* ARGUE (2) **put sb 'in** jdn an die Regierung bringen **put sth 'in 1** etw einbauen, etw installieren ◊ *We're having a new shower put in.* Wir lassen eine neue Dusche einbauen. **2** etw einfügen, etw erwähnen **3** etw einreichen, etw hinzufügen ◊ *Could I put in a word?* Dürfte ich mir eine Bemerkung erlauben? **4** (*Antrag etc.*) stellen, einreichen ◊ *They've put in a claim for damages.* Sie haben einen Antrag auf Schadenersatz gestellt. **5** (*auch* **put sth 'into sth**) etw in etw hineinstecken, etw für etw aufwenden ◊ *She often puts in twelve hours' work a day.* Sie legt oft zwölf Stunden Arbeit am Tag ein. ◊ *He's putting a lot of work into improving his French.* Er arbeitet hart daran sein Französisch zu verbessern. **put 'in (at ...)**; **'put into ...** (NAUT) in ... einlaufen [OPP] PUT OUT (TO ... /FROM ...) **put 'in for sth** etw beantragen ◊ *He put in for a transfer.* Er hat seine Versetzung beantragt. ◊ *Are you going to put in for that job?* Wirst du dich um den Job bewerben? **put yourself/sth 'in for sth** (*bei einem Wettbewerb*) sich/jdn/etw für etw aufstellen lassen **put sth 'into sth 1** etw in etw hineinlegen ◊ *He put as much feeling into his voice as he could.* Er legte so viel Gefühl in seine Stimme, wie er konnte. **2** = PUT STH IN (5) **put sb 'off 1** jdm absagen, jdn ausladen **2** jdn abschrecken **3** **put sb 'off (sth)** jdn (bei etw) stören ◊ *Don't put me off when I'm trying to concentrate.* Stör mich nicht, wenn ich versuche, mich zu konzentrieren. **4** (*BrE*) jdn aussteigen lassen ◊ *I asked the bus driver to put me off.* Ich bat die Busfahrerin, mich aussteigen zu lassen. **put sb 'off sth/sb** jdm etw/jdn verleiden ◊ *The accident put her off driving for life.* Wegen des Unfalls wollte sie nie wieder fahren. ◊ *The sight put me off my food.* Der Anblick hat mir den Appetit verdorben. **put sth 'off** etw verschieben, etw aufschieben [SYN] DELAY **put sb on**; **put sb on the 'phone, etc.** jdn ans Telefon holen ◊ *Hi, Dad – can you put Nicky on?* Hi, Papa – kannst du mir mal Nicky geben? ◊ *After a while he put David on the phone.* Nach einer Weile gab er David den Hörer. ➡ G 9.7c **put sth 'on 1** etw anziehen [OPP] TAKE STH OFF **2** (*Make-up etc.*) auftragen **3** etw einschalten, etw anstellen ◊ *She put on the brakes suddenly.* Sie trat plötzlich auf die Bremse. **4** (*Topf etc.*) aufsetzen **5** (*Musik, CD etc.*) auflegen **6** etw zunehmen ◊ *She looks like she's put on weight.* Sie sieht so aus, als ob sie zugenommen hätte. [SYN] GAIN **7** etw einsetzen ◊ *The city is putting on extra buses during the summer.* Die Stadt setzt im Sommer zusätzliche Busse ein. **8** (*Theaterstück etc.*) aufführen; (*Ausstellung*) zeigen **9** etw annehmen, etw vorgeben ◊ *She put on a wounded expression.* Sie setzte eine verletzte Miene auf. ◊ *I don't think he was hurt. He was putting it on.* Ich glaube nicht, dass er verletzt war. Er tat nur so. **put sth 'on sth 1 put A on B** B um A erhöhen, B um A heraufsetzen ◊ *The government has put ten pence on the price of twenty cigarettes.* Die Regierung hat den Preis von zwanzig Zigaretten um zehn Pence erhöht. **2** (*beim Wetten*) etw auf etw setzen **put sb 'onto sb/sth 1** jdn auf jds Spur/die Spur einer Sache bringen ◊ *What first put the police onto the scam?* Wie ist die Polizei dem Betrug zuerst auf die Spur gekommen? **2** jdn auf jdn/etw hinweisen ◊ *Who put you onto this restaurant – it's great!* Wie bist du an dieses Restaurant gekommen – es ist große Klasse! **put 'out** (*AmE, Slang*) mit jdm ins Bett gehen ◊ *She won't put out on a first date.* Bei der ersten Verabredung geht sie mit keinem ins Bett. **put sb 'out 1** jdm Umstände machen **2 be put out** verärgert sein ◊ *She was most put out by his rudeness.* Seine Unhöflichkeit ärgerte sie sehr. ◊ *He looked really put out.* Er sah wirklich verärgert aus. **3** jdn bewusstlos machen, jdn außer Gefecht setzen **put sth 'out 1** etw nach draußen tun (*BrE*) ◊ *put the rubbish out* den Abfall rausbringen ◊ *Have you put the cat out?* Hast du die Katze rausgelassen? **2** etw auslegen, etw bereitstellen **3** etw (aus)löschen, etw ausmachen **4** etw produzieren **5** etw herausgeben ◊ *Police have put out a description of the man.* Die Polizei hat eine Beschreibung des Mannes durchgegeben. **6** etw vergeben ◊ *A lot of editing is put out to freelancers.* Es wird viel Redaktionsarbeit an Freiberufler vergeben. **7** ungenau machen ◊ *The rise in interest rates has put our estimates out by several thousands.* Wegen des Zinsanstiegs liegen wir mit unseren Schätzungen um mehrere Tausend daneben. **8** sich/jdm etw ausrenken ◊ *She fell off her horse and put her shoulder out.* Sie fiel vom Pferd und renkte sich die Schulter aus. [SYN] DISLOCATE **9** etw hervorbringen, sprießen lassen **put 'out (to ... /from ...)** (NAUT) (nach ... / von ...) auslaufen ◊ *put out to sea* in See stechen [OPP] PUT IN (AT ...) **put yourself 'out** (*umgs*) sich Mühe machen ◊ *Please don't put yourself out on my account.* Bitte machen Sie sich meinetwegen keine Umstände. **put yourself/sth 'over (to sb)** sich/etw (jdm) verständlich machen **put sth 'through** etw durchziehen ◊ *We managed to put the deal through.* Wir schafften es, das Geschäft zu tätigen. **put sb 'through sth 1** jdm etw zumuten ◊ *You have put your family through a lot recently.* Deinetwegen hat deine Familie in letzter Zeit viel durchmachen müssen. **2** (*Studium, Ausbildung etc.*) jdm etw bezahlen ◊ *He put all his children through college.* Er bezahlte all seinen Kindern das Studium. **put sb/sth 'through sth** jdn/etw einer Sache unterziehen **put sb 'through (to sb/sth)** jdn (mit jdm/ etw) verbinden ➡ G 9.7c **put sth 'through (to sb/sth)** (*Anruf*) (zu jdm/etw) durchstellen ➡ G 9.7c ➡ **Put a call through to sb** wird manchmal auch im allgemeinen Sinn „jdn anrufen" verwendet. **put sb to sth** jdm etw bereiten ◊ *I hope we're not putting you to too much trouble.* Ich hoffe, wir bereiten Ihnen nicht zu viele Umstände. **put sth to sb 1** jdm etw vorlegen ◊ *Your proposal will be put to the board of directors.* Ihr Vorschlag wird dem Vorstand vorgelegt werden. **2** (*Frage*) an jdn richten **put sth to'gether** etw zusammenstellen ◊ *put together a model plane* ein Modellflugzeug zusammensetzen ◊ *We can put together a strong case for the defence.* Wir werden uns vor Gericht überzeugend verteidigen können. **put sth towards sth** etw zu etw dazugeben ◊ *Here's $100 to put towards your ski trip.* Hier sind 100 Dollar als Beitrag zu deinem Skiurlaub. **put 'up 1** ◊ *They surrendered without putting up much of a fight.* Sie ergaben sich ohne viel Widerstand zu leisten. ◊ *They put up a good fight.* Sie kämpften tapfer. ◊ *The team put up a great performance.* Die Mannschaft zeigte eine großartige Leistung. **2** etw vorbringen, etw zur Debatte stellen ◊ *He put up a strong argument for keeping Barnes on the team.* Er nannte gute Gründe, warum Barnes Mannschaftsmitglied bleiben sollte. ◊ *put up a case for sth* für etw argumentieren ◊ **put sb 'up 1** jdn unterbringen **2** jdn aufstellen, jdn nominieren **put sth 'up 1** etw hoch-stecken ◇ *put up a flag* eine Fahne hissen ◇ *She's put her hair up.* Sie hat ihr Haar hochgesteckt. **2** etw errichten, etw aufstellen ◇ *put up a building/memorial* ein Gebäude/Denkmal errichten **3** etw aufhängen ◇ *put up a notice* eine Bekanntmachung anschlagen SYN DISPLAY OPP TAKE DOWN **4** etw erhöhen **5** (*Geld*) bereitstellen **,put 'up (at…)** (*bes BrE*) in …übernachten **,put 'up for election** sich zur Wahl stellen **,put yourself 'up for sth** sich für etw aufstellen lassen **,put sb 'up to sth** (*umgs*) jdn zu etw anstiften **,put 'up with sb/sth** jdn/etw ertragen ◇ *I don't know why you put up with it.* Ich weiß nicht, warum du dir das gefallen lässt. SYN TOLERATE

pu·ta·tive /ˈpjuːtətɪv/ *Adj nur vor Nomen* **1** (RECHT) mutmaßlich **2** (*gehoben*) möglich
'put-down *Nomen* (*umgs*) Abfuhr
'put-on *Nomen* [meist Sing] (*AmE*) Verarschung
pu·tre·fac·tion /ˌpjuːtrɪˈfækʃn/ *Nomen* (*gehoben*) Verwesung
pu·trefy /ˈpjuːtrɪfaɪ/ *Verb* (**-fies, -fying, -fied, -fied**) (*gehoben*) verwesen SYN ROT
pu·trid /ˈpjuːtrɪd/ *Adj* **1** verwest, faulig **2** (*umgs*) scheußlich, ekelhaft
putsch /pʊtʃ/ *Nomen* Putsch
putt¹ /pʌt/ *Verb* (*Golf*) putten
putt² /pʌt/ *Nomen* (*Golf*) Putt
putt·er¹ /ˈpʌtə(r)/ *Verb* **1** (*BrE*) tuckern **2** (*bes AmE*) herumwerkeln
putt·er² /ˈpʌtə(r)/ *Nomen* (*Golf*) Putter
'putting green *Nomen* (*Golf*) = Übungsgelände zum Putten
putty /ˈpʌti/ *Nomen* Kitt IDM (**like**) **putty in sb's hands** (wie) Wachs in jds Händen
'put-upon *Adj* ausgenutzt
puz·zle¹ /ˈpʌzl/ *Nomen* Rätsel (*auch fig*), Puzzle (*auch fig*) ☛ *Siehe auch* JIGSAW ☛ *Hinweis bei* RÄTSEL
puz·zle² /ˈpʌzl/ *Verb* verwirren ◇ *What puzzles me is why…* Es ist mir ein Rätsel, warum… PHRV **'puzzle over/about sth** sich über etw den Kopf zerbrechen **,puzzle sth 'out** etw herausknobeln, etw herausfinden
puz·zled /ˈpʌzld/ *Adj* verständnislos, perplex ◇ *He was puzzled by it.* Er konnte es sich nicht erklären.
puzzle·ment /ˈpʌzlmənt/ *Nomen* (*gehoben*) Verwirrung, Verständnislosigkeit
puz·zling *Adj* /ˈpʌzlɪŋ/ rätselhaft
PVC /ˌpiː viː ˈsiː/ *Kurzform von* **polyvinyl chloride** PVC
p.w. *Kurzform von* **per week** pro Woche
pygmy (*auch* **pigmy**) /ˈpɪɡmi/ **1** *Nomen* (*Pl* **-ies**) Pygmy Pygmäe, Pygmäin **2** *Nomen* (*Pl* **-ies**) (*abwert*) Zwerg **3** *Adj nur vor Nomen* (BOT, ZOOL) Zwerg-
py·jama (*BrE*) (*AmE* **pa·jama** /pəˈdʒɑːmə; *AmE* -ˈdʒæm-/) *Adj* Schlafanzugs- ◇ *pyjama bottoms* eine Schlafanzughose
py·ja·mas (*BrE*) (*AmE* **pa·ja·mas** /pəˈdʒɑːməz; *AmE* -ˈdʒæm-/ *Nomen* [Pl] **1** (**auch a pair of pyjamas**) Schlafanzug ☛ *Hinweis bei* BRILLE **2** Pluderhose IDM ⇒ CAT
pylon /ˈpaɪlən; *AmE auch* -lɑːn/ *Nomen* (Strom)mast
pyra·mid /ˈpɪrəmɪd/ *Nomen* Pyramide
pyr·am·idal /pɪˈræmɪdl/ *Adj* pyramidenförmig
,pyramid 'selling *Nomen* (*BrE*) (Verkauf nach dem) Schneeballsystem
pyre /ˈpaɪə(r)/ *Nomen* Scheiterhaufen (zum Verbrennen von Leichen)
Pyrex™ /ˈpaɪreks/ *Nomen* feuerfestes Glas
pyro·mania /ˌpaɪrəʊˈmeɪniə; *AmE* ˌpaɪroʊ-/ *Nomen* Pyromanie
pyro·maniac /ˌpaɪrəʊˈmeɪniæk; *AmE* ˌpaɪroʊ-/ *Nomen* Pyromane, Pyromanin
pyro·tech·nic /ˌpaɪrəˈteknɪk/ *Adj* pyrotechnisch, Feuerwerks-
pyro·tech·nics /ˌpaɪrəˈteknɪks/ *Nomen* [Pl] (*Fachspr oder gehoben*) Feuerwerk ◇ (*fig*) *verbal pyrotechnics* ein sprachliches Feuerwerk ◇ *guitar pyrotechnics* brillantes Gitarrenspiel
py·thon /ˈpaɪθən; *AmE* -θɑːn/ *Nomen* Python

Qq

Q, q /kjuː/ **1** *Nomen* (*Pl* **Q's, q's**) (*Buchstabe*) Q, q ☛ *Beispiele bei* A, A **2** *Abk* = QUESTION¹ (1) IDM ⇒ MIND²
QC /ˌkjuː ˈsiː/ *Kurzform von* **Queen's Counsel** (*BrE*) (RECHT) ≈ hochrangige(r) Anwalt/Anwältin oder Staatsanwalt/-anwältin
Q.E.D. (*BrE auch* **QED** /ˌkjuː iː ˈdiː/) *Abk* (*Latein: quod erat demonstrandum*) was zu beweisen war
qt *Abk* = QUART
'Q-tip™ *Nomen* (*bes AmE*) Wattestäbchen
qua /kweɪ, kwɑː/ *Präp* (*gehoben*) als
quack¹ /kwæk/ *Nomen* **1** Quaken **2** (*umgs, abwert*) Quacksalber
quack² /kwæk/ *Verb* quaken
quad /kwɒd; *AmE* kwɑːd/ **1** = QUADRANGLE **2** = QUADRUPLET
'quad bike *Nomen* (*Motorrad*) Quad
quad·rangle /ˈkwɒdræŋɡl; *AmE* ˈkwɑːd-/ (*auch* **quad**) *Nomen* Innenhof
quad·rant /ˈkwɒdrənt; *AmE* ˈkwɑːd-/ *Nomen* **1** Viertelkreis **2** Quadrant
quadra·phon·ic (*auch* **quadro·phon·ic**) /ˌkwɒdrəˈfɒnɪk; *AmE* ˌkwɑːdrəˈfɑːn-/ *Adj* (MUS) quadro(phonisch)
quad·rat·ic /kwɒˈdrætɪk; *AmE* kwɑːˈd-/ *Adj* (MATH) **a ~ equation** eine quadratische Gleichung
quad·ri·lat·eral /ˌkwɒdrɪˈlætərəl; *AmE* ˌkwɑːd-/ **1** *Nomen* Viereck **2** *Adj* vierseitig
quadri·ple·gic /ˌkwɒdrɪˈpliːdʒɪk; *AmE* ˌkwɑːd-/ **1** *Nomen* Tetraplegiker(in) **2** *Adj* tetraplegisch (gelähmt)
quadro·phon·ic = QUADRAPHONIC
quad·ru·ped /ˈkwɒdruped; *AmE* ˈkwɑːd-/ *Nomen* Vierfüßler
quad·ru·ple¹ /ˈkwɒdrupl; *AmE* kwɑːˈdruːpl/ *Verb* (sich) vervierfachen
quad·ru·ple² /ˈkwɒdrupl; *AmE* kwɑːˈdruːpl/ *Adj* vierfach, Vierer- ◇ *a quadruple alliance* ein Viererbündnis
quad·ru·plet /ˈkwɒdruplət, kwɒˈdruːplət; *AmE* kwɑːˈ-/ (*auch* **quad**) *Nomen* Vierling
quag·mire /ˈkwæɡmaɪə(r); *BrE auch* ˈkwɒɡ-/ *Nomen* **1** Morast **2** Schlamassel
quail¹ /kweɪl/ *Nomen* (*Pl* **quails** *oder* **quail**) Wachtel ☛ G 1.2
quail² /kweɪl/ *Verb* (*gehoben*) zittern; **~ at/before sb/sth** vor jdm/etw Angst haben
quaint /kweɪnt/ *Adj* (*Adv* **quaint·ly**) malerisch, urig ◇ *quaint old customs* kuriose alte Bräuche
quake¹ /kweɪk/ *Verb* zittern, beben ◇ *quake with fear* vor Angst zittern SYN TREMBLE
quake² /kweɪk/ (*umgs*) = EARTHQUAKE
Quaker /ˈkweɪkə(r)/ *Nomen, Adj* Quäker(in)
quali·fi·ca·tion /ˌkwɒlɪfɪˈkeɪʃn; *AmE* ˌkwɑːl-/ *Nomen* **1** [meist Pl] Abschluss, Qualifikation ◇ *She has a nursing qualification.* Sie ist eine examinierte Krankenschwester. ◇ *a teaching qualification* eine Lehrbefähigung **2** Voraussetzung **3** Vorbehalt
quali·fied /ˈkwɒlɪfaɪd; *AmE* ˈkwɑːl-/ *Adj* **1** qualifiziert **2** *nicht vor Nomen* **~ (to do sth)** in der Lage (etw zu tun) ◇ *I don't feel qualified to comment.* Ich bin nicht in der Lage, einen Kommentar abzugeben. **3** nicht uneingeschränkt, bedingt

| u *actual* | aɪ *my* | aʊ *now* | eɪ *say* | əʊ (*BrE*) *go* | oʊ (*AmE*) *go* | ɔɪ *boy* | ɪə *near* | eə *hair* | ʊə *pure* |

quali·fier /'kwɒlɪfaɪə(r); *AmE* 'kwɑːl-/ *Nomen* **1** Qualifikant(in) **2** Qualifikationsspiel **3** (LING) nähere Bestimmung

quali·fy /'kwɒlɪfaɪ; *AmE* 'kwɑːl-/ *Verb* (**-fies, -fying, -fied, -fied**) **1** ~ (**as sth**) den Abschluss (in etw) machen ◇ *They qualified as swimming instructors.* Sie erhielten die Qualifikation zum Schwimmlehrer. ◇ *He qualified as a doctor.* Er hat seine Zulassung als Arzt bekommen. **2** ~ (**sb**) (**for sth**) (jdn) (zu etw) berechtigen ◇ *The course will qualify you for a better job.* Der Kurs wird Ihnen die Voraussetzungen für eine bessere Stelle geben. **3** ~ (**for sth**) sich (für etw) qualifizieren **4** infrage kommen ◇ *Do you think this dress qualifies as evening wear?* Glaubst du, dass man dieses Kleid als Abendkleid bezeichnen kann? **5** ~ **sb/sth as sth** (fig) jdn/etw zu etw machen ◇ *It's an old building, but that doesn't qualify it as an ancient monument!* Es ist ein altes Gebäude, aber deswegen ist es noch lange kein historisches Denkmal. **6** modifizieren, einschränken ◇ *I want to qualify what I said earlier:* ... Eine Anmerkung zu dem, was ich vorhin sagte: ... **7** (LING) näher bestimmen

quali·ta·tive /'kwɒlɪtətɪv; *AmE* 'kwɑːləteɪt-/ *Adj* (*Adv* **quali·ta·tive·ly**) (*gehoben*) qualitativ

qual·ity[1] /'kwɒləti; *AmE* 'kwɑːl-/ *Nomen* (*Pl* **-ies**) **1** Qualität ◇ *high-quality goods* Qualitätswaren ◇ *He is a writer of quality.* Er ist ein erstklassiger Schriftsteller. **2** Eigenschaft, Beschaffenheit ◇ *the melodic quality of his voice* der melodiöse Klang seiner Stimme

qual·ity[2] /'kwɒləti; *AmE* 'kwɑːl-/ *Adj nur vor Nomen* hochwertig, von hoher Qualität

'**quality assurance** *Nomen* Qualitätssicherung

'**quality control** *Nomen* Qualitätskontrolle

qualm /kwɑːm, kwɔːm/ *Nomen* [meist Pl] ungutes Gefühl, Bedenken ◇ *have no qualms about doing sth* keine Bedenken haben, etw zu tun

quan·dary /'kwɒndəri; *AmE* 'kwɑːn-/ *Nomen* (*Pl* **-ies**) [meist Sing] Dilemma

quango /'kwæŋɡəʊ; *AmE* -ɡoʊ/ *Nomen* (*Pl* **-os**) (*oft abwert*) = halbstaatliche Verwaltungseinrichtung

quanta *Form von* QUANTUM

quan·ti·fi·able /'kwɒntɪfaɪəbl/ *Adj* messbar, quantifizierbar

quan·ti·fi·ca·tion /ˌkwɒntɪfɪ'keɪʃn; *AmE* ˌkwɑːn-/ *Nomen* Quantifizierung

quan·tify /'kwɒntɪfaɪ; *AmE* 'kwɑːn-/ *Verb* (**-fies, -fying, -fied, -fied**) quantifizieren, in Zahlen ausdrücken

quan·ti·ta·tive /'kwɒntɪtətɪv; *AmE* 'kwɑːntəteɪt-/ *Adj* quantitativ

quan·tity /'kwɒntəti; *AmE* 'kwɑːn-/ *Nomen* **1** Menge **2** Quantität **3** Unmenge, große Menge [IDM] ⇨ UNKNOWN

'**quantity surveyor** *Nomen* (*BrE*) ≈ Baukostensachverständige(r)

quan·tum /'kwɒntəm; *AmE* 'kwɑːn-/ *Nomen* (*Pl* **quanta** /-tə/) (PHYSIK) Quant

,**quantum 'leap** (*auch* ,**quantum 'jump**) *Nomen* Quantensprung; (*fig*) Riesenschritt

,**quantum me'chanics** *Nomen* [U] (PHYSIK) Quantenmechanik

'**quantum theory** *Nomen* (PHYSIK) Quantentheorie

quar·an·tine[1] /'kwɒrəntiːn; *AmE* 'kwɔːr-, 'kwɑːr-/ *Nomen* Quarantäne

quar·an·tine[2] /'kwɒrəntiːn; *AmE* 'kwɔːr-, 'kwɑːr-/ *Verb* unter Quarantäne stellen

quark /kwɑːk; *AmE* kwɑːrk/ *Nomen* (PHYSIK) Quark

quar·rel[1] /'kwɒrəl; *AmE* 'kwɔːr-, 'kwɑːr-/ *Nomen* **1** Streit **2** ~ (**with sb/sth**) Einwand (gegen jdn/etw) ◇ *We have no quarrel with his methods.* Wir haben nichts gegen seine Methoden einzuwenden. [IDM] ⇨ PICK[1]

quar·rel[2] /'kwɒrəl; *AmE* 'kwɔːr-, 'kwɑːr-/ *Verb* (**-ll-**, *AmE* **-l-**) streiten, sich (zer)streiten ◇ *She quarrelled with her brother.* Sie stritt sich mit ihrem Bruder. [PHR V] '**quarrel with sb/sth** an jdm/etw etwas auszusetzen haben

quar·rel·some /'kwɒrəlsəm; *AmE* 'kwɔːr-, 'kwɑːr-/ *Adj* streitsüchtig

quarry[1] /'kwɒri; *AmE* 'kwɔːri, 'kwɑːri/ *Nomen* (*Pl* **-ies**) **1** Steinbruch **2** [Sing] Beute; (*Mensch*) Opfer

quarry[2] /'kwɒri; *AmE* 'kwɔːri, 'kwɑːri/ *Verb* (**quar·ries, quarry·ing, quar·ried, quar·ried**) ~ (**for**) **sth** etw abbauen; ~ **sth** (**from/out of sth**) (*Stein etc.*) (aus etw) brechen

quart /kwɔːt; *AmE* kwɔːrt/ *Nomen* (*Abw*) **qt** = Flüssigkeitsmaß (in Großbritannien 1,136 Liter, in den USA 0,946 Liter) ☛ *Siehe auch S.* 760

quar·ter[1] /'kwɔːtə(r); *AmE* 'kwɔːrt-/ *Nomen* **1** Viertel ◇ *an hour and a quarter* eineinviertel Stunden

> „Viertel vor vier" heißt im britischen Englisch (**a**) **quarter to four**. Im amerikanischen Englisch ist **quarter of four** üblicher. Für „Viertel nach vier" sagt man im britischen Englisch (**a**) **quarter past four** und im amerikanischen Englisch **quarter after four**.

2 Vierteljahr, Quartal ☛ *Hinweis bei* SEMESTER, S.1210 **3** (Stadt)viertel **4** Seite ◇ *support from an unexpected quarter* Hilfe von unerwarteter Seite ◇ *in some quarters* in manchen Kreisen **5** (*AmE*) Vierteldollar ☛ *Siehe auch S.* 761 **6 quarters** [Pl] Quartier, Unterkunft **7** = Gewichtseinheit, entspricht in Großbritannien 12,7 Kilo (28 pounds), in den USA 11,35 Kilo (25 pounds) **8** (*veraltet oder gehoben*) Pardon [IDM] ⇨ CLOSE[3]

quar·ter[2] /'kwɔːtə(r); *AmE* 'kwɔːrt-/ *Verb* **1** vierteln, in vier Teile teilen ◇ *She peeled and quartered an apple.* Sie schälte und viertelte einen Apfel. **2** vierteilen **3** (*gehoben*) einquartieren

quar·ter·back /'kwɔːtəbæk; *AmE* 'kwɔːrtər-/ *Nomen* Quarterback

,**quarter-'final** *Nomen* Viertelfinale

quar·ter·ly[1] /'kwɔːtəli; *AmE* 'kwɔːrtərli/ *Adj, Adv* vierteljährlich

quar·ter·ly[2] /'kwɔːtəli; *AmE* 'kwɔːrtərli/ *Nomen* (*Pl* **-ies**) Vierteljahresschrift

quar·ter·mas·ter /'kwɔːtəmɑːstə(r); *AmE* 'kwɔːrtərmæs-/ *Nomen* Quartiermeister

'**quarter note** *Nomen* (*AmE*) (MUS) Viertelnote

quar·tet /kwɔː'tet; *AmE* kwɔːr'tet/ *Nomen* **1** Quartett ☛ G 1.3b **2** Viererset ◇ *a quartet of novels* ein Zyklus von vier Romanen

quartz /kwɔːts; *AmE* kwɔːrts/ *Nomen* Quarz

qua·sar /'kweɪzɑː(r)/ *Nomen* (ASTRON) Quasar

quash /kwɒʃ; *AmE* kwɑːʃ/ *Verb* **1** (*Gerichtsurteil*) aufheben, für ungültig erklären [SYN] OVERTURN **2** (*gehoben*) unterdrücken; (*Gerüchten*) ein Ende machen

quasi- /'kweɪzaɪ, -saɪ/

> **Quasi-** wird mit Adjektiven und Nomina kombiniert, um zu zeigen, dass etwas nur teilweise oder scheinbar zutrifft: *a quasi-official body* ein halbamtliches Gremium ◇ *a quasi-scientific explanation* eine quasi-wissenschaftliche Erklärung.

quat·rain /'kwɒtreɪn; *AmE* 'kwɑːt-/ *Nomen* (LIT) Vierzeiler

qua·ver[1] /'kweɪvə(r)/ *Verb* (*Stimme*) zittern

qua·ver[2] /'kweɪvə(r)/ *Nomen* **1** (*BrE*) (MUS) Achtelnote **2** Zittern, Vibrieren

qua·very /'kweɪvəri/ *Adj* (*Stimme*) zitternd

quay /kiː/ *Nomen* (*auch* **quay·side** /'kiːsaɪd/) *Nomen* Kai

queasi·ness /'kwiːzinəs/ *Nomen* Übelkeit

queasy /'kwiːzi/ *Adj* (*Adv* **queas·ily** /-ɪli/) **1** übel, schlecht ◇ *His stomach felt queasy.* Ihm war komisch im Magen. **2** mulmig

queen /kwiːn/ *Nomen* **1** Königin ☛ Die Gemahlin eines Königs nennt man **queen**. Wenn man deutlich machen will, dass sie nicht selbst Monarchin ist, **queen consort**. **2** Idol ◇ *the queen of fashion* die Modezarin ◇ *a movie queen* eine Leinwandgöttin **3** (*Schach, Karten*) Dame **4** (*vulg*) Tunte ◇ *a drag queen* ein Schwuler in Frauenkleidern [IDM] ⇨ ENGLISH *und* EVIDENCE

,**queen 'bee** *Nomen* Bienenkönigin ◇ (*fig*) *She's clearly the queen bee.* So dreht sich alles nur um sie.

,**queen 'consort** *Nomen* Gemahlin eines regierenden Königs ☛ *Hinweis bei* QUEEN

,**queen 'mother** *Nomen* Königinmutter

,**Queen's 'Counsel** *Nomen* = QC

'**queen-size** *Adj* (*AmE*) ≈ Maß, besonders für Betten (ca. 150 x 200 cm)

queer[1] /kwɪə(r); *AmE* kwɪr/ *Adj* **1** (*Adv* **queer·ly**) (*veraltet*) merkwürdig, komisch **2** (*vulg*) schwul ☛ **Queer** wird als abwertend empfunden, obwohl es auch von Homosexuellen gebraucht wird. **IDM** ⇨ FISH¹

queer² /kwɪə(r)/ *AmE* kwɪr/ *Nomen* (*umgs*) Schwule(r) ☛ *Hinweis bei* QUEER¹

queer³ /kwɪə(r)/ *AmE* kwɪr/ *Verb* **IDM** **queer sb's 'pitch**; **queer the 'pitch (for sb)** (*BrE, umgs*) jdm einen Strich durch die Rechnung machen; jdm in die Quere kommen

quell /kwel/ *Verb* **1** (*Aufstand etc.*) unterdrücken, niederschlagen **2** (*Gefühle, Zweifel*) bezwingen, unterdrücken

quench /kwentʃ/ *Verb* **1** (*Durst*) stillen **2** (*gehoben*) (*Flammen, Feuer*) löschen

queru·lous /ˈkwerələs, -rjə-/ *Adj* (*Adv* **queru·lous·ly**) (*gehoben, abwert*) missmutig, verdrossen

query¹ /ˈkwɪəri; *AmE* ˈkwɪri/ *Nomen* (*Pl* **-ies**) **1** Frage **2** Fragezeichen

query² /ˈkwɪəri; *AmE* ˈkwɪri/ *Verb* (**quer·ies, query·ing, quer·ied, quer·ied**) **1** bezweifeln, infrage stellen (*Rechnung*) beanstanden **2** (*gehoben*) fragen

quest¹ /kwest/ *Nomen* (*gehoben*) ~ (**for sth**) Suche (nach etw), Streben (nach etw)

quest² /kwest/ *Verb* (*gehoben*) suchen, streben

ques·tion¹ /ˈkwestʃən/ *Nomen* **1** (*Abk* **q**) Frage; (*im Parlament*) Anfrage ◊ *ask a question* eine Frage stellen **2** Frage, Thema ☛ *Hinweis bei* ISSUE¹ **3** Zweifel ◊ *Her honesty is beyond question.* Ihre Ehrlichkeit steht außer Zweifel. ◊ *Her story was accepted without question.* Ihre Darstellung wurde anstandslos akzeptiert. **IDM** **bring/throw sth into 'question** etw infrage stellen **come into 'question** infrage gestellt werden **in 'question 1** betreffend; fraglich **2** infrage; ungewiss ◊ *The future of nuclear power is not in question.* Die Zukunft der Kernenergie ist nicht in Gefahr. **it's just/merely/only a question of …** es geht nur um …; es ist lediglich eine Frage von … **out of the 'question** ausgeschlossen **there is/was no question of (sth happening/sb doing sth)** ◊ *There's no question of anyone being made redundant.* Entlassungen sind ausgeschlossen. ◊ *There was no question of him cancelling the trip.* Es war klar, dass er die Reise nicht absagen würde. ☛ *Siehe auch* BEG, CALL¹, MOOT *und* POP²

ques·tion² /ˈkwestʃən/ *Verb* **1** ~ **sb** (**about/on sth**) jdn (zu etw) befragen; (*Polizei*) jdn (zu etw) vernehmen ◊ *Over half of those questioned said …* Mehr als die Hälfte der Befragten sagte, … **2** bezweifeln, infrage stellen

ques·tion·able /ˈkwestʃənəbl/ *Adj* **1** fraglich **2** (*Adv* **ques·tion·ably** /-əbli/) fragwürdig

ques·tion·er /ˈkwestʃənə(r)/ *Nomen* Fragesteller(in)

ques·tion·ing¹ /ˈkwestʃənɪŋ/ *Nomen* Befragung, Vernehmung

ques·tion·ing² /ˈkwestʃənɪŋ/ *Adj* (*Adv* **ques·tion·ing·ly**) fragend

'question mark *Nomen* Fragezeichen **IDM** **there's a question mark over/against sth** etw ist fraglich

ques·tion·naire /ˌkwestʃəˈneə(r); *AmE* -ˈner/ *Nomen* ~ (**on/about sth**) Fragebogen (zu etw) ◊ *complete a questionnaire* einen Fragebogen ausfüllen

'question tag *Nomen* (LING) Frageanhängsel

queue¹ /kjuː/ *Nomen* **1** (*BrE*) Schlange ◊ *join a queue* sich anstellen **2** (COMP) Warteschlange **IDM** ⇨ JUMP¹

queue² /kjuː/ *Verb* **1** (**queu·ing** *oder* **queue·ing**) (*BrE*) ~ (**up**) sich anstellen, anstehen **2** (COMP) eine Warteschlange bilden, in eine Warteschlange reihen **PHRV** **be ˌqueuing 'up (for sth)** sich um etw reißen

quib·ble¹ /ˈkwɪbl/ *Verb* ~ (**with sth**) (an etw) krittteln; ~ **about/over sth** sich über etw/wegen einer Sache streiten ◊ *I don't want to quibble, but …* Ich will ja nicht pingelig sein, aber …

quib·ble² /ˈkwɪbl/ *Nomen* Spitzfindigkeit, Kleinigkeit ◊ *My only quibble is that …* Eine kleine Anmerkung: …

quick¹ /kwɪk/ *Adj* (*Adv* **quick·ly**) schnell ◊ *Be quick!* Mach schnell! ◊ *The kids were quick to learn.* Die Kinder lernten schnell. ◊ *He's very quick to criticize.* Er ist immer schnell dabei, andere zu kritisieren. ◊ (*AmE, umgs*) *He's a quick study.* Er lernt schnell. ◊ *a quick glance* ein flüchtiger Blick ◊ *his quick thinking* seine Geistesgegenwart ◊ *her quick wits* ihre Gewitztheit ◊ *There is no quick answer.* Es gibt keine einfache Lösung. ☛ *Hinweis bei* SCHNELL **IDM** **have a quick 'temper** leicht aufbrausen **a quick 'fix** (*umgs*) eine einfache (aber unzureichende) Lösung ☛ *Siehe auch* BUCK¹, MARK² *und* UPTAKE

quick² /kwɪk/ *Adv* schnell ◊ *Come as quick as you can!* Komm so schnell du kannst! ◊ *Let's see who can get there quickest.* Mal sehen, wer am schnellsten da hinkommt. ◊ *get rich quick* auf die Schnelle reich werden ☛ *Hinweis bei* SCHNELL **IDM** (**as**) **quick as a 'flash** blitzschnell

quick³ /kwɪk/ **the quick** *Nomen* [*Sing*] ◊ *bite your nails down to the quick* die Nägel bis zum Fleisch abkauen **IDM** **cut sb to the 'quick** jdn bis ins Mark treffen **the quick and the 'dead** die Lebenden und die Toten

quick·en /ˈkwɪkən/ *Verb* (*gehoben*) **1** (sich) beschleunigen **2** (*gehoben*) lebendig werden ◊ *His interest quickened.* Sein Interesse wuchs.

ˌquick-ˈfire *Adj nur vor Nomen* Schnellfeuer- ◊ *a series of quick-fire questions* eine Reihe von Fragen wie aus der Maschinenpistole geschossen

quickie /ˈkwɪki/ *Nomen* (*umgs*) **1** Sache auf die Schnelle ◊ *One question – it's just a quickie.* Eine kurze Frage. ◊ *a quickie divorce* eine Scheidung im Schnellverfahren **2** eine schnelle Nummer, ein Quickie

quick·lime /ˈkwɪklaɪm/ (*auch* **lime**) *Nomen* ungelöschter Kalk

quick·ly *Adv* ⇨ QUICK¹

quick·ness /ˈkwɪknəs/ *Nomen* Schnelligkeit ◊ *the quickness of his wit* seine Gewitztheit

quick·sand /ˈkwɪksænd/ *Nomen* (*auch* **quick·sands** [*Pl*]) Treibsand (*auch fig*)

quick·sil·ver /ˈkwɪksɪlvə(r)/ *Nomen* (*veraltet*) Quecksilber **SYN** MERCURY

quick·step /ˈkwɪkstep/ *Nomen* Quickstepp

ˌquick-ˈtempered *Adj* leicht aufbrausend

ˌquick-ˈwitted *Adj* **1** schlagfertig **2** aufgeweckt

quid /kwɪd/ *Nomen* (*Pl* **quid**) (*BrE, umgs*) (*Geld*) Pfund **IDM** **be quids 'in** gut verdienen; einen Reibach machen

qui·es·cence /kwiˈesns/ *Nomen* **1** (*gehoben*) Untätigkeit **2** (MED) Ruhezustand

qui·es·cent /kwiˈesnt/ *Adj* (*gehoben*) ◊ *be quiescent* stillhalten

quiet¹ /ˈkwaɪət/ *Adj* **1** leise, still ◊ *Keep the kids quiet.* Sorg dafür, dass die Kinder leise sind. ◊ *He suddenly went quiet.* Er wurde plötzlich still. **2** ruhig ◊ *a quiet evening at home* ein geruhsamer Abend zu Hause ◊ *a quiet word with sb* ein Gespräch unter vier Augen mit jdm ◊ *a quiet wedding* eine Hochzeit im engen Familienkreis **IDM** **keep quiet about sth** Stillschweigen über etw bewahren **keep sth quiet** etw geheim halten

quiet² /ˈkwaɪət/ *Nomen* Ruhe, Stille **IDM** **on the 'quiet** heimlich; unter der Hand **SYN** SECRETLY

quiet³ /ˈkwaɪət/ *Verb* (*bes AmE*) **1** ~ (**down**) sich beruhigen ◊ *The demonstrators quieted down.* Die Demonstranten gaben Ruhe. **2** ~ **sb/sth** (**down**) (jdn/etw) beruhigen ◊ *quiet the kids* die Kinder zur Ruhe bringen

quiet·en /ˈkwaɪətn/ *Verb* (*BrE*) **1** ~ (**down**) sich beruhigen, ruhig(er) werden **2** ~ **sb/sth** (**down**) jdn/etw beruhigen

quiet·ly /ˈkwaɪətli/ *Adv* leise, ruhig ◊ *a quietly-spoken man* ein Mann mit einer leisen Stimme ◊ *He is quietly confident that …* Er ist sich ziemlich sicher, dass … ◊ *The plan was quietly dropped.* Der Plan wurde stillschweigend fallen gelassen. ◊ *She was quietly getting on with her life.* Sie kümmerte sich währenddessen um ihre eigenen Angelegenheiten.

quiet·ness /ˈkwaɪətnəs/ *Nomen* Ruhe, ruhige Art

quiff /kwɪf/ *Nomen* Stirnlocke

quill /kwɪl/ *Nomen* **1** (*auch* **ˈquill-feather**) Kielfeder **2** (*auch* ˌ**quill 'pen**) Feder(kiel) **3** Stachel

quilt /kwɪlt/ *Nomen* **1** Steppdecke ◊ *a patchwork quilt* eine Patchworkdecke **2** (*BrE*) Federbett **SYN** DUVET

quilt·ed /ˈkwɪltɪd/ *Adj* gesteppt, Stepp-

quin /kwɪn/ (*BrE, umgs*) = QUINTUPLET

quince /kwɪns/ *Nomen* Quitte

quin·cen·ten·ary /ˌkwɪnsenˈtiːnəri; *AmE* -ˈsenˈteneri/ *Nomen* (*Pl* **-ies**) Fünfhundertjahrfeier, fünfhundertster Jahrestag

quin·ine /kwɪˈniːn, ˈkwɪniːn; *AmE auch* ˈkwaɪnaɪn/ *Nomen* Chinin

quint /kwɪnt/ (*AmE, umgs*) = QUINTUPLET

quint·es·sence /kwɪnˈtesns/ *Nomen* [Sing] (*gehoben*) **1** Inbegriff **2** Quintessenz, Kern

quint·es·sen·tial /ˌkwɪntɪˈsenʃl/ *Adj* archetypisch

quint·es·sen·tial·ly /ˌkwɪntɪˈsenʃəli/ *Adv* typisch, durch und durch

quin·tet /kwɪnˈtet/ *Nomen* Quintett ☛ G 1.3b

quin·tu·plet /ˈkwɪntjʊplət, kwɪnˈtjuːpləʔ, -ˈtʌpl-/ *Nomen* (*BrE auch, umgs* **quin**) (*AmE auch, umgs* **quint**) Fünfling

quip¹ /kwɪp/ *Nomen* geistreiche Bemerkung

quip² /kwɪp/ *Verb* (**-pp-**) witzeln

quirk /kwɜːk; *AmE* kwɜːrk/ *Nomen* **1** Marotte **2** Laune

quirky /ˈkwɜːki/ *Adj* schrullig

quit /kwɪt/ *Verb* (**quit·ting, quit, quit** *oder* **quit·ted, quit·ted**) **1** (*umgs*) kündigen, aussteigen ◊ *quit school* die Schule schmeißen ◊ *quit as manager of the team* als Trainer aufhören ◊ *He gave them notice to quit.* Er hat ihnen die Wohnung gekündigt. **2** (*bes AmE, umgs*) aufhören ◊ *Just quit it!* Hör bloß auf! **3** verlassen IDM **be 'quit of sb/sth** jdn/etw los sein ☛ *Siehe auch* DOUBLE³

quite /kwaɪt/ *Adv* **1** (*BrE*) ziemlich, recht ◊ *He plays quite well.* Er spielt recht gut. ◊ *I quite like opera.* Ich mag Opern ganz gern. ◊ *quite hard* ziemlich schwer ◊ *for quite some time* ziemlich lange ◊ *It's quite a big change.* Das ist keine geringe Veränderung. **2** ganz, völlig ◊ *I can see it quite clearly* Ich sehe es ganz klar. ◊ *That's quite enough!* Das reicht jetzt wirklich! ◊ *I quite agree.* Ganz deiner Meinung. ◊ *I don't quite know what to do.* Ich weiß nicht genau, was ich tun soll. ◊ *I quite understand.* Ich verstehe voll und ganz. ◊ *That's quite all right.* Das ist vollkommen in Ordnung. ☛ *Hinweis bei* ZIEMLICH

> Mit steigerbaren Ausdrücken verwendet bedeutet **quite** „ziemlich", „recht", „einigermaßen": *quite big* ziemlich groß ◊ *quite interesting* recht interessant. Mit Ausdrücken, die eine absolute Qualität beschreiben, bedeutet es „völlig", „vollständig", „absolut": *quite perfect* absolut perfekt.

3 (*zur Verstärkung*) wirklich, äußerst ◊ *quite incredible* wirklich unglaublich ◊ *It was quite the most extraordinary experience.* Das war wirklich ein außergewöhnliches Erlebnis! ◊ *She performed quite brilliantly.* Sie gab eine wirklich glänzende Vorstellung. **4** (*BrE, gehoben*) (*auch* **quite so**) genau, in der Tat IDM **quite a 'few; quite a 'lot (of)** ziemlich viel ◊ *quite a lot of the students* viele der Studenten ◊ **quite the 'opposite/re'verse** ganz im Gegenteil ◊ **quite 'something** allerhand ◊ *That's quite something!* Gar nicht schlecht! ◊ **'quite a/the sth** (*umgs* **'quite some sth**) vielleicht ein ◊ *It must be quite some car.* Das muss ja ein tolles Auto sein! ◊ *We had quite a party.* Das war vielleicht eine Feier!

quits /kwɪts/ *Adj* IDM **be quits (with sb)** (*umgs*) (mit jdm) quitt sein ☛ *Siehe auch* CALL¹ *und* DOUBLE³

quiver¹ /ˈkwɪvə(r)/ *Verb* zittern SYN TREMBLE

quiver² /ˈkwɪvə(r)/ *Nomen* **1** Zittern; (*Stimme*) Beben **2** (*beim Bogenschießen*) Köcher

quix·ot·ic /kwɪkˈsɒtɪk; *AmE* -ˈsɑːtɪk/ *Adj* (*gehoben*) lebensfremd, idealistisch

quiz¹ /kwɪz/ *Nomen* (*Pl* **quiz·zes**) **1** Quiz **2** (*bes AmE*) Test

quiz² /kwɪz/ *Verb* (**-zz-**) **1** ~ **sb** (**about sb/sth**) jdn (zu jdm/etw) befragen; ~ **sb** (**on/over sth**) jdn (nach etw) ausfragen **2** (*AmE*) prüfen

quiz·master /ˈkwɪzmɑːstə(r); *AmE* -mæs-/ *Nomen* Quizmaster

quiz·zical /ˈkwɪzɪkl/ *Adj* (*Adv* **quiz·zi·cal·ly** /-kli/) fragend

quoit /kɔɪt, kwɔɪt/ *Nomen* **1** Wurfring **2 quoits** [U] Ringewerfen

Quonset hut™ /ˈkwɒnset hʌt; *AmE* ˈkwɑːn-/ *Nomen* (*AmE*) Nissenhütte, Baracke

Quorn™ /kwɔːn; *AmE* kwɔːrn/ *Nomen* (*BrE*) ≈ aus Pilzen gewonnener Fleischersatz

quorum /ˈkwɔːrəm/ *Nomen* [Sing] Quorum

quota /ˈkwəʊtə; *AmE* ˈkwoʊtə/ *Nomen* **1** Quote **2** Pensum **3** [Sing] (POL) erforderliche Stimmenzahl

quot·able /ˈkwəʊtəbl; *AmE* ˈkwoʊ-/ *Adj* zitierfähig, zitierbar

quota·tion /kwəʊˈteɪʃn; *AmE* kwoʊ-/ *Nomen* **1** (*umgs* **quote**) Zitat **2** (*umgs* **quote**) Kostenvoranschlag **3** (FINANZ) Notierung

quo'tation marks (*umgs* **quotes**) *Nomen* [Pl] Anführungszeichen

> Im britischen Englisch sind einfache Anführungszeichen (' ') üblich, während doppelte Anführungszeichen (" ") meistens für Zitate innerhalb der wörtlichen Rede verwendet werden. Im amerikanischen Englisch gilt die umgekehrte Regel.
>
> Das abschließende Anführungszeichen muss der weiteren Zeichensetzung vorangestellt werden, es sei denn diese Zeichensetzung gehört zur wörtlichen Rede selbst: *David said, 'It's time to go.'* ◊ *'It's time to go,' said David.* ◊ *'I'm sure', said David, 'that it's time to go.'* ◊ *'Oh,' said David, 'are you sure?'*
>
> Wenn die wörtliche Rede mit einem Frage- oder Rufzeichen endet, steht nach dem abschließenden Anführungszeichen, anders als im Deutschen, kein Komma: *'Are you sure?' he asked.*

quote¹ /kwəʊt; *AmE* kwoʊt/ *Verb* **1** zitieren **2** ~ **sb on sth** sich mit etw auf jdn berufen ◊ *Don't quote me on this, but …* Sagen Sie nicht, dass Sie das von mir haben, aber … **3** nennen, angeben ◊ *Can you quote me an instance of when this happened?* Können Sie mir ein Beispiel geben, wann so etwas passiert ist? **4** ~ (**sb**) (**sth**) (**for sth**) (jdm) einen Kostenvoranschlag (von/über etw) (für etw) machen ◊ *They quoted us £300 for the shower.* Sie machten uns einen Kostenvoranschlag von £300 für die Dusche. **5** ~ **sth** (**at sth**) (FINANZ) etw (mit etw) notieren ◊ *The euro was quoted at $1.0631.* Der Euro wurde mit $1,0631 notiert. ◊ *be quoted on the Stock Exchange* an der Börse notiert werden IDM **'quote (… 'unquote)** Zitat (Anfang) (… Zitat Ende)

quote² /kwəʊt; *AmE* kwoʊt/ *Nomen* (*umgs*) **1** = QUOTATION (1) **2** = QUOTATION (2) **3 quotes** [Pl] = QUOTATION MARKS

quo·tient /ˈkwəʊʃnt; *AmE* ˈkwoʊ-/ *Nomen* (MATH) Quotient

Qur'an /... / = KORAN

q.v. /ˌkjuː ˈviː/ *Abk* (*Latein: quod vide*) siehe dort

Rr

R, r /ɑː(r)/ *Nomen* (*Pl* **R's, r's** /ɑːz/) (*Buchstabe*) R, r ☛ *Beispiele bei* A, A **2 R** (*BrE*) (*Latein: Regina/Rex*) König, König **3 R.** *Abk* = RIVER **4 R** *Abk* = REPUBLICAN **5 R** *Abk* = ROYAL¹ **6 R** *Kurzform von* **Restricted** (*AmE*) (*Film*) für Jugendliche nicht geeignet ☛ *Hinweis bei* RATING ☛ *Siehe auch* R & D IDM ⇨ THREE

rab·bi /'ræbaɪ/ *Nomen* (*Pl* **rabbis**) Rabbiner(in)

rab·bin·i·cal /rə'bɪnɪkl/ (*auch* **rab·bin·ic** /rə'bɪnɪk/) *Adj* rabbinisch

rab·bit¹ /'ræbɪt/ *Nomen* **1** Kaninchen **2** (*AmE*) Hase IDM ⇨ HAT

rab·bit² /'ræbɪt/ *Verb* **go rabbiting** auf Kaninchenjagd gehen PHRV **,rabbit 'on** (**about sb/sth**) (*BrE, umgs, abwert*) (*von etw*) quasseln

'rabbit warren (*auch* **war·ren**) *Nomen* **1** Kaninchenbau **2** (*abwert*) (*fig*) Labyrinth

rab·ble /'ræbl/ *Nomen* (*abwert*) **1** (lärmender) Haufen **2 the rabble** der Pöbel ☛ G 1.3a

'rabble-rouser *Nomen* Aufwiegler(in), Aufhetzer(in)

'rabble-rousing 1 *Adj* aufwieglerisch, hetzerisch **2** *Nomen* Aufwieglerei, Hetzerei

rab·id /'ræbɪd, 'reɪb-/ *Adj* **1** (*abwert*) (*Adv* **rabid·ly**) fanatisch, wütend **2** tollwütig

ra·bies /'reɪbiːz/ *Nomen* [U] Tollwut

RAC /,ɑːr eɪ 'siː/ *Kurzform von* **Royal Automobile Club** britischer Automobilklub

rac·coon (*auch* **ra·coon**) /rə'kuːn; *AmE* ræ-/ *Nomen* **1** Waschbär **2** Waschbärfell

race¹ /reɪs/ *Nomen* **1** (*auch fig*) (Wett)rennen, Wettlauf, Wettbewerb **2 the races** [Pl] das Pferderennen **3** Rasse ◊ *He's of mixed race.* Seine Eltern gehören verschiedenen Rassen an. **4** Volk, Stamm ◊ *people of all races* Menschen jeglicher Abstammung **5** (*von Tieren, Pflanzen*) Rasse, Gattung IDM **a ,race against 'time/the 'clock** ein Wettlauf mit der Zeit ☛ *Siehe auch* HORSE¹

race² /reɪs/ *Verb* **1 ~** (**sb/sth**); **~ against sb/sth** (mit jdm/etw) um die Wette laufen, schwimmen, segeln etc. ◊ *We raced each other back to the car.* Wir liefen um die Wette zum Auto zurück. ◊ (*fig*) *Television companies are racing to buy the broadcasting rights.* Fernsehgesellschaften konkurrieren um die Senderechte. **2 ~ sth** (*Tier, Fahrzeug*) etw ins Rennen schicken, mit etw an einem Rennen teilnehmen **3** rasen, jagen ◊ *My mind raced.* Ein Gedanke jagte den anderen. ◊ *The days seemed to race past.* Die Tage vergingen wie im Flug. **4** (*Motor*) hochjagen

'race car *Nomen* (*AmE*) Rennwagen

race·course /'reɪskɔːs; *AmE* -kɔːrs/ *Nomen* (*BrE*) Rennbahn, Rennplatz

race·goer /'reɪsgəʊə(r); *AmE* -goʊ-/ *Nomen* (*BrE*) = Besucher(in) von Pferderennen

race·horse /'reɪshɔːs; *AmE* -hɔːrs/ *Nomen* Rennpferd

'race meeting *Nomen* (*BrE*) Rennveranstaltung, Pferderennen

racer /'reɪsə(r)/ *Nomen* **1** Läufer(in), Rennfahrer(in) **2** Rennwagen, -boot, -rad etc. ◊ *ocean racers* Rennjachten

,race re'lations *Nomen* [Pl] Beziehungen zwischen den Rassen

'race riot *Nomen* Rassenkrawalle, Rassenunruhen

race·track /'reɪstræk/ *Nomen* **1** Rennbahn **2** (*AmE*) (Pferde)rennbahn

ra·cial /'reɪʃl/ *Adj* Rassen-, rassisch ◊ *racial tension* Spannungen zwischen den Rassen

ra·cial·ism /'reɪʃəlɪzəm/ *Nomen* (*BrE, veraltet*) Rassismus

ra·cial·ist /'reɪʃəlɪst/ (*BrE, veraltet*) **1** *Nomen* Rassist(in) **2** *Adj* rassistisch SYN RACIST

ra·cial·ly /'reɪʃəli/ *Adv* rassisch ◊ *racially mixed schools* gemischtrassige Schulen

ra·cing /'reɪsɪŋ/ *Nomen* **1** Pferderennsport **2** (*meist in Zusammensetzungen*) Rennsport, Rennen ◊ *motor racing* Autorennsport ◊ *He's a racing driver.* Er ist Rennfahrer.

'racing car *Nomen* (*BrE*) Rennwagen

ra·cism /'reɪsɪzəm/ *Nomen* (*abwert*) Rassismus ◊ *a protest against racism* ein Protest gegen die Rassendiskriminierung

ra·cist /'reɪsɪst/ **1** *Nomen* Rassist(in) **2** *Adj* rassistisch

rack¹ /ræk/ *Nomen* **1** (*oft in Zusammensetzungen*) Ständer, Gestell ◊ *a wine rack* ein Weinregal ◊ *a cake rack* ein Kuchengitter **2** (*meist* **the rack**) die Folter(bank) (*auch fig*) ◊ *put sb on the rack* jdn auf die Folter spannen IDM **go to ,rack and 'ruin** verfallen; verkommen **,off the 'rack** (*AmE*) von der Stange

rack² (*auch* **wrack**) /ræk/ *Verb* (*oft passiv*) foltern, martern IDM **rack your 'brain(s)** sich den Kopf zermartern PHRV **,rack sth 'up** (*bes AmE*) auf etw kommen ☛ G 9.7d

racket /'rækɪt/ *Nomen* **1** [Sing] (*umgs*) Krach, Lärm **2** (*umgs*) illegale Machenschaften, Schwindel ◊ *a protection racket* Schutzgelderpressung im großen Stil ◊ *a huge drugs racket* groß angelegte Drogengeschäfte **3** (*auch* **rac·quet**) (*Tennis-, Squash-*) Schläger ☛ *Hinweis bei* SCHLÄGER **4 rackets, racquets** (*Hallenspiel*) Raquets

rack·et·eer /,rækə'tɪə(r); *AmE* -'tɪr/ *Nomen* (*abwert*) Gauner(in), Halsabschneider(in)

rack·et·eer·ing /,rækə'tɪərɪŋ/ *Nomen* skrupellose Geschäftemacherei

ra·con·teur /,rækɒn'tɜː(r); *AmE* -kɑːn-/ *Nomen* Geschichtenerzähler(in)

ra·coon = RACCOON

rac·quet = RACKET

rac·quet·ball /'rækɪtbɔːl/ *Nomen* (*bes AmE*) Racquetball

racy /'reɪsi/ *Adj* (**raci·er, raci·est**) spritzig, feurig, pikant

R & D /,ɑːr ən 'diː/ = RESEARCH AND DEVELOPMENT

radar /'reɪdɑː(r)/ *Nomen* Radar

'radar trap *Nomen* (*BrE*) Radarfalle SYN SPEED TRAP

ra·dial¹ /'reɪdiəl/ *Adj* **1** (*Adv* **ra·di·al·ly** /-iəli/) radial, strahlenförmig **2** (ANAT) Speichen-

ra·dial² /'reɪdiəl/ (*BrE auch* **,radial 'tyre**, *AmE auch* **,radial 'tire**) *Nomen* Gürtelreifen

ra·di·ance /'reɪdiəns/ *Nomen* Strahlen, Leuchten

ra·di·ant /'reɪdiənt/ *Adj* **1** (*Adv* **ra·di·ant·ly**) strahlend ◊ *She was radiant with health.* Sie strotzte vor Gesundheit. **2** *nur vor Nomen* (TECH) ◊ *a radiant heater* ein Heizstrahler ◊ *the radiant heat of the sun* die Wärmestrahlen der Sonne

ra·di·ate /'reɪdieɪt/ *Verb* **1** ausstrahlen **2** (*Energie, Wärme etc.*) abstrahlen **3** sternförmig ausgehen

ra·di·ation /,reɪdi'eɪʃn/ *Nomen* **1** radioaktive Strahlung ◊ *high levels of radiation* eine hohe Strahlungsintensität ◊ *exposure to radiation* Strahlenbelastung ◊ *radiation sickness* Strahlenkrankheit **2** Strahlung ◊ *ultraviolet radiation* ultraviolette Strahlung **3** (*auch* **,radi'ation therapy**) [U] Bestrahlung

ra·di·ator /'reɪdieɪtə(r)/ *Nomen* **1** Heizkörper **2** (*beim Auto, Flugzeug*) Kühler

rad·i·cal¹ /'rædɪkl/ *Adj* **1** (*Adv* **rad·i·cal·ly** /-kli/) grundlegend, fundamental, radikal

> Wenn jemand im politischen Sinn **radical** ist, setzt er sich für grundlegenden Wandel und radikale Reformen im sozialen, politischen und/oder ökologischen Bereich ein. Bezeichnet man eine(n) Politiker(in) als **radical**, sagt dies weniger über sein/ihre Parteizugehörigkeit aus als über die reformerische Potenz seiner/ihrer Ideen. Unter **radical groups** versteht man

radical 504

Bürgerinitiativen und Organisationen mit radikalen Ideen, etwa Greenpeace oder die Atomkraftgegner, die ihren Aktionen viel Publicity verschaffen, doch in der Regel nicht militant sind.

2 (*AmE*, *Slang*) super, geil
rad·ical² /'rædɪkl/ *Nomen* Radikale(r) ◊ *feminist radicals* radikale Feministinnen
rad·ic·al·ism /'rædɪkəlɪzəm/ *Nomen* Radikalismus
radicchio /ra'di:kɪəʊ/ *Nomen* Radicchio
radii *Form von* RADIUS
radio¹ /'reɪdiəʊ; *AmE* -oʊ/ *Nomen* **1** [U] Rundfunk ◊ *work in local radio* beim Lokalsender arbeiten **2** Radio ◊ *a radio alarm* ein Weckradio **3** Funk **4** Funkgerät
radio² /'reɪdiəʊ; *AmE* -oʊ/ *Verb* (**ra·dio·ing**, **ra·dioed**, **radioed**) funken
radio·active /ˌreɪdiəʊ'æktɪv; *AmE* -oʊ'æk-/ *Adj* radioaktiv
radio·activ·ity /ˌreɪdiəʊæk'tɪvəti; *AmE* -oʊæk-/ *Nomen* [U] Radioaktivität
radio·car·bon /ˌreɪdiəʊ'kɑːbən; *AmE* -oʊ'kɑːrb-/ *Nomen* radioaktiver Kohlenstoff
ˌradio-conˈtrolled *Adj* ferngesteuert
radi·og·raph·er /ˌreɪdi'ɒɡrəfə(r); *AmE* -'ɑːɡ-/ *Nomen* Röntgenassistent(in)
radi·og·raphy /ˌreɪdi'ɒɡrəfi; *AmE* -'ɑːɡ-/ *Nomen* Röntgenografie
radi·ol·og·ist /ˌreɪdi'ɒlədʒɪst; *AmE* -'ɑːlə-/ *Nomen* Radiologe, Radiologin
radi·ology /ˌreɪdi'ɒlədʒi; *AmE* -'ɑːlə-/ *Nomen* Radiologie
radio·thera·pist /ˌreɪdiəʊ'θerəpɪst; *AmE* -oʊ'θe-/ *Nomen* Strahlentherapeut(in)
radio·ther·apy /ˌreɪdiəʊ'θerəpi; *AmE* -oʊ'θe-/ *Nomen* Strahlentherapie
rad·ish /'rædɪʃ/ *Nomen* Radieschen
ra·dium /'reɪdiəm/ *Nomen* Radium
ra·dius /'reɪdiəs/ *Nomen* (*Pl* **-dii** /-diaɪ/) **1** Radius **2** Umkreis **3** (ANAT) Speiche
radon /'reɪdɒn; *AmE* -dɑːn/ *Nomen* Radon
RAF /ˌɑːr eɪ 'ef/ (*oder umgs*) /ræf/ *Kurzform von* **Royal Air Force** britische Luftwaffe
raf·fia /'ræfiə/ *Nomen* Bast
raff·ish /'ræfɪʃ/ *Adj* verwegen
raf·fle¹ /'ræfl/ *Nomen* Tombola ◊ *a raffle ticket* ein Los
raf·fle² /'ræfl/ *Verb* verlosen
raft /rɑːft; *AmE* ræft/ *Nomen* **1** Floß **2** Schlauchboot **3** ~ **of sth** (*umgs*) Bündel (von etw) ◊ *a whole raft of new proposals* eine ganze Reihe neuer Vorschläge
raft·er /'rɑːftə(r); *AmE* 'ræf-/ *Nomen* Dachsparren
raft·ing /'rɑːftɪŋ; *AmE* 'ræft-/ *Nomen* (SPORT) Rafting
rag¹ /ræɡ/ *Nomen* **1** Fetzen, Lappen, Lumpen **2** (*umgs, meist abwert*) Käseblatt **3** (MUS) Ragtime-Melodie **4** = Reihe studentischer Veranstaltungen zu Wohltätigkeitszwecken IDM **in ˈrags** zerlumpt ◊ *dressed in rags* in Lumpen gekleidet (**from**) ˌrags to ˈriches von Aschenputtel zur Prinzessin ◊ *a rags-to-riches story* eine Aschenputtelgeschichte ☛ *Siehe auch* RED¹
rag² /ræɡ/ (**-gg-**) *Verb* ~ **sb** (**about sth**) (*BrE, veraltet*) jdn (mit etw) aufziehen SYN TEASE
raga·muf·fin /'ræɡəmʌfɪn/ *Nomen* (*veraltet*) Rotzbengel
rag·bag /'ræɡbæɡ/ *Nomen* [Sing] Sammelsurium, Mischmasch
ˌrag ˈdoll *Nomen* Stoffpuppe
rage¹ /reɪdʒ/ *Nomen* Wut, Rage IDM **be all the ˈrage** (*umgs*) der letzte Schrei sein
rage² /reɪdʒ/ *Verb* **1** toben, schreien; ~ **at/against sb/sth** gegen jdn/etw wettern; ~ **about sb/sth** wegen jds/einer Sache in Wut geraten ◊ *He raged against the injustice.* Er wetterte gegen die Ungerechtigkeit. **2** ~ (**on**) (weiter)wüten, (weiter)toben **3** (*Epidemie, Brand etc.*) wüten ◊ *Forest fires were raging out of control.* Die Waldbrände gerieten außer Kontrolle.
ragga /'ræɡə/ *Nomen* (MUS) Ragga
rag·ged /'ræɡɪd/ *Adj* (*Adv* **rag·ged·ly**) **1** zerlumpt, abgerissen **2** ausgefranst ◊ *a ragged coastline* eine zerklüftete Küste **3** stockend, holprig

ra·ging /'reɪdʒɪŋ/ *Adj nur vor Nomen* **1** heftig, rasend ◊ *a raging thirst* ein brennender Durst ◊ *a raging debate* eine hitzige Debatte **2** (*Sturm, Fluss, Feuer*) tobend, reißend
rag·time /'ræɡtaɪm/ *Nomen* (MUS) Ragtime
raid¹ /reɪd/ *Nomen* **1** Angriff **2** Razzia ◊ *a dawn raid* eine Razzia in den frühen Morgenstunden **3** Überfall
raid² /reɪd/ *Verb* **1** durchsuchen ◊ *The police raided the house in the early hours.* In den frühen Morgenstunden stürmte die Polizei das Haus. **2** überfallen **3** plündern
raid·er /'reɪdə(r)/ *Nomen* Einbrecher(in)
rail¹ /reɪl/ *Nomen* **1** Geländer ◊ *She leaned on the ship's rail.* Sie stützte sich auf die Reling. **2** Stange, Leiste ◊ *a towel rail* ein Handtuchhalter **3** Schiene, Gleis **4** die Bahn ◊ *rail travel* Reisen mit der Bahn ◊ *disruptions in rail services* Unterbrechungen im Zugverkehr IDM **go off the ˈrails** (*BrE, umgs*) **1** auf die schiefe Bahn geraten **2** aus dem Gleis geraten **get back on the ˈrails** (*umgs*) ins rechte Gleis kommen ☛ *Siehe auch* JUMP¹
rail² /reɪl/ *Verb* ~ (**at/against sth/sb**) (*gehoben*) (auf/über etw/jdn) schimpfen PHR V **ˌrail sth ˈin/ˈoff** etw absperren
rail·card /'reɪlkɑːd; *AmE* -kɑːrd/ *Nomen* (*BrE*) ≈ Bahncard®
rail·ing /'reɪlɪŋ/ *Nomen* [meist Pl] Geländer
rail·man /'reɪlmən/ *Nomen* (*BrE*) (*Pl* **-men** /-men/) Eisenbahner
rail·road¹ /'reɪlrəʊd; *AmE* -roʊd/ *Nomen* (*AmE*) Eisenbahn
rail·road² /'reɪlrəʊd; *AmE* -roʊd/ *Verb* **1** ~ **sb into sth** jdn zu etw antreiben ◊ *I will not be railroaded into signing it.* Ich lasse mich nicht dazu zwingen, das zu unterschreiben. **2** ~ **sth through** (**sth**) etw (in etw) durchpeitschen **3** (*AmE*) unrechtmäßig verurteilen
ˈrailroad crossing *Nomen* (*AmE*) (beschrankter) Bahnübergang
rail·road·er /'reɪlrəʊdə(r); *AmE* -roʊd-/ *Nomen* (*AmE*) Eisenbahner
rail·way /'reɪlweɪ/ *Nomen* (*BrE*) **1** (*auch* **ˈrailway line**) Bahnstrecke, Gleise **2** [meist Pl] (Eisen)bahn ◊ *Her father worked for the railways.* Ihr Vater war bei der Bahn beschäftigt. ◊ *a railway station* ein Bahnhof
rail·way·man /'reɪlweɪmən/ *Nomen* (*Pl* **-men** /-mən/) (*BrE*) Eisenbahner
rain¹ /reɪn/ *Nomen* **1** Regen ◊ *It's pouring with rain.* Es gießt. **2 the rains** [Pl] die Regenzeit **3** [Sing] ~ **of sth** (*Steine, Kugeln etc.*) Hagel von etw IDM **come ˌrain, come ˈshine**; (**come**) ˌrain or ˈshine bei jedem Wetter; was auch geschieht ☛ *Siehe auch* RIGHT¹
rain² /reɪn/ *Verb* **1** regnen **2** ~ (**down**) niederprasseln; ~ **sth** (**down**) etw niederprasseln lassen ◊ *Bombs rained (down) on the city.* Ein Bombenhagel ging auf die Stadt nieder. IDM **be raining cats and ˈdogs** (*umgs*) wie aus Kübeln gießen **it never rains but it ˈpours** (*AmE* **when it rains, it ˈpours**) ein Unglück kommt selten allein ˌrain on sb's ˈparade (*AmE*) jdm den Spaß verderben PHR V **be ˌrained ˈoff** (*AmE* **be ˌrained ˈout**) wegen Regens nicht stattfinden
rain·bow /'reɪnbəʊ; *AmE* -boʊ/ *Nomen* Regenbogen
ˈrain check *Nomen* (*bes AmE*) = Eintrittskarte für eine verschobene Veranstaltung IDM **take a rain check** (**on sth**) (*bes AmE, umgs*) auf etw später zurückkommen ◊ *'Are you coming for a drink?' 'Can I take a rain check?'* „Kommst du mit was trinken?" „Kann ich ein andermal darauf zurückkommen?"
rain·coat /'reɪnkəʊt; *AmE* -koʊt/ *Nomen* Regenmantel
rain·drop /'reɪndrɒp; *AmE* -drɑːp/ *Nomen* Regentropfen
rain·fall /'reɪnfɔːl/ *Nomen* Niederschlag(smenge)
rain·for·est /'reɪnfɒrɪst; *AmE* -fɔːr-, -fɑːr-/ *Nomen* Regenwald
rain·storm /'reɪnstɔːm; *AmE* -stɔːrm/ *Nomen* heftiger Regenguss, schwere Regenfälle
rain·water /'reɪnwɔːtə(r)/ *Nomen* Regenwasser
rainy /'reɪni/ *Adj* (**rain·ier**, **rain·iest**) regnerisch, verregnet ◊ *the rainy season* die Regenzeit ◊ *the rainiest place in the country* die regenreichste Gegend im Land IDM **save, keep, etc. sth for a ˌrainy ˈday** etw für schlechte Zeiten zurücklegen
raise¹ /reɪz/ *Verb* **1** heben ◊ *She raised her eyes from her*

| b **b**ad | d **d**id | f **f**all | g **g**et | h **h**at | j **y**es | k **c**at | l **l**eg | m **m**an | n **n**ow | p **p**en | r **r**ed |

work. Sie sah von ihrer Arbeit auf. OPP LOWER **2** aufrichten OPP LOWER **3** erhöhen ◊ *raise public awareness of the issue* das Thema mehr in den Blickpunkt der Öffentlichkeit rücken ◊ *We don't want to raise her hopes.* Wir wollen ihr keine Hoffnungen machen. ◊ *He never raises his voice.* Er wird nie laut. **4** beschaffen ◊ *raise a loan* einen Kredit aufnehmen ◊ *We are raising money for charity.* Wir sammeln Geld für Wohltätigkeitszwecke. ◊ *raise an army* ein Heer aufstellen **5** aufwerfen, zur Sprache bringen **6** hervorrufen ◊ *raise doubts about sth* Zweifel an etw aufkommen lassen ◊ *without raising suspicion* ohne Verdacht zu erregen ◊ *Their hooves raised a cloud of dust.* Ihre Hufe wirbelten eine Staubwolke auf. **7** (*bes AmE*) erziehen, aufziehen ◊ *I was born and raised a city boy.* Ich bin ein Stadtmensch durch und durch. **8** züchten **9** (*Verbot etc.*) aufheben; (*Belagerung*) beenden **10** erreichen ◊ *We managed to raise him on his mobile phone.* Wir haben ihn über sein Handy erreicht. **11 ~ sb from the dead** jdn von den Toten erwecken IDM **raise your 'eyebrows (at sth)** (*oft passiv*) (über etw) die Stirn runzeln ◊ **raise your 'glass (to sb)** das Glas (auf jdn) heben ◊ **raise a/your 'hand against/to sb 1** jdm mit dem Finger/der Faust drohen **2** jdn schlagen ◊ **raise 'hell** (*umgs*) **1** ein Höllenspektakel machen **2** Krach schlagen ◊ **raise the 'roof** das Haus zum Beben bringen ◊ **raise your 'sights** sich höhere Ziele setzen ◊ **raise sb's 'spirits** jdn aufmuntern ➙ *Siehe auch* ALARM, ANTE, HACKLES *und* TEMPERATURE PHRV **'raise sth to sb/sth** (*Denkmal*) jdm/einer Sache etw errichten

raise² /reɪz/ *Nomen* (*AmE*) Gehaltserhöhung

raised /reɪzd/ *Adj* erhöht

rai·sin /'reɪzn/ *Nomen* Rosine

rai·son d'être /ˌreɪzɒ̃ 'detrə; *AmE* ˌreɪzoʊn/ *Nomen* [*Sing*] Daseinszweck, Existenzberechtigung

the Raj /rɑːdʒ/ *Nomen* [*Sing*] = die britische Oberherrschaft in Indien vor 1947

raja (*auch* **rajah**) /'rɑːdʒə/ *Nomen* Radscha

rake¹ /reɪk/ *Nomen* **1** Harke **2** (*veraltet*) Wüstling **3** [*Sing*] Schräge

rake² /reɪk/ *Verb* **1** harken ◊ (*fig*) *She raked a comb through her hair.* Sie fuhr sich mit dem Kamm durch die Haare. **2** abtasten, schweifen über ◊ *rake the streets with machine-gun fire* die Straßen mit Maschinengewehrfeuer überziehen **3** suchen ◊ *rake around for sth* nach etw wühlen **4** zerkratzen PHRV **rake sth 'in** (*umgs*) etw kassieren ◊ *They're raking it in.* Sie kassieren ab. ◊ **rake 'over sth** (*umgs, abwert*) in etw wühlen (*auch fig*) ◊ **rake sth 'up** (*umgs, abwert*) etw aufrühren

'rake-off *Nomen* (*umgs*) (Gewinn)anteil ◊ *They all get a rake-off.* Sie machen alle einen guten Schnitt.

rak·ish /'reɪkɪʃ/ *Adj* **1** anrüchig **2** (*Adv* **rak·ish·ly**) keck, flott

rally¹ /'ræli/ *Nomen* **1** Versammlung, Treffen ◊ *a protest rally* eine Protestkundgebung **2** (*BrE*) Rallye **3** (*Ballwechsel*) **4** [*Sing*] (FINANZ, SPORT) Erholung ◊ *After a late rally, they finally scored.* Nachdem sie sich doch noch erholen konnten, punkteten sie endlich.

rally² /'ræli/ *Verb* (**ral·lies, rally·ing, ral·lied, ral·lied**) **1 ~ around/behind/to sb/sth** sich hinter jdn/etw stellen ◊ *They rallied to his support.* Sie unterstützten ihn. **2 ~ sb** jdn um sich versammeln ◊ *rally the troops* die Truppen zusammenziehen **3 ~ sth** etw gewinnen **4** sich erholen (*auch fig*) ◊ *The euro rallied against the dollar.* Der Euro verbesserte sich gegenüber dem Dollar. PHRV **rally 'round/a'round** sich zusammenschließen ◊ *The whole family rallied round when Mum was ill.* Die ganze Familie half mit, als Mutti krank war. ◊ **rally 'round/a'round sb** jdn unterstützen

'rallying cry *Nomen* Schlachtruf, Parole

'rallying point *Nomen* **1** Sammelpunkt **2** = Person, Gruppe, Ereignis etc., die Menschen dazu veranlasst, sich zur Unterstützung zusammenzuschließen

RAM /ræm/ *Kurzform von* **random-access memory** RAM

ram¹ /ræm/ *Verb* (**-mm-**) rammen ◊ (*fig*) *The cuts were rammed through Congress.* Die Kürzungen wurden durch den Kongress gepeitscht. IDM **ram sth 'home** (*bes BrE*) etw deutlich vor Augen führen ➙ *Siehe auch* THROAT PHRV **ram 'into sth** auf etw aufprallen ◊ **ram sth 'into sth** etw in etw hineinrammen

ram² /ræm/ *Nomen* **1** Widder **2** Kolben ◊ *hydraulic rams* hydraulische Presskolben

Ram·adan /'ræmədæn, ˌræmə'dæn/ *Nomen* Ramadan

ram·ble¹ /'ræmbl/ *Verb* **1** (*BrE*) wandern **2 ~ (on) (about sb/sth)** (über jdn/etw) faseln **3** (*Pflanze*) klettern

ram·ble² /'ræmbl/ *Nomen* Wanderung ◊ *go for/on a ramble* eine Wanderung machen

ram·bler /'ræmblə(r)/ *Nomen* **1** (*bes BrE*) Wanderer, Wanderin **2** Kletterrose, Kletterpflanze

ram·bling¹ /'ræmblɪŋ/ *Adj* **1** weitläufig **2** umständlich, weitschweifig **3** kletternd, Kletter-

ram·bling² /'ræmblɪŋ/ *Nomen* **1** (*bes BrE*) Wandern ◊ *a rambling club* ein Wanderverein **2** [*Pl*] Geschwafel

ram·bunc·tious /ræm'bʌŋkʃəs/ *Adj* (*bes AmE, umgs*) lebhaft

ram·ekin /'ræmɪkɪn/ *Nomen* kleine Auflaufform

ram·ifi·ca·tion /ˌræmɪfɪ'keɪʃn/ *Nomen* [*meist Pl*] **1** Auswirkung ➙ *Hinweis bei* EFFECT¹ (1) **2** Verästelung

ramp /ræmp/ *Nomen* **1** (*BrE*) **1** Rampe **2** (*AmE*) Auffahrt, Abfahrt **3** (*bes AmE*) Gangway

ram·page¹ /'ræmpeɪdʒ, ˌræm'peɪdʒ/ *Nomen* Randale ◊ *go on the rampage* randalieren

ram·page² /ˌræm'peɪdʒ, 'ræmpeɪdʒ/ *Verb* randalieren ◊ *rampaging elephants* wild gewordene Elefanten

ram·pant /'ræmpənt/ *Adj* (*Adv* **ram·pant·ly**) **1** zügellos, grassierend **2** wuchernd (*auch fig*)

ram·part /'ræmpɑːt; *AmE* -pɑːrt/ *Nomen* [*meist Pl*] (Schutz)wall ◊ *the castle ramparts* der Burgwall

'ram-raid *Verb* (*BrE*) = einen Raubüberfall verüben, bei dem ein Auto durch ein Schaufenster gefahren wird

'ram-raiding *Nomen* (*BrE*) = Raubüberfall, bei dem ein Auto durch ein Schaufenster gefahren wird

ram·rod /'ræmrɒd; *AmE* -rɑːd/ *Nomen* Ladestock IDM **(as) stiff/straight as a 'ramrod**; **'ramrod 'straight** stocksteif ◊ *He stood there straight as a ramrod.* Er stand da, als ob er einen Besenstiel verschluckt hätte.

ram·shackle /'ræmʃækl/ *Adj* **1** baufällig, klapprig **2** wackelig

ran *Form von* RUN¹

ranch /rɑːntʃ; *AmE* ræntʃ/ *Nomen* Ranch, Viehfarm

ranch·er /'rɑːntʃə(r); *AmE* 'ræntʃər/ *Nomen* Rancher(in), Viehzüchter(in)

'ranch house *Nomen* **1** = Wohnhaus auf einer Ranch **2** (*AmE*) Bungalow

ranch·ing /'rɑːntʃɪŋ; *AmE* 'ræntʃɪŋ/ *Nomen* Viehzucht

ran·cid /'rænsɪd/ *Adj* ranzig

ran·cor·ous /'ræŋkərəs/ *Adj* (*gehoben*) bitter, erbittert, verbittert

ran·cour (*AmE* **ran·cor**) /'ræŋkə(r)/ *Nomen* (*gehoben*) Bitterkeit, Groll

rand /rænd; *in Südafrika meist* rɑːnt/ *Nomen* (*Währung*) Rand

ran·dom¹ /'rændəm/ *Adj* (*Adv* **ran·dom·ly**) wahllos, ziellos, willkürlich ◊ *a random sample* eine Stichprobe ◊ *in random order* in beliebiger Reihenfolge

ran·dom² /'rændəm/ *Nomen* IDM **at 'random** beliebig, wahllos; ziellos

ˌrandom 'access *Nomen* (COMP) direkter Zugriff

ˌrandom-ˌaccess 'memory = RAM

ran·dom·ize (*BrE auch* **-ise**) /'rændəmaɪz/ *Verb* (*Fachspr*) **1** randomisieren **2** beliebig anordnen

ran·dom·ness /'rændəmnəs/ *Nomen* Willkürlichkeit

randy /'rændi/ *Adj* (**ran·dier, ran·di·est**) (*BrE, umgs*) geil, scharf

rang *Form von* RING²

range¹ /reɪndʒ/ *Nomen* **1** [*meist Sing*] Reihe, Auswahl ◊ *a whole range of leisure activities* ein großes Freizeitangebot **2** Sortiment **3** [*meist Sing*] Spannbreite, Umfang ◊ *her vocal range* ihr Stimmumfang ◊ *in the 17-20 age range* in der Altersgruppe zwischen 17 und 20 ◊ *the range of ability in the class* die Leistungsstreuung der Schüler in der Klasse ◊ *an increase in the range of 0 to 3 per cent* ein Zuwachs in einer Größenordnung zwischen 0 und 3 Prozent ◊ *in our* *price range* in unserer Preislage **4** Hörweite, Sichtweite ◇ *out of range of vision* außer Sichtweite **5** Schussweite, Reichweite **6** (*Berg-*) Kette **7** Truppenübungsplatz, Schießanlage ◇ *a shooting range* ein Schießstand ◇ *a nuclear testing range* ein Testgebiet für Atomwaffen **8** = großer, traditioneller Küchenherd, der auch als Heizung und zur Warmwasserbereitung dient **9** (*AmE*) Gas/Elektroherd **10 the range** [Sing] (*AmE*) die Weide(fläche) ☞ *Siehe auch* FREE-RANGE [IDM] **in/within 'range (of sth)** in Reich-/Sicht-/Hörweite (von etw) **out of 'range (of sth)** außer Reich-/Sicht-/Hörweite (von etw)

range² /reɪndʒ/ *Verb* **1** sich erstrecken; **~ (from A to B)** (von A bis B) reichen; **~ between A and B** zwischen A und B schwanken ◇ *The conversation ranged widely.* Die Unterhaltung erstreckte sich auf viele Themen. **2** (*meist passiv*) (*gehoben*) anordnen ◇ *They ranged themselves around the table.* Sie nahmen am Tisch Platz. ◇ *They were ranged along the route of the procession.* Sie säumten den Prozessionsweg. **3** (umher)streifen (in) ◇ *Her eyes ranged the room.* Ihr Blick streifte durchs Zimmer. ◇ *He ranges far and wide in search of inspiration.* Er sucht überall nach Inspiration. [PHR V] **'range over sth** sich mit etw befassen, sich über etw erstrecken **'range yourself/be 'ranged a'gainst sb/sth** (*meist passiv*) sich gegen jdn/etw verbünden

ran·ger /'reɪndʒə(r)/ *Nomen* **1** Aufseher eines Naturparks **2 'Ranger (Guide)** (*BrE*) = Pfadfinderin in der Altersgruppe 14-19

rangy /'reɪndʒi/ *Adj* (*gehoben*) langbeinig

rank¹ /ræŋk/ *Nomen* **1** Stand ◇ *people of high social rank* Leute aus höheren Gesellschaftsschichten **2** [Sing] Rang ◇ *Britain is no longer in the front rank of world powers.* Großbritannien gehört nicht mehr zu den führenden Weltmächten. **3** Dienstgrad ◇ *be promoted to the rank of captain* zum Kapitän befördert werden ◇ *officers of senior rank* (rang)hohe Offiziere ◇ *a campaign to attract more women into the military ranks* eine Kampagne, um mehr Frauen für den Militärdienst anzuwerben ◇ *officers and other ranks* Offiziere, Unteroffiziere und Mannschaften **4 the ranks** [Pl] die Mannschaften ◇ *serve in the ranks* als Soldat dienen ◇ *He rose from the ranks to become a major.* Er diente sich vom Soldaten zum Major hoch. **5 ranks** [Pl] Mitglieder ◇ *join the ranks of the unemployed* dem Heer der Arbeitslosen beitreten ◇ *in the party's own ranks* in den eigenen Reihen der Partei **6** Reihe ◇ *massed ranks of spectators* dichte Zuschauerreihen ☞ *Siehe auch* TAXI RANK [IDM] **break 'ranks 1** aus dem Glied treten **2** aus der Reihe tanzen ☞ *Siehe auch* CLOSE¹ *und* PULL¹

rank² /ræŋk/ *Verb* (*nicht in der Verlaufsform*) **1** rangieren ◇ *She ranked second in the world.* Sie wurde weltweit auf Platz zwei notiert. ◇ *The restaurant ranks among the best in town.* Das Restaurant gilt als eines der besten der Stadt. **2 ~ sb/sth (as sth)** jdn/etw (als etw) einstufen ◇ *ranked in order of difficulty* nach Schwierigkeitsgrad geordnet ◇ *top-ranked players* Spitzenspieler ◇ *The university is ranked number one in the country for medicine.* Die Universität ist für Medizin die Nummer eins im Lande. **3** (*meist passiv*) in eine Reihe anordnen

rank³ /ræŋk/ *Adj* **1** (*Geruch*) übel **2** *nur vor Nomen* absolut ◇ *rank stupidity* bodenlose Dummheit ◇ *The winning horse was a rank outsider.* Das Siegpferd war ein krasser Außenseiter. **3** (über)wuchernd

the ,rank and 'file *Nomen* **1** (MIL) die Mannschaften **2** die (einfachen) Mitglieder ☞ G 1.3a

rank·ing¹ /'ræŋkɪŋ/ *Nomen* **1** Ranglistenplatz ◇ *She has retained her No.1 world ranking.* Sie belegt auf der Weltrangliste weiterhin den ersten Platz. **2 the rankings** [Pl] der Tabellenstand, die Rangliste

rank·ing² /'ræŋkɪŋ/ *Adj* **1** (*bes AmE*) ranghoch, ranghöchste(r) **2** (*in Zusammensetzungen*) -rangig ◇ *a top-ranking player* ein Spitzenspieler

ran·kle /'ræŋkl/ *Verb* **~ (with sb)** (jdn) wurmen

ran·sack /'rænsæk/ *Verb* **~ sth (for sth)** etw (nach etw) durchsuchen ◇ *The house was ransacked by burglars.* Das Haus war von Einbrechern geplündert worden.

ran·som¹ /'rænsəm/ *Nomen* Lösegeld ◇ *a ransom note* ein Erpresserbrief [IDM] **hold sb to 'ransom 1** jdn als Geisel halten **2** (*abwert*) jdn erpressen; jdn unter Druck setzen ☞ *Siehe auch* KING

ran·som² /'rænsəm/ *Verb* Lösegeld bezahlen für, freikaufen

rant¹ /rænt/ *Verb* **~ (on) (about sth)** (*abwert*) schimpfen über etw; **~ at sb** jdn anmeckern [IDM] **,rant and 'rave** (*abwert*) wettern

rant² /rænt/ *Nomen* Schimpfkanonade

rant·ings /'ræntɪŋz/ *Nomen* [Pl] Geschimpfe

rap¹ /ræp/ *Nomen* **1** Klopfen ◇ *There was a sharp rap on the door.* Es klopfte laut an der Tür. **2** (MUS) Rap **3** (*AmE*, *umgs*) Vorbestrafte(r) ◇ *a police rap sheet* ein polizeiliches Vorstrafenregister **4** [Sing] (*AmE, umgs*) ungerechtfertigte Kritik ◇ *I think it's a bum rap.* Ich finde die Kritik völlig ungerechtfertigt. ◇ *They get a bad rap.* Sie genießen einen üblen Ruf. [IDM] **get a rap on/over/across the 'knuckles** (*umgs*) eins auf die Finger bekommen **give sb a rap on/over/across the 'knuckles** (*umgs*) jdm auf die Finger klopfen **take the 'rap** (*umgs*) die Suppe auslöffeln; den Kopf hinhalten ◇ *It's not fair to let him take the rap.* Es ist ungerecht, dass er die Suppe auslöffeln muss. ☞ *Siehe auch* BEAT¹

rap² /ræp/ *Verb* (**-pp-**) **1** klopfen **2 ~ sth (out)** etw bellen **3 ~ sb/sth (for sth)** jdn/etw (wegen einer Sache) (scharf) angreifen **4** (MUS) rappen, Raps/einen Rap singen [IDM] **,rap sb on/over the 'knuckles; ,rap sb's 'knuckles** jdn scharf angreifen [PHR V] **,rap sth 'out 1** etw bellen **2** (*Botschaft etc.*) klopfen

ra·pa·cious /rə'peɪʃəs/ *Adj* (*Adv* **ra·pa·cious·ly**) (*gehoben*, *abwert*) habgierig

rap·ac·i·ty /rə'pæsəti/ *Nomen* (*gehoben*) Habgier

rape¹ /reɪp/ *Verb* vergewaltigen

rape² /reɪp/ *Nomen* **1** Vergewaltigung (*auch fig*) **2** (*auch* **,oilseed 'rape**) Raps

rapid /'ræpɪd/ *Adj* (*Adv* **rap·id·ly**) rapide, schnell ◇ *a rapid pulse* ein schneller Puls ◇ *He fired four shots in rapid succession.* Er feuerte schnell hintereinander vier Schüsse ab. ◇ *The disease is spreading at a rapid rate.* Die Krankheit breitet sich schnell aus. ◇ *The patient made a rapid recovery.* Der Patient erholte sich schnell. ◇ *a rapid turnover of staff* ein enormer Verschleiß an Arbeitskräften

'rapid-fire *Adj nur vor Nomen* **1** (*Fragen etc.*) wie aus der Pistole geschossen **2** (*Gewehr*) Schnellfeuer-

rap·id·ity /rə'pɪdəti/ *Nomen* Schnelligkeit, Rasanz

rapids /'ræpɪdz/ *Nomen* [Pl] Stromschnellen ◇ *shoot the rapids* die Stromschnellen überwinden

,rapid 'transit *Nomen* (*bes AmE*) Schnellverkehr

ra·pier /'reɪpɪə(r)/ *Nomen* Rapier, Degen ◇ (*fig*) *rapier wit* Schlagfertigkeit

rap·ist /'reɪpɪst/ *Nomen* Vergewaltiger

rap·pel¹ /ræ'pel/ *Verb* (*AmE*) abseilen

rap·pel² /ræ'pel/ *Nomen* (*AmE*) Abseilen

rap·per /'ræpə(r)/ *Nomen* Rapper(in)

rap·port /ræ'pɔː(r)/ *Nomen* [Sing] **~ (with sb)** gutes Verhältnis (zu jdm) ◇ *There was little rapport between the two women.* Die beiden Frauen mochten sich nicht besonders. ◇ *his remarkable rapport with the audience* sein erstaunlicher Kontakt zum Publikum

rap·proche·ment /ræ'prɒʃmɒ̃, ræ'prəʊʃmɒ̃; *AmE* ˌræproʊʃ'mɑːn, -prɑː-ʃ-/ *Nomen* **~ (with sb)** (*gehoben*) (Wieder)annäherung (an jdn)

rapt /ræpt/ *Adj* (*gehoben*) gebannt ◇ *She listened with rapt attention.* Sie hörte gebannt zu. ◇ *He watched her with a rapt expression.* Er beobachtete sie mit verzückter Miene.

rap·tor /'ræptə(r)/ *Nomen* (ZOOL) Raubvogel

rap·ture /'ræptʃə(r)/ *Nomen* Begeisterung, Verzückung ◇ *The children gazed at her in rapture.* Die Kinder schauten sie hingerissen an. [IDM] **be in 'raptures (about/over sb/sth)** (von jdm/etw) hingerissen sein **go into 'raptures (about/over sb/sth)** ins Schwärmen geraten (über jdn/etw) **send sb into 'raptures** jdn in (rasende) Begeisterung versetzen

rap·tur·ous /'ræptʃərəs/ *Adj* (*Adv* **rap·tur·ous·ly**) stürmisch, begeistert

rare /reə(r); *AmE* rer/ *Adj* **1** (*Adv* **rare·ly** /'reəli; *AmE* 'rerli/) selten ◇ *It's extremely rare for it to be this hot in April.* Es ist äußerst ungewöhnlich, dass es im April so heiß ist. ◇ *a rare honour* eine außergewöhnliche Ehre **2** (*Steak*) englisch ◇ *medium rare* halb durchgebraten

rar·efied /'reərɪfaɪd; AmE 'rerəf-/ Adj **1** (oft abwert) exklusiv **2** (Luft) dünn

rar·ing /'reərɪŋ; AmE 'rer-/ Adj **be ~ to do sth** (umgs) es kaum erwarten können etw zu tun

rar·ity /'reərəti; AmE 'rer-/ Nomen (Pl **-ies**) **1** Seltenheit, Rarität **2** (seltener **rare·ness**) [U] Seltenheit(swert)

ras·cal /'rɑːskl; AmE 'ræskl/ Nomen **1** (hum) Schlingel, Bengel **2** (veraltet) Schurke

ras·cal·ly /'rɑːskəli; AmE 'ræskəli/ Adj (veraltet) niederträchtig, schurkisch

rash¹ /ræʃ/ Nomen **1** (Haut)ausschlag **2** [Sing] Serie, Reihe SYN SPATE

rash² /ræʃ/ Adj **1** (Person) impulsiv, unbesonnen **2** (Adv **rash·ly**) (Handlung) voreilig, überstürzt, vorschnell

rasher /'ræʃə(r)/ Nomen (bes BrE) Speckscheibe

rash·ness /'ræʃnəs/ Nomen Voreiligkeit, Impulsivität

rasp¹ /rɑːsp; AmE ræsp/ Nomen **1** [Sing] schneidendes Geräusch; (des Atems) Rasseln **2** Raspel

rasp² /rɑːsp; AmE ræsp/ Verb **1 ~ sth (out)** etw schnarren ◊ 'Where have you been?' she rasped. „Wo warst du?" fragte sie mit schneidender Stimme. ◊ a rasping cough ein krampfartiger Husten ◊ his rasping breath sein rasselnder Atem **2** raspeln, feilen ◊ The wind rasped his face. Der Wind peitschte ihm ins Gesicht.

rasp·berry /'rɑːzbəri; AmE 'ræzberi/ Nomen (Pl **-ies**) **1** Himbeere **2** (bes BrE, umgs) ◊ blow a raspberry at sb jdm die Zunge herausstrecken und verächtlich prusten

raspy /'rɑːspi; AmE 'ræspi/ Adj (Stimme) rauh

Ras·ta·far·ian /ˌræstəˈfeəriən; AmE -ˈfer-/ (umgs **Rasta** /'ræstə/) **1** Nomen Rastafari, Rasta **2** Adj Rasta-

Ras·ta·far·ian·ism /ˌræstəˈfeəriənɪzəm; AmE -ˈfer-/ Nomen Rastafarinismus

rat¹ /ræt/ Nomen **1** Ratte **2** (umgs, abwert) Schwein, Hund, Verräter IDM ⇒ DROWN, SINK¹ und SMELL¹

rat² /ræt/ Verb (-tt-) PHRV **rat on sb** (umgs) jdn verpfeifen, jdn verraten **rat on sth** (BrE, umgs) etw widerrufen; (Wort, Versprechen) etw nicht halten

rata ⇒ PRO RATA

'rat-arsed Adv (BrE, Slang) stinkbesoffen

ratchet /'rætʃɪt/ Nomen Ratsche

rate¹ /reɪt/ Nomen **1** Tempo, Geschwindigkeit **2** Rate, Quote ◊ Local businesses are closing at a/the rate of three a year. Pro Jahr schließen im Ort durchschnittlich drei Geschäfte. ◊ His pulse rate dropped suddenly. Sein Puls fiel plötzlich. ☛ Siehe auch DEATH RATE **3** Gebühr, Satz ◊ advertising rates Anzeigekosten ◊ a low hourly rate of pay ein niedriger Stundenlohn ◊ the exchange rate/rate of exhange der Wechselkurs ◊ at a reduced rate zum ermäßigten Tarif ☛ Siehe auch BASE RATE **4 rates** [Pl] (BrE) ≈ Gemeindesteuer(n) ◊ business rates Gewerbesteuer ◊ water rates Wassergebühren ◊ 1993 wurden die **rates** durch **council tax** ersetzt. IDM **at 'any rate 1** (umgs) auf jeden Fall; jedenfalls **2** zumindest **at a rate of 'knots** (BrE, umgs) sehr schnell **at 'this/'that rate** (umgs) wenn das so weitergeht ☛ Siehe auch GOING²

rate² /reɪt/ Verb **1** (nicht in der Verlaufsform) (ein)schätzen, (be)werten ◊ Voters rate education high on their list of priorities. Das Thema Erziehungswesen wird von den Wählern als äußerst wichtig angesehen. ◊ She's rated among the best players of all time. Sie gilt als eine der besten Spielerinnen in der Geschichte des Sports. **2** (oft passiv) einstufen ◊ a top-rated programme ein Spitzenprogramm ◊ She is currently rated number two in the world. Zurzeit ist sie die Nummer zwei in der Weltrangliste. **3** (umgs) gut finden ◊ What did you think of the movie? I didn't rate it myself. Wie fanden Sie den Film? Ich hielt nicht viel davon. **4** verdienen ◊ The incident didn't even rate a mention in the press. Der Vorfall wurde in der Presse nicht einmal einer Erwähnung gewürdigt. SYN MERIT **5** (meist passiv) (Film, Video) klassifizieren ◊ The film was rated 12. Der Film wurde für 12 Jahre freigegeben. ☛ Siehe auch X-RATED und ZERO-RATED ☛ Hinweis bei RATING

ˌrate of reˈturn Nomen (Pl **rates of return**) Rendite

rate·pay·er /'reɪtpeɪə(r)/ Nomen Gemeindesteuerzahler(in) ☛ Hinweis bei RATE, S. 507.

ra·ther¹ /'rɑːðə(r); AmE 'ræðər/ Adv **1** ziemlich ◊ It was a rather/rather a difficult question. Die Frage war ziemlich schwierig. ◊ rather a lot of money ziemlich viel Geld ◊ It's rather a shame that Anne missed the concert. Es ist sehr schade, dass Anne das Konzert verpasst hat. ◊ I didn't fail the exam; in fact I did rather well! Ich bin nicht durchs Examen gefallen, sondern habe sogar recht gut abgeschnitten! ☛ Hinweis bei ZIEMLICH und QUITE **2** um einiges, etwas **3** (vor Verben) fast, eigentlich ◊ I rather suspect we're making a big mistake. Ich fürchte fast, dass wir einen großen Fehler machen. ◊ We were rather hoping you'd be free. Wir haben eigentlich gehofft, dass du Zeit hättest. **4 or ~** (oder) genauer gesagt, beziehungsweise, oder vielmehr **5** eher **6 ~ than** statt ◊ It's management that's at fault rather than the workforce. Es ist die Geschäftsleitung, die Schuld hat, nicht die Belegschaft. IDM **rather you, him, etc. than 'me** (umgs) lieber du, er etc. als ich **would rather ... (than)** ◊ Would you rather walk or take the bus? Willst du lieber laufen oder den Bus nehmen? ◊ 'Do you mind if I smoke?' 'Well, I'd rather you didn't.' „Macht es Ihnen etwas aus, wenn ich rauche?" „Mir wäre es lieber, Sie würden es lassen." ◊ 'Do you want to come with us?' 'No, I'd rather not.' „Kommst du mit?" „Nein, ich glaube nicht."

ra·ther² /rɑː(r); AmE 'ræðər/ Ausruf (BrE, veraltet) und ob, prima

rati·fi·ca·tion /ˌrætɪfɪˈkeɪʃn/ Nomen Ratifizierung

rat·ify /'rætɪfaɪ/ Verb (**-fies, -fying, -fied, -fied**) (gehoben) ratifizieren

rat·ing /'reɪtɪŋ/ Nomen **1** Einschätzung ◊ The poll gave a popular approval rating of 39% for the President. In der Umfrage sprachen sich 39% der Befragten für den Präsidenten aus. ◊ Education has been given a high-priority rating. Dem Erziehungswesen wird hohe Priorität eingeräumt. **2 the ratings** [Pl] die (Einschalt)quote **3** (BrE) Matrose **4** Filmklassifizierung ◊ The film was given a 15 rating. Der Film wurde ab 15 Jahren freigegeben. ◊ The movie carries an R rating. Dieser Film hat die Klassifizierung R.

Filmklassifizierungen in Großbritannien: **U: Universal. Suitable for all.** Für alle Altersstufen geeignet. **Uc: Particularly for pre-school children.** Besonders für Kinder im Vorschulalter geeignet. **PG: General viewing. Some scenes unsuitable for children.** Manche Szenen für Kinder ungeeignet. **12A: accompanied** Für Kinder unter 12 nur in Begleitung von Erwachsenen. **15: 15 and over.** Für 15 Jahre freigegeben. **18: 18 and over.** Für 18 Jahre freigegeben. **R18: Only adults in licensed outlets.** Nur für Erwachsene, nur in konzessionierten Verkaufsstellen zugelassen.

Filmklassifizierungen in den Vereinigten Staaten: **G: General audience (everybody).** Für alle Altersstufen. **PG: Parental Guidance suggested.** Elterliche Aufsicht empfohlen. **PG-13: Not suitable for under 13.** Nicht geeignet für Kinder unter 13 Jahren. **R: Restricted (under 17 requires accompanying parent or adult guardian).** Jugendliche unter 17 Jahren nur in Erwachsenenbegleitung zugelassen. **NC-17. No one 17 and under admitted.** Ab 18 Jahre.

ratio /'reɪʃiəʊ; AmE -oʊ/ Nomen (Pl **-os**) Verhältnis

ra·tion¹ /'ræʃn/ Nomen **1** Ration ◊ a ration book ein Kuponheft **2 rations** [Pl] Ration ◊ We're on short rations. Wir sind auf halbe Ration gesetzt.

ra·tion² /'ræʃn/ Verb (oft passiv) **1** rationieren **2 ~ sb to sth** jdm etw zuteilen ◊ The villagers are rationed to two litres of water a day. Den Dorfbewohnern werden pro Tag zwei Liter Wasser zugeteilt.

ra·tion·al /'ræʃnəl/ Adj (Adv **ra·tion·al·ly**) rational, vernünftig ◊ rational analysis sachliche Analyse ◊ a society that values rational thought eine Gesellschaft, die logisches Denken schätzt OPP IRRATIONAL

ra·tion·ale /ˌræʃəˈnɑːl; AmE -ˈnæl/ Nomen (gehoben) Begründung ◊ What is the rationale behind these new exams? Auf welchen Überlegungen beruhen die neuen Prüfungen?

ra·tion·al·ism /'ræʃnəlɪzəm/ Nomen Rationalismus

ra·tion·al·ist¹ /'ræʃnəlɪst/ Nomen Rationalist(in)

ra·tion·al·ist² /'ræʃnəlɪst/ (auch **ra·tion·al·is·tic** /ˌræʃnəˈlɪstɪk/) Adj rationalistisch

rationalization

ra·tion·al·iza·tion (*BrE auch* -isation) /ˌræʃnəlaɪˈzeɪʃn; *AmE* -ləˈz-/ *Nomen* **1** Rationalisierung **2** logische Erklärung ◇ *No amount of rationalization could justify his actions.* Keine noch so rationale Aufarbeitung der Motive kann seine Handlungen rechtfertigen.

ra·tion·al·ize (*BrE auch* -ise) /ˈræʃnəlaɪz/ *Verb* **1** erklären, rationalisieren **2** (*BrE*) (WIRTSCH) rationalisieren

ra·tion·al·ly *Adv* ⇨ RATIONAL

ra·tion·ing /ˈræʃənɪŋ/ *Nomen* Rationierung

the 'rat race *Nomen* (*abwert*) der erbarmungslose Konkurrenzkampf, das Rattenrennen

rat·tan /ræˈtæn/ *Nomen* Rattan

rat·tle¹ /ˈrætl/ *Verb* (*umgs*) **1** klappern, rasseln, rattern ◇ *When a bus went past, the windows rattled.* Wenn ein Bus vorbeifuhr, klirrten die Fenster. **2** verunsichern SYN UNNERVE PHRV ˌrattle aˈround (sth) (*umgs*) (in etw) herumgeistern, ˌrattle sth ˈoff etw herunterrasseln, ˌrattle ˈon (about sth) (*umgs*) (über etw) quasseln, (über etw) plappern

rat·tle² /ˈrætl/ *Nomen* **1** *meist* [Sing] Rattern, Klappern, Knattern **2** Rassel **3** (*BrE*) Ratsche

rattle·snake /ˈrætlsneɪk/ (*umgs* **rat·tler** /ˈrætlə(r)/) *Nomen* Klapperschlange

ratty /ˈræti/ *Adj* **1** (*BrE, umgs*) grantig, gereizt SYN GRUMPY *und* IRRITABLE **2** (*AmE, umgs*) (*Kleidung etc.*) vergammelt SYN SHABBY **3** rattenähnlich, Ratten-

rau·cous /ˈrɔːkəs/ *Adj* (*Adv* **rau·cous·ly**) lärmend; (*Stimme, Gelächter etc.*) rau

raunchy /ˈrɔːntʃi/ *Adj* (*umgs*) **1** aufreizend, erotisch SYN SEXY **2** (*AmE*) verkommen

rav·age /ˈrævɪdʒ/ *Verb* (*meist passiv*) verwüsten ◇ *The recession ravaged the textile industry.* Die Rezession hatte verheerende Folgen für die Textilindustrie.

rav·ages /ˈrævɪdʒɪz/ *Nomen* [Pl] Verheerungen ◇ *They're trying to preserve the ancient city from the ravages of time.* Sie versuchen, die alte Stadt gegen den Zahn der Zeit zu schützen.

rave¹ /reɪv/ *Verb* **1** ~ (about sb/sth) (von jdm/etw) schwärmen **2** ~ at sb jdn anbrüllen ◇ *She was shouting and raving at them.* Sie schrie und brüllte sie an. **3** wirres Zeug reden IDM ⇨ RANT¹

rave² /reɪv/ *Nomen* (*BrE*) **1** Rave-Party **2** (*AmE*) = RAVE REVIEW

raven /ˈreɪvn/ **1** *Nomen* (Kolk)rabe **2** *Adj nur vor Nomen* rabenschwarz

rav·en·ous /ˈrævənəs/ *Adj* (*Adv* **rav·en·ous·ly**) **1** ausgehungert; be ~ einen Bärenhunger haben SYN STARVING **2** *nur vor Nomen* (*Hunger, Appetit*) riesig

raver /ˈreɪvə(r)/ *Nomen* (*BrE, umgs*) **1** (*oft hum*) (*Frau*) Feger **2** Raver(in)

ˌrave reˈview (*AmE auch* **rave**) *Nomen* begeisterte Kritik

rav·ine /rəˈviːn/ *Nomen* Schlucht

rav·ing¹ /ˈreɪvɪŋ/ *Adj nur vor Nomen* **1** irre ◇ *The man's a raving lunatic.* Der Mann ist total verrückt. **2** wild; (*Schönheit*) hinreißend ◇ *a raving success* ein sensationeller Erfolg

rav·ing² /ˈreɪvɪŋ/ *Adv* IDM (stark) raving ˈmad (*auch* (stark) raving ˈbonkers) (*umgs*) total verrückt

rav·ings /ˈreɪvɪŋz/ *Nomen* [Pl] irres Gerede

rav·ish /ˈrævɪʃ/ *Verb* (*gehoben*) **1** schänden, vergewaltigen SYN RAPE **2** (*meist passiv*) hinreißen

rav·ish·ing /ˈrævɪʃɪŋ/ *Adj* (*Adv* **rav·ish·ing·ly**) hinreißend, atemberaubend SYN GORGEOUS

raw /rɔː/ *Adj* **1** roh ◇ *raw meat* rohes Fleisch ◇ *raw data* unaufbereitete Daten **2** (*Gefühle*) ursprünglich; (*Talent*) unverbildet **3** unerfahren ◇ *a raw beginner* ein blutiger Anfänger ◇ *raw recruits* frisch gebackene Rekruten **4** (*Haut*) wund, aufgerieben; (*Wunde*) offen **5** (*Kante*) ungesäumt **6** (*Wetter*) rau, nasskalt **7** (*AmE*) (*Sprache*) vulgär IDM get/have a raw ˈdeal ungerecht behandelt werden ☛ *Siehe auch* NERVE¹

ˌraw maˈterial *Nomen* Rohstoff, Rohmaterial (*auch fig*)

raw·ness /ˈrɔːnəs/ *Nomen* **1** Rohheit **2** Ursprünglichkeit **3** Unerfahrenheit **4** Rauheit **5** (*im Hals*) Kratzen

ray /reɪ/ *Nomen* **1** Strahl **2** Schimmer **3** (*Fisch*) Rochen **4** (*auch* re) (MUS) re IDM a ˌray of ˈsunshine (*umgs*) (*Ereignis*) ein Lichtblick; (*Mensch*) eine Frohnatur

raze /reɪz/ *Verb* (*meist passiv*) völlig zerstören ◇ *razed to the ground* dem Erdboden gleichgemacht

razor /ˈreɪzə(r)/ *Nomen* Rasierapparat, Rasierer

ˈrazor blade *Nomen* Rasierklinge

ˌrazor-ˈsharp *Adj* messerscharf

razz·ma·tazz /ˌræzməˈtæz/ (*auch* **raz·za·ma·tazz** /ˌræzəməˈtæz/) *Nomen* (*umgs*) Rummel, Spektakel

RC /ˌɑːˈsiː; *AmE* ˌɑːr/ *Abk* = ROMAN CATHOLIC (1)

Rd *Abk* (*bes AmE*) (*in Adressen*) = ROAD

RE /ˌɑːr ˈiː/ *Kurzform von* **religious education** Religionsunterricht

re¹ /reɪ/ = RAY (4)

re² /riː/ *Präp* betreffs

re- /riː/

> Die Vorsilbe re- wird in Adjektiven, Adverbien, Verben und verwandten Nomina gebraucht, um auszudrücken, dass etwas erneut oder wieder getan wird: *reusable* wiederverwendbar. ◇ *reapply* sich nochmals bewerben ◇ *reincarnation* Wiedergeburt

reach¹ /riːtʃ/ *Verb* **1** erreichen ◇ *reach a conclusion/decision* zu einem Schluss/einer Entscheidung kommen ◇ *Through television we are able to reach a wider audience.* Über das Fernsehen können wir ein breiteres Publikum ansprechen. ◇ *The negotiations have reached deadlock.* Die Verhandlungen haben sich festgefahren. **2** greifen, die Hand ausstrecken ◇ *She reached inside her bag for a pen.* Sie griff in ihre Tasche nach einem Kugelschreiber. **3** herankommen, heranreichen ◇ *Can you reach the switch?* Kommst du an den Schalter ran? **4** ~ sth (down) for sb; ~ sb (down) sth etw für jdn (herunter)holen **5** gehen bis, reichen bis IDM reach for the ˈstars nach den Sternen greifen ☛ *Siehe auch* EAR PHRV ˌreach ˈout die Hand/Hände ausstrecken ˌreach sth ˈout etw ausstrecken ◇ *He reached out his hand.* Er streckte seine Hand aus. ˌreach ˈout to sb (*fig*) auf jdn zugehen

reach² /riːtʃ/ *Nomen* **1** [Sing] Reichweite ◇ *Keep out of reach of children.* Vor Kindern geschützt aufbewahren. ◇ *Such matters are beyond the reach of the law.* Solche Sachen liegen außerhalb des Geltungsbereichs des Gesetzes. ◇ *Rents here are beyond the reach of many young couples.* Die hiesigen Mieten sind für viele junge Paare unerschwinglich. **2** [*meist* Pl] = Flussstrecke, vor allem zwischen zwei Windungen, oder eine Kanalstrecke zwischen zwei Schleusen ◇ *the upper reaches of the Nile* der Oberlauf des Nils **3** reaches [Pl] Region **4** reaches [Pl] Ränge ◇ *the upper reaches of the civil service* die höheren Ränge des Beamtentums IDM within (easy) ˈreach (of sth) in unmittelbarer Nähe (von etw) ◇ *The hotel is within easy reach of the town centre.* Vom Hotel aus ist die Innenstadt leicht zu erreichen.

reach·able /ˈriːtʃəbl/ *Adj nicht vor Nomen* erreichbar

react /riˈækt/ *Verb* **1** ~ (to sth) (by doing sth) (auf etw) (mit etw) reagieren ◇ *Fans reacted angrily to the sale of the player.* Der Verkauf des Spielers hat die Fans verärgert. **2** ~ to sth etw schlecht vertragen **3** ~ (with sth) (CHEM) (mit etw) reagieren; ~ together miteinander reagieren PHRV reˌact aˈgainst sb/sth sich jdm/etw widersetzen

re·ac·tion /riˈækʃn/ *Nomen* **1** Reaktion ◇ *There has been a mixed reaction to the decision.* Die Leute reagierten unterschiedlich auf die Entscheidung. ◇ *I had mixed reactions.* Meine Gefühle waren gemischt. ◇ *suffer/have an allergic reaction to sth* allergisch gegen etw sein **2** reactions [Pl] Reaktionsvermögen **3** Gegenwirkung

re·ac·tion·ary /riˈækʃənri; *AmE* -neri/ **1** *Nomen* (*Pl* -ies) (*abwert*) Reaktionär(in) **2** *Adj* reaktionär

re·acti·vate /riˈæktɪveɪt/ *Verb* (*gehoben*) reaktivieren

re·act·ive /riˈæktɪv/ *Adj* (*gehoben*) reaktiv

re·act·or /riˈæktə(r)/ *Nomen* = NUCLEAR REACTOR

read¹ /riːd/ *Verb* (**read, read** /red/) **1** lesen ◇ *Don't believe everything you read in the papers.* Glaub nicht alles, was in der Zeitung steht. **2** ~ sth (to sb) (jdm) etw vorlesen ◇ *He read the poem aloud.* Er las das Gedicht vor. **3** ~ sb's mind/thoughts (*BrE*) jds Gedanken lesen **4** ~ sb's lips (*Gehörlose*) von den Lippen ablesen **5** ~ sth (as sth) etw (als etw) deuten **6** lauten ◊ *The sign reads 'closed'.* Auf dem Schild steht „Geschlossen". **7** sich lesen (*lassen*) **8** anzeigen **9** (*Gaszähler etc.*) ablesen **10** (*Funkwesen*) verstehen **11** ~ **A for B;** ~ **B as A** statt B soll es A heißen **12** (*BrE*) ~ **sth** etw studieren ◊ *read for a chemistry degree* Chemie studieren **13** (*BrE*) ~ **for sth** ◊ *read for a degree* studieren **14** (Comp) ~ **sth** etw lesen; ~ **sth into sth** etw in etw einlesen IDM ˌread between the ˈlines zwischen den Zeilen lesen ˌread sb like a ˈbook in jdm lesen können wie in einem Buch ˌread my ˈlips (*umgs*) höre/hören Sie mir genau zu ˌread sb the ˈRiot Act (*BrE*) jdm die Leviten lesen ˌtake it/sth as ˈread (*als selbstverständlich annehmen*) von etw ausgehen PHRV ˌread sth ˈback etw noch einmal vorlesen ˌread sth ˈinto sth etw in etw hineininterpretieren, etw in etw hineinlesen ˌread ˈon weiterlesen ˌread sth ˈout etw vorlesen ˌread sth ˈover/through etw durchlesen ˌread (sb/sth) ˈup; ˌread ˈup (on sb/sth) sich (über jdn/etw) informieren

read² /riːd/ *Nomen* [Sing] (*umgs*) **1** (*bes BrE*) Lesen ◊ *I was having a quiet read.* Ich saß gemütlich da und las. ◊ *Can I have a read of your newspaper when you've finished?* Kann ich kurz deine Zeitung haben, wenn du fertig bist? **2** (*interessante, spannende etc.*) Lektüre ◊ *His thrillers are always a gripping read.* Seine Krimis sind immer sehr spannend.

read³ /red/ *Adj* ◊ *She's very widely read in law.* Sie ist in der Rechtswissenschaft sehr belesen.

readˈabilˈity /ˌriːdəˈbɪləti/ *Nomen* Lesbarkeit

readˈable /ˈriːdəbl/ *Adj* lesenswert, lesbar

readˈer /ˈriːdə(r)/ *Nomen* **1** Leser(in) ◊ *He's a great reader of science fiction.* Er liest sehr gern Sciencefiction. ◊ *I'm a slow reader.* Ich lese langsam. ◊ *Are you a Times reader?* Lesen Sie die Times? **2** Lesebuch **3** (*meist* **Reader**) = Universitätsdozent(in) an britischen Universitäten, der/die in der Rangordnung zwischen **lecturer** und **professor** steht **4** (Comp) Leser **5** (Tech) Lesegerät

readˈerˈship /ˈriːdəʃɪp; *AmE* -dərʃ-/ *Nomen* Leserschaft ◊ *a readership of around 10 000* ungefähr 10 000 Leser ◊ *a wider readership* eine breitere Leserschicht

readˈily /ˈredɪli/ *Adv* **1** leicht **2** bereitwillig

readiˈness /ˈredinəs/ *Nomen* **1** ~ (**for sth**) Bereitschaft (zu/für etw) **2** Bereitwilligkeit

readˈing /ˈriːdɪŋ/ *Nomen* **1** Lesen ◊ *reading glasses* eine Lesebrille ◊ *The report makes for very interesting reading.* Der Bericht ist sehr interessant zu lesen. ◊ *The article is not exactly light reading.* Der Artikel ist nicht gerade leicht zu lesen. ◊ *We expect a good reading knowledge of German.* Gute Lesefertigkeit im Deutschen wird vorausgesetzt. ◊ *the reading of a will* die Verlesung eines Testaments **2** (*eines Texts etc.*) Interpretation ◊ *a literal reading of the text* wenn man den Text wörtlich auslegt ◊ *My own reading of events is less optimistic.* Ich sehe die Ereignisse weniger optimistisch. SYN INTERPRETATION **3** (*Zähler- etc.*) Stand **4** Lesung

ˈreading room *Nomen* Lesesaal

reˈadjust /ˌriːəˈdʒʌst/ *Verb* **1** sich neu einstellen, sich umgewöhnen; ~ **to sth** sich (neu) auf etw einstellen, sich (wieder) an etw gewöhnen **2** neu einstellen, nachstellen, korrigieren ◊ *He readjusted his glasses.* Er rückte seine Brille gerade.

reˈadjustˈment /ˌriːəˈdʒʌstmənt/ *Nomen* **1** Wiederanpassung, Umstellung **2** Änderung, Korrektur

reˈadmisˈsion /ˌriːədˈmɪʃn/ *Nomen* ~ (**to sth**) Wiederaufnahme (in etw)

reˈadmit /ˌriːədˈmɪt/ *Verb* (-tt-) **1** ~ **sb** (**to sth**) jdn wieder (in etw) aufnehmen **2** jdn wieder ins Krankenhaus einliefern

ˌread-only ˈmemory *Nomen* = ROM

ˈread-out *Nomen* (Comp) Anzeige

ready¹ /ˈredi/ *Adj* (**readˈier, readiˈest**) **1** *nicht vor Nomen* fertig, bereit ◊ *I'm not sure if Karen is ready for marriage yet.* Ich bin mir nicht sicher, ob Karen wirklich schon heiraten will. ◊ *Right, we're ready to go.* So, wir sind so weit. ◊ *She's always ready with advice.* Sie hat immer gleich einen Rat bei der Hand. **2 be** ~ **to do sth** kurz davor sein etw zu tun ◊ *She looked ready to collapse at any minute.* Sie sah aus, als ob sie jeden Moment umfallen würde. **3** ~ **for sth** ◊ *After the long walk, we were all ready for a beer.* Nach dem langen Spaziergang lechzten wir alle nach einem Bier. ◊ *I'm really tired. I'm ready for bed.* Ich bin todmüde. Ich muss ins Bett. **4** *nur vor Nomen* ◊ *He has great charm and a ready wit.* Er ist charmant und schlagfertig. ◊ *She's a girl with a ready smile.* Sie hat immer ein Lächeln auf den Lippen. **5** (*BrE*) ◊ *a ready meal* ein Fertiggericht ◊ *There was a ready supply of drink at the party.* Auf der Party gab es genug zu trinken. ◊ *Keep your dictionary ready to hand.* Sieh zu, dass du dein Wörterbuch immer griffbereit hast. IDM **make ˈready** (**for sth**) (*gehoben*) sich (für/auf etw) vorbereiten **ready, steady, ˈgo!**; (**get**) **ready,** (**get**) **set, ˈgo** (*umgs*) auf die Plätze, fertig, los! ˌready to ˈroll (*umgs*) startbereit ◊ *The show is just about ready to roll.* Die Show fängt gleich an.

ready² /ˈredi/ *Verb* (**readˈies, readyˈing, readˈied, readˈied**) (*gehoben*) ~ **sb/sth/yourself** (**for sth**) jdn/etw/sich (auf/für etw) vorbereiten

ready³ /ˈredi/ *Adv* (*oft in Zusammensetzungen*) fertig ◊ *ready-mixed concrete* Fertigzement ◊ *ready-pasted wallpaper* vorgekleisterte Tapeten

ready⁴ /ˈredi/ *Nomen* **the ready** [Sing] (*auch* **readˈies** [Pl]) (*BrE, Slang*) (Geld)Kohle IDM **at the ˈready** griffbereit

ˌready-ˈmade *Adj* **1** Fertig- ◊ *ready-made pastry* Fertigteig **2** (*veraltet*) Konfektions- **3** vorgefertigt

ˌready ˈmoney (*auch* **ˌready ˈcash**) *Nomen* (*umgs*) das nötige Kleingeld

ˌready-to-ˈwear *Adj* Konfektions-

reˈaffirm /ˌriːəˈfɜːm; *AmE* -ˈfɜːrm/ *Verb* (*gehoben*) erneut bekräftigen, erneut bestätigen

reˈaffirmˈation /ˌriːˌæfəˈmeɪʃn; *AmE* -fərˈm-/ *Nomen* erneute Bestätigung, erneute Bekräftigung

reˈagent /riˈeɪdʒənt/ *Nomen* (*Chemie*) Reagens

real¹ /ˈriːəl/; *BrE auch* rɪəl/ *Adj* wirklich, echt ◊ *Tell me the real reason.* Sag mir den wahren Grund. ◊ *What was her real purpose?* Was war ihre eigentliche Absicht? ◊ *I felt like a real idiot.* Ich kam mir wirklich wie ein Idiot vor. ◊ *This represents a reduction of 5% in real terms.* Effektiv bedeutet das eine Reduzierung von 5%. IDM **for ˈreal** echt (*AmE*) ◊ *He managed to convince voters that he was for real.* Es gelang ihm, die Wähler zu überzeugen, dass er es ernst meinte. **get ˈreal** (*AmE, umgs*) ◊ *Get real, you won't be an actor!* Du wirst nie ein Schauspieler! Begreif das endlich! ◊ *The best player in America? Get real!* Der beste Spieler in Amerika? Jetzt hör bloß auf! **the ˌreal ˈthing/McˈCoy** (*umgs*) ◊ *Are you sure it's the real thing, not just infatuation?* Bist du sicher, dass es wahre Liebe ist, nicht nur Verliebtheit? ◊ *It's an American flying jacket, the real McCoy.* Das ist eine echte amerikanische Fliegerjacke.

real² /ˈriːəl; *BrE auch* rɪəl/ *Adv* (*umgs*) echt ◊ *I'm real sorry.* Es tut mir echt Leid.

ˌreal ˈale *Nomen* (*BrE*) = traditionell gebrautes echtes Ale

ˈreal estate *Nomen* (*bes AmE*) [U] **1** Immobilien **2** Immobilienhandel

ˈreal estate agent *Nomen* Immobilienmakler(in)

reˈalign /ˌriːəˈlaɪn/ *Verb* (*gehoben*) **1** (wieder) zurechtrücken **2** umorganisieren, umstellen **3** ~ **yourself** (**with sb/sth**) (Pol) sich (mit jdm/etw) verbünden

reˈalignˈment /ˌriːəˈlaɪnmənt/ *Nomen* Neuordnung ◊ *political realignments* neue politische Bündnisse

realˈism /ˈriːəlɪzəm; *BrE auch* ˈrɪəl-/ *Nomen* Realismus

realˈist /ˈriːəlɪst; *BrE auch* ˈrɪə-/ **1** *Nomen* Realist(in) **2** *Adj* (Lit, Kunst) realistisch

realˈistic /ˌriːəˈlɪstɪk; *BrE auch* ˌrɪə-/ *Adj* (*Adv* **realˈistˈicalˈly** /-kli/) **1** realistisch ◊ *Realistically, there is little hope.* Realistisch gesehen gibt es kaum Hoffnung. **2** naturgetreu ◊ *a fireplace with realistically glowing coals* ein Kamin mit Kohlen, die glühen, als wären sie echt OPP UNREALISTIC

realˈity /riˈæləti/ *Nomen* (*Pl* **-ies**) Wirklichkeit, Realität ◊ *the realities of the political situation* die tatsächliche politische Situation ◊ *The reality is that there is not enough money.* In Wahrheit fehlt es an Geld. IDM **in reˈality** in Wirklichkeit

realˈizˈable (*BrE auch* **-isˈable**) /ˈriːəlaɪzəbl; *BrE auch* ˈrɪə-/ *Adj* **1** realisierbar **2** (*Wertanlagen etc.*) liquidierbar ◊ *realizable assets* realisierbares Vermögen

real·iza·tion (*BrE auch* **-isa·tion**) /ˌriːəlaɪˈzeɪʃn, ˌrɪəl-; *AmE* ˌriːələˈz-/ *Nomen* **1** [U/Sing] Erkenntnis ◊ *As realization dawned, he went pale.* Als er sich der Sache bewusst wurde, wurde er blass. **2** Verwirklichung, Realisierung **3** (*gehoben*) (FINANZ) (*von Besitz*) Liquidation; (*von Vermögenswerten*) Veräußerung **4** (*gehoben*) (*Film-, Ton- etc.*) Realisation

real·ize (*BrE auch* **-ise**) /ˈriːəlaɪz; *BrE auch* ˈrɪəl-/ *Verb* **1** (*nicht in der Verlaufsform*) ~ sth sich einer Sache bewusst sein, etw bemerken ◊ *The moment I saw her, I realized something was wrong.* Als ich sie sah, begriff ich sofort, dass etwas nicht stimmte. **2** verwirklichen, realisieren, umsetzen ◊ *We help all students realize their full potential.* Wir helfen allen Schülern, ihr Potential voll auszuschöpfen. **3** (*meist passiv*) wahr werden ◊ *His worst fears were realized.* Seine schlimmsten Befürchtungen bestätigten sich. **4** (*gehoben*) (*Vermögenswerte*) veräußern; (*Besitz*) liquidieren **5** (*gehoben*) erbringen, erzielen

ˌreal-ˈlife *Adj nur vor Nomen* wirklich, real, echt OPP FICTIONAL

re·allo·cate /ˌriːˈæləkeɪt/ *Verb* umverteilen, neu verteilen

re·allo·ca·tion /ˌriːˌæləˈkeɪʃn/ *Nomen* Umverteilung, Neuverteilung

real·ly /ˈriːəli; *BrE auch* ˈrɪəli/ *Adv* **1** wirklich, tatsächlich ◊ *I want to help, I really do.* Ich will wirklich helfen. **2** eigentlich ◊ *I don't really agree with that.* Da kann ich eigentlich nicht zustimmen.

> Die Satzstellung von **really** kann die Bedeutung verändern: *I really don't know.* Das weiß ich wirklich nicht. ◊ *I don't really know.* Ich bin mir nicht sicher. ◊ *It really doesn't matter.* Das ist völlig egal. ◊ *It doesn't really matter.* Das ist (eigentlich) nicht so wichtig.

3 sehr ◊ *It's really big.* Es ist sehr groß.

realm /relm/ *Nomen* **1** Bereich ◊ *His ideas were entering the realms of fantasy.* Seine Ideen wurden immer abgehobener. **2** (*gehoben*) Königreich IDM **beyond/within the realms of possibility** außerhalb/im Bereich des Möglichen

real·poli·tik /reɪˈɑːlpɒlɪtiːk; *AmE* -pɑːl-/ *Nomen* Realpolitik

ˌreal ˈtime *Nomen* (COMP) Echtzeit, Realzeit

Real·tor™ /ˈriːəltə(r)/ *Nomen* (*AmE*) Immobilienmakler(in)

realty /ˈriːəlti/ *Nomen* (*bes AmE*) [U] Immobilien

ream /riːm/ *Nomen* **1 reams** [Pl] (*umgs*) (*fig*) ganze Romane **2** (*Fachspr*) = 500 Blatt Papier

re·ani·mate /riːˈænɪmeɪt/ *Verb* (*gehoben*) reanimieren, wieder beleben; (*fig*) neu beleben

reap /riːp/ *Verb* ernten; (*fig*) einstreichen IDM **reap a/the ˈharvest** (*BrE*) Früchte ernten ◊ *He reaped the harvest of his inactivity.* Er bekam das Resultat seiner Faulheit präsentiert. **you ˌreap what you ˈsow** man erntet, was man sät

reap·er /ˈriːpə(r)/ *Nomen* **1** Mähbinder **2** Schnitter(in), Mäher(in) ☞ *Siehe auch* THE GRIM REAPER

re·appear /ˌriːəˈpɪə(r); *AmE* -ˈpɪr/ *Verb* wieder erscheinen, wieder auftauchen

re·appear·ance /ˌriːəˈpɪərəns; *AmE* -ˈpɪr-/ *Nomen* Wiedererscheinen, Wiederauftauchen

re·apply /ˌriːəˈplaɪ/ *Verb* (**-applies**, **-apply·ing**, **-applied**, **-applied**) **1** erneut auftragen **2** ~ (**for sth**) erneut einen Antrag (auf etw) stellen, sich erneut (um etw) bewerben **3** ~ **sth** (**to sth**) etw (auf etw) anwenden, etw (auf etw) übertragen

re·appoint /ˌriːəˈpɔɪnt/ *Verb* wieder ernennen, wieder einstellen ◊ *He was reappointed to the Cabinet.* Er wurde erneut ins Kabinett berufen. ◊ *He was reappointed (as) Foreign Secretary.* Er wurde als Außenminister in seinem Amt bestätigt.

re·apprais·al /ˌriːəˈpreɪzl/ *Nomen* [meist Sing/U] Neubewertung ◊ *This needs reappraisal.* Das muss neu beurteilt werden.

re·appraise /ˌriːəˈpreɪz/ *Verb* (*gehoben*) neu bewerten ◊ *The system needs to be reappraised.* Das System muss kritisch überprüft werden. SYN REASSESS

rear[1] /rɪə(r); *AmE* rɪr/ *Nomen* **1** (*meist* **the rear**) [Sing] hinterer Teil, Heck ◊ *the rear of the house* die Rückseite des Hauses **2** (*auch* ˌrear ˈend) [meist Sing] (*umgs*) Hintern SYN BOTTOM IDM **ˌbring up the ˈrear** die Nachhut bilden

rear[2] /rɪə(r); *AmE* rɪr/ *Adj nur vor Nomen* hintere(r,s), Hinter- ◊ *a rear mirror* ein Rückspiegel ◊ *the rear end of the car* das Heck des Autos

rear[3] /rɪə(r); *AmE* rɪr/ *Verb* **1** (*meist passiv*) aufziehen, großziehen SYN BRING SB UP **2** (*auch* ~ (**up**)) (*Pferd etc.*) sich aufbäumen **4** (*fig*) aufragen, sich erheben IDM **sth rears its (ugly) ˈhead** etw kommt zum Vorschein; etw zeigt seine hässliche Fratze PHRV **ˈrear sb/sth on sth** (*meist passiv*) jdn/etw mit etw großziehen ◊ *I was reared on adventure stories.* Ich wuchs mit Abenteuergeschichten auf.

ˌrear ˈadmiral *Nomen* Konteradmiral

ˈrear-end *Verb* (*bes AmE, umgs*) hinten auf ein Auto auffahren

rear·guard /ˈrɪəɡɑːd; *AmE* ˈrɪrɡɑːrd/ *Nomen* (*meist* **the rearguard**) (MIL) Nachhut OPP VANGUARD ☞ G 1.3a

ˌrearguard ˈaction *Nomen* [meist Sing] (*fig*) Rückzugsgefecht

rear·ing /ˈrɪərɪŋ; *AmE* ˈrɪrɪŋ/ *Nomen* **1** Kindererziehung ◊ *the demands of child rearing* die anspruchsvolle Aufgabe Kinder großzuziehen **2** Aufzucht ◊ *livestock rearing* Viehzucht

rearm /riːˈɑːm; *AmE* -ˈɑːrm/ *Verb* wieder aufrüsten, wieder bewaffnen

re·arma·ment /riːˈɑːməmənt; *AmE* -ˈɑːrm-/ *Nomen* Wiederaufrüstung, Wiederbewaffnung

rear·most /ˈrɪəməʊst; *AmE* ˈrɪrmoʊst/ *Adj* (*gehoben*) hinterste(r,s)

re·arrange /ˌriːəˈreɪndʒ/ *Verb* **1** umstellen, ändern ◊ *She rearranged herself in another pose.* Sie veränderte ihre Pose. **2** verlegen SYN RESCHEDULE

re·arrange·ment /ˌriːəˈreɪndʒmənt/ *Nomen* Änderung, Umstellung, Verlegung

ˌrear-view ˈmirror *Nomen* Rückspiegel

rear·ward /ˈrɪəwəd; *AmE* ˈrɪrwərd/ *Adj* (*gehoben*) hintere(r,s) ◊ *rearward seats* Rücksitze

rea·son[1] /ˈriːzn/ *Nomen* **1** Grund ◊ *He wants to leave for reasons best known to himself.* Aus unerfindlichen Gründen will er kündigen. ◊ *We have every reason to feel optimistic.* Wir haben guten Grund, optimistisch zu sein. ◊ *by reason of his age* aufgrund seines Alters ◊ *She complained, with reason, that she was underpaid.* Sie beklagte sich zu Recht, dass sie unterbezahlt war. **2** Verstand **3** Vernunft ◊ *Why can't they see reason?* Warum kommen sie nicht zur Vernunft? ◊ *be open to reason* auf die Stimme der Vernunft hören ◊ *I can't get her to listen to reason.* Sie lässt sich nichts sagen. ◊ *anything within reason* alles, solange es sich in Grenzen hält IDM **it ˌstands to ˈreason** (*umgs*) es ist logisch ☞ *Siehe auch* RHYME[1]

rea·son[2] /ˈriːzn/ *Verb* **1** schlussfolgern ◊ *They couldn't fire him, he reasoned.* Er rechnete sich aus, dass sie ihn nicht entlassen konnten. **2** logisch denken ◊ *the ability to reason* das logische Denkvermögen PHRV **ˌreason sth ˈout** etw herausfinden, zu einer Lösung gelangen **ˈreason with sb** mit jdm vernünftig reden

rea·son·able /ˈriːznəbl/ *Adj* **1** vernünftig ◊ *It is reasonable to assume that he knew this.* Man kann wohl annehmen, dass er davon wusste. ◊ *The prosecution has to prove beyond reasonable doubt that he is guilty.* Die Anklage muss unzweifelhafte Beweise bringen, dass er schuldig ist. ◊ *We have reasonable grounds for believing that …* Wir haben guten Grund zu glauben, dass … ◊ *a perfectly reasonable request* eine völlig berechtigte Forderung OPP UNREASONABLE **2** angemessen **3** (*Preis*) günstig SYN FAIR **4** akzeptabel, ganz gut, passabel ◊ *There's a reasonable chance that he'll come.* Es besteht eine realistische Chance, dass er kommt. SYN AVERAGE

rea·son·able·ness /ˈriːznəblnəs/ *Nomen* Vernünftigkeit, Angemessenheit

rea·son·ably /ˈriːznəbli/ *Adv* **1** ziemlich **2** vernünftig ◊ *The apartments are reasonably priced.* Die Wohnungen sind nicht teuer. **3** durchaus ◊ *He can't reasonably be expected to pay that much.* Man kann nicht ernsthaft von ihm erwarten, dass er so viel zahlt.

rea·soned /ˈriːzənd/ *Adj nur vor Nomen* durchdacht
rea·son·ing /ˈriːzənɪŋ/ *Nomen* Argumentation, Logik
re·assem·ble /ˌriːəˈsembl/ *Verb* **1** wieder zusammenbauen **2** sich wieder versammeln
re·assert /ˌriːəˈsɜːt; *AmE* -ˈsɜːrt/ *Verb* **1** verteidigen **2** ~ **it-self** sich wieder melden ◊ *His old behavioural patterns reasserted themselves.* Sein altes Verhaltensmuster kam wieder durch. **3** bekräftigen, mit Nachdruck wiederholen ◊ *She found it necessary to reassert her position.* Sie musste ihre Meinung mit Nachdruck wiederholen. ◊ *He tried to reassert his authority.* Er versuchte, seine Autorität wiederherzustellen.
re·asser·tion /ˌriːəˈsɜːʃn; *AmE* -ˈsɜːr-/ *Nomen* [Sing/U] Bekräftigung, Verteidigung
re·assess /ˌriːəˈses/ *Verb* überdenken, neu bewerten [SYN] REAPPRAISE
re·assess·ment /ˌriːəˈsesmənt/ *Nomen* Neubewertung, Neuprüfung, Überprüfung
re·assign /ˌriːəˈsaɪn/ *Verb* (*meist passiv*) neu zuweisen ◊ *He was reassigned to the Diplomatic Service.* Er wurde in den diplomatischen Dienst versetzt.
re·assur·ance /ˌriːəˈʃʊərəns, -ˈʃɔːr-; *AmE* -ˈʃʊr-/ *Nomen* Bestätigung, Beteuerung, Versicherung ◊ *give sb reassurance* jdn beruhigen ◊ *We have been given reassurances that …* Man hat uns versichert, dass …
re·assure /ˌriːəˈʃʊə(r), -ˈʃɔː(r); *AmE* -ˈʃʊr/ *Verb* beruhigen ◊ *The doctor reassured him that he was fine.* Der Arzt versicherte ihm, dass ihm nichts fehle.
re·assur·ing /ˌriːəˈʃʊərɪŋ, -ˈʃɔːr-; *AmE* -ˈʃʊr-/ *Adj* (*Adv* **re·assur·ing·ly**) beruhigend
re·awaken /ˌriːəˈweɪkən/ *Verb* (*gehoben*) wieder erwecken, neu entfachen ◊ *The place reawakened old memories.* Der Ort weckte alte Erinnerungen. [SYN] REKINDLE
re·bate /ˈriːbeɪt/ *Nomen* **1** Rückzahlung ◊ *a tax rebate* eine Steuerrückzahlung **2** Preisnachlass, Rabatt
rebel[1] /ˈrebl/ *Nomen* Aufständische(r), Rebell(in) (*auch fig*) ◊ *rebel forces* aufständische Streitkräfte
rebel[2] /rɪˈbel/ *Verb* (**-ll-**) rebellieren
re·bel·lion /rɪˈbeljən/ *Nomen* Rebellion, Aufstand, Auflehnung ◊ *Some members are in rebellion against proposed cuts in spending.* Einige Abgeordnete lehnen sich gegen die geplanten Sparmaßnahmen auf.
re·bel·li·ous /rɪˈbeljəs/ *Adj* (*Adv* **re·bel·li·ous·ly**) rebellisch, aufständisch, widerspenstig
re·bel·li·ous·ness /rɪˈbeljəsnəs/ *Nomen* Widerspenstigkeit, Aufmüpfigkeit, Rebellion
re·birth /ˌriːˈbɜːθ; *AmE* -ˈbɜːrθ/ *Nomen* Wiedergeburt ◊ *Rock and roll is enjoying a rebirth.* Der Rock and Roll erfährt ein Revival.
re·boot /ˌriːˈbuːt/ *Verb* (COMP) neu starten, rebooten
re·born /ˌriːˈbɔːn; *AmE* -ˈbɔːrn/ *Verb* **be reborn** wiedergeboren sein; (*fig*) wieder aufleben
re·bound[1] /rɪˈbaʊnd/ *Verb* **1** ~ (**from/off sth**) (von etw) zurückprallen, (von etw) abprallen **2** ~ **on sb** (*gehoben*) auf jdn zurückfallen [SYN] BACKFIRE **3** (WIRTSCH) sich erholen
re·bound[2] /ˈriːbaʊnd/ *Nomen* **1** (SPORT) Abpraller **2** (*Basketball*) Rebound **3** (WIRTSCH) Erholung [IDM] **on the ˈrebound** in einer Phase der Enttäuschung und Verwirrung nach dem Ende einer Beziehung ◊ *She married him on the rebound.* Sie heiratete ihn, gleich nachdem ihre vorherige Beziehung in die Brüche gegangen war.
re·buff[1] /rɪˈbʌf/ *Nomen* (*gehoben*) (schroffe) Zurückweisung
re·buff[2] /rɪˈbʌf/ *Verb* (schroff) zurückweisen
re·build /ˌriːˈbɪld/ *Verb* (**-built, -built** /-ˈbɪlt/) *Verb* wieder aufbauen, wieder zusammenbauen
re·build·ing /ˌriːˈbɪldɪŋ/ *Nomen* Wiederaufbau
re·buke[1] /rɪˈbjuːk/ *Verb* (*oft passiv*) (*gehoben*) ~ **sb** (**for sth**) jdn (für etw) tadeln [SYN] REPRIMAND
re·buke[2] /rɪˈbjuːk/ *Nomen* (*gehoben*) Tadel
rebut /rɪˈbʌt/ *Verb* (**-tt-**) (*gehoben*) widerlegen [SYN] REFUTE
re·but·tal /rɪˈbʌtl/ *Nomen* (*gehoben*) Widerlegung
re·cal·ci·trant /rɪˈkælsɪtrənt/ *Adj* (*gehoben*) widerspenstig, aufsässig
re·call[1] /rɪˈkɔːl/ *Verb* **1** (*gehoben*) (nicht in der Verlaufs-

---

form) ~ (**sth**) sich (an etw) erinnern **2** (*nicht in der Verlaufsform*) ~ **sth** an etw erinnern **3** zurückberufen, zurückbeordern, zurückrufen
re·call[2] /ˈriːkɔːl, rɪˈkɔːl/ *Nomen* **1** [U] Gedächtnis ◊ *She has amazing powers of recall.* Sie hat ein erstaunliches Erinnerungsvermögen. ◊ *have instant recall* sich sofort erinnern (können) ◊ *have total recall* sich genau erinnern (können) **2** [Sing] Rückruf, Zurückbeorderung [IDM] **beyond reˈcall** unwiderruflich; unwiderbringlich
re·cant /rɪˈkænt/ *Verb* (*gehoben*) (öffentlich) widerrufen
re·can·ta·tion /ˌriːkænˈteɪʃn/ *Nomen* (*gehoben*) (öffentlicher) Widerruf
recap /ˈriːkæp/ **1** (**-pp-**) = RECAPITULATE **2** = RECAPITULATION
re·cap·itu·late /ˌriːkəˈpɪtʃuleɪt/ *Verb* (*gehoben*) (*auch* **recap**) *Verb* rekapitulieren; ~ (**on**) **sth** etw zusammenfassen
re·cap·itu·la·tion /ˌriːkəpɪtʃuˈleɪʃn/ *Nomen* (*gehoben*) (*auch* **recap**) *Nomen* Rekapitulation, kurze Zusammenfassung
re·cap·ture[1] /ˌriːˈkæptʃə(r)/ *Verb* **1** zurückerobern, wiedergewinnen **2** wieder einfangen, wieder ergreifen **3** wieder aufleben lassen
re·cap·ture[2] /ˌriːˈkæptʃə(r)/ *Nomen* **1** Wiedergewinnung, Rückeroberung **2** Wiederergreifung **3** Wiederaufleben lassen
re·cast /ˌriːˈkɑːst; *AmE* -ˈkæst/ *Verb* (**-cast, -cast**) **1** neu gestalten; ~ **sth as/in sth** etw (zu etw) umgestalten **2** ~ **sb** jdm eine neue Rolle geben **3** (*Theaterstück*) umbesetzen, neu besetzen
recce /ˈreki/ *Nomen* (*BrE, umgs*) Erkundung
re·cede /rɪˈsiːd/ *Verb* **1** (*gehoben*) (in der Ferne) verschwinden **2** (*gehoben*) zurückgehen, nachlassen **3** ◊ *with receding hair/a receding hairline* mit einer Stirnglatze ◊ *a receding chin* ein fliehendes Kinn
re·ceipt /rɪˈsiːt/ *Nomen* **1** Quittung, Kassenbon ◊ *make out a receipt* eine Quittung ausstellen **2** [U] (*gehoben*) Empfang, Erhalt ◊ *students in receipt of a grant* Studenten, die ein Stipendium erhalten **3** **receipts** [Pl] (WIRTSCH) Einnahmen
re·ceiv·able /rɪˈsiːvəbl/ *Adj* (WIRTSCH) ausstehend, offen ◊ *accounts receivable* Außenstände
re·ceiv·ables /rɪˈsiːvəblz/ *Nomen* [Pl] (WIRTSCH) Außenstände
re·ceive /rɪˈsiːv/ *Verb* **1** (*gehoben*) erhalten, empfangen ◊ *He received severe injuries.* Er wurde schwer verletzt. **2** (*meist passiv*) aufnehmen ◊ *The play was well received by the critics.* Das Theaterstück wurde von den Kritikern gut aufgenommen. **3** (*meist passiv*) (*gehoben*) ~ **sb** (*Gast*) jdn empfangen **4** ~ **sb** (**into sth**) (*Kirche, Gruppe etc.*) jdn (in etw) aufnehmen **5** (*Funk etc.*) empfangen ◊ *I'm receiving you loud and clear.* Ich kann Sie laut und deutlich hören. **6** (*bes BrE*) ~ (**sth**) (mit etw) Hehlerei treiben [IDM] **be at/on the reˈceiving end** (**of sth**) (*umgs*) die Zielscheibe (von etw) sein; (etw) einstecken müssen
re·ceived /rɪˈsiːvd/ *Adj nur vor Nomen* (*gehoben*) allgemein anerkannt, landläufig (vertreten) ◊ *The received wisdom is that …* Man nimmt allgemein an, dass …
reˌceived pronunciˈation *Nomen* = RP
re·ceiver /rɪˈsiːvə(r)/ *Nomen* **1** (Telefon)hörer **2** (*Radio-, Fernseh-*) Empfänger **3** = OFFICIAL RECEIVER **4** Empfänger(in) **5** Hehler(in) **6** (*Football*) Receiver(in)
re·ceiv·er·ship /rɪˈsiːvəʃɪp; *AmE* -vərʃ-/ *Nomen* [U] (RECHT) Konkurs(verwaltung) ◊ *go into receivership* in Konkurs gehen
re·cent /ˈriːsnt/ *Adj* jüngst, aktuell ◊ *a recent discovery* eine kürzlich gemachte Entdeckung ◊ *in recent years* in den letzten Jahren
re·cent·ly /ˈriːsntli/ *Adv* **1** vor kurzem, kürzlich, neulich ◊ *until as recently as the 1980s* noch bis in die Achtzigerjahre **2** in letzter Zeit ☞ *Hinweis bei* ZEIT
re·cep·tacle /rɪˈseptəkl/ *Nomen* **1** (*gehoben*) Behälter, Gefäß **2** (*AmE*) Steckdose
re·cep·tion /rɪˈsepʃn/ *Nomen* **1** (*bes BrE*) Rezeption, Empfang ◊ *the reception desk* die Rezeption ◊ *meet at/in reception* sich an der Rezeption treffen ◊ *leave a message with reception* eine Nachricht an der Rezeption hinterlassen **2** (*Feierlichkeit, Radio-, Fernseh-*) Empfang **3** [Sing] Aufnahme ◊ *The play met with a mixed reception.* Das Stück wurde

unterschiedlich aufgenommen. **4** (*BrE*) Aufnahme, Empfang ◊ *a reception class* eine erste Grundschulklasse
re·cep·tion·ist /rɪˈsepʃənɪst/ *Nomen* **1** Empfangschef, Empfangsdame **2** Sprechstundenhilfe
reˈception room *Nomen* (*BrE*) Wohnzimmer, Empfangszimmer
re·cep·tive /rɪˈseptɪv/ *Adj* ~ (**to sth**) aufgeschlossen (für etw), empfänglich (für etw)
re·cep·tive·ness /rɪˈseptɪvnəs/ (*auch* **re·cep·tiv·ity** /ˌriːsepˈtɪvəti/) *Nomen* Aufgeschlossenheit, Empfänglichkeit
re·cep·tor /rɪˈseptə(r)/ *Nomen* (BIOL) Rezeptor
re·cess¹ /rɪˈses, ˈriːses/ *Nomen* **1** (*des Parlaments etc.*) Ferien, (Sitzungs)pause ◊ *be in recess* in den Ferien sein **2** Verhandlungspause **3** (*AmE*) (*in der Schule*) Pause ☛ *Hinweis bei* PAUSE, S. 1139. **4** Aussparung, Nische [SYN] ALCOVE **5** [meist Pl] Tiefe, Winkel ◊ (*fig*) *in the deep recesses of her mind* tief in ihrem Inneren
re·cess² /rɪˈses/ *Verb* **1** (*AmE*) (*meist passiv*) vertagen, unterbrechen **2** (*AmE*) sich vertagen **3** (*meist passiv*) ~ **sth** (**in/into sth**) etw (in etw) einlassen ◊ *recessed shelves* in die Wand eingelassene Regale
re·ces·sion /rɪˈseʃn/ *Nomen* **1** Rezession **2** [U] (*gehoben*) Rückgang
re·ces·sion·ary /rɪˈseʃnri; *AmE* -neri/ *Adj* nur vor Nomen Rezessions-
re·ces·sive /rɪˈsesɪv/ *Adj* (BIOL) rezessiv
re·charge /ˌriːˈtʃɑːdʒ; *AmE* -ˈtʃɑːrdʒ/ *Verb* **1** (sich) (wieder) aufladen **2** (*umgs*) auftanken [IDM] **recharge your ˈbatteries** neue Kräfte tanken
re·charge·able *Adj* /ˌriːˈtʃɑːdʒəbl; *AmE* -ˈtʃɑːrdʒ-/ wieder aufladbar
re·cher·ché /rəˈʃeəʃeɪ; *AmE* ˌrəʃerˈʃeɪ/ *Adj* (*gehoben, meist abwert*) ausgefallen, gesucht
re·cipe /ˈresəpi/ *Nomen* (*Koch-*) Rezept ◊ (*fig*) *His plans are a recipe for disaster.* Seine Pläne enden damit in einer Katastrophe.
re·cipi·ent /rɪˈsɪpiənt/ *Nomen* (*gehoben*) Empfänger(in)
re·cip·ro·cal /rɪˈsɪprəkl/ *Adj* (*Adv* **re·cip·ro·cal·ly** /-kli/) gegenseitig, wechselseitig
re·cip·ro·cate /rɪˈsɪprəkeɪt/ *Verb* erwidern ◊ *I wanted to reciprocate their kindness.* Ich wollte mich für ihre Liebenswürdigkeit revanchieren.
re·cip·ro·ca·tion /rɪˌsɪprəˈkeɪʃn/ *Nomen* [U] Erwiderung, Revanche
reci·procity /ˌresɪˈprɒsəti; *AmE* -ˈprɑːs-/ *Nomen* [U] (*gehoben*) Gegenseitigkeit
re·cital /rɪˈsaɪtl/ *Nomen* **1** (Solo)vortrag, Konzert ◊ *a song recital* ein Liederabend **2** (umständliche) Schilderung, Aufzählung
reci·ta·tion /ˌresɪˈteɪʃn/ *Nomen* **1** Rezitation **2** Aufzählung
reci·ta·tive /ˌresɪtəˈtiːv/ *Nomen* (MUS) Rezitativ
re·cite /rɪˈsaɪt/ *Verb* **1** vortragen, rezitieren, aufsagen **2** aufzählen, (auswendig) hersagen
reck·less /ˈrekləs/ *Adj* (*Adv* **reck·less·ly**) leichtsinnig, unbesonnen, rücksichtslos
reck·less·ness /ˈrekləsnəs/ *Nomen* Rücksichtslosigkeit, Leichtsinn(igkeit), Unbesonnenheit
reckon /ˈrekən/ *Verb* **1** (*umgs*) schätzen, glauben **2** **be reckoned as sth/to be sth** (*nicht in der Verlaufsform*) als etw gelten **3** (*umgs*) annehmen, erwarten **4** ~ **sth** (**at sth**) etw (auf etw) berechnen, etw (auf etw) ansetzen [PHRV] **ˈreckon on sth** mit etw rechnen ˌ**reckon sth ˈup** (*bes BrE*) etw zusammenrechnen ˈ**reckon with sb/sth 1** (*meist passiv*) mit jdm/etw rechnen müssen ◊ *a political force to be reckoned with* eine politische Kraft, mit der man rechnen muss **2** (*meist in verneinten Sätzen*) mit jdm/etw rechnen, an jdn/etw denken ˈ**reckon without sb/sth** (*bes BrE*) nicht mit jdm/etw rechnen
reck·on·ing /ˈrekənɪŋ/ *Nomen* **1** Berechnung, Schätzung ◊ *by my reckoning* nach meiner Rechnung **2** [meist Sing] Abrechnung ◊ *In the final reckoning truth is rewarded.* Die Wahrheit wird zuletzt immer belohnt. [IDM] **in/into/out of the ˈreckoning** in/nicht in Betracht
re·claim /rɪˈkleɪm/ *Verb* **1** ~ **sth** (**from sb/sth**) etw (von jdm/etw) zurückverlangen, sich etw (von jdm/etw) zurückholen **2** (*Land*) gewinnen, urbar machen ◊ *The site for the airport will be reclaimed from the swamp.* Das Gelände für den Flughafen wird dem Sumpf abgerungen werden. **3** (*meist passiv*) etw zurückerobern **4** ~ **sth** (**from sth**) etw (aus etw) wieder gewinnen **5** bekehren; ~ **sb from sth** jdn von etw abbringen
rec·lam·ation /ˌrekləˈmeɪʃn/ *Nomen* **1** (Wieder)gewinnung, Urbarmachung ◊ *land reclamation* Landgewinnung **2** Rückforderung
re·cline /rɪˈklaɪn/ *Verb* **1** (*gehoben*) lehnen **2** (*gehoben*) liegen, ruhen ◊ *a reclining figure* eine liegende Figur **3** (*gehoben*) sich zurücklehnen **4** (sich) nach hinten verstellen (lassen) ◊ *a reclining seat* ein Liegesitz
re·cluse /rɪˈkluːs/ *Nomen* Einsiedler(in)
re·clu·sive /rɪˈkluːsɪv/ *Adj* einsiedlerisch
rec·og·ni·tion /ˌrekəgˈnɪʃn/ *Nomen* **1** [U] (Wieder)erkennen, Erkennung **2** [Sing] Anerkennung [IDM] **have changed, altered, etc. beyond/out of** (**all**) **recogˈnition** nicht mehr wieder zu erkennen sein
rec·og·niz·able (*BrE auch* **-isable**) /ˈrekəgnaɪzəbl, ˌrekəgˈnaɪzəbl/ *Adj* erkennbar ◊ *easily recognizable* leicht zu erkennen
rec·og·niz·ably (*BrE auch* **-isably**) /ˈrekəgnaɪzəbli, ˌrekəgˈnaɪzəbli/ *Adv* offensichtlich, deutlich, erkennbar
rec·og·nize (*BrE auch* **-ise**) /ˈrekəgnaɪz/ *Verb* (*nicht in der Verlaufsform*) **1** ~ **sb/sth** (**by/from sth**) jdn/etw (an/nach etw) (wieder) erkennen **2** erkennen, zugeben **3** anerkennen **4** **be recognized as sth** als etw gelten **5** (*Dienste etc.*) würdigen
re·coil¹ /rɪˈkɔɪl/ *Verb* **1** (*gehoben*) ~ (**from sb/sth**) (vor jdm/etw) zurückweichen **2** (*gehoben*) ~ (**from sth**) (vor etw) zurückschrecken **3** (*Gewehr etc.*) einen Rückstoß haben
re·coil² /ˈriːkɔɪl/ *Nomen* **1** Rückstoß **2** Zurückspringen, Zurückschnellen
rec·ol·lect /ˌrekəˈlekt/ *Verb* (*nicht in der Verlaufsform*) (*gehoben oder veraltet*) ~ (**sth**) sich (an etw) erinnern
rec·ol·lec·tion /ˌrekəˈlekʃn/ *Nomen* (*gehoben*) Erinnerung ◊ *to the best of my recollection* soweit ich mich erinnern kann
re·com·mence /ˌriːkəˈmens/ *Verb* (*gehoben*) **1** wieder beginnen **2** wieder aufnehmen
rec·om·mend /ˌrekəˈmend/ *Verb* **1** ~ **sb/sth** (**to sb**) (jdm) jdn/etw empfehlen; ~ **sb to do sth** jdm empfehlen etw zu tun ◊ *a recommended price of 50 dollars* eine unverbindliche Preisempfehlung von 50 Dollar ◊ *I recommend* (*that*) *he see a lawyer.* Ich würde ihm empfehlen, einen Rechtsanwalt aufzusuchen. ◊ *I wouldn't recommend* (*your*) *travelling on your own.* Ich würde dir davon abraten allein zu reisen. ☛ *Hinweis bei* EMPFEHLEN **2** ~ **sb/sth** für jdn/etw sprechen ◊ *This system has much to recommend it.* Es spricht vieles für dieses System.
rec·om·men·da·tion /ˌrekəmenˈdeɪʃn/ *Nomen* **1** ~ (**to sb**) (**for/on/about sth**) Empfehlung (an jdn) (für/zu/über etw) **2** (*bes AmE*) Empfehlungsschreiben
rec·om·pense¹ /ˈrekəmpens/ *Nomen* Entschädigung
rec·om·pense² /ˈrekəmpens/ *Verb* ~ **sb** (**for sth**) (*gehoben*) jdn (für etw) entschädigen [SYN] COMPENSATE
recon /rɪˈkɒn; *AmE* rɪˈkɑːn/ (*AmE, umgs*) = RECONNAISSANCE
rec·on·cil·able /ˌrekənˈsaɪləbl/ *Adj* (miteinander) vereinbar
rec·on·cile /ˈrekənsaɪl/ *Verb* **1** ~ **sth** (**with sth**) etw (mit etw) vereinbaren **2** (*meist passiv*) versöhnen **3** ~ **yourself** (**to sth**) sich (mit etw) abfinden, sich (mit etw) versöhnen; ~ **sb** (**to sth**) jdn (mit etw) versöhnen
rec·on·cili·ation /ˌrekənsɪliˈeɪʃn/ *Nomen* Versöhnung
re·con·di·tion /ˌriːkənˈdɪʃn/ *Verb* (*oft passiv*) generalüberholen ◊ *a reconditioned engine* ein Austauschmotor
re·con·nais·sance /rɪˈkɒnɪsns; *AmE* -ˈkɑːn-/ (*BrE, umgs* **recce**) (*AmE, umgs* **recon**) *Nomen* Aufklärung ◊ *make an aerial reconnaissance of the island* die Insel aus der Luft sondieren ◊ *a reconnaissance mission* ein Erkundungseinsatz
re·con·noi·tre (*AmE* **rec·on·noi·ter**) /ˌrekəˈnɔɪtə(r)/ *Verb* auskundschaften
re·con·sider /ˌriːkənˈsɪdə(r)/ *Verb* (noch einmal) überden-

ken ◊ *This may persuade them to reconsider.* Dies könnte sie zu einer Revision bewegen.

re·con·sid·er·ation /ˌriːkənˌsɪdəˈreɪʃn/ *Nomen* Überdenken

re·con·sti·tute /ˌriːˈkɒnstɪtjuːt; *AmE* -ˈkɑːnstətuːt/ *Verb* **1** ~ **sth/itself** (**as sth**) (*gehoben*) etw/sich (zu etw) umbilden ◊ *The group reconstituted itself as a political party.* Die Gruppe rekonstituierte sich als politische Partei. **2** (*meist passiv*) rekonstituieren ◊ *reconstituted orange juice* aus Konzentrat hergestellter Orangensaft

re·con·sti·tu·tion /ˌriːˌkɒnstɪˈtjuːʃn; *AmE* -ˌkɑːnstəˈtuːʃn/ *Nomen* **1** Wiederherstellung **2** Rekonstitution

re·con·struct /ˌriːkənˈstrʌkt/ *Verb* **1** ~ **sth** (**from sth**) etw (aus etw) wieder aufbauen **2** rekonstruieren

re·con·struc·tion /ˌriːkənˈstrʌkʃn/ *Nomen* **1** Wiederaufbau **2** Nachbildung **3** Rekonstruktion

re·con·vene /ˌriːkənˈviːn/ *Verb* **1** fortsetzen, wieder einberufen **2** wieder zusammenkommen

re·cord[1] /ˈrekɔːd; *AmE* ˈrekərd/ *Nomen* **1** Aufzeichnung ◊ *the wettest summer on record* der nasseste Sommer seit Aufzeichnungen begannen ◊ *I keep a record of my expenses.* Ich führe über meine Ausgaben Buch. ◊ *dental records* zahnmedizinische Unterlagen **2** Schallplatte **3** Rekord **4** [*Sing*] ~ (**on sth**) Ruf (in Bezug auf etw) ◊ *The report criticizes the government's record on housing.* Der Bericht kritisiert die Leistungen der Regierung in der Wohnungspolitik. ◊ *He has an impressive record of achievement.* Er kann gute Leistungen vorweisen. **5** = CRIMINAL RECORD [IDM] (**just**) **for the ˈrecord 1** für das Protokoll ◊ *Just for the record, turnover has increased.* Bitte nehmen Sie zu Protokoll, dass die Umsätze gestiegen sind. **2** um etw klar zu stellen ◊ *And, for the record, he would be the last person I'd ask.* Und um das mal klar zu stellen, er wäre der letzte Mensch, den ich fragen würde. **be/go on** (**the**) ˈ**record** (**as saying ...**) offiziell verlauten lassen (, dass …) ◊ *He didn't want to go on the record as praising the proposal.* Er wollte den Vorschlag nicht offiziell loben. ˌ**off the** ˈ**record** inoffiziell **put/place sth on** (**the**) ˈ**record** etw offiziell verlauten lassen ◊ *I should like to place on record my sincere thanks to all of you.* Ich möchte Ihnen allen meinen tiefsten Dank aussprechen. **put/set the** ˈ**record straight** etw unmissverständlich sagen ☞ *Siehe auch* MATTER[1]

re·cord[2] /rɪˈkɔːd; *AmE* rɪˈkɔːrd/ *Verb* **1** aufzeichnen, dokumentieren ◊ *You should record all your expenses.* Sie sollten über alle Ihre Ausgaben Buch führen. **2** (*Film, Musik etc.*) aufnehmen ◊ *a recorded programme* eine Aufzeichnung **3** (*Urteil, Beschluss etc.*) erkennen **4** (*Messinstrument*) verzeichnen

ˈ**record-breaker** *Nomen* Rekordbrecher(in)

ˈ**record-breaking** *Adj nur vor Nomen* rekordbrechend, Rekord-

reˌcorded deˈlivery *Nomen* (*BrE*) Einschreiben

re·cord·er /rɪˈkɔːdə(r); *AmE* -ˈkɔːrd-/ *Nomen* **1** (*in Zusammensetzungen*) -rekorder ◊ *a tape recorder* ein Tonbandgerät **2** Blockflöte **3** = zum nebenamtlichen Richter ernannter Rechtsanwalt in Teilen Großbritanniens und der USA

ˈ**record-holder** *Nomen* Rekordhalter(in)

re·cord·ing /rɪˈkɔːdɪŋ; *AmE* -ˈkɔːrd-/ *Nomen* **1** Aufzeichnung, Aufnahme **2** Dokumentierung

ˈ**record player** *Nomen* Plattenspieler

re·count[1] /rɪˈkaʊnt/ *Verb* ~ **sth** (**to sb**) (*gehoben*) (jdm) etw wiedergeben, (jdm) etw erzählen

re·count[2] /ˈriːkaʊnt/ *Verb* noch mal nachzählen

re·count[3] /ˈriːkaʊnt/ *Nomen* Nachzählung

re·coup /rɪˈkuːp/ *Verb* wieder hereinbekommen [SYN] RECOVER

re·course /rɪˈkɔːs; *AmE* ˈriːkɔːrs/ *Nomen* (*gehoben*) Zuflucht ◊ *Your only recourse is legal action.* Das Einzige, was übrig bleibt, ist vor Gericht zu gehen. ◊ *have recourse to an expert* auf einen Experten zurückgreifen ◊ *They had no recourse to an industrial tribunal.* Sie konnten sich nicht auf ein Arbeitsgericht berufen.

re·cover /rɪˈkʌvə(r)/ *Verb* **1** ~ (**from sth**) sich (von etw) erholen **2** ~ **sth** (**from sb/sth**) etw (von jdm/etw) zurückbekommen [SYN] RECOUP **3** ~ **sth** (**from sth**) etw (aus etw) bergen ◊ *The police eventually recovered the stolen paintings.* Die Polizei fand nach langer Zeit die gestohlenen Gemälde wieder auf. **4** wiedererlangen ◊ *recover your sight* sein Sehvermögen wiedergewinnen ◊ *They recovered the lead.* Sie übernahmen wieder die Führung. [SYN] REGAIN

re·cov·er·able /rɪˈkʌvərəbl/ *Adj* **1** erstattungsfähig ◊ *recoverable damages* ersetzbarer Schaden **2** abbaubar, förderbar

re·covered /rɪˈkʌvəd/ *Adj nicht vor Nomen* erholt

re·cov·ery /rɪˈkʌvəri/ *Nomen* (*Pl* **-ies**) **1** [*meist Sing*] Genesung ◊ *make a remarkable recovery* sich erstaunlich gut erholen **2** [*meist Sing*] Besserung ◊ *a recovery in consumer spending* ein ansteigende Bereitschaft der Konsumenten, wieder Geld auszugeben **3** Wiederbeschaffung, Wiedererlangung, Bergung **4** (*auch* **reˈcovery room**) Aufwachraum ◊ *Your mother is now in recovery.* Deine Mutter ist jetzt im Aufwachraum.

rec·re·ation /ˌrekriˈeɪʃn/ *Nomen* **1** Freizeit, Erholung **2** (*BrE*) Freizeitbeschäftigung

rec·re·ation·al /ˌrekriˈeɪʃənl/ *Adj* Freizeit-, Erholungs-

recreˈational vehicle *Nomen* (*AmE*) (*Abk* **RV**) Wohnmobil

recreˈation ground *Nomen* (*BrE*) Freizeitgelände

recreˈation room *Nomen* (*AmE*, *umgs* ˈ**rec room**) *Nomen* **1** Aufenthaltsraum **2** (*AmE*) Freizeitraum

re·crim·in·ation /rɪˌkrɪmɪˈneɪʃn/ *Nomen* [*meist Pl*] Gegenbeschuldigung

re·cruit[1] /rɪˈkruːt/ *Verb* **1** anwerben ◊ *He's responsible for recruiting.* Er ist für Neueinstellungen verantwortlich. **2** heranziehen **3** zusammenstellen

re·cruit[2] /rɪˈkruːt/ *Nomen* **1** Rekrut(in) ◊ *raw recruits* blutige Anfänger **2** Neuzugang ◊ *new recruits to the nursing profession* Neuzugänge zum Krankenpflegerberuf

re·cruit·er /rɪˈkruːtə(r)/ *Nomen* Anwerber(in)

re·cruit·ment /rɪˈkruːtmənt/ *Nomen* Anwerbung, Einstellung ◊ *a recruitment drive* eine Kampagne zur Mitgliederanwerbung

rec·tal /ˈrektəl/ *Adj* (ANAT) rektal ◊ *rectal cancer* Mastdarmkrebs

rect·angle /ˈrektæŋgl/ *Nomen* Rechteck

rect·angu·lar /rekˈtæŋgjələ(r)/ *Adj* rechteckig

rec·ti·fi·ca·tion /ˌrektɪfɪˈkeɪʃn/ *Nomen* (*gehoben*) Berichtigung

rect·ify /ˈrektɪfaɪ/ *Verb* (**-fies, -fy·ing, -fied, -fied**) (*gehoben*) berichtigen ◊ *They tried to rectify the situation.* Sie versuchten, die Sache wieder ins Lot zu bringen.

rec·ti·lin·ear /ˌrektɪˈlɪniə(r)/ *Adj* geradlinig

rec·ti·tude /ˈrektɪtjuːd; *AmE* -tuːd/ *Nomen* (*gehoben*) Redlichkeit

rec·tor /ˈrektə(r)/ *Nomen* **1** (*in der anglikanischen Kirche*) Pfarrer(in) **2** Rektor(in)

rec·tory /ˈrektəri/ *Nomen* (*Pl* **-ies**) *Nomen* Pfarrhaus

rec·tum /ˈrektəm/ *Nomen* (*Pl* **rec·tums** *oder* **recta** /ˈrektə/) (ANAT) Mastdarm

re·cum·bent /rɪˈkʌmbənt/ *Adj* (*gehoben*) liegend

re·cu·per·ate /rɪˈkuːpəreɪt/ *Verb* (*gehoben*) **1** ~ (**from sth**) sich (von etw) erholen [SYN] RECOVER **2** wettmachen, zurückbekommen [SYN] RECOVER *und* RECOUP

re·cu·per·ation /rɪˌkuːpəˈreɪʃn/ *Nomen* Erholung

re·cu·pera·tive /rɪˈkuːpərətɪv/ *Adj* (*gehoben*) stärkend

recur /rɪˈkɜː(r)/ *Verb* (**-rr-**) wiederkehren, wieder auftreten

re·cur·rence /rɪˈkʌrəns; *AmE* -ˈkɜːr-/ *Nomen* [*meist Sing*] Wiederauftreten

re·cur·rent /rɪˈkʌrənt; *AmE* -ˈkɜːr-/ *Adj* wiederkehrend

re·cyc·lable /ˌriːˈsaɪkləbl/ *Adj* wieder verwertbar

re·cycle /ˌriːˈsaɪkl/ *Verb* **1** wieder verwerten ◊ *made from recycled paper* aus Recyclingpapier **2** wieder verwenden

re·cyc·ling /ˌriːˈsaɪklɪŋ/ *Nomen* Wiederverwertung, Recycling

red[1] /red/ *Adj* (**red·der, red·dest**) (*umgs*) **1** rot ◊ *red-haired* rothaarig ◊ *a red squirrel* ein Eichhörnchen ☞ *Beispiele bei* BLAU **2** gerötet **3** (*umgs, manchmal abwert*) (POL) rot [IDM] (**like**) **a red rag to a** ˈ**bull** (wie) ein rotes Tuch für jdn ◊ *If you criticize him, it's like a red rag to a bull.* Wenn du ihn kritisierst, sieht er rot. ☞ *Siehe auch* PAINT[2]

red² /red/ *Nomen* **1** Rot **2** Rotwein **3** (*umgs, abwert*) (POL) Rote(r) IDM **be in the 'red** (*umgs*) in den roten Zahlen sein *see* **'red** rot sehen

,**red a'lert** *Nomen* höchste Alarmbereitschaft, Alarmstufe Rot

,**red-'blooded** *Adj* (*umgs*) heißblütig

'**red-brick** *Adj* aus rotem Backstein

,**red 'card** *Nomen* rote Karte

,**red 'carpet** *Nomen* roter Teppich ◊ *be given the red carpet treatment* einen großen Bahnhof bekommen

,**red 'cent** *Nomen* [Sing] (*AmE*) (*meist nach einer Verneinung*) roter Heller

the ,**Red 'Crescent** *Nomen* [Sing] der Rote Halbmond

the ,**Red 'Cross** *Nomen* [Sing] das Rote Kreuz

red-cur·rant /ˌred'kʌrənt; *AmE* -'kɜːr-/ *Nomen* rote Johannisbeere

red·den /'redn/ *Verb* rot werden, erröten ◊ *The sky was reddening.* Der Himmel färbte sich rot.

red·dish /'redɪʃ/ *Adj* rötlich

re·dec·or·ate /ˌriː'dekəreɪt/ *Verb* neu tapezieren/streichen

re·dec·or·ation /ˌriːˌdekə'reɪʃn/ *Nomen* (*mit Tapeten oder Malerarbeiten*) Renovierung

re·deem /rɪ'diːm/ *Verb* **1** wettmachen, aufwiegen ◊ *the only redeeming feature of the job* das einzig Gute an dem Job **2** ~ **yourself** alles wieder gutmachen **3** (*Christentum*) erlösen **4** tilgen, abzahlen **5** einlösen

re·deem·able /rɪ'diːməbl/ *Adj* ~ (**against sth**) einlösbar (gegen etw)

Re·deem·er /rɪ'diːmə(r)/ *Nomen* **the Redeemer** (*gehoben*) (*Jesus Christus*) der Erlöser, der Heiland

re·define /ˌriːdɪ'faɪn/ *Verb* neu definieren, neu festlegen

re·def·in·ition /ˌriːdefɪ'nɪʃn/ *Nomen* Neudefinierung, Neufestlegung

re·demp·tion /rɪ'dempʃn/ *Nomen* **1** (*gehoben*) (REL) Erlösung **2** Tilgung **3** Einlösung IDM **beyond/past re'demption** nicht mehr zu retten

re·demp·tive /rɪ'demptɪv/ *Adj* (*gehoben*) erlösend, rettend

re·deploy /ˌriːdɪ'plɔɪ/ *Verb* woandershin verlegen, woanders einsetzen

re·deploy·ment /ˌriːdɪ'plɔɪmənt/ *Nomen* Verlegung, Einsatz an anderer Stelle

re·develop /ˌriːdɪ'veləp/ *Verb* sanieren

re·devel·op·ment /ˌriːdɪ'veləpmənt/ *Nomen* Sanierung

'**red-eye** *Nomen* **1** (*auch* ,**red-eye 'flight**) (*bes AmE, umgs*) = Flug, auf dem man aufgrund der Zeitverschiebung nicht genug Schlaf bekommt **2** durch Blitzlicht enstandene rote Augen auf Fotos

,**red 'giant** *Nomen* roter Riese

,**red-'handed** *Adj* IDM ⇒ CATCH¹

red·head /'redhed/ *Nomen* Rotschopf, Rotkopf

red-'headed *Adj* rothaarig

,**red 'herring** *Nomen* falsche Spur

,**red-'hot** *Adj* **1** (rot) glühend **2** (*Gefühle*) glühend **3** (*umgs*) brandaktuell **4** (*Favorit*) heiß

,**Red 'Indian** *Nomen* (*veraltet, beleidigend*) Indianer(in) ☛ Man zieht jetzt **Native American** vor.

re·dir·ect /ˌriːdə'rekt, -dɪ-, -daɪ-/ *Verb* **1** umverteilen, umleiten **2** (*BrE*) nachsenden **3** weiterleiten

re·dir·ec·tion /ˌriːdə'rekʃn, -dɪ-, -daɪ-/ *Nomen* [Sing] **1** Umverteilung, Umleitung ◊ *a sudden redirection of economic policy* ein plötzliches Umschwenken der Wirtschaftspolitik **2** (*BrE*) Nachsendung **3** Weiterleitung

re·dis·cover /ˌriːdɪ'skʌvə(r)/ *Verb* wieder entdecken, wieder finden

re·dis·cov·ery /ˌriːdɪ'skʌvəri/ *Nomen* (*Pl* **-ies**) Wiederentdeckung

re·dis·tri·bute /ˌriːdɪ'strɪbjuːt, ˌriːˈdɪs-/ *Verb* umverteilen

re·dis·tri·bu·tion /ˌriːdɪstrɪ'bjuːʃn/ *Nomen* Umverteilung

,**red-'letter day** *Nomen* Tag, den man im Kalender rot anstreichen muss, besonderer Tag

,**red 'light** *Nomen* rote Ampel

,**red-'light district** *Nomen* Rotlichtviertel

,**red 'meat** *Nomen* [U] (*vom Rind, Lamm etc.*) dunkles Fleisch, rote Fleischsorten

red·neck /'rednek/ *Nomen* (*umgs, abwert*) = weiße Person, die im Süden der USA lebt, der Arbeiterklasse angehört und meist reaktionäre politische Ansichten vertritt

redo /ˌriː'duː/ *Verb* (**re·does** /-'dʌz/, **redid** /-'dɪd/, **re·done** /-'dʌn/) noch einmal machen, neu machen

re·do·lent /'redələnt/ *Adj* nicht vor Nomen ~ **of/with sth** (*gehoben*) **1** an etw erinnernd **2** nach etw duftend

re·double /ˌriː'dʌbl/ *Verb* (*gehoben*) verstärken, erhöhen

re·doubt·able /rɪ'daʊtəbl/ *Adj* (*gehoben*) Respekt gebietend

,**red 'panda** *Nomen* kleiner Panda

,**red 'pepper** *Nomen* **1** rote Paprikaschote **2** (*bes AmE*) Cayennepfeffer

re·dress¹ /rɪ'dres/ *Verb* (*gehoben*) wieder gutmachen, ausgleichen ◊ *redress a grievance* einer Beschwerde abhelfen IDM **redress the 'balance** das Gleichgewicht wiederherstellen

re·dress² /rɪ'dres, 'riːdres/ *Nomen* (*gehoben*) Entschädigung, Wiedergutmachung SYN COMPENSATION

red·skin /'redskɪn/ *Nomen* (*veraltet, beleidigend*) Rothaut

,**red 'tape** *Nomen* (*abwert*) Papierkrieg, Behördenkram

re·duce /rɪ'djuːs; *AmE* -'duːs/ *Verb* **1** ~ **sth** (**from sth**) (**to sth**) etw (von etw) (auf etw) reduzieren; ~ **sth** (**by sth**) etw (um etw) reduzieren ◊ *Reduce speed now.* Langsamer fahren. **2** (*Flüssigkeit*) einkochen (lassen) **3** (*AmE, umgs*) abnehmen ◊ *a reducing plan* eine Schlankheitskur **4** (MATH) kürzen IDM **re,duced 'circumstances** ◊ *She was a divorcee, living in reduced circumstances.* Sie war geschieden und musste sich finanziell einschränken. PHR V **re'duce sb/sth to sth** jdn/etw zu etw bringen ◊ *a beautiful building reduced to rubble* ein schönes Gebäude in Schutt und Asche gelegt ◊ *She was reduced to tears by their criticisms.* Ihre Kritik brachte sie zum Weinen. ◊ *They were reduced to begging in the streets.* Sie waren dazu gezwungen, auf der Straße zu betteln. **re'duce sth to sth** etw auf etw reduzieren

re·du·cible /rɪ'djuːsəbl; *AmE* -'duːs-/ *Adj* ~ **to sth** (*gehoben*) auf etw reduzierbar ◊ *The problem is not reducible to one of money.* Das Problem lässt sich nicht auf das Thema Geld reduzieren.

re·duc·tion /rɪ'dʌkʃn/ *Nomen* **1** Reduzierung, Verringerung ◊ *There has been some reduction in unemployment.* Die Arbeitslosigkeit hat etwas abgenommen. ◊ *a reduction in costs* eine Kostensenkung **2** Preisnachlass, Ermäßigung **3** Verkleinerung OPP ENLARGEMENT

re·dun·dancy /rɪ'dʌndənsi/ *Nomen* (*Pl* **-ies**) **1** (*BrE*) betriebsbedingte Kündigung, Entlassung ◊ *a redundancy payment* eine Abfindung **2** (*gehoben oder Fachspr*) Redundanz

re·dun·dant /rɪ'dʌndənt/ *Adj* **1** (*BrE*) (*arbeitslos*) entlassen ◊ *He was made redundant from his job.* Er verlor den Arbeitsplatz. **2** überflüssig, überschüssig

,**red 'wine** *Nomen* Rotwein

red·wood /'redwʊd/ *Nomen* Sequoia, Mammutbaum

reed /riːd/ *Nomen* **1** Schilf(rohr) **2** Rohrblatt

,**re-'educate** *Verb* umerziehen

,**re-edu'cation** *Nomen* Umerziehung

reef¹ /riːf/ *Nomen* **1** Riff **2** (*beim Segel*) Reff

reef² /riːf/ *Verb* (*beim Segeln*) reffen

'**reef knot** *Nomen* (*bes BrE*) Kreuzknoten, Weberknoten

reek¹ /riːk/ *Verb* ~ (**of sth**) (nach etw) stinken

reek² /riːk/ *Nomen* [Sing] Gestank ☛ *Hinweis bei* GERUCH

reel¹ /riːl/ *Nomen* **1** (*bes BrE*) Spule, Rolle ◊ *a cotton reel* eine Fadenrolle **2** = schneller schottischer (*oder*) irischer Volkstanz; Musikstück für diesen Tanz

reel² /riːl/ *Verb* **1** taumeln, torkeln **2** erschüttert sein ◊ *I was still reeling from the shock.* Ich war noch immer benommen von dem Schock. **3** sich zu drehen scheinen PHR V ,**reel sth 'in/'out** etw auf-/abrollen, etw auf-/abspulen ◊ *I slowly reeled the fish in.* Ich holte den Fisch langsam ein. ,**reel sth 'off** etw herunterspulen

,**re-e'lect** *Verb* wieder wählen

,**re-e'lection** *Nomen* Wiederwahl

re·e'nact *Verb (eine Szene/Situation)* nachspielen, nachstellen

re·e'nactment *Nomen (einer Szene, Situation)* Nachspielen, Nachstellen

re-'enter *Verb* wiederbetreten, wiedereinreisen in, wiedereinsteigen in

re-'entry *Nomen* Wiedereintritt, Wiedereinreise, Wiedereinstieg

re·e'xamination *Nomen* Überprüfung, nochmalige Prüfung

re·e'xamine *Verb* überprüfen, nochmals prüfen

ref /ref/ *Nomen (umgs)* = REFEREE¹

ref. /ref/ *Abk* RefNr.

re·fec·tory /rɪˈfektri/ *Nomen (Pl* **-ies**) Refektorium, Mensa, Speisesaal

refer /rɪˈfɜː(r)/ *Verb* (**-rr-**) **PHRV re'fer to sb/sth 1** von jdm/etw sprechen, jdn/etw erwähnen **2** sich auf jdn/etw beziehen **3** in etw nachschauen, bei jdm nachfragen ◇ *You may refer to your notes if you want.* Sie können Ihre Notizen zu Hilfe nehmen, wenn Sie wollen. **SYN** CONSULT **re'fer sb/sth to sb/sth** jdn/etw an/auf jdn/etw verweisen ◇ *My doctor referred me to a psychiatrist.* Mein Arzt überwies mich an einen Psychiater.

ref·er·ee¹ /ˌrefəˈriː/ *Nomen* **1** *(umgs* **ref**) Schieds-/Ringrichter(in) **2** *(BrE) (Mensch)* Referenz **3** Schlichter(in) **4** wissenschaftliche(r) Gutachter(in)

ref·er·ee² /ˌrefəˈriː/ *Verb* **1** Schieds-, Ring-, Kampfrichter(in) sein ◇ *He began refereeing in 1980.* Er fing 1980 als Schiedsrichter an. **2 ~ sth** etw als Schieds-, Ring-, Kampfrichter(in) leiten ◇ *Who refereed the final?* Wer pfiff das Finale? **3** (wissenschaftlich) begutachten

ref·er·ence¹ /ˈrefrəns/ *Nomen* **1** Bemerkung, Erwähnung ◇ *She made no reference to her illness.* Sie erwähnte ihre Krankeit nicht. **2** Bezug ◇ *topical references* aktuelle Bezüge ◇ *The book is full of references to places I know.* Das Buch erwähnt oft Orte, die ich kenne. **3 ~ (to sb/sth)** (*gehoben*) Konsultation (von jdm/etw) ◇ *The nurse can treat minor injuries without reference to a doctor.* Die Krankenschwester kann leichte Verletzungen behandeln ohne einen Arzt zu konsultieren. **4** Nachschlagen, Nachsehen ◇ *I wrote down the name of the hotel for future reference.* Ich habe den Namen des Hotels aufgeschrieben, falls ich ihn noch einmal brauche. **5** Quellenangabe **6** (*Abk* **ref.**) (*Hinweis*) Referenz ◇ *Please quote the reference when replying.* Bitte geben Sie in Ihrem Antwortschreiben die Referenznummer an. **7** (*zur Auskunft*) Referenz ◇ *You can use your employer as a reference.* Sie können Ihren Arbeitgeber als Referenz nehmen. ☛ *Hinweis bei* TESTIMONIAL **IDM in/with reference to sth** (*gehoben*) in/mit Bezug auf etw

ref·er·ence² /ˈrefrəns/ *Verb* (*gehoben*) mit Verweisen versehen

'reference book *Nomen* Nachschlagewerk

'reference library *Nomen* Präsenzbibliothek

'reference point *Nomen* Maßstab

ref·er·en·dum /ˌrefəˈrendəm/ *Nomen (Pl* **ref·er·en·dums** *oder* **ref·er·enda** /ˌrefəˈrendə/) **~ (on sth)** Volksentscheid (über etw)

re·fer·ral /rɪˈfɜːrəl/ *Nomen* Überweisung, Verweisung, Einweisung

re·fill¹ /ˌriːˈfɪl/ *Verb* nachfüllen ◇ *He refilled her glass.* Er schenkte ihr nach.

re·fill² /ˈriːfɪl/ *Nomen* Nachfüllung, Nachfüllpackung ◇ *Would you like a refill?* Darf ich Ihnen nachschenken?

re·fine /rɪˈfaɪn/ *Verb* **1** raffinieren **2** verfeinern, verbessern

re·fined /rɪˈfaɪnd/ *Adj* **1** (*Substanz*) raffiniert **2** fein, kultiviert

re·fine·ment /rɪˈfaɪnmənt/ *Nomen* **1** Feinheit, Finesse **2** Weiterentwicklung **3** (*von Uran*) Reinigung **4** Kultiviertheit, Vornehmheit

re·fin·ery /rɪˈfaɪnəri/ *Nomen (Pl* **-ies**) Raffinerie

refit¹ /ˌriːˈfɪt/ *Verb* (**-tt-**) neu ausrüsten, überholen, instand setzen

refit² /ˈriːfɪt/ *Nomen* Neuausstattung, Überholung, Instandsetzung ◇ *The ship has undergone a complete refit.* Das Schiff ist generalüberholt worden.

re·fla·tion·ary /riːˈfleɪʃnri; *AmE* -neri/ *Adj* reflationär

re·flect /rɪˈflekt/ *Verb* **1** (*meist passiv*) **be reflected (in sth)** (sich) (in etw) spiegeln ◇ *His face was reflected in the water.* Sein Gesicht spiegelte sich im Wasser. **2** reflektieren, zurückwerfen, zurückstrahlen **3** (*Ansicht, Gefühl etc.*) widerspiegeln **4 ~ (on/upon sth)** (über etw) nachdenken, (etw) reflektieren **IDM reflect well, badly, etc. on sb/sth** ein gutes, schlechtes etc. Licht auf jdn/etw werfen

re·flec·tion (*BrE auch* **re·flex·ion**) /rɪˈflekʃn/ *Nomen* **1** Spiegelbild **2** (PHYSIK) Reflexion, Zurückwerfen **3** ◇ *Your clothes are often a reflection of your personality.* Kleidung kann sehr viel über die Persönlichkeit aussagen. ◇ *The poor exam results are no reflection on the quality of the teaching.* Die schlechten Prüfungsergebnisse sagen nichts über die Qualität des Unterrichts aus. ◇ *The increase in crime is a sad reflection on our society today.* Die zunehmende Kriminalität wirft ein trauriges Licht auf die heutige Gesellschaft. **4** Nachdenken, Überlegung ◇ *She decided on reflection to stay.* Nachdem sie darüber nachgedacht hatte, beschloss sie schließlich zu bleiben. **5** [meist Pl] Betrachtung, Reflexion ◇ *a book of her reflections on childhood* ein Buch mit ihren Betrachtungen über die Kindheit **6** Wiedergabe, Darstellung

re·flec·tive /rɪˈflektɪv/ *Adj* **1** (*Adv* **re·flec·tive·ly**) (*gehoben*) nachdenklich **2** reflektierend **3** (*gehoben*) **be ~ of sth** etw (aus)sagen über etw

re·flec·tor /rɪˈflektə(r)/ *Nomen* **1** Reflektor **2** Rückstrahler

re·flex /ˈriːfleks/ *Nomen* Reflex ◇ *have quick reflexes* gute Reflexe haben ◇ *a reflex action* eine Reflexbewegung

reflex 'angle *Nomen* überstumpfer Winkel

re·flex·ion (*BrE*) = REFLECTION

re·flex·ive /rɪˈfleksɪv/ *Adj* reflexiv, rückbezüglich

re·for·est·ation /ˌriːˌfɒrɪˈsteɪʃn; *AmE* -fɔːr-, -fɑːr-/ *Nomen* (*Fachspr*) Wiederaufforstung

re-'form *Verb* (sich) neu formieren

re·form¹ /rɪˈfɔːm; *AmE* rɪˈfɔːrm/ *Verb* **1** reformieren ◇ *The law needs to be reformed.* Das Gesetz muss geändert werden. **2** sich ändern, sich bessern; **~ sb** jdn ändern ◇ *a reformed alcoholic* ein ehemaliger Alkoholiker ◇ *She is a reformed character.* Sie ist vollkommen verwandelt.

re·form² /rɪˈfɔːm; *AmE* rɪˈfɔːrm/ *Nomen* Reform

ref·or·ma·tion /ˌrefəˈmeɪʃn; *AmE* -fər'm-/ *Nomen* **1** (*gehoben*) Reformierung, Besserung **2** **the Reformation** [Sing] die Reformation

re·form·er /rɪˈfɔːmə(r); *AmE* -ˈfɔːrm-/ *Nomen* Reformer(in), Reformator(in)

re·form·ist /rɪˈfɔːmɪst; *AmE* -ˈfɔːrm-/ **1** *Adj* reformistisch **2** *Nomen* Reformist(in)

re·fract /rɪˈfrækt/ *Verb* (PHYSIK) brechen

re·frac·tion /rɪˈfrækʃn/ *Nomen* (PHYSIK) Brechung

re·frain¹ /rɪˈfreɪn/ *Verb* **~ (from sth)** (*gehoben*) etw unterlassen, sich (einer Sache) enthalten

re·frain² /rɪˈfreɪn/ *Nomen* **1** (Klage)lied, alte Leier **2** Refrain

re·fresh /rɪˈfreʃ/ *Verb* **1** erfrischen **2** (*bes AmE, umgs*) (*Glas etc.*) (wieder) auffüllen; (*Getränk*) nachschenken **IDM refresh your/sb's memory** sein/jds Gedächtnis auffrischen

re'fresher course (*bes AmE* **re·fresh·er**) *Nomen* Auffrischungskurs

re·fresh·ing /rɪˈfreʃɪŋ/ *Adj* (*Adv* **re·fresh·ing·ly**) erfrischend ◇ *It made a refreshing change to be taken seriously for once.* Es war erfrischend, zur Abwechslung einmal ernst genommen zu werden.

re·fresh·ment /rɪˈfreʃmənt/ *Nomen* **1 refreshments** [Pl] Erfrischungen **2** (*gehoben*) Erfrischung, Stärkung ◇ (*hum*) *a liberal supply of liquid refreshment* jede Menge flüssige Nahrung **3** (*gehoben*) Erholung, Erfrischung

re·friger·ate /rɪˈfrɪdʒəreɪt/ *Verb* kühlen, im Kühlschrank aufbewahren

re·friger·ation /rɪˌfrɪdʒəˈreɪʃn/ *Nomen* Kühlung ◇ *keep sth under refrigeration* etw im Kühlschrank aufbewahren

re·frig·er·ator /rɪˈfrɪdʒəreɪtə(r)/ *Nomen* (*gehoben oder AmE*) Kühlschrank SYN FRIDGE
re·fuel /ˌriːˈfjuːəl/ *Verb* (**-ll-**, *AmE* **-l-**) auftanken
ref·uge /ˈrefjuːdʒ/ *Nomen* **1** Zuflucht ⋄ *A further 300 people have now taken refuge in the US embassy.* Weitere 300 Menschen haben sich in die amerikanische Botschaft geflüchtet. **2** ~ (**from sb/sth**) Zufluchtsort (vor jdm/etw) ⋄ *a wildlife refuge* ein Naturschutzpark **3** Heim, Asyl ⋄ *a women's refuge* ein Frauenhaus **4** (*BrE*) Verkehrsinsel
refu·gee /ˌrefjuˈdʒiː/ *Nomen* Flüchtling
re·fund¹ /ˈriːfʌnd/ *Nomen* Rückzahlung, (Rück)erstattung ⋄ *claim a refund* sein Geld zurückfordern
re·fund² /rɪˈfʌnd/ *Verb* ~ **sth** (**to sb**); ~ **sb sth** (jdm) etw zurückerstatten
re·fund·able /rɪˈfʌndəbl/ *Adj* (zu)rückzahlbar
re·fur·bish /ˌriːˈfɜːbɪʃ/; *AmE* -ˈfɜːrb-/ *Verb* renovieren, herrichten, aufarbeiten
re·fur·bish·ment /ˌriːˈfɜːbɪʃmənt; *AmE* -ˈfɜːrb-/ *Nomen* Renovierung(sarbeiten)
re·fusal /rɪˈfjuːzl/ *Nomen* Ablehnung, Absage, (Ver)weigerung ⋄ *His refusal to discuss the matter is annoying.* Es ist ärgerlich, dass er sich weigert, darüber zu sprechen.
re·fuse¹ /rɪˈfjuːz/ *Verb* **1** sich weigern ⋄ *Go on, ask her; she can hardly refuse.* Los, frag sie; sie kann kaum Nein sagen. **2** ablehnen, ausschlagen **3** verweigern, abschlagen
re·fuse² /ˈrefjuːs/ *Nomen* (*offiz*) Müll, Abfall ☞ *Hinweis bei* ABFALL
'refuse collector *Nomen* (*BrE*, *gehoben*) Müllmann, Müllwerker(in)
refu·ta·tion /ˌrefjuˈteɪʃn/ *Nomen* Widerlegung
re·fute /rɪˈfjuːt/ *Verb* (*gehoben*) **1** widerlegen SYN REBUT **2** zurückweisen, bestreiten SYN DENY
reg /redʒ/ *Abk* (*BrE*, *umgs*) ⇨ REGISTRATION NUMBER
re·gain /rɪˈɡeɪn/ *Verb* **1** wiedergewinnen, wiedererlangen, zurückerobern ⋄ *regain consciousness* das Bewusstsein wiedererlangen **2** (*gehoben*) wieder erreichen ⋄ *They finally managed to regain the beach.* Endlich gelangten sie zurück an den Strand.
regal /ˈriːɡl/ *Adj* (*Adv* **re·gal·ly** /-ɡəli/) königlich, majestätisch, hoheitsvoll
re·gale /rɪˈɡeɪl/ *Verb* PHRV **re'gale sb with sth** jdn mit etw unterhalten
re·galia /rɪˈɡeɪliə/ *Nomen* [U] Insignien, Ornat
re·gard¹ /rɪˈɡɑːd; *AmE* rɪˈɡɑːrd/ *Verb* betrachten ⋄ *She is widely regarded as his natural successor.* Sie gilt weithin als seine natürliche Nachfolgerin. ⋄ *Her work is very highly regarded.* Ihre Arbeit wird sehr geschätzt. IDM **as regards sb/sth** (*gehoben*) was jdn/etw anbelangt ⋄ *As regards the first point …* Bezüglich des ersten Punktes …
re·gard² /rɪˈɡɑːd; *AmE* rɪˈɡɑːrd/ *Nomen* **1** ~ **to/for sb/sth** (*gehoben*) Beachtung für jdn/etw, Rücksicht auf jdn/etw, Achtung vor jdm/etw **2** ~ (**for sb/sth**) (*gehoben*) Achtung (für jdn/etw), Respekt (vor jdm/etw) ⋄ *He held her in high regard.* Sie schätzte sie sehr. **3 regards** [Pl] (*verwendet als Gruß am Ende eines Briefs oder wenn man einen Gruß ausrichten lässt*) ⋄ *With kind regards, Yours …* Mit freundlichen Grüßen, Ihr(e) … ⋄ *Give your brother my regards.* Grüß deinen Bruder von mir. IDM **have re'gard to sth** (RECHT) etw beachten **in this/that re'gard** (*gehoben*) diesbezüglich; in dieser Hinsicht **in/with regard to sb/sth** (*gehoben*) in Bezug auf jdn; jdn/etw betreffend
re·gard·ing /rɪˈɡɑːdɪŋ; *AmE* -ˈɡɑːrd-/ *Präp* bezüglich, betreffend
re·gard·less /rɪˈɡɑːdləs; *AmE* -ˈɡɑːrd-/ *Adv* trotzdem, dennoch
re'gardless of *Präp* ungeachtet, ohne Rücksicht auf ⋄ *The amount will be paid to everyone regardless of where they live.* Der Betrag wird an alle gezahlt, unabhängig davon, wo sie wohnen. ⋄ *The club welcomes all new members regardless of age.* Der Klub freut sich über neue Mitglieder, ganz gleich welchen Alters.
re·gatta /rɪˈɡætə/ *Nomen* Regatta
re·gency /ˈriːdʒənsi/ *Nomen* (*Pl* **-ies**) Regentschaft
re·gen·er·ate /rɪˈdʒenəreɪt/ *Verb* **1** neu beleben, regenerieren **2** ~ (**itself**) (BIOL) sich regenerieren, sich erneuern

re·gen·er·ation /rɪˌdʒenəˈreɪʃn/ *Nomen* Regeneration, Neubelebung, Wiederbelebung
re·gent (*oft* **Regent**) /ˈriːdʒənt/ *Nomen* Regent(in)
reg·gae /ˈreɡeɪ/ *Nomen* Reggae
regi·cide /ˈredʒɪsaɪd/ *Nomen* (*gehoben*) **1** Königsmord **2** Königsmörder(in)
re·gime /reɪˈʒiːm/ *Nomen* **1** Regime **2** System **3** (Gesundheits)programm, Diät(plan)
regi·men /ˈredʒɪmən/ *Nomen* (*gehoben oder Fachspr*) (Gesundheits)programm, Diät(plan)
regi·ment /ˈredʒɪmənt/ *Nomen* **1** Regiment **2** (*fig*, *gehoben*) Heer, Masse
regi·men·tal /ˌredʒɪˈmentl/ *Adj* nur vor Nomen Regiments- ⋄ *a regimental flag* eine Regimentsfahne
regi·men·ta·tion /ˌredʒɪmenˈteɪʃn/ *Nomen* Reglementierung ⋄ *the regimentation of school life* der reglementierte Schulalltag
regi·ment·ed /ˈredʒɪmentɪd/ *Adj* (*abwert*) **1** reglementiert **2** streng angeordnet, in strenger Anordnung
re·gion /ˈriːdʒən/ *Nomen* **1** Gebiet, Region, Gegend ☞ *Hinweis bei* GEGEND **2** Region, Bezirk ☞ *Hinweis bei* KREIS **3 the regions** [Pl] (*BrE*) das ganze Landesgebiet außer der Hauptstadt IDM **in the region of** ungefähr ⋄ (*somewhere*) *in the region of 60%* (so) um die 60%
re·gion·al /ˈriːdʒənl/ *Adj* (*Adv* **re·gion·al·ly** /-nəli/) regional, Regional-
regis·ter¹ /ˈredʒɪstə(r)/ *Verb* **1** sich einschreiben, sich anmelden ⋄ *Are you registered with a doctor?* Haben Sie einen Hausarzt? ⋄ *register at a hotel* sich in einem Hotel ins Gästebuch eintragen **2** ~ **sth** (**in sth**) etw (in etw) eintragen, etw (in etw) einschreiben, etw (in etw) registrieren ⋄ *The father registered the birth.* Der Vater meldete die Geburt beim Standesamt. ⋄ *The ship was registered in Panama.* Das Schiff fuhr unter panamaischer Flagge. **3** ~ **sb** (**as**) **sth** jdn als etw registrieren ⋄ *She is officially registered* (*as*) *disabled.* Sie hat einen Schwerbehindertenausweis. **4** ~ **as sth** sich als etw registrieren lassen ⋄ *They registered as Mr and Mrs Jones.* Sie trugen sich als Herr und Frau Jones ein. **5** bekunden, anmelden ⋄ *register a protest* Protest einlegen **6** (*kein Passiv*) anzeigen, registrieren, verzeichnen ⋄ *The earthquake registered 3 on the Richter scale.* Das Erdbeben erreichte die Stärke 3 auf der Richter-Skala. **7** (*kein Passiv*) (*gehoben*) zeigen, ausdrücken ⋄ *Shock registered on everyone's face.* Auf allen Gesichtern zeigte sich Entsetzen. **8** (*kein Passiv*) (*oft in verneinten Sätzen*) wahrnehmen, registrieren ⋄ *He barely registered our presence.* Er hat unsere Gegenwart kaum registriert. **9** (*kein Passiv*) (*oft in verneinten Sätzen*) wahrgenommen werden, registriert werden ⋄ *I told her my name, but it obviously didn't register.* Ich habe ihr meinen Namen genannt, aber das hat sie offenbar nicht registriert. **10** (*meist passiv*) per Einschreiben (ver)schicken, eingeschrieben (ver)schicken
regis·ter² /ˈredʒɪstə(r)/ *Nomen* **1** Register, Verzeichnis ⋄ *a parish register* ein Kirchenbuch ⋄ *the electoral register* die Wählerliste ⋄ *the hotel register* das Gästebuch ⋄ (*BrE*) *The teacher called the register.* Der Lehrer ging die Anwesenheitsliste durch. **2** Register, Stimmlage, Tonlage **3** (LING) Stilebene, Register **4** (*AmE*) Klappe, Schieber **5** (*AmE*) = CASH REGISTER
ˌregistered 'mail (*BrE auch* ˌregistered 'post) *Nomen* Einschreiben, eingeschriebene Post
ˌregistered 'nurse *Nomen* (*AmE*) examinierte Krankenschwester, examinierter Krankenpfleger
ˈregister office *Nomen* (*offiz*) Standesamt
regis·trar /ˌredʒɪˈstrɑː(r), ˈredʒɪstrɑː(r)/ *Nomen* **1** Standesbeamte, Standesbeamtin **2** = höchster Verwaltungsbeamte/höchste Verwaltungsbeamtin einer Universität **3** (*BrE*) = Arzt/Ärztin in der klinischen Fachausbildung
regis·tra·tion /ˌredʒɪˈstreɪʃn/ *Nomen* **1** Einschreibung, Registrierung, Anmeldung ⋄ *the registration of students for a course* die Einschreibung der Studenten für einen Kursus ⋄ *a car's registration document* der Kraftfahrzeugbrief eines Autos **2** = Zeit vor dem Vormittags- und Nachmittagsunterricht, wenn das Klassenlehrer die Anwesenheitsliste durchgeht ⋄ *She wasn't here at registration.* Sie war nicht da, als man die Anwesenheitsliste durchging.

3 (*auch* regi'stration number, *umgs* reg) (*BrE*) polizeiliches Kennzeichen

regis·try /ˈredʒɪstri/ (*Pl* **-ies**) *Nomen* **1** Registratur **2** Register

'registry office *Nomen* Standesamt ◊ *get married in/at a registry office* standesamtlich getraut werden

re·gress /rɪˈgres/ *Verb* ~ (**to sth**) (*gehoben, meist abwert*) (auf etw) regredieren, sich (zu etw) zurückentwickeln

re·gres·sion /rɪˈgreʃn/ *Nomen* Regression, Rückentwicklung, Rückfall

re·gres·sive /rɪˈgresɪv/ *Adj* regressiv, rückschrittlich, Rück-

re·gret¹ /rɪˈgret/ *Verb* (**-tt-**) bedauern, bereuen ◊ *The decision could be one he lives to regret.* Die Entscheidung könnte ihm später noch einmal Leid tun. ◊ *We regret to inform you ...* Wir bedauern, Ihnen mitteilen zu müssen ...

re·gret² /rɪˈgret/ *Nomen* Bedauern ◊ *What is your greatest regret?* Was bereust du am meisten?

re·gret·ful /rɪˈgretfl/ *Adj* bedauernd

re·gret·ful·ly /rɪˈgretfəli/ *Adv* **1** bedauernd, mit Bedauern **2** bedauerlicherweise, leider

re·gret·table /rɪˈgretəbl/ *Adj* bedauerlich

re·gret·tably /rɪˈgretəbli/ *Adv* bedauerlicherweise, leider

re·group /ˌriːˈgruːp/ *Verb* (sich) neu gruppieren, (sich) neu formieren

regu·lar¹ /ˈregjələ(r)/ *Adj* **1** regelmäßig ◊ *on a regular basis* regelmäßig ◊ *our regular customers* unsere Stammkunden OPP IRREGULAR **2** nur vor Nomen gewohnt, normal **3** geregelt ◊ *She couldn't find any regular employment.* Sie fand keine feste Stelle. **4** *nur vor Nomen* (*bes AmE*) normal ◊ *Regular or large fries?* Eine normale oder eine große Portion Pommes? ◊ *Regular or diet cola?* Eine normale Cola oder eine Diät-Cola? **5** *nur vor Nomen* Berufs- ◊ *a regular soldier* ein Berufssoldat **6** (*umgs*) (*zur Verstärkung gebraucht*) richtig, regelrecht

regu·lar² /ˈregjələ(r)/ *Nomen* **1** Stammkunde, Stammkundin, Stammgast **2** ◊ *six first-team regulars* sechs Stammspieler aus der ersten Mannschaft ◊ *She was a regular on the show.* Sie war regelmäßig bei der Show dabei. **3** Berufssoldat

re·gu·lar·ity /ˌregjuˈlærəti/ *Nomen* **1** Regelmäßigkeit **2** Gesetzmäßigkeit OPP IRREGULARITY

regu·lar·ize (*BrE auch* **-ise**) /ˈregjələraɪz/ *Verb* (gesetzlich) regeln

regu·lar·ly /ˈregjələli/; *AmE* -lərli/ *Adv* **1** regelmäßig, gleichmäßig **2** oft

regu·late /ˈregjuleɪt/ *Verb* regulieren, regeln ◊ *regulated by law* gesetzlich geregelt ◊ *the regulating authority* die Aufsichtsbehörde

regu·la·tion¹ /ˌregjuˈleɪʃn/ *Nomen* **1** [meist Pl] Vorschrift, Bestimmung ◊ *fire regulations* Brandschutzbestimmungen **2** Kontrolle, Regulierung

regu·la·tion² /ˌregjuˈleɪʃn/ *Adj nur vor Nomen* vorgeschrieben

regu·la·tor /ˈregjuleɪtə(r)/ *Nomen* **1** (Vorstand der) Aufsichtsbehörde **2** (*Vorrichtung*) Regler

regu·la·tory /ˈregjələtəri; *AmE* -tɔːri; *BrE auch* ˌreguˈleɪtəri; *AmE* ˈregjələtɔːri/ *Adj* Aufsichts- ◊ *regulatory bodies/agencies* Aufsichtsorgane

re·gur·gi·tate /rɪˈgɜːdʒɪteɪt; *AmE* -ˈgɜːrdʒ-/ *Verb* **1** (*gehoben*) hochwürgen, herauswürgen **2** (*fig, abwert*) wiederkäuen

re·gur·gi·ta·tion /rɪˌgɜːdʒɪˈteɪʃn; *AmE* -ˌgɜːrdʒ-/ *Nomen* (*gehoben*) **1** Hochwürgen **2** (*fig, abwert*) Wiederkäuen

rehab /ˈriːhæb/ *Nomen* (*bes AmE*) Entziehungskur ◊ *go into rehab* eine Entziehungskur machen ◊ *a rehab clinic* eine Entziehungsanstalt

re·habili·tate /ˌriːəˈbɪlɪteɪt/ *Verb* **1** rehabilitieren **2** renovieren, Sanierung

re·habili·ta·tion /ˌriːəˌbɪlɪˈteɪʃn/ *Nomen* **1** Rehabilitation **2** Sanierung

re·hash¹ /ˌriːˈhæʃ/ *Verb* (*abwert*) (*Lied, Idee etc.*) aufwärmen, aufbereiten ◊ *He just rehashes songs from the 60s.* Er bringt bloß einen Neuaufguss von Songs aus den 60er-Jahren.

re·hash² /ˈriːhæʃ/ *Nomen* [Sing] Neuaufguss

re·hear·ing /ˌriːˈhɪərɪŋ; *AmE* -ˈhɪr-/ *Nomen* (RECHT) erneute Gerichtsverhandlung

re·hearsal /rɪˈhɜːsl; *AmE* rɪˈhɜːrsl/ *Nomen* **1** (*Theater etc.*) Probe ◊ *during rehearsal* während der Proben ◊ *A new production is currently in rehearsal.* Im Moment laufen die Proben für die neue Inszenierung. ◊ *have a rehearsal* proben **2** (*gehoben*) ◊ *We listened to his lengthy rehearsal of the arguments.* Wir hörten zu, wie er die Begründungen ausführlich wiederholte.

re·hearse /rɪˈhɜːs; *AmE* rɪˈhɜːrs/ *Verb* **1** ~ (**for sth**) (etw) proben **2** sich leise vorsagen, einüben **3** (*gehoben, abwert*) (erneut) anführen, aufzählen

re·heat /ˌriːˈhiːt/ *Verb* wieder aufwärmen

re·house /ˌriːˈhaʊz/ *Verb* ~ **sb** jdm eine neue Wohnung geben, jdn unterbringen, jdn umquartieren

reign¹ /reɪn/ *Nomen* Herrschaft, Regentschaft ◊ *during his reign at Leeds United* während er bei Leeds United die Zügel in der Hand hatte ◊ *a reign of terror* eine Schreckensherrschaft

reign² /reɪn/ *Verb* ~ (**over sb/sth**) (über jdn/etw) herrschen, (jdn/etw) regieren ◊ (*auch fig*) *the reigning champion* der amtierende Meister

re·im·burse /ˌriːɪmˈbɜːs; *AmE* -ˈbɜːrs/ *Verb* (*gehoben*) ~ **sth** etw zurückerstatten; ~ **sb** (**for sth**) jdn (für etw) entschädigen

re·im·burse·ment /ˌriːɪmˈbɜːsmənt; *AmE* -ˈbɜːrs-/ *Nomen* Entschädigung

rein¹ /reɪn/ *Nomen* **1** Zügel **2** reins [Pl] (*BrE*) (*für Kleinkinder*) Laufgurt **3** **the reins** [Pl] (*fig*) die Zügel ◊ *hand over the reins of power* die Zügel aus der Hand geben ◊ *take up the reins of office* das Amt übernehmen IDM **give/allow sb free/full 'rein** jdm alle Freiheiten einräumen **give/allow sth free/full 'rein** einer Sache freien Lauf lassen ☛ *Siehe auch* TIGHT¹

rein² /reɪn/ *Verb* PHR V **rein sth 'in/back 1** (*fig*) etw unter Kontrolle halten SYN CHECK **2** (*Pferd etc.*) etw zügeln

re·incar·nate /ˌriːɪnˈkɑːneɪt; *AmE* -ˈkɑːrn-/ *Verb* **be reincarnated** (**as sb/sth**) (als jd/etw) wieder geboren werden

re·incar·na·tion /ˌriːɪnkɑːˈneɪʃn; *AmE* -kɑːrˈn-/ *Nomen* Wiedergeburt, Reinkarnation

rein·deer /ˈreɪndɪə(r); *AmE* -dɪr/ *Nomen* (*Pl* **rein·deer**) Rentier

re·inforce /ˌriːɪnˈfɔːs; *AmE* -ˈfɔːrs/ *Verb* verstärken, bestärken

re·inforce·ment /ˌriːɪnˈfɔːsmənt; *AmE* -ˈfɔːrs-/ *Nomen* **1** **reinforcements** [Pl] Verstärkungstruppen **2** Verstärkung, Bekräftigung

re·instate /ˌriːɪnˈsteɪt/ *Verb* **1** ~ **sb** (**as sth**) jdn (als etw) wieder einsetzen ◊ *He was reinstated in his post.* Er erhielt seine Stelle zurück. **2** ~ **sth** (**as sth**) etw (als etw) wieder einführen, etw (als etw) wieder einsetzen

re·instate·ment /ˌriːɪnˈsteɪtmənt/ *Nomen* Wiedereinsetzung, Wiederherstellung, Wiedereinführung

re·inter·pret /ˌriːɪnˈtɜːprɪt; *AmE* -ˈtɜːrp-/ *Verb* neu auslegen, neu interpretieren

re·inter·pret·ation /ˌriːɪnˌtɜːprɪˈteɪʃn; *AmE* -ˌtɜːrp-/ *Nomen* neue Auslegung, neue Interpretation

re·intro·duce /ˌriːɪntrəˈdjuːs; *AmE* -ˈduːs/ *Verb* **1** wieder einführen **2** wieder heimisch machen

re·intro·duc·tion /ˌriːɪntrəˈdʌkʃn/ *Nomen* Wiedereinführung

re·invent /ˌriːɪnˈvent/ *Verb* ~ **yourself/sth** sich/einer Sache ein neues Image geben, sich/etw neu definieren ◊ IDM **reinvent the wheel** das Rad neu erfinden

re·invest /ˌriːɪnˈvest/ *Verb* reinvestieren, wieder investieren

re·issue¹ /ˌriːˈɪʃuː/ *Verb* ~ **sth** (**as sth**) etw (als etw) neu herausgeben, etw (als etw) neu auflegen

re·issue² /ˌriːˈɪʃuː/ *Nomen* Neuauflage, Neuausgabe

re·iter·ate /riˈɪtəreɪt/ *Verb* (*gehoben*) wiederholen

re·iter·ation /riˌɪtəˈreɪʃn/ *Nomen* [Sing] (*gehoben*) Wiederholung

re·ject¹ /rɪˈdʒekt/ *Verb* **1** ablehnen, zurückweisen ◊ *reject an offer* ein Angebot ausschlagen ◊ *I was rejected by both universities.* Ich habe von beiden Universitäten eine Absa-

reject

ge bekommen. **2** aussondern, aussortieren **3** (MED) abstoßen

re·ject² /ˈriːdʒekt/ *Nomen* **1** Ausschussware **2** Ausgestoßene(r)

re·jec·tion /rɪˈdʒekʃn/ *Nomen* Ablehnung, Zurückweisung ◊ *a rejection letter* eine Absage ◊ *feelings of rejection* das Gefühl zurückgewiesen worden zu sein

rejig /ˌriːˈdʒɪɡ/ *Verb* (**-gg-**) (*AmE* **rejig·ger** /ˌriːˈdʒɪɡə(r)/) (*umgs*) umändern, ummodeln

re·joice /rɪˈdʒɔɪs/ *Verb* ~ (**at/in/over sth**) (*gehoben*) sich sehr (über etw) freuen ◊ *They rejoiced to see their son well again.* Sie waren überglücklich darüber, dass es ihrem Sohn wieder gut ging. IDM **rejoice in the name of …** (*BrE*, *hum*) sich des Namens … erfreuen

re·joic·ing /rɪˈdʒɔɪsɪŋ/ *Nomen* (*auch* **re·joi·cings** [Pl]) Freude, Jubel

re·join¹ /ˌriːˈdʒɔɪn/ *Verb* **1** ~ **sth** (*einem Klub etc.*) wieder beitreten ◊ *rejoin a company* wieder bei einer Firma arbeiten **2** ~ **sb** jdn wieder treffen ◊ *She rejoined them at the table.* Sie setzte sich wieder zu ihnen an den Tisch. **3** ~ **sth** wieder auf etw treffen ◊ *The path rejoins the road here.* Der Weg mündet hier wieder in die Straße ein.

re·join² /rɪˈdʒɔɪn/ *Verb* (*gehoben*) erwidern

re·join·der /rɪˈdʒɔɪndə(r)/ *Nomen* [meist Sing] (*gehoben*) Erwiderung

re·ju·ven·ate /rɪˈdʒuːvəneɪt/ *Verb* **1** verjüngen **2** ~ **sb** jdm wieder Schwung geben

re·ju·ven·ation /rɪˌdʒuːvəˈneɪʃn/ *Nomen* Neubelebung, Wiederbelebung

re·kin·dle /ˌriːˈkɪndl/ *Verb* (*gehoben*) wieder erwecken, wieder aufleben lassen, wieder entfachen

re·lapse¹ /rɪˈlæps, ˈriːlæps/ *Nomen* Rückfall ◊ *have/suffer a relapse* einen Rückfall erleiden

re·lapse² /rɪˈlæps/ *Verb* rückfällig werden ◊ *They relapsed into silence.* Sie verfielen wieder in Schweigen. ◊ *Two days later she relapsed into a coma.* Zwei Tage später fiel sie wieder ins Koma.

re·late /rɪˈleɪt/ *Verb* **1** ~ **A to B** A mit B in Zusammenhang bringen, zwischen A und B einen Zusammenhang sehen **2** ~ **sth** (**to sb**) (*gehoben*) (jdm) etw erzählen PHRV **re·late to sth/sb 1** mit etw/jdm in Zusammenhang stehen, sich auf etw/jdn beziehen **2** zu jdm/etw einen Bezug haben ◊ *an image that people can relate to* ein Image, das den Leuten etwas sagt

re·lated /rɪˈleɪtɪd/ *Adj* ~ (**to sth/sb**) **1** (mit etw/jdm) in Zusammenhang stehend **2** verwandt OPP UNRELATED

re·lated·ness /rɪˈleɪtɪdnəs/ *Nomen* **1** Verwandtschaft **2** Beziehung, Zusammenhang

re·la·tion /rɪˈleɪʃn/ *Nomen* **1 relations** [Pl] Beziehungen **2** Verhältnis ◊ *bear no relation to sth* in keinem Verhältnis zu etw stehen ➡ *Hinweis bei* COMPARE¹ (1) **3** (*gehoben*) Bezug ◊ *comments in relation to this matter* Anmerkungen in Bezug auf diese Angelegenheit **4** Verwandte(r) ◊ *a relation by marriage* ein(e) angeheiratete(r) Verwandte(r) ◊ *Is he any relation to you?* Ist er mit Ihnen verwandt? SYN RELATIVE²

re·la·tion·ship /rɪˈleɪʃnʃɪp/ *Nomen* **1** Verhältnis **2** Beziehung **3** Zusammenhang ◊ *bear no relationship to sth* in keinem Zusammenhang mit etw stehen **4** ~ (**to sth**) Relation (zu etw), Verhältnis (zu etw) **5** ~ (**between A and B**) Verwandtschaftsverhältnis (zwischen A und B)

rela·tive¹ /ˈrelətɪv/ *Adj* (*gehoben*) **1** jeweilig **2** ~ **to sth** bezogen auf etw, verglichen mit etw ◊ *the position of the sun relative to the earth* die Konstellation zwischen Sonne und Erde **3** *nur vor Nomen* (*Adv* **rela·tive·ly**) verhältnismäßig, relativ ◊ *Relatively speaking, these jobs provide good salaries.* Diese Stellen werden relativ gut bezahlt. **4** ~ **to sth** (*gehoben*) etw betreffend **5** (LING) Relativ- ◊ *a relative clause* ein Relativsatz

rela·tive² /ˈrelətɪv/ *Nomen* Verwandte(r)

rela·tiv·ism /ˈrelətɪvɪzəm/ *Nomen* (*gehoben*) Relativismus

rela·tiv·ist /ˈrelətɪvɪst/ **1** *Adj* relativistisch **2** *Nomen* Relativist(in)

rela·tiv·ity /ˌreləˈtɪvəti/ *Nomen* (PHYSIK) Relativität

re·launch¹ /ˌriːˈlɔːntʃ/ *Verb* wieder einführen, neu gründen, wieder auflassen

re·launch² /ˈriːlɔːntʃ/ *Nomen* Wiedereinführung, Neugründung, Wiederbelebung

relax /rɪˈlæks/ *Verb* **1** sich ausruhen; ~ (**with sth**) sich (bei etw) entspannen, (bei etw) ausspannen **2** sich beruhigen **3** ~ **sb** jdn beruhigen **4** sich lockern **5** ~ **sth** etw lockern ◊ (*fig*) *The dictator refuses to relax his grip on power.* Der Diktator will seine Machtposition um jeden Preis halten. **6** ~ **sth** (*Konzentration, Bemühungen etc.*) in etw nachlassen

re·lax·ation /ˌriːlækˈseɪʃn/ *Nomen* **1** [U] Entspannung, Erholung **2** [meist Sing] Lockerung

re·laxed /rɪˈlækst/ *Adj* **1** gelassen, ruhig **2** entspannt, gelöst **3** locker

re·lax·ing /rɪˈlæksɪŋ/ *Adj* beruhigend, entspannend, erholsam

relay¹ /ˈriːleɪ, rɪˈleɪ/ *Verb* **1** weitergeben, weiterleiten, übermitteln **2** (*Radio, Fernsehen*) übertragen

relay² /ˈriːleɪ/ *Nomen* (*auch* ˈ**relay race**) (SPORT) Staffel(lauf) ◊ *a relay team/squad* eine Staffel **2** (neue) Schicht, Ablösung; (*Pferde*) (frisches) Gespann **3** (*Radio, Fernsehen*) Relais

re·lease¹ /rɪˈliːs/ *Verb* **1** ~ **sb** (**from sth**) jdn (aus etw) freilassen, jdn (aus etw) befreien **2** loslassen **3** freisetzen; ~ **sth** (**from sth**) etw (aus etw) ablassen **4** (*Gefühlen*) freien Lauf lassen **5** ~ **sb** freigeben; ~ **sb** (**from sth**) jdn (von etw) freistellen; ~ **sb from sth** jdn von etw entbinden **6** lösen ◊ *release the clutch* auskuppeln **7** lockern **8** veröffentlichen, bekannt geben, herausbringen

re·lease² /rɪˈliːs/ *Nomen* **1** Freilassung, Entlassung, Befreiung **2** [U] Veröffentlichung ◊ *The new software is planned for release in April.* Die neue Software soll im April herausgebracht werden. ◊ *The film goes on general release next week.* Der Film kommt nächste Woche überall in die Kinos. **3** Neuerscheinung **4** Freisetzung, Austritt, Ablassen **5** Erlösung

rele·gate /ˈrelɪɡeɪt/ *Verb* **1** (*meist passiv*) (*bes BrE*) (SPORT) absteigen lassen OPP PROMOTE **2** ~ **sb/sth** (**to sth**) jdn/etw (zu etw) degradieren OPP PROMOTE **3** verbannen, verweisen

rele·ga·tion /ˌrelɪˈɡeɪʃn/ *Nomen* **1** (*Sport*) Abstieg **2** Degradierung **3** Verbannung

re·lent /rɪˈlent/ *Verb* **1** sich erweichen lassen **2** nachlassen

re·lent·less /rɪˈlentləs/ *Adj* (*Adv* **re·lent·less·ly**) unerbittlich, unbarmherzig, schonungslos

rele·vance /ˈreləvəns/ *Nomen* Relevanz, Bedeutung ◊ *That has no direct relevance to this matter.* Das hat mit dieser Sache wenig zu tun.

rele·vant /ˈreləvənt/ *Adj* **1** ~ (**to sth/sb**) (*Adv* **rele·vant·ly**) relevant (für etw/jdn), wichtig (für etw/jdn) ◊ *The applicant has experience in teaching and, more relevantly, in industry.* Der Bewerber hat Erfahrung im Unterrichten und, was wichtiger ist, in der Industrie. ◊ *This is not relevant to the argument.* Das tut nichts zur Sache. ◊ *relevant information leading to the apprehension of the criminal* sachdienliche Hinweise, die zur Ergreifung des Täters führen OPP IRRELEVANT **2** entsprechend, einschlägig ◊ *the relevant authorities* die zuständigen Behörden

re·li·abil·ity /rɪˌlaɪəˈbɪləti/ *Nomen* Zuverlässigkeit, Verlässlichkeit

re·li·able /rɪˈlaɪəbl/ *Adj* (*Adv* **re·li·ably** /-əbli/) zuverlässig, verlässlich ◊ *I am reliably informed that …* Ich habe aus zuverlässiger Quelle erfahren, dass … SYN DEPENDABLE OPP UNRELIABLE

re·li·ance /rɪˈlaɪəns/ *Nomen* [U/Sing] **1** Abhängigkeit SYN DEPENDENCE **2** Schwerpunkt, Gewicht **3** Vertrauen

re·li·ant /rɪˈlaɪənt/ *Adj* ~ **on/upon sb/sth** angewiesen auf jdn/etw, abhängig von jdm/etw SYN DEPENDENT

relic /ˈrelɪk/ *Nomen* **1** Überbleibsel, Relikt ◊ *His limp was the relic of a childhood accident.* Das Hinken ging auf einen Unfall in seiner Kindheit zurück. **2** (REL) Reliquie

re·lief /rɪˈliːf/ *Nomen* **1** Erleichterung ◊ *She heaved a sigh of relief.* Sie atmete erleichtert auf. ◊ *What a relief!* Mir fällt ein Stein vom Herzen! **2** Linderung, Entlastung **3** Hilfe **4** (*bes AmE*) Sozialhilfe, Wohlfahrt **5** ~ TAX RELIEF **6** Abwechslung ◊ *a few moments of light relief in an otherwise dull performance* wenige unterhaltsame Augenblicke in einer sonst langweiligen Vorstellung ◊ *There was little comic relief in his speech.* Seiner Rede fehlte der Humor.

7 (*oft in Zusammensetzungen*) Ablösung, Ersatz, Verstärkung ◊ *relief drivers* Ersatzfahrer ☛ G 1.3b **8** [Sing] (MIL) Entsatz **9** (KUNST) Relief **10** (*fig*) Kontrast ◊ *The mountains stood out in sharp relief against the sky.* Die Berge hoben sich scharf vom Himmel ab. ◊ *jump out/spring/leap into sharp relief* deutlich hervortreten ◊ *bring/throw/put sth into sharp relief* etw deutlich hervortreten lassen

re·lief map *Nomen* Reliefkarte

re·lief road *Nomen* (*BrE*) Entlastungsstraße

re·lief worker *Nomen* = Mitarbeiter(in) einer Hilfsorganisation

re·lieve /rɪˈliːv/ *Verb* **1** erleichtern **2** lindern, verringern, abbauen **3** auflockern, beleben; (*Monotonie*) durchbrechen; (*Langeweile*) vertreiben **4** ablösen **5** (MIL) befreien, entsetzen **6** ~ **yourself** (*verhüll*) (*zur Toilette gehen*) sich erleichtern PHR V **re·lieve sb of sth 1** jdm etw abnehmen **2** (*umgs*) (*stehlen*) jdn um etw erleichtern **3** (*Amt, Kommando etc.*) jdn einer Sache entheben

re·lieved /rɪˈliːvd/ *Adj* erleichtert

re·li·gion /rɪˈlɪdʒən/ *Nomen* **1** Glaube **2** Religion ◊ (*fig*) *For him, football is an absolute religion.* Fußball ist ihm absolut heilig. IDM **get re·ligion** (*abwert*) fromm werden

re·li·gious /rɪˈlɪdʒəs/ *Adj* **1** *nur vor Nomen* religiös ◊ *religious education* Religionsunterricht **2** gläubig, fromm

re·li·gious·ly /rɪˈlɪdʒəsli/ *Adv* **1** gewissenhaft ◊ *They sunbathed religiously.* Sie legten sich regelmäßig in die Sonne. **2** religiös

re·li·gious·ness /rɪˈlɪdʒəsnəs/ *Nomen* Religiosität, Frömmigkeit

re·lin·quish /rɪˈlɪŋkwɪʃ/ *Verb* (*gehoben*) aufgeben, abtreten

reli·quary /ˈrelɪkwəri/, *AmE* -kweri/ *Nomen* (*Pl* **-ies**) Reliquiar, Reliquienbehälter

rel·ish¹ /ˈrelɪʃ/ *Verb* genießen ◊ *relish a challenge* eine Herausforderung lieben ◊ *I don't relish the prospect of getting up early tomorrow.* Die Aussicht, morgen früh aufstehen zu müssen, begeistert mich nicht.

rel·ish² /ˈrelɪʃ/ *Nomen* **1** (*gehoben*) Vorliebe, Genuss **2** =kalte pikante Soße

re·live /ˌriːˈlɪv/ *Verb* noch einmal durchleben

re·load /ˌriːˈləʊd/; *AmE* -ˈloʊd/ *Verb* **1** nachladen ◊ *reload the camera* einen neuen Film in die Kamera einlegen **2** (COMP) neu laden **3** neu beladen

re·locate /ˌriːləʊˈkeɪt/; *AmE* ˌriːˈloʊkeɪt/ *Verb* **1** versetzen, den Standort verlegen ◊ *The company relocated the office to Stamford.* Die Firma hat ihren Hauptsitz nach Stamford verlegt. **2** umsiedeln, umziehen ◊ *Some were unwilling to relocate.* Einige wollten sich nicht versetzen lassen.

re·lo·ca·tion /ˌriːləʊˈkeɪʃn/; *AmE* ˌriːloʊ-/ *Nomen* Standortwechsel, Umsiedlung, Umzug, Versetzung (*von Arbeitnehmern*) ◊ *relocation costs* Umzugskosten

re·luc·tance /rɪˈlʌktəns/ *Nomen* Widerwille ◊ *There is still some reluctance on the part of employers.* Die Arbeitgeber sträuben sich immer noch.

re·luc·tant /rɪˈlʌktənt/ *Adj* (*Adv* **re·luc·tant·ly**) widerwillig, zögernd ◊ *She was reluctant to admit she was wrong.* Es widerstrebte ihr zuzugeben, dass sie Unrecht hatte. ◊ *I'm reluctant to let her go.* Ich lasse sie nur ungern gehen. ◊ *a reluctant hero* ein Held wider Willen

rely /rɪˈlaɪ/ *Verb* (**re·lies, rely·ing, re·lied, re·lied**) PHR V **re·ly on/upon sb/sth 1** auf jdn/etw angewiesen sein **2** sich auf jdn/etw verlassen ◊ *He can't be relied on to tell the truth.* Man kann sich nicht darauf verlassen, dass er die Wahrheit sagt.

REM /ˌɑːr iː ˈem/ *Kurzform von* **rapid eye movement** ◊ *REM sleep* REM-/Traumschlaf

re·main /rɪˈmeɪn/ *Verb* (*gehoben*) (*selten in der Verlaufsform, obwohl das Partizip „remaining" verwendet wird*) **1** bleiben ◊ *remain seated* sitzen bleiben ◊ *remain silent* schweigen ◊ *That remains to be seen.* Das bleibt abzuwarten. ◊ *Questions remain about the president's honesty.* Bezüglich der Ehrlichkeit des Präsidenten bleiben noch Fragen offen. ◊ *The plane remained on the ground.* Das Flugzeug blieb auf dem Rollfeld stehen. ◊ *I feel sorry for her, but the fact remains (that) she lied to us.* Sie tut mir Leid, aber das ändert nichts an der Tatsache, dass sie uns angelogen hat. **2** übrig bleiben ◊ *There were only ten minutes remaining.* Es blieben nur noch zehn Minuten.

re·main·der¹ /rɪˈmeɪndə(r)/ *Nomen* **1** Rest ☛ Wenn sich **the remainder** auf ein Nomen im Plural bezieht, steht das Verb im Plural: *Most of our employees work here, the remainder are in London.* Die meisten unserer Angestellten arbeiten hier, die übrigen sind in London. SYN THE REST **2** Restauflage

re·main·der² /rɪˈmeɪndə(r)/ *Verb* (*meist passiv*) (*Bücher*) verramschen

re·mains /rɪˈmeɪnz/ *Nomen* [Pl] **1** Reste **2** Überreste, Relikte **3** (*gehoben*) sterbliche Überreste

re·make¹ /rɪˈmeɪk/ *Verb* (**-made, -made** /-meɪd/) neu verfilmen; (*Musik*) neu aufnehmen

re·make² /ˈriːmeɪk/ *Nomen* Neuverfilmung, Neuaufnahme

re·mand¹ /rɪˈmɑːnd; *AmE* -ˈmænd/ *Verb* (*meist passiv*) ~ **sb in custody** jdn in Untersuchungshaft nehmen; ~ **sb on bail** jdn gegen Kaution freilassen

re·mand² /rɪˈmɑːnd; *AmE* -ˈmænd/ *Nomen* [U/Pl] Untersuchungshaft ◊ *He is currently being held on remand.* Er sitzt zurzeit in Untersuchungshaft.

re·mand centre *Nomen* (*BrE*) Untersuchungshaftanstalt für Jugendliche

re·mark¹ /rɪˈmɑːk; *AmE* -ˈmɑːrk/ *Nomen* **1** Bemerkung SYN COMMENT ◊ (*veraltet oder gehoben*) Beachtung ◊ *nothing that is worthy of remark* nichts Bemerkenswertes ◊ *It passed without remark.* Es geschah unbemerkt.

re·mark² /rɪˈmɑːk; *AmE* -ˈmɑːrk/ *Verb* bemerken; ~ **(on/upon sth/sb)** (über etw/jdn) eine Bemerkung machen, sich (über etw/jdn) äußern

re·mark·able /rɪˈmɑːkəbl; *AmE* -ˈmɑːrk-/ *Adj* beachtlich, erstaunlich ◊ *The area is remarkable for its scenery.* Die Gegend zeichnet sich durch ihre landschaftliche Schönheit aus. OPP UNREMARKABLE

re·mark·ably /rɪˈmɑːkəbli; *AmE* -ˈmɑːrkəbli/ *Adv* **1** bemerkenswert, erstaunlich **2** erstaunlicherweise ◊ *Remarkably, nobody was killed.* Erstaunlicherweise kam niemand zu Tode.

re·mar·riage /ˌriːˈmærɪdʒ/ *Nomen* Wiederverheiratung

re·marry /ˌriːˈmæri/ *Verb* (**-marry·ing, -mar·ries, -married, -mar·ried**) wieder heiraten

re·mas·ter /ˌriːˈmɑːstə(r); *AmE* -ˈmæs-/ *Verb* (*Tonaufnahmen*) aufbereiten

re·match /ˈriːmætʃ/ *Nomen* Wiederholungsspiel, Rückkampf

re·med·ial /rɪˈmiːdiəl/ *Adj nur vor Nomen* **1** Heil-, Hilfs- ◊ *remedial treatment* eine Heilbehandlung ◊ *remedial measures* Hilfsmaßnahmen **2** Förder- ◊ *a remedial class* eine Förderklasse für Leistungsschwache

rem·edy¹ /ˈremədi/ *Nomen* (*Pl* **-ies**) ~ **(for/to sth) 1** Allheilmittel (gegen etw), Abhilfe (gegen etw) ◊ *There are a number of possible remedies to this problem.* Dieses Problem lässt sich auf verschiedene Weisen lösen. **2** (Heil)mittel (gegen etw) ◊ *a home remedy for sore throats* ein Hausmittel gegen Halsschmerzen **3** ~ **(against sth)** Rechtsmittel (gegen etw)

rem·edy² /ˈremədi/ *Verb* (**rem·edy·ing, rem·ed·ies, rem·ed·ied, rem·ed·ied**) beheben

re·mem·ber /rɪˈmembə(r)/ *Verb* (*nicht in der Verlaufsform*) **1** ~ **(sb/sth)** sich (an jdn/etw) erinnern ◊ *Do you remember her?* Erinnerst du dich noch an sie? ◊ *He still remembered her as a lively teenager.* Er hatte sie noch als Teenager in Erinnerung. ◊ *Do you remember switching the lights off?* Weißt du noch, ob du das Licht ausgeschaltet hast? ◊ *I vaguely remember hearing him come in.* Ich erinnere mich vage daran, dass ich ihn habe reinkommen hören. **2** denken an, nicht vergessen ◊ *Remember that we're going out tonight.* Denk daran, dass wir heute Abend ausgehen. ◊ *Did you remember the newspaper?* Hast du an die Zeitung gedacht? ◊ *I can never remember names.* Ich kann mir Namen einfach nicht merken.

„Remember **to do** sth" heißt „daran denken, etw zu tun": *I remembered to buy coffee.* Ich habe daran gedacht, Kaffee zu kaufen. „Remember **doing** sth" bedeutet „sich daran erinnern, etwas gemacht zu haben": *I remember going there as a child.*

3 bedenken ◊ *Remember (that) you may feel sleepy after taking the pills.* Bedenken Sie, dass man nach Einnahme der Pillen schläfrig werden kann. ◊ *His grandfather remembered him in his will.* Sein Großvater bedachte ihn in seinem Testament. **4** gedenken ◊ *a church service to remember the war dead* ein Gottesdienst zum Gedenken an die Opfer des Krieges IDM **be re'membered as sth** als etw bekannt sein **be re'membered for sth** für etw bekannt sein PHR V **re'member sb to sb** (*bes BrE*) ◊ *Remember me to your parents.* Grüß deine Eltern von mir. ◊ *Jenny asked to be remembered to you.* Jenny lässt dich grüßen.

re·mem·brance /rɪˈmembrəns/ *Nomen* **1** Erinnerung, Gedenken **2** (*gehoben*) Andenken

Re,membrance 'Sunday (*auch* **Re'membrance Day**) *Nomen* = der dem 11. November nächste Sonntag, an dem in Großbritannien der Gefallenen hauptsächlich der beiden Weltkriege gedacht wird

re·mind /rɪˈmaɪnd/ *Verb* ~ **sb** (**about/of sth**) jdn (an etw) erinnern ◊ *That reminds me, I must get some milk.* Dabei fällt mir ein, ich muss noch Milch kaufen. ◊ *Passengers are reminded (that) smoking is not allowed on this train.* Fahrgäste werden darauf hingewiesen, dass das Rauchen im Zug verboten ist. PHR V **re'mind sb of sb/sth** jdn an jdn/etw erinnern ☞ *Hinweis bei* REMEMBER

re·mind·er /rɪˈmaɪndə(r)/ *Nomen* **1** Erinnerung, Mahnung ◊ *The house was a painful reminder of their life together.* Das Haus erinnerte sie schmerzlich an ihr gemeinsames Leben. **2** (*Brief*) Mahnung

rem·in·isce /ˌremɪˈnɪs/ *Verb* ~ (**about sth/sb**) (über etw/jdn) in Erinnerungen schwelgen

rem·in·is·cence /ˌremɪˈnɪsns/ *Nomen* **1** [meist Pl] (Lebens)erinnerung SYN MEMORY **2** Zurückdenken **3** [meist Pl] Reminiszens

rem·in·is·cent /ˌremɪˈnɪsnt/ *Adj* **1 be ~ of sb/sth** an jdn/etw erinnern ◊ *The way he laughed was strongly reminiscent of his father.* Die Art, wie er lachte, erinnerte stark an seinen Vater. **2** *nur vor Nomen* (*gehoben*) erinnerungsvoll

re·miss /rɪˈmɪs/ *Adj nicht vor Nomen* (*gehoben*) nachlässig

re·mis·sion /rɪˈmɪʃn/ *Nomen* **1** (MED) Remission **2** (*BrE*) Strafjerlass **3** (*gehoben*) (*von Gebühren etc.*) Nachlass

remit¹ /ˈriːmɪt, rɪˈmɪt/ *Nomen* [meist Sing] (*BrE*) **1** Aufgabenbereich **2** Auftrag

remit² /rɪˈmɪt/ *Verb* (**-tt-**) (*gehoben*) **1** ~ **sth** (**to sb**) (jdm) etw überweisen **2** (*Schulden, Strafe etc.*) erlassen PHR V **re'mit sth to sb** (RECHT) (*meist passiv*) etw an jdn verweisen

re·mit·tance /rɪˈmɪtns/ *Nomen* (*gehoben*) (Geld)überweisung, Zahlung

remix¹ /ˌriːˈmɪks/ *Verb* remixen

remix² /ˈriːmɪks/ *Nomen* Remix

rem·nant /ˈremnənt/ *Nomen* **1** [meist Pl] Überrest **2** (Stoff)rest

re·model /ˌriːˈmɒdl; *AmE* -ˈmɑːdl/ *Verb* (**-ll-**, *AmE* **-l-**) umgestalten, neu gestalten

rem·on·strance /rɪˈmɒnstrəns; *AmE* -ˈmɑːn-/ *Nomen* (*gehoben*) Protest

rem·on·strate /ˈremənstreɪt; *AmE* rɪˈmɑːnstreɪt/ *Verb* (*gehoben*) protestieren ◊ ~ **with sb** (**about sth**) jdm (wegen einer Sache) Vorhaltungen machen

re·morse /rɪˈmɔːs; *AmE* rɪˈmɔːrs/ *Nomen* Reue ◊ *She felt no remorse.* Sie hatte keine Gewissensbisse. SYN REGRET

re·morse·ful /rɪˈmɔːsfl; *AmE* -ˈmɔːrsfl/ *Adj* (*Adv* **re·morse·ful·ly** /-fəli/) reumütig, reuig ◊ *She seemed genuinely remorseful for what she had done.* Sie schien aufrichtig zu bereuen, was sie getan hatte.

re·morse·less /rɪˈmɔːsləs; *AmE* -ˈmɔːrs-/ *Adj* (*Adv* **re·morse·less·ly**) **1** unerbittlich SYN RELENTLESS **2** erbarmungslos SYN MERCILESS

re·mort·gage¹ /ˌriːˈmɔːgɪdʒ; *AmE* -ˈmɔːrg-/ *Verb* = eine zweite/andere Hypothek auf sein Haus/seine Wohnung aufnehmen

re·mort·gage² /ˌriːˈmɔːgɪdʒ; *AmE* -ˈmɔːrg-/ *Nomen* zweite Hypothek

re·mote /rɪˈməʊt; *AmE* rɪˈmoʊt/ *Adj* **1** weit entfernt ◊ *a remote beach* ein abgelegener Strand ◊ *one of the remotest areas of the world* eine der entlegensten Regionen der Welt ◊ *remote from reality* weltfremd **2** *nur vor Nomen* (*in Zeit*) fern ◊ *a remote ancestor* ein Urahn SYN DISTANT **3** *nur vor Nomen* (*Verwandte*) entfernt SYN DISTANT **4** (COMP) Fern- ◊ *remote database access* Fernzugriff auf Datenbanken in offenen Rechnernetzen **5** (*Mensch, Verhalten*) unnahbar SYN DISTANT **6** (*Chance, Ahnung etc.*) gering

re,mote con'trol *Nomen* **1** Fernsteuerung, Fernlenkung **2** (*umgs* **re·mote**) Fernbedienung

re,mote-con'trolled *Adj* ferngesteuert, mit Fernbedienung

re·mote·ly /rɪˈməʊtli; *AmE* -ˈmoʊt-/ *Adv* **1** (*meist in verneinten Sätzen*) im Entferntesten, im Geringsten ◊ *The two incidents were only remotely connected.* Die beiden Vorfälle hatten kaum etwas miteinander zu tun. **2** fern- ◊ *remotely operated* ferngesteuert **3** weit entfernt ◊ *The church is remotely situated on the north coast.* Die Kirche liegt ganz abgelegen an der Nordküste.

re·mote·ness /rɪˈməʊtnəs; *AmE* -ˈmoʊt-/ *Nomen* **1** Abgelegenheit **2** Unnahbarkeit

re,mote 'sensing *Nomen* (Satellitenfern)erkundung

re·mould /ˌriːˈməʊld; *AmE* -ˈmoʊld/ *Verb* (*BrE, gehoben*) umgestalten, neu gestalten

re·mount /ˌriːˈmaʊnt/ *Verb* **1** wieder besteigen **2** wieder aufsteigen

re·mov·able /rɪˈmuːvəbl/ *Adj* abnehmbar, herausnehmbar, entfernbar SYN DETACHABLE

re·mov·al /rɪˈmuːvl/ *Nomen* **1** Entfernung; (*von Gesetzen etc.*) Aufhebung ◊ *the removal of a number of trees* das Fällen mehrerer Bäume **2** ~ (**of sb**) Entlassung (von jdm) ◊ *the removal of the president from office* die Absetzung des Präsidenten **3** (*BrE*) Umzug ◊ *a removal company* eine Speditionsfirma ◊ *removal men* Möbelpacker

re'moval van *Nomen* Möbelwagen

re·move /rɪˈmuːv/ *Verb* **1** (*gehoben*) entfernen, wegnehmen ◊ *She has had the tumour removed.* Sie hat sich den Tumor entfernen lassen. ◊ *The vehicles will be removed.* Die Fahrzeuge werden abgeschleppt. ◊ *He has been removed from the school for theft.* Er ist wegen Diebstahls von der Schule verwiesen worden. ◊ *remove obstacles* Hindernisse aus dem Weg räumen ◊ *remove objections* Einwände beseitigen ◊ *The news removed any doubts.* Die Nachricht zerstreute alle Zweifel. ◊ *His name was removed from the list.* Sein Name wurde von der Liste gestrichen. **2** (*gehoben*) (*Kleidung etc.*) ausziehen, abnehmen **3** (*im Beruf etc.*) entlassen IDM **be far removed from sth** weit von etw entfernt sein (*auch fig*) **once, twice, etc. re'moved** (*Cousin etc.*) ersten, zweiten, etc. Grades ◊ *several times removed* entfernt verwandt

re·mover /rɪˈmuːvə(r)/ *Nomen* **1** (*meist in Zusammensetzungen*) Entferner ◊ *nail varnish remover* Nagellackentferner **2** [meist Pl] (*BrE*) Möbelpacker

re·mu·ner·ate /rɪˈmjuːnəreɪt/ *Verb* ~ **sb** (**for sth**) (*meist passiv*) (*gehoben*) jdn (für etw) entlohnen

re·mu·ner·ation /rɪˌmjuːnəˈreɪʃn/ *Nomen* (*gehoben*) Lohn, Entlohnung, Belohnung ◊ *This job offers an attractive remuneration package.* Diese Position wird großzügig vergütet.

re·mu·ner·ative /rɪˈmjuːnərətɪv/ *Adj* (*gehoben*) einträglich

REN /ˌɑːr iː ˈen/ *Kurzform von* **registered enrolled nurse** *Nomen* staatlich geprüfte Krankenschwester, staatlich geprüfter Krankenpfleger

re·nais·sance /rɪˈneɪsns/ *AmE* ˈrenəsɑːns/ *Nomen* [Sing] **1 the Renaissance** die Renaissance **2** Wiedergeburt, Revival SYN REVIVAL

renal /ˈriːnl/ *Adj* (MED) Nieren-

re·name /ˌriːˈneɪm/ *Verb* umbenennen, umtaufen

rend /rend/ *Verb* (**rent, rent** /rent/) (*veraltet oder gehoben*) zerreißen (*auch fig*)

ren·der /ˈrendə(r)/ *Verb* **1** (*gehoben*) machen ◊ *render sth harmless/ineffective* etw unschädlich/unwirksam machen ◊ *Flooding rendered the pitch useless.* Wegen der Überflutung konnte das Spielfeld nicht benutzt werden. ◊ *They were rendered homeless by the earthquake.* Sie wurden durch das Erdbeben obdachlos. **2** ~ **sth** (**to sb/sth**); ~ (**sb**) **sth** (*gehoben*) (*Dienst*) (jdm) etw erweisen; (*Hilfe*) (jdm) etw leisten ◊ *for services rendered* für erwiesene Dienstleistungen **3** (*gehoben*) (*Bericht, Rechnung etc.*) vorlegen **4** (*Musik*) vortragen; (*Kunst*) darstellen **5** (*Text etc.*) übersetzen **6** (*BrE*) (*Gebäude etc.*) verputzen **7** ~ **sth** (**down**) (*Fett*) auslassen

ren·der·ing /ˈrendərɪŋ/ *Nomen* **1** Vortrag; (*Theaterstück*) Aufführung; (*Rolle*) Darstellung **2** (*eines Textes*) Übersetzung **3** (*Gebäude etc.*) Putz, Verputz

ren·dez·vous¹ /ˈrɒndɪvuː, -deɪ-; *AmE* ˈrɑːn-/ *Nomen* (*Pl* **ren·dez·vous** /-vuːz/) **1** Rendezvous, Verabredung **2** Treffpunkt ◇ *a rendezvous point* ein Treffpunkt

ren·dez·vous² /ˈrɒndɪvuː, -deɪ-; *AmE* ˈrɑːn-/ *Verb* (**ren·dez·voused, ren·dez·voused** /-vuːd/) sich treffen

ren·di·tion /renˈdɪʃn/ *Nomen* (*eines Liedes etc.*) Vortrag

rene·gade /ˈrenɪɡeɪd/ *Nomen* (*gehoben, abwert*) **1** (*oft als Adjektiv verwendet*) Abtrünnige(r) ◇ *a renegade priest* ein abtrünniger Priester **2** Rebell(in) ◇ *teenage renegades* rebellische Jugendliche

re·nege /rɪˈniːɡ, rɪˈneɪɡ/ *Verb* ~ (**on sth**) (*gehoben*) (*Versprechen, Abkommen*) nicht einhalten

renew /rɪˈnjuː; *AmE* -ˈnuː/ *Verb* **1** erneuern, wieder aufnehmen ◇ *The army renewed its assault on the capital.* Die Armee griff die Stadt erneut an. ◇ *She renewed her efforts to escape.* Sie unternahm erneute Anstrengungen zu fliehen. ◇ *renew acquaintance with old friends* alte Bekanntschaften auffrischen SYN RESUME **2** wiederholen ☛ *Siehe auch* RENEWED **3** erneuern ☛ *Siehe auch* RENEWED **4** verlängern ◇ *I'd like to renew these library books.* Ich möchte diese Bücher verlängern lassen.

re·new·able /rɪˈnjuːəbl; *AmE* -ˈnuː-/ *Adj* **1** erneuerbar **2** verlängerbar

re·new·ables /rɪˈnjuːəblz; *AmE* -ˈnuː-/ *Nomen* [Pl] erneuerbare Energiequellen

re·newal /rɪˈnjuːəl; *AmE* -ˈnuːəl/ *Nomen* **1** Erneuerung, Wiederaufnahme ◇ *a renewal of interest in traditional teaching methods* ein erneutes Interesse an altbewährten Unterrichtsmethoden **2** Verlängerung ◇ *The lease comes up for renewal at the end of the month.* Der Pachtvertrag kann am Ende des Monats verlängert werden. **3** Erneuerung, Regeneration ◇ *urban renewal* Stadterneuerung

re·newed /rɪˈnjuːd; *AmE* rɪˈnuːd/ *Adj* neuerlich, erneut, neu

ren·net /ˈrenɪt/ *Nomen* Lab

re·nounce /rɪˈnaʊns/ *Verb* (*gehoben*) **1** ~ **sth** auf etw verzichten, etw aufgeben SYN GIVE UP **2** ~ **sth/sb** etw/jdm abschwören, sich von jdm/etw lossagen

reno·vate /ˈrenəveɪt/ *Verb* renovieren, restaurieren

reno·va·tion /ˌrenəˈveɪʃn/ *Nomen* Renovierung, Restaurierung

re·nown /rɪˈnaʊn/ *Nomen* (*gehoben*) guter Ruf, Ansehen ◇ *He won renown as a fair judge.* Er hat sich als gerechter Richter einen Namen gemacht. ◇ *a bookshop of renown* eine renommierte Buchhandlung

re·nowned /rɪˈnaʊnd/ *Adj* ~ (**as/for sth**) (für etw) berühmt, (als/für etw) bekannt

rent¹ /rent/ *Nomen* **1** (*BrE*) Miete, Pacht **2** (*AmE*) Miete, Leihgebühr **3** Riss, Spalte IDM **for rent** (*bes AmE*) (*besonders auf Schildern*) zu vermieten

rent² /rent/ *Verb* **1** ~ **sth** (**from sb**) etw (von jdm) mieten, etw (von jdm) pachten ☛ *Siehe auch* RENTED **2** ~ **sth** (**out**) (**to sb**) etw (an jdn) vermieten, etw (an jdn) verpachten **3** (*bes AmE*) leihen, mieten ◇ *rent a movie* ein Video ausleihen **4** (*AmE*) vermietet werden, verpachtet werden, verliehen werden ◇ *The apartment rents for $500 a month.* Die Miete für die Wohnung beträgt $500 im Monat. ☛ *Hinweis bei* MIETEN

rent³ *Form von* REND

'rent-a- ☛ *rent-a-* wird vor Nomina gebraucht um auszudrücken, dass etw gemietet werden kann: *rent-a-car*. Es wird oft ironisch verwendet: *rent-a-mob* gekaufte Demonstranten

ren·tal /ˈrentl/ *Nomen* **1** [*meist Sing*] Miete, Leihgebühr **2** Verleih ◇ *a minimum rental period of three months* eine Mietzeit von mindestens drei Monaten **3** (*bes AmE*) Mietsache, Mietgegenstand ◇ *rental car* Mietwagen ◇ *'Is this your own car?' 'No, it's a rental.'* „Gehört der Wagen dir?" „Nein, er ist gemietet." ◇ (*AmE*) *rental library* Leihbücherei

'rent boy *Nomen* (*BrE*) Strichjunge

rent·ed /ˈrentɪd/ *Adj* gemietet

rent·er /ˈrentə(r)/ *Nomen* **1** Mieter(in), Pächter(in) **2** (*AmE*) Vermieter(in) ◇ *the nation's biggest automobile renter* die größte Autoverleihfirma des Landes

ˌrent-ˈfree *Adj* (*Adv* ˌrent-ˈfree) mietfrei

re·nun·ci·ation /rɪˌnʌnsiˈeɪʃn/ *Nomen* (*gehoben*) Verzicht, Aufgabe, Entsagung

re·open /ˌriːˈəʊpən; *AmE* -ˈoʊ-/ *Verb* **1** wieder (er)öffnen **2** wieder aufnehmen ◇ *reopen the case* den Fall neu aufrollen ◇ *The trial reopened on 6 March.* Der Prozess wurde am 6. März fortgesetzt. IDM **reˌopen old ˈwounds** alte Wunden aufreißen

re·open·ing /ˌriːˈəʊpənɪŋ; *AmE* -ˈoʊ-/ *Nomen* Wiedereröffnung, Wiederaufnahme

re·order /ˌriːˈɔːdə(r); *AmE* -ˈɔːrd-/ *Verb* **1** nachbestellen **2** neu ordnen, umstellen, umordnen

re·organ·iza·tion (*BrE auch* **-isa·tion**) /ˌriːˌɔːɡənaɪˈzeɪʃn; *AmE* -ˌɔːrɡənə-/ *Nomen* Neuorganisation, Neugliederung, Umorganisation

re·organ·ize (*BrE auch* **-ise**) /riˈɔːɡənaɪz; *AmE* -ˈɔːrɡ-/ *Verb* umorganisieren, neu gliedern, umordnen, neu einteilen

Rep. *Abk* **1** (*in der amerikanischen Politik*) = REPRESENTATIVE (3) **2** (*AmE*) = REPUBLICAN (1) **3** = REPUBLIC

rep /rep/ *Nomen* (*umgs*) **1** = SALES REPRESENTATIVE **2** = REPRESENTATIVE (1) ◇ *a union rep* ein Gewerkschaftssprecher **3** = REPERTORY

re·paid *Form von* REPAY

re·pair¹ /rɪˈpeə(r); *AmE* -ˈper/ *Verb* **1** reparieren ◇ *repair a road* eine Straße ausbessern **2** wieder gutmachen, wieder wettmachen PHR V **reˈpair to ...** (*gehoben oder hum*) sich auf/in/nach/zu etw begeben

re·pair² /rɪˈpeə(r); *AmE* -ˈper/ *Nomen* Reparatur ◇ *The building was in need of repair.* Das Gebäude war renovierungsbedürftig. ◇ *damaged beyond repair* nicht mehr zu reparieren IDM **in good, bad, etc. reˈpair; in a good, bad, etc. state of reˈpair** (*gehoben*) in gutem, schlechten etc. Zustand sein OPP IRREPARABLE

re·pair·er /rɪˈpeərə; *AmE* -ˈperər/ *Nomen* (*bes BrE*) Mechaniker, Techniker, Handwerker

re·pair·man /rɪˈpeəmæn; *AmE* -ˈperm-/ *Nomen* (*Pl* **-men** /-mən/) Mechaniker, Techniker, Handwerker

rep·ar·ation /ˌrepəˈreɪʃn/ *Nomen* (*gehoben*) **1 reparations** [Pl] Entschädigung, Reparationen **2** Wiedergutmachung

rep·ar·tee /ˌrepɑːˈtiː; *AmE* -ɑːrˈtiː/ *Nomen* [U] **1** schlagfertige Bemerkungen **2** (*Eigenschaft*) Schlagfertigkeit **3** Schlagabtausch

re·past /rɪˈpɑːst; *AmE* -ˈpæst/ *Nomen* (*veraltet*) Mahl

re·pat·ri·ate /ˌriːˈpætrieɪt; *AmE* -ˈpeɪt-/ *Verb* in das Heimatland zurückführen, repatriieren

re·pat·ri·ation /ˌriːˌpætriˈeɪʃn; *AmE* -ˌpeɪt-/ *Nomen* Repatriierung, Rückführung

repay /rɪˈpeɪ/ *Verb* (**-paid, -paid** /-ˈpeɪd/) **1** ~ **sth** (**to sb**); ~ (**sb**) (**sth**) (jdm) etw zurückzahlen ◇ *When are you going to repay them?* Wann zahlst du ihnen das Geld zurück? **2** ~ **sb** (**for sth**) sich bei jdm (für etw) revanchieren; ~ **sth** (**with sth**) etw (mit etw) vergelten **3** (*BrE, gehoben*) ~ *The report repays careful reading.* Es lohnt sich, den Bericht sorgfältig zu lesen.

re·pay·able /rɪˈpeɪəbl/ *Adj* rückzahlbar

re·pay·ment /rɪˈpeɪmənt/ *Nomen* Rückzahlung

re·peal¹ /rɪˈpiːl/ *Verb* (*Gesetz etc.*) aufheben

re·peal² /rɪˈpiːl/ *Nomen* Aufhebung

re·peat¹ /rɪˈpiːt/ *Verb* **1** wiederholen ◇ *a repeating pattern* ein sich wiederholendes Muster ◇ *They have been repeating their calls for his resignation.* Sie haben wiederholt seinen Rücktritt gefordert. ◇ *He's fond of repeating that ... Er* wird nicht müde zu betonen, dass ... ◇ *Such scenes of desolation are repeated all over the country.* Solche Szenen der Verwüstung findet man im ganzen Land. **2** ~ **sth** (**to sb**) (jdm) etw weitererzählen ◇ *The rumour has been widely repeated in the press.* Das Gerücht fand in der Presse weite Verbreitung. **3** ~ (**sth**) (**after sb**) (jdm) (etw) nachsprechen **4** ~ **on sb** (*BrE, umgs*) jdm aufstoßen

re·peat² /rɪˈpiːt/ *Nomen* Wiederholung ◇ *She didn't want a repeat performance of what had happened the night before.*

repeatable

Sie wollte nicht noch einmal das gleiche Theater, das sich in der vorigen Nacht abgespielt hatte. ◊ *a repeat order* eine Nachbestellung

re·peat·able /rɪˈpiːtəbl/ *Adj* wiederholbar ◊ *His joke was not repeatable.* Seinen Witz möchte ich hier nicht wiederholen. OPP UNREPEATABLE

re·peat·ed /rɪˈpiːtɪd/ *Adj nur vor Nomen (Adv* **re·peat·ed·ly**) wiederholt

repel /rɪˈpel/ *Verb* (**-ll-**) **1** (*gehoben*) (*Feind, Angriff etc.*) abwehren ◊ *repel an invader* einen Angreifer zurückschlagen ◊ (*fig*) *The reptile's prickly skin repels nearly all of its predators.* Die stachelige Haut des Reptils wirkt auf fast all seine Feinde abschreckend. **2** abweisen, vertreiben ◊ *The fabric repels water.* Der Stoff ist wasserabweisend. ◊ *I was repelled by the smell.* Der Geruch stieß mich ab. **3** (PHYSIK) abstoßen ◊ *Like poles repel each other.* Gleiche Pole stoßen sich ab.

re·pel·lent¹ /rɪˈpelənt/ *Adj* **1** (*gehoben*) ~ (**to sb**) abstoßend (für jdn) **2** (*in Zusammensetzungen*) abstoßend ◊ *water-repellent* wasserabweisend

re·pel·lent² /rɪˈpelənt/ *Nomen* **1** Schutzmittel **2** Imprägniermittel

re·pent /rɪˈpent/ *Verb* (*gehoben*) **1** Reue empfinden **2** ~ (**of**) **sth** etw bereuen

re·pent·ance /rɪˈpentəns/ *Nomen* Reue

re·pent·ant /rɪˈpentənt/ *Adj* reuig, reumütig OPP UNREPENTANT

re·per·cus·sion /ˌriːpəˈkʌʃn; *AmE* -pərˈk-/ *Nomen* [meist Pl] (*gehoben*) Konsequenzen, Nachspiel SYN CONSEQUENCE

rep·er·toire /ˈrepətwɑː(r); *AmE* -pərt-/ *Nomen* **1** Repertoire **2** Bandbreite ◊ *a young child's growing verbal repertoire* der wachsende Wortschatz eines Kleinkindes

rep·er·tory /ˈrepətri; *AmE* ˈrepərtɔːri/ *Nomen* **1** (*umgs* **rep**) [U] Repertoiretheater ◊ *a repertory actor* ein Schauspieler am Repertoiretheater **2** (*gehoben*) Repertoire

repe·ti·tion /ˌrepəˈtɪʃn/ *Nomen* Wiederholung

repe·ti·tious /ˌrepəˈtɪʃəs/ *Adj (Adv* **repe·ti·tious·ly**) (*oft abwert*) sich wiederholend, voller Wiederholungen; (*Arbeit*) monoton

re·peti·tive /rɪˈpetətɪv/ *Adj* (*Adv* **re·peti·tive·ly**) wiederholt, sich ständig wiederholend; (*Arbeit*) monoton

re·phrase /ˌriːˈfreɪz/ *Verb* umformulieren, anders ausdrücken

re·place /rɪˈpleɪs/ *Verb* **1** ersetzen ◊ *The new design will replace all existing models.* Das neue Design wird alle bestehenden Modelle ablösen. **2** erneuern, austauschen ◊ *All the old carpets need replacing.* Alle alten Teppiche müssen erneuert werden. **3** zurückstellen/-legen ◊ *replace the receiver/handset* den Hörer auflegen

re·place·able /rɪˈpleɪsəbl/ *Adj* ersetzbar; (*Teile*) austauschbar, auswechselbar

re·place·ment /rɪˈpleɪsmənt/ *Nomen* **1** Auswechseln, Austauschen **2** Ersatz ◊ *a hip replacement* ein künstliches Hüftgelenk

re·play¹ /ˈriːpleɪ/ *Nomen* **1** (*BrE*) (SPORT) Wiederholungsspiel **2** Wiederholung; (*eines Films, Tonbands, etc.*) nochmaliges Abspielen ☞ *Siehe auch* ACTION REPLAY

re·play² /ˌriːˈpleɪ/ *Verb* **1** (*meist passiv*) (*Match*) wiederholen **2** (*Aufnahme, Band*) (nochmals) abspielen (*auch fig*)

re·plen·ish /rɪˈplenɪʃ/ *Verb* (*gehoben*) (wieder) auffüllen

re·plen·ish·ment /rɪˈplenɪʃmənt/ *Nomen* **1** [U] (Wieder)auffüllen **2 replenishments** [Pl] Nachschub

re·plete /rɪˈpliːt/ *Adj* **1** *nicht vor Nomen* (*gehoben*) ~ (**with sth**) voll (von etw), reich (an etw) **2** (*veraltet oder gehoben*) satt, gesättigt

rep·lica /ˈreplɪkə/ *Nomen* Modell, Nachbildung; (*von Menschen*) Ebenbild ◊ *replica guns* Waffenimitationen

rep·li·cate /ˈreplɪkeɪt/ *Verb* (*gehoben*) **1** nachbilden, reproduzieren, wiederholen **2** (sich wiederholen; (BIOL) ~ (**itself**) sich replizieren

rep·li·ca·tion /ˌreplɪˈkeɪʃn/ *Nomen* **1** (BIOL) Replikation **2** Wiederholung

reply¹ /rɪˈplaɪ/ *Verb* (**-plies, -ply·ing, -plied, -plied**) **1** ~ (**to sb**) (jdm) antworten; ~ **to sth** etw beantworten, auf etw antworten **2** (*als Reaktion*) erwidern, antworten

reply² /rɪˈplaɪ/ *Nomen* Antwort ◊ *She made no reply.* Sie gab keine Antwort. ◊ *in reply to your letter of 16 March* in Beantwortung Ihres Schreibens vom 16. März ◊ *a reply-paid envelope* ein Freiumschlag ☞ *Hinweis bei* ANTWORT

re·port¹ /rɪˈpɔːt; *AmE* rɪˈpɔːrt/ *Verb* **1** ~ (**on sth**) (über etw) berichten; ~ **sth** etw (ver)melden ◊ *The pilot reported engine trouble.* Der Pilot meldete Probleme mit dem Triebwerk. ◊ *The doctor reported the patient fully recovered.* Der Arzt gab an, dass der Patient vollständig wiederhergestellt war. ◊ *reporting restrictions* Beschränkungen der Berichterstattung

> Folgende Passivkonstruktionen sind zu beachten: *She is reported to earn over $10 million a year.* Es heißt, dass sie über $10 Millionen im Jahr verdient. ◊ *The house was reported as being in excellent condition.* Von dem Haus hieß es, dass es in ausgezeichnetem Zustand war. ◊ *The President is reported as saying that …* Der Präsident hat angeblich gesagt, dass … ◊ *She was reported by the doctor to be making excellent progress.* Dem Arzt zufolge geht es ihr bereits viel besser.

2 (*bei Behörden, Polizei etc.*) melden, anzeigen ◊ *She has reported her daughter missing.* Sie hat ihre Tochter als vermisst gemeldet. ◊ *They were reported for smoking in the toilets.* Sie wurden bei der Schulleitung gemeldet, weil sie in der Toilette rauchten. **3** sich melden ◊ *Report for duty at 9.30 a.m.* Melden Sie sich morgen um 9.30 zum Dienst. PHR V **reˌport ˈback** sich zurückmelden **reˌport ˈback (on sth) (to sb)** (jdm) (über etw) Bericht erstatten **reˈport to sb** (*nicht in der Verlaufsform*) (*in der Arbeitswelt*) jdm unterstellt sein ◊ *Who do you report to?* Wer ist Ihr Vorgesetzter?

re·port² /rɪˈpɔːt; *AmE* rɪˈpɔːrt/ *Nomen* **1** ~ (**on/of sth**) Bericht (über etw) **2** Gutachten **3** (*AmE* **reˈport card**) (SCHULE) Zeugnis **4** (*gehoben*) (*Geräusch*) Knall ◊ *They heard the report of a gun.* Sie hörten einen Schuss.

re·port·age /rɪˈpɔːtɪdʒ, ˌrepɔːˈtɑːʒ; *AmE* rɪˈpɔːrt-, ˌrepɔːrˈt-/ *Nomen* (*gehoben*) **1** Reportage **2** Reportagestil

re·port·ed·ly /rɪˈpɔːtɪdli; *AmE* -ˈpɔːrt-/ *Adv* angeblich

reˌported ˈquestion *Nomen* indirekte Frage

reˌported ˈspeech *Nomen* indirekte Rede

re·port·er /rɪˈpɔːtə(r); *AmE* -ˈpɔːrt-/ *Nomen* Reporter(in), Berichterstatter(in)

re·port·ing /rɪˈpɔːtɪŋ; *AmE* -ˈpɔːrt-/ *Nomen* Berichterstattung

re·pose¹ /rɪˈpəʊz; *AmE* rɪˈpoʊz/ *Nomen* (*gehoben*) Ruhe ◊ *in repose* im entspannten Zustand

re·pose² /rɪˈpəʊz; *AmE* rɪˈpoʊz/ *Verb* (*gehoben*) **1** sich befinden **2** (*Person*) ruhen, sich ausruhen

re·posi·tory /rɪˈpɒzətri; *AmE* rɪˈpɑːzətɔːri/ *Nomen (Pl* **-ies**) (*gehoben*) **1** Lager **2** (*Mensch*) Quelle

re·pos·sess /ˌriːpəˈzes/ *Verb* beschlagnahmen

re·pos·ses·sion /ˌriːpəˈzeʃn/ *Nomen* **1** Beschlagnahmung ◊ *a repossession order* eine Pfändungsverfügung **2** beschlagnahmter Gegenstand ◊ *Auctions are the best place for buying repossessions.* Versteigerungen sind der beste Ort zum Kauf von beschlagnahmten Gegenständen.

rep·re·hen·sible /ˌreprɪˈhensəbl/ *Adj* (*gehoben*) verwerflich

rep·re·sent /ˌreprɪˈzent/ *Verb* **1** (*oft passiv*) vertreten, repräsentieren ◊ *They are well represented on the committee.* Sie sind im Ausschuss stark vertreten. **2** (*nicht in der Verlaufsform*) darstellen (*auch fig*) ◊ *Does this substance represent a threat to human health?* Stellt diese Substanz eine gesundheitliche Bedrohung dar? ◊ *This contract represents 20% of the annual revenue.* Dieser Vertrag macht 20% der Jahreseinkünfte aus. ◊ *The peace plan represents weeks of negotiation.* Dem Friedensplan liegen wochenlange Verhandlungen zugrunde. ◊ *Those comments do not represent the views of us all.* Solche Kommentare sind nicht repräsentativ für unsere Ansichten. **3** (*nicht in der Verlaufsform*) symbolisieren ◊ *Each colour on the chart represents a different department.* Jede Farbe auf der Grafik steht für eine andere Abteilung. SYN SYMBOLIZE **4** (*gehoben*) darlegen, unterbreiten

rep·re·sen·ta·tion /ˌreprɪzenˈteɪʃn/ *Nomen* **1** Darstellung **2** Vertretung ◊ *They should have equal representation in Parliament.* Sie sollten im Parlament gleich stark vertreten sein. **3 representations** [Pl] (*bes BrE, gehoben*) Protest, Ersuchen ◊ *We have made representations to the prime*

requirement

minister. Wir wurden beim Premierminister vorstellig. ☛ *Siehe auch* PROPORTIONAL REPRESENTATION

rep·re·sen·ta·tion·al /ˌreprɪzenˈteɪʃnl/ *Adj* **1** (*Fachspr*) (KUNST) gegenständlich **2** (POL, PSYCH) repräsentativ

rep·re·sen·ta·tive¹ /ˌreprɪˈzentətɪv/ *Nomen* **1** (*auch* rep) Vertreter(in) ◊ *He was the Queen's representative at the ceremony.* Er hat die Königin bei der Zeremonie vertreten. **2** (*umgs* rep) = SALES REPRESENTATIVE **3 Representative** (*Abk* **Rep.**) (POL) (*im amerikanischen Unterhaus*) Abgeordnete(r)

rep·re·sen·ta·tive² /ˌreprɪˈzentətɪv/ *Adj* ~ (**of sb/sth**) repräsentativ (für jdn/etw); (*Beispiel etc.*) typisch (für jdn/etw)

re·press /rɪˈpres/ *Verb* **1** unterdrücken **2** (PSYCH) verdrängen

re·pressed /rɪˈprest/ *Adj* unterdrückt; (PSYCH) verdrängt

re·pres·sion /rɪˈpreʃn/ *Nomen* Unterdrückung; (PSYCH) Verdrängung

re·pres·sive /rɪˈpresɪv/ *Adj* (*Adv* **re·pres·sive·ly**) repressiv

re·prieve¹ /rɪˈpriːv/ *Verb* (*meist passiv*) **1** (*nicht in der Verlaufsform*) ~ sb jdn begnadigen, jds Strafe aufschieben **2** ~ sth einer Sache eine Gnadenfrist gewähren ◊ *The future of the reprieved factories is still uncertain.* Die Zukunft der verschonten Fabriken ist noch ungewiss.

re·prieve² /rɪˈpriːv/ *Nomen* [meist Sing] **1** Begnadigung **2** Aufschub, Gnadenfrist

rep·ri·mand¹ /ˈreprɪmɑːnd; AmE -mænd/ *Verb* ~ **sb** (**for sth**) (*gehoben*) jdn (wegen einer Sache) tadeln

rep·ri·mand² /ˈreprɪmɑːnd; AmE -mænd/ *Nomen* (*gehoben*) Tadel, Rüge

re·print¹ /ˌriːˈprɪnt/ *Verb* (*meist passiv*) nachdrucken, neu auflegen

re·print² /ˈriːprɪnt/ *Nomen* Neuauflage, Nachdruck

re·pris·al /rɪˈpraɪzl/ *Nomen* (*gehoben*) Vergeltungsakt ◊ *in reprisal for the attack* aus Vergeltung für das Attentat

re·prise /rɪˈpriːz/ *Nomen* [meist Sing] Reprise

re·proach¹ /rɪˈprəʊtʃ; AmE -ˈproʊtʃ/ *Nomen* (*gehoben*) **1** Vorwurf ◊ *His voice was full of reproach.* Seine Stimme klang sehr vorwurfsvoll. ◊ *above/beyond reproach* über jeden Vorwurf erhaben **2** Schande

re·proach² /rɪˈprəʊtʃ; AmE -ˈproʊtʃ/ *Verb* (*gehoben*) ~ **sb** (**for/with sth**) jdm (wegen einer Sache) Vorwürfe machen

re·proach·ful /rɪˈprəʊtʃfl; AmE -ˈproʊtʃ-/ *Adj* (*Adv* **re·proach·ful·ly** /-fəli-/) vorwurfsvoll

rep·ro·bate¹ /ˈreprəbeɪt/ *Nomen* (*gehoben oder hum*) Schurke, verkommenes Subjekt

rep·ro·bate² /ˈreprəbeɪt/ *Adj* (*gehoben oder hum*) verwerflich, schändlich, verkommen

re·pro·duce /ˌriːprəˈdjuːs; AmE -ˈduːs/ *Verb* **1** reproduzieren, wiedergeben ◊ *All illustrations are reproduced by kind permission of the artist.* Alle Abbildungen sind mit freundlicher Genehmigung des Künstlers abgedruckt. **2** simulieren, wiedergeben ◊ *He was never able to reproduce this level of performance.* Er konnte diese Leistung nie wiederholen. **3** sich fortpflanzen, sich vermehren

re·pro·du·cible /ˌriːprəˈdjuːsəbl; AmE -ˈduːsəbl/ *Adj* reproduzierbar

re·pro·duc·tion /ˌriːprəˈdʌkʃn/ *Nomen* **1** Reproduktion, Fortpflanzung, Vermehrung **2** Vervielfältigung **3** Wiedergabe **4** Nachbildung, Reproduktion ◊ *colour reproductions of the paintings* farbige Abbildungen der Gemälde ◊ *reproduction furniture* Stilmöbel

re·pro·duc·tive /ˌriːprəˈdʌktɪv/ *Adj nur vor Nomen* Fortpflanzungs-, Geschlechts- ◊ *reproductive medicine* Reproduktionsmedizin

re·proof /rɪˈpruːf/ *Nomen* (*gehoben*) Tadel, Zurechtweisung

re·prove /rɪˈpruːv/ *Verb* (*gehoben*) tadeln, zurechtweisen

re·prov·ing /rɪˈpruːvɪŋ/ *Adj* (*Adv* **re·prov·ing·ly**) (*gehoben*) tadelnd

rep·tile /ˈreptaɪl; AmE auch -tl/ *Nomen* Reptil

rep·til·ian /repˈtɪliən/ *Adj* reptilartig, Reptilien- ◊ (*fig*) *unpleasantly reptilian* Abscheu erregend

re·pub·lic /rɪˈpʌblɪk/ *Nomen* (*Abk* **Rep.**) Republik

re·pub·lic·an /rɪˈpʌblɪkən/ **1** *Nomen* (*Abk* **R, Rep.**) Republikaner(in) **2** *Adj* republikanisch ☛ **Republican** mit großem „R" kann sich auf ein Mitglied der republikanischen Partei in den USA oder in Irland auf einen Befürworter der Vereinigung Irlands beziehen.

re·pub·lic·an·ism (*auch* **Re·pub·lic·an·ism**) /rɪˈpʌblɪkənɪzəm/ *Nomen* Republikanismus

the Reˈpublican Party *Nomen* [Sing] die Republikanische Partei

re·pu·di·ate /rɪˈpjuːdieɪt/ *Verb* (*gehoben*) **1** ablehnen SYN REJECT **2** zurückweisen SYN DENY **3** nicht anerkennen **4** (*veraltet*) verstoßen SYN DISOWN

re·pu·di·ation /rɪˌpjuːdiˈeɪʃn/ *Nomen* (*gehoben*) **1** Zurückweisung **2** Nichtanerkennung **3** Ablehnung **4** Verstoßung

re·pug·nance /rɪˈpʌɡnəns/ *Nomen* (*gehoben*) Abscheu, Widerwillen

re·pug·nant /rɪˈpʌɡnənt/ *Adj* ~ (**to sb**) (*gehoben*) (jdm) widerwärtig

re·pulse /rɪˈpʌls/ *Verb* (*gehoben*) **1** (*meist passiv*) abstoßen SYN REPEL **2** abwehren, zurückschlagen SYN REPEL **3** zurückweisen

re·pul·sion /rɪˈpʌlʃn/ *Nomen* **1** Widerwillen, Abscheu **2** (PHYSIK) Abstoßung

re·pul·sive /rɪˈpʌlsɪv/ *Adj* **1** (*Adv* **re·pul·sive·ly**) widerwärtig, abstoßend **2** (PHYSIK) abstoßend

re·pul·sive·ness /rɪˈpʌlsɪvnəs/ *Nomen* Widerwärtigkeit

rep·ut·able /ˈrepjətəbl/ *Adj* angesehen, seriös

repu·ta·tion /ˌrepjuˈteɪʃn/ *Nomen* Ruf ◊ *I'm aware of Mark's reputation for being late.* Ich weiß, dass Mark dafür bekannt ist, dass er immer zu spät kommt. ◊ *The weather in England was living up to its reputation.* Das Wetter in England entsprach genau den Erwartungen.

re·pute /rɪˈpjuːt/ *Nomen* (*gehoben*) Ruf, Ansehen ◊ *I know him only by repute.* Ich kenne ihn nur vom Hörensagen. SYN REPUTATION

re·puted /rɪˈpjuːtɪd/ *Adj* ◊ *He is reputed to be the best heart surgeon in the country.* Er ist angeblich der beste Herzchirurg des Landes. ◊ *The house is wrongly reputed to have been the poet's birthplace.* Es wird fälschlicherweise angenommen, dass dies Haus das Geburtshaus des Dichters ist. ◊ *She sold it for a reputed seven million.* Sie verkaufte es für angeblich sieben Millionen.

re·puted·ly /rɪˈpjuːtɪdli/ *Adv* angeblich, dem Vernehmen nach

re·quest¹ /rɪˈkwest/ *Nomen* Bitte ◊ *They made a request for further aid.* Sie baten um weitere Unterstützung. ◊ *The writer's name was withheld by request.* Auf Bitte des Verfassers wurde sein Name verschwiegen. ◊ *available on request* auf Wunsch erhältlich ◊ *a radio request programme* ein Wunschkonzert im Radio

re·quest² /rɪˈkwest/ *Verb* (*gehoben*) ~ **sth** (**from sb**) (jdn) um etw bitten ◊ *You can request a free copy of the leaflet.* Sie können eine Kopie der Broschüre anfordern.

re·quiem /ˈrekwiəm, -iem/ (*auch* ˌrequiem ˈmass) *Nomen* Requiem, Totenmesse

re·quire /rɪˈkwaɪə(r)/ *Verb* (*selten in der Verlaufsform*) (*gehoben*) **1** brauchen, benötigen ◊ *This condition requires urgent treatment.* Dieses Leiden muss dringend behandelt werden. ◊ (*bes AmE*) *The situation required that he be present.* Die Situation machte seine Anwesenheit erforderlich. ☛ Im britischen Englisch lautet die Formulierung gewöhnlich: *The situation required that he should be present.* **2** (*oft passiv*) ~ **sth** (**of sb**) etw (von jdm) verlangen ◊ *The wearing of seat belts is required by law.* Das Gesetz schreibt das Anlegen von Sicherheitsgurten vor. ◊ *'Hamlet' is required reading.* „Hamlet" ist Pflichtlektüre. ◊ *reach the required standard* das erforderliche Niveau erreichen ◊ *You will be required to take a short test.* Sie werden sich einer kurzen Prüfung unterziehen müssen.

re·quire·ment *Nomen* /rɪˈkwaɪəmənt; AmE -ˈkwaɪərm-/ (*gehoben*) **1** (*meist* **requirements**) [Pl] Bedürfnis, Bedarf ◊ *Our immediate requirement is extra staff.* Wir brauchen dringend zusätzliches Personal. **2** Anspruch, Anforderung, Voraussetzung ◊ *the entrance requirements* die Zulassungsbedingungen ◊ *a visa requirement* eine Visumspflicht

requis·ite¹ /ˈrekwɪzɪt/ *Adj nur vor Nomen* (*gehoben*) notwendig, erforderlich

requis·ite² /ˈrekwɪzɪt/ *Nomen* (*gehoben*) **1** Erfordernis, Voraussetzung **2** [meist Pl] Artikel ◊ *toilet requisites* Toilettenartikel

requi·si·tion¹ /ˌrekwɪˈzɪʃn/ *Nomen* Requirierung, Beschlagnahmung

requi·si·tion² /ˌrekwɪˈzɪʃn/ *Verb* requirieren, beschlagnahmen

re·quite /rɪˈkwaɪt/ *Verb* (*gehoben*) erwidern, vergelten

re-ˈroute *Verb* umleiten ◊ *re-route a road* eine Umverlegung einer Straße vornehmen

rerun¹ /ˈriːrʌn/ *Nomen* Wiederholung

rerun² /ˌriːˈrʌn/ *Verb* (**-run·ning**, **-ran** /ˌriːˈræn/, **-run**) wiederholen

re·sale /ˈriːseɪl, ˌriːˈseɪl/ *Nomen* Wiederverkauf, Weiterverkauf ◊ *the resale value* der Wiederverkaufswert

re·sched·ule /ˌriːˈʃedjuːl; *AmE* ˌriːˈskedʒuːl/ *Verb* **1** ~ **sth (for/to sth)** etw (auf etw) verlegen **2** refinanzieren ◊ *Repayments on the loan have been rescheduled over 20 years.* Die Umschuldung zur Tilgung des Darlehens beläuft sich jetzt auf 20 Jahre.

re·sched·ul·ing /ˌriːˈʃedjuːlɪŋ; *AmE* ˌriːˈskedʒuːlɪŋ/ *Nomen* **1** Verlegung **2** Refinanzierung

re·scind /rɪˈsɪnd/ *Verb* (*gehoben*) aufheben, widerrufen

res·cue¹ /ˈreskjuː/ *Verb* retten, bewahren

res·cue² /ˈreskjuː/ *Nomen* Rettung ◊ *She came to their rescue.* Sie kam ihnen zu Hilfe. ◊ *a mountain rescue team* eine Rettungsmannschaft der Bergwacht

res·cuer /ˈreskjuːə(r)/ *Nomen* Retter(in)

re·search¹ /rɪˈsɜːtʃ, ˈriːsɜːtʃ; *AmE* -sɜːrtʃ/ *Nomen* **1** Forschung, Untersuchung(en), Erforschung ◊ *a research student* ein(e) Doktorand(in) ◊ *research on animals* Tierexperimente **2** Nachforschung, Erkundigung

re·search² /rɪˈsɜːtʃ; *AmE* -ˈsɜːrtʃ/ *Verb* ~ (**into/on sth**) (etw) erforschen, (etw) untersuchen ◊ *She's researching her new book.* Sie recherchiert ihr neues Buch.

reˌsearch and deˈvelopment *Nomen* (*Abk* **R & D**) Forschung und Entwicklung

re·search·er /rɪˈsɜːtʃə(r), ˈriːsɜːtʃə(r); *AmE* -sɜːrtʃ-/ *Nomen* Forscher(in)

re·sell /ˌriːˈsel/ *Verb* (**re·sold**, **re·sold** /ˌriːˈsəʊld; *AmE* -ˈsoʊld/) weiterverkaufen

re·sem·blance /rɪˈzembləns/ *Nomen* Ähnlichkeit

re·sem·ble /rɪˈzembl/ *Verb* ~ **sb/sth/each other** (*nicht in der Verlaufsform*) jdm/etw/sich ähneln, jdm/etw/sich gleichen

re·sent /rɪˈzent/ *Verb* übel nehmen ◊ *She resented him making all the decisions.* Sie ärgerte sich darüber, dass er alle Entschlüsse fasste.

re·sent·ful /rɪˈzentfl/ *Adj* (*Adv* **re·sent·ful·ly** /-fəli/) verärgert, grollend ◊ *feel resentful about sth* etw übel nehmen ◊ *They seemed to be resentful of our presence there.* Sie schienen etwas gegen unsere Anwesenheit zu haben.

re·sent·ment /rɪˈzentmənt/ *Nomen* Unmut, Groll, Ressentiment

re·ser·va·tion /ˌrezəˈveɪʃn; *AmE* -zərˈv-/ *Nomen* **1** Reservierung **2** Zweifel ◊ *without reservation* ohne Vorbehalt. ◊ *with reservations* mit Einschränkungen **3** Reservat ☞ *Siehe auch* CENTRAL RESERVATION

re·serve¹ /rɪˈzɜːv; *AmE* rɪˈzɜːrv/ *Verb* **1** reservieren ◊ *I've reserved a room.* Ich habe ein Zimmer gebucht. **2** vorsehen, aufsparen ◊ *I'd prefer to reserve (my) judgement until I know all the facts.* Ich halte mich mit meinem Urteil zurück, bis ich den ganzen Sachverhalt kenne. **3** (*Recht etc.*) (sich) vorbehalten

re·serve² /rɪˈzɜːv; *AmE* rɪˈzɜːrv/ *Nomen* **1** [meist Pl] Reserve, Vorkommen ◊ *reserve assets* Reserveguthaben **2** Schutzgebiet ☞ *Siehe auch* GAME RESERVE *und* NATURE RESERVE **3** Reservat **4** Zurückhaltung, Reserve **5** Vorbehalt ◊ *The estimates should be treated with reserve.* Die Schätzungen sind mit Vorsicht zu genießen. **6** (SPORT) Reservespieler(in) **7** **the reserves** [Pl] (SPORT) die Reservemannschaft **8** (*auch* **the reserve** [Sing] *oder* **the reserves** [Pl]) die Reserve ◊ *the army reserve(s)* die Reserveeinheit(en) ◊ *the reserve police* die Polizeireserve **9** (*BrE auch* **reˈserve price**) Mindestgebot IDM **in reˈserve** in

Reserve ◊ *The money was being kept in reserve for their retirement.* Das Geld wurde für ihren Ruhestand zurückgelegt.

re·served /rɪˈzɜːvd; *AmE* rɪˈzɜːrvd/ *Adj* zurückhaltend, reserviert ◊ *a reserved man* ein zurückhaltender Mann

re·serv·ist /rɪˈzɜːvɪst; *AmE* -ˈzɜːrv-/ *Nomen* Reservist(in)

res·er·voir /ˈrezəvwɑː(r); *AmE* ˈrezərv-/ *Nomen* **1** Stausee, Reservoir **2** (*gehoben*) Reservoir ◊ *a reservoir of infection* ein Infektionsherd **3** (TECH) Behälter, Speicher

reset /ˌriːˈset/ *Verb* (**-set·ting**, **-set**, **-set**) **1** umstellen, neu einstellen **2** (*oft passiv*) (*Knochen*) richten **3** (COMP) rücksetzen

re·set·tle /ˌriːˈsetl/ *Verb* **1** umsiedeln, (sich) ansiedeln **2** wieder besiedeln **3** sich niederlassen

re·set·tle·ment /ˌriːˈsetlmənt/ *Nomen* **1** Umsiedlung **2** Neubesiedlung

re·shape /ˌriːˈʃeɪp/ *Verb* umgestalten, radikal ändern

re·shuf·fle¹ /ˌriːˈʃʌfl/ *Verb* (POL) umbilden ◊ *He decided against reshuffling the Cabinet.* Er entschied sich gegen eine Umbildung des Kabinetts.

re·shuf·fle² /ˌriːˈʃʌfl/ *Nomen* Umbildung

res·ide /rɪˈzaɪd/ *Verb* **1** (*gehoben*) wohnhaft sein, residieren, ansässig sein **2** (COMP) abgelegt sein PHRV **reˈside in sth** in etw liegen **reˈside in/with sb/sth** bei jdm/etw liegen ◊ *The ultimate authority resides with them.* Die maßgebliche Verantwortung liegt bei ihnen.

resi·dence /ˈrezɪdəns/ *Nomen* (*gehoben*) **1** Anwesen, Residenz, Sitz **2** [U] ◊ *They were not able to take up residence in their new home.* Sie konnten ihr neues Haus nicht beziehen. ◊ *her place of residence* ihr Wohnsitz ◊ *a hall of residence* ein Studentenwohnheim **3** Aufenthalt ◊ *a residence permit* eine Aufenthaltsgenehmigung IDM **in ˈresidence 1** anwesend ◊ *The flag flies when the queen is in residence.* Wenn die Königin anwesend ist, wird die Flagge gehisst. **2** (*Künstler, Schriftsteller, Musiker*) in einer Universität, Museum etc. zu Gast ◊ *an artist in residence at the Tate* ein(e) Künstler(in) zu Gast in der Tate Galerie

resi·dency /ˈrezɪdənsi/ *Nomen* (*Pl* **-ies**) (*gehoben*) **1** Aufenthalt ◊ *She has been granted permanent residency in Britain.* Großbritannien hat ihr eine unbefristete Aufenthaltsgenehmigung erteilt. **2** (*bes AmE*) ≈ Assistenzzeit im Krankenhaus **3** Residenz, Amtssitz

resi·dent¹ /ˈrezɪdənt/ *Nomen* **1** Bewohner(in), Einwohner(in), Anwohner(in) ◊ *residents' parking* Parkplätze für Anlieger **2** Hotelgast ◊ *The hotel restaurant is open to non-residents.* Das Hotelrestaurant steht auch Tagesgästen zur Verfügung. **3** (*AmE*) Assistenzarzt, -ärztin

resi·dent² /ˈrezɪdənt/ *Adj* wohnhaft, ansässig ◊ *Tom's our resident expert on foreign movies.* Tom ist unser hauseigener Experte für ausländische Filme.

resi·den·tial /ˌrezɪˈdenʃl/ *Adj* **1** Wohn-, Wohnungs- **2** ◊ *a three-day residential course* ein dreitägiger Kurs mit Übernachtung ◊ *a residential home for the elderly* ein Altenwohnheim ◊ *residential care for children* Heimunterbringung für Kinder

ˈresidents' association *Nomen* Anwohnerverein

re·sidual /rɪˈzɪdjuəl; *AmE* -dʒu-/ *Adj* (*gehoben*) *nur vor Nomen* restlich, verbleibend, Rest- ◊ *residual herbicides* Herbizide, die Rückstände bilden ◊ *residual income* Nettoeinkommen

re·sidu·ary /rɪˈzɪdjuəri; *AmE* -dʒueri/ *Adj* (RECHT) aus dem reinen Nachlass

re·sidue /ˈrezɪdjuː; *AmE* -duː/ *Nomen* **1** Rückstand **2** (RECHT) reiner Nachlass

re·sign /rɪˈzaɪn/ *Verb* **1** zurücktreten, austreten **2** aufgeben ◊ *She resigned her directorship.* Sie gab ihren Direktorposten auf. PHRV **reˈsign yourself to sth** sich mit etw abfinden

res·ig·na·tion /ˌrezɪgˈneɪʃn/ *Nomen* **1** Rücktritt **2** Kündigung **3** Resignation, Ergebung

re·signed /rɪˈzaɪnd/ *Adj* (*Adv* **re·sign·ed·ly** /-nɪdli/) resigniert, resignierend ◊ *He was resigned to never seeing her again.* Er fand sich damit ab, dass er sie nie wiedersehen würde.

re·sili·ence /rɪˈzɪliəns/ (*seltener* **re·sili·ency** /-nsi/) *Nomen* **1** Unverwüstlichkeit, Belastbarkeit **2** Elastizität

re·sili·ent /rɪˈzɪliənt/ *Adj* **1** unverwüstlich, robust ◊

Young people are amazingly resilient. Junge Menschen lassen sich nicht so leicht unterkriegen. **2** elastisch
res·in /ˈrezn; *AmE* ˈrezn/ *Nomen* (Kunst)harz
res·in·ous /ˈrezməs; *AmE* ˈrezənəs/ *Adj* harzig
re·sist /rɪˈzɪst/ *Verb* **1** sich widersetzen, widerstehen ◇ *The bank strongly resisted cutting interest rates.* Die Bank wehrte sich entschieden dagegen, den Zinssatz herabzusetzen. **2** Widerstand leisten (gegen), sich wehren (gegen) (*auch fig*) ◇ *He was charged with resisting arrest.* Er wurde wegen Widerstandes bei der Festnahme angeklagt. **3** (*meist in verneinten Sätzen*) (*Versuchung etc.*) widerstehen ◇ *Eric couldn't resist a smile.* Eric konnte sich ein Lächeln nicht verkneifen. **4** standhalten ◇ *This paint is designed to resist heat.* Dieser Lack soll hitzebeständig sein. ◇ *A healthy diet should help your body resist infection.* Eine gesunde Ernährung sollte dem Körper helfen, Abwehrkräfte gegen Infektionen zu mobilisieren.
re·sist·ance /rɪˈzɪstəns/ *Nomen* **1** Widerstand **2** Widerstandskraft, Resistenz ◇ *AIDS lowers the body's resistance to infection.* Aids reduziert die Abwehrkräfte des Körpers gegen Infektionen. **3** (*meist* **the Resistance**) Widerstand(sbewegung) ☛ G 1.3a **4** ◇ *water resistance* Wasserfestigkeit ◇ *heat resistance* Hitzebeständigkeit IDM ⇨ LINE¹
re·sist·ant /rɪˈzɪstənt/ *Adj* **1** widerstandsfähig, resistent **2 be ~ to sth** sich einer Sache widersetzen **3 -resistant** (*in zusammengesetzten Adjektiven*) -resistent, -beständig
re·sist·er /rɪˈzɪstə(r)/ *Nomen* jd, der Widerstand leistet
re·sis·tor /rɪˈzɪstə(r)/ *Nomen* (ELEK) Widerstand
resit¹ /ˌriːˈsɪt/ *Verb* (**-sit·ting, -sat, -sat** /-ˈsæt/) (*BrE*) (*Prüfung*) wiederholen
resit² /ˈriːsɪt/ *Nomen* (*BrE*) Wiederholungsprüfung ◇ *Students are only allowed one resit.* Die Studenten können die Prüfung nur einmal wiederholen.
reso·lute /ˈrezəluːt/ *Adj* (*Adv* **reso·lute·ly**) entschlossen, entschieden, resolut, energisch ◇ *resolute leadership* eine straffe Führung
reso·lute·ness /ˈrezəluːtnəs/ *Nomen* Entschlossenheit, Bestimmtheit
reso·lu·tion /ˌrezəˈluːʃn/ *Nomen* **1** Beschluss, Resolution **2** [U/Sing] Lösung ◇ *the resolution of the dispute* die Beilegung eines Streits **3** Entschlossenheit SYN RESOLVE **4** ~ (**to do sth**) Vorsatz (etw zu tun) ◇ *make New Year's resolutions* gute Vorsätze für das neue Jahr fassen **5** (COMP) Auflösung ◇ *high-resolution graphics* hochauflösende Grafiken
re·solve¹ /rɪˈzɒlv; *AmE* rɪˈzɑːlv/ *Verb* (*gehoben*) **1** (*Problem, Konflikt*) lösen; (*Zweifel*) zerstreuen; (*Streit*) beilegen; (*Unstimmigkeiten*) klären **2** ~ (**to do sth**) beschließen (etw zu tun) PHRV **re·solve into sth** ◇ *The discussion resolved into two main points.* In der Diskussion kristallisierten sich zwei Schwerpunkte heraus. **re·solve sth into sth** etw in etw zerlegen, etw in etw aufsplitten
re·solve² /rɪˈzɒlv; *AmE* rɪˈzɑːlv/ *Nomen* Entschlossenheit SYN RESOLUTION
re·solved /rɪˈzɒlvd; *AmE* rɪˈzɑːlvd/ *Adj* nicht vor Nomen ~ (**to do sth**) (*gehoben*) (fest) entschlossen (etw zu tun)
res·on·ance /ˈrezənəns/ *Nomen* **1** (*gehoben*) (voller) Klang **2** (*Fachspr*) Resonanz **3** (*fig*) Resonanz, Widerhall, Nachklang
res·on·ant /ˈrezənənt/ *Adj* **1** (*Adv* **res·on·ant·ly**) (*gehoben*) klangvoll, voll **2** (*Adv* **res·on·ant·ly**) nachhallend, hallend ◇ (*fig*) *resonant imagery* ausdrucksstarke Bilder **3** (*gehoben*) ~ **with sth** reich an etw **4 be ~ of sth** an etw erinnern
res·on·ate /ˈrezəneɪt/ *Verb* (*gehoben*) **1** (wider)hallen; ~ **with sth** von etw hallen **2** ~ **with sb** bei jdm Anklang finden; ~ **with sth** mit etw übereinstimmen ◇ *These issues resonated with the voters.* Diese Themen kamen bei den Wählern gut an. **3** ~ **with sth** reich an etw sein
res·on·ator /ˈrezəneɪtə(r)/ *Nomen* (*Fachspr*) Resonator, Resonanzkasten
re·sort¹ /rɪˈzɔːt; *AmE* rɪˈzɔːrt/ *Nomen* **1** Ferienort ◇ *a seaside resort* ein Seebad ◇ *a ski resort* ein Wintersportort **2** Zuflucht ◇ *The conflict can be resolved without resort to violence.* Der Konflikt kann ohne Gewaltanwendung gelöst werden. IDM **a/the first resort** zuerst; zunächst einmal ◇ *Doctors prescribe antibiotics as a first resort.* Die Ärzte verschreiben zunächst einmal Antibiotika. **in the last/final resort** letzten Endes **2** im schlimmsten Fall **a/the last/final resort** die letzte Möglichkeit **sb's last resort** die letzte Rettung für jdn
re·sort² /rɪˈzɔːt; *AmE* rɪˈzɔːrt/ *Verb* PHRV **re·sort to sth** auf etw zurückgreifen
re·sound /rɪˈzaʊnd/ *Verb* (*gehoben*) **1** ~ (**through sth**) (durch etw) hallen ◇ (*fig*) *The tragedy resounded around the world.* Die ganze Welt erfuhr von der Tragödie. **2** ~ (**with/to sth**) (vom Klang von etw) erfüllt sein
re·sound·ing /rɪˈzaʊndɪŋ/ *Adj* (*Adv* **re·sound·ing·ly**) nur vor Nomen **1** gewaltig, durchschlagend ◇ *a resounding victory/win* ein glorreicher Sieg **2** schallend, hallend
re·source¹ /rɪˈsɔːs, -ˈzɔːs; *AmE* ˈriːsɔːrs, rɪˈsɔːrs/ *Nomen* **1** [meist Pl] Mittel, Ressource ◇ *mineral resources* Bodenschätze **2** Hilfsmittel ◇ *resource books for teachers* Lehrmittelhilfen für den Unterricht **3 resources** [Pl] (*fig*) (seelische oder geistige) Stärken ◇ *She has considerable inner resources.* Sie hat enorme innere Reserven.
re·source² /rɪˈsɔːs, -ˈzɔːs; *AmE* ˈriːsɔːrs, rɪˈsɔːrs/ *Verb* finanzieren
re·source·ful /rɪˈsɔːsfl, -ˈzɔːs-; *AmE* -ˈsɔːrs-/ *Adj* (*Adv* **re·source·ful·ly** /-fəli/) einfallsreich, findig
re·source·ful·ness /rɪˈsɔːsfəlnəs, -ˈzɔːs-; *AmE* -ˈsɔːrs-/ *Nomen* Einfallsreichtum, Findigkeit
re·spect¹ /rɪˈspekt/ *Nomen* **1** Achtung, Respekt, Rücksicht ◇ *have respect for sb* Achtung vor jdn haben ◇ *show a lack of respect for authority* keinen Respekt vor der Autorität haben ◇ *He has no respect for her feelings.* Er nimmt keine Rücksicht auf ihre Gefühle. OPP DISRESPECT **2** Hinsicht, Beziehung ◇ *In this respect we are very fortunate.* In dieser Hinsicht haben wir großes Glück. **3 respects** [Pl] (*gehoben*) Grüße IDM **in respect of sth** (*gehoben*) **1** bezüglich; hinsichtlich **2** (WIRTSCH) als Vergütung **with re'spect; with all due re'spect** (*gehoben*) bei allem Respekt **with respect to sth** (*gehoben*) was ... betrifft ☛ Siehe auch DUE¹ und PAY¹
re·spect² /rɪˈspekt/ *Verb* **1** (*selten in der Verlaufsform*) ~ **sb/sth** (**for sth**) jdn/etw (wegen einer Sache) achten, jdn/etw (wegen einer Sache) respektieren ◇ *a highly respected teacher* ein sehr geachteter Lehrer **2** ~ **sth** auf etw Rücksicht nehmen
re·spect·abil·ity /rɪˌspektəˈbɪləti/ *Nomen* (gesellschaftliches) Ansehen, Ehrbarkeit, Anständigkeit
re·spect·able /rɪˈspektəbl/ *Adj* (*Adv* **re·spect·ably** /-əbli/) **1** angesehen, ehrbar, anständig ◇ *a respectable neighbourhood* eine bessere Wohngegend ◇ *Go and make yourself look respectable.* Geh und zieh dir was Anständiges an. OPP DISREPUTABLE **2** beachtlich, beträchtlich
re·spect·er /rɪˈspektə(r)/ *Nomen* IDM **be no respecter of 'persons** alle Menschen gleich behandeln
re·spect·ful /rɪˈspektfl/ *Adj* (*Adv* **re·spect·ful·ly** /-fəli/) respektvoll ◇ *be respectful of authority* Autorität respektieren ◇ *at a respectful distance* in angemessener Entfernung ◇ *Respectfully yours* Hochachtungsvoll OPP DISRESPECTFUL
re·spect·ing /rɪˈspektɪŋ/ *Präp* (*gehoben*) bezüglich
re·spect·ive /rɪˈspektɪv/ *Adj* nur vor Nomen jeweilig
re·spect·ive·ly /rɪˈspektɪvli/ *Adv* beziehungsweise ◇ *Julie and Mark, aged 17 and 19 respectively* Julie und Mark, 17, beziehungsweise 19 Jahre alt
res·pir·ation /ˌrespəˈreɪʃn/ *Nomen* [U] (*gehoben*) Atmung
res·pir·ator /ˈrespəreɪtə(r)/ *Nomen* **1** (MED) Respirator, Beatmungsmaschine **2** Atemschutzmaske
re·spira·tory /rəˈspɪrətri, ˈrespərətri; *AmE* ˈrespərətɔːri/ *Adj* Atmungs-, Atem- ◇ *the respiratory tract* die Atemwege ◇ *respiratory diseases* Erkrankungen der Atemwege ◇ *respiratory problems* Atembeschwerden
re·spire /rɪˈspaɪə(r)/ *Verb* (*Fachspr*) atmen
res·pite /ˈrespaɪt; *AmE* ˈrespɪt/ *Nomen* [U] **1** Pause, Unterbrechung, Erholung ◇ *a brief respite from the pain* eine kurze Erleichterung der Schmerzen **2** Aufschub
re·splen·dent /rɪˈsplendənt/ *Adj* (*Adv* **re·splen·dent·ly**) (*gehoben*) ~ (**in sth**) strahlend (in etw)
re·spond /rɪˈspɒnd; *AmE* rɪˈspɑːnd/ *Verb* **1** (*gehoben*) antworten SYN REPLY ☛ *Hinweis bei* ANTWORT **2** reagieren

respondent

◊ *The infection did not respond to the drugs.* Die Infektion hat auf die Medikamente nicht angesprochen.

re·spond·ent /rɪˈspɒndənt; *AmE* -ˈspɑːnd-/ *Nomen* **1** Befragte(r) **2** (RECHT) Beklagte(r)

re·sponse /rɪˈspɒns; *AmE* rɪˈspɑːns/ *Nomen* **1** Antwort ◊ *She gave no response.* Sie gab keine Antwort. ◊ *In response to your inquiry ...* Bezüglich Ihrer Anfrage ... **2** Reaktion ◊ *There has been little response to our appeal.* Unser Spendenaufruf fand wenig Resonanz. ◊ *We sent out over 1 000 letters but the response rate has been low.* Wir haben 1000 Briefe weggeschickt, aber das Echo war gering. **3** [meist Pl] (REL) Responsorium

re·spon·si·bil·ity /rɪˌspɒnsəˈbɪləti; *AmE* -ˌspɑːn-/ *Nomen* (*Pl* **-ies**) **1** Verantwortung ◊ *accept/take/bear responsibility for sth* die Verantwortung für etw übernehmen ◊ *be in a position of responsibility* eine verantwortungsvolle Position haben ◊ *It is our responsibility to ensure that the rules are enforced.* Wir sind dafür verantwortlich, dass die Regeln durchgesetzt werden. ◊ *Nobody has claimed responsibility for the bombing.* Niemand hat sich zu dem Bombenanschlag bekannt. ◊ *parental rights and responsibilities* elterliche Rechte und Pflichten **2** Verpflichtung, Verantwortung

re·spon·sible /rɪˈspɒnsəbl; *AmE* -ˈspɑːn-/ *Adj* **1** verantwortlich ◊ *He cannot be held responsible for his actions.* Er kann für seine Handlungen nicht zur Verantwortung gezogen werden. ◊ *Everything will be done to bring those responsible to justice.* Wir werden alles tun, um die Schuldigen zur Verantwortung zu ziehen. **2** ~ **to sb/sth** jdm/etw unterstellt **3** (*Adv* **re·spon·sibly** /-əbli/) verantwortungsbewusst, zuverlässig OPP IRRESPONSIBLE **4** (*Stellung etc.*) verantwortungsvoll

re·spon·sive /rɪˈspɒnsɪv; *AmE* -ˈspɑːn-/ *Adj* (*Adv* **re·spon·sive·ly**) interessiert, empfänglich ◊ *be responsive to consumer demand* auf die Wünsche der Kunden eingehen ◊ *a responsive audience* ein Publikum, das mitgeht ◊ *a flu virus that is not responsive to treatment* ein Grippevirus, der auf keine Behandlung anspricht OPP UNRESPONSIVE

re·spon·sive·ness /rɪˈspɒnsɪvnəs; *AmE* -ˈspɑːn-/ *Nomen* ~ (**to sth**) Empfänglichkeit (für etw), (positive) Reaktion (auf etw) ◊ *They show a lack of responsiveness to client needs.* Sie gehen auf Kundenwünsche nicht ein.

re·spray[1] /ˌriːˈspreɪ/ *Verb* (*Auto etc.*) umlackieren

re·spray[2] /ˈriːspreɪ/ *Nomen* neue Lackierung

rest[1] /rest/ *Nomen* **1** [Sing] **the ~ (of sth)** der Rest (von etw) ◊ *the rest of the day* der restliche Tag ◊ *the rest of the world* die übrige Welt ◊ *He's human, like the rest of us.* Er ist auch nur ein Mensch, wie wir alle. **2** Ruhe, Pause, Erholung ◊ *I had a good night's rest.* Ich schlief gut. ◊ *Try to get some rest.* Ruh dich aus. ◊ *have/take a rest from all your hard work* sich von seiner schweren Arbeit ausruhen **3** (*oft in Zusammensetzungen*) Lehne ◊ *an armrest* eine Armlehne ◊ *a headrest* eine Kopfstütze **4** (MUS) Pause IDM **and (all) the ˈrest (of it)** (*umgs*) und so weiter und so fort ◊ *He wants a big house and all the rest of it.* Er will ein großes Haus und was so alles dazugehört. **and the ˈrest!** (*BrE*, *umgs*) bei weitem mehr! **at ˈrest 1** in Ruhestellung **2** (*tot*) zur letzten Ruhe gebettet **come to ˈrest** zum Stillstand kommen **for the ˈrest** (*BrE, gehoben*) abgesehen davon **Give it a ˈrest!** (*umgs*) Hör doch auf! **give sth a ˈrest** (*umgs*) mit etw aussetzen **lay sb to ˈrest** jdn zur letzten Ruhe betten **lay/put sth to ˈrest** etw zum Schweigen bringen **the rest is ˈhistory** der Rest ist bekannt ➡ *Siehe auch* MIND[1] *und* WICKED[2]

rest[2] /rest/ *Verb* **1** (aus)ruhen ◊ *The doctor told me to rest.* Der Arzt hat mir Ruhe verordnet. ◊ *He won't rest until he finds her.* Er wird keine Ruhe geben, bis er sie findet. ◊ *Now I can rest easy.* Jetzt kann ich mich entspannen. **2** stützen ◊ *His chin rested on his hand.* Er hatte das Kinn auf die Hand gestützt. ◊ *Rest your head on my shoulder.* Lehn deinen Kopf an meine Schulter. ◊ *The bikes were resting against the wall.* Die Fahrräder lehnten an der Wand. **3** (*gehoben*) ruhen ◊ *The matter cannot rest there.* Die Angelegenheit kann man nicht auf sich beruhen lassen. ◊ *May he rest in peace.* Er ruhe in Frieden. IDM **I ˌrest my ˈcase** (*Fachspr oder hum*) ich habe nichts mehr zu sagen **rest asˈsured (that ...)** (*gehoben*) seien Sie versichert (dass ...) **rest your ˈeyes on sb/sth** den Blick nicht jdm/etw ruhen lassen ➡ *Siehe auch* GOD *und* LAUREL PHR V ˈrest on/upon sb bei jdm liegen ◊ *All our hopes now rest on you.* Wir setzen all unsere Hoffnungen nun auf dich. ˈrest on/upon sth (*auch fig*) sich auf etw stützen ◊ *Our success rests on several factors.* Unser Erfolg basiert auf mehreren Faktoren. ˈrest with sb (to do sth) (*gehoben*) bei jdm liegen (etw zu tun)

ˈrest area *Nomen* (*AmE*) Rastplatz

re·start[1] /ˌriːˈstɑːt; *AmE* -ˈstɑːrt/ *Verb* **1** wieder aufnehmen, neu beginnen, fortsetzen; (*Auto, Motor*) wieder anlassen; (*Herz*) wieder zum Schlagen bringen **2** wieder anfangen, wieder aufgenommen werden

re·start[2] /ˈriːstɑːt; *AmE* -stɑːrt/ *Nomen* neuer Start, Wiederaufnahme, Fortsetzung

re·state /ˌriːˈsteɪt/ *Verb* (*gehoben*) **1** noch einmal sagen **2** neu formulieren, anders darstellen **3** (MUS) wieder aufnehmen

re·state·ment /ˌriːˈsteɪtmənt/ *Nomen* **1** nochmalige Darstellung **2** Neuformulierung, andere Darstellung **3** (MUS) Wiederaufnahme

res·taur·ant /ˈrestrɒnt; *AmE* -trɑːnt, -tərɑːnt/ *Nomen* Restaurant, Gaststätte

ˈrestaurant car *Nomen* (*BrE*) Speisewagen

res·taura·teur /ˌrestərəˈtɜː(r)/ *Nomen* (*gehoben*) Gastronom(in)

rest·ful /ˈrestfl/ *Adj* ruhig, beruhigend, erholsam

ˈrest home *Nomen* Altersheim, Pflegeheim

ˈresting place *Nomen* **1** (letzte) Ruhestätte **2** Rastplatz **3** Platz ◊ *return sth to its resting place* etw an seinen Platz zurücklegen

res·ti·tu·tion /ˌrestɪˈtjuːʃn; *AmE* -ˈtuː-/ *Nomen* **1** (*gehoben*) Rückgabe, Rückerstattung **2** (RECHT) Entschädigung, Schadenersatz

rest·ive /ˈrestɪv/ *Adj* (*gehoben*) unruhig, aufsässig

rest·less /ˈrestləs/ *Adj* (*Adv* **rest·less·ly**) unruhig, rastlos

rest·less·ness /ˈrestləsnəs/ *Nomen* [U] Unruhe, Rastlosigkeit

re·stock /ˌriːˈstɒk; *AmE* -ˈstɑːk/ *Verb* **1** wieder auffüllen ◊ *restock the river with fish* den Fluss wieder mit Fischen besetzen **2** den Tierbestand erneuern, die Bestände auffüllen

res·tor·ation /ˌrestəˈreɪʃn/ *Nomen* **1** Restaurierung **2** Wiederherstellung ◊ *the restoration of diplomatic relations* die Wiederaufnahme diplomatischer Beziehungen **3** Rückgabe **4 the Restoration** [Sing] (GESCH) = (die Zeit nach der) Wiederherstellung der britischen Monarchie im Jahre 1660. ◊ *Restoration comedies* Restaurationskomödien

re·stora·tive[1] /rɪˈstɔːrətɪv/ *Adj* **1** (*gehoben*) stärkend, belebend **2** (MED) restorativ, Wiederherstellungs-

re·stora·tive[2] /rɪˈstɔːrətɪv/ *Nomen* (*veraltet*) Stärkungsmittel

re·store /rɪˈstɔː(r)/ *Verb* **1** wiederherstellen ◊ *restore the garden to its former glory* den Garten in seiner alten Pracht wiederherstellen ◊ *He is now fully restored to health.* Seine Gesundheit ist jetzt völlig wiederhergestellt. **2** ~ **sth to sb** jdm etw zurückgeben **3** (*Gebäude etc.*) restaurieren **4** (*Tradition etc.*) wieder einführen ◊ *restore ancient rights* alte Rechte wieder einsetzen

re·storer /rɪˈstɔːrə(r)/ *Nomen* Restaurator(in)

re·strain /rɪˈstreɪn/ *Verb* **1** zurückhalten, bändigen, mit Gewalt festhalten **2** ~ **sb/sth from doing sth** jdn/etw davon abhalten etw zu tun **3** (*Zorn, Wunsch etc.*) unterdrücken; **~ yourself** sich beherrschen; **~ yourself from doing sth** sich zurückhalten, um etw nicht zu tun **4** einschränken, in Schranken halten

re·strained /rɪˈstreɪnd/ *Adj* **1** zurückhaltend, beherrscht ◊ *They have been very restrained.* Sie haben sich sehr zurückgehalten. **2** unaufdringlich, dezent

reˈstraining order *Nomen* (*bes AmE*) gerichtliche Verfügung

re·straint /rɪˈstreɪnt/ *Nomen* **1** [meist Pl] Einschränkung, Beschränkung ◊ *social restraints* gesellschaftliche Zwänge **2** Zurückhaltung ◊ *exercise restraint* sich zurückhalten **3** (Selbst)beherrschung ◊ *The police appealed to the crowd for restraint.* Die Polizei appellierte an die Menge, Ruhe zu bewahren. **4** (*gehoben*) gewaltsames Festhalten **5** (*offiz*) Sicherheitsgurt ◊ *a child restraint* ein Kindersitz

re·strict /rɪˈstrɪkt/ *Verb* **1** ~ **sth** (**to sb/sth**) etw (auf jdn/etw) beschränken ◊ *Access to the club is restricted to members only.* Der Zutritt zum Klub ist nur Mitgliedern gestattet. **2** einschränken

re·strict·ed /rɪˈstrɪktɪd/ *Adj* **1** begrenzt **2** eingeschränkt **3** beschränkt ◊ *a restricted area* ein Gebiet mit Tempolimit bzw. Parkverbot **4** (*BrE*) geheim ◊ *a restricted document* ein Geheimdokument [SYN] CLASSIFIED **5** = R, R (6)

re·stric·tion /rɪˈstrɪkʃn/ *Nomen* Beschränkung, Einschränkung ◊ *impose/place a restriction on sth* etw beschränken ◊ *clothes that prevent any restriction of movement* Kleidung, die völlige Bewegungsfreiheit gewährt

re·strict·ive /rɪˈstrɪktɪv/ *Adj* einschränkend, restriktiv

re,strictive 'practices *Nomen* [Pl] (*BrE, oft abwert*) **1** = Arbeitspraktiken zum Schutz der Arbeitsplätze **2** = wettbewerbsbeschränkende Absprachen

rest·room /ˈrestruːm, -rʊm/ *Nomen* (*AmE*) (*im Theater, Restaurant etc.*) Toilette ☞ *Hinweis bei* TOILETTE

re·struc·ture /ˌriːˈstrʌktʃə(r)/ *Verb* umstrukturieren

re·struc·tur·ing /ˌriːˈstrʌktʃərɪŋ/ *Nomen* [meist Sing] Umstrukturierung

'rest stop *Nomen* (*AmE*) Rastplatz

re·sult¹ /rɪˈzʌlt/ *Nomen* **1** Folge ◊ *She died as a result of her injuries.* Sie starb an ihren Verletzungen.

> ✎ WRITING TIP
> **Describing the results of change**
> • *There is no work on the island, and, as a result, young people are leaving.* Auf der Insel gibt es keine Stellen, folglich wandern die jungen Leute ab.
> • *The fishing industry has declined dramatically, and people were obliged to leave the island for work.* Der dramatische Niedergang der Fischindustrie führte dazu, dass die Bewohner die Insel verlassen mussten, um Arbeit zu finden.
> • *The last factory closed down, thus forcing people to move away.* Die letzte Fabrik wurde geschlossen, daher waren die Bewohner gezwungen abzuwandern.

2 Ergebnis ◊ *the election result* das Wahlergebnis **3** [meist Pl] (*BrE*) (Prüfungs)ergebnis ◊ *Have you had your results yet?* Weißt du schon, wie du abgeschnitten hast? **4** (*BrE*) (SPORT) (*umgs*) Erfolg **5** results [Pl] Resultate

re·sult² /rɪˈzʌlt/ *Verb* ~ (**from sth**) sich (aus etw) ergeben, (aus etw) resultieren [PHR V] **re'sult in sth** zu etw führen

re·sult·ant /rɪˈzʌltənt/ *Adj nur vor Nomen* (*gehoben*) sich daraus ergebend, daraus resultierend

re·sume /rɪˈzuːm; *BrE auch* -ˈzjuː-/ *Verb* (*gehoben*) **1** (Verhandlungen etc.) wieder aufnehmen **2** wieder anfangen **3** (*Platz etc.*) wieder einnehmen

ré·sumé (*auch* **resumé**) /ˈrezjumeɪ; *AmE* ˈrezəmeɪ/ *Nomen* **1** Zusammenfassung **2** (*AmE*) Lebenslauf ☞ *Hinweis bei* BEWERBUNG

re·sump·tion /rɪˈzʌmpʃn/ *Nomen* [Sing] (*gehoben*) Wiederaufnahme, Wiederbeginn

re·sur·face /ˌriːˈsɜːfɪs; *AmE* -ˈsɜːrf-/ *Verb* **1** wieder auftauchen (*auch fig*) **2** (*Gefühle etc.*) wieder hochkommen **3** ◊ *resurface the road* den Straßenbelag erneuern

re·sur·gence /rɪˈsɜːdʒəns; *AmE* -ˈsɜːrdʒ-/ *Nomen* [Sing] Wiederaufleben

re·sur·gent /rɪˈsɜːdʒənt; *AmE* -ˈsɜːrdʒ-/ *Adj* (*gehoben*) wieder auflebend

res·ur·rect /ˌrezəˈrekt/ *Verb* **1** wieder aufleben lassen, wieder beleben **2** (*Tote*) wieder zum Leben erwecken

res·ur·rec·tion /ˌrezəˈrekʃn/ *Nomen* **1 the Resurrection** [Sing] die Auferstehung (Christi) **2** (*fig*) Wiederbelebung, Wiederaufleben

re·sus·ci·tate /rɪˈsʌsɪteɪt/ *Verb* wieder beleben (*auch fig*)

re·sus·ci·ta·tion /rɪˌsʌsɪˈteɪʃn/ *Nomen* Wiederbelebung ☞ *Siehe auch* MOUTH-TO-MOUTH RESUSCITATION

re·tail¹ /ˈriːteɪl/ *Nomen* Einzelhandel ◊ *the retail trade* der Einzelhandel ◊ *the recommended retail price* die unverbindliche Preisempfehlung

re·tail² /ˈriːteɪl/ *Nomen* ein Einzelhandel

re·tail³ /ˈriːteɪl/ *Verb* **1** (im Einzelhandel) verkaufen **2** ~ **at/for** … (WIRTSCH) einen Ladenpreis von … haben

re·tail⁴ /ˈriːteɪl/ *Verb* ~ **sth** (**to sb**) (jdm) etw (weiter)erzählen, (jdm) von etw erzählen

re·tail·er /ˈriːteɪlə(r)/ *Nomen* (*gehoben*) Einzelhändler(in)

re·tail·ing /ˈriːteɪlɪŋ/ *Nomen* Einzelhandel

'retail park *Nomen* Einkaufspark

,retail 'price index (*auch* **'price index**) *Nomen* (*Abk* **RPI**) (*BrE*) Einzelhandelspreisindex

retail 'therapy *Nomen* (*hum*) Einkaufen als Aufmunterung

re·tain /rɪˈteɪn/ *Verb* (*gehoben*) **1** behalten, beibehalten **2** (*Rekord etc.*) halten; (*Titel etc.*) erfolgreich verteidigen **3** (*Feuchtigkeit, Daten*) speichern; (*im Gedächtnis*) sich merken **4** (*Anwalt etc.*) beauftragen

re·tain·er /rɪˈteɪnə(r)/ *Nomen* **1** = Honorar, das einen Freiberufler, Berater etc. dafür gezahlt wird, dass er zur Verfügung steht **2** (*BrE*) ≈ reduzierte Miete für eine leer stehende Wohnung, z.B. während der Semesterferien **3** (*AmE*) Zahnspange **4** (*veraltet*) Faktotum

re·tain·ing /rɪˈteɪnɪŋ/ *Adj nur vor Nomen* (TECH) Befestigungs- ◊ *a retaining wall* eine Stützmauer

re·take¹ /ˌriːˈteɪk/ *Verb* (**-took** /-ˈtʊk/, **-taken** /-ˈteɪkən/) **1** zurückerobern (*auch fig*) **2** (*Prüfung*) wiederholen

re·take² /ˈriːteɪk/ *Nomen* **1** (*Film*) Neuaufnahme ◊ *We had to do several retakes.* Wir mussten die Szene mehrere Male drehen. **2** Wiederholungsprüfung [SYN] RESIT

re·tali·ate /rɪˈtælieɪt/ *Verb* Vergeltung üben, sich revanchieren, zurückschlagen

re·tali·ation /rɪˌtæliˈeɪʃn/ *Nomen* Vergeltung, Revanche; (MIL) Vergeltungsschlag

re·tali·atory /rɪˈtæliətri; *AmE* -tɔːri/ *Adj* Vergeltungs-

re·tard¹ /rɪˈtɑːd; *AmE* rɪˈtɑːrd/ *Verb* (*gehoben*) verlangsamen, verzögern

re·tard² /ˈriːtɑːd; *AmE* ˈriːtɑːrd/ *Nomen* (*Slang, beleidigend*) Idiot(in)

re·tard·ation /ˌriːtɑːˈdeɪʃn; *AmE* ˌriːtɑːrˈd-/ *Nomen* Verzögerung; (MED) Retardation

re·tard·ed /rɪˈtɑːdɪd; *AmE* -ˈtɑːrd-/ *Adj* (*veraltet, beleidigend*) (geistig) zurückgeblieben

retch /retʃ/ *Verb* würgen ◊ *The smell made her retch.* Der Geruch verursachte ihr Brechreiz.

re·tell /ˌriːˈtel/ *Verb* (**-told**, **-told** /-ˈtəʊld; *AmE* -ˈtoʊld/) nacherzählen, noch einmal erzählen

re·ten·tion /rɪˈtenʃn/ *Nomen* (*gehoben*) **1** Beibehaltung ◊ *improve retention of staff* den Personalwechsel eindämmen **2** Speicherung **3** (MED) Retention

re·ten·tive /rɪˈtentɪv/ *Adj* (*Gedächtnis*) gut

re·think¹ /ˌriːˈθɪŋk/ *Verb* (**-thought**, **-thought** /-ˈθɔːt/) **1** nochmals überdenken **2** umdenken

re·think² /ˈriːθɪŋk/ (*auch* **re·think·ing** /ˌriːˈθɪŋkɪŋ/) *Nomen* [Sing] Überdenken, Umdenken

reti·cence /ˈretɪsns/ *Nomen* (*gehoben*) Zurückhaltung

reti·cent /ˈretɪsnt/ *Adj* zurückhaltend

ret·ina /ˈretɪnə; *AmE* ˈretənə/ *Nomen* (*Pl* **ret·inas** *oder* **ret·inae** /-niː/) Netzhaut

ret·inue /ˈretɪnjuː; *AmE* ˈretənuː/ *Nomen* Gefolge ☞ G 1.3b

re·tire /rɪˈtaɪə(r)/ *Verb* **1** in Pension gehen, in den Ruhestand gehen ◊ *retire to a villa in France* sich in einer Villa in Frankreich zur Ruhe setzen **2** ~ **sb** jdn in den Ruhestand versetzen **3** (SPORT) aufgeben, ausscheiden **4** (*gehoben*) sich zurückziehen **5** (*gehoben*) zu Bett gehen

re·tired /rɪˈtaɪəd; *AmE* rɪˈtaɪərd/ *Adj* pensioniert, im Ruhestand

re·tir·ee /rɪˌtaɪəˈriː/ *Nomen* (*AmE*) Rentner(in), Pensionär(in), Pensionist(in)

re·tire·ment /rɪˈtaɪəmənt; *AmE* -ˈtaɪərm-/ *Nomen* **1** Ruhestand ◊ *take early retirement* in Frührente gehen ◊ *retirement age* Rentenalter ◊ *a retirement pension* eine Altersrente **2** (SPORT) ~ (**from sth**) Rücktritt (von etw)

re'tirement home *Nomen* Altersheim

re·tir·ing /rɪˈtaɪərɪŋ/ *Adj* zurückhaltend

re·tool /ˌriːˈtuːl/ *Verb* **1** umrüsten **2** (*AmE, umgs*) ändern, umgestalten

re·tort¹ /rɪˈtɔːt; *AmE* rɪˈtɔːrt/ *Verb* entgegnen

re·tort² /rɪˈtɔːt; *AmE* rɪˈtɔːrt/ *Nomen* **1** Erwiderung **2** (NATURW) Retorte

re·touch /ˌriːˈtʌtʃ/ *Verb* retuschieren
re·trace /rɪˈtreɪs/ *Verb* **1** zurückverfolgen ◇ *retrace your steps* denselben Weg zurückgehen **2** nachvollziehen ◇ (*fig*) *Her mind retraced the dramatic events of the previous night.* In Gedanken spielte sie die dramatischen Ereignisse der vergangenen Nacht nochmals ab. **3** rekonstruieren
re·tract /rɪˈtrækt/ *Verb* **1** widerrufen; (*Behauptung*) zurücknehmen; (*Angebot*) zurückziehen **2** (TECH) einziehen **3** sich zurückziehen
re·tract·able /rɪˈtræktəbl/ *Adj* einziehbar
re·trac·tion /rɪˈtrækʃn/ *Nomen* (*gehoben*) **1** Widerruf, Zurücknahme **2** (TECH) Einziehen
re·train /ˌriːˈtreɪn/ *Verb* **1** umschulen **2** umgeschult werden, sich umschulen lassen
re·train·ing /ˌriːˈtreɪnɪŋ/ *Nomen* Umschulung
re·tread /ˈriːtred/ *Nomen* **1** runderneuerter Reifen **2** (*AmE*, *abwert*) (*Buch*, *Film etc.*) Aufguss
re·treat¹ /rɪˈtriːt/ *Verb* **1** sich zurückziehen, zurückgehen **2** ~ **from sth** (*fig*) von etw abgehen
re·treat² /rɪˈtriːt/ *Nomen* **1** Rückzug ◇ *The army was in full retreat.* Die Armee war auf dem Rückzug. **2** ~ (**from/into sth**) Flucht (aus/in etw) **3** [meist Sing] Rückzieher **4** Refugium, Meditationszentrum **5** (REL) Meditationstag(e), Besinnungstag(e) IDM ⇨ BEAT¹
re·trench /rɪˈtrentʃ/ *Verb* (*gehoben*) Einsparungen machen
re·trench·ment /rɪˈtrentʃmənt/ *Nomen* (*gehoben*) Einsparung(en), Sparmaßnahme(n)
re·trial /ˌriːˈtraɪəl/ *Nomen* Wiederaufnahmeverfahren, Wiederaufnahme des Verfahrens
ret·ri·bu·tion /ˌretrɪˈbjuːʃn/ *Nomen* (*gehoben*) Vergeltung ◇ *an act of retribution* ein Vergeltungsschlag ◇ *fear of divine retribution* Angst vor der Strafe Gottes
re·trieval /rɪˈtriːvl/ *Nomen* **1** (*gehoben*) Rückgewinnung, Bergung ◇ *baggage retrieval* Gepäckausgabe ◇ (*fig*) *The situation was beyond retrieval.* Die Situation war hoffnungslos. **2** (COMP) Abfrage
re·trieve /rɪˈtriːv/ *Verb* **1** (*gehoben*) zurückholen, herausholen, zurückbekommen **2** (COMP) abrufen **3** (*Lage*) retten
re·triever /rɪˈtriːvə(r)/ *Nomen* (*Jagdhund*) Retriever
retro- /ˈretrəʊ; *AmE* -troʊ/

> Retro- wird in Nomina, Adjektiven und Adverbien benutzt und bedeutet **Rück-**/**rück-** oder **Retro-**/**retro-**: *retrograde* rückläufig ◇ *retrospective* rückblickend/retrospektiv.

retro·active /ˌretrəʊˈæktɪv; *AmE* -troʊ-/ *Adj* (*Adv* **retro·ac·tive·ly**) (*gehoben*) rückwirkend
retro·fit /ˈretrəʊfɪt; *AmE* -troʊ-/ *Verb* (**-tt-**) nachträglich einbauen
retro·grade /ˈretrəɡreɪd/ *Adj* (*gehoben*, *abwert*) rückläufig, rückschrittlich ◇ *a retrograde step* ein Rückschritt
retro·gres·sive /ˌretrəˈɡresɪv/ *Adj* (*gehoben*, *abwert*) rückschrittlich OPP PROGRESSIVE
retro·spect /ˈretrəspekt/ *Nomen* IDM **in retrospect** im Nachhinein; im Rückblick
retro·spect·ive¹ /ˌretrəˈspektɪv/ *Adj* **1** nachträglich ◇ *a retrospective exhibition* eine Retrospektive **2** rückwirkend
retro·spect·ive² /ˌretrəˈspektɪv/ *Nomen* Retrospektive
retro·spect·ive·ly /ˌretrəˈspektɪvli/ *Adv* **1** rückblickend, im Rückblick **2** rückwirkend
retry /ˌriːˈtraɪ/ *Verb* (**-tries**, **-tried**, **-tried**) **1** (RECHT) (*Fall*) neu verhandeln; (*Person*) wieder vor Gericht bringen **2** nochmals versuchen
re·turn¹ /rɪˈtɜːn; *AmE* rɪˈtɜːrn/ *Verb* **1** zurückkommen, zurückkehren, wiederkommen ◇ *I waited a long time for him to return.* Ich wartete lange auf seine Rückkehr. **2** zurückgeben, zurückbringen, zurücksenden, zurückschicken ◇ *I returned the letter unopened.* Ich ließ den Brief ungeöffnet zurückgehen. **3** ~ **to sth** etw wiederaufnehmen; (*Thema*) auf etw zurückkommen ◇ *The doctor may allow her to return to work next week.* Der Arzt erlaubt ihr vielleicht nächste Woche wieder zu arbeiten. ◇ *Train services have returned to normal after the strike.* Die Züge verkehren nach dem Streik wieder normal. **4** erwidern **5** ~ *re·turn a favour/an invitation* sich revanchieren ◇ *return a*

call zurückrufen **5** (*Ball*) zurückschlagen, zurückwerfen **6** (RECHT) ◇ *The jury returned a verdict of guilty/not guilty.* Die Geschworenen erkannten auf schuldig/nicht schuldig. ◇ *return a verdict of murder* jdn des Mordes für schuldig befinden **7** (*meist passiv*) (*BrE*) (POL) ~ **sb** (**to sth**) jdn (zu etw) wählen; ~ **sb** (**as sth**) jdn (als etw) wählen **8** (FINANZ, WIRTSCH) abwerfen; (*Zinsen*) tragen; (*Verlust*) verzeichnen
re·turn² /rɪˈtɜːn; *AmE* rɪˈtɜːrn/ *Nomen* **1** [Sing] Rückkehr ◇ *On his return to London he set up his own business.* Er kehrte nach London zurück und machte sein eigenes Geschäft auf. ◇ *on the return flight* auf dem Rückflug ◇ *after his return to power* nachdem er wieder an die Macht gelangt war ◇ *It was a return to form for them.* Sie hatten zu ihrer vorherigen Form zurückgefunden. **2** Rückgabe ◇ *your return address* Ihre Rückanschrift **3** Ertrag **4** ◇ *census returns* Volkszählungsstatistiken ◇ *election returns* Wahlergebnisse **5** (*BrE*) Rückfahrkarte **6** (COMP) Eingabetaste **7** zurückgegebene Karte **8** (SPORT) Return IDM **by re'turn** (**of 'post**) (*BrE*) postwendend **in re'turn** (**for sth**) als Gegenleistung (für etw) ◇ *I'd like to do something in return.* Ich möchte mich revanchieren. ◇ *I asked her opinion, but she just asked me a question in return.* Ich bat sie um ihre Meinung, aber sie stellte mir nur eine Gegenfrage. ☛ *Siehe auch* HAPPY, POINT¹ *und* SALE
re·turn·able /rɪˈtɜːnəbl; *AmE* -ˈtɜːrn-/ *Adj* **1** (*offiz*) ◇ *A returnable deposit is payable on arrival.* Ein Kaution muss bei der Ankunft hinterlegt werden. ◇ *The application form is returnable not later than 7th June.* Das Formular muss spätestens bis zum 7. Juni zurückgeschickt werden. **2** Pfand-, Mehrweg- OPP NON-RETURNABLE
re·turn·ee /rɪˌtɜːˈniː; *AmE* rɪˈtɜːrˈniː/ *Nomen* [meist Pl] (*bes AmE*) Heimkehrer(in)
re·turn·er /rɪˈtɜːnə(r); *AmE* -ˈtɜːrn-/ *Nomen* (*BrE*) Wiedereinsteiger(in) ins Berufsleben ◇ *women returners* Frauen, die wieder ins Berufsleben einsteigen
re'turning officer *Nomen* (*BrE*) Wahlleiter(in)
re'turn key *Nomen* (COMP) Eingabetaste
reˌturn 'match (*auch* reˌturn 'game) *Nomen* (*bes BrE*) Rückspiel
reˌturn 'ticket *Nomen* (*BrE*) Rückfahrkarte
reˌturn 'visit *Nomen* **1** zweiter Besuch ◇ *make a return visit to Ireland* wieder nach Irland fahren **2** Gegenbesuch
re·uni·fi·ca·tion /ˌriːˌjuːnɪfɪˈkeɪʃn/ *Nomen* Wiedervereinigung
re·unify /ˌriːˈjuːnɪfaɪ/ (**-fies**, **-fying**, **-fied**, **-fied**) *Verb* (*oft passiv*) wieder vereinigen
re·union /riːˈjuːniən/ *Nomen* **1** Treffen **2** Wiedersehen **3** Wiedervereinigung
re·unite /ˌriːjuːˈnaɪt/ *Verb* (sich) wieder vereinigen ◇ *She was reunited with her child.* Sie war wieder mit ihrem Kind vereint. ◇ *The band is to reunite for a world tour.* Die Band soll wieder zusammen auf eine Welttournee gehen.
re·us·able /ˌriːˈjuːzəbl/ *Adj* wieder verwendbar
reuse¹ /ˌriːˈjuːz/ *Verb* wieder verwenden
reuse² /ˌriːˈjuːs/ *Nomen* Wiederverwendung
Rev. *Abk* (*BrE*) = REVEREND
rev¹ /rev/ *Verb* (**-vv-**) **1** (*Motor*) aufheulen **2** ~ **sth up** (*Motor*) etw auf Touren bringen, etw aufheulen lassen
rev² /rev/ *Nomen* [meist Pl] (*umgs*) Umdrehung ◇ *a rev counter* ein Drehzahlmesser
re·valu·ation /ˌriːvæljuˈeɪʃn/ *Nomen* [meist Sing] **1** Neubewertung **2** (FINANZ) Aufwertung OPP DEVALUATION
re·value /ˌriːˈvæljuː/ *Verb* **1** neu bewerten, neu schätzen **2** (*Währung*) aufwerten OPP DEVALUE
re·vamp¹ /ˌriːˈvæmp/ *Verb* aufmöbeln, aufpolieren
re·vamp² /ˈriːvæmp/ *Nomen* [Sing] (*meist mit einem Verb übersetzt*) ◇ *Your kitchen could do with a revamp.* Du solltest deine Küche etwas aufmöbeln.
Revd. *Abk* (*BrE*) = REVEREND
re·veal /rɪˈviːl/ *Verb* **1** ~ **sth** (**to sb**) (jdm) etw verraten **2** offenbaren, zeigen, erkennen lassen ◇ *He refused to reveal his identity.* Er weigerte sich, seinen Namen preiszugeben. ◇ *The report reveals (that) …* Aus dem Bericht geht hervor, dass … ◇ *It was revealed that important evidence had been suppressed.* Es stellte sich heraus, dass wichtige Beweise unterdrückt worden waren.

re·veal·ing /rɪˈviːlɪŋ/ *Adj* **1** aufschlussreich **2** (*Kleid, Bluse etc.*) offenherzig

re·veal·ing·ly /rɪˈviːlɪŋli/ *Adv* **1** offenherzig **2** interessanterweise

re·veille /rɪˈvæli; *AmE* ˈrevəli/ *Nomen* [U] (MIL) Wecksignal

revel¹ /ˈrevl/ *Verb* (**-ll-**, *AmE* **-l-**) feiern PHRV **ˈrevel in sth** etw genießen, an etw Spaß haben

revel² /ˈrevl/ *Nomen* [meist Pl] (*gehoben*) Festlichkeit

reve·la·tion /ˌrevəˈleɪʃn/ *Nomen* **1** Enthüllung **2** [U] Enthüllung, Aufdeckung **3** Offenbarung IDM **come as/be a revelation (to sb)** völlig überraschend kommen; eine Offenbarung (für jdn) sein

rev·ela·tory /ˌrevəˈleɪtəri; *AmE* ˈrevələtɔːri/ *Adj* (*gehoben*) aufschlussreich, augenblicklich

rev·el·ler (*AmE* **rev·el·er**) /ˈrevələ(r)/ *Nomen* Feiernde(r)

rev·el·ry /ˈrevlri/ *Nomen* (*auch* **rev·el·ries** [Pl]) Feiern, Festlichkeit(en)

re·venge¹ /rɪˈvendʒ/ *Nomen* **1** Vergeltung, Rache ◊ *take (your) revenge on sb* sich an jdm rächen ◊ *The bombing was in revenge for the assassination.* Der Bombenanschlag war eine Vergeltungsaktion für das Attentat. **2** (SPORT) Revanche

re·venge² /rɪˈvendʒ/ *Verb* PHRV **reˈvenge yourself on sb; be reˈvenged on sb** (*gehoben*) sich an jdm rächen

rev·enue /ˈrevənjuː; *AmE* -nuː/ *Nomen* Einkünfte, (öffentliche) Einnahmen ◊ *tax revenue* Steuereinnahmen ◊ *the company's annual revenues* die jährlichen Einnahmen der Firma

re·ver·ber·ate /rɪˈvɜːbəreɪt; *AmE* -ˈvɜːrb-/ *Verb* **1** (wider)hallen ◊ *Her voice reverberated around the hall.* Ihre Stimme hallte durch den Saal. SYN ECHO² **2** ~ (**with/to sth**) vibrieren (von etw) **3** (*gehoben*) nachhallen

re·ver·ber·ation /rɪˌvɜːbəˈreɪʃn; *AmE* -ˌvɜːrb-/ *Nomen* **1** [meist Pl] Echo, Nachklang SYN ECHO¹ **2** reverberations [Pl] Nachwirkungen SYN REPERCUSSION

re·vere /rɪˈvɪə(r); *AmE* rɪˈvɪr/ *Verb* (*meist passiv*) ~ **sb** (**as sth**) (*gehoben*) jdn (als etw) verehren

rev·er·ence /ˈrevərəns/ *Nomen* (*gehoben*) ~ (**for sb/sth**) Verehrung (für jdn/etw), Ehrfurcht (vor jdm/etw)

rev·er·end /ˈrevərənd/ *Adj* **Rev.** (*BrE auch*) **Revd.** Hochwürden ◊ *Good morning, Reverend.* Guten Morgen Herr Pfarrer.

ˌ**Reverend ˈMother** *Nomen* Mutter Oberin

rev·er·ent /ˈrevərənt/ *Adj* (*Adv* **rev·er·ent·ly**) (*gehoben*) ehrfürchtig

rev·er·en·tial /ˌrevəˈrenʃl/ *Adj* (*Adv* **rev·er·en·tial·ly** /-ʃəli/) (*gehoben*) ehrfürchtig

rev·erie /ˈrevəri/ *Nomen* (*gehoben*) Träumerei

re·ver·sal /rɪˈvɜːsl; *AmE* rɪˈvɜːrsl/ *Nomen* **1** Umkehr(ung), Wende ◊ *the reversal of a decision* die Aufhebung einer Entscheidung ◊ *Then came a sudden reversal of fortune.* Dann wendete sich das Blatt plötzlich. **2** Rückschlag, Niederlage **3** Tausch ◊ *a role reversal/reversal of roles* ein Rollentausch

re·verse¹ /rɪˈvɜːs; *AmE* rɪˈvɜːrs/ *Verb* **1** umkehren ◊ *Writing is reversed in a mirror.* In einem Spiegel sieht man die Schrift seitenverkehrt. **2** rückgängig machen ◊ *reverse a judgement* ein Urteil aufheben **3** ~ (**the**) **charges** (*BrE*) ein R-Gespräch führen **4** vertauschen **5** ~ **yourself** (**on sth**) (*AmE*) seine Meinung (zu etw) ändern **6** (*bes BrE*) rückwärts fahren, zurücksetzen ◊ *reverse into a parking space* rückwärts einparken

re·verse² /rɪˈvɜːs; *AmE* rɪˈvɜːrs/ *Nomen* **1 the reverse** [Sing] das Gegenteil ◊ *The reverse is true.* Es ist genau umgekehrt. ◊ *quite the reverse* ganz im Gegenteil **2 the reverse** [Sing] die Rückseite, die linke Seite **3** (*auch* reˌverse ˈgear) [U] Rückwärtsgang ◊ *put the car in/into reverse* den Rückwärtsgang einlegen **4** (*gehoben*) Rückschlag ◊ *Property values have suffered another reverse.* Die Grundstückspreise sind wieder gefallen. IDM **go into reˈverse** zurückgehen **in reˈverse** umgekehrt SYN BACKWARDS **put sth into reˈverse** etw rückläufig machen; etw umdrehen

re·verse³ /rɪˈvɜːs; *AmE* rɪˈvɜːrs/ *Adj* nur vor Nomen **1** umgekehrt, entgegengesetzt **2** Rück- ◊ *iron sth on the reverse side* etw von links bügeln

re·vers·ible /rɪˈvɜːsəbl; *AmE* -ˈvɜːrs-/ *Adj* **1** beidseitig verwendbar; (*Kleidungsstück*) beidseitig tragbar ◊ *a reversible jacket* eine Wendejacke **2** umkehrbar; (MED) reversibel ◊ *The damage is not reversible.* Der Schaden kann nicht rückgängig gemacht werden. OPP IRREVERSIBLE

reˈversing light *Nomen* (*BrE*) Rückfahrscheinwerfer

re·ver·sion /rɪˈvɜːʃn; *AmE* rɪˈvɜːrʒn/ *Nomen* [Sing] Rückkehr, Rückfall

re·vert /rɪˈvɜːt; *AmE* rɪˈvɜːrt/ *Verb* PHRV **reˈvert to sth 1** (*gehoben*) zu etw zurückkehren, in etw zurückfallen ◊ *She reverted to her maiden name.* Sie nahm wieder ihren Mädchennamen an. ◊ *The area has reverted back to a wilderness.* Die Gegend ist wieder verwildert. **2** (*gehoben*) auf etw zurückkommen **reˈvert to sb/sth** (RECHT) an jdn/etw zurückfallen

re·view¹ /rɪˈvjuː/ *Nomen* **1** Überprüfung ◊ *When is the list up for review?* Wann wird die Liste nochmals überprüft? ◊ *The terms of the contract are under review.* Die Vertragsbedingungen werden überprüft. ◊ *a salary review* eine Gehaltsrevision **2** Besprechung, Rezension, Kritik ◊ *He submitted his latest novel for review.* Er legte seinen neuesten Roman zur Rezension vor. **3** Übersicht, Bericht ◊ *a review of the past year* eine Rückschau auf das vergangene Jahr **4** (MIL) Inspektion, Parade

re·view² /rɪˈvjuː/ *Verb* **1** überprüfen ◊ *Staff performance is reviewed annually.* Die Leistungen der Belegschaft werden jedes Jahr neu bewertet. **2** überdenken ◊ *She had been reviewing the events of the previous week.* Sie hat sich die Ereignisse der letzten Woche durch den Kopf gehen lassen. **3** besprechen, rezensieren **4** (MIL) inspizieren ◊ *The Commander-in-Chief reviewed the troops.* Der Oberbefehlshaber nahm eine Inspektion der Truppen vor. **5** (*bes AmE*) (*Lehrstoff*) wiederholen

re·view·er /rɪˈvjuːə(r)/ *Nomen* **1** Kritiker(in), Rezensent(in) **2** (*BrE*) Prüfer(in), Revisor(in)

re·vile /rɪˈvaɪl/ *Verb* (*gehoben*) schmähen

re·vise /rɪˈvaɪz/ *Verb* **1** revidieren, ändern **2** überarbeiten ◊ *a revised edition of a textbook* eine neu bearbeitete Ausgabe eines Lehrbuches **3** (*BrE*) (*Lehrstoff*) wiederholen ◊ *I can't come out tonight. I have to revise for the test tomorrow.* Ich kann heute Abend nicht ausgehen. Ich muss für die Arbeit morgen lernen.

re·vi·sion /rɪˈvɪʒn/ *Nomen* **1** Korrektur, Änderung **2** Überarbeitung ◊ *a system in need of revision* ein revisionsbedürftiges System ◊ *a revision of trading standards* eine Überprüfung der Handelsrichtlinien **3** (*BrE*) (*von Lehrstoff*) Wiederholen

re·vi·sion·ism /rɪˈvɪʒənɪzəm/ *Nomen* (POL) Revisionismus

re·vi·sion·ist /rɪˈvɪʒənɪst/ **1** *Nomen* Revisionist(in) **2** *Adj* revisionistisch

re·visit /ˌriːˈvɪzɪt/ *Verb* (*gehoben*) **1** wieder besuchen **2** zurückkommen auf

re·vit·al·iza·tion (*BrE auch* **-isation**) /ˌriːˌvaɪtəlaɪˈzeɪʃn; *AmE* -ləˈz-/ *Nomen* Neubelebung, Wiederbelebung

re·vit·al·ize (*BrE auch* **-ise**) /ˌriːˈvaɪtəlaɪz/ *Verb* wieder beleben

re·vival /rɪˈvaɪvl/ *Nomen* **1** Wiederbelebung ◊ *an economic revival* ein wirtschaftlicher Aufschwung ◊ *a revival of interest in folk music* ein erneutes Interesse an Folk-Musik **2** (THEAT) Wiederaufführung

re·vival·ism /rɪˈvaɪvəlɪzəm/ *Nomen* **1** (REL) Erweckungsbewegung **2** = Rückbesinnung auf und Wiederaufgreifen von vorhergehenden Kunstformen etc.

re·vival·ist /rɪˈvaɪvəlɪst/ *Adj* erneuernd ◊ *a revivalist movement in architecture* eine Architekturrichtung, die frühere Formen aufgreift ◊ *a revivalist preacher* ein(e) Prediger(in) der Erweckungsbewegung

re·vive /rɪˈvaɪv/ *Verb* **1** sich erholen **2** wieder beleben **3** wieder aufleben lassen ◊ *She has been trying to revive the debate over equal pay.* Sie hat versucht, die Debatte über gleiche Bezahlung wieder in Gang zu bringen. ◊ *The competition was revived in 2000.* Der Wettbewerb wurde 2000 wieder aufgenommen. **4** wieder auf die Bühne bringen

revo·ca·tion /ˌrevəˈkeɪʃn/ *Nomen* (*gehoben*) Entzug, Aufhebung

re·voke /rɪˈvəʊk; *AmE* -ˈvoʊk/ *Verb* (*gehoben*) entziehen, aufheben

re·volt¹ /rɪˈvəʊlt; *AmE* -ˈvoʊlt/ *Nomen* Aufstand, Revolte ◊

stage a revolt sich erheben ◊ *The people rose in revolt.* Das Volk lehnte sich auf.
re·volt² /rɪ'vəʊlt; *AmE* -'voʊlt/ *Verb* **1** sich auflehnen **2** rebellieren **3** mit Abscheu erfüllen, abstoßen
re·volt·ing /rɪ'vəʊltɪŋ; *AmE* -'voʊlt-/ *Adj* (*Adv* **re·volt·ing·ly**) ekelhaft, widerlich SYN DISGUSTING
revo·lu·tion /ˌrevə'luːʃn/ *Nomen* **1** Revolution **2** (*von Planeten*) Umlauf **3** (*umgs* **rev**) Umdrehung ◊ *rotate at 300 revolutions per minute* eine Drehzahl von 300 pro Minute haben
revo·lu·tion·ary /ˌrevə'luːʃənəri; *AmE* -neri/ **1** *Adj* revolutionär, Revolutions-, umwälzend ◊ *a revolutionary idea* eine bahnbrechende Idee **2** *Nomen* (*Pl* **-ies**) Revolutionär(in)
revo·lu·tion·ize (*BrE auch* **-ise**) /ˌrevə'luːʃənaɪz/ *Verb* revolutionieren, grundlegend verändern
re·volve /rɪ'vɒlv; *AmE* rɪ'vɑːlv/ *Verb* sich drehen
re·volver /rɪ'vɒlvə(r); *AmE* -'vɑːl-/ *Nomen* Revolver
re·volv·ing /rɪ'vɒlvɪŋ; *AmE* -'vɑːl-/ *Adj* Dreh- ◊ *a revolving door* eine Drehtür
revue /rɪ'vjuː/ *Nomen* Revue, Kabarett
re·vul·sion /rɪ'vʌlʃn/ *Nomen* ~ (**at/against/from sth**) (*gehoben*) Abscheu (vor/gegen etw)
re·ward¹ /rɪ'wɔːd; *AmE* rɪ'wɔːrd/ *Nomen* **1** Belohnung ◊ *a cash reward* ein Entgelt ◊ *The company is now reaping the rewards of their investments.* Die Firma erntet jetzt die Früchte ihrer guten Investitionen. **2** Finderlohn
re·ward² /rɪ'wɔːd; *AmE* rɪ'wɔːrd/ *Verb* belohnen ◊ *Our patience was finally rewarded.* Unsere Geduld zahlte sich schließlich aus.
re·ward·ing /rɪ'wɔːdɪŋ; *AmE* -'wɔːrd-/ *Adj* lohnend ◊ *Teaching is not very financially rewarding.* Der Lehrberuf ist nicht sehr einträglich.
re·wind /ˌriː'waɪnd/ *Verb* (**-wound**, **-wound** /-'waʊnd/) zurückspulen
re·wire /ˌriː'waɪə(r)/ *Verb* neu verkabeln
re·word /ˌriː'wɜːd; *AmE* -'wɜːrd/ *Verb* (*gehoben*) umformulieren
re·work /ˌriː'wɜːk; *AmE* -'wɜːrk/ *Verb* neu fassen, überarbeiten
re·work·ing /ˌriː'wɜːkɪŋ; *AmE* -'wɜːrk-/ *Nomen* Neubearbeitung
re·write¹ /ˌriː'raɪt/ *Verb* (**re-wrote** /-'rəʊt; *AmE* -'roʊt/, **re-writ·ten** /-'rɪtn/) umschreiben, neu schreiben
re·write² /ˈriːraɪt/ *Nomen* Neufassung
Rhaeto-Romance /ˌriːtəʊrəʊ'mæns/ *Nomen* Rätoromanisch
rhap·sody /'ræpsədi/ *Nomen* (*Pl* **-ies**) **1** (MUS) Rhapsodie **2** (*gehoben*) Schwärmerei
rhe·sus factor /'riːsəs fæktə(r)/ *Nomen* Rhesusfaktor
rhe·sus monkey /'riːsəs mʌŋki/ *Nomen* Rhesusaffe
rhet·oric /'retərɪk/ *Nomen* **1** Rhetorik, Redekunst **2** (*abwert*) Phrasendrescherei
rhet·or·ic·al /rɪ'tɒrɪkl; *AmE* -'tɔːr-, -'tɑːr-/ *Adj* **1** (*Adv* **rhet·or·ic·al·ly** /-kli/) rhetorisch **2** (*abwert*) floskelhaft, phrasenhaft
rheum·at·ic /ruː'mætɪk/ *Adj* rheumatisch ◊ *rheumatic fever* rheumatisches Fieber
rheuma·tism /'ruːmətɪzəm/ *Nomen* Rheuma
rheuma·toid arth·ritis /ˌruːmətɔɪd ɑː'θraɪtɪs; *AmE* ɑːr'θ-/ *Nomen* Gelenkrheumatismus
rhine·stone /'raɪnstəʊn; *AmE* -stoʊn/ *Nomen* Rheinkiesel
rhino /'raɪnəʊ; *AmE* -noʊ/ *Nomen* (*Pl* **-os**) (*umgs*) = RHINOCEROS
rhi·noceros /raɪ'nɒsərəs; *AmE* -'nɑː-/ *Nomen* (*Pl* **rhinoceros** *oder* **rhi·nocer·oses**) (*auch* **rhino**) Rhinozeros, Nashorn ☛ G 1.2
rhodo·den·dron /ˌrəʊdə'dendrən; *AmE* ˌroʊ-/ *Nomen* Rhododendron
rhom·boid /'rɒmbɔɪd; *AmE* 'rɑːm-/ *Nomen* Rhomboid
rhom·bus /'rɒmbəs; *AmE* 'rɑːm-/ *Nomen* Rhombus, Raute
rhu·barb /'ruːbɑːb; *AmE* -bɑːrb/ *Nomen* Rhabarber
rhumba (*AmE*) = RUMBA
rhyme¹ /raɪm/ *Nomen* **1** Reim ◊ *Can you think of a rhyme for 'beauty'?* Kannst du ein Wort finden, das sich auf „beauty" reimt? **2** Vers IDM **there's no ˌrhyme or ˈreason**

to/for sth es gibt keinen ersichtlichen Grund für etw **without ˌrhyme or ˈreason** ohne ersichtlichen Grund
rhyme² /raɪm/ *Verb* **1** ~ (**with sth**) sich (mit etw) reimen ◊ *'Though' and 'through' don't rhyme.* „Though" und „through" reimen sich nicht. ◊ *rhyming couplets* Reimpaare **2** ~ **sth** (**with sth**) etw (auf/mit etw) reimen ◊ *You can rhyme 'girl' with 'curl'.* Man kann „girl" auf „curl" reimen.
'rhyming slang *Nomen* [U] = für den Cockney-Dialekt typische Art des Sprechens, in der man einzelne Wörter durch andere ersetzt, die sich mit dem gemeinten Wort reimen. Man sagt z.B. „apples (and pears)" statt „stairs"
rhythm /'rɪðəm/ *Nomen* Rhythmus, Takt ◊ *the rhythm of the seasons* der Wechsel der Jahreszeiten
rhyth·mic /'rɪðmɪk/ (*seltener* **rhyth·mic·al** /'rɪðmɪkl/) *Adj* (*Adv* **rhyth·mic·al·ly** /-kli/) rhythmisch, gleichmäßig
'rhythm section *Nomen* Rhythmusgruppe
rib /rɪb/ *Nomen* **1** (ANAT) Rippe **2** Rippe(nstück) **3** Rippenmuster
rib·ald /'rɪbld, 'raɪbɔːld/ *Adj* (*gehoben*) anzüglich, derb
ribbed /rɪbd/ *Adj* gerippt
rib·bon /'rɪbən/ *Nomen* **1** Band, Schleife **2** Streifen **3** Farbband IDM **cut, tear, etc. sth to ˈribbons** etw in Fetzen schneiden, reißen etc.
'rib·cage /'rɪbkeɪdʒ/ *Nomen* Brustkorb
rice /raɪs/ *Nomen* Reis
ˌrice ˈpudding *Nomen* Milchreis
rich /rɪtʃ/ **1** *Adj* reich ◊ *filthy rich* steinreich ◊ *a rich and varied life* ein erfülltes und abwechslungsreiches Leben **2** *Adj* gehaltvoll, reichhaltig **3** *Adj* fruchtbar **4** *Adj* (*Farbe, Klang*) satt; (*Aroma*) voll **5** *Adj* (*gehoben*) prachtvoll, üppig, teuer **6** *Adj* (*bes BrE, umgs*) köstlich, stark ◊ *Me lazy? That's rich coming from you!* Ich und faul? Das musst du gerade sagen! **7** **the rich** *Nomen* die Reichen IDM ⇨ STRIKE¹
riches /'rɪtʃɪz/ *Nomen* [Pl] (*gehoben*) Reichtum, Reichtümer ◊ *material riches* materielle Reichtümer IDM ⇨ EMBARRASSMENT *und* RAG¹
rich·ly /'rɪtʃli/ *Adv* **1** prachtvoll, üppig, teuer **2** reich, prächtig, intensiv **3** reich, reichlich **4** voll und ganz ◊ *richly deserved success* wohlverdienter Erfolg **5** überaus ◊ *a richly atmospheric novel* ein Roman voller Atmosphäre
rich·ness /'rɪtʃnəs/ *Nomen* [U] Reichtum, Reichhaltigkeit, Fülle
the ˌRich·ter scale /'rɪktə skeɪl; *AmE* 'rɪktər/ *Nomen* die Richterskala
rick /rɪk/ *Verb* (*BrE*) ~ **sth** sich etw verrenken
rick·ets /'rɪkɪts/ *Nomen* [U] Rachitis
rick·ety /'rɪkəti/ *Adj* wackelig, klapperig
rick·shaw /'rɪkʃɔː/ *Nomen* Rikscha
rico·chet¹ /'rɪkəʃeɪ/ *Verb* (**rico·chet·ing** /'rɪkəʃeɪɪŋ/, **rico·cheted**, **rico·cheted** /'rɪkəʃeɪd/) (*BrE auch* **rico·chet·ting** /'rɪkəʃetɪŋ/, **rico·chet·ted**, **rico·chet·ted** /'rɪkəʃetɪd/) abprallen
rico·chet² /'rɪkəʃeɪ/ *Nomen* Abpraller, Querschläger
rid /rɪd/ *Verb* (**rid·ding**, **rid**, **rid**) IDM **be ˈrid of sb/sth** jdn/etw los sein ◊ *He was a nuisance and we're all well rid of him.* Er war lästig, und es ist gut, dass wir ihn los sind. **get ˈrid of sb/sth** jdn/etw loswerden **want ˈrid of sb/sth** (*BrE, umgs*) jdn/etw los sein wollen PHRV **ˈrid yourself/sb/sth of sb/sth** (*gehoben*) sich/jdn/etw von jdm/etw befreien
rid·dance /'rɪdns/ *Nomen* IDM **good ˈriddance** (**to sb/sth**) ◊ *'Good riddance!' she said to him angrily as he left.* „Ein Glück, dass ich dich los bin!" sagte sie wütend zu ihm, als er wegging.
rid·den /'rɪdn/ **1** *Form von* RIDE¹ **2** *Adj* (*meist in Zusammensetzungen*) geplagt ◊ *a class-ridden society* eine Klassengesellschaft
rid·dle¹ /'rɪdl/ *Nomen* Rätsel ☛ *Hinweis bei* RÄTSEL
rid·dle² /'rɪdl/ *Verb* (*meist passiv*) durchlöchern PHRV **be ˈriddled with sth** von/mit etw durchsetzt sein, voll von etw sein
ride¹ /raɪd/ *Verb* (**rode** /rəʊd; *AmE* roʊd/, **rid·den** /'rɪdn/) **1** reiten ◊ *go riding* reiten gehen ◊ *We rode the mountain trails.* Wir ritten die Bergpfade entlang. **2** fahren ◊ *They were riding their bikes.* Sie fuhren Fahrrad. ◊ (*AmE*) *She*

rode the bus to school every day. Sie fuhr jeden Tag mit dem Bus zur Schule. **3 ~ (sth)** (auf etw) dahingleiten, sich (von etw) tragen lassen ◊ *The ship was riding at anchor in the harbour.* Das Schiff lag im Hafen vor Anker. IDM **be riding for a 'fall** sein Schicksal herausfordern **be riding 'high** Oberwasser haben **let sth 'ride** etw auf sich beruhen lassen **ride 'herd on sb/sth** (*AmE, umgs*) jdn/etw genau im Auge behalten **ride 'shotgun** (*AmE, umgs*) vorne sitzen PHRV **'ride on sth** (*meist in der Verlaufsform*) von etw abhängen **,ride sth 'out** etw überstehen **,ride 'up** hochrutschen

ride² /raɪd/ *Nomen* **1** Fahrt ◊ *We went for a ride on our bikes.* Wir machten eine Fahrradtour. ◊ *give sb a ride* jdn mitnehmen ◊ *She let me have a ride on her bike.* Sie hat mich mit ihrem Fahrrad fahren lassen. ◊ *get a ride* mitgenommen werden ◊ *hitch a ride* per Anhalter fahren **2** Ritt, Ausritt **3** Fahrgeschäft IDM **come/go along for the 'ride** (*umgs*) nur zum Vergnügen mitkommen/mitgehen **have a rough/an easy etc. 'ride** es schwer/leicht haben ◊ (*fig*) *The new legislation faces a bumpy ride.* Der neue Gesetzesentwurf wird es schwer haben. **give sb a rough/an easy 'ride** (*umgs*) es jdm schwer/leicht machen **take sb for a 'ride** (*umgs*) jdn reinlegen

rider /'raɪdə(r)/ *Nomen* **1** Reiter(in) **2** Fahrer(in) ◊ *a motorcycle dispatch rider* ein Motorradbote **3** Zusatz

ridge /rɪdʒ/ *Nomen* **1** Grat, Kamm; (*Dach-*) First **2** Rippe **3** ~ (**of high pressure**) (*Fachspr*) Hoch(druckgebiet)

ridged /rɪdʒd/ *Adj* gerillt, gerifft

ridi·cule¹ /'rɪdɪkjuːl/ *Nomen* Spott ◊ *hold sb up to ridicule* jdn lächerlich machen

ridi·cule² /'rɪdɪkjuːl/ *Verb* verspotten

ri·dicu·lous /rɪ'dɪkjələs/ *Adj* lächerlich, albern IDM ⇒ SUBLIME²

ri·dicu·lous·ly /rɪ'dɪkjələsli/ *Adv* lächerlich ◊ *The meal was ridiculously cheap.* Das Essen war unglaublich billig.

ri·dicu·lous·ness /'rɪdɪkjələsnəs/ *Nomen* Lächerlichkeit

rid·ing /'raɪdɪŋ/ (*BrE auch* **'horse riding**) *Nomen* Reiten ◊ *go riding* reiten gehen ◊ *riding boots* Reitstiefel

rife /raɪf/ *Adj nicht vor Nomen* **1** weit verbreitet **2 ~ with sth** voll (von etw)

riff /rɪf/ *Nomen* (MUS) Riff

rif·fle /'rɪfl/ *Verb* ~ (**through**) **sth** in etw blättern, etw durchblättern

riff-raff /'rɪf ræf/ *Nomen* (*abwert*) Gesindel ☞ G 1.3c

rifle¹ /'raɪfl/ *Nomen* Gewehr, Büchse

rifle² /'raɪfl/ *Verb* **1** ~ (**through**) **sth** etw durchwühlen **2** plündern **3** (*Fußball*) hämmern

'rifle range *Nomen* **1** Schießstand, Schießplatz **2** (U) Schussweite

rift /rɪft/ *Nomen* **1** Kluft ◊ *a marriage rift* eine Ehekrise **2** Spalte, Riss

'rift valley *Nomen* Graben(bruch)

rig¹ /rɪɡ/ *Verb* (**-gg-**) (*meist passiv*) **1** manipulieren **2 ~ sth** (**with sth**) etw (mit etw) (auf)takeln **3 ~ sth** (**up**) etw (provisorisch) aufbauen, etw (provisorisch) montieren PHRV **,rig sth 'up** etw (provisorisch) aufbauen

rig² /rɪɡ/ *Nomen* **1** (*besonders in Zusammensetzungen*) Förderturm, Bohrinsel **2** Takelung **3** (*AmE, umgs*) Sattelschlepper **4** Ausrüstung

rig·ging /'rɪɡɪŋ/ *Nomen* **1** Takelage **2** Manipulation

right¹ /raɪt/ *Adj* **1** richtig, recht ◊ *That's right.* Das stimmt. ◊ *You're right.* Du hast Recht. ◊ *He's the right man for the job.* Er ist der Richtige für den Posten. ◊ (*umgs*) *Let me get this right ...* Verstehe ich das richtig ... ◊ (*umgs*) *It was Monday you went to see Angie, right?* Du warst am Montag bei Angie, stimmt's? ◊ *'I'll have to do it again.' 'Too right you will.'* „Das muss ich wohl noch mal machen." „Und ob du das musst!" ◊ *Am I right in thinking that ...* Gehe ich recht in der Annahme, dass ... OPP WRONG **2** genau, passend ◊ *Have you got the right time?* Wie spät ist es? **3** *nicht vor Nomen* in Ordnung, gut OPP WRONG **4** *nur vor Nomen* rechte(r,s) ◊ *my right eye* mein rechtes Auge **5** *nur vor Nomen* (*BrE, umgs, oft abwert*) komplett, total ◊ *I felt a right idiot.* Ich kam mir total bescheuert vor. IDM **give your right 'arm for sth** (*umgs*) sonst was würde etw geben (**not**) **in your right 'mind** (nicht) bei klarem Verstand (**as**) **right as 'rain** (*umgs*) gesund wie ein Fisch im Wasser **right e'nough** (*umgs*) ◊ *It was busy in town today.' 'Yes, it was busy right enough.'* „Es war voll heute in der Stadt." „Ja, das kannst du laut sagen." ◊ *You heard me right enough.* Du hast mich schon gehört. **,right side 'up** (*AmE*) mit der richtigen Seite nach oben OPP UPSIDE DOWN ☞ Siehe auch HEART, IDEA, MR, SIDE¹ *und* TRACK¹

right² /raɪt/ *Adv* **1** direkt, genau ◊ *right on time* genau pünktlich **2** völlig, ganz ◊ *a fence right around the garden* ein Zaun, der um den ganzen Garten herum verläuft ◊ *I'm right behind you on this one.* Da stehe ich voll hinter dir. ◊ *I'm right out of ideas.* Mir fällt gar nichts mehr ein. ◊ *She kept right on swimming.* Sie schwamm immer weiter. **3** (*umgs*) sofort, gleich ◊ *I'll be right back.* Ich bin gleich wieder zurück. **4** richtig, korrekt ◊ *Nothing's going right for me today.* Heute klappt bei mir aber auch gar nichts. OPP WRONG **5** rechts ☞ *Siehe auch* RIGHTLY IDM **,right and 'left** überall; an allen Ecken und Enden **right a'way/'off** sofort; gleich **right 'now 1** im Augenblick; gerade **2** (*jetzt*) sofort **see sb 'right** (*AmE auch* **do sb 'right**) (*umgs*) sich um jdn kümmern; jdm helfen ☞ *Siehe auch* ALLEY, LEFT *und* SERVE¹

right³ /raɪt/ *Nomen* **1** Recht ◊ *You did right to tell me about it.* Es war richtig von dir, dass du mir davon erzählt hast. ◊ *It was difficult to establish the rights and wrongs of the matter.* Es war schwierig zu beurteilen, was in diesem Fall richtig und was falsch war. OPP WRONG **2 ~ (to sth)** (An)recht (auf etw), Anspruch (auf etw); **~ (to do sth)** Recht (etw zu tun) ◊ *Education is provided by the state as of right.* Es besteht ein gesetzlicher Anspruch auf eine Schulbildung. ◊ *She had every right to be angry.* Sie hatte guten Grund ärgerlich zu sein. ◊ *You're quite within your rights to ask for your money back.* Es ist Ihr gutes Recht, das Geld zurückzufordern. ◊ *by rights* von Rechts wegen ◊ *There is no right of appeal against the decision.* Gegen dieses Urteil kann keine Berufung eingelegt werden. ◊ *The property belongs to her by right.* Diese Immobilie gehört rechtlich ihr. ◊ *fight for equal rights* für die Gleichberechtigung kämpfen ◊ *animal rights campaigners* Tierschützer **3 rights** [Pl] Rechte ◊ *all rights reserved* alle Rechte vorbehalten **4** Rechte ◊ *on her right* rechts von ihr ◊ *Take the first right.* Nehmen Sie die erste Straße rechts. **5 make a ~;** (*AmE auch, umgs* **hang a ~**) rechts abbiegen OPP LEFT **6** (POL) **the right/Right** die Rechte ◊ *He's on the right of the Labour Party.* Er gehört zum rechten Flügel der Labour Partei. ☞ G 1.3a IDM **do 'right by sb** (*veraltet*) jdm gerecht behandeln; jdm gegenüber fair sein **in your own 'right** selbst ◊ *Her husband's a poet, and she's also an author in her own right.* Ihr Mann ist Dichter, und sie selbst ist auch Schriftstellerin. ◊ *sociolinguistics as a discipline in its own right* Soziolinguistik als eigenständige Disziplin **put/set sth/sb to 'rights** etw/jdn in Ordnung bringen ☞ *Siehe auch* BANG³, DEAD³, WORLD¹ *und* WRONG³

right⁴ /raɪt/ *Verb* **1** (wieder) aufrichten ◊ *The plane righted itself.* Das Flugzeug gelangte wieder in die richtige Lage. **2** (*fig*) (wieder) in Ordnung bringen IDM **right a 'wrong** ein Unrecht wieder gutmachen

right⁵ /raɪt/ *Ausruf* (*BrE, umgs*) **1** okay, in Ordnung ◊ *'I'll have a coffee.' 'Right you are, sir.'* „Ein Kaffee, bitte." „Jawohl der Herr." **2** oder nicht?, ja? **3** weißt du ◊ *And I didn't know any more of it, right, but then ...* Ich dachte gar nicht mehr daran, weißt du, aber dann ...

'right angle *Nomen* rechter Winkel

'right-angled *Adj* rechtwinklig, 90-Grad-

right·eous /'raɪtʃəs/ *Adj* (*gehoben*) **1** rechtschaffen, gerecht **2** gerechtfertigt **right·eous·ly** *Adv*

right·eous·ness /'raɪtʃəsnəs/ *Nomen* (*gehoben*) Gerechtigkeit, Rechtschaffenheit

right·ful /'raɪtfl/ *Adj nur vor Nomen* (*Adv* **right·ful·ly** /-fəli/) (*gehoben*) rechtmäßig, richtig

'right-hand *Adj nur vor Nomen* rechte(r,s)

,right-hand 'drive *Adj* (*Fahrzeug*) mit Rechtssteuerung

,right-'handed¹ *Adj* **1** rechtshändig **2** für Rechtshänder

,right-'handed² *Adv* rechtshändig, mit der rechten Hand

,right-'hander *Nomen* **1** Rechtshänder(in) **2** (*Schlag, Haken*) Rechte

,right-hand 'man *Nomen* [Sing] (*Mensch*) rechte Hand

Right 'Honourable *Adj nur vor Nomen* (*Abk* **Rt Hon**) **1 the Right Honourable ...** = Teil der Anrede für hochgestellte Persönlichkeiten, z.B. einen Lord **2 the/my Right Honourable ...** = Teil der Anrede für Regierungsmitglieder im Parlament ◊ *my Right Honourable friend, the Secretary of State for Defence* der Verteidigungsminister

right·ist /'raɪtɪst/ (POL) **1** *Nomen* Rechte(r) **2** *Adj* rechtsorientiert, rechte(r,s) OPP LEFTIST

right·ly /'raɪtli/ *Adv* **1** mit/zu Recht ◊ *He was proud of it, and rightly so.* Er war stolz darauf, und zwar zu Recht. SYN JUSTIFIABLY **2** richtig ◊ (*umgs*) *I can't rightly say what happened.* Ich kann nicht genau sagen, was passiert ist.

right-'minded *Adj* vernünftig

right·ness /'raɪtnəs/ *Nomen* Richtigkeit, Gerechtigkeit

righto /raɪtəʊ; *AmE* -oʊ/ *Ausruf* (*BrE*, *umgs*, *veraltet*) okay, verstanden

right of a'bode *Nomen* Recht des Wohnsitzes

right of 'way *Nomen* (*Pl* **rights of way**) **1** (*bes BrE*) Wegerecht ◊ *Private property – no right of way.* Privatgrundstück. Kein Durchgang. **2** (*bes BrE*) = öffentlicher Weg, der durch ein Privatgrundstück führt **3** (*im Verkehr*) Vorfahrt

right-'on *Adj* (*umgs*, *oft abwert*) linksliberal, modisch-liberal

Right 'Reverend *Adj nur vor Nomen* (*Abk* **Rt Revd**) = Anrede für einen Bischof

'rights issue *Nomen* (FINANZ) Bezugsrechtsemission

right·ward /'raɪtwəd; *AmE* -wərd/ (*bes BrE* **right·wards** /'raɪtwədz; *AmE* -wərdz/) *Adj*, *Adv* rechts, nach rechts

the right 'wing *Nomen* **1** (POL) der rechte Flügel ➡ G 1.3a **2** (SPORT) der/die Rechtsaußen ◊ *He plays on the right wing.* Er spielt rechts außen.

right-'wing *Adj* (POL) rechte(r,s), rechtsgerichtet

right-'winger *Nomen* **1** (POL) Rechte(r) ◊ *Tory right-wingers* Vertreter des rechten Flügels der Konservativen **2** (SPORT) Rechtsaußen

righty-ho /ˌraɪtiˈhəʊ; *AmE* -hoʊ/ *Ausruf* (*BrE*, *umgs*, *veraltet*) okay, verstanden

rigid /'rɪdʒɪd/ *Adj* **1** (*Adv* **ri·gid·ly**) (*oft abwert*) starr, strikt, rigide, unflexibel ◊ *rigid attitudes* festgefahrene Meinungen **2** steif, fest ◊ *a rigid support for the tent* ein steifer Stützmast für das Zelt ◊ (*fig*) *I was bored rigid.* Ich habe mich zu Tode gelangweilt.

ri·gid·ity /rɪˈdʒɪdəti/ *Nomen* **1** (*oft abwert*) Striktheit, Rigidität, Unflexibilität **2** (*Material*) Festigkeit, Unnachgiebigkeit

rig·mar·ole /'rɪgmərəʊl; *AmE* -roʊl/ *Nomen* **1** Prozedur **2** Geschwafel

rigor mor·tis /ˌrɪgə ˈmɔːtɪs; *AmE* ˌrɪgər ˈmɔːrtɪs/ *Nomen* Totenstarre

rig·or·ous /'rɪgərəs/ *Adj* (*Adv* **rig·or·ous·ly**) **1** (*sorgfältig*) gründlich ◊ *in rigorous detail* peinlich genau SYN THOROUGH **2** streng, rigoros SYN STRICT

rig·our (*AmE* **rigor**) /'rɪgə(r)/ *Nomen* **1** Genauigkeit, Sorgfalt, Konsequenz **2** (*gehoben*) Härte, Strenge SYN SEVERITY

rile /raɪl/ *Verb* ärgern IDM **be/get (all) riled 'up** (*bes AmE*, *umgs*) sich aufregen

rim[1] /rɪm/ *Nomen* **1** Rand; (*von Hut*) Krempe **2** (*von Reifen*) Felge

rim[2] /rɪm/ *Verb* (**-mm-**) (*oft passiv*) (*gehoben*) umranden ➡ *Siehe auch* -RIMMED

rime /raɪm/ *Nomen* (*gehoben*) Raureif

rim·less /'rɪmləs/ *Adj nur vor Nomen* (*Brille*) randlos

-rimmed /rɪmd/ (*in Zusammensetzungen*) ◊ *gold-rimmed spectacles* eine Brille mit Goldrand ◊ *red-rimmed eyes* rot geränderte Augen

rind /raɪnd/ *Nomen* (*von Obst*) Schale; (*Käse-*) Rinde; (*Speck-*) Schwarte

ring[1] /rɪŋ/ *Nomen* **1** Ring ◊ *He blew smoke rings.* Er blies Rauchkringel in die Luft. **2** Kreis **3** Arena, Ring ◊ *a circus ring* eine Zirkusmanege **4** (*bes BrE*) Herdplatte; (*bei Gasherd*) Gasbrenner SYN BURNER **5** Klingeln, Läuten ◊ *There was a ring at the door.* Es hat geklingelt. **6** Klirren ◊ *the ring of horse's hooves* das Klappern von Pferdehufen **7** [Sing] **~ (of sth)** ◊ *His explanation has a ring of truth about/to it.* Seine Erklärung klingt glaubhaft. ◊ *The story had a familiar ring to it.* Die Geschichte kam mir bekannt

vor. IDM **give sb a 'ring** (*BrE*, *umgs*) jdn anrufen **run 'rings around/round sb** (*umgs*) jdn in die Tasche stecken ➡ *Siehe auch* HAT

ring[2] /rɪŋ/ *Verb* (**rang** /ræŋ/, **rung** /rʌŋ/) **1** (*BrE*) **~ (sb/sth) (up)** (jdn/bei etw) anrufen ◊ *He rang New York.* Er rief in New York an. ◊ *Could you ring for a cab?* Könnten Sie mir ein Taxi rufen? **2** klingeln, läuten ◊ *She rang for the nurse.* Sie läutete nach der Schwester. **3** **~ (with sth)** (*gehoben*) ◊ *Applause rang through the hall.* Applaus schallte durch den Saal. ◊ *The house rang with their laughter.* Ihr Lachen erfüllte das Haus. ◊ *His words rang with pride.* Seine Worte waren voller Stolz. **4** (*in den Ohren*) dröhnen IDM **ring a 'bell** (*umgs*) ◊ *His name rings a bell.* Sein Name kommt mir bekannt vor. **ring the 'changes (with sth)** (*BrE*) (mit etw) für etwas Abwechslung sorgen **ring in your 'ears/'head** (noch) in den Ohren klingen **ring off the 'hook** (*AmE*) (*meist in der Verlaufsform*) (*Telefon*) ununterbrochen klingeln **ring 'true/'hollow/'false** glaubhaft/hohl/unglaubwürdig klingen ➡ *Siehe auch* ALARM[1] PHRV **ring (sb) 'back** (*BrE*) (jdn) zurückrufen **ring 'in** (*BrE*) anrufen ◊ *Sue has rung in sick.* Sue hat angerufen und sich krank gemeldet. **ring 'off** (*BrE*) (*Telefon*) auflegen **ring 'out** ertönen ◊ *A number of shots rang out.* Mehrere Schüsse fielen. **ring 'round (sb/sth)** (*BrE*) (bei jdm/etw) herumtelefonieren **ring 'through (to sb)** (*BrE*) (jdn) anrufen ◊ *Janet rang sth (in die Kasse)* extra eintippen ◊ (*fig*) *The company rang up sales of 166 million dollars.* Die Verkaufszahlen der Firma betrugen 166 Millionen Dollar.

ring[3] /rɪŋ/ *Verb* (**ringed**, **ringed**) **1** (*oft passiv*) umringen **2** (*Vogel*) beringen **3** (*bes BrE*) umkringeln, einkreisen SYN CIRCLE

'ring binder *Nomen* Ringmappe

ringed /rɪŋd/ *Adj* beringt

ringer /'rɪŋə(r)/ *Nomen* **1** = BELL-RINGER **2** (*AmE*) = beim Pferderennen illegal vertauschtes Pferd IDM ⇒ DEAD[1]

'ring-fence *Verb* (*BrE*, *Fachspr*) (*Geldsumme*) = für einen bestimmten Verwendungszweck sichern

ring·ing[1] /'rɪŋɪŋ/ *Adj nur vor Nomen* **1** volltönend; (*Gelächter*) schallend ◊ *a ringing voice* eine volle Stimme **2** nachdrücklich

ring·ing[2] /'rɪŋɪŋ/ *Nomen* [Sing] Läuten, Klingeln ◊ *There was an unpleasant ringing in my ears.* Ich hatte Ohrensausen.

ring·lead·er /'rɪŋliːdə(r)/ *Nomen* (*abwert*) Anführer(in)

ring·let /'rɪŋlət/ *Nomen* [meist Pl] Ringellocke

ring·mas·ter /'rɪŋmɑːstə(r); *AmE* -mæs-/ *Nomen* Zirkusdirektor(in)

'ring pull *Nomen* (*BrE*) (*bei Dosen*) Ring-pull-Verschluss

'ring road *Nomen* (*BrE*) Umgehungsstraße

ring·side /'rɪŋsaɪd/ *Nomen* **1 at the ~** am Ring, an der Manege **2 a ~ seat** ein Platz direkt am Ring, ein Logenplatz (*auch fig*)

ring·tone /'rɪŋtəʊn; *AmE* -toʊn/ *Nomen* Klingelton

ring·toss /'rɪŋtɒs; *AmE* -tɔːs/ *Nomen* (*AmE*) Ringwerfen

ring·worm /'rɪŋwɜːm; *AmE* -wɜːrm/ *Nomen* Hautpilz

rink /rɪŋk/ *Nomen* **1** = ICE RINK **2** = SKATING RINK

rinse[1] /rɪns/ *Verb* spülen, abspülen PHRV **rinse sth 'out** etw ausspülen

rinse[2] /rɪns/ *Nomen* **1** Spülen ◊ *I gave the glass a rinse.* Ich habe das Glas ausgespült. ◊ *Fabric conditioner is added during the final rinse.* Weichspüler wird im letzten Spülgang dazugegeben. **2** (*für Haare*) Tönung **3** Mundwasser, Mundspülung

riot[1] /'raɪət/ *Nomen* **1** Aufruhr, Krawall ◊ *food riots* Ausschreitungen wegen Lebensmittelknappheit **2** [Sing] **~ of sth** (*gehoben*) Vielfalt an etw ◊ *a riot of colour* eine Farbenpracht ◊ *a riot of emotions* ein Gefühlschaos **3 a riot** (*umgs*, *veraltet*) ◊ *He's an absolute riot!* Er ist einfach zum Schießen! IDM **run 'riot 1** randalieren ◊ *They let their kids run riot.* Sie lassen ihre Kinder machen, was sie wollen. **2** (*Vorstellung*) ausufern ◊ *My imagination ran riot.* Meine Fantasie ist mit mir durchgegangen. **3** (*Pflanzen*) wuchern ➡ *Siehe auch* READ[1]

riot[2] /'raɪət/ *Verb* randalieren, aufständisch werden

riot·er /'raɪətə(r)/ *Nomen* Aufrührer(in), Randalierer(in)

'riot gear *Nomen* [U] Schutzausrüstung

riot·ing /'raɪətɪŋ/ *Nomen* [U] Ausschreitungen, Krawalle

riot·ous /ˈraɪətəs/ *Adj* **1** (*gehoben oder Fachspr*) aufrührerisch, randalierend ◊ *be charged with riotous assembly* wegen Zusammenrottung angeklagt werden **2** ausgelassen ◊ *riotous laughter* wildes Gelächter

riot·ous·ly /ˈraɪətəsli/ *Adv* äußerst

ˈriot police *Nomen* [Pl] Bereitschaftspolizei

ˈriot shield (*auch* **shield**) *Nomen* Schutzschild

R.I.P. (*BrE auch* **RIP**) /ˌɑːr aɪ ˈpiː/ *Kurzform von* **rest in peace** R.i.P., Ruhe in Frieden

rip¹ /rɪp/ *Verb* (**-pp-**) **1** (zer)reißen ◊ *They had been ripped in two.* Sie waren mitten durchgerissen worden. **2** abreißen, herunterreißen ◊ *He ripped off his tie.* Er zerrte sich die Krawatte vom Hals. ◊ *Half of the house was ripped away.* Das halbe Haus wurde weggerissen. IDM **let ˈrip** (*umgs*) loslegen **let ˈrip at sb** (*umgs*) (*beschimpfen*) auf jdn losgehen **let (sth) ˈrip** (*umgs*) Vollgas geben ◊ *Come on — let her rip.* Los, Vollgas! **rip sb/sth aˈpart/to ˈshreds/to ˈbits, etc.** jdn/etw in Stücke reißen ☞ *Siehe auch* HEART *und* LIMB PHRV **ˈrip at sth** an etw zerren, an etw reißen **ˌrip ˈinto sb/sth** jdm gründlich die Meinung sagen **rip ˈinto sb/sth** in jdn/etw eindringen **ˌrip sb ˈoff** (*meist passiv*) (*umgs*) jdn übers Ohr hauen, jdn abzocken **ˌrip sth ˈoff** (*Slang*) (*stehlen*) etw mitgehen lassen **rip ˈthrough sb/sth** durch jdn/etw (hindurch)dringen ◊ *An explosion ripped through their home.* Eine Explosion verwüstete ihr Haus. **ˌrip sth ˈup** etw zerreißen

rip² /rɪp/ *Nomen* [meist Sing] Riss

rip·cord /ˈrɪpkɔːd; *AmE* -kɔːrd/ *Nomen* Reißleine

ripe /raɪp/ *Adj* **1** reif (*auch fig*) ◊ *land ripe for development* ein Grundstück, das man bebauen kann OPP UNRIPE **2** (*Käse, Wein*) ausgereift SYN MATURE **3** (*Geruch*) unangenehm IDM **aˈthe ripe old age (of …)** ◊ *He lived to the ripe old age of 91.* Er starb im hohen Alter von 91 Jahren.

rip·en /ˈraɪpən/ *Verb* reifen (lassen)

ripe·ness /ˈraɪpnəs/ *Nomen* Reife

ˈrip-off *Nomen* [meist Sing] (*umgs*) **1** Nepp, Betrug **2** Kopie, Abklatsch

ri·poste¹ /rɪˈpɒst; *AmE* rɪˈpoʊst/ *Nomen* **1** (*gehoben*) Entgegnung **2** Gegenstoß

ri·poste² /rɪˈpɒst; *AmE* rɪˈpoʊst/ *Verb* (*gehoben*) entgegnen

rip·ple¹ /ˈrɪpl/ *Nomen* **1** kleine Welle ◊ *There was hardly a ripple on the pond's surface.* Die Oberfläche des Teiches kräuselte sich kaum. **2** Riffel **3** [meist Sing] ◊ *a ripple of applause* kurzer Beifall ◊ *Her visit caused barely a ripple of interest.* Ihr Besuch erregte kaum Aufsehen. ◊ *a ripple of unease* ein Schauder

rip·ple² /ˈrɪpl/ *Verb* **1** sich kräuseln; (*Getreide*) wogen; (*Muskeln*) spielen ◊ *Laughter rippled through the crowd.* Ein Lachen ging durch die Menge. **2** kräuseln; (*Muskeln*) spielen lassen

ˈripple effect *Nomen* Dominoeffekt

ˈrip-roaring *Adj nur vor Nomen* (*umgs*) **1** Wahnsinns- ◊ *a rip-roaring celebration* eine Mordsfeier **2** ~ **drunk** völlig besoffen

rise¹ /raɪz/ *Nomen* **1** ~ (**in sth**) Anstieg (von etw), Zunahme (von etw) ◊ *There has been a sharp rise in the number of people out of work.* Die Arbeitslosenzahlen sind stark gestiegen. **2** (*BrE*) Gehaltserhöhung **3** [Sing] Aufstieg ◊ *the rise and fall of the British Empire* der Aufstieg und Niedergang des Britischen Weltreichs **4** Heben ◊ *She watched the gentle rise and fall of his chest as he slept.* Sie beobachtete, wie sich seine Brust im Schlaf leicht hob und senkte. **5** Anhöhe ☞ *Siehe auch* HIGH-RISE IDM **get a rise out of sb** jdn reizen **give ˈrise to sth** (*gehoben*) zu etw führen

rise² /raɪz/ *Verb* (**rose** /rəʊz; *AmE* roʊz/, **risen** /ˈrɪzn/) **1** (auf)steigen; (*Vorhang im Theater*) sich heben ◊ (*gehoben*) *Her spirits rose at the news.* Die Neuigkeit ließ ihre Stimmung steigen. **2** (*erfolgreich sein*) aufsteigen ◊ *a rising young politician* ein aufstrebender junger Politiker ◊ *rise to power* an die Macht kommen ◊ *rise to fame* Berühmtheit erlangen ◊ *She rose through the ranks to become managing director.* Sie hat sich bis zur Geschäftsführerin hochgearbeitet. **3** (*Sonne, Teig*) aufgehen **4** (an)steigen, zunehmen ◊ *Air pollution has risen above an acceptable level.* Die Luftverschmutzung liegt über dem Grenzwert. **5** (*gehoben*) aufstehen ◊ *He rose to his feet.* Er stand auf. **6** (*gehoben*) (*Stimme*) lauter werden **7** (*Wind*) stärker werden **8** ~ (**up**) (**against sb/sth**) (*aufbegehren*) sich erheben (gegen jdn/etw) **9** (*Berge etc.*) aufragen, sich erheben **10** (*Boden*) ansteigen **11** (*Fluss*) entspringen **12** ~ (**from sth**) (von etw) auferstehen ◊ *Can a new party rise from the ashes of the old one?* Kann eine neue Partei aus den Trümmern der alten entstehen? **13** (*Haare*) sich sträuben **14** (*gehoben*) (*Gesichtsfarbe*) rot werden **15** (*gehoben*) die Sitzung beenden ◊ *The House rose at 10 p.m.* Das Unterhaus beendete seine Sitzung um 10 Uhr abends. IDM **ˌrise and ˈshine** (*veraltet*) raus aus den Federn! ☞ *Siehe auch* HACKLES *und* HEIGHT PHRV **ˌrise aˈbove sth** (*gehoben*) **1** über etw stehen **2** über etw hinausgehen **ˈrise to sth 1** sich etw gewachsen zeigen **2** auf etw reagieren ◊ *As soon as I mentioned money he rose to the bait.* Sobald ich von Geld sprach, zeigte er Interesse.

riser /ˈraɪzə(r)/ *Nomen* **early/late** ~ Frühaufsteher(in)/Spätaufsteher(in)

ris·ible /ˈrɪzəbl/ *Adj* (*gehoben, abwert*) lächerlich SYN LUDICROUS *und* RIDICULOUS

ris·ing *Nomen* /ˈraɪzɪŋ/ Aufstand SYN REVOLT *und* UPRISING

ˌrising ˈdamp *Nomen* (*BrE*) aufsteigende Feuchtigkeit

risk¹ /rɪsk/ *Nomen* **1** Risiko ◊ *a health risk* eine Gesundheitsgefahr ◊ *The chemicals pose little risk to human health.* Die Chemikalien sind nicht gesundheitsgefährdend. **2** ~ **a good/bad/poor** ~ (FINANZ) *She is a good risk.* Bei ihr besteht ein geringes Risiko. ◊ *With five previous claims, he's now a bad insurance risk.* Mit fünf vorausgehenden Schadensforderungen ist er jetzt ein Versicherungsnehmer, bei dem ein beträchtliches Risiko besteht. IDM **at ˈrisk** gefährdet ◊ *Innocent lives will be put at risk.* Die Leben Unschuldiger werden aufs Spiel gesetzt. **at the ˈrisk of …** auf die Gefahr hin … **at risk to yourself/sb/sth** unter Gefährdung von sich selbst/jdm/etw ◊ *He dived in at considerable risk to his own life.* Unter Einsatz seines Lebens sprang er ins Wasser. **do sth at your ˌown ˈrisk** etw auf eigene Gefahr tun ◊ *Valuables are left at their owner's risk.* Für Wertgegenstände wird keine Haftung übernommen. **run the ˈrisk (of doing sth)** Gefahr laufen (etw zu tun) **run ˈrisks** etwas riskieren **take a ˈrisk** ein Risiko eingehen ◊ *That's a risk I'm not prepared to take.* Zu diesem Risiko bin ich nicht bereit. **take ˈrisks** Risiken eingehen ◊ *You have no right to take risks with the children's lives.* Sie haben kein Recht, das Leben der Kinder aufs Spiel zu setzen.

risk² /rɪsk/ *Verb* riskieren, wagen; (*Leben etc.*) aufs Spiel setzen ◊ *They knew they risked being arrested.* Sie wussten, dass sie riskierten, verhaftet zu werden. ◊ *If they stayed, they risked death.* Wenn sie bleiben würden, liefen sie Gefahr umzukommen. IDM **risk ˌlife and ˈlimb/risk your ˈneck** sein Leben aufs Spiel setzen

riski·ness /ˈrɪskinəs/ *Nomen* Riskantheit

ˈrisk-taking *Nomen* Eingehen von Risiko, Risikobereitschaft

risky /ˈrɪski/ *Adj* (**risk·ier**, **riski·est**) (*Adv* **risk·ily** /-ɪli/) riskant

ris·qué /ˈrɪskeɪ; *AmE* rɪˈskeɪ/ *Adj* gewagt, schlüpfrig

ris·sole /ˈrɪsəʊl; *AmE* -soʊl/ *Nomen* Frikadelle

rite /raɪt/ *Nomen* Ritus ☞ *Siehe auch* THE LAST RITES

ˌrite of ˈpassage *Nomen* [meist Pl] Übergangsritus

rit·ual¹ /ˈrɪtʃuəl/ *Nomen* Ritual

rit·ual² /ˈrɪtʃuəl/ *Adj nur vor Nomen* **1** rituell, Ritual- **2** üblich, immer gleich

ritu·al·is·tic /ˌrɪtʃuəˈlɪstɪk/ *Adj* **1** rituell **2** üblich, immer gleich

ritu·al·ize (*BrE auch* **-ise**) /ˈrɪtʃuəlaɪz/ *Verb* (*meist passiv*) (*gehoben*) ritualisieren

ritu·al·ly /ˈrɪtʃuəli/ *Adv* in einem rituellen Akt

ritzy /ˈrɪtsi/ *Adj* (*umgs*) schick, nobel

rival¹ /ˈraɪvl/ *Nomen* Rivale, Rivalin, Konkurrent(in) ◊ *This latest design has no rivals.* An diesen neuen Entwurf kommt kein anderer heran.

rival² /ˈraɪvl/ *Adj nur vor Nomen* **1** rivalisierend, gegnerisch, konkurrierend ◊ *a rival offer* ein Angebot der Konkurrenz ◊ *a rival company* eine Konkurrenzfirma **2** (*Theorie, Erklärung, System*) verschieden

rival³ /ˈraɪvl/ *Verb* (**-ll-**, *AmE auch* **-l-**) ~ **sb/sth** (**for/in sth**) mit jdm/etw (um/in etw) rivalisieren, jdm/etw (an/in etw) nicht nachstehen ◊ *Their new fleet will rival any other.* Ihre neue Flotte kann es mit allen anderen aufnehmen. ◊ *Their competitors have nothing to rival the new product.* Die Konkurrenz hat nichts, das ihrem neuen Produkt gleichkommt.

ri·val·ry /ˈraɪvlri/ *Nomen* (*Pl* **-ries**) Rivalität ◊ *a fierce rivalry for world supremacy* ein erbitterter Wettstreit um die Weltherrschaft ◊ *sibling rivalry* Rivalität zwischen Geschwistern

riven /ˈrɪvn/ *Adj nicht vor Nomen* ~ (**by/with sth**) (*gehoben*) **1** zerrissen (von etw) ◊ *riven with doubts* von Zweifeln geplagt **2** zerspalten

river /ˈrɪvə(r)/ *Nomen* (*Abk* **R**) Fluss, Strom ◊ *the River Thames* die Themse ◊ *travel up/down river* flussaufwärts/flussabwärts fahren ◊ *a house on the river* ein Haus am Fluss IDM ⇨ SELL¹

'river bed *Nomen* Flussbett

river·front /ˈrɪvəfrʌnt; *AmE* -vərf-/ *Nomen* [Sing] (*bes AmE*) am Fluss gelegenes Viertel

river·side /ˈrɪvəsaɪd; *AmE* -vərs-/ *Nomen* [Sing] Flussufer ◊ *a riverside cafe* ein Café am Fluss

rivet¹ /ˈrɪvɪt/ *Nomen* Niete

rivet² /ˈrɪvɪt/ *Verb* (*meist passiv*) **1** fesseln ◊ *My eyes were riveted on the figure lying in the road.* Ich starrte gebannt auf den Körper, der auf der Straße lag. **2** (ver)nieten IDM **be riveted to the spot/ground** wie angewachsen dastehen

rivet·ing /ˈrɪvɪtɪŋ/ *Adj* fesselnd

rivu·let /ˈrɪvjələt/ *Nomen* (*gehoben*) Bach, Rinnsal

RM /ˌɑːr ˈem/ *Kurzform von* **Royal Marine** = Eliteeinheit der britischen Kriegsmarine

RN /ˌɑːr ˈen/ *Abk* **1** = REGISTERED NURSE **2** = ROYAL NAVY

RNA /ˌɑːr en ˈeɪ/ *Nomen* (NATURW) RNS

roach /rəʊtʃ; *AmE* roʊtʃ/ *Nomen* **1** (*AmE, umgs*) Kakerlak, Schabe **2** (*Pl* **roach**) Plötze **3** (*Slang*) Joint(kippe)

road /rəʊd; *AmE* roʊd/ *Nomen* **1** (*Abk* **Rd**) Straße ◊ *a main road* eine Hauptstraße ◊ *It takes about five hours by road.* Man fährt ungefähr fünf Stunden mit dem Auto. ◊ *transport goods by road* Waren per Spedition transportieren ◊ *road accidents* Verkehrsunfälle ◊ *a road map* eine Autokarte ◊ *It's just along the road from the hotel.* Es ist ein Stückchen weiter als das Hotel. **2** Weg ◊ *We have discussed privatization, but we would prefer not to go down that particular road.* Wir haben über eine Privatisierung gesprochen; aber es wäre uns lieber, wenn wir diesen Weg nicht einschlagen würden. IDM **'any road** (*Dialekt*) sowieso ◊ **have one for the 'road** (*umgs*) vor dem Gehen noch einen trinken ◊ **on the 'road 1** unterwegs; auf Tournee **2** ◊ *It will cost a lot to get the car back on the road.* Es wird viel kosten, um das Auto wieder verkehrstauglich zu machen. **3** auf der Straße ☞ *Siehe auch* END¹, FURTHER¹, HIT¹ *und* SHOW²

road·block /ˈrəʊdblɒk; *AmE* ˈroʊdblɑːk/ *Nomen* **1** Straßensperre **2** (*AmE*) (*fig*) Hürde

'road hog *Nomen* (*umgs, abwert*) Verkehrsrowdy

roadie /ˈrəʊdi; *AmE* ˈroʊdi/ *Nomen* (*umgs*) Roadie

'road rage *Nomen* = Gewalt im Straßenverkehr

road·run·ner /ˈrəʊdrʌnə(r); *AmE* ˈroʊd-/ *Nomen* Rennkuckuck

road·show /ˈrəʊdʃəʊ; *AmE* ˈroʊdʃoʊ/ *Nomen* Roadshow

road·side /ˈrəʊdsaɪd; *AmE* ˈroʊd-/ *Nomen* (**by the**) ~ (am) Straßenrand

'road sign *Nomen* Verkehrszeichen

'road tax *Nomen* (*BrE*) ≈ Kraftfahrzeugsteuer

'road test *Nomen* Probefahrt

'road-test *Verb* Probe fahren

road·way /ˈrəʊdweɪ; *AmE* ˈroʊd-/ *Nomen* Fahrbahn

road·works /ˈrəʊdwɜːks; *AmE* ˈroʊdwɜːrks/ *Nomen* [Pl] (*BrE*) Straßenbauarbeiten, Baustelle

road·worthi·ness /ˈrəʊdwɜːðinəs; *AmE* ˈroʊdwɜːrði-/ *Nomen* Verkehrstauglichkeit

road·worthy /ˈrəʊdwɜːði; *AmE* ˈroʊdwɜːrði/ *Adj* verkehrstauglich

roam /rəʊm; *AmE* roʊm/ *Verb* **1** umherstreifen; ~ **sth** durch etw ziehen ◊ *roam the countryside* durchs Land ziehen ◊ *groups of youths roaming the streets* in den Straßen herumstreunende Jugendbanden SYN WANDER **2** ~ (**over**) **sth/sb** ◊ *His gaze roamed over her.* Er musterte sie von Kopf bis Fuß. ◊ *Her eyes roamed the room.* Ihr Blick wanderte durch das Zimmer. ◊ *Her hands roamed across his back.* Ihre Hände glitten über seinen Rücken.

roan /rəʊn; *AmE* roʊn/ **1** *Nomen* stichelhaariges Pferd ◊ *a strawberry roan* ein Rotschimmel **2** *Adj nur vor Nomen* stichelhaarig

roar¹ /rɔː(r)/ *Verb* **1** brüllen; (*Wasser, Sturm*) tosen; (*Motor*) dröhnen ◊ *roar with laughter* vor Lachen brüllen ◊ *The guns roared deafeningly.* Das Donnern der Geschütze war ohrenbetäubend. ◊ *The engine roared to life.* Der Motor sprang dröhnend an. ◊ *The crowd roared.* Die Menge tobte. **2** (*schnell fahren*) donnern, brausen **3** (*Feuer*) prasseln

roar² /rɔː(r)/ *Nomen* **1** Brüllen, Gebrüll ◊ *He was greeted by a roar of applause.* Er wurde mit donnerndem Applaus begrüßt. ◊ *roars of laughter* schallendes Gelächter **2** Tosen

roar·ing /ˈrɔːrɪŋ/ *Adj nur vor Nomen* **1** brüllend; (*Sturm, Wasser*) tosend **2** (*Feuer*) prasselnd IDM **do a 'roaring trade** (**in sth**) (*umgs*) einen schwunghaften Handel (mit etw) treiben ◊ **ˌroaring 'drunk** sternhagelvoll ◊ **a ˌroaring suc'cess** (*umgs*) ein Riesenerfolg

roast¹ /rəʊst; *AmE* roʊst/ *Verb* **1** (im Backofen) braten **2** rösten **3** (*umgs*) (*in der Sonne*) schmoren

roast² /rəʊst; *AmE* roʊst/ *Nomen* **1** Braten **2** (*AmE*) (*oft in Zusammensetzungen*) Grillparty **3** (*AmE*) = Feier für jdn, bei der Anekdoten über ihn/sie erzählt werden

roast³ /rəʊst; *AmE* roʊst/ *Adj nur vor Nomen* Brat-, geröstet ◊ *roast beef* Rinderbraten ◊ *roast potatoes* im Backofen in Fett gebratene Kartoffeln

roast·ing¹ /ˈrəʊstɪŋ; *AmE* ˈroʊ-/ *Adj* **1** *nur vor Nomen* Brat- ◊ *a roasting dish* ein Bräter **2** knallheiß

roast·ing² /ˈrəʊstɪŋ; *AmE* ˈroʊ-/ *Nomen* [Sing] (*umgs*) IDM **get a 'roasting** zurechtgewiesen werden ◊ **give sb a 'roasting** jdm eine Standpauke halten

rob /rɒb; *AmE* rɑːb/ *Verb* (**-bb-**) ~ **sb/sth** (**of sth**) jdn/etw (einer Sache) berauben; ~ **sth** etw ausrauben; ~**sb** jdn bestehlen ◊ *rob a bank* eine Bank überfallen IDM **ˌrob sb 'blind** (*umgs*) jdn ausnehmen bis aufs letzte Hemd ◊ **rob Peter to pay 'Paul** sich von jdm Geld leihen, um seine Schulden bei jd anders zu bezahlen PHR V **'rob sb/sth of sth** (*oft passiv*) jdn/etw um etw bringen ◊ *He had been robbed of his dignity.* Man hatte ihm seine Würde genommen.

rob·ber /ˈrɒbə(r); *AmE* ˈrɑːb-/ *Nomen* Räuber(in)

rob·bery /ˈrɒbəri; *AmE* ˈrɑːb-/ *Nomen* (*Pl* **-ies**) Raub(überfall)

robe¹ /rəʊb; *AmE* roʊb/ *Nomen* **1** (*auch* **robes** [Pl]) Talar, Ornat **2** = BATHROBE

robe² /rəʊb; *AmE* roʊb/ *Verb* (*meist passiv*) (*gehoben*) ◊ *The priests were robed in black.* Die Priester trugen schwarze Talare.

robin /ˈrɒbɪn; *AmE* ˈrɑːb-/ *Nomen* **1** Rotkehlchen **2** Wanderdrossel ☞ *Siehe auch* ROUND ROBIN

robot /ˈrəʊbɒt; *AmE* ˈroʊbɑːt/ *Nomen* Roboter

ro·bot·ic /rəʊˈbɒtɪk; *AmE* roʊˈbɑːtɪk/ *Adj* Roboter-, roboterhaft ◊ *a robotic arm* ein Roboterarm

ro·bot·ics /rəʊˈbɒtɪks; *AmE* roʊˈbɑːt-/ *Nomen* [U] Robotertechnik, Robotik

ro·bust /rəʊˈbʌst; *AmE* roʊ-/ *Adj* (*Adv* **ro·bust·ly**) **1** kräftig, robust ◊ *a robust appetite* ein gesunder Appetit ◊ *robust economic growth* anhaltendes Wirtschaftswachstum **2** robust; (*Material*) unverwüstlich; (*Bau, Gefüge*) stabil SYN STURDY **3** entschieden; (*Glaube*) fest

ro·bust·ness /rəʊˈbʌstnəs; *AmE* roʊ-/ *Nomen* Robustheit

rock¹ /rɒk; *AmE* rɑːk/ *Nomen* **1** Stein, Gestein, Fels(en), Felsbrocken; (*im Meer*) Klippe ◊ *Danger: falling rocks!* Achtung, Steinschlag! **2** (*BrE auch* **'rock music**) Rock, Rockmusik **3** (*BrE*) Zuckerstange **4** [meist Pl] (*AmE, umgs*) (*Edelstein*) Klunker IDM **(caught/stuck) between a ˌrock and a 'hard place** in einer Zwickmühle ◊ **on the 'rocks 1** kaputt; (*Geschäft, Firma*) pleite **2** (*Getränk*) mit Eis ☞ *Siehe auch* STEADY¹

rock² /rɒk; *AmE* rɑːk/ *Verb* **1** ~ **sb/sth** jdn/etw schaukeln,

jdn/etw wiegen **2** sich wiegen, schaukeln ◊ *rock with laughter* sich vor Lachen krümmen ◊ *The whole house rocked when the bomb exploded.* Das ganze Haus zitterte, als die Bombe explodierte. **3 ~ sb/sth** (*gehoben*) jdn/etw erschüttern (*auch fig*) **4** (*veraltet*) rocken IDM **rock the 'boat** (*umgs*) Ärger machen ☛ *Siehe auch* FOUNDATION
rocka·billy /'rɒkəbɪli; *AmE* 'rɑːk-/ *Nomen* Rockabilly
ˌrock and 'roll *Nomen* Rock and Roll
ˌrock 'bottom *Nomen* (*umgs*) Tiefpunkt, Nullpunkt
ˌrock-'bottom *Adj* niedrigste(r,s) ◊ *rock-bottom prices* Tiefstpreise
ˌrock 'candy *Nomen* [U] (*AmE*) Zuckerstange
ˈrock climbing *Nomen* Felsklettern
rock·er /'rɒkə(r); *AmE* 'rɑːk-/ *Nomen* **1** (*Wiege etc.*) Kufe **2** (*bes AmE*) Schaukelstuhl **3 Rocker** (*BrE*) Rocker IDM **be ˌoff your 'rocker** (*umgs*) übergeschnappt sein
rock·ery /'rɒkəri; *AmE* 'rɑːk-/ *Nomen* (*Pl* **-ies**) Steingarten
rocket[1] /'rɒkɪt; *AmE* 'rɑːkɪt/ *Nomen* **1** Rakete **2** Feuerwerksrakete **3** (*BrE*) Rucola
rocket[2] /'rɒkɪt; *AmE* 'rɑːkɪt/ *Verb* **1** in die Höhe schnellen **2** kometenhaft aufsteigen ◊ *The band rocketed to stardom.* Die Band wurde über Nacht berühmt. **3** rasen, schießen **4** mit Raketen beschießen
ˈrocket science *Nomen* IDM **it's not rocket science** es ist nicht hohe Wissenschaft ◊ *Football is a simple game – it's not exactly rocket science.* Fußball ist ein einfaches Spiel — man muss kein Genie sein, um es zu verstehen.
ˈrock face *Nomen* [U] Felswand
ˈrock garden *Nomen* Steingarten
ˌrock-'hard *Adj* steinhart
ˈrocking chair *Nomen* Schaukelstuhl
ˈrocking horse *Nomen* Schaukelpferd
ˈrock music *Nomen* Rockmusik
ˌrock 'n' 'roll *Nomen* Rock 'n' Roll
ˈrock pool *Nomen* (*BrE*) = Ansammlung von Wasser, das sich bei Ebbe zwischen Felsen bildet
ˌrock 'solid *Adj* stabil (*auch fig*), absolut zuverlässig ◊ *rock solid support for the party* hundertprozentige Unterstützung für die Partei ◊ *The ice on the river was rock solid.* Das Eis auf dem Fluss war fest gefroren.
rocky /'rɒki; *AmE* 'rɑːki/ *Adj* (**rock·ier, rocki·est**) **1** felsig, steinig ◊ *a rocky coastline* eine Felsküste **2** (*fig*) wackelig ◊ *a rocky marriage* eine Ehe, in der es kriselt
ro·coco (*auch* **Ro·coco**) /rə'kəʊkəʊ; *AmE* rə'koʊkoʊ/ **1** *Adj* Rokoko- ◊ *a rococo palace* ein Rokokoschloss **2** *Nomen* Rokoko
rod /rɒd; *AmE* rɑːd/ *Nomen* **1** (*oft in Zusammensetzungen*) Stange; (*kürzer*) Stab **2** Angelrute **3** (*auch the rod*) Rute **4** (*AmE, Slang*) Schießeisen IDM **make a rod for your own 'back** sich das Leben schwer machen ☛ *Siehe auch* BEAT[1] *und* RULE[2]
rode *Form von* RIDE[1]
ro·dent /'rəʊdnt; *AmE* 'roʊ-/ *Nomen* Nagetier
rodeo /'rəʊdiəʊ, rəʊ'deɪəʊ; *AmE* 'roʊdioʊ, roʊ'deɪoʊ/ *Nomen* (*Pl* **-os**) Rodeo
roe /rəʊ; *AmE* roʊ/ *Nomen* **1** (*Fischeier*) Rogen **2** (*Fischsamen*) Milch
ˈroe deer *Nomen* (*Pl* **roe deer**) (*auch* **roe**) Reh
roger[1] /'rɒdʒə(r); *AmE* 'rɑːdʒ-/ *Ausruf* (*Funk etc.*) verstanden!
roger[2] /'rɒdʒə(r); *AmE* 'rɑːdʒ-/ *Verb* (*BrE, Slang*) (*Sex*) bumsen
rogue[1] /rəʊg; *AmE* roʊg/ *Nomen* **1** (*hum*) Gauner **2** (*veraltet*) Schurke
rogue[2] /rəʊg; *AmE* roʊg/ *Adj nur vor Nomen* **1** (ZOOL) einzelgängerisch, Einzelgänger- **2** abnormal, entartet ◊ *a rogue gene* ein defektes Gen
roguish /'rəʊgɪʃ; *AmE* 'roʊ-/ *Adj* (*Adv* **roguish·ly**) schelmisch, spitzbübisch
role /rəʊl; *AmE* roʊl/ *Nomen* Rolle
ˈrole model *Nomen* Vorbild
ˈrole-play[1] *Nomen* Rollenspiel
ˈrole-play[2] *Verb* **1** ein Rollenspiel machen **2 ~ sth** etw in einem Rollenspiel darstellen

roll[1] /rəʊl; *AmE* roʊl/ *Nomen* **1** Rolle; (*Stoff*) Ballen **2** = BREAD ROLL **3** (*Bewegung*) Rollen; (*Schiff*) Schlingern; (SPORT) Rolle, Purzelbaum **4 ~ of fat** Fettwulst **5** Namensliste, Register ◊ *the electoral roll* das Wählerverzeichnis ◊ *The chairman called/took the roll.* Der Vorsitzende rief die Namen auf. **6** (*Geräusch*) Rollen; (*Donner*) Grollen ◊ *a drum roll* ein Trommelwirbel **7** Würfeln ◊ *The order of play is decided by the roll of a dice.* Es wird darum gewürfelt, wer zuerst spielt. IDM **be on a 'roll** (*umgs*) eine Glückssträhne haben
roll[2] /rəʊl; *AmE* roʊl/ *Verb* **1** rollen ◊ *Her eyes rolled.* Ihre Augen verdrehten sich. **2** schaukeln; (*Schiff*) schlingern ◊ *a rolling gait* ein wiegender Gang **3 ~ sth** etw (ein)rollen ◊ *roll a cigarette* eine Zigarette drehen ◊ *She rolled her eyes.* Sie verdrehte die Augen. ◊ *He rolled himself up in the blanket.* Er wickelte sich in die Decke ein. **4** sich drehen, sich wälzen **5** vorbeiziehen, rollen; (*Wolken*) ziehen ◊ *Cars rolled off the assembly line.* Die Autos rollten vom Fließband. ◊ *Mist rolled in from the sea.* Nebelschwaden zogen ins Land. **6** (*Geräusch*) rollen; (*Donner*) grollen ◊ *rolling drums* Trommelwirbel **7** (*Maschine etc.*) laufen ◊ *The camera rolled.* Die Kamera lief. **8 ~ sth** etw laufen lassen ◊ *Roll the cameras!* Aufnahme! IDM **be 'rolling in money/it** (*umgs*) im Geld schwimmen **ˈheads will roll (for sth)** (*umgs, meist hum*) Köpfe werden (wegen einer Sache) rollen **rolled into 'one** in einem ◊ *He's a scientist and a businessman rolled into one.* Er ist Wissenschaftler und Geschäftsmann in einem. **ˌrolling in the 'aisles** ◊ *She had us rolling in the aisles.* Sie schaffte es, dass wir uns vor Lachen kugelten. **ˈroll on …!** (*BrE, umgs*) wenn doch schon … wäre! **roll up your 'sleeves** die Ärmel hochkrempeln **roll with the 'punches** sich der Situation anpassen ☛ *Siehe auch* BALL[1], GRAVE[1], READY[1] *und* TONGUE[1] PHR V **ˌroll a'round** (*BrE auch* **ˌroll a'bout**) sich vor Lachen kugeln **ˌroll sth 'back 1** etw zurückdrehen ◊ *roll back the frontiers of space* in den Weltraum vorstoßen **2** (*AmE*) (*Preise etc.*) senken **ˌroll sth 'down** etw herunterlassen ◊ *roll down a car window* ein Autofenster herunterkurbeln **ˌroll 'in 1** hereinströmen; (*Briefe etc.*) eingehen **2** (*Mensch*) eintrudeln **ˌroll sth 'out 1** etw ausrollen **2** (*neues Produkt etc.*) herausbringen SYN LAUNCH **ˌroll 'over** (*im Bett etc.*) sich (her)umdrehen **ˌroll sb/sth 'over** jdn/etw (um)drehen ◊ *I rolled the baby over onto its stomach.* Ich drehte das Baby auf den Bauch. **ˌroll 'up 1** (*umgs*) aufkreuzen ◊ *Roll up!* Treten Sie näher! **2 ~ (into sth)** sich (zu etw) zusammenrollen **ˌroll sth 'up 1** (*Fenster etc.*) hochkurbeln; (*Ärmel etc.*) hochkrempeln **2 ~ (into sth)** etw (zu etw) zusammenrollen
ˈroll-back /'rəʊlbæk; *AmE* 'roʊl-/ *Nomen* [Sing] (*AmE*) Senkung der Preise/Löhne auf den früheren Stand
ˈroll-call *Nomen* [U/Sing] Namensaufruf; (MIL) Appell
roll·er /'rəʊlə(r); *AmE* 'roʊ-/ *Nomen* **1** (*oft in Zusammensetzungen*) Rolle ◊ *a paint roller* ein Farbroller ◊ *a roller blind* ein Rollo **2** Roller **3** (*veraltet*) Lockenwickler
Roll·er·blade™[1] (*AmE* **Roller Blade**™) /'rəʊləbleɪd; *AmE* 'roʊlərb-/ *Nomen* Inliner
Roll·er·blade[2] /'rəʊləbleɪd; *AmE* 'roʊlərb-/ *Verb* Inline skaten
ˈroller coaster *Nomen* **1** Achterbahn **2** (*fig*) Berg-und-Tal-Fahrt
ˈroller skate[1] (*auch* **skate**) *Nomen* Rollschuh
ˈroller skate[2] (*auch* **skate**) *Verb* Rollschuh laufen
ˈroller skating (*auch* **skat·ing**) *Nomen* Rollschuhlaufen, Rollschuhlauf
rol·licking[1] /'rɒlɪkɪŋ; *AmE* 'rɑːl-/ *Adj nur vor Nomen* ausgelassen
rol·licking[2] /'rɒlɪkɪŋ; *AmE* 'rɑːl-/ *Nomen* (*BrE, umgs*) Standpauke
roll·ing /'rəʊlɪŋ; *AmE* 'roʊ-/ *Adj nur vor Nomen* **1** (*Landschaft*) leicht hügelig; (*Hügel*) sanft **2** (*Plan, Programm etc.*) fortlaufend, kontinuierlich
ˈrolling pin *Nomen* Nudelholz, Teigrolle
ˈrolling stock *Nomen* (*Fachspr*) (EISENB) rollendes Material
ˈroll-on[1] *Adj nur vor Nomen* ◊ *a roll-on deodorant* ein Deoroller
ˈroll-on[2] *Nomen* Deoroller

‚roll-‚on-‚roll-'off *Adj* (*auch* **'ro-ro**) (*BrE*) Ro-Ro
'roll-out *Nomen* Roll-out, Markteinführung
roll·over /'rəʊləʊvə(r); *AmE* 'roʊloʊvər/ *Nomen* **1** (*Fachspr*) Roll-over Kredit **2** (*BrE*) ◊ *a rollover jackpot* ein Jackpot **3** (*bes AmE*) Überschlagen
roly-poly /ˌrəʊli 'pəʊli; *AmE* ˌroʊli 'poʊli/ *Adj nur vor Nomen* (*umgs*) pummelig
ROM /rɒm; *AmE* rɑːm/ *Kurzform von* **read-only memory** ROM
ro·maine /rəʊ'meɪn; *AmE* roʊ-/ *Nomen* (*AmE*) römischer Salat, Romana-Salat
Roman¹ /'rəʊmən; *AmE* 'roʊ-/ *Adj* **1** römisch ◊ *a Roman road* eine Römerstraße ◊ *Roman Britain* Britannien unter den Römern **2** von/in Rom ◊ *my Roman friends* meine Freunde in/aus Rom **3** römisch-katholisch **4 roman** (*Schriftart*) Antiqua-
Roman² /'rəʊmən; *AmE* 'roʊ-/ *Nomen* **1** Römer(in) **2 roman** (*Schriftart*) Antiqua IDM ⇨ ROME
the ‚Roman 'alphabet *Nomen* [Sing] das lateinische Alphabet
‚Roman 'Catholic (*auch* **Cath·ol·ic**) **1** *Nomen* (*Abk* **RC**) Katholik(in) **2** *Adj* römisch-katholisch
‚Roman Ca'tholicism (*auch* **Cath·ol·i·cism**) *Nomen* Katholizismus
Ro·mance /rəʊ'mæns; *AmE* roʊ-/ *Adj nur vor Nomen* romanisch
ro·mance¹ /rəʊ'mæns, 'rəʊmæns; *AmE* roʊ-, 'roʊ-/ *Nomen* **1** Romanze ◊ *medieval romances* mittelalterliche Romanzen **2** Romantik **3** romantische Liebesgeschichte, Liebesroman
ro·mance² /rəʊ'mæns; *AmE* roʊ-/ *Verb* (*gehoben*) **1** fantasieren **2** ~ **sb** jdn umwerben **3** eine Romanze mit jdm haben
Ro·man·esque /ˌrəʊmə'nesk; *AmE* ˌroʊ-/ *Adj* (ARCHIT) romanisch
‚Roman 'nose *Nomen* Römernase
‚Roman 'numeral *Nomen* römische Ziffer
ro·man·tic (*auch* **Ro·man·tic**) /rəʊ'mæntɪk; *AmE* roʊ-/ **1** *Adj* (*Adv* **ro·man·tic·al·ly** /-kli/) romantisch ◊ *the Romantic movement* die Romantik ◊ *a Romantic poet* ein Dichter der Romantik ◊ *a romantic relationship* eine Liebesbeziehung **2** *Nomen* Romantiker(in)
ro·man·ti·cism (*auch* **Ro·man·ti·cism**) /rəʊ'mæntɪsɪzəm; *AmE* roʊ-/ *Nomen* Romantik
ro·man·ti·cist /rəʊ'mæntɪsɪst; *AmE* roʊ-/ *Nomen* Romantiker(in)
ro·man·ti·cize (*BrE auch* **-ise**) /rəʊ'mæntɪsaɪz; *AmE* roʊ-/ *Verb* romantisieren ◊ *a romanticized view* eine romantisch verklärte Vorstellung
Rom·any /'rɒməni, 'rəʊm-; *AmE* 'rɑːm-, 'roʊm-/ **1** *Nomen* (*Pl* **-ies**) Zigeuner(in), Roma **2** *Nomen* (*Sprache*) Romani **3** *Adj* Zigeuner-, Roma-; (*Sprache*) Romani- ◊ *a Romany gypsy* ein(e) Zigeuner(in)
Rome /rəʊm; *AmE* roʊm/ *Nomen* Rom IDM **Rome wasn't ‚built in a 'day** Rom ist auch nicht an einem Tag erbaut worden. **when in 'Rome (do as the 'Romans do)** andere Länder, andere Sitten
romp¹ /rɒmp; *AmE* rɑːmp, rɔːmp/ *Verb* herumtollen IDM **romp home/to victory** spielend gewinnen PHRV **‚romp a'way/a'head** (*BrE, umgs*) ◊ *Share prices continue to romp ahead.* Die Aktionkurse ziehen weiter stark an. **‚romp 'through (sth)** (*BrE, umgs*) (etw) spielend schaffen, (mit etw) spielend fertig werden
romp² /rɒmp; *AmE* rɑːmp, rɔːmp/ *Nomen* (*umgs*) **1** [Sing] Herumtollen, Tollerei **2** (*Film*) unterhaltsame Komödie **3** (*hum*) (*Sex*) ◊ *a romp in the hay* eine Nummer im Heu ◊ *a three-in-a-bed sex romp* ein flotter Dreier
roof¹ /ruːf/ *Nomen* **1** Dach **2** ~ **of your mouth** Gaumen IDM **go through the 'roof** (*umgs*) **1** (*Preise etc.*) in die Höhe schnellen **2** (*auch* **hit the 'roof**) an die Decke gehen **have a 'roof over your head** ein Dach über dem Kopf haben **under one 'roof**, **under the same 'roof** unter einem Dach **under sb's 'roof** in jds Haus ☛ *Siehe auch* RAISE²
roof² /ruːf/ *Verb* ~ **sth (in/over)** etw überdachen; ~ **sth (with/in sth)** etw (mit etw) decken

-roofed /ruːft/ (*in Zusammensetzungen*) -gedeckt ◊ *a flat-roofed building* ein Gebäude mit einem Flachdach
roof·ing /'ruːfɪŋ/ *Nomen* **1** Material zum Dachdecken ◊ *roofing felt* Dachpappe **2** Dachdecken ◊ *a roofing contractor* ein Dachdecker
'roof rack *Nomen* (*BrE*) Dachgepäckträger
roof·top /'ruːftɒp; *AmE* -tɑːp/ *Nomen* Dach IDM **‚shout, etc. sth from the 'rooftops** etw ausposaunen
rook /rʊk/ *Nomen* **1** Saatkrähe **2** (*beim Schach*) Turm
rookie /'rʊki/ *Nomen* (*bes AmE, umgs*) Neuling
room¹ /ruːm, rʊm/ *Nomen* **1** Zimmer ◊ *They were in the next room.* Sie waren im Zimmer nebenan. **2 rooms** [Pl] (*BrE, veraltet*) möblierte Zimmer **3** [U] ~ **(for sb/sth)** Platz (für jdn/etw); ~ **(to do sth)** Platz (zum …) ◊ *Is there enough room for me in the car?* Ist im Wagen noch Platz für mich? ◊ *make room for the furniture* Platz für die Möbel schaffen ☛ *Siehe auch* STANDING ROOM **4** ~ **for sth** Spielraum für etw, Freiraum ◊ *The government has little room for manoeuvre.* Die Regierung hat wenig Spielraum. ◊ *There was no room for doubt.* Es durfte keine Zweifel geben. ◊ *There's some room for improvement in your work.* Es gibt noch einiges, das Sie besser machen könnten. IDM **no room to swing a 'cat** (*umgs*) sehr wenig Platz
room² /ruːm, rʊm/ *Verb* (*AmE*) ~ **(with sb)**; ~ **(together)** (mit jdm zusammen) wohnen
-roomed /ruːmd/ (*in Zusammensetzungen*) ◊ *a three-roomed apartment* eine Dreizimmerwohnung
room·ful /'ruːmfʊl, 'rʊm-/ *Nomen* **a ~ of …** ein Zimmer voller …
'rooming house *Nomen* (*AmE*) = Mietshaus mit möblierten Zimmern
'room-mate *Nomen* **1** Zimmergenosse, -genossin **2** (*AmE*) Mitbewohner(in)
'room service *Nomen* Zimmerservice
roomy /'ruːmi, 'rʊmi/ *Adj* (**room·ier, roomi·est**) geräumig
roost¹ /ruːst/ *Nomen* (*von Vögeln*) Schlafplatz IDM ⇨ RULE²
roost² /ruːst/ *Verb* (*Vögel*) ruhen, sich (zum Schlafen) niederlassen IDM ⇨ HOME³
roost·er /'ruːstə(r)/ *Nomen* (*bes AmE*) (*Vogel*) Hahn
root¹ /ruːt/ *Nomen* **1** Wurzel (*auch fig*) ◊ *I pulled the plant up by the roots.* Ich zog die Pflanze an der Wurzel heraus. ◊ *my Italian roots* meine italienische Abstammung ◊ *We have to get to the root of the problem.* Wir müssen dem Problem auf den Grund gehen. ◊ *the root cause of the problem* der eigentliche Grund für das Problem ☛ *Siehe auch* GRASS ROOTS *und* SQUARE ROOT **2** (LING) Stamm ◊ *'Feminine' comes from the Latin root 'femina'.* „Feminin" geht auf das lateinische Wort „femina" zurück. IDM **put down 'roots** Wurzeln schlagen **‚root and 'branch** mit Stumpf und Stiel **take 'root 1** Wurzeln schlagen **2** (*fig*) Fuß fassen
root² /ruːt/ *Verb* **1** Wurzeln schlagen **2** wurzeln lassen **3** ~ **(about/around) (for sth)** (nach etw) wühlen; ~ **through sth (for sth)** etw (nach etw) durchwühlen PHRV **'root for sb/sth** jdm die Daumen drücken, jdn unterstützen ◊ *We're rooting for the Bulls.* Wir sind für die Bulls. **‚root sb 'out** jdn entfernen **‚root sth 'out 1** (*fig*) etw mit der Wurzel ausreißen **2** (*fig*) etw (wieder) ausgraben **‚root sb to 'sth** jdn wie angewurzelt dastehen lassen ◊ *Embarrassment rooted her to the spot.* Aus Verlegenheit stand sie wie angewurzelt da. **‚root sth 'up** etw mit der Wurzel herausreißen
'root beer *Nomen* (*AmE*) Kräuterlimonade
root·ed /'ruːtɪd/ *Adj* verwurzelt (*auch fig*) ◊ *He was rooted to his chair.* Er saß wie angewurzelt auf dem Stuhl. IDM **rooted to the 'spot** angewurzelt
root·less /'ruːtləs/ *Adj* wurzellos (*auch fig*)
root·less·ness /'ruːtləsnəs/ *Nomen* Wurzellosigkeit
rope¹ /rəʊp; *AmE* roʊp/ *Nomen* **1** Seil, Tau **2 the ropes** [Pl] (*beim Boxen etc.*) die Seile IDM **be on the 'ropes** (*umgs*) in den Seilen hängen; in der Klemme sitzen **give sb enough 'rope (and he/she will hang himself/herself)** jdm die Gelegenheit geben, sich selbst einen Strick zu drehen **know the 'ropes** (*umgs*) sich auskennen **learn the 'ropes** (*umgs*) sich in etw einarbeiten

show sb the 'ropes (*umgs*) jdn (in etw) einweihen; jdn (in etw) einarbeiten ☛ *Siehe auch* END¹ *und* MONEY

rope² /rəʊp; *AmE* roʊp/ *Verb* **1** ~ **A and B together** A und B zusammenbinden; ~ **A to B** A an B festbinden **2** verschnüren **3** (*bes AmE*) mit dem Lasso (ein)fangen PHR V ,**rope sb 'in**, ,**rope sb 'into sth** (*meist passiv*) (*umgs*) jdn (zu etw) einspannen ,**rope sth 'off** etw (mit einem Seil) absperren

,**rope 'ladder** *Nomen* Strickleiter

ropy (*auch* **ropey**) /'rəʊpi; *AmE* 'roʊpi/ *Adj* (*BrE, umgs*) **1** schäbig, mitgenommen **2** (*Person*) nicht ganz auf der Höhe, angeschlagen

ros·ary /'rəʊzəri; *AmE* 'roʊ-/ *Nomen* (*Pl* **-ies**) Rosenkranz ◇ *say the rosary* den Rosenkranz beten

rosé /'rəʊzeɪ; *AmE* roʊ'zeɪ/ *Nomen* Rosé(wein)

rose¹ /rəʊz; *AmE* roʊz/ *Nomen* **1** Rose **2** (*auch* ,**rose 'pink**) Rosa(rot) **3** (*von einer Gießkanne*) Brause IDM **be coming up 'roses** (*umgs*) (*fig*) rosig aussehen **put 'roses in sb's cheeks** (*BrE, umgs*) Farbe in jds Gesicht bringen ☛ *Siehe auch* BED¹ *und* SMELL¹

rose² /rəʊz; *AmE* roʊz/ (*auch* ,**rose 'pink**) *Adj* rosa(rot)

rose·bud /'rəʊzbʌd; *AmE* 'roʊz-/ *Nomen* Rosenknospe

'**rose-coloured** (*AmE* '**rose-colored**) *Adj* **1** rosa **2** (*auch* '**rose-tinted**) (*fig*) rosa(rot)

'**rose hip** (*auch* **hip**) *Nomen* Hagebutte

rose·mary /'rəʊzməri; *AmE* 'roʊzmeri/ *Nomen* Rosmarin

ros·ette /rəʊ'zet; *AmE* roʊ-/ *Nomen* Rosette

'**rose water** *Nomen* Rosenwasser

,**rose 'window** *Nomen* Fensterrosette

rose·wood /'rəʊzwʊd; *AmE* 'roʊz-/ *Nomen* Rosenholz

Rosh Hash·ana (*auch* **Rosh Hash·anah**) /ˌrɒʃ həˈʃɑːnə; *AmE* ˌrɑːʃ-/ *Nomen* Roschha-Schana, jüdisches Neujahrsfest

rosin¹ /'rɒzɪn; *AmE* 'rɑːzn/ *Nomen* Kolophonium

rosin² /'rɒzɪn; *AmE* 'rɑːzn/ *Verb* mit Kolophonium einreiben

ros·ter¹ /'rɒstə(r); *AmE* 'rɑːs-/ *Nomen* **1** Dienstplan ◇ *a duty roster* ein Dienstplan **2** Namensliste

ros·ter² /'rɒstə(r); *AmE* 'rɑːs-/ *Verb* (*BrE*) zum Dienst einteilen

ros·trum /'rɒstrəm; *AmE* 'rɑːs-/ *Nomen* (*Pl* **ros·trums** *oder* **ros·tra** /-trə/) Podest

rosy /'rəʊzi; *AmE* 'roʊzi/ *Adj* (**rosi·er**, **rosi·est**) rosig (*auch fig*)

rot¹ /rɒt; *AmE* rɑːt/ *Verb* (**-tt-**) verrotten (lassen), verfaulen (lassen) ◇ *Too much sugar will rot your teeth.* Von zu viel Zucker bekommt man schlechte Zähne.

rot² /rɒt; *AmE* rɑːt/ *Nomen* **1** Fäulnis ◇ *The wood must not get damp as rot can quickly result.* Das Holz darf nicht feucht werden, sonst modert es schnell. **2 the rot** der Verfall **3** (*BrE, umgs, veraltet*) Quatsch SYN RUBBISH

rota /'rəʊtə; *AmE* 'roʊtə/ *Nomen* Dienstplan ◇ *Dave organized a cleaning rota.* Dave erstellte einen Putzplan.

ro·tary¹ /'rəʊtəri; *AmE* 'roʊ-/ *Adj nur vor Nomen* rotierend, Dreh-

ro·tary² /'rəʊtəri; *AmE* 'roʊ-/ (*Pl* **-ies**) *Nomen* (*AmE*) Kreisverkehr

ro·tate /rəʊ'teɪt; *AmE* 'roʊteɪt/ *Verb* **1** ~ (**about/around sth**) (um etw) rotieren, sich (um etw) drehen **2** ~ **sth** (**around/about sth**) etw (um etw) rotieren lassen ◇ *Rotate the wheel through 180 degrees.* Drehen Sie das Rad um 180 Grad. ◇ *Rotate the ankle five times.* Lassen Sie den Knöchel fünf Mal kreisen. **3** turnusmäßig wechseln ◇ *The presidency rotates among the members.* Die Mitgliedschaft übernehmen reihum die Präsidentschaft. **4** ~ **sth** sich bei etw abwechseln ◇ *We rotate the night shift.* Wir wechseln uns mit der Nachtschicht ab.

ro·tat·ing /rəʊ'teɪtɪŋ; *AmE* roʊ-/ *Adj nur vor Nomen* rotierend ◇ *a rotating presidency* eine reihum wechselnde Präsidentschaft

ro·ta·tion /rəʊ'teɪʃn; *AmE* roʊ-/ *Nomen* **1** Drehen, Rotation **2** Umdrehung ◇ *the number of rotations per minute* die Umdrehungszahl pro Minute **3** (*turnusmäßiger*) Wechsel ◇ *crop rotation* Fruchtwechsel IDM **in ro'tation** abwechselnd im Turnus ◇ *The committee is chaired by all the members in rotation.* Die Mitglieder des Komitees übernehmen reihum den Vorsitz.

ro·ta·tion·al /rəʊ'teɪʃənl; *AmE* roʊ-/ *Adj* **1** Rotations- **2** *nur vor Nomen* abwechselnd

rote /rəʊt; *AmE* roʊt/ *Nomen* ~ **learn by rote** auswendig lernen ◇ *rote learning* das Auswendiglernen

rotor /'rəʊtə(r); *AmE* 'roʊ-/ *Nomen* Rotor

rot·ten¹ /'rɒtn; *AmE* 'rɑːtn/ *Adj* **1** faul, verdorben ◇ *The fruit is starting to go rotten.* Das Obst beginnt zu verfaulen. ◇ *rotten floorboards* morsche Dielen **2** (*umgs*) scheußlich, mies ◇ *What rotten luck!* Was für ein Pech! ◇ *She's a rotten singer.* Sie singt miserabel. SYN TERRIBLE **3** (*umgs*) korrupt ◇ *rotten to the core* durch und durch korrupt **4** *nicht vor Nomen* (*umgs*) (*kränklich*) elend **5** *nicht vor Nomen* (*umgs*) gemein ◇ *I felt rotten about lying to her.* Ich kam mir fies vor, weil ich sie anlog. **6** *nur vor Nomen* (*umgs*) verdammt ◇ *You can keep your rotten money!* Du kannst dein verdammtes Geld behalten!

rot·ten² /'rɒtn; *AmE* 'rɑːtn/ *Adv* (*umgs*) total ◇ *She spoils him rotten.* Sie verwöhnt ihn total. ◇ (*BrE*) *He fancies you (something) rotten.* Er steht total auf dich.

rot·ter /'rɒtə(r); *AmE* 'rɑːt-/ *Nomen* (*BrE, umgs, veraltet*) mieser Typ

Rott·weiler /'rɒtwaɪlə(r), -vaɪ-; *AmE* 'rɑːtwaɪr-/ *Nomen* Rottweiler

ro·tund /rəʊ'tʌnd; *AmE* roʊ-/ *Adj* (*gehoben oder hum*) (*Person*) rundlich

ro·tunda /rəʊ'tʌndə; *AmE* roʊ-/ *Nomen* Rotunde, Rundbau

rou·ble (*AmE meist* **ruble**) /'ruːbl/ *Nomen* Rubel

rouge¹ /ruːʒ/ *Nomen* Rouge

rouge² /ruːʒ/ *Verb* Rouge auflegen

rough¹ /rʌf/ *Adj* **1** rau, uneben ◇ *rough material* grobes Material ◇ *rough edges* scharfe Kanten ◇ *a rough voice* eine schroffe Stimme ◇ *Your engine sounds a bit rough.* Dein Motor hört sich nicht gut an. **2** (*Verhalten etc.*) grob, brutal ◇ *rough behaviour* ungehobeltes Benehmen ◇ *That area of the city is quite rough.* In diesem Stadtteil herrschen raue Sitten. **3** (*Meer, Wetter*) stürmisch, rau **4** (*Arbeit, Probleme*) anstrengend, hart ◇ *He's had a rough time.* Er hat eine schwere Zeit durchgemacht. **5** (*umgs*) (*krank*) mies **6** (*Schätzung, Entwurf*) Roh-, grob, ungefähr ◇ *a rough draft* ein Rohentwurf ◇ *Give me a rough idea of your plans.* Sag mir ungefähr, was du vorhast. SYN APPROXIMATE **7** einfach ◇ *rough wooden tables* einfache Holztische ◇ *rough paper* Notizpapier IDM **a rough 'deal** eine ungerechte Behandlung

rough² /rʌf/ *Nomen* **1 the rough** [*Sing*] (*beim Golf*) das Rough **2** (TECH) Rohentwurf **3** (*umgs, veraltet*) Rowdy, Schlägertyp IDM **in 'rough** (*BrE*) als Entwurf; als Konzept ◇ *Write it out in rough first.* Mach erst einen Rohentwurf. **take the ,rough with the 'smooth** die Dinge so nehmen, wie sie kommen

rough³ /rʌf/ *Verb* IDM **'rough it** (*umgs*) primitiv leben, auf (jeglichen) Komfort verzichten PHR V ,**rough sth 'out** etw grob entwerfen, etw (grob) skizzieren ◇ *rough out a few ideas* ein paar Ideen aufs Papier werfen ,**rough sb 'up** (*umgs*) jdn zusammenschlagen

rough⁴ /rʌf/ *Adv* grob IDM **live/sleep 'rough** (*BrE*) auf der Straße leben

rough·age /'rʌfɪdʒ/ *Nomen* [*U*] Ballaststoffe SYN FIBRE

,**rough-and-'ready** *Adj* **1** grob ◇ *a rough-and-ready picnic* ein improvisiertes Picknick **2** (*Person*) raubeinig

,**rough and 'tumble** *Nomen* (wildes) Handgemenge; (*Kinder, Tiere*) Balgerei; (*fig*) erbitterter Kampf ◇ *the rough and tumble of politics* das harte Leben der Politik

rough·cast¹ /'rʌfkɑːst; *AmE* -kæst/ *Nomen* Rauputz

rough·cast² /'rʌfkɑːst; *AmE* -kæst/ *Adj* mit Rauputz verputzt

,**rough 'diamond** *Nomen* (*BrE*) ungehobelter, aber gutherziger Mensch

rough·en /'rʌfn/ *Verb* **1** aufrauen, anrauen **2** rau werden

,**rough-'hewn** *Adj* **1** grob behauen ◇ *the rough-hewn features of his face* seine groben Gesichtszüge **2** ungehobelt

,**rough 'justice** *Nomen* [*U*] **1** unverdiente Strafe **2** (ausgleichende) Gerechtigkeit

rough·ly /'rʌfli/ *Adv* **1** ungefähr ◇ *Roughly speaking, we received about fifty letters.* Wir bekamen ungefähr fünfzig

roughneck

Briefe. **2** grob ◊ *roughly plastered walls* grob verputzte Wände ◊ *'What do you want?' she demanded roughly.* „Was wollen Sie?" fragte sie barsch.

rough·neck /ˈrʌfnek/ *Nomen* **1** (*bes AmE*) Grobian, Schlägertyp **2** Bohrarbeiter

rough·ness /ˈrʌfnəs/ *Nomen* Rauheit, Unebenheit, Grobheit

rough·shod /ˈrʌfʃɒd; *AmE* -ʃɑːd/ *Adv* IDM **ride, etc. 'roughshod over sb/sth** (*AmE meist* **run 'roughshod over sb/sth**) jdn/etw mit Füßen treten

rou·lette /ruːˈlet/ *Nomen* Roulette

round¹ /raʊnd/ *Adj* rund, rundlich ◊ *In round figures, we've spent $3 000.* Wir haben rund $3 000 ausgegeben.

round² /raʊnd/ *Adv* (*bes BrE*) ☛ Für Verben mit **round** siehe die Einträge für die Verben. **Come round** z.B. steht unter **come**. **1** (rund)herum ◊ *Everybody joins hands and dances round.* Alle reichen sich die Hände und tanzen im Kreis. ◊ *The child was spinning round and round.* Das Kind drehte sich im Kreis herum. ◊ *A large crowd had gathered round to watch.* Eine große Zuschauermenge hatte sich ringsherum versammelt. ◊ *a tree measuring four metres round* ein Baum mit vier Meter Umfang ◊ *for one mile round* im Umkreis von einer Meile ◊ *all year round* das ganze Jahr über ◊ *The news was quickly passed round.* Die Nachricht verbreitete sich rasch. ◊ *Have we enough cups to go round?* Haben wir genug Tassen für alle? **2** herum ◊ *He went round interviewing people.* Er ging herum und befragte Leute. ◊ *move the furniture round* die Möbel umstellen **3** um ◊ *He turned the car round and drove back.* Er drehte um und fuhr zurück. ◊ *She turned round.* Sie drehte sich um. **4** (außen) herum ◊ *We walked round to the back of the house.* Wir gingen um das Haus herum. ◊ *a long way round* ein Umweg **5** (*umgs*) rüber ◊ *I'll send somebody round.* Ich schicke jemanden vorbei. ◊ *We've invited the Frasers round this evening.* Wir haben die Frasers für heute Abend zu uns eingeladen. ◊ *I'll be round in an hour.* Ich bin in einer Stunde da. IDM ˌround aˈbout (*umgs*) **1** rundherum ◊ *the villages round about* die umliegenden Dörfer **2** ungefähr (um) ◊ *We're leaving round about ten.* Wir fahren ungefähr um zehn los. ◊ *round about 3 000* so um die 3 000

round³ /raʊnd/ *Nomen* **1** Runde ◊ *the final round of voting in the election* die letzte Abstimmungsrunde der Wahlen ◊ *It's my round.* Diese Runde geht auf mich. ◊ *during ward rounds* bei der Visite **2** Alltag ◊ *the daily round of school life* der Schulalltag ◊ *Her life is one long round of parties and fun.* Sie feiert eine Party nach der anderen. ☛ *Siehe auch* MILK ROUND *und* PAPER ROUND **3** (*BrE*) Scheibe ◊ *a round of toast* eine Scheibe Toast **4** Kreis ◊ *Cut the pastry into rounds.* Den Teig kreisförmig ausstechen. **5** ~ **of applause/cheers** Beifallssturm **6** Ladung; (*Schuss*) shot ◊ *They fired several rounds at the crowd.* Sie feuerten mehrere Schüsse in die Menge. **7** (MUS) Kanon IDM **do/go the ˈrounds** (*AmE* **make the ˈrounds**) (*Witz, Gerücht*) die Runde machen **do/go the ˈrounds (of sth)** (*auch* **make the ˈrounds (of sth)**) ◊ *He's doing the rounds of insurance firms.* Er klappert die Versicherungsfirmen ab. **in the ˈround 1** (KUNST) vollplastisch ◊ *see sth in the round* etw von allen Seiten betrachten **2** (THEAT) in der Arenabühne

round⁴ /raʊnd/ *Präp* (*AmE meist* **around**) **1** um (herum) ◊ *sail round the world* um die Welt segeln **2** in (herum) ◊ *She looked all round the room.* Sie blickte sich im Zimmer um. ◊ *There were soldiers positioned all round the town.* Soldaten waren überall in der Stadt stationiert. **3** ◊ *He has to organize his life round the kids.* Er muss sein Leben auf die Kinder einstellen. IDM ˌround ˈhere hier (in der Gegend)

round⁵ /raʊnd/ *Verb* **1** umrunden ◊ *The boat rounded the tip of the island.* Das Boot umrundete die Spitze der Insel. ◊ *We rounded the bend at high speed.* Wir nahmen die Kurve mit hoher Geschwindigkeit. **2** ~ **sth (up/down) (to sth)** etw (auf etw) (auf/ab)runden **3** sich runden; (*Augen*) sich weiten **4** rund machen; (*Lippen*) spitzen PHR V ˌround sth ˈoff (with sth) **1** (*AmE auch* **round sth ˈout**) etw (mit etw) abschließen ◊ *A picnic rounded the day off perfectly.* Ein Picknick war der perfekte Abschluss für den Tag. **2** (*Ecken, Kanten*) (mit etw) abrunden ˌround on sb jdm anfahren ˌround sb/sth ˈup **1** jdn/etw zusammentrommeln **2** jdn/etw zusammentreiben

round·about¹ /ˈraʊndəbaʊt/ *Nomen* (*BrE*) **1** Kreisverkehr, Verkehrskreisel **2** Karussell IDM ⇨ SWING²

round·about² /ˈraʊndəbaʊt/ *Adj* umständlich

round·ed /ˈraʊndɪd/ *Adj* **1** rund, rundlich **2** abgerundet (*auch fig*) **3** (*Ton, Geschmack*) harmonisch ◊ *a fully rounded education* eine ausgewogene Bildung ☛ *Siehe auch* WELL ROUNDED

round·ers /ˈraʊndəz; *AmE* -ərz/ *Nomen* Schlagball

round·ly /ˈraʊndli/ *Adv* entschieden

round·ness /ˈraʊndnəs/ *Nomen* Rundlichkeit

ˌround ˈrobin *Nomen* **1** Petition, Unterschriftensammlung **2** (SPORT) = Wettkampf, in dem jeder gegen jeden spielt

ˌround-ˈshouldered *Adj* mit (einem) Rundrücken

ˈround-table *Adj nur vor Nomen* ◊ *round-table negotiations* Verhandlungen am runden Tisch ◊ *round-table talks* Gespräche am Verhandlungstisch

ˌround-the-ˈclock (*auch* aˌround-the-ˈclock) *Adj nur vor Nomen* rund um die Uhr

ˌround ˈtrip *Nomen* Hin- und Rückfahrt, Hin-und Rückflug

ˌround-ˈtrip *Adj* (*AmE*) Hin- und Rückfahr-, Hin- und Rückflug-

ˈround-up *Nomen* [*meist Sing*] **1** Zusammenfassung (*der Nachrichten etc.*) **2** Zusammentreiben

round·worm /ˈraʊndwɜːm; *AmE* -wɜːrm/ *Nomen* Spulwurm

rouse /raʊz/ *Verb* **1** ~ **sb (from sleep/bed)** (*gehoben*) jdn (aus dem Schlaf) wecken **2** ~ **sb (to sth)** jdn (zu etw) bewegen **3** ~ **yourself (to sth)** sich (zu etw) aufraffen **4** (*gehoben*) erregen ◊ *What roused your suspicions?* Was hat dein Misstrauen erregt? ◊ *rouse sb's fear* jdm Angst einflößen ◊ *rouse sb's curiosity* jds Neugierde entfachen **5** (*meist passiv*) aufrütteln, aufstacheln ◊ *The singing and chanting really roused the crowd.* Das Singen und die Sprechchöre rüttelten die Massen wirklich auf. **6** reizen ◊ *Chris is not easily roused.* Chris regt sich nicht schnell auf.

rous·ing /ˈraʊzɪŋ/ *Adj* (*Rede*) mitreißend; (*Jubel, Empfang*) stürmisch

roust /raʊst/ *Verb* (*AmE*) ~ **sb (from sth) 1** jdn (von etw) verscheuchen **2** jdn (aus etw) aufscheuchen

roust·about /ˈraʊstəbaʊt/ *Nomen* (*bes AmE*) Hilfsarbeiter(in)

rout¹ /raʊt/ *Nomen* [*Sing*] verheerende Niederlage IDM **put sb to ˈrout** (*gehoben*) jdn in die Flucht schlagen; jdn vernichtend schlagen

rout² /raʊt/ *Verb* vernichtend schlagen

route¹ /ruːt; *AmE auch* raʊt/ *Nomen* **1** Strecke, Route ◊ *a cycle route* eine Fahrradroute ◊ *a coastal route* eine Küstenstraße ◊ *an escape route* ein Fluchtweg **2** Linie ◊ *shipping routes* Schifffahrtsstraßen **3** Weg ◊ *the route to fame* der Weg zum Ruhm **4** (*verwendet mit einer Nummer, um eine wichtige Verkehrsstrecke in den USA zu bezeichnen*) ◊ *Route 66* Straße 66

route² /ruːt; *AmE auch* raʊt/ *Verb* (**rout·ing** *oder* **route·ing**, **rout·ed**, **rout·ed**) **1** verschicken, leiten **2** ◊ *The flight to Sydney is routed via Tokyo.* Der Flug nach Sydney geht über Tokio.

rou·tine¹ /ruːˈtiːn/ *Nomen* **1** Routine, Trott ◊ *We're trying to get the baby into a routine for feeding and sleeping.* Wir versuchen das Baby an regelmäßige Essens- und Schlafenszeiten zu gewöhnen. ◊ *the daily routine of a patient* der Tagesablauf eines Patienten ◊ *We clean the machines as a matter of routine.* Wir säubern die Maschinen routinemäßig. **2** (*Vorstellung*) Nummer ◊ *a dance routine* eine Tanznummer

rou·tine² /ruːˈtiːn/ *Adj* (*Adv* **rou·tine·ly**) routinemäßig, Routine- ◊ *This type of work rapidly becomes routine.* Diese Art von Arbeit wird schnell zur Routine.

roux /ruː/ *Nomen* (*Pl* **roux** /ruː/) Mehlschwitze

rove /rəʊv; *AmE* roʊv/ *Verb* **1** (*gehoben*) umherziehen; ~ **(around, over, etc.) sth** etw durchstreifen **2** schweifen ◊ *Ali's eyes roved over the map.* Alis Augen schweiften über die Landkarte. ◊ *His hands roved around her body.* Seine Hände tasteten über ihren Körper.

rover /ˈrəʊvə(r); *AmE* ˈroʊ-/ *Nomen* (*gehoben*) Vagabund(in)

rov·ing /ˈrəʊvɪŋ; *AmE* ˈroʊ-/ *Adj* reisend, Wander- ◊ *a roving reporter for the BBC* ein rasender Reporter für die BBC ◊ *a roving exhibition* eine Wanderausstellung ◊ *His roving lifestyle takes him between London and Los Angeles.* Sein Nomadenleben lässt ihn zwischen London und Los Angeles pendeln.

row¹ /rəʊ; *AmE* roʊ/ *Nomen* **1** Reihe; (Häuser-)Zeile ◊ *sit in the front/back row* in der ersten/letzten Reihe sitzen **2** [meist Sing] Ruderfahrt ◊ *We went for a row on the lake.* Wir gingen auf dem See rudern. ☛ *Siehe auch* DEATH ROW *und* SKID ROW **IDM** **in a ˈrow** hintereinander

row² /rəʊ; *AmE* roʊ/ *Verb* rudern

row³ /raʊ/ *Nomen* (*bes BrE, umgs*) **1** Streit, Krach **2** (Lärm) Krach ◊ *Who's making that row?* Wer macht da solchen Krach? **SYN** DIN *und* RACKET

row⁴ /raʊ/ *Verb* (*BrE, umgs*) (sich) streiten

rowan /ˈrəʊən, ˈraʊən; *AmE* ˈroʊən, ˈraʊən/ (*auch* **ˈrowan tree**) *Nomen* Eberesche

row·boat /ˈrəʊbəʊt; *AmE* ˈroʊboʊt/ *Nomen* (*AmE*) Ruderboot

row·di·ness /ˈraʊdinəs/ *Nomen* [U] Lärmen, Krawall

rowdy¹ /ˈraʊdi/ *Adj* (**row·di·er, row·di·est**) (*Adv* **row·dily** /-ɪli/) laut, randalierend

rowdy² /ˈraʊdi/ *Nomen* (*Pl* **-ies**) Randalierer(in)

rower /ˈrəʊə(r); *AmE* ˈroʊ-/ *Nomen* Ruderer, Ruderin

ˈrow house /ˈrəʊ haʊs; *AmE* ˈroʊ-/ *Nomen* (*AmE*) Reihenhaus

row·ing /ˈrəʊɪŋ; *AmE* ˈroʊɪŋ/ *Nomen* Rudern ◊ *go rowing* rudern gehen

ˈrowing boat *Nomen* (*BrE*) Ruderboot

ˈrowing machine *Nomen* Rudergerät

row·lock /ˈrɒlək, ˈrəʊlɒk; *AmE* ˈrɑːl-, ˈroʊlɑːk/ *Nomen* (*BrE*) Dolle

royal¹ /ˈrɔɪəl/ *Adj nur vor Nomen* königlich ◊ *the royal family* die Königsfamilie **IDM** **the royal ˈwe** das königliche „wir"

royal² /ˈrɔɪəl/ *Nomen* [meist Pl] (*umgs*) = Angehörige(r) der königlichen Familie

ˌroyal ˈblue *Adj* königsblau

ˌRoyal Comˈmission *Nomen* = offiziell ernannte Kommission, die ein bestimmtes Gesetz oder Thema untersucht und gesetzliche Neuerungen vorschlägt

ˌRoyal ˈHighness *Nomen* Königliche Hoheit

roy·al·ist /ˈrɔɪəlɪst/ *Nomen* Royalist(in) **SYN** MONARCHIST **2** *Adj* Royalisten-, royalistisch

roy·al·ly /ˈrɔɪəli/ *Adv* (*veraltet*) wie die Könige, königlich

roy·alty /ˈrɔɪəlti/ *Nomen* (*Pl* **-ies**) **1** [U] Mitglied(er) des Königshauses ◊ *The gala evening was attended by royalty.* Auf dem Gala-Abend waren Mitglieder des Königshauses anwesend. ◊ *Hollywood royalty* Hollywood-Superstars **2** [meist Pl] Tantieme **3** [meist Pl] (*bei Öl und Minenförderung*) Lizenzgebühr

RP /ˌɑː ˈpiː; *AmE* ˌɑːr/ *Kurzform von* **received pronunciation** = normierte britische Aussprache, die auf dem in Südengland gesprochenen Englisch basiert und als hochsprachlich gilt

RPI /ˌɑː piː ˈaɪ; *AmE* ˌɑːr/ *Abk* = RETAIL PRICE INDEX

rpm /ˌɑː piː ˈem; *AmE* ˌɑːr/ *Kurzform von* **revolutions per minute** Umdrehungen pro Minute

RRP /ˌɑː(r) ɑː ˈpiː; *AmE* ˌɑːr ɑːr/ *Kurzform von* **recommended retail price** unverbindliche Preisempfehlung

RSI /ˌɑːr es ˈaɪ/ *Kurzform von* **repetitive strain injury** RSI, Mausarm

R.S.V.P. (*BrE auch* **RSVP**) /ˌɑːr es viː ˈpiː/ *Abk* (*auf Einladungen*) u.A.w.g.

Rt Hon *Abk* (*BrE*) = RIGHT HONOURABLE

Rt Revd (*auch* **Rt. Rev.**) *Abk* (*BrE*) = RIGHT REVEREND

rub¹ /rʌb/ *Verb* (**-bb-**) **1** reiben ◊ *He rubbed his hands in delight.* Er rieb sich vor Vergnügen die Hände. ◊ *She rubbed her hair dry with a towel.* Sie frottierte sich das Haar mit einem Handtuch. ◊ *I rubbed at the stain on the cloth.* Ich rubbelte an dem Flecken auf dem Tuch. ◊ *Rub the surface with sandpaper before painting.* Vor dem Anstreichen die Oberfläche abschmirgeln. **2** ~ (**on/against sth**) (sich) (an/gegen etw) scheuern ◊ *The wheel is rubbing on the mudguard.* Das Rad scheuert gegen das Schutzblech. ◊ *The horse's neck was rubbed raw.* Der Hals des Pferdes war wund gescheuert. **3** einreiben ◊ *Rub salt over the fish before cooking.* Den Fisch vor dem Kochen mit Salz einreiben. ◊ *She rubbed the lotion into her skin.* Sie rieb sich die Haut mit Lotion ein. **IDM** **not have two beans, pennies, nickels, etc. to rub together** arm wie eine Kirchenmaus sein **not have two brain cells to rub together** strohdumm sein **rub sb's ˈnose in it** (*umgs*) es jdm ständig unter die Nase reiben **rub ˈsalt into the wound; rub ˈsalt into sb's wounds** Salz in die Wunde streuen; Salz in jds Wunde streuen **rub ˈshoulders with sb** (*AmE auch* **rub ˈelbows with sb**) mit jdm in Berührung kommen; auf Tuchfühlung mit jdm sein **rub sb up the wrong ˈway** (*AmE* **rub sb the wrong ˈway**) (*umgs*) jdm auf den Schlips treten ☛ *Siehe auch* RIGHT **PHR V** **ˌrub aˈlong (with sb/together)** (*BrE, umgs*) (gut) (mit jdm/miteinander) auskommen **ˌrub sb/yourself/sth ˈdown** jdn/sich/etw abreiben ◊ *I came out of the water and rubbed myself down with a towel.* Ich kam aus dem Wasser und rieb mich mit einem Handtuch ab. **ˌrub sth ˈdown** etw abschmirgeln **ˌrub sth ˈin** (*kein Passiv*) etw jdm dauernd unter die Nase reiben **ˌrub ˈoff** sich abreiben **ˌrub ˈoff (on/onto sb)** (auf jdn) abfärben ◊ *Let's hope some of his good luck rubs off on me!* Hoffentlich überträgt sich etwas von seinem Glück auf mich. **ˌrub sth ˈoff (sth)** etw (von etw) wegreiben, etw (von etw) abreiben; (*von einer Tafel etc.*) etw (von etw) wegwischen **ˌrub sb ˈout** (*AmE, Slang*) jdn auslöschen **ˌrub sth ˈout** etw ausradieren

rub² /rʌb/ *Nomen* **1** [meist Sing] ◊ *She gave her knee a rub.* Sie rieb sich das Knie. ◊ *He gave the nameplate a quick rub.* Er wischte kurz über das Namensschild. **2** **the rub** (gehoben oder hum) der Haken

rub·ber /ˈrʌbə(r)/ *Nomen* **1** Gummi, Kautschuk **2** (*BrE*) (*für Kreide*) Schwamm, Radiergummi **3** (*bes AmE, umgs, veraltet*) (*Kondom*) Gummi **4** (*Karten*) Rubber

ˌrubber ˈband *Nomen* Gummiband

ˌrubber ˈboot *Nomen* (*AmE*) Gummistiefel

ˌrubber ˈbullet *Nomen* Gummigeschoss

ˌrubber ˈdinghy (*auch* **dinghy**) *Nomen* Schlauchboot

rub·ber·neck /ˈrʌbənek; *AmE* -bərn-/ *Verb* (*bes AmE, umgs*) gaffen

ˈrubber plant *Nomen* Gummibaum

ˌrubber ˈstamp *Nomen* **1** Gummistempel **2** (*abwert*) = Person oder Gruppe, die alles ohne weiteres genehmigt

ˌrubber-ˈstamp *Verb* (*oft abwert*) absegnen, ohne weiteres genehmigen

rub·bery /ˈrʌbəri/ *Adj* **1** gummiartig, wie Gummi ◊ *rubbery lips* wulstige Lippen **2** (*Beine, Knie*) wabbelig

rub·bing /ˈrʌbɪŋ/ *Nomen* = Kopie, die entsteht, wenn man auf ein Relief Papier legt und mit Malkreide, Bleistift o.ä. darüber reibt ☛ *Siehe auch* BRASS RUBBING

rub·bish¹ /ˈrʌbɪʃ/ *Nomen* [U] **1** (*bes BrE*) Abfall, Müll ☛ *Hinweis bei* ABFALL **2** (*umgs*) Mist **3** (*umgs*) (*adjektivisch gebraucht*) schlecht, lausig ◊ *Do we have to listen to this rubbish music?* Müssen wir uns diese Scheißmusik anhören? ◊ *They're a rubbish team.* Die Mannschaft ist echt schwach. **4** (*umgs*) Quatsch ◊ *You're talking a load of rubbish!* Du erzählst vielleicht einen Quatsch! **SYN** NONSENSE

rub·bish² /ˈrʌbɪʃ/ *Verb* (*BrE, umgs*) verreißen

rub·ble /ˈrʌbl/ *Nomen* Schutt

ru·bella /ruːˈbelə/ *Nomen* Röteln

ruble (*bes AmE*) = ROUBLE

ru·bric /ˈruːbrɪk/ *Nomen* (*gehoben*) (*Prüfungs*)anweisungen

ruby /ˈruːbi/ **1** *Nomen* Rubin **2** *Nomen* Rubinrot **3** *Adj* rubinrot

ˌruby ˈwedding *Nomen* 40. Hochzeitstag, Rubinhochzeit

RUC /ˌɑː juː ˈsiː; *AmE* ˌɑːr/ *Kurzform von* **Royal Ulster Constabulary** = (bis 2001) Polizei in Nordirland

ruched /ruːʃt/ *Adj* gerüscht, Rüschen- ◊ *ruched curtains* geraffte Vorhänge

ruck¹ /rʌk/ *Nomen* **1** (*im Rugby*) offenes Gedränge **2** Gedränge, (Hand)gemenge **3** **the ruck** (*abwert*) die (breite) Masse

ruck² /rʌk/ *Verb* (*im Rugby*) sich am Gedränge beteiligen **PHR V** **ˌruck ˈup** sich hochschieben **ˌruck sth ˈup** etw hochschieben

ruck·sack /'rʌksæk/ *Nomen* (*BrE*) Rucksack

ruckus /'rʌkəs/ *Nomen* [Sing] (*bes AmE, umgs*) Rabatz, Krawall

ruc·tions /'rʌkʃnz/ *Nomen* [Pl] (*bes BrE*) Krach, Aufruhr ◇ *The announcement caused serious ructions.* Die Bekanntmachung löste Protestürme aus.

rud·der /'rʌdə(r)/ *Nomen* (Steuer)ruder

rud·der·less /'rʌdələs; *AmE* -dərl-/ *Adj* (*gehoben*) ohne Ruder, führerlos ◇ *Without his wife he felt lost and rudderless.* Ohne seine Frau hatte er seinen Halt verloren.

ruddy[1] /'rʌdi/ *Adj* **1** rot ◇ *a ruddy complexion* eine gesunde Gesichtsfarbe **2** (*gehoben*) rötlich ◇ *a ruddy sky* ein rötlicher Himmel **3** *nur vor Nomen* (*BrE, umgs*) verdammt, verflixt

ruddy[2] /'rʌdi/ *Adv* (*BrE, umgs*) verdammt, verflixt

rude /ruːd/ *Adj* **1** (*Adv* **rude·ly**) unhöflich, unverschämt ◇ *She was very rude about my driving.* Sie hat über meinen Fahrstil gelästert. ◇ *Why are you so rude to your mother?* Warum bist du so frech zu deiner Mutter? ◇ *They brushed rudely past us.* Sie drängten sich ohne Rücksicht an uns vorbei. ◇ *'What do you want?' she asked rudely.* „Was willst du?", fragte sie unwirsch. SYN IMPOLITE **2** (*bes BrE*) unanständig **3** *nur vor Nomen* (*Adv* **rude·ly**) unsanft ◇ *a rude awakening* ein böses Erwachen **4** *nur vor Nomen* (*veraltet oder gehoben*) primitiv SYN PRIMITIVE IDM **in rude 'health** (*BrE, veraltet*) kerngesund

rude·ness /'ruːdnəs/ *Nomen* **1** Unhöflichkeit, Unverschämtheit **2** Unanständigkeit

ru·di·men·tary /ˌruːdɪ'mentri/ *Adj* **1** (*gehoben*) Grund- ◇ *His understanding/grasp of the language is very rudimentary.* Er hat in der Sprache nur Grundkenntnisse. **2** (*gehoben oder Fachspr*) primitiv, rudimentär SYN BASIC

ru·di·ments /'ruːdɪmənts/ *Nomen* [Pl] (*gehoben*) Grundlagen, Grundkenntnisse

rue /ruː/ *Verb* (**rue·ing** *oder* **ruing, rued, rued**) (*gehoben, veraltet*) bereuen ◇ *He rued the day they had bought such a large house.* Er verwünschte den Tag, an dem sie solch ein großes Haus gekauft hatten. SYN REGRET

rue·ful /'ruːfl/ *Adj* (*Adv* **rue·ful·ly** /'ruːfəli/) (*gehoben*) reumütig

ruff /rʌf/ *Nomen* Halskrause

ruf·fian /'rʌfiən/ *Nomen* (*veraltet*) Raufbold, Schläger

ruf·fle[1] /'rʌfl/ *Verb* **1 ~ sth (up)** etw zausen ◇ *She ruffled his hair affectionately.* Sie zerzauste liebevoll sein Haar. ◇ *The bird ruffled up its feathers.* Der Vogel sträubte sich auf. ◇ *A light breeze ruffled the surface of the lake.* In der leichten Brise kräuselte sich die Oberfläche des Sees. **2** (*oft passiv*) aus der Fassung bringen IDM **ruffle sb's/a few 'feathers** (*umgs*) jdn verärgern ☞ *Siehe auch* SMOOTH[2]

ruf·fle[2] /'rʌfl/ *Nomen* [meist Pl] Rüsche, Krause

rug /rʌg/ *Nomen* **1** Teppich, Läufer, Brücke ◇ *a hearth rug* ein Kaminvorleger ◇ *a sheepskin rug* ein Schafsfell **2** (*BrE*) Wolldecke ◇ *a car/travelling rug* eine Reisedecke ◇ *a tartan rug* ein Plaid IDM ⇒ PULL[1] *und* SWEEP[1]

rugby /'rʌgbi/ (*auch* **Rugby, Rugby 'football**) *Nomen* Rugby ☞ **Rugby League** wird mit Mannschaften mit je 13 Spielern gespielt; **Rugby Union** mit je 15.

rug·ged /'rʌgɪd/ *Adj* (*Adv* **rug·ged·ly**) **1** rau, zerklüftet, unwegsam ◇ *the rugged beauty of the coastline* die wilde Schönheit der Küste **2** markant ◇ *She was attracted by his rugged good looks.* Sie fand sein markantes Aussehen sehr anziehend. **3** unverwüstlich **4** robust

rug·ged·ness /'rʌgɪdnəs/ *Nomen* **1** Rauheit, Wildheit **2** Unverwüstlichkeit, Robustheit

rug·ger /'rʌgə(r)/ *Nomen* (*bes BrE, umgs*) Rugby ☞ *Hinweis bei* RUGBY oben

ruin[1] /'ruːɪn/ *Verb* **1** verderben, zunichte machen **2** zerstören, vernichten **3** ruinieren

ruin[2] /'ruːɪn/ *Nomen* **1** Verfall ◇ *The church had been left to go to ruin.* Man hatte die Kirche dem Verfall überlassen. ◇ *The terrorist attack had left the city in a state of ruin.* Der Angriff der Terroristen hatte die Stadt völlig zerstört. **2** Ruin, Verderben, Untergang ◇ *save sb from financial ruin* jdn vor dem finanziellen Ruin bewahren ◇ *Gambling was his ruin.* Glücksspiele waren sein Verderben. **3** **ruins** [Pl]) Ruine, Trümmer (*auch fig*) IDM **in 'ruins** zerstört ☞ *Siehe auch* RACK[1]

ruin·ation /ˌruːɪ'neɪʃn/ *Nomen* (*gehoben*) Zerstörung, Ruin

ruined /'ruːɪnd/ *Adj nur vor Nomen* verfallen

ruin·ous /'ruːɪnəs/ *Adj* (*gehoben*) **1** (*Adv* **ruin·ous·ly**) ruinös ◇ *They were forced to sell out at a ruinous loss.* Sie waren gezwungen mit schwerem Verlust zu verkaufen. ◇ *ruinously expensive* sündhaft teuer **2** katastrophal ◇ *This would be ruinous to her career.* Dies würde sich katastrophal auf ihre Karriere auswirken. **3** (*gehoben*) verfallen ◇ *a ruinous chapel* eine verfallene Kapelle

rule[1] /ruːl/ *Nomen* **1** Regel, Vorschrift ◇ *It's against all the rules.* Das verstößt gegen alle Regeln. ◇ *break a rule* gegen eine Regel verstoßen ◇ *He makes it a rule never to borrow money.* Er hat es sich zur Regel gemacht, sich nie Geld zu leihen. ◇ *an unwritten rule* ein ungeschriebenes Gesetz ◇ *Normal competition rules apply.* Es gelten die normalen Teilnahmebedingungen. ◇ *the house rules* die Hausordnung ☞ *Siehe auch* GROUND RULE **2** Herrschaft ◇ *under colonial/military rule* unter Kolonial-/Militärherrschaft ◇ *majority rule* Mehrheitsregierung ◇ *In 1972 the Westminster Parliament reimposed direct rule in Northern Ireland.* 1972 stellte das Londoner Parlament Nordirland wieder unter britische Direktverwaltung. **3** Maß(stab) ☞ *Siehe auch* SLIDE RULE IDM **as a 'rule** in der Regel **bend/stretch the 'rules** über die Regeln hinwegsehen; ein Auge zudrücken **play by your own 'rules** sich keinem Diktat unterwerfen **play by sb's 'rules** sich an jds Spielregeln halten **play by the 'rules** sich an die Spielregeln halten **the rule of 'law** die Rechtsstaatlichkeit; das Gesetz **a rule of 'thumb** eine Faustregel **work to 'rule** Dienst nach Vorschrift machen **the rules of the 'game** die Spielregeln ☞ *Siehe auch* EXCEPTION

rule[2] /ruːl/ *Verb* **1 ~ (over sb/sth)** (über jdn/etw) herrschen ◇ *Eighty million years ago, dinosaurs ruled the earth.* Vor achtzig Millionen Jahren beherrschten Dinosaurier die Erde. ◇ *Charles I ruled for eleven years.* Charles I. regierte elf Jahre lang. **2** (*oft passiv*) (*abwert*) bestimmen ◇ *The pursuit of money ruled his life.* Die Jagd nach Geld bestimmte sein Leben. ◇ *We live in a society where we are ruled by the clock.* Wir leben in einer Gesellschaft, in der wir alle unter Zeitdruck stehen. **3 ~ (on sth)** (RECHT) (über etw) entscheiden ◇ *The court will rule on the legality of the action.* Der Gerichtshof wird über die Legalität der Maßnahme entscheiden. ◇ *The judge ruled against the plaintiff.* Der Richter entschied gegen den Kläger. **4** erklären ◇ *The deal may be ruled illegal.* Das Geschäft kann für illegal erklärt werden. ◇ *The defendant was ruled not guilty.* Der Angeklagte wurde freigesprochen. **5** (*Strich, Linie*) ziehen IDM **rule the 'roost** (*umgs*) den Ton angeben; das Sagen haben **rule (sb/sth) with a rod of 'iron** (jdn/etw) mit eiserner Faust regieren ☞ *Siehe auch* DIVIDE[1] *und* HEART PHR V **rule** (*sth*) **'off** einen Schlussstrich (unter etw) ziehen **rule sb/sth 'out 1** jdn/etw ausschließen SYN EXCLUDE **2** jdn/etw ablehnen ◇ *His age ruled him out as a possible candidate.* Aufgrund seines Alters wurde er als möglicher Kandidat abgelehnt. **rule sb 'out of sth** (*meist passiv*) jdn von etw ausschließen

'rule book *Nomen* [Sing] (Spiel)regeln

ruled /ruːld/ *Adj* liniert

ruler /'ruːlə(r)/ *Nomen* **1** Herrscher(in) **2** Lineal

rul·ing[1] /'ruːlɪŋ/ *Nomen* **~ (on sth)** Entscheid (über etw)

rul·ing[2] /'ruːlɪŋ/ *Adj nur vor Nomen* herrschend, regierend, amtierend ◇ *the ruling party* die Regierungspartei

rum[1] /rʌm/ *Nomen* **1** Rum **2** Glas Rum

rum[2] /rʌm/ *Adj* (*umgs, veraltet*) kauzig, seltsam

rumba (*AmE auch* **rhumba**) /'rʌmbə/ *Nomen* Rumba

rum·ble[1] /'rʌmbl/ *Verb* **1** grollen, rumpeln, rattern ◇ *My stomach's rumbling.* Mein Magen knurrt. ◇ *The train rumbled nearer.* Das Rattern des Zuges kam näher. **2** (*BrE*) (*umgs*) durchschauen **3** (*AmE, umgs*) sich eine (Straßen)schlacht liefern PHR V **rumble 'on** (*bes BrE, gehoben*) sich dahinziehen, sich in die Länge ziehen

rum·ble[2] /'rʌmbl/ *Nomen* **1** Grollen, Rumpeln, Rattern ◇ *the rumble of laughter* dröhnendes Lachen ◇ *Inside, the noise of the traffic was reduced to a distant rumble.* Drinnen war der Verkehrslärm auf ein gedämpftes Rauschen reduziert. ◇ (*fig*) *rumbles of resentment* Stimmen des Unmuts **2** (*AmE, umgs*) (Straßen)schlacht

'rumble strip *Nomen* (*umgs*) = Abfolge erhobener Streifen auf der Straße, die bei Befahrung ein Geräusch erzeugen, um den Fahrer darauf aufmerksam zu machen, dass er zu schnell oder zu nahe am Straßenrand fährt

rum·bling /'rʌmblɪŋ/ *Nomen* **1** Grollen, Dröhnen ◊ *a rumbling noise* ein donnerndes Geräusch **2** (*fig*) ◊ *the rumblings of discontent* (die) Stimmen des Unmuts **3** [meist Pl] Gerücht ◊ *There are rumblings that the election may have to be postponed.* Es gehen Gerüchte um, dass die Wahl eventuell verschoben werden muss. SYN RUMOUR

rum·bus·tious /rʌmˈbʌstʃəs/ *Adj* (*bes BrE, umgs*) wild, ausgelassen SYN BOISTEROUS

ru·min·ant /'ruːmɪnənt/ *Nomen* (*Fachspr*) Wiederkäuer

ru·min·ate /'ruːmɪneɪt/ *Verb* (*gehoben*) ~ (**on/over/about sth**) (über etw) nachsinnen

ru·mina·tive /'ruːmɪnətɪv; *AmE* -neɪtɪv/ *Adj* (*Adv* **ru·mina·tive·ly**) (*gehoben*) nachdenklich

rum·mage¹ /'rʌmɪdʒ/ *Verb* kramen, stöbern

rum·mage² /'rʌmɪdʒ/ *Nomen* [Sing] Stöbern ◊ *Have a rummage around in the drawer and see if you can find a pen.* Kram mal in der Schublade, ob du da einen Kuli findest.

'rummage sale *Nomen* (*bes AmE*) Ramschverkauf ☞ *Hinweis bei* BRING-AND-BUY SALE

rummy /'rʌmi/ *Nomen* Rommee

ru·mour¹ (*AmE* **rumor**) /'ruːmə(r)/ *Nomen* Gerücht ◊ *Rumour has it that he was murdered.* Es geht das Gerücht um, dass er ermordet worden sei.

ru·mour² (*AmE* **rumor**) /'ruːmə(r)/ *Verb* ◊ *It's widely rumoured that she's getting promoted.* Man munkelt allgemein, dass sie befördert wird. ◊ *He was rumoured to be involved in the crime.* Es hieß, dass er in das Verbrechen verwickelt war.

ru·moured /'ruːmə(r)d/ *Adj nur vor Nomen* angeblich ◊ *The rumoured figure is 5 million.* Gerüchten zufolge sind es 5 Millionen.

rump /rʌmp/ *Nomen* **1** Hinterbacke **2** (*auch* **'rump 'steak**) Rumpsteak **3** [meist Sing] (*hum*) Hinterteil SYN BACKSIDE **4** [Sing] (*BrE*) kümmerlicher Rest ◊ *The election reduced the party to a rump.* Durch die Wahl schrumpfte die Partei zu einem kümmerlichen Rest.

rum·ple /'rʌmpl/ *Verb* zerknittern, zerzausen

rum·pus /'rʌmpəs/ *Nomen* [meist Sing] (*umgs*) Krach SYN COMMOTION

run¹ /rʌn/ *Verb* (**running**, **ran** /ræn/, **run**)
- Bewegung, Richtung **1** laufen, rennen ◊ *She came running to meet us.* Sie lief uns entgegen. ◊ *A shiver ran down my spine.* Ein Schauer lief mir über den Rücken. ◊ *run the marathon* am Marathonlauf teilnehmen ◊ *Run and get your swimsuits, kids.* Beeilt euch, Kinder, und holt eure Badesachen. **2** hetzen ◊ *I've been running around town all morning.* Ich bin den ganzen Morgen durch die Stadt gehetzt. **3** sich ziehen, verlaufen ◊ *He had a scar running down his left cheek.* Eine Narbe zog sich seine linke Wange hinunter. ◊ *The road runs parallel to the river.* Die Straße verläuft parallel zum Fluss. ◊ (*fig*) *Her life had always run smoothly before.* Ihr Leben war vorher immer glatt verlaufen. **4** (*Kabel etc.*) legen, verlegen ◊ *We ran a cable from the lights to the stage.* Wir zogen ein Kabel von den Lampen zur Bühne. **5** fahren ◊ *She ran her fingers nervously through her hair.* Sie fuhr sich nervös mit den Fingern durch die Haare. ◊ *I ran my eyes over the page.* Mein Blick überflog die Seite.
- Flüssigkeiten **6** laufen, tränen ◊ *Your nose is running.* Deine Nase läuft. **7** fließen, sich ergießen ◊ *The Rhine runs into the North Sea.* Der Rhein fließt in die Nordsee. **8** ~ **sth** (**for sb**); ~ (**sb**) **sth** (jdm) etw einlaufen lassen ◊ *I'll run you a hot bath.* Ich lasse dir ein heißes Bad einlaufen. ◊ *run the hot tap* das heiße Wasser laufen lassen **9** ~ **with sth** (*meist in der Verlaufsform*) ◊ *The bathroom floor was running with water.* Auf dem Badezimmerboden stand das Wasser. ◊ *His face was running with sweat.* Sein Gesicht war schweißüberströmt. **10** (ab)färben ◊ *My red T-shirt ran and made all my underwear pink.* Mein rotes T-Shirt hat gefärbt und meine ganze Unterwäsche ist jetzt rosa. ◊ *I washed the blouse and the dye ran.* Ich habe die Bluse gewaschen, und sie hat abgefärbt. **11** zerfließen, zerlaufen ◊ *The wax began to run.* Das Wachs begann zu schmelzen.
- Maschinen, Fahrzeuge, Verkehrsmittel **12** fahren, verkehren ◊ *All the trains are running late.* Alle Züge haben Verspätung. **13** einsetzen ◊ *They run extra trains during the rush hour.* Während der Stoßzeiten werden mehr Züge eingesetzt. **14** fahren ◊ *Our van runs on diesel.* Unser Lieferwagen fährt mit Diesel. **15** laufen lassen ◊ *Could you run the engine for a moment?* Könnten Sie den Motor einen Augenblick laufen lassen? **16** (*Auto*) halten ◊ *I can't afford to run a car on my salary.* Bei meinem Gehalt kann ich mir kein Auto halten. **17** (*umgs*) fahren, bringen ◊ *Shall I run you home?* Soll ich dich nach Hause fahren?
- organisieren **18** leiten ◊ *a badly-run company* eine schlecht geführte Firma ◊ *state-run industries* staatliche Industrien ◊ *Stop trying to run my life for me.* Sag mir nicht ständig, was ich zu tun und lassen habe. SYN MANAGE **19** (*oft passiv*) (Rennen) austragen **20** abhalten, anbieten ◊ *The college runs summer courses.* Die Hochschule bietet Sommerkurse an. SYN ORGANIZE
- geschehen, stattfinden, fortdauern **21** laufen ◊ *Programmes are running a few minutes late this evening.* Die Programme laufen heute Abend mit einigen Minuten Verspätung. ◊ *Her last musical ran for six months.* Ihr letztes Musical lief sechs Monate lang. ◊ *This debate could run and run!* Dieses Thema ist noch lange nicht abgeschlossen. ◊ *The permit runs for three months.* Die Genehmigung ist drei Monate lang gültig.
- andere Ausdrücke **22** heißen, lauten ◊ *She poisoned her husband, or so the story runs.* Es heißt, sie habe ihren Mann vergiftet. **23** ~ **at sth** bei etw liegen ◊ *Inflation was running at 26%.* Die Inflation lag bei 26%. **24** (*Bericht etc.*) bringen, (ab)drucken **25** ~ **a test/check** (**on sth**) einen Test machen **26** ~ (**for sb/sth**) (als/für etw) kandidieren; ~ (**in sth**) (bei etw) kandidieren ◊ *He's running for President.* Er kandidiert für die Präsidentschaft. **27** schmuggeln SYN SMUGGLE **28** (*AmE*) eine Laufmasche haben **29** (*mit Adjektiven und Adverbien*) ◊ *We've run short of milk.* Uns geht die Milch aus. ◊ *The river ran dry.* Der Fluss trocknete aus. ◊ *Supplies are running low.* Die Vorräte gehen zur Neige. ◊ *They're running scared.* Sie haben es mit der Angst zu tun bekommen. IDM **come 'running** (an)gelaufen kommen **'run for it** so schnell laufen, wie man kann; sich aus dem Staub machen **,up and 'running** in Betrieb ☞ *Für andere Redewendungen mit* **run** *siehe die Einträge für die Nomina, Adjektive etc.* **Run amok** *z.B. steht unter* **amok**.

PHR V **,run across sb/sth** jdn/etw treffen ◊ *I ran across him in Paris last week.* Letzte Woche lief er mir in Paris über den Weg. **,run 'after sb** (*umgs*) hinter jdm her sein, jdm hinterherlaufen **,run 'after sb/sth** jdm/etw hinterherlaufen **,run a'long** (*umgs, veraltet*) ◊ *Run along now, children, I'm busy.* Trollt euch, Kinder, ich habe zu tun. **,run a'round with sb** (*AmE auch* **'run with sb**) (*meist abwert*) sich mit jdm herumtreiben **,run at sb** (*kein Passiv*) auf jdn zustürzen, sich auf jdn stürzen ◊ *He ran at me with a knife.* Er stürzte mit einem Messer auf mich zu. **,run a'way** weglaufen **,run a'way from sb** vor etw davonlaufen **,run a'way/'off** (**with sb**) (mit jdm) durchbrennen **,run a'way with sth 1** etw spielend leicht gewinnen ◊ *The champion ran away with the match.* Der Meister gewann das Spiel mit Leichtigkeit. **2** (*umgs*) etw irrtümlich annehmen **,run a'way with you** ◊ *Her imagination tends to run away with her.* Ihre Fantasie geht oft mit ihr durch. **,run back 'over sth** etw noch einmal durchgehen SYN REVIEW **,run sth 'back** etw zurückspulen **,run sth 'by/,past sb** (*umgs*) jdm etw vorlegen, jdm etw erzählen ◊ *I've got a few ideas I'd like to run past you.* Ich habe ein paar Ideen, die ich Ihnen gern mal vorlegen möchte. **,run 'down 1** leer werden, aufgebraucht sein ◊ *My car battery has run down.* Meine Autobatterie ist leer. **2** dahinschwinden, abgebaut werden **,run sth 'down 1** etw leer machen, etw aufbrauchen ◊ *If you leave your headlights on you'll soon run down the battery.* Wenn Sie Ihre Scheinwerfer anlassen, ist die Batterie bald leer. **2** etw abbauen, etw aufbrauchen ◊ *The company is running down its sales force.* Die Firma baut das Verkaufspersonal ab. **,run sb/sth 'down 1** jdn/etw überfahren **2** (*umgs*) jdn/etw heruntermachen **3** jdn/etw aufspüren, jdn/etw ausfindig machen **,run sb 'in** (*umgs, veraltet*) (*festnehmen*) sich jdn schnappen **,run 'in** (*BrE*) (*Auto etc.*) einfahren **,run ,into sb** (*zufällig treffen*) **,run 'into sth 1** in etw (hinein)geraten ◊ *run into trouble/difficulties* in Schwierigkeiten geraten **2**

run 542

(*kein Passiv*) etw erreichen ◊ *Her income runs into six figures.* Sie hat ein sechsstelliges Einkommen. ˈrun into sb/sth in jdn/etw hineinfahren ˈrun sth into sb/sth mit etw in/gegen jdn/etw fahren ◊ *He ran his car into a tree while reversing.* Beim Zurückstoßen fuhr er mit seinem Auto gegen einen Baum. ˌrun ˈoff (*BrE*) (*Flüssigkeit*) auslaufen, ablaufen ˌrun sth ˈoff 1 von etw Kopien machen, etw abziehen 2 (*Rennen etc.*) austragen ◊ *The heats of the 200 metres will be run off tomorrow.* Die Vorläufe des 200-Meter-Laufs werden morgen ausgetragen. 3 (*Flüssigkeit*) ablassen, ablaufen lassen ˌrun ˈoff with sb = RUN AWAY/OFF WITH SB ˌrun ˈoff with sth mit etw abhauen ˌrun ˈon sich hinziehen, sich in die Länge ziehen ˈrun on sth (*kein Passiv*) sich mit etw befassen, sich um etw drehen ◊ *His thoughts kept running on what her remarks could have meant.* Seine Gedanken kreisten ständig darum, welche Bedeutung ihre Bemerkungen wohl gehabt haben könnten. ˌrun ˈout 1 zu Ende gehen ◊ *Time is running out for the trapped miners.* Die Zeit wird knapp für die eingeschlossenen Bergleute. 2 ablaufen ◊ *My visa has run out.* Mein Visum ist abgelaufen. SYN EXPIRE ˌrun ˈout (of sth) ◊ *We ran out of fuel.* Uns ging der Treibstoff aus. ◊ *Have you got any sugar? I seem to have run out.* Hast du Zucker? Ich habe keinen mehr. ˌrun ˈout on sb (*umgs*) jdn verlassen, jdn sitzen lassen ˌrun sb ˈout (*oft passiv*) (*beim Schlagball*) = einen Spieler aus dem Spiel ausschalten durch Abtreffen etc. ˌrun ˈover überlaufen SYN OVERFLOW ˌrun sb/sth ˈover jdn/etw überfahren ˌrun ˈover sth etw überfliegen, etw (schnell) durchgehen ˈrun sth ˈpast sb = RUN STH BY/PAST SB ˌrun sb ˈthrough (*gehoben*) jdn durchbohren ˌrun ˈthrough sth 1 (*kein Passiv*) durch etw gehen ◊ *Thoughts of revenge kept running through his mind.* Rachegedanken gingen ihm fortwährend durch den Kopf. 2 (*kein Passiv*) etw durchziehen ◊ *A deep melancholy runs through her poetry.* Eine tiefe Melancholie durchzieht ihre Lyrik. 3 etw (schnell) durchgehen 4 etw durchspielen 5 (*Geld etc.*) durchbringen ˈrun to sth 1 sich auf etw belaufen ◊ *The book runs to nearly 800 pages.* Das Buch umfasst beinahe 800 Seiten. 2 für etw reichen ◊ *Our funds won't run to a trip abroad this year.* Für eine Auslandsreise wird unser Geld dieses Jahr nicht reichen. 3 sich etw leisten können ◊ *We can't run to a new car.* Wir können uns kein neues Auto leisten. ˌrun ˈup Anlauf nehmen ˌrun sth ˈup 1 etw anhäufen ◊ *How had he managed to run up so many debts?* Wie konnte er so viele Schulden machen? ◊ *She ran up a huge phone bill.* Sie hat Unmengen vertelefoniert. 2 etw schnell zusammennähen 3 (*Fahne etc.*) hochziehen, hissen ˌrun ˈup against sth auf etw stoßen

run² /rʌn/ *Nomen* **1** Lauf ◊ *I go for a run every morning.* Ich gehe jeden Morgen laufen. ◊ *Catching sight of her he broke into a run.* Als er sie sah, fing er an zu rennen. ◊ *I decided to make a run for it.* Ich beschloss wegzurennen. **2** Fahrt ◊ *They took the car out for a run.* Sie machten eine Spazierfahrt. ◊ *an enemy aircraft on a bombing run* ein feindliches Flugzeug bei einem Zielanflug **3** (*BrE*) Strecke **4** Folge, Reihe ◊ *a run of good luck* eine Glückssträhne **5** (THEAT, FILM) Spielzeit, Laufzeit **6** (*von Büchern etc.*) Auflage, Ausstoß **7** [meist Sing] Ansturm; ~ **on sth** Run auf etw **8** [Sing] Verlauf ◊ *In the normal run of things* im Normalfall ◊ (*BrE*) *Wise scored in the 15th minute against the run of play.* In der 15. Minute schoss Wise entgegen des Spielverlaufs ein Tor. **9** (*Ski*) Piste; (*Rodel- etc.*) Bahn **10** (*Kricket, Baseball*) Lauf ☞ Siehe auch HOME RUN **11** [Sing] (*AmE*) (POL) Kandidatur **12** (*oft in Zusammensetzungen*) Auslauf, Gehege **13** (MUS) Lauf **14** (*bei Kartenspielen*) Sequenz **15** Laufmasche **16 the runs** [Pl] (*umgs*) Durchfall SYN DIARRHOEA IDM **the common, general, ordinary, usual run (of sth)** ◊ *He was very different from the general run of American movie stars.* Er war ganz anders als der durchschnittliche amerikanische Filmstar. ◊ *The usual run of food in those days was very dull.* Das damals übliche Essen war sehr langweilig. **get/have the ˈrun of sth** etw zur Verfügung haben ◊ *Her dogs have the run of the house.* Ihre Hunde dürfen im ganzen Haus herumlaufen. **give sb a (good) run for their ˈmoney** es jdm nicht leicht machen **give sb the ˈrun of sth** jdm etw zur Verfügung stellen **on the ˈrun 1** auf der Flucht **2** (*umgs*) auf Trab ☞ Siehe auch LONG¹ *und* SHORT¹

run·about /ˈrʌnəbaʊt/ *Nomen* (*BrE, umgs*) Flitzer

run·around /ˈrʌnəraʊnd/ *Nomen* IDM **give the ˈrunaround** (*umgs*) jdn an der Nase herumführen

run·away¹ /ˈrʌnəweɪ/ *Adj nur vor Nomen* **1** flüchtig, ausgerissen **2** ◊ *a runaway horse* ein durchgegangenes Pferd ◊ *a runaway car* ein außer Kontrolle geratenes Auto **3** überwältigend ◊ *She was the runaway winner.* Sie gewann mit Abstand. ◊ *runaway inflation* galoppierende Inflation

run·away² /ˈrʌnəweɪ/ *Nomen* Ausreißer(in)

ˌrun-ˈdown *Adj* **1** heruntergekommen, verkommen SYN NEGLECTED **2** abgebaut, heruntergewirtschaftet **3** *nicht vor Nomen* erschöpft, mitgenommen ◊ *I'm feeling a bit rundown.* Ich bin etwas mitgenommen.

run·down /ˈrʌndaʊn/ *Nomen* [meist Sing] **1** ~ **(in/of sth)** (*BrE*) Abbau (von etw), Reduzierung (von etw) **2** ~ **(on/of sth)** Beschreibung (von etw), Überblick (über etw)

rune /ruːn/ *Nomen* Rune

rung¹ *Form von* RING²

rung² /rʌŋ/ *Nomen* Sprosse ◊ *get a foot on the bottom rung of the career ladder* in seiner beruflichen Laufbahn Fuß fassen ◊ *She was a few rungs above him on the social ladder.* Gesellschaftlich war sie höher gestellt als er.

runic /ˈruːnɪk/ *Adj* Runen-, runisch

ˈrun-in *Nomen* **1** (*umgs*) Streit **2** ~ **(to sth)** (*BrE*) *the run-in to the World Cup* die Zeit vor der Weltmeisterschaft

run·nel /ˈrʌnl/ *Nomen* (*gehoben*) Rinnsal

run·ner /ˈrʌnə(r)/ *Nomen* **1** Läufer(in) ☞ Siehe auch FRONT RUNNER **2** Rennpferd **3** (*meist in Zusammensetzungen*) Schmuggler(in) ◊ *a drug runner* ein(e) Drogenkurier(in) **4** Laufschiene, Gleitrolle; (*von Schlitten*) Kufen **5** (BOT) Ausläufer **6** (*Teppich*) Läufer **7** Laufbursche, Bote, Botin IDM **do a ˈrunner** (*BrE, umgs*) sich aus dem Staub machen

ˌrunner ˈbean *Nomen* (*BrE*) Stangenbohne

ˌrunner-ˈup *Nomen* (*Pl* **runners-up**) Zweite(r) ◊ *The runners-up will all receive a prize.* Alle Platzierten werden einen Preis bekommen.

run·ning¹ /ˈrʌnɪŋ/ *Nomen* **1** Laufen ◊ *running shoes* Rennschuhe **2** (*einer Firma, Organisation, etc.*) Leitung; (*von Maschinen*) Betrieb **3** **-running** (*in Zusammensetzungen*) -schmuggel ◊ *gunrunning* Waffenschmuggel IDM **be in the ˈrunning (for sth)** (*umgs*) (für etw) im Rennen liegen **be out of the ˈrunning** aus dem Rennen sein **make the ˈrunning** (*BrE, umgs*) **1** an der Spitze liegen **2** den Ton angeben

run·ning² /ˈrʌnɪŋ/ *Adj* **1** hintereinander ◊ *It was the third day running that he'd been late.* Es war der dritte Tag in Folge, dass er zu spät kam. **2** (*Wasser*) fließend **3 -running** (*in Zusammensetzungen*) laufend ◊ *a fast-running river* ein schnell fließender Fluss **4** ständig ◊ *have a running argument with sb* mit jdm ständig Streit haben ◊ *His old raincoat became a running joke.* Sein alter Regenmantel gab immer wieder Anlass zum Spott. ☞ Siehe auch RUNNING MATE IDM **(go and) take a running ˈjump** (*umgs, veraltet*) jdm den Buckel runterrutschen ☞ Siehe auch ORDER¹

ˌrunning ˈcommentary *Nomen* Live-Kommentar ◊ *He gave a running commentary on the game.* Er kommentierte das Spiel live. ◊ *The little boy kept up a running commentary on everything.* Der kleine Junge musste aber auch alles kommentieren.

ˈrunning mate *Nomen* [meist Sing] (POL) = Person, die bei einer Wahl vom Kandidaten als sein(e) Stellvertreter(in) genannt wird

ˌrunning ˈorder *Nomen* [Sing] Reihenfolge, Abfolge; (SPORT) Aufstellung IDM ⇨ ORDER

ˌrunning reˈpairs *Nomen* [Pl] Instandhaltung

ˌrunning ˈsore *Nomen* nässende Wunde

ˈrunning time *Nomen* Dauer; (*von Filmen*) Spielzeit; (*von Reisen*) Fahrtzeit

ˌrunning ˈtotal *Nomen* fortlaufende Summe ◊ *I try to keep a running total of how much I'm spending.* Ich bemühe mich, über meine Ausgaben laufend Buch zu führen.

runny /ˈrʌni/ *Adj* (**run·nier, run·ni·est**) **1** (*Nase*) laufend; (*Augen*) tränend ◊ *I've got a runny nose.* Meine Nase läuft. **2** flüssig ◊ *runny honey* dünnflüssiger Honig

ˈrun-off *Nomen* **1** Entscheidungsrunde; (POL) Stichwahl **2** Abwasser **3** (*von Wasser, Düngemitteln, etc.*) Abfluss

,run-of-the-'mill *Adj (oft abwert)* ganz gewöhnlich, Durchschnitts-

runt /rʌnt/ *Nomen* 1 = schwächstes Tier eines Wurfs 2 *(Slang, abwert)* Winzling

'run-through *Nomen* Probe

'run-up *Nomen (BrE)* 1 ~ (to sth) Vorbereitungszeit (für etw) ◊ *in the run-up to Christmas* in der Vorweihnachtszeit ◊ *during the run-up to the election* im Vorfeld der Wahl 2 (SPORT) Anlauf

run·way /'rʌnweɪ/ *Nomen* 1 Startbahn, Landebahn 2 *(bes AmE)* Laufsteg

rupee /ruːˈpiː/ *Nomen* Rupie

rup·ture¹ /'rʌptʃə(r)/ *Nomen* 1 (MED) Bruch ◊ *the rupture of a blood vessel* das Platzen eines Blutgefäßes 2 *(gehoben)* Abbruch

rup·ture² /'rʌptʃə(r)/ *Verb* 1 (MED) platzen, reißen ◊ *He ruptured himself.* Er zog sich einen Bruch zu. 2 (zer)bersten, (zer)brechen ◊ *A pipe ruptured.* Es kam zu einem Rohrbruch. 3 *(gehoben) (Beziehungen etc.)* abbrechen

rural /'rʊərəl; *AmE* 'rʊrəl/ *Adj* ländlich, Land- ◊ *rural America* die ländlichen Regionen Amerikas

,rural 'dean *Nomen (in der anglikanischen Kirche)* Dekan

ruse /ruːz/ *Nomen (gehoben)* List SYN TRICK

rush¹ /rʌʃ/ *Verb* 1 sich beeilen, eilen, hetzen ◊ *Don't rush off, I haven't finished.* Nicht so eilig, ich bin noch nicht fertig. ◊ *I've been rushing around all day.* Ich bin den ganzen Tag rumgehetzt. ◊ *My college years seemed to rush past.* Meine Studienzeit verging im Flug. ◊ *the sound of rushing water* das Rauschen von fließendem Wasser 2 ~ sth sich mit etw beeilen, etw schnell machen ◊ *We had to rush our meal.* Wir mussten uns mit dem Essen beeilen. 3 schnell hinbringen ◊ *Relief supplies were rushed in.* Hilfsgüter wurden auf schnellstem Wege herangeschafft. 4 ~ (into sth/into doing sth) etw überstürzt tun 5 ~ sb (into sth/into doing sth) jdn (zu etw) drängen ◊ *I'm not going to be rushed into anything.* Ich werde nichts überstürzen. 6 überrumpeln, stürmen 7 *(AmE) (beim Football)* stürmen, losstürmen, durchbrechen 8 *(AmE)* = (an amerikanischen Universitäten) jdn als Mitglied einer Studentenverbindung anwerben IDM ⇒ FOOT¹ PHR V ,rush sth 'out schnell etw herausbringen ,rush sth 'through etw in aller Eile durchbringen ◊ *The product was rushed through without adequate safety testing.* Das Produkt wurde ohne ausreichende Sicherheitstests durchgeschleust. ,rush sth 'through sth etw durch etw peitschen

rush² /rʌʃ/ *Nomen* 1 [Sing] Ansturm ◊ *Shoppers made a rush for the exits.* Die Kunden stürmten zu den Ausgängen. ◊ *the headlong rush into war* der überstürzte Eintritt in den Krieg ◊ *The evening rush was just starting.* Der Feierabendverkehr fing gerade an. ◊ *the Christmas rush* der Weihnachtsrummel ◊ *They listened to the rush of the sea below.* Sie lauschten dem Rauschen des Meeres unter ihnen. 2 [Sing] Eile ◊ *What's the rush?* Warum so eilig? ◊ *'I'll let you have the book back tomorrow.' 'There's no rush.'* „Ich werde dir das Buch morgen zurückgeben." „Das hat keine Eile." ◊ *The words came out in a rush.* Die Worte sprudelten nur so heraus. ◊ *I'm not in any rush to get back to work.* Ich habe es überhaupt nicht eilig, wieder zur Arbeit zu gehen. ◊ *The trip to Paris was all a mad rush.* Die Parisreise war einfach zu hektisch. ◊ *I had a rush job on.* Ich musste schnell was fertig machen. 3 [Sing] Stoß ◊ *a rush of adrenalin* ein Adrenalinstoß ◊ *She felt a rush of blood to her cheeks.* Sie spürte, wie ihr das Blut in die Wangen schoss. SYN SURGE 4 [Sing] ~ (of sth) *(von Gefühlen)* Anwandlung ◊ *a sudden rush of anger* ein Wutanfall 5 [meist Pl] (BOT) Binse 6 rushes [Pl] Filmmaster, erste Probekopie 7 *(AmE)* = Kampagne zur Mitgliederwerbung für Studentenverbindungen an amerikanischen Universitäten

'rush hour *Nomen* [meist Sing] Hauptverkehrszeit, Stoßzeit ◊ *rush-hour traffic* Berufsverkehr, Stoßverkehr

rusk /rʌsk/ *Nomen (bes BrE)* Zwieback

rus·set /'rʌsɪt/ *Adj* rotbraun, rostfarben

,Russian rou'lette *Nomen* russisches Roulette

rust¹ /rʌst/ *Nomen* 1 Rost 2 Rostpilz

rust² /rʌst/ *Verb* rosten (lassen), verrosten ◊ *old rusting cars* alte verrostete Autos PHR V ,rust a'way verrosten

'rust belt *(auch the Rust Belt) Nomen (bes AmE)* = wirtschaftlich unbedeutend gewordener Industriegürtel

rust·ed /'rʌstɪd/ *Adj* verrostet

rus·tic¹ /'rʌstɪk/ *Adj* 1 ländlich, bäuerlich 2 *(Möbel)* rustikal

rus·tic² /'rʌstɪk/ *Nomen (oft abwert oder hum)* Bauerntölpel

rus·tle¹ /'rʌsl/ *Verb* 1 rauschen, rascheln 2 *(Vieh)* stehlen PHR V ,rustle sth 'up *(umgs)* etw auftreiben, etw organisieren ◊ *I'm sure I can rustle you up a meal.* Ich kann dir schnell was zu essen machen. ◊ *They have been busy rustling up new business.* Sie haben viel getan, um neue Aufträge aufzutreiben.

rus·tle² /'rʌsl/ *Nomen* [Sing] Rascheln, Rauschen

rust·ler /'rʌslə(r)/ *Nomen* Viehdieb(in)

rust·ling /'rʌslɪŋ/ *Nomen* 1 Raschen, Rauschen 2 Viehdiebstahl

'rust·proof /'rʌstpruːf/ *Adj* rostfrei

rusty /'rʌsti/ *Adj* 1 rostig, verrostet 2 *(umgs)* ◊ *My French is very rusty these days.* Mein Französisch ist ziemlich eingerostet. ◊ *I haven't played the piano for ages — I may be a bit rusty.* Ich habe länger nicht mehr Klavier gespielt — ich bin wahrscheinlich aus der Übung.

rut /rʌt/ *Nomen* 1 Spurrille, Furche 2 Trott ◊ *get into a rut* in Routine verfallen 3 *(auch the rut)* [Sing] Brunft

ru·ta·baga /ˌruːtəˈbeɪgə/ *Nomen (AmE)* Kohlrübe, Steckrübe

ruth·less /'ruːθləs/ *Adj (Adv* ruth·less·ly) *(abwert)* rücksichtslos, skrupellos ◊ *a ruthless dictator* ein unbarmherziger Diktator ◊ *He has a ruthless determination to succeed.* Er ist wild entschlossen Erfolg zu haben. ◊ *ruthlessly honest* schonungslos ehrlich

ruth·less·ness /'ruːθləsnəs/ *Nomen* Skrupellosigkeit, Gnadenlosigkeit

rut·ted /'rʌtɪd/ *Adj* zerfurcht

rut·ting /'rʌtɪŋ/ *Adj (Hirsch)* brunstig

RV /ˌɑː 'viː/; *AmE* ˌɑːr/ *Abk* = RECREATIONAL VEHICLE

Rx /ˌɑːr 'eks/ *(AmE)* 1 *Abk* = PRESCRIPTION 2 *Nomen* Patentrezept

rye /raɪ/ *Nomen* Roggen ◊ *rye whisky* Bourbon

Ss

S, s /es/ 1 *Nomen* (*Pl* **S's, s's**) (*Buchstabe*) S, s ☛ *Siehe auch* S-BEND ☛ *Beispiele bei* A, A **2** S *Abk* (*Pl* **SS**) = SAINT (1) **3** S *Abk* = SMALL¹ (4) **4** S *Abk* (*AmE auch* **So.**) = SOUTH², SOUTHERN ☛ *Siehe auch* S AND H

sab·bath /'sæbəθ/ *Nomen* **the Sabbath 1** der Sabbat **2** der Sonntag

sab·bat·ic·al /sə'bætɪkl/ *Nomen* Forschungsurlaub

sable /'seɪbl/ *Nomen* Zobel(fell)

sabo·tage¹ /'sæbətɑːʒ/ *Nomen* Sabotage

sabo·tage² /'sæbətɑːʒ/ *Verb* **1** sabotieren **2** zunichte machen

sabo·teur /ˌsæbə'tɜː(r)/ *Nomen* Saboteur(in) ◊ (*BrE*) *hunt saboteurs* Gegner der Fuchsjagd, die versuchen, die Jagd zu verhindern

sabre (*AmE* **saber**) /'seɪbə(r)/ *Nomen* Säbel

'sabre-rattling (*AmE* **'saber rattling**) *Nomen* Säbelrasseln

sac /sæk/ *Nomen* (ZOOL) Sack; (BOT) Beutel

sac·charin /'sækərɪn/ *Nomen* Saccharin

sac·char·ine (*seltener* **sac·char·in**) /'sækəriːn, -rɪn/ *Adj* (*abwert*) süßlich

sacer·dotal /ˌsæsə'dəʊtl; *AmE* -sər'doʊtl/ *Adj* (*gehoben*) priesterlich

sa·chet /'sæʃeɪ; *AmE* sæ'ʃeɪ/ *Nomen* **1** (*BrE*) Päckchen, Tütchen **2** Duftkissen

sack¹ /sæk/ *Nomen* **1** Sack **2 the sack** [*Sing*] (*bes AmE*, *umgs*) ◊ *in the sack* ins Bett ◊ *hit the sack* ins Bett gehen **3** [*Sing*] (*gehoben*) Plünderung, Zerstörung IDM **get the 'sack** (*umgs*) (*entlassen werden*) rausfliegen **give sb the 'sack** (*umgs*) (*entlassen*) jdn rausschmeißen ☛ *Siehe auch* HIT¹

sack² /sæk/ *Verb* **1** (*entlassen*) rausschmeißen SYN FIRE **2** plündern, zerstören **3** (*AmE*) (*im Football*) zu Boden reißen PHR V **sack 'out** (*AmE, umgs*) einpennen, sich in die Falle hauen

sack·cloth /'sækklɒθ; *AmE* -klɔːθ/ *Nomen* Sackleinen IDM **wear, put on, etc ˌsackcloth and 'ashes** in Sack und Asche gehen

sack·ful /'sækfʊl/ *Nomen* (*Menge*) Sack

sack·ing /'sækɪŋ/ *Nomen* **1** (*Entlassung*) Rausschmiss **2** Sackleinen

sac·ra·ment /'sækrəmənt/ *Nomen* Sakrament

sac·ra·men·tal /ˌsækrə'mentl/ *Adj* sakramental ◊ *sacramental wine* Messwein

sac·red /'seɪkrɪd/ *Adj* **1** heilig **2** geistlich

sac·red·ness /'seɪkrɪdnəs/ *Nomen* Heiligkeit

sac·ri·fice¹ /'sækrɪfaɪs/ *Nomen* Opfer ◊ *There had been no sacrifice of quality.* An der Qualität waren keine Abstriche gemacht worden.

sac·ri·fice² /'sækrɪfaɪs/ *Verb* opfern ◊ *He sacrificed a football game to go out with her.* Er hat auf ein Fußballspiel verzichtet, um mit ihr auszugehen. ◊ *Clarity is sacrificed to brevity.* Klarheit fällt der Kürze zum Opfer.

sac·ri·fi·cial /ˌsækrɪ'fɪʃl/ *Adj* Opfer-

sac·ri·lege /'sækrəlɪdʒ/ *Nomen* [U/*Sing*] Sakrileg, Frevel

sac·ri·le·gious /ˌsækrə'lɪdʒəs/ *Adj* gotteslästerlich, frevelhaft

sac·ris·tan /'sækrɪstən/ *Nomen* Küster(in), Kirchendiener(in)

sac·risty /'sækrɪsti/ *Nomen* (*Pl* **-ies**) Sakristei

sacro·sanct /'sækrəʊsæŋkt; *AmE* -kroʊ-/ *Adj* (*absolut*) heilig

sad /sæd/ *Adj* (**sad·der, sad·dest**) **1** traurig ◊ *I was sad that she had to go.* Ich fand es schade, dass sie gehen musste. ◊ *He was sadder and wiser.* Durch Schaden war er klug geworden. ◊ *It is sad that the diary has been lost.* Es ist sehr bedauerlich, dass das Tagebuch verloren gegangen ist. ◊ *sad to say* leider **2** erbärmlich **3** (*Slang*) bedauernswert, bemitleidenswert ◊ *You're really sad!* Du kannst einem nur Leid tun.

sad·den /'sædn/ *Verb* (*oft passiv*) (*gehoben*) betrüben

sad·dle¹ /'sædl/ *Nomen* **1** Sattel **2** (*Fleisch*) Rücken IDM **in the 'saddle** im Sattel

sad·dle² /'sædl/ *Verb* satteln PHR V **saddle (sth) 'up** (*etw*) (*auf*)satteln **'saddle sb/yourself with sth** (*oft passiv*) jdm/sich etw aufhalsen ◊ *be saddled with debts* Schulden am Hals haben

saddle·bag *Nomen* /'sædlbæg/ Satteltasche

sad·dler /'sædlə(r)/ *Nomen* Sattler(in)

sad·dlery /'sædləri/ *Nomen* [U] **1** Sattlerei **2** Sattlerwaren

'saddle-sore *Adj* wund vom Reiten

sad·ism /'seɪdɪzəm/ *Nomen* Sadismus

sad·ist /'seɪdɪst/ *Nomen* Sadist(in)

sad·is·tic /sə'dɪstɪk/ *Adj* (*Adv* **sad·is·tic·al·ly** /-kli/) sadistisch

sadly /'sædli/ *Adv* **1** leider, bedauerlicherweise **2** traurig **3** sehr ◊ *You're sadly mistaken.* Da hast du dich gründlich getäuscht. ◊ *be sadly in need of sth* etw bitter benötigen

sad·ness /'sædnəs/ *Nomen* Traurigkeit

sado·maso·chism /ˌseɪdəʊ'mæsəkɪzəm; *AmE* -doʊ-/ *Nomen* Sadomasochismus

sado·maso·chist /ˌseɪdəʊ'mæsəkɪst; *AmE* -doʊ-/ *Nomen* Sadomasochist(in)

sado·maso·chis·tic /ˌseɪdəʊˌmæsə'kɪstɪk; *AmE* -doʊ-/ *Adj* sadomasochistisch

sae /ˌes eɪ 'iː/ *Nomen* (*BrE*) Kurzform von **stamped addressed/self-addressed envelope** adressierter und frankierter Rückumschlag

sa·fari /sə'fɑːri/ *Nomen* (*Pl* **-is**) Safari

safe¹ /seɪf/ *Adj* **1** *nicht vor Nomen* ~ (**from sb/sth**) sicher (vor jdm/etw), in Sicherheit (vor jdm/etw) ◊ *Is the water safe to drink?* Kann man das Wasser trinken? ◊ *The street is not safe for children to play in.* Es ist gefährlich für Kinder auf dieser Straße zu spielen. ◊ *make the building safe* das Gebäude sichern ◊ *It's safe to assume that.* Davon kann man mit Sicherheit ausgehen. **2** wohlbehalten ◊ *We knew she was safe.* Wir wussten, dass ihr nichts passiert war. **3** (RECHT) (*Urteil*) juristisch haltbar IDM **ˌbetter ˌsafe than ˈsorry** Vorsicht ist besser als Nachsicht **in ˌsafe 'hands** in sicheren Händen **in the ˌsafe hands of sb** bei jdm in sicheren Händen **on the 'safe side** zur Sicherheit **play (it) 'safe** auf Nummer Sicher gehen **(as) ˌsafe as 'houses** (*BrE*) hundertprozentig sicher ◊ *We're as safe as houses.* Uns kann nichts mehr passieren. **safe in the knowledge that ...** im sicheren Wissen, dass ... **safe 'journey** (*BrE*) gute Fahrt **a ˌsafe pair of 'hands** (*bes BrE*) (*bei der Arbeit*) jd, der zuverlässig ist ☛ *Siehe auch* BET²

safe² /seɪf/ *Nomen* Safe

ˌsafe 'conduct *Nomen* freies Geleit

'safe deposit box *Nomen* Banksafe

safe·guard¹ /'seɪfɡɑːd; *AmE* -ɡɑːrd/ *Verb* ~ **sth** (**against/from sth**) (*gehoben*) etw (gegen/vor etw) schützen; ~ **against sth** sich gegen etw schützen, etw verhindern ◊ *safeguard jobs* Arbeitsplätze sichern

safe·guard² /'seɪfɡɑːd; *AmE* -ɡɑːrd/ *Nomen* ~ (**against sth**) Schutz (vor/gegen etw) ◊ *Stronger legal safeguards are needed to protect the consumer.* Der Verbraucherrechtsschutz muss verbessert werden.

ˌsafe 'haven *Nomen* sicherer Hafen, Schutzzone

safe house *Nomen* Fluchthaus, geheimer Unterschlupf
safe keeping *Nomen* **1** (sichere) Aufbewahrung **2** sichere Verwahrung
safe·ly /ˈseɪfli/ *Adv* **1** wohlbehalten ◊ *arrive safely* heil ankommen **2** sicher, gefahrlos ◊ *Drive safely!* Fahr vorsichtig! **3** mit (ziemlicher) Sicherheit **4** ◊ *When he was safely out of the way, they came out of their hiding place.* Als er nicht mehr in Sicht war, kamen sie aus ihrem Versteck. ◊ *once the children were safely tucked up in bed* als die Kinder endlich im Bett lagen **5** ruhig
safe seat *Nomen* (*BrE*) = sicherer Wahlkreis
safe sex *Nomen* Safersex
safety /ˈseɪfti/ *Nomen* (*Pl* **-ies**) **1** Sicherheit ◊ *We watched the lions from the safety of the car.* Wir saßen im Auto und beobachteten die Löwen aus sicherer Entfernung. ◊ *They can play in safety here.* Hier können sie gefahrlos spielen. ☛ *Hinweis bei* SICHERHEIT **2** (*AmE*) = SAFETY CATCH **IDM** **safety first** Sicherheit geht vor **there's safety in numbers** Gemeinsamkeit macht stark
safety belt *Nomen* Sicherheitsgurt **SYN** SEAT BELT
safety catch (*AmE meist* **safety**) *Nomen* (Abzugs)sicherung ◊ *Is the safety catch on?* Ist das Gewehr gesichert?
safety deposit box *Nomen* Banksafe
safety glass *Nomen* Sicherheitsglas
safety island *Nomen* (*AmE*) Verkehrsinsel
safety lamp *Nomen* Grubenlampe
safety net *Nomen* **1** Sicherheitsnetz ◊ *a financial safety net* eine finanzielle Absicherung **2** (für Akrobaten) (Sprung)netz
safety pin *Nomen* Sicherheitsnadel
safety valve *Nomen* **1** Sicherheitsventil **2** (zum Abbau von Stress, Wut etc.) Ventil
saf·fron /ˈsæfrən/ **1** *Nomen* Safran **2** *Nomen* Safrangelb **3** *Adj* safrangelb
sag /sæg/ *Verb* (**-gg-**) **1** durchhängen, (herab)hängen **2** erschlaffen **3** sinken **IDM** ⇨ JAW¹
saga /ˈsɑːgə/ *Nomen* **1** Saga, Heldensage ◊ *a family saga* ein Familienroman **2** Geschichte, Story
sa·ga·city /səˈgæsəti/ *Nomen* (gehoben) Klugheit
sage¹ /seɪdʒ/ *Nomen* **1** Salbei **2** (gehoben) Weise(r)
sage² /seɪdʒ/ *Adj* (*Adv* **sage·ly**) (gehoben) weise
Sa·git·tar·ian /ˌsædʒɪˈteəriən/ *AmE* -ˈter-/ **1** *Nomen* (unter dem Sternzeichen geborener Mensch) Schütze **2** *Adj* (bezüglich des Sternzeichens) Schützen-
Sa·git·tar·ius /ˌsædʒɪˈteəriəs/ *AmE* -ˈter-/ *Nomen* (Sternzeichen, Mensch) Schütze
sago /ˈseɪgəʊ/; *AmE* -goʊ/ *Nomen* Sago
sahib /sɑːb, ˈsɑːɪb/ *Nomen* Sahib
said /sed/ **1** *Form von* SAY¹ **2** *Adj* nur vor Nomen (offiz) besagt ◊ *the said company* die besagte Firma
sail¹ /seɪl/ *Verb* **1** (mit dem Schiff) fahren, segeln ◊ *The ferry sails from Dover to Calais.* Die Fähre verkehrt zwischen Dover und Calais. ◊ *He sailed the boat between the rocks.* Er steuerte das Boot zwischen den Felsen hindurch. ◊ *sail the Atlantic* den Atlantik überqueren **2** (meist go sailing) segeln **3** auslaufen, in See stechen **IDM** **sail close to the wind** ein gewagtes Spiel spielen **PHRV** **sail through** es spielend schaffen
sail² /seɪl/ *Nomen* **1** Segel **2** [*Sing*] Fahrt, Segeltörn ◊ *We went for a sail.* Wir gingen segeln. **3** (Mühle) Flügel **IDM** **set sail** (gehoben) in See stechen ◊ *We set sail at high tide.* Wir sind mit der Flut ausgelaufen. ☛ *Siehe auch* WIND¹
sail·board /ˈseɪlbɔːd/; *AmE* -bɔːrd/ *Nomen* Surfbrett zum Windsurfen **SYN** WINDSURFER
sail·ing /ˈseɪlɪŋ/ *Nomen* **1** Segeln **2** Überfahrt **IDM** **be plain sailing** (*AmE* **be clear sailing**) ganz einfach sein; problemlos laufen
sailing boat (*AmE* **sail·boat** /ˈseɪlbəʊt/; *AmE* -boʊt/) *Nomen* Segelboot
sailing ship *Nomen* Segelschiff
sail·or /ˈseɪlə(r)/ *Nomen* Seemann, Matrose **IDM** **be a good/bad sailor** seefest/nicht seefest sein
saint /seɪnt/ *Nomen* ☛ *Vor Namen verwendet man* **saint** groß: *Saint Patrick*. Die britische Aussprache ist dann /snt/. In Orts- und Kirchennamen etc. wird meist die Abkürzung **St** verwendet: *St Andrew's (Church)*. **1** (*Abk* **S, St**) Heilige(r) ◊ *St Moritz* Sankt Moritz ◊ *St Paul's* die Paulskirche **2** Engel ◊ *have the patience of a saint* eine Engelsgeduld haben
saint·hood /ˈseɪnthʊd/ *Nomen* Heiligkeit, Heiligsprechung
saint·li·ness /ˈseɪntlinəs/ *Nomen* Heiligkeit
saint·ly /ˈseɪntli/ *Adj* heilig, fromm
saint's day *Nomen* Tag einer/eines Heiligen
sake /seɪk/ *Nomen* **IDM** **for Christ's/God's/goodness'/heaven's/pity's etc. sake** ◊ *For pity's sake, help me!* Um Himmels willen, so hilf mir doch! ◊ *Oh, for heaven's sake!* Jetzt reicht's aber! ◊ *Do be careful, for goodness' sake.* Um Himmels willen sei vorsichtig. ☛ **For Christ's sake** und **for God's sake** sind stärkere Ausdrücke und könnten Anstoß erregen. **for sth's own sake** um einer Sache selbst willen **for the sake of it** ohne Grund ◊ *Don't get married just for the sake of it.* Heirate bloß nicht wegen des Rings. **for the sake of sb/sb's sake** jdm zuliebe ◊ *They stayed together for the sake of the children.* Sie blieben wegen der Kinder zusammen. ◊ *for all our sakes* in unser aller Interesse **for the sake of sth** einer Sache zuliebe ◊ *for the sake of her health* ihrer Gesundheit zuliebe ◊ *for the sake of simplicity* der Einfachheit halber ◊ *for the sake of a few dollars* um ein paar Dollar zu sparen ◊ *Let's suppose, for the sake of argument ...* Nehmen wir einmal rein theoretisch an, dass ... **for the sake of doing sth** um etw zu tun ◊ *for the sake of maintaining the status quo* um nichts ändern zu müssen ☛ *Siehe auch* OLD
sa·la·cious /səˈleɪʃəs/ *Adj* (gehoben) anzüglich
salad /ˈsæləd/ *Nomen* Salat ◊ *a side salad* eine Salatbeilage **IDM** **in your salad days** (veraltet oder gehoben) als man noch jung war
salad cream *Nomen* (*BrE*) Salat-Creme
salad dressing (*auch* **dress·ing**) *Nomen* Salatsoße
sala·man·der /ˈsæləmændə(r)/ *Nomen* Salamander
sa·lami /səˈlɑːmi/ *Nomen* (*Pl* **sa·lamis**) Salami
sal·ar·ied /ˈsælərid/ *Adj* **1** *a salaried employee* ein(e) Angestellte(r) **2** *a salaried position* eine Stelle mit festem Gehalt
sal·ary /ˈsæləri/ *Nomen* (*Pl* **-ies**) Gehalt ◊ *be on a salary of £50 000* ein Jahresgehalt von £50 000 haben
sale /seɪl/ *Nomen* **1** Verkauf, Abschluss **2 sales** [*Pl*] Umsatz; (*Börse*) Abschlüsse ◊ *retail sales* Einzelhandelsumsatz ◊ *a sales drive* eine Verkaufsaktion **3 sales** Verkauf ◊ *She works in sales.* Sie arbeitet im Verkauf. ◊ *the sales force* das Verkaufspersonal **4** Ausverkauf, Schlussverkauf **5** Versteigerung **IDM** **for sale** zu verkaufen ◊ *They've put their house up for sale.* Sie bieten ihr Haus zum Verkauf an. **on sale 1** erhältlich ◊ *They go on sale next month.* Sie werden ab nächsten Monat im Handel sein. **2** (*bes AmE*) im Angebot **(on) sale or return** (*BrE*) Verkauf mit Rückgaberecht; in Kommission
sale·able /ˈseɪləbl/ *Adj* verkäuflich, absetzbar
sale·room /ˈseɪlruːm, -rʊm/ *Nomen* (*BrE*) Auktionshalle
sales clerk *Nomen* (*AmE*) Verkäufer(in)
sales·man /ˈseɪlzmən/ *Nomen* (*Pl* **-men** /-mən/) Verkäufer
sales·man·ship /ˈseɪlzmənʃɪp/ *Nomen* Verkaufstalent
sales·per·son /ˈseɪlzpɜːsn; *AmE* -pɜːrsn/ *Nomen* (*Pl* **-people** /-piːpl/) Verkäufer(in)
sales pitch *Nomen* Verkaufstaktik
sales representative (*umgs* **sales rep**, **rep**) *Nomen* Vertreter(in), Vertriebsbeauftragte(r)
sales·room /ˈseɪlzruːm, -rʊm/ *Nomen* (*AmE*) Auktionshalle
sales slip *Nomen* (*AmE*) Kassenbeleg
sales talk *Nomen* Reklame
sales tax *Nomen* Umsatzsteuer
sales·woman /ˈseɪlzwʊmən/ *Nomen* (*Pl* **-women** /-wɪmɪn/) Verkäuferin
sa·li·ent /ˈseɪliənt/ *Adj* nur vor Nomen herausragend, Haupt-
sa·line¹ /ˈseɪlaɪn; *AmE* -liːn/ *Adj* (*Fachspr*) Salz- ◊ *saline solution* Salzlösung ◊ *a saline drip* eine Tropfinfusion
sa·line² /ˈseɪlaɪn; *AmE* -liːn/ *Nomen* (*Fachspr*) Kochsalzlösung
sal·in·ity /səˈlɪnəti/ *Nomen* (*Fachspr*) Salzgehalt

sal·iva /səˈlaɪvə/ *Nomen* Speichel

sal·i·vate /ˈsælɪveɪt/ *Verb* (*gehoben*) Speichel produzieren ◊ *I was salivating at the prospect of the money.* Die Aussicht auf das Geld ließ mein Herz höher schlagen.

sal·i·va·tion /ˌsælɪˈveɪʃn/ *Nomen* (*gehoben*) Speichelfluss

sal·low /ˈsæləʊ; *AmE* -loʊ/ *Adj* (*Gesicht*) gelb

sally¹ /ˈsæli/ *Nomen* (*Pl* **sal·lies**) witzige Bemerkung

sally² /ˈsæli/ *Verb* (**sal·lies, sally·ing, sal·lied, sal·lied**)
PHRV ˌsally ˈforth/ˈout (*veraltet oder gehoben*) sich aufmachen

sal·mon /ˈsæmən/ *Nomen* (*Pl* **sal·mon**) Lachs

sal·mon·ella /ˌsælməˈnelə/ *Nomen* [U] Salmonelle

ˌsalmon ˈpink *Adj* lachsfarben ☞ *Beispiele bei* BLAU

salon /ˈsælɒn; *AmE* səˈlɑːn/ *Nomen* Salon

sal·oon /səˈluːn/ *Nomen* **1** (*BrE*) (*auch* **saˈloon car**) Limousine **2** (*auch* **saˈloon bar**) (*veraltet*) =vornehmerer Teil eines Pubs **3** Saloon **4** (*Schiff*) Salon

salsa /ˈsælsə; *AmE* ˈsɑːlsə/ *Nomen* **1** Salsa **2** Salsa-Dip

sal·sify /ˈsælsəfi/ *Nomen* (*BrE*) Schwarzwurzel

salt¹ /sɔːlt/ *Nomen* Salz, Kochsalz IDM ⇨ DOSE¹, PINCH², RUB¹ *und* WORTH¹

salt² /sɔːlt/ *Verb* **1** (*meist passiv*) salzen ◊ *salted peanuts* gesalzene Erdnüsse **2** pökeln **3** ◊ *salt the roads* Salz streuen PHRV ˌsalt sth aˈway etw heimlich beiseite legen

salt³ /sɔːlt/ *Adj nur vor Nomen* Salz- ◊ *salt water* Salzwasser ◊ *salt beef* gepökeltes Rindfleisch

ˈsalt cellar *Nomen* **1** (*AmE* ˈsalt shaker) Salzstreuer **2** Salznapf

salti·ness /ˈsɔːltinəs; *BrE auch* ˈsɒltinəs/ *Nomen* Salzigkeit

salt·petre (*AmE* ˈsalt·peter) /ˌsɔːltˈpiːtə(r); *BrE auch* ˌsɒlt-/ *Nomen* Salpeter

ˈsalt truck *Nomen* (*AmE*) Streuwagen

ˈsalt·water /ˈsɔːltwɔːtə(r); *AmE auch* -wɑːt-/ *Adj nur vor Nomen* Meereswasser-, Salzwasser-

salty /ˈsɔːlti; *BrE auch* ˈsɒlti/ *Adj* (**salt·ier**) (*kein Superlativ*) salzig, salzhaltig

sa·lu·bri·ous /səˈluːbriəs/ *Adj* (*gehoben*) angenehm, gesund ◊ *none too salubrious* eher zweifelhaft

salu·tary /ˈsæljətri; *AmE* -teri/ *Adj* heilsam, lehrreich

sa·lu·ta·tion /ˌsæljuˈteɪʃn/ *Nomen* **1** (*gehoben*) Begrüßung **2** Anrede

sa·lute¹ /səˈluːt/ *Verb* **1** salutieren, (militärisch) grüßen **2** (*gehoben*) würdigen

sa·lute² /səˈluːt/ *Nomen* **1** militärischer Gruß ◊ *take the salute* die Parade abnehmen **2** Würdigung, Gruß **3** Salut

sal·vage¹ /ˈsælvɪdʒ/ *Nomen* **1** Bergung ◊ *a salvage operation* eine Bergungsaktion **2** Bergungsgut

sal·vage² /ˈsælvɪdʒ/ *Verb* ~ **sth** (**from sth**) etw (aus etw) bergen, etw retten

sal·va·tion /sælˈveɪʃn/ *Nomen* **1** Erlösung **2** Rettung

the Salˌvation ˈArmy *Nomen* die Heilsarmee

salve¹ /sælv/ *Nomen* Balsam

salve² /sælv; *AmE auch* sæv/ *Verb* (*gehoben*) (*Gewissen*) beruhigen; (*Ehre*) retten

sal·ver /ˈsælvə(r)/ *Nomen* Tablett

salvo /ˈsælvəʊ; *AmE* -voʊ/ *Nomen* (*Pl* **-os** *oder* **-oes**) Salve ◊ *The article was the opening salvo.* Der Artikel eröffnete das Feuer.

Sa·mar·itan /səˈmærɪtən/ *Nomen* **1** Samariter **2** the Samaritans die Telefonseelsorge IDM a ˌgood Saˈmaritan ein barmherziger Samariter

samba /ˈsæmbə/ *Nomen* Samba

same¹ /seɪm/ *Adj* the ~ ... (as sb/sth) der-/die-/dasselbe ... (wie jd/etw), der/die/das Gleiche ... (wie jd/etw) ◊ *I left that same day.* Ich ging noch am gleichen Tag. ◊ *much the same thing* so ziemlich das Gleiche ◊ *This works in exactly the same way.* Das funktioniert genauso. ☞ Für Redewendungen mit **same** siehe die Einträge für die Nomina und Verben. **Be in the same boat** steht z.B. unter **boat**.

same² /seɪm/ *Pron* the ~ (as ...) der-/die-/dasselbe (wie ...), das Gleiche (wie ...) ◊ *I would do the same again.* Ich würde es wieder so machen. ◊ *Just do the same as me!* Mach es mir einfach nach! ◊ *They're not all the same.* Sie sind nicht alle gleich. ◊ *I'd like one the same as yours.* Ich möchte genauso einen wie du. IDM ˌall/ˌjust the ˈsame trotzdem SYN NEVERTHELESS ˌbe all the ˈsame to sb jdm egal sein ˌone and the ˈsame ein und dieselbe Person/Sache; ein und dasselbe (the) ˌsame aˈgain (*umgs*) ◊ *Same again, please!* Das Gleiche noch mal! ˌsame ˈhere (*umgs*) ich auch (nicht) ◊ *'I hate him.' 'Same here.'* „Ich hasse ihn." „Ich auch." (the) ˌsame to ˈyou gleichfalls

same³ /seɪm/ *Adv* the same genau so ◊ *Babies all look the same to me.* Ich finde Babys sehen alle gleich aus.

same·ness /ˈseɪmnəs/ *Nomen* Eintönigkeit

ˈsame-sex *Adj nur vor Nomen* gleichgeschlechtlich

samey /ˈseɪmi/ *Adj* (*BrE, umgs, abwert*) eintönig, einförmig

samo·var /ˈsæməvɑː(r)/ *Nomen* Samowar

sam·ple¹ /ˈsɑːmpl; *AmE* ˈsæmpl/ *Nomen* **1** Auswahl, Querschnitt, Beispiel ◊ *a random sample of students* Studenten, die nach dem Zufallsprinzip ausgewählt wurden ◊ *a sample survey* eine Stichprobenerhebung **2** Probe ◊ *a blood sample* eine Blutprobe **3** Muster, Probe(packung)

sam·ple² /ˈsɑːmpl; *AmE* ˈsæmpl/ *Verb* **1** (Speisen etc.) probieren **2** (*Fachspr*) eine Umfrage durchführen ◊ *12% of the children sampled* 12% der befragten Kinder

sam·pler /ˈsɑːmplə(r); *AmE* ˈsæm-/ *Nomen* **1** Stickarbeit **2** Auswahl; (Mus) Sampler

sam·pling /ˈsɑːmplɪŋ; *AmE* ˈsæm-/ *Nomen* **1** Stichprobenverfahren ◊ *statistical sampling* Stichprobenerhebung **2** (*Musik*) Sampeln

sam·urai /ˈsæmuraɪ/ *Nomen* (*Pl* **sam·urai**) Samurai

sana·tor·ium /ˌsænəˈtɔːriəm/ (*auch* **sana·tar·ium** /ˌsænəˈteəriəm; *AmE* -ˈter-/) *Nomen* (*Pl* **-riums** *oder* **-ria** /-riə/) Sanatorium

sanc·ti·fi·ca·tion /ˌsæŋktɪfɪˈkeɪʃn/ *Nomen* Heiligung

sanc·tify /ˈsæŋktɪfaɪ/ *Verb* (**-fies, -fy·ing, -fied, -fied**) (*gehoben*) **1** heiligen, weihen **2** legitimieren

sanc·ti·mo·ni·ous /ˌsæŋktɪˈməʊniəs; *AmE* -ˈmoʊ-/ *Adj* (*Adv* sanc·ti·mo·ni·ous·ly) (*abwert*) scheinheilig

sanc·ti·mo·ni·ous·ness /ˌsæŋktɪˈməʊniəsnəs/ *Nomen* (*abwert*) Scheinheiligkeit

sanc·tion¹ /ˈsæŋkʃn/ *Nomen* **1** (POL) Sanktion ◊ *lift economic sanctions* Wirtschaftssanktionen aufheben ◊ *the ultimate sanction* das letzte Zwangsmittel **2** (*gehoben*) Zustimmung, Sanktionierung ◊ *This will require the sanction of the court.* Das muss vom Gericht sanktioniert werden.

sanc·tion² /ˈsæŋkʃn/ *Verb* **1** (*gehoben*) sanktionieren **2** Sanktionen gegen jdn verhängen

sanc·tity /ˈsæŋktəti/ *Nomen* Heiligkeit ◊ *a place of sanctity* ein heiliger Ort ◊ *the sanctity of human life* die Unantastbarkeit des Lebens

sanc·tu·ary /ˈsæŋktʃuəri; *AmE* -ueri/ *Nomen* (*Pl* **-ies**) **1** Schutzgebiet ◊ *a wildlife sanctuary* ein Naturschutzgebiet **2** Zuflucht ◊ *offer sanctuary to refugees* Flüchtlingen Asyl anbieten **3** [meist Sing] Zufluchtsort **4** Heiligtum, Altarraum, Sanktuarium

sanc·tum /ˈsæŋktəm/ *Nomen* [meist Sing] **1** heiliger Ort **2** (*fig*) Allerheiligstes

sand¹ /sænd/ *Nomen* **1** Sand ◊ *a grain of sand* ein Sandkorn **2** [meist Pl] (Sand)strand ◊ *miles of golden sands* ein kilometerlanger Sandstrand IDM the ˌsands are ˈrunning ˈout die Zeit/Uhr läuft ab ☞ *Siehe auch* HEAD¹ *und* SHIFT¹

sand² /sænd/ *Verb* ~ **sth** (**down**) etw abschmirgeln ◊ *sand the floor smooth* den Fußboden abschleifen

san·dal /ˈsændl/ *Nomen* Sandale

san·dalled (*AmE* **san·daled**) /ˈsændld/ *Adj nur vor Nomen* in Sandalen

san·dal·wood /ˈsændlwʊd/ *Nomen* Sandelholz

sand·bag¹ /ˈsændbæɡ/ *Nomen* Sandsack

sand·bag² /ˈsændbæɡ/ *Verb* (**-gg-**) **1** mit Sandsäcken schützen **2** (*bes AmE, umgs*) ~ **sb** jdn heftig angreifen

sand·bank /ˈsændbæŋk/ *Nomen* Sandbank

sand·bar /ˈsændbɑː(r)/ *Nomen* Sandbank

sand·blast /ˈsændblɑːst; *AmE* -blæst/ *Verb* sandstrahlen

sand·box /ˈsændbɒks; *AmE* -bɑːks/ *Nomen* (*AmE*) Sandkasten

sand·cas·tle /'sændkɑːsl; *AmE* -kæsl/ *Nomen* Sandburg
'**sand dune** (*auch* **dune**) *Nomen* Sanddüne
sand·er /'sændə(r)/ *Nomen* Schleifmaschine
s and h (*auch* **s & h**) *Kurzform von* **shipping and handling** (*AmE*) Versandkosten
sand·man /'sændmæn/ *Nomen* [Sing] Sandmann
sand·paper¹ /'sændpeɪpə(r)/ *Nomen* Sandpapier
sand·paper² /'sændpeɪpə(r)/ *Verb* ~ **sth** (**down**) etw abschmirgeln [SYN] SAND
sand·piper /'sændpaɪpə(r)/ *Nomen* (ZOOL) Strandläufer
sand·pit /'sændpɪt/ *Nomen* (*BrE*) Sandkasten
sand·stone /'sændstəʊn; *AmE* -stoʊn/ *Nomen* Sandstein
sand·storm /'sændstɔːm; *AmE* -stɔːrm/ *Nomen* Sandsturm
'**sand trap** (*auch* **trap**) *Nomen* (*AmE*) Bunker
sand·wich¹ /'sænwɪtʃ, -wɪdʒ/ *Nomen* **1** Sandwich ◊ *a sandwich bar* eine Snackbar **2** (*BrE*) (*oft in Zusammensetzungen*) ◊ *a chocolate sponge sandwich* eine mehrschichtige Schokoladentorte ◊ *a sandwich tin* eine Kuchenbackform
sand·wich² /'sænwɪtʃ, -wɪdʒ/ *Verb* [PHR V] '**sandwich sb/sth between sb/sth** jdn/etw zwischen jdn/etw einzwängen ,**sandwich A and B to'gether** (**with sth**) A und B (mit etw) zusammenfügen ◊ *Sandwich the cakes together with cream.* Bestreichen Sie die Kuchen mit Sahne und legen Sie sie aufeinander.
'**sandwich board** *Nomen* = Reklametafel, die auf Bauch und Rücken getragen wird
'**sandwich course** *Nomen* (*BrE*) = Kurs, bei dem sich theoretische und praktische Ausbildung abwechseln
sandy /'sændi/ *Adj* **1** sandig ◊ *a sandy beach* ein Sandstrand **2** (*Farbe*) rotblond
sane /seɪn/ *Adj* **1** normal, geistig gesund ◊ *My children keep me sane.* Ohne meine Kinder hätte ich schon längst den Verstand verloren. **2** vernünftig [OPP] INSANE
sang *Form von* SING¹
sang·froid /ˌsɒŋ'frwɑː; *AmE* sɑːŋ-/ *Nomen* Gelassenheit
san·gria /'sæŋɡriə, sæŋˈɡriːə/ *Nomen* Sangria
san·guine /'sæŋɡwɪn/ *Adj* (*gehoben*) zuversichtlich
sani·tar·ium /ˌsænəˈteəriəm; *AmE* -'ter-/ *Nomen* (*Pl* **-riums** *oder* **-ria**) Sanatorium
sani·tary /'sænətri; *AmE* -teri/ *Adj* **1** *nur vor Nomen* sanitär ◊ *sanitary facilities* sanitäre Anlagen **2** hygienisch [SYN] HYGIENIC [OPP] INSANITARY
'**sanitary towel** (*AmE* '**sanitary napkin**) *Nomen* Damenbinde
sani·ta·tion /ˌsænɪˈteɪʃn/ *Nomen* [U] sanitäre Anlagen
sani·tize (*BrE auch* **-ise**) /'sænɪtaɪz/ *Verb* (*gehoben*) **1** (*abwert*) (*fig*) entschärfen, aufpolieren ◊ *a sanitized account of his life* eine geschönte Version seines Lebenslaufes ◊ *a sanitized version of events* eine verharmlosende Version der Ereignisse **2** keimfrei machen
san·ity /'sænəti/ *Nomen* **1** geistige Gesundheit, Verstand **2** Vernünftigkeit [OPP] INSANITY
sank *Form von* SINK¹
sans serif (*auch* **san·serif**) /ˌsæn 'serɪf/ *Nomen* (*Fachspr*) serifenlose Schrift, Grotesk(schrift)
Santa Claus /ˌsæntə klɔːz/ (*umgs* **Santa**) *Nomen* der Weihnachtsmann ☛ *Hinweis bei* NIKOLAUS
sap¹ /sæp/ *Nomen* **1** (BOT) Saft **2** (*bes AmE, umgs*) Trottel
sap² /sæp/ *Verb* (**-pp-**) schwächen, untergraben ◊ *The sun sapped our energy.* Die Sonne machte uns müde.
sap·ling /'sæplɪŋ/ *Nomen* junger Baum
sap·per /'sæpə(r)/ *Nomen* (*BrE*) (MIL) Pionier
sap·phire /'sæfaɪə(r)/ **1** *Nomen* Saphir **2** *Nomen* Saphirblau **3** *Adj* saphirblau
sappy /'sæpi/ *Adj* **1** (*AmE, umgs*) schmalzig **2** (*Pflanzen etc.*) saftig
sar·casm /'sɑːkæzəm; *AmE* 'sɑːrk-/ *Nomen* Sarkasmus ◊ *with heavy sarcasm* voller Sarkasmus
sar·cas·tic /sɑːˈkæstɪk; *AmE* sɑːr'k-/ (*BrE auch, umgs* **sarky**) *Adj* (*Adv* **sar·cas·tic·al·ly** /-kli/) sarkastisch
sar·copha·gus /sɑːˈkɒfəɡəs; *AmE* sɑːrˈkɑːf-/ *Nomen* (*Pl* **sar·coph·agi** /sɑːˈkɒfəɡaɪ; *AmE* sɑːrˈkɑːf-/) Sarkophag
sar·dine /ˌsɑːˈdiːn; *AmE* ˌsɑːrˈd-/ *Nomen* Sardine [IDM] (**packed, crammed, etc.**) **like sar'dines** (*umgs*) wie die Sardinen

sar·don·ic /sɑːˈdɒnɪk; *AmE* sɑːrˈdɑːnɪk/ *Adj* (*Adv* **sar·don·ic·al·ly** /-kli/) (*gehoben, abwert*) boshaft, sardonisch
sarge /sɑːdʒ; *AmE* sɑːrdʒ/ (*umgs*) = SERGEANT
sari /'sɑːri/ *Nomen* Sari
sarky /'sɑːki; *AmE* 'sɑːrki/ *Adj* (*BrE, umgs*) = SARCASTIC
sar·nie /'sɑːni; *AmE* 'sɑːrni/ *Nomen* (*BrE, umgs*) Sandwich
sar·ong /səˈrɒŋ; *AmE* -'rɔːŋ, -'rɑːŋ/ *Nomen* Sarong
sar·tor·ial /sɑːˈtɔːriəl; *AmE* sɑːrˈt-/ *Adj* (*Adv* **sar·tor·ial·ly** /-riəli/) *nur vor Nomen* (*gehoben*) Kleidungs- ◊ *his sartorial elegance* die Eleganz seiner Kleidung
SAS /ˌes eɪ 'es/ *Kurzform von* **Special Air Service** Spezialeinheit der britischen Armee
SASE *Nomen* (*AmE*) *Kurzform von* **self-addressed stamped envelope** frankierter und adressierter Rückumschlag
sash /sæʃ/ *Nomen* **1** Schärpe **2** = SASH WINDOW
sashay /'sæʃeɪ; *AmE* sæˈʃeɪ/ *Verb* (*umgs*) stolzieren
,**sash 'window** *Nomen* Schiebefenster
sass¹ /sæs/ *Nomen* [U] (*bes AmE, umgs*) Frechheit
sass² /sæs/ *Verb* (*AmE, umgs*) ~ **sb** zu jdm frech sein ◊ *Don't sass your mother!* Sei nicht so frech zu deiner Mutter!
Sas·sen·ach /'sæsənæk, -næx/ *Nomen* (*SchotE, abwert oder hum*) Engländer(in)
sassy /'sæsi/ *Adj* (*bes AmE, umgs*) **1** (*abwert*) frech **2** schick
SAT /sæt/ *Nomen* **1** SAT™ (*AmE*) *Kurzform von* **Scholastic Aptitude Test** = Zulassungsprüfung für ein Universitätsstudium **2** (*BrE*) *Kurzform von* **Standard Assessment Task** = Standardtest in den Hauptfächern für alle Schüler einer bestimmten Altersstufe, heute National Curriculum Test genannt
sat *Form von* SIT
Satan /'seɪtn/ *Nomen* Satan
sa·tan·ic /səˈtænɪk/ *Adj* (*oft* **Sa·tan·ic**) satanisch, teuflisch
sa·tan·ism /'seɪtənɪzəm/ *Nomen* Satanismus, Satanskult
sa·tan·ist /'seɪtənɪst/ *Nomen* Satanist(in)
satchel /'sætʃəl/ *Nomen* Schulranzen, Schultasche
sated /'seɪtɪd/ *Adj* (*gehoben*) gesättigt, übersättigt
sat·el·lite /'sætəlaɪt/ *Nomen* **1** Satellit ◊ *by satellite* über Satellit **2** Trabant ◊ *satellite town* Trabantenstadt
'**satellite dish** *Nomen* Satellitenschüssel
'**satellite station** *Nomen* **1** Satellitensender **2** Satellitenstation
sa·ti·ate /'seɪʃieɪt/ *Verb* (*gehoben*) stillen, sättigen
sa·ti·ation /ˌseɪʃiˈeɪʃn/ *Nomen* (*gehoben*) (Über)sättigung
satin /'sætɪn; *AmE* 'sætn/ **1** *Nomen* Satin **2** *Adj nur vor Nomen* seidig ◊ *satin finish* Seidenglanz
sat·ire /'sætaɪə(r)/ *Nomen* Satire ◊ *social satire* Gesellschaftssatire
sa·tir·ic·al /səˈtɪrɪkl/ (*auch* **sa·tir·ic** /səˈtɪrɪk/) *Adj* (*Adv* **sa·tir·ic·al·ly** /-kli/) satirisch, ironisch
sat·ir·ist /'sætərɪst/ *Nomen* Satiriker(in)
sat·ir·ize (*BrE auch* **-ise**) /'sætəraɪz/ *Verb* satirisch darstellen
sat·is·fac·tion /ˌsætɪsˈfækʃn/ *Nomen* **1** Zufriedenheit, Genugtuung, Befriedigung ◊ *a smile of satisfaction* ein zufriedenes Lächeln **2** (*gehoben*) (*Schulden*) Tilgung; (*von Konditionen, Vertrag*) Erfüllung [IDM] **to sb's satis'faction 1** zu jds Zufriedenheit **2** überzeugend ◊ *Can you demonstrate this to our satisfaction?* Können Sie uns das überzeugend darlegen?
sat·is·fac·tor·ily /ˌsætɪsˈfæktərəli/ *Adv* zufrieden stellend ◊ *The case has never been satisfactorily solved.* Der Fall ist niemals ganz aufgeklärt worden.
sat·is·fac·tory /ˌsætɪsˈfæktəri/ *Adj* zufrieden stellend, befriedigend [OPP] UNSATISFACTORY
sat·is·fied /'sætɪsfaɪd/ *Adj* **1** zufrieden [OPP] DISSATISFIED **2** ~ (**that** ...) überzeugt (dass ...) ◊ *I'm satisfied that they are telling the truth.* Ich bin überzeugt, dass sie die Wahrheit sagen. [SYN] CONVINCED
sat·isfy /'sætɪsfaɪ/ *Verb* (**-fies, -fy·ing, -fied, -fied**) **1** ~ **sb** (*nicht in der Verlaufsform*) jdn zufrieden stellen ◊ *Nothing*

satisfying

satisfies him. Nichts ist ihm recht. ◊ *Did the meal satisfy you?* Bist du von dem Essen satt geworden? **2** ~ **sth** etw gerecht werden, etw befriedigen ◊ *satisfy sb's hunger/curiosity* jds Hunger/Neugier stillen ◊ *satisfy the requirements* die Bedingungen erfüllen **3** *(nicht in der Verlaufsform)* ~ **sb** (**of sth**) jdn (von etw) überzeugen ◊ *I satisfied myself (that) it was the right decision.* Ich gelangte zu der Überzeugung, dass die Entscheidung richtig war.

sat·is·fy·ing /'sætɪsfaɪɪŋ/ *Adj* (*Adv* **sat·is·fy·ing·ly**) befriedigend, zufrieden stellend

sat·suma /sæt'su:mə/ *Nomen* (*BrE*) Satsuma

sat·ur·ate /'sætʃəreɪt/ *Verb* **1** durchtränken, durchnässen [SYN] SOAK **2** (*oft passiv*) sättigen

sat·ur·ated /'sætʃəreɪtɪd/ *Adj* **1** durchnässt [SYN] SOAKED **2** (*Fette, Chemikalien*) gesättigt ◊ *high in saturated fats* reich an gesättigten Fettsäuren **3** (*gehoben*) (*Farben*) satt

sat·ur·ation /ˌsætʃə'reɪʃn/ *Nomen* [U] Sättigung (*auch fig*) ◊ *market saturation* ein gesättigter Markt ◊ *saturation bombing of the city* völliges Zerbomben der Stadt ◊ *saturation coverage of the accident* eine exzessive Berichterstattung des Unfalls

ˌ**satu'ration point** *Nomen* [U/Sing] Sättigungspunkt

Sat·ur·day /'sætədeɪ, -di; *AmE* -tərd-/ *Nomen* **Sat.** Samstag, Sonnabend ☛ *Beispiele bei* MONTAG

Sat·urn /'sætɜ:n, -tən; *AmE* -tɜ:rn/ *Nomen* Saturn ☛ *Beispiele bei* MERKUR

sat·ur·nine /'sætənaɪn; *AmE* -tərn-/ *Adj* finster

satyr /'sætə(r)/ *Nomen* Satyr

sauce /sɔːs/ *Nomen* **1** Soße ☛ *Siehe auch* WHITE SAUCE **2** [U] (*BrE, umgs, veraltet*) Frechheit [SYN] CHEEK [IDM] **what's ˌsauce for the ˈgoose is ˌsauce for the ˈgander** (*veraltet*) was dem einen recht ist, ist dem anderen billig

ˈ**sauce boat** *Nomen* Sauciere

sauce·pan /'sɔːspən; *AmE* -pæn/ *Nomen* (*bes BrE*) Kochtopf

sau·cer /'sɔːsə(r)/ *Nomen* Untertasse

saucy /'sɔːsi/ *Adj* (*Adv* **sau·cily** /-ɪli/) frech, anzüglich; (*Witz, Bemerkung*) schlüpfrig [SYN] CHEEKY

sauer·kraut /'saʊəkraʊt; *AmE* 'saʊərk-/ *Nomen* Sauerkraut

sauna /'sɔːnə, 'saʊnə/ *Nomen* Sauna ◊ *have/take a sauna* in die Sauna gehen

saun·ter¹ /'sɔːntə(r)/ *Verb* schlendern

saun·ter² /'sɔːntə(r)/ *Nomen* [Sing] Bummel

saus·age /'sɒsɪdʒ; *AmE* 'sɔːs-/ *Nomen* Wurst [IDM] **not a ˈsausage** (*BrE, umgs, veraltet*) (rein) gar nichts

ˈ**sausage dog** *Nomen* (*BrE, umgs*) Dackel [SYN] DACHSHUND

ˈ**sausage meat** *Nomen* Wurstmasse, Wurstbrät

ˌ**sausage ˈroll** *Nomen* (*BrE*) Blätterteigrolle mit Wurstfüllung

sauté¹ /'səʊteɪ; *AmE* soʊ'teɪ/ *Verb* (**sau·té·ing, sau·téed, sautéed** *oder* **sau·téd, sautéd**) sautieren, kurz (an)braten

sauté² /'səʊteɪ; *AmE* soʊ'teɪ/ *Adj nur vor Nomen* sautiert, kurz (an)gebraten ◊ *sauté potatoes* Bratkartoffeln

sav·age¹ /'sævɪdʒ/ *Adj* **1** (*Adv* **sav·age·ly**) wild, brutal, aggressiv ◊ *savage dogs* scharfe Hunde **2** (*Adv* **sav·age·ly**) (*fig*) drastisch; (*Kritik etc.*) schonungslos **3** *nur vor Nomen* (*veraltet, beleidigend*) primitiv, wild ◊ *a savage tribe* ein primitiver Stamm [SYN] PRIMITIVE

sav·age² /'sævɪdʒ/ *Nomen* (*veraltet, beleidigend*) Wilde(r), Barbar(in)

sav·age³ /'sævɪdʒ/ *Verb* (*meist passiv*) **1** anfallen ◊ *She was savaged to death by a bear.* Sie wurde von einem Bären zerfleischt. **2** (*gehoben*) (*kritisieren*) verreißen

sav·agery /'sævɪdʒri/ *Nomen* Brutalität, Grausamkeit, Härte

sa·van·nah (*auch* **sa·vanna**) /sə'vænə/ *Nomen* Savanne

sav·ant /'sævənt; *AmE* sæ'vɑːnt/ *Nomen* (*gehoben*) **1** Gelehrte(r) **2** = geistig Behinderte(r) mit ungewöhnlichen Begabungen

save¹ /seɪv/ *Verb* **1** ~ **sb/sth** (**from sth**) jdn/etw (vor/aus etw) retten, jdn/etw (vor etw) bewahren **2** sparen ◊ *We've been saving up to go to Australia.* Wir haben gespart, um nach Australien zu reisen. ◊ *I save on fares by walking to work.* Ich spare Fahrgeld, indem ich zu Fuß zur Arbeit gehe. **3** sammeln ◊ *If you save ten tokens you can get a T-shirt.* Für zehn gesammelte Marken bekommt man ein T-Shirt. **4** aufheben, aufsparen ◊ *He's saving his strength for the last part of the race.* Er spart sich seine Kräfte für den letzten Teil des Rennens auf. **5** ersparen ◊ *She did it herself to save argument.* Sie machte es selbst, um einen Streit zu vermeiden. ◊ *If you phone for an appointment, it'll save you waiting.* Wenn du telefonisch einen Termin vereinbarst, dann brauchst du nicht zu warten. **6** (*Ball*) halten, abwehren ◊ *The goalie saved brilliantly from Johnson's shot.* Der Tormann hat Johnsons Schuss ausgezeichnet gehalten. **7** (COMP) (ab)speichern (lassen) ◊ *The graphics won't save.* Die Grafiken lassen sich nicht speichern. [IDM] **not be able to do sth to ˌsave your ˈlife** (*umgs*) etw partout nicht können **save sb's ˈbacon/ˈneck** jds Haut retten **save the ˈday/situ'ation** die Situation retten ◊ *Owen's goal saved the day for Liverpool.* Owens Tor war die Rettung für Liverpool. **save ˈface** das Gesicht wahren **save sb's ˈface** jdm helfen, sein/ihr Gesicht zu wahren **save your ˈbreath** (*umgs*) spare dir deine Worte **save your ˈown/ˈskin/ˈhide/ˈneck** seine (eigene) Haut retten

save² /seɪv/ *Nomen* (*Ballsport*) Ballabwehr, Parade

save³ /seɪv/ *Präp* (*auch* **save for**) (*veraltet oder gehoben*) außer, mit Ausnahme von

save⁴ /seɪv/ *Konj* (*veraltend oder gehoben*) außer, abgesehen von

saver /'seɪvə(r)/ *Nomen* **1** Sparer(in) **2** (*oft in Zusammensetzungen*) Sparer ◊ *a time saver* etw, das Zeit spart ☛ *Siehe auch* LIFESAVER

sav·ing /'seɪvɪŋ/ *Nomen* **1** Einsparung, Ersparnis **2** **savings** [Pl] Ersparnisse **3** **-saving** (*in Adjektiven*) -sparend ◊ *a life-saving operation* eine lebensrettende Operation ☛ *Siehe auch* FACE-SAVING

ˌ**saving ˈgrace** *Nomen* [meist Sing] das einzig Gute an jdm/etw

ˈ**savings account** *Nomen* Sparkonto

ˌ**savings and ˈloan association** *Nomen* (*AmE*) Sparkasse

sa·viour (*AmE* **sa·vior**) /'seɪvjə(r)/ *Nomen* **1** Retter(in) **2** (REL) **the Saviour** der Erlöser, der Heiland

savoir faire /ˌsævwɑː 'feə(r); *AmE* ˌsævwɑːr 'fer/ *Nomen* Gewandtheit

sa·vory (*AmE*) = SAVOURY

sa·vour¹ (*AmE* **savor**) /'seɪvə(r)/ *Verb* genießen, auskosten [SYN] RELISH

sa·vour² (*AmE* **savor**) /'seɪvə(r)/ *Nomen* [meist Sing] (*gehoben*) Geschmack; (*fig*) Reiz

sa·voury¹ (*AmE* **sa·vory**) /'seɪvəri/ *Adj* **1** pikant, herzhaft **2** lecker

sa·voury² (*AmE* **sa·vory**) /'seɪvəri/ *Nomen* (*Pl* **-ies**) [meist Pl] (pikantes) Häppchen

savoy cab·bage /səˌvɔɪ 'kæbɪdʒ/ *Nomen* Wirsing

savvy¹ /'sævi/ *Nomen* (*umgs*) Know-how

savvy² /'sævi/ *Adj* (*bes AmE, umgs*) mit Durchblick/Köpfchen, gewieft

saw¹ /sɔː/ *Nomen* **1** Säge ☛ *Siehe auch* JIGSAW **2** (*veraltet*) (Lebens)Weisheit, Sprichwort

saw² /sɔː/ *Form von* SEE¹

saw³ /sɔː/ *Verb* (**sawed, sawn** /sɔːn/) (*AmE auch* **sawed, sawed**) **1** sägen **2** ~ (**away**) (**at sth**) (an/auf sth) (herum)sägen [PHRV] ˌ**saw sth ˈdown** (*Baum*) umsägen; (*Ast, Flinte etc.*) absägen ˌ**saw sth ˈoff** (**sth**) etw (von etw) absägen ˌ**saw sth ˈup** (**into sth**) etw (in etw) zersägen

saw·dust /'sɔːdʌst/ *Nomen* Sägemehl

saw·mill /'sɔːmɪl/ *Nomen* Sägemühle, Sägewerk

sax /sæks/ (*umgs*) = SAXOPHONE

Saxon¹ /'sæksn/ *Nomen* Sachse, Sächsin ☛ *In der englischen Geschichte bezieht sich* **Saxons** *auf die ursprünglich aus Nordwestdeutschland stammenden Sachsen, die im 5./6. Jahrhundert mit den Angeln und Jüten England eroberten.* ☛ *Siehe auch* ANGLO-SAXON

Saxon² /'sæksn/ *Adj* sächsisch ☛ *Hinweis bei* SAXON¹

saxo·phone /'sæksəfəʊn; *AmE* -foʊn/ (*umgs* **sax**) *Nomen* Saxophon

sax·oph·on·ist /sæk'sɒfənɪst; *AmE* 'sæksəfoʊnɪst/ *Nomen* Saxophonist(in)

say¹ /seɪ/ *Verb* (**says** /sez/, **said** /sed/, **said** /sed/) **1** sagen ◊ *That's a terrible thing to say.* So was zu sagen ist schrecklich. ◊ *'It's possible!' 'So you say, but I've yet to be convinced.'* „Das ist möglich!" „Das sagen Sie, aber mich müssen Sie noch überzeugen." ◊ *She said to meet her here.* Sie sagte, dass sie hier treffen soll. ◊ *Say what you like about her, she's still a fine singer.* Du kannst über sie sagen, was du willst, sie ist auf jeden Fall eine gute Sängerin. ◊ *I say we go without them.* Ich würde sagen, wir gehen ohne sie. ◊ *I wouldn't say they were rich.* Ich würde nicht gerade sagen, dass sie reich sind. ◊ *'When will it be finished?' 'I couldn't say.'* „Wann ist es fertig?" „Das kann ich nicht sagen." ◊ *in, let's say, three months* in, sagen wir mal, drei Monaten ◊ *Having said that, the book is still well worth reading.* Abgesehen davon ist das Buch absolut lesenswert. ◊ *I'll say this for them, they're a very efficient company.* Sie sind eine sehr effiziente Firma, das muss man ihnen lassen. ◊ *If you're not back by midnight, your father will have something to say about it.* Wenn du um Mitternacht nicht zurück bist, dann wird dir dein Vater etwas erzählen. ◊ *It's said that the house is haunted.* Es heißt, dass es in dem Haus spukt. ◊ *That's not to say it's a bad movie.* Das soll nicht heißen, dass es ein schlechter Film ist. ◊ *Say you lose your job: what would you do then?* Angenommen, du würdest deine Stelle verlieren: was würdest du dann tun? ☛ *Hinweis bei* SAGEN **2** aufsagen ◊ *say a prayer* ein Gebet sprechen **3** (*kein Passiv*) (*Schild, Buch, Uhr, etc.*) ◊ *The notice said 'Keep Out'.* Auf dem Schild hieß es: „Zutritt verboten". ◊ *The clock says three o'clock.* Die Uhr zeigt drei Uhr. ◊ *The instructions say (that)* ... In der Anweisung heißt es, dass ... ◊ *The book doesn't say where he was born.* Im Buch steht nichts darüber, wo er geboren wurde. IDM ˌgo without ˈsaying selbstverständlich sein; sich von selbst verstehen **have something, nothing, etc. to ˈsay for yourself** ◊ *She doesn't have much to say for herself.* Sie ist recht still. ◊ *He had plenty to say for himself.* Er redete sehr viel. ◊ *Late again – what have you got to say for yourself?* Schon wieder zu spät. Was hast du zu deiner Entschuldigung zu sagen? **ˈI'll say!** (*umgs, veraltet*) und wie!; das kann man wohl sagen! **I ˈmust say** (*umgs*) Ich muss schon sagen ˌI ˈsay (*BrE, umgs, veraltet*) **1** Donnerwetter; meine Güte **2** (*um Aufmerksamkeit auf sich zu lenken*) Entschuldigung; hallo; hören Sie **3** (*um auf ein anderes Thema überzuleiten*) da fällt mir ein; ganz was anderes **it says a ˌlot, very ˈlittle, etc. for sb/sth** (*umgs*) das spricht für, nicht gerade für etc. jdn/etw **I ˌwouldn't say ˈno to ...** (*umgs*) ich hätte nichts gegen ... ˌleast ˈsaid ˌsoonest ˈmended vieles Reden macht die Sache nur schlimmer **the less/least said the ˈbetter** je weniger man darüber spricht, desto besser ◊ *'How did you get on in your driving test?' 'The less said the better.'* „Wie war deine Führerscheinprüfung?" „Sprechen wir nicht darüber." **ˌnever say ˈdie** nur nicht den Mut verlieren **ˈnot to say** um nicht zu sagen **say ˈcheese** (*beim Fotografieren*) bitte recht freundlich **say ˈno (to sth)** (etw) ausschlagen ˌsay no ˈmore (*umgs*) ich verstehe ˌsay your ˈpiece sagen, was man zu sagen hat; seine Meinung sagen **say ˈwhat?** (*AmE, umgs*) (*überrascht*) wie bitte? **say ˈwhen** (*beim Einschenken etc.*) sag stop **ˈthat is to say** das heißt **that's not ˈsaying much** das will nicht viel heißen **there's no ˈsaying** niemand kann (das) sagen **there's something/not much to be said for sth** etw spricht viel/nicht viel für etw **to ˌsay the ˈleast** gelinde gesagt **to say ˈnothing of sth** ganz abgesehen von etw; ganz zu schweigen von etw SYN NOT TO MENTION **Well ˈsaid!** (*umgs*) Genau!; Ganz richtig! **ˌwhat do/would you ˈsay ...** (*umgs*) Was hältst du von ...; was halten Sie von ... ◊ *What do you say?* Was hältst du davon? ◊ *what/whatever sb says, ˈgoes* (*umgs, oft hum*) was (auch immer) jd sagt, wird gemacht **whatever you ˈsay** (*umgs*) ganz wie du willst; ganz wie Sie wünschen **when ˌall is said and ˈdone** letzten Endes **who can ˈsay (...)?** Wer weiß schon (...)?; Wer kann schon sagen (...)? **who ˈsays? (umgs)** wer sagt das? **who ˈsays ...?** wer sagt (...)? **who's to say (...)?** (*umgs*) wer kann schon sagen (...)? **you ˌcan say ˈthat again** (*umgs*) das kannst du (aber) laut sagen; das kann man wohl sagen **you can't say ˈfairer (than ˈthat)** (*BrE, umgs*) ein besseres Angebot (als das) kann man nicht machen **you don't ˈsay!** (*umgs*) wirklich? **you ˌsaid it!** (*umgs*) **1** (*BrE*) Das hast du gesagt! **2** (*AmE*) Sie sagen es!; du sagst es! ☛ Für andere Redewendungen mit **say** siehe die Einträge für die Nomina, Adjektive etc. **Easier said than done** z.B. steht unter **easy²**.

say² /seɪ/ *Nomen* ~ (**in sth**) Mitspracherecht (in/bei etw) ◊ *Who has the final say?* Wer hat das letzte Wort? IDM **have your ˈsay** (*umgs*) seine Meinung äußern

say³ /seɪ/ *Ausruf* (*AmE, umgs*) **1** Mensch! ◊ *Say, that's nice!* Mensch, ist das ja schön! **2** hör mal, he

say·ing /ˈseɪɪŋ/ *Nomen* Redensart, Sprichwort ◊ *'Practice makes perfect', as the saying goes.* „Übung macht den Meister", wie es so schön heißt.

ˈsay-so *Nomen* [Sing] (*umgs*) Zustimmung ◊ *He has the final say-so on these matters.* Er hat bei diesen Sachen das letzte Wort. IDM **on sb's ˈsay-so** nur weil jd es sagt

ˈS-bend *Nomen* S-Kurve

scab /skæb/ *Nomen* **1** (Wund)schorf **2** (*Tierkrankheit*) Räude, Krätze **3** (*Pflanzenkrankheit*) Schorf **4** (*umgs, abwert*) Streikbrecher(in) SYN BLACKLEG

scab·bard /ˈskæbəd; *AmE* -bərd/ *Nomen* (*Schwert-*) Scheide SYN SHEATH

sca·bies /ˈskeɪbiːz/ *Nomen* Krätze; (*bei Tieren*) Räude

scaf·fold /ˈskæfəʊld; *AmE* -foʊld/ *Nomen* **1** Schafott **2** (Bau)gerüst

scaf·fold·ing /ˈskæfəldɪŋ/ *Nomen* [U] (Bau-)gerüst

sca·lar¹ /ˈskeɪlə(r)/ *Adj* (MATH) skalar, Skalar-

sca·lar² /ˈskeɪlə(r)/ *Nomen* Skalar

scala·wag /ˈskæləwæg/ *Nomen* (*AmE, umgs*) Schlingel

scald¹ /skɔːld/ *Verb* verbrühen ◊ (*fig*) *Tears scalded her eyes.* Sie weinte heiße Tränen.

scald² /skɔːld/ *Nomen* Verbrühung

scald·ing /ˈskɔːldɪŋ/ *Adj, Adv* siedend (heiß); (*Tränen*) heiß ◊ *scalding hot* siedend heiß

scale¹ /skeɪl/ *Nomen* **1** [Sing] Umfang, Ausmaß, Größenordnung ◊ *They entertain on a large scale.* Sie geben Partys im großen Stil. ◊ *Here was corruption on a grand scale.* Hier haben wir mit Korruption im großen Stil zu tun. ◊ *on a global scale* weltweit gesehen ◊ *economies of scale in production* die Kostendegression in der Produktion **2** Skala (*auch fig*) ◊ *a scale of fees/charges* eine Gebührenordnung ◊ *the social scale* die soziale Leiter ☛ *Siehe auch* SLIDING SCALE *und* TIMESCALE **3 scales** [Pl] (*AmE auch* **scale**) Waage **4** Maßstab ◊ *a scale model* ein maßstabgetreues Modell ◊ *Is this diagram to scale?* Ist diese Abbildung maßstabgetreu? **5** (MUS) Tonleiter **6** (*bei Fischen, Reptilien*) Schuppe **7** (*in Wasserrohren, Kesseln etc.*) Kesselstein **8** Zahnstein IDM ⇨ TIP²

scale² /skeɪl/ *Verb* **1** (*gehoben*) erklimmen (*auch fig*) ◊ *the first woman to scale Mount Everest* die erste Frau, die den Mount Everest bestieg ◊ *He has scaled the heights of his profession.* In seinem Beruf hat er sich an die Spitze hochgearbeitet. **2** (*Fisch*) (ab)schuppen **3** (*Zähne*) ◊ *have your teeth scaled* Zahnstein entfernen lassen **4** (TECH) (maßstäblich) vergrößern/verkleinern ◊ *Text can be scaled from 4 points to 108 points.* Der Text kann von 4 bis 108 Punkt Schriftgröße vergrößert werden. PHRV ˌscale sth ˈdown (*AmE auch* ˌscale sth ˈback) etw verkleinern, etw nach unten revidieren ◊ *We scaled down our training programme.* Wir haben unser Ausbildungsprogramm gekürzt. ˌscale sth ˈup etw vergrößern

scal·lion /ˈskæliən/ *Nomen* (*AmE*) **1** Frühlingszwiebel **2** Schalotte

scal·lop /ˈskɒləp; *AmE* ˈskæləp/ *Nomen* **1** (ZOOL) Kammmuschel; (GASTRON) Jakobsmuschel **2** bogenförmige Verzierung, Feston

scally·wag /ˈskæliwæg/ *Nomen* (*BrE, umgs*) Schlingel

scalp¹ /skælp/ *Nomen* **1** Kopfhaut **2** (*eines Indianers*) Skalp; (*fig*) Trophäe ◊ *They claimed their rivals' scalp in the final.* Sie bezwangen ihre Rivalen im Finale.

scalp² /skælp/ *Verb* **1** skalpieren **2** (*AmE*) (*Eintrittskarten*) = auf dem Schwarzmarkt verkaufen

scal·pel /ˈskælpəl/ *Nomen* Skalpell

scalp·er /ˈskælpə(r)/ *Nomen* (*AmE*) Kartenschwarzhändler(in)

scaly /ˈskeɪli/ *Adj* (*Haut*) schuppig

scam /skæm/ *Nomen* (*umgs*) Betrug

scamp /skæmp/ *Nomen* (*veraltet*) Lausebengel

scam·per /ˈskæmpə(r)/ *Verb* (*Kinder, Welpen etc.*) tollen, flitzen; (*Hasen*) hoppeln; (*Mäuse etc.*) huschen

scampi /ˈskæmpi/ *Nomen* (*BrE*) Scampi ☛ G 1.3c

scan¹ /skæn/ *Verb* (**-nn-**) **1** ~ **sth** (**for sth**) etw (nach etw) absuchen ◊ *She scanned his face anxiously.* Sie ließ ihre Augen besorgt über sein Gesicht wandern. **2** ~ (**through**) **sth** (**for sth**) etw (nach etw) überfliegen ◊ *I scanned the list quickly for my name.* Ich überflog die Liste schnell nach meinem Namen. **3** ~ **sth** (MED) etw einscannen, einen Ultraschall/ein Röntgenbild von etw machen **4** (*Gedicht*) das richtige Versmaß haben **5** (COMP) ~ **sth** (**in**) etw einscannen; ~ **sth** (**into sth**) etw in etw einscannen

scan² /skæn/ *Nomen* **1** (MED) Scan, Ultraschalluntersuchung ◊ *have a brain scan* einen Gehirnscan machen lassen **2** [Sing] ◊ *I had a scan down the guest list but couldn't see my name.* Ich überflog die Gästeliste, konnte meinen Namen jedoch nicht finden.

scan·dal /ˈskændl/ *Nomen* **1** Skandal **2** (böswilliger) Klatsch

scan·dal·ize (*BrE auch* **-ise**) /ˈskændəlaɪz/ *Verb* schockieren

scan·dal·mon·ger /ˈskændlmʌŋɡə(r)/ *Nomen* (*abwert*) Klatschmaul

scan·dal·ous /ˈskændələs/ *Adj* (*Adv* **scan·dal·ous·ly**) **1** skandalös **2** *nur vor Nomen* Skandal- ◊ *scandalous stories* Skandalgeschichten

Scan·di·navian /ˌskændɪˈneɪviən/ **1** *Adj* skandinavisch **2** *Nomen* Skandinavier(in)

scan·ner /ˈskænə(r)/ *Nomen* **1** Scanner ◊ *an ultrasound scanner* ein Ultraschallgerät **2** (*Radar*) Radarantenne

scant /skænt/ *Adj nur vor Nomen* gering ◊ *pay scant attention to sth* etw kaum beachten ◊ *There is scant evidence for this theory.* Es gibt kaum Beweise für diese Theorie.

scanty /ˈskænti/ *Adj* (*Adv* **scant·ily** /-ɪli/) spärlich ◊ *scantily dressed* spärlich bekleidet ◊ *a scanty bikini* ein knapper Bikini ◊ *Details of his life are scanty.* Aus seinem Leben ist kaum etwas bekannt.

scape·goat¹ /ˈskeɪpɡəʊt; *AmE* -ɡoʊt/ *Nomen* Sündenbock

scape·goat² /ˈskeɪpɡəʊt; *AmE* -ɡoʊt/ *Verb* ~ **sb** jdn zum Sündenbock machen

scar¹ /skɑː(r)/ *Nomen* **1** Narbe (*auch fig*) ◊ *The town still bears the scars of war.* Die Stadt ist immer noch vom Krieg gezeichnet. **2** felsiger Grund ohne Graswuchs

scar² /skɑː(r)/ *Verb* (**-rr-**) ~ **sb/sth** an etw/bei jdm Narben hinterlassen (*auch fig*) ◊ *a scarred face* ein vernarbtes Gesicht ◊ *He will be scarred for life.* Er wird die Narben sein ganzes Leben lang behalten. ◊ *The experience scarred her for life.* Das Erlebnis hat sie fürs Leben gezeichnet.

scarce¹ /skeəs; *AmE* skers/ *Adj* knapp ◊ *Details are scarce.* Einzelheiten sind kaum bekannt. IDM **ˌmake yourself ˈscarce** (*umgs*) sich aus dem Staub machen

scarce² /skeəs; *AmE* skers/ *Adv* (*gehoben*) kaum

scarce·ly /ˈskeəsli; *AmE* ˈskers-/ *Adv* **1** kaum ◊ *Scarcely had the game started when it began to rain.* Kaum hatte das Spiel begonnen, fing es zu regnen an. ◊ *We scarcely ever meet.* Wir treffen uns fast nie. **2** (wohl) kaum, schwerlich

scar·city /ˈskeəsəti; *AmE* ˈskers-/ *Nomen* (*Pl* **-ies**) Knappheit ◊ *a time of scarcity* eine Zeit der Not

scare¹ /skeə(r); *AmE* sker/ *Verb* **1** ~ **sb** jdn erschrecken, jdm Angst machen **2** Angst bekommen ◊ *He doesn't scare easily.* Er hat so schnell keine Angst. IDM **scare the ˈshit out of sb** (*Slang*) jdn zu Tode erschrecken ☛ *Siehe auch* DAYLIGHTS, DEATH *und* LIFE PHRV **ˌscare sb aˈway/ˈoff** jdn verscheuchen; **ˈscare sb/sth ˈinto sth** jdn so einschüchtern, dass er etw tut **ˌscare sb ˈoff** jdn abschrecken **ˌscare sb/sth ˈup** (*AmE, umgs*) jdn/etw auftreiben ☛ G 9.7d

scare² /skeə(r); *AmE* sker/ *Nomen* **1** (*besonders Pressejargon*) Panik(stimmung), (allgemeine) Hysterie ◊ *cause a scare* eine Panik auslösen ◊ *a bomb scare* eine Bombendrohung ◊ *a scare story* ein Schauerbericht **2** [Sing] Schrecken ◊ *You gave me a scare!* Du hast mir einen Schrecken eingejagt!

scare·crow /ˈskeəkrəʊ; *AmE* ˈskerkroʊ/ *Nomen* Vogelscheuche

scared /skeəd; *AmE* skerd/ *Adj* **be** ~ (**of sb/sth**) (vor jdm/etw) Angst haben ◊ *She is scared of going out alone.* Sie hat Angst, allein auszugehen. ◊ *She's scared of heights.* Sie leidet unter Höhenangst. ◊ *The thieves got scared and ran away.* Die Diebe bekamen Angst und rannten davon. ◊ *a scared face* ein ängstlicher Gesichtsausdruck ◊ *I was scared to death/scared stiff.* Ich hatte fürchterliche Angst.

scare·mon·ger /ˈskeəmʌŋɡə(r); *AmE* ˈskerm-/ *Nomen* Panikmacher(in)

scare·mon·ger·ing /ˈskeəmʌŋɡərɪŋ/ *Nomen* Panikmache

scarf /skɑːf; *AmE* skɑːrf/ *Nomen* (*Pl* **scarves** /skɑːvz; *AmE* skɑːrvz/ *oder* **scarfs**) Schal, Halstuch, Kopftuch

scar·let /ˈskɑːlət; *AmE* ˈskɑːrlət/ *Adj* (scharlach)rot

ˌscarlet ˈfever *Nomen* Scharlach

ˌscarlet ˈwoman *Nomen* (*veraltet*) Schlampe, liederliche Frau

scar·per /ˈskɑːpə(r); *AmE* ˈskɑːrp-/ *Verb* (*BrE, umgs*) abhauen

scarves *Form von* SCARF

scary /ˈskeəri; *AmE* ˈskeri/ *Adj* (**scari·er**, **scari·est**) (*umgs*) unheimlich, beängstigend ◊ *a scary movie* ein gruseliger Film

scath·ing /ˈskeɪðɪŋ/ *Adj* (*Adv* **scath·ing·ly**) vernichtend, verächtlich ◊ *He was scathing about the government's plans.* Er äußerte sich vernichtend über die Pläne der Regierung.

scat·ter¹ /ˈskætə(r)/ *Verb* **1** verstreuen, verteilen **2** ~ **sth with sth** etw mit etw bestreuen ◊ *Scatter the lawn with grass seed.* Bestreuen Sie den Rasen mit Grassamen. **3** sich zerstreuen ◊ *At the first gunshot, the crowd scattered.* Beim ersten Schuss lief die Menge auseinander. **4** ~ **sb/sth** jdm/etw auseinander treiben

scat·ter² /ˈskætə(r)/ (*auch* **scat·ter·ing**) *Nomen* [Sing] Streuung ◊ *a scatter of houses* vereinzelte Häuser

scat·ter·brain /ˈskætəbreɪn; *AmE* -tərb-/ *Nomen* (*umgs*) Schussel

scat·ter·brained /ˈskætəbreɪnd/ *Adj* schusselig, zerstreut

scat·tered /ˈskætəd; *AmE* -tərd/ *Adj* verstreut, vereinzelt

scatty /ˈskæti/ *Adj* (*BrE, umgs*) schusselig, zerstreut

scav·enge /ˈskævɪndʒ/ *Verb* **1** ~ (**for sth**) (im Müll) nach etw suchen; ~ **sth** im Müll finden ◊ *Dogs scavenged through the dustbins for something to eat.* Hunde stöberten in den Mülltonnen nach Essbarem. ◊ *Their furniture was scavenged from other people's garbage.* Sie haben sich ihre Möbel aus dem Sperrmüll zusammengesucht. **2** (ZOOL) Aas fressen, Aasfresser sein ◊ *Crows scavenge carrion.* Krähen fressen Aas. ◊ *Some fish scavenge on other dead fish.* Es gibt Fische, die andere tote Fische fressen.

scav·en·ger /ˈskævɪndʒə(r)/ *Nomen* Aasfresser

scen·ario /səˈnɑːriəʊ; *AmE* səˈnæriəʊ/ *Nomen* (*Pl* **-os**) Szenarium, Szenario

scene /siːn/ *Nomen* **1** Schauplatz, Bildfläche ◊ *She just vanished from the scene.* Sie verschwand einfach von der Bildfläche. ◊ *Firefighters arrived on the scene immediately.* Die Feuerwehr war sofort vor Ort. ◊ *the scene of the crime* der Tatort **2** Anblick, Szenerie; (*Vorfall*) Szene ◊ *scenes of joy* Freudenszenen ◊ *She witnessed distressing scenes.* Sie wurde Zeugin erschütternder Szenen. ◊ *a change of scene* ein Tapetenwechsel **3** (*Film, Theater*) Szene (*auch fig*) ◊ *She made a scene.* Sie machte eine Szene. **4 the scene, the … scene** [Sing] (*umgs*) die Szene, die -szene ◊ *the music scene* die Musikszene ◊ *the social scene* das gesellschaftliche Leben IDM **beˌhind the ˈscenes** hinter den Kulissen **not sb's ˈscene** (*umgs*) nicht jds Fall **set the ˈscene (for sth)** **1** den Rahmen für etw abgeben **2** (*Informationen etc.*) den Rahmen vorgeben ◊ *The introduction was just setting the scene.* Die Einleitung gab lediglich den Rahmen vor.

scen·ery /ˈsiːnəri/ *Nomen* **1** Landschaft ☛ *Hinweis bei* LANDSCHAFT **2** (THEAT) Bühnenbild

scen·ic /ˈsiːnɪk/ *Adj* **1** landschaftlich schön ◊ *an area of scenic beauty* eine malerische Gegend ◊ *a scenic drive* eine Fahrt durch eine schöne Landschaft **2** *nur vor Nomen* Bühnen- ◊ *scenic design* Bühnenbild

scen·ic·al·ly /ˈsiːnɪkli/ *Adv* landschaftlich ◊ *scenically attractive areas* landschaftlich schöne Gegenden

scent¹ /sent/ *Nomen* **1** Duft ☛ *Hinweis bei* GERUCH **2** [meist Sing] Fährte, Witterung ◊ *The dog must have lost her scent.* Der Hund muss ihre Spur verloren haben. ◊ *The*

scent of victory was in my nostrils. Ich konnte den Sieg bereits riechen. **3** (*bes BrE*) Parfum IDM **on the 'scent (of sth)** einer Sache auf der Spur **put/throw sb off the 'scent** jdn von der Fährte abbringen
scent² /sent/ *Verb* **1** wittern (*auch fig*) **2** parfümieren
scent·ed /'sentɪd/ *Adj* duftend, parfümiert
scep·ter (*AmE*) = SCEPTRE
scep·tic (*AmE* **skep·tic**) /'skeptɪk/ *Nomen* Skeptiker(in)
scep·tical (*AmE* **skep·tical**) /'skeptɪkl/ *Adj* (*Adv* **scep·tic·al·ly**) (*AmE*) (*Adv* **skep·tic·al·ly** /-kli/) ~ **(about/of sth)** (in Bezug auf etw) skeptisch
scep·ti·cism (*AmE* **skep·ti·cism**) /'skeptɪsɪzəm/ *Nomen* Skepsis ◊ *express scepticism about sth* sich gegenüber etw skeptisch äußern
sceptre (*AmE* **scep·ter**) /'septə(r)/ *Nomen* Zepter
sched·ule¹ /'ʃedjuːl; *AmE* 'skedʒuːl/ *Nomen* **1** (Zeit)plan, Programm ◊ *We are trying to keep to our schedule.* Wir versuchen, unseren Zeitplan einzuhalten. ◊ *a tight schedule* ein knapp bemessener Zeitplan ◊ *on schedule* planmäßig ◊ *two years ahead of schedule* zwei Jahre früher als geplant ◊ *fall behind schedule* im Verzug sein **2** (*bes AmE*) Fahrplan **3** Fernsehprogramm **4** (*Fachspr*) (*von Preisen etc.*) Verzeichnis
sched·ule² /'ʃedjuːl; *AmE* 'skedʒuːl/ *Verb* **1** ~ **sth (for sth)** etw (für etw) ansetzen ◊ *The meeting is scheduled for Friday.* Die Besprechung ist für Freitag angesetzt. ◊ *One of the scheduled events is a talk on Japan.* Einer der Programmpunkte ist ein Vortrag über Japan. ◊ *longer than scheduled* länger als geplant ◊ *I'm scheduled to arrive in LA at 5 o'clock.* Ich soll um 5 Uhr in LA ankommen. **2** ~ **sth (as sth)** (*gehoben*) etw (als etw) aufführen ◊ *The substance has been scheduled as poison.* Der Stoff wird als Gift aufgeführt.
'scheduled flight *Nomen* Linienflug
schema /'skiːmə/ *Nomen* (*Pl* **sche·mas** *oder* **sche·mata** /-mətə, ˌskiːˈmɑːtə/) Schema
sche·mat·ic /skiːˈmætɪk/ *Adj* (*Adv* **sche·mat·ic·al·ly** /-kli/) schematisch
scheme¹ /skiːm/ *Nomen* **1** (*BrE*) Programm, Projekt ◊ *a training scheme* ein Ausbildungsprogramm ◊ *the company pension scheme* die betriebliche Rentenversicherung **2** (raffinierter) Plan IDM **the 'scheme of things** die höhere Ordnung ◊ *My personal problems are not really important in the overall scheme of things.* Global betrachtet sind meine Probleme nicht wirklich wichtig.
scheme² /skiːm/ *Verb* (*abwert*) intrigieren, Pläne aushecken; ~ **sth** etw aushecken ◊ *She was busily scheming to get rid of him.* Sie schmiedete Pläne, wie sie ihn loswerden konnte.
schemer /'skiːmə(r)/ *Nomen* (*abwert*) Intrigant(in)
schem·ing /'skiːmɪŋ/ *Adj* (*gehoben*) intrigant, raffiniert
schism /'skɪzəm, 'sɪzəm/ *Nomen* (*gehoben*) Spaltung; (REL) Schisma
schiz·oid /'skɪtsɔɪd/ *Adj* (*Fachspr*) schizoid
schizo·phre·nia /ˌskɪtsəˈfriːniə/ *Nomen* (MED) Schizophrenie
schizo·phren·ic /ˌskɪtsəˈfrenɪk/ **1** *Nomen* Schizophrene(r) **2** *Adj* schizophren
schlep¹ (*auch* **schlepp**) /ʃlep/ *Verb* (**-pp-**) (*bes AmE, umgs*) **1** sich schleppen **2** schleppen
schlep² (*auch* **schlepp**) /ʃlep/ *Nomen* [*Sing*] mühsamer Weg
schlock /ʃlɒk; *AmE* ʃlɑːk/ *Nomen* (*AmE, umgs*) Ramsch, Schund
schmaltz /ʃmɔːlts/ *Nomen* (*umgs, abwert*) (*zu romantisch*) Schmalz
schmaltzy /'ʃmɔːltsi/ *Adj* (*umgs, abwert*) schmalzig
schmo /ʃməʊ; *AmE* ʃmoʊ/ (*auch* **schmuck** /ʃmʌk/) *Nomen* (*bes AmE*) Schwachkopf
schmooze /ʃmuːz/ *Verb* (*bes AmE, umgs*) plaudern, quatschen SYN CHAT
schnapps /ʃnæps/ *Nomen* Schnaps
scholar /'skɒlə(r); *AmE* 'skɑːl-/ *Nomen* **1** Gelehrte(r) ◊ *a biblical scholar* ein(e) Bibelforscher(in) ◊ *classical scholars* Experten der klassischen Literatur ◊ *I was never much of a scholar.* Ich war nie ein guter Schüler. **2** Stipendiat(in)
schol·ar·ly /'skɒləli; *AmE* 'skɑːlərli/ *Adj* **1** wissenschaftlich **2** gelehrt
schol·ar·ship /'skɒləʃɪp; *AmE* 'skɑːlərʃɪp/ *Nomen* **1** Stipendium ◊ *He went to drama school on a scholarship.* Er hatte ein Stipendium für die Schauspielschule. **2** Gelehrsamkeit ◊ *a magnificent work of scholarship* ein wissenschaftlich ausgezeichnetes Werk
scho·las·tic /skəˈlæstɪk/ *Adj* nur vor *Nomen* (*gehoben*) schulisch, akademisch
school¹ /skuːl/ *Nomen* **1** Schule ◊ *Children start school at six in Germany.* Kinder werden in Deutschland mit sechs eingeschult. ◊ *I am still at school.* Ich gehe noch zur Schule. ☛ Im amerikanischen Englisch sagt man: *I am still in school.* „In einer Schule unterrichten" heißt da ✎ *teach school* ☛ *Hinweis bei* SCHULE *und* SECONDARY EDUCATION. **2** (*AmE*) College, Universität ◊ *famous schools like Yale and Harvard* berühmte Universitäten wie Yale und Harvard ◊ *Where did you go to school?* Wo hast du studiert? **3** (*an einer Hochschule*) Fakultät, Institut **4** (*Fisch-*) Schwarm IDM **school of 'thought** (Lehr)meinung ☛ *Siehe auch* OLD
school² /skuːl/ *Verb* **1** ~ **sb (in sth)** jdn (etw) lehren; ~ **yourself** etw üben; ~ **yourself in sth** sich in etw üben **2** (*Pferd*) dressieren
'school age *Nomen* Schulalter, schulpflichtiges Alter ◊ *children of school age/school-age children* Kinder im schulpflichtigen Alter
'school·boy /'skuːlbɔɪ/ *Nomen* Schuljunge
'school·child /'skuːltʃaɪld/ *Nomen* (*Pl* **-chil·dren** /-tʃɪldrən/) Schulkind
'school·days /'skuːldeɪz/ *Nomen* [*Pl*] Schulzeit
'school district *Nomen* ≈ Schulbezirk
'school friend *Nomen* (*bes BrE*) Schulfreund(in)
'school·girl /'skuːlɡɜːl; *AmE* -ɡɜːrl/ *Nomen* Schülerin, Schulmädchen
'school·ing /'skuːlɪŋ/ *Nomen* Schulunterricht, Schulbildung ◊ *secondary schooling* Unterricht an weiterführenden Schulen ◊ *He had very little schooling.* Er hatte keine richtige Schulbildung. ◊ *Compulsory schooling starts here at five.* Die Schulpflicht beginnt hier mit fünf.
'school·kid /'skuːlkɪd/ *Nomen* (*umgs*) Schulkind
ˌschool-'leaver *Nomen* (*BrE*) Schulabgänger(in)
'school-marm /'skuːl mɑːm; *AmE* mɑːrm/ *Nomen* (*bes AmE, abwert*) Schulmeisterin
'school-marm·ish /ˌskuːl ˈmɑːmɪʃ; *AmE* ˈmɑːrm-/ *Adj* (*bes AmE, abwert*) schulmeisterlich, belehrend
'school·mas·ter /'skuːlmɑːstə(r); *AmE* -mæs-/ *Nomen* (*bes BrE, veraltet*) (Privatschul)lehrer, Schulmeister
'school·mate /'skuːlmeɪt/ *Nomen* (*bes BrE*) Mitschüler(in)
'school·mis·tress /'skuːlmɪstrəs/ *Nomen* (*bes BrE, veraltet*) (Privatschul)lehrerin, Schulmeisterin
ˌschool 'run *Nomen* [*Sing*] (*BrE*) = Hinbringen und Abholen der Kinder von der Schule im Auto ◊ *I have to get back in time to do the school run.* Ich muss rechtzeitig zurück sein, um die Kinder von der Schule abzuholen.
'school·teach·er /'skuːltiːtʃə(r)/ *Nomen* Lehrer(in)
schooner /'skuːnə(r)/ *Nomen* **1** Schoner **2** (*BrE*) hohes Glas für Sherry; (*AmE*) hohes Glas für Bier
schwa /ʃwɑː/ *Nomen* (*Phonetik*) Schwa
sci·at·ica /saɪˈætɪkə/ *Nomen* Ischias
sci·ence /'saɪəns/ *Nomen* **1** Naturwissenschaft, Wissenschaft ◊ *the laws of science* naturwissenschaftliche Gesetzmäßigkeiten ☛ *Siehe auch* LIFE SCIENCES, NATURAL SCIENCE, POLITICAL SCIENCE *und* SOCIAL SCIENCE **2** [*Sing*] Lehre IDM ⇒ BLIND²
ˌscience 'fiction (*umgs* **'sci-fi**) *Nomen* Sciencefiction
'science park *Nomen* Technologiepark
sci·en·tif·ic /ˌsaɪənˈtɪfɪk/ *Adj* (*Adv* **sci·en·tif·ic·al·ly** /-kli/) **1** wissenschaftlich, naturwissenschaftlich **2** systematisch ◊ *We need to be more scientific about this problem.* Wir müssen dieses Problem systematischer angehen. OPP UNSCIENTIFIC
sci·en·tist /'saɪəntɪst/ *Nomen* Naturwissenschaftler(in), Wissenschaftler(in) ◊ *a research scientist* ein naturwissen-

schaftlicher Forscher ☞ Siehe auch POLITICAL SCIENTIST und SOCIAL SCIENTIST

Sci·en·tolo·gist /ˌsaɪənˈtɒlədʒɪst; AmE -ˈtɑːl-/ Nomen Anhänger(in) der Scientology

Sci·en·tol·ogy™ /ˌsaɪənˈtɒlədʒi; AmE -ˈtɑːl-/ Nomen Scientology

sci-fi /ˈsaɪ faɪ/ Nomen (umgs) = SCIENCE FICTION

scimi·tar /ˈsɪmɪtə(r)/ Nomen Krummsäbel

scin·tilla /sɪnˈtɪlə/ Nomen [Sing] (gehoben) Fünkchen, Spur

scin·til·lat·ing /ˈsɪntɪleɪtɪŋ/ Adj glänzend, geistreich, faszinierend

scion /ˈsaɪən/ Nomen (gehoben) Spross

scis·sor /ˈsɪzə(r)/ Adj Scheren- ◊ a scissor action eine Scherenbewegung

scis·sors /ˈsɪzəz; AmE ˈsɪzərz/ Nomen [Pl] Schere ◊ a pair of scissors eine Schere ☞ Hinweis bei BRILLE

scler·osis /skləˈrəʊsɪs; AmE -ˈroʊ-/ Nomen (MED) Sklerose ☞ Siehe auch MULTIPLE SCLEROSIS

scoff /skɒf; AmE skɔːf, skɑːf/ Verb 1 spotten; ~ at sb/sth sich über jdn/etw lustig machen 2 (BrE, umgs) verschlingen, auffressen

scold /skəʊld; AmE skoʊld/ Verb ~ sb (for sth) (gehoben) jdn (wegen einer Sache) ausschimpfen

scold·ing /ˈskəʊldɪŋ; AmE ˈskoʊl-/ Nomen Schelte

scone /skɒn, skəʊn; AmE skɑːn, skoʊn/ Nomen = weiches Milchbrötchen, oft leicht gesüßt und mit Rosinen

scoop¹ /skuːp/ Nomen 1 Schaufel, Portionierer 2 Portion; (von Eis) Kugel 3 Erstmeldung (in einer Zeitung), Scoop

scoop² /skuːp/ Verb 1 löffeln 2 ~ sth (out) etw (heraus)schaufeln ◊ Scoop out the melon flesh. Höhlen Sie die Melone aus. 3 ~ sb/sth (up) jdn/etw an sich raffen ◊ She scooped the child up in her arms. Sie nahm das Kind in die Arme. 4 (mit einer Story) zuvorkommen ◊ The paper scooped all its rivals. Mit dieser Meldung gelang der Zeitung ein Scoop. 5 (umgs) gewinnen

scoot /skuːt/ Verb (umgs) abhauen

scoot·er /ˈskuːtə(r)/ Nomen 1 (BrE) Motorroller 2 Roller

scope /skəʊp; AmE skoʊp/ Nomen [U] 1 Raum, Möglichkeit ◊ There's still plenty of scope for improvement. Es gibt immer noch Verbesserungsmöglichkeiten. ◊ First try to do something that is within your scope. Versuche erst einmal etwas zu tun, das im Bereich deiner Fähigkeiten liegt. 2 Umfang ◊ Our powers are limited in scope. Unser Einfluss ist beschränkt. ◊ This subject lies beyond the scope of our investigation. Diese Sache sprengt den Rahmen unserer Ermittlungen.

scorch /skɔːtʃ; AmE skɔːrtʃ/ Verb 1 versengen, versengt werden 2 (BrE, umgs) rasen

scorched ˈearth policy Nomen Politik der verbrannten Erde

scorch·er /ˈskɔːtʃə(r); AmE ˈskɔːrtʃ-/ Nomen (umgs) 1 ◊ It's a real scorcher today. Heute ist eine Affenhitze. 2 (BrE) ◊ a scorcher of a free kick ein scharfer Freistoß

scorch·ing /ˈskɔːtʃɪŋ; AmE ˈskɔːrtʃ-/ Adj (umgs) 1 glühend (heiß) 2 (bes BrE) vernichtend

score¹ /skɔː(r)/ Nomen 1 Punktestand, Spielstand ◊ The score is 3-2 to Oxford. Es steht 3:2 für Oxford. ◊ What's the score now? Wie steht es gerade? ◊ the final score der Endstand ◊ I'll keep (the) score. Ich zähle mit. 2 Punktzahl, Punkte ◊ a test score Punktzahl, die bei einer Prüfung erreicht wird ◊ an IQ score of 120 ein IQ von 120 ◊ a perfect score eine volle Punktzahl 3 (MUS) Noten, Partitur ◊ an orchestral score eine Orchesterpartitur 4 (Film)musik 5 (Pl score) zwanzig ◊ She had admirers by the score. Sie hatte Dutzende von Verehrern. ◊ the biblical age of three score years and ten das biblische Alter von 70 Jahren 6 scores [Pl] Unmengen 7 Kerbe 8 the score (umgs) Situation ◊ What's the score? Was gibt's? ◊ You don't have to lie to me. I know the score. Du brauchst nicht lügen. Ich weiß Bescheid. IDM on ˈthat/ˈthis score deswegen ☞ Siehe auch EVEN³ und SETTLE

score² /skɔː(r)/ Verb 1 (ein Tor) erzielen ◊ Fraser scored again in the second half. Fraser schoss in der zweiten Halbzeit wieder ein Tor. 2 (Punkte) erzielen; (gut, schlecht) abschneiden ◊ She scored 98% in the French test. Im Französischtest hat sie 98% der Gesamtpunktzahl erzielt. ◊ Girls usually score highest in language exams. Mädchen schneiden in Sprachprüfungen meist am besten ab. 3 (wert sein) zählen ◊ Each correct answer will score two points. Für jede richtige Antwort gibt es zwei Punkte. 4 Erfolg haben ◊ She's scored again with her latest blockbuster. Mit ihrem neuesten Knüller hat sie wieder Erfolg gehabt. ◊ Bicycles score over other forms of transport in towns. In Städten sind Fahrräder anderen Verkehrsmitteln überlegen. 5 ◊ The army continued to score successes in the south. Im Süden konnte die Armee weiterhin Erfolge verbuchen. ◊ score a victory siegen 6 (bei Spielen, Wettbewerben) Punkte anschreiben, zählen 7 (bei Tests etc.) Punkte geben, bewerten ◊ Score each criterion on a scale of 1 to 5. Bewerten Sie jedes Kriterium mit einer Punktzahl von 1 bis 5. ◊ a scoring system ein Punktebewertungssystem 8 (MUS) schreiben, komponieren; ~ a film die Musik zu einem Film schreiben 9 einkerben, einschneiden 10 (Slang) ◊ Did you score with her last night? Hast du sie gestern Abend flach gelegt? 11 (Slang) (Drogen) (Stoff) auftreiben IDM ˌscore a ˈpoint/ˈpoints (off/against/over sb) = SCORE OFF SB PHR V ˈscore off sb (kein Passiv) (bes BrE) jdn als dumm hinstellen ˌscore sth ˈout/ˈthrough etw aus-/durchstreichen

score·board /ˈskɔːbɔːd; AmE ˈskɔːrbɔːrd/ Nomen Anzeigetafel

score·card /ˈskɔːkɑːd; AmE ˈskɔːrkɑːrd/ Nomen Zählkarte, Scorekarte; (des Schiedsrichters etc.) Spielberichtsbogen

ˈscore draw Nomen (BrE) (Fußball) Unentschieden (bei dem Tore erzielt werden)

score·less /ˈskɔːləs; AmE ˈskɔːrləs/ Adj torlos, ohne Punkte

score·line /ˈskɔːlaɪn; AmE ˈskɔːrl-/ Nomen (BrE) Endergebnis

scor·er /ˈskɔːrə(r)/ Nomen 1 Torschütze, -schützin ◊ the top scorer der erfolgreichste Torschütze 2 Anschreiber(in) 3 ◊ He was among the highest scorers in the test. Er gehörte zu denen, die die meisten Punkte erzielten.

ˈscore sheet Nomen (BrE) Spielberichtsbogen ◊ He got his name on the score sheet. Er hat ein Tor geschossen.

scorn¹ /skɔːn; AmE skɔːrn/ Nomen Verachtung ◊ Her colleagues poured scorn on her proposal. Ihre Kollegen taten ihren Vorschlag verächtlich ab.

scorn² /skɔːn; AmE skɔːrn/ Verb 1 verachten ◊ She scorned their views as old-fashioned. Sie tat ihre Ansichten verächtlich als altmodisch ab. 2 (gehoben) verschmähen IDM ⇨ HELL

scorn·ful /ˈskɔːnfl; AmE ˈskɔːrnfl/ Adj (Adv **scorn·ful·ly** /ˈskɔːnfəli; AmE ˈskɔːrnfəli/) verächtlich; be ~ of sth etw verachten

Scor·pio /ˈskɔːpiəʊ; AmE ˈskɔːrpioʊ/ Nomen (Pl -os) (Sternzeichen, Mensch) Skorpion

scor·pion /ˈskɔːpiən; AmE ˈskɔːrp-/ Nomen Skorpion

Scot /skɒt; AmE skɑːt/ Nomen Schotte, Schottin

Scotch¹ /skɒtʃ; AmE skɑːtʃ/ Nomen schottischer Whisky ☞ Hinweis bei WHISKY, S. 721

Scotch² /skɒtʃ; AmE skɑːtʃ/ Adj schottisch

scotch /skɒtʃ; AmE skɑːtʃ/ Verb zunichte machen, vereiteln; (Gerücht) ein Ende machen

ˌScotch ˈegg Nomen (BrE) = hartgekochtes Ei, das mit einer Wurstbrätmischung umhüllt und paniert in Fett gebacken wird.

ˈScotch tape™ Nomen (AmE) ≈ Tesafilm®

ˌscot-ˈfree Adv (umgs) ungeschoren

ˌScot·land ˈYard /ˌskɒtlənd ˈjɑːd; AmE ˌskɑːtlənd ˈjɑːrd/ Nomen = Hauptsitz der Londoner Polizei; Abteilung, die sich mit schweren Verbrechen befasst ☞ G 1.3a

Scots /skɒts; AmE skɑːts/ 1 Adj schottisch 2 Nomen (Sprache) Schottisch ☞ Siehe auch SCOT

Scot·tish /ˈskɒtɪʃ; AmE ˈskɑːtɪʃ/ 1 Adj schottisch 2 **the Scottish** Nomen [Pl] (selten) die Schotten ☞ Siehe auch S. 767

scoun·drel /ˈskaʊndrəl/ Nomen (veraltet) Schurke

scour /ˈskaʊə(r)/ Verb 1 ~ sth (for sb/sth) etw (nach jdm/etw) absuchen 2 ~ sth (out) (Töpfe, Pfannen) etw (aus)scheuern

scour·er /ˈskaʊərə(r)/ (*auch* ˈ**scouring pad**) *Nomen* Topfkratzer

scourge¹ /skɜːdʒ; *AmE* skɜːrdʒ/ *Nomen* (*gehoben*) Geißel

scourge² /skɜːdʒ; *AmE* skɜːrdʒ/ *Verb* **1** (*gehoben*) plagen **2** (*veraltet*) geißeln

Scouse /skaʊs/ (*BrE, umgs*) **1** *Nomen* (*auch* **Scouser** /ˈskaʊsə(r)/) Liverpooler(in) **2** *Nomen* [U] Liverpooler Akzent **3** *Adj* von Liverpool ◇ *a Scouse accent* ein Liverpooler Akzent

scout¹ /skaʊt/ *Nomen* **1** Pfadfinder(in)

> **Scout** wird im britischen und im amerikanischen Englisch für Pfadfinder gebraucht. **Boy Scout** ist im britischen Englisch veraltet, in Amerika jedoch noch geläufig. Pfadfinderin ist in Amerika **scout** oder **girl scout**; im britischen Englisch heißt es **guide** oder (*veraltet*) **girl guide**.
>
> In GB wird die Organisation für Jungen **the Scouts** genannt, die internationale Organisation für Jungen und Mädchen heißt **the Scout Association**. Für Mädchen spricht man in GB von **the Guides** oder **the Guides Association**.

2 (*Mensch*) Späher(in); (*Flugzeug*) Aufklärer **3** = TALENT SCOUT

scout² /skaʊt/ *Verb* **1** ~ (**around**) (**for sb/sth**) sich (nach jdm/etw) umsehen **2** nach Talenten suchen PHR V ˌ**scout sth ˈout** etw auskundschaften ◇ *We went ahead to scout out the lie of the land.* Wir gingen voraus, um die Lage auszukundschaften.

scout·er /ˈskaʊtə(r)/ *Nomen* (*bei Pfadfindern*) Gruppenführer(in)

scowl¹ /skaʊl/ *Verb* ein missmutiges Gesicht machen; ~ **at sb/sth** jdn/etw missmutig ansehen SYN GLOWER

scowl² /skaʊl/ *Nomen* missmutiger Gesichtsausdruck

scrab·ble /ˈskræbl/ *Verb* (*bes BrE*) (herum)fummeln; ~ (**around/about**) (**for sth**) (nach etw) (herum)wühlen ◇ *He was scrabbling for a hold on the steep slope.* An dem steilen Hang tastete er nach einem Halt. ◇ *a sound like rats scrabbling on the other side of the wall* ein Geräusch, als würden Ratten auf der anderen Seite der Wand scharren

scrag·gly /ˈskrægli/ *Adj* (*AmE, umgs*) dünn

scraggy /ˈskrægi/ *Adj* (*abwert*) dürr, ausgemergelt

scram·ble¹ /ˈskræmbl/ *Verb* **1** klettern, krabbeln ◇ *He scrambled to his feet.* Er rappelte sich auf. ◇ *They finally scrambled ashore.* Mit Mühe gelangten sie an Land. **2** ~ (**for sth**) (nach etw) drängeln, (zu etw) drängen **3** (*meist passiv*) (*Ei*) verquirlen ◇ *scrambled eggs* Rührei **4** (*Signale etc.*) verschlüsseln **5** durcheinander bringen ◇ *Alcohol seemed to have scrambled his brain.* Der Alkohol hatte ihm scheinbar den Kopf vernebelt. **6** (*Flugzeuge etc.*) bei Alarm aufsteigen (lassen)

scram·ble² /ˈskræmbl/ *Nomen* **1** [Sing] Kletterpartie **2** [Sing] ~ (**for sth**) Gerangel (um etw), Gedränge (nach etw) **3** Motocrossrennen

scram·bling /ˈskræmblɪŋ/ *Nomen* (*BrE*) Motocross

scrap¹ /skræp/ *Nomen* **1** Stückchen, Fetzen ◇ *scraps of information* bruchstückhafte Informationen ◇ *She was just a scrap of a thing.* Sie war nur ein kleines, mageres Ding. **2** [Sing] Spur ◇ *a barren landscape without a scrap of vegetation* ein unfruchtbarer Landstrich ohne eine Spur von Vegetation ◇ *It won't make a scrap of difference.* Das macht nicht den geringsten Unterschied. **3** scraps [Pl] Reste **4** Schrott ◇ *We sold the car for scrap.* Wir haben das Auto zum Verschrotten verkauft. **5** (*umgs*) Rauferei

scrap² /skræp/ *Verb* (**-pp-**) **1** aufgeben, wegwerfen ◇ *Scrap what I just said.* Vergiss, was ich gerade gesagt habe. **2** verschrotten **3** (*umgs*) raufen

scrap·book /ˈskræpbʊk/ *Nomen* Sammelalbum

scrape¹ /skreɪp/ *Verb* **1** (ab)kratzen; (*Karotten etc.*) abschaben ◇ *Bushes scraped against the car windows.* Büsche streiften die Autofenster. **2** abschürfen, aufschürfen, (auf)schrammen **3** mit Mühe erreichen, gerade schaffen ◇ *I just scraped a pass in the exam.* Ich habe die Prüfung mit Mühe und Not bestanden. ◇ *scrape a living* sich mehr schlecht als recht seinen Lebensunterhalt verdienen ◇ *The government scraped home by three votes.* Die Regierung ist gerade so mit drei Stimmen durchgerutscht. **4** ~ **sth** (**out**) etw (aus)scharren IDM **scrape** (**the bottom of**) **the ˈbar·rel** (*abwert*) auf etw Zweitrangiges zurückgreifen ➨ *Siehe auch* BOW¹ PHR V ˌ**scrape ˈby** (**on sth**) sich gerade so (mit etw) über Wasser halten ˌ**scrape ˈin** gerade noch schaffen ˌ**scrape ˈinto sth** gerade noch in etw hineinrutschen ˌ**scrape sth ˈout** etw (her)ausschaben ˌ**scrape ˈthrough** (**sth**) gerade so (bei etw) durchkommen ˌ**scrape sth toˈgether/ˈup** etw zusammenkratzen

scrape² /skreɪp/ *Nomen* **1** Kratzen **2** Schramme **3** (*veraltet*) Patsche

scraper /ˈskreɪpə(r)/ *Nomen* Kratzer, Schaber

ˈ**scrap heap** *Nomen* Schrotthaufen IDM **be on the** ˈ**scrap heap** (*umgs*) zum alten Eisen gehören

scra·pie /ˈskreɪpi/ *Nomen* Traberkrankheit

scrap·ing /ˈskreɪpɪŋ/ *Nomen* [meist Pl] Rest

ˈ**scrap paper** *Nomen* Schmierpapier

scrappy /ˈskræpi/ *Adj* (**scrap·pier, scrap·pi·est**) **1** zusammengestoppelt, zusammengewürfelt ◇ *a scrappy essay* ein zusammenhangloser Aufsatz **2** (*bes BrE*) unordentlich, lausig ◇ *The note was written on a scrappy bit of paper.* Die Notiz war auf einen Fresszettel geschrieben.

scrap·yard /ˈskræpjɑːd; *AmE* -jɑːrd/ *Nomen* (*BrE*) Schrottplatz

scratch¹ /skrætʃ/ *Verb* **1** (sich) kratzen ◇ *John scratched his chin.* John kratzte sich am Kinn. **2** (*aus Versehen*) ~ **yourself on sth** sich an etw kratzen, sich an etw aufschrammen; ~ **sth on sth** sich etw an etw aufkratzen, sich etw an etw aufschrammen ◇ *She scratched herself on a nail.* Sie ritzte sich an einem Nagel. **3** zerkratzen **4** ~ **sth in/on sth** etw in etw ritzen; ~ **sth off** (**sth**); ~ **sth away** (**from sth**) etw (von etw) abkratzen ◇ *You can scratch my name off the list.* Sie können meinen Namen von der Liste streichen. **5** ~ **a living** sich mühselig durchbringen **6** absagen, zurückziehen ◇ *She had scratched because of a knee injury.* Sie hatte ihre Teilnahme wegen einer Knieverletzung zurückgezogen. IDM ˌ**scratch your ˈhead** (**over sth**) sich (über etw) den Kopf zerbrechen **scratch the ˈsurface** (**of sth**) etw nur ganz oberflächlich berühren ˌ**you scratch ˈmy back and ˌI'll scratch ˈyours** eine Hand wäscht die andere PHR V ˌ**scratch aˈbout/aˈround** (**for sth**) (nach etw) herumsuchen ˌ**scratch sth ˈout** etw (aus)streichen

scratch² /skrætʃ/ *Nomen* **1** Kratzer ◇ *Her hands were covered in scratches from the brambles.* Ihre Hände waren von den Brombeerranken ganz zerkratzt. **2** Kratzen ◇ *Go on, have a good scratch!* Los, kratz dich mal so richtig! IDM **be/come up to ˈscratch** den Anforderungen entsprechen ◇ *His work simply isn't up to scratch.* Seine Arbeit ist einfach nicht gut genug. **bring sb/sth up to ˈscratch** jdn/etw auf Vordermann bringen **from ˈscratch** ganz von vorne; von Grund auf

scratch³ /skrætʃ/ *Adj* (*BrE*) **1** (bunt) zusammengewürfelt, improvisiert ◇ *a scratch team* eine hastig zusammengestellte Mannschaft **2** ohne Vorgabe

scratch·card /ˈskrætʃkɑːd; *AmE* -kɑːrd/ *Nomen* Rubbelkarte, Rubbellos

ˈ**scratch pad** *Nomen* (*bes AmE*) Notizblock

scratchy /ˈskrætʃi/ *Adj* **1** kratzig; (*Aufnahme*) knisternd ◇ *a scratchy pen* eine kratzende Feder **2** kratzig

scrawl¹ /skrɔːl/ *Verb* kritzeln, schmieren SYN SCRIBBLE

scrawl² /skrɔːl/ *Nomen* Gekritzel ◇ *The paper was covered in scrawls.* Das Papier war voll gekritzelt.

scrawny /ˈskrɔːni/ *Adj* (*abwert*) dürr, mager

scream¹ /skriːm/ *Verb* **1** schreien ◇ *He screamed at me to stop.* Er schrie, dass ich aufhören sollte. SYN SHRIEK **2** (*Motor*) aufheulen; (*Reifen*) quietschen; (*Säge*) kreischen; (*Wind*) heulen ◇ *Sirens screamed.* Sirenen heulten. ◇ *The powerboat screamed out to sea.* Das Rennboot fuhr mit aufheulendem Motor aufs Meer hinaus. SYN SCREECH IDM **scream blue ˈmurder** (*AmE* **scream bloody ˈmurder**) Zeter und Mordio schreien PHR V ˌ**scream ˈout** (**for sth**) nach etw schreien

scream² /skriːm/ *Nomen* **1** Schrei ◇ *She let out a scream of pain.* Er stieß einen Schmerzensschrei aus. ◇ *He drove off with a scream of tyres.* Er fuhr mit quietschenden Reifen davon. **2** (*umgs, veraltet*) zum Schreien

scream·ing·ly /ˈskriːmɪŋli/ *Adv* äußerst ◇ *It was screamingly obvious what we should do next.* Es war völlig klar, was wir als Nächstes tun sollten.

scree /skriː/ *Nomen* Geröll

screech¹ /skriːtʃ/ *Verb* kreischen; (*Reifen, Bremsen*) quietschen ◊ *The car screeched to a halt.* Das Auto hielt mit quietschenden Reifen. ◊ *He screeched something at me.* Er schrie mir etwas zu. ◊ *The wind screeched in his ears.* Der Wind heulte ihm in den Ohren.

screech² /skriːtʃ/ *Nomen* Kreischen, Schrei; (*Reifen, Bremsen*) Quietschen

screed /skriːd/ *Nomen* (*schriftlich*) langatmige Ausführung ◊ *She wrote whole screeds to him.* Sie hat ganze Romane an ihn geschrieben.

screen¹ /skriːn/ *Nomen* **1** Bildschirm ◊ *Move your cursor to the top of the screen.* Bewegen Sie den Cursor an den oberen Bildrand. ☛ *Siehe auch* ON-SCREEN **2** Leinwand ◊ *an eight-screen cinema* ein Kino mit acht Vorführräumen ◊ *The movie will be coming to your screens shortly.* Der Film wird bald in Ihr Kino kommen. **3 the screen** [Sing] die Leinwand, das Fernsehen ◊ *She was a star of stage and screen.* Sie war ein Bühnen- und Filmstar. ☛ *Siehe auch* SILVER SCREEN *und* SMALL SCREEN **4** Wandschirm, Paravent, Trennwand, Stellwand **5** Abschirmung ◊ *We planted a screen of tall trees.* Wir pflanzten einen Sichtschutz aus hohen Bäumen. ◊ *A screen of bodyguards protected the President.* Bodyguards schirmten den Präsidenten ab. ◊ *The research was conducted behind a screen of secrecy.* Die Forschung wurde streng geheim durchgeführt. **6** (*bes AmE*) Fliegengitter **7** Lettner

screen² /skriːn/ *Verb* **1** ~ **sb/sth (from sb/sth)** jdn/etw (von jdm/etw) abschirmen, jdn/etw (von jdm/etw) schützen ◊ *screen your calls* seine Anrufe aussieben **2** ~ **sb from sb/sth** jdn vor jdm/etw decken **3** ~ (**sb**) (**for sth**) (MED) (jdn) (auf etw) untersuchen **4** überprüfen **5** (*meist passiv*) (*Filme etc.*) zeigen; (*im Kino auch*) vorführen; (*im Fernsehen*) senden PHRV **screen sth 'off** etw mit einem Wandschirm/Vorhang etc. abtrennen **,screen sb 'out** jdn (nach einer Überprüfung) abweisen **,screen sth 'out** etw herausfiltern

screen·ing /ˈskriːnɪŋ/ *Nomen* **1** Vorführung; (*im Fernsehen*) Sendung **2** Reihenuntersuchung

screen·play /ˈskriːnpleɪ/ *Nomen* Drehbuch

'screen saver *Nomen* Bildschirmschoner, Screen Saver

'screen test *Nomen* Probeaufnahmen ◊ *She was offered a screen test in Hollywood.* Sie wurde zu Probeaufnahmen nach Hollywood eingeladen.

screen·writer /ˈskriːnraɪtə(r)/ *Nomen* Drehbuchautor(in)

screw¹ /skruː/ *Nomen* **1** Schraube; (*an Flugzeug*) Propeller **2** [Sing] (*Slang*) (*Sex*) Nummer ◊ *He hadn't had a screw for weeks.* Er hatte seit Wochen nicht gevögelt. **3** [Sing] (*Slang*) ◊ *They say he's a good screw.* Er soll gut vögeln. **4** (*BrE, Slang*) Schließer(in), Wachtel IDM **have a 'screw loose** eine Schraube locker haben **put the 'screws on** (**sb**) (jdm) die Daumenschrauben anlegen ☛ *Siehe auch* TURN¹

screw² /skruː/ *Verb* **1** schrauben ◊ *The bookcase is screwed to the wall.* Das Bücherregal ist an der Wand festgeschraubt. ◊ *The lid simply screws on.* Der Deckel wird einfach aufgeschraubt. ◊ *Screw the bolt tight.* Ziehen Sie die Schraube fest. **2** ~ **sth up** (**into sth**) etw (zu etw) zusammenknüllen; ~ **sth** (**up**) **into sth** etw zu etw zusammenknüllen **3** ~ **sb** (**for sth**) (*Slang*) (*betrügen*) ◊ *We've been screwed.* Wir sind übers Ohr gehauen worden. ◊ *How much did they screw you for?* Wie viel haben sie dir aus der Tasche gezogen? **4** (*Slang*) bumsen IDM **have your 'head screwed on (the right way)** (*umgs*) sehr vernünftig sein; ein vernünftiger Mensch sein **screw 'you, 'him etc.** (*Slang*) zum Teufel mit dir, ihm etc. **screw up your 'courage** allen Mut zusammennehmen PHRV **,screw a'round** (*Slang*) herumvögeln **,screw sth 'from/out of sb** etw aus jdm herauspressen **,screw 'up** (*bes AmE, Slang*) Mist bauen **,screw sb 'up** (*Slang*) jdn verrückt machen ◊ *Her father's death really screwed her up.* Seit dem Tod ihres Vaters hat sie einen Knacks weg. **,screw sth 'up 1** etw zusammenschrauben **2** etw zuschrauben OPP UNSCREW **3** (*Slang*) etw vermasseln, versauen **,screw your 'eyes up** die Augen zusammenkneifen **,screw your 'face up** das Gesicht verziehen

screw·ball /ˈskruːbɔːl/ *Nomen* (*bes AmE, umgs*) Spinner(in)

screw·driver /ˈskruːdraɪvə(r)/ *Nomen* Schraubenzieher

,screwed-'up *Adj* **1** (*umgs*) neurotisch **2** zusammengeknüllt **3** (*Gesicht*) verzogen; (*Augen*) zusammengekniffen

'screw-top (*auch* **'screw-topped**) *Adj nur vor Nomen* mit Schraubverschluss

screwy /ˈskruːi/ *Adj* (*umgs*) verrückt

scrib·ble¹ /ˈskrɪbl/ *Verb* ~ (**sth**) (etw) kritzeln; ~ **sth down** etw schnell (auf)schreiben SYN SCRAWL

scrib·ble² /ˈskrɪbl/ *Nomen* Gekritzel SYN SCRAWL

scrib·bler /ˈskrɪblə(r)/ *Nomen* (*abwert oder hum*) Schreiberling

scribe /skraɪb/ *Nomen* Schreiber, Skriptor

scrim·mage /ˈskrɪmɪdʒ/ *Nomen* **1** Gerangel **2** (*amerikanischer Fußball*) Gedränge **3** (*AmE*) Trainingsspiel

scrimp /skrɪmp/ *Verb* knausern, sparen

scrip /skrɪp/ *Nomen* (FINANZ) Gratisaktie

script¹ /skrɪpt/ *Nomen* **1** Text, Manuskript, Drehbuch, Skript **2** Schrift, Handschrift **3** (*BrE*) (schriftliche) Prüfungsarbeit

script² /skrɪpt/ *Verb* ~ **sth** das Skript/Manuskript/Drehbuch zu etw schreiben

script·ed /ˈskrɪptɪd/ *Adj* (*mit Manuskript*) ◊ *The talk show seemed scripted.* In der Talkshow schien alles vorher abgesprochen zu sein. ◊ *The comedy was scripted.* Das war keine Stegreifkomödie.

scrip·tural /ˈskrɪptʃərəl/ *Adj* biblisch, Bibel-

scrip·ture /ˈskrɪptʃə(r)/ *Nomen* **1 Scripture** (*auch* **the Scriptures** [Pl]) die Heilige Schrift, die Bibel **2 scriptures** [Pl] heilige Schriften

script·writer /ˈskrɪptraɪtə(r)/ *Nomen* Drehbuchautor(in), Hörspielautor(in)

scroll¹ /skrəʊl; *AmE* skroʊl/ *Nomen* **1** Schriftrolle **2** Volute; (*an Geigen etc.*) Schnecke

scroll² /skrəʊl; *AmE* skroʊl/ *Verb* (COMP) scrollen

'scroll bar *Nomen* Scroll-Balken, Rollbalken

Scrooge /skruːdʒ/ *Nomen* (*meist im Sing*) (*umgs, abwert*) Geizhals

scro·tum /ˈskrəʊtəm; *AmE* ˈskroʊ-/ *Nomen* (*Pl* **scro·tums** *oder* **scrota** /ˈskrəʊtə; *AmE* -/) Hodensack, Skrotum

scrounge¹ /skraʊndʒ/ *Verb* ~ (**sth**) (**off/from sb**) (*umgs, abwert*) (etw) (bei/von jdm) schnorren ◊ *I don't want to spend the rest of my life scrounging off other people.* Ich will nicht bis an mein Lebensende anderen Leuten auf der Tasche liegen. SYN SPONGE

scrounge² /skraʊndʒ/ *Nomen* IDM **on the 'scrounge** (*umgs, abwert*) am Schnorren

scroun·ger /ˈskraʊndʒə(r)/ *Nomen* Schnorrer(in)

scrub¹ /skrʌb/ *Verb* (**-bb-**) **1** ~ **sth** (**down**) etw schrubben, etw scheuern; ~ (**at sth**) an etw rubbeln ◊ *Scrub the vegetables clean.* Putzen Sie das Gemüse. **2** (*umgs*) (*absagen*) etw abblasen PHRV **,scrub sth 'off** (**sth**) etw (von etw) abschrubben **,scrub sth 'out** etw ausschrubben, etw ausscheuern **,scrub 'up** (MED) sich die Hände und Unterarme desinfizieren

scrub² /skrʌb/ *Nomen* **1** Schrubben, Scheuern ◊ *I've given the floor a good scrub.* Ich habe den Boden gründlich geschrubbt. **2** Gebüsch **3** = SCRUBLAND

scrub·ber /ˈskrʌbə(r)/ *Nomen* **1** (*BrE, umgs, abwert*) Flittchen, Nutte **2** Topfkratzer, Topfbürste

'scrubbing brush (*AmE* **'scrub-brush**) *Nomen* Scheuerbürste

scrubby /ˈskrʌbi/ *Adj* **1** mit Gestrüpp bewachsen **2** (*Bäume etc.*) kümmerlich

scrub·land /ˈskrʌblənd/ (*auch* **scrub**) *Nomen* Gestrüpp

scruff /skrʌf/ *Nomen* (*BrE, umgs*) abgerissener Typ, schlampig aussehende Frau ◊ *He's a right scruff.* Er sieht total abgerissen aus. IDM **by the scruff of the/my, your, his etc. 'neck** am Kragen/Genick ◊ *She grabbed him by the scruff of the neck.* Sie packte ihn am Kragen.

scruffi·ness /ˈskrʌfinəs/ *Nomen* Schlampigkeit, Schmuddeligkeit

scruffy /ˈskrʌfi/ *Adj* (**scruff·ier, scruffi·est**) (*Adv* **scruff·ily** /-ɪli/) (*umgs*) schmuddelig, schlampig, vergammelt

scrum /skrʌm/ *Nomen* (*gehoben* **scrum·mage**) Gedränge

,scrum 'half *Nomen* Gedrängehalbspieler(in)

scrum·mage /'skrʌmɪdʒ/ *Verb* (*auch* ˌscrum 'down) (SPORT) ein Gedränge bilden

scrump·tious /'skrʌmpʃəs/ *Adj* (*umgs*) lecker SYN DELICIOUS

scrumpy /'skrʌmpi/ *Nomen* (*BrE*) = starker Apfelmost aus Südwestengland

scrunch¹ /skrʌntʃ/ *Verb* **1** knirschen **2** ~ **sth** (**up**) etw zusammenknüllen, etw zusammendrücken

scrunch² /skrʌntʃ/ *Nomen* Knirschen

scrunchy /'skrʌntʃi/ *Nomen* Haarband

scru·ple¹ /'skru:pl/ *Nomen* [meist Pl] Skrupel, Bedenken

scru·ple² /'skru:pl/ *Verb* **not** ~ **to do sth** (*gehoben*) keine Skrupel haben etw zu tun

scru·pu·lous /'skru:pjələs/ *Adj* (*Adv* **scru·pu·lous·ly**) peinlich; (*Mensch*) gewissenhaft; (*Ehrlichkeit etc.*) unbedingt ◊ *scrupulous attention to detail* peinlich genaue Beachtung aller Einzelheiten ◊ *scrupulously fair* äußerst gerecht

scru·tin·eer /ˌskru:tə'nɪə(r); *AmE* -'nɪr/ *Nomen* (*BrE*) Wahlbeobachter(in)

scru·tin·ize (*BrE auch* **-ise**) /'skru:tənaɪz/ *Verb* (*gehoben*) genau untersuchen, genau ansehen, überprüfen

scru·tiny /'skru:təni/ *Nomen* (*gehoben*) Untersuchung, Überprüfung, forschender Blick ◊ *The documents should be available for public scrutiny.* Die Dokumente sollten zur öffentlichen Einsicht verfügbar sein.

scuba-diving /'sku:bə daɪvɪŋ/ (*auch* **scuba**) *Nomen* Sporttauchen ◊ *go scuba-diving* tauchen gehen

scud /skʌd/ *Verb* (-**dd**-) (*gehoben*) jagen, fegen

scuff¹ /skʌf/ *Verb* **1** ~ **sth** (**on sth**) etw (an etw) zerkratzen, etw (an etw) zerschrammen **2** ~ **your feet, heels, etc.** schlurfen

scuff² /skʌf/ *Nomen* = SCUFF MARK

scuffed /skʌft/ *Adj* zerkratzt, zerschrammt

scuf·fle¹ /'skʌfl/ *Nomen* Handgemenge, Rauferei

scuf·fle² /'skʌfl/ *Verb* **1** raufen ◊ *She scuffled with photographers as she left her hotel.* Es kam zu Handgreiflichkeiten mit den Fotografen, als sie aus dem Hotel kam. **2** (*Tiere*) rascheln, scharren **3** schlurfen

scuf·fling /'skʌflɪŋ/ *Nomen* **1** (*Tiere*) Rascheln, Scharren **2** schlurfendes Geräusch

'scuff mark (*auch* **scuff**) *Nomen* Kratzer, Schramme

scull¹ /skʌl/ *Nomen* **1** Skull **2** **sculls** [Pl] Skullrennen ◊ *single/double sculls* Einer-/Zweier-Rennen **3** Skullboot

scull² /skʌl/ *Verb* rudern, skullen

scull·er /'skʌlə(r)/ *Nomen* Skuller(in)

scull·ery /'skʌləri/ *Nomen* (*Pl* -**ies**) Spülküche

scull·ing /'skʌlɪŋ/ *Nomen* Skullrennen

sculpt /skʌlpt/ *Verb* **1** bildhauern **2** ~ **sth in/from/out of sth** etw aus etw modellieren, etw aus etw hauen **3** (*gehoben*) formen

sculp·tor /'skʌlptə(r)/ *Nomen* Bildhauer

sculp·tress /'skʌlptrəs/ *Nomen* Bildhauerin

sculp·tural /'skʌlptʃərəl/ *Adj* bildhauerisch, plastisch ◊ *sculptural decoration* Skulpturenschmuck

sculp·ture /'skʌlptʃə(r)/ *Nomen* **1** Skulptur, Plastik **2** Bildhauerkunst, Bildhauerei

sculp·tured /'skʌlptʃəd; *AmE* -tʃərd/ *Adj* **1** modelliert, geschnitzt, gehauen, gemeißelt **2** (*Gesichtszüge*) ausgeprägt

scum /skʌm/ *Nomen* **1** Schaum, Schicht **2** (*umgs*) Abschaum, Gesindel

scum·bag /'skʌmbæg/ *Nomen* (*Slang*) (*fieser Typ*) Schwein

scum·my /'skʌmi/ *Adj* dreckig

scup·per /'skʌpə(r)/ *Verb* (*BrE*, *umgs*) über den Haufen werfen, ruinieren SYN FOIL

scur·ril·ous /'skʌrələs; *AmE* 'skɜ:r-/ *Adj* (*Adv* **scur·ril·ous·ly**) (*gehoben*) **1** verleumderisch, beleidigend **2** (*Witze etc.*) derb

scurry¹ /'skʌri/ *Verb* (**scur·ries**, **scurry·ing**, **scur·ried**, **scur·ried**) eilig trippeln, eilen ◊ *Ants scurried around.* Ameisen rannten emsig herum.

scurry² /'skʌri/ *Nomen* [Sing] eiliges Trippeln, Eilen

scurvy /'skɜ:vi; *AmE* 'skɜ:rvi/ *Nomen* Skorbut

scut·tle¹ /'skʌtl/ *Verb* **1** eilig trippeln, eilen, huschen SYN SCURRY **2** vereiteln SYN FOIL **3** (*Schiff*) versenken

scut·tle² /'skʌtl/ = COAL SCUTTLE

scuttle·butt /'skʌtlbʌt/ *Nomen* (*AmE*, *Slang*) Tratsch SYN GOSSIP

scuzzy /'skʌzi/ *Adj* (*bes AmE*, *umgs*) eklig

scythe¹ /saɪð/ *Nomen* Sense

scythe² /saɪð/ *Verb* (mit der Sense) mähen

SDLP /ˌes di: el 'pi:/ *Kurzform von* **Social and Democratic Labour Party** = sozialdemokratische Partei in Nordirland, die hauptsächlich von Katholiken unterstützt wird. Sie setzt sich für die Schaffung eines vereinigten Irlands mit konstitutionellen Mitteln ein und lehnt die gewalttätigen Methoden der IRA ab.

SE *Abk* = SOUTH-EAST, SOUTH-EASTERN

sea /si:/ *Nomen* Meer, See ◊ *travel by sea* mit dem Schiff fahren ◊ *The sea was very rough.* Es war hoher Seegang. ☛ *Siehe auch* THE HIGH SEAS IDM **at 'sea 1** auf See **2** ratlos ◊ *I'm all at sea with these new regulations.* Ich blicke bei diesen neuen Vorschriften nicht durch. **go to 'sea** zur See gehen **out to 'sea** aufs offene Meer **put (out) to 'sea** in See stechen ☛ *Siehe auch* DEVIL *und* FISH¹

the 'sea bed *Nomen* the Meeresboden

sea·board /'si:bɔ:d; *AmE* -bɔ:rd/ *Nomen* Küste

sea·borne /'si:bɔ:n; *AmE* -bɔ:rn/ *Adj* nur vor Nomen (*Angriff etc.*) vom Meer her

'sea change *Nomen* [meist Sing] (*gehoben*) grundlegender Wandel

sea·farer /'si:feərə(r); *AmE* -fer-/ *Nomen* (*veraltet oder gehoben*) Seefahrer(in)

sea·far·ing /'si:feərɪŋ; *AmE* -fer-/ *Adj* nur vor Nomen Seefahrer- ◊ *seafaring men* Seefahrer

sea·food /'si:fu:d/ *Nomen* [U] Meeresfrüchte

'sea front *Nomen* [Sing] Strandpromenade

sea·going /'si:gəʊɪŋ; *AmE* -goʊ-/ *Adj* nur vor Nomen Hochsee-

ˌsea-'green *Adj* meergrün

sea·gull /'si:gʌl/ (*auch* **gull**) *Nomen* Möwe

'sea horse *Nomen* Seepferdchen

seal¹ /si:l/ *Nomen* **1** Robbe, Seehund **2** Siegel ◊ *put a seal on the safe* den Safe verplomben ◊ *The project has been given the government's seal of approval.* Das Projekt hat die offizielle Zustimmung der Regierung erhalten. **3** (Ab)dichtung ◊ *a jar with a rubber seal* ein Glas mit Gummiring **4** Versiegelung IDM **set the 'seal on sth** (*gehoben*) **1** etw besiegeln **2** etw krönen **under 'seal** (*gehoben*) versiegelt; beurkundet

seal² /si:l/ *Verb* **1** ~ **sth** (**up/down**) etw zukleben ◊ *a sealed bid* ein Angebot im geschlossenen Umschlag **2** ~ **sth** (**up**) (**with sth**) etw (mit etw) abdichten ◊ *The organs are kept in sealed plastic bags.* Die Organe sind in Plastiktüten luftdicht aufbewahrt. **3** ~ **sth** (**with sth**) etw (mit etw) versiegeln ◊ *sealed with varnish* mit Lack versiegelt **4** (*gehoben*) (*Geschäft, Schicksal etc.*) besiegeln **5** abriegeln IDM ⇒ LIP *und* SIGN² PHRV **ˌseal sth 'in** etw einschließen ◊ *Fry quickly to seal in the flavour.* Schnell anbraten, damit der Geschmack erhalten bleibt. **'seal sth in sth** etw in etw versiegeln ◊ *The body was sealed in a lead coffin.* Die Leiche wurde in einem Bleisarg gelegt, der versiegelt wurde. **ˌseal sth 'off** etw abriegeln

'sea legs *Nomen* [Pl] ◊ *find your sea legs* seefest werden

seal·er /'si:lə(r)/ *Nomen* **1** (*auch* **seal·ant** /'si:lənt/) Dichtungsmaterial **2** Robbenfänger(in)

'sea level *Nomen* Meeresspiegel

seal·ing /'si:lɪŋ/ *Nomen* Robbenjagd

'sealing wax *Nomen* Siegellack

'sea lion *Nomen* Seelöwe

seam /si:m/ *Nomen* **1** Naht **2** Schicht, Flöz ◊ (*fig*) *a rich seam of information* eine reiche Informationsquelle IDM **be bursting/bulging at the 'seams** (*umgs*) aus allen Nähten platzen **be falling/coming apart at the 'seams** (*umgs*) zusammenbrechen ☛ *Siehe auch* RICH

sea·man /'si:mən/ *Nomen* (*Pl* -**men** /-mən/) Matrose ☛ *Siehe auch* ABLE SEAMAN

sea·man·ship /'si:mənʃɪp/ *Nomen* Seemannschaft

seamed /si:md/ *Adj* **1** mit Naht **2** (*gehoben*) (*Gesicht etc.*) zerfurcht

'sea mile *Nomen* Seemeile

seam·less /'si:mləs/ *Adj* (*Adv* **seam·less·ly**) nahtlos

seam·stress /'si:mstrəs, 'sem-/ *Nomen* (*veraltet*) Näherin

seamy /'si:mi/ *Adj* (**seam·ier, seami·est**) zwielichtig, verwerflich [SYN] SORDID

se·ance (*auch* **sé·ance**) /'seɪõs; *AmE* 'seɪɑːns/ *Nomen* spiritistische Sitzung

sea·plane /'si:pleɪn/ *Nomen* Wasserflugzeug

sea·port /'si:pɔ:t; *AmE* -pɔ:rt/ *Nomen* Seehafen

'sea power *Nomen* **1** Seeherrschaft **2** Seemacht

sear /sɪə(r); *AmE* sɪr/ *Verb* **1** verbrennen ◇ *spicy food that sears the mouth* scharfes Essen, an dem man sich den Mund verbrennt **2** (*Fleisch*) scharf anbraten **3** (*gehoben*) (*Schmerz etc.*) durchzucken ☞ *Siehe auch* SEARING

search¹ /sɜ:tʃ; *AmE* sɜ:rtʃ/ *Nomen* Suche ◇ *They carried out a thorough search of the building.* Das Gebäude wurde gründlich durchsucht. ◇ *They came here in search of work.* Sie sind hierher gekommen, um Arbeit zu finden. ◇ *a mountain search and rescue team* eine Bergwacht- und Rettungsmannschaft ◇ *a search engine* eine Suchmaschine

search² /sɜ:tʃ; *AmE* sɜ:rtʃ/ *Verb* **1** ~ (**for sth/sb**) (nach etw/jdm) suchen ◇ *I've searched high and low for it.* Ich habe überall danach gesucht. **2** ~ **sth** (**for sth/sb**) etw (nach etw/jdm) durchsuchen ◇ *Police searched the area for clues.* Die Polizei suchte die Umgebung nach Spuren ab. **3** ~ **sb** (**for sth**) jdn (nach etw) durchsuchen [IDM] ,**search 'me** (*umgs*) keine Ahnung [PHRV] ,**search sth/sb 'out** etw/jdn aufspüren

search·er /'sɜ:tʃə(r); *AmE* 'sɜ:rtʃ-/ *Nomen* **1** Suchende(r) **2** Fahnder(in)

search·ing /'sɜ:tʃɪŋ; *AmE* 'sɜ:rtʃ-/ *Adj* (*Adv* **search·ing·ly**) prüfend, forschend

search·light /'sɜ:tʃlaɪt; *AmE* 'sɜ:rtʃ-/ *Nomen* Suchscheinwerfer

'search party *Nomen* Suchmannschaft ☞ G 1.3b

'search warrant *Nomen* Durchsuchungsbefehl

sear·ing /'sɪərɪŋ; *AmE* 'sɪrɪŋ/ *Adj* (*Adv* **sear·ing·ly**) (*gehoben*) **1** brennend ◇ *the searing heat* die glühende Hitze **2** scharf

sea·scape /'si:skeɪp/ *Nomen* **1** Seestück **2** Blick auf das Meer

sea·shell /'si:ʃel/ *Nomen* Muschel

sea·shore /'si:ʃɔ:(r)/ *Nomen* Strand

sea·sick /'si:sɪk/ *Adj* seekrank

'sea·sick·ness /'si:sɪknəs/ *Nomen* Seekrankheit

sea·side /'si:saɪd/ *Nomen* (*bes BrE*) ◇ *a day at/by the seaside* ein Tag am Meer ◇ *a seaside resort* ein Seebad

sea·son¹ /'si:zn/ *Nomen* **1** Jahreszeit ◇ *the wet season* die Regenzeit **2** Saison ◇ *during the peak season* in der Hochsaison ◇ (*BrE*) *the festive season* die Weihnachtszeit ◇ *the breeding season* die Brutzeit ☞ *Siehe auch* CLOSE SEASON, HIGH SEASON, LOW SEASON, OFF-SEASON *und* SILLY SEASON **3** Spielzeit ◇ *a season of films by Alfred Hitchcock* eine Reihe von Hitchcock-Filmen [IDM] **in 'season 1** ◇ *Strawberries are now in season.* Jetzt ist Erdbeersaison. **2** läufig ◇ **out of 'season** außerhalb der Saison ◇ **season's 'greetings** (*auf Weihnachtskarten*) fröhliche Weihnachten *und* ein glückliches Neues Jahr

sea·son² /'si:zn/ *Verb* (mit Salz und Pfeffer) würzen

sea·son·al /'si:zənl/ *Adj* (*Adv* **sea·son·al·ly** /-nəli/) **1** Saison-, jahreszeitlich (bedingt) ◇ *seasonally adjusted unemployment figures* saisonbereinigte Arbeitslosenzahlen **2** der Jahreszeit gemäß ◇ *seasonal decorations* Weihnachtsschmuck [OPP] UNSEASONAL

sea·soned /'si:znd/ *Adj* **1** erfahren **2** (mit Salz und Pfeffer) gewürzt **3** (*Holz*) abgelagert

sea·son·ing /'si:zənɪŋ/ *Nomen* Salz und Pfeffer, Würze

'season ticket *Nomen* **1** Zeitkarte ◇ *an annual season ticket* eine Jahreskarte **2** (*Theater etc.*) Abonnement

seat¹ /si:t/ *Nomen* **1** Sitz, Platz ◇ *Please take a seat.* Bitte nehmen Sie Platz. ☞ *Siehe auch* BACK SEAT, HOT SEAT *und* LOVE SEAT **2** Sitzfläche **3** (*Parlament, Ausschuss etc.*) Sitz ◇ *a seat on the city council* ein Sitz im Stadtrat ◇ (*BrE*) *take your seat* sein Mandat aufnehmen ☞ *Siehe auch* SAFE SEAT **4** (*gehoben*) ~ **of sth** ◇ *the seat of government* der Regierungssitz ◇ *a seat of learning* eine Stätte des Lernens **5** (*BrE*) Landsitz **6** Gesäß **7** Hosenboden [IDM] **be in the 'driving seat** (*AmE* **be in the 'driver's seat**) die Zügel in der Hand haben ◇ (**fly**) **by the seat of your 'pants** nach Gespür (handeln) ☞ *Siehe auch* BACK SEAT, BUM¹ *und* EDGE¹

seat² /si:t/ *Verb* **1** (*gehoben*) ◇ *He seated himself behind the desk.* Er nahm hinter dem Schreibtisch Platz. ◇ *Please wait to be seated.* Bitte warten Sie, bis Ihnen ein Platz zugewiesen wird. ◇ *Please be seated.* Bitte nehmen Sie Platz. ◇ *Please remain seated.* Bitte bleiben Sie sitzen. ◇ *The bus can carry 42 seated passengers.* Der Bus hat 42 Sitzplätze. **2** ◇ *The aircraft seats 200 passengers.* Das Flugzeug hat 200 Sitzplätze.

'seat belt *Nomen* Sicherheitsgurt

-seater /'si:tə(r)/ (*in Nomina und Adjektiven*) ◇ *a two-seater* ein Zweisitzer ◇ *a ten-seater minibus* ein Minibus mit zehn Sitzplätzen ◇ (*BrE*) *It's an all-seater stadium.* Das Stadion ist durchweg bestuhlt.

seat·ing /'si:tɪŋ/ *Nomen* [U] Sitzplätze ◇ *the seating arrangements* die Sitzordnung

'sea turtle *Nomen* (*AmE*) Meeresschildkröte

'sea urchin (*auch* **ur·chin**) *Nomen* Seeigel

,**sea 'wall** *Nomen* Strandmauer

sea·ward¹ /'si:wəd; *AmE* -wərd/ *Adj* seewärtig

sea·ward² /'si:wəd; *AmE* -wərd/ (*auch* **sea·wards** /-wədz; *AmE* -wərdz/) *Adv* seewärts

sea·way /'si:weɪ/ *Nomen* Wasserstraße

sea·weed /'si:wi:d/ *Nomen* Seetang

sea·worthy /'si:wɜ:ði; *AmE* -wɜ:rði/ *Adj* seetüchtig

se·ba·ceous /sɪ'beɪʃəs/ *Adj* (ANAT) Talg- ◇ *the sebaceous glands* die Talgdrüsen

se·bum /'si:bəm/ *Nomen* (ANAT) Talg

Sec. *Abk* = SECRETARY

sec /sek/ *Nomen* **a sec** [Sing] (*umgs*) eine Sekunde ◇ *I'll be back in a sec.* Ich komme gleich wieder.

sec. *Abk* = SECOND

seca·teurs /ˌsekə'tɜ:z; *AmE* -'tɜ:rz/ *Nomen* [Pl] (*BrE*) Gartenschere ☞ *Hinweis bei* BRILLE

se·cede /sɪ'si:d/ *Verb* (*gehoben*) sich abspalten ◇ *the right to secede* das Recht auf Autonomie

se·ces·sion /sɪ'seʃn/ *Nomen* Abspaltung

se·ces·sion·ist /sɪ'seʃənɪst/ **1** *Nomen* Separatist(in) **2** *Adj nur vor Nomen* Separatisten-, Sezessions-

se·cluded *Adj* /sɪ'klu:dɪd/ **1** abgeschieden **2** zurückgezogen

se·clu·sion /sɪ'klu:ʒn/ *Nomen* Abgeschiedenheit

sec·ond¹ /'sekənd/ *Adj, Pron* zweite(r,s), Zweit- ◇ *the second of June/June the second* der zweite Juni ◇ *He was the second to arrive.* Er kam als Zweiter. ◇ *the second-largest city* die zweitgrößte Stadt ◇ *second to none* unübertroffen ◇ *a second home in France* ein Ferienhaus in Frankreich ◇ *English as a second language* Englisch als Zweitsprache [IDM] ⇒ THOUGHT² ☞ *Hinweis bei* TESL ☞ *Beispiele bei* SECHSTE(R,S)

sec·ond² /'sekənd/ **1** *Adv* an zweiter Stelle ◇ *She came second in the marathon.* Sie wurde im Marathon Zweite. ◇ *He's a writer first and a scientist second.* Er ist in erster Linie Schriftsteller und erst dann Wissenschaftler. **2** zweitens

sec·ond³ /'sekənd/ *Nomen* **1** (*Abk* **sec.**) Sekunde ☞ *Siehe auch* SPLIT SECOND **2 seconds** [Pl] (*umgs*) zweite Portion ◇ *Seconds, anybody?* Will jemand noch Nachschlag? **3** [*meist* Pl] zweite Wahl **4** zweiter Gang **5** = SECOND CLASS (4) **6** Sekundant(in) [IDM] ⇒ JUST¹ *und* WAIT¹

sec·ond⁴ /'sekənd/ *Verb* (*Antrag*) unterstützen ◇ (*umgs*) *'Thank God that's finished.' 'I'll second that!'* „Gott sei Dank ist das vorbei." „Das kannst du laut sagen." ☞ *Hinweis bei* SECONDER

se·cond⁵ /sɪ'kɒnd; *AmE* -'kɑ:nd/ *Verb* (*meist passiv*) (*bes BrE*) vorübergehend versetzen

sec·ond·ary /'sekəndri; *AmE* -deri/ *Adj* **1** zweitrangig **2** (*Adv* **sec·ond·ar·ily** /ˌsekən'derəli; *AmE* ˌsekən'derəli/) sekundär ◇ *a secondary effect* ein Nebeneffekt ◇ *secondary* *smoking* passives Rauchen **3** *nur vor Nomen* ◊ *children at secondary school* Schüler der Sekundarstufe ◊ *secondary teachers* Lehrer der Sekundarstufe ☞ *Hinweis bei* SECONDARY EDUCATION

,secondary edu'cation *Nomen* (*bes BrE*) höhere Schulbildung ◊ *primary and secondary education* Ausbildung an Grund- und weiterführenden Schulen ◊ *children in secondary education* Kinder an weiterführenden Schulen

> In Großbritannien gehen die Kinder im Alter von fünf Jahren (oder etwas darunter) zur **primary school**. Mit elf Jahren (in **year 7**) wechseln sie zu einer weiterführenden Schule, einer **secondary school**. Bis in die 70er-Jahre war dies entweder die **grammar school** oder die **secondary modern school**. Eine Prüfung (das **eleven plus**) entschied, zu welcher dieser Schulen ein Kind geschickt wurde. Als das **comprehensive system** eingeführt wurde, wurde die Prüfung abgeschafft, und heute gehen die Kinder fast überall in Großbritannien zu **comprehensive schools**. Manche Schulen haben **sixth forms**, in denen die Schüler ihre **A levels** ablegen können, an anderen werden nur Kinder bis zu 16 Jahren unterrichtet. Wer danach noch seine **A levels** machen möchte, geht auf ein **sixth form college**. In den USA besuchen die Kinder im Alter von sechs bis elf Jahren die **elementary school**, danach bis fünfzehn die **junior high school** und anschließend die **senior high school**.

,secondary 'modern *Nomen* in Großbritannien (besonders bis in die 70er-Jahre) eine Schule für Jugendliche von 11 bis 16 Jahren ☞ *Hinweis bei* SECONDARY EDUCATION

'secondary school *Nomen* weiterführende Schule ☞ *Hinweis bei* SECONDARY EDUCATION

,secondary 'stress *Nomen* (LING) Nebenakzent

,second 'best **1** *Adj* zweitbeste(r,s) ◊ *come off second best* den Kürzeren ziehen **2** *Nomen* Zweitbeste(r,s) ◊ *Don't accept second best.* Gib dich nicht mit halben Sachen zufrieden.

,second 'chamber *Nomen* zweite Kammer

,second 'class *Nomen* **1** zweite Klasse ◊ *travel in second class* zweiter Klasse fahren **2** (*BrE*) = Zweite-Klasse-Post ☞ *Hinweis bei* FIRST CLASS¹ (1) **3** (*AmE*) = in den USA das System, Zeitungen und Zeitschriften mit der Post zu verschicken **4** (*auch* **second**) = zweitbeste Note für einen Universitätsabschluss, oft unterteilt in **upper second** und **lower second class** ☞ *Hinweis bei* FIRST CLASS¹ (2)

,second-'class¹ *Adv* zweiter Klasse ◊ *send a letter second-class* einen Brief zweiter Klasse abschicken ☞ *Hinweis bei* FIRST CLASS¹ (1)

,second-'class² *Adj* **1** zweiter Klasse ◊ *second-class citizens* Bürger zweiter Klasse ☞ *Hinweis bei* FIRST CLASS¹ (1) **2** zweitklassig **3** (*AmE*) = per Zeitungspost **4** (*BrE*) (*Examensnote an britischen Universitäten*) ☞ *Hinweis bei* FIRST CLASS¹ (1) *und* DEGREE

,second 'cousin *Nomen* Cousin/Kusine zweiten Grades

,second-de'gree *Adj* **1** (*bes AmE*) = bezeichnet ein kriminelles Vergehen, das weniger schwerwiegend ist als ein **first-degree crime** ◊ *second-degree murder* Totschlag ◊ *second-degree assault* einfache Körperverletzung **2** (*Verbrennung*) zweiten Grades

sec·ond·er /'sekəndə(r)/ *Nomen* Befürworter(in)

> In Sitzungen und Debatten gibt es in Großbritannien in der Regel eine(n) Antragsteller(in) (**proposer**), der/die ein Thema oder einen Antrag zur Debatte stellt (**propose a motion**). Der Antrag wird von einer zweiten Person (**seconder**) unterstützt (**second a motion**). Diese beiden Sprecher führen Argumente an, warum der Antrag angenommen (**carried/passed**) werden sollte, und zwei weitere Sprecher beziehen Position gegen den Antrag (**oppose the motion**).

,second-'guess *Verb* **1** vorhersagen **2** (*bes AmE*) im Nachhinein verurteilen

'second hand *Nomen* Sekundenzeiger

,second-'hand *Adj, Adv* **1** gebraucht, aus zweiter Hand ◊ *a second-hand bookshop* ein Antiquariat **2** (*AmE*) (*Rauch, Rauchen*) passiv

,second 'home *Nomen* **1** Zweitwohnung, Ferienhaus **2** [*Sing*] zweites Zuhause

,second in com'mand *Nomen* Stellvertreter(in), stellvertretende(r) Kommandant(in)

,second 'language *Nomen* Zweitsprache

,second lieu'tenant *Nomen* ≈ Leutnant(in)

sec·ond·ly /'sekəndli/ *Adv* zweitens

'second name *Nomen* (*bes BrE*) **1** Nachname **2** zweiter Vorname

,second 'nature *Nomen* **become ~ (to sb)** (jdm) zur zweiten Natur werden; **be ~ (to sb)** (jdm) in Fleisch und Blut übergegangen sein

the ,second 'person *Nomen* (LING) die zweite Person

,second-'rate *Adj* zweitklassig

,second 'sight *Nomen* das zweite Gesicht

,second 'string *Nomen* Reservespieler(in), Reservemannschaft

,second 'wind *Nomen* (*umgs*) (neuer) Auftrieb

se·crecy /'si:krəsi/ *Nomen* Geheimhaltung, Verschwiegenheit ◊ *The whole affair is still shrouded in secrecy.* Die ganze Sache ist noch immer geheim.

se·cret¹ /'si:krət/ *Adj* **1** geheim, Geheim- ◊ *He tried to keep it secret from his family.* Er versuchte, es vor seiner Familie geheim zu halten. **2** *nur vor Nomen* heimlich ◊ *He's a secret drinker.* Er trinkt heimlich. **3** **~ (about sth)** geheimnisvoll ◊ *They were so secret about everything.* Sie taten so geheimnisvoll mit allem. SYN SECRETIVE

se·cret² /'si:krət/ *Nomen* Geheimnis ◊ *He made no secret of his ambition.* Er machte kein Hehl aus seinem Ehrgeiz. ◊ *Careful planning is the secret of success.* Sorgfältige Planung ist ein sicherer Weg zum Erfolg. ◊ *She still looks so young. What's her secret?* Sie sieht noch immer so jung aus. Wie macht sie das nur? IDM **in 'secret** im Geheimen

,secret 'agent (*auch* **agent**) *Nomen* Geheimagent(in) SYN SPY

sec·re·tar·ial /,sekrə'teəriəl; *AmE* -'ter-/ *Adj* Sekretariats-, Sekretärinnen-, Sekretärs- ◊ *secretarial work* Büroarbeit

sec·re·tar·iat /,sekrə'teəriət, -iæt; *AmE* -'ter-/ *Nomen* Sekretariat (*einer großen internationalen oder politischen Organisation*)

sec·re·tary /'sekrətri; *AmE* -teri/ *Nomen* (*Pl* **-ies**) (*Abk* **Sec.**; *AmE* **Secy.**) **1** Sekretär(in) ◊ *He's a legal secretary.* Er ist Rechtsanwaltsgehilfe. **2** **Secretary** (*BrE*) = SECRETARY OF STATE **3** (*AmE*) Minister(in) ◊ *Secretary of the Treasury* Finanzminister(in) **4** Schriftführer(in), Geschäftsführer(in) (*eines Vereins etc.*) ◊ *She's the membership secretary.* Sie führt das Mitgliederregister. **5** Staatssekretär(in); (*Vertreter des Botschafters*) Legationsrat, -rätin

,Secretary 'General *Nomen* Generalsekretär(in)

,Secretary of 'State *Nomen* **1** (*auch* **Sec·re·tary**) (*in GB*) Minister(in) ☞ *Hinweis bei* MINISTER OF STATE **2** (*in den USA*) Außenminister(in)

se·crete /sɪ'kri:t/ *Verb* **1** absondern **2** **~ sth (in sth)** (*gehoben*) etw (in etw) verbergen

se·cre·tion /sɪ'kri:ʃn/ *Nomen* **1** (*Fachspr*) Absonderung, Sekretion **2** [*meist Pl*] Sekret

se·cret·ive /'si:krətɪv/ *Adj* (*Adv* **se·cret·ive·ly**) verschlossen, geheimnistuerisch ◊ *He's very secretive about his work.* Er tut sehr geheimnisvoll mit seiner Arbeit.

se·cret·ly /'si:krətli/ *Adv* heimlich, insgeheim

,secret po'lice *Nomen* Geheimpolizei ☞ G 1.3a

,secret 'service *Nomen* Geheimdienst

sect /sekt/ *Nomen* Sekte

sect·ar·ian /sek'teəriən; *AmE* -'ter-/ *Adj* (*oft abwert*) konfessionell begründet, Konfessions- ◊ *sectarian violence* konfessionell motivierte Gewalt ◊ *the sectarian divide in Northern Ireland* die Kluft zwischen den Konfessionen in Nordirland

sect·ar·ian·ism /sek'teəriənɪzəm; *AmE* -'ter-/ *Nomen* (*oft abwert*) Sektierertum

sec·tion¹ /'sekʃn/ *Nomen* **1** Teil(stück) ◊ *That section of the road is still closed.* Der Teil der Strecke ist noch gesperrt. **2** (Einzel)teil, (Bau)element **3** (An)teil, Gruppe ◊ *the woodwind section of an orchestra* die Holzbläser eines Orchesters **4** Abschnitt ◊ *the sports section of the paper* der Sportteil der Zeitung **5** (RECHT) Paragraph **6** Abteilung **7**

section

(Archit, Med) Schnitt ◊ *The architect drew the house in section.* Der Architekt zeichnete einen Schnitt des Hauses. **8** (Med) Gewebeprobe

sec·tion² /'sekʃn/ *Verb* **1** (Med) einen Schnitt machen durch **2** (Biol) Gewebeschnitte machen **3** (*oft passiv*) (*BrE*) (in die Psychiatrie) zwangseinweisen PHR V **sec·tion sth 'off** etw abtrennen, etw absperren

sec·tion·al /'sekʃənl/ *Adj* **1** Gruppen-, partikularistisch **2** Sektions-, Teil- ◊ *sectional heads* Gruppenleiter **3** zerlegbar, zusammensetzbar **4** im Querschnitt

sec·tor /'sektə(r)/ *Nomen* **1** Sektor, Bereich **2** (*Gebiet*) Abschnitt, Sektor **3** Kreisausschnitt

secu·lar /'sekjələ(r)/ *Adj* **1** weltlich, profan **2** Welt-

secu·lar·ism /'sekjələrɪzəm/ *Nomen* (*Fachspr*) Säkularismus

secu·lar·ist /'sekjələrɪst/ *Adj* säkularistisch

secu·lar·iza·tion (*BrE auch* **-isation**) /ˌsekjələraɪ'zeɪʃn; *AmE* -rə'z-/ *Nomen* Verweltlichung, Säkularisierung

secu·lar·ize (*BrE auch* **-ise**) /'sekjələraɪz/ *Verb* (*meist passiv*) verweltlichen, säkularisieren

se·cure¹ /sɪ'kjʊə(r); *AmE* sə'kjʊr/ *Adj* **1** sicher, geborgen ◊ *secure in the knowledge that ...* in dem sicheren Bewusstsein, dass ... ◊ *They feel secure about the future.* Sie können der Zukunft mit Zuversicht entgegensehen. OPP INSECURE **2** gesichert, sicher ◊ *a secure job* ein sicherer Arbeitsplatz SYN SAFE OPP INSECURE **3** ~ (**against/from sth**) (vor etw) geschützt OPP INSECURE **4** (*Adv* **se·cure·ly**) (einbruchs)sicher, fest verschlossen ◊ *She locked the door securely behind her.* Sie schloss die Tür fest hinter sich zu. **5** (*Psychiatrie, Gefängnis*) geschlossen ◊ *She was in secure accommodation.* Sie befand sich in Sicherheitsverwahrung. **6** (*Adv* **se·cure·ly**) fest, stabil ◊ *The aerial doesn't look very secure to me.* Die Antenne sieht nicht so aus, als sei sie richtig befestigt. ◊ *a secure basis for future developments* eine solide Grundlage für zukünftige Entwicklungen SYN FIRM OPP INSECURE

se·cure² /sɪ'kjʊə(r); *AmE* sə'kjʊr/ *Verb* **1** (*gehoben*) ~ **sth** sich etw sichern; ~ **sth for sb/sth**; ~ **sb sth** etw für jdn/etw sichern ◊ *She secured 2 000 votes.* Sie gewann 2 000 Stimmen. **2** ~ **sth** (**to sth**) etw (an etw) befestigen ◊ *She secured the rope firmly to the back of the car.* Sie befestigte das Seil sicher am Heck des Wagens. ◊ *The tables on board were secured firmly to the floor.* Die Tische an Bord waren fest am Boden verschraubt. **3** ~ **sth** (**against sth**) etw (gegen etw) (ab)sichern ◊ *secure a property against intruders* ein Gebäude vor Eindringlingen schützen **4** (*Darlehen*) absichern

se·cur·ity /sɪ'kjʊərəti; *AmE* sə'kjʊr-/ *Nomen* (*Pl* **-ies**) **1** Sicherheit(smaßnahmen) ◊ *The visit took place amidst tight security.* Der Besuch fand unter strengen Sicherheitsvorkehrungen statt. ◊ *a security video* ein Überwachungsvideo **2** Geborgenheit, Sicherheit ◊ *Job security is a thing of the past.* Sichere Arbeitsplätze gehören der Vergangenheit an. **3** Sicherheit (*für ein Darlehen etc.*) **4** Sicherheitsdienst ☛ G 1.3c **5 securities** [Pl] (Finanz) Wertpapiere

se'curity guard *Nomen* Wachmann, -frau

Se'curity Service *Nomen* Geheimdienst

Secy. *Abk* (*AmE*) = SECRETARY

sedan /sɪ'dæn/ *Nomen* (*AmE*) Limousine

se͵dan 'chair *Nomen* Sänfte

sed·ate¹ /sɪ'deɪt/ *Adj* (*Adv* **sed·ate·ly**) **1** ruhig, gemächlich SYN UNHURRIED **2** geruhsam, beschaulich **3** (*Mensch*) gesetzt, bedächtig

sed·ate² /sɪ'deɪt/ *Verb* **be sedated** ruhig gestellt sein, sediert sein

sed·ation /sɪ'deɪʃn/ *Nomen* Ruhigstellung (*mit Beruhigungsmitteln*) ◊ *be under sedation* sediert sein

seda·tive /'sedətɪv/ **1** *Nomen* Beruhigungsmittel **2** *Adj* beruhigend

sed·en·tary /'sedntri; *AmE* -teri/ *Adj* sitzend ◊ *a sedentary lifestyle* eine Lebensweise, bei der man viel sitzt

sedge /sedʒ/ *Nomen* Riedgras

sedi·ment /'sedɪmənt/ *Nomen* **1** (Boden)satz **2** (Geol) Ablagerung, Sediment

sedi·ment·ary /ˌsedɪ'mentri/ *Adj* sedimentär, Sediment-

sedi·men·ta·tion /ˌsedɪmen'teɪʃn/ *Nomen* Sedimentation, Ablagerung

se·di·tion /sɪ'dɪʃn/ *Nomen* (*gehoben*) Volksverhetzung, Aufwiegelung ◊ *be charged with sedition* wegen Aufruhrs angeklagt sein

se·di·tious /sɪ'dɪʃəs/ *Adj* aufwieglerisch, aufrührerisch ◊ *seditious activity* Volksverhetzung

se·duce /sɪ'djuːs; *AmE* -'duːs/ *Verb* **1** verführen **2** ~ **sb** (**into sth**) jdn (zu etw) verleiten

se·du·cer /sɪ'djuːsə(r); *AmE* sɪ'duːsə(r)/ *Nomen* Verführer(in)

se·duc·tion /sɪ'dʌkʃn/ *Nomen* **1** Verführung **2** [meist Pl] Verlockung

se·duc·tive /sɪ'dʌktɪv/ *Adj* (*Adv* **se·duc·tive·ly**) **1** verführerisch **2** verlockend

se·duc·tress /sɪ'dʌktrəs/ *Nomen* Verführerin

see¹ /siː/ *Verb* (**saw** /sɔː/ **seen** /siːn/) **1** sehen ◊ *She was seen running away.* Sie ist gesehen worden, wie sie davonlief. ◊ *I saw you put the key in your pocket.* Ich habe gesehen, wie Sie den Schlüssel in die Tasche gesteckt haben. ◊ *He was seen to enter the building about the time the crime was committed.* Er wurde etwa zur Tatzeit beim Betreten des Gebäudes gesehen. ◊ *I don't know what she sees in him.* Ich weiß nicht, was sie an ihm findet. ☛ *Hinweis bei* SEHEN **2** (*selten in der Verlaufsform*) (an)sehen ◊ *In the evening we went to see a movie.* Abends gingen wir ins Kino. **3 come/go and ~ sb** jdn besuchen **4** ~ **sb** (**about sth**) jdn (wegen einer Sache) aufsuchen, jdn (wegen einer Sache) sprechen ◊ *You ought to see a doctor about that cough.* Du solltest mit deinem Husten mal zum Arzt gehen. **5** empfangen ◊ *The manager can only see you for five minutes.* Der Geschäftsführer hat nur fünf Minuten Zeit für Sie. **6** (*oft in der Verlaufsform*) sehen, treffen ◊ *Are you seeing anyone?* Bist du mit jemandem zusammen? ◊ *They've been seeing a lot of each other recently.* Sie haben sich in letzter Zeit oft getroffen. **7** (*selten in der Verlaufsform*) einsehen, verstehen ◊ *He didn't see the joke.* Er verstand nicht, was daran so komisch war. ◊ *I don't think she saw the point of the story.* Ich glaube nicht, dass sie verstanden hat, worum es in der Geschichte ging. ◊ *'It opens like this.' 'Oh, I see.'* „Es geht so auf." „Ach so." ◊ *'Can we go swimming?' 'I don't see why not.'* „Können wir schwimmen gehen?" „Ja, warum nicht?" ◊ *I don't see that it matters what Josh thinks.* Für mich spielt es keine Rolle, was Josh denkt. ◊ *make sb see sense/reason* jdn zur Vernunft bringen **8** (*selten in der Verlaufsform*) sehen, betrachten ◊ *as I see it* meiner Ansicht nach **9** ~ **sb/sth** (**as sth**) (*nicht in der Verlaufsform*) sich jdn/etw (als etw) vorstellen ◊ *I can't see her changing her mind.* Ich kann mir nicht vorstellen, dass sie ihre Meinung ändert. **10 go and ~** nachsehen **11** (**wait and**) ~ abwarten, sehen ◊ *I'll see what I can do to help.* Mal sehen, wie ich ihnen helfen kann. **12** (*selten in der Verlaufsform*) zusehen ◊ *See that all the doors are locked before you leave.* Achten Sie darauf, dass alle Türen verschlossen sind, wenn Sie gehen. **13** (*nicht in der Verlaufsform*) erleben ◊ *These shoes have seen a lot of wear.* Diese Schuhe haben schon einiges mitgemacht. ◊ *She had seen it all before.* Sie kannte das alles schon. **14** (*nicht in der Verlaufsform*) = Zeitpunkt eines Geschehens sein ◊ *That year saw the bicentenary of Schubert's birth.* In diesem Jahr wurde der 200ste Geburtstag Schuberts begangen. **15** (*nicht in der Verlaufsform*) Schauplatz sein ◊ *This stadium has seen many thrilling football games.* Dieses Stadion war bereits Schauplatz zahlreicher spannender Fußballspiele. SYN WITNESS **16** begleiten, bringen ◊ *I saw the old lady across the road.* Ich half der alten Dame über die Straße.

IDM **for all (the world) to 'see** für alle sichtbar; vor aller Augen, in aller Öffentlichkeit **see sth 'coming** etw kommen sehen ͵**see for your'self** sich selbst überzeugen **see sb/sth for what they 'are/it 'is** den wahren Charakter von jdm/etw erkennen **seeing that ...** (*umgs* **seeing as** (**how**) **...**) da, in Anbetracht der Tatsache, dass ... ͵**see you** (**a'round**); (**I'll**) **be 'seeing you**; ͵**see you 'later** (*umgs*) bis bald **you 'see** (*umgs*) (*einer Erklärung nachgestellt*) nämlich ◊ *Can we meet on Tuesday? I play tennis on Mondays, you see.* Können wir uns am Dienstag treffen? Montags spiele ich nämlich Tennis. ☛ Für andere Redewendungen mit **see** siehe die Einträge für die Nomina, Adjektive etc. **See the light** z.B. steht unter **light**.

PHR V ͵**'see about sth** sich um etw kümmern ◊ *I'll have to see about getting that roof repaired.* Ich muss mich darum kümmern, dass das Dach repariert wird. ◊ *He says* he won't help, does he? Well, we'll soon see about that. Er will also nicht helfen, sagt er? Na, das werden wir ja sehen. ˌsee sb ˈoff 1 jdn verabschieden 2 jdn verjagen 3 (SPORT) jdn erledigen, jdn abhängen ˌsee sb ˈout jdn hinausbegleiten ◊ Can you see yourself out? Finden Sie allein hinaus? ˌsee sth ˈout (nicht in der Verlaufsform) ◊ We have enough fuel to see the winter out. Wir haben genug Brennstoff, um über den Winter zu kommen. ◊ He will see out his career in Italy. Er wird bis zu seiner Pensionierung in Italien bleiben. ˌsee ˈover sth (Haus etc.) sich etw ansehen ˌsee ˈthrough sb/sth (nicht in der Verlaufsform) jdn/etw durchschauen ˌsee sth ˈthrough (selten in der Verlaufsform) etw zu Ende bringen ☛ G 9.7c ˌsee sb ˈthrough (nicht in der Verlaufsform) jdn durchbringen ◊ Her courage and good humour saw her through. Ihr Mut und ihre gute Laune haben ihr über alles hinweggeholfen. see sb through sth (nicht in der Verlaufsform) ◊ I only have $20 to see me through the week. Ich habe nur 20$; die müssen für den Rest der Woche reichen. ˌsee to ˈsth, ˌsee to ˈit, ˌsee to it that ... dafür sorgen, dass ... ◊ See to it that you're ready on time! Sieh zu, dass du rechtzeitig fertig bist!

see² /siː/ Nomen (gehoben) = Sitz eines Bischofs oder Erzbischofs ◊ the Holy See der Heilige Stuhl

seed¹ /siːd/ Nomen 1 Samen ◊ sunflower seeds Sonnenblumenkerne ◊ seed potatoes Saatkartoffeln 2 (AmE) Kern 3 [meist Pl] Keim ◊ This planted the seeds of doubt in my mind. Das hat Zweifel in mir aufkommen lassen. 4 (SPORT) gesetzte(r) Spieler(in) 5 (veraltet oder hum) (Sperma) Samen 6 (gehoben) Nachkommen, Same [IDM] go/run to ˈseed 1 (Pflanzen) schießen 2 herunterkommen

seed² /siːd/ Verb 1 Samen bilden 2 ~ itself sich aussäen 3 (meist passiv) säen, ~ sth with sth etw mit etw besäen ◊ a newly seeded lawn ein frisch gesäter Rasen 4 (meist passiv) setzen (SPORT)

ˈseed·bed Nomen /ˈsiːdbed/ 1 Saatbeet 2 (fig) Brutstätte
ˈseed cake Nomen Kümmelkuchen
ˈseed corn Nomen 1 Saatkorn, Saatgetreide 2 (fig) Zukunftskapital
ˈseed·ed /ˈsiːdɪd/ Adj 1 (SPORT) gesetzt 2 entkernt, kernlos
ˈseedi·ness /ˈsiːdinəs/ Nomen Zwielichtigkeit
ˈseed·less /ˈsiːdləs/ Adj kernlos
ˈseed·ling /ˈsiːdlɪŋ/ Nomen Sämling
ˈseed money Nomen Anfangskapital, Startkapital
ˈseed pearl Nomen Zuchtperle
seedy /ˈsiːdi/ Adj (seed·ier, seedi·est) (abwert) 1 zwielichtig 2 schäbig
ˌSeeing ˈEye dog™ Nomen (AmE) Blindenhund
seek /siːk/ Verb (sought, sought /sɔːt/) (gehoben) ~ (for sb/sth) (nach jdm/etw) suchen [IDM] seek your ˈfortune (gehoben) sein Glück suchen [PHRV] ˌseek sb/sth ˈout jdn/etw ausfindig machen
ˈseek·er /ˈsiːkə(r)/ Nomen (oft in Zusammensetzungen) Sucher(in), Suchende(r)
seem /siːm/ Verb (nicht in der Verlaufsform) 1 scheinen, erscheinen ◊ I can't seem to get started today. Heute komme ich scheinbar nicht auf Touren. 2 it seems; it would ~ es sieht so aus ◊ It seems only reasonable to ask students to buy a dictionary. Es ist wohl angemessen, von den Studenten zu verlangen, dass sie ein Wörterbuch kaufen. ☛ Hinweis bei SUGGEST (2)
ˈseem·ing /ˈsiːmɪŋ/ Adj nur vor Nomen (gehoben) scheinbar
ˈseem·ing·ly /ˈsiːmɪŋli/ Adv 1 scheinbar 2 anscheinend [SYN] APPARENTLY
ˈseem·ly /ˈsiːmli/ Adj (veraltet oder gehoben) schicklich
seen Form von SEE¹
seep /siːp/ Verb sickern
ˈseep·age /ˈsiːpɪdʒ/ Nomen [meist Pl] Versickern, oil seepages Öllaustritte
seer /sɪə(r)/; AmE sɪr/ Nomen Seher(in)
ˈseer·suck·er /ˈsɪəsʌkə(r)/; AmE ˈsɪrs-/ Nomen Seersucker
ˈsee-saw¹ /ˈsiː sɔː/ Nomen 1 Wippe 2 Auf und Ab
ˈsee-saw² /ˈsiː sɔː/ Verb schwanken
seethe /siːð/ Verb 1 ~ (with etw) schäumen ◊ She seethed silently in the corner. Sie saß wütend in der Ecke. [SYN] FUME 2 ~ (with sth) (gehoben) (von etw) wimmeln ◊ a seething mass of arms and legs ein Gewimmel von Armen und Beinen 3 (gehoben) brodeln

ˈsee-through Adj durchsichtig
seg·ment¹ /ˈsegmənt/ Nomen Segment, Teil
seg·ment² /seg'ment/ Verb (oft passiv) aufteilen ◊ The worm has a segmented body. Der Wurm hat einen aus Segmenten bestehenden Körper.
seg·men·ta·tion /ˌsegmen'teɪʃn/ Nomen Unterteilung; (BIOL) Zellteilung
seg·re·gate /ˈsegrɪgeɪt/ Verb trennen, segregieren ◊ a racially segregated society eine Gesellschaft der Rassentrennung
seg·re·ga·tion /ˌsegrɪ'geɪʃn/ Nomen Segregation, Trennung ◊ racial segregation Rassentrennung
seg·re·ga·tion·ist /ˌsegrɪ'geɪʃənɪst/ 1 Nomen Befürworter(in) der Rassentrennung 2 Adj die Rassentrennung befürwortend ◊ segregationist policies Politik der Rassentrennung
segue /ˈsegweɪ/ Verb übergehen
seis·mic /ˈsaɪzmɪk/ Adj seismisch
seis·mo·graph /ˈsaɪzməgrɑːf/; AmE -græf/ Nomen Seismograph
seis·mo·logi·cal /ˌsaɪzmə'lɒdʒɪkl/; AmE -'lɑːdʒ-/ Adj seismologisch
seis·molo·gist /saɪz'mɒlədʒɪst/; AmE -'mɑːl-/ Nomen Seismologe, Seismologin
seis·mol·ogy /saɪz'mɒlədʒi/; AmE -'mɑːl-/ Nomen Seismologie
seize /siːz/ Verb 1 ergreifen, packen ◊ She tried to seize the gun from him. Sie versuchte, ihm das Gewehr wegzunehmen. ◊ The army has seized control of the country. Die Armee hat im Land die Kontrolle übernommen. ◊ They seized the airport in a surprise attack. Bei einem Überraschungsangriff haben sie den Flughafen eingenommen. 2 festnehmen 3 beschlagnahmen [PHRV] ˈseize on/upon sth sich auf etw stürzen ˌseize ˈup klemmen; (Motor) versagen ◊ If I sit down for too long, my legs begin to seize up. Wenn ich zu lange sitze, werden meine Beine ganz steif.
seiz·ure /ˈsiːʒə(r)/ Nomen 1 Beschlagnahmung 2 Ergreifung 3 (veraltet) Anfall
sel·dom /ˈseldəm/ Adv selten [SYN] RARELY
se·lect¹ /sɪ'lekt/ Verb 1 (aus)wählen ◊ He hasn't been selected for the team. Man hat ihn nicht für die Mannschaft aufgestellt. ◊ a randomly selected sample eine Stichprobe 2 (Mannschaft) aufstellen
se·lect² /sɪ'lekt/ Adj 1 nur vor Nomen auserlesen, auserwählt 2 exklusiv [SYN] EXCLUSIVE
seˌlect comˈmittee Nomen (BrE) Sonderausschuss
se·lec·tion /sɪ'lekʃn/ Nomen 1 Auswahl 2 (Mannschaft) Aufstellung
se·lect·ive /sɪ'lektɪv/ Adj (Adv se·lect·ive·ly) selektiv ◊ selective strike action punktuelle Streiks ◊ Their admissions policy is very selective. Sie haben ein sehr strenges Zulassungsverfahren. ◊ The product will be selectively marketed. Das Erzeugnis wird gezielt vermarktet werden. ◊ We've got to be more selective. Wir müssen bei der Auswahl kritischer sein.
se·lect·iv·ity /səˌlek'tɪvəti/ Nomen Selektivität
se·lect·or /sɪ'lektə(r)/ Nomen 1 (BrE) = jd, der eine Mannschaft aufstellt 2 Schalter ◊ a selector lever ein Schalthebel ◊ a selector switch ein Wahlschalter
sel·en·ium /sɪ'liːniəm/ Nomen Selen
self /self/ Nomen (Pl selves /selvz/) Selbst, Ich ◊ You'll soon be feeling your old self again. Du wirst bald wieder der Alte sein. ◊ He's not his usual happy self this morning. Heute Morgen ist er nicht gut drauf. ◊ Her spiteful remark revealed her true self. Ihre gehässige Bemerkung hat ihr eigentliches Wesen gezeigt. ◊ his private self seine private Seite [IDM] be a shadow/ghost of your former ˈself ein Schatten seiner selbst sein
ˌself-abˈsorbed Adj mit sich selbst beschäftigt, selbstversunken
ˌself-abˈsorp·tion Nomen Selbstversunkenheit
ˌself-ˈaccess Nomen Selbststudium
ˌself-adˈhesive Adj selbstklebend
ˌself-adˈvertise·ment Nomen Reklame in eigener Sache

self-analysis

‚self-a'nalysis *Nomen* Selbstanalyse
‚self-ap'point·ed *Adj* (*abwert*) selbst ernannt
‚self-ap'prais·al *Nomen* Selbstbeurteilung
‚self-as'sembly *Nomen* (*BrE*) Selbstmontage
‚self-as'sertion *Nomen* Selbstbehauptung
‚self-as'sert·ive *Adj* selbstbewusst
‚self-as'sert·ive·ness *Nomen* Selbstbewusstsein, Durchsetzungsvermögen
‚self-as'sess·ment *Nomen* **1** Selbstbeurteilung **2** (*BrE*) (FINANZ) Selbstveranlagung
‚self-as'surance *Nomen* Selbstbewusstsein
‚self-as'sured *Adj* selbstbewusst [SYN] CONFIDENT
‚self-a'ware *Adj* sich seiner selbst bewusst
‚self-a'wareness *Nomen* Selbsterkenntnis
‚self-'catering **1** *Nomen* (*BrE*) Selbstverpflegung ◊ *All prices are based on a week's self-catering.* Alle Preise sind für eine Woche Unterkunft mit Selbstverpflegung. **2** *Adj* (*BrE*) mit Selbstverpflegung
‚self-'centred (*AmE* ‚self-'centered) *Adj* (*abwert*) egozentrisch
‚self-'centred·ness (*AmE* ‚self-'centered·ness) *Nomen* Egozentrik
‚self-con'fessed *Adj* nur vor Nomen erklärt ◊ *He was a self-confessed killer.* Er war nach eigener Aussage ein Mörder.
‚self-'confidence *Nomen* Selbstbewusstsein, Selbstvertrauen
‚self-'confident *Adj* selbstsicher, selbstbewusst [SYN] SELF-ASSURED *und* CONFIDENT
‚self-congratu·'la·tion *Nomen* (*meist abwert*) Eigenlob, Selbstgefälligkeit
‚self-con'gratu·la·tory *Adj* (*meist abwert*) selbstgefällig
‚self-'conscious *Adj* **1** ~ (**about sth**) gehemmt (wegen einer Sache), befangen (wegen einer Sache) ◊ *He's always been self-conscious about being so short.* Er hatte schon immer einen Komplex, weil er so klein ist. **2** (*abwert*) bewusst, beabsichtigt
‚self-'consciously *Adv* **1** verlegen **2** bewusst
‚self-'conscious·ness *Nomen* **1** Verlegenheit **2** Bewusstheit
‚self-con'tained *Adj* **1** selbstgenügsam **2** unabhängig ◊ *Each chapter is self-contained.* Jedes Kapitel ist in sich abgeschlossen. **3** (*BrE*) (*mit eigenem Eingang*) abgeschlossen
‚self-contra'diction *Nomen* Widerspruch (in sich selbst), innerer Widerspruch
‚self-contra'dict·ory *Adj* (in sich selbst) widersprüchlich
‚self-con'trol *Nomen* Selbstbeherrschung
‚self-con'trolled *Adj* selbstbeherrscht
‚self-'critical *Adj* selbstkritisch
‚self-'criticism *Nomen* Selbstkritik
‚self-de'ception *Nomen* Selbsttäuschung, Selbstbetrug
‚self-de'feat·ing *Adj* das Gegenteil bewirkend
‚self-de'fence (*AmE* ‚self-de'fense) *Nomen* **1** Notwehr **2** Selbstverteidigung
‚self-de'lusion *Nomen* Selbsttäuschung
‚self-de'nial *Nomen* Verzicht, Selbstverleugnung
‚self-'deprecat·ing *Adj* **1** sich selbst herabwürdigend **2** bescheiden
‚self-depre'ca·tion *Nomen* **1** Selbstherabwürdigung **2** Bescheidenheit
‚self-de'struct *Verb* sich selbst zerstören
‚self-de'struc·tion *Nomen* Selbstzerstörung
‚self-de'structive *Adj* selbstzerstörerisch
‚self-de‚termi'n·ation *Nomen* Selbstbestimmung
‚self-'discip·line *Nomen* Selbstdisziplin
‚self-'doubt *Nomen* Selbstzweifel
‚self-'drive *Adj* nur vor Nomen (*BrE*) **1** ~ **car** Mietauto **2** ~ **holiday** Ferienreise mit dem eigenen Auto
‚self-'educated *Adj* autodidaktisch
‚self-ef'face·ment *Nomen* Zurückhaltung
‚self-ef'facing *Adj* zurückhaltend [SYN] MODEST

‚self-em'ployed *Adj* (*nicht angestellt*) selbstständig ◊ *a self-employed musician* ein freischaffender Musiker
‚self-em'ploy·ment *Nomen* Selbstständigkeit
‚self-e'steem *Nomen* Selbstachtung
‚self-'evident *Adj* (*Adv* ‚self-'evident·ly) offensichtlich, offenkundig
‚self-ex‚ami'n·ation *Nomen* **1** Selbstprüfung **2** Selbstuntersuchung
‚self-ex'plana·tory *Adj* ohne weiteres verständlich
‚self-ex'pres·sion *Nomen* Selbstausdruck
‚self-ful'fil·ling *Adj* sich selbst erfüllend
‚self-ful'fill·ment (*BrE auch*) (*auch* ‚self-ful'fil·ment) *Nomen* Selbsterfüllung
‚self-'govern·ing *Adj* sich selbst verwaltend, autonom
‚self-'govern·ment *Nomen* Selbstverwaltung, Autonomie
‚self-'help¹ *Nomen* Selbsthilfe
‚self-'help² *Adj* nur vor Nomen Selbsthilfe-
‚self-'image *Nomen* Selbstbild
‚self-im'port·ance *Nomen* (*abwert*) Selbstgefälligkeit, Dünkelhaftigkeit
‚self-im'port·ant *Adj* (*Adv* ‚self-im'port·ant·ly) (*abwert*) selbstgefällig, dünkelhaft
‚self-im'posed *Adj* selbst auferlegt
‚self-in'duced *Adj* selbst verursacht
‚self-in'dulgence *Nomen* (*abwert*) **1** Zügellosigkeit **2** Selbstgefälligkeit
‚self-in'dulgent *Adj* (*abwert*) **1** zügellos **2** selbstgefällig
‚self-in'flict·ed *Adj* selbst beigebracht, selbst verschuldet
‚self-'interest *Nomen* (*abwert*) Eigeninteresse
‚self-'interest·ed *Adj* (*abwert*) eigennützig
'self·ish /'selfɪʃ/ *Adj* (*Adv* **self·ish·ly**) egoistisch, selbstsüchtig
'self·ish·ness /'selfɪʃnəs/ *Nomen* Egoismus, Selbstsucht
'self·less /'selfləs/ *Adj* (*Adv* **self·less·ly**) selbstlos
‚self-'made *Adj* aus eigener Kraft hochgearbeitet
‚self-muti'la·tion *Nomen* Selbstverstümmelung
‚self-o'pinion·ated *Adj* (*abwert*) rechthaberisch
‚self-'pity *Nomen* (*oft abwert*) Selbstmitleid
‚self-'pitying *Adj* (*oft abwert*) voller Selbstmitleid
‚self-'portrait *Nomen* Selbstporträt
‚self-pos'sessed *Adj* selbstbeherrscht
‚self-preser'va·tion *Nomen* Selbsterhaltung
‚self-pro'claimed *Adj* (*oft abwert*) selbst ernannt
‚self-raising 'flour *Nomen* (*BrE*) = Mehl, dem bereits Backpulver beigemischt ist
‚self-re'liance *Nomen* Selbstständigkeit
‚self-re'liant *Adj* selbstständig
‚self-re'spect *Nomen* Selbstachtung
‚self-re'spect·ing *Adj* nur vor Nomen (*meist in verneinten Sätzen*) anständig ◊ *No self-respecting journalist would ever work for that newspaper.* Kein Journalist, der etwas auf sich hält, würde je für diese Zeitung arbeiten.
‚self-re'straint *Nomen* Selbstbeherrschung
‚self-'righteous *Adj* (*Adv* ‚self-'righteous·ly) (*abwert*) selbstgerecht
‚self-'righteous·ness *Nomen* (*abwert*) Selbstgerechtigkeit
‚self-rising 'flour *Nomen* (*AmE*) = Mehl, dem bereits Backpulver beigemischt ist
‚self-'rule *Nomen* Selbstverwaltung
‚self-'sacrifice *Nomen* Selbstaufopferung
‚self-'sacrifi·cing *Adj* aufopfernd
'self·same /'selfseɪm/ *Adj* nur vor Nomen (*gehoben*) **the, this, etc. selfsame ...** der-/die-/dasselbe ...
‚self-satis'fac·tion *Nomen* Selbstzufriedenheit
‚self-'satisfied *Adj* (*abwert*) selbstzufrieden [SYN] SMUG
‚self-'seeking¹ *Adj* (*abwert*) selbstsüchtig
‚self-'seeking² *Nomen* (*abwert*) Selbstsucht
‚self-'service **1** *Adj* Selbstbedienungs- ◊ *a self-service restaurant* ein Selbstbedienungsrestaurant **2** *Nomen* Selbstbedienung
‚self-'serving *Adj* (*abwert*) eigennützig

self-'starter Nomen = jd der eigenständig arbeitet, Self-Starter
self-'styled Adj nur vor Nomen (abwert) selbst gekürt
self-suf'ficiency Nomen Unabhängigkeit
self-suf'ficient Adj unabhängig ◊ The country is totally self-sufficient in food production. Das Land deckt seinen Nahrungsmittelbedarf ganz allein.
self-sup'port·ing Adj finanziell unabhängig
self-'taught Adj autodidaktisch ausgebildet ◊ a self-taught artist ein Künstler, der Autodidakt ist
self-'willed Adj (abwert) eigensinnig
self-'worth Nomen Selbstwertgefühl
sell¹ /sel/ Verb (**sold**, **sold** /səʊld; AmE soʊld/) **1** verkaufen **2** sich verkaufen ◊ The magazine sells 300 000 copies a week. Die Zeitschrift hat pro Woche eine Auflage von 300 000 Stück. ◊ The pens sell for very little. Die Kugelschreiber kosten nur wenig. **3** für Absatz sorgen IDM **be 'sold on sth** (umgs) von etw begeistert sein **sell sb down the 'river** (umgs) jdn betrügen; jdn verschaukeln **sell sb/yourself 'short** sich/jdn unterschätzen **sell your 'soul (to the devil)** seine Seele (dem Teufel) verkaufen ☞ Siehe auch HOT¹ und PUP PHRV ,**sell sth 'off 1** etw abstoßen **2** etw verkaufen ,**sell 'out**; be ,**sold 'out** ausverkaufen, ausverkauft sein ◊ We've sold out of bread. Wir haben leider kein Brot mehr. ,**sell 'out (to sb/sth)** (abwert) sich (an jdn/etw) verkaufen ,**sell 'up** (bes BrE) seinen ganzen Besitz verkaufen, alles verkaufen
sell² /sel/ Nomen [Sing] (BrE, umgs) Betrug ☞ Siehe auch HARD SELL
'sell-by date Nomen (BrE) Haltbarkeitsdatum ◊ (fig) He is past his sell-by date. Er hat seine besten Tage hinter sich.

> Das **sell-by date** oder (AmE) **pull date** oder **expiration date** ist der letzte Tag, an dem Lebensmittel zum Verkauf angeboten werden dürfen. Bei manchen Frischwaren gibt es auch ein **use-by** oder **best before date**, nach dem sie nicht mehr genießbar oder weniger schmackhaft sind.

sell·er /'selə(r)/ Nomen **1** Verkäufer(in) **2 a good, poor, etc. ~** ein gut, schlecht etc. gehender (Verkaufs)artikel IDM **a ,seller's 'market** ein Verkäufermarkt ◊ It's a seller's market for today's job seekers. Arbeitssuchende sind zur Zeit auf dem Arbeitsmarkt im Vorteil.
'selling point Nomen Verkaufsanreiz
'selling price Nomen Verkaufspreis
'sell-off Nomen **1** (BrE) Verkauf **2** (AmE) = Verkauf einer großen Menge von Aktien an der Börse, der oft zu Kursstürzen führt
Sel·lo·tape™ /'seləteɪp/ Nomen Tesafilm®, Klebeband
sel·lo·tape /'seləteɪp/ Verb **~ sth (to sth)** etw mit Tesafilm (an etw) kleben
'sell-out Nomen [meist Sing] **1** ausverkaufte Veranstaltung **2** (Missachtung) Ausverkauf ◊ The workers see the deal as a union sell-out to management. Die Arbeiter sehen das Abkommen als Kapitulation.
selt·zer /'seltzə(r)/ Nomen Selterswasser
selves Form von SELF
se·man·tic /sɪ'mæntɪk/ Adj (Adv **se·man·tic·al·ly** /-kli/) semantisch
se·man·tics /sɪ'mæntɪks/ Nomen [U] (LING) Semantik
sema·phore¹ /'seməfɔː(r)/ Nomen Flaggenwinken
sema·phore² /'seməfɔː(r)/ Verb mit Winkerflaggen signalisieren
semb·lance /'sembləns/ Nomen (gehoben) Anschein
semen /'siːmen/ Nomen Samenflüssigkeit, Sperma
se·mes·ter /sɪ'mestə(r)/ Nomen Semester ☞ Hinweis bei SEMESTER, S. 1210
semi /'semi/ Nomen (Pl **semis**) (BrE, umgs) Doppelhaushälfte ☞ Hinweis bei EINFAMILIENHAUS
semi- /'semi/

> Die Vorsilbe **semi-** kann mit Adjektiven und Nomina verbunden werden und bedeutet „halb": semicircular halbkreisförmig ◊ semi-final Halbfinale

,**semi-auto'mat·ic 1** Adj halbautomatisch **2** Nomen halbautomatische Waffe

semi·breve /'semibriːv/ Nomen (bes BrE) (MUS) ganze Note
,**semi·circle** /'semisɜːkl; AmE -sɜːrkl/ Nomen Halbkreis ◊ a semicircle of chairs im Halbkreis aufgestellte Stühle
,**semi·cir·cu·lar** /,semi'sɜːkjələ(r); AmE -'sɜːrk-/ Adj halbkreisförmig
,**semi·colon** /,semi'kəʊlən; AmE 'semikoʊ-/ Nomen Semikolon, Strichpunkt
,**semi·con·duct·or** /,semikən'dʌktə(r)/ Nomen (TECH) Halbleiter
,**semi-de'tached 1** Adj (BrE) ◊ The house is semi-detached. Das ist eine Doppelhaushälfte. **2** Nomen Doppelhaushälfte ☞ Hinweis bei EINFAMILIENHAUS
,**semi-'final** Nomen Halbfinale
,**semi-'finalist** Nomen Halbfinalteilnehmer(in)
sem·inal /'semɪnl/ Adj **1** (gehoben) bedeutend **2** Samen-
sem·inar /'semɪnɑː(r)/ Nomen Seminar
sem·in·ar·ian /,semɪ'neəriən; AmE -'ner-/ Nomen Seminarist(in)
sem·in·ary /'semɪnəri; AmE -neri/ Nomen (Pl **-ies**) (Priester-, Prediger-, Rabbiner-) Seminar
semi·ot·ic /,semi'ɒtɪk/ Adj semiotisch
semi·ot·ics /,semi'ɒtɪks; AmE -'ɑːtɪks/ Nomen [U] Semiotik
,**semi-'precious** Adj Halbedel-
,**semi-pro'fes·sion·al 1** Adj halbprofessionell **2** Nomen Halbprofi
semi·quaver /'semikweɪvə(r)/ Nomen (bes BrE) (MUS) Sechzehntelnote
,**semi-'skilled** Adj angelernt
,**semi-'skimmed** Adj (BrE) (Milch) halbfett
Semite /'siːmaɪt, sem-/ Nomen Semit(in)
Sem·it·ic /sə'mɪtɪk/ Adj semitisch
semi·tone /'semitəʊn; AmE -toʊn/ Nomen (BrE) (MUS) Halbton
,**semi-'tropic·al** Adj subtropisch
semi-vowel /'semivaʊəl/ Nomen Halbvokal
semo·lina /,semə'liːnə/ Nomen **1** Grieß **2** Grießbrei, (warmer) Grießpudding
Sen. Abk = SENATOR
sen·ate /'senət/ Nomen (meist **the Senate**) Senat
sen·ator /'senətə(r)/ Nomen (Abk **Sen.**) Senator
sen·at·or·ial /,senə'tɔːriəl/ Adj nur vor Nomen Senats-
send /send/ Verb (**sent**, **sent** /sent/) **1 ~ sth (to sb)** (jdm) etw schicken; **~ sb sth** jdm etw schicken ◊ send sth by post etw mit der Post schicken ◊ A radio signal was sent to the spacecraft. Ein Radiosignal wurde an das Raumfahrzeug gesendet. ◊ My parents send their love. Meine Eltern lassen grüßen. ◊ He sent me word to come. Er ließ mir ausrichten, dass ich kommen sollte. **2** lassen ◊ The punch sent him flying. Der Schlag ließ ihn zu Boden gehen. ◊ The report sent share prices down. Der Bericht ließ die Aktienwerte fallen. ◊ Every step he took sent the pain shooting up his leg. Bei jedem Schritt durchzuckte ein stechender Schmerz sein Bein. ◊ His voice sent a shiver down her spine. Als sie seine Stimme hörte, lief es ihr eiskalt den Rücken herunter. **3 ~ sb (to/into sth)** ◊ It nearly sent him crazy. Es machte ihn beinahe verrückt. ◊ Her music always sends me to sleep. Bei ihrer Musik schlafe ich immer ein. ◊ Her account of the visit sent us into fits of laughter. Ihre Schilderung des Besuchs ließ uns vor Lachen beinahe platzen. IDM **send sb 'packing** (umgs) jdn rausschmeißen; jdn wegschicken ☞ Siehe auch COVENTRY PHRV ,**send a'way (to sb) (for sth)** = SEND OFF (FOR STH) ,**send sb 'down** (BrE) **1** (umgs) jdn ins Gefängnis schicken **2** (veraltet) jdn von der Universität verweisen '**send for sb** jdn kommen lassen ◊ Send for a doctor, quickly! Ruf schnell einen Arzt! '**send for sth** (sich) etw kommen/bringen lassen ,**send sb 'in** jdn einsetzen ,**send sth 'in** etw einschicken ,**send 'off for sth**; ,**send a'way (to sb) for sth** sich etw (von jdm) schicken lassen ,**send sb 'off** (BrE) (SPORT) jdn vom Platz stellen ,**send sth 'off** etw abschicken ,**send sth 'on 1** etw vorausschicken **2** etw nachschicken SYN FORWARD **3** etw weiterleiten ◊ They arranged for the information to be sent on to us. Sie ließen die Informationen an uns weiterleiten. ,**send 'out for sth** sich etw kommen lassen

,send sth 'out 1 etw verschicken 2 etw ausstrahlen
,send sb/sth 'up (umgs) jdn/etw verulken
send·er /'sendə(r)/ Nomen Absender(in)
,sending-'off Nomen (Pl sendings-off) (BrE) (SPORT) Platzverweis
'send-off Nomen (umgs) Abschiedsfeier, Abschied
'send-up Nomen (umgs) Verulkung
se·nile /'si:naɪl/ Adj senil ◊ senile dementia Altersdemenz
sen·il·ity /sə'nɪləti/ Nomen Senilität
sen·ior¹ /'si:niə(r)/ Adj 1 älter, ranghöher ◊ a senior officer ein höherer Offizier ◊ a senior manager ein(e) leitende(r) Angestellte(r) ◊ a senior partner in a law firm ein Hauptteilhaber einer Anwaltskanzlei ◊ a senior post eine leitende Stellung ◊ He is senior to me. Er hat eine höhere Stellung als ich. 2 (SPORT) für Erwachsene, für Fortgeschrittene; (Golf, Tennis) Senior- 3 Senior (Abk Snr., Sr) (nach Namen) senior 4 nur vor Nomen (Schule) weiterführend 5 nur vor Nomen (AmE) der Abschlussklasse, Abschlussklassen- ◊ the senior prom der Schülerball der obersten Klasse
se·nior² /'si:niə(r)/ Nomen 1 ◊ She was ten years his senior. Sie war 10 Jahre älter als er. ◊ My brother is my senior by two years. Mein Bruder ist um zwei Jahre älter als ich. 2 (bes AmE) (auch ,senior 'citizen) Senior(in) 3 Vorgesetzte(r) 4 (SPORT) Erwachsene(r), Fortgeschrittene(r), Senior 5 (BrE) Schüler(in) einer weiterführenden Schule 6 (AmE) Student(in) oder Schüler(in) im letzten Studien-/Schuljahr
,senior 'high school (auch ,senior 'high) Nomen = Schule in den USA für junge Leute zwischen 14 und 18 Jahren
se·ni·or·ity /ˌsi:ni'ɒrəti; AmE -'ɔ:r-, -'ɑ:r-/ Nomen 1 höhere Stellung ◊ a position of seniority eine höhere Stellung 2 Betriebszugehörigkeit ◊ a lawyer with five years' seniority ein Rechtsanwalt, der fünf Jahre bei der Firma ist
sen·sa·tion /sen'seɪʃn/ Nomen 1 Gefühl 2 [meist Sing] Sensation ◊ The news caused a sensation. Die Nachricht erregte großes Aufsehen.
sen·sa·tion·al /sen'seɪʃənl/ Adj (Adv sen·sa·tion·al·ly /-ʃənəli/) 1 sensationell 2 (abwert) reißerisch 3 (umgs) sagenhaft
sen·sa·tion·al·ism /sen'seɪʃənəlɪzəm/ Nomen (abwert) Sensationsmache
sen·sa·tion·al·ist /sen'seɪʃənəlɪst/ Adj (abwert) reißerisch
sen·sa·tion·al·ize (BrE auch -ise) /sen'seɪʃənəlaɪz/ Verb (abwert) reißerisch aufmachen
sense¹ /sens/ Nomen 1 Sinn ◊ He was a true friend, in every sense of the word. Er war ein Freund im wahrsten Sinn des Wortes. ◊ She has lost all sense of direction in her life. Sie hat jegliche Orientierung in ihrem Leben verloren. ◊ He doesn't have any dress sense. Er hat keine Ahnung, wie man sich schick kleidet. ◊ In a sense it doesn't matter any more. In gewisser Hinsicht spielt es keine Rolle mehr. ◊ (gehoben) In no sense can the issue be said to be resolved. Wie man es auch betrachtet, man kann nicht sagen, dass die Angelegenheit gelöst ist. ◊ a belief that contradicts the evidence of the senses ein Glaube, der dem Wahrgenommenen widerspricht 2 Gefühl ◊ a strong sense of duty ein starkes Pflichtbewusstsein 3 Vernunft ◊ You should have the sense to take the doctor's advice. Du solltest klug genug sein, den Rat des Arztes zu befolgen. ◊ Can't you talk sense? Kannst du nichts Vernünftiges sagen? 4 senses [Pl] Vernunft (veraltet) ◊ She must have taken leave of her senses. Sie muss den Verstand verloren haben. IDM knock/talk some 'sense into sb (umgs) jdn zur Vernunft bringen make 'sense 1 Sinn ergeben 2 sinnvoll sein 3 sich klar ausdrücken ◊ John wasn't making much sense on the phone. Was John am Telefon sagte, ergab nicht viel Sinn. make 'sense of sth etw verstehen see 'sense zur Vernunft kommen a sense of oc'casion ein Gefühl für das Besondere einer Situation ◊ Candles on the table gave the evening a sense of occasion. Die Kerzen am Tisch gaben dem Abend etwas Besonderes.
sense² /sens/ Verb (nicht in der Verlaufsform) 1 spüren ◊ That, she sensed, could only mean trouble. Sie hatte das Gefühl, dass es nur Ärger machen würde. 2 (Gerät) registrieren ◊ equipment that senses the presence of toxic gases ein Gerät, das das Vorkommen von Giftgasen anzeigt

sense·less /'sensləs/ Adj (Adv sense·less·ly /) 1 (abwert) sinnlos 2 bewusstlos ◊ She drank herself senseless. Sie betrank sich bis zur Besinnungslosigkeit. 3 unvernünftig
sens·ibil·ity /ˌsensə'bɪləti/ Nomen (Pl -ies) 1 Sensibilität ◊ a man of charm and sensibility ein Mann mit Charme und Einfühlungsvermögen ◊ musical sensibility Empfänglichkeit für Musik 2 sensibilities [Pl] Gefühle
sens·ible /'sensəbl/ Adj (Adv sens·ibly /-əbli/) 1 vernünftig ◊ The sensible thing would be to take a taxi home. Am vernünftigsten wäre es, mit dem Taxi heimzufahren. 2 praktisch ◊ sensible shoes vernünftige Schuhe 3 (gehoben) bewusst
sen·si·tive /'sensətɪv/ Adj (Adv sen·si·tive·ly /) 1 einfühlsam ◊ A nurse must be sensitive to the psychological needs of the patients. Eine Krankenschwester muss auf die psychologischen Bedürfnisse der Patienten Rücksicht nehmen. 2 empfindsam 3 empfindlich ◊ She's very sensitive to criticism. Sie reagiert sehr empfindlich auf Kritik. 4 heikel
sen·si·tiv·ity /ˌsensə'tɪvəti/ Nomen (Pl -ies) 1 ~ (to sth) Einfühlungsvermögen (gegenüber etw) 2 Empfindsamkeit 3 Empfindlichkeit ◊ She was blind to the feelings and sensitivities of other people. Sie war den Gefühlen anderer Leute gegenüber blind. ◊ allergies and sensitivities Allergien und Überempfindlichkeiten ◊ Some children develop a sensitivity to cow's milk. Manche Kinder entwickeln eine Unverträglichkeit gegenüber Kuhmilch. 4 Brisanz ◊ We are aware of the sensitivity of the issue. Wir sind uns bewusst, wie heikel die Angelegenheit ist.
sen·si·tiza·tion (BrE auch -isa·tion) /ˌsensətaɪ'zeɪʃn/ Nomen Sensibilisierung
sen·si·tize (BrE auch -ise) /'sensətaɪz/ Verb sensibilisieren ◊ People are becoming more sensitized to the dangers threatening the environment. Die Leute werden sich der Gefahren, die die Umwelt bedrohen, immer mehr bewusst.
sen·sor /'sensə(r)/ Nomen Sensor
sens·ory /'sensəri/ Adj (Fachspr) sensorisch, Sinnes- ◊ sensory organs Sinnesorgane ◊ sensory deprivation Reizentzug
sens·ual /'senʃuəl/ Adj (Adv sen·su·al·ly /-ʃuəli/) sinnlich ◊ sensual pleasure/delight Sinnenfreude ◊ He was darkly sensual and mysterious. Er strahlte eine dunkle, geheimnisvolle Sinnlichkeit aus.
sen·su·al·ity /ˌsenʃu'æləti/ Nomen Sinnlichkeit
sen·su·ous /'senʃuəs/ Adj (Adv sen·su·ous·ly /) sinnlich, Sinnes-
sen·su·ous·ness /'senʃuəsnəs/ Nomen Sinnlichkeit
sent Form von SEND
sen·tence¹ /'sentəns/ Nomen 1 (LING) Satz 2 (RECHT) Strafe ◊ be under sentence of death zum Tode verurteilt sein ◊ The judge passed sentence. Der Richter verkündete das Urteil. ☛ Siehe auch LIFE SENTENCE
sen·tence² /'sentəns/ Verb ~ sb (to sth) jdn (zu etw) verurteilen
sen·ten·tious /sen'tenʃəs/ Adj (Adv sen·ten·tious·ly /) (gehoben, abwert) wichtigtuerisch, schulmeisterhaft
sen·tient /'sentiənt, 'senʃnt/ Adj (gehoben) empfindungsfähig
sen·ti·ment /'sentɪmənt/ Nomen 1 (gehoben) Ansicht, Meinung SYN VIEW 2 (manchmal abwert) Gefühl, Sentimentalität
sen·ti·men·tal /ˌsentɪ'mentl/ Adj (Adv sen·ti·men·tal·ly /-təli/) 1 emotional, gefühlsmäßig ◊ She kept the letters for sentimental reasons. Sie hob die Briefe aus Sentimentalität auf. ◊ The ring had great sentimental value. Der Ring hatte einen hohen ideellen Wert. 2 (oft abwert) sentimental
sen·ti·men·tal·ity /ˌsentɪmen'tæləti/ Nomen (abwert) Sentimentalität
sen·ti·men·tal·ize (BrE auch -ise) /ˌsentɪ'mentəlaɪz/ Verb (abwert) sentimental darstellen, verklären
sen·ti·men·tal·ly Adv ⇨ SENTIMENTAL
sen·ti·nel /'sentɪnl/ Nomen (gehoben, oft fig) Wache ◊ a tall tower standing sentinel over the river ein hoher Turm, der am Fluss gleichsam Wache steht SYN SENTRY
sen·try /'sentri/ Nomen (Pl -ies) Wache, Wachtposten ◊ be on sentry duty Wachdienst haben
sepal /'sepl/ Nomen (BOT) Kelchblatt
sep·ar·abil·ity /ˌseprə'bɪləti/ Nomen Trennbarkeit

sep·ar·able /'sepərəbl/ *Adj* trennbar ◊ *The moral question is not entirely separable from the financial one.* Die moralische Frage lässt sich nicht gänzlich von der finanziellen trennen. OPP INSEPARABLE

sep·ar·ate¹ /'seprət/ *Adj* **1** getrennt, separat ◊ *These issues are quite separate from the general economic malaise.* Diese Probleme haben nichts mit der allgemeinen Wirtschaftskrise zu tun. **2** verschieden **3** einzeln ◊ *Boxed sets take up more space than separate discs.* Sets nehmen mehr Platz ein als zusammengelegte CDs. **4** eigen, für sich ◊ *words that have a separate entry* Wörter, die einen eigenen Eintrag haben ◊ *That's a separate issue.* Das ist eine Frage für sich. IDM **go your separate 'ways 1** sich trennen **2** ◊ *When we arrived in London we went our separate ways.* In London trennten sich unsere Wege. ☞ *Siehe auch* COVER²

sep·ar·ate² /'sepəreɪt/ *Verb* **1** ~ **(from sb/sth)** sich (von jdm/etw) trennen; **~ sb/sth (from sb/sth)** jdn/etw (von jdm/etw) trennen ◊ *They separated last year.* Sie trennten sich letztes Jahr. ◊ *Separate the eggs.* Trennen Sie das Eigelb vom Eiweiß. ◊ *Those suffering from infectious diseases were separated from the other patients.* Die an ansteckenden Krankheiten Leidenden wurden von den anderen Patienten abgesondert. **2** (*Landmasse etc.*) sich spalten; **~ from sth** sich von etw abspalten **3** **~ into sth** sich in etw (auf)teilen; **~ sb/sth into sth** jdn/etw in etw (auf)teilen IDM ⇨ MAN¹, SHEEP *und* WHEAT PHR V **separate 'out** sich teilen **separate sth 'out** etw aussondern, etw trennen

sep·ar·ated /'sepəreɪtɪd/ *Adj* getrennt

sep·ar·ate·ly /'seprətli/ *Adv* getrennt, einzeln, separat

sep·ar·ate·ness /'seprətnɪs/ *Nomen* Getrenntheit, Anderssein

sep·ar·ates /'seprəts/ *Nomen* [Pl] = Kleidungsstücke, die man kombiniert oder einzeln tragen kann

sep·ar·ation /ˌsepə'reɪʃn/ *Nomen* [U/Sing] Trennung; (POL) Abspaltung

sep·ar·at·ism /'sepərətɪzəm/ *Nomen* Separatismus

sep·ar·at·ist /'seprətɪst/ **1** *Nomen* Separatist(in) **2** *Adj* separatistisch, Separatisten-

sepia /'siːpiə/ **1** *Nomen* Sepia **2** *Nomen* Sepiabraun **3** *Adj* sepia(farben)

sep·sis /'sepsɪs/ *Nomen* (MED) Sepsis

Sep·tem·ber /sep'tembə(r)/ *Nomen* (*Abk* **Sept.**) September ☞ *Beispiele bei* JANUAR

sep·tet /sep'tet/ *Nomen* (MUS) Septett ☞ G 1.3b

sep·tic /'septɪk/ *Adj* septisch ◊ *a septic finger* ein vereiterter Finger ◊ *A dirty cut may go septic.* Eine schmutzige Wunde kann eitrig werden. OPP ASEPTIC

septi·cae·mia (*AmE* **septi·ce·mia**) /ˌseptɪ'siːmiə/ *Nomen* (MED) Blutvergiftung SYN BLOOD POISONING

ˌseptic 'tank *Nomen* Senkgrube

sep·tua·gen·ar·ian /ˌseptjuədʒə'neəriən; *AmE* -tʃuədʒə'ner-/ *Nomen* (*gehoben*) Siebzigjährige(r)

sep·ul·chre (*AmE* **sep·ul·cher**) /'seplkə(r)/ *Nomen* (*veraltet*) Grab(stätte)

se·quel /'siːkwəl/ *Nomen* **1** (*Buch, Film etc.*) Fortsetzung **2** [Sing] Nachspiel

se·quence¹ /'siːkwəns/ *Nomen* **1** Reihenfolge, Abfolge ◊ *Number the pages in sequence.* Nummerieren Sie die Seiten fortlaufend. ◊ *These pages are out of sequence.* Diese Seiten sind nicht in der richtigen Reihenfolge. **2** (MATH) Reihe **3** (*Musik, Film, Kartenspiel, EDV*) Sequenz

se·quence² /'siːkwəns/ *Verb* (*Fachspr*) sequenzieren

the ˌsequence of 'tenses *Nomen* [Sing] die Zeitenfolge

se·quen·cing /'siːkwənsɪŋ/ *Nomen* Sequenzierung

se·quen·tial /sɪ'kwenʃl/ *Adj* (*Adv* **se·quen·tial·ly** /-ʃəli/) **1** (*gehoben*) aufeinander folgend, fortlaufend **2** (*Fachspr*) sequenziell

se·ques·ter /sɪ'kwestə(r)/ *Verb* **1** (MATH) sequestrieren, beschlagnahmen **2** **~ the jury** über die Geschworenen Kontaktsperre verhängen

se·ques·trate /'siːkwəstreɪt/ *Verb* (RECHT) sequestrieren, beschlagnahmen

se·ques·tra·tion /ˌsiːkwə'streɪʃn/ *Nomen* (RECHT) Sequestration, Sequestrierung, Beschlagnahme

se·quin /'siːkwɪn/ *Nomen* Paillette

se·quinned /'siːkwɪnd/ *Adj* mit Pailletten besetzt

se·quoia /sɪ'kwɔɪə/ *Nomen* Sequoia, Mammutbaum

sera *Form von* SERUM

ser·aph /'serəf/ *Nomen* (*Pl* **ser·aph·im** /-fɪm/ *oder* **ser·aphs**) Seraph

ser·aph·ic /sə'ræfɪk/ *Adj* (*gehoben*) **1** seraphisch, engelhaft **2** verzückt ◊ *a seraphic smile* ein verzücktes Lächeln

ser·en·ade¹ /ˌserə'neɪd/ *Nomen* **1** Ständchen **2** Serenade

ser·en·ade² /ˌserə'neɪd/ *Verb* **~ sb** jdm ein Ständchen bringen

ser·en·dip·ity /ˌserən'dɪpəti/ *Nomen* (*gehoben, selten*) glücklicher Zufall

se·rene /sə'riːn/ (*Adv* **se·rene·ly**) *Adj* ruhig, gelassen, heiter

se·ren·ity /sə'renəti/ *Nomen* Gelassenheit, Ruhe

serf /sɜːf; *AmE* sɜːrf/ *Nomen* Leibeigene(r)

serf·dom /'sɜːfdəm; *AmE* 'sɜːrf-/ *Nomen* Leibeigenschaft

serge /sɜːdʒ; *AmE* sɜːrdʒ/ *Nomen* (*Stoff*) Serge

ser·geant /'sɑːdʒənt; *AmE* 'sɑːrdʒ-/ *Nomen* (*Abk* **Sergt**, **Sgt** *AmE* **Sgt.**) **1** Unteroffizier, Feldwebel ☞ *Siehe auch* FLIGHT SERGEANT *und* STAFF SERGEANT **2** Polizeihauptmeister(in)

ˌsergeant 'major *Nomen* ≈ Hauptfeldwebel

ser·ial¹ /'sɪəriəl; *AmE* 'sɪr-/ *Nomen* Fernsehfilm in mehreren Teilen, Fortsetzungsgeschichte ☞ *Hinweis bei* SERIE

ser·ial² /'sɪəriəl; *AmE* 'sɪr-/ *Adj* **1** (*Fachspr*) seriell ☞ *Siehe auch* SERIAL NUMBER **2** Serien- ◊ *a serial killer* ein Serienmörder **3** Fortsetzungs- ◊ *a novel in serial form* ein Fortsetzungsroman

seri·al·iza·tion (*BrE auch* **-isation**) /ˌsɪəriəlaɪ'zeɪʃn; *AmE* ˌsɪriələ'z-/ *Nomen* Sendung in Fortsetzungen, Fortsetzungsgeschichte ◊ *the newspaper serialization of the book* die Erscheinung des Buches als Fortsetzungsgeschichte in der Zeitung

seri·al·ize (*BrE auch* **-ise**) /'sɪəriəlaɪz; *AmE* 'sɪr-/ *Verb* in Fortsetzungen veröffentlichen, in Fortsetzungen senden

seri·al·ly /'sɪəriəli; *AmE* 'sɪr-/ *Adv* seriell, in Fortsetzungen, als Serie

ˈserial number *Nomen* Fabrikationsnummer

ser·ies /'sɪəriːz; *AmE* 'sɪr-/ *Nomen* (*Pl* **ser·ies**) **1** [meist Sing] Serie, Reihe ◊ *a series of events* eine Kette von Ereignissen **2** (*Fernseh-, Radio-*) Serie, Sendereihe

serif /'serɪf/ *Nomen* Serife ☞ *Siehe auch* SANS SERIF

ser·ious /'sɪəriəs; *AmE* 'sɪr-/ *Adj* **1** ernst, schwer **2** ernsthaft, ernst; (*Zeitung*) seriös ◊ *serious talks* ernsthafte Gespräche ◊ *Be serious for a moment; this is important.* Sei doch einen Augenblick ernst; es ist wichtig. **3** (*Vorschlag, Gegner, Argument*) ernst zu nehmend **4 be ~** (**about sb/sth**) es (mit jdm/etw) ernst meinen; **be ~ about doing sth** etw wirklich tun wollen ◊ *Believe me, I'm deadly serious.* Glauben Sie mir, mir ist es todernst. ◊ *You can't be serious! Das ist doch wohl nicht dein Ernst!* ◊ *Is she serious about wanting to sell the house?* Will sie das Haus im Ernst verkaufen? **5** (*umgs*) groß, schwer ◊ *You can earn serious money doing that.* Damit kannst du schwer Geld verdienen. ◊ *There are serious bargains to be had.* Es gibt fantastische Angebote.

ser·ious·ly /'sɪəriəsli; *AmE* 'sɪr-/ *Adv* **1** ernsthaft, ernstlich ◊ *seriously ill/damaged* schwer krank/beschädigt **2** (*umgs*) im Ernst ◊ *You're not seriously expecting me to believe that?* Du erwartest doch wohl nicht im Ernst, dass ich dir das glaube? (*umgs*) sehr ◊ *They're seriously rich.* Sie sind schwerreich. ◊ *a seriously odd design* ein äußerst ungewöhnliches Design IDM **take sb/sth 'seriously** jdn/etw ernst nehmen

ser·ious·ness /'sɪəriəsnəs; *AmE* 'sɪr-/ *Nomen* Ernst, Ernsthaftigkeit IDM **in all 'seriousness** (*umgs*) ganz im Ernst; allen Ernstes

ser·mon /'sɜːmən; *AmE* 'sɜːrmən/ *Nomen* **1** Predigt **2** (*umgs, abwert*) Moralpredigt

ser·pent /'sɜːpənt; *AmE* 'sɜːrp-/ *Nomen* (*gehoben*) Schlange

ser·pen·tine /'sɜːpəntaɪn; *AmE* 'sɜːrpəntiːn/ *Adj* (*gehoben*) gewunden, kurvenreich

ser·rated /sə'reɪtɪd/ *Adj* gezackt ◊ *a serrated knife* ein Sägemesser

ser·ried /'serid/ *Adj* (*gehoben*) (*Reihe*) dicht, geschlossen

serum /'sɪərəm; *AmE* 'sɪrəm/ *Nomen* (*Pl* **sera** /-rə/ *oder* **ser·ums**) (*Blut-, Immun- etc.*) Serum

ser·vant /'sɜːvənt; *AmE* 'sɜːrv-/ *Nomen* **1** Diener(in), Bedienstete(r) **2** Angestellte(r) ◊ *a public servant* ein(e) Angestellte(r) im öffentlichen Dienst ☛ *Siehe auch* CIVIL SERVANT **3** (*fig*) Sklave

serve¹ /sɜːv; *AmE* sɜːrv/ *Nomen* (SPORT) Aufschlag

serve² /sɜːv; *AmE* sɜːrv/ *Verb* **1** servieren ◊ *Shall I serve?* Soll ich auftragen? **2** (*Gericht*) reichen für ◊ *This dish will serve four people.* Dieses Gericht reicht für vier Leute. **3** (*bes BrE*) bedienen ◊ *Are you being served?* Werden Sie schon bedient? **4** dienen ◊ *He served as a captain in the army.* Er diente als Hauptmann in der Armee. ◊ *The old building has served its purpose.* Das alte Gebäude hat seinen Zweck erfüllt. ◊ *Their military training served them well.* Ihre militärische Ausbildung erwies sich als nützlich. ◊ *He served under Edward Heath in the 1970s.* Er war in den 70er Jahren unter Edward Heath im Amt. **5** versorgen ◊ *The city is served by three hospitals.* Die Stadt hat drei Krankenhäuser. ◊ *The town is well served with buses and major road links.* Die Stadt besitzt gute Bus- und Straßenverbindungen. **6** (*Haftstrafe*) absitzen, verbüßen; (*Lehre etc.*) absolvieren ◊ *She is serving two years for theft.* Sie sitzt zwei Jahre wegen Diebstahls. ◊ *He has served time before.* Er war schon mal im Gefängnis. **7** ~ sth (on sb); ~ sb with sth (RECHT) (jdm) etw zustellen ◊ *serve sb with a summons* jdm eine Gerichtsvorladung zustellen **8** (SPORT) aufschlagen, servieren IDM **it serves sb 'right** es geschieht jdm recht **serve your/its 'turn** (*BrE*) seinen Zweck erfüllen **serve two 'masters** zwei Herren dienen ☛ *Siehe auch* FIRST² *und* MEMORY PHRV **serve sth 'out 1** (*Dienst etc.*) ableisten; (*Haftstrafe*) absitzen **2** (*BrE*) *They didn't want me to serve out my notice.* Sie wollten nicht, dass ich bis Ende der Kündigungsfrist arbeite. **2** = SERVE STH UP **serve sth 'up 1** (*BrE auch* **serve sth 'out**) etw servieren **2** (*Ausrede etc.*) auftischen

ser·ver /'sɜːvə(r); *AmE* 'sɜːrv-/ *Nomen* **1** (COMP) Server **2** (SPORT) Aufschläger(in) **3** [meist Pl] Servierlöffel ◊ *salad servers* Salatbesteck **4** (*AmE*) Kellner(in) **5** Ministrant(in), Messdiener(in)

ser·vice¹ /'sɜːvɪs; *AmE* 'sɜːrv-/ *Nomen* **1** Dienst ◊ *the ambulance/telephone service* der Rettungs-/Telefondienst ◊ *She has just celebrated 25 years' service with the company.* Sie hat gerade ihr 25-jähriges Dienstjubiläum in der Firma gefeiert. ◊ *That computer gave us very good service.* Der Computer hat uns gute Dienste geleistet. ◊ *voluntary service* ehrenamtliche Arbeit ◊ *The employees have good conditions of service.* Die Angestellten haben gute Arbeitsbedingungen. ◊ *The ship will be taken out of service within two years.* Binnen zwei Jahren wird das Schiff aus dem Verkehr gezogen werden. ◊ *You need the services of a good lawyer.* Sie brauchen einen guten Anwalt. ◊ *He offered his services as a driver.* Er bot sich als Fahrer an. ☛ *Siehe auch* CIVIL SERVICE, THE DIPLOMATIC SERVICE, EMERGENCY SERVICE, JURY SERVICE, POSTAL SERVICE, SECRET SERVICE, SECURITY SERVICE *und* SOCIAL SERVICES **2** -wesen ◊ *the prison service* das Gefängniswesen ☛ *Siehe auch* FIRE SERVICE, HEALTH SERVICE, INTERNAL REVENUE SERVICE *und* NATIONAL HEALTH SERVICE **3** Dienstleistung(sbetrieb) ◊ *public services* öffentliche Dienstleistungen ◊ *financial services* Finanzdienstleistungen ◊ *Essential services will be maintained.* Die lebenswichtigen Versorgungseinrichtungen werden aufrecht erhalten. **4** Zug(verbindung), Bus(verbindung) ◊ *The 10.15 service to Glasgow has been cancelled.* Der Zug um 10.15 nach Glasgow fällt aus. ◊ *There is a regular bus service into Oxford.* Es gibt eine regelmäßige Busverbindung nach Oxford. **5** Bedienung ☛ *Siehe auch* ROOM SERVICE *und* SELF-SERVICE **6** Kundenbetreuung ◊ *We guarantee (an) excellent service.* Wir garantieren einen ausgezeichneten Dienst am Kunden. ◊ *Our main concern is to provide quality customer service.* Unser Hauptbestreben ist es, eine gute Kundenbetreuung zu bieten. ◊ *after-sales service* Kundendienst **7** Wartung, Inspektion ◊ *I took the car in for a service.* Ich habe das Auto zur Inspektion gebracht. **8** [meist Pl] Militär ◊ *a service family* eine Soldatenfamilie **9** [U] Militärdienst ◊ *He saw service in the Boer War.* Er hat im Burenkrieg gekämpft. ☛ *Siehe auch* MILITARY SERVICE *und* NATIONAL SERVICE **10** Gottesdienst **11** **services** (*BrE*) Raststätte ☛ G 1.3a ☛ *Siehe auch* SERVICE AREA *und* SERVICE STATION **12** (SPORT) Aufschlag **13** Service ◊ *a tea service* ein Teeservice **14** (*veraltet*) Dienst, Stellung ◊ *be in/go into service* in Stellung sein/gehen **15** (RECHT) Zustellung IDM **be at the 'service of sb/sth**; **be at sb's 'service** jdm/etw zur Verfügung stehen (*gehoben oder hum*) ◊ *If you need anything I am at your service.* Wenn du etwas brauchst, stehe ich dir zu Diensten. **be of 'service (to sb)** (*gehoben*) (jdm) behilflich sein ◊ *Can I be of service to anyone?* Kann ich jemandem behilflich sein? **do sb a 'service** (*gehoben*) jdm einen Dienst erweisen ☛ *Siehe auch* PRESS²

ser·vice² /'sɜːvɪs; *AmE* 'sɜːrv-/ *Verb* **1** (*meist passiv*) (*Maschine etc.*) warten ◊ *We need to have the car serviced.* Wir müssen das Auto zur Inspektion bringen. **2** (*gehoben*) versorgen **3** (*Fachspr*) (*Schulden*) bedienen

ser·vice·able /'sɜːvɪsəbl; *AmE* 'sɜːrv-/ *Adj* brauchbar, verwendbar; (*Stoff, Schuhe etc.*) haltbar

'service area *Nomen* (*BrE*) (*Autobahn-*) Raststätte

'service charge *Nomen* **1** Bedienung(sgeld) **2** = Gebühr für Hausmeistertätigkeiten

ser·vice·man /'sɜːvɪsmən; *AmE* 'sɜːrv-/ *Nomen* (*Pl* **-men** /-mən/) Militärangehöriger

'service road *Nomen* = kleine Straße, die parallel zu einer größeren verläuft

'service station *Nomen* **1** Tankstelle **2** (*BrE*) (*Autobahn-*) Raststätte

servicewoman /'sɜːvɪswʊmən; *AmE* 'sɜːrv-/ *Nomen* (*Pl* **-women** /-wɪmɪn/) Militärangehörige

ser·vicing /'sɜːvɪsɪŋ; *AmE* 'sɜːrv-/ *Nomen* **1** Wartung **2** (*von Schulden*) Bedienung

ser·vi·ette /ˌsɜːviˈet; *AmE* ˌsɜːrv-/ *Nomen* (*BrE*) Serviette SYN NAPKIN

ser·vile /'sɜːvaɪl; *AmE* 'sɜːrvl, -vaɪl/ *Adj* (*abwert*) unterwürfig

ser·vil·ity /sɜːˈvɪləti; *AmE* sɜːrˈv-/ *Nomen* Unterwürfigkeit, Kriecherei

serv·ing /'sɜːvɪŋ; *AmE* 'sɜːrvɪŋ/ *Nomen* Portion

ser·vi·tude /'sɜːvɪtjuːd; *AmE* 'sɜːrvətuːd/ *Nomen* (*gehoben*) Knechtschaft, Sklaverei

servo /'sɜːvəʊ; *AmE* 'sɜːrvoʊ/ *Nomen* (*Pl* **-os**) (TECH) Servomechanismus

ses·ame /'sesəmi/ *Nomen* Sesam ☛ *Siehe auch* OPEN SESAME

ses·sion /'seʃn/ *Nomen* **1** Treffen, Termin ◊ *a recording session* eine Aufnahme ◊ *a training session* eine Trainingsstunde **2** Sitzung ◊ *a session of the UN General Assembly* eine Sitzung der UN-Generalversammlung ◊ *The court is now in session.* Das Gericht tagt jetzt. ◊ *The committee met in closed session.* Die Komiteesitzung fand unter Ausschluss der Öffentlichkeit statt. **3** Legislaturperiode **4** (*in Schottland*) Studienjahr, Schuljahr

set¹ /set/ *Verb* (**set·ting**, **set**, **set**) **1** legen, stellen, setzen ◊ *They ate everything that was set in front of them.* Sie aßen alles, was man ihnen vorsetzte. ◊ *The house is set in beautiful grounds.* Das Haus steht in einem schönen Park. ◊ *set sth in motion* etw in Gang setzen ◊ *set sth on fire* etw in Brand stecken ◊ *set sb free* jdn freilassen ◊ *set sth right* etw in Ordnung bringen ◊ *set light to sth* etw anzünden ◊ *Her manner immediately set everyone at their ease.* Ihre Art nahm sofort allen ihre Befangenheit. ◊ *His remarks set me thinking.* Seine Bemerkungen gaben mir zu denken. **2** (*meist passiv*) (*Handlung eines Romans etc.*) spielen lassen ◊ *The novel is set in London.* Der Roman spielt in London. **3** (*Wecker, Gerät etc.*) stellen **4** (*Tisch*) decken **5** (*meist passiv*) (*Edelstein*) ~ **sth in sth** etw in etw fassen; ~ **sth with sth** etw mit etw besetzen **6** (*Termin, Ort etc.*) festsetzen, festlegen ◊ *The government has set strict limits on public spending.* Die Regierung hat die öffentlichen Ausgaben stark eingeschränkt. **7** (*Maßstäbe, Trend*) setzen; (*Rekord*) aufstellen; (*Beispiel*) geben; (*Präzedenzfall*) schaffen **8** (*Aufgabe*) stellen; (*Hausaufgabe*) geben ◊ *Who will be setting the French exam?* Wer wird die Fragen für das französische Examen zusammenstellen? ◊ *What books have been set for the English course?* Welche Bücher sind für den Englischkurs vorgeschrieben? ☛ *Siehe auch* SET BOOK **9** ~ **sb to do sth** jdn etw tun lassen ◊ *I've set myself to finish the job by Friday.* Ich habe mir vorgenommen, diese Arbeit bis Freitag abzuschließen. **10** (*Beton etc.*) hart werden **11** (*meist passiv*) ◊ *Her jaw was set in a determined manner.* Sie streckte entschlossen ihr Kinn vor. ◇ *His mouth was set in a grim line.* Er presste verbissen die Lippen zusammen. **12** (*Haare*) legen **13** (*Knochen*) (ein)richten, einrenken **14** (*Fachspr*) (*für den Druck*) setzen **15** (*Text, Gedicht etc.*) vertonen **16** (*Sonne, Mond*) untergehen OPP RISE

PHR V ˌset aˈbout sb (*umgs, veraltet*) jdn angreifen ˈset about sth (*kein Passiv*) etw in Angriff nehmen, sich an etw machen ˌset sb aˈgainst sb jdn gegen jdn aufhetzen ˌset sth (ˈoff) aˈgainst sth **1** einer Sache etw gegenüberstellen **2** (FINANZ) etw von etw absetzen ˌset sb/sth aˈpart (from sb/sth) jdn/etw (von jdm/etw) abheben ˌset sth aˈpart (for sth) (*meist passiv*) etw (für etw) reservieren ˌset sth ˈaside **1** etw zur Seite legen **2** (*Geld etc.*) beiseite legen; (*Zeit*) einplanen **3** etw beiseite lassen; (*Plan*) aufschieben; (*Formalitäten*) auf etw verzichten ◇ *Let's set aside my personal feelings for now.* Vergessen wir mal meine persönlichen Gefühle für den Augenblick. **4** (*Urteil, Entscheidung*) aufheben ˌset sb ˈback etw zurückwerfen ˌset sth ˈback etw verzögern, etw aufhalten ˌset sb ˈback sth (*kein Passiv*) (*umgs*) jdn etw kosten ◇ *The repairs could set you back over $200.* Die Reparaturen könnten dich über 200 Dollar kosten. ˌset sth ˈback (from sth) (*meist passiv*) etw (von etw) zurücksetzen ◇ *The hotel is set well back from the road.* Das Hotel liegt ein gutes Stück von der Straße ab. ☛ G 9.7c ˌset sb ˈdown (*BrE*) (*Fahrgast*) absetzen ˌset sth ˈdown **1** etw niederschreiben **2** etw festlegen ˌset ˈforth (*gehoben*) sich auf den Weg machen ˌset sth ˈforth (*gehoben*) etw darlegen ☛ G 9.7d ˌset ˈin (*beginnen*) einsetzen ◇ *The rain seemed to have set in for the day.* Es schien sich eingeregnet zu haben. ˌset sth ˈin/ˈinto sth etw in etw einsetzen ˌset ˈoff aufbrechen ◇ *We set off for London at ten.* Um zehn brachen wir nach London auf. ˌset sth ˈoff **1** etw explodieren lassen; (*Feuerwerk*) abbrennen **2** (*Alarm etc.*) auslösen **3** zu etw führen, etw auslösen **4** etw hervorheben, etw zur Geltung bringen ˌset sb ˈoff (doing sth) ◇ *That set us off laughing.* Das brachte uns zum Lachen. ◇ *Don't set her off again.* Hör auf, sonst fängt sie wieder an. ☛ G 9.7c ˌset ˈon/uˈpon sb (*meist passiv*) jdn anfallen ˈset sb/sth on sb etw/jdn auf jdn ansetzen ◇ *The farmer set his dogs on them.* Der Bauer hetzte seine Hunde auf sie. ˌset ˈout **1** aufbrechen ◇ *They set out on the last stage of their journey.* Sie brachen zum letzten Abschnitt ihrer Reise auf. **2** sich vornehmen ◇ *She set out to break the world record.* Sie nahm sich vor, den Weltrekord zu brechen. ˌset sth ˈout **1** etw anordnen ◇ *We'll need to set out some chairs for the meeting.* Für das Treffen müssen wir ein paar Stühle aufstellen. **2** etw darlegen ˌset ˈto (*umgs, veraltet*) sich an die Arbeit machen, sich dahinterklemmen ˌset sb ˈup **1** ◇ *A bank loan helped to set him up in business.* Ein Bankkredit ermöglichte es ihm, sein eigenes Geschäft zu gründen. ◇ *Financially, I'm set up for life.* Finanziell habe ich ausgesorgt. **2** (*umgs*) jdn kräftigen ◇ *The break from work really set me up for the new year.* Der Urlaub hat mich für das neue Jahr wieder fit gemacht. **3** (*umgs*) jdn reinlegen ˌset sb ˈup for sth jdm etw in die Schuhe schieben ˌset sth ˈup **1** etw errichten ◇ *The police set up roadblocks on routes out of the city.* An den Ausfallstraßen der Stadt errichtete die Polizei Straßensperren. **2** etw aufbauen, etw aufstellen ◇ *She set up her stereo in her bedroom.* Sie baute ihre Stereoanlage in ihrem Schlafzimmer auf. **3** etw arrangieren ◇ *I've set up a meeting for Friday.* Ich habe für Freitag eine Besprechung arrangiert. **4** etw gründen ◇ *set up a business* ein Geschäft gründen **5** etw auslösen ◇ *The slump on Wall Street set up a chain reaction in stock markets around the world.* Der Kurseinbruch an der Wall Street löste auf allen Börsenmärkten der Welt eine Kettenreaktion aus. **6** (*Gebrüll etc.*) anstimmen ˌset (yourˈself) ˈup (as sth) **1** sich (als etw) niederlassen ◇ *She took out a bank loan and set up on her own.* Sie nahm einen Bankkredit auf und machte sich selbstständig. **2** (*fig*) ◇ *He doesn't set himself up as an expert.* Er erhebt nicht den Anspruch, ein Experte zu sein. ☛ Für andere Redewendungen mit **set** siehe die Einträge für die Nomina, Adjektive etc. **Set the pace** z.B. steht unter **pace**.

set² /set/ *Nomen* **1** Satz, Set, Paar, Garnitur ◇ *a construction set* ein Bausatz ◇ *a set of six chairs* sechs passende Stühle ◇ *a 24-piece cutlery set* ein 24-teiliges Besteck ◇ *a set of false teeth* ein Gebiss ◇ *a new set of equipment* eine neue Ausrüstung **2** Kategorie, Gruppe **3** Reihe ◇ *a different set of priorities* andere Prioritäten **4** Spiel ◇ *a chess set* ein Schachspiel **5** (*Radio-, Fernseh-*) Gerät **6** Bühnenbild, Szenenbild ◇ *The cast must all be on (the) set by 7.* Alle Mitwirkenden müssen bis spätestens 7 Uhr bei den Dreharbeiten/auf der Bühne sein. **7** (SPORT) Satz ◇ *She won in straight sets.* Sie gewann glatt in zwei Sätzen. **8** Clique, Kreis ◇ *the smart set* die Schickeria ☛ G 1.3b **9** (MATH) Menge ◇ *set theory* die Mengenlehre **10** (*BrE*) = Gruppe von Schülern und Schülerinnen mit vergleichbaren Fähigkeiten in einem bestimmten Fach, die zu einem Kurs zusammengefasst werden **11** [Sing] Stellung, Haltung (*des Körpers*) ◇ *She admired the firm set of his jaw.* Ihr gefiel sein energisches Kinn. **12** [Sing] (*Frisieren*) Legen, Wasserwelle ◇ *a shampoo and set* Waschen und Legen **14** = SETT

set³ /set/ *Adj* **1** (*in einer bestimmten Position*) gelegen, stehend ◇ *a house set in parkland* ein in einem Park gelegenes Haus ◇ *close-set eyes* eng zusammenstehende Augen **2** bestimmt, fest(gesetzt), vorgeschrieben ◇ *a set menu/meal* ein Menü **3** starr, unbeweglich ◇ *As people get older, they get set in their ways.* Mit zunehmendem Alter wird man festgefahren in seinen Gewohnheiten. **4** ~ **for sth** auf etw eingestellt; ~ **to do sth** darauf eingestellt etw zu tun ◇ *Interest rates are set to rise.* Die Zinssätze werden steigen. **5** (*Blick, Lächeln etc.*) starr IDM **be (dead) set against sth** (*absolut*) gegen etw sein ◇ *Why are you so dead set against the idea?* Warum sind Sie denn so strikt dagegen? **be ˈset on sth** zu etw (fest) entschlossen sein ☛ *Siehe auch* MARK²

ˈset-aside *Nomen* [U] **1** Flächenstilllegung **2** stillgelegte Flächen

ˈset·back /ˈsetbæk/ *Nomen* Rückschlag

ˌset ˈbook *Nomen* (*BrE*) Prüfungstext, Pflichtlektüre

ˌset ˈpiece *Nomen* **1** = eigenständige Passage/Szene in einem Roman, Film, Theater- oder Musikstück etc., die besonders kunstvoll oder nach konventionellem Muster arrangiert ist, um den größtmöglichen Effekt zu erzielen ◇ *a set piece fireworks display* ein meisterhaft inszeniertes Feuerwerk **2** (*SPORT*) Standardsituation

ˌset ˈsquare *Nomen* (*BrE*) Zeichendreieck

sett (*auch* **set**) /set/ *Nomen* (*Dachs-*) Bau

set·tee /seˈtiː/ *Nomen* (*BrE*) Couch SYN SOFA *und* COUCH

set·ter /ˈsetə(r)/ *Nomen* **1** (*Hund*) Setter **2** (*oft in Zusammensetzungen*) ◇ *a quiz setter* jd, der ein Quiz entwirft ◇ *a standard setter* jd, der einen Standard setzt

ˌset ˈtext *Nomen* (*BrE*) Prüfungstext, Pflichtlektüre

set·ting /ˈsetɪŋ/ *Nomen* **1** Umgebung, Rahmen, Umfeld **2** Schauplatz ◇ *stories with a contemporary setting* Geschichten, die in der Gegenwart spielen **3** (*AmE*) Bühnenbild, Szenenbild **4** (*Motor, Heizung etc.*) Einstellung, Stufe **5** (*Mus*) Vertonung **6** (*eines Edelsteins*) Fassung **7** Gedeck ◇ *a place setting* ein Gedeck

set·tle /ˈsetl/ *Verb* **1** (*Streit*) beilegen, bereinigen **2** zu einer Einigung kommen ◇ *They agreed to settle out of court.* Sie haben einen Vergleich zugestimmt. **3** (*Angelegenheit*) klären, regeln, in Ordnung bringen **4** (*oft passiv*) vereinbaren, abmachen, festlegen ◇ *Good, that's settled, then.* Gut, das ist also klar. ◇ (*umgs*) *Bob will be there? That settles it. I'm not coming.* Bob ist auch da? Alles klar, dann komme ich nicht. **5** sich niederlassen **6** (*meist passiv*) besiedeln **7** ~ (**back**) es sich bequem machen ◇ *Ellie settled back in her seat.* Ellie lehnte sich in den Sitz zurück. **8** ~ **sb** (**back**) es jdm bequem machen **9** zurechtlegen, zurechtrücken ◇ *She settled the blanket around her knees.* Sie legte sich die Decke um ihre Knie. **10** sich beruhigen **11** ~ **sb/sth** jdn/etw beruhigen **12** ~ (**on/over sth**) sich (auf etw) niederlassen ◇ *Dust had settled on everything.* Alles war mit Staub bedeckt. ◇ *His gaze settled on her face.* Sein Blick ruhte auf ihrem Gesicht. ◇ *The snow didn't settle.* Der Schnee blieb nicht liegen. **13** sich (ab)setzen **14** bezahlen, begleichen **15** ~ (**up**) (**with sb**) (*mit jdm*) abrechnen ◇ *Let me settle with you for the meal.* Ich muss dir noch das Geld für das Essen geben. IDM **settle an old ˈscore** eine alte Rechnung begleichen **settle a ˈscore/an acˈcount (with sb)** (*mit jdm*) abrechnen ☛ *Siehe auch* DUST¹ PHR V ˌsettle ˈdown **1** es sich bequem machen **2** zur Ruhe kommen, sesshaft werden ◇ *When are you going to get married and settle down?* Wann hast du vor zu heiraten und eine Familie zu gründen? **3** Ruhe geben ◇ *It always takes the*

settled

class a while to settle down at the start of the lesson. Es dauert immer eine Weile, bis die Klasse am Anfang der Stunde zur Ruhe kommt. ˌsettle sb ˈdown **1** es jdm bequem machen ◊ Feed the baby and settle him down. Füttere das Baby und bring es ins Bett. ◊ I settled her down in front of the fire. Ich setzte sie vor den Kamin. **2** jdn beruhigen **settle (down) to sth** sich an etw machen ◊ He found it hard to settle to his work. Es fiel ihm schwer, sich auf seine Arbeit zu konzentrieren. ˈsettle for sth sich mit etw zufrieden geben ◊ settle for second best sich mit dem Zweitbesten zufrieden geben ˌsettle ˈin sich einleben, sich eingewöhnen ˌsettle ˈinto sth sich in etw eingewöhnen ˈsettle on sth sich (für etw) entscheiden ˈsettle sth on sb (Recht) etw auf jdn überschreiben, jdm etw vermachen

set·tled /ˈsetld/ Adj **1** beständig, geregelt ◊ He never had a settled home as a child. Er hatte nie ein richtiges Zuhause als Kind. **2** heimisch, wohl

settle·ment /ˈsetlmənt/ Nomen **1** Einigung, Übereinkunft **2** Beilegung, Ausgleich **3** Klärung, Lösung **4** (Recht) Vergleich, Abkommen **5** Begleichung, Bezahlung ◊ a cheque in settlement of a bill ein Scheck zur Begleichung einer Rechnung **6** Siedlung **7** Besiedlung

set·tler /ˈsetlə(r)/ Nomen Siedler(in)

ˌset-ˈto Nomen [Sing] (bes BrE, umgs) Krach, Streiterei

ˈset-up Nomen [meist Sing] (umgs) **1** System, Regelung, Zustände ◊ I don't really know the set-up yet. Ich habe noch keinen rechten Überblick. **2** Falle, abgekartetes Spiel

seven /ˈsevn/ Zahl sieben ☞ Beispiele bei SECHS IDM the seven-year ˈitch (umgs, hum) das verflixte siebte Jahr ☞ Siehe auch SIX

seven·teen /ˌsevnˈtiːn/ Zahl siebzehn ☞ Beispiele bei SECHS

seven·teenth /ˌsevnˈtiːnθ/ Adj, Pron siebzehnte(r,s) ☞ Beispiele bei SECHSTE(R,S)

sev·enth /ˈsevnθ/ **1** Adj, Pron siebte(r,s) ☞ Beispiele bei SECHSTE(R,S) **2** Nomen Siebtel ☞ Siehe auch S. 759 IDM in seventh ˈheaven im siebten Himmel

seven·ti·eth /ˈsevntiəθ/ **1** Adj, Pron siebzigste(r,s) ☞ Beispiele bei SECHSTE(R,S) **2** Nomen Siebzigstel ☞ Siehe auch S. 759

sev·enty /ˈsevnti/ **1** Zahl siebzig ☞ Beispiele bei SECHZIG **2** Nomen the seventies [Pl] ☞ Beispiele bei SIXTY IDM in your ˈseventies ◊ She's in her seventies. Sie ist in den Siebzigern.

sever /ˈsevə(r)/ Verb (gehoben) **1** durchtrennen, abtrennen **2** (Beziehung etc.) abbrechen, lösen

sev·eral /ˈsevrəl/ **1** Adj, Pron mehrere, einige ◊ several times mehrmals ◊ Several more people than usual came. Es kamen ein paar Leute mehr als sonst. **2** Adj (gehoben) ◊ They said goodbye and went their several ways. Sie verabschiedeten sich und gingen ihre Wege.

sev·er·al·ly /ˈsevrəli/ Adv (gehoben oder offiz) einzeln ◊ be jointly and severally liable gesamtschuldnerisch haftbar sein

sev·er·ance /ˈsevərəns/ Nomen (gehoben) **1** [Sing] Abbruch, Trennung **2** [U] Kündigung, Entlassung ◊ be given notice of severance die Kündigung erhalten ◊ severance pay eine Abfindung

se·vere /sɪˈvɪə(r); AmE -ˈvɪr/ Adj (Adv se·vere·ly) **1** schwer, erheblich ◊ severe weather conditions schlechte Wetterbedingungen **2** (Strafe, Urteil, Kritik etc.) streng, hart ◊ The courts are becoming more severe on/with young offenders. Die Gerichte gehen strenger mit jungen Straftätern um. ◊ a severely critical report ein äußerst kritischer Bericht **3** (Person, Blick etc.) ernst, streng **4** schwierig, hart **5** (abwert) (Stil, Aussehen) nüchtern, streng

se·ver·ity /sɪˈverəti/ Nomen **1** Schwere, Ernst ◊ We underestimated the severity of the problem. Wir haben unterschätzt, wie ernst das Problem ist. **2** Stärke **3** Strenge, Nüchternheit

ˌSeville ˈorange Nomen Bitterorange, Pomeranze

sew /səʊ; AmE soʊ/ Verb (**sewed**, **sewn** /səʊn; AmE soʊn/ oder **sewed**) nähen; ~ **sth on** etw annähen; ~ **sth together** etw zusammennähen PHRV ˌsew sth ˈup **1** etw (zu)nähen **2** (oft passiv) (umgs) etw unter Dach und Fach bringen ◊ They think they have the election sewn up. Sie glauben, sie haben die Wahl schon gewonnen.

sew·age /ˈsuːɪdʒ, ˈsjuː-/ Nomen [U] Abwasser

ˈsewage ˈtreatment plant (auch ˈsewage ˈplant) Nomen (bes AmE) Kläranlage

ˈsewage works (auch sewage ˈtreatment works, sewage disˈposal works) Nomen (BrE) Klärwerk, Kläranlage ☞ G 1.3b ☞ Die beiden Wörter sind ebenfalls **works**. Im britischem Englisch ist **sewage farm** auch möglich.

sewer /ˈsuːə(r), ˈsjuː-/ Nomen **1** Abwasserkanal **2** sewers [Pl] Kanalisation(ssystem)

sew·er·age /ˈsuːərɪdʒ/ Nomen [U] Abwasserbeseitigung

ˈsewer grate Nomen (AmE) Kanalgitter

sew·ing /ˈsəʊɪŋ; AmE ˈsoʊ-/ Nomen **1** Nähen **2** Näharbeit ◊ a pile of sewing ein Stapel von Sachen, die genäht werden müssen

ˈsewing machine Nomen Nähmaschine

sewn Form von SEW

sex[1] /seks/ Nomen **1** Geschlecht ◊ How can you tell what sex a fish is? Woran sieht man, welches Geschlecht ein Fisch hat? ◊ sex discrimination Diskriminierung aufgrund des Geschlechts ◊ the male sex hormone das männliche Sexualhormon ◊ single-sex schools reine Jungen- bzw. Mädchenschulen **2** Sex, Geschlechtsverkehr ◊ gay sex Sex unter Schwulen ◊ a sex attack ein sexueller Übergriff ◊ a sex crime ein Sexualverbrechen

sex[2] /seks/ Verb (Fachspr) ~ **sth** das Geschlecht von etw bestimmen

ˈsex appeal Nomen Sexappeal ◊ He exudes sex appeal. Er ist unheimlich sexy.

ˈsex change Nomen [meist Sing] Geschlechtsumwandlung

-sexed /sekst/ (in Zusammensetzungen) ◊ a highly-sexed woman eine Frau mit starkem Geschlechtstrieb

sex·ily Adv ⇨ SEXY

sexi·ness /ˈseksinəs/ Nomen Sexappeal

sex·ism /ˈseksɪzəm/ Nomen Sexismus

sex·ist /ˈseksɪst/ **1** Nomen (abwert) Sexist(in) **2** Adj sexistisch

sex·less /ˈsekslək/ Adj **1** geschlechtslos **2** ohne Sex

ˈsex life Nomen Geschlechtsleben, Liebesleben

ˈsex object Nomen Lustobjekt, Sexualobjekt

ˈsex offender Nomen Sexualtäter

sex·olo·gist /sekˈsɒlədʒɪst; AmE -ˈsɑːl-/ Nomen Sexualwissenschaftler(in)

ˈsex symbol Nomen Sexidol

sex·tant /ˈsekstənt/ Nomen Sextant

sex·tet /seksˈtet/ Nomen Sextett ☞ G 1.3b

sex·ton /ˈsekstən/ Nomen Kirchendiener(in), Küster(in)

sex·tu·plet /ˈsekstjʊplət, sekˈstjuːplət, -ˈstʌp-/ Nomen Sechsling

sex·ual /ˈsekʃuəl/ Adj (Adv **sex·ual·ly** /ˈsekʃəli/) **1** Sexual-, sexuell **2** Geschlechts-, geschlechtlich ◊ sexually mature geschlechtsreif

ˌsexual ˈharassment Nomen sexuelle Belästigung

ˌsexual ˈintercourse Nomen (gehoben) Geschlechtsverkehr

sexu·al·ity /ˌsekʃuˈæləti/ Nomen Sexualität

ˌsexually transˌmitted diˈsease Nomen (Abk **STD**) Geschlechtskrankheit

sexy /ˈseksi/ Adj (**sex·ier**, **sexi·est**) (Adv **sex·ily** /-ɪli/) **1** sexy **2** betörend, verführerisch **3** (sexuell) erregt ◊ The music began to make him feel sexy. Die Musik törnte ihn an. **4** aufregend, spannend

Sgt. (bes BrE **Sgt**) Abk = SERGEANT

sh (auch **shh**) /ʃ/ Ausruf pst ◊ Sh! Keep your voice down! Pst! Sprich nicht so laut!

shab·bi·ness /ˈʃæbinəs/ Nomen Schäbigkeit

shabby /ˈʃæbi/ Adj (**shab·bier**, **shab·bi·est**) (Adv **shab·bily** /-ɪli/) **1** schäbig, verlottert, heruntergekommen **2** gemein, übel

shack[1] /ʃæk/ Nomen Baracke, Hütte

shack[2] /ʃæk/ Verb PHRV be ˌshacked ˈup with sb (Slang) mit jdm zusammenleben ˌshack ˈup with sb (Slang) mit jdm zusammenziehen

shackle /ˈʃækl/ Verb **1** in Ketten legen; ~ **sb to sth** jdn an etw (an)ketten **2** (meist passiv) (fig) an die Kette legen

shackles /'ʃæklz/ Nomen [Pl] **1** Ketten, (Fuß)fesseln **2** (fig) Fesseln, Restriktionen

shade¹ /ʃeɪd/ Nomen **1** [U] Schatten ☛ Hinweis bei SCHATTEN **2** (Lampen-. Augen- etc.) Schirm **3** (AmE) = WINDOW SHADE **4** (Farb)ton ◊ a delicate shade of blue ein zarter Blauton **5** (meist Pl) ~ of sth Schattierung ◊ politicians of all shades of opinion Politiker jeglicher Couleur ◊ The word can have many shades of meaning. Das Wort hat viele Nuancen. **6 a shade** [Sing] (gehoben) ein bisschen ◊ He was feeling a shade disappointed. Er war etwas enttäuscht. **7 shades** [Pl] (umgs) Sonnenbrille **8 shades** [Pl] (umgs) ~ **of sb/sth** (verwendet für etw, das einen an eine bestimmte Person, Sache oder Zeit erinnert) ◊ Shades of Henry James. Der Hof lag im Schatten hoher Bäume. **2** (meist passiv) (Lampe etc.) abdunkeln, abschirmen **3** (KUNST) ~ **sth** (**in**) etw (ab)schattieren, etw (aus)schraffieren ◊ the shaded areas on the map die schraffierten Flächen auf der Karte **4** (BrE, umgs) knapp gewinnen PHRV ,**shade 'into sth** in etw übergehen

shad·ing /'ʃeɪdɪŋ/ Nomen Schattierung, Schraffierung

shadow¹ /'ʃædəʊ/; AmE -doʊ/ Nomen **1** Schatten ◊ The sail cast a shadow on the water. Das Segel warf einen Schatten auf das Wasser. ◊ (fig) He didn't want to cast a shadow on their happiness. Er wollte ihr Glück nicht trüben. ☛ Hinweis bei SCHATTEN **2** (auch **shadows** [Pl]) Dunkel ◊ His face was deep in shadow. Sein Gesicht war völlig im Dunkel. ◊ I saw a figure standing in the shadows. Ich sah eine Gestalt, die im Dunkel stand. **3** [Sing] **a ~ of sth** ein Hauch von etw ◊ a shadow of a smile die Andeutung eines Lächelns ◊ beyond/without a shadow of a doubt ohne den geringsten Zweifel **4** [Sing] (fig) **the ~ of sth** ◊ They had lived for years under the shadow of fear. Ihr Leben wurde jahrelang von Angst überschattet. ◊ She was living with the shadow of illness hanging over her. Ihr Leben war von Krankheit überschattet. **5** (Verfolger, Beobachter) Schatten **6 shadows** [Pl] Augenringe, dunkle Ränder **7** Phantom, Hirngespinst IDM **be/live in/under the 'shadow of sb** in jds Schatten stehen **in/under the 'shadow of sth** direkt neben etw ◊ The new market is in the shadow of the City Hall. Der neue Markt liegt direkt neben dem Rathaus. ☛ Siehe auch FORMER

shadow² /'ʃædəʊ; AmE -doʊ/ Verb **1** ~ **sb** jdn überwachen, jdn beschatten **2** ~ **sb** bei jdm hospitieren **3** ~ **sth** einen Schatten auf etw werfen

shadow³ /'ʃædəʊ; AmE -doʊ/ Adj nur vor Nomen (BrE) (POL) Schatten- ◊ the shadow Chancellor der Finanzminister des Schattenkabinetts

'**shadow-boxing** Nomen Schattenboxen

shad·owy /'ʃædəʊi; AmE -doʊi/ Adj **1** dunkel ◊ The room was plunged into a shadowy darkness. Das Zimmer war in dunkle Schatten getaucht. ◊ (fig) the shadowy world of terrorism die dunkle Welt des Terrorismus **2** schemenhaft, verschwommen

shady /'ʃeɪdi/ Adj (**shadi·er**, **shadi·est**) **1** schattig **2** (Baum etc.) Schatten spendend **3** (umgs) zwielichtig

shaft¹ /ʃɑːft; AmE ʃæft/ Nomen **1** (oft in Zusammensetzungen) Schacht ◊ a ventilation shaft ein Lüftungsschacht ◊ a lift shaft ein Aufzugsschacht **2** (von Werkzeug, Schläger etc.) Schaft **3** (oft in Zusammensetzungen) (TECH) Welle ◊ a gear shaft eine Getriebewelle **4** [meist Pl] (von Karren etc.) Deichsel **5** (gehoben) (Licht-) Strahl **6** (gehoben) (fig) Shafts of fear ran through him. Angstschauer liefen ihm über den Rücken. ◊ She felt a shaft of pain shoot through her. Ein stechender Schmerz durchfuhr sie. ◊ **a shaft of inspiration** eine Erleuchtung **7** (gehoben) (Bemerkung) Spitze ◊ a shaft of wit eine geistreiche Spitze IDM **give sb the 'shaft** (AmE, umgs) jdn unfair behandeln

shaft² /ʃɑːft; AmE ʃæft/ Verb (umgs) **1 ~ sb** jdn hereinlegen **2 be shafted** in der Scheiße sitzen

shag¹ /ʃæg/ Nomen **1** (Tabak) Shag, Feinschnitt **2** Krähenscharbe **3** [meist Sing] (BrE, vulg, Slang) Sexnummer ◊ Fancy a shag? Willst du mit mir ins Bett gehen?

shag² /ʃæg/ Verb (**-gg-**) (BrE, vulg, Slang) ficken, bumsen

shag³ /ʃæg/ Adj nur vor Nomen (Teppich) zottelig

shagged /ʃægd/ (auch ,**shagged 'out**) Adj nicht vor Nomen (BrE, Slang) fix und fertig

shaggy /'ʃægi/ Adj zottelig, zottig

,**shaggy-'dog story** Nomen = endlos lange Geschichte ohne Pointe

shah /ʃɑː/ Nomen Schah

shaikh = SHEIKH

shake¹ /ʃeɪk/ Verb (**shook** /ʃʊk/, **shaken** /'ʃeɪkən/) **1** schütteln ◊ She shook her hair loose. Sie löste ihre Frisur und schüttelte ihr Haar. **2** erschüttern (auch fig) **3** zittern, wackeln, beben ◊ He was shaking with fear. Er zitterte vor Angst. **4 ~ sb** (**up**) (nicht in der Verlaufsform) jdn erschüttern, jdm einen Schock versetzen **5 ~ sth** (**off**) etw loswerden **6 ~ sb's hand**; **~ sb by the hand** jdm die Hand schütteln/geben; **~ hands** (**with sb**) **on sth** etw (mit jdm) per Handschlag besiegeln **7 ~ your fist** (**at sb**) (jdm) mit der Faust drohen IDM **shake in your 'shoes** (umgs) vor Angst schlottern **Shake a 'leg!** (umgs, veraltet) Rühr dich mal ein wenig!; Leg einen Zahn zu! ☛ Siehe auch FOUNDATION PHRV ,**shake 'down** (umgs) sich eingewöhnen ,**shake sth 'down** (AmE, umgs) mit etw eine Testfahrt machen ,**shake sb 'down** (AmE, umgs) **1** jdn durchsuchen **2** jdn (um etw) betrügen, jdm etw erleichtern ,**shake sb 'off** jdn abschütteln ,**shake on sth** etw per Handschlag besiegeln ,**shake sth 'out** etw ausschütteln ,**shake sb 'up** jdn aufrütteln ,**shake sth 'up** (fig) etw umkrempeln

shake² /ʃeɪk/ Nomen **1** [meist Sing] Schütteln ◊ Give the bottle a good shake before opening. Die Flasche vor dem Öffnen gut schütteln. **2 the shakes** [Pl] (umgs) das Zittern ◊ I always get the shakes before exams. Vor Prüfungen bekomme ich immer zittrige Knie. **3** = MILKSHAKE IDM **in two 'shakes**; **in a couple of 'shakes** (umgs) im Nu ☛ Siehe auch FAIR¹ und GREAT¹

shake·down /'ʃeɪkdaʊn/ Nomen (AmE, umgs) **1** Erpressung **2** Durchsuchung, Razzia **3** Testfahrt ◊ a shakedown flight ein Probeflug

shaken /'ʃeɪkən/ (auch **shaken 'up**) Adj erschüttert, verstört, geschockt

'**shake-out** Nomen [meist Sing] **1** (WIRTSCH) Gesundschrumpfung; (bei einzelnen Unternehmen) Personalabbau, Rationalisierung **2** (WIRTSCH) Umstrukturierung SYN SHAKE-UP

shaker Nomen /'ʃeɪkə(r)/ **1** (oft in Zusammensetzungen) Mixbecher, Shaker ◊ a salt shaker ein Salzstreuer **2 Shaker** (REL) Shaker IDM ⇨ MOVER

'**shake-up** Nomen Umstrukturierung, Reorganisation

shak·ing /'ʃeɪkɪŋ/ Nomen [Sing] Schütteln ◊ There was a lot of shaking of heads. Viele schüttelten den Kopf.

shaky /'ʃeɪki/ Adj (**shaki·er**, **shaki·est**) **1** (Adv **shaki·ly** /-ɪli/) zittrig, wacklig, schwach ◊ My legs still felt quite shaky. Ich hatte immer noch weiche Knie. ◊ After a shaky start, they fought back. Nach einem holprigen Auftakt schlugen sie zurück. **2** (fig) unsicher, ungewiss ◊ You're on shaky ground there. Du bewegst dich auf unsicherem Boden.

shale /ʃeɪl/ Nomen Schiefer

shall /ʃəl; betont ʃæl/ Modalvb ☛ Die verneinte Form ist **shall not**, verkürzt **shan't** /ʃɑːnt/. Die Vergangenheit ist **should** /ʃʊd/, verneint **should not** oder **shouldn't** /'ʃʊdnt/. **1** (veraltend) (als Alternative zu "will" in der ersten Person des Futurs verwendet) ◊ I shall go. Ich werde gehen. **2** (veraltet oder offiz) sollen ◊ Candidates shall remain in their seats until the papers have been collected. Die Prüflinge müssen sitzen bleiben, bis alle Klausurarbeiten eingesammelt worden sind. **3** ☛ G 10.2

shal·lot /ʃə'lɒt; AmE -'lɑːt/ Nomen Schalotte

shal·low /'ʃæləʊ; AmE -loʊ/ Adj **1** flach; (Gewässer) seicht ◊ They buried her body in a shallow grave. Sie verscharrten ihre Leiche. OPP DEEP **2** (abwert) (fig) oberflächlich, seicht

shal·low·ly /'ʃæləʊli; AmE -loʊ-/ Adv flach; (fig) nicht sehr ausgeprägt ◊ He was breathing shallowly. Seine Atmung war flach.

shal·low·ness /'ʃæləʊnəs; *AmE* -loʊ-/ *Nomen* Flachheit, Seichtheit; (*fig*) Oberflächlichkeit

shal·lows /'ʃæləʊz; *AmE* -loʊz/ **the shallows** *Nomen* [Pl] Flachwasser, seichte Stelle, Untiefe

sham¹ /ʃæm/ *Nomen* (*abwert*) **1** Heuchelei ⋄ *a sham of a marriage* eine Ehe, die nur auf dem Papier besteht **2** [meist Sing] Heuchler(in)

sham² /ʃæm/ *Adj nur vor Nomen* (*abwert*) geheuchelt, vorgetäuscht ⋄ *a sham marriage* eine Scheinehe

sham³ /ʃæm/ *Verb* (**-mm-**) (*gehoben*) simulieren ⋄ *animals that sham dead* Tiere, die sich tot stellen

shaman /'ʃeɪmən, 'ʃɑːmən, 'ʃæmən/ *Nomen* Schamane

sham·ble /'ʃæmbl/ *Verb* trotten

sham·bles /'ʃæmblz/ *Nomen* [Sing] (*umgs*) Durcheinander, Chaos ⋄ *He's made an absolute shambles of his career.* Er hat seine Karriere völlig verpfuscht. SYN MESS

sham·bol·ic /ʃæm'bɒlɪk; *AmE* -'bɑː-/ *Adj* (*BrE*, *umgs*) chaotisch, katastrophal SYN DISORGANIZED

shame¹ /ʃeɪm/ *Nomen* **1** Scham ⋄ *She hung her head in shame.* Sie senkte beschämt den Kopf. ⋄ *Have you no shame?* Schämst du dich gar nicht? ⋄ *He could not live with the shame of it.* Er konnte mit der Schmach nicht leben. **2 a shame** [Sing] ein Jammer, schade **3** Schande ⋄ *To my shame I only speak one language.* Ich muss zu meiner Schande gestehen, dass ich keine Fremdsprachen spreche. IDM **put sb/sth to 'shame** jdn/etw in den Schatten stellen ⋄ **'shame on you, him, etc.** (*umgs*) du, er etc. sollte(st) dich, sich etc. (was) schämen

shame² /ʃeɪm/ *Verb* **1** (*gehoben*) beschämen **2** (*gehoben*) Schande machen ⋄ *You have shamed your family.* Du hast Schande über deine Familie gebracht. PHRV **'shame sb into doing sth** jdm ins Gewissen reden (damit er etw tut)

shame·faced /ˌʃeɪm'feɪst/ *Adj* (*Adv* **shame·faced·ly** /ˌʃeɪm'feɪstli, -'feɪsɪdli/) beschämt, betreten

shame·ful /'ʃeɪmfl/ *Adj* beschämend ⋄ *There is nothing shameful about being poor.* Es braucht sich niemand zu schämen, arm zu sein.

shame·ful·ly /'ʃeɪmfəli/ *Adv* **1** schändlich ⋄ *The buildings have been shamefully neglected.* Man hat die Gebäude sträflich vernachlässigt. ⋄ *Some companies are shamefully slow in fulfilling orders.* Es ist eine Schande, wie langsam manche Firmen bei der Bearbeitung von Aufträgen sind. **2** verschämt

shame·less /'ʃeɪmləs/ *Adj* (*Adv* **shame·less·ly** /'ʃeɪm-/) (*abwert*) schamlos

shame·less·ness /'ʃeɪmləsnəs/ *Nomen* (*abwert*) Schamlosigkeit

sham·ing /'ʃeɪmɪŋ/ *Adj* beschämend

sham·poo¹ /ʃæm'puː/ *Nomen* (*Pl* **-os**) **1** Shampoo ⋄ *carpet shampoo* Teppichschaum **2** [meist Sing] Waschen, (Ein)schamponieren; (*Teppich auch*) Reinigung

sham·poo² /ʃæm'puː/ *Verb* (**sham·pooed, sham·pooed**) (mit Shampoo) waschen, schamponieren

sham·rock /'ʃæmrɒk; *AmE* -rɑːk/ *Nomen* Klee, Kleeblatt

shandy /'ʃændi/ *Nomen* (*Pl* **-ies**) (*BrE*) Bier mit Limonade, Radler, Alsterwasser

shang·hai /ˌʃæŋ'haɪ/ *Verb* (**shang·hai·ing** /-'haɪɪŋ/, **shang·haied** /-'haɪd/) (*umgs*, *veraltet*) **~ sb** jdn zwingen; **~ sb into doing sth** jdn dazu bringen etw zu tun

shank /ʃæŋk/ *Nomen* **1** Schaft, Stiel **2** Unterschenkel; (*eines Tieres auch*) Hachse IDM (**on**) **Shanks's 'pony** (*BrE*, *umgs*) auf Schusters Rappen SYN ON FOOT

shan't = SHALL NOT

shanty /'ʃænti/ *Nomen* (*Pl* **-ies**) **1** (*in Slums etc.*) Baracke **2** (*auch* **'sea shanty**) (*AmE* **chanty, chantey**) Seemannslied, Shanty

'shanty town *Nomen* Elendsviertel

shape¹ /ʃeɪp/ *Nomen* **1** Form ⋄ *circular in shape* kreisförmig ⋄ *Will new technology change the shape of broadcasting?* Wird die neue Technologie den Rundfunk und das Fernsehen verändern? **2** Gestalt SYN FIGURE **3** Zustand, Form ⋄ *She's out of shape.* Sie ist nicht in Form. ⋄ *He's not in any shape to be working.* Seine Verfassung ist zu schlecht, als dass er arbeiten könnte. IDM **get (yourself) into 'shape** fit werden; sich in Form bringen **get/ knock/lick sb into 'shape** jdn fit machen **get/knock/ lick sth into 'shape** etw auf Vordermann bringen **give 'shape to sth** (*gehoben*) etw ausdrücken **in 'any (way,) shape or form** (*umgs*) **1** aller Art **2** in irgendeiner Weise **out of 'shape 1** aus der Form ⋄ *The wheel had been twisted out of shape.* Das Rad war verbogen worden. **2** in schlechter Verfassung; (*sportlich*) nicht fit **the ˌshape of ˌthings to ˈcome** die Zukunft **take 'shape** Gestalt/Form annehmen

shape² /ʃeɪp/ *Verb* **1 ~ A (into B)** A (zu B) formen **2** (*fig*) prägen ⋄ *She had a leading role in shaping party policy.* Sie spielte bei der Gestaltung der Parteipolitik eine wichtige Rolle. IDM **'shape up or ship 'out** (*AmE*, *umgs*) ⋄ *His band finally told him to shape up or ship out.* Seine Band machte ihm klar, er müsse sich mehr anstrengen, andernfalls würde er rausfliegen. PHRV **ˌshape 'up 1** sich entwickeln ⋄ *How's the new secretary shaping up?* Wie macht sich die neue Sekretärin? **2** (*umgs*) sich zusammenreißen

shaped /ʃeɪpt/ *Adj* -förmig ⋄ *beautifully shaped flowers* wunderschön geformte Blüten ⋄ *alphabet-shaped pasta* Buchstabennudeln

shape·less /'ʃeɪpləs/ *Adj* (*Adv* **shape·less·ly**) (*meist abwert*) unförmig, formlos

shape·less·ness /'ʃeɪpləsnəs/ *Nomen* (*meist abwert*) Unförmigkeit, Formlosigkeit

shape·ly /'ʃeɪpli/ *Adj* wohlproportioniert, wohlgeformt

shard /ʃɑːd; *AmE* ʃɑːrd/ *Nomen* (*gehoben*) Scherbe

share¹ /ʃeə(r); *AmE* ʃer/ *Verb* **1 ~ (sth) (with sb)** (sich) (etw) (mit jdm) teilen ⋄ *The conference is a good place to share information.* Die Konferenz ist ein guter Ort, um Informationen auszutauschen. ⋄ *shared values* allgemein gültige Anschauungen ⋄ *Both drivers shared the blame for the accident.* Beide Fahrer waren an dem Unfall schuld. ⋄ *There isn't an empty table. Would you mind sharing?* Es ist kein Tisch frei. Macht es dir etwas aus, wenn wir uns irgendwo dazusetzen? ⋄ (*bes AmE*) *The group listens while one person shares.* Die Gruppe hört zu während eine Person seine Erlebnisse mit ihnen teilt. **2 ~ sth out (among/between sb)** etw (unter jdm) aufteilen, etw (unter jdm) verteilen **3 ~ in sth** sich (an) etw beteiligen, etw teilen IDM **share and share a'like** (es wird) brüderlich geteilt

share² /ʃeə(r); *AmE* ʃer/ *Nomen* **1** [meist Sing] **~ (of/in sth)** Anteil (von/an etw) ⋄ *I've done my share of worrying for one day!* Für heute habe ich mir genug Sorgen gemacht! ⋄ (*BrE*) *I'm looking for a flat share.* Ich suche eine WG. **2** [Sing] Teil ⋄ *We all did our share.* Jeder leistete seinen Beitrag. **3** (FINANZ) **~ (in sth)** Aktie (von etw) ⋄ *There's been a fall in share prices.* Die Aktienkurse sind gefallen. ⋄ *the share index* der Aktienindex ➤ *Siehe auch* ORDINARY SHARE *und* TIMESHARE **4** (*AmE*) = PLOUGHSHARE IDM ⇒ CAKE¹, FAIR¹, LION *und* PIE

share·crop·per /'ʃeəkrɒpə(r); *AmE* 'ʃerkrɑːpər/ *Nomen* (*bes AmE*) (*in USA*) = Farmpächter, der seine Pacht mit einem Teil seiner Ernte entrichtet

share·hold·er /'ʃeəhəʊldə(r); *AmE* 'ʃerhoʊ-/ *Nomen* Aktionär(in)

share·hold·ing /'ʃeəhəʊldɪŋ; *AmE* 'ʃerhoʊ-/ *Nomen* (FINANZ) Beteiligung ⋄ *They have a 51% shareholding in the business.* Sie haben 51% der Geschäftsanteile.

'share-out *Nomen* [meist Sing] (*BrE*) **1** Aufteilung, Verteilung **2** Anteil

share·ware /'ʃeəweə(r); *AmE* 'ʃerwer/ *Nomen* (COMP) Shareware

sha·ria (*auch* **sha·riah**) /ʃə'riːə/ *Nomen* Scharia

shark /ʃɑːk; *AmE* ʃɑːrk/ *Nomen* **1** Hai(fisch) **2** (*umgs*, *abwert*) Gauner, Schlitzohr ⋄ *property sharks* Immobilienhaie ➤ *Siehe auch* LOAN SHARK

sharp¹ /ʃɑːp; *AmE* ʃɑːrp/ *Adj* **1** (*Adv* **sharp·ly**) scharf (*auch fig*) ⋄ *The issue must be brought into sharper focus.* Die Frage muss schärfer umrissen werden. ⋄ *Their experiences contrast sharply with those of other children.* Ihre Erfahrungen unterscheiden sich gravierend von denen anderer Kinder. ⋄ *He rapped sharply on the window.* Er pochte heftig ans Fenster. ⋄ *a sharp frost* ein beißender Frost ➤ *Siehe auch* RAZOR-SHARP **2** (*Adv* **sharp·ly**) spitz (*auch fig*) ⋄ *Emma has a sharp tongue.* Emma hat eine spitze Zunge. ⋄ *He was very sharp with me when I forgot my book.* Er war ziemlich schroff mit mir, weil ich mein Buch vergessen hatte. **3** (*Adv* **sharp·ly**) drastisch, rapide ⋄

shelf

There was a sharp intake of breath from Bond. Bond zog hörbar die Luft ein. **4** (*Fotos, Umriss*) scharf, klar **5** (*Mensch*) scharfsinnig, intelligent; (*Gehör, Nase*) fein ◇ *have sharp eyes* ein scharfes Auge haben **6** (*Obst etc.*) sauer **7** (*abwert*) gerissen, raffiniert ◇ *His lawyer's a sharp operator.* Sein Anwalt ist ein gerissener Kerl. **8** (*Adv* **sharp‧ly**) (*Kleidung*) schick ◇ *Todd is a really sharp dresser!* Todd ist immer todschick angezogen! **9** (*Gesichtszüge*) kantig **10** (Mus) = um einen Halbton erhöht ◇ *in C sharp minor* in cis-Moll OPP FLAT IDM **at the 'sharp end** (*BrE, umgs*) **1** an der Spitze **2** in vorderster Front ◇ *He found himself at the sharp end of everyone's complaints.* Alle Beschwerden landeten bei ihm. **look 'sharp** (*BrE, umgs*) beeil dich

sharp² /ʃɑːp; *AmE* ʃɑːrp/ *Adv* **1** genau ◇ *seven o'clock sharp* Punkt sieben Uhr **2** ~ **left/right** (*BrE*) scharf links/rechts **3** zu hoch OPP FLAT

sharp³ /ʃɑːp; *AmE* ʃɑːrp/ *Nomen* (Mus) erhöhter Ton; (*Symbol*) Kreuz

sharp‧en /ˈʃɑːpən; *AmE* ˈʃɑːrpən/ *Verb* **1** schärfen, schleifen, wetzen, spitzen **2** (*fig*) anregen, verstärken **3** sich verschärfen; (*Tonfall*) schärfer werden ◇ *The outline of the trees sharpened as it grew lighter.* Als es heller wurde, zeichneten sich die Umrisse der Bäume schärfer ab. ◇ *Her thirst sharpened.* Ihr Durst wurde schlimmer. ◇ *His gaze sharpened.* Sein Blick wurde durchdringender. **4** ~ **sth (up)** etw aufpolieren **5** ~ **(up)** sich verbessern

sharp‧en‧er /ˈʃɑːpnə(r); *AmE* ˈʃɑːrp-/ *Nomen* (meist in Zusammensetzungen) Schleifstein, Wetzstahl; (*Bleistift-*) Spitzer

,sharp-'eyed *Adj* scharfsichtig ◇ *be sharp-eyed* ein scharfes Auge haben

sharp‧ish /ˈʃɑːpɪʃ; *AmE* ˈʃɑːrpɪʃ/ *Adv* (*BrE, umgs*) schnell, unverzüglich

sharp‧ness /ˈʃɑːpnəs; *AmE* ˈʃɑːrp-/ *Nomen* **1** Schärfe (*auch fig*) **2** Schroffheit **3** (*bei Obst etc.*) Säure **4** Scharfsinn

,sharp 'practice *Nomen* unlautere Praktiken

sharp‧shoot‧er /ˈʃɑːpʃuːtə(r); *AmE* ˈʃɑːrp-/ *Nomen* Scharfschütze

shat *Form von* SHIT³

shat‧ter /ˈʃætə(r)/ *Verb* **1** zerbrechen (*auch fig*) ◇ *Anna's self-confidence had been completely shattered.* Annas Selbstvertrauen war völlig zerstört. **2** ~ **sb** jdn erschüttern, jdn schwer mitnehmen

shat‧ter‧ing /ˈʃætərɪŋ/ *Adj* (*Adv* **shat‧ter‧ing‧ly**) **1** entsetzlich, erschütternd **2** ohrenbetäubend SYN DEAFENING

'shatter-proof *Adj* bruchsicher

shave¹ /ʃeɪv/ *Verb* **1** (sich) rasieren ◇ *a shaved head* ein kahl geschorener Kopf ☞ *Siehe auch* SHAVEN **2** (*Preise etc.*) leicht senken PHRV **shave sth 'off 1** etw abrasieren **2** (*Holz*) abhobeln **3** etw leicht senken, etw leicht kürzen ◇ *He shaved a tenth of a second off his best time.* Er verbesserte seine Bestzeit um eine Zehntelsekunde.

shave² /ʃeɪv/ *Nomen* Rasur, Rasieren ◇ *have a shave* sich rasieren IDM ⇨ CLOSE³

shav‧en /ˈʃeɪvn/ *Adj* rasiert; (*Kopf etc.*) kahl geschoren

shav‧er /ˈʃeɪvə(r)/ *Nomen* Rasierapparat

'shaving cream (*auch* **'shaving foam**) *Nomen* Rasiercreme, Rasierschaum

shav‧ings /ˈʃeɪvɪŋz/ *Nomen* [Pl] Späne

shawl /ʃɔːl/ *Nomen* (Umhänge)tuch; (*für Babys*) dünne Decke

she¹ /ʃi; *betont* ʃiː/ *Pron* sie ☞ G 3

she² /ʃi; *betont* ʃiː/ *Nomen* **1** [Sing] (*umgs*) Weibchen **2 she-** (*in Zusammensetzungen*) (*bei Tieren*) weiblich ◇ *a she-wolf* eine Wölfin

sheaf /ʃiːf/ *Nomen* (*Pl* **sheaves** /ʃiːvz/) **1** Bündel **2** Garbe

shear /ʃɪə(r); *AmE* ʃɪr/ *Verb* (**sheared**, **shorn** /ʃɔːn; *AmE* ʃɔːrn/ *oder* **sheared**) **1** scheren ◇ *sheep shearing* Schafschur **2** (*gehoben*) abrasieren **3** ~ **(off)** (TECH) (*Metall etc.*) abbrechen, abscheren **4** ~ **sth off (sth)** etw (von etw) abschlagen, etw (von etw) abreißen **5** ~ **through sth** etw durchbohren PHRV **be 'shorn of sth** (*gehoben*) einer Sache beraubt sein/werden

shears /ʃɪəz; *AmE* ʃɪrz/ *Nomen* [Pl] (große) Schere ◇ *a pair of garden shears* eine Heckenschere ☞ *Siehe auch* PINKING SHEARS ☞ *Hinweis bei* BRILLE

sheath /ʃiːθ/ *Nomen* (*Pl* **sheaths** /ʃiːðz/) **1** (*Schwert- etc.*) Scheide **2** (*von Kabel*) Mantel **3** (*BrE*) Kondom **4** Etuikleid, Futteralkleid

sheathe /ʃiːð/ *Verb* **1** (*gehoben*) (*Schwert, Messer etc.*) in die Scheide stecken **2** ~ **sth (in/with sth)** (*meist passiv*) etw (mit etw) umhüllen, etw (in etw) einhüllen

sheaves *Form von* SHEAF

she‧bang /ʃɪˈbæŋ/ *Nomen* IDM **the whole she'bang** (*umgs*) die ganze Sache

she‧been /ʃɪˈbiːn/ *Nomen* (*umgs*) (*in Irland*) Lokal, in dem illegal Alkohol ausgeschenkt wird

she'd /ʃiːd/ **1** = SHE HAD **2** = SHE WOULD

shed¹ /ʃed/ *Nomen* (*oft in Zusammensetzungen*) **1** Schuppen ◇ *a bicycle shed* ein Fahrradschuppen **2** (*BrE*) (Fabrik)halle, Lagerhalle

shed² /ʃed/ *Verb* (**shed‧ding**, **shed**, **shed**) **1** (*oft im Pressejargon*) loswerden; (*Stellen*) abbauen **2** verlieren ◇ *A duck's feathers shed water immediately.* Wasser perlt von Entenfedern sofort ab. **3** ~ **its skin** sich häuten **4** (*gehoben*) (*Kleidung*) ablegen ◇ *Luke shed his clothes onto the floor.* Luke legte seine Kleider ab und ließ sie auf den Boden fallen. **5** (*Licht*) verbreiten **6** (*gehoben*) (*Tränen, Blut*) vergießen **7** (*bei Tieren*) haaren IDM ⇨ LIGHT¹

'shed‧load /ˈʃedləʊd; *AmE* -loʊd/ *Nomen* (*BrE, umgs*) (Riesen)menge

sheen /ʃiːn/ *Nomen* [Sing] Glanz

sheep /ʃiːp/ *Nomen* (*Pl* **sheep**) Schaf IDM **like 'sheep** (*abwert*) wie eine Schafherde **sort out/separate the ,sheep from the 'goats** die Schafe von den Böcken trennen ☞ *Siehe auch* COUNT¹ *und* WOLF¹

'sheep dip *Nomen* Desinfektionsbad für Schafe

sheep‧dog /ˈʃiːpdɒɡ; *AmE* -dɔːɡ/ *Nomen* Hütehund ☞ **Sheepdog** bezieht sich häufig auch auf die Hunderasse, die in Großbritannien üblicherweise zum Schafehüten herangezogen wird, den Border Collie. ☞ *Siehe auch* OLD ENGLISH SHEEPDOG

sheep‧herd‧er /ˈʃiːphɜːdə(r); *AmE* -hɜːrd-/ *Nomen* (*AmE*) Schäfer, Schafhirte

sheep‧ish /ˈʃiːpɪʃ/ *Adj* (*Adv* **sheep‧ish‧ly**) verlegen, betreten

sheep‧skin /ˈʃiːpskɪn/ *Nomen* Schaffell

sheer¹ /ʃɪə(r); *AmE* ʃɪr/ *Adj* **1** nur vor Nomen rein ◇ *The concert was sheer delight.* Das Konzert war der reinste Genuss. ◇ *out of sheer desperation* aus purer Verzweiflung ◇ *the sheer size of the building* die gewaltige Größe des Bauwerks **2** steil, schroff ◇ *a sheer drop down to the sea* ein steiler Abfall zum Meer hin **3** (*Stoff*) (hauch)dünn

sheer² /ʃɪə(r); *AmE* ʃɪr/ *Adv* sehr steil, jäh ◇ *The cliffs rise sheer from the beach.* Am Strand ragen Klippen senkrecht empor. ◇ *The ground dropped sheer away at our feet.* Vor uns klaffte ein Abgrund.

sheer³ /ʃɪə(r); *AmE* ʃɪr/ *Verb* PHRV **,sheer a'way/'off (from sth)** (etw) ausweichen (*auch fig*); (*Gedanken*) verdrängen ◇ *Her mind sheered away from unpleasant images.* Sie verdrängte unangenehme Vorstellungen.

sheet /ʃiːt/ *Nomen* **1** Betttuch, Laken ◇ *Have you changed the sheets?* Hast du die Betten frisch bezogen? **2** (*Papier*) Blatt ◇ *a sheet of A4* ein DIN-A4-Bogen ☞ *Siehe auch* BALANCE SHEET *und* CHARGE SHEET **3** Platte, Scheibe ◇ *sheet metal* dünnes Blech ◇ *a baking sheet* ein Backblech **4** (*auf einer Oberfläche*) Schicht, Decke **5** (*Feuer-, Wasser-*) Massen ◇ *a sheet of flame* ein Flammenmeer ◇ *The rain came down in sheets.* Es regnete in Strömen. **6** Schot IDM ⇨ CLEAN¹

sheet‧ing /ˈʃiːtɪŋ/ *Nomen* **1** (*aus Metall etc.*) Blech **2** (*aus Plastik etc.*) Plane ◇ *plastic sheeting* eine Plastikplane **3** Betttuchstoff, Haustuch

,sheet 'lightning *Nomen* Flächenblitz, Wetterleuchten

'sheet music *Nomen* [U] Notenblätter

sheikh /ʃeɪk, ʃiːk/ *Nomen* Scheich

sheikh‧dom /ˈʃeɪkdəm, ˈʃiːk-/ *Nomen* Scheichtum

sheila /ˈʃiːlə/ *Nomen* (*AusE, NeusE, Slang*) (*junge Frau*) Puppe

shekel /ˈʃekl/ *Nomen* Schekel

shelf /ʃelf/ *Nomen* (*Pl* **shelves** /ʃelvz/) **1** Regal(brett), Bord ◇ *empty shelves* leere Regale **2** (GEOL) Riff ◇ *the continental shelf* der Festlandsockel ☞ *Siehe auch* SHELVE IDM **be on the 'shelf** (*umgs*) **1** auf dem Abstellgleis sein

◊ *Retired people should not be made to feel left on the shelf.* Den Rentnern sollte nicht das Gefühl gegeben werden, dass sie zum alten Eisen gehören. **2** (*veraltet*) sitzen bleiben ◊ *Women used to think they were on the shelf at 30.* Früher dachten Frauen bereits mit 30, dass sie alte Jungfern seien. **off the ˈshelf** aus dem Laden

ˈshelf life *Nomen* [meist Sing] Lagerfähigkeit ◊ *The product has a shelf life of 60 days.* Das Produkt kann 60 Tage gelagert werden.

shell¹ /ʃel/ *Nomen* **1** Schale; (*Schnecken-*) Haus; (*Schildkröten-*) Panzer ☛ *Siehe auch* TORTOISESHELL **2** Muschel(schale) ◊ *pasta shells* muschelförmige Nudeln **3** (MIL) Artilleriegeschoss, Granate **4** (MIL) (*AmE*) Patrone **5** Ruine; (*beim Hausbau*) Rohbau; (*fig*) Gerippe, Gehäuse ◊ *the body shell of the car* die Autokarosserie ◊ *My life has been an empty shell since he died.* Seit er gestorben ist, ist mein Leben leer. IDM **come out of your ˈshell** aus sich herausgehen; aus einem Schneckenhaus herauskommen **go/retreat etc. into your ˈshell** sich in sein Schneckenhaus zurückziehen

shell² /ʃel/ *Verb* **1** (MIL) (mit Artillerie) beschießen **2** schälen, knacken; (*Krabben auch*) pulen PHRV **ˌshell (sth) ˈout (for sth)** (*umgs*) (etw) (für etw) blechen, (etw) (für etw) hinblättern SYN FORK OUT

sheˈll /ʃiːl/ = SHE WILL

shelˑlac /ʃəˈlæk, ˈʃelæk/ *Nomen* Schellack

shellˑfire /ˈʃelfaɪə(r)/ *Nomen* (MIL) Artilleriefeuer

shellˑfish /ˈʃelfɪʃ/ *Nomen* (*Pl* **shellˑfish**) Schalentier

shellˑing /ˈʃelɪŋ/ *Nomen* (MIL) Artilleriefeuer

ˈshell shock *Nomen* [U] Kriegsneurose

ˈshell-shocked *Adj* **1** verstört **2** (PSYCH) an einer Kriegsneurose leidend

ˈshell suit *Nomen* (*BrE*) Trilobalanzug

shelˑter¹ /ˈʃeltə(r)/ *Nomen* **1** Obdach, Unterkunft; (*Obdachlosen-*) Asyl; (*Tier-*) Heim **2** (*oft in Zusammensetzungen*) Unterstand ◊ *an air-raid shelter* Luftschutzraum/-bunker ☛ *Siehe auch* BUS SHELTER **3** ~ **(from sth)** Schutz (vor etw), Zuflucht (vor etw) ◊ *The fox ran for the shelter of the trees.* Der Fuchs suchte im Gebüsch Zuflucht.

shelˑter² /ˈʃeltə(r)/ *Verb* **1** schützen, Schutz geben, Zuflucht bieten ◊ *shelter the homeless* Obdachlosen Asyl geben ◊ *Perhaps I sheltered my daughter too much.* Vielleicht habe ich meine Tochter zu sehr behütet. **2** Zuflucht/Schutz suchen; (*bei Regen etc.*) sich unterstellen

shelˑtered /ˈʃeltəd; *AmE* -tərd/ *Adj* **1** geschützt **2** (*oft abwert*) (*Person*) behütet **3** *nur vor Nomen* (*BrE*) betreut ◊ *a sheltered workshop for the blind* eine Blindenwerkstätte

shelve /ʃelv/ *Verb* **1** (*fig*) auf Eis legen **2** ins Regal stellen **3** (*Boden etc.*) abfallen

shelves *Form von* SHELF

shelvˑing /ˈʃelvɪŋ/ *Nomen* [U] Regale, Regalbretter

sheˑnaniˑgans /ʃɪˈnænɪɡənz/ *Nomen* [Pl] (*umgs*) Unfug, Faxen

shepˑherd¹ /ˈʃepəd; *AmE* -ərd/ *Nomen* Schäfer, Schafhirte

shepˑherd² /ˈʃepəd; *AmE* -ərd/ *Verb* führen ◊ *He shepherded her to the door.* Er dirigierte sie zur Tür.

shepˑherdˑess /ˌʃepəˈdes, ˈʃepədəs; *AmE* ʃepərˈdes, ˈʃepərdəs/ *Nomen* (*veraltet*) Schäferin, Schafhirtin

ˌshepherd's ˈpie *Nomen* (*BrE*) Auflauf aus Hackfleisch mit einer Schicht Kartoffelbrei darüber

sherˑbet /ˈʃɜːbət; *AmE* ˈʃɜːrbət/ *Nomen* **1** (*BrE*) Brausepulver **2** (*AmE, veraltend*) Sorbet

sherd /ʃɜːd; *AmE* ʃɜːrd/ *Nomen* Scherbe

sherˑiff /ˈʃerɪf/ *Nomen* **1** (*in den USA*) Sheriff **2** (*oft* ˌ**High ˈSheriff**) (*in England, Wales*) = hohe(r) Verwaltungsbeamter/beamtin, dem/der gerichtliche und repräsentative Verpflichtungen obliegen **3** (*in Schottland*) Richter(in)

ˈsheriff court *Nomen* (*in Schottland*) = Bezirksgericht mit Zuständigkeit in Zivil- und Strafsachen

Sherˑpa /ˈʃɜːpə; *AmE* ˈʃɜːrpə/ *Nomen* Sherpa

sherry /ˈʃeri/ *Nomen* (*Pl* -**ies**) Sherry

she's /ʃiːz, ʃɪz/ **1** = SHE IS **2** = SHE HAS

shh = SH

Shia (*auch* **Shi'a**) /ˈʃɪə/ *Nomen* (*Pl* **Shia** *oder* **Shias**) **1** (REL) Schia **2** Schiit(in)

shib·bo·leth /ˈʃɪbəleθ/ *Nomen* (*gehoben*) **1** alter Zopf, alte Konvention **2** Erkennungszeichen, Parole

shied *Form von* SHY²

shield¹ /ʃiːld/ *Nomen* **1** (MIL) Schild **2** (*an Maschinen, vor Strahlung etc.*) Schutz, Schutzschirm, Schutzschild (*auch fig*) ◊ *She hid her feelings behind a shield of indifference.* Sie verbarg ihre Gefühle hinter einer Mauer der Gleichgültigkeit. ☛ *Siehe auch* RIOT SHIELD **3** (*bei Wettbewerben*) Trophäe (in Form eines Schildes) **4** Wappen(schild) **5** (*AmE*) (*von Polizisten*) Dienstmarke

shield² /ʃiːld/ *Verb* **1** ~ **sb/sth (from sb/sth)** jdn/etw (vor jdm/etw) schützen, jdn/etw (vor jdm/etw) abschirmen ◊ *Police believe that somebody is shielding the killer.* Die Polizei nimmt an, dass jemand den Mörder deckt. **2** (*Maschine etc.*) absichern

shift¹ /ʃɪft/ *Verb* **1** sich verändern, sich verlagern ◊ *The action of the novel shifted from Paris to London.* Die Handlung des Romans wechselte von Paris nach London. **2** (*Mensch*) rücken, rutschen ◊ *I shifted uneasily under his gaze.* Sein Blick machte mich unruhig und zappelig. **3** verrücken; (*an einen anderen Ort*) verlegen; (*fig*) verlagern ◊ *He shifted his gaze from the child to her.* Sein Blick wanderte vom Kind zu ihr. ◊ *He shifted his weight restlessly from one foot to the other.* Er trat unruhig von einem Fuß auf den anderen. ◊ *We need to shift the focus of this debate.* Wir müssen andere Themen in den Mittelpunkt rücken. **4** ~ **responsibility/blame (for sth) onto sb** jdm (für etw) die Verantwortung/Schuld zuschieben **5** (*BrE, umgs*) eilen; ~ **yourself** sich beeilen SYN HURRY **6** (*Flecken etc.*) entfernen, rausbekommen **7** (ab)verkaufen, an den Mann bekommen **8** (*AmE*) (*Gang*) schalten IDM **ˌshift your ˈground** (*abwert*) (*in einer Diskussion*) umschwenken **(the) ˌshifting ˈsands** (der) Flugsand ◊ *the shifting sands of world affairs* der schwankende Boden der Weltpolitik PHRV **ˌshift for yourˈself** (*BrE*) allein zurechtkommen

shift² /ʃɪft/ *Nomen* **1 a** ~ **(in sth)** eine Verlagerung (von etw), ein Wandel (bei etw), eine Verschiebung (bei etw) ◊ *a gradual shift away from the countryside to the towns* ein allmähliches Abwandern vom Land in die Stadt ◊ *a dramatic shift in public opinion* ein dramatischer Meinungsumschwung in der Bevölkerung ◊ *a shift of resources* ein anderer Schwerpunkt bei der Vergabe von Geldern **2** (*in der Arbeit*) Schicht ◊ *be on the night shift* Nachtschicht haben ◊ *work in shifts* Schicht arbeiten **3** (*beim Computer etc.*) Umschaltung ◊ *the shift key* die Umschalttaste **4** Hängekleid **5** Unterkleid

shiftˑless /ˈʃɪftləs/ *Adj* (*abwert*) träge, ambitionslos

shifty /ˈʃɪfti/ *Adj* (*Adv* **shiftˑily** /-ɪli/) (*umgs*) zwielichtig, verschlagen ◊ *They looked shiftily at each other.* Sie sahen sich mit verschlagenen Blicken an.

Shiˑite (*auch* **Shi'ite**) /ˈʃiːaɪt/ **1** *Nomen* Schiit(in) **2** *Adj* schiitisch

shilˑling /ˈʃɪlɪŋ/ *Nomen* **1** = alte britische Münze, die bis 1971 im Umlauf war **2** (*in Afrika*) Shilling

shilly-shally /ˈʃɪli ˌʃæli/ *Verb* (**-shallies**, **-shallying**, **-shallied**, **-shallied**) (*umgs, abwert*) zaudern, schwanken SYN DITHER

shimˑmer¹ /ˈʃɪmə(r)/ *Verb* schimmern, flimmern

shimˑmer² /ˈʃɪmə(r)/ *Nomen* Schimmer(n)

shimmy /ˈʃɪmi/ *Verb* (**shimˑmies**, **shimmyˑing**, **shimˑmied**, **shimˑmied**) sich hüftschwingend bewegen, tanzen

shin¹ /ʃɪn/ *Nomen* Schienbein

shin² /ʃɪn/ *Verb* (**-nn-**) (*BrE*) PHRV **ˌshin ˈup/ˈdown (sth)** (*umgs*) (etw) hinauf-/hinunterklettern

ˈshin bone *Nomen* Schienbein SYN TIBIA

shinˑdig /ˈʃɪndɪɡ/ *Nomen* (*umgs*) (wilde) Party

shine¹ /ʃaɪn/ *Verb* (**shone**, **shone** /ʃɒn; *AmE* ʃoʊn/ *oder, in Bedeutung 3:* **shined**, **shined**) **1** scheinen, glänzen (*auch fig*) **2** leuchten mit ◊ *He shone a torch in my face.* Er leuchtete mir mit einer Taschenlampe ins Gesicht. ◊ *I shone the flashlight around the cellar.* Ich leuchtete den Keller mit der Taschenlampe ab. ◊ (*fig*) *Campaigners are shining a spotlight on whaling.* Die Tierschützer lenken unsere Aufmerksamkeit auf den Walfang. **3** (**shined**, **shined**) polieren; (*Schuhe*) putzen **4** (*fig*) (brillieren) glänzen ◊ *He didn't shine academically.* In akademischen Fächern war er keine Leuchte. ◊ *He has set a shining example.* Er ist ein leuchtendes Beispiel. **IDM** ⇨ HAY, KNIGHT[1] *und* RISE[2] **PHR V** ˌshine ˈthrough (*fig*) deutlich zu sehen sein

shine[2] /ʃaɪn/ *Nomen* [Sing] Glanz **IDM** **take the ˈshine off sth** (*umgs*) einer Sache den Glanz nehmen **take a ˈshine to sb/sth** (*umgs*) jdn/etw ins Herz schließen ☛ *Siehe auch* RAIN[1]

shingle /ˈʃɪŋgl/ *Nomen* **1** [U] Kieselsteine ◇ *a shingle beach* ein Kiesstrand **2** (Dach)schindel **3** (*AmE*) (*bei Ärzten, Anwälten*) (Praxis)schild ◇ *He hung out his own shingle.* Er ließ sich (als Arzt/Anwalt) nieder.

shinˈgled /ˈʃɪŋgld/ *Adj* mit Schindeln gedeckt/verkleidet

shinˈgles /ˈʃɪŋglz/ *Nomen* [U] Gürtelrose

ˈshin guard (*BrE* auch **ˈshin pad**) *Nomen* Schienbeinschützer

shinny /ˈʃɪni/ *Verb* (**shinˈnies**, **shinnyˈing**, **shinˈnied**) (*AmE*) klettern

shiny /ˈʃaɪni/ *Adj* (**shiniˈer**, **shiniˈest**) glänzend

ship[1] /ʃɪp/ *Nomen* Schiff ◇ *on board ship* an Bord des Schiffes **IDM** ⇨ JUMP[1], SINK[1] *und* TIGHT[1]

ship[2] /ʃɪp/ *Verb* (**-pp-**) **1** verschicken, verfrachten, verschiffen ◇ *He was arrested and shipped back to the UK.* Er wurde verhaftet und nach Großbritannien zurückgeschickt. **2** (COMP) erhältlich sein **3** (COMP) ~ **sth** etw ausliefern **4** (NAUT) ~ **water** Wasser übernehmen **IDM** ⇨ SHAPE **PHR V** ˌship sb ˈoff to … (*abwert*) jdn nach … schicken ◇ *They were shipped off to a boarding school.* Sie wurden ins Internat gesteckt.

shipˈboard /ˈʃɪpbɔːd/; *AmE* -bɔːrd/ *Adj* nur vor Nomen an Bord ◇ *shipboard romances* Romanzen an Bord

shipˈbuildˈer /ˈʃɪpbɪldə(r)/ *Nomen* **1** Schiffbauer(in) **2** Schiffbaufirma

shipˈbuildˈing /ˈʃɪpbɪldɪŋ/ *Nomen* Schiffbau

shipˈload /ˈʃɪpləʊd; *AmE* -loʊd/ *Nomen* Schiffsladung

shipˈmate /ˈʃɪpmeɪt/ *Nomen* Schiffskamerad(in)

shipˈment /ˈʃɪpmənt/ *Nomen* **1** Versand, Transport ◇ *ready for shipment* versandfertig ◇ *shipment costs* Frachtkosten **2** Ladung, Sendung

shipˈowner /ˈʃɪpəʊnə(r); *AmE* -oʊn-/ *Nomen* Schiffseigner(in), Reeder(in)

shipˈper /ˈʃɪpə(r)/ *Nomen* Spediteur(in), Speditionsfirma

shipˈping /ˈʃɪpɪŋ/ *Nomen* [U] **1** Schifffahrt, Schiffe ◇ *the shipping forecast* der Seewetterbericht ◇ *a shipping line* eine Reederei **2** Verschiffung

ˈship's chandler (*auch* **chandˈler**) *Nomen* Schiffsausrüster ☛ *Hinweis bei* BAKER

shipˈshape /ˈʃɪpʃeɪp/ *Adj* tipptopp, in bester Ordnung

shipˈwreck[1] /ˈʃɪprek/ *Nomen* **1** Schiffbruch **2** Wrack

shipˈwreck[2] /ˈʃɪprek/ *Verb* **be shipwrecked** Schiffbruch erleiden

shipˈwrecked /ˈʃɪprekt/ *Adj* schiffbrüchig

shipˈyard /ˈʃɪpjɑːd; *AmE* -jɑːrd/ *Nomen* (Schiffs)werft

shire /ˈʃaɪə(r)/ *Nomen* (*BrE*) **1** (*veraltet*) Grafschaft ◇ **-shire** ist auch oft Bestandteil des Namens einer englischen Grafschaft (z.B. Oxfordshire) und wird dann /-ʃə(r)/ ausgesprochen. **2 the Shires** (*auch* **the Shire Counties**) [Pl] = die Grafschaften Mittelenglands

ˈshire horse *Nomen* schweres Zugpferd

shirk /ʃɜːk; *AmE* ʃɜːrk/ *Verb* ~ (**from**) (**sth**) sich (vor etw) drücken ◇ *Burglars will not shirk from breaking a window.* Einbrecher werden nicht zögern, ein Fenster einzuschlagen.

shirkˈer /ˈʃɜːkə(r)/ *Nomen* Drückeberger(in)

shirt /ʃɜːt; *AmE* ʃɜːrt/ *Nomen* Hemd, Hemdbluse **IDM** **keep your ˈshirt on** (*umgs*) reg dich nicht auf **put your ˈshirt on sb/sth** (*BrE, umgs*) seinen letzten Pfennig auf jdn/etw setzen **the ˌshirt off sb's ˈback** jds letztes Hemd

ˈshirt front *Nomen* Hemdbrust

shirtˈsleeve /ˈʃɜːtsliːv; *AmE* ˈʃɜːrt-/ *Nomen* Hemdsärmel **IDM** **in (your) ˈshirtsleeves** in Hemdsärmeln

ˈshirt tail *Nomen* Hemdzipfel

shirty /ˈʃɜːti; *AmE* ˈʃɜːrti/ *Adj* ~ (**with sb**) (*BrE, umgs*) böse (auf jdn) ◇ *Don't get shirty with me!* Reg dich nicht auf!

shish kebab /ˈʃɪʃ kɪbæb/ *Nomen* (*bes AmE*) Kebab

shit[1] /ʃɪt/ *Ausruf* (*vulg, Slang*) Scheiße

shit[2] /ʃɪt/ *Nomen* (*vulg, Slang*) **1** Scheiße (*auch fig*) ◇ *I'm not going to take any shit from them.* Ich lass mir von denen nicht auf den Kopf scheißen. **2** [Sing] ◇ *have a shit* scheißen ◇ *need a shit* scheißen müssen **3** (*abwert*) Arschloch **IDM** **beat, kick, etc. the ˈshit out of sb** jdn zusammenschlagen **in the ˈshit; in ˌdeep ˈshit** in der Scheiße ◇ *You're in deep shit now.* Jetzt sitzt du ganz schön in der Scheiße. **like ˈshit** wie Dreck ◇ *I felt like shit.* Ich fühlte mich hundeelend. **No ˈshit!** (*oft iron*) (überrascht, beeindruckt etc.) Verarsch mich nicht! **not give a ˈshit** sich einen Scheißdreck kümmern ◇ *He doesn't give a shit about anybody else.* Alle anderen sind ihm scheißegal. **when the ˌshit hits the ˈfan** wenn die Kacke am Dampfen ist ☛ *Siehe auch* CROCK *und* SCARE[1]

shit[3] /ʃɪt/ *Verb* (**shitˈting**, **shit**, **shit**) (*Slang, vulg*) ☛ Als *past tense* und im *past participle* werden auch **shat** /ʃæt/ und im britischen Englisch auch **shitˈted** verwendet. **1** scheißen **2** ~ **yourself** sich (vor Angst) in die Hosen scheißen

shit[4] /ʃɪt/ *Adj* (*bes BrE, vulg, Slang*) beschissen

shite /ʃaɪt/ *Ausruf, Nomen* (*BrE, vulg, Slang*) Scheiße

shitˈless /ˈʃɪtləs/ *Adj* (*vulg, Slang*) **IDM** ⇨ SCARE[1]

ˌshit ˈscared *Adj* nicht vor Nomen (*vulg, Slang*) ◇ *be shit scared* Schiss haben

shitty /ˈʃɪti/ *Adj* (*vulg, Slang*) **1** beschissen, Scheiß- **2** mies

shiver[1] /ˈʃɪvə(r)/ *Verb* ~ (**with sth**) (vor etw) zittern ◇ *He shivered at the thought of it.* Ihm schauderte bei dem Gedanken daran.

shiver[2] /ˈʃɪvə(r)/ *Nomen* **1** Schauer, Schauder **2 the shivers** [Pl] Schüttelfrost

shivˈery /ˈʃɪvəri/ *Adj* fröstelnd ◇ *He felt shivery.* Er zitterte.

shoal /ʃəʊl; *AmE* ʃoʊl/ *Nomen* **1** (*von Fischen*) Schwarm **2** Untiefe, Sandbank

shock[1] /ʃɒk; *AmE* ʃɑːk/ *Nomen* **1** Schock, Schreck ◇ *The village was in a state of shock.* Das Dorf stand unter Schock. ◇ (*umgs*) *You're in for a shock.* Du wirst dich wundern. ◇ *a shock defeat* eine überraschende Niederlage **2** [U] (MED) Schock ◇ *be in (a state of) shock* unter Schock stehen ◇ *suffering from shock* in einem Schockzustand ☛ *Siehe auch* SHELL SHOCK **3** (*bei Aufprall, Explosion*) Wucht, Erschütterung **4** = ELECTRIC SHOCK **5** ~ **of hair** (Haar)schopf **IDM** **ˌshock ˈhorror** (*BrE, umgs, oft hum*) Schreck lass nach

shock[2] /ʃɒk; *AmE* ʃɑːk/ *Verb* **1** erschüttern ◇ *They are shocked that this could happen here.* Sie sind entsetzt, dass so etwas hier passieren konnte. ◇ *We were shocked to hear of his death.* Wir waren bestürzt, als wir von seinem Tod hörten. ◇ *She stood in shocked silence.* Sie stand stumm vor Schreck da. **2** schockieren, schocken

ˈshock absorber *Nomen* Stoßdämpfer

shockˈer /ˈʃɒkə(r); *AmE* ˈʃɑːk-/ *Nomen* (*umgs*) Schocker

shockˈing /ˈʃɒkɪŋ; *AmE* ˈʃɑːk-/ *Adj* (*Adv* **shockˈingˈly**) **1** erschütternd, schockierend, erschreckend **2** (*bes BrE, umgs*) furchtbar, schrecklich

ˌshocking ˈpink *Adj* pink **2** *Nomen* Pink

ˈshock tactics *Nomen* [Pl] Schocktaktik

ˈshock therapy (*auch* **ˈshock treatment**) *Nomen* [U] Elektroschocktherapie

ˈshock troops *Nomen* [Pl] Stoßtruppen

ˈshock wave *Nomen* **1** Druckwelle **2** (*fig*) Erschütterung ◇ *The murder sent shock waves through the whole community.* Der Mordfall erschütterte die Allgemeinheit.

shod[1] *Form von* SHOE[2]

shod[2] /ʃɒd; *AmE* ʃɑːd/ *Adj* (*gehoben*) beschuht

shoddy /ˈʃɒdi; *AmE* ˈʃɑːdi/ *Adj* (**shodˈdier**, **shodˈdiˈest**) (*Adv* **shodˈdily**) **1** (*Arbeit etc.*) schluderig; (*Ware*) minderwertig **2** (*Behandlung etc.*) schäbig

shoe[1] /ʃuː/ *Nomen* **1** Schuh ◇ *What's your shoe size?* Welche Schuhgröße haben Sie? **2** = HORSESHOE **IDM** **be in sb's shoes** in jds Haut stecken **if ˌI were in ˈyour shoes** an deiner/Ihrer Stelle **if the shoe fits (ˌ wear it)** (*AmE*) wem die Jacke passt(, der soll sie sich anziehen) **put yourself in sb's shoes** sich in jds Lage versetzen **the shoe is on the other ˈfoot** (*AmE*) die Rollen sind vertauscht ☛ *Siehe auch* FILL[1], SHAKE[1] *und* STEP[2]

shoe[2] /ʃuː/ *Verb* (**shoeˈing**, **shod**, **shod** /ʃɒd; *AmE* ʃɑːd/) (*Pferd*) beschlagen

shoe·horn¹ /ˈʃuːhɔːn; AmE -hɔːrn/ Nomen Schuhanzieher, Schuhlöffel

shoe·horn² /ˈʃuːhɔːn; AmE -hɔːrn/ Verb zwängen

shoe·lace /ˈʃuːleɪs/ (auch **lace**) Nomen Schnürsenkel

shoe·shine /ˈʃuːʃaɪn/ Nomen (bes AmE) Schuheputzen ◊ a shoeshine boy/man ein Schuhputzer

shoe·string /ˈʃuːstrɪŋ/ Nomen IDM **on a ˈshoestring** (umgs) mit ganz wenig Geld

shone Form von SHINE¹

shoo¹ /ʃuː/ Verb (**shoo·ing, shooed, shooed**) (ver)scheuchen

shoo² /ʃuː/ Ausruf sch ◊ Shoo, all of you, I'm busy! Verschwindet alle, ich habe zu tun!

ˈshoo-in Nomen (AmE, umgs) sicherer Tip ◊ He's shoo-in. Er wird garantiert gewinnen.

shook Form von SHAKE¹

shoot¹ /ʃuːt/ Verb (**shot, shot** /ʃɒt; AmE ʃɑːt/) **1** (ab)schießen ◊ shoot a gun ein Gewehr abfeuern ◊ shoot to kill gezielte Todesschüsse abgeben ◊ They shot the lock off. Sie durchschossen das Türschloss. **2** anschießen, erschießen ◊ A man was shot in the leg. Einem Mann wurde ins Bein geschossen. ◊ Three people were shot dead during the robbery. Bei den Raubüberfall wurden drei Menschen erschossen. **3** (oft **go shooting**) auf die Jagd gehen **4** (fig) schießen, jagen ◊ His hand shot out to grab her. Er streckte blitzschnell seine Hand aus, um sie festzuhalten. ◊ The single shot straight to number one in the charts. Die Single stürmte sofort an die Spitze der Hitparade. **5** ◊ The pain shot up her arm. Der Schmerz durchzuckte ihren Arm. ◊ shooting pains stechende Schmerzen **6** ~ **sth at sb; ~ sb sth** (kein Passiv) (Fragen) auf jdn abfeuern; (Blick) jdm etw zuwerfen **7** (Film) drehen; (Fotografie) fotografieren ◊ She was shot for a magazine cover. Sie wurde für ein Titelbild fotografiert. **8** ~ (**at sth**) (SPORT) (auf etw) schießen **9** (umgs) (Golf) ◊ She shot (a) 75 in the first round. Sie brauchte 75 Schläge für Runde eins. **10** (bes AmE) (Billard, Würfel, Karten etc.) spielen ◊ shoot baskets Basketball spielen **11 shoot!** (bes AmE, umgs) schieß los! ☞ Siehe auch SHOOT³

IDM **be/get ˈshot of sth/sb** (BrE, umgs) etw/jdn loswerden **have shot your ˈbolt** (umgs) sein Pulver verschossen haben **shoot the ˈbreeze/ˈbull** (AmE, umgs) sich unterhalten; schwatzen **ˌshoot from the ˈhip** aus der Hüfte schießen **ˌshoot it ˈout** (**with sb**) (umgs) sich (mit jdm) ein Feuergefecht liefern **ˌshoot your ˈmouth off** (**about sth**) (umgs) **1** (mit etw) prahlen **2** (über etw) tratschen **shoot the ˈrapids** über die Stromschnellen jagen **ˌshoot yourself in the ˈfoot** (umgs) sich ins eigene Fleisch schneiden

PHRV **ˌshoot sb/sth ˈdown 1** jdn/etw abschießen **2** (fig) jdn/etw in der Luft zerreißen **ˌshoot for sth** (AmE, umgs) auf etw aus sein **ˌshoot ˈoff** (umgs) losdüsen ◊ I had to shoot off at the end of the meeting. Ich musste nach der Besprechung schnell los. **ˌshoot ˈthrough** (AusE, NeusE, umgs) abhauen **ˌshoot ˈup 1** in die Höhe schießen **2** in die Höhe schnellen **3** sich einen Schuss setzen **ˌshoot sth ˈup 1** etw zusammenschießen **2** (kein Passiv) (Slang) (Heroin etc.) schießen

shoot² /ʃuːt/ Nomen **1** (BOT) Trieb ◊ bamboo shoots Bambusschösslinge **2** (Film)aufnahme ◊ a fashion shoot eine Fotosession für eine Modezeitschrift **3** (bes BrE) Jagd(revier)

shoot³ /ʃuːt/ Ausruf (AmE) Mist

ˈshoot-ˈem-up Adj (umgs) ◊ shoot-'em-up games Ballerspiele

shoot·er /ˈʃuːtə(r)/ Nomen **1** (umgs) Schießeisen **2** Schütze, Schützin

shoot·ing /ˈʃuːtɪŋ/ Nomen **1** Schießerei **2** [U] Jagd ◊ grouse shooting Moorhuhnjagd **3** [U] (Film) Dreharbeiten

ˈshooting gallery Nomen Schießstand, Schießbude

ˈshooting match Nomen IDM **the whole ˈshooting match** (BrE, umgs) der ganze Kram; alles

ˌshooting ˈstar Nomen Sternschnuppe

ˈshoot-out Nomen Schießerei ☞ Siehe auch PENALTY SHOOT-OUT

shop¹ /ʃɒp; AmE ʃɑːp/ Nomen **1** (bes BrE) Geschäft, Laden ◊ a pet shop eine Tierhandlung ◊ (BrE) I'm just going down to the shops. Ich gehe kurz einkaufen. ◊ (BrE) a butcher's shop eine Fleischerei ☞ Hinweis bei BAKER ☞ Siehe auch COFFEE SHOP und CORNER SHOP **2** (meist in Zusammensetzungen) Werkstatt ◊ a repair shop eine Reparaturwerkstatt ◊ a paint shop eine Lackiererei ☞ Siehe auch BODY SHOP **3** (BrE) [Sing] (umgs) Einkauf ◊ I do my weekly shop at the supermarket. Ich mache meinen Wocheneinkauf im Supermarkt. **4** = SHOP CLASS **5** (AmE) (im Haus) Werkstatt IDM **all ˈover the shop** (BrE, umgs) **1** überall **2** total chaotisch **ˌset up ˈshop** eine Firma gründen ◊ The firm set up shop in Warsaw in 1990. Die Firma eröffnete 1990 in Warschau eine Geschäftsstelle. ☞ Siehe auch BULL, HIT¹, MIND², SHUT¹ und TALK¹

shop² /ʃɒp; AmE ʃɑːp/ Verb (**-pp-**) **1** ~ (**for sth**) (etw) (ein)kaufen **2 go shopping** einkaufen gehen **3** ~ **sb** (**to sb**) (BrE, umgs) jdn (bei jdm) verpfeifen PHRV **ˌshop aˈround** (**for sth**) sich (nach etw) umsehen (um das günstigste Angebot zu finden) ◊ Shop around for the best deal. Vergleichen Sie die Preise und suchen Sie das günstigste Angebot.

ˈshop assistant (auch **as·sist·ant**) Nomen (BrE) Verkäufer(in)

ˈshop-bought Adj nur vor Nomen (BrE) (im Geschäft) gekauft, nicht selbst gemacht

ˈshop class (auch **shop**) Nomen (AmE) (als Schulfach) Werken

shop·fit·ter /ˈʃɒpfɪtə(r); AmE ˈʃɑːp-/ Nomen **1** Ladenbauer **2** Ladenbaufirma

shop·fit·ting /ˈʃɒpfɪtɪŋ; AmE ˈʃɑːp-/ Nomen Ladenbau

ˌshop ˈfloor Nomen [Sing] (BrE) **1** Produktionsstätte ◊ work on the shop floor in der Produktion arbeiten **2** **the shop floor** die Arbeiter ◊ The decisions are taken on the shop floor. Die Entscheidungen werden von den Arbeitern getroffen.

ˈshop·front /ˈʃɒpfrʌnt; AmE ˈʃɑːp-/ Nomen (BrE) Geschäftsfassade

shop·keep·er /ˈʃɒpkiːpə(r); AmE ˈʃɑːp-/ Nomen (bes BrE) Ladenbesitzer(in)

shop·lift /ˈʃɒplɪft; AmE ˈʃɑːp-/ Verb Ladendiebstahl begehen

shop·lift·er /ˈʃɒplɪftə(r); AmE ˈʃɑːp-/ Nomen Ladendieb(in)

shop·lift·ing /ˈʃɒplɪftɪŋ; AmE ˈʃɑːp-/ Nomen Ladendiebstahl

shop·per /ˈʃɒpə(r); AmE ˈʃɑːp-/ Nomen Käufer(in) ◊ Christmas shoppers Weihnachtseinkäufer

shop·ping /ˈʃɒpɪŋ; AmE ˈʃɑːp-/ Nomen [U] **1** Einkaufen ◊ (BrE) do the shopping einkaufen gehen ◊ the weekly shopping der wöchentliche Einkauf **2** (bes BrE) Einkäufe

ˈshopping arcade (auch **ar·cade**) Nomen (BrE) (Einkaufs)passage

ˈshopping centre (AmE **ˈshopping center**) Nomen Einkaufszentrum

ˈshopping list Nomen Einkaufszettel ◊ (fig) a shopping list of demands eine Liste von Forderungen

ˈshopping mall (auch **mall**) Nomen (bes BrE) Einkaufszentrum

ˈshop-soiled Adj (BrE) angeschmutzt, leicht beschädigt

ˌshop ˈsteward Nomen (bes BrE) (gewerkschaftlicher) Vertrauensmann, (gewerkschaftliche) Vertrauensfrau

shop·worn /ˈʃɒpwɔːn; AmE ˈʃɑːpwɔːrn/ Adj (AmE) angeschmutzt, leicht beschädigt

shore¹ /ʃɔː(r)/ Nomen **1** Ufer, Strand ◊ a house on the shores of the lake ein Haus am Seeufer ◊ The ship was anchored off shore. Das Schiff ankerte vor der Küste. **2 shores** [Pl] (gehoben) Land, Gestade

shore² /ʃɔː(r)/ Verb PHRV **ˌshore sth ˈup 1** etw (ab)stützen **2** (fig) etw (unter)stützen

shore·line /ˈʃɔːlaɪn; AmE ˈʃɔːrl-/ Nomen Ufer(linie), Küste

shorn Form von SHEAR

short¹ /ʃɔːt; AmE ʃɔːrt/ Adj **1** kurz ◊ Voters have a short memory. Die Wähler vergessen schnell. ◊ It was all over in a relatively short space of time. Es dauerte nur relativ kurz. ◊ Just two short years ago he was the best player in the country. Noch vor zwei Jahren war er der beste Spieler des Landes. **2** (Mensch, Schritt) klein ◊ I'm too short to reach the top shelf. Ich bin zu klein, um ans oberste Regal heranzukommen. **3 be ~** (**of sth**) (von etw) zu wenig haben ◊ I'm a bit short of money this week. Ich bin diese Woche etwas knapp bei Kasse. ◊ *We are five players short.* Uns fehlen fünf Spieler. ◊ *She is not short of excuses when things go wrong.* Sie hat immer eine Ausrede parat, wenn etwas schief geht. ◊ *I must hurry, I'm a bit short of time.* Ich muss mich beeilen, die Zeit wird knapp. **4 be ~ of sth** etw verfehlen ◊ *Her last throw was only 3 centimetres short of the world record.* Ihr letzter Wurf verfehlte den Weltrekord um nur 3 Zentimeter. ◊ *He was just short of his 80th birthday when he died.* Er starb kurz vor seinem 80. Geburtstag. **5** *nicht vor Nomen* knapp ◊ *Water is short at this time of year.* Wasser ist in dieser Jahreszeit knapp. ◊ *just short of two hours* knapp zwei Stunden **6 ~ of breath** kurzatmig **7 be ~ on sth** (*umgs*) etw nicht haben, zu wenig von etw haben ◊ *He's short on tact.* Er hat wenig Taktgefühl. ◊ *He was a big strapping guy but short of brains.* Er war groß und stark, aber nicht sehr intelligent. ◊ *Her books are pretty short on originality.* Ihren Büchern fehlt es an Originalität. **8 ~ for sth** kurz für etw ◊ *Her name is 'Frances', or 'Fran' for short.* Sie heißt „Frances" oder kurz „Fran". **9 ~ (with sb)** kurz angebunden (mit jdm) ➡ *Siehe auch* SHORT TEMPER **10** *nur vor Nomen* (*Teig*) mürbe IDM **be a ˌbrick short of a ˈload**; **be two ˌsandwiches short of a ˈpicnic, etc.** (*umgs*) nicht alle beisammen haben **get the ˌshort end of the ˈstick** (*AmE*) den Kürzeren ziehen **get short ˈshrift** kurz abgefertigt werden **give sb/sth short ˈshrift** jdn/etw kurz abfertigen **have/be on a short ˈfuse** (*Mensch*) leicht explodieren **in ˌshort ˈorder** in kurzer Zeit **in the ˈshort run** kurzfristig **in ˌshort supˈply** knapp; nur beˈtitle/nothing short of ˈsth** an etw grenzend ◊ *Our escape was little short of miraculous.* Unser Entkommen grenzte an ein Wunder. ◊ *This is nothing short of a disaster.* Das ist eine glatte Katastrophe. **make short ˈwork of sth/sb** kurzen Prozess mit etw/jdm machen **ˌshort and ˈsweet** (*oft ironisch*) (*Teig*) kurz (und schmerzlos); kurz und ergreifend ◊ *I'll keep this short and sweet* Ich fasse mich kurz. ➡ *Siehe auch* DRAW¹, LONG¹, MEASURE², NOTICE¹, TERM *und* THICK

short² /ʃɔːt; *AmE* ʃɔːrt/ *Adv* **1 go/run ~ of sth** nicht genug von etw haben ◊ *I'd never let you go short of anything.* Ich werde immer dafür sorgen, dass es dir an nichts fehlt. ◊ *Mothers often go short of food to ensure their children have enough.* Mütter sparen selbst oft am Essen, damit ihre Kinder genug haben. ◊ *They had run short of fuel.* Sie hatten nur noch wenig Benzin. **2** zu kurz ◊ *He pitched the ball short.* Er warf den Ball zu kurz. **3** plötzlich, abrupt ◊ *She stopped short when she saw him.* Sie hielt abrupt an, als sie ihn sah. IDM **be caught ˈshort**; **be taken ˈshort 1** (*bes BrE, umgs*) plötzlich dringend müssen **2** überrumpelt werden **cut sb ˈshort** jdn unterbrechen **cut sth ˈshort** etw plötzlich abbrechen **fall ˈshort of sth** etw nicht erreichen; etw nicht erfüllen ◊ *The money collected fell short of the amount required.* Das gesammelte Geld blieb unterhalb der benötigten Summe. **short of (doing ˈsth)** ◊ *Short of a miracle, we're certain to lose.* Wenn kein Wunder geschieht, werden wir verlieren. ◊ *We did everything short of stealing to get the money.* Wir haben jedes erdenkliche Mittel versucht, um das Geld zu bekommen, mit der Ausnahme von Diebstahl. ➡ *Siehe auch* SELL¹ *und* STOP¹

short³ /ʃɔːt; *AmE* ʃɔːrt/ *Nomen* (*umgs*) **1** (*BrE*) (*alkoholisches Getränk*) Kurzer **2** Kurzfilm **3** = SHORT CIRCUIT ➡ *Siehe auch* SHORTS IDM **in ˈshort** kurz gesagt ➡ *Siehe auch* LONG¹

short⁴ /ʃɔːt; *AmE* ʃɔːrt/ *Verb* (*umgs*) = SHORT-CIRCUIT

short·age /ˈʃɔːtɪdʒ; *AmE* ˈʃɔːrt-/ *Nomen* Knappheit, Mangel ◊ *a shortage of funds* Geldknappheit ◊ *There is no shortage of things to do here.* Hier findet man immer etwas zu tun.

ˌshort ˌback and ˈsides *Nomen* [Sing] (*BrE, veraltet*) = Haarschnitt, der hinten und an den Seiten kurz ist

short·bread /ˈʃɔːtbred; *AmE* ˈʃɔːrt-/ *Nomen* [U] = Keks aus Butterteig

short·cake /ˈʃɔːtkeɪk; *AmE* ˈʃɔːrt-/ *Nomen* [U] **1** (*BrE*) Keks aus Butterteig **2** Obstkuchen aus Mürbeteig

ˌshort-ˈchange *Verb* (*oft passiv*) **~ sb 1** jdm zu wenig Wechselgeld herausgeben **2** jdn übers Ohr hauen ◊ *The fans felt short-changed when United turned up without their top stars.* Die Fans hatten das Gefühl, nicht auf ihre Kosten gekommen zu sein, als United ohne seine Spitzenspieler antrat.

ˌshort ˈcircuit (*umgs* **short**) *Nomen* Kurzschluss

ˌshort-ˈcircuit *Verb* **1** (*auch* **short (out)**) einen Kurzschluss haben **2 ~ sth** (*auch* **short (out)**) einen Kurzschluss in etw verursachen **3** (*Verfahren, Prozess etc.*) abkürzen, beschleunigen

short·com·ing /ˈʃɔːtkʌmɪŋ; *AmE* ˈʃɔːrt-/ *Nomen* [meist Pl] Unzulänglichkeit, Mangel SYN DEFECT

ˈshort-crust pastry /ˌʃɔːtkrʌst ˈpeɪstri; *AmE* ˈʃɔːrt-/ *Nomen* Mürbeteig

ˌshort ˈcut (*auch* **ˈshort cut**) *Nomen* **1** (*kürzerer Weg*) Abkürzung **2** (*fig*) Schnellverfahren ◊ *There are no short cuts to economic recovery.* Die Erholung der Wirtschaft lässt sich nicht beschleunigen.

short·en /ˈʃɔːtn; *AmE* ˈʃɔːrtn/ *Verb* **1** (ver)kürzen ◊ *Injury problems could shorten his career.* Verletzungsprobleme könnten seiner Karriere ein vorzeitiges Ende setzen. ◊ *a shortened version of the game* eine kürzere Spielvariante OPP LENGTHEN **2** kürzer werden **3 ~ sth (to sth)** etw (mit/zu etw) abkürzen

short·en·ing /ˈʃɔːtnɪŋ; *AmE* ˈʃɔːrt-/ *Nomen* Backfett (*für Mürbeteig*)

short·fall /ˈʃɔːtfɔːl; *AmE* ˈʃɔːrt-/ *Nomen* **~ (in sth)** Defizit (an etw), Mangel (an etw)

short·hand /ˈʃɔːthænd; *AmE* ˈʃɔːrt-/ *Nomen* **1** Kurzschrift, Stenografie **2 ~ (for sth)** Kurzformel (für etw) ◊ *Doctors use the term as shorthand for a variety of diseases.* Ärzte verwenden den Begriff als Sammelbezeichnung für verschiedene Krankheiten.

ˌshort-ˈhanded *Adj nicht vor Nomen* **be ~** zu wenig Personal haben SYN SHORT-STAFFED

ˈshort-haul *Adj nur vor Nomen* Kurzstrecken- ◊ *a short-haul airliner* ein Kurzstreckenflugzeug OPP LONG-HAUL

short·list¹ /ˈʃɔːtlɪst; *AmE* ˈʃɔːrt-/ *Nomen* Auswahlliste ◊ *He's on the shortlist.* Er ist in der engeren Wahl.

short·list² /ˈʃɔːtlɪst; *AmE* ˈʃɔːrt-/ *Verb* (*meist passiv*) (*BrE*) **~ sb/sth (for sth)** jdn/etw in die engere Wahl nehmen (für etw) ◊ *candidates who are shortlisted for interview* Kandidaten, die zum Vorstellungsgespräch eingeladen werden

ˌshort-ˈlived *Adj* kurzlebig ◊ *Her success was great, but short-lived.* Sie hatte großen Erfolg, aber er war von kurzer Dauer.

short·ly /ˈʃɔːtli; *AmE* ˈʃɔːrt-/ *Adv* **1** kurz ◊ *She arrived shortly after us.* Sie kam kurz nach uns. **2** in Kürze, bald ◊ *I'll be ready shortly.* Ich bin gleich fertig. **3** kurz (angebunden), barsch SYN SHARPLY

short·ness /ˈʃɔːtnəs; *AmE* ˈʃɔːrtnəs/ *Nomen* **1** Kürze **2** geringe (Körper)größe **3 ~ of breath** Kurzatmigkeit

ˌshort-ˈorder ˈcook *Nomen* Schnellimbisskoch, -köchin

ˈshort-range *Adj* **1** Kurzstrecken- **2** kurzfristig

shorts /ʃɔːts; *AmE* ʃɔːrts/ *Nomen* [Pl] **1** Shorts, kurze Hosen **2** (*AmE*) Unterhose ➡ *Hinweis bei* BRILLE

ˌshort-ˈsighted *Adj* (*Adv* **ˌshort-ˈsighted·ly**) **1** (*bes BrE*) kurzsichtig OPP LONG-SIGHTED **2** (*Politik etc.*) kurzsichtig OPP FAR-SIGHTED

ˌshort-ˈsighted·ness *Nomen* Kurzsichtigkeit (*auch fig*)

ˌshort-ˈstaffed *Adj* **be ~** zu wenig Personal haben, unterbesetzt sein SYN SHORT-HANDED

ˈshort-stay *Adj nur vor Nomen* Kurzzeit- ◊ *a short-stay car park* ein Kurzzeitparkplatz

ˈshort ˌstory *Nomen* Kurzgeschichte

ˌshort ˈtemper *Nomen* [Sing] aufbrausendes Temperament

ˌshort-ˈtempered *Adj* gereizt, leicht aufbrausend, unbeherrscht

ˌshort-ˈterm *Adj* kurzfristig ◊ *find work on a short-term contract* kurzfristig Arbeit finden ◊ *our short-term goal* unser Nahziel ◊ *the short-term memory* das Kurzzeitgedächnis

ˌshort-ˈtermism *Nomen* kurzfristiges Denken, Kurzsichtigkeit

ˌshort ˈtime *Nomen* (*BrE*) Kurzarbeit

ˈshort ˌwave *Nomen* (*Abk* **SW**) Kurzwelle

shot¹ /ʃɒt; *AmE* ʃɑːt/ *Nomen* **1 ~ (at sb/sth)** Schuss (auf jdn/etw) (*auch fig*) ◊ *Someone took a shot at the car.* Jemand schoss auf das Auto. **2** Schütze, Schützin ◊ *a good/bad shot* ein guter/schlechter Schütze **3** ➡ LEAD SHOT **4** (*Pl meist Sing*) Versuch ◊ *I'll*

shot

have a shot at it. / I'm willing to give it a shot. Ich bin bereit es zu versuchen. ◇ *Just give it your best shot and you'll be fine.* Tu dein Bestes, dann wird es schon klappen. **6** (SPORT) Schuss, Schlag, Wurf **7** (*oft* **the shot**) [Sing] Kugelstoßen, Kugel ◇ *put/throw the shot* kugelstoßen ☞ *Siehe auch* THE SHOT-PUT **8** (*Fotografie*) Aufnahme; (*Film*) Einstellung, Szene **9** (*bes AmE, umgs*) Spritze ◇ *a polio shot* eine Polioschutzimpfung [SYN] INJECTION **10** (*umgs*) (*von Getränken*) Schuss ◇ *a shot of whisky* ein Schuss Whisky **11** (*einer Rakete*) Abschuss, Start **12** [Sing] (*bei Pferderennen etc.*) = Pferd, Hund etc. mit einer bestimmten Gewinnchance ◇ *The horse is a 10-1 shot.* Die Chancen stehen 10:1. [IDM] **like a 'shot** sofort; wie der Blitz **a shot across the/sb's 'bows** ein Schuss vor den/jds Bug **a shot in the 'arm** Belebung; Auftrieb ☞ *Siehe auch* BIG¹, CALL¹, DARK¹, LONG¹ *und* PARTING²

shot² *Form von* SHOOT¹

shot³ /ʃɒt; *AmE* ʃɑːt/ *Adj* **1** ~ (**with sth**) durchzogen (von etw) ◇ *shot silk* changierende Seide ◇ *black hair shot with grey* grau meliertes Haar **2** *nicht vor Nomen* (*umgs*) kaputt, im Eimer ◇ *I'm shot – I'm too old for this job.* Ich bin am Ende – ich bin zu alt für diesen Job. ◇ *After the accident his nerves were shot to pieces.* Nach dem Unfall war er völlig mit den Nerven fertig. [IDM] **be/get 'shot of sb/sth** (*BrE, umgs*) jdn/etw loswerden **shot through with sth** voll von etw; von etw durchzogen; von etw durchdrungen ◇ *a deep red shot through with gold* ein dunkles Rot mit Gold durchzogen ◇ *His films are always shot through with emotion and humanity.* Seine Filme sind immer von Gefühl und Menschlichkeit durchdrungen.

'shot·gun /'ʃɒtɡʌn; *AmE* 'ʃɑːt-/ *Nomen* (Schrot)flinte

shotgun 'wedding (*auch* ,**shotgun 'marriage**) *Nomen* (*veraltet*) Mussheirat

the 'shot-put *Nomen* [Sing] (*auch* '**shot-putting**) das Kugelstoßen

should /ʃəd; *betont* ʃʊd/ *Modalvb* (*verneint* **should not** *Kurzform* **shouldn't** /'ʃʊdnt/) **1** ~ G 10 **2** (*in der indirekten Rede*) ☞ G 9.5 [IDM] **I should hope so!** das will ich schwer hoffen! **I should think so** ich glaube schon ◇ *'Will this be enough?' 'I should think so.'* „Wird das reichen?" „Ich glaube schon."

shoul·der¹ /'ʃəʊldə(r); *AmE* 'ʃoʊ-/ *Nomen* **1** Schulter ◇ *She shrugged her shoulders.* Sie zuckte mit den Achseln. ◇ *an off-the-shoulder dress* ein schulterfreies Kleid **2** (*Fleisch*) Schulter(stück) **3** (*einer Flasche*) Ausbuchtung **4** (*AmE*) (*an Straßen*) Seitenstreifen, Bankett ☞ *Siehe auch* HARD SHOULDER, SOFT SHOULDER *und* -SHOULDERED [IDM] **be/stand head and 'shoulders above sb/sth** jdm/etw haushoch überlegen sein **be looking over your 'shoulder** in Angst leben **have a good 'head on your shoulders** vernünftig sein **on sb's shoulders** auf jds Schultern ◇ *put the blame on sb's shoulders* jdm die Schuld zuschieben **put your shoulder to the 'wheel** sich ins Zeug legen **a shoulder to 'cry on** jd, bei dem man sich ausweinen kann ,**shoulder to 'shoulder 1** Schulter an Schulter **2** gemeinsam ☞ *Siehe auch* CHIP¹, COLD¹, OLD, RUB¹ *und* STRAIGHT¹

shoul·der² /'ʃəʊldə(r); *AmE* 'ʃoʊ-/ *Verb* **1** (Verantwortung, Schuld etc.) auf sich nehmen **2** (mit der Schulter) stoßen, drängen ◇ *He shouldered his way through the crowd.* Er bahnte sich einen Weg durch die Menge. **3** auf die Schulter nehmen, schultern

'shoulder bag *Nomen* Umhängetasche
'shoulder blade *Nomen* Schulterblatt
-shouldered /'ʃəʊldə(r)d; *AmE* 'ʃoʊ-/ (*in Adjektiven*) -schultrig ◇ *broad-shouldered* breitschultrig ☞ *Siehe auch* ROUND-SHOULDERED
,**shoulder-'high¹** *Adj* schulterhoch
,**shoulder-'high²** *Adv* auf den Schultern ◇ *They carried him shoulder-high through the crowd.* Sie trugen ihn auf den Schultern durch die Menge.
'shoulder-length *Adj* schulterlang
'shoulder pad *Nomen* [meist Pl] Schulterpolster
'shoulder strap *Nomen* **1** (*an Kleidern etc.*) Träger **2** Schulterriemen

shout¹ /ʃaʊt/ *Verb* **1** schreien, rufen, brüllen ◇ *We shouted encouragement as they ran past.* Wir feuerten sie an, als sie vorbeiliefen. **2** ~ **at sb** jdn anschreien **3** ~ **for sb/sth** nach jdm/etw rufen **4** ~ **sth at/to sb** jdm etw zurufen; ~ **sth at sb to do sth** jdm zurufen etw zu tun ◇ *She shouted at him to shut the gate.* Sie rief ihm zu, das Tor zu schließen. ◇ *shout abuse at sb* jdn beschimpfen **5** ~ (**out**) aufschreien ◇ *She shouted out in pain.* Sie schrie vor Schmerz auf. [PHRV] ,**shout sb 'down** jdn niederschreien ,**shout sth 'out** etw (aus)rufen, etw herausschreien

shout² /ʃaʊt/ *Nomen* **1** Schrei, Ruf **2** (*BrE, umgs*) (*von Getränken*) Runde ◇ *What are you drinking? It's my shout.* Was wollt ihr trinken? Es ist meine Runde. [IDM] **be ,in with a 'shout (of doing sth)** (*umgs*) eine Chance haben (etw zu tun) **give sb a 'shout** (*umgs*) jdn rufen

shout·ing *Nomen* /'ʃaʊtɪŋ/ Geschrei, Schreien [IDM] **be all over bar the 'shouting** (*BrE*) so gut wie gelaufen sein **within 'shouting distance** in Hörweite

shove¹ /ʃʌv/ *Verb* **1** schieben, stoßen ◇ *He shoved her down the stairs.* Er stieß sie die Treppe hinunter. **2** drängeln, drücken ◇ *The crowd was pushing and shoving to get a better view.* Die Menge stieß und drängelte, um besser zu sehen. **3** (*umgs*) schmeißen, stopfen ◇ *Shove your suitcase under the bed.* Schmeiß deinen Koffer unters Bett. ◇ *He shoved a piece of paper into my hand.* Er drückte mir ein Stück Papier in die Hand. [PHRV] ,**shove it** (*bes AmE, umgs*) steck's dir wohin ,**shove 'off** (*BrE, umgs*) abschieben ◇ *Shove off and leave me alone!* Schieb ab und lass mich in Ruhe! ,**shove 'up** (*BrE, umgs*) rücken ◇ *Shove up! Jan wants to sit down.* Rück mal! Jan will sich hinsetzen.

shove² /ʃʌv/ *Nomen* [meist Sing] Stoß, Schubs [IDM] ⇨ PUSH²

shovel¹ /'ʃʌvl/ *Nomen* Schaufel
shovel² /'ʃʌvl/ *Verb* (**-ll-**, *AmE* **-l-**) **1** schaufeln (*auch fig*) **2** (*AmE*) (*Einfahrt etc.*) freischaufeln
shovel·ful /'ʃʌvlfʊl/ *Nomen* eine Schaufel ◇ *two shovelfuls of earth* zwei Schaufeln Erde

show¹ /ʃəʊ; *AmE* ʃoʊ/ *Verb* (**showed**, **shown** /ʃəʊn; *AmE* ʃoʊn/ *oder, seltener* **showed**) **1** ~ (**sth to sb**); ~ (**sb sth**) (jdm etw) zeigen; (jdm) deutlich machen ◇ *The figures clearly show that her claims are false.* Die Zahlen zeigen klar, dass ihre Behauptungen falsch sind. ◇ *a report showing the company's current situation* ein Bericht, der die derzeitige Situation der Firma deutlich macht ◇ *Can you show me how to do it?* Kannst du mir zeigen, wie man es macht? ◇ *His new book shows him to be a first-rate storyteller.* Sein neues Buch zeigt, dass er ein erstklassiger Erzähler ist. ◇ *She showed the technique to her students.* Sie führte ihren Studenten die Methode vor. ◇ *You have to show your ticket as you go in.* Man muss seine Karte vorzeigen, wenn man hineingeht. ◇ *They showed no respect for their parents. / They showed their parents no respect.* Sie hatten keinen Respekt vor ihren Eltern. **2** (*Mut, Entschlossenheit etc.*) beweisen **3** ~ **yourself (to be)** sich als etw erweisen **4** verraten ◇ *Her expression showed her disappointment.* Ihr Gesicht verriet ihre Enttäuschung. ◇ *Their new white carpet showed every mark.* Auf ihrem neuen weißen Teppich waren alle Flecken zu sehen. **5** sich zeigen, sichtbar sein ◇ *Fear showed in his eyes.* Angst stand in seinen Augen. ◇ *She had a woollen hat on that left only her eyes and nose showing.* Sie hatte eine Wollmütze auf, sodass nur ihre Augen und Nase zu sehen waren. **6** (an)zeigen ◇ *The map shows the principal towns and rivers.* Auf der Karte sind die wichtigsten Städte und Flüsse eingezeichnet. **7** führen ◇ *He showed us to our seats.* Er führte uns zu unseren Plätzen. **8** (*Film, Tiere*) vorführen; (*Theaterstück*) aufführen; (*Kunstwerk*) ausstellen ◇ *The movie is being shown now.* Der Film läuft jetzt. **9** (*bes AmE, umgs*) kommen, auftauchen ◇ *I waited an hour but he didn't show.* Ich wartete eine Stunde, aber er kam nicht. [IDM] **it goes to 'show** da sieht man's mal wieder **it goes to 'show that, how, etc. …** das beweist mal wieder, dass, wie etc. … **show sb the 'door** jdm die Tür weisen **show your 'face** sich blicken lassen **show your 'hand/cards** (*BrE*) seine Karten auf den Tisch legen **show the 'way** den Weg zeigen **show sb who's 'boss** jdm zeigen, wer das Sagen hat **show 'willing** guten Willen zeigen **show something, nothing, etc. to 'show for sth** am Ende etwas, nichts etc. für etw vorzuweisen (haben) ☞ *Siehe auch* FLAG¹, PACE¹ *und* ROPE¹ [PHRV] ,**show sb a'round/'round (sth)** jdn (in etw) herumführen ,**show 'off** (*umgs, abwert*) angeben ,**show sb/sth 'off** jdn/etw vorführen ◊ *He likes to show off how well he speaks French.* Er gibt gern mit seinem Französisch an. ˌ**show sth** ˈ**off** *etw zur Geltung bringen* ◊ *a dress that shows off her figure* ein Kleid, das ihre Figur zur Geltung bringt ˌ**show** ˈ**through** durchscheinen ◊ (*fig*) *When he spoke, his bitterness showed through.* Als er sprach, war seine Bitterkeit zu spüren. ˌ**show** ˈ**through sth** durch/unter etw zu sehen sein ˌ**show** ˈ**up 1** (*umgs*) kommen, auftauchen **2** sichtbar werden ◊ *A broken bone showed up on the X-ray.* Das Röntgenbild zeigte einen Knochenbruch. ˌ**show sth** ˈ**up** etw (deutlich) zeigen ◊ *The harsh light showed up the lines on her face.* In dem grellen Licht konnte man die Falten in ihrem Gesicht deutlich sehen. ˌ**show sb** ˈ**up 1** (*BrE, umgs*) jdn in eine peinliche Situation bringen **2** jdn blamieren, jdn bloßstellen ◊ *Don't worry about being shown up by the kids — they've always used computers.* Es macht nichts, wenn du dich vor den Kindern blamierst – sie haben schon von klein auf Computer benutzt.

show² /ʃəʊ; *AmE* ʃoʊ/ *Nomen* **1** Show; (*Theater-*) Aufführung ◊ *see/watch/go to a show* ins Theater gehen ☛ *Siehe auch* FLOOR SHOW *und* ROADSHOW **2** (Unterhaltungs)sendung ☛ *Siehe auch* CHAT SHOW, GAME SHOW *und* TALK SHOW **3** Ausstellung ◊ *the Paris fashion shows* die Pariser Modenschauen ☛ *Siehe auch* PEEP SHOW **4 be on ~** ausgestellt sein; **go on ~** ausgestellt werden; **put sth on ~** etw ausstellen **5** Zurschaustellung, Zeichen ◊ *He doesn't go in for shows of emotion.* Er zeigt nicht gern seine Gefühle. ◊ *a show of support/unity* eine Solidaritätsbekundung ◊ *a show of force* eine Machtdemonstration SYN DISPLAY **6** [U/Sing] Schau ◊ *He may seem charming, but it's all show!* Er wirkt vielleicht charmant, aber es ist alles nur Schau! ◊ *He made a great show of affection, but I knew he didn't mean it.* Er legte viel Gefühl an den Tag, aber ich wusste, dass es nicht ernst meinte. **7** Pracht ◊ *We have a lovely show of flowers in the garden at the moment.* Die Blumen in unserem Garten sind eine wahre Pracht. SYN DISPLAY **8** [Sing] (*Sache, Unternehmung etc.*) Laden ◊ *She runs the whole show.* Sie schmeißt den Laden. ◊ *I won't interfere — it's your show.* Ich mische mich nicht ein – es ist dein Bier. **9** [meist Sing] (*bes BrE, umgs*) Leistung ◊ *The team put on a good show.* Die Mannschaft zeigte eine gute Leistung. ◊ *It's a poor show if he forgets your birthday.* Es ist traurig, wenn er deinen Geburtstag vergisst. IDM **for** ˈ**show** zur Dekoration **get the** ˌ**show on the** ˈ**road** (*umgs*) anfangen ◊ *Let's get this show on the road!* Fangen wir an! (**jolly**) **good** ˈ**show!** (*BrE, umgs, veraltet*) bravo! **a show of** ˈ**hands** (Abstimmung durch) Handaufheben ☛ *Siehe auch* STEAL¹
ˈ**show business** (*umgs* **show·biz**) /ˈʃəʊbɪz; *AmE* ˈʃoʊ-/ *Nomen* Showgeschäft, Showbusiness
ˈ**show·case**¹ /ˈʃəʊkeɪs; *AmE* ˈʃoʊ-/ *Nomen* **1** [meist Sing] **~ (for sb/sth)** Schaufenster (für jdn/etw) **2** Vitrine, Schaukasten
ˈ**show·case**² /ˈʃəʊkeɪs; *AmE* ˈʃoʊ-/ *Verb* zur Schau stellen
ˈ**show·down** /ˈʃəʊdaʊn; *AmE* ˈʃoʊ-/ *Nomen* [meist Sing] Kraftprobe, Showdown
ˈ**shower**¹ /ˈʃaʊə(r)/ *Nomen* **1** Dusche ◊ **have a shower** (sich) duschen ◊ (*bes AmE*) **take a shower** (sich) duschen **2** Schauer ◊ *April showers* Aprilregen ◊ *We were caught in a heavy shower.* Wir kamen in einen schweren Regenschauer. ◊ (*fig*) *Shower of sparks* ein Funkenregen **4** (*AmE*) = Party für eine Braut oder eine werdende Mutter, bei der sie Geschenke bekommt
ˈ**shower**² /ˈʃaʊə(r)/ *Verb* **1** (sich) duschen **2 ~ (down) on sb/sth** auf jdn/etw (herab)regnen; **~ down** herabregnen **3 ~ sb with sth** ◊ *The bride and groom were showered with rice.* Braut und Bräutigam wurden mit Reis beworfen. ◊ *The roof collapsed, showering us with dust and debris.* Das Dach stürzte ein und es regnete Staub und Schutt auf uns herab. **4 ~ sb with sth** jdn mit etw überhäufen; **~ sth on sb** etw auf jdn häufen
ˈ**show·ery** /ˈʃaʊəri/ *Adj* ◊ *a showery day* ein Tag mit Schauern ◊ *showery weather* Schauerwetter
ˈ**show·ing** /ˈʃəʊɪŋ; *AmE* ˈʃoʊ-/ *Nomen* **1** Vorführung **2** [meist Sing] Leistung, Abschneiden
ˈ**show·jump·ing** /ˈʃəʊdʒʌmpɪŋ; *AmE* ˈʃoʊ-/ *Nomen* Springreiten
ˈ**show·man** /ˈʃəʊmən; *AmE* ˈʃoʊ-/ *Nomen* (*Pl* **-men** /-mən/) **1** Showman, Unterhalter **2** Schausteller ◊ *travelling showmen* reisende Schausteller

ˈ**show·man·ship** /ˈʃəʊmənʃɪp; *AmE* ˈʃoʊ-/ *Nomen* Showtalent
shown *Form von* SHOW¹
ˈ**show-off** *Nomen* (*umgs, abwert*) Angeber(in)
ˈ**show·piece** /ˈʃəʊpiːs; *AmE* ˈʃoʊ-/ *Nomen* Paradestück, Prachtstück
ˈ**show·room** /ˈʃəʊruːm, -rʊm; *AmE* ˈʃoʊ-/ *Nomen* Ausstellungsraum ◊ *a car showroom* ein Autohaus
ˈ**show-stopper** *Nomen* (*umgs*) Riesenhit
ˈ**show trial** *Nomen* Schauprozess
showy /ˈʃəʊi; *AmE* ˈʃoʊi/ *Adj* (*oft abwert*) auffällig, auffallend
shrank *Form von* SHRINK¹
shrap·nel /ˈʃræpnəl/ *Nomen* [U] Granatsplitter, Bombensplitter ◊ *a piece of shrapnel* ein Bomben-/Granatsplitter
shred¹ /ʃred/ *Verb* (**-dd-**) **1** zerfetzen ◊ *shredded lettuce* Salatstreifen **2** im Reißwolf vernichten
shred² /ʃred/ *Nomen* **1** [meist Pl] Fetzen ◊ *shreds of paper* Papierschnipsel ◊ *Cut the orange peel into thin shreds.* Die Orangenschale in dünne Streifen schneiden. **2** [meist Sing] **~ of sth** Spur von etw ◊ *There is not a shred of evidence.* Es gibt nicht den geringsten Beweis. IDM **in** ˈ**shreds** ruiniert ◊ *Her nerves were in shreds.* Ihre Nerven waren zerrüttet. **2** zerrissen **pick/pull/tear sb/sth to** ˈ**pieces/**ˈ**shreds** kein gutes Haar an jdm/etw lassen
shred·der /ˈʃredə(r)/ *Nomen* Reißwolf
shrew /ʃruː/ *Nomen* **1** Spitzmaus **2** (*veraltet*) zänkische Frau
shrewd /ʃruːd/ *Adj* (*Adv* **shrewd·ly**) klug, scharfsinnig, geschickt ◊ *a shrewd businessman* ein cleverer Geschäftsmann ◊ *She is a shrewd judge of character.* Sie kann Personen gut einschätzen. ◊ *a shrewd guess* gut geraten ◊ *a shrewd move* ein raffinierter Zug ◊ *I have a shrewd idea who the mystery caller was.* Es ist mir ziemlich klar, wer der anonyme Anrufer war. ◊ *give sb a shrewd look* jdn prüfend ansehen
shrewd·ness /ˈʃruːdnəs/ *Nomen* Scharfsinn, Klugheit, Geschick
shrew·ish /ˈʃruːɪʃ/ *Adj* (*veraltet*) zänkisch
shriek¹ /ʃriːk/ *Verb* **1 ~ (with/in sth)** (vor etw) aufschreien ◊ *shriek with laughter* vor Lachen kreischen SYN SCREAM **2** schreien; **~ at sb** anschreien ◊ *She was shrieking abuse at them.* Sie stieß wilde Flüche aus. SYN SCREAM
shriek² /ʃriːk/ *Nomen* Schrei
shrift /ʃrɪft/ *Nomen* IDM ⇨ SHORT¹
shrill¹ /ʃrɪl/ *Adj* (*Adv* **shrilly**) **1** schrill **2** lautstark
shrill² /ʃrɪl/ *Verb* (*gehoben*) schrillen, kreischen
shrill·ness /ˈʃrɪlnəs/ *Nomen* Schrillheit
shrimp /ʃrɪmp/ *Nomen* **1** Shrimp, Krevette **2** (*AmE*) Garnele
shrimp·er /ˈʃrɪmpə(r)/ *Nomen* (*bes AmE*) Krabbenfänger(in)
shrine /ʃraɪn/ *Nomen* **1** Heiligtum, Gedenkstätte **2** (*fig*) Wallfahrtsort, Mekka
shrink¹ /ʃrɪŋk/ *Verb* (**shrank** /ʃræŋk/, **shrunk** /ʃrʌŋk/ *oder* **shrunk, shrunk**) schrumpfen (lassen), einlaufen (lassen) ◊ *Television has in a sense shrunk the world.* Das Fernsehen hat gewisserweise die Welt kleiner gemacht. IDM **a** ˌ**shrinking** ˈ**violet** (*hum*) ein schüchternes Pflänzchen PHRV ˌ**shrink** ˈ**back/a**ˈ**way** zurückweichen ˈ**shrink from sth** (*gehoben*) vor etw zurückschrecken
shrink² /ʃrɪŋk/ *Nomen* (*Slang, hum*) Seelendoktor
shrink·age /ˈʃrɪŋkɪdʒ/ *Nomen* [U] Einlaufen, Schwund, Rückgang ◊ *She bought a slightly larger size to allow for shrinkage.* Sie kaufte eine etwas größere Größe, falls es einlaufen sollte.
ˈ**shrink-wrapped** *Adj* eingeschweißt
shrivel /ˈʃrɪvl/ *Verb* (**-ll-**, *AmE* **-l-**) **1 ~ (up)** verschrumpeln **2 ~ sth (up)** etw verschrumpeln lassen
shriv·elled /ˈʃrɪvld/ *Adj* schrumpelig, verrunzelt
shroud¹ /ʃraʊd/ *Nomen* **1** Leichentuch, Totenhemd **2** (*gehoben*) (*fig*) Schleier ◊ *cloaked in a shroud of secrecy* geheimnisumwittert
shroud² /ʃraʊd/ *Verb* (*meist passiv*) (*auch fig*) hüllen ◊ *furniture shrouded in dust sheets* mit Tüchern bedeckte Möbel

◊ *His family background is shrouded in mystery.* Seine Herkunft ist ein großes Geheimnis.
Shrove Tuesday /ˌʃrəʊv ˈtjuːzdeɪ, -di; *AmE* ˌʃroʊv ˈtuːz-/ *Nomen* Faschingsdienstag, Fastnachtsdienstag ☛ In Großbritannien essen viele Leute an diesem Tag Pfannkuchen.
shrub /ʃrʌb/ *Nomen* Strauch, Busch
shrub·bery /ˈʃrʌbəri/ *Nomen* (*Pl* **-ies**) Gebüsch, Sträucher
shrug¹ /ʃrʌg/ *Verb* (**-gg-**) (*kein Passiv*) mit den Achseln zucken ◊ *'I don't know,' she replied, shrugging her shoulders.* „Ich weiß nicht", antwortete sie achselzuckend. **PHRV** ˌshrug sth ˈoff/aˈside (*Einwände etc. beiseite schieben*) etw mit einem Achselzucken abtun ˌshrug sb/sth ˈoff/aˈway jdn/etw abschütteln ◊ *He shrugged off his coat.* Er schlüpfte aus dem Mantel.
shrug² /ʃrʌg/ *Nomen* [meist Sing] Achselzucken ◊ *He gave a shrug.* Er zuckte mit den Achseln.
shrunk *Form von* SHRINK¹
shrunk·en /ˈʃrʌŋkən/ *Adj* schrumpelig, verschrumpelt ◊ *a shrunken head* ein Schrumpfkopf
shuck¹ /ʃʌk/ *Nomen* (*AmE*) (*von Nüssen, Austern etc.*) Schale
shuck² /ʃʌk/ *Verb* (*AmE*) schälen, knacken
shucks /ʃʌks/ *Ausruf* (*AmE, umgs, veraltet*) (*drückt Enttäuschung oder Verlegung aus*) Unsinn, Mensch
shud·der¹ /ˈʃʌdə(r)/ *Verb* **1** ~ (**with sth**) (vor etw) zittern; **sb shudders at sth** jdn schaudert (bei etw) ◊ *She shuddered with fear.* Sie zitterte vor Angst. ◊ *Just thinking about it makes me shudder.* Wenn ich bloß daran denke, überkommt mich ein Schauder. ◊ *I shudder to think how much this is all going to cost.* Mir graut, wenn ich daran denke, wie viel das alles kosten wird. **2** schütteln, beben
shud·der² /ˈʃʌdə(r)/ *Nomen* [meist Sing] Schauder, Zittern ◊ *She gave an involuntary shudder.* Sie zitterte unwillkürlich. ◊ *The elevator rose with a shudder.* Der Aufzug fuhr rüttelnd nach oben.
shuf·fle¹ /ˈʃʌfl/ *Verb* **1** schlurfen ◊ *The queue shuffled forward a little.* Die Schlange schob sich etwas vorwärts. **2** mit den Füßen scharren ◊ *Sie shuffled her feet.* Sie trat von einem Fuß auf den anderen. **3** (*Spielkarten*) mischen **4** ◊ *He shuffled the documents on his desk.* Er kramte in seinen Unterlagen herum.
shuf·fle² /ˈʃʌfl/ *Nomen* [meist Sing] **1** Schlurfen ◊ *walk with a shuffle* mit dem Gehen schlurfen **2** Mischen ◊ *Give the cards a good shuffle.* Mischen Sie die Karten gut.
shun /ʃʌn/ *Verb* (**-nn-**) (*gehoben*) meiden ◊ *She was shunned by her family.* Sie wurde von ihrer Familie geschnitten. ◊ *an author who shuns publicity* ein Schriftsteller, der die Öffentlichkeit scheut
shunt /ʃʌnt/ *Verb* **1** rangieren **2** (*meist abwert*) abschieben
shush¹ /ʃʊʃ/ *Ausruf* pst
shush² /ʃʊʃ/ *Verb* ~ **sb** jdm bedeuten ruhig zu sein ◊ *Lyn shushed the children.* Lyn brachte die Kinder mit einem „Pst!" zum Schweigen.
shut¹ /ʃʌt/ *Verb* (**shut·ting, shut, shut**) (sich) schließen ◊ *I can't shut my suitcase.* Ich kann meinen Koffer nicht zumachen. ◊ *He shut his book.* Er klappte sein Buch zu. ◊ *The window won't shut.* Das Fenster geht nicht zu. ◊ (*BrE*) *The bank shuts at 4.* Die Bank schließt um 4. ☛ *Hinweis bei* SCHLIESSEN **IDM** shut your ˈmouth/ˈface! (*Slang*) halt deinen Mund/die Schnauze! shut up ˈshop (*BrE, umgs*) **1** einen Laden dicht machen **2** Feierabend machen ☛ *Siehe auch* DOOR, EAR, EYE¹ *und* MOUTH¹ **PHRV** ˌshut sb/sth aˈway jdn/etw wegschließen ˌshut yourself aˈway sich zurückziehen ˌshut ˈdown schließen, dichtmachen ˌshut sth ˈdown etw schließen, etw stilllegen, etw abschalten ˌshut sb/yourˈself ˈin (sth) jdn/sich (in etw) einschließen ◊ *Sam shut his finger in the car door.* Sam klemmte sich den Finger in der Autotür ein. ˌshut ˈoff (sich) abschalten ˌshut sth ˈoff etw abstellen ˌshut yourˈself ˈoff (from sth) sich (aus/von etw) zurückziehen, sich (von etw) abkapseln ˌshut sb/sth ˈoff from sth jdn/etw von etw abschneiden, jdn/etw von etw trennen ◊ *Bosnia is shut off from the Adriatic by the mountains.* Bosnien ist von der Adria durch die Berge getrennt. ˌshut sb/sth ˈout (of sth) jdn/etw (aus etw) aussperren ◊ *If you shut me out, how can I help you?* Wenn du mich nicht an dich ranlässt, wie kann ich dir dann helfen? ˌshut ˈup (*umgs*) den Mund halten ◊ ˌshut sb ˈup jdn zum Schweigen bringen ☛ G 9.7c ˌshut sth ˈup etw verschließen ◊ *shut up a house for the winter* ein Haus winterdicht machen ˌshut sb/sth ˈup (in sth) jdn/etw (in etw) einsperren

shut² /ʃʌt/ *Adj nicht vor Nomen* geschlossen, zu ◊ *She slammed the door shut.* Sie schlug die Tür zu. ◊ *Keep your eyes shut!* Lass die Augen zu! SYN CLOSED
shut·down /ˈʃʌtdaʊn/ *Nomen* Schließung, Stilllegung
shut·ter /ˈʃʌtə(r)/ *Nomen* **1** [meist Pl] Fensterladen ◊ (*fig*) *put up the shutters* den Laden dichtmachen **2** (FOTO) Verschluss, Auslöser **IDM** ˌbring/ˌput down the ˈshutters niemanden mehr an sich ranlassen; dichtmachen
shut·tle¹ /ˈʃʌtl/ *Nomen* **1** Shuttlebus, Shuttle-Zubringer ◊ *a shuttle service* Pendelverkehr **2** = SPACE SHUTTLE **3** (*beim Weben*) Schiffchen
shut·tle² /ˈʃʌtl/ *Verb* **1** ~ (**between A and B**) (zwischen A und B) (hin- und her)pendeln **2** hin- und herfahren, hin- und hertransportieren
shuttle·cock /ˈʃʌtlkɒk; *AmE* -kɑːk/ *Nomen* (*Ball*) Federball
shy¹ /ʃaɪ/ *Adj* **1** (*Adv* **shyly**) schüchtern, scheu ◊ *painfully shy* furchtbar schüchtern ◊ *work-shy* arbeitsscheu ◊ *She's very shy with adults.* Sie ist sehr gehemmt im Umgang mit Erwachsenen. **2** **be ~ of/about sth** etw scheuen ◊ *He was not shy of saying so.* Er scheute sich nicht, es zu sagen. **3** *nicht vor Nomen* ~ (**of sth/sb**) (*bes AmE, umgs*) ◊ *a month shy of his 90th birthday* einen Monat vor seinem 90. Geburtstag ◊ *We are still two players shy.* Uns fehlen noch zwei Spieler zur vollen Mannschaft. **IDM** ⇨ FIGHT¹ *und* ONCE¹
shy² /ʃaɪ/ *Verb* (**shies, shy·ing, shied, shied**) ~ (**at sth**) scheuen ◊ *My horse shied at the noise.* Mein Pferd scheute vor dem Geräusch. **PHRV** ˌshy aˈway (**from sth**) (vor etw) zurückscheuen, (vor etw) zurückschrecken
shy·ness /ˈʃaɪnəs/ *Nomen* Schüchternheit, Scheu
shy·ster /ˈʃaɪstə(r)/ *Nomen* (*bes AmE, umgs*) Gauner(in)
SI /ˌes ˈaɪ/ *Abk* SI ◊ *SI units* SI-Einheiten
Siamese cat /ˌsaɪəmiːz ˈkæt/ (*auch* **Siam·ese**) *Nomen* Siamkatze
ˌSiamese ˈtwin *Nomen* siamesischer Zwilling
sibi·lant /ˈsɪbɪlənt/ **1** *Adj* (*gehoben*) zischend, Zisch- **2** *Nomen* (LING) Zischlaut
sib·ling /ˈsɪblɪŋ/ *Nomen* (*gehoben*) Bruder, Schwester; (*im Plural*) Geschwister
sic¹ /sɪk/ *Adv* sic
sic² /sɪk/ *Verb* (**-cc-**) (*AmE, umgs*) **1** (*Hund*) angreifen ◊ *Sic him, Duke!* Fass, Duke! **2** ◊ *sic a dog on sb* einen Hund auf jdn hetzen
sick¹ /sɪk/ *Adj* **1** krank ◊ *She's very sick.* Sie ist schwer krank. ◊ *He's off sick.* Er ist krank gemeldet. ◊ *Jo's just called in sick.* Jo hat gerade angerufen, dass sie krank ist. ◊ (*AmE*) **get sick** krank werden ☛ *Hinweis bei* KRANK **2** schlecht, übel ◊ *I feel sick.* Mir ist schlecht. ◊ *She had a sick feeling in her stomach.* Sie hatte ein ungutes Gefühl im Magen. **3 be ~ of sb/sth** (*umgs*) jdn/etw satt haben ◊ *I'm sick and tired of your moaning!* Ich kann dein Gejammer nicht mehr hören! ◊ *I'm sick to death of you all!* Ihr hängt mir alle zum Hals raus! **4** (*umgs*) geschmacklos ◊ *That's really sick.* Das ist ja abartig. **5** (*umgs*) pervers ◊ **have a sick mind** pervers sein **IDM** **be ˈsick** (*BrE*) brechen; sich übergeben (müssen) SYN VOMIT **be (as) sick as a ˈdog** (*umgs*) **1** kotzen müssen **2** ◊ *He was as sick as a dog.* Ihm war speiübel. **be ˌworried ˈsick** (*auch* **be ˌsick with ˈworry**) krank vor Sorge sein ◊ *I've been worried sick about you.* Ich habe mir schreckliche Sorgen um dich gemacht. **fall ˈsick** (*veraltet*) **take ˈsick** (*gehoben*) krank werden **make sb ˈsick** jdn ankotzen **(as) sick as a ˈparrot** (*BrE, hum*) total frustriert **sick at ˈheart** (*gehoben*) todtraurig **sick to your ˈstomach 1** ◊ *She turned sick to her stomach on hearing this news.* Als sie die Nachricht hörte, wurde ihr ganz schlecht. **2** (*AmE*) ◊ *I feel sick to my stomach.* Mir ist schlecht.
sick² /sɪk/ *Nomen* **1** (*BrE, umgs*) Kotze SYN VOMIT **2 the sick** [Pl] die Kranken
sick³ /sɪk/ *Verb* **PHRV** ˌsick sth ˈup (*BrE, umgs*) etw erbrechen SYN VOMIT
sick·bay /ˈsɪkbeɪ/ *Nomen* Krankenzimmer, Krankenrevier

sick·bed /ˈsɪkbed/ *Nomen* [Sing] Krankenbett

sick·en /ˈsɪkən/ *Verb* (*BrE*) **1** anwidern ◇ *His hypocrisy sickened her.* Seine Heuchelei kotzte sie an. ◇ [SYN] DISGUST **2** (*veraltet*) krank werden **3** (*BrE*) **be sickening for sth** (*Krankheit*) ausbrüten

sick·en·ing /ˈsɪkənɪŋ/ *Adj* (*Adv* **sick·en·ing·ly**) **1** widerlich, abscheulich **2** (*umgs*) erschreckend, bedrohlich ◇ *with a sickening thud* mit einem erschreckenden, dumpfen Geräusch **3** (*umgs*) unverschämt ◇ *How sickening!* So eine Gemeinheit!

sickie /ˈsɪki/ *Nomen* (*BrE, umgs*) = Tag, an dem man krankfeiert

sickle /ˈsɪkl/ *Nomen* Sichel

ˈsick leave *Nomen* [U] = Fehlen wegen Krankheit ◇ *be on sick leave* krank geschrieben sein

sick·ly /ˈsɪkli/ *Adj* **1** kränklich **2** schwächlich, kränkelnd **3** widerlich ◇ *sickly sweet* widerlich süß

sick·ness /ˈsɪknəs/ *Nomen* **1** Krankheit ◇ *insurance against sickness and unemployment* Kranken- und Arbeitslosenversicherung **2** (*bes BrE*) Übelkeit, Erbrechen **3** [Sing] Niedergeschlagenheit

ˈsickness benefit *Nomen* [U] (*BrE*) Krankengeld

sicko /ˈsɪkəʊ/; *AmE* -koʊ/ *Nomen* (*Pl* **-os**) (*bes AmE, umgs*) Irre(r), Perverse(r)

sick-out /ˈsɪkaʊt/ *Nomen* (*AmE*) = Streik, bei dem alle Mitarbeiter einer Firma geschlossen krankfeiern

ˈsick pay *Nomen* [U] Krankengeld

sick·room /ˈsɪkruːm, -rʊm/ *Nomen* Krankenzimmer

side¹ /saɪd/ *Nomen* **1** Seite ◇ *on either side of the door* zu beiden Seiten der Tür ◇ *She tilted her head to one side.* Sie legte den Kopf zur Seite. ◇ *the side entrance* der Seiteneingang ◇ *the wrong side of the fabric* die linke Seite des Stoffes ◇ *The side of the car was dented.* Das Auto war seitlich eingedrückt. ◇ *an uncle on my father's side* ein Onkel väterlicherseits ◇ *a six-sided coin* eine sechseckige Münze ◇ *I'd like to hear her side of the story.* Ich würde die Geschichte gern aus ihrer Sicht hören. ◇ *There are arguments on both sides.* Es gibt Argumente dafür und dagegen. ◇ *drive on the left-hand side of the road* links fahren ◇ *Will you keep your side of the bargain?* Werden Sie ihren Teil der Abmachung einhalten? ◇ *I'll take care of that side of things.* Um diese Sachen kümmere ich mich. **2** Hälfte ◇ *in the left side of the brain* in der linken Gehirnhälfte ◇ *a side of beef* eine Rinderhälfte **3** Ende ◇ *go over to the far side of the room* zum anderen Ende des Raums gehen **4** Kante, Rand ◇ *sit on the side of the bed* am Bettkanten sitzen ◇ *by the side of the pool* am Beckenrand **5** [Sing] ◇ *Keep close to my side.* Bleib dicht neben mir. ◇ *He stood at her side.* Er stand neben ihr. **6** (*BrE*) Mannschaft ◇ *the winning side* die Sieger **7** (*BrE, umgs, veraltet*) (*Fernsehen*) Sender [IDM] **be on sb's side** auf jds Seite stehen ◇ *Whose side are you on anyway?* Für wen bist du überhaupt? **come down on 'one side of the fence or the 'other** sich für eine der beiden Möglichkeiten entscheiden **from ˌside to 'side** hin und her ◇ *He shook his head slowly from side to side.* Er schüttelte langsam den Kopf. **get on the right 'side of sb** jdn für sich einnehmen **get on the wrong 'side of sb** es sich mit jdm verderben **have sth on your 'side** etw auf seiner Seite haben ◇ *We've got time on our side.* Die Zeit spricht für uns. **let the 'side down** (*bes BrE*) jdn im Stich lassen **not leave sb's 'side** nicht von jds Seite weichen **on/from all 'sides; on/from every 'side** von allen Seiten; (von) überall **on the 'big, 'small, 'high, etc. side** (*umgs*) etwas zu groß, klein, hoch etc. **on the other side of the 'fence** auf der anderen Seite; von der anderen Warte **on the ˌright/ˌwrong side of 'forty, 'fifty, etc** (*umgs*) noch nicht/ schon über vierzig, fünfzig etc. **on the 'side** (*umgs*) **1** nebenbei ◇ *earn a little on the side* sich ein bisschen nebenbei verdienen **2** nebenher ◇ *He has a girlfriend on the side.* Er hat nebenher noch eine Freundin. **3** (*bes AmE*) als Beilage **on/to one 'side** zur Seite; beiseite ◇ *Leaving that to one side for a moment, are there any other questions?* Wenn wir das einen Moment beiseite lassen, gibt es noch weitere Fragen? **the other side of the 'coin** die Kehrseite der Medaille **ˌside by 'side 1** Seite an Seite; nebeneinander **2** zusammen; nebeneinander **take 'sides** Partei ergreifen **take/draw sb to one 'side** jdn beiseite nehmen **this side of ...** vor ... ◇ *They won't be here this side of midnight.*

Vor Mitternacht sind sie nicht hier. ☛ *Siehe auch* BED¹, BIT, BRIGHT¹, CREDIT¹, DISTAFF, ERR, GRASS¹, KNOW¹, LAUGH¹, RIGHT¹, SAFE¹, SPLIT¹, THORN, TIME¹, TWO *und* WRONG¹

side² /saɪd/ *Verb* [PHRV] **'side with sb** sich auf jds Seite stellen

side·board /ˈsaɪdbɔːd; *AmE* -bɔːrd/ *Nomen* **1** Büffett, Anrichte **2 sideboards** (*auch* **side·burns** /ˈsaɪdbɜːnz; *AmE* -bɜːrnz/) [Pl] (*Bart*) Koteletten

side-car /ˈsaɪdkɑː(r)/ *Nomen* Beiwagen (*eines Motorrads*)

ˈside dish *Nomen* Beilage

ˈside effect *Nomen* [meist Pl] Nebenwirkung

ˈside issue *Nomen* Randproblem

side-kick /ˈsaɪdkɪk/ *Nomen* (*umgs*) Gehilfe, Gehilfin

side-light /ˈsaɪdlaɪt/ *Nomen* **1** ~ (**on sth**) Einblick (in etw) ◇ *interesting sidelights on officers' views* interessante Aufschlüsse über die Ansichten der Offiziere **2** (*BrE*) Standlicht ◇ *drive on sidelights* mit Standlicht fahren

side·line¹ /ˈsaɪdlaɪn/ *Nomen* **1** Nebenbeschäftigung **2 sidelines** [Pl] (*SPORT*) Seitenlinie ◇ *stand on the sidelines* am Spielfeldrand stehen [IDM] **on/from the 'sidelines** ◇ *He was content to watch from the sidelines.* Er gab sich mit seiner Zuschauerrolle zufrieden.

side·line² /ˈsaɪdlaɪn/ *Verb* (*meist passiv*) **1** (*SPORT*) ◇ *be sidelined by a knee injury* wegen einer Knieverletzung nicht spielen können **2** ausgrenzen, ausschließen

side·long¹ /ˈsaɪdlɒŋ; *AmE* -lɔːŋ/ *Adj nur vor Nomen* Seiten- ◇ *a sidelong glance* ein Seitenblick

side·long² /ˈsaɪdlɒŋ; *AmE* -lɔːŋ/ *Adv* ◇ *She looked sidelong at him.* Sie sah ihn verstohlen an.

ˌside-'on *Adv* (*BrE*) ◇ *The car hit us side-on.* Das Auto prallte gegen die Seite unseres Wagens.

ˈside order *Nomen* Beilage

ˈside road *Nomen* Nebenstraße

ˈside-saddle *Adv* ◇ *ride side-saddle* im Damensitz reiten

side·show /ˈsaɪdʃəʊ; *AmE* -ʃoʊ/ *Nomen* **1** Nebenattraktion, Schaubude **2** Randereignis

side·step /ˈsaɪdstep/ *Verb* (**-pp-**) ausweichen, umgehen

ˈside street *Nomen* Seitenstraße

side·swipe¹ /ˈsaɪdswaɪp/ *Nomen* **1** (*AmE*) ◇ *A sideswipe by a truck cut our holiday short.* Wir mussten unseren Urlaub abbrechen, nachdem uns ein Lkw seitlich angefahren hatte. **2** (*umgs*) Seitenhieb ◇ *take a sideswipe at sb* jdm einen Seitenhieb verpassen

side·swipe² /ˈsaɪdswaɪp/ *Verb* (*AmE*) seitlich anfahren

side·track /ˈsaɪdtræk/ *Verb* (*meist passiv*) ablenken

side·walk /ˈsaɪdwɔːk/ *Nomen* (*AmE*) Bürgersteig

side·ways¹ /ˈsaɪdweɪz/ *Adv* von der Seite, seitwärts, zur Seite ◇ *He has been moved sideways.* Er ist auf gleicher Ebene versetzt worden.

side·ways² *Adj* Seiten- [IDM] ⇒ KNOCK¹

sid·ing /ˈsaɪdɪŋ/ *Nomen* **1** Abstellgleis **2** (*AmE*) (*Gebäude*) Verkleidung

sidle /ˈsaɪdl/ *Verb* schleichen ◇ *He sidled up to me.* Er schlich sich an mich heran.

SIDS /sɪdz/ *Kurzform von* **sudden infant death syndrome** plötzlicher Säuglings-/Kindstod [SYN] COT DEATH

siege /siːdʒ/ *Nomen* **1** Belagerung **2** Umzingelung (*durch die Polizei*) [IDM] **lay 'siege to sth** etw belagern **under 'siege 1** belagert, umzingelt **2** unter Druck

ˈsiege mentality *Nomen* Bunkermentalität

si·enna /siˈenə/ *Nomen* Ocker(gelb) ◇ *burnt sienna* Rotbraun

si·erra /siˈerə/ *Nomen* Sierra

si·esta /siˈestə/ *Nomen* Siesta ◇ *have/take a siesta* eine Siesta machen

sieve¹ /sɪv/ *Nomen* Sieb [IDM] **have a memory/mind like a 'sieve** (*umgs*) ein Gedächtnis wie ein Sieb haben

sieve² /sɪv/ *Verb* sieben, (durch ein Sieb) passieren

sift /sɪft/ *Verb* **1** (*Mehl etc.*) sieben **2** ~ (**through**) **sth** etw gründlich durchsuchen ◇ *Computers are being used to sift the information.* Computer werden für die genaue Analyse der Daten genutzt. **3** ~ **sth** (**out**) **from sth** etw von etw trennen, etw aus etw herausfiltern [PHRV] **ˌsift sth 'out 1** etw aussieben **2** etw aussortieren

sift·er /'sɪftə(r)/ *Nomen* **1** (*AmE*) Sieb **2** Streuer

sigh¹ /saɪ/ *Verb* **1** seufzen ◊ *sigh with relief* erleichtert aufatmen **2** (*gehoben*) (*Wind*) säuseln

sigh² /saɪ/ *Nomen* Seufzer ◊ *'No,' he said with a sigh.* „Nein", sagte er seufzend. ◊ *breath a sigh of relief* erleichtert aufatmen

sight¹ /saɪt/ *Nomen* **1** Sehvermögen, Sehkraft ◊ *lose your sight* erblinden ◊ *She has very poor sight.* Sie kann sehr schlecht sehen. ◊ *He has very little sight in his right eye.* Auf dem rechten Auge sieht er sehr schlecht. **2** ~ (**of sb/sth**) Anblick (von jdm/etw) ◊ *We had our first sight of land.* Wir bekamen zum ersten Mal Land zu sehen. ◊ *catch sight of sb* jdn erblicken ◊ *shoot on sight* ohne Vorwarnung schießen ◊ *The museum attempts to recreate the sights and sounds of the past.* Das Museum versucht, die Vergangenheit erlebbar zu machen. **3** Sichtweite, Sicht ◊ *At last we came in sight of a few houses.* Endlich kamen ein paar Häuser in Sicht. ◊ *Leave any valuables in your car out of sight.* Verstauen Sie alle Wertgegenstände in Ihrem Auto so, dass sie nicht zu sehen sind. ◊ *keep out of sight* sich versteckt halten ◊ *She never lets her daughter out of her sight.* Sie lässt ihre Tochter nie aus den Augen. ◊ *Get out of my sight!* Geh mir aus den Augen! ◊ *hidden from sight* vor Blicken geschützt **4 sights** [Pl] Sehenswürdigkeiten ◊ *see the sights* sich die Sehenswürdigkeiten anschauen **5 a sight** [Sing] (*bes BrE, umgs*) *look a sight* unmöglich aussehen ◊ *What a sight he looks!* Wie der aussieht! **6** [meist Pl] (*Gewehr, Fernrohr*) Visier; ◊ (*fig*) *She always had Hollywood firmly in her sights.* Von Anfang an hatte sie Hollywood anvisiert. IDM **at first 'sight** auf den ersten Blick **hate, be sick of, etc. the 'sight of sb/sth** (*umgs*) jdn/etw nicht mehr sehen, ausstehen etc. können **in the sight of sb/in sb's sight** (*gehoben*) in jds Augen **lose 'sight of sb/sth** jdn/etw aus den Augen verlieren **out of 'sight, out of 'mind** aus den Augen, aus dem Sinn **set your sights on sth** sich etw zum Ziel setzen **a (damn, etc.) sight better, too good, etc.** (*umgs*) entschieden besser, zu gut etc. ◊ *She's done a damn sight better than I have.* Sie hat viel besser abgeschnitten als ich. **a ,sight for sore 'eyes** (*umgs*) eine Augenweide **sight un'seen** unbesehen ☛ *Siehe auch* HEAVE¹, KNOW¹, LOWER², NOWHERE, PRETTY² *und* RAISE¹

sight² /saɪt/ *Verb* sichten

sight·ed /'saɪtɪd/ *Adj* sehend ◊ *partially sighted* sehbehindert ☛ *Siehe auch* LONG-SIGHTED *und* SHORT-SIGHTED

sight·ing /'saɪtɪŋ/ *Nomen* Sichten ◊ *There was a reported sighting of the Loch Ness monster.* Es gab eine Meldung, dass das Ungeheuer von Loch Ness gesichtet worden war.

sight·less /'saɪtləs/ *Adj* (*gehoben*) blind ◊ *with sightless eyes* mit toten Augen SYN BLIND

'sight-read *Verb* vom Blatt spielen/singen

sight·see·ing /'saɪtsiːɪŋ/ *Nomen* [U] Besichtigungen ◊ *go sightseeing* sich Sehenswürdigkeiten ansehen ◊ *a sightseeing tour of the city* eine Stadtrundfahrt

sight·seer /'saɪtsiːə(r)/ *Nomen* Tourist(in)

sign¹ /saɪn/ *Nomen* **1** Zeichen, Anzeichen ◊ *a sign of stress* ein Anzeichen von Stress ◊ *There is no sign of him anywhere.* Er ist nirgendwo zu sehen. ◊ *There's no sign of improvement.* Eine Besserung ist nicht in Sicht. SYN INDICATION **2** Schild **3** (*umgs*) = STAR SIGN IDM **a ,sign of the 'times** ein Zeichen der Zeit

sign² /saɪn/ *Verb* **1** unterschreiben, unterzeichnen ◊ *Sign (your name) here, please.* Bitte hier unterschreiben. ◊ *sign autographs for fans* Fans Autogramme geben **2** unter Vertrag nehmen **3** einen Vertrag unterschreiben **sign ~ to sb to do sth** jdm ein Zeichen geben etw zu tun ◊ *He signed to the porter to pick up my case.* Er gab dem Portier ein Zeichen, meinen Koffer zu tragen. SYN SIGNAL **5** die Gebärdensprache gebrauchen IDM **signed and 'sealed**; **,signed, ,sealed and de'livered** unter Dach und Fach **sign on the dotted 'line** (*umgs*) (einen Vertrag) unterschreiben ☛ *Siehe auch* PLEDGE¹ PHRV **,sign sth a'way** auf etw verzichten **'sign for sth** etw quittieren **sign 'in/out** sich ein-/austragen **sign sb 'in/out** jdn ein-/austragen **,sign 'off 1** (*BrE*) einen Brief beenden ◊ *She signed off with 'Yours, Janet'.* Sie unterschrieb den Brief mit „Deine Janet". **2** (*im Radio, Fernsehen*) sich verabschieden **,sign sth 'off** etw abzeichnen **,sign 'off on sth** (*AmE, umgs*) etw abzeichnen **,sign 'on** (*BrE, umgs*) sich arbeitslos melden **,sign 'on/'up** sich verpflichten ◊ *sign on for five years* sich für fünf Jahre verpflichten **,sign sb 'on/'up** jdn verpflichten **,sign sth 'over (to sb)** (jdm) etw überschreiben, (jdm) etw übertragen **,sign 'up (for sth)** sich (für etw) einschreiben

sig·nal¹ /'sɪɡnəl/ *Nomen* **1** Signal, Zeichen ◊ *a danger signal* ein Warnsignal ◊ *a distress signal* ein Notsignal ☛ *Siehe auch* TURN SIGNAL **2** (*Straßen-, Bahn-, Funk-*) Signal ◊ *traffic signals* Verkehrsampeln/Lichtsignalanlagen ◊ *a sound signal* ein akustisches Signal

sig·nal² /'sɪɡnəl/ *Verb* (**-ll-**, *AmE* **-l-**) **1** ein Zeichen geben, winken ◊ *She signalled him to follow.* Sie gab ihm ein Zeichen ihr zu folgen. ◊ *The car signalled right.* Das Auto blinkte rechts. **2** signalisieren

sig·nal³ /'sɪɡnəl/ *Adj nur vor Nomen* (*gehoben*) (*Erfolg, Sieg etc.*) beachtlich; (*Misserfolg, Dummheit etc.*) eklatant

'signal box *Nomen* (*BrE*) Stellwerk

sig·nal·ler (*AmE auch* **sig·nal·er**) /'sɪɡnələ(r)/ *Nomen* **1** Stellwerksmeister(in) **2** Funker(in)

sig·nal·ly /'sɪɡnəli/ *Adv* (*gehoben*) eklatant

sig·nal·man /'sɪɡnəlmən/ *Nomen* (*Pl* **-men** /-mən/) **1** Stellwerksmeister **2** Funker

sig·nal·woman /'sɪɡnəlwʊmən/ (*Pl* **-women** /-wɪmɪn/) *Nomen* **1** Stellwerksmeisterin **2** Funkerin

sig·na·tory /'sɪɡnətri; *AmE* -tɔːri/ *Nomen* (*Pl* **-ies**) (*gehoben*) **1** Unterzeichner(in) **2** Unterzeichnerstaat

sig·na·ture /'sɪɡnətʃə(r)/ *Nomen* **1** Unterschrift **2** [meist Sing] typisches Kennzeichen ◊ *Bright colours are his signature.* Kräftige Farben sind typisch für ihn. ☛ *Siehe auch* KEY SIGNATURE *und* TIME SIGNATURE

'signature tune *Nomen* (*BrE*) Erkennungsmelodie

sign·board /'saɪnbɔːd; *AmE* -bɔːrd/ *Nomen* Schild

sign·er /'saɪnə(r)/ *Nomen* **1** Unterzeichner(in) **2** = jd, der in Gebärdensprache dolmetscht

'signet ring /'sɪɡnət rɪŋ/ *Nomen* Siegelring

sig·nifi·cance /sɪɡ'nɪfɪkəns/ *Nomen* Bedeutung ◊ *be of no significance* belanglos sein

sig·nifi·cant /sɪɡ'nɪfɪkənt/ *Adj* **1** bedeutend, wichtig; (*statistisch*) signifikant ◊ *Your work has shown a significant improvement.* Du hast dich in deiner Arbeit deutlich verbessert. ◊ *This fact will have no significant effect on our decision.* Diese Tatsache wird keinen besonderen Einfluss auf unsere Entscheidung ausüben. ☛ *Hinweis bei* IMPORTANT **2** bezeichnend, bedeutsam; (*Lächeln, Blick*) viel sagend

sig·nifi·cant·ly /sɪɡ'nɪfɪkəntli/ *Adv* **1** erheblich, wesentlich **2** bezeichnenderweise **3** bedeutungsvoll, viel sagend ◊ *He paused significantly before he answered.* Er machte eine bedeutungsvolle Pause, bevor er antwortete.

sig,nificant 'other *Nomen* (*hum*) Freund(in), Partner(in)

sig·nify /'sɪɡnɪfaɪ/ *Verb* (**-fies**, **-fy·ing**, **-fied**, **-fied**) (*gehoben*) **1** bedeuten **2** signalisieren, zu verstehen geben

sign·ing /'saɪnɪŋ/ *Nomen* **1** Unterzeichnung **2** (*BrE*) Neuverpflichtung, (SPORT) Neuzugang **3** Verpflichten **4** Gebärdensprache

'sign language *Nomen* Gebärdensprache

sign·post¹ /'saɪnpəʊst; *AmE* -poʊst/ *Nomen* Wegweiser (*auch fig*)

sign·post² /'saɪnpəʊst; *AmE* -poʊst/ *Verb* (*BrE*) (*meist passiv*) beschildern; (*Route, Umleitung etc.*) ausschildern

Sikh /siːk/ **1** *Nomen* Sikh **2** *Adj* Sikh-

sil·age /'saɪlɪdʒ/ *Nomen* Silage, Gärfutter

si·lence¹ /'saɪləns/ *Nomen* **1** Stille **2** Schweigen ◊ *He was reduced to silence.* Er wusste nichts zu erwidern. ◊ *I got used to his long silences.* Ich hatte mich daran gewöhnt, dass er oft sehr schweigsam war. ◊ *They sat in silence.* Sie saßen schweigend da. ◊ *She lapsed into silence again.* Sie schwieg wieder. ◊ *There was a deafening silence.* Es herrschte Totenstille. ◊ *There was a two-minute silence in honour of the victims.* Die Todesopfer wurden durch zwei Schweigeminuten geehrt. ◊ *The accused exercised his right to silence.* Der Angeklagte machte von seinem Aussageverweigerungsrecht Gebrauch. ◊ *The phone call came after months of silence.* Der Telefonanruf kam nach Monaten ohne Nachricht. ◊ *Silence in court!* Ruhe im Gerichtssaal! IDM **silence is 'golden** Reden ist Silber, Schweigen ist Gold

si·lence² /ˈsaɪləns/ *Verb* zum Schweigen bringen
si·len·cer /ˈsaɪlənsə(r)/ *Nomen* **1** (*BrE*) Auspufftopf **2** Schalldämpfer
si·lent /ˈsaɪlənt/ *Adj* **1** still ◊ *The audience fell silent.* Das Publikum wurde still. ◊ *At last the traffic fell silent.* Endlich verstummte der Verkehrslärm. ◊ *He was silent for a moment.* Einen Augenblick lang schwieg er. **2** *nur vor Nomen* schweigsam SYN QUIET **3** *nur vor Nomen* lautlos, still **4 be/remain/keep ~ (on/about sth)** sich nicht äußern (zu/über etw) ◊ *The report is strangely silent on this issue.* Der Bericht hat merkwürdigerweise zu diesem Thema nichts zu sagen. ◊ *the right to remain silent* das Aussageverweigerungsrecht **5** *nur vor Nomen* Stumm- ◊ *a silent film/movie* ein Stummfilm **6** (LING) nicht gesprochen
si·lent·ly /ˈsaɪləntli/ *Adv* **1** schweigend **2** lautlos ◊ *He silently agreed with much of what she had said.* Er stimmte insgeheim mit vielem, was sie gesagt hatte, überein. IDM **sit/stand ˌsilently ˈby** schweigend zusehen
the ˌsilent maˈjority *Nomen* die schweigende Mehrheit
ˌsilent ˈpartner *Nomen* (*AmE*) stille(r) Partner(in), stille(r) Teilnehmer(in)
sil·hou·ette¹ /ˌsɪluˈet/ *Nomen* **1** Silhouette ◊ *The mountains stood out in silhouette.* Die Berge hoben sich als Silhouette vom Himmel ab. **2** Scherenschnitt
sil·hou·ette² /ˌsɪluˈet/ *Verb* **be silhouetted** sich als Silhouette abheben
sil·ica /ˈsɪlɪkə/ *Nomen* Kieselerde
sili·cate /ˈsɪlɪkeɪt/ *Nomen* Silikat
sil·icon /ˈsɪlɪkən/ *Nomen* Silicium
ˌsilicon ˈchip *Nomen* (Silicium)chip
sili·cone /ˈsɪlɪkəʊn/; *AmE* -koʊn/ *Nomen* (*Chemie*) Silikon
silk /sɪlk/ *Nomen* **1** Seide **2** Nähseide **3 silks** [Pl] Seidengewänder; (*im Pferderennsport*) Rennfarben **4** (*BrE*) (*oberster Staatsanwalt in GB*) Kronanwalt, -anwältin ◊ *take silk* Kronanwalt/-anwältin werden IDM **make a silk ˌpurse out of a sow's ˈear** aus einem Ackergaul ein Rennpferd machen
silk·en /ˈsɪlkən/ *Adj* (*gehoben*) **1** seiden, Seiden- ◊ *silken ribbons* Seidenbänder **2** seidig
silki·ness /ˈsɪlkinəs/ *Nomen* seidiger Glanz
ˈsilk-screen *Nomen* Seidensiebdruck
silk·worm /ˈsɪlkwɜːm; *AmE* -wɜːrm/ *Nomen* Seidenraupe
silky /ˈsɪlki/ *Adj* **1** seidig **2** (*Adv* **silk·ily** /-ɪli/) (*Stimme*) samtig; (*Ton*) sanft **3** seiden, Seiden-
sill /sɪl/ *Nomen* **1** = WINDOW SILL **2** (untere) Türleiste
sil·li·ness /ˈsɪlinəs/ *Nomen* [U] Albernheit
silly¹ /ˈsɪli/ *Adj* (**sil·lier, sil·li·est**) **1** dumm, blöd ◊ *That was a silly thing to do!* Das war dumm von dir! **2** albern, lächerlich ◊ *She had a silly grin on her face.* Sie grinste albern. ◊ *a silly price* ein lächerlicher Preis ☞ *Hinweis bei* FEIGE
silly² /ˈsɪli/ (*auch* ˌsilly ˈbilly) *Nomen* [Sing] Dummerchen
the ˈsilly season *Nomen* [Sing] (*BrE*) (*in der Presse*) das Sommerloch
silo /ˈsaɪləʊ; *AmE* -loʊ/ *Nomen* (*Pl* **-os**) **1** Silo **2** (Raketen)silo
silt¹ /sɪlt/ *Nomen* Schlick
silt² /sɪlt/ *Verb* PHRV **ˌsilt ˈup** verschlammen, **ˌsilt sth ˈup** etw verschlämmen
silty *Adj* /ˈsɪlti/ verschlammt, schlammig
sil·ver¹ /ˈsɪlvə(r)/ *Nomen* **1** Silber **2** Silbermünzen, Kleingeld **3** Silber(geschirr) **4** Silber(farbe) **5** = SILVER MEDAL IDM **(hand sb sth) on a silver ˈplatter** (jdm etw) auf dem Silbertablett (servieren) ☞ *Siehe auch* BORN, CLOUD¹ *und* CROSS²
sil·ver² /ˈsɪlvə(r)/ *Adj* Silber-, silbern, silberfarben ◊ *silver hair* silberweißes Haar
sil·ver³ /ˈsɪlvə(r)/ *Verb* (*meist passiv*) versilbern (*auch fig*)
ˌsilver anniˈversary *Nomen* (*bes AmE*) **1** silberne Hochzeit **2** silbernes Jubiläum
ˌsilver ˈbirch *Nomen* (Weiß)birke
sil·ver·fish /ˈsɪlvəfɪʃ; *AmE* -vərf-/ *Nomen* (*Pl* **sil·ver·fish**) Silberfischchen
ˌsilver ˈfoil (*auch* **foil**) *Nomen* (*BrE*) Silberfolie
ˌsilver ˈjubilee *Nomen* (*BrE*) silbernes Jubiläum

ˌsilver ˈmedal *Nomen* (*auch* **sil·ver**) Silbermedaille
ˌsilver ˈmedallist (*AmE* ˌsilver ˈmedalist) *Nomen* Silbermedaillengewinner(in)
ˌsilver ˈpaper *Nomen* (*BrE*) Silberpapier, Stanniol
ˌsilver ˈplate *Nomen* versilberte Ware ◊ *be made of silver plate* versilbert sein
ˌsilver-ˈplated *Adj* versilbert
the ˌsilver ˈscreen *Nomen* [Sing] (*veraltet*) die Leinwand
sil·ver·smith /ˈsɪlvəsmɪθ; *AmE* -vərs-/ *Nomen* Silberschmied(in) ☞ *Hinweis bei* BAKER
ˌsilver-ˈtongued *Adj* (*gehoben*) zungenfertig
sil·ver·ware /ˈsɪlvəweə(r); *AmE* -vərwer/ *Nomen* **1** Silbergeschirr, Silberbesteck **2** (*AmE*) Besteck
ˌsilver ˈwedding *Nomen* silberne Hochzeit
sil·very /ˈsɪlvəri/ *Adj* **1** silbrig **2** (*gehoben*) silberhell
simi·lar /ˈsɪmələ(r)/ *Adj* **~ (to sb/sth)** (jdm/etw) ähnlich ◊ *The two houses are similar in size.* Die beiden Häuser sind ungefähr gleich groß. OPP DIFFERENT *und* DISSIMILAR
simi·lar·ity /ˌsɪməˈlærəti/ *Nomen* (*Pl* **-ies**) **1 ~ (to sb/sth)** Ähnlichkeit (mit jdm/etw) ◊ *She bears a remarkable similarity to her mother.* Sie sieht ihrer Mutter erstaunlich ähnlich. **2** Gemeinsamkeit ◊ *similarities in/of style* stilistische Gemeinsamkeiten
simi·lar·ly *Adv* /ˈsɪməlɪli; *AmE* -lərli/ **1** ähnlich **2** ebenso
sim·ile /ˈsɪməli/ *Nomen* (LING) Vergleich
sim·mer¹ /ˈsɪmə(r)/ *Verb* **1** auf kleiner Flamme ziehen (lassen) **2** (*fig*) **~ (with sth)** (vor etw) kochen **3** (*fig*) (*Konflikt etc.*) schwelen PHRV **ˌsimmer ˈdown** (*umgs*) sich beruhigen
sim·mer² /ˈsɪmə(r)/ *Nomen* [Sing] **bring sth to a ~** etw zum Kochen bringen; **keep sth at a ~** etw auf kleiner Flamme ziehen lassen
sim·per¹ /ˈsɪmpə(r)/ *Verb* albern lächeln
sim·per² /ˈsɪmpə(r)/ *Nomen* [Sing] albernes Lächeln
sim·per·ing·ly /ˈsɪmpərɪŋli/ *Adv* albern lächelnd
sim·ple /ˈsɪmpl/ *Adj* **1** einfach ◊ *The simplest thing would be …* Das Einfachste wäre … ◊ *It's just a simple headache.* Es sind bloß Kopfschmerzen. **2** schlicht, einfach **3** primitiv ◊ *simple forms of life* primitive Lebensformen **4** einfältig IDM ⇨ PURE
ˌsimple ˈfracture *Nomen* einfacher Bruch
ˌsimple ˈinterest *Nomen* (FINANZ) Kapitalzins(en)
ˌsimple-ˈminded *Adj* (*abwert*) einfältig; (*Sichtweise etc.*) naiv
simple·ton /ˈsɪmpltən/ *Nomen* (*veraltet*) Einfaltspinsel
sim·pli·city /sɪmˈplɪsəti/ *Nomen* (*Pl* **-ies**) **1** Einfachheit ◊ *for (the sake of) simplicity* der Einfachheit halber **2** Schlichtheit IDM **be simˌplicity itˈself** ein Kinderspiel sein
sim·pli·fi·ca·tion /ˌsɪmplɪfɪˈkeɪʃn/ *Nomen* **1** Vereinfachung **2** (*eines Problems etc.*) Simplifizierung
sim·plify /ˈsɪmplɪfaɪ/ *Verb* (**-fies, -fy·ing, -fied, -fied**) vereinfachen
sim·plis·tic /sɪmˈplɪstɪk/ *Adj* (*Adv* **sim·plis·tic·al·ly** /-kli/) (*abwert*) (all)zu simpel, simplistisch
sim·ply /ˈsɪmpli/ *Adv* **1** einfach ◊ *to put it simply* um es einfach auszudrücken ◊ *That was simply ages ago.* Das war aber ewig her. **2** nur, bloß ◊ *I don't want to be rude, it's simply that we have to go now.* Ich will nicht unhöflich sein, wir müssen bloß jetzt gehen.
simu·late /ˈsɪmjuleɪt/ *Verb* **1** vortäuschen, heucheln **2** (*Bedingungen etc.*) simulieren **3** aussehen wie
simu·lated /ˈsɪmjuleɪtɪd/ *Adj* *nur vor Nomen* **1** gehuchelt, gespielt **2** (*Bedingungen etc.*) simuliert **3** Kunst-, künstlich
simu·la·tion /ˌsɪmjuˈleɪʃn/ *Nomen* **1** (*von Bedingungen etc.*) Simulation **2** Vortäuschung
simu·la·tor /ˈsɪmjuleɪtə(r)/ *Nomen* Simulator
sim·ul·cast¹ /ˈsɪmlkɑːst; *AmE auch* ˈsaɪm-/ *Verb* (**-cast, -cast**) (*bes AmE*) (*im Radio, Fernsehen etc.*) gleichzeitig übertragen
sim·ul·cast² /ˈsɪmlkɑːst; *AmE auch* ˈsaɪm-/ *Nomen* gleichzeitige Übertragung
sim·ul·tan·eous /ˌsɪmlˈteɪniəs; *AmE* ˌsaɪml-/ *Adj* (*Adv* **sim·ul·tan·eous·ly**) gleichzeitig, simultan, Simultan-

sin¹ /sɪn/ *Nomen* Sünde ☛ *Siehe auch* MORTAL SIN *und* ORIGINAL SIN IDM **(as) miserable/ugly as ˈsin** todunglücklich/hässlich wie die Sünde ☛ *Siehe auch* COVER¹ *und* LIVE¹

sin² /sɪn/ *Verb* (-nn-) sündigen ◊ *He was more sinned against than sinning.* Er hat mehr Unrecht erlitten als begangen.

sin³ /sɪn/ *Abk* (MATH) = SINE

ˈsin bin *Nomen* (*umgs*) (SPORT) Strafbank

since¹ /sɪns/ *Präp* seit ◊ *We've lived here since 1994.* Wir wohnen hier seit 1994. ◊ *He's been working in a bank since leaving school.* Er arbeitet seit seinem Schulabgang in einer Bank. ◊ *That was years ago. I've changed jobs since then.* Das ist schon Jahre her. Ich habe seither meine Stelle gewechselt. ☛ *Hinweis bei* SEIT

since² /sɪns/ *Konj* **1** seit ◊ *Cath hasn't phoned since she went to Berlin.* Cath hat nicht angerufen, seit sie in Berlin ist. ◊ *It's twenty years since I've seen her.* Ich habe sie seit zwanzig Jahren nicht gesehen. ◊ *How long is it since we last went to the cinema?* Wie lange ist es her, dass wir das letzte Mal im Kino waren? **2** da ◊ *We thought that, since we were in the area, we'd call in and see them.* Wir dachten, da wir in der Gegend waren, würden wir sie besuchen.

since³ /sɪns/ *Adv* **1** seitdem ◊ *He left home two weeks ago and we haven't heard from him since.* Er ist vor zwei Wochen ausgezogen und seitdem haben wir nichts von ihm gehört. ◊ *The building has long since been demolished.* Das Gebäude ist schon vor langer Zeit abgerissen worden. **2** inzwischen ◊ *We were divorced two years ago and she has since remarried.* Wir ließen uns vor zwei Jahren scheiden, und sie hat inzwischen wieder geheiratet.

sin·cere /sɪnˈsɪə(r); *AmE* -ˈsɪr/ *Adj* aufrichtig, ehrlich ◊ *a sincere attempt to resolve the problem* ein ernsthafter Versuch das Problem zu lösen ◊ *Please accept our sincere apologies.* Wir bitten vielmals um Entschuldigung.

sin·cere·ly /sɪnˈsɪəli; *AmE* -ˈsɪrli/ *Adv* ehrlich ◊ *'I won't let you down.' 'I sincerely hope not.'* „Ich lass dich nicht im Stich.". „Das will ich aber auch schwer hoffen." IDM **Yours sincerely** (*AmE* **Sincerely (yours)**) (*gehoben*) (*als Briefabschluss*) mit freundlichen Grüßen

sin·cer·ity /sɪnˈserəti/ *Nomen* Aufrichtigkeit OPP INSINCERITY

sine /saɪn/ *Nomen* (*Abk* **sin**) (MATH) Sinus

sine·cure /ˈsaɪnɪkjʊə(r), ˈsɪn-; *AmE* -kjʊr/ *Nomen* (*gehoben*) Pfründe

sine qua non /ˌsaɪni kwɑː ˈnɒn; *AmE* ˈnoʊn/ *Nomen* [Sing] (*gehoben*) Conditio sine qua non, unerlässliche Voraussetzung

sinew /ˈsɪnjuː/ *Nomen* **1** Sehne **2** [meist Pl] (*gehoben*) Stärke IDM ⇨ STRAIN²

sinewy /ˈsɪnjuːi/ *Adj* sehnig

sin·ful /ˈsɪnfl/ *Adj* (*Adv* **sin·ful·ly** /-fəli/) (*gehoben*) sündig, sündhaft ◊ (*umgs*) *It's sinful to waste good food!* Es ist eine Sünde, gutes Essen wegzuwerfen!

sin·ful·ness /ˈsɪnfəlnəs/ *Nomen* Sündigkeit, Sündhaftigkeit

sing¹ /sɪŋ/ *Verb* (**sang** /sæŋ/, **sung** /sʌŋ/) **1** singen ◊ *He was singing softly to the baby.* Er sang dem Baby leise etwas vor. ◊ *She sang the baby to sleep.* Sie sang das Kind in den Schlaf. **2** (*Geschoss*) sirren, pfeifen; (*Kessel*) summen; (*Wind, Blut*) sausen IDM **sing a different ˈtune** seine Meinung ändern PHRV **ˌsing aˈlong** mitsingen; **ˈsing aˈlong with sb/sth; ˌsing aˈlong to sth** mit jdm/etw mitsingen **ˈsing of sth** (*veraltet oder gehoben*) etw besingen **ˌsing ˈout** laut erklären, laut tönen **ˌsing ˈup** (*AmE* **ˌsing ˈout**) lauter singen

sing² /sɪŋ/ *Nomen* [Sing] **have a ~** singen

sing·along /ˈsɪŋəlɒŋ; *AmE* -lɔːŋ/ *Nomen* gemeinschaftliches Singen

singe /sɪndʒ/ *Verb* (**singe·ing**, **singed**, **singed**) ansengen, versengen

sing·er /ˈsɪŋə(r)/ *Nomen* Sänger(in)

sing·ing /ˈsɪŋɪŋ/ *Nomen* Gesang, Singen ◊ *There was singing and dancing all night.* Die ganze Nacht durch wurde gesungen und getanzt. ◊ *a beautiful singing voice* eine schöne Singstimme

sin·gle¹ /ˈsɪŋɡl/ *Adj* **1** *nur vor Nomen* einzig ◊ *not a single thing* nichts ◊ *a single-sex school* eine reine Jungen-/Mädchenschule ◊ *the European single currency* die gemeinsame europäische Währung ◊ (*fig*) *speak with a single voice* mit einer Stimme sprechen **2** *nur vor Nomen* einzeln ◊ *We eat rice every single day!* Wir essen jeden Tag Reis! ◊ *the single most important factor* der wichtigste Faktor **3** ledig, unverheiratet ☛ *Siehe auch* SINGLE PARENT **4** *nur vor Nomen* Einzel- ◊ *a single bed* ein Einzelbett **5** *nur vor Nomen* (*BrE*) (*Fahrkarte*) einfach IDM ⇨ FILE¹ *und* GLANCE²

sin·gle² /ˈsɪŋɡl/ *Nomen* **1** (*BrE*) Einzelfahrschein, Einzelfahrkarte **2** (*CD etc.*) Single **3** Einzelzimmer **4** **singles** [Pl] Ledige, Singles ◊ *a singles club* eine Single-Gruppe **5** **singles** (*im Tennis etc.*) Einzel ◊ *a singles match* ein Einzel(spiel) ☛ *Nach* **singles** *und* **doubles** *kann ein Verb im Plural oder im Singular stehen.* **6** (*beim Kricket*) = Schlag für einen Lauf **7** (*beim Baseball*) = Lauf zum ersten Mal

sin·gle³ /ˈsɪŋɡl/ *Verb* PHRV **ˌsingle sb/sth ˈout** jdn/etw herausgreifen, jdn/etw auswählen ◊ *She was singled out for particular criticism.* Sie wurde besonders kritisiert. ◊ *He was singled out as an outstanding performer.* Er wurde als herausragender Akteur ausgezeichnet.

ˌsingle-ˈbreasted *Adj* (*Anzug etc.*) einreihig

ˌsingle ˈcombat *Nomen* Zweikampf, Nahkampf

ˌsingle ˈcream *Nomen* (*BrE*) = Sahne mit vermindertem Fettgehalt

ˌsingle-ˈdecker *Nomen* einstöckiger Bus

ˌsingle ˈfigures *Nomen* [Pl] einstellige Zahlen ◊ *Inflation is down to single figures.* Die Inflationsrate ist auf unter 10% gesunken.

ˌsingle-ˈhanded¹ (*auch* **ˌsingle-ˈhanded·ly**) *Adv* (ganz) allein, im Alleingang

ˌsingle-ˈhanded² *Adj* **1** ohne fremde Hilfe durchgeführt, alleinig; (*Segeln*) Einhand- **2** einhändig

ˌsingle ˈmarket *Nomen* [Sing] gemeinsamer Markt

ˌsingle-ˈminded *Adj* (*Adv* **ˌsingle-ˈminded·ly**) zielstrebig, zielbewusst ◊ *She is very single-minded about her career.* Sie denkt an nichts anderes als ihre Karriere. ◊ *single-minded determination* unbeirrbare Entschlossenheit

ˌsingle-ˈminded·ness *Nomen* Zielstrebigkeit, Beharrlichkeit

single·ness /ˈsɪŋɡlnəs/ *Nomen* **1** **~ of purpose** Zielstrebigkeit **2** Ehelosigkeit

ˌsingle ˈparent *Nomen* allein Erziehende(r) ◊ *a single-parent family* eine Einelternfamilie

sing·let /ˈsɪŋɡlət/ *Nomen* (*BrE*) Unterhemd, Trikot

sin·gly /ˈsɪŋɡli/ *Adv* einzeln SYN INDIVIDUALLY

ˈsing-song¹ *Nomen* **1** (*BrE*) gemeinschaftliches Singen **2** [Sing] Singsang

ˈsing-song² *Adj* *nur vor Nomen* ◊ *in a sing-song voice* in einem Singsang

sin·gu·lar¹ /ˈsɪŋɡjələ(r)/ *Nomen* (LING) Singular, Einzahl

sin·gu·lar² /ˈsɪŋɡjələ(r)/ *Adj* **1** (LING) Singular- ◊ *a singular noun* ein Nomen im Singular **2** (*gehoben*) einzigartig, außergewöhnlich **3** (*gehoben*) eigentümlich, seltsam

sin·gu·lar·ity /ˌsɪŋɡjuˈlærəti/ *Nomen* (*Pl* **-ies**) **1** (*gehoben*) Eigenartigkeit, Sonderbarkeit **2** (PHYSIK, MATH) Singularität

sin·gu·lar·ly /ˈsɪŋɡjələli; *AmE* -lərli/ *Adv* (*gehoben*) außergewöhnlich, außerordentlich

Sin·hal·ese /ˌsɪnhəˈliːz, ˌsɪnə-/ *Nomen* (*Pl* **Sin·hal·ese**) **1** Singhalese, Singhalesin **2** Singhalesisch

Sin·hal·ese /ˌsɪnhəˈliːz, ˌsɪnə-/ *Adj* singhalesisch

sin·is·ter /ˈsɪnɪstə(r)/ *Adj* **1** unheimlich, finster **2** beunruhigend, bedrohlich **3** niederträchtig, böse ◊ *There was no sinister motive for what she did.* Sie hat nicht aus zwielfelhaften Motiven heraus gehandelt.

sink¹ /sɪŋk/ *Verb* (**sank** /sæŋk/, **sunk** /sʌŋk/ *oder* **sunk**, **sunk**) **1** (*Mensch, Schiff, Wasserspiegel, Preise, Währung*) sinken ◊ *sink to the bottom* auf den Grund sinken ◊ *He is clearly sinking fast.* Er verfällt zusehends. **2** versinken ◊ *sink beneath the waves* in den Wellen versinken **3** (*Gebäude, Land*) sich senken, absinken **4** (*gehoben*) (*Stimme*) sich senken ◊ *His voice sank to a whisper.* Er senkte die Stimme zu einem Flüstern. **5** versenken; (*Rohre etc.*) verlegen **6** (*Brunnen, Schacht etc.*) bohren; (*Grube*) ausheben **7** (*umgs*) zunichte machen ◊ *I've just sunk my chances of* *getting the job.* Ich habe die Chance, die Stelle zu bekommen, gerade verspielt. ◊ *If the car breaks down, we'll be sunk.* Wenn wir eine Panne haben, sind wir aufgeschmissen. **8** (*umgs*) (*Golf-, Snookerball*) einlochen, ins Loch schlagen **9** (*BrE, umgs*) (*Schnaps etc.*) (hinunter)kippen **IDM** be ˌsunk in sth in etw versunken sein ◊ *She just sat there, sunk in thought.* Sie saß einfach da, ganz in Gedanken versunken. (**like rats**) **deserting/leaving a ˈsinking ˈship** (*hum, abwert*) (wie Ratten, die) ein sinkendes Schiff verlassen **leave sb to ˌsink or ˈswim** jdn (einfach) seinem Schicksal überlassen **sink your ˈdifferences** seine Streitigkeiten begraben **a/that ˈsinking feeling** (*umgs*) ein/dieses flaues Gefühl (im Magen) **ˌsink so ˈlow**; **sink to sth** so tief sinken ◊ *I can't believe that anyone would sink to such depths.* Ich kann nicht glauben, dass jemand so tief sinken würde. ☞ *Siehe auch* HEART **PHRV** ˌsink ˈin (*Worte etc.*) ins Bewusstsein dringen, voll verstanden werden ˌsink ˈinto sth **1** (*Flüssigkeit*) in etw (ein)sickern **2** sich in etw graben ◊ *I felt her nails sink into my wrist.* Ich spürte, wie sich ihre Nägel in mein Handgelenk gruben. ˌsink ˈinto sth; ˈsink sth ˈinto **1** (*Messer etc.*) etw in etw stoßen; (*Zähne, Klauen etc.*) in etw schlagen ◊ *The dog sank its teeth into my leg.* Der Hund biss mich ins Bein. **2** (*Geld, Ersparnisse etc.*) etw in etw stecken

sink² /sɪŋk/ *Nomen* **1** Spülbecken, Spüle **2** Waschbecken **IDM** ⇨ KITCHEN

sink·er /ˈsɪŋkə(r)/ *Nomen* Senkblei **IDM** ⇨ HOOK¹

sin·ner /ˈsɪnə(r)/ *Nomen* (*gehoben*) Sünder(in)

Sino- (*auch* **sino-**) /ˈsaɪnəʊ-; *AmE* -noʊ/ (*in Zusammensetzungen*) sino-, Sino- ◊ *Sino-Japanese relations* chinesisch-japanische Beziehungen

sinu·ous /ˈsɪnjuəs/ *Adj* (*Adv* **sinu·ous·ly**) (*gehoben*) **1** (*Bewegung etc.*) geschmeidig **2** (*Flusslauf etc.*) gewunden

si·nus /ˈsaɪnəs/ *Nomen* (Nasen)nebenhöhle, Stirnhöhle

si·nus·itis /ˌsaɪnəˈsaɪtɪs/ *Nomen* Sinusitis, Nebenhöhlen-/Stirnhöhlenentzündung

sip¹ /sɪp/ *Verb* (**-pp-**) ~ (**sth**); ~ (**at sth**) (etw) in kleinen Schlucken trinken, (an etw) nippen

sip² /sɪp/ *Nomen* (kleiner) Schluck

si·phon¹ (*auch* **sy·phon**) /ˈsaɪfn/ *Nomen* Siphon, (Saug)heber

si·phon² /ˈsaɪfn/ *Verb* **1** (*Flüssigkeit*) absaugen, mit einem Heber umfüllen **2** (*umgs*) (*Geld*) abzweigen

sir /sɜː(r), sə(r)/ *Nomen* **1** (Anrede für einen Kunden oder einen Vorgesetzten, im britischen Englisch auch für einen Lehrer) ◊ *Good morning, sir. Can I help you?* Guten Morgen. Kann ich Ihnen behilflich sein? ◊ *'Report to me tomorrow, corporal!' 'Yes, sir!'* „Statten Sie mir morgen Bericht ab, Korporal!" „Jawohl, Herr Oberst/Leutnant etc.!" **2 Dear Sir** (*in einem Brief*) Sehr geehrter Herr; **Dear Sirs** Sehr geehrte Herren; **Dear Sir or Madam** Sehr geehrte Damen und Herren **3 Sir** (*britischer Adelstitel*) Sir **IDM** ˌno ˈsir!; ˌno sirˈree! /səˈriː/ (*bes AmE*) auf keinen Fall!; **yes ˈsir!**; **yes sirˈree!** (*verstärkend*) jawohl!

sire¹ /ˈsaɪə(r)/ *Nomen* **1** (*Fachspr*) Zuchthengst, Beschäler **2** (*veraltet*) Sire, Majestät

sire² /ˈsaɪə(r)/ *Verb* **1** zeugen **2** (*veraltet oder hum*) in die Welt setzen

siren /ˈsaɪrən/ *Nomen* **1** (*technisches Gerät, Sagengestalt*) Sirene (*auch fig*) **2** ~ **voices/song/call** (*gehoben*) (*verführerische Worte*) Sirenengesang

sir·loin /ˈsɜːlɔɪn; *AmE* ˈsɜːrl-/ (*auch* ˌsirloin ˈsteak) *Nomen* Lendenstück

sisal /ˈsaɪsl/ *Nomen* Sisal

sissy (*BrE auch* **cissy**) /ˈsɪsi/ *Nomen* (*Pl* **-ies**) (*umgs, abwert*) Memme, Waschlappen

sis·ter /ˈsɪstə(r)/ *Nomen* **1** Schwester ◊ *a kid sister* eine jüngere Schwester ◊ *Do you have any brothers or sisters?* Hast du Geschwister? ☞ *Siehe auch* HALF-SISTER **2** (*in einer Organisation*) Schwester, Kollegin **3 Sister** (*BrE*) Oberschwester, Stationsschwester **4 Sister** (REL) (Ordens)schwester **5** (*in den USA*) = Studentin in einer Studentenvereinigung **6** (*in Zusammensetzungen*) Schwester- ◊ *our sister company* unsere Schwesterfirma

sis·ter·hood *Nomen* /ˈsɪstəhʊd; *AmE* -tərh-/ **1** Schwestern-schaft, schwesterliches Verhältnis **2** Schwesternorden ☞ G 1.3b

ˈsister-in-law *Nomen* (*Pl* **sisters-in-law**) Schwägerin

sis·ter·ly /ˈsɪstəli; *AmE* -tərli/ *Adj* schwesterlich

sit /sɪt/ *Verb* (**sit·ting, sat, sat** /sæt/) **1** sitzen ◊ *We sat talking for hours.* Wir saßen stundenlang zusammen und redeten. ◊ *May I sit here?* Ist dieser Platz frei? **2** sich setzen ☞ *Siehe auch* SIT DOWN **3** ~ **sb on etc. sth** jdn auf etc. etw setzen; ~ **sb** (**down**) jdn bitten Platz zu nehmen ◊ *He lifted the child and sat her on the wall.* Er hob das Mädchen hoch und setzte es auf die Mauer. ◊ *She sat him down in front of the fire.* Sie ließ ihn am Kamin Platz nehmen. **4** stehen, liegen; (*Kleidung*) sitzen, passen ◊ *The letter sat on the table for days.* Der Brief lag tagelang auf dem Tisch. **5** sitzen, amtieren ◊ *She sat on a number of committees.* Sie saß in mehreren Ausschüssen. ◊ *For years he sat for Henley.* Er war jahrelang der Abgeordnete für Henley. ◊ *They both sat as MPs in the House of Commons.* Sie waren beide Abgeordnete im Unterhaus. **6** (*Parlament*) tagen **7** (*BrE*) ~ (**for**) **sth** (*Prüfung*) ablegen ◊ *Most of the pupils sit at least 5 GCSEs.* Die meisten Schüler legen GCSE-Prüfungen in mindestens 5 Fächern ab. **8** (*Vogel*) sitzen, brüten **9** ~ (**for sb**) babysitten (für jdn) ☞ *Siehe auch* HOUSE-SIT **IDM** be ˌsitting ˈpretty (*umgs*) sein Schäfchen im Trockenen haben; gut lachen haben **sit at sb's ˈfeet** ein(e) Verehrer(in) von jdm sein; ein(e) Anhänger(in) von jdm sein **sit ˌcomfortably/easily/well, etc.** (**with sth**) (*gehoben*) sich (mit etw) (gut) vereinbaren lassen **sit in ˈjudgement** (**on/over/upon sb**) sich als (jds) Richter aufwerfen **sit on the ˈfence** sich nicht einmischen; neutral bleiben ˌsit ˈtight **1** sich nicht wegrühren **2** sich nicht beirren lassen ☞ *Siehe auch* BOLT³, LAUREL *und* SILENTLY **PHRV** ˌsit aˈbout/aˈround (*oft abwert*) herumsitzen ˌsit ˈback **1** sich, zurücklehnen **2** die Hände in den Schoß legen ˌsit ˈby tatenlos zusehen ˌsit ˈdown; ˌsit yourˈself ˈdown sich (hin)setzen, Platz nehmen ◊ *Come in and sit yourselves down.* Kommt rein und setzt euch. **sit ˌdown and ˌdo sth** in Ruhe etw tun ˈsit for sb (*kein Passiv*) jdm Modell sitzen/stehen ˈsit for sth (*kein Passiv*) sich malen lassen, sich fotografieren lassen ◊ *sit for your portrait* sich porträtieren lassen ˌsit ˈin für jdn In veranstalten ˌsit ˈin for sb jdn vertreten ˌsit ˈin (**on sth**) (bei etw) anwesend sein **sit on sth** auf etw sitzen, etw (unbearbeitet) liegen lassen ◊ *They sat on my application for a month.* Sie ließen meine Bewerbung einen Monat lang unbeantwortet. ˌsit sth ˈout **1** auf das Ende einer Sache warten ◊ *We sat out the storm in a cafe.* Wir saßen in einem Café und warteten, bis das Gewitter vorüber war. **2** bei etw nicht mitmachen **ˈsit through sth** etw aushalten ◊ *We had to sit through nearly two hours of speeches.* Zwei Stunden lang mussten wir Reden über uns ergehen lassen. ˌsit ˈup **1** sich aufsetzen ◊ *Sit up straight.* Sitz gerade. **2** aufbleiben ◊ *We sat up half the night, talking.* Wir blieben die halbe Nacht auf und redeten. ˌsit ˈup (**and do sth**) (*umgs*) aufhorchen ◊ *The proposal made his clients sit up and take notice.* Der Vorschlag ließ seine Kunden aufhorchen. ˌsit sb ˈup jdn aufsetzen ☞ G 9.7c

sitar /sɪˈtɑː(r), ˈsɪtɑː(r)/ *Nomen* Sitar

sit·com /ˈsɪtkɒm; *AmE* -kɑːm/ *Kurzform von* **situation comedy** *Nomen* Situationskomödie

ˈsit-down¹ *Nomen* **1** Sitzstreik, Sitzblockade **2** [Sing] (*BrE, umgs*) (*Verschnauf*)pause ◊ *I need a sit-down.* Ich muss mich mal kurz hinsetzen.

ˈsit-down² *Adj nur vor Nomen* Sitz- ◊ *a sit-down protest* eine Sitzblockade

site¹ /saɪt/ *Nomen* **1** Stelle, Standort, Platz ◊ *a building site* ein Baugelände ◊ *a caravan site* ein Campingplatz für Wohnwagen **2** Stätte, Schauplatz **3** (COMP) Seite

site² /saɪt/ *Verb* **1** platzieren **2 be sited** gelegen sein, liegen

ˈsit-in *Nomen* Sit-in

sit·ter /ˈsɪtə(r)/ *Nomen* **1** (*eines Künstlers*) Modell **2** (*bes AmE*) Babysitter **3** (*BrE, umgs*) (*im Fußball*) hundertprozentige Torchance

sit·ting /ˈsɪtɪŋ/ *Nomen* **1** (*eines Ausschusses etc., für ein Porträt*) Sitzung **2** ◊ (*auch fig*) *There are two sittings for lunch.* Das Mittagessen wird in zwei Schichten serviert. ◊ *I read the book in/at one sitting.* Ich las das Buch in einem Zug.

ˌsitting ˈduck *Nomen* leichte Beute

'**sitting room** *Nomen* Wohnzimmer
,**sitting 'tenant** *Nomen* (*BrE*) (derzeitiger) Mieter
situ ⇨ IN SITU
situ·ate /'sɪtʃueɪt/ *Verb* (*gehoben*) **1** platzieren, ansiedeln **2** ◊ (*fig*) *Our aim is to situate Freud in history.* Wir wollen Freud in einem historischen Zusammenhang begreifen.
situ·ated /'sɪtʃueɪtɪd/ *Adj nicht vor Nomen* **1 be ~** liegen, gelegen sein **2** (*gehoben*) **be well ~ (to do sth)** in einer guten Position sein (etw zu tun) ◊ *Small businesses are particularly well situated to benefit from the single market.* Vor allem kleine Unternehmen werden vom gemeinsamen Markt profitieren können.
situ·ation /ˌsɪtʃu'eɪʃn/ *Nomen* **1** Situation, Lage ◊ *He could see no way out of the situation.* Er sah einfach keinen Ausweg. ◊ *This is a crisis situation.* Wir befinden uns in einer Krise. **2** (*gehoben*) (*Standort*) Lage **3** (*veraltet oder gehoben*) Stelle ◊ *Situations Vacant* Stellenangebote ⓘⒹⓂ ⇨ CHICKEN¹ *und* SAVE¹
,**situation 'comedy** *Nomen* (*gehoben*) = SITCOM
'**sit-up** *Nomen* Rumpfheben aus der Rückenlage
six /sɪks/ *Zahl* sechs ☛ *Beispiele bei* SECHS ⓘⒹⓂ **at ˌsixes and 'sevens** (*umgs*) in einem heillosen Durcheinander ◊ *I'm all at sixes and sevens.* Bei mir geht alles drunter und drüber. **hit/knock sb for 'six** (*BrE*) jdn schwer treffen **it's six of ˌone and half a dozen of the 'other** das ist Jacke wie Hose; das ist gehupft wie gesprungen
'**six-figure** *Adj nur vor Nomen* sechsstellig
'**six·fold** /'sɪksfəʊld; *AmE* -foʊld/ *Adj, Adv* ⇨ -FOLD
'**six-gun** *Nomen* sechsschüssiger Revolver
'**six-pack** *Nomen* Sechserpack
six·pence /'sɪkspəns/ *Nomen* (*brit. Münze bis 1971*) Sixpence, sechs alte Pence
'**six-shooter** *Nomen* (*bes AmE*) sechsschüssiger Revolver
six·teen /ˌsɪks'tiːn/ *Zahl* sechzehn ☛ *Beispiele bei* SECHS
six·teenth /ˌsɪks'tiːnθ/ *Adj, Pron* sechzehnte(r,s) ☛ *Beispiele bei* SECHSTE(R,S)
ˌ**six'teenth note** *Nomen* (*AmE*) (Mus) Sechzehntelnote
sixth /sɪksθ/ **1** *Adj, Pron* sechste(r,s) ☛ *Beispiele bei* SECHSTE(R,S) ☛ *Siehe auch* SIXTH SENSE **2** *Nomen* Sechstel ☛ *Siehe auch* S. 759 **3** *Nomen* (Mus) Sexte
'**sixth form** *Nomen* [*meist Sing*] (*BrE*) ≈ 12. und 13. Klasse eines Gymnasiums
'**sixth-form college** *Nomen* (*BrE*) ≈ Oberstufenzentrum
'**sixth-former** *Nomen* (*BrE*) ≈ Schüler(in) der 12./13. Klasse
ˌ**sixth 'sense** *Nomen* [*Sing*] sechster Sinn
six·ti·eth /'sɪkstiəθ/ **1** *Adj, Pron* sechzigste(r,s) ☛ *Beispiele bei* SECHSTE(R,S) **2** *Nomen* Sechzigstel ☛ *Siehe auch* S. 759
sixty /'sɪksti/ **1** *Zahl* sechzig ☛ *Beispiele bei* SECHZIG **2 the sixties** *Nomen* [Pl] ◊ *records from the sixties* Platten aus den Sechzigerjahren ◊ *The number of members is in the sixties.* Die Mitgliederzahl liegt zwischen sechzig und siebzig. ◊ *The temperature will be in the high sixties.* Die Temperaturen werden bei fast siebzig Grad Fahrenheit liegen. ⓘⒹⓂ **in your 'sixties** in den Sechzigern
size¹ /saɪz/ *Nomen* **1** Größe; (*Rechnung, Schulden etc.*) Höhe ◊ *an area the size of Wales* ein Gebiet in der Größe von Wales ◊ *a town that size* eine Stadt von dieser Größe ◊ *The kitchen is a good size.* Die Küche ist recht groß. ◊ *It's similar in size to a tomato.* Es ist ungefähr so groß wie eine Tomate. ◊ *The glass can be cut to size for you.* Wir können Ihnen die Glasscheibe in der richtigen Größe schneiden. **2** Ausmaß **3** (*Kleider-/Schuh-*) Größe; (*Kragen-/Taillen-*) Weite ◊ *I need a bigger/smaller size.* Ich brauche eine Nummer größer/kleiner. **4 -sized, -size** (*in Adjektiven*) -groß ◊ *a medium-sized house* ein mittelgroßes Haus ◊ *bite-size pieces* mundgerechte Happen ☛ *Siehe auch* KING-SIZE, PINT-SIZED *und* QUEEN-SIZE ⓘⒹⓂ **cut sb down to 'size** jdn in die Schranken verweisen **that's about the ˌsize of it** (*umgs*) es scheint so
size² /saɪz/ *Verb* (*meist passiv*) **~ sth 1** etw in einer bestimmten Größe herstellen **2** die Größe von etw verändern ◊ *The fonts can be sized according to what effect you want.* Die Schriftgröße kann verändert werden, je nach-

dem, welche Wirkung man erzielen möchte. ⓅⒽⓇⓋ ˌ**size sb/sth 'up** (*umgs*) jdn/etw taxieren, jdn/etw abschätzen
size·able (*auch* **siz·able**) /'saɪzəbl/ *Adj* ziemlich groß, beträchtlich
siz·zle /'sɪzl/ *Verb* brutzeln, zischen
siz·zle /'sɪzl/ *Nomen* [Sing] Zischen
siz·zling /'sɪzlɪŋ/ *Adj* **1** glühend heiß **2** aufregend ◊ *a sizzling love affair* eine leidenschaftliche Liebesbeziehung
skanky /'skæŋki/ *Adj* (*bes AmE, umgs*) eklig, widerlich
skate¹ /skeɪt/ *Verb* **1** Schlittschuh laufen, Eis laufen ◊ *He skated an exciting programme.* Er legte ein aufregendes Programm aufs Eis. **2** Skateboard fahren **3** Rollschuh laufen ⓘⒹⓂ ⇨ THIN¹ ⓅⒽⓇⓋ ˌ**skate 'over sth** über etw hinweggehen, etw übergehen
skate² /skeɪt/ *Nomen* **1** = ICE SKATE, ROLLER SKATE **2** (*Pl* **skate** *oder* **skates**) Rochen ☛ G 1.2 ⓘⒹⓂ **get/put your 'skates on** (*BrE, umgs*) sich sputen
skate·board¹ /'skeɪtbɔːd; *AmE* -bɔːrd/ *Nomen* Skateboard
skate·board² /'skeɪtbɔːd; *AmE* -bɔːrd/ *Verb* Skateboard fahren
skate·board·er /'skeɪtbɔːdə(r); *AmE* -bɔːrd-/ *Nomen* Skateboardfahrer(in)
skate·board·ing /'skeɪtbɔːdɪŋ; *AmE* -bɔːrd-/ *Nomen* Skateboardfahren
skater *Nomen* /'skeɪtə(r)/ Schlittschuhläufer(in), Rollschuhläufer(in) ◊ *a figure skater* ein(e) Eiskunstläufer(in) ◊ *a speed skater* ein(e) Eisschnellläufer(in)
skat·ing /'skeɪtɪŋ/ *Nomen* **1** = ICE SKATING ☛ *Siehe auch* FIGURE-SKATING *und* SPEED SKATING **2** = ROLLER SKATING
'**skating rink** (*auch* **rink**) *Nomen* **1** Eisbahn **2** Rollschuhbahn
'**skeet shooting** /'skiːt ʃuːtɪŋ/ *Nomen* (*AmE*) Skeetschießen, Tontaubenschießen
skein /skeɪn/ *Nomen* (*Wolle*) Strang; (*Garn*) Docke
skel·etal /'skelətl/ *Adj* **1** (*Fachspr*) Skelett- **2** skelettartig **3** skizzenhaft
skel·eton /'skelɪtn/ *Nomen* **1** Skelett **2** [*meist Sing*] (*eines Gebäudes etc.*) Gerippe **3** [*meist Sing*] (*eines Textes etc.*) Aufbau, Gliederung, Gerüst **4 ~ staff, crew, etc.** ◊ *There will only be a skeleton staff on duty over the holiday.* Während der Feiertage wird nur eine Notbesatzung Dienst haben. ◊ *The bus company will operate a skeleton service during the strike.* Während des Streiks wird die Busgesellschaft einen Notfahrplan einführen. ⓘⒹⓂ **a skeleton in the 'closet** (*BrE auch* **a skeleton in the 'cupboard**) (*umgs*) eine Leiche im Keller; ein düsteres Familiengeheimnis
'**skeleton key** *Nomen* Hauptschlüssel, Dietrich
skep·tic, skeptical, skepticism (*AmE*) = SCEPTIC, SCEPTICAL, SCEPTICISM
sketch¹ /sketʃ/ *Nomen* **1** Skizze **2** Sketch
sketch² /sketʃ/ *Verb* **1** skizzieren **2 ~ sth (out)** etw in groben Zügen umreißen SYN OUTLINE **3** (*gehoben*) ◊ *He sketched a smile.* Er deutete ein Lächeln an. ⓅⒽⓇⓋ ˌ**sketch sth 'in** etw ausführlicher erläutern, etw in Einzelheiten ausarbeiten
sketch·book /'sketʃbʊk/ (*auch* '**sketch-pad**) *Nomen* Skizzenbuch
sketchi·ness /'sketʃinəs/ *Nomen* Flüchtigkeit, Oberflächlichkeit
sketchy /'sketʃi/ *Adj* (**sketch·ier, sketch·iest**) (*Adv* **sketch·ily**) skizzenhaft, lückenhaft, oberflächlich
skew /skjuː/ *Verb* verzerren
skewed /skjuːd/ *Adj* **1** verzerrt ◊ *skewed statistics* verzerrte Statistiken **2 ~ (towards sb/sth)** (an jdn/etw) gerichtet ◊ *The book is heavily skewed towards American readers.* Das Buch richtet sich vornehmlich an amerikanische Leser. **3** schief, schräg SYN CROOKED
skew·er¹ /'skjuːə(r)/ *Nomen* (*Brat-*) Spieß
skew·er² /'skjuːə(r)/ *Verb* aufspießen
ˌ**skew-'whiff** /ˌskjuː'wɪf/ *Adj* (*BrE, umgs*) schief
ski¹ /skiː/ *Nomen* (*Pl* **skis**) **1** Ski ◊ *a pair of skis* ein Paar Skier **2** = WATERSKI
ski² /skiː/ *Verb* (**ski·ing** *oder* **ski-ing, skied, skied** /skiːd/)

1 Ski laufen **2 go skiing** Skilaufen gehen ☛ *Siehe auch* SKIING *und* WATERSKI

skid¹ /skɪd/ *Verb* (**-dd-**) schleudern, schlittern, (aus)rutschen ◊ *The car skidded to a halt just in time.* Der Wagen kam gerade noch schleudernd zum Stehen.

skid² /skɪd/ *Nomen* **1** Schleudern ◊ *go into a skid* ins Schleudern geraten ◊ *skid marks* Bremsspuren **2** Gleitkufe IDM **sb/sth is on the 'skids** (*umgs*) mit jdm/etw geht es abwärts ❙ **put the 'skids under sb/sth** (*umgs*) jdn/etw zu Fall bringen

,**skid 'row** *Nomen* (*bes AmE, umgs*) Armenviertel ◊ *be on skid row* heruntergekommen sein

skier /'skiː.ə(r)/ *Nomen* Skiläufer(in), Skifahrer(in)

skies *Form von* SKY

skiff /skɪf/ *Nomen* (*Sportruderboot*) Skiff, Einer

skif·fle /'skɪfl/ *Nomen* (MUS) Skiffle

ski·ing /'skiː.ɪŋ/ *Nomen* Skilaufen ◊ *go downhill/cross-country skiing* Skilaufen/Langlaufen gehen

'**ski jump** *Nomen* Sprungschanze

'**ski-jumper** *Nomen* Skispringer(in)

'**ski-jumping** *Nomen* Skispringen, Skisprung

skil·ful (*AmE* **skill·ful**) /'skɪlfl/ *Adj* (*Adv* **skil·ful·ly** /-fəli/) geschickt, gut ◊ *a skilful player* ein guter Spieler

'**ski lift** *Nomen* Skilift

skill /skɪl/ *Nomen* **1** [U] Geschick, Fähigkeit ◊ *It takes great skill to make such beautiful jewellery.* Es gehört großes Können dazu, solch schönen Schmuck zu machen. **2** Fertigkeit ◊ *management skills* Führungsqualitäten

skilled /skɪld/ *Adj* **1** geschickt **2** ausgebildet, qualifiziert, Fach- ◊ *Furniture-making is very skilled work.* Die Möbelschreinerei ist echte Facharbeit.

skil·let /'skɪlɪt/ *Nomen* (*bes AmE*) Bratpfanne

skill·ful (*AmE*) = SKILFUL

skim /skɪm/ *Verb* (**-mm-**) **1** abschöpfen, abschäumen **2** (*kein Passiv*) ~ (**along/over, etc.**) **sth** über etw fliegen, über etw gleiten; (*Steine*) über etw hüpfen **3** ~ **sth** (**across/over, etc. sth**) (*Steine*) (auf etw) hüpfen lassen **4** (*Thema etc.*) nur oberflächlich berühren **5** ~ (**through/over**) **sth** (*schnell lesen*) etw überfliegen PHR V ,**skim sth/sb 'off** etw absahnen

,**skimmed 'milk** (*bes AmE* ,**skim 'milk**) *Nomen* entrahmte Milch, Magermilch

skimp /skɪmp/ *Verb* ~ (**on sth**) (an etw) sparen, (mit etw) knausern

skimpy /'skɪmpi/ *Adj* (**skimp·ier, skimpi·est**) **1** (*Kleidungsstück*) knapp, winzig **2** (*abwert*) dürftig, spärlich

skin¹ /skɪn/ *Nomen* **1** Haut ◊ *Prick the skins of the sausages before grilling.* Vor dem Grillen die Haut der Würste einstechen. ☛ *Siehe auch* FORESKIN *und* REDSKIN **2** (*oft in Zusammensetzungen*) Fell, Haut **3** (*von Früchten, Gemüse*) Schale, Haut, Pelle **4** (*eines Flugzeugs etc.*) Außenhaut ◊ *the outer skin of the earth* die äußere Schicht der Erde ☛ *Siehe auch* OILSKIN IDM **by the ,skin of your 'teeth** (*umgs*) um Haaresbreite; mit knapper Not; gerade noch ❙ **get under sb's 'skin** (*umgs*) jdm auf die Nerven gehen ◊ *Don't let him get under your skin.* Lass dich nicht von ihm nerven. ❙ **have got sb under your 'skin** (*umgs*) von jdm angetan sein; jdm verfallen sein ❙ **it's no skin off 'my, 'your, 'his, etc. nose** (*umgs*) das geht mich/dich/ihn etc. nicht ❙ **sth makes sb's 'skin crawl** jd bekommt von etw eine Gänsehaut ◊ *Just the sight of him makes my skin crawl.* Wenn ich ihn nur sehe, läuft mir eine Gänsehaut über den Rücken. (**nothing but/all/only**) **skin and 'bone** (*umgs*) (nur noch) Haut und Knochen ☛ *Siehe auch* JUMP¹, SAVE¹, THICK *und* THIN

skin² /skɪn/ *Verb* (**-nn-**) **1** (ent)häuten, schälen **2** aufschürfen IDM ⇨ EYE¹

,**skin-'deep** *Adj* oberflächlich SYN SUPERFICIAL IDM ⇨ BEAUTY

'**skin-diver** *Nomen* Taucher(in)

'**skin diving** *Nomen* Tauchen

skin·flint /'skɪnflɪnt/ *Nomen* (*umgs, abwert*) Geizkragen SYN MISER

skin·ful /'skɪnfl/ *Nomen* [meist Sing] (*BrE, Slang*) **have had a ~** einen über den Durst getrunken haben

skin·head /'skɪnhed/ *Nomen* Skinhead

-skinned /skɪnd/ (*in Adjektiven*) -häutig ◊ *dark-skinned* dunkelhäutig ☛ *Siehe auch* THICK-SKINNED *und* THIN-SKINNED

skinny /'skɪni/ *Adj* (**skin·nier, skin·ni·est**) **1** (*umgs, meist abwert*) mager, dürr ☛ *Hinweis bei* DÜNN **2** (*Kleidungsstücke*) eng anliegend

skint /skɪnt/ *Adj nicht vor Nomen* (*BrE, umgs*) pleite

skin·tight /ˌskɪn'taɪt/ *Adj* hauteng

skip¹ /skɪp/ *Verb* (**-pp-**) **1** hüpfen **2** (*AmE* ,**skip 'rope**) seilspringen **3** (*Frühstück etc.*) ausfallen lassen; (*Schule etc.*) schwänzen **4** (*Kapitel etc.*) überspringen, auslassen **5** springen ◊ *She kept skipping from one topic of conversation to another.* Dauernd sprang sie von einem Gesprächsthema zum anderen. **6** (*heimlich*) verlassen ◊ *skip the country* das Land verlassen **7** (*Steine*) hüpfen lassen IDM '**skip it** (*umgs*) vergiss es PHR V ,**skip 'off/'out** abhauen ❙ ,**skip 'out on sb** (*AmE*) jdn sitzen lassen

skip² /skɪp/ *Nomen* **1** Hüpfer, Hopser **2** (*BrE*) Absetzmulde, Container

skip·per¹ /'skɪpə(r)/ *Nomen* **1** Kapitän, Skipper **2** (*bes BrE, umgs*) (SPORT) (Mannschafts)kapitän

skip·per² /'skɪpə(r)/ *Verb* ~ **sth** Kapitän von etw sein ◊ *He skippered the team to victory.* Er führte die Mannschaft zum Sieg.

'**skipping rope** *Nomen* (*BrE*) Sprungseil

skir·mish¹ /'skɜːmɪʃ; *AmE* 'skɜːrmɪʃ/ *Nomen* **1** (kleines) Gefecht **2** Auseinandersetzung

skir·mish² /'skɜːmɪʃ; *AmE* 'skɜːrmɪʃ/ *Verb* **1** sich Gefechte liefern **2** (sich) streiten

skir·mish·er /'skɜːmɪʃə(r); *AmE* 'skɜːrm-/ *Nomen* Kämpfende(r)

skir·mish·ing /'skɜːmɪʃɪŋ; *AmE* 'skɜːrm-/ *Nomen* [U] Gefecht, Zusammenstoß

skirt¹ /skɜːt; *AmE* skɜːrt/ *Nomen* **1** (*Frauen-*) Rock **2** (*auch* **skirts** [Pl]) (*eines Mantels etc.*) Schoß **3** Schutzleiste; (*eines Luftkissenboots*) Schürze

skirt² /skɜːt; *AmE* skɜːrt/ *Verb* **1** ~ **sth** um etw führen, um etw herumgehen **2** ~ (**around/round sth**) (*Thema, Frage etc.*) umgehen, einer Sache ausweichen

'**skirting board** (*auch* **skirt·ing**) *Nomen* (*BrE*) Fußleiste

'**ski run** (*auch* **run**) *Nomen* Skipiste

skit /skɪt/ *Nomen* ~ (**on sth**) (parodistischer) Sketch (über etw)

skit·ter /'skɪtə(r)/ *Verb* **1** huschen **2** rutschen

skit·tish /'skɪtɪʃ/ *Adj* (*Adv* **skit·tish·ly**) **1** (*Pferd*) nervös, schreckhaft **2** kapriziös **3** (*bes AmE*) (WIRTSCH) launenhaft

skit·tle /'skɪtl/ *Nomen* **1** Kegel **2 skittles** [U] Kegeln ◊ *play skittles* kegeln

skive /skaɪv/ *Verb* ~ (**off**) (*BrE, umgs*) blaumachen; (*Schule*) schwänzen ◊ *She always skives off early on Fridays.* Freitags verdrückt sie sich immer früh.

skivvy¹ /'skɪvi/ *Nomen* (*Pl* **-ies**) (*BrE, umgs*) Dienstmädchen

skivvy² /'skɪvi/ *Verb* (**skiv·vies, skivvy·ing, skiv·vied, skiv·vied**) (*BrE, umgs*) Schmutzarbeiten im Haus verrichten

skua /'skjuːə/ *Nomen* Skua, Raubmöwe

skul·dug·gery (*auch* **skull·dug·gery**) /skʌl'dʌɡəri/ *Nomen* [U] (*veraltet oder hum*) Schwindel, Intrigen, schmutzige Tricks

skulk /skʌlk/ *Verb* (*abwert*) lauern, herumschleichen

skull /skʌl/ *Nomen* Schädel

,**skull and 'crossbones** *Nomen* [Sing] Totenkopf (mit gekreuzten Knochen)

'**skull·cap** /'skʌlkæp/ *Nomen* Scheitelkäppchen

skunk /skʌŋk/ *Nomen* Skunk, Stinktier

sky /skaɪ/ *Nomen* [Sing] (*Pl* **skies**) Himmel ◊ *What's that in the sky?* Was ist denn das am Himmel? ◊ *The skies were ablaze with a spectacular firework display.* Der Himmel war von einem spektakulären Feuerwerk illuminiert. IDM **the sky's the 'limit** (*umgs*) nach oben sind keine Grenzen gesetzt ◊ *With a talent like his, the sky's the limit.* Bei so einer Begabung stehen ihm alle Möglichkeiten offen. ☛ *Siehe auch* GREAT¹, PIE *und* PRAISE²

,**sky-'blue** *Adj* himmelblau

sky·div·er /ˈskaɪdaɪvə(r)/ *Nomen* Skydiver(in), Freifaller(in)

sky·div·ing /ˈskaɪdaɪvɪŋ/ *Nomen* Skydiving, Freifallen

ˌsky-ˈhigh *Adj, Adv* schwindelnd hoch; (*Preis etc.*) astronomisch ◇ *His confidence is still sky-high.* Er ist immer noch voller Selbstbewusstsein.

sky·lark /ˈskaɪlɑːk; *AmE* -lɑːrk/ *Nomen* (Feld)lerche

sky·light /ˈskaɪlaɪt/ *Nomen* Dachfenster

sky·line /ˈskaɪlaɪn/ *Nomen* Horizont, Silhouette, Skyline

sky·rocket /ˈskaɪrɒkɪt; *AmE* -rɑːk-/ *Verb* in die Höhe schnellen

sky·scraper /ˈskaɪskreɪpə(r)/ *Nomen* Wolkenkratzer

ˌsky·wards /ˈskaɪwədz; *AmE* -wərdz/ (*auch* **sky·ward**) *Adv* himmelwärts, zum Himmel (hinauf) ◇ *The rocket soared skywards.* Die Rakete stieg in den Himmel.

slab /slæb/ *Nomen* **1** Platte ◇ *a slab of marble* eine Marmorplatte ◇ *a dead body on the slab* eine Leiche im Leichenschauhaus **2** (*Fleisch-, Brot- etc.*) (dicke) Scheibe, (großes) Stück, Tafel (*Schokolade*)

slack¹ /slæk/ *Adj* **1** (*Adv* **slack·ly**) schlaff, locker ◇ *slack muscles* schlaffe Muskeln ◇ *The rope suddenly went slack.* Das Seil hing plötzlich durch. **2** (*Geschäft, Konjunktur*) flau; (*Nachfrage*) gering ◇ *a slack period* eine Flaute **3** (*abwert*) nachlässig, schlampig ◇ *Discipline in the classroom is very slack.* In der Schule mangelt es an Disziplin.

slack² /slæk/ *Nomen* **1** (*durchhängendes Tau*) Lose ◇ *There's too much slack in the towrope.* Das Abschleppseil hängt zu sehr durch. **2** Spielraum, brachliegende Ressourcen ◇ *There's very little slack in the budget.* Der Haushaltsplan lässt sehr wenig Spielraum. **3** (*Kohlenstaub*) Grus [IDM] **take up the ˈslack 1** das Seil straffen **2** (*fig*) die Lücke füllen

slack³ /slæk/ *Verb* bummeln [PHRV] **ˌslack ˈoff (on sth)** leiser treten (in Bezug auf etw)

slack·en /ˈslækən/ *Verb* **1** lockern ◇ *He slackened the ropes slightly.* Er lockerte die Stricke etwas. ◇ *She slackened her pace a little.* Sie ging etwas langsamer. **2** sich lockern ◇ *His grip slackened.* Sein Griff lockerte sich. **3** ~ (**off**) nachlassen

slack·er /ˈslækə(r)/ *Nomen* (*umgs, abwert*) Faulpelz

slack·ness /ˈslæknəs/ *Nomen* **1** Schlaffheit **2** (WIRTSCH) Flaute **3** Nachlässigkeit

slacks /slæks/ *Nomen* [Pl] Hose ☛ *Im britischen Englisch ist* **slacks** *veraltet; im amerikanischen eher gehoben.* ☛ *Hinweis bei* BRILLE

slag¹ /slæg/ *Nomen* **1** Schlacke **2** (*BrE, Slang*) Schlampe

slag² /slæg/ *Verb* (**-gg-**) [PHRV] **ˌslag sb ˈoff** (*BrE, Slang*) über jdn herziehen

ˈslag heap *Nomen* (*BrE*) Schlackenhalde

slain *Form von* SLAY

slake /sleɪk/ *Verb* (*gehoben*) (*Durst*) stillen (*auch fig*) [SYN] QUENCH

sla·lom /ˈslɑːləm/ *Nomen* Slalom

slam¹ /slæm/ *Verb* (**-mm-**) **1** zuschlagen, zuknallen **2** (hin)knallen ◇ *She slammed the phone down angrily.* Sie knallte den Hörer wütend hin. ◇ *He slammed on the brakes.* Er stieg voll auf die Bremse. **3** (*in der Presse*) verreißen, scharf angreifen [IDM] ⇨ DOOR [PHRV] **ˌslam into/against sb/sth** gegen jdn/etw knallen **ˌslam sth into/against sb/sth** etw gegen jdn/etw schleudern

slam² /slæm/ *Nomen* [meist Sing] **1** Knall **2** (*in Kartenspielen*) Schlemm ☛ *Siehe auch* GRAND SLAM

slam·mer /ˈslæmə(r)/ *Nomen* **the slammer** [Sing] (*Slang*) der Knast

slan·der¹ /ˈslɑːndə(r); *AmE* ˈslæn-/ *Nomen* Verleumdung

slan·der² /ˈslɑːndə(r); *AmE* ˈslæn-/ *Verb* verleumden

slan·der·ous /ˈslɑːndərəs; *AmE* ˈslæn-/ *Adj* verleumderisch

slang /slæŋ/ *Nomen* Slang, Jargon ☛ *Siehe auch* RHYMING SLANG

ˈslanging match *Nomen* (*BrE, umgs*) gegenseitige (wüste) Beschimpfungen ◇ *They were having a real slanging match.* Sie beschimpften sich wüst.

slangy /ˈslæŋi/ *Adj* Slang-; (*Stil*) salopp

slant¹ /slɑːnt; *AmE* slænt/ *Verb* **1** (sich) neigen ◇ (*gehoben*) *The sun slanted through the window.* Die Sonnenstrahlen fielen schräg durchs Fenster. **2** (*abwert*) (*einseitig darstellen*) färben ◇ *They slanted their report towards the rebels.* Ihre Berichterstattung war zugunsten der Rebellen gefärbt.

slant² /slɑːnt; *AmE* slænt/ *Nomen* **1** Schräge, Neigung ◇ *The sofa faced the fire at a slant.* Das Sofa stand schräg gegenüber vom Kamin. ◇ *Cut the flower stems on the slant.* Schneiden Sie Blumenstängel schräg ab. **2** (persönliche) Sichtweise ◇ *She put a new slant on the play.* Sie hat das Stück neu interpretiert.

slant·ed /ˈslɑːntɪd; *AmE* ˈslæntɪd/ *Adj* **1** schräg **2** tendenziös, gefärbt ◇ *The book is slanted towards American business methods.* Das Buch ist auf amerikanische Geschäftsmethoden ausgerichtet.

slant·ing /ˈslɑːntɪŋ; *AmE* ˈslæntɪŋ/ *Adj* schräg

slap¹ /slæp/ *Verb* (**-pp-**) **1** schlagen ◇ *She slapped him across the face.* Sie gab ihm eine Ohrfeige. ◇ *slap sb on the back* jdm auf die Schulter klopfen **2** knallen ◇ *He slapped the newspaper down on the desk.* Er knallte die Zeitung auf den Schreibtisch. **3** (*Wellen, Regen etc.*) klatschen [PHRV] **ˌslap sb aˈbout/aˈround** (*umgs*) jdn (ver)prügeln ☛ G 9.7c **ˌslap sb ˈdown** (*umgs*) jdm eins auf den Deckel geben **ˌslap sth ˈdown** (*umgs*) etw heruntermachen, etw niedermachen **ˈslap sth on sb/sth** (*umgs*) (*Strafe, Verbot etc.*) über jdn/etw verhängen **ˌslap sth ˈon sth** (*umgs*) etw auf etw aufschlagen **ˌslap sth ˈon (sth)** etw (auf etw) draufklatschen

slap² /slæp/ *Nomen* **1** Schlag ◇ *She gave him a slap across the face.* Sie gab ihm eine Ohrfeige. ◇ *He gave me a hearty slap on the back.* Er klopfte mir kräftig auf den Rücken. **2** (*von Wellen, Regen etc.*) Klatschen **3** (*umgs*) Make-up [IDM] **slap and ˈtickle** (*BrE, umgs, veraltet*) Knutscherei **a slap in the ˈface** ein Schlag ins Gesicht **a slap on the ˈwrist** (*umgs*) ein Rüffel; ein Denkzettel

slap³ /slæp/ (*auch* **ˌslap ˈbang**) *Adv* (*umgs*) **1** voll, mit Karacho **2** genau

slap·dash /ˈslæpdæʃ/ *Adj* schludrig

ˌslap-ˈhappy *Adj* (*umgs*) **1** unbekümmert **2** (*bes AmE*) benommen

slap·head /ˈslæphed/ *Nomen* (*umgs, abwert*) Glatzkopf

slap·stick /ˈslæpstɪk/ *Nomen* Slapstick

ˈslap-up *Adj nur vor Nomen* (*BrE, umgs*) (*Essen*) toll

slash¹ /slæʃ/ *Verb* **1** aufschlitzen, zerfetzen; (*Pulsadern*) aufschneiden ◇ *We had to slash our way through the undergrowth with sticks.* Wir mussten uns mit Stöcken einen Weg durch das Dickicht schlagen. **2** (drastisch) reduzieren, (drastisch) senken [PHRV] **ˈslash at sb/sth (with sth)** auf jdn/etw (mit etw) einhauen, auf jdn/etw (mit etw) losgehen

slash² /slæʃ/ *Nomen* **1** Schnitt(wunde); (*fig*) Schlitz ◇ *He took a slash at her with a knife.* Er ging mit einem Messer auf sie los. **2** Schrägstrich ☛ *Siehe auch* BACKSLASH **3 have/take a ~** (*BrE, Slang*) schiffen

slat /slæt/ *Nomen* Latte; (*in Jalousie*) Lamelle

slate¹ /sleɪt/ *Nomen* **1** Schiefer **2** Schieferplatte **3** (*AmE*) (POL) Liste ◇ *the Democratic slate* die Kandidatenliste der Demokraten **4** Schiefertafel [IDM] ⇨ CLEAN¹ *und* WIPE¹

slate² /sleɪt/ *Verb* **1** (*BrE, gehoben*) (*kritisieren*) verreißen **2** (*meist passiv*) ansetzen ◇ *The store is slated to open in spring.* Das Geschäft soll im Frühjahr eröffnet werden. ◇ *slated for demolition* zum Abriss freigegeben **3 ~ sb (for sth)** (*bes AmE, umgs*) (*meist passiv*) jdn (für etw) vorschlagen ◇ *He is slated to play the lead in Spielberg's next movie.* Er soll die Hauptrolle in Spielbergs nächstem Film spielen.

ˌslate-ˈgrey *Adj* schiefergrau

slat·ted /ˈslætɪd/ *Adj* Latten-, Lamellen-

slat·tern /ˈslætən; *AmE* -tərn/ *Nomen* (*veraltet*) Schlampe

slat·tern·ly /ˈslætənli; *AmE* -tərnli/ *Adj* (*veraltet*) schlampig

slaty (*auch* **slatey**) /ˈsleɪti/ *Adj* **1** schieferfarben, schiefergrau **2** schiefrig, Schiefer-

slaugh·ter¹ /ˈslɔːtə(r)/ *Nomen* **1** Schlachten, Schlachtung **2** Gemetzel, Abschlachten [SYN] MASSACRE [IDM] ⇨ LAMB¹

slaugh·ter² /ˈslɔːtə(r)/ *Verb* **1** schlachten **2** niedermetzeln, abschlachten **3** (*umgs*) (SPORT) vom Platz fegen

slaugh·ter·house /ˈslɔːtəhaʊs; *AmE* -tərh-/ *Nomen* Schlachthof, Schlachthaus

Slav /slɑːv/ *Nomen* Slawe, Slawin

slave¹ /sleɪv/ *Nomen* Sklave, Sklavin (*auch fig*)

slave² /sleɪv/ *Verb* ~ (**away**) (**at sth**) sich (mit etw) abplagen ◊ *I haven't got time to spend hours slaving over a hot stove.* Ich habe keine Zeit stundenlang am Herd zu stehen.
ˈslave-driver *Nomen* (*abwert*) Sklaventreiber(in), Leuteschinder(in)
ˌslave ˈlabour (*AmE* ˌslave ˈlabor) *Nomen* **1** Sklavenarbeit **2** (*umgs*) Ausbeutung
slaver¹ /ˈslævə(r)/ *Verb* sabbern
slaver² /ˈsleɪvə(r)/ *Nomen* **1** Sklavenhändler(in) **2** Sklavenschiff
slav·ery /ˈsleɪvəri/ *Nomen* Sklaverei
ˈslave trade *Nomen* [Sing] Sklavenhandel
Slav·ic /ˈslɑːvɪk/ *Adj* slawisch
slav·ish /ˈsleɪvɪʃ/ *Adj* (*Adv* **slav·ish·ly**) (*abwert*) sklavisch
Sla·von·ic /sləˈvɒnɪk; *AmE* -ˈvɑːn-/ *Adj* slawisch
slay /sleɪ/ *Verb* (**slew** /sluː/, **slain** /sleɪn/) **1** (*veraltet oder gehoben*) erschlagen **2** (*bes AmE*) ermorden **3** (*bes AmE, umgs, veraltet*) ◊ *Those old movies still slay me!* Über diese alten Filme kann ich mich immer noch totlachen!
slayer /ˈsleɪə(r)/ *Nomen* (*veraltet oder gehoben*) Mörder(in)
slay·ing /ˈsleɪɪŋ/ *Nomen* (*bes AmE*) Mord, Ermordung
sleaze /sliːz/ *Nomen* **1** (*BrE*) Korruption **2** (*bes AmE* **sleaze-bag** /ˈsliːzbæɡ/, **sleaze-ball** /ˈsliːzbɔːl/) Dreckskerl
sleazy /ˈsliːzi/ *Adj* (**sleaz·ier**, **sleazi·est**) (*umgs*) anrüchig, heruntergekommen
sled¹ /sled/ *Nomen* (*bes AmE*) Schlitten
sled² /sled/ *Verb* (**-dd-**) (*bes AmE*) Schlitten fahren, rodeln
sledge¹ /sledʒ/ *Nomen* (*BrE*) Schlitten
sledge² /sledʒ/ *Verb* (*BrE*) Schlitten fahren, rodeln
sledge·ham·mer /ˈsledʒhæmə(r)/ *Nomen* Vorschlaghammer IDM **use a ˌsledgehammer to crack a ˈnut** mit Kanonen auf Spatzen schießen
sleek /sliːk/ *Adj* **1** glatt, (seidig) glänzend, geschmeidig **2** (*Adv* **sleek·ly**) elegant; (*Wagen etc.*) schnittig **3** (*abwert*) (*Mensch*) aalglatt
sleek·ness /ˈsliːknəs/ *Nomen* **1** (seidiger) Glanz, Geschmeidigkeit **2** Eleganz **3** aalglatte Art
sleep¹ /sliːp/ *Verb* (**slept**, **slept** /slept/) **1** schlafen ◊ *I slept right through the storm.* Ich bin durch das Gewitter nicht aufgewacht. ◊ *We sometimes sleep late at the weekends.* Am Wochenende stehen wir manchmal spät auf. ◊ *Her bed hadn't been slept in.* Ihr Bett war unberührt. **2** (*kein Passiv*) ◊ *The apartment sleeps six.* Das Appartement ist für sechs Personen. ◊ *The hotel sleeps 120 guests.* Das Hotel hat 120 Betten. IDM **let sleeping dogs ˈlie** schlafende Hunde soll man nicht wecken **ˌsleep like a ˈlog/ˈbaby** (*umgs*) wie ein Stein/Murmeltier schlafen **sleep ˈtight** (*umgs*) schlaf gut ☞ *Siehe auch* ROUGH⁴ *und* WINK² PHRV **ˌsleep aˈround** (*umgs, abwert*) mit jedem **ˌsleep ˈin** ausschlafen **ˌsleep sth ˈoff** etw ausschlafen **ˌsleep on ˈsth** (*umgs*) etw überschlafen **ˌsleep ˈover** übernachten **ˌsleep ˈout** im Freien schlafen **ˌsleep toˈgether** (*umgs*) miteinander schlafen **ˈsleep with sb** mit jdm schlafen
sleep² /sliːp/ *Nomen* Schlaf ◊ *It took me ages to get to sleep.* Ich konnte lange nicht einschlafen. ◊ *Go to sleep.* Schlaf jetzt. ◊ *Try to get back to sleep.* Versuch wieder einzuschlafen. ◊ *be in a deep sleep* fest schlafen ◊ *I'll feel better after a good night's sleep.* Wenn ich mich ausgeschlafen habe, werde ich mich besser fühlen. ◊ *His talk nearly sent me to sleep.* Ich bin fast eingeschlafen bei seinem Vortrag. IDM **be able to do sth in your ˈsleep** (*umgs*) etw im Schlaf können **ˌgo to ˈsleep** (*umgs*) einschlafen ◊ *My foot's gone to sleep.* Mein Fuß ist eingeschlafen. **ˌput sb to ˈsleep** (*umgs*) jdn narkotisieren **ˌput sth to ˈsleep** etw einschläfern lassen ☞ *Siehe auch* LOSE *und* WINK²
sleep·er /ˈsliːpə(r)/ *Nomen* **1** Schläfer(in), Schlafende(r) ◊ *be a heavy/light sleeper* einen festen/leichten Schlaf haben **2** Nachtzug **3** Schlafwagen **4** (*BrE*) (*Bahn-*) Schwelle **5** (*bes AmE, umgs*) ◊ *The film was a sleeper.* Dem Film gelang erst viel später der Durchbruch.
sleep·ily *Adv* ⇨ SLEEPY (1)
ˈsleeping bag *Nomen* Schlafsack
ˈsleeping car *Nomen* Schlafwagen
ˌsleeping ˈpartner *Nomen* (*BrE*) stille(r) Teilhaber(in)

ˈsleeping pill (*BrE auch* **ˈsleeping tablet**) *Nomen* Schlaftablette
ˌsleeping poˈliceman *Nomen* (*BrE, umgs*) (*zur Verkehrsberuhigung*) Bodenschwelle
ˈsleeping sickness *Nomen* Schlafkrankheit
sleep·less /ˈsliːpləs/ *Adj* (*Adv* **sleep·less·ly**) schlaflos
sleep·less·ness /ˈsliːpləsnəs/ *Nomen* Schlaflosigkeit
sleep·over /ˈsliːpəʊvə(r); *AmE* -oʊ-/ *Nomen* = Party mit Übernachtung
sleep·walk /ˈsliːpwɔːk/ *Verb* schlafwandeln
sleep·walk·er /ˈsliːpwɔːkə(r)/ *Nomen* Schlafwandler(in)
sleepy /ˈsliːpi/ *Adj* (**sleep·ier**, **sleepi·est**) **1** (*Adv* **sleep·ily** /-ɪli/) schläfrig **2** (*Ort*) verschlafen
sleet¹ /sliːt/ *Nomen* Schneeregen
sleet² /sliːt/ *Verb* *It was sleeting.* Es fiel Schneeregen.
sleeve /sliːv/ *Nomen* **1** Ärmel **2** (*Schallplatten-*) Hülle ◊ *sleeve notes* Covertext **3** (TECH) Muffe IDM **have/keep sth up your ˈsleeve** etw in petto haben ☞ *Siehe auch* ACE¹, CARD, LAUGH¹, ROLL², TRICK¹ *und* WEAR¹
-sleeved /sliːvd/ (*in Adjektiven*) -ärmelig ◊ *a short-sleeved shirt* ein kurzärmeliges Hemd
sleeve·less /ˈsliːvləs/ *Adj* ärmellos
sleigh /sleɪ/ *Nomen* (Pferde)schlitten ◊ *a sleigh ride* eine Schlittenfahrt
sleight /slaɪt/ *Nomen* IDM **ˌsleight of ˈhand** **1** Fingerfertigkeit **2** Taschenspielertrick
slen·der /ˈslendə(r)/ *Adj* **1** schlank; (*Buch, Band*) schmal ☞ *Hinweis bei* DÜNN **2** (*Vorsprung, Mehrheit*) knapp; (*Chance, Hoffnung*) gering ◊ *These claims are based on slender evidence.* Für diese Behauptungen gibt es keine eindeutigen Beweise.
slept *Form von* SLEEP¹
sleuth /sluːθ/ *Nomen* (*veraltet oder hum*) Detektiv
slew¹ *Form von* SLAY
slew² /sluː/ *Verb* (herum)schwenken ◊ *He slewed the motorbike over.* Er schwenkte das Motorrad herum. ◊ *The car slewed sideways.* Das Auto schleuderte zur Seite.
slew³ /sluː/ *Nomen* [Sing] (*umgs*) Menge
slice¹ /slaɪs/ *Nomen* **1** Scheibe **2** (*umgs*) Stück, Teil, Anteil **3** (*Braten-*) Wender **4** (*in Golf, Tennis*) Slice IDM **a ˌslice of ˈlife** ein Ausschnitt aus dem Leben ☞ *Siehe auch* ACTION¹, CAKE¹ *und* PIE
slice² /slaɪs/ *Verb* **1** ~ **sth** (**up**) etw in Scheiben schneiden **2** (durch)schneiden ◊ (*fig*) *Her speech sliced through all the confusion.* Ihre Rede machte der Verwirrung ein Ende. **3** (SPORT) (an)schneiden, slicen **4** (*AmE, umgs*) kürzen IDM ⇨ THING *und* WAY¹ PHRV **ˌslice sth ˈoff/aˈway** etw abschneiden **ˌslice sth ˈoff sth** etw von etw abschneiden ◊ (*fig*) *He sliced two seconds off the world record.* Er verbesserte den Weltrekord um zwei Sekunden.
slick¹ /slɪk/ *Adj* **1** (*Adv* **slick·ly**) clever, professionell **2** gewieft ◊ *Her reply was too slick.* Ihre Antwort war zu glatt. SYN GLIB **3** glatt, geschickt ◊ *the team's slick passing* das gezielte Zuspiel der Mannschaft **4** rutschig
slick² /slɪk/ *Nomen* **1** (*auch* **ˈoil slick**) Ölteppich **2** Fleck
slick³ /slɪk/ *Verb* (*Haare*) anklatschen, glatt striegeln
slick·er /ˈslɪkə(r)/ *Nomen* (*AmE*) Regenmantel ☞ *Siehe auch* CITY SLICKER
slick·ness /ˈslɪknəs/ *Nomen* (*von Inszenierung etc.*) professionelle Aufmachung; (*eines Menschen*) Gewieftheit
slide¹ /slaɪd/ *Verb* (**slid**, **slid** /slɪd/) **1** rutschen, gleiten ◊ *Shares slid to a new low.* Die Aktien rutschten auf ein neues Tief. ◊ *The drawers slide in and out easily.* Die Schubladen lassen sich leicht auf- und zuziehen. ◊ *She slid out while no one was looking.* Sie schlich sich hinaus, als niemand guckte. **2** schieben, gleiten lassen ◊ *She slid her hand along the rail.* Sie ließ ihre Hand die Reling entlang gleiten. **3** (*fig*) schlittern ◊ *They were sliding towards bankruptcy.* Sie schlitterten in die Pleite. IDM **let things slide** die Dinge schleifen lassen
slide² /slaɪd/ *Nomen* **1** [meist Sing] Abrutschen, Abgleiten ◊ *The economy is on the slide.* Die Wirtschaft befindet sich in einer Rezession. **2** [Sing] Rutschen ◊ *Her car went into a slide.* Ihr Auto geriet ins Schleudern. **3** Rutschbahn, Rutsche **4** Erdrutsch ☞ *Siehe auch* LANDSLIDE **5** Dia(positiv) SYN TRANSPARENCY **6** (*für*) Mikroskope

Objektträger **7** Schieber; (*an einer Posaune*) Zug **8** = HAIRSLIDE

ˈslide rule *Nomen* Rechenschieber

ˌsliding ˈdoor *Nomen* Schiebetür

ˌsliding ˈscale *Nomen* gleitende Skala

slight¹ /slaɪt/ *Adj* **1** gering; (*Fehler, Verspätung, Unterschied, Besserung, Problem*) klein; (*Hoffnung*) schwach; (*Schmerzen, Brise*) leicht ◊ *She takes offence at the slightest thing.* Sie ist bei der kleinsten Kleinigkeit beleidigt. ◊ *The picture was at a slight angle.* Das Bild hing leicht schräg. ◊ *I haven't the slightest idea.* Ich habe nicht die leiseste Ahnung. **2** schmächtig, zierlich **3** trivial IDM **not in the ˈslightest** nicht im Geringsten

slight² /slaɪt/ *Nomen* ~ (**on sb/sth**) Affront (gegen jdn/etw)

slight³ /slaɪt/ *Verb* (*meist passiv*) brüskieren, beleidigen

slight·ly /ˈslaɪtli/ *Adv* **1** ein bisschen, etwas ◊ *slightly bigger* etwas größer **2** flüchtig **3** zierlich

slim¹ /slɪm/ *Adj* (**slim·mer, slim·mest**) **1** schlank, schmal, dünn ☛ *Hinweis bei* DÜNN **2** gering, klein ◊ *The party was returned to power with a slim majority.* Die Partei kam mit einer knappen Mehrheit wieder an die Macht.

slim² /slɪm/ *Verb* (**-mm-**) (*BrE*) (*meist in der Verlaufsform*) eine Schlankheitskur machen PHRV ˌ**slim ˈdown** abnehmen ˌ**slim ˈdown**; ˌ**slim sth ˈdown** etw reduzieren ◊ *The industry has to slim down even further.* Die Industrie muss noch mehr abspecken. ◊ *the new, slimmed-down company* die neue, schlankere Firma

slime /slaɪm/ *Nomen* Schleim ◊ *The pond was full of green slime.* Der Teich war voll von grünem Schlick.

slim·line /ˈslɪmlaɪn/ *Adj nur vor Nomen* **1** schlank, dünn ◊ *a slimline phone* ein flaches Telefon **2** (*BrE*) kalorienarm

slim·mer /ˈslɪmə(r)/ *Nomen* (*BrE*) jd, der eine Schlankheitskur macht

slim·ming /ˈslɪmɪŋ/ *Nomen* (*BrE*) Schlankheitskur ◊ *a slimming club* ein Diätklub

slim·ness /ˈslɪmnəs/ *Nomen* Schlankheit

slimy /ˈslaɪmi/ *Adj* (**slimi·er, slimi·est**) schleimig, schmierig

sling¹ /slɪŋ/ *Verb* (**slung** /slʌŋ/, **slung**) **1** (*bes BrE, umgs*) werfen, schmeißen **2** (*oft passiv*) hängen ◊ *Her bag was slung over her shoulder.* Die Tasche hing über ihrer Schulter. IDM **sling your ˈhook** (*BrE, umgs*) Leine ziehen

sling² /slɪŋ/ *Nomen* **1** (MED) Schlinge **2** Hebevorrichtung **3** Babytrage **4** Schleuder

sling·back /ˈslɪŋbæk/ *Nomen* Damenschuh mit Fersenriemen

sling·shot /ˈslɪŋʃɒt; *AmE* -ʃɑːt/ *Nomen* (*AmE*) Steinschleuder

slink /slɪŋk/ *Verb* (**slunk** /slʌŋk/, **slunk**) schleichen ◊ *The dog slunk away.* Der Hund verzog sich.

slinky /ˈslɪŋki/ *Adj* **1** hauteng **2** sexy

slip¹ /slɪp/ *Verb* (**-pp-**) **1** ~ (**over**) rutschen ◊ (*fig*) *She was careful not to let her control slip.* Sie war darauf bedacht, nicht die Selbstkontrolle zu verlieren. **2** schlüpfen ◊ *The ship slipped into the harbour.* Das Schiff glitt in den Hafen. ◊ (*fig*) *She knew that time was slipping away.* Sie wusste, dass die Zeit verrann. ◊ *He slipped a coat over his sweatshirt.* Er streifte einen Mantel über sein Sweatshirt. **3** stecken ◊ *Anna slipped her hand into his.* Anna schob ihre Hand in seine. ◊ *I managed to slip in a few jokes.* Ich schaffte es ein paar Witze anzubringen. **4** ~ **sb sth** jdm etw zustecken **5** (*schlechter werden*) nachlassen ◊ *I must be slipping!* Ich lasse wohl nach! **6** geraten ◊ *The patient had slipped into a coma.* Der Patient war ins Koma gefallen. **7** sich lösen ◊ *The animal had slipped free and escaped.* Das Tier hatte sich freigemacht und war entkommen. IDM **let sth ˈslip** etw verraten; etw ausplaudern **let sth ˈslip (through your fingers)** sich etw entgehen lassen **slip sb's ˈmind** jdm entfallen ˌ**slip one ˈover on sb** (*umgs*) jdn reinlegen **slip through the ˈnet** durch die Maschen schlüpfen ☛ *Siehe auch* GEAR¹ *und* TONGUE¹ PHRV ˌ**slip aˈway 1** (ver)schwinden **2** sterben ˌ**slip ˈout** (*Bemerkung*) herausrutschen ˌ**slip ˈup** (*umgs*) einen Schnitzer machen ◊ *We can't afford to slip up.* Wir können uns keine Schnitzer leisten.

slip² /slɪp/ *Nomen* **1** Schnitzer, Ausrutscher **2** Zettel ◊ *a betting slip* ein Wettschein **3** ◊ *One slip and you could fall to your death.* Wenn du ausrutschst, könntest du in den Tod stürzen. **4** Unterrock, Unterkleid **5** (*beim Kricket*) Position seitlich hinter dem Wicket IDM **give sb the ˈslip** (*umgs*) jdm entwischen **a ˈslip of a boy, girl etc.** (*veraltet*) ein kleiner Junge, ein kleines Mädchen etc. **a slip of the ˈpen/ˈtongue** ein Schreibfehler/ein Versprecher

ˈslip cover *Nomen* (*AmE*) (*Bezug*) Überzug

ˈslip-on *Nomen* Slipper

slip·page /ˈslɪpɪdʒ/ *Nomen* [*meist Sing*] **1** Rückstand, Verzug **2** Rückgang

ˌ**slipped ˈdisc** *Nomen* Bandscheibenvorfall

slip·per /ˈslɪpə(r)/ *Nomen* Hausschuh

slip·pery /ˈslɪpəri/ *Adj* **1** (*umgs* **slippy**) rutschig, glatt **2** (*umgs*) aalglatt ◊ *He's a slippery customer.* Er ist aalglatt. **3** (*umgs*) heikel IDM **the/a slippery ˈslope** Weg nach unten ◊ *He was on the slippery slope towards a life of crime.* Er war auf dem besten Weg, in die Kriminalität abzurutschen.

ˈslip road *Nomen* (*BrE*) Autobahnauffahrt, Autobahnausfahrt

slip·shod /ˈslɪpʃɒd; *AmE* -ʃɑːd/ *Adj* schlampig, schludrig SYN CARELESS

slip·stream /ˈslɪpstriːm/ *Nomen* [*Sing*] Windschatten

ˈslip-up *Nomen* (*umgs*) Schnitzer

slip·way /ˈslɪpweɪ/ *Nomen* = zum Wasser geneigte Ebene für den Stapellauf oder in eine Helling

slit¹ /slɪt/ *Nomen* Schlitz

slit² /slɪt/ *Verb* (**slit·ting, slit, slit**) aufschlitzen ◊ *Her skirt was slit at both sides.* Ihr Rock hatte Schlitze an beiden Seiten.

slither /ˈslɪðə(r)/ *Verb* gleiten, rutschen, schlittern

sliver /ˈslɪvə(r)/ *Nomen* Splitter ◊ (*fig*) *A sliver of light showed under the door.* Ein Lichtstreifen war unter der Tür sichtbar.

Sloane /sləʊn; *AmE* sloʊn/ *Nomen* (*BrE, umgs*) = junge(r) Angehörige(r) der wohlhabenden oberen Mittelschicht, vor allem aus den schicken Wohngegenden Londons

slob /slɒb; *AmE* slɑːb/ *Nomen* (*umgs, abwert*) fauler Sack

slob·ber /ˈslɒbə(r); *AmE* ˈslɑːb-/ *Verb* sabbern PHRV ˈ**slobber over sb/sth** (*umgs, abwert*) jdn/etw anschmachten

sloe /sləʊ; *AmE* sloʊ/ *Nomen* Schlehe

slog¹ /slɒɡ; *AmE* slɑːɡ/ *Verb* (**-gg-**) (*umgs*) **1** schuften ◊ *He's been slogging away at that piece of music for weeks.* Er hat sich wochenlang mit dem Musikstück abgeplagt. **2** sich schleppen **3** (*einen Ball*) dreschen IDM ˌ**slog it ˈout** (*BrE, umgs*) kämpfen ☛ *Siehe auch* GUT¹

slog² /slɒɡ; *AmE* slɑːɡ/ *Nomen* [*meist Sing*] Schufterei, Schinderei

slo·gan /ˈsləʊɡən; *AmE* ˈsloʊ-/ *Nomen* Slogan, Parole

slo·gan·eer·ing /ˌsləʊɡəˈnɪərɪŋ; *AmE* ˌsloʊɡəˈnɪrɪŋ/ *Nomen* (*abwert*) Gebrauch von Slogans

sloop /sluːp/ *Nomen* Slup

slop¹ /slɒp; *AmE* slɑːp/ *Verb* (**-pp-**) **1** (über)schwappen **2** (*ausschütten*) kippen PHRV ˌ**slop aˈbout/aˈround** (*BrE, umgs*) **1** (*nichts tun*) herumhängen **2** herumplanschen ˌ**slop ˈout** (*BrE*) (*Gefängnisinsassen*) die Toiletteneimer leeren

slop² /slɒp; *AmE* slɑːp/ *Nomen* (*auch* **slops** [*Pl*]) **1** Speisereste **2** Schmutzwasser

slope¹ /sləʊp; *AmE* sloʊp/ *Nomen* **1** (Ab)hang ◊ *ski slopes* Skipisten **2** [*Sing*] Neigung, Gefälle IDM ⇨ SLIPPERY

slope² /sləʊp; *AmE* sloʊp/ *Verb* **1** sich neigen ◊ *The path sloped gently down.* Der Weg fiel sanft ab. ◊ *sloping shoulders* abfallende Schultern ◊ *His handwriting slopes backwards.* Seine Schrift neigt sich nach links. ◊ *an old house with sloping walls* ein altes Haus mit schrägen Wänden **2** (*BrE, umgs*) gehen ◊ *slope off* sich verdrücken

slop·pi·ness /ˈslɒpinəs/ *Nomen* Schludrigkeit

sloppy /ˈslɒpi; *AmE* ˈslɑːpi/ *Adj* (**slop·pier, slop·pi·est**) (*Adv* **slop·pily** /-ɪli/) **1** nachlässig, schlampig **2** schlabberig **3** (*bes BrE*) rührselig **4** wässrig, dünn ◊ (*umgs*) *a big sloppy kiss* ein dicker nasser Kuss

ˌ**sloppy ˈjoe** /ˌslɒpi ˈdʒəʊ; *AmE* ˌslɑːpi ˈdʒoʊ/ *Nomen* (*AmE*) = mit Hackfleisch in Tomatensoße gefülltes Brötchen

slosh /slɒʃ; *AmE* slɑːʃ/ *Verb* (*umgs*) **1** schwappen **2** schütten **3** planschen PHRV ˌslosh aˈbout/aˈround (BrE, umgs) ◇ *There's a lot of money sloshing around in professional tennis.* Der professionelle Tennis schwimmt im Geld.

sloshed /slɒʃt; AmE slɑːʃt/ Adj (Slang) (betrunken) blau

slot¹ /slɒt; AmE slɑːt/ Nomen **1** Schlitz **2** Platz ◇ *Their album occupied the number one slot for weeks.* Ihr Album war wochenlang die Nummer eins. ◇ *the airport's take-off and landing slots* die Start- und Landeslots des Flughafens

slot² /slɒt; AmE slɑːt/ Verb (-tt-) **1** hineinstecken, hineinpassen ◇ *He slotted a cassette into the VCR.* Er legte eine Kassette in das Videogerät ein. ◇ *The sections can be slotted together.* Die Einzelteile lassen sich zusammenstecken. IDM ➪ PLACE¹ PHRV ˌslot sb/sth ˈin jdn/etw einschieben ◇ *I can slot you in at 4.* Ich kann Sie um 4 Uhr einschieben.

sloth /sləʊθ; AmE sloʊθ/ Nomen **1** Faultier **2** (gehoben) Trägheit

ˈslot machine Nomen **1** Automat **2** (bes AmE) Spielautomat

slotˈted /ˈslɒtɪd; AmE ˈslɑːt-/ Adj mit Schlitz(en)

ˌslotted ˈspoon Nomen Schaumkelle

slouch¹ /slaʊtʃ/ Verb **1** sich lümmeln ◇ *Several students were slouching against the wall.* Mehrere Studenten lehnten lässig an der Wand. **2** schlürfen

slouch² /slaʊtʃ/ Nomen [meist Sing] schlaffe Haltung ◇ *He has a slouch from working at a computer.* Er hat eine krumme Haltung, weil er viel am Computer arbeitet. IDM be no ˈslouch (umgs) verdammt gut sein ◇ *She's no slouch on the guitar.* Sie ist verdammt gut auf der Gitarre.

slough¹ /slʌf/ Verb ~ sth (off) etw abstreifen ◇ *a snake sloughing its skin* eine Schlange, die sich häutet ◇ *Slough off dead skin cells with a facial scrub.* Entfernen Sie abgestorbene Hautzellen mit einer Rubbelcreme fürs Gesicht.

slough² /slʌf/ Nomen (gehoben) Sumpf (auch fig)

slovˈenˑly /ˈslʌvnli/ Adj schlampig, nachlässig

slow¹ /sləʊ; AmE sloʊ/ Adj **1** langsam ◇ *They were very slow paying me.* Sie ließen sich Zeit, bis sie mich bezahlten. ◇ *She wasn't slow to realize what was going on.* Sie brauchte nicht lange, bevor sie merkte, was los war. ◇ *Sales are slow.* Der Absatz ist flau. ◇ *We drove in the slow lane.* Wir fuhren auf der Kriechspur. **2** be ~ (Uhr) nachgehen ◇ *My watch is five minutes slow.* Meine Uhr geht fünf Minuten nach. **3** (Foto) wenig lichtempfindlich IDM do a slow ˈburn (AmE, umgs) langsam zornig werden ☛ Siehe auch MARK² und UPTAKE

slow² /sləʊ; AmE sloʊ/ Adv langsam ◇ *Could you go a little slower?* Könnten Sie etwas langsamer fahren? SYN SLOWˑLY IDM go ˈslow (on sth) keine Eile (mit etw) haben

slow³ /sləʊ; AmE sloʊ/ Verb **1** sich verlangsamen, langsamer werden ◇ *The bus slowed to a halt.* Der Bus kam zum Halten. ◇ *The car slowed down as it approached the junction.* Der Wagen bremste ab, als er sich der Kreuzung näherte. ◇ *You must slow down a little or you'll make yourself ill.* Du musst etwas langsamer treten, sonst wirst du noch krank. **2** verlangsamen ◇ *The ice on the roads was slowing us down.* Wegen des Glatteises kamen wir nur langsam voran. ◇ *We hope to slow the spread of the disease.* Wir hoffen, die Verbreitung der Krankheit einzudämmen.

ˈslow-coach /ˈsləʊkəʊtʃ; AmE ˈsloʊkoʊtʃ/ Nomen (BrE, umgs) Langweiler(in), Trödler(in)

ˈslow-down /ˈsləʊdaʊn; AmE ˈsloʊ-/ Nomen **1** Verlangsamung **2** (AmE) Bummelstreik

ˈslow lane Nomen [Sing] Kriechspur (auch fig)

ˈslow·ly /ˈsləʊli; AmE ˈsloʊli/ Adv langsam ◇ *Don't rush into a decision. Take it slowly.* Überstürz die Entscheidung nicht. Lass dir Zeit. IDM ˌslowly but ˈsurely langsam, aber sicher

ˌslow ˈmotion Nomen Zeitlupe

ˈslow·ness /ˈsləʊnəs/ Nomen Langsamkeit ◇ *There was impatience over the slowness of reform.* Es kam Ungeduld auf, weil die Reform so langsam voranging.

ˈslow-poke /ˈsləʊpəʊk; AmE ˈsloʊpoʊk/ Nomen (AmE, umgs) Langweiler(in), Trödler(in)

ˈslow-witted Adj begriffsstutzig, beschränkt OPP QUICK-WITTED

ˈslow-worm Nomen Blindschleiche

SLR /ˌes el ˈɑː(r)/ Kurzform von **single-lens reflex** Spiegelreflex-

sludge /slʌdʒ/ Nomen **1** Schlamm, Bodensatz **2** Klärschlamm ◇ *industrial sludge* Industrieschlamm

slug¹ /slʌɡ/ Nomen **1** Nacktschnecke **2** (umgs) Schluck **3** (bes AmE, umgs) Gewehrkugel

slug² /slʌɡ/ Verb (-gg-) **1** (umgs) boxen **2** (Baseball) hart schlagen IDM ˌslug it ˈout (miteinander) kämpfen

slugˑgish /ˈslʌɡɪʃ/ Adj (Adv **slugˑgishˑly**) träge ◇ *sluggish traffic* schleppender Verkehr

slugˑgishˑness /ˈslʌɡɪʃnəs/ Nomen Trägheit

sluice¹ /sluːs/ (auch ˈsluice gate) Nomen Schleuse(ntor)

sluice² /sluːs/ Verb **1** ~ sth (down/out) etw abspritzen **2** strömen

slum¹ /slʌm/ Nomen Slum, Elendsviertel

slum² /slʌm/ Verb (-mm-) (umgs) (meist **be slumming**) ◇ *You can cut costs on your trip without slumming.* Sie können bei Ihrer Reise sparen, ohne gleich primitiv zu leben. IDM ˈslum it seine Ansprüche senken ◇ *Several businessmen had to slum it in economy class.* Einige Geschäftsleute mussten sich mit der Touristenklasse begnügen.

slumˑber¹ /ˈslʌmbə(r)/ Nomen [Sing] (gehoben) Schlummer

slumˑber² /ˈslʌmbə(r)/ Verb (gehoben) schlummern

slump¹ /slʌmp/ Verb **1** ~ (by sth) (um etw) fallen; ~ (from sth) (to sth) (von etw) (auf etw) sinken ◇ *Sales have slumped this year.* Die Verkaufszahlen sind in diesem Jahr stark zurückgegangen. **2** fallen, zusammensacken ◇ *The old man slumped down in his chair.* Der alte Mann ließ sich in seinen Sessel fallen. ◇ *She slumped to her knees.* Sie sank in die Knie.

slump² /slʌmp/ Nomen **1** ~ (in sth) starker Rückgang (von etw) ◇ *a slump in property prices* ein Preissturz bei Immobilien **2** Wirtschaftskrise

slumped /slʌmpt/ Adj ~ (against sth) (an etw) gelehnt; ~ (over sth) (über etw) zusammengesunken

slung Form von SLING¹

slunk Form von SLINK

slur¹ /slɜː(r)/ Verb (-rr-) **1** lallen ◇ *Her speech was slurred.* Sie lallte. **2** ◇ *He had a tendency to slur his speech.* Er sprach oft undeutlich. **3** (Mus) gebunden singen/spielen **4** verunglimpfen, verleumden

slur² /slɜː(r)/ Nomen **1** ~ (on sb/sth) Beleidigung (für jdn/etw), Verleumdung (von jdm/etw) ◇ *She had cast a slur on his character.* Sie hatte seinen Charakter in schlechtem Licht erscheinen lassen. ◇ *(bes AmE) The crowd started shouting racial slurs.* Die Menge fing an, rassistische Parolen zu rufen. **2** (Mus) Bindebogen

slurp¹ /slɜːp; AmE slɜːrp/ Verb (umgs) **1** schlürfen **2** schwappen

slurp² /slɜːp; AmE slɜːrp/ Nomen [meist Sing] Schlürfen, Schluck

slurry /ˈslʌri; AmE ˈslɜːri/ Nomen **1** Gülle **2** (Zementbrühe) Suspension

slush /slʌʃ/ Nomen **1** Schneematsch **2** (umgs, abwert) Kitsch, Schmarren, Schmalz

ˈslush fund Nomen (abwert) Fonds für Bestechungsgelder

slushy /ˈslʌʃi/ Adj **1** matschig **2** kitschig, schmalzig

slut /slʌt/ Nomen (abwert, beleidigend) Schlampe

slutˑtish /ˈslʌtɪʃ/ Adj liederlich, schlampig

sly /slaɪ/ Adj (Adv **slyly**) **1** (abwert) schlau, hinterhältig, gerissen **2** (Lächeln, Blick etc.) viel sagend, wissend SYN KNOWING IDM on the ˈsly heimlich

ˈsly·ness /ˈslaɪnəs/ Nomen Gerissenheit, Schlauheit

smack¹ /smæk/ Verb **1** (bes BrE) einen Klaps geben ◇ *You'll get your bottom smacked.* Du kriegst gleich eine auf den Hintern. **2** knallen ◇ *Two players smacked into each other.* Zwei Spieler sind zusammengestoßen. IDM ➪ LIP PHRV ˈsmack of sth nach etw riechen ◇ *Her behaviour smacks of hypocrisy.* Ihr Verhalten kommt mir scheinheilig vor.

smack² /smæk/ Nomen **1** (bes BrE) Schlag, Klaps **2** (umgs) Faustschlag **3** [meist Sing] Knall **4** (umgs) Schmatz **5** (Slang) Heroin **6** (BrE) Fischkutter

smack³ /smæk/ Adv (umgs) **1** (AmE auch ˈsmack-dab) direkt ◇ *It landed smack in the middle of the carpet.* Es landete mitten auf dem Teppich. **2** mit einem Bums ◇ *The car*

smacker

drove smack into a brick wall. Das Auto knallte gegen eine Mauer.
smack·er /ˈsmækə(r)/ *Nomen* **1** (*umgs*) Schmatz **2** (*Slang*) Pfund, Dollar
smack·ing /ˈsmækɪŋ/ *Nomen* **1** [Sing] (*bes BrE*) Haue **2** Hauen
small[1] /smɔːl/ *Adj* **1** klein, gering ◊ *That dress is too small for you.* Das Kleid ist dir zu klein. ◊ *They're having a small wedding.* Sie feiern die Hochzeit in kleinem Rahmen. ◊ *'I don't agree,' he said in a small voice.* „Ich bin damit nicht einverstanden", sagte er mit leiser Stimme. ◊ *the small intestine* der Dünndarm ◊ *It was no small achievement.* Es war eine beachtliche Leistung. ◊ *a small claims court* ein Gericht für Fälle mit niedrigem Streitwert ◊ *Do you spell that with a small letter?* Schreibt man das klein? ◊ *a small 'g'* ein kleines „g"

> Wenn man von einem Begriff wie z.B. **conservative with a small 'c'** spricht, meint man „Konservativ" im weitesten Sinn. **Conservative** (großgeschrieben) bezieht sich dagegen nur auf die parteipolitische Bedeutung. Ebenso bedeutet **Catholic** katholisch, **catholic with a small 'c'** aber „eklektisch" oder „vielseitig".

2 klein, Klein- ◊ *a small farmer* ein Kleinbauer ◊ *small businesses* Kleinunternehmen **3** *nur vor Nomen* (*mit unzählbaren Nomina*) wenig ◊ *They have small hope of succeeding.* Sie haben wenig Hoffnung auf Erfolg. **4** (*Abk* **S**) (*Größenbezeichnung*) klein ◊ *This is too big – have you got a small one?* Das ist zu groß – haben Sie es in klein? IDM **be grateful/thankful for small 'mercies** nicht zu viel verlangen; nicht undankbar sein **it's a ˌsmall ˈworld** die Welt ist klein **look/feel ˈsmall** sich dumm vorkommen; dumm dastehen; sich schämen ◊ *There's no need to make me look small in front of all these people.* Es gibt keinen Grund, mich vor all diesen Leuten bloßzustellen. ☞ Siehe auch GREAT[1], WAY[1] und WONDER[2]

small[2] /smɔːl/ *Adv* klein
small[3] /smɔːl/ *Nomen* **1 the ~ of the/sb's back** [Sing] das Kreuz **2 smalls** [Pl] (*BrE, umgs, veraltet*) Unterwäsche
ˌ**small ˈads** *Nomen* [Pl] (*BrE, umgs*) Kleinanzeigen
ˌ**small ˈarms** *Nomen* [Pl] Handfeuerwaffen
ˌ**small ˈbeer** *Nomen* [U] (*BrE, umgs*) eine Lappalie, ein kleiner Fisch
ˌ**small ˈchange** *Nomen* **1** Kleingeld **2** Kleinkram, Lappalie
ˈ**small fry** *Nomen* (*umgs*) kleine Fische, Lappalie ☛ G 1.3c
small·hold·er /ˈsmɔːlhəʊldə(r)/; *AmE* -hoʊ-/ *Nomen* (*BrE*) Kleinbauer, Kleinbäuerin
small·hold·ing /ˈsmɔːlhəʊldɪŋ/; *AmE* -hoʊ-/ *Nomen* (*BrE*) landwirtschaftlicher Kleinbetrieb
small·ish /ˈsmɔːlɪʃ/ *Adj* ziemlich klein
ˌ**small-ˈminded** *Adj* (*abwert*) intolerant, engstirnig
ˈ**small·ness** /ˈsmɔːlnəs/ *Nomen* **1** geringe Größe ◊ *I was struck by the smallness of the kitchen.* Ich war überrascht, wie klein die Küche war. **2** Bedeutungslosigkeit
ˌ**small poˈtatoes** *Nomen* (*AmE*) [U] eine Lappalie, ein kleiner Fisch
small·pox /ˈsmɔːlpɒks/; *AmE* -pɑːks/ *Nomen* [U] Pocken
the ˌsmall ˈprint *Nomen* das Kleingedruckte
ˌ**small-ˈscale** *Adj* **1** Klein-, klein angelegt ◊ *small-scale farming* Landwirtschaft in Kleinbetrieben **2** (*Landkarten etc.*) mit kleinem Maßstab
the ˌsmall ˈscreen *Nomen* [Sing] das Fernsehen
ˈ**small talk** *Nomen* Smalltalk
ˈ**small-time** *Adj nur vor Nomen* (*umgs, abwert*) (*unbedeutend*) klein SYN PETTY OPP BIG-TIME
ˈ**small-town** *Adj nur vor Nomen* **1** Kleinstadt-, kleinstädtisch ◊ *small-town America* die amerikanische Provinz **2** (*abwert*) kleinkariert, spießig SYN NARROW-MINDED
smarmy /ˈsmɑːmi/; *AmE* ˈsmɑːrmi/ *Adj* (*BrE, umgs, abwert*) schleimig, kriecherisch ◊ *a smarmy person* ein Schleimscheißer
smart[1] /smɑːt/; *AmE* smɑːrt/ *Adj* **1** (*bes BrE*) (*Adv* **smart·ly**) schick ◊ *I have to be smart for work.* Für die Arbeit muss ich ordentlich aussehen. ◊ *a smart car* ein flottes Auto **2** (*bes*

AmE) clever, raffiniert ◊ *The smart money is on Helen Hunt for best actress.* Favoritin für Beste Schauspielerin ist Helen Hunt. **3** (*bes BrE*) (*Hotels, Restaurants etc.*) edel, fein ◊ *She mixes with the smart set.* Sie verkehrt mit der Schickeria. **4** (*Adv* **smart·ly**) hart, flink ◊ *We set off at a smart pace.* Wir gingen schnellen Schrittes los. ◊ *He was struck with a smart crack on the head.* Er erhielt einen kräftigen Schlag auf den Kopf. **5** (*Waffe, Bombe etc.*) intelligent
smart[2] /smɑːt/; *AmE* smɑːrt/ *Verb* **1** brennen **2 ~ (from/over sth)** (unter/an etw) leiden
ˌ**smart ˈalec** /ˈsmɑːt ælɪk/ (*AmE* **smart ˈaleck** /ˈsmɑːrt ælɪk/) (*BrE auch* ˈ**smart-arse**) (*AmE auch* ˈ**smart-ass**) *Nomen* (*umgs, abwert*) Klugscheißer(in)
ˈ**smart card** *Nomen* Chipkarte
smart·en /ˈsmɑːtn; *AmE* ˈsmɑːrtn/ *Verb* PHRV ˌ**smarten sb/sth ˈup** (*bes BrE*) jdn/etw herrichten ◊ *The hotel has been smartened up by the new owners.* Das Hotel ist von den neuen Besitzern aufgemöbelt worden. ◊ *He needs smartening up a bit.* Er sollte sich mehr um ein gepflegtes Äußeres bemühen. ◊ *You need to smarten up your act/ideas.* Du musst dich am Riemen reißen. **◊** (*bes BrE*) sich zurechtmachen ˌ**smarten (yourself) ˈup**
smart·ly *Adv* ⇨ SMART
smart·ness /ˈsmɑːtnəs/ *Nomen* Eleganz, Schick
smarts /ˈsmɑːts; *AmE* ˈsmɑːrts/ *Nomen* (*AmE, umgs*) Intelligenz, Cleverness
ˈ**smarty-pants** /ˈsmɑːti pænts/ *Nomen* Schlauberger(in)
smash[1] /smæʃ/ *Verb* **1** zerschlagen; (*Tür, Fenster*) einschlagen ◊ *smash a drugs ring* einen Drogenring zerschlagen **2** zerbrechen **3** brechen ◊ *We had to smash the door open.* Wir mussten die Tür aufbrechen. ◊ *She has smashed the world record.* Sie hat den Weltrekord haushoch gebrochen. **4 ~ (your way) through sth** sich gewaltsam einen Weg durch etw bahnen; **~ your way in(to sth)** gewaltsam (in etw) eindringen **5** schmettern ◊ *Mark smashed his fist down on the desk.* Mark schlug mit der Faust auf den Tisch. **6** prallen ◊ *The car smashed into a tree.* Das Auto krachte gegen einen Baum. ◊ *waves smashing against the rocks* Wellen, die gegen die Felsen schlagen **7 ~ sth (up)** etw kaputtfahren PHRV ˌ**smash sth ˈdown** etw einschlagen ˌ**smash sth ˈin** etw einschlagen ◊ (*umgs*) *I wanted to smash his face in.* Ich hätte ihm am liebsten die Fresse poliert. ˌ**smash sth ˈup** etw zertrümmern, etw kaputtschlagen
smash[2] /smæʃ/ *Nomen* **1** [Sing] Krachen, Klirren ◊ *The cup hit the floor with a smash.* Die Tasse fiel scheppernd auf den Boden. **2** (*BrE*) Zusammenstoß ◊ *a car smash* ein Autounfall **3** (*Tennis*) Schmetterball **4** (*auch* ˌ**smash ˈhit**) Kassenschlager ◊ *her latest chart smash* ihr neuester Riesenhit
ˌ**smash-and-ˈgrab (raid)** *Nomen* (*BrE*) Schaufenstereinbruch
smashed /smæʃt/ *Adj nicht vor Nomen* (*Slang*) besoffen
smash·ing /ˈsmæʃɪŋ/ *Adj* (*BrE, umgs, veraltet*) toll
smat·ter·ing /ˈsmætərɪŋ/ *Nomen* [Sing] **1** geringe Kenntnisse ◊ *He only has a smattering of French.* Er kann nur ein paar Brocken Französisch. **2** ein bisschen, ein paar ◊ *a smattering of applause* vereinzelter Applaus
smear[1] /smɪə(r)/; *AmE* smɪr/ *Verb* **1 ~ sth on/over sth** etw auf etw schmieren; **~ sth with sth** etw mit etw beschmieren ◊ *His face was smeared with blood.* Sein Gesicht war blutbeschmiert. **2** verschmieren; (*Schrift, Zeichnung*) verwischen, verwischt werden SYN SMUDGE **3** diffamieren
smear[2] /smɪə(r)/; *AmE* smɪr/ *Nomen* **1** Fleck, Schliere **2** Verleumdung **3** (*BrE*) (*auch* ˈ**smear test**) Abstrich
smell[1] /smel/ *Verb* (**smelled, smelled**; *BrE auch* **smelt, smelt** /smelt/) **1 ~ (of sth)** (nach etw) riechen, (nach etw) duften ◊ *He said he could smell gas.* Er sagte, dass es nach Gas riecht. ◊ *Can you smell something burning?* Riecht es angebrannt? ◊ *I bent down to smell the flowers.* Ich bückte mich, um an den Blumen zu riechen. ☛ G 9.2b **2** (*nicht in der Verlaufsform*) schlecht riechen ◊ *The drains smell.* Der Abfluss stinkt. **3** (*gehoben*) wittern ◊ *I can smell trouble.* Es riecht nach Ärger. IDM **come up/out of sth smelling of ˈroses** (*umgs*) etw ungeschoren überstehen; etw mit intaktem Ruf überstehen ˌ**smell a ˈrat** (*umgs*) Lunte riechen PHRV ˌ**smell sb/sth ˈout** jdn/etw aufspüren ◊

He could always smell out fear. Er spürte immer, wenn jemand Angst hatte.
smell² /smel/ *Nomen* **1** Geruch ◊ *There was a smell of burning in the air.* Es roch nach Verbranntem. **2** [Sing] Gestank **3** Geruchssinn **4** Riechen ◊ *He took one smell of the liquid and his eyes began to water.* Er schnupperte nur an der Flüssigkeit, und seine Augen begannen zu tränen. IDM ⇨ SWEET¹
'smelling salts *Nomen* [Pl] Riechsalz
smelly /'smeli/ *Adj* (**smell·ier, smelli·est**) (*umgs*) stinkend ◊ *smelly feet* Schweißfüße
smelt¹ *Form von* SMELL¹
smelt² /smelt/ *Verb* (*Erze*) verhütten
smelt·er /'smeltə(r)/ *Nomen* Schmelzhütte
smidgen (*auch* **smidg·eon, smid·gin**) /'smɪdʒən/ *Nomen* [Sing] (*umgs*) **a ~** ein bisschen, ein wenig
smile¹ /smaɪl/ *Verb* lächeln; **~ at sb/sth** jdn/etw anlächeln ◊ *She smiled her thanks.* Sie lächelte dankbar. ◊ *He smiled a knowing smile.* Er lächelte wissend. IDM ⇨ EAR PHRV **'smile on sb/sth** (*gehoben*) (*Glück*) jdm/etw lachen
smile² /smaɪl/ *Nomen* Lächeln ◊ *She gave a wry smile.* Sie lächelte ironisch. ◊ *He had a big smile on his face.* Er strahlte übers ganze Gesicht. ◊ *I'm going to wipe that smile off your face.* Ich werde dafür sorgen, dass dir das Lachen noch vergeht. IDM **sb is all 'smiles** jd strahlt übers ganze Gesicht **it is all 'smiles** alles ist in Butter
smiley /'smaɪli/ *Nomen* Smiley, Emoticon
smil·ing·ly /'smaɪlɪŋli/ *Adv* lächelnd
smirk¹ /smɜːk; *AmE* smɜːrk/ *Verb* grinsen ◊ *He smirked unpleasantly.* Er grinste süffisant.
smirk² /smɜːk; *AmE* smɜːrk/ *Nomen* Grinsen ◊ *She had a self-satisfied smirk on her face.* Sie lächelte überheblich.
smite /smaɪt/ *Verb* (**smote** /sməʊt; *AmE* smoʊt/, **smit·ten** /'smɪtn/) (*veraltet oder gehoben*) **1** schlagen **2** ergreifen ☞ *Siehe auch* SMITTEN
smith /smɪθ/ *Nomen* Schmied(in) ☞ *Siehe auch* BLACKSMITH, GUNSMITH *und* LOCKSMITH
smith·er·eens /ˌsmɪðə'riːnz/ *Nomen* [Pl] IDM **smash, blow, etc. sth to smithe'reens** (*umgs*) etw in tausend Stücke schlagen, sprengen etc. ◊ *The bomb blew the car to smithereens.* Die Bombe zerfetzte das Auto in tausend Stücke.
smithy /'smɪði/ *Nomen* (*Pl* **-ies**) Schmiede
smit·ten¹ *Form von* SMITE
smit·ten² /'smɪtn/ *Adj nur vor Nomen* **1 be ~ (with/by sb/sth)** (*oft hum*) (jdm/etw) erliegen ◊ *From the moment they met, he was completely smitten by her.* Vom ersten Augenblick an war er völlig in sie vernarrt. **2 be ~ with/by sth** von etw geplagt sein, von etw befallen werden
smock /smɒk; *AmE* smɑːk/ *Nomen* **1** weite Bluse (mit Passe), Biesenhemd; (*Kleid*) Hänger **2** Kittel
smog /smɒg; *AmE* smɑːg, smɔːg/ *Nomen* Smog
smoke¹ /sməʊk; *AmE* smoʊk/ *Nomen* **1** Rauch **2** [meist Sing] (*umgs*) **~** have a smoke eine rauchen ◊ *Are you coming outside for a smoke?* Kommst du auf eine Zigarette raus? IDM **go up in 'smoke 1** in Rauch aufgehen **2** sich in Rauch auflösen **in a smoke-filled 'room** (*abwert*) hinter verschlossenen Türen (**there is**) **no smoke without 'fire** (*AmE* **where there's smoke, there's 'fire**) wo Rauch ist, ist auch Feuer
smoke² /sməʊk; *AmE* smoʊk/ *Verb* **1** rauchen, qualmen **2** (*meist passiv*) (*Fisch, Schinken etc.*) räuchern PHRV **ˌsmoke sb/sth 'out** jdn/etw ausräuchern (*auch fig*)
'smoke bomb *Nomen* Rauchbombe
'smoke-free *Adj* rauchfrei
smoke·less /'sməʊkləs; *AmE* 'smoʊk-/ *Adj* rauchlos ◊ *smokeless fuels* nicht qualmende Brennstoffe ☞ **Smokeless zones**, in denen keine Kohle verbrannt werden durfte, wurden ab 1956 in Großbritannien eingeführt, um der Luftverschmutzung Herr zu werden.
smoker *Nomen* /'sməʊkə(r); *AmE* 'smoʊk-/ Raucher(in) ◊ *a heavy smoker* ein starker Raucher OPP NON-SMOKER
ˈsmoke-screen /'sməʊkskriːn; *AmE* 'smoʊk-/ *Nomen* **1** Vernebelungstaktik, Ablenkungsmanöver ◊ *The export business was just a smokescreen for his activities as a spy.*

Das Exportgeschäft war nur ein Deckmantel für seine Spionagetätigkeit. **2** (MIL) künstliche Nebelwand
ˈsmoke·stack /'sməʊkstæk; *AmE* 'smoʊk-/ *Nomen* (*bes AmE*) Schornstein
smok·ing /'sməʊkɪŋ; *AmE* 'smoʊk-/ *Nomen* Rauchen
ˈsmoking jacket *Nomen* = früher von Männern zu Hause getragene Jacke, oft aus Samt
smoky /'sməʊki; *AmE* 'smoʊki/ *Adj* (**smoki·er, smoki·est**) **1** verraucht **2** qualmend **3** (*Geruch, Geschmack*) rauchig **4** Rauch-, rauchfarben ◊ *smoky blue glass* rauchblaues Glas
smol·der (*AmE*) = SMOULDER
smooch /smuːtʃ/ *Verb* (*umgs*) **1** knutschen **2** eng umschlungen tanzen
smooth¹ /smuːð/ *Adj* **1** glatt ◊ *The water was as smooth as glass.* Das Wasser war spiegelglatt. ◊ *Mix the flour with the milk to form a smooth paste.* Das Mehl mit der Milch glatt rühren. **2** reibungslos, problemlos **3** ruhig; (*Bewegung etc.*) gleichmäßig, geschmeidig ◊ *The plane made a smooth landing.* Das Flugzeug landete weich. **4** (*oft abwert*) (*Mensch, Verhalten*) glatt ◊ *He's something of a smooth operator.* Er ist ziemlich gewieft. **5** (*Geschmack, Kaffee etc.*) mild **6** (*Stimme, Musik etc.*) sanft ◊ *a smooth, flowing melody* eine sanft fließende Melodie IDM (**as**) **smooth as 'silk** seidenweich ☞ *Siehe auch* ROUGH¹
smooth² /smuːð/ *Verb* **1** glätten; **~ sth back** etw zurückstreichen; **~ sth down/out** etw glatt streichen **2 ~ sth on/into/over sth** etw auf/in/über etw streichen IDM **smooth the 'path/way** den Weg ebnen **smooth sb's ruffled ˈfeathers** jdn besänftigen PHRV **ˌsmooth sth a'way/out** (*Probleme etc.*) ausräumen **ˌsmooth sth 'over** (*Schwierigkeiten, Differenzen etc.*) bereinigen
smoothie /'smuːði/ *Nomen* **1** (*umgs*) aalglatter Typ **2** (*AmE, AusE*) = Mixgetränk aus Früchten mit Milch, Joghurt oder Speiseeis
smooth·ly /'smuːðli/ *Adv* **1** reibungslos, flüssig ◊ *The engine was running smoothly.* Der Motor lief rund. **2** glatt, geschmeidig **3** gewandt, souverän
smooth·ness /'smuːðnəs/ *Nomen* **1** Geschmeidigkeit, Weichheit **2** Glattheit **3** Reibungslosigkeit, Gleichmäßigkeit
ˌsmooth-ˈtalking *Adj* (*meist abwert*) schönrednerisch
smote *Form von* SMITE
smother /'smʌðə(r)/ *Verb* **1 ~ sb/sth** jdn/etw ersticken **2 ~ sth/sb with/in sth** etw/jdn mit etw bedecken ◊ *a dessert smothered in cream* ein Dessert mit reichlich Sahne ◊ *She smothered him with kisses.* Sie übersäte ihn mit Küssen. **3** unterdrücken SYN STIFLE **4** erdrücken ◊ *She felt smothered.* Sie fühlte sich eingeengt.
smoul·der (*AmE* **smol·der**) /'sməʊldə(r); *AmE* 'smoʊ-/ *Verb* schwelen ◊ *a smouldering cigarette* eine glimmende Zigarette ◊ *Anger smouldered in his eyes.* Seine Augen glühten vor Wut. ◊ *Her eyes were smouldering with resentment.* Unmut sprach aus ihren Augen. ◊ *a smouldering beauty* eine feurige Schönheit
smudge¹ /smʌdʒ/ *Nomen* Fleck ◊ *a smudge of lipstick on the cup* eine Lippenstiftspur an der Tasse
smudge² /smʌdʒ/ *Verb* verwischen, (sich) verschmieren
smudgy /'smʌdʒi/ *Adj* **1** verwischt, verschmiert **2** verschwommen SYN BLURRED
smug /smʌg/ *Adj* (*Adv* **smug·ly**) (*abwert*) selbstgefällig, selbstzufrieden
smug·gle /'smʌgl/ *Verb* schmuggeln
smug·gler /'smʌglə(r)/ *Nomen* Schmuggler(in)
smug·gling /'smʌglɪŋ/ *Nomen* Schmuggel, Schmuggeln
smug·ness /'smʌgnəs/ *Nomen* (*abwert*) Selbstgefälligkeit, Selbstzufriedenheit
smut /smʌt/ *Nomen* **1** [U] (*umgs*) Schweinereien **2** Ruß(fleck), Schmutz(fleck)
smutty /'smʌti/ *Adj* (*umgs*) schweinisch, schmutzig
snack¹ /snæk/ *Nomen* (*umgs*) Snack, Imbiss ◊ *a snack lunch* eine Kleinigkeit zu Mittag
snack² /snæk/ *Verb* **~ on sth** etw zwischendurch essen, etw naschen
ˈsnack bar *Nomen* Schnellimbiss, Kiosk
snaf·fle /'snæfl/ *Verb* (*BrE, umgs*) klauen

snafu /snæˈfuː/ *Nomen* [Sing] (*AmE, umgs*) Chaos, Schlamassel

snag¹ /snæg/ *Nomen* **1** Haken, Schwierigkeit **2** scharfe Kante

snag² /snæg/ *Verb* (**-gg-**) **1** ~ **sth** (**on/in sth**) mit etw (an/in etw) hängen bleiben **2** zerreißen ◊ *The fence snagged my sweater.* Ich habe mir am Zaun ein Loch in meinem Pulli gerissen. **3** sich verfangen **4** (*AmE*) ~ **sth** (*umgs*) sich etw unter den Nagel reißen, sich etw schnappen ◊ *I snagged a ride from Joe.* Ich konnte bei Joe mitfahren.

snail /sneɪl/ *Nomen* Schnecke IDM **at a ˈsnail's pace** im Schneckentempo

ˈsnail mail *Nomen* (*umgs, hum*) = der herkömmliche Postweg im Gegensatz zur E-Mail

snake¹ /sneɪk/ *Nomen* Schlange IDM **a ˌsnake** (**in the ˈgrass**) (*abwert*) eine falsche Schlange; ein falscher Kerl

snake² /sneɪk/ *Verb* (*gehoben*) sich schlängeln, sich winden

ˈsnake·bite /ˈsneɪkbaɪt/ *Nomen* Schlangenbiss

ˈsnake charmer *Nomen* Schlangenbeschwörer(in)

ˌsnakes and ˈladders *Nomen* (*BrE*) (Brettspiel mit Würfeln für Kinder) Schlangen und Leitern

ˈsnake·skin /ˈsneɪkskɪn/ *Nomen* Schlangenhaut, Schlangenleder

snap¹ /snæp/ *Verb* (**-pp-**) **1** ~ (**sth**) (etw) auseinander brechen; ~ (**sth**) **off** (etw) abbrechen ◊ *The wind snapped the tree in two.* Der Wind brach den Baum entzwei. ◊ *Suddenly, the rope snapped.* Plötzlich riss das Seil. **2** (*Deckel, Augen etc.*) ◊ *She snapped the bag shut.* Sie klappte die Tasche zu. ◊ *The lid snapped shut.* Der Deckel schnappte zu. ◊ *His eyes snapped open.* Er schlug die Augen auf. ◊ *He snapped to attention and saluted.* Er stand stramm und salutierte. **3** fauchen; ~ **at sb** jdn anschnauzen **4** ~ (**at sb/sth**) (nach jdm/etw) schnappen **5** (*umgs*) (*Fotos*) knipsen **6** ausflippen, ausrasten ◊ *My patience finally snapped.* Schließlich riss mir der Geduldsfaden. **7** (*AmE*) (*mit Druckknöpfen*) zumachen, zugemacht werden IDM **snap your ˈfingers** mit den Fingern schnippen ˌ**snap ˈout of it/sth** (*kein Passiv*)(*umgs*) sich zusammenreißen; sich aufraffen ˌ**snap sb ˈout of it/sth** (*kein Passiv*) (*umgs*) ◊ *Perhaps a vacation would snap him out of his black mood.* Vielleicht würde ein Urlaub ihn aus seiner Depression herausreißen. ˌ**snap ˈto it** (*umgs*) aber ein bisschen zack zack ☛ *Siehe auch* HEAD¹ PHR V ˌ**snap sth ˈout** etw schnauzen ˌ**snap sth ˈup** sich etw schnappen ◊ *All the best bargains were snapped up immediately.* Die besten Sonderangebote waren sofort weg.

snap² /snæp/ *Nomen* **1** (*Geräusch*) Knacken, Klicken **2** = SNAPSHOT **3 Snap** Schnippschnapp **4** (*AmE*) Druckknopf ☛ *Siehe auch* BRANDY SNAP *und* COLD SNAP IDM **be a ˈsnap** (*AmE, umgs*) ein Kinderspiel sein

snap³ /snæp/ *Adj nur vor Nomen* schnell ◊ *a snap election* eine Blitzwahl

snap⁴ /snæp/ *Ausruf* **1** (*im Kartenspiel*) = Schnippschnapp **2** (*BrE, umgs*) = überraschter Ausruf, wenn man sieht, dass zwei Sachen identisch sind ◊ *Snap! I've just bought that CD too!* Ich habe gerade die gleiche CD wie du gekauft!

snap·per /ˈsnæpə(r)/ *Nomen* **1** (*Fisch*) Schnapper **2** (*BrE, umgs*) (*Zeitungs-*) Fotograf(in)

snap·py /ˈsnæpi/ *Adj* (**snap·pier, snap·pi·est**) (*Adv* **snap·pily**) **1** treffend ◊ *a snappy title* ein griffiger Titel ◊ *He summarized the speech snappily.* Er fasste die Rede kurz und prägnant zusammen. **2** (*umgs*) schick ◊ *She's a snappy dresser.* Sie ist immer schick angezogen. **3** gereizt, bissig **4** lebhaft ◊ *a snappy tune* eine spritzige Melodie ◊ *He's a snappy tennis player.* Beim Tennis ist er voll Zack. IDM ˌ**make it ˈsnappy** (*umgs*) mach schnell; aber zack zack

snap·shot /ˈsnæpʃɒt/ *AmE* -ʃɑːt/ *Nomen* **1** (*auch* **snap**) Schnappschuss **2** [meist Sing] (*fig*) Momentaufnahme, Kurzdarstellung

snare¹ /sneə(r); *AmE* sner/ *Nomen* **1** Falle **2** (*gehoben*) (*fig*) Fallstrick

snare² /sneə(r); *AmE* sner/ *Verb* (*in einer Falle*) fangen ◊ *snare a rich husband* sich einen reichen Mann angeln

ˈsnare drum *Nomen* Wirbeltrommel, kleine Trommel

snarl¹ /snɑːl; *AmE* snɑːrl/ *Verb* **1** knurren ◊ *The dog snarled at us.* Der Hund knurrte uns an. **2** ~ **sth** etw schnauzen; ~ **at sb** jdn anschnauzen PHR V ˌ**snarl ˈup 1** zusammenbrechen, zum Erliegen kommen **2** sich verheddern ˌ**snarl sth ˈup 1** etw zum Erliegen bringen, etw aufhalten **2** etw verheddern

snarl² /snɑːl; *AmE* snɑːrl/ *Nomen* **1** [meist Sing] Knurren, Fauchen **2** [meist Sing] Schnauben, Knurren ◊ *with a snarl of rage* wutschnaubend **3** (*auch* ˈ**snarl-up**) (*BrE, umgs*) Stau

snatch¹ /snætʃ/ *Verb* **1** schnappen ◊ *She snatched the gun from his hand.* Sie riss ihm die Waffe aus der Hand. ◊ *Hey, you kids! Don't all snatch!* He Kinder! Rafft nicht so! **2** stehlen ◊ *The baby was snatched from the car.* Das Baby wurde aus dem Auto entführt. **3** (*fig*) ergattern; (*Zeit auch*) stehlen ◊ *She snatched a quick glance.* Sie erhaschte einen kurzen Blick. ◊ *He snatched a smoke.* Er rauchte schnell eine. PHR V ˈ**snatch at sth** etw packen ◊ *The wind snatched at our clothes.* Der Wind zerrte an unseren Kleidern. ◊ *He snatched at the chance to talk to her.* Er stürzte sich auf die Gelegenheit mit ihr zu reden.

snatch² /snætʃ/ *Nomen* **1** (*Wort-, Musik-*) Fetzen SYN SNIPPET **2** Griff ◊ *a bag snatch* ein Handtaschenklau ◊ *cash snatch* ein Geldraub ◊ *make a snatch at sth* nach etw greifen IDM **in ˈsnatches** bruchstückhaft ◊ *Sleep came to him in brief snatches.* Er wachte immer wieder auf.

snatch·er /ˈsnætʃə(r)/ *Nomen* (*in Zusammensetzungen*) Dieb ◊ *a handbag snatcher* ein Handtaschendieb

snazzy /ˈsnæzi/ *Adj* (**snaz·zier, snaz·zi·est**) (*Adv* **snaz·zily**) (*umgs*) peppig, flott

sneak¹ /sniːk/ *Verb* ☛ Die übliche Vergangenheitsform von **sneak** ist **sneaked**, jedoch wird im amerikanischen Englisch häufig und im britischen Englisch manchmal auch **snuck** /snʌk/ benutzt. Im britischen Englisch gilt das als sehr umgangssprachlich. **1** schleichen ◊ *We sneaked a look at her diary.* Wir schauten heimlich in ihr Tagebuch. **3** (ein)schmuggeln ◊ *I managed to sneak a note to him.* Ich konnte ihm eine Nachricht zuschmuggeln. **4** (*umgs*) klauen ◊ *I sneaked a peach.* Ich stibitzte einen Pfirsich. **5** (*BrE, veraltet, abwert*) petzen; ~ **on sb** (**to sb**) (*bei jdm*) verpetzen PHR V ˌ**sneak ˈup** (**on sb/sth**) sich (an jdn/etw) heranschleichen

sneak² /sniːk/ *Nomen* (*BrE, umgs, veraltet, abwert*) Petze

sneak³ /sniːk/ *Adj* Überraschungs-, ohne Vorwarnung ☛ *Siehe auch* SNEAK PREVIEW

sneak·er /ˈsniːkə(r)/ *Nomen* (*AmE*) Turnschuh

sneak·ily *Adv* ⇨ SNEAKY

sneak·ing /ˈsniːkɪŋ/ *Adj nur vor Nomen* geheim ◊ *I have a sneaking suspicion that …* Ich habe den leisen Verdacht, dass …

ˌsneak ˈpreview *Nomen* Vorpremiere ◊ *have a sneak preview of sth* etw im Voraus zu sehen bekommen

ˈsneak thief *Nomen* Einschleichdieb

sneaky /ˈsniːki/ *Adj* (*Adv* **sneak·ily** /-ɪli/) (*umgs*) **1** hinterhältig ◊ *That was a sneaky trick to play!* Das war aber ein gemeiner Trick! **2** heimlich ◊ *I took a sneaky glance at my watch.* Ich sah unauffällig auf meine Uhr.

sneer¹ /snɪə(r); *AmE* snɪr/ *Verb* **1** höhnisch lachen, spotten ◊ *a sneering comment* ein spöttischer Kommentar **2** ~ **at sb/sth** jdn/etw verspotten

sneer² /snɪə(r); *AmE* snɪr/ *Nomen* [meist Sing] höhnisches Grinsen, spöttischer Gesichtsausdruck/Ton ◊ *a sneer of satisfaction* ein höhnisch-triumphierender Gesichtsausdruck

sneer·ing·ly /ˈsnɪərɪŋli; *AmE* ˈsnɪr-/ *Adv* spöttisch, höhnisch, hohnlächelnd

sneeze¹ /sniːz/ *Verb* niesen IDM **not to be ˈsneezed at** (*umgs*) nicht zu verachten

sneeze² /sniːz/ *Nomen* Niesen

snicker¹ /ˈsnɪkə(r)/ *Verb* (*bes AmE*) (*boshaft*) kichern

snicker² /ˈsnɪkə(r)/ *Nomen* (*bes AmE*) (*boshaftes*) Kichern

snide /snaɪd/ *Adj* abfällig

sniff¹ /snɪf/ *Verb* **1** schniefen **2** ~ (**at**) (**sth**) (an) (etw) schnuppern, (etw) einatmen ◊ *sniff glue* Klebstoff schnüffeln **3** naserümpfend sagen IDM **not to be ˈsniffed at** nicht zu verachten PHR V ˌ**sniff aˈround/round** (*umgs*) herumschnüffeln ˌ**sniff around/round sb** (*kein Passiv*) (*bes BrE*) um jdn herumschwänzeln ˈ**sniff at sth** die Nase über etw rümpfen ,**sniff sb/sth 'out** jdn/etw wittern, jdn/etw aufspüren

sniff² /snɪf/ *Nomen* **1** Schniefen **2** Schnuppern ◊ *She took a deep sniff of the perfume.* Sie atmete das Parfum tief ein. ◊ *They backed down at the first sniff of trouble.* Als sie Schwierigkeiten witterten, machten sie sofort einen Rückzieher. ◊ *He didn't get even a sniff at a medal.* Er kam nicht mal in die Nähe einer Medaille. **3** Nasenrümpfen ◊ *She gave a sniff of disapproval.* Sie rümpfte missbilligend die Nase.

'**sniffer dog** *Nomen* (*bes BrE, umgs*) Spürhund

snif·fle¹ /'snɪfl/ *Verb* schniefen

snif·fle² /'snɪfl/ *Nomen* Schniefen IDM **get/have the 'sniffles** einen Schnupfen bekommen/haben

sniffy /'snɪfi/ *Adj* (*umgs*) naserümpfend, hochnäsig

snif·ter /'snɪftə(r)/ *Nomen* **1** (*bes AmE*) Kognakschwenker **2** (*BrE, umgs, veraltet*) (*Schnaps*) Kurzer

snig·ger¹ /'snɪɡə(r)/ *Verb* (*BrE*) (boshaft) kichern

snig·ger² /'snɪɡə(r)/ *Nomen* (*BrE*) (boshaftes) Kichern

snip¹ /snɪp/ *Verb* (**-pp-**) **~** (**through**) **sth** etw (durch)schneiden; **~** (**at**) **sth** an etw schnippeln PHR V **snip sth 'off** etw abschneiden

snip² /snɪp/ *Nomen* **1** Schnitt ◊ *Snip, snip, went the scissors.* Schnipp, schnipp, machte die Schere. **2 snips** [Pl] Blechschere **3 a snip** [Sing] (*BrE, umgs*) Kurzer

snipe¹ /snaɪp/ *Verb* **~** (**at sb/sth**) **1** aus dem Hinterhalt (auf jdn/etw) schießen **2** (jdn/etw) kritisieren

snipe² /snaɪp/ *Nomen* (*Pl* **snipe**) (*Vogel*) Schnepfe

sniper /'snaɪpə(r)/ *Nomen* Heckenschütze, -schützin ◊ *killed by sniper fire* von Heckenschützen getötet

snip·ing /'snaɪpɪŋ/ *Nomen* [U] **1** Schüsse aus dem Hinterhalt **2** Kritisieren

snip·pet /'snɪpɪt/ *Nomen* **1** Informationsschnipsel ◊ *Have you got any interesting snippets for me?* Haben Sie irgendwelche Neuigkeiten für mich? **2** (*Wort-, Musik-*) Fetzen, Bruchstück SYN SNATCH *und* EXTRACT

snippy /'snɪpi/ *Adj* (*AmE, umgs*) schnippisch, schroff

snitch¹ /snɪtʃ/ *Verb* (*umgs, abwert*) petzen; **~ on sb** (**to sb**) jdn (bei jdn) verpetzen SYN SNEAK

snitch² /snɪtʃ/ *Nomen* Petze

snivel /'snɪvl/ *Verb* (**-ll-**, *AmE* **-l-**) weinerlich jammern

sniv·el·ling (*AmE* **sniv·el·ing**) /'snɪvlɪŋ/ *Adj nur vor Nomen* greinend, weinerlich

snob /snɒb; *AmE* snɑːb/ *Nomen* (*abwert*) Snob

snob·bery /'snɒbəri; *AmE* 'snɑːb-/ *Nomen* (*abwert*) Snobismus

snob·bish /'snɒbɪʃ; *AmE* 'snɑːb-/ (*umgs* **snobby** /'snɒbi; *AmE* 'snɑːbi/) *Adj* (*abwert*) snobistisch

snob·bish·ness /'snɒbɪʃnəs/ *Nomen* (*abwert*) Snobismus

snog¹ /snɒɡ; *AmE* snɑːɡ, snɔːɡ/ *Verb* (**-gg-**) (*BrE, umgs*) knutschen

snog² /snɒɡ; *AmE* snɑːɡ, snɔːɡ/ *Nomen* [Sing] Kuss ◊ *have a snog* knutschen

snook /snuːk/ *Nomen* IDM ⇨ COCK²

snook·er¹ /'snuːkə(r)/ *Nomen* (*Billard*) Snooker

snook·er² /'snuːkə(r)/ *Verb* (*meist passiv*) **1 ~** (**sb**) (*beim Snooker*) (jdm) einen Snooker legen **2** (*BrE, umgs*) vereiteln; **~ sb** jdm einen Strich durch die Rechnung machen **3** (*AmE, umgs*) täuschen, betrügen

snoop¹ /snuːp/ *Verb* (*umgs, abwert*) schnüffeln, spionieren ◊ *journalists snooping on politicians* Journalisten, die hinter Politikern herschnüffeln

snoop² /snuːp/ *Nomen* **1** (*auch* **snoop·er** /'snuːpə(r)/) Schnüffler(in) **2** [Sing] ◊ *He had a snoop around her office.* Er schnüffelte in ihrem Büro herum.

snooti·ness /'snuːtinəs/ *Nomen* (*abwert*) Hochnäsigkeit

snooty /'snuːti/ *Adj* (*abwert*) hochnäsig

snooze¹ /snuːz/ *Verb* (*umgs*) dösen ◊ *He was snoozing on the sofa.* Er machte ein Nickerchen auf dem Sofa.

snooze² /snuːz/ *Nomen* [Sing] Nickerchen

snore¹ /snɔː(r)/ *Verb* schnarchen

snore² /snɔː(r)/ *Nomen* Schnarchen

snorer /'snɔːrə(r)/ *Nomen* Schnarcher(in)

snor·ing /'snɔːrɪŋ/ *Nomen* [U] Schnarchen

snor·kel¹ /'snɔːkl; *AmE* 'snɔːrkl/ *Nomen* Schnorchel

snor·kel² /'snɔːkl; *AmE* 'snɔːrkl/ *Verb* (**-ll-**, *AmE* **-l-**) schnorcheln

snor·kel·ling (*AmE* **snor·kel·ing**) /'snɔːkəlɪŋ; *AmE* 'snɔːrk-/ *Nomen* Schnorcheln

snort¹ /snɔːt; *AmE* snɔːrt/ *Verb* **1** schnauben ◊ *She snorted with laughter.* Sie prustete vor Lachen. **2** (*Slang*) (*Kokain etc.*) sniffen

snort² /snɔːt; *AmE* snɔːrt/ *Nomen* **1** Schnauben ◊ *give a snort of laughter* vor Lachen prusten **2** (*Slang*) (*Kokain etc.*) Sniff

snot /snɒt; *AmE* snɑːt/ *Nomen* (*umgs, vulg*) Rotz

snotty /'snɒti; *AmE* 'snɑːti/ (*auch* ,**snotty-'nosed**) *Adj* (*umgs*) **1** hochnäsig **2** rotznäsig, Rotz-

snout /snaʊt/ *Nomen* **1** Schnauze, Rüssel **2** (*Nase*) Zinken **3** (*Pistole*) Lauf

snow¹ /snəʊ; *AmE* snoʊ/ *Nomen* Schnee ◊ *Snow was falling heavily.* Es schneite stark. ◊ *the snows of Everest* der Schnee auf dem Everest IDM **as clean, pure, etc. as the driven 'snow** unschuldig; rein

snow² /snəʊ; *AmE* snoʊ/ *Verb* **1** schneien **2** (*AmE, umgs*) beschwatzen, beeindrucken IDM **be snowed 'in/'up** eingeschneit sein **be snowed 'under** (**with sth**) *We're completely snowed under* (*with work*). Wir stecken bis über beide Ohren in Arbeit. ◊ *be snowed under with letters* eine Fülle von Briefen bekommen **be snowed 'up** (*Straße*) zugeschneit sein

snow·ball¹ /'snəʊbɔːl; *AmE* 'snoʊ-/ *Nomen* **1** Schneeball **2** [Sing] rollende Lawine ◊ *This had a snowball effect on the demand for mobile phones.* Das führte zu einer lawinenartigen Nachfrage nach Mobiltelefonen.

snow·ball² /'snəʊbɔːl; *AmE* 'snoʊ-/ *Verb* eskalieren, lawinenartig zunehmen

snow·board /'snəʊbɔːd; *AmE* 'snoʊbɔːrd/ *Nomen* Snowboard

snow·board·er /'snəʊbɔːdə(r); *AmE* 'snoʊbɔːrd-/ *Nomen* Snowboarder(in)

snow·board·ing /'snəʊbɔːdɪŋ; *AmE* 'snoʊbɔːrd-/ *Nomen* Snowboarden ◊ *go snowboarding* snowboarden

snow·bound /'snəʊbaʊnd; *AmE* 'snoʊ-/ *Adj* **1** eingeschneit **2** vom Schnee abgeschnitten; (*Straße*) zugeschneit

'**snow-capped** *Adj* (*gehoben*) schneebedeckt

'**snow chains** *Nomen* [Pl] Schneeketten

'**snow-covered** (*gehoben* '**snow-clad**) *Adj* schneebedeckt, verschneit

snow·drift /'snəʊdrɪft; *AmE* 'snoʊ-/ *Nomen* Schneewehe

snow·drop /'snəʊdrɒp; *AmE* 'snoʊdrɑːp/ *Nomen* Schneeglöckchen

snow·fall /'snəʊfɔːl; *AmE* 'snoʊ-/ *Nomen* Schnee(fall) ◊ *an area of low snowfall* ein schneearmes Gebiet ◊ *the average snowfall* die durchschnittliche Schneemenge pro Jahr

snow·field /'snəʊfiːld; *AmE* 'snoʊ-/ *Nomen* Schneefeld

snow·flake /'snəʊfleɪk; *AmE* 'snoʊ-/ *Nomen* Schneeflocke

'**snow job** *Nomen* (*AmE, umgs*) Täuschung, Irreführung

snow·line /'snəʊlaɪn; *AmE* 'snoʊ-/ *Nomen* **the snowline** *Nomen* die Schneegrenze

snow·man /'snəʊmæn; *AmE* 'snoʊ-/ *Nomen* (*Pl* **-men** /-mən/) Schneemann

snow·mobile /'snəʊməbiːl; *AmE* 'snoʊmoʊ-/ *Nomen* Schneemobil

'**snow pea** *Nomen* [meist Pl] (*AmE*) Zuckererbse

snow·plough¹ (*AmE* **snow·plow**) /'snəʊplaʊ; *AmE* 'snoʊ-/ *Nomen* Schneepflug

snow·plough² (*AmE* **snow·plow**) /'snəʊplaʊ; *AmE* 'snoʊ-/ *Verb* im Schneepflug fahren/anhalten

snow·shoe /'snəʊʃuː; *AmE* 'snoʊ-/ *Nomen* Schneeschuh

snow·storm /'snəʊstɔːm; *AmE* 'snoʊstɔːrm/ *Nomen* Schneesturm

,**snow-'white** *Adj* schneeweiß

snowy /'snəʊi; *AmE* 'snoʊi/ *Adj* (**snow·ier**, **snowi·est**) **1** schneebedeckt, verschneit **2** schneereich ◊ *a snowy weekend* ein verschneites Wochenende **3** (*gehoben*) schneeweiß

SNP /,es en 'piː/ *Nomen* Kurzform von **the Scottish National Party** = die Schottische Nationalpartei

snub¹ /snʌb/ *Verb* (**-bb-**) **1** vor den Kopf stoßen, schneiden **2** boykottieren

snub² /snʌb/ *Nomen* ~ **(to sb)** Abfuhr (an jdn)
snub³ /snʌb/ *Adj* ⋄ *a snub nose* eine Stupsnase
ˌsnub-ˈnosed *Adj* ⋄ *a snub-nosed child* ein Kind mit Stupsnase ⋄ *a snub-nosed revolver* ein Revolver mit kurzem Lauf
snuck *Form von* SNEAK¹
snuff¹ /snʌf/ *Verb* **1** ~ **sth (out)** (*Kerze, Flamme*) (aus)löschen **2** schnüffeln, schnuppern [IDM] **ˈsnuff it** (*BrE, hum, Slang*) (*sterben*) abkratzen [PHR V] **ˌsnuff sth ˈout** (*gehoben*) etw zunichte machen
snuff² /snʌf/ *Nomen* Schnupftabak
ˈsnuff-box /ˈsnʌfbɒks; *AmE* -bɑːks/ *Nomen* Schnupftabaksdose
snufˑfle¹ /ˈsnʌfl/ *Verb* **1** schniefen, schnüffeln **2** ~ **(about/around)** (*Tier*) (herum)schnüffeln
snufˑfle² /ˈsnʌfl/ (*seltener* **snufˑfling**) *Nomen* [Sing] Schnüffeln, Schniefen [IDM] **get, have, etc. the ˈsnuffles** (*umgs*) einen Schnupfen bekommen/haben
snug¹ /snʌɡ/ *Adj* (*Adv* **snugˑly**) **1** behaglich ⋄ *a snug little house* ein gemütliches Häuschen ⋄ *snug and warm in bed* warm eingekuschelt im Bett ⋄ *The village nestles snugly in a valley.* Das Dorf schmiegt sich in ein Tal. [SYN] COSY **2** anliegend ⋄ *a nice snug fit* ein guter Sitz. ⋄ *These jeans are a bit snug.* Diese Jeans sind ein bisschen eng.
snug² /snʌɡ/ *Nomen* (*BrE*) = kleines gemütliches Nebenzimmer in einem Pub
snugˑgle /ˈsnʌɡl/ *Verb* sich kuscheln; ~ **up to sb/sth** sich an jdn/etw schmiegen ⋄ *He snuggled down under the bedclothes.* Er kuschelte sich ins Bett.
So. *Abk* (*AmE*) = SOUTH, SOUTHERN
so¹ /səʊ; *AmE* soʊ/ *Adv* **1** so ⋄ *The weather wasn't so bad as to stop us travelling.* Das Wetter war nicht so schlecht, als dass es uns am Reisen gehindert hätte. ⋄ *I'm looking forward to it so much.* Ich freue mich so sehr darauf. ⋄ *It's so very English!* Das ist so englisch! ⋄ (*BrE*) *I do love it so.* Ich mag's ja so sehr. ⋄ (*gehoben*) *So it was that he finally returned home.* Und so kam es, dass er wieder nach Hause zurückkehrte. ⋄ *The article was just so much nonsense.* Der Artikel war einfach Mist. ⋄ *There are only so many hours in a day.* Der Tag hat nun mal nur 24 Stunden. **2 not ~ … (as …)** (*in Vergleichen*) nicht so … (wie …) ⋄ *I haven't enjoyed myself so much for a long time.* Ich habe mich schon lange nicht mehr so gut amüsiert. ⋄ *It's not so much a hobby as a career.* Es ist weniger ein Hobby als ein Beruf. ⋄ (*abwert*) *Off he went, without so much as a 'goodbye'.* Er ging los, ohne auch nur ein Wort des Abschieds. **3** (*verwendet, wenn man sich auf vorher Genanntes bezieht*) ⋄ *'Is he coming?' 'I hope so.'* „Kommt er?" „Ich hoffe doch." ⋄ *'Did she mind?' 'I don't think so.'* „War sie sauer?" „Ich glaube nicht." ⋄ *If she notices, she never says so.* Wenn sie's merkt, dann sagt sie zumindest nichts. ⋄ *It says so in the paper.* So steht's in der Zeitung. ⋄ *'Is it a good play?' 'So the critics say.'* „Ist es ein gutes Stück?" „Den Kritikern nach ja." ⋄ *They asked me to call them and I did so.* Sie haben gesagt, ich soll anrufen, und das habe ich auch gemacht. ⋄ *If so, I won't be able to come.* In dem Fall kann ich nicht kommen. **4** wahr ⋄ *That just isn't so.* Das stimmt nicht. ⋄ *'She's very unreliable.' 'Is that so?'* „Sie ist sehr unzuverlässig." „Wirklich?" **5** (*nicht mit verneinten Verben*) auch ⋄ *'We've been to Moscow.' 'So have I.'* „Wir waren in Moskau." „Ich auch." ⋄ *'I prefer the first version.' 'So do we.'* „Mir hat die erste Version besser gefallen." „Uns auch." ➡ *Hinweis bei* AUCH **6** (*verwendet, um Zustimmung auszudrücken*) ⋄ *'There's another one.' 'So there is.'* „Da ist noch einer." „Tatsächlich." ⋄ *'You were at school with her.' 'So I was, I'd forgotten.'* „Du warst mit ihr in der Schule." „Stimmt, das hatte ich vergessen." **7** (*umgs*) so sehr, absolut ⋄ *I've so messed up.* Ich hab' so einen Blödsinn gemacht. ⋄ *It's so not cool.* Das ist absolut nicht cool. **8** (*umgs*) (*besonders von Kindern verwendet, um einer Sache zu widersprechen*) ⋄ *'You're not telling the truth, are you?'* '*I am, so!'* „Doch." [IDM] **and ˌso ˈforth;** **and ˌso ˈon (and ˌso ˈforth)** und so weiter **… or ˈso** ungefähr **so as to do sth** um etw zu tun **ˌso ˈbe it** (*gehoben*) so sei es **ˈso many/much/long** soundso viele/viel/lange ⋄ *so many nights at so much per night* soundso viele Nächte zu dem und dem Preis **ˌso ˈmuch for ˈsth 1** soweit zu etw **2** (*umgs*) *So much for that idea!* Das hat sich also erledigt. **so … that** (*gehoben*) so … dass ⋄ *The programme has been so organized that none of the talks overlap.* Das Programm ist so organisiert worden, dass sich keine Vorträge überschneiden.

so² /səʊ; *AmE* soʊ/ *Konj* **1** also **2** ~ **(that …)** sodass **3** ~ **(that …)** damit ⋄ *I gave you a map so you wouldn't get lost.* Ich habe Ihnen eine Karte gegeben, damit Sie sich nicht verfahren. **4** (*beim Erzählen*) ⋄ *So after shouting and screaming for an hour, she left.* Nachdem sie also eine Stunde lang herumgeschrien hatte, ging sie. **5** (*umgs*) (na) und ⋄ *So I had a couple of drinks. What's wrong with that?* Ok, ich habe zwei Gläschen getrunken. Was ist denn dabei? **6** na, also ⋄ *So, how was it?* Und, wie war es? [IDM] **so ˈwhat?** (*umgs*) (na) und? ⋄ *So what if nobody else agrees with me?* Was soll's, wenn mir sonst keiner zustimmen?

so³ ⇒ SOH

soak¹ /səʊk; *AmE* soʊk/ *Verb* **1** einweichen ⋄ *I'm going to go and soak in the bath.* Ich werde ein langes Bad nehmen. **2** durchnässen, (völlig) nass machen **3** (*umgs*) schröpfen [PHR V] **ˌsoak ˈinto/ˈthrough sth** (*Flüssigkeit*) einziehen, durch etw durchdringen **ˌsoak sth ˈoff** etw abweichen **ˌsoak sth ˈout** etw durch Einweichen entfernen **ˌsoak sth ˈup 1** etw aufsaugen **2** etw in sich aufnehmen ⋄ *We sat soaking up the atmosphere.* Wir saßen da und ließen die Atmosphäre auf uns wirken.

soak² /səʊk; *AmE* soʊk/ (*auch* **ˈsoakˑing**) *Nomen* [Sing] **1** Einweichen ⋄ *Give the shirt a soak.* Weich das Hemd ein. ⋄ *They got a good soaking.* Sie wurden völlig nass. **2** (*umgs*) Bad

soaked /səʊkt; *AmE* soʊkt/ *Adj* **1** durchnässt ⋄ *soaked through* völlig durchnässt ⋄ *soaked with sweat* schweißgebadet ⋄ *soaked to the skin* nass bis auf die Haut **2 -soaked** (*in Zusammensetzungen*) -nass, -getränkt ⋄ *sun-soaked beaches* Sonnenstrände

soakˑing /ˈsəʊkɪŋ; *AmE* ˈsoʊ-/ (*auch* **ˌsoaking ˈwet**) *Adj* durchgeweicht, völlig durchnässt

so-and-so /ˈsəʊ ən səʊ; *AmE* ˈsoʊ ən soʊ/ *Nomen* (*Pl* **so-and-so's**) (*umgs*) **1** [*meist* Sing] *Let's imagine Mrs So-and-so walks in.* Nehmen wir mal an, Frau X käme herein. ⋄ *He would always ask me, 'what do you think about so-and-so?'* Er hat mich ständig gefragt, was ich von dem und dem halten würde. ⋄ *People think they need so-and-so.* Die Leute denken, sie müssten dieses oder jenes haben. **2** (*verhüllend verwendet für „bastard", „bitch", etc.*) Biest ⋄ *He's an ungrateful so-and-so.* Er ist ein undankbarer Kerl.

soap¹ /səʊp; *AmE* soʊp/ *Nomen* **1** Seife **2** = SOAP OPERA
soap² /səʊp; *AmE* soʊp/ *Verb* einseifen
ˈsoap-box /ˈsəʊpbɒks; *AmE* -bɑːks/ *Nomen* Apfelsinenkiste ⋄ *a soapbox orator* ein Volksredner [IDM] **ˌget/be on your ˈsoapbox** (*umgs*) laut seine Meinung äußern
ˈsoap flakes *Nomen* [Pl] Seifenflocken
ˈsoap opera (*umgs* **soap**) *Nomen* Seifenoper
ˈsoap powder *Nomen* (*BrE*) Waschpulver
soapˑstone /ˈsəʊpstəʊn; *AmE* ˈsoʊpstoʊn/ *Nomen* Speckstein
ˈsoap-suds /ˈsəʊpsʌdz; *AmE* ˈsoʊp-/ (*auch* **suds**) *Nomen* [Pl] Seifenschaum
soapˑy /ˈsəʊpi; *AmE* ˈsoʊpi/ *Adj* **1** Seifen-, eingeseift **2** seifig
soar /sɔː(r)/ *Verb* **1** in die Höhe schnellen, steil ansteigen **2** (auf)steigen ⋄ *The rocket soared (up) into the air.* Die Rakete stieg steil in den Himmel. **3** hoch oben fliegen, hoch oben schweben **4** hoch aufragen **5** (*Stimme, Musik*) anschwellen, sich emporschwingen

SOB /ˌes əʊ ˈbiː; *AmE* ˌes oʊ ˈbiː/ *Abk* (*bes AmE, Slang*) = SON OF A BITCH

sob¹ /sɒb/ *Verb* (**-bb-**) **1** schluchzen **2** ~ **sth (out)** etw unter Schluchzen hervorbringen ⋄ *He sobbed out his troubles.* Er klagte schluchzend sein Leid. [IDM] **sob your ˈheart out** bitterlich weinen

sob² /sɒb; *AmE* sɑːb/ *Nomen* Schluchzer, Schluchzen ⋄ *Her body was racked with sobs.* Ihr Körper wurde von heftigem Weinen geschüttelt.

sober¹ /ˈsəʊbə(r); *AmE* ˈsoʊ-/ *Adj* (*Adv* **soˑberˑly**) **1** nüchtern **2** solide **3** sachlich, ernst **4** (*Farbe, Kleidung*) dezent [IDM] ⇒ STONE-COLD

sober² /ˈsəʊbə(r); *AmE* ˈsoʊ-/ *Verb* **1** ernüchtern **2** ernst werden [PHR V] **ˌsober ˈup** ausnüchtern, wieder nüchtern werden **ˌsober sb ˈup** jdn wieder nüchtern machen

so·ber·ing /'səʊbərɪŋ; AmE 'soʊ-/ Adj ernüchternd
so·bri·ety /sə'braɪəti/ Nomen (gehoben) Nüchternheit (auch fig) ◊ She was a model of sobriety and honesty. Sie war das Musterbeispiel einer soliden, ehrlichen Frau.
so·bri·quet /'səʊbrɪkeɪ; AmE 'soʊ-/ Nomen (gehoben) Spitzname [SYN] NICKNAME
'sob story Nomen (umgs, abwert) rührselige Geschichte
Soc Abk = SOCIETY
,so-'called Adj so genannt
soc·cer /'sɒkə(r); AmE 'saːk-/ Nomen Fußball ☛ Den Begriff **soccer** verwendet man im britischen Englisch vor allem, wenn man zwischen Fußball und Rugby unterscheiden will. Im amerikanischen Englisch sagt man für Fußball immer **soccer**, denn **football** ist American football. ☛ Hinweis bei FUSSBALL
so·ci·abil·ity /,səʊʃə'bɪləti/ Nomen [U] **1** (Charakter) geselliges Wesen **2** Geselligkeit
so·ci·able /'səʊʃəbl; AmE 'soʊ-/ Adj gesellig ◊ I'm not feeling very sociable. Mir ist im Moment nicht nach Gesellschaft. ◊ We had a very sociable weekend. Wir haben am Wochenende viel mit Freunden unternommen.
so·cial¹ /'səʊʃl; AmE 'soʊʃl/ Adj (Adv **so·cial·ly** /-ʃəli/) **1** nur vor Nomen sozial, Sozial-, gesellschaftlich, Gesellschafts- ◊ a social conscience ein soziales Gewissen ◊ social engineering soziales Engineering ◊ socially acceptable akzeptabel **2** nur vor Nomen gesellig, privat ◊ Is there a good social life here? Ist hier viel los? ◊ He has no social life. Er kommt nicht unter die Leute. ◊ join a social club einem Klub beitreten ◊ This isn't a social visit. Ich bin nicht privat hier. **3** nur vor Nomen gesellig (lebend)
so·cial² /'səʊʃl; AmE 'soʊʃl/ Nomen **1** (veraltet) geselliges Beisammensein **2 the social** (BrE, umgs) die Sozialhilfe
,social 'climber Nomen (abwert) soziale(r) Aufsteiger(in)
,social de'mocracy Nomen Sozialdemokratie
,social 'democrat Nomen Sozialdemokrat(in)
,social demo'cratic Adj nur vor Nomen sozialdemokratisch
'social fund Nomen [meist Sing] Sozialfonds
,social 'housing Nomen sozialer Wohnungsbau, Sozialwohnungen
so·cial·ism /'səʊʃəlɪzəm; AmE 'soʊ-/ Nomen Sozialismus
so·cial·ist /'səʊʃəlɪst; AmE 'soʊ-/ **1** Nomen Sozialist(in) **2** Adj sozialistisch
so·cial·is·tic /,səʊʃə'lɪstɪk; AmE ,soʊ-/ Adj sozialistisch gefärbt, sozialistisch angehaucht
so·cial·ite /'səʊʃəlaɪt; AmE 'soʊ-/ Nomen Persönlichkeit des gesellschaftlichen Lebens, Angehörige(r) der Schickeria
so·cial·iza·tion (BrE auch **-isation**) /,səʊʃəlaɪ'zeɪʃn; AmE ,soʊʃələ'z-/ Nomen (gehoben) Sozialisation
so·cial·ize (BrE auch **-ise**) /'səʊʃəlaɪz; AmE 'soʊ-/ Verb **1** unter die Leute gehen; ~ **with sb** sich mit jdm treffen **2** (oft passiv) (gehoben) sozialisieren **3** (meist passiv) nach den Prinzipien des Sozialismus organisieren
,social 'science Nomen Sozialwissenschaft
,social 'scientist Nomen Sozialwissenschaftler(in)
,social se'curity Nomen **1** (BrE) Sozialhilfe ◊ the Department of Social Security das Ministerium für Soziales **2 Social Security** (AmE) ≈ Sozialversicherung
,social 'services Nomen [Pl] **1** das Sozialamt **2** Sozialeinrichtungen
'social work Nomen Sozialarbeit
'social worker Nomen Sozialarbeiter(in)
so·ci·ety /sə'saɪəti/ Nomen (Pl **-ies**) **1** Gesellschaft ◊ in society today in der heutigen Gesellschaft **2** Verein, Vereinigung, Gesellschaft, Klub ◊ a drama society eine Laienspielgruppe [SYN] ASSOCIATION **3** [U] die höheren Kreise ◊ a society wedding eine Hochzeit der Highsociety
socio- /'səʊsiəʊ; AmE 'soʊsioʊ/ (in Zusammensetzungen) Sozio-, sozio- ◊ socio-political soziopolitisch
socio·logic·al /,səʊsiə'lɒdʒɪkl; AmE ,soʊsiə'lɑːdʒ-/ Adj (Adv **socio·logic·al·ly** /-kli/) soziologisch
soci·olo·gist /,səʊsi'ɒlədʒɪst; AmE ,soʊsi'ɑːl-/ Nomen Soziologe, Soziologin
soci·ology /,səʊsi'ɒlədʒi; AmE ,soʊsi'ɑːl-/ Nomen Soziologie
sock¹ /sɒk; AmE saːk/ Nomen **1** Socke ◊ knee socks Kniestrümpfe ◊ ankle socks Söckchen **2** (umgs) Schlag (mit der Faust) ◊ give sb a sock in the jaw jdm eine reinhauen [IDM] **blow/knock sb's 'socks off** jdn umhauen **put a 'sock in it** (BrE, umgs, veraltet) halt die Klappe; hör auf damit ☛ Siehe auch PULL¹
sock² /sɒk; AmE saːk/ Verb (umgs) schlagen ◊ She socked him in the eye. Sie verpasste ihm eins aufs Auge. ◊ The banks are socking customers with higher charges. Die Banken brummen ihren Kunden höhere Gebühren auf. [IDM] **'sock it to sb** (umgs oder hum) es jdm zeigen [PHRV] **,sock sth a'way** (AmE) etw auf die hohe Kante legen
socket /'sɒkɪt; AmE 'saːkɪt/ Nomen **1** (BrE) Steckdose ◊ a mains/wall socket eine (Netz)steckdose **2** Buchse, Fassung **3** (Augen)höhle **4** (Gelenk)pfanne ◊ He nearly pulled my arm out of its socket. Er hat mir fast den Arm ausgerissen.
sod¹ /sɒd; AmE saːd/ Nomen **1** (BrE, Slang, abwert) Schwein **2** (BrE, Slang) (in Verbindung mit Adjektiven) Luder, Schwein ◊ the poor old sod das arme Schwein ◊ You lucky sod! Du Glückspilz! **3** (BrE, Slang) Scheißding ◊ a real sod of a job eine Scheißarbeit **4** [Sing] (gehoben) (Gras)sode ◊ under the sod unter der Erde
sod² /sɒd; AmE saːd/ Verb (**-dd-**) (BrE, vulg, Slang) (in Kraftausdrücken) ◊ Sod this car! Scheißwagen! ◊ Oh, sod it! Verdammt! ◊ Sod the expense. Die Kosten sind mir scheißegal. ◊ Sod you! Du kannst mich mal! [IDM] ⇨ LARK¹ [PHRV] **,sod 'off** (BrE, vulg, Slang) sich wegscheren ◊ Sod off! Verpiss dich!
soda /'səʊdə; AmE 'soʊdə/ Nomen **1** (auch **'soda water**) Sodawasser **2** (veraltet **'soda pop**) (AmE) Limonade **3** Natriumkarbonat, Soda ◊ baking soda Natron ☛ Siehe auch CAUSTIC SODA
'soda fountain Nomen (AmE, veraltet) = Stehcafé, wo Erfrischungsgetränke und Eis verkauft werden
,sod 'all (BrE, vulg, Slang) rein gar nichts
sod·den /'sɒdn; AmE 'saːdn/ Adj **1** durchnässt, pitschnass [SYN] SOAKED **2 -sodden** durchnässt ◊ a rain-sodden jacket eine vom Regen völlig durchnässte Jacke
sod·ding /'sɒdɪŋ; AmE 'saːd-/ Adj nur vor Nomen (BrE, vulg, Slang) verdammt, Scheiß-
so·dium /'səʊdiəm; AmE 'soʊ-/ Nomen Natrium
,sodium bi'carbonate (umgs **bi-carb**) Nomen doppeltkohlensaures Natrium, Natron
,sodium 'carbonate /,səʊdiəm 'kaːbəneɪt; AmE ,soʊ-, 'kaːrb-/ Nomen Natriumkarbonat, Soda
,sodium 'chloride Nomen Natriumchlorid, Kochsalz
sod·om·ize (BrE auch **-ise**) /'sɒdəmaɪz; AmE 'saːd-/ Verb (abwert) sodomisieren
sod·omy /'sɒdəmi; AmE 'saːd-/ Nomen Analverkehr, Sodomie
,Sod's 'Law Nomen (BrE, hum) etwas, das so kommen muss ◊ We always play better when we're not being recorded — but that's Sod's Law, isn't it? Wir spielen immer besser, wenn wir nicht aufgenommen werden, aber das ist wohl immer so. ◊ It was Sod's Law. Es war ja klar, dass das so kommen würde.
sofa /'səʊfə; AmE 'soʊfə/ Nomen Sofa
'sofa bed Nomen Sofabett, Schlafcouch
soft /sɒft; AmE sɔːft/ Adj **1** (Adv **soft·ly**) weich ◊ a softly tailored dress ein weich fallendes Kleid ◊ soft margarine ungehärtete Margarine **2** (Adv **soft·ly**) zart, sanft, gedämpft, leise ◊ a soft voice eine leise Stimme ◊ a soft breeze eine leichte Brise **3** ~ **(on sb/sth); ~ (with sb)** (meist abwert) nachgiebig (gegenüber jdm/etw) ◊ The government is accused of being soft on crime. Der Regierung wird vorgeworfen, bei der Verbrechensbekämpfung nicht hart genug durchzugreifen. [OPP] TOUGH **4** (umgs, abwert) verrückt, dumm ◊ He must be going soft in the head. Er ist wohl nicht ganz richtig. **5** (umgs, abwert) verweichlicht, bequem [IDM] **have a soft 'spot for sb/sth** (umgs) eine Schwäche für jdn/etw haben ☛ Siehe auch OPTION und TOUCH²
'soft·ball /'sɒftbɔːl; AmE 'sɔːft-/ Nomen Softball
,soft-'boiled Adj weich (gekocht)
,soft 'drink Nomen alkoholfreies Getränk
,soft 'drug Nomen weiche Droge
soft·en /'sɒfn; AmE 'sɔːfn/ Verb **1** weich(er) werden; (fig) milder werden ◊ Fry the onions until they soften. Die Zwiebeln weich dünsten. ◊ She felt herself softening towards him. Sie war ihm gegenüber ein wenig milder gestimmt. ◊

softener

His face softened. Sein Gesichtsausdruck wurde sanft. **2** weich(er) machen; (*Konturen etc.*) abschwächen; (*Eindruck*) auflockern ◊ *Airbags are designed to soften the impact of a car crash.* Airbags sollen die Wucht des Aufpralls verringern. ◊ *She softened her tone a little.* Sie mäßigte ihren Ton ein wenig. **PHRV ˌsoften sb ˈup** (*umgs*) **1** jdn milde stimmen, jdn weich klopfen **2** jdn schwächen

ˈsoft·en·er /ˈsɒfnə(r); *AmE* ˈsɔːf-/ *Nomen* **1** Weichmacher ◊ *a water softener* ein Wasserenthärter **2** Weichspüler **3** Wasserenthärtungssystem

ˌsoft ˈfruit *Nomen* Beerenobst

ˌsoft ˈfurnishings *Nomen* [Pl] (*BrE*) Raumtextilien

ˌsoft-ˈhearted *Adj* weichherzig

ˈsoftie (*auch* **ˈsofty**) /ˈsɒfti; *AmE* ˈsɔːfti/ *Nomen* (*Pl* **-ies**) (*gehoben*) gutmütiger Mensch, sentimentaler Mensch

ˈsoft·ly *Adv* ⇨ **SOFT**

ˌsoftly-ˈsoftly *Adj* (*BrE, umgs*) vorsichtig, sachte

ˌsoftly-ˈspoken *Adj* ◊ *He was a softly-spoken man.* Er hatte eine leise Stimme.

ˈsoft·ness /ˈsɒftnəs; *AmE* ˈsɔːftnəs/ *Nomen* **1** Weichheit **2** Zartheit, Gedämpftheit ◊ *the softness of her voice* ihre sanfte Stimme

ˌsoft ˈporn *Nomen* Softpornografie

ˌsoft ˈshoulder *Nomen* (*AmE*) (*Straßenrand*) Bankett

ˌsoft ˈsoap *Nomen* [U] Schmeichelei

ˌsoft-ˈsoap *Verb* (*umgs*) ~ **sb** jdm Honig um den Mund schmieren, jdn einseifen

ˌsoft-ˈspoken *Adj* ◊ *He was a soft-spoken man.* Er hatte eine angenehm ruhige Stimme.

ˈsoft-top *Nomen* **1** Kabrio(lett) **2** Verdeck eines Kabrios

ˌsoft ˈtoy *Nomen* (*BrE*) Stofftier

ˈsoft·ware /ˈsɒftweə(r); *AmE* ˈsɔːftwer/ *Nomen* [U] Software

ˈsoftware engineer *Nomen* Programmierer(in)

ˈsoftware package (*auch* **ˈpack·age**) *Nomen* Softwarepaket

ˈsoft·wood /ˈsɒftwʊd; *AmE* ˈsɔːft-/ *Nomen* Weichholz

ˈsofty *Nomen* = **SOFTIE**

ˈsog·gy /ˈsɒgi; *AmE* ˈsɑːgi/ *Adj* (**sog·gier**, **sog·gi·est**) durchweicht, matschig

soh (*auch* **so**) /səʊ; *AmE* soʊ/ *Nomen* (MUS) so

soil[1] /sɔɪl/ *Nomen* Erde, Boden ☛ *Hinweis bei* BODEN

soil[2] /sɔɪl/ *Verb* (*oft passiv*) (*gehoben*) beschmutzen (*auch fig*), schmutzig machen ☛ *Siehe auch* SHOP-SOILED

soi·rée /ˈswɑːreɪ; *AmE* swɑːˈreɪ/ *Nomen* (*gehoben*) Abendgesellschaft, Soirée

so·journ[1] /ˈsɒdʒən; *AmE* ˈsoʊdʒɜːrn/ *Nomen* (*gehoben*) (vorübergehender) Aufenthalt

so·journ[2] /ˈsɒdʒən; *AmE* ˈsoʊdʒɜːrn/ *Verb* verweilen

sol /sɒl/ *Nomen* (MUS) so

sol·ace /ˈsɒləs; *AmE* ˈsɑːləs/ *Nomen* (*gehoben*) Trost

so·lar /ˈsəʊlə(r); *AmE* ˈsoʊ-/ *Adj nur vor Nomen* Sonnen-, Solar- ◊ *solar heating* Solarheizung

ˌsolar ˈcell *Nomen* Solarzelle

sol·ar·ium /səˈleəriəm; *AmE* -ˈler-/ *Nomen* Solarium

ˌsolar ˈpanel *Nomen* Sonnenkollektor

ˌsolar ˈplexus /ˌsəʊlə ˈpleksəs; *AmE* ˌsoʊlər/ *Nomen* [Sing] **1** (ANAT) Solarplexus, Sonnengeflecht **2** (*umgs*) Magengrube

ˈsolar system *Nomen* [Sing] Sonnensystem

ˌsolar ˈyear *Nomen* Sonnenjahr

sold *Form von* SELL[1]

sol·der[1] /ˈsəʊldə(r), ˈsɒldə(r); *AmE* ˈsɑːdər/ *Nomen* Lötzinn

sol·der[2] /ˈsəʊldə(r), ˈsɒldə(r); *AmE* ˈsɑːdər/ *Verb* löten; ~ **sth** (**to/onto sth**) etw (mit etw) verlöten; ~ **A and B together** A und B miteinander verlöten

ˈsoldering iron *Nomen* Lötkolben

sol·dier[1] /ˈsəʊldʒə(r); *AmE* ˈsoʊl-/ *Nomen* Soldat

sol·dier[2] /ˈsəʊldʒə(r); *AmE* ˈsoʊl-/ *Verb* **PHRV** ˌsoldier ˈon (unermüdlich) weitermachen

sol·dier·ing /ˈsəʊldʒərɪŋ; *AmE* ˈsoʊl-/ *Nomen* Soldatenleben

sol·dier·ly /ˈsəʊldʒəli; *AmE* ˈsoʊldʒərli/ *Adj* soldatisch

ˌsoldier of ˈfortune *Nomen* Söldner(in) SYN MERCENARY

ˌsold ˈout *Adj* ausverkauft

sole[1] /səʊl; *AmE* soʊl/ *Adj nur vor Nomen* **1** einzig **2** alleinig

sole[2] /səʊl; *AmE* soʊl/ *Nomen* **1** Fußsohle **2** Sohle **3** (*Pl* **sole**) Seezunge ◊ *lemon sole* Rotzunge

sole[3] /səʊl; *AmE* soʊl/ *Verb* (*meist passiv*) besohlen

sol·ecism /ˈsɒlɪsɪzəm; *AmE* ˈsɑːl-/ *Nomen* (*gehoben*) **1** sprachlicher Fehler, Solözismus **2** Fauxpas

-soled /səʊld; *AmE* soʊld/ (*in Adjektiven*) -besohlt ◊ *rubber-soled shoes* Schuhe mit Gummisohlen

sole·ly /ˈsəʊlli; *AmE* ˈsoʊlli/ *Adv* allein, ausschließlich ◊ *He became solely responsible.* Er übernahm die alleinige Verantwortung.

sol·emn /ˈsɒləm; *AmE* ˈsɑːləm/ *Adj* (*Adv* **sol·emn·ly**) **1** ernst **2** (*Eid, Versprechen*) heilig **3** feierlich

sol·em·nity /səˈlemnəti/ *Nomen* Ernst, Feierlichkeit

so·licit /səˈlɪsɪt/ *Verb* **1** (*gehoben*) ~ **sth** (**from sb**) etw (von jdm) erbitten; ~ (**sb**) **for sth** (jdn) um etw bitten ◊ *They send representatives abroad to solicit customers.* Sie schicken Vertreter ins Ausland, um Kunden anzuwerben. **2** (*Prostituierte*) sich anbieten

so·lici·ta·tion /səˌlɪsɪˈteɪʃn/ *Nomen* **1** (*bes AmE*) Erbitten, Anwerben ◊ *the solicitation of money for election funds* Aufruf zu Geldspenden für die Wahlfonds **2** (*Prostitution*) Sichanbieten

so·lici·tor /səˈlɪsɪtə(r)/ *Nomen* (*BrE*) Rechtsanwalt, -anwältin ☛ *Hinweis bei* ANWALT

so·lici·tous /səˈlɪsɪtəs/ (*Adv* **so·lici·tous·ly**) (*gehoben*) besorgt, aufmerksam

so·lici·tude /səˈlɪsɪtjuːd; *AmE* -tuːd/ *Nomen* ~ (**for sb/sth**) (*gehoben*) Besorgtheit (um jdn/etw)

solid[1] /ˈsɒlɪd; *AmE* ˈsɑːl-/ *Adj* **1** fest ◊ *The boat bumped against a solid object.* Das Boot stieß gegen etwas Festes. ◊ *The stream had frozen solid.* Der Fluss war zugefroren. ◊ *solid fuel* Festbrennstoffe **2** massiv, dicht ◊ *a solid gold bracelet* ein Armband aus massivem Gold ◊ *The stores were packed solid.* Die Geschäfte waren gerammelt voll. **3** (*Adv* **sol·id·ly**) kräftig, solide ◊ *a solidly-built house* ein solide gebautes Haus ◊ *He stood solidly in my path.* Er stellte sich mir breitbeinig in den Weg. **4** tüchtig ◊ *2002 was a year of solid achievement.* 2002 war ein Jahr beachtlicher Erfolge. ◊ *a solid player* ein verlässlicher Spieler **5** (*Adv* **sol·id·ly**) (*umgs*) ununterbrochen, pausenlos ◊ *The essay represents a solid week's work.* Das Schreiben des Aufsatzes nahm eine volle Woche in Anspruch. **6** einfarbig ◊ *One cat is black and white, the other solid black.* Eine Katze ist schwarz und weiß, die andere ganz schwarz. **7** (*in der Geometrie*) dreidimensional **8** (*Adv* **sol·id·ly**) einstimmig ◊ *Her colleagues were solidly behind her.* Ihre Kollegen standen geschlossen hinter ihr. ◊ *The strike was solid, supported by all the members.* Der Streik wurde von allen Mitgliedern unterstützt. ◊ *The state is solidly Republican.* Dieser Bundesstaat ist durch und durch republikanisch.

solid[2] /ˈsɒlɪd; *AmE* ˈsɑːl-/ *Nomen* **1** fester Stoff, feste Masse ◊ *The baby is not yet on solids.* Das Kind isst noch keine feste Nahrung. **2** (*geometrischer*) Körper

soli·dar·ity /ˌsɒlɪˈdærəti; *AmE* ˌsɑːl-/ *Nomen* Solidarität ◊ *express/show solidarity with sb* sich mit jdm solidarisch erklären/zeigen

so·lid·ify /səˈlɪdɪfaɪ/ *Verb* (**-fies**, **-fy·ing**, **-fied**, **-fied**) ~ (**into sth**) **1** (zu etw) erstarren ◊ *The paint had solidified.* Die Farbe war eingetrocknet. **2** (sich) festigen

so·lid·ity /səˈlɪdəti/ *Nomen* Festigkeit, Unangreifbarkeit ◊ *the solidity of Romanesque architecture* die Massivität der romanischen Architektur

sol·id·ly *Adv* ⇨ SOLID[1]

so·lilo·quize (*BrE auch* **-ise**) /səˈlɪləkwaɪz/ *Verb* (THEAT) monologisieren, Selbstgespräche führen

so·lilo·quy /səˈlɪləkwi/ *Nomen* (*Pl* **-ies**) (THEAT) Monolog (*allein auf der Bühne*)

sol·ip·sis·tic /ˌsɒlɪpˈsɪstɪk; *AmE* ˌsɑːl-, ˌsoʊl-/ *Adj* solipsistisch

soli·taire /ˌsɒlɪˈteə(r); *AmE* ˈsɑːlətər/ *Nomen* **1** (*BrE*) (*Spiel*) Solitär **2** [U] (*AmE*) Patience **3** Solitär

soli·tary /ˈsɒlətri; *AmE* ˈsɑːləteri/ *Adj* **1** einsam, solitär ◊

He was a solitary child. Als Kind war er ein Einzelgänger. **2** einzeln ◊ *a solitary farm* ein abgelegenes Gehöft **3** (*besonders in verneinten Sätzen und Fragen*) einzig

‚soli·tary con'fine·ment (*umgs* **'soli·tary**) *Nomen* Einzelhaft

soli·tude /'sɒlɪtjuːd; *AmE* 'sɑːlətuːd/ *Nomen* Alleinsein, Einsamkeit

solo¹ /'səʊləʊ; *AmE* 'soʊloʊ/ *Adj nur vor Nomen* **1** Allein- ◊ *a solo effort* eine Einzelleistung **2** Solo-

solo² /'səʊləʊ; *AmE* 'soʊloʊ/ *Adv* allein ◊ *After three years with the band he decided to go solo.* Nach drei Jahren bei der Band beschloss er, eine Solokarriere zu starten.

solo³ /'səʊləʊ; *AmE* 'soʊloʊ/ *Nomen* (*Pl* **solos**) **1** Solo **2** Alleinflug

sol·o·ist /'səʊləʊɪst; *AmE* 'soʊloʊ-/ *Nomen* Solist(in)

sol·stice /'sɒlstɪs; *AmE* 'sɑːl-/ *Nomen* Sonnenwende

solu·bil·ity /ˌsɒlju'bɪləti; *AmE* ˌsɑːl-/ *Nomen* Löslichkeit

sol·uble /'sɒljəbl; *AmE* 'sɑːl-/ *Adj* **1** löslich ◊ *Glucose is soluble in water.* Traubenzucker ist wasserlöslich. **2** (*gehoben*) lösbar [OPP] INSOLUBLE

so·lu·tion /sə'luːʃn/ *Nomen* **1** Lösung ◊ *the solution to last week's quiz* die Auflösung der Quizfragen von letzter Woche ◊ *saline solution* Salzlösung ◊ *an alkaline solution* eine Lauge **2** (NATURW) Auflösen

solve /sɒlv; *AmE* sɑːlv/ *Verb* lösen ◊ *solve a crime* ein Verbrechen aufklären

solv·ency /'sɒlvənsi; *AmE* 'sɑːl-/ *Nomen* Zahlungsfähigkeit, Solvenz

solv·ent¹ /'sɒlvənt; *AmE* 'sɑːl-/ *Nomen* Lösungsmittel

solv·ent² /'sɒlvənt; *AmE* 'sɑːl-/ *Adj* **1** zahlungsfähig [OPP] INSOLVENT **2** (*Fachspr*) -lösend, löslich

'solvent abuse *Nomen* Lösungsmittelmissbrauch

solv·er /'sɒlvə(r); *AmE* 'sɑːl-/ *Nomen* ◊ *She's a good problem solver.* Sie kann gut Probleme lösen.

sombre (*AmE* **som·ber**) /'sɒmbə(r); *AmE* 'sɑːm-/ *Adj* (*Adv* **sombre·ly**, *AmE* **som·berly**) **1** dunkel **2** düster, getrübt ◊ *The year ended on a sombre note.* Das Jahr ging in einer gedrückten Stimmung zu Ende.

some¹ /səm; *betont* sʌm/ *Adj* **1** etwas, ein paar, einige ◊ *some sugar* etwas Zucker **2** /sʌm/ manche(r,s) **3** /sʌm/ ziemliche(r,s), mehrere ◊ *It was with some surprise that I heard the news.* Ich war ziemlich überrascht, als ich die Nachricht hörte. **4** /sʌm/ ein wenig, etwas ◊ *There is some hope that things will improve.* Es gibt einige Hoffnung, dass die Lage sich bessern wird. **5** irgendein ◊ *He's in some kind of trouble.* Er hat irgendwelche Schwierigkeiten. ◊ *I'll call you some time.* Ich rufe dich irgendwann an. **6** /sʌm/ (*umgs*) vielleicht ein(e) ◊ *That was some party!* Das war vielleicht eine Party!

some² /sʌm/ *Pron* einige, manche ◊ *You'll find some in the drawer.* In der Schublade sind welche.

In Fragen und verneinten Sätzen wird **any** anstelle von **some** verwendet: *I don't want any.* ◊ *Do you have any of the larger ones?* **Some** wird allerdings in Fragen verwendet, wenn eine positive Antwort erwartet wird: *Would you like some?* ◊ *Weren't you looking for some of those?*

[IDM] **... and ˈthen some** (*umgs*) und noch einige(s) mehr ◊ *infinite possibilities and then some* unendliche Möglichkeit und noch viel mehr ◊ *You could be the richest person in the world and then some, and you still couldn't afford it.* Auch wenn du noch reicher als der reichste Mensch der Welt wärst, könntest du dir das nicht leisten.

some³ /sʌm/ *Adv* **1** ungefähr ◊ *some thirty people* etwa dreißig Leute **2** (*AmE*, *umgs*) etwas ◊ *He needs feeding up some.* Er muss ein bisschen aufgepäppelt werden.

some·body /'sʌmbədi/ *Pron* (irgend)jemand ◊ *somebody or other* irgendjemand ◊ *Somebody should have told me.* Man hätte mir das sagen sollen. [OPP] NOBODY

'some day (*auch* **'some·day**) *Adv* eines Tages, irgendwann einmal

some·how /'sʌmhaʊ/ *Adv* irgendwie ◊ *Somehow or other I must get a job.* Irgendwie muss ich eine Arbeit finden.

some·one /'sʌmwʌn/ *Pron* jemand ◊ *Should we call a plumber or someone?* Sollten wir nicht einen Klempner oder so was rufen?

some·place /'sʌmpleɪs/ *Adv* (*bes AmE*) irgendwo, irgendwohin ◊ *It has to go someplace.* Es muss irgendwohin. ◊ *someplace else* woanders

som·er·sault¹ /'sʌməsɔːlt; *AmE* -mərs-/ *Nomen* Purzelbaum, Salto ◊ *back somersaults* Rückwärtssaltos

som·er·sault² /'sʌməsɔːlt; *AmE* -mərs-/ *Verb* einen Purzelbaum machen, einen Salto machen; (*fig*) sich überschlagen

some·thing¹ /'sʌmθɪŋ/ *Pron* **1** (irgend)etwas ◊ *I need something to eat.* Ich muss was essen. ◊ *something or other* irgendetwas ◊ *There's something about this place that frightens me.* Irgendwas an diesem Ort macht mir Angst. ◊ *His name is Alan something.* Er heißt Alan Soundso. ◊ *The car hit a tree or something.* Der Wagen prallte gegen einen Baum oder so was. **2** (*umgs*) (schon) etwas ◊ *It's quite something to have a job at all these days.* Heutzutage ist es schon etwas, überhaupt einen Job zu haben. **3** (*umgs*) (*drückt aus, dass eine Beschreibung, Mengenangabe etc. nicht exakt ist*) ◊ *She called at something after ten o'clock.* Sie rief kurz nach zehn Uhr an. ◊ *a new comedy aimed at thirty-somethings* eine neue Komödie, die sich an Dreißig- bis Vierzigjährige richtet ◊ *It tastes something like melon.* Es schmeckt ein bisschen wie Melone. ◊ *They pay six pounds an hour. Something like that.* Sie zahlen so um die sechs Pfund pro Stunde. ◊ *She found herself something of a celebrity.* Plötzlich war sie so was wie ein Star. [IDM] **ˈsome·thing ˈelse 1** noch etwas **2** (*umgs*) etwas Besonderes

some·thing² /'sʌmθɪŋ/ *Adv* (*zur Verstärkung von Adjektiven gebraucht*) (*umgs*) ◊ *She was swearing something terrible.* Sie schimpfte fürchterlich.

some·thing³ /'sʌmθɪŋ/ *Nomen* **a little ~** eine Kleinigkeit; **a certain ~** ein gewisses Etwas

some·time¹ /'sʌmtaɪm/ *Adv* (*auch* **ˈsome time**) irgendwann

some·time² /'sʌmtaɪm/ *Adj* (*gehoben*) **1** ehemalig, früher **2** (*AmE*) nebenamtlich ◊ *a sometime contributor to this magazine* ein freier Mitarbeiter der Zeitschrift

some·times /'sʌmtaɪmz/ *Adv* manchmal

some·way /'sʌmweɪ/ (*auch* **some·ways**) *Adv* (*AmE*, *umgs*) irgendwie

some·what /'sʌmwɒt; *AmE* -wʌt/ *Adv* etwas, ziemlich

some·where /'sʌmweə(r); *AmE* -wer/ *Adv* irgendwo, irgendwohin ◊ *I've already looked there — it must be somewhere else.* Dort habe ich schon nachgesehen, es muss woanders sein. ◊ *I need to find somewhere to stay.* Ich muss eine Unterkunft finden. ◊ *I know somewhere (where) we can go.* Ich weiß, wohin wir gehen können. [IDM] **ˈget some·where** (*umgs*) vorankommen ◊ **somewhere around, about, between, etc. sth** ungefähr; etwa

som·no·lent /'sɒmnələnt; *AmE* 'sɑːm-/ *Adj* (*gehoben*) **1** schläfrig; (*Dorf etc.*) verschlafen **2** einschläfernd

son /sʌn/ *Nomen* **1** Sohn **2** [Sing] (*umgs*) (*als Anrede*) mein Junge **3 my son** (*gehoben*) (*als Anrede von einem Priester gebraucht*) mein Sohn **4 the Son** [Sing] der Sohn (Gottes) ☞ *Siehe auch* SON-IN-LAW [IDM] ⇒ FATHER¹, FAVOURITE¹ *und* PRODIGAL

sonar /'səʊnɑː(r); *AmE* 'soʊ-/ *Nomen* Sonar(gerät)

son·ata /sə'nɑːtə/ *Nomen* Sonate

song /sɒŋ; *AmE* sɔːŋ/ *Nomen* **1** Lied, Song ◊ *a pop song* ein Schlager **2** Gesang ◊ *Suddenly he broke/burst into song.* Plötzlich fing er an zu singen. [IDM] **a ˈsong and ˈdance (about sth)** (*BrE*, *umgs*, *abwert*) ein großes Trara/Theater (um etw) ◊ **for a ˈsong** (*umgs*) für ein Butterbrot ◊ **on ˈsong** (*umgs*) in Hochform

song·bird /'sɒŋbɜːd; *AmE* 'sɔːŋbɜːrd/ *Nomen* Singvogel

song·book /'sɒŋbʊk; *AmE* 'sɔːŋ-/ *Nomen* Liederbuch

song·ster /'sɒŋstə(r); *AmE* 'sɔːŋ-/ *Nomen* (*veraltet*) **1** Sänger **2** Singvogel

song·stress /'sɒŋstrəs; *AmE* 'sɔːŋ-/ *Nomen* Sängerin

song·writer /'sɒŋraɪtə(r); *AmE* 'sɔːŋ-/ *Nomen* Liedermacher(in), Songschreiber(in)

song·writ·ing /'sɒŋraɪtɪŋ; *AmE* 'sɔːŋ-/ *Nomen* Songschreiben

sonic /'sɒnɪk; *AmE* 'sɑːnɪk/ *Adj* Schall- ◊ *sonic waves* Schallwellen

ˌsonic ˈboom /ˌsɒnɪk 'buːm/ *Nomen* Überschallknall

ˈson-in-law *Nomen* (*Pl* **sons-in-law**) Schwiegersohn

son·net /'sɒnɪt; *AmE* 'sɑːnɪt/ *Nomen* Sonett

sonny /'sʌni/ *Nomen* [Sing] (*veraltet*) (*Anrede*) Kleiner

‚**son of a** '**bitch** *Nomen* (*Pl* **sons of bitches**) (*bes AmE* **SOB**) (*vulg, Slang, beleidigend*) Hurensohn

‚**son of a** '**gun** *Nomen* (*AmE, umgs*) **1** Scheißkerl, Scheißding **2** (*veraltet*) (*Anrede*) alter Junge

son·or·ity /sə'nɒrəti; *AmE* -'nɔːr-, -'nɑːr-/ *Nomen* (*gehoben*) (Wohl)klang, Klangfülle

son·or·ous /'sɒnərəs; *AmE* 'sɑːn-, sə'nɔːrəs/ *Adj* (*Adv* **son·or·ous·ly**) (*gehoben*) klangvoll; (*Stimme*) sonor

soon /suːn/ *Adv* **1** bald ◊ *See you soon!* Bis bald! **2** früh, schnell ◊ *How soon can you get here?* Wann kannst du frühestens hier sein? ◊ *Next Monday is the soonest we can deliver.* Wir können frühestens Montag liefern. ◊ *The sooner we set off, the sooner we will arrive.* Je eher wir losfahren, desto früher sind wir dort. **3** kurz ◊ *soon after three* kurz nach drei [IDM] **as** '**soon as** sobald **no sooner said than** '**done** gesagt, getan **I, etc. would sooner do sth (than sth else)** ich etc. würde lieber etw tun(, als etw anderes) **no sooner … than …** (*gehoben*) kaum …, da … ◊ *No sooner had she said it than she burst into tears.* Kaum hatte sie es gesagt, da fing sie an zu weinen. **the ‚sooner the** '**better** je eher/früher, desto besser ‚**sooner or** '**later** früher oder später ☛ *Siehe auch* ANY TIME, JUST[1] *und* SAY[1]

soot /sʊt/ *Nomen* Ruß

soothe /suːð/ *Verb* **1** beruhigen **2** (*Schmerzen*) lindern [PHR V] ‚**soothe sth away** (*Schmerzen*) lindern; (*Angst, Sorgen etc.*) vertreiben

sooth·ing /'suːðɪŋ/ *Adj* beruhigend, schmerzlindernd; (*Bad etc.*) entspannend

sooth·ing·ly /'suːðɪŋli/ *Adv* beruhigend, besänftigend

sooth·say·er /'suːθseɪə(r)/ *Nomen* (*veraltet*) Wahrsager(in)

sooty /'sʊti/ *Adj* **1** verrußt, rußig **2** schwarz

sop /sɒp; *AmE* sɑːp/ *Nomen* [meist Sing] Beschwichtigungsmittel

so·phis·ti·cate /sə'fɪstɪkeɪt/ *Nomen* (*gehoben*) Mann/Frau von Welt

so·phis·ti·cated /sə'fɪstɪkeɪtɪd/ *Adj* **1** kultiviert, weltgewandt **2** (*Maschine, System*) hoch entwickelt ◊ *Medical techniques are becoming more sophisticated all the time.* Medizinische Techniken verfeinern sich immer mehr. **3** subtil, raffiniert, (*geistig*) anspruchsvoll [OPP] UNSOPHISTICATED

so·phis·ti·ca·tion /sə,fɪstɪ'keɪʃn/ *Nomen* **1** Kultiviertheit **2** hoher (technischer) Entwicklungsstand **3** hohes (geistiges) Niveau

soph·is·try /'sɒfɪstri; *AmE* 'sɑːf-/ *Nomen* (*Pl* **-ies**) (*gehoben*) Sophisterei

sopho·more /'sɒfəmɔː(r); *AmE* 'sɑːf-/ *Nomen* (*AmE*) **1** Student(in) im zweiten Studienjahr **2** Schüler(in) in der 10. Klasse einer amerikanischen High School

sop·or·if·ic /,sɒpə'rɪfɪk; *AmE* ,sɑːp-/ *Adj* (*gehoben*) einschläfernd

sop·ping /'sɒpɪŋ; *AmE* 'sɑːp-/ (*auch* ‚**sopping** '**wet**) *Adj* völlig durchnässt, triefend nass

soppy /'sɒpi; *AmE* 'sɑːpi/ *Adj* (*bes BrE, umgs*) sentimental ◊ *She is soppy about cats.* Sie ist ganz vernarrt in Katzen.

so·pra·no[1] /sə'prɑːnəʊ; *AmE* sə'prænoʊ/ *Nomen* (*Pl* **-os**) **1** Sopran, Sopranistin **2** Sopranstimme ☛ *Siehe auch* MEZZO-SOPRANO

so·pra·no[2] /sə'prɑːnəʊ; *AmE* sə'prænoʊ/ *Adj* nur vor *Nomen* Sopran- ◊ *a soprano saxophone* ein Sopransaxofon

sor·bet /'sɔːbeɪ; *AmE* 'sɔːrbət/ *Nomen* Sorbet, Wassereis

sor·cer·er /'sɔːsərə(r); *AmE* 'sɔːrs-/ *Nomen* Zauberer

sor·cer·ess /'sɔːsərəs; *AmE* 'sɔːrs-/ *Nomen* Zauberin

sor·cery /'sɔːsəri; *AmE* 'sɔːrs-/ *Nomen* Zauberei

sor·did /'sɔːdɪd; *AmE* 'sɔːrdɪd/ *Adj* schmutzig (*auch fig*) ◊ *people living in sordid conditions* Leute, die in unzumutbaren Verhältnissen leben

sore[1] /sɔː(r)/ *Adj* **1** wund ◊ *have a sore throat* Halsschmerzen haben ◊ *My knee is sore.* Mein Knie tut weh. ◊ *She's still a bit sore after the operation.* Sie hat noch ein wenig Schmerzen nach der Operation. **2** *nicht vor Nomen* (*bes AmE, umgs*) ~ (**at sb/about sth**) sauer (auf jdn/wegen einer Sache) [IDM] **a ‚sore** '**point** ein wunder Punkt **stand/stick out like a sore** '**thumb** (unangenehm) auffallen ◊ *The blue building stood out like a sore thumb among the whitewashed villas.* Das blaue Gebäude passte überhaupt nicht zu den weiß getünchten Villen. ☛ *Siehe auch* SIGHT[1]

sore[2] /sɔː(r)/ *Nomen* wunde Stelle ☛ *Siehe auch* BEDSORE, CANKER SORE *und* COLD SORE

sore·ly /'sɔːli; *AmE* 'sɔːrli/ *Adv* sehr ◊ *I was sorely tempted to complain.* Es hat mich gejuckt, mich zu beschweren. ◊ *Our patience was sorely tested.* Unsere Geduld wurde auf eine harte Probe gestellt.

sor·or·ity /sə'rɒrəti; *AmE* -'rɔːr-, -'rɑːr-/ *Nomen* (*AmE*) Studentinnenvereinigung

sor·rel /'sɒrəl; *AmE* 'sɔːr-, 'sɑːr-/ *Nomen* Sauerampfer

sor·row[1] /'sɒrəʊ; *AmE* 'sɑːroʊ, 'sɔː-/ *Nomen* **1** Traurigkeit, Trauer, Kummer, Leid **2** Unglück ◊ *the joys and sorrows of childhood* die Freuden und Leiden der Kindheit [IDM] ⇨ DROWN

sor·row[2] /'sɒrəʊ; *AmE* 'sɑːroʊ, 'sɔː-/ *Verb* ~ (**over sb/sth**) (*gehoben*) trauern (um jdn/etw)

sor·row·ful /'sɒrəʊfl; *AmE* 'sɑːroʊ-, 'sɔː-/ *Adj* (*Adv* **sor·row·ful·ly** /-fəli/) (*gehoben*) traurig

sorry[1] /'sɒri; *AmE* 'sɑːri, 'sɔːri/ *Adj* (**sor·rier, sor·ri·est**) **1** *nicht vor Nomen* **sb is** ~ es tut jdm Leid ◊ *You'll be sorry if I catch you!* Wenn ich dich kriege, wirst du es bereuen! ☛ *Hinweis bei* ENTSCHULDIGEN **2** *nur vor Nomen* traurig, jämmerlich [IDM] **A is/feels sorry for B** B tut A Leid ◊ *I feel sorry for them.* Sie tun mir Leid. **feel sorry for yourself** (*umgs, abwert*) sich selbst bemitleiden **I'm ‚sorry to** '**say** leider ◊ *He didn't accept the job, I'm sorry to say.* Er hat die Stelle leider nicht angenommen. **say sorry** sich entschuldigen **(I'm) sorry 1** (es) tut mir Leid ◊ *Sorry to bother you.* Entschuldigen Sie, dass ich Sie störe. **2** leider ◊ *I'm sorry to have to tell you you've failed.* Ich muss Ihnen leider mitteilen, dass Sie nicht bestanden haben. ☛ *Siehe auch* SAFE[1]

sorry[2] /'sɒri; *AmE* 'sɑːri, 'sɔːri/ *Ausruf* **1** Entschuldigung! **2** (*bes BrE*) wie bitte?

sort[1] /sɔːt; *AmE* sɔːrt/ *Nomen* **1** Art, Sorte ◊ *'What sort of music do you like?' 'Oh, all sorts.'* „Was für Musik magst du?" „Ach, alles mögliche." ◊ *That's the sort of car I'd like to have.* So ein Auto möchte ich haben. ◊ *There are all sorts of jobs you could do.* Es gibt alle möglichen Jobs, die du machen könntest. ◊ *Most people went on training courses of one sort or another.* Die meisten Leute haben irgendeinen Schulungskurs belegt. ◊ *What sort of price did you want to pay?* Welche Preislage haben Sie sich denn vorgestellt? ◊ *What sort of time do you call this?* Was glaubst du eigentlich, wie viel Uhr es ist? **2** (*bes BrE, umgs*) Sorte Mensch ◊ *He would never cheat on his wife; he's not that sort.* Er würde seine Frau nie betrügen; so einer ist er nicht. **3** (COMP) [Sing] Sortieren ◊ *do a sort* sortieren [IDM] **it takes all sorts (to make a world)** es gibt solche und solche **of** '**sorts** (*umgs*) etw in einer Art von ◊ *He offered us an apology of sorts.* Er brachte eine Art von Entschuldigung vor. **out of** '**sorts** (*bes BrE*) schlecht gelaunt; krank **sort of** (*umgs*) **1** irgendwie ◊ *'Do you understand?' 'Sort of.'* „Verstehst du?" „Ja, so in etwa." **2** (*BrE* **sort of like**) (*umgs*) ◊ *'What does it look like?' 'Well, it's sort of like a … cage.'* „Wie sieht es aus?" „Na ja, so … irgendwie wie ein Käfig." **a sort of sth** (*umgs*) so eine Art von ◊ *I had a sort of feeling he wouldn't come.* Ich hatte so irgendwie das Gefühl, dass er nicht kommen würde. ☛ *Siehe auch* KIND[1]

sort[2] /sɔːt; *AmE* sɔːrt/ *Verb* **1** sortieren ◊ *The computer sorts the words into alphabetical order.* Der Computer ordnet die Wörter alphabetisch. ☛ *Siehe auch* SORT OUT **2** (*bes BrE, umgs*) in Ordnung bringen ◊ *It's time you got yourself sorted.* Es wird Zeit, dass du deine Angelegenheiten in Ordnung bringst. ◊ *It's our problem. We'll get it sorted.* Es ist unser Problem. Wir finden schon eine Lösung. [IDM] ⇨ MAN[1], SHEEP *und* WHEAT [PHR V] ‚**sort itself** '**out** sich von selbst lösen ‚**sort sb** '**out 1** sich um jdn kümmern ☛ G 9.7c **2** (*umgs*) jdm zeigen, wo's langgeht ‚**sort sth** '**out 1** etw in Ordnung bringen; (*Schrank etc.*) aufräumen **2** (*umgs*) etw organisieren **3** etw aussortieren **4** sich um etw kümmern ‚**sort sth** '**out from sth** etw von etw trennen ‚**sort through sth** etw durchsehen ‚**sort yourself** '**out** sich über sich selbst klar werden

sor·tie /'sɔːti; AmE 'sɔːrti/ Nomen **1** (MIL) Angriff, Einsatz [SYN] RAID **2** Ausflug [SYN] FORAY **3** ~ **into sth** Einstieg in etw [SYN] FORAY

SOS /ˌes əʊ 'es; AmE oʊ/ Nomen [Sing] **1** SOS(-Ruf) **2** Hilferuf

ˌso-'so /'səʊ səʊ/ Adj nicht vor Nomen, Adv (umgs) (mittel)mäßig, soso

sotto voce¹ /ˌsɒtəʊ 'vəʊtʃi; AmE ˌsɑːtoʊ 'voʊ-/ Adv (gehoben) leise; (MUS) sotto voce

sotto voce² /ˌsɒtəʊ 'vəʊtʃi; AmE ˌsɑːtoʊ 'voʊ-/ Adj (gehoben) leise

sou·bri·quet /'suːbrɪkeɪ/ Nomen (gehoben) Spitzname [SYN] NICKNAME

souf·flé /'suːfleɪ; AmE suː'fleɪ/ Nomen Soufflé

sought Form von SEEK

'sought after Adj begehrt, gefragt

soul /səʊl; AmE soʊl/ Nomen **1** Seele **2** Herz, Innerstes **3** (künstlerischer) Ausdruck **4 the ~ of sth** der, die, das ... selbst ◇ He is the soul of discretion. Er ist die Verschwiegenheit selbst. **5** Mensch ◇ You're a brave soul. Du bist tapfer. ◇ Don't tell a soul. Sag es niemandem. **6** (auch **'soul music**) (MUS) Soul [IDM] **sth is good for the 'soul** (hum) etw tut jdm gut ☞ Siehe auch BARE², BODY, GOD, HEART, LIFE und SELL¹

'soul-destroying /'səʊl dɪstrɔɪɪŋ/ Adj nervtötend, geisttötend

'soul food Nomen = traditionelle Küche der schwarzen Bevölkerung in den Südstaaten der USA

soul·ful /'səʊlfl; AmE 'soʊlfl/ Adj (Adv **soul·ful·ly** /-fəli/) gefühlvoll, schwermütig

soul·less /'səʊlləs; AmE 'soʊl-/ Adj **1** seelenlos **2** (Mensch) gefühllos

'soul mate Nomen Seelenverwandte(r)

'soul music Nomen Soulmusik

'soul-searching /'səʊl sɜːtʃɪŋ/ Nomen Gewissenserforschung

sound¹ /saʊnd/ Nomen **1** Geräusch, Ton, Laut ◇ a buzzing sound im Summen ◇ I heard the sound of footsteps. Ich hörte Schritte. ◇ The sirens are a familiar sound. Man hört die Sirenen oft. **2** (PHYSIK) Schall **3** (Film, Radio etc.) Ton ◇ Could you turn the sound down? Kannst du es leiser stellen? **4** (von Sängern, Bands) Sound **5** ◇ I like the sound of that! Das klingt gut! ◇ He didn't like the sound of it. Das hörte sich für ihn nicht gut an. **6** (oft in Ortsnamen) Meerenge, Sund [SYN] STRAIT [IDM] **by the 'sound of it/things** (so), wie es sich anhört **like the sound of your own 'voice** (abwert) sich selbst gern sprechen hören **within (the) sound of sth** (BrE) in Hörweite von etw

sound² /saʊnd/ Verb **1** (selten in der Verlaufsform) klingen, sich anhören ◇ He makes it sound so easy. Wenn man ihm hört, klingt es so einfach. ◇ It sounds as if she killed herself. Sie scheint Selbstmord begangen zu haben. **2** ertönen (lassen) ◇ The bell sounded for the end of the class. Es klingelte zum Ende der Stunde. ◇ They sounded their horns. Sie hupten. ◇ sound the alarm Alarm schlagen **3** (Fachspr) (Laut, Buchstaben, etc.) aussprechen **4** (Fachspr) (Wassertiefe) ausloten [IDM] ⇨ SUSPICIOUSLY [PHRV] **ˌsound 'off (about sth)** (umgs, abwert) sich (über etw) auslassen **ˌsound sb 'out (about/on sth)** jdn (über etw) aushorchen ◇ I wanted to sound him out about a job. Ich wollte ihn wegen eines Jobs auf den Zahn fühlen. **ˌsound sth 'out** etw herausbekommen ◇ They wanted to sound out her interest in the project. Sie wollten herausbekommen, ob sie an dem Projekt interessiert war.

sound³ /saʊnd/ Adj **1** vernünftig ◇ The proposal makes sound commercial sense. Der Plan ist wirtschaftlich sehr vernünftig. ◇ a person of sound judgement ein Mensch mit gutem Urteilsvermögen ◇ a sound basis eine solide Basis [OPP] UNSOUND **2** nur vor Nomen gut, solide ◇ a sound tennis player ein guter Tennisspieler ◇ He has a sound grasp of the issues. Er versteht die Probleme sehr gut. **3** gesund, solide ◇ be of sound mind bei klarem Verstand sein ◇ The roof is sound. Das Dach ist in gutem Zustand. **4** (Schlaf) fest ◇ He's a sound sleeper. Er hat einen gesunden Schlaf. **5** (Tracht Prügel) gehörig [IDM] **(as) sound as a 'bell** kerngesund

sound⁴ /saʊnd/ Adv **be ~ asleep** fest schlafen

'sound barrier Nomen [Sing] Schallmauer

'sound bite Nomen = prägnantes Zitat (aus einem Interview, einer Rede)

'sound card Nomen (COMP) Soundkarte

'sound check Nomen Soundcheck

'sound effect Nomen [meist Pl] Geräuscheffekt

'sound engineer Nomen Toningenieur(in)

'sounding board Nomen = Zuhörer (an dem/denen man seine Ideen austesten kann)

sound·ings /'saʊndɪŋz/ Nomen [Pl] **1** Lotungen **2** Sondierungen ◇ take soundings among party members bei den Parteimitgliedern das Terrain sondieren

sound·less /'saʊndləs/ Adj (Adv **sound·less·ly**) lautlos

sound·ly /'saʊndli/ Adv **1** (schlafen) fest **2** vernünftig ◇ a soundly-based conclusion ein vernünftiger Schluss **3** gründlich ◇ The team was soundly defeated. Die Mannschaft wurde vernichtend geschlagen. **4** solide **5** gut **6** (verhauen) ordentlich

sound·ness /'saʊndnəs/ Nomen **1** Vernünftigkeit ◇ soundness of judgement ein gutes Urteilsvermögen **2** Solidität ◇ financial soundness finanzielle Stabilität

sound·proof¹ /'saʊndpruːf/ (auch **sound·proofed**) Adj schalldicht

sound·proof² /'saʊndpruːf/ Verb schalldicht machen, schalldämmen

'sound system Nomen Tonanlage, Verstärkeranlage

sound·track /'saʊndtræk/ Nomen **1** (Film) Tonspur **2** Filmmusik, Soundtrack(-Album)

'sound wave Nomen Schallwelle

soup¹ /suːp/ Nomen Suppe

soup² /suːp/ Verb [PHRV] **ˌsoup sth 'up** (umgs) (Auto, Rechner etc.) frisieren, aufmotzen

soup·çon /'suːpsɒn; AmE '-sɑːn/ Nomen [Sing] (manchmal hum) Spur ◇ a soupçon of malice ein Anflug von Bosheit

'soup kitchen Nomen Armenküche, Suppenküche

sour¹ /'saʊə(r)/ Adj **1** sauer, säuerlich **2** (Adv **sour·ly**) (fig) griesgrämig, verdrießlich ◇ The meeting ended on a sour note. Die Sitzung endete mit einem Missklang. [IDM] **go/turn 'sour** sich verschlechtern; fehlschlagen ◇ The dream has turned sour. Der Traum ist ausgeträumt. **sour 'grapes** Neid ◇ That's just sour grapes. Die Trauben hängen zu hoch.

sour² /'saʊə(r)/ Verb **1** (sich) verschlechtern **2** (Milch) sauer werden (lassen)

source¹ /sɔːs; AmE sɔːrs/ Nomen **1** Quelle ◇ Government sources indicated that ... Aus Regierungskreisen verlautete, dass ... **2** Ursache ◇ be a source of confusion zu Unklarheit führen ◇ be a source of anxiety Angstgefühle auslösen [IDM] **at 'source** direkt

source² /sɔːs; AmE sɔːrs/ Verb ~ **sth (from ...)** (WIRTSCH) etw (von/aus ...) beziehen

'source code Nomen (COMP) Quellcode

ˌsour 'cream (BrE auch **ˌsoured 'cream**) Nomen saure Sahne, Sauerrahm

sour·dough /'saʊədəʊ; AmE 'saʊərdoʊ/ Nomen (bes AmE) **1** Sauerteig **2** mit Sauerteig gebackenes Brot

sour·ly Adv ⇨ SOUR¹

sour·ness /'saʊənəs/ Nomen **1** Säuerlichkeit **2** Verdrießlichkeit

sour·puss /'saʊəpʊs; AmE 'saʊərpʊs/ Nomen (umgs) Sauertopf, Miesepeter

souse /saʊs/ Verb (durch)tränken

soused /saʊst/ Adj **1** eingelegt **2** (umgs) besoffen

south¹ /saʊθ/ Nomen (Abk **S**) Süden ◇ to the south of Paris südlich von Paris ◇ the South of France Südfrankreich ☞ Wenn **south** sich auf einen Landesteil bezieht, wird es oft großgeschrieben. **The South** wird auch verwendet für die Südstaaten der USA, die im Bürgerkrieg gegen die Nordstaaten gekämpft haben, und für die Länder der südlichen Hemisphäre.

south² /saʊθ/ Adj nur vor Nomen (Abk **S**; AmE auch **So.**) Süd-, südlich ◇ the south wind der Südwind

south³ /saʊθ/ Adv nach Süden ◇ south of Bath südlich von Bath [IDM] **ˌdown 'south** (umgs) im Süden; in den Süden

south·bound /'saʊθbaʊnd/ Adj in Richtung Süden ◇ the

southbound carriageway of the motorway die Autobahn in Richtung Süden

‚south-'east¹ *Nomen* (*Abk* **SE**) Südosten **2** *Adv, Adj* nach Südosten, südöstlich, Südost-

‚south-'easter·ly *Adj* **1** *nur vor Nomen* (*Richtung*) südöstlich **2** (*Wind*) Südost-

‚south-'eastern *Adj nur vor Nomen* (*Abk* **SE**) südöstlich ☛ *Beispiele bei* NORTH-EASTERN

‚south-'eastwards (*auch* **south-eastward**) *Adv, Adj* südostwärts, nach Südosten

south·er·ly /'sʌðəli; *AmE* -ərli/ **1** *Adj nur vor Nomen* (*Richtung*) südlich **2** *Adj* (*Wind*) Süd- **3** *Nomen* (*Pl* **-ies**) Südwind

south·ern /'sʌðən; *AmE* -ərn/ *Adj* (*Abk* **S**; *AmE auch* **So.**) Süd-, südlich ◊ *the southern slopes of the mountains* die südlichen Hänge der Berge ☛ *Hinweis bei* NORDEN

south·ern·er /'sʌðənə(r); *AmE* -ərn-/ *Nomen* = Bewohner(in) des Südens eines Landes

south·ern·most /'sʌðənməʊst; *AmE* -ərnmoʊst/ *Adj* südlichste(r,s)

south·paw /'saʊθpɔː/ *Nomen* (*bes AmE, umgs*) Linkshänder(in)

the ‚South 'Pole *Nomen* der Südpol

south·wards /'saʊθwədz; *AmE* -wərdz/ (*auch* **southward**) *Adv, Adj* südwärts, nach Süden

‚south-'west *Nomen* **1** (*Abk* **SW**) Südwesten **2** *Adv, Adj* nach Südwesten, südwestlich, Südwest-

‚south-'wester·ly *Adj* **1** *nur vor Nomen* (*Richtung*) südwestlich **2** (*Wind*) Südwest-

‚south-'western *Adj nur vor Nomen* (*Abk* **SW**) südwestlich ☛ *Beispiele bei* NORTH-EASTERN

‚south-'westwards (*auch* ‚south-'westward) *Adv, Adj* südwestwärts, nach Südwesten

sou·ve·nir /ˌsuːvə'nɪə(r)/ *Nomen* Andenken, Souvenir

sou'·wester /ˌsaʊ'westə(r)/ *Nomen* **1** (*Hut*) Südwester **2** Südwest(wind)

sov·er·eign¹ /'sɒvrɪn; *AmE* 'sɑːvrən/ *Nomen* **1** (*gehoben*) Souverän, König(in) **2** (*früher in GB*) 20-Shilling-Goldmünze

sov·er·eign² /'sɒvrɪn; *AmE* 'sɑːvrən/ *Adj* (*gehoben*) souverän; (*Herrscher auch*) unumschränkt ◊ *Parliament must always remain sovereign.* Die höchste Staatsgewalt steht immer dem Parlament zu.

sov·er·eign·ty /'sɒvrənti; *AmE* 'sɑːv-/ *Nomen* (*gehoben*) Souveränität, Oberherrschaft ◊ (*fig*) *the idea of consumer sovereignty* das Konzept, dass der Kunde König ist

So·viet¹ /'səʊviət, 'sɒv-; *AmE* 'soʊviet, 'sɑːv-/ *Adj* sowjetisch, Sowjet-

so·viet² /'səʊviət, 'sɒv-; *AmE* 'soʊviet, 'sɑːv-/ *Nomen* **1** Sowjet **2 the Soviets** [Pl] (*bes AmE*) die Sowjets

sow¹ /səʊ; *AmE* soʊ/ *Verb* (**sowed, sown** /səʊn; *AmE* soʊn/ *oder* **sowed, sowed**) säen (*auch fig*) ~ **sth** (**with sth**) etw (mit etw) besäen ◊ *sow doubt in sb's mind* jdm Zweifel eingeben ◊ *sow confusion* Verwirrung stiften [IDM] **sow the seeds of sth** den Keim zu etw legen; den Boden für etw bereiten **sow** (**your**) **wild 'oats** sich die Hörner abstoßen

sow² /saʊ/ *Nomen* Sau [IDM] ⇨ SILK

sower /'səʊə(r); *AmE* 'soʊ-/ *Nomen* **1** Säer(in) **2** Sämaschine

soya /'sɔɪə/ (*AmE* **soy** /sɔɪ/) *Nomen* [U] Soja(bohnen)

'soya bean (*AmE* **soy·bean** /'sɔɪbiːn/) *Nomen* Sojabohne

‚soy 'sauce (*auch* ‚soya 'sauce) *Nomen* Sojasoße

soz·zled /'sɒzld; *AmE* 'sɑːzld/ *Adj* (*BrE, umgs*) besoffen

spa /spɑː/ *Nomen* **1** Heilbad ◊ (*in Ortsnamen*) Bad ◊ *a spa town/resort* ein Heilbad ◊ *spa waters* Heilwasser **2** (*bes AmE*) Fitness-Center **3** (*bes AmE*) Whirlpool

space¹ /speɪs/ *Nomen* **1** [U] Platz ◊ *There was not enough space to print all the letters.* Aus Platzmangel konnten wir nicht alle Briefe drucken. ◊ *provide more living space* die Wohnfläche vergrößern ◊ *office space* Büroräume ◊ *hard disk space* Speicherkapazität ◊ *storage space* Stauraum ◊ *a feeling of space* ein Eindruck von Geräumigkeit [SYN] ROOM **2** Raum, Platz ◊ *a space two metres by three metres* eine Fläche von zwei mal drei Metern ◊ *a parking space* eine Parklücke ◊ *Put it in the space between the table and the wall.* Stell es zwischen den Tisch und die Wand. **3** Leerstelle ◊ *Leave a space after the comma.* Lassen Sie nach dem Komma eine Leerstelle frei. **4** (*auch* ‚outer 'space) Weltraum ◊ *visitors from outer space* außerirdische Besucher **5** [meist Sing] Zeitraum ◊ *within/in the space of five days* innerhalb von fünf Tagen ◊ *in a short space of time* in kurzer Zeit **6** (offenes) Land ◊ *the wide open spaces of the prairies* das weite, offene Land der Prärie ◊ *a city with plenty of open space* eine Stadt mit vielen Grünflächen **7** (*fig*) Freiraum ◊ *She was upset and needed space.* Sie war unglücklich und wollte allein sein. **8** (PHYSIK) Raum ◊ *space and time* Raum und Zeit [IDM] **look/stare/gaze into 'space** ins Leere starren ☛ *Siehe auch* WASTE² *und* WATCH¹

space² /speɪs/ *Verb* in (regelmäßigen) Abständen anordnen ◊ *evenly spaced plants* Pflanzen in regelmäßigen Abständen ◊ *Space the posts about a metre apart.* Stellen Sie die Pfosten in Abständen von etwa einem Meter auf. [PHR V] ‚space 'out (*bes AmE, umgs*) (völlig) wegtreten ‚space sth 'out etw (räumlich) verteilen ◊ *The houses are spaced out in this area of town.* In diesem Stadtteil stehen die Häuser nicht so eng beieinander.

'space-age *Adj* (*umgs*) ultramodern

'space bar *Nomen* Leertaste

space·craft /'speɪskrɑːft; *AmE* -kræft/ (*Pl* **space·craft**) *Nomen* Raumfahrzeug

‚spaced 'out *Adj* (*umgs*) (völlig) weggetreten

'space heater *Nomen* (*AmE*) elektrisches Heizgerät

space·man /'speɪsmæn/ *Nomen* (*Pl* **-men** /-mən/) (*umgs*) **1** Raumfahrer **2** außerirdisches Wesen [SYN] ALIEN

'space probe (*auch* **probe**) *Nomen* Raumsonde

space·ship /'speɪsʃɪp/ *Nomen* Raumschiff

'space shuttle (*auch* **shuttle**) *Nomen* Raumfähre

'space station *Nomen* Raumstation

'space·suit /'speɪssuːt; *BrE auch* -sjuːt/ *Nomen* Raumanzug

'space-time *Nomen* [U] (PHYSIK) Raum-Zeit-Kontinuum

space·woman /'speɪswʊmən/ *Nomen* (*Pl* **-women** /-wɪmɪn/) Raumfahrerin

spacey /'speɪsi/ *Adj* (*umgs*) weggetreten

spa·cial = SPATIAL

spa·cing /'speɪsɪŋ/ *Nomen* [U] Abstand

spa·cious /'speɪʃəs/ *Adj* (*Adv* **spa·cious·ly**) geräumig

spa·cious·ness /'speɪʃəsnəs/ *Nomen* Geräumigkeit

spade /speɪd/ *Nomen* **1** Spaten ◊ *They took their buckets and spades.* Sie nahmen ihre Schaufeln und Eimer mit. **2** spades [Pl/U] (*Spielkartenfarbe*) Pik ◊ *the ace of spades* das Pikass ☛ *Hinweis bei* PIK **3** (*Spielkarte*) Pik [IDM] **in 'spades** (*umgs*) zur Genüge ☛ *Siehe auch* CALL¹

spade·work /'speɪdwɜːk; *AmE* -wɜːrk/ *Nomen* [U] (mühevolle) Vorarbeit

spa·ghetti /spə'geti/ *Nomen* [U] Spaghetti

spake *Form von* SPEAK

spam /spæm/ *Nomen* [U] **1** Spam™ Frühstücksfleisch **2** (*umgs*) unerwünschte E-Mail-Werbung

span¹ /spæn/ *Nomen* **1** Zeitspanne, Zeitraum ◊ *Small children have a short attention/concentration span.* Kleine Kinder können sich nicht lange konzentrieren. **2** Bandbreite, Umfang ◊ *Managers have a wide span of control.* Manager haben viel Personal unter sich. ◊ *These forests cover a broad span of latitudes.* Diese Wälder erstrecken sich über viele Breitengrade. **3** (Brücken)bogen **4** Spannweite

span² /spæn/ *Verb* (**-nn-**) **1** umfassen ◊ *family photos spanning five generations* Familienfotos aus fünf Generationen **2** überspannen

span³ /spæn/ *Adj* [IDM] ⇨ SPICK

Span·dex™ /'spændeks/ *Nomen* Lycra®

span·gle¹ /'spæŋgl/ *Verb* besetzen, übersäen ◊ *spangled costumes* mit Pailletten besetzte Kostüme

span·gle² /'spæŋgl/ *Nomen* Paillette [SYN] SEQUIN

span·iel /'spænjəl/ *Nomen* Spaniel

Spanish moss /ˌspænɪʃ 'mɒs; *AmE* 'mɔːs/ *Nomen* Spanisches Moos

spank¹ /spæŋk/ *Verb* schlagen, einen Klaps geben

spank² /spæŋk/ *Nomen* Schlag, Klaps
spank·ing¹ /'spæŋkɪŋ/ *Nomen* Schläge
spank·ing² /'spæŋkɪŋ/ *Adv* (*umgs*) ◊ *spanking new* funkelnagelneu
spank·ing³ /'spæŋkɪŋ/ *Adj* (*umgs*) hervorragend ◊ *at a spanking pace* in flottem Tempo
span·ner /'spænə(r)/ *Nomen* (*BrE*) Schraubenschlüssel [IDM] **a 'spanner in the works** (*BrE*) ein Hemmschuh ◊ *throw a spanner in the works* Sand ins Getriebe streuen
spar¹ /spɑː(r)/ *Verb* (**-rr-**) **~ (with sb) 1** (*Boxen*) (mit jdm) sparren **2** sich (mit jdm) kabbeln
spar² /spɑː(r)/ *Nomen* **1** (*Schiff*) Rundholz, Spiere **2** (*Flugzeug*) Holm
spare¹ /speə(r)/ *AmE* sper/ *Adj* **1** übrig, überzählig ◊ *a spare bedroom* ein Gästezimmer ◊ *Are there any tickets going spare?* Sind noch Karten übrig? **2** Ersatz- ◊ *Take some spare clothes.* Nimm Kleider zum Wechseln mit. **3** (*Zeit*) frei ◊ *in his spare time* in seiner Freizeit ◊ *I haven't had a spare moment this morning.* Heute Morgen habe ich keine freie Minute gehabt. **4** (*gehoben*) hager [IDM] **go 'spare** (*BrE*, *umgs*) durchdrehen; verrückt werden
spare² /speə(r)/ *AmE* sper/ *Verb* **1** entbehren ◊ *We can only spare one room for you.* Wir können dir nur ein Zimmer geben. ◊ *Could you spare somebody to help us out?* Könnten Sie uns jemanden zur Aushilfe überlassen? ◊ *Spare a thought for the cleaner.* Denk auch an die Putzfrau. ◊ *Can you spare me a few minutes?* Hast du ein paar Minuten Zeit für mich? **2 ~ sb/yourself (from) sth** jdm/sich etw ersparen ◊ *She was spared from the ordeal of appearing in court.* Es blieb ihr erspart, vor Gericht erscheinen zu müssen. **3 ~ sb/sth (from sth)** (*gehoben*) (jdm/etw vor etw) verschonen **4 ~ no effort, expense, etc.** keine Mühe, Kosten etc. scheuen ◊ *He spared no effort to make her happy again.* Er setzte alles daran, sie wieder glücklich zu machen. **5 not ~ yourself** sich nicht schonen [IDM] **spare sb's 'blushes** (*BrE*) jdn nicht in Verlegenheit bringen **spare sb's 'feelings** auf jds Gefühle Rücksicht nehmen **to 'spare** übrig ◊ *We arrived at the airport with five minutes to spare.* Wir waren fünf Minuten vor Abflug am Flughafen.
spare³ /speə(r)/ *AmE* sper/ *Nomen* **1** Ersatz **2** Reserverad, Ersatzrad **3 spares** [Pl] (*bes BrE*) Ersatzteile
,spare 'part *Nomen* [meist Pl] Ersatzteil
,spare 'rib *Nomen* Rippchen, Spare Rib
,spare 'tyre (*AmE* **,spare 'tire**) *Nomen* **1** Reserverad, Ersatzrad **2** (*BrE*, *umgs*) (*fig*) Rettungsring
spar·ing /'speərɪŋ/ *AmE* 'sper-/ *Adj* (*Adv* **spar·ing·ly**) sparsam ◊ *He was always sparing with his praise.* Er geizte immer mit Lob.
spark¹ /spɑːk/ *AmE* spɑːrk/ *Nomen* **1** Funke (*auch fig*) ◊ *a shower of sparks* ein Funkenregen **2 a ~ of sth** ein Fünkchen (von etw) **3** Pep **4** (*fig*) Zündstoff ◊ *These were the sparks of revolution.* Das war der Zündstoff für die Revolution. [IDM] ➪ BRIGHT¹
spark² /spɑːk/ *AmE* spɑːrk/ *Verb* **1 ~ sth (off)** etw auslösen; (*Interesse*) wecken **2** sprühen ◊ *The game suddenly sparked to life.* Plötzlich kam Leben in das Spiel.
spar·kle¹ /'spɑːkl/ *AmE* 'spɑːrkl/ *Verb* **1** funkeln, glitzern ☞ *Hinweis bei* FUNKELN **2** glänzen, sprühen
spar·kle² /'spɑːkl/ *AmE* 'spɑːrkl/ *Nomen* **1** Glitzern, Funkeln ◊ *There was a sparkle of excitement in her eyes.* Ihre Augen sprühten vor Aufregung. **2** Schwung, Pep
spark·ler /'spɑːklə(r)/ *AmE* 'spɑːrk-/ *Nomen* Wunderkerze
spark·ling /'spɑːklɪŋ/ *AmE* 'spɑːrk-/ *Adj* **1** (*umgs* **sparkly** /'spɑːkli/ *AmE* 'spɑːrkli/) glitzernd, funkelnd **2** (*Getränk*) schäumend ◊ *sparkling wine* Schaumwein ◊ *sparkling mineral water* kohlensäurehaltiges Mineralwasser **3** (*fig*) sprühend **4** (*hervorragend*) brillant, glänzend
'spark plug (*auch* **plug**) (*BrE auch* **'sparking plug**) *Nomen* Zündkerze
spark·y /'spɑːki/ *AmE* 'spɑːrki/ *Adj* (*BrE*, *umgs*) vor Leben sprühend
'sparring partner *Nomen* Sparringspartner(in) (*auch fig*)
spar·row /'spærəʊ/ *AmE* -roʊ/ *Nomen* Sperling, Spatz
spar·row·hawk /'spærəʊhɔːk/ *AmE* -roʊ-/ *Nomen* Sperber
sparse /spɑːs/ *AmE* spɑːrs/ *Adj* (*Adv* **sparse·ly**) spärlich ◊ *a sparsely populated area* eine dünn besiedelte Gegend

sparse·ness /'spɑːsnəs/ *Nomen* Spärlichkeit ◊ *the sparseness of the population* die geringe Bevölkerungsdichte
spar·tan /'spɑːtn; *AmE* 'spɑːrtn/ *Adj* (*gehoben*) spartanisch [OPP] LUXURIOUS
spasm /'spæzəm/ *Nomen* **1** (*Muskel-*) Krampf **2 ~ (of sth)** Anfall (von etw)
spas·mod·ic /spæz'mɒdɪk; *AmE* -'mɑːd-/ *Adj* (*Adv* **spas·mod·ic·al·ly** /-kli/) **1** sporadisch **2** (*Fachspr*) spasmodisch, krampfartig
spas·tic /'spæstɪk/ **1** *Adj* (*veraltet oder Fachspr*) spastisch **2** *Nomen* (*veraltet*) Spastiker(in) ☞ *Hinweis bei* SPASTIKER
spat¹ *Form von* SPIT¹
spat² /spæt/ *Nomen* **1** (*umgs*) Kabbelei, Streiterei **2** Halbgamasche
spate /speɪt/ *Nomen* [meist Sing] **~ of sth** Serie von etw [IDM] **in (full) 'spate** (*bes BrE*) Hochwasser führend ◊ (*fig*) *Celia was in full spate.* Celia war nicht zu bremsen.
spa·tial (*auch* **spa·cial**) /'speɪʃl/ *Adj* (*Adv* **spa·tial·ly** /-ʃəli/) (*gehoben*) räumlich
spat·ter¹ /'spætə(r)/ *Verb* **1** (be)spritzen ◊ *blood-spattered walls* blutbespritzte Wände **2** (*Regen etc.*) prasseln, klatschen
spat·ter² /'spætə(r)/ (*auch* **spat·ter·ing**) *Nomen* [Sing] Spritzer ◊ *a spattering of blood* Blutspritzer
spat·ula /'spætʃələ/ *Nomen* **1** Spachtel **2** (*bes AmE*) Bratenwender **3** (*BrE*) (MED) Spatel
spawn¹ /spɔːn/ *Verb* **1** (ZOOL) laichen **2** (*fig*) hervorbringen
spawn² /spɔːn/ *Nomen* (ZOOL) Laich ☞ *Siehe auch* FROGSPAWN
spay /speɪ/ *Verb* (*Tier*) sterilisieren
speak /spiːk/ *Verb* (**spoke** /spəʊk/; *AmE* spoʊk/, **spoken** /'spəʊkən; *AmE* 'spoʊ-/) **1** sprechen ◊ *I've spoken to the manager about it.* Ich habe mit dem Leiter darüber gesprochen. ◊ (*bes AmE*) *Can I speak with you for a minute?* Kann ich Sie eine Minute sprechen? ◊ *'Can I speak to Susan?' 'Speaking.'* „Kann ich Susan sprechen?" „Am Apparat." ◊ *a speaking voice* eine (Sprech)stimme ◊ *Speaking of travelling,* ... Da wir gerade vom Reisen sprechen, ... ◊ *Witnesses spoke of a great ball of flame.* Augenzeugen beschrieben einen großen Feuerball. ◊ *'Do you know him?' 'Not to speak to.'* „Kennst du ihn?" „Nur vom Sehen." ◊ *He doesn't speak Spanish.* Er kann nicht Spanisch. ☞ *Hinweis bei* SPRECHEN **2 ...speaking** ... gesprochen, vom ... Standpunkt aus ◊ *figuratively speaking* bildlich gesprochen ◊ *environmentally speaking* vom Umweltstandpunkt aus ◊ *personally speaking* was mich betrifft **3** eine Rede halten, einen Vortrag halten ◊ *She spoke in favour of the new tax.* Sie sprach sich für die neue Steuer aus. **4 ~ sth** etw sagen, etw sprechen ◊ *speak the truth* die Wahrheit sagen ◊ *He hasn't spoken a word yet.* Er hat noch kein Wort gesprochen. **5 -speaking** (*in Adjektiven*) -sprachig ◊ *French-speaking Canada* der französischsprachige Teil Kanadas ◊ *non-English-speaking students* Studenten ohne Englisch-Kenntnisse [IDM] **be on 'speaking terms (with sb); be 'speaking (to sb)** mit jdm reden ◊ *We are not on speaking terms.* Wir reden nicht miteinander. **no sth to 'speak of** kaum etw ◊ *They've got no friends to speak of.* Sie haben kaum Freunde. **not to 'speak of** ganz zu schweigen von **nothing to 'speak of** so gut wie nichts **,so to 'speak** sozusagen; gleichsam **speak for your'self** (*umgs*) ◊ *'We didn't play very well.' 'Speak for yourself!'* „Wir haben nicht sehr gut gespielt." „Das gilt vielleicht für dich, aber nicht für mich." **speaking as sth** als etw ◊ *Speaking as a teacher, I disagree.* Als Lehrer bin ich da anderer Meinung. **speak your 'mind** seine Meinung sagen; sagen, was man denkt **sb ,speaks out of 'turn** es steht jdm nicht zu, das/so etwas zu sagen ◊ *My secretary spoke out of turn.* Es stand meiner Sekretärin nicht zu, das zu sagen. ◊ *I'm sorry if I spoke out of turn.* Das hätte ich nicht sagen sollen. **speak 'volumes (about/for sth/sb)** Bände sprechen (über etw/jdn) **speak 'well/'ill of sb** (*gehoben*) gut/schlecht über jdn sprechen ☞ *Siehe auch* ACTION¹, DEVIL, FACT, LANGUAGE *und* MANNER [PHRV] **'speak for sb** für jdn sprechen **'speak of sth** (*gehoben*) von etw zeugen **,speak 'out (against sth)** sich gegen etw aussprechen **,speak 'up** lauter sprechen **,speak 'up (for sb/sth)** sich (für jdn/etw) einsetzen

-speak /spiːk/ (in Nomina) (umgs, oft abwert) -jargon ◊ computerspeak Computerjargon

speak·easy /ˈspiːkiːzi/ Nomen (Pl **-ies**) = Lokal, in dem während der Prohibitionszeit in Amerika illegal Alkohol ausgeschenkt wurde

speak·er /ˈspiːkə(r)/ Nomen **1** Redner(in) ◊ She was a brilliant public speaker. Sie war eine glänzende Rednerin. **2** Sprecher(in) ◊ French speakers Leute, die Französisch sprechen ◊ native speakers of English englische Muttersprachler **3** **Speaker** ≈ Parlamentspräsident(in) **4** Lautsprecher, Box

speak·er·phone /ˈspiːkəfəʊn; AmE -ərfoʊn/ Nomen (AmE) Freisprechtelefon

spear¹ /spɪə(r); AmE spɪr/ Nomen **1** Speer, Lanze **2** Halm

spear² /spɪə(r); AmE spɪr/ Verb aufspießen ◊ spear fish Fische mit Speeren fangen

spear·head¹ /ˈspɪəhəd; AmE ˈspɪrhed/ Nomen [meist Sing] (gehoben) Angriffsspitze ◊ The new party was the spearhead of popular discontent. Die neue Partei war der Anführer allgemeiner Unzufriedenheit.

spear·head² /ˈspɪəhəd; AmE ˈspɪrhed/ Verb (gehoben) anführen

spear·mint /ˈspɪəmɪnt; AmE ˈspɪrm-/ Nomen Grüne Minze

spec /spek/ Nomen [Sing] (BrE) Spezifikationen ☛ Siehe auch SPECIFICATION [IDM] **on 'spec** (BrE, umgs) auf gut Glück

spe·cial¹ /ˈspeʃl/ Adj **1** besondere(r,s), Sonder- ◊ As an only child she got special attention. Als Einzelkind schenkte man ihr immer ganz besondere Aufmerksamkeit. ◊ There is something special about this place. Dieser Ort hat etwas Besonderes an sich. ◊ What are your special interests? Wofür interessierst du dich besonders? ◊ Please take special care of it. Bitte pass ganz besonders gut darauf auf. ◊ Our special guest on next week's show will be … Unser Ehrengast bei der nächsten Show ist … ◊ Don't lose it — it's special. Verlier es nicht — es bedeutet mir viel. **2** speziell, Spezial-; (Zweck) bestimmt ◊ This type of wood needs special treatment. Diese Art von Holz benötigt eine Spezialbehandlung. **3** eigen ◊ She has a special way of smiling. Sie hat eine eigene Art zu lächeln.

spe·cial² /ˈspeʃl/ Nomen **1** (TV, Radio) Sondersendung; (Presse) Sonderausgabe; (auf einer Speisekarte) Tagesgericht **2** (AmE, umgs) Sonderangebot

ˈspecial agent Nomen Geheimdienstagent(in)

ˈSpecial Branch Nomen = britische Sicherheitspolizei ☛ G 1.3a

ˌspecial ˈconstable Nomen (in der britischen Polizei) Hilfspolizist(in)

ˌspecial deˈlivery Nomen Eilzustellung

ˌspecial eduˈcation Nomen Sonderschulwesen, Sonderschulpädagogik

ˌspecial efˈfects Nomen [Pl] Spezialeffekte

spe·cial·ism /ˈspeʃəlɪzəm/ Nomen **1** Spezialgebiet **2** Spezialisierung

spe·cial·ist¹ /ˈspeʃəlɪst/ Nomen **1** Spezialist(in), Fachmann, Fachfrau **2** Facharzt, Fachärztin

spe·cial·ist² /ˈspeʃəlɪst/ Adj nur vor Nomen Fach-, Spezial- ◊ You need some specialist advice. Du brauchst den Rat eines Fachmanns.

spe·ci·al·ity /ˌspeʃiˈæləti/ Nomen (BrE) (Pl **-ies**) **1** Spezialität **2** Spezialgebiet, Fachgebiet

spe·cial·iza·tion (BrE auch **-isation**) /ˌspeʃəlaɪˈzeɪʃn; AmE -ləˈz-/ Nomen Spezialisierung

spe·cial·ize (BrE auch **-ise**) /ˈspeʃəlaɪz/ Verb ~ (in sth) sich (auf etw) spezialisieren

spe·cial·ized (BrE auch **-ised**) /ˈspeʃəlaɪzd/ Adj Spezial-, Fach-

spe·cial·ly /ˈspeʃəli/ Adv **1** speziell, extra ◊ We came specially to see you. Wir sind extra deinetwegen gekommen. **2** (umgs) besonders ◊ I hate homework. Specially history. Ich hasse Hausaufgaben — besonders Geschichte. ☛ Hinweis bei SPEZIELL

ˌspecial ˈneeds Nomen [Pl] (bes BrE) ◊ children with special needs lernbehinderte Kinder ◊ special needs teachers Sonderschullehrer

ˌspecial ˈoffer Nomen Sonderangebot ◊ We have a special offer on perfume this week. Wir haben Parfum diese Woche im Sonderangebot.

ˌspecial ˈpleading Nomen **1** einseitige Beweisführung **2** Bitte um Sonderbehandlung

ˌspecial ˈschool Nomen Schule für Behinderte, Sonderschule

spe·cial·ty /ˈspeʃlti/ Nomen (bes AmE) **1** Spezialität **2** Spezialgebiet, Fachgebiet

spe·cies /ˈspiːʃiːz/ Nomen (Pl **spe·cies**) (BIOL) Art

spe·cif·ic /spəˈsɪfɪk/ Adj **1** genau, präzise SYN PRECISE **2** bestimmt, spezifisch ◊ These viruses are specific to insects. Diese Viren greifen nur Insekten an. ◊ This teaching method is not specific to any particular language. Die Lehrmethode kann auf jede Sprache angewendet werden.

spe·cif·ic·al·ly /spəˈsɪfɪkli/ Adv **1** ausdrücklich **2** eigens, besonders **3** (**more**) ~ genauer gesagt

speci·fi·ca·tion /ˌspesɪfɪˈkeɪʃn/ Nomen Spezifikation ◊ The office is furnished to a high specification. Die Ausstattung des Büros entspricht den höchsten Maßstäben.

speˌcific ˈgravity Nomen spezifisches Gewicht

speci·fi·city /ˌspesɪˈfɪsəti/ Nomen (gehoben) Genauigkeit

spe·cif·ics /spəˈsɪfɪks/ Nomen [Pl] Einzelheiten, Details

spe·ci·fy /ˈspesɪfaɪ/ Verb (**-fies, -fy·ing, -fied, -fied**) **1** angeben ◊ by the specified date bis zum genannten Zeitpunkt **2** vorschreiben ◊ The contract clearly specifies who can operate the machinery. Im Vertrag ist genau festgelegt, wer die Maschinen betätigen darf.

speci·men /ˈspesɪmən/ Nomen **1** (Blut-, Urin-) Probe ◊ specimens of rock Gesteinsproben **2** Exemplar

spe·cious /ˈspiːʃəs/ Adj (gehoben) trügerisch, fadenscheinig

speck /spek/ Nomen Pünktchen, Fleck; (Staub-) Körnchen

speckle /ˈspekl/ Nomen Tupfen, Sprenkel

speck·led /ˈspekld/ Adj gesprenkelt

specs /speks/ Nomen **1** (bes BrE, umgs) Brille ☛ Hinweis bei BRILLE **2** (AmE) Spezifikationen

spec·tacle /ˈspektəkl/ Nomen **1** **spectacles** [Pl] (gehoben) Brille ☛ Hinweis bei BRILLE **2** Schauspiel, Spektakel **3** Anblick [IDM] **make a ˈspectacle of yourself** sich lächerlich machen

spec·tac·u·lar¹ /spekˈtækjələ(r)/ Adj spektakulär

spec·tac·u·lar² /spekˈtækjələ(r)/ Nomen Show

spec·tac·u·lar·ly /spekˈtækjələli; AmE -lərli/ Adv **1** unglaublich **2** sensationell

spec·tate /spekˈteɪt/ Verb zuschauen

spec·ta·tor /spekˈteɪtə(r); AmE ˈspekteɪtər/ Nomen Zuschauer(in)

specˈtator sport Nomen Zuschauersport

spec·tra Form von SPECTRUM

spec·tral /ˈspektrəl/ Adj **1** (gehoben) gespenstisch, geisterhaft **2** (PHYSIK) spektral, Spektral-

spectre (AmE **spec·ter**) /ˈspektə(r)/ Nomen **1** Schreckgespenst **2** (gehoben) Gespenst

spec·trom·eter /spekˈtrɒmɪtə(r); AmE -ˈtrɑːm-/ Nomen Spektrometer

spec·tros·copy /spekˈtrɒskəpi; AmE -ˈtrɑːs-/ Nomen Spektroskopie

spec·trum /ˈspektrəm/ Nomen (Pl **spec·tra** /ˈspektrə/) Spektrum (auch fig)

specu·late /ˈspekjuleɪt/ Verb **1** ~ (**about/on sth**) (über etw) Vermutungen anstellen, (über etw) spekulieren ◊ We can speculate that … Man darf vermuten, dass … **2** ~ (**in/on sth**) (WIRTSCH) (in/an etw) spekulieren

specu·la·tion /ˌspekjuˈleɪʃn/ Nomen Spekulation, Vermutung ◊ There was widespread speculation that she was going to resign. Es wurde von vielen Seiten vermutet, dass sie zurücktreten würde. **2** ~ (**in sth**) (WIRTSCH) Spekulation (in etw)

specu·la·tive /ˈspekjələtɪv; AmE auch ˈspekjəleɪtɪv/ Adj (gehoben) **1** spekulativ ◊ a speculative look ein fragender Blick **2** (WIRTSCH) Spekulations-

specu·la·tor /ˈspekjuleɪtə(r)/ Nomen Spekulant(in)

sped Form von SPEED²

speech /spiːtʃ/ Nomen **1** Rede ◊ freedom of speech Redefreiheit ◊ She has the longest speech in the play. Sie hat den längsten Text in dem Stück. **2** Sprach-/Sprechvermögen ◇ *a speech defect* ein Sprachfehler **3** Sprechweise **4** gesprochene Sprache

'speech bubble *Nomen* Sprechblase

'speech day *Nomen* = Feier mit Zeugnisvergabe

speechi·fy·ing /'spi:tʃɪfaɪɪŋ/ *Nomen* (*umgs*, *abwert*) Redenschwingen

speech·less *Adj* /'spi:tʃləs/ (*Adv* **speech·less·ly**) wortlos, sprachlos ◇ *His words left her speechless.* Seine Worte verschlugen ihr die Sprache.

speech·less·ness /'spi:tʃləsnəs/ *Nomen* Sprachlosigkeit

'speech marks *Nomen* [Pl] Anführungszeichen SYN QUOTATION MARKS

‚speech 'therapist *Nomen* Sprachtherapeut(in), Logopäde, Logopädin

‚speech 'therapy *Nomen* Sprachtherapie

speed¹ /spi:d/ *Nomen* **1** Geschwindigkeit, Tempo, Schnelligkeit ◇ *at full/top speed* mit Höchstgeschwindigkeit ◇ *at the speed of light* mit Lichtgeschwindigkeit ◇ *He reduced speed.* Er bremste. ◇ *pick up speed* schneller werden ◇ *gather speed* beschleunigen ◇ *We aim to increase the speed of delivery.* Wir beabsichtigen unsere Lieferzeit zu verkürzen. ◇ *She was overtaken by the speed of events.* Die Ereignisse brachen über sie herein. **2** (*von Film*) Lichtempfindlichkeit **3** (*von Kameras*) Verschlussgeschwindigkeit **4** (*meist in Zusammensetzungen*) (*im Auto etc.*) Gang ◇ *a four-speed gearbox* ein 4-Gang-Getriebe **5** (*umgs*) (*Droge*) Speed IDM **full speed/steam a'head** volle Kraft voraus **up to 'speed** auf dem neuesten Stand; auf dem Laufenden ☞ *Siehe auch* HASTE *und* TURN²

speed² /spi:d/ *Verb* (**speed·ed**, **speed·ed** *in Bedeutung 1 und 2 auch:* **sped**, **sped** /sped/) **1** (*gehoben*) rasen **2** (*gehoben*) rasch befördern ◇ *The cab speeded them into the city centre.* Das Taxi brachte sie schnell in die Innenstadt. **3** (*gehoben*) beschleunigen **4** (*meist in der Verlaufsform*) zu schnell fahren, die Geschwindigkeit übertreten PHRV **‚speed (sth) 'up** (etw) beschleunigen

speed·boat /'spi:dbəʊt; *AmE* -boʊt/ *Nomen* Schnellboot, Rennboot

'speed hump (*AmE meist* **'speed bump**) *Nomen* Bodenschwelle

speed·ing /'spi:dɪŋ/ *Nomen* zu schnelles Fahren, Geschwindigkeitsüberschreitung

'speed limit *Nomen* Geschwindigkeitsbegrenzung

speed·om·eter /spi:'dɒmɪtə(r); *AmE* -'dɑ:m-/ *Nomen* Tachometer

'speed skating *Nomen* Eisschnelllauf

'speed trap *Nomen* Radarfalle

speed·way /'spi:dweɪ/ *Nomen* **1** (*BrE*) Speedwayrennen **2** (*AmE*) Rennstrecke

speed·well /'spi:dwel/ *Nomen* Ehrenpreis

speedy /'spi:di/ *Adj* (**speed·ier**, **speedi·est**) (*Adv* **speed·ily** /-dɪli/) schnell ◇ *a speedy reply* eine umgehende Antwort

spele·olo·gist /ˌspi:li'ɒlədʒɪst; *AmE* -'ɑ:lə-/ *Nomen* Höhlenforscher(in)

spele·ology /ˌspi:li'ɒlədʒi; *AmE* -'ɑ:lə-/ *Nomen* Höhlenforschung

spell¹ /spel/ *Verb* (**spelt**, **spelt** /spelt/ *oder* **spelled**, **spelled**) **1** buchstabieren, (richtig) schreiben ◇ *How do you spell your name?* Wie schreibt man Ihren Namen? ◇ *I've never been able to spell.* Meine Rechtschreibung war noch nie gut. **2** ergeben **3** ~ **sth** (**for sb/sth**) etw (für jdn/etw) bedeuten PHRV **‚spell sth 'out 1** etw klar machen **2** etw buchstabieren

spell² /spel/ *Nomen* **1** Weile, kurze Zeit ◇ *She had a spell as a singer before becoming an actress.* Sie hatte eine Zeit lang Sängerin, bevor sie Schauspielerin wurde. ◇ *a hot spell* eine Hitzewelle ◇ *dizzy spells* Schwindelanfälle **2** Zauberspruch ◇ *put a spell on sb* jdn verhexen ◇ *be under a spell* verhext sein **3** [Sing] (*fig*) Bann, Zauber ◇ *I completely fell under her spell.* Ich war völlig in ihrem Bann. IDM ⇨ CAST¹ *und* WEAVE¹

spell·bind·ing /'spelbaɪndɪŋ/ *Adj* fesselnd

spell·bound /'spelbaʊnd/ *Adj* (wie) gebannt ◇ *hold sb spellbound* jdn in seinen Bann ziehen

'spell check *Verb* (COMP) ~ **sth** etw durch die Rechtschreibprüfung laufen lassen

spell·checker /'speltʃekə(r)/ (*auch* **'spell check**) *Nomen* (COMP) Rechtschreibprüfung

spell·er /'spelə(r)/ *Nomen* ◇ *He's a bad speller.* Seine Rechtschreibung ist schlecht.

spell·ing /'spelɪŋ/ *Nomen* **1** Rechtschreibung ◇ *spelling mistakes* Rechtschreibfehler **2** Schreibweise ◇ *a list of difficult spellings* eine Liste mit schwierigen Wörtern

'spelling bee *Nomen* (*AmE*) Rechtschreibwettbewerb

spelt *Form von* SPELL¹

spe·lunk·er /spɪ'lʌŋkə(r)/ *Nomen* (*AmE*) Höhlenforscher(in)

spe·lunk·ing /spɪ'lʌŋkɪŋ/ *Nomen* (*AmE*) Höhlenforschung

spend¹ /spend/ *Verb* (**spent**, **spent** /spent/) **1** ~ **sth** (**on sth**) etw (für etw) ausgeben **2** (*Zeit*) verbringen ◇ *How long did you spend on your homework?* Wie lange hast du für die Hausaufgaben gebraucht? **3** verbrauchen ◇ *Their energy was completely spent.* Sie hatten ihre ganze Energie erschöpft. IDM **spend the 'night with sb 1** bei jdm übernachten **2** die Nacht mit jdm verbringen **spend a 'penny** (*BrE*, *umgs*, *veraltet*) (*zur Toilette gehen*) verschwinden

spend² /spend/ *Nomen* [Sing] (*umgs*) Ausgabe(n) ◇ *The average spend was $20.* Jeder gab durchschnittlich $20 aus.

spend·er /'spendə(r)/ *Nomen* ◇ *She's a big spender.* Bei ihr sitzt das Geld locker. ◇ *He's a compulsive spender.* Er hat ein zwanghaftes Kaufverhalten.

spend·ing /'spendɪŋ/ *Nomen* Ausgaben, Etat

'spending money *Nomen* Taschengeld

spend·thrift¹ /'spendθrɪft/ *Nomen* (*abwert*) Geldverschwender(in)

spend·thrift² /'spendθrɪft/ *Adj* (*abwert*) verschwenderisch

spent /spent/ *Adj* **1** verbraucht ◇ *spent blooms* verblühte Blumen **2** (*gehoben*) erschöpft IDM **a ‚spent 'force** jemand, dessen Macht sich erschöpft hat; jemand, der nichts mehr zu sagen hat ☞ *Siehe auch* SPEND

sperm /spɜ:m; *AmE* spɜ:rm/ *Nomen* (*Pl* **sperm** *oder* **sperms**) **1** Samenzelle ◇ *a sperm bank* eine Samenbank ◇ *a low sperm count* eine geringe Spermienzahl **2** Sperma, Samenflüssigkeit SYN SEMEN

sperm·ato·zoon /ˌspɜ:mətə'zəʊən; *AmE* ˌspɜ:rmətə'zoʊən/ *Nomen* (*Pl* **sperm·ato·zoa** /-'zəʊə; *AmE* -'zoʊə/) (BIOL) Samenzelle, Spermium

spermi·cidal /ˌspɜ:mɪ'saɪdl; *AmE* ˌspɜ:rm-/ *Adj* nur vor *Nomen* samenabtötend

spermi·cide /'spɜ:mɪsaɪd; *AmE* 'spɜ:rm-/ *Nomen* Spermizid

'sperm whale *Nomen* Pottwal

spew /spju:/ *Verb* **1** ausspeien ◇ *Flames spewed from the engine.* Flammen schlugen aus dem Motor. **2** ~ (**sth**) (**up**) (*BrE*, *umgs*) (etw) speien

sphag·num /'sfægnəm/ (*auch* **'Sphagnum moss**) *Nomen* Torfmoos

sphere /sfɪə(r); *AmE* sfɪr/ *Nomen* **1** Kugel **2** Bereich, Sphäre ◇ *the sphere of influence of the US* der amerikanische Einflussbereich ◇ *the political sphere* die Politik ◇ *different social spheres* verschiedene Gesellschaftskreise

spher·ic·al /'sferɪkl/ *Adj* kugelförmig, rund

spher·oid /'sfɪərɔɪd; *AmE* 'sfɪr-/ *Nomen* kugelförmiger Körper

sphinc·ter /'sfɪŋktə(r)/ *Nomen* (ANAT) Schließmuskel

sphinx /sfɪŋks/ *Nomen* Sphinx

spic /spɪk/ *Nomen* (*bes AmE*, *Slang*, *beleidigend*) = abwertendes Wort für jdn, der aus einem Spanisch sprechenden Land, wie z.B. Mexiko oder Puerto Rico, kommt IDM **‚spic and 'span** = SPICK AND SPAN

spice¹ /spaɪs/ *Nomen* **1** Gewürz ◇ *a spice rack* ein Gewürzregal **2** (*fig*) Würze, Reiz IDM ⇨ VARIETY

spice² /spaɪs/ *Verb* ~ **sth** (**up**) (**with sth**) **1** etw (mit etw) würzen **2** (*fig*) etw aufpeppen, etw (durch etw) interessanter machen ◇ *spice up a story* eine Geschichte ausschmücken

spick /spɪk/ *Adj* IDM ˌspick and ˈspan blitzsauber; blitzblank

spicy /ˈspaɪsi/ *Adj* (**spici·er, spici·est**) **1** würzig **2** (*umgs*) (*fig*) pikant

spider /ˈspaɪdə(r)/ *Nomen* Spinne

ˈspider monkey *Nomen* Klammeraffe

ˈspider's web (*auch* **web**) (*bes AmE* **ˈspider web**) *Nomen* **1** Spinnennetz, Spinnwebe **2** (*fig*) Netz

spi·dery /ˈspaɪdəri/ *Adj* spinnenhaft ⋄ *spidery writing* krakelige Schrift

spied *Form von* SPY²

spiel /ʃpiːl, spiːl/ *Nomen* (*umgs, meist abwert*) Sermon

spiff /spɪf/ *Verb* PHRV ˌspiff sb/sth ˈup (*AmE, umgs*) ⋄ *She spiffed up her old shoes.* Sie polierte ihre alten Schuhe auf. ⋄ *He got all spiffed up.* Er machte sich schick.

spiffy /ˈspɪfi/ *Adj* (*AmE, umgs*) schick

spigot /ˈspɪɡət/ *Nomen* **1** (*Fachspr*) Spund **2** (*AmE*) Leitungs-/Wasserhahn

spike¹ /spaɪk/ *Nomen* **1** Spitze ⋄ *Her hair stood up in spikes.* Sie hatte eine Stachelfrisur. **2** [*meist Pl*] (*an Schuhen*) Spike **3 spikes** [Pl] (*Schuhe*) Spikes **4** (BOT) Ähre

spike² /spaɪk/ *Verb* **1** aufspießen **2** ~ **sth** (**with sth**) ⋄ *Her drink had been spiked.* Man hatte ihr etwas in den Drink gemischt. ⋄ *a drink spiked with tranquillizers* ein Getränk, in das Betäubungsmittel gemischt wurden ⋄ (*fig*) *Her words were spiked with malice.* Ihre Worte waren voller Bosheit. **3** (*Zeitungsartikel etc.*) ablehnen **4** (*Mühe etc.*) zunichte machen IDM **spike sb's ˈguns** (*BrE*) jdm einen Strich durch die Rechnung machen

spiked /spaɪkt/ *Adj* stachelig ⋄ *spiked running shoes* Laufschuhe mit Spikes ⋄ *short spiked hair* ein Igelschnitt ⋄ *a spiked helmet* eine Pickelhaube

ˌ**spike ˈheel** *Nomen* Stilettoabsatz, Pfennigabsatz SYN STILETTO

spiky /ˈspaɪki/ *Adj* **1** spitz, stachelig **2** (*BrE, umgs*) empfindlich

spill¹ /spɪl/ *Verb* (**spilled, spilled**, *BrE auch* **spilt, spilt** /spɪlt/) **1** sich ergießen, strömen **2** ~ **sth** etw verschütten IDM **spill the ˈbeans** (*umgs*) etw ausplaudern **spill (sb's) ˈblood** (*gehoben*) (jds) Blut vergießen **spill your ˈguts (to sb)** (*AmE, umgs*) (jdm) sein Herz ausschütten PHRV ˌspill ˈout strömen, sich ergießen ˌspill sth ˈout ⋄ *Has she been spilling out her troubles to you?* Hat sie dir ihr Herz ausgeschüttet? ⋄ *The bag fell to the floor and spilled out its contents.* Die Tüte fiel auf den Boden und der Inhalt purzelte heraus. ˌspill ˈover überlaufen ⋄ *Her emotions suddenly spilled over.* Sie konnte ihre Gefühle plötzlich nicht mehr beherrschen. ˌspill ˈover into sth auf etw übergreifen

spill² /spɪl/ *Nomen* **1** verschüttete Menge, Lache ⋄ *I wiped up the coffee spills.* Ich wischte den verschütteten Kaffee auf. ⋄ *Many seabirds died as a result of the oil spill.* Viele Seevögel kamen durch den Ölteppich um. **2** Fidibus **3** [*meist Sing*] Sturz ⋄ *take a spill* stürzen/fallen IDM ⇨ THRILL¹

spill·age /ˈspɪlɪdʒ/ *Nomen* (*gehoben*) **1** Verschütten **2** verschüttete Menge, Lache

spill·over /ˈspɪləʊvə(r); *AmE* -oʊ-/ *Nomen* Ausbreiten, Überschwappen ⋄ *The developments will create spillovers for neighbouring regions.* Die Entwicklungen werden sich auf die Nachbarregionen ausbreiten. ⋄ *A second room was needed for the spillover of staff.* Man benötigte einen zweiten Raum für die Angestellten, für die kein Platz mehr war. ⋄ *spillover effects* Nebenwirkungen

spin¹ /spɪn/ *Verb* (**spin·ning, spun, spun** /spʌn/) **1** ~ (**round/around**) sich (herum)drehen, herumwirbeln ⋄ *My head is spinning.* Mir schwirrt der Kopf. ⋄ *He spun around to face her.* Er fuhr herum und sah sie an. **2** ~ **sth** (**round/around**) etw herumdrehen, etw kreisen lassen ⋄ *spin a coin* eine Münze hochwerfen **3** spinnen **4** rasen **5** (*Wäsche*) schleudern **6** (*Tatsachen*) verschönern IDM **spin a ˈyarn** Seemannsgarn spinnen **spin sb a ˈyarn** jdm eine Lügengeschichte erzählen ☛ *Siehe auch* HEEL¹ PHRV ˌspin ˈoff (from sth) (von etw) ein Nebenprodukt sein ˌspin sth ˈoff (*bes AmE*) (WIRTSCH) etw abspalten, etw ausgliedern ˌspin sth ˈout etw in die Länge ziehen

spin² /spɪn/ *Nomen* **1** Drehung, Rotation ⋄ *Give the washing a short spin.* Schleudern Sie die Wäsche kurz. **2** [*meist Sing*] (*von Flugzeug etc.*) Trudeln **3** (*umgs, veraltend*) (*mit dem Auto etc.*) Spritztour **4** (*von Ball*) Spin, Drall ⋄ *She puts a lot of spin on the ball.* Sie schneidet den Ball stark an. **5** [Sing] (*umgs*) (*bei Meinungsäußerung*) Interpretation ⋄ *Politicians put their own spin on the economic situation.* Die Politiker legen die wirtschaftliche Lage zu ihrem eigenen Nutzen aus. IDM **in a (flat) ˈspin** am Rotieren ⋄ *It put me in a spin.* Das brachte mich zum Rotieren.

spina bif·ida /ˌspaɪnə ˈbɪfɪdə/ *Nomen* (MED) offene Wirbelsäule, Spina bifida

spin·ach /ˈspɪnɪtʃ, -ɪdʒ/ *Nomen* Spinat

spinal /ˈspaɪnl/ *Adj* Rückgrat- ⋄ *the spinal column* die Wirbelsäule ⋄ *the spinal cord* das Rückenmark ⋄ (*AmE*) *a spinal tap* eine Lumbalpunktion

spin·dle /ˈspɪndl/ *Nomen* Spindel

spindly /ˈspɪndli/ *Adj* (*umgs, oft abwert*) spindeldürr

ˈspin doctor *Nomen* (*umgs*) = Person, deren Aufgabe es ist, eine Partei, Organisation etc. in der Öffentlichkeit in möglichst positivem Licht zu präsentieren

ˌ**spin-ˈdry** *Verb* (*BrE*) schleudern

ˌ**spin ˈdryer** (*auch* ˌ**spin ˈdrier**) *Nomen* (*BrE*) Wäscheschleuder

spine /spaɪn/ *Nomen* **1** Rückgrat SYN BACKBONE **2** Stachel, Dorn **3** Buchrücken

ˈspine-chilling *Adj* gruselig

spine·less /ˈspaɪnləs/ *Adj* **1** wirbellos, ohne Rückgrat (*auch fig*) **2** stachellos, dornenlos

spi·net /spɪˈnet; *AmE* ˈspɪnət/ *Nomen* **1** Spinett **2** (*AmE*) kleines Klavier

ˈspine-tingling *Adj* schaurig, (einen angenehmen) Schauder erregend

spin·naker /ˈspɪnəkə(r)/ *Nomen* Spinnaker

spin·ner /ˈspɪnə(r)/ *Nomen* **1** = Werfer beim Kricket, der dem Ball einen Drall gibt **2** Spinner(in) **3** Spinnköder, Spinner

spin·ney /ˈspɪni/ *Nomen* (*BrE*) Wäldchen SYN COPSE

spin·ning /ˈspɪnɪŋ/ *Nomen* Spinnen

ˈspinning wheel *Nomen* Spinnrad

ˈspin-off *Nomen* Nebenprodukt; (*fig*) Nebeneffekt ⋄ *The TV series is a spin-off of the original movie.* Die Fernsehserie geht auf den Film zurück. ⋄ *spin-off merchandise from the latest Disney movie* Merchandise-Produkte des neuesten Disney-Films

spin·ster /ˈspɪnstə(r)/ *Nomen* (*veraltet, oft abwert*) alte Jungfer

spiny /ˈspaɪni/ *Adj* stachelig, dornig

spiral¹ /ˈspaɪrəl/ *Nomen* Spirale ⋄ *spirals of smoke* Rauchkringel ⋄ *the upward spiral of sales* die steigende Verkaufsspirale ⋄ *His career continued on a downward spiral.* Mit seiner Karriere ging es stetig abwärts.

spiral² /ˈspaɪrəl/ *Adj* (*Adv* **spir·al·ly** /-rəli/) spiralförmig ⋄ *a spiral staircase* eine Wendeltreppe

spiral³ /ˈspaɪrəl/ *Verb* (-**ll**-, *AmE meist* -**l**-) **1** spiralförmig aufsteigen/fallen **2** (*fig*) (nach oben) klettern ⋄ *spiralling unemployment* die rapide ansteigende Arbeitslosigkeit ⋄ *Prices are spiralling out of control.* Die Preisspirale ist nicht mehr zu kontrollieren. PHRV ˌspiral ˈdown/ˈdownward abwärts kreisen; (*fig*) fallen ⋄ *a downward spiralling economy* eine Wirtschaft, mit der es rapide abwärts geht

spire /ˈspaɪə(r)/ *Nomen* Turm(spitze)

spirit¹ /ˈspɪrɪt/ *Nomen* **1** Geist, Seele **2** (*fig*) Sinn, Geist ⋄ *community spirit* Gemeinschaftssinn ⋄ *the spirit of the times* der Zeitgeist ⋄ *Where's your spirit of adventure?* Wo ist dein Unternehmungsgeist? **3 spirits** [Pl] Stimmung ⋄ *be in high/low spirits* in guter/gedrückter Stimmung sein ⋄ *Try and keep your spirits up.* Lass den Mut nicht sinken. **4** Einstellung, Gemütsverfassung ⋄ *That's the spirit!* Das ist die richtige Einstellung! ⋄ *Everyone entered into the spirit of things.* Alle machten mit. **5** Elan, Mut ⋄ *The team played with tremendous spirit.* Die Mannschaft spielte mit großartigem Einsatz. **6** (*in Verbindung mit einem Adjektiv*) Mensch ⋄ *a generous spirit* ein großzügiger Mensch ⋄ *kindred spirits* gleich Gesinnte ⋄ *She was one of the leading spirits of the reform.* Sie war eine der treibenden Kräfte der Reform. **7** Spiritus, Alkohol ☛ *Siehe auch* METHYLATED SPIRIT, SURGICAL SPIRIT *und* WHITE SPIRIT **8** [*meist Pl*] (*bes BrE*) Spirituose **IDM in 'spirit** im Geiste **the ˌspirit is 'willing (but the ˌflesh is 'weak)** (*hum*) der Geist ist willig, aber das Fleisch ist schwach **as/when/if the ˌspirit 'moves you** wie/wenn man gerade Lust hat ➨ *Siehe auch* FIGHT[1] *und* RAISE[1]

spirit[2] /ˈspɪrɪt/ *Verb* zaubern ◊ *The band was spirited away before their fans could get near them.* Die Band verschwand, bevor die Fans in ihre Nähe kommen konnten.

spir·it·ed /ˈspɪrɪtɪd/ *Adj* (*Adv* **spir·it·ed·ly**) temperamentvoll, energiegeladen ◊ *a spirited horse* ein feuriges Pferd ◊ *She put up a spirited defence of her client.* Sie verteidigte ihren Klienten energisch. ➨ *Siehe auch* HIGH-SPIRITED *und* PUBLIC-SPIRITED

ˈspirit level (*auch* **level**) *Nomen* Wasserwaage

spir·it·ual[1] /ˈspɪrɪtʃuəl/ *Adj* (*Adv* **spir·itu·al·ly** /-tʃuəli/) **1** geistig-seelisch ◊ *his spiritual life* sein Seelenleben ◊ *spiritual welfare* Seelenheil ◊ *a spiritually uplifting book* ein erhebendes Buch **2** geistlich ◊ *a spiritual leader* ein geistlicher Führer **IDM** **sb's ˌspiritual 'home** jds geistige Heimat

spir·it·ual[2] /ˈspɪrɪtʃuəl/ *Nomen* (MUS) Spiritual

spir·itu·al·ism /ˈspɪrɪtʃuəlɪzəm/ *Nomen* Spiritismus

spir·itu·al·ist /ˈspɪrɪtʃuəlɪst/ *Nomen* Spiritist(in)

spir·itu·al·ity /ˌspɪrɪtʃuˈæləti/ *Nomen* Spiritualität

spir·itu·al·ly *Adv* ⇨ SPIRITUAL[1]

spit[1] /spɪt/ *Verb* (**spit·ting**, **spat**, **spat** /spæt/, *AmE auch* **spit**, **spit**) **1** ~ **sth (out)** etw (aus)spucken **2** ~ **(at/on sb/sth)** (auf jdn/etw) spucken **3** hervorstoßen, fauchen **4** (*Katze etc.*) fauchen; (*Schlange*) zischen **5** (*in der Pfanne*) spritzen; (*im Feuer*) Funken schlagen **6** (*umgs*) (*nur in der Verlaufsform*) (*regnen*) tröpfeln **IDM** **ˌspit it 'out** (*umgs*) spuck's aus; raus damit **within ˈspitting distance (of sth)** (*BrE*, *umgs*) ganz in der Nähe (von etw) ➨ *Siehe auch* IMAGE

spit[2] /spɪt/ *Nomen* **1** Spucke **SYN** SALIVA **2** Ausspucken **3** Landzunge **4** (GASTRON) Spieß **IDM** **ˌspit and 'polish** (*umgs*) Wienern

spite[1] /spaɪt/ *Nomen* Boshaftigkeit **SYN** MALICE **IDM** **in ˈspite of sth** trotz einer Sache ◊ *In spite of his age, he's still very active.* Trotz seines Alters ist er immer noch sehr aktiv. **SYN** DESPITE **in ˈspite of yourself** ohne es zu wollen; gegen seinen Willen

spite[2] /spaɪt/ *Verb* (*nur im to-Infinitiv*) ärgern ◊ *They're doing it just to spite us.* Sie machen das nur, um uns zu ärgern. **IDM** ⇨ NOSE[1]

spite·ful /ˈspaɪtfl/ *Adj* (*Adv* **spite·ful·ly** /-fəli/) boshaft, gehässig **SYN** MALICIOUS

spite·ful·ness /ˈspaɪtfəlnəs/ *Nomen* Gehässigkeit

spit·tle /ˈspɪtl/ *Nomen* (*veraltet*) Speichel **SYN** SALIVA *und* SPIT

spit·toon /spɪˈtuːn/ *Nomen* Spucknapf

spiv /spɪv/ *Nomen* (*BrE*, *Slang*, *abwert*) Gauner

splash[1] /splæʃ/ *Verb* **1** spritzen, platschen **2** ~ **sth on/onto/over sb/sth** etw auf/über jdn/etw spritzen; ~ **sb/sth (with sth)** jdn/etw (mit etw) bespritzen ◊ *He splashed cold water on his face./He splashed his face with cold water.* Er spritzte sich kaltes Wasser ins Gesicht. **3** planschen **4** **splashed with red, yellow, etc.** mit großen roten, gelben etc. Farbtupfern **PHRV** **ˌsplash sth aˈcross/ˈover sth** ◊ *The story was splashed across the front pages of the papers.* Die Story wurde in großer Aufmachung auf der ersten Seite der Zeitungen gebracht. ◊ *The name of their sponsor is splashed across their shirts.* Der Name ihres Sponsors steht groß und deutlich auf ihren Trikots. **ˌsplash 'down** (*Raumschiff*) wassern **ˌsplash 'out (on sth)** (*BrE*, *umgs*) (für etw) eine Menge Geld ausgeben ◊ *We splashed out and bought a new car.* Wir haben uns einfach ein neues Auto geleistet. **ˌsplash sth 'out (on/for sth)** (*BrE*, *umgs*) etw (für etw) ausgeben ◊ *He splashed out a million to buy the house.* Er hat eine Million für das Haus hingelegt.

splash[2] /splæʃ/ *Nomen* **1** Platschen, Klatschen ◊ *We heard the splash when she fell into the pool.* Wir hörten es klatschen, als sie ins Schwimmbecken fiel. **2** Spritzer ◊ *splashes of mud* Dreckflecken **3** (*Farb-, Licht-*) Fleck **4** [Sing] (*BrE*, *umgs*) (*in Getränken*) Schuss, Spritzer **5** [Sing] Aufmacher **IDM** **ˌmake/cause, etc. a ˈsplash** (*umgs*) Aufsehen erregen; großen Eindruck machen

splash·down /ˈsplæʃdaʊn/ *Nomen* (*eines Raumschiffs*) Wasserung

splat[1] /splæt/ *Nomen* (*umgs*) Klatsch

splat[2] /splæt/ *Adv* (*umgs*) platschend

splat·ter /ˈsplætə(r)/ *Verb* **1** prasseln **2** (be)spritzen, (be)kleckern

splay /spleɪ/ *Verb* **1** ~ **sth (out)** etw spreizen **2** ~ **(out)** sich spreizen

spleen /spliːn/ *Nomen* **1** Milz **2** (*gehoben*) Wut ◊ *He vented his spleen on us.* Er ließ seine Wut an uns aus.

splen·did /ˈsplendɪd/ *Adj* (*Adv* **splen·did·ly**) **1** (*bes BrE*, *veraltet*) großartig **2** prachtvoll, herrlich ◊ *The hotel stands in splendid isolation on the hill.* Das Hotel ist weit und breit das einzige Gebäude auf dem Hügel.

splen·dour (*AmE* **splen·dor**) /ˈsplendə(r)/ *Nomen* Glanz, Pracht ◊ *The palace has been restored to its former splendour.* Der Palast wurde restauriert und erstrahlt wieder in altem Glanz. ➨ **Splendours** im Plural wird verwendet, um die großartigen Eigenschaften einer Epoche oder eines Ortes zu beschreiben: *the splendours of the past* der Glanz vergangener Zeiten ◊ *the splendours of the imperial court* die Pracht des kaiserlichen Hofes

splice[1] /splaɪs/ *Verb* ~ **sth (together)** **1** etw verspleißen **2** (*Film, Tonband*) zusammenkleben **IDM** **get ˈspliced** (*BrE*, *umgs*, *veraltet*) heiraten

splice[2] /splaɪs/ *Nomen* Spleiß; (*Film, Tonband*) Klebestelle

spliff /splɪf/ *Nomen* (*BrE*, *Slang*) Joint

splint /splɪnt/ *Nomen* (MED) Schiene ◊ *put a leg in splints* ein Bein schienen

splin·ter[1] /ˈsplɪntə(r)/ *Nomen* Splitter

splin·ter[2] /ˈsplɪntə(r)/ *Verb* zersplittern ◊ *The impact splintered the wood.* Durch den Aufprall zerbarst das Holz.

ˈsplinter group *Nomen* Splittergruppe

split[1] /splɪt/ *Verb* (**split·ting**, **split**, **split**) **1** spalten ◊ *a debate that has split the country down the middle* eine Debatte, die das Land in zwei Lager gespalten hat **2** sich spalten ◊ *The committee split over subsidies.* Der Ausschuss war sich in der Frage der Zuschüsse uneins. **3** ~ **(into sth)** etw (in etw) aufteilen **4** ~ **(into sth)** sich (in etw) aufteilen ◊ *The results split into two groups.* Die Ergebnisse lassen sich zwei Gruppen zuordnen. **5** ~ **sth (between sb/sth)** etw (zwischen jdm/etw) aufteilen ◊ *We share a house and split all the bills.* Wir wohnen zusammen und teilen uns alle Ausgaben. ◊ *His time is split between London and Paris.* Er verbringt einen Teil seiner Zeit in London und den Rest in Paris. **6** ~ **sth (with sb)** sich etw (mit jdm) teilen **7** ~ **(open)** (auf)reißen, (auf)platzen **8** ~ **sth (open)** etw aufreißen, etw aufspalten **9** ~ **sth (open)** (*Kopf etc.*) aufschlagen **10** ~ **(from/with sb)** sich (von jdm) trennen **11** (*umgs*, *veraltet*) abhauen **IDM** **split ˈhairs** Haarspalterei betreiben **split an inˈfinitive** im Englischen ein Adverb zwischen den Infinitiv und „to" einschieben ➨ *Hinweis bei* SPLIT INFINITIVE **ˌsplit your ˈsides (laughing/with laughter)** vor Lachen platzen **split the ˈticket** (*AmE*) (POL) seine Stimme splitten **PHRV** **ˌsplit aˈway/off (from sth)** sich (von etw) absplittern **ˌsplit sth aˈway/off (from sth)** etw (von etw) absplittern **ˌsplit on sb (to sb)** (*BrE*, *umgs*) jdn (bei jdm) verpfeifen **ˌsplit ˈup** sich aufteilen **ˌsplit ˈup (with sb)** sich (von jdm) trennen **ˌsplit sb ˈup** jdn trennen ◊ *My friend is doing her best to split us up.* Meine Freundin tut, was sie kann, um uns auseinander zu bringen. **ˌsplit sb/sth ˈup** jdn/etw aufteilen

split[2] /splɪt/ *Nomen* **1** Bruch ◊ *a split within the party leadership* eine Spaltung innerhalb der Parteiführung ◊ *following his split with his wife* nach der Trennung von seiner Frau **2** [Sing] (Auf)teilung ◊ *He demanded a 50–50 split in the profits.* Er verlangte, dass die Gewinne halbe-halbe geteilt würden. **3** Riss **4** **banana** ~ Bananensplit **5** **the splits** [Pl] (*AmE auch* **split** [Sing]) (*Turnen*) Spagat

ˌsplit ˈends *Nomen* [Pl] Spliss

ˌsplit inˈfinitive *Nomen* Infinitivkonstruktion im Englischen, bei der ein Adverb zwischen „to" und Verb eingeschoben wird

Den Einschub eines Adverbs zwischen der Präposition **to** und dem Infinitiv des Verbs: *to boldly go* nennt man **split infinitive**. Obwohl diese Konstruktion in der

Standardsprache akzeptiert ist, halten manche Leute sie immer noch für falsch. Sie wird verwendet, wenn eine andere Stellung umständlich ist oder unbeholfen klingen würde, oder wenn es wichtig ist, einen bestimmten Aspekt des Satzes hervorzuheben: *You have to really watch him.* Man muss ihn genau kontrollieren. ◊ *You really have to watch him.* Man muss ihn wirklich kontrollieren.

,split-'level *Adj* auf zwei Ebenen ◊ *a split-level bedroom* ein Schlafzimmer auf zwei Ebenen

,split 'pea *Nomen* [meist Pl] getrocknete (halbe) Erbse

,split 'second *Nomen* Bruchteil einer Sekunde

'split-second *Adj nur vor Nomen* ◊ *She had to make a split-second decision.* Sie musste sich in Sekundenschnelle entscheiden. ◊ *The raid depends on split-second timing.* Die Aktion muss auf die Sekunde genau ausgeführt werden.

,split 'ticket *Nomen* = in den USA Wahlzettel, auf dem Stimmen für Kandidaten unterschiedlicher Parteien abgegeben werden

split·ting /'splɪtɪŋ/ *Adj nur vor Nomen* (*Kopfschmerzen*) rasend, heftig

splodge /splɒdʒ; *AmE* splɑːdʒ/ (*auch* **splotch** /splɒtʃ; *AmE* splɑːtʃ/) *Nomen* Fleck, Klecks

splurge¹ /splɜːdʒ; *AmE* splɜːrdʒ/ *Nomen* [meist Sing] (*umgs*) ◊ *I had a splurge and bought two new suits.* Im Kaufrausch habe ich mir zwei neue Anzüge gekauft.

splurge² /splɜːdʒ; *AmE* splɜːrdʒ/ *Verb* ~ (**sth**) (**on sth**) (*umgs*) (etw) (für etw) ausgeben ◊ *She won $500 and then splurged it all on new clothes.* Sie hat $500 gewonnen und dann alles für neue Kleider rausgeworfen.

splut·ter¹ /'splʌtə(r)/ *Verb* **1** ~ **sth** (**out**) etw stotternd hervorstoßen **2** ~ (**with sth**) (vor etw) schnauben [SYN] SPUTTER **3** zischen, stottern [SYN] SPUTTER

splut·ter² /'splʌtə(r)/ *Nomen* Stottern ◊ *The car started with a splutter.* Das Auto sprang unter Stottern an.

spoil¹ /spɔɪl/ *Verb* (**spoilt**, **spoilt** /spɔɪlt/ *oder* **spoiled**, **spoiled** /spɔɪld/) **1** verderben ◊ *The tall buildings have spoiled the view.* Die hohen Gebäude haben die Aussicht verschandelt. ◊ (*BrE*) *spoiled ballot papers* ungültige Stimmzettel [SYN] RUIN **2** verwöhnen **3** schlecht werden, verderben [IDM] **be 'spoiling for a fight** Streit suchen ☛ *Siehe auch* COOK²

spoil² /spɔɪl/ *Nomen* **the spoils** [Pl] (*gehoben*) die Beute

spoiled /spɔɪld/ (*BrE auch* **spoilt** /spɔɪlt/) *Adj* verzogen, verwöhnt ◊ *He's spoilt rotten.* Er ist total verzogen. [IDM] **be spoiled for 'choice** (*BrE*) die Qual der Wahl haben

spoil·er /'spɔɪlə(r)/ *Nomen* **1** Bremsklappe **2** Spoiler **3** (*bes AmE*) (POL) = schwacher Kandidat, der einem starken Kandidaten die Stimmen wegnimmt **4** = Artikel, Buch, Produkt etc., dessen Erscheinen auf den Markt die Aufmerksamkeit von der Konkurrenz ablenkt

spoil·sport /'spɔɪlspɔːt; *AmE* -spɔːrt/ *Nomen* (*umgs*) Spielverderber(in)

spoke¹ /spəʊk; *AmE* spoʊk/ *Form von* SPEAK

spoke² /spəʊk; *AmE* spoʊk/ *Nomen* Speiche

spoken /'spəʊkən; *AmE* 'spoʊ-/ **1** *Form von* SPEAK **2** **-spoken** (*in Adjektiven*) mit ... Stimme ◊ *quietly-/softly-spoken* mit leiser Stimme ◊ *well-spoken* mit kultivierter Stimme

'spoken for *Adj nicht vor Nomen* vergeben

the ,spoken 'word *Nomen* [Sing] die gesprochene Sprache ◊ *spoken-word cassettes* Hörbücher

spokes·man /'spəʊksmən; *AmE* 'spoʊ-/ *Nomen* (*Pl* **-men** /-mən/) Sprecher

spokes·per·son /'spəʊkspɜːsn; *AmE* 'spoʊkspɜːrsn/ *Nomen* (*Pl* **-persons** *oder* **-people**) Sprecher(in)

spokes·woman /'spəʊkswʊmən; *AmE* 'spoʊ-/ *Nomen* (*Pl* **-women** /-wɪmɪn/) Sprecherin

sponge¹ /spʌndʒ/ *Nomen* **1** Schwamm **2** Schaumgummi **3** (*BrE*) = SPONGE CAKE [IDM] ⇨ THROW¹

sponge² /spʌndʒ/ *Verb* **1** ~ **sb/yourself/sth** (**down**) jdn/sich/etw mit einem Schwamm waschen **2** (*Kleidung, Möbel*) mit einem Schwamm abwischen ◊ *We tried to sponge the blood off my shirt.* Wir haben versucht, das Blut von meinem Hemd zu wischen. **3** ~ (**off/on sb**) (*umgs, abwertend*) (bei jdm) schnorren

'sponge bag *Nomen* (*BrE*) Kulturbeutel

'sponge cake (*auch* **sponge**) *Nomen* Biskuitkuchen, Rührkuchen

,sponge 'pudding *Nomen* (*BrE*) = warmer Nachtisch aus Biskuitteig mit Früchten oder Konfitüre

spon·ger /'spʌndʒə(r)/ *Nomen* (*abwert*) Schnorrer(in), Schmarotzer(in)

spongi·form /'spʌndʒɪfɔːm; *AmE* -fɔːrm/ *Adj* (MED) schwammartig

spongy /'spʌndʒi/ *Adj* schwammig, weich

spon·sor¹ /'spɒnsə(r); *AmE* 'spɑː-/ *Nomen* **1** Sponsor(in) ◊ *attract sponsors* Sponsoren gewinnen **2** = jd, der jdm Geld gibt, um an einer Veranstaltung für Wohltätigkeitszwecke teilzunehmen ◊ *I'm collecting sponsors for next week's charity run.* Für den Wohltätigkeitslauf in der nächsten Woche suche ich noch Sponsoren. ☛ *Hinweis bei* SPONSOR² **3** (POL) Antragsteller(in) **4** Bürge, Bürgin **5** (REL) Pate, Patin

spon·sor² /'spɒnsə(r); *AmE* 'spɑː-/ *Verb* **1** sponsern ◊ *sports events sponsored by the tobacco industry* von der Tabakindustrie gesponserte Sportveranstaltungen

In Großbritannien ist es üblich, Geld für Wohltätigkeitszwecke zu erbringen, indem man z.B. eine bestimmte Strecke läuft, wandert oder schwimmt und Freunde, Bekannte, Kollegen u.a. bittet, Geld zu geben. Jeder Spender verspricht eine bestimmte Summe, z.B. 50 Pence pro Meile, die dann nach der Veranstaltung eingesammelt wird: *Will you sponsor me for a charity walk I'm doing?* ◊ *She's doing a sponsored swim.*

2 (*jds Studium etc.*) finanzieren ◊ *She found a company to sponsor her through college.* Sie fand eine Firma, die ihr das Studium finanzierte. **3** (*Fachspr*) (*Gesetzesvorlage*) einbringen

spon·sor·ship *Nomen* /'spɒnsəʃɪp; *AmE* 'spɑːnsərʃɪp/ **1** finanzielle Förderung, Sponsorengeld **2** Förderung, Empfehlung ◊ *the senator's sponsorship of the job training legislation* die Unterstützung des Senators für die Gesetzgebung zur Berufsausbildung **3** Patenschaft, Bürgschaft

spon·tan·eity /,spɒntə'neɪəti; *AmE* ,spɑːn-/ *Nomen* Spontaneität

spon·tan·eous /spɒn'teɪniəs; *AmE* spɑːn-/ *Adj* (*Adv* **spon·tan·eous·ly**) **1** spontan **2** ungezwungen, natürlich

spon,taneous com'bustion *Nomen* Selbstentzündung

spoof¹ /spuːf/ *Nomen* (*umgs*) Parodie

spoof² /spuːf/ *Verb* parodieren

spook¹ /spuːk/ *Nomen* (*umgs*) **1** Geist **2** (*bes AmE*) Spion(in)

spook² /spuːk/ *Verb* (*bes AmE, umgs*) (*meist passiv*) **1** ~ **sb** jdm einen Schrecken einjagen ◊ *We were spooked by the strange noises.* Die seltsamen Geräusche haben uns einen Schrecken eingejagt. **2** Angst bekommen ◊ *The horse spooked at the siren.* Das Pferd wurde durch die Sirene erschreckt.

spooky /'spuːki/ *Adj* (**spook·ier**, **spooki·est**) (More spooky und most spooky sind auch möglich.) (*umgs*) gespenstisch, unheimlich ◊ *a spooky feeling* ein unheimliches Gefühl

spool¹ /spuːl/ *Nomen* (*bes AmE*) (*Garn- etc.*) Rolle

spool² /spuːl/ *Verb* spulen, auf-/abspulen

spoon¹ /spuːn/ *Nomen* Löffel

spoon² /spuːn/ *Verb* ~ **sth into, onto, over, etc. sth** etw mit einem Löffel in, auf, über etc. etw geben

spoon·er·ism /'spuːnərɪzəm/ *Nomen* = witziges Vertauschen der Anfangsbuchstaben von zwei oder mehreren Wörtern wie z.B. „well-boiled icicle" anstelle von „well-oiled bicycle"

'spoon-feed *Verb* (**-fed**, **-fed**) **1** (*abwert*) ~ **sb** jdm alles vorkauen; ~ **sth to sb** jdm etw idiotensicher beibringen **2** (mit dem Löffel) füttern

spoon·ful /'spuːnfʊl/ *Nomen* (*Pl* **-fuls**) (*Menge*) Löffel

spoor /spʊə(r); *AmE* spʊr/ *Nomen* Fährte

spor·ad·ic /spə'rædɪk/ *Adj* (*Adv* **spor·ad·ic·al·ly** /-kli/) (*gehoben*) sporadisch, vereinzelt

spore /spɔː(r)/ *Nomen* (BIOL) Spore

spor·ran /'spɒrən; *AmE* 'spɔːrən, 'spɑː-/ *Nomen* = (über dem Schottenrock getragene) Felltasche

sport¹ /spɔːt; *AmE* spɔːrt/ *Nomen* **1** [U] (*AmE* **sports** [Pl]) Sport ◇ *There are excellent facilities for sport.* Es gibt hier ausgezeichnete Sportanlagen. **2** Sport(art) ◇ *team sports* Mannschaftssport **3** (*umgs*) (*Anrede besonders im australischen Englisch*) Kumpel **4** [U] (*gehoben*) Spaß ◇ *make sport of sb/sth* sich über jdn/etw lustig machen IDM **be a (good) 'sport** (*umgs*) ◇ *She's a good sport.* Sie ist (echt) in Ordnung. ◇ *Go on, be a sport.* Komm, sei kein Spielverderber.

sport² /spɔːt; *AmE* spɔːrt/ *Verb* **1** (*Kleidungsstück etc.*) (stolz) tragen **2** (*gehoben*) (herum)tollen

sport·ing /'spɔːtɪŋ; *AmE* 'spɔːrtɪŋ/ *Adj* **1** Sport- ◇ *a range of sporting activities* eine Reihe von sportlichen Aktivitäten ◇ *His main sporting interest is golf.* Die Sportart, für die er sich hauptsächlich interessiert, ist Golf. **2** (*Adv* **sport·ing·ly** (*bes BrE*) (*fair*) anständig ◇ *a sporting loser* ein guter Verlierer OPP UNSPORTING IDM **a ˌsporting ˈchance** eine gute Chance

sports car (*AmE auch* **ˈsport car**) *Nomen* Sportwagen

ˈsports·cast /'spɔːtskɑːst; *AmE* 'spɔːrtskæst/ *Nomen* (*AmE*) Sportsendung

ˈsports·cast·er /'spɔːtskɑːstə(r); *AmE* 'spɔːrtskæstər/ *Nomen* (*AmE*) Sportmoderator(in)

ˈsports centre *Nomen* (*BrE*) Sportzentrum

ˈsports day *Nomen* (*BrE*) Schulsportfest

ˈsports jacket (*AmE auch* **ˈsport jacket**) *Nomen* Sportsakko

sports·man /'spɔːtsmən; *AmE* 'spɔːrts-/ *Nomen* (*Pl* **-men** /-mən/) (*bes BrE*) Sportler SYN ATHLETE

sports·man·like /'spɔːtsmənlaɪk; *AmE* 'spɔːrts-/ *Adj* fair, sportlich

sports·man·ship /'spɔːtsmənʃɪp; *AmE* 'spɔːrts-/ *Nomen* Fairness, sportliches Verhalten

sports·per·son /'spɔːtspɜːsn; *AmE* 'spɔːrtspɜːrsn/ *Nomen* (*Pl* **-persons** *oder* **-people**) (*bes BrE*) Sportler(in) SYN ATHLETE

ˈsports shirt (*AmE auch* **ˈsport shirt**) *Nomen* Polohemd

ˈsports·wear /'spɔːtsweə(r); *AmE* 'spɔːrtswer/ *Nomen* Sportbekleidung, Freizeitkleidung

sports·woman /'spɔːtswʊmən; *AmE* 'spɔːrts-/ (*Pl* **-women** /-wɪmɪn/) *Nomen* Sportlerin SYN ATHLETE

sporty /'spɔːti; *AmE* 'spɔːrti/ *Adj* (**sport·ier**, **sporti·est**) (*bes BrE, umgs*) sportlich

spot¹ /spɒt; *AmE* spɑːt/ *Nomen* **1** Punkt, Tupfen **2** Fleck **3** [*meist* Pl] (*auf der Haut*) Pickel ◇ *The baby's whole body was covered in small red spots.* Das Baby hatte einen Ausschlag am ganzen Körper. **4** Stelle, Ort ◇ *She stood rooted to the spot with fear.* Sie blieb vor Schreck wie angewurzelt stehen. ☞ *Siehe auch* BLACK SPOT, HOT SPOT *und* TROUBLE SPOT **5** [*meist* Sing] **a ~ of sth** (*BrE, umgs*) ein bisschen, ein paar ◇ *Would you like a spot of lunch?* Möchtest du einen Bissen zu Mittag essen? **6** (*einer Flüssigkeit*) Tropfen **7** Sendezeit ◇ *a solo spot* ein Soloauftritt **8** Position ◇ *two teams battling for top spot* zwei Mannschaften, die um den ersten Platz kämpfen **9** (*umgs*) = SPOTLIGHT (1) **10** [Sing] (WIRTSCH) (*in Zusammensetzungen*) Bar- ◇ *spot prices* Barpreise ◇ *spot goods* sofort lieferbare Waren IDM **in a (tight) ˈspot** (*umgs*) in der Klemme **on the ˈspot 1** sofort; *vgl.* ON-THE-SPOT **2** an Ort und Stelle ◇ *an on-the-spot fine* eine sofortige Geldstrafe **2** an Ort und Stelle ◇ *an on-the-spot report* ein Bericht vom Ort des Geschehens **put sb on the ˈspot** jdn in Verlegenheit bringen ☞ *Siehe auch* BRIGHT¹, GLUE², HIT¹, KNOCK¹, LEOPARD, RIVET² *und* SOFT

spot² /spɒt; *AmE* spɑːt/ *Verb* (**-tt-**) **1** (*nicht in der Verlaufsform*) entdecken ◇ *No one spotted that the gun was a fake.* Niemand sah, dass die Waffe eine Attrappe war. **2** (*AmE*) (*Tor*) schenken IDM **be spotted with sth** ◇ *His shirt was spotted with oil.* Sein Hemd war voller Ölflecke.

ˌspot ˈcheck *Nomen* Stichprobe ◇ *carry out random spot checks on vehicles* Fahrzeuge stichprobenweise überprüfen

spot·less /'spɒtləs; *AmE* 'spɑːt-/ *Adj* (*Adv* **spot·less·ly**) makellos (sauber) (*auch* fig)

spot·light¹ /'spɒtlaɪt; *AmE* 'spɑːt-/ *Nomen* **1** (*umgs spot*) Scheinwerfer(licht), Spot **2** **the spotlight** [Sing] Rampenlicht, Scheinwerferlicht ◇ *The issue will come under the spotlight next year.* Die Angelegenheit wird im nächsten Jahr in den Blickpunkt der Öffentlichkeit rücken.

spot·light² /'spɒtlaɪt; *AmE* 'spɑːt-/ (**-lit**, **-lit**-; *besonders in Bedeutung 2 auch*: **-light·ed**, **-light·ed**) *Verb* **1** anstrahlen **2 ~ sth** auf etw aufmerksam machen SYN HIGHLIGHT

ˌspot ˈon *Adj nicht vor Nomen* (*BrE, umgs*) haargenau richtig

spot·ted /'spɒtɪd; *AmE* 'spɑːt-/ *Adj* **1** gepunktet, getupft **2** gefleckt

ˌspotted ˈdick *Nomen* (*BrE*) = Biskuit mit Rosinen, der warm als Nachtisch gegessen wird

spotty /'spɒti; *AmE* 'spɑːti/ *Adj* **1** (*BrE, meist abwert*) picklig **2** (*AmE*) lückenhaft

spou·sal /'spaʊzl, 'spaʊsl/ *Adj* (*AmE, gehoben*) des Ehegatten, der Ehegattin ◇ *spousal consent* Einwilligung des Ehegatten

spouse /spaʊs, spaʊz/ *Nomen* (*gehoben oder offiz*) Gatte, Gattin

spout¹ /spaʊt/ *Nomen* **1** Ausfluss(rohr); (*bei Kannen*) Tülle **2** Fontäne IDM **be/go up the ˈspout** (*BrE, umgs*) im Eimer sein; ins Wasser fallen

spout² /spaʊt/ *Verb* **1** (*von Flüssigkeiten*) spritzen, schießen ◇ *The wound was still spouting blood.* Aus der Wunde strömte immer noch Blut. **2 ~ (off/on)** (*umgs, abwert*) schwafeln **3** von sich geben ◇ *He could spout poetry for hours.* Er konnte stundenlang Gedichte deklamieren. ◇ *She could do nothing but spout insults.* Sie konnte nichts als Beleidigungen vom Stapel lassen.

sprain¹ /spreɪn/ *Verb* verstauchen

sprain² /spreɪn/ *Nomen* Verstauchung

sprang *Form von* SPRING²

sprat /spræt/ *Nomen* Sprotte

sprawl¹ /sprɔːl/ *Verb* **1** ausgestreckt liegen/sitzen, der Länge nach hinfallen **2** sich ausbreiten

sprawl² /sprɔːl/ *Nomen* Ausbreitung

sprawled /sprɔːld/ *Adj* ausgestreckt

sprawl·ing /'sprɔːlɪŋ/ *Adj nur vor Nomen* ausladend ◇ *a modern, sprawling town* eine moderne, sich ausbreitende Stadt

spray¹ /spreɪ/ *Nomen* **1** Sprühnebel, Gischt ◇ (*fig*) *a spray of bullets* eine Salve Gewehrkugeln **2** Spray(dose) **3** Besprühen, Einsprühen ◇ *I'll give the plants a quick spray.* Ich werde die Pflanzen kurz besprühen. **4** Zweig **5** (*Ornament an der Kleidung*) Sträußchen

spray² /spreɪ/ *Verb* **1** (be)sprühen (*auch fig*) ◇ *Champagne sprayed everywhere.* Champagner spritzte überallhin. ◇ *She's had the car sprayed blue.* Sie hat das Auto blau lackieren lassen. ◇ *The gunman sprayed the building with bullets.* Der Schütze ließ einen Kugelhagel los auf das Gebäude. **2** (*Kater*) markieren

ˈspray can *Nomen* Spraydose, Sprühdose

spray·er /'spreɪə(r)/ *Nomen* Sprühgerät

ˈspray gun *Nomen* Spritzpistole

ˈspray-on *Adj* (*bes BrE*) aufsprühbar

ˈspray paint *Nomen* Sprühfarbe

ˈspray-paint *Verb* mit Farbe besprühen

spread¹ /spred/ *Verb* (**spread**, **spread**) **1** (sich) ausbreiten **2** (sich) verbreiten ◇ *Use of computers spread rapidly.* Der Gebrauch von Computern nahm rasch zu. **3** verstreuen **4** verteilen ◇ *spread butter on toast* Butter auf Toast streichen **5** bestreichen IDM **spread like ˈwildfire** sich in Windeseile verbreiten **spread your ˈnet** sich umsehen **spread your ˈwings** sich auf eigene Füße stellen **spread the ˈword** es weitersagen PHR V **ˌspread ˈout**; **ˌspread yourˈself ˈout 1** sich ausstrecken, sich ausbreiten **2** sich verteilen

spread² /spred/ *Nomen* **1** [*meist* Sing] Ausbreitung, Ausdehnung ◇ *The company has a good geographical spread of hotels in this country.* Das Unternehmen hat Hotels überall im Land. ☞ *Siehe auch* MIDDLE-AGE SPREAD **2** Streuung ◇ *a broad spread of investments* eine breite Fächerung von Investitionen ◇ *a broad spread of opinions* ein breites Spektrum von Meinungen **3** (Brot)aufstrich ◇ *cheese spread* Streichkäse **4 ~ (of sth)** Spannweite (von etw) ◇ *The bird's wings have a spread of nearly a metre.* Der Vogel hat eine Flügelspanne von fast einem Meter. **5** Doppelseite ◇ *The* *story continued with a double-page spread on the inside pages.* Die Story wurde auf einer Doppelseite im Innenteil der Zeitung fortgesetzt. **6** (*umgs*) Festessen **7** (*AmE*) Fläche ◊ *a vast spread of water* eine riesige Wasserfläche ◊ *They have a huge spread in California.* Sie haben ausgedehnte Ländereien in Kalifornien. **8** (FINANZ) (Preis)differenz **9** (*AmE*) = BEDSPREAD

spread·eagle /ˌspredˈiːgl/ *Verb* die Arme und Beine breit ausstrecken

spread·eagled /ˌspredˈiːgld/ *Adj* (*BrE*) mit breit ausgestreckten Armen und Beinen

spread·er /ˈspredə(r)/ *Nomen* **1** ◊ *a spreader of gossip* ein Verbreiter von Klatsch **2** Spachtel **3** Streugerät

spread·sheet /ˈspredʃiːt/ *Nomen* (COMP) Tabellenkalkulationsprogramm, Spreadsheet

spree /spriː/ *Nomen* Rausch ◊ *a spending spree* eine Einkaufstour ◊ *He's out on a spree.* Er macht einen drauf. ◊ *go on a killing spree* in einen Mordrausch verfallen sein ◊ *go on a wrecking spree* seine Zerstörungswut auslassen

sprig /sprɪg/ *Nomen* Zweig

sprigged /sprɪgd/ *Adj* mit Zweigmuster

spright·li·ness /ˈspraɪtlinəs/ *Nomen* Munterkeit, Lebhaftigkeit; (*bei alten Menschen*) Rüstigkeit

spright·ly /ˈspraɪtli/ *Adj* munter, lebhaft; (*alter Mensch*) rüstig

spring¹ /sprɪŋ/ *Nomen* **1** Frühling, Frühjahr ☛ *Beispiele bei* SOMMER **2** (TECH) Feder ◊ *bed springs* Matratzenfedern **3** Federung ◊ *The mattress has lost its spring.* Die Matratze federt nicht mehr. **4** Quelle ◊ *spring water* Quellwasser **5** [U, Sing] Schwung ◊ *She walked along with a spring in her step.* Sie ging beschwingten Schrittes daher. **6** Sprung, Satz ◊ *With a spring, the cat leapt onto the table.* Mit einem Satz sprang die Katze auf den Tisch. IDM ⇨ JOY

spring² /sprɪŋ/ *Verb* (**sprang** /spræŋ/, **sprung** /sprʌŋ/) (*AmE auch* **sprung**, **sprung**) **1** springen ◊ *The cat crouched ready to spring.* Die Katze lauerte sprungbereit. ◊ (*fig*) *spring to sb's assistance* zu jds Hilfe eilen ◊ *The branch sprang back and hit him in the face.* Der Ast schnellte zurück und schlug ihm ins Gesicht. **2 ~ sth (on sb)** (jdn) mit etw überraschen ◊ *She sprang a surprise by winning the tournament.* Sie gewann das Tournier völlig überraschend. **3** (*plötzlich kommen*) schießen ◊ *Tears sprang to her eyes.* Ihr schossen Tränen in die Augen. **4** (*umgs*) (*befreien*) rausholen IDM ˌspring into ˈaction; ˌspring into/to ˈlife in Aktion treten ˌspring a ˈleak ein Leck bekommen ˌspring a ˈtrap 1 eine Falle zuschnappen lassen 2 eine Falle stellen ☛ *Siehe auch* MIND¹ PHR V ˌspring from sth (*gehoben*) von etw herrühren ˌspring from … (*umgs*) aus … kommen ◊ *Where on earth did you spring from?* Wo kommst du denn her? ˌspring ˈup aus dem Boden schießen

spring·board /ˈsprɪŋbɔːd; *AmE* -bɔːrd/ *Nomen* Sprungbrett (*auch fig*) ◊ *The document provided a springboard for discussion.* Das Dokument bot einen Ausgangspunkt für die Diskussion.

spring·bok /ˈsprɪŋbɒk; *AmE* -bɑːk/ *Nomen* Springbock

ˌspring ˈchicken *Nomen* IDM be no ˌspring ˈchicken (*hum*) nicht mehr der Jüngste sein

ˌspring ˈclean *Nomen* [Sing] (*BrE*) gründlicher Hausputz

ˌspring-ˈclean *Verb* gründlich putzen

ˌspring-ˈloaded *Adj* mit Sprungfeder

ˌspring ˈonion *Nomen* (*BrE*) Frühlingszwiebel

ˌspring ˈroll *Nomen* (*bes BrE*) Frühlingsrolle

ˌspring ˈtide *Nomen* Springflut

spring·time /ˈsprɪŋtaɪm/ *Nomen* (*gehoben*) Frühling(szeit)

springy /ˈsprɪŋi/ *Adj* (**spring·ier**, **springi·est**) elastisch, federnd

sprin·kle¹ /ˈsprɪŋkl/ *Verb* **1** (be)streuen, (be)träufeln **2 ~ sth with sth** etw mit etw spicken ◊ *His poems are sprinkled with quotations from ancient Greek.* Seine Gedichte sind mit Zitaten aus dem Altgriechischen gespickt. **3** nieseln

sprin·kle² /ˈsprɪŋkl/ *Nomen* **1** Prise, Spritzer **2** (*AmE*) (*Regen*) paar Tropfen

sprink·ler /ˈsprɪŋklə(r)/ *Nomen* **1** (Rasen)sprenger **2** Sprinkler(anlage)

sprink·ling /ˈsprɪŋklɪŋ/ *Nomen* ein paar (vereinzelte) ein bisschen

sprint¹ /sprɪnt/ *Verb* rennen, sprinten, spurten ◊ *He sprinted for the line.* Er legte einen Endspurt hin.

sprint² /sprɪnt/ *Nomen* **1** (Kurzstrecken)lauf ◊ *the world sprint champion* der Sprintweltmeister **2** [meist Sing] Spurt ◊ *a sprint for the line* ein Endspurt

sprint·er /ˈsprɪntə(r)/ *Nomen* Kurzstreckenläufer(in)

sprite /spraɪt/ *Nomen* Elfe, Kobold

spritz¹ /sprɪts/ *Verb* (*bes AmE*) benetzen

spritz² /sprɪts/ *Nomen* Spritzer

spritz·er /ˈsprɪtsə(r)/ *Nomen* (Wein)schorle

sprocket /ˈsprɒkɪt; *AmE* ˈsprɑːkɪt/ *Nomen* **1** Zahnrad **2** (*an einem Zahnrad*) Zahn

sprog /sprɒg; *AmE* sprɑːg/ *Nomen* (*BrE, umgs, hum*) Sprössling, Nachwuchs

sprout¹ /spraʊt/ *Verb* **1** (hervor)sprießen **2** wachsen lassen

sprout² /spraʊt/ *Nomen* **1** = BRUSSELS SPROUT **2** Spross

spruce¹ /spruːs/ *Nomen* **1** Fichte **2** Fichtenholz

spruce² /spruːs/ *Verb* PHR V ˌspruce (yourˈself) ˈup sich zurechtmachen ˌspruce sb/sth/ˈup jdn/etw verschönern, jdn/etw zurechtmachen ◊ *The city is sprucing up its museums and galleries.* Die Stadt bringt ihre Museen und Galerien auf Vordermann.

spruce³ /spruːs/ *Adj* gepflegt

sprung¹ /sprʌŋ/ *Adj* (*mit Metallfedern*) gefedert

sprung² *Form von* SPRING²

spry /spraɪ/ *Adj* munter, lebhaft; (*alter Mensch*) rüstig

spud /spʌd/ *Nomen* (*BrE, umgs*) Kartoffel

spume /spjuːm/ *Nomen* (*gehoben*) Gischt

spun *Form von* SPIN¹

spunk /spʌŋk/ *Nomen* **1** (*umgs*) Mumm **2** (*BrE, Slang*) (*Sperma*) Soße **3** (*AusE, umgs*) scharfer Typ, toller Typ

spunky /ˈspʌŋki/ *Adj* (*umgs*) resolut, mutig, schwungvoll

spur¹ /spɜː(r)/ *Nomen* **1** (*im Reitsport*) Sporn **2 ~ (to sth)** Ansporn (zu etw) **3** (Berg)vorsprung **4** Zubringer(straße), Nebengleis IDM on the ˌspur of the ˈmoment ganz spontan ◊ *It was an idea I had on the spur of the moment/a spur-of-the-moment idea.* Es war eine ganz spontane Idee von mir. ˌwin/earn your ˈspurs (*gehoben*) sich die Sporen verdienen

spur² /spɜː(r)/ *Verb* (**-rr-**) **1 ~ sb/sth (on)** jdn/etw anspornen **2** beschleunigen **3** (*einem Pferd*) die Sporen geben

spuri·ous /ˈspjʊəriəs; *AmE* ˈspjʊr-/ *Adj* falsch, unecht; (*Ausrede, Begründung*) fadenscheinig

spuri·ous·ly /ˈspjʊəriəsli/ *Adv* fälschlicherweise, falsch

spurn /spɜːn; *AmE* spɜːrn/ *Verb* verschmähen; (*Einladung, Angebot*) ablehnen

spurt¹ /spɜːt; *AmE* spɜːrt/ *Verb* **1** (heraus)spritzen (aus) ◊ *Her nose was spurting blood.* Aus ihrer Nase spritzte Blut. ◊ *Red and yellow flames spurted out of the fire.* Aus dem Feuer loderten rote und gelbe Flammen. ◊ *The volcano spurted ash high into the air.* Der Vulkan stieß Asche hoch in die Luft. **2** spurten

spurt² /spɜːt; *AmE* spɜːrt/ *Nomen* **1** (*Wasser-*) Strahl; (*Feuer*) Stichflamme **2** (SPORT) Spurt ◊ *put on a spurt* einen Spurt einlegen **3** Anfall, Schub ◊ *a sudden spurt of anger* ein plötzlicher Wutanfall ◊ *growth spurts* Wachstumsschübe

sput·ter /ˈspʌtə(r)/ *Verb* **1** zischen; (*Motor*) stottern SYN SPLUTTER **2** fauchen

spu·tum /ˈspjuːtəm/ *Nomen* (MED) Sputum, Auswurf

spy¹ /spaɪ/ *Nomen* (*Pl* **-ies**) Spion(in), Spitzel ◊ *a spy satellite* ein Spionagesatellit ◊ *a spy ring* ein Spionagering ◊ *video spy cameras* versteckte Videokameras

spy² /spaɪ/ *Verb* (**spies**, **spy·ing**, **spied**, **spied**) **1** spionieren, Spionage treiben **2** (*gehoben*) erspähen IDM ˌspy out the ˈland die Lage erkunden PHR V ˈspy on sb jdm nachspionieren, jdn bespitzeln ˌspy sth ˈout etw ausspionieren

spy·mas·ter /ˈspaɪmɑːstə(r); *AmE* -mæs-/ *Nomen* Chef(in) eines Spionagerings, Agentenführer(in)

Sq. *Kurzform von* **square** (*in Adressen*) Platz

sq *Abk* = SQUARE¹ (3)

squab·ble¹ /ˈskwɒbl/ *Verb* **~ (with sb) (about/over sth)** sich (mit jdm) (wegen einer Sache/um etw) streiten

squab·ble² /ˈskwɒbl/ *Nomen* Streit ◇ *family squabbles* Familienstreitigkeiten

squad /skwɒd; *AmE* skwɑːd/ *Nomen* ☛ G1.3b **1** Einsatzkommando, Dezernat ◇ *an anti-terrorist squad* eine Anti-terroreinheit ☛ *Siehe auch* FLYING SQUAD **2** (*Sport*) Kader **3** (MIL) Trupp ☛ *Siehe auch* FIRING SQUAD **4** (*Mord-*) Kommando

ˈsquad car *Nomen* Streifenwagen

squad·die /ˈskwɒdi; *AmE* ˈskwɑːdi/ *Nomen* (*BrE*, *Slang*) (einfacher) Soldat

squad·ron /ˈskwɒdrən; *AmE* ˈskwɑːd-/ *Nomen* Geschwader, Staffel ☛ G1.3b

ˈsquadron leader *Nomen* (*in der britischen Luftwaffe*) Major(in)

squal·id /ˈskwɒlɪd; *AmE* ˈskwɑːlɪd/ *Adj* (*abwert*) schmutzig (*auch fig*) ◇ *They were living in squalid conditions.* Sie lebten unter menschenunwürdigen Bedingungen.

squall¹ /skwɔːl/ *Nomen* Bö

squall² /skwɔːl/ *Verb* (*meist in der Verlaufsform*) schreien

squal·ly /ˈskwɔːli/ *Adj* böig

squal·or /ˈskwɒlə(r); *AmE* ˈskwɑːl-/ *Nomen* Schmutz ◇ *live in squalor* in menschenunwürdigen Verhältnissen leben

squan·der /ˈskwɒndə(r); *AmE* ˈskwɑːn-/ *Verb* vergeuden; (*Chance*) vergeben; (*Gelegenheit*) nicht nutzen

square¹ /skweə(r); *AmE* skwer/ *Adj* **1** (MATH) quadratisch **2** rechtwinklig, rechteckig **3** (*Abk* **sq**) Quadrat- ◇ *36 square metres* 36 Quadratmeter ◇ *a carpet four metres square* ein vier mal vier Meter großer Teppich **4** vierschrötig, stämmig; (*Schultern*) breit; (*Kinn*) kantig **5** ~ (**with sth**) parallel (zu etw) **6** quitt **7** punktgleich ◇ *The teams were all square at half-time.* Zur Halbzeit stand es unentschieden. **8** ehrlich; (*Geschäft*, *Handel*) reell ◇ *Are you being square with me?* Ist das die Wahrheit? **9** ~ **with sth** in Einklang mit etw **10** (*umgs*, *abwert*) spießig, streberhaft IDM **a square ˈmeal** ein ordentliches Essen **be a square ˈpeg (in a round ˈhole)** (*BrE*, *umgs*) nicht in/zu etw passen

square² /skweə(r); *AmE* skwer/ *Nomen* **1** (MATH) Quadrat ◇ *The square of 7 is 49.* 7 im Quadrat ist 49. ☛ *Siehe auch* SET SQUARE *und* T-SQUARE **2** (*auf einem Schachbrett etc.*) Feld; (*auf Papier*) Kästchen; (*auf Stoff*) Karo ◇ *First break the chocolate into squares.* Brechen Sie die Schokolade zuerst in Stücke. **3** Platz **4** (*umgs*, *abwert*) Spießer(in), Streber(in) IDM **be back to square ˈone** wieder von vorn anfangen (müssen)

square³ /skweə(r); *AmE* skwer/ *Verb* **1** ~ **sth** (**off**) etw rechtwinklig machen **2** (MATH) quadrieren ◇ *Four squared equals 16.* Vier im Quadrat ist 16. **3** ~ **yourˈself/your shoulders** die Schultern straffen **4** (*bes BrE*) (*Spielstand*) ausgleichen ◇ *His goal squared the game 1–1.* Sein Tor glich zum 1:1 aus. **5** (*umgs*) bestechen IDM **ˈsquare it with sb** jdn (um Erlaubnis) fragen PHR V **ˌsquare sth aˈway** (*AmE*) etw in Ordnung bringen **ˌsquare ˈoff** (*AmE*) in Kampfstellung gehen **ˌsquare ˈup** sich rüsten, in Kampfstellung gehen **ˌsquare ˈup to sb** sich vor jdm aufpflanzen, vor jdm in Kampfstellung gehen **ˌsquare ˈup to sth** sich einer Sache stellen **ˌsquare ˈup (with sb)** (mit jdm) abrechnen **ˈsquare with sth** mit etw übereinstimmen **ˈsquare sth with sth** etw mit etw in Einklang bringen

square⁴ /skweə(r); *AmE* skwer/ *Adv* direkt, genau ◇ *I looked her square in the face.* Ich sah ihr direkt ins Gesicht. IDM ⇨ FAIR²

ˌsquare ˈbracket *Nomen* (*BrE*) eckige Klammer

squared /skweəd; *AmE* skwerd/ *Adj* kariert

ˈsquare dance *Nomen* Squaredance

ˈsquare knot *Nomen* (*AmE*) Kreuzknoten

square·ly /ˈskweəli; *AmE* ˈskwerli/ *Adv* **1** direkt, genau ◇ *We must meet the challenge squarely.* Wir müssen der Herausforderung fest ins Auge blicken. **2** eindeutig ◇ *The show is aimed squarely at people under the age of 25.* Die Show richtet sich gezielt an die unter 25-Jährigen. IDM ⇨ FAIRLY

ˌsquare ˈroot *Nomen* Quadratwurzel

squar·ish /ˈskweərɪʃ; *AmE* ˈskwer-/ *Adj* beinahe quadratisch

squash¹ /skwɒʃ; *AmE* skwɑːʃ, skwɔːʃ/ *Verb* **1** (zer)drücken ◇ *The tomatoes had been squashed.* Die Tomaten waren zerquetscht. **2** (sich) quetschen ◇ *She was squashed between the door and the table.* Sie war zwischen Tür und Tisch eingezwängt. **3** zunichte machen, im Keim ersticken; (*Aufstand*) niederschlagen PHR V **ˌsquash ˈup** sich zusammenpressen ◇ *We squashed up to make room for Chris.* Wir quetschten uns zusammen, um Platz für Chris zu machen. **ˌsquash ˈup against sb/sth** sich gegen jdn/etw pressen **ˌsquash sb/sth ˈup** jdn/etw zusammenpressen **ˌsquash sb/sth ˈup against sb/sth** jdn/etw gegen jdn/etw pressen

squash² /skwɒʃ; *AmE* skwɑːʃ, skwɔːʃ/ *Nomen* **1** (*gehoben*) **ˈsquash rackets**) Squash **2** (*BrE*) Fruchtsaftkonzentrat, Orangen-/Zitronengetränk **3** (*Pl* **squash**, *BrE auch* **squashes**) **4** (*umgs*) Gedränge

squashy /ˈskwɒʃi; *AmE* ˈskwɑːʃi, ˈskwɔːʃi/ *Adj* weich

squat¹ /skwɒt; *AmE* skwɑːt/ *Verb* (**-tt-**) **1** ~ (**down**) (sich) (hin)hocken **2** ~ **in sth** (*ein leeres Gebäude etc.*) besetzen

squat² /skwɒt; *AmE* skwɑːt/ *Nomen* **1** = (von Hausbesetzern) besetztes Gebäude **2** Hockstellung

squat³ /skwɒt; *AmE* skwɑːt/ *Adj* gedrungen

squat·ter /ˈskwɒtə(r); *AmE* ˈskwɑːt-/ *Nomen* Hausbesetzer(in), Landbesetzer(in); (*historisch*) illegale(r) Siedler(in)

squaw /skwɔː/ *Nomen* (*veraltet*, *abwert*) Squaw

squawk¹ /skwɔːk/ *Verb* krähen, gackern, schnattern; (*Mensch*) kreischen

squawk² /skwɔːk/ *Nomen* Krächzen, Gackern, Schnattern, Kreischen ◇ *The bird gave a startled squawk.* Der Vogel kreischte erschreckt auf. ◇ *a squawk of protest* ein Protestschrei

squeak¹ /skwiːk/ *Verb* **1** quietschen, quieken, quieksen **2** ~ **in/through** knapp durchkommen **3** ~ **in/through sth** knapp in/durch etw kommen, etw mit Mühe und Not schaffen

squeak² /skwiːk/ *Nomen* Quietschen, Quieken, Quieksen ◇ *Shirley gave a little squeak of surprise.* Shirley quiekste überrascht.

squeaky /ˈskwiːki/ *Adj* quietschend ◇ *a high squeaky voice* eine hohe Piepsstimme

ˌsqueaky ˈclean *Adj* (*umgs*) blitzsauber

squeal¹ /skwiːl/ *Verb* **1** quieken, quietschen ◇ *The car squealed to a halt.* Das Auto blieb quietschend stehen. **2** aufschreien, kreischen **3** ~ (**on sb**) (*umgs*, *abwert*) jdn verpfeifen

squeal² /skwiːl/ *Nomen* Schrei, Kreischen, Quieken; (*von Reifen*, *Bremsen*) Quietschen ◇ *He gave a squeal of delight.* Er kreischte vor Vergnügen.

squeam·ish /ˈskwiːmɪʃ/ *Adj* zimperlich, empfindlich, zart besaitet ◇ *This movie is not for the squeamish.* Dieser Film ist nicht für zarte Gemüter.

squee·gee /ˈskwiːdʒiː/ *Nomen* **1** Fensterwischer **2** Bodenwischer

squeeze¹ /skwiːz/ *Verb* **1** drücken ◇ *squeeze the trigger* abdrücken **2** ~ **sth** (**out of/from sth**) etw (aus etw) (her-aus)pressen; ~ **sth** (**out**) etw ausdrücken ◇ *He took off his wet clothes and squeezed the water out.* Er zog seine nassen Kleider aus und wrang sie aus. **3** (sich) zwängen, (sich) quetschen ◇ *If you move forward a little, I can squeeze past.* Wenn Sie ein wenig vorrücken, kann ich mich vorbeiquetschen. ◇ *We managed to squeeze a lot into a week.* Wir haben viel in einer Woche gemacht. **4** unter Druck setzen ◇ *The banks have had their profits squeezed this year.* Die Banken haben in diesem Jahr starke Gewinneinbußen erlitten. IDM **ˌsqueeze sb ˈdry** jdn ausnehmen, jdn auspressen PHR V **ˈsqueeze sb for sth** etw aus jdm herauspressen **ˌsqueeze sb/sth ˈin** jdn/etw einschieben **ˌsqueeze sth/sb ˈout (of sth)** jdn/etw (aus etw) verdrängen **ˌsqueeze sth ˈout of/from sb** etw aus jdm herauspressen **ˌsqueeze ˈup** sich zusammendrängen, zusammenrücken **ˌsqueeze sb ˈup against sb/sth** sich an jdn/etw drücken **ˌsqueeze sb ˈup against sb/sth** jdn an jdn/etw drücken

squeeze² /skwiːz/ *Nomen* **1** Drücken ◇ *He gave my hand a little squeeze.* Er drückte meine Hand ein wenig. **2** Spritzer **3** Gedränge ◇ *It was a tight squeeze, but we finally got everything into the case.* Schließlich haben wir es doch geschafft, alles in den Koffer zu stopfen. ◇ *Seven people in the car was a bit of a squeeze.* Mit sieben Leuten im Auto

squelch

war es ein bisschen eng. **4** Einschränkung ⋄ *Industry is facing a squeeze on profits.* Die Industrie muss sich auf Ertragseinbußen gefasst machen. ⋄ *a squeeze on benefits* eine Kürzung der Sozialhilfe **5** [Sing] (*bes AmE, umgs*) Freund(in) **IDM** **put the ˈsqueeze on sb (to do sth)** (*umgs*) jdn unter Druck setzen (etw zu tun)

squelch¹ /ˈskweltʃ/ *Verb* **1** patschen; (*Schuhe, Schlamm*) quatschen **2** (*AmE*) unterdrücken ⋄ *squelch a rumour* ein Gerücht zum Schweigen bringen ⋄ *squelch a fire* ein Feuer ersticken

squelch² /skweltʃ/ *Nomen* [meist Sing] quatschendes Geräusch

squelchy /ˈskweltʃi/ *Adj* matschig

squib /skwɪb/ *Nomen* Knallfrosch **IDM** ➪ DAMP¹

squid /skwɪd/ *Nomen* (*Pl* **squid** *oder* **squids**) Tintenfisch ☞ G1.2

squidgy /ˈskwɪdʒi/ *Adj* (*bes BrE, umgs*) weich, matschig

squiffy /ˈskwɪfi/ *Adj* (*BrE, umgs*) angesäuselt

squigˑgle /ˈskwɪɡl/ *Nomen* Schnörkel

squigˑgly /ˈskwɪɡli/ *Adj* schnörkelig

squint¹ /skwɪnt/ *Verb* **1** blinzeln, spähen; (*Augen*) zusammenkneifen **2** (*BrE*) schielen

squint² /skwɪnt/ *Nomen* **1** Schielen ⋄ *He was born with a squint.* Er schielt von Geburt an. **2** [Sing] (*BrE, umgs*) kurzer Blick ⋄ *Have a squint at this.* Sieh dir das kurz an.

squire /ˈskwaɪə(r)/ *Nomen* **1** (*auch* **Squire**) ≈ Gutsherr **2 Squire** (*BrE, umgs*) (*Anrede*) Alter **3** Knappe

squirm /skwɜːm; *AmE* skwɜːrm/ *Verb* sich winden, hin und her rutschen ⋄ *Someone grabbed her but she managed to squirm free.* Jemand packte sie, aber es gelang ihr, sich ihm zu entwinden. ⋄ (*fig*) *It made him squirm to think about the interview.* An das Vorstellungsgespräch nur zu denken war ihm furchtbar peinlich.

squirˑrel¹ /ˈskwɪrəl; *AmE* ˈskwɜːrəl/ *Nomen* Eichhörnchen

squirˑrel² /ˈskwɪrəl; *AmE* ˈskwɜːrəl/ *Verb* (**-ll-**, *AmE* **-l-**) **PHR V** ˌsquirrel sth aˈway etw horten, etw verstecken

squirt¹ /skwɜːt; *AmE* skwɜːrt/ *Verb* (be)spritzen

squirt² /skwɜːt; *AmE* skwɜːrt/ *Nomen* **1** Spritzer **2** (*umgs, abwert*) kleiner Scheißer

squish /skwɪʃ/ *Verb* (*umgs*) **1** zermatschen **2** quatschen

squishy /ˈskwɪʃi/ *Adj* (*umgs*) matschig

Sr (*bes AmE* **Sr.**) *Abk* = SENIOR¹ (3)

SS *Abk* **1** = SAINTS ⋄ *SS Philip and James St.* Philip and St. James **2** /ˌes ˈes/ = STEAMSHIP

St *Abk* **1** (*bes AmE* **St.**) = STREET **2 St.** (*AmE*) = STATE **3** (*bes AmE* **St.**) = SAINT

st (*bes AmE* **st.**) *Abk* = STONE

stab¹ /stæb/ *Verb* (**-bb-**) (er)stechen, niederstechen ⋄ *He was stabbed to death.* Er wurde erstochen. ⋄ *He stabbed his finger angrily at my chest.* Er stach mir wütend seinen Finger in die Brust. **IDM** ˌstab sb in the ˈback jdm in den Rücken fallen **SYN** BETRAY

stab² /stæb/ *Nomen* **1** Stich ⋄ *She felt a sudden stab of pain in the chest.* Sie fühlte plötzlich einen stechenden Schmerz in der Brust. ⋄ *a stab of guilt* ein Gewissensbiss ⋄ *a stab of fear* plötzliche Angst **2** [meist Sing] (*umgs*) Versuch; **make/have a ~ (at sth)** etw probieren **IDM** **a ˌstab in the ˈback** ein Verrat

stabˑbing¹ /ˈstæbɪŋ/ *Nomen* Messerstecherei

stabˑbing² /ˈstæbɪŋ/ *Adj* (*Schmerz*) stechend

staˑbilˑity /stəˈbɪləti/ *Nomen* Stabilität **OPP** INSTABILITY

staˑbiˑliˑzaˑtion (*BrE auch* **-isation**) /ˌsteɪbəlaɪˈzeɪʃn; *AmE* -ləˈz-/ *Nomen* Stabilisierung

staˑbiˑlize (*BrE auch* **-ise**) /ˈsteɪbəlaɪz/ *Verb* (sich) stabilisieren ⋄ *Doctors stabilized the patient's condition.* Die Ärzte haben den Zustand des Patienten unter Kontrolle bekommen.

staˑbiˑlizˑer /ˈsteɪbəlaɪzə(r)/ *Nomen* **1** Stabilisator; (*eines Flugzeugs*) Höhenflosse **2 stabilizers** [Pl] (*BrE*) Stützräder

stable¹ /ˈsteɪbl/ *Adj* **1** stabil ⋄ *a stable relationship* eine feste Beziehung **OPP** UNSTABLE **2** gefestigt, ausgeglichen **SYN** BALANCED **OPP** UNSTABLE

stable² /ˈsteɪbl/ *Nomen* **1** (Pferde)stall **2** (*BrE auch* **stables**) (Renn)stall ☞ G1.3b **3** (*fig*) ⋄ *the latest printer from the Epson stable* der neueste Drucker aus dem Hause Epson **IDM** **close, lock, etc. the ˈstable door after the horse has ˈbolted** (*BrE*) den Brunnen zudecken, wenn das Kind hineingefallen ist

stable³ /ˈsteɪbl/ *Verb* in den Stall bringen, unterbringen, (im Stall) halten

ˈstable boy (*BrE auch* **ˈstable lad**) *Nomen* Stalljunge

ˈstable girl *Nomen* Stallmädchen

stableˑman /ˈsteɪblmən/ *Nomen* (*Pl* **-men** /-mən/) Stallbursche

stacˑcato¹ /stəˈkɑːtəʊ; *AmE* -toʊ/ *Adj* **1** (MUS) staccato gespielt/gesungen/gesetzt, Stakkato- **2** abgehackt ⋄ *a peculiar staccato voice* eine seltsam abgehackte Stimme

stacˑcato² /stəˈkɑːtəʊ; *AmE* -toʊ/ *Adv* staccato, in Stakkato

stack¹ /stæk/ *Nomen* **1** Stoß, Stapel ⋄ *a stack hi-fi system* ein Hi-Fi-Turm **2** (*bes BrE, umgs*) (sehr viel) Haufen ⋄ *stacks of money* ein Haufen Geld **3** Schornstein, (Fabrik)schlot **5** (COMP) Stapelspeicher **IDM** ➪ BLOW¹

stack² /stæk/ *Verb* **1 ~ sth (up)** etw (auf)stapeln ⋄ *logs stacked up against a wall* an einer Wand aufgeschichtete Holzscheite **2 ~ (up)** sich stapeln lassen **3 ~ sth (with sth)** etw (mit etw) auffüllen **4 ~ sth (up)** (*Flugzeug*) Warteschleifen fliegen lassen **PHR V** ˌstack ˈup **1** sich stapeln ⋄ *Cars quickly stacked up behind the bus.* Hinter dem Bus stauten sich sofort die Autos. **2** (*umgs*) sich entwickeln; **~ against sb/sth** sich mit jdm/etw messen lassen ⋄ *Let's see how he stacks up.* Mal sehen, wie er sich macht. ⋄ *This year's figures didn't stack up to those of 2001.* Die Zahlen aus diesem Jahr kamen an die von 2001 nicht heran.

stacked /stækt/ *Adj* beladen, voll gestellt ⋄ *shelves stacked with files* mit Aktenordnern voll gestopfte Regale **IDM** **the cards/odds are stacked in your ˈfavour/aˈgainst you** man hat gute/schlechte Karten

staˑdium /ˈsteɪdiəm/ *Nomen* (*Pl* **staˑdiums** *oder* **-dia** /-diə/) Stadion

staff¹ /stɑːf; *AmE* stæf/ *Nomen* **1** Personal, Belegschaft ⋄ (*BrE*) *the teaching staff of the school* die Lehrer(schaft) der Schule ⋄ (*BrE*) *We have 20 part-time members of staff.* Wir beschäftigen 20 Teilzeitkräfte. ⋄ (*AmE*) *staff members* Mitarbeiter ⋄ *a staff restaurant* ein Betriebsrestaurant ⋄ (*bes BrE*) *a lawyer on the staff of the Worldwide Fund for Nature* ein Mitarbeiter der Rechtsabteilung des Weltnaturschutzverbandes

> Im britischen Englisch kann **staff** im Singular stehen: *a staff of ten*, oder im Plural: *I have ten staff working for me.* Wenn es das Subjekt eines Verbs ist, so steht das Verb im Plural: *The staff in this shop are very helpful.* Die Pluralform **staffs** ist weniger gebräuchlich, kommt aber sowohl im britischen wie auch im amerikanischen Englisch vor, wenn man sich auf mehrere verschiedene Gruppen von Leuten beziehen will: *senators and their staffs.*

2 (*AmE*) = Personal an Schulen, Universitäten etc., das nicht zum Lehrkörper gehört ⋄ *students, faculty and staff* Studenten, akademisches und nicht akademisches Personal **3** Stab ⋄ *a staff officer* ein Stabsoffizier ⋄ *the President and his staff* der Präsident und sein Stab **4** (*veraltet oder gehoben*) Stock, Stab **5** (*bes AmE*) (MUS) Notenlinien **IDM** **the ˌstaff of ˈlife** (*gehoben*) das Grundnahrungsmittel ⋄ *bread, the staff of life* das Grundnahrungsmittel Brot

staff² /stɑːf; *AmE* stæf/ *Verb* **1** (mit Personal) besetzen, betreiben ⋄ *The advice centre is staffed entirely by volunteers.* Die Beratungsstelle wird nur von freiwilligen Mitarbeitern betrieben. **2** mit Personal ausstatten

staffˑing /ˈstɑːfɪŋ; *AmE* ˈstæfɪŋ/ *Nomen* personelle Besetzung ⋄ *staffing levels* Personalbestand ⋄ *extra resources and improved staffing* eine bessere finanzielle und personelle Ausstattung

ˈstaff nurse *Nomen* (*BrE*) = examinierte Pflegekraft (*meist in einem Krankenhaus*)

ˈstaff officer *Nomen* (*BrE*) Stabsoffizier

ˈstaff sergeant *Nomen* Oberfeldwebel; (*in der US-Luftwaffe*) Feldwebel

stag /stæɡ/ *Nomen* Hirsch

stage¹ /steɪdʒ/ *Nomen* **1** Stadium, Phase ⋄ *This technology is still in its early stages.* Diese Technologie ist noch im Anfangsstadium. ⋄ *At one stage it looked as though they would win.* Einmal sah es aus, als ob sie gewinnen würden. ⋄ *at some stage* irgendwann **2** Abschnitt, Etappe ⋄ *in* *stages* stufenweise ◊ *We can take the argument one stage further and ...* Wir können von einem Schritt weiter gehen und ... **3** Bühne ◊ *She was forced to the centre of the political stage.* Sie wurde in den Mittelpunkt der politischen Szene gedrängt. **4** (*oft* **the stage**) [Sing] das Theater **5** (*umgs, veraltet*) = STAGECOACH IDM **set the 'stage for sth** einer Sache den Weg bereiten

stage² /steɪdʒ/ *Verb* **1** aufführen ◊ *We are staging a production of 'Hamlet'.* Wir führen „Hamlet" auf. **2** veranstalten ◊ *stage an event* eine Veranstaltung organisieren ◊ *a carefully staged photo opportunity* ein sorgfältig inszenierter Fototermin ◊ *Athens' bid to stage the Olympics* Athens Bewerbung um die Ausrichtung der Olympiade ◊ *The dollar staged a recovery today.* Der Dollar erholte sich heute. IDM ⇨ DISAPPEAR

stage-coach /'steɪdʒkəʊtʃ; *AmE* -koʊtʃ/ *Nomen* (*umgs stage*) (*veraltet*) Postkutsche

,**stage di'rection** *Nomen* Regieanweisung

,**stage 'door** *Nomen* Bühneneingang

'**stage fright** *Nomen* Lampenfieber

'**stage-hand** /'steɪdʒhænd/ *Nomen* Bühnenarbeiter(in)

,**stage 'left** *Adv* rechte Bühnenseite

,**stage-'manage** *Verb* **1** inszenieren, veranstalten **2** Inspizient(in) sein bei

,**stage 'manager** *Nomen* Inspizient(in)

,**stage 'name** *Nomen* Künstlername

,**stage 'right** *Adv* linke Bühnenseite

'**stage-struck** *Adj* theaterbesessen

,**stage 'whisper** *Nomen* **1** für alle hörbar geflüsterte Worte **2** beiseite gesprochene Worte

stagey = STAGY

stag·ger¹ /'stægə(r)/ *Verb* **1** taumeln, torkeln, schwanken ◊ *The injured woman staggered to her feet.* Die verletzte Frau stand schwankend auf. ◊ *We seem to stagger from one crisis to the next.* Wir scheinen von einer Krise in die andere zu schlittern. **2** erschüttern, umhauen **3** staffeln, versetzt anordnen

stag·ger² /'stægə(r)/ *Nomen* Taumeln, Torkeln, Schwanken

stag·gered /'stægəd; *AmE* -gərd/ *Adj* **1** verblüfft, geschockt ◊ *I was staggered at the price.* Mir blieb die Sprache weg, als ich den Preis erfuhr. **2** gestaffelt, versetzt angeordnet ◊ *a staggered introduction of the new system* eine stufenweise Einführung des neuen Systems

stag·ger·ing /'stægərɪŋ/ *Adj* (*Adv* **stag·ger·ing·ly**) umwerfend, erschütternd ◊ *a staggering $1 million sum* eine Schwindel erregende Summe von einer Million Dollar SYN ASTOUNDING

sta·ging /'steɪdʒɪŋ/ *Nomen* **1** (THEAT) Inszenierung **2** Gerüst, Plattform, (Arbeits)bühne

'**staging post** *Nomen* Zwischenstation

stag·nant /'stægnənt/ *Adj* **1** (*Wasser*) stehend ◊ *a stagnant pond* ein Teich mit stehendem Wasser **2** stagnierend

stag·nate /stæg'neɪt; *AmE* 'stægneɪt/ *Verb* **1** stagnieren ◊ *I feel I'm stagnating in this job.* Ich habe das Gefühl, in diesem Job entwickle ich mich nicht weiter. **2** abstehen ◊ *The water in the pond was stagnating.* Das Wasser im Teich wurde faulig.

stag·na·tion /stæg'neɪʃn/ *Nomen* Stagnation, Stillstand

'**stag night** *Nomen* (*BrE*) **1** = Abend vor der Hochzeit eines Mannes, an dem er meistens mit seinen Freunden feiert **2** (*auch* '**stag party**) Junggesellenabschied (des Bräutigams)

stagy (*auch* **stagey**) /'steɪdʒi/ *Adj* theatralisch

staid /steɪd/ *Adj* gesetzt, bieder

stain¹ /steɪn/ *Verb* **1** ~ **sth** auf etw Flecken machen/hinterlassen **2** Flecken bekommen ◊ *This carpet stains easily.* Dieser Teppich bekommt leicht Flecken. **3** beizen, färben **4** (*Ruf*) (be)schädigen

stain² /steɪn/ *Nomen* **1** Fleck ◊ *stain-resistant* Schmutz abweisend **2** Beize, Färbemittel **3** Schandfleck, Makel

stained /steɪnd/ *Adj* fleckig, befleckt

,**stained 'glass** *Nomen* Buntglas, farbiges Glas

,**stain·less 'steel** /,steɪnləs 'stiːl/ *Nomen* Edelstahl, rostfreier Stahl

stair /steə(r); *AmE* ster/ *Nomen* **1 stairs** [Pl] Treppe ◊ *three flights of stairs* drei Treppen **2** (Treppen)stufe **3** [Sing] (*gehoben*) = STAIRCASE IDM **below 'stairs** (*BrE, veraltet*) beim Hauspersonal

stair·case /'steəkeɪs; *AmE* 'sterk-/ (*gehoben* **stair**) *Nomen* Treppe(nhaus) ◊ *a spiral staircase* eine Wendeltreppe

stair·way /'steəweɪ; *AmE* 'sterweɪ/ *Nomen* Treppe(naufgang)

stair·well /'steəwel; *AmE* 'sterwel/ *Nomen* Treppenhaus

stake¹ /steɪk/ *Nomen* **1** Pfahl, Stab, Pflock **2 the stake** [Sing] = der Pfahl auf dem Scheiterhaufen ◊ *Joan of Arc was burnt at the stake.* Jeanne d'Arc wurde auf dem Scheiterhaufen verbrannt. **3** Anteil ◊ (*fig*) *She has a personal stake in the success of the play.* Sie hat viel in den Erfolg des Stückes investiert. **4** [*meist* Pl] Einsatz ◊ *They were playing for high stakes.* Sie spielten mit hohem Einsatz. ◊ *The stakes are high.* Es steht viel auf dem Spiel. **5 stakes** [Pl] (*beim Pferderennen*) Gewinn IDM **be at 'stake** auf dem Spiel stehen ◊ *The prize at stake is a place in the final.* Es geht um einen Platz im Finale. **go to the 'stake over/for sth** sich für etw kreuzigen lassen **in the ... stakes** was ... angeht ◊ *She liked to stay ahead in the fashion stakes.* Sie kleidete sich immer nach der neuesten Mode.

stake² /steɪk/ *Verb* **1** ~ **sth** (**on sth**) etw (auf etw) setzen ◊ *He staked his political career on tax reform.* Er hat seine politische Karriere für die Steuerreform aufs Spiel gesetzt. ◊ *I'd stake my life on it.* Darauf würde ich meinen Kopf verwetten. **2** ~ **sth** (**up**) etw (an einem Pfahl) anbinden IDM **stake (out) a/your 'claim (to/for/on sth)** einen/seinen Anspruch (auf etw) anmelden PHRV ,**stake sth 'out 1** (die Grenzen von) etw abstecken, etw eingrenzen **2** (*Standpunkt*) klar machen **3** etw überwachen

stake·hold·er /'steɪkhəʊldə(r); *AmE* -hoʊ-/ *Nomen* **1** Teilhaber(in) ◊ *The employees are stakeholders in the company.* Die Angestellten sind am Gewinn der Firma beteiligt. **2** Bankhalter

'**stake-out** *Nomen* Überwachung

stal·ac·tite /'stæləktaɪt; *AmE* stə'læktaɪt/ *Nomen* Stalaktit

stal·ag·mite /'stæləgmaɪt; *AmE* stə'læg-/ *Nomen* Stalagmit

stale /steɪl/ *Adj* **1** (*Brot etc.*) alt(backen); (*Bier etc.*) abgestanden, schal **2** (*Luft etc.*) muffig, verbraucht ◊ *stale cigarette smoke* kalter Zigarettenrauch ◊ *stale sweat* alter Schweiß **3** abgedroschen, abgenutzt ◊ *stale news* veraltete Nachrichten **4** verbraucht, lustlos, ohne Schwung

stale·mate /'steɪlmeɪt/ *Nomen* (*Schach*) Patt (*auch fig*) ◊ *The talks ended in (a) stalemate.* Die Gespräche sind in eine Sackgasse geraten.

stale·ness /'steɪlnəs/ *Nomen* **1** Verbrauchtheit, Abgestandenheit **2** Ausgelaugtheit, Ermüdung(serscheinungen)

stalk¹ /stɔːk/ *Nomen* **1** (BOT) Stängel, Stiel, Strunk **2** (ZOOL) Stiel ◊ *Crabs and lobsters have eyes on stalks.* Krabben und Hummer haben Stielaugen.

stalk² /stɔːk/ *Verb* **1** ~ **sb/sth** sich an jdn/etw heranpirschen **2** ~ **sb** jdm nachstellen **3** stolzieren, stelzen **4** (*gehoben*) = auf bedrohliche Weise umgehen (*fig*) ◊ *Fear stalks the streets of the city at night.* Nachts geht die Angst um in den Straßen der Stadt.

stalk·er /'stɔːkə(r)/ *Nomen* **1** = Mensch, der jdm (besonders einer bekannten Persönlichkeit) über einen längeren Zeitraum auf belästigende oder Angst einflößende Weise nachstellt **2** Jäger(in) auf Pirschgang

stalk·ing /'stɔːkɪŋ/ *Nomen* = das Vergehen, einer (oft prominenten) Person über einen längeren Zeitraum nachzustellen

'**stalking horse** *Nomen* **1** Vorwand, Testballon **2** = Politiker(in), der/die gegen den/die Parteivorsitzende(n) antritt, um herauszufinden, wie stark dessen/deren Rückhalt in der Partei ist. Ein(e) aussichtsreiche(r) Kandidat(in) kann dann mit ernsten Absichten für den Parteivorsitz kandidieren.

stall¹ /stɔːl/ *Nomen* **1** (*Markt- etc.*) Stand, Bude SYN STAND **2** (*für Vieh*) Bucht, Box **3** (*bes AmE*) (Dusch-, Toiletten-) Kabine **4 the stalls** [Pl] (*BrE*) das Parkett **5** [*meist* Pl] Chorgestühl **6** [*meist* Sing] (*eines Motors*) Stehenbleiben **7** [*meist* Sing] (AERO) Absacken

stall² /stɔːl/ *Verb* **1** (*Motor*) stehen bleiben ◊ *I kept stalling.* Der Motor ging dauernd aus. **2** abwürgen ◊ *I stalled the car three times.* Ich habe dreimal den Motor abgewürgt.

3 Zeit schinden; **~ on/over sth** etw hinauszögern ◊ *She was stalling for time.* Sie wollte nur Zeit gewinnen. **4** aufhalten **5** ins Stocken geraten

stall·hold·er /'stɔːlhəʊldə(r)/; *AmE* -hoʊ-/ *Nomen* (*BrE*) Standinhaber(in)

stal·lion /'stæliən/ *Nomen* Hengst

stal·wart /'stɔːlwət/; *AmE* -wərt/ **1** *Adj* (ge)treu **2** *Adj* (*gehoben*) stark, robust **3** *Nomen* treue(r) Anhänger(in)

sta·men /'steɪmən/ *Nomen* (Bot) Staubgefäß, Staubblatt

stam·ina /'stæmɪnə/ *Nomen* Durchhaltevermögen, Ausdauer ◊ *exercises aimed at increasing stamina* Übungen zur Verbesserung der Kondition

stam·mer¹ /'stæmə(r)/ *Verb* stottern, stammeln [SYN] STUTTER

stam·mer² /'stæmə(r)/ *Nomen* [Sing] Stottern, Stammeln ◊ *She spoke with a stammer.* Sie stotterte.

stam·mer·er /'stæmərə(r)/ *Nomen* Stotterer, Stotterin

stamp¹ /stæmp/ *Nomen* **1** (Brief)marke **2** Stempel ◊ (*fig*) *The project has the government's stamp of approval.* Das Projekt hat die offizielle Zustimmung der Regierung. **3** Gebührenmarke, Stempelmarke **4** [Sing] (*gehoben*) (*Menschen-*) Schlag ◊ *men of a different stamp* Menschen eines anderen Schlages **5** Stampfen

stamp² /stæmp/ *Verb* **1** (auf)stampfen ◊ *I stamped my feet to keep warm.* Ich stampfte mit den Füßen, um mich warm zu halten. **2** stampfen, trampeln ◊ *She turned and stamped out of the room.* Sie drehte sich um und stapfte aus dem Zimmer. **3** (ab)stempeln **4 ~ sth (on sth)** etw (auf etw) (auf)stempeln ◊ *The maker's name was stamped in gold on the box.* Der Name des Herstellers war in Gold auf das Kästchen geprägt. **5 ~ A with B** B auf A aufprägen ◊ *The box was stamped with the maker's name.* Das Kästchen trug den aufgeprägten Namen des Herstellers. **6** kennzeichnen ◊ *The crime had revenge stamped all over it.* Das Verbrechen trug die unverkennbaren Merkmale eines Racheakts. ◊ *Terror was stamped across her face.* Ihr Gesicht war von panischer Angst gezeichnet. **7** frankieren **8 ~ sth out (of sth)** etw (aus etw) ausstanzen; **~ sth from sth** etw aus etw ausstanzen [PHRV] **'stamp on sth 1** auf etw treten, etw zertreten **2** etw unterdrücken, etw stoppen **'stamp sth on sth** einer Sache den Stempel von etw aufdrücken ◊ *She stamped her own interpretation on the role.* Sie gab der Rolle ihr eigenes Gepräge. ◊ *The date is forever stamped on her memory.* Das Datum hat sich ihrem Gedächtnis unauslöschlich eingeprägt. ,**stamp** **'out 1** etw bekämpfen, etw beseitigen **2** (*Feuer*) austreten

'stamp collecting *Nomen* Briefmarkensammeln

'stamp collector *Nomen* Briefmarkensammler(in)

,**stamped ad'dressed envelope** *Nomen* (*Abk* **SAE**) (*BrE*) frankierter Rückumschlag

stam·pede¹ /stæm'piːd/ *Verb* **1** in Panik fliehen **2** in die Flucht schlagen **3** stürmen ◊ *The kids came stampeding down the corridor.* Die Kinder kamen den Flur heruntergestürmt. **4** (*meist passiv*) **~ sb (into sth/doing sth)** jdn (dazu) drängen (etw zu tun)

stam·pede² /stæm'piːd/ *Nomen* [meist Sing] **1** panische Flucht **2** Massenansturm

stance /stæns; *BrE auch* stɑːns/ *Nomen* [meist Sing] **1 ~ (on sth)** Einstellung (zu etw) [SYN] POSITION **2** (Sport) Stellung ◊ *Widen your stance.* Stell dich mit den Füßen weiter auseinander hin.

stanch /stɔːntʃ, stæntʃ/ *Verb* (*bes AmE*) stauen, stillen

stan·chion /'stæntʃən, 'stɑːn-/ *Nomen* (*gehoben*) Stütze

stand¹ /stænd/ *Verb* (**stood, stood** /stʊd/) **1** stehen ◊ *stand on your head/hands* einen Kopfstand/Handstand machen **2 ~ (up)** aufstehen **3** stellen ◊ *Stand the ladder up against the wall.* Stellen Sie die Leiter an die Mauer. **4** sein ◊ *You never know where you stand with her.* Man weiß nie, woran man mit ihr ist. ◊ *As things stand, there is little chance of a quick settlement of the dispute.* Wie die Dinge liegen, besteht wenig Aussicht auf eine baldige Beilegung des Disputs. **5** (*nicht in der Verlaufsform*) hoch sein ◊ *The mountain stands at over 10 000 metres.* Der Berg ist über 10 000 Meter hoch. **6 ~ at sth** bei etw liegen ◊ (*Thermometer*) auf etw stehen **7** (*Angebot, Versprechen, Rekord*) gelten ◊ *My offer still stands.* Mein Angebot gilt nach wie vor. **8** ◊ *You stand to make a lot from this deal.* Sie könnten an diesem Geschäft viel verdienen. ◊ *He stands to lose all his* *money on this bet.* Bei dieser Wette könnte er sein ganzes Geld verlieren. **9 ~ (on sth)** einen Standpunkt (in etw) vertreten ◊ *Where do you stand on abortion?* Wie stehen Sie zur Abtreibung? **10** (*kein Passiv*) (*nicht in der Verlaufsform*) aussehen, aushalten ◊ *I can't stand the sight of blood.* Ich kann kein Blut sehen. ◊ *She couldn't stand being kept waiting.* Sie konnte es nicht leiden, wenn man sie warten ließ. **11** standhalten, ertragen ◊ *His heart won't stand the strain much longer.* Sein Herz wird den Strapazen nicht viel länger standhalten. **12** (*kein Passiv*) spendieren ◊ *He stood drinks all round.* Er hat eine Runde ausgegeben. **13** (*bes BrE*) **~ (for/as sth)** (für etw) kandidieren ☞ Für andere Redewendungen mit **stand** siehe die Einträge für die Nomina, Adjektive etc. **Stand on ceremony** z.B. steht unter **ceremony**. [PHRV] ,**stand a'side 1** beiseite treten **2** tatenlos herumstehen ,**stand 'back (from sth) 1** (von etw) zurücktreten **2** abliegen ◊ *The house stands back a little.* Das Haus liegt etwas von der Straße ab. **3** Abstand nehmen ,**stand 'by 1** tatenlos zusehen **2** bereitstehen '**stand by sb** zu jdm halten, jdm beistehen '**stand by sth** zu etw stehen ,**stand 'down 1** zurücktreten **2** den Zeugenstand verlassen '**stand for sth** (*kein Passiv*) **1** (*nicht in der Verlaufsform*) für etw stehen **2 not stand for sth** sich etw nicht gefallen lassen ,**stand 'in (for sb)** Vertretung (für jdn) machen, (für jdn) einspringen ,**stand 'out (as sth)** (als etw) herausragen ◊ *Four points stand out as being more important than the rest.* Vier Punkte rangieren vor allen anderen. ,**stand 'out (from/against sth)** sich (von/gegen etw) abheben ◊ *She's the sort of person who stands out in a crowd.* Sie ist ein Mensch, der aus der Menge hervorsticht. '**stand 'over sb** jdm über die Schulter sehen ,**stand 'up 1** stehen ◊ *You'll look taller if you stand up straight.* Du wirkst größer, wenn du gerade stehst. **2** bestehen ◊ *This document will never stand up in a court of law.* Dieses Dokument wird vor Gericht nicht bestehen. ,**stand sb 'up** (*umgs*) jdn sitzen lassen ◊ *I've been stood up!* Ich bin versetzt worden! ,**stand 'up for sb/sth** sich für jdn/etw einsetzen ◊ *You must stand up for yourself/your rights.* Sie müssen für sich selbst/Ihre Rechte eintreten. ◊ *She had learnt to stand up for herself.* Sie hatte gelernt, sich zu behaupten. ,**stand 'up to sb** jdm die Stirn bieten ,**stand 'up to sth 1** etw aushalten [SYN] WITHSTAND **2** einer Sache standhalten

stand² /stænd/ *Nomen* **1** [Sing] Standpunkt ◊ *take a firm/strong stand on sth* zu etw ganz klar Stellung beziehen ◊ *his tough stand on immigration* seine strenge Haltung in Bezug auf Einwanderung **2** [meist Sing] Widerstand ◊ *We must make a stand against job losses.* Wir müssen uns Arbeitsplatzverlusten widersetzen. ◊ *the rebels' last stand* das letzte Gefecht der Rebellen **3** Stand, Bude [SYN] STALL **4** (*bes BrE*) (*Messe-*) Stand **5** (*oft in Zusammensetzungen*) Gestell, Ständer ◊ *a cake stand* eine Tortenplatte **6** Tribüne **7** [meist Sing] Zeugenstand ◊ *He took the stand as the first witness.* Er trat als Erster in den Zeugenstand. [IDM] ⇨ FIRM²

'stand-alone *Adj* (Comp) eigenständig

stand·ard¹ /'stændəd; *AmE* -dərd/ *Nomen* **1** Niveau ◊ *a fall in academic standards* eine Abnahme des akademischen Niveaus **2** Maßstäbe, Anforderungen, Ansprüche ◊ *Who sets the standard for water quality?* Wer setzt die Maßstäbe für die Wasserqualität? ◊ *These beaches fail to meet European standards on cleanliness.* Diese Strände genügen den europäischen Sauberkeitskriterien nicht. ◊ *It was a simple meal by Eddie's standards.* Für Eddies Verhältnisse war es eine einfache Mahlzeit. ◊ *The equipment is slow and heavy by modern standards.* Die Ausrüstung ist aus moderner Sicht langsam und schwer. **3 standards** [Pl] Prinzipien ◊ *Standards aren't what they used to be.* Die Wertvorstellungen sind nicht mehr die alten. **4** Norm ◊ *industry standards* Industrienormen **5** Standarte **6** Klassiker, (*Jazz-*) Standard

stand·ard² /'stændəd; *AmE* -dərd/ *Adj* **1** Standard-, üblich ◊ *a standard letter* ein Schemabrief ◊ *Televisions are a standard feature in most hotel rooms.* Fernseher gehören zur Standardausrüstung der meisten Hotelzimmer. ◊ *the standard rate of tax* der Einheitssteuersatz ◊ *It is standard practice.* Es ist so üblich. **2** Normal-, Einheits- ◊ *standard measurements* Einheitsmaße **3** hochsprachlich

'standard-bearer *Nomen* (*gehoben*) Anführer(in)

‚standard de'duction *Nomen* [meist Sing] (*AmE*) Steuerfreibetrag
‚standard devi'ation *Nomen* (MATH) Standardabweichung
'Standard Grade *Nomen* = Prüfung, die Schüler in Schottland mit 16 Jahren in mehreren Fächern machen ☛ *Hinweis bei* ABITUR
stand·ard·iza·tion /ˌstændədaɪˈzeɪʃn; *AmE* -dərdəˈz-/ *Nomen* [U] Standardisierung, Normung
stand·ard·ize (*BrE auch* -ise) /ˈstændədaɪz; *AmE* -dərd-/ *Verb* standardisieren, normen ◇ *attempts to standardize legislation* Versuche, die Gesetzgebung zu vereinheitlichen ◇ *a standardized contract* ein Standardvertrag
'standard lamp *Nomen* (*BrE*) Stehlampe
‚standard of 'living *Nomen* (*Pl* **standards of living**) Lebensstandard
'standard time *Nomen* Normalzeit
stand·by[1] /ˈstændbaɪ/ *Nomen* (*Pl* **stand·bys**) Reserve ◇ *I always keep a pizza in the freezer as a standby.* Ich habe zur Reserve immer eine Pizza in der Tiefkühltruhe. ◇ *a standby electricity generator* ein Generator als Notaggregat IDM **on 'standby 1** in Bereitschaft ◇ *The emergency services were put on standby.* Die Notdienste wurden in Alarmbereitschaft versetzt. **2** auf der Warteliste (*für ein Stand-by-Ticket*)
stand·by[2] /ˈstændbaɪ/ *Adj nur vor Nomen* Stand-by
'stand-in *Nomen* **1** Vertreter(in) ◇ *the stand-in captain* der vertretende Kapitän **2** Double
stand·ing[1] /ˈstændɪŋ/ *Nomen* [U] **1** Rang, Ansehen ◇ *The contract has no legal standing.* Der Vertrag ist rechtlich nicht bindend. SYN STATUS **2** ◇ *a friendship of many years' standing* eine langjährige Freundschaft ◇ *a resident of ten years' standing* ein Bewohner seit zehn Jahren **3 standings** [Pl] Rangliste
stand·ing[2] /ˈstændɪŋ/ *Adj* **1** ständig ◇ *a standing army* ein stehendes Heer **1** (*BrE*) *a standing charge* eine Grundgebühr ◇ *It's a standing joke.* Es ist zum Witz geworden. ◇ *We have a standing invitation to visit them anytime.* Sie haben uns eingeladen, sie jederzeit zu besuchen. **2** (*Sprung, Start*) aus dem Stand
‚standing 'order *Nomen* Dauerauftrag
'standing room *Nomen* [U] Platz zum Stehen ◇ *It was standing room only at the meeting.* Es gab nur noch Stehplätze auf der Versammlung.
'stand-off *Nomen* Patt ◇ *There was a stand-off between the cult members and the authorities.* Die Kultmitglieder und die Behörden standen einander unnachgiebig gegenüber. SYN DEADLOCK
stand·off·ish /ˌstændˈɒfɪʃ; *AmE* -ˈɔːf-, -ˈɑːf-/ *Adj* (*umgs*) distanziert SYN ALOOF
stand·pipe /ˈstændpaɪp/ *Nomen* Steigrohr
stand·point /ˈstændpɔɪnt/ *Nomen* [meist Sing] Standpunkt SYN PERSPECTIVE
stand·still /ˈstændstɪl/ *Nomen* [Sing] Stillstand ◇ *The traffic is at a complete standstill.* Der Verkehr ist völlig zum Erliegen gekommen.
'stand-up[1] *Adj nur vor Nomen* **1** ◇ *a stand-up act* ein Stand-up-Auftritt ◇ *a stand-up comedian* ein(e) Alleinunterhalter(in) ◇ *a stand-up fight* eine Schlägerei **2** Steh-, aufrecht stehend ◇ *a stand-up collar* ein Stehkragen
'stand-up[2] *Nomen* **1** Stand-up-Comedy **2** Stand-up-Komiker(in), Stand-up-Comedian
stank *Form von* STINK
Stan·ley™ knife /ˈstænli naɪf/ *Nomen* (*BrE*) Teppichmesser
stan·za /ˈstænzə/ *Nomen* (*Fachspr*) Strophe SYN VERSE
sta·ple[1] /ˈsteɪpl/ *Nomen* **1** Heftklammer **2** Krampe **3** Grundnahrungsmittel **4** Hauptzeugnis **5** Hauptbestandteil ◇ *Royal gossip is a staple of the tabloid press.* Die Boulevardpresse lebt hauptsächlich von Klatsch um die königlichen Familien.
sta·ple[2] /ˈsteɪpl/ *Adj nur vor Nomen* Grund-, Haupt- ◇ *The staple crop is rice.* Als Grundnahrungsmittel wird Reis angebaut. ◇ *Jeans are a staple part of everyone's wardrobe.* Jeans gehören zur Grundausstattung der Garderobe.
sta·ple[3] /ˈsteɪpl/ *Verb* heften

‚staple 'diet *Nomen* **1** Grundnahrung **2** Hauptelement, Grundlage ◇ *the staple diet of television drama* die Hauptthemen für Fernsehdramen
sta·pler /ˈsteɪplə(r)/ *Nomen* Hefter
star[1] /stɑː(r)/ *Nomen* **1** Stern ◇ *What star rating does this restaurant have?* Wie viele Sterne hat dieses Restaurant? ◇ *I've put a star by the names.* Ich habe die Namen mit einem Sternchen versehen. **2** Star ◇ *The best models receive star treatment.* Die besten Models werden wie Stars behandelt. ◇ *the star role/part* die Hauptrolle **3** Haupt- ◇ *the star attraction* die Hauptattraktion ◇ *He was the star performer at the championships.* Er war der Star bei den Meisterschaften. ◇ *a star student* ein herausragender Student **4** [meist Sing] (*umgs*) Engel ◇ *Thanks! You're a star!* Danke! Du bist ein Engel! **5 stars** [Pl] Horoskop SYN HOROSCOPE IDM **see 'stars** (*umgs*) Sterne sehen ☛ *Siehe auch* REACH[1] *und* THANK
star[2] /stɑː(r)/ *Verb* (**-rr-**) **1 ~ (in sth)** (in etw) die/eine Hauptrolle spielen ◇ *He starred opposite Liz Taylor in 'Cleopatra'.* Er spielte neben Liz Taylor eine Hauptrolle in „Kleopatra". ◇ *the starring role* die Hauptrolle **2** (*kein Passiv*) in der Hauptrolle haben ◇ *a movie starring Tom Cruise and Demi Moore* ein Film mit Tom Cruise und Demi Moore in den Hauptrollen **3** (*meist passiv*) mit einem Sternchen versehen
star·board /ˈstɑːbəd; *AmE* ˈstɑːrbərd/ *Nomen* Steuerbord
starch[1] /stɑːtʃ; *AmE* stɑːrtʃ/ *Nomen* Stärke ◇ *rice starch* Reisstärke ◇ *spray starch* Sprühstärke
starch[2] /stɑːtʃ; *AmE* stɑːrtʃ/ *Verb* (*Wäsche*) stärken
starchy /ˈstɑːtʃi; *AmE* ˈstɑːrtʃi/ *Adj* stärkehaltig
'star-crossed *Adj* (*gehoben*) unter einem unglücklichen Stern stehend
star·dom /ˈstɑːdəm; *AmE* ˈstɑːrdəm/ *Nomen* Ruhm ◇ *The group is being tipped for stardom.* Die Gruppe gilt als zukünftige Starband. ◇ *She shot to stardom.* Sie wurde über Nacht zum Star.
stare[1] /steə(r); *AmE* ster/ *Nomen* anhaltender Blick ◇ *She gave him a blank stare.* Sie starrte ihn verständnislos an.
stare[2] /steə(r); *AmE* ster/ *Verb* starren; **~ at sb/sth** jdn/etw anstarren ◇ *He sat staring into space.* Er starrte vor sich hin. ◇ *She looked at him with staring eyes.* Sie schaute ihn mit starrem Blick an. IDM **be staring sb in the 'face 1** jdm ins Auge springen; klar auf der Hand liegen **2** jdm drohen ◇ *Death was staring them in the face.* Sie blickten dem Tod ins Auge. PHRV **stare sb 'out** (*bes AmE* **stare sb 'down**) jdn so lange anstarren, bis er wegschaut
star·fish /ˈstɑːfɪʃ; *AmE* ˈstɑːrfɪʃ/ *Nomen* (*Pl* **star·fish**) Seestern
star·gazer /ˈstɑːɡeɪzə(r); *AmE* ˈstɑːrɡ-/ *Nomen* (*umgs*) Sterngucker(in)
star·gaz·ing /ˈstɑːɡeɪzɪŋ; *AmE* ˈstɑːrɡ-/ *Nomen* Sternguckerei
stark /stɑːk; *AmE* stɑːrk/ *Adj* (*Adv* **stark·ly**) **1** kahl, karg ◇ *The hills stood stark against the winter sky.* Die Hügel hoben sich scharf vom winterlichen Himmel ab. ◇ *The interior is starkly simple.* Das Innere ist äußerst schlicht. **2** krass, unangenehm ◇ *stark differences* krasse Unterschiede ◇ *They face a stark choice.* Sie stehen vor einer unangenehmen Wahl. ◇ *a stark warning* eine unmissverständliche Warnung ◇ *The remains of the building stand as a stark reminder of the fire.* Die Ruine des Gebäudes bleibt als düsteres Mahnmal des Brands stehen. ◇ *a stark contrast* ein scharfer Kontrast **3** *nur vor Nomen* vollkommen ◇ *They watched in stark terror.* Sie schauten in Todesangst zu. IDM ‚stark 'naked splitternackt ☛ *Siehe auch* RAVING[2]
stark·ers /ˈstɑːkəz; *AmE* ˈstɑːrkərz/ *Adj nicht vor Nomen* (*BrE, umgs, oft hum*) splitternackt SYN NAKED
stark·ness /ˈstɑːknəs/ *Nomen* **1** Kargheit **2** Krassheit
star·less /ˈstɑːləs; *AmE* ˈstɑːrləs/ *Adj* sternlos
star·let *Nomen* /ˈstɑːlət; *AmE* ˈstɑːrlət/ (*manchmal abwert*) Filmsternchen
star·light /ˈstɑːlaɪt; *AmE* ˈstɑːrl-/ *Nomen* Sternenlicht
star·ling /ˈstɑːlɪŋ; *AmE* ˈstɑːrlɪŋ/ *Nomen* Star
star·lit /ˈstɑːlɪt; *AmE* ˈstɑːrlɪt/ *Adj* (*gehoben*) sternhell
‚Star of 'David *Nomen* (*Pl* **Stars of David**) Davidsstern
star·ry /ˈstɑːri/ *Nomen* **1** sternklar **2** sternförmig **3** (*Augen*) strahlend

starry-'eyed *Adj* (*umgs*) blauäugig ◊ *a starry-eyed idealist* ein verträumter Idealist
the ,Stars and 'Stripes *Nomen* das Sternenbanner
'star sign (*umgs*) (*auch* **sign**) *Nomen* Sternzeichen
'star-studded *Adj* mit großem Staraufgebot ◊ *a star-studded cast* eine Starbesetzung
start¹ /stɑːt; *AmE* stɑːrt/ *Nomen* **1** [meist Sing] Anfang ◊ *at the start of the year* zu Beginn des Jahres ◊ *The meeting got off to a good start.* Die Besprechung fing gut an. ◊ (*umgs*) *This could be the start of something good.* Es könnte was Gutes daraus werden. ◊ *make a start on sth* mit etw anfangen ◊ *I want to make an early start in the morning.* Ich möchte morgen frühzeitig aufbrechen. ◊ *make a fresh start* noch einmal von vorn anfangen **2** gute Ausgangsposition ◊ *The job gave him his start in journalism.* Der Job ermöglichte ihm den Eintritt in den Journalismus. **3 the start** die Startlinie **4** Vorsprung ☞ *Siehe auch* HEAD START **5** [meist Pl] (SPORT) Start **6** [meist Sing] Zusammenzucken ◊ *She woke from the dream with a start.* Sie schreckte aus dem Traum auf. ◊ *You gave me quite a start!* Du hast mir vielleicht einen Schreck eingejagt! IDM **for a 'start** (*umgs*) fürs Erste ◊ *I'm not working there — for a start, it's too far to travel.* Ich arbeite dort nicht. Zuerst mal ist die Fahrt zu weit. ☞ *Siehe auch* FLYING START

start² /stɑːt; *AmE* stɑːrt/ *Verb* **1** anfangen ◊ *The trail starts just outside the town.* Die Wanderroute beginnt unmittelbar vor der Stadt. ◊ *Have you any idea where the rumour started?* Haben Sie eine Ahnung, wo das Gerücht herstammt? ◊ *start a new job* eine neue Stelle antreten ◊ *The kids start school next week.* Die Kinder müssen nächste Woche wieder zur Schule. ◊ *Jan starts school next year.* Jan kommt nächstes Jahr in die Schule. ◊ *The news started me thinking.* Die Nachricht machte mich nachdenklich. ◊ *It's time you started on your homework.* Es ist an der Zeit, dass du dich an deine Hausaufgaben machst. ☞ *Hinweis bei* ANFANGEN **2** anbrechen ◊ *start a new jar of coffee* ein neues Glas Kaffee anbrechen **3** ~ *a fire* Feuer legen, einen Brand auslösen **4** (*Auto etc.*) anspringen **5** (*Motor etc.*) anlassen, starten **6** ~ (**up**) (*Geschäft*) aufmachen ◊ *There are a lot of small businesses starting up in that area.* Es werden viele kleine Firmen in diesem Bereich gegründet. **7** ~ **sth** (**up**) etw gründen ◊ *They decided to start a catering business.* Sie beschlossen, einen Gastronomiebetrieb zu eröffnen. **8** ~ (**out**) aufbrechen ◊ *What time are we starting tomorrow?* Um wie viel Uhr brechen wir morgen auf? **9** gehen ◊ *He started for the door, but I blocked his way.* Er ging auf die Tür zu, aber ich versperrte ihm den Weg. ◊ *I started after her to tell her the news.* Ich ging ihr nach, um ihr Bescheid zu sagen. **10** ~ (**out/off**) **sth** (**as sth**) (als etw) anfangen; ~ (**out/off**) **sth** (**as sth**) (als etw) anfangen ◊ *The company started out with 30 employees.* Die Firma fing mit 30 Angestellten an. ◊ *The building started life as a factory.* Das Gebäude war zunächst eine Fabrik. **11** zusammenfahren, aufschrecken SYN JUMP ☞ *Hinweis bei* ANFANGEN IDM **don't (you) 'start** (*umgs*) hör bloß auf ◊ *Don't start! I told you I'd be late.* Fang bloß nicht an! Ich habe dir gesagt, dass ich spät komme. **'start something** (*umgs*) etwas anrichten **to 'start with 1** erstens, zuerst mal ◊ *To start with it's much too expensive ...* Erstens ist es viel zu teuer ... **2** zunächst ◊ *I'll have melon to start with.* Ich nehme Melone als Vorspeise. ☞ *Siehe auch* ALARM¹ *und* BALL¹ PHRV **,start 'back** sich auf den Rückweg machen **,start 'off 1** losgehen ◊ *The horse started off at a steady trot.* Das Pferd trabte los. **2** anfangen ◊ *We started off by introducing ourselves.* Als Erstes stellten wir uns vor. ◊ *The leaves start off green but turn red later.* Die Blätter sind zunächst grün, werden aber später rot. **,start sb 'off (on sth)** (*kein Passiv*) jdn auf etw bringen ◊ *Don't say anything to her — you'll start her off again.* Sagen Sie nichts zu ihr — sonst geht's wieder los. ◊ *Kevin started us all off laughing.* Kevin hat uns alle zum Lachen gebracht. ◊ *My mother started me off on the piano when I was three.* Meine Mutter setzte mich mit drei Jahren zum ersten Mal ans Klavier. ☞ G 9.7c **'start on sb** (*kein Passiv*) jdn angreifen **,start 'on at sb** (*umgs*) (*kritisieren*) jdn traktieren **,start 'on about sth** (*umgs*) mit etw anfangen ◊ *Don't start on about him not having a job.* Fang nicht wieder damit an, dass er keinen Job hat. **,start 'out 1** beginnen ◊ *She started out on her legal career in 1963.* Sie begann 1963 ihre juristische Laufbahn. **2** zunächst beginnen ◊ *I started out to* *write a short story, but it soon developed into a novel.* Ich begann zunächst, eine Kurzgeschichte zu schreiben, aber sie wuchs sich schon bald zu einem Roman aus. **,start 'over** (*bes AmE*) von vorn anfangen **,start 'up 1** anfangen ◊ *advice to people who want to start up in business* Rat für Leute, die ins Geschäftsleben einsteigen wollen **2** (*Motor*) anspringen **,start sth 'up 1** (*Geschäft etc.*) aufmachen **2** (*Motor*) anlassen

start·er /'stɑːtə(r); *AmE* 'stɑːrt-/ *Nomen* **1** (*bes BrE*) Vorspeise **2** (*Sport*) Starter(in) ☞ *Siehe auch* NON-STARTER **3** Anlasser, Starter **4** Anfänger(in), Beginner(in) ◊ *He was a late starter.* Er war ein Spätzünder. ◊ *She was a slow starter.* Sie kam nur langsam in Schwung. **5** (*oft als Adjektiv gebraucht*) ◊ *The article served as a starter for the discussion.* Der Artikel diente als Aufhänger für die Diskussion. ◊ *a starter kit* eine Erstausstattung ◊ *a starter home* ein erstes Eigenheim ◊ *a starter pack* ein Startpaket IDM **for 'starters** (*umgs*) zuerst einmal, erstens einmal ◊ *The winners will be flown to Paris — and that's just for starters.* Die Gewinner werden nach Paris fliegen — und das ist erst der Anfang. **under ,starter's 'orders** zum Start bereit; in den Startblöcken

'starting blocks (*auch* **the blocks**) *Nomen* [Pl] Startblöcke
'starting gate *Nomen* Startmaschine
'starting point *Nomen* Ausgangspunkt
'starting price *Nomen* Buchmacherschlusskurs
star·tle /'stɑːtl; *AmE* 'stɑːrtl/ *Verb* erschrecken, aufschrecken
star·tled /'stɑːtld; *AmE* 'stɑːrtld/ *Adj* erschrocken, aufgeschreckt
star·tling /'stɑːtlɪŋ; *AmE* 'stɑːrt-/ *Adj* (*Adv* **start·ling·ly**) **1** verblüffend **2** (*Farbe*) auffallend
'start-up¹ *Adj* nur vor Nomen Start-
'start-up² *Nomen* (*AmE auch* **'start·up**) Startup
,star 'turn *Nomen* Star (einer Show)
star·va·tion /stɑːˈveɪʃn; *AmE* stɑːrˈv-/ *Nomen* Verhungern ◊ *die of/from starvation* verhungern ◊ *Millions face starvation.* Millionen droht der Hungertod. ◊ *a starvation diet* eine Hungerdiät ◊ *They were on starvation wages.* Sie bekamen einen Hungerlohn.
starve /stɑːv; *AmE* stɑːrv/ *Verb* hungern (lassen); ~ (**sb**) (**to death**) (jdn) verhungern (lassen) ◊ *She's starving herself to try to lose weight.* Sie hungert um abzunehmen. IDM **be 'starving** (*bes AmE* **be 'starved**) (*umgs*) einen Wahnsinnshunger haben PHRV **starve sb into sth/into doing sth** jdn durch Aushungern zu etw zwingen/dazu zwingen, etw zu tun **starve sb/sth of sth** (*AmE* **starve sb/sth for sth**) jdm/etw etw vorenthalten ◊ *The children were starved of affection.* Die Kinder bekamen nicht genug Zuneigung. **,starve sb 'out** jdn aushungern
-starved /stɑːvd; *AmE* stɑːrvd/ (*in Zusammensetzungen*) ausgehungert nach ... ◊ *sleep-starved parents* Eltern, die nicht genug Schlaf bekommen ◊ *supply-starved villages* Dörfer, denen es an Nachschub fehlt ☞ *Siehe auch* CASH-STARVED

stash¹ /stæʃ/ *Verb* (*umgs*) beiseite schaffen, verstecken
stash² /stæʃ/ *Nomen* [meist Sing] (*umgs*) geheimes Lager ◊ *a stash of money* gehortetes Geld
state¹ /steɪt/ *Nomen* **1** Zustand, Lage ◊ *The building is in a bad state of repair.* Das Gebäude ist in schlechtem baulichen Zustand. ◊ *You're not in a fit state to drive.* Sie können in dem Zustand nicht fahren. ◊ *his state of mind* sein Geisteszustand ◊ *a confused state of mind* ein Zustand geistiger Verwirrung ◊ *She was in a state of shock.* Sie stand unter Schock. ◊ *Look at the state of you!* Wie siehst du nur aus! **2** (*auch* **State**) Staat ◊ *the State of Israel* der Staat Israel ◊ *European Union member states* Mitgliedstaaten der Europäischen Union ☞ *Siehe auch* CITY STATE *und* NATION STATE **3** (*auch* **the States**) [Pl] (*umgs*) [U/Sing] der Staat ◊ *matters of state* Staatsangelegenheiten **4** (*auch* **State**) (*Abk* **St.**) Gliedstaat, Bundesstaat; (*in Deutschland, Österreich*) (Bundes)land ◊ *the southern States of the US* die Südstaaten der USA **5 the States** [Pl] (*umgs*) die Vereinigten Staaten, die USA IDM **be in/get into a 'state** (*bes BrE*) (*umgs*) **1** aufgeregt sein/sich aufregen **2** in einem unbeschreiblichen Zustand sein/in einen unbeschreiblichen Zustand geraten ◊ *What a state this place is in!* Wie sieht es

hier bloß aus! **in a state of 'grace** im Stand der Gnade ◊ **in 'state** feierlich ◊ **state of af'fairs** Situation the **state of 'play 1** der Stand der Dinge ◊ *What is the current state of play in the peace talks?* Wie ist der gegenwärtige Stand der Friedensverhandlungen? **2** (SPORT) (*bes BrE*) Spielstand **turn ,State's 'evidence** (*AmE*) als Kronzeuge/Kronzeugin auftreten ☛ *Siehe auch* LIE¹ *und* NANNY

state² (*auch* **State**) /steɪt/ *Adj nur vor Nomen* **1** staatlich, Staats- ◊ *families dependent on state benefits* Familien, die von staatlicher Unterstützung leben ◊ *the state opening of Parliament* die feierliche Parlamentseröffnung **2** bundesstaatlich, des Bundesstaates

state³ /steɪt/ *Verb* erklären, angeben, sagen ◊ *There's no need to state the obvious.* Das ist ja allgemein bekannt und braucht nicht noch extra gesagt zu werden.

the 'State Department *Nomen* das (US-)Außenministerium

state·hood /'steɪthʊd/ *Nomen* (*gehoben*) **1** Eigenstaatlichkeit **2** ◊ *West Virginia was granted statehood in 1863.* West Virginia wurde 1863 als Bundesstaat aufgenommen.

'state house *Nomen* [meist Sing] (*in den USA*) Parlamentsgebäude (eines Bundesstaates)

state·less /'steɪtləs/ *Adj* staatenlos

state·less·ness /'steɪtləsnəs/ *Nomen* Staatenlosigkeit

,state 'line *Nomen* Staatsgrenze (*zwischen zwei Bundesstaaten in den USA*)

state·li·ness /'steɪtlinəs/ *Nomen* **1** Stattlichkeit **2** Würde, Gemessenheit

state·ly /'steɪtli/ *Adj* **1** stattlich **2** würdevoll, gemessen ◊ *The procession made its stately progress through the streets.* Die Prozession zog feierlich durch die Straßen.

,stately 'home *Nomen* (*BrE*) Herrenhaus

state·ment¹ /'steɪtmənt/ *Nomen* **1** Aussage, Feststellung **2** ~ (**on/about sth**) Erklärung (zu etw); (*vor Gericht, bei der Polizei*) Aussage (zu etw) ◊ *A government spokesperson made a statement to the press.* Ein Regierungssprecher gab eine Presseerklärung ab. ◊ *The police asked me to make a statement.* Die Polizei verlangte eine schriftliche Aussage von mir. **3** Beleg; (*einer Firma*) Finanzbericht; (*von einem Bankkonto*) Auszug **4** sonderpädagogisches Gutachten

state·ment² /'steɪtmənt/ *Verb* offiziell entscheiden und dokumentieren, dass ein Kind sonderpädagogischen Förderbedarf hat ◊ *statemented children* Kinder, die offiziell sonderpädagogischen Förderbedarf haben

,state of 'siege *Nomen* Belagerungszustand

,state of the 'art *Adj* dem neuesten Stand der Technik entsprechend ◊ *The system was state of the art.* Das System war auf dem neuesten Stand der Technik. ◊ *a state-of-the-art system* ein dem neuesten Stand der Technik entsprechendes System

state·room /'steɪtruːm, -rʊm/ *Nomen* **1** Luxuskabine **2** Staatsgemach

'state school *Nomen* (*BrE*) öffentliche Schule

state·side /'steɪtsaɪd/ *Adj, Adv* (*AmE, umgs*) in den/die Vereinigten Staaten

states·man /'steɪtsmən/ *Nomen* (*Pl* **-men** /-mən/) Staatsmann

states·man·like /'steɪtsmənlaɪk/ *Adj* staatsmännisch

states·man·ship /'steɪtsmənʃɪp/ *Nomen* staatsmännisches Handeln, Staatskunst

state·wide /'steɪtwaɪd/ *Adj, Adv* (*in den USA*) im ganzen (Bundes)staat ◊ *She won 10% of the vote statewide.* Sie errang 10% der Stimmen im ganzen Bundesstaat.

static¹ /'stætɪk/ *Adj* **1** gleich bleibend, unverändert ◊ *Prices on the stock market, which have been static, are now rising again.* Die Börsenkurse, die in letzter Zeit stagnierten, steigen jetzt wieder. **2** (PHYSIK) statisch OPP DYNAMIC

static² /'stætɪk/ *Nomen* [U] **1** atmosphärische Störung **2** (*auch* **,static elec'tricity**) Reibungselektrizität **3** **statics** Statik

sta·tion¹ /'steɪʃn/ *Nomen* **1** Bahnhof ◊ (*BrE*) *an underground station* eine U-Bahn-Station **2** (*meist in Zusammensetzungen*) ◊ *a police station* eine Polizeiwache ◊ (*AmE*) *a gas station* eine Tankstelle ◊ *an agricultural research station* eine landwirtschaftliche Versuchsanstalt ◊ *a monitoring station* eine Überwachungsstelle ☛ *Siehe auch* SPACE STATION **3** (*oft in Zusammensetzungen*) Sender **4** Position, Stellung **5** (*meist in Zusammensetzungen*) Farm (*in Australien oder Neuseeland*) **6** Stützpunkt ◊ *a naval station* ein Flottenstützpunkt ☛ *Siehe auch* ACTION STATIONS **7** (*veraltet oder gehoben*) Rang, Stand ◊ *She was definitely getting ideas above her station.* Sie hielt sich offensichtlich für etwas Besseres. IDM ⇨ PANIC¹

sta·tion² /'steɪʃn/ *Verb* **1** stationieren **2** ~ **sb/yourself** (*gehoben*) jdn/sich postieren, jdn/sich (auf)stellen

'station agent *Nomen* (*AmE*) Bahnhofsvorsteher(in)

sta·tion·ary /'steɪʃənri; *AmE* -neri/ *Adj* **1** bewegungslos, stehend ◊ *He remained stationary.* Er bewegte sich nicht. ◊ *a stationary exercise bike* ein Fahrrad-Heimtrainer **2** gleich bleibend

sta·tion·er /'steɪʃənə(r)/ *Nomen* (*bes BrE*) Schreibwarenhändler(in) ☛ *Hinweis bei* BAKER

sta·tion·ery /'steɪʃənri; *AmE* -neri/ *Nomen* [U] **1** Schreibwaren **2** Briefpapier

'station house *Nomen* (*AmE*) Polizeiwache

sta·tion·mas·ter /'steɪʃnmɑːstə(r); *AmE* -mæs-/ *Nomen* (*BrE*) Bahnhofsvorsteher(in)

'station wagon *Nomen* (*AmE*) Kombi(wagen)

stat·is·tic /stə'tɪstɪk/ *Nomen* **1 statistics** (*umgs* **stats** /stæts/) [Pl] Statistik ◊ *unemployment statistics* Arbeitslosenstatistik ◊ *according to official statistics* laut offizieller Statistik ◊ *These statistics are misleading.* Diese Statistiken sind irreführend. ◊ *There is a compulsory course in statistics.* Es gibt einen Pflichtkurs in Statistik. ☛ **Statistics** als Fach ist nicht zählbar. ☛ *Siehe auch* VITAL STATISTICS **2** statistische Tatsache, statistische Größe ◊ *I felt I was no longer being treated as a person but as a statistic.* Ich fühlte mich nicht mehr als Mensch behandelt, sondern nur als Nummer.

stat·is·tic·al /stə'tɪstɪkl/ *Adj* (*Adv* **stat·is·tic·al·ly** /-kli/) statistisch

stat·is·ti·cian /,stætɪ'stɪʃn/ *Nomen* Statistiker(in)

statu·ary /'stætʃuəri; *AmE* -eri/ *Nomen* [U] (*gehoben*) Statuen

stat·ue /'stætʃuː/ *Nomen* Statue

statu·esque /,stætʃu'esk/ *Adj* (*gehoben*) stattlich, statuenhaft

statu·ette /,stætʃu'et/ *Nomen* Statuette

stat·ure /'stætʃə(r)/ *Nomen* [U] (*gehoben*) **1** (*Niveau*) Format ◊ *The orchestra has grown in stature.* Das Orchester hat an Profil gewonnen. **2** Statur ◊ *a woman of short stature* eine Frau von kleiner Statur ◊ *He is small in stature.* Er ist von kleiner Statur.

sta·tus /'steɪtəs/ *Nomen* [meist Sing] **1** Status, (gesellschaftliche) Stellung ◊ *her legal status* ihr Rechtsstatus ◊ *They were granted refugee status.* Sie wurden als Flüchtlinge anerkannt. ◊ *She achieved celebrity status overnight.* Sie wurde über Nacht berühmt. **2** Stand ◊ *marital status* Familienstand ◊ *What is the current status of our application?* Wie steht es gegenwärtig um unseren Antrag?

sta·tus quo /,steɪtəs 'kwəʊ; *AmE* 'kwoʊ/ *Nomen* [Sing] Status quo

'status symbol *Nomen* Statussymbol

stat·ute /'stætʃuːt/ *Nomen* **1** Gesetz **2** Satzung, Statut

'statute book *Nomen* Gesetzbuch ◊ *It's not yet on the statute book.* Es hat noch keine Gesetzeskraft.

'statute law *Nomen* schriftlich festgelegtes Recht ☛ Das **statute law** in Großbritannien umfasst alle Gesetze und Rechtsvorschriften, die durch das Parlament beschlossen worden sind.

,statute of limi'tations *Nomen* (RECHT) gesetzliche Verjährungsfrist

sta·tu·tory /'stætʃətri; *AmE* -tɔːri/ *Adj* (*Adv* **statu·tor·ily** /-rɪli/) gesetzlich (vorgeschrieben) ◊ *statutory rights* verbriefte Rechte

,statutory of'fence *Nomen* (RECHT) strafbare Handlung

,statutory 'rape *Nomen* (*AmE*) (RECHT) Geschlechtsverkehr mit Minderjährigen

staunch¹ /stɔːntʃ/ *Adj* (*Adv* **staunch·ly**) treu, überzeugt, standhaft

staunch² /stɔːntʃ/ *Verb* (*gehoben*) stillen

staunch·ness /'stɔːntʃnəs/ *Nomen* Standhaftigkeit

stave¹ /steɪv/ *Nomen* **1** Knüppel **2** Pfahl, Brett, Daube **3** (*BrE*) (MUS) Notenlinien

stave² /steɪv/ *Verb* (**staved**, **staved** *oder* **stove**, **stove** /stəʊv; *AmE* stoʊv/) PHR V **,stave sth 'in** etw einschlagen, etw eindrücken **,stave sth 'off** etw abwehren, etw abwenden, etw hinauszögern

stay¹ /steɪ/ *Verb* **1** bleiben ◊ *Can you stay and keep an eye on the baby?* Könntest du hier bleiben und auf das Baby aufpassen? ◊ *'Do you want a drink?' 'No, thanks, I can't stay.'* „Möchtest du was trinken?" „Nein danke, ich muss gehen." ◊ *He never stays angry for long.* Sein Zorn hält nie lange an. ◊ *I can't stay awake any longer.* Ich kann mich nicht länger wach halten. ◊ *The store stays open until late.* Das Geschäft hat abends lange auf. **2** sich aufhalten, übernachten ◊ *We found out we were staying in the same hotel.* Wir entdeckten, dass wir im gleichen Hotel wohnten. ◊ *My sister's coming to stay next week.* Meine Schwester kommt nächste Woche zu Besuch. ☛ Im schottischen Englisch kann **stay** auch **wohnen** bedeuten: *Where do you stay?* Wo wohnen Sie? IDM **be here to 'stay**; **have come to 'stay** sich fest eingebürgert haben; zum Dauerzustand geworden sein **stay the 'course** (bis zum Ende) durchhalten **stay sb's 'hand** (*veraltet oder gehoben*) jdn zurückhalten **stay the 'night** (*bes BrE*) übernachten **stay 'put** (*umgs*) (da)bleiben; bleiben, wo man ist ☛ *Siehe auch* CLEAR³ *und* LOOSE¹ PHR V **,stay a'round** (*umgs*) (da)bleiben **,stay a'way (from sb/sth)** (von jdm/etw) wegbleiben, sich von jdm/etw fern halten ◊ *I want you to stay away from my daughter.* Ich will, dass Sie meine Tochter in Ruhe lassen. **,stay 'in** zu Hause bleiben **,stay 'on** noch (da)bleiben ◊ *He didn't want to stay on at school.* Er wollte nicht mit der Schule weitermachen. **,stay 'out 1** nicht nach Hause gehen/kommen, draußen bleiben ◊ *I don't like you staying out so late.* Es gefällt mir nicht, dass du erst so spät nach Hause kommst. **2** weiter streiken **,stay 'out of sth 1** sich aus etw heraushalten **2** etw vermeiden ◊ *stay out of trouble* keine Dummheiten machen ◊ *stay out of sight* sich nicht blicken lassen **,stay 'over** über Nacht bleiben **,stay 'up** aufbleiben

stay² /steɪ/ *Nomen* **1** Aufenthalt ◊ *an overnight stay* eine Übernachtung **2** Halteseil, Stag IDM **a ,stay of exe'cution** (RECHT) ein Aufschub des Vollzugs

'stay-at-home *Nomen* (*umgs, abwert*) Stubenhocker(in)

stay·er /'steɪə(r)/ *Nomen* (*BrE*) ausdauernder Mensch; (*Pferd*) Steher

'staying power *Nomen* Ausdauer, Durchhaltevermögen SYN STAMINA

St Bernard /ˌsnt 'bɜːnəd; *AmE* ˌseɪnt bɜːr'nɑːrd/ *Nomen* (*Hund*) Bernhardiner

STD /ˌes tiː 'diː/ *Abk* **1** = SEXUALLY TRANSMITTED DISEASE **2** (*BrE*) Kurzform *von* **subscriber trunk dialling** Selbstwählferndienst

stead /sted/ *Nomen* IDM **in sb's/sth's 'stead** (*gehoben*) an jds Stelle/anstelle von etw **stand sb in good 'stead** jdm zugute kommen; jdm zustatten kommen

stead·fast /'stedfɑːst; *AmE* -fæst/ *Adj* (*Adv* **stead·fast·ly**) (*gehoben*) standhaft, unerschütterlich, fest

stead·fast·ness /'stedfɑːstnəs; *AmE* -fæst-/ *Nomen* Standhaftigkeit, Unerschütterlichkeit, Festigkeit

stead·ily /'stedɪli/ *Nomen* **1** stetig, ständig **2** fest

steadi·ness /'stedinəs/ *Nomen* **1** Festigkeit, Stabilität **2** Stetigkeit

steady¹ /'stedi/ *Adj* (**stead·ier**, **steadi·est**) **1** stetig **2** gleichmäßig ◊ *His breathing was steady.* Sein Atem ging gleichmäßig. **3** fest ◊ *He held the boat steady as she got in.* Er hielt das Boot fest, als sie einstieg. ◊ *a steady boyfriend* ein fester Freund ◊ *Such fine work requires a good eye and a steady hand.* Diese Arbeit erfordert ein gutes Auge und eine sichere Hand. **4** zuverlässig IDM **be (as) steady as a 'rock** wie ein Fels in der Brandung sein ☛ *Siehe auch* READY

steady² /'stedi/ *Verb* (**stead·ies**, **steady·ing**, **stead·ied**, **stead·ied**) **1** etw (wieder) ins Gleichgewicht bringen; ~ **yourself** wieder ins Gleichgewicht kommen ◊ *She steadied herself against the wall.* Sie stützte sich an der Wand ab. **2** sich stabilisieren **3** beruhigen ◊ *He took a few deep breaths to steady his nerves.* Er atmete ein paar Mal tief durch, um sich zu beruhigen.

steady³ /'stedi/ *Adv* fest, stabil IDM **go 'steady on sth**

1 nicht zu viel von etw nehmen **2** etw nicht überstürzen **go 'steady (with sb)** (*veraltet, umgs*) mit jdm (fest) gehen

steady⁴ /'stedi/ *Ausruf* (*umgs*) **1** ~ **on** (*veraltet*) nun mal sachte, nun aber mal halblang **2** Vorsicht ◊ *Steady! You're going to fall if you're not careful.* Vorsicht! Wenn du nicht aufpasst, fällst du.

steak /steɪk/ *Nomen* **1** Steak ◊ *How would you like your steak done?* Wie möchten Sie Ihr Steak gebraten haben? ◊ *a pork steak* ein Schweinesteak **2** (*oft in Zusammensetzungen*) Rindfleisch, Rindergulasch ◊ *braising steak* Rinderschmorfleisch ◊ *a steak and kidney pie* eine mit Rindfleisch und Nieren gefüllte Pastete

steal¹ /stiːl/ *Verb* (**stole** /stəʊl; *AmE* stoʊl/, **stolen** /'stəʊlən; *AmE* 'stoʊ-/) **1** stehlen ◊ *We found out he'd been stealing from us for years.* Wir entdeckten, dass er uns seit Jahren bestohlen hatte. ◊ *stolen goods* Diebesgut **2** sich stehlen ◊ *She stole out of the room.* Sie stahl sich aus dem Zimmer. **3** (*Baseball*) = auf eigenes Risiko bereits zur nächsten Base loslaufen, während der Ball zum Schläger/zur Schlägerin geworfen wird IDM **steal a 'glance/'look (at sb/sth)** (*gehoben*) einen verstohlenen Blick auf jdn/etw werfen **steal sb's heart** (*gehoben*) jds Herz erobern **steal a 'kiss (from sb)** (*gehoben*) jdm einen Kuss rauben **steal a 'march (on sb)** (*gehoben*) (*kein Passiv*) jdm zuvorkommen **steal the 'show** (*kein Passiv*) der Publikumsliebling sein; glänzen **steal sb's 'thunder** jdm die Schau stehlen

steal² /stiːl/ *Nomen* (*AmE*) (*Baseball*) = gestohlenes Base IDM **be a 'steal** (*bes BrE*) ein Schnäppchen sein

stealth¹ /stelθ/ *Nomen* Heimlichkeit ◊ *The government was accused of trying to introduce the tax by stealth.* Man warf der Regierung vor, sie hätte versucht, die Steuer heimlich, still und leise einzuführen. ◊ *Lions rely on stealth when hunting.* Löwen schleichen sich an ihre Beute heran.

stealth² /stelθ/ *Adj nur vor Nomen* (MIL) Tarnkappen-

stealthy /'stelθi/ *Adj* (*Adv* **stealth·ily** /-ɪli/) heimlich, verstohlen ◊ *a stealthy animal* ein lautloses Tier ◊ *She crept stealthily along the corridor.* Sie schlich auf leisen Sohlen den Gang hinunter.

steam¹ /stiːm/ *Nomen* [U] **1** Dampf ◊ *the introduction of steam in the 18th century* die Einführung der Dampfkraft im 18. Jahrhundert **2** Kondensation ◊ *She wiped the steam from her glasses.* Sie putzte ihre beschlagene Brille. IDM **full speed/steam a'head** volle Kraft voraus **,get up/,pick up 'steam 1** (*umgs*) in Schwung kommen **2** beschleunigen **,let off 'steam** (*umgs*) Dampf ablassen **,run out of 'steam** (*umgs*) Schwung verlieren **get etc. somewhere under your own 'steam** (*BrE, umgs*) ohne fremde Hilfe irgendwohin gelangen ◊ *I'll get there under my own steam.* Ich komme da schon alleine hin.

steam² /stiːm/ *Verb* **1** dampfen **2** dämpfen (lassen), dünsten (lassen) **3** (mit Volldampf) rennen etc. ◊ (*fig*) *The company is steaming ahead with its investment programme.* Die Firma treibt ihr Investitionsprogramm voran. IDM **be/get (all) steamed 'up (about/over sth)** (*AmE* **be 'steamed (about sth)**) (*umgs*) sich (wegen einer Sache) aufregen PHR V **,steam sth 'off (sth)** etw (von etw) über (heißem) Wasserdampf ablösen **,steam sth 'open** etw mit (heißem) Wasserdampf öffnen **,steam 'up** (*Brille etc.*) beschlagen **,steam sth 'up** etw beschlagen lassen

steam·boat /'stiːmbəʊt; *AmE* -boʊt/ *Nomen* Dampfschiff, Dampfer

steam·er /'stiːmə(r)/ *Nomen* **1** Dampfschiff, Dampfer **2** Dämpfeinsatz, Dampfgarer

steam·roll·er¹ /'stiːmrəʊlə(r); *AmE* -roʊ-/ *Nomen* Dampfwalze

steam·roll·er² /'stiːmrəʊlə(r); *AmE* -roʊ-/ *Verb* (*AmE meist* **'steamroll**) **1** ◊ *The team steamrollered their way to victory.* Die Mannschaft steuerte unaufhaltsam dem Sieg entgegen. ◊ *They steamrollered the bill through Parliament.* Sie peitschten das Gesetz im Parlament durch. **2** ~ **sb** jdn überrollen

steam·ship /'stiːmʃɪp/ *Nomen* (*Abk* **SS**) Dampfschiff, Dampfer

steamy /'stiːmi/ *Adj* **1** voller Dampf ◊ *steamy windows* beschlagene Fenster ◊ *the steamy heat of Tokyo* die feuchte

Hitze in Tokio **2** (*umgs*) (*erotisch*) heiß ◇ *a steamy love scene* eine heiße Liebesszene [SYN] EROTIC

steed /stiːd/ *Nomen* (*gehoben oder hum*) Ross

steel¹ /stiːl/ *Nomen* Stahl ◇ *the clash of steel* das Klirren von Stahl auf Stahl ☛ *Siehe auch* STAINLESS STEEL [IDM] **of 'steel** aus Stahl ◇ *She felt a hand of steel on her arm.* Sie fühlte eine stählerne Hand auf ihrem Arm.

steel² /stiːl/ *Verb* ~ **yourself (for/against sth)** sich (für/gegen etw) wappnen ◇ *He steeled himself to tell them the truth.* Er nahm allen Mut zusammen, um ihnen die Wahrheit zu sagen.

‚steel 'band *Nomen* Steelband

steel·work·er /'stiːlwɜːkə(r); *AmE* -wɜːrk-/ *Nomen* Stahlarbeiter(in)

steel·works /'stiːlwɜːks; *AmE* -wɜːrks/ *Nomen* (*Pl* **steelworks**) Stahlwerk ☛ G 1.3b

steel·y /'stiːli/ *Adj* **1** stählern, (stahl)hart **2** stahlgrau, stahlblau

steep¹ /stiːp/ *Adj* **1** (*Adv* **steep·ly**) steil ◇ *steeply sloping roofs* steile Dächer ◇ *a steep decline in the birth rate* ein starker Rückgang der Geburtenrate **2** (*umgs*) happig

steep² /stiːp/ *Verb* [IDM] **be 'steeped in sth** (*gehoben*) von etw durchdrungen sein ◇ *a city steeped in history* eine geschichtsträchtige Stadt [PHRV] **'steep sth in sth** etw in etw einweichen, etw in etw ziehen lassen **'steep yourself in sth** (*gehoben*) sich in etw vertiefen

steep·en /'stiːpən/ *Verb* **1** steiler werden **2** steiler machen

steeple /'stiːpl/ *Nomen* (spitzer) Kirchturm

steeple·chase /'stiːpltʃeɪs/ (*auch* **chase**) *Nomen* **1** Steeplechase, Hindernisrennen **2** Hindernislauf

steeple·chaser *Nomen* /'stiːpltʃeɪsə(r)/ **1** (*Pferd*) Steepler **2** Reiter(in) in einer Steeplechase **3** Läufer(in) in einem Hindernislauf

steeple·jack /'stiːpldʒæk/ *Nomen* = jd, der Arbeiten an Kirchtürmen, Schornsteinen etc. ausführt

steep·ly *Adv* ⇒ STEEP¹

steep·ness /'stiːpnəs/ *Nomen* Steilheit

steer¹ /stɪə(r)/; *AmE* stɪr/ *Verb* lenken, steuern ◇ (*fig*) *He took her arm and steered her towards the door.* Er nahm sie am Arm und führte sie in Richtung Tür. ◇ *She steered the team to victory.* Sie führte die Mannschaft zum Sieg. [IDM] ⇒ CLEAR³

steer² /stɪə(r); *AmE* stɪr/ *Nomen* junger Ochse

steer·age /'stɪərɪdʒ; *AmE* 'stɪr-/ *Nomen* [U] Zwischendeck

steer·ing /'stɪərɪŋ; *AmE* 'stɪr-/ *Nomen* Lenkung, Steuerung

'steering column *Nomen* Lenksäule

'steering committee (*auch* **'steering group**) *Nomen* Lenkungsausschuss

'steering wheel (*auch* **wheel**) *Nomen* Lenkrad, Steuerrad

stel·lar /'stelə(r)/ *Adj* **1** (*Fachspr*) stellar **2** (*umgs*) erstklassig, Spitzen-

stem¹ /stem/ *Nomen* **1** Stängel, Stamm, Stiel ◇ *long, trailing stems of ivy* lange Efeuranken ◇ *a tall plant with branching stems* eine hohe Pflanze mit Seitensprossen ☛ *Siehe auch* -STEMMED **2** (LING) Stamm [IDM] **from ‚stem to 'stern** vom Bug bis zum Heck

stem² /stem/ *Verb* (**-mm-**) eindämmen; (*Blutung*) stillen [PHRV] **'stem from sth** (*nicht in der Verlaufsform*) von etw herrühren

'stem cell *Nomen* Stammzelle

-stemmed (*in Adjektiven*) -stielig ◇ *long-stemmed roses* langstielige Rosen

stench /stentʃ/ *Nomen* [Sing] Gestank (*auch fig*) ☛ *Hinweis bei* GERUCH

sten·cil¹ /'stensl/ *Nomen* Schablone, schabloniertes Muster

sten·cil² /'stensl/ *Verb* (**-ll-**, *AmE auch* **-l-**) (*Muster*) schablonieren; (*Oberfläche*) mithilfe von Schablonen verzieren ◇ *walls stencilled with flowers* Wände mit schablonierten Blumen

steno /'stenəʊ; *AmE* -noʊ/ *Nomen* (*AmE*, *umgs*) **1** (*Pl* **-os**) (*auch* **sten·og·raph·er** /stə'nɒɡrəfə(r); *AmE* -'nɑːɡ-/) Stenograf(in) **2** (*auch* **sten·og·raphy** /stə'nɒɡrəfi; *AmE* -'nɑːɡ-/) Stenografie

sten·tor·ian /sten'tɔːriən/ *Adj* (*gehoben*) laut, gewaltig

step¹ /step/ *Nomen* **1** Schritt (*auch fig*) ◇ *He turned around and retraced his steps.* Er drehte sich um und ging zurück. ☛ *Siehe auch* GOOSE-STEP *und* QUICKSTEP **2** Stufe ◇ *a short flight of steps* eine kurze Treppe **3** (*oft in Zusammensetzungen*) ◇ *step aerobics* Steppaerobic ◇ *a step class* ein Steppaerobic-Kurs **4** *steps* [Pl] (*BrE*) Stehleiter ◇ *a pair of steps* eine Trittleiter **5** (*AmE*) Tonschritt, halber Tonschritt [IDM] **break 'step** aus dem Schritt kommen **fall into 'step (beside/with sb)** (*gehoben*) mit jdm in Gleichschritt fallen **in 'step (with sb/sth)** im Gleichschritt (mit jdm/etw) ◇ *Growth here has kept in step with other areas.* Das Wirtschaftswachstum hier hat mit dem anderer Gegenden Schritt gehalten. **out of 'step (with sb/sth) 1** nicht im Gleichschritt (mit jdm/etw) **2** nicht im Einklang (mit jdm/etw) ◇ *The party is out of step with the voters.* Die Partei ist nicht auf der selben Wellenlänge wie die Wähler. **mind/watch your 'step 1** vorsichtig gehen **2** sich vorsehen ◇ *You'd better watch your step with him if you don't want trouble.* Sieh dich vor, wenn du keinen Ärger mit ihm willst. **a/one step a'head (of sb/sth)** (jdm/etw) einen Schritt voraus

step² /step/ *Verb* (**-pp-**) (*einen Schritt tun*) treten ◇ *step onto/off a bus* in einen Bus einsteigen/aus einem Bus aussteigen ◇ *We stepped carefully over the broken glass.* Wir stiegen vorsichtig über die Glasscherben. ◇ *Going into the hotel is like stepping back in time.* Wenn man das Hotel betritt, wird man in die Vergangenheit zurückversetzt. [IDM] **step into the 'breach** in die Bresche springen **step into sb's 'shoes** jds Stelle übernehmen **'step on it** (*umgs*) (*schneller fahren*) auf die Tube drücken **step out of 'line; be/get out of 'line** aus der Reihe tanzen ☛ *Siehe auch* TOE¹ [PHRV] **‚step 'back (from sth)** (von etw) Abstand nehmen **‚step a'side/'down** zurücktreten **‚step 'forward** sich melden **‚step 'in** eingreifen ◇ *A businessman stepped in with a large donation for the school.* Ein Geschäftsmann half der Schule mit einer großen Spende aus der Klemme. **‚step 'out** (*bes AmE*) hinausgehen **‚step 'up** vortreten **‚step sth 'up** etw steigern

step- /step-/ Stief- ◇ *her stepmother* ihre Stiefmutter

step·lad·der /'steplædə(r)/ *Nomen* Stehleiter

steppe /step/ *Nomen* Steppe

'stepping stone *Nomen* **1** Trittstein **2** (*fig*) Sprungbrett

stereo¹ /'steriəʊ; *AmE* -oʊ/ *Nomen* (*Pl* **-os**) (*auch* **'stereo system**) Stereogerät, Stereoanlage ◇ *a personal stereo* ein Walkman **2** Stereo ◇ *broadcast in stereo* in Stereo senden

stereo² /'steriəʊ; *AmE* -oʊ/ (*gehoben* **stereo·phon·ic** /ˌsteriə'fɒnɪk; *AmE* -'fɑːnɪk/) *Adj nur vor Nomen* Stereo- ◇ *stereo sound* Stereoklang

stereo·type¹ /'steriətaɪp/ *Nomen* Klischee, Stereotyp ◇ *gender stereotypes* geschlechtsspezifische Klischees

stereo·type² /'steriətaɪp/ *Verb* (*oft passiv*) ~ **sb** jdn in ein Klischee zwängen; ~ **sb as sth** jdn als etw abstempeln

stereo·typed /'steriətaɪpt/ *Adj* klischeehaft, stereotyp

stereo·typ·ical /ˌsteriə'tɪpɪkl/ *Adj* klischeehaft, stereotyp

stereo·typ·ing /'steriətaɪpɪŋ/ *Nomen* [U] Klischieren ◇ *the danger of gender stereotyping in schools* die Gefahr, Kinder in der Schule in Geschlechterrollen zu zwängen

ster·ile /'steraɪl; *AmE* 'sterəl/ *Adj* **1** unfruchtbar [SYN] INFERTILE **2** steril ◇ *He felt creatively and emotionally sterile.* Er fühlte sich unkreativ und emotional leer. **3** fruchtlos ◇ *a sterile debate* eine fruchtlose Debatte

ster·il·ity /stə'rɪləti/ *Nomen* **1** Unfruchtbarkeit **2** Fruchtlosigkeit

ster·il·iza·tion (*BrE auch* **-isation**) /ˌsterəlaɪ'zeɪʃn; *AmE* -lə'z-/ *Nomen* Sterilisation

ster·il·ize (*BrE auch* **-ise**) /'sterəlaɪz/ *Verb* sterilisieren

ster·il·izer (*BrE auch* **-iser**) /'sterəlaɪzə(r)/ *Nomen* Sterilisator, Sterilisierapparat

ster·il·iz·ing (*BrE auch* **-ising**) /'sterəlaɪzɪŋ/ *Adj nur vor Nomen* Sterilisier- ◇ *sterilizing tablets* Sterilisiertabletten

ster·ling¹ /'stɜːlɪŋ; *AmE* 'stɜːrlɪŋ/ *Nomen* [U] (*britische Währung*) (Pfund) Sterling

ster·ling² /'stɜːlɪŋ; *AmE* 'stɜːrlɪŋ/ *Adj* (*gehoben*) ausgezeichnet, erstklassig

‚sterling 'silver *Nomen* Sterlingsilber

stern¹ /stɜːn; *AmE* stɜːrn/ *Adj* **1** (*Adv* **stern·ly**) streng, ernst **2** (*schwierig*) hart ◊ *We face stern opposition.* Wir werden auf hartnäckigen Widerstand treffen. IDM **be made of sterner 'stuff** aus härterem Holz geschnitzt sein

stern² /stɜːn; *AmE* stɜːrn/ *Nomen* Heck IDM ⇨ STEM¹

stern·ness /'stɜːnnəs/ *Nomen* Strenge, Ernst

ster·num /'stɜːnəm; *AmE* 'stɜːrnəm/ *Nomen* (*Pl* **ster·nums** *oder* **sterna** /-nə/) Brustbein

ster·oid /'sterɔɪd; *BrE auch* 'stɪər-; *AmE auch* 'stɪr-/ *Nomen* Steroid

stetho·scope /'steθəskəʊp; *AmE* -skoʊp/ *Nomen* Stethoskop

stet·son /'stetsn/ (*AmE* **Stetson**™) *Nomen* Stetson, Cowboyhut

steve·dore /'stiːvədɔː(r)/ *Nomen* Schauermann

stew¹ /stjuː; *AmE* stuː/ *Nomen* Eintopf(gericht) IDM **be in a 'stew (about/over sth)** (*umgs*) (wegen einer Sache) in heller Aufregung sein **get (yourself) in a 'stew (about/over sth)** (*umgs*) (wegen einer Sache) in Aufregung geraten ◊ *There's no point getting in a stew about it.* Es hat keinen Sinn, sich deswegen aufzuregen.

stew² /stjuː; *AmE* stuː/ *Verb* **1** schmoren (lassen), dünsten ◊ *stewed apples* Apfelkompott ◊ (*fig*) *Leave him to stew.* Lass ihn schmoren. ☞ *Siehe auch* STEWED **2** sich den Kopf zerbrechen IDM **let sb stew in their own 'juice** (*umgs*) jdn im eigenen Saft schmoren lassen

stew·ard /'stjuːəd; *AmE* 'stuːərd/ *Nomen* **1** Steward **2** (*Guts-*) Verwalter(in) **3** (*BrE*) Ordner(in) **4** (*BrE*) = jd, der für die Versorgung eines Vereins oder Colleges mit Speisen und Getränken verantwortlich ist ☞ *Siehe auch* SHOP STEWARD

stew·ard·ess /ˌstjuːəˈdes, 'stjuːə-; *AmE* 'stuːərdəs/ *Nomen* Stewardess

stew·ard·ship /'stjuːədʃɪp; *AmE* 'stuːərdʃɪp/ *Nomen* (*gehoben*) Verwaltung

stewed /stjuːd; *AmE* stuːd/ *Adj* (*Tee*) zu lange gezogen ☞ *Siehe auch* STEW²

stick¹ /stɪk/ *Verb* (**stuck**, **stuck** /stʌk/) **1** stecken ◊ *The nurse stuck the needle into my arm.* Die Schwester stach mir die Nadel in den Arm. ◊ *Stick your bags down there.* Leg deine Taschen dorthin. ◊ *Can you stick this on the noticeboard?* Kannst du das ans Anschlagbrett hängen? ◊ (*umgs*) *Stick 'em up!* Hände hoch! **2** kleben ◊ *The glue's useless — the pieces just won't stick.* Der Kleber ist unbrauchbar — die Teile haften nicht. **3** ~ **(in sth)** (in etw) stecken bleiben, (in etw) klemmen ◊ *The key has stuck in the lock.* Der Schlüssel steckt im Schloss fest. ◊ *This drawer keeps sticking.* Diese Schublade klemmt immer. **4** (*BrE*, *umgs*) (*meist in Fragen und verneinten Sätzen*) aushalten, ausstehen ◊ *My mother can't stick my boyfriend.* Meine Mutter kann meinen Freund nicht ausstehen. **5** (haften) bleiben ◊ *The police couldn't make the charges stick.* Die Polizei kam mit der Anklage nicht durch. **6** (*Karten*) halten ☞ *Siehe auch* STUCK IDM **stick in sb's 'mind** jdm im Gedächtnis bleiben **stick in your 'throat/'craw** (*umgs*) **1** ◊ *She wanted to say how sorry she was but the words seemed to stick in her throat.* Sie wollte sich entschuldigen, aber sie brachte die Worte nicht über die Lippen. **2** jdm gegen den Strich gehen **stick your 'neck out** (*umgs*) etwas wagen **stick to your 'guns** (*umgs*) hart bleiben; auf seinem Standpunkt beharren ☞ *Siehe auch* BOOT¹, FINGER¹, KNIFE¹, MILE, NOSE¹, OAR, SORE¹ *und* TELL PHRV ˌstick a'round (*umgs*) (da)bleiben ˈstick at sth an etw dranbleiben ◊ *If you want to play an instrument well, you've got to stick at it.* Wenn du ein Instrument gut spielen willst, musst du fleißig üben. ˈstick by sb (*kein Passiv*) zu jdm halten ˈstick by sth (*kein Passiv*) bei etw bleiben, zu etw stehen ˌstick sth 'down (*umgs*) bei etw hin)schreiben ˌstick 'out auffallen ˌstick 'out (of sth) (aus etw) vorstehen, (aus etw) herausgucken ˌstick sth 'out (of sth) etw (aus etw) (her)ausstrecken ◊ *His ears stick out.* Er hat abstehende Ohren. ˌstick it/sth 'out (*umgs*) durchhalten ☞ G 9.7c ˌstick 'out for sth (*umgs*) auf etw bestehen ˈstick to sth **1** etw durchhalten ◊ *She finds it impossible to stick to a diet.* Sie kann sich einfach nicht an eine Diät halten. **2** bei etw bleiben, an etw festhalten ◊ *He promised to help us and he stuck to his word.* Er versprach uns zu helfen und er hielt sein Wort. ˌstick toˈgether (*umgs*) zusammenhalten ˌstick 'up in die Höhe stehen ◊ *The branch was sticking up out of the water.* Der Zweig ragte aus dem Wasser. ˌstick 'up for sb/sth (*kein Passiv*) sich für jdn/etw einsetzen ◊ *Stick up for what you believe.* Setz dich für deine Überzeugungen ein. ˌstick 'up for yourself sich behaupten ˈstick with sb (*kein Passiv*) (*umgs*) sich an jdn halten ˈstick with sth (*kein Passiv*) bei etw bleiben

stick² /stɪk/ *Nomen* **1** Stock, Zweig ◊ *Her arms and legs were like sticks.* Ihre Arme und Beine waren spindeldürr. **2** (*bes BrE*) = WALKING STICK **3** (*SPORT*) Schläger ◊ *a hockey stick* ein Hockeyschläger **4** (*oft in Zusammensetzungen*) Stange, Stift, Stäbchen ◊ *carrot sticks* Karottenstifte ◊ *pieces of pineapple on sticks* Ananasstücke auf Cocktailstäbchen ☞ *Siehe auch* FRENCH STICK **5** (*bes AmE*, *umgs*) Steuerknüppel ☞ *Siehe auch* JOYSTICK **6** (*bes AmE*, *umgs*) Schalthebel ☞ *Siehe auch* STICK SHIFT **7** Taktstock **8** [U] (*BrE*, *umgs*) Kritik ◊ *The referee got a lot of stick from the home fans.* Der Schiedsrichter wurde heftig von den Fans der Heimmannschaft kritisiert. **9 the sticks** [Pl] (*umgs*) die Pampa ◊ *We live out in the sticks.* Wir wohnen in der Pampa. **10** (*BrE*, *umgs*, *veraltet*) Mensch ◊ *He's not such a bad old stick.* Er ist gar kein übler Kerl. IDM ⇨ BEAT¹, BIG¹, CARROT, CLEFT², DRAW¹, UP⁴ *und* WRONG¹

stick·er /'stɪkə(r)/ *Nomen* Aufkleber, Sticker

'**stick figure** *Nomen* Strichmännchen

stick·ily *Adv* ⇨ STICKY

sticki·ness /'stɪkinəs/ *Nomen* **1** Klebrigkeit **2** Schwüle

'**sticking plaster** (*auch* **plas·ter**) (*BrE*) Heftpflaster

'**sticking point** *Nomen* Streitpunkt, Kontroverse

'**stick insect** *Nomen* Gespenstheuschrecke

stick-in-the-mud *Nomen* (*umgs*) Langweiler

stickle·back /'stɪklbæk/ *Nomen* Stichling

stick·ler /'stɪklə(r)/ *Nomen* = jd, der es mit etw sehr genau nimmt, Pedant

'**stick-on** *Adj nur vor Nomen* selbstklebend

'**stick shift** *Nomen* (*AmE*) **1** Schalthebel **2** Fahrzeug mit Gangschaltung

sticky /'stɪki/ *Adj* (**stick·ier**, **sticki·est**) **1** (*Adv* **stick·ily** /-ɪli/) klebrig **2** selbstklebend **3** (*Adv* **stick·ily**) (*umgs*) schwül **4** (*umgs*) verschwitzt **5** (*umgs*) heikel ◊ *Their relationship is going through a sticky patch.* Ihre Beziehung ist gerade in einer schwierigen Phase. IDM **have sticky 'fingers** (*umgs*) (*zum Stehlen neigen*) klebrige Finger/Hände haben **a ˌsticky 'wicket** (*BrE*, *umgs*) eine vertrackte Situation ◊ *on a sticky wicket* in einer schwierigen Lage ☞ *Siehe auch* END¹

'**sticky tape** *Nomen* (*BrE*) Klebstreifen, Klebeband

stiff¹ /stɪf/ *Adj* **1** (*Adv* **stiff·ly**) steif ◊ *Whisk the egg whites until stiff.* Das Eiweiß zu Schnee schlagen. ◊ *a stiff brush* eine harte Bürste ◊ *The windows were stiff.* Die Fenster klemmten. ◊ *I'm really stiff after that bike ride.* Nach der Fahrradtour habe ich jetzt Muskelkater. **2** schwierig, (*Wettbewerb*) hart ◊ *The new proposals have met with stiff opposition.* Die neuen Vorschläge sind auf heftigen Widerstand gestoßen. ◊ *stiff fines* hohe Geldstrafen ◊ *a stiff wind* ein starker Wind **3** (*umgs*) (*Preis*) happig **4** *nur vor Nomen* (*alkoholisches Getränk*) hochprozentig ◊ *a stiff whisky* ein starker Whisky IDM **(keep) a stiff upper 'lip** Haltung (bewahren)

stiff² /stɪf/ *Adv* **1** (*umgs*) (*verstärkend*) wahnsinnig ◊ *be scared stiff* wahnsinnig Angst haben ◊ *be bored stiff* sich zu Tode langweilen **2 frozen** ~ steif gefroren

stiff³ /stɪf/ *Nomen* (*Slang*) Leiche

stiff⁴ /stɪf/ *Verb* (*AmE*, *umgs*) (*um Geld etc.*) bescheißen

stiff·en /'stɪfn/ *Verb* **1** steif werden, (sich) versteifen **2** ~ **(in/with sth)** (vor etw) erstarren **3** ~ **sth** etw steif machen; (*Stoffe etc.*) stärken ◊ *I stiffened my back and faced him.* Ich richtete mich auf und sah ihm in die Augen. ◊ *The threat of punishment has only stiffened their resolve.* Die Androhung von Strafe hat ihre Entschlossenheit nur noch verstärkt. **4** ~ **up** steif werden ◊ *My muscles had stiffened up after the climb.* Nach dem Aufstieg hatte ich Muskelkater.

ˌstiff-'necked *Adj* steif

stiff·ness /'stɪfnəs/ *Nomen* Steifheit

stifle /'staɪfl/ *Verb* **1** unterdrücken **2** ersticken

stif·ling /'staɪflɪŋ/ *Adj* **1** erdrückend ◊ *a stifling smell* ein

atemberaubender Gestank ⋄ *There was a stifling smell in the air.* Der Geruch verschlug einem den Atem. **2** stickig
stigma /ˈstɪgmə/ *Nomen* Stigma, Makel
stig·mata /ˈstɪgmətə, stɪgˈmɑːtə/ (REL) *Nomen* [Pl] Wundmale, Stigmata
stig·ma·ti·za·tion (*BrE auch* **-isa·tion**) /ˌstɪgmətaɪˈzeɪʃn; *AmE* -tə'z-/ *Nomen* Stigmatisierung
stig·ma·tize (*BrE auch* **-ise**) /ˈstɪgmətaɪz/ *Verb* (*gehoben*) (*meist passiv*) stigmatisieren; **~ sb/sth as sth** jdn/etw als etw brandmarken
stile /staɪl/ *Nomen* Zauntritt
stil·etto /strˈletəʊ; *AmE* -toʊ/ *Nomen* (*Pl* **-os** *oder* **-oes**) **1** (*bes BrE* **stiletto ˈheel**) Pfennigabsatz SYN SPIKE HEEL **2** (*Schuh*) Schuh mit Pfennigabsatz **3** Stilett
still¹ /stɪl/ *Adv* **1** (immer) noch **2** dennoch **3** (*intensivierend*) noch ⋄ *The next day was warmer still.* Der nächste Tag war noch wärmer. **4** ~ **more/another** noch mehr IDM ⇨ LESS²
still² /stɪl/ *Adj* **1** still, ruhig ⋄ *We stayed in a village where time had stood still.* Wir wohnten in einem Dorf, wo die Zeit stehen geblieben war. **2** (wind)still **3** (*BrE*) (*Getränk*) ohne Kohlensäure IDM **the still of the ˈnight** (*gehoben*) die Stille der Nacht **a/the still small ˈvoice** die innere Stimme **still waters run ˈdeep** stille Wasser sind tief
still³ /stɪl/ *Nomen* **1** Standfoto ⋄ *The police studied the stills from the security video.* Die Polizei studierte die Aufnahmen der Überwachungskamera. **2** Destillierapparat
still⁴ /stɪl/ *Verb* (*gehoben*) **1** sich beruhigen ⋄ *The wind stilled.* Der Wind legte sich. **2** beruhigen; (*Hunger*) stillen ⋄ *still sb's fears* jdm die Angst nehmen
still·birth /ˈstɪlbɜːθ; *AmE* -bɜːrθ/ *Nomen* Totgeburt
still·born /ˈstɪlbɔːn; *AmE* -bɔːrn/ *Adj* tot geboren (*auch fig*) ⋄ *The proposal was stillborn.* Die Idee war ein tot geborenes Kind.
ˌ**still ˈlife** *Nomen* (*Pl* **still lifes**) Stillleben
still·ness /ˈstɪlnəs/ *Nomen* **1** Stille **2** Unbewegtheit, Reglosigkeit
stilt /stɪlt/ *Nomen* [*meist Pl*] **1** Pfahl **2** Stelze
stilt·ed /ˈstɪltɪd/ *Adj* (*Adv* **stilt·ed·ly**) (*abwert*) gestelzt ⋄ *stilted conversation* eine angestrengte Unterhaltung
stimu·lant /ˈstɪmjələnt/ *Nomen* **1** Anregungsmittel, Aufputschmittel ⋄ *Coffee and tea are mild stimulants.* Kaffee und Tee haben leicht anregende Wirkung. **2** Ansporn, Anreiz
stimu·late /ˈstɪmjuleɪt/ *Verb* anregen, stimulieren; (*sexuell*) erregen ⋄ *The exhibition has stimulated interest in her work.* Die Ausstellung hat Interesse an ihrem Werk geweckt.
stimu·lat·ing /ˈstɪmjuleɪtɪŋ/ *Adj* **1** anregend ⋄ *a stimulating teacher* ein inspirierender Lehrer **2** belebend
stimu·la·tion /ˌstɪmjuˈleɪʃn/ *Nomen* Anregung, Stimulierung; (*sexuell*) Erregung
stimu·lus /ˈstɪmjələs/ *Nomen* (*Pl* **stim·uli** /-laɪ/) **1** [*meist Sing*] Anregung, Anreiz **2** Stimulus, Reiz
sting¹ /stɪŋ/ *Verb* (**stung, stung** /stʌŋ/) **1** stechen; (*Nesseln*) brennen **2** (*schmerzen*) brennen ⋄ *My eyes were stinging from the smoke.* Mir brannten die Augen von dem Qualm. **3** ~ **sb** (*beleidigt*) jdn treffen; ~ **sb into doing sth** jdn herausfordern etw zu tun ⋄ *They launched a stinging attack on the government.* Sie griffen die Regierung scharf an. **4** (*oft passiv*) ~ **sb for sth** (*umgs*) jdm etw abknöpfen ⋄ *I got stung for a $100 meal.* Man hat mir 100 Dollar für ein Essen abgeknöpft. PHR V ˈ**sting sb for sth** (*BrE, umgs*) etw von jdm pumpen
sting² /stɪŋ/ *Nomen* **1** Stachel **2** (Insekten)stich **3** stechender Schmerz ⋄ *the sting of salt in a wound* das Brennen von Salz in einer Wunde ⋄ *She felt the sting of tears in her eyes.* Tränen brannten in ihren Augen. ⋄ *There was a sting of sarcasm in his voice.* In seiner Stimme war beißender Sarkasmus. ⋄ *He tried to take the sting out of his words.* Er versuchte, seinen Worten die Schärfe zu nehmen. **4** (*bes AmE, umgs*) geheime Polizeiaktion IDM **a ˌsting in the ˈtail** (*umgs*) das dicke Ende
stingi·ness /ˈstɪndʒɪnəs/ *Nomen* Knauserigkeit
ˈ**stinging nettle** (*auch* **net·tle**) *Nomen* Brennnessel
sting·ray /ˈstɪŋreɪ/ *Nomen* Stachelrochen

stingy /ˈstɪndʒi/ *Adj* (*umgs*) knauserig
stink¹ /stɪŋk/ *Verb* (**stank** /stæŋk/, **stunk** /stʌŋk/ *oder* **stunk, stunk**) ~ (**of sth**) (*umgs*) (nach etw) stinken (*auch fig*) PHR V ˌ**stink sth ˈout** etw verstänkern
stink² /stɪŋk/ *Nomen* (*umgs*) **1** Gestank ☛ *Hinweis bei* GERUCH **2** [*Sing*] Stunk, Ärger
ˈ**stink bomb** *Nomen* Stinkbombe
stink·er /ˈstɪŋkə(r)/ *Nomen* (*umgs*) Mistkerl; (*komplizierte Sache*) harte Nuss ⋄ *It's been a real stinker of a day.* Es war ein wirklich lausiger Tag.
stink·ing¹ /ˈstɪŋkɪŋ/ *Adj* **1** stinkend **2** *nur vor Nomen* (*bes BrE, umgs*) furchtbar, Scheiß- **3** *nur vor Nomen* (*BrE, umgs*) wütend
stink·ing² /ˈstɪŋkɪŋ/ *Adv* (*meist abwert, umgs*) stink- ⋄ *They must be stinking rich.* Sie müssen stinkreich sein.
stint¹ /stɪnt/ *Nomen* (Arbeits)pensum, (Arbeits)zeit ⋄ *He did a stint abroad early in his career.* Am Anfang seiner Karriere hat er einige Zeit im Ausland verbracht. ⋄ *I've done my stint in the kitchen for today.* Für heute habe ich meinen Küchendienst hinter mir.
stint² /stɪnt/ *Verb* ~ (**on sth**) (an etw) sparen; ~ (**yourself**) (sich) einschränken
sti·pend /ˈstaɪpend/ *Nomen* (*gehoben*) Gehalt, Besoldung
sti·pen·di·ary /staɪˈpendiəri; *AmE* -dieri/ *Adj* (*Pl* **-ies**) (*auch* **stiˌpendiary ˈmagistrate**) = Friedensrichter(in), der/die ein Gehalt erhält
stip·ple /ˈstɪpl/ *Verb* (*meist passiv*) (KUNST) pointillieren
stip·pling /ˈstɪplɪŋ/ *Nomen* (KUNST) Pointillieren
stipu·late /ˈstɪpjuleɪt/ *Verb* (*gehoben*) **1** fordern ⋄ *The advert stipulates a degree.* Die Stellenanzeige verlangt ein abgeschlossenes Hochschulstudium. **2** festlegen
stipu·la·tion /ˌstɪpjuˈleɪʃn/ *Nomen* (*gehoben*) Bedingung, Forderung
stir¹ /stɜː(r)/ *Verb* (**-rr-**) **1** (um)rühren **2** sich rühren, sich bewegen ⋄ *You haven't stirred from that chair all evening!* Du hast dich den ganzen Abend nicht aus deinem Sessel erhoben! **3** anregen, bewegen ⋄ *A noise wakened me from sleep.* Ein Geräusch weckte mich auf. **4** (*Gefühle*) sich regen **5** (*BrE, umgs, abwert*) Ärger machen IDM **stir your ˈstumps** (*BrE, umgs, veraltet*) sich sputen PHR V ˌ**stir sb ˈup** jdn aufrütteln ˌ**stir sth ˈup 1** etw erregen, etw schüren ⋄ *stir up a debate* eine Debatte entzünden **2** (*Staub etc.*) aufwirbeln
stir² /stɜː(r)/ *Nomen* **1** Aufsehen **2** Rühren ⋄ *Could you give the rice a stir?* Könntest du den Reis mal umrühren?
ˈ**stir-crazy** *Adj* (*bes AmE, umgs*) am Gefängniskoller leidend
ˈ**stir-fry¹** *Verb* (**-fries, -fry·ing, -fried, -fried**) = (Gemüse- oder Fleischstücke) unter Rühren scharf anbraten
ˈ**stir-fry²** *Nomen* (*Pl* **-fries**) = Gericht aus unter Rühren kurz angebratenen Zutaten, z. B. kleine Stücke Fleisch, Fisch und/oder Gemüse
stir·rer /ˈstɜːrə(r)/ *Nomen* (*BrE, umgs, abwert*) Unruhestifter(in)
stir·ring¹ /ˈstɜːrɪŋ/ *Nomen* ~ (**of sth**) ⋄ *She felt a stirring of anger.* Sie fühlte, wie die Wut in ihr hochkam. ⋄ *the first stirrings of spring* die ersten Anzeichen von Frühling
stir·ring² /ˈstɜːrɪŋ/ *Adj* (*meist vor Nomen*) **1** bewegend, aufwühlend **2** mitreißend
stir·rup /ˈstɪrəp/ *Nomen* Steigbügel
stitch¹ /stɪtʃ/ *Nomen* **1** Masche; (*in Zusammensetzungen auch*) Muster **2** (*beim Nähen, Sticken*) Stich ⋄ *I'm having my stitches out today.* Mir werden heute die Fäden gezogen. **3** Seitenstechen IDM **be in ˈstitches** (*umgs*) sich vor Lachen biegen **not have a stitch ˈon; not be wearing a ˈstitch** (*umgs*) splitter(faser)nackt sein **a ˈstitch in ˈtime** (**saves ˈnine**) was du heute kannst besorgen, das verschiebe nicht auf morgen
stitch² /stɪtʃ/ *Verb* nähen, (be)sticken ⋄ *Her wedding dress was stitched by hand.* Ihr Hochzeitskleid war handgenäht. ⋄ *A pocket was stitched to the front.* Vorne war eine Tasche aufgenäht. ⋄ *An agreement was hastily stitched together.* Ein Abkommen wurde hastig zusammengenagelt. PHR V ˌ**stitch sb ˈup** (*BrE, umgs*) jdn reinlegen ˌ**stitch sth ˈup 1** etw (zu)nähen **2** (*BrE, umgs*) ⋄ *stitch up a deal* ein Geschäft besiegeln ⋄ *They think they have the US market*

stitched up. Sie glauben, dass sie den US-Markt in der Tasche haben.
stitch·ing /'stɪtʃɪŋ/ *Nomen* Naht, Ziernaht, Stickerei ◇ *The stitching is very neat.* Es ist sehr sauber genäht.
stoat /stəʊt; *AmE* stoʊt/ *Nomen* Hermelin
stock¹ /stɒk; *AmE* stɑːk/ *Nomen* **1** Vorrat, (Waren)bestand ◇ *a country's housing stock* der Wohnungsbestand eines Landes ◇ *a fast turnover of stock* ein schneller Warenumschlag ◇ *That particular model is not currently in stock.* Das fragliche Modell ist zurzeit nicht auf Lager. ◇ *a large stock of pine furniture* eine große Auswahl an Kiefernmöbeln **2** (FINANZ) Aktienkapital **3** (FINANZ) [meist Pl] Aktie ◇ *stock prices* Aktienwerte ◇ *stocks and shares* Aktien und Wertpapiere **4** (FINANZ) (*BrE*) öffentliche Anleihe ◇ *government stock* Staatsanleihe **5** [U] Viehbestand ◇ *breeding stock* Zuchtvieh **6** Abstammung, Herkunft **7** (*klare Suppe*) Brühe **8** stocks [Pl] Pranger **9** (*gehoben*) Ansehen **10** (*bei einem Gewehr*) Schaft **11** (BOT) Levkoje **12** (BOT) Propfreis, Propfunterlage **13** (*AmE*) = STOCK COMPANY (2) ☛ *Siehe auch* LAUGHING STOCK *und* ROLLING STOCK IDM **be on the ˈstocks** in Arbeit/Produktion/Vorbereitung sein **take ˈstock (of sth)** (über etw) Bilanz ziehen ☛ *Siehe auch* LOCK²
stock² /stɒk; *AmE* stɑːk/ *Verb* **1** (*Waren*) führen **2** ~ **sth (with sth)** etw (mit etw) ausstatten ◇ *The pond was well stocked with fish.* Der Teich war gut mit Fischen besetzt. PHRV **ˌstock sth ˈup** etw auffüllen **ˌstock ˈup (on/with sth)** sich (mit etw) eindecken
stock³ /stɒk; *AmE* stɑːk/ *Adj nur vor Nomen* **1** (*abwert*) üblich, Standard- **2** vorrätig
stock·ade /stɒˈkeɪd; *AmE* stɑːˈk-/ *Nomen* Palisade
stock·broker /'stɒkbrəʊkə(r); *AmE* ˈstɑːkbroʊ-/ (*auch* **broker**) *Nomen* Börsenmakler(in)
stock·brok·ing /'stɒkbrəʊkɪŋ; *AmE* ˈstɑːkbroʊ-/ *Nomen* Börsenhandel
ˈstock car *Nomen* Stockcar
ˈstock-car racing *Nomen* (*BrE*) Stockcarrennen
ˈstock company *Nomen* (*AmE*) **1** (FINANZ) Aktiengesellschaft **2** (*auch* **stock**) Repertoiregruppe
ˈstock cube *Nomen* Brühwürfel
ˈstock exchange *Nomen* Börse
stock·hold·er /'stɒkhəʊldə(r); *AmE* ˈstɑːkhoʊ-/ *Nomen* (*bes AmE*) (FINANZ) Aktionär(in)
stock·ily /'stɒkɪli/ *Adv* ~ **built** stämmig
stock·ing /'stɒkɪŋ; *AmE* ˈstɑːk-/ *Nomen* **1** Strumpf **2** = CHRISTMAS STOCKING IDM **in your ˌstocking(ed) ˈfeet** in Strümpfen
ˈstocking filler *Nomen* (*BrE*) = kleines Weihnachtsgeschenk ☛ *Siehe auch* CHRISTMAS STOCKING
ˌstock-in-ˈtrade *Nomen* Spezialität
stock·ist /'stɒkɪst; *AmE* ˈstɑːk-/ *Nomen* (*BrE*) Fachgeschäft, Fachhandel
stock·man /'stɒkmən; *AmE* ˈstɑːk-/ *Nomen* (*Pl* **-men** /-mən/) **1** (*AusE*) Stallknecht **2** (*AmE*) Viehzüchter **3** (*AmE*) Lagerverwalter
ˈstock market (*auch* **ˈmar·ket**) *Nomen* Börse
stock·pile¹ /'stɒkpaɪl; *AmE* ˈstɑːk-/ *Nomen* Vorrat
stock·pile² /'stɒkpaɪl; *AmE* ˈstɑːk-/ *Verb* horten
stock·room /'stɒkruːm, -rʊm; *AmE* ˈstɑːk-/ *Nomen* (Waren)lager
ˌstock-ˈstill *Adv* bewegungslos, stockstill
stock·tak·ing /'stɒkteɪkɪŋ; *AmE* ˈstɑːk-/ *Nomen* **1** (*bes BrE*) Inventur **2** (*fig*) Bestandsaufnahme
stocky /'stɒki; *AmE* ˈstɑːki/ *Adj* (**stock·ier**, **stocki·est**) stämmig
stodge /stɒdʒ; *AmE* stɑːdʒ/ *Nomen* (*BrE, umgs, meist abwert*) schweres Essen, Papp
stodgy /'stɒdʒi; *AmE* ˈstɑːdʒi/ *Adj* (*bes BrE, umgs, abwert*) **1** pappig, schwer **2** schwerfällig, schwer verdaulich
stogy (*auch* **stogie**) /'stəʊgi; *AmE* ˈstoʊgi/ *Nomen* (*Pl* **-ies**) (*AmE*) dünne Zigarre
stoic /'stəʊɪk; *AmE* ˈstoʊɪk/ **1** *Nomen* (*gehoben*) Stoiker(in) **2** (*auch* **sto·ic·al**) /-kl/ *Adj* (*Adv* **sto·ic·al·ly** /-kli/) stoisch
sto·icism /'stəʊɪsɪzəm; *AmE* ˈstoʊ-/ *Nomen* (*gehoben*) Stoizismus ◇ *She endured it with stoicism.* Sie ertrug es mit stoischer Gelassenheit.

stoke /stəʊk; *AmE* stoʊk/ *Verb* **1** ~ **sth (up) (with sth)** etw (mit etw) beheizen ◇ *stoke the fire with more coal* Kohle nachlegen ◇ *stoke a furnace* einen Hochofen beschicken **2** ~ **sth (up)** etw anfachen, etw schüren
stoker /'stəʊkə(r); *AmE* ˈstoʊ-/ *Nomen* Heizer
stole¹ /stəʊl; *AmE* stoʊl/ *Nomen* Stola
stole, stolen² *Form von* STEAL¹
stolid /'stɒlɪd; *AmE* ˈstɑːl-/ *Adj* (*Adv* **stol·id·ly**) (*meist abwert*) stur
stol·id·ity /stəˈlɪdəti/ *Nomen* Sturheit
stom·ach¹ /'stʌmək/ *Nomen* Magen, Bauch ◇ (*BrE*) *a stomach upset* ein verdorbener Magen ◇ *a stomach pump* eine Magenpumpe ◇ *Don't drink on an empty stomach.* Trink niemals Alkohol auf nüchternen Magen. IDM **turn your ˈstomach** einem den Magen umdrehen ☛ *Siehe auch* BUTTERFLY, EYE¹, PIT¹, PUMP², SICK¹ *und* STRONG
stom·ach² /'stʌmək/ *Verb* **1** vertragen, ertragen, aushehen **2** herunterbekommen
ˈstomach ache *Nomen* Bauchweh, Magenschmerzen ☛ *Hinweis bei* BAUCHSCHMERZEN
stomp /stɒmp; *AmE* stɑːmp/ *Verb* (*umgs*) stapfen, stampfen
stone¹ /stəʊn; *AmE* stoʊn/ *Nomen* **1** Stein **2** = PRECIOUS STONE **3** (*bes BrE*) Kern **4** (*Pl* **stone**) (*Abk* **st**) = britische Gewichtseinheit von 6,35 kg ☛ *Siehe auch* S. 760 IDM **leave no stone unˈturned** nichts unversucht lassen **a ˈstone's throw** ein Katzensprung ☛ *Siehe auch* BLOOD¹, HEART, KILL¹ *und* PEOPLE¹
stone² /stəʊn; *AmE* stoʊn/ *Verb* **1** (*meist passiv*) mit Steinen bewerfen ◇ *be stoned to death* gesteinigt werden **2** (*BrE*) entkernen
the ˈStone Age *Nomen* [Sing] die Steinzeit
ˌstone-ˈcold *Adj* eiskalt IDM **ˌstone-cold ˈsober** stocknüchtern
stoned /stəʊnd; *AmE* stoʊnd/ *Adj* (*Slang*) zu ◇ *get stoned* sich zurauchen
ˌstone ˈdead *Adj* mausetot ◇ *That killed the story stone dead.* Damit war die Geschichte gestorben.
ˌstone ˈdeaf *Adj* stocktaub
stone·ground /'stəʊngraʊnd; *AmE* ˈstoʊn-/ *Adj* mit Mühlsteinen gemahlen
stone·mason /'stəʊnmeɪsn; *AmE* ˈstoʊn-/ *Nomen* Steinmetz(in)
stone·wall /ˌstəʊnˈwɔːl; *AmE* ˈstoʊn-/ *Verb* (*bes BrE, umgs*) **1** mauern **2** obstruieren
stone·ware /'stəʊnweə(r); *AmE* ˈstoʊnwer/ *Nomen* Steingut
stone·work /'stəʊnwɜːk; *AmE* ˈstoʊnwɜːrk/ *Nomen* Mauerwerk
stoni·ly /'stəʊnɪli; *AmE* ˈstoʊn-/ *Adv* mit steinerner Miene
stony /'stəʊni; *AmE* ˈstoʊni/ *Adj* (**stoni·er**, **stoni·est**) **1** steinig **2** frostig, steinern IDM **fall on stony ˈground** nicht auf fruchtbaren Boden fallen ◇ *His smile fell on stony ground with her.* Sein Lächeln ließ sie völlig kalt. **ˈstony broke** (*BrE, umgs*) total pleite
ˌstony-ˈfaced *Adj* mit steinerner Miene
stood *Form von* STAND¹
stooge /stuːdʒ/ *Nomen* **1** (*umgs, meist abwert*) Büttel **2** Hanswurst
stool /stuːl/ *Nomen* **1** Hocker, Schemel **2** (MED) Stuhl(gang) IDM ⇒ TWO
ˈstool pigeon *Nomen* (*umgs*) Polizeispitzel SYN INFORMER
stoop¹ /stuːp/ *Verb* **1** ~ (**down**) sich bücken **2** eine krumme Haltung haben IDM **stoop so ˈlow (as to do sth)** (*gehoben*) sich dazu herablassen(, etw zu tun); sich so weit erniedrigen(, etw zu tun) PHRV **ˈstoop to sth** sich zu etw herablassen, sich zu etw hergeben ◇ *I didn't think he'd stoop to blackmail.* Ich hätte nicht gedacht, dass er bis zur Erpressung gehen würde.
stoop² /stuːp/ *Nomen* **1** gebeugte Haltung **2** (*AmE*) kleine Terrasse vor der Tür
stop¹ /stɒp; *AmE* stɑːp/ *Verb* (**-pp-**) **1** (an)halten, stehen bleiben ◇ *stop at a pub* in eine Kneipe einkehren ◇ *Stop me if I'm boring you.* Unterbrich mich, wenn ich dich langweile. **2** aufhören (mit) ◇ *Stop crying.* Hör auf zu weinen. ◇

(*umgs*) *Stop it!* Hör auf! ◊ *The bus service stops at midnight.* Die Busse fahren bis Mitternacht. ◊ *The music stopped.* Die Musik verstummte.

> Man beachte den Unterschied zwischen **stop doing sth** und **stop to do sth**: *We stopped taking pictures.* Wir hörten mit dem Fotografieren auf. ◊ *We stopped to take pictures.* Wir hielten an um zu fotografieren.

3 stoppen ◊ *stop the bleeding* die Blutung stillen **4** ~ **sb/sth** (**doing sth**); ~ **sb/sth** (**from doing sth**) jdn/etw (daran) hindern (etw zu tun), jdn (davon) abhalten (etw zu tun) ◊ *stop pollution* der Umweltschmutzung Einhalt gebieten ◊ *There's no stopping us now.* Jetzt kann uns nichts mehr aufhalten. ◊ *stop a rumour spreading* verhindern, dass ein Gerücht sich ausbreitet ◊ *You can't stop people from saying what they think.* Man kann den Leuten nicht den Mund verbieten. ◊ *I couldn't stop myself.* Ich konnte einfach nicht anders. **5** eine Pause machen ◊ *People just don't stop to think about the consequences.* Die Leute nehmen sich einfach nicht die Zeit, um über die Folgen nachzudenken. **6** stillstehen **7** (*Scheck*) sperren lassen **8** ~ (**for sth**) (*BrE, umgs*) (zu etw) bleiben ◊ *I'm not stopping.* Ich kann nicht lange bleiben. **9** ~ **sth** (**from sth**) (*Geld etc.*) (von etw) abziehen **10** ~ **sth** (**up**) (**with sth**) etw (mit etw) (zu)stopfen ◊ *Stop up the other end of the hose, will you?* Kannst du das andere Ende des Schlauches zuhalten? ◊ *I stopped my ears.* Ich hielt mir die Ohren zu. IDM **stop at 'nothing** vor nichts zurückschrecken ◊ *She'll stop at nothing to make money.* Wenn's ums Geldmachen geht, ist ihr jedes Mittel recht. **,stop the 'clock** die Uhr anhalten **,stop 'short** plötzlich anhalten; plötzlich abbrechen ◊ *He stopped short when he heard his name.* Er stutzte, als er seinen Namen hörte. **,stop sb 'short** jdn stutzen lassen ◊ *' I'm pregnant,' she said. That stopped him short.* „Ich bin schwanger," sagte sie. Da war er sprachlos. **stop short of sth/doing sth** über etw nicht hinausgehen ◊ *She stopped short of calling him a liar.* Es fehlte nicht viel und sie hätte ihn einen Lügner genannt. ◊ *The protest stopped short of a violent confrontation.* Bei dem Protest wäre es um ein Haar zu Ausschreitungen gekommen. ☛ *Siehe auch* BUCK¹ *und* TRACK¹ PHRV **,stop 'by** vorbeischauen **,stop 'in** (*BrE, umgs*) zu Hause bleiben **,stop 'off** Zwischenstation machen ◊ *We stopped off at a hotel for the night.* Wir haben in einem Hotel übernachtet. **,stop 'out** (*BrE, umgs*) spät in der Nacht nach Hause kommen ◊ *He never stops out late.* Er bleibt abends nie bis in die Puppen weg. **,stop 'over** Zwischenstation machen, eine Zwischenlandung machen **,stop 'up** (*BrE, umgs*) lange aufbleiben

stop² /stɒp; *AmE* stɑːp/ *Nomen* **1** (An)Halten; (*Stillstand*) Halt ◊ *an overnight stop in Rome* eine Übernachtung in Rom ◊ *She brought the car to a stop.* Sie brachte das Auto zum Stehen. ◊ *Work has come to a stop.* Die Arbeit ist eingestellt worden. ◊ *It is time to put a stop to the violence.* Es ist Zeit, der Gewalttätigkeit Einhalt zu gebieten. ◊ *grow in stops and starts* schubweise wachsen **2** Haltestelle, Station **3** = FULL STOP **4** (*Orgel*) Register(zug) **5** Verschlusslaut SYN PLOSIVE IDM ⇨ FULL STOP *und* PULL¹

stop·cock /'stɒpkɒk; *AmE* 'stɑːpkɑːk/ (*auch* **cock**) *Nomen* Absperrhahn, Haupthahn

stop·gap /'stɒpgæp; *AmE* 'stɑːp-/ *Nomen* Notbehelf, Notlösung ◊ *a stopgap measure* eine Behelfsmaßnahme

,stop-'go *Adj* (*BrE, abwert*) (WIRTSCH) Stop-and-Go-

'stop light *Nomen* **1** (*BrE*) rote Ampel **2** (*auch* **stoplights** [Pl] (*AmE*)) Ampel **3** (*AmE*) Bremslicht

stop·over /'stɒpəʊvə(r); *AmE* 'stɑːpoʊ-/ *Nomen* Zwischenaufenthalt, Zwischenlandung

stop·page /'stɒpɪdʒ; *AmE* 'stɑːp-/ *Nomen* **1** Streik ◊ *400 workers were involved in the stoppage.* 400 Arbeiter legten die Arbeit nieder. **2** (SPORT) (Spiel)unterbrechung ◊ *in the fourth minute of stoppage time* in der vierten Minute der Verlängerung **3** Stockung, Stau ◊ *a stoppage of blood to the heart* eine Durchblutungsstörung des Herzens **4** **stoppages** [Pl] (*BrE, veraltet, offiz*) Abzüge

stop·per /'stɒpə(r)/ *Nomen* Stöpsel

'stopping train *Nomen* (*BrE*) Personenzug

,stop 'press *Nomen* [U] (*BrE*) letzte Meldungen

stop·watch /'stɒpwɒtʃ; *AmE* 'stɑːpwɑːtʃ/ *Nomen* Stoppuhr

'storage heater *Nomen* (*BrE*) (Nacht)speicherofen

store¹ /stɔː(r)/ *Nomen* **1** Geschäft ◊ *a department store* ein Kaufhaus **2** (*AmE*) Laden ◊ *a health food store* ein Reformhaus ◊ *a liquor store* eine Spirituosenhandlung **3** Vorrat ◊ *a vast store of knowledge* ein riesiger Wissensschatz **4 stores** [Pl] Bestände **5** (*oft* **stores**) [Pl] Lager ◊ *weapons stores* Waffenlager ◊ *a grain store* ein Getreidespeicher IDM **in store** (**for sb**) ◊ *What does life hold in store for them?* Was hält das Leben für sie bereit? ◊ *if she had known what lay in store for her* hätte sie gewusst, was ihr bevorstand ◊ *They have a surprise in store.* Es kommt noch eine Überraschung. **set/put** (**great, etc.**) **'store by sth** (großen etc.) Wert auf etw legen ◊ *It is unwise to put too much store by these statistics.* Es ist unklug, diesen Statistiken allzu viel Bedeutung beizumessen. ☛ *Siehe auch* HIT¹

store² /stɔː(r)/ *Verb* **1** ~ **sth** (**away/up**) etw aufbewahren, etw (ein)lagern ◊ *animals storing up food for the winter* Tiere, die sich einen Futtervorrat für den Winter anlegen ◊ *The electronic equipment was safely stored away.* Die elektronischen Geräte waren sicher verstaut. **2** speichern PHRV **,store sth 'up** etw anstauen, etw aufstauen ◊ *store up trouble for yourself* sich Probleme einhandeln

'store-bought *Adj* (*AmE*) (*nicht selbst gemacht*) gekauft

'store-brand *Adj* (*AmE*) ◊ *store-brand goods* Eigenmarken

'store card *Nomen* Kundenkreditkarte

'store detective *Nomen* Kaufhausdetektiv(in)

store·front /'stɔːfrʌnt; *AmE* 'stɔːrf-/ *Nomen* (*AmE*) **1** Fassade eines Geschäftes ◊ *storefront windows* Schaufenster **2** Ladengeschäft

store·house /'stɔːhaʊs; *AmE* 'stɔːrh-/ *Nomen* (*Pl* **-houses** /-haʊzɪz/) **1** Lagerhaus SYN WAREHOUSE **2** Fundgrube, Schatzkammer

store·keep·er /'stɔːkiːpə(r); *AmE* 'stɔːrk-/ *Nomen* (*bes AmE*) Ladenbesitzer(in)

store·room /'stɔːruːm, -rʊm/ *Nomen* Lagerraum

storey (*AmE meist* **story**) /'stɔːri/ *Nomen* (*Pl* **stor·eys**, *AmE* **stor·ies**) Stock(werk) ◊ *a single-storey building* ein einstöckiges Gebäude ☛ *Hinweis bei* STOCK¹, S.1234

-storeyed (*AmE* **-storied**) /'stɔːrid/ (*in zusammengesetzten Adjektiven*) -stöckig ◊ *a four-storeyed building* ein vierstöckiges Gebäude

stor·ied /'stɔːrid/ *Adj* (*AmE*) *nur vor Nomen* legendär, sagenumwoben

stork /stɔːk; *AmE* stɔːrk/ *Nomen* Storch

storm¹ /stɔːm; *AmE* stɔːrm/ *Nomen* **1** Unwetter, Gewitter, Sturm **2** ~ **of sth** ◊ *a storm of controversy* eine heftige Kontroverse ◊ *a storm of blows* ein Hagel von Schlägen IDM **a storm in a 'teacup** (*BrE*) ein Sturm im Wasserglas **take sth by 'storm 1** etw im Sturm erobern **2** etw im Sturm einnehmen ☛ *Siehe auch* CALM³ *und* PORT¹

storm² /stɔːm; *AmE* stɔːrm/ *Verb* **1** stürmen ◊ *She stormed into my office.* Sie kam in mein Büro gestürmt. ◊ *He stormed off.* Er stürmte davon. **2** (*gehoben*) wettern, donnern

'storm cloud *Nomen* [*meist* Pl] Gewitterwolke ◊ *Storm clouds were gathering.* Ein Gewitter zog sich zusammen. ◊ (*fig*) *The storm clouds of revolution were gathering.* Dunkle Wolken zogen am Horizont auf und kündigten die Revolution an.

'storm door *Nomen* (äußere) Windfangtür

'storm-tossed *Adj* *nur vor Nomen* (*gehoben*) sturmgepeitscht

'storm troops (*auch* **'storm troopers**) *Nomen* [Pl] Sturmtruppen

stormy /'stɔːmi; *AmE* 'stɔːrmi/ *Adj* (**storm·ier, stormi·est**) **1** stürmisch **2** hitzig ◊ *a stormy relationship* eine turbulente Beziehung

story /'stɔːri/ *Nomen* (*Pl* **-ies**) **1** Geschichte ◊ *The full story was never made public.* Die volle Wahrheit kam nie an die Öffentlichkeit. ◊ *The police didn't believe her story.* Die Polizei hat ihrer Aussage nicht geglaubt. ◊ *We must stick to our story about the accident.* Wir müssen bei unserer Version von dem Unfall bleiben. ◊ *I can't decide until I've heard* *both sides of the story.* Ich kann keine Entscheidung treffen, ehe ich nicht beide Seiten gehört habe. **2** Bericht, Story ◊ *Now for a summary of tonight's main news stories.* Jetzt kurz der Nachrichtenüberblick vom heutigen Abend. ◊ *a front-page story* eine Titelgeschichte **3** (*auch* **story-line**) (*Roman, Film etc.*) Handlung **4** (*umgs*) Märchen ◊ *The child had been telling stories again.* Das Kind hatte wieder einmal Märchen erzählt. **5** (*AmE*) = STOREY [IDM] **the story goes (that) ...;** man sagt, dass ...; man erzählt sich, dass ... **so the story goes** so erzählt man ◊ *She never saw him again ... or so the story goes.* Sie hat ihn nie wieder gesehen — wird jedenfalls behauptet. **that's the ˌstory of my ˈlife** (*umgs*) ich bin's ja schon gewöhnt ◊ *Another missed opportunity ... that's the story of my life!* Wieder eine verpasste Gelegenheit — es ist immer das Gleiche. ☛ *Siehe auch* LIKELY, LONG¹, OLD, PITCH² *und* TELL

story·board /ˈstɔːrɪbɔːd; *AmE* -bɔːrd/ *Nomen* (*Filmentwurf in Bildern*) Storyboard

story·book /ˈstɔːrɪbʊk/ *Nomen* Geschichtenbuch, Märchenbuch

story·tell·er /ˈstɔːrɪtelə(r)/ *Nomen* (Geschichten)erzähler(in)

story·tell·ing /ˈstɔːrɪtelɪŋ/ *Nomen* Geschichtenerzählen

stoup /stuːp/ *Nomen* Weihwasserbecken

stout¹ /staʊt/ *Adj* (*Adv* **stout·ly**) **1** korpulent **2** fest, robust ◊ *a stout rope* ein starkes Seil ◊ *a stout stick* ein kräftiger Stock ◊ *stoutly built* kräftig gebaut **3** (*gehoben*) tapfer, wacker ◊ *put up a stout defence* sich energisch verteidigen ◊ *'I disagree,' said Polly stoutly.* „Ich bin dagegen", sagte Polly entschieden.

stout² /staʊt/ *Nomen* dunkles Starkbier

stout·ness /ˈstaʊtnəs/ *Nomen* **1** Korpulenz **2** Festigkeit **3** Tapferkeit

stove¹ /stəʊv; *AmE* stoʊv/ *Nomen* **1** Ofen **2** (*bes AmE*) Herd

stove² *Form von* STAVE²

stow /stəʊ; *AmE* stoʊ/ *Verb* ~ **sth** (**away**) (**in sth**) etw (in etw) verstauen [PHRV] **ˌstow aˈway** als blinder Passagier reisen, sich als blinder Passagier verstecken

stow·age /ˈstəʊɪdʒ; *AmE* ˈstoʊ-/ *Nomen* Stauraum

stow·away /ˈstəʊəweɪ; *AmE* ˈstoʊ-/ *Nomen* blinder Passagier

strad·dle /ˈstrædl/ *Verb* **1** rittlings sitzen auf, mit gespreizten Beinen stehen auf ◊ *He swung his leg over the motorcycle, straddling it easily.* Er schwang ein Bein mühelos auf das Motorrad. **2** überspannen, sich erstrecken über ◊ *a writer who straddles two cultures* ein Schriftsteller, der in zwei verschiedenen Kulturen zu Hause ist

strafe /strɑːf; *AmE* streɪf/ *Verb* aus der Luft unter Beschuss nehmen

strag·gle /ˈstrægl/ *Verb* **1** kriechen, wirr hängen; ◊ (*fig*) *The town straggled to an end.* Am Stadtrand gab es nur noch vereinzelt Häuser. **2** zurückbleiben, streunen ◊ *They straggled behind us.* Sie blieben hinter uns zurück.

strag·gler /ˈstræglə(r)/ *Nomen* [meist Pl] Nachzügler

strag·gly /ˈstrægli/ *Adj* wirr, zottig ◊ *a straggly hedge* eine ungepflegte Hecke

straight¹ /streɪt/ *Adj* **1** gerade; (*Haar*) glatt ◊ *straight-backed chairs* Stühle mit gerader Lehne ◊ *Is my tie straight?* Sitzt mein Schlips gerade? **2** gerade geschnitten **3** *nicht vor Nomen* direkt ◊ *a straight punch to the face* eine Gerade ins Gesicht **4** *nicht vor Nomen* in Ordnung, aufgeräumt ◊ *get the house straight* das Haus in Ordnung bringen **5** offen (und ehrlich); (*Weigerung*) unmissverständlich ◊ *He's (as) straight as a die.* Er ist grundehrlich. **6** *nur vor Nomen* klar ◊ *It was a straight choice between taking the job and staying out of work.* Die Wahl war klar: den Job annehmen oder arbeitslos bleiben. ◊ (*BrE*) *a straight fight between the two main parties* ein direkter Kampf zwischen den beiden führenden Parteien **7** *nur vor Nomen* (*Theater*) ernst ◊ *a straight actor* ein Schauspieler vom ernsten Fach **8** *nur vor Nomen* nacheinander ◊ *The team had five straight wins.* Die Mannschaft hat fünf Spiele hintereinander gewonnen. **9** (*AmE*) pur **10** (*umgs*) konventionell **11** (*umgs*) hetero [OPP] GAY [IDM] **(earn/get) straight ˈA's** (*bes AmE*) lauter Einsen (bekommen) ◊ *a straight A student* ein Schüler mit Einsen durch die Bank **get sth ˈstraight** etw klarstellen ◊ *Let's get this straight — you really had no idea where he was?* Verstehen wir uns richtig? Sie wussten wirklich nicht, wo er war? **put/set sb ˈstraight (about/on sth)** jdn (über etw) aufklären **a straight ˈface** ◊ *I could hardly keep a straight face.* Ich konnte mir das Lachen kaum verbeißen. **the ˌstraight and ˈnarrow** (*umgs*) der Pfad der Tugend ◊ *She is trying to keep him on the straight and narrow.* Sie versucht, ihn davor zu bewahren, auf die schiefe Bahn zu geraten. ☛ *Siehe auch* RAMROD *und* RECORD¹

straight² /streɪt/ *Adv* **1** geradeaus ◊ *I can't shoot straight.* Ich kann nicht genau schießen. **2** sofort, geradewegs **3** offen, unverblümt ◊ *Are you playing straight with me?* Spielst du ein ehrliches Spiel mit mir? **4** ununterbrochen [IDM] **go ˈstraight** (*umgs*) keine krummen Sachen mehr machen **play it ˈstraight** ein ehrliches Spiel spielen **ˌstraight aˈway** sofort **ˌstraight from the ˈshoulder** ohne Umschweife **ˌstraight ˈoff/ˈout** (*umgs*) rundheraus **ˌstraight ˈup** (*BrE, umgs*) Ehrenwort; ehrlich ☛ *Siehe auch* THINK¹

straight³ /streɪt/ *Nomen* **1** (*umgs*) Hetero **2** (*bei einer Rennstrecke oder Straße*) Gerade

ˌstraight ˈarrow *Nomen* (*AmE, umgs*) ernsthafter, konventioneller Mensch

straight·away¹ /ˌstreɪtəˈweɪ/ *Adv* sofort

straight·away² /ˌstreɪtəˈweɪ/ *Nomen* (*AmE*) (*bei einer Rennstrecke oder Straße*) Gerade

straight·en /ˈstreɪtn/ *Verb* **1** ~ (**out**) gerade werden **2** ~ **sth** (**out**) etw gerade machen ◊ *I straightened my tie.* Ich rückte meinen Schlips gerade. **3** ~ (**up**) sich aufrichten **4** ~ **sth** (**up**) etw strecken ◊ *He straightened his shoulders.* Er straffte die Schultern. [PHRV] **ˌstraighten sb ˈout** jdn auf die richtige Bahn bringen ◊ *He thought he was the boss, but I soon straightened him out.* Er dachte, er sei der Boss, aber ich habe ihm schnell den Kopf zurechtgerückt. **ˌstraighten sth ˈout** etw in Ordnung bringen **ˌstraighten sth ˈup** etw aufräumen

ˌstraight-ˈfaced *Adj* ernst ◊ *'Really?' he said, straight-faced.* „Wirklich?" fragte er, ohne die Miene zu verziehen.

straight·for·ward /ˌstreɪtˈfɔːwəd; *AmE* -ˈfɔːrwərd/ *Adj* (*Adv* **straight·for·ward·ly**) **1** einfach ◊ *Let me put it more straightforwardly.* Lassen Sie mich es klarer ausdrücken. **2** aufrichtig, freimütig ◊ *a straightforwardly pleasant man* ein richtig netter Mann

straight·for·ward·ness /ˌstreɪtˈfɔːwədnəs; *AmE* -ˈfɔːrwərd-/ *Nomen* **1** Einfachheit **2** Aufrichtigkeit, Freimütigkeit

straight·jacket = STRAITJACKET

ˌstraight-ˈlaced = STRAIT-LACED

ˈstraight man *Nomen* = Person, deren Rolle es ist, einem Komiker das Stichwort für seine Witze zu geben

straight·ness /ˈstreɪtnəs/ *Nomen* **1** Geradheit **2** Offenheit

strain¹ /streɪn/ *Nomen* **1** (*Stress*) Belastung, Druck ◊ *the stresses and strains of working life* der Stress und der Druck des Berufslebens ◊ *I found it a strain having to concentrate for so long.* Ich fand es schwierig, mich so lange konzentrieren zu müssen. ◊ *There are strains in relations between the two countries.* Die Beziehungen zwischen den beiden Ländern sind gespannt. **2** (*durch eine Kraft*) Belastung, Spannung ◊ *The ground here cannot take the strain of a large building.* Der Untergrund hier kann die Last eines großen Gebäudes nicht tragen. **3** Zerrung **4** (*Biologie*) Form, Art **5** Hang, Anflug [SYN] STREAK **6** [meist Pl] (*gehoben*) (*Musik*) Klang

strain² /streɪn/ *Verb* **1** (*sich verletzen*) zerren, verrenken, überlasten **2** sich anstrengen ◊ *People were straining to see what was going on.* Die Leute verrenkten sich die Hälse, um sehen zu können, was los war. ◊ *He was straining for air.* Er schnappte nach Luft. **3** überbeanspruchen ◊ *His constant complaints were straining our patience.* Seine dauernden Beschwerden stellten unsere Geduld auf eine harte Probe. ◊ *This has strained relations between the two countries.* Das hat die Beziehungen zwischen den beiden Ländern belastet. **4** an etw zerren, sich gegen etw stemmen **5** ~ **sth** (**off**) etw (durch)seihen, etw abgießen [IDM] **strain at the ˈleash** (*umgs*) es kaum abwarten können **strain every ˈnerve/ˈsinew (to do sth)** (*gehoben*) sich mit allen Kräften bemühen (etw zu tun) ☛ *Siehe auch* CREAK¹

strained /streɪnd/ *Adj* **1** angespannt [SYN] TENSE **2** gezwungen [SYN] FORCED

strain·er /ˈstreɪnə(r)/ *Nomen* Sieb
strait /streɪt/ *Nomen* **1** (*auch* **straits** [Pl]) Meerenge ◇ *the Strait(s) of Gibraltar* die Straße von Gibraltar **2 straits** [Pl] (finanzielle) Schwierigkeiten
strait·ened /ˈstreɪtnd/ *Adj nur vor Nomen* (*gehoben*) (*materiell*) beschränkt
strait·jacket (*auch* **straight·jacket**) /ˈstreɪtdʒækɪt/ *Nomen* Zwangsjacke (*auch fig*)
strait-laced (*auch* **straight-laced**) /ˌstreɪt ˈleɪst/ *Adj* (*abwert*) puritanisch, prüde
strand¹ /strænd/ *Nomen* **1** Faden ◇ *a few strands of dark hair* ein paar dunkle Haare ◇ *She wore a single strand of pearls.* Sie trug eine einreihige Perlenkette. **2** (*fig*) Faden, Komponente ◇ *We heard every strand of political opinion.* Wir hörten jede nur erdenkliche politische Meinung. ◇ *The author draws the different strands of the plot together in the final chapter.* Im letzten Kapitel lässt der Autor die Handlungsstränge zusammenlaufen. **3** (*gehoben*) Gestade
strand² /strænd/ *Verb* (*meist passiv*) stranden (lassen) ◇ *The strike left us stranded at the airport.* Aufgrund des Streiks saßen wir am Flughafen fest.
strange /streɪndʒ/ *Adj* **1** (*Adv* **strange·ly**) seltsam, sonderbar, merkwürdig ◇ *Strange to say, I don't really enjoy television.* So seltsam es klingen mag, ich mache mir nichts aus Fernsehen. ◇ *Strangely enough, I don't feel at all nervous.* Sonderbarerweise bin ich gar nicht nervös. **2** fremd [IDM] **feel 'strange** sich unwohl (in seiner Haut) fühlen ☛ *Siehe auch* TRUTH
strange·ness /ˈstreɪndʒnəs/ *Nomen* **1** Merkwürdigkeit **2** Fremdheit
strang·er /ˈstreɪndʒə(r)/ *Nomen* Fremde(r) ◇ *They got on well although they were total strangers.* Sie kamen gut miteinander aus, obwohl sie sich überhaupt nicht kannten. ◇ *She remained a stranger to me.* Sie blieb mir fremd. ◇ *Sorry, I'm a stranger here myself.* Tut mir Leid, ich bin selbst fremd hier. [IDM] **be no/a 'stranger to sth** (*gehoben*) mit etw vertraut/nicht vertraut sein ◇ *He's no stranger to controversy.* Kontroversen sind ihm nicht fremd.
stran·gle /ˈstræŋgl/ *Verb* **1** erwürgen, erdrosseln **2** (*gehoben*) (*fig*) ersticken ◇ *Their monetary policy is strangling the economy.* Ihre Finanzpolitik hat eine nachteilige Auswirkung auf die Wirtschaft.
stran·gled /ˈstræŋgld/ *Adj nur vor Nomen* (*Schrei, Stimme*) erstickt
strangle·hold /ˈstræŋglhəʊld; *AmE* -hoʊld/ *Nomen* [Sing] **1** Würgegriff **2** ~ (**on sth**) totale Gewalt (über etw) ◇ *The company now has a stranglehold on the market.* Die Firma beherrscht den Markt nun völlig.
stran·gler /ˈstræŋglə(r)/ *Nomen* Würger(in)
stran·gu·lated /ˈstræŋgjuleɪtɪd; *AmE* / *Adj* (MED) ◇ *a strangulated hernia* ein eingeklemmter Leistenbruch **2** (*gehoben*) (*Laut*) erstickt
stran·gu·la·tion /ˌstræŋgjuˈleɪʃn/ *Nomen* Strangulation, Erwürgen ◇ *die of strangulation* erwürgt werden ◇ *the strangulation of the human spirit* die Unterdrückung des menschlichen Geistes
strap¹ /stræp/ *Nomen* Riemen ◇ *the shoulder straps of her dress* die Träger ihres Kleides ◇ *a watch with a leather strap* eine Uhr mit einem Lederband
strap² /stræp/ *Verb* (**-pp-**) **1** festschnallen **2** ~ **sth** (**up**) etw bandagieren ◇ *I have to keep my leg strapped up.* Ich muss eine Bandage am Bein tragen.
strap·less /ˈstræpləs/ *Adj* trägerlos
strapped /stræpt/ *Adj* ~ (**for cash, funds, etc.**) (*umgs*) knapp bei Kasse
strap·ping /ˈstræpɪŋ/ *Adj nur vor Nomen* (*umgs*) stramm
strata *Form von* STRATUM
strata·gem /ˈstrætədʒəm/ *Nomen* (*gehoben*) List
stra·tegic /strəˈtiːdʒɪk/ *Adj* (*Adv* **stra·tegic·al·ly** /-kli/) strategisch
strat·egist /ˈstrætədʒɪst/ *Nomen* Stratege, Strategin
strat·egy /ˈstrætədʒi/ *Nomen* (*Pl* **-ies**) Strategie ◇ *an overall strategy* eine Gesamtstrategie
strati·fi·ca·tion /ˌstrætɪfɪˈkeɪʃn/ *Nomen* (*Fachspr*) Schichtung
strat·ify /ˈstrætɪfaɪ/ *Verb* (**-fies, -fy·ing, -fied, -fied**) (*meist passiv*) (*gehoben oder Fachspr*) schichten ◇ *a highly stratified society* eine vielschichtige Gesellschaft
strato·sphere /ˈstrætəsfɪə(r); *AmE* -sfɪr/ *Nomen* **the stratosphere** die Stratosphäre
strato·spher·ic /ˌstrætəˈsferɪk/ *Adj* stratosphärisch
stra·tum /ˈstrɑːtəm; *AmE* ˈstreɪtəm/ *Nomen* (*Pl* **strata** /-tə/) (*Fachspr oder gehoben*) Schicht (*auch fig*)
straw /strɔː/ *Nomen* **1** Stroh **2** Strohhalm **3** Trinkhalm [IDM] **clutch/grasp at 'straws** sich an einen Strohhalm klammern **the last/final 'straw**; **the 'straw that breaks the camel's 'back** der Tropfen, der das Fass zum Überlaufen bringt **a straw in the 'wind** (*BrE*) ein Vorzeichen ☛ *Siehe auch* BRICK¹ *und* DRAW¹
straw·berry /ˈstrɔːbəri; *AmE* -beri/ *Nomen* (*Pl* **-ies**) Erdbeere
ˌstraw ˈpoll *Nomen* nicht repräsentative Umfrage
stray¹ /streɪ/ *Verb* **1** sich verirren, geraten ◇ *Her eyes kept straying over to the clock.* Ihre Augen wanderten immer wieder zu der Uhr. **2** (*fig*) abkommen, abschweifen ◇ *My mind kept straying back to our last talk.* Meine Gedanken kehrten immer wieder zu unserem letzten Gespräch zurück. **3** eine Affäre haben
stray² /streɪ/ *Adj nur vor Nomen* **1** streunend, herrenlos **2** vereinzelt ◇ *A civilian was killed by a stray bullet.* Ein Zivilist wurde von einer verirrten Kugel getötet.
stray³ /streɪ/ *Nomen* **1** streunendes Tier, herrenloses Tier **2** Abtrünnige(r), Verirrte(r)
streak¹ /striːk/ *Nomen* **1** Streifen, Strähne **2** (*Charakter-*) Zug ◇ *a streak of cruelty* ein Hang zur Grausamkeit **3** (*von Glück etc.*) Strähne ◇ *be on a losing streak* eine Pechsträhne haben
streak² /striːk/ *Verb* **1** ~ **sth** (**with sth**) etw (mit etw) verschmieren ◇ *Tears streaked her face.* Ihr Gesicht war tränenverschmiert. ◇ *She's had her hair streaked.* Sie hat sich Strähnchen ins Haar färben lassen. **2** flitzen ◇ *A car pulled out and streaked off down the road.* Ein Wagen scherte aus und brauste die Straße hinunter. **3** (*umgs*) (*nackt laufen*) blitzen
streak·er /ˈstriːkə(r)/ *Nomen* (*umgs*) Blitzer(in)
streaky /ˈstriːki/ *Adj* streifig ◇ (*BrE*) *streaky bacon* durchwachsener Speck
stream¹ /striːm/ *Nomen* **1** Bach **2** Strom, Schwall, Flut (*auch fig*) ◇ *The agency provided me with a steady stream of work.* Die Agentur gab mir regelmäßig Arbeit. **3** (*bes BrE*) Leistungsgruppe [IDM] **be/come on 'stream** in Betrieb sein/genommen werden
stream² /striːm/ *Verb* **1** strömen ◇ *Her head was streaming with blood.* Aus ihrer Kopfwunde strömte Blut. ◇ *a streaming cold* ein fürchterlicher Schnupfen ◇ *Black smoke streamed from the exhaust.* Schwarzer Rauch kam aus dem Auspuff. **2** flattern, wehen **3** (*meist passiv*) (*bes BrE*) in Leistungsgruppen einteilen
stream·er /ˈstriːmə(r)/ *Nomen* **1** Luftschlange **2** Band
stream·ing /ˈstriːmɪŋ/ *Nomen* (*bes BrE*) Einteilung in Leistungsgruppen
stream·line /ˈstriːmlaɪn/ *Verb* (*meist passiv*) **1** Stromlinienform geben ◇ *a streamlined design* ein neues stromlinienförmiges Design **2** rationalisieren
ˌstream of ˈconsciousness *Nomen* Bewusstseinsstrom
street /striːt/ *Nomen* (*Abk* **St, st**) Straße ◇ *10 Downing Street* Downing Street Nr. 10 ◇ *a street map/plan* ein Stadtplan ◇ *My office is at street level.* Mein Büro ist im Erdgeschoss. ◇ *The bank is just across the street.* Die Bank ist gleich gegenüber. ☛ *Siehe auch* HIGH STREET *und* SIDE STREET [SYN] ROAD [IDM] (**out**) **on the 'streets/'street** (*umgs*) auf der Straße ◇ *the problems of young people living on the streets* die Probleme der obdachlosen Jugendlichen ◇ *If it was up to me I'd put him out on the street.* Wenn es nach mir ginge, würde ich ihn vor die Tür setzen. **be on/walking the 'streets** auf den Strich gehen **be 'streets ahead (of sb/sth)** (*BrE*, *umgs*) (jdm/einer Sache) weit voraus sein **the ˈstreets are ˌpaved with ˈgold** das Geld liegt auf der Straße **the ˌright) up your ˈstreet** (*bes BrE*, *umgs*) jds Fall sein ☛ *Siehe auch* EASY¹, HIT¹ *und* MAN¹
street·car /ˈstriːtkɑː(r)/ *Nomen* (*AmE*) Straßenbahn

ˈstreet cred *Nomen* (*umgs*) (*auch* **cred**, *seltener* **ˈstreet credibility**) (cooles) Image

ˌstreet ˈfurniture *Nomen* (*Fachspr*) Straßenausstattung

ˈstreet light (*BrE auch* **ˈstreet lamp**) *Nomen* Straßenlaterne

ˈstreet people *Nomen* [Pl] (*bes AmE*) Obdachlose SYN THE HOMELESS

streetˑsmart /ˈstriːtsmɑːt; *AmE* -smɑːrt/ *Adj* (*AmE*) gerissen, gewieft

ˈstreet value *Nomen* Straßenverkaufswert

streetˑwalkˑer /ˈstriːtwɔːkə(r)/ *Nomen* (*veraltet*) Prostituierte, Straßenmädchen

streetˑwise /ˈstriːtwaɪz/ *Adj* (*umgs*) gerissen, gewieft

strength /streŋθ/ *Nomen* **1** (*Körper-*) Kraft ◊ *It may take weeks to build up your strength again.* Es wird vielleicht Wochen dauern, bis Sie wieder zu Kräften kommen. **2** Stärke, Kraft ◊ *This view has recently gathered strength.* Diese Ansicht hat in letzter Zeit immer mehr Anklang gefunden. ◊ *the strength of the box* die Stabilität der Kiste ◊ *The protesters turned out in strength.* Die Demonstranten erschienen in großer Zahl. ◊ *Cuts have left the local police under strength.* Sparmaßnahmen haben dazu geführt, dass die hiesige Polizei unterbesetzt ist. IDM **go from ˌstrength to ˈstrength** immer erfolgreicher werden **on the strength of sth** aufgrund einer Sache ☞ *Siehe auch* TOWER¹

strengthˑen /ˈstreŋθn/ *Verb* (ver)stärken, stärker werden ◊ *The yen strengthened against the dollar.* Der Kurs des Yen ist gegenüber dem Dollar gestiegen. ◊ *Their attitude only strengthened his resolve.* Ihre Einstellung bestärkte ihn nur in seinem Entschluss. OPP WEAKEN

strenuˑous /ˈstrenjuəs/ *Adj* (*Adv* **strenuˑousˑly**) **1** anstrengend ◊ *Avoid strenuous exercise.* Vermeiden Sie größere Anstrengungen. **2** energisch, unermüdlich

strep throat /ˌstrep ˈθrəʊt/ *Nomen* (*AmE, umgs*) Halsentzündung

streptoˑcocˑcus /ˌstreptəˈkɒkəs; *AmE* -ˈkɑːkəs/ *Nomen* (*Pl* -**cocci** /-ˈkɒkaɪ; *AmE* -ˈkɑːkaɪ/) (MED) Streptokokkus

stress¹ /stres/ *Nomen* **1** Stress ◊ *the stresses and strains of working life* der Stress und der Druck des Berufslebens ◊ *stress management* Stressbewältigung **2** ~ (**on sth**) Belastung (einer Sache) **3** Betonung, Gewicht ◊ *She lays great stress on punctuality.* Sie legt großen Wert auf Pünktlichkeit. ☞ *Hinweis bei* EMPHASIZE **4** (LING, MUS) Betonung ☞ *Siehe auch* PRIMARY STRESS *und* SECONDARY STRESS

stress² /stres/ *Verb* betonen ☞ *Hinweis bei* EMPHASIZE

stressed /strest/ *Adj* **1** (*umgs* ˌstressed ˈout*) *nicht vor Nomen* gestresst **2** (LING) betont OPP UNSTRESSED **3** *nur vor Nomen* (TECH) einer großen Belastung ausgesetzt

stressˑful /ˈstresfl/ *Adj* anstrengend, stressig

ˈstress mark *Nomen* Betonungszeichen

stretch¹ /stretʃ/ *Verb* **1** (sich) dehnen **2** (*Schuhe, Pullover etc.*) (sich) weiten **3** (*Stoff, Seil etc.*) spannen **4** strecken ◊ *I stretched out a hand.* Ich streckte eine Hand aus. **5** sich strecken ◊ *He stretched and yawned.* Er streckte sich und gähnte. ◊ *She stretched across the table for the butter.* Sie reichte über den Tisch, um an die Butter zu kommen. **6** sich erstrecken ◊ *The town's history stretches back to before 1500.* Die Geschichte der Stadt reicht bis in die Zeit vor 1500 zurück. ◊ *The talks look set to stretch into a second week.* Es sieht so aus, als ob die Gespräche noch bis in die zweite Woche andauern. **7** ~ (**to sth**) (*in Fragen und verneinten Sätzen*) (*Geld, Vorräte etc.*) (für etw) reichen **8** beanspruchen, strapazieren ◊ *He had stretched the truth.* Er hatte es mit der Wahrheit nicht allzu genau genommen. ◊ *The plot stretches credulity to the limit.* Die Handlung ist völlig unglaubwürdig. **9** fordern ◊ *She was never really stretched at school.* Sie ist in der Schule nie richtig gefordert worden. ◊ *We're fully stretched.* Wir sind voll ausgelastet. IDM **stretch your ˈlegs** (*umgs*) sich die Beine vertreten **stretch a ˈpoint 1** ein Auge zudrücken **2** übertreiben ☞ *Siehe auch* RULE PHRV ˌstretch (yourˈself) ˈout sich ausstrecken

stretch² /stretʃ/ *Nomen* **1** Stück, Abschnitt **2** (Zeit)abschnitt ◊ *She read for hours at a stretch.* Sie las stundenlang ohne Unterbrechung. SYN SPELL **3** [meist Sing] (*umgs*) Haftstrafe ◊ *do a stretch* im Knast sitzen **4** Strecken, Dehnungsübung ◊ *We had a good stretch.* Wir haben uns tüchtig gestreckt. ◊ *Feel the stretch in your legs.* Fühlen Sie, wie Ihre Beine gedehnt werden. **5** Dehnbarkeit ◊ *a material with plenty of stretch in it* ein Stoff, der sehr dehnbar ist **6** [meist Sing] ◊ *the finishing/home stretch* die Zielgerade ◊ *The electoral campaign has entered its final stretch.* Der Wahlkampf ist jetzt in der Schlussphase. SYN STRAIGHT IDM **at full ˈstretch** auf Hochtouren; voll ausgelastet ◊ *Fire crews have been operating at full stretch.* Die Feuerwehr war in vollem Einsatz. **not by any/by no stretch of the imagination** beim besten Willen nicht

stretchˑer¹ /ˈstretʃə(r)/ *Nomen* (Trag)bahre ◊ *stretcher cases* Schwerverletzte (, die liegend transportiert werden)

stretchˑer² /ˈstretʃə(r)/ *Verb* auf einer Tragbahre (weg)transportieren

ˈstretcher-bearer *Nomen* Krankenträger(in)

ˈstretch limo *Nomen* (*Pl* **stretch limos**) (*gehoben* ˌstretch limouˈsine) Stretchlimousine

ˈstretch marks *Nomen* [Pl] Schwangerschaftsstreifen

stretchy /ˈstretʃi/ *Adj* (*umgs*) elastisch, dehnbar

strew /struː/ *Verb* (**strewed**, **strewed** *oder* **strewed**, **strewn** /struːn/) **1** ~ **A on, over, across, etc. B; ~ B with A** B mit A bestreuen ◊ *Clothes were strewn across the floor./The floor was strewn with clothes.* Überall lagen Kleider auf dem Boden verstreut herum. ◊ (*fig*) *The way ahead is strewn with difficulties.* Die Zukunft ist voller Schwierigkeiten. **2** bedecken

strewth /struːθ/ *Ausruf* (*BrE, Slang, veraltet*) (überrascht, wütend) Herrschaftszeiten!

stricken /ˈstrɪkən/ *Adj* **1** Not leidend; (*Gesicht*) schmerzerfüllt ◊ *the stricken boat* das in Seenot geratene Schiff **2** ~ **with sth** von etw heimgesucht; (*Angst etc.*) von etw erfüllt **3** (*in Zusammensetzungen*) ◊ *drought-stricken* von Dürre heimgesucht ☞ *Siehe auch* PANIC-STRICKEN, GRIEF-STRICKEN *und* STRIKE¹

strict /strɪkt/ *Adj* **1** streng, strikt ◊ *She's on a very strict diet.* Sie hält sehr strenge Diät. **2** strenggläubig **3** genau ◊ *It wasn't illegal in the strict sense (of the word).* Es war genau genommen nicht illegal.

strictˑly /ˈstrɪktli/ *Adv* **1** streng ◊ *strictly private and confidential* streng vertraulich **2** ganz ◊ *This is not strictly true.* Das ist nicht ganz richtig. **3** rein, ausschließlich SYN PURELY IDM **ˈstrictly speaking** genau genommen

strictˑness /ˈstrɪktnɪs/ *Nomen* Strenge, Genauigkeit

stricˑture /ˈstrɪktʃə(r)/ *Nomen* (*gehoben*) **1** [meist Pl] ~ (**on sb/sth**) (scharfe) Kritik (an jdm/etw) **2** ~ (**against/on sth**) Beschränkung (einer Sache) SYN RESTRICTION

stride¹ /straɪd/ *Verb* (**strode** /strəʊd; *AmE* stroʊd/) (*nicht im Perfekt verwendet*) (mit großen Schritten) gehen, schreiten ◊ *She came striding along to meet me.* Sie kam mir mit großen Schritten entgegen.

stride² /straɪd/ *Nomen* **1** (großer) Schritt **2** (*Art des Gehens*) Gang **3** Fortschritt IDM **get into your ˈstride** (*AmE* **hit (your) ˈstride**) in Schwung kommen; seinen Rhythmus finden **match sb ˌstride for ˈstride; be, run, go, etc. ˌstride for ˈstride with sb** mit jdm mithalten **put sb off their ˈstride** jdn aus dem Konzept bringen **take sth in your ˈstride** (*AmE* **take sth in ˈstride**) etw leicht schaffen; mit etw gut fertig werden **without breaking ˈstride** (*bes AmE*) ohne stehen zu bleiben; ohne einzuhalten

striˑdency /ˈstraɪdənsi/ *Nomen* **1** Schrillheit **2** Schärfe

striˑdent /ˈstraɪdnt/ *Adj* (*Adv* **striˑdentˑly**) **1** schrill, durchdringend, grell **2** lautstark; (*Kritik*) scharf

strife /straɪf/ *Nomen* [U] (*gehoben*) Auseinandersetzungen, Zwietracht ◊ *civil strife* Auseinandersetzungen in der Bevölkerung ◊ *political strife* politische Auseinandersetzungen

strike¹ /straɪk/ *Verb* (**struck**, **struck** /strʌk/, *AmE auch* **struck**, **strickˑen** /ˈstrɪkən/) **1** (*gehoben*) schlagen ◊ *He struck the table with his fist.* Er schlug mit der Faust auf den Tisch. ◊ *be struck dumb/deaf/blind* mit Stummheit/Taubheit/Blindheit geschlagen werden **2** (*gehoben*) treffen ◊ *The ship struck a rock.* Das Schiff lief auf einen Felsen auf. ◊ *The child was struck by a car.* Das Kind wurde von einem Auto erfasst. ◊ *He fell, striking his head on the edge of the table.* Er fiel und stieß sich den Kopf an der Tischkante. **3** (*Ball etc.*) schießen, schlagen **4** (*Raubtier, Mörder etc.*) zuschlagen ◊ *The lion crouched ready to strike.* Der

Löwe duckte sich, zum Angriff bereit. **5** (*gehoben*) (*Unglück etc.*) hereinbrechen (über); (*Krankheit*) heimsuchen **6** ~ **sb** (**as** ...) jdm (als ...) vorkommen ◊ *His reaction struck me as odd.* Seine Reaktion kam mir seltsam vor. ◊ *How does he strike you?* Was halten Sie von der Idee? ◊ *It strikes me that nobody is really in favour.* Ich habe den Eindruck, dass niemand wirklich dafür ist. **7** (*nicht in der Verlaufsform*) ~ **sb** (*Idee, Gedanke*) jdm kommen ◊ *It suddenly struck me how ...* Auf einmal fiel mir auf, wie ... ◊ *I was struck by her resemblance to my aunt.* Mir ist ihre Ähnlichkeit mit meiner Tante aufgefallen. **8** (*Licht*) auftreffen auf, fallen auf **9** (*Arbeiter etc.*) streiken **10** (*Streichholz*) (an)zünden **11** (*Uhr*) schlagen ◊ *Four o'clock had just struck.* Es hatte gerade vier Uhr geschlagen. **12** (*Note, Akkord*) anschlagen **13** (*Gold, Öl etc.*) stoßen auf **14** ~ (**off/out**) sich aufmachen ◊ *We left the road and struck off across the fields.* Wir verließen die Straße und machten uns auf den Weg über die Felder.
IDM be 'struck by/on/with sb/sth (*umgs*) von jdm/etw beeindruckt sein **strike a 'balance (between A and B)** das richtige Verhältnis (zwischen A und B) finden **strike a 'bargain/'deal 1** ein Geschäft abschließen **2** zu einer Einigung kommen **strike a blow against sth** einen Schlag gegen etw führen **strike a blow for sth** eine Lanze für etw brechen **strike fear, etc. into sb/sb's heart** (*gehoben*) jdm mit Angst etc. erfüllen '**gold** großen Erfolg haben; das große Geld machen **strike it 'rich** (*umgs*) das große Geld machen **strike (it) 'lucky** (*umgs*) (großes) Glück haben **strike a 'pose/an 'attitude** eine Pose/Haltung einnehmen **strike while the iron is 'hot** das Eisen schmieden, solange es heiß ist **within 'striking distance (of sth)** in Reichweite (von etw) ◊ *The beach is within striking distance.* Der Strand ist ganz in der Nähe. ☛ *Siehe auch* CHORD, HARD[1], HOME[3], LIGHTNING[1], NOTE[1] *und* PAY DIRT
PHRV ,**strike at sb/sth 1** nach jdm/etw schlagen **2** (*fig*) jdn/etw treffen ◊ *strike at the root of the problem* das Problem an der Wurzel packen ◊ *criticisms that strike at the heart of the party's policies* Kritik, die an der Parteipolitik rüttelt ,**strike 'back** zurückschlagen ,**strike 'back at/against sb** sich gegen jdn wehren ,**strike sb 'down 1** (*Krankheit etc.*) ◊ *He was struck down by cancer at the age of thirty.* Er erkrankte mit dreißig Jahren an Krebs. ◊ *I was struck down by flu.* Die Grippe hat mich erwischt. **2** jdn zu Boden schlagen ,**strike sth 'off** etw abschlagen ,**strike sb/sth 'off (sth)** jdn/etw (von etw) streichen ◊ *The doctor was struck off.* Dem Arzt wurde die Zulassung entzogen. ,**strike 'out 1** sich selbstständig machen **2** (*AmE, umgs*) (*Film etc.*) durchfallen ,**strike 'out (at sb/sth) 1** (nach) jdm/etw schlagen ◊ *He lost his temper and struck out wildly.* Er verlor die Beherrschung und schlug wild um sich. **2** (*fig*) (jdn/etw) angreifen ,**strike sth 'out/through** etw (durch)streichen **SYN** CROSS STH OUT ,**strike 'out** losziehen ,**strike 'out for/towards sth** auf etw zuhalten ◊ *He struck out towards the shore.* Er schwamm aufs Ufer zu. ,**strike 'up** (*Orchester etc.*) anfangen zu spielen ,**strike 'up (with) sth** (*Musikstück*) anstimmen, anfangen etw zu spielen ,**strike 'up sth (with sb)** (*Gespräch, Freundschaft etc.*) etw (mit jdm) anknüpfen

strike[2] /straɪk/ *Nomen* **1** Streik ◊ *an unofficial strike* ein wilder Streik ◊ *come out/go on strike* in den Streik treten ◊ *be (out) on strike* streiken ◊ *They have voted to take strike action.* Sie haben für Streikaktionen gestimmt. **2** Angriff ◊ *a pre-emptive strike* ein Präventivschlag **3** Treffer **4** (*beim Baseball*) Fehlschlag, Strike **5** (*beim Bowling*) Abräumen aller Pins im ersten Wurf **6** [meist Sing] (*von Erdöl etc.*) Fund

'**strike-bound** *Adj* bestreikt
'**strike-breaker** *Nomen* Streikbrecher(in)
'**strike-breaking** [U] *Nomen* Streikbruch
'**strike force** *Nomen* Einsatzkommando ☛ G 1.3b
strike-out /ˈstraɪkaʊt/ *Nomen* (*beim Baseball*) Aus nach drei Fehlschlägen
striker /ˈstraɪkə(r)/ *Nomen* **1** Streikende(r) **2** (*beim Fußball*) Stürmer(in)
'**strike rate** *Nomen* [meist Sing] Trefferquote
strik·ing /ˈstraɪkɪŋ/ *Adj* (*Adv* **strik·ing·ly**) **1** auffallend,

erstaunlich ◊ *a striking example* ein hervorragendes Beispiel **2** (*Frau, Aussehen etc.*) apart

string[1] /strɪŋ/ *Nomen* **1** Schnur, Bindfaden ☛ *Siehe auch* DRAWSTRING **2** Kette ◊ *a string of pearls* eine Perlenkette **3** Reihe ◊ *a string of successes* eine Reihe von Erfolgen **4** (COMP) Zeichenfolge **5** (*bei Instrumenten, Schlägern*) Saite **6 the strings** [Pl] die Streicher, die Streichinstrumente **IDM have another string/more strings to your bow** (*BrE*) noch ein/ein paar Eisen im Feuer haben; noch eine Möglichkeit/noch andere Möglichkeiten haben (**with**) **no 'strings (attached)** ohne Bedingungen ☛ *Siehe auch* APRON, LONG[1] *und* PULL[1]

string[2] /strɪŋ/ *Verb* (**strung, strung** /strʌŋ/) **1** ◊ *We strung lanterns up in the trees.* Wir haben an den Bäumen Laternen aufgehängt. ◊ *Flags were strung out along the route.* Entlang der Route hingen Fähnchen. ◊ *He had a long scarf strung around his neck.* Er trug einen langen Schal um den Hals gewickelt. **2** auffädeln **3** (*Schläger*) bespannen; (*Instrument*) besaiten **PHRV ,string sb a'long** (*umgs*) jdn hinhalten ☛ G 9.7c ,**string a'long (with sb)** (*BrE, umgs*) sich (jdm) anschließen ,**string sth 'out** etw in die Länge ziehen, etw hinauszögern ,**string sth to'gether** etw hervorbringen, etw aneinander reihen ,**string sb 'up** (*umgs*) jdn aufhängen

string[3] /strɪŋ/ *Adj* nur vor *Nomen* **1** Streich- ◊ *a string player* ein Streicher **2** Netz- ◊ *a string vest* ein Netzhemd ◊ *a string bag* ein Einkaufsnetz
,**string 'bean** *Nomen* **1** (*BrE*) Stangenbohne **2** (*AmE*) grüne Bohne
,**stringed 'instrument** *Nomen* Saiteninstrument
strin·gency /ˈstrɪndʒənsi/ *Nomen* **1** Strenge **2** ◊ *a period of financial stringency* eine Zeit der Sparmaßnahmen
strin·gent /ˈstrɪndʒənt/ *Adj* (*Adv* **strin·gent·ly**) (*gehoben*) streng
string·er /ˈstrɪŋə(r)/ *Nomen* = freie(r) Mitarbeiter(in) bei einer Zeitung
stringy /ˈstrɪŋi/ *Adj* **1** (*Haare*) strähnig **2** (*Fleisch, Gemüse etc.*) faserig **3** (*Mensch, Hals*) sehnig

strip[1] /strɪp/ *Verb* (**-pp-**) **1** ~ (**off**) sich ausziehen; ~ (**down to sth**) sich (bis auf etw) ausziehen **2** ~ **sth** (**off**) etw ausziehen **3** ~ **sb** jdn ausziehen ◊ *He was stripped naked and left in a cell.* Er wurde bis auf die Haut ausgezogen und in einer Zelle gelassen. ◊ *He stood there, stripped to the waist.* Er stand mit entblößtem Oberkörper da. **4** ~ **sth** (**off**) entfernen; (*Farbe*) abkratzen; (*Rinde*) abschälen; ~ **sth** (**off/from sth**) etw (von etw) abmachen **5** ◊ *The wind stripped the trees (of their leaves).* Der Wind hatte die Bäume entlaubt. **6** (*Bett*) abziehen **7** ~ **sth** (**out**) etw entfernen, etw ausräumen ◊ *Thieves had stripped the house bare.* Die Diebe hatten das Haus völlig leer geräumt. **8** ~ **sth** (**down**) etw auseinander nehmen, etw zerlegen **SYN** DISMANTLE **9** ~ **sb of sth** jdn einer Sache berauben, jdm etw aberkennen **PHRV ,strip sth a'way 1** etw entfernen **2** (*fig*) etw beseitigen ◊ *The movie aims to strip away the lies surrounding his life.* Der Film soll den seinem Leben anhaftenden Lügen ein Ende setzen.

strip[2] /strɪp/ *Nomen* **1** Streifen **2** [meist Sing] (*BrE*) (SPORT) Dress **3** Striptease ◊ *do a strip* strippen **4** (*AmE*) Boulevard **5** (*AmE*) = COMIC STRIP **IDM** ⇨ TEAR[1]
,**strip car'toon** *Nomen* (*BrE*) Comic(strip)
'**strip club** (*bes AmE* '**strip joint**) *Nomen* Stripteaselokal
stripe /straɪp/ *Nomen* **1** Streifen **2** (MIL) (Ärmel)streifen
striped /straɪpt/ *Adj* gestreift
stripey = STRIPY
'**strip light** *Nomen* Neonröhre
'**strip lighting** *Nomen* Neonbeleuchtung, Neonlicht
strip·ling /ˈstrɪplɪŋ/ *Nomen* (*gehoben oder hum*) Bürschchen
'**strip mining** *Nomen* (*AmE*) Tagebau
strip·per /ˈstrɪpə(r)/ *Nomen* **1** Stripper(in) ◊ *a male stripper* ein Stripper **2** (*meist in Zusammensetzungen*) ◊ *paint stripper* Farbentferner
'**strip search** *Nomen* = Leibesvisitation, zu der man sich ausziehen muss
'**strip-search** *Verb* = einer Leibesvisitation unterziehen ◊ *They were strip-searched.* Sie mussten sich zur Durchsuchung ausziehen.

strip·tease /ˈstrɪptiːz/ *Nomen* Striptease
stripy (*auch* **stripey**) /ˈstraɪpi/ *Adj* (*BrE*, *umgs*) gestreift
strive (*auch* **striv**) /straɪv/ *Verb* (**strove** /strəʊv/; *AmE* stroʊv/, **striven** /ˈstrɪvn/ *oder*, *seltener*, **strived**, **strived**) (*gehoben*) ~ **for sth** nach etw streben; ~ **against sth** gegen etw ankämpfen; ~ **to do sth** bemüht sein etw zu tun
striv·ing /ˈstraɪvɪŋ/ *Nomen* Streben
strobe /strəʊb; *AmE* stroʊb/ (*auch* ˈ**strobe light**) *Nomen* Stroboskoplicht
strode *Form von* STRIDE¹
stroke¹ /strəʊk; *AmE* stroʊk/ *Nomen* **1** Schlag ◊ *on the stroke of three* um Punkt drei Uhr **2** (*Schwimmbewegung*) Zug **3** Schwimmart **4** (*beim Rudern*) Schlagmann **5** [meist Sing] (*bes BrE*) Streicheln ◊ *He gave the cat a stroke.* Er streichelte die Katze. **6** Strich ◊ *at the stroke of a pen* mit einem Federstrich **7** ◊ *a stroke of luck* ein Glücksfall ◊ *Your idea was a stroke of genius.* Dein Einfall war genial. ◊ *She never does a stroke (of work).* Sie tut keinen Strich. ◊ *It was a bold stroke.* Es war sehr gewagt. ☞ *Siehe auch* MASTER STROKE **8** (MED) Schlag(anfall) [IDM] **at a (single) ˈstroke**; **at one ˈstroke** mit einem Schlag **put sb off their ˈstroke** (*BrE*) jdn aus dem Konzept bringen
stroke² /strəʊk; *AmE* stroʊk/ *Verb* **1** (*bes BrE*) (*Tier*) streicheln **2** streichen, streicheln ◊ *He stroked her hair affectionately.* Er strich ihr zärtlich übers Haar. **3** (*bes AmE*, *umgs*) ~ **sb** jdn umschmeicheln, zu jdm nett sein
stroll¹ /strəʊl; *AmE* stroʊl/ *Verb* spazieren (gehen), schlendern
stroll² /strəʊl; *AmE* stroʊl/ *Nomen* Spaziergang, Bummel ◊ *We went for a stroll.* Wir gingen spazieren.
stroll·er /ˈstrəʊlə(r); *AmE* ˈstroʊ-/ *Nomen* **1** Spaziergänger(in) **2** (*AmE*) (*Kinder*)sportwagen
strong /strɒŋ; *AmE* strɔːŋ/ *Adj* **1** stark ◊ *strong muscles* kräftige Muskeln ◊ *She wasn't a strong swimmer.* Sie war keine gute Schwimmerin. ◊ *a face with strong features* ein Gesicht mit markanten Zügen ◊ *She has a strong will.* Sie ist sehr eigenwillig. ◊ *strong mustard* scharfer Senf **2** (*Argument, Beweis etc.*) überzeugend ◊ *You have a strong case for getting your job back.* Du hast gute Chancen, die Stelle zurückzubekommen. **3** *nur vor Nomen* (*Mensch*) überzeugt ◊ *a strong opponent of the government* ein scharfer Gegner der Regierung **4** (*Meinung, Glaube, Charakter etc.*) fest ◊ *strong support for the government* massive Unterstützung für die Regierung ◊ *People have strong feelings about this issue.* Den Leuten liegt sehr viel an dieser Sache. ◊ *a strong sense of justice* ein ausgeprägter Sinn für Gerechtigkeit ◊ *have strong reservations* starke Bedenken haben **5** (*haltbar*) stabil, solid ◊ *a strong stick* ein dicker Stock ◊ *strong links with local industry* sehr gute Beziehungen zur örtlichen Industrie **6** aussichtsreich, stark ◊ *She's a strong candidate for the job.* Sie hat gute Chancen, die Stelle zu bekommen. ◊ *There's a strong possibility that …* Es ist sehr wahrscheinlich, dass … **7** stark, gut ◊ *Mathematics was never my strong point.* Ich war nie sehr gut in Mathematik. ◊ *Their business remained strong.* Ihr Betrieb ging weiter gut. ◊ *a strong cast* eine ausgezeichnete Besetzung ◊ *strong share prices* hohe Aktienwerte **8** (*nach Zahlen*) stark ◊ *a 5 000-strong crowd* eine 5 000 Kopf starke Menge ◊ *The crowd was 5 000 strong.* 5 000 Menschen waren da. **9** (*gesund*) gut ◊ *Are you feeling stronger now?* Fühlst du dich jetzt besser? **10** (*Sprache, Ausdrucksweise*) ◊ *These were strong words.* Das war sehr deutlich gesagt. ◊ *Strong words were exchanged.* Es gab ein heftiges Wortgefecht. ◊ *strong language* Kraftausdrücke **11** (*Silbe*) betont **12** (*Warnung*) dringend **13 the strong** *Nomen* [Pl] die Mächtigen [IDM] **be a bit ˈstrong** (*BrE*, *umgs*) etwas zu weit gehen **be ˈstrong on sth 1** *I'm not very strong on dates.* Daten sind nicht meine Stärke. **2** großen Wert auf etw legen **3** in Bezug auf etw sehr ausführlich sein ◊ *The report is strong on criticism, but short on practical suggestions.* Der Bericht ist voller Kritik, bietet aber kaum praktische Lösungsvorschläge an. **be sb's ˈstrong suit** jds Stärke sein **come on ˈstrong** (*umgs*) **1** sich behaupten **2** an Bedeutung zunehmen **going ˈstrong** (*umgs*) gut in Form **have a strong ˈstomach** einiges vertragen können ☞ *Siehe auch* CARD¹
ˈ**strong-arm** *Adj nur vor Nomen* (*abwert*) Gewalt- ◊ *strong-arm tactics* eine Taktik der Einschüchterung

ˈ**strong·box** /ˈstrɒŋbɒks; *AmE* ˈstrɔːŋbɑːks/ *Nomen* (*Kasten*) Kassette
ˈ**strong·hold** /ˈstrɒŋhəʊld; *AmE* ˈstrɔːŋhoʊld/ *Nomen* **1** Hochburg, Zentrum **2** Festung, Stützpunkt **3** (*für Tiere*) Biotop, Lebensraum
ˈ**strong·ly** /ˈstrɒŋli; *AmE* ˈstrɔːŋli/ *Adv* **1** stark ◊ *a strongly-built boat* ein solide gebautes Boot **2** heftig, entschieden ◊ *a strongly-worded protest* ein in heftigen Worten abgefasster Protest ◊ *He was strongly opposed to the idea.* Er lehnte die Idee entschieden ab. **3** fest ◊ *I feel strongly that …* Ich bin der festen Überzeugung, dass … ◊ *I don't feel strongly enough about it.* Es ist mir nicht wichtig genug. **4** intensiv
ˈ**strong·man** /ˈstrɒŋmæn; *AmE* ˈstrɔːŋ-/ *Nomen* (Pl **-men** /-mən/) **1** Diktator, starker Mann **2** Muskelmann
ˌ**strong-ˈminded** *Adj* willensstark [SYN] DETERMINED
ˈ**strong·room** /ˈstrɒŋruːm, -rʊm; *AmE* ˈstrɔːŋ-/ *Nomen* Tresorraum
ˌ**strong-ˈwilled** *Adj* resolut, eigensinnig
stron·tium /ˈstrɒntiəm, ˈstrɒnʃ-; *AmE* ˈstrɑːnʃ-, ˈstrɑːnt-/ *Nomen* Strontium
strop /strɒp; *AmE* strɑːp/ *Nomen* (*BrE*, *umgs*) ◊ *Don't get in a strop.* Reg dich nicht so auf.
strop·py /ˈstrɒpi; *AmE* ˈstrɑːpi/ *Adj* (*BrE*, *umgs*) fuchtig ◊ *Don't get stroppy with me.* Werd nicht pampig.
strove *Form von* STRIVE
struck *Form von* STRIKE¹
struc·tural /ˈstrʌktʃərəl/ *Adj* (*Adv* **struc·tur·al·ly** /-əli/) **1** strukturell, Struktur-, baulich, Bau- ◊ *Storms caused structural damage to many homes.* Der Sturm hat die Bausubstanz vieler Häuser schwer beschädigt. ◊ *The building is structurally sound.* Die Bausubstanz ist in gutem Zustand. **2** statisch ◊ *a structural survey* ein bautechnisches Gutachten
ˌ**structural engiˈneer** *Nomen* Bauingenieur(in), Statiker(in)
struc·tur·al·ism /ˈstrʌktʃərəlɪzəm/ *Nomen* Strukturalismus
struc·tur·al·ist /ˈstrʌktʃərəlɪst/ **1** *Adj* strukturalistisch **2** *Nomen* Strukturalist(in)
struc·tur·al·ly *Adv* ➪ STRUCTURAL
struc·ture¹ /ˈstrʌktʃə(r)/ *Nomen* **1** Struktur **2** Bau(werk), Konstruktion **3** Aufbau, Gliederung
struc·ture² /ˈstrʌktʃə(r)/ *Verb meist passiv* strukturieren, aufbauen
strug·gle¹ /ˈstrʌɡl/ *Verb* **1** kämpfen, sich wehren ◊ *She struggled for breath.* Sie rang nach Atem. ◊ *a struggling artist* ein Künstler, der am Hungertuch nagt ◊ *They struggled just to pay their bills.* Sie konnten kaum ihre Rechnungen bezahlen. ◊ *He was injured as he struggled with the raiders.* Bei einem Handgemenge mit den Einbrechern wurde er verletzt. ◊ *I struggled up the hill.* Ich quälte mich den Hügel hinauf. ◊ *He struggled out of his wheelchair.* Er arbeitete sich mühsam aus seinem Rollstuhl hoch. ◊ *She had to struggle into the tight dress.* Sie zwängte sich in das enge Kleid. [PHR V] ˌ**struggle aˈlong/ˈon** weiterkämpfen, sich durchschlagen ◊ *The business struggled along for some time.* Der Betrieb machte noch eine Zeitlang mit Müh und Not weiter.
strug·gle² /ˈstrʌɡl/ *Nomen* **1** ~ (**for/against sth**) Kampf (um/gegen etw) ◊ *give up without a struggle* kampflos aufgeben ◊ *They are locked in a struggle for the title.* Sie kämpfen um den Titel. ◊ *After a short struggle, I managed to get the knife away from him.* Nach einem kurzen Handgemenge gelang es mir, ihm das Messer wegzunehmen. **2** [Sing] Anstrengung ◊ *It was a real struggle to finish.* Ich hatte große Mühe, fertig zu werden.
strum /strʌm/ *Verb* (**-mm-**) ~ (**on**) **sth** auf etw klimpern
strung *Form von* STRING²
ˌ**strung ˈout** *Adj nicht vor Nomen* **1** ◊ *a group of riders strung out along the beach* eine Gruppe von Reitern, die in weiten Abständen den Strand entlang ritten ◊ *houses strung out along the bay* entlang der Bucht liegende Häuser **2** ~ (**on sth**) (*Slang*) (*Heroin etc.*) zu (mit etw)
ˌ**strung ˈup** *Adj nicht vor Nomen* (*BrE*, *umgs*) nervös
strut¹ /strʌt/ *Verb* (**-tt-**) stolzieren [IDM] ˌ**strut your ˈstuff** (*umgs*) zeigen, was man hat; herumstolzieren; sich zur Schau stellen

strut² /strʌt/ *Nomen* **1** Strebe, Stütze ◊ *wheel struts* Speichen **2** [Sing] (*abwert*) wichtigtuerischer Gang

stub¹ /stʌb/ *Nomen* **1** Stummel **2** (Kontroll)abschnitt

stub² /stʌb/ *Verb* (**-bb-**) **~ your toe (against/on sth)** sich den Zeh (an etw) stoßen PHRV **stub sth 'out** (*Zigarette etc.*) ausdrücken

stub·ble /'stʌbl/ *Nomen* **1** Stoppeln **2** Bartstoppeln

stub·bly /'stʌbli/ *Adj* stoppelig

stub·born /'stʌbən/; *AmE* -bərn/ *Adj* (*Adv* **stub·born·ly**) **1** (*oft abwert*) stur, störrisch ◊ *stubborn pride* unbeugsamer Stolz SYN OBSTINATE **2** hartnäckig ◊ *stubborn problems* vertrackte Probleme

stub·born·ness /'stʌbənnəs/ *Nomen* Sturheit, Hartnäckigkeit

stub·by /'stʌbi/ *Adj* Stummel-, kurz (und dick), gedrungen ◊ *stubby fingers* Wurstfinger

stuc·co /'stʌkəʊ; *AmE* -koʊ/ *Nomen* Stuck

stuc·coed /'stʌkəʊd/ *Adj* mit Stuck verziert, Stuck-

stuck /stʌk/ ☞ *Siehe auch* STICK *Adj nicht vor Nomen* **1 be/get ~** stecken bleiben, klemmen ◊ *She got the key stuck in the lock.* Sie konnte den Schlüssel nicht aus dem Schloss herausbekommen. ◊ *I hate being stuck here all day.* Ich hasse es, den ganzen Tag hier zu hocken. **3 be/get ~ (on sth)** (*Frage, Problem etc.*) nicht weiterkommen (mit/bei etw) **4 be ~ (for sth)** (um etw) verlegen sein ◊ *Are you stuck for something to do tonight?* Weißt du nichts, was du heute Abend tun könntest? **5 be ~ with sb/sth** (*umgs*) jdn/etw am Hals haben ◊ *I'm stuck with this job for the moment.* Ich kann den Job im Moment nicht aufgeben. IDM **get stuck 'in** (*BrE, umgs*) **1** zugreifen **2** sich hineinknien **get stuck 'into sth** (*BrE, umgs*) etw in Angriff nehmen; sich in etw hineinknien ☞ *Siehe auch* GROOVE, ROCK¹ *und* TIME WARP

stuck-'up *Adj* (*umgs, abwert*) hochnäsig SYN SNOBBISH

stud¹ /stʌd/ *Nomen* **1** (*Ohr-/Nasen- etc.*) Stecker **2** Beschlagnagel, Niete **3** [*meist Pl*] (*BrE*) (*an Sportschuhen*) Stollen **4** Kragenknopf ☞ *Siehe auch* PRESS STUD **5** Zuchthengst ◊ *The horse was put out to stud.* Das Pferd wurde nur noch zur Zucht benutzt. **6** = STUD FARM **7** (*umgs*) (*fig*) scharfer Typ

stud² /stʌd/ (**-dd-**) *Verb* übersäen

stud·ded /'stʌdɪd/ *Adj* **1** mit Nägeln/Nieten beschlagen **2 ~ with sth** (*gehoben*) mit etw übersät ☞ *Siehe auch* STAR-STUDDED

stu·dent /'stju:dnt; *AmE* 'stu:-/ *Nomen* **1** Student(in) ◊ *a student teacher* ein Referendar ◊ *a student grant* ein Stipendium ◊ *She's a third-year student at the College of Art.* Sie studiert im dritten Studienjahr an der Kunstakademie. ☞ *Siehe auch* MATURE STUDENT **2** Kursteilnehmer(in) ◊ *a student nurse* ein(e) Schwesternschüler(in) **3** (*bes AmE*) Schüler(in)

> Auch im britischen Englisch werden heutzutage ältere Schüler(innen) **student** statt **pupil** genannt. Studenten vor dem ersten Examen werden auch **undergraduates** genannt. Mit **postgraduate** werden Studenten bezeichnet, die bereits einen Abschluss haben und für einen höheren Abschluss weiter studieren. Im amerikanischen Englisch sagt man dazu eher **graduate student**.

4 ~ of sth Beobachter(in) von etw

stu·dent·ship /'stju:dntʃɪp; *AmE* 'stu:-/ *Nomen* (*BrE*) Stipendium

students' 'union (*auch* **student 'union**) *Nomen* **1** = Studentenvertretung, die das Bindeglied zwischen Universität und Studenten darstellt, und die Veranstaltungen, Partys etc. organisiert **2** = Gebäude der Studentenvertretung

'stud farm (*auch* **stud**) *Nomen* Gestüt

stud·ied /'stʌdid/ *Adj nur vor Nomen* (*gehoben*) betont, ostentativ

stu·dio /'stju:diəʊ; *AmE* 'stu:dioʊ/ *Nomen* (*Pl* **-os**) **1** Studio, Filmstudio **2** Filmgesellschaft **3** Atelier **4** (*BrE auch* **'studio flat**, *AmE auch* **'studio apartment**) Einzimmerwohnung

stu·di·ous /'stju:diəs; *AmE* 'stu:-/ *Adj* fleißig, lernbegierig

stu·di·ous·ly /'stju:diəsli; *AmE* 'stu:-/ *Adv* sorgfältig, bewusst, absichtlich

study¹ /'stʌdi/ *Nomen* (*Pl* **-ies**) **1** [U] Lernen, Studium ◊ *good study skills* eine gute Lerntechnik ◊ *the study of how living things work* die Lehre von den Lebensvorgängen im Organismus **2 studies** [Pl] (*gehoben*) Studium **3 studies** (*in Bezeichnungen für Studienfächer*) Wissenschaft ◊ *business studies* Betriebswirtschaft(slehre) ◊ *American studies* Amerikanistik ☞ G 1.3c **4** [U] Untersuchung ◊ *These proposals deserve careful study.* Diese Pläne sollten sorgfältig geprüft werden. **5** Studie, Untersuchung ☞ *Siehe auch* CASE STUDY **6** Arbeitszimmer **7** (*Malerei*) Studie **8** (*BrE*) (*Mus*) Etüde **9** [Sing] **~ (in sth)** (*gehoben*) Musterbeispiel (an etw) ◊ *Her face was a study.* Ihr Gesicht war ein Bild für (die) Götter.

study² /'stʌdi/ *Verb* (**stud·ies, study·ing, stud·ied, stud·ied**) **1** studieren; **~ (for sth)** (für etw) lernen ◊ *He studied under Boulanger.* Er hat bei Boulanger studiert. ◊ *She's studying to be an architect.* Sie studiert Architektur. ◊ *How long have you been studying English?* Seit wann lernst du Englisch? ◊ *We're studying 'Hamlet' this year.* Wir nehmen dieses Jahr „Hamlet" durch. **2** beobachten, untersuchen, prüfen

'study hall *Nomen* (*AmE*) = Schulstunde, in der die Schüler für sich lernen, meist unter Aufsicht eines Lehrers

stuff¹ /stʌf/ *Nomen* **1** (*umgs, manchmal abwert*) Zeug ◊ *Where's all my stuff?* Wo sind alle meine Sachen? ◊ *This wine is good stuff.* Das ist ein guter Wein. ☞ *Siehe auch* FOODSTUFF **2** (*umgs*) ◊ *I've got loads of stuff to do.* Ich habe eine Menge zu tun. ◊ *I like reading and stuff.* Ich mag Bücher und so was. ◊ *The band did some great stuff on their first album.* Die Band hat ein paar tolle Sachen auf ihrem ersten Album. ◊ *This is all good stuff. Well done!* Das ist alles sehr gut. Bravo! ◊ *What's all this 'Mrs Smith' stuff? Call me Anna.* Was soll der „Mrs Smith"-Quatsch? Nenn mich Anna. **3** (*gehoben*) **~ (of sth)** Essenz (einer Sache) ◊ *the stuff of which dreams are made* der Stoff, aus dem die Träume sind ◊ *be the very stuff of politics* ein wesentlicher Bestandteil der Politik sein ◊ *Let's see what stuff you're made of.* Jetzt werden wir sehen, aus welchem Holz du geschnitzt bist. ☞ *Siehe auch* HOT STUFF IDM **do your 'stuff** (*umgs*) seinen Beitrag leisten ◊ (*fig*) *The medicine has clearly done its stuff.* Die Medizin hat offensichtlich gewirkt. **not give a 'stuff** (*BrE, Slang*) sich um etw nicht scheren ☞ *Siehe auch* KID¹, KNOW¹, STERN¹, STRUT¹ *und* SWEAT²

stuff² /stʌf/ *Verb* **1** stecken, stopfen ◊ *She had 500 envelopes to stuff with leaflets.* Sie musste 500 Prospekte in Briefumschläge stecken. ◊ *The fridge is stuffed to bursting.* Der Kühlschrank ist zum Bersten voll. ◊ *My nose is stuffed up.* Ich habe eine verstopfte Nase. **2** (*Kochen*) füllen **3 ~ yourself/your face** (*umgs*) sich den Bauch voll stopfen ◊ (*umgs*) *I'm stuffed.* Ich bin voll. **4** (*meist passiv*) (*Tierleiche*) ausstopfen IDM **get 'stuffed** (*BrE, umgs*) du kannst mich mal **'stuff it** (*umgs*) ◊ *I didn't want to go, then I thought — stuff it — why not?* Ich wollte nicht gehen, dann dachte ich, verdammt noch mal — warum denn eigentlich nicht? ◊ *Stuff it. At my age it doesn't matter.* Na wenn schon. In meinem Alter spielt das keine Rolle. **you, etc. can stuff sth** (*umgs*) du etc. kannst dir etw an den Hut stecken

stuffed 'animal *Nomen* **1** (*bes AmE*) Stofftier **2** ausgestopftes Tier

stuff·i·ness /'stʌfinəs/ *Nomen* **1** Stickigkeit **2** Steifheit, Biederkeit **3** Prüderie

stuff·ing /'stʌfɪŋ/ *Nomen* **1** (*Kochen*) Füllung **2** (*Kissen etc.*) Füllmaterial, Füllung IDM ⇨ KNOCK¹

stuffy /'stʌfi/ *Adj* (**stuff·i·er, stuff·i·est**) **1** stickig **2** (*umgs, abwert*) bieder, steif, gezwungen **3** (*abwert*) prüde

stul·ti·fy /'stʌltɪfaɪ/ *Verb* (**-fies, -fy·ing, -fied, -fied**) lähmen, abtöten

stul·ti·fy·ing /'stʌltɪfaɪɪŋ/ *Adj* (*Adv* **stul·ti·fy·ing·ly**) (*gehoben*) lähmend, abstumpfend

stum·ble¹ /'stʌmbl/ *Verb* **1 ~ (over/on sth)** (über etw) stolpern **2** torkeln **3** stottern, stocken, sich verhaspeln ◊ *She stumbled over her words.* Sie stotterte. ◊ *I stumbled through the piano piece with difficulty.* Ich spielte das Klavierstück holperig und mit großer Mühe. PHRV **'stumble across/ on/upon sth/sb** auf etw/jdn stoßen **'stumble into sth** zufällig an/in etw geraten

stum·ble² /'stʌmbl/ *Nomen* Stolpern, Sturz

'stumbling block *Nomen* ~ (**to sth**) Hindernis (für etw)

stump¹ /stʌmp/ *Nomen* **1** (*Arm-, Bein-, Baum-*) Stumpf **2** Stummel **3** [meist Pl] (*Kricket*) Stab **4 the stump** [Sing] (*bes AmE, umgs*) ◊ *politicians on the stump* Politiker, die im Wahlkampf Reden halten *his standard stump speech* seine übliche Wahlrede

stump² /stʌmp/ *Verb* **1** (*meist passiv*) (*umgs*) überfragen ◊ *Kate was stumped for words.* Kate war um eine Antwort verlegen. **2** stapfen [SYN] STOMP **3** (*AmE*) ~ (**around**) **in** = etw als Wahlkämpfer bereisen **4** (*Kricket*) = den Schlagmann durch Umwerfen der Stäbchen ausschalten [PHR V] ,**stump 'up (for sth)** (*BrE, umgs*) (für etw) blechen ,**stump 'up sth (for sth)** (*BrE, umgs*) (Geld) (für etw) aufbringen

stumpy /'stʌmpi/ *Adj* (*abwert*) kurz (und dick), gedrungen ◊ *stumpy fingers* Wurstfinger ◊ *a stumpy tail* ein Stummelschwanz [SYN] STUBBY

stun /stʌn/ *Verb* (**-nn-**) **1** betäuben ◊ *The fall stunned me for a moment.* Ich war von dem Sturz einen Augenblick lang ganz benommen. **2** verblüffen, sprachlos machen **3** (*beeindrucken*) überwältigen

stung Form von STING¹

'**stun gun** *Nomen* Schießstock

stunk Form von STINK¹

stunned /stʌnd/ *Adj* fassungslos ◊ *She was too stunned to speak.* Sie war vor Verblüffung sprachlos.

stun·ner /'stʌnə(r)/ *Nomen* (*umgs*) **1** (*Frau*) Schönheit ◊ *She's a real stunner.* Sie sieht fantastisch aus. **2** tolle Sache ◊ *Visually the film's a stunner.* Der Film ist eine wahre Augenfreude. **3** niederschmetternde Nachricht

stun·ning /'stʌnɪŋ/ *Adj* (*Adv* **stun·ning·ly**) (*umgs*) **1** fantastisch, umwerfend ◊ *a stunningly simple idea* eine verblüffend einfache Idee **2** (*Schlag, Niederlage*) schwer

stunt¹ /stʌnt/ *Nomen* **1** Stunt **2** Gag ◊ *a publicity stunt* ein Werbegag **3** (*umgs*) ◊ *I've had enough of her childish stunts.* Ich habe genug von ihren Kindereien. ◊ *Never pull a stunt like that again!* Mach so etwas nie wieder!

stunt² /stʌnt/ *Verb* hemmen, beeinträchtigen

stunt·ed /'stʌntɪd/ *Adj* verkümmert ◊ *stunted trees* verkrüppelte Bäume

'stunt·man /'stʌntmæn/ *Nomen* (*Pl* **-men** /-men/) Stuntman

'stuntwoman /'stʌntwʊmən/ *Nomen* (*Pl* **-women** /-wɪmɪn/) Stuntfrau

stu·pe·fac·tion /,stju:pɪ'fækʃn; *AmE* ,stu:-/ *Nomen* (*gehoben*) Verblüffung, Fassungslosigkeit

stu·pefy /'stju:pɪfaɪ; *AmE* 'stu:-/ *Verb* (**-fies, -fy·ing, -fied, -fied**) ~ **sb** (**with sth**) (*oft passiv*) **1** jdn (mit etw) verblüffen, jdn (mit etw) fassungslos machen **2** (*Alkohol, Drogen*) jdn (mit etw) betäuben

stu·pen·dous /stju:'pendəs; *AmE* stu:-/ *Adj* (*Adv* **stu·pen·dous·ly**) (*Anstrengungen, Kosten etc.*) enorm; (*Auftritt, Aussicht*) fantastisch [SYN] STAGGERING

stu·pid /'stju:pɪd; *AmE* 'stu:-/ **1** *Adj* dumm, blöd [SYN] FOOLISH *und* SILLY **2** *Nomen* [Sing] (*umgs*) Blödmann

stu·pid·ity /stju:'pɪdəti; *AmE* stu:-/ *Nomen* (*Pl* **-ies**) Dummheit

stu·pid·ly /'stju:pɪdli; *AmE* 'stu:pɪdli/ *Adv* **1** dummerweise **2** (*wie*) blöd

stu·por /'stju:pə(r); *AmE* 'stu:-/ *Nomen* [Sing] (*gehoben*) Benommenheit ◊ *He was in a drunken stupor.* Er war sinnlos betrunken.

stur·di·ness /'stɜ:dinəs; *AmE* 'stɜ:rd-/ *Nomen* Stabilität, Widerstandsfähigkeit

sturdy /'stɜ:di; *AmE* 'stɜ:rdi/ *Adj* (**stur·dier, stur·di·est**) (*Adv* **stur·dily** /-ɪli-/) **1** robust, stabil ◊ *sturdy boots* feste Schuhe **2** kräftig ◊ *sturdy legs* stämmige Beine **3** standhaft, entschlossen [SYN] FIRM *und* DETERMINED

stur·geon /'stɜ:dʒən; *AmE* 'stɜ:rdʒən/ *Nomen* (*Pl* **sturgeon** *oder* **sturgeons**) Stör ➥ G 1.2

stut·ter¹ /'stʌtə(r)/ *Verb* stottern [SYN] STAMMER

stut·ter² /'stʌtə(r)/ *Nomen* Stottern ◊ *He had a terrible stutter.* Er stotterte fürchterlich.

sty /staɪ/ *Nomen* **1** (*Pl* **sties**) = PIGSTY **2** (*auch* **stye**) (*Pl* **sties** *oder* **styes**) Gerstenkorn

style¹ /staɪl/ *Nomen* **1** Stil ◊ *Italian-style gardens* Gärten im italienischen Stil ◊ *Caution was not her style.* Vorsicht war nicht ihre Art. **2** (*Haar-*) Schnitt **3** [Sing] Mode ◊ *style-conscious teenagers* modebewusste Teenager **4** Eleganz [IDM] **sth is more sb's** ~ jd steht eher auf etw ◊ *A motorbike? Aren't big cars more his style?* Ein Motorrad? Steht er nicht eher auf große Autos? **in** (**great, grand, etc.**) **style** in großem etc. Stil ◊ *He won the championship in fine/great style.* Er gewann die Meisterschaft souverän. ➥ *Siehe auch* CRAMP¹

style² /staɪl/ *Verb* **1** (*Kleidung*) schneiden; (*Haare*) stylen **2** (*gehoben*) nennen [PHR V] '**style sth on sth** etw einer Sache nachempfinden [SYN] MODEL '**style yourself on sb** jdn nachmachen ◊ *He styled himself on James Dean.* Er machte auf James Dean. [SYN] MODEL

styl·ing /'staɪlɪŋ/ *Nomen* **1** Styling **2** Design

styl·ish /'staɪlɪʃ/ *Adj* (*Adv* **styl·ish·ly**) elegant, modisch, stilvoll ◊ *a stylish restaurant* ein schickes Restaurant

styl·ist /'staɪlɪst/ *Nomen* **1** Friseur(in) **2** (*Mode- etc.*) Stylist(in) **3** (*Schriftsteller*) Stilist(in)

styl·is·tic /staɪ'lɪstɪk/ *Adj* (*Adv* **styl·is·tic·al·ly** /-kli-/) *nur vor Nomen* stilistisch ◊ *stylistic analysis* Stilanalyse ◊ *stylistic devices* Stilmittel

styl·is·tics /staɪ'lɪstɪks/ *Nomen* [U] Stilistik ➥ *Hinweis bei* ECONOMICS

styl·ized (*BrE auch* **-ised**) /'staɪlaɪzd/ *Adj* stilisiert

sty·lus /'staɪləs/ *Nomen* (*Pl* **sty·luses** *oder* **sty·li** /'staɪlaɪ/) **1** (Abtast)nadel **2** (COMP) Stylus

Styro·foam™ /'staɪrəfəʊm; *AmE* -foʊm/ *Nomen* (*bes AmE*) Styropor®

suave /swɑːv/ *Adj* (*Adv* **suave·ly**) weltmännisch, gewandt

sub /sʌb/ *Nomen* (*umgs*) **1** = SUBMARINE **2** = SUBSTITUTE **3** (*BrE*) = SUBSCRIPTION **4** (*BrE*) = SUBEDITOR

sub- /'sʌb/

> Die Vorsilbe **sub-** wird in Nomina und Adjektiven mit der Bedeutung „unter-" verwendet: *sub-zero temperatures* Temperaturen unter Null.
>
> **Sub-** wird auch in Verben und Nomina benutzt, um eine Unterteilung oder einen kleineren Teil von etwas zu bezeichnen: *subdivide* unterteilen ◊ *a subset* eine Untergruppe.

sub·al·tern /'sʌbltən; *AmE* sə'bɔ:ltərn/ *Nomen* (*BrE*) = Unteroffizier in der britischen Armee

sub-aqua /,sʌb 'ækwə/ *Adj* Unterwasser- ◊ *sub-aqua diving* Tauchen

sub·atom·ic /,sʌbə'tɒmɪk; *AmE* -'tɑ:m-/ *Adj* subatomar

sub·com·mit·tee /'sʌbkəmɪti/ *Nomen* Unterausschuss ➥ G 1.3b

sub·com·pact /,sʌbkəmˈpækt/ *Nomen* (*AmE*) Kleinstwagen

sub·con·scious¹ /,sʌb'kɒnʃəs; *AmE* -'kɑ:n-/ *Adj* im Unterbewusstsein vorhanden ◊ *the subconscious mind* das Unterbewusstsein ◊ *Many advertisements work at a subconscious level.* Viele Werbesendungen sprechen das Unterbewusstsein an.

sub·con·scious² /,sʌb'kɒnʃəs; *AmE* -'kɑ:n-/ *Nomen* **the/your subconscious** [Sing] das Unterbewusstsein

sub·con·scious·ly /,sʌb'kɒnʃəsli/ *Adv* im Unterbewusstsein

sub·con·tin·ent /,sʌb'kɒntɪnənt; *AmE* -'kɑ:n-/ *Nomen* Subkontinent

sub·con·tract¹ /,sʌbkən'trækt; *AmE* ,sʌb'kɑ:ntrækt/ *Verb* ~ **sth** (**to sb**) (*Auftrag*) (an jdn) weitergeben

sub·con·tract² /,sʌbkən'trækt; *AmE* -'kɑ:n-/ *Nomen* Subunternehmervertrag

sub·con·tract·or /,sʌbkən'træktə(r); *AmE* sʌb-'kɑ:ntræk-/ *Nomen* Subunternehmer(in)

sub·cul·ture /'sʌbkʌltʃə(r)/ *Nomen* Subkultur

sub·cuta·ne·ous /,sʌbkjuːˈteɪniəs/ *Adj* (*Adv* **sub·cuta·ne·ous·ly**) (*meist vor Nomen*) (*Fachspr*) subkutan

sub·div·ide /,sʌbdɪ'vaɪd; *AmE* -'vaɪd/ *Verb* **1** ~ (**sth**) (**into sth**) (etw) (in etw) unterteilen **2** sich aufteilen

sub·div·ision *Nomen* **1** /,sʌbdɪ'vɪʒn/ Unterteilung **2** /'sʌbdɪvɪʒn/ Untergruppe; (*Polizei, Armee*) Unterabteilung **3** /'sʌbdɪvɪʒn/ (*AmE*) Parzelle

sub·due /səb'dju:; *AmE* -'du:/ *Verb* **1** (*Volk etc.*) unterwerfen; (*Aufstand*) niederschlagen SYN DEFEAT **2** (*Gefühle etc.*) unterdrücken

sub·dued /səbˈdjuːd; *AmE* -ˈduːd/ *Adj* **1** niedergeschlagen ◇ *She was in a subdued mood.* Sie war bedrückt. ◇ *The reception was a subdued affair.* Die Stimmung auf dem Empfang war gedämpft. **2** (*Beleuchtung, Farben*) gedämpft **3** (WIRTSCH) ruhig

sub·edi·tor /ˌsʌbˈedɪtə(r)/ (*umgs* **sub**) *Nomen* Redaktionsassistent(in)

sub·group /ˈsʌbɡruːp/ *Nomen* Untergruppe

ˈsub·head·ing *Nomen* Kapitelüberschrift

sub·human /ˌsʌbˈhjuːmən/ *Adj* (*abwert*) **1** unmenschlich **2** menschenunwürdig

sub·ject¹ /ˈsʌbdʒɪkt, -dʒekt/ *Nomen* **1** Thema ◇ *on the subject of space travel* zum Thema Raumfahrt ◇ *This is still very much a subject for debate.* Das ist immer noch ein umstrittenes Thema. **2** (*Schul-*) Fach **3** (*Bild-*) Motiv **4** Proband(in) **5** (LING) Subjekt **6** Staatsbürger(in)

sub·ject² /ˈsʌbdʒekt, -ɪkt/ *Adj* **1** **be ~ to sth** zu etw neigen ◇ *Flights are subject to delay.* Viele Flüge haben Verspätung. **2** vorbehaltlich ◇ *The article is ready to publish, subject to your approval.* Der Artikel ist publikationsfertig, vorausgesetzt Sie sind einverstanden. ◇ *All offers are subject to availability.* Alle Angebote gelten, solange der Vorrat reicht. **3** **be ~ to sth** einer Sache unterliegen ◇ *As a diplomat, he is not subject to local laws.* Als Diplomat untersteht er keinen Landesgesetzen. **4** *nur vor Nomen* (*gehoben*) unterjocht

sub·ject³ /səbˈdʒekt/ *Verb* (*gehoben*) unterwerfen PHR V **subˈject sb/sth to sth** (*gehoben*) jdn/etw einer Sache aussetzen ◇ *They were subjected to a series of questions.* Sie mussten sich einer Reihe von Fragen unterziehen.

sub·jec·tion /səbˈdʒekʃn/ *Nomen* Unterwerfung ◇ *the subjection of women* die Unterdrückung der Frauen

sub·ject·ive /səbˈdʒektɪv/ *Adj* (*Adv* **sub·ject·ive·ly**) subjektiv OPP OBJECTIVE

sub·ject·iv·ity /ˌsʌbdʒekˈtɪvəti/ *Nomen* Subjektivität

ˈsubject matter *Nomen* Gegenstand, Thema

sub ju·dice /ˌsʌb ˈdʒuːdəsi, -seɪ/ *Adj* (RECHT) anhängig

sub·ju·gate /ˈsʌbdʒuɡeɪt/ *Verb* (*gehoben*) unterwerfen ◇ *Her personal ambitions had been subjugated to the needs of her family.* Sie hatte ihre persönlichen Ambitionen den Bedürfnissen ihrer Familie untergeordnet.

sub·ju·ga·tion /ˌsʌbdʒuˈɡeɪʃn/ *Nomen* (*gehoben*) Unterwerfung, Unterdrückung

sub·junct·ive /səbˈdʒʌŋktɪv/ **1** *Nomen* **the subjunctive** (LING) der Konjunktiv **2** *Adj* Konjunktiv- ◇ *the subjunctive mood* der Konjunktiv

sub·let /ˌsʌbˈlet/ *Verb* (**-let·ting**, **-let**, **-let**) **~** (**sth**) (**to sb**) (jdm) (etw) untervermieten

ˌsub lieuˈtenant *Nomen* ≈ Leutnant zur See

sub·lim·ate /ˈsʌblɪmeɪt/ *Verb* sublimieren

sub·lim·ation /ˌsʌblɪˈmeɪʃn/ *Nomen* Sublimierung

sub·lime¹ /səˈblaɪm/ *Adj* (*Adv* **sub·lime·ly**) **1** (*gehoben*) erhaben, hervorragend ◇ *a sublime combination of flavours* eine geniale Kombination von Geschmacksrichtungen ◇ *She dances sublimely.* Sie ist eine hervorragende Tänzerin. **2** (*gehoben, abwert*) vollkommen ◇ *He battled on, in the sublime conviction that he was in the right.* Er kämpfte weiter in der irrigen Annahme, dass er im Recht war.

sub·lime² /səˈblaɪm/ *Nomen* **the sublime** (*gehoben*) das Erhabene IDM **from the sublime to the riˈdiculous** von einem Extrem zum anderen ◇ *That's going from the sublime to the ridiculous.* Das ist ein echter Abstieg.

sub·lim·inal /ˌsʌbˈlɪmɪnl/ (*Adv* **sub·lim·in·al·ly** /-nəli/) *Adj* unterschwellig, versteckt

sub·lim·ity /səˈblɪməti/ *Nomen* Erhabenheit

ˌsub-maˈchine gun *Nomen* Maschinenpistole

sub·mar·ine¹ /ˌsʌbməˈriːn, ˈsʌbməriːn/ *Nomen* (*umgs* **sub**) **1** U-Boot **2** (*auch* **ˌsubmarine ˈsandwich**) (*AmE*) langes amerikanisches Brötchen mit dickem Belag

sub·mar·ine² /ˌsʌbməˈriːn, ˈsʌbməriːn/ *Adj* *nur vor Nomen* unterseeisch

sub·mar·iner /sʌbˈmærɪnə(r); *AmE auch* ˈsʌbməriːnər/ *Nomen* U-Boot-Matrose

sub·merge /səbˈmɜːdʒ; *AmE* -ˈmɜːrdʒ/ *Verb* **1** eintauchen,

untertauchen **2** **~ sth** etw mit Wasser bedecken, etw überschwemmen

sub·merged /səbˈmɜːdʒd; *AmE* -ˈmɜːrdʒd/ *Adj* **1** überschwemmt, mit Wasser bedeckt ◇ *submerged plants* Wasserpflanzen **2** vergessen

sub·mers·ible /səbˈmɜːsəbl; *AmE* -ˈmɜːrs-/ *Nomen* Tauchboot

sub·mer·sion /səbˈmɜːʃn; *AmE* -ˈmɜːrʒn/ *Nomen* Untertauchen, Überschwemmung

sub·mis·sion /səbˈmɪʃn/ *Nomen* **1** Unterordnung, Gehorsam ◇ *beat sb into submission* jdn so lange schlagen, bis er sich ergibt **2** Einreichung, Abgabe ◇ *They prepared a report for submission to the committee.* Sie bereiteten einen Bericht zur Vorlage im Ausschuss vor. ◇ *Late submissions will not be marked.* Zu spät eingereichte Arbeiten werden nicht benotet. **3** (RECHT) Aussage

sub·mis·sive /səbˈmɪsɪv/ *Adj* (*Adv* **sub·mis·sive·ly**) gehorsam, unterwürfig OPP ASSERTIVE

sub·mis·sive·ness /səbˈmɪsɪvnəs/ *Nomen* Gehorsam, Unterwürfigkeit

sub·mit /səbˈmɪt/ *Verb* (**-tt-**) **1** einreichen **2** **~** (**yourself**) (**to sb/sth**) sich (jdm/etw) beugen, sich (jdm/etw) unterordnen ◇ *She refused to submit to threats.* Sie weigerte sich, den Drohungen nachzugeben. ◇ *He submitted himself to a search by the guards.* Er ließ sich vom Wachpersonal durchsuchen. SYN YIELD *und* GIVE IN TO SB/STH **3** (*gehoben oder Fachspr*) ◇ *The counsel for the defence submitted that the evidence was inadmissible.* Die Verteidigung wandte ein, dass das Beweismaterial unzulässig war.

sub·nor·mal /ˌsʌbˈnɔːml; *AmE* -ˈnɔːrml/ *Adj* **1** (*oft abwert*) minderbegabt ◇ *educationally subnormal children* minderbegabte Kinder ☞ Dieser Ausdruck ist veraltet und klingt beleidigend. Man spricht eher von **children with special needs**. **2** unterdurchschnittlich

sub·or·din·ate¹ /səˈbɔːdɪnət; *AmE* -ˈbɔːrd-/ **1** *Adj* **~** (**to sb/sth**) (jdm/etw) untergeordnet **2** *Nomen* Untergebene(r)

sub·or·din·ate² /səˈbɔːdɪneɪt; *AmE* -ˈbɔːrd-/ *Verb* **~ sb/sth** (**to sb/sth**) jdn/etw (jdm/etw) unterordnen

suˌbordinate ˈclause *Nomen* (untergeordneter) Nebensatz

sub·or·din·ation /səˌbɔːdɪˈneɪʃn; *AmE* -ˌbɔːrd-/ *Nomen* Unterordnung

sub·orn /səˈbɔːn; *AmE* səˈbɔːrn/ *Verb* (*gehoben*) bestechen, beeinflussen

ˈsub-plot *Nomen* Nebenhandlung

sub·poena¹ /səˈpiːnə/ *Nomen* (RECHT) Vorladung ◇ *She is appearing today under subpoena.* Sie ist für heute vorgeladen worden.

sub·poena² /səˈpiːnə/ *Verb* (RECHT) vorladen

sub·scribe /səbˈskraɪb/ *Verb* **1 ~** (**to sth**) (etw) abonnieren, (etw) beziehen **2 ~** (**to sth**) Mitgliedsbeiträge (an etw) bezahlen **3 ~** (**for sth**) (FINANZ) (etw) zeichnen **4** sich einschreiben ◇ *The course is fully subscribed.* Der Kurs ist voll. PHR V **subˈscribe to sth** (*gehoben*) etw gutheißen, sich einer Sache anschließen ◇ *They no longer subscribe to the view that …* Sie sind nicht mehr der Ansicht, dass …

sub·scriber /səbˈskraɪbə(r)/ *Nomen* **1** Abonnent(in), Empfänger(in) **2** (*BrE*) = Mitglied einer Wohltätigkeitsorganisation, das durch Beiträge deren Arbeit unterstützt

sub·scrip·tion /səbˈskrɪpʃn/ *Nomen* **1 ~** (**to/for sth**) Abonnement (*für etw*) ◇ *take out a subscription to a magazine* eine Zeitschrift abonnieren ◇ *available by subscription* im Abo erhältlich **2** (*BrE, umgs*) Mitgliedsbeitrag **3** Spende

sub·sec·tion /ˈsʌbsekʃn/ *Nomen* Unterabschnitt

sub·se·quent /ˈsʌbsɪkwənt/ *Adj* *nur vor Nomen* nachfolgend ◇ *Subsequent events confirmed our doubts.* Die danach folgenden Ereignisse bestätigten unsere Zweifel.

sub·se·quent·ly /ˈsʌbsɪkwəntli/ *Adv* später, daraufhin

ˌsubsequent to *Präp* (*gehoben*) nach, in Folge von

sub·ser·vi·ence /səbˈsɜːviəns; *AmE* -ˈsɜːrv-/ *Nomen* Unterwürfigkeit

sub·ser·vi·ent /səbˈsɜːviənt; *AmE* -ˈsɜːrv-/ *Adj* **1** (*abwert*) unterwürfig, unterworfen ◇ *She could not accept her subservient role.* Sie konnte ihre untergeordnete Rolle nicht akzeptieren. **2 ~** (**to sth**) (*gehoben*) (einer Sache) untergeordnet

sub·side /səbˈsaɪd/ *Verb* **1** nachlassen ◇ *Eventually the* *storm subsided.* Schließlich flaute der Sturm ab. **2** zurückgehen ◊ *The flood waters gradually subsided.* Das Hochwasser ging allmählich zurück. **3** (ver)sinken, absacken

sub·sid·ence /səbˈsaɪdns, ˈsʌbsɪdns/ *Nomen* (Boden)senkung, Absackung ◊ *The houses in this area are liable to subsidence.* Es besteht die Gefahr, dass sich die Häuser in dieser Gegend senken.

sub·sid·iary¹ /səbˈsɪdiəri; *AmE* -dieri/ *Adj* **1** untergeordnet, Neben- ◊ *a subsidiary subject* ein Nebenfach ◊ *a subsidiary question* eine Zusatzfrage **2** (WIRTSCH) Tochter-

sub·sid·iary² /səbˈsɪdiəri; *AmE* -dieri/ *Nomen* (*Pl* **-ies**) Tochtergesellschaft

sub·sid·iza·tion (*BrE auch* **-isa·tion**) /ˌsʌbsɪdaɪˈzeɪʃn; *AmE* -dəˈz-/ *Nomen* Subventionierung

sub·sid·ize (*BrE auch* **-ise**) /ˈsʌbsɪdaɪz/ *Verb* subventionieren, finanziell unterstützen

sub·sidy /ˈsʌbsədi/ *Nomen* (*Pl* **-ies**) Subvention

sub·sist /səbˈsɪst/ *Verb* ~ (**on sth**) (*gehoben*) (von etw) leben

sub·sist·ence /səbˈsɪstəns/ *Nomen* [U] Lebensunterhalt, Existenz, Subsistenz ◊ *Many families are living below the level of subsistence.* Viele Familien leben unter dem Existenzminimum. ◊ *They had no visible means of subsistence.* Sie hatten keine erkennbaren Unterhaltsmittel. ◊ *subsistence agriculture/farming* Subsistenzlandwirtschaft ◊ *a subsistence economy* eine Versorgungswirtschaft ◊ *He worked a 16-hour day for a subsistence wage.* Er arbeitete 16 Stunden am Tag, um die Grundbedürfnisse decken zu können.

sub·soil /ˈsʌbsɔɪl/ *Nomen* Untergrund, Unterboden

sub·son·ic /ˌsʌbˈsɒnɪk; *AmE* -ˈsɑːn-/ *Adj* Unterschall-

sub·stance /ˈsʌbstəns/ *Nomen* **1** Stoff **2** Substanz ◊ *It was malicious gossip, completely without substance.* Es war bösartiger Klatsch, der jeder Grundlage entbehrte. **3** Wesentliche, Essenz ◊ *I agree with what she said in substance.* Ich stimme mit dem, was sie sagte, im Wesentlichen überein. ◊ *Love and guilt form the substance of his new book.* Liebe und Schuld stehen im Mittelpunkt seines neuen Buches. **4** (*gehoben*) Gewicht ◊ *matters of substance* gewichtige Fragen

ˌsub-ˈstandard *Adj* minderwertig

sub·stan·tial /səbˈstænʃl/ *Adj* **1** beträchtlich, erheblich, wesentlich ◊ *He ate a substantial breakfast.* Er hat ausgiebig gefrühstückt. ⟨SYN⟩ CONSIDERABLE **2** (*gehoben*) solide, stattlich

sub·stan·tial·ly /səbˈstænʃəli/ *Adv* **1** beträchtlich, erheblich, wesentlich ⟨SYN⟩ CONSIDERABLY **2** (*gehoben*) im Wesentlichen

sub·stan·ti·ate /səbˈstænʃieɪt/ *Verb* (*gehoben*) ~ **sth** etw bestätigen, einer Sache Gewicht verleihen ◊ *They made accusations which could not be substantiated.* Sie machten Anschuldigungen, für die keine Beweise erbracht werden konnten.

sub·stan·tive¹ /səbˈstæntɪv, ˈsʌbstəntɪv/ *Adj* (*gehoben*) **1** wesentlich **2** stichhaltig

sub·stan·tive² /səbˈstæntɪv, ˈsʌbstəntɪv/ *Nomen* (*veraltet*) Substantiv

sub·sta·tion /ˈsʌbsteɪʃn/ *Nomen* Umspannwerk

sub·sti·tute¹ /ˈsʌbstɪtjuːt; *AmE* ˈsʌbstɪtuːt/ *Nomen* **1** Ersatz ◊ *a substitute family* eine Ersatzfamilie ◊ *There's no substitute for practical experience.* Es geht nichts über praktische Erfahrung. **2** (*umgs* **sub**) Ersatzspieler(in)

sub·sti·tute² /ˈsʌbstɪtjuːt; *AmE* ˈsʌbstɪtuːt/ *Verb* **1** ~ (**B with/by A**); ~ **A for B** (B durch A) ersetzen ◊ *Margarine can be substituted for butter in this recipe./Butter can be substituted with margarine in this recipe.* In diesem Rezept kann die Butter durch Margarine ersetzt werden. ◊ *He was substituted in the second half.* Er wurde in der zweiten Halbzeit ausgetauscht. **2** ~ **for sb/sth** jdn/etw ersetzen ◊ *Nothing can substitute for the advice your doctor is able to give you.* Die Beratung durch Ihren Arzt kann durch nichts ersetzt werden. **3** ~ **for sb** für jdn einspringen, jdn vertreten

ˌsubstitute ˈteacher *Nomen* (*AmE*) Aushilfslehrer(in), Vertretungslehrer(in)

sub·sti·tu·tion /ˌsʌbstɪˈtjuːʃn; *AmE* -ˈtuː-/ *Nomen* **1** Ersetzung, Ersatz; ~ **of A for B** Ersetzung von B durch A ◊ *the substitution of low-fat spreads for butter* die Verwendung von fettarmen Aufstrichen statt Butter **2** (SPORT) Spielerwechsel, Auswechslung

sub·stra·tum /ˈsʌbstrɑːtəm; *AmE* ˈsʌbstreɪtəm/ *Nomen* (*Pl* **sub·strata** /ˈsʌbstrɑːtə; *AmE* ˈsʌbstreɪtə/) (*Fachspr*) Untergrund, untere Schicht

sub·struc·ture /ˈsʌbstrʌktʃə(r)/ *Nomen* Fundament (*auch fig*), Unterbau (*auch fig*)

sub·sume /səbˈsjuːm; *AmE* -ˈsuːm/ *Verb* (*meist passiv*) (*gehoben*) unterordnen, eingliedern

sub·ter·fuge /ˈsʌbtəfjuːdʒ; *AmE* -tərf-/ *Nomen* (*gehoben*) List, Täuschungsmanöver

sub·ter·ra·nean /ˌsʌbtəˈreɪniən/ *Adj* (*gehoben*) unterirdisch

sub·text /ˈsʌbtekst/ *Nomen* eigentliche Bedeutung, Subtext

sub·title¹ /ˈsʌbtaɪtl/ *Nomen* Untertitel

sub·title² /ˈsʌbtaɪtl/ *Verb* (*meist passiv*) untertiteln ◊ *a Spanish film subtitled in English* ein spanischer Film mit englischen Untertiteln ◊ *The book is subtitled 'A long journey'.* Das Buch hat den Untertitel „Eine lange Reise".

sub·tle /ˈsʌtl/ *Adj* **1** zart, fein ◊ *subtle changes* kaum merkliche Veränderungen ◊ *She's been dropping subtle hints about what she'd like as a present.* Sie hat leise Andeutungen gemacht, was sie als Geschenk haben möchte. **2** raffiniert, subtil ◊ *There was nothing subtle about him.* Ihm ging jegliches Feingefühl ab.

sub·tle·ty /ˈsʌtlti/ *Nomen* (*Pl* **-ies**) **1** Zartheit, Feinheit **2** Subtilität, Feingefühl

subt·ly /ˈsʌtli/ *Adv* **1** leicht, geringfügig ◊ *Government policy has shifted subtly.* Die Politik der Regierung hat sich unmerklich geändert. **2** subtil ◊ *Not very subtly, he raised the subject of money.* Auf sehr direkte Art brachte er das Thema Geld zur Sprache.

sub·total /ˈsʌbtəʊtl; *AmE* -toʊtl/ *Nomen* Zwischensumme

sub·tract /səbˈtrækt/ *Verb* abziehen, subtrahieren

sub·trac·tion /səbˈtrækʃn/ *Nomen* Subtraktion

sub·trop·ic·al /ˌsʌbˈtrɒpɪkl; *AmE* -ˈtrɑːp-/ *Adj* subtropisch

sub·urb /ˈsʌbɜːb; *AmE* -ɜːrb/ *Nomen* Vorort ◊ *They live in the suburbs.* Sie wohnen am Stadtrand.

sub·ur·ban /səˈbɜːbən; *AmE* -ˈbɜːrb-/ *Adj* **1** Vorort-, Vorstadt- ◊ *suburban areas* Randbezirke ◊ *life in suburban London* das Leben in Londons Vororten **2** (*abwert*) kleinbürgerlich, bieder

sub·ur·bia /səˈbɜːbiə; *AmE* -ˈbɜːrb-/ *Nomen* [U] **1** die Vororte **2** (*oft abwert*) = das vorstädtische Bürgertum

sub·ven·tion /səbˈvenʃn/ *Nomen* (*gehoben*) Subvention

sub·ver·sion /səbˈvɜːʃn; *AmE* -ˈvɜːrʒn/ *Nomen* Subversion, Unterminierung

sub·ver·sive /səbˈvɜːsɪv; *AmE* -ˈvɜːrs-/ **1** *Adj* (*Adv* **sub·ver·sive·ly**) subversiv, umstürzlerisch **2** *Nomen* Subversive(r), Umstürzler(in)

sub·vert /səbˈvɜːt; *AmE* -ˈvɜːrt/ *Verb* (*gehoben*) unterminieren, untergraben ⟨SYN⟩ UNDERMINE

sub·way /ˈsʌbweɪ/ *Nomen* **1** (*BrE*) Unterführung ⟨SYN⟩ UNDERPASS **2** (*AmE*) U-Bahn

ˌsub-ˈzero *Adj* unter Null, unter dem Gefrierpunkt

suc·ceed /səkˈsiːd/ *Verb* **1** gelingen **2** ~ **in doing sth** es schaffen etw zu tun ◊ *I only succeeded in making her angry.* Ich erreichte nur, dass sie wütend wurde. **3** ~ (**in sth/as sth**) (mit/als etw) Erfolg haben, (mit/als etw) erfolgreich sein **4** folgen auf ◊ *Strands of DNA are reproduced through succeeding generations.* DNS-Stränge werden von nachfolgenden Generationen reproduziert. **5** ~ **sb** jds Nachfolge antreten ◊ *Who succeeded Kennedy as President?* Wer war Präsident Kennedys Nachfolger? **6** ~ **to sth** etw erben ◊ *She succeeded to the throne in 1558.* Sie trat 1558 die Thronfolge an. ⟨IDM⟩ **nothing succeeds like sucˈcess** ein Erfolg zieht den nächsten nach sich

suc·cess /səkˈses/ *Nomen* Erfolg ◊ *Their plan will probably meet with little success.* Ihr Plan wird voraussichtlich wenig Erfolg haben. ◊ *She wasn't a success as a teacher.* Als Lehrerin war sie kein Erfolg. ◊ *He was determined to make a success of the business.* Er war entschlossen, das Geschäft zum Erfolg zu führen. ⟨IDM⟩ ⇨ ROARING, SUCCEED *und* SWEET¹

suc·cess·ful /səkˈsesfl/ *Adj* (*Adv* **suc·cess·ful·ly** /-fəli/) erfolgreich; ~ **in/at sth** etw Erfolg tun, etw erfolgreich tun ◊ *They were successful in winning the contract.* Es gelang ihnen, den Vertrag zu bekommen. OPP UNSUCCESSFUL

suc·ces·sion /səkˈseʃn/ *Nomen* **1** Folge, Abfolge ◊ *a succession of problems* eine Reihe von Problemen ◊ *He's been hit by a succession of injuries.* Er hat sich eine Verletzung nach der anderen zugezogen. ◊ *They had three children in quick succession.* Sie bekamen schnell nacheinander drei Kinder. **2** Nachfolge ◊ *She's third in order of succession to the throne.* Sie steht an dritter Stelle der Thronfolge.

suc·ces·sive /səkˈsesɪv/ *Adj nur vor Nomen* aufeinander folgend ◊ *This was their fourth successive win.* Dies war ihr vierter Gewinn in Folge. ◊ *There has been low rainfall for two successive years.* Zwei Jahre nacheinander ist nur wenig Regen gefallen.

suc·ces·sive·ly /səkˈsesɪvli/ *Adv* hintereinander, nacheinander

suc·ces·sor /səkˈsesə(r)/ *Nomen* Nachfolger(in) ◊ *He is the successor to the throne.* Er ist der Thronfolger.

sucˈcess story *Nomen* Erfolgsstory, Erfolg

suc·cinct /səkˈsɪŋkt/ *Adj (Adv* **suc·cinct·ly)** kurz und treffend, prägnant

suc·cour¹ *(AmE* **suc·cor)** /ˈsʌkə(r)/ *Nomen (gehoben)* Beistand

suc·cour² /ˈsʌkə(r)/ *Verb (gehoben)* beistehen

suc·cu·lence /ˈsʌkjələns/ *Nomen* Saftigkeit

suc·cu·lent /ˈsʌkjələnt/ **1** *Adj* saftig **2** *Adj* (BOT) sukkulent, fleischig **3** *Nomen* (BOT) Sukkulente

suc·cumb /səˈkʌm/ *Verb* ~ **(to sth)** *(gehoben)* einer Sache erliegen, (einer Sache) unterliegen ◊ *He succumbed to cancer.* Er erlag einem Krebsleiden. ◊ *They were all offered bribes and some of them succumbed.* Man hat allen Schmiergelder angeboten und einige erlagen der Versuchung.

such¹ /sʌtʃ/ *Adj* **1** so ein(e,s), solche(r,s) ◊ *He said he didn't have time or made some such excuse.* Als Ausrede sagte er, er hätte keine Zeit oder etwas in der Art. ◊ *Such advice as he was given has proved almost worthless.* Er bekam nur wenig Rat und der stellte sich noch als nutzlos heraus. ◊ *There is no such thing as ghosts.* Es gibt keine Geister. ☛ *Hinweis bei* so, S.1216 **2** so ◊ *Why are you in such a hurry?* Warum bist du so in Eile? ◊ *It's such a beautiful day!* Heute ist so ein schöner Tag! ◊ *The knot was fastened in such a way that it was impossible to undo.* Der Knoten war so geknüpft, dass man ihn unmöglich aufmachen konnte.

such² /sʌtʃ/ *Pron* solche(r, s), so ◊ *We were second-class citizens and they treated us as such.* Wir waren Bürger zweiter Klasse und wurden als solche behandelt. ◊ *Accountants were boring. Such was her opinion before meeting Ian.* Buchhalter sind langweilig! So lautete ihre Meinung, bevor sie Ian traf. ◊ *The damage was such that it would cost thousands to repair.* Der Schaden war so groß, dass eine Reparatur in die Tausende gehen würde. IDM **... and such** und Ähnliches **as ˈsuch** an sich ◊ *'Well, did they offer it to you?' 'No, not as such, but they said I had a good chance.'* „Also, haben Sie es Ihnen angeboten?" „Nein, nicht direkt, aber sie sagten, ich hätte gute Aussichten." **such as** wie (zum Beispiel) ◊ *'There are loads of things to do.' 'Such as?'* „Es gibt eine Menge zu tun." „Zum Beispiel?" **ˌsuch as it ˈis/they ˈare** (gebraucht um zu sagen, dass es von einer Sache nicht viel gibt oder dass sie minderwertig ist) soweit vorhanden ◊ *Dinner, such as it was, was served at nine o'clock.* Das, was sich Abendessen nannte, wurde um neun Uhr serviert.

ˈsuch-and-such *Pron* der und der, die und die, das und das ◊ *Always say at the start of an application that you're applying for such-and-such a job because ...* Geben Sie bei einer Bewerbung immer zuerst an, dass Sie sich für die und die Stelle bewerben, weil ...

such·like¹ /ˈsʌtʃlaɪk/ *Pron* dergleichen

such·like² /ˈsʌtʃlaɪk/ *Adj* derartige

suck¹ /sʌk/ *Verb* **1** saugen; (am Strohhalm) ziehen **2** ~ **(at/on) sth** (an) etw lutschen ◊ *She sucked (on) a mint.* Sie lutschte ein Pfefferminz. ◊ *The baby sucked at its mother's breast.* Das Baby nuckelte an der Brust der Mutter. **3** aussaugen, absaugen **4 sth sucks** (*Slang*) etw ist Mist IDM ˌsuck it and ˈsee (*BrE, umgs*) da hilft nur ausprobieren ˌsuck it ˈup (*AmE, umgs*) sich mit etw abfinden; in den sauren Apfel beißen ☛ *Siehe auch* DRY¹ *und* TEACH PHR V ˌsuck sb/sth ˈdown/ˈunder jdn/etw hinunterziehen ˌsuck sb ˈin(to sth) *meist passiv* jdn (in etw) hineinziehen ˌsuck sth ˈin etw einziehen ˌsuck ˈup (to sb) (*umgs, abwert*) sich (bei jdm) einschmeicheln ˌsuck sth ˈup etw aufsaugen

suck² /sʌk/ *Nomen* **have/take a** ~ mal lutschen, mal saugen

suck·er /ˈsʌkə(r)/ *Nomen* **1** (*umgs*) Trottel **2 be a** ~ **for sb/sth** (*umgs*) eine Schwäche für jdn/etw haben, auf jdn/etw hereinfallen **3** Saugnapf **4** (BOT) Ausläufer **5** (AmE, umgs) (Dauer)lutscher

suckle /ˈsʌkl/ *Verb* **1** säugen **2** (*veraltet*) stillen **3** gesäugt werden, gestillt werden

suck·ling /ˈsʌklɪŋ/ *Nomen* **1** Tier, das noch gesäugt wird **2** (*veraltet*) Säugling IDM ⇨ MOUTH¹

ˈsuckling pig *Nomen* Spanferkel

su·crose /ˈsuːkrəʊz, -krəʊs; *AmE* -kroʊs, -kroʊz/ *Nomen* Saccharose

suc·tion /ˈsʌkʃn/ *Nomen* Saugwirkung, Sog ◊ *a suction pump* eine Saugpumpe

sud·den /ˈsʌdn/ *Adj (Adv* **sud·den·ly)** plötzlich ◊ *Don't make any sudden movements.* Machen Sie keine abrupten Bewegungen. ◊ *His death was very sudden.* Sein Tod kam völlig unerwartet. ◊ *It all happened so suddenly.* Es kam alles so plötzlich. IDM ˌall of a ˈsudden (ganz) plötzlich; auf einmal

ˌsudden ˈdeath *Nomen* Suddendeath

sud·den·ness /ˈsʌdənnəs/ *Nomen* Plötzlichkeit

suds /sʌdz/ *Nomen [Pl]* **1** Seifenschaum **2** (*AmE, umgs, veraltet*) Bier

sue /suː; *BrE auch* sjuː/ *Verb* **1** klagen, Klage erheben; ~ **sb (for sth)** jdn (auf/wegen einer Sache) verklagen ◊ *They threatened to sue.* Sie drohten mit Klage. ◊ *sue sb for ten million* zehn Millionen von jdm einklagen **2** ~ **for sth** *(gehoben)* um etw nachsuchen ◊ *sue for divorce* die Scheidung einreichen

suede /sweɪd/ *Nomen* Wildleder

suet /ˈsuːɪt; *BrE auch* ˈsjuːɪt/ *Nomen* Nierenfett ◊ *a suet pudding* mit Nierenfett und Mehl zubereitetes Gericht.

suf·fer /ˈsʌfə(r)/ *Verb* **1** ~ **(from sth)** (an/unter etw) leiden ◊ *road accident victims suffering from shock* unter Schock stehende Verkehrsopfer **2** ~ **(for sth)** (für etw) büßen **3** erleiden IDM ˌnot suffer fools ˈgladly ◊ *She was a forceful personality who didn't suffer fools gladly.* Sie war eine energische Person, die ihre Zeit nicht gern an Dummköpfe verschwendete.

suf·fer·ance /ˈsʌfərəns/ *Nomen* IDM **on ˈsufferance** ◊ *He's only staying here on sufferance.* Er wird hier nur stillschweigend geduldet.

suf·fer·er /ˈsʌfərə(r)/ *Nomen (meist in Zusammensetzungen)* Kranke(r), Leidende(r) ◊ *fellow sufferers* Leidensgenossen

suf·fer·ing /ˈsʌfərɪŋ/ *Nomen [U] (auch* **suf·fer·ings** *[Pl])* Leiden, Leid

suf·fice /səˈfaɪs/ *Verb (gehoben) (nicht in der Verlaufsform)* genügen IDM ˌsuffice (it) to say (that)... nur so viel sei gesagt ...

suf·fi·ciency /səˈfɪʃnsi/ *Nomen [Sing] (gehoben)* ausreichende Menge, ausreichende Anzahl

suf·fi·cient /səˈfɪʃnt/ *Adj (Adv* **suf·fi·cient·ly)** genug, genügend, ausreichend OPP INSUFFICIENT ☛ *Siehe auch* SELF-SUFFICIENT

suf·fix /ˈsʌfɪks/ *Nomen* Nachsilbe

suf·fo·cate /ˈsʌfəkeɪt/ *Verb* ersticken ◊ *(fig) She felt suffocated by all the rules and regulations.* All die Regeln und Vorschriften erdrückten sie.

suf·fo·cat·ing /ˈsʌfəkeɪtɪŋ/ *Adj* **1** drückend, stickig **2** erdrückend

suf·fo·ca·tion /ˌsʌfəˈkeɪʃn/ *Nomen* Ersticken, Erstickung ◊ *die from/of suffocation* ersticken

suf·frage /ˈsʌfrɪdʒ/ *Nomen* Wahlrecht ◊ *universal suffrage* allgemeines Wahlrecht

suf·fra·gette /ˌsʌfrəˈdʒet/ *Nomen* Suffragette

suf·fuse /səˈfjuːz/ *Verb meist passiv* ~ **sb/sth (with sth)**

(*gehoben*) jdn/etw (mit etw) erfüllen ◊ *Colour suffused her face.* Die Röte stieg ihr ins Gesicht.

sugar¹ /ˈʃʊɡə(r)/ *Nomen* **1** Zucker ◊ *This juice contains no added sugar.* Dieser Saft ist ohne Zuckerzusatz. ◊ *How many sugars do you take in coffee?* Wie viele Löffel Zucker nehmen Sie im Kaffee? **2** (*bes AmE, umgs*) (meine) Süße, (mein) Süßer

sugar² /ˈʃʊɡə(r)/ *Verb* zuckern IDM ⇨ PILL

ˈsugar beet *Nomen* Zuckerrübe

ˈsugar cane *Nomen* Zuckerrohr

ˈsugar-coat *Verb* versüßen, beschönigen

ˌsugar-ˈcoated *Adj* **1** mit Zucker überzogen **2** (*abwert*) zuckersüß ◊ *a sugar-coated promise* ein verlockend klingendes Versprechen

ˈsugar cube *Nomen* (*bes AmE*) Zuckerwürfel

ˈsugar daddy *Nomen* (*umgs*) = reicher älterer Mann, der eine viel jüngere Frau aushält

ˈsugar lump (*auch* **lump**) *Nomen* (*BrE*) Zuckerwürfel

sug·ary /ˈʃʊɡəri/ *Adj* **1** süß, zuckerhaltig **2** (*abwert*) süßlich, zuckersüß ◊ *sugary pop music* schmalzige Schlager SYN SENTIMENTAL

sug·gest /səˈdʒest; *AmE auch* səɡˈdʒ-/ *Verb* **1** vorschlagen ◊ *A solution soon suggested itself to me.* Mir fiel bald eine Lösung ein. ◊ *Can you suggest a good dictionary?* Können Sie ein gutes Wörterbuch empfehlen? ◊ *Can you suggest how I might contact him?* Haben Sie eine Idee, wie ich zu ihm Kontakt aufnehmen kann? **2** hinweisen auf, hindeuten auf ◊ *The symptoms suggest a heart attack.* Die Symptome lassen auf einen Herzinfarkt schließen.

> **WRITING TIP**
> **Drawing conclusions from studies, etc.**
>
> • *The research suggests a strong link between violent behaviour and certain computer games.* Die Studie deutet auf eine enge Verbindung zwischen Gewalttätigkeit und bestimmten Computerspielen hin.
> • *The writer implies that violent computer games encourage violent behaviour.* Der Autor deutet an, dass gewalttätige Computerspiele gewalttätiges Verhalten fördern.
> • *From this study, it would seem that playing some computer games heightens young people's readiness to commit acts of violence.* Aus dieser Studie kann man schließen, dass das Spielen bestimmter Computerspiele die Gewaltbereitschaft bei jungen Leuten verstärkt.

3 unterstellen, andeuten ◊ *Are you suggesting I'm lazy?* Willst du damit sagen, dass ich faul bin?

sug·gest·ible /səˈdʒestəbl; *AmE auch* səɡˈdʒ-/ *Adj* beeinflussbar

sug·ges·tion /səˈdʒestʃən; *AmE auch* səɡˈdʒ-/ *Nomen* **1** Vorschlag, Anregung ◊ *We are open to suggestions.* Vorschläge sind willkommen. ◊ *a suggestion box* ein Meckerkasten **2** [meist Sing] Unterstellung, Anspielung, Hinweis ◊ *There was no suggestion that he was doing anything illegal.* Nichts deutete darauf hin, dass er illegal handelte. **3** Spur, Anflug ◊ *He spoke English with a suggestion of a French accent.* Er sprach Englisch mit einem ganz leichten französischen Akzent. **4** (*gehoben*) Suggestion IDM **at/on sb's sugˈgestion** auf jds Vorschlag hin

sug·gest·ive /səˈdʒestɪv; *AmE auch* səɡˈdʒ-/ *Adj* **1** ~ (**of sth**) (an etw) erinnernd ◊ *music that is suggestive of warm summer days* Musik, die an warme Sommertage erinnert **2** (*Adv* **sugˈgest·ive·ly**) zweideutig, anzüglich

sui·cidal /ˌsuːɪˈsaɪdl; *BrE auch* ˌsjuː-/ *Adj* (*Adv* **sui·cid·al·ly** /-dəli/) *Adv* selbstmordgefährdet ◊ *On bad days I felt suicidal.* An schlechten Tagen spielte ich mit Selbstmordgedanken. ◊ *suicidal tendencies* Suizidtendenzen **2** selbstmörderisch (*auch fig*) ◊ *It would be suicidal to risk going out in this weather.* Es wäre Selbstmord, sich bei diesem Wetter nach draußen zu wagen.

sui·cide /ˈsuːɪsaɪd; *BrE auch* ˈsjuː-/ *Nomen* **1** Selbstmord (*auch fig*) ◊ *a suicide letter/note* ein Abschiedsbrief ◊ *a suicide pact* ein Selbstmordpakt **2** (*gehoben*) Selbstmörder(in)

sui generis /ˌsuː i ˈdʒenərɪs/ *Adj* (*gehoben*) einzigartig

suit¹ /suːt; *BrE auch* sjuːt/ *Nomen* **1** Anzug, Kostüm ◊ *a three-piece suit* ein Anzug mit Weste ◊ *a diving suit* ein Taucheranzug ◊ *a suit of armour* eine Rüstung ☛ *Siehe auch* BOILER SUIT **2** (*beim Kartenspiel*) Farbe **3** = LAWSUIT IDM ⇨ BIRTHDAY, FOLLOW *und* STRONG

suit² /suːt; *BrE auch* sjuːt/ *Verb* (*kein Passiv*) (*nicht in der Verlaufsform*) **1** passen ◊ *Choose a computer to suit your particular needs.* Wählen Sie einen Computer, der ihren besonderen Erfordernissen entspricht. ◊ *If you want to go by bus, that suits me fine.* Wenn du mit dem Bus fahren willst, ist mir das sehr recht. **2** (*Kleider, Farben etc.*) stehen ◊ *Blue suits you.* Blau steht dir. **3** (*bes BrE*) (*meist in verneinten Sätzen*) (*gut nun*) bekommen ◊ *This hot weather doesn't suit me.* Dieses heiße Wetter bekommt mir nicht. IDM **suit your/sb's book** (*BrE, umgs*) jdm (gerade) recht sein **suit sb ˌdown to the ˈground** (*BrE, umgs*) genau das Richtige für jdn sein **ˌsuit yourˈself** (*umgs*) tun, was man will ◊ *I choose my assignments to suit myself.* Ich wähle meine Aufträge, wie es mir gerade passt. ◊ *Suit yourself!* Wie du willst! PHRV **ˈsuit sth to sth/sb** etw jdm/einer Sache anpassen

suit·abil·ity /ˌsuːtəˈbɪləti; *BrE auch* ˌsjuː-/ *Nomen* Eignung ◊ *There is no doubt about her suitability for the job.* Es besteht kein Zweifel, dass sie sich für die Stelle eignet.

suit·able /ˈsuːtəbl; *BrE auch* ˈsjuː-/ *Adj* passend, geeignet OPP UNSUITABLE

suit·ably /ˈsuːtəbli; *BrE auch* ˈsjuː-/ *Adv* **1** entsprechend **2** gebührend

ˈsuit·case /ˈsuːtkeɪs; *BrE auch* ˈsjuː-/ (*auch* **case**) *Nomen* Koffer

suite /swiːt/ *Nomen* **1** (*Zimmer, Musik*) Suite ◊ *a suite of rooms* eine Zimmerflucht ◊ *a suite of offices* Büroräume ☛ *Siehe auch* EN SUITE **2** (*Einrichtung*) Garnitur ◊ *a bathroom suite* eine Sanitäreinrichtung **3** (COMP) Programmgruppe

suit·ed /ˈsuːtɪd; *BrE auch* ˈsjuː-/ *Adj nicht vor Nomen* **1** ~ (**to/for sb/sth**) (für jdn/etw) geeignet ◊ *She was ideally suited to the part.* Die Rolle war ihr wie auf den Leib geschrieben. OPP UNSUITED **2** zueinander passend OPP UNSUITED **3** **-suited** (*in Zusammensetzungen*) ◊ *sober-suited businessmen* Geschäftsleute in dezenten Anzügen

suit·or /ˈsuːtə(r); *BrE auch* ˈsjuː-/ *Nomen* **1** (*veraltet*) Freier **2** (WIRTSCH) = Unternehmen, das eine Übernahmeofferte unterbreitet

ˌsulˈfate, ˈsulfide, ˈsulfur, sulˈfuric acid, ˈsulfurous (*AmE*) = SULPHATE, SULPHIDE, SULPHUR, SULPHURIC ACID, SULPHUROUS

sulk¹ /sʌlk/ *Verb* (*abwert*) schmollen, eingeschnappt sein, beleidigt sein ◊ *He went off to sulk in his room.* Er ging eingeschnappt in sein Zimmer.

sulk² /sʌlk/ *Nomen* (*BrE auch* **the sulks**) [Pl] Schmollen, Eingeschnapptsein, Beleidigtsein ◊ *Jo was in a sulk in her bedroom.* Jo war in ihrem Zimmer und schmollte. ◊ *He's got the sulks.* Er ist beleidigt.

sulki·ness /ˈsʌlkinəs/ *Nomen* Schmollen, Eingeschnapptsein, Beleidigtsein

sulky /ˈsʌlki/ *Adj* (*Adv* **sulk·ily** /-ɪli/) (*abwert*) schmollend, eingeschnappt, beleidigt

sul·len /ˈsʌlən/ *Adj* (*Adv* **sul·len·ly**) (*abwert*) **1** mürrisch, missmutig **2** (*gehoben*) (*Himmel, Wetter*) düster

sul·len·ness /ˈsʌlənnəs/ *Nomen* Mürrischkeit, Missmut

sully /ˈsʌli/ *Verb* (**sul·lies, sully·ing, sul·lied, sul·lied**) (*gehoben*) besudeln, verschmutzen

sul·phate (*AmE* **sulˈfate**) /ˈsʌlfeɪt/ *Nomen* Sulfat

sul·phide (*AmE* **sulˈfide**) /ˈsʌlfaɪd/ *Nomen* Sulfid

sul·phur (*AmE* **sulˈfur**) /ˈsʌlfə(r)/ *Nomen* Schwefel

ˌsulphur diˈoxide (*AmE* **ˌsulfur diˈoxide**) *Nomen* Schwefeldioxid

sul·phur·ic acid (*AmE* **sulˈfur·ic acid**) /sʌlˌfjʊərɪk ˈæsɪd; *AmE* -ˌfjɔːr-/ *Nomen* Schwefelsäure

sul·phur·ous (*AmE* **sulˈfur·ous**) /ˈsʌlfərəs/ *Adj* schweflig, schwefelhaltig

sul·tan /ˈsʌltən/ *Nomen* Sultan

sul·tana /sʌlˈtɑːnə; *AmE* -ˈtænə/ *Nomen* (*BrE*) Sultanine

sul·tan·ate /ˈsʌltəneɪt/ *Nomen* Sultanat

sul·tri·ness /ˈsʌltrinəs/ *Nomen* **1** Schwüle **2** Sinnlichkeit

sul·try /ˈsʌltri/ *Adj* **1** schwül **2** sinnlich ◊ *a sultry singer* eine Sängerin mit erotischer Ausstrahlung

sum¹ /sʌm/ *Nomen* **1** Summe ◊ *You will be fined the sum of*

€200. Sie müssen 200€ Strafe zahlen. **2** = SUM TOTAL **3** Rechenaufgabe ◇ *do a sum in your head* etwas im Kopf ausrechnen ◇ *I was good at sums at school.* In der Schule war ich im Rechnen gut. ◇ *If I've got my sums right, I should be able to afford that.* Wenn meine Rechnung stimmt, müsste ich mir das leisten können. IDM **be greater/more than the ˌsum of its ˈparts** größer als die Summe der Einzelergebnisse sein; zusammen effektiver/besser als alleine sein **in ˈsum** (gehoben) zusammenfassend; in einem Wort
sum² /sʌm/ *Verb* (**-mm-**) PHRV **ˌsum (sth) ˈup** (etw) resümieren, (etw) zusammenfassen SYN SUMMARIZE **ˌsum sb/sth ˈup 1** jdn/etw charakterisieren **2** jdn/etw einschätzen ☛ *Hinweis bei* SUMMARY¹
summa cum laude /ˌsʊmə ˌkʊm ˈlɔːdi, ˈlaʊdeɪ/ *Adv, Adj* summa cum laude
sum·ma·rize (*BrE auch* **-ise**) /ˈsʌməraɪz/ *Verb* zusammenfassen
sum·mary¹ /ˈsʌməri/ *Nomen* (*Pl* **-ies**) Zusammenfassung ◇ *a news summary* ein Nachrichtenüberblick ◇ *In summary, this was a disappointing result.* Zusammenfassend kann man wohl sagen, dass dies ein enttäuschendes Ergebnis war.

> **✍ WRITING TIP**
> **Summing up your argument**
> - *In summary, exclusion of traffic from the city centre would bring many benefits, which would far outweigh the disadvantages.* Zusammenfassend kann man sagen, dass eine verkehrsfreie Innenstadt viele Vorteile bringen würde, die die Nachteile überwiegen würden.
> - *In conclusion, the proposed traffic-calming scheme can be seen as a great improvement for the majority of people in the town.* Abschließend lässt sich sagen, dass die geplante Verkehrsberuhigung eine große Verbesserung für die meisten Stadtbewohner darstellt.
> - *To sum up: although concerns have been raised by some traders, the idea of keeping traffic out of the centre seems to have many points in its favour.* Resümee: Obwohl manche Händler Bedenken angemeldet haben, scheint viel für den Plan zu sprechen, den Verkehr aus der Innenstadt zu verbannen.

sum·mary² /ˈsʌməri/ *Adj* **1** (gehoben) summarisch **2** (*Adv* **sum·mar·ily** /ˈsʌməreli; *AmE* səˈmerəli/) unverzüglich, summarisch ◇ *be summarily dismissed* fristlos entlassen werden ◇ *summary justice* Schnelljustiz
sum·mat /ˈsʌmət, ˈsəmət/ *Nomen* (Schreibweise, die die Aussprache von „something" in Dialekten, die in Nordostengland gesprochen werden, wiedergibt)
sum·ma·tion /sʌˈmeɪʃn/ *Nomen* (selten, gehoben) **1** Zusammenfassung; (*vor Gericht*) Plädoyer **2** Retrospektive
sum·mer /ˈsʌmə(r)/ *Nomen* Sommer ◇ *two summers ago* im Sommer vor zwei Jahren ☛ *Beispiele bei* SOMMER
ˈsummer camp *Nomen* (*bes AmE*) Sommerlager
ˈsummer house *Nomen* Gartenhaus
ˌsummer ˈpudding *Nomen* (*BrE*) = Nachspeise aus Beeren und Weißbrotscheiben, die im Saft der Beeren getränkt sind
ˈsummer school *Nomen* Sommerkurs, Ferienkurs
ˈsummer time *Nomen* Sommerzeit
sum·mer·time /ˈsʌmətaɪm; *AmE* -mərt-/ *Nomen* Sommer
sum·mery /ˈsʌməri/ *Adj* sommerlich
ˌsumming-ˈup (*Pl* **summings-up**) *Nomen* Resümee
sum·mit /ˈsʌmɪt/ *Nomen* **1** Gipfel (auch *fig*) **2** (POL) Gipfel(treffen)
sum·mon /ˈsʌmən/ *Verb* **1** (gehoben) vorladen ◇ *He was summoned to appear before the court.* Er wurde vor Gericht geladen. SYN SUMMONS **2** (gehoben) (herbei)rufen **3** (gehoben) einberufen SYN CONVENE **4** ~ **sth (up)** etw aufbringen, etw aufbieten SYN MUSTER¹ PHRV **ˌsummon sth ˈup** etw wecken SYN EVOKE
sum·mons¹ /ˈsʌmənz/ *Nomen* (*Pl* **sum·monses** /-zɪz/) Vorladung ◇ *issue a summons against sb* jdn vor Gericht laden ◇ *He obeyed a royal summons.* Er folgte dem Befehl, zum König zu kommen.
sum·mons² /ˈsʌmənz/ *Verb* ~ **sb** (**for sth**) jdn (wegen einer Sache) vor Gericht laden ◇ *He was summonsed to appear in court.* Er wurde vor Gericht geladen. SYN SUMMON
sumo /ˈsuːməʊ; *AmE* -moʊ/ (*auch* ˌsumo ˈwrestling) *Nomen* Sumo
sump /sʌmp/ *Nomen* **1** Senkgrube; (*Bergbau*) Sumpf **2** Ölwanne
sump·tu·ous /ˈsʌmptʃuəs/ *Adj* (*Adv* **sump·tu·ous·ly**) (gehoben) luxuriös, aufwändig
sump·tu·ous·ness /ˈsʌmptʃuəsnəs/ *Nomen* Luxus, Aufwand
ˌsum ˈtotal (*auch* **sum**) *Nomen* [Sing] Gesamtheit ◇ *This is the sum of my achievements so far.* Dies ist bis jetzt alles, was ich erreicht habe.
sun¹ /sʌn/ *Nomen* (*auch* **the sun, the Sun**) Sonne IDM **under the ˈsun** ◇ *We talked about everything under the sun.* Wir haben uns über Gott und die Welt unterhalten. ◇ *I've been called all the names under the sun!* Man hat mich mit allen möglichen Schimpfwörtern bedacht! **with the ˈsun** mit der Sonne ☛ *Siehe auch* HAY *und* PLACE¹
sun² /sʌn/ *Verb* (**-nn-**) ~ **yourself** sich sonnen
ˈsun-baked *Adj* **1** von der Sonne ausgedörrt **2** sonnenüberflutet
sun·bathe /ˈsʌnbeɪð/ *Verb* sonnenbaden
sun·beam /ˈsʌnbiːm/ *Nomen* Sonnenstrahl
sun·bed /ˈsʌnbed/ *Nomen* **1** Sonnenbank **2** Sonnenliege
Sun·belt /ˈsʌnbelt/ **the Sunbelt** *Nomen* [Sing] = die südlichen Staaten der USA
sun·block /ˈsʌnblɒk; *AmE* -blɑːk/ *Nomen* Sunblocker
sun·burn /ˈsʌnbɜːn; *AmE* -bɜːrn/ *Nomen* Sonnenbrand
sun·burned /ˈsʌnbɜːnd; *AmE* -bɜːrnd/ (*auch* **sun·burnt** /ˈsʌnbɜːnt; *AmE* -bɜːrnt/) *Adj* **1** ◇ *She was badly sunburned.* Sie hatte einen schlimmen Sonnenbrand. **2** (*BrE*) sonnengebräunt
sun·dae /ˈsʌndeɪ, -di/ *Nomen* Eisbecher
Sun·day /ˈsʌndeɪ, -di/ *Nomen* (*Abk* **Sun.**) **1** Sonntag ☛ *Beispiele bei* MONTAG **2** [meist Pl] (*BrE*, *umgs*) Sonntagszeitung IDM **ˌSunday ˈbest** (*umgs*, *hum*) Sonntagsstaat ☛ *Siehe auch* MONTH
ˈSunday school *Nomen* ≈ Kindergottesdienst
sun·der /ˈsʌndə(r)/ *Verb* **1** ~ **sth/sb** (**from sth/sb**) (gehoben) etw/jdn (von etw/jdm) trennen **2** zerstören, zerbrechen
sun·dial /ˈsʌndaɪəl/ *Nomen* Sonnenuhr
sun·down /ˈsʌndaʊn/ *Nomen* (*bes AmE*) Sonnenuntergang
ˈsun-drenched *Adj* sonnenüberflutet
sun·dress /ˈsʌndres/ *Nomen* Strandkleid
ˈsun-dried *Adj* nur vor *Nomen* sonnengetrocknet
sun·dries /ˈsʌndriz/ *Nomen* [Pl] (gehoben) Verschiedenes, Diverses
sun·dry /ˈsʌndri/ *Adj* nur vor *Nomen* (gehoben) verschieden, divers IDM **ˌall and ˈsundry** (*umgs*) Gott und die Welt; Hinz und Kunz; jedermann
sun·flower /ˈsʌnflaʊə(r)/ *Nomen* Sonnenblume
sung Form *von* SING¹
sun·glasses /ˈsʌnglɑːsɪz; *AmE* -glæs-/ *Nomen* [Pl] Sonnenbrille ☛ *Hinweis bei* BRILLE
sun·hat /ˈsʌnhæt/ *Nomen* Sonnenhut
sunk Form *von* SINK¹
sunk·en /ˈsʌŋkən/ *Adj* **1** nur vor *Nomen* gesunken, versunken **2** (*Augen*) eingesunken; (*Wangen*) eingefallen **3** nur vor *Nomen* tiefer liegend ◇ *a sunken bath* eine eingelassene Badewanne ◇ *a sunken garden* ein abgesenkter Garten
sun·lamp /ˈsʌnlæmp/ *Nomen* Höhensonne
sun·less /ˈsʌnləs/ *Adj* ohne Sonne ◇ *a sunless day* ein trüber Tag
sun·light /ˈsʌnlaɪt/ *Nomen* Sonnenlicht ◇ *a pool of sunlight* eine sonnige Stelle
sun·lit /ˈsʌnlɪt/ *Adj* (gehoben) sonnenbeschienen, sonnig
ˈsun lounge *Nomen* (*BrE*) Glasveranda
sun·loun·ger /ˈsʌnlaʊndʒə(r)/ (*auch* **loun·ger**) *Nomen* (*BrE*) Sonnenliege
Sunni /ˈsʊni, ˈsʌni/ *Nomen* (*Pl* **Sunni** *oder* **Sun·nis**) **1** Sunnismus **2** Sunnite, Sunnitin
Sun·nite /ˈsʊnaɪt, ˈsʌn-/ *Adj* sunnitisch

sun·ny /'sʌni/ *Adj* (**sun·ni·er**, **sun·ni·est**) sonnig (*auch fig*)

'**sunny side** *Nomen* Sonnenseite (*auch fig*) [IDM] ˌsunny-
side 'up (*AmE*) ◊ *I'd like my egg sunny-side up*. Ich möch-
te ein Spiegelei.

sun·rise /'sʌnraɪz/ *Nomen* Sonnenaufgang [SYN] DAWN

'**sunrise industry** *Nomen* Zukunftsindustrie

sun·roof /'sʌnruːf/ *Nomen* (*Pl* **-roofs**) Schiebedach

sun·room /'sʌnruːm, -rʊm/ *Nomen* (*bes AmE*) Glasveranda

sun·screen /'sʌnskriːn/ *Nomen* Sonnenschutzmittel

sun·set /'sʌnset/ *Nomen* Sonnenuntergang

sun·shade /'sʌnʃeɪd/ *Nomen* **1** Sonnenschirm **2 sun-
shades** [Pl] Sonnenbrille, Sonnengläser zum Aufstecken

sun·shine /'sʌnʃaɪn/ *Nomen* **1** Sonnenschein (*auch fig*)
2 (*BrE*, *umgs*) mein Lieber, meine Liebe [IDM] ⇨ RAY

sun·spot /'sʌnspɒt; *AmE* -spaːt/ *Nomen* Sonnenfleck

sun·stroke /'sʌnstrəʊk; *AmE* -stroʊk/ *Nomen* Sonnen-
stich

sun·tan¹ /'sʌntæn/ (*auch* **tan**) *Nomen* [meist Sing] Son-
nenbräune

sun·tan² /'sʌntæn/ *Adj nur vor Nomen* Sonnen- ◊ *suntan
oil* Sonnenöl

sun·tanned /'sʌntænd/ (*auch* **tanned**) *Adj*
(sonnen)gebräunt

sun·trap /'sʌntræp/ *Nomen* sonniges Plätzchen

'**sun-up** *Nomen* (*bes AmE*) Sonnenaufgang

'**sun-worshipper** *Nomen* (*umgs*) Sonnenanbeter(in)

sup¹ /sʌp/ *Verb* (**-pp-**) (*veraltet*) trinken, nippen

sup² /sʌp/ *Nomen* Schluck, Schlückchen

super¹ /'suːpə(r); *BrE auch* 'sjuː-/ *Adj* (*Adv* **super**) (*umgs*,
veraltend) super

super² /'suːpə(r); *BrE auch* 'sjuː-/ *Nomen* (*umgs*) = SUPER-
INTENDENT

super- /'suːpə(r); *BrE auch* 'sjuː-/

> Die Vorsilbe **super-** wird in Nomina, Verben, Adjekti-
> ven und Adverbien gebraucht und bedeutet „sehr",
> „super" oder „über": *super-rich* superreich ◊ *super-
> human* übermenschlich ◊ *superstructure* Überbau

super·abun·dance /ˌsuːpərə'bʌndəns; *BrE auch* ˌsjuː-/
Nomen [Sing] (*gehoben*) Überfluss, Überschuss

super·abun·dant /ˌsuːpərə'bʌndənt; *BrE auch* ˌsjuː-/ *Adj*
(*gehoben*) überreichlich ◊ *superabundant imagination*
blühende Fantasie

super·annu·ated /ˌsuːpər'ænjueɪtɪd; *BrE auch* ˌsjuː-/ *Adj*
(*gehoben oder hum*) alt ◊ *superannuated rock stars* Rocko-
pas/-omas

super·annu·ation /ˌsuːpərˌænju'eɪʃn; *BrE auch* ˌsjuː-/
Nomen (*bes BrE*) [U] (Betriebs)rente, Rentenbeitrag

su·perb /suː'pɜːb, sjuː-; *AmE* suː'pɜːrb/ *Adj* (**su·perbly**)
großartig, ausgezeichnet

super·charged /'suːpətʃɑːdʒd, 'sjuː-; *AmE* 'suːpər-
tʃɑːrdʒd/ *Adj* **1** mit Kompressor **2** (*umgs*) stark, emotio-
nal geladen

super·charg·er /'suːpətʃɑːdʒə(r), 'sjuː-; *AmE* 'suːpər-
tʃɑːrdʒər/ *Nomen* Kompressor

super·cili·ous /ˌsuːpə'sɪliəs, ˌsjuː-; *AmE* ˌsuːpər's-/ *Adj*
(*Adv* **super·cili·ous·ly**) (*abwert*) herablassend [SYN]
SUPERIOR

super·cili·ous·ness /ˌsuːpə'sɪliəsnəs, ˌsjuː-; *AmE* ˌsuːpər's-/
Nomen Herablassung

super·com·puter /'suːpəkəmpjuːtə(r), 'sjuː-; *AmE* 'suːpərk-/
Nomen Supercomputer

super·con·duct·iv·ity /ˌsuːpəˌkɒndʌk'tɪvəti, ˌsjuː-; *AmE*
ˌsuːpərˌkaːn-/ *Nomen* (PHYSIK) Supraleitfähigkeit

super·con·duct·or /'suːpəkəndʌktə(r), 'sjuː-; *AmE*
'suːpərk-/ (PHYSIK) *Nomen* Supraleiter

super·ego /ˌsuːpər'iːgəʊ, ˌsjuː-; *AmE* ˌsuːpər'iːgoʊ/ *Nomen*
(*Pl* **-os**) [meist Sing] (PSYCH) Überich

super·fi·cial /ˌsuːpə'fɪʃl, ˌsjuː-; *AmE* ˌsuːpər'f-/ *Adj* (*Adv*
super·fi·cial·ly /-ʃəli/) **1** (*oft abwert*) oberflächlich **2**
leicht [SYN] SHALLOW **3** (*Fachspr*) oben liegend

super·fici·al·ity /ˌsuːpəˌfɪʃi'æləti, ˌsjuː-; *AmE* ˌsuːpərˌf-/
Nomen Oberflächlichkeit

su·per·flu·ity /ˌsuːpə'fluːəti, ˌsjuː-; *AmE* ˌsuːpər'f-/ *Nomen*
(*gehoben*) Überfluss

su·per·flu·ous /suː'pɜːfluəs, sjuː-; *AmE* suː'pɜːrf-/ *Adj* über-
flüssig [SYN] UNNECESSARY

su·per·flu·ous·ly /suː'pɜːfluəsli, sjuː-; *AmE* suː'pɜːrf-/ *Adv*
überflüssigerweise

super·glue /'suːpəgluː, 'sjuː-; *AmE* 'suːpərg-/ *Nomen*
Sekundenkleber

super·grass /'suːpəgrɑːs, 'sjuː-; *AmE* 'suːpərgræs/ *Nomen*
(*BrE*, *umgs*) (wichtiger) Polizeispitzel

super·hero /'suːpəhɪərəʊ, 'sjuː-; *AmE* 'suːpərhɪroʊ,
-hiˌroʊ/ *Nomen* (*Pl* **-oes**) Superheld

super·high·way /'suːpəhaɪweɪ, 'sjuː-; *AmE* 'suːpərh-/
Nomen (COMP) Information Superhighway

super·human /ˌsuːpə'hjuːmən, ˌsjuː-; *AmE* ˌsuːpər'h-/ *Adj*
übermenschlich

super·im·pose /ˌsuːpərɪm'pəʊz; *AmE* -'poʊz; *BrE auch*
ˌsjuː-/ *Verb* ~ **sth** (**on/onto sth**) etw (mit etw) überlagern,
etw (auf etw) legen

super·im·pos·ition /ˌsuːpərˌɪmpə'zɪʃn; *BrE auch* ˌsjuː-/
Nomen Überlagerung

super·in·tend /ˌsuːpərɪn'tend; *BrE auch* ˌsjuː-/ *Verb* (*geho-
ben*) überwachen, beaufsichtigen [SYN] SUPERVISE

super·in·tend·ence /ˌsuːpərɪn'tendəns; *BrE auch* ˌsjuː-/
Nomen Aufsicht

super·in·tend·ent /ˌsuːpərɪn'tendənt; *BrE auch* ˌsjuː-/
Nomen **1** Leiter(in) **2** (*umgs* **super**) (*Abk* **Supt**) (*in GB*)
Polizeirat, -rätin **3** (*Abk* **Supt**) (*in den USA*) Polizeipräsi-
dent(in) **4** (*AmE*) (*umgs* **super**) Hausverwalter(in)

su·per·ior¹ /suː'pɪəriə(r), sjuː-; *AmE* suː'pɪr-/ *Adj* **1** ~ (**to
sb/sth**) (jdm/etw) überlegen, besser (als jd/etw) ◊ *They won
because of their superior numbers*. Sie gewannen dank ihrer
zahlenmäßigen Überlegenheit. [OPP] INFERIOR **2** höher ◊
my superior officer mein Vorgesetzter **3** (*abwert*) überheb-
lich, überlegen **4** (*Werbesprache*) ausgezeichnet, hervorra-
gend ◊ *superior wines* erlesene Weine ◊ *superior apart-
ments* Luxuswohnungen **5** (*Zahl*, *Zeichen*) hochgestellt

su·per·ior² /suː'pɪəriə(r), sjuː-; *AmE* suː'pɪr-/ *Nomen* **1** Vor-
gesetzte(r) **2** Überlegene(r) ◊ *your social superiors* gesell-
schaftlich höher Gestellte **3** Vorsteher(in) eines Klosters
◊ *Mother Superior* Schwester Oberin

su·per·ior·ity /suːˌpɪəri'ɒrəti, sjuː-; *AmE* suːˌpɪri'ɔːr-, -'aːr-/
Nomen **1** Überlegenheit, bessere Qualität ◊ *have
naval/air superiority* die Seeherrschaft/Lufthoheit
haben **2** Überheblichkeit, Überlegenheit ◊ *an air of super-
iority* ein überlegenes Auftreten

su·per·la·tive /suː'pɜːlətɪv, sjuː-; *AmE* suː'pɜːrl-/ **1** *Adj* (*Adv*
su·per·la·tive·ly) unübertrefflich, überragend **2** *Adj*
superlativisch, im Superlativ **3** *Nomen* Superlativ

super·man /'suːpəmæn, 'sjuː-; *AmE* 'suːpərm-/ *Nomen* (*Pl*
-men /-mən/) Supermann, Übermensch

super·mar·ket /'suːpəmɑːkɪt, 'sjuː-; *AmE* 'suːpərmɑːrkət/
Nomen Supermarkt

super·nat·ural /ˌsuːpə'nætʃrəl, ˌsjuː-; *AmE* ˌsuːpər'n-/ **1**
Adj übernatürlich **2** *Nomen* **the ~** das Übernatürliche

super·nat·ur·al·ly /ˌsuːpə'nætʃrəli, ˌsjuː-; *AmE* ˌsuːpər'n-/
Adv auf übernatürliche Weise

super·nova /ˌsuːpə'nəʊvə, ˌsjuː-; *AmE* ˌsuːpər'noʊvə/
Nomen (*Pl* **-novae** /-viː/ *oder* **-novas**) Supernova

super·numer·ary /ˌsuːpə'njuːmərəri, ˌsjuː-; *AmE* ˌsuːpər-
'nuːməreri/ *Adj* (*selten*, *gehoben*) überzählig, zusätzlich

super·power /'suːpəpaʊə(r), 'sjuː-; *AmE* 'suːpərp-/ *Nomen*
Supermacht

super·script /'suːpəskrɪpt, 'sjuː-; *AmE* 'suːpərs-/ **1** *Adj*
hochgestellt **2** *Nomen* hochgestelltes Zeichen

super·sede /ˌsuːpə'siːd, ˌsjuː-; *AmE* ˌsuːpər's-/ *Verb* (*oft
passiv*) ablösen

super·sonic /ˌsuːpə'sɒnɪk, ˌsjuː-; *AmE* ˌsuːpər'sɑːnɪk/ *Adj*
Überschall-

super·star /'suːpəstɑː(r), 'sjuː-; *AmE* 'suːpərs-/ *Nomen*
Superstar

super·sti·tion /ˌsuːpə'stɪʃn, ˌsjuː-; *AmE* ˌsuːpər's-/ *Nomen*
(*oft abwert*) Aberglaube

super·sti·tious /ˌsuːpə'stɪʃəs, ˌsjuː-; *AmE* ˌsuːpər's-/ *Adj*
(*Adv* **super·sti·tious·ly**) abergläubisch

super·store /'suːpəstɔː(r), 'sjuː-; *AmE* 'suːpərs-/ *Nomen*
Großmarkt

super·struc·ture /'su:pəstrʌktʃə(r), 'sju:-; *AmE* 'su:pərs-/ *Nomen* **1** Aufbau **2** *(gehoben)* Überbau

super·tank·er /'su:pətæŋkə(r), 'sju:-; *AmE* 'su:pərt-/ *Nomen* Supertanker

super·vise /'su:pəvaɪz, 'sju:-; *AmE* 'su:pərv-/ *Verb* beaufsichtigen, überwachen

super·vi·sion /ˌsu:pə'vɪʒn, ˌsju:-; *AmE* ˌsu:pər'v-/ *Nomen* Aufsicht, Beaufsichtigung

super·visor /'su:pəvaɪzə(r), 'sju:-; *AmE* 'su:pərv-/ *Nomen* **1** Aufseher(in), Leiter(in) **2** Doktorvater/-mutter

super·vis·ory /ˌsu:pə'vaɪzəri, ˌsju:-; *AmE* ˌsu:pər'v-/ *Adj* Aufsichts-, beaufsichtigend

su·pine /'su:paɪn; *BrE auch* 'sju:-/ *Adj* *(gehoben)* **1** auf dem Rücken liegend **2** *(abwert)* *(Adv* **su·pine·ly)** nachgiebig, rückgratlos

sup·per /'sʌpə(r)/ *Nomen* Abendessen, Abendbrot ◊ *have supper* zu Abend essen ☛ *Hinweis bei* MAHLZEIT

sup·plant /sə'plɑ:nt; *AmE* -'plænt/ *Verb* *(gehoben)* ablösen, ersetzen SYN REPLACE

sup·ple /'sʌpl/ *Adj* geschmeidig, beweglich

sup·ple·ment¹ /'sʌplɪmənt/ *Verb* **~ sth** *(with sth)* etw *(mit etw)* ergänzen ◊ *He supplements his income by giving private lessons.* Er verdient sich durch Privatstunden etwas dazu.

sup·ple·ment² /'sʌplɪmənt/ *Nomen* **1** Ergänzung ◊ *vitamin supplements* Vitaminpräparate **2** *(zu Zeitungen)* Beilage, Magazin **3** *(zu Büchern)* Nachtrag, Anhang, Ergänzungsband **4** Zuschlag

sup·ple·men·tary /ˌsʌplɪ'mentri/ *(AmE meist* **sup·ple·men·tal)** *Adj* zusätzlich, Zusatz-

supple·ness /'sʌplnəs/ *Nomen* Geschmeidigkeit, Beweglichkeit

sup·pli·cant /'sʌplɪkənt/ *(auch* **sup·pli·ant** /'sʌpliənt/) *Nomen* *(gehoben)* Bittsteller(in)

sup·pli·ca·tion /ˌsʌplɪ'keɪʃn/ *Nomen* *(gehoben)* Flehen ◊ *my supplications* mein Flehen ◊ *She knelt in supplication.* Sie kniete flehend nieder.

sup·plier /sə'plaɪə(r)/ *Nomen* Lieferant(in)

sup·ply¹ /sə'plaɪ/ *Nomen* **1** Versorgung, Lieferung ◊ *The water supply is unsafe.* Das Wasser ist nicht trinkbar. ◊ *the supply of blood to the brain* die Versorgung des Gehirns mit Blut **2 supplies** [Pl] Vorräte IDM ⇨ SHORT¹

sup·ply² /sə'plaɪ/ *Verb* **(-plies, -ply·ing, -plied, -plied) 1 ~ sb/sth (with sth)** jdn/etw *(mit etw)* beliefern, jdn/etw *(mit etw)* versorgen **2 ~ sth (to sb/sth)** (jdm/etw) etw liefern, (jdm/etw) etw zur Verfügung stellen ◊ *foods supplying our daily vitamin needs* Lebensmittel, die unseren täglichen Vitaminbedarf decken

sup‚ply and de'mand *Nomen* Angebot und Nachfrage

sup'ply-side *Adj nur vor Nomen* angebotsorientiert, Angebots-

sup'ply teacher *Nomen (BrE)* Vertretung

sup·port¹ /sə'pɔ:t; *AmE* sə'pɔ:rt/ *Nomen* **1** Stütze *(auch fig)* ◊ *the supports under the bridge* die Stützpfeiler der Brücke ◊ *a bandage to give the ankle some support* ein Stützverband für den Knöchel ◊ *She held on to his arm for support.* Sie stützte sich auf seinen Arm. **2** Unterstützung ◊ *They spoke in support of the proposal.* Sie unterstützten den Vorschlag. ◊ *Can I rely on your support in the election?* Kann ich bei der Wahl auf Ihre Stimme zählen? ◊ *with no means of support* ohne Einkommensquelle **3** *(moralische)* Unterstützung, Beistand ◊ *Her friends have given her support.* Ihre Freunde haben ihr zur Seite gestanden. **4** Untermauerung ◊ *The statistics offer support for our theory.* Die Statistiken untermauern unsere Theorie.

sup·port² /sə'pɔ:t; *AmE* sə'pɔ:rt/ *Verb* **1** stützen, tragen **2** unterstützen ◊ *These measures are supported by environmental groups.* Diese Maßnahmen werden von den Umweltschützern befürwortet. ◊ *She supported her husband through difficult times.* Sie stand ihrem Mann in schwierigen Zeiten zur Seite. SYN BACK **3** *(Familie etc.)* unterhalten; *(Studium, Drogensucht etc.)* finanzieren **4** *(Aussage, Theorie)* untermauern **5** *(BrE)* Fan sein von ◊ *Which team do you support?* Welches ist deine Mannschaft?

sup·port·er /sə'pɔ:tə(r); *AmE* -'pɔ:rt-/ *Nomen* Anhänger(in), Fan SYN FAN¹

sup'port group *Nomen* Selbsthilfegruppe

sup·port·ing /sə'pɔ:tɪŋ; *AmE* -'pɔ:rt-/ *Adj nur vor Nomen* **1** Stütz-, stützend ◊ *a supporting wall* eine Stützmauer **2** Neben- ◊ *a supporting actor* ein Nebendarsteller **3** ◊ *There was a wealth of supporting evidence.* Es gab eine Fülle von Beweisen, die dies untermauerten.

sup·port·ive /sə'pɔ:tɪv; *AmE* -'pɔ:rt-/ *Adj* hilfreich, verständnisvoll ◊ *She was very supportive during my illness.* Sie war mir eine große Stütze, als ich krank war.

sup·pose /sə'pəʊz; *AmE* sə'poʊz/ *Verb* **1** annehmen, glauben ◊ *It's not as simple as you might suppose.* Es ist nicht so leicht, wie Sie denken. ◊ *I suppose you think that's funny?* Du findest das wohl lustig! **2 ~ sb/sth (to be) sth** *(gehoben)* jdn/etw für etw halten **3** sich vorstellen, annehmen ◊ *Suppose flights are fully booked — which other day could we go?* Angenommen, alle Flüge sind ausgebucht — wann können wir noch fliegen? ◊ *(gehoben) The theory supposes the existence of life on other planets.* Die Theorie setzt voraus, dass es auf anderen Planeten Leben gibt. **4** *(abschwächend)* ◊ *I could take you in the car, I suppose.* Ich könnte dich ja hinfahren. ◊ *I don't suppose (that) I could have a look at your newspaper, could I?* Ob ich wohl mal in Ihre Zeitung schauen könnte? ◊ *Suppose we take a later train?* Wie wär's, wenn wir mit einem späteren Zug fahren? ◊ *'Can we give him a lift?' 'Yes, I suppose so.'* „Können wir ihn mitnehmen?" „Na gut." IDM **be supposed to do/be sth** etw tun/sein sollen ◊ *You were supposed to be here at two!* Du hättest schon um zwei hier sein sollen! ◊ *How was I supposed to know?* Wie sollte ich das wissen? ◊ *What is that supposed to mean?* Was soll das heißen? **not be supposed to do sth** etw nicht tun dürfen

sup·posed /sə'pəʊzd; *AmE* sə'poʊzd/ *Adj nur vor Nomen* *(Adv* **sup·pos·ed·ly** /-zɪdli/) angeblich SYN ALLEGED

sup·pos·ing /sə'pəʊzɪŋ; *AmE* -'poʊ-/ *Konj* **~ (that)** angenommen (, dass) ◊ *But supposing he sees us?* Aber wenn er uns sieht?

sup·pos·ition /ˌsʌpə'zɪʃn/ *Nomen* *(gehoben)* **1** Annahme, Vermutung ◊ *The police are working on the supposition that he was murdered.* Die Polizei geht von der Annahme aus, dass er ermordet wurde. SYN ASSUMPTION **2** [U] Mutmaßung, Spekulation ◊ *What happened next is a matter of supposition.* Was dann geschah, kann man nur mutmaßen.

sup·pos·i·tory /sə'pɒzətri; *AmE* sə'pɑ:zətɔ:ri/ *Nomen (Pl* **-ies)** Zäpfchen, Suppositorium

sup·press /sə'pres/ *Verb* unterdrücken; *(Erinnerungen etc.)* verdrängen; *(Appetit etc.)* hemmen

sup·pres·sant /sə'presnt/ *Nomen* Hemmer ◊ *an appetite suppressant* ein Appetitzügler

sup·pres·sion /sə'preʃn/ *Nomen* Unterdrückung, Verdrängung

sup·pres·sor /sə'presə(r)/ *Nomen* Unterdrücker

sup·pur·ate /'sʌpjʊreɪt/ *Verb (gehoben)* eitern

sup·pur·ation /ˌsʌpju'reɪʃn/ *Nomen* Eiterung, Eitern

supra·nation·al /ˌsu:prə'næʃnəl; *BrE auch* ˌsju:-/ *Adj* *(gehoben)* übernational, supranational

su·prema·cist /su:'preməsɪst; *BrE auch* sju:-/ *Nomen* = jd, der die Vorherrschaft der eigenen Rasse anstrebt

su·prem·acy /su:'preməsi; *BrE auch* sju:-/ *Nomen* *(gehoben)* Überlegenheit, Vormacht(stellung)

su·preme /su:'pri:m; *BrE auch* sju:-/ *Adj* **1** höchste(r,s) ◊ *the Supreme Commander* der Oberbefehlshaber ◊ *the supreme champion* der Weltmeister **2** größte(r,s), höchste(r,s), äußerste(r,s) ◊ *make the supreme sacrifice* sein Leben opfern ◊ *a supreme achievement* eine unübertroffene Leistung

the Su‚preme 'Court *Nomen* [Sing] der Oberste Gerichtshof

su·preme·ly /su:'pri:mli; *BrE auch* sju:-/ *Adv (gehoben)* äußerst ◊ *supremely happy* überaus glücklich ◊ *supremely confident* voller Zuversicht

su·premo /su:'pri:moʊ, sju:-; *AmE* su:'pri:moʊ/ *Nomen (Pl* **-os)** *(BrE, umgs)* Boss

Supt *Abk (bes AmE)* = SUPERINTENDENT

sur·charge¹ /'sɜ:tʃɑ:dʒ; *AmE* 'sɜ:rtʃɑ:rdʒ/ *Nomen* Zuschlag

sur·charge² /'sɜ:tʃɑ:dʒ; *AmE* 'sɜ:rtʃɑ:rdʒ/ *Verb* **~ sb** jdn mit einem Zuschlag belegen

sure¹ /ʃʊə(r), ʃɔ:(r); *AmE* ʃʊr/ *Adj* **1** sicher ◊ *I'm not sure whether I should tell you this.* Ich bin mir nicht sicher, ob ich dir das sagen sollte. ◊ *I hope you are sure of your facts.* Ich hoffe, Sie sind sich Ihrer Sache sicher. ◊ *She's a sure bet for promotion.* Sie wird bestimmt befördert. ◊ *Are you sure you don't mind?* Macht es Ihnen auch bestimmt nichts aus? SYN CERTAIN OPP UNSURE ☛ *Hinweis bei* SICHER **2** *nicht vor Nomen* **sb is ~ of sth** etw ist jdm sicher ◊ *You're always sure of a warm welcome there.* Ein freundlicher Empfang ist Ihnen dort immer sicher. **3 be ~ of doing sth; be ~ to do sth** etw auf jeden Fall tun, etw bestimmt tun ◊ *England must win to be sure of qualifying.* England muss gewinnen, wenn es sich qualifizieren will. ◊ *It's sure to rain.* Es wird bestimmt regnen. ☛ *Hinweis bei* SICHER IDM **be sure to do sth/be sure and do sth** etw auf jeden Fall tun; nicht vergessen, etw zu tun **for sure** (*umgs*) ganz sicher; ganz bestimmt ◊ *I can't say for sure.* Ich kann es nicht mit Sicherheit sagen. ◊ *One thing is for sure ...* Eins ist sicher ... **make 'sure 1** dafür sorgen **2** nachsehen; sich vergewissern **make 'sure of sth/that ... 1** für etw sorgen/dafür sorgen, dass ... ◊ *They scored another goal and made sure of victory.* Sie schossen noch ein Tor und sicherten sich den Sieg. **2** sich einer Sache vergewissern/sich vergewissern, dass ... ¦**sure of your'self** (*manchmal abwert*) selbstsicher ¦**sure 'thing** (*bes AmE, umgs*) na klar **to be 'sure** (*gehoben*) zugegeben

sure² /ʃʊə(r), ʃɔː(r); *AmE* ʃʊr/ *Adv* (*bes AmE, umgs*) **1** (*als zustimmende Antwort*) natürlich, klar ◊ *Did it hurt? Sure it hurt.* Ob es wehgetan hat? Und wie! **2** (*verstärkend*) wirklich ◊ *It sure is hot.* Das ist vielleicht eine Hitze. **3** bitte (schön) ◊ *'Thanks for the ride.' 'Sure – any time.'* „Vielen Dank fürs Mitnehmen." „Bitte, gern geschehen." IDM **(as) sure as eggs is 'eggs** (*BrE, umgs, veraltet*) so sicher wie das Amen in der Kirche ¦**sure e'nough** tatsächlich

'**sure-fire** *Adj nur vor Nomen* (*umgs*) todsicher
¦**sure-'footed** *Adj* **1** trittsicher **2** gewandt, sicher
sure·ly /'ʃʊəli, 'ʃɔː-; *AmE* 'ʃʊrli/ *Adv* **1** doch (sicher) ◊ *Surely we should do something about it?* Sollten wir nicht etwas tun? **2 surely (not)** doch wohl (nicht) ◊ *'They're getting married.' 'Surely not!'* „Sie wollen heiraten." „Das kann doch nicht wahr sein!" **3** (*gehoben*) sicher, bestimmt **4** (*AmE, umgs, veraltet*) (*zustimmend*) sicher, gern ☛ *Hinweis bei* SICHER IDM ➪ SLOWLY
sure·ness /'ʃʊənəs, 'ʃɔː-; *AmE* 'ʃʊrnəs/ *Nomen* (Selbst)sicherheit ◊ *an artist's sureness of touch* die sichere Hand eines Künstlers ◊ *the sureness of his judgement* sein sicheres Urteil
sure·ty /'ʃʊərəti, 'ʃɔː-; *AmE* 'ʃʊr-/ *Nomen* (*Pl* **-ies**) **1** Bürgschaft, Sicherheit, Kaution **2** Bürge, Bürgin ◊ *act as surety for sb* für jdn bürgen
surf¹ /sɜːf; *AmE* sɜːrf/ *Nomen* Brandung
surf² /sɜːf; *AmE* sɜːrf/ *Verb* **1** (*oft* **go surfing**) surfen **2 ~ the Net/Internet** im Internet surfen
sur·face¹ /'sɜːfɪs; *AmE* 'sɜːrfɪs/ *Nomen* **1** (*auch fig*) Oberfläche ◊ *an uneven road surface* eine unebene Straßendecke ◊ *Teeth have a hard surface layer.* Die Zähne haben eine harte Außenschicht. **2** (*Arbeits*)fläche, (Arbeits)platte ◊ *the kitchen surfaces* die Arbeitsflächen in der Küche IDM **on the 'surface** oberflächlich betrachtet; nach außen hin ☛ *Siehe auch* SCRATCH¹
sur·face² /'sɜːfɪs; *AmE* 'sɜːrfɪs/ *Verb* **1** (*auch fig*) auftauchen; (*Zweifel etc.*) aufkommen; (*Einzelheiten etc.*) bekannt werden **2** (*umgs*) aufstehen ◊ *He finally surfaced around noon.* Er stand schließlich gegen Mittag auf. **3** (*Straße etc.*) = mit einem Belag versehen
¦**surface 'tension** *Nomen* Oberflächenspannung
¦**surface-to-'air** *Adj nur vor Nomen* Boden-Luft-
¦**surface-to-'surface** *Adj nur vor Nomen* Boden-Boden-
surf·board /'sɜːfbɔːd; *AmE* 'sɜːrfbɔːrd/ (*auch* **board**) *Nomen* Surfbrett
sur·feit /'sɜːfɪt; *AmE* 'sɜːrfɪt/ *Nomen* (*gehoben*) Übermaß ◊ *a surfeit of violence on television* zu viel Gewalt im Fernsehen
surf·er /'sɜːfə(r); *AmE* 'sɜːrfər/ *Nomen* **1** Surfer(in) **2** = NET SURFER
surf·ing /'sɜːfɪŋ; *AmE* 'sɜːrfɪŋ/ *Nomen* **1** Surfen, Wellenreiten ◊ *go surfing* surfen gehen **2** Surfen im Internet **3** (*beim Fernsehen*) ständiges Umschalten, Zappen
surge¹ /sɜːdʒ; *AmE* sɜːrdʒ/ *Nomen* **1** Aufwallung, Welle ◊ *She felt a sudden surge of anger.* Sie fühlte, wie der Zorn in

ihr aufwallte. **2** starker Anstieg, starke Zunahme ◊ *a power/an adrenalin surge* ein Spannungs-/Adrenalinstoß **3** Flut ◊ *a tidal surge* eine Flutwelle

surge² /sɜːdʒ; *AmE* sɜːrdʒ/ *Verb* **1** fluten, strömen ◊ *The crowd surged forward.* Die Menge drängte sich nach vorn. ◊ *He surged past the other runners.* Er zog an den anderen Läufern vorbei. **2 ~ through sb** jdn durchströmen **3** (*Preise etc.*) plötzlich ansteigen ◊ *Share prices surged.* Die Aktienkurse zogen stark an.
sur·geon /'sɜːdʒən; *AmE* 'sɜːrdʒən/ *Nomen* Chirurg(in)
¦**Surgeon 'General** *Nomen* (*Pl* **surgeons general**) (*in den USA*) Gesundheitsminister(in)
sur·gery /'sɜːdʒəri; *AmE* 'sɜːrdʒ-/ *Nomen* (*Pl* **-ies**) **1** Chirurgie ◊ *major/minor surgery* eine größere/kleinere Operation ◊ *have surgery* operiert werden **2** (*BrE*) (*von Ärzten, Abgeordneten*) Sprechstunde; (*Ort*) Sprechzimmer, Praxis ◊ *surgery hours* Sprechstunde
sur·gi·cal /'sɜːdʒɪkl; *AmE* 'sɜːrdʒ-/ *Adj nur vor Nomen* **1** chirurgisch ◊ *surgical gloves* Operationshandschuhe **2** ◊ *surgical strikes* gezielte Angriffe
sur·gi·cal·ly /'sɜːdʒɪkli; *AmE* 'sɜːrdʒ-/ *Adv* operativ
¦**surgical 'spirit** *Nomen* (*BrE*) Wundbenzin
sur·li·ness /'sɜːlinəs; *AmE* 'sɜːrl-/ *Nomen* Missmut
sur·ly /'sɜːli; *AmE* 'sɜːrli/ *Adj* (**sur·lier, sur·li·est**) missmutig, mürrisch
sur·mise¹ /sə'maɪz; *AmE* sər'm-/ *Verb* (*gehoben*) vermuten
sur·mise² /sə'maɪz; *AmE* sər'm-/ *Nomen* (*gehoben*) Vermutung
sur·mount /sə'maʊnt; *AmE* sər'm-/ *Verb* (*gehoben*) **1** überwinden SYN OVERCOME **2** krönen
sur·name /'sɜːneɪm; *AmE* 'sɜːrn-/ *Nomen* Familienname, Nachname
sur·pass /sə'pɑːs; *AmE* sər'pæs/ *Verb* (*gehoben*) übertreffen
sur·plice /'sɜːplɪs; *AmE* 'sɜːrp-/ *Nomen* Chorhemd
sur·plus¹ /'sɜːpləs; *AmE* 'sɜːrp-/ *Nomen* Überschuss ◊ *Wheat was in surplus.* Es gab einen Weizenüberschuss. ◊ *The balance of payments was in surplus.* Die Handelsbilanz war positiv.
sur·plus² /'sɜːpləs; *AmE* 'sɜːrp-/ *Adj* überschüssig ◊ *These items are surplus to requirements.* Diese Sachen werden nicht benötigt.
sur·prise¹ /sə'praɪz; *AmE* sər'p-/ *Nomen* Überraschung ◊ *It comes as no suprise to learn that ...* Es ist keine Überraschung zu erfahren, dass ... ◊ *much to my surprise* zu meiner großen Überraschung ◊ *Her letter came as a complete surprise.* Ihr Brief kam völlig überraschend. ◊ *She looked up in surprise.* Sie blickte überrascht auf. ◊ *I got a surprise when I saw the bill.* Ich war erstaunt, als ich die Rechnung sah. IDM **sur'prise, sur'prise** (*umgs*) **1** (*oft abwert, ironisch*) siehe da, welche Überraschung **2** Überraschung! ◊ *Surprise, surprise! Look who's here!* Überraschung! Schau, wer da ist! **take sb by sur'prise** jdn überraschen **take sth by sur'prise** etw in einem Überraschungsangriff nehmen
sur·prise² /sə'praɪz; *AmE* sər'p-/ *Verb* überraschen
sur·prised /sə'praɪzd; *AmE* sər'p-/ *Adj* überrascht; **be ~ at sth** sich über etwas wundern ◊ *I'm surprised at you.* Ich muss mich doch wundern. ◊ *You'd be surprised.* Du würdest staunen.
sur·pris·ing /sə'praɪzɪŋ; *AmE* sər'p-/ *Adj* überraschend ◊ *It's not surprising (that) they lost.* Es ist nicht verwunderlich, dass sie verloren haben.
sur·pris·ing·ly /sə'praɪzɪŋli/ *Adv* **1** erstaunlicherweise, überraschenderweise **2** erstaunlich, überraschend
sur·real /sə'riːəl/ *Adj* surreal
sur·real·ism /sə'riːəlɪzəm/ *Nomen* Surrealismus
sur·real·ist /sə'riːəlɪst/ **1** *Adj* surrealistisch **2** *Nomen* Surrealist(in)
sur·real·is·tic /sə,riːə'lɪstɪk/ *Adj* **1** surreal **2** surrealistisch
sur·ren·der¹ /sə'rendə(r)/ *Verb* **1** kapitulieren; **~ (yourself)** sich ergeben **2 ~ sth/sb (to sb)** (*gehoben*) (jdm) etw/jdn übergeben ◊ *He agreed to surrender all claims to the property.* Er willigte ein, auf alle Besitzansprüche zu verzichten. ◊ *The defendant had to surrender her passport.* Die Angeklagte musste ihren Reisepass abgeben. SYN

RELINQUISH PHRV sur'render (yourself) to sth (gehoben) sich einer Sache hingeben

sur·ren·der² /sə'rendə(r)/ Nomen [U/Sing] 1 Kapitulation 2 Preisgabe, Auslieferung ◊ They accused the government of a surrender to business interests. Sie beschuldigten die Regierung, sich den Interessen der Unternehmen gebeugt zu haben. 3 Übergabe

sur·rep·ti·tious /ˌsʌrəp'tɪʃəs; AmE ˌsɜːr-/ Adj (gehoben) (Adv sur·rep·ti·tious·ly) heimlich, verstohlen

sur·ro·gacy /'sʌrəgəsi; AmE 'sɜːr-/ Nomen Leihmutterschaft

sur·ro·gate /'sʌrəgət; AmE 'sɜːr-/ 1 Nomen (gehoben) Ersatz 2 Adj (gehoben) Ersatz-

ˌsurrogate 'mother Nomen Leihmutter

sur·round¹ /sə'raʊnd/ 1 Verb umgeben ◊ the publicity surrounding the divorce das öffentliche Aufsehen, das die Scheidung erregt 2 (umzingeln) umstellen ◊ surrounded with a fence umzäunt

sur·round² /sə'raʊnd/ Nomen Einfassung, Umrandung

sur·round·ing /sə'raʊndɪŋ/ Adj nur vor Nomen umgebend, umliegend

sur·round·ings /sə'raʊndɪŋz/ Nomen [Pl] Umgebung SYN ENVIRONMENT

sur·tax /'sɜːtæks; AmE 'sɜːrt-/ Nomen [U] Steuerzuschlag

sur·veil·lance /sɜː'veɪləns; AmE sɜːr'v-/ Nomen (gehoben) Überwachung ◊ The police are keeping them under constant surveillance. Die Polizei überwacht sie ständig.

sur·vey¹ /'sɜːveɪ; AmE 'sɜːrveɪ/ Nomen 1 Umfrage 2 (Land)vermessung ◊ an aerial survey eine Landvermessung aus der Luft 3 (BrE) (eines Gebäudes) Begutachtung; (Bericht) Gutachten ◊ a structural survey eine Begutachtung der Bausubstanz 4 Überblick

sur·vey² /'sɜːveɪ; AmE sɜːr'veɪ/ Verb 1 betrachten 2 einen Überblick geben von 3 vermessen 4 (BrE) (Gebäude) begutachten ◊ Have the house surveyed. Lassen Sie die Bausubstanz des Hauses begutachten. 5 (BrE) (in einer Umfrage) befragen

sur·vey·or /sə'veɪə(r)/ Nomen 1 Landvermesser(in), Gutachter(in) 2 (BrE) Inspektor(in) ◊ the surveyor of public works der Bauinspektor für öffentliche Einrichtungen

sur·viv·al /sə'vaɪvl; AmE sər'v-/ Nomen 1 Überleben 2 ~ (from sth) Überbleibsel (aus/von etw) SYN RELIC IDM the sur,vival of the 'fittest das Überleben der Stärksten

sur·vive /sə'vaɪv; AmE sər'v-/ Verb 1 überleben ◊ Some customs have survived. Einige Bräuche sind erhalten geblieben. ◊ He survived as party leader until his second election defeat. Bis zu seiner zweiten Wahlniederlage hielt er sich als Parteiführer. ◊ (hum) 'How are you these days?' 'Oh, surviving.' „Wie geht es dir denn so?" „Ach, man lebt." 2 überstehen 3 ~ on sth von etw leben

sur·vi·vor /sə'vaɪvə(r); AmE sər'v-/ Nomen Überlebende(r) ◊ There are only a few survivors from the original team. Es sind nur noch wenige Spieler von der ursprünglichen Mannschaft übrig. ◊ She's one of life's great survivors. Sie ist eine wahre Überlebenskünstlerin.

sus = SUSS

sus·cep·ti·bil·ity /səˌseptə'bɪləti/ Nomen (Pl -ies) (gehoben) 1 ~ (to sth) Anfälligkeit (für etw), Empfänglichkeit (für etw) 2 susceptibilities [Pl] Gefühle, Feingefühl SYN SENSIBILITIES

sus·cep·tible /sə'septəbl/ Adj 1 nicht vor Nomen ~ (to sb/sth) empfänglich (für jdn/etw) 2 ~ (to sth) anfällig (für etw) 3 beeindruckbar, leicht zu beeindrucken SYN IMPRESSIONABLE 4 be ~ of sth (gehoben) etw zulassen ◊ Is this situation not susceptible of improvement? Lässt sich dieser Zustand nicht verbessern?

sushi /'suːʃi/ Nomen [U] Sushi

sus·pect¹ /sə'spekt/ Verb (nicht in der Verlaufsform) 1 vermuten ◊ Suspecting nothing, he walked right into the trap. Völlig ahnungslos spazierte er geradewegs in die Falle. 2 misstrauen 3 ~ sb (of sth) jdn (einer Sache) verdächtigen ◊ The drug is suspected of causing over 200 deaths. Es wird angenommen, dass die Droge über 200 Todesfälle verursacht hat.

sus·pect² /'sʌspekt/ Nomen Verdächtige(r), mutmaßliche(r) Täter(in) ◊ He is the prime suspect in the case. Er ist in dem Fall der Hauptverdächtige.

sus·pect³ /'sʌspekt/ Adj verdächtig

sus·pected /sə'spektɪd/ Adj mutmaßlich, vermeintlich

sus·pend /sə'spend/ Verb 1 ~ sth/sb (from sth) (by/on sth) etw/jdn (von etw) (an etw) (auf)hängen ◊ A lamp was suspended from the ceiling. Eine Lampe hing von der Decke. 2 zeitweilig aufheben, zeitweilig einstellen ◊ The constitution was suspended. Die Verfassung wurde außer Kraft gesetzt. 3 aufschieben; (Strafe etc.) aussetzen ◊ suspend judgement sich des Urteils enthalten 4 (meist passiv) ~ sb (from sth) jdn (von etw) suspendieren 5 ~ sb (SPORT) jdn sperren 6 be suspended in sth (CHEM) in etw suspendiert sein

su,spended ani'mation Nomen 1 Tod auf Zeit 2 Starre

su,spended 'sentence Nomen (Freiheits)strafe auf Bewährung

sus·pend·er /sə'spendə(r)/ Nomen 1 [meist Pl] (BrE) Strumpfhalter, Sockenhalter 2 suspenders [Pl] (AmE) Hosenträger

su'spender belt Nomen (BrE) Strumpfhaltergürtel

sus·pense /sə'spens/ Nomen Spannung ◊ Don't keep us in suspense. Spann uns nicht auf die Folter.

sus·pen·sion /sə'spenʃn/ Nomen 1 (zeitweiliger) Ausschluss, Suspendierung 2 (SPORT) Sperre 3 [U/Sing] Aufschub 4 Federung 5 (CHEM) Suspension

su'spension bridge Nomen Hängebrücke

sus·pi·cion /sə'spɪʃn/ Nomen 1 Verdacht ◊ My suspicions were confirmed. Mein Verdacht bewahrheitete sich. 2 Misstrauen, Argwohn 3 [Sing] ~ of sth (gehoben) Hauch (von etw), Spur (von etw) ◊ His mouth quivered in the suspicion of a smile. Sein Mund zitterte unter dem Anflug eines Lächelns. SYN HINT IDM above/beyond su'spicion über jeden Verdacht erhaben under su'spicion (of sth) unter Verdacht (von etw) ◊ The surgeons came under suspicion of unethical behaviour. Die Chirurgen kamen in den Verdacht, gegen das Berufsethos verstoßen zu haben. ☛ Siehe auch POINT²

sus·pi·cious /sə'spɪʃəs/ Adj (Adv sus·pi·cious·ly) 1 misstrauisch, argwöhnisch ◊ I was suspicious of his motives. Ich war seinen Motiven gegenüber misstrauisch. ◊ They became suspicious of his behaviour. Sie wurden aufgrund seines Verhaltens misstrauisch. ◊ You have a very suspicious mind. Du bist sehr misstrauisch. 2 verdächtig IDM look/sound suspiciously like sth (oft hum) verdächtig ähnlich wie etw aussehen/klingen

suss (auch sus) /sʌs/ Verb (BrE, umgs) 1 dahinter kommen 2 ~ sb/sth (out) jdn/etw durchschauen ◊ I think I've got him sussed. Ich glaube, ich weiß was für ein Mensch er ist. ◊ You have to suss out the competition. Man muss herausbekommen, was die Konkurrenz macht.

sus·tain /sə'steɪn/ Verb 1 (aufrecht)erhalten ◊ Few planets can sustain life. Nur auf wenigen Planeten kann sich Leben halten. ◊ I only had a little chocolate to sustain me on my walk. Auf meiner Wanderung hatte ich nur ein bisschen Schokolade zur Verpflegung dabei. ◊ sustained economic growth anhaltendes Wirtschaftswachstum ◊ a sustained attack anhaltende Angriffe ◊ sustain a note eine Note halten 2 (gehoben) erleiden SYN SUFFER 3 (Meinung, Theorie etc.) stützen 4 (gehoben) (Gewicht) tragen 5 (RECHT) bestätigen ◊ Objection sustained! Einspruch stattgegeben.

sus·tain·abil·ity /səˌsteɪnə'bɪləti/ Nomen 1 Aufrechterhaltbarkeit 2 Nachhaltigkeit, Umweltschutz 3 nachhaltige Entwicklung

sus·tain·able /sə'steɪnəbl/ Adj 1 nachhaltig, umweltgerecht 2 andauernd OPP UNSUSTAINABLE

sus·ten·ance /'sʌstənəns/ Nomen (gehoben) 1 Nahrung ◊ Rice was the basis of daily sustenance. Reis war der Grundbestandteil der täglichen Ernährung. ◊ There's not much sustenance in a bowl of soup. Ein Teller Suppe hat nicht viel Nährwert. ◊ (fig) It would only give further sustenance to his allegations. Das würde seinen Anschuldigungen nur noch mehr Nahrung geben. 2 ~ (of sth) Erhalt (von etw)

su·ture¹ /'suːtʃə(r)/ Nomen (MED) (Operations)naht

su·ture² /'suːtʃə(r)/ Verb (MED) (Wunde) nähen

su·zer·ainty /'suːzəreɪnti, -rənti/ Nomen (gehoben) Oberhoheit über einen anderen Staat, Suzeränität

svelte /svelt, sfelt/ *Adj* grazil
SW *Abk* **1** = SHORT WAVE **2** = SOUTH-WEST **3** = SOUTH-WESTERN
swab¹ /swɒb; *AmE* swɑːb/ *Nomen* **1** Tupfer **2** Abstrich
swab² /swɒb; *AmE* swɑːb/ *Verb* (**-bb-**) **1** abtupfen **2** **~ sth** (**down**) etw (auf)wischen ◊ *swab down the deck* das Deck schrubben
swad·dle /ˈswɒdl; *AmE* ˈswɑːdl/ *Verb* (*veraltet*) einwickeln, einmummen
ˈswaddling clothes *Nomen* [Pl] (*veraltet*) Windeln
swag /swæɡ/ *Nomen* **1** (*umgs, veraltet*) Beute SYN LOOT **2** [meist Pl] (*Blumen, Papier*) Draperie
swag·ger¹ /ˈswæɡə(r)/ *Verb* (*meist abwert*) stolzieren
swag·ger² /ˈswæɡə(r)/ *Nomen* [Sing] (*abwert*) Stolzieren; (*Verhalten*) Gehabe ◊ *She walked to the front with a swagger.* Sie stolzierte großspurig nach vorne.
Swa·hili /swəˈhiːli, swɑːˈh-/ *Nomen* Suaheli
swain /sweɪn/ *Nomen* (*veraltet oder hum*) junger Verehrer, junger verliebter Mann
swal·low¹ /ˈswɒləʊ; *AmE* ˈswɑːloʊ/ *Verb* **1** schlucken, verschlucken **2** **~ sb/sth** (**up**) jdn/etw (ver)schlucken, jdn/etw verschlingen **3** glauben **4** (*Gefühle*) hinunterschlucken IDM ⇨ BITTER¹
swal·low² /ˈswɒləʊ; *AmE* ˈswɑːloʊ/ *Nomen* **1** Schwalbe **2** Schluck
swam *Form von* SWIM¹
swami /ˈswɑːmi/ *Nomen* Swami
swamp¹ /swɒmp; *AmE* swɑːmp/ *Nomen* Sumpf
swamp² /swɒmp; *AmE* swɑːmp/ *Verb* **1** **~ sb/sth** (**with sth**) jdn/etw (mit etw) überschwemmen SYN INUNDATE **2** überfluten, überspülen
swampy /ˈswɒmpi; *AmE* ˈswɑːmpi/ *Adj* sumpfig
swan¹ /swɒn; *AmE* swɑːn/ *Nomen* Schwan
swan² /swɒn; *AmE* swɑːn/ *Verb* (**-nn-**) (*BrE, umgs, abwert*) ◊ *They've gone swanning off to Rome.* Sie sind einfach nach Rom losgezogen. ◊ *They're swanning around the south of France.* Sie amüsieren sich in Südfrankreich. ◊ *when you swanned in* als du auf der Bildfläche erschienen bist
swank /swæŋk/ *Verb* (*BrE, umgs, veraltet, abwert*) arrogant auftreten
swanky /ˈswæŋki/ *Adj* (**swank·i·er, swanki·est**) (*bes BrE, umgs, abwert*) (*bes AmE* **swank** /swæŋk/) protzig ◊ *a swanky hotel* ein protziges Hotel SYN POSH
swan·song /ˈswɒnsɒŋ; *AmE* ˈswɑːnsɔːŋ/ *Nomen* [Sing] Schwanengesang
swap¹ (*auch* **swop**) /swɒp; *AmE* swɑːp/ *Verb* (**-pp-**) **1** **~** (**sth**) (**with sb**) (**etw**) (mit jdm) tauschen; **~ sth for sth** etw für/gegen etw (ein)tauschen ◊ *We spent the evening in the pub swapping stories about our travels.* Wir verbrachten den Abend im Pub und tauschten Geschichten über unsere Reisen aus. **2** **~** (**over**) wechseln **3** **~ sb/sth** (**for sb/sth**) (*bes BrE*) jdn/etw (für/gegen jdn/etw) (um)tauschen ◊ *I'm going to swap you over. Mike will go first and Jon will go second.* Ich werde die Reihenfolge ändern. Mike ist zuerst an der Reihe und dann kommt Jon dran. IDM ⇨ PLACE¹
swap² (*auch* **swop**) /swɒp; *AmE* swɑːp/ *Nomen* [meist Sing] Tausch(geschäft) ◊ *Let's do a swap.* Lass uns tauschen. ◊ *Most of my football stickers are swaps.* Die meisten meiner Fußballaufkleber habe ich eingetauscht.
sward /swɔːd; *AmE* swɔːrd/ *Nomen* (*gehoben*) Grasfläche
swarm¹ /swɔːm; *AmE* swɔːrm/ *Nomen* **1** Schwarm ◊ *a swarm of bees* ein Bienenschwarm **2** Schar
swarm² /swɔːm; *AmE* swɔːrm/ *Verb* (*auch fig*) (aus)schwärmen PHRV **ˈswarm with sb/sth** von jdm/etw wimmeln
swar·thy /ˈswɔːði; *AmE* ˈswɔːrði/ *Adj* dunkel(häutig)
swash·buck·ling /ˈswɒʃbʌklɪŋ; *AmE* ˈswɑːʃ-, ˈswɔːʃ-/ *Adj* nur vor Nomen verwegen
swas·tika /ˈswɒstɪkə; *AmE* ˈswɑːs-/ *Nomen* Hakenkreuz
swat¹ /swɒt; *AmE* swɑːt/ *Verb* (**-tt-**) (*Fliege etc.*) totschlagen
swat² /swɒt; *AmE* swɑːt/ *Nomen* ◊ *She took a swat at the wasp.* Sie schlug nach der Wespe.
swatch /swɒtʃ; *AmE* swɑːtʃ/ *Nomen* (*Probe*) Muster(buch)
swathe¹ /sweɪð/ (*auch* **swath** /swɒθ; *AmE* swɑːθ/) *Nomen* (*gehoben*) (*Land-, Stoff-, Wolken-, Licht-*) Streifen ◊ *vast swathes of countryside* viele ländliche Gegenden IDM cut

a ˈswathe through sth eine Schneise der Verwüstung durch etw schneiden
swathe² /sweɪð/ *Verb meist passiv* **~ sb/sth** (**in sth**) (*gehoben*) jdn/etw (in etw) (ein)wickeln
ˈSWAT team *Nomen* Kurzform von **Special Weapons and Tactics Team** (*bes AmE*) ≈ Sondereinheit der Polizei
sway¹ /sweɪ/ *Verb* **1** schwanken (lassen), (sich) wiegen **2** (*oft passiv*) beeinflussen ◊ *be swayed by sth* sich von etw beeinflussen lassen SYN INFLUENCE
sway² /sweɪ/ *Nomen* **1** Schwanken, Schaukeln, Wiegen **2** (*gehoben*) Einfluss, Macht ◊ *Rebel forces hold sway over the island.* Die Rebellen kontrollieren die Insel.
swear /sweə(r); *AmE* swer/ *Verb* (**swore** /swɔː(r)/, **sworn** /swɔːn; *AmE* swɔːrn/) **1** fluchen **2** **~ at sb/sth** jdn/etw beschimpfen **3** (*kein Passiv*) schwören ◊ *He swore he'd never fly again.* Er schwor sich, nie wieder in ein Flugzeug einzusteigen. ◊ *I could have sworn I heard the phone ring.* Ich könnte schwören, dass das Telefon geläutet hat. **4** **~** (**on sth**) (auf etw) schwören, (auf etw) einen Eid leisten **5** **~ sb to secrecy/silence** jdn auf Geheimhaltung einschwören ◊ *Everyone was sworn to secrecy.* Alle mussten schwören, nichts zu sagen. ☛ *Siehe auch* SWORN IDM **ˈswear ˈblind** (*umgs*) hoch und heilig versichern; Stein und Bein schwören **swear like a ˈtrooper** (*BrE, veraltet*) wie ein Bierkutscher fluchen PHRV **ˈswear by sb** bei jdm schwören **ˈswear by sth** (*nicht in der Verlaufsform*) auf etw schwören **ˌswear sb ˈin** (*oft passiv*) jdn vereidigen **ˌswear sb into sth** (*oft passiv*) ◊ *She was sworn into office.* Sie legte den Amtseid ab. **ˈswear to sth** (*umgs*) etw beschwören
swear·ing /ˈsweərɪŋ; *AmE* ˈswerɪŋ/ *Nomen* Fluchen
ˌswearing-ˈin *Nomen* Vereidigung
ˈswear word *Nomen* Kraftausdruck, Schimpfwort, Fluch
sweat¹ /swet/ *Nomen* **1** Schweiß ◊ *I woke up in a sweat.* Ich wachte schweißgebadet auf. ◊ *work up a sweat* ins Schwitzen kommen ◊ *He breaks out in a sweat just at the thought of it.* Wenn er nur daran denkt, bricht ihm schon der Angstschweiß aus. ☛ *Siehe auch* COLD SWEAT **2** (*umgs*) Plackerei **3 sweats** [Pl] (*bes AmE, umgs*) Trainingsanzug, Trainingshose IDM **be/get in a ˈsweat** (**about sth**) (wegen einer Sache) ins Schwitzen geraten **no ˈsweat** (*umgs*) kein Problem
sweat² /swet/ *Verb* **1** schwitzen ◊ *sweat buckets* stark schwitzen **2** (*BrE*) schmoren, dünsten IDM **make sb ˈsweat 1** jdn in die Mangel nehmen; jdm zusetzen **2** (*warten lassen*) jdn schmoren lassen **sweat ˈblood 1** sich abrackern **2** Blut und Wasser schwitzen **donˈt ˈsweat it** (*AmE, umgs*) mach dir keine Sorgen **donˈt sweat the ˈsmall stuff** (*AmE, umgs*) reg dich wegen Kleinigkeiten nicht auf ☛ *Siehe auch* GUT¹ PHRV **ˌsweat sth ˈoff** etw abschwitzen **ˌsweat it ˈout** (*umgs*) durchhalten
sweat·band /ˈswetbænd/ *Nomen* Schweißband
ˌsweated ˈlabour *Nomen* (*BrE*) [U] **1** unterbezahlte (Schwer)arbeit **2** billige Arbeitskräfte
sweat·er /ˈswetə(r)/ *Nomen* **1** Pullover **2** (*AmE*) Strickjacke
sweat·pants /ˈswetpænts/ *Nomen* [Pl] Trainingshose
sweat·shirt /ˈswetʃɜːt; *AmE* -ʃɜːrt/ *Nomen* Sweatshirt
sweat·shop /ˈswetʃɒp; *AmE* -ʃɑːp/ *Nomen* (*abwert*) ≈ Betrieb mit ausbeuterischen Arbeitsbedingungen
sweat·suit /ˈswetsuːt; *BrE auch* -sjuːt/ *Nomen* (*AmE*) Trainingsanzug
sweaty /ˈsweti/ *Adj* **1** verschwitzt ◊ *sweaty feet* Schweißfüße **2** *nur vor Nomen* anstrengend
swede /swiːd/ *Nomen* (*BrE*) Kohlrübe, Steckrübe
sweep¹ /swiːp/ *Verb* (**swept, swept**) **1** fegen, kehren ◊ *Her hair was swept back from her face.* Ihr Haar war aus dem Gesicht gekämmt. **2** (mit)reißen ◊ *The boat was swept out to sea.* Das Boot wurde aufs Meer hinaus getrieben. ◊ *The waves swept her overboard.* Die Wellen spülten sie über Bord. **3** **~** (**through, over**) **sth** über/durch etw fegen; (*Feuer, Krankheit*) sich in etw ausbreiten; (*Mode*) etw überrollen ◊ *The rumours swept through the company.* Die Gerüchte verbreiteten sich wie ein Lauffeuer in der Firma. **4** **~ into/out of sth** in/aus etw rauschen ◊ (*fig*) *He swept into the room.* Er ging souverän in Führung. **5** (*Handbewegung etc.*) ◊ *She kept sweeping one hand through her hair.* Sie strich sich immer wieder mit der Hand durchs

Haar. ◊ *He swept his arms wide.* Er breitete seine Arme aus. **6** (*Empfindung*) überfallen ◊ *Memories came sweeping back.* Alte Erinnerungen wurden plötzlich wieder wach. **7** absuchen ◊ *His eyes swept around the room.* Seine Augen glitten suchend durchs Zimmer. ◊ *Searchlights swept the sky.* Suchscheinwerfer huschten über den Himmel. **8** sich (in weitem Bogen) erstrecken IDM **sweep the 'board** alle Preise einheimsen **,sweep sb off their 'feet** jds Herz im Sturm erobern **sweep to 'power** an die Macht gelangen **sweep sb to 'power** jdn an die Macht katapultieren **sweep sth under the 'carpet** (*AmE auch* **sweep sth under the 'rug**) etw unter den Teppich kehren PHR V **,sweep sth a'side** etw ignorieren, etw beiseite schieben **,sweep sth a'way 1** etw wegreißen **2** etw aus dem Weg räumen, etw beseitigen **,sweep sth 'out** etw ausfegen **,sweep sb 'up** jdn hochheben **,sweep sth 'up** etw auffegen, etw aufkehren

sweep² /swiːp/ *Nomen* **1** ◊ *give sth a good sweep* etw gründlich fegen/kehren **2** schwungvolle Bewegung ◊ *He indicated the door with a sweep of his arm.* Mit einer schwungvollen Handbewegung wies er auf die Tür. **3** [meist Sing] Bogen, Schwung ◊ *the broad sweep of white cliffs around the bay* der weite Bogen weißer Klippen um die Bucht herum **4** [U] Bereich, Umfang, (zeitlicher) Bogen ◊ *Her book covers the long sweep of the country's history.* Der zeitliche Bogen ihres Buches reicht über die gesamte Geschichte des Landes. **5** (Such)einsatz ◊ *The helicopter made another sweep over the bay.* Der Hubschrauber suchte die Bucht noch einmal ab. **6** = CHIMNEY SWEEP IDM ⇨ CLEAN¹

sweep·er /'swiːpə(r)/ *Nomen* **1** Straßenfeger(in), Straßenkehrer(in) **2** Kehrmaschine ☞ *Siehe auch* MINESWEEPER **3** (*BrE*) (*im Fußball*) Ausputzer

sweep·ing /'swiːpɪŋ/ *Adj* **1** (*Reformen, Programm, Maßnahmen etc.*) umfassend; (*Veränderungen, Machtbefugnisse*) weit reichend **2** (*abwert*) (*verallgemeinernd*) pauschal ◊ *a sweeping generalization* eine unzulässige Verallgemeinerung **3** (*Wahlsieg*) überwältigend **4** *nur vor Nomen* weit ausholend, schwungvoll ◊ *a sweeping staircase* eine geschwungene Treppe

sweep·stake /'swiːpsteɪk/ (*AmE auch* **sweep·stakes**) [Pl] *Nomen* = Wette, bei der der Gewinner alle Einsätze gewinnt

sweet¹ /swiːt/ *Adj* **1** süß (*auch fig*) ◊ *I had a craving for something sweet.* Ich hatte Lust auf etwas Süßes. ◊ *Sweet dreams.* Träum süß ◊ *I can't tell you how sweet this victory is.* Ich kann dir gar nicht sagen, wie glücklich mich dieser Sieg macht. **2** (*Stimme, Klang*) lieblich **3** (*bes BrE*) entzückend, süß SYN CUTE **4** nett, lieb **5 Sweet!** (*AmE, umgs*) Toll! ☞ *Siehe auch* BITTER-SWEET IDM **be 'sweet on sb** (*umgs, veraltet*) in jdn verliebt sein **have a sweet 'tooth** (*umgs*) sehr gern Süßigkeiten essen **in your ,own sweet 'time/'way** wann/wie es einem passt **keep sb 'sweet** (*umgs*) jdn bei Laune halten **sweet F'A**; **sweet Fanny 'Adams** (*BrE, umgs*) überhaupt nichts **sweet 'nothings** Zärtlichkeiten **the sweet smell of suc'cess** (*umgs*) die Süße des Erfolgs ☞ *Siehe auch* HOME¹ *und* SHORT¹

sweet² /swiːt/ *Nomen* **1** (*BrE*) Süßigkeit, Bonbon ◊ *boiled sweets* Fruchtbonbons SYN CANDY **2** (*BrE*) Nachspeise SYN DESSERT *und* PUDDING **3** (*veraltet*) (*Anrede*) Schatz, Liebling

,sweet-and-'sour *Adj nur vor Nomen* süßsauer

sweet·bread /'swiːtbred/ *Nomen* [meist Pl] Bries

sweet·corn /'swiːtkɔːn; *AmE* -kɔːrn/ *Nomen* (*BrE*) Mais

sweet·en /'swiːtn/ *Verb* **1** süßen **2** ~ **sb** (**up**) (*umgs*) jdn gnädig stimmen **3** (*fig*) versüßen IDM ⇨ PILL¹

sweet·en·er /'swiːtnə(r)/ *Nomen* **1** Süßstoff **2** (*umgs*) Schmiergeld

sweet·heart /'swiːthɑːt; *AmE* -hɑːrt/ *Nomen* **1** [Sing] (*Anrede*) Liebling, Schatz **2** (*veraltend*) Liebste(r) ◊ *They were childhood sweethearts.* Sie waren schon als Kinder ein Pärchen.

sweet·ie /'swiːti/ *Nomen* (*umgs*) **1** (*BrE, Kindersp*) Bonbon **2** (*Person*) Schatz **3** [Sing] (*Anrede*) Liebling, Schätzchen

sweet·ish /'swiːtɪʃ/ *Adj* süßlich

sweet·ly *Adv* /'swiːtli/ **1** süß, lieb **2** (*reibungslos*) glatt

sweet·meat /'swiːtmiːt/ *Nomen* (*veraltet*) Süßigkeit

sweet·ness /'swiːtnəs/ *Nomen* **1** Liebenswürdigkeit **2** süßer Geschmack, süßer Duft IDM **be (all) ,sweetness and 'light 1** (sehr) freundlich sein **2** eitel Freude und Sonnenschein sein

,sweet 'pea *Nomen* Gartenwicke

,sweet po'tato *Nomen* (*Pl* **-oes**) Batate, Süßkartoffel

'sweet talk *Nomen* [U] (*umgs*) Schmeichelei(en), Süßholzgeraspel

'sweet-talk *Verb* (*abwert*) beschwatzen

,sweet 'woodruff (*auch* **wood·ruff**) *Nomen* Waldmeister

swell¹ /swel/ *Verb* (**swelled** /sweld/, **swol·len** /'swəʊlən/; *AmE* 'swoʊ-/ *oder* **swelled, swelled**) **1** ~ (**up**) anschwellen, aufquellen **2** ~ (**out**) sich blähen; ~ **sth** (**out**) etw blähen **3** ~ (**to sth**) (*auf etw*) ansteigen, (*auf etw*) anwachsen **4** ~ **sth** (**to sth**) etw (auf etw) erhöhen, etw (auf etw) vergrößern **5** ~ (**with sth**) (vor etw) strahlen, sich (vor etw) aufblähen ◊ *swell with pride* sich vor Stolz aufblähen ☞ *Siehe auch* SWOLLEN

swell² /swel/ *Nomen* **1** Woge, Seegang **2** [Sing] (*gehoben*) Wölbung **3** [Sing] Anschwellen, Ansteigen ☞ *Siehe auch* GROUNDSWELL **4** [Sing] Crescendo SYN CRESCENDO **5** (*umgs, veraltet*) hohes Tier, feiner Pinkel

swell³ /swel/ *Adj* (*AmE, umgs, veraltet*) toll

swell·ing /'swelɪŋ/ *Nomen* Schwellung, Beule

swel·ter /'sweltə(r)/ *Verb* (*vor Hitze*) verschmachten

swel·ter·ing /'sweltərɪŋ/ *Adj* (*Hitze*) glühend

swept *Form von* SWEEP¹

swerve¹ /swɜːv; *AmE* swɜːrv/ *Verb* einen Bogen machen; (*Fahrzeug*) einen Schlenker machen ◊ *swerve to the right* nach rechts ausschwenken

swerve² /swɜːv; *AmE* swɜːrv/ *Nomen* Ausweichbewegung, Schlenker

swift¹ /swɪft/ *Adj* (*Adv* **swift·ly**) (*gehoben*) schnell, rasch ◊ *a swift reaction* eine prompte Reaktion ◊ *The White House was swift to deny the rumours.* Das Weiße Haus dementierte die Gerüchte sofort.

swift² /swɪft/ *Nomen* Mauersegler

swift·ness /'swɪftnəs/ *Nomen* Schnelligkeit

swig¹ /swɪɡ/ *Verb* (**-gg-**) (*umgs*) trinken, hinunterkippen

swig² /swɪɡ/ *Nomen* (*kräftiger*) Schluck

swill¹ /swɪl/ *Verb* **1** ~ **sth** (**out/down**) (*bes BrE*) etw (aus)spülen **2** ~ **sth** (**down**) (*umgs*) (*trinken*) etw hinunterkippen **3** schwappen **4** ~ **sth** (**around**) etw herumschwenken **5** ~ **sth away** etw wegspülen

swill² /swɪl/ *Nomen* **1** = PIGSWILL **2** (*AmE*) Schmutzwasser

swim¹ /swɪm/ *Verb* (**swim·ming, swam** /swæm/, **swum** /swʌm/) **1** schwimmen ◊ *go swimming* schwimmen gehen **2** ~ **sth** etw durchschwimmen **3** verschwimmen **4** sich drehen ◊ *His head swam.* In seinem Kopf drehte sich alles. IDM ⇨ SINK¹

swim² /swɪm/ *Nomen* [Sing] ◊ *Let's go for/have a swim.* Gehen wir schwimmen. IDM **in the 'swim (of things)** (*umgs*) mitten im Geschehen ◊ *Since leaving the company, he's no longer in the swim of things.* Seitdem er die Firma verlassen hat, hat er den Anschluss verloren.

swim·mer /'swɪmə(r)/ *Nomen* Schwimmer(in) ◊ *He's a strong swimmer.* Er kann gut schwimmen.

swim·ming *Nomen* /'swɪmɪŋ/ Schwimmen ◊ *I don't like swimming.* Ich schwimme nicht gern.

'swimming bath *Nomen* [meist Pl] (*BrE, veraltet*) Schwimmbad

'swimming cap (*auch* **'swimming hat**) *Nomen* (*BrE*) Badekappe, Badehaube

'swimming costume (*auch* **cos·tume**) *Nomen* (*BrE*) Badeanzug

swim·ming·ly *Adv* /'swɪmɪŋli/ (*umgs*) reibungslos

'swimming pool (*auch* **pool**) *Nomen* Schwimmbad, Schwimmbecken ◊ *an indoor swimming pool* ein Hallenbad ◊ *an outdoor/open-air swimming pool* ein Freibad

'swimming trunks (*auch* **trunks**) *Nomen* [Pl] Badehose ◊ *a pair of swimming trunks* eine Badehose

swim·suit /'swɪmsuːt; *BrE auch* -sjuːt/ *Nomen* Badeanzug

swim·wear /'swɪmweə(r); *AmE* -wer/ *Nomen* (*gehoben*) Badekleidung

swin·dle¹ /'swɪndl/ *Verb* ~ **sb** (**out of sth**) jdn (um etw) betrügen; ~ **sth** (**out of sb**) etw (von jdm) erschwindeln

swin·dle² /'swɪndl/ *Nomen* Betrug, Schwindel

swind·ler /'swɪndlə(r)/ *Nomen* Betrüger(in), Schwindler(in)

swine /swaɪn/ *Nomen* (*Pl* **swines** *oder* **swine**) **1** (*umgs*) (*Schimpfwort*) Schwein **2** swine [Pl] (*Fachspr oder veraltet*) Schweine ◇ *swine fever* Schweinepest IDM ⇨ PEARL

swing¹ /swɪŋ/ *Verb* (**swung, swung** /swʌŋ/) **1** baumeln (lassen) ◇ *He sat on the stool, swinging his legs.* Er saß auf dem Hocker und ließ die Beine baumeln. **2** schwingen ◇ *He swung himself out of the car.* Er schwang sich aus dem Auto. ◇ *As he pushed her, she swung higher and higher.* Er stieß sie an und sie schaukelte höher und höher. **3** (*Tür etc.*) ~ **open/to** auf-/zugehen **4** ~ **sth open** etw aufstoßen **5** schwenken (*auch fig*) ◇ *The seat swung to Labour.* Die Wähler sind zur Labour-Partei geschwenkt. ◇ *The game could swing either way.* Der Ausgang des Spiels ist offen. ◇ *I managed to swing them round to my point of view.* Es gelang mir, sie auf meine Seite zu bringen. **6** ~ (**sth**) (**at sb/sth**) zum Schlag (gegen jdn/etw) (mit etw) ausholen **7** ~ (**between A and B**) (zwischen A und B) schwanken **8** (*umgs*) deichseln ◇ *Is there any chance of you swinging us a couple of tickets?* Kannst du uns vielleicht ein paar Eintrittskarten verschaffen? **9** (MUS) einen schwungvollen Rhythmus haben **10** (*umgs*) **be swinging** (*Party etc.*) toll sein IDM **swing the 'balance** den Ausschlag geben **swing both 'ways** (*umgs*) bisexuell sein **,swing into 'action** an die Arbeit gehen; (*Sache*) losgehen ☛ *Siehe auch* ROOM¹ PHRV **,swing 'by** (*AmE, umgs*) bei jdm vorbeischauen

swing² /swɪŋ/ *Nomen* **1** Schwung, Schwingen ◇ *He took a wild swing at the ball.* Er holte aus und schlug mit viel Schwung nach dem Ball. ◇ *the swing of her hips* das Wiegen ihrer Hüften **2** Umschwung, Schwenk ◇ *abrupt swings of mood* starke Stimmungsschwankungen ◇ *a 10% swing to Labour* ein zehnprozentiger Umschwung zugunsten der Labour-Partei **3** Schaukel **4** (MUS) Swing IDM **get in/into the 'swing (of sth)** (*umgs*) sich (in etw) einleben; sich (in etw) einarbeiten **go with a 'swing** (*BrE*) **1** ◇ *The party went with a swing.* Die Party war toll. ◇ *She made the party go with a swing.* Sie brachte eine tolle Stimmung in die Party. **2** einen schwungvollen Rhythmus haben **in full 'swing** in vollem Gange **,swings and 'roundabouts** (*BrE, umgs*) ◇ *It's all swings and roundabouts.* Es ist gehupft wie gesprungen.

,swing 'bridge *Nomen* (*BrE*) Drehbrücke

,swing 'door *Nomen* (*BrE*) Pendeltür

swinge·ing /'swɪndʒɪŋ/ *Adj* (*BrE, gehoben*) **1** drastisch **2** (*Kritik etc.*) scharf

swing·er /'swɪŋə(r)/ *Nomen* (*umgs, veraltet*) **1** Partylöwe, -löwin **2** ◇ *He's a bit of a swinger.* Er schläft mit jeder.

swing·ing /'swɪŋɪŋ/ *Adj* (*umgs, veraltet*) lebenslustig

,swinging 'door *Nomen* (*AmE*) Pendeltür

swipe¹ /swaɪp/ *Verb* **1** schlagen; ~ **at sth/sb** nach etw/jdm schlagen **2** (*umgs*) klauen SYN PINCH **3** (*Kreditkarte etc.*) durchziehen

swipe² /swaɪp/ *Nomen* (*umgs*) ◇ *She took a swipe at him with her stick.* Sie schlug mit ihrem Stock nach ihm. ◇ *He used the interview to take a swipe at his critics.* Er benutzte das Interview dazu, seine Kritiker anzugreifen.

'swipe card *Nomen* Magnetkarte

swirl¹ /swɜːl/; *AmE* swɜːrl/ *Verb* **1** wirbeln ◇ *Her skirt swirled around her ankles.* Ihr Rock flatterte um ihre Knöchel. ◇ *swirling mists* wallender Nebel **2** schwenken

swirl² /swɜːl/; *AmE* swɜːrl/ *Nomen* **1** Wirbel **2** Spirale

swish¹ /swɪʃ/ *Verb* zischen (lassen), sausen (lassen) ◇ *Its tail swished.* Sein Schwanz schlug hin und her. ◇ *The pony swished its tail.* Das Pony schlug mit dem Schwanz.

swish² /swɪʃ/ *Nomen* Zischen, Sausen, Rascheln

swish³ /swɪʃ/ *Adj* (*BrE, umgs*) schick, nobel SYN SMART

,Swiss 'chard (*auch* **chard**) *Nomen* Mangold

,Swiss 'cheese *Nomen* Schweizer Käse

,Swiss 'roll *Nomen* (*BrE*) Biskuitrolle

switch¹ /swɪtʃ/ *Nomen* **1** Schalter ◇ *at the flick of a switch* per Knopfdruck **2** Änderung, Wechsel ◇ *a switch of priorities* eine Verschiebung der Prioritäten **3** (*AmE*) Weiche **4** Gerte

switch² /swɪtʃ/ *Verb* **1** wechseln; ~ (**sth**) (**over**) (**to sth**) (etw) (auf etw) umstellen ◇ *switch between programs* von einem Programm aufs andere schalten ◇ *The meeting has been switched to next week.* Die Versammlung ist auf nächste Woche verlegt worden. **2** ~ **sth** (**over/around/round**) etw vertauschen, etw umstellen **3** tauschen; ~ **sth** (**over/around/round**) etw austauschen SYN SWAP PHRV **,switch 'off** (*umgs*) abschalten **,switch** (**sth**) **'on/'off** (etw) ein-/ausschalten, (etw) an-/abstellen **,switch** (**sth**) **'over** (*BrE*) (etw) umschalten

switch·back /'swɪtʃbæk/ *Nomen* **1** Serpentinenstraße **2** (*AmE*) Serpentine ◇ *switchback railway* Berg-und-Talbahn

switch·blade /'swɪtʃbleɪd/ *Nomen* (*bes AmE*) Springmesser

switch·board /'swɪtʃbɔːd/; *AmE* -bɔːrd/ *Nomen* Vermittlung, Zentrale ◇ *a switchboard operator* ein(e) Telefonist(in) ◇ *Fans jammed the switchboard for hours.* Fans blockierten stundenlang die Telefonleitungen.

swivel¹ /'swɪvl/ *Nomen* Drehgelenk ◇ *a swivel chair* ein Drehstuhl

swivel² /'swɪvl/ (**-ll-**, *AmE* **-l-**) *Verb* (sich) drehen; ~ **around** (sich) herumdrehen

swol·len /'swəʊlən/; *AmE* 'swoʊ-/ *Adj* geschwollen; (*Fluss*) angeschwollen ☛ *Siehe auch* SWELL

swoon¹ /swuːn/ *Verb* **1** ~ (**over sb**) (für jdn) schwärmen **2** (*veraltet*) ohnmächtig werden

swoon² /swuːn/ *Nomen* [Sing] (*veraltet*) Ohnmacht

swoop¹ /swuːp/ *Verb* **1** herabstoßen, nach unten fliegen ◇ *The aircraft swooped down over the buildings.* Das Flugzeug flog im Tiefflug über die Gebäude. **2** ~ (**on sb/sth**) (*Polizei*) (über jdn/etw) herfallen, (auf jdn/etw) eine Razzia machen

swoop² /swuːp/ *Nomen* **1** Sturzflug **2** ~ (**on sb/sth**) Razzia (bei jdm/in etw) IDM ⇨ FELL⁴

swop = SWAP

sword /sɔːd/; *AmE* sɔːrd/ *Nomen* Schwert IDM **put sb to the 'sword** (*veraltet oder gehoben*) jdn hinrichten; jdn töten **turn swords into 'ploughshares** (*gehoben*) Schwerter zu Pflugscharen machen ☛ *Siehe auch* CROSS² *und* DOUBLE-EDGED

'sword dance *Nomen* Schwerttanz

sword·fish /'sɔːdfɪʃ/; *AmE* 'sɔːrd-/ *Nomen* (*Pl* **sword·fish**) Schwertfisch

swords·man /'sɔːdzmən/; *AmE* 'sɔːrdz-/ *Nomen* (*Pl* **-men** /-mən/) Fechter

swore *Form von* SWEAR¹

sworn /swɔːn/; *AmE* swɔːrn/ *Adj nur vor Nomen* **1** ◇ *a sworn witness* ein beeidigter Zeuge ◇ *a sworn statement* eine eidesstattliche Erklärung ◇ *sworn evidence* Aussage unter Eid **2** ~ **enemies** Todfeinde ☛ *Siehe auch* SWEAR¹

swot¹ /swɒt/; *AmE* swɑːt/ *Nomen* (*umgs, abwert*) Streber(in)

swot² /swɒt/; *AmE* swɑːt/ *Verb* (**-tt-**) (*BrE, umgs*) büffeln PHRV **,swot sth 'up**; **,swot 'up on sth** (*BrE, umgs*) etw büffeln ◇ *Swot up on the company before the interview.* Finde vor dem Vorstellungsgespräch alles über die Firma heraus.

swum *Form von* SWIM¹

swung *Form von* SWING¹

syb·ar·it·ic /ˌsɪbəˈrɪtɪk/ *Adj* (*selten, gehoben*) sybaritisch, Genuss- ◇ *his sybaritic lifestyle* sein üppiger Lebensstil

syca·more /'sɪkəmɔː(r)/ *Nomen* **1** (*bes BrE*) Bergahorn **2** (*bes AmE*) amerikanische Platane **3** Ahorn(holz)

syco·phancy /'sɪkəfənsi/ *Nomen* Kriecherei, Speichelleckerei

syco·phant /'sɪkəfænt/ *Nomen* (*gehoben, abwert*) Kriecher(in), Speichellecker(in)

syco·phan·tic /ˌsɪkəˈfæntɪk/ *Adj* kriecherisch, schmeichlerisch, devot

syl·lab·ic /sɪˈlæbɪk/ *Adj* **1** Silben- ◇ *syllabic stress* Silbenbetonung **2** silbisch

syl·lable /'sɪləbl/ *Nomen* Silbe ◇ *a two-syllable word* ein zweisilbiges Wort IDM ⇨ WORD¹

syl·la·bub /'sɪləbʌb/ *Nomen* (*BrE*) Weinschaumcreme

syl·la·bus /'sɪləbəs/ *Nomen* (*Pl* **syl·la·buses** *oder* **syl·labi** /'sɪləbaɪ/) Lehrplan, Studienplan

syl·lo·gism /ˈsɪlədʒɪzəm/ Nomen (PHILOS) Syllogismus
syl·lo·gist·ic /ˌsɪləˈdʒɪstɪk/ Adj nur vor Nomen syllogistisch
syl·van /ˈsɪlvən/ Adj (gehoben) Wald-
sym·bi·osis /ˌsɪmbaɪˈəʊsɪs; AmE -ˈoʊsɪs/ Nomen (Pl **sym·bi·oses** /-ˈəʊsiːz; AmE -ˈoʊsiːz/) **1** (BIOL) Symbiose **2** Zweckgemeinschaft
sym·bi·ot·ic /ˌsɪmbaɪˈɒtɪk; AmE -ˈɑːtɪk/ Adj (Adv **sym·biot·ic·al·ly** /-kli/) symbiotisch
sym·bol /ˈsɪmbl/ Nomen **1** ~ (of sth) Symbol (für etw) **2** (Fachspr) Symbol, Zeichen
sym·bol·ic /sɪmˈbɒlɪk; AmE -ˈbɑːlɪk/ Adj (Adv **sym·bol·ic·al·ly** /-kli/) ~ (of sth) symbolisch (für etw) ◊ *a symbolically significant gesture* eine Geste mit symbolischer Bedeutung
sym·bol·ism /ˈsɪmbəlɪzəm/ Nomen **1** Symbolik **2** (KUNST, LIT) Symbolismus
sym·bol·ist¹ /ˈsɪmbəlɪst/ Adj (KUNST, LIT) symbolistisch
sym·bol·ist² /ˈsɪmbəlɪst/ Nomen (KUNST, LIT) Symbolist(in)
sym·bol·ize (BrE auch **-ise**) /ˈsɪmbəlaɪz/ Verb symbolisieren ◊ *He came to symbolize justice.* Er wurde zum Symbol der Gerechtigkeit. SYN REPRESENT
sym·met·ric·al /sɪˈmetrɪkl/ (auch **sym·met·ric** /sɪˈmetrɪk/) Adj (Adv **sym·met·ric·al·ly** /-kli/) symmetrisch OPP ASYMMETRIC
sym·metry /ˈsɪmətri/ Nomen Symmetrie
sym·pa·thet·ic /ˌsɪmpəˈθetɪk/ Adj **1** mitfühlend, verständnisvoll; **be** ~ **to/towards sb** (für jdn) Verständnis aufbringen ◊ *I'm here if you need a sympathetic ear.* Ich habe immer ein offenes Ohr für dich. ◊ *a sympathetic manner* eine verbindliche Art ◊ *a sympathetic response* eine tröstliche Antwort **2** ~ **(to/towards sb/sth)** (für jdn) zugänglich ◊ *The newspapers are sympathetic to the President.* Die Zeitungen stehen dem Präsidenten wohlwollend gegenüber. **3** sympathisch ● Anstelle von **sympathetic** wird in dieser Bedeutung meist **likeable** oder **pleasant** gebraucht. OPP UNSYMPATHETIC
sym·pa·thet·ic·al·ly /ˌsɪmpəˈθetɪkli/ Adv verständnisvoll, mitfühlend, wohlwollend
sym·pa·thize (BrE auch **-ise**) /ˈsɪmpəθaɪz/ Verb **1** ~ **(with sb/sth)** (mit jdm/etw) Mitleid haben, (für jdn/etw) Verständnis haben **2** ~ **with sb/sth** jdn/etw unterstützen; (Partei etc.) mit jdm/etw sympathisieren
sym·pa·thizer (BrE auch **-iser**) /ˈsɪmpəθaɪzə(r)/ Nomen Sympathisant(in)
sym·pathy /ˈsɪmpəθi/ Nomen (Pl **-ies**) **1** Mitgefühl, Mitleid, Verständnis ◊ *express sympathy for sb* jdm sein Mitgefühl aussprechen ◊ *(gehoben) May we offer our deepest sympathies.* Wir möchten Ihnen unser tiefstes Beileid aussprechen. **2** [meist Pl] Sympathie, Unterstützung ◊ *There was no sympathy between them.* Sie waren sich unsympathisch. IDM **in ˈsympathy with sth** (gehoben) in Solidarität mit etw ◊ *Share prices slipped in sympathy with events.* Der Fall der Aktienpreise ging einher mit den Ereignissen. **be out of ˈsympathy with sb/sth** (gehoben) nicht mit jdm/etw übereinstimmen
sym·phon·ic /sɪmˈfɒnɪk; AmE -ˈfɑːn-/ Adj sinfonisch
sym·phony /ˈsɪmfəni/ Nomen (Pl **-ies**) Sinfonie
sym·po·sium /sɪmˈpəʊziəm; AmE -ˈpoʊ-/ Nomen (Pl **sym·po·sia** /-ziə/ oder **sym·po·siums**) Symposium, Tagung
symp·tom /ˈsɪmptəm/ Nomen Symptom, Anzeichen
symp·tom·at·ic /ˌsɪmptəˈmætɪk/ Adj ~ **(of sth)** (für etw) symptomatisch
symp·tom·ize /ˈsɪmptəmaɪz/ Verb (AmE) symptomatisch sein für
syna·gogue /ˈsɪnəgɒg; AmE -gɑːg/ Nomen Synagoge
sync (auch **synch**) /sɪŋk/ Nomen (umgs) = SYNCHRONIZATION IDM **in ˈsync** synchron **out of ˈsync** nicht in Einklang; (Film) nicht synchron ● Siehe auch LIP-SYNC
syn·chron·iza·tion (BrE auch **-isa·tion**) /ˌsɪŋkrənaɪˈzeɪʃn; AmE -nəˈz-/ (umgs **sync**) Nomen Synchronisation
syn·chron·ize (BrE auch **-ise**) /ˈsɪŋkrənaɪz/ Verb **1** ~ **sth (with sth)** etw (mit etw) synchronisieren, etw (auf etw) abstimmen ◊ *synchronized movements* aufeinander abgestimmte Bewegungen ◊ *Let's synchronize our watches.* Wir sollten unsere Uhren gleichstellen. **2** ~ **(with sth)** (mit etw) synchron sein, (mit etw) übereinstimmen

ˌsynchronized ˈswimming (BrE auch **-ised**) Nomen Synchronschwimmen
syn·chron·ous /ˈsɪŋkrənəs/ Adj (gehoben) synchron, gleichzeitig
syn·co·pated /ˈsɪŋkəpeɪtɪd/ Adj (MUS) synkopiert
syn·co·pa·tion /ˌsɪŋkəˈpeɪʃn/ Nomen (MUS) Synkopierung
syn·dic·al·ism /ˈsɪndɪkəlɪzəm/ Nomen Syndikalismus
syn·dic·al·ist¹ /ˈsɪndɪkəlɪst/ Nomen Syndikalist(in)
syn·dic·al·ist² /ˈsɪndɪkəlɪst/ Adj syndikalistisch
syn·di·cate¹ /ˈsɪndɪkət/ Nomen Syndikat, Interessengemeinschaft ◊ *a syndicate of banks* ein Bankenkonsortium
syn·di·cate² /ˈsɪndɪkeɪt/ Verb (Fachspr) syndizieren ◊ *His column is syndicated throughout the world.* Seine Kolumne wird in vielen Zeitungen in der ganzen Welt veröffentlicht.
syn·di·ca·tion /ˌsɪndɪˈkeɪʃn/ Nomen [U] (Fachspr) Syndizierung
syn·drome /ˈsɪndrəʊm; AmE -droʊm/ Nomen **1** Syndrom ● Siehe auch DOWN'S SYNDROME **2** Phänomen
syn·ergy /ˈsɪnədʒi; AmE -ərdʒi/ Nomen (Pl **-ies**) Synergie
synod /ˈsɪnəd; BrE auch -ɒd/ Nomen (REL) Synode
syno·nym /ˈsɪnənɪm/ Nomen Synonym OPP ANTONYM
syn·onym·ous /sɪˈnɒnɪməs; AmE -ˈnɑːn-/ Adj **1** (LING) synonym **2** ~ **(with sth)** gleichbedeutend (mit etw)
syn·op·sis /sɪˈnɒpsɪs; AmE -ˈnɑːp-/ Nomen (Pl **syn·op·ses** /-siːz/) Zusammenfassung
syn·op·tic /sɪˈnɒptɪk; AmE -ˈnɑːp-/ Adj (gehoben) synoptisch, zusammenfassend
syn·tac·tic /sɪnˈtæktɪk/ Adj (Adv **syn·tac·tic·al·ly** /-kli/) (LING) syntaktisch
syn·tax /ˈsɪntæks/ Nomen Syntax; (Grammatik auch) Satzbau
syn·the·sis /ˈsɪnθəsɪs/ Nomen (Pl **syn·the·ses** /-siːz/) **1** Synthese ◊ *the synthesis of art with everyday life* die Verschmelzung der Kunst mit dem Alltag **2** Synthetisierung ◊ *the synthesis of penicillin* die synthetische Herstellung von Penicillin
syn·the·size (BrE auch **-ise**) /ˈsɪnθəsaɪz/ Verb **1** synthetisieren, synthetisch herstellen **2** (Ideen, Stile etc.) zusammenbringen
syn·the·sizer (BrE auch **-iser**) /ˈsɪnθəsaɪzə(r)/ Nomen Synthesizer
syn·thet·ic¹ /sɪnˈθetɪk/ Adj (Adv **syn·thet·ic·al·ly** /-kli/) synthetisch, Kunst- SYN MAN-MADE
syn·thet·ic² /sɪnˈθetɪk/ Nomen **1** Kunststoff **2** Gewebe aus Kunstfasern ◊ *cotton fabrics and synthetics* Baumwollstoffe und Synthetik
syph·ilis /ˈsɪfɪlɪs/ Nomen Syphilis
syph·il·it·ic /ˌsɪfɪˈlɪtɪk/ Adj syphilitisch
sy·phon = SIPHON
syr·inge¹ /sɪˈrɪndʒ/ Nomen Injektionsspritze
syr·inge² /sɪˈrɪndʒ/ Verb (Ohren etc.) ausspülen
syrup /ˈsɪrəp/ Nomen Sirup
syr·upy /ˈsɪrəpi/ Adj **1** sirupähnlich **2** (abwert) süßlich, schnulzig
sys·tem /ˈsɪstəm/ Nomen **1** System ◊ *the British educational system* das britische Bildungswesen **2** (TECH) System, Anlage ● Siehe auch PUBLIC ADDRESS SYSTEM **3** Körper ◊ *You have to wait until the drugs have passed out of your system.* Sie müssen warten, bis die Drogen ausgeschieden werden. **4** ◊ *the respiratory system* der Atmungsapparat ◊ *the male reproductive system* die männlichen Fortpflanzungsorgane ● Siehe auch CENTRAL NERVOUS SYSTEM IDM **get sth out of your ˈsystem** (umgs) über etw hinwegkommen
sys·tem·at·ic /ˌsɪstəˈmætɪk/ Adj (Adv **sys·tem·at·ic·al·ly** /-kli/) systematisch OPP UNSYSTEMATIC
sys·tem·atiza·tion (BrE auch **-isa·tion**) /ˌsɪstəmətaɪˈzeɪʃn; AmE -təˈz-/ Nomen Systematisierung
sys·tem·atize (BrE auch **-ise**) /ˈsɪstəmətaɪz/ Verb systematisieren
sys·tem·ic /sɪˈstemɪk, sɪˈstiːmɪk/ Adj (Adv **sys·tem·ic·al·ly** /-kli/) (BIOL, MED) systemisch
ˈsystems analysis Nomen Systemanalyse
ˈsystems analyst Nomen Systemanalytiker(in)

T t

T, t /tiː/ *Nomen* (*Pl* **T's, t's**) T, t ☞ *Beispiele bei* A, a ☞ *Siehe auch* T-JUNCTION, T-SHIRT *und* T-SQUARE IDM **to a 'T'/'tee** (*umgs*) genau richtig; haargenau ☞ *Siehe auch* DOT²

TA /ˌtiː'eɪ/ *Abk* **1** (*BrE*) = TERRITORIAL ARMY **2** (*AmE*) = TEACHING ASSISTANT (2)

ta /tɑː/ *Ausruf* (*BrE, Slang*) danke

tab /tæb/ *Nomen* **1** Lasche; (*an Karteikarten etc.*) Tab, Reiter **2** = TAB STOP **3** (*AmE*) (*an Dosen*) Ringpull-Verschluss **4** Rechnung, Kosten ◊ *run up a bar tab* die Getränke anschreiben lassen **5** (*umgs*) Tablette IDM **keep (close) tabs on sb/sth** (*umgs*) jdn/etw (genau) im Auge behalten ☞ *Siehe auch* PICK¹

tabby /'tæbi/ *Nomen* (*auch* **'tabby cat**) getigerte Katze

tab·er·nacle /'tæbənækl/ *AmE* -bərn-/ *Nomen* **1** Gotteshaus, Kirche **2 the tabernacle** die Stiftshütte

table¹ /'teɪbl/ *Nomen* **1** Tisch ◊ *at table* bei Tisch **2** (Tisch)runde **3** Verzeichnis, Tabelle ☞ *Siehe auch* THE PERIODIC TABLE **4** (SPORT) Tabelle ◊ *They'll go to the top of the table.* Sie werden Tabellenführer sein. **5** = MULTIPLICATION TABLE IDM **put sth on the 'table 1** (*BrE*) (*Plan, Vorschlag etc.*) unterbreiten; vorlegen **2** (*bes AmE*) (*Plan, Vorschlag etc.*) zurückstellen; aufschieben **turn the 'tables (on sb)** (jdm gegenüber) den Spieß umdrehen ☞ *Siehe auch* CARD¹, DRINK¹ *und* WAIT¹

table² /'teɪbl/ *Verb* **1** (*BrE*) vorlegen **2** (*AmE*) zurückstellen

tab·leau /'tæbləʊ; *AmE* -loʊ/ *Nomen* (*Pl* **tab·leaux** /-ləʊ, -ləʊz; *AmE* -loʊ, -loʊz/) **1** Tableau **2** (*fig*) Szene

table·cloth /'teɪblklɒθ; *AmE* -klɔːθ/ *Nomen* Tischtuch

table d'hôte /ˌtɑːbl 'dəʊt; *AmE* 'doʊt/ *Nomen* Tagesmenü ◊ *the table d'hôte menu* die Tageskarte

'table 'football *Nomen* Tischfußball

'table manners *Nomen* [Pl] Tischmanieren

'table mat *Nomen* (*BrE*) Untersetzer, Set

'table napkin (*auch* **nap·kin**) *Nomen* Serviette

table·spoon /'teɪblspuːn/ *Nomen* **1** Servierlöffel **2** (*auch* **table·spoon·ful** /-fʊl/) (*Abk* **tbsp**) (*in Rezepten etc.*) Esslöffel, 15 ml

tab·let /'tæblət/ *Nomen* **1** (*bes BrE*) Tablette **2** (Stein-, Ton-) Tafel ◊ *a memorial tablet* eine Gedenktafel ◊ (*fig*) *These regulations are not set in tablets of stone.* Diese Regelungen sind nicht in Stein gemeißelt. **3 ~ of soap** (*gehoben, veraltet*) Stück Seife

'table tennis *Nomen* Tischtennis

'table top *Nomen* Tischplatte

'table-top *Adj* nur vor Nomen Tisch- ◊ *a table-top machine* ein Tischgerät ◊ *a table-top sale* ein Tischverkauf ☞ *Hinweis bei* BRING-AND-BUY SALE

table·ware /'teɪblweə(r); *AmE* -wer/ *Nomen* = Tischgeschirr, Gläser und Besteck

tab·loid /'tæblɔɪd/ *Nomen* **1** (kleinformatiges) Boulevardblatt ☞ *Hinweis bei* BROADSHEET **2** *Adj nur vor Nomen* Boulevard- ◊ *tabloid journalists* Reporter der Boulevardpresse

taboo /tə'buː/ **1** *Nomen* (*Pl* **ta·boos**) Tabu **2** *Adj* tabu, Tabu-

'tab stop (*auch* **tab**) *Nomen* Tabulator

tabu·lar /'tæbjələ(r)/ *Adj* tabellarisch, tabellenförmig

tabu·late /'tæbjuleɪt/ *Verb* tabellarisch anordnen, tabellarisieren

tabu·la·tion /ˌtæbju'leɪʃn/ *Nomen* tabellarische Darstellung, Tabellarisierung

tacho·graph /'tækəgrɑːf; *AmE* -græf/ *Nomen* Fahrtenschreiber, Tachograf

tach·om·eter /tæ'kɒmɪtə(r); *AmE* -'kɑːm-/ *Nomen* (*Fachspr*) Drehzahlmesser

tacit /'tæsɪt/ *Adj* (*Adv* **tacit·ly**) (*gehoben*) stillschweigend

taci·turn /'tæsɪtɜːn; *AmE* -tɜːrn/ *Adj* wortkarg, schweigsam

tack¹ /tæk/ *Nomen* **1** [U/Sing] (*fig*) Richtung, Weg ◊ *a complete change of tack* ein völliger Richtungswechsel ◊ *She decided to try a different tack.* Sie versuchte es anders. **2** (NAUT) Kreuzen **3** (NAUT) (*Strecke*) Schlag ◊ *on (a) port/starboard tack* auf Backbord-/Steuerbordbug **4** kleiner Nagel, Stift **5** (*AmE*) Reißnagel, Reißzwecke **6** (*beim Nähen*) Heftstich **7** (*Fachspr*) Sattel- und Zaumzeug IDM ⇨ BRASS

tack² /tæk/ *Verb* **1** annageln **2** (*beim Nähen*) heften **3** (NAUT) lavieren, kreuzen PHR V **ˌtack sth 'on(to sth)** etw (an etw) anfügen, etw (an etw) anhängen

tackle¹ /'tækl/ *Verb* **1** angehen, in Angriff nehmen; (*erfolgreich*) bewältigen, meistern ◊ *They are determined to tackle inflation.* Sie sind fest entschlossen, die Inflation zu bekämpfen. **2 ~ sb (about sth)** jdn (auf etw) ansprechen, jdn (mit etw) konfrontieren **3** (*beim Fußball etc.*) angreifen; (*beim American Football, Rugby*) fassen **4** losgehen auf, packen

tackle² /'tækl/ *Nomen* **1** (*beim Fußball etc.*) Angriff, Tackling **2** (*AmE*) (*beim American Football*) = Spieler, der die gegnerische Abwehr angreift, bzw. seine Mitspieler vor den gegnerischen Verteidigern schützt **3** (*Ausrüstung*) Zeug **4** (*BrE, Slang*) (*männliche Geschlechtsteile*) Gerät, Gehänge ☞ *Siehe auch* BLOCK AND TACKLE

tack·ler /'tæklə(r)/ *Nomen* (*BrE*) (SPORT) Angreifer(in) ◊ *He beat three tacklers.* Er spielte drei Gegner aus.

tacky /'tæki/ *Adj* **1** (*umgs*) kitschig, billig, geschmacklos **2** klebrig

tact /tækt/ *Nomen* Takt(gefühl)

tact·ful /'tæktfl/ *Adj* (*Adv* **tact·ful·ly** /-fəli/) taktvoll

tac·tic /'tæktɪk/ *Nomen* [meist Pl] Taktik ◊ *delaying tactics* eine Verzögerungstaktik

tac·tic·al /'tæktɪkl/ *Adj* (*Adv* **tac·tic·al·ly** /-kli/) taktisch ◊ *That was a tactical error.* Das war taktisch unklug.

tac·ti·cian /tæk'tɪʃn/ *Nomen* Taktiker(in)

tact·ile /'tæktaɪl; *AmE* -tl/ *Adj* (*gehoben*) taktil, Tast- ◊ *tactile fabric* Stoff, der sich gut anfühlt ◊ *He's a very tactile man.* Er ist sehr auf Körperkontakt aus.

tact·less /'tæktləs/ *Adj* (*Adv* **tact·less·ly**) taktlos

tact·less·ness /'tæktləsnəs/ *Nomen* Taktlosigkeit

tad /tæd/ *Nomen* [Sing] **a tad** (*umgs*) ein Tick, ein klein bisschen

tad·pole /'tædpəʊl; *AmE* -poʊl/ *Nomen* Kaulquappe

tae kwon do /ˌtaɪ ˌkwɒn 'dəʊ; *AmE* -ˌkwɑːn 'doʊ/ *Nomen* Taekwondo

taf·feta /'tæfɪtə/ *Nomen* Taft

Taffy /'tæfi/ *Nomen* (*Pl* **-ies**) (*auch* **Taff** /tæf/) (*BrE, umgs, oft abwert*) Waliser(in)

taffy /'tæfi/ *Nomen* (*AmE*) Toffee, Karamellbonbon

tag¹ /tæɡ/ *Nomen* **1** (*oft in Zusammensetzungen*) Schild(chen), Etikett ◊ *a gift tag* ein Geschenkanhänger ◊ *electronic tags* elektronische Fesseln **2** [meist Sing] Beiname ◊ *The 'lucky' tag stuck for years.* „Glückspilz" war jahrelang sein zweiter Name. **3** (LING) = TAG QUESTION **4** Redensart **5** (*Spiel*) Fangen

tag² /tæɡ/ *Verb* (**-gg-**) **1** etikettieren, auszeichnen, mit einem Schild/Anhänger versehen ◊ *Each animal was tagged with a number.* Jedes Tier war mit einer Nummer versehen. **2 ~ sb/sth as sth** jdn/etw als etw bezeichnen ◊ *The country no longer wanted to be tagged as a Third World nation.* Das Land wollte nicht mehr als Dritte-Welt-

Land abgestempelt werden. SYN LABEL PHRV ,tag a'long behind sb hinter jdm her trotten ,tag a'long (with sb) sich (jdm) anschließen ,tag sth 'on(to sth) etw (an etw) anhängen, etw (an etw) anfügen

'tag line Nomen (AmE, umgs) 1 Pointe 2 (Werbe)slogan

'tag question (auch tag) Nomen Frageanhängsel

t'ai chi ch'uan /ˌtaɪ tʃiː 'tʃwɑːn/ (auch t'ai chi) Nomen Tai-Chi (Chuan)

tail¹ /teɪl/ Nomen 1 Schwanz 2 Hinterteil; (Flugzeug etc.) Heck; (Komet) Schweif 3 Ende ☛ Siehe auch TAIL END 4 tails [Pl] Frack ◊ The men all wore top hat and tails. Alle Männer trugen Frack und Zylinder. ☛ Siehe auch SHIRT TAIL 5 tails (Rückseite einer Münze) Zahl 6 (umgs) Beschatter(in) ◊ The police have put a tail on him. Er wird von der Polizei beschattet. IDM heads or 'tails? Kopf oder Zahl? not make head nor 'tail of sth aus etw nicht schlau werden on sb's 'tail (umgs) jdm auf den Fersen; jdm im Nacken the tail (is) wagging the 'dog der Schwanz wackelt mit dem Hund turn 'tail die Flucht ergreifen with your tail between your 'legs (umgs) mit eingezogenem Schwanz ☛ Siehe auch NOSE¹ und STING²

tail² /teɪl/ Verb beschatten SYN SHADOW IDM ⇨ TOP PHRV ,tail a'way/'off (bes BrE) schwächer werden, abnehmen ◊ 'But why …?' Her voice tailed away. „Aber warum …?" Ihre Stimme wurde immer leiser. ,tail 'back sich stauen, einen Stau bilden

tail·back /'teɪlbæk/ Nomen (BrE) Rückstau

tail·board /'teɪlbɔːd; AmE -bɔːrd/ Nomen Ladeklappe

tail·bone /'teɪlbəʊn; AmE -boʊn/ Nomen (BrE) Steißbein

tail·coat /'teɪlkəʊt; AmE -koʊt/ Nomen Frack

-tailed /'teɪld/ (in Zusammensetzungen) ◊ a white-tailed eagle ein Adler mit weißem Schwanzfedern

,tail 'end Nomen [Sing] Ende

tail·gate¹ /'teɪlɡeɪt/ Nomen (eines Lkw) Ladeklappe; (beim Auto) Heckklappe

tail·gate² /'teɪlɡeɪt/ Verb (bes AmE) (zu) dicht auffahren

'tail light Nomen Rücklicht

tailor¹ /'teɪlə(r)/ Nomen Schneider(in) ☛ Hinweis bei BAKER

tailor² /'teɪlə(r)/ Verb schneidern; ~ sth to/for sb/sth (fig) etw auf jdn/etw zuschneiden

tailored /'teɪləd; AmE -lərd/ Adj 1 gut geschnitten, gut sitzend 2 ~ to sb/sth auf jdn/etw zugeschnitten

tailor·ing /'teɪlərɪŋ/ Nomen 1 (Kleidung) Schnitt ◊ Clever tailoring can flatter your figure. Ein guter Schnitt kann Ihrer Figur schmeicheln. 2 Schneidern

,tailor-'made Adj ~ (for sb/sth) (auf jdn/etw) zugeschnitten; ~ to sth auf etw zugeschnitten ◊ a tailor-made course of study ein auf spezifische Bedürfnisse zugeschnittener Kurs ◊ She seems tailor-made for the job. Sie scheint für die Stelle wie geschaffen.

tail·piece /'teɪlpiːs/ Nomen 1 Anhang 2 (Mus) Saitenhalter

tail·pipe /'teɪlpaɪp/ Nomen (bes AmE) Auspuffendstück

tail·spin /'teɪlspɪn/ Nomen [Sing] (eines Flugzeugs etc.) Trudeln (auch fig)

tail·wind /'teɪlwɪnd/ Nomen Rückenwind

taint¹ /teɪnt/ Verb (gehoben) 1 verderben; (Ruf etc.) beschmutzen, beflecken ◊ The administration was tainted with scandal. Der Ruf der Regierung war von Skandalen befleckt. 2 verseuchen, verunreinigen

taint² /teɪnt/ Nomen [meist Sing] Makel

taint·ed /'teɪntɪd/ Adj unrein, unsauber, verseucht

take¹ /teɪk/ Verb (took /tʊk/, taken /'teɪkən/)
• (weg-/mit-/an)nehmen 1 nehmen, wegnehmen ◊ Take a seat. Nehmen Sie Platz. ◊ Lots of couples have problems. Take Ann and Paul. Viele Paare haben Probleme. Nimm zum Beispiel Ann und Paul. ◊ These threats are not to be taken lightly. Diese Drohungen sollten nicht auf die leichte Schulter genommen werden. ◊ I took the knife off her. Ich nahm ihr das Messer weg. ◊ Are these seats taken? Sind diese Plätze frei? ◊ My name had been taken off the list. Mein Name war von der Liste gestrichen worden. ◊ (gehoben) The storms took the lives of 50 people. 50 Menschen kamen bei dem Sturm ums Leben. 2 (mit)nehmen ◊ Are you taking a coat? Nimmst du einen Mantel mit? ◊ I'm taking the kids swimming later. Ich gehe später mit den Kindern schwimmen. 3 entnehmen ◊ Part of her article is taken straight out of my book. Ein Teil ihres Artikels ist direkt meinem Buch entnommen. ◊ The machine takes its name from its inventor. Die Maschine ist nach ihrem Erfinder benannt. 4 (Stadt etc.) einnehmen; (Kontrolle) übernehmen ◊ The rebels took him prisoner. Die Rebellen nahmen ihn gefangen. 5 (gehoben) (Zeitung) beziehen, lesen 6 ~ A (away) (from B) (nicht in der Verlaufsform) A (von B) abziehen ◊ 80 take away 5 is 75. 80 weniger 5 ist 75. SYN SUBTRACT 7 (an)nehmen ◊ I'll take the call in my office. Ich nehme den Anruf in meinem Büro entgegen. ◊ The school doesn't take boys. Die Schule nimmt keine Jungen auf. ◊ The store took $100 000 last week. Der Laden nahm letzte Woche 100 000$ ein. ◊ Will you take ten dollars for the book? Verkaufen Sie mir das Buch für zehn Dollar?
• (weg-/hin)bringen 8 (hin)bringen ◊ The boys were taken to see their grandparents most weekends. An den meisten Wochenenden wurden die Jungen zu den Großeltern gebracht. ◊ Shall I take my host family a gift? Soll ich meiner Gastfamilie ein Geschenk mitbringen? ◊ I'll take you by car. Ich fahre dich mit dem Auto hin. ☛ Hinweis bei BRINGEN 9 führen ◊ The new loan takes the total debt to $100 000. Der neue Kredit bringt die Gesamtschuld auf 100 000$. ◊ Her energy and talent took her to the top of her profession. Durch ihre Energie und ihre Fähigkeiten hat sie es geschafft, in ihrem Beruf an die Spitze zu kommen.
• Notizen/Fotos 10 aufschreiben, notieren ◊ The police officer took my name and address. Der Polizist nahm meine Personalien auf. ◊ Did you take notes in the class? Hast du in der Stunde mitgeschrieben? 11 (Foto) machen ◊ have your picture taken sich fotografieren lassen
• Niederlage/Kritik 12 (erleben) erleiden ◊ The team took a terrible beating. Die Mannschaft erlitt eine furchtbare Niederlage. ◊ The school took the full force of the explosion. Die Schule wurde voll von der Explosion getroffen. 13 (kein Passiv) ertragen ◊ She can't take criticism. Sie kann keine Kritik vertragen. ◊ He took the criticism surprisingly well. Er hat die Kritik überraschend gut aufgenommen. ◊ I find his attitude a little hard to take. Ich kann seine Einstellung nur schwer akzeptieren. 14 ~ sth (as sth) (nicht in der Verlaufsform) etw (als etw) auffassen, etw (als etw) verstehen ◊ What did you take his comments to mean? Wie hast du seine Bemerkungen verstanden? ◊ Taken overall, the project was a success. Alles in allem war das Projekt ein Erfolg.
• Temperatur/Puls 15 messen
• Zeit 16 (kein Passiv) brauchen, dauern ◊ It took her three hours. Sie brauchte drei Stunden. ◊ I won't take long. Ich brauche nicht lange. ◊ It'll take time for her to recover from the illness. Es wird lange dauern, bis sie sich von der Krankheit erholt hat.
• andere Ausdrücke 17 ~ sb/sth for sb/sth; ~ sb/sth to be sb/sth (nicht in der Verlaufsform) jdn/etw für jdn/etw halten 18 (kein Passiv) erfordern, brauchen, benötigen ◊ It only takes one careless driver to cause an accident. Ein einziger unvorsichtiger Fahrer reicht aus, um einen Unfall zu verursachen. ◊ It doesn't take much to make her angry. Sie wird leicht böse. ◊ He didn't take much persuading. Er war leicht zu überzeugen. ◊ The verb 'rely' takes the preposition 'on'. Das Verb „rely" wird mit der Präposition „on" gebraucht. ◊ What size shoes do you take? Welche Schuhgröße haben Sie? 19 (nicht in der Verlaufsform) (kein Passiv) (Behälter, Fahrzeug etc.) fassen ◊ The bus can take 60 passengers. In dem Bus haben 60 Passagiere Platz. 20 unterrichten, (Andacht) halten ◊ The head teacher usually takes us for French. Französisch haben wir gewöhnlich beim Direktor. 21 (Pflanzen) anwachsen; (Transplantat) angenommen werden
IDM I, you, etc. can't take sb 'anywhere (umgs) man kann jdn nirgendwohin mitnehmen have (got) what it 'takes (umgs) das Zeug (zu etw) haben ◊ She's got what it takes. Sie hat's wirklich drauf. take sth as it 'comes/take sb as they 'come etw/jdn nehmen, wie er/sie/es ist take it as it 'comes die Dinge nehmen, wie sie sind 'take it (that …) annehmen (, dass …); etw so verstehen, dass … ◊ I take it you won't be coming to the party? Ich gehe davon aus, dass du nicht zur Party kommst? take it from 'me (that …) (umgs) du kannst mir glauben (, dass …) take it on/upon yourself to do sth etw auf eigene Initiative hin tun take it or

'leave it 1 ja oder nein; entweder oder ◇ *That's all there is. Take it or leave it.* Mehr Auswahl gibt's nicht. Entweder du nimmst es, oder du lässt es. 2 ◇ *Sport? I can take it or leave it.* Sport? Da mache ich mir nicht viel draus. ◇ *Sugar in my tea? I can take it or leave it.* Zucker im Tee? Das ist mir egal. ,take it/a 'lot 'out of sb jdn ziemlich/sehr schlauchen ◇ *Taking care of small children takes it out of you.* Auf kleine Kinder aufzupassen ist ganz schön anstrengend. ,take some/a lot of 'doing (*umgs*) ganz schön schwierig sein ☛ Für andere Redewendungen mit **take** siehe die Einträge für die Nomina, Adjektive etc. **take advantage** z.B. steht unter **advantage**.

PHR V ,take sb a'back (*meist passiv*) jdm den Atem verschlagen ◇ *Henry, taken aback, paused.* Henry hielt völlig perplex inne. ☛ G 9.7c ,take 'after sb (*kein Passiv*) 1 (*nicht in der Verlaufsform*) jdm ähneln, jdm nachschlagen 2 (*AmE*, *umgs*) jdm nachlaufen, jdn verfolgen ,take a'gainst sb/sth (*kein Passiv*) (*BrE*) eine Abneigung gegen jdn/etw fassen ,take sb a'part (*umgs*) 1 jdn vernichtend schlagen 2 (*kritisieren*) jdn in der Luft zerreißen ,take sth a'part etw auseinander nehmen **SYN** DISMANTLE ,take sb 'around/'round (sth) jdn (irgendwo) herumführen ,take sb/sth 'around (to sb) = TAKE SB/STH ROUND (TO SB) ,take sth a'way 1 etw verschwinden lassen ◇ *I was given some pills to take away the pain.* Ich bekam Tabletten gegen die Schmerzen. 2 (*BrE*) (*vom Restaurant, Imbiss etc.*) etw mitnehmen ◇ *Two burgers to take away, please.* Zwei Hamburger zum Mitnehmen, bitte. ,take a'way from sth (*kein Passiv*) etw schmälern, etw beeinträchtigen ,take sb 'back (*Ehepartner, Exfreund etc.*) zurückkommen lassen, wieder aufnehmen ,take sb 'back (to …) jdn (in die Zeit …) zurückversetzen ◇ *The smell took him back to his childhood.* Der Geruch weckte Kindheitserinnerungen in ihm. ☛ G 9.7c ,take sth 'back 1 etw zurückbringen 2 (*Behauptung etc.*) etw zurücknehmen ,take sth 'down 1 etw herunternehmen, etw abnehmen 2 etw abbauen ◇ *take down a fence* einen Zaun wegreißen 3 (*Hose etc.*) herunterlassen 4 etw notieren, etw aufschreiben; (*bei Vortrag etc.*) mitschreiben ,take sb 'in 1 jdn (bei sich) aufnehmen; (*für Geld*) vermieten ◇ *take in lodgers* Zimmer vermieten 2 jdn hereinlegen, jdn täuschen ◇ *I was taken in by her story.* Ich fiel auf ihre Geschichte herein. ◇ *Don't be taken in by his charm.* Lass dich nicht von seinem Charme einwickeln. **SYN** DECEIVE ,take sth 'in 1 etw aufnehmen (*auch fig*) 2 etw weiter machen **OPP** LET STH OUT 3 (*kein Passiv*) (*fig*) etw einschließen, etw abdecken ◇ *Her lecture took in all the recent developments.* Ihr Vortrag berücksichtigte alle die neuesten Entwicklungen. 4 (*kein Passiv*) (*besuchen*) etw mitnehmen 5 etw wahrnehmen, etw registrieren ◇ *She took in the scene at a glance.* Sie erfasste die Situation mit einem Blick. ,take 'off 1 (*Flugzeug*) starten, abheben 2 (*umgs*) sich davonmachen, sich aus dem Staub machen 3 (*Produkt, Kampagne etc.*) (gut) anlaufen, (gut) ankommen ◇ *Her singing career took off after her TV appearance.* Ihrem Fernsehauftritt startete sie als Sängerin durch. ,take sb 'off 1 jdn nachmachen, jdn imitieren 2 (SPORT) jdn vom Spielfeld nehmen, jdn auswechseln ,take sth 'off 1 etw ausziehen; (*Hut, Brille etc.*) etw sich etw freinehmen ◇ *I'll take a few days off next week.* Ich werde mir nächste Woche ein paar Tage freinehmen. 3 (*Theaterstück, Serie etc.*) absetzen 4 (*Haare*) abschneiden; (*Gliedmaßen*) abnehmen ◇ *The explosion nearly took his arm off.* Die Explosion riss ihm beinahe den Arm ab. ,take your'self 'off (to …) (*umgs*) sich auf den Weg (nach/zu …) machen ,take sb 'off (to …) (*umgs*) jdn wegbringen, jdn nach/zu … bringen ◇ *take sb off to hospital* jdn ins Krankenhaus bringen ◇ *The police took him off to the station.* Die Polizei nahm ihn mit auf die Wache. ,take sb 'off sth jdm etw entziehen ◇ *He's been taken off that project.* Er wurde von dem Projekt freigestellt. ◇ *The police officer has been taken off the case.* Dem Kriminalbeamten wurde der Fall entzogen. ◇ *After three days she was taken off the ventilator.* Nach drei Tagen konnte das Beatmungsgerät entfernt werden. ◇ *She had to be taken off the antibiotics.* Sie musste die Antibiotika absetzen. ,take sth 'off sth 1 etw von etw abziehen ◇ *That experience took ten years off my life.* Das Ereignis hat mich um zehn Jahre gealtert. 2 (*oft passiv*) etw aus dem Handel ziehen ◇ *Doctors recommended that the pills should be taken off the market.* Die Ärzte rieten, die Tabletten vom Markt zu nehmen. ,take sb 'on 1 jdn einstellen, jdn anstellen ◇ *She was taken on as a secretary.* Sie wurde als Sekretärin eingestellt. 2 (*kein Passiv*) sich mit jdm anlegen; (*im Sport etc.*) gegen jdn antreten 3 jdn annehmen ◇ *We're not taking on any new clients at present.* Wir nehmen zur Zeit keine neuen Klienten an. 4 jdn an Bord nehmen, jdn ein-/zusteigen lassen ,take sth 'on (*kein Passiv*) (*Farbe, Ton, Ausdruck etc.*) annehmen ,take sth 'on 1 etw übernehmen; (*Auftrag etc.*) annehmen 2 etw laden; (*Benzin*) tanken ,take sb 'out 1 jdn ausführen, mit jdm ausgehen 2 (*umgs*) (MIL) jdn töten ,take sth 'out 1 etw herausnehmen; (*Zahn*) ziehen 2 (*Versicherung, Abonnement etc.*) abschließen ◇ *take out a loan* einen Kredit aufnehmen ◇ *take out an ad in a newspaper* eine Zeitungsanzeige aufgeben ◇ *The police have taken out a summons against the driver of the car.* Der Fahrer des Wagens hat eine polizeiliche Vorladung bekommen. 3 (*umgs*) (MIL) etw zerstören ◇ *They took out two enemy planes.* Sie schossen zwei feindliche Flugzeuge ab. 4 (*AmE*) (*vom Restaurant, Imbiss etc.*) mitnehmen ,take sth 'out (of sth) (*Geld etc.*) (von etw) abheben ,take sth 'out of sth etw von etw abziehen ◇ *The fine will be taken out of your wages.* Die Strafe wird Ihnen vom Lohn abgezogen. ,take it/sth 'out on sb etw an jdm auslassen ,take sb 'out of themselves jdn auf andere Gedanken bringen ,take sth 'over 1 ◇ *The Communists took over in 1945.* Die Kommunisten übernahmen 1945 die Macht. ◇ *If you're tired of driving I'll take over for a while.* Wenn du müde bist, kann ich das Steuer für eine Weile übernehmen. ◇ *If she's not well, I'll have to take over.* Wenn sie krank ist, muss ich für sie einspringen. 2 (*fig*) überhand nehmen ,take 'over from sb/sth jdn/etw ablösen ,take sth 'over 1 etw übernehmen ◇ *In the film aliens take over the world.* Im Film übernehmen Außerirdische die Macht auf der Erde. 2 ◇ *The kids took over the whole house.* Die Kinder breiteten sich im ganzen Haus aus. ◇ *The job has taken over her life.* Der Job beherrscht ihr ganzes Leben. ,take sb 'round (sth) = TAKE SB AROUND (STH) ,take sb/sth 'round/'around (to sb) jdn/etw (zu jdm) mitnehmen, jdn/etw zu jdm bringen ,take sb 'through sth etw mit jdm (genau) durchgehen 'take to sth (*kein Passiv*) 1 sich irgendwohin flüchten ◇ *She took to her bed for a week.* Sie legte sich eine Woche ins Bett. ◇ *Thousands of people took to the streets to protest.* Tausende von Menschen gingen auf die Straße um zu protestieren. 2 anfangen etw zu tun ◇ *I've taken to waking up very early.* Ich wache jetzt immer sehr früh auf. 3 etw (leicht/schnell) lernen 'take to sb/sth (*kein Passiv*) an jdm/etw Gefallen finden ◇ *I took to my new boss immediately.* Mein neuer Chef war mir sofort sympathisch. ◇ *I didn't take kindly to being told how to run my life.* Ich mochte es nicht, dass mir jemand vorschrieb, wie ich mein Leben zu leben hatte. ,take 'up weitermachen ,take sth 'up 1 etw in Anspruch nehmen, etw einnehmen 2 (*Kleidung etc.*) kürzen ◇ *This skirt needs taking up.* Dieser Rock muss gekürzt werden. 3 anfangen etw zu tun ◇ *She has taken up the oboe.* Sie lernt jetzt Oboe. 4 (*Stelle etc.*) antreten 5 (*beim Gesang etc.*) in etw einstimmen (*auch fig*) ◇ *Their protests were later taken up by other groups.* Später schlossen sich andere Gruppen ihrem Protest an. 6 mit etw fortfahren, etw aufgreifen 7 (*Position, Haltung*) einnehmen 8 (*Einladung etc.*) annehmen ◇ *take up a challenge* eine Herausforderung annehmen ,take 'up with sb (*umgs*) sich mit jdm einlassen ,take sb 'up on sth 1 bei jdm wegen einer Sache nachhaken ◇ *I must take you up on that point.* An dieser Stelle möchte ich etwas einwenden. 2 (*umgs*) jdn bezüglich einer Sache beim Wort nehmen ◇ *I'll take you up on the offer some time.* Ich werde irgendwann auf dein Angebot zurückkommen. ,take sth 'up with sb sich wegen einer Sache an jdn wenden, etw bei jdm zur Sprache bringen be ,taken 'up with sth/sb von etw/jdm in Anspruch genommen sein be 'taken with sb/sth an jdm/etw Gefallen finden ◇ *I think he's quite taken with the idea.* Ich glaube, die Idee sagt ihm zu.

take² /teɪk/ *Nomen* 1 (*Film*) Einstellung, Take 2 [meist Sing] (*umgs*) Einnahme(n) **SYN** TAKINGS 3 ~ on sth (*umgs*) Einstellung zu etw ◇ *What's his take on the plan?* Was sagt er zu dem Plan? ◇ *a new take on the Romeo and Juliet story* eine Neuinterpretation der Romeo und Julia Geschichte ☛ Siehe auch DOUBLE TAKE **IDM** be on the 'take (*umgs*) bestechlich sein

take·away /'teɪkəweɪ/ (*AmE* **take-out** /'teɪkaʊt/) *Nomen* **1** Restaurant mit Straßenverkauf, Imbissstube **2** Essen zum Mitnehmen ◊ *Let's have a Chinese takeaway.* Holen wir uns etwas beim Chinesen.

'take-home pay *Nomen* [U] Nettolohn

'take-off *Nomen* **1** (*Flugzeug*) Start ◊ *ready for take-off* startbereit ◊ *take-off speed* Abhebegeschwindigkeit ◊ (*fig*) *The economy is poised for take-off.* Die Wirtschaft steht vor dem Aufschwung. **2** (SPORT) Absprung **3** Parodie

take·over /'teɪkəʊvə(r); *AmE* -oʊ-/ *Nomen* **1** Übernahme **2** Machtübernahme

taker /'teɪkə(r)/ *Nomen* **1** [meist Pl] Interessent(in) **2** (*oft in Zusammensetzungen*) ◊ *hostage takers* Geiselnehmer ◊ *drug takers* Drogenkonsumenten ◊ *risk takers* Risikofreudige ◊ *It's better to be a giver than a taker.* Es ist besser zu geben als zu nehmen.

'take-up *Nomen* [U/Sing] Inanspruchnahme ◊ *The take-up of language courses has been disappointing.* Die Zahl der Interessenten für Sprachkurse war enttäuschend.

tak·ings /'teɪkɪŋz/ *Nomen* [Pl] Einnahmen

tal·cum pow·der /'tælkəm paʊdə(r)/ (*umgs* **talc** /tælk/) *Nomen* (*Körper*)puder, Talkumpuder

tale /teɪl/ *Nomen* Erzählung, Geschichte ◊ *a fairy tale* ein Märchen ◊ (*fig*) *the team's tale of woe* das Trauerspiel mit dem Team IDM ⇒ OLD *und* TELL

tal·ent /'tælənt/ *Nomen* **1** Begabung, Talent ◊ *a man of many talents* ein vielseitig begabter Mann ◊ *She showed considerable talent for getting what she wanted.* Sie hatte ein Talent dafür, immer ihren Willen durchzusetzen. ◊ *a wealth of young talent* viele junge Talente **2** [U] (*BrE, Slang*) ◊ *He spent his time chatting up the local talent.* Er machte sich an die Mädchen am Ort heran.

tal·ent·ed /'tæləntɪd/ *Adj* talentiert, begabt

'talent scout (*auch* **scout**, **'talent-spotter**) *Nomen* Talentsucher(in)

tal·is·man /'tælɪzmən/ *Nomen* Talisman

talk¹ /tɔːk/ *Verb* **1** sprechen, reden ◊ *Mary is talking of looking for another job.* Mary spricht davon, dass sie sich eine andere Stelle suchen will. ◊ *The baby is just starting to talk.* Das Kind lernt gerade sprechen. ◊ *She's not talking to me.* Sie redet nicht mit mir. ◊ *We need to talk.* Wir müssen miteinander reden. ◊ *talk politics* über Politik reden ◊ *The two sides are ready to talk.* Die beiden Seiten sind zu Gesprächen bereit. ◊ *She talks a lot of sense.* Was sie sagt, klingt sehr vernünftig. ◊ *See if you can talk some sense into him.* Versuch doch, ihn zur Vernunft zu bringen. ☛ *Hinweis bei* SPRECHEN **2** (*umgs*) ◊ *We're talking €800 for three hours' work.* Mensch, das sind 800€ für drei Stunden Arbeit. **3** reden, klatschen, tratschen ◊ *That'll give people something to talk about.* Das wird für Gesprächsstoff sorgen. SYN GOSSIP IDM **look who's 'talking**; **'you can/can't talk**; **you're a 'fine one to talk** (*umgs*) das musst du gerade sagen ◊ *now you're 'talking* (*umgs*) das klingt schon besser ◊ **'talk about ...** (*zur Verstärkung verwendet*) so was von ... ◊ *Talk about mean!* So was von geizig! **talk 'dirty** (*umgs*) über Sex reden ◊ **talk the hind leg off a 'donkey** (*umgs*) reden wie ein Wasserfall ◊ **talking of sb/sth** (*bes BrE, umgs*) wo wir gerade von jdm/etw reden ◊ **talk 'shop** (*meist abwert*) über die Arbeit reden; fachsimpeln ◊ **talk through your 'hat** (*umgs, veraltet*) dummes Zeug reden ◊ **talk 'tough (on sth)** (*bes AmE, umgs*) harte Worte (zu etw) finden ◊ **talk 'turkey** (*bes AmE, umgs*) zur Sache kommen; offen reden ◊ **talk your way out of sth** sich aus etw herausreden ◊ *I managed to talk my way out of having to give a speech.* Es gelang mir, eine Ausrede zu finden, warum ich keine Rede halten konnte. ◊ **'you can/can't talk**; **you're a 'fine one to talk** = LOOK *WHO'S* TALKING ☛ *Siehe auch* DEVIL, KNOW¹, LANGUAGE, MONEY, SENSE¹ *und* TURN² PHR V **talk a'round/'round sth** um etw herumreden ◊ **'talk at sb** jdn einreden ◊ **talk 'back (to sb)** (jdm) frech antworten ☛ *Siehe auch* BACK TALK ◊ **'talk sb/sth 'down** (*Pilot, Flugzeug*) an den Boden bringen ◊ **talk sth 'down** etw herunterspielen ◊ **talk 'down to sb** mit jdm oben herab reden ◊ **talk sb 'into sth** jdn zu etw überreden ◊ **talk sb 'out of sth** jdn von etw abbringen ◊ **,talk sth 'out** etw ausdiskutieren ◊ **talk sth 'over (with sb)** (mit jdm) über etw reden, etw (mit jdm) besprechen ◊ **talk sb 'round (to sth)** (*BrE*) jdn zu etw überreden ◊ *We managed to talk them round to our way of thinking.* Es gelang uns, sie von unserer Meinung zu überzeugen. ☛ G 9.7c **,talk sth 'through** etw durchsprechen ◊ **,talk sb/sth 'up** jdn/etw loben

talk² /tɔːk/ *Nomen* **1** Gespräch ◊ *hold peace talks* Friedensgespräche führen ◊ *We need to have a serious talk about money matters.* Wir müssen ernsthaft über Geldangelegenheiten reden. **2** ~ (**on sth**) Vortrag (über etw) **3** Gerede ◊ *Don't pay any attention to her — she's all talk.* Beachte sie nicht — sie führt bloß große Reden. ◊ *There was talk of sending in troops.* Es war davon die Rede, Truppen einzusetzen. ◊ *There's talk that he's in trouble.* Es heißt, dass er Schwierigkeiten hat. **4** (*oft in Zusammensetzungen*) ◊ *tough talk* harte Worte ◊ *girl talk* Gespräche unter Mädchen/Frauen ◊ *sales talk* Verkaufsgerede ☛ *Siehe auch* SMALL TALK *und* SWEET TALK IDM **the talk of sth** ◊ *She became the talk of the town.* Die ganze Stadt sprach nur noch von ihr. ☛ *Siehe auch* FIGHT¹

talka·tive /'tɔːkətɪv/ *Adj* gesprächig

talk·er /'tɔːkə(r)/ *Nomen* Redner(in) ◊ *She's a (great) talker.* Sie redet viel. IDM ⇒ FAST¹

talkie /'tɔːki/ *Nomen* [meist Pl] (*bes AmE, veraltet*) Tonfilm ☛ *Siehe auch* WALKIE-TALKIE

'talking point *Nomen* **1** (*BrE*) Gesprächsthema **2** (*AmE*) Diskussionspunkt

'talking-to *Nomen* [Sing] Standpauke

'talk show *Nomen* (*bes AmE*) Talkshow ◊ *a talk-show host* ein(e) Talkmaster(in)

tall /tɔːl/ *Adj* **1** hoch ◊ *the tallest building in the world* das höchste Gebäude der Welt ☛ *Hinweis bei* HOCH **2** groß ◊ *How tall are you?* Wie groß sind Sie? OPP SHORT IDM **stand 'tall** (*bes AmE*) den Kopf hoch tragen ◊ **be a ,tall 'order** (*umgs*) ziemlich viel verlangt sein ☛ *Siehe auch* WALK¹

'tall·boy /'tɔːlbɔɪ/ *Nomen* (*BrE*) hohe Kommode

tall·ness /'tɔːlnəs/ *Nomen* Höhe, Größe

tal·low /'tæləʊ; *AmE* -loʊ/ *Nomen* Talg (*für Kerzen etc.*)

,tall 'story (*AmE meist* ,**tall 'tale**) *Nomen* unglaubwürdige Geschichte

tally¹ /'tæli/ *Nomen* (*Pl* **-ies**) Zahl ◊ *Keep a tally of how much you spend.* Führe Buch über deine Ausgaben. ◊ *his impressive tally of 45 goals this season* seine beeindruckende Leistung von 45 Toren in dieser Saison

tally² /'tæli/ *Verb* (**tal·lies, tally·ing, tal·lied, tal·lied**) **1** ~ (**with sth**) (mit etw) übereinstimmen SYN MATCH UP **2** ~ **sth (up)** etw zusammenrechnen

talon /'tælən/ *Nomen* Kralle

tam·bour·ine /ˌtæmbə'riːn/ *Nomen* Tamburin

tame¹ /teɪm/ *Adj* **1** zahm **2** (*Adv* **tame·ly**) (*umgs*) lahm, bieder **3** (*Adv* **tame·ly**) (*umgs*) gefällig, treu ◊ *She won't tamely accept defeat.* Sie wird die Niederlage nicht so ohne weiteres hinnehmen.

tame² /teɪm/ *Verb* zähmen, bändigen

tamer /'teɪmə(r)/ *Nomen* (*meist in Zusammensetzungen*) Dompteur, Dompteuse ◊ *a lion-tamer* ein Löwenbändiger

Tamil /'tæmɪl/ **1** *Nomen* Tamil **2** *Adj* tamilisch

tamp /tæmp/ *Verb* ~ **sth (down)** etw feststampfen ◊ *He tamped down the tobacco in his pipe.* Er stopfte den Tabak fest in die Pfeife.

tam·per /'tæmpə(r)/ *Verb* PHR V **'tamper with sth** an etw herumpfuschen

tam·pon /'tæmpɒn; *AmE* -pɑːn/ *Nomen* Tampon

tan¹ /tæn/ *Verb* (**-nn-**) **1** bräunen **2** braun werden ◊ *My skin tans really easily.* Ich werde leicht braun. ☛ *Siehe auch* SUNTANNED **3** gerben IDM ⇒ HIDE²

tan² /tæn/ **1** *Nomen* = SUNTAN **2** *Nomen* Gelbbraun **3** *Adj* gelbbraun

tan³ /tæn/ *Abk* = TANGENT

tan·dem /'tændəm/ *Nomen* Tandem IDM **in 'tandem (with sb/sth)** zusammen (mit jdm/etw); parallel (mit jdm/etw)

tang /tæŋ/ *Nomen* [meist Sing] scharfer/würziger Geruch/Geschmack ◊ *the tang of lemons* der säuerliche Geschmack von Zitronen

tan·gent /'tændʒənt/ *Nomen* **1** (MATH) Tangente ◊ (*fig*) *The path heads away from the lake at a tangent.* Der Weg zweigt

tangential

schräg nach links ab. **2** (*Abk* **tan**) Tangens IDM **fly/go off at a ˈtangent** (*AmE* **go off on a ˈtangent**) (*umgs*) vom Thema abschweifen

tan·gen·tial /ˌtænˈdʒenʃl/ *Adj* **1** (*gehoben*) nebensächlich ◊ *be tangential to sth* etw nur am Rande berühren **2** (MATH) tangential

tan·ger·ine /ˌtændʒəˈriːn; *AmE* ˈtændʒəriːn/ **1** *Nomen* Mandarine **2** *Nomen* Orangerot **3** *Adj* orangerot

tan·gible /ˈtændʒəbl/ *Adj* (*Adv* **tan·gibly** /-əbli/) spürbar, greifbar ◊ *tangible evidence* handfeste Beweise ◊ *tangible assets* Sachanlagen ◊ (*gehoben*) *the tangible world* die reale Welt ◊ *She felt it tangibly.* Sie spürte es deutlich. OPP INTANGIBLE

tan·gle¹ /ˈtæŋgl/ *Nomen* **1** Gewirr, Wirrwarr ◊ *Her hair was a mass of tangles.* Ihr Haar war völlig verfilzt. ◊ *a tangle of lies* ein Lügengespinst **2** Durcheinander **3** (*umgs*) Schwierigkeiten

tan·gle² /ˈtæŋgl/ *Verb* **1** ~ (**up**) sich verheddern, verfilzen **2** ~ **sth** (**up**) etw durcheinander bringen, etw verheddern PHR V **ˈtangle with sb/sth** mit jdm/etw aneinander geraten

tan·gled /ˈtæŋgld/ *Adj* **1** verheddert, verfilzt **2** verworren, verwickelt

tango¹ /ˈtæŋgəʊ; *AmE* -goʊ/ *Nomen* (*Pl* **-os**) Tango

tango² /ˈtæŋgəʊ; *AmE* -goʊ/ *Verb* (**tango·ing, tan·goed, tan·goed**) Tango tanzen

tangy /ˈtæŋi/ *Adj* scharf, säuerlich, würzig

tank /tæŋk/ *Nomen* **1** Tank ◊ *a hot water tank* ein Heißwasserspeicher ◊ *a fish tank* ein Aquarium ☛ *Siehe auch* SEPTIC TANK *und* THINK TANK **2** (MIL) Panzer

tank·ard /ˈtæŋkəd; *AmE* -ərd/ *Nomen* Bierkrug, Humpen

ˌtanked ˈup (*AmE* **tanked**) *Adj* (*umgs*) besoffen

tank·er /ˈtæŋkə(r)/ *Nomen* **1** Tanker **2** Tankwagen

tank·ful /ˈtæŋkfʊl/ *Nomen* Tank (voll) ◊ *on one tankful of petrol* mit einem Tank Benzin

ˈtank top *Nomen* **1** (*BrE*) Pullunder **2** (*AmE*) ärmelloses T-Shirt

tanned /tænd/ *Adj* = SUNTANNED

tan·ner /ˈtænə(r)/ *Nomen* Gerber(in)

tan·nery /ˈtænəri/ *Nomen* (*Pl* **-ies**) Gerberei

tan·nic /ˈtænɪk/ *Adj* tannisch ◊ *tannic acid* Gerbsäure

tan·nin /ˈtænɪn/ *Nomen* Tannin, Gerbsäure

Tan·noy™ /ˈtænɔɪ/ *Nomen* (*BrE*) Lautsprecheranlage

tan·tal·ize (*BrE auch* **-ise**) /ˈtæntəlaɪz/ *Verb* reizen, quälen

tan·tal·iz·ing (*BrE auch* **-is·ing**) /ˈtæntəlaɪzɪŋ/ *Adj* (*Adv* **tan·tal·iz·ing·ly**, *BrE auch* **-is·ing·ly**) verlockend (aber unerreichbar) ◊ *The cherries were tantalizingly out of reach.* Die Kirschen waren verlockend nah, aber dennoch unerreichbar.

tan·ta·mount /ˈtæntəmaʊnt/ *Adj nicht vor Nomen* **be ~ to sth** (*gehoben*) einer Sache gleichkommen, auf etw hinauslaufen

tan·trum /ˈtæntrəm/ *Nomen* Wutanfall

Taoi·seach /ˈtiːʃəx/ *Nomen* = Premierminister der Republik Irland

tap¹ /tæp/ *Verb* (**-pp-**) **1** (leise) klopfen, tippen ◊ *He tapped me on the shoulder.* Er tippte mir auf die Schulter. **2** trommeln ◊ *The music set everyone's feet tapping.* Alle begannen mit dem Fuß den Takt zu der Musik zu klopfen. **3** ~ (**into**) **sth** etw erschließen, sich etw zunutze machen ◊ *The movie seems to tap into a general sentimentality about animals.* Der Film scheint eine allgemeine Sentimentalität in Bezug auf Tiere anzusprechen. **4** (*Baum, Quelle, Telefon*) anzapfen ◊ *His phone was being tapped.* Seine Telefongespräche wurden abgehört. ☛ *Siehe auch* WIRETAP PHR V **ˈtap sb for sth** (*BrE, umgs*) jdn (um etw) anpumpen **ˌtap sth ˈin** (COMP) etw eingeben **ˌtap sth ˈout 1** etw klopfen ◊ *She tapped out a beat on the table.* Sie trommelte einen Rhythmus auf den Tisch. **2** etw tippen

tap² /tæp/ *Nomen* **1** (*bes BrE*) Hahn ◊ *the hot tap* der Heißwasserhahn ◊ *a mixer tap* eine Mischbatterie ◊ *Don't leave the tap running.* Lass das Wasser nicht laufen. ☛ *Siehe auch* TAP WATER **2** (leises) Klopfen ◊ *He felt a tap on his shoulder.* Er spürte, wie ihm jemand auf die Schulter tippte. **3** = WIRETAP **4** = TAP-DANCING IDM **on ˈtap 1** (jederzeit) zur Verfügung **2** (*Bier*) vom Fass

ˈtap dance *Nomen* Stepptanz

ˈtap dancer *Nomen* Stepptänzer(in)

ˈtap-dancing (*auch* **tap**) *Nomen* Steppen, Stepptanz

tape¹ /teɪp/ *Nomen* **1** Tonband, Videoband **2** Kassette, Video(kassette) **3** (**adhesive/sticky**) ~ Klebstreifen, Klebeband ☛ *Siehe auch* MASKING TAPE *und* SCOTCH™ TAPE **4** (*aus Stoff*) Band ☛ *Siehe auch* RED TAPE *und* TICKER TAPE **5** (**finishing**) ~ (*Sport*) Zielband **6** = TAPE MEASURE

tape² /teɪp/ *Verb* **1** (auf Band) aufnehmen ◊ *a taped announcement* eine Durchsage auf Band **2** ~ **sth** (**up**) etw (mit Klebstreifen) zukleben, etw zusammenbinden **3** (*mit Klebstreifen*) ankleben **4** (*AmE*) ~ **sth** (**up**) (*Wunde etc.*) verbinden IDM **have** (**got**) **sb ˈtaped** (*BrE, umgs*) jdn durchschaut haben **have** (**got**) **sth ˈtaped** (*BrE, umgs*) etw im Griff haben

ˈtape measure (*auch* **tape**) *Nomen* Maßband

taper¹ /ˈteɪpə(r)/ *Verb* **1** spitz zulaufen, sich verjüngen **2** zuspitzen, verengen PHR V **ˌtaper ˈoff** langsam zurückgehen **ˌtaper sth ˈoff** etw langsam auslaufen lassen

taper² /ˈteɪpə(r)/ *Nomen* **1** Fidibus **2** (lange, dünne) Kerze **3** [*meist Sing*] (*von Formen*) Verjüngung

ˈtape-record *Verb* auf Band aufnehmen

ˈtape recorder *Nomen* Tonbandgerät, Kassettenrekorder

ˈtape recording *Nomen* (Ton)bandaufnahme

tap·es·try /ˈtæpəstri/ *Nomen* (*Pl* **-ies**) Tapisserie, Gobelin

tape·worm /ˈteɪpwɜːm; *AmE* -wɜːrm/ *Nomen* Bandwurm

ˈtap root *Nomen* Pfahlwurzel

ˈtap water *Nomen* Leitungswasser

tar¹ /tɑː(r)/ *Nomen* Teer

tar² /tɑː(r)/ *Verb* (**-rr-**) teeren IDM **ˌtar and ˈfeather sb** jdn teeren und federn **be ˌtarred with the same ˈbrush** (**as sb**) (mit jdm) über einen Kamm geschoren werden

ta·ran·tula /təˈræntʃələ/ *Nomen* (*Pl* **-as**) Tarantel

tardy /ˈtɑːdi; *AmE* ˈtɑːrdi/ *Adj* (*gehoben*) säumig; **be ~ in doing sth** etw ziemlich spät/langsam tun ◊ (*AmE*) *be tardy for school* zu spät zur Schule kommen

tar·get¹ /ˈtɑːgɪt; *AmE* ˈtɑːrg-/ *Nomen* **1** Ziel ◊ *meet a target date* einen (vorgesehenen) Termin einhalten ◊ *a target company* eine Gesellschaft, die zum Ziel eines Übernahmeangebots wird ◊ *a prime target for burglary* ein gefundenes Fressen für Einbrecher **2** Zielscheibe, Schießscheibe ◊ *target practice* Zielschießen

tar·get² /ˈtɑːgɪt; *AmE* ˈtɑːrg-/ *Verb* (**tar·get·ing, tar·get·ed, tar·get·ed**) (*meist passiv*) zielen auf ◊ *The missiles were targeted at the United States.* Die Raketen waren auf die Vereinigten Staaten gerichtet. ◊ *a new magazine that targets single men* eine neue Zeitschrift, die allein stehende Männer als Zielgruppe hat

tar·iff /ˈtærɪf/ *Nomen* **1** Zoll **2** Tarif, Preisverzeichnis, Preisliste **3** (RECHT) Maß, Strafrichtlinien

Tar·mac™ /ˈtɑːmæk; *AmE* ˈtɑːrmæk/ *Nomen* **1** (*seltener* **tar·mac·adam** /ˌtɑːməˈkædəm; *AmE* ˌtɑːrm-/) Asphalt **2 the tarmac** das Rollfeld

tar·mac /ˈtɑːmæk; *AmE* ˈtɑːrmæk/ *Verb* (**-ck-**) asphaltieren

tarn /tɑːn; *AmE* tɑːrn/ *Nomen* kleiner Bergsee

tar·nish¹ /ˈtɑːnɪʃ; *AmE* ˈtɑːrnɪʃ/ *Verb* **1** (*beschlagen*) anlaufen (lassen) ◊ *The mirror had tarnished with age.* Der Spiegel war mit der Zeit blind geworden. **2** besudeln ◊ *the newspaper's tarnished public image* das leicht angeschlagene Image der Zeitung

tar·nish² /ˈtɑːnɪʃ; *AmE* ˈtɑːrnɪʃ/ *Nomen* [*Sing*] Beschlag

tarot /ˈtærəʊ; *AmE* -roʊ/ *Nomen* [*Sing*] Tarot(karten)

tar·paulin /tɑːˈpɔːlɪn; *AmE* tɑːrˈpɔː-/ (*AmE auch, umgs* **tarp**) *Nomen* (Zelt)plane

tar·ra·gon /ˈtærəgən/ *Nomen* Estragon

tart¹ /tɑːt; *AmE* tɑːrt/ *Nomen* **1** belegter (Obst)kuchen, (klein) Obsttörtchen **2** (*BrE, umgs, abwert*) Flittchen **3** (*Slang*) Nutte

tart² /tɑːt; *AmE* tɑːrt/ *Adj* **1** sauer **2** (*Adv* **tart·ly**) (*Bemerkung etc.*) scharf

tart³ /tɑːt; *AmE* tɑːrt/ *Verb* PHR V **ˌtart yourself ˈup** (*BrE, umgs*) sich fein machen, sich aufdonnern **ˌtart sth ˈup** (*BrE, umgs*) etw aufmotzen

tar·tan /ˈtɑːtn; *AmE* ˈtɑːrtn/ *Nomen* **1** Schottenmuster **2** Clanmuster **3** Schottenstoff

tar·tar /ˈtɑːtə(r); AmE ˈtɑːrt-/ Nomen **1** Zahnstein **2** (veraltet) Tyrann(in)
tar·tare sauce /ˌtɑːtə(r) ˈsɔːs; AmE ˌtɑːrt-/ Nomen Remoulade
tart·ly Adv ⇨ TART²
tart·ness /ˈtɑːtnəs; AmE ˈtɑːrt-/ Nomen **1** Säure **2** Schärfe
tarty /ˈtɑːti; AmE ˈtɑːrti/ Adj (abwert) nuttig
task /tɑːsk; AmE tæsk/ Nomen Aufgabe IDM **take sb to ˈtask (for/over sth)** jdn (wegen einer Sache) scharf kritisieren
ˈtask force Nomen **1** Sonderkommando, Kampfverband **2** Sonderkommission
task·mas·ter /ˈtɑːskmɑːstə(r); AmE -mæs-/ Nomen Lehrmeister ◊ be a hard taskmaster hohe Anforderungen stellen
tas·sel /ˈtæsl/ Nomen Quaste
taste¹ /teɪst/ Nomen **1** Geschmack ◊ I don't like the taste of olives. Oliven schmecken mir nicht. ◊ The soup has no taste. Die Suppe ist fade. ◊ He has very good taste in music. Was Musik angeht, hat er einen sehr guten Geschmack. **2** Geschmackssinn **3** [Sing] Kostprobe; ◊ (auch fig) Just have a taste of this cheese. Koste mal diesen Käse. ◊ This was a taste of things to come. Das gab uns einen Vorgeschmack auf das, was uns erwartete. IDM **be in bad, poor, the worst possible, etc. ˈtaste** geschmacklos sein ◊ His jokes were in the worst possible taste. Seine Witze waren an Geschmacklosigkeit nicht zu überbieten. **be in good, the best possible, etc. ˈtaste** geschmackvoll sein **leave a bad/nasty ˈtaste in the mouth** einen üblen Nachgeschmack hinterlassen **to ˈtaste** nach Geschmack ☞ Siehe auch ACCOUNT², ACQUIRE und MEDICINE
taste² /teɪst/ Verb **1** (nicht in der Verlaufsform) ~ (of sth) (nach etw) schmecken **2** kosten; (auch fig) erleben **3** essen, trinken
ˈtaste bud Nomen [meist Pl] Geschmacksknospe
taste·ful /ˈteɪstfl/ Adj (Adv **taste·ful·ly** /-fəli/) geschmackvoll
taste·less /ˈteɪstləs/ Adj (Adv **taste·less·ly**) geschmacklos
taster /ˈteɪstə(r)/ Nomen **1** Verkoster(in) **2** (bes BrE, umgs) Kostprobe ◊ taster courses Schnupperkurse
tast·ing /ˈteɪstɪŋ/ Nomen (Wein- etc.) Probe
tasty /ˈteɪsti/ Adj (**tasti·er, tasti·est**) **1** lecker, schmackhaft **2** (BrE, umgs, manchmal beleidigend) sexy
tat /tæt/ Nomen (BrE, umgs) Ramsch
ta-ta /ˌtæ ˈtɑː/ Ausruf (BrE, umgs) tschüs
tat·tered /ˈtætəd/ AmE -tərd/ Adj **1** zerlumpt, zerrissen; (Buch) zerfleddert **2** ◊ (fig) tattered relationships zerrüttete Beziehungen ◊ a tattered reputation ein ramponierter Ruf
tat·ters /ˈtætəz; AmE -tərz/ Nomen [Pl] Lumpen, Fetzen IDM **in tatters 1** in Fetzen **2** ruiniert; ramponiert ◊ Their education policy lies in tatters. Ihre Bildungspolitik ist gescheitert.
tat·tie /ˈtæti/ Nomen (ScotE, umgs) Kartoffel
tat·tle /ˈtætl/ Verb (bes AmE, umgs, abwert) petzen; ~ **on sb (to sb)** jdn (bei jdm) verpetzen SYN TELL ON SB
tat·tle·tale /ˈtætlteɪl/ Nomen (AmE) Petze
tat·too¹ /təˈtuː; AmE tæˈtuː/ Nomen (Pl **tat·toos**) **1** Tätowierung **2** Zapfenstreich ◊ Her fingers tapped a tattoo on the table. Sie trommelte mit den Fingern auf den Tisch.
tat·too² /təˈtuː; AmE tæˈtuː/ Verb tätowieren
tatty /ˈtæti/ Adj (bes BrE, umgs) schäbig ◊ a tatty carpet ein verschlissener Teppich SYN SHABBY
taught Form von TEACH
taunt¹ /tɔːnt/ Verb ~ sb (**with sth**) jdn (mit etw) verhöhnen
taunt² /tɔːnt/ Nomen höhnische Bemerkung ◊ racist taunts rassistische Anmache
taupe /təʊp; AmE toʊp/ **1** Adj taupe **2** Nomen Taupe
Taur·ean /ˈtɔːriən/ Nomen (unter dem Sternzeichen geborener Mensch) Stier ◊ He's a Taurean. Er ist Stier. **2** Adj (bezüglich des Sternzeichens) Stier-
Taurus /ˈtɔːrəs/ Nomen (Sternzeichen, Mensch) Stier
taut /tɔːt/ Adj (Adv **taut·ly**) **1** straff (gespannt) **2** angespannt **3** kurz; (Stil) knapp

taut·en /ˈtɔːtn/ Verb straffen, straff werden, (sich) (an)spannen
tauto·logic·al /ˌtɔːtəˈlɒdʒɪkl; AmE -ˈlɑːdʒ-/ (auch **tau·to·lo·gous** /tɔːˈtɒləɡəs; AmE -ˈtɑːl-/) Adj tautologisch
tau·tol·ogy /tɔːˈtɒlədʒi; AmE -ˈtɑːl-/ Nomen Tautologie
tav·ern /ˈtævən; AmE -vərn/ Nomen (veraltet) Schenke
taw·dry /ˈtɔːdri/ Adj (abwert) **1** kitschig, billig **2** dubios, übel
tawny /ˈtɔːni/ Adj gelbbraun
ˈtawny owl Nomen Waldkauz
tax¹ /tæks/ Nomen Steuer ◊ **before tax** vor Abzug der Steuern ◊ a tax on cigarettes eine Tabaksteuer
tax² /tæks/ Verb **1** besteuern **2** (BrE) versteuern **3** anstrengen ◊ The questions did not tax me. Die Fragen bereiteten mir keine Schwierigkeiten. ◊ The problem is currently taxing my brain. Zurzeit schlage ich mich sehr mit dem Problem herum. PHRV **ˈtax sb with sth** (gehoben) jdn einer Sache beschuldigen
tax·able /ˈtæksəbl/ Adj steuerpflichtig
tax·ation /tækˈseɪʃn/ Nomen [U] **1** Steuern **2** Besteuerung
ˈtax avoidance Nomen Steuersparen, Nutzung von Steuervorteilen
ˈtax bracket Nomen Steuerklasse
ˈtax break Nomen (bes AmE) Steuervergünstigung
ˈtax collector Nomen Finanzbeamte, -beamtin
ˌtax-deˈductible Adj steuerlich absetzbar
ˈtax disc Nomen (BrE) Steuerplakette (für Kraftfahrzeuge)
ˈtax dodge Nomen (umgs) Steuertrick
ˈtax dodger Nomen Steuerbetrüger(in)
ˈtax evasion Nomen Steuerhinterziehung
ˌtax-eˈxempt Adj steuerfrei; (Organisation) steuerbefreit
ˈtax exile Nomen Steuerflüchtling
ˌtax-ˈfree Adj steuerfrei
ˈtax haven Nomen Steuerparadies, Steueroase
taxi¹ /ˈtæksi/ (auch **taxi·cab**) Nomen Taxi
taxi² /ˈtæksi/ Verb (**taxi·ing, tax·ied, tax·ied**) (Flugzeug) rollen
taxi·der·mist /ˈtæksɪdɜːmɪst; AmE -dɜːrm-/ Nomen Tierpräparator(in), Taxidermist(in)
taxi·dermy /ˈtæksɪdɜːmi; AmE -dɜːrmi/ Nomen Präparation von Tieren, Taxidermie
tax·ing Adj /ˈtæksɪŋ/ anstrengend, anspruchsvoll, schwierig SYN DEMANDING
ˈtax inspector Nomen (BrE) Finanzbeamte, -beamtin
ˈtaxi stand (BrE auch **ˈtaxi rank**) Nomen Taxistand
ˈtaxi·way /ˈtæksiweɪ/ Nomen Rollfeld
tax·man /ˈtæksmæn/ Nomen (Pl **-men** /-mən/) **1 the taxman** [Sing] (umgs) das Finanzamt **2** Finanzbeamte, -beamtin
tax·onomy /tækˈsɒnəmi; AmE -ˈsɑːnə-/ Nomen Taxonomie
tax·pay·er /ˈtækspeɪə(r)/ Nomen Steuerzahler(in)
ˈtax relief (auch **relief**) Nomen [U] Steuererleichterung
ˈtax return Nomen Steuererklärung
ˈtax shelter Nomen steuersparende Maßnahme, Steuerersparnis
TB /ˌtiː ˈbiː/ Abk = TUBERCULOSIS
t.b.a. /ˌtiː biː ˈeɪ/ Kurzform von **to be announced** Einzelheiten werden noch bekannt gegeben
tbsp (auch **tbs**) Abk (Pl **tbsp** oder **tbsps**) Abk = TABLESPOON
TD /ˌtiː ˈdiː/ = Abgeordnete(r) des irischen Parlaments ☞ Abkürzung von irischen „Teachta Dála" /ˌtjɒxtə ˈdɔːlə/
te (AmE **ti**) /tiː/ Nomen (Mus) si
tea /tiː/ Nomen **1** Tee ◊ lemon tea Tee mit Zitrone **2** Abendbrot ☞ Hinweis bei MAHLZEIT **3** (BrE) = leichte Mahlzeit, die am Nachmittag oder frühen Abend eingenommen wird und bei der belegte Brote und/oder Kekse und Kuchen und Tee gereicht werden IDM **not for all the tea in ˈChina** nicht um alles in der Welt ☞ Siehe auch CUP¹
ˈtea bag Nomen Teebeutel
ˈtea break Nomen (BrE) Kaffeepause
ˈtea caddy (auch **caddy**) Nomen (bes BrE) Teedose

tea·cake /ˈtiːkeɪk/ *Nomen* (*BrE*) = flaches Rosinenbrötchen

tea·cart /ˈtiːkɑːt; *AmE* -kɑːrt/ *Nomen* (*AmE*) Teewagen

teach /tiːtʃ/ *Verb* (**taught, taught** /tɔːt/) **1** unterrichten, lehren ◊ (*AmE*) *teach school* an einer Schule unterrichten ◊ *He taught for several years.* Er arbeitete mehrere Jahre als Lehrer. ◊ *He teaches English to advanced students.* Er gibt Englischunterricht für Fortgeschrittene. **2 ~ sb sth** jdm etw beibringen **3** (*kein Passiv*) (*umgs*) ◊ *Lost all your money? That'll teach you to gamble.* Das ganze Geld beim Glücksspiel verloren? Das soll dir eine Lehre sein. ◊ *I'll teach you to call me a liar!* Dir bringe ich bei, mich einen Lügner zu nennen! IDM **teach your grandmother to suck ˈeggs** (*BrE, umgs*) ◊ *Don't try to teach your grandmother to suck eggs.* Das brauchst du mir nicht zu erzählen! **you canˈt teach an old dog new ˈtricks** was Hänschen nicht lernt, lernt Hans nimmermehr

teach·er /ˈtiːtʃə(r)/ *Nomen* Lehrer(in)

ˌ**teacher ˈtrainer** *Nomen* Lehrerausbilder(in)

ˌ**teacher ˈtraining** *Nomen* Lehrerausbildung

ˈ**tea chest** *Nomen* (*BrE*) Holzkiste (*zum Transport von Tee*)

ˈ**teach-in** *Nomen* Informationsveranstaltung

teach·ing /ˈtiːtʃɪŋ/ *Nomen* **1** Unterrichten, Lehren ◊ *She wants to go into teaching.* Sie möchte Lehrerin werden. ◊ *the teaching profession* der Lehrberuf **2** [*meist Pl*] (*Ideen*) Lehre ◊ *Christian teaching* christliche Lehren

ˈ**teaching assistant** *Nomen* **1** Stützlehrer(in) **2** (*Abk* **TA**) (*AmE*) wissenschaftliche(r) Assistent(in) ☞ im britischen und amerikanischen Englisch auch **teaching fellow** genannt

ˈ**tea cloth** *Nomen* (*BrE*) Geschirrtuch

ˈ**tea cosy** (*AmE* ˈ**tea cozy**) *Nomen* (*Pl* -**ies**) Teewärmer

tea·cup /ˈtiːkʌp/ *Nomen* Teetasse IDM ⇨ STORM¹

teak /tiːk/ *Nomen* Teak

teal /tiːl/ *Nomen* **1** (*Pl* **teal**) Krickente **2** (*bes AmE*) Blaugrün

team¹ /tiːm/ *Nomen* **1** Team, Mannschaft ◊ *a team event* ein Mannschaftswettbewerb ◊ *She is a team player.* Sie arbeitet gut im Team. ☞ G 1.3b **2** (*Tiere*) Gespann

team² /tiːm/ *Verb* (*meist passiv*) zusammenbringen ◊ *He was teamed with his brother in the doubles.* Im Doppel spielte er mit seinem Bruder zusammen. PHR V ˌ**team ˈup (with sb)** sich (mit jdm) zusammentun

ˈ**team handball** *Nomen* (*AmE*) Handball

team·mate /ˈtiːmmeɪt/ *Nomen* Mannschaftskamerad(in)

ˌ**team ˈspirit** *Nomen* Gemeinschaftsgeist; (*Sport*) Mannschaftsgeist

team·ster /ˈtiːmstə(r)/ *Nomen* (*AmE*) Lastwagenfahrer(in)

team·work /ˈtiːmwɜːk; *AmE* -wɜːrk/ *Nomen* Teamarbeit

ˈ**tea party** *Nomen* Teegesellschaft

tea·pot /ˈtiːpɒt; *AmE* -pɑːt/ *Nomen* Teekanne IDM ⇨ TEMPEST

tear¹ /teə(r); *AmE* ter/ *Verb* (**tore** /tɔː(r)/, **torn** /tɔːn; *AmE* tɔːrn/) **1** (zer)reißen ◊ *He tore the letter in two.* Er riss den Brief durch. ◊ *He tore his clothes off.* Er riss sich die Kleider vom Leib. **2 ~ yourself** (**from sb/sth**) sich (von jdm/etw) losreißen ◊ *She tore herself free.* Sie riss sich los. **3** zerren, reißen **4** rasen ◊ *He tore off down the street.* Er raste die Straße runter. **5** (*in zusammengesetzten Adjektiven*) ◊ *strife-torn* von Unruhen erschüttert ◊ *strike-torn* von Streiks betroffen ☞ *Siehe auch* WAR-TORN IDM **tear sb/sth aˈpart, to ˈshreds, to ˈbits, etc.** (*kritisieren*) jdn/etw verreißen; (*besiegen*) jdn/etw auseinander nehmen ˌ**tear at your ˈheart**; ˌ**tear your ˈheart out** (*gehoben*) einem sehr zu Herzen gehen ◊ *It tears my heart out.* Das zerreißt mir das Herz. **tear your ˈhair** (**out**) (*umgs*) sich die Haare raufen **be in a tearing ˈhurry/rush** (*bes BrE*) es schrecklich eilig haben **tear sb ˈoff a strip**; **tear a ˈstrip off sb** (*BrE, umgs*) jdn zur Schnecke machen ˌ**thatˈs ˈtorn it** (*BrE, umgs*) das hat alles vermasselt ☞ *Siehe auch* HEART, LIMB *und* LOOSE¹ PHR V ˌ**tear sth aˈpart 1** etw in Stücke reißen, etw zerreißen ◊ *They tore the room apart, looking for money.* Sie haben das Zimmer auf den Kopf gestellt, als sie nach Geld suchten. **2** jdm das Herz zerreißen ˈ**tear at sth** an etw zerren, an etw reißen ˌ**tear yourself aˈway** (**from sth**) sich (von etw) losreißen ☞ G 9.7c ˌ**tear sth aˈway**

(**from sth**) etw (von etw) wegreißen, etw (von etw) wegkriegen ◊ *She was unable to tear her eyes away from him.* Sie konnte nicht die Augen von ihm nehmen. ☞ G 9.7c **be ˌtorn between A and B** zwischen A und B hin und her gerissen sein ˌ**tear sth ˈdown** etw abreißen SYN DEMOLISH ˌ**tear ˈinto sb** über jdn herfallen ˌ**tear ˈinto ˈsth** sich auf etw stürzen ˌ**tear sth ˈup** etw zerreißen

tear² /teə(r); *AmE* ter/ *Nomen* Riss IDM ⇨ WEAR²

tear³ /tɪə(r); *AmE* tɪr/ *Nomen* [*meist Pl*] Träne ◊ *She left the room in tears.* Sie verließ weinend das Zimmer. ◊ *They reduced him to tears.* Sie brachten ihn zum Weinen. IDM ⇨ BORED *und* CROCODILE

tear·away /ˈteərəweɪ; *AmE* ˈter-/ *Nomen* (*umgs*) Rabauke

tear·drop /ˈtɪədrɒp; *AmE* ˈtɪrdrɑːp/ *Nomen* Träne

tear·ful /ˈtɪəfl; *AmE* ˈtɪrfl/ *Adj* **1** weinend, weinerlich ◊ *She suddenly became very tearful.* Sie fing plötzlich zu weinen an. **2** tränenreich

tear·ful·ly /ˈtɪəfəli; *AmE* ˈtɪr-/ *Adv* unter Tränen, mit Tränen in den Augen

tear·ful·ness /ˈtɪəflnəs; *AmE* ˈtɪrflnəs/ *Nomen* Weinen, Weinerlichkeit

ˈ**tear gas** /ˈtɪə ɡæs; *AmE* ˈtɪr/ *Nomen* Tränengas

ˈ**tear jerker** /ˈtɪə dʒɜːkə(r); *AmE* ˈtɪr dʒɜːrkər/ *Nomen* (*umgs*) Schmonzette, Schmachtfetzen

tea·room /ˈtiːruːm, -rʊm/ *Nomen* (*BrE*) Teestube, Café

tease¹ /tiːz/ *Verb* **1** Spaß machen **2** hänseln, aufziehen; (*Tier*) reizen **3** (*abwert*) aufgeilen **4** (*Wolle, Haar*) kämmen **5** (*AmE*) toupieren PHR V ˌ**tease sth ˈout 1** etw auskämmen **2** etw herausarbeiten

tease² /tiːz/ *Nomen* **1** Scherzbold **2** Scherz **3** (*abwert*) ◊ *They say sheˈs a tease.* Man sagt, dass sie die Männer nur aufgeilt.

tea·sel (*auch* **tea·zel, tea·zle**) /ˈtiːzl/ *Nomen* (BOT) Karde

teas·er /ˈtiːzə(r)/ *Nomen* (*umgs*) Denksportaufgabe, schwierige Frage

ˈ**tea service** *Nomen* Teeservice

tea·set /ˈtiːset/ *Nomen* (*BrE*) Teeservice

tea·shop /ˈtiːʃɒp; *AmE* -ʃɑːp/ *Nomen* (*BrE*) Teestube, Café

teas·ing·ly /ˈtiːzɪŋli/ *Adv* **1** neckend ◊ *'Maybe you're just too old,' she said teasingly.* „Vielleicht bist du bloß zu alt", frotzelte sie. **2** geheimnisvoll **3** aufreizend, auf aufreizende Weise

tea·spoon /ˈtiːspuːn/ *Nomen* (*auch* **tea·spoon·ful** /-fʊl/) (*Abk* **tsp**) Teelöffel

teat /tiːt/ *Nomen* **1** (*BrE*) (Gummi)sauger **2** Zitze

tea·time /ˈtiːtaɪm/ *Nomen* (*BrE*) **1** Spätnachmittag **2** Zeit zum Abendessen ☞ *Hinweis bei* MAHLZEIT

ˈ**tea towel** (*BrE*) *Nomen* Geschirrtuch

ˈ**tea tree** *Nomen* Teebaum

ˈ**tea trolley** *Nomen* (*BrE*) (*AmE* ˈ**tea wagon**) Teewagen, Servierwagen

tea·zle = TEASEL

tech /tek/ *Nomen* (*BrE, umgs*) = TECHNICAL COLLEGE

tech·nical /ˈteknɪkl/ *Adj* **1** technisch **2** fachlich, Fach- ◊ *technical terms* Fachausdrücke ◊ *The guide is too technical for me.* Das Handbuch ist für mich zu fachsprachlich. **3** *nur vor Nomen* (RECHT) formaljuristisch

ˈ**technical college** (*BrE auch*, *umgs* **tech**) *Nomen* Technische Fachschule

ˌ**technical ˈhitch** *Nomen* technisches Problem

tech·ni·cal·ity /ˌteknɪˈkæləti/ *Nomen* (*Pl* -**ies**) **1** technicalities [*Pl*] technische Einzelheiten **2** (RECHT) juristische Feinheit ◊ *She was released on a technicality.* Sie wurde aufgrund einer Formsache freigelassen.

tech·nic·al·ly /ˈteknɪkli/ *Adv* **1** technisch ◊ *As a musician, she is technically accomplished.* Ihre musikalische Technik ist hervorragend. ◊ *Technically, he is a good goalkeeper.* Vom technischen Standpunkt her ist er in guter Torwart. **2** genau genommen ◊ *It is still technically possible for them to win.* Im Prinzip können sie noch gewinnen.

tech·ni·cian /tekˈnɪʃn/ *Nomen* Techniker(in) ◊ *As a pianist, sheˈs a brilliant technician.* Ihr Klavierspiel ist technisch brillant.

tech·ni·col·our (*AmE* **tech·ni·color**) /ˈteknɪkʌlə(r)/ *Nomen* (*umgs*) (Viel)farbigkeit ◊ *The walls were painted in*

glorious technicolour. Die Wände waren knallbunt gestrichen.
tech·nique /tek'ni:k/ *Nomen* Technik, Methode
techno /'teknəʊ; *AmE* -noʊ/ *Nomen* (Mus) Techno
tech·no·cracy /tek'nɒkrəsi; *AmE* -'nɑ:k-/ *Nomen* (*Pl* **-ies**) Technokratie
tech·no·crat /'teknəkræt/ *Nomen* Technokrat(in)
tech·no·crat·ic /ˌteknə'krætɪk/ *Adj* technokratisch
tech·no·logic·al /ˌteknə'lɒdʒɪkl; *AmE* -'lɑ:dʒ-/ *Adj* (*Adv* **tech·no·logic·al·ly** /-kli/) technologisch
tech·nolo·gist /tek'nɒlədʒɪst; *AmE* -'nɑ:l-/ *Nomen* Technologe, Technologin
tech·nol·ogy /tek'nɒlədʒi; *AmE* -'nɑ:l-/ *Nomen* (*Pl* **-ies**) Technologie
tech·no·phobe /'teknəfəʊb; *AmE* -foʊb/ *Nomen* Technikfeind(in)
tec·ton·ic /tek'tɒnɪk; *AmE* -'tɑnɪk/ *Adj nur vor Nomen* tektonisch
teddy bear /'tedi beə(r); *AmE* ber/ (*auch* **teddy**) (*Pl* **-ies**) *Nomen* Teddybär
'Teddy boy (*umgs* **ted** /ted/) *Nomen* Teddyboy
te·di·ous /'ti:diəs/ *Adj* (*Adv* **te·di·ous·ly**) langweilig
te·di·ous·ness /'ti:diəsnəs/ *Nomen* Langweiligkeit
te·dium /'ti:diəm/ *Nomen* Langweiligkeit, Eintönigkeit
tee¹ /ti:/ *Nomen* (*Golf*) Tee **IDM** ⇒ T, t
tee² /ti:/ *Verb* (**teed**, **teed**) **PHRV** ˌtee 'off einen Ball vom (ersten) Abschlag spielen ◊ *The first pair are due to tee off at 10 o'clock.* Das erste Paar fängt um 10 Uhr an. ˌtee sb 'off (*AmE*, *umgs*) jdn ankotzen ˌtee 'up den Ball auf das Tee legen ˌtee sth 'up etw auf das Tee legen
teem /ti:m/ *Verb* (*meist* **be teeming**) ◊ *The rain was teeming down./It was teeming down with rain.* Es regnete in Strömen. **PHRV** 'teem with sth (*meist* **be teeming with sth**) von etw wimmeln
teem·ing /'ti:mɪŋ/ *Adj* wimmelnd
teen·age /'ti:neɪdʒ/ (*bes AmE*, *umgs* **teen** /ti:n/) *Adj nur vor Nomen* Teenager- ◊ *teenage girls* Mädchen im Teenageralter ◊ *teen magazines* Jugendzeitschriften
teen·aged /'ti:neɪdʒd/ *Adj* halbwüchsig, im Teenageralter
teen·ager /'ti:neɪdʒə(r)/ (*bes AmE*, *umgs* **teen**) *Nomen* Teenager
teens /ti:nz/ *Nomen* [*Pl*] Teenageralter ◊ *She began writing poetry in her teens.* Sie begann als Teenager Gedichte zu schreiben.
teeny /'ti:ni/ *Adj* (**teen·ier**, **teeni·est**) (*umgs*) **1** (*auch* **teeny-weeny** /ˌti:ni 'wi:ni/, **teensy** /'ti:nzi/, **teensy-weensy** /ˌti:nzi 'wi:nzi/) klitzeklein **2** Teenager- ◊ *teeny magazines* Jugendzeitschriften
teeny-bopper /'ti:ni bɒpə(r); *AmE* bɑ:p-/ *Nomen* (*umgs*, *veraltet*) = Mädchen zwischen 10 und 13, das sich für Popmusik und Mode interessiert
tee·pee /'ti:pi:/ *Nomen* = TEPEE
tee·ter /'ti:tə(r)/ *Verb* wanken **IDM** ˌteeter on the 'brink/'edge of sth am Rande einer Sache stehen
'teeter-totter *Nomen* (*AmE*) Wippe
teeth *Form von* TOOTH
teethe /ti:ð/ *Verb* zahnen
'teething troubles (*auch* **'teething problems**) *Nomen* [*Pl*] Anfangsschwierigkeiten, Kinderkrankheiten
tee·total /ˌti:'təʊtl; *AmE* -'toʊtl/ *Adj* abstinent
tee·total·ism /ˌti:'təʊtəlɪzəm/ *Nomen* Abstinenz (vom Alkoholgenuss)
tee·total·ler (*AmE* **tee·total·er**) /ˌti:'təʊtlə(r); *AmE* -'toʊ-/ *Nomen* Antialkoholiker(in), Abstinenzler(in)
TEFL /ˌti: i: ef 'el, 'tefl/ *Kurzform von* **teaching of English as a foreign language** (*BrE*) = Unterrichten von Englisch als Fremdsprache
tel. (*auch* **Tel.**) *Abk* Telefonnummer, Tel.
tele·cast¹ /'telɪkɑ:st; *AmE* -kæst/ *Nomen* (*AmE*) Fernsehsendung
tele·cast² /'telɪkɑ:st; *AmE* -kæst/ *Verb* (*AmE*) (**tele·cast**, **tele·cast**) (im Fernsehen) übertragen
tele·com·mu·ni·ca·tions /ˌtelɪkəˌmju:nɪ'keɪʃnz/ (*umgs* **tele·coms** /'telɪkɒmz; *AmE* -kɑ:mz/) *Nomen* [*Pl*] Telekommunikation

tele·con·fer·ence /'telɪkɒnfərəns; *AmE* -kɑ:n-/ *Nomen* Telekonferenz
tele·gen·ic /ˌtelɪ'dʒenɪk/ *Adj* telegen
tele·gram /'telɪɡræm/ *Nomen* Telegramm
tele·graph¹ /'telɪɡrɑ:f; *AmE* 'telɪɡræf/ *Nomen* Telegraf
tele·graph² /'telɪɡrɑ:f; *AmE* 'telɪɡræf/ *Verb* **1** telegrafieren **2** offen legen
tele·graph·ic /ˌtelɪ'ɡræfɪk/ *Adj* telegrafisch
'telegraph pole *Nomen* (*BrE*) Telegrafenmast
tele·mar·ket·ing /'telɪmɑ:kɪtɪŋ; *AmE* -mɑ:rk-/ *Nomen* Tele(fon)marketing
tele·path·ic /ˌtelɪ'pæθɪk/ *Adj* (*Adv* **tele·path·ic·al·ly** /-kli/) telepathisch ◊ *How do I know what he's thinking? I'm not telepathic!* Wie soll ich wissen, was er denkt? Ich kann doch nicht Gedanken lesen!
tel·ep·athy /tə'lepəθi/ *Nomen* Telepathie
tele·phone¹ /'telɪfəʊn; *AmE* -foʊn/ (*auch* **phone**) *Nomen* Telefon ◊ *You can reserve seats over the telephone.* Sie können telefonisch Plätze reservieren. ◊ *I need to make a telephone call.* Ich muss telefonieren. **IDM** be on the 'telephone **1** telefonieren **2** (*BrE*) Telefon haben
tele·phone² /'telɪfəʊn; *AmE* -foʊn/ *Verb* (*gehoben*, *bes BrE*) anrufen, telefonieren ◊ *Please telephone for details.* Einzelheiten sind telefonisch zu erfahren. ◊ *You can telephone your order.* Sie können Ihre Bestellung telefonisch durchgeben. **SYN** PHONE *und* CALL
'telephone book (*auch* **'phone book**, **'telephone directory**) *Nomen* Telefonbuch
'telephone booth = PHONE BOOTH
'telephone box (*auch* **'telephone kiosk**) (*BrE*) = PHONE BOX
'telephone exchange (*auch* **ex·change**) *Nomen* Telefonzentrale
'telephone number (*auch* **'phone number**) *Nomen* Telefonnummer

> Telefonnummern in Großbritannien setzen sich aus einer meist fünfstelligen Vorwahl für die Stadt (mit 01 beginnend) und einer drei- bis siebenstelligen Nummer zusammen, z.B. 01865 556767. Telefonnummern in den meisten großen Städten bestehen aus einer vierstelligen Vorwahl und einer siebenstelligen Nummer, z.B. 0118 246 8022. Die Zahlen werden einzeln gesprochen.
> ☞ *Siehe auch* S. 761

'telephone pole *Nomen* (*AmE*) Telegrafenmast
'telephone tapping (*auch* **'phone tapping**) *Nomen* Abhören von Telefongesprächen
tel·eph·on·ist /tə'lefənɪst/ *Nomen* (*BrE*) Telefonist(in)
tel·eph·ony /tə'lefəni/ *Nomen* Fernsprechwesen
tele·photo lens /ˌtelɪfəʊtəʊ 'lenz; *AmE* -foʊtoʊ/ *Nomen* Teleobjektiv
tele·print·er /'telɪprɪntə(r)/ *Nomen* Fernschreiber
tele·prompt·er /'telɪprɒmptə(r); *AmE* -prɑ:m-/ *Nomen* (*bes AmE*) Teleprompter
tele·sales /'teliseɪlz/ *Nomen* (*BrE*) [*U*] Telefonverkauf
tele·scope¹ /'telɪskəʊp; *AmE* -skoʊp/ *Nomen* Teleskop
tele·scope² /'telɪskəʊp; *AmE* -skoʊp/ *Verb* **1** ineinander schieben **2** sich ineinander schieben (lassen) **3** (*fig*) ~ sth (into sth) etw (zu etw) komprimieren
tele·scop·ic /ˌtelɪ'skɒpɪk; *AmE* -'skɑ:pɪk/ *Adj* (*Adv* **tele·scop·ic·al·ly** /-kli/) **1** teleskopisch ◊ *telescopic lenses* Fernrohrlinsen ◊ *a telescopic sight* ein Zielfernrohr **2** ausziehbar, zusammenschiebbar ◊ *a telescopic umbrella* ein Taschenschirm
tele·text /'telɪtekst/ *Nomen* Videotext
tele·thon /'teləθɒn; *AmE* -θɑ:n/ *Nomen* = Spendensammelaktion im Fernsehen
tele·type·writ·er /ˌteli'taɪpraɪtə(r)/ *Nomen* (*AmE*) Fernschreiber
tele·van·gel·ist /ˌtelɪ'vændʒəlɪst/ *Nomen* Fernsehprediger, Fernsehevangelist
tele·vise /'telɪvaɪz/ *Verb* (im Fernsehen) übertragen ◊ *a televised debate* eine Fernsehdebatte ◊ *televise a novel* einen Roman fürs Fernsehen verfilmen
tele·vi·sion /'telɪvɪʒn/ (*Abk* **TV**) *Nomen* **1** (*auch* **'televi-**

teleworker 648

sion set) Fernseher, Fernsehapparat **2** Fernsehen ◊ *I'd like to work in television.* Ich möchte gern beim Fernsehen arbeiten. ◊ *the television news* die Fernsehnachrichten ◊ *watch television* fernsehen IDM **on (the) ˈtelevision** (*umgs* on TV) im Fernsehen

teleˈworker /ˈteliwɜːkə(r); *AmE* -wɜːrk-/ *Nomen* Telearbeiter(in)

teleˈworking /ˈteliwɜːkɪŋ; *AmE* -wɜːrk-/ *Nomen* (*BrE*) Telearbeit

telex¹ /ˈteleks/ *Nomen* Telex; (*Nachricht auch*) Fernschreiben; (*Gerät*) Fernschreiber

telex² /ˈteleks/ *Verb* telexen, ein Fernschreiben schicken

tell /tel/ *Verb* (**told, told** /təʊld; *AmE* toʊld/) **1** sagen, erzählen ◊ *Why wasn't I told about the accident?* Warum hat man mir nichts von dem Unfall gesagt? ◊ *Are you telling me you didn't have any help?* Willst du mir wirklich sagen, dass dir niemand geholfen hat? ◊ *tell lies* lügen ☞ *Hinweis bei* SAGEN **2** (*Informationen geben*) sagen, anzeigen ◊ *The advertisement tells us very little about the product.* Die Anzeige sagt uns sehr wenig über das Produkt. ◊ *The sound of his breathing told her (that) he was asleep.* An seinen Atemzügen erkannte sie, dass er schlief. **3** (*Geheimnis*) verraten ◊ *Promise you won't tell.* Versprich mir, dass du nichts sagst. ◊ *'Who are you going out with tonight?' 'That would be telling!'* „Mit wem gehst du heute Abend aus?" „Das verrate ich nicht!" **4** sagen, auffordern ◊ *Do what I tell you.* Tu, was ich dir sage. ◊ *Don't tell me what to do!* Ich lasse mir von dir keine Vorschriften machen! **5** (*nicht in der Verlaufsform*) sagen, erkennen ◊ *It's hard to tell.* Es ist schwer zu sagen. ◊ *It was hard to tell the difference.* Der Unterschied war schwer zu erkennen. ◊ *As far as I can tell, she's enjoying the course.* Soweit ich es sagen kann, gefällt ihr der Kurs. **6** (*nicht in der Verlaufsform oder im Passiv*) **~ apart** auseinander halten; **~ A from B** A und B auseinander halten **7 ~ (on sb)** sich (bei jdm) bemerkbar machen ◊ *The strain was beginning to tell.* Die Anstrengung machte sich langsam bemerkbar. IDM **all ˈtold** insgesamt **donˈt ˈtell me** (*umgs*) sagen Sie/sag bloß ... **I/ˈIˈll ˌtell you ˈwhat** wissen Sie/weißt du was ... **I ˈtell you; I can ˈtell you; Iˈm ˈtelling you** (*umgs*) das kann ich Ihnen/dir sagen; das sage ich Ihnen/dir; das können Sie/kannst du mir glauben **I ˈtold you (so)** (*umgs*) das habe ich ja gleich gesagt **ˌlive, etc. to ˌtell the ˈtale** (es) überleben **tell a ˈdifferent story/tale** etwas anderes sagen **tell its own tale/story** für sich (selbst) sprechen **ˈtell me** sagen Sie/sag mal **tell me about it** (*umgs*) Sie sagen/du sagst es! **tell me aˈnother!** (*umgs*) wer's glaubt, wird selig! **tell ˈtales (about sth)** (*BrE*) (über etw) petzen **tell ˈtales on sb** (*BrE*) jdn verpetzen **tell the ˈtime** (*AmE* **tell ˈtime**) die Uhr lesen können **tell sb where to get ˈoff/where they get ˈoff** (*BrE*, *umgs*) jdm gründlich die Meinung sagen **tell sb where to ˈput/ˈstick sth**; **tell sb what they can ˈdo with sth** (*umgs*) jdm sagen, wohin er sich etw stecken kann **thereˈs no ˈtelling** man kann nie/nicht wissen **to tell (you) the ˈtruth** um ehrlich zu sein **you can never ˈtell**; **you never can ˈtell** man kann nie wissen **youˈre telling ˈme!** (*umgs*) wem sagen Sie/sagst du das! ☞ *Siehe auch* HEAR, KISS¹, LITTLE¹, THING, TIME¹ *und* TRUTH PHRV **ˌtell aˈgainst sb** (*BrE*, *gehoben*) ein Nachteil für jdn sein, sich nachteilig für jdn auswirken **ˈtell of sth** (*gehoben*) von etw erzählen **ˌtell sb ˈoff (for sth)** (*umgs*) jdn (wegen einer Sache) ausschimpfen SYN SCOLD **tell sb on sb** (*umgs*) jdn verpetzen

ˈteller /ˈtelə(r)/ *Nomen* **1** (*bei einer Bank*) Kassierer(in) **2** Geldautomat ◊ *automatic teller machines* Geldautomaten **3** Stimmenauszähler(in) **4** (*meist in Zusammensetzungen*) Erzähler(in) ◊ *a teller of lies* ein Lügner ☞ *Siehe auch* FORTUNE TELLER *und* STORYTELLER

ˈtelling /ˈtelɪŋ/ *Adj* **1** aufschlussreich ◊ *The number of homeless people is a telling comment on the state of society.* Die Zahl der Obdachlosen sagt viel über den Zustand der Gesellschaft aus. **2** wirkungsvoll ◊ *a telling argument* ein schlagendes Argument ◊ *He made a telling contribution to the game.* Seine Leistung war spielentscheidend.

ˈtellingly /ˈtelɪŋli/ *Adv* **1** interessanterweise **2** deutlich

ˌtelling-ˈoff *Nomen* [meist *Sing*] (*BrE*, *umgs*) Standpauke, Rüffel; **give sb a ~** jdn ausschimpfen; **get a ~** Schimpfe kriegen

ˈtell-tale¹ *Adj nur vor Nomen* verräterisch

ˈtell-tale² *Nomen* (*BrE*, *umgs*, *abwert*) Petze(r)

telly /ˈteli/ *Nomen* (*Pl* **-ies**) (*BrE*, *umgs*) **1** Fernseher, Glotze **2** Fernsehen ◊ *watch telly* fernsehen

temerity /təˈmerəti/ *Nomen* (*gehoben*) Kühnheit, Frechheit ◊ *He had the temerity to call me a liar!* Er hatte die Stirn, mich einen Lügner zu nennen!

temp¹ /temp/ *Nomen* Aushilfskraft, Zeitarbeiter(in)

temp² /temp/ *Verb* als Aushilfskraft/Zeitarbeiter(in) arbeiten ◊ *a temping job* eine Stelle als Aushilfskraft

temp³ /temp/ *Abk* (*bes AmE temp.*) Temperatur

temper¹ /ˈtempə(r)/ *Nomen* **1** (jähzorniges) Naturell ◊ *have a short temper* jähzornig sein ◊ *He must learn to control his temper.* Er muss lernen, sich zu beherrschen. ◊ *Tempers began to fray.* Die Gemüter begannen sich zu erhitzen. **2** Wut(anfall) ◊ *fly into a temper* einen Wutanfall kriegen ◊ *a fit of temper/a temper tantrum* ein Wutanfall **3** Laune ◊ *be in a foul temper* mies gelaunt sein SYN MOOD IDM **keep your ˈtemper (with sb)** sich (bei jdm) beherrschen **lose your ˈtemper (with sb)** (bei jdm) die Beherrschung verlieren ☞ *Siehe auch* QUICK¹

temper² /ˈtempə(r)/ *Verb* **1 ~ sth (with sth)** (*gehoben*) etw (durch etw) mildern ◊ *Justice must be tempered with mercy.* Man muss bei aller Gerechtigkeit Milde walten lassen. ◊ *His delight was tempered by regret.* Seine Freude war von Bedauern getrübt. **2** (*Metall*) tempern, härten

tempera /ˈtempərə/ *Nomen* **1** Tempera(farbe) **2** Tempera(malerei)

temperament /ˈtemprəmənt/ *Nomen* **1** Veranlagung, Naturell ◊ *She has an artistic temperament.* Sie ist eine Künstlernatur. ◊ *She's a romantic by temperament.* Sie ist eine romantische Natur. **2** Temperament

temperamental /ˌtemprəˈmentl/ *Adj* **1** launenhaft ◊ (*fig*) *The printer's being temperamental this morning.* Der Drucker hat heute Morgen wieder seine Mucken. **2** (*Adv* **temperamentally** /-təli/) veranlagungsmäßig ◊ *They are firm friends in spite of temperamental differences.* Sie sind gute Freunde, obwohl sie so unterschiedlich veranlagt sind.

temperance /ˈtempərəns/ *Nomen* **1** (*veraltet*) Abstinenz (vom Alkoholgenuss) **2** (*gehoben*) Mäßigung, Maßhalten SYN MODERATION

temperate /ˈtempərət/ *Adj* **1** (*Fachspr*) (*Klima, Zone*) gemäßigt **2** (*Adv* **temperately**) (*gehoben*) maßvoll OPP INTEMPERATE

temperature /ˈtemprətʃə(r); *AmE auch* -tʃʊər/ *Nomen* **1** (*Abk* **temp**) Temperatur ◊ *Heat the oven to a temperature of 200°C.* Erhitzen Sie den Backofen auf 200°C. **2** Temperatur, Fieber ◊ *take sb's temperature* bei jdm Fieber messen ◊ *She's running a temperature.* Sie hat Fieber. ☞ *Siehe auch* S. 761 IDM **raise/lower the ˈtemperature** die Gemüter erhitzen/beruhigen; die Stimmung anheizen/dämpfen ◊ *lower the political temperature* die politische Situation entspannen

-tempered /ˈtempəd; *AmE* -ərd/ (*in Adjektiven*) gelaunt ◊ *good-/bad-tempered* gut/schlecht gelaunt ◊ *a sweet-tempered child* ein verträgliches Kind

tempest /ˈtempɪst/ *Nomen* (*gehoben*) Sturm IDM **a ˌtempest in a ˈteapot** (*AmE*) ein Sturm im Wasserglas

tempestuous /temˈpestʃuəs/ *Adj* stürmisch (*auch fig*)

template /ˈtempleɪt/ *Nomen* **1** Schablone **2** (*fig*) Vorlage, Muster **3** (COMP) Dokumentvorlage

temple /ˈtempl/ *Nomen* **1** Tempel **2** (*AmE*) Synagoge ☞ *Hinweis bei* KIRCHE **3** Schläfe

tempo /ˈtempəʊ; *AmE* -poʊ/ *Nomen* (*Pl* **-os** *oder Fachsprache* **tempi** /ˈtempiː/) Tempo

temporal /ˈtempərəl/ *Adj* **1** (*gehoben*) weltlich **2** (*gehoben*) zeitlich **3** (ANAT) Schläfen-, Temporal-

temporary /ˈtemprəri; *AmE* -pəreri/ *Adj* (*Adv* **temporarily** /ˈtemprərəli; *AmE* ˌtempəˈrerəli/) **1** vorübergehend ◊ *temporary work* befristete Arbeit ◊ *Half the staff are temporary.* Die Hälfte des Personals ist nur auf Zeit angestellt. OPP PERMANENT **2** provisorisch, behelfsmäßig

tempt /tempt/ *Verb* in Versuchung führen; **~ sb into sth** jdn (zu etw) verleiten, jdn (zu etw) verlocken ◊ *I was tempted by the dessert.* Ich fand den Nachtisch sehr verlockend. ◊ *I was tempted to take the day off.* Ich hätte mir am liebsten den Tag frei genommen. ◊ *How can we tempt young people into teaching?* Wie können wir junge Leute dazu bringen, den Lehrerberuf zu ergreifen? IDM **tempt 'fate/'provi-dence** das Schicksal herausfordern

temp·ta·tion /tempˈteɪʃn/ *Nomen* **1** Versuchung **2** Verlockung

tempt·er /ˈtemptə(r)/ *Nomen* Verführer, Versucher

tempt·ing /ˈtemptɪŋ/ *Adj* (*Adv* **tempt·ing·ly**) verführerisch, verlockend

temp·tress /ˈtemptrəs/ *Nomen* (*veraltet oder hum*) Verführerin

ten /ten/ *Zahl* zehn ☛ *Beispiele bei* SECHS IDM ˌ**ten out of 'ten** (*BrE, oft iron*) ausgezeichnet ◊ *get ten out of ten* die beste Note bekommen ◊ *I'll give you ten out of ten for effort.* Du hast dir wirklich viel Mühe gegeben. ˌ**ten to 'one** höchstwahrscheinlich

ten·able /ˈtenəbl/ *Adj* **1** haltbar; (*Standpunkt*) vertretbar OPP UNTENABLE **2** *nicht vor Nomen* (*Stelle*) befristet

ten·acious /təˈneɪʃəs/ *Adj* (*Adv* **ten·acious·ly**) (*gehoben*) hartnäckig, zäh ◊ *The party kept its tenacious hold on power.* Die Partei hat sich zäh an der Macht gehalten. ◊ *tenacious traditions* tief verwurzelte Traditionen

ten·acity /təˈnæsəti/ *Nomen* Hartnäckigkeit, Beharrlichkeit

ten·ancy /ˈtenənsi/ *Nomen* (*Pl* **-ies**) **1** Mietdauer, Pachtdauer ◊ *a tenancy agreement* ein Miet-/Pachtvertrag **2** Mietverhältnis, Pachtverhältnis

ten·ant[1] /ˈtenənt/ *Nomen* Mieter(in), Pächter(in) ◊ *the previous tenants* die Vormieter ◊ *tenant farmers* Pächter

ten·ant[2] /ˈtenənt/ *Verb* (*meist passiv*) zur Miete wohnen in, gepachtet haben ◊ *a tenanted farm* ein Pachthof

tench /tentʃ/ *Nomen* (*Pl* **tench**) Schleie

tend /tend/ *Verb* **1** tendieren ◊ *Women tend to live longer than men.* Frauen leben meist länger als Männer. ◊ *When I'm tired, I tend to make mistakes.* Wenn ich müde bin, mache ich leicht Fehler. ◊ *I tend to think that ...* Ich neige zu der Annahme, dass ... ◊ *Prices have tended downwards over recent years.* In den letzten Jahren war die Tendenz der Preise fallend. **2** ~ (**to**) **sb/sth** sich um jdn/etw kümmern, jdn/etw pflegen ◊ *a shepherd tending his sheep* ein Hirte, der seine Schafe hütet **3** (*AmE*) bedienen ◊ *He had a job tending bar.* Er hatte eine Stelle als Barmann.

ten·dency /ˈtendənsi/ *Nomen* (*Pl* **-ies**) **1** Tendenz, Neigung ◊ *I have a tendency to talk too much.* Ich neige dazu, zu viel zu reden. ◊ *There is a tendency for this disease to run in families.* Diese Krankheit liegt oft in der Familie. **2** (*BrE*) = extremistische Gruppe in einer politischen Organisation ☛ G 1.3b

ten·den·tious /tenˈdenʃəs/ *Adj* (*gehoben, meist abwert*) tendenziös

ten·der[1] /ˈtendə(r)/ *Adj* **1** (*Adv* **ten·der·ly**) zärtlich, liebevoll **2** (*Fleisch etc.*) zart OPP TOUGH **3** empfindlich IDM **at a ˌtender 'age** in jungen Jahren **at the tender age of ...** im zarten Alter von ...

ten·der[2] /ˈtendə(r)/ *Nomen* **1** Angebot ◊ *put sth out to tender* etw ausschreiben ◊ *sell land by tender* Land durch Ausschreibung verkaufen SYN BID **2** Tender

ten·der[3] /ˈtendə(r)/ *Verb* **1** ~ (**for sth**) ein Angebot (für etw) einreichen ◊ *competitive tendering* öffentliche Ausschreibung **2** ~ **sth** (**to sb**) (*gehoben*) (jdm) etw anbieten, (jdm) etw geben ◊ *He tendered his resignation.* Er hat seinen Rücktritt angeboten.

tend·er·foot /ˈtendəfʊt/ *Nomen* (*Pl* **tend·er·feet** *oder* **tend·er·foots**) (*AmE, umgs*) Anfänger(in), Greenhorn

ˌ**tender-'hearted** *Adj* weichherzig

ten·der·ize (*BrE auch* **-ise**) /ˈtendəraɪz/ *Verb* (*Fleisch*) zart machen, weich klopfen

ten·der·loin /ˈtendəlɔɪn/ *Nomen* Lendenstück

ten·der·ness /ˈtendənəs/ *AmE* -dərn-/ *Nomen* **1** Zärtlichkeit **2** Zartheit **3** Empfindlichkeit

ten·don /ˈtendən/ *Nomen* Sehne

ten·dril /ˈtendrəl/ *Nomen* **1** Ranke **2** Ringellocke

tene·ment /ˈtenəmənt/ *Nomen* Mietshaus, Mietskaserne ◊ *a tenement block* eine Mietskaserne

tenet /ˈtenɪt/ *Nomen* (*gehoben*) Grundsatz; (REL) Glaubenssatz

ten·fold /ˈtenfəʊld; *AmE* -foʊld/ *Adj, Adv* ⇨ -FOLD

ten·ner /ˈtenə(r)/ *Nomen* (*BrE, umgs*) **1** Zehnpfundschein **2** zehn Pfund

ten·nis /ˈtenɪs/ (*gehoben* ˌ**lawn 'tennis**) *Nomen* Tennis

ˈ**tennis racket** (*auch* ˈ**tennis rac·quet**) *Nomen* Tennisschläger

tenor[1] /ˈtenə(r)/ *Nomen* **1** Tenor ◊ *a tenor saxophone* ein Tenorsaxophon **2** Tenorstimme **3** [Sing] **the ~ of sth** (*gehoben*) ◊ *the general tenor of his remarks* der Tenor seiner Äußerungen

tenor[2] /ˈtenə(r)/ *Adj* Tenor-

ˌ**ten 'pence** (*auch* ˌ**ten pence 'piece, 10p** /ˌten ˈpiː/) *Nomen* Zehnpencestück

ten·pin /ˈtenpɪn/ *Nomen* **1** (Bowling)kegel **2** **ten·pins** (*AmE*) [U] Bowling

ˌ**tenpin 'bowling** (*bes BrE*) *Nomen* Bowling

tense[1] /tens/ *Adj* (*Adv* **tense·ly**) **1** angespannt, verkrampft ◊ *He's a very tense person.* Er kann sich nicht entspannen. **2** (*Lage, Atmosphäre etc.*) gespannt; (*Diskussion etc.*) spannungsgeladen ◊ *I spent a tense week waiting.* Ich habe eine nervenaufreibende Woche lang gewartet. **3** (*Muskeln etc.*) verkrampft, verspannt **4** (*Draht etc.*) straff (gespannt)

tense[2] /tens/ *Verb* **1** ~ (**up**) sich verkrampfen; (*Muskeln*) sich anspannen; (*zu sehr*) sich verspannen ◊ *He tensed himself, listening.* Er lauschte angespannt. **2** ~ **sth** (**up**) etw anspannen; (*zu sehr*) etw verkrampfen ◊ *get tensed up* sich verkrampfen

tense[3] /tens/ *Nomen* (LING) Zeit, Tempus ◊ *the past tense* die Vergangenheit ◊ *the present tense* die Gegenwart

tense·ness /ˈtensnəs/ *Nomen* **1** Angespanntheit **2** Spannung

ten·sion[1] /ˈtenʃn/ *Nomen* **1** Spannung ◊ *the tension between the aims of the company and the wishes of the staff* der Konflikt zwischen den Zielen des Betriebs und den Wünschen der Mitarbeiter **2** Verspannung ◊ *muscular tension* Muskelverspannung **3** Maschenfestigkeit ◊ *check the tension* eine Maschenprobe machen

ten·sion[2] /ˈtenʃn/ *Verb* spannen, straffen

tent /tent/ *Nomen* Zelt

ten·tacle /ˈtentəkl/ *Nomen* **1** Tentakel, Fangarm **2** **tentacles** [Pl] (*meist abwert*) (*fig*) Fangarme, Klauen

ten·ta·tive /ˈtentətɪv/ *Adj* (*Adv* **ten·ta·tive·ly**) **1** vorläufig ◊ *tentative conclusions* Vermutungen **2** zaghaft, zögernd ◊ *a tentative answer* eine tastende Antwort SYN HESITANT

tent·ed /ˈtentɪd/ *Adj* Zelt- ◊ *a tented village* eine Zeltstadt

ten·ter·hooks /ˈtentəhʊks; *AmE* -tərh-/ *Nomen* [Pl] IDM **(be) on 'tenterhooks** wie auf glühenden Kohlen (sitzen)

tenth /tenθ/ **1** *Adj, Pron* zehnte(r,s) ☛ *Beispiele bei* SECHSTE(R,S) **2** *Nomen* Zehntel ☛ *Siehe auch* S. 759

ˈ**tent peg** (*auch* **peg**) *Nomen* Zeltpflock, Hering

tenu·ous /ˈtenjuəs/ *Adj* **1** (*Adv* **tenu·ous·ly**) schwach; (*Verbindung*) locker ◊ *his tenuous grasp of reality* sein mangelndes Realitätsverständnis **2** (*Faden etc.*) dünn, fein

ten·ure /ˈtenjə(r)/ *Nomen* [U] **1** Amtszeit ◊ *tenure of political office* die Ausübung eines politischen Amtes **2** Amtieren **3** (*an Universitäten etc.*) unbefristete Stelle **4** Besitztitel ◊ *have security of tenure* Kündigungsschutz genießen

ten·ured /ˈtenjəd; *AmE* -jərd/ *Adj* **1** (*Posten*) Dauer-, unbefristet **2** in Dauerstellung

tepee (*auch* **tee·pee**) /ˈtiːpiː/ *Nomen* Tipi

tepid /ˈtepɪd/ *Adj* lauwarm (*auch fig*) SYN LUKEWARM

te·quila /təˈkiːlə/ *Nomen* Tequila

ter·cen·ten·ary /ˌtɜːsenˈtiːnəri; *AmE* ˌtɜːrsenˈtenəri/ *Nomen* (*Pl* **-ies**) Dreihundertjahrfeier, dreihundertster Jahrestag

term[1] /tɜːm; *AmE* tɜːrm/ *Nomen* ☛ *Siehe auch* TERMS **1** Ausdruck, Begriff ◊ *a term of abuse* ein Schimpfwort **2** (*bes BrE*) Trimester ☛ *Hinweis bei* SEMESTER, S. 1210 **3** Dauer, Zeitraum, Laufzeit ◊ *the president's first term of/in office* die erste Amtsperiode des Präsidenten ◊ *a maximum jail term of 25 years* eine Höchststrafe von 25 Jahren Gefängnis **4** [Sing] (*gehoben*) Frist ◊ *His life had reached its natural term.* Sein Leben hatte sein natürliches Ende erreicht. ◊ *children born at full term* voll ausgetragene

term 650

Kinder **5** (MATH) Term ▪ **in the 'long/'short/'medium term** lang-/kurz-/mittelfristig
term² /tɜːm; *AmE* tɜːrm/ *Verb* (*meist passiv*) (*gehoben*) bezeichnen als, nennen ◊ *He can hardly be termed a young man.* Man kann ihn kaum einen jungen Mann nennen.
ter·min·al¹ /'tɜːmɪnəl; *AmE* 'tɜːrm-/ *Nomen* **1** Terminal, Abfertigungsgebäude **2** (COMP) Terminal **3** (ELEK) Pol
ter·min·al² /'tɜːmɪnəl; *AmE* 'tɜːrm-/ *Adj* **1** (*Adv* **ter·min·al·ly** /-nəli/) unheilbar ◊ (*fig*) *The industry is in terminal decline.* Mit der Industrie geht es unaufhaltsam bergab. ◊ *terminal boredom* schreckliche Langeweile **2** (*Patient*) unheilbar krank ◊ *a terminal case* ein hoffnungsloser Fall **3** *nur vor Nomen* (*gehoben oder Fachspr*) End-, Schluss- ◊ *terminal examinations* Abschlussprüfungen
ter·min·ate /'tɜːmɪneɪt; *AmE* 'tɜːrm-/ *Verb* (*gehoben*) **1** enden; (*Vertrag*) ablaufen **2** beenden; (*Vertrag*) auflösen, lösen; (*Schwangerschaft*) abbrechen **3** ◊ *The bus terminates at Victoria.* Der Bus fährt bis Victoria. ◊ *The train terminates here.* Der Zug endet hier.
ter·min·ation /ˌtɜːmɪ'neɪʃn; *AmE* 'tɜːrm-/ *Nomen* **1** (*gehoben*) Beendigung, Ende; (*eines Vertrags*) Auflösung **2** (MED) Schwangerschaftsabbruch [SYN] ABORTION
ter·mino·logic·al /ˌtɜːmənə'lɒdʒɪkl; *AmE* ˌtɜːrmənə'lɑːdʒ-/ *Adj* terminologisch
ter·min·ology /ˌtɜːmɪ'nɒlədʒi; *AmE* 'tɜːrmɑːlədʒi/ *Nomen* (*Pl* **-ies**) Terminologie
ter·minus /'tɜːmɪnəs; *AmE* 'tɜːrm-/ *Nomen* (*Pl* **ter·mini** /'tɜːmɪnaɪ; *AmE* 'tɜːrm-/) Endstation, Endbahnhof
ter·mite /'tɜːmaɪt; *AmE* 'tɜːrm-/ *Nomen* Termite
term·ly /'tɜːmli; *AmE* 'tɜːrm-/ *Adj* (*BrE*) Trimester- ◊ *pay fees in termly instalments* die Gebühren trimesterweise bezahlen ☛ *Hinweis bei* SEMESTER, S. 1210
'term paper *Nomen* (*AmE*) Referat, Seminararbeit
terms /tɜːmz; *AmE* tɜːrmz/ *Nomen* [Pl] **1** Bedingungen ◊ *terms and conditions of employment* Arbeitsvertragsbedingungen **2** Konditionen ◊ *buy sth on easy terms* etw auf Raten kaufen ◊ *My terms are €30 a lesson.* Ich verlange 30 € pro Stunde. **3** Worte ◊ *We protested in the strongest possible terms.* Wir protestierten ganz energisch. ◊ *The letter was couched in very polite terms.* Der Brief war sehr höflich abgefasst. ▪ **be on good, friendly, bad, etc. 'terms (with sb)** (mit jdm) auf gutem, freundschaftlichem, schlechtem etc. Fuß stehen ◊ *I had no idea you and he were on such intimate terms.* Ich hatte keine Ahnung, dass du mit ihm so eng befreundet bist. ◊ *I'm on first-name terms with him.* Ich duze mich mit ihm. **come to 'terms (with sb)** sich (mit jdm) einigen **come to 'terms with sth** sich mit etw abfinden **in ... terms** ... gesehen ◊ *in political terms* politisch gesehen ◊ *Costs have fallen in real terms.* Die Kosten sind real gesunken. **in terms of 'sth** was etw angeht; was etw betrifft; von etw her ◊ *He's talking in terms of starting a new career.* Er spricht davon, eine neue Laufbahn einzuschlagen. **on your own 'terms** wie man es für richtig hält; wie man es will ◊ *I'll only take the job on my own terms.* Ich nehme die Stellung nur an, wenn ich meine eigenen Bedingungen stellen kann. **on sb's 'terms** zu jds Bedingungen ☛ *Siehe auch* CONTRADICTION, EQUAL¹, SPEAK¹ *und* UNCERTAIN
ˌterms of 'reference *Nomen* [Pl] (*eines Komitees etc.*) Aufgabenbereich
'term-time (*BrE*) **1** *Nomen* Schulzeit; (*an der Universität*) Trimester **2** *Adj* *nur vor Nomen* während der Schulzeit/des Trimesters ◊ *your term-time address* Ihre Semesteradresse ☛ *Hinweis bei* SEMESTER, S. 1210
tern /tɜːn; *AmE* tɜːrn/ *Nomen* Seeschwalbe
ter·race /'terəs/ *Nomen* **1** (*BrE*) Häuserreihe **2** (*oft in Straßennamen*) ≈ Straße mit Reihenhäusern **3** Terrasse **4** **terraces** [Pl] (*BrE*) (*im Stadion*) Ränge
ter·raced /'terəst/ *Adj* **1** (*BrE*) Reihen- ◊ *terraced streets* Straßen mit Reihenhäusern **2** terrassenförmig angelegt, terrassiert
ˌterraced 'house (*seltener* ˌ**terrace 'house**) *Nomen* (*Pl* **houses** /'haʊzɪz/) (*BrE*) Reihenhaus ☛ *Hinweis bei* EINFAMILIENHAUS
ter·ra·cing /'terəsɪŋ/ *Nomen* [U] **1** (*BrE*) (*im Stadion*) Ränge, Stehplätze **2** (*an einem Berghang*) Terrassen
terra cotta /ˌterə'kɒtə; *AmE* -'kɑːtə/ *Nomen* Terrakotta

terra firma /ˌterə 'fɜːmə; *AmE* -'fɜːrmə/ *Nomen* (*meist hum*) fester Boden ◊ *be back on terra firma* wieder festen Boden unter den Füßen haben
ter·rain /tə'reɪn/ *Nomen* (*gehoben*) Gelände, Terrain
terra·pin /'terəpɪn/ *Nomen* Sumpfschildkröte
ter·rar·ium /tə'reəriəm/ *Nomen* (*Pl* **ter·rar·iums** *oder* **ter·raria** /-riə/) Terrarium
ter·res·trial /tə'restriəl/ *Adj* **1** (*Fachspr*) Land-, landlebend **2** Erd-, irdisch **3** (TV) terrestrisch
ter·rible /'terəbl/ *Adj* (*Adv* **ter·ribly** /-əbli/) **1** schrecklich, furchtbar, fürchterlich ◊ *I've just had a terrible thought.* Mir ist gerade etwas Furchtbares eingefallen. ◊ (*umgs*) *I had a terrible job to persuade her to come!* Es war ganz schön schwer, sie zum Kommen zu überreden! ◊ *I'm not terribly interested in politics.* Ich interessiere mich nicht sehr für Politik. **2** *nicht vor Nomen* elend ◊ *I feel terrible.* Ich fühle mich miserabel.
ter·rier /'teriə(r)/ *Nomen* Terrier
ter·rif·ic /tə'rɪfɪk/ *Adj* **1** (*umgs*) fantastisch, toll ◊ *She's doing a terrific job.* Sie macht das fantastisch. **2** (*Adv* **ter·rif·ic·al·ly** /-kli/) (*umgs*) unheimlich, sagenhaft
ter·ri·fied /'terɪfaɪd/ *Adj* angstvoll, entsetzt; **be ~ (of sb/sth)** (vor jdm/etw) schreckliche Angst haben ◊ *be terrified of heights* Höhenangst haben ◊ *She was terrified at the thought of being alone.* Der Gedanke, allein zu sein, machte ihr schreckliche Angst. ▪ ⇨ WIT
ter·rify /'terɪfaɪ/ *Verb* (**-fies**, **-fy·ing**, **-fied**, **-fied**) **~ sb** jdm schreckliche Angst einjagen
ter·ri·fy·ing /'terɪfaɪɪŋ/ *Adj* (*Adv* **ter·ri·fy·ing·ly**) Furcht erregend, schrecklich, unheimlich
ter·rine /te'riːn/ *Nomen* Pastete
Ter·ri·tor·ial /ˌterə'tɔːriəl/ *Nomen* Soldat(in) des Territorialheers
ter·ri·tor·ial /ˌterə'tɔːriəl/ *Adj* (*Adv* **ter·ri·tori·al·ly** /-riəli/) territorial ◊ *territorial gains* Landgewinne ◊ *territorial disputes* Grenzstreitigkeiten ◊ *territorial waters* Hoheitsgewässer ◊ *territorial instincts* Revierinstinkte ◊ *Cats are very territorial.* Katzen verteidigen ihr Revier.
the ˌTerritorial 'Army *Nomen* (*Abk* **TA**) (*in GB*) das Territorialheer ☛ G 1.3a
ter·ri·tory /'terətri; *AmE* -tɔːri/ *Nomen* (*Pl* **-ies**) **1** Staatsgebiet, Hoheitsgebiet ◊ *the occupied territories* die besetzten Gebiete **2** Revier, Territorium **3** (*Zuständigkeitsbereich*) Bezirk **4** Gebiet (*auch fig*) ◊ *unexplored territory* ein unerschlossenes Gebiet ◊ *This type of work is uncharted territory for us.* Diese Arbeit ist für uns Neuland. **5** (*auch* **Territory**) (*zu den USA, Australien oder Kanada gehörend*) Territorium ◊ *Guam is a US territory.* Guam ist ein amerikanisches Territorium. ▪ **ˌcome/ˌgo with the 'territory** dazu gehören ◊ *When you're a professional athlete, injuries just go with the territory.* Für Berufssportler gehören Verletzungen einfach dazu. ☛ *Siehe auch* NEUTRAL¹
ter·ror /'terə(r)/ *Nomen* **1** [U/Sing] (*panische*) Angst ◊ *Emma felt a moment of pure terror.* Emma packte die nackte Angst. **2** Schrecken ◊ *These street gangs have become the terror of the neighbourhood.* Diese Straßenbanden terrorisieren die ganze Gegend. ◊ *Death holds no terrors for me.* Der Tod schreckt mich nicht. **3** Terror [SYN] TERRORISM **4** (*umgs*) (*Kind*) Ungeheuer
ter·ror·ism /'terərɪzəm/ *Nomen* Terrorismus
ter·ror·ist /'terərɪst/ *Nomen* Terrorist(in)
ter·ror·ize (*BrE auch* **-ise**) /'terəraɪz/ *Verb* terrorisieren ◊ *Thousands of people were terrorized into leaving their homes.* Tausende von Menschen wurden so terrorisiert, dass sie ihre Häuser verließen.
'terror-stricken *Adj* völlig verängstigt
terry /'teri/ *Nomen* Frottee
terse /tɜːs; *AmE* tɜːrs/ *Adj* (*Adv* **terse·ly**) (*Stil*) kurz und bündig, prägnant; (*Stellungnahme etc.*) knapp, (*Mensch*) kurz angebunden; (*Stimme*) barsch
ter·tiary /'tɜːʃəri; *AmE* 'tɜːrʃieri, -ʃəri/ *Adj* tertiär
TESL /'tesl/ *Kurzform von* **teaching of English as a second language** = Unterrichten des Englischen als Fremdsprache ☛ **TESL** bezieht sich auf den Englischunterricht in englischsprachigen Ländern, z.B. für ethnische Minderheiten.
test¹ /test/ *Nomen* **1** Prüfung, Test, Klassenarbeit ◊

æ cat | ɑː father | e ten | ɜː bird | ə about | ɪ sit | iː see | i many | ɒ got (*BrE*) | ɔː saw | ʌ cup | ʊ put | uː too

take/do/sit a test eine Prüfung machen ☛ *Hinweis bei* EXAM *und* PRÜFUNG **2** Test, Untersuchung ◊ *an HIV test* ein HIV-Test ◊ *an eye test* ein Sehtest ◊ *drugs tests* Dopingkontrollen ☛ *Siehe auch* ACID TEST, BLOOD TEST, BREATH TEST, FIELD TEST, MEANS TEST *und* ROAD TEST **3** Prüfstein **4** (*umgs*) = TEST MATCH IDM **put sb/sth to the 'test** jdn/etw auf die Probe stellen **stand the test of 'time** die Zeit überdauern

test² /test/ *Verb* **1** prüfen, testen ◊ *Children are tested on core subjects.* Kinder müssen Prüfungen in den Hauptfächern machen. ◊ *test sb's eyesight* bei jdm einen Sehtest machen **2 ~ sb/sth (for sth)** jdn/etw (auf etw) untersuchen **3** ◊ *test positive/negative* ein positives/negatives Testergebnis haben ◊ *Two athletes tested positive for drugs.* Zwei Sportler fielen bei der Dopingkontrolle durch. **4 ~ sb/sth (for sth)** jdn/etw (auf etw) (über)prüfen ◊ *Our beauty products are not tested on animals.* Unsere Kosmetikprodukte werden nicht an Tieren getestet. **5** auf die Probe stellen IDM **test the 'waters** die Lage peilen ☛ *Siehe auch* TRIED PHR V **'test for sth** nach etw suchen

test·a·ble /'testəbl/ *Adj* überprüfbar

tes·ta·ment /'testəmənt/ *Nomen* (*gehoben*) **1 ~ (to sth)** Beweis (für etw) SYN TESTIMONY **2** Testament

'test ban *Nomen* Atomteststopp

'test case *Nomen* Musterprozess

'test drive *Nomen* Probefahrt

'test-drive *Verb* Probe fahren

test·er /'testə(r)/ *Nomen* **1** Prüfer(in) **2** Prüfgerät **3** (*Muster*) Probe

tes·tes *Form von* TESTIS

tes·ticle /'testɪkl/ *Nomen* Hoden

tes·ticu·lar /tes'tɪkjələ(r)/ *Adj nur vor Nomen* Hoden-

test·ify /'testɪfaɪ/ *Verb* (**-fies**, **-fy·ing**, **-fied**, **-fied**) **1** aussagen; **~ about sth** zu etw eine Aussage machen ◊ *He was summoned to testify before the Senate.* Er wurde als Zeuge vor den Senat geladen. **2** bezeugen **3** (*bes AmE*) Zeugnis von seinem Glauben ablegen PHR V **'testify to sth** (*gehoben*) von etw zeugen

test·ily *Adv* ⇨ TESTY

tes·ti·mo·nial /ˌtestɪˈməʊniəl/ *AmE* -'moʊ-/ *Nomen* **1** Zeugnis ◊ *The catalogue is full of testimonials from satisfied customers.* Der Katalog enthält viele Zuschriften von zufriedenen Kunden.

Wenn man sich um eine Stelle bewirbt, braucht man eine **reference**, z.B. von einem früheren Arbeitgeber, dem **referee**. Diese geht direkt an den neuen Arbeitgeber. Wenn man die Arbeitsstelle wechselt, kann man um ein schriftliches **testimonial** bitten, das man in Zukunft vorzeigen kann. Dies ist aber nicht üblich.

2 ~ (game) Abschiedsspiel, Ehrenspiel **3** ◊ *a testimonial dinner in his honour* ein Abendessen, das ihm zu Ehren gegeben wurde

tes·ti·mony /'testɪməni; *AmE* -moʊni/ *Nomen* (*Pl* **-ies**) **1** [U/Sing] Beweis, Zeugnis ◊ *bear testimony to sth* etw beweisen **2** (Zeugen)aussage ◊ *Can I refuse to give testimony?* Kann ich die Aussage verweigern?

test·ing¹ /'testɪŋ/ *Nomen* Testen, Prüfen ◊ *nuclear testing* Atomtests

test·ing² /'testɪŋ/ *Adj* hart, schwer

'testing ground *Nomen* **1** Versuchsfeld **2** Versuchsgelände

tes·tis /'testɪs/ *Nomen* (*Pl* **tes·tes** /-ti:z/) Hoden

'test match (*umgs* **test**) *Nomen* (*Kricket, Rugby*) = internationales Spiel, oft in einer Reihe von Spielen

tes·tos·ter·one /te'stɒstərəʊn; *AmE* te'stɑ:stəroʊn/ *Nomen* Testosteron

'test 'run *Nomen* Probelauf, Test

'test tube *Nomen* Reagenzglas

'test-tube baby (*Pl* **-ies**) *Nomen* Retortenbaby

testy /'testi/ *Adj* (*Adv* **test·ily** /-ɪli/) (*gehoben*) gereizt

tet·anus /'tetənəs/ *Nomen* Tetanus

tetchy /'tetʃi/ *Adj* (*Adv* **tetch·ily** /-ɪli/) gereizt

tête-à-tête /ˌteɪt ɑː 'teɪt/ *Nomen* Tête-à-Tête, Gespräch unter vier Augen

tether¹ /'teðə(r)/ *Verb* (*Tier*) anbinden

tether² /'teðə(r)/ *Nomen* Strick, Kette IDM ⇨ END¹

Teut·on·ic /tju:'tɒnɪk; *AmE* tu:'tɑ:nɪk/ *Adj* deutsch ◊ *Teutonic thoroughness* typisch deutsche Gründlichkeit

Tex-Mex /ˌteks 'meks/ *Adj nur vor Nomen* texanisch-mexikanisch

text¹ /tekst/ *Nomen* **1** Text ◊ *The newspaper had printed the full text of the speech.* Die Zeitung hatte den vollen Wortlaut der Rede gedruckt. ☛ *Siehe auch* SET TEXT **2** (*AmE*) Lehrbuch **4** = TEXT MESSAGE

text² /tekst/ *Verb* **~ sb** jdm eine SMS schicken, jdm texten

text·book¹ /'tekstbʊk/ *Nomen* (*AmE auch* **text**) Lehrbuch

text·book² /'tekstbʊk/ *Adj nur vor Nomen* Muster- ◊ *a textbook example* ein Musterbeispiel

tex·tile /'tekstaɪl/ *Nomen* **1** Stoff ◊ *a textile mill* eine Weberei **2 textiles** [Pl] die Textilindustrie

'text message (*auch* **text**) *Nomen* SMS

text·ual /'tekstʃuəl/ *Adj* (*gehoben*) Text-, textuell

tex·tural /'tekstʃərəl/ *Adj* strukturell, texturell ◊ *the textural subtlety of the painting* die differenzierte Oberflächenstruktur des Gemäldes

tex·ture /'tekstʃə(r)/ *Nomen* **1** Materialbeschaffenheit, Struktur, Textur ◊ *It has the soft texture of velvet.* Es fühlt sich weich wie Samt an. **2** (*von Lebensmitteln etc.*) Konsistenz

tex·tured *Adj* /'tekstʃəd; *AmE* -tʃərd/ strukturiert ◊ *textured wallpaper* Strukturtapete ◊ *a coarse-textured surface* eine raue Oberfläche

thal·ido·mide /θə'lɪdəmaɪd/ *Nomen* Contergan®

than /ðən; *selten, betont* ðæn/ *Präp, Konj* (*in Vergleichen*) als ◊ *It never takes more than an hour.* Es dauert nie länger als eine Stunde. ◊ *Hardly had we arrived than the problems started.* Wir waren kaum angekommen, da fingen die Schwierigkeiten schon an. IDM ⇨ OTHER

thank /θæŋk/ *Verb* **~ sb (for sth)** jdm (für etw) danken, sich bei jdm (für etw) bedanken ◊ *She thanked us for coming.* Sie dankte uns für den Besuch. IDM **have sb to thank (for sth)** jdm etw zu verdanken haben **I'll thank you to do sth** (*in der gesprochenen, aber gehobenen Sprache gebraucht, um Verärgerung auszudrücken*) ich möchte mir doch ausbitten, dass Sie … **thank 'God/'goodness/'heaven(s) (for sth)** Gott sei Dank ☛ *Hinweis bei* GOD **thank your lucky 'stars** ◊ *Just thank your lucky stars you weren't in the house at the time.* Du kannst von Glück sagen, dass du zu dem Zeitpunkt nicht im Haus warst. **sb won't 'thank you for sth** jd wird es einem nicht danken

thank·ful /'θæŋkfl/ *Adj nicht vor Nomen* dankbar ◊ *I was thankful to see they'd arrived safely.* Ich war froh, dass sie sicher angekommen waren. IDM ⇨ SMALL¹

thank·ful·ly /'θæŋkfəli/ *Adv* **1** zum Glück **2** dankbar

thank·less /'θæŋkləs/ *Adj* undankbar

thanks¹ /θæŋks/ *Ausruf* (*umgs*) **1** danke ◊ *'More tea?' 'No thanks.'* „Noch Tee?" „Nein, danke." **2** (*wenn man etw annimmt*) ja, gerne, (ja) bitte

thanks² /θæŋks/ *Nomen* [Pl] Dank ◊ *She murmured her thanks.* Sie murmelte ein Wort des Dankes. SYN GRATITUDE ☛ *Siehe auch* VOTE OF THANKS IDM **no thanks to sb/sth** trotz jdm/etw ◊ *We managed to get it finished in the end — no thanks to him.* Dass wir es schließlich doch geschafft haben, haben wir ihm nicht zu verdanken. **thanks to sb/sth** dank jdm/etw ◊ *It was all a great success — thanks to a lot of hard work.* Es war ein großer Erfolg — aufgrund vieler harter Arbeit. ◊ *Everyone knows about it now, thanks to you!* Dir habe ich es zu verdanken, dass es jetzt alle wissen!

thanks·giv·ing /ˌθæŋks'gɪvɪŋ/ *Nomen* **1 Thanksgiving (Day)** ☛ *Feiertag* in den USA und in Kanada. **Thanksgiving Day** ist in den USA am vierten Donnerstag im November und in Kanada am zweiten Montag im Oktober. Ursprünglich war es das Erntedankfest. **2** [U] (*gehoben*) Dankgebet

'thank you¹ *Ausruf* **1** danke ◊ *Thank you very much for sending the photos.* Vielen Dank, dass Sie die Fotos geschickt haben. **2** (*wenn man etw annimmt*) bitte ◊ *'Would you like some help?' 'Oh, thank you.'* „Soll ich Ihnen helfen?" „Ja, bitte."

'thank you² *Nomen* Dankeschön ◊ *a thank-you letter* ein

Dankbrief ◊ *She took the money without so much as a thank you.* Sie nahm das Geld und bedankte sich nicht einmal.

that[1] /ðæt/ *Adj, Pron* (*Pl* **those** /ðəʊz/; *AmE* ðoʊz/) der, die, das (dort), diese(r,s), jene(r,s) ☛ G 6 **IDM and (all) 'that** (*BrE*) und das ganze Zeug **SYN AND SO ON that is (to say)** das heißt ,**that's 'that** und damit basta

that[2] /ðæt/ *Pron* (*in Relativsätzen*) der, die, das ☛ G 7

that[3] /ðət, *betont, selten* ðæt/ *Konj* dass ◊ *She said (that) the story was true.* Sie sagte, die Geschichte sei wahr. ☛ In der Umgangssprache wird **that** oft weggelassen.

that[4] /ðæt/ *Adv* **1** so ◊ *I can't walk that far.* Ich kann nicht so weit gehen. ◊ *It's about that long.* Es ist ungefähr so lang. **2 not (all)** ~ nicht so ◊ *It isn't all that cold.* So kalt ist es nun auch wieder nicht. ◊ *There aren't that many people here.* Es sind nicht allzu viele Leute hier. **3** (*BrE, umgs*) (*zur Verstärkung*) so ◊ *I was that scared I didn't know what to do.* Ich hatte solche Angst, dass ich nicht wusste, was ich tun sollte.

thatch[1] /θætʃ/ *Verb* mit Stroh decken

thatch[2] /θætʃ/ *Nomen* **1** Stroh ◊ *a roof made of thatch* ein Strohdach **2** Strohdach **3** ~ **of hair** (*umgs*) (*Haar*) Mähne

thatched /θætʃt/ *Adj* strohgedeckt

thatch·er /'θætʃə(r)/ *Nomen* Dachdecker(in) für Reetbedachung

thaw[1] /θɔː/ *Verb* **1** ~ (**out**) schmelzen **2** tauen **3** ~ (**sth**) (**out**) (etw) auftauen (lassen) (*auch fig*) ◊ *I could feel my ears start to thaw out.* Ich konnte fühlen, wie meine Ohren wieder warm wurden.

thaw[2] /θɔː/ *Nomen* Tauwetter (*auch fig*) ◊ *The river doubles in size during the spring thaw.* Zur Zeit der Schneeschmelze schwillt der Fluss auf seinen doppelten Umfang an.

the /ðə, ði; *betont* ðiː/ *Artikel* der, die, das ☛ G 2 **IDM the more, less, etc. ...the more, less, etc. ...** je mehr, weniger etc. ..., desto mehr, weniger etc. ... ◊ *The less said about the whole affair, the happier I'll be.* Je weniger darüber gesagt wird, desto besser.

theatre (*AmE* **theater**) /'θɪətə(r); *AmE* 'θiːətər/ *Nomen* **1** Theater ◊ *I want to work in theatre.* Ich will zum Theater. ◊ *current ideas about what makes good theatre* die derzeitige Meinung, was bühnenwirksam ist ☛ *Siehe auch* LECTURE THEATRE **2** (*AmE*) Kino, Filmtheater **3** (*BrE*) = OPERATING THEATRE **4** [meist Sing] (*gehoben*) (*Kriegs- etc.*) Schauplatz ◊ *an intelligence officer in the Pacific theatre* ein Nachrichtenoffizier im Pazifikraum

theatre·goer (*AmE* **theater·goer**) /'θɪətəgəʊə(r); *AmE* 'θiːətərgoʊər/ *Nomen* Theaterbesucher(in)

theatre·going (*AmE* **theater·going**) /'θɪətəgəʊɪŋ; *AmE* 'θiːətərgoʊɪŋ/ *Adj* theaterbegeistert ◊ *the theatregoing public* Theaterbesucher

the·at·ri·cal /θiˈætrɪkl/ *Adj* **1** nur vor Nomen Theater- **2** (*oft abwert*) theatralisch

the·at·ri·cal·ly /θiˈætrɪkli/ *Adv* **1** theatralisch **2** vom Theaterstandpunkt aus

the·at·ri·cals /θiˈætrɪklz/ *Nomen* [*Pl*] **1** Theateraufführungen **2** (*auch* **the·at·rics**) (*bes AmE*) Theatralik

thee /ðiː/ *Pron* (*veraltet*) dich; (*Dativ*) dir

theft /θeft/ *Nomen* Diebstahl

their /ðeə(r); *AmE* ðer/ *Adj* (*mit Bezug auf „sie", Plural*) ihr ☛ G 5.1

theirs /ðeəz; *AmE* ðerz/ *Pron* (*mit Bezug auf „sie", Plural*) ihre(r,s) ☛ G 5.2

the·ism /'θiːɪzəm/ *Nomen* Theismus **OPP ATHEISM**

them /ðəm; *betont* ðem/ *Pron* sie (ihnen) ☛ G 3

the·mat·ic /θɪˈmætɪk, θiː-/ *Adj* (*Adv* **the·mat·ic·al·ly** /-kli/) thematisch

theme /θiːm/ *Nomen* **1** Thema **2** = THEME MUSIC **3** (*veraltet, AmE*) Aufsatz

themed /θiːmd/ *Adj* (*BrE*) Themen-, themenorientiert

'**theme music** *Nomen* [U] (*auch* '**theme**, '**theme song**, '**theme tune**) Titelmelodie; (*einer Serie*) Erkennungsmelodie

'**theme park** *Nomen* Themenpark

them·selves /ðəmˈselvz/ *Pron* **1** sich ☛ G 4 **2** selbst, selber ☛ Für Redewendungen mit **themselves** siehe **yourself**.

then[1] /ðen/ *Adv* **1** (*in der Vergangenheit*) damals, da; (*in der Zukunft*) dann ◊ *Things were very different back then.* Damals war alles ganz anders. ◊ *Just then there was a knock at the door.* Gerade da klopfte es. ◊ *I've been invited too, so I'll see you then.* Ich bin auch eingeladen, dann sehen wir uns. **2** (*nach Präpositionen*) ◊ *since then* seitdem ◊ *until then* bis dahin ◊ *They should have reached a decision by then.* Bis dahin müssten sie eine Entscheidung getroffen haben. ◊ *from then on* von da an **3** (*in einer Reihenfolge, Schlussfolgerung etc.*) dann ◊ *If you miss that train then you'll have to get a taxi.* Wenn du den Zug verpasst, dann musst du ein Taxi nehmen. ◊ *She's been very busy, and then there was that trouble with her son.* Sie hat sehr viel zu tun gehabt, und außerdem hatte sie Ärger mit ihrem Sohn. **4** also ◊ *Right then, where do you want the table?* Also, wo soll der Tisch hin? ◊ *OK then.* Also gut. **IDM and 'then some** (*umgs*) und viele/vieles mehr (**but**) '**then**; **but then a'gain**; (*umgs*) aber andererseits; aber auch ◊ *She was early, but then again, she always is.* Sie kam zu früh, aber das ist sie schließlich immer. **then and there; there and then** auf der Stelle ☛ *Siehe auch* NOW

then[2] /ðen/ *Adj* nur vor Nomen damalig

thence /ðens/ *Adv* (*veraltet oder gehoben*) von dort, danach

thence·forth /ˌðensˈfɔːθ; *AmE* -ˈfɔːrθ/ (*auch* **thence·for·ward** /ˌðensˈfɔːwəd; *AmE* -ˈfɔːrwərd/) *Adv* (*veraltet oder gehoben*) von da an, von der Zeit an

theo·lo·gian /ˌθiːəˈləʊdʒən; *AmE* -ˈloʊ-/ *Nomen* Theologe, Theologin

theo·logic·al /ˌθiːəˈlɒdʒɪkl; *AmE* -ˈlɑːdʒ-/ *Adj* (*Adv* **theo·logic·al·ly** /-ɪkli/) theologisch, Theologie-

the·ology /θiˈɒlədʒi; *AmE* -ˈɑːlə-/ *Nomen* (*Pl* **-ies**) Theologie

the·orem /'θɪərəm; *AmE* 'θiːə-, 'θɪr-/ *Nomen* (*Fachspr*) Lehrsatz, Satz

the·or·et·ic·al /ˌθɪəˈretɪkl; *AmE* ˌθiːə-/ *Adj* (*Adv* **the·or·et·ic·al·ly** /-ɪkli/) theoretisch ◊ *It's a theoretical possibility.* Es wäre theoretisch möglich. ◊ *Such arguments are purely theoretical.* Solche Argumente sind reine Theorie.

the·or·ist /'θɪərɪst; *AmE* 'θiːə-, 'θɪr-/ (*auch* **the·or·et·ician** /ˌθɪərəˈtɪʃn; *AmE* ˌθiːə-, ˌθɪr-/) *Nomen* Theoretiker(in)

the·or·ize (*BrE auch* **-ise**) /'θɪəraɪz; *AmE* 'θiːə-/ *Verb* Theorien aufstellen, theoretisieren

the·ory /'θɪəri; *AmE* 'θɪri, 'θiːəri/ *Nomen* (*Pl* **-ies**) Theorie **IDM in 'theory** theoretisch

thera·peut·ic /ˌθerəˈpjuːtɪk/ *Adj* **1** (*Adv* **thera·peut·ic·al·ly** /-kli/) therapeutisch, heilkräftig **2** entspannend

ther·ap·ist /'θerəpɪst/ *Nomen* **1** Therapeut(in) ◊ *a beauty therapist* eine Kosmetikerin **2** = PSYCHOTHERAPIST

ther·apy /'θerəpi/ *Nomen* (*Pl* **-ies**) **1** Therapie (*auch fig*) **2** = PSYCHOTHERAPY

there[1] /ðeə(r); *AmE* ðer/ *Adv* **1 there is, are, was, were, etc.** es gibt, gab etc. ◊ *Has there been an accident?* Ist ein Unfall passiert? ◊ *There seemed to be no doubt about it.* Es schien keinen Zweifel zu geben. ◊ *There comes a point where you give up.* Irgendwann erreicht man den Punkt, wo man nicht mehr weiterkann. ☛ **There's** wird umgangssprachlich auch für den Mehrzahl verwendet: *There's only four days left.* **2** da, dort; (*Richtung*) dahin, dorthin ◊ *I don't agree with you there.* Da stimme ich nicht mit ihnen überein. ◊ *Your pen is over there.* Ihr Kuli liegt da drüben. ◊ *Can I get there and back in a day?* Komme ich hin und zurück an einem Tag? ◊ *We're almost there.* Wir haben es beinahe geschafft. **3** (*umgs*) da ◊ *Hello, there!* Hallo! ◊ *There goes the last bus.* Da fährt der letzte Bus. ◊ *There goes the phone.* Das Telefon klingelt. ◊ (*hum*) *There goes my money!* Mein Geld kann ich wohl abschreiben! ◊ *So, there you have it: that's how it all started.* Sehen Sie, so hat das alles angefangen. **4** ~ **to do sth** zu etw da **IDM be** '**there for sb** für jdn da sein ,**been 'there, done 'that** (*umgs*) das kenne ich schon **have been there be'fore** (*umgs*) etw schon kennen ,**not all 'there** (*umgs*) nicht ganz richtig im Kopf ,**there it 'is** (*umgs*) so ist es ,**there's a 'good boy, girl, dog, etc.** (*umgs*) (*zu kleinen Kindern, Tieren*) (schön) brav, sei schön brav, komm schon ,**there you 'are** (*auch* ,**there you 'go**) (*umgs*) **1** hier, bitte; bitte schön **2** schon ist es getan; sieh mal; sehen Sie ◊ *You switch on, push in the disk and there you are!* Man stellt es an, drückt die Diskette rein und fertig ist der Lack! ◊ *There you are!* I *told you it was easy!* Na also! Ich habe doch gesagt, es ist ganz leicht! **3** da sieht man's; da siehst du's ◊ *I know it's not ideal but there you go.* Ich weiß, es ist nicht ideal, aber so ist es nun mal. **,there you go a'gain** du tust es schon wieder ◊ *There you go again – jumping to conclusions.* Du ziehst schon wieder voreilige Schlüsse. ◊ *There they go again, always talking about the war!* Die gleiche alte Leier – immer sprechen sie über den Krieg. ☛ *Siehe auch* FOR¹, HERE¹ *und* THEN

there² /ðeə(r); *AmE* ðer/ *Ausruf* siehst du, sehen Sie, bitte, nun bitte ◊ *There! That didn't hurt too much, did it?* Fertig! Das hat doch nicht wehgetan? **IDM** **,so 'there!** und damit basta!; fertig!; ätsch! **,there, 'there!** na, na!

there·abouts /ˌðeərəˈbaʊts; *AmE* ˌðerə-/ *Adv* **1** da in der Nähe, da irgendwo **2** ungefähr ◊ *They paid $100 or thereabouts.* Sie haben so um die $100 bezahlt.

there·after /ˌðeərˈɑːftə(r); *AmE* ˌðerˈæf-/ *Adv* (*gehoben*) danach

there·by /ˌðeəˈbaɪ; *AmE* ˌðerˈbaɪ/ *Adv* (*gehoben*) dadurch

there·fore /ˈðeəfɔː(r); *AmE* ˈðerf-/ *Adv* deshalb, also

there·from /ˌðeəˈfrɒm; *AmE* ˌðerˈfrɑːm/ *Adv* (*gehoben oder Fachspr*) daraus

there·in /ˌðeərˈɪn; *AmE* ˌðer-/ *Adv* (*gehoben oder Fachspr*) darin

there·of /ˌðeərˈɒv; *AmE* ˌðerˈɑːv/ *Adv* (*gehoben oder Fachspr*) davon

there·on /ˌðeərˈɒn; *AmE* ˌðerˈɑːn, -ˈɔːn/ *Adv* (*gehoben oder Fachspr*) darauf; (*bezüglich*) darüber

there's /ðeəz; *AmE* ðerz/ **1** = THERE IS **2** = THERE HAS

there·to /ˌðeəˈtuː; *AmE* ˌðerˈtuː/ *Adv* (*gehoben oder Fachspr*) dazu

there·upon /ˌðeərəˈpɒn; *AmE* ˌðerəˈpɑːn/ *Adv* (*gehoben*) darauf; (*infolgedessen*) daraufhin

ther·mal¹ /ˈθɜːml; *AmE* ˈθɜːrml/ *Adj nur vor Nomen* **1** (*Adv* **ther·mal·ly** /-məli/) (PHYSIK) thermisch; (*Einheit, Strahlung*) Wärme- ◊ *thermal imaging* Thermographie **2** kälteisolierend ◊ *thermal underwear* Thermounterwäsche **3** Thermal-

ther·mal² /ˈθɜːml; *AmE* ˈθɜːrml/ *Nomen* **1** (PHYSIK) Thermik **2** **thermals** [Pl] (*bes BrE*) Thermounterwäsche

thermo·dynam·ic /ˌθɜːməʊdaɪˈnæmɪk; *AmE* ˌθɜːrmoʊ-/ *Adj* thermodynamisch

thermo·dynam·ics /ˌθɜːməʊdaɪˈnæmɪks; *AmE* ˌθɜːrmoʊ-/ *Nomen* [U] Thermodynamik

therm·om·eter /θəˈmɒmɪtə(r); *AmE* θərˈmɑːm-/ *Nomen* Thermometer

thermo·nuclear /ˌθɜːməʊˈnjuːkliə(r); *AmE* ˌθɜːrmoʊˈnuːk-/ *Adj* thermonuklear

Ther·mos™ /ˈθɜːməs; *AmE* ˈθɜːrməs/ *Nomen* Thermosflasche

thermo·stat /ˈθɜːməstæt; *AmE* ˈθɜːrm-/ *Nomen* Thermostat

thermo·stat·ic /ˌθɜːməˈstætɪk; *AmE* ˌθɜːrm-/ *Adj* (*Adv* **thermo·stat·ic·al·ly** /-kli/) *nur vor Nomen* thermostatisch ◊ *thermostatic control* automatische Temperaturregelung

the·saurus /θɪˈsɔːrəs/ *Nomen* (*Pl* **the·sauri** /θɪˈsɔːraɪ/ *oder* **the·saur·uses** /-rəsɪz/) Synonymwörterbuch

these Form von THIS¹

thesis /ˈθiːsɪs/ *Nomen* (*Pl* **theses** /ˈθiːsiːz/) **1** Diplomarbeit, Doktorarbeit **2** These

thes·pian /ˈθespiən/ **1** *Nomen* (*oft hum*) Schauspieler(in) **2** *Adj* (*oft hum*) schauspielerisch

they /ðeɪ/ *Pron* **1** (*mit Bezug auf „sie", Plural*) sie ☛ G 3 **2** man ◊ *They told me to wait.* Man hat mir gesagt, ich soll warten.

they'd /ðeɪd/ **1** = THEY HAD **2** = THEY WOULD

they'll /ðeɪl/ = THEY WILL

they're /ðeə(r); *AmE* ðer/ = THEY ARE

they've /ðeɪv/ = THEY HAVE

thick¹ /θɪk/ *Adj* **1** dick; (*Flüssigkeiten auch*) dickflüssig ◊ *The walls are two feet thick.* Die Mauern sind zwei Fuß stark. **2** (*Wald, Nebel*) dicht ◊ *thick dark hair* volles, dunkles Haar **3** ~ **with sth** voll von etw ◊ *The atmosphere was thick with tension.* Die Atmosphäre war spannungsgeladen. **4** (*BrE, umgs*) sauer, blöd ◊ *Are you thick, or what?* Bist du so schwer von Begriff? **5** (*Akzent*) stark, ausge-

prägt **6** ~ (**with sth**) (*Stimme*) belegt (vor etw), heiser (von etw) **7** ~ (**with sb**) (*umgs*) dick befreundet (mit jdm) **IDM** **get a thick 'ear** ein paar hinter die Ohren kriegen **give sb a thick 'ear** (*BrE, umgs*) jdm ein paar hinter die Ohren geben **lay it on 'thick** (*umgs*) dick auftragen **be (as) thick as 'thieves** (*umgs*) dicke Freunde sein **(as) thick as two short 'planks** (*BrE, umgs*) dumm wie Bohnenstroh **a thick 'head** (*umgs*) ein Brummschädel **sb's thick 'head** (*umgs*) ◊ *When will you get that into your thick head!* Schreib dir das endlich mal hinter die Löffel. **,thick on the 'ground** zahlreich **a ,thick 'skin** ein dickes Fell

thick² /θɪk/ *Adv* dick, dicht ◊ *Snow was lying thick on the ground.* Auf dem Boden lag tiefer Schnee. **IDM** **thick and 'fast** Schlag auf Schlag; in rascher Folge ◊ *Questions were coming at them thick and fast.* Sie wurden mit Fragen überschüttet.

thick³ /θɪk/ *Nomen* **IDM** **in the 'thick of sth** mitten in etw ◊ *He's always in the thick of the action.* Er ist immer mittendrin. **through ,thick and 'thin** durch dick und dünn

thick·en /ˈθɪkən/ *Verb* **1** dicker werden, dick werden; (*Nebel*) dichter werden **2** dicker machen; (*Soße*) eindicken **IDM** ⇨ PLOT¹

thicket /ˈθɪkɪt/ *Nomen* **1** Dickicht **2** (*fig*) Wust

thick·ly /ˈθɪkli/ *Adv* **1** dick ◊ *thickly carpeted rooms* mit einem dicken Teppich ausgelegte Räume **2** dicht **3** (*Stimme*) heiser, belegt

thick·ness /ˈθɪknəs/ *Nomen* **1** Dicke, Stärke **2** Schicht, Lage

thick·set /ˌθɪkˈset/ *Adj* gedrungen

,thick-'skinned *Adj* **1** dickfellig **2** dickschalig

thief /θiːf/ *Nomen* (*Pl* **thieves** /θiːvz/) Dieb(in) **IDM** ⇨ HONOUR¹ *und* THICK¹

thiev·ing¹ /ˈθiːvɪŋ/ *Nomen* (*umgs*) Diebstahl

thiev·ing² /ˈθiːvɪŋ/ *Adj* (*umgs*) diebisch

thigh /θaɪ/ *Nomen* **1** Oberschenkel **2** Keule

'thigh·bone *Nomen* Oberschenkelknochen

thim·ble /ˈθɪmbl/ *Nomen* Fingerhut

thin¹ /θɪn/ *Adj* (**thin·ner, thin·nest**) **1** schmal, dünn; (*Flüssigkeiten auch*) dünnflüssig ☛ *Hinweis bei* DÜNN **2** dünn, mager ◊ *He is as thin as a rake.* Er ist spindeldürr. **3** dünn, spärlich; (*Haar*) schütter **4** (*Luft etc.*) dünn; (*Nebel*) leicht **5** (*Stimme, Lächeln etc.*) schwach **6** (*schlecht*) dürftig, schwach ◊ *a thin excuse* eine fadenscheinige Ausrede **IDM** **be skating/walking on thin 'ice** sich aufs Glatteis begeben **be thin on 'top** (*umgs*) ◊ *He's starting to get a little thin on top.* Sein Haar beginnt sich zu lichten. **disappear, vanish, etc. into thin 'air** sich in Luft auflösen **have a thin 'time (of it)** (*BrE, umgs*) eine schwere Zeit durchmachen **have a ,thin 'skin** empfindlich sein; dünnhäutig sein **out of thin 'air** aus dem Nichts **the thin end of the 'wedge** (*bes BrE*) die Spitze des Eisbergs **,thin on the 'ground** dünn gesät ☛ *Siehe auch* LINE¹, THICK³ *und* WEAR¹

thin² /θɪn/ *Adv* dünn

thin³ /θɪn/ *Verb* (**-nn-**) **1** ~ **sth** (**down**) (**with sth**) etw (mit etw) verdünnen **2** dünner werden ◊ *with thinning hair* mit schütterem Haar **3** ~ (**out**) sich lichten ◊ *The crowd had thinned out.* Die Menge war nicht mehr so dicht. **4** ~ **sth** (**out**) (*Wald*) lichten; (*Pflanzen*) verziehen, ausdünnen

thine /ðaɪn/ *Pron* (*veraltet*) deine(r,s), dein

thing /θɪŋ/ *Nomen* **1** Ding, Sache, Gegenstand ◊ *He's just bought one of those exercise things.* Er hat gerade so ein Trainingsdings gekauft. ◊ *She's very fond of sweet things.* Sie isst gern Süßes. ◊ *All living things are composed of cells.* Alle Lebewesen bestehen aus Zellen. **2** **things** [Pl] Sachen ◊ *Put your things on and let's go.* Zieh dich an und lass uns gehen. **3** Sache ◊ *There are a lot of things she doesn't know about me.* Es gibt vieles, was sie von mir nicht weiß. ◊ *A terrible thing happened last night.* Gestern Abend ist etwas Schreckliches passiert. ◊ *Cooking is his thing.* Er ist ein begeisterter Koch. ◊ *She said the first thing that came into her head.* Sie sagte das Erstbeste, was ihr in den Sinn kam. ◊ *'Why did you tell her?' 'I did no such thing!'* „Warum hast du es ihr erzählt?" „Das habe ich nicht getan!" ◊ *Let's forget the whole thing.* Wir wollen das Ganze vergessen. ◊ *say the right/wrong thing* das Richtige/Falsche sagen ◊ *The best thing to do is to apologize.* Das Beste wäre es, sich zu entschuldigen. ◊ *What a nice thing to say!* Wie nett, so etwas zu sagen! **4 things** [Pl] die Dinge ◊ *Things haven't gone entirely to plan.* Es ist nicht ganz so gelaufen, wie es vorgesehen war. ◊ *How are things?* Wie geht's? ◊ *All things considered, she's done very well.* Alles in allem hat sie sehr gut abgeschnitten. ◊ *Why do you make things so difficult for yourself?* Warum machen Sie es sich so schwer? **5 not a thing** [Sing] nichts ◊ *I haven't got a thing to wear!* Ich habe nichts anzuziehen! ◊ *It doesn't mean a thing.* Das hat nichts zu bedeuten. **6** [Pl] (*gehoben*) **all things** (*vor einem Adjektiv*) alles ◊ *She loves all things Japanese.* Sie liebt alles Japanische. **7** (*mit einem Adjektiv gebraucht*) (*umgs*) Ding ◊ *You must be starving, you poor things.* Ihr müsst halb verhungert sein, ihr Armen! **IDM** **all/other things being ˈequal** wenn alles so bleibt; wenn sich nichts ändert **and ˈthings** (**like ˈthat**) (*umgs*) und solche Dinge; und so **be all things to all ˈmen/ˈpeople 1** es allen recht machen **2** allen Ansprüchen gerecht werden **be a ˈgood thing (that)…** gut sein (, dass …); ein Glück sein(, dass …) **be no bad ˈthing (that)…** gar nicht so schlecht sein(, dass …) **be onto a good ˈthing** gut dran sein; fein raus sein **the best thing since sliced ˈbread** (*umgs*) eine tolle Sache **come to/be the same ˈthing** auf das Gleiche herauskommen **ˈdo things to sb** (*umgs*) jdn aufwühlen; jdm unter die Haut gehen; jdn ergreifen **do your own ˈthing** (*umgs*) tun, was man will **ˌfirst/ˌlast ˈthing** früh am Morgen/spät am Abend **ˌfirst things ˈfirst** zuallererst **for ˈone thing** zum einen; zunächst einmal **have a ˈthing about sb/sth** (*umgs*) **1** nach jdm/etw verrückt sein **2** jdn/etw nicht ausstehen können **it ˈisn't my, his, etc. ˈthing** es ist nicht mein, sein etc. Fall **it's a … thing** (*umgs*) es hat mit … zu tun ◊ *It's a girl thing.* Das ist was für Mädchen. **know a ˈthing or two (about sb/sth)** (*umgs*) sich (mit jdm/etw) auskennen **make a (big) ˈthing of/about sth** (*umgs*) viel Trara um etw machen **not ˌquite the ˈthing** unpassend **it's (just) ˌone of those ˈthings** so etwas kommt vor; das kann passieren **ˌone (damned/damn) thing after aˈnother** (*umgs*) eins nach dem andern **ˌone thing leads to aˈnother** eins kommt zum andern; eins ergibt sich aus dem andern **be ˈseeing/ˈhearing things** (*umgs*) nicht recht sehen/hören (*hum*) **tell sb a ˈthing or two about sb/sth** jdm einiges (über jdn/etw) erzählen **there's only ˌone thing ˈfor it** da gibt's nur eins **the ˌthing is …** (*umgs*) die Sache ist … **the ˌthing (about/with sth/sb) ˈis …** das Problem (mit etw/jdm) ist … ◊ *Yes, but the thing is …* Ja, aber … **the (whole) … thing** (*umgs*) die ganze …-sache; die ganze … -geschichte ◊ *She didn't want to be involved in the whole family thing.* Sie hatte keine Lust, in den ganzen Familienkram reingezogen zu werden. **ˌthings that go ˌbump in the ˈnight** (*umgs*, *hum*) nächtlicher Spuk **too ˈmuch of a good thing** zu viel des Guten **(what) with ˌone thing and aˈnother** (*umgs*) über alledem; bei alledem ☛ *Siehe auch* CHANCE¹, CLOSE³, CLOSE¹, DAY, DECENT, DONE, EASY², KNOW¹, NATURE, NEAR¹, ONLY¹, OVERDO, PUSH¹, REAL, SCHEME¹, SHAPE¹, SURE¹, TURN¹, WAY¹ *und* WORK¹

thing·um·my /ˈθɪŋəmi/ *Nomen* (*Pl* **-ies**) (*auch* **thingy** /ˈθɪŋi/ (*Pl* **-ies**)) (*umgs*) Dingsbums, Dings, Dingsda ☛ Die Formen **thing·uma·bob**/ˈθɪŋəməbɒb/, *AmE* -bɑːb/ *und* **thing·uma·jig**/ˈθɪŋəmədʒɪɡ/ sind auch gängig.

think¹ /θɪŋk/ *Verb* (**thought, thought** /θɔːt/) **1** denken ◊ *We'll need about 20 chairs, I should think.* Wir brauchen ungefähr 20 Stühle, denke ich. ◊ *You're very quiet. What are you thinking?* Du bist so still. Woran denkst du? ◊ *I didn't think to tell her.* Ich habe nicht daran gedacht, es ihr zu sagen. ◊ *If you want to make money, you've got to think money.* Wenn man reich werden will, darf man nur ans Geld denken. ◊ *You need to think big.* Man muss im großen Stil planen. ◊ *I'm sorry, I wasn't thinking.* Entschuldigung, das war gedankenlos von mir. **2** glauben, meinen ◊ *It was once thought that the sun travelled around the earth.* Früher glaubte man, dass die Sonne um die Erde kreiste. ◊ *'Will we make it?' 'I think so.'* „Schaffen wir es?" „Ich glaube schon." ◊ *Twenty guests are enough, I would have thought.* Zwanzig Gäste reichen, würde ich meinen. ◊ *You'd think she'd have been grateful.* Man sollte meinen, dass sie dankbar gewesen wäre. ◊ *Am I right in thinking that …?* Gehe ich recht in der Annahme, dass …?

WRITING TIP
Expressing an opinion

- *Many people consider this (to be) her best play.* Viele halten dies für ihr bestes Stück.
- *I think that this play is the most entertaining of the three.* Ich bin der Meinung, dass dieses Stück von den dreien das unterhaltsamste ist.
- *The critics believe this to be the finest example of her work.* Die Kritiker sind der Auffassung, dass dies ihr bestes Werk ist.

3 halten ◊ *I think it highly unlikely that I'll get the job.* Ich halte es für sehr unwahrscheinlich, dass ich die Stelle bekomme. ◊ *What do you think you're doing?* Was tust du denn da? **4** finden ◊ *She thought him kind and generous.* Sie fand ihn nett und großzügig. **5 be thought to be sth** als etw gelten, für etw gehalten werden **6** sich erinnern ◊ *I can't think where I put the keys.* Ich kann mich nicht erinnern, wo ich die Schlüssel hingelegt habe. **7** (*kein Passiv*) sich vorstellen, sich denken ◊ *Just think — we'll be lying on the beach this time tomorrow.* Stell dir vor, morgen um diese Zeit liegen wir schon am Strand. **8** überlegen, nachdenken ◊ *He was trying to think what to do.* Er überlegte, was er tun könnte. **9** (*in höflichen Aufforderungen etc.*) ◊ *Do you think you could open the window?* Ob Sie wohl das Fenster aufmachen könnten? **IDM** **come to ˈthink of it** wenn ich es mir recht überlege **I ˌdon't ˈthink so** (*umgs*) das glaube ich nicht; auf keinen Fall ◊ *Me? Fail? I don't think so.* Ich und durchfallen? Nie im Leben! **if/when you ˈthink about it** wenn man es sich (richtig) überlegt **I ˈthought as much** ich habe nichts anderes erwartet; das habe ich mir gedacht **ˌthink aˈgain** es sich noch mal überlegen **think aˈloud** laut denken **think ˈbetter of it/of doing sth** es sich anders überlegen **think (the) ˈbetter of sb** eine bessere Meinung von jdm haben ◊ *She has behaved appallingly — I must say I thought better of her.* Sie hat sich unmöglich benommen! Ich muss sagen, das hätte ich nicht von ihr gedacht. **think ˈnothing ˈof it** (*gehoben*) keine Ursache **think ˈnothing of sth/of doing sth** nichts dabei finden etw zu tun ◊ *She thinks nothing of walking twenty miles a day.* Jeden Tag zwanzig Meilen zu laufen ist für sie kein Problem. **think on your ˈfeet** schnell reagieren **ˌthink ˈstraight** klar denken **think ˈtwice about sth** es sich zweimal überlegen; es sich überlegen **think the ˈworld, highly, a lot, etc. of sb/sth** eine hohe Meinung von jdm/etw haben; große Stücke auf jdn halten **think not much, poorly, little, etc. of sb/sth** nicht viel von jdm/etw halten; eine geringe Meinung von jdm/etw haben **to ˈthink (that …)** wenn man sich vorstellt (, dass …); wenn man bedenkt (, dass …) ☛ *Siehe auch* FIT², ILL², LET¹ *und* LIKE²

PHR V **ˈthink about/of sb/sth** an jdn/etw denken **ˌthink aˈhead** vorausplanen, an die Zukunft denken **ˌthink aˈhead (to sth)** (bereits) an etw denken **ˌthink ˈback (to sth)** (an etw) zurückdenken, sich (an etw) zurückerinnern **ˌthink for yourˈself** sich seine eigene Meinung bilden **ˈthink of sth/sb 1** an etw/jdn denken **2** (*kein Passiv*) (*meist in Verbindung mit* **can**) sich an etw/jdn erinnern ◊ *I can't think of her name at the moment.* Ich komme im Augenblick nicht auf ihren Namen. **ˈthink of sb/sth as sb/sth** jdn/etw als etw betrachten, jdn/etw als jdn/etw ansehen ☛ *Siehe auch* WELL THOUGHT OF **ˈthink of sth 1** sich etw vorstellen, an etw denken ◊ *Just think of the expense!* Bedenk doch mal die Kosten! ◊ *I couldn't think of letting you take the blame.* Ich würde es nie zulassen, dass du die Schuld auf dich nimmst. **2** sich etw ausdenken, sich etw einfallen lassen **ˌthink sth ˈout** etw durchdenken **ˌthink sth ˈover** (sich) etw überlegen, über etw nachdenken ◊ *He'd like more time to think things over.* Er möchte etwas mehr Bedenkzeit. **ˌthink sth ˈthrough** etw (gründlich) durchdenken **ˌthink sth ˈup** (*umgs*) sich etw ausdenken ◊ *Can't you think up a better excuse than that?* Fällt dir keine bessere Ausrede ein? **SYN** INVENT *und* DEVISE

think² /θɪŋk/ *Nomen* **IDM** **have a ˈthink (about sth)** (*umgs*) (sich etw) überlegen; (über etw) nachdenken **you've got another think ˈcoming** (*umgs*) da irrst du dich (aber) gewaltig

think·able /'θɪŋkəbl/ Adj nicht vor Nomen denkbar, vorstellbar OPP UNTHINKABLE

think·er /'θɪŋkə(r)/ Nomen Denker(in)

think·ing¹ /'θɪŋkɪŋ/ Nomen **1** Denken, Nachdenken ◊ *I had to do some quick thinking.* Ich musste schnell überlegen. ☛ *Siehe auch* LATERAL THINKING *und* WISHFUL THINKING **2** Meinung, Auffassung ◊ *She explained the thinking behind the campaign.* Sie erklärte die Ideen, die der Aktion zugrunde lagen. IDM ⇨ WAY¹

think·ing² /'θɪŋkɪŋ/ Adj nur vor Nomen intelligent, vernünftig

'thinking cap Nomen IDM **put your 'thinking cap on** (umgs) scharf nachdenken; seine Gehirnzellen anstrengen

'think tank Nomen Think Tank, Expertenkommission

thin·ly /'θɪnli/ Adv **1** dünn ◊ *Sow the seeds thinly.* Die Saat dünn aussäen. **2** (fig) schwach, kaum ◊ *She smiled thinly.* Sie lächelte schwach. ◊ *his thinly veiled contempt* seine nur mühsam verborgene Verachtung ◊ *Fry thinly disguised as ... Fry,* in wenig überzeugender Verkleidung als ...

thin·ner /'θɪnə(r)/ Nomen Verdünner, Verdünnungsmittel

thin·ness /'θɪnnəs/ Nomen Dünne, Dünnheit ◊ *The actors were unable to make up for the thinness of the script.* Es gelang den Darstellern nicht, die Schwächen des Drehbuchs auszugleichen.

thin-'skinned Adj dünnhäutig (auch fig), empfindlich

third¹ /θɜːd; AmE θɜːrd/ Adj, Pron dritte(r,s) ☛ *Beispiele bei* SECHSTE(R,S), IDM **third time 'lucky** (AmE auch **third time is the 'charm**) beim dritten Anlauf klappt's

third² /θɜːd; AmE θɜːrd/ Nomen **1** Drittel ☛ *Siehe auch* S. 759 **2** (Examensnote an britischen Universitäten) ☛ *Hinweis bei* FIRST CLASS¹ (2)

,third 'class Nomen **1** (bei Zug-, Schiffsreisen etc.) dritte Klasse **2** (bei der amerikanischen Postzustellung) = Beförderungsart für Werbesendungen etc. **3** (bei Examensnoten an britischen Universitäten) ☛ *Hinweis bei* FIRST CLASS¹ (2)

'third-class Adj **1** (Adv ,third 'class) (bei Zug-, Schiffsreisen etc.) dritter Klasse **2** (Adv ,third 'class) (in den USA) = (langsamere und billigere) Postzustellung für Werbesendungen etc. **3** nur vor Nomen (Examensnote an britischen Universitäten) ☛ *Hinweis bei* FIRST CLASS¹ (2) **4** (abwert) (Menschen) drittklassig, unterprivilegiert

,third de'gree Nomen IDM **give sb the ,third de'gree** (umgs) jdn scharf ins Verhör nehmen

,third-de'gree Adj **1** ~ **burns** Verbrennungen dritten Grades **2** (AmE) ~ **murder, assault, robbery, etc.** = Bezeichnung für ein kriminelles Vergehen, das weniger schwerwiegend ist als ein **second-degree crime**

third·ly /'θɜːdli/ Adv drittens

,third 'party Nomen (gehoben oder Fachspr) Dritte(r)

,third party in'surance Nomen [U] Haftpflichtversicherung

the ,third 'person Nomen die dritte Person

,third-'rate Adj drittklassig

the ,Third 'World Nomen die Dritte Welt ☛ *Hinweis bei* WELT

thirst¹ /θɜːst; AmE θɜːrst/ Nomen Durst (auch fig) ◊ *die of thirst* verdursten

thirst² /θɜːst; AmE θɜːrst/ Verb (veraltet) Durst haben, dürsten PHRV **'thirst for sth** (gehoben) nach etw dürsten

thirsty /'θɜːsti; AmE 'θɜːrsti/ Adj (**thirst·ier, thirsti·est**) (Adv **thirst·ily** /-ɪli/) **1** durstig, dürstend (auch fig) ◊ *be thirsty* Durst haben ◊ *Gardening is thirsty work.* Gartenarbeit macht durstig. ◊ *He is thirsty for power.* Er ist machthungrig. **2** (Pflanzen etc.) ausgetrocknet

thir·teen /ˌθɜːˈtiːn; AmE ˌθɜːrˈt-/ Zahl dreizehn ☛ *Beispiele bei* SECHS

thir·teenth /ˌθɜːˈtiːnθ; AmE ˌθɜːrˈt-/ Adj, Pron dreizehnte(r,s) ☛ *Beispiele bei* SECHSTE(R,S)

thir·ti·eth /'θɜːtiəθ; AmE 'θɜːrt-/ **1** Adj, Pron dreißigste(r,s) ☛ *Beispiele bei* SECHSTE(R,S) **2** Nomen Dreißigstel ☛ *Siehe auch* S. 759

thirty /'θɜːti; AmE 'θɜːrti/ **1** Zahl dreißig ☛ *Beispiele bei* SECHZIG **2 the thirties** Nomen [Pl] ☛ *Siehe auch* S. 759

this¹ /ðɪs/ Adj, Pron (Pl **these** /ðiːz/) **1** diese(r,s) ☛ G 6 2 Der das ◊ *The boy was afraid and the dog had sensed this.* Der Junge hatte Angst und der Hund hatte das gespürt. ◊ *What's this I hear about you getting married?* Was höre ich da — Sie wollen heiraten? ◊ *Do it like this.* Mach es so. **3** (wenn man jdn jdm vorstellt) das; (am Telefon) hier ◊ *Jo, this is Kate.* Jo, das ist Kate. ◊ *Hello, this is Maria Diaz.* Hallo, hier spricht Maria Diaz. **4** (mit Zeitangaben) ◊ *this week/year* diese Woche/dieses Jahr ◊ *this morning* heute früh ◊ *this minute* sofort ◊ *these days* heutzutage **5** (umgs) so (ein) ◊ *There was this strange man sitting next to me on the plane.* Im Flugzeug saß so ein seltsamer Mann neben mir. ◊ *I've been getting these pains in my chest.* Ich habe manchmal so Schmerzen in der Brust. IDM **,this and 'that; ,this, ,that and the 'other** (umgs) dies und das

this² /ðɪs/ Adv so ◊ *It's about this high.* Es ist ungefähr so hoch. ◊ *I didn't think we'd get this far.* Ich dachte nicht, dass wir so weit kommen würden.

this·tle /'θɪsl/ Nomen Distel

thistle·down /'θɪsldaʊn/ Nomen Distelwolle ◊ *as light as thistledown* federleicht

thither /'ðɪðə(r)/ Adv (veraltet) dorthin, dahin IDM ⇨ HITHER

tho' (umgs) = THOUGH

thong /θɒŋ; AmE θɔːŋ/ Nomen **1** (Leder)riemen, Peitschenriemen **2** Tanga(slip) **3** (AmE) = Y-förmige Badesandale

thorax /'θɔːræks/ Nomen (Pl **thor·axes** *oder* **thor·aces** /'θɔːrəsiːz/) Brust(korb), Thorax

thorn /θɔːn; AmE θɔːrn/ Nomen **1** Dorn **2** Dornenbusch, Dornenstrauch IDM **be a thorn in sb's 'flesh/'side** jdm ein Pfahl im Fleische sein; jdm ein Dorn im Auge sein

thorny /'θɔːni; AmE 'θɔːrni/ Adj (**thorn·ier, thornɪ·est**) **1** heikel **2** dornig ◊ *a thorny bush* ein Dornenstrauch

thor·ough /'θʌrə; AmE 'θɜːroʊ/ Adj **1** gründlich **2** (BrE, umgs) richtig, wirklich

thor·ough·bred /'θʌrəbred; AmE 'θɜːroʊb-/ **1** Nomen reinrassiges Tier; (Pferd) Vollblüter **2** Adj reinrassig, Rasse-; (Pferd) Vollblut-

thor·ough·fare /'θʌrəfeə(r); AmE 'θɜːroʊfer/ Nomen Durchfahrtsstraße, Durchgangsstraße ◊ *Cork's main thoroughfare* die Hauptverkehrsader Corks

thor·ough·going /ˌθʌrəˈɡəʊɪŋ; AmE ˌθɜːroʊˈɡoʊɪŋ/ Adj nur vor Nomen (gehoben) **1** gründlich **2** völlig, wirklich ◊ *a thoroughgoing commitment* eine kompromisslose Verpflichtung ◊ *a thoroughgoing democrat* ein eingefleischter Demokrat ◊ *thoroughgoing materialism* extremer Materialismus

thor·ough·ly /'θʌrəli; AmE 'θɜːr-/ Adv **1** völlig, total, zutiefst ◊ *We thoroughly enjoyed ourselves.* Wir haben uns blendend amüsiert. ◊ *I can thoroughly recommend it.* Ich kann es wärmstens empfehlen. **2** gründlich

thor·ough·ness /'θʌrənəs; AmE 'θɜːr-/ Nomen Gründlichkeit

those /ðəʊz; AmE ðoʊz/ Form von THAT ☛ G 6

thou /ðaʊ/ Pron (veraltet oder Dialekt) du

though¹ /ðəʊ; AmE ðoʊ/ Konj **1** obwohl, obgleich ◊ *Strange though it may sound, ...* So seltsam es auch klingen mag, ... SYN ALTHOUGH ☛ *Hinweis bei* OBWOHL **2** wenn auch ◊ *His clothes, though old, looked clean.* Seine Kleidung war zwar alt, aber sauber. ◊ *He'll probably say no, though it's worth asking.* Er wird wahrscheinlich nein sagen, trotzdem wäre es einen Versuch wert, ihn zu fragen. ☛ *Hinweis bei* OBWOHL IDM ⇨ AS³ *und* EVEN¹

though² /ðəʊ; AmE ðoʊ/ Adv trotzdem, aber ◊ *Our team lost. It was a good game though.* Unsere Mannschaft hat verloren. Dennoch war es ein gutes Spiel.

thought /θɔːt/ Nomen **1** Gedanke, Idee ◊ *The very thought of it makes me feel sick.* Beim bloßen Gedanken daran wird mir schlecht. ◊ *I don't like the thought of you walking home alone.* Der Gedanke, dass du allein zu Fuß nach Hause gehen willst, gefällt mir gar nicht. ◊ *Don't give it another thought.* Mach dir keine Gedanken darüber. ◊ *I've just had a thought.* Mir ist gerade eine Idee gekommen. ◊ *I'd like to hear your thoughts on the subject.* Ich würde gern hören, was Sie über das Thema denken. ◊ *Spare a thought for the homeless.* Denken Sie an die Obdachlosen. ◊ *It's the thought that counts.* Der gute Wille zählt. **2** Denken ◊ *He encouraged independence of thought.* Er förderte das selbstständige Denken. ◊ *She was lost in thought.* Sie war ganz in

thoughtful

Gedanken verloren. **3** Nachdenken ◊ *I've given the matter careful thought.* Ich habe mir die Sache reiflich überlegt. ◊ *Not enough thought has gone into this essay.* Dieser Aufsatz ist nicht gut durchdacht. **4** Hoffnung, Absicht, Überlegung ◊ *She had given up all thought of changing her job.* Sie hatte den Gedanken, sich einen neuen Arbeitsplatz zu suchen, ganz aufgegeben. ◊ *He acted with no thoughts of personal gain.* Er wollte keinen persönlichen Vorteil für sich herausschlagen. IDM **have ˌsecond ˈthoughts** es sich anders überlegen **on ˈsecond thoughts** (*AmE* **on ˈsecond thought**) (*bei plötzlicher Meinungsänderung*) ◊ *I'll wait here. No, on second thoughts, I'll come with you.* Ich warte hier. Oder, Moment, ich komme doch mit! **without a ˌsecond ˈthought** ohne zu überlegen ☞ *Siehe auch* COLLECT¹, FOOD, PENNY, PERISH, SCHOOL¹ *und* TRAIN

thoughtˑful /ˈθɔːtfl/ *Adj* (*Adv* **thoughtˑfulˑly** /-fəli/) **1** nachdenklich, gedankenvoll **2** aufmerksam, rücksichtsvoll **3** wohl überlegt, gut durchdacht

thoughtˑfulˑness /ˈθɔːtflnəs/ *Nomen* **1** Nachdenklichkeit **2** Aufmerksamkeit, Rücksicht **3** Wohlüberlegtheit

thoughtˑless /ˈθɔːtləs/ *Adj* (*Adv* **thoughtˑlessˑly**) (*abwert*) gedankenlos, rücksichtslos

thoughtˑlessˑness /ˈθɔːtləsnəs/ *Nomen* Gedankenlosigkeit, Rücksichtslosigkeit

ˈthought-provoking *Adj* zum Nachdenken anregend, nachdenklich stimmend

thouˑsand /ˈθaʊznd/ *Zahl* Tausend ☞ *Hinweis bei* HUNDERT IDM ⇨ BAT² ☞ *Siehe auch* S. 759

thouˑsandth¹ /ˈθaʊznθ/ *Adj, Pron* tausendste(r,s) ◊ *a thousandth part* ein Tausendstel

thouˑsandth² /ˈθaʊznθ/ *Nomen* Tausendstel ◊ *a/one thousandth of a second* eine tausendstel Sekunde

thrall /θrɔːl/ *Nomen* (*gehoben*) IDM **in (sb's) ˈthrall** in jds Bann **in ˈthrall to sb/sth** im Bann von jdm/etw ◊ *She was in thrall to her emotions.* Sie war von ihren Gefühlen völlig beherrscht.

thrash¹ /θræʃ/ *Verb* **1** schlagen, (ver)prügeln SYN BEAT **2** ~ (**about/around**) um sich schlagen **3** ~ **sth** (**about/around**) etw hin und her werfen, (mit) etw herumschlagen **4** (*bes BrE, umgs*) (*beim Sport*) vernichtend schlagen PHRV **thrash sth ˈout** etw ausdiskutieren

thrash² /θræʃ/ *Nomen* **1** (Mus) Thrash (Metal) **2** (*umgs, veraltet*) Fete, Party

thrashˑing /ˈθræʃɪŋ/ *Nomen* **1** Prügel ◊ *give sb a thrashing* jdn verprügeln **2** (*umgs*) (*beim Sport*) vernichtende Niederlage, schwere Schlappe

thread¹ /θred/ *Nomen* **1** Faden (*auch fig*) ◊ *I lost the thread of the argument.* Ich habe den Faden verloren. **2** (*Licht-, Wasser- etc.*) feiner Strahl **3** (*einer Schraube*) Gewinde **4 threads** [Pl] (*AmE, Slang, veraltet*) Klamotten **5** (*bei E-mails etc.*) Thread IDM ⇨ HANG¹ *und* PICK¹

thread² /θred/ *Verb* **1** einfädeln, einführen **2** sich schlängeln **3** auffädeln, aufreihen ◊ *Thread the cubes of meat onto metal skewers.* Das gewürfelte Fleisch auf Metallspieße stecken. **4** (*meist passiv*) durchziehen ◊ *a robe threaded with gold and silver* eine mit Gold- und Silberfäden durchzogene Robe

threadˑbare /ˈθredbeə(r)/ *AmE* -ber/ *Adj* **1** abgewetzt, abgenutzt **2** (*fig*) fadenscheinig, abgedroschen

threadˑworm /ˈθredwɜːm/ *AmE* -wɜːrm/ *Nomen* Fadenwurm

threat /θret/ *Nomen* **1** Drohung ◊ *death threats* Morddrohungen ◊ *crimes involving the threat of violence* unter Androhung von Gewalt begangene Verbrechen ◊ *make threats against sb* jdm drohen **2** [meist Sing] ~ (**to sth**) Bedrohung (für etw), Gefahr (für etw) ◊ *These ancient woodlands are under threat.* Diese alten Wälder sind bedroht.

threatˑen /ˈθretn/ *Verb* (be)drohen; ~ **sb** (**with sth**) jdm (mit etw) (be)drohen ◊ *The threatened strike has been called off.* Der angedrohte Streik ist abgesagt worden. ◊ *The clouds threatened rain.* Die Wolken sahen bedrohlich nach Regen aus.

threatˑenˑing /ˈθretnɪŋ/ *Adj* (*Adv* **threatˑenˑingˑly**) drohend, bedrohlich ◊ *threatening letters* Drohbriefe ◊ *threatening behaviour* Drohungen

three /θriː/ *Zahl* drei ☞ *Beispiele bei* SECHS IDM **the**

three ˈRs (*veraltet*) Lesen, Schreiben und Rechnen ☞ Die Buchstaben stehen für die Anfangslaute der Wörter **Readˑing**, **Writing** und **(A)ˈrithmetic**. ☞ *Siehe auch* TWO

three-ˈcornered *Adj* **1** dreieckig ◊ *a three-cornered hat* ein Dreispitz **2** Dreier- ◊ *a three-cornered contest* ein (Wett)kampf zwischen drei Parteien

three-ˈD (*auch* **3-D**) *Nomen* 3-D

three-day eˈventing (*auch* **eventˑing**) *Nomen* (SPORT) Military

three-diˈmensional *Adj* dreidimensional

threeˑfold /ˈθriːfəʊld; *AmE* -foʊld/ *Adv, Adj* ⇨ -FOLD

three ˈfourths *Nomen* [Pl] (*AmE*) drei Viertel

three-legged ˈrace /ˌθriː ˈlegɪd reɪs/ *Nomen* = Wettlauf von Paaren, bei denen jeweils ein Bein mit einem Bein des Partners fest zusammengebunden ist, Dreibeinlauf

three-line ˈwhip *Nomen* (*BrE*) (*in Großbritannien*) = verbindliche Aufforderung an die Parlamentsabgeordneten einer Partei, an einer Plenarsitzung teilzunehmen und sich bei der Abstimmung dem Fraktionszwang zu beugen

threeˑpence /ˌθriːˈpens; *früher* ˈθrepəns/ *Nomen* (*BrE*) drei Pence

ˈthree-piece *Adj* *nur vor Nomen* dreiteilig

ˈthree-ply *Adj* dreischichtig, dreilagig; (*Wolle*) dreifach gezwirnt

three-point ˈturn *Nomen* Wenden in drei Zügen

three-ˈquarter *Adj* *nur vor Nomen* drei viertel ◊ *a three-quarter length coat* ein Dreiviertelmantel

three ˈquarters *Nomen* drei Viertel ◊ *three quarters of an hour* eine Dreiviertelstunde

three-ring ˈcircus *Nomen* [Sing] (*AmE, umgs*) Affenzirkus

threeˑsome /ˈθriːsəm/ *Nomen* Trio, Dreigespann, Dreier

three-ˈway *Adj* *nur vor Nomen* Dreifach-, Dreiwege- ◊ *a three-way discussion* eine Diskussion zwischen drei Parteien

thresh /θreʃ/ *Verb* **1** dreschen **2** um sich schlagen, sich hin und her werfen SYN THRASH **3** ~ (**with**) **sth** hin und her werfen, (mit) etw herumschlagen SYN THRASH

threshˑing /ˈθreʃɪŋ/ *Nomen* Dreschen ◊ *a threshing machine* eine Dreschmaschine

threshˑold /ˈθreʃhəʊld; *AmE* -hoʊld/ *Nomen* **1** (Tür)schwelle ◊ *He stepped across the threshold.* Er trat ein. **2** (*fig*) Schwelle ◊ *My earnings are just above the tax threshold.* Meine Einkünfte liegen nur ganz knapp über dem Steuerfreibetrag. ◊ *Parties have to exceed a five per cent threshold of votes.* Die Parteien müssen die Fünfprozenthürde überschreiten. ◊ *He has a low boredom threshold.* Er langweilt sich schnell.

threw *Form von* THROW¹

thrice /θraɪs/ *Adv* (*veraltet oder gehoben*) dreimal

thrift /θrɪft/ *Nomen* **1** Sparsamkeit **2** (BOT) Grasnelke

thriftˑy /ˈθrɪfti/ *Adj* sparsam, wirtschaftlich

thrill¹ /θrɪl/ *Nomen* Erregung, Nervenkitzel ◊ *A thrill of alarm ran through him.* Ein Angstschauer durchlief ihn. ◊ *It was quite a thrill.* Das war echt aufregend. IDM **(the) ˈthrills and ˈspills** (*umgs*) der Nervenkitzel

thrill² /θrɪl/ *Verb* **1** erregen, fesseln **2** begeistern, überwältigen ◊ *I was thrilled by your news.* Ich habe mich sehr über deine Nachricht gefreut. ☞ *Siehe auch* THRILLED PHRV **ˈthrill to sth** (*gehoben*) von etw begeistert sein

thrilled /θrɪld/ *Adj* ~ (**about/at/with sth**) (von etw) begeistert, sehr froh (über etw) ◊ *He was thrilled at the prospect of seeing them again.* Er freute sich riesig darauf, sie bald wiederzusehen. ◊ (*BrE*) *She was thrilled to bits.* Sie war vor Freude ganz aus dem Häuschen. ◊ *'Are you pleased?' 'I'm thrilled.'* „Freust du dich?" „Und wie!"

thrillˑer /ˈθrɪlə(r)/ *Nomen* Thriller

thrillˑing /ˈθrɪlɪŋ/ *Adj* (*Adv* **thrillˑingˑly** /ˈθrɪlɪŋli/) aufregend, spannend

thrive /θraɪv/ *Verb* gedeihen, florieren ☞ *Siehe auch* THRIVING PHRV **ˈthrive on sth** bei/unter etw prächtig gedeihen; (*fig*) bei etw (richtig) aufblühen ◊ *He thrives on stress.* Er braucht den Stress. ◊ *Football thrives on scandal.* Fußball lebt vom Skandal.

thrivˑing /ˈθraɪvɪŋ/ *Adj* florierend, blühend

throat /θrəʊt; *AmE* θroʊt/ *Nomen* Hals, Kehle, Rachen

IDM **be at each other's 'throats** sich in den Haaren liegen **cut your own 'throat** sich ins eigene Fleisch schneiden **force/thrust/ram sth down sb's 'throat** (umgs) jdm etw aufzwingen ☞ Siehe auch CLEAR², FROG, JUMP¹, LUMP¹ und STICK¹

-throated /θrəʊtɪd; AmE θroʊtɪd/ (in Adjektiven) ◊ a deep-throated roar ein tiefes Brüllen ◊ a red-throated diver ein Sterntaucher

throaty /'θrəʊti; AmE 'θroʊti/ Adj (Adv **throat·ily** /-ɪli/) kehlig, rau, heiser ◊ The engine roared throatily into life. Der Motor sprang röhrend an.

throb¹ /θrɒb; AmE θrɑːb/ Verb (-bb-) pochen, pulsieren ◊ My feet were throbbing after the long walk. Meine Füße schmerzten nach dem langen Marsch. ◊ The ship's engines throbbed quietly. Die Schiffsmotoren tuckerten leise. ◊ (fig) His voice was throbbing with emotion. Seine Stimme bebte vor Ergriffenheit.

throb² /θrɒb; AmE θrɑːb/ Nomen (auch **throb·bing**) [Sing] Pochen, Hämmern, Dröhnen

throes /θrəʊz; AmE θroʊz/ Nomen [Pl] Qualen **IDM** **be in the throes of sth** mitten in etw stecken

throm·bo·sis /θrɒm'bəʊsɪs; AmE θrɑːm'boʊ-/ Nomen (Pl **throm·boses** /-siːz/) (MED) Thrombose

throne /θrəʊn; AmE θroʊn/ Nomen Thron ◊ succeed to the throne die Thronfolge antreten **IDM** ⇨ POWER¹

throng¹ /θrɒŋ; AmE θrɔːŋ, θrɑːŋ/ Nomen (gehoben) Menschenmenge, Schar

throng² /θrɒŋ; AmE θrɔːŋ, θrɑːŋ/ Verb (gehoben) strömen, (sich) drängen ◊ People are thronging to see his new play. Die Leute kommen in Strömen, um sein neues Stück zu sehen. **PHR V** **'throng with sb/sth; be 'thronged with sb/sth** voll von jdm/etw sein, vor jdm/etw wimmeln

throt·tle¹ /'θrɒtl; AmE 'θrɑːtl/ Verb (er)würgen ◊ (fig) The city is being throttled by traffic. Die Stadt erstickt im Verkehr. **SYN** STRANGLE **PHR V** **throttle 'back/'down** die Geschwindigkeit drosseln **throttle 'up** beschleunigen

throt·tle² /'θrɒtl; AmE 'θrɑːtl/ Nomen (TECH) Drossel(klappe) ◊ He drove at full throttle. Er fuhr mit Vollgas. ◊ open (up)/close the throttle Gas geben/wegnehmen

through¹ /θruː/ Präp ☞ Für Verben mit **through** siehe die Einträge für die Verben. **Get through sth** z.B. steht unter **get**.

1 durch, hindurch ◊ Her knees had gone through her jeans. Ihre Jeans waren an den Knien durchgewetzt. ◊ He could make out three people through the mist. Im Nebel konnte er drei Leute erkennen. ◊ She will not live through the night. Sie wird die Nacht nicht überleben. ◊ He drove through a red light. Er ist bei Rot über die Ampel gefahren. ◊ The accident happened through no fault of mine. An dem Unfall hatte ich keine Schuld. **2** (AmE) (umgs **thru**) bis (einschließlich)

through² /θruː/ Adv ☞ Für Verben mit **through** siehe die Einträge für die Verben. **Carry sth through** z.B. steht unter **carry**.

1 durch ◊ This train goes straight through to York. Dieser Zug fährt direkt bis York durch. ◊ I'll have to struggle through until pay day. Ich muss mich bis zum Zahltag durchschlagen. ◊ I haven't read it all the way through yet. Ich habe es noch nicht ganz zu Ende gelesen. ◊ Our team is through to the final. Unsere Mannschaft hat das Finale erreicht. **2** (auf ein Adjektiv folgend) durch und durch, völlig **IDM** **through and 'through** durch und durch

through³ /θruː/ Adj **1** nur vor Nomen Durchgangs- ◊ a through train ein direkter Zug **2** nicht vor Nomen ~ (**with sb/sth**) (bes AmE) fertig (mit jdm/etw) ◊ Todd and I are through. Zwischen Todd und mir ist es aus.

through·out¹ /θruː'aʊt/ Präp **1** überall ◊ throughout Britain in ganz Großbritannien **2** (zeitlich) ◊ The museum is open throughout the year. Das Museum ist das ganze Jahr hindurch geöffnet. ◊ throughout her lifetime ihr ganzes Leben lang

through·out² /θruː'aʊt/ Adv **1** ganz ◊ The house was in good condition throughout. Das Haus war durchweg in gutem Zustand. **2** (Zeit) die ganze Zeit (hindurch)

through·put /'θruːpʊt/ Nomen [Sing] (Fachspr) Durchsatz ◊ a high throughput of patients hohe Patientenzahlen

throw¹ /θrəʊ; AmE θroʊ/ Verb (**threw** /θruː/, **thrown** /θrəʊn; AmE θroʊn/) **1** werfen ◊ Can you throw me that towel? Kannst du mir das Handtuch zuwerfen? ◊ I threw my arms around him. Ich schlang meine Arme um ihn. ◊ The boat was thrown onto the rocks. Das Boot wurde gegen die Felsen geschleudert. ◊ The sea throws up all sorts of debris on the beach. Das Meer spült viel Müll an den Strand. ◊ I threw open the windows. Ich riss die Fenster auf. ◊ He threw a stone at the cat. Er warf mit einem Stein nach der Katze. **2** (Reiter) abwerfen; (Gegner) zu Boden werfen **3** (meist passiv) ◊ Hundreds were thrown out of work. Hunderte wurden entlassen. ◊ We were thrown into confusion by the news. Die Neuigkeit hat uns verwirrt. ◊ The problem was suddenly thrown into sharp focus. Das Problem stand auf einmal im Mittelpunkt. **4** ◊ He threw the question back at me. Er gab die Frage an mich zurück. ◊ throw doubt on the verdict ein Urteil anzweifeln ◊ throw insults at sb jdn beleidigen ◊ throw accusations at sb jdn beschuldigen **5** ~ **sb** (**off**) (umgs) jdn aus dem Konzept bringen, jdn aus der Fassung bringen **6** würfeln ◊ Throw the dice! Würfle! **7** (auf der Töpferscheibe) drehen, töpfern **8** ~ **your voice** die Stimme verstellen **9** ~ **a punch** zuschlagen, boxen ◊ He threw a punch at me. Er hat mir einen Schlag versetzt. **10** (Schalter etc.) betätigen ◊ throw the car into reverse den Rückwärtsgang einlegen **11** (Wutanfall etc.) bekommen **12** ~ **a party** (umgs) eine Party schmeißen **13** (umgs) (Spiel etc.) absichtlich verlieren ☞ Für andere Redewendungen mit **throw** siehe die Einträge für die Nomina, Adjektive etc. **Throw your hat into the ring** z.B. steht unter **hat**. **PHR V** ,**throw sth a'side** etw ablegen, etw verwerfen, etw aufgeben '**throw yourself at sb** (umgs, abwert) jdm an den Hals werfen '**throw yourself at sb/sth** sich auf jdn/etw stürzen ,**throw sth a'way 1** etw wegwerfen **SYN** THROW STH OUT **2** (fig) etw verschenken, etw vergeuden ,**throw sth 'back at sb** jdm etw vorhalten **be** ,**thrown 'back on sth** auf etw angewiesen sein, auf etw zurückgreifen müssen ,**throw sth 'in 1** etw (gratis) dazugeben **2** (Bemerkung) einwerfen ,**throw yourself 'into sth** (fig) sich in etw stürzen ,**throw sb/sth 'off** jdn/etw loswerden ,**throw sth 'off** (Kleidung) abstreifen, abwerfen ,**throw sth 'on** (Kleidung) überwerfen ,**throw sth 'open** (**to sb**) (für jdn) öffentlich zugänglich machen, etw (für jdn) frei geben ,**throw sb 'out** (**of sth**) jdn (aus etw) hinauswerfen ,**throw sth 'out 1** etw wegwerfen **SYN** THROW STH AWAY **2** etw verwerfen, etw ablehnen **3** etw äußern ◊ throw out a suggestion einen Vorschlag machen **4** etw abstrahlen, etw produzieren ,**throw sb 'over** (veraltet) (Freund(in) etc.) fallen lassen, sitzen lassen ,**throw sb to'gether** (oft passiv) jdn zusammenführen ,**throw sth to'gether** etw zusammenwerfen, etw zusammenschustern ◊ I threw together a quick meal. Ich habe rasch einen kleinen Snack gezaubert. ,**throw 'up** sich übergeben ,**throw sth 'up 1** etw erbrechen **2** etw aufwerfen, etw zutage bringen **3** etw hastig errichten, etw aus dem Boden stampfen **4** etw aufgeben

throw² /θrəʊ; AmE θroʊ/ Nomen **1** Werfen, Wurf ◊ It's your throw. Du bist mit dem Werfen dran. **2** (Sofa- etc.) Überwurf **IDM** **$100 etc. a 'throw** (umgs) 100$ etc. pro Stück ☞ Siehe auch STONE¹

throw·away /'θrəʊəweɪ; AmE 'θroʊ-/ Adj nur vor Nomen **1** (Bemerkung, Kommentar) achtlos, beiläufig **2** Einweg-, Wegwerf- (auch fig)

throw·back /'θrəʊbæk; AmE 'θroʊ-/ Nomen [meist Sing] ~ (**to sth**) Rückkehr (zu etw), Revival (von etw)

throw·er /'θrəʊə(r); AmE 'θroʊ-/ Nomen Werfer(in)

'**throw-in** Nomen (SPORT) Einwurf

thru /θruː/ (AmE, umgs) = THROUGH¹ (2)

thrush /θrʌʃ/ Nomen **1** Drossel ◊ a song thrush eine Singdrossel **2** (MED) Mundsoor **3** (BrE) (MED) vaginale Hefepilzinfektion, vaginaler Soor **SYN** YEAST INFECTION

thrust¹ /θrʌst/ Verb (**thrust**, **thrust**) **1** stoßen ◊ He thrust at me with a knife. Er stach mit einem Messer auf mich ein. ◊ He thrust the money into my hand. Er drückte mir das Geld in die Hand. ◊ She thrust her hands deep into her pockets. Sie vergrub ihre Hände tief in den Taschen. ◊ Her chin was thrust forward aggressively. Sie hatte das Kinn energisch vorgeschoben. **2** drängen, schieben ◊ (fig) He tends to thrust himself forward too much. Er neigt dazu, sich zu sehr in den Vordergrund zu drängen. **IDM** ⇨

thrust

THROAT PHRV ‚thrust sth a'side etw beiseite schieben ○ 'thrust sb/sth on/upon sb jdm jdn/etw aufdrängen, jdm jdn/etw aufbürden ○ *Children of famous people have fame thrust upon them.* Kinder berühmter Eltern können dem Ruhm nicht entgehen.

thrust² /θrʌst/ *Nomen* **1** *the thrust* [Sing] der Kern, das Wesentliche **2** Stoß, Stich, Hieb **3** (TECH) Schubkraft IDM ⇨ CUT²

thru·way /'θruːweɪ/ *Nomen* (*AmE*) Schnellstraße

thud¹ /θʌd/ *Nomen* dumpfer Schlag

thud² /θʌd/ *Verb* (**-dd-**) **1** dumpf aufschlagen ○ *We heard him thudding up the stairs.* Wir hörten ihn mit dumpfen Schritten die Treppe heraufkommen. **2** (*Herz*) pochen

thug /θʌɡ/ *Nomen* Schläger(typ)

thug·gery /'θʌɡəri/ *Nomen* [U] (*gehoben*) Gewalttaten

thug·gish /'θʌɡɪʃ/ *Adj* gewalttätig, brutal

thumb¹ /θʌm/ *Nomen* Daumen IDM **be all (‚fingers and) 'thumbs** zwei linke Hände haben **thumbs 'up/'down** ○ *Their proposals were given the thumbs down.* Ihre Vorschläge wurden abgelehnt. ○ *It looks like it's thumbs up for their latest album.* Es sieht so aus, als ob ihr neuestes Album gut ankommt. **under sb's 'thumb** unter jds Fuchtel; unter jds Pantoffel ☛ *Siehe auch* RULE¹, SORE¹ *und* TWIDDLE¹

thumb² /θʌm/ *Verb* **1** ~ (**a lift/ride**) per Anhalter fahren, trampen ○ *We managed to thumb a lift/ride with a truck driver.* Wir schafften, dass ein Lkw-Fahrer anhielt und uns mitnahm. **2** mit dem Daumen schieben/drücken etc. ☛ *Siehe auch* WELL THUMBED IDM **thumb your 'nose at sb/sth** jdm/etw eine lange Nase machen PHRV 'thumb through sth etw durchblättern

'thumb index *Nomen* Daumenregister

thumb·nail /'θʌmneɪl/ *Nomen* Daumennagel

‚thumbnail 'sketch *Nomen* kurze/knappe Beschreibung

'thumb·print /'θʌmprɪnt/ *Nomen* Daumenabdruck

thumb·screw /'θʌmskruː/ *Nomen* **1** Daumenschraube (*auch fig*) **2** (TECH) Flügelschraube

thumb·tack /'θʌmtæk/ *Nomen* (*AmE*) Reißnagel

thump¹ /θʌmp/ *Verb* **1** (heftig) schlagen, (heftig) klopfen ○ (*umgs*) *I'll thump you if you say that again.* Ich hau dir eine rein, wenn du das noch einmal sagst. ○ (*fig*) *He thumped out a tune on the piano.* Er hämmerte eine Melodie auf dem Klavier. **2** geräuschvoll fallen lassen ○ *He thumped the report down on my desk.* Er knallte mir den Bericht auf den Schreibtisch. **3** (dumpf) aufschlagen, plumpsen ○ *A bird thumped against the window.* Ein Vogel knallte ans Fenster. **4** pochen ○ *thumping music* stampfende Musik ☛ *Siehe auch* TUB-THUMPING

thump² /θʌmp/ *Nomen* **1** (dumpfer) Schlag **2** (*BrE*, *umgs*) (kräftiges) Schlagen ○ *She gave him a thump on the back.* Sie klopfte ihm kräftig auf den Rücken.

thump·ing /'θʌmpɪŋ/ *Adj nur vor Nomen*, *Adv* (*umgs*) gewaltig, Mords- ○ *a thumping success* ein Riesenerfolg

thun·der¹ /'θʌndə(r)/ *Nomen* **1** Donner ○ *a roll of thunder* ein Donnergrollen ○ *a clap/crash of thunder* ein Donnerschlag **2** [Sing] Donnern IDM ⇨ FACE¹ *und* STEAL¹

thun·der² /'θʌndə(r)/ *Verb* **1** donnern (*auch fig*) **2** dröhnen **3** (*gehoben*) brüllen; (*schimpfen*) schimpfen

thun·der·bolt /'θʌndəbəʊlt; *AmE* 'θʌndərboʊlt/ *Nomen* (*gehoben*) Blitzschlag ○ *The news hit them like a thunderbolt.* Die Nachricht schlug bei ihnen wie ein Blitz ein.

thun·der·clap /'θʌndəklæp; *AmE* -dərk-/ *Nomen* Donnerschlag

thun·der·cloud /'θʌndəklaʊd; *AmE* -dərk-/ *Nomen* Gewitterwolke

thun·der·ous /'θʌndərəs/ *Adj* (*Adv* **thun·der·ous·ly**) (*gehoben*) **1** donnernd **2** zornig, wütend

thun·der·storm /'θʌndəstɔːm; *AmE* 'θʌndərstɔːrm/ *Nomen* Gewitter

thun·der·struck /'θʌndəstrʌk; *AmE* -dərs-/ *Adj* wie vom Donner gerührt

thun·dery /'θʌndəri/ *Adj* gewittrig ○ *thundery rain* Gewitterregen

Thurs·day /'θɜːzdeɪ, -di; *AmE* 'θɜːrz-/ *Nomen* (*Abk* **Thur.**, **Thurs.**) Donnerstag ☛ *Beispiele bei* MONTAG

thus /ðʌs/ *Adv* (*gehoben*) **1** so, auf diese Weise **2** somit,

daher, folglich SYN THEREFORE *und* HENCE ☛ *Hinweis bei* RESULT¹ (1) IDM ⇨ FAR¹

thwack¹ /θwæk/ *Verb* schlagen

thwack² /θwæk/ *Nomen* Schlag ○ *the thwack of bat on ball* das Geräusch, wenn der Ball das Schlagholz trifft

thwart /θwɔːt; *AmE* θwɔːrt/ *Verb* (*oft passiv*) durchkreuzen, vereiteln

thy /ðaɪ/ (*vor Vokalen* **thine** /ðaɪn/) *Adj* (*veraltet*) dein

thyme /taɪm/ *Nomen* Thymian

thy·roid /'θaɪrɔɪd/ (*auch* **'thyroid gland**) *Nomen* Schilddrüse

thy·self /ðaɪ'self/ *Pron* (*veraltet oder Dialekt*) dich/dir selbst

ti /tiː/ (*AmE*) = TE

tiara /ti'ɑːrə/ *Nomen* Diadem

tibia /'tɪbiə/ *Nomen* (*Pl* **tib·iae** /-biiː/) (ANAT) Schienbein, Tibia

tic /tɪk/ *Nomen* Zucken, Tic

tick¹ /tɪk/ *Verb* **1** ticken ○ *While we waited the taxi's meter kept ticking away.* Während wir warteten, lief das Taxometer weiter. **2** (*BrE*) ein Häkchen (✓) machen, abhaken; (*Kästchen, Antwort*) ankreuzen ☛ *Hinweis bei* ANKREUZEN IDM **what makes sb 'tick** was in jdm vorgeht PHRV ‚tick a'way/'by/'past (*Zeit*) verstreichen ○ ‚tick sth a'way ○ *The clock ticked away the minutes.* Auf der Uhr verstrichen die Minuten. ‚tick sb 'off **1** (*BrE*, *umgs*) jdn (aus)schimpfen ○ *I was ticked off for messy work.* Ich bekam einen Anpfiff, weil ich zu schlampig arbeitete. **2** (*AmE*, *umgs*) jdn (ver)ärgern ○ *I was really ticked off when she was so late.* Ich war echt sauer, als sie so spät erst kam. ‚tick sb/sth 'off (*BrE*) jdn/etw abhaken ‚tick 'over (*BrE*) (*meist in der Verlaufsform*) **1** (*Motor*) im Leerlauf sein ○ *The cab was waiting, the engine ticking over.* Das Taxi wartete mit laufendem Motor. **2** (*Geschäfte etc.*) gemächlich laufen

tick² /tɪk/ *Nomen* **1** (*BrE*) Häkchen ○ *Put a tick in the appropriate box.* Kreuzen Sie das entsprechende Kästchen an. ☛ *Hinweis bei* ANKREUZEN **2** (ZOOL) Zecke **3** Ticken (*einer Uhr etc.*) **4** (*BrE*, *umgs*) Augenblick ○ *I'll be with you in two ticks.* Ich komme gleich. **5** (*BrE*, *umgs*, *veraltet*) **on ~** auf Pump SYN CREDIT

tick·er /'tɪkə(r)/ *Nomen* (*umgs*) (*veraltet*) (*Herz*) Pumpe

'ticker tape *Nomen* (*bes AmE*) Lochstreifen ○ *a ticker-tape parade* ein Konfettiumzug

ticket¹ /'tɪkɪt/ *Nomen* **1** Karte, Ticket; (*Zug- etc.*) Fahrkarte, Fahrschein ○ *a ticket office* ein Fahrkartenschalter ○ *a ticket collector* ein Fahrkartenkontrolleur ○ (*fig*) *She hoped that this would be her ticket to success.* Sie hoffte, dass dies ihr Schlüssel zum Erfolg sein würde. ☛ *Siehe auch* MEAL TICKET *und* SEASON TICKET **2** Etikett **3** Lottoschein, Los **4** Bibliotheksausweis **5** Strafzettel ○ *a parking ticket* ein Strafzettel für falsches Parken ○ *a speeding ticket* ein Bußgeld für zu schnelles Fahren **6** [meist Sing] (*bes AmE*) (POL) Wahlliste ○ *She ran for office on the Democratic ticket.* Sie kandidierte für die Demokraten. ☛ *Siehe auch* DREAM TICKET IDM **'that's the ticket** (*BrE*, *umgs*, *veraltet*) genau; gut ☛ *Siehe auch* JUST¹ *und* SPLIT¹

ticket² /'tɪkɪt/ *Verb* **1** (*Fachspr*) **~ sth** für etw Karten ausstellen/verkaufen; **~ sb** jdm eine Karte ausstellen/verkaufen ○ *a ticketed exhibition* eine eintrittspflichtige Ausstellung ○ *passengers ticketed on BA* auf BA gebuchte Passagiere **2** (*meist passiv*) (*bes AmE*) **~ sb** jdm einen Strafzettel geben PHRV **be 'ticketed for sth** (*bes AmE*) für etw bestimmt sein

ticket·ing /'tɪkɪtɪŋ/ *Nomen* Kartenverkauf ○ *electronic ticketing* elektronische Buchungssysteme

'ticket tout (*auch* **tout**) *Nomen* (*BrE*) (*für Karten*) Schwarzhändler(in)

tick·ing /'tɪkɪŋ/ *Nomen* **1** (*Stoffart*) Drell, Drillich **2** Ticken (*einer Uhr*)

‚ticking 'off *Nomen* (*BrE*, *umgs*, *veraltet*) Anpfiff, Rüge

tickle¹ /'tɪkl/ *Verb* **1** kitzeln **2** kratzen, jucken ○ *My throat tickles.* Ich habe einen Hustenreiz. ○ *a tickling cough* ein Reizhusten **3** amüsieren ○ *tickle sb's imagination* jds Fantasie anregen ○ *tickle sb's curiosity* jdn neugierig machen ○ *tickle sb's sense of humour* jdn amüsieren ○ *I was tickled to discover that we'd both done the same thing.* Ich fand es amüsant, als ich entdeckte, dass wir beide das Gleiche gemacht hatten. **IDM** **be tickled 'pink** (*umgs*) sich riesig freuen **tickle sb's 'fancy** (*umgs*) jdm gefallen; jdn reizen

tickle² /'tɪkl/ *Nomen* **1** Kitzeln ◊ *She gave the child a little tickle.* Sie kitzelte das Kind ein bisschen. **2** Kratzen, Jucken ◊ *have a tickle in your throat* einen Hustenreiz haben **IDM** ⇨ SLAP²

tick·lish /'tɪklɪʃ/ *Adj* **1** kitzelig ◊ *a dry ticklish cough* ein trockener Reizhusten **2** (*umgs*) heikel

tick-tock /ˌtɪk ˈtɒk; *AmE* ˈtɑːk/ *Nomen* Ticktack

ticky-tacky /ˌtɪki ˈtæki/ *Nomen* (*AmE, umgs*) qualitativ minderwertiges Baumaterial

tic-tac-toe (*auch* **tick-tack-toe**) /ˌtɪk tæk ˈtəʊ; *AmE* ˈtoʊ/ *Nomen* (*AmE*) Tic Tac Toe

tidal /'taɪdl/ *Adj* Gezeiten-, Tide(n)- ◊ *a tidal river* ein Tidefluss ◊ *tidal forces* Flutmassen

ˌtidal ˈwave *Nomen* **1** Flutwelle **2** (*fig*) Welle ◊ *a tidal wave of emotion* eine Gefühlswallung

tid·bit /'tɪdbɪt/ *Nomen* (*AmE*) Leckerbissen **2** (*fig*) Häppchen ◊ *tidbits of information* Informationshäppchen

tid·dler /'tɪdlə(r)/ *Nomen* (*BrE, umgs*) kleines Fischchen

tid·dly /'tɪdli/ *Adj* (*BrE, umgs*) **1** beschwipst **2** winzig

tiddly-winks /'tɪdliwɪŋks/ *Nomen* (*Spiel*) Flohhüpfen

tide¹ /taɪd/ *Nomen* **1** Tide, Gezeiten ◊ *the ebb and flow of the tide* die Gezeiten ◊ *The tide is in/out.* Es ist Flut/Ebbe. ◊ *The body was washed up on the beach by the tide.* Die Flut schwemmte die Leiche an den Strand. ☛ *Siehe auch* HIGH TIDE, LOW TIDE *und* SPRING TIDE **2** [*meist Sing*] Trend, Strömung ◊ *speak out against the tide of opinion* der vorherrschenden Meinung widersprechen ◊ *There is a growing tide of opposition to the idea.* Gegen die Idee regt sich wachsender Widerstand. **3** [*meist Sing*] (*fig*) Welle ◊ *measures to stem the tide of pornography* Maßnahmen, um die Flut von Pornografie einzudämmen ◊ *a tide of optimism* eine Woge des Optimismus **4** [*Sing*] (*veraltet*) (*in Zusammensetzungen*) -zeit ◊ *Christmastide* die Weihnachtszeit **IDM** **go, swim, etc. against the 'tide** gegen den Strom schwimmen **go, swim, etc. with the 'tide** mit dem Strom schwimmen **the 'tide has turned** das Blatt hat sich gewendet **turn the 'tide** einen Umschwung herbeiführen; das Ruder herumreißen

tide² /taɪd/ *Verb* **PHRV** **ˌtide sb ˈover (sth)** (*kein Passiv*) jdm (bei etw) aushelfen ◊ *Can you lend me some money to tide me over until I get paid?* Kannst du mir mit etwas Geld über die Runden helfen, bis ich bezahlt werde?

tide·mark /'taɪdmɑːk; *AmE* -mɑːrk/ *Nomen* **1** Flutmarke **2** (*BrE, umgs*) (*in der Wanne etc.*) Schmutzrand

ˈtide pool *Nomen* (*AmE*) = Ansammlung von Wasser, das sich bei Ebbe zwischen Felsen bildet

tide·water /'taɪdwɔːtə(r)/ *Nomen* **1** (*AmE*) Watt **2** Flutwasser

tidi·ly *Adv* ⇨ TIDY

tidi·ness /'taɪdinəs/ *Nomen* (*bes BrE*) **1** Ordentlichkeit **2** Ordnung

tid·ings /'taɪdɪŋz/ *Nomen* [Pl] (*veraltet oder hum*) Botschaft, Nachricht(en), Kunde

tidy¹ /'taɪdi/ *Adj* (**tidi·er, tidi·est**) **1** (*bes BrE*) (*Adv* **tidi·ly** /-ɪli/) ordentlich; (*Zimmer*) aufgeräumt ◊ *have tidy habits* ein ordentlicher Mensch sein **OPP** UNTIDY **2** *a tidy profit* ein ordentlicher Gewinn ◊ *It must have cost a tidy sum.* Es muss eine Stange Geld gekostet haben.

tidy² /'taɪdi/ *Verb* (**tidies, tidy·ing, tidied, tidied**) ~ (**sth**) (**up**) (*bes BrE*) (etw) aufräumen ◊ *tidy (up) papers* Papiere ordnen ◊ *tidy (up) your hair* sein Haar in Ordnung bringen **PHRV** **ˌtidy sth aˈway** (*BrE*) etw wegräumen **ˌtidy sth ˈup** etw in Ordnung bringen

tidy³ /'taɪdi/ *Nomen* (*Pl* **-ies**) (*BrE*) (*meist in Zusammensetzungen*) Behälter ◊ *a desk tidy* ein Behälter für Schreibutensilien

tie¹ /taɪ/ *Verb* (**ties, tying, tied, tied**) **1** (ver)schnüren ◊ *He had to tie her hands together.* Er musste ihr die Hände fesseln. **2** (*mit einer Schnur*) befestigen **3** binden ◊ *I tie back my hair when I'm cooking.* Beim Kochen binde ich meine Haare zurück. ◊ *I tied a knot in the rope.* Ich machte einen Knoten in das Seil. ◊ *Tie up your shoelaces!* Mach deine Schnürsenkel zu! **4** verknotet werden, gebunden werden ◊ *The skirt ties at the waist.* Der Rock wird in der Taille geschnürt. **5** (*meist passiv*) ~ **sb/sth** (**to sth/sb**) jdn/etw (mit etw/jdm) verbinden ◊ *Pay increases are tied to inflation.* Lohnsteigerungen sind an die Inflation gebunden. ◊ *The house is tied to the job.* Das Haus ist eine Dienstwohnung. **6** (*meist passiv*) ~ **sb** (**to sth**) jdn (an etw) binden ◊ *be tied by a contract* in einem Vertrag gebunden sein ◊ *I don't want to be tied to coming home at a particular time.* Ich möchte nicht zu einer bestimmten Zeit nach Hause kommen müssen. **7** (SPORT) *The scores are tied at 3–3.* Es steht 3:3 unentschieden. ◊ *England tied 2–2 with Germany.* Die Begegnung England gegen Deutschland endete 2:2 unentschieden. ◊ *Yesterday''s vote was tied.* Die gestrige Abstimmung ging unentschieden aus. ◊ *They tied for second place.* Sie teilten sich den zweiten Platz. **8** (MUS) (*Noten*) (aneinander) binden ☛ *Siehe auch* TONGUE-TIED **IDM** **ˌtie sb** (**up**) **in ˈknots** jdn aus dem Konzept bringen **ˌtie yourself** (**up**) **in ˈknots** sich verheddern; sich in Widersprüche verwickeln **ˌtie the ˈknot** (*umgs*) heiraten ☛ *Siehe auch* APRON *und* HAND **PHRV** **ˌtie sb ˈdown** (**to sth**) jdn (an etw) binden ◊ *I don't want to tie myself down to coming back on a particular date.* Ich möchte mich nicht auf ein bestimmten Tag für die Rückfahrt festlegen. **ˌtie ˈin** (**with sth**) (zu etw) passen ◊ *This evidence ties in closely with what we already know.* Diese Beweise passen genau zu dem, was wir schon wissen. ◊ *The concert will tie in with the festival of dance.* Dieses Konzert steht in Verbindung mit dem Tanzfestival. **ˌtie sth ˈin with sth** etw auf etw abstimmen, etw mit etw verbinden **ˌtie sth ˈoff** etw abbinden ◊ *tie off a rope* am Ende des Seils einen Knoten machen **ˌtie ˈup 1** (NAUT) anlegen, festmachen **2** sich zubinden lassen ◊ *I'm so fat my bathrobe won't tie up!* Ich bin so dick, dass ich meinen Bademantel nicht mehr zubekomme. **ˌtie sth ˈup 1** etw festbinden, etw festmachen **2** etw zubinden, etw verschnüren **ˌtie sb ˈup 1** jdn fesseln **2** (*meist passiv*) jdn beschäftigen ◊ *I'm tied up in a meeting until 3.* Ich bin bis 3 Uhr in einer Besprechung. **ˌtie sth ˈup 1** etw anbinden, etw anketten **2** (*meist passiv*) etw verbinden ◊ *Her behaviour is tied up with her feelings of guilt.* Ihr Verhalten hängt mit ihren Schuldgefühlen zusammen. **3** (*oft passiv*) (FINANZ) etw (fest) anlegen **4** (*Vertrag, Arbeit etc.*) abschließen ◊ *I tied up the loose ends.* Ich erledigte die letzten Kleinigkeiten.

tie² /taɪ/ *Nomen* **1** Krawatte, Schlips ◊ *a collar and tie* Schlips und Kragen ☛ *Siehe auch* BLACK TIE, BOW TIE, OLD SCHOOL TIE *und* WHITE TIE **2** (*zum Verschnüren, Verschließen*) Schnur, Draht ◊ *ties for closing plastic bags* Drahtverschlüsse für Plastikbeutel **3** [*meist Pl*] (Ver)bindung, Beziehung ◊ *family ties* familiäre Bindungen ◊ *diplomatic ties* diplomatische Beziehungen ◊ *He has cut his ties with the Church.* Er hat jegliche Verbindung zur Kirche abgebrochen. **4** (*Verpflichtung*) Bindung ◊ *He did not want any ties.* Er wollte nicht gebunden sein. **5** (SPORT) Unentschieden ◊ *There was a tie for first place between Scotland and Ireland.* Schottland lag punktgleich mit Irland auf dem ersten Platz. **6** (*BrE*) (SPORT) Spiel, Begegnung **7** (MUS) Haltebogen **8** (*AmE*) (*Bahn-*) Schwelle

tie-break /'taɪbreɪk/ *Nomen* (*BrE*) Tiebreak

tie-breaker /'taɪbreɪkə(r)/ *Nomen* **1** (*AmE*) Tiebreak **2** Stichfrage ◊ *Write a tiebreaker slogan saying why you would like to visit Rome.* Schreiben Sie uns Ihren Gewinnspruch, warum Sie Rom besuchen möchten.

tied /taɪd/ *Adj nur vor Nomen* (*BrE*) Dienst- ◊ *a tied house* eine Dienstwohnung ◊ *a tied cottage on an estate* ein Häuschen für Gutsarbeiter

ˌtied ˈhouse *Nomen* (*BrE*) Brauereigaststätte

ˈtie-dye *Verb* = nach der Bindebatiktechnik batiken

ˈtie-in *Nomen* = Produkt, wie z. B. in Buch oder Spiel, das zu einem Film, einer Serie etc. erscheint

ˈtie-pin /'taɪpɪn/ (*AmE auch* **ˈtie tack**) *Nomen* Krawattennadel

tier /tɪə(r); *AmE* tɪr/ *Nomen* **1** Lage, Reihe ◊ *a wedding cake with three tiers* eine dreistöckige Hochzeitstorte ◊ *The seating is arranged in tiers.* Die Sitzreihen sind ansteigend angeordnet. **2** (*fig*) Ebene, Stufe ◊ *a two-tier system* ein zweistufig aufgebautes System

tiered /tɪəd; *AmE* tɪrd/ *Adj* **1** gestuft, mehrstufig ◊ *tiered seating* ansteigende Sitzreihen ◊ *a tiered wedding cake* eine mehrstöckige Hochzeitstorte **2 -tiered** (*in Zusammensetzungen*) -stufig

ˈtie-up *Nomen* **1** (*BrE*) (WIRTSCH) Zusammenschluss

tiff

2 (*BrE*) Verbindung, Zusammenhang **3** (*bes AmE*) Stillstand ◊ *a traffic tie-up* eine Verkehrsstockung
tiff /tɪf/ *Nomen* Streit
tig /tɪg/ *Nomen* (*BrE*) (*Kinderspiel*) Fangen
tiger /'taɪɡə(r)/ *Nomen* Tiger ◊ *She fought like a tiger.* Sie hat wie eine Löwin gekämpft.
tight¹ /taɪt/ *Adj* **1** (*Adv* **tight·ly**) fest ◊ *He kept a tight grip on her arm.* Er hielt ihren Arm gut fest. ◊ *He held on tightly to her arm.* Er hielt ihren Arm gut fest. ◊ *The screw was tight.* Die Schraube saß fest. **2** (*Kleidung, Kurve, Freundschaft etc.*) eng ◊ *The sweater was a tight fit.* Der Pullover lag eng an. ◊ *The plane flew around in a tight circle.* Das Flugzeug flog eine enge Schleife. **3** streng; (*Organisation*) straff ◊ *We need tighter security.* Wir brauchen strengere Sicherheitskontrollen. **4** straff ◊ *The rope was stretched tight.* Das Seil war straff gespannt. **5** (*Adv* **tight·ly**) dicht, eng ◊ *a tight group of people* eine dichte Menschenmenge ◊ *With six of us in the car it was a tight squeeze.* Zu sechst war es im Wagen sehr eng. **6** (*Geld, Zeit, Rennen*) knapp **7** (*Gesichtsausdruck, Muskeln etc.*) verkniffen, verkrampft ◊ *in a tight voice* mit beherrschter Stimme **8** beklemmend, beengt ◊ *He complained of having a tight chest.* Er klagte über ein Druckgefühl in der Brust. ◊ *Her throat felt tight.* Sie hatte einen Kloß im Hals. **9** (*BrE, umgs, abwert*) knauserig, geizig **10** (*BrE, umgs, veraltet*) (*betrunken*) blau, voll **11** **-tight** (*in Zusammensetzungen*) -dicht ◊ *make a shed weathertight* einen Schuppen wetterfest machen IDM **keep a tight 'rein on sb** jdn an der Kandare halten ◊ **keep a tight 'rein on sth** etw fest im Griff (be)halten ◊ **run a tight 'ship** ein strenges Regiment führen ◊ **a tight 'spot/'corner** ◊ *I was in a tight spot.* Ich saß in der Klemme. ◊ *put sb in a tight spot* jdn in Schwierigkeiten bringen
tight² /taɪt/ *Adv* fest, stramm ◊ *Hold tight!* Halt dich fest! ◊ *His fists were clenched tight.* Seine Hände waren zu Fäusten geballt. ◊ *My suitcase was packed tight.* Mein Koffer war randvoll. IDM ⇨ SIT *und* SLEEP¹
tight·en /'taɪtn/ *Verb* **1** ~ (**up**) sich straffen; (*Muskeln etc.*) sich verkrampfen; (*Griff*) fester werden ◊ *The rope tightened and broke.* Das Seil spannte sich und riss. ◊ *His mouth tightened into a thin line.* Sein Mund wurde ganz schmal. **2** ~ **sth** (**up**) etw straff ziehen, etw anziehen ◊ *tighten a knot* einen Knoten festziehen ◊ *tighten a lid* einen Deckel festschrauben ◊ *The brake cable needs tightening up.* Das Bremskabel muss nachgezogen werden. ◊ *She tightened her grip on his arm.* Ihr Griff um seinen Arm wurde fester. **3** ~ **sth** (**up**) (*Maßnahmen, Kontrollen etc.*) verschärfen OPP LOOSEN IDM **tighten your 'belt** den Gürtel enger schnallen PHRV **tighten 'up (on sth)** (etw) verschärfen, (bei etw) härter durchgreifen
,**tight-'fisted** *Adj* geizig, knauserig SYN MEAN *und* STINGY
,**tight-'fitting** *Adj* eng anliegend; (*Deckel etc.*) gut schließend
,**tight-'knit** (*auch* ,**tightly-'knit**) *Adj* (*Gemeinschaft etc.*) eng (verbunden)
,**tight-'lipped** *Adj* **1** verschwiegen **2** mit zusammengepressten Lippen, verbissen ◊ *He gave a tight-lipped reply.* Er presste eine Antwort zwischen den Zähnen hervor.
tight·ly *Adv* ⇨ TIGHT¹
tight·ness /'taɪtnəs/ *Nomen* [U] **1** Festigkeit, Festsitzen **2** Enge **3** Straffheit **4** Strenge **5** Knappheit; (*des Arbeitsmarkts etc.*) Angespanntheit **6** Verkniffenheit **7** Beengtheit ◊ *I've got that horrible tightness in my chest.* Ich habe diesen furchtbaren Druck auf der Brust. **8** Geiz
tight·rope /'taɪtrəʊp; *AmE* -roʊp/ *Nomen* (Draht)seil ◊ *a tightrope walker* ein(e) Seiltänzer(in) IDM **tread/walk a 'tightrope** einen Balanceakt vollbringen
tights /taɪts/ *Nomen* [Pl] **1** (*BrE*) (Fein)strumpfhose **2** (*für Tänzer*) Beintrikot
tight·wad /'taɪtwɒd; *AmE* -wɑːd/ *Nomen* (*AmE, umgs*) Geizkragen
tig·ress /'taɪɡrəs/ *Nomen* Tigerin
tike = TYKE
til (*auch* **'til**) ⇨ UNTIL
tilde /'tɪldə/ *Nomen* Tilde
tile¹ /taɪl/ *Nomen* **1** Fliese, Kachel **2** Dachziegel **3** (*Spielstein*) Plättchen IDM ⇨ NIGHT

tile² /taɪl/ *Verb* **1** kacheln, fliesen; (*Dach*) (mit Ziegeln) decken **2** (COMP) (*Fenster*) = nebeneinander anordnen
til·ing /'taɪlɪŋ/ *Nomen* [U] **1** Kacheln, Fliesen, Ziegel **2** Fliesen(legen), Kacheln, (Dach)decken
till¹ /tɪl/ *Konj, Präp* bis ☛ *Beispiele bei* UNTIL ☛ **Till** ist umgangssprachlicher als **until** und wird deshalb relativ selten im geschriebenen Englisch verwendet. **Until** wird am Satzanfang verwendet.
till² /tɪl/ *Nomen* Kasse IDM ⇨ FINGER¹
till³ /tɪl/ *Verb* (LANDW) (*veraltet*) bestellen
till·er /'tɪlə(r)/ *Nomen* Ruderpinne
tilt¹ /tɪlt/ *Verb* **1** kippen; (*Kopf*) (sich) neigen ◊ *She tilted her head back.* Sie legte ihren Kopf in den Nacken. ◊ *His hat was tilted slightly at an angle.* Sein Hut saß schief auf dem Kopf. ◊ *The hot conditions may tilt the balance in favour of the Kenyan runners.* Das heiße Wetter könnte den kenianischen Läufern den entscheidenden Vorteil bringen. **2** (*fig*) umkippen ◊ *Popular opinion has tilted in favour of the socialists.* Die öffentliche Meinung hat sich zugunsten der Sozialisten verschoben. IDM **tilt at 'windmills** gegen Windmühlen kämpfen PHRV **'tilt at sb/sth** (*BrE*) jdn/etw angreifen ◊ **'tilt at sth** (*BrE*) etw anvisieren
tilt² /tɪlt/ *Nomen* **1** Neigung, Schräglage ◊ *The table is at a slight tilt.* Der Tisch steht nicht gerade. ◊ *He indicated the guest with a tilt of his head.* Er deutete mit seinem Kopf auf den Gast. **2** Angriff ◊ *She aims to have a tilt at the world championship next year.* Sie will nächstes Jahr die Weltmeisterschaft anvisieren. IDM (**at**) **full 'tilt/'pelt** mit voller Wucht
tim·ber /'tɪmbə(r)/ *Nomen* **1** (Bau)holz ◊ *houses built of timber* Holzhäuser **2** [meist Pl] (Holz)balken ◊ *roof timbers* Dachbalken
tim·bered /'tɪmbəd; *AmE* -bərd/ *Adj* Fachwerk-, Holz- (*Haus etc.*)
timbre /'tæmbə(r)/ *Nomen* (*gehoben*) Timbre
time¹ /taɪm/ *Nomen* **1** Zeit ◊ *as time went by* im Laufe der Zeit ◊ *Perceptions change over time.* Mit der Zeit ändern sich die Anschauungen. ◊ *I can make the time to see them.* Die Zeit sie zu treffen kann ich mir schon nehmen. ◊ *in ancient times* vor langer, langer Zeit ◊ *free/spare time* Freizeit ◊ *I haven't taken much time off this year.* Ich habe dieses Jahr kaum Urlaub genommen. ◊ *Jane's worked here for some time.* Jane arbeitet hier schon eine ganze Weile. ◊ *Do it now please — not in three hours' time.* Mach es bitte jetzt — nicht erst in drei Stunden! ☛ *Siehe auch* ANY TIME *und* CLOSING TIME **2** (Uhr)zeit ◊ *Greenwich Mean Time* westeuropäische Zeit ◊ *6 o'clock local time* 6 Uhr Ortszeit ◊ *this time tomorrow* morgen um diese Zeit ◊ *What time do you finish work?* Um wie viel Uhr hast du Feierabend? ◊ *Do you have the time?* Können Sie mir bitte sagen, wie spät es ist? ◊ *Look at the time!* Sieh nur, wie spät es ist! ◊ *My watch keeps perfect time.* Meine Uhr geht immer ganz genau. ◊ (*BrE*) *Can she tell the time yet?* Kann sie schon die Uhr lesen? ◊ (*BrE*) *What time do you make it?* Wie spät ist es auf deiner Uhr? ☛ Man beachte die unterschiedlichen Ausdrücke im amerikanischen Englisch: *Can she tell time yet?* und ◊ *What time do you have?* **3** Zeitpunkt ◊ *This is hardly the time to discuss politics.* Das ist ein schlechter Zeitpunkt um über Politik zu diskutieren. ◊ *We stock six different beers at any one time.* Wir haben immer sechs verschiedene Biersorten auf Lager. ◊ *By the time you get there the meeting will be over.* Bis Sie da ankommen, wird die Versammlung vorüber sein. ◊ *when the time comes* wenn es so weit ist **4** [Sing] Weile; **a long ~** lange ◊ *Her parents died a long time ago.* Ihre Eltern starben vor langer Zeit. **5** Mal ◊ *every time* jedes Mal ◊ (*umgs*) *How many times do I have to tell you?* Wie oft muss ich dir das noch sagen? ◊ (*bes AmE*) *I remember one time we had to abandon our car in the snow.* Ich erinnere mich, dass wir unser Auto einmal im Schnee stehen lassen mussten. ◊ (*umgs*) *At no time did I give my consent to the plan.* Ich habe dem Plan niemals zugestimmt. **6** (MUS) Takt ◊ *This piece is in four-four time.* Dieses Stück ist im Viertakt. ◊ *beat time* den Takt schlagen ◊ *He always plays in perfect time.* Er spielt immer im Takt. ☛ *Siehe auch* BIG TIME, SMALL-TIME *und* TIMES IDM (**and**) **about 'time** (**'too**); (**and**) **not before 'time** (*umgs*) es wurde auch Zeit ◊ **against 'time** gegen die Zeit ◊ **ahead of/behind 'time** zu früh/spät ◊ **ahead of your 'time** seiner Zeit voraus ◊ *She was ahead of her time.* Sie

war ihrer Zeit voraus. **all the 'time**; **the whole 'time** die ganze Zeit **at all 'times** jederzeit; immer **at 'one time** einmal ◊ *At one time Emily was my best friend.* Emily war einmal meine beste Freundin. **at the 'best of times** im günstigsten Fall ◊ *The salad was horrible at the best of times, but on Saturdays it was worse.* Der Salat war immer schlecht, aber samstags war er besonders furchtbar. **at the same 'time** gleichzeitig; zugleich **at 'my, 'your, 'his, etc. time of life** in meinem, deinem, seinem etc. Alter **at 'times** manchmal ◊ *Outlook: rain at times.* Die Aussichten: zeitweilig Regen. **before my, your, his, etc. 'time 1** vor meiner/deiner/seiner etc. Zeit **2** (schon) früh **behind the 'times** rückständig **do 'time** (*umgs*) (*im Gefängnis*) sitzen **every 'time** immer ◊ *I don't really like cities – give me the countryside every time.* Städte mag ich eigentlich nicht – mir ist das Land immer lieber. **for the time 'being** vorübergehend; vorläufig **from ,time to 'time** ab und zu **have a lot of/not much/no time for sb/sth** (*bes BrE*, *umgs*) für jdn/etw viel/nicht viel/nichts übrig haben **have the ,time of your 'life** (*umgs*) sich blendend amüsieren; eine wunderbare Zeit verbringen **have time on your 'hands; have time to 'kill** (*umgs*) nichts zu tun haben; Zeit (übrig) haben **in good 'time** rechtzeitig **(all) in good 'time** (*umgs*) (alles) zu seiner Zeit **in (less than/next to) 'no time** im Nu; bevor man sich's versieht **in 'my, etc. time** zu meiner etc. Zeit ◊ *Mr Curtis was the manager in my time.* Zu meiner Zeit war Herr Curtis der Leiter. **in 'time** mit der Zeit ◊ *They learned to accept their stepmother in time.* Mit der Zeit lernten sie, ihre Stiefmutter zu akzeptieren. **in time (for sth/to do sth)** rechtzeitig ◊ *Will we be in time for the train?* Werden wir den Zug noch schaffen? ◊ *The ambulance got there just in time.* Der Krankenwagen schaffte es gerade noch rechtzeitig. **in your own (good) 'time** (*umgs*) ◊ *He'll do it in his own good time.* Er wird es schon noch machen. ◊ *He'll tell us in his own good time.* Er wird es uns schon sagen, wenn er so weit ist. **in your own time** in der Freizeit **it's a,bout 'time** (*umgs*) es wird (aber auch) Zeit **it's ,high 'time** (*umgs*) es wird höchste Zeit **keep up/move with the 'times** mit der Zeit gehen **make good, etc. 'time** schnell vorankommen **many a time; 'many's the time (that)** ... (*veraltet*) häufig; oft **,nine times out of 'ten; ,ninety-,nine times out of a 'hundred** in den meisten Fällen; in 99% der Fälle **(and) not before 'time = (AND) ABOUT TIME (TOO) (there is) no time like the 'present** am besten jetzt gleich **of all 'time** aller Zeiten **on time** pünktlich ◊ *The train arrived right on time.* Der Zug kam pünktlich auf die Minute an. **one at a 'time** einzeln **take your 'time (over sth); take your 'time (to do sth/doing sth) 1** sich (mit etw) Zeit lassen **2** (*für etw*) lange brauchen ◊ *You certainly took your time getting here!* Du hast aber lange gebraucht, hierher zu kommen! **,time after 'time; ,time and (,time) a'gain** immer wieder **time and a 'half** 50% mehr **time is on your 'side** die Zeit arbeitet für einen **(the) next, first, second, etc. time 'round** beim nächsten, ersten, zweiten etc. Mal **time 'was (when) ...** (*veraltet*) es gab Zeiten, da ... **time (alone) will 'tell; only time will 'tell** das muss sich erst herausstellen ◊ *Only time will tell if the treatment has been successful.* Man wird erst später sagen können, ob die Behandlung erfolgreich war. **two, three, etc. at a 'time** zwei, drei etc. auf einmal ◊ *She ran up the stairs two at a time.* Sie lief die Treppe hoch und nahm immer gleich zwei Stufen auf einmal. ☛ Für andere Redewendungen mit **time** siehe die Einträge für die Nomina, Adjektive etc. **Beat time (to sth)** z.B. steht unter **beat**.

time² /taɪm/ *Verb* **1** (*oft passiv*) zeitlich abstimmen, den richtigen Zeitpunkt abpassen ◊ *She timed her arrival for shortly after 3.* Sie arrangierte ihre Ankunft für kurz nach 3. ◊ *The bomb was timed to explode an hour later.* Die Bombe war so eingestellt, dass sie eine Stunde später explodieren sollte. ◊ *Their request was badly timed.* Ihre Anfrage kam zeitlich ungünstig. ◊ *'I hope we're not too early.' 'You couldn't have timed it better!'* „Ich hoffe, wir kommen nicht zu früh." „Nein, ihr kommt genau richtig." ☛ *Siehe auch* ILL-TIMED *und* WELL TIMED **2** (*Zeit*) messen, stoppen

,time-and-'motion study *Nomen* Arbeits(ablauf)studie
'time bomb *Nomen* Zeitbombe (*auch fig*)
'time capsule *Nomen* Zeitkapsel
'time card *Nomen* Stechkarte
'time clock *Nomen* (*bes AmE*) Stechuhr
'time-consuming *Adj* Zeit raubend
'time frame *Nomen* Zeitrahmen
'time-honoured (*AmE* **time-honored**) *Adj* (*gehoben*) altehrwürdig, althergebracht
time·keep·er /'taɪmkiːpə(r)/ *Nomen* Zeitnehmer(in) IDM **be a good/bad 'timekeeper** immer pünktlich/unpünktlich sein
time·keep·ing /'taɪmkiːpɪŋ/ *Nomen* **1** Pünktlichkeit **2** Zeitmessung
'time lag (*auch* **lag, 'time lapse**) *Nomen* (zeitliche) Verzögerung
time·less /'taɪmləs/ *Adj* (*Adv* **time·less·ly**) (*gehoben*) zeitlos
time·less·ness /'taɪmləsnəs/ *Nomen* Zeitlosigkeit
'time limit *Nomen* Frist
time·li·ness /'taɪmlinəs/ *Nomen* Rechtzeitigkeit ◊ *improve the accuracy and timeliness of information* dafür sorgen, dass die Informationen genauer und aktueller sind
time·ly /'taɪmli/ *Adj* rechtzeitig ◊ *This has been a timely reminder to us all.* Diese Mahnung ist für uns alle zum richtigen Zeitpunkt gekommen.
'time machine *Nomen* Zeitmaschine
'time-out /,taɪm'aʊt/ *Nomen* (*AmE*) (SPORT) Auszeit
'time·piece /'taɪmpiːs/ *Nomen* (*gehoben*) Uhr
timer /'taɪmə(r)/ *Nomen* (*oft in Zusammensetzungen*) **1** Zeitmesser **2** Schaltuhr ☛ *Siehe auch* EGG TIMER, FIRST-TIMER *und* OLD-TIMER
times /taɪmz/ *Präp, Nomen* [*Pl*] mal ◊ *Five times two is ten.* Fünf mal zwei ist zehn. ◊ *three times as long* dreimal so lang
'time-saving *Adj* Zeit sparend
'time·scale /'taɪmskeɪl/ *Nomen* Zeitrahmen
'time-server *Nomen* (*abwert*) = jd, der seine Arbeitszeit nur absitzt
'time-share /'taɪmʃeə(r); *AmE* -ʃer/ *Nomen* **1** (*auch* **'time-sharing**) Timesharing, Miteigentum an einer Ferienwohnung **2** Ferienwohnung, an der man einen Besitzanteil hat, Timeshare
'time sheet *Nomen* Stundenzettel
'time signature *Nomen* Taktbezeichnung
'time span *Nomen* Zeitraum, Zeitspanne
'time switch *Nomen* Zeitschalter
time·table¹ /'taɪmteɪbl/ *Nomen* **1** (*bes BrE*) Fahrplan **2** (*bes BrE*) Stundenplan ◊ *subjects on the school timetable* Schulfächer **3** Zeitplan ◊ *I have a busy timetable this week.* Ich habe diese Woche ein volles Programm.
time·table² /'taɪmteɪbl/ *Verb* (*meist passiv*) (*bes BrE*) zeitmäßig festlegen ◊ *The discussion groups have been timetabled for the afternoons.* An den Nachmittagen stehen die Diskussionsgruppen auf dem Programm. ◊ *How many timetabled hours do medical students have?* Wie viele Unterrichtsstunden haben Medizinstudenten?
'time trial *Nomen* (*Sport*) Zeitrennen
'time warp *Nomen* Zeitverzerrung IDM **be (stuck) in a 'time warp** in der Vergangenheit stecken geblieben sein
'time-worn *Adj* **1** abgenutzt **2** (*Phrase etc.*) abgedroschen
'time zone *Nomen* Zeitzone
timid /'tɪmɪd/ *Adj* (*Adv* **tim·id·ly**) ängstlich, schüchtern, scheu ◊ *They've been rather timid in the changes they've made.* Die Änderungen, die sie vorgenommen haben, sind eher vorsichtiger Natur.
tim·id·ity /tɪ'mɪdəti/ *Nomen* Ängstlichkeit, Schüchternheit, Scheu
tim·ing /'taɪmɪŋ/ *Nomen* **1** Zeitpunkt **2** Timing ◊ *Your timing is perfect. I was just about to call you.* Du kommst gerade richtig. Ich wollte dich eben anrufen. **3** Rhythmik, rhythmisches Gefühl **4** (TECH) Zündeinstellung
tim·or·ous /'tɪmərəs/ *Adj* (*Adv* **tim·or·ous·ly**) (*gehoben*) ängstlich, zaghaft
tim·pani /'tɪmpəni/ *Nomen* [*Pl*] Timpani, Kesselpauken
tim·pan·ist /'tɪmpənɪst/ *Nomen* Timpanist(in), Paukist(in)
tin /tɪn/ *Nomen* **1** Zinn, Blech **2** (*auch* **,tin 'can**) (*BrE*)

tincture

Dose, Büchse **3** (*BrE*) ◊ *a cake tin* eine Backform ◊ *a roasting tin* ein Bräter
tinc·ture /ˈtɪŋktʃə(r)/ *Nomen* (*Fachspr*) Tinktur
tin·der /ˈtɪndə(r)/ *Nomen* Zunder
tin·der·box /ˈtɪndəbɒks; *AmE* ˈtɪndərbɑːks/ *Nomen* **1** Zunderbüchse **2** (*fig*) Pulverfass
tin·foil /ˈtɪnfɔɪl/ *Nomen* Stanniol(papier), Alufolie
tinge¹ /tɪndʒ/ *Nomen* [meist Sing] **1** Tönung ◊ *There was a pink tinge to the sky.* Der Himmel war rosa getönt. **2** (*fig*) Anflug, Spur ◊ *a tinge of envy* ein Anflug von Neid
tinge² /tɪndʒ/ *Verb* (*meist passiv*) **1** tönen ◊ *white petals tinged with blue* weiße Blütenblätter mit einem Stich ins Bläuliche **2** ◊ (*fig*) *She gave him a look of surprise tinged with disapproval.* Sie sah ihn überrascht und etwas missbilligend an. ◊ *Sadness tinged his voice.* In seiner Stimme lag ein Anflug von Traurigkeit.
tin·gle¹ /ˈtɪŋgl/ *Nomen* [meist Sing] Kribbeln ◊ *He felt a tingle of excitement.* Er war vor Aufregung ganz kribbelig.
tin·gle² /ˈtɪŋgl/ *Verb* **1** kribbeln, prickeln **2** ~ **with sth** (*fig*) vor etw ganz kribbelig sein
tin·ker¹ /ˈtɪŋkə(r)/ *Nomen* Kesselflicker
tin·ker² /ˈtɪŋkə(r)/ *Verb* ~ (**with sth**) (an etw) herumbasteln, (an etw) herumpfuschen
tin·kle¹ /ˈtɪŋkl/ *Verb* ~ (**sth**) (mit etw) klingeln ◊ *tinkling laughter* helles Lachen
tin·kle² /ˈtɪŋkl/ *Nomen* [meist Sing] **1** (*auch* **tink·ling**) Klingeln, Klirren **2** **have a** ~ (*BrE, umgs*) pinkeln
tinned /tɪnd/ *Adj* (*BrE*) Dosen- ◊ *tinned soup* Dosensuppe
tin·nitus /ˈtɪnɪtəs/ *Nomen* Tinnitus
tinny /ˈtɪni/ *Adj* (*bes BrE, abwert*) blechern (klingend)
ˈtin-opener *Nomen* (*BrE*) Dosenöffner
tin·plate /ˈtɪnpleɪt/ *Nomen* Weißblech, Zinnblech
tin·pot /ˈtɪnpɒt; *AmE* -pɑːt/ *Adj nur vor Nomen* (*BrE, abwert*) mickrig ◊ *a tinpot dictator* ein Operettendiktator
tin·sel /ˈtɪnsl/ *Nomen* Foliengirlande
tint¹ /tɪnt/ *Verb* (*meist passiv*) tönen
tint² /tɪnt/ *Nomen* **1** Farbton ◊ *leaves with autumn tints* herbstlich gefärbte Blätter **2** Tönung
ˌtin ˈwhistle *Nomen* Blechflöte
tiny /ˈtaɪni/ *Adj* (**tini·er**, **tini·est**) winzig **IDM** ⇨ PATTER¹
tip¹ /tɪp/ *Nomen* **1** Spitze **2** ~ (**on/for sth/doing sth**) Tipp (für etw/wie man etw tut) **3** Trinkgeld ◊ *leave a tip* Trinkgeld geben **4** (*BrE*) Müllkippe **5** (*BrE, umgs, abwert*) (*fig*) Saustall **IDM** **be on the tip of sb's ˈtongue** jdm auf der Zunge liegen **the tip of the ˈiceberg** die Spitze des Eisbergs
tip² /tɪp/ *Verb* (**-pp-**) **1** kippen, schütten ◊ *She tipped the water down the drain.* Sie schüttete das Wasser in den Abfluss. **2** ~ (**sth**) (**up**) (etw) kippen, (etw) umkippen ◊ *The seat tips forward.* Der Sitz lässt sich nach vorne kippen. ◊ *She tipped her head back and laughed loudly.* Sie lehnte den Kopf zurück und lachte laut. ◊ *We'll have to tip the sofa up to get it through the door.* Wir müssen das Sofa hochkant stellen, wenn wir es durch die Tür bringen wollen. **3** (an)stoßen **4** (*BrE*) Müll abladen **5** ~ (**sb**) (jdm) (ein) Trinkgeld geben ◊ *tip heavily* gutes Trinkgeld geben ◊ *She tipped the waiter a pound.* Sie gab dem Kellner ein Pfund Trinkgeld. **6** ~ **sb/sth** auf jdn/etw setzen ◊ *I had tipped him for gold.* Ich hatte darauf gesetzt, dass er Gold gewinnt. ◊ *The band is being tipped for the top.* Die Band gilt als zukünftiger Spitzenreiter. ◊ *She is tipped to win an Oscar.* Es wird allgemein erwartet, dass sie einen Oskar gewinnt. **7** ◊ *The wings are tipped with yellow.* Die Flügel haben gelbe Spitzen. **IDM** **it is ˈtipping (it) down** (*BrE, umgs*) es schüttet **tip the ˈbalance/ˈscales** den Ausschlag geben **tip your ˈhand** (*AmE*) jdm in die Karten sehen lassen **tip the scales at sth** etw auf die Waage bringen **tip sb the ˈwink**; **tip the ˈwink to sb** (*BrE, umgs*) jdm einen Tipp geben **PHR V** **ˌtip sb ˈoff (about sth)** (*umgs*) jdm einen Tipp (über etw) geben
ˈtip-off *Nomen* (*umgs*) Tipp, Hinweis
Tipp-Ex™ /ˈtɪpeks/ *Nomen* (*BrE*) Tipp-Ex®
tip·pex /ˈtɪpeks/ *Verb* ~ **sth** (**out**) etw mit Tipp-Ex® löschen
tip·ple /ˈtɪpl/ *Nomen* [meist Sing] (*bes BrE, umgs*) (alkoholisches) Getränk
tip·pler /ˈtɪplə(r)/ *Nomen* (*bes BrE, umgs*) Trinker(in)

tip·ster /ˈtɪpstə(r)/ *Nomen* **1** = jd, der bei Pferderennen Tipps verkauft **2** (*bes AmE*) (Polizei)informant(in)
tipsy /ˈtɪpsi/ *Adj* (*umgs*) beschwipst
tip·toe¹ /ˈtɪptəʊ; *AmE* -toʊ/ *Nomen* **IDM** **on ˈtiptoe/ˈtiptoes** auf Zehenspitzen
tip·toe² /ˈtɪptəʊ; *AmE* -toʊ/ *Verb* auf Zehenspitzen gehen
ˌtip-ˈtop *Adj* (*umgs*) tipptopp, erstklassig
tir·ade /taɪˈreɪd; *AmE* ˈtaɪreɪd/ *Nomen* Schimpfkanonade
tire¹ /ˈtaɪə(r)/ *Verb* ermüden, müde werden **PHR V** **ˈtire of sth/sb** einer Sache/jds überdrüssig werden, etw/jdn (bald) langweilig finden ◊ *He went to Yale — as he never tires of reminding us.* Er hat in Yale studiert — wie er uns immer wieder bis zum Überdruss erzählt. **ˌtire sb ˈout** jdn erschöpfen ˌ**tire yourself ˈout** sich völlig verausgaben
tire² /ˈtaɪə(r)/ *Nomen* (*AmE*) = TYRE
tired /ˈtaɪəd; *AmE* ˈtaɪərd/ *Adj* **1** (*Adv* **tired·ly**) müde; ~ **out** erschöpft **2** **be** ~ **of sb/sth** jdn/etw satt haben **3** (*Witz etc.*) abgedroschen
tired·ness /ˈtaɪədnəs; *AmE* ˈtaɪərd-/ *Nomen* Müdigkeit
ˈtire iron *Nomen* (*AmE*) (Reifen)montierhebel
tire·less /ˈtaɪələs; *AmE* ˈtaɪərləs/ *Adj* (*Adv* **tire·less·ly**) unermüdlich ◊ *She was tireless in her efforts on our behalf.* Sie setzte sich unermüdlich für uns ein.
tire·some /ˈtaɪəsəm; *AmE* ˈtaɪərsəm/ *Adj* lästig
tir·ing /ˈtaɪərɪŋ/ *Adj* anstrengend, ermüdend
'tis /tɪz/ (*veraltet*) *Kurzform von* **it is**
tis·sue /ˈtɪʃuː; *BrE auch* ˈtɪsjuː/ *Nomen* **1** Gewebe **2** Papiertaschentuch **3** (*auch* **ˈtissue paper**) Seidenpapier **IDM** **a ˌtissue of ˈlies** (*gehoben*) ein Lügengespinst
tit /tɪt/ *Nomen* **1** (*vulg, Slang*) Titte **2** (*BrE, Slang*) Trottel **3** Meise ◊ *a great tit* eine Kohlmeise
Titan (*auch* **titan**) /ˈtaɪtn/ *Nomen* (*gehoben*) Titan(in), Gigant(in)
ti·tan·ic /taɪˈtænɪk/ *Adj* (*gehoben*) gigantisch
ti·tan·ium /tɪˈteɪniəm/ *Nomen* Titan
tit·bit /ˈtɪtbɪt/ *Nomen* (*BrE*) **1** Leckerbissen **2** (*fig*) Häppchen ◊ *She passed on a few titbits of gossip.* Sie gab den neuesten Klatsch weiter.
titch /tɪtʃ/ *Nomen* (*BrE, umgs, oft hum*) (*Anrede*) Kleine(r), Knirps
titchy /ˈtɪtʃi/ *Adj* (*BrE, umgs*) winzig
tithe /taɪð/ *Nomen* Zehnt(e) ◊ *pay tithes* den Zehnten bezahlen
tit·il·late /ˈtɪtɪleɪt/ *Verb* (*oft abwert*) anregen, erregen ◊ *titillating pictures* aufreizende Bilder
tit·il·la·tion /ˌtɪtɪˈleɪʃn/ *Nomen* Kitzel
title¹ /ˈtaɪtl/ *Nomen* **1** Titel, Überschrift **2** Berufsbezeichnung **3** ~ (**to sth**) (Rechts)anspruch (auf etw)
title² /ˈtaɪtl/ *Verb* (*meist passiv*) betiteln ◊ *The album was titled 'Ocean'.* Das Album hatte den Titel „Ocean".
titled /ˈtaɪtld/ *Adj* adlig
ˈtitle deed *Nomen* [meist Pl] Eigentumsurkunde
ˈtitle-holder *Nomen* **1** Titelhalter(in) **2** (*AmE*) (RECHT) Eigentümer(in)
ˈtitle page *Nomen* Titelseite
tit·ter¹ /ˈtɪtə(r)/ *Verb* kichern **SYN** GIGGLE
tit·ter² /ˈtɪtə(r)/ *Nomen* Gekicher, Kichern
tittle-tattle /ˈtɪtl tætl/ *Nomen* (*umgs, abwert*) Geschwätz, Klatsch
titu·lar /ˈtɪtjʊlə(r); *AmE* -tʃə-/ *Adj nur vor Nomen* (*gehoben*) nominell **SYN** NOMINAL
tizzy /ˈtɪzi/ (*auch* **tizz** /tɪz/) *Nomen* [Sing] (*umgs*) **be in a** ~ schrecklich aufgeregt sein
ˈT-junction *Nomen* (*BrE*) T-Kreuzung
TLC /ˌtiː el ˈsiː/ *Kurzform von* **tender loving care** liebevolle Fürsorge
TM /ˌtiː ˈem/ *Nomen* **1** *Kurzform von* **trademark 2** *Kurzform von* **transcendental meditation**
TNT /ˌtiː en ˈtiː/ *Nomen* TNT
to /tə; *vor Vokalen* tu; *betont* tuː/ *Präp* ☛ Für Verben mit **to** siehe die Einträge für die Verben. **See** to sth z.B. steht unter **see**.

1 zu, nach, auf ◊ *I walked to the office.* Ich ging zum Büro. ◊ *He's going to Paris.* Er fährt nach Paris. ◊ *He pointed to something.* Er deutete auf etwas. ◊ *my first visit to Africa*

| æ cat | ɑː father | e ten | ɜː bird | ə about | ɪ sit | iː see | i many | ɒ got (*BrE*) | ɔː saw | ʌ cup | ʊ put | uː too |

mein erster Besuch in Afrika **2** ~ **the left, east, etc.** (*of sth*) links, östlich etc. (von etw) ◊ *Place the cursor to the left of the first word.* Positionieren Sie den Cursor links vom ersten Wort. ◊ *There are mountains to the north.* Im Norden sind Berge. **3** (*mit einem indirekten Objekt*) ◊ *She gave it to her sister.* Sie gab es ihrer Schwester. ◊ *Who did he address the letter to?* An wen hat er den Brief adressiert? ◊ *What have you done to your hair?* Was hast du mit deinen Haaren gemacht? **4** bis ◊ *children from 8 to 10* Kinder von 8 bis 10 ◊ *all kinds of music from opera to reggae* alle möglichen Arten von Musik, von Oper bis Reggae ◊ *How long is it to lunch?* Wie lange dauert es noch bis zum Mittagessen? ◊ *He was 25 to 30 years old.* Er war zwischen 25 und 30. **5** (*BrE*) (*bei Uhrzeiten*) vor ◊ *It's five to ten.* Es ist fünf vor zehn. **6** (*aneinander, verbunden*) an ◊ *They sat back to back.* Sie saßen Rücken an Rücken. ◊ *Attach this rope to the front of the car.* Mach das Seil vorne am Auto fest. **7** (*drückt eine Beziehung aus*) ◊ *She's married to an Italian.* Sie ist mit einem Italiener verheiratet. ◊ *the Japanese ambassador to France* der japanische Botschafter in Frankreich ◊ *the key to the garage* der Garagenschlüssel ◊ *the solution to the problem* die Lösung des Problems **8** (*in Vergleichen*) ◊ *I prefer walking to climbing.* Ich ziehe das Wandern dem Bergsteigen vor. ◊ *The industry today is nothing to what it once was.* Die Industrie ist heute nicht das, was sie einmal war. **9** (*in Relationen*) zu ◊ *We won by six goals to three.* Wir haben sechs zu drei gewonnen. ◊ *There are 2.54 centimetres to an inch.* Ein Inch hat 2,54 cm. ◊ *How many yen are there to the dollar?* Wie viel Yen bekommt man für einen Dollar? **10** ~ **sb** jds Ansicht nach ◊ *To me, it was wrong.* Meiner Ansicht nach war es falsch. **11** (*zu Ehren von*) ◊ *a monument to the soldiers who died in the war* ein Denkmal für die im Krieg gefallenen Soldaten ◊ *Let's drink to Julia!* Trinken wir auf Julia! **12** (*gleichzeitig mit*) unter ◊ *He left the stage to prolonged applause.* Er verließ unter anhaltendem Applaus die Bühne.

toad /təʊd; *AmE* toʊd/ *Nomen* **1** Kröte **2** (*umgs, abwert*) Ekel

toad-in-the-'hole *Nomen* = im Pfannkuchenteig gebackene Würstchen

toad·stool /'təʊdstuːl; *AmE* 'toʊd-/ *Nomen* Giftpilz

toady¹ /'təʊdi; *AmE* 'toʊdi/ *Nomen* (*Pl* **-ies**) (*abwert*) Kriecher(in)

toady² /'təʊdi; *AmE* 'toʊdi/ *Verb* (**toad·ies, toady·ing, toad·ied, toad·ied**) ~ (**to sb**) (*abwert*) (vor jdm) kriechen

toast¹ /təʊst; *AmE* toʊst/ *Nomen* **1** Toast ◊ *cheese on toast* Toast mit Käse **2** Toast, Trinkspruch ◊ *The committee drank a toast to the new project.* Der Ausschuss stieß auf das neue Projekt an. **3 the** ~ **of …** der Star des/der …

toast² /təʊst; *AmE* toʊst/ *Verb* **1** ~ **sb/sth** auf jdn/etw anstoßen, auf jdn/etw trinken **2** toasten, rösten **3** (*an Feuer etc.*) sich wärmen

toast·er /'təʊstə(r); *AmE* 'toʊ-/ *Nomen* Toaster

toast·mas·ter /'təʊstmɑːstə(r); *AmE* 'toʊstmæstər/ *Nomen* = jd, der bei einem offiziellen Diner die Toasts ausbringt und die Redner vorstellt

toasty /'təʊsti; *AmE* 'toʊ-/ *Adj* (*bes AmE*) angenehm warm

to·bacco /tə'bækəʊ; *AmE* -koʊ/ *Nomen* Tabak

to·bac·con·ist /tə'bækənɪst/ *Nomen* Tabakwarenhändler(in) ☛ *Hinweis bei* BAKER

to·bog·gan¹ /tə'bɒgən; *AmE* -'bɑːg-/ *Nomen* Schlitten

to·bog·gan² /tə'bɒgən; *AmE* -'bɑːg-/ *Verb* Schlitten fahren

to·bog·gan·ing /tə'bɒgənɪŋ; *AmE* -'bɑːg-/ *Nomen* Schlittenfahren

tod /tɒd; *AmE* tɑːd/ *Nomen* IDM **on your 'tod** (*BrE, umgs, veraltet*) allein

today /tə'deɪ/ *Adv, Nomen* **1** heute ◊ *a week today/today week* heute in einer Woche **2** heutzutage SYN NOWADAYS

tod·dle /'tɒdl; *AmE* 'tɑːdl/ *Verb* **1** (*Kleinkind*) laufen **2** (*umgs*) gehen

tod·dler /'tɒdlə(r); *AmE* 'tɑːd-/ *Nomen* Kleinkind

toddy /'tɒdi; *AmE* 'tɑːdi/ *Nomen* (*Pl* **-ies**) Grog

to-do /tə'duː/ *Nomen* (*umgs, veraltend*) (*Aufhebens*) Theater SYN FUSS

toe¹ /təʊ; *AmE* toʊ/ *Nomen* **1** Zehe **2** (*von Schuhen, Socken*) Spitze IDM **keep sb on their 'toes** jdn auf Trab halten **make sb's 'toes curl** zum Davonlaufen sein

tread on sb's 'toes (*AmE meist* **step on sb's 'toes**) (*umgs*) jdm auf die Füße treten ☛ *Siehe auch* DIG¹, DIP¹, HEAD¹, STEP² *und* TOP¹

toe² /təʊ; *AmE* toʊ/ *Verb* IDM **toe the 'line** (*AmE auch* **toe the 'mark**) sich fügen ◊ *toe the party line* sich an die Parteilinie halten

toe-cap /'təʊkæp; *AmE* 'toʊ-/ *Nomen* Vorderkappe

-toed /təʊd; *AmE* toʊd/ (*meist in Adjektiven*) ◊ *a three-toed sloth* ein dreizehiges Faultier ◊ *open-toed sandals* Sandalen, die vorne offen sind

TOEFL /'təʊfl; *AmE* 'toʊfl/ *Kurzform von* **Test of English as a Foreign Language** (*AmE*) = Sprachtest für Leute, die an einer amerikanischen Universität studieren wollen und deren Muttersprache nicht Englisch ist

toe·hold /'təʊhəʊld; *AmE* 'toʊhoʊld/ *Nomen* **1** Einstieg ◊ *They want to gain a toehold in the American market.* Sie wollen auf dem amerikanischen Markt Fuß fassen. **2** (*in Felswand*) Tritt

toe·nail /'təʊneɪl; *AmE* 'toʊ-/ *Nomen* Zehennagel

toe·rag /'təʊræg; *AmE* 'toʊ-/ *Nomen* (*BrE, Slang*) Mistkerl

toff /tɒf; *AmE* tɑːf/ *Nomen* (*BrE, umgs*) feiner Pinkel

tof·fee /'tɒfi; *AmE* 'tɔːfi, 'tɑːfi/ *Nomen* Karamell, Karamelle IDM **sb can't do sth for 'toffee** (*BrE, umgs, veraltet*) ◊ *He can't dance for toffee!* Er kann nicht für fünf Pfennig tanzen!

'toffee apple *Nomen* (*BrE*) = mit Karamell überzogener Apfel an einem Stiel

'toffee-nosed *Adj* (*BrE, umgs, veraltend*) hochnäsig SYN SNOBBISH

tofu /'təʊfuː; *AmE* 'toʊfuː/ *Nomen* Tofu

tog¹ /tɒg; *AmE* tɑːg, tɔːg/ *Nomen* (*BrE*) **1 togs** [*Pl*] (*umgs, veraltend*) Klamotten **2** = Einheit für die Wärmehaltung von Bettdecken etc.

tog² /tɒg; *AmE* tɑːg, tɔːg/ *Verb* (**-gg-**) IDM **be ,togged 'out/'up in sth** (*umgs*) etw anhaben

toga /'təʊgə; *AmE* 'toʊgə/ *Nomen* Toga

to·gether¹ /tə'geðə(r)/ *Adv* ☛ Für Verben mit **together** siehe die Einträge für die Verben. **Pull yourself together** z.B. steht unter **pull**.
1 zusammen ◊ *They split up after ten years together.* Sie trennten sich nach zehn gemeinsamen Jahren. ◊ *The two sides in the dispute are no closer together.* Die beiden zerstrittenen Seiten sind sich nicht näher gekommen. **2 for hours, days etc.** ~ (*gehoben*) stundenlang, tagelang etc.

to·gether² /tə'geðə(r)/ *Adj* (*umgs*) (*Mensch*) ausgeglichen und selbstbewusst

to·gether·ness /tə'geðənəs; *AmE* -ðərn-/ *Nomen* Zusammengehörigkeit

tog·gle¹ /'tɒgl; *AmE* 'tɑːgl/ *Nomen* **1** (*Verschluss*) Knebel(knopf) **2** (*auch* **'toggle switch**) Kippschalter **3** (*auch* **'toggle switch**) (COMP) Umschalttaste, Toggleschalter

tog·gle² /'tɒgl; *AmE* 'tɑːgl/ *Verb* (COMP) umschalten ◊ *He toggled between the two windows.* Er schaltete zwischen den beiden Fenstern hin und her.

toil¹ /tɔɪl/ *Verb* (*gehoben*) **1** ~ (**away**) (**at/over sth**) sich (mit) etw) plagen, sich (mit etw) abmühen **2** sich schleppen

toil² /tɔɪl/ *Nomen* (*gehoben*) Mühe, harte Arbeit

toi·let /'tɔɪlət/ *Nomen* Toilette ◊ *toilet facilities* Toiletten

'toilet bag *Nomen* (*BrE*) Kulturbeutel

'toilet paper *Nomen* Toilettenpapier

toi·let·ries /'tɔɪlətriz/ *Nomen* [*Pl*] Toilettenartikel

'toilet roll *Nomen* (*BrE*) Rolle Toilettenpapier

'toilet soap *Nomen* Toilettenseife

'toilet tissue *Nomen* Toilettenpapier

'toilet-train *Verb meist passiv* (*einem Kleinkind*) beibringen auf die Toilette zu gehen

'toilet-trained *Adj* (*Kleinkind*) sauber

'toilet-training *Nomen* Sauberkeitserziehung

'toilet water *Nomen* Toilettenwasser

toils /tɔɪlz/ *Nomen* [*Pl*] (*gehoben*) (*Fallstricke*) Schlingen

toing /'tuːɪŋ/ *Nomen* IDM **,toing and 'froing** Hin und Her

token¹ /'təʊkən; *AmE* 'toʊ-/ *Nomen* **1** (*Chip*) Jeton, Wertmarke ◊ *a parking token* eine Parkmünze **2** (*Geschenk*)gutschein ◊ *a $20 book token* ein Büchergut-

token

schein über 20$ **3** (Sammel)punkt **4** (der Dankbarkeit etc.) Zeichen IDM **by the same ˈtoken** ebenso; gleichzeitig

tokenˀ /ˈtəʊkən; AmE ˈtoʊ-/ Adj nur vor Nomen symbolisch ◊ a token gesture eine leere Geste ◊ There was one token woman on the committee. Im Ausschuss saß eine Alibifrau. ◊ a token strike ein Warnstreik

tokenˑism /ˈtəʊkənɪzəm; AmE ˈtoʊ-/ Nomen (abwert) Alibihandlung

told Form von TELL

tolˑerˑable /ˈtɒlərəbl; AmE ˈtɑːl-/ Adj (gehoben) **1** annehmbar SYN REASONABLE **2** erträglich OPP INTOLERABLE

tolˑerˑably /ˈtɒlərəbli; AmE ˈtɑːl-/ Adv ziemlich, einigermaßen

tolˑerˑance /ˈtɒlərəns; AmE ˈtɑːl-/ Nomen **1** ~ (of/for sb/sth) Verständnis (für jdn/etw), Toleranz (jdm/einer Sache gegenüber) ◊ religious tolerance Toleranz in religiösen Dingen OPP INTOLERANCE **2** Toleranz, Verträglichkeit ◊ tolerance to antibiotics Antibiotikaverträglichkeit **3** (Fachspr) Toleranz, Abweichung

tolˑerˑant /ˈtɒlərənt; AmE ˈtɑːl-/ Adj **1** ~ (of/towards sb/sth) tolerant (jdm/etw gegenüber), verständnisvoll (jdm/etw gegenüber) **2** ~ (of sth) beständig (gegen etw)

tolˑerˑantˑly /ˈtɒlərəntli; AmE ˌtɑːl-/ Adv geduldig, verständnisvoll

tolˑerˑate /ˈtɒləreɪt; AmE ˈtɑːl-/ Verb **1** dulden, tolerieren SYN PUT UP WITH **2** ertragen SYN PUT UP WITH **3** vertragen

tolˑerˑation /ˌtɒləˈreɪʃn; AmE ˌtɑːl-/ Nomen Toleranz

toll¹ /təʊl; AmE toʊl/ Nomen **1** (für die Benutzung von Straßen etc.) Gebühr ◊ a toll road eine gebührenpflichtige Straße **2** [meist Sing] Zahl der Opfer, Schaden ◊ The official death toll has now reached 7 000. Die offizielle Zahl der Todesopfer hat jetzt 7 000 erreicht. **3** (Glocken)läuten **4** (AmE) Fernsprechgebühr IDM **take a heavy ˈtoll (on sb/sth); take its ˈtoll (on sb/sth)** einen hohen Tribut (von jdm/etw) fordern ◊ Illness has taken a heavy toll on her. Sie ist von Krankheit gezeichnet. ◊ The recession is taking its toll on the housing markets. Die Rezession macht sich am Wohnungsmarkt bemerkbar.

toll² /təʊl; AmE toʊl/ Verb (Glocke) läuten

tollˑbooth /ˈtəʊlbuːð; AmE ˈtoʊlbuːθ/ Nomen (für Straßengebühren etc.) Zahlstelle

ˌtollˈ-free Adj (AmE) (Telefonanruf etc.) gebührenfrei

Tom /tɒm; AmE tɑːm/ Nomen IDM **any/every ˌTom, ˌDick and ˈHarry** (meist abwert) jeder Hinz und Kunz

tom /tɒm; AmE tɑːm/ Nomen = TOMCAT

tomaˑhawk /ˈtɒməhɔːk; AmE ˈtɑːm-/ Nomen Tomahawk

toˑmato /təˈmɑːtəʊ; AmE təˈmeɪtoʊ/ Nomen (Pl **-oes**) Tomate

tomb /tuːm/ Nomen Grab(mal)

tomˑbola /tɒmˈbəʊlə; AmE tɑːmˈboʊlə/ Nomen (BrE) Tombola

tomˑboy /ˈtɒmbɔɪ; AmE ˈtɑːm-/ Nomen (Mädchen) Wildfang

tombˑstone /ˈtuːmstəʊn; AmE -stoʊn/ Nomen Grabstein, Grabplatte

tomˑcat /ˈtɒmkæt; AmE ˈtɑːm-/ (auch **tom**) Nomen Kater

tome /təʊm; AmE toʊm/ Nomen (gehoben oder hum) Foliant, Wälzer

tommy gun /ˈtɒmi ɡʌn; AmE ˈtɑːmi/ Nomen M1 Maschinenpistole

toˑmorˑrow /təˈmɒrəʊ; AmE təˈmɑːroʊ, -ˈmɔːr-/ Adv, Nomen morgen ◊ See you tomorrow. Bis morgen. ◊ a week tomorrow morgen in einer Woche ◊ the day after tomorrow übermorgen IDM **do sth as if/like thereˈs no toˈmorrow** etw tun, als gäbe es kein Morgen ☛ Siehe auch JAM¹

ˈtom-tom Nomen Tomtom

ton /tʌn/ Nomen **1** (Pl **tons** oder **ton**) = Gewichtseinheit, in Großbritannien 1016 kg (**long ton**), in den USA 907 kg (**short ton**) ◊ (umgs) This bag weighs a ton! Diese Tasche ist wahnsinnig schwer! ☛ Es ist zu beachten, dass **ton** die britische oder amerikanische Gewichtseinheit ist, während **tonne** die metrische Tonne bezeichnet. ☛ Siehe auch S. 760 **2** Bruttoraumzahl **3 tons** [Pl] (umgs) jede Menge **4 a/the ton** (BrE, umgs) 100 (Meilen/h) IDM **like a ton of ˈbricks** (umgs) ◊ They came down on him like a ton of bricks. Sie haben ihn streng bestraft.

tonal /ˈtəʊnl; AmE ˈtoʊnl/ Adj (Adv **tonalˑly** /-nəli/) **1** klanglich, Klang-, farblich, Farb- **2** (MUS) tonal OPP ATONAL

tonˑalˑity /təʊˈnæləti; AmE toʊ-/ Nomen (Pl **-ies**) (MUS) Tonalität

tone¹ /təʊn; AmE toʊn/ Nomen **1** Ton ◊ speak in hushed tones mit gedämpfter Stimme sprechen ◊ Trust you to lower the tone of the conversation. Du musst aber auch immer das Niveau der Unterhaltung senken! ◊ the dial/dialling tone das Freizeichen **2** Klang, Ton ◊ the tone controls on a CD player die Bass- und Höhenregler an einem CD-Spieler **3** Tonus **4** (MUS) (BrE) Ganzton ☛ Siehe auch SEMITONE **5** Tonhöhe

tone² /təʊn; AmE toʊn/ Verb **1** ~ sth (**up**) etw straffen **2** ~ (**in**) (**with sth**) (BrE) (farblich) (zu etw) passen PHR V **ˌtone sth ˈdown 1** (Rede etc.) etw mäßigen **2** (Farbe) etw dämpfen

-toned (in zusammengesetzten Adjektiven) ◊ olive-toned skin eine olivenfarbene Haut ◊ a bright-toned soprano ein heller Sopran

ˌtoneˈ-deaf Adj unmusikalisch ◊ Iˈm tone deaf. Ich habe kein musikalisches Gehör.

toneˑless /ˈtəʊnləs; AmE ˈtoʊn-/ Adj (Adv **toneˑlessˑly**) tonlos, monoton

toner /ˈtəʊnə(r); AmE ˈtoʊ-/ Nomen **1** Toner **2** Gesichtswasser

tongs /tɒŋz; AmE tɑːŋz, tɔːŋz/ Nomen [Pl] **1** Zange ◊ a pair of tongs eine Zange **2** Lockenstab IDM ⇨ HAMMER¹

tongue¹ /tʌŋ/ Nomen **1** Zunge ◊ She ran her tongue over her lips. Sie leckte sich die Lippen. ◊ Iˈll thank you to keep a civil tongue in your head. Ich verbitte mir diesen Ton. **2** (gehoben) Sprache ◊ his native tongue seine Muttersprache IDM **get your ˈtongue (a)round sth** ◊ He was having trouble getting his tongue around my name. Er hatte Schwierigkeiten meinen Namen auszusprechen. **ˌhold your ˈtongue** den Mund halten **ˌroll/slip/trip off the ˈtongue** jdm leicht von der Zunge gehen **ˌset ˈtongues ˌwagging** (umgs) den Leuten etwas zu tratschen geben **ˌwith (your) ˌtongue in (your) ˈcheek** nicht ganz ernst, ironisch ☛ Siehe auch BITE¹, CAT, FIND¹, LOOSE¹, LOOSEN, SLIP², TIP¹ und WATCH¹

tongue² /tʌŋ/ Verb **1** (bei Holzblasinstrumenten) anschlagen **2** lecken

-tongued /tʌŋd/ (in Zusammengesetzt Adjektiven) -züngig ◊ sharp-tongued scharfzüngig

tongue depressor /ˈtʌŋ dɪpresə(r)/ Nomen (AmE) (MED) Spachtel

ˌtongue-inˈ-ˈcheek Adj, Adv ironisch, nicht ganz ernst

ˈtongue-tied Adj ◊ He was tongue-tied. Er brachte kein Wort heraus.

ˈtongue-twister Nomen Zungenbrecher

tonic /ˈtɒnɪk; AmE ˈtɑː-/ Nomen **1** (auch **ˈtonic ˌwater**) Tonic ◊ a gin and tonic ein Gin Tonic **2** Tonikum ◊ (fig) The weekend break was just the tonic I needed. Der Wochenendurlaub war genau die Erhohlung, die ich brauchte. **3** (MUS) Tonika

toˑnight /təˈnaɪt/ Adv, Nomen heute Abend, heute Nacht

tonˑnage /ˈtʌnɪdʒ/ Nomen **1** (Schiffsraum) Tonnage **2** Gesamtgewicht

tonne /tʌn/ (Pl **tonnes** oder **tonne**) Nomen Tonne ☛ Siehe auch TON links auf dieser Seite und S. 760

tonˑsil /ˈtɒnsl; AmE ˈtɑːnsl/ Nomen (ANAT) Mandel

tonˑsilˑlitis /ˌtɒnsəˈlaɪtɪs; AmE ˌtɑːn-/ Nomen [U] Mandelentzündung

tonˑsure /ˈtɒnʃə(r); AmE ˈtɑːn-/ Nomen Tonsur

too /tuː/ Adv **1** zu ◊ This is too large a helping for me./This helping is too large for me. Diese Portion ist mir zu groß. ◊ all too often allzu oft **2** auch ◊ Can I come too? Kann ich auch kommen? ☛ Hinweis bei AUCH **3** noch dazu ◊ She broke her leg last week – and on her birthday, too! Sie brach sich letzte Woche das Bein – und das auch noch an ihrem Geburtstag! **4** sehr ◊ Iˈm not too sure if this is right. Ich bin mir nicht ganz sicher, ob das stimmt. ◊ Sheˈs none too clever. Sie ist nicht gerade die Schlauste. **5** (zur Verstärkung) wohl, auch ◊ ˈHe did apologize.ˈ ˈI should think so too!ˈ „Er hat sich entschuldigt." „Das will ich auch hoffen!" ◊ About

time too! Das war ja auch Zeit! **IDM** **be too 'much (for sb)** zu viel (für jdn) sein
took *Form von* TAKE¹
tool¹ /tuːl/ *Nomen* **1** Werkzeug *(auch fig)* ◊ *a tool kit* ein Werkzeugsatz ◊ *power tools* Elektrowerkzeuge ◊ *garden tools* Gartengeräte **2** Hilfsmittel ◊ *research tools like questionnaires* Forschungshilfsmittel, wie etwa Fragebögen **3** *(vulg, Slang) (Penis)* Schwanz **IDM** ⇨ DOWN¹
tool² /tuːl/ *Verb (AmE, umgs)* herumkutschieren **PHR V** **,tool 'up** *(BrE)* (TECH) sich (maschinell) ausrüsten **,tool sb/sth 'up** *(BrE)* (TECH) jdn/etw (maschinell) ausrüsten
toot¹ /tuːt/ *Nomen* Hupsignal, Pfeifton, Tuten ◊ *She gave a toot on her horn.* Sie drückte auf die Hupe.
toot² /tuːt/ *Verb (bes BrE)* ~ **(your horn)** hupen **IDM** ⇨ HORN
tooth /tuːθ/ *Nomen (Pl* **teeth** /tiːθ/*)* **1** Zahn ◊ *I've just had a tooth out.* Ich habe mir gerade einen Zahn ziehen lassen. ◊ *tooth decay* Karies ◊ *The cat sank its teeth into his finger.* Die Katze biss ihn in den Finger. **2** Zinke ☛ *Siehe auch* FINE-TOOTH COMB **IDM** **cut a 'tooth** zahnen **cut your teeth on sth** bei etw seine ersten Erfahrungen sammeln ◊ *She cut her teeth on local radio.* Sie sammelte ihre ersten Erfahrungen beim Regionalsender. **get your 'teeth into sth** *(umgs)* sich in etw vertiefen ◊ *Choose an essay topic that you can really get your teeth into.* Wähl ein Aufsatzthema, das dich fordert. **have 'teeth** *(BrE, umgs)* *(Gesetz, Behörde etc.)* Durchschlagskraft haben **in the 'teeth of sth** ungeachtet einer Sache ◊ *The new policy was adopted in the teeth of fierce criticism.* Die neuen Praktiken wurden ungeachtet der heftigen Kritik eingeführt. **in the 'teeth of the wind, a gale etc.** gegen den Wind **set sb's 'teeth on edge** *(Geräusch)* jdm durch und durch gehen; *(Geschmack etc.)* jdm zuwider sein ☛ *Siehe auch* ARM², BARE², BIT, EYE¹, EYE TEETH, FIGHT¹, GNASH, GRIT², HELL, KICK¹, KICK², LIE², LONG¹, SKIN¹ *und* SWEET¹
tooth·ache /'tuːθeɪk/ *Nomen* [meist Sing/U] Zahnweh, Zahnschmerzen ◊ *I've got a toothache.* Ich habe Zahnweh. ☛ *Im britischen Englisch sagt man auch: I've got toothache.*
tooth·brush /'tuːθbrʌʃ/ *Nomen* Zahnbürste
toothed /tuːθt, tuːðd/ *Adj nur vor Nomen* **1** *(Fachspr)* gezahnt, mit Zähnen ◊ *a toothed whale* ein Zahnwal **2** **-toothed** *(in Zusammensetzungen)* ◊ *His face broke into a gap-toothed smile.* Er lächelte so, dass man seine Zahnlücken sah. ◊ *a wide-toothed comb* ein grober Kamm
tooth·less /'tuːθləs/ *Adj* **1** zahnlos **2** *(gehoben)* ohne Durchschlagskraft, ohne Autorität
tooth·paste /'tuːθpeɪst/ *Nomen* Zahnpasta
tooth·pick /'tuːθpɪk/ *Nomen* Zahnstocher
toothy /'tuːθi/ *Adj* ◊ *He gave a toothy grin.* Er lächelte so, wobei er seine Zähne entblößte.
too·tle /'tuːtl/ *Verb (BrE, umgs)* **1** zuckeln, schlendern **2** dudeln
top¹ /tɒp/; *AmE* /tɑːp/ *Nomen* **1** oberes Ende, Spitze, oberer Teil ◊ *Write your name at the top.* Schreiben Sie oben Ihren Namen hin. ◊ *He filled my glass to the top.* Er füllte mein Glas bis zum Rand. ◊ *the mountain tops* die Berggipfel ◊ *(BrE) the top of the milk* die Rahmschicht (auf der Milch) ◊ *the tops of the trees* die Baumwipfel **2** Oberfläche ◊ *I dusted the top of the cupboard.* Ich habe oben auf dem Schrank Staub gewischt. ◊ *a desk top* eine Schreibtischplatte **3** [Sing] Spitze, Spitzenposition ◊ *He's at the top of his profession.* Er ist auf dem Höhepunkt seiner Karriere. ◊ *We have a lot of things to do, but packing is at the top of the list.* Es gibt noch viel zu tun, aber am wichtigsten ist Packen. ◊ *This decision came from the top.* Diese Entscheidung wurde an höchster Stelle getroffen. **4** Verschluss, Deckel, Kappe ☛ *Hinweis bei* DECKEL **5** Top, Oberteil ☛ *Siehe auch* CROP TOP **6** [meist Pl] *(von Möhren etc.)* Kraut **7** **tops** [Pl] *(BrE, umgs)* höchstens ◊ *not more than 50 dollars, tops* höchstens 50 Dollar **8** [Pl] *(umgs, veraltet)* Nummer eins, Platz eins **9** Kreisel ◊ *Her mind was spinning like a top.* Ihr schwirrte der Kopf. ☛ *Siehe auch* BIG TOP **IDM** **at the top of the 'tree** ganz obenan **at the top of your 'voice** aus vollem Hals **come out on 'top** gewinnen **from 'top to 'bottom** von oben bis unten **from 'top to 'toe** von Kopf bis Fuß **get on 'top of sb** jdm über den Kopf wachsen **get on 'top of sth** etw in den Griff bekommen **off the 'top of your 'head** *(umgs)* aus dem Stegreif ◊ *I can't remember the name off the top of my head.* Ich kann mich im Moment nicht an den Namen erinnern. **on 'top 1** oben ◊ *a cake with cream on top* ein Kuchen mit Sahne oben drauf ◊ *Stand on top and look down.* Stell dich oben hin und schau hinunter. **2** ◊ *She remained on top for the rest of the match.* Sie lag das ganze restliche Match hindurch in Führung. **3** zusätzlich ◊ *Look, here's 30 euros, and I'll buy you lunch on top.* Da hast du 30 Euro und außerdem lade ich dich zum Mittagessen ein. **on top of sth 1** zusätzlich zu etw ◊ *On top of everything else, my car's been stolen.* Zu allem Überfluss wurde auch noch mein Auto gestohlen. **2** Herr einer Sache ◊ *Do you think he's really on top of his job?* Glaubst du, dass er seiner Arbeit gewachsen ist? **on top of sth/sb 1** oben auf/über etw/jdm ◊ *Books were piled on top of one another.* Die Bücher waren aufeinander gestapelt. ◊ *Many people were crushed when the building collapsed on top of them.* Viele Menschen wurden erdrückt, als das Gebäude über ihnen zusammenstürzte. **2** aufeinander/übereinander ◊ *We were all living on top of each other in that tiny apartment.* Wir lebten sehr beengt in der kleinen Wohnung. **on ,top of the 'world** überglücklich **over the 'top** *(Abk* **OTT***) (bes BrE, umgs)* übertrieben ◊ *His performance in the movie is completely over the top.* Seine Darstellung der Figur in dem Film ist vollkommen überzogen. **,take sth from the 'top** *(umgs)* etw noch einmal von vorne machen **up 'top** *(BrE, umgs)* im Kopf ◊ *He hasn't got very much up top.* Er hat nur Stroh im Kopf. ☛ *Siehe auch* BLOW¹, HEAP¹, PILE¹ *und* THIN¹
top² /tɒp/; *AmE* /tɑːp/ *Adj* oberste(r,s), obere(r,s), höchste(r,s) ◊ *He finished top in the exam.* Er schnitt in der Prüfung am besten ab. **2** Spitzen-, Top- ◊ *at top speed* mit Höchstgeschwindigkeit
top³ /tɒp/; *AmE* /tɑːp/ *Verb (-pp-)* **1** übertreffen, übersteigen **2** ~ **sth** *(einer Tabelle etc.)* an der Spitze von etw stehen **3** *(meist passiv)* ~ **sth (with sth)** etw (mit etw) krönen ◊ *fruit salad topped with cream* Obstsalat mit Sahne **4** überbieten, übertreffen ◊ *I'm afraid the other company has topped your offer.* Leider hat uns die andere Firma ein besseres Angebot gemacht. **5** ~ **yourself** *(BrE, umgs)* sich umbringen **6** *(gehoben)* die Spitze/den Gipfel etc. erreichen **IDM** **to top/cap it 'all** *(umgs)* zu allem Überfluss **,top and 'tail sth** *(BrE) (Gemüse)* die Enden von etw abschneiden **PHR V** **,top sth 'off (with sth)** etw (mit etw) krönen **,top 'out (at sth)** *(mit etw)* den Höhepunkt erreichen **,top sth 'up** *(bes BrE)* **1** etw auffüllen, etw nachfüllen ◊ *I need to top the car up with oil.* Ich muss den Öl nachfüllen. ◊ *I need to top the oil up.* Ich muss das Öl nachfüllen. ◊ *Can I top your glass up?* Kann ich Ihnen nachschenken? **2** vollständig machen, ergänzen ◊ *She needs tips on how to top up her wages.* Sie braucht die Trinkgelder, um einen anständigen Lohn zu haben. **,top sb 'up** *(bes BrE)* jdm nachschenken
topaz /'təʊpæz/; *AmE* /'toʊ-/ *Nomen* Topas
,top 'brass *Nomen (BrE) (wichtige Leute)* hohe Tiere ◊ *All the top brass was/were at the ceremony.* Alle die hohen Tiere waren bei der Feier. ☛ *G 1.3a*
,top-'class *Adj* erstklassig
top-coat /'tɒpkəʊt/; *AmE* /'tɑːpkoʊt/ *Nomen* **1** oberste Farbschicht, Deckanstrich **2** *(veraltet)* Mantel
,top 'dog *Nomen (umgs)* Boss, Obermacker
,top-'down *Adj* **1** hierarchisch **2** vom Generellen zum Spezifischen **3** (COMP) Top-Down
,top 'drawer *Nomen* [Sing] Oberschicht, Crème de la crème ◊ *a top-drawer performance* eine erstklassige Darbietung
,top-'flight *Adj* erstklassig, Spitzen-
,top 'gear *Nomen (BrE)* höchster Gang ◊ *(fig) Her career is moving into top gear.* Ihre Karriere verläuft steil nach oben. ◊ *(fig) The team was in top gear.* Die Mannschaft war in Topform. ◊ *(fig) The preparations have moved into top gear.* Die Vorbereitungen laufen jetzt auf Hochtouren.
,top 'hat *Nomen (Hut)* Zylinder
,top-'heavy *Adj* oberlastig, kopflastig *(auch fig)*
topi·ary /'təʊpiəri/; *AmE* /'toʊpieri/ *Nomen* Formschnitt *(bei Gehölzen)*
topic /'tɒpɪk/; *AmE* /'tɑːp-/ *Nomen* Thema
top·ic·al /'tɒpɪkl/; *AmE* /'tɑːp-/ *Adj* aktuell

top·ic·al·ity /ˌtɒpɪˈkæləti; *AmE* ˌtɑːp-/ *Nomen* Aktualität
top·knot /ˈtɒpnɒt; *AmE* ˈtɑːpnɑːt/ *Nomen* Dutt, Knoten
top·less¹ /ˈtɒpləs; *AmE* ˈtɑːp-/ *Adj* Oben-ohne-
top·less² /ˈtɒpləs; *AmE* ˈtɑːp-/ *Adv* oben ohne
ˌtop-ˈlevel *Adj nur vor Nomen* Spitzen- ◊ *a top-level meeting* eine Sitzung auf höchster Ebene ◊ *top-level tennis* Weltklasse-Tennis
top·most /ˈtɒpməʊst; *AmE* ˈtɑːpmoʊst/ *Adj nur vor Nomen* (*gehoben*) oberste(r,s)
ˌtop-ˈnotch *Adj* (*umgs*) erstklassig
ˌtop-of-the-ˈrange *Adj* Spitzen- ◊ *a top-of-the-range model* ein Spitzenmodell
topo·graph·ic·al /ˌtɒpəˈɡræfɪkl; *AmE* ˌtɑːpə-/ *Adj* (*Adv* **topo·graph·ic·al·ly** /-kli/) topographisch
top·og·raphy /təˈpɒɡrəfi; *AmE* təˈpɑːɡ-/ *Nomen* (*Fachspr*) Topographie
top·per /ˈtɒpə(r); *AmE* ˈtɑːp-/ *Nomen* (*umgs*) (*Hut*) Zylinder ˢʸᴺ TOP HAT
top·ping /ˈtɒpɪŋ; *AmE* ˈtɑːp-/ *Nomen* Überzug, Belag ◊ *baked vegetables with a cheese topping* Gemüse mit Käse überbacken ◊ *ice cream with a chocolate topping* Eis mit Schokoladensoße
ˌtopping-ˈout ceremony *Nomen* (*Pl* **-ies**) Richtfest
top·ple /ˈtɒpl; *AmE* ˈtɑːpl/ *Verb* **1** (um)kippen **2** umwerfen **3** (*entmachten*) stürzen ˢʸᴺ OVERTHROW
ˌtop-ˈranking *Adj nur vor Nomen* von hohem Rang, Spitzen-
ˌtop-ˈrated *Adj nur vor Nomen* beliebteste(r,s), sehr beliebt
ˌtop ˈsecret *Adj* streng geheim
top·side /ˈtɒpsaɪd; *AmE* ˈtɑːp-/ *Nomen* (*BrE*) (*Rindfleisch*) Oberschale
top·soil /ˈtɒpsɔɪl; *AmE* ˈtɑːp-/ *Nomen* Mutterboden, Ackerkrume
top·spin /ˈtɒpspɪn; *AmE* ˈtɑːp-/ *Nomen* (SPORT) Topspin
topsy-turvy /ˌtɒpsi ˈtɜːvi; *AmE* ˌtɑːpsi ˈtɜːrvi/ *Adj* (*umgs*) auf den Kopf gestellt ◊ *Everything's topsy-turvy in my life at the moment.* Mein Leben ist im Moment ein einziges Durcheinander.
ˌtop ˈtable *Nomen* (*BrE*) Ehrentisch (*am oberen Ende des Saales*)
the ˌtop ˈten *Nomen* [Pl] (*Hitparade*) die Topten
ˈtop-up *Nomen* (*BrE*) **1** zusätzliches Geld, Zuschuss ◊ *top-up insurance* eine Zusatzversicherung **2** ◊ *Can I give anyone a top-up?* Kann ich jemandem nachschenken?
tor /tɔː(r)/ *Nomen* = Felsformation (meist in Südwestengland)
Torah /ˈtɔːrɑː, ˈtɔːrə/ *Nomen* Thora
torch¹ /tɔːtʃ; *AmE* tɔːrtʃ/ *Nomen* **1** (*BrE*) Taschenlampe **2** (*AmE*) (*Werkzeug*) Heißluftföhn **3** Fackel ᴵᴰᴹ **put sth to the ˈtorch** (*gehoben*) etw in Brand stecken ☛ *Siehe auch* CARRY
torch² /tɔːtʃ; *AmE* tɔːrtʃ/ *Verb* in Brand stecken
torch·light /ˈtɔːtʃlaɪt; *AmE* ˈtɔːrtʃ-/ *Nomen* Licht einer Taschenlampe/Fackel ◊ *a torchlight procession* ein Fackelzug
tore *Form von* TEAR¹
tor·ment¹ /ˈtɔːment; *AmE* ˈtɔːrm-/ *Nomen* (*gehoben*) Qual ◊ *the cries of a man in torment* die Schreie eines Mannes, der Qualen erleidet
tor·ment² /tɔːˈment; *AmE* tɔːrˈm-/ *Verb* **1** (*gehoben*) quälen, peinigen **2** (*reizen*) ärgern
tor·ment·or /tɔːˈmentə(r); *AmE* tɔːrˈm-/ *Nomen* (*gehoben*) Peiniger(in)
torn *Form von* TEAR¹
tor·nado /tɔːˈneɪdəʊ; *AmE* tɔːrˈneɪdoʊ/ *Nomen* (*Pl* **-oes** *oder* **-os**) Tornado, Wirbelsturm
tor·pedo¹ /tɔːˈpiːdəʊ; *AmE* tɔːrˈpiːdoʊ/ *Nomen* (*Pl* **-oes**) Torpedo
tor·pedo² /tɔːˈpiːdəʊ; *AmE* tɔːrˈpiːdoʊ/ *Verb* (**tor·pe·does, tor·pe·do·ing, tor·pe·doed, tor·pe·doed**) torpedieren (*auch fig*)
tor·pid /ˈtɔːpɪd; *AmE* ˈtɔːrpɪd/ *Adj* (*gehoben*) träge, schlaff ˢʸᴺ LETHARGIC
tor·por /ˈtɔːpə(r); *AmE* ˈtɔːrp-/ *Nomen* (*gehoben*) Trägheit
torque /tɔːk; *AmE* tɔːrk/ *Nomen* Drehmoment

tor·rent /ˈtɒrənt; *AmE* ˈtɔːr-, ˈtɑːr-/ *Nomen* **1** reißender Strom ◊ *The rain was coming down in torrents.* Es regnete in Strömen. **2** (*fig*) Schwall, Flut
tor·ren·tial /təˈrenʃl/ *Adj* strömend, sintflutartig
tor·rid /ˈtɒrɪd; *AmE* ˈtɔːr-, ˈtɑːr-/ *Adj nur vor Nomen* **1** leidenschaftlich **2** (*gehoben*) (*Klima, Land etc.*) glühend heiß **3** (*BrE*) hart
tor·sion /ˈtɔːʃn; *AmE* ˈtɔːrʃn/ *Nomen* Torsion
torso /ˈtɔːsəʊ; *AmE* ˈtɔːrsoʊ/ *Nomen* (*Pl* **-os**) **1** Rumpf ˢʸᴺ TRUNK **2** Torso
tort /tɔːt; *AmE* tɔːrt/ *Nomen* (RECHT) (zivilrechtliches) Delikt
tor·toise /ˈtɔːtəs; *AmE* ˈtɔːrtəs/ *Nomen* Schildkröte
tor·toise·shell /ˈtɔːtəʃel, ˈtɔːtəʃl; *AmE* ˈtɔːrt-/ *Nomen* **1** Schildpatt **2** Schildpattkatze **3** (*Schmetterling*) Fuchs
tor·tu·ous /ˈtɔːtʃuəs; *AmE* ˈtɔːrtʃ-/ *Adj* (*Adv* **tor·tu·ous·ly**) (*gehoben*) **1** (*meist abwert*) verwickelt, kompliziert **2** (*Pfad etc.*) gewunden
tor·ture¹ /ˈtɔːtʃə(r); *AmE* ˈtɔːrtʃ-/ *Nomen* **1** Folter(ung) ◊ *Many of the refugees have suffered torture.* Viele der Flüchtlinge sind gefoltert worden. **2** (*umgs*) (*fig*) Qual ◊ *The interview was sheer torture.* Das Vorstellungsgespräch war die reinste Qual.
tor·ture² /ˈtɔːtʃə(r); *AmE* ˈtɔːrtʃ-/ *Verb* (*oft passiv*) **1** foltern ◊ *He was tortured into giving them the information.* Sie bekamen die Informationen durch Folter aus ihm heraus. **2** quälen ◊ *He was tortured by the memories of his childhood.* Er wurde von seinen Kindheitserinnerungen gequält. ˢʸᴺ TORMENT
tor·tured /ˈtɔːtʃəd; *AmE* ˈtɔːrtʃərd/ *Adj nur vor Nomen* gequält
tor·turer /ˈtɔːtʃərə(r); *AmE* ˈtɔːrtʃ-/ *Nomen* Folterer, Folterin
Tory /ˈtɔːri/ *Nomen* (*Pl* **-ies**) (*umgs*) = Mitglied oder Anhänger(in) der britischen Conservative Party ◊ *the Tory party* die konservative Partei ◊ *Tory policies* die Politik der Konservativen
Tory·ism /ˈtɔːriɪzəm/ *Nomen* Konservativismus
tosh /tɒʃ; *AmE* tɑːʃ/ *Nomen* (*BrE, Slang, veraltet*) Quatsch, Blödsinn
toss¹ /tɒs; *AmE* tɔːs/ *Verb* **1** werfen ◊ *He tossed Anna the ball.* Er warf Anna den Ball zu. **2** (*Kopf*) zurückwerfen **3** schütteln ◊ *Our boat was being tossed by the huge waves.* Unser Boot wurde von den riesigen Wellen hin und her geworfen. **4** schaukeln ◊ *Branches were tossing in the wind.* Die Zweige schwankten im Wind. ◊ *I kept tossing and turning in bed all night.* Ich wälzte mich die ganze Nacht schlaflos im Bett herum. **5** (GASTRON) schwenken; (*Salat*) durchmischen ◊ *toss a pancake* einen Pfannkuchen (hochwerfen und) wenden **6** ~ (**sb**) **for sth**; (*BrE auch*) **toss up** (**for sth**) (*mit jdm*) (*um etw*) eine Münze werfen ◊ *We tossed up to see who went first.* Wir knobelten, wer zuerst gehen sollte. ◊ (*fig*) *He had to toss up between paying the rent or buying food.* Er musste sich entscheiden, ob er die Miete bezahlen sollte oder Lebensmittel kaufen. ᴾᴴᴿⱽ **ˌtoss (yourself) ˈoff** (*BrE, vulg, Slang*) sich einen runterholen ˢʸᴺ MASTURBATE **ˌtoss sb ˈoff** (*BrE, vulg, Slang*) jdm einen runterholen **ˌtoss sth ˈoff** (*BrE*) (*etw schnell machen*) etw hinwerfen, etw hinhauen ◊ *I tossed off my article an hour.* Ich habe meinen Artikel in einer halben Stunde hingehauen.
toss² /tɒs; *AmE* tɔːs/ *Nomen* [*meist Sing*] **1** (Knobeln) Münzenwerfen **2** (*Slang*) ~ **of your head** Zurückwerfen des Kopfes ◊ *She dismissed the question with a toss of her head.* Sie tat die Frage mit einer ungeduldigen Kopfbewegung ab. **3** Wurf ᴵᴰᴹ **not give a ˈtoss (about sb/sth)** (*BrE, Slang*) sich um jdn/etw nicht scheren ☛ *Siehe auch* ARGUE
toss·er /ˈtɒsə(r); *AmE* ˈtɔːs-/ *Nomen* (*BrE, Slang*) Wichser
ˈtoss-up *Nomen* [*Sing*] (*umgs*) ◊ *'Have you decided on the colour yet?' 'It's a toss-up between the blue and the green.'* „Hast du dich schon für eine Farbe entschieden?" „Ich schwanke noch zwischen Blau und Grün." ◊ *It's a toss-up whether they'll get here in time.* Es ist noch völlig ungewiss, ob sie rechtzeitig eintreffen werden.
tot¹ /tɒt; *AmE* tɑːt/ *Nomen* **1** (*umgs*) kleines Kind **2** (*bes BrE*) Schluck ◊ *a tot of whisky* ein Schluck Whisky

tot² /tɒt; AmE tɑːt/ Verb (-tt-) PHRV ˌtot sth ˈup (bes BrE, umgs) etw zusammenrechnen

total¹ /ˈtəʊtl; AmE ˈtoʊtl/ Adj **1** Gesamt- ⋄ *the total profit* der Gesamtgewinn ⋄ *The club has a total membership of about 300.* Der Klub hat insgesamt ungefähr 300 Mitglieder. **2** völlig ⋄ *The room was in total darkness.* Das Zimmer war völlig dunkel.

total² /ˈtəʊtl; AmE ˈtoʊtl/ Nomen Gesamtsumme, Gesamtzahl ⋄ *His businesses are worth a combined total of 3 billion.* Der Gesamtwert seiner Betriebe ist 3 Milliarden. ⋄ *Out of a total of 15 games, they only won two.* Von insgesamt 15 Spielen gewannen sie bloß zwei. ☛ Siehe auch GRAND TOTAL, RUNNING TOTAL und SUM TOTAL

total³ /ˈtəʊtl; AmE ˈtoʊtl/ Verb (-ll-, AmE -l-) **1** insgesamt betragen ⋄ *Imports totalled 1.5 billion last year.* Die Importe beliefen sich letztes Jahr auf insgesamt 1,5 Milliarden. **2** ~ sth/sb (up) etw/jdn zusammenzählen **3** (bes AmE, umgs) zu Schrott fahren

to·tali·tar·ian /ˌtəʊˌtælɪˈteəriən; AmE toʊˌtæləˈter-/ Adj (abwert) totalitär

to·tali·tar·ian·ism /ˌtəʊˌtælɪˈteəriənɪzəm; AmE toʊˌtæləˈter-/ Nomen Totalitarismus

to·tal·ity /təʊˈtæləti; AmE toʊ-/ Nomen (gehoben) Gesamtheit

tot·al·ly /ˈtəʊtəli; AmE ˈtoʊ-/ Adv **1** völlig **2** (bes AmE, umgs) total ⋄ *a totally awesome experience* ein total irres Erlebnis ⋄ *'She's so cute!' 'Totally!'* „Sie ist so süß!" „Du hast völlig Recht!"

tote¹ /təʊt; AmE toʊt/ Nomen **1 the Tote** (beim Pferderennen) das Toto **2** (auch ˈtote bag) (AmE) Tragetasche

tote² /təʊt; AmE toʊt/ Verb (bes AmE, umgs) tragen, schleppen

totem /ˈtəʊtəm; AmE ˈtoʊ-/ Nomen Totem

to·tem·ic /təʊˈtemɪk; AmE toʊ-/ Adj totemistisch, Totem-

ˈtotem pole Nomen **1** Totempfahl **2** (AmE, umgs) Hierarchie

t'other /ˈtʌðə(r)/ Adj, Pron (BrE) (Dialekt) = THE OTHER

toto ⇨ IN TOTO

tot·ter /ˈtɒtə(r); AmE ˈtɑːt-/ Verb **1** (unsicher gehen) wackeln, tapsen ⋄ *She managed to totter back to her seat.* Sie schaffte es, zurück zu ihrem Sitz zu wanken. **2** wackelig sein, bröckeln (auch fig)

totty /ˈtɒti; AmE ˈtɑːti/ Nomen [U] (BrE, Slang) flotte Bienen

tou·can /ˈtuːkæn/ Nomen Tukan

touch¹ /tʌtʃ/ Verb **1** (sich) berühren ⋄ *He touched his lips to her cheek.* Er berührte mit den Lippen ihre Wange. **2** anfassen ⋄ *His last film was a flop and now no studio will touch him.* Sein letzter Film war ein Reinfall, und jetzt lassen alle Studios die Finger von ihm. **3** anrühren **4** rühren **5** (gehoben oder veraltet) betreffen, angehen ⋄ *issues that touch us all* Probleme, die uns alle angehen **6** ~ sb an jdn herankommen ⋄ *No one can touch him when it comes to design.* Wenn es um Design geht, kann es niemand mit ihm aufnehmen. **7** (Höhe, Geschwindigkeit etc.) erreichen **8** ⋄ *A smile touched the corners of his mouth.* Sein Mundwinkel verzogen sich zu einem Lächeln. IDM **be ˈtouched with sth** ⋄ *His hair was touched with grey.* Er hatte ein paar graue Strähnen im Haar. ⋄ *The poem is touched with real genius.* Das Gedicht hat etwas wirklich Geniales. **not touch sb/sth with a ˈbargepole** (AmE **not touch sb/sth with a ˈten-foot pole**) (umgs) jdn/etw nicht einmal mit der Kneifzange anfassen PHRV **touch ˈbase (with sb)** (umgs) (mit jdm) (wieder) Kontakt aufnehmen; sich (bei jdm) melden **touch ˈbottom 1** den Grund berühren **2** (BrE) (fig) einen Tiefpunkt erreichen **touch ˈwood** (BrE) toi, toi, toi ☛ Siehe auch CHORD, FORELOCK, HAIR und NERVE¹ PHRV ˌtouch ˈdown **1** (Flugzeug, Raumschiff) landen, aufsetzen **2** (beim Rugby) einen Versuch erzielen ˈtouch sb for sth (umgs) jdn um etw anpumpen, jdn um etw anschnorren ˌtouch sth ˈoff etw auslösen ˈtouch on/upon sth (Thema etc.) kurz berühren, streifen ˌtouch sb ˈup (BrE, umgs) jdn begrapschen, jdn befummeln ˌtouch sth ˈup etw ausbessern; (Foto etc.) retuschieren; (Make-up etc.) auffrischen

touch² /tʌtʃ/ Nomen **1** Tastsinn, Tastgefühl ⋄ *the sense of touch* der Tastsinn ⋄ *Braille, which is read by touch* die Blindenschrift, die durch Abtasten gelesen wird **2** Berührung; (beim Klavier etc.) Anschlag ⋄ *at the touch of a button* auf Knopfdruck ⋄ *a painter with a delicate touch* ein Maler mit einem feinen Pinselstrich ⋄ *be cold to the touch* sich kalt anfühlen **3** Touch, Note ⋄ *a personal touch* eine persönliche Note ⋄ *I put the finishing touches to the report.* Ich gab dem Gutachten den letzten Schliff. ⋄ *Meeting them at the airport was a nice touch.* Es war eine nette Geste, dass sie am Flughafen abgeholt wurden. **4** Geschick ⋄ *He couldn't find his magic touch with the ball today.* Sein sonst so brilliantes Ballgefühl wollte sich heute nicht so recht einstellen. ⋄ *I'm losing my touch.* Ich war schon mal besser in Form. **5** Spur ⋄ *There was a touch of sarcasm in her voice.* In ihrer Stimme lag ein Anflug von Sarkasmus. ⋄ *a touch of frost* leichter Frost ⋄ *They had a touch of the sun.* Sie hatten einen leichten Sonnenstich. SYN TRACE **6** [U] (beim Rugby, Fußball) Aus IDM **in ˈtouch (with sb)** (mit jdm) in Kontakt ⋄ *Let's keep in touch.* Lasst uns Kontakt halten. ⋄ *Thanks — we'll be in touch.* Vielen Dank — wir werden uns bei Ihnen melden. ⋄ *I'm trying to get in touch with Jane. Do you have her number?* Ich will Jane anrufen. Hast du ihre Nummer? ⋄ *I'll put you in touch with someone in your area.* Ich werde Sie mit jemandem in Ihrer Gegend in Verbindung bringen. **be, keep, etc. in ˈtouch (with sth)** auf dem Laufenden sein, bleiben etc. **be out of ˈtouch (with sb)** (zu) jdm keinen Kontakt mehr haben **be, become, etc. out of ˈtouch (with sth)** (über etw) nicht (mehr) auf dem Laufenden sein ⋄ *They are out of touch with the real world.* Sie wissen nicht, wie es in der Welt wirklich zugeht. **an easy/a soft ˈtouch** (umgs) jd, der sich leicht anpumpen lässt; jd, der leicht herumzukriegen ist **lose ˈtouch (with sb/sth)** den Kontakt (zu jdm/etw) verlieren; keinen Kontakt (zu jdm/etw) mehr haben ⋄ *politicians who lose touch with ordinary people* Politiker, die nicht mehr wissen, wie es dem Normalbürger geht ☛ Siehe auch COMMON¹ und LIGHT²

ˌtouch-and-ˈgo Adj (umgs) auf des Messers Schneide ⋄ *She's fine now, but it was touch-and-go for a while.* Jetzt geht es ihr wieder gut, aber eine Weile hing ihr Leben am seidenen Faden.

ˈtouch·down /ˈtʌtʃdaʊn/ Nomen **1** (eines Flugzeugs, Raumschiffs) Aufsetzen, Landung ⋄ *a smooth touchdown* eine sanfte Landung SYN LANDING **2** (beim Rugby) Versuch **3** (im Football) Touchdown

tou·ché /ˈtuːʃeɪ; AmE tuːˈʃeɪ/ Ausruf eins zu null für dich

touched /tʌtʃt/ Adj nicht vor Nomen **1** gerührt, bewegt **2** (umgs, veraltet) übergeschnappt, meschugge

ˌtouch ˈfootball Nomen (AmE) = sanftere Version des American Football ohne Blocken, Halten oder Umwerfen des Gegners

touch·ing /ˈtʌtʃɪŋ/ Adj (Adv **touch·ing·ly**) bewegend, rührend

ˈtouch·line /ˈtʌtʃlaɪn/ Nomen (Fußball, Rugby) Seitenlinie, Auslinie

ˈtouch·stone /ˈtʌtʃstəʊn; AmE -stoʊn/ Nomen (gehoben) Prüfstein

ˈTouch-Tone™ Adj Tonwahl-, Multifrequenz-

ˈtouch-type Verb blind tippen

touchy /ˈtʌtʃi/ Adj (**touch·ier, touchi·est**) **1** empfindlich SYN SENSITIVE **2** (Angelegenheit, Thema) heikel SYN DELICATE und SENSITIVE

ˌtouchy-ˈfeely Adj (umgs, meist abwert) (zu) gefühlsbetont

tough¹ /tʌf/ Adj **1** hart, schwer, schwierig ⋄ *She's been having a tough time of it lately.* Sie hatte in letzter Zeit schwer. **2** be ~ (on/with sb/sth) (mit jdm/etw) streng sein, (bei jdm/etw) hart durchgreifen ⋄ *They are calling for tougher action against vandals.* Sie fordern strengere Maßnahmen gegen Randalierer. ⋄ *The school takes a tough line on cheating.* Die Schule geht hart gegen Abschreiben vor. OPP SOFT **3** ausdauernd, zäh **4** (Person) knallhart ⋄ *She's a tough cookie/customer.* Sie ist eine harte Nuss. ⋄ *You think you're so tough, don't you?* Du denkst wohl, dass du ein harter Typ bist, oder? **5** (Fleisch) zäh OPP TENDER **6** fest, solide, widerstandsfähig **7** ~ (on sb) (umgs) hart (für jdn) ⋄ *It was tough on her being dropped from the team like that.* Es war hart für sie, dass sie so aus der Mannschaft genommen wurde. ⋄ *(iron) 'I can't get it finished in time.' 'Tough!'* „Ich kann nicht rechtzeitig damit fertig werden."

„Das ist dein Pech!" IDM (as) tough as old 'boots (umgs) 1 (so) zäh wie Leder 2 (auch (as) tough as 'nails) knallhart tough 'luck (BrE, umgs) so ein Pech (auch iron) ◊ 'If you take the car, I won't be able to go out.' 'Tough luck!' „ Wenn du das Auto nimmst, kann ich nicht ausgehen.", Dein Pech!" ☛ Siehe auch GOING¹, HANG¹, NUT¹ und TALK

tough² /tʌf/ Nomen (umgs, veraltet) Schlägertyp, Rowdy

tough³ /tʌf/ Verb PHRV ,tough sth 'out etw durchstehen

tough·en /'tʌfn/ Verb 1 härten, widerstandsfähiger machen 2 ~ (up) härter werden 3 ~ sth (up) (Gesetze etc.) verschärfen, strenger machen 4 ~ sb (up) jdn härter machen, jdn abhärten

tough·ly /'tʌfli/ Adv (knall)hart

tough·ness /'tʌfnəs/ Nomen 1 Härte (auch fig) ◊ He had a reputation for toughness. Er hatte den Ruf, ein knallharter Bursche zu sein. 2 Strenge 3 Ausdauer 4 Widerstandsfähigkeit, Strapazierfähigkeit 5 Zähheit

tou·pee /'tu:peɪ; AmE tu:'peɪ/ Nomen Toupet

tour¹ /tʊə(r), tɔ:(r); AmE tʊr/ Nomen 1 Tour, Reise ◊ a coach tour of Italy eine Busreise durch Italien ◊ a tour operator is in Reiseveranstalter ☛ Siehe auch PACKAGE TOUR ☛ Hinweis bei REISE 2 Rundgang ◊ a guided tour of the palace eine Führung durch den Palast 3 (Konzert- etc.) Tournee 4 ~ of duty (militärischer/diplomatischer Dienst) Aufenthalt ◊ The regiment is doing a tour of duty in Northern Ireland. Das Regiment ist derzeit in Nordirland stationiert.

tour² /tʊə(r), tɔ:(r); AmE tʊr/ Verb 1 ~ (sth) eine Tournee (durch etw) machen, (durch etw) touren 2 ~ sth mit etw auf Tournee gehen ◊ We toured the show. Wir waren mit der Show auf Tour.

tour de force /,tʊə də 'fɔ:s; AmE ,tʊr də 'fɔ:rs/ Nomen (Pl **tours de force** /,tʊə də 'fɔ:s; AmE ,tʊr də 'fɔ:rs/) Glanzleistung

'tour guide Nomen Reiseleiter(in); (Stadt-, Schloss- etc.) Führer(in)

tour·ism /'tʊərɪzəm, 'tɔ:r-; AmE 'tʊr-/ Nomen Tourismus, Fremdenverkehr

tour·ist /'tʊərɪst, 'tɔ:r-; AmE 'tʊr-/ Nomen 1 Tourist(in) ◊ a popular tourist resort ein beliebter Urlaubsort ◊ the tourist sector die Touristikbranche ◊ the Italian tourist office die italienische Touristikvertretung ◊ the local tourist office das örtliche Fremdenverkehrsbüro ◊ (BrE) (SPORT) = Rugby- oder Kricketspieler, der mit seiner Mannschaft im Ausland tourt

'tourist class Nomen Touristenklasse

'tourist guide Nomen 1 Reiseleiter(in); (Stadt- etc.) Führer(in) 2 (Buch) Reiseführer

tour·isty /'tʊərɪsti, 'tɔ:r-; AmE 'tʊr-/ Adj (umgs, abwert) touristisch, Touristen-

tour·na·ment /'tʊənəmənt, 'tɔ:n-, 'tɜ:n-; AmE 'tʊrn-, 'tɜ:rn-/ Nomen 1 (AmE auch **tour·ney** /'tʊəni, 'tɔ:ni; AmE 'tʊrni, 'tɜ:rni/) Turnier 2 Ritterturnier

tour·ni·quet /'tʊənɪkeɪ; AmE 'tɜ:rnəkət/ Nomen Aderpresse

tou·sled /'taʊzld/ Adj (Haar) zerzaust

tout¹ /taʊt/ Verb 1 pushen; ~ sb/sth as sth jdn/etw als etw verkaufen (auch fig) ◊ She's being touted as the next leader of the party. Man versucht sie der Partei als zukünftige Chefin zu verkaufen. ◊ the much-touted expansion plans die viel gepriesenen Expansionspläne 2 **be touted as sth** als etw gelten 3 ~ (**for sth**) (bes BrE) (für etw) werben ◊ He's busy touting his latest book around literary agents. Er klappert gerade alle Literaturagenten ab, um sein neuestes Buch an den Mann zu bringen. ◊ unlicensed taxi drivers touting for business Taxifahrer ohne Lizenz, die auf Fahrgäste warten 4 (BrE) (Eintrittskarten) auf dem Schwarzmarkt verkaufen

tout² /taʊt/ = TICKET TOUT

tow¹ /təʊ; AmE toʊ/ Verb schleppen, ziehen ◊ Our car was towed away by the police. Unser Auto wurde abgeschleppt. ☛ Siehe auch TOW BAR und TOW ROPE

tow² /təʊ; AmE toʊ/ Nomen Abschleppen ◊ give sb a tow jdn ab-/anschleppen ◊ a tow truck ein Abschleppwagen IDM **in tow** im Schlepptau

to·wards /tə'wɔ:dz; AmE tɔ:rdz/ (bes AmE **to·ward** /tə'wɔ:d; AmE tɔ:rd/) Präp 1 (in) Richtung, auf ... zu ◊ She was sitting with her back towards me. Sie saß mit dem Rücken zu mir. 2 (bei Zeitangaben) gegen ◊ towards the end of April gegen Ende April 3 gegenüber ◊ our attitude towards death unsere Einstellung dem Tod gegenüber 4 ◊ They provide help towards travel costs. Sie schießen einen Teil der Fahrtkosten zu. ◊ The money will go towards a new school building. Das Geld wird für ein neues Schulgebäude verwendet werden. ◊ It helps pupils towards an understanding of history. Es hilft den Schülern, Geschichte besser zu verstehen.

'tow bar Nomen 1 Abschleppstange 2 Anhängerkupplung

tow·el¹ /'taʊəl/ Nomen Handtuch ◊ a hand towel ein Handtuch ◊ a bath towel ein Badetuch ◊ a roll of kitchen towel eine Rolle Küchenkrepp ☛ Siehe auch SANITARY TOWEL und TEA TOWEL IDM **throw in the 'towel** (umgs) das Handtuch werfen

tow·el² /'taʊəl/ Verb (-ll-, AmE auch -l-) ~ **yourself/sb/sth** (**down**) sich/jdn/etw abtrocknen

tow·el·ling (AmE **tow·el·ing**) /'taʊəlɪŋ/ Nomen Frottee

'towel rail (AmE **'towel rack**) Nomen Handtuchhalter

tow·er¹ /'taʊə(r)/ Nomen 1 Turm 2 (COMP) Tower IDM **a ,tower of 'strength** ein fester Rückhalt

tow·er² /'taʊə(r)/ Verb PHRV **,tower 'over/a'bove sb/sth** jdn/etw überragen (auch fig) ◊ The cliffs towered above them. Die Klippen ragten empor. ◊ He towered over them. Er überragte sie.

'tower block Nomen (BrE) Hochhaus

tow·er·ing /'taʊərɪŋ/ Adj nur vor Nomen 1 (hoch) aufragend 2 überragend, hervorragend 3 (Wut etc.) maßlos, rasend

town /taʊn/ Nomen Stadt ◊ the town of Dover die Stadt Dover ◊ my home town meine Heimatstadt ◊ a nice part of town ein schöner Stadtteil ◊ He was from out of town. Er war nicht von hier. ☛ Siehe auch COUNTY TOWN, DORMITORY TOWN, OUT-OF-TOWN, NEW TOWN, SHANTY TOWN und TWIN TOWN IDM **go to 'town (on sth)** (umgs) (bei etw) in die Vollen gehen ◊ They really went to town on the decorations for the party. Sie haben mit der Festdekoration wirklich geklotzt. **(out) on the 'town** (umgs) ◊ How about going out on the town tonight? Wollen wir heute Abend einen draufmachen? ◊ have a night on the town eine Nacht durchmachen ☛ Siehe auch MAN¹ und PAINT²

,town 'centre Nomen (BrE) Stadtzentrum, Stadtmitte

,town 'crier (auch **crier**) Nomen (städtischer) Ausrufer

townee = TOWNIE

,town 'hall Nomen Rathaus

'town house Nomen 1 (BrE) (eines Adligen) Stadthaus 2 (BrE) (im Maklerjargon) = großes, aus dem 18. oder 19. Jahrhundert stammendes Stadthaus ☛ Siehe auch TERRACED HOUSE 3 (im Maklerjargon) = schmales, mehrstöckiges, modernes Reihenhaus 4 (meist **'townhouse**) (AmE) Reihenhaus

townie (auch **townee**) /'taʊni/ Nomen (abwert) 1 Städter(in) 2 (BrE) (in den USA) = Bewohner(in) einer Universitätsstadt, der/die jedoch nicht der Universität angehört

,town 'planner (auch **plan·ner**) Nomen Stadtplaner(in)

,town 'planning (auch **plan·ning**) Nomen Stadtplanung, Städteplanung

town·scape /'taʊnskeɪp/ Nomen 1 Stadtbild 2 (KUNST) Stadtansicht

towns·folk /'taʊnsfəʊk; AmE -foʊk/ Nomen Städter, Stadtbewohner

town·ship /'taʊnʃɪp/ Nomen 1 (früher in Südafrika) Township 2 (in den USA, Kanada) Verwaltungseinheit innerhalb eines County

towns·people /'taʊnzpi:pl/ Nomen [Pl] Städter, Stadtbewohner

tow·path /'təʊpɑ:θ; AmE 'toʊpæθ/ Nomen Leinpfad, Treidelpfad

'tow rope Nomen Abschleppseil, Schleppseil

'tow truck Nomen (AmE) Abschleppwagen

tox·ae·mia (AmE **tox·emia**) /tɒk'si:miə; AmE tɑ:k-/

Nomen [U] (MED) Toxämie, Blutvergiftung SYN BLOOD POISONING

tox·ic /ˈtɒksɪk; *AmE* ˈtɑːk-/ *Adj* toxisch, giftig, Gift- ◊ *toxic waste* Giftmüll ◊ *highly toxic* hochgiftig

tox·icity /tɒkˈsɪsəti; *AmE* tɑːk-/ *Nomen* (*Pl* **-ies**) (*Fachspr*) **1** Giftigkeit, Toxizität **2** [U] Giftgehalt

toxi·col·ogy /ˌtɒksɪˈkɒlədʒi; *AmE* ˌtɑːk-/ *Nomen* Toxikologie

toxin /ˈtɒksɪn; *AmE* ˈtɑːk-/ *Nomen* Gift(stoff), Toxin

toy¹ /tɔɪ/ *Nomen* Spielzeug (*auch fig*) ◊ *soft toys* Stofftiere

toy² /tɔɪ/ *Adj nur vor Nomen* **1** Spielzeug- **2** (*Hund*) Zwerg- ◊ *a toy poodle* ein Zwergpudel

toy³ /tɔɪ/ *Verb* PHRV **ˈtoy with sth** mit etw (herum)spielen

toy·boy /ˈtɔɪbɔɪ/ *Nomen* (*BrE*, *umgs*, *hum*) = viel jüngerer Liebhaber

trace¹ /treɪs/ *Verb* **1** ~ **sb/sth** jdn/etw aufspüren, jdn/etw ausfindig machen **2** ~ **sth** etw verfolgen; ~ **sth** (**back**) (**to sth**) etw (bis etw) zurückverfolgen, etw (auf etw) zurückführen **3** ~ **sth** (**out**) etw (nach)zeichnen **4** abpausen, durchpausen

trace² /treɪs/ *Nomen* **1** Spur ◊ *vanish without (a) trace* spurlos verschwinden **2** (*Fachspr*) (*Herzfrequenz- etc.*) Kurve **3** [meist Pl] (*beim Pferdegeschirr*) Zugriemen IDM ⇒ KICK¹

trace·able /ˈtreɪsəbl/ *Adj* **1** (zurück)verfolgbar ◊ *Most telephone calls are traceable.* Die meisten Telefongespräche kann man zurückverfolgen. ◊ *His work is only traceable in a few magazines.* Seine Werke kann man nur in wenigen Zeitschriften finden. **2** ~ **to sth** auf etw zurückführbar

ˈtrace element *Nomen* Spurenelement

tracer /ˈtreɪsə(r)/ *Nomen* **1** (*auch* **ˈtracer bullet/shell**) Leuchtspurgeschoss **2** (*Fachspr*) Isotopenindikator

tra·cery /ˈtreɪsəri/ *Nomen* (*Pl* **-ies**) **1** [U] (ARCHIT) Maßwerk **2** [meist Sing] (*gehoben*) feine Musterzeichnung

trachea /trəˈkiːə; *AmE* ˈtreɪkiə/ *Nomen* (*Pl* **trach·eas** *oder* **trach·eae** /-kiːiː/) (ANAT) Luftröhre SYN WINDPIPE

ˈtracing paper *Nomen* [U] Pauspapier

track¹ /træk/ *Nomen* **1** Pfad, (Feld)weg **2** [meist Pl] Spur ◊ *Police are on the track of the thieves.* Die Polizei ist den Dieben auf der Spur. ◊ *She is on the fast track to promotion.* Sie wird schnell befördert werden. **3** (Bahn)gleis ☞ Siehe *auch* ONE-TRACK MIND **4** (*AmE*) Bahnsteig **5** (SPORT) Rennstrecke ◊ *a running track* eine Laufbahn ☞ Siehe *auch* TRACK AND FIELD **6** (*auf einer Kassette, CD etc.*) Stück, Lied **7** (*auf einer Diskette, Kassette etc.*) Spur ◊ *She sang on the backing track.* Sie sang auf der Aufnahme im Hintergrund. **8** Vorhangschiene **9** (*bei Planierraupe etc.*) Raupenkette IDM ˌback on ˈtrack wieder in den richtigen Bahnen; wieder auf Kurs **be ˌon ˈtrack** auf dem (richtigen) Weg sein **be on the right ˈtrack** auf dem richtigen Weg sein **be on the wrong ˈtrack** auf dem Holzweg sein **keep track of sb** über jdn auf dem Laufenden bleiben **keep track of sth** bei etw den Überblick behalten; etw im Auge behalten **lose track of sb** jdn aus den Augen verlieren **lose track of sth** den Überblick über etw verlieren; etw aus den Augen verlieren ◊ *I lost all track of time.* Ich habe gar nicht auf die Zeit geachtet. **make ˈtracks** (*umgs*) sich auf die Socken machen; sich auf den Weg machen **stop/halt sb in their ˈtracks** jdn (völlig) aus dem Konzept bringen **stop/halt/freeze in your ˈtracks** wie angewurzelt stehen bleiben ☞ Siehe *auch* BEAT¹, COVER¹, HOT¹ *und* WRONG¹

track² /træk/ *Verb* **1** ~ **sb/sth** jdn/etw aufspüren, die Fährte von jdm/etw verfolgen **2** verfolgen (*auch fig*) **3** (*Filmkamera*) fahren **4** (*AmE*) (SCHULE) in Leistungsgruppen einteilen **5** (*bes AmE*) ~ **sth** (**in**) (*Schmutz etc.*) hereintragen ◊ *Don't track mud on my clean floor.* Pass auf, dass du keine Spuren auf meinem sauberen Boden hinterlässt. PHRV **ˌtrack sb/sth ˈdown** jdn/etw ausfindig machen, jdn/etw finden, jdn/etw aufstöbern

ˌtrack and ˈfield *Nomen* (*AmE*) Leichtathletik

track·ball /ˈtrækbɔːl/ (*auch* **ˈtracker ball**) *Nomen* Trackball

track·er /ˈtrækə(r)/ *Nomen* Fährtensucher(in)

ˈtracker dog *Nomen* Spürhund

ˈtrack event *Nomen* [meist Pl] Laufdisziplin

ˈtracking station *Nomen* Bodenstation

ˈtrack·less ˈtrol·ley *Nomen* (*AmE*) Oberleitungsbus

ˈtrack record *Nomen* [Sing] ◊ *He has a proven track record in marketing.* Im Marketing hat er nachweisbar viel Erfahrung. ◊ *The company hasn't got a very good track record.* Die Firma hat keine großartigen Leistungen vorzuweisen.

ˈtrack·suit /ˈtræksuːt; *BrE auch* -sjuːt/ *Nomen* (*BrE*) Trainingsanzug, Jogginganzug

tract /trækt/ *Nomen* **1** (*Verdauungs- etc.*) Trakt **2** Gebiet, Fläche **3** Traktat

tract·able /ˈtræktəbl/ *Adj* (*gehoben*) (leicht) formbar, leicht zu bearbeiten/bewältigen; (*fig*) überschaubar; (*Mensch, Tier*) fügsam OPP INTRACTABLE

ˈtract house (*auch* **ˈtract home**) *Nomen* (*AmE*) = Haus in einer Neubausiedlung von vielen gleichartigen Häusern

trac·tion /ˈtrækʃn/ *Nomen* [U] **1** Ziehen, Traktion **2** Zugkraft **3** (MED) Streckverband **4** (*von Reifen*) (Boden)haftung

ˈtraction engine *Nomen* Zugmaschine

tractive /ˈtræktɪv/ *Adj* ◊ *tractive force* Zugkraft

trac·tor /ˈtræktə(r)/ *Nomen* **1** Traktor **2** (*AmE*) Sattelzugmaschine

ˈtractor-trailer *Nomen* (*AmE*) Sattelschlepper

trad /træd/ *Nomen* (*BrE*) Traditional Jazz

trad·able (*auch* **trade·able**) /ˈtreɪdəbl/ *Adj* (WIRTSCH) absatzfähig, marktgängig SYN MARKETABLE

trade¹ /treɪd/ *Nomen* **1** Handel ◊ *foreign trade* der Außenhandel ☞ Siehe *auch* FREE TRADE *und* BALANCE OF TRADE **2** Gewerbe, Branche ◊ *They offer discounts to the trade.* Sie gewähren einen Händlerrabatt. ◊ *He works in the retail trade.* Er ist im Einzelhandel tätig. ◊ *a trade journal* eine Fachzeitschrift ☞ Siehe *auch* STOCK-IN-TRADE **3** (*Umsatz etc.*) die Geschäfte **4** Handwerk ◊ *He was a carpenter by trade.* Er war gelernter Tischler. ◊ *She was surrounded by the tools of her trade.* Sie war von ihrem Handwerkszeug umgeben. IDM ⇒ JACK¹, PLY¹, ROARING *und* TRICK¹

trade² /treɪd/ *Verb* **1** Handel treiben, handeln, Geschäfte machen ◊ *trading partners* Handelspartner **2** ~ **sth** etw vertreiben; (*Aktien etc.*) handeln ◊ *Our products are now traded worldwide.* Unsere Produkte werden jetzt weltweit vertrieben. **3** ~ (**as sb/sth**) (als jd/etw) firmieren ◊ *The firm has now ceased trading.* Die Firma existiert nicht mehr. **4** (*an der Börse*) handeln **5** (*Aktien*) gehandelt werden **6** tauschen ◊ *She traded her posters for his CD.* Sie hat ihre Poster gegen seine CD eingetauscht. ◊ *trade insults* sich gegenseitig beleidigen ◊ *trade jokes* sich Witze erzählen PHRV **ˈtrade at sb/sth** (*AmE*) bei jdm/etw einkaufen **ˌtrade ˈdown** weniger ausgeben ◊ *trade down to a smaller house* sich ein kleineres Haus kaufen **ˌtrade sth ˈin** (**for sth**) etw (beim Kauf von etw) in Zahlung geben **ˌtrade sth ˈoff** (**against/for sth**) etw (für etw) eintauschen, etw (für etw) drangeben ◊ *They traded off inflation against unemployment.* Sie nahmen eine hohe Inflationsrate in Kauf, um die Arbeitslosigkeit zu bekämpfen. ◊ *The government traded off economic advantages for political gains.* Die Regierung suchte ihre politischen Ziele auf Kosten ökonomischer Vorteile durch. **ˈtrade on sth** (*abwert*) sich etw zunutze machen **ˌtrade ˈup** **1** ◊ *He was going to trade up to the latest mobile phone.* Er wollte sich jetzt das neueste Handy kaufen. ◊ *We're going to trade up to a larger house.* Wir werden uns ein größeres Haus kaufen. **2** ◊ *Bring in your old bike and trade up for a new model.* Wir nehmen Ihr altes Fahrrad beim Kauf eines neuen Modells in Zahlung.

ˈtrade balance *Nomen* = BALANCE OF TRADE

ˈtrade deficit (*auch* **ˈtrade gap**) *Nomen* [meist Sing] (Außen)handelsdefizit

ˈtrade fair *Nomen* Handelsmesse

ˈtrade-in *Nomen* **1** Inzahlungnahme ◊ *the trade-in value of a car* der Gebrauchtwert eines Autos **2** in Zahlung genommener/gegebener Gegenstand

trade·mark /ˈtreɪdmɑːk; *AmE* -mɑːrk/ *Nomen* **1** Warenzeichen **2** (*fig*) Markenzeichen ◊ *Attention to detail is Anthea's trademark.* Anthea ist für ihre Detailgenauigkeit bekannt.

ˈtrade name *Nomen* **1** Markenname **2** Firmenname

'trade-off *Nomen* ◊ *There is a trade-off between cost and perfection.* Irgendwo muss man Zugeständnisse machen: bei den Kosten oder beim Ergebnis. ◊ *There is a trade-off between the benefits of the drug and the risk of side effects.* Man muss den Nutzen des Medikaments gegen seine Nebenwirkungen abwägen.

trader /ˈtreɪdə(r)/ *Nomen* Händler(in) ◊ *a sole trader* ein Einzelkaufmann

ˈtrade school *Nomen (AmE)* Gewerbeschule, Berufsschule, Handelsschule

ˌtrade ˈsecret *Nomen* Betriebsgeheimnis, Geschäftsgeheimnis, Fabrikationsgeheimnis

ˈtrade show *Nomen* Handelsmesse

ˈtrades·man /ˈtreɪdzmən/ *Nomen (Pl* **-men** /-mən/*)* **1** Lieferant **2** *(bes BrE)* (Einzel)händler [SYN] SHOPKEEPER **3** *(bes AmE)* (Kunst)handwerker

ˈtrades·people /ˈtreɪdzpiːpl/ *Nomen* [Pl] **1** Geschäftsleute **2** Handwerker

the ˌTrades ˌUnion ˈCongress = TUC

ˌtrade ˈsurplus *Nomen* Außenhandelsüberschuss

ˌtrade ˈunion *(auch* **union***)* *(BrE* **ˌtrades ˈunion***) Nomen* Gewerkschaft

trade-ˈunionism *Nomen* Gewerkschaftswesen

ˌtrade ˈunionist *(auch* **ˌtrades ˈunionist**, **union·ist***) Nomen* Gewerkschaft(l)er(in)

ˈtrade wind *Nomen* Passat(wind)

trad·ing /ˈtreɪdɪŋ/ *Nomen* Handel, Handeln ◊ *new laws on Sunday trading* neue Gesetze für verkaufsoffene Sonntage

ˈtrading estate *Nomen (BrE)* Industriegebiet, Gewerbegebiet

ˈtrading post *Nomen* Handelsposten

trad·ition /trəˈdɪʃn/ *Nomen* Tradition ◊ *by tradition* nach altem Brauch ◊ *He's a politician in the tradition of Kennedy.* Er ist ein Politiker vom Schlage Kennedys.

trad·ition·al /trəˈdɪʃənl/ *Adj* **1** traditionell ◊ *It's traditional in America to eat turkey on Thanksgiving Day.* In Amerika ist es Brauch, am Erntedanktag Truthahn zu essen. **2** *(manchmal abwert)* konventionell

trad·ition·al·ism /trəˈdɪʃənəlɪzəm/ *Nomen* Traditionalismus

trad·ition·al·ist /trəˈdɪʃənəlɪst/ **1** *Nomen* Traditionalist(in) **2** *Adj* traditionalistisch

trad·ition·al·ly /trəˈdɪʃənəli/ *Adv* traditionell, üblicherweise ◊ *Housework has traditionally been regarded as women's work.* Hausarbeit wird seit jeher als Frauenarbeit angesehen.

traf·fic¹ /ˈtræfɪk/ *Nomen* **1** Verkehr, Luftverkehr, Schiffsverkehr, Zugverkehr ◊ *local traffic* der innerstädtische Verkehr ◊ *through traffic* der Durchgangsverkehr ◊ *traffic congestion* Verkehrsstauungen ◊ *They were stuck in traffic.* Sie steckten im Stau. ◊ *air traffic control* die Flugsicherung ◊ *air traffic controllers* Fluglotsen **2** ~ **(in sth)** (illegaler) Handel (mit etw)

traf·fic² /ˈtræfɪk/ *Verb* **(-ck-)** [PHRV] **ˈtraffic in sth** mit etw (illegal) handeln

ˈtraffic calming *Nomen (BrE)* [U] Verkehrsberuhigung

ˈtraffic circle *Nomen (AmE)* Verkehrskreisel, Kreisverkehr

ˈtraffic cone *(auch* **cone***) Nomen* Leitkegel

ˈtraffic island *(BrE* **is·land***) Nomen* Verkehrsinsel

ˈtraffic jam *Nomen* (Verkehrs)stau

ˈtraffic light *Nomen (auch* **ˈtraffic lights** [Pl]*)* (Verkehrs)ampel

ˈtraffic warden *Nomen (BrE)* Verkehrsüberwacher(in), Blaujacke, Politesse

tra·gedian /trəˈdʒiːdiən/ *Nomen (gehoben)* **1** Tragiker, Tragödiendichter(in) **2** Tragöde, Tragödin, Darsteller(in) tragischer Rollen

tra·gedy /ˈtrædʒədi/ *Nomen (Pl* **-ies***)* Trauerspiel, Tragödie *(auch fig)*

tra·gic /ˈtrædʒɪk/ *Adj* tragisch ◊ *a tragic actor* ein Tragöde

tra·gic·al·ly /ˈtrædʒɪkli/ *Adv* **1** tragisch ◊ *He died tragically young.* Es war tragisch, dass er so jung sterben musste. **2** tragischerweise

tragi·com·edy /ˌtrædʒiˈkɒmədi; *AmE* -ˈkɑːm-/ *Nomen (Pl* **-ies***)* Tragikomödie

tragi·com·ic /ˌtrædʒiˈkɒmɪk; *AmE* -ˈkɑːm-/ *Adj* tragikomisch

trail¹ /treɪl/ *Nomen* **1** Spur ◊ *a trail of footprints* Fußspuren **2** Fährte, Spur **3** Weg, Pfad **4** Route ◊ *a tourist trail* eine Touristenroute ◊ *politicians on the campaign trail* Politiker auf Wahlkampftournee [IDM] ⇨ BLAZE¹, HIT¹ *und* HOT¹

trail² /treɪl/ *Verb* **1** hinterherziehen, schleifen ◊ *I trailed my hand in the water as the boat moved along.* Während das Boot dahinglitt, ließ ich meine Hand im Wasser baumeln. **2** hinterhergezogen werden ◊ *The bride's dress trailed behind her.* Das Kleid der Braut schleifte wie eine Schleppe hinter ihr her. **3** (hinterher)trotten **4** (SPORT) ~ **(by/in sth)** *(meist in der Verlaufsform)* (mit etw) im Rückstand sein **5** ~ **sb/sth** jdn/etw verfolgen, jdm/etw auf den Fersen sein **6** *(Pflanzen etc.)* (sich) ranken; *(Kabel etc.)* herabhängen ◊ *Wires were trailing all over the floor.* Überall auf dem Fußboden schlängelten sich Leitungen. [PHRV] **ˌtrail aˈway/ˈoff** (allmählich) schwächer werden ◊ *'I only hope...' She trailed off.* „Ich hoffe nur ..." Ihre Stimme brach ab. ◊ *His voice trailed away to nothing.* Seine Stimme verstummte.

ˈtrail·blazer /ˈtreɪlbleɪzə(r)/ *Nomen* Bahnbrecher(in), Wegbereiter(in)

ˈtrail·blaz·ing /ˈtreɪlbleɪzɪŋ/ *Adj* bahnbrechend

trail·er /ˈtreɪlə(r)/ *Nomen* **1** Anhänger; *(beim Sattelzug)* Sattelauflieger ☞ *Siehe auch* TRACTOR-TRAILER **2** *(AmE)* Wohnwagen ◊ *a trailer park* eine Wohnwagensiedlung **3** *(bes BrE)* (Film)vorschau, Trailer

train¹ /treɪn/ *Nomen* **1** Zug ◊ *train services* Zugverbindungen ◊ *You have to change trains at Reading.* Sie müssen in Reading umsteigen. ☞ *Siehe auch* GRAVY TRAIN **2** *(Menschen- etc.)* Schlange ◊ *a wagon train* eine Planwagenkolonne ◊ *a camel train* eine Kamelkarawane **3** ~ **of events** Folge von Ereignissen, Ereigniskette **4** Schleppe [IDM] **bring sth in its ˈtrain** *(gehoben)* etw mit sich bringen ◊ **in sb's ˈtrain** *(gehoben)* im jds Gefolge ◊ **set sth in ˈtrain** *(gehoben)* etwas in Gang setzen ◊ **a train of ˈthought** ein Gedankengang

train² /treɪn/ *Verb* **1** ausbilden; *(Tiere)* dressieren; *(Hunde)* abrichten; *(Auge etc.)* schulen ◊ *Steve can't get a job, he's not trained in anything.* Steve kann keine Stelle finden, er hat keine Ausbildung. ◊ *You can train your mind to think positively.* Positives Denken kann man sich antrainieren. **2** ausgebildet werden, eine Ausbildung machen ◊ *She has trained in first aid.* Sie ist in erster Hilfe ausgebildet. ◊ *Sue is training to be a mechanic.* Sue macht eine Ausbildung zur Mechanikerin. ◊ *He trained as a teacher.* Er hat eine Lehrerausbildung gemacht. **3** (SPORT) (jdn) trainieren **4** *(Pflanzen)* (an etw hoch)ziehen, (an etw hoch)wachsen lassen ◊ *Roses had been trained around the door.* Man hatte Rosen um die Tür herum ranken lassen. [PHRV] **ˈtrain sth at/on sb/sth** *(gehoben)* etw auf jdn/etw richten

train·ee /ˌtreɪˈniː/ *Nomen* Auszubildende(r), Trainee ◊ *a trainee salesman* ein kaufmännischer Auszubildender ◊ *a trainee teacher* ein(e) Lehramtsstudent(in)

train·er /ˈtreɪnə(r)/ *Nomen* **1** [meist Pl] *(BrE)* Turnschuh **2** *(im Sport)* Trainer(in); *(von Tieren)* Dresseur(in), Dompteur, Dompteuse ◊ *a racehorse trainer* ein Trainer von Rennpferden

train·ing /ˈtreɪnɪŋ/ *Nomen* **1** Ausbildung; *(eines Tieres)* Dressur ◊ *staff training* eine Personalschulung **2** (SPORT) Trainieren, Training ◊ *be in training for a race* für ein Rennen trainieren

ˈtraining college *Nomen (BrE)* ≈ Berufsfachschule, Berufsakademie ◊ *a police training college* eine Polizeischule

ˈtraining shoe *Nomen (BrE)* Turnschuh

ˈtraining wheels *Nomen (AmE) (am Fahrrad)* Stützräder

ˈtrain·man /ˈtreɪnmən/ *Nomen (Pl* **-men** /-mən/*) (AmE)* Eisenbahner

ˈtrain set *Nomen* Modelleisenbahn

ˈtrain-spot·ter /ˈtreɪnspɒtə(r)/; *AmE* -spɑːt-/ *Nomen (BrE)* **1** = Eisenbahnfan, der viel Zeit auf Bahnhöfen verbringt, um Züge zu betrachten und sich Loknummern zu notieren

2 (*abwerf*) = jd, der altmodisch gekleidet ist und langweilige Hobbys nachgeht

train·spot·ting *Nomen* = Hobby, bei dem auf Bahnhöfen Züge betrachtet und Loknummern notiert werden

traipse /treɪps/ *Verb* (*umgs*) latschen

trait /treɪt/ *Nomen* Eigenschaft, Wesenszug

trai·tor /ˈtreɪtə(r)/ *Nomen* Verräter(in) ◊ *turn traitor* zum Verräter werden ◊ *He was seen as a traitor to the socialist cause.* Er galt als Verräter des Sozialismus.

tra·jec·tory /trəˈdʒektəri/ *Nomen* (*Pl* **-ies**) (*Fachspr*) Flugbahn ◊ (*fig*) *My career seemed to be on a downward trajectory.* Meine Karriere schien auf dem absteigenden Ast zu sein.

tram /træm/ (*auch* **tram·car**) *Nomen* (*BrE*) Straßenbahn, Tram(bahn)

tram·lines /ˈtræmlaɪnz/ *Nomen* [Pl] **1** Straßenbahnschienen **2** (*BrE, umgs*) (*im Tennis, Badminton*) Seitenlinien, die den zusätzlichen Spielfeldbereich beim Doppel markieren; (*im Badminton auch*) hintere Aufschlaglinie für das Doppel und rückwärtige Begrenzungslinie

tram·mel /ˈtræml/ *Verb* (**-ll-**, *AmE* **-l-**) (*oft passiv*) (*gehoben, selten*) einengen

tramp¹ /træmp/ *Nomen* **1** Landstreicher(in), Stadtstreicher(in) **2** [Sing] schwere Schritte, Trampeln ◊ *the tramp of marching feet* Marschschritte **3** [meist Sing] langer Marsch, Wanderung **4** (*AmE, veraltet, abwert*) Flittchen

tramp² /træmp/ *Verb* (*AmE auch, umgs* **tromp**) stapfen ◊ *You could hear the sound of tramping feet.* Man konnte schwere Schritte vernehmen. ◊ (*fig*) *She's been tramping the streets looking for a job.* Sie hat die ganze Stadt ablaufen, um Arbeit zu finden.

tram·ple /ˈtræmpl/ *Verb* (zer)trampeln; **~ sb/sth down** jdn/etw niedertrampeln; **~ on/over sb/sth** auf jdm/etw herumtrampeln (*auch fig*) ◊ *People were trampled underfoot in the rush for the exit.* Als alles zum Ausgang stürmte, wurden Menschen niedergetrampelt. ◊ *The government is trampling on our rights.* Die Regierung tritt unsere Rechte mit Füßen.

tram·po·line¹ /ˈtræmpəliːn/ *Nomen* Trampolin
tram·po·line² /ˈtræmpəliːn/ *Verb* Trampolin springen
tram·po·lin·ing /ˈtræmpəliːnɪŋ/ *Nomen* Trampolinspringen, Trampolinturnen

tram·way /ˈtræmweɪ/ *Nomen* **1** Straßenbahnschienen **2** Straßenbahnlinie

trance /trɑːns; *AmE* trænts/ *Nomen* Trance ◊ *go/fall into a trance* in Trance fallen

tranche /trɑːnʃ/ *Nomen* (*BrE*) (FINANZ) Tranche

tran·quil /ˈtræŋkwɪl/ *Adj* (*Adv* **tran·quil·ly** /-ɪli/) (*gehoben*) ruhig, friedlich

tran·quil·lity (*BrE*) (*AmE auch* **tran·quil·ity**) /træŋˈkwɪləti/ *Nomen* (*gehoben*) Ruhe, Frieden

tran·quil·lize (*BrE auch* **-ise**) (*AmE auch* **tran·quil·ize**) /ˈtræŋkwəlaɪz/ *Verb* beruhigen, betäuben ◊ *a tranquillizing drug* ein Beruhigungsmittel

tran·quil·lizer (*BrE auch* **-iser**) /ˈtræŋkwəlaɪzə(r)/ *Nomen* Beruhigungsmittel

trans·act /trænˈzækt/ *Verb* (*gehoben*) (*Geschäfte etc.*) abwickeln, abschließen

trans·ac·tion /trænˈzækʃn/ *Nomen* **1** Geschäft, Transaktion **2 ~ of sth** (*gehoben*) Abwicklung von etw

trans·at·lan·tic /ˌtrænzətˈlæntɪk/ *Adj nur vor Nomen* **1** transatlantisch, Transatlantik- **2** (*auf der gegenüberliegenden Seite des Atlantiks*) Übersee- ◊ *transatlantic visitors to Europe* Amerikaner, die Europa besuchen

trans·ceiver /trænˈsiːvə(r)/ *Nomen* Sende- und Empfangsgerät

tran·scend /trænˈsend/ *Verb* (*gehoben*) übersteigen, hinausgehen über

tran·scend·ence /trænˈsendəns/ *Nomen* (*gehoben*) (PHILOS) Transzendenz, Erhabenheit

tran·scend·ent /trænˈsendənt/ *Adj* (*gehoben*) überragend; (PHILOS) transzendent

tran·scen·den·tal /ˌtrænsenˈdentl/ *Adj* **1** transzendental **2** (MATH) transzendent

transcen·dental medi·ta·tion *Nomen* (*BrE*) Transzendentale Meditation

trans·con·tin·en·tal /ˌtrænzˌkɒntɪˈnentl, ˌtræns-; *AmE* -ˌkɑːn-/ *Adj* transkontinental

tran·scribe /trænˈskraɪb/ *Verb* **1** niederschreiben, aufschreiben, abschreiben ◊ *Clerks transcribe everything that is said in court.* Schriftführer protokollieren alles, was im Gerichtssaal gesagt wird. ◊ *The interview was recorded and then transcribed.* Das Interview wurde auf Band aufgenommen und später wurde eine Niederschrift angefertigt. **2** übertragen; (*in phonetische Lautschrift*) transkribieren **3** (MUS) transkribieren

tran·script /ˈtrænskrɪpt/ *Nomen* **1** Niederschrift, Protokoll **2** (*bes AmE*) (*von amerikanischen Studenten*) = Studienbuch mit Leistungsnachweisen

tran·scrip·tion /trænˈskrɪpʃn/ *Nomen* **1** Protokollieren, Abschreiben, Abschrift **2** Niederschrift **3** Umschrift ◊ *This dictionary gives phonetic transcriptions of all headwords.* Dieses Wörterbuch gibt für alle Einträge die phonetische Umschrift. **4** (MUS) Transkription

trans·ducer /trænzˈdjuːsə(r), ˈtræns-; *AmE* -ˈduːsər/ *Nomen* (ELEK) (Um)wandler, Umformer

tran·sept /ˈtrænsept/ *Nomen* (ARCHIT) Querschiff

trans·fer¹ /trænsˈfɜː(r)/ *Verb* (**-rr-**) **1** verlegen, versetzen ◊ *He was transferred from Spurs to Arsenal.* Er wurde von Spurs zu Arsenal transferiert. **2** (*Geld*) überweisen **3** umziehen, (über)wechseln ◊ *The film studio is transferring to Hollywood.* Das Filmstudio zieht nach Hollywood um. ◊ *He transferred to Everton for six million.* Er wechselte für sechs Millionen zu Everton. ◊ (*bes AmE*) *If I spend a semester in Madrid, will my credits transfer?* Wenn ich ein Semester in Madrid studiere, werden mir dann diese Scheine angerechnet? **4** umsteigen ◊ *I transferred at Bahrain for a flight to Singapore.* Ich stieg in Bahrain für den Flug nach Singapur um. **5** (*Krankheit*) sich übertragen **6 ~ sth** (**to sb**) etw (auf jdn) übertragen; (*Besitz etc.*) etw (auf jdn) überschreiben ◊ *Joe had already transferred his affections from Lisa to Jane.* Joe war jetzt nicht mehr Lisa zugeneigt, sondern Jane. ◊ *I decided to transfer my loyalty to my local team.* Ich entschloss mich, ab jetzt meine Heimatmannschaft zu unterstützen. **7 ~ sb** (**from A**) (**to B**) jdn (von A) (nach B) fahren/fliegen etc. ◊ *Passengers are transferred from the airport to the hotel by taxi.* Die Passagiere werden mit dem Taxi vom Flughafen zum Hotel gebracht. **8 ~ sth** (**from sth**) (**to sth**) etw (von etw) (auf etw) überspielen; (*fig*) etw (von etw) (auf etw) übertragen **9 ~** (**to sth**) sich (auf etw) übertragen lassen

trans·fer² /ˈtrænsfɜː(r)/ *Nomen* **1** Verlegung, Versetzung **2** (FINANZ) Überweisung, Transfer **3** Übertragung ◊ *data transfer* Datenübertragung **4** (SPORT) Transfer, Wechsel **5** Transfer ◊ *the transfer from the airport to the hotel* der Flughafentransfer zum Hotel **6** (*AmE*) Umsteigefahrkarte **7** Abziehbild

trans·fer·abil·ity /ˌtrænsˌfɜːrəˈbɪləti/ *Nomen* Übertragbarkeit

trans·fer·able /trænsˈfɜːrəbl/ *Adj* übertragbar ◊ *We aim to provide students with transferable skills.* Wir wollen den Studenten Fähigkeiten vermitteln, die sie in verschiedenen Berufen anwenden können.

trans·fer·ence /ˈtrænsfərəns; *AmE* trænsˈfɜːrəns/ *Nomen* (*Fachspr oder gehoben*) Übertragung, Transfer; (*von Vermögen*) Überschreibung

trans·fig·ur·ation /ˌtrænsˌfɪgəˈreɪʃn; *AmE* -gjəˈr-/ *Nomen* Verklärung

trans·fig·ure /trænsˈfɪgə(r); *AmE* -gjər/ *Verb* (*oft passiv*) (*gehoben*) verklären

trans·fix /trænsˈfɪks/ *Verb* (*meist passiv*) lähmen ◊ *transfixed with shock* vor Schreck wie gelähmt

trans·form /trænsˈfɔːm; *AmE* -ˈfɔːrm/ *Verb* **1** umwandeln [SYN] CONVERT **2** (*völlig*) verändern, umgestalten ◊ *He was transformed.* Er war wie verwandelt. **3** (ELEK) umspannen, transformieren

trans·form·ation /ˌtrænsfəˈmeɪʃn; *AmE* -fərˈm-/ *Nomen* **1** (TECH) Umwandlung; (MATH) Transformation **2** (*grundlegende*) Veränderung, Umgestaltung

trans·form·er /trænsˈfɔːmə(r); *AmE* -ˈfɔːrm-/ *Nomen* (ELEK) Transformator

trans·fuse *Verb* (*Blut*) übertragen

trans·fu·sion /trænsˈfjuːʒn/ *Nomen* **1** = BLOOD TRANSFUSION **2** (*Geld*) ◊ *a transfusion of cash* eine Finanzspritze

trans·gen·ic /ˌtrænzˈdʒenɪk, ˈtræns-/ *Adj* (BIOL) transgen

trans·gress /trænzˈgres, træns-/ *Verb* (*gehoben*) **1** gegen eine Regel verstoßen, sündigen **2** (*Grenze*) überschreiten; (*Regel*) verstoßen gegen

trans·gres·sion /trænzˈgreʃn, træns-/ *Nomen* (*gehoben*) **1** Überschreitung, Verstoß (*gegen eine Regel*) **2** Sünde

tran·si·ence /ˈtrænziəns/ *Nomen* (*gehoben*) Vergänglichkeit

tran·si·ent¹ /ˈtrænziənt; *AmE* ˈtrænʃnt/ *Adj* (*gehoben*) **1** flüchtig, vergänglich, vorübergehend **2** Durchgangs- ◇ *a city with a large transient population* eine Stadt mit einem großen nicht ansässigen Bevölkerungsanteil

tran·si·ent² /ˈtrænziənt, -ˈtrænzjənt/ *Nomen* (*bes AmE*) **1** Durchreisende(r) **2** Saisonarbeiter(in)

tran·sis·tor /trænˈzɪstə(r), -ˈsɪst-/ *Nomen* **1** Transistor **2** (*auch* tranˌsistor ˈradio) Transistorradio

tran·sit /ˈtrænzɪt, -sɪt/ *Nomen* **1** Transport **2** [meist Sing] Durchreise, Transit

ˈtransit camp *Nomen* Durchgangslager

tran·si·tion /trænˈzɪʃn, -ˈsɪʃn/ *Nomen* Übergang

tran·si·tion·al /trænˈzɪʃənl/ *Adj* Übergangs-

tran·si·tive /ˈtrænsətɪv/ *Adj* (*Adv* **tran·si·tive·ly**) (LING) transitiv OPP INTRANSITIVE

tran·si·tory /ˈtrænsətri; *AmE* -tɔːri/ *Adj* (*gehoben*) vergänglich, vorübergehend SYN TEMPORARY

trans·late /trænsˈleɪt, trænz-/ *Verb* **1** ~ (**sth**) (**as sth**) etw (mit etw) übersetzen **2** ~ (**as sth**) sich (mit etw) übersetzen lassen **3** (sich) umsetzen (lassen) ◇ *his attempt to translate Shakespeare to the small screen* sein Versuch, Shakespeare für das Fernsehen zu inszenieren **4** ~ **sth as sth** etw als etw auslegen

trans·la·tion /trænsˈleɪʃn, trænz-/ *Nomen* **1** Übersetzung ◇ *an error in translation* ein Übersetzungsfehler **2** ~ (**of sth**) **into sth** Umsetzung (von etw) in etw

trans·la·tor /trænsˈleɪtə(r), trænz-/ *Nomen* Übersetzer(in)

trans·lit·er·ate /trænsˈlɪtəreɪt, trænz-/ *Verb* (*gehoben*) transliterieren

trans·lu·cent /trænsˈluːsnt, trænz-/ *Adj* (*gehoben*) durchscheinend

trans·mi·gra·tion /ˌtrænzmaɪˈgreɪʃn, ˌtræns-/ *Nomen* Seelenwanderung

trans·mis·sion /trænsˈmɪʃn, trænz-/ *Nomen* (*gehoben*) **1** (*einer Krankheit, von Daten, Signalen*) Übertragung ◇ *the risk of transmission* das Infektionsrisiko **2** Sendung, Übertragung ◇ *a break in transmission* eine Sendestörung **3** (*eines Motors*) Antrieb, Getriebe

trans·mit /trænsˈmɪt, trænz-/ *Verb* (**-tt-**) **1** senden, übertragen **2** (*Krankheit, Ängste etc.*) übertragen ☛ *Siehe auch* SEXUALLY TRANSMITTED DISEASE **3** übermitteln, vermitteln, weitergeben **4** (*Licht*) durchlassen

trans·mit·ter /trænsˈmɪtə(r), trænz-/ *Nomen* **1** Sender **2** ~ **of sth** (*gehoben*) Übermittler von etw

trans·mog·ri·fy /trænzˈmɒgrɪfaɪ, ˌtræns-; *AmE* -ˈmɑːg-/ *Verb* (**-fies, -fy·ing, -fied, -fied**) (*oft passiv*) (*oft hum*) (auf wundersame Weise) verwandeln

trans·mu·ta·tion /ˌtrænzmjuːˈteɪʃn, ˌtræns-/ *Nomen* Umwandlung, Verwandlung

trans·mute /trænzˈmjuːt, træns-/ *Verb* (*gehoben*) (sich) verwandeln

trans·na·tion·al /ˌtrænzˈnæʃnəl, ˌtræns-/ *Adj* übernational

tran·som /ˈtrænsəm/ *Nomen* **1** Querbalken **2** (*AmE*) Oberlicht, Fächerfenster

trans·par·ency /trænsˈpærənsi/ *Nomen* (*Pl* **-ies**) **1** Diapositiv; (*für Overheadprojektor*) Folie SYN SLIDE **2** Durchsichtigkeit **3** Durchschaubarkeit, Fadenscheinigkeit **4** Verständlichkeit, Transparenz ◇ *a need for greater transparency in legal documents* die Notwendigkeit, juristische Dokumente verständlicher zu machen

trans·par·ent /trænsˈpærənt; *AmE* -ˈper-/ *Adj* **1** durchsichtig OPP OPAQUE **2** durchschaubar, offenkundig SYN OBVIOUS **3** (*Sprache*) verständlich OPP OPAQUE

trans·par·ent·ly /trænsˈpærəntli/ *Adv* offenkundig ◇ *transparently clear* völlig klar ◇ *transparently honest* durch und durch ehrlich

tran·spire /trænˈspaɪə(r)/ *Verb* (*gehoben*) **1** (*selten in der Verlaufsform*) sich herausstellen **2** passieren **3** (BOT) transpirieren

trans·plant¹ /trænsˈplɑːnt, trænz-; *AmE* -ˈplænt/ *Verb* **1** (*Organ*) transplantieren, verpflanzen **2** verpflanzen (*auch fig*)

trans·plant² /ˈtrænsplɑːnt, ˈtrænz-; *AmE* -plænt/ *Nomen* **1** Transplantation, Verpflanzung **2** verpflanztes Organ

trans·plan·ta·tion /ˌtrænsplɑːnˈteɪʃn, ˌtrænz-; *AmE* -plæn-/ *Nomen* Transplantation, Verpflanzung (*auch fig*)

trans·port¹ /ˈtrænspɔːt; *AmE* -spɔːrt/ *Nomen* **1** (*bes BrE*) Transport, Beförderung **2** (*BrE*) Verkehr ◇ *travel on/by public transport* mit öffentlichen Verkehrsmitteln fahren **3** (*BrE*) Beförderungsmittel ◇ *Applicants must have their own transport.* Bewerber müssen motorisiert sein. **4** Transporter **5** **transports** [Pl] (*gehoben*) ◇ *It sent them into transports of delight.* Das versetzte sie in helles Entzücken.

trans·port² /trænˈspɔːt; *AmE* -ˈspɔːrt/ *Verb* **1** befördern, transportieren ◇ *The book transports you to another world.* Das Buch versetzt einen in eine andere Welt. **2** (*früher*) deportieren

trans·port·able /trænˈspɔːtəbl; *AmE* -ˈspɔːrt-/ *Adj* transportabel, transportierbar

trans·por·ta·tion /ˌtrænspɔːˈteɪʃn; *AmE* -pɔːrˈt-/ *Nomen* [U] **1** (*bes AmE*) Transport, Beförderung ◇ *public transportation* öffentliche Verkehrsmittel **2** (*früher*) Deportation, Zwangsverschickung

ˈtransport cafe *Nomen* (*BrE*) Fernfahrerlokal

trans·port·er /trænˈspɔːtə(r); *AmE* -ˈspɔːrt-/ *Nomen* Transporter

trans·pose /trænˈspəʊz; *AmE* -ˈspoʊz/ *Verb* (*oft passiv*) **1** (*gehoben*) vertauschen SYN REVERSE **2** (*gehoben*) übertragen; (*Schauplatz etc.*) verlegen **3** (MUS) transponieren

trans·pos·ition /ˌtrænspəˈzɪʃn/ *Nomen* **1** Vertauschung **2** (MUS) Transposition **3** Übertragung

trans·sex·ual /trænzˈsekʃuəl, træns-/ *Nomen* Transsexuelle(r)

tran·sub·stan·ti·ation /ˌtrænsəbˌstænʃiˈeɪʃn/ *Nomen* (REL) Wandlung

trans·verse /ˈtrænzvɜːs, ˈtræns-; *AmE* -vɜːrs/ *Adj* (*Fachspr*) quer liegend

trans·vest·ite /trænzˈvestaɪt, træns-/ *Nomen* Transvestit(in)

trap¹ /træp/ *Nomen* **1** Falle (*auch fig*) ☛ *Siehe auch* BOOBY TRAP *und* SPEED TRAP **2** [meist Sing] ausweglose Lage ◇ *the unemployment trap* der Teufelskreis der Arbeitslosigkeit ☛ *Siehe auch* POVERTY TRAP **3** zweirädriger Einspänner **4** (*Slang*) (*Mund*) Klappe **5** (*bei Greyhoundrennen*) Box **6** = SAND TRAP IDM **fall into/avoid the trap of doing sth** den Fehler begehen/vermeiden, etw zu tun ☛ *Siehe auch* SPRING²

trap² /træp/ *Verb* (**-pp-**) **1** (*oft passiv*) einschließen, fangen ◇ *We became trapped by the rising flood water.* Wir wurden von der steigenden Flut abgeschnitten. ◇ *I feel trapped in my job.* Ich sehe keine Möglichkeit, jemals aus diesem Job herauszukommen. **2** einklemmen **3** (*Wasser etc.*) auffangen, speichern **4** in eine Falle locken **5** (*Tier*) (mit einer Falle) fangen **6** ~ **sb into doing sth** jdn durch eine List dazu bringen, etw zu tun

trap·door /ˈtræpdɔː(r)/ *Nomen* Falltür; (*Bühne*) Versenkung

trap·eze /trəˈpiːz; *AmE* træ-/ *Nomen* Trapez

tra·pez·ium /trəˈpiːziəm/ *Nomen* (*Pl* **tra·pez·iums** *oder* **tra·pezia** /trəˈpiːziə/) **1** (*BrE*) (*Geometrie*) Trapez **2** (*AmE*) Trapezoid

trap·ez·oid /ˈtræpəzɔɪd/ *Nomen* **1** (*BrE*) (*Geometrie*) Trapezoid **2** (*AmE*) Trapez

trap·per /ˈtræpə(r)/ *Nomen* Fallensteller(in)

trap·pings /ˈtræpɪŋz/ *Nomen* [Pl] (*gehoben, oft abwert*) Drum und Dran, äußere Zeichen

trash¹ /træʃ/ *Nomen* **1** (*AmE*) Abfall, Müll **2** (*BrE, umgs, abwert*) Mist ◇ *What's this trash you're watching?* Was ist denn das für ein Mist, den du dir da ansiehst? **3** (*AmE, umgs, beleidigend*) Gesindel

trash² /træʃ/ *Verb* (*umgs*) **1** kaputtschlagen **2** heruntermachen **3** (*AmE*) wegwerfen

ˈtrash can *Nomen* (*AmE*) Abfalleimer, Mülltonne

trashy /ˈtræʃi/ *Adj* (*umgs*) minderwertig

trauma /ˈtrɔːmə; AmE ˈtraʊmə/ Nomen **1** [U] (Psych, Med) Trauma **2** traumatisches Ereignis

trau·mat·ic /trɔːˈmætɪk; AmE traʊˈm-/ Adj (Adv **trau·mat·ic·al·ly** /-kli/) traumatisch ☞ Siehe auch post-traumatic stress disorder

trau·ma·tize (BrE auch **-ise**) /ˈtrɔːmətaɪz; AmE ˈtraʊm-/ Verb (meist passiv) traumatisieren

trav·ail /ˈtræveɪl, trəˈveɪl/ Nomen [meist Pl] (veraltet oder gehoben) Mühsal, Schwierigkeit

travel¹ /ˈtrævl/ Verb (**-ll-**, AmE meist **-l-**) **1** reisen ◇ travel around the world eine Weltreise machen ◇ I go to bed early if I'm travelling the next day. Ich gehe früh ins Bett, wenn ich am nächsten Tag verreise. ◇ I went travelling for six months. Ich bin sechs Monate herumgereist. ☞ Hinweis bei reise **2** fahren ◇ I love travelling by train. Ich fahre gern mit dem Zug. **3** gehen ◇ He travelled the length of the Nile. Er befuhr den Nil in seiner ganzen Länge. **4** sich fortbewegen; (Licht, Schall etc.) sich fortpflanzen; (Neuigkeit, Gerücht) sich verbreiten **5** ~ (**well**) den Transport (gut) vertragen ◇ Their humour doesn't travel well. Ihr Humor kommt im Ausland nicht gut an. **6** (Auto etc.) schnell fahren; (Pferd) schnell sein **7** (im Basketball) einen Schrittfehler machen IDM **travel ˈlight** mit wenig Gepäck reisen

travel² /ˈtrævl/ Nomen **1** Reisen ◇ air travel das Fliegen ◇ space travel die Raumfahrt ◇ foreign travel Auslandsreisen ◇ the travel industry das Touristikgewerbe ◇ The pass allows unlimited travel on all public transport in the city. Der Ausweis berechtigt Sie zur uneingeschränkten Benutzung aller städtischen Verkehrsmittel. ☞ Hinweis bei reise **2 travels** [Pl] Reisen ◇ When are you off on your travels? Wann verreisen Sie? ☞ Hinweis bei reise

ˈtravel agency Nomen Reisebüro

ˈtravel agent Nomen **1** Reisebürokaufmann/-kauffrau **2 travel agent's** (Pl **travel agents**) Reisebüro ☞ Hinweis bei baker

trav·elled (AmE meist **trav·eled**) /ˈtrævld/ Adj (meist in Zusammensetzungen) (gehoben) **1** ◇ a much-travelled man ein weit gereister Mann **2** (Straße etc.) (stark) befahren

trav·el·ler (AmE meist **trav·el·er**) /ˈtrævələ(r)/ Nomen **1** Reisende(r) ◇ She is a frequent traveller to Belgium. Sie fährt häufig nach Belgien. ◇ my fellow travellers meine Reisegenossen ◇ I'm not a good traveller. Ich werde leicht reisekrank. **2** (BrE) = Person ohne festen Wohnsitz, die (meist) im Wohnwagen herumzieht

ˈtraveller's cheque (AmE **ˈtraveler's check**) Nomen Reisescheck

trav·el·ling¹ /ˈtrævəlɪŋ/ Adj nur vor Nomen **1** Wander- ◇ the travelling public die Reisenden ◇ (BrE) travelling people Leute ohne festen Wohnsitz, die (meist in Wohnwagen) herumziehen **2** Reise-

trav·el·ling² /ˈtrævəlɪŋ/ Nomen Reisen ◇ a travelling companion ein(e) Reisegefährte/-gefährtin

ˌtravelling ˈsalesman (AmE meist **ˌtraveling ˈsalesman**) Nomen (veraltet) Vertreter, Handelsreisender

trav·el·ogue (AmE auch **trav·elog**) /ˈtrævəlɒɡ; AmE -lɔːɡ, -lɑːɡ/ Nomen Reisebericht, Reisebeschreibung; (mit Dias) Diavortrag (über eine Reise)

ˈtravel-sick Adj reisekrank

ˈtravel sickness Nomen Reisekrankheit

tra·verse¹ /trəˈvɜːs; AmE -ˈvɜːrs/ Verb (gehoben oder Fachspr) (durch)queren, überqueren, traversieren

tra·verse² /ˈtrævɜːs; AmE -vɜːrs/ Nomen (Fachspr) Traversierung; (im Skilauf) Schrägfahrt

trav·esty /ˈtrævəsti/ Nomen (Pl **-ies**) Zerrbild ◇ The trial was a travesty of justice. Der Prozess sprach allem Recht Hohn.

trawl¹ /trɔːl/ Verb **1** durchsuchen, durchkämmen **2** ~ (**for sth**) (nach etw) mit dem Schleppnetz fischen

trawl² /trɔːl/ Nomen **1** Suche **2** (auch **ˈtrawl net**) Schleppnetz

trawl·er /ˈtrɔːlə(r)/ Nomen Trawler

tray /treɪ/ Nomen **1** Tablett **2** (bes BrE) (oft in Zusammensetzungen) (flacher) Behälter; (im Büro) Ablagekorb ◇ a cat's litter tray ein Katzenklo ☞ Siehe auch baking tray, in tray und out tray

treach·er·ous /ˈtretʃərəs/ Adj (Adv **treach·er·ous·ly**) **1** heimtückisch, hinterhältig **2** verräterisch **3** tückisch, gefährlich

treach·ery /ˈtretʃəri/ Nomen (Pl **-ies**) Verrat ◇ an act of treachery ein Verrat

trea·cle /ˈtriːkl/ Nomen (BrE) **1** Melasse **2** Sirup

tread¹ Verb /tred/ (trod /trɒd/, **trod·den** /ˈtrɒdn/; AmE /ˈtrɑːdn/ oder **trod**) **1** treten **2** (Trauben) (zer)stampfen **3** (gehoben) (Pfad, Weg) beschreiten **4** (gehoben) gehen ◇ He was treading quietly and cautiously. Er ging leise und vorsichtig. IDM **tread ˈcarefully, ˈwarily etc.** behutsam vorgehen ˌ**tread a difficult, dangerous, solitary etc. ˈpath** einen schwierigen, gefährlichen, einsamen etc. Weg beschreiten ˌ**tread on sb's ˈheels** jdm auf den Fersen folgen ˌ**tread on sb's ˈtoes** (umgs) jdm auf die Füße treten ˌ**tread ˈwater 1** Wasser treten **2** (fig) auf der Stelle treten ☞ Siehe auch line¹ und tightrope

tread² /tred/ Nomen **1** [Sing] Schritt, Tritt, Gang ◇ I heard his heavy tread on the stairs. Ich hörte seine schweren Schritte auf der Treppe. **2** (Reifen)profil **3** (Tritt)stufe

treadle /ˈtredl/ Nomen Tretkurbel, Pedal

tread·mill /ˈtredmɪl/ Nomen **1** [Sing] (fig) Tretmühle **2** Tretrad **3** (Übungsgerät) Laufband

trea·son /ˈtriːzn/ (auch ˌ**high ˈtreason**) Nomen (Hoch)verrat

treas·on·able /ˈtriːzənəbl/ Adj verräterisch

treas·ure¹ /ˈtreʒə(r)/ Nomen **1** Schatz **2** Schatz, Kostbarkeit **3** (Mensch) Juwel, Schatz

treas·ure² /ˈtreʒə(r)/ Verb schätzen, in Ehren halten

ˈtreasure hunt Nomen Schnitzeljagd

treas·urer /ˈtreʒərə(r)/ Nomen Schatzmeister(in), Kassenwart(in), Kämmerer

ˈtreasure trove Nomen **1** Schatz **2** (fig) Fundgrube

treas·ury /ˈtreʒəri/ Nomen (Pl **-ies**) **1 the Treasury** das Finanzministerium ☞ G 1.3a **2** Schatzkammer

treat¹ /triːt/ Verb **1** behandeln ◇ Treat your keyboard with care and it should last for years. Wenn Sie vorsichtig mit ihrem Keyboard umgehen, wird es Jahre halten. ☞ Hinweis bei about² **2** ~ **sth as sth** etw als etw nehmen, etw als etw ansehen, etw als etw behandeln **3** ~ **sb** (**to sth**) jdn (zu etw) einladen **4** ~ **yourself to sth** sich etw gönnen IDM **treat sb like ˈdirt** (umgs) jdn wie Dreck behandeln PHR V **ˈtreat sb to sth** jdm etw bieten ◇ The crowd were treated to a superb display of tennis. Dem Publikum wurde erstklassiges Tennis geboten.

treat² /triːt/ Nomen (besonderes) Vergnügen, (besonderer) Genuss, etwas Besonderes ◇ Let's go out for lunch — my treat. Gehen wir essen, ich lade dich ein. IDM **a ˈtreat** (BrE, umgs) wunderbar ◇ His idea worked a treat. Sein Plan klappte hervorragend. ◇ She looks a treat. Sie sieht toll aus. ☞ Siehe auch trick¹

treat·able /ˈtriːtəbl/ Adj behandelbar

trea·tise /ˈtriːtɪs, -tɪz/ Nomen Abhandlung

treat·ment /ˈtriːtmənt/ Nomen Behandlung ◇ He is receiving treatment for shock. Er wird wegen Schock behandelt. ◇ an effective treatment for malaria ein wirksames Mittel gegen Malaria ◇ the brutal treatment of political prisoners die brutale Misshandlung politischer Gefangener ◇ a sewage/water treatment plant eine Klär-/Wasseraufbereitungsanlage

treaty /ˈtriːti/ Nomen (Pl **-ies**) (Staats)vertrag

treble¹ /ˈtrebl/ Nomen **1** Diskant ◇ turn up the treble on the stereo den Höhenregler am Stereo höher stellen **2** (Mus) Knabensopran **3** [Sing] (Mus) Oberstimme **4** [Sing] Dreifachsieg

treble² /ˈtrebl/ Verb (sich) verdreifachen SYN triple²

treble³ /ˈtrebl/ Adv dreifach ◇ Capital expenditure was treble the 1998 level. Die Kapitalaufwendungen waren dreimal so hoch wie 1998.

treble⁴ /ˈtrebl/ Adj nur vor Nomen Sopran- ◇ a treble voice eine Sopranstimme ◇ the treble clef der Violinschlüssel

tree /triː/ Nomen Baum ◇ an oak tree eine Eiche IDM **not see the ˌwood for the ˈtrees** (AmE **not see the ˌforest for the ˈtrees**) den Wald vor lauter Bäumen nicht sehen ☞ Siehe auch bark², grow und top¹

tree·less /ˈtriːləs/ Adj baumlos

ˈtree-line /ˈtriːlaɪn/ Nomen Baumgrenze

'tree surgeon *Nomen* Baumchirurg(in)
'tree surgery *Nomen* Baumchirurgie
tree-top /'tri:tɒp; *AmE* -tɑ:p/ *Nomen* [meist Pl] (Baum)wipfel
trek¹ /trek/ *Nomen* Marsch, Treck
trek² /trek/ *Verb* (-kk-) 1 (*umgs*) latschen 2 (*auch* go trekking) trecken, wandern, marschieren ► *Siehe auch* PONY-TREKKING
trel·lis /'trelɪs/ *Nomen* Gitter, Spalier
trem·ble¹ /'trembl/ *Verb* 1 ~ (with sth) (vor etw) zittern ◊ *tremble all over* am ganzen Körper zittern 2 sb trembles at sth jdm wird bei etw bange
trem·ble² /'trembl/ *Nomen* [meist Sing] (*auch* trem·bling) Zittern
tre·men·dous /trə'mendəs/ *Adj* 1 gewaltig, enorm, ungeheuer 2 großartig
tre·men·dous·ly /trə'mendəsli/ *Adv* enorm, äußerst
trem·olo /'tremələʊ; *AmE* -loʊ/ *Nomen* (*Pl* -os) (MUS) Tremolo
tremor /'tremə(r)/ *Nomen* 1 Beben, Erschütterung ◊ *an earth tremor* ein Erdbeben 2 Zittern
tremu·lous /'tremjələs/ *Adj* (*Adv* tremu·lous·ly) (*gehoben*) zitternd; (*Lächeln*) zaghaft
trench /trentʃ/ *Nomen* 1 Graben 2 Schützengraben ◊ *trench warfare* Stellungskrieg
tren·chant /'trentʃənt/ *Adj* (*Adv* tren·chant·ly) (*gehoben*) prägnant; (*Kritik*) scharf; (*Ansicht*) dezidiert; (*Bemerkung*) bissig
'trench coat *Nomen* Trenchcoat
trend /trend/ *Nomen* 1 ~ (towards sth) Trend (zu etw), Tendenz (zu etw) ◊ *a downward/upward trend in sales* fallende/steigende Verkaufszahlen 2 Mode
trend·ily /'trendɪli/ *Adv* modisch
trend·set·ter /'trendsetə(r)/ *Nomen* Trendsetter(in)
trend·set·ting /'trendsetɪŋ/ *Adj nur vor Nomen* wegweisend
trendy¹ /'trendi/ *Adj* (trend·ier, trendi·est) (*umgs*) modisch, Schickimicki
trendy² /'trendi/ *Nomen* (*Pl* -ies) (*BrE*, *umgs*, *meist abwert*) Schickimicki
trepi·da·tion /ˌtrepɪ'deɪʃn/ *Nomen* (*gehoben*) ängstliche Erwartung, Bangigkeit
tres·pass¹ /'trespəs/ *Verb* 1 (RECHT) ~ (on sth) (etw) unbefugt betreten 2 ~ against sth (*veraltet*) (*Gesetz*) übertreten PHRV 'trespass on sth (*gehoben*) etw über Gebühr in Anspruch nehmen
tres·pass² /'trespəs/ *Nomen* 1 (RECHT) unbefugtes Betreten, Hausfriedensbruch 2 (*veraltet*) Vergehen, Verstoß (REL) Sünde
tres·pass·er /'trespəsə(r)/ *Nomen* Unbefugte(r) ◊ *Trespassers will be prosecuted.* Betreten bei Strafe verboten.
tresses /'tresɪz/ *Nomen* [Pl] (*gehoben*) (langes) Haar
tres·tle /'tresl/ *Nomen* (Auflage)bock
'trestle table *Nomen* auf Böcken stehender Tisch, Tapeziertisch
triad /'traɪæd/ *Nomen* 1 (*gehoben*) Triade, Dreiheit 2 (MUS) Dreiklang 3 (*auch* Triad) (*chinesische Verbrecherorganisation*) Triade
trial¹ /'traɪəl/ *Nomen* 1 Prozess, Gerichtsverfahren, Gerichtsverhandlung ◊ *He's on trial for murder.* Er steht wegen Mordes vor Gericht. ◊ *She will stand/go on trial for fraud.* Sie ist des Betrugs angeklagt. ◊ *They are awaiting trial on corruption charges.* Sie stehen wegen Korruption unter Anklage. 2 Test, Probe ◊ *a trial separation* eine Ehetrennung auf Probe ◊ *She agreed to employ me for a trial period.* Sie war damit einverstanden, mich probeweise einzustellen. 3 [meist Pl] (SPORT) Ausscheidungsrennen, Ausscheidungsspiel, Ausscheidungswettkampf 4 [meist Pl] ◊ *horse trials* Reit- und Springturnier ◊ *sheepdog trials* Geschicklichkeitsprüfung für Hütehunde 5 ~ (to sb) Problem (für jdn), Plage (für jdn) ◊ *Getting there turned out to be a bit of a trial.* Den Weg zu finden erwies sich als etwas problematisch. IDM ,trial and 'error Ausprobieren ◊ *learn by trial and error* durch Ausprobieren lernen
trial² /'traɪəl/ *Verb* (-ll-) (*BrE*) testen, ausprobieren
,trial 'run *Nomen* Probelauf

tri·angle /'traɪæŋgl/ *Nomen* 1 Dreieck 2 (MUS) Triangel 3 Dreiecksbeziehung 4 (*AmE*) Zeichendreieck
tri·angu·lar /traɪ'æŋgjələ(r)/ *Adj* 1 dreieckig 2 Dreipersonen-
tri·ath·lon /traɪ'æθlən/ *Nomen* Triathlon
tri·bal /'traɪbl/ *Adj* Stammes-
tri·bal·ism /'traɪbəlɪzəm/ *Nomen* 1 Tribalismus 2 Stammessystem
tribe /traɪb/ *Nomen* 1 (*manchmal beleidigend*) (*Volks-*) Stamm 2 (*manchmal abwert*) Sippschaft 3 (BIOL) Gattung
tribes·man /'traɪbzmən/ *Nomen* (*Pl* -men /-mən/) Stammesangehöriger
tribes·woman /'traɪbzwʊmən/ *Nomen* (*Pl* -women /-wɪmɪn/) Stammesangehörige
tribu·la·tion /ˌtrɪbju'leɪʃn/ *Nomen* (*gehoben oder hum*) Sorge, Plage
tri·bu·nal /traɪ'bju:nl/ *Nomen* Gericht(shof), Untersuchungsausschuss ► *Siehe auch* INDUSTRIAL TRIBUNAL ► G 1.3b
trib·une /'trɪbju:n/ *Nomen* 1 Volkstribun 2 (Redner)tribüne
tribu·tary /'trɪbjətri; *AmE* -teri/ 1 *Nomen* (*Pl* -ies) Nebenfluss, Zufluss 2 *Adj nur vor Nomen* Neben- ◊ *tributary rivers* Nebenflüsse
trib·ute /'trɪbju:t/ *Nomen* 1 Würdigung, Anerkennung, Tribut ◊ *Her boss paid tribute to her life and work.* Ihr Chef würdigte ihr Leben und ihre Arbeit. ◊ *Floral tributes were sent in.* Viele Leute schickten Blumen und Kränze. 2 [Sing] a ~ to sb/sth ◊ *His recovery is a tribute to the doctors' skill.* Seine Genesung macht den Künsten der Ärzte Ehre. 3 Tribut, Abgabe
trice /traɪs/ *Nomen* IDM in a 'trice im Nu; im Handumdrehen
tri·ceps /'traɪseps/ *Nomen* (*Pl* tri·ceps) Trizeps
trick¹ /trɪk/ *Nomen* 1 List, Trick ◊ *a trick question* eine Fangfrage ► *Siehe auch* CONFIDENCE TRICK *und* DIRTY TRICK 2 (Sinnes)täuschung ◊ *Was it a trick of the light?* Täuschen nur das Licht? ◊ *trick photography* Trickaufnahmen 3 Kunststück, Trick ◊ *conjuring tricks* Zauberkunststücke ► *Siehe auch* HAT-TRICK 4 [meist Sing] Trick, Dreh ◊ *Is there a trick to it?* Gibt's da einen besonderen Dreh dabei? 5 (*in Kartenspielen*) Stich IDM a bag/box of 'tricks (*umgs*) eine Trickkiste be up to your (old) 'tricks (*umgs, abwert*) wieder seine (alten) Mätzchen machen do the job/trick (*umgs*) funktionieren; (*Medikament etc.*) wirken ◊ *This piece of wood should do the trick.* Mit diesem Stück Holz müsste es gehen. every trick in the 'book alles Erdenkliche ◊ *He'll try every trick in the book to stop you from winning.* Er wird alles daransetzen, um dir den Sieg streitig zu machen. ◊ *He knows every trick in the book.* Er ist mit allen Wassern gewaschen. have a 'trick, some more 'tricks etc. up your sleeve noch ein paar Tricks auf Lager haben play a trick on sb jdm einen Streich spielen ,trick or 'treat = Brauch zu Halloween (31. Oktober), bei dem die Kinder von Tür zu Tür gehen und mit dem Spruch „trick or treat" Geld oder kleine Geschenke von den Bewohnern „fordern" the ,tricks of the 'trade Kniffe turn a 'trick (*AmE, Slang*) sich prostituieren ► *Siehe auch* MISS¹ *und* TEACH
trick² /trɪk/ *Verb* täuschen, hereinlegen ◊ *I'd been tricked.* Man hatte mich übers Ohr gehauen. ◊ *He managed to trick his way past the security guards.* Mit einer List gelang es ihm, an der Wache vorbeizukommen. PHRV ,trick sb 'into sth jdn mit List/einem Trick zu etw bringen ,trick sb 'out of sth jdn um etw prellen ,trick sb/sth 'out (*gehoben*) jdn/etw herausputzen
trick·ery /'trɪkəri/ *Nomen* Trickserei, Tricks
trickle¹ /'trɪkl/ *Verb* 1 tröpfeln, tropfen ◊ *Tears were trickling down her cheeks.* Tränen kullerten über ihre Wangen. 2 träufeln 3 (*fig*) trudeln ◊ *News is starting to trickle out.* Langsam sickern Nachrichten durch. PHRV ,trickle 'down (*Wohlstand etc.*) nach unten durchsickern
trickle² /'trɪkl/ *Nomen* 1 Rinnsal ◊ *There was a trickle of blood at the corner of his mouth.* Aus dem Mundwinkel floss ein dünner Blutfaden. 2 [meist Sing] kleiner, aber stetiger Strom ◊ *The museum has a steady trickle of visitors.* Das

Museum hat eine kleine, aber regelmäßige Anzahl von Besuchern.

trick·ster /'trɪkstə(r)/ *Nomen* Schwindler(in)

tricky /'trɪki/ *Adj* (**trick·ier, tricki·est**) **1** schwierig; (*Frage/Lage*) verzwickt **2** durchtrieben, gerissen SYN CRAFTY

tri·col·our (*AmE* **tri·color**) /'trɪkələ(r); *AmE* 'traɪkʌlər/ *Nomen* Trikolore

tri·cycle /'traɪsɪkl/ *Nomen* Dreirad

tri·dent /'traɪdnt/ *Nomen* Dreizack

tried /traɪd/ *Form von* TRY¹ IDM ˌ**tried and 'test·ed/'trusted** (*AmE* ˌ**tried and 'true**) bewährt

tri·en·nial /traɪ'eniəl/ *Adj* dreijährlich, alle drei Jahre (stattfindend)

trier /'traɪə(r)/ *Nomen* ◊ *He's a real trier.* Er gibt einfach nicht auf.

trifle¹ /'traɪfl/ *Nomen* **1 a trifle** ... [Sing] (*gehoben*) ein wenig ... ◊ *She seemed a trifle anxious.* Sie schien ein wenig besorgt. **2** Kleinigkeit **3** (*BrE*) ≈ aus Götterspeise, Biskuit, Früchten, Vanillesoße und Sahne gemachter Nachtisch

trifle² /'traɪfl/ *Verb* PHRV **'trifle with sb/sth** (*gehoben*) (*besonders in verneinten Aussagen*) mit jdm/etw spaßen, mit jdm/etw spielen ◊ *He is not a person to be trifled with.* Er lässt nicht mit sich spaßen.

trif·ling /'traɪflɪŋ/ *Adj* (*gehoben*) unbedeutend

trig·ger¹ /'trɪɡə(r)/ *Nomen* **1** (*eines Gewehrs*) Abzug ◊ *pull the trigger* abdrücken **2** Auslöser

trig·ger² /'trɪɡə(r)/ *Verb* ~ **sth** (**off**) etw auslösen

'trigger-happy *Adj* (*umgs, abwert*) schießwütig

trig·onom·etry /ˌtrɪɡə'nɒmətri; *AmE* -'nɑːm-/ *Nomen* Trigonometrie

trike /traɪk/ *Nomen* (*umgs*) Dreirad

trilby /'trɪlbi/ *Nomen* (*Pl* **-ies**) (*bes BrE*) ≈ Herrenhut aus Filz mit schmaler Krempe

trill¹ /trɪl/ *Nomen* **1** Trillern **2** (Mus) Triller

trill² /trɪl/ *Verb* **1** trillern, zwitschern; (*Telefon*) schrillen **2** (*Mensch*) zwitschern, flöten

tril·lion /'trɪljən/ *Zahl* **1** Billion ☞ *Hinweis bei* HUNDERT *und* MILLIARDE ☞ *Beispiele bei* HUNDRED **2 a trillion** *oder* **trillions** (*umgs*) Abermillionen **3** (*BrE, veraltet*) Trillion

tril·ogy /'trɪlədʒi/ *Nomen* (*Pl* **-ies**) Trilogie

trim¹ /trɪm/ *Verb* (**-mm-**) **1** stutzen, zurechtschneiden; (*Haare*) nachschneiden **2** kürzen **3** ~ **sth** (**off/away**) etw abschneiden, etw wegschneiden ◊ *50 seconds of violence were trimmed from the movie.* 50 Sekunden an Gewaltdarstellung wurden aus dem Film herausgeschnitten. **4** (*meist passiv*) ~ **sth** (**with sth**) etw (mit etw) besetzen ◊ *gloves trimmed with fur* pelzbesetzte Handschuhe IDM ˌ**trim your 'sails 1** die Segel trimmen; die Segel richtig stellen **2** kürzer treten; sparen PHRV ˌ**trim 'down** abnehmen ˌ**trim sth 'down** etw verringern, etw kürzen, etw abschneiden

trim² /trɪm/ *Nomen* **1** Nachschneiden, Stutzen ◊ *The hedge needs a trim.* Die Hecke muss gestutzt werden. **2** [U/Sing] Zierleiste; (*bei Kleidung, Möbel etc.*) Bordüre ◊ *the interior trim of the car* die Innenausstattung des Autos IDM **in** (**good**) **'trim** (*BrE, umgs*) (gut) in Form ◊ *get in trim* fit werden

trim³ /trɪm/ *Adj* **1** schlank, in Form **2** (*Erscheinung, Garten etc.*) gepflegt

tri·mes·ter /traɪ'mestə(r)/ *Nomen* **1** (MED) Trimenon (*der Schwangerschaft*) **2** (*AmE*) (SCHULE) Trimester ☞ *Hinweis bei* SEMESTER, S. 1210.

trim·mer /'trɪmə(r)/ *Nomen* Elektro-Heckenschere; (*Rasen-*) Trimmer

trim·ming /'trɪmɪŋ/ *Nomen* **1 trimmings** [Pl] Drum und Dran ◊ *a turkey with all the trimmings* ein Truthahn mit allem, was dazu gehört **2 trimmings** [Pl] Abfälle; (*Papier- etc.*) Schnipsel **3** [meist Pl] Besatz, Bordüre

trin·ity /'trɪnəti/ *Nomen* **1** (REL) **the Trinity** die Dreifaltigkeit **2** (*gehoben*) Dreiheit

trin·ket /'trɪŋkɪt/ *Nomen* (kleines, billiges) Schmuckstück

trio /'triːəʊ; *AmE* 'triːoʊ/ *Nomen* (*Pl* **-os**) **1** (*Gruppe*) Trio ◊

a trio of English runners drei englische Läufer(innen) ☞ G 1.3b **2** (*Musikstück*) Trio

trip¹ /trɪp/ *Nomen* **1** Ausflug, (kleine) Reise ◊ *a shopping trip* ein Einkaufsbummel ◊ *They took a trip down the river.* Sie haben eine Bootsfahrt auf dem Fluss gemacht. ◊ *We had to make several trips to bring it all over.* Wir mussten mehrmals fahren, um alles herzubringen. ☞ *Siehe auch* FIELD TRIP *und* ROUND TRIP ☞ *Hinweis bei* REISE **2** (*Slang*) (*Drogen-*) Trip **3** Stolpern IDM ⇨ GUILT

trip² /trɪp/ *Verb* (**-pp-**) **1** ~ (**over/up**) stolpern; ~ **over/on sth** über etw stolpern ◊ (*fig*) *He was tripping over his words in his excitement.* Er verhaspelte sich vor lauter Aufregung. **2** (*bes AmE*) ~ **sb** jdm ein Bein stellen, jdn stolpern lassen **3** (*gehoben*) trippeln **4** (*Schalter*) betätigen; (*Alarm etc.*) auslösen **5** (*umgs*) auf einem Drogentrip sein IDM ⇨ MEMORY LANE *und* TONGUE¹ PHRV ˌ**trip 'up** sich vertun ˌ**trip sb 'up 1** jdn aufs Glatteis führen, jdn in eine Falle locken **2** (*BrE*) jdm ein Bein stellen, jdn stolpern lassen

tri·par·tite /ˌtraɪ'pɑːtaɪt; *AmE* -'pɑːrt-/ *Adj* (*gehoben*) dreigeteilt, dreiseitig, trilateral ◊ *a tripartite division* eine Dreiteilung ◊ *tripartite discussions* eine Diskussion zwischen drei Personen, Ländern etc.

tripe /traɪp/ *Nomen* [U] **1** Kutteln, Kaldaunen **2** (*umgs*) Quatsch, Mist

triple¹ /'trɪpl/ *Adj* nur vor Nomen **1** dreifach, Dreier- ◊ *a triple alliance* eine Dreierallianz/ein Dreibund **2** dreimal so viel ◊ *be triple the weight* dreimal so schwer sein ◊ *Its population is about triple that of Venice.* Die Bevölkerung ist etwa die Dreifache von Venedig.

triple² /'trɪpl/ *Verb* (sich) verdreifachen SYN TREBLE²

the ˌtriple 'jump *Nomen* (SPORT) der Dreisprung

trip·let /'trɪplət/ *Nomen* **1** Drilling **2** (MUS) Triole

trip·li·cate /'trɪplɪkət/ *Nomen* IDM **in 'triplicate 1** dreimal ◊ *tested in triplicate* dreifach getestet **2** (*Dokument etc.*) in dreifacher Ausfertigung

tri·pod /'traɪpɒd; *AmE* -pɑːd/ *Nomen* Stativ

trip·per /'trɪpə(r)/ *Nomen* (*BrE*) Ausflügler(in)

trip·tych /'trɪptɪk/ *Nomen* (*Fachspr*) Triptychon

trip·wire /'trɪpwaɪə(r)/ *Nomen* Stolperdraht

trite /traɪt/ *Adj* (*Adv* **trite·ly**) banal, abgedroschen

tri·umph¹ /'traɪʌmf/ *Nomen* Triumph ◊ *a glance of triumph* ein triumphierender Blick

tri·umph² /'traɪʌmf/ *Verb* triumphieren, siegen

tri·umph·al /traɪ'ʌmfl/ *Adj* triumphal, Triumph-, Sieges-

tri·umph·al·ism /traɪ'ʌmfəlɪzəm/ *Nomen* (*abwert*) Triumphgeheul

tri·umph·al·ist /traɪ'ʌmfəlɪst/ *Adj* triumphalistisch

tri·umph·ant /traɪ'ʌmfənt/ *Adj* (*Adv* **tri·umph·ant·ly**) triumphierend ◊ *They emerged triumphant in the election.* Sie gingen siegreich aus der Wahl hervor.

tri·um·vir·ate /traɪ'ʌmvərət/ *Nomen* (*gehoben*) Triumvirat

trivet /'trɪvɪt/ *Nomen* **1** (dreifüßiger) Metalluntersetzer **2** (dreifüßiger) Metalleinsatz

trivia /'trɪviə/ *Nomen* [U] **1** Belanglosigkeiten ◊ *domestic trivia* Alltagskram **2** (*meist in Zusammensetzungen*) ◊ *a trivia quiz* ein Allgemeinwissen-Quiz

triv·ial /'trɪviəl/ *Adj* trivial, belanglos, unwichtig ◊ *I'll try to fix it – but it's not trivial.* Ich werde versuchen, es in Ordnung zu bringen – aber es ist nicht ganz ohne.

tri·vi·al·ity /ˌtrɪvi'æləti/ *Nomen* (*Pl* **-ies**) (*abwert*) Trivialität, Belanglosigkeit

triv·i·al·iza·tion (*BrE auch* **-isa·tion**) /ˌtrɪviəlaɪ'zeɪʃn; *AmE* -lə'z-/ *Nomen* (*meist abwert*) Trivialisierung

triv·i·al·ize (*BrE auch* **-ise**) /'trɪviəlaɪz/ *Verb* (*meist abwert*) trivialisieren, bagatellisieren

trod, trod·den *Form von* TREAD¹

troll¹ /trəʊl; *AmE* troʊl/ *Nomen* Troll

troll² /trəʊl; *AmE* troʊl/ *Verb* ~ (**for sth**) (*bes AmE*) mit der Schleppangel (nach etw) fischen ◊ (*fig*) *troll for votes* auf Stimmenfang gehen

trol·ley /'trɒli; *AmE* 'trɑːli/ *Nomen* **1** (*BrE*) (Einkaufs-, Servier- etc.) Wagen ◊ *a luggage trolley* ein Kofferkuli **2** (*AmE*) Straßenbahn ☞ *Siehe auch* TRACKLESS TROLLEY IDM **be off your 'trolley** (*BrE, umgs*) eine Schraube locker haben

trol·ley·bus /ˈtrɒlibʌs; AmE ˈtrɑːl-/ Nomen (BrE) Oberleitungsbus

trol·lop /ˈtrɒləp; AmE ˈtrɑːləp/ Nomen (veraltet, beleidigend) **1** Schlampe **2** Flittchen

trom·bone /trɒmˈbəʊn; AmE trɑːmˈboʊn/ Nomen (Mus) Posaune

trom·bon·ist /trɒmˈbəʊnɪst; AmE trɑːmˈboʊ-/ Nomen (Mus) Posaunist(in)

tromp /trɒmp; AmE trɑːmp, trɔːmp/ Verb (AmE, umgs) **1** stampfen, stapfen, trampeln **2 ~ sth** auf etw herumtrampeln, auf etw treten

troop¹ /truːp/ Nomen **1 troops** [Pl] Truppen, Soldaten ◊ *the withdrawal of 12 000 troops* der Abzug von 12 000 Soldaten **2** Trupp ◊ (fig) *A troop of guests was arriving.* Eine Schar von Gästen kam an. **3** (*Pfadfinder-*) Gruppe

troop² /truːp/ Verb (Menschen) strömen ◊ *We all trooped down to the beach.* Wir zogen gemeinsam zum Strand.

troop³ /truːp/ nur vor Nomen Truppen- ◊ *troop numbers* die Zahl der Soldaten

troop·er /ˈtruːpə(r)/ Nomen **1** (MIL) Kavallerist, Panzergrenadier **2** (AmE) Staatspolizist(in) IDM ⇨ SWEAR¹

troop·ship /ˈtruːpʃɪp/ Nomen (MIL) Truppentransporter

trop ⇨ DE TROP

tro·phy /ˈtrəʊfi; AmE ˈtroʊfi/ Nomen (Pl **-ies**) **1** Trophäe (auch fig) **2 Trophy** (Wettbewerb, Rennen) Pokal

trop·ic /ˈtrɒpɪk; AmE ˈtrɑːpɪk/ Nomen **1** [meist Sing] (GEOGR) Wendekreis **2 the tropics** [Pl] die Tropen

trop·ic·al /ˈtrɒpɪkl; AmE ˈtrɑːp-/ Adj tropisch, Tropen-

trot¹ /trɒt; AmE trɑːt/ Verb (**-tt-**) **1** (*Pferd*) traben (lassen) ◊ (umgs) *He led the way and we trotted along behind him.* Er ging voraus und wir trabten hinterher. **2** trippeln PHRV **trot sth ˈout** (umgs, abwert) (Ausreden etc.) auftischen, mit etw kommen

trot² /trɒt; AmE trɑːt/ Nomen Trab ◊ *She broke into a trot and disappeared around the corner.* Sie trabte los und verschwand um die Ecke. IDM **on the ˈtrot** (BrE, umgs) **1** hintereinander; in Serie **2** auf Trab

troth /trəʊθ; AmE trɑːθ/ Nomen IDM ⇨ PLIGHT²

Trot·sky·ist /ˈtrɒtskiɪst; AmE ˈtrɑːt-/ (auch **Trot·sky·ite** /ˈtrɒtskiaɪt; AmE ˈtrɑːt-/) **1** Nomen Trotskist(in) **2** Adj trotskistisch

trot·ter /ˈtrɒtə(r); AmE ˈtrɑːt-/ Nomen **1** Schweinsfuß **2** (*Pferd*) Traber

trou·ba·dour /ˈtruːbədɔː(r)/ Nomen (gehoben) Troubadour

trouble¹ /ˈtrʌbl/ Nomen **1** [U] Schwierigkeiten, Ärger ◊ *He could make trouble for me.* Er könnte mich in Schwierigkeiten bringen. ◊ *He's nothing but trouble.* Mit ihm hat man nichts als Ärger. ◊ *She's in trouble with the police.* Sie hat Ärger mit der Polizei. ◊ *He got me into trouble with the teacher.* Sie hat mich beim Lehrer verpetzt. ☞ *Siehe auch* GET SB INTO TROUBLE **2** Problem ◊ *financial troubles* Geldsorgen ☞ *Siehe auch* TEETHING TROUBLES **3** [U] (Krankheit etc.) Leiden ◊ *back trouble* Rückenbeschwerden ◊ *I've been having trouble with my knee.* Mein Knie macht mir zu schaffen. **4** [U] (an einer Maschine etc.) Störung, Defekt ◊ *mechanical trouble* technische Probleme **5** Unruhen ◊ *the troubles in Northern Ireland* die Unruhen in Nordirland **6** [U] Mühe, Umstände ◊ *I don't want to put you to a lot of trouble.* Ich möchte Ihnen nicht zu viel Umstände machen. ◊ *go to a lot of trouble* sich Umstände machen ◊ *I hope the children weren't too much trouble.* Ich hoffe, die Kinder haben Ihnen nicht zu viel Umstände bereitet. ◊ *It'll save you the trouble of going yourself.* Dann brauchst du nicht selbst gehen. ◊ *Nothing is too much trouble for her.* Nichts ist ihr zu viel. ◊ *I can call back later – it's no trouble.* Ich kann später zurückrufen – das ist gar kein Problem. ◊ *I have trouble finding my way round in this website.* Ich finde mich auf dieser Website nur schwer zurecht. SYN BOTHER IDM **get sb into ˈtrouble** (veraltet) jdn schwängern | **give** (sb) **some, any, etc.**) **ˈtrouble** (jdm) Schwierigkeiten machen | **give** (sb) **no ˈtrouble** (jdm) keine Schwierigkeiten machen. | **look for ˈtrouble** Ärger suchen | **take trouble over/with sth**; **take trouble doing/to do sth** sich mit etw (große) Mühe geben | **take the trouble to do sth** sich die Mühe machen etw zu tun ☞ *Siehe auch* ASK

trouble² /ˈtrʌbl/ Verb **1** beunruhigen, bedrücken **2** belästigen, bemühen ◊ *Sorry to trouble you, but …* Entschuldigen Sie die Störung, aber … ◊ (gehoben) *Could I trouble you to open the window, please?* Wären Sie so freundlich, das Fenster zu öffnen? SYN BOTHER **3 ~ to do sth** (BrE, gehoben) (meist in verneinten Sätzen) sich die Mühe machen etw zu tun ◊ *Don't trouble to get up.* Bitte bleiben Sie sitzen. SYN BOTHER **4** (Verletzung etc.) Schwierigkeiten machen IDM ⇨ POUR

troubled /ˈtrʌbld/ Adj **1** beunruhigt, bekümmert, besorgt **2** unruhig ◊ *a troubled marriage* eine gestörte Ehe

trouble·maker /ˈtrʌblmeɪkə(r)/ Nomen Unruhestifter(in)

trouble·shoot·er /ˈtrʌblʃuːtə(r)/ Nomen Problemlöser(in), Vermittler(in); (COMP) Troubleshooter

trouble·some /ˈtrʌblsəm/ Adj lästig, schwierig

ˈtrouble spot Nomen Unruheherd, Krisengebiet

trough /trɒf; AmE trɔːf/ Nomen **1** Trog ◊ (fig) *people with their nose in the trough* Leute, die an der Futterkrippe sitzen **2** (fig) Tief ◊ *peaks and troughs* Höhen und Tiefen **3** Tal, Wellental

trounce /traʊns/ Verb (gehoben) (SPORT) vernichtend schlagen

troupe /truːp/ Nomen (Schauspiel- etc.) Truppe

trouper /ˈtruːpə(r)/ Nomen (umgs) **1** (Schauspiel-) Profi **2** erfahrene(r) Kollege/Kollegin

trou·ser /ˈtraʊzə(r)/ Adj nur vor Nomen Hosen-

trou·sers /ˈtraʊzəz; AmE -zərz/ Nomen [Pl] (bes BrE) Hose ◊ (fig) *I was still in short trousers then.* Damals war ich noch ein Kind. ☞ *Hinweis bei* BRILLE IDM ⇨ CATCH¹ und WEAR¹

ˈtrouser suit Nomen (BrE) Hosenanzug

trous·seau /ˈtruːsəʊ; AmE -soʊ/ Nomen (Pl **trousˈseaus** oder **trousˈseaux** /-səʊz; AmE -soʊz/) (veraltet) Aussteuer, Ausstattung

trout /traʊt/ Nomen **1** (Pl **trout**) Forelle ◊ *brown trout* Bachforellen **2** (meist **old trout**) [meist Sing] (umgs, abwert) (Frau) alte Ziege

trove /trəʊv; AmE troʊv/ Nomen ⇨ TREASURE TROVE

trow·el /ˈtraʊəl/ Nomen **1** Pflanzschaufel **2** (Maurer-) Kelle IDM **lay it on with a ˈtrowel** (umgs) (zu) dick auftragen

tru·ancy /ˈtruːənsi/ Nomen (Schule-) Schwänzen, unentschuldigtes Fernbleiben

tru·ant¹ /ˈtruːənt/ Nomen Schulschwänzer(in) IDM **play ˈtruant** (BrE) schwänzen

tru·ant² /ˈtruːənt/ Verb schwänzen, unentschuldigt fehlen

truce /truːs/ Nomen Waffenstillstand ◊ *call a truce* (einen) Waffenstillstand schließen

truck¹ /trʌk/ Nomen **1** (bes AmE) Last(kraft)wagen ☞ *Siehe auch* DUMPER TRUCK, FORKLIFT TRUCK, PICK-UP TRUCK *und* SALT TRUCK **2** (BrE) Güterwaggon **3** Karren, Wägelchen IDM **have/want no truck with sb/sth** (BrE) mit jdm/etw nichts zu tun haben/haben wollen

truck² /trʌk/ Verb (bes AmE) mit dem Lastwagen transportieren

truck·er /ˈtrʌkə(r)/ Nomen (bes AmE) Lastwagenfahrer(in), Fernfahrer(in)

ˈtruck farm Nomen (AmE) Gemüsebaubetrieb

ˈtruck farmer Nomen (AmE) Gemüsebauer, -bäuerin

ˈtruck farming Nomen (AmE) Gemüse(an)bau

truck·ing /ˈtrʌkɪŋ/ Nomen [U] Lkw-Transport ◊ *trucking companies* Transportunternehmen

truck·load /ˈtrʌkləʊd; AmE -loʊd/ Nomen Wagenladung ◊ (fig) *Their new album is selling by the truckload.* Ihr neues Album geht weg wie warme Semmeln.

ˈtruck stop Nomen (AmE) (Fernfahrer)raststätte

trucu·lent /ˈtrʌkjələnt/ Adj (Adv **trucuˈlently**) (gehoben, abwert) ungehalten, aufsässig

trudge¹ /trʌdʒ/ Verb stapfen, trotten, sich dahinschleppen

trudge² /trʌdʒ/ Nomen [Sing] mühseliger Fußmarsch

true¹ /truː/ Adj **1** wahr, richtig, echt ◊ *She is not the true owner of this house.* Sie ist nicht die rechtmäßige Besitzerin dieses Hauses. ◊ *That's not strictly true.* Das entspricht nicht ganz der Wahrheit. ◊ *His excuse just doesn't ring true.* Seine Ausrede klingt einfach nicht glaubhaft. ◊ *These findings do not hold true for children.* Diese Ergebnisse treffen nicht auf Kinder zu. ◊ *You never spoke a truer word.*

Du hast absolut Recht. ◊ *Is it true she's leaving?* Stimmt es, dass sie geht? ◊ *The music is dull, and the same is true of the acting.* Die Musik ist öde, und dasselbe gilt für die Darstellung. ☛ *Hinweis bei* ADMIT **2 ~ (to sb/sth)** (jdm/etw) treu ◊ *He was true to his word.* Er hielt sein Wort. **3** getreu, wahrheitsgetreu ◊ *The movie is not true to the book.* Der Film hält sich nicht an das Buch. ◊ *The painting is a true likeness of her.* Ihr Porträt ist lebensgetreu. **4** (*gehoben oder veraltet*) gerade ◊ *His aim was true and the bear fell to the ground.* Er hatte gut gezielt und der Bär fiel zu Boden. IDM **come 'true** (*Traum etc.*) wahr werden; Wirklichkeit werden **too ˌgood to be 'true** zu schön, um wahr zu sein **your true 'colours** (*oft abwert*) sein wahres Gesicht ◊ *I've seen him in his true colours now!* Inzwischen kenne ich sein wahres Gesicht! **true to 'form** (*oft abwert*) wie üblich; erwartungsgemäß **true to 'life** lebensnah; lebensecht ☛ *Siehe auch* RING² *und* TRIED

true² /truː/ *Adv* (*gehoben oder veraltet*) **1** genau ◊ *The arrow flew straight and true to the target.* Der Pfeil flog direkt ins Ziel. **2 speak ~** die Wahrheit sagen

true³ /truː/ *Nomen* IDM **ˌout of 'true** schief

ˌtrue-'blue *Adj* **1** (POL) = zur Anhängerschaft der britischen Konservativen gehörend ◊ *true-blue Tory voters* erzkonservative Wähler **2** (*bes AmE*) waschecht; (*Anhänger, Fan etc.*) treu, eingefleischt

ˌtrue-'life *Adj nur vor Nomen* ~ *a true-life story* eine auf einer wahren Begebenheit beruhende Geschichte

ˌtrue ˈnorth *Nomen* geographischer Norden

truf·fle /ˈtrʌfl/ *Nomen* Trüffel

trug /trʌg/ *Nomen* Gartenkorb

tru·ism /ˈtruːɪzəm/ *Nomen* Binsenweisheit

tru·ly /ˈtruːli/ *Adv* **1** wirklich ☛ *Siehe auch* YOURS **2** wahrhaft IDM ⇨ WELL¹

trump¹ /trʌmp/ *Nomen* **1** (*auch* **'trump card**) Trumpf **2 trumps** Trumpf ◊ *Clubs are trumps.* Kreuz ist Trumpf. ☛ G 1.3c IDM **ˌcome up/ˌturn up 'trumps** sich bewähren ◊ *I didn't think he'd come up trumps.* Ich habe nicht gedacht, dass er bestehen würde, aber er hat überraschend gut abgeschnitten.

trump² /trʌmp/ *Verb* übertrumpfen PHRV **ˌtrump sth ˈup** etw erfinden ◊ *a trumped-up charge* eine falsche Beschuldigung

trum·pet¹ /ˈtrʌmpɪt/ *Nomen* Trompete IDM ⇨ BLOW¹

trum·pet² /ˈtrʌmpɪt/ *Verb* **1** hinausposaunen ◊ *It was trumpeted as the social event of the year.* Es wurde groß angekündigt als gesellschaftliches Ereignis des Jahres. **2** (*Elefant*) trompeten

trum·pet·er /ˈtrʌmpɪtə(r)/ *Nomen* Trompeter(in)

trun·cate /trʌŋˈkeɪt; *AmE* ˈtrʌŋkeɪt/ *Verb* (*meist passiv*) (*gehoben*) kürzen, abschneiden

trun·cheon /ˈtrʌntʃən/ *Nomen* (*bes BrE*) Schlagstock

trun·dle /ˈtrʌndl/ *Verb* **1** schieben ◊ rumpeln, rollen **3** stapfen ◊ *They trundled in from across Europe.* Sie trudelten von ganz Europa ein. PHRV **ˌtrundle sth ˈout** (*bes BrE, abwert*) etw (wieder) vorholen

trunk /trʌŋk/ *Nomen* **1** (*Baum-*) Stamm **2** (*AmE*) Kofferraum **3** (*Elefanten-*) Rüssel **4 trunks** [Pl] = SWIMMING TRUNKS **5** Überseekoffer, Kiste **6** Rumpf

ˈtrunk road *Nomen* (*BrE*) Fernstraße

truss¹ /trʌs/ *Nomen* **1** Bruchband **2** Hängewerk, Träger

truss² /trʌs/ *Verb* **1 ~ sb/sth (up)** jdn/etw fesseln **2** (*Geflügel*) dressieren

trust¹ /trʌst/ *Nomen* **1 ~ (in sb/sth)** Vertrauen (zu jdm/etw) ◊ *If you put your trust in me …* Wenn du mir dein Vertrauen schenkst … **2** (RECHT) Treuhandverhältnis, Treuhandvermögen ◊ *The money will be held in trust until she is 18.* Das Geld wird treuhänderisch verwaltet, bis sie 18 ist. ☛ *Siehe auch* UNIT TRUST **3** (RECHT) Stiftung **4** (*bes AmE*) (WIRTSCH) Trust ◊ *the anti-trust laws* das Kartellgesetz IDM **in sb's 'trust**; **in the trust of sb** in jds Obhut **take sth on 'trust** etw für bare Münze nehmen

trust² /trʌst/ *Verb* **1** vertrauen, trauen ◊ *You can trust me not to tell anyone.* Du kannst dich darauf verlassen, dass ich es niemandem sage. ◊ *He trusted her judgement.* Er verließ sich auf ihr Urteil. ◊ *Don't trust what the newspapers say!* Glaub nicht das, was in den Zeitungen steht! **2** (*gehoben*) hoffen ◊ *I trust (that) …* Ich hoffe doch, dass … IDM **ˌnot ˈtrust sb an ˈinch** jdm nicht über den Weg trauen **ˌtrust 'you, 'him, 'her, etc. (to do sth)** (*umgs*) ◊ *Trust John to forget Sue's birthday!* Typisch John, dass er Sues Geburtstag vergisst! ◊ *Trust you to know that!* Du weißt das natürlich! ☛ *Siehe auch* TRIED PHRV **ˈtrust in sb/sth** (*gehoben*) zu jdm/etw Vertrauen haben, an jdn/etw glauben **ˈtrust to sth** (*kein Passiv*) sich auf etw verlassen, auf etw vertrauen **ˈtrust sb with sth/sb** jdm etw/jdn anvertrauen

trust·ee /trʌˈstiː/ *Nomen* **1** Treuhänder(in) **2** (*einer Stiftung*) Vermögensverwalter(in), Trustee, Mitglied des Kuratoriums ☛ *the board of trustees* der Vorstand

trustee·ship /trʌˈstiːʃɪp/ *Nomen* **1** = Amt eines Treuhänders **2** Treuhandverwaltung **3** Treuhandgebiet

ˈtrust fund *Nomen* Treuhandvermögen

trust·ing /ˈtrʌstɪŋ/ *Adj* (*Adv* **trust·ing·ly**) gutgläubig, vertrauensvoll

ˈtrust territory *Nomen* Treuhandgebiet

trust·worthi·ness /ˈtrʌstwɜːðinəs; *AmE* -wɜːrð-/ *Nomen* Vertrauenswürdigkeit

trust·worthy /ˈtrʌstwɜːði; *AmE* -wɜːrði/ *Adj* vertrauenswürdig SYN RELIABLE

trusty¹ /ˈtrʌsti/ *Adj nur vor Nomen* (*veraltet oder hum*) treu, zuverlässig SYN RELIABLE

trusty² /ˈtrʌsti/ *Nomen* (*Pl* **-ies**) = Strafgefangene(r), die/der Privilegien aufgrund guter Führung erhält

truth /truːθ/ *Nomen* (*Pl* **truths** /truːðz/) Wahrheit ◊ *There is no truth in the rumours.* An den Gerüchten ist nichts Wahres. ☛ *Siehe auch* HOME TRUTH IDM **if (the) ˌtruth be ˈknown/ˈtold** in Wirklichkeit; um ehrlich zu sein **in ˈtruth** (*gehoben*) in Wahrheit **ˌnothing could be ˌfurther from the ˈtruth** nichts könnte weiter entfernt von der Wahrheit sein **ˌtruth is ˌstranger than ˈfiction** das Leben schreibt die schönsten Geschichten **(the) ˌtruth will ˈout** die Sonne wird es an den Tag bringen ☛ *Siehe auch* BEND¹, ECONOMICAL *und* MOMENT

truth·ful /ˈtruːθfl/ *Adj* (*Adv* **truth·ful·ly** /-fəli/) ehrlich ◊ *Are you being completely truthful with me?* Hast du mir auch die ganze Wahrheit gesagt? ◊ *To be quite truthful with you …* Ehrlich gesagt …

truth·ful·ness /ˈtruːθfəlnəs/ *Nomen* **1** Ehrlichkeit **2** Wahrheit(streue)

try¹ /traɪ/ *Verb* (**tries, try·ing, tried, tried**) **1** (es) versuchen, sich bemühen ◊ *What are you trying to do?* Was machst du denn da? ◊ *I tried hard not to laugh.* Ich verbiss mir das Lachen. ◊ *She tried her best to solve the problem.* Sie tat ihr Bestes, das Problem zu lösen. ◊ *Just try your hardest.* Tu dein Bestes. ☛ Im gesprochenen Englisch wird **try** mit **and** und einem weiteren Verb gebraucht werden statt mit **to** und dem Infinitiv: *I'll try and get you a new one tomorrow.* Ich werde sehen, dass ich dir morgen einen neuen besorgen kann. Diese Struktur kann mit **try**, aber nicht mit **tries**, **tried** oder **trying** verwendet werden. **2** probieren, versuchen ◊ *Try these shoes for size.* Probier, ob diese Schuhe dir passen. ◊ *She tried the door, but it was locked.* Sie versuchte die Tür zu öffnen, aber sie war abgeschlossen. ◊ *He tried several shops.* Er hat es in mehreren Geschäften versucht.

> Man beachte den Unterschied zwischen **try to do sth** und **try doing sth**: *You should try to eat more fruit.* bedeutet „Du solltest versuchen, mehr Obst zu essen." ◊ *You should try eating more fruit.* bedeutet „Du solltest ausprobieren, ob du dich besser fühlst, wenn du mehr Obst isst."

3 ~ sb (for sth) (RECHT) jdn (wegen einer Sache) vor Gericht stellen **4 ~ sth** (RECHT) etw verhandeln IDM **ˌnot for want/lack of ˈtrying** obwohl man sich redlich Mühe gegeben hat **try your ˈhand at sth** etw ausprobieren **ˌtry it ˈon (with sb)** (*BrE, umgs, abwert*) **1** sein Glück bei jdm versuchen ◊ *Children often try it on with new teachers.* Kinder versuchen oft, einen neuen Lehrer zu provozieren. **2** (*sexuell*) es (bei jdm) probieren **try your ˈluck (at sth)** sein Glück (mit etw) versuchen **try sb's ˈpatience** jds Geduld auf die Probe stellen ☛ *Siehe auch* DAMNEDEST *und* LEVEL² PHRV **ˈtry for sth** sich um etw bemühen **ˌtry sth ˈon** etw anprobieren **ˌtry ˈout for sth** (*bes AmE*) sich um einen Platz, eine Rolle etc. in etw bewerben **ˌtry sb/sth ˈout** jdn/etw ausprobieren

try² /traɪ/ *Nomen* (*Pl* **tries**) **1** [meist Sing] Versuch; **have a ~ (at sth)** (etw) versuchen; **have a ~ (at doing sth)** versuchen (etw zu tun) ◊ *I'll give it a try.* Ich probiere es mal. ◊ *Nice try!* Nicht schlecht! ◊ (*AmE*) *They decided to make another try.* Sie beschlossen, noch einen Versuch zu unternehmen. SYN ATTEMPT **2** (*Rugby*) Versuch

try·ing /ˈtraɪɪŋ/ *Adj* schwierig, anstrengend, schwer

'try-out *Nomen* **1** ◊ *give sth a try-out* etw testen ◊ *The firm will give me a try-out for a week.* Die Firma gibt mir eine Woche Probezeit. **2** (*AmE*) (SPORT) Test(spiel)

tryst /trɪst/ *Nomen* (*gehoben oder hum*) Stelldichein

tsar (*auch* **tzar, czar**) /zɑː(r)/ *Nomen* Zar

tsar·ina (*auch* **tzar·ina, czar·ina**) /zɑːˈriːnə/ *Nomen* Zarin

tsar·ist (*auch* **tzar·ist, czar·ist**) /ˈzɑːrɪst/ **1** *Nomen* Zarist(in) **2** *Adj* zaristisch

tsetse fly /ˈtsetsi flaɪ/ *Nomen* Tsetsefliege

'T-shirt *Nomen* T-Shirt

tsp *Abk* (*Pl* **tsp** *oder* **tsps**) = TEASPOON

'T-square *Nomen* Reißschiene

tsu·nami /tsuːˈnɑːmi/ *Nomen* Tsunami-Flutwelle SYN TIDAL WAVE

tub /tʌb/ *Nomen* **1** Kübel **2** Becher **3** (*bes AmE*) Wanne

tuba /ˈtjuːbə; *AmE* ˈtuːbə/ *Nomen* Tuba

tubby /ˈtʌbi/ *Adj* (*umgs*) rundlich

tube /tjuːb; *AmE* tuːb/ *Nomen* **1** Rohr, Schlauch ☛ *Siehe auch* INNER TUBE *und* TEST TUBE **2** Rolle **3** Tube **4** Röhre ◊ *bronchial tubes* die Bronchien ☛ *Siehe auch* FALLOPIAN TUBE **5** (*oft* **the tube**) [Sing] (*BrE*) Londoner U-Bahn ◊ *a tube station* ein U-Bahnhof ◊ *We came by tube.* Wir sind mit der U-Bahn gekommen. **6 the tube** [Sing] (*AmE, umgs*) die Glotze IDM **go down the 'tube/'tubes** (*umgs*) den Bach runtergehen

tuber /ˈtjuːbə(r); *AmE* ˈtuː-/ *Nomen* Knolle

tu·ber·cu·lar /tjuːˈbɜːkjələ(r); *AmE* tuːˈbɜːrk-/ *Adj* tuberkulös

tu·ber·cu·losis /tjuːˌbɜːkjuˈləʊsɪs; *AmE* tuːˌbɜːrkjəˈloʊsɪs/ *Nomen* (*Abk* **TB**) Tuberkulose

'tube top *Nomen* (*AmE*) trägerloses Oberteil

tub·ing /ˈtjuːbɪŋ; *AmE* ˈtuːb-/ *Nomen* [U] Rohr, Schlauch

'tub-thumping *Nomen* (*BrE, abwert*) ◊ *Don't overdo the tub-thumping.* Hau nicht zu sehr auf die Pauke.

tu·bu·lar /ˈtjuːbjələ(r); *AmE* ˈtuː-/ *Adj* **1** Rohr- ◊ *a tubular chrome chair* ein verchromter Stahlrohrstuhl **2** röhrenförmig ◊ *tubular bells* Röhrenglocken

TUC /ˌtiː juː ˈsiː/ *Kurzform von* **Trades Union Congress** = britischer Gewerkschaftsbund

tuck¹ /tʌk/ *Verb* **1** stecken ◊ *The sheet should be tucked in neatly.* Das Laken sollte glatt gezogen und festgesteckt werden. ◊ *tuck sth under your arm* etw unter den Arm klemmen **2** (weg)stecken ◊ *He sat with his legs tucked up under him.* Er saß mit untergeschlagenen Beinen da. **3** wickeln PHRV **tuck sth a'way 1 be tucked away** versteckt liegen **2** wegstecken, verstecken **3** (*BrE, umgs*) (*Essen*) verdrücken **tuck 'in** (*BrE, umgs*) (*Essen*) zulangen **tuck sb 'in/'up** jdn zudecken ◊ *I tucked the children in.* Ich habe die Kinder ins Bett gesteckt. **tuck 'into sth** (*BrE, umgs*) (*Essen*) verdrücken

tuck² /tʌk/ *Nomen* **1** Biese, Abnäher **2** (*umgs*) Liften ◊ *a tummy tuck* eine chirurgische Bauchreduktion **3** [U] (*BrE, umgs, veraltet*) Süßigkeiten

Tues·day /ˈtjuːzdeɪ, -di; *AmE* ˈtuːz-/ *Nomen* (*Abk* **Tue., Tues.**) Dienstag ☛ *Beispiele bei* MONTAG

tuft /tʌft/ *Nomen* Büschel

tuft·ed /ˈtʌftɪd/ *Adj* büschelig ◊ *a tufted carpet* ein Tuftingteppich ◊ *a tufted duck* eine Reiherente ◊ *tufted grass* Grasbüschel

tug¹ /tʌɡ/ *Verb* (**-gg-**) ziehen ◊ *The baby was tugging her hair.* Das Kind zog sie an den Haaren. ◊ *He tugged the door open.* Er zog die Tür auf. ◊ *a sad story that tugs at your heartstrings* eine traurige Geschichte, die einem ans Herz geht IDM ⇒ FORELOCK

tug² /tʌɡ/ *Nomen* **1** (*auch* **tug·boat** /ˈtʌɡbəʊt; *AmE* -boʊt/) Schleppdampfer **2** Ziehen ◊ *She felt a tug at her sleeve.* Sie spürte, wie sie jemand am Ärmel zog. **3** ◊ *a tug of jealousy* ein Eifersuchtsanfall

tug of 'love *Nomen* [Sing] (*BrE, umgs*) = Streit um das Sorgerecht

tug of 'war *Nomen* [Sing] Tauziehen

tu·ition /tjuˈɪʃn; *AmE* tuː-/ *Nomen* [U] **1** (*gehoben*) Unterricht, Anleitung **2** (*auch* **tu'ition fees** [Pl]) Studiengebühren

tulip /ˈtjuːlɪp; *AmE* ˈtuː-/ *Nomen* Tulpe

tulle /tjuːl; *AmE* tuːl/ *Nomen* Tüll

tum /tʌm/ *Nomen* (*BrE, umgs*) Bauch

tum·ble¹ /ˈtʌmbl/ *Verb* **1** fallen, stürzen, purzeln **2** stoßen **3** ~ (**down**) einstürzen PHRV **'tumble to sth/sb** (*BrE, umgs*) etw/jdn begreifen

tum·ble² /ˈtʌmbl/ *Nomen* **1** Sturz ◊ *The jockey took a nasty tumble.* Der Jockey ist schlimm gestürzt. ☛ *Siehe auch* ROUGH AND TUMBLE **2** [Sing] Durcheinander

tumble·down /ˈtʌmbldaʊn/ *Adj* abbruchreif, verfallen

ˌtumble-'dryer (*auch* **ˌtumble-'drier**) *Nomen* (*BrE*) (Wäsche)trockner, Heißlufttrockner

tum·bler /ˈtʌmblə(r)/ *Nomen* **1** Wasserglas **2** (*auch* **tum·bler·ful** /-fʊl/) Glas **3** (*veraltet*) Akrobat(in)

tumble·weed /ˈtʌmblwiːd/ *Nomen* Steppenläufer

tum·bril /ˈtʌmbrəl/ *Nomen* Schinderkarren

tu·mes·cence /tjuːˈmesns; *AmE* tuː-/ *Nomen* [U] (*gehoben*) Schwellung

tu·mes·cent /tjuːˈmesnt; *AmE* tuː-/ *Adj* (*gehoben*) (*bei sexueller Erregung*) anschwellend SYN SWOLLEN

tummy /ˈtʌmi/ *Nomen* (*Pl* **-ies**) (*umgs, besonders Kinderspr*) Bauch

tu·mour (*AmE* **tu·mor**) /ˈtjuːmə(r); *AmE* ˈtuː-/ *Nomen* Tumor, Geschwulst

tu·mult /ˈtjuːmʌlt; *AmE* ˈtuː-/ *Nomen* (*gehoben*) **1** Tumult ◊ *the tumult of war* das Kriegsgetöse ◊ *a tumult of shouting and screaming* aufgeregtes Schreien und Kreischen **2** Verwirrung

tu·mul·tu·ous /tjuːˈmʌltʃuəs; *AmE* tuː-/ *Adj* stürmisch, turbulent, tumultuös

tu·mu·lus /ˈtjuːmjələs; *AmE* ˈtuː-/ *Nomen* (*Pl* **tu·muli** /-laɪ/) (vorgeschichtliches) Hügelgrab

tuna /ˈtjuːnə; *AmE* ˈtuː-/ *Nomen* (*Pl* **tuna** *oder* **tunas**) (*auch* **'tuna fish**) Thunfisch

tun·dra /ˈtʌndrə/ *Nomen* Tundra

tune¹ /tjuːn; *AmE* tuːn/ *Nomen* Melodie IDM **be ˌin/ˌout of 'tune (with sb/sth)** (nicht) im Einklang mit etw stehen **ˌin/ˌout of 'tune 1** (*singen*) richtig/falsch **2** (*Instrument*) (richtig) gestimmt/verstimmt **to the tune of sth** (*umgs*) in Höhe von etw ◊ *The hotel has been refurbished to the tune of a million dollars.* Das Hotel wurde für sage und schreibe eine Million Dollar renoviert. ☛ *Siehe auch* CALL¹, CHANGE¹, DANCE², PAY² *und* SING

tune² /tjuːn; *AmE* tuːn/ *Verb* **1** (*Musikinstrument*) stimmen **2** (*Motor*) einstellen **3** (*meist passiv*) ~ **sth (in) (to sth)** (*Radio, TV*) (auf etw) einstellen ◊ *Stay tuned for the news coming up next.* Bleiben Sie dran, denn gleich kommen die Nachrichten. **4** ~ **sth (to sth)** etw nach etw (aus)richten PHRV **tune 'in (to sth)** (etw) einschalten **tune 'in to sb/sth** sich auf jdn/etw einstellen **tune (sb/sth) 'out** (bei jdm/etw) abschalten **tune (sth) 'up** (*Orchester etc.*) stimmen

ˌtuned 'in *Adj* nicht vor Nomen ~ **to sth** abgestimmt auf etw, eingestellt auf etw

tune·ful /ˈtjuːnfl; *AmE* ˈtuːnfl/ *Adj* (*Adv* **tune·ful·ly** /-fəli/) melodisch

tune·less /ˈtjuːnləs; *AmE* ˈtuːn-/ *Adj* (*Adv* **tune·less·ly**) unmelodisch

tuner /ˈtjuːnə(r); *AmE* ˈtuː-/ *Nomen* **1** (*meist in Zusammensetzungen*) (*Klavier- etc.*) Stimmer(in) **2** Einstellknopf **3** Tuner

tung·sten /ˈtʌŋstən/ *Nomen* Wolfram

tunic /ˈtjuːnɪk; *AmE* ˈtuː-/ *Nomen* **1** Tunika **2** Kasack **3** (*BrE*) Uniformjacke

'tuning peg (*auch* **peg**) *Nomen* Wirbel

tun·nel¹ /ˈtʌnl/ *Nomen* Tunnel IDM ⇒ LIGHT¹

tun·nel² /ˈtʌnl/ *Verb* (**-ll-**, *AmE auch* **-l-**) einen Tunnel graben, einen Tunnel bohren

tunnel 'vision Nomen Gesichtsfeldeinengung, Tunnelblick (auch fig)
tunny /'tʌni/ Nomen (Pl **tunny**) (BrE) Thunfisch
tup·pence /'tʌpəns/ Nomen (BrE, umgs) zwei Pence IDM **not care/give 'tuppence for sb/sth** sich nicht die Bohne für jdn/etw interessieren
tur·ban /'tɜːbən; AmE 'tɜːrbən/ Nomen Turban
tur·baned /'tɜːbənd; AmE 'tɜːrb-/ Adj Turban tragend
tur·bine /'tɜːbaɪn; AmE 'tɜːrb-/ Nomen Turbine
turbo-charged /'tɜːbəʊtʃɑːdʒd; AmE 'tɜːrboʊtʃɑːrdʒd/ Adj mit Turbolader ◊ *turbocharged engines* Turbomotoren
turbo-char·ger /'tɜːbəʊtʃɑːdʒ(r); AmE 'tɜːrboʊtʃɑːrdʒər/ (auch **turbo** (Pl **-os**)) Nomen Turbolader
turbo·jet /'tɜːbəʊdʒet; AmE 'tɜːrboʊ-/ Nomen **1** Turbotriebwerk **2** Flugzeug mit Turbotriebwerk
turbo·prop /'tɜːbəʊprɒp; AmE 'tɜːrboʊprɑːp/ Nomen **1** Turbo-Prop-Triebwerk **2** Turbo-Prop-Flugzeug
tur·bot /'tɜːbət; AmE 'tɜːrbət/ Nomen (Pl **tur·bot** oder **tur·bots**) Steinbutt ☛ G 1.2
tur·bu·lence /'tɜːbjələns; AmE 'tɜːrb-/ Nomen [U] **1** Turbulenz, Aufruhr **2** Turbulenzen
tur·bu·lent /'tɜːbjələnt; AmE 'tɜːrb-/ Adj **1** turbulent ◊ *This is a turbulent part of the world.* In diesem Teil der Welt gärt es. ◊ *a turbulent sea* ein aufgewühltes Meer **2** ungestüm
turd /tɜːd; AmE tɜːrd/ Nomen (vulg, Slang) **1** Scheißhaufen **2** Scheißkerl
tur·een /tjuˈriːn, təˈriːn/ Nomen (Schüssel) Terrine
turf[1] /tɜːf; AmE tɜːrf/ Nomen (Pl **turfs** oder **turves** /tɜːvz; AmE tɜːrvz/) **1** Rasen; (Stück) Rasensode **2** Torf; (Stück) Torfsode **3** the **turf** Pferderennen **4** (bes AmE, umgs) Revier ◊ *He feels more confident on home turf.* Er fühlt sich sicherer in seinem gewohnten Revier.
turf[2] /tɜːf; AmE tɜːrf/ Verb mit Fertigrasen begrünen PHRV **turf sb 'off (sth)** jdn (aus etw) rausschmeißen ,**turf sb 'out (of sth)** (BrE, umgs) jdn (aus etw) rausschmeißen
'**turf accountant** Nomen (BrE, gehoben) Buchmacher(in)
tur·gid /'tɜːdʒɪd; AmE 'tɜːrdʒɪd/ Adj (gehoben) **1** geschwollen, schwülstig **2** (Wasser) angeschwollen
tur·key /'tɜːki; AmE 'tɜːrki/ Nomen **1** Truthahn, Truthenne **2** Puter, Pute ◊ *roast turkey* Putenbraten **3** (AmE, umgs) Reinfall **4** (AmE, umgs) Schwachkopf ☛ Siehe auch COLD TURKEY IDM ⇨ TALK[1]
Turkish bath /ˌtɜːkɪʃ 'bɑːθ; AmE ˌtɜːrkɪʃ 'bæθ/ Nomen türkisches Bad
,**Turkish de'light** Nomen Lokum
tur·meric /'tɜːmərɪk; AmE 'tɜːrm-/ Nomen Kurkuma
tur·moil /'tɜːmɔɪl; AmE 'tɜːrm-/ Nomen Aufruhr ◊ *emotional turmoil* seelische Qualen ◊ *Her mind was in (a) turmoil.* Sie war völlig durcheinander. ◊ *She felt calmer after the turmoil of last week.* Sie fühlte sich nach dem Durcheinander der letzten Woche ruhiger.
turn[1] /tɜːn; AmE tɜːrn/ Verb **1** (sich) drehen ◊ *She turned the chair on its side to repair it.* Sie kippte den Stuhl auf die Seite, um ihn zu reparieren. ◊ *Turn the sweater inside out before you wash it.* Vor dem Waschen den Pullover wenden. **2** (sich) umdrehen ◊ *We turned and headed for home.* Wir kehrten um und gingen nach Hause. ◊ *He turned back to his work.* Er wandte sich wieder seiner Arbeit zu. ◊ *I turned away and looked out of the window.* Ich wandte mich ab und sah aus dem Fenster. ◊ *He turned his back to the wall.* Er stellte sich mit dem Rücken zur Wand. ☛ Siehe auch TURN OVER **3** abbiegen ◊ *turn a corner* um die Ecke biegen ◊ *I turned the car into the car park.* Ich bog mit dem Auto in den Parkplatz ein. **4** gehen nach ◊ *The road turns to the left after the church.* Die Straße macht nach der Kirche eine Linksbiegung. **5** richten auf ◊ *He turned his anger on the children.* Er ließ seinen Ärger an den Kindern aus. ◊ *She turned her attention back to me.* Sie wandte mir wieder ihre Aufmerksamkeit zu. **6** ◊ *turn the dogs loose* die Hunde loslassen ◊ *They turned the horse into the field.* Sie ließen das Pferd auf die Wiese. **7** (Gezeiten) wechseln ◊ *The tide is turning.* Die Flut kommt. **8** umschlagen ◊ *She turned down the blanket.* Sie schlug die Decke zurück. ◊ *He turned up the collar of his coat.* Er schlug seinen Mantelkragen hoch. ◊ *Turn to page 23.* Schlagen Sie Seite 23 auf. **10** ◊ *turn cartwheels* Rad schlagen ◊ *turn somersaults* Purzelbäume machen **11** ◊ *turn a game (around)* einem Spiel eine andere Wendung geben ◊ *The game turned (around).* Das Spiel wendete sich. **12** werden ◊ *He turned nasty.* Er wurde unangenehm. ◊ *He's a lawyer turned politician.* Er war Anwalt und wurde Politiker. ◊ *It's turned midnight.* Es ist Mitternacht geworden. ◊ *The lights turned from red to green.* Die Ampel schaltete auf Grün. ◊ *The leaves were already turning brown.* Die Blätter färbten sich bereits braun. **13** verwandeln ◊ *The heat turned the milk sour.* Durch die Hitze wurde die Milch sauer. ◊ *The sight of the corpse turned my stomach.* Beim Anblick der Leiche drehte sich mir der Magen um. **14** (Holz) drechseln
IDM **as it/things turned 'out** wie sich herausstellte **be well, badly etc. turned 'out** gut, schlecht etc. angezogen sein **turn around/round and do sth** (umgs) auf einmal etw tun ◊ *How could she turn round and say that, after all I've done for her.* Wie konnte sie das auf einmal sagen, nach all dem, was ich für sie getan habe. ☛ Für andere Redewendungen mit **turn** siehe die Einträge für die Nomina, Adjektive etc. **Not turn a hair** z.B. steht unter **hair**.
PHRV ,**turn a'gainst sb** sich gegen jdn wenden ,**turn sb a'gainst sb** jdn gegen jdn aufbringen ,**turn a'round/ 'round 1** sich umdrehen **2** sich wenden ◊ *The market turned around within 2 years.* Innerhalb von 2 Jahren hatte sich der Markt völlig erholt. ,**turn sb/sth a'round/'round** jdn/etw umdrehen ◊ *I turned my chair round to face the fire.* Ich drehte meinen Stuhl zum Feuer. ,**turn sth a'round/'round** etw zum Guten wenden, etw aus der Krise führen ,**turn sb a'way** jdn abweisen, jdn wegschicken ,**turn 'back** umkehren ◊ *We said we would do it – there can be no turning back.* Wir sagten, dass wir es machen würden – davon können wir nicht abgehen. ,**turn sb/sth 'back** jdn/etw zurückschicken ,**turn sb/sth 'down** jdn/etw ablehnen ◊ *He has been turned down for ten jobs so far.* Er hat bisher auf zehn Bewerbungen Absagen erhalten. ◊ *She turned him down.* Sie wies ihn ab. ,**turn sth 'down** etw herunterdrehen ◊ *Please turn the volume down. Bitte stell es leiser.* ,**turn 'in 1** nach innen gebogen sein ◊ *Her feet turn in.* Sie dreht beim Laufen die Füße einwärts. **2** (veraltet) schlafen gehen ,**turn sb 'in** (umgs) jdn anzeigen ◊ *He decided to turn himself in.* Er beschloss, sich zu stellen. ,**turn sth 'in** etw abgeben, etw übergeben ◊ *The champion turned in a superb performance.* Die Meisterin legte eine hervorragende Leistung hin. ,**turn 'into sth** sich in etw verwandeln, zu etw werden ,**turn sb/sth 'into sth** jdn/etw in etw verwandeln ◊ *The novel was turned into a film.* Der Roman wurde verfilmt. ,**turn 'in on yourself** sich in sich selbst zurückziehen ,**turn 'off** (umgs) abschalten ,**turn 'off (sth)** (kein Passiv) (von etw) abbiegen ◊ *The car turned off the motorway.* Das Auto fuhr von der Autobahn ab. ,**turn sb 'off 1** jdn anöden ◊ *People had been turned off by both candidates in the election.* Die Leute waren von beiden Wahlkandidaten abgekommen. **2** jdm die Lust nehmen **3** jdn anwidern ☛ Siehe auch TURN-OFF ,**turn sth 'off** etw ausschalten, etw abstellen ◊ *turn off the light/oven* das Licht/den Ofen ausmachen ,**turn sb 'off sth** jdm etw verleiden ,**turn sb 'on sb** über jdn herfallen '**turn on sth 1** (BrE) von etw abhängen **2** (Diskussion etc.) sich um etw drehen ,**turn sb 'on 1** (umgs) jdn antörnen, jdn scharf machen **2** ◊ *Jazz has never really turned me on.* Ich stand noch nie auf Jazz. ,**turn sb 'on to sth** (umgs) jdn für etw begeistern ,**turn sth 'on** etw anmachen ◊ *He really knows how to turn on the charm.* Er weiß genau, wie er seinen Charme einsetzen kann. ,**turn 'out 1** erscheinen **2** (enden) ausgehen ◊ *You never know how your children will turn out!* Man weiß nie, wie die Kinder sich entwickeln! ◊ *If the day turns out wet, we'll have to change our plans.* Wenn es regnet, müssen wir unsere Pläne ändern. **3** nach außen gebogen sein ◊ *Her toes turn out.* Beim Laufen dreht sie die Füße nach außen. **4** sich herausstellen ◊ *The job turned out to be harder than we thought.* Es stellte sich heraus, dass die Arbeit schwieriger als erwartet war. ,**turn sth 'out** etw produzieren ,**turn sb 'out** jdn hervorbringen ,**turn sb 'out (of/from sth)** jdn (aus etw) werfen ,**turn sth 'out 1** etw ausmachen **2** (BrE) etw aufräumen **3** etw leeren **4** etw nach außen biegen ,**turn 'over 1** sich umdrehen ◊ *The car skidded and turned over.* Das Auto kam ins Schleudern und überschlug

sich. ◊ *The smell made my stomach turn over.* Der Geruch drehte mir den Magen um. **2** (*Motor*) anlassen, laufen **3** (*TV*) umschalten ˌ**turn** ˈ**over sth** etw umsetzen ◊ *The company turns over 3.5 million a year.* Die Firma macht einen Umsatz von 3,5 Millionen im Jahr. ˌ**turn sth** ˈ**over 1** etw umdrehen **2** etw hin und her überlegen ◊ *She kept turning over the events of the day in her mind.* Die Ereignisse des Tages gingen ihr immer wieder durch den Kopf. **3** (*Waren*) umsetzen **4** (*umgs*) etw ausrauben **5** (*Motor*) anlassen ˌ**turn sb** ˈ**over to sb** jdn jdm übergeben ˌ**turn sth** ˈ**over to sb** jdm etw übertragen ˌ**turn sth** ˈ**over to sth** etw auf etw umstellen ˈ**turn to sb/sth** sich an jdn/etw wenden ˌ**turn** ˈ**up 1** auftauchen ◊ *He's hoping something will turn up.* Er hofft, dass noch was kommt. **2** kommen ˌ**turn sth** ˈ**up 1** etw lauter machen, etw höher stellen **2** (*BrE*) etw umnähen OPP LET STH DOWN **3** etw finden, etw hervorbringen

turn² /tɜːn; *AmE* tɜːrn/ *Nomen* **1** Drehung ◊ *Give the handle a few turns.* Dreh den Griff ein paar Mal herum. **2** ◊ *make a left turn* nach links abbiegen ☛ *Siehe auch* THREE-POINT TURN *und* U-TURN **3** (*bes AmE*) Abzweigung **4** Kurve **5** ◊ *It's my turn.* Ich bin dran. ◊ *Please wait your turn.* Bitte warten Sie, bis Sie an der Reihe sind. ◊ *Steve took a turn driving while I slept.* Steve fuhr eine Weile, während ich schlief. **6** Wende ◊ *His health has taken a turn for the worse.* Sein Befinden hat sich verschlechtert. ◊ *The book is, by turns, funny and very sad.* Das Buch ist abwechselnd lustig und sehr traurig. **7** Nummer ◊ *Everyone got up on stage to do a turn.* Jeder ging auf die Bühne, um etwas zum Besten zu geben. **8** (*veraltet*) Runde ◊ *We took a turn around the park.* Wir drehten eine Runde um den Park. **9** (*veraltet*) Anfall IDM **at every** ˈ**turn 1** an jeder Ecke ◊ *At every turn I met with disappointment.* Überall stieß ich auf Enttäuschung. **2** immer wieder **be on the** ˈ**turn** (*bes BrE*) sich wenden ◊ *His luck is on the turn.* Sein Glück wendet sich. **do sb a good** ˈ**turn** jdm einen Gefallen tun **done to a** ˈ**turn** (*BrE*) genau richtig gekocht/gebraten **give sb a** ˈ**turn** (*veraltet*) jdm einen Schrecken einjagen **a good** ˈ**turn** eine gute Tat **in** ˈ**turn 1** der Reihe nach **2** wiederum **not do a hand's** ˈ**turn** (*veraltet*) keinen Handschlag tun ˌ**one good** ˌ**turn deserves a**ˈ**nother** eine Hand wäscht die andere **speak/talk** ˌ**out of** ˈ**turn** ◊ *She was talking out of turn.* Es stand ihr nicht zu, das zu sagen. ◊ *Your remark was out of turn.* Ihre Bemerkung war fehl am Platz. **take** ˌ**turns** (**in sth**) (*BrE auch* **take it in** ˈ**turns**) sich (mit/bei etw) abwechseln **take** ˈ**turns to do sth** etw abwechselnd tun; sich bei etw abwechseln **the** ˌ**turn of the** ˈ**century/year** die Jahrhundertwende die Jahreswende **a** ˌ**turn of** ˈ**mind** eine Einstellung **a** ˌ**turn of** ˈ**phrase** eine Ausdrucksweise **a** ˌ**turn of** ˈ**speed** ◊ *He put on an impressive turn of speed in the last lap.* Er erhöhte seine Geschwindigkeit in der letzten Runde enorm. ◊ *The kangaroo has a fast turn of speed.* Kängurus können sehr schnell laufen. ☛ *Siehe auch* SERVE²

turn·about /ˈtɜːnəbaʊt; *AmE* ˈtɜːrn-/ *Nomen* ~ (**in sth**) Kehrtwendung (in etw)

turn·around /ˈtɜːnəraʊnd; *AmE* ˈtɜːrn-/ (*BrE auch* **turnround**) *Nomen* [meist Sing] **1** Abfertigungszeit **2** Bearbeitungszeit, Fertigstellungszeit **3** Aufschwung **4** Kehrtwendung

turn·coat /ˈtɜːnkəʊt; *AmE* ˈtɜːrnkoʊt/ *Nomen* (*abwert*) Überläufer(in)

turn·ing /ˈtɜːnɪŋ; *AmE* ˈtɜːrnɪŋ/ *Nomen* (*BrE*) Abzweigung ◊ *Take the first turning on the right.* Nehmen Sie die erste Straße rechts.

ˈ**turning circle** *Nomen* (*von Autos*) Wendekreis

ˈ**turning point** *Nomen* Wendepunkt

tur·nip /ˈtɜːnɪp; *AmE* ˈtɜːrnɪp/ *Nomen* Rübe

turn·key /ˈtɜːnkiː; *AmE* ˈtɜːrn-/ *Adj* gebrauchsfertig; (COMP) Turnkey-

ˈ**turn-off** *Nomen* **1** Abzweigung, Abfahrt **2** [meist Sing] (*umgs*) ◊ *be a turn-off* abstoßend wirken ◊ *I find beards a real turn-off.* Männer mit Bart kann ich nicht ausstehen.

ˈ**turn-on** *Nomen* [meist Sing] (*umgs*) ◊ *be a turn-on for sb* jdn anmachen ◊ *He finds leather a real turn-on.* Er findet Leder sehr aufreizend.

turn·out /ˈtɜːnaʊt; *AmE* ˈtɜːrn-/ *Nomen* **1** Besucherzahl **2** Wahlbeteiligung

turn·over /ˈtɜːnəʊvə(r); *AmE* ˈtɜːrnoʊ-/ *Nomen* **1** [meist Sing] Umsatz ◊ *a rise in turnover* eine Umsatzsteigerung **2** Fluktuation, Personalwechsel **3** (*von Waren*) Umschlag **4** ◊ *an apple turnover* eine Apfeltasche

turn·pike /ˈtɜːnpaɪk; *AmE* ˈtɜːrn-/ *Nomen* (*auch* **pike**) (*AmE*) gebührenpflichtige Straße

turn·round /ˈtɜːnraʊnd; *AmE* ˈtɜːrn-/ *Nomen* (*BrE*) = TURNAROUND

ˈ**turn signal** *Nomen* (*AmE*) Richtungsanzeiger, Blinker

turn·stile /ˈtɜːnstaɪl; *AmE* ˈtɜːrn-/ *Nomen* Drehkreuz

turn·table /ˈtɜːnteɪbl; *AmE* ˈtɜːrn-/ *Nomen* **1** Plattenspieler **2** Plattenteller **3** (*für Lokomotive*) Drehscheibe

ˈ**turn-up** *Nomen* (*BrE*) **1** (*von Hosen*) Aufschlag **2** (*umgs*) Riesenüberraschung ◊ *That's a turn-up for the books!* Das muss man echt im Kalender anstreichen!

tur·pen·tine /ˈtɜːpəntaɪn; *AmE* ˈtɜːrp-/ (*umgs* **turps** /tɜːps; *AmE* tɜːrps/) *Nomen* Terpentin

tur·quoise /ˈtɜːkwɔɪz; *AmE* ˈtɜːrk-/ **1** *Adj* türkis(farben) **2** *Nomen* Türkis

tur·ret /ˈtʌrət; *AmE* ˈtɜːrət/ *Nomen* **1** Türmchen **2** (*an Schiffen, Panzern*) Geschützturm

tur·ret·ed /ˈtʌrətɪd; *AmE* ˈtɜːr-/ *Adj* mit Türmchen

tur·tle /ˈtɜːtl; *AmE* ˈtɜːrtl/ *Nomen* **1** (*AmE auch* ˈ**sea turtle**) Wasserschildkröte **2** (*AmE, umgs*) Schildkröte IDM **turn** ˈ**turtle** kentern

ˈ**turtle dove** *Nomen* Turteltaube

turtle·neck /ˈtɜːtlnek; *AmE* ˈtɜːrtl-/ (*auch* ˌ**turtleneck** ˈ**sweater**) *Nomen* Rollkragen(pullover)

tusk /tʌsk/ *Nomen* Stoßzahn

tus·sle¹ /ˈtʌsl/ *Nomen* Gerangel

tus·sle² /ˈtʌsl/ *Verb* rangeln

tus·sock /ˈtʌsək/ *Nomen* Grasbüschel

tut¹ /tʌt/ (*auch* ˌ**tut-**ˈ**tut**) *Ausruf, Nomen* na, pfui ◊ *Tut-tut, I expected better of you.* Na, ich hätte Besseres von dir erwartet. ◊ *tut-tuts of disapproval* missbilligende Laute

tut² /tʌt/ (*auch* ˌ**tut-**ˈ**tut**) *Verb* (**-tt-**) missbilligend mit der Zunge schnalzen, seine Missbilligung zum Ausdruck bringen

tu·tel·age /ˈtjuːtəlɪdʒ; *AmE* ˈtuː-/ *Nomen* [U] (*gehoben*) **1** Anleitung **2** Vormundschaft; (*eines Landes*) Schutzherrschaft

tutor¹ /ˈtjuːtə(r); *AmE* ˈtuː-/ *Nomen* **1** Privatlehrer(in) **2** (*in der Schule*) Klassenlehrer(in); (*an der Uni in GB*) = Dozent(in), der/die für die individuelle Betreuung von Studenten zuständig ist; (*am College in den USA*) Assistent(in); (*in der Erwachsenenbildung*) Kursleiter(in) **3** Lehrbuch

tutor² /ˈtjuːtə(r); *AmE* ˈtuː-/ *Verb* **1** ~ **sb** (**in sth**) jdm (in etw) Stunden geben **2** unterrichten

ˈ**tutor group** *Nomen* (*Unter-, Mittelstufe*) ≈ Klasse; (*Oberstufe*) Tutorengruppe

tu·tor·ial¹ /tjuːˈtɔːriəl; *AmE* tuː-/ *Nomen* **1** Kolloquium, Tutorium **2** (*Schule*) Tutorenstunde **3** Leitfaden; (COMP) Hilfsprogramm

tu·tor·ial² /tjuːˈtɔːriəl; *AmE* tuː-/ *Adj* Tutoren- ◊ *tutorial staff* Tutoren

tuˈ**torial college** *Nomen* Privatschule zur Vorbereitung auf Examen

tutti-frutti /ˌtuːti ˈfruːti/ *Nomen* Tuttifrutti

tutu /ˈtuːtuː/ *Nomen* Tutu

tu-whit, tu-whoo /təˌwɪt təˈwuː/ *Ausruf* uhu

tux·edo /tʌkˈsiːdəʊ; *AmE* -doʊ/ *Nomen* (*Pl* **-os**) (*umgs* **tux** /tʌks/) (*bes AmE*) Smoking

TV /ˌtiː ˈviː/ *Nomen* Fernsehen, Fernseher ◊ *What's on TV? Was gibt's im Fernsehen?* ◊ *a TV set* ein Fernsehgerät

twad·dle /ˈtwɒdl/ *Nomen* (*umgs, veraltet*) Gewäsch, Quatsch SYN NONSENSE

twang¹ /twæŋ/ *Nomen* **1** Näseln **2** Tonfall, Akzent **3** (*von Bogensehne, Saiten eines Streichinstruments*) sirrendes Geräusch

twang² /twæŋ/ *Verb* **1** sirren (lassen) **2** (*Saiteninstrument*) klimpern auf

twat /twæt, twɒt; *AmE* twɑːt/ *Nomen* (*bes BrE, vulg, Slang*) **1** (*Idiot*) Arschloch **2** Fotze

tweak¹ /twiːk/ *Verb* **1** kneifen ◊ *She tweaked his ear.* Sie zog ihn am Ohr. **2** (*Zahlen, Motor etc.*) frisieren

tweak² /twiːk/ *Nomen* **1** give sth a ~ an etw ziehen **2** geringfügige Verbesserung

twee /twiː/ *Adj* (*BrE, umgs, abwert*) schnuckelig, verniedlicht

tweed /twiːd/ *Nomen* **1** Tweed **2 tweeds** [Pl] Tweedkleidung

tweedy /ˈtwiːdi/ *Adj* Tweed-

tweet /twiːt/ *Nomen* Piepsen

tweet·er /ˈtwiːtə(r)/ *Nomen* Hochtonlautsprecher

tweez·ers /ˈtwiːzəz; *AmE* -ərz/ *Nomen* [Pl] Pinzette ◊ *a pair of tweezers* eine Pinzette ☞ *Hinweis bei* BRILLE

twelfth /twelfθ/ **1** *Adj, Pron* zwölfte(r,s) ☞ *Beispiele bei* SECHSTE(R,S) **2** *Nomen* Zwölftel ☞ *Siehe auch* S. 759

twelve /twelv/ *Zahl* zwölf ☞ *Beispiele bei* SECHS

twentieth /ˈtwentiəθ/ **1** *Adj, Pron* zwanzigste(r,s) ☞ *Beispiele bei* SECHSTE(R,S) **2** *Nomen* Zwanzigstel ☞ *Siehe auch* S. 759

twenty /ˈtwenti/ **1** *Zahl* zwanzig ☞ *Beispiele bei* SECHZIG **2 the twenties** *Nomen* [Pl] ☞ *Beispiele bei* SIXTY

twenty-ˈfirst 1 *Adj, Pron* einundzwanzigste(r,s) ☞ *Beispiele bei* SECHSTE(R,S) **2** *Nomen* [Sing] (*bes BrE, umgs*) 21. Geburtstag

twenty ˈpence (*auch* ˌtwenty pence ˈpiece, 20p /ˌtwenti ˈpiː/) *Nomen* 20-Pence-Stück

twenty-ˌtwenty ˈvision (*auch* 20/20 vision) *Nomen* hundertprozentiges Sehvermögen

twerp /twɜːp; *AmE* twɜːrp/ *Nomen* (*veraltet, umgs*) Blödmann

twice /twaɪs/ *Adv* **1** zweimal ◊ *a twice-monthly newsletter* ein Rundschreiben, das zweimal im Monat erscheint **2** doppelt ◊ *twice as much* doppelt soviel ◊ *an area twice the size of Wales* ein Gebiet doppelt so groß wie Wales ◊ *At 56 he's twice her age.* Mit 56 ist er doppelt so alt wie sie. ◊ *Charges have risen at twice the rate of inflation.* Gebühren sind um das Zweifache der Inflationsrate gestiegen. IDM **twice ˈover** gleich zweimal ☞ *Siehe auch* LIGHTNING¹, ONCE/ *und* THINK

twid·dle¹ /ˈtwɪdl/ *Verb* (*BrE*) ~ (**with**) sth etw drehen, an etw herumspielen IDM **twiddle your thumbs** Däumchen drehen

twid·dle² /ˈtwɪdl/ *Nomen* **1** (*BrE*) Drehung **2** Verzierung ◊ *twiddles on the clarinet* Schlenker auf der Klarinette

twig¹ /twɪɡ/ *Nomen* (kleiner) Zweig

twig² /twɪɡ/ *Verb* (**-gg-**) (*BrE, umgs*) kapieren

twi·light¹ /ˈtwaɪlaɪt/ *Nomen* **1** Dämmerung **2 the ~ (of sth)** (*gehoben*) die Spätphase (von etw) ◊ *her twilight years* ihr Lebensabend

twi·light² /ˈtwaɪlaɪt/ *Adj nur vor Nomen* (*gehoben*) Zwielicht-, zwielichtig

twi·lit /ˈtwaɪlɪt/ *Adj* (*gehoben*) dämmerig

twill /twɪl/ *Nomen* Köper

twin¹ /twɪn/ *Nomen* **1** Zwilling ☞ *Siehe auch* IDENTICAL TWIN **2** Gegenstück, Pendant

twin² /twɪn/ *Verb* (**-nn-**) **1** (*meist passiv*) verschwistern ◊ *Oxford is twinned with Bonn.* Oxford und Bonn sind Partnerstädte. **2** verknüpfen, paaren

twin³ /twɪn/ *Adj nur vor Nomen* **1** Zwillings- **2** zwei, Doppel-

ˌtwin ˈbed *Nomen* **1 twin beds** zwei Einzelbetten **2** (*AmE*) Einzelbett

ˌtwin-ˈbedded *Adj* Zweibett-

ˌtwin ˈbedroom *Nomen* Zweibettzimmer

twine¹ /twaɪn/ *Nomen* [U] Schnur

twine² /twaɪn/ *Verb* (sich) winden; ~ **sth around/round sth** etw um etw herumwinden ◊ *She twined her arms around my neck.* Sie schlang ihre Arme um meinen Hals.

ˌtwin-ˈengined *Adj* zweimotorig

twinge /twɪndʒ/ *Nomen* Stechen, Stich ◊ *She felt a twinge of guilt.* Sie hatte Gewissensbisse.

twin·kle¹ /ˈtwɪŋkl/ *Verb* **1** blinken, funkeln **2** ~ (**with sth**) (vor etw) leuchten ◊ *twinkling blue eyes* strahlend blaue Augen **3** ~ (**at sb**) jdm zuzwinkern

twin·kle² /ˈtwɪŋkl/ *Nomen* [Sing] Funkeln, Blinken ◊ *He looked at me with a twinkle in his eye.* Er sah mich augenzwinkernd an.

twink·ling /ˈtwɪŋklɪŋ/ *Nomen* [Sing] Nu IDM **in the ˌtwinkling of an ˈeye** von einem Augenblick zum anderen

twin·set /ˈtwɪnset/ *Nomen* (*BrE*) Twinset

ˌtwin ˈtown *Nomen* Partnerstadt

twirl¹ /twɜːl; *AmE* twɜːrl/ *Verb* **1** ~ (**sb**) (**around/round**) (jdn) (herum)wirbeln **2** ~ **sth** (**around/about**) etw drehen SYN SPIN **3** zwirbeln

twirl² /twɜːl; *AmE* twɜːrl/ *Nomen* Drehung

twist¹ /twɪst/ *Verb* **1** biegen, drehen ◊ *Twist the wire to form a circle.* Biegen Sie den Draht zu einem Kreis. **2** verbiegen, verdrehen ◊ *She twisted her mouth into a mocking smile.* Sie verzog ihren Mund zu einem spöttischen Lächeln. ◊ *Her face twisted in anger.* Ihr Gesicht war wutverzerrt. ◊ *The newspaper was accused of twisting the facts.* Der Zeitung wurde eine Verzerrung der Tatsachen vorgeworfen. **3** (sich) (herum)drehen **4** (*Straße etc.*) sich winden **5** (*Körperteil*) verrenken **6** wickeln ◊ *The telephone cable has got twisted.* Die Telefonschnur hat sich verwickelt. IDM **twist sb's ˈarm** (*umgs*) auf jdn Druck ausüben ☞ *Siehe auch* KNIFE *und* LITTLE FINGER PHRV **ˌtwist sth ˈoff** etw abdrehen, etw abschrauben

twist² /twɪst/ *Nomen* **1** Drehung ◊ *give sth a twist* etw herumdrehen **2** Wendung ◊ *the twists and turns of his artistic career* die verschlungenen Wege seiner künstlerischen Laufbahn ◊ *The story has taken another twist.* Die Geschichte hat eine weitere Wende genommen. ◊ *By a curious twist of fate …* Durch eine seltsame Fügung des Schicksals … **3** Biegung **4** *a twist of paper* ein zusammengedrehtes Stück Papier ◊ *a cocktail with a twist of lemon* ein Cocktail mit einer Zitronenspirale **5 the twist** der Twist IDM **round the bend/twist** (*bes BrE, umgs*) verrückt ☞ *Siehe auch* KNICKERS

twist·ed /ˈtwɪstɪd/ *Adj* **1** verbogen, verdreht ◊ *The car was a mass of twisted metal.* Das Auto war ein Schrotthaufen. ◊ *a twisted ankle* ein verrenkter Knöchel ◊ *She gave a small twisted smile.* Sie lächelte verkrampft. **2** verquer, pervers SYN PERVERTED

twist·er /ˈtwɪstə(r)/ *Nomen* (*bes AmE, umgs*) Wirbelsturm SYN TORNADO

twisty /ˈtwɪsti/ *Adj* kurvenreich

twit /twɪt/ *Nomen* (*bes BrE, umgs*) Trottel

twitch¹ /twɪtʃ/ *Verb* **1** ~ (**sth**) (mit etw) zucken **2** zupfen an ◊ *He twitched the package out of my hands.* Er entriss mir das Paket.

twitch² /twɪtʃ/ *Nomen* **1** Zucken; MED Tic **2** Ruck **3** Regung ◊ *At that moment she felt a twitch of anxiety.* In dem Augenblick spürte sie plötzlich Angst.

twitchy /ˈtwɪtʃi/ *Adj* (*umgs*) **1** nervös SYN JITTERY **2** zuckend

twit·ter¹ /ˈtwɪtə(r)/ *Verb* **1** zwitschern **2** ~ (**on**) (**about sth**) (*bes BrE*) (über etw) schnattern

twit·ter² /ˈtwɪtə(r)/ *Nomen* [Sing] **1** (*auch* twit·tering) Gezwitscher **2** (*umgs*) ◊ *She had been all of a twitter since she heard the news.* Sie war ganz aufgeregt, seit sie die Nachricht gehört hatte.

twixt /twɪkst/ *Präp* (*veraltet*) zwischen

two /tuː/ *Zahl* zwei ☞ *Beispiele bei* SECHS IDM **a ˈday, ˈmoment, etc. or two** ein paar Tage, Augenblicke etc. **fall between two ˈstools** (*BrE*) zwischen zwei Stühlen sitzen **in ˈtwos** entzwei; **in ˈones ˈtwos and ˈthrees** zu zweit oder dritt; tröpfchenweise **it takes two to do sth** es gehören zwei dazu, etw zu tun **not have two beans, brain cells, etc. to rub toˈgether** (*umgs*) keinen Pfennig, keinen Verstand etc. haben **put ˌtwo and ˌtwo toˈgether** sich etwas zusammenreimen; seine Schlüsse ziehen **that makes ˈtwo of us** (*umgs*) ich auch **two heads are better than ˈone** vier Augen sehen mehr als zwei; zusammen geht es leichter **two's ˈcompany (, three's a crowd)** ein(e) Dritte(r) würde nur stören **two ˌsides of the same ˈcoin** zwei Seiten der Medaille ☞ *Siehe auch* MIND¹ *und* SHAKE²

ˌtwo-ˈbit *Adj nur vor Nomen* (*bes AmE, umgs*) mies

ˌtwo ˈbits *Nomen* [Pl] (*AmE, umgs, veraltet*) 25 Cents

ˌtwo-diˈmensional *Adj* zweidimensional ◊ *The novel had two-dimensional characters.* Der Roman hatte oberflächlich gezeichnete Figuren.

two-edged

two-'edged *Adj* **1** zweischneidig **2** zweideutig
two-'faced *Adj* (*umgs, abwert*) heuchlerisch, falsch SYN HYPOCRITICAL
two 'fingers *Nomen* [Pl] (*BrE, umgs*) der Stinkefinger
two-fold¹ /'tu:fəʊld; *AmE* -foʊld/ *Adj* (*gehoben*) **1** zweifach ◊ *The problem was twofold.* Das Problem hatte zwei Seiten. **2** doppelt ◊ *There was a twofold increase in demand.* Die Nachfrage stieg um das Doppelte.
two-fold² /'tu:fəʊld; *AmE* -foʊld/ *Adv* ◊ *increase twofold* sich verdoppeln
two-'handed *Adj* mit beiden Händen, beidhändig
two 'pence (*auch* **two pence 'piece, 2p** /ˌtu: 'pi:/) *Nomen* 2-Pence-Stück
two-'piece 1 *Nomen* Zweiteiler **2** *Adj* zweiteilig
two-'ply *Adj* zweischichtig; (*Papier etc.*) zweilagig; (*Wolle, Faden*) zweifädig
two-'seater *Nomen* Zweisitzer
two-some /'tu:səm/ *Nomen* Paar SYN PAIR
'two-time *Verb* (*umgs*) (*Freund(in)*) betrügen
'two-timer *Nomen* (*umgs*) Betrüger(in)
'two-tone *Adj* nur vor Nomen **1** zweifarbig **2** Zweiklang-
two-'way *Adj* **1** in beide Richtungen ◊ *two-way traffic* Gegenverkehr ◊ *two-way trade* bilateraler Handel ◊ *a two-way switch* ein Wechselschalter **2** gegenseitig ◊ *Friendship is a two-way process.* Zur Freundschaft gehören zwei. **3** ◊ *a two-way radio* ein Funksprechgerät
two-way 'mirror *Nomen* Einwegspiegel
ty·coon /taɪˈku:n/ *Nomen* Tycoon, Magnat ◊ *media tycoon* ein Medienzar ◊ *a business tycoon* ein Industriemagnat
tyke (*auch* **tike**) /taɪk/ *Nomen* (*umgs*) **1** Gör **2** (*BrE*) Mensch aus Yorkshire
type¹ /taɪp/ *Nomen* **1** Art, Sorte ◊ *a blood type* eine Blutgruppe **2** [Sing] (*umgs*) Typ **3** **-type** (*in Zusammensetzungen*) ◊ *a continental-type cafe* ein Café im kontinentalen Stil **4** (*Druckwesen*) Type, Druck ◊ *in bold type* fett gedruckt
type² /taɪp/ *Verb* **1** tippen, Maschine schreiben ◊ *Type (in) the file name.* Geben Sie den Namen der Datei ein. **2** (*Fachspr*) typisieren ◊ *Blood samples were taken from patients for typing.* Von Patienten wurden Blutproben zur Feststellung der Blutgruppe genommen.
type·cast /'taɪpkɑ:st; *AmE* -kæst/ *Verb* (**-cast, -cast**) (*meist passiv*) ~ **sb** (**as sth**) jdn (auf eine bestimmte Rolle) festlegen

type·face /'taɪpfeɪs/ *Nomen* Schrift(art)
type·script /'taɪpskrɪpt/ *Nomen* maschinegeschriebener Text
type·set /'taɪpset/ *Verb* (**-set·ting, -set, -set**) (*Text*) setzen
type·set·ter /'taɪpsetə(r)/ *Nomen* Schriftsetzer(in)
type·set·ting /'taɪpsetɪŋ/ *Nomen* Setzen
type·writer /'taɪpraɪtə(r)/ *Nomen* Schreibmaschine
type·writ·ing /'taɪpraɪtɪŋ/ *Nomen* Maschinenschreiben
type·writ·ten /'taɪprɪtn/ *Adj* getippt, maschinegeschrieben
ty·phoid /'taɪfɔɪd/ (*auch* **ˌtyphoid 'fever**) *Nomen* Typhus
ty·phoon /taɪˈfu:n/ *Nomen* Taifun
ty·phus /'taɪfəs/ *Nomen* Fleckfieber
typ·ical /'tɪpɪkl/ *Adj* ~ (**of sb/sth**) typisch (für jdn/etw), normal (für jdn/etw) ◊ *He spoke with typical enthusiasm.* Er sprach mit dem für ihn typischen Enthusiasmus.
typ·ic·al·ly /'tɪpɪkli/ *Adv* **1** typisch, normal(erweise) **2** wie immer
typ·ify /'tɪpɪfaɪ/ *Verb* (**-fies, -fy·ing, -fied, -fied**) **1** verkörpern **2** typisch sein für
typ·ing /'taɪpɪŋ/ *Nomen* [U] Tippen, Maschineschreiben
typ·ist /'taɪpɪst/ *Nomen* **1** Schreibkraft **2** ◊ *I'm quite a fast typist.* Ich kann ziemlich schnell tippen.
typo /'taɪpəʊ; *AmE* -poʊ/ *Nomen* (*Pl* **-os**) (*umgs*) Tippfehler, Druckfehler
typo·graph·ic·al /ˌtaɪpəˈɡræfɪkl/ (*auch* **typo·graph·ic** /ˌtaɪpəˈɡræfɪk/) *Adj* (*Adv* **typo·graph·ic·al·ly** /-kli/) typografisch ◊ *a typographical error* ein Druckfehler
typ·og·raphy /taɪˈpɒɡrəfi; *AmE* -ˈpɑ:ɡ-/ *Nomen* Typografie
typ·ology /taɪˈpɒlədʒi; *AmE* -ˈpɑ:l-/ *Nomen* (*Pl* **-ies**) (*Fachspr*) Typologie
tyr·an·nical /tɪˈrænɪkl/ (*gehoben* **tyr·an·nous** /'tɪrənəs/) *Adj* tyrannisch
tyr·an·nize (*BrE auch* **-ise**) /'tɪrənaɪz/ *Verb* ~ (**over**) **sb/sth** (*gehoben*) jdn/etw tyrannisieren
tyr·anny /'tɪrəni/ *Nomen* (*Pl* **-ies**) Tyrannei, Gewaltherrschaft
tyr·ant /'taɪrənt/ *Nomen* Tyrann(in)
tyre (*AmE* **tire**) /'taɪə(r)/ *Nomen* Reifen ◊ *have a flat tyre* einen Platten haben
tyro /'taɪrəʊ; *AmE* -roʊ/ *Nomen* (*Pl* **-os**) Anfänger(in)
tzar, tzar·ina, tzar·ist = TSAR, TSARINA, TSARIST

U u

U, u /ju:/ **1** *Nomen* (*Pl* **U's, u's**) (*Buchstabe*) U, u ☛ *Siehe auch* U-BOAT *und* U-TURN ☛ *Beispiele bei* A, a **2** U (*BrE*) *Kurzform von* **universal** (*Film*) jugendfrei
ubi·qui·tous /juːˈbɪkwɪtəs/ *Adj* (*Adv* **ubi·qui·tous·ly**) (*gehoben oder hum*) weit verbreitet, allgegenwärtig, unvermeidlich
ubi·quity /juːˈbɪkwəti/ *Nomen* Allgegenwart, weite Verbreitung
'U-boat *Nomen* (*deutsches*) U-Boot
UCAS /'ju:kæs/ *Kurzform von* **Universities and Colleges Admissions Service** ≈ (Zentralstelle für die Vergabe von Studienplätzen) ZVS
UDA /ˌju: di: 'eɪ/ *Kurzform von* **Ulster Defence Association** = illegale paramilitärische Gruppe in Nordirland
udder /'ʌdə(r)/ *Nomen* Euter
UEFA /ju'eɪfə/ *Kurzform von* **Union of European Football Associations** Europäische Fußball-Union
UFO (*auch* **ufo**) /ˌju: ef 'əʊ, 'ju:fəʊ; *AmE* ˌju: ef 'oʊ, 'ju:foʊ/ *Nomen* (*Pl* **UFOs**) UFO
ugh /ɜː, ʊx/ *Ausruf* igitt, i
Ugli™ /'ʌɡli/ (*auch* **'Ugli fruit**) *Nomen* Tangelo
ugli·ness /'ʌɡlinəs/ *Nomen* Hässlichkeit

ugly /'ʌɡli/ *Adj* (**ug·lier, ugli·est**) **1** hässlich **2** unangenehm, bedrohlich IDM ⇨ REAR³ *und* SIN¹
uh /ʌ, ɜː/ *Ausruf* äh ◊ *Uh, yeah, I guess so.* Äh, ja, vielleicht.
UHF /ˌju: eɪtʃ 'ef/ *Kurzform von* **ultra-high frequency** UHF
uh-huh /'ʌ hʌ/ *Ausruf* ja
uh-oh /'ʌ əʊ; *AmE* oʊ/ *Ausruf* oje, ach je
UHT /ˌju: eɪtʃ 'ti:/ (*BrE*) *Kurzform von* **ultra heat treated** ultrahoch erhitzt ◊ *UHT milk* H-Milch
uh-uh /'ʌ ʌ/ *Ausruf* nee
UK (*bes AmE* **U.K.**) /ˌju: 'keɪ/ *Kurzform von* **United Kingdom** Vereinigtes Königreich
uku·lele /ˌju:kəˈleɪli/ *Nomen* Ukulele
ulcer /'ʌlsə(r)/ *Nomen* Geschwür
ulna /'ʌlnə/ *Nomen* (*Pl* **ulnae** /-ni:/) (ANAT) Elle
Ulster /'ʌlstə(r)/ *Nomen* Ulster, Nordirland
ul·ter·ior /ʌlˈtɪəriə(r); *AmE* -ˈtɪr-/ *Adj* nur vor Nomen geheim, verborgen ◊ *an ulterior motive* ein Hintergedanke
ul·tim·ate¹ /'ʌltɪmət/ *Adj* nur vor Nomen **1** letzte(r,s) ◊ *our ultimate goal* unser Endziel ◊ *The ultimate responsibility lies with the government.* Die Regierung trägt letztendlich die

---

æ cat | ɑ: father | e ten | ɜ: bird | ə about | ɪ sit | i: see | i many | ɒ got (*BrE*) | ɔ: saw | ʌ cup | ʊ put | u: too

Verantwortung dafür. ◊ *The ultimate decision lies with the parents.* Die endgültige Entscheidung wird von den Eltern getroffen. SYN FINAL **2** größte(r,s) ◊ *A cruise is the ultimate luxury.* Eine Kreuzfahrt ist Luxus pur. **3** fundamental, Grund- ◊ *the ultimate source of the rumours* die ursprüngliche Quelle der Gerüchte SYN FUNDAMENTAL

ul·ti·mate² /ˈʌltɪmət/ *Nomen* **the ~ in sth** (*umgs*) das Höchste an etw ◊ *the ultimate in modern design* das Nonplusultra des modernen Designs

ul·tim·ate·ly /ˈʌltɪmətli/ *Adv* schließlich, letzten Endes

> ✎ WRITING TIP
> **Drawing a general conclusion**
>
> • *Ultimately, this has to be a personal decision.* Dies ist letztendlich eine persönliche Entscheidung.
> • *At the end of the day, everyone has to decide for themselves.* Letzten Endes muss jeder diese Entscheidung selbst treffen.
> • *In the final analysis, it has to be an individual decision.* Das muss letzten Endes jeder für sich entscheiden.

ul·ti·matum /ˌʌltɪˈmeɪtəm/ *Nomen* (*Pl* **ul·ti·matums** *oder* **ul·ti·ma·ta**) Ultimatum

ultra- /ˈʌltrə/

> Die Vorsilbe **ultra-** wird in Adjektiven und Nomina gebraucht und bedeutet „sehr" oder „ultra-": *ultramodern* hypermodern ◊ *ultraviolet* ultraviolett

ultra·mar·ine /ˌʌltrəməˈriːn/ *Nomen* Ultramarin
ultra·son·ic /ˌʌltrəˈsɒnɪk/ *AmE* -ˈsɑːn-/ *Adj* Ultraschall-
ultra·sound /ˈʌltrəsaʊnd/ *Nomen* **1** Ultraschall **2** Ultraschalluntersuchung
ultra·vio·let /ˌʌltrəˈvaɪələt/ *Adj* (PHYSIK) ultraviolett
um /ʌm, əm/ *Ausruf* hm, äh
umber /ˈʌmbə(r)/ *Nomen* Umbra
um·bil·ical cord /ʌmˌbɪlɪkl ˈkɔːd; *AmE* ˈkɔːrd/ *Nomen* Nabelschnur
um·brage /ˈʌmbrɪdʒ/ *Nomen* IDM **take ˈumbrage** (**at sth**) (*gehoben oder hum*) (an etw) Anstoß nehmen
um·brella /ʌmˈbrelə/ *Nomen* **1** (Regen)schirm **2** ◊ *These groups now operate under the umbrella of a single authority.* Diese Gruppen sind jetzt zu einer einzigen Behörde zusammengeschlossen worden. ◊ *an umbrella term* ein Sammelbegriff **3** (*gehoben*) Schirmherrschaft, Schutzmacht
um·pire¹ /ˈʌmpaɪə(r)/ *Nomen* (*AmE auch, umgs* **ump**) Schiedsrichter(in)
um·pire² /ˈʌmpaɪə(r)/ *Verb* schiedsrichtern, Schiedsrichter sein (bei)
ump·teen¹ /ˌʌmpˈtiːn/ *Adj* (*umgs*) zig ◊ *I've told this story umpteen times.* Ich habe diese Geschichte x-mal erzählt.
ump·teen² /ˌʌmpˈtiːn/ *Pron* viele, Unmengen
ump·teenth /ˌʌmpˈtiːnθ/ *Adj* x-te(r,s)
UN (*bes AmE* **U.N.**) /ˌjuː ˈen/ *Kurzform von* **United Nations** UNO, die Vereinten Nationen
un- /ʌn/

> Die Vorsilbe **un-** wird in Adjektiven, Adverbien und Nomina gebraucht und bedeutet „nicht": *unconsciously* unbewusst ◊ *untruth* Unwahrheit. In Verben bedeutet **un-**, dass die beschriebene Tätigkeit ins Gegenteil verkehrt wird: *unlock* aufschließen ◊ *unfold* ausbreiten ◊ *undo a mistake* einen Fehler ungeschehen machen

ˈun /ən/ *Pron* (*BrE*) = umgangssprachlich für „one" ◊ *a good 'un* 'n Guter ◊ *the little uns* die Kleinen
un·abashed /ˌʌnəˈbæʃt/ *Adj* (*Adv* **un·abashed·ly** /-ˈʃɪdli/) (*gehoben*) **1** unverfroren; (*Interesse*) unverhohlen **2** unbeeindruckt
un·abated /ˌʌnəˈbeɪtɪd/ *Adj* (*gehoben*) unvermindert
un·able /ʌnˈeɪbl/ *Adj nicht vor Nomen* **be ~ to do sth** außerstande sein etw zu tun, etw nicht können ◊ *I tried to contact him but was unable to.* Ich versuchte vergeblich ihn zu erreichen.
un·abridged /ˌʌnəˈbrɪdʒd/ *Adj* ungekürzt
un·accept·able /ˌʌnəkˈseptəbl/ *Adj* (*Adv* **un·accept·ably** /-əbli/) untragbar, nicht akzeptabel ◊ *The noise has reached an unacceptable level.* Der Lärm ist unzumutbar geworden.
un·accom·pan·ied /ˌʌnəˈkʌmpənid/ *Adj* **1** ohne Begleitung ◊ *unaccompanied luggage* aufgegebenes Gepäck **2** (MUS) Solo- **3** (*gehoben*) **~ by sth** nicht begleitet von etw
un·account·able /ˌʌnəˈkaʊntəbl/ *Adj* (*gehoben*) **1** unerklärlich SYN INEXPLICABLE **2 be ~ (to sb/sth)** sich (jdm/etw gegenüber) nicht verantworten müssen
un·account·ably /ˌʌnəˈkaʊntəbli/ *Adv* (*gehoben*) aus unerklärlichen Gründen
un·account·ed for /ˌʌnəˈkaʊntɪd fɔː(r)/ *Adj nicht vor Nomen* **1** vermisst **2** ungeklärt
un·accus·tomed /ˌʌnəˈkʌstəmd/ *Adj* (*gehoben*) **1 be ~ to sth** etw nicht gewohnt sein; **be ~ to doing sth** nicht gewöhnt sein, etw zu tun **2** ungewohnt
un·achiev·able /ˌʌnəˈtʃiːvəbl/ *Adj* unerreichbar
un·acknow·ledged /ˌʌnəkˈnɒlɪdʒd; *AmE* -ˈnɑːl-/ *Adj* **1** verkannt ◊ *the unacknowledged leader of the group* der inoffizielle Leiter der Gruppe **2** uneingestanden
un·acquaint·ed /ˌʌnəˈkweɪntɪd/ *Adj* **be ~ (with sth/sb)** (*gehoben*) (mit etw/jdm) nicht vertraut sein
un·adorned /ˌʌnəˈdɔːnd; *AmE* -ˈdɔːrnd/ *Adj* (*gehoben*) schlicht, schmucklos, schnörkellos
un·adul·ter·ated /ˌʌnəˈdʌltəreɪtɪd/ *Adj* rein, unverfälscht ◊ *unadulterated pleasure* ungetrübtes Vergnügen
un·ad·ven·tur·ous /ˌʌnədˈventʃərəs/ *Adj* wenig unternehmungslustig, anspruchslos, einfallslos
un·affect·ed /ˌʌnəˈfektɪd/ *Adj* **1 ~ (by sth)** (von etw) nicht betroffen **2** ungekünstelt, natürlich, echt
un·affili·ated /ˌʌnəˈfɪlieɪtɪd/ *Adj* **~ (with sth)** (an etw) nicht angegliedert, unabhängig (von etw) ◊ *candidates unaffiliated with any political party* keiner Partei angehörende Kandidaten SYN INDEPENDENT
un·afraid /ˌʌnəˈfreɪd/ *Adj nicht vor Nomen* **be ~ (of sth)** (vor etw) keine Angst haben; **be ~ (to do sth)** keine Angst haben (etw zu tun)
un·aid·ed /ʌnˈeɪdɪd/ *Adj*, *Adv* ohne (fremde) Hilfe, allein
un·alloyed /ˌʌnəˈlɔɪd/ *Adj* (*gehoben*) ungetrübt, rein
un·alter·able /ʌnˈɔːltərəbl/ *Adj* (*gehoben*) unabänderlich
un·altered /ʌnˈɔːltəd; *AmE* -tərd/ *Adj* unverändert
un·am·bigu·ous /ˌʌnæmˈbɪɡjuəs/ *Adj* (*Adv* **un·am·bigu·ous·ly**) eindeutig, unzweideutig
un·am·bi·tious /ˌʌnæmˈbɪʃəs/ *Adj* (*gehoben*) **1** ohne Ehrgeiz **2** anspruchslos, einfach
unan·im·ity /ˌjuːnəˈnɪməti/ *Nomen* (*gehoben*) Einstimmigkeit, Übereinstimmung
unani·mous /juˈnænɪməs/ *Adj* (*Adv* **unani·mous·ly**) einstimmig; **be ~ (in sth)** (in etw) einig sein ◊ *unanimous condemnation* einhellige Ablehnung
un·announced /ˌʌnəˈnaʊnst/ *Adj* unangemeldet, ohne Vorankündigung
un·answer·able /ʌnˈɑːnsərəbl; *AmE* ʌnˈæn-/ *Adj* **1** unwiderlegbar **2** ◊ *This question is unanswerable.* Diese Frage lässt sich nicht beantworten.
un·answered /ʌnˈɑːnsəd; *AmE* -sərd/ *Adj* (*gehoben*) unbeantwortet ◊ *Their cries for help went unanswered.* Ihre Hilferufe blieben ungehört.
un·antici·pated /ˌʌnænˈtɪsɪpeɪtɪd/ *Adj* (*gehoben*) unerwartet, unvorhergesehen
un·apolo·get·ic /ˌʌnəˌpɒləˈdʒetɪk; *AmE* -ˌpɑːl-/ *Adj* (*Adv* **un·apolo·get·ic·al·ly** /-kli/) (*gehoben*) ◊ *The minister remained unapologetic.* Der Minister machte keine Anstalten sich zu entschuldigen. ◊ *an unapologetic admirer of Hitler* ein unverhohlener Bewunderer Hitlers ◊ *She was unapologetic about her decision.* Sie stand zu ihrer Entscheidung.
un·appeal·ing /ˌʌnəˈpiːlɪŋ/ *Adj* nicht sonderlich verlockend, nicht attraktiv
un·appe·tiz·ing (*BrE auch* **-is·ing**) /ʌnˈæpɪtaɪzɪŋ/ *Adj* unappetitlich
un·appre·ci·ated /ˌʌnəˈpriːʃieɪtɪd/ *Adj* (*gehoben*) unbeachtet, nicht gewürdigt ◊ *He felt unappreciated.* Er hatte das Gefühl, dass man ihn nicht zu schätzen wusste.
un·approach·able /ˌʌnəˈprəʊtʃəbl; *AmE* -ˈproʊ-/ *Adj* unnahbar

un·argu·able /ʌnˈɑːgjuəbl; AmE -ˈɑːrg-/ Adj (gehoben) unwiderlegbar ◊ *unarguable logic* zwingende Logik

un·argu·ably /ʌnˈɑːgjuəbli/ Adv zweifellos

un·armed /ˌʌnˈɑːmd; AmE ˌʌnˈɑːrmd/ Adj 1 unbewaffnet 2 ohne Waffen

un·ashamed /ˌʌnəˈʃeɪmd/ Adj unverhohlen, ungeniert ◊ *There were unashamed tears in his eyes.* Er schämte sich seiner Tränen nicht.

un·ashamed·ly /ˌʌnəˈʃeɪmɪdli/ Adv ohne Scham, unverhohlen ◊ *She wept unashamedly.* Sie weinte hemmungslos.

un·asked /ˌʌnˈɑːskt; AmE ˌʌnˈæskt/ Adj 1 ungefragt 2 ungebeten, unaufgefordert

unˈasked for Adj unerwünscht, unwillkommen

un·as·sail·able /ˌʌnəˈseɪləbl/ Adj (gehoben) unanfechtbar; (Vertrauen, Optimismus etc.) unerschütterlich; (Argument, Logik) unwiderlegbar ◊ *an unassailable lead* ein nicht aufzuholender Vorsprung

un·as·sist·ed /ˌʌnəˈsɪstɪd/ Adj ohne (fremde) Hilfe

un·as·sum·ing /ˌʌnəˈsjuːmɪŋ; AmE ˌʌnəˈsuː-/ Adj bescheiden

un·at·tached /ˌʌnəˈtætʃt/ Adj 1 ungebunden, allein stehend 2 ohne Zugehörigkeit

un·at·tain·able /ˌʌnəˈteɪnəbl/ Adj (gehoben) unerreichbar

un·at·tend·ed /ˌʌnəˈtendɪd/ Adj unbewacht, unbeaufsichtigt

un·at·tract·ive /ˌʌnəˈtræktɪv/ Adj (Adv **un·at·tract·ive·ly**) 1 unattraktiv, unschön 2 uninteressant, wenig verlockend

un·author·ized (BrE auch **-ised**) /ʌnˈɔːθəraɪzd/ Adj (gehoben) unbefugt ◊ *an unauthorized biography* eine nicht autorisierte Biografie

un·avail·abil·ity Nomen /ˌʌnəˌveɪləˈbɪləti/ Nichtvorhandensein

un·avail·able /ˌʌnəˈveɪləbl/ Adj ~ (**to sb/sth**) 1 (für jdn/etw) nicht erhältlich 2 nicht erreichbar ◊ *be unavailable* nicht zur Verfügung stehen ◊ *The minister was unavailable for comment.* Der Minister war für eine Stellungnahme nicht verfügbar.

un·avoid·able /ˌʌnəˈvɔɪdəbl/ Adj unvermeidbar

un·avoid·ably /ˌʌnəˈvɔɪdəbli/ Adv notgedrungen ◊ *I was unavoidably detained.* Ich war leider verhindert.

un·aware /ˌʌnəˈweə(r); AmE -ˈwer/ Adj nicht vor Nomen **be ~ of sth** sich einer Sache nicht bewusst sein ◊ *politically unaware* ohne politisches Bewusstsein ◊ *He was completely unaware of it all.* Er hatte von der ganzen Sache nichts gemerkt.

un·aware·ness Nomen /ˌʌnəˈweənəs; AmE -ˈwer-/ Unkenntnis

un·awares /ˌʌnəˈweəz; AmE -ˈwerz/ Adv 1 unerwartet ◊ *The camera had caught her unawares.* Sie hatte nicht bemerkt, dass sie fotografiert wurde. ◊ *She came upon him unawares when he was searching her room.* Sie überraschte ihn dabei, wie er ihr Zimmer durchsuchte. 2 (gehoben) unbemerkt, unbeabsichtigt

un·bal·ance /ˌʌnˈbæləns/ Verb 1 das Gleichgewicht stören von 2 aus dem Gleichgewicht bringen

un·bal·anced /ˌʌnˈbælənst/ Adj 1 (psychologisch) gestört 2 unausgewogen ◊ *an unbalanced article* ein einseitiger Artikel

un·bear·able /ʌnˈbeərəbl; AmE -ˈber-/ Adj (Adv **un·bear·ably** /-əbli/) unerträglich; (Mensch) unausstehlich

un·beat·able /ʌnˈbiːtəbl/ Adj 1 unschlagbar 2 unübertrefflich

un·beat·en /ʌnˈbiːtn/ Adj (Sport) ungeschlagen; (Rekord) ungebrochen

un·be·com·ing /ˌʌnbɪˈkʌmɪŋ/ Adj (gehoben) 1 unvorteilhaft 2 **~ (to/of sb)** (für jdn) ungebührlich

un·be·known /ˌʌnbɪˈnəʊn; AmE -ˈnoʊn/ (seltener **un·beknownst** /ˌʌnbɪˈnəʊnst; AmE -ˈnoʊnst/) Adj (gehoben) **~ to sb** ohne jds Wissen

un·believ·able /ˌʌnbɪˈliːvəbl/ Adj (Adv **un·believ·ably** /-əbli/) 1 unglaublich 2 unglaubhaft ◊ *Unbelievably, it actually works.* Es ist kaum zu glauben, aber es funktioniert tatsächlich. SYN INCREDIBLE

un·believer /ˌʌnbɪˈliːvə(r)/ Nomen (gehoben) Ungläubige(r)

un·believ·ing /ˌʌnbɪˈliːvɪŋ/ Adj (gehoben) ungläubig ◊ *She stared at us with unbelieving eyes.* Sie starrte uns fassungslos an.

un·bend /ˌʌnˈbend/ Verb (**un·bent**, **un·bent** /ˌʌnˈbent/) 1 aus sich herausgehen 2 gerade biegen

un·bend·ing /ˌʌnˈbendɪŋ/ Adj (oft abwert) unbeugsam

un·biased (auch **un·biassed**) /ˌʌnˈbaɪəst/ Adj unparteiisch, unvoreingenommen; (Informationen) objektiv; (Richter) unbefangen SYN IMPARTIAL

un·bid·den /ʌnˈbɪdn/ Adj (gehoben) (meist dem Verb nachgestellt) unaufgefordert, ungebeten

un·bleached /ʌnˈbliːtʃt/ Adj ungebleicht

un·blem·ished /ʌnˈblemɪʃt/ Adj (gehoben) makellos

un·blink·ing /ʌnˈblɪŋkɪŋ/ Adj (Adv **un·blink·ing·ly**) (gehoben) unverwandt, starr

un·block /ˌʌnˈblɒk; AmE -ˈblɑːk/ Verb ◊ *unblock a pipe* ein verstopftes Rohr durchspülen ◊ *unblock the sink* die Verstopfung in der Spüle beseitigen

un·born /ˌʌnˈbɔːn; AmE -ˈbɔːrn/ Adj ungeboren

un·bound·ed /ʌnˈbaʊndɪd/ Adj (gehoben) grenzenlos

un·bowed /ˌʌnˈbaʊd/ Adj ungebeugt

un·break·able /ʌnˈbreɪkəbl/ Adj unzerbrechlich

un·bridge·able /ʌnˈbrɪdʒəbl/ Adj unüberbrückbar

un·bridled /ʌnˈbraɪdld/ Adj (gehoben) grenzenlos, ungezügelt

un·broken /ʌnˈbrəʊkən; AmE -ˈbroʊ-/ Adj 1 nicht durchbrochen, ununterbrochen 2 (Rekord etc.) ungebrochen

un·buckle /ʌnˈbʌkl/ Verb aufschnallen

un·bur·den /ˌʌnˈbɜːdn; AmE -ˈbɜːrdn/ Verb 1 (gehoben) **~ yourself** sich aussprechen; **~ yourself to sb** jdm sein Herz ausschütten; **~ yourself of sth** sich etw von der Seele reden 2 **~ sb/sth (of sth)** jdn/etw (von etw) befreien

un·but·ton /ˌʌnˈbʌtn/ Verb aufknöpfen OPP BUTTON (UP)

unˈcalled for Adj unnötig, unangebracht, deplatziert

un·canny /ʌnˈkæni/ Adj (Adv **un·can·nily** /-ɪli/) unheimlich

unˈcared for Adj ungepflegt, vernachlässigt

un·car·ing /ʌnˈkeərɪŋ; AmE -ˈker-/ Adj (abwert) lieblos, gleichgültig, gefühllos

un·ceas·ing /ʌnˈsiːsɪŋ/ Adj (Adv **un·ceas·ing·ly**) (gehoben) unaufhörlich, kontinuierlich SYN INCESSANT

un·cen·sored /ʌnˈsensəd; AmE -sərd/ Adj unzensiert

un·cere·mo·ni·ous /ˌʌnˌserəˈməʊniəs; AmE -ˈmoʊ-/ Adj (gehoben) grob, rüde

un·cere·mo·ni·ous·ly /ˌʌnˌserəˈməʊniəsli; AmE -ˈmoʊ-/ Adv (gehoben) kurzerhand

un·cer·tain /ʌnˈsɜːtn; AmE ʌnˈsɜːrtn/ Adj 1 unsicher; **be ~ (about/of sth)** sich (einer Sache) nicht sicher sein 2 unberechenbar; (Wetter) unbeständig 3 ungewiss, unbestimmt ◊ *Our future looks uncertain.* Unsere Zukunft ist ungewiss. IDM **in ˌno unˌcertain ˈterms** (klar und) deutlich

un·cer·tain·ly /ʌnˈsɜːtnli; AmE -ˈsɜːrtn-/ Adv unsicher SYN HESITANTLY

un·cer·tainty /ʌnˈsɜːtnti; AmE -ˈsɜːrtn-/ Nomen (Pl **-ies**) Ungewissheit, Unsicherheit ◊ *He had an air of uncertainty about him.* Er wirkte recht unsicher.

un·chal·lenged /ʌnˈtʃælɪndʒd/ Adj 1 unbestritten, unwidersprochen, unangefochten ◊ *These ideas have gone/remained largely unchallenged for 60 years.* Diese Vorstellungen sind in den letzten 60 Jahren kaum infrage gestellt worden. 2 unbehelligt

un·change·able /ʌnˈtʃeɪndʒəbl/ Adj unabänderlich

un·changed /ʌnˈtʃeɪndʒd/ Adj unverändert

un·chan·ging /ʌnˈtʃeɪndʒɪŋ/ Adj unveränderlich

un·char·ac·ter·is·tic /ˌʌnˌkærəktəˈrɪstɪk/ Adj ~ (**of sb**) (für jdn) uncharakteristisch, (für jdn) untypisch

un·char·ac·ter·is·tic·al·ly /ˌʌnˌkærəktəˈrɪstɪkli/ Adv auf ungewohnte Weise ◊ *The children were uncharacteristically quiet.* Die Kinder waren ungewöhnlich still.

un·char·it·able /ʌnˈtʃærɪtəbl/ Adj unbarmherzig, herzlos; (Bemerkung) unfreundlich

un·chart·ed /ʌnˈtʃɑːtɪd; AmE -ˈtʃɑːrt-/ Adj 1 unerforscht; (Gewässer) unbekannt ◊ (fig) *move into uncharted territory* in unbekannte Gefilde aufbrechen 2 auf keiner Landkarte verzeichnet

un·checked /ˌʌnˈtʃekt/ *Adj* ungehindert, unkontrolliert

un·claimed /ˌʌnˈkleɪmd/ *Adj* herrenlos; (*Anspruch etc.*) nicht geltend gemacht ◊ *The prize has remained unclaimed.* Der Preis wurde nicht abgeholt.

un·clas·si·fied /ʌnˈklæsɪfaɪd/ *Adj* **1** nicht geheim **2** (*Fachspr*) nicht klassifiziert ◊ (*BrE*) *Some candidates get unclassified grades.* Einige Kandidaten fallen durch. **3** (*BrE*) (*Landstraße*) nicht ausgebaut

uncle /ˈʌŋkl/ *Nomen* Onkel IDM ⇒ BOB

un·clean /ˌʌnˈkliːn/ *Adj* **1** (*gehoben*) unsauber, schmutzig **2** (REL) unrein

un·clear /ˌʌnˈklɪə(r)/; *AmE* -ˈklɪr/ *Adj* **1** unklar **2** ~ (**about sth**); ~ (**as to sth**) (über etw) nicht klar, (über etw) im Unklaren

ˌUncle ˈSam *Nomen* (*umgs*) = Symbolfigur der USA, die oft als Mann mit Spitzbart und Zylinder dargestellt wird

un·clut·tered /ˌʌnˈklʌtəd; *AmE* -tərd/ *Adj* schlicht, nicht überladen

un·coil /ˌʌnˈkɔɪl/ *Verb* (sich) abwickeln, (sich) abspulen; (*Schlange*) sich entrollen

un·com·fort·able /ʌnˈkʌmftəbl; *BrE auch* -fət-; *AmE auch* -fərt-/ *Adj* **1** (*Adv* **un·com·fort·ably** /-əbli/) unbequem; (*Platz etc.*) ungemütlich **2** (*Adv* **un·com·fort·ably**) unangenehm; (*Schweigen*) peinlich ◊ *She looked distinctly uncomfortable when the subject was mentioned.* Als man auf das Thema zu sprechen kam, war es ihr sichtlich unangenehm. ◊ *He shifted uncomfortably in his seat.* Er rutschte unbehaglich auf seinem Stuhl hin und her. OPP COMFORTABLE ◊ unerfreulich

un·com·mit·ted /ˌʌnkəˈmɪtɪd/ *Adj* ~ (**to sb/sth**) nicht festgelegt (auf jdn/etw)

un·com·mon /ʌnˈkɒmən; *AmE* -ˈkɑːm-/ *Adj* (*Adv* **un·com·mon·ly**) **1** ungewöhnlich, selten SYN UNUSUAL *und* RARE **2** (*gehoben*) außergewöhnlich

un·com·mu·ni·ca·tive /ˌʌnkəˈmjuːnɪkətɪv/ *Adj* (*abwert*) schweigsam, verschlossen

un·com·peti·tive /ˌʌnkəmˈpetətɪv/ *Adj* (WIRTSCH) nicht wettbewerbsfähig, nicht konkurrenzfähig

un·com·plain·ing /ˌʌnkəmˈpleɪnɪŋ/ *Adj* (*Adv* **un·com·plain·ing·ly**) klaglos, duldsam

un·com·pre·hend·ing /ˌʌnˌkɒmprɪˈhendɪŋ; *AmE* -ˌkɑːm-/ *Adj* (*Adv* **un·com·pre·hend·ing·ly**) (*gehoben*) verständnislos

un·com·prom·is·ing /ʌnˈkɒmprəmaɪzɪŋ; *AmE* -ˈkɑːm-/ *Adj* kompromisslos

un·com·prom·is·ing·ly /ʌnˈkɒmprəmaɪzɪŋli/ *Adv* kompromisslos, hundertprozentig ◊ *uncompromisingly hostile* absolut feindselig

un·con·cealed /ˌʌnkənˈsiːld/ *Adj* unverhohlen, offen SYN OBVIOUS

un·con·cerned /ˌʌnkənˈsɜːnd; *AmE* -ˈsɜːrnd/ *Adj* (*Adv* **un·con·cern·ed·ly** /-ˈsɜːnɪdli/) **1** unbekümmert; ~ (**about/by sth**) (über etw) unbesorgt **2** ~ (**with sb/sth**) (an jdm/etw) uninteressiert, gleichgültig (gegenüber jdm/etw) OPP CONCERNED

un·con·di·tion·al /ˌʌnkənˈdɪʃənl/ *Adj* (*Adv* **un·con·dition·al·ly** /-ʃənəli/) bedingungslos, vorbehaltlos

un·con·firmed /ˌʌnkənˈfɜːmd; *AmE* -ˈfɜːrmd/ *Adj* unbestätigt

un·con·nect·ed /ˌʌnkəˈnektɪd/ *Adj* ~ (**with/to sth**) (mit etw) nicht zusammenhängend

un·con·scion·able /ʌnˈkɒnʃənəbl; *AmE* -ˈkɑːn-/ *Adj* (*gehoben*) **1** unverschämt, unerhört **2** (*oft hum*) übertrieben

un·con·scious¹ /ʌnˈkɒnʃəs; *AmE* -ˈkɑːn-/ *Nomen* **the unconscious** (PSYCH) das Unbewusste

un·con·scious² /ʌnˈkɒnʃəs; *AmE* -ˈkɑːn-/ *Adj* **1** bewusstlos **2** (*Adv* **un·con·scious·ly**) unbewusst; (*Komik*) unfreiwillig **3** ~ **of sth** sich einer Sache nicht bewusst; ~ **of sb** sich jds Anwesenheit nicht bewusst SYN OBLIVIOUS

un·con·scious·ness /ʌnˈkɒnʃəsnəs; *AmE* -ˈkɑːn-/ *Nomen* Bewusstlosigkeit

un·con·sid·ered /ˌʌnkənˈsɪdəd; *AmE* -ərd/ *Adj* (*gehoben*) **1** unüberlegt, unbedacht **2** unberücksichtigt, unbeachtet

un·con·sti·tu·tion·al /ˌʌnˌkɒnstɪˈtjuːʃənl; *AmE* -kɑːnstəˈtuː-/ *Adj* (*Adv* **un·con·sti·tu·tion·al·ly** /-ʃənəli/) verfassungswidrig, satzungswidrig

un·con·test·ed /ˌʌnkənˈtestɪd/ *Adj* unangefochten ◊ *an uncontested election* eine Wahl ohne Gegenkandidaten

un·con·trol·lable /ˌʌnkənˈtrəʊləbl; *AmE* -ˈtroʊ-/ *Adj* (*Adv* **un·con·trol·lably** /-əbli/) unkontrollierbar, unbändig, unstillbar

un·con·trolled /ˌʌnkənˈtrəʊld; *AmE* -ˈtroʊld/ *Adj* **1** unkontrolliert ◊ *uncontrolled anger* unbändige Wut ◊ *The thoughts rushed into my mind uncontrolled.* Die Gedanken schossen mir wild durch den Kopf. **2** ungeregelt

un·con·tro·ver·sial /ˌʌnˌkɒntrəˈvɜːʃl; *AmE* ˌʌnkɑːntrəˈvɜːrʃl/ *Adj* unverfänglich, unumstritten

un·con·ven·tion·al /ˌʌnkənˈvenʃənl/ *Adj* (*Adv* **un·con·ven·tion·al·ly** /-ʃənəli/) unkonventionell

un·con·vinced /ˌʌnkənˈvɪnst/ *Adj* ~ (**of/by sth**) (von etw) nicht überzeugt

un·con·vin·cing /ˌʌnkənˈvɪnsɪŋ/ *Adj* (*Adv* **un·con·vin·cing·ly**) nicht überzeugend ◊ *He laughed unconvincingly.* Er lachte gezwungen.

un·cooked /ˌʌnˈkʊkt/ *Adj* roh, ungekocht SYN RAW

un·cool /ˌʌnˈkuːl/ *Adj* (*umgs*) nicht cool, uncool

un·co·opera·tive /ˌʌnkəʊˈɒpərətɪv; *AmE* -koʊˈɑːp-/ *Adj* unkooperativ, wenig hilfsbereit, wenig entgegenkommend ◊ *an uncooperative child* ein aufmüpfiges Kind

un·co·or·din·ated /ˌʌnkəʊˈɔːdɪneɪtɪd; *AmE* -koʊˈɔːrd-/ *Adj* unkoordiniert

un·cork /ˌʌnˈkɔːk; *AmE* -ˈkɔːrk/ *Verb* entkorken

un·cor·rob·or·ated /ˌʌnkəˈrɒbəreɪtɪd; *AmE* -ˈrɑːb-/ *Adj* unbestätigt

un·count·able /ʌnˈkaʊntəbl/ *Adj* (LING) unzählbar ☞ In diesem Wörterbuch sind unzählbare Nomina mit [U] gekennzeichnet. ☞ G 1.1.2

un·couple /ˌʌnˈkʌpl/ *Verb* ~ **sth** (**from sth**) etw (von etw) abkoppeln

un·couth /ʌnˈkuːθ/ *Adj* ungehobelt, unflätig SYN COARSE

un·cover /ʌnˈkʌvə(r)/ *Verb* freilegen, aufdecken (*auch fig*) ◊ *Uncover the pan.* Nehmen Sie den Deckel des Topfes ab.

un·covered /ʌnˈkʌvəd; *AmE* -ərd/ *Adj* unbedeckt; (*Topf*) ohne Deckel ◊ *His head was uncovered.* Er trug keine Kopfbedeckung.

un·crit·ic·al /ʌnˈkrɪtɪkl/ *Adj* (*Adv* **un·crit·ic·al·ly** /-kli/) (*meist abwert*) unkritisch ◊ *Her uncritical acceptance of everything irritated me.* Es irritierte mich, dass sie alles kritiklos hinnahm.

unc·tu·ous /ˈʌŋktjuəs; *AmE* -tʃuəs/ *Adj* (*Adv* **unc·tu·ous·ly**) (*gehoben, abwert*) salbungsvoll

un·culti·vated /ʌnˈkʌltɪveɪtɪd/ *Adj* unkultiviert, brachliegend

un·curl /ˌʌnˈkɜːl; *AmE* -ˈkɜːrl/ *Verb* ~ **sth** etw auseinander rollen; ~ (**yourself**) sich strecken ◊ *The snake uncurled.* Die Schlange entrollte sich. OPP CURL UP

un·cut /ˌʌnˈkʌt/ *Adj* **1** ungeschnitten; (*Rasen*) ungemäht **2** (*Film, Buch etc.*) ungekürzt **3** (*Edelstein*) ungeschliffen **4** (*Brot etc.*) nicht aufgeschnitten

un·dam·aged /ʌnˈdæmɪdʒd/ *Adj* unbeschädigt, heil

un·daunt·ed /ʌnˈdɔːntɪd/ *Adj* (*gehoben*) unverzagt, unerschrocken, nicht entmutigt ◊ *Undaunted, she persevered.* Unbeirrt machte sie weiter. SYN UNDETERRED

un·decided /ˌʌndɪˈsaɪdɪd/ *Adj* **1** unschlüssig, unentschlossen ◊ *He was undecided as to what to do.* Er war unschlüssig, was er tun sollte. **2** nicht entschieden

un·declared /ˌʌndɪˈkleəd; *AmE* -ˈklerd/ *Adj* unerklärt; (*Einkommen*) nicht angegeben; (*Waren*) nicht deklariert

un·defeat·ed /ˌʌndɪˈfiːtɪd/ *Adj* unbesiegt, ungeschlagen

un·defend·ed /ˌʌndɪˈfendɪd/ *Adj* unverteidigt ◊ *undefended frontiers* ungeschützte Grenzen ◊ *an undefended case* ein Fall, in dem auf eine Verteidigung verzichtet wird

un·defined /ˌʌndɪˈfaɪnd/ *Adj* nicht (näher) definiert ◊ *for an undefined period of time* auf unbestimmte Zeit

un·demand·ing /ˌʌndɪˈmɑːndɪŋ; *AmE* -mæn-/ *Adj* anspruchslos

un·demo·crat·ic /ˌʌndeməˈkrætɪk/ *Adj* undemokratisch

un·demon·stra·tive /ˌʌndɪˈmɒnstrətɪv; *AmE* -ˈmɑːn-/ *Adj* reserviert, zurückhaltend

un·deni·able /ˌʌndɪˈnaɪəbl/ *Adj* unbestreitbar, unleugbar SYN INDISPUTABLE

un·deni·ably /ˌʌndɪˈnaɪəbli/ *Adv* zweifellos, unbestreitbar

under¹ /'ʌndə(r)/ *Präp* **1** unter ◊ *He came out from under the table.* Er kam unter dem Tisch hervor. ◊ *The country is under martial law.* In dem Staat herrscht Kriegsrecht. **2** weniger als, unter ◊ *in under an hour* in weniger als einer Stunde **3** (*Gesetz, System etc.*) gemäß, laut ◊ *under the terms of the lease* laut Mietvertrag **4** (*in Verbindung mit bestimmten Nomina*) ◊ *under construction* im Bau ◊ *The matter is under investigation.* Die Angelegenheit wird gerade überprüft. ◊ *I'm under no illusions about this.* Ich mache mir keine Illusionen darüber. ◊ *Is the television still under guarantee?* Ist die Garantie für den Fernseher noch gültig? ◊ *She was kept under observation in hospital.* Man behielt sie zur Beobachtung im Krankenhaus. IDM **under 'way** (*auch* **under·way**) im Gange

under² /'ʌndə(r)/ *Adv* **1** darunter ◊ *He pulled up the covers and crawled under.* Er zog die Decke hoch und schlüpfte drunter. ◊ *She took a deep breath and stayed under for more than a minute.* Sie atmete tief ein und blieb über eine Minute unter Wasser. **2** unter Narkose ◊ *He felt himself going under.* Er merkte, wie er in die Narkose versank.

under³ /'ʌndə(r)/ *Adj nur vor Nomen* Unter-, untere(s)

under- /'ʌndə(r)/

> Die Vorsilbe **under-** wird in Nomina und Adjektiven im Sinne von „Unter-"/„unter-" verwendet: *undergrowth* Unterholz ◊ *the under-fives* Kinder unter fünf Jahren ◊ *undercover* verdeckt.
>
> Sie wird in Adjektiven und Verben auch im Sinne von „nicht genügend" oder „zu wenig" verwendet: *underripe* unreif ◊ *undercooked* noch nicht gar.

under·achieve /ˌʌndərə'tʃiːv/ *Verb* hinter dem Möglichen zurückbleiben, schlecht abschneiden
under·achieve·ment /ˌʌndərə'tʃiːvmənt/ *Nomen* [U] schwache Leistungen
ˌunder 'age *Adj* ⇨ AGE¹
under·arm¹ /'ʌndərɑːm; *AmE* -ɑːrm/ *Adj* **1** *nur vor Nomen* Achsel- ◊ *underarm hair* Achselhaare **2** (*Wurf etc.*) von unten, Unterarm-
under·arm² /'ʌndərɑːm; *AmE* -ɑːrm/ *Adv* (*werfen etc.*) von unten
under·belly /'ʌndəbeli; *AmE* -dərb-/ *Nomen* [Sing] **1** (*fig*) empfindlichste Stelle, Achillesferse **2** (*fig*) Schattenseite **3** Bauch
under·bid /ˌʌndə'bɪd; *AmE* -dər'b-/ *Verb* (**-bid·ding**, **-bid**, **-bid**) (WIRTSCH) unterbieten
under·brush /'ʌndəbrʌʃ; *AmE* -dərb-/ *Nomen* (*AmE*) Gestrüpp, Unterholz
under·car·riage /'ʌndəkærɪdʒ; *AmE* -dərk-/ *Nomen* (AERO) Fahrwerk
under·charge /ˌʌndə'tʃɑːdʒ; *AmE* ˌʌndər'tʃɑːrdʒ/ *Verb* ~ (**sb**) (**for sth**) (jdm) (für etw) zu wenig berechnen
under·class /'ʌndəklɑːs; *AmE* 'ʌndərklæs/ *Nomen* [Sing] Unterschicht
under·class·man /ˌʌndə'klɑːsmən; *AmE* -dər'klæs-/ *Nomen* (*Pl* **-men** /-mən/) (*AmE*) = Schüler/Student im ersten oder zweiten Jahr an einer amerikanischen Highschool oder einem College
under·class·woman /ˌʌndə'klɑːswʊmən; *AmE* -dər'klæs-/ *Nomen* (*Pl* **-women** /-wɪmɪn/) (*AmE*) = Schülerin/Studentin im ersten oder zweiten Jahr an einer amerikanischen Highschool oder einem College
under·clothes /'ʌndəkləʊðz; *AmE* 'ʌndərkloʊðz/ *Nomen* [Pl] (*auch* **under·cloth·ing** /-kləʊðɪŋ; *AmE* -kloʊ-/) (*gehoben*) Unterwäsche
under·coat /'ʌndəkəʊt; *AmE* 'ʌndərkoʊt/ *Nomen* Grundierung, Grundierfarbe
under·cover¹ /ˌʌndə'kʌvə(r); *AmE* -dər'k-/ *Adj* verdeckt, geheim ◊ *an undercover agent* ein(e) Geheimagent(in)
under·cover² /ˌʌndə'kʌvə(r); *AmE* -dər'k-/ *Adv* verdeckt
under·cur·rent /'ʌndəkʌrənt; *AmE* -dərkɜːr-/ *Nomen* Unterton, Unterströmung ◊ *I detect an undercurrent of resentment.* Ich kann unterschwellig die Abneigung spüren. ◊ *A nationalist undercurrent was developing.* Es entwickelte sich ein latenter Nationalismus.
under·cut¹ /ˌʌndə'kʌt; *AmE* -dər'kʌt/ *Verb* (**-cut·ting**, **-cut**, **-cut**) **1** unterbieten **2** (*fig*) untergraben

under·cut² /'ʌndəkʌt; *AmE* 'ʌndərkʌt/ *Nomen* Pilzkopf mit unterschnittenem Nacken
under·devel·oped /ˌʌndədɪ'veləpt; *AmE* -dərdɪ-/ *Adj* unterentwickelt
under·dog /'ʌndədɒg; *AmE* 'ʌndərdɔːg/ *Nomen* Underdog, Unterlegene(r), Schwächere(r)
under·done /ˌʌndə'dʌn; *AmE* -dər'd-/ *Adj* nicht durch, (noch) nicht gar
under·employed /ˌʌndərɪm'plɔɪd/ *Adj* nicht ausgelastet
under·esti·mate¹ /ˌʌndər'estɪmeɪt/ *Verb* unterschätzen
under·esti·mate² /ˌʌndər'estɪmət/ (*auch* **under·esti·ma·tion** /ˌʌndərˌestɪ'meɪʃn/) *Nomen* Unterschätzung
under·expose /ˌʌndərɪk'spəʊz; *AmE* -'spoʊz/ *Verb meist passiv* (FOTO) unterbelichten OPP OVEREXPOSE
under·fed /ˌʌndə'fed; *AmE* -dər'f-/ *Adj* unterernährt
under·floor /ˌʌndə'flɔː(r); *AmE* -dər'f-/ *Adj nur vor Nomen* unter dem Fußboden verlaufend ◊ *underfloor heating* Fußbodenheizung
under·foot /ˌʌndə'fʊt; *AmE* -dər'f-/ *Adv* ◊ *The ground was dry and firm underfoot.* Der Boden war trocken und fest. ◊ *I was nearly trampled underfoot by the crowd.* Ich wurde von den Menschenmassen fast niedergetrampelt.
under·fund·ed /ˌʌndə'fʌndɪd; *AmE* -dər'f-/ *Adj* unterfinanziert
under·gar·ment /'ʌndəgɑːmənt; *AmE* -dərgɑːrm-/ *Nomen* (*veraltet oder gehoben*) (Stück) Unterwäsche
under·go /ˌʌndə'gəʊ; *AmE* ˌʌndər'goʊ/ *Verb* (**-went** /-'went/, **-gone** /-'gɒn; *AmE* -'gɔːn, -'gɑːn/) sich unterziehen, durchmachen ◊ *undergo repairs* repariert werden
under·gradu·ate /ˌʌndə'grædʒuət; *AmE* -dər'g-/ *Nomen* Student(in) (*vor dem ersten Hochschulabschluss*) ◊ *an undergraduate degree* ein erster Hochschulabschluss ☛ *Hinweis bei* STUDENT, S.625
under·ground¹ /'ʌndəgraʊnd; *AmE* -dərg-/ *Adj nur vor Nomen* **1** unterirdisch ◊ *underground cables* Erdkabel **2** Untergrund-
under·ground² /ˌʌndə'graʊnd; *AmE* -dər'g-/ *Adv* **1** unter der Erde, unterirdisch **2** (*fig*) in dem/den Untergrund ◊ *He went underground to avoid arrest.* Er tauchte unter, um nicht verhaftet zu werden.
under·ground³ *Nomen* /'ʌndəgraʊnd; *AmE* -dərg-/ **1** (*meist* **the Underground**) (*BrE*) [Sing] U-Bahn **2 the underground** (POL) der Untergrund ☛ G 1.3a
under·growth /'ʌndəgrəʊθ; *AmE* 'ʌndərgroʊθ/ *Nomen* (*BrE*) Unterholz
under·hand /ˌʌndə'hænd; *AmE* -dər'h-/ (*seltener* **under·hand·ed** /-'hændɪd/) *Adj* (*abwert*) hinterhältig
under·lay /'ʌndəleɪ; *AmE* 'ʌndərleɪ/ *Nomen* Unterlage
under·lie /ˌʌndə'laɪ; *AmE* ˌʌndər'laɪ/ *Verb* (**-lying**, **-lay** /-'leɪ/, **-lain** /-'leɪn/) (*gehoben*) zugrunde liegen
under·line /ˌʌndə'laɪn; *AmE* -dər'l-/ *Verb* unterstreichen (*auch fig*) ☛ *Hinweis bei* EMPHASIZE
under·ling /'ʌndəlɪŋ; *AmE* 'ʌndərlɪŋ/ *Nomen* (*abwert*) Untergebene(r) SYN MINION
under·lying /ˌʌndə'laɪɪŋ; *AmE* -dər'l-/ *Adj nur vor Nomen* **1** zugrunde liegend ◊ *the underlying cause of the disaster* der eigentliche Grund für die Katastrophe **2** darunter liegend
under·manned /ˌʌndə'mænd; *AmE* -dər'm-/ *Adj* (*personell*) unterbesetzt SYN UNDERSTAFFED
under·mine /ˌʌndə'maɪn; *AmE* -dər'm-/ *Verb* **1** unterhöhlen **2** (*fig*) untergraben, unterminieren
under·neath¹ /ˌʌndə'niːθ; *AmE* -dər'n-/ *Präp* unter
under·neath² /ˌʌndə'niːθ; *AmE* -dər'n-/ *Adv* darunter
under·neath³ /ˌʌndə'niːθ; *AmE* -dər'n-/ *Nomen* **the underneath** [Sing] die Unterseite
under·nour·ished /ˌʌndə'nʌrɪʃt; *AmE* -dər'nɜːr-/ *Adj* unterernährt SYN MALNOURISHED
under·nour·ish·ment /ˌʌndə'nʌrɪʃmənt; *AmE* -dər'nɜːr-/ *Nomen* Unterernährung
under·paid /ˌʌndə'peɪd; *AmE* -dər'p-/ *Adj* unterbezahlt
under·pants /'ʌndəpænts; *AmE* -dərp-/ *Nomen* [Pl] (*BrE*) Unterhose ☛ *Hinweis bei* BRILLE
under·pass /'ʌndəpɑːs; *AmE* 'ʌndərpæs/ *Nomen* Unterführung
under·pay /ˌʌndə'peɪ; *AmE* -dər'p-/ *Verb* (**-paid**, **-paid** /-'peɪd/) unterbezahlen

under·pin /ˌʌndəˈpɪn; *AmE* -dərˈp-/ *Verb* (**-nn-**) **1** (TECH) abstützen **2** (*fig*) stützen, untermauern ◊ *Objectivity underpins good journalism.* Objektivität ist die Grundlage des guten Journalismus.

under·pin·ning /ˌʌndəˈpɪnɪŋ; *AmE* -dərˈp-/ *Nomen* Unterbau (*auch fig*)

under·play /ˌʌndəˈpleɪ; *AmE* -dərˈp-/ *Verb* (*bes BrE, gehoben*) herunterspielen SYN PLAY DOWN *und* DOWNPLAY

under·priv·il·eged /ˌʌndəˈprɪvəlɪdʒd; *AmE* -dərˈp-/ *Adj* unterprivilegiert SYN DISADVANTAGED

under·rate /ˌʌndəˈreɪt/ *Verb* unterschätzen

under·score /ˌʌndəˈskɔː(r); *AmE* -dərˈs-/ *Verb* (*bes AmE*) unterstreichen SYN UNDERLINE

under·sea /ˈʌndəsiː; *AmE* ˈʌndərsi/ *Adj nur vor Nomen* Unterwasser- ◊ *undersea cables* Unterwasserkabel

under·sec·re·tary /ˌʌndəˈsekrətri; *AmE* ˌʌndərˈsekrəteri/ *Nomen* (*Pl* **-ies**) **1** (*in Großbritannien*) (parlamentarische(r)) Staatssekretär(in) **2** (*in den USA*) Unterstaatssekretär(in)

under·sell /ˌʌndəˈsel; *AmE* ˌʌndərˈsel/ *Verb* (**-sold, -sold** /-ˈsəʊld; *AmE* -ˈsoʊld/) **1** unterbieten **2** unter Wert verkaufen, verschleudern **3** ~ **yourself** sich nicht gut verkaufen

under·shirt /ˈʌndəʃɜːt; *AmE* ˈʌndərʃɜːrt/ *Nomen* (*AmE*) Unterhemd

under·side /ˈʌndəsaɪd; *AmE* -dərs-/ *Nomen* Unterseite SYN BOTTOM

the under·signed /ˌʌndəˈsaɪnd; *AmE* -dərˈs-/ *Nomen* (*Pl* **the under·signed**) (*gehoben*) der/die Unterzeichnete, die Unterzeichneten

under·sized /ˌʌndəˈsaɪzd; *AmE* -dərˈs-/ *Adj* klein (geraten), zu klein

under·sold *Form von* UNDERSELL

under·staffed /ˌʌndəˈstɑːft; *AmE* ˌʌndərˈstæft/ *Adj* (personell) unterbesetzt SYN UNDERMANNED

under·stand /ˌʌndəˈstænd; *AmE* -dərˈs-/ *Verb* (**-stood, -stood** /-ˈstʊd/) (*nicht in der Verlaufsform*) **1** verstehen, begreifen **2** (*gehoben*) denken, gehört haben ◊ *I understand (that) you wish to see the manager.* Man sagt mir, dass Sie mit dem Geschäftsführer sprechen wollen. ◊ *Am I to understand that you refuse?* Soll das heißen, dass Sie ablehnen? ◊ *The Prime Minister is understood to have been extremely angry.* Der Premierminister soll sehr ärgerlich gewesen sein. **3** **be understood** sich (von selbst) verstehen, selbstverständlich sein; (*Wort*) ausgelassen werden ◊ *I thought it was understood that my expenses would be paid.* Ich bin davon ausgegangen, dass meine Spesen bezahlt werden. IDM **make yourself under·stood** sich verständlich machen ☞ *Siehe auch* GIVE[1]

under·stand·able /ˌʌndəˈstændəbl; *AmE* -dərˈs-/ *Adj* verständlich

under·stand·ably /ˌʌndəˈstændəbli; *AmE* -dərˈs-/ *Adv* verständlicherweise

under·stand·ing[1] /ˌʌndəˈstændɪŋ; *AmE* -dərˈs-/ *Nomen* **1** [U/Sing] Verständnis, Auffassung ◊ *My understanding of the situation is …* Ich verstehe die Situation so, dass … **2** (*zwischen Ländern, Völkern etc.*) Verständigung **3** [meist Sing] Abmachung ◊ *We finally came to an understanding about what hours we would work.* Wir einigten uns schließlich über unsere Arbeitszeiten. **4** [U/Sing] Kenntnis(se) ◊ *a sound understanding of grammar* gute Grammatikkenntnisse IDM **on the understanding that …** (*gehoben*) unter der Voraussetzung, dass …

under·stand·ing[2] /ˌʌndəˈstændɪŋ; *AmE* -dərˈs-/ *Adj* verständnisvoll SYN SYMPATHETIC

under·state /ˌʌndəˈsteɪt; *AmE* -dərˈs-/ *Verb* herunterspielen OPP OVERSTATE

under·stated /ˌʌndəˈsteɪtɪd; *AmE* -dərˈs-/ *Adj* unaufdringlich SYN SUBTLE

under·state·ment /ˈʌndəsteɪtmənt; *AmE* -dərs-/ *Nomen* Untertreibung, Understatement OPP OVERSTATEMENT

under·study[1] /ˈʌndəstʌdi; *AmE* -dərs-/ *Nomen* (*Pl* **-ies**) ~ (**to sb**) zweite Besetzung (für jdn)

under·study[2] /ˈʌndəstʌdi; *AmE* -dərs-/ *Verb* (**-stud·ies, -study·ing, -stud·ied, -stud·ied**) ~ **sb** die zweite Besetzung für jdn sein

under·take /ˌʌndəˈteɪk; *AmE* -dərˈt-/ *Verb* (**-took** /-ˈtʊk/, **-taken** /-ˈteɪkən/) (*gehoben*) **1** durchführen; (*Aufgabe etc.*) übernehmen **2** ~ **to do sth** sich (dazu) verpflichten etw zu tun

under·taker /ˈʌndəteɪkə(r); *AmE* -dərt-/ *Nomen* Leichenbestatter(in), Bestattungsinstitut ☞ *Hinweis bei* BAKER

under·tak·ing /ˌʌndəˈteɪkɪŋ; *AmE* -dərˈt-/ *Nomen* **1** Unternehmen, Projekt SYN VENTURE **2** (*gehoben*) Zusicherung ◊ *give an undertaking to do sth* sich (dazu) verpflichten etw zu tun **3** Bestattungsgewerbe

under-the-ˈcounter *Adj* (*umgs*) illegal ◊ *under-the-counter deals* schwarze Geschäfte

under·tone /ˈʌndətəʊn; *AmE* ˈʌndərtoʊn/ *Nomen* Unterton IDM **in an ˈundertone; in ˈundertones** mit gedämpfter Stimme

under·tow /ˈʌndətəʊ; *AmE* ˈʌndərtoʊ/ *Nomen* **1** Unterströmung; (*am Meer*) Sog **2** (*fig*) Unterton

under·use /ˌʌndəˈjuːs; *AmE* -dərˈj-/ *Nomen* mangelnde Nutzung

under·used /ˌʌndəˈjuːzd; *AmE* -dərˈj-/ *Adj* unzureichend genutzt

under·value /ˌʌndəˈvæljuː; *AmE* -dərˈv-/ *Verb* (*meist passiv*) unterbewerten ◊ *The house has been undervalued.* Der Wert des Hauses ist zu niedrig geschätzt worden. OPP OVERVALUE

under·water[1] /ˌʌndəˈwɔːtə(r); *AmE* -dərˈw-/ *Adj nur vor Nomen* Unterwasser-

under·water[2] /ˌʌndəˈwɔːtə(r); *AmE* -dərˈw-/ *Adv* unter Wasser

under·way /ˌʌndəˈweɪ; *AmE* -dərˈw-/ *Adj nicht vor Nomen* IDM ⇒ UNDER[1]

under·wear /ˈʌndəweə(r); *AmE* ˈʌndərwer/ *Nomen* Unterwäsche

under·weight /ˌʌndəˈweɪt; *AmE* -dərˈw-/ *Adj* untergewichtig ◊ *She is a few pounds underweight for her height.* Für ihre Größe wiegt sie ein paar Pfund zu wenig. OPP OVERWEIGHT

under·went *Form von* UNDERGO

under·whelmed /ˌʌndəˈwelmd; *AmE* -dərˈw-/ *Adj* (*umgs, hum*) nicht gerade überwältigt

under·world /ˈʌndəwɜːld; *AmE* ˈʌndərwɜːrld/ *Nomen* [Sing] Unterwelt

under·write /ˌʌndəˈraɪt/ *Verb* (**-wrote** /-ˈrəʊt; *AmE* -ˈroʊt/, **-writ·ten** /-ˈrɪtn/) (*Fachspr*) **1** finanzieren; (*Verlust, Kosten*) tragen **2** als Versicherer unterzeichnen, versichern **3** = bei Aktienemissionen die Übernahme von unverkauften Aktien garantieren

under·writer /ˈʌndəraɪtə(r); *AmE* -dərr-/ *Nomen* (*Fachspr*) **1** Versicherer(in), Versicherungsgesellschaft **2** Underwriter **3** Emissionsgarant

un·deserved /ˌʌndɪˈzɜːvd; *AmE* -ˈzɜːrvd/ *Adj* unverdient

un·deserved·ly /ˌʌndɪˈzɜːvɪdli; *AmE* -ˈzɜːrv-/ *Adv* unverdienterweise

un·deserv·ing /ˌʌndɪˈzɜːvɪŋ; *AmE* -ˈzɜːrv-/ *Adj* ~ (**of sth**) (*gehoben*) (einer Sache) unwürdig

un·desir·able /ˌʌndɪˈzaɪərəbl; *AmE* -ˈzaɪr-/ **1** *Adj* (*Adv* **un·desir·ably** /-əbli/) unerwünscht, nicht wünschenswert **2** *Nomen* [meist Pl] unerfreuliches Element

un·detect·ed /ˌʌndɪˈtektɪd/ *Adj* unentdeckt

un·deterred /ˌʌndɪˈtɜːd; *AmE* -ˈtɜːrd/ *Adj* nicht entmutigt ◊ *They were undeterred.* Sie ließen sich nicht abschrecken. ◊ *He continued undeterred.* Er machte trotzdem weiter.

un·devel·oped /ˌʌndɪˈveləpt/ *Adj* **1** (*Küste etc.*) unerschlossen **2** (*Land*) unterentwickelt **3** nicht voll ausgebildet

un·did *Form von* UNDO

un·dies /ˈʌndiz/ *Nomen* [Pl] (*umgs*) Unterwäsche

un·dif·fer·en·ti·ated /ˌʌndɪfəˈrenʃieɪtɪd/ *Adj* undifferenziert

un·dig·ni·fied /ʌnˈdɪɡnɪfaɪd/ *Adj* würdelos, unelegant

un·diluted /ˌʌndaɪˈluːtɪd; *BrE auch* -ˈljuːtɪd/ *Adj* **1** unverdünnt **2** (*Freude etc.*) ungetrübt

un·dimin·ished /ˌʌndɪˈmɪnɪʃt/ *Adj* unvermindert

un·dis·charged /ˌʌndɪsˈtʃɑːdʒd; *AmE* -ˈtʃɑːrdʒd/ *Adj* (RECHT) ◊ *an undischarged bankrupt* ein noch unentlasteter Konkursschuldner

un·dis·ciplined /ʌnˈdɪsəplɪnd/ *Adj* undiszipliniert

un·dis·closed /ˌʌndɪsˈkləʊzd; AmE -ˈkloʊzd/ Adj (Summe etc.) nicht genannt; (Ort) geheim gehalten

un·dis·cov·ered /ˌʌndɪsˈkʌvəd; AmE -ərd/ Adj unentdeckt

un·dis·guised /ˌʌndɪsˈɡaɪzd/ Adj unverhohlen

un·dis·put·ed /ˌʌndɪˈspjuːtɪd/ Adj **1** unbestritten SYN IRREFUTABLE **2** unangefochten

un·dis·tin·guished /ˌʌndɪˈstɪŋɡwɪʃt/ Adj durchschnittlich, mittelmäßig

un·dis·turbed /ˌʌndɪˈstɜːbd; AmE -ˈstɜːrbd/ Adj **1** unberührt SYN UNTOUCHED **2** ungestört SYN UNINTERRUPTED **3** ungerührt ◊ *She was undisturbed by the news.* Die Nachricht ließ sie ungerührt.

un·di·vid·ed /ˌʌndɪˈvaɪdɪd/ Adj ungeteilt (auch fig); (Treue etc.) absolut

undo /ʌnˈduː/ Verb (**-does** /-ˈdʌz/, **-did** /-ˈdɪd/, **-done** /-ˈdʌn/) **1** aufmachen **2** rückgängig machen, zunichte machen **3** (meist passiv) (gehoben) zugrunde richten ◊ *The team was undone by the strength of their opponents.* Die Mannschaft scheiterte an der Stärke ihrer Gegner.

un·do·ing /ʌnˈduːɪŋ/ Nomen [Sing] Ruin, Verderben SYN DOWNFALL

un·done /ʌnˈdʌn/ Adj **1** offen ◊ *Her blouse had come undone.* Ihre Bluse war aufgegangen. **2** (Arbeit etc.) unerledigt **3** (veraltet) ruiniert

un·doubt·ed /ʌnˈdaʊtɪd/ Adj unbestritten, unzweifelhaft

un·doubt·ed·ly /ʌnˈdaʊtɪdli/ Adv zweifellos

undreamed-of /ʌnˈdriːmd ɒv; AmE ʌv/ (auch **undreamt-of** /ʌnˈdremt ɒv; AmE ʌv/) Adj ungeahnt

un·dress¹ /ʌnˈdres/ Verb **1** sich ausziehen ◊ *He got undressed.* Er zog sich aus. **2** ausziehen

un·dress² /ʌnˈdres/ Nomen (gehoben) ◊ *in a state of undress* nur halb angekleidet

un·dressed /ʌnˈdrest/ Adj ausgezogen, (noch) nicht angezogen

un·due /ʌnˈdjuː; AmE ʌnˈduː/ Adj nur vor Nomen (Adv **un·duly**) (gehoben) übermäßig, ungebührlich

un·du·late /ˈʌndjuleɪt; AmE -dʒə-/ Verb (gehoben) sich wellen, wogen

un·du·la·tion /ˌʌndjuˈleɪʃn; AmE -dʒə-/ Nomen Welle, Wellenbewegung

un·dy·ing /ʌnˈdaɪɪŋ/ Adj nur vor Nomen ewig, unvergänglich ◊ *undying love* unsterbliche Liebe

un·earned /ʌnˈɜːnd; AmE ʌnˈɜːrnd/ Adj unverdient ◊ *unearned income* Kapitaleinkommen

un·earth /ʌnˈɜːθ; AmE ʌnˈɜːrθ/ Verb **1** ausgraben SYN DIG UP **2** finden, aufstöbern, ans Licht bringen SYN DIG UP

un·earth·ly /ʌnˈɜːθli; AmE -ˈɜːrθ-/ Adj unheimlich IDM **at an unearthly ˈhour** (umgs) zu nachtschlafender Zeit; in aller Herrgottsfrühe

un·ease /ʌnˈiːz/ (auch **un·eas·i·ness** /ʌnˈiːzinəs/) Nomen Unbehagen

un·eas·i·ly /ʌnˈiːzɪli/ Adv mit Unbehagen, unruhig ◊ *His socialist views sit uneasily with his fortune.* Seine sozialistischen Ansichten passen schlecht zu seinem Vermögen.

un·easy /ʌnˈiːzi/ Adj **1** besorgt; (Lächeln etc.) nervös ◊ *He felt uneasy about their visit.* Er machte sich wegen ihres Besuchs Sorgen. ◊ *She felt uneasy about leaving the children with them.* Sie fühlte sich nicht wohl bei dem Gedanken, die Kinder bei ihnen zu lassen. ◊ *an uneasy feeling* ein ungutes Gefühl **2** unsicher, instabil ◊ *an uneasy compromise* ein mühsamer Kompromiss ◊ *an uneasy mix of humour and violence* eine eigenartige Mischung aus Humor und Gewalt **3** (Schlaf, Nacht) unruhig

un·eco·nom·ic /ˌʌnˌiːkəˈnɒmɪk, ˌʌnˌek-; AmE -ˈnɑːm-/ Adj **1** unrentabel SYN UNPROFITABLE **2** (auch **un·eco·nom·ic·al** /ˌʌnˌiːkəˈnɒmɪkl, ˌʌnˌek-; AmE -ˈnɑːm-/) unwirtschaftlich, verschwenderisch

un·edi·fy·ing /ʌnˈedɪfaɪɪŋ/ Adj (bes BrE, gehoben) unschön, wenig erbaulich

un·edu·cat·ed /ʌnˈedʒukeɪtɪd/ Adj ungebildet

un·emo·tion·al /ˌʌnɪˈməʊʃənl; AmE -ˈmoʊ-/ Adj (Adv **un·emo·tion·al·ly**) nüchtern, emotionslos

un·employ·able /ˌʌnɪmˈplɔɪəbl/ Adj nicht beschäftigbar

un·employed /ˌʌnɪmˈplɔɪd/ **1** Adj arbeitslos **2 the unemployed** Nomen [Pl] die Arbeitslosen

un·employ·ment /ˌʌnɪmˈplɔɪmənt/ Nomen Arbeitslosigkeit ◊ *rising rates of unemployment* steigende Arbeitslosenquoten

unemˈployment benefit Nomen (BrE) (auch **unemˈployment benefits** [Pl]) (AmE auch **unemˌployment compenˈsation**) Arbeitslosenunterstützung

un·end·ing /ʌnˈendɪŋ/ Adj endlos ◊ *an unending supply of money* ein unerschöpflicher Geldvorrat

un·envi·able /ʌnˈenviəbl/ Adj wenig beneidenswert

un·equal /ʌnˈiːkwəl/ Adj **1** (Adv **un·equal·ly**) ungleich **2** (Adv **un·equal·ly**) unterschiedlich **3** ~ **to sth** (gehoben) einer Sache nicht gewachsen

un·equalled (AmE **un·equaled**) /ʌnˈiːkwəld/ Adj unerreicht, unübertroffen ◊ *an unequalled range* eine einmalige Auswahl SYN UNPARALLELED

un·equivo·cal /ˌʌnɪˈkwɪvəkl; AmE -kəli/ (gehoben) eindeutig

un·err·ing /ʌnˈɜːrɪŋ/ Adj (Adv **un·err·ing·ly**) unfehlbar, untrüglich

un·eth·ic·al /ʌnˈeθɪkl/ Adj (Adv **un·eth·ic·al·ly** /-kli/) unmoralisch

un·even /ʌnˈiːvn/ Adj (Adv **un·even·ly**) **1** (Boden etc.) uneben **2** (Atem, Zähne etc.) ungleichmäßig, unregelmäßig **3** (Wettbewerb, Spiel, Verteilung) ungleich ◊ *an uneven performance* ein Auftritt mit Höhen und Tiefen ◊ *The teams are unevenly matched.* Die Mannschaften sind einander nicht ebenbürtig.

un·even·ness /ʌnˈiːvnnɪs/ Nomen [U] **1** Unebenheit **2** (fig) Ungleichmäßigkeit

un·event·ful /ˌʌnɪˈventfl/ Adj (Adv **un·event·ful·ly** /-fəli/) ereignislos; (Wochenende etc.) ruhig

un·ex·cep·tion·able /ˌʌnɪkˈsepʃənəbl/ Adj **1** (gehoben) einwandfrei, untadelig **2** durchschnittlich

un·ex·cep·tion·al /ˌʌnɪkˈsepʃənl/ Adj durchschnittlich

un·ex·cit·ing /ˌʌnɪkˈsaɪtɪŋ/ Adj wenig aufregend, langweilig

un·ex·pect·ed /ˌʌnɪkˈspektɪd/ **1** Adj (Adv **un·ex·pect·ed·ly**) unerwartet, überraschend ◊ *The plane was unexpectedly delayed.* Das Flugzeug hatte unerwarteterweise Verspätung. **2 the un·ex·pect·ed** Nomen [Sing] Unvorhergesehenes, unvorhergesehene Dinge

un·ex·plained /ˌʌnɪkˈspleɪnd/ Adj ungeklärt, unerklärt; (Abwesenheit) unbegründet

un·ex·plored /ˌʌnɪkˈsplɔːd; AmE -ˈsplɔːrd/ Adj unerforscht, unerschlossen

un·fail·ing /ʌnˈfeɪlɪŋ/ Adj nie versagend ◊ *unfailing support* uneingeschränkte Unterstützung SYN UNERRING

un·fail·ing·ly /ʌnˈfeɪlɪŋli/ Adv stets, immer

un·fair /ˌʌnˈfeə(r); AmE -ˈfer/ Adj ~ **(on/to sb)** ungerecht (jdm gegenüber), unfair (jdm gegenüber) ◊ *unfair dismissal* ungerechtfertigte Entlassung ◊ *unfair competition* unlauterer Wettbewerb SYN UNJUST

un·fair·ly /ˌʌnˈfeəli; AmE -ˈfer-/ Adv ungerecht(erweise), unfair, zu Unrecht ◊ *She claims to have been unfairly dismissed.* Sie behauptet, dass man sie ungerechtfertigt entlassen hat.

un·fair·ness /ˌʌnˈfeənəs; AmE -ˈfer-/ Nomen Ungerechtigkeit

un·faith·ful /ʌnˈfeɪθfl/ Adj ~ **(to sb)** (jdm) untreu

un·faith·ful·ness /ʌnˈfeɪθflnəs/ Nomen Untreue

un·famil·iar /ˌʌnfəˈmɪliə(r)/ Adj **1** unbekannt, fremd, ungewohnt **2** ~ **with sth** nicht vertraut mit etw ◊ *students who are unfamiliar with computers* Studenten, die sich nicht mit Computern auskennen

un·famil·iar·ity /ˌʌnfəˌmɪliˈærəti/ Nomen **1** Fremdheit, Ungewohntheit **2** Unvertrautheit

un·fash·ion·able /ʌnˈfæʃnəbl/ Adj (Adv **un·fash·ion·ably** /-əbli/) unmodern, altmodisch; (Stadtteil etc.) nicht schick

un·fas·ten /ʌnˈfɑːsn; AmE ʌnˈfæsn/ Verb aufmachen, losmachen, lösen

un·fath·om·able /ʌnˈfæðəməbl/ Adj (gehoben) unergründlich, rätselhaft

un·favour·able (AmE **un·favor·able**) /ʌnˈfeɪvərəbl/ Adj (Adv **un·favour·ably**, AmE **un·favor·ably** /-əbli/) **1** ~ **(for/to sth)** ungünstig (für etw) **2** negativ ◊ *an unfavourable comparison* ein unvorteilhafter Vergleich ◊ *In this respect, Italy compares unfavourably with other* *countries*. In dieser Hinsicht schneidet Italien bei einem Vergleich mit anderen Ländern schlecht ab.

un·fazed /ʌnˈfeɪzd/ *Adj* (*umgs*) ◇ *She was totally unfazed by the news.* Sie ließ sich durch die Nachricht keineswegs aus der Fassung bringen.

un·feel·ing /ʌnˈfiːlɪŋ/ *Adj* herzlos

un·fet·tered /ʌnˈfetəd; *AmE* -tərd/ *Adj* (*gehoben*) unbehindert, unbeschränkt, uneingeschränkt ◇ *unfettered by legal constraints* frei von rechtlichen Einschränkungen

un·filled /ʌnˈfɪld/ *Adj* **1** (*Arbeitsstelle*) offen **2** (*Kuchen*) ungefüllt **3** (*bes AmE*) (*Bestellung*) nicht ausgeführt

un·fin·ished /ʌnˈfɪnɪʃt/ *Adj* unvollendet ◇ *We have some unfinished business to discuss.* Wir müssen noch ein paar unerledigte Sachen besprechen.

unfit /ʌnˈfɪt/ *Adj* **1** ungeeignet, nicht geeignet ◇ *unfit for human habitation* unbewohnbar **2** ~ (**to do sth**) unfähig (etw zu tun) **3** (*bes BrE*) nicht fit **4** (MIL) untauglich

un·flag·ging /ʌnˈflægɪŋ/ *Adj* unermüdlich

un·flap·pable /ˌʌnˈflæpəbəl/ *Adj* (*umgs*) unerschütterlich

un·flat·ter·ing /ʌnˈflætərɪŋ/ *Adj* wenig schmeichelhaft, unvorteilhaft

un·flinch·ing /ʌnˈflɪntʃɪŋ/ *Adj* (*Adv* **un·flinch·ing·ly**) unerschrocken, unbeirrbar

un·focused (*auch* **un·focussed**) /ʌnˈfəʊkəst; *AmE* -ˈfoʊ-/ *Adj* **1** (*Blick, Augen*) glasig **2** vage, diffus

un·fold /ʌnˈfəʊld; *AmE* ʌnˈfoʊld/ *Verb* **1** auseinander falten, auseinander klappen **2** (*Geschichte*) sich entwickeln; (*Ereignisse*) sich abspielen **3** (*Landschaft etc.*) sich ausbreiten **4** (*Geschichte etc.*) eröffnen

un·forced /ʌnˈfɔːst; *AmE* ʌnˈfɔːrst/ *Adj* ungezwungen

un·fore·see·able /ˌʌnfɔːˈsiːəbl; *AmE* -fɔːrˈs-/ *Adj* unvorhersehbar

un·fore·seen /ˌʌnfɔːˈsiːn; *AmE* -fɔːrˈs-/ *Adj* unvorhergesehen, unerwartet SYN UNEXPECTED

un·for·get·table /ˌʌnfəˈgetəbl; *AmE* -fərˈg-/ *Adj* unvergesslich SYN MEMORABLE

un·for·giv·able /ˌʌnfəˈgɪvəbl; *AmE* -fərˈg-/ *Adj* (*Adv* **unfor·giv·ab·ly** /-əbli/) unverzeihlich SYN INEXCUSABLE

un·for·giv·ing /ˌʌnfəˈgɪvɪŋ; *AmE* -fərˈg-/ *Adj* (*gehoben*) **1** unnachgiebig, nachtragend **2** erbarmungslos; (*Ort*) unwirtlich

un·formed /ˌʌnˈfɔːmd; *AmE* ˌʌnˈfɔːrmd/ *Adj* unfertig; (*Ideen etc.*) unausgereift

un·for·tu·nate¹ /ʌnˈfɔːtʃənət; *AmE* -ˈfɔːrtʃ-/ *Adj* **1** unglücklich, glücklos ◇ *He was unfortunate to lose in the final round.* Es war Pech, dass er in der letzten Runde verlor. **2** (*gehoben*) bedauerlich ◇ *It was unfortunate that he couldn't speak English.* Schade, dass er nicht Englisch konnte. ◇ *You're putting me in a most unfortunate position.* Du bringst mich in eine äußerst peinliche Lage. SYN REGRETTABLE **3** ungeschickt, unpassend

un·for·tu·nate² /ʌnˈfɔːtʃənət; *AmE* -ˈfɔːrtʃ-/ *Nomen* (*gehoben*) Unglückliche(r)

un·for·tu·nate·ly /ʌnˈfɔːtʃənətli; *AmE* -ˈfɔːrtʃ-/ *Adv* leider, unglücklich(erweise) ◇ *Unfortunately for him, the police were already there.* Zu seinem Pech war die Polizei schon da. SYN REGRETTABLY

un·found·ed /ʌnˈfaʊndɪd/ *Adj* (*gehoben*) unbegründet

un·freeze /ˌʌnˈfriːz/ *Verb* (**-froze** /-ˈfrəʊz; *AmE* -ˈfroʊz/, **-frozen** /-ˈfrəʊzn; *AmE* -ˈfroʊzn/) **1** auftauen **2** (WIRTSCH) freigeben

un·friend·ly /ʌnˈfrendli/ *Adj* unfreundlich, feindselig ◇ *environmentally unfriendly* umweltschädlich

un·ful·filled /ˌʌnfʊlˈfɪld/ *Adj* **1** unerfüllt **2** unausgefüllt

un·furl /ʌnˈfɜːl; *AmE* ʌnˈfɜːrl/ *Verb* **1** entfalten, auseinander rollen **2** sich entfalten

un·fur·nished /ʌnˈfɜːnɪʃt; *AmE* -ˈfɜːrn-/ *Adj* unmöbliert

un·gain·ly /ʌnˈgeɪnli/ *Adj* unbeholfen, ungraziös, unförmig, ungeschlacht SYN AWKWARD

un·gentle·man·ly /ʌnˈdʒentlmənli/ *Adj* unfein

un·glam·or·ous /ʌnˈglæmərəs/ *Adj* nicht glamourös ◇ *an unglamorous job* ein wenig prestigeträchtiger Beruf

un·glued /ʌnˈgluːd/ *Adj* IDM **come un'glued** (*AmE*, *umgs*) **1** (*Mensch*) durchdrehen **2** (*System etc.*) zusammenbrechen; (*Plan etc.*) fehlschlagen

un·god·ly /ʌnˈgɒdli; *AmE* -ˈgɑːd-/ *Adj* (*veraltet*) gottlos IDM **at an ungodly 'hour** zu einer unchristlichen Zeit

un·gov·ern·able /ʌnˈgʌvənəbl; *AmE* -ˈgʌvərn-/ *Adj* (*gehoben*) **1** unregierbar **2** unbezähmbar, zügellos

un·gra·cious /ʌnˈgreɪʃəs/ *Adj* (*Adv* **un·gra·cious·ly**) (*gehoben*) unhöflich, undankbar

un·gram·mat·ical /ˌʌngrəˈmætɪkl/ *Adj* ungrammatisch, grammatikalisch falsch

un·grate·ful /ʌnˈgreɪtfl/ *Adj* (*Adv* **un·grate·ful·ly** /-fəli/) undankbar

un·guard·ed /ʌnˈgɑːdɪd; *AmE* -ˈgɑːrd-/ *Adj* **1** unbewacht **2** unvorsichtig ◇ *in an unguarded moment* in einem unbedachten Augenblick

un·hap·pily /ʌnˈhæpɪli/ *Adv* **1** unglücklich **2** (*gehoben*) leider, unglücklicherweise SYN UNFORTUNATELY

un·hap·pi·ness /ʌnˈhæpinəs/ *Nomen* Kummer, Unzufriedenheit, Traurigkeit

un·happy /ʌnˈhæpi/ *Adj* (**un·hap·pier**, **un·happi·est**) (**More unhappy** und **most unhappy** sind auch möglich) **1** unglücklich **2** ~ (**about/at/with sth**) unzufrieden (mit etw) **3** (*gehoben*) bedauerlich ◇ *It was an unhappy choice of words.* Es war ungeschickt ausgedrückt.

un·harmed /ʌnˈhɑːmd; *AmE* ʌnˈhɑːrmd/ *Adj* unverletzt, unbeschädigt

un·health·ily /ʌnˈhelθɪli/ *Adv* ungesund, auf ungesunde Weise

un·healthy /ʌnˈhelθi/ *Adj* **1** ungesund ◇ *They looked unhealthy.* Sie sahen kränklich aus. ◇ *unhealthy living conditions* gesundheitsschädliche Lebensbedingungen **2** krankhaft

un·heard /ʌnˈhɜːd; *AmE* ʌnˈhɜːrd/ *Adj* **1** unbeachtet ◇ *Their protests went unheard.* Ihr Protest blieb unbeachtet. **2** ungehört

unheard-of /ʌnˈhɜːd ɒv; *AmE* ʌnˈhɜːrd ʌv/ *Adj* unerhört, unbekannt, noch nie da gewesen

un·heat·ed /ʌnˈhiːtɪd/ *Adj* ungeheizt

un·heed·ed /ʌnˈhiːdɪd/ *Adj* (*gehoben*) unbeachtet ◇ *Her warning went unheeded.* Ihre Warnung stieß auf taube Ohren.

un·help·ful /ʌnˈhelpfl/ *Adj* (*Adv* **un·help·ful·ly** /-fəli/) wenig hilfreich

un·hesi·tat·ing /ʌnˈhezɪteɪtɪŋ/ *Adj* **1** prompt **2** bereitwillig

un·hesi·tat·ing·ly /ʌnˈhezɪteɪtɪŋli/ *Adv* ohne zu zögern

un·hin·dered /ʌnˈhɪndəd/ *Adj* ungehindert, nicht behindert

un·hinge /ʌnˈhɪndʒ/ *Verb* (*meist passiv*) völlig verstören

un·holy /ʌnˈhəʊli; *AmE* -ˈhoʊ-/ *Adj* **1** (*Bündnis*) gefährlich **2** böse, gottlos **3** (*Freude*) diebisch **4** *nur vor Nomen* (*umgs*) fürchterlich

un·hook /ʌnˈhʊk/ *Verb* **1** (*Kleid etc.*) aufmachen **2** losmachen; (*Fisch*) vom Haken lösen ◇ *He unhooked his coat.* Er nahm seinen Mantel vom Haken.

un·hur·ried /ʌnˈhʌrid; *AmE* -ˈhɜːr-/ *Adj* (*Adv* **un·hur·ried·ly**) (*gehoben*) gelassen, gemächlich

un·hurt /ʌnˈhɜːt; *AmE* ʌnˈhɜːrt/ *Adj* nicht vor Nomen unverletzt SYN UNHARMED

un·hygien·ic /ˌʌnhaɪˈdʒiːnɪk/ *Adj* unhygienisch

uni /ˈjuːni/ *Nomen* (*BrE*, *umgs*) = UNIVERSITY

uni- /ˈjuːni/

Die Vorsilbe **uni-** wird in Nomina, Adjektiven und Adverbien verwendet und bedeutet „ein-" oder „mit einem/einer": *uniform* einheitlich ◇ *unilaterally* einseitig ◇ *a unicameral parliament* ein Einkammerparlament.

uni·corn /ˈjuːnɪkɔːn; *AmE* -kɔːrn/ *Nomen* Einhorn

uni·cycle /ˈjuːnɪsaɪkl/ *Nomen* Einrad

un·iden·ti·fi·able /ˌʌnaɪˈdentɪfaɪəbl/ *Adj* nicht identifizierbar ◇ *Many of the bodies were unidentifiable except by dental records.* Viele Leichen konnten nur durch ihr Gebiss identifiziert werden.

un·iden·ti·fied /ˌʌnaɪˈdentɪfaɪd/ *Adj* unbekannt, nicht identifiziert ◇ *The vase was sold to an unidentified dealer.* Die Vase wurde an einen Händler verkauft, dessen Name nicht bekannt ist.

uni·fi·ca·tion /ˌjuːnɪfɪ'keɪʃn/ *Nomen* [U] Vereinigung
uni·form¹ /'juːnɪfɔːm; *AmE* -fɔːrm/ *Nomen* Uniform
uni·form² /'juːnɪfɔːm; *AmE* -fɔːrm/ *Adj* (*Adv* **uni·form·ly** /-li/) einheitlich, gleichmäßig ◇ *The quality is uniformly high.* Die Qualität ist konstant hoch.
uni·formed /'juːnɪfɔːmd; *AmE* -fɔːrmd/ *Adj* uniformiert
uni·form·ity /ˌjuːnɪ'fɔːməti; *AmE* -fɔːrm-/ *Nomen* **1** Einheitlichkeit, Gleichmäßigkeit ◇ *They tried to ensure uniformity across the different departments.* Sie versuchten durchzusetzen, dass die verschiedenen Abteilungen einheitlich geführt wurden. **2** Eintönigkeit
unify /'juːnɪfaɪ/ *Verb* (**-fies, -fy·ing, -fied, -fied**) **1** (ver)einigen **2** vereinheitlichen ◇ *a unified transport system* ein integriertes Verkehrssystem
uni·lat·eral /ˌjuːnɪ'lætrəl/ *Adj* (*Adv* **uni·lat·eral·ly** /-rəli/) einseitig, unilateral
un·imagin·able /ˌʌnɪ'mædʒɪnəbl/ *Adj* (*Adv* **un·imagin·ably** /-əbli/) (*gehoben*) unvorstellbar
un·imagina·tive /ˌʌnɪ'mædʒɪnətɪv/ *Adj* (*Adv* **un·imagina·tive·ly** /-rəli/) fantasielos, einfallslos
un·im·paired /ˌʌnɪm'peəd; *AmE* -'perd/ *Adj* (*gehoben*) unbeeinträchtigt, unvermindert
un·im·peach·able /ˌʌnɪm'piːtʃəbl/ *Adj* (*gehoben*) unanfechtbar; (*Quelle*) zuverlässig
un·im·peded /ˌʌnɪm'piːdɪd/ *Adj* (*gehoben*) ungehindert
un·im·port·ance /ˌʌnɪm'pɔːtəns; *AmE* -'pɔːrtns/ *Nomen* Unwichtigkeit, Bedeutungslosigkeit
un·im·port·ant /ˌʌnɪm'pɔːtnt; *AmE* -'pɔːrtnt/ *Adj* unwichtig, unbedeutend
un·im·pressed /ˌʌnɪm'prest/ *Adj* nicht beeindruckt
un·im·pres·sive /ˌʌnɪm'presɪv/ *Adj* wenig beeindruckend
un·in·forma·tive /ˌʌnɪm'fɔːmətɪv; *AmE* -'fɔːrm-/ *Adj* nicht sehr informativ
un·in·formed /ˌʌnɪn'fɔːmd; *AmE* -'fɔːrmd/ *Adj* uninformiert, schlecht informiert, unwissend; (*Kritik etc.*) unfundiert
un·in·hab·it·able /ˌʌnɪn'hæbɪtəbl/ *Adj* unbewohnbar
un·in·hab·it·ed /ˌʌnɪn'hæbɪtɪd/ *Adj* unbewohnt
un·in·hib·it·ed /ˌʌnɪn'hɪbɪtɪd/ *Adj* ungehemmt, ohne Hemmungen ◇ *uninhibited by tradition* von der Tradition nicht behindert
un·initi·ated /ˌʌnɪ'nɪʃieɪtɪd/ **1** *Adj* nicht eingeweiht **2 the uninitiated** *Nomen* [Pl] die Nichteingeweihten
un·in·jured /ˌʌn'ɪndʒəd; *AmE* -dʒərd/ *Adj* unverletzt
un·in·spired /ˌʌnɪn'spaɪəd; *AmE* -'spaɪərd/ *Adj* fantasielos, einfallslos ⓢⓨⓝ DULL
un·in·spir·ing /ˌʌnɪn'spaɪərɪŋ/ *Adj* nicht gerade aufregend, langweilig
un·in·tel·li·gent /ˌʌnɪn'telɪdʒənt/ *Adj* unintelligent
un·in·tel·li·gible /ˌʌnɪn'telɪdʒəbl/ *Adj* (*Adv* **un·in·tel·li·gibly** /-əbli/) unverständlich, nicht zu verstehen
un·in·tend·ed /ˌʌnɪn'tendɪd/ *Adj* unbeabsichtigt, ungewollt
un·in·ten·tion·al /ˌʌnɪn'tenʃənl/ *Adj* (*Adv* **un·in·ten·tion·al·ly** /-ʃənəli/) unbeabsichtigt, unabsichtlich
un·inter·est·ed /ʌn'ɪntrəstɪd, -trest-/ *Adj* ~ (**in sb/sth**) desinteressiert (an jdm/etw) ◇ *He was totally uninterested in sport.* Er interessierte sich überhaupt nicht für Sport.
un·inter·est·ing /ʌn'ɪntrəstɪŋ, -trest-/ *Adj* uninteressant, langweilig
un·inter·rupt·ed /ˌʌnˌɪntə'rʌptɪd/ *Adj* ununterbrochen, nicht unterbrochen, ungestört ◇ *We had an uninterrupted view of the stage.* Wir hatten eine unbehinderte Sicht der Bühne.
un·in·vited /ˌʌnɪn'vaɪtɪd/ *Adj* un(ein)geladen
un·in·vit·ing /ˌʌnɪn'vaɪtɪŋ/ *Adj* wenig einladend
union /'juːniən/ *Nomen* **1** = TRADE UNION **2** Vereinigung, Verband ☛ *Siehe auch* STUDENTS' UNION **3** Union ◇ *the European Union* die Europäische Union **4** Union [Sing] die Vereinigten Staaten ◇ *the State of the Union address by the President* die Regierungserklärung des Präsidenten zur Lage der Nation

The Union bezog sich bis zum Sezessionskrieg auf alle Staaten der damaligen USA. Im Krieg wurde es für die nördlichen Staaten gebraucht, die sich der Sezession von den Südstaaten, **the Confederates**, widersetzten: *the Union and the Confederacy* die Unionsstaaten und die konföderierten Staaten von Amerika.

5 [U/Sing] Vereinigung, Verbindung **6** (*veraltet*) Ehe
union·ism /'juːniənɪzəm/ *Nomen* **1** Gewerkschaftswesen **2** (*in Nordirland*) Unionismus
union·ist /'juːniənɪst/ *Nomen* **1** = TRADE UNIONIST **2 Unionist** = Befürworter der Union zwischen Großbritannien und Nordirland **3 Unionist** = Anhänger der Union im nordamerikanischen Sezessionskrieg
union·iza·tion (*BrE auch* **-isa·tion**) /ˌjuːniənaɪ'zeɪʃn; *AmE* -nə'z-/ *Nomen* [U] gewerkschaftliche Organisation ◇ *a high level of unionization* ein hoher gewerkschaftlicher Organisierungsgrad
union·ize (*BrE auch* **-ise**) /'juːniənaɪz/ *Verb* (sich) gewerkschaftlich organisieren
the ˌUnion ˈJack *Nomen* (*britische Flagge*) der Union Jack
unique /ju'niːk/ *Adj* **1** einzigartig, einmalig ◇ *The museum is unique in having a complete dinosaur.* Es ist das einzige Museum, das einen vollständig erhaltenen Dinosaurier hat. **2** ~ **to sb/sth** jdm/etw eigen ◇ *an atmosphere that is unique to New York* eine Atmosphäre, die es nur in New York gibt ◇ *The koala is unique to Australia.* Der Koala kommt nur in Australien vor.
unique·ly /ju'niːkli/ *Adv* einzigartig, einmalig ◇ *Her past experience made her uniquely suited to lead the campaign.* Durch ihre Erfahrung auf diesem Gebiet war sie ganz besonders geeignet, die Kampagne zu leiten. ◇ *Britain, uniquely, has had to face this problem.* Nur Großbritannien war von diesem Problem betroffen. ◇ *a uniquely identifiable email address* eine eindeutig identifizierbare E-Mail-Adresse
unique·ness /ju'niːknəs/ *Nomen* Einzigartigkeit, Einmaligkeit
uni·sex /'juːnɪseks/ *Adj* Unisex-
uni·son /'juːnɪsn/ *Nomen* ⓘⓓⓜ **in unison 1** (MUS) einstimmig **2** gleichzeitig **3** in Übereinstimmung
unit /'juːnɪt/ *Nomen* **1** Einheit **2** (WIRTSCH) Stück, Einheit **3** (*im Krankenhaus*) Abteilung, Station **4** (*Möbelstück*) (Anbau)element **5** Gerät, Element **6** Lektion, Kapitel **7** Wohneinheit **8** (MATH) Einer
Uni·tar·ian /ˌjuːnɪ'teəriən; *AmE* -'ter-/ **1** *Nomen* Unitarier(in) **2** *Adj* unitarisch
Uni·tar·ian·ism /ˌjuːnɪ'teəriənɪzəm; *AmE* -'ter-/ *Nomen* Unitarismus
uni·tary /'juːnətri; *AmE* -teri/ *Adj* Einheits-, zentralistisch
ˌunitary auˈthority *Nomen* (*BrE*) ≈ Bezirksverwaltung
unite /ju'naɪt/ *Verb* **1** sich zusammenschließen ◇ *We will unite in fighting crime.* Wir werden das Verbrechen gemeinsam bekämpfen. **2** ~ **sb/sth** (**with sb/sth**) jdn/etw (mit jdm/etw) vereinigen, jdn/etw (mit jdm/etw) verbinden ◇ *She unites keen business skills with a charming personality.* Sie hat einen ausgeprägten Geschäftssinn und ist zugleich sehr charmant. **3** ~ (**with sb/sth**) sich (mit jdm/etw) vereinigen
united /ju'naɪtɪd/ *Adj* vereinigt, vereint ◇ *They are united in their opposition to the plan.* Sie sind sich in ihrem Widerstand gegen den Plan einig. ◇ *present a united front* eine gemeinsame Front bilden
the Uˌnited ˈKingdom *Nomen* [Sing] (*Abk* (**the**) **UK**) das Vereinigte Königreich ☛ *Hinweis bei* GROSSBRITANNIEN ☛ *Siehe auch* S. 767
the Uˌnited ˈNations *Nomen* (*Abk* (**the**) **UN**) die Vereinten Nationen ☛ G 1.3a
the Uˌnited ˈStates (of Aˈmerica) *Nomen* (*Abk* (**the**) **US, USA**) die Vereinigten Staaten (von Amerika) ☛ *Hinweis bei* AMERICAN¹ ☛ G 1.3a ☛ *Siehe auch* S. 767
ˌunit ˈtrust *Nomen* (*BrE*) ≈ Investmentfonds
unity /'juːnəti/ *Nomen* (*Pl* **-ies**) **1** Einheit ◇ *unity of purpose* gemeinsame Ziele **2** Einheitlichkeit, (innere) Geschlossenheit **3** Einmütigkeit
Univ. *Abk* = UNIVERSITY
uni·ver·sal /ˌjuːnɪ'vɜːsl; *AmE* -'vɜːrsl/ *Adj* **1** allgemein, universal, universell **2** allgemein gültig
uni·ver·sal·ity /ˌjuːnɪvɜː'sæləti; *AmE* -vɜːr's-/ *Nomen* **1** Universalität **2** Allgemeingültigkeit

uni·ver·sal·ly /ˌjuːnɪˈvɜːsəli; *AmE* -ˈvɜːrs-/ *Adv* allgemein, überall

uni·verse /ˈjuːnɪvɜːs; *AmE* -vɜːrs/ *Nomen* **1** Universum, Kosmos **2** [Sing] (*fig*) Welt

uni·ver·sity /ˌjuːnɪˈvɜːsəti; *AmE* -ˈvɜːrs-/ *Nomen* (*Pl* **-ies**) (*Abk* **Univ.** *umgs* **uni**) Universität ◇ (*BrE*) *He's hoping to go to university next year.* Er möchte nächstes Jahr mit seinem Studium beginnen. ☛ *Hinweis bei* HOCHSCHULE *und* SCHULE

un·just /ˌʌnˈdʒʌst/ *Adj* ungerecht ◇ *an unjust accusation* eine ungerechtfertigte Anschuldigung

un·jus·ti·fi·able /ʌnˈdʒʌstɪfaɪəbl/ *Adj* ungerechtfertigt

un·jus·ti·fi·ably /ʌnˈdʒʌstɪfaɪəbli/ *Adv* ungerechtfertigt, zu Unrecht, grundlos

un·jus·ti·fied /ʌnˈdʒʌstɪfaɪd/ *Adj* ungerechtfertigt

un·just·ly /ʌnˈdʒʌstli/ *Adv* ungerecht, zu Unrecht

un·kempt /ʌnˈkempt/ *Adj* ungepflegt

un·kind /ʌnˈkaɪnd/ *Adj* (*Adv* **un·kind·ly**) unfreundlich, herzlos ◇ *It wasn't meant unkindly.* Es war nicht böse gemeint.

un·kind·ness /ʌnˈkaɪndnəs/ *Nomen* Unfreundlichkeit, Herzlosigkeit

un·know·able /ʌnˈnəʊəbl; *AmE* -ˈnoʊ-/ *Adj* (*gehoben*) unergründlich, nicht erfassbar

un·know·ing /ʌnˈnəʊɪŋ; *AmE* -ˈnoʊ-/ *Adj* (*gehoben*) unwissend, ahnungslos ◇ *He was the unknowing cause of all the misunderstanding.* Er war, ohne es zu wissen, der Grund des ganzen Missverständnisses.

un·know·ing·ly /ʌnˈnəʊɪŋli/ *Adv* unwissentlich, ohne es zu wissen

un·known¹ /ˌʌnˈnəʊn; *AmE* -ˈnoʊn/ *Adj* ~ (**to sb**) (jdm) unbekannt ◇ *It is not unknown for patients to have to wait several hours.* Es ist schon vorgekommen, dass die Patienten mehrere Stunden warten mussten. IDM **an ˌunknown ˈquantity** eine unbekannte Größe **unknown to sb** ohne jds Wissen

un·known² /ˌʌnˈnəʊn; *AmE* -ˈnoʊn/ *Nomen* **1** **the unknown** [Sing] das Unbekannte, das Ungewisse **2** Unbekannte(r) ◇ *A young unknown played the leading role.* Ein unbekannter junger Schauspieler spielte die Hauptrolle. **3** (*Faktor, Einfluss*) unbekannte Größe **4** (MATH) Unbekannte

un·lace /ʌnˈleɪs/ *Verb* (*Schuhe, Kleider etc.*) aufbinden, aufschnüren

un·laden /ʌnˈleɪdn/ *Adj* (TECH) unbeladen ◇ *an unladen weight of 3 000 kg* ein Leergewicht von 3000 kg

un·law·ful /ʌnˈlɔːfl/ *Adj* (*Adv* **un·law·ful·ly** /-fəli/) (*gehoben*) gesetzwidrig, illegal SYN ILLEGAL

un·lead·ed /ˌʌnˈledɪd/ **1** *Adj* bleifrei **2** *Nomen* bleifreies Benzin

un·learn /ˌʌnˈlɜːn; *AmE* -ˈlɜːrn/ *Verb* ~ **sth** sich etw abgewöhnen; (*absichtlich*) etw vergessen

un·leash /ʌnˈliːʃ/ *Verb* entfesseln, auslösen; ~ **sth on/upon sb/sth** etw auf jdn/etw loslassen; (*Wut etc.*) etw an jdm/etw auslassen

un·leav·ened /ˌʌnˈlevnd/ *Adj* ungesäuert

un·less /ənˈles/ *Konj* es sei denn, außer (wenn), wenn … nicht ◇ *Unless I'm mistaken …* Wenn ich mich irre … ◇ *Have a cup of tea — unless you'd prefer a cold drink?* Trinken Sie eine Tasse Tee — oder möchten Sie lieber etwas Kaltes?

un·licensed /ʌnˈlaɪsnst/ *Adj* nicht angemeldet ◇ *an unlicensed pistol* eine Pistole ohne Waffenschein ◇ *unlicensed traders* nicht konzessionierte Händler

un·like¹ /ʌnˈlaɪk/ *Präp* **1** anders als ◇ *The sound was not unlike that of birds singing.* Das Geräusch war ähnlich wie Vogelgezwitscher. ◇ *It's very unlike him to be late.* Es sieht ihm gar nicht ähnlich, unpünktlich zu sein. **2** im Gegensatz zu

un·like² /ʌnˈlaɪk/ *Adj nicht vor Nomen* (*gehoben*) verschieden, unähnlich

un·like·li·hood /ʌnˈlaɪklihʊd/ *Nomen* Unwahrscheinlichkeit

un·like·ly /ʌnˈlaɪkli/ *Adj* (**un·like·lier**, **un·likeli·est**) (More **unlikely** und **most unlikely** sind auch möglich) **1** unwahrscheinlich ◇ *The project seemed unlikely to succeed.* Es schien unwahrscheinlich, dass das Projekt gelingen

könnte. **2** *nur vor Nomen* ungeeignet, merkwürdig **3** *nur vor Nomen* (*Erklärung etc.*) unglaubwürdig

un·lim·it·ed /ʌnˈlɪmɪtɪd/ *Adj* unbegrenzt ◇ *You will be allowed unlimited access to the files.* Sie haben ungehindert Zugang zu den Akten.

un·lined /ˌʌnˈlaɪnd/ *Adj* **1** unliniert **2** (*Haut*) faltenlos **3** (*Kleidung*) ungefüttert

un·list·ed /ˌʌnˈlɪstɪd/ *Adj* nicht verzeichnet; (*Aktien etc.*) nicht notiert ◇ *an unlisted telephone number* eine Geheimnummer

unlit /ˌʌnˈlɪt/ *Adj* **1** unbeleuchtet **2** nicht angezündet

un·load /ˌʌnˈləʊd; *AmE* ˌʌnˈloʊd/ *Verb* **1** entladen, abladen, ausladen ◇ *unload the film* den Film herausnehmen **2** (*Waffe*) entladen **3** ~ **sb/sth** (**on/onto sb**) (*umgs*) jdn/ etw (bei jdm) abladen ◇ *He shouldn't unload his problems onto you.* Er sollte seine Probleme nicht auf dich abwälzen. **4** (*umgs*) loswerden, abstoßen; ~ **sth on/onto sb** jdm etw andrehen

un·lock /ˌʌnˈlɒk; *AmE* ˌʌnˈlɑːk/ *Verb* **1** aufschließen **2** (*fig*) entschlüsseln, erschließen

un·locked *Adj* /ˌʌnˈlɒkt; *AmE* ˌʌnˈlɑːkt/ unverschlossen

unlooked-for /ˌʌnˈlʊkt fɔː(r)/ *Adj* (*gehoben*) unerwartet

un·loved /ˌʌnˈlʌvd/ *Adj* (*gehoben*) ungeliebt

un·love·ly /ˌʌnˈlʌvli/ *Adj* (*gehoben*) unschön

un·luck·ily *Adv* /ʌnˈlʌkɪli/ unglücklicherweise

un·lucky /ʌnˈlʌki/ *Adj* (**un·luck·ier**, **un·lucki·est**) (More **unlucky** und **most unlucky** sind auch möglich) **1** Unglücks-, unglücklich ◇ *by some unlucky chance* durch einen unglücklichen Zufall **2** be ~ Pech haben ◇ *He was very unlucky not to win.* Er hatte großes Pech, nicht zu gewinnen.

un·made /ˌʌnˈmeɪd/ *Adj* **1** (*Bett*) ungemacht **2** (*BrE*) (*Straße*) nicht asphaltiert

un·man·age·able /ʌnˈmænɪdʒəbl/ *Adj* unkontrollierbar, schwer zu handhaben

un·manned /ˌʌnˈmænd/ *Adj* unbemannt

un·marked /ˌʌnˈmɑːkt; *AmE* ʌnˈmɑːrkt/ *Adj* nicht gekennzeichnet ◇ *an unmarked police car* ein Zivilfahrzeug der Polizei ◇ *an unmarked grave* ein Grab ohne Grabstein

un·mar·ried /ˌʌnˈmærɪd/ *Adj* unverheiratet, ledig

un·mask /ˌʌnˈmɑːsk; *AmE* ˌʌnˈmæsk/ *Verb* entlarven SYN EXPOSE

un·matched /ˌʌnˈmætʃt/ *Adj* (*gehoben*) unübertroffen

un·mem·or·able /ʌnˈmemərəbl/ *Adj* wenig denkwürdig

un·men·tion·able /ʌnˈmenʃənəbl/ *Adj* tabu ◇ *an unmentionable subject* ein Thema, über das man nicht spricht

unmet /ˌʌnˈmet/ *Adj* (*gehoben*) (*Bedürfnisse*) unbefriedigt; (*Forderungen*) unerfüllt

un·mis·tak·able (*seltener* **un·mis·take·able**) /ˌʌnmɪˈsteɪkəbl/ *Adj* (*Adv* **un·mis·tak·ably** /-əbli/) unverkennbar

un·miti·gated /ʌnˈmɪtɪɡeɪtɪd/ *Adj* absolut; (*Fiasko etc.*) total

un·mol·est·ed /ˌʌnməˈlestɪd/ *Adj meist nicht vor Nomen* (*gehoben*) unbelästigt

un·moved /ˌʌnˈmuːvd/ *Adj* ungerührt

un·music·al /ˌʌnˈmjuːzɪkl/ *Adj* **1** unmelodisch **2** unmusikalisch

un·named /ˌʌnˈneɪmd/ *Adj* ungenannt, nicht namentlich genannt ◇ *an unnamed source* eine anonyme Quelle

un·nat·ural /ʌnˈnætʃrəl/ *Adj* (*Adv* **un·nat·ur·al·ly** /-rəli/) unnatürlich ◇ *an unnatural death* kein natürlicher Tod ◇ *He gave an unnatural smile.* Er lächelte künstlich.

un·neces·sar·ily /ˌʌnˈnesəsərəli; *AmE* ˌʌnˌnesəˈserəli/ *Adv* unnötig(erweise)

un·neces·sary /ʌnˈnesəsəri; *AmE* -seri/ *Adj* unnötig ◇ *They were found guilty of causing unnecessary suffering to animals.* Sie wurden wegen Tierquälerei verurteilt.

un·nerve /ˌʌnˈnɜːv; *AmE* ˌʌnˈnɜːrv/ *Verb* **1** entnerven **2** beunruhigen

un·nerv·ing /ˌʌnˈnɜːvɪŋ/ *Adj* (*Adv* **un·nerv·ing·ly**) **1** entnervend **2** beunruhigend, unheimlich

un·noticed /ˌʌnˈnəʊtɪst; *AmE* -ˈnoʊ-/ *Adj nicht vor Nomen* unbemerkt ◇ *Her death passed almost unnoticed.* Ihr Tod wurde kaum beachtet.

un·num·bered /ˌʌnˈnʌmbəd; *AmE* -bərd/ *Adj* nicht nummeriert

un·ob·jec·tion·able /ˌʌnəb'dʒekʃənəbl/ *Adj* (*gehoben*) einwandfrei ◇ *They found a compromise that was unobjectionable.* Sie fanden einen Kompromiss, gegen den niemand etwas einzuwenden hatte.

un·ob·served /ˌʌnəb'zɜːvd; *AmE* -'zɜːrvd/ *Adj* unbemerkt, unbeobachtet

un·ob·tain·able /ˌʌnəb'teməbl/ *Adj meist nicht vor Nomen* nicht erhältlich

un·ob·tru·sive /ˌʌnəb'truːsɪv/ *Adj* (*Adv* **un·ob·tru·sive·ly**) (*gehoben*) unauffällig, unaufdringlich

un·oc·cu·pied /ˌʌn'ɒkjupaɪd; *AmE* -'ɑːk-/ *Adj* **1** (*Haus, etc.*) leer (stehend); (*Platz etc.*) frei **2** (MIL) unbesetzt

un·of·fi·cial /ˌʌnə'fɪʃl/ *Adj* (*Adv* **un·of·fi·cial·ly** /-ʃəli/) inoffiziell ◇ *an unofficial strike* ein wilder Streik ◇ *an unofficial visit* ein Privatbesuch

un·op·posed /ˌʌnə'pəʊzd; *AmE* -'poʊzd/ *Adj* unangefochten ◇ *She was re-elected unopposed.* Sie wurde ohne Gegenstimmen wieder gewählt. ◇ *They crossed the border unopposed.* Sie überschritten die Grenze, ohne auf Widerstand zu stoßen.

un·or·gan·ized (*BrE auch* **-ised**) /ˌʌn'ɔːɡənaɪzd; *AmE* -'ɔːrɡ-/ *Adj* **1** nicht gewerkschaftlich organisiert **2** ungeordnet

un·or·tho·dox /ˌʌn'ɔːθədɒks; *AmE* ʌn'ɔːrθədɑːks/ *Adj* unorthodox, unkonventionell

un·pack /ˌʌn'pæk/ *Verb* **1** auspacken **2** (*Theorie etc.*) in seine Bestandteile zerlegen

un·paid /ˌʌn'peɪd/ *Adj* unbezahlt

un·pal·at·able /ˌʌn'pælətəbl/ *Adj* (*gehoben*) **1** ungenießbar **2** (*fig*) schwer zu akzeptieren

un·par·al·leled /ˌʌn'pærəleld/ *Adj* (*gehoben*) beispiellos, einmalig

un·pa·tri·ot·ic /ˌʌnˌpætri'ɒtɪk; *AmE* -ˌpeɪtri'ɑːt-/ *Adj* unpatriotisch

un·per·turbed /ˌʌnpə'tɜːbd; *AmE* ˌʌnpər'tɜːrbd/ *Adj* nicht beunruhigt, gelassen

un·pick /ˌʌn'pɪk/ *Verb* **1** auftrennen **2** (*fig*) auseinander nehmen

un·placed /ˌʌn'pleɪst/ *Adj* (*BrE*) nicht platziert

un·planned /ˌʌn'plænd/ *Adj* ungeplant, nicht geplant

un·play·able /ˌʌn'pleɪəbl/ *Adj* (*bes BrE*) unspielbar; (*Platz etc.*) unbespielbar

un·pleas·ant /ˌʌn'pleznt/ *Adj* (*Adv* **un·pleas·ant·ly**) **1** unangenehm, unerfreulich ◇ *The water is unpleasant to drink.* Das Wasser hat einen unangenehmen Geschmack. **2** unfreundlich ◇ *She said some very unpleasant things about you.* Sie hat ein paar sehr abfällige Bemerkungen über dich gemacht.

un·pleas·ant·ness /ˌʌn'plezntnəs/ *Nomen* **1** Unstimmigkeit(en) **2** Unfreundlichkeit **3** Unerfreulichkeit

un·plug /ˌʌn'plʌɡ/ *Verb* (**-gg-**) ~ **sth** den Stecker von etw herausziehen OPP PLUG STH IN

un·pol·lut·ed /ˌʌnpə'luːtɪd/ *Adj* sauber, unverschmutzt

un·pop·u·lar /ˌʌn'pɒpjələ(r); *AmE* -'pɑːp-/ *Adj* unpopulär, unbeliebt ◇ *His ideas proved unpopular with the electorate.* Seine Ideen kamen bei den Wählern nicht an.

un·pop·u·lar·i·ty /ˌʌnˌpɒpju'lærəti; *AmE* -ˌpɑːp-/ *Nomen* Unbeliebtheit, Unpopularität

un·pre·ced·ent·ed /ˌʌn'presɪdentɪd/ *Adj* noch nie da gewesen, beispiellos, einmalig

un·pre·ced·ent·ed·ly /ˌʌn'presɪdentɪdli/ *Adv* außergewöhnlich

un·pre·dict·abil·ity /ˌʌnprɪˌdɪktə'bɪləti/ *Nomen* Unvorhersehbarkeit, Unberechenbarkeit

un·pre·dict·able /ˌʌnprɪ'dɪktəbl/ *Adj* (*Adv* **un·pre·dict·ably** /-əbli/) unvorhersehbar, unberechenbar

un·pre·ju·diced /ˌʌn'predʒədɪst/ *Adj* vorurteilslos, unvoreingenommen

un·pre·pared /ˌʌnprɪ'peəd; *AmE* -'perd/ *Adj* **1** unvorbereitet, nicht vorbereitet **2** ~ (**to do sth**) (*gehoben*) nicht bereit (etw zu tun)

un·pre·pos·sess·ing /ˌʌnˌpriːpə'zesɪŋ/ *Adj* (*gehoben*) unansehnlich, wenig einnehmend

un·pre·ten·tious /ˌʌnprɪ'tenʃəs/ *Adj* einfach, natürlich, unprätentiös

un·prin·cipled /ˌʌn'prɪnsəpld/ *Adj* ohne Prinzipien

un·print·able /ˌʌn'prɪntəbl/ *Adj* (*anstößig*) nicht druckfähig

un·prob·lem·at·ic /ˌʌnˌprɒblə'mætɪk; *AmE* -ˌprɑːb-/ (*auch* **un·prob·lem·at·ic·al** /-ɪkl/) *Adj* (*Adv* **un·prob·lem·at·ic·al·ly** /-kli/) unproblematisch

un·pro·duct·ive /ˌʌnprə'dʌktɪv/ *Adj* (*Adv* **un·pro·duct·ive·ly**) unproduktiv; (*Boden*) unfruchtbar

un·pro·fes·sion·al /ˌʌnprə'feʃənl/ *Adj* (*Adv* **un·pro·fes·sion·al·ly** /-ʃənəli/) unprofessionell, unfachmännisch ◇ *unprofessional conduct* berufswidriges Verhalten

un·prof·it·able /ˌʌn'prɒfɪtəbl/ *Adj* (*AmE* -'prɑːf-/ *Adv* **un·prof·it·ably** /-əbli/) **1** unrentabel, keinen Gewinn bringend **2** (*gehoben*) nutzlos, sinnlos

un·prom·is·ing /ˌʌn'prɒmɪsɪŋ; *AmE* -'prɑːm-/ *Adj* nicht sehr viel versprechend, wenig Erfolg versprechend

un·prompt·ed /ˌʌn'prɒmptɪd; *AmE* -'prɑːm-/ *Adj* spontan

un·pro·nounce·able /ˌʌnprə'naʊnsəbl/ *Adj* unaussprechbar

un·pro·tect·ed /ˌʌnprə'tektɪd/ *Adj* **1** schutzlos, ungeschützt **2** (*Maschine etc.*) ohne Schutzvorrichtung

un·proven /ˌʌn'pruːvn/ *Adj* unbewiesen

un·pro·voked /ˌʌnprə'vəʊkt; *AmE* -'voʊkt/ *Adj* grundlos ◇ *Her angry outburst was totally unprovoked.* Es gab überhaupt keinen Anlass für ihren Wutanfall.

un·pun·ished /ˌʌn'pʌnɪʃt/ *Adj* (*gehoben*) unbestraft, ungestraft

un·qual·i·fied /ˌʌn'kwɒlɪfaɪd; *AmE* -'kwɑːl-/ *Adj* **1** unqualifiziert ◇ *I feel unqualified to comment on the subject.* Ich bin nicht qualifiziert, zu dieser Frage Stellung zu nehmen. **2** *meist nur vor Nomen* uneingeschränkt ◇ *an unqualified success* ein voller Erfolg ◇ *I gave her my unqualified support.* Ich unterstützte sie voll und ganz.

un·ques·tion·able /ˌʌn'kwestʃənəbl/ *Adj* unbezweifelbar, unbestreitbar

un·ques·tion·ably /ˌʌn'kwestʃənəbli/ *Adv* zweifellos

un·ques·tioned /ˌʌn'kwestʃənd/ *Adj* (*gehoben*) **1** unbestritten **2** nicht hinterfragt

un·ques·tion·ing /ˌʌn'kwestʃənɪŋ/ *Adj* (*Adv* **un·question·ing·ly**) (*gehoben*) bedingungslos ◇ *unquestioning obedience* blinder Gehorsam ◇ *They accepted the rules unquestioningly.* Sie akzeptierten die Regeln, ohne sie zu hinterfragen.

un·quote /ˌʌn'kwəʊt; *AmE* -'kwoʊt/ *Nomen* IDM ⇒ QUOTE[1]

un·ravel /ˌʌn'rævl/ *Verb* (**-ll-**, *AmE* **-l-**) **1** (sich) entwirren, (sich) aufziehen **2** (*Rätsel*) (sich) lösen **3** auseinander fallen

un·read /ˌʌn'red/ *Adj* ungelesen

un·read·able /ˌʌn'riːdəbl/ *Adj* **1** unlesbar, schwer zu lesen **2** unleserlich **3** (*Gesichtsausdruck*) unergründlich; (*Mensch*) verschlossen

un·real /ˌʌn'rɪəl; *AmE* -'riːəl/ *Adj* **1** unwirklich **2** unrealistisch **3** (*umgs*) ◇ *'That's unreal!' she laughed.* „Das ist ja Wahnsinn!", lachte sie.

un·real·is·tic /ˌʌnrɪə'lɪstɪk; *AmE* -riːə-/ *Adj* (*Adv* **un·realis·tic·al·ly**) unrealistisch

un·real·ity /ˌʌnri'æləti/ *Nomen* Unwirklichkeit

un·rea·son·able /ˌʌn'riːznəbl/ *Adj* (*Adv* **un·rea·son·ably** /-əbli/) unzumutbar, unvernünftig, übertrieben (hoch) ◇ *She made unreasonable demands on his time.* Sie nahm zu viel von seiner Zeit in Anspruch. ◇ *It would be unreasonable to expect ...* Man kann ja nicht erwarten, dass ... ◇ *You are being totally unreasonable!* Das ist wirklich zu viel verlangt!

un·rea·son·able·ness /ˌʌn'riːznəblnəs/ *Nomen* Unvernünftigkeit, Unzumutbarkeit

un·rea·son·ing /ˌʌn'riːzənɪŋ/ *Adj meist nur vor Nomen* (*gehoben*) unsinnig, irrational

un·rec·og·niz·able (*BrE auch* **-is·able**) /ˌʌnrekəɡ'naɪzəbl/ *Adj* nicht (wieder) zu erkennen

un·rec·og·nized (*BrE auch* **-ised**) /ˌʌn'rekəɡnaɪzd/ *Adj* **1** nicht beachtet, nicht erkannt **2** nicht anerkannt, nicht gewürdigt

un·re·con·struct·ed /ˌʌnriːkən'strʌktɪd/ *Adj* (*abwert*) unverändert, eingefleischt

un·re·cord·ed /ˌʌnrɪ'kɔːdɪd; *AmE* -'kɔːrd-/ *Adj* nicht festgehalten, nicht aufgezeichnet, nicht erfasst

un·re·fined /ˌʌnrɪˈfaɪnd/ *Adj* **1** nicht raffiniert ◊ *unrefined sugar/oil* Rohzucker/-öl **2** unkultiviert, unfein

un·re·lat·ed /ˌʌnrɪˈleɪtɪd/ *Adj* **1** unzusammenhängend ◊ *The two events were totally unrelated.* Die beiden Ereignisse hatten nichts miteinander zu tun. **2** nicht (miteinander) verwandt

un·re·lent·ing /ˌʌnrɪˈlentɪŋ/ *Adj* (*gehoben*) unerbittlich, nicht nachlassend ◊ *unrelenting criticism* anhaltende Kritik ◊ *The heat was unrelenting.* Die Hitze ließ nicht nach. ◊ *He was unrelenting in his search for the truth.* Er suchte unablässig nach der Wahrheit. SYN RELENTLESS

un·re·li·abil·ity /ˌʌnrɪˌlaɪəˈbɪləti/ *Nomen* Unzuverlässigkeit

un·re·li·able /ˌʌnrɪˈlaɪəbl/ *Adj* unzuverlässig

un·re·lieved /ˌʌnrɪˈliːvd/ *Adj* (*gehoben*) ungemindert, unaufhörlich, nicht aufgelockert

un·re·mark·able /ˌʌnrɪˈmɑːkəbl; *AmE* -ˈmɑːrk-/ *Adj* nicht sehr bemerkenswert, unauffällig

un·re·marked /ˌʌnrɪˈmɑːkt; *AmE* -ˈmɑːrkt/ *Adj* (*gehoben*) unbemerkt

un·re·mit·ting /ˌʌnrɪˈmɪtɪŋ/ *Adj* (*Adv* **un·re·mit·ting·ly**) (*gehoben*) unermüdlich, unaufhörlich ◊ *unremitting hostility* unversöhnliche Feindschaft ◊ *unremittingly gloomy weather* unablässig trübes Wetter

un·re·peat·able /ˌʌnrɪˈpiːtəbl/ *Adj* **1** nicht wiederholbar ◊ *She muttered something unrepeatable.* Sie murmelte etwas, das man nicht wiederholen kann. **2** einmalig

un·re·pent·ant /ˌʌnrɪˈpentənt/ *Adj* (*Adv* **un·re·pent·antly**) reuelos ◊ *She was unrepentant.* Sie zeigte überhaupt keine Reue.

un·rep·re·sen·ta·tive /ˌʌnˌreprɪˈzentətɪv/ *Adj* ~ (**of sb/sth**) nicht repräsentativ (für jdn/etw)

un·re·quit·ed /ˌʌnrɪˈkwaɪtɪd/ *Adj* (*gehoben*) (*Liebe*) unerwidert

un·re·served /ˌʌnrɪˈzɜːvd; *AmE* -ˈzɜːrvd/ *Adj* **1** nicht reserviert **2** (*Adv* **un·re·served·ly** /-ɪdli/) (*gehoben*) uneingeschränkt, vorbehaltlos ◊ *He offered us his unreserved apologies.* Er entschuldigte sich vorbehaltlos.

un·re·solved /ˌʌnrɪˈzɒlvd; *AmE* -ˈzɑːlvd/ *Adj* (*gehoben*) ungelöst

un·re·spon·sive /ˌʌnrɪˈspɒnsɪv; *AmE* -ˈspɑːn-/ *Adj* (*gehoben*) teilnahmslos, gefühllos ◊ *a politician who is unresponsive to the mood of the country* ein Politiker, der nicht auf die Stimmung im Land reagiert ◊ *The illness seems to be unresponsive to treatment.* Die Krankheit scheint auf die Behandlung nicht anzusprechen.

un·rest /ʌnˈrest/ *Nomen* [U] Unruhen

un·re·strained /ˌʌnrɪˈstreɪnd/ *Adj* (*gehoben*) uneingeschränkt, unkontrolliert, hemmungslos

un·re·strict·ed /ˌʌnrɪˈstrɪktɪd/ *Adj* uneingeschränkt, unbeschränkt; (*Zugang*) ungehindert SYN UNLIMITED

un·re·ward·ed /ˌʌnrɪˈwɔːdɪd; *AmE* -ˈwɔːrd-/ *Adj* unbelohnt ◊ *Real talent often goes unrewarded.* Echtes Talent findet oft keine Anerkennung.

un·re·ward·ing /ˌʌnrɪˈwɔːdɪŋ; *AmE* -ˈwɔːrd-/ *Adj* unbefriedigend; (*Aufgabe*) undankbar ◊ *financially unrewarding work* Arbeit, die sich finanziell nicht lohnt

un·ripe /ʌnˈraɪp/ *Adj* (*Frucht*) unreif

un·rivalled (*AmE meist* **un·rivaled**) /ʌnˈraɪvld/ *Adj* (*gehoben*) unübertroffen, unvergleichlich

un·roll /ʌnˈrəʊl; *AmE* -ˈroʊl/ *Verb* **1** auseinander rollen, entrollen **2** (*Ereignis*) sich abspielen, seinen Verlauf nehmen

un·ruf·fled /ʌnˈrʌfld/ *Adj* gelassen, ruhig, unerschüttert SYN UNPERTURBED

un·ruly /ʌnˈruːli/ *Adj* wild, ungebärdig, widerspenstig ◊ *an unruly crowd* eine aufgebrachte Menge

un·sad·dle /ʌnˈsædl/ *Verb* **1** absatteln **2** (*Reiter*) abwerfen SYN UNSEAT

un·safe /ʌnˈseɪf/ *Adj* **1** nicht sicher, gefährlich; (*Gebäude etc.*) baufällig; (*Fahrzeug*) nicht verkehrssicher ◊ *unsafe sex* ungeschützter Sex **2** (*Urteil etc.*) juristisch nicht haltbar

un·said /ʌnˈsed/ *Adj* nicht vor Nomen unausgesprochen, ungesagt

un·sale·able /ʌnˈseɪləbl/ *Adj* unverkäuflich ◊ *The house is now virtually unsaleable.* Das Haus lässt sich praktisch nicht verkaufen.

un·sani·tary /ʌnˈsænətri; *AmE* -teri/ *Adj* (*bes AmE*) unhygienisch

un·sat·is·fac·tory /ʌnˌsætɪsˈfæktəri/ *Adj* (*Adv* **un·sat·is·fac·tor·ily** /-tərəli/) unbefriedigend, unzulänglich; (*schulische Leistung*) mangelhaft SYN INADEQUATE *und* UNACCEPTABLE

un·sat·is·fied /ʌnˈsætɪsfaɪd/ *Adj* unbefriedigt; (*Bedürfnis, Wunsch etc.*) nicht befriedigt

un·sat·ur·ated /ʌnˈsætʃəreɪtɪd/ *Adj* (NATURW) ungesättigt

un·savoury (*AmE* **un·savory**) /ʌnˈseɪvəri/ *Adj* unangenehm; (*Ruf*) zweifelhaft; (*Charakter, Typ*) zwielichtig

un·scathed /ʌnˈskeɪðd/ *Adj* nicht vor Nomen unverletzt, unversehrt SYN UNHARMED

un·sched·uled /ʌnˈʃedjuːld; *AmE* ʌnˈskedʒuːld/ *Adj* außer(fahr)planmäßig

un·sci·en·tif·ic /ˌʌnˌsaɪənˈtɪfɪk/ *Adj* (*oft abwert*) unwissenschaftlich

un·scram·ble /ʌnˈskræmbl/ *Verb* **1** (*Code etc.*) entschlüsseln **2** entwirren

un·screw /ʌnˈskruː/ *Verb* **1** losschrauben, abschrauben, aufschrauben **2** sich abschrauben lassen

un·script·ed /ʌnˈskrɪptɪd/ *Adj* improvisiert

un·scru·pu·lous /ʌnˈskruːpjələs/ *Adj* (*Adv* **un·scru·pu·lous·ly**) skrupellos, gewissenlos SYN UNPRINCIPLED

un·sea·son·able /ʌnˈsiːznəbl/ *Adj* (*Adv* **un·sea·son·ably** /-əbli/) (für die Jahreszeit) ungewöhnlich

un·sea·son·al /ʌnˈsiːzənl/ *Adj* der Jahreszeit nicht entsprechend

un·seat /ʌnˈsiːt/ *Verb* **1** seines Amtes entheben **2** (*Reiter*) abwerfen

un·seed·ed /ʌnˈsiːdɪd/ *Adj* (SPORT) nicht gesetzt, ungesetzt

un·see·ing /ʌnˈsiːɪŋ/ *Adj* (*gehoben*) blind; (*Blick, Augen*) leer

un·see·ing·ly /ʌnˈsiːɪŋli/ *Adv* (*gehoben*) mit leerem Blick

un·seem·ly /ʌnˈsiːmli/ *Adj* (*veraltet oder gehoben*) unschicklich, ungehörig, ungebührlich SYN IMPROPER

un·seen /ˌʌnˈsiːn/ *Adj* **1** unsichtbar, ungesehen ◊ *I managed to slip out of the room unseen.* Es gelang mir, unbemerkt aus dem Zimmer zu schlüpfen. **2** nie zuvor gesehen **3** noch nie da gewesen **4** (*Übersetzung*) unvorbereitet

un·self·con·scious /ˌʌnselfˈkɒnʃəs; *AmE* -ˈkɑːn-/ *Adj* (*Adv* **un·self·con·scious·ly**) unbefangen

un·self·ish /ʌnˈselfɪʃ/ *Adj* (*Adv* **un·self·ish·ly**) uneigennützig, selbstlos SYN SELFLESS

un·self·ish·ness /ʌnˈselfɪʃnəs/ *Nomen* Uneigennützigkeit, Selbstlosigkeit

un·sen·ti·men·tal /ˌʌnˌsentɪˈmentl/ *Adj* unsentimental

un·set·tle /ʌnˈsetl/ *Verb* aus dem Gleichgewicht bringen, verunsichern

un·set·tled *Adj* /ʌnˈsetld/ **1** ungewiss, wechselhaft, unbeständig **2** ruhelos ◊ *They all felt restless and unsettled.* Sie waren alle voll innerer Unruhe. **3** (*Frage etc.*) ungeklärt SYN UNRESOLVED **4** (*Rechnung*) unbezahlt

un·set·tling /ʌnˈsetlɪŋ/ *Adj* beunruhigend, destabilisierend ◊ *Seeing him again after so long was an unsettling experience.* Ihn nach so langer Zeit wiederzusehen, brachte mich ganz aus dem Gleichgewicht.

un·shak·able (BrE *auch* **un·shake·able**) /ʌnˈʃeɪkəbl/ *Adj* unerschütterlich

un·shaven /ʌnˈʃeɪvn/ *Adj* unrasiert

un·sight·ly /ʌnˈsaɪtli/ *Adj* unschön, hässlich SYN UGLY

un·skilled /ʌnˈskɪld/ *Adj* ungelernt ◊ *an unskilled job* ein Hilfsarbeiterjob

un·smil·ing /ʌnˈsmaɪlɪŋ/ *Adj* (*Adv* **un·smil·ing·ly**) (*gehoben*) unfreundlich

un·soci·able /ʌnˈsəʊʃəbl; *AmE* -ˈsoʊ-/ *Adj* **1** ungesellig ◊ *I was feeling very unsociable, so I didn't go to the party.* Ich wollte allein sein und ging daher nicht auf die Party. **2** = UNSOCIAL

un·social /ˌʌnˈsəʊʃl; *AmE* ˌʌnˈsoʊʃl/ (BrE *seltener* **un·soci·able**) *Adj* (*Arbeitszeiten*) ungewöhnlich ◊ *increased payments for unsocial hours* (Nacht)schichtzulagen

un·so·li·cit·ed /ˌʌnsə'lɪsɪtɪd/ *Adj* unerbeten, unangefordert

un·solved /ˌʌn'sɒlvd; *AmE* ʌn'sɑːlvd/ *Adj* ungelöst; (*Verbrechen*) unaufgeklärt

un·so·phis·ti·cated /ˌʌnsə'fɪstɪkeɪtɪd/ *Adj* einfach, simpel, unkompliziert

un·sound /ˌʌn'saʊnd/ *Adj* **1** nicht vertretbar; (*Argument*) nicht stichhaltig **2** unvernünftig; (*Methode etc.*) unzuverlässig **3** baufällig; (*Dielen etc.*) morsch IDM **of ˌunsound ˈmind** (RECHT) unzurechnungsfähig

un·speak·able /ʌn'spiːkəbl/ *Adj* (*Adv* **un·speak·ably** /-əbli/) (*gehoben*) **1** (*Leiden, Verzweiflung etc.*) unsäglich **2** abscheulich

un·speci·fied /ˌʌn'spesɪfaɪd/ *Adj* nicht näher bezeichnet, nicht (genau) angegeben

un·spec·tac·u·lar /ˌʌnspek'tækjələ(r)/ *Adj* wenig eindrucksvoll, wenig Aufsehen erregend

un·spoiled /ˌʌn'spɔɪld/ (*BrE auch* **un·spoilt** /ˌʌn'spɔɪlt/) *Adj* unverdorben; (*Landschaft etc.*) unberührt

un·spok·en /ˌʌn'spəʊkən/ *Adj* (*gehoben*) unausgesprochen; (*Einverständnis etc.*) stillschweigend

un·sport·ing /ˌʌn'spɔːtɪŋ; *AmE* -'spɔːrt-/ *Adj* (*abwert*) unfair, unsportlich

un·stable /ʌn'steɪbl/ *Adj* **1** unbeständig, unsicher ◊ *unstable share prices* schwankende Aktienwerte **2** labil ◊ *mentally unstable* geistig labil **3** (NATURW) instabil, nicht stabil

un·stated /ˌʌn'steɪtɪd/ *Adj* (*gehoben*) unausgesprochen

un·steady /ʌn'stedi/ *Adj* (*Adv* **un·stead·ily** /-ɪli/) **1** wackelig; (*Schritt etc.*) unsicher **2** (*Hand, Stimme*) zitternd

un·stint·ing /ʌn'stɪntɪŋ/ *Adj* (*Adv* **un·stint·ing·ly**) (*gehoben*) unermüdlich, großzügig ◊ *They were unstinting in their praise.* Sie sparten nicht mit Lob. ◊ *unstinting support* uneingeschränkte Unterstützung

un·stop·pable /ʌn'stɒpəbl/ *AmE* -'stɑːp-/ *Adj* unaufhaltsam; (*Schuss aufs Tor*) unhaltbar ◊ *On form, the team was simply unstoppable.* Wenn sie in Form war, war die Mannschaft einfach unschlagbar.

un·stressed /ˌʌn'strest/ *Adj* (LING) unbetont

un·stuck /ˌʌn'stʌk/ *Adj* IDM **ˌcome unˈstuck 1** sich lösen ◊ *The flap of the envelope had come unstuck.* Das Kuvert war aufgegangen. **2** (*BrE, umgs*) scheitern; schief gehen

un·sub·stan·ti·ated /ˌʌnsəb'stænʃieɪtɪd/ *Adj* (*gehoben*) nicht bewiesen, unbewiesen; (*Anschuldigung etc.*) haltlos

un·suc·cess·ful /ˌʌnsək'sesfl/ *Adj* (*Adv* **un·suc·cess·ful·ly** /-fəli/) erfolglos, ergebnislos; (*Versuch, Bemühung*) vergeblich ◊ *They were unsuccessful in convincing the others.* Es gelang ihnen nicht, die anderen zu überzeugen.

un·suit·abil·ity /ˌʌnsuːtə'bɪləti, ˌʌn'sjuːtəbɪləti/ *Nomen* Ungeeignetheit; (*für eine Stelle etc.*) mangelnde Eignung

un·suit·able /ʌn'suːtəbl; *BrE auch* -'sjuː-/ *Adj* ungeeignet, nicht geeignet, unpassend

un·suit·ably /ʌn'suːtəbli, ʌn'sjuːtəbli/ *Adv* unpassend

un·suit·ed /ʌn'suːtɪd; *BrE auch* -'sjuː-/ *Adj* ungeeignet, untauglich ◊ *Jo and Al were totally unsuited.* Jo und Al passten einfach nicht zusammen.

un·sul·lied /ʌn'sʌlid/ *Adj* (*gehoben*) unberührt; (*Ruf*) makellos

un·sung /ˌʌn'sʌŋ/ *Adj* (*gehoben*) unbesungen

un·sup·port·ed /ˌʌnsə'pɔːtɪd; *AmE* -'pɔːrt-/ *Adj* **1** unbewiesen, nicht bewiesen; (*Anschuldigung etc.*) haltlos ◊ *Their claims are unsupported by research findings.* Ihre Behauptungen sind durch keinerlei Forschungsdaten untermauert. SYN UNSUBSTANTIATED **2** ohne finanzielle Unterstützung **3** nicht abgestützt, ohne Stütze

un·sure /ˌʌn'ʃʊə(r), -'ʃɔː(r); *AmE* -'ʃʊr/ *Adj* **1** be ~ (**about/of sth**) sich (einer Sache) nicht sicher sein ◊ *They were unsure as to what the next move should be.* Sie waren sich nicht sicher, was sie als Nächstes tun sollten. ◊ *I was unsure of the facts.* Ich kannte die genauen Tatsachen nicht. **2** be ~ **of yourself** unsicher sein ◊ *Like many teenagers, deep down she was unsure of herself.* Wie viele Teenager fühlte sie sich im Innersten unsicher.

un·sur·passed /ˌʌnsə'pɑːst; *AmE* ˌʌnsər'pæst/ *Adj* (*gehoben*) unübertroffen SYN UNRIVALLED

un·sur·pris·ing /ˌʌnsə'praɪzɪŋ; *AmE* -sər'p-/ *Adj* nicht überraschend

un·sur·pris·ing·ly /ˌʌnsə'praɪzɪŋli/ *Adv* wie zu erwarten war

un·sus·pect·ed /ˌʌnsə'spektɪd/ *Adj* (*gehoben*) nicht vermutet, unvermutet, ungeahnt

un·sus·pect·ing /ˌʌnsə'spektɪŋ/ *Adj* (*gehoben*) nichts ahnend, ahnungslos

un·sus·tain·able /ˌʌnsə'steɪnəbl/ *Adj* (*gehoben*) nicht aufrechtzuerhaltend

un·sweet·ened /ˌʌn'swiːtnd/ *Adj* ungesüßt

un·swerv·ing /ʌn'swɜːvɪŋ; *AmE* -'swɜːrv-/ *Adj* (*gehoben*) unerschütterlich, unbeirrbar ◊ *He is unswerving in pursuit of his aims.* Er lässt sich durch nichts von der Verfolgung seiner Ziele abbringen.

un·sym·pa·thet·ic /ˌʌnˌsɪmpə'θetɪk/ *Adj* **1** (*Adv* **un·sym·pa·thet·ic·al·ly**) ~ (**to/towards sb**) ohne Mitgefühl (für jdn) **2** (*Adv* **un·sym·pa·thet·ic·al·ly** /-kli/) ~ (**to/towards sth**) (einer Sache gegenüber) ablehnend **3** unsympathisch OPP SYMPATHETIC

un·sys·tem·at·ic /ˌʌnˌsɪstə'mætɪk/ *Adj* (*Adv* **un·sys·tem·at·ic·al·ly** /-kli/) unsystematisch, ohne System

un·taint·ed /ʌn'teɪntɪd/ *Adj* (*gehoben*) unverdorben, unberührt

un·tamed /ˌʌn'teɪmd/ *Adj* (*gehoben*) ungezähmt, wild

un·tan·gle /ˌʌn'tæŋgl/ *Verb* entwirren (*auch fig*)

un·tapped /ˌʌn'tæpt/ *Adj* (*gehoben*) unerschlossen, ungenutzt

un·ten·able /ʌn'tenəbl/ *Adj* (*gehoben*) unhaltbar

un·test·ed /ˌʌn'testɪd/ *Adj* unerprobt, ungeprüft, nicht getestet

un·think·able /ʌn'θɪŋkəbl/ *Adj* undenkbar, unvorstellbar ◊ *The time has come to think the unthinkable.* Der Zeitpunkt für ein radikales Umdenken ist gekommen. SYN INCONCEIVABLE

un·think·ing /ʌn'θɪŋkɪŋ/ *Adj* (*Adv* **un·think·ing·ly**) (*gehoben*) gedankenlos

un·tidi·ness /ʌn'taɪdinəs/ *Nomen* Unordentlichkeit

un·tidy /ʌn'taɪdi/ *Adj* unordentlich; (*Haar*) ungepflegt ◊ *untidy writing* eine unsaubere Schrift

untie /ʌn'taɪ/ *Verb* (**-ties**, **-tying**, **-tied**, **-tied**) aufknoten; (*Menschen, Pferd etc.*) losbinden; (*Knoten, Leine*) lösen; (*Schuhe*) aufmachen

until[1] /ən'tɪl/ (*umgs* **till**, **til**, **'til**) *Präp* **1** bis ◊ *until now* bis jetzt ◊ *until then* bis dahin **2** not ~ erst ◊ *I didn't leave until six.* Ich bin erst um sechs gegangen.

until[2] /ən'tɪl/ *Konj* (*umgs* **till**, **til**, **'til**) **1** bis ◊ *Let's wait until the rain stops.* Warten wir, bis der Regen aufhört. ☞ *Hinweis bei* TILL[1] **2** not ~ erst wenn, erst als, nicht bevor, solange nicht ◊ *Don't start until I tell you.* Fangt erst an, wenn ich es sage. ◊ *Until she spoke I hadn't realized she wasn't English.* Erst als sie etwas sagte, merkte ich, dass sie keine Engländerin war. ◊ *You can't go out until you've finished your homework.* Solange du nicht mit den Hausaufgaben fertig bist, darfst du nicht raus.

un·time·ly /ʌn'taɪmli/ *Adj* **1** vorzeitig SYN PREMATURE **2** ungelegen, unpassend, zur falschen Zeit SYN ILL-TIMED

un·tir·ing /ʌn'taɪərɪŋ/ *Adj* unermüdlich SYN TIRELESS

un·titled /ˌʌn'taɪtld/ *Adj* (*Bild etc.*) unbetitelt, ohne Titel

unto /'ʌntə; *vor Vokalen* 'ʌntu/ *Präp* (*veraltet*) **1** zu ◊ *The angel appeared unto him in a dream.* Der Engel erschien ihm im Traum. **2** bis zu ◊ *The knights swore loyalty unto death.* Die Ritter schworen Treue bis in den Tod.

un·told /ˌʌn'təʊld; *AmE* -'toʊld/ *Adj* **1** *nur vor Nomen* unermesslich; (*Leid, Elend etc.*) unsäglich **2** (*Geschichte*) nicht erzählt, nie bekannt

un·touch·able /ʌn'tʌtʃəbl/ **1** *Adj* unantastbar **2** *Adj* unberührbar **3** *Nomen* (*oft* **Untouchable**) Unberührbare(r)

un·touched /ʌn'tʌtʃt/ *Adj* **1** unberührt, unversehrt ◊ *Some buildings had remained untouched by the explosion.* Einige Gebäude waren von der Explosion verschont geblieben. **2** (*Essen etc.*) unverändert

un·to·ward /ˌʌntə'wɔːd; *AmE* ʌn'tɔːrd/ *Adj* ◊ *That's the plan — unless anything untoward happens.* Das ist jedenfalls der Plan — wenn nichts dazwischen kommt. ◊ *He had noticed nothing untoward.* Er hatte nichts Außergewöhnliches bemerkt. ◊ *They increased the dose without any untoward effects.* Die Dosis wurde erhöht, ohne dass unerwünschte Nebenwirkungen auftraten.

un·trained /ˌʌnˈtreɪnd/ *Adj* unausgebildet, ungeschult ◊ *untrained in statistics* ohne statistische Ausbildung

un·tram·melled (*AmE* **un·tram·meled**) /ʌnˈtræmld/ *Adj* (*gehoben*) uneingeschränkt, unbeschränkt, nicht eingeengt

un·treat·ed /ʌnˈtriːtɪd/ *Adj* unbehandelt; (*Abwässer*) ungeklärt

un·tried /ʌnˈtraɪd/ *Adj* (*gehoben*) **1** unerfahren **2** unerprobt, nicht getestet

un·true /ʌnˈtruː/ *Adj* **1** unwahr, falsch **2** ~ (**to sb/sth**) (*gehoben*) (jdm/etw) untreu SYN UNFAITHFUL

un·trust·worthy /ʌnˈtrʌstwɜːði; *AmE* -wɜːrði/ *Adj* unzuverlässig, nicht vertrauenswürdig

un·truth /ʌnˈtruːθ/ *Nomen* (*Pl* **un·truths** /ˌʌnˈtruːðz, -ˈtruːθs/) (*gehoben*) Unwahrheit

un·truth·ful /ʌnˈtruːθfl/ *Adj* unwahr, falsch; (*Mensch*) unaufrichtig

un·truth·ful·ly /-fəli/ *Adv* nicht der Wahrheit entsprechend

un·turned /ʌnˈtɜːnd; *AmE* ʌnˈtɜːrnd/ *Adj* IDM ⇨ STONE¹

un·tutored /ʌnˈtjuːtəd; *AmE* ʌnˈtuːtərd/ *Adj* (*gehoben*) ungeschult

un·typ·ical /ʌnˈtɪpɪkl/ *Adj* ~ (**of sb/sth**) untypisch (für jdn/etw)

un·typ·ic·al·ly /ʌnˈtɪpɪkli/ *Adv* ungewöhnlich(erweise), untypisch

un·usable /ʌnˈjuːzəbl/ *Adj* unbrauchbar

un·used¹ /ʌnˈjuːzd/ *Adj* unbenutzt, ungenutzt, ungebraucht

un·used² /ʌnˈjuːst/ *Adj* **be ~ to sth** etw nicht gewöhnt sein; **be ~ to doing sth** (es) nicht gewohnt sein etw zu tun

un·usual /ʌnˈjuːʒuəl, -ʒəl/ *Adj* (*Adv* **un·usu·al·ly**) **1** ungewöhnlich ◊ *It's unusual for her to be late.* Sie kommt normalerweise nicht zu spät. ◊ *Unusually for him, he wore a tie.* Ganz gegen seine Gewohnheit trug er einen Schlips. **2** außergewöhnlich

un·utter·able /ʌnˈʌtərəbl/ *Adj nur vor Nomen* (*Adv* **un·utter·ably** /-əbli/) (*gehoben*) unsäglich, unsagbar

un·var·nished /ʌnˈvɑːnɪʃt; *AmE* -ˈvɑːrn-/ *Adj nur vor Nomen* (*gehoben*) **1** unlackiert **2** (*Wahrheit*) ungeschminkt

un·vary·ing /ʌnˈveəriɪŋ; *AmE* -ˈveri-, -ˈværi-/ *Adj* (*gehoben*) gleich bleibend, unveränderlich

un·veil /ʌnˈveɪl/ *Verb* (*Denkmal etc.*) enthüllen; (*Produkt, Plan*) vorstellen

un·voiced /ʌnˈvɔɪst/ *Adj* **1** unausgesprochen **2** (LING) (*Konsonant*) stimmlos SYN VOICELESS

un·waged /ʌnˈweɪdʒd/ (*gehoben*) **1** *Adj* (*BrE*) ohne Einkommen **2** *Adj* (*BrE*) (*Arbeit*) freiwillig SYN UNPAID **3 the unwaged** *Nomen* [Pl] Personen ohne Einkommen

un·want·ed /ʌnˈwɒntɪd; *AmE* -ˈwɑːnt-/ *Adj* unerwünscht; (*Schwangerschaft*) ungewollt

un·war·rant·ed /ʌnˈwɒrəntɪd; *AmE* -ˈwɔːr-, -ˈwɑːr-/ *Adj* (*gehoben*) ungerechtfertigt, unberechtigt

un·wary /ʌnˈweəri; *AmE* -ˈweri/ **1** *Adj nur vor Nomen* unachtsam, unbedarft **2 the unwary** *Nomen* Unbedarfte

un·waver·ing /ʌnˈweɪvərɪŋ/ *Adj* (*Adv* **un·waver·ing·ly**) (*gehoben*) unerschütterlich, beharrlich; (*Blick*) starr

un·wel·come /ʌnˈwelkəm/ *Adj* unwillkommen, unerwünscht, unerfreulich

un·wel·com·ing /ʌnˈwelkəmɪŋ/ *Adj* **1** unfreundlich, abweisend **2** ungastlich, ungemütlich

un·well /ʌnˈwel/ *Adj nicht vor Nomen* krank; **sb feels ~** jdm ist nicht wohl

un·whole·some /ʌnˈhəʊlsəm; *AmE* -ˈhoʊl-/ *Adj* (*gehoben*) ungesund (*auch fig*)

un·wieldy /ʌnˈwiːldi/ *Adj* **1** sperrig, unhandlich SYN CUMBERSOME **2** (*Organisation, System*) kompliziert

un·will·ing /ʌnˈwɪlɪŋ/ *Adj* **1 be ~ to do sth** nicht bereit sein etw zu tun **2** *nur vor Nomen* (*Adv* **un·will·ing·ly**) widerwillig; (*Komplize etc.*) unfreiwillig SYN RELUCTANT

un·will·ing·ness /ʌnˈwɪlɪŋnəs/ *Nomen* Weigerung, mangelnde Bereitschaft

un·wind /ˌʌnˈwaɪnd/ *Verb* (**un·wound, un·wound** /ˌʌnˈwaʊnd/) **1** abwickeln, abspulen ◊ *He unwound the scarf from his neck.* Er wickelte sich den Schal vom Hals. **2** (*Knäuel, Verband etc.*) sich abwickeln, sich aufrollen **3** sich entspannen, abschalten SYN WIND DOWN

un·wise /ˌʌnˈwaɪz/ *Adj* unklug, töricht SYN FOOLISH

un·wise·ly /ˌʌnˈwaɪzli/ *Adv* unklug(erweise)

un·witting /ʌnˈwɪtɪŋ/ *Adj nur vor Nomen* (*Adv* **un·wit·ting·ly**) (*gehoben*) unwissentlich, unbewusst

un·wont·ed /ʌnˈwəʊntɪd; *AmE* -ˈwoʊn-/ *Adj* (*gehoben*) ungewohnt

un·work·able /ʌnˈwɜːkəbl; *AmE* -ˈwɜːrk-/ *Adj* undurchführbar; (*Verordnung etc.*) nicht durchsetzbar

un·world·ly /ʌnˈwɜːldli; *AmE* -ˈwɜːrld-/ *Adj* **1** nicht materialistisch, nicht weltlich **2** weltfremd, naiv SYN NAIVE **3** unirdisch, unwirklich

un·wor·ried /ʌnˈwʌrid; *AmE* -ˈwɜːr-/ *Adj* (*gehoben*) unbekümmert ◊ *She appeared unworried by criticism.* Kritik schien sie nicht zu kümmern.

un·worthi·ness /ʌnˈwɜːðinəs; *AmE* -ˈwɜːr-/ *Nomen* Unwürdigkeit

un·worthy /ʌnˈwɜːði; *AmE* ʌnˈwɜːrði/ *Adj* (*gehoben*) unwürdig ◊ *Such opinions are unworthy of educated people.* Wie können gebildete Leute nur solche Ansichten vertreten.

un·wound Form von UNWIND

un·wrap /ʌnˈræp/ *Verb* (**-pp-**) auspacken, auswickeln OPP WRAP STH UP

un·writ·ten /ʌnˈrɪtn/ *Adj* ungeschrieben (*auch fig*); (*Übereinstimmung*) stillschweigend

un·yield·ing /ʌnˈjiːldɪŋ/ *Adj* (*gehoben*) **1** (*Mensch*) unnachgiebig **2** (*Material etc.*) fest

unzip /ˌʌnˈzɪp/ *Verb* (**-pp-**) **1** ~ **sth** den Reißverschluss von etw aufmachen OPP ZIP UP **2** sich mit einem Reißverschluss aufmachen lassen OPP ZIP STH UP

up¹ /ʌp/ *Adv* ☛ Für Verben mit **up** siehe die Einträge für die Verben. **Break up** z.B. steht unter **break**.
1 auf, hoch, nach oben, hinauf, herauf ◊ *The sun was already up.* Die Sonne war bereits aufgegangen. ◊ *Lay the cards face up on the table.* Legen Sie die Karten aufgedeckt auf den Tisch. ◊ *You look nice with your hair up.* Das hochgesteckte Haar steht dir gut. ◊ (*umgs*) *Up you come!* Hoch mit dir! ◊ *They've moved up north.* Sie sind in den Norden gezogen. ◊ *They live up in the mountains.* Sie leben oben in den Bergen. ◊ *Put the poster higher up.* Häng das Poster höher. ◊ *I wanted to climb Snowdon, but I only got halfway up.* Ich wollte den Snowdon besteigen, aber weiter als bis zur Hälfte kam ich nicht. **2** (*nicht mehr im Bett, Sessel etc.*) auf ◊ *He jumped up from his chair.* Er sprang von seinem Stuhl auf. ◊ (*BrE*) *He's up and about again after his illness.* Nach seiner Krankheit ist er jetzt wieder auf den Beinen. **3** (*höher, stärker etc.*) ◊ *Sales are well up on last year.* Die Verkaufszahlen liegen deutlich höher als im Vorjahr. ◊ *The wind is getting up.* Der Wind wird stärker. ◊ *United were 3–1 up at half time.* United lag zur Halbzeit mit 3:1 vorn. **4** auf … zu ◊ *She went straight up to the door and knocked.* Sie ging geradewegs zur Tür und klopfte. ◊ *A car drove up and she got in.* Ein Auto fuhr vor und sie stieg ein. **5** (*in eine große/wichtige Stadt etc.*) ◊ *We're going up to New York for the day.* Wir fahren für einen Tag nach New York. ◊ (*BrE, gehoben*) *His son's up at Oxford.* Sein Sohn ist in Oxford. **6** (*in Stücke, Teile*) auseinander ◊ *They've had the road up to lay some pipes.* Sie hatten die Straße aufgerissen, um Leitungen zu verlegen. ◊ *How shall we divide up the work?* Wie sollen wir die Arbeit aufteilen? **7** völlig ◊ *The stream has dried up.* Der Bach ist völlig ausgetrocknet. ◊ *We ate all the food up.* Wir haben das Essen aufgegessen. **8** zusammen ◊ *She gathered up her belongings.* Sie raffte ihre Sachen zusammen. **9** (*bei Abschluss einer Tätigkeit*) fertig, zu Ende; (*Zeit*) um, abgelaufen ◊ *I have some paperwork to finish up.* Ich muss noch etwas Papierkram erledigen. **10** (*bei Verben des Verschließens*) ◊ *She tied the parcel up with a string.* Sie verschnürte das Paket. **11** (*umgs*) los ◊ *Is anything up? You can tell me.* Stimmt etwas nicht? Du kannst es mir sagen. ◊ *What's up?* Was ist los? ☛ Im amerikanischen Englisch bedeutet **What's up?** oft einfach „Was gibt's?" oder „Was

gibt's Neues?" ☛ *Siehe auch* UP TO DATE *and* UP-TO-THE-MINUTE
IDM **be up to sb 1** bei jdm liegen ◊ *'It's up to you.'* „Das musst du selbst entscheiden." **2** jds Sache sein ◊ *It's not up to you to tell me how to do my job.* Es steht dir nicht zu mir zu sagen, wie ich meine Arbeit tun soll. **not be 'up to much** (*BrE*) nicht viel taugen **be up against sth** (*umgs*) einer Sache gegenüberstehen ◊ *Teachers are up against some major problems these days.* Heutzutage sind die Lehrer mit einigen schwerwiegenden Problemen konfrontiert. ◊ *They play better when they're up against it.* Sie spielen besser, wenn sie mit dem Rücken zur Wand stehen. ◊ *It's good to know what you're up against.* Es ist gut, wenn man weiß, was auf einen zukommt. ,**up and 'down** auf und ab ◊ *Our relationship was up and down.* Unsere Beziehung war ein ständiges Auf und Ab. ,**up and 'running** in Betrieb; in Gang **up before sb/sth** ◊ *Once again John was up before the disciplinary panel.* Wieder einmal stand John vor dem Disziplinarausschuss. ◊ *She was brought up before the judge.* Sie wurde dem Richter vorgeführt. **up for sth 1** ◊ *The house is up for sale.* Das Haus steht zum Verkauf. **2** (*Kandidat*) ◊ *Two candidates are up for election.* Zwei Kandidaten stehen zur Wahl. **3** bei etw dabei ◊ *We're going clubbing tonight. Are you up for it?* Wir gehen heute Abend in die Disko. Kommst du mit? **up to ... 1** bis (zu) ... ◊ *The temperature went up to 35°C.* Die Temperatur ist bis auf 35°C gestiegen. **2** (*auch* **up until ...**) bis (zu) ... ◊ *Where were we up to?* Bis wohin sind wir gekommen? ◊ *Up to now he's been very quiet.* Bis jetzt ist er sehr still gewesen. **3 be up to sth** an etw heranreichen **4** (*auch* **up to doing sth**) fähig zu etw; zu etw in der Lage ◊ *He's not up to the job.* Er ist der Aufgabe nicht gewachsen. **5 be up to sth** (*umgs*) etw vorhaben; etw anstellen ◊ *What's she up to?* Was hat sie vor? ◊ *What've you been up to?* Was habt ihr angestellt? ◊ *I'm sure he's up to no good.* Ich bin mir sicher, dass er nichts Gutes im Schilde führt.

up² /ʌp/ *Präp* **1** auf, hoch, nach oben, hinauf, herauf ◊ *The village is further up the valley.* Das Dorf liegt weiter oben im Tal. ◊ *She climbed up the flight of steps.* Sie ist die Treppe hinaufgestiegen. **2** (*eine Straße, den Fluss*) hinauf, entlang ◊ *We live just up the road.* Wir wohnen nur ein Stück weiter die Straße entlang. IDM **up and down sth** ◊ *I looked up and down the corridor.* Ich blickte den Gang auf und ab. ◊ *I've been running up and down stairs all day.* Ich laufe schon den ganzen Tag die Treppe rauf und runter. ,**up 'yours!** (*vulg, Slang*) du kannst mich mal!

up³ /ʌp/ *Adj* **1** *nur vor Nomen* Aufwärts- ◊ *the up escalator* die Rolltreppe nach oben **2** *nicht vor Nomen* (*umgs*) fröhlich; (*Stimmung*) ausgelassen **3** *nicht vor Nomen* (*Computer*) in Betrieb

up⁴ /ʌp/ *Verb* (**-pp-**) **1** up and ... (*umgs oder hum*) ◊ *He upped and left without telling anyone.* Er haute ganz plötzlich ab, ohne jemandem etwas zu sagen. **2** erhöhen, anheben SYN RAISE IDM ,**up 'sticks** (*BrE, umgs*) die Zelte abbrechen ☛ *Siehe auch* ANTE

up⁵ /ʌp/ *Nomen* IDM **be on the 'up** steigen ◊ *Business confidence is on the up.* Das Vertrauen in die Wirtschaft steigt. **be on the ,up and 'up** (*umgs*) **1** (*BrE*) sich auf dem aufsteigenden Ast befinden; steigen **2** (*AmE*) in Ordnung sein; ehrlich gemeint sein ,**ups and 'downs** Höhen und Tiefen

up- /ʌp/
Die Vorsilbe **up-** wird in Adjektiven, Verben und Nomina mit der Bedeutung „hoch" oder „hinauf" verwendet: *upland* Hochland ◊ *upturned* nach oben gerichtet ◊ *uphill* bergauf ◊ *uproot* entwurzeln.

,**up-and-'coming** *Adj nur vor Nomen* (*umgs*) aufstrebend
up·beat /'ʌpbiːt/ *Adj* (*umgs*) optimistisch, zuversichtlich, fröhlich OPP DOWNBEAT
up·braid /ʌp'breɪd/ *Verb* (*gehoben*) ~ **sb** (**for sth**) jdn (wegen einer Sache) rügen
up·bring·ing /'ʌpbrɪŋɪŋ/ *Nomen* [Sing] Erziehung, Kinderstube ◊ *He was a Catholic by upbringing.* Er wurde katholisch erzogen. ◊ *have a sheltered upbringing* behütet aufwachsen
UPC /ˌjuː piː 'siː/ *Kurzform von* **Universal Product Code** (*AmE, Fachspr*) Strichkode

up·com·ing /'ʌpkʌmɪŋ/ *Adj nur vor Nomen* (*bes AmE*) bevorstehend, kommend
up·date¹ /ˌʌp'deɪt/ *Verb* **1** auf den neuesten Stand bringen, aktualisieren ◊ *Can you update me on the story?* Kannst du mir erzählen, was sich in dieser Sache Neues getan hat? **2** modernisieren
up·date² /'ʌpdeɪt/ *Nomen* Aktualisierung, aktualisierte Fassung, neueste Version ◊ *a news update* die neuesten Meldungen ◊ *The chairman gave an update on the project.* Der Vorsitzende berichtete, was sich bezüglich des Projektes getan hatte.
upend /ʌp'end/ *Verb* umdrehen, hochkant stellen
up·field /ˌʌp'fiːld/ *Adv* (SPORT) in Richtung des gegnerischen Tores
up·front /ˌʌp'frʌnt/ *Adj* **1** offen ◊ *He's been upfront about his intentions since the beginning.* Von Anfang an hat er aus seinen Absichten keinen Hehl gemacht. SYN HONEST *und* FRANK **2** *nur vor Nomen* (*Zahlung etc.*) Voraus-, im Voraus ☛ *Siehe auch* UP FRONT *unter* FRONT¹
up·grade¹ /ˌʌp'greɪd/ *Verb* (*oft passiv*) **1** (*Computer etc.*) aufrüsten **2** verbessern, ausbauen **3** ~ **sb** (**to sth**) (*im Flugzeug, Hotel etc.*) ◊ *On the flight back, we were upgraded to business class.* Auf dem Rückflug gab man uns ohne Aufpreis einen Sitz in der Businessclass. **4** ~ **sb** (**to sth**) jdn (zu etw) befördern SYN PROMOTE
up·grade² /'ʌpgreɪd/ *Nomen* **1** (COMP) Upgrade **2** (*beim Fliegen, im Hotel etc.*) ◊ *Frequent flyers qualify for a free upgrade.* Vielflieger haben ohne Aufpreis Anspruch auf eine höhere Reiseklasse.
up·heav·al /ʌp'hiːvl/ *Nomen* Aufruhr; (*politisch, sozial*) Umwälzung ◊ *a period of emotional upheaval* eine Zeit, in der die Gefühle in Aufruhr sind ◊ *the upheaval of moving house* das Chaos, das ein Umzug mit sich bringt
up·hill¹ /ˌʌp'hɪl/ *Adj* **1** bergauf führend ◊ *The last part of the race is all uphill.* Bei der letzten Etappe geht es nur noch bergauf. ◊ *an uphill slope* ein ansteigendes Gelände OPP DOWNHILL **2** (*Aufgabe, Kampf etc.*) mühselig, hart
up·hill² /ˌʌp'hɪl/ *Adv* bergauf OPP DOWNHILL
up·hold /ʌp'həʊld/ *Verb* (**-held, -held** /-'held/) **1** unterstützen, (*Rechte, Tradition etc.*) wahren; (*Verfassung etc.*) schützen **2** (RECHT) (*Urteil, Berufung etc.*) bestätigen, aufrechterhalten; (*Beschwerde*) anerkennen
up·hold·er /ʌp'həʊldə(r)/ *Nomen* Befürworter(in), Verteidiger(in); (*einer Meinung*) Vertreter(in)
up·hol·ster /ʌp'həʊlstə(r); *AmE* -'hoʊl-/ *Verb* (*meist passiv*) ~ **sth** (**in sth**) etw (mit etw) polstern; (*mit Bezug*) etw (mit etw) beziehen
up·hol·ster·er /ʌp'həʊlstərə(r); *AmE* -'hoʊl-/ *Nomen* Polsterer, Polsterin
up·hol·stery /ʌp'həʊlstəri; *AmE* -'hoʊl-/ *Nomen* [U] **1** Polsterung, Bezug **2** Polstern, Polsterhandwerk
up·keep /'ʌpkiːp/ *Nomen* **1** Instandhaltung, Unterhalt **2** Instandhaltungskosten, Unterhaltskosten
up·land /'ʌplənd/ **1** *Nomen* [meist Pl] Hochland **2** *Adj nur vor Nomen* Hochland- ◊ *upland agriculture* Landwirtschaft im Hochland
up·lift¹ /'ʌplɪft/ *Nomen* [U/Sing] **1** Hebung ◊ *an uplift in sales* eine Umsatzsteigerung ◊ *an uplift bra* ein Stütz-BH **2** (*der Stimmung*) Auftrieb, Erbauung
up·lift² /ˌʌp'lɪft/ *Verb* (*gehoben*) erbauen, aufbauen, aufrichten
up·lift·ed *Adj* /ˌʌp'lɪftɪd/ **1** *nicht vor Nomen* erbaut **2** (*gehoben*) erhoben, nach oben gerichtet
up·lift·ing /ˌʌp'lɪftɪŋ/ *Adj* erbaulich, aufbauend
up·mar·ket¹ /ˌʌp'mɑːkɪt; *AmE* -'mɑːrk-/ *Adj* (*BrE*) exklusiv, gehoben, anspruchsvoll OPP DOWNMARKET
up·mar·ket² /ˌʌp'mɑːkɪt; *AmE* -'mɑːrk-/ *Adv* (*BrE*) ◊ *The company moved more upmarket.* Die Firma wendete sich gehobeneren Käuferschichten zu.
upon /ə'pɒn; *AmE* ə'pɑːn/ *Präp* (*bes gehoben*) = ON IDM **sth is** (**almost**) **u'pon you** etw steht (fast) vor der Tür ☛ *Siehe auch* ONCE¹
upper¹ /'ʌpə(r)/ *Adj nur vor Nomen* Ober-, obere(r,s), höhere(r,s) ◊ *the upper body* der Oberkörper ◊ *the upper reaches of the Rhine* der Oberrhein IDM **gain, get, have, etc. the ,upper 'hand** die Oberhand gewinnen, haben etc. ☛ *Siehe auch* STIFF¹

upper² /ˈʌpə(r)/ *Nomen* [meist Pl] **1** (*bei Schuhen*) Obermaterial **2** (*umgs*) Aufputschmittel IDM **on your ˈuppers** (*BrE, gehoben*) (*ohne Geld*) auf dem Trockenen

ˌupper ˈcase 1 *Nomen* [U] Großbuchstaben **2** *Adj* (*Buchstabe*) groß

the ˌupper ˈclass *Nomen* [Sing] (*auch* **the ˌupper ˈclasses** [Pl]) die Oberschicht

ˌupper ˈclass *Adj* der Oberschicht (zugehörig), vornehm ◊ *He is very upper class.* Bei ihm erkennt man deutlich, dass er aus der Oberschicht kommt.

upper·class·man /ˌʌpəˈklɑːsmən; *AmE* ˌʌpərˈklæs-/ *Nomen* (*Pl* **-men** /-men/) (*AmE*) = Schüler/Student in den letzten beiden Jahren an einer amerikanischen Highschool oder einem College

upper·class·woman /ˌʌpəˈklɑːswʊmən; *AmE* ˌʌpərˈklæs-/ *Nomen* (*Pl* **-women** /-wɪmɪn/) (*AmE*) = Schülerin/Studentin in den letzten beiden Jahren an einer amerikanischen Highschool oder einem College

the ˌupper ˈcrust *Nomen* (*umgs*) die oberen Zehntausend ➨ G 1.3a

ˌupper-ˈcrust *Adj* (*umgs*) nur vor Nomen zu den oberen Zehntausend gehörend ◊ *an upper-crust voice* ein vornehmer Akzent

upper·cut /ˈʌpəkʌt; *AmE* ˈʌpərkʌt/ *Nomen* (*beim Boxen*) Aufwärtshaken

ˌupper ˈhouse (*auch* **ˌupper ˈchamber**) *Nomen* Oberhaus

upper·most¹ /ˈʌpəməʊst; *AmE* ˈʌpərmoʊst/ *Adj* **1** (*gehoben*) höchste(r,s), oberste(r,s) **2** (*fig*) an erster Stelle

upper·most² /ˈʌpəməʊst; *AmE* ˈʌpərmoʊst/ *Adv* (*gehoben*) (nach) oben

ˈupper school *Nomen* (*BrE*) (*in Großbritannien*) = Schule oder Jahrgangsstufen, die von 14- bis 18-Jährigen besucht wird/werden

up·pity /ˈʌpəti/ *Adj* (*umgs, veraltet*) hochnäsig

up·raised /ˌʌpˈreɪzd/ *Adj* erhoben

up·right¹ /ˈʌpraɪt/ *Adj* **1** aufrecht, senkrecht ◊ *Keep the bottle upright.* Stellen Sie die Flasche aufrecht. ◊ *He managed to pull himself upright.* Es gelang ihm, sich aufzusetzen. **2** *an upright freezer* ein Gefrierschrank ◊ *an upright chair* ein Stuhl mit einer geraden Lehne **3** (*Mensch*) rechtschaffen, aufrecht, anständig IDM ⇨ BOLT³

up·right² /ˈʌpraɪt/ *Nomen* **1** (Stütz)pfosten **2** (*auch* **ˌupright piˈano**) Klavier

up·ris·ing /ˈʌpraɪzɪŋ/ *Nomen* Aufstand ◊ *a popular uprising* ein Volksaufstand SYN REBELLION *und* REVOLT

up·river /ˌʌpˈrɪvə(r)/ *Adv* flussaufwärts

up·roar /ˈʌprɔː(r)/ *Nomen* [U/Sing] Aufruhr, Tumult

up·roari·ous /ʌpˈrɔːriəs/ *Adj* (*Adv* **up·roari·ous·ly**) (*gehoben*) **1** lärmend ◊ *an uproarious party* ein laute und ausgelassene Party ◊ *laugh uproariously* schallend lachen **2** zum Schreien komisch ◊ *uproariously funny* zum Totlachen

up·root /ˌʌpˈruːt/ *Verb* **1** (*Baum etc.*) entwurzeln **2** (*fig*) aus der gewohnten Umgebung reißen ◊ *He didn't want to uproot himself and move to Bali.* Er wollte nicht seine gewohnte Umgebung verlassen und nach Bali ziehen.

up·scale¹ /ˌʌpˈskeɪl/ *Adj* (*AmE*) exklusiv, gehoben, anspruchsvoll

up·scale² /ˌʌpˈskeɪl/ *Adv* (*AmE*) ◊ *The neighbourhood has gone upscale.* Das Wohnviertel ist exklusiver geworden. ◊ *The company has to move upscale.* Die Firma muss sich gehobeneren Käuferschichten zuwenden.

upset¹ /ʌpˈset/ *Verb* (**-set·ting**, **-set**, **-set**) **1** aufregen, ärgern, erschüttern, aus der Fassung bringen ◊ *Don't upset yourself about it.* Reg dich darüber nicht auf. ◊ *The pictures of starving children upset her.* Die Bilder von verhungernden Kindern erschütterten sie. SYN DISTRESS **2** (*Pläne etc.*) durcheinander bringen **3** ~ sb's stomach jdm nicht bekommen **4** umkippen, umstoßen IDM **upset the ˈapple cart** alles durcheinander bringen

upset² /ʌpˈset/ *Adj* nicht vor Nomen aufgeregt, mitgenommen, bestürzt ◊ *There's no point getting upset about it.* Es hat keinen Zweck, sich deswegen aufzuregen. ◊ *She was upset that he had left without saying goodbye.* Sie war enttäuscht, dass er gegangen war, ohne sich zu verabschieden. **2** an ˌupset ˈstomach eine Magenverstimmung

upset³ /ˈʌpset/ *Nomen* **1** Aufregung, Ärger, (böse) Überraschung ◊ *There is frequently a relationship between a child's emotional upset and an asthmatic attack.* Bei Kindern besteht häufig eine Verbindung zwischen emotionalen Erregungszuständen und Asthmaanfällen. **2** Überraschungssieg ◊ *The team could cause an upset on Saturday.* Die Mannschaft könnte am Samstag überraschend gewinnen. **3** (**stomach**) ~ Magenverstimmung

up·set·ting /ʌpˈsetɪŋ/ *Adj* ärgerlich, verletzend, erschütternd ◊ *Moving can be an upsetting experience.* Ein Umzug kann einen sehr mitnehmen. ◊ *She finds the divorce too upsetting to talk about.* Die Scheidung geht ihr zu nahe, als dass sie darüber reden könnte.

up·shot /ˈʌpʃɒt; *AmE* -ʃɑːt/ *Nomen* **the upshot** [Sing] das (End)ergebnis, das Fazit

up·side /ˈʌpsaɪd/ *Nomen* [Sing] gute Seite ◊ *On the upside, there is no immediate risk.* Das Positive daran ist, dass kein unmittelbares Risiko besteht. OPP DOWNSIDE

ˌupside ˈdown *Adv, Adj* verkehrt herum, auf dem Kopf ◊ *Turn the cake upside down and cover it with cream.* Drehen Sie den Kuchen um und bestreichen Sie ihn mit Sahne. OPP RIGHT SIDE UP IDM **turn sth ˌupside ˈdown** (*beim Suchen*) etw auf den Kopf stellen

up·stage¹ /ˌʌpˈsteɪdʒ/ *Adv* in den/im Bühnenhintergrund

up·stage² /ˌʌpˈsteɪdʒ/ *Adj* nur vor Nomen Bühnenhintergrund-, im Bühnenhintergrund

up·stage³ /ˌʌpˈsteɪdʒ/ *Verb* ~ sb jdm die Schau stehlen

up·stairs¹ /ˌʌpˈsteəz; *AmE* -ˈsterz/ *Adv* (*im oberen/ins obere Stockwerk*) (nach) oben ◊ *the people who live upstairs* die Leute, die über uns wohnen OPP DOWNSTAIRS

up·stairs² /ˌʌpˈsteəz; *AmE* -ˈsterz/ *Adj nur vor Nomen* im Obergeschoss IDM ⇨ KICK¹

up·stairs³ /ˌʌpˈsteəz; *AmE* -ˈsterz/ *Nomen* [Sing] Obergeschoss, oberes Stockwerk OPP DOWNSTAIRS

up·stand·ing /ˌʌpˈstændɪŋ/ *Adj* (*gehoben*) rechtschaffen, aufrecht, anständig SYN UPRIGHT

up·start /ˈʌpstɑːt; *AmE* -stɑːrt/ *Nomen* (*abwert*) (besserwisserischer) Neuling

up·state¹ /ˌʌpˈsteɪt/ *Adv* (*AmE*) (*in den USA*) = in den/im nördlichen und abgelegenen Teil eines Bundesstaates

up·state² /ˌʌpˈsteɪt/ *Adj nur vor Nomen* (*in den USA*) zum nördlichen und ländlichen Teil eines Bundesstaates gehörig ◊ *upstate Ohio* der nördliche Teil von Ohio

up·stream /ˌʌpˈstriːm/ *Adv* flussaufwärts OPP DOWNSTREAM

up·surge /ˈʌpsɜːdʒ; *AmE* -sɜːrdʒ/ *Nomen* [meist Sing] ~ (**in/of sth**) (*gehoben*) Zunahme (von etw), Aufwallen (von etw)

up·swing /ˈʌpswɪŋ/ *Nomen* [meist Sing] ~ (**in sth**) (*gehoben*) Aufschwung (bei/in etw) SYN UPTURN

up·take /ˈʌpteɪk/ *Nomen* [U/Sing] (*Fachspr*) Aufnahme IDM **be ˌquick/ˌslow on the ˈuptake** schnell/schwer von Begriff sein (*umgs*)

up·tempo /ˈʌptempəʊ; *AmE* -poʊ/ *Adj* schnell

up·tight /ˌʌpˈtaɪt/ *Adj* (*umgs*) **1** aufgeregt, gereizt, nervös ◊ *You're getting too uptight about it.* Du regst dich darüber zu sehr auf. **2** (*bes AmE*) verklemmt, verkrampft

ˌup to ˈdate *Adj* **1** modern, aktuell **2** auf dem neuesten Stand, auf dem Laufenden

ˌup-to-the-ˈminute *Adj* **1** allerneueste(r,s), allerletzte(r,s), aktuellste(r,s) **2** hochmodern

up·town¹ /ˌʌpˈtaʊn/ *Adv* (*AmE*) **1** außerhalb des Zentrums, am Stadtrand **2** stadtauswärts

up·town² /ˌʌpˈtaʊn/ *Adj* (*AmE*) **1** nur vor Nomen außerhalb des Zentrums gelegen ◊ *an uptown district* ein Stadtrandbezirk **2** nur vor Nomen Richtung stadtauswärts

up·trend /ˈʌptrend/ *Nomen* [Sing] (*AmE*) Aufwärtstrend, Aufschwung OPP DOWNTREND

up·turn /ˈʌptɜːn; *AmE* -tɜːrn/ *Nomen* [meist Sing] ~ (**in sth**) Aufwärtstrend (bei/in etw), Aufschwung (bei etw) ◊ *Their fortunes have taken an upturn.* Es geht aufwärts mit ihnen. ◊ *The economy is on the upturn.* Mit der Wirtschaft geht es aufwärts. SYN UPSWING OPP DOWNTURN

up·turned /ˌʌpˈtɜːnd; *AmE* ˌʌpˈtɜːrnd/ *Adj* **1** nach oben gerichtet ◊ *an upturned nose* eine Stupsnase **2** umgedreht ◊ *She clung to the upturned boat.* Sie hielt sich an dem gekenterten Boot fest.

up·ward /'ʌpwəd; *AmE* -wərd/ *Adj nur vor Nomen* **1** nach oben (gerichtet) ◇ *an upward gaze/look* ein Blick nach oben **2** ansteigend ◇ *a sharp upward movement in property prices* ein plötzlicher Anstieg bei den Immobilienpreisen OPP DOWNWARD ☞ *Siehe auch* UPWARDS

‚upwardly ˈmobile *Adj* (sozial) aufsteigend

‚upward moˈbility *Nomen* [U] sozialer Aufstieg

up·wards /'ʌpwədz; *AmE* -wərdz/ (*bes AmE* **up·ward**) *Adv* **1** nach oben ◇ *Bad weather forced the price of fruit upwards.* Schlechtes Wetter hat die Obstpreise in die Höhe getrieben. ◇ *from the neck upwards* vom Hals aufwärts OPP DOWNWARDS **2** ~ **of …** über …, mehr als …

up·wind /‚ʌp'wɪnd/ *Adv, Adj* gegen den Wind ◇ *on the upwind side* auf der Windseite ◇ *The house was upwind of the factory and its smells.* Das Haus lag nicht in Windrichtung der Fabrik und des von dort kommenden Gestanks. OPP DOWNWIND

ur·an·ium /ju'reɪniəm/ *Nomen* Uran

Ura·nus /'jʊərənəs, ju'reɪnəs; *AmE* 'jʊr-, ju'r-/ *Nomen* Uranus ☞ *Beispiele bei* MERKUR

urban /'ɜːbən; *AmE* 'ɜːrbən/ *Adj nur vor Nomen* Stadt-, städtisch ◇ *urban regeneration* Stadterneuerung ◇ *The countryside is under pressure from urban development.* Ländliche Regionen sind durch das Wachstum der Städte bedroht.

ur·bane /ɜː'beɪn; *AmE* ɜːr'b-/ *Adj* (*Adv* **ur·bane·ly**) (*gehoben*) gewandt, weltmännisch

ur·ban·iza·tion (*BrE auch* **-isa·tion**) (*BrE*) /‚ɜːbənaɪ'zeɪʃn; *AmE* ‚ɜːrbənə'z-/ *Nomen* Verstädterung, Urbanisierung

ur·ban·ized (*BrE auch* **-ised**) /'ɜːbənaɪzd; *AmE* 'ɜːrb-/ *Adj* verstädtert, urbanisiert

ur·chin /'ɜːtʃɪn; *AmE* 'ɜːrtʃən/ *Nomen* **1** (*veraltet*) Gossenkind, Strolch **2** ☞ SEA URCHIN

Urdu /'ʊədu:, 'ɜːduː; *AmE* 'ʊrdu:, 'ɜːrdu:/ *Nomen* Urdu

ur·ethra /jʊ'ri:θrə/ *Nomen* (ANAT) Harnröhre

urge¹ /ɜːdʒ; *AmE* ɜːrdʒ/ *Verb* **1** eindringlich bitten, drängen **2** ~ **sth (on/upon sb)** (jdm) zu etw dringend raten, jdm etw nahe legen **3** (*gehoben*) (an)treiben ◇ *He urged his horse forward.* Er trieb sein Pferd voran. PHR V **‚urge sb ˈon** jdn anfeuern, jdn antreiben

urge² /ɜːdʒ; *AmE* ɜːrdʒ/ *Nomen* Drang, Bedürfnis, Verlangen ◇ *creative urges* Schaffensdrang ◇ *their sexual urges* ihr Sexualtrieb

ur·gen·cy /'ɜːdʒənsi/ *Nomen* Dringlichkeit ◇ *This is a matter of some urgency.* Diese Sache ist ziemlich dringend.

ur·gent /'ɜːdʒənt; *AmE* 'ɜːrdʒ-/ *Adj* (*Adv* **ur·gent·ly**) **1** dringend ◇ *a problem that requires urgent attention* eine dringende Angelegenheit ◇ *The law is in urgent need of reform.* Das Gesetz muss dringend reformiert werden. **2** (*gehoben*) (ein)dringlich

ur·inal /jʊə'raɪnl, 'jʊərɪnl; *AmE* 'jʊrənl/ *Nomen* **1** Pissoir **2** Urinal(becken)

urin·ary /'jʊərənəri; *AmE* 'jʊrəneri/ *Adj* Harn-

urin·ate /'jʊərəneɪt; *AmE* 'jʊrən-/ *Verb* (*gehoben oder Fachspr*) urinieren

urin·ation /‚jʊərə'neɪʃn; *AmE* ‚jʊrə'n-/ *Nomen* Urinieren

urine /'jʊərɪn, -raɪn; *AmE* 'jʊrən/ *Nomen* Harn, Urin

URL /‚juː aːr 'el/ *Kurzform von* **uniform/universal resource locator** (COMP) URL

urn /ɜːn; *AmE* ɜːrn/ *Nomen* **1** Urne **2** (Tee-, Kaffee-) großer Wasserkessel ◇ *a tea urn* ein großer Teekessel

ur·olo·gist /jʊə'rɒlədʒɪst; *AmE* jʊ'rɑːl-/ *Nomen* Urologe, Urologin

US (*bes AmE* **U.S.**) /‚juː 'es/ *Kurzform von* **United States (of America) 1** Vereinigte Staaten (von Amerika) **2** US-amerikanisch ☞ *Siehe auch* S. 767

us /əs; *betont* ʌs/ *Pron* **1** uns ☞ G 3 **2** (*BrE, umgs*) mich, mir ◇ *Give us the newspaper, will you?* Gib mir bitte die Zeitung.

USA (*bes AmE* **U.S.A.**) /‚juː es eɪ/ *Abk* USA

us·able /'juːzəbl/ *Adj* verwendbar ◇ *The bike is rusty but usable.* Das Fahrrad ist rostig, aber man kann es noch benutzen. OPP UNUSABLE

USAF /‚juː es eɪ 'ef/ *Kurzform von* **United States Air Force** Luftwaffe der Vereinigten Staaten

usage /'juːsɪdʒ, 'juːz-/ *Nomen* **1** Sprachgebrauch ◇ *It's not a word in common usage.* Es ist ein Wort, das nicht allgemein gebräuchlich ist. **2** Gebrauch ◇ *land usage* Bodennutzung

use¹ /juːz/ *Verb* (**used, used** /juːzd/) **1** ~ **sth (for sth)** etw (für etw) benutzen; ~ **sth (as sth)** etw (als etw) benutzen ◇ *How often do you use the bus?* Wie oft fahren Sie mit dem Bus? ◇ *use military force* militärische Gewalt anwenden **2** verbrauchen ◇ *I hope you haven't used all the milk.* Ich hoffe, du hast nicht die ganze Milch aufgebraucht. **3** (*abwert*) ausnutzen **4** (*Drogen*) nehmen ◇ (*Slang*) *She's been using since she was 13.* Sie nimmt schon Drogen seit sie dreizehn ist. IDM **I, you, etc. could ˈuse sth** (*umgs*) ich/du etc. könnte/könntest etc. etw vertragen ◇ *I think we could all use a drink after that!* Ich glaube, jetzt könnten wir alle was zu trinken vertragen! **ˈuse your ˈhead** (*BrE auch* **use your ˈloaf**) (*umgs*) streng deinen Grips an PHR V **‚use sth ˈup** etw aufbrauchen

use² /juːs/ *Nomen* **1** [U/Sing] Gebrauch, Einsatz ◇ *These pesticides are gradually being phased out of use.* Diese Schädlingsbekämpfungsmittel kommen langsam außer Gebrauch. ◇ *When did this word come into common use?* Wann wurde dieses Wort allgemein gebräuchlich? ◇ *I'm not sure that this is the most valuable use of my time.* Ich bin nicht sicher, dass ich damit meine Zeit am besten nutze. ◇ *The bar is for the use of members only.* Die Bar steht nur Mitgliedern zur Verfügung. **2** Verwendung, Anwendung ◇ *This chemical has a wide range of industrial uses.* Dieser chemische Stoff hat einen großen industriellen Anwendungsbereich. **3** (*von Drogen etc.*) Konsum **4** ~ **of sth** Recht/Möglichkeit etw zu benutzen ◇ *I have the use of the car this week.* Ich kann diese Woche den Wagen benutzen. **5** ◇ *He lost the use of his legs in an accident.* Seine Beine sind seit einem Unfall gelähmt. ◇ *It took her months to regain the use of her hand.* Es dauerte Monate, bis sie ihre Hand wieder gebrauchen konnte. IDM **be no ˈuse** (*gehoben* **be of no ˈuse**) nicht zu gebrauchen sein ◇ *That's of no use to me.* Das kann ich nicht gebrauchen. ◇ *You can throw those away – they're no use to anyone.* Die kannst du wegwerfen – die sind unbrauchbar. **be of ˈuse (to sb)** (*gehoben*) jdm behilflich sein; jdm nützlich sein **come ˈinto/go ˈout of ˈuse** in/außer Gebrauch kommen **have its/their/your ˈuses** (*umgs, oft hum*) ganz nützlich sein **have no ˈuse for sb** für jdn nichts übrig haben **have no ˈuse for sth** etw nicht brauchen können **it's no ˈuse (doing sth); What's the ˈuse (of doing sth)?** es hat keinen Zweck (etw zu tun); was nützt es (etw zu tun)? **make ˈuse of sth/sb** von etw/jdm Gebrauch machen ◇ *We could make better use of our resources.* Wir könnten unsere Mittel besser nutzen. **put sth to good ˈuse** etw (gut) nutzen ◇ *She'll be able to put her languages to good use in her new job.* Ihre Sprachkenntnisse werden ihr in der neuen Stellung nutzen.

used¹ /juːst/ *Adj* ~ **to sth** an etw gewohnt; ~ **to doing sth** gewöhnt etw zu tun ◇ *I soon got used to the work.* Ich gewöhnte mich schnell an die Arbeit. ☞ *Hinweis bei* USED TO

used² /juːzd/ *Adj* gebraucht ◇ *used cars* Gebrauchtwagen SYN SECOND-HAND

used to /'juːst tə; *vor Vokalen und am Satzende* 'juːst tu/ *Modalvb* ◇ *I used to live in London.* Ich habe früher in London gelebt. ◇ *I didn't use to like him much when we were at school.* In der Schule habe ich ihn nie gemocht.

> **Used to do sth** und **be used to sth** dürfen nicht verwechselt werden. Man benutzt **used to do sth**, um etwas zu beschreiben, das regelmäßig zu geschehen pflegte, oder früher der Fall war, aber es jetzt nicht mehr ist: *I used to smoke, but I gave up two years ago.*
>
> Man benutzt **be used to sth/to doing sth** um etwas zu beschreiben, das man gewohnt ist, und das jdm nicht mehr neu oder seltsam erscheint: *We're used to the noise from the traffic now.* ◇ *I'm used to getting up early.* „Sich an etw gewöhnen" heißt **get used to sth**: *Don't worry – you'll soon get used to his sense of humour.* ◇ *I didn't think I could ever get used to living in a big city after living in the country.*
>
> In Fragen benutzt man **did**: *Did she use to have long hair?* Die negative Form ist normalerweise **didn't use to**, aber im britischen Englisch ist das umgangssprach-

lich und wird kaum in der geschriebenen Sprache verwendet. Die negative Form **used not to**, die ziemlich gehoben ist und die Frageform **used you to ...?**, die veraltet und sehr gehoben ist, werden nur im (geschriebenen) britischen Englisch verwendet.

use·ful /ˈjuːsfl/ *Adj* **1** nützlich, geeignet ◊ *Your knowledge of German may come in useful.* Deine Deutschkenntnisse könnten irgendwann einmal nützlich sein. ◊ *Some products can be recycled at the end of their useful life.* Manche Produkte können am Ende ihrer Nutzungsdauer wieder aufbereitet werden. **2** (*BrE, umgs*) fähig

use·ful·ly /ˈjuːsfəli/ *Adv* nutzbringend ◊ *Is there anything I can usefully do here?* Kann ich mich hier irgendwie nützlich machen?

use·ful·ness /ˈjuːsfəlnəs/ *Nomen* Nützlichkeit, Eignung ◊ *The building has outlived its usefulness.* Das Gebäude hat ausgedient.

use·less /ˈjuːsləs/ *Adj* **1** unbrauchbar ◊ *This pen is useless.* Dieser Kuli taugt nichts. **2** sinnlos **3** (*umgs*) unfähig ◊ *I'm useless at French.* Französisch liegt mir überhaupt nicht. ◊ *Don't ask her to help. She's useless.* Bitte sie nicht um Hilfe. Sie ist zu nichts zu gebrauchen.

use·less·ly /ˈjuːsləsli/ *Adv* unnütz

use·less·ness /ˈjuːsləsnəs/ *Nomen* **1** Nutzlosigkeit, Unbrauchbarkeit **2** Sinnlosigkeit

user /ˈjuːzə(r)/ *Nomen* **1** Benutzer(in), Anwender(in) **2** (*Slang*) Drogensüchtige(r)

ˈuser fee *Nomen* (*AmE*) Benutzersteuer

ˌuser-ˈfriendli·ness *Nomen* Benutzerfreundlichkeit, Anwenderfreundlichkeit

ˌuser-ˈfriendly *Adj* benutzerfreundlich, anwenderfreundlich

usher¹ /ˈʌʃə(r)/ *Nomen* **1** Platzanweiser(in) **2** Gerichtsdiener(in) **3** = Freund des Bräutigams, der bei einer Hochzeit bestimmte Aufgaben zu erfüllen hat

usher² /ˈʌʃə(r)/ *Verb* (*geleiten*) führen PHR V **ˌusher sth ˈin** (*gehoben*) (*etw Neues*) einleiten

ush·er·ette /ˌʌʃəˈret/ *Nomen* (*bes BrE*) Platzanweiserin

USN /ˌjuː es ˈen/ *Kurzform von* **United States Navy** Marine der Vereinigten Staaten

USS /ˌjuː es ˈes/ *Kurzform von* **United States Ship** Schiff der US-Marine

USSR /ˌjuː es es ˈɑː(r)/ *Kurzform von* **Union of Soviet Socialist Republics** UdSSR

usu·al /ˈjuːʒuəl, -ʒəl/ **1** *Adj* üblich, normal ◊ *He didn't sound like his usual happy self.* Er klang nicht so fröhlich wie sonst. **2 the usual** *Nomen* [Sing] (*umgs*) das Übliche wie immer. IDM **as usual** wie immer; wie üblich ☞ *Siehe auch* BUSINESS *und* PER

usu·al·ly /ˈjuːʒuəli, -ʒəli/ *Adv* gewöhnlich, normalerweise

us·urer /ˈjuːʒərə(r)/ *Nomen* (*veraltet, abwert*) Wucherer(in)

usurp /juːˈzɜːp; *AmE* -ˈzɜːrp/ *Verb* (*gehoben*) sich widerrechtlich aneignen, usurpieren

usurp·ation /ˌjuːzɜːˈpeɪʃn; *AmE* -zɜːrˈp-/ *Nomen* widerrechtliche Aneignung/Übernahme, Usurpation

usurp·er /juːˈzɜːpə(r); *AmE* -zɜːrp/ *Nomen* Usurpator(in), Thronräuber(in)

usury /ˈjuːʒəri/ *Nomen* (*veraltet, abwert*) Wucher

uten·sil /juːˈtensl/ *Nomen* Utensil, Gerät

uter·ine /ˈjuːtəraɪn/ *Adj nur vor Nomen* Gebärmutter-

uter·us /ˈjuːtərəs/ *Nomen* Gebärmutter SYN WOMB

util·i·tar·ian /ˌjuːtɪlɪˈteəriən; *AmE* -ˈter-/ *Adj* **1** (*gehoben*) funktionell **2** (PHILOS) utilitaristisch

util·ity¹ /juːˈtɪləti/ *Nomen* (*Pl* **-ies**) **1** (*bes AmE*) Versorgungsbetrieb **2** (*gehoben*) Nützlichkeit, Nutzen **3** (COMP) Dienstprogramm

util·ity² /juːˈtɪləti/ *Adj nur vor Nomen* **1** Gebrauchs- **2** Vielzweck-, Mehrzweck-

uˈtility room *Nomen* Hauswirtschaftsraum

util·iza·tion (*BrE auch* **-isa·tion**) /ˌjuːtəlarˈzeɪʃn; *AmE* -ləˈz-/ *Nomen* Verwendung, Nutzung, Verwertung

util·ize (*BrE auch* **-ise**) /ˈjuːtəlaɪz/ *Verb* (*gehoben*) verwenden, nutzen, verwerten

ut·most /ˈʌtməʊst; *AmE* -moʊst/ **1** *Adj nur vor Nomen* äußerst **2** *Nomen* [Sing] das Äußerste, das Möglichste

Uto·pia /juːˈtəʊpiə; *AmE* -ˈtoʊ-/ *Nomen* Utopia

Uto·pian /juːˈtəʊpiən; *AmE* -ˈtoʊ-/ *Adj* utopisch

utter¹ /ˈʌtə(r)/ *Adj* (*Adv* **ut·ter·ly**) *nur vor Nomen* völlig

utter² /ˈʌtə(r)/ *Verb* (*gehoben*) sagen, äußern; (*Schrei, Seufzer*) ausstoßen ◊ *utter a groan/moan* aufstöhnen

ut·ter·ance /ˈʌtərəns/ *Nomen* (*gehoben*) **1** Äußerung **2** Ausdruck

ut·ter·most /ˈʌtəməʊst; *AmE* ˈʌtərmoʊst/ *Adj* äußerst

ˈU-turn *Nomen* **1** Wende ◊ *do/make a U-turn* wenden **2** (*umgs*) Kehrtwende

---

V v

V, v /viː/ **1** *Nomen* (*Pl* **V's, v's**) (*Buchstabe*) V, v ☞ *Siehe auch* V-NECK *und* V-SIGN ☞ *Beispiele bei* A, A **2 V** *Abk* = VOLT **3 v** = VERSUS **4** (*umgs*) = VERY¹

vac /væk/ *Nomen* (*BrE, umgs*) (*Universität*) Semesterferien

va·cancy /ˈveɪkənsi/ *Nomen* (*Pl* **-ies**) **1** (offene) Stelle ◊ *Vacancies for cleaning staff.* Reinigungskräfte gesucht. **2** (freies) Zimmer **3** (*gehoben*) Leere, Ausdruckslosigkeit ◊ *the vacancy of her expression* ihr ausdrucksloser Blick SYN EMPTINESS

va·cant /ˈveɪkənt/ *Adj* **1** (*Platz, Hotelzimmer, Haus, Toilette, Stelle etc.*) frei ◊ *vacant properties* leer stehende Wohnungen ◊ (*bes AmE*) *a vacant lot* ein unbebautes Grundstück ◊ '*Situations Vacant*' „Stellenangebote" **2** (*Adv* **va·cant·ly**) (*gehoben*) ausdruckslos, leer

vac·ate /vəˈkeɪt, veɪˈk-; *AmE auch* ˈveɪkeɪt/ *Verb* (*gehoben*) **1** (*Gebäude, Platz, Zimmer*) räumen **2** (*Stelle, Amt etc.*) aufgeben

vac·ation¹ /vəˈkeɪʃn, veɪˈk-/ *Nomen* **1** Semesterferien, Gerichtsferien; (*in den USA auch*) Schulferien ☞ *Hinweis bei* FERIEN **2** (*AmE*) Urlaub ◊ *on vacation* in Urlaub ◊ *take a vacation* Urlaub machen

vac·ation² /vəˈkeɪʃn, veɪˈk-/ *Verb* (*AmE*) Urlaub machen

vac·ation·er /vəˈkeɪʃnə(r), veɪˈk-/ *Nomen* (*AmE*) Urlauber(in)

vac·cin·ate /ˈvæksɪmeɪt/ *Verb* (*oft passiv*) **~ sb (against sth)** jdn (gegen etw) impfen

vac·cin·ation /ˌvæksɪˈneɪʃn/ *Nomen* (Schutz)impfung

vac·cine /ˈvæksiːn; *AmE* vækˈsiːn/ *Nomen* Impfstoff ◊ *a polio vaccine* ein Impfstoff gegen Polio

vacil·late /ˈvæsəleɪt/ *Verb* (*gehoben*) (*unsicher sein*) schwanken SYN WAVER

va·cil·la·tion /ˌvæsəˈleɪʃn/ *Nomen* Schwanken, Unentschlossenheit

vacu·ous /ˈvækjuəs/ *Adj* (*Adv* **vacu·ous·ly**) (*gehoben*) ausdruckslos, nichts sagend, dümmlich

vac·uum¹ /ˈvækjuəm/ *Nomen* **1** Vakuum (*auch fig*) **2** [meist Sing] Staubsaugen ◊ *I'll give the lounge a quick vacuum.* Ich sauge schnell das Wohnzimmer.

vac·uum² /ˈvækjuəm/ *Verb* (staub)saugen SYN HOOVER

vacuum cleaner *Nomen* Staubsauger

vacuum flask (*BrE auch* **flask**) (*AmE* **vacuum bottle**) *Nomen* Thermosflasche®

va·ga·bond /'vægəbɒnd; *AmE* -bɑːnd/ *Nomen* (*veraltet, abwert*) Vagabund(in), Landstreicher(in)

va·ga·ries /'veɪgəriz/ *Nomen* [Pl] Launen

va·gi·na /və'dʒaɪnə/ *Nomen* Scheide, Vagina

va·gi·nal /və'dʒaɪnl/ *Adj nur vor Nomen* Scheiden-, vaginal

va·gran·cy /'veɪgrənsi/ *Nomen* (RECHT) Landstreicherei, Stadtstreicherei

va·grant¹ /'veɪgrənt/ *Nomen* (*gehoben oder Fachspr*) Landstreicher(in), Stadtstreicher(in)

va·grant² /'veɪgrənt/ *Adj* umherziehend

vague /veɪg/ *Adj* **1** vage, unbestimmt, ungenau ◊ *He was accused of being deliberately vague.* Man warf ihm vor, dass er sich absichtlich unklar ausdrückte. **2** ~ (**about sth**) ◊ *I'm a bit vague about it myself.* Ich bin mir darüber selbst nicht sicher. **3** geistesabwesend, zerstreut **4** verschwommen SYN INDISTINCT

vague·ly /'veɪgli/ *Adv* **1** vage **2** ein bisschen ◊ *There was something vaguely familiar about her face.* Ihr Gesicht kam mir irgendwie bekannt vor. ◊ *He was vaguely aware of footsteps behind him.* Er glaubte, Schritte hinter sich zu hören. **3** geistesabwesend, zerstreut

vague·ness /'veɪgnəs/ *Nomen* **1** Unbestimmtheit, Vagheit **2** Zerstreutheit

vain /veɪn/ *Adj* (*Adv* **vain·ly**) **1** vergeblich SYN USELESS **2** (*abwert*) eitel SYN CONCEITED IDM **in 'vain** vergebens ☛ *Siehe auch* NAME¹

val·ance /'væləns/ *Nomen* **1** Volant **2** (*bes AmE*) Schabracke; (*aus Stoff*) Querbehang

vale /veɪl/ *Nomen* (*gehoben oder veraltet*) (*auch in Ortsnamen verwendet*) Tal

val·edic·tion /ˌvælɪ'dɪkʃn/ *Nomen* (*gehoben*) Abschied(sworte)

val·edic·tor·ian /ˌvælɪdɪk'tɔːriən/ *Nomen* (*AmE*) = in amerikanischen Schulen der/die beste Schüler(in) des Jahrgangs, der/die eine Rede bei der Abschiedsfeier hält

val·edic·tory /ˌvælɪ'dɪktəri/ *Adj* (*gehoben*) Abschieds-

va·lency /'veɪlənsi/ *Nomen* (*Pl* **-ies**) (*bes AmE* **va·lence** /'veɪləns/) **1** (CHEM) Wertigkeit, Valenz **2** (LING) Valenz

val·en·tine /'væləntaɪn/ *Nomen* **1** (*auch* **'valentine card**) Valentinskarte **2** = Person, der man am Valentinstag einen Gruß schickt

valerian /və'lɪəriən/ *Nomen* Baldrian

valet¹ /'væleɪ, 'vælɪt; *AmE auch* væ'leɪ/ *Nomen* **1** Kammerdiener **2** (*BrE*) (*Hotel*) Hausdiener **3** (*AmE*) = jd, der in einem Hotel oder Restaurant die Autos der Gäste zum Parkplatz und wieder zurück bringt

valet² /'vælɪt/ *Verb* **1** (*BrE*) (*Wagen*) reinigen **2** Diener sein

vali·ant /'væliənt/ *Adj* (*Adv* **vali·ant·ly**) (*gehoben*) tapfer, kühn ◊ *She made a valiant attempt not to laugh.* Sie gab sich die größte Mühe nicht zu lachen.

valid /'vælɪd/ *Adj* **1** (*Adv* **val·id·ly**) gültig **2** (*Adv* **val·id·ly**) begründet, berechtigt **3** (COMP) zulässig OPP INVALID

val·id·ate /'vælɪdeɪt/ *Verb* (*gehoben*) **1** bestätigen OPP INVALIDATE **2** rechtskräftig machen OPP INVALIDATE **3** (*Abschlüsse etc.*) anerkennen **4** (COMP) validieren

val·id·ation /ˌvælɪ'deɪʃn/ *Nomen* **1** Bestätigung **2** Gültigkeitserklärung **3** Anerkennung **4** (COMP) Validierung

val·id·ity /və'lɪdəti/ *Nomen* **1** (Rechts)gültigkeit **2** Stichhaltigkeit

val·ley /'væli/ *Nomen* Tal

val·our (*AmE* **valor**) /'vælə(r)/ *Nomen* Heldenmut, Tapferkeit

valu·able /'væljuəbl/ *Adj* nützlich, wertvoll ◊ *a valuable insight* ein aufschlussreicher Einblick OPP VALUELESS *und* WORTHLESS

valu·ables /'væljuəblz/ *Nomen* Wertgegenstände, Wertsachen

valu·ation /ˌvælju'eɪʃn/ *Nomen* **1** Schätzung **2** (Schätz)wert ◊ *Experts set a high valuation on the painting.* Experten setzten den Schätzwert des Gemäldes hoch an. ◊ (*gehoben*) *She puts a high valuation on trust.* Sie legt großen Wert auf Vertrauen.

value¹ /'væljuː/ *Nomen* **1** Wert ◊ *The jewellery was of little value.* Der Schmuck war nicht sehr wertvoll. ◊ *rising property values* steigende Grundstückspreise ◊ *The hotel is poor value.* Bei dem Hotel stimmt das Preis-Leistungs-Verhältnis nicht. ◊ *Charter flights give the best value for money.* Charterflüge sind am preisgünstigsten. **2** Nutzen ◊ *be of little/no value to sb* jdm wenig/nichts nützen ◊ *The arrival of canals was of great value to many industries.* Viele Industrien profitierten vom Bau der Kanäle. **3 values** [Pl] Werte ◊ *The young have a completely different set of values.* Junge Leute haben ganz andere Wertvorstellungen. **4** (MATH) (Zahlen)wert

value² /'væljuː/ *Verb* schätzen ◊ *They don't value honesty very highly.* Sie legen keinen großen Wert auf Ehrlichkeit.

ˌvalue 'added tax *Nomen* = VAT

'value judgement (*bes AmE* **'value judgment**) *Nomen* (*oft abwert*) Werturteil

value·less /'væljuːləs/ *Adj* (*gehoben*) **1** wertlos SYN WORTHLESS OPP VALUABLE **2** nutzlos

valuer /'væljuːə(r)/ *Nomen* Schätzer(in)

valve /vælv/ *Nomen* **1** Ventil **2** (ANAT, MUS) Klappe

vamp /væmp/ *Nomen* (*veraltet, abwert*) Vamp

vam·pire /'væmpaɪə(r)/ *Nomen* Vampir

'vampire bat *Nomen* (ZOOL) Vampir

van /væn/ *Nomen* **1** Transporter ◊ *a delivery van* ein Lieferwagen ◊ *a furniture/removal van* ein Möbelwagen **2** (*AmE*) Kleinbus **3** (*BrE*) (EISENB) (geschlossener) Güterwagen ◊ *a luggage van* ein Gepäckwagen IDM **in the 'van** (*BrE, gehoben*) an der Spitze

'van conversion *Nomen* (*AmE*) = Kleinbus oder Transporter mit einer wohnmobilähnlichen Ausstattung

van·dal /'vændl/ *Nomen* Wandale, Rowdy

van·dal·ism /'vændəlɪzəm/ *Nomen* Wandalismus ◊ *an act of vandalism* mutwillige Beschädigung/Zerstörung

van·dal·ize (*BrE auch* **-ise**) /'vændəlaɪz/ *Verb* (*meist passiv*) mutwillig beschädigen/zerstören

vane /veɪn/ *Nomen* (*bei Windmühlen*) Flügel; (*bei Turbinen*) Schaufel; (*bei Propellern*) Blatt

van·guard /'vængɑːd; *AmE* -gɑːrd/ *Nomen* (*meist* **the vanguard**) **1** Spitze **2** Avantgarde **3** (MIL) Vorhut OPP REARGUARD

van·illa¹ /və'nɪlə/ *Nomen* Vanille

van·illa² /və'nɪlə/ *Adj* **1** Vanille- ◊ *vanilla ice cream* Vanilleeis **2** (*bes AmE, umgs*) gewöhnlich, einfach ◊ *the vanilla version of the software* die einfache Version der Software ◊ *The city is pretty much plain vanilla.* Die Stadt ist nichts Besonderes.

van·ish /'vænɪʃ/ *Verb* **1** verschwinden **2** schwinden, aussterben ◊ *All thoughts of leaving vanished from his mind.* Er dachte nicht mehr daran zu gehen. IDM ⇨ ACT¹ *und* FACE¹

'vanishing point *Nomen* Fluchtpunkt

van·ity /'vænəti/ *Nomen* (*Pl* **-ies**) **1** (*abwert*) Eitelkeit **2** (*gehoben*) Vergänglichkeit, Vergeblichkeit **3** (*AmE*) Schminktisch

van·quish /'væŋkwɪʃ/ *Verb* (*gehoben*) bezwingen SYN CONQUER

vant·age point /'vɑːntɪdʒ pɔɪnt/ (*gehoben* **vant·age**) *Nomen* **1** Aussichtspunkt **2** Sicht ◊ *From the vantage point of the 21st century, the war was pointless.* Aus der Sicht des 21. Jahrhunderts war der Krieg sinnlos.

vapid /'væpɪd/ *Adj* (*gehoben, selten*) geistlos, leer

vapor (*AmE*) = VAPOUR

va·por·iza·tion (*BrE auch* **-isa·tion**) /ˌveɪpəraɪ'zeɪʃn; *AmE* -rə'z-/ *Nomen* (*Fachspr*) Verdampfung, Verdunstung

va·por·ize (*BrE auch* **-ise**) /'veɪpəraɪz/ *Verb* (*Fachspr*) verdampfen, verdunsten

va·pour (*AmE* **vapor**) /'veɪpə(r)/ *Nomen* Dampf, Dunst

'vapour trail (*AmE* **'va·por trail**) *Nomen* Kondensstreifen

vari·abil·ity /ˌveəriə'bɪləti; *AmE* ˌver-, ˌvær-/ *Nomen* [U] (*gehoben*) Variabilität, Schwankungen ◊ *climatic variability* Klimaschwankungen

vari·able¹ /'veəriəbl; *AmE* 'ver-, 'vær-/ *Adj* **1** veränderlich, variabel, unterschiedlich ◊ *variable temperature* schwankende Temperaturen **2** regelbar

vari·able² /'veəriəbl; *AmE* 'ver-, 'vær-/ *Nomen* Variable, veränderliche Größe

vari·ably /'veəriəbli/ *Adv* unterschiedlich, beliebig

vari·ance /ˈveəriəns; AmE ˈver-, ˈvær-/ Nomen (gehoben) Abweichung, Unterschied [IDM] **be at ˈvariance (with sb)** (gehoben) anderer Meinung sein (als jd) **be at ˈvariance (with sth)** (gehoben) im Widerspruch (zu etw) stehen

vari·ant /ˈveəriənt; AmE ˈver-, ˈvær-/ **1** Nomen Variante **2** Adj unterschiedlich ◊ *a variant form of oxygen* eine besondere Form des Sauerstoffs

vari·ation /ˌveəriˈeɪʃn; AmE ˌver-/ Nomen **1** Veränderung, Schwankung ◊ *seasonal variation* saisonbedingte Schwankungen ◊ *regional variation* regionale Unterschiede ◊ *The dial records very slight variations in pressure.* Die Skala zeigt die geringsten Druckabweichungen an. **2** ~ **(on sth)** Variante (einer Sache); (Mus) Variation (über etw) (auch fig)

vari·cose vein /ˌværɪkəʊs ˈveɪn; AmE -koʊs/ Nomen Krampfader

var·ied /ˈveərid; AmE ˈverid, ˈvær-/ Adj **1** verschieden(artig) ◊ *a varied menu* eine Speisekarte mit reicher Auswahl **2** abwechslungsreich ◊ *a full and varied life* ein erfülltes und bewegtes Leben

varie·gated /ˈveəriəgeɪtɪd, ˈveərɪg-; AmE ˈver-/ Adj **1** mehrfarbig, panaschiert **2** (gehoben, selten) (bunt) gemischt

var·iety /vəˈraɪəti/ Nomen (Pl **-ies**) **1** ~ **(of sth)** Auswahl (an etw) ◊ *He resigned for a variety of reasons.* Er trat aus verschiedenen Gründen zurück. ◊ *This tool can be used in a variety of ways.* Dieses Werkzeug kann auf verschiedene Art benutzt werden. **2** Abwechslung **3** Sorte, Art ◊ *Apples come in a great many varieties.* Es gibt viele verschiedene Apfelsorten. ◊ *different varieties of English* verschiedene Varianten des Englischen **4** Varieté [IDM] **variety is the spice of ˈlife** Abwechslung muss sein

vaˈriety store Nomen (AmE, veraltet) Billigladen

vari·ous /ˈveəriəs; AmE ˈver-, ˈvær-/ Adj **1** verschieden **2** (gehoben) vielgestaltig ◊ *a large and various country* ein großes, abwechslungsreiches Land

vari·ous·ly /ˈveəriəsli/ʃ AmE ˈver-, ˈvær-/ Adv unterschiedlich ◊ *He has been variously described as a hero, a genius and a tyrant.* Er wurde mal als Held, mal als Genie und mal als Tyrann beschrieben.

var·nish¹ /ˈvɑːnɪʃ; AmE ˈvɑːrnɪʃ/ Nomen Lack ◊ *I'll give the shelves a coat of varnish.* Ich werde die Regale lackieren.

var·nish² /ˈvɑːnɪʃ; AmE ˈvɑːrnɪʃ/ Verb lackieren

var·sity¹ /ˈvɑːsəti; AmE ˈvɑːrs-/ Nomen (Pl **-ies**) (AmE) Universitäts-/Schulmannschaft

var·sity² /ˈvɑːsəti; AmE ˈvɑːrs-/ Adj nur vor Nomen (BrE, umgs, veraltet) = beschreibt Sportveranstaltungen der Universitäten Oxford und Cambridge ◊ *the varsity match* das Oxford-Cambridge Spiel

vary /ˈveəri; AmE ˈveri, ˈværi/ Verb (**varˈies, varyˈing, varˈied, varˈied**) **1** unterschiedlich sein ◊ *His work varies considerably in quality.* Die Qualität seiner Arbeit ist unterschiedlich. ◊ *with varying degrees of success* mit unterschiedlichem Erfolg [SYN] DIFFER **2** schwanken, sich ändern, verschieden sein ◊ *The menu varies with the season.* Die Speisekarte ändert sich je nach Jahreszeit. ◊ *'What time do you start work?' 'It varies.'* „Wann fängst du mit der Arbeit an?" „Das ist verschieden." **3** ändern, abwandeln, abwechslungsreich gestalten ◊ *The job enables me to vary the hours I work.* Meine Arbeitszeit in diesem Job ist flexibel.

vas·cu·lar /ˈvæskjələ(r)/ Adj (Fachspr) Gefäß- ◊ *the vascular system* die Blutgefäße

vase /vɑːz; AmE veɪs, veɪz/ Nomen Vase

vas·ec·tomy /vəˈsektəmi/ Nomen (Pl **-ies**) (Med) Sterilisation (des Mannes), Vasektomie

Vas·el·ine™ /ˈvæsəliːn/ Nomen Vaseline

vas·sal /ˈvæsl/ Nomen **1** Vasall **2** Vasallenstaat

vast /vɑːst; AmE væst/ Adj riesig ◊ *a vast amount of money* ungeheuer viel Geld ◊ *in vast numbers* in großer Zahl ◊ *in the vast majority of cases* in den allermeisten Fällen

vast·ly /ˈvɑːstli; AmE ˈvæstli/ Adv erheblich, gewaltig ◊ *I'm a vastly different person now.* Ich bin jetzt ein völlig anderer Mensch. ◊ *The quality has vastly improved.* Die Qualität hat sich enorm verbessert.

vast·ness /ˈvɑːstnəs; AmE ˈvæstnəs/ (gehoben) Nomen Weite, riesiges Ausmaß

VAT /ˌviː eɪ ˈtiː, væt/ Kurzform von **value added tax** (BrE) Mehrwertsteuer

vat /væt/ Nomen Fass

Vati·can /ˈvætɪkən/ Nomen **the Vatican** der Vatikan ☛ G 1.3a

vaude·ville /ˈvɔːdəvɪl/ Nomen (AmE) Varieteé

vault¹ /vɔːlt/ Nomen **1** Tresor(raum) ◊ *bank vaults* Banktresore **2** Gruft ◊ *the family vault* die Familiengruft **3** (Archit) Gewölbe **4** (Sport) Sprung

vault² /vɔːlt/ Verb ~ **(over) sth** über etw springen

vault·ed /ˈvɔːltɪd/ Adj (Archit) gewölbt ◊ *a vaulted cellar* ein Kellergewölbe

vault·ing /ˈvɔːltɪŋ/ Nomen (Archit) Wölbung

ˈvaulting horse (auch horse) Nomen (Turngerät) Pferd

vaunt·ed /ˈvɔːntɪd/ Adj (gehoben, oft abwert) gepriesen

VC /ˌviː ˈsiː/ Kurzform von **Victoria Cross** = höchste britische Tapferkeitsmedaille

VCR /ˌviː siː ˈɑː(r)/ Kurzform von **video cassette recorder** (bes AmE) Videorekorder

VD /ˌviː ˈdiː/ Abk = VENEREAL DISEASE

VDT /ˌviː diː ˈtiː/ Kurzform von **video display terminal** (AmE) (Comp) Datensichtgerät, Bildschirm

VDU /ˌviː diː ˈjuː/ Kurzform von **visual display unit** (BrE) (Comp) Datensichtgerät, Bildschirm

veal /viːl/ Nomen Kalbfleisch

vec·tor /ˈvektə(r)/ Nomen **1** (Math, Physik, Tech) Vektor **2** (Biol) Überträger

veep /viːp/ Nomen (AmE, umgs) Vizepräsident

veer /vɪə(r); AmE vɪr/ Verb **1** (Fahrzeug) ausscheren ◊ *The road veered to the left.* Die Straße machte eine scharfe Linkskurve. ◊ *The missile veered off course.* Die Rakete kam vom Kurs ab. ◊ (fig) *His emotions veered between fear and anger.* Seine Gefühle schwankten zwischen Angst und Zorn. **2** (Wind) (sich) drehen

veg¹ /vedʒ/ Nomen (Pl **veg**) (BrE, umgs) Gemüse ◊ *meat and two veg* Fleisch mit Kartoffeln und Gemüse

veg² /vedʒ/ Verb (**-gg-**) [PHRV] **veg ˈout** (umgs) abschalten ◊ *veg out in front of the telly* vor der Glotze hängen

vegan /ˈviːɡən/ Nomen Veganer(in)

Vege·bur·ger™ /ˈvedʒɪbɜːɡə(r); AmE -bɜːrɡ-/ = VEGGIE BURGER

vege·table /ˈvedʒtəbl/ Nomen **1** Gemüse ◊ *green/root vegetables* Grün-/Wurzelgemüse ◊ *vegetable oil* Pflanzenöl ◊ *vegetable matter* pflanzliche Stoffe **2** (oft abwert) = jd, der nur dahinvegetiert

vege·tar·ian /ˌvedʒəˈteəriən; AmE -ˈter-/ **1** Nomen Vegetarier(in) **2** Adj vegetarisch ◊ *Are you vegetarian?* Bist du Vegetarier?

vege·tar·ian·ism /ˌvedʒəˈteəriənɪzəm; AmE -ˈter-/ Nomen Vegetarismus

vege·tate /ˈvedʒəteɪt/ Verb vor sich hin vegetieren

vege·tated /ˈvedʒəteɪtɪd/ Adj bewachsen

vege·ta·tion /ˌvedʒəˈteɪʃn/ Nomen (gehoben) Vegetation

vege·ta·tive /ˈvedʒɪtətɪv; AmE -teɪtɪv/ Adj vegetativ

veg·gie¹ /ˈvedʒi/ Nomen **1** (BrE, umgs) Vegetarier(in) **2** (bes AmE) Gemüse

veg·gie² /ˈvedʒi/ Adj vegetarisch

ˈveggie burger Nomen Gemüseburger

vehe·mence /ˈviːəməns/ Nomen Heftigkeit

vehe·ment /ˈviːəmənt/ Adj (Adv **vehe·ment·ly**) (gehoben) vehement, heftig, scharf

ve·hicle /ˈviːəkl; AmE auch ˈviːhɪkl/ Nomen **1** Fahrzeug ◊ *motor vehicles* Kraftfahrzeuge **2** Ausdrucksmittel, Medium ◊ *Art may be used as a vehicle for propaganda.* Kunst kann zu Propagandazwecken benutzt werden.

ve·hicu·lar /vəˈhɪkjələ(r); AmE viːˈh-/ Adj (gehoben) Fahrzeug- ◊ *vehicular access* Zufahrt

veil¹ /veɪl/ Nomen Schleier (auch fig) ◊ *draw a veil over sth* den Schleier des Vergessens über etw breiten [IDM] **take the ˈveil** (veraltet) den Schleier nehmen

veil² /veɪl/ Verb **1** verschleiern **2** (fig) verhüllen ◊ *eyes veiled with tears* Augen voller Tränen

veiled /veɪld/ Adj **1** verschleiert **2** (fig) verhüllt ◊ *a veiled reference* eine versteckte Anspielung

vein /veɪn/ Nomen **1** Vene **2** Ader; (bei Holz) Maserung ◊

veined 702

a vein of gold eine Goldader **3** [Sing] ~ **(of sth)** Spur (von etw) ◊ *a rich vein of information* eine reiche Informationsquelle **4** Art ◊ *He continued in a similar vein.* Er fuhr auf die gleiche Art fort.
veined /veɪnd/ *Adj* geädert
velar /'viːlə(r)/ **1** *Nomen* Velar(laut) **2** *Adj* velar
Vel·cro™ /'velkrəʊ; *AmE* -kroʊ/ *Nomen* Klettband, Klettverschluss
veld /velt/ *Nomen* (*in Südafrika*) Steppe
vel·lum /'veləm/ *Nomen* **1** Pergament **2** Velin(papier)
vel·ocity /vəˈlɒsəti; *AmE* -'lɑː-/ *Nomen* (*Pl* **-ies**) (*Fachspr*) Geschwindigkeit ◊ *gain/lose velocity* schneller/langsamer werden
velo·drome /'velədrəʊm; *AmE* -droʊm/ *Nomen* Radrennbahn
vel·our /vəˈlʊə(r); *AmE* vəˈlʊr/ *Nomen* Velours
vel·vet /'velvɪt/ *Nomen* Samt IDM ⇨ IRON³
vel·vet·een /ˌvelvəˈtiːn/ *Nomen* Baumwollsamt
vel·vety /'velvəti/ *Adj* samtig
venal /'viːnl/ *Adj* (*gehoben*) käuflich, bestechlich
ven·detta /venˈdetə/ *Nomen* **1** Blutrache **2** Hetzkampagne
vending machine /'vendɪŋ məʃiːn/ *Nomen* (Verkaufs)automat
vend·or /'vendə(r)/ *Nomen* Verkäufer(in) ◊ *street vendors* Straßenhändler
ven·eer¹ /vəˈnɪə(r); *AmE* vəˈnɪr/ *Nomen* **1** Furnier **2** (*gehoben*) (*fig*) Fassade ◊ *She had a veneer of self-confidence.* Nach außen hin war sie selbstbewusst.
ven·eer² /vəˈnɪə(r); *AmE* vəˈnɪr/ *Verb* ~ **sth (with/in sth)** etw (mit etw) furnieren
ven·er·able /'venərəbl/ *Adj* **1** (*gehoben*) ehrwürdig **2 the Venerable …** (*in der anglikanischen Kirche*) Erzdiakon … **3 the Venerable …** (*in der katholischen Kirche*) der Selige …
ven·er·ate /'venəreɪt/ *Verb* (*gehoben*) verehren SYN REVERE
ven·er·ation /ˌvenəˈreɪʃn/ *Nomen* Verehrung
ven·ereal /vəˈnɪəriəl; *AmE* -'nɪr-/ *Adj* Geschlechts-
ve·nereal di·sease *Nomen* (*Abk* **VD**) Geschlechtskrankheit
ven·etian blind /vəˌniːʃn 'blaɪnd/ *Nomen* Jalousie
ven·geance /'vendʒəns/ *Nomen* (*gehoben*) Rache ◊ *take vengeance on sb* sich an jdm rächen SYN REVENGE ◊ **with a 'vengeance** (*umgs*) ◊ *She set to work with a vengeance.* Sie legte sich mächtig ins Zeug. ◊ *Soon the infection came back with a vengeance.* Bald kam die Infektion noch viel stärker zurück. ◊ *After a poor season last year, he's back with a vengeance.* Nach einer schlechten Saison im letzten Jahr spielt er besser als je zuvor.
venge·ful /'vendʒfl/ *Adj* (*Adv* **vengeful·ly** /-fəli/) (*gehoben*) rachsüchtig
ve·nial /'viːniəl/ *Adj* (*gehoben*) verzeihlich; (*Sünde*) lässlich
ven·ison /'venɪsn, -zn/ *Nomen* Hirschfleisch, Rehfleisch
venom /'venəm/ *Nomen* **1** Gift **2** (*gehoben*) Gehässigkeit, Boshaftigkeit ◊ *His voice was full of venom.* Seine Stimme war hasserfüllt.
ven·om·ous /'venəməs/ *Adj* **1** giftig **2** (*Adv* **ven·om·ous·ly**) (*gehoben*) gehässig, boshaft
vent¹ /vent/ *Nomen* **1** Öffnung ◊ *air vents* Luftlöcher/Belüftungsschlitze **2** (*Fachspr*) (*bei Vögeln, Fischen etc.*) Kloake **3** (*bei Jacken und Mänteln*) Schlitz IDM **give (full) vent to sth** (*gehoben*) einer Sache freien Lauf lassen; einer Sache Luft machen
vent² /vent/ *Verb* ~ **sth (on sb)** (*gehoben*) etw (an jdm) auslassen
ven·ti·late /'ventɪleɪt/ *Verb* **1** belüften, entlüften **2** (*gehoben*) erörtern, äußern SYN AIR
ven·ti·lation /ˌventɪˈleɪʃn/ *Nomen* Belüftung, Entlüftung ◊ *a ventilation shaft* ein Lüftungsschacht
ven·ti·la·tor /'ventɪleɪtə(r)/ *Nomen* **1** Lüftung, Ventilator **2** Beatmungsgerät ◊ *He was put on a ventilator.* Er wurde künstlich beatmet.
ven·tricle /'ventrɪkl/ *Nomen* **1** Ventrikel **2** Herzkammer
ven·trilo·quism /venˈtrɪləkwɪzəm/ *Nomen* Bauchreden

ven·trilo·quist /venˈtrɪləkwɪst/ *Nomen* Bauchredner(in)
ven·ture¹ /'ventʃə(r)/ *Nomen* Unternehmung, Unternehmen ◊ *a joint venture* ein Gemeinschaftsunternehmen ◊ *A disastrous business venture lost him thousands.* Bei einem katastrophalen Geschäft hat er Tausende verloren.
ven·ture² /'ventʃə(r)/ *Verb* **1** sich wagen **2** (*gehoben*) wagen; (*Frage, Bemerkung*) sich erlauben; (*Vorschlag, Meinung*) zu äußern wagen ◊ *'And if I say no?' she ventured.* „Und wenn ich nein sage?", fragte sie vorsichtig. **3** ~ **sth (on sth)** etw (bei etw) riskieren, etw (bei etw) aufs Spiel setzen IDM **nothing 'ventured, nothing 'gained** wer nicht wagt, der nicht gewinnt PHRV **'venture into/on sth** sich in etw/auf etw vorwagen
'venture capital *Nomen* Risikokapital
ven·ture·some /'ventʃəsəm; *AmE* -tʃərs-/ *Adj* (*gehoben*) wagemutig SYN DARING
venue /'venjuː/ *Nomen* (Veranstaltungs)ort, Austragungsort
Venus /'viːnəs/ *Nomen* Venus ☞ *Beispiele bei* MERKUR
ver·acity /vəˈræsəti/ *Nomen* (*gehoben*) Wahrheit, Richtigkeit, Aufrichtigkeit SYN TRUTHFULNESS
ver·anda (*auch* **ver·an·dah**) /vəˈrændə/ *Nomen* (*bes BrE*) Veranda
verb /vɜːb; *AmE* vɜːrb/ *Nomen* Verb ☞ *Siehe auch* PHRASAL VERB
ver·bal /'vɜːbl; *AmE* 'vɜːrbl/ *Adj* (*Adv* **ver·bal·ly** /'vɜːbəli; *AmE* 'vɜːrb-/) **1** sprachlich **2** mündlich, verbal ◊ *verbal abuse* Beschimpfungen **3** (LING) verbal, Verbal- ◊ *a verbal noun* ein Verbalsubstantiv
ver·bal·ize (*BrE auch* **-ise**) /'vɜːbəlaɪz; *AmE* 'vɜːrb-/ *Verb* (*gehoben*) in Worte fassen, verbalisieren
ver·ba·tim /vɜːˈbeɪtɪm; *AmE* vɜːrˈb-/ *Adj, Adv* wörtlich, wortwörtlich
ver·bi·age /'vɜːbiɪdʒ; *AmE* 'vɜːrb-/ *Nomen* (*gehoben, abwert*) Wortfülle
ver·bose /vɜːˈbəʊs; *AmE* vɜːrˈboʊs/ *Adj* (*gehoben, abwert*) wortreich, langatmig
ver·bos·ity /vɜːˈbɒsəti; *AmE* vɜːrˈbɑː-/ *Nomen* Wortreichtum, Langatmigkeit
ver·dant /'vɜːdnt; *AmE* 'vɜːrdnt/ *Adj* (*gehoben*) (saftig) grün
ver·dict /'vɜːdɪkt; *AmE* 'vɜːrd-/ *Nomen* Urteil ◊ *The jury returned a verdict of guilty.* Die Geschworenen haben auf schuldig erkannt. ☞ *Siehe auch* MAJORITY VERDICT *und* OPEN VERDICT
verge¹ /vɜːdʒ; *AmE* vɜːrdʒ/ *Nomen* (*BrE*) Bankette, (grasbewachsener) Seitenstreifen ◊ *a grass verge* ein Grünstreifen IDM **on/to the verge of sth** am Rande von etw ◊ **on/to the verge of doing sth** kurz davor etw zu tun ◊ *He was on the verge of tears.* Er war den Tränen nahe. ◊ *These events left her on the verge of having a nervous breakdown.* Diese Ereignisse haben sie an den Rand eines Nervenzusammenbruchs getrieben.
verge² /vɜːdʒ; *AmE* vɜːrdʒ/ *Verb* PHRV **'verge on sth** an etw grenzen SYN BORDER ON STH
ver·ger /'vɜːdʒə(r); *AmE* 'vɜːrdʒ-/ *Nomen* (*bes BrE*) Küster(in)
veri·fi·able /'verɪfaɪəbl/ *Adj* nachweisbar
veri·fi·ca·tion /ˌverɪfɪˈkeɪʃn/ *Nomen* **1** Nachprüfung **2** Nachweis, Bestätigung
ver·ify /'verɪfaɪ/ *Verb* (**-fies**, **-fy·ing**, **-fied**, **-fied**) **1** nachprüfen **2** nachweisen, bestätigen SYN CONFIRM
verily /'verɪli/ *Adv* (*veraltet*) wahrlich
veri·sim·ili·tude /ˌverɪsɪˈmɪlɪtjuːd; *AmE* -tuːd/ *Nomen* (*gehoben*) Wahrheitsgehalt, Echtheit ◊ *To add verisimilitude, the stage is covered with sand for the desert scenes.* Um die Wüstenszenen realistischer zu machen, wird die Bühne mit Sand bedeckt. SYN AUTHENTICITY
ver·it·able /'verɪtəbl/ *Adj* nur vor Nomen (*gehoben oder hum*) wahr, richtig SYN POSITIVE
ver·ity /'verəti/ *Nomen* (*Pl* **-ies**) (*meist im Plural*) (*gehoben*) Wahrheit
ver·mil·ion /vəˈmɪliən; *AmE* vərˈm-/ *Adj* zinnoberrot
ver·min /'vɜːmɪn; *AmE* 'vɜːrmɪn/ *Nomen* [Pl] **1** Schädlinge, Ungeziefer **2** (*abwert*) Pack, Abschaum
ver·mouth /'vɜːməθ; *AmE* vərˈmuːθ/ *Nomen* Wermut

æ cat | ɑː father | e ten | ɜː bird | ə about | ɪ sit | iː see | i many | ɒ got (*BrE*) | ɔː saw | ʌ cup | ʊ put | uː too

ver·nac·u·lar¹ /vəˈnækjələ(r); *AmE* vərˈn-/ *Nomen* **1 the vernacular** [Sing] die Landessprache, die Mundart **2** (*Fachspr*) traditionelle Bauweise

ver·nac·u·lar² /vəˈnækjələ(r); *AmE* vərˈn-/ *Adj* **1** landessprachlich, mundartlich **2** traditionell

ver·nal /ˈvɜːnl; *AmE* ˈvɜːrnl/ *Adj* nur vor *Nomen* (*gehoben*) Frühlings-, Frühjahrs-

ver·ru·ca /vəˈruːkə/ *Nomen* (*Pl* **ver·ru·cas**, *Fachspr*: **verru·cae** /-kiː/) (*BrE*) Dornwarze

ver·sa·tile /ˈvɜːsətaɪl; *AmE* ˈvɜːrsətl/ *Adj* vielseitig

ver·sa·til·ity /ˌvɜːsəˈtɪləti; *AmE* ˌvɜːrs-/ *Nomen* Vielseitigkeit

verse /vɜːs; *AmE* vɜːrs/ *Nomen* **1** Dichtung, Vers ◊ *Most of the play is written in verse.* Der größte Teil des Stückes ist in Versform geschrieben. ☞ *Siehe auch* BLANK VERSE *und* FREE VERSE **2** Strophe, Vers **3 verses** [Pl] (*veraltet*) Gedichte IDM ⇨ CHAPTER

versed /vɜːst; *AmE* vɜːrst/ *Adj* **~ in sth** in etw beschlagen, in etw versiert ◊ *He had become well versed in employment law.* Er hatte sich gute Kenntnisse im Arbeitsrecht angeeignet.

ver·si·fi·ca·tion /ˌvɜːsɪfɪˈkeɪʃn; *AmE* ˌvɜːrs-/ *Nomen* (*gehoben*) (Verse)dichten; (*Form*) Versbau

ver·sion /ˈvɜːʃn, -ʒn; *AmE* ˈvɜːrʒn/ *Nomen* Version; (*Film, Buch etc.*) Fassung ◊ *the latest version of the Volkswagen Golf* das neueste Modell des VW Golf ◊ *the deluxe/luxury version* die Luxusausführung ☞ *Siehe auch* COVER VERSION

ver·sus /ˈvɜːsəs; *AmE* ˈvɜːrsəs/ *Präp* **1** (*Abk* **v, vs**) (SPORT, RECHT) gegen **2** gegenüber ◊ *It's a question of quality versus price.* Es ist eine Frage von Qualität gegenüber Preis.

ver·te·bra /ˈvɜːtɪbrə; *AmE* ˈvɜːrt-/ *Nomen* (*Pl* **ver·te·brae** /-breɪ, -briː/) (Rücken)wirbel

ver·te·bral /ˈvɜːtɪbrəl; *AmE* ˈvɜːrt-/ *Adj* Wirbel- ◊ *the vertebral column* die Wirbelsäule

ver·te·brate /ˈvɜːtɪbrət; *AmE* ˈvɜːrt-/ **1** *Nomen* (*Fachspr*) Wirbeltier **2** *Adj* Wirbel- ◊ *vertebrate evolution* die Evolution der Wirbeltiere

ver·tex /ˈvɜːteks; *AmE* ˈvɜːrt-/ *Nomen* (*Pl* **ver·ti·ces** /-tɪsiːz/ *oder* **ver·texes**) (*Fachspr*) Scheitel(punkt)

ver·ti·cal /ˈvɜːtɪkl; *AmE* ˈvɜːrt-/ **1** *Adj* (*Adv* **ver·ti·cal·ly** /-kli/) senkrecht, vertikal ◊ *the vertical axis of the graph* die Y-Achse des Graphs **2** *Nomen* Senkrechte, Vertikale ◊ *The wall is several degrees off the vertical.* Die Mauer ist um mehrere Grade aus dem Lot. SYN PERPENDICULAR

ver·tigin·ous /vɜːˈtɪdʒɪnəs; *AmE* vɜːrˈt-/ *Adj* (*gehoben*) Schwindel erregend

ver·ti·go /ˈvɜːtɪɡəʊ; *AmE* ˈvɜːrtɪɡoʊ/ *Nomen* Schwindel(gefühl)

verve /vɜːv; *AmE* vɜːrv/ *Nomen* (*gehoben*) Schwung SYN GUSTO

very¹ /ˈveri/ *Adv* (*Abk* **v**) **~** (*much*) sehr ◊ *Very few people know that.* Ganz wenige Leute wissen das. ◊ *Thanks very much.* Vielen Dank. ◊ *'Did you expect that?' 'Oh yes, very much so.'* „Hatten Sie das erwartet?" „Oh ja, durchaus."

Im britischen Englisch wird **v** als Abkürzung von **very** gebraucht, wenn man z.B. einen informellen Brief schreibt: *I was v pleased to get your letter.* Ich habe mich sehr über deinen Brief gefreut.

2 aller- ◊ *Be back by six at the very latest.* Seid allerspätestens um sechs Uhr zurück. ◊ *At last he had his very own room.* Endlich hatte er ein Zimmer ganz für sich. **3 the ~ same** genau der-/die-/dasselbe ◊ *Mario said the very same thing.* Mario sagte genau dasselbe. IDM **very ˈwell** nun gut; einverstanden

very² /ˈveri/ *Adj* **1** genau ◊ *Those were her very words.* Das waren genau ihre Worte. SYN ACTUAL **2** (*intensivierend*) ◊ *It happens at the very beginning of the book.* Es passiert ganz am Anfang des Buches. **3** bloß ◊ *The very thought of food made him feel sick.* Beim bloßen Gedanken an Essen wurde ihm übel. SYN MERE IDM ⇨ EYE¹

very high ˈfrequency = VHF

ves·icle /ˈvesɪkl/ *Nomen* (BIOL, MED) Bläschen

ves·pers /ˈvespəz; *AmE* -pərz/ *Nomen* [U] (*Gottesdienst*) Vesper

ves·sel /ˈvesl/ *Nomen* **1** (*gehoben*) Schiff **2** Gefäß

vest¹ /vest/ *Nomen* **1** (*BrE*) Unterhemd ◊ *a string vest* ein Netzunterhemd **2** (*in Zusammensetzungen*) ◊ *a running vest* ein Laufkrikot ◊ *a bulletproof vest* eine kugelsichere Weste **3** (*AmE*) Weste

vest² /vest/ *Verb* PHRV **vest sth in sb/sth; vest sb with sth** (*gehoben*) **1** jdm etw verleihen **2** jdm etw übertragen

ˌvested ˈinterest *Nomen* persönliches Interesse ◊ *Powerful vested interests are opposing the plan.* Einflussreiche Interessengruppen sind gegen den Plan.

ves·ti·bule /ˈvestɪbjuːl/ *Nomen* (*gehoben*) Vorraum, Foyer

ves·tige /ˈvestɪdʒ/ *Nomen* (*gehoben*) Spur ◊ *There's not a vestige of truth in the rumour.* An dem Gerücht ist kein Fünkchen Wahrheit.

ves·tigial /veˈstɪdʒiəl/ *Adj* (*gehoben*) rudimentär; (*Organe auch*) verkümmert

vest·ment /ˈvestmənt/ *Nomen* (Priester-/Pfarrer)gewand

ves·try /ˈvestri/ *Nomen* (*Pl* **-ies**) Sakristei

vet¹ /vet/ *Nomen* **1** (*bes BrE*) (*gehoben* **ˈveterinary surˌgeon**, *AmE meist* **vetˌerˈinˌarˈian**) Tierarzt, -ärztin ☞ *Hinweis bei* BAKER **2** (*AmE, umgs*) Veteran(in) ◊ *a Vietnam vet* ein Veteran des Vietnamkrieges

vet² /vet/ *Verb* (**-tt-**) (*BrE*) überprüfen ☞ *Siehe auch* POSITIVE VETTING

vet·eran /ˈvetərən/ **1** *Nomen* Veteran(in) **2** *Adj* nur vor *Nomen* altgedient

ˌveteran ˈcar *Nomen* (*BrE*) (*vor 1916 gebauter*) Oldtimer

ˈVeterans Day *Nomen* = Feiertag in den USA am 11. November, an dem der gefallenen Soldaten und anderen Kriegsopfer gedacht wird

vetˌerˈinˌarˈian /ˌvetərɪˈneəriən; *AmE* -ˈner-/ *Nomen* (*AmE*) = VET¹ (1)

vetˈerˈinˌary /ˈvetnri, ˈvetrənəri; *AmE* ˈvetərəneri/ *Adj* tierärztlich, Tier-, veterinär

ˈveterinary ˈsurgeon *Nomen* (*BrE, gehoben*) = VET¹ (1)

veto¹ /ˈviːtəʊ; *AmE* ˈviːtoʊ/ *Nomen* (*Pl* **-oes**) Veto, Vetorecht ◊ *There was a veto on employing new staff.* Es gab einen Einstellungsstopp für neues Personal.

veto² /ˈviːtəʊ; *AmE* ˈviːtoʊ/ *Verb* (**ve·toes, veto·ing, ve·toed, ve·toed**) sein Veto einlegen gegen ◊ *I wanted to go camping but the others quickly vetoed that idea.* Ich wollte zelten, aber die anderen haben die Idee sofort abgelehnt.

vex /veks/ *Verb* (*veraltet oder gehoben*) **1** ärgern **2** bedrücken, bekümmern

vex·ation /vekˈseɪʃn/ *Nomen* (*veraltet oder gehoben*) **1** Verärgerung, Ärger **2** Bekümmertheit **3** Ärgernis, Kummer

vex·atious /vekˈseɪʃəs/ *Adj* (*veraltet oder gehoben*) **1** ärgerlich **2** bedrückend

vexed /vekst/ *Adj* **1** nur vor *Nomen* verzwickt, schwierig **2 ~ (at/with sb/sth)** (*veraltet*) ärgerlich (auf jdn/über etw), verärgert (über jdn/etw), bekümmert (über jdn/etw)

vex·ing /ˈveksɪŋ/ *Adj* **1** lästig **2** verzwickt

VHF /ˌviː eɪtʃ ˈef/ *Kurzform von* **very high frequency** UKW

via /ˈvaɪə, ˈviːə/ *Präp* über, via

via·bil·ity /ˌvaɪəˈbɪləti/ *Nomen* **1** Realisierbarkeit, Durchführbarkeit **2** Lebensfähigkeit

vi·able /ˈvaɪəbl/ *Adj* **1** realisierbar, durchführbar **2** lebensfähig

via·duct /ˈvaɪədʌkt/ *Nomen* Viadukt

vial /ˈvaɪəl/ *Nomen* (*bes AmE*) Fläschchen

vibes /vaɪbz/ *Nomen* [Pl] **1** (*gehoben* **viˈbraˌtions**) (*auch* **vibe** [Sing]) (*umgs*) Ausstrahlung, Atmosphäre **2** [Pl] (*umgs*) = VIBRAPHONE

vi·brancy /ˈvaɪbrənsi/ *Nomen* **1** Dynamik **2** (*Farben*) Leuchtkraft **3** voller Klang

vi·brant /ˈvaɪbrənt/ *Adj* (*gehoben*) **1** dynamisch, voller Leben **2** (*Farben*) leuchtend, kräftig **3** (*Musik, Ton*) voll, volltönend

vi·bra·phone /ˈvaɪbrəfəʊn; *AmE* -foʊn/ *Nomen* (*umgs* **vibes** [Pl]) Vibraphon

vi·brate /vaɪˈbreɪt; *AmE meist* ˈvaɪbreɪt/ *Verb* vibrieren ◊ *The atmosphere seemed to vibrate with tension.* Die Atmosphäre war zum Zerreißen gespannt.

vi·bra·tion /vaɪˈbreɪʃn/ *Nomen* **1** Vibrieren, Vibration **2 vibrations** [Pl] (*gehoben*) = VIBES (1)

vi·brato /vɪˈbrɑːtəʊ; AmE -toʊ/ Nomen (Pl **-os**) (Mus) Vibrato

vi·bra·tor /vaɪˈbreɪtə(r)/ Nomen Vibrator

vicar /ˈvɪkə(r)/ Nomen (bes BrE) Pfarrer(in)

vic·ar·age /ˈvɪkərɪdʒ/ Nomen (BrE) Pfarrhaus

vic·ari·ous /vɪˈkeərɪəs; AmE vaɪˈker-/ Adj nur vor Nomen (Adv **vic·ari·ous·ly**) indirekt, mittelbar

vice /vaɪs/ Nomen **1** [U] Sittlichkeitsdelikte, Drogendelikte ◊ the vice squad die Sittenpolizei/Drogenfahndung **2** das Böse **3** Laster **4** (AmE **vise**) Schraubstock

vice- /vaɪs/ (in Zusammensetzungen) Vize-

ˌvice ˈchancellor Nomen (einer Universität in GB) ≈ Präsident(in)

ˌvice-ˈpresident Nomen (Abk **VP**) **1** Vizepräsident(in) **2** (AmE) (Wirtsch) Direktor(in)

vice·roy /ˈvaɪsrɔɪ/ Nomen Generalgouverneur, Vizekönig

vice versa /ˌvaɪs ˈvɜːsə; AmE ˌvaɪsi ˈvɜːrsə/ Adv umgekehrt

vicin·ity /vəˈsɪnəti/ Nomen Umgebung; **in the ~ of** in der Nähe von

vi·cious /ˈvɪʃəs/ Adj (Adv **vi·cious·ly**) **1** brutal ◊ She has a vicious temper. Sie ist sehr jähzornig. **2** (Tier) bösartig, bissig **3** boshaft, bösartig **4** (umgs) furchtbar

ˌvicious ˈcircle Nomen [Sing] Teufelskreis

vi·cious·ness /ˈvɪʃəsnəs/ Nomen Brutalität, Bösartigkeit, Boshaftigkeit

vi·cis·si·tudes /vɪˈsɪsɪtjuːdz; AmE -tuːdz/ Nomen [Pl] (gehoben) Unbeständigkeit, Auf und Ab

vic·tim /ˈvɪktɪm/ Nomen Opfer ◊ cancer victims Krebskranke ◊ They were the victims of a cruel hoax. Sie waren auf einen gemeinen Trick hereingefallen. ◊ She's a fashion victim. Sie folgt sklavisch jeder Mode. [IDM] **fall ˈvictim (to sth)** (gehoben) (einer Sache) zum Opfer fallen

vic·tim·iza·tion (BrE auch **-isa·tion**) /ˌvɪktɪmaɪˈzeɪʃn; AmE -məˈz-/ Nomen Schikanierung, ungerechte Behandlung

vic·tim·ize (BrE auch **-ise**) /ˈvɪktɪmaɪz/ Verb schikanieren, ungerecht behandeln

vic·tor /ˈvɪktə(r)/ Nomen (gehoben) Sieger(in)

Vic·tor·ian /vɪkˈtɔːrɪən/ **1** Adj viktorianisch; (fig) prüde, sittenstreng **2** Nomen Viktorianer(in)

vic·tori·ous /vɪkˈtɔːrɪəs/ Adj (Adv **vic·tori·ous·ly**) **~ (in sth)** siegreich (bei etw), erfolgreich (bei etw) ◊ He emerged victorious in the elections. Er ging als Sieger aus dem Wahlkampf hervor.

vic·tory /ˈvɪktəri/ Nomen (Pl **-ies**) Sieg ◊ win a narrow victory over sb jdn knapp besiegen ◊ She is confident of victory. Sie ist siegessicher. [IDM] **roar, romp, sweep, etc. to victory** einen klaren Sieg erringen ◊ He swept to victory in the final. Er ging als klarer Sieger aus dem Finale hervor.

vict·uals /ˈvɪtlz/ Nomen [Pl] (veraltet) Nahrungsmittel; (Reise) Proviant

video¹ /ˈvɪdɪəʊ; AmE -oʊ/ Nomen (Pl **-os**) **1** Video, Videokassette ◊ The movie will be released on video in June. Der Film wird im Juni als Video erhältlich sein. ◊ a video shop eine Videothek **2** (BrE) = video cassette recorder

video² /ˈvɪdɪəʊ; AmE -oʊ/ Verb (gehoben **video·tape**) (auf Video) aufnehmen

ˈvideo camera Nomen Videokamera ☞ Siehe auch camcorder

ˌvideo caˈssette recorder Nomen (Abk **VCR**) (auch **video**, **ˌvideo caˈssette player**, **ˈvideo recorder**) Videorekorder

ˈvideo·con·fer·en·cing /ˈvɪdɪəʊkɒnfərənsɪŋ; AmE ˈvɪdɪoʊkɑːn-/ Nomen Video-Konferenzschaltung

ˈvideo·disc /ˈvɪdɪəʊdɪsk; AmE -oʊ-/ Nomen Bildplatte ☞ Siehe auch DVD

ˈvideo display terminal = VDT

ˈvideo game Nomen Videospiel

ˌvideo ˈnasty Nomen (BrE, umgs) Gewaltvideo; (pornografisch) Sexvideo

ˈvideo·phone /ˈvɪdɪəʊfəʊn; AmE -oʊfoʊn/ Nomen Bildtelefon

ˈvideo·tape¹ /ˈvɪdɪəʊteɪp; AmE -oʊ-/ Nomen Video(band)

ˈvideo·tape² /ˈvɪdɪəʊteɪp; AmE -oʊ-/ Verb (gehoben) = video²

ˈvideo·tex /ˈvɪdɪəʊteks; AmE -oʊ-/ Nomen (AmE) Bildschirmtext, Videotext

vie /vaɪ/ Verb (**vies**, **vying**, **vied**, **vied**) (gehoben) wetteifern; **~ with sb for sth** mit jdm um etw wetteifern ◊ Fans vied to get closer to the stage. Fans kämpften darum, näher an die Bühne heranzukommen.

view¹ /vjuː/ Nomen **1** Sicht ◊ You're blocking my view. Du versperrst mir die Sicht. ◊ The sun disappeared from view. Die Sonne verschwand. ◊ There was nobody in view. Es war niemand zu sehen. ◊ I didn't have a good view of the stage. Ich konnte die Bühne nicht gut sehen. ◊ He was shot in full view of the crowd. Er wurde vor den Augen der Menge erschossen. **2** Aussicht ◊ a sea view ein Blick auf das Meer **3** Einblick; (Foto, Bild etc.) Ansicht ◊ The book gives readers an inside view of political life. Das Buch vermittelt dem Leser einen Einblick in politische Leben. ◊ a postcard with views of Paris eine Postkarte mit Ansichten von Paris **4** **~ (about/on sth)** Ansicht (über etw), Meinung (über etw) ◊ We take the view that ... Wir sind der Meinung, dass ... ◊ In my view ... Meiner Ansicht nach ... ☞ Siehe auch point of view **5** **~ (of sth)** Einstellung (zu etw) ◊ He has an optimistic view of life. Er hat eine optimistische Lebensauffassung. ◊ the Christian view of the world die christliche Weltanschauung [IDM] **have, etc. sth in ˈview** (gehoben) etw beabsichtigen **in view of sth** angesichts einer Sache **on ˈview** zu besichtigen **with a view to sth/to doing sth** (gehoben) im Hinblick auf etw; mit/in der Absicht etw zu tun ◊ He's painting the house with a view to selling it. Er streicht das Haus neu, weil er es verkaufen will. ☞ Siehe auch bird, dim¹, heave¹ und long¹

view² /vjuː/ Verb **1** betrachten, sehen (auch fig) ◊ The eclipse should only be viewed through a special lens. Die Sonnenfinsternis sollte nur durch eine Spezialbrille betrachtet werden. ◊ Ten years ago the design was viewed as highly original. Vor zehn Jahren fand man das Design sehr originell. [SYN] regard **2** (gehoben) im Fernsehen anschauen ◊ a viewing audience of six million sechs Millionen Fernsehzuschauer **3** (Wohnung etc.) besichtigen

ˈview·data /ˈvjuːdeɪtə; AmE auch -dætə/ Nomen Bildschirmtext, Videotext

view·er /ˈvjuːə(r)/ Nomen **1** (TV) Zuschauer(in) **2** Betrachter(in) **3** Diabetrachter

ˈview·find·er /ˈvjuːfaɪndə(r)/ Nomen (Foto) Sucher

ˈview·point /ˈvjuːpɔɪnt/ Nomen **1** **~ (on sth)** Standpunkt (in Bezug auf etw) ◊ She has her own viewpoint on this matter. Sie hat ihre eigene Meinung zu dieser Sache. **2** Blickwinkel

vigil /ˈvɪdʒɪl/ Nomen (Nacht)wache ◊ He kept vigil at her bedside. Er wachte an ihrem Bett.

vigi·lance /ˈvɪdʒɪləns/ Nomen Wachsamkeit

vigi·lant /ˈvɪdʒɪlənt/ Adj (Adv **vigi·lant·ly**) (gehoben) wachsam

vigi·lante /ˌvɪdʒɪˈlænti/ Nomen = Mitglied einer Selbstschutzgruppe oder einer Bürgerwehr

vi·gnette /vɪnˈjet/ Nomen (gehoben) **1** (Literatur) Skizze **2** (Druckschrift) Vignette

vig·or·ous /ˈvɪgərəs/ Adj (Adv **vig·or·ous·ly**) energisch, heftig, kräftig ◊ a vigorous supporter of the government ein leidenschaftlicher Anhänger der Regierung ◊ vigorous exercise körperliche Bewegung, bei der man sich richtig anstrengt ◊ This plant is a vigorous grower. Diese Pflanze wächst kraftvoll.

vig·our (AmE **vigor**) /ˈvɪgə(r)/ Nomen Energie, Kraft

Vi·king /ˈvaɪkɪŋ/ Nomen Wikinger(in)

vile /vaɪl/ Adj (Adv **vile·ly** /ˈvaɪlli/) **1** (umgs) scheußlich, widerlich, übel **2** (gehoben) (Verhalten) niederträchtig

vile·ness /ˈvaɪlnɪs/ Nomen Abscheulichkeit, Niederträchtigkeit

vili·fi·ca·tion /ˌvɪlɪfɪˈkeɪʃn/ Nomen Diffamierung, Verleumdung

vil·ify /ˈvɪlɪfaɪ/ Verb (**-fies**, **-fy·ing**, **-fied**, **-fied**) diffamieren, verleumden [SYN] malign

villa /ˈvɪlə/ Nomen **1** Villa **2** (BrE) Ferienhaus

vil·lage /ˈvɪlɪdʒ/ Nomen Dorf

vil·la·ger /ˈvɪlɪdʒə(r)/ Nomen Dorfbewohner(in)

vil·lain /ˈvɪlən/ Nomen **1** (Theater, Film etc.) Schurke,

Schurkin, Bösewicht **2** (*BrE, umgs*) Verbrecher IDM **the 'villain of the piece** der Bösewicht

vil·lain·ous /'vɪlənəs/ *Adj* (*gehoben*) böse, niederträchtig

vil·lainy /'vɪləni/ *Nomen* [U] (*gehoben*) Gemeinheit, Niederträchtigkeit

vil·lein /'vɪleɪn/ *Nomen* Leibeigene(r)

vin·di·cate /'vɪndɪkeɪt/ *Verb* (*gehoben*) **1** rechtfertigen ◊ *I'm sure that this decision will be fully vindicated.* Ich bin sicher, dass sich diese Entscheidung als richtig erweisen wird. **2** (RECHT) rehabilitieren

vin·di·ca·tion /ˌvɪndɪ'keɪʃn/ *Nomen* [U/Sing] Rechtfertigung; (RECHT) Rehabilitierung

vin·dic·tive /vɪn'dɪktɪv/ *Adj* (*Adv* **vin·dic·tive·ly**) fies, rachsüchtig

vin·dic·tive·ness /vɪn'dɪktɪvnɪs/ *Nomen* Boshaftigkeit, Rachsucht

vine /vaɪn/ *Nomen* **1** Weinrebe ◊ *grapes on the vine* Trauben am Weinstock ◊ *vine leaves* Rebenblätter ☛ *Siehe auch* GRAPEVINE **2** Ranke

vin·egar /'vɪnɪɡə(r)/ *Nomen* Essig

vine·yard /'vɪnjəd; *AmE* -jərd/ *Nomen* Weinberg

vin·tage¹ /'vɪntɪdʒ/ *Nomen* **1** (*Wein*) Jahrgang **2** Weinlese

vin·tage² /'vɪntɪdʒ/ *Adj nur vor Nomen* **1** (*Wein etc.*) erlesen, edel **2** ausgezeichnet ◊ *The opera is vintage Rossini.* Diese Oper gegen Rossini auf dem Höhepunkt seines Schaffens. ◊ *1999 was not a vintage year for the movies.* 1999 war kein besonders gutes Filmjahr.

'vintage car *Nomen* (*BrE*) (*zwischen 1917 und 1930 gebauter*) Oldtimer

vint·ner /'vɪntnə(r)/ *Nomen* (*gehoben, veraltet*) Weinhändler(in)

vinyl /'vaɪnl/ *Nomen* Vinyl

viol /'vaɪəl/ *Nomen* (MUS) Viola

viola /vi'əʊlə; *AmE* -'oʊ-/ *Nomen* (MUS) Bratsche

vio·late /'vaɪəleɪt/ *Verb* **1** (*gehoben*) (*Gesetz, Recht*) verletzen, verstoßen gegen; (*Vertrag, Versprechen*) brechen **2** (*geh*) (*Frieden*) stören ◊ *violate sb's privacy* in jds Privatsphäre eindringen **3** (*geweihten Ort*) schänden, entweihen SYN DESECRATE **4** (*gehoben oder veraltet*) (*sexuell*) schänden, vergewaltigen SYN RAPE

vio·la·tion /ˌvaɪə'leɪʃn/ *Nomen* (*von Gesetzen, Rechten*) Verletzung; (*von Verträgen, Versprechen*) Bruch; (*der Ruhe etc.*) Störung; (*sexuell*) Vergewaltigung; (*eines geweihten Ortes*) Schändung ◊ *They were in open violation of the treaty.* Es war klarer Vertragsbruch ihrerseits. ◊ *a violation of the ceasefire agreement* ein Verstoß gegen das Waffenstillstandsabkommen

vio·la·tor /ˌvaɪə'leɪtə(r)/ *Nomen* Gesetzesübertreter(in), Schänder

vio·lence /'vaɪələns/ *Nomen* **1** Gewalt(tätigkeit) ◊ *crimes of violence* Gewaltverbrechen ◊ *threats of violence* Gewaltandrohung ◊ *domestic violence* Gewalt in der Familie **2** Heftigkeit

vio·lent /'vaɪələnt/ *Adj* (*Adv* **vio·lent·ly**) **1** gewalttätig ◊ *violent crime* Gewaltverbrechen ◊ *die/meet with a violent death* eines gewaltsamen Todes sterben ◊ *violent movies* Filme mit vielen Gewaltszenen ◊ *The crowd reacted violently.* Die Menge reagierte mit Gewalt. **2** heftig ◊ *He was violently sick.* Er musste sich heftig übergeben. ◊ *a violent change* eine einschneidende Veränderung ◊ *shudder violently* am ganzen Leibe zittern ◊ *She is violently opposed to the idea.* Sie ist absolut gegen die Idee. **3** (*Farbe*) grell

vio·let /'vaɪələt/ **1** *Adj* violett **2** *Nomen* (*Farbe*) Violett **3** *Nomen* (BOT) Veilchen IDM ⇨ SHRINK¹

vio·lin /ˌvaɪə'lɪn/ *Nomen* Violine, Geige

vio·lin·ist /ˌvaɪə'lɪnɪst/ *Nomen* Geiger(in)

VIP /ˌviː aɪ 'piː/ *Kurzform von* **Very Important Person** Prominente(r) ◊ *get/give sb the VIP treatment* jdn als Ehrengast behandeln

viper /'vaɪpə(r)/ *Nomen* **1** Viper ◊ *the common viper* die Kreuzotter **2** (*gehoben*) (*Person*) falsche Schlange

vir·ago /vɪ'rɑːɡəʊ; *AmE* -ɡoʊ/ *Nomen* (*Pl* **-os**) (*abwert*) zänkisches Weib

viral /'vaɪrəl/ *Adj* Virus- ◊ *viral infections* Virusinfektionen

vir·gin¹ /'vɜːdʒɪn; *AmE* 'vɜːrdʒ-/ *Nomen* **1** Jungfrau ◊ *the* (*Blessed*) *Virgin* die Heilige Jungfrau Maria **2** Neuling ◊ *a political virgin* ein politischer Neuling

vir·gin² /'vɜːdʒɪn; *AmE* 'vɜːrdʒ-/ *Adj* **1** jungfräulich **2** unberührt ◊ *virgin snow* frisch gefallener Schnee

vir·gin·al /'vɜːdʒɪnl; *AmE* 'vɜːrdʒ-/ *Adj* jungfräulich

vir·gin·ity /və'dʒɪnəti; *AmE* vər'dʒ-/ *Nomen* Jungfräulichkeit, Unschuld

Virgo /'vɜːɡəʊ; *AmE* 'vɜːrɡoʊ/ *Nomen* (*Pl* **-os**) (*Sternzeichen*) Jungfrau

vir·ile /'vɪraɪl; *AmE* 'vɪrəl/ *Adj* **1** männlich, potent **2** (*fig*) kraftvoll

vir·il·ity /və'rɪləti/ *Nomen* Männlichkeit, Potenz, Stärke (*auch fig*)

vir·olo·gist /vaɪ'rɒlədʒɪst; *AmE* -'rɑːl-/ *Nomen* Virologe, Virologin

vir·ology /vaɪ'rɒlədʒi; *AmE* -'rɑːl-/ *Nomen* Virologie

vir·tual /'vɜːtʃuəl; *AmE* 'vɜːrtʃ-/ *Adj nur vor Nomen* **1** ◊ *The company has a virtual monopoly.* Die Firma hat so gut wie ein Monopol. ◊ *She was a virtual stranger to him.* Sie war quasi eine Fremde für ihn. **2** (COMP) virtuell

vir·tu·al·ly /'vɜːtʃuəli; *AmE* 'vɜːrtʃ-/ *Adv* **1** praktisch, nahezu ◊ *virtually certain* so gut wie sicher ◊ *He virtually admitted he was guilty.* Er gab seine Schuld quasi zu. **2** (COMP) virtuell

ˌvirtual reˈality *Nomen* virtuelle Realität

vir·tue /'vɜːtʃuː; *AmE* 'vɜːrtʃuː/ *Nomen* **1** (*gehoben*) Tugendhaftigkeit ◊ *a life of virtue* ein tugendhaftes Leben **2** Tugend **3** Vorteil, Vorzug ◊ *The plan has the virtue of simplicity.* Der Plan hat den Vorteil, dass er recht einfach ist. ◊ *They could see no virtue in discussing it further.* Sie konnten keinen Vorteil darin sehen, die Sache weiter zu besprechen. SYN ADVANTAGE IDM **by/in virtue of sth** (*gehoben*) aufgrund von etw ◊ *She got the job by virtue of her experience.* Sie bekam die Stelle aufgrund ihrer Erfahrung. **make a ˌvirtue of neˈcessity** aus der Not eine Tugend machen

vir·tu·os·ity /ˌvɜːtʃu'ɒsəti; *AmE* ˌvɜːrtʃu'ɑːs-/ *Nomen* (*gehoben*) Virtuosität

vir·tu·oso /ˌvɜːtʃu'əʊsəʊ, -'əʊzəʊ; *AmE* ˌvɜːrtʃu'oʊsoʊ, -'oʊzoʊ/ **1** *Nomen* (*Pl* **vir·tu·osos** *oder* **vir·tu·osi** /-siː, -ziː/) Virtuose, Virtuosin **2** *Adj* virtuos

vir·tu·ous /'vɜːtʃuəs; *AmE* 'vɜːrtʃ-/ *Adj* (*Adv* **vir·tu·ous·ly**) **1** (*gehoben*) tugendhaft, rechtschaffen **2** (*abwert oder hum*) selbstzufrieden, selbstgerecht

viru·lence /'vɪrələns, -rjəl-/ *Nomen auch* (MED) Virulenz, Bösartigkeit, Heftigkeit

viru·lent /'vɪrələnt, -rjəl-/ *Adj* (*Adv* **viru·lent·ly**) *auch* (MED) virulent, bösartig, heftig ◊ *virulent nationalism* fanatischer Nationalismus

virus /'vaɪrəs/ *Nomen* Virus

visa /'viːzə/ *Nomen* Visum

vis·age /'vɪzɪdʒ/ *Nomen* (*gehoben*) Antlitz

vis-à-vis /ˌviːz ɑː 'viː/ *Präp* (*gehoben*) **1** in Bezug auf, gegenüber **2** im Vergleich zu

vis·cera /'vɪsərə/ *Nomen* [Pl] (ANAT) Eingeweide

vis·ceral /'vɪsərəl/ *Adj* **1** (*gehoben*) gefühlsmäßig, instinktiv ◊ *She had a visceral dislike of all things foreign.* Sie hatte eine instinktive Abneigung gegenüber allem Fremden. **2** (*Fachspr*) Eingeweide-

vis·cose /'vɪskəʊz, -kəʊs; *AmE* -koʊs, -koʊz/ *Nomen* (*bes BrE*) Viskose

vis·cos·ity /vɪ'skɒsəti; *AmE* -'skɑː-/ *Nomen* (*einer Flüssigkeit*) Zähigkeit

vis·count /'vaɪkaʊnt/ *Nomen* (*Adelstitel*) Viscount

vis·count·ess /'vaɪkaʊntəs/ *Nomen* (*Adelstitel*) Viscountess

vis·cous /'vɪskəs/ *Adj* (TECH) viskos, zähflüssig

vise (*AmE*) = VICE (4)

visi·bil·ity /ˌvɪzə'bɪləti/ *Nomen* **1** Sicht(weite) ◊ *poor visibility* schlechte Sicht **2** Sichtbarkeit ◊ *the company's visibility in the marketplace* die Präsenz der Firma auf dem Markt

vis·ible /'vɪzəbl/ *Adj* **1** sichtbar, erkennbar ◊ *visible to the naked eye* mit bloßem Auge erkennbar **2** (*Adv* **vis·ibly** /'vɪzəbli/) (offen)sichtlich, merklich ◊ *visibly shocked* sichtlich schockiert ◊ *She made a visible effort to control*

vision

her anger. Es war ihr deutlich anzumerken, dass sie ihren Ärger zu unterdrücken versuchte.
vi·sion /'vɪʒn/ *Nomen* **1** Sehvermögen ◊ *have good vision* gute Augen haben ◊ *20–20 vision* hundertprozentige Sehkraft ◊ *Cats have good night vision.* Katzen können im Dunkeln gut sehen. ◊ *The couple moved outside her field of vision.* Das Paar verschwand aus ihrem Blickfeld. **2** Weitblick ◊ *a woman of vision* eine Frau mit Weitblick **3** Vorstellung, Fantasiebild ◊ *I had visions of us getting hopelessly lost.* Im Geiste sah ich vor mir, wie wir uns hoffnungslos verirrten. **4** Vision **5 a ~ (of sth)** *(gehoben)* *(fig)* ein Traum (von etw) ◊ *She was a vision of beauty.* Sie war traumhaft schön. **6** *(Fernsehen)* Bild ◊ *We apologize for the temporary loss of vision.* Wir bedauern die kurzfristige Bildstörung.
vi·sion·ary /'vɪʒənri; *AmE* -ʒəneri/ *Adj* visionär **2** *Nomen (Pl* **-ies)** *(Person)* Mensch mit Weitblick
visit¹ /'vɪzɪt/ *Verb* **1** besuchen ◊ *She went to visit her.* Sie besuchte sie. ◊ *The Prime Minister is visiting Japan.* Der Premierminister befindet sich auf Staatsbesuch in Japan. ◊ *visit the dentist* zum Zahnarzt gehen **2** auf Besuch sein **3** inspizieren PHRV **'visit sth on/upon sb/sth** *(veraltet)* jdn/etw mit etw heimsuchen **'visit with sb** *(AmE)* mit jdm plaudern
visit² /'vɪzɪt/ *Nomen* **1** Besuch ◊ *a social visit* ein privater Besuch ◊ *(BrE) a home visit* ein Hausbesuch ◊ *She was on an exchange visit to France.* Sie war auf einem Schüleraustausch in Frankreich. ◊ *pay a visit to the museum* ins Museum gehen **2 ~ (with sb)** *(AmE, umgs)* Gespräch (mit jdm) ◊ *He had a visit with the President.* Er traf sich mit dem Präsidenten.
vis·it·ation /ˌvɪzɪ'teɪʃn/ *Nomen* **1** [U] *(AmE)* Besuchsrecht **2** *(gehoben)* offizieller Besuch; *(Geist)* Erscheinung; (REL) Heimsuchung
vis·it·ing /'vɪzɪtɪŋ/ *Adj nur vor Nomen* (Professor etc.) Gast-
'visiting card *(BrE)* *(auch* **card)** *Nomen* Visitenkarte
vis·it·or /'vɪzɪtə(r)/ *Nomen* Besucher(in), Gast ◊ *We've got visitors coming.* Wir bekommen Besuch. ◊ *She's a frequent visitor to the US.* Sie reist oft in die USA. ◊ *visitors' book* Gästebuch ☛ *Siehe auch* HEALTH VISITOR
visor /'vaɪzə(r)/ *Nomen* **1** *(Helm)* Visier **2** *(an Mützen etc.)* Schirm, Schild **3** *(Auto)* Sonnenblende
vista /'vɪstə/ *Nomen* Aussicht *(auch fig)* ◊ *It opened up whole new vistas for her.* Das hat ihr ganz neue Perspektiven eröffnet.
vis·ual¹ /'vɪʒuəl/ *Adj (Adv* **visu·al·ly)** Seh-, optisch ◊ *the visual arts* die darstellenden Künste ◊ *a visual record of her travels* eine Bilddokumentation ihrer Reisen ◊ *visually handicapped/impaired* sehbehindert ◊ *the visual field* das Gesichtsfeld
vis·ual² /'vɪʒuəl/ *Nomen* [meist Pl] **1** Anschauungsmaterial **2** Effekt
ˌvisual 'aid *Nomen* [meist Pl] Anschauungsobjekt
ˌvisual di'splay unit = VDU
visu·al·iza·tion *(BrE auch* **-isa·tion)** /ˌvɪʒuəlaɪ'zeɪʃn; *AmE* -lə'z-/ *Nomen* **1** Vorstellungsvermögen **2** (COMP) Visualisierung
visu·al·ize *(BrE auch* **-ise)** /'vɪʒuəlaɪz/ *Verb* **~ sth** sich etw (bildlich) vorstellen SYN IMAGINE
vital /'vaɪtl/ *Adj* **1 ~ (for/to sth)** unerlässlich (für etw) ◊ *of vital importance* von existenzieller Bedeutung ◊ *a vital role* eine äußerst wichtige Rolle ☛ *Hinweis bei* NECESSARY **2** *nur vor Nomen* lebenswichtig, Lebens- ◊ *vital signs* Lebenszeichen **3** *(gehoben)* vital, aufgeweckt
vi·tal·ity /vaɪ'tæləti/ *Nomen* Energie, Lebendigkeit SYN VIGOUR
vi·tal·ly /'vaɪtəli/ *Adv* äußerst
the vitals /'vaɪtlz/ *Nomen* [Pl] *(veraltet oder hum)* die lebenswichtigen Organe
ˌvital sta'tistics *Nomen* [Pl] **1** Bevölkerungsstatistik **2** *(BrE, umgs) (einer Frau)* Maße
vita·min /'vɪtəmɪn; *AmE* 'vaɪt-/ *Nomen* Vitamin
viti·ate /'vɪʃieɪt/ *Verb (meist passiv) (gehoben, selten)* **1** beeinträchtigen, zunichte machen **2** ungültig machen
viti·cul·ture /'vɪtɪkʌltʃə(r), 'vaɪt-/ *Nomen (Fachspr)* Weinbau
vit·ri·ol·ic /ˌvɪtri'ɒlɪk; *AmE* -'ɑːlɪk/ *Adj (gehoben)* beißend, ätzend

vitro ⇨ IN VITRO
vi·tu·pera·tive /vɪ'tjuːpərətɪv; *AmE* vaɪ'tuːpəreɪtɪv/ *Adj* schmähend, Schmäh-, beißend
viv·acious /vɪ'veɪʃəs; *AmE auch* vaɪ'v-/ *Adj (Adv* **viv·acious·ly)** lebhaft
viv·acity /vɪ'væsəti; *AmE auch* vaɪ'v-/ *Nomen* Lebhaftigkeit, Temperament
viva voce /ˌvaɪvə 'vəʊtʃi; *AmE* 'voʊtʃi/ *(BrE auch* **viva)** *Nomen* mündliche Prüfung
vivid /'vɪvɪd/ *Adj* **1** *(Adv* **viv·id·ly)** lebhaft ◊ *He gave a vivid account of his life.* Er erzählte anschaulich über sein Leben. ◊ *a vivid imagination* eine blühende Fantasie **2** leuchtend ◊ *vivid blue* strahlend blau
viv·id·ness /'vɪvɪdnəs/ *Nomen* Lebhaftigkeit, Anschaulichkeit
vivi·sec·tion /ˌvɪvɪ'sekʃn/ *Nomen* Vivisektion
vivo ⇨ IN VIVO
vixen /'vɪksn/ *Nomen* Füchsin
viz. /vɪz/ *Adv (bes BrE, gehoben)* nämlich SYN NAMELY
vizier /vɪ'zɪə(r); *AmE* vɪ'zɪr/ *Nomen* Wesir
'V-neck *Nomen* (Pullover mit) V-Ausschnitt
'V-necked *Adj* mit V-Ausschnitt
vo·cabu·lary /və'kæbjələri; *AmE* -leri/ *Nomen (Pl* **-ies)** **1** Wortschatz ◊ *The word 'impossible' is not in his vocabulary.* Das Wort „unmöglich" existiert für ihn nicht. **2** Vokabular, (Fach)sprache **3** *(umgs* **vocab** /'vəʊkæb; *AmE* 'voʊ-/)* Vokabelverzeichnis
vocal¹ /'vəʊkl; *AmE* 'voʊkl/ *Adj (Adv* **vo·cal·ly** /-kəli/) **1** *nur vor Nomen* stimmlich, Stimm- ◊ *vocal music* Gesang **2** lautstark ◊ *He has been very vocal in his criticism of her.* Er hat sie lautstark kritisiert.
vocal² /'vəʊkl; *AmE* 'voʊkl/ *Nomen* [meist Pl] Gesang ◊ *backing vocals* Backgroundsänger ◊ *Armstrong himself is on vocals.* Armstrong singt hier selbst.
ˌvocal 'cords *Nomen* [Pl] Stimmbänder
vo·cal·ist /'vəʊkəlɪst; *AmE* 'voʊ-/ *Nomen* Sänger(in) ◊ *a backing vocalist* ein Backgroundsänger
vo·cal·iza·tion *(BrE auch* **-isa·tion)** /ˌvəʊkəlaɪ'zeɪʃn; *AmE* ˌvoʊkələ'zeɪʃn/ *Nomen (gehoben)* **1** Laut **2** Vokalisierung
vo·ca·tion /vəʊ'keɪʃn; *AmE* voʊ-/ *Nomen* Berufung ◊ *She is a doctor with a strong sense of vocation.* Sie ist Ärztin aus Berufung. ◊ *He has a vocation for teaching.* Er ist zum Lehrer berufen. ◊ *find your true vocation in life* seine wahre Lebensaufgabe finden ◊ *You missed your vocation.* Du bist im falschen Beruf. SYN CALLING
vo·ca·tion·al /vəʊ'keɪʃənl; *AmE* voʊ-/ *Adj* beruflich, Berufs-
vo·cif·er·ous /və'sɪfərəs; *AmE* voʊ's-/ *Adj (Adv* **vo·cif·er·ous·ly)** *(gehoben)* lautstark SYN STRIDENT
vodka /'vɒdkə; *AmE* 'vɑːdkə/ *Nomen* Wodka
vogue /vəʊg; *AmE* voʊg/ *Nomen* Mode, Trend ◊ *This novel had a great vogue ten years ago.* Dieser Roman war vor zehn Jahren sehr populär.
voice¹ /vɔɪs/ *Nomen* **1** Stimme *(auch fig)* ◊ *a good singing voice* eine schöne Stimme ◊ *be in good voice* gut bei Stimme sein ◊ *speak in a soft voice* leise sprechen ◊ *Keep your voice down.* Sprich leise. ◊ *Don't take that tone of voice with me!* Sprich nicht in diesem Ton mit mir! ◊ *When did his voice break?* Wann ist er in den Stimmbruch gekommen? **2** [Sing] **~ (in sth)** Mitspracherecht (bei etw) **3** [Sing] (LING) Genus verbi ◊ *the active/passive voice* das Aktiv/Passiv **4** *(Phonetik)* Stimmhaftigkeit IDM **give voice to sth** einer Sache Ausdruck verleihen **make your 'voice heard** sich Gehör verschaffen **with ˌone 'voice** einstimmig ◊ *The parties speak with one voice on this issue.* Die Parteien sind bezüglich dieser Frage einer Meinung. ☛ *Siehe auch* FIND¹, SOUND¹ *und* TOP¹
voice² /vɔɪs/ *Verb* **1** zum Ausdruck bringen ◊ *voice complaints* sich beschweren ◊ *voice objections* Einwände vorbringen ◊ *Some parents have voiced concern about safety.* Manche Eltern haben Befürchtungen wegen der Sicherheit geäußert. **2** stimmhaft aussprechen ◊ *voiced consonants* stimmhafte Konsonanten
'voice box *Nomen* Kehlkopf SYN LARYNX
voiced /vɔɪsd/ *Adj* **1** *(Phonetik)* stimmhaft **2 -voiced** *(in*

Zusammensetzungen) ◇ *low-voiced* mit tiefer Stimme ◇ *squeaky-voiced* mit einer Piepsstimme

voice·less /'vɔɪsləs/ *Adj* (*Phonetik*) stimmlos [SYN] UNVOICED [OPP] VOICED

voice·mail /'vɔɪsmeɪl/ *Nomen* Voicemail

'voice-over *Nomen* Filmkommentar, Offstimme

void¹ /vɔɪd/ *Nomen* (*gehoben*) Leere, Nichts ◇ (*fig*) *the void left by his mother's death* die schmerzliche Lücke, die der Tod seiner Mutter hinterlassen hatte

void² /vɔɪd/ *Adj* **1** (*gehoben*) leer; **~ of sth** frei von etw, ohne etw ◇ *The sky was void of stars.* Der Himmel war völlig sternenlos. **2** (RECHT) ungültig, nichtig **3** (*gehoben*) leer [IDM] ⇨ NULL

void³ /vɔɪd/ *Verb* **1** (RECHT) für ungültig erklären [SYN] NULLIFY **2** (*gehoben*) (*Blase, Darm*) entleeren

voile /vɔɪl/ *Nomen* (*Stoff*) Voile

vol. *Abk* = VOLUME (4)

vola·tile /'vɒlətaɪl; *AmE* 'vɑːtl/ *Adj* **1** wechselhaft, unbeständig ◇ *She is a very volatile person.* Sie ist sehr unberechenbar. **2** (*Situation*) brisant **3** (*Fachspr*) flüchtig; (*Öl*) ätherisch

vola·til·ity /ˌvɒləˈtɪləti; *AmE* ˌvɑːl-/ *Nomen* **1** Unbeständigkeit **2** Brisanz **3** (*Fachspr*) Flüchtigkeit

vol-au-vent /'vɒl ə vɒ̃; *AmE* ˌvɔːl oʊ 'vɑ̃ː/ *Nomen* Pastetchen

vol·can·ic /vɒlˈkænɪk; *AmE* vɑːl-/ *Adj* vulkanisch, Vulkan-

vol·cano /vɒlˈkeɪnəʊ; *AmE* vɑːlˈkeɪnoʊ/ *Nomen* (*Pl* **-oes** *oder* **-os**) Vulkan

vole /vəʊl; *AmE* voʊl/ *Nomen* Wühlmaus ☛ *Siehe auch* WATER VOLE

vol·ition /vəˈlɪʃn; *AmE auch* voʊˈl-/ *Nomen* (*gehoben*) Wille ◇ *of your own volition* aus freiem Willen

vol·ley¹ /'vɒli; *AmE* 'vɑːli/ *Nomen* **1** (*Sport*) Volley **2** (Schuss)salve; (*Stein-*) Hagel **3** (*von Fragen etc.*) Flut

vol·ley² /'vɒli; *AmE* 'vɑːli/ *Verb* (*Tennis*) einen Ball als Volley spielen; (*Fußball*) einen Ball volley nehmen/schießen

vol·ley·ball /'vɒlibɔːl; *AmE* 'vɑːl-/ *Nomen* Volleyball

volt /vəʊlt, vɒlt; *AmE* voʊlt/ *Nomen* (*Abk* **V**) Volt

volt·age /'vəʊltɪdʒ; *AmE* 'voʊlt-/ *Nomen* Spannung

volte-face /ˌvɒlt ˈfɑːs; *AmE* ˌvɔːlt/ *Nomen* [Sing] (*gehoben*) Kehrtwendung [SYN] ABOUT-TURN

volt·meter /'vəʊltmiːtə(r); *AmE* 'voʊlt-/ *Nomen* Voltmeter

vol·uble /'vɒljʊbl; *AmE* 'vɑːljə-/ *Adj* (*Adv* **volubly**; /'vɒljʊbli; *AmE* 'vɑːljə-/) **1** redselig ◇ *She was very voluble on the subject.* Sie hatte dazu viel zu sagen. **2** (*Protest etc.*) wortreich

vol·ume /'vɒljuːm; *AmE* 'vɑːl-, -jəm/ *Nomen* **1** Volumen ◇ *jars of different volumes* verschieden große Gläser ◇ *double in volume* sich verdoppeln **2** (*fig*) Menge, Ausmaß ◇ *the sheer volume of business* der gewaltige Umsatz ◇ *the increased volume of traffic* das steigende Verkehrsaufkommen ◇ *sales volumes* Verkaufszahlen **3** Lautstärke ◇ *Please turn the volume down!* Stell das bitte leiser! **4** (*Abk* **vol.**) Band **5** (*gehoben*) Buch, Band [IDM] ⇨ SPEAK

vo·lu·min·ous /vəˈluːmɪnəs/ *Adj* (*gehoben*) **1** (*Rock etc.*) weit **2** (*Text etc.*) umfangreich **3** (*Behälter etc.*) voluminös

vol·un·tary¹ /'vɒləntri; *AmE* /ˈvɑːlənteri/ *Adj* (*Adv* **volun·tar·ily**; /-trəli; *AmE* -'terəli/) **1** freiwillig ◇ (*BrE*) *He took voluntary redundancy.* Er kündigte selbst und erhielt eine Abfindung. [OPP] COMPULSORY **2** (*Arbeit*) ehrenamtlich, unentgeltlich ◇ *She works on a voluntary basis.* Sie arbeitet ehrenamtlich. ◇ *the voluntary sector* karitative Einrichtungen **3** (*Fachspr*) (*Bewegung, Muskeln*) willkürlich [OPP] INVOLUNTARY

vol·un·tary² /'vɒləntri; *AmE* 'vɑːlənteri/ *Nomen* (Mus) (Orgel)solo

vol·un·teer¹ /ˌvɒlənˈtɪə(r); *AmE* ˌvɑːlənˈtɪr/ *Nomen* Freiwillige(r) ◇ *volunteer helpers* freiwillige Helfer ◇ *No volunteers came forward.* Niemand meldete sich freiwillig.

vol·un·teer² /ˌvɒlənˈtɪə(r); *AmE* ˌvɑːlənˈtɪr/ *Verb* **1 ~ (for/as sth)** sich freiwillig (für/zu etw) melden, sich (für/als etw) zur Verfügung stellen ◇ *officers who volunteer for 12 years* Offiziere, die sich für 12 Jahre verpflichten ◇ *Jill volunteered to pick him up.* Jill erklärte sich bereit ihn abzuholen. ◇ *volunteer for redundancy* sich freiwillig entlassen lassen **2** anbieten, zur Verfügung stellen ◇ *He volunteered his*

services as a driver. Er bot seine Dienste als Fahrer an. ◇ *volunteer advice* Ratschläge erteilen ◇ *volunteer information* Informationen geben **3 ~ sb** jds Dienste anbieten ◇ *She had volunteered me to act as driver.* Sie hatte meine Dienste als Fahrer angeboten.

vo·lup·tu·ous /vəˈlʌptʃuəs/ *Adj* (*Adv* **vo·lup·tu·ous·ly**) (*gehoben*) **1** üppig ◇ *her voluptuous mouth* ihre vollen Lippen **2** sinnlich

vo·lup·tu·ous·ness /vəˈlʌptʃuəsnəs/ *Nomen* Üppigkeit, Sinnlichkeit

vomit¹ /'vɒmɪt; *AmE* 'vɑːm-/ *Verb* (*umgs*) **1** sich erbrechen [SYN] BE SICK **2 ~ sth (up)** etw erbrechen

vomit² /'vɒmɪt; *AmE* 'vɑːm-/ *Nomen* Erbrochenes

voo·doo /'vuːduː/ *Nomen* Wodu

vor·acious /vəˈreɪʃəs/ *Adj* (*Adv* **vor·acious·ly**) (*gehoben*) **1** gefräßig ◇ *have a voracious appetite* einen Riesenappetit haben **2** (*fig*) unersättlich ◇ *She's a voracious reader.* Sie verschlingt Bücher geradezu.

vor·tex /'vɔːteks; *AmE* 'vɔːrt-/ *Nomen* (*Pl* **vor·texes** *oder* **vor·ti·ces** /-tɪsiːz/) Wirbel, Strudel (*auch fig*) ◇ *a whirling vortex of emotion* ein Rausch der Gefühle

vote¹ /vəʊt; *AmE* voʊt/ *Nomen* **1** Stimme ◇ *cast your vote* seine Stimme abgeben ◇ *The motion was passed by 6 votes to 3.* Der Antrag wurde mit 6 zu 3 Stimmen angenommen. **2 ~ (on sth)** Abstimmung (über etw) ◇ *have/take a vote on an issue* über eine Sache abstimmen ◇ *The issue was put to the vote.* Man ließ über die Sache abstimmen. **3 the vote** [Sing] die Stimmen ◇ *The party increased their share of the vote.* Die Partei konnte ihren Stimmenanteil erhöhen. ◇ *the Conservative vote* die Stimmen für die Konservativen ◇ *elected by popular vote* vom Volk gewählt **4** das Wahlrecht ◇ *People get the vote at 18.* Man darf ab 18 wählen.

vote² /vəʊt; *AmE* voʊt/ *Verb* **1** wählen ◇ *We voted Democrat.* Wir wählten die Demokraten. ◇ *Only about half of the electorate bothered to vote.* Nur etwa die Hälfte der Wählerschaft ging zur Wahl. ◇ *Parliament voted to set up an inquiry.* Das Parlament beschloss, eine Untersuchung anzuordnen. **2 ~ (for/against sb/sth)** (gegen/für jdn/etw) stimmen **3 ~ (on sth)** (über etw) abstimmen **4 ~ sb sth** (*meist passiv*) jdn zu etw wählen **5 ~ sth sth** (*meist passiv*) etw zu etw erklären ◇ *The event was voted a great success.* Die Veranstaltung wurde zu einem großen Erfolg erklärt. **6 ~ sb sth** jdm etw (durch Abstimmung) bewilligen ◇ *The directors have voted themselves a pay increase.* Die Direktoren haben sich eine Gehaltserhöhung bewilligt. **7** vorschlagen ◇ *I vote (that) we go out to eat.* Ich bin dafür, dass wir in ein Lokal gehen. [IDM] **vote with your 'feet** mit den Füßen abstimmen ◇ *Shoppers voted with their feet and avoided the store.* Die Verbraucher brachten ihre Meinung dadurch zum Ausdruck, dass sie das Geschäft boykottierten. [PHRV] **vote sb/sth'down** jdn/etw niederstimmen ˌ**vote sb 'in** jdn wählen ˌ**vote sb 'into/'onto sth** jdn in/zu etw wählen ◇ *She was voted onto the board of governors.* Sie wurde in den Vorstand gewählt. ˌ**vote sb 'out (of/off sth)** jdn abwählen ◇ *He was voted out of office.* Er wurde abgewählt. ˌ**vote sth 'through** für etw stimmen ◇ *The proposal was voted through yesterday.* Der Antrag wurde gestern angenommen.

ˌ**vote of 'confidence** *Nomen* Vertrauensvotum

ˌ**vote of ˌno 'confidence** *Nomen* Misstrauensvotum

ˌ**vote of 'thanks** *Nomen* Dank(esrede)

voter /'vəʊtə(r); *AmE* 'voʊ-/ *Nomen* Wähler(in) ◇ *60% of eligible voters* 60% der Wahlberechtigten

vot·ing /'vəʊtɪŋ; *AmE* 'voʊ-/ *Nomen* [U] Wahl ◇ *the first round of voting* die erste Wahlrunde ◇ *Voting will take place on May 1.* Die Wahlen finden am 1. Mai statt. ◇ *tactical voting* taktisches Wahlverhalten ◇ *be of voting age* im Wahlalter sein

'voting booth *Nomen* (*bes AmE*) Wahlkabine

vouch /vaʊtʃ/ *Verb* [PHRV] **'vouch for sb/sth** sich für jdn/etw verbürgen, für jdn/etw bürgen **'vouch for sth** sich für etw verbürgen

vouch·er /'vaʊtʃə(r)/ *Nomen* (*BrE*) Gutschein

vouch·safe /ˌvaʊtʃˈseɪf/ *Verb* **~ sth (to sb)** (*veraltet oder gehoben*) **1** (jdm) etw gewähren **2** jdm etw anvertrauen

vow¹ /vaʊ/ *Nomen* Gelübde, Gelöbnis

vow² /vaʊ/ *Verb* geloben, schwören

vow·el /ˈvaʊəl/ *Nomen* Vokal
voy·age¹ /ˈvɔɪdʒ/ *Nomen* (See)reise ◇ *a voyage in space* ein Raumflug ◇ *on its maiden voyage* auf der Jungfernfahrt
voy·age² /ˈvɔɪdʒ/ *Verb* (gehoben) reisen, fliegen
voy·ager /ˈvɔɪdʒə(r)/ *Nomen* (veraltet oder gehoben) (See)reisende(r)
voy·eur /vwaɪˈɜː(r), vɔɪˈɜː(r)/ *Nomen* (abwert) Voyeur(in)
voy·eur·ism /vwaɪˈɜːrɪzəm, vɔɪˈɜː-/ *Nomen* Voyeurismus
voy·eur·is·tic /ˌvwaɪəˈrɪstɪk, ˌvɔɪəˈr-/ *Adj* voyeuristisch
VP /ˌviːˈpiː/ *Abk* = VICE-PRESIDENT
vs *Abk* (bes AmE) = VERSUS
ˈV-sign *Nomen* **1** Victoryzeichen **2** = Leck-mich-Geste SYN TWO FINGERS
vul·can·ized (BrE auch **-ised**) /ˈvʌlkənaɪzd/ *Adj* (TECH) vulkanisiert
vul·gar /ˈvʌlgə(r)/ *Adj* (Adv **vul·gar·ly**) **1** geschmacklos, gewöhnlich **2** vulgär, ordinär ◇ *vulgar jokes* dreckige Witze

ˌ**vulgar ˈfraction** *Nomen* (BrE) (MATH) gemeiner Bruch
vul·gar·ity /vʌlˈgærəti/ *Nomen* Geschmacklosigkeit, Vulgarität, ordinäres Benehmen
vul·ner·abil·ity /ˌvʌlnərəˈbɪləti/ *Nomen* Verletzlichkeit ~ (**of sb/sth**) (**to sth**) Anfälligkeit (von jdm/etw) (für etw) ◇ *their financial vulnerability* ihre schwache Finanzlage ◇ *political vulnerability* politische Verwundbarkeit
vul·ner·able /ˈvʌlnərəbl/ *Adj* ~ (**to sth**) anfällig (für etw), verletzlich (für etw) ◇ *be vulnerable to attack* Angriffen schutzlos ausgesetzt sein ◇ *be in a very vulnerable position* in einer äußerst prekären Lage sein ◇ *the most vulnerable members of society* die wehrlosesten Mitglieder der Gesellschaft
vul·ner·ably /ˈvʌlnərəbli/ *Adv* ungeschützt, wehrlos
vul·ture /ˈvʌltʃə(r)/ *Nomen* Geier
vulva /ˈvʌlvə/ *Nomen* (ANAT) Vulva
vying *Form von* VIE

Ww

W, w /ˈdʌbljuː/ **1** *Nomen* (*Pl* **W's, w's**) (Buchstabe) W, w ☛ *Beispiele bei* A, A **2 W** *Abk* = WEST¹, WEST², WESTERN¹ **3 W** *Abk* = WATT
wacko /ˈwækəʊ; AmE -oʊ/ *Nomen* (Pl **-os, -oes**) (bes AmE, umgs) Verrückte(r), Durchgeknallte(r)
wacky (auch **whacky**) /ˈwæki/ *Adj* (**wack·ier, wacki·est**) (umgs) ausgeflippt ◇ *wacky humour* schräger Humor
wad /wɒd; AmE wɑːd/ *Nomen* **1** Bündel (BrE, Slang) ◇ *They had wads of money.* Sie hatten jede Menge Geld. **2** Bausch
wad·ding /ˈwɒdɪŋ; AmE ˈwɑːd-/ *Nomen* [U] Wattierung, Polsterung
wad·dle¹ /ˈwɒdl; AmE ˈwɑːdl/ *Verb* watscheln
wad·dle² /ˈwɒdl; AmE ˈwɑːdl/ *Nomen* Watscheln ◇ *walk with a waddle* einen watschelnden Gang haben
wade /weɪd/ *Verb* **1** waten **2** (AmE) mit nackten Füßen ins Wasser gehen PHRV ˌ**wade ˈin** (umgs) sich einmischen ˌ**wade ˈinto sb** (umgs) über jdn herfallen ˌ**wade ˈinto sth** (umgs) sich in etw einmischen ◇ *The police waded into the crowd with batons.* Die Polizei ging mit Schlagstöcken auf die Menge los. ˌ**wade ˈthrough sth** (kein Passiv) sich durch etw arbeiten
wader /ˈweɪdə(r)/ *Nomen* **1** (auch ˈ**wading bird**) Watvogel **2 waders** [Pl] Watstiefel
wadi /ˈwɒdi; AmE ˈwɑːdi/ *Nomen* Wadi
ˈ**wading pool** *Nomen* (AmE) Planschbecken
wafer /ˈweɪfə(r)/ *Nomen* **1** Waffel **2** (für Kommunion) Oblate **3** sehr dünne Scheibe **4** (ELEK) Wafer
ˌ**wafer-ˈthin** *Adj* hauchdünn SYN PAPER-THIN
waf·fle¹ /ˈwɒfl; AmE ˈwɑːfl/ *Nomen* **1** Waffel **2** (BrE, umgs) Geschwafel
waf·fle² /ˈwɒfl; AmE ˈwɑːfl/ *Verb* ~ (**on**) (BrE, umgs, abwert) schwafeln
waft¹ /wɒft; AmE wɑːft, wæft/ *Verb* wehen, getragen werden ◇ *Delicious smells wafted up from the kitchen.* Köstliche Gerüche zogen aus der Küche herauf.
waft² /wɒft; AmE wɑːft, wæft/ *Nomen* (gehoben) Hauch
wag¹ /wæg/ *Verb* (**-gg-**) wedeln (mit) ◇ *wag your head* mit dem Kopf schütteln ◇ *She wagged her finger at me.* Sie drohte mir mit dem Finger. IDM ⇒ TAIL¹ *und* TONGUE¹
wag² /wæg/ *Nomen* **1** (bes BrE, veraltet) Witzbold **2** Wedeln, Schütteln ◇ *with a wag of the finger* mit drohendem Finger
wage¹ /weɪdʒ/ *Nomen* [Sing] (auch **wages** [Pl]) (Wochen)lohn ◇ *people on low wages* Niedriglohnempfänger ☛ *Hinweis bei* LOHN

wage² /weɪdʒ/ *Verb* ~ sth (**against/on sb/sth**) (Krieg, Kampagne) etw (gegen jdn/etw) führen
waged /weɪdʒd/ *Adj* **1** erwerbstätig OPP UNWAGED **2** bezahlt
ˈ**wage earner** *Nomen* Lohnempfänger(in)
wager¹ /ˈweɪdʒə(r)/ *Nomen* (veraltet oder gehoben) Wette
wager² /ˈweɪdʒə(r)/ *Verb* (veraltet oder gehoben) ~ (**sth**) (**on sth**) (etw) (auf etw) wetten
wag·gle /ˈwægl/ *Verb* wackeln (mit) ◇ *waggle your ears* mit den Ohren wackeln
wagon /ˈwægən/ *Nomen* **1** (BrE) Güterwagen **2** (BrE auch **wag·gon**) Fuhrwerk **3** (AmE) (Servier-) Wagen IDM **be/go on the ˈwagon** (umgs) keinen Tropfen (mehr) anrühren
ˈ**wagon train** *Nomen* Planwagenkolonne
wag·tail /ˈwægteɪl/ *Nomen* Bachstelze
waif /weɪf/ *Nomen* = verlassenes oder ausgehungertes Kind ◇ *the waifs and strays of our society* die heimatlosen und verwahrlosten Menschen in unserer Gesellschaft
ˈ**waif-like** *Adj* verlassen wirkend, ausgehungert aussehend
wail¹ /weɪl/ *Verb* **1** heulen, klagen **2** jammern
wail² /weɪl/ *Nomen* Klagen, Heulen ◇ *a wail of anguish* ein Schrei der Qual ◇ *the distant wail of sirens* das ferne Sirenengeheul
wail·ing /ˈweɪlɪŋ/ *Nomen* [U] Klagen, Gejammer, Geschrei
waist /weɪst/ *Nomen* Taille ◇ *paralysed from the waist down* querschnittgelähmt ◇ *stripped to the waist* mit nacktem Oberkörper
waist·band /ˈweɪstbænd/ *Nomen* (an Röcken, Hosen) Bund
waist·coat /ˈweɪskəʊt; AmE meist ˈweskət/ *Nomen* (BrE) Weste
-waisted /weɪstɪd/ (in zusammengesetzten Adjektiven) ◇ *a high-waisted dress* ein Kleid mit hoher Taille ◇ *long-waisted* mit langem Oberkörper
ˌ**waist-ˈhigh** *Adj, Adv* hüfthoch
waist·line /ˈweɪstlaɪn/ *Nomen* Taille(numfang) ◇ *It won't do much for my waistline.* Das ist nicht gut für die schlanke Linie.
wait¹ /weɪt/ *Verb* **1** ~ (**for sb/sth**) (auf jdn/etw) warten ◇ *I've been waiting (for) an hour.* Ich warte schon seit einer Stunde. ◇ *I waited my chance and slipped out.* Ich wartete eine günstige Gelegenheit ab und schlich mich raus. ◇ *No waiting.* Haltverbot. ◇ *Hurry up! We're waiting to go.* Beeil euch! Wir wollen gehen. **2 be waiting** bereitstehen, warten ◇ *There's a letter waiting for you at home.* Zu Hause erwartet dich ein Brief. IDM **an ˌaccident/a diˌsaster waiting to ˈhappen** ein vorprogrammierter Unfall **I, they etc.**

can't ˈwait/can hardly ˈwait ich etc. kann es kaum erwarten ◇ *They can't wait for Christmas to come.* Sie können Weihnachten kaum erwarten. **keep sb ˈwaiting** jdn warten lassen ˌ**wait and ˈsee** abwarten (und Tee trinken) ◇ *a wait-and-see policy* eine Politik des Abwartens **wait at ˈtable** (gehoben) bei Tisch bedienen ˈ**wait for it 1** (*bes BrE, umgs*) stell dir vor; du wirst es kaum glauben **2** warten Sie (es) ab **wait a minute/moment/second 1** einen Moment warten **2** Moment mal **wait on sb hand and ˈfoot** (*abwert*) jdn von vorn und hinten bedienen **wait ˈtables** (*AmE*) kellnern **what are we/you ˈwaiting for?** (*umgs*) Worauf warten wir/wartest du noch? (**just**) ˈ**wait** warte nur ☛ *Siehe auch* WING¹ PHR V ˌ**wait aˈbout/aˈround** warten, herumhängen ˌ**wait beˈhind** (*BrE*) zurückbleiben ˌ**wait ˈin** (*BrE*) zu Hause bleiben ˈ**wait on sb** jdn bedienen ˈ**wait on sth** (*bes AmE, umgs*) etw abwarten ˌ**wait sth ˈout** das Ende von etw abwarten ˌ**wait ˈup** (*AmE*) langsam ◇ *Wait up — you're walking too fast for me.* Warte auf mich — du läufst zu schnell für mich. ˌ**wait ˈup (for sb)** (wegen jds) aufbleiben

wait² /weɪt/ *Nomen* Warten, Wartezeit ◇ *We had a long wait for the bus.* Wir mussten lange auf den Bus warten. IDM ⇨ LIE¹

waitˈer /ˈweɪtə(r)/ *Nomen* Kellner ◇ *Waiter, could I have the bill please?* Herr Ober, zahlen bitte. ☛ *Hinweis bei* MAN¹, S. 378

ˈ**waiting game** *Nomen* [Sing] Hinhaltetaktik

ˈ**waiting list** *Nomen* Warteliste

ˈ**waiting room** *Nomen* Wartesaal, Wartezimmer

waitˈress /ˈweɪtrəs/ *Nomen* Kellnerin ☛ *Hinweis bei* MAN¹, S. 378

waive /weɪv/ *Verb* verzichten auf ◇ *waive the fees* die Gebühren erlassen

waiver /ˈweɪvə(r)/ *Nomen* (RECHT) Verzicht(erklärung), Erlass

wake¹ /weɪk/ *Verb* (**woke** /wəʊk/, **woken** /ˈwəʊkən/) **1** ~ (**up**) aufwachen ◇ (*gehoben*) *She had just woken from a deep sleep.* Sie war gerade aus tiefem Schlaf erwacht. ◇ *What time do you usually wake up in the morning?* Bis wann schlafen Sie normalerweise? **2** ~ **sb** (**up**) jdn (auf)wecken **3** (*gehoben*) (*Erinnerung etc.*) (er)wecken IDM **wake up and smell the coffee** (*umgs*) wach auf und schau den Tatsachen ins Auge PHR V ˌ**wake sb ˈup** jdn aufmuntern, jdn wachrütteln ˌ**wake ˈup to sth** sich einer Sache bewusst werden

wake² /weɪk/ *Nomen* **1** Totenwache **2** Kielwasser IDM **in the wake of sb/sth** unmittelbar nach jdm/etw ◇ *A group of reporters followed in her wake.* Sie hatte eine Gruppe Reporter im Schlepptau. ◇ *The storm left a trail of destruction in its wake.* Der Sturm hinterließ eine Spur der Verwüstung.

wakeˈful /ˈweɪkfl/ *Adj* (*gehoben*) **1** wach **2** schlaflos

wakeˈfulˈness /ˈweɪkflnəs/ *Nomen* Schlaflosigkeit, Wachsein

waken /ˈweɪkən/ *Verb* (*gehoben*) **1** ~ (**up**) aufwachen ◇ *The child had just wakened.* Das Kind war gerade aufgewacht. **2** ~ **sb** (**up**) jdn (auf)wecken **3** (*Erinnerung etc.*) wecken, erwecken

ˈ**wake-up call** *Nomen* **1** Weckruf **2** ◇ (*fig*) *These riots should be a wake-up call for the government.* Diese Ausschreitungen sollten die Regierung wachrütteln.

wakey-wakey /ˌweɪki ˈweɪki/ *Ausruf* (*BrE, umgs, hum*) aufwachen!

wakˈing¹ /ˈweɪkɪŋ/ *Adj nur vor Nomen* (*gehoben*) ◇ *spend every waking moment in the lab* von früh bis spät im Labor sein

wakˈing² /ˈweɪkɪŋ/ *Nomen* Wachsein

walk¹ /wɔːk/ *Verb* **1** laufen, (zu Fuß) gehen ◇ *walk with a limp* hinken ◇ *He walked slowly away from her.* Er entfernte sich langsam von ihr. ◇ *Suddenly Jo walked in.* Plötzlich kam Jo herein. ◇ *within easy walking distance of the station* vom Bahnhof aus leicht zu Fuß zu erreichen **2 go walking** (*bes BrE*) wandern **3** begleiten ◇ *He walked her home.* Er brachte sie nach Hause. **4** (aus)führen ◇ *She walked the horse around the ring.* Sie führte das Pferd in der Manege herum. **6** (*gehoben*) (*Gespenst*) umgehen IDM **run before you can ˈwalk** den zweiten Schritt vor dem ersten tun **walk ˈfree** freigesprochen werden ˈ**walk it** (*umgs*) **1** zu

Fuß gehen **2** etw mit links erledigen ◇ *You'll walk it!* Das ist ein Kinderspiel für dich! **walk off their ˈfeet** (*umgs*) jdn bis zur Erschöpfung durch die Gegend schleifen **walk off the ˈjob** (*AmE*) die Arbeit niederlegen **walk the ˈplank** über die Planke laufen **walk the ˈstreets** durch die Straßen gehen **walk ˈtall** erhobenen Hauptes gehen ☛ *Siehe auch* AIR¹, AISLE, LINE¹, THIN¹ *und* TIGHTROPE PHR V ˌ**walk aˈway (from sb/sth)** (vor jdm/etw) davonlaufen ˌ**walk aˈway with sth** (*umgs*) etw absahnen ˌ**walk ˈin on sb/sth** bei jdm/etw hereinplatzen ˌ**walk ˈinto sb** mit jdm zusammenstoßen ˌ**walk ˈinto sth 1** gegen etw laufen **2** (*umgs*) (*Falle etc.*) in etw geraten **3** (*umgs*) ◇ *She walked straight into a job.* Ein Job fiel ihr sofort in den Schoß. ˌ**walk ˈoff** (beleidigt) weggehen ˌ**walk sth ˈoff** sich etw ablaufen ◇ *We walked off a heavy lunch.* Wir haben uns das schwere Essen abgelaufen. ˌ**walk ˈoff with sth** (*umgs*) **1** etw absahnen **2** etw einstecken, etw mitgehen lassen ˌ**walk ˈout 1** (*umgs*) die Arbeit niederlegen **2** (unter Protest) gehen ˌ**walk ˈout of sth** etw (unter Protest) verlassen ˌ**walk ˈout on sb** (*umgs*) jdn sitzen lassen ◇ *How could she walk out on her kids?* Wie konnte sie nur ihre Kinder im Stich lassen? ˌ**walk ˈout on sth** (*umgs*) etw hinschmeißen ˌ**walk (all) ˈover sb** (*umgs*) **1** jdn unterbuttern ◇ *She lets them walk all over her.* Sie lässt sich von ihnen alles gefallen. **2** etw niedermachen ˌ**walk ˈup (to sb/sth)** (auf jdn/etw) zugehen

walk² /wɔːk/ *Nomen* **1** Spaziergang, Wanderung ◇ *go for a walk* spazieren gehen ◇ *take the dog for a walk* den Hund ausführen ◇ *He set out on the long walk home.* Er machte sich auf den langen Rückmarsch. ◇ *a guided walk* eine Tour mit Führung ◇ *The office is ten minutes' walk from here.* Das Büro ist zehn Minuten zu Fuß von hier. ◇ *It's only a short walk to the beach.* Zum Strand ist es nicht weit zu gehen. **2** Spazierweg, Wanderweg ◇ *a circular walk* ein Rundweg **3** [Sing] Gang ◇ *I recognized him by his walk.* Ich erkannte ihn an seinem Gang. **4** [Sing] Schritt(tempo) **5** (*AmE*) Bürgersteig, Weg IDM **a walk of ˈlife** ◇ *success in any walk of life* Erfolg in jedem Beruf ◇ *people from all walks of life* Leute in allen Lebensbereichen SYN BACKGROUND ☛ *Siehe auch* MEMORY LANE

walkˈabout /ˈwɔːkəbaʊt/ *Nomen* (*BrE*) Bad in der Menge ◇ *go on a walkabout* sich unters Volk mischen

walkˈer /ˈwɔːkə(r)/ *Nomen* **1** (*bes BrE*) Spaziergänger(in), Wanderer, Wanderin ◇ *She's a fast/slow walker.* Sie geht schnell/langsam. **2** (*AmE*) Gehbock **3** (*AmE*) = BABY WALKER

walkie-talkie /ˌwɔːki ˈtɔːki/ *Nomen* (*umgs*) Walkie-Talkie

ˈ**walk-in** *Adj nur vor Nomen* **1** begehbar **2** ohne Voranmeldung ◇ *a walk-in interview* ein Vorstellungsgespräch, das ohne Voranmeldung stattfindet **3** = bezieht sich auf eine Institution, eine Praxis etc., in der man keine Voranmeldung braucht ◇ *a walk-in clinic* eine Ambulanz

walkˈing¹ /ˈwɔːkɪŋ/ *Nomen* **1** (*bes BrE*) Spazieren(gehen), Wandern ◇ *go walking* wandern gehen ◇ *walking boots* Wanderschuhe **2** (SPORT) Walking

walkˈing² /ˈwɔːkɪŋ/ *Adj nur vor Nomen* (*umgs*) wandelnd

ˈ**walking papers** *Nomen* [Pl] (*AmE, umgs*) Kündigung

ˈ**walking stick** (*bes BrE* **stick**) *Nomen* Spazierstock, Gehstock

Walkˈman™ /ˈwɔːkmən/ *Nomen* (*Pl* **-mans** /-mənz/) Walkman®

ˈ**walk-on** *Adj* Statisten- ◇ *a walk-on part* eine Statistenrolle

walkˈout /ˈwɔːkaʊt/ *Nomen* **1** Arbeitsniederlegung, Ausstand **2** = demonstratives Verlassen des Saales

walkˈover /ˈwɔːkəʊvə(r)/ *Nomen* leichter Sieg

ˈ**walk-up** *Nomen* (*AmE*) **1** = Hochhaus ohne Lift **2** =Büro/Wohnung in einem Hochhaus ohne Lift

walkˈway /ˈwɔːkweɪ/ *Nomen* Fußweg, Laufgang

wall¹ /wɔːl/ *Nomen* **1** (*auch fig*) Mauer **2** Wand ☛ *Siehe auch* WALL-TO-WALL IDM **go to the ˈwall** (*umgs*) Pleite gehen **off the ˈwall** (*umgs*) ausgefallen; abgedreht **up the ˈwall** (*umgs*) ◇ *That noise is driving me up the wall.* Der Krach ist zum Verrücktwerden. ◇ *I mustn't be late or Dad will go up the wall.* Ich darf nicht zu spät kommen, sonst geht Papa an die Decke. **walls have ˈears** die Wände haben Ohren **the ˌwriting on the ˈwall** (*AmE* **the ˌhandwriting on the ˈwall**) die Vorzeichen ◇ *It is amazing that not one of them saw the writing on the wall.* Es ist

wall

erstaunlich, dass niemand die Warnsignale erkannt hat. ◇ *The writing is on the wall for them.* Es sieht nicht gut für sie aus. ☛ *Siehe auch* BACK¹, BRICK¹, FLY² *und* FOUR

wall² /wɔːl/ *Verb* (*meist passiv*) ummauern ◇ *a walled city* eine von Stadtmauern umgebene Stadt PHRV ˌwall sth 'in (*meist passiv*) etw einmauern, eine Mauer um etw ziehen ˌwall sth 'off (*meist passiv*) etw mit einer Mauer abtrennen ˌwall sb 'up (*meist passiv*) jdn einkerkern, jdn einmauern ˌwall sth 'up (*meist passiv*) etw zumauern

wal·la·by /'wɒləbi; *AmE* 'wɑːl-/ *Nomen* (*Pl* -**ies**) Wallaby

wal·lah /'wɒlə; *AmE* 'wɑːlə/ *Nomen* (*meist in Zusammensetzungen*) (*oft hum*) -fritze, -hengst ◇ *office wallahs* Bürohengste

wal·let /'wɒlɪt; *AmE* 'wɑːl-, 'wɔːl-/ *Nomen* **1** Brieftasche **2** Aktenmappe

wall·flower /'wɔːlflaʊə(r)/ *Nomen* **1** Goldlack **2** (*umgs*) Mauerblümchen

wall·ing /'wɔːlɪŋ/ *Nomen* **1** Mauer(n) ◇ *stone/concrete walling* Stein-/Betonmauern **2** Mauerbau, Mauern

ˌ**wall-'mounted** *Adj* Wand-, an die Wand montiert

wal·lop¹ /'wɒləp; *AmE* 'wɑːl-/ *Nomen* [Sing] (*umgs*) Hieb, Schlag

wal·lop² /'wɒləp; *AmE* 'wɑːl-/ *Verb* (*umgs*) **1** verprügeln, schlagen **2** (SPORT) besiegen, schlagen

wal·low¹ /'wɒləʊ; *AmE* 'wɑːloʊ/ *Verb* ~ (**in sth**) **1** sich (in etw) wälzen, sich in etw) suhlen **2** (in etw) schwelgen

wal·low² /'wɒləʊ; *AmE* 'wɑːloʊ/ *Nomen* [Sing] (*auch fig*) (Schlamm)bad ◇ *The pigs were having a wallow in the mud.* Die Schweine suhlten sich im Schlamm. ◇ *She likes to have a good wallow in nostalgia.* Sie schwelgt gern in Erinnerungen.

'**wall painting** *Nomen* Wandmalerei, Wandgemälde

wall·paper¹ /'wɔːlpeɪpə(r)/ *Nomen* Tapete ◇ *hang wallpaper* tapezieren

wall·paper² /'wɔːlpeɪpə(r)/ *Verb* (*auch* **paper**) tapezieren

ˈ**Wall Street** *Nomen* = das US-amerikanische Finanzzentrum und die Börse in New York City

ˌ**wall-to-'wall** *Adj nur vor Nomen* **1** = den ganzen Fußboden bedeckend ◇ *wall-to-wall carpets/carpeting* Teppichboden **2** (*umgs*) (*fig*) endlos, ununterbrochen ◇ *wall-to-wall TV sports coverage* ununterbrochene Sportberichterstattung im Fernsehen

wally /'wɒli; *AmE* 'wɑːli/ *Nomen* (*Pl* -**ies**) (*BrE, umgs*) Blödmann, Trottel

wal·nut /'wɔːlnʌt/ *Nomen* **1** Walnuss **2** (*auch* '**walnut tree**) Walnussbaum **3** Nussbaum(holz)

wal·rus /'wɔːlrəs/ *Nomen* Walross

waltz¹ /wɔːls; *AmE* wɔːlts/ *Nomen* Walzer

waltz² /wɔːls; *AmE* wɔːlts/ *Verb* **1** Walzer tanzen ◇ *He waltzed her around the room.* Er tanzte mit ihr durch das Zimmer. **2** (*umgs*) ~ **in** hereinspazieren, antanzen **3** ~ **through sth** etw spielend schaffen PHRV ˌ**waltz 'off** (*umgs*) abrauschen ˌ**waltz 'off with sth/sb** (*umgs*) mit etw/jdm abhauen

WAN /wæn/ *Nomen* (*Pl* **WANs**) *Kurzform von* **wide area network** (COMP) WAN

wan /wɒn; *AmE* wɑːn/ *Adj* (*Adv* **wanly**) (*gehoben*) bleich, fahl, matt

wand /wɒnd; *AmE* wɑːnd/ *Nomen* **1** (*auch* ˌ**magic ˈwand**) Zauberstab **2** Stab ◇ *a mascara wand* eine Maskarabürste

wan·der¹ /'wɒndə(r); *AmE* 'wɑːn-/ *Verb* **1** wandern, schlendern **2** ~ **away/off** weggehen, sich absetzen **3** ~ **from/off sth** sich von etw entfernen SYN STRAY **4** (*Gedanken*) (ab)schweifen, wandern **5** (*Blick*) schweifen **6** sich schlängeln, sich winden

wan·der² /'wɒndə; *AmE* 'wɑːn-/ *Nomen* [Sing] Spaziergang, Bummel

wan·der·er /'wɒndərə(r); *AmE* 'wɑːn-/ *Nomen* (*gehoben*) Wandervogel, Vagabund

wan·der·ings /'wɒndərɪŋz; *AmE* 'wɑːn-/ *Nomen* [Pl] (*gehoben*) Wanderschaft, Streifzüge

wan·der·lust /'wɒndəlʌst; *AmE* 'wɑːndərl-/ *Nomen* Reiselust, Fernweh

wane¹ /weɪn/ *Verb* (*gehoben*) abnehmen, nachlassen OPP WAX² IDM ⇨ WAX²

wane² /weɪn/ *Nomen* [Sing] IDM **on the ˈwane** (*gehoben*) im Schwinden (begriffen)

wan·gle /'wæŋgl/ *Verb* **1** (*umgs*) organisieren, deichseln; ~ **sth** sich etw verschaffen ◇ *He wangled his way onto the course.* Es gelang ihm, sich in den Kurs hineinzumogeln. **2** ~ **sth from/out of sb** jdm etw abluchsen

wank¹ /wæŋk/ *Verb* (*BrE, vulg, Slang*) (*masturbieren*) wichsen

wank² /wæŋk/ *Nomen* (*BrE, vulg, Slang*) (*Masturbation*) ◇ *have a wank* sich einen abwichsen

wank·er /'wæŋkə(r)/ *Nomen* (*BrE, vulg, Slang*) Wichser

wanna /'wɒnə; *AmE* 'wɑːnə, 'wɔːnə, 'wʌnə/ (*Schreibweise, die die umgangssprachliche Aussprache von „want to" oder „want a" wiedergibt*) ◇ *I wanna go home.* Ich will nach Hause. ◇ *Wanna drink?* Willst du was trinken?

wan·nabe /'wɒnəbi; *AmE* 'wɑːn-, 'wɔːn-, 'wʌn-/ *Nomen* (*umgs, abwert*) Möchtegern

want¹ /wɒnt; *AmE* wɑːnt, wɔːnt/ *Verb* (*selten in der Verlaufsform*) **1** wollen, mögen, sich wünschen ◇ *Do you want some more tea?* Möchten Sie noch etwas Tee? ◇ *The last thing I wanted was to upset you.* Ich wollte dich ganz bestimmt nicht ärgern. ◇ *The party wants her as leader.* Die Partei will sie zur Vorsitzenden machen. ◇ *We didn't want this to happen.* Das haben wir nicht gewollt.

> Es ist NICHT möglich, an **want** einen Nebensatz mit „that" anzuschließen. Man kann also NICHT sagen: *I want that you do it as quickly as possible.* Stattdessen muss es heißen: *I want you to do it as quickly as possible.* Ich will, dass du es so schnell wie möglich erledigst.

2 (*umgs*) brauchen ◇ *What this house wants is a good clean.* Dieses Haus müsste mal gründlich gereinigt werden. ◇ *The plants want watering.* Die Pflanzen müssen gegossen werden. **3** (*meist passiv*) verlangen ◇ *You're wanted on the phone.* Sie werden am Telefon verlangt. **4** (*umgs*) sollen ◇ *If possible, you want to avoid alcohol.* Wenn möglich, sollten Sie Alkohol vermeiden. ◇ *He wants to be more careful.* Er sollte vorsichtiger sein. **5** (*gehoben*) **sb wants sth** jdm fehlt es an etw ◇ *He doesn't want courage.* Es fehlt ihm nicht an Mut. IDM **not want to ˈknow (about sth)** (*umgs*) nichts (von etw) hören/wissen wollen ◇ *I've asked her to come with me, but she doesn't want to know.* Ich hätte gern, dass sie mitkommt, aber sie will nichts davon wissen. **want ˈrid of sb/sth** (*BrE, umgs*) loswerden wollen **What do you ˈwant?** Was willst du denn? PHRV ˈ**want for sth** (*besonders in verneinten Sätzen*) (*gehoben*) **sb wants for sth** jdm fehlt es an etw ˈ**want sth from/out of sth/sb** etw von jdm wollen ˌ**want ˈin/ˈout** (*bes AmE, umgs*) rein-/rauswollen ˌ**want ˈin (on) (sth)** (*umgs*) (in etw) einsteigen wollen ˌ**want ˈout (of sth)** (*umgs*) (aus etw) aussteigen wollen

want² /wɒnt; *AmE* wɑːnt, wɔːnt/ *Nomen* (*gehoben*) **1** [meist Pl] Bedürfnis, Wunsch **2** [U/Sing] ~ **of sth** (*gehoben*) Mangel an etw **3** (*gehoben*) Not IDM **for (the) ˈwant of sth** aus Mangel an etw; in Ermangelung einer Sache ◇ *We went for a walk for want of something better to do.* Wir gingen spazieren, weil wir nichts Besseres zu tun hatten. **be in ˈwant of sth** (*gehoben*) einer Sache bedürfen **not for (the) ˈwant of doing sth** ◇ *If I don't get the job, it won't be for want of trying.* Wenn ich den Job nicht kriege, liegt das jedenfalls nicht daran, dass ich mich nicht bemüht hätte.

ˈ**want ads** *Nomen* [Pl] (*AmE*) Kleinanzeigen

want·ed /'wɒntɪd; *AmE* 'wɑːn-, 'wɔːn-/ *Adj* (*polizeilich*) gesucht

want·ing /'wɒntɪŋ; *AmE* 'wɑːn-, 'wɔːn-/ *Adj nicht vor Nomen* (*gehoben*) **1** unzulänglich, unzureichend ◇ *The new system was tried and found wanting.* Das neue System hat sich im Test als unzulänglich erwiesen. **2 sb/sth is ~ in sth** jdm/etw mangelt es an etw SYN LACKING

wan·ton /'wɒntən; *AmE* 'wɑːn-, 'wɔːn-/ *Adj* (*Adv* **wan·ton·ly**) (*gehoben*) **1** mutwillig, sträflich **2** (*veraltet, abwert*) liederlich, schamlos

WAP /wæp/ *Kurzform von* **wireless application protocol** WAP ◇ *a WAP phone* ein WAP-Handy

wap·iti /'wɒpɪti; *AmE* 'wɑːp-/ *Nomen* (*Pl* **wap·iti**) Wapiti

war /wɔː(r)/ *Nomen* **1** Krieg ◇ *declare war on sb* jdm den Krieg erklären ◇ *the theatre of war* der Kriegsschauplatz

---

æ cat | ɑː father | e ten | ɜː bird | ə about | ɪ sit | iː see | i many | ɒ got (*BrE*) | ɔː saw | ʌ cup | ʊ put | uː too

2 (fig) Kampf, Krieg ◊ *the class war* der Klassenkampf ◊ *The government has declared war on drug dealers.* Die Regierung hat den Drogenhändlern den Kampf angesagt. **IDM** **have been in the 'wars** (umgs) ◊ *You look like you've been in the wars – who gave you that black eye?* Du siehst wirklich übel mitgenommen aus — wer hat dir denn das blaue Auge verpasst? ,**war of 'nerves** Nervenkrieg ,**war of 'words** Wortgefecht ☞ *Siehe auch* FAIR¹

war·ble¹ /'wɔːbl; AmE 'wɔːrbl/ Verb **1** (hum) quäken ◊ *He warbled his way through the song.* Er sang das Lied mit quäkender Stimme. **2** (Vogel) trillern

war·ble² /'wɔːbl; AmE 'wɔːrbl/ Nomen **1** Quäken **2** (Vogel) Trillern

warb·ler /'wɔːblə(r); AmE 'wɔːrb-/ Nomen Grasmücke

'**war chest** Nomen Kriegskasse

'**war crime** Nomen Kriegsverbrechen

'**war criminal** Nomen Kriegsverbrecher(in)

'**war cry** Nomen Schlachtruf, Kriegsgeschrei

ward¹ /wɔːd; AmE wɔːrd/ Nomen **1** Station, Krankensaal **2** (in GB) Wahlbezirk **3** (RECHT) Mündel ◊ *The child was made a ward of court.* Das Kind wurde unter Amtsvormundschaft gestellt.

ward² /wɔːd; AmE wɔːrd/ Verb **PHRV** ,**ward sth 'off** etw abwehren, etw abwenden ,**ward sb 'off** jdn abwehren

'**war dance** Nomen Kriegstanz

war·den /'wɔːdn; AmE 'wɔːrdn/ Nomen **1** Vorsteher(in), Hüter(in) ◊ *the warden of the youth hostel* der Herbergsvater/die Herbergsmutter **2** Direktor(in), Rektor(in) **3** Aufseher(in), Wärter(in)

war·der /'wɔːdə(r); AmE 'wɔːrd-/ Nomen (BrE) Aufseher, Wärter

war·dress /'wɔːdrəs; AmE 'wɔːrd-/ Nomen Aufseherin, Wärterin

ward·robe /'wɔːdrəʊb; AmE 'wɔːrdroʊb/ Nomen **1** Kleiderschrank **2** [meist Sing] (Kleidung) Garderobe **3** [meist Sing] (Kostüm)fundus

'**wardrobe mistress** Nomen Gewandmeisterin

ward·room /'wɔːdruːm, -rʊm; AmE 'wɔːrd-/ Nomen Offiziersmesse

ward·ship /'wɔːdʃɪp; AmE 'wɔːrd-/ Nomen [U] (RECHT) Vormundschaft

ware /weə(r); AmE wer/ Nomen **1** [U] (meist in Zusammensetzungen) Erzeugnisse, Ware(n) ◊ *ceramic ware* Keramik ◊ *a collection of local ware* ein Sortiment hiesiger Erzeugnisse **2** [U] (in Zusammensetzungen) -geräte, -utensilien, -zubehör ◊ *bathroom ware* Badezimmerutensilien **3 wares** [Pl] (veraltet) Ware

ware·house /'weəhaʊs; AmE 'werh-/ Nomen Lager(haus)

ware·hous·ing /'weəhaʊzɪŋ; AmE 'werh-/ Nomen Lagerung, Lagerhaltung

war·fare /'wɔːfeə(r); AmE 'wɔːrfer/ Nomen **1** Krieg(führung) ◊ *naval warfare* Seekriege **2** Kampf, Krieg ◊ *class warfare* Klassenkampf

'**war game** Nomen Kriegsspiel, Planspiel

war·head /'wɔːhed; AmE 'wɔːrhed/ Nomen Sprengkopf

war·horse /'wɔːhɔːs; AmE 'wɔːrhɔːrs/ Nomen Schlachtross

wari·ly Adv ⇨ WARY

wari·ness /'weərɪnəs; AmE 'wer-/ Nomen Vorsicht, Argwohn, Misstrauen

war·like /'wɔːlaɪk; AmE 'wɔːrl-/ Adj (gehoben) **1** kriegerisch **2** Kriegs-

war·lock /'wɔːlɒk; AmE 'wɔːrlɑːk/ Nomen Hexenmeister

war·lord /'wɔːlɔːd; AmE 'wɔːrlɔːrd/ Nomen (abwert) Kriegsherr

warm¹ /wɔːm; AmE wɔːrm/ Adj **1** warm ◊ *You'll be as warm as toast in here.* Hier drin wird euch schön warm sein. ◊ *Are you warm enough?* Ist dir warm genug? ◊ *Keep guessing – you're getting warmer.* Rate nur weiter – es wird schon wärmer. **2** herzlich, freundlich

warm² /wɔːm; AmE wɔːrm/ Verb **1** warm werden, sich erwärmen **2** ~ **yourself/sb** (**up**) sich/jdn aufwärmen; ~ **sth** (**up**) etw erwärmen, etw aufwärmen **IDM** ,**sth warms the 'cockles** (**of sb's 'heart**) (BrE) jdm wird bei etw ganz warm ums Herz ☞ *Siehe auch* DEATH **PHRV** ,**warm to/towards sb** mit jdm warm werden, sich für jdn erwärmen ,**warm to/towards sth** sich für etw erwärmen, sich

mit etw anfreunden ◊ *The speaker was now warming to her theme.* Langsam fand sich die Rednerin in ihr Thema hinein. ,**warm 'up 1** sich aufwärmen, sich eintrainieren **2** (Motor, Maschine etc.) warm werden **3** (fig) in Stimmung kommen, in Schwung kommen ,**warm yourself/sb/sth 'up 1** sich/jdn/etw aufwärmen **2** (fig) sich/jdn/etw in Schwung bringen

warm³ /wɔːm; AmE wɔːrm/ Nomen **the warm** das Warme, die Wärme

warm⁴ /wɔːm; AmE wɔːrm/ Adv (umgs) warm ◊ *Wrap up warm!* Packt euch warm ein. **SYN** WARMLY

,**warm-'blooded** Adj warmblütig

warm·er /'wɔːmə(r); AmE 'wɔːrm-/ Nomen (besonders in Zusammensetzungen) -wärmer ◊ *a plate warmer* ein Tellerwärmer ◊ *leg warmers* Stulpen

,**warm-'hearted** Adj warmherzig

warm·ing¹ /'wɔːmɪŋ; AmE 'wɔːrmɪŋ/ Nomen Wärmen, Erwärmung

warm·ing² /'wɔːmɪŋ; AmE 'wɔːrmɪŋ/ Adj wärmend

warm·ly /'wɔːmli; AmE 'wɔːrmli/ Adv warm; (empfangen) herzlich; (empfehlen) wärmstens ◊ *The play was warmly received by the critics.* Das Stück wurde von der Kritik lobend aufgenommen.

war·mon·ger /'wɔːmʌŋgə(r); AmE 'wɔːrm-/ Nomen (gehoben, abwert) Kriegstreiber(in), Kriegshetzer(in)

warmth /wɔːmθ; AmE wɔːrmθ/ Nomen **1** Wärme **2** Herzlichkeit ◊ *They were touched by the warmth of the welcome.* Sie waren ganz gerührt über die herzliche Aufnahme.

'**warm-up** Nomen **1** Aufwärmen, Einspielen, Einsingen ◊ *He swam ten lengths of the pool as a warm-up.* Er schwamm zehn Längen, um sich aufzuwärmen. **2** Vorprogramm, Warm-up ◊ *a warm-up act* eine Nummer, die das Publikum in Stimmung bringt

warn /wɔːn; AmE wɔːrn/ Verb **1** ~ (**sb**) (**of sth**) (jdn) (vor etw) warnen; ~ (**sb**) (**about/against sb/sth**) (jdn) (vor jdm/etw) warnen ◊ *I had been warned what to expect.* Man hatte mir vorher gesagt, was mich erwartete. **2** verwarnen **PHRV** ,**warn sb 'off** (**sth**) **1** (jdn von etw) verweisen ◊ *The farmer warned us off his land when we tried to camp there.* Der Bauer hat uns fortgejagt, als wir auf seinem Land zelten wollten. **2** jdn (vor etw) warnen, jdm (von etw) abraten

warn·ing¹ /'wɔːnɪŋ; AmE 'wɔːrn-/ Nomen **1** Warnung, Vorwarnung, Vorankündigung ◊ *Doctors issued a warning against eating the fish.* Die Ärzte haben davor gewarnt, die Fische zu essen. ◊ *They gave us fair warning of their arrival.* Sie haben uns rechtzeitig über die Ankunft Bescheid gesagt. **2** Verwarnung

warn·ing² /'wɔːnɪŋ; AmE 'wɔːrn-/ Adj nur vor Nomen warnend, Warn- ◊ *Warning bells began to ring when her letters were returned unopened.* Sie wurde stutzig, als ihre Briefe ungeöffnet zurückkamen.

warp¹ /wɔːp; AmE wɔːrp/ Verb (meist passiv) **1** sich verbiegen; (Holz) sich verziehen **2** entstellen, pervertieren, verfälschen; (Urteil) beeinträchtigen

warp² /wɔːp; AmE wɔːrp/ Nomen **the warp** [Sing] (TECH) die Kette, die Kettfäden

'**war paint** /'wɔːpeɪnt; AmE 'wɔːrp-/ Nomen Kriegsbemalung

'**war path** /'wɔːpɑːθ; AmE 'wɔːrpæθ/ Nomen **IDM** (**be**/**go**) **on the 'warpath** (umgs) auf dem Kriegspfad sein; auf den Kriegspfad gehen

warped /wɔːpt; AmE wɔːrpt/ Adj **1** (abwert) pervers, abartig ◊ *a warped sense of humour* ein seltsamer Humor **2** verbogen; (Holz) verzogen

war·rant¹ /'wɒrənt; AmE 'wɔːr-, 'wɑːr-/ Nomen **1** richterliche Genehmigung ◊ *an arrest warrant* ein Haftbefehl ◊ *They had a warrant to search the house.* Sie hatten einen Durchsuchungsbefehl. **2** Berechtigungsschein; (für Dividenden) Anteilsschein **3** (gehoben) (meist in verneinten Sätzen) Rechtfertigung ◊ *There is no warrant for such criticism.* Eine solche Kritik ist nicht gerechtfertigt.

war·rant² /'wɒrənt; AmE 'wɔːr-, 'wɑːr-/ Verb (gehoben) rechtfertigen **IDM** **I/I'll warrant** (**you**) (veraltet) das garantiere ich

'**warrant officer** Nomen = Rang zwischen Offizier und

warranty 712

Unteroffizier in der Armee, der britischen Luftwaffe und der US-Marine

war·ranty /'wɒrənti; *AmE* 'wɔːr-, 'wɑːr-/ *Nomen* (*Pl* **-ies**) Garantie SYN GUARANTEE

war·ren /'wɒrən; *AmE* 'wɔːr-, 'wɑːr-/ *Nomen* = RABBIT WARREN

war·ring /'wɔːrɪŋ/ *Adj nur vor Nomen* sich bekriegend, sich bekämpfend

war·rior /'wɒriə(r); *AmE* 'wɔːr-, 'wɑːr-/ *Nomen* (*gehoben*) Krieger(in) ◊ *a warrior nation* ein kriegerisches Volk

war·ship /'wɔːʃɪp; *AmE* 'wɔːrʃɪp/ *Nomen* Kriegsschiff

wart /wɔːt; *AmE* wɔːrt/ *Nomen* Warze IDM **warts and 'all** (*umgs*) mit allen Fehlern und Schwächen; ungeschminkt

wart·hog /'wɔːthɒg; *AmE* 'wɔːrthɔːg, -hɑːg/ *Nomen* Warzenschwein

war·time /'wɔːtaɪm; *AmE* 'wɔːrt-/ *Nomen* [U] Kriegszeiten ◊ *wartime Germany* Deutschland während des Krieges ◊ *wartime films* während des Krieges gedrehte Filme

'war-torn *Adj nur vor Nomen* (*gehoben*) kriegserschüttert

wary /'weəri; *AmE* 'weri/ *Adj* (*Komparativ* **wari·er** *kein Superlativ*) (*Adv* **wari·ly** /-rəli/) ~ (**of** sb/sth) vorsichtig (gegenüber jdm/etw), misstrauisch (gegen jdn/etw); **be ~ of doing sth** Bedenken haben etw zu tun ◊ *Be wary of strangers who offer you a ride.* Hüte dich vor fremden Leuten, die dich im Auto mitnehmen wollen. ◊ *keep a wary eye on sth* ein wachsames Auge auf etwas haben SYN CAUTIOUS

was /wəz; *betont* wɒz; *AmE* wɑːz; *AmE auch* wʌz/ *Form von* BE

wash¹ /wɒʃ; *AmE* wɑːʃ, wɔːʃ/ *Verb* **1** waschen; (*Geschirr*) abwaschen, spülen; (*Boden*) aufwischen **2** ~ (**yourself**) (*bes BrE*) sich waschen **3** (*Kleidung, Stoff etc.*) sich waschen lassen ◊ *This sweater washes well.* Dieser Pullover lässt sich gut waschen. **4** spülen IDM **wash your dirty linen in 'public** (*BrE, abwert*) seine schmutzige Wäsche in der Öffentlichkeit waschen **wash your 'hands of sb/sth** mit jdm/etw nichts zu tun haben wollen ◊ *I've washed my hands of it.* Ich wasche meine Hände in Unschuld. **sth won't/doesn't 'wash** (**with sb**) etw zieht (bei jdm) nicht PHRV **wash sb/sth a'way** jdn/etw wegspülen, jdn/etw wegschwemmen **wash sth 'down** (**with sth**) **1** etw (mit etw) abwaschen **2** etw (mit etw) hinunterspülen **wash 'off** (*aus Stoff*) herausgehen **wash sth 'off** (**sth**) etw (von etw) abwaschen, etw (aus etw) herauswaschen **wash 'out** sich auswaschen lassen, herausgehen **wash sth 'out 1** etw auswaschen, etw ausspülen **2** etw wegen Regens ausfallen lassen, etw wegen Regens abbrechen ◊ *The game was completely washed out.* Das Spiel ist durch den Regen buchstäblich ins Wasser gefallen. **wash 'over sb 1** (*auch* **wash 'through sb**) (*gehoben*) jdn überkommen **2** jdn gar nicht berühren ◊ *She manages to let criticism just wash over her.* Sie kann Kritik einfach an sich abprallen lassen. **wash 'up 1** (*BrE*) abwaschen, Geschirr spülen **2** (*AmE*) sich Gesicht und Hände waschen, sich frisch machen **wash sth 'up 1** (*BrE*) etw abwaschen, etw spülen **2** etw anspülen

wash² /wɒʃ; *AmE* wɑːʃ, wɔːʃ/ *Nomen* **1** (*bes BrE*) Waschen, Wäsche ◊ *I'll just have a quick wash.* Ich wasche mich schnell. ◊ *I'm doing a dark wash.* Ich wasche dunkle Sachen. **2 the wash** das Kielwasser, die Brandung **3** Tünche **4** Waschlotion IDM **it will** (**all**) **come out in the 'wash** (*umgs*) **1** die Sonne bringt es an den Tag **2** es wird sich schon wieder alles einrenken

wash·able /'wɒʃəbl; *AmE* 'wɑːʃ-, 'wɔːʃ-/ *Adj* waschbar, abwaschbar ◊ *machine washable* waschmaschinenfest

wash·bag /'wɒʃbæg; *AmE* 'wɑːʃ-, 'wɔːʃ-/ *Nomen* (*BrE*) Kulturbeutel

wash·basin /'wɒʃbeɪsn; *AmE* 'wɑːʃ-, 'wɔːʃ-/ *Nomen* (*bes BrE* **basin**) (*AmE auch* **wash·bowl** /'wɒʃbəʊl; *AmE* 'wɑːʃboʊl, 'wɔːʃboʊl/) *Nomen* Waschbecken

wash·board /'wɒʃbɔːd; *AmE* 'wɑːʃbɔːrd, 'wɔːʃ-/ *Nomen* Waschbrett

wash·cloth /'wɒʃklɒθ; *AmE* 'wɑːʃklɔːθ, 'wɔːʃ-/ *Nomen* (*AmE*) Waschlappen

washed 'out *Adj* **1** verwaschen **2** (*Mensch*) ausgelaugt

washed 'up *Adj* (*umgs*) kaputt, am Ende

wash·er /'wɒʃə(r); *AmE* 'wɑːʃ-, 'wɔːʃ-/ *Nomen* **1** Unterleg-scheibe, Dichtungsring, Dichtungsscheibe **2** (*umgs*) Waschmaschine

wash·ing /'wɒʃɪŋ; *AmE* 'wɑːʃ-, 'wɔːʃ-/ *Nomen* **1** Waschen, Wäsche ◊ *do the washing* die Wäsche waschen **2** (*BrE*) (*Kleidung etc.*) Wäsche

'washing line *Nomen* (*BrE*) Wäscheleine

'washing machine *Nomen* Waschmaschine

'washing powder *Nomen* (*BrE*) Waschpulver

washing-'up *Nomen* (*BrE*) Abwasch

washing-'up liquid *Nomen* (*BrE*) Spülmittel

wash·out /'wɒʃaʊt; *AmE* 'wɑːʃ-, 'wɔːʃ-/ *Nomen* (*umgs*) Pleite; (*Mensch*) Niete ◊ *There was torrential rain and the regatta was a total washout.* Es regnete in Strömen, und die Regatta fiel buchstäblich ins Wasser.

wash·room /'wɒʃruːm, -rʊm; *AmE* 'wɑːʃ-, 'wɔːʃ-/ *Nomen* (*AmE, veraltet*) Toilette, WC ☞ *Hinweis bei* TOILETTE

wasn't /'wɒznt; *AmE auch* /'wʌznt/ = WAS NOT

Wasp (*auch* **WASP**) /wɒsp; *AmE* wɑːsp, wɔːsp/ *Nomen* (*bes AmE, meist abwert*) = Bezeichnung für weiße protestantische Nordamerikaner angelsächsischer Herkunft, die zur einflussreichsten Gesellschaftsschicht gehören

wasp /wɒsp; *AmE* wɑːsp, wɔːsp/ *Nomen* Wespe

wasp·ish /'wɒspɪʃ; *AmE* 'wɑːs-, 'wɔːs-/ *Adj* (*Adv* **wasp·ish·ly**) (*gehoben*) bissig, gereizt, giftig

wast·age /'weɪstɪdʒ/ *Nomen* **1** Verschwendung **2** Abfall **3** (*BrE*) Arbeitsplatzabbau ohne Entlassungen ◊ *student wastage rates* Studienabbrecherzahlen

waste¹ /weɪst/ *Verb* **1** verschwenden, vertun ◊ *She wasted no time in rejecting the offer.* Sie hat das Angebot ohne zu zögern abgelehnt. ◊ *Don't waste your sympathy on him.* Spar dir dein Mitleid. ◊ *Her comments were not wasted on Chris.* Chris hat ihre Bemerkungen sehr wohl verstanden. **2** (*bes AmE, umgs*) (*töten*) umlegen **3** (*AmE, umgs*) (*besiegen*) in die Pfanne hauen IDM **waste your 'breath** etw umsonst sagen ◊ *Don't waste your breath.* Spar dir deine Worte. **waste not, 'want not** spare in der Zeit, so hast du in der Not PHRV **waste a'way** abmagern

waste² /weɪst/ *Nomen* **1** [U/Sing] Verschwendung, Vergeudung ◊ *I hate to see good food go to waste.* Es geht mir gegen den Strich, wenn Lebensmittel verschwendet werden. **2** (*auch* **wastes** [Pl]) Abfall, Abfälle, Müll ◊ *waste pipes* Abflussrohre **3 wastes** [Pl] (*gehoben*) Einöde, Wüste IDM **be a waste of 'space** (*umgs*) eine völlige Niete sein; nichts taugen

waste³ /weɪst/ *Adj* **1** brachliegend **2** Abfall- ◊ *waste water* Abwasser IDM **lay sth 'waste; lay 'waste** (**to**) **sth** (*gehoben*) etw verwüsten

waste·bas·ket /'weɪstbɑːskɪt; *AmE* -bæs-/ *Nomen* (*AmE*) = WASTE-PAPER BASKET

wasted /'weɪstɪd/ *Adj* **1** *nur vor Nomen* vergeudet; (*Mühe*) vergeblich ◊ *We had a wasted trip.* Wir sind umsonst hingefahren. **2** ausgezehrt **3** (*Slang*) (*betrunken*) voll, blau; (*von Drogen*) voll gedröhnt

'waste-disposal unit (*auch* **'waste disposer**) (*AmE auch* **dis·posal**) *Nomen* Küchenabfallzerkleinerer

waste·ful /'weɪstfl/ *Adj* (*Adv* **waste·ful·ly** /-fəli/) verschwenderisch; (*Verfahren*) unwirtschaftlich ◊ *an engine that is wasteful of fuel* ein Motor, der unnötig viel Kraftstoff verbraucht

waste·land /'weɪstlænd/ *Nomen* Ödland, unbebautes Land ◊ *industrial wasteland* brachliegende Fabrikgelände ◊ (*fig*) *The mid 1970s are seen as a cultural wasteland for rock music.* Man kann sagen, dass Mitte der 70er-Jahre die Rockmusik brachlag.

waste 'paper *Nomen* Papierabfall, Altpapier

waste-'paper basket (*AmE* **waste·basket**) *Nomen* Papierkorb

'waste product *Nomen* Abfallprodukt

waster /'weɪstə(r)/ *Nomen* **1** (*oft in Zusammensetzungen*) Verschwender(in) ◊ *He's a time waster.* Er vergeudet immer seine Zeit. **2** (*umgs, abwert*) Taugenichts

wast·ing /'weɪstɪŋ/ *Adj* (*Krankheit*) zehrend

wast·rel /'weɪstrəl/ *Nomen* (*gehoben*) Verschwender(in), Taugenichts

watch¹ /wɒtʃ; *AmE* wɑːtʃ, wɔːtʃ/ *Verb* **1** zusehen, zuschauen ◊ *watch television* fernsehen ◊ *Did you watch the news?*

Hast du die Nachrichten gesehen? ◊ *watch a football game* ein Fußballspiel anschauen ◊ *Watch what I do, then you try.* Passt gut auf, was ich mache, und dann versucht ihr es. **2** beobachten, überwachen ◊ *We watched to see what would happen next.* Wir warteten, was nun passieren würde. **3** aufpassen auf, achten auf **4** (*umgs*) achten auf ◊ *Watch yourself!* Sieh dich vor! ◊ *Watch your head on the low ceiling.* Stoß dir nicht den Kopf an der niedrigen Decke. ◊ *Watch where you're going!* Passen Sie doch auf, wo Sie hintreten! **IDM** ˈwatch the ˈclock (*abwert*) keine Minute länger als nötig arbeiten ˈwatch it (*umgs*) pass bloß auf! ˈwatch your ˈmouth/ˈtongue **1** den Mund halten **2** aufpassen, was man sagt ˈwatch this ˈspace (*umgs*) Abwarten! ˈwatch the ˈworld go by den Leuten zusehen ☛ *Siehe auch* LANGUAGE *und* STEP¹ **PHR V** ˈwatch for sb/sth auf jdn/etw warten, nach jdm/etw Ausschau halten ˌwatch ˈout (*umgs*) aufpassen ◊ *Watch out! There's a car coming!* Vorsicht! Da kommt ein Auto! ˌwatch ˈout for sb/sth auf jdn/etw aufpassen, auf jdn/etw achten, nach jdm/etw Ausschau halten ˌwatch ˈover sb/sth (*gehoben*) sich um jdn/etw kümmern, über jdn/etw wachen

watch² /wɒtʃ; *AmE* wɑːtʃ, wɔːtʃ/ *Nomen* **1** (Armband)uhr, Taschenuhr ◊ *My watch is fast/slow.* Meine Uhr geht vor/nach. **2** Wache ◊ *I go on watch in an hour.* Ich habe in einer Stunde Wache. **IDM** be on the ˈwatch (for sb/sth) auf jdn/etw achten; (nach jdm/etw) Ausschau halten ◊ *Be on the watch for thieves.* Hütet euch vor Taschendieben. keep a close ˈeye/ˈwatch on sb/sth ⇒ CLOSE (3)

watch·able /ˈwɒtʃəbl; *AmE* ˈwɑːtʃ-, ˈwɔːtʃ-/ *Adj* (*umgs*) amüsant anzusehen, sehenswert

watch·band /ˈwɒtʃbænd; *AmE* wɑːtʃ-, wɔːtʃ-/ *Nomen* (*AmE*) Uhrarmband

watch·dog /ˈwɒtʃdɒg; *AmE* ˈwɑːtʃdɔːg, ˈwɔːtʃ-/ *Nomen* Überwachungsbeauftragte(r), Überwachungsgremium ◊ *a consumer watchdog* eine Verbraucherschutzbehörde

watch·er /ˈwɒtʃə(r); *AmE* ˈwɑːtʃ-, ˈwɔːtʃ-/ *Nomen* (*oft in Zusammensetzungen*) Beobachter(in) ◊ *royal watchers* Journalisten, die über Königsfamilien berichten

watch·ful /ˈwɒtʃfl; *AmE* ˈwɑːtʃ-, ˈwɔːtʃ-/ *Adj* (*Adv* **watch·ful·ly** /-fəli/) wachsam

watch·ful·ness /ˈwɒtʃflnəs; *AmE* ˈwɑːtʃ-, ˈwɔːtʃ-/ *Nomen* Wachsamkeit

ˌwatching ˈbrief *Nomen* [Sing] Kontrollfunktion

watch·maker /ˈwɒtʃmeɪkə(r); *AmE* ˈwɑːtʃ-, ˈwɔːtʃ-/ *Nomen* Uhrmacher(in)

watch·man /ˈwɒtʃmən; *AmE* ˈwɑːtʃ-, ˈwɔːtʃ-/ *Nomen* (*Pl* **-men** /-mən/) (*veraltet*) Wächter, Wachmann

ˈwatch strap *Nomen* (*BrE*) Uhrarmband

watch·tower /ˈwɒtʃtaʊə(r); *AmE* ˈwɑːtʃ-, ˈwɔːtʃ-/ *Nomen* Wachturm

watch·word /ˈwɒtʃwɜːd; *AmE* ˈwɑːtʃwɜːrd, ˈwɔːtʃ-/ *Nomen* Parole

water¹ /ˈwɔːtə(r); *AmE auch* ˈwɑːt-/ *Nomen* **1** Wasser **2 waters** [Pl] Wasser, Gewässer **3 waters** [Pl] Hoheitsgewässer **IDM** by ˈwater (*gehoben*) auf dem Wasserweg; zu Wasser it's (all) water under the ˈbridge (*umgs*) das ist Schnee von gestern it's (like) water off a ˌduck's ˈback (*umgs*) es prallt alles an jdm ab like ˈwater (*umgs*) massenhaft; in großen Mengen ◊ *He spends money like water.* Er gibt das Geld mit beiden Händen aus. murky/unchartˌed ˈwaters unsicheres/unbekanntes Terrain keep your ˈhead above ˈwater sich über Wasser halten not hold ˈwater (*umgs*) nicht stichhaltig sein take the ˈwaters (*veraltet*) eine Trinkkur machen sb's ˈwaters break jds Fruchtblase springt; jds Fruchtwasser geht ab ☛ *Siehe auch* COLD¹, DEAD¹, DEEP¹, DUCK¹, FISH¹, HELL, HOT¹, POUR, STILL², TEST² *und* TREAD¹

water² /ˈwɔːtə(r); *AmE auch* ˈwɑːt-/ *Verb* **1** gießen, wässern, sprengen **2** tränen **3** wässern, wässrig werden ◊ *The smells made our mouths water.* Die Düfte ließen uns das Wasser im Munde zusammenlaufen. **4** (*Tier*) tränken (*hum*) **5** (*Fachspr*) bewässern **6** panschen **PHR V** ˌwater sth ˈdown **1** etw verdünnen **SYN** DILUTE **2** (*meist passiv*) abmildern, etw abschwächen **SYN** DILUTE

water·bed /ˈwɔːtəbed; *AmE* ˈwɔːtərb-, ˈwɑːt-/ *Nomen* Wasserbett

water·bird /ˈwɔːtəbɜːd; *AmE* ˈwɔːtərbɜːrd, ˈwɑːt-/ *Nomen* Wasservogel

ˈwater biscuit *Nomen* (*BrE*) Cracker

water-borne *Adj* (*Krankheit*) durch Wasser übertragen; (*Güter*) auf dem Wasserweg befördert ◊ *cholera and other water-borne diseases* Cholera und andere durch verseuchtes Trinkwasser übertragene Krankheiten

ˈwater buffalo *Nomen* Wasserbüffel

ˈwater butt *Nomen* Regentonne

ˈwater cannon *Nomen* Wasserwerfer

ˈwater chestnut *Nomen* Wasserkastanie

water·col·our (*AmE* **water·color**) /ˈwɔːtəkʌlə(r); *AmE* ˈwɔːtərk-, ˈwɑːt-/ *Nomen* **1 watercolours** [Pl] Wasserfarben, Aquarellfarben **2** Aquarell

ˈwater cooler *Nomen* Trinkwasserkühler

water·course /ˈwɔːtəkɔːs; *AmE* ˈwɔːtərkɔːrs, ˈwɑːt-/ *Nomen* (*Fachspr*) Wasserlauf, Kanal

water·cress /ˈwɔːtəkres; *AmE* ˈwɔːtərk-, ˈwɑːt-/ *Nomen* Brunnenkresse

water·fall /ˈwɔːtəfɔːl; *AmE* ˈwɔːtərf-, ˈwɑːt-/ *Nomen* Wasserfall

ˈwater fountain *Nomen* (*AmE*) Trinkwasserbrunnen

water·fowl /ˈwɔːtəfaʊl; *AmE* ˈwɔːtərf-, ˈwɑːt-/ *Nomen* (*Pl* **water·fowl**) [meist Pl] Wasservogel

water·front /ˈwɔːtəfrʌnt; *AmE* ˈwɔːtərf-, ˈwɑːt-/ *Nomen* [meist Sing] Hafen, Hafenviertel ◊ *a waterfront restaurant* ein Restaurant direkt am Wasser

ˈwater gun *Nomen* (*AmE*) Wasserpistole

ˈwatering can *Nomen* Gießkanne

ˈwatering hole *Nomen* **1** (*auch* ˈwater·hole /ˈwɔːtəhəʊl; *AmE* ˈwɔːtərhoʊl, ˈwɑːt-/) Wasserloch **2** (*umgs, hum*) (*Kneipe*) Quelle

ˈwater level *Nomen* Wasserstand, Wasserspiegel

ˈwater lily *Nomen* Seerose

water·line /ˈwɔːtəlaɪn; *AmE* ˈwɔːtərl-, ˈwɑːt-/ *Nomen* **the waterline** [Sing] die Wasserlinie

water·logged /ˈwɔːtəlɒgd; *AmE* ˈwɔːtərlɔːgd, ˈwɑːt-, -lɑːgd/ *Adj* **1** (*Boden*) unter Wasser, aufgeweicht **2** (*Boot*) voll Wasser

ˈwater main *Nomen* Hauptwasserleitung

water·mark /ˈwɔːtəmɑːk; *AmE* ˈwɔːtərmɑːrk, ˈwɑːt-/ *Nomen* Wasserzeichen

water·melon /ˈwɔːtəmelən; *AmE* ˈwɔːtərm-, ˈwɑːt-/ *Nomen* Wassermelone

water·mill /ˈwɔːtəmɪl; *AmE* ˈwɔːtərm-, ˈwɑːt-/ *Nomen* Wassermühle

ˈwater pistol *Nomen* (*BrE*) Wasserpistole

ˈwater polo *Nomen* Wasserball

ˈwater power *Nomen* Wasserkraft

water·proof¹ /ˈwɔːtəpruːf; *AmE* ˈwɔːtərp-, ˈwɑːt-/ *Adj* wasserundurchlässig, wasserfest

water·proof² /ˈwɔːtəpruːf; *AmE* ˈwɔːtərp-, ˈwɑːt-/ *Nomen* [meist Pl] wasserundurchlässiges Kleidungsstück, Regenmantel

water·proof³ /ˈwɔːtəpruːf; *AmE* ˈwɔːtərp-, ˈwɑːt-/ *Verb* wasserdicht machen, imprägnieren

ˈwater rat *Nomen* **1** Wasserratte **2** (*BrE*) Schermaus

ˈwater-repellent *Adj* Wasser abweisend ◊ *a water-repellent spray* ein Imprägnierspray

ˈwater-resistant *Adj* wasserdicht, wasserfest

water·shed /ˈwɔːtəʃed; *AmE* ˈwɔːtərʃed, ˈwɑːt-/ *Nomen* **1** Wendepunkt **2** Wasserscheide **3 the watershed** = im britischen Fernsehen der Zeitpunkt, bis zu dem nur solche Programme ausgestrahlt werden sollten, die jugendfrei sind

water·side /ˈwɔːtəsaɪd; *AmE* ˈwɔːtərs-, ˈwɑːt-/ *Nomen* [Sing] Ufer ◊ *They strolled down to the waterside.* Sie gingen runter zum Wasser.

water·ski¹ /ˈwɔːtəskiː; *AmE* ˈwɔːtərs-, ˈwɑːt-/ *Verb* Wasserski fahren

water·ski² /ˈwɔːtəskiː; *AmE* ˈwɔːtərs-, ˈwɑːt-/ *Nomen* Wasserski

water·ski·ing /ˈwɔːtəskiːɪŋ; *AmE* ˈwɔːtərs-, ˈwɑːt-/ *Nomen* Wasserskifahren

ˈwater softener *Nomen* Wasserentkalker

water·spout /'wɔːtəspaʊt; *AmE* 'wɔːtərs-, 'wɑːt-/ *Nomen* Wasserhose

'**water supply** *Nomen* Wasserversorgung, Wasservorrat

'**water table** *Nomen* Grundwasserspiegel

water·tight /'wɔːtətaɪt; *AmE* 'wɔːtərt-, 'wɑːt-/ *Adj* **1** wasserdicht; (*fig*) hermetisch abgeschlossen **2** unanfechtbar, hieb- und stichfest

'**water tower** *Nomen* Wasserturm

'**water vole** *Nomen* Schermaus

water·way /'wɔːtəweɪ; *AmE* 'wɔːtərw-, 'wɑːt-/ *Nomen* Wasserstraße

water·wheel /'wɔːtəwiːl; *AmE* 'wɔːtərw-, 'wɑːt-/ *Nomen* Wasserrad

water·works /'wɔːtəwɜːks; *AmE* 'wɔːtərwɜːrks, 'wɑːt-/ *Nomen* (*Pl* **water·works**) **1** Wasserwerk ☛ G 1.3b **2** [Pl] (*umgs oder hum*) **problems with your waterworks** Probleme beim Wasserlassen

watery /'wɔːtəri; *AmE* 'wɑːt-/ *Adj* **1** wässrig, Wasser- ◊ *His eyes were red and watery.* Seine Augen waren rot und tränten. ◊ *watery soup* dünne Suppe **2** blass, fahl ◊ *Her eyes were a watery blue.* Sie hatte blassblaue Augen. ◊ *a watery smile* ein müdes Lächeln

watt /wɒt; *AmE* wɑːt/ *Nomen* (*Abk* **W**) Watt ◊ *800 watts of power* eine Leistung von 800 Watt

watt·age /'wɒtɪdʒ; *AmE* 'wɑːt-/ *Nomen* [U] (*Fachspr*) Wattleistung

wat·tle /'wɒtl; *AmE* 'wɑːtl/ *Nomen* **1** Flechtwerk ◊ *walls made of wattle and daub* mit Lehm verkleidete Flechtwerkwände **2** (*Truthahn etc.*) Kehllappen

wave¹ /weɪv/ *Nomen* **1** Welle ◊ *A wave of fear swept over him.* Angst überkam ihn. ◊ *A wave of panic spread through the crowd.* Panik erfasste die Menge. **2** ◊ *give sb a wave* jdm zuwinken ◊ *She declined with a wave of her hand.* Sie winkte ab. **3 the wave** (*AmE*) die La-Ola-Welle **4 the waves** [Pl] (*gehoben*) das Meer, die Meeresoberfläche **IDM make 'waves** (*umgs*) **1** Aufsehen erregen **2** viel Aufhebens machen ☛ *Siehe auch* CREST¹ *und* RIDE¹

wave² /weɪv/ *Verb* **1** winken; **~ at/to sb** jdm zuwinken; **~ sth** mit etw winken, mit etw fuchteln; **~ sth at sb** jdm mit etw zuwinken; **~ sth** (**about/around**) mit etw schwenken ◊ *I waved goodbye to her/waved her goodbye.* Ich winkte ihr zum Abschied zu. ◊ *She waved the money under my nose.* Sie fuchtelte mir mit dem Geld vor der Nase herum. **2** eine Handbewegung machen ◊ *She waved me away impatiently.* Sie schickte mich mit einer ungeduldigen Handbewegung weg. ◊ *He waved a hand towards the trees.* Er deutete mit der Hand auf die Bäume. ◊ *He waved me through.* Er hat mich durchgewinkt. **3** (*Flagge*) wehen **4** (*Haare*) (sich) wellen **IDM** ⇨ FLAG¹ **PHR V** ,**wave sth a'side/a'way** etw zurückweisen, etw abweisen **SYN** DISMISS | ,**wave sth/sb 'down** etw/jdn anhalten ,**wave sth 'off** jdm nachwinken

wave·band /'weɪvbænd/ (*auch* **band**) *Nomen* Wellenbereich

wave·length /'weɪvleŋθ/ *Nomen* Wellenlänge **IDM be on sb's 'wavelength** (*umgs*) die gleiche Wellenlänge wie jd haben **be on the same 'wavelength** (*umgs*) die gleiche Wellenlänge haben

waver /'weɪvə(r)/ *Verb* **1** zittern, wanken ◊ *Her determination never wavered.* Ihre Entschlossenheit war unerschütterlich. **2 ~** (**between A and B**) (zwischen A und B) schwanken; **~** (**on/over sth**) sich (über etw) unschlüssig sein **3** flackern ◊ *wavering shadows* tanzende Schatten

waver·er /'weɪvərə(r)/ *Nomen* Zauderer, Zauderin, Unentschlossene(r)

wavy /'weɪvi/ *Adj* wellig ◊ *a pattern of wavy lines* ein Schlangenlinienmuster

wax¹ /wæks/ *Nomen* **1** Wachs **2** Ohrenschmalz

wax² /wæks/ *Verb* **1** bohnern, wachsen **2** (*meist passiv*) wachsen ◊ *waxed paper* Wachspapier ◊ *a waxed jacket* eine Wachsjacke **3** (*meist passiv*) (*Mond*) zunehmen **OPP** WANE **5 ~ lyrical, eloquent, sentimental, etc.** ins Schwärmen geraten **IDM** ,**wax and 'wane** zu- und abnehmen

'**wax bean** *Nomen* (*AmE*) Wachsbohne

waxen /'wæksn/ *Adj* (*gehoben*) **1** Wachs- **2** (*Haut, Gesicht*) wächsern

'**wax paper** *Nomen* (*AmE*) Butterbrotpapier

wax·work /'wækswɜːk; *AmE* -wɜːrk/ *Nomen* **1** Wachsfigur **2 wax·works** (*Pl* **wax·works**) (*AmE meist* '**wax museum**) Wachsfigurenkabinett

waxy /'wæksi/ *Adj* wächsern, Wachs- ◊ *waxy potatoes* fest kochende Kartoffeln

way¹ /weɪ/ *Nomen* **1** Art, Weise ◊ *I hate the way you leave your clothes lying around.* Ich kann es nicht leiden, dass du deine Sachen herumliegen lässt. ◊ *That's not the right way to hold a pair of scissors.* So hält man eine Schere nicht. ◊ *We should have done it my way!* Wir hätten es so machen sollen, wie ich gesagt habe. ◊ *We'll manage it one way or another.* Wir werden es irgendwie schaffen. ◊ *He said it in a friendly way.* Er hat es ganz freundlich gesagt. ◊ *He was showing off, as is the way with boys of his age.* Er gab an, wie es Jungen in dem Alter so an sich haben. **2 ways** [Pl] Eigenarten **3** [meist Sing] Weg ◊ *Can you tell me the way to the Tower?* Können Sie mir sagen, wie ich zum Tower komme? ◊ *We went the long way round.* Wir haben einen Umweg gemacht. ◊ *along the way* unterwegs **4** [meist Sing] Richtung ◊ *Look both ways before crossing the road.* Schau nach beiden Seiten, bevor du über die Straße gehst. ◊ *Make sure that sign's the right way up.* Pass auf, dass das Schild nicht auf dem Kopf steht. ◊ *Kids were running this way and that.* Kinder rannten mal hier-, mal dorthin. ◊ *split the money four ways* das Geld durch vier teilen ◊ *Which way are you going to vote?* Wie wirst du wählen? **5** [meist Sing] ◊ *the way in/out* der Ein-/Ausgang ◊ *They escaped out the back way.* Sie entkamen durch den Hinterausgang. **6** [Sing] (*AmE auch*, *umgs* **ways**) Stück ◊ *a little way up on the left hand-side* ein kleines Stück weiter auf der linken Seite ◊ *September was a long way off.* Bis September war es noch lange hin. ◊ (*AmE*, *umgs*) *We still have a ways to go.* Wir sind noch lange nicht so weit. **7** [Sing] (*umgs*) ◊ *next time I'm down your way* das nächste Mal, wenn ich in der Nähe bin ◊ *I think he lives somewhere over Thirsk way.* Ich glaube, er wohnt irgendwo in Richtung Thirsk. **8** Hinsicht ◊ *I've had a bad day, one way and another.* Es war ein ziemlich schlechter Tag für mich. ◊ *In a way I quite like him.* Ich mag ihn irgendwie. **SYN** RESPECT **9** [Sing] Zustand ◊ *the way things are* so wie die Dinge liegen **IDM across the 'way** (*BrE auch* **over the 'way**) gegenüber ◊ *the house across the way* das Haus gegenüber **all the 'way 1** (*auch* **the ,whole 'way**) auf der ganzen Strecke **2** voll und ganz **that's/it's always the 'way** (*umgs*) so ist es immer **any way you 'slice it** (*AmE*, *umgs*) wie man es auch dreht und wendet **be 'born/be 'made that way** nun einmal so sein **be ,set in your 'ways** feste Gewohnheiten haben; eingefahrene Denkweisen haben **by the 'way** (*umgs*) übrigens ◊ *What's the time, by the way?* Wie spät ist es überhaupt? **by way of ...** über ... ◊ *from Bulgaria by way of Vienna* aus Bulgarien über Wien **SYN** VIA **by way of/in the way of sth** als etw ◊ *He got €500 by way of compensation.* Als Entschädigung bekam er 500€. **come your 'way** ◊ *if a suitable man comes my way* wenn mir ein passender Mann über den Weg läuft ◊ *if the chance came my way* wenn ich die Gelegenheit hätte **cut both/two 'ways** eine zweischneidige Sache sein **either way; one way or the other** so oder so; wie auch immer **every 'which way** (*umgs*) durcheinander **get into the way of (doing) sth** sich etw zur Gewohnheit machen **get in the way of sb doing sth** jdm bei etw in die Quere kommen **get/have your own 'way** seinen Willen durchsetzen **get out of the way of (doing) sth** sich etw abgewöhnen **give 'way** nachgeben **give 'way (to sb/sth) 1** sich (jdm/etw) fügen ◊ *He refused to give way on any of the points.* Er weigerte sich, auch nur in einem einzigen Punkt nachzugeben. **2** (*BrE*) (jdm/etw) die Vorfahrt lassen; (jdm/etw) Platz machen **give way to sth 1** sich einer Sache hingeben **2** von etw abgelöst werden; in etw übergehen ◊ *The storm gave way to bright sunshine.* Dem Sturm folgte strahlender Sonnenschein. **go all the 'way (with sb)** (*umgs*) mit jdm ins Bett gehen **go a long/some way towards doing sth** zu einer Sache sehr/etwas beitragen **go out of your 'way (to do sth)** sich besondere Mühe geben (etw zu tun) **go your own 'way** eigene Wege gehen; seinen eigenen Kopf haben **go sb's way 1** in jds Richtung gehen **2** gut laufen für jdn **go the way of all 'flesh** den Weg alles Irdischen gehen **have it your 'own way!** (*umgs*) Wie du willst! **have it/things/everything your 'own way** seinen eigenen Willen durchsetzen

have a way of doing sth etw so an sich haben; zu etw neigen ◊ **have a way with sb/sth** gut mit jdm/etw umgehen können ◊ *She has a way with words.* Sie kann sich gut ausdrücken. ◊ **have/want it ˈboth ways** beides zugleich haben (wollen) ◊ **have your (wicked) way with sb** (*veraltet, hum*) jdn verführen ◊ **in a big/small way** in großem Umfang/im Kleinen ◊ *The new service has taken off in a big way.* Der Service ist sehr gut angekommen. ◊ *It went wrong in a big way.* Es ist im großen Stil schief gegangen. ◊ *investing in a small way* in bescheidenem Umfang investieren ◊ **in ˌmore ways than ˈone** in mehrfacher Hinsicht ◊ **in her, his, its, etc. (own) ˈway** auf ihre, seine etc. Art ◊ **in a ˈway**; **in ˈone way**; **in ˌsome ways** in gewisser Weise; eigentlich ◊ **in sb's ˈway** jdm in Weg ◊ **in the ˈway** im Weg ◊ **in the way of sth** ◊ *What do you have left in the way of cakes?* Was haben Sie noch an Kuchen? ◊ *not much in the way of entertainment* nicht viel an Unterhaltung ◊ **keep/stay out of sb's ˈway** jdm aus dem Weg gehen ◊ **look the other ˈway** wegschauen ◊ **lose your ˈway 1** sich verlaufen **2** (*fig*) vom Weg abkommen ◊ **make your ˈway (to/towards sth)** sich irgendwohin begeben ◊ *Will you be able to make your own way to the airport?* Kommen Sie allein zum Flughafen? ◊ **make your way in the world** es zu etwas bringen ◊ **make ˈway (for sb/sth)** (jdm/etw) Platz machen ◊ **(there is) ˌno ˈway** (*umgs*) (das ist) ausgeschlossen; auf keinen Fall ◊ **on your/the/its ˈway 1** auf dem/den Weg ◊ *The letter should be on its way to you.* Der Brief müsste an Sie unterwegs sein. **2** unterwegs ◊ *He stopped for breakfast on the way.* Er hielt unterwegs an, um zu frühstücken. **3** (*Kind*) unterwegs ◊ **on the way ˈout 1** beim Hinausgehen **2** ◊ *be on the way out* aus der Mode kommen ◊ **the ˌother way ˈround 1** anders herum **2** umgekehrt ◊ **out of sb's ˈway** get out of sb's way jdm aus dem Weg gehen ◊ **keep out of sb's ˈway** sich von jdm fern halten ◊ *Out of my way!* Macht Platz! ◊ **ˌout of the ˈway 1** aus dem Weg **2** hinter sich ◊ *That's that problem out of the way.* Dieses Problem ist gelöst. **3** abgelegen ◊ *an out-of-the-way place* ein abgelegener Ort **4** (*in verneinten Sätzen*) ungewöhnlich ◊ *nothing out of the way* nichts Ungewöhnliches ◊ **ˌout of your ˈway** ein Umweg ◊ *Only if it's not out of your way.* Nur wenn es kein Umweg für Sie ist. ◊ **see your ˈway (ˈclear) to doing sth/to do sth** etw für möglich halten ◊ **(not) stand in sb's ˈway** jdm (nicht) im Weg stehen ◊ **there are no two ways aˈbout it** da gibt es keinen Zweifel ◊ **to ˈmy way of thinking** meiner Meinung nach ◊ **way of ˈlife** Lebensweise; Lebensart ◊ **way to ˈgo!** (*AmE, umgs*) gut gemacht! ◊ **ˌwork your ˈway through college, round the world, etc.** sein Studium/eine Weltreise durch Jobs finanzieren ◊ **ˌwork your way ˈthrough sth** sich durch etw durcharbeiten ◊ **ˌwork your way ˈup** sich hinaufarbeiten ☛ Für andere Redewendungen mit **way** siehe die Einträge für die Nomina, Adjektive etc. **Show the way** z.B. steht unter **show**(1).

way² /weɪ/ *Adv* (*in Verbindung mit Präpositionen oder Adverbien*) weit ◊ *She finished way ahead of the others.* Sie kam weit vor den anderen ins Ziel. ◊ *It's way past my bedtime.* Ich müsste schon längst im Bett sein. ◊ *live way out in the suburbs* weit draußen in einem Vorort wohnen ◊ *way too short* viel zu kurz IDM **ˈway back (in …)** vor langer Zeit (im Jahre …)

ˈway·far·er /ˈweɪfeərə(r); *AmE* -fer-/ *Nomen* (*veraltet oder gehoben*) Wandersmann, Wanderer, Wanderin

way·lay /ˌweɪˈleɪ/ *Verb* (**-laid, -laid** /-ˈleɪd/) **~ sb 1** jdn abfangen **2** jdm auflauern

ˈway·mark /ˈweɪmɑːk; *AmE* -mɑːrk/ *Nomen* (*BrE*) Wegmarkierung

ˌway-ˈout *Adj* (*veraltet, umgs*) seltsam, ungewöhnlich SYN WEIRD

ˈway·side /ˈweɪsaɪd/ *Nomen* [Sing] Weg(es)rand, Straßenrand ◊ *flowers growing by the wayside* am Wegrand wachsende Blumen ◊ *a wayside inn* ein an der Straße gelegener Gasthof IDM **fall by the ˈwayside** auf der Strecke bleiben

ˈway station *Nomen* (*bes AmE*) Zwischenstation (*auch fig*)

way·ward /ˈweɪwəd; *AmE* -wərd/ *Adj* ungehörig ◊ *a wayward child* ein unartiges Kind

WC /ˌdʌblju:ˈsi:/ *Nomen* (*BrE*) WC ☛ *Hinweis bei* TOILETTE

we /wi; *betont* wi:/ *Pron* wir ☛ G 3 IDM ⇨ ROYAL¹

weak /wi:k/ *Adj* (**weak·ly**) **1** schwach ◊ *a weak point/spot* ein Schwachpunkt ◊ *The team's weak points are in defence.* Die Schwächen der Mannschaft liegen in der Abwehr. ◊ *She suffered from a weak heart.* Sie litt an Herzschwäche. ◊ *weak with hunger* vom Hunger geschwächt ◊ *His legs felt weak and he couldn't get up the stairs.* Er war wackelig auf den Beinen und kam die Treppe nicht hinauf. ◊ *That bridge is too weak to carry heavy traffic.* Die Brücke ist für Schwerverkehr nicht stabil genug. ◊ *a weak and cowardly man* ein labiler und feiger Mann **2** *Adj* (*Flüssigkeiten*) dünn **3** *Adj* (LING) unbetont OPP STRONG **4** **the weak** *Nomen* [Pl] die Schwachen IDM **be/go ˌweak at the ˈknees** (*umgs*) weiche Knie haben/kriegen ◊ **the weak link (in the ˈchain)** das schwache Glied (in der Kette)

weak·en /ˈwi:kən/ *Verb* **1** schwächen (*auch fig*); (*Beweise, Vorwürfe etc.*) entkräften ◊ *Nothing could weaken his resolve to continue.* Nichts konnte seinen Vorsatz, weiterzumachen, erschüttern. ◊ *The explosion had weakened the building's foundations.* Die Explosion hatte die Grundmauern des Gebäudes in Mitleidenschaft gezogen. ◊ *The new evidence weakens the case against her.* Das neue Beweismaterial entlastet sie. **2** schwächer werden ◊ *You must not agree. Don't weaken.* Du darfst da nicht zustimmen. Bleib stark. ◊ *She felt her legs weaken.* Sie fühlte, wie ihr die Knie weich wurden.

ˌweak-ˈkneed *Adj* (*umgs*) **1** feige **2** mit weichen Knien

weak·ling /ˈwi:klɪŋ/ *Nomen* (*abwert*) Schwächling

weak·ly *Adv* ⇨ WEAK

weak·ness /ˈwi:knəs/ *Nomen* Schwäche (*auch fig*) ◊ *Can you spot the weakness in her argument?* Könnt ihr den Schwachpunkt in ihrer Argumentation erkennen?

weal /wi:l/ *Nomen* Striemen

wealth /welθ/ *Nomen* **1** Vermögen ◊ *the distribution of wealth in Britain* die Vermögensverteilung in Großbritannien ◊ *a person of wealth and influence* eine vermögende und einflussreiche Person **2** Reichtum, Wohlstand ◊ *create wealth* Wohlstand schaffen **3** [Sing] **~ of sth** Fülle von etw ◊ *a wealth of detail* Detailreichtum ◊ *a great wealth of experience* ein reicher Erfahrungsschatz

wealthy /ˈwelθi/ **1** *Adj* (**wealth·i·er, wealthi·est**) reich, wohlhabend, vermögend **2** **the wealthy** *Nomen* [Pl] die Reichen

wean /wi:n/ *Verb* abstillen; **~ sb/sth (off/from sth)** jdn/etw (einer Sache) entwöhnen PHRV **be ˈweaned on sth** mit etw groß geworden sein

weapon /ˈwepən/ *Nomen* Waffe (*auch fig*) ◊ *nuclear weapons* Atomwaffen IDM ⇨ DOUBLE-EDGED

weap·on·ry /ˈwepənri/ *Nomen* [U] (*gehoben*) Waffen

wear¹ /weə(r); *AmE* *Verb* (**wore** /wɔː(r)/, **worn** /wɔːn; *AmE* wɔːrn/) **1** (*Kleidung, Brille etc.*) tragen ◊ *She couldn't decide what to wear.* Sie wusste nicht, was sie anziehen sollte. ◊ *Was she wearing a seat belt?* Hatte sie den Sicherheitsgurt angelegt? **2** zur Schau tragen ◊ *He wore a puzzled look on his face./His face wore a puzzled look.* Er schaute verdutzt. **3** sich abnutzen, sich abtragen, sich durchscheuern ◊ *The carpets are starting to wear.* Die Teppiche sehen langsam abgetreten aus. ◊ *The material has worn thin.* Der Stoff ist inzwischen schon ganz dünn. ◊ *The stones have been worn smooth by the constant flow of water.* Die Steine sind vom ständigen Wasserstrahl glatt gewaschen worden. **4** ◊ *I've worn holes in all my socks.* Alle meine Socken haben inzwischen Löcher. ◊ *The water had worn a channel in the rock.* Das Wasser hatte einen Kanal durch den Fels gewaschen. **5** **~ well** sich (gut) halten ◊ *That carpet is wearing well, isn't it?* Dieser Teppich hat sich gut gehalten, nicht? ◊ (*fig, hum*) *You're wearing well!* Du hast dich gut gehalten! ◊ *This sole wears well.* Diese Sohle ist strapazierfähig. IDM **wear your ˌheart on your ˈsleeve** seine Gefühle offen zur Schau tragen; das Herz auf der Zunge tragen ◊ **wear ˈthin** ◊ *My patience is beginning to wear very thin.* Meine Geduld ist langsam erschöpft. ◊ *These excuses are wearing a little thin.* Diese Ausreden ziehen nicht mehr. ◊ **wear the ˈtrousers** (*AmE* **wear the ˈpants**) (*oft abwert*) die Hosen anhaben ☛ *Siehe auch* CAP¹ PHRV **ˌwear aˈway** sich abschleifen, verwittern ◊ *The inscription on the coin had worn away.* Die Inschrift auf der Münze war nicht mehr zu entziffern. ◊ **ˌwear sth aˈway** etw aushöhlen; (*Stufen*) austreten; (*Kanten etc.*) abschleifen ◊ **ˌwear ˈdown** sich abnutzen; (*Reifen*) sich abfahren ◊ **ˌwear sth ˈdown** etw abnutzen; (*Reifen*) abfahren ◊ **ˌwear sb/sth**

ˈdown jdn/etw zermürben ⋄ *This relentless pressure began to wear down their resistance.* Unter diesem anhaltenden Druck erlahmte ihr Widerstand allmählich. ⋄ *Her persistence paid off and she eventually wore me down.* Durch ihre Hartnäckigkeit klopfte sie mich schließlich weich. ˌwear ˈoff nachlassen, sich legen ⋄ *The medication was wearing off.* Die Wirkung des Medikaments ließ nach. ˌwear ˈon (gehoben) (Zeit) sich hinziehen ⋄ *as the evening wore on …* im Laufe des Abends … ˌwear ˈout kaputtgehen, sich abnutzen ˌwear sb ˈout jdn erschöpfen, jdn fertig machen ☛ G 9.7c ˌwear sth ˈout etw abnutzen; (Schuhe) ablaufen ˌwear yourself ˈout sich überanstrengen ☛ G 9.7c

wear² /weə(r); AmE wer/ Nomen **1** (meist in Zusammensetzungen) Kleidung ⋄ *casual wear* Freizeitkleidung ⋄ *evening wear* Abendgarderobe **2** Tragen ⋄ *casual clothes for everyday wear* legere Kleidung für jeden Tag **3** Haltbarkeit ⋄ *You should get years of wear out of that carpet.* Dieser Teppich sollte viele Jahre halten. ⋄ *I haven't had much wear out of these boots.* Diese Stiefel habe ich nicht oft getragen. **4** Verschleiß, Abnutzung ⋄ *The machines are checked regularly for wear.* Die Maschinen werden regelmäßig auf Abnutzungserscheinungen hin geprüft. ⋄ *show signs of wear* Abnutzungserscheinungen aufweisen ⋄ *His shoes were beginning to show signs of wear.* Seine Schuhe sahen langsam etwas abgelaufen aus. IDM ˌwear and ˈtear Verschleiß; Abnutzung ☛ *Siehe auch* WORSE²

wearˑable /ˈweərəbl; AmE ˈwer-/ Adj (Kleidung) tragbar

wearˑer /ˈweərə(r); AmE ˈwer-/ Nomen Träger(in)

weariˑness /ˈwɪərinəs; AmE ˈwɪr-/ Nomen Müdigkeit, Erschöpfung; (fig) Überdruss

wearˑing /ˈweərɪŋ; AmE ˈwer-/ Adj ermüdend, anstrengend SYN EXHAUSTING

weariˑsome /ˈwɪərisəm; AmE ˈwɪr-/ Adj (gehoben) ermüdend (auch fig) ⋄ *a repetitive and wearisome task* eine monotone und langweilige Aufgabe

weary¹ /ˈwɪəri; AmE ˈwɪri/ Adj (weariˑer, weariˑest) **1** (Adv wearˑily /ˈwɪərəli; AmE ˈwɪr-/) müde, erschöpft, matt **2** (gehoben) müde, ermüdet, angestrengt **3** ~ of sth (gehoben) einer Sache müde, einer Sache überdrüssig

weary² /ˈwɪəri; AmE ˈwɪri/ Verb (wearˑies, wearyˑing, wearˑied, wearˑied) **1** (gehoben) ermüden, anstrengen SYN TIRE **2** ~ of sth einer Sache überdrüssig werden, einer Sache müde werden SYN TIRE

weasel¹ /ˈwiːzl/ Nomen Wiesel

weasel² /ˈwiːzl/ Verb (-ll-, bes AmE -l-) PHRV ˌweasel ˈout (of sth) (bes AmE, umgs, abwert) sich (aus etw) herausstehlen, sich (aus etw) herauswinden

weaˑther¹ /ˈweðə(r)/ Nomen **1** Wetter, Witterung ⋄ *in this weather* bei diesem Wetter ⋄ *if the weather holds/breaks* wenn das schöne Wetter anhält/umschlägt ⋄ *We'll have the party outside, weather permitting.* Wir werden draußen feiern, wenn dies das Wetter zulässt. ⋄ *a change in the weather* ein Wetterumschwung **2** the weather (umgs) der Wetterbericht IDM in ˌall ˈweathers (BrE) bei jedem Wetter keep a ˈweather eye on sb/sth ein wachsames Auge auf jdn/etw haben under the ˈweather (umgs) angeschlagen; unwohl ☛ *Siehe auch* BRASS *und* HEAVY¹

weaˑther² /ˈweðə(r)/ Verb **1** verwittern, (Haut) gerben **2** (Krise etc.) überstehen ⋄ *weather the storm* die Situation durchstehen

ˈweather-beaten Adj wettergegerbt

weaˑtherˑboard /ˈweðəbɔːd; AmE ˈweðərbɔːrd/ Nomen Schalbrett ⋄ *a weatherboard house* ein Haus mit Holzverschalung

weaˑtherˑcock /ˈweðəkɒk; AmE ˈweðərkɑːk/ Nomen Wetterhahn

ˈweather forecast (auch foreˑcast) Nomen Wettervorhersage ⋄ *There's a good weather forecast for today.* Laut Wettervorhersage soll es heute schön werden.

weaˑtherˑgirl /ˈweðəgɜːl; AmE -ɜːrl/ Nomen (umgs) Wetterfee

weaˑtherˑize /ˈweðəraɪz/ Verb (AmE) wetterfest machen

weaˑtherˑman /ˈweðəmæn; AmE -ðərm-/ (Pl -men /-mən/) Nomen (umgs) Wettermann

weaˑtherˑproof /ˈweðəpruːf; AmE ˈweðərp-/ Adj wetterfest, witterungsbeständig

ˈweather station Nomen Wetterwarte

ˈweather strip Nomen (AmE) Dichtungsband

weaˑtherˑvane /ˈweðəveɪn; AmE -ðərv-/ Nomen Wetterfahne

weave¹ /wiːv/ Verb **1** (wove /wəʊv; AmE woʊv/, woven /ˈwəʊvn; AmE ˈwoʊvn/) weben; (Korb, Blumen etc.) flechten; (Spinnengewebe, Geschichte) spinnen ⋄ *The strips of willow are woven into baskets.* Die Weidenruten werden zu Körben geflochten. ⋄ *threads woven together* miteinander verwebte Fäden ⋄ *The biography weaves together the various strands of his life.* Die Biografie verwebt die verschiedenen Aspekte seines Lebens. **2** (weaved, weaved) sich (durch)schlängeln ⋄ *He had to weave his way through the crowd.* Er musste sich durch das Gewühl durchschlängeln. IDM weave your ˈmagic; weave a ˈspell (bes BrE) seinen Zauber verbreiten weave a ˈspell over sb (bes BrE) jdn in seinen Bann ziehen

weave² /wiːv/ Nomen **1** Webart, Webmuster **2** Gewebe

weaver /ˈwiːvə(r)/ Nomen Weber(in)

web /web/ Nomen **1** = SPIDER'S WEB **2** (fig) Netz ⋄ *a web of streets* ein Straßennetz **3** Schwimmhaut **4** the Web = THE WORLD WIDE WEB

webˑbed /webd/ Adj nur vor Nomen mit Schwimmhaut ⋄ *webbed feet* Schwimmfüße

webˑbing /ˈwebɪŋ/ Nomen [meist Pl] Gurtband

webˑcam /ˈwebkæm/ Nomen (COMP) Webcam, Internetkamera

webˑcast /ˈwebkɑːst; AmE -kæst/ Nomen (COMP) Übertragung im Internet

webˑlog /ˈweblɒg; AmE -lɔːg, -lɑːg/ Nomen (COMP) Weblog

webˑmaster /ˈwebmɑːstə(r); AmE -mæs-/ Nomen (COMP) Webmaster

webˑsite /ˈwebsaɪt/ Nomen (COMP) Website

wed /wed/ Verb (wedˑded, wedˑded oder wed, wed) (nicht in der Verlaufsform) veraltet oder Pressejargon heiraten

we'd /wiːd, wɪd/ **1** = WE HAD **2** = WE WOULD

wedˑded /ˈwedɪd/ Adj **1** be ~ to sth (fig) sich etw verschrieben haben ⋄ *She's wedded to her job.* Sie ist mit ihrer Arbeit verheiratet. **2** ~ (to sb) (veraltet oder gehoben) (mit jdm) verheiratet ⋄ *wedded bliss* Eheglück ⋄ *her lawfully wedded husband* ihr rechtmäßig angetrauter Ehemann **3** be ~ (to sth) (gehoben) (mit etw) verbunden sein, (mit etw) zusammenhängen

wedˑding /ˈwedɪŋ/ Nomen Hochzeit, Trauung ⋄ *a wedding reception* eine Hochzeitsfeier ⋄ *a wedding anniversary* ein Hochzeitstag ☛ *Siehe auch* SHOTGUN WEDDING

ˈwedding band Nomen Ehering, Trauring

ˈwedding breakfast Nomen (BrE, gehoben) Hochzeitsessen

ˈwedding ring Nomen Trauring, Ehering

wedge¹ /wedʒ/ Nomen **1** Keil (auch fig) **2** (Käse-) Ecke; (Kuchen- etc.) Stück **3** (Golfschläger) Wedge IDM ⇨ THIN¹

wedge² /wedʒ/ Verb **1** einkeilen, einklemmen ⋄ *The phone was wedged under his chin.* Er hatte den Telefonhörer zwischen Ohr und Schulter geklemmt. ⋄ *She wedged herself into the passenger seat.* Sie zwängte sich auf den Beifahrersitz. **2** festklemmen; (Tür) verkeilen ⋄ *wedge the door open* die Tür mit einem Keil offen halten

wedˑlock /ˈwedlɒk; AmE -lɑːk/ Nomen (veraltet oder Fachspr) Ehe ⋄ *children born in/out of wedlock* ehelich/unehelich geborene Kinder

Wedˑnesˑday /ˈwenzdeɪ, -di/ Nomen (Abk **Wed.**, **Weds.**) Mittwoch ☛ *Beispiele bei* MONTAG

wee¹ /wiː/ Adj (bes SchotE, umgs) klein IDM ⇨ HOUR

wee² /wiː/ Nomen (auch ˈwee-wee) (bes BrE, umgs, meist Kinderspr) [Sing] Pipi ⋄ *do/have a wee* Pipi machen

wee³ /wiː/ Verb (auch ˈwee-wee) (bes BrE, umgs, meist Kinderspr) Pipi machen

weed¹ /wiːd/ Nomen **1** Unkraut **2** [U] in Teichen wachsende Wasserpflanzen **3** the weed [Sing] (hum) Tabak, das (Tabak)rauchen **4** (umgs) (Haschisch) Gras **5** (BrE, umgs, abwert) Schwächling

weed² /wiːd/ Verb (Unkraut) jäten PHRV ˌweed sth/sb ˈout etw/jdn aussondern

weedˑkillˑer /ˈwiːdkɪlə(r)/ Nomen Unkrautbekämpfungsmittel, Unkrautvernichter

weedy /ˈwiːdi/ *Adj* (**weed·ier, weedi·est**) **1** (*BrE, umgs, abwert*) (*Mensch*) schmächtig **2** voll Unkraut

week /wiːk/ *Nomen* Woche ◊ *all week* die ganze Woche ◊ *once a week* einmal die Woche ◊ *a week ago today* heute vor einer Woche ◊ (*BrE*) *in the week* unter der Woche ◊ *What day of the week is it?* Welchen Wochentag haben wir? ◊ *a two-week holiday* ein zweiwöchiger Urlaub IDM **a ˌweek from toˈday, toˈmorrow, ˈMonday, etc.** (*BrE*) *auch* **toˈday, etc. ˈweek**) heute, morgen, Montag etc. in einer Woche ◊ *I'll see you Thursday week.* Bis Donnerstag in einer Woche. **ˌweek after ˈweek** (*umgs*) wochenlang **ˌweek by ˈweek** mit jeder Woche **ˌweek ˌin, week ˈout** Woche um/für Woche **a ˌweek next/on/this ˈMonday, etc.** (*BrE*) nächsten/diesen Montag etc. in einer Woche **a ˌweek toˈmorrow, etc.** (*BrE*) morgen etc. in einer Woche **a ˌweek ˈyesterday, last ˈMonday, etc.** (*bes BrE*) gestern, Montag etc. vor einer Woche ☛ *Siehe auch* OTHER

week·day /ˈwiːkdeɪ/ *Nomen* Wochentag, Werktag

week·days /ˈwiːkdeɪz/ *Adv* wochentags, an Werktagen

week·end /ˌwiːkˈend; *AmE* ˈwiːkend/ *Nomen* Wochenende ◊ *Are you doing anything over the weekend?* Hast du am Wochenende etwas vor? ◊ *a weekend break* ein Wochenendurlaub ◊ (*BrE, umgs*) *I like to go out on a weekend.* Am Wochenende gehe ich gern aus. ◊ (*BrE*) *The office is closed at the weekend.* Das Büro ist am Wochenende geschlossen. ☛ Im amerikanischen Englisch sagt man **on the weekend**.

week·end·er /ˌwiːkˈendə(r)/ *Nomen* **1** Wochenendler(in) **2** Wochenendurlauber(in)

ˈweek-long *Adj* (*gehoben*) einwöchig

week·ly[1] /ˈwiːkli/ *Adj* (*Adv* **week·ly**) wöchentlich, Wochen- ◊ *The newspaper is published twice weekly.* Die Zeitschrift erscheint zweimal die Woche.

week·ly[2] /ˈwiːkli/ *Nomen* (*Pl* **-ies**) Wochenzeitung, Wochenzeitschrift

week·night /ˈwiːknaɪt/ *Nomen* Abend unter der Woche

weenie /ˈwiːni/ *Nomen* (*AmE, umgs*) **1** (*abwert*) Waschlappen, Schwächling SYN WIMP **2** Wiener, Frankfurter Würstchen

weeny /ˈwiːni/ *Adj* (*umgs*) klitzeklein SYN TINY

weep[1] /wiːp/ *Verb* (**wept, wept** /wept/) **1** (*gehoben*) weinen ◊ *He wept for joy.* Er weinte vor Freude. ◊ *I wept to see him looking so sick.* Ich musste weinen, als ich ihn so krank sah. ◊ *I do not weep over his death.* Ich beweine seinen Tod nicht. **2** (*meist in der Verlaufsform*) (*Wunde*) nässen

weep[2] /wiːp/ *Nomen* [*Sing*] Weinen ◊ *She felt better after she'd had a good weep.* Sie fühlte sich besser, nachdem sie sich ausgeweint hatte.

weep·ing /ˈwiːpɪŋ/ *Adj nur vor Nomen* (*in Baumnamen*) ◊ *a weeping willow* eine Trauerweide ◊ *a weeping fig* eine Birkenfeige

weepy[1] /ˈwiːpi/ *Adj* (*umgs*) weinerlich ◊ *Weddings always made her feel weepy.* Bei Hochzeiten musste sie immer weinen.

weepy[2] /ˈwiːpi/ *Nomen* (*Pl* **-ies**) (*auch* **weepie**) (*umgs*) (*Film etc.*) Schmachtfetzen

wee·vil /ˈwiːvl/ *Nomen* Rüsselkäfer

ˈwee-wee = WEE[2], WEE[3]

weft /weft/ *Nomen* **the weft** [*Sing*] der Schuss(faden)

weigh /weɪ/ *Verb* **1** wiegen **2** ~ **sth** (**up**); ~ (**up**) **sth** etw abwägen ◊ *She weighed up all the evidence.* Sie wägte das ganze Beweismaterial gegeneinander ab. **3** gelten; **~ with sb** bei jdm Gewicht haben; **~ against sb/sth** gegen jdn/etw sprechen ◊ *The evidence weighs in her favour.* Die Beweise sprechen für sie. ◊ *This weighed against him with the court.* Das sprach vor Gericht gegen ihn. **4** ~ **anchor** den Anker lichten IDM **ˌweigh your ˈwords** seine Worte abwägen PHRV **ˌweigh sb ˈdown** jdn bedrücken, jdn belasten SYN BURDEN **ˌweigh sb/sth ˈdown** ◊ *I was weighed down with baggage.* Ich war mit Gepäck beladen. ◊ *She tried to swim to the surface, but her clothes weighed her down.* Sie versuchte, an die Oberfläche zu schwimmen, aber ihre Kleidung zog sie nach unten. **ˌweigh ˈin** (SPORT) sich wiegen lassen **ˌweigh ˈin at sth** etw auf die Waage bringen ◊ *Her baby daughter weighed in at 3 000 grams.* Ihre Tochter wog bei der Geburt 3 000 Gramm. **ˌweigh ˈin (with sth)** (*umgs*) sich (mit etw) melden, sich (durch etw) einbringen ◊ *We weighed in with our suggestions.* Wir steuer-

ten unsere Vorschläge bei. ◊ *Finally the government weighed in with financial aid.* Schließlich leistete die Regierung finanzielle Hilfe. **ˌweigh on sb/sth** auf jdm/etw lasten ◊ *Something was weighing on her mind.* Etwas lastete auf ihrer Seele. **ˌweigh sth ˈout** etw abwiegen **ˌweigh sb ˈup** jdn einschätzen, jdn beurteilen

weigh·bridge /ˈweɪbrɪdʒ/ *Nomen* Brückenwaage

ˈweigh-in *Nomen* (SPORT) Wiegen

weight[1] /weɪt/ *Nomen* **1** Gewicht ◊ *Sam has a weight problem.* Sam hat Übergewicht. ◊ *It is about 76 kilos in weight.* Es wiegt ungefähr 76 Kilo. ◊ *lose weight* abnehmen ◊ *put on/gain weight* zunehmen ◊ *I just hoped the branch would take my weight.* Ich hoffte nur, dass der Ast mich tragen würde. ◊ *I can't put any weight on that foot.* Ich kann mit dem Fuß nicht auftreten. ◊ *The doctor said he shouldn't lift heavy weights.* Der Arzt sagte, dass er nichts Schweres heben sollte. ◊ *weight training* Krafttraining **2** [*Sing*] (*fig*) Last, Belastung ◊ *The news was a weight off my mind.* Bei der Nachricht fiel mir ein Stein vom Herzen. **3** (*fig*) Gewicht, Bedeutung ◊ *He has offered to lend his weight to the project.* Er hat angeboten, sich für das Projekt einzusetzen. ◊ *Your opinion carries weight with the boss.* Deine Meinung gilt beim Chef sehr viel. ◊ *the weight of evidence* die Beweislast IDM **ˌtake the ˈweight off your feet** (*umgs*) sich hinsetzen; sich ausruhen **ˌthrow your ˈweight about/around** (*umgs*) sich wichtig machen **ˌthrow/put your ˈweight behind sth** sich (mit seinem ganzen Gewicht) für etw einsetzen; sich für etw stark machen **ˌweight of ˈnumbers** zahlenmäßige Überlegenheit ☛ *Siehe auch* GROAN[1], PULL[1] *und* WORTH[1]

weight[2] /weɪt/ *Verb* **1** ~ **sth** (**down**) (**with sth**) etw (mit etw) beschweren **2** (*meist passiv*) gewichten ◊ *a weighted vote* eine Stimme, die einer Gewichtung entspricht ◊ (*AmE*) *a weighted grade* eine Note, die einer Gewichtung unterliegt

weight·ed /ˈweɪtɪd/ *Adj* **be ~ towards sb/sth**; **be ~ in favour of sb/sth** jdn/etw begünstigen; **be ~ against sb/sth** jdn/etw benachteiligen

weight·ily *Adv* ⇨ WEIGHTY

weighti·ness /ˈweɪtinəs/ *Nomen* Gewichtigkeit, Schwere

weight·ing /ˈweɪtɪŋ/ *Nomen* **1** (*BrE*) Ortszulage **2** Gewichtung

weight·less /ˈweɪtləs/ *Adj* schwerelos

weight·less·ness /ˈweɪtləsnəs/ *Nomen* Schwerelosigkeit

weight·lift·er /ˈweɪtlɪftə(r)/ *Nomen* Gewichtheber(in)

weight·lift·ing /ˈweɪtlɪftɪŋ/ *Nomen* Gewichtheben

weighty /ˈweɪti/ *Adj* (**weight·ier, weighti·est**) (*gehoben*) **1** schwer **2** (*Adv* **weight·ily** /-ɪli/) gewichtig, schwerwiegend

weir /wɪə(r)/; *AmE* wɪr/ *Nomen* Wehr

weird /wɪəd/; *AmE* wɪrd/ *Adj* (*Adv* **weird·ly**) **1** seltsam ◊ *He's got some weird ideas.* Er hat ziemlich verrückte Ideen. ◊ *weird and wonderful creatures* bizarre Lebewesen **2** (*gehoben*) unheimlich

weirdo /ˈwɪədəʊ; *AmE* ˈwɪrdoʊ/ *Nomen* (*Pl* **-os** /-əʊz/) (*umgs, abwert*) seltsamer Typ, sonderbarer Kauz

wel·come[1] /ˈwelkəm/ *Verb* **1** begrüßen, willkommen heißen ◊ *a welcoming smile* ein freundliches Lächeln ◊ *They welcomed us with open arms.* Sie empfingen uns mit offenen Armen. **2** (*Entscheidung etc.*) begrüßen

wel·come[2] /ˈwelkəm/ *Adj* **1** willkommen ◊ *a welcome guest* ein gern gesehener Gast ◊ *a welcome sight* ein erfreulicher Anblick ◊ *Our neighbours made us welcome.* Wir wurden von unseren Nachbarn herzlich empfangen. **2 be ~ to (do) sth** ◊ *It's an awful job. If you want it, you're welcome to it!* Es ist eine schreckliche Arbeit. Wenn du sie willst, kannst du sie gern haben. ◊ *You're welcome to use the pool.* Du darfst gern den Pool benutzen. IDM **youˈre ˈwelcome** (*bes AmE*) keine Ursache, gern geschehen

wel·come[3] /ˈwelkəm/ *Nomen* **1** Willkommen, Empfang ◊ *a smile of welcome* ein freundliches Lächeln zur Begrüßung **2** (*fig*) *The play deserves a warm welcome.* Das Stück verdient es, begeistert aufgenommen zu werden. ◊ *be given a cautious welcome* vorsichtig aufgenommen werden IDM **outˌstay/overˌstay your ˈwelcome** zu lange bleiben

wel·come[4] /ˈwelkəm/ *Ausruf* willkommen ◊ *Welcome to Canada!* Willkommen in Kanada!

wel·com·ing /'welkəmɪŋ/ Adj **1** freundlich **2** einladend
weld¹ /weld/ Verb (zusammen)schweißen
weld² /weld/ Nomen Schweißnaht, Schweißstelle
weld·er /'weldə(r)/ Nomen Schweißer(in)
wel·fare /'welfeə(r)/; AmE -fer/ Nomen **1** Wohl [SYN] WELL-BEING **2** Wohlfahrt, Fürsorge ◇ child welfare Kinder- und Jugendhilfe ◇ animal welfare Tierschutz ◇ welfare provision soziale Versorgung ◇ welfare services soziale Einrichtungen **3** (bes AmE) Sozialhilfe ◇ live on welfare von der Sozialhilfe leben
,welfare 'state Nomen oft Wohlfahrtsstaat
well¹ /wel/ Adv (**bet·ter** /'betə(r)/, **best** /best/) **1** gut ◇ (umgs) Well done! Gut (gemacht)! ◇ People spoke well of him. Man sagte ihm nur Gutes nach. ◇ marry well eine gute Partie machen **2** gründlich, gut ◇ The surface must be well prepared. Die Oberfläche muss gründlich vorbereitet werden. ◇ He's well able to take care of himself. Er kann sehr wohl für sich selbst sorgen. ◇ She could well afford it. Sie konnte es sich gut leisten. **3** sehr ◇ He was driving at well over the speed limit. Er fuhr sehr viel schneller als erlaubt. ◇ The castle is well worth a visit. Es lohnt sich auf jeden Fall die Burg zu besichtigen. ◇ He liked her well enough. Er fand sie so weit ganz nett. ◇ (BrE, umgs) I was well annoyed, I can tell you. Ich war richtig wütend, das kann ich dir sagen. **4** wohl, gut ◇ You may well be right. Du magst wohl Recht haben. ◇ It may well be that the train is delayed. Es ist gut möglich, dass der Zug Verspätung hat. ◇ I can't very well leave now. Ich kann jetzt schlecht gehen. ◇ 'What are we doing here?' 'You may well ask.' „Was machen wir hier?" „Gute Frage!" ☞ Siehe auch WELL-TO-DO [IDM] **as well** auch ◇ Are they coming as well? Kommen sie auch? ☞ Hinweis bei AUCH **... as well as ...** sowohl ...als auch ... ☞ Hinweis bei AUCH **be 'well away** (BrE, umgs) **1** aus dem Gröbsten raus sein; es gut haben **2** hinüber sein **be ,well 'in with sb** (umgs) mit jdm auf gutem Fuß stehen **be ,well 'off 1** reich sein **2** gut dran sein ◇ Some people don't know when they're well off. Manche Leute merken gar nicht, wenn es ihnen gut geht. **be ,well 'off for sth** viel von etw haben **be well on the way to sth** auf dem (besten) Weg zu etw sein ◇ She is well on the way to recovery. Sie ist wieder auf dem Weg der Besserung. **be ,well 'out of sth** (BrE, umgs) froh sein können, dass man mit etw nichts mehr zu tun hat **be ,well 'up in sth** sich mit etw gut auskennen **do 'well 1** erfolgreich sein ◇ She is doing very well at school. Sie kommt in der Schule gut voran. ◇ She did well in the exam. Sie hat in der Prüfung gut abgeschnitten. **2** (nur in der Verlaufsform) ◇ Mother and baby are doing well. Mutter und Baby geht es gut. ◇ He is doing well after his operation. Er macht gute Fortschritte nach seiner Operation. **do 'well by sb** jdn großzügig behandeln **do 'well for yourself** erfolgreich sein **do 'well out of sb/sth** von jdm/etw profitieren **do 'well to do sth** gut daran tun, etw zu tun ◇ He would do well to concentrate more on his work. Er täte gut daran, sich mehr auf seine Arbeit zu konzentrieren. **leave/let well a'lone** (AmE **let well enough a'lone**) sich heraushalten; die Finger davonlassen **may/might (just) as well** etw vorschlagen (auch) tun können ,**well and 'truly** (umgs) gründlich; vollkommen ☞ Siehe auch BLOODY¹, FUCKING, JOLLY², KNOW¹, MEAN¹ und PRETTY¹

well² /wel/ Adj (**bet·ter** /'betə(r)/, **best** /best/) **1** gesund ◇ I don't feel very well. Ich fühle mich nicht sehr wohl. ◇ Is she well enough to travel? Ist ihr Gesundheitszustand gut genug um zu reisen? ◇ Get well soon! Gute Besserung! ◇ I'm better now, thank you. Mir geht es inzwischen besser, danke. ◇ (umgs) He's not a well man. Er ist gesundheitlich angeschlagen. [SYN] HEALTHY **2** nicht vor Nomen in Ordnung, gut ◇ All's well that ends well. Ende gut, alles gut. **3** nicht vor Nomen (**as**) ~ (**to do sth**) wohl besser (etw zu tun) ◇ It would be just as well to let her know. Es wäre wohl besser, ihr Bescheid zu sagen. [IDM] ,**all very 'well**; ,**all well and 'good** (umgs) gut und schön ◇ That's all very well, but ... Das ist ja alles gut und schön, aber ... **it's ,all very 'well for sb to do sth** (umgs) es ist leicht für jdn etw zu tun ◇ It's all very well for him to talk! Er hat gut reden!

well³ /wel/ Ausruf **1** also ◇ Well, well – I would never have guessed it! Also wirklich – das hätte ich nie vermutet! ◇ Well, really! What a thing to say! Also nein! Wie kann man das nur sagen! **2** na ja ◇ Well, it can't be helped. Na ja, da kann man nichts machen. **3** also gut ◇ Oh, very well, then, if you insist. Also gut, wenn es sein muss. **4** nun ◇ Well? Are you going to tell us? Nun? Sagen Sie es uns? **5** äh ◇ I think it happened, well, last summer. Ich glaube es passierte – äh – letzten Sommer. **6** nein, aber ◇ There were thousands of people there – well, hundreds, anyway. Es waren Tausende da, nein, aber bestimmt Hunderte. [IDM] **well I 'never ('did)!** (veraltet) Also nein!; Wirklich? ☞ Siehe auch SAY¹

well⁴ /wel/ Nomen **1** Brunnen **2** OIL WELL **3** Schacht, Treppenhaus

well⁵ /wel/ Verb ~ (**up**) **1** aufsteigen ◇ Tears were welling up in her eyes. Tränen stiegen ihr in die Augen. **2** (gehoben) (Gefühl) aufwallen

we'll /wi:l, wɪl/ **1** = WE WILL **2** = WE SHALL

,**well ad'justed** Adj gut angepasst

*Zusammengesetzte Adjektive, die mit **well** beginnen, werden meist ohne Bindestrich geschrieben, wenn sie allein nach einem Verb stehen, aber mit Bindestrich, wenn sie vor einem Nomen stehen: She is well dressed. ◇ a well-dressed woman. Im Folgenden werden die Formen ohne Bindestrich als Stichwörter gegeben, aber in den Beispielen kommen auch Formen mit Bindestrich vor. Die Steigerungsformen dieser Adjektive werden meist mit **better** und **best** gebildet: better-known poets ◇ the best-dressed person in the room.*

,**well ad'vised** Adj nicht vor Nomen be ~ (**to do sth**) gut beraten sein (etw zu tun)
,**well ap'pointed** Adj (gehoben) gut ausgestattet
,**well 'balanced** Adj **1** ausgewogen **2** ausgeglichen
,**well be'haved** Adj artig, gut erzogen ◇ The audience was surprisingly well behaved. Das Publikum benahm sich überraschend gut.
,**well-being** Nomen Wohl(ergehen) ◇ the children's emotional and physical well-being das leibliche und seelische Wohl der Kinder
,**well 'born** Adj (gehoben) aus guter Familie
,**well 'bred** Adj (veraltet) vornehm ◇ a well-bred young lady eine junge Dame aus guter Familie
,**well 'built** Adj **1** (Mensch) stämmig, kräftig **2** (Gebäude, Maschine) solide gebaut
,**well con'nected** Adj (gehoben) mit guten Beziehungen
,**well 'cut** Adj gut geschnitten
,**well de'fined** Adj klar definiert, klar formuliert [OPP] ILL-DEFINED
,**well de'veloped** Adj gut entwickelt, gut ausgeprägt
,**well dis'posed** Adj ~ (**towards/to sb/sth**) (jdm/einer Sache) freundlich gesonnen [OPP] ILL-DISPOSED
,**well 'documented** Adj ausführlich dokumentiert
,**well 'done** Adj (Fleisch) durchgebraten
,**well 'dressed** Adj gut gekleidet
,**well 'earned** Adj wohlverdient
,**well e'stablished** Adj etabliert, alteingeführt ◇ a well-established reputation ein guter Ruf ◇ He is now well established in his career. Er hat sich in seinem Beruf einen Namen gemacht.
,**well 'fed** Adj gut ernährt
,**well 'founded** Adj fundiert, (wohl) begründet [OPP] ILL-FOUNDED
,**well-'groomed** Adj gepflegt
,**well 'grounded** Adj **1** be ~ in sth gute Grundkenntnisse in etw haben **2** fundiert, (wohl) begründet
,**well 'heeled** Adj (umgs) (gut) betucht
,**well in'formed** Adj gut informiert, wohl unterrichtet ◇ a well-informed decision eine wohl begründete Entscheidung [OPP] ILL-INFORMED
wel·ling·ton /'welɪŋtən/ (auch ,**wellington 'boot**) Nomen (BrE) Gummistiefel
,**well in'tentioned** Adj gut gemeint
,**well 'kept** Adj **1** gepflegt **2** (Geheimnis) streng gehütet
,**well 'known** Adj bekannt ◇ It is a well-known fact that ... Es ist bekannt, dass ...
,**well 'meaning** Adj wohlmeinend ◇ He's very well meaning. Er meint es sehr gut.

,well 'meant *Adj* gut gemeint
well·ness /'welnəs/ *Nomen* (*bes AmE*) Gesundsein, Wellness
,well-'nigh *Adv* (*gehoben*) nahezu, beinahe
,well 'oiled *Adj* (*gehoben*) gut geschmiert ◊ *run like a well-oiled machine* wie geschmiert laufen
,well pre'served *Adj* gut erhalten
,well 'read *Adj* belesen
,well 'rounded *Adj* **1** gereift **2** vielseitig, abgerundet **3** rundlich
,well 'run *Adj* gut geführt
,well 'spoken *Adj* sich vornehm anhörend
,well 'thought of *Adj* angesehen
,well 'thought 'out *Adj* gut durchdacht
,well 'thumbed *Adj* zerlesen
,well 'timed *Adj* im richtigen Moment OPP ILL-TIMED
,well-to-'do *Adj* wohlhabend, reich
,well 'tried *Adj* bewährt, erprobt
'well-wisher *Nomen* **1** wohlmeinender Mensch **2** Gratulant
,well 'worn *Adj* **1** (*Weg*) ausgetreten **2** (*Jacke etc.*) viel getragen **3** abgedroschen
welly /'weli/ *Nomen* (*Pl* **-ies**) (*BrE, umgs*) Gummistiefel
Welsh /welʃ/ **1** *Nomen* Walisisch ☛ Walisisch ist eine keltische Sprache, die englische Muttersprachler nicht verstehen, wenn sie sie nicht speziell gelernt haben. **2** *Nomen* **the Welsh** [Pl] die Waliser **3** *Adj* walisisch ◊ *the Welsh coast* die Küste von Wales ◊ *He's Welsh.* Er ist Waliser.
,Welsh 'dresser *Nomen* (*BrE*) = Anrichte mit Tellerborden
welt /welt/ *Nomen* Striemen
wel·ter /'weltə(r)/ *Nomen* [Sing] (*gehoben*) Fülle ◊ *a welter of criticism* ein Sturm der Kritik
wel·ter·weight /'weltəweɪt/ *Nomen*; *AmE* -tərw-/ *Nomen* Weltergewicht
wench /wentʃ/ *Nomen* (*veraltet oder hum*) Maid, Mädchen ◊ *a serving wench* eine Magd
wend /wend/ *Verb* (*veraltet oder gehoben*) ziehen ◊ *wend your way home* sich auf den Heimweg machen
Wendy house /'wendi haʊs/ *Nomen* (*BrE*) Spielhaus
went *Form von* GO¹
wept *Form von* WEEP¹
were /wə(r)/; *betont* wɜː(r)/ *Form von* BE
we're /wɪə(r)/; *AmE* wɪr/ = WE ARE
weren't /wɜːnt/ = WERE NOT
were·wolf /'weəwʊlf/; *AmE* 'werw-/ *Nomen* (*Pl* **-wolves** /-wʊlvz/) Werwolf
west¹ /west/ *Nomen* (*Abk* **W**) Westen ◊ *to the west of the town* westlich der Stadt ☛ Wenn **west** sich auf einen Landesteil bezieht, wird es oft großgeschrieben. **The West** wird auch verwendet für die Weststaaten der USA und für das Abendland.
west² /west/ *Adj nur vor Nomen* (*Abk* **W**) West-, westlich ◊ *the west wind* der Westwind
west³ /west/ *Adv* nach Westen ◊ *west of Oxford* westlich von Oxford
west·bound /'westbaʊnd/ *Adj* in Richtung Westen ◊ *the westbound carriageway of the motorway* die Autobahn in Richtung Westen
west·er·ly /'westəli; *AmE* -ərli/ **1** *Adj nur vor Nomen* (*Richtung*) westlich **2** *Adj* (*Wind*) West- **3** *Nomen* (*Pl* **-ies**) Westwind
west·ern¹ /'westən; *AmE* -ərn/ *Adj* (*Abk* **W**) West-, westlich ◊ *Western Europe* Westeuropa ◊ *the western slopes of the mountains* die Westseite des Gebirges ◊ *Western art* die westliche Kunst ☛ *Hinweis bei* NORDEN
west·ern² /'westən; *AmE* -ərn/ *Nomen* (*Film, Buch*) Western
west·ern·er /'westənə(r); *AmE* -ərn-/ *Nomen* Abendländer(in)
west·ern·iza·tion (*BrE auch* **-isa·tion**) /,westənaɪ'zeɪʃn; *AmE* -ərnə'z-/ *Nomen* Verwestlichung
west·ern·ize (*BrE auch* **-ise**) /'westənaɪz; *AmE* -ərn-/ *Verb* (*meist passiv*) verwestlichen

west·ern·ized (*BrE auch* **-ised**) /,westənaɪzd; *AmE* -ərn-/ *Adj* verwestlicht
west·ern·most /'westənməʊst; *AmE* -ərnmoʊst/ *Adj* westlichste(r,s)
west·wards /'westwədz; *AmE* -wərdz/ (*auch* **west·ward**) *Adv, Adj* westwärts, nach Westen
wet¹ /wet/ (**wet·ter, wet·test**) **1** (*Adv* **wetly**) nass ◊ *dripping wet* tropfnass ◊ *wet through* völlig durchnässt ◊ *a wet climate* ein feuchtes Klima ◊ *It's wet outside.* Es regnet draußen. ◊ *Keep off! Wet paint.* Vorsicht! Frisch gestrichen. **2** (*BrE, umgs, abwert*) schlapp, schlappschwänzig ◊ *He's so wet!* Er ist so ein Waschlappen! IDM (**still**) ,wet be'hind the 'ears (*umgs, abwert*) (noch) nicht trocken hinter den Ohren SYN NAIVE
wet² /wet/ *Verb* (**wet·ting, wet, wet** *oder* **wet·ting, wet·ted, wet·ted**) nass machen, anfeuchten IDM **wet the/ your 'bed** ins Bett machen; **wet your'self**; **wet your 'pants/'knickers** sich in die Hose machen
wet³ /wet/ *Nomen* **1** Nässe ◊ *He stayed out in the wet.* Er blieb draußen im Nassen. **2** (*BrE, abwert*) = Konservative(r), die zur politischen Mitte tendiert **3** (*BrE, umgs, abwert*) Waschlappen
wet·back /'wetbæk/ *Nomen* (*AmE, umgs, beleidigend*) illegale(r) mexikanische(r) Einwanderer/Einwanderin
,wet 'blanket *Nomen* (*umgs, abwert*) Spielverderber(in), Miesmacher(in)
,wet 'dream *Nomen* feuchter Traum
wet·land /'wetlənd/ **1** *Nomen* (*auch* **wet·lands** [Pl]) Feuchtgebiet, Sumpfgebiet **2** *Adj nur vor Nomen* Feuchtgebiets-, Sumpf-
wetly /'wetli/ *Adv* nass, feucht
wet·ness /'wetnɪs/ *Nomen* Nässe
'wet nurse *Nomen* Amme
'wet suit *Nomen* Taucheranzug
we've /wiːv/ = WE HAVE
whack¹ /wæk/ *Verb* **1** (*umgs*) schlagen, hauen ◊ *He whacked the ball over the net.* Er knallte den Ball übers Netz. **2** (*umgs*) schmeißen, hauen **3** (*AmE, Slang*) umlegen, kaltmachen
whack² /wæk/ *Nomen* [meist Sing] (*umgs*) **1** Schlag ◊ *He gave the ball a good whack.* Er schlug den Ball mit aller Kraft. **2** (*BrE*) (An)teil ◊ *Everyone should do their fair whack.* Jeder sollte seinen Teil tun. ◊ *You have to pay the full whack.* Du musst voll zahlen. **3 have/take a ~ at (doing) sth** etw versuchen IDM **out of 'whack** (*AmE, umgs*) aus dem Gleichgewicht ◊ *Something is out of whack.* Da stimmt etwas nicht.
whacked /wækt/ (*auch* ,whacked 'out) *Adj* nicht vor Nomen (*BrE, umgs*) (*erschöpft*) kaputt
whack·ing /'wækɪŋ/ (*auch* 'whacking great) *Adj* (*BrE, umgs*) Riesen-, Mords- SYN WHOPPING
whacky /'wæki/ = WACKY
whale /weɪl/ *Nomen* Wal IDM **have a 'whale of a time** (*umgs*) sich ganz toll amüsieren
whale·bone /'weɪlbəʊn; *AmE* -boʊn/ *Nomen* Fischbein
whaler /'weɪlə(r)/ *Nomen* **1** Walfangschiff, Walfänger **2** Walfänger(in)
whal·ing /'weɪlɪŋ/ *Nomen* Walfang
wham /wæm/ *Ausruf* (*umgs*) wumm
whammy /'wæmi/ *Nomen* (*Pl* **-ies**) (*umgs*) (*Problem etc.*) Schlag ◊ *a double whammy* ein Doppelschlag
wharf /wɔːf; *AmE* wɔːrf/ *Nomen* (*Pl* **wharves** /wɔːvz; *AmE* wɔːrvz/ *oder* **wharfs**) Kai
what /wɒt; *AmE* wɑːt/ *Adv, Adj, Pron* **1** was ◊ *What does he do?* Was macht er beruflich? ◊ *What you need is a good meal.* Du brauchst etwas Ordentliches zu essen. ◊ *what little time I had* die wenige Zeit, die ich hatte **2** welche(r, s) ◊ *What car would you choose if you could have any one you wanted?* Welches Auto würdest du nehmen, wenn du jedes haben könntest? **3** was für ◊ *What awful weather!* Was für ein scheußliches Wetter! IDM **and 'what not**; **and what 'have you** (*umgs*) und was sonst noch alles **get what 'for** (*BrE, umgs*) eins draufkriegen **give sb what 'for** (*BrE, umgs*) es jdm geben; jdm eins draufgeben ◊ *I'll give her what for.* Der werd ichs geben. **know what's 'what** (*umgs*) sich (gut) auskennen **or 'what** (*umgs*) **1** ◊ *Is he stupid or what?* Der ist aber wirklich blöd! **2** oder was ◊

whatchamacallit

Are we going now or what? Gehen wir jetzt oder was? **'What about ...?** (*umgs*) **1** Wie wär's mit ...? **2** Was ist mit ...? **What are you 'on?** (*umgs*) Was hast du denn eingeworfen? **'what-d'you-call-him/-her/-it/ -them; 'what's-his/-her/-its/-their-name** Dings(da) **what for?** wofür?; warum? **what if ...?** was ist, wenn ...? **what 'of it?** (*umgs*) na und? **What's with sb?** (*AmE, umgs*) Was ist mit jdm los? ◊ *What's with you?* Was ist denn mit dir los? **what's with ...?** (*AmE, umgs*) **1** *What's with all this walking?* Was soll diese Lauferei? **what with ...** (*verwendet, um verschiedene Gründe für etw zu geben*) ◊ *What with homework and piano practice, I didn't go out.* Ich musste Hausaufgaben machen und Klavier üben, deshalb bin ich gar nicht rausgegangen.

watch·am·acall·it /'wɒtʃəməkɔːlɪt; *AmE* 'wɑːt-, 'wʌt-/ *Nomen* (*umgs*) Dings(da)

what·ever¹ /wɒt'evə(r); *AmE* wət-, wɑːt-/ *Pron* **1** was (auch) (immer) ◊ *Do whatever you like.* Tu, was du möchtest. **2** egal was/wie, was/wie auch immer ◊ *You have our support, whatever you do.* Wir stehen hinter dir, egal, was du tust. **3** (*bes BrE*) was ... bloß, was in aller Welt ◊ *Whatever do you mean?* Was meinst du bloß? ◊ *Cloning! Whatever next?* Klonen! Was kommt wohl als Nächstes? **4** (*umgs*) (*desinteressiert*) schon gut **5** (*bes AmE, umgs*) (es ist mir) egal IDM **or what'ever** (*umgs*) oder so (was) **what'ever you do** auf keinen Fall

what·ever² /wɒt'evə(r); *AmE* wət-, wɑːt-/ *Adv* **1** (*auch* **what·so·ever** /ˌwɒtsəʊ'evə(r); *AmE* ˌwətsoʊ-, ˌwɑːtsoʊ-/) **no, nothing, none, etc. ~** überhaupt kein(e,r,s) ◊ *They received no help whatever.* Sie bekamen überhaupt keine Hilfe. **2** (*umgs*) in jedem Fall

what·not /'wɒtnɒt; *AmE* 'wɑːtnɑːt/ *Nomen* (*umgs*) Dings(da); **and ~** und so was

whats·it /'wɒtsɪt; *AmE* 'wɑːt-, 'wʌt-/ *Nomen* (*bes BrE, umgs*) Dings(da), Dingens

wheat /wiːt/ *Nomen* Weizen IDM **sort out/separate the ˌwheat from the 'chaff** die Spreu vom Weizen trennen

wheat·germ /'wiːtdʒɜːm; *AmE* -dʒɜːrm/ *Nomen* Weizenkeim

whee /wiː/ *Ausruf* juchhe

whee·dle /'wiːdl/ *Verb* (*abwert*) schmeicheln ◊ *wheedle sth out of sb* jdm etw abschwatzen ◊ *wheedle sb into doing sth* jdn dazu herumkriegen etw zu tun ◊ *wheedle your way out of sth* sich vor etw drücken

wheel¹ /wiːl/ *Nomen* **1** Rad ◊ *gear wheels* Zahnräder ◊ *a potter's wheel* eine Töpferscheibe **2** = STEERING WHEEL **3 wheels** [Pl] (*umgs*) ein fahrbarer Untersatz IDM **set the ˌwheels in 'motion** die Dinge in Gang bringen **the wheel of 'Fortune** das Glücksrad **the ˌwheels of bur'eaucracy/'government/'justice** die Mühlen der Bürokratie/Regierung/Justiz **ˌwheels with'in 'wheels** ◊ *There are wheels within wheels in this organization.* Es gibt gewisse Verbindungen in dieser Organisation. ◊ *It's a case of wheels within wheels.* Die Sache ist schwer durchschaubar. **oil the ˌwheels** (*AmE* **grease the ˌwheels**) dafür sorgen, dass alles wie geschmiert läuft ➥ *Siehe auch* COG, REINVENT *und* SHOULDER¹

wheel² /wiːl/ *Verb* **1** schieben, ziehen, fahren ◊ *She wheeled her bicycle across the road.* Sie schob ihr Fahrrad über die Straße. ◊ *The nurse wheeled him along the corridor.* Die Krankenschwester fuhr ihn den Flur entlang. **2** (*Vogel, Hubschrauber etc.*) kreisen **3** (sich) drehen; (*Mil*) schwenken; **~ (around)** kehrtmachen IDM **ˌwheel and 'deal** undurchsichtige Geschäfte machen; mauscheln PHRV **ˌwheel sth 'out** etw hervorholen

wheel·bar·row /'wiːlbærəʊ; *AmE* -roʊ/ (*auch* **ˌbar·row**) *Nomen* Schubkarre

wheel·base /'wiːlbeɪs/ *Nomen* [Sing] Radstand, Achsabstand

wheel·chair /'wiːltʃeə(r); *AmE* -tʃer/ *Nomen* Rollstuhl ◊ *Does the hotel have wheelchair access?* Ist das Hotel rollstuhlgerecht? ◊ *wheelchair users* Rollstuhlfahrer

'wheel clamp (*auch* **clamp**) *Nomen* (*BrE*) Parkkralle

-wheeled /wiːld/ (*in Zusammensetzungen*) ◊ *a sixteen-wheeled lorry* ein Lkw mit 16 Rädern

wheel·er-deal·er /ˌwiːlə 'diːlə(r)/ *Nomen* (*umgs*) Mauschler(in)

wheel·house /'wiːlhaʊs/ *Nomen* Ruderhaus

wheel·ie /'wiːli/ *Nomen* (*umgs*) Fahren auf dem Hinterrad

'wheelie bin *Nomen* (*BrE, umgs*) fahrbare Mülltonne

wheel·wright /'wiːlraɪt/ *Nomen* Stellmacher(in)

wheeze¹ /wiːz/ *Verb* keuchen, pfeifend atmen

wheeze² /wiːz/ *Nomen* **1** pfeifender Atem, Pfeifen **2** (*BrE, umgs, veraltet*) Trick, Idee

wheezi·ness /'wiːzmɪs/ *Nomen* Keuchen, Pfeifen

wheezy /'wiːzi/ *Adj* (*Adv* **wheez·ily** /-ɪli/) pfeifend ◊ *be wheezy* pfeifend atmen ◊ *a wheezy cough* ein keuchender Husten ◊ *a wheezy laugh* ein schnaufendes Lachen

whelk /welk/ *Nomen* Wellhornschnecke

whelp¹ /welp/ *Nomen* (*Fachspr*) Welpe

whelp² /welp/ *Verb* (*Fachspr*) werfen

when¹ /wen/ *Adv, Pron* **1** wann ◊ *When did you see him?* Wann haben Sie ihn gesehen? **2** *in May, when you were away* im Mai, als du nicht da warst ◊ *Sunday is the day when I relax.* Sonntag ist der Tag, an dem ich ausspanne. ◊ *There are times when ...* Manchmal ...

when² /wen/ *Konj* **1** als ◊ *We met when I was at school.* Wir lernten uns kennen, als ich in der Schule war. **2** wenn ◊ *Call me when you've finished.* Ruf mich, wenn du fertig bist. ➥ *Hinweis bei* WENN **3** wann ◊ *Let me know when it's convenient.* Sagen Sie mir, wann es Ihnen passt. **4** wo ... doch ◊ *She claimed to be 18, when she's only 16.* Sie behauptete 18 zu sein, wo sie doch erst 16 ist. IDM ⇨ AS³

whence /wens/ *Adv* (*veraltet*) woher

when·ever¹ /wen'evə(r)/ *Konj* **1** wann (auch) immer ◊ *You can ask me whenever you want.* Sie können mich fragen, wann immer Sie möchten. **2** jedes Mal, wenn

when·ever² /wen'evə(r)/ *Adv* wann ... nur ◊ *Whenever did you find the time?* Wann hast du denn nur die Zeit gefunden?

where¹ /weə(r); *AmE* wer/ *Adv* **1** wo ◊ *Where do you live?* Wo wohnen Sie? **2** ~ ... (**to**) wohin; **~ ... from** woher ◊ *Where are we going?* Wohin gehen wir? ◊ *Where do you come from?* Woher kommst du?

where² /weə(r); *AmE* wer/ *Konj* wo ◊ *This is where I live.* Hier wohne ich. ◊ *He gets bored where computers are concerned.* Wenn es um Computer geht, langweilt er sich. ◊ *That's where you're wrong.* Da irrst du dich.

where·abouts¹ /'weərəbaʊts; *AmE* 'wer-/ *Nomen* Verbleib, Aufenthaltsort ➥ G 1.3c

where·abouts² /ˌweərə'baʊts; *AmE* 'wer-/ *Adv* wo (ungefähr)

where·as /ˌweər'æz; *AmE* ˌwer-/ *Konj* **1** während, dagegen ◊ *Some results were positive, whereas others were not.* Einige Ergebnisse waren positiv, andere dagegen nicht. ➥ *Hinweis bei* CONTRAST¹ **2** (RECHT) in Anbetracht dessen, dass

where·by /weə'baɪ; *AmE* wer-/ *Adv* (*gehoben*) wodurch

where·fore /'weəfɔː(r); *AmE* 'werf-/ *Nomen* IDM ⇨ WHY³

where·in /weər'ɪn; *AmE* wer-/ *Adv, Konj* (*gehoben*) worin

where·of /weər'ɒv; *AmE* -'ʌv/ *Konj* (*veraltet oder hum*) wovon, worüber

where·upon /ˌweərə'pɒn; *AmE* ˌwerə'pɑːn, -'pɔːn, 'werəpɑːn/ *Konj* (*gehoben*) woraufhin

wher·ever¹ /weər'evə(r); *AmE* wer-/ *Konj* **1** wo (auch) immer ◊ *Sit wherever you like.* Nehmen Sie Platz, wo Sie möchten. **2** überall, wo ◊ *Wherever I go, he goes.* Egal, wo ich hingehe, er kommt mit. SYN EVERYWHERE **3** wann immer ◊ *Use olive oil wherever possible.* Nehmen Sie Olivenöl, wann immer möglich. SYN WHENEVER IDM **or wher'ever** (*umgs*) oder sonst wo/woher/wohin

wher·ever² /weər'evə(r); *AmE* wer-/ *Adv* wo ... nur ◊ *Wherever has he gone to?* Wo ist er nur hingegangen?

where·withal /'weəwɪðɔːl; *AmE* 'werw-/ *Nomen* **the wherewithal** [Sing] die nötigen Mittel, die nötigen Fähigkeiten

whet /wet/ *Verb* (**-tt-**) **1** (*Interesse etc.*) anregen **2** (*Messer etc.*) wetzen

whether /'weðə(r)/ *Konj* ob ◊ *It remains to be seen whether or not it will work.* Es bleibt abzuwarten, ob es klappt. ◊ *You're coming, whether you like it or not.* Du kommst mit, ob du willst oder nicht. ➥ *Hinweis bei* OB

whet·stone /'wetstəʊn; *AmE* -stoʊn/ *Nomen* Wetzstein

whew /hwjuː, fjuː/ *Ausruf* (*erleichtert*) uff; (*überrascht*) oh

whey /weɪ/ *Nomen* Molke

which /wɪtʃ/ *Pron* **1** welche(r,s) ◊ *Which is better exercise — swimming or tennis?* Welcher Sport ist gesün-

whiteboard

der — Schwimmen oder Tennis? ◊ *Which way is the wind blowing?* Wohin weht der Wind? **2** (*in Relativsätzen*) der, die, das ◊ *the book which I bought yesterday* das Buch, das ich gestern gekauft habe ☛ G 7 **IDM** **know/tell etc. ˌwhich is ˈwhich** sie auseinander halten ◊ *I can't tell which is which.* Ich kann sie nicht auseinander halten.

whichˈev·er /wɪtʃˈevə(r)/ *Pron* **1** wer/was (auch) (immer) ◊ *Whichever of you gets here first will get the prize.* Wer von euch zuerst hier ist, bekommt den Preis. ◊ *Choose whichever brand you prefer.* Suchen Sie die Marke aus, die Sie bevorzugen. **2** egal welche(r,s) ◊ *It takes three hours, whichever route you take.* Es dauert drei Stunden, egal welche Strecke du nimmst. ◊ *whichever way you look at it* wie man es auch sieht

whiff /wɪf/ *Nomen* **1** Hauch **2** Anflug, Spur

while¹ /waɪl/ *Konj* (*bes BrE, gehoben* **whilst** /waɪlst/) **1** (*zeitlich*) während ◊ *We were burgled while we were asleep.* Bei uns ist eingebrochen worden, während wir schliefen. **SYN** **WHEN 2** (*vergleichend*) während ◊ *While Tom's very tall, his brother is short.* Während Tom sehr groß ist, ist sein Bruder klein. **3** obwohl ◊ *While I am willing to help, I do not have much time.* Ich würde zwar gern helfen, aber ich habe nicht viel Zeit.

while² /waɪl/ *Nomen* [Sing] Weile ◊ *I'll be back in a little while.* Ich bin gleich wieder da. ◊ *I haven't seen him for quite a while.* Ich hab ihn schon ziemlich lange nicht mehr gesehen. **IDM** ⇨ ONCE¹ *und* WORTH¹

while³ /waɪl/ *Verb* **PHR V** **while sth aˈway** sich etw vertreiben

whim /wɪm/ *Nomen* Laune ◊ *We bought the house on a whim.* Wir kauften das Haus kurz entschlossen.

whim·per /ˈwɪmpə(r)/ *Verb* wimmern, winseln

whim·per /ˈwɪmpə(r)/ *Nomen* Wimmern, Winseln ◊ *without a whimper* ohne zu klagen

whim·si·cal /ˈwɪmzɪkl/ *Adj* (*Adv* **whim·si·cal·ly** /-kli/) (*gehoben*) **1** (*Humor etc.*) skurril **2** launenhaft

whimsy /ˈwɪmzi/ *Nomen* **1** Skurrilität **2** Launenhaftigkeit

whine¹ /waɪn/ *Verb* jammern; (*Kind*) quengeln; (*Hund*) winseln; (*Maschine*) heulen

whine² /waɪn/ *Nomen* Jammern; (*von Kind*) Quengeln; (*von Hund*) Winseln; (*von Maschine*) Heulen

whinge¹ /wɪndʒ/ *Verb* (**whinge·ing** *oder* **whing·ing**) (*BrE, umgs, abwert*) **~ (about sb/sth)** (über jdn/etw) jammern

whinge² /wɪndʒ/ *Nomen* Jammern

whin·ger /ˈwɪndʒə(r)/ *Nomen* Meckerer, Meckerin

whinny¹ /ˈwɪni/ *Verb* (**whin·nies, whinny·ing, whin·nied, whin·nied**) wiehern

whinny² /ˈwɪni/ *Nomen* (*Pl* **-ies**) Wiehern

whip¹ /wɪp/ *Nomen* **1** Peitsche **2** (*im Parlament*) ≈ Einpeitscher(in) ◊ *the chief whip* der Fraktionsführer **3** Anordnung des Fraktionsführers/der Fraktionsführerin ☛ *Siehe auch* THREE-LINE WHIP **4** Creme(speise) **IDM** **have/hold, etc. the ˈwhip hand (over sb/sth)** die Oberhand (über jdn/etw) haben ☛ *Siehe auch* FAIR¹

whip² /wɪp/ *Verb* (**-pp-**) **1** peitschen (*auch fig*) ◊ *Her hair whipped around her face in the wind.* Der Wind peitschte ihr die Haare ins Gesicht. **2** sich schnell bewegen, flitzen ◊ *She whipped round to face him.* Sie drehte sich schnell um und sah ihn an. **3** reißen, schnell hinbringen ◊ *She whipped the mask off her face.* Sie riss sich die Maske vom Gesicht. ◊ *The man whipped out a knife.* Der Mann zückte plötzlich ein Messer. **3 ~ sth (up)** etw schlagen ◊ *whipped cream* Schlagsahne **4** (*BrE, umgs*) klauen **IDM** **whip sb into a ˈfrenzy** jdn zum Rasen bringen **PHR V** **ˌwhip ˈthrough sth** (*umgs*) durch etw eilen ◊ *We whipped through customs in ten minutes.* Wir wurden vom Zoll in zehn Minuten abgefertigt. **ˌwhip sb/sth ˈup** jdn/etw aufpeitschen ◊ *He could really whip up a crowd.* Er konnte die Menge wirklich mitreißen. **ˌwhip sth ˈup** (*Interesse, Begeisterung etc.*) wecken; (*Unterstützung etc.*) auftreiben; (*Mahlzeit etc.*) hinzaubern

whip·lash /ˈwɪplæʃ/ (*auch* **ˈwhiplash injury**) *Nomen* Schleudertrauma

whip·pet /ˈwɪpɪt/ *Nomen* (*Hunde*) Whippet

whip·ping /ˈwɪpɪŋ/ *Nomen* [meist Sing] Tracht Prügel, Auspeitschen

ˈwhipping boy *Nomen* Prügelknabe

ˈwhipping cream *Nomen* Schlagsahne

ˈwhip-round *Nomen* (*BrE, umgs*) (Geld)sammlung ◊ *have a whip-round* den Hut herumgehen lassen

whir (*bes AmE*) = WHIRR

whirl¹ /wɜːl; *AmE* wɜːrl/ *Verb* (herum)wirbeln ◊ *My mind was whirling from all that had happened.* Mir schwirrte der Kopf von allem, was geschehen war.

whirl² /wɜːl; *AmE* wɜːrl/ *Nomen* [Sing] **1** Wirbel ◊ *a whirl of dust* ein Staubwirbel ◊ (*fig*) *Her mind was in a whirl.* Ihr schwirrte der Kopf. **2** Trubel ◊ *Her life was one long whirl of parties.* In ihrem Leben gab es eine Party nach der anderen. **IDM** **give sth a ˈwhirl** (*umgs*) etw (aus)probieren

whirl·pool /ˈwɜːlpuːl; *AmE* ˈwɜːrl-/ *Nomen* **1** Strudel (*auch fig*) **2** (*auch* **ˌwhirlpool ˈbath**) Whirlpool

whirl·wind¹ /ˈwɜːlwɪnd; *AmE* ˈwɜːrl-/ *Nomen* **1** Wirbelsturm, Wirbelwind **2** (*fig*) Wirbel, Trubel

whirl·wind² /ˈwɜːlwɪnd; *AmE* ˈwɜːrl-/ *Adj* nur vor Nomen stürmisch, Blitz- ◊ *a whirlwind tour* eine Blitztournee

whirr¹ (*AmE meist* **whir**) /wɜː(r)/ *Verb* (**-rr-**) surren

whirr² (*AmE meist* **whir**) /wɜː(r)/ *Nomen* (*auch* **whir·ring**) Surren

whisk¹ /wɪsk/ *Verb* **1** (mit einem Schneebesen) verquirlen, schlagen **2** (schnell) wegnehmen ◊ *Jamie whisked her off to Paris for the weekend.* Jamie entführte sie übers Wochenende nach Paris.

whisk² /wɪsk/ *Nomen* Schneebesen, Rührbesen

whis·ker /ˈwɪskə(r)/ *Nomen* **1** Schnurrhaar **2** **whiskers** [Pl] (*veraltet oder hum*) Backenbart **IDM** **be, come, etc. within a whisker of/doing sth** (*BrE*) ◊ *They came within a whisker of being killed.* Sie entgingen dem Tod nur um Haaresbreite. **by a ˈwhisker** um Haaresbreite ☛ *Siehe auch* CAT

whis·kered /ˈwɪskəd; *AmE* -kərd/ (*auch* **whis·kery** /ˈwɪskəri/) *Adj* backenbärtig, mit Schnurrhaaren (versehen)

whisky (*AmE* **whis·key**) /ˈwɪski/ *Nomen* (*Pl* **whis·kies, whis·keys**) Whisky

whis·per¹ /ˈwɪspə(r)/ *Verb* **1** flüstern, tuscheln ◊ *She whispered something in his ear.* Sie flüsterte ihm etwas ins Ohr. **2** (*oft passiv*) munkeln ◊ *It was whispered that he would resign.* Das Gerücht ging um, dass er zurücktreten würde. **3** (*gehoben*) (*Wind, Blätter etc.*) säuseln

whis·per² /ˈwɪspə(r)/ *Nomen* **1** Flüstern ◊ *They spoke in whispers.* Sie sprachen im Flüsterton. ☛ *Siehe auch* STAGE WHISPER **2** (*auch* **whis·per·ing**) (*gehoben*) Rauschen **3** Gerücht **SYN** RUMOUR

ˈwhispering campaign *Nomen* Verleumdungskampagne

whist /wɪst/ *Nomen* Whist

whis·tle¹ /ˈwɪsl/ *Nomen* **1** Pfeife ◊ *The referee finally blew the whistle to stop the game.* Endlich pfiff der Schiedsrichter das Spiel ab. ☛ *Siehe auch* TIN WHISTLE **2** Pfiff ◊ *the final whistle* der Abpfiff ☛ *Siehe auch* WOLF WHISTLE **3** Pfeifen **IDM** ⇨ BLOW¹ *und* CLEAN¹

whis·tle² /ˈwɪsl/ *Verb* pfeifen ◊ *The referee whistled for a foul.* Der Schiedsrichter pfiff ein Foul. ◊ *He was whistled as he came onto the field.* Er wurde ausgepfiffen, als er aufs Spielfeld kam. ◊ *They whistled at her as she walked past.* Sie pfiffen ihr nach, als sie vorbeiging. **IDM** **sb can ˈwhistle for sth** (*BrE, umgs*) jd kann lange auf etw warten

ˈwhistle-blower *Nomen* (*Pressejargon*) = jd, der etw auffliegen lässt

ˈwhistle-stop *Adj* nur vor Nomen ◊ *a whistle-stop tour of Europe* eine Rundreise durch Europa mit vielen Kurzaufenthalten

Whit /wɪt/ *Adj* Pfingst- ◊ *Whit Sunday* Pfingstsonntag

whit /wɪt/ *Nomen* [Sing] (*veraltet*) **IDM** **not a ˈwhit; not one ˈwhit** kein bisschen; kein Funken

white¹ /waɪt/ *Adj* **1** weiß **2** bleich ◊ *She went white as a sheet.* Sie wurde kreidebleich. **3** (*BrE*) (*Kaffee*) mit Milch

white² /waɪt/ *Nomen* **1** Weiß **2** [meist Pl] (*Mensch*) Weiße(r) **3** Weißwein **4** Eiweiß, Klar **5** [meist Pl] (*im Auge*) Weiße **6** **whites** [Pl] Weißwäsche; (*Sport*) weißer Dress **IDM** ⇨ BLACK²

ˈwhite·bait /ˈwaɪtbeɪt/ *Nomen* [Pl] junge Heringe/Sprotten

ˈwhite·board /ˈwaɪtbɔːd; *AmE* -bɔːrd/ *Nomen* weiße Tafel

white·caps /'waɪtkæps/ *Nomen* [Pl] (*AmE*) Wellen mit Schaumkronen

‚white-'collar *Adj* ◊ *white-collar workers* Büroangestellte ◊ *a white-collar job* ein Büroberuf ◊ *white-collar crime* Weiße-Kragen-Kriminalität

‚white 'dwarf *Nomen* (ASTRON) weißer Zwerg

‚white 'elephant *Nomen* [meist Sing] nutzloser Besitz, Fehlinvestition

‚white 'flag *Nomen* [meist Sing] weiße Fahne

'white goods *Nomen* [Pl] (*BrE*) Haushaltsgeräte

White·hall /'wɔːthɔːl/ *Nomen* **1** = Londoner Straße, in der sich viele Regierungsgebäude befinden **2** (*fig*) = die britische Regierung ☛ G 1.3a

‚white 'heat *Nomen* Weißglut

‚white 'hope *Nomen* [Sing] (*umgs*) (*Mensch*) große Hoffnung

‚white 'horses *Nomen* (*BrE*) [Pl] Wellen mit Schaumkronen

‚white-'hot *Adj* (weiß) glühend

the 'White House *Nomen* [Sing] **1** das Weiße Haus **2** (*fig*) der/die amerikanische Präsident(in) und die Regierung

‚white 'knight *Nomen* (FINANZ) = Person oder Organisation, die eine Firma vor einem Aufkauf zu einem Niedrigpreis bewahrt

‚white-'knuckle ride *Nomen* = aufregende Fahrt auf einer Achterbahn, Berg-und-Talbahn etc.

‚white 'lie *Nomen* Notlüge

‚white 'meat *Nomen* helles Fleisch

whiten /'waɪtn/ *Verb* **1** weiß werden **2** weiß machen

white·ness /'waɪtnəs/ *Nomen* [Sing] Weiß(e), Blässe

‚white 'noise *Nomen* weißes Rauschen

'white-out *Nomen* starkes Schneegestöber

‚White 'Paper *Nomen* (*BrE*) (POL) Weißbuch

‚white 'sauce *Nomen* helle Soße

‚white 'spirit *Nomen* (*BrE*) Terpentinersatz

‚white 'tie 1 *Nomen* weiße Fliege **2** *Adj* ◊ *Is it a white-tie affair?* Muss man Frack tragen?

white·wash¹ /'waɪtwɒʃ; *AmE* -wɑːʃ, -wɔːʃ/ *Nomen* **1** (weiße) Tünche **2** [U, Sing] (*abwert*) Augenwischerei SYN COVER-UP **3** (*umgs*) Zu-Null-Niederlage/Sieg

white·wash² /'waɪtwɒʃ; *AmE* -wɑːʃ, -wɔːʃ/ *Verb* **1** (weiß) tünchen **2** (*abwert*) beschönigen; (*Ruf, Namen etc.*) rein waschen **3** (*bes BrE*) zu Null schlagen

‚white 'water *Nomen* [U] **1** Wildwasser ◊ *white-water rafting* Wildwasserfahren **2** schäumende Wellen

‚white 'wedding *Nomen* Hochzeit in Weiß

‚white 'wine *Nomen* Weißwein

whither /'wɪðə(r)/ *Adv, Konj* (veraltet oder gehoben) wohin ◊ *Whither should they go?* Wohin sollen sie gehen? ◊ *Whither modern architecture?* Moderne Architektur, was nun?

whit·ing /'waɪtɪŋ/ *Nomen* (*Pl* **whit·ing**) Weißling

whit·ish /'waɪtɪʃ/ *Adj* weißlich

Whit·sun /'wɪtsn/ *Nomen* Pfingsten

‚Whit 'Sunday *Nomen* (*BrE*) Pfingstsonntag

whit·tle /'wɪtl/ *Verb* schnitzen ◊ *He whittled the piece of wood into a simple toy.* Er schnitzte aus dem Holzstück ein einfaches Spielzeug. PHRV **whittle sth a'way** etw dezimieren; (*Ersparnisse*) auffressen **‚whittle sth 'down** etw reduzieren, etw kürzen ◊ *I managed to whittle down the list to five.* Ich habe es geschafft, die Liste auf fünf Namen zu reduzieren.

whizz¹ (*bes AmE* **whiz**) /wɪz/ *Verb* zischen, sausen (*auch fig*) ◊ *She whizzed through the work in an hour.* Sie arbeitete mit Volldampf und war in einer Stunde fertig. ☛ Hinweis bei SAUSEN

whizz² (*bes AmE* **whiz**) /wɪz/ *Nomen* (*umgs*) Genie ◊ *She's a whizz at crosswords.* Beim Lösen von Kreuzworträtseln ist sie ein Genie.

'whizz-kid (*AmE meist* **'whiz-kid**) *Nomen* (*umgs*) Wunderkind, Genie, Senkrechtstarter(in)

whizzy /'wɪzi/ *Adj* pfiffig, ausgeklügelt

WHO /ˌdʌbljuː eɪtʃ 'əʊ; *AmE* 'oʊ/ *Kurzform von* **World Health Organization** Weltgesundheitsorganisation

who /huː/ *Pron* **1** (*Fragewort*) wer, wem, wen ◊ *Who's the money for?* Für wen ist das Geld? **2** (*in Relativsätzen*) der, die, das ☛ G 7 IDM **who am 'I, who are 'you etc. to do sth?** ◊ *Who are you to tell me I can't park here?* Was glauben Sie eigentlich, wer Sie sind, dass Sie mir sagen können, dass ich hier nicht parken kann? ◊ *Who am I to object?* Wie könnte ich denn etwas dagegen haben? **who's 'who** wer ist wer ◊ *You'll soon find out who's who in the office.* Sie werden bald alle im Büro kennen lernen.

whoa /wəʊ; *AmE* woʊ/ *Ausruf* brr, halt

who'd /huːd/ **1** = WHO HAD **2** = WHO WOULD

who·dun·it (*BrE auch* **who·dun·nit**) /ˌhuː'dʌnɪt/ *Nomen* (*umgs*) Krimi

who·ever /huː'evə(r)/ *Pron* **1** wer (immer) ◊ *Whoever says that is a liar.* Wer das sagt, der ist ein Lügner. ◊ *Send it to whoever is in charge of sales.* Schicken Sie es einfach an den Verkaufsleiter. **2** wer auch, egal wer ◊ *Come out of there, whoever you are.* Kommen Sie dort heraus, wer Sie auch sein mögen. **3** wer (bloß) ◊ *Whoever heard of such a thing!* Wer hat denn so etwas schon gehört!

whole¹ /həʊl; *AmE* hoʊl/ *Adj* ganz ◊ *a whole number* eine ganze Zahl ◊ *Let's forget the whole thing.* Vergessen wir das Ganze. ◊ *Owls usually swallow their prey whole.* Eulen verschlingen gewöhnlich ihre Beute im Ganzen. ◊ *the whole truth* die volle Wahrheit ◊ *That's the whole point.* Das ist es ja gerade. ☛ Für andere Redewendungen mit **whole** siehe die Einträge für die entsprechenden Nomina etc. **Go the whole hog** z.B. steht unter **hog**. IDM **a 'whole lot** (*umgs*) (sehr) viel ◊ *I'm feeling a whole lot better.* Es geht mir viel besser. **a 'whole lot (of sth)** (*umgs*) eine ganze Menge (von etw) **the ‚whole 'lot** alles

whole² /həʊl; *AmE* hoʊl/ *Nomen* **1** Ganze(s) ◊ *Four quarters make a whole.* Vier Viertel ergeben ein Ganzes. **2** [Sing] ◊ *I spent the whole of the morning cooking.* Ich habe den ganzen Vormittag gekocht. IDM **as a 'whole** als Ganzes ◊ *This is true in Europe as a whole.* Das trifft für ganz Europa zu. **on the whole** im Großen und Ganzen

whole·food /'həʊlfuːd; *AmE* 'hoʊl-/ *Nomen* (*auch* **whole·foods** [Pl]) Vollwertkost

whole·grain /'həʊlɡreɪn; *AmE* 'hoʊl-/ *Adj* Vollkorn- ◊ *wholegrain mustard* grobkörniger Senf

whole·heart·ed /ˌhəʊl'hɑːtɪd; *AmE* ˌhoʊl'hɑːrtəd/ *Adj* (*Adv* **whole·heart·ed·ly**) uneingeschränkt, rückhaltlos

whole·meal /'həʊlmiːl; *AmE* 'hoʊl-/ *Adj* Vollkorn-

whole·ness /'həʊlnəs; *AmE* 'hoʊl-/ *Nomen* Ganzheit, Vollständigkeit

'whole note *Nomen* (*AmE*) (MUS) ganze Note

whole·sale¹ /'həʊlseɪl; *AmE* 'hoʊl-/ *Adj* nur vor Nomen **1** Großhandels- **2** massenhaft

whole·sale² /'həʊlseɪl; *AmE* 'hoʊl-/ *Adv* **1** im Großhandel **2** massenweise, massenhaft

whole·saler /'həʊlseɪlə(r); *AmE* 'hoʊl-/ *Nomen* Großhändler(in) ◊ *fruit and vegetable wholesalers* Obst- und Gemüsegroßhändler

whole·sal·ing /'həʊlseɪlɪŋ; *AmE* 'hoʊl-/ *Nomen* Großhandel

whole·some /'həʊlsəm; *AmE* 'hoʊl-/ *Adj* **1** gesund, bekömmlich **2** (*Einfluss*) positiv, erbaulich OPP UNWHOLESOME

whole·some·ness /'həʊlsəmnəs; *AmE* 'hoʊl-/ *Nomen* Gesundheit, Bekömmlichkeit

'whole step *Nomen* (*AmE*) (MUS) Ganzton

whole·wheat /'həʊlwiːt; *AmE* 'hoʊl-/ *Adj* Vollkorn-

who'll /huːl/ = WHO WILL

whol·ly /'həʊlli; *AmE* 'hoʊlli/ *Adv* (*gehoben*) völlig, gänzlich ◊ *The government is not wholly to blame for the recession.* Die Regierung ist nicht allein verantwortlich für die Rezession.

whom *Pron* **1** wen **2** (*in Relativsätzen*) den, die, das ☛ G 7

whom·ever /ˌhuːm'evə(r)/ (*auch* **whom·so·ever** /ˌhuːmsəʊ'evə(r); *AmE* -soʊ-/) *Pron* (*gehoben*) wen (auch immer), wem (auch immer), egal wen/wem ☛ **Whoever** ist gebräuchlicher.

whoop¹ /wuːp, huːp/ *Nomen* Schrei ◊ *a whoop of joy* ein Freudenschrei

whoop² /wuːp, huːp/ *Verb* (vor Freude) schreien IDM

whoop it 'up (*umgs*) **1** einen draufmachen; auf die Pauke hauen **2** (*AmE*) Stimmung machen

whoo·pee[1] /wʊˈpiː/ *Ausruf* (*der Freude*) yippieh

whoo·pee[2] /wʊˈpiː/ *Nomen* IDM **make 'whoopee** (*umgs*, *veraltet*) auf den Putz hauen

whoop·ing cough /ˈhuːpɪŋ kɒf; *AmE* kɔːf/ *Nomen* Keuchhusten

whoops /wʊps/ *Ausruf* **1** upps, huch **2** oje

whoosh[1] /wʊʃ, wuːʃ/ *Nomen* [meist Sing] (*umgs*) Rauschen, Zischen

whoosh[2] /wʊʃ, wuːʃ/ *Verb* (*umgs*) rauschen, zischen

whop·per /ˈwɒpə(r); *AmE* ˈwɑːp-/ *Nomen* (*umgs*) **1** Riesending **2** faustdicke Lüge

whop·ping /ˈwɒpɪŋ; *AmE* ˈwɑːp-/ (*auch* **'whopping great**) *Adj nur vor Nomen* (*umgs*) Riesen-, Mords- ◊ *a whopping 5 million loss* ein Riesenverlust von 5 Millionen

whore /hɔː(r)/ *Nomen* Hure

who're /ˈhuːə(r)/ = WHO ARE

whore·house /ˈhɔːhaʊs; *AmE* ˈhɔːrh-/ *Nomen* (*veraltet*) Freudenhaus, Bordell

whorl /wɜːl; *AmE* wɜːrl/ *Nomen* **1** Spirale, spiralförmige Linie **2** (BOT) Quirl

who's /huːz/ **1** = WHO IS **2** = WHO HAS

whose /huːz/ *Pron* dessen, deren ☞ G 7

who·so·ever /ˌhuːsəʊˈevə(r); *AmE* -soʊ-/ *Pron* (*veraltet*) wer (auch immer), egal wer/wen/wem

who've /huːv/ = WHO HAVE

whup /wʌp/ *Verb* (*bes AmE*, *umgs*) schlagen, besiegen

why[1] /waɪ/ *Adv* **1** warum, weshalb ◊ *That's why I left so early.* Deswegen bin ich so früh gegangen. **2** wozu, wofür IDM **why 'ever** warum denn (bloß) ◊ *Why ever didn't you tell us before?* Warum hast du uns das denn nicht früher gesagt? **ˌwhy 'not?** warum nicht? ◊ *Why not write to her?* Schreib ihr doch!

why[2] /waɪ/ *Ausruf* (*BrE*, *veraltet oder AmE*) na, ach, aber

why[3] /waɪ/ *Nomen* IDM **the ˌwhys and (the) 'wherefores** das Warum und Weshalb

WI 1 = WEST INDIES **2** /ˌdʌbljuː ˈaɪ/ *Kurzform von* **Women's Institute** = britischer Frauenverband, besonders in ländlichen Gegenden, in dem Frauen sich regelmäßig zu handwerklichen, kulturellen und sozialen Aktivitäten treffen

wick /wɪk/ *Nomen* Docht IDM **get on sb's 'wick** (*BrE*, *umgs*) jdm auf den Wecker gehen

wicked[1] /ˈwɪkɪd/ *Adj* (*Adv* **wick·ed·ly**) **1** böse, schlecht, schlimm SYN EVIL **2** (*umgs*) frech, spitzbübisch, bissig ◊ *a wickedly funny comedy* eine Komödie voll von bissigem Humor SYN MISCHIEVOUS **3** gefährlich, hart **4** (*Slang*) (*sehr gut*) geil, scharf, feist

wicked[2] /ˈwɪkɪd/ *Nomen* **the wicked** [Pl] die Bösen IDM **(there's) no peace/rest for the 'wicked** (*hum*) nie kommt man zur Ruhe

wick·ed·ness /ˈwɪkɪdnəs/ *Nomen* [U] Schlechtigkeit, Gemeinheit, Niedertracht, Laster(haftigkeit)

wicker /ˈwɪkə(r)/ *Nomen* [U] Korbgeflecht ◊ *a wicker chair* ein Korbsessel

wick·er·work /ˈwɪkəwɜːk; *AmE* ˈwɪkərwɜːrk/ *Nomen* [U] Korbgeflecht, Korbwaren

wicket /ˈwɪkɪt/ *Nomen* **1** (*Kricket*) Wicket, Tor **2** Spielbahn (*beim Kricket*) IDM **keep 'wicket** (*Kricket*) Torwächter sein ☞ *Siehe auch* STICKY

'wicket gate *Nomen* kleines Tor

wicket·keep·er /ˈwɪkɪtkiːpə(r)/ (*BrE*, *umgs auch* **keeper**) *Nomen* (*Kricket*) Torwächter(in)

wide[1] /waɪd/ *Adj* **1** breit OPP NARROW ☞ *Hinweis bei* BREIT **2** groß ◊ *the whole wide world* die ganze weite Welt ◊ *The incident has received wide coverage.* Über den Vorfall ist ausführlich berichtet worden. **3** (*nur in den Steigerungsformen*) weit (reichend) ◊ *wider problems* Probleme von größerer Reichweite ◊ *education in its widest sense* Bildung im weitesten Sinne **4** (*Augen*) weit geöffnet **5** daneben; **~ (of sth)** (an etw) vorbei ◊ *Her shot was wide* (*of the target*). Ihr Schuss ging daneben. **6** (*in Zusammensetzungen*) -weit ◊ *Europe-wide* europaweit ☞ *Hinweis bei* BREIT IDM **give sb/sth a wide 'berth** einen großen Bogen um

jdn/etw machen **wide of the 'mark** weit gefehlt; unzutreffend

wide[2] /waɪd/ *Adv* weit ◊ *He stood with his legs wide apart.* Er stand breitbeinig da. ◊ *wide awake* hellwach IDM ➪ CAST[1] *und* FAR[1]

ˌwide-angle 'lens *Nomen* Weitwinkelobjektiv

'wide boy *Nomen* (*BrE*, *umgs*, *abwert*) Gauner

ˌwide-'eyed *Adj* (*gehoben*) **1** großäugig ◊ *She stared at him in wide-eyed amazement.* Sie sah ihn mit großen, erstaunten Augen an. **2** naiv ◊ *a picture of wide-eyed innocence* ein Bild kindlicher Unschuld SYN NAIVE

wide·ly /ˈwaɪdli/ *Adv* **1** weit(hin), allgemein ◊ *Her books are widely read.* Ihre Bücher werden viel gelesen. ◊ *a widely-read man* ein belesener Mann **2** erheblich, sehr

widen /ˈwaɪdn/ *Verb* **1** sich weiten, breiter werden **2** verbreitern, erweitern

ˌwide-'ranging *Adj* (*gehoben*) weit reichend, umfassend

wide·spread /ˈwaɪdspred/ *Adj* (weit) verbreitet, allgemein, groß

widget /ˈwɪdʒɪt/ *Nomen* **1** (*umgs*) Produkt **2** (COMP) Widget

widow[1] /ˈwɪdəʊ; *AmE* ˈwɪdoʊ/ *Nomen* Witwe

widow[2] /ˈwɪdəʊ; *AmE* ˈwɪdoʊ/ *Verb* **be widowed** Witwe(r) werden

widowed /ˈwɪdəʊd; *AmE* ˈwɪdoʊd/ *Adj* verwitwet

wid·ow·er /ˈwɪdəʊə(r); *AmE* ˈwɪdoʊ-/ *Nomen* Witwer

widow·hood /ˈwɪdəʊhʊd; *AmE* ˈwɪdoʊ-/ *Nomen* Witwenschaft, Witwerschaft

width /wɪdθ, wɪtθ/ *Nomen* Breite ◊ *10 metres in width* 10 Meter breit ◊ *He swam two widths.* Er hat das Schwimmbecken zweimal durchquert. ◊ *You'll need two widths of fabric for each curtain.* Sie brauchen zwei Bahnen Stoff für jede Gardine.

width·ways /ˈwɪdθweɪz, ˈwɪtθ-/ *Adv* quer, der Breite nach

wield /wiːld/ *Verb* **1** (*Macht*) ausüben **2** (*Schwert*, *Messer*) führen SYN BRANDISH

wie·ner /ˈwiːnə(r)/ *Nomen* (*AmE*) Wiener/Frankfurter Würstchen

wife /waɪf/ *Nomen* (*Pl* **wives** /waɪvz/) (Ehe)frau IDM ➪ HUSBAND[1], OLD *und* WORLD

wife·ly /ˈwaɪfli/ *Adj* (*veraltet oder hum*) ehelich, einer Ehefrau

wig /wɪɡ/ *Nomen* Perücke

wig·gle[1] /ˈwɪɡl/ *Verb* (*umgs*) **1 ~ sth** mit etw wackeln, mit etw wedeln **2** (mit dem Hintern) wackeln

wig·gle[2] /ˈwɪɡl/ *Nomen* Wackeln

wig·gly /ˈwɪɡli/ *Adj* (*umgs*) wellig ◊ *a wiggly line* eine Schlangenlinie

wig·wam /ˈwɪɡwæm; *AmE* -wɑːm/ *Nomen* Wigwam

wild[1] /waɪld/ *Adj* **1** (*Tiere*, *Pflanzen*) Wild-, wild ◊ *wild strawberries* Walderdbeeren **2** (*Landschaft*) urwüchsig, unberührt **3** (*Person*) ungezügelt, wild, rasend ◊ *The crowd went wild.* Die Menge raste. ◊ *He had a wild look in his eyes.* Er hatte einen irren Blick. **4** (*Gefühle*) überschäumend, unbändig, leidenschaftlich ◊ *wild applause* stürmischer Applaus **5** (*Äußerung etc.*) wüst, wild ◊ *He made a wild guess at the answer.* Er antwortete aufs Geratewohl. **6** (*umgs*) (*Erlebnis*, *Erfolg etc.*) fantastisch, toll **7 be ~ about sb/sth** (*umgs*) auf jdn/etw wild sein ◊ *I'm not wild about the idea.* Ich bin nicht gerade begeistert von der Idee. **8** (*Wetter*, *See etc.*) stürmisch, rau IDM **beyond your wildest 'dreams** ◊ *riches beyond my wildest dreams* Reichtümer, die meine kühnsten Träume übersteigen **run 'wild** verwildern ◊ *Let your imagination run wild.* Lassen Sie Ihrer Fantasie freien Lauf. **wild 'horses would not drag, make, etc. me (do sth)** keine zehn Pferde würden mich dazu bringen (das zu tun) ☞ *Siehe auch* SOW[1]

wild[2] /waɪld/ *Nomen* **1 the wild** [Sing] freie Wildbahn ◊ *survive in the wild* in freier Wildbahn überleben **2 the wilds** [Pl] ◊ *in the wilds of Alaska* im tiefsten Alaska ◊ (*hum*) *She lives somewhere out in the wilds.* Sie lebt irgendwo draußen auf dem Land.

ˌwild 'boar (*auch* **boar**) *Nomen* Wildschwein

'wild card *Nomen* **1** (*in Kartenspielen*) Joker **2** (*Tennis*) Wildcard; (*Mensch*) Wildcard-Inhaber(in) **3** (COMP) Platzhalter **4** unberechenbare Größe

wild·cat /ˈwaɪldkæt/ Adj nur vor Nomen **1** (Streik) wild **2** (Projekt) riskant
wilde·beest /ˈwɪldəbiːst/ Nomen (Pl **wilde·beest**) Gnu
wil·der·ness /ˈwɪldənəs; AmE -dərn-/ Nomen [meist Sing] **1** Wildnis, Wüste **2** Dschungel IDM **in the ˈwilderness** in der Wüste
ˈwilderness area Nomen (AmE) Landschaftsschutzgebiet
wild·fire /ˈwaɪldfaɪə(r)/ Nomen IDM ⇨ SPREAD¹
wild·fowl /ˈwaɪldfaʊl/ Nomen [Pl] Wildgeflügel
ˌwild ˈgoose chase Nomen Jagd nach einem Phantom ◇ The police had been sent on a wild goose chase. Die Polizei war auf eine falsche Fährte gesetzt worden.
wild·life /ˈwaɪldlaɪf/ Nomen [U] Tierwelt ◇ a wildlife sanctuary ein Wildreservat
wild·ly /ˈwaɪldli/ Adv **1** wild, ungestüm, unkontrolliert ◇ She looked wildly around for an escape. Sie suchte verzweifelt nach einer Fluchtmöglichkeit. **2** maßlos, äußerst, wahnsinnig ◇ It is not a wildly funny play. Das Stück ist nicht sonderlich lustig.
wild·ness /ˈwaɪldnəs/ Nomen [U] Wildheit
the ˌWild ˈWest Nomen [Sing] der Wilde Westen
wiles /waɪlz/ Nomen [Pl] (gehoben) Schliche, Kniffe
wil·ful (AmE meist **will·ful**) /ˈwɪlfl/ Adj (Adv **wil·ful·ly** /-fəli/) (abwert) **1** vorsätzlich, mutwillig, schuldhaft **2** eigensinnig, halsstarrig
wil·ful·ness /ˈwɪlflnəs/ Nomen [U] (abwert) Eigensinn, Halsstarrigkeit, Mutwille
will¹ /wɪl/ Hilfsvb (verwendet, um das Futur auszudrücken) werden ◇ 'You won't get there on time!' 'Yes, I will!' „Du wirst nicht rechtzeitig hinkommen." „Doch!"

> Die Kurzform ist **'ll**, die verneinte Form ist **will not**, verkürzt **won't** /wəʊnt/. Die Vergangenheit ist **would** /wəd/, betont /wʊd/, verkürzt **'d** /d/, verneint **would not** oder **wouldn't** /ˈwʊdnt/.

will² /wɪl/ Verb (3. Pers. Sing **will**) (nur im Präsens gebraucht) (veraltet oder gehoben) wollen ◇ Call it what you will, it's still a problem. Nennen Sie es, wie sie wollen, es ist und bleibt ein Problem.
will³ /wɪl/ Verb **1** durch Willenskraft geschehen lassen ◇ She said she willed the glass to tip over. Sie behauptet, das Glas durch bloße Willenskraft zum Umfallen gebracht zu haben. ◇ He thought he could fly, if he willed it enough. Er glaubte, er könnte fliegen, wenn er nur seinen ganzen Willen daran setzte. **2** zwingen ◇ She willed her eyes to stay open. Sie zwang sich, die Augen offen zu halten. **3** (veraltet) wollen ◇ God had willed it. Es war Gottes Wille. **4** vererben, vermachen ◇ Joe had willed them everything./Joe had willed everything to them. Joe hatte ihnen alles vermacht.
will⁴ /wɪl/ Nomen **1** Wille ◇ a clash of wills ein Willenskampf **2** Testament IDM **against your ˈwill** gegen seinen Willen **at ˈwill** nach Belieben **where there's a ˌwill there's a ˈway** wo ein Wille ist, ist auch ein Weg **with a ˈwill** (gehoben) mit großem Eifer **with the ˌbest will in the ˈworld** beim besten Willen
-willed /wɪld/ (in Zusammensetzungen) willens- ◇ strong-willed willensstark
will·ful (AmE) = WILFUL
wil·lie = WILLY
will·ing /ˈwɪlɪŋ/ Adj **1** bereit, gewillt **2** (bereit)willig, hilfsbereit ◇ willing volunteers Freiwillige OPP UNWILLING IDM ⇨ GOD, SHOW¹ und SPIRIT
will·ing·ly /ˈwɪlɪŋli/ Adv **1** bereitwillig, gern **2** willentlich, absichtlich
will·ing·ness /ˈwɪlɪŋnəs/ Nomen Bereitschaft, Bereitwilligkeit
will-o'-the-wisp /ˌwɪl ə ðə ˈwɪsp/ Nomen [meist Sing] **1** Schimäre; (Mensch) Irrwisch **2** Irrlicht
wil·low /ˈwɪləʊ; AmE ˈwɪloʊ/ Nomen **1** Weide **2** Weidenholz
wil·lowy /ˈwɪləʊi; AmE ˈwɪloʊi/ Adj gertenschlank
ˈwill power Nomen Willenskraft
willy (auch **wil·lie**) /ˈwɪli/ Nomen (Pl **-ies**) (BrE, umgs) Pimmel

willy-nilly /ˌwɪli ˈnɪli/ Adv (umgs) **1** wohl oder übel **2** wahllos, aufs Geratewohl
wilt /wɪlt/ Verb **1** welken **2** (umgs) schlaff machen, nachlassen **3** thou wilt (veraltet) du willst
wily /ˈwaɪli/ Adj (**wili·er**, **wili·est**) gerissen, schlau SYN CUNNING
wimp¹ /wɪmp/ Nomen (umgs, abwert) (Mensch) Waschlappen, Schlappschwanz
wimp² /wɪmp/ Verb PHRV ˌwimp ˈout (of sth) sich (vor etw) drücken
wimp·ish /ˈwɪmpɪʃ/ (auch **wimpy** /ˈwɪmpi/) Adj feige, lahm
wim·ple /ˈwɪmpl/ Nomen (Nonnen)schleier
win¹ /wɪn/ Verb (**win·ning**, **won**, **won** /wʌn/) **1** gewinnen, siegen ◇ You've won (yourself) a trip to New York. Sie haben eine Reise nach New York gewonnen. **2** bekommen, gewinnen, ernten ◇ The Conservatives won the seat from Labour in the last election. Das Mandat ging in der letzten Wahl von Labour an die Konservativen über. IDM **you, he, etc. ˌcan't ˈwin** (umgs) wie man's macht, ist es verkehrt **you ˌcan't win them ˈall**; **you ˈwin some, you ˈlose some** (umgs) man kann nicht immer Glück haben **ˈyou win** (umgs) du hast gewonnen; ich gebe mich geschlagen **win (sth) ˈhands down** (umgs) (etw) spielend gewinnen **win sb's ˈheart** jds Herz gewinnen **ˌwin or ˈlose** wie es auch ausgeht ⇨ Siehe auch DAY und SPUR¹ PHRV **ˌwin sb aˈround/ˈover/ˈround (to sth)** jdn (zu etw) herumkriegen, jdn (zu etw) umstimmen **ˌwin sth/sb ˈback** jdn/etw zurückgewinnen, jdn/etw wiedergewinnen **ˌwin ˈout/ˈthrough** (umgs) ans Ziel gelangen ◇ We'll win through in the end. Am Ende werden wir's schaffen.
win² /wɪn/ Nomen (im Wettbewerb) Sieg
wince¹ /wɪns/ Verb ~ (**at sth**) (bei etw) zusammenzucken; (vor Verlegenheit) sich (bei etw) winden
wince² /wɪns/ Nomen [meist Sing] Zusammenzucken ◇ A wince of pain passed over his face. Er zuckte vor Schmerz zusammen.
winch¹ /wɪntʃ/ Nomen (TECH) Winde, Haspel
winch² /wɪntʃ/ Verb mit einer Winde (hoch)ziehen/heben
wind¹ /wɪnd/ Nomen **1** Wind ◇ gale-force winds Wind in Sturmstärke ◇ a gust of wind eine Windbö ⇨ Siehe auch WIND⁴ **2** (BrE) [U] Blähung(en) ◇ You need to bring the baby's wind up. Jetzt muss das Baby Bäuerchen machen. **3** Atem ◇ I need time to get my wind back. Ich bin immer noch außer Atem. ◇ He kicked Gomez, knocking the wind out of him. Er trat Gomez, der daraufhin keine Luft mehr bekam. ⇨ Siehe auch LONG-WINDED und SECOND WIND **4** [U] (MUS) Bläser ◇ the wind section die Bläser ◇ a wind band ein Blasorchester ⇨ G 1.3c IDM **be in the ˈwind** in der Luft liegen **break ˈwind** Blähungen haben **ˌget ˈwind of sth** (umgs) Wind von etw bekommen **ˌget/have the ˈwind up (about sth)** (umgs) (wegen etw) Schiss kriegen/haben **like the ˈwind** wie der Wind **put the ˈwind up sb** (BrE, umgs) jdm Angst machen **ˌsee which way the ˈwind is blowing** verstehen, woher der Wind weht **take the ˈwind out of sb's sails** (umgs) jdm den Wind aus den Segeln nehmen **a wind/the winds of ˈchange** (besonders Pressejargon) ein frischer(er) Wind ⇨ Siehe auch CAUTION¹, FOLLOWING, ILL¹, SAIL¹ und STRAW
wind² /wɪnd/ Verb **1** (meist passiv) ~ **sb** jdm den Atem nehmen ◇ He was winded by the blow. Durch den Schlag bekam er keine Luft mehr. **2** (BrE) (Baby) aufstoßen lassen, ein Bäuerchen machen lassen SYN BURP
wind³ /waɪnd/ Verb (**wound**, **wound** /waʊnd/) **1** sich winden, sich schlängeln **2** wickeln ◇ She wound the wool into a ball. Sie wickelte die Wolle zu einem Knäuel auf. **3** ~ **sth (up)** etw aufziehen **4** ~ **(sth) forward/back** (etw) vor-/zurückspulen **5** (Kurbel) drehen IDM ⇨ LITTLE FINGER PHRV **ˌwind ˈdown 1** sich entspannen SYN UNWIND **2** (Maschine) herunterfahren; (Uhr) ablaufen ◇ The festival is winding down now. Das Festival nähert sich jetzt dem Ende. **ˌwind sth ˈdown 1** etw zurückschrauben, etw allmählich einstellen ◇ The department is being wound down. Die Abteilung wird allmählich aufgelöst. **2** (Autofenster) herunterkurbeln, herunterlassen **ˌwind ˈup 1** (umgs) enden, landen ◇ We eventually wound up staying in a hotel. Am Ende übernachteten wir in einem Hotel. ◇ If you take risks like that you'll wind up dead. Wenn du solche Risiken

eingehst, wirst du eines Tages dabei draufgehen. **2** zu einem Ende kommen ◇ *The speaker was just winding up.* Der Sprecher sprach gerade seine Schlussworte. **3** zum Aufziehen sein ◇ *a gramophone that winds up* ein Grammophon zum Aufziehen (*Rede, Versammlung etc.*) zu Ende bringen, beenden **2** (*Firma*) auflösen; (*Produktion*) auslaufen lassen **3** (*Autofenster*) hinaufkurbeln, hochfahren ‚wind sb 'up (*BrE, umgs*) jdn ärgern, jdn aufziehen

wind⁴ /waɪnd/ *Nomen* (Um)drehung ◇ *Give the handle another couple of winds.* Kurbele noch ein paar Mal.

wind·bag /'wɪndbæg/ *Nomen* (*umgs, abwert*) Schwätzer(in)

wind-blown /'wɪnd bloʊn; *AmE* bloʊn/ *Adj* **1** ◇ *wind-blown leaves* Blätter, die vom Wind hergetragen wurden ◇ *wind-blown dust* vom Wind aufgewirbelter Staub ◇ *Wind-blown snow enters narrow chinks in the roof.* Der Wind weht den Schnee in die Ritzen im Dach. **2** (vom Wind) zerzaust

wind·break /'wɪndbreɪk/ *Nomen* Windschutz

wind·cheat·er /'wɪndtʃiːtə(r)/ (*BrE, veraltet*) (*AmE* **wind-break·er** /'wɪndbreɪkə(r)/) *Nomen* Windjacke

wind chill /'wɪnd tʃɪl/ *Nomen* gefühlte Temperatur ◇ *the wind-chill factor* der Wind-Chill-Faktor

wind·fall /'wɪndfɔːl/ *Nomen* **1** unverhoffter Gewinn, unerwartete Einkünfte ◇ *windfall gains* unerwartete Gewinne **2** ◇ *windfalls* Fallobst ◇ *windfall apples* Falläpfel

wind farm /'wɪnd fɑːm; *AmE* fɑːrm/ *Nomen* Windpark

wind·ing /'waɪndɪŋ/ *Adj* gewunden ◇ *a winding road* eine kurvenreiche Straße

winding sheet /'waɪndɪŋ ʃiːt/ *Nomen* Leichentuch

wind instrument /'wɪnd ɪnstrəmənt/ *Nomen* Blasinstrument

wind·lass /'wɪndləs/ *Nomen* (TECH) Winde

wind·less /'wɪndləs/ *Adj* (*gehoben*) windstill OPP WINDY

wind·mill /'wɪndmɪl/ *Nomen* **1** Windmühle **2** Windrad IDM ⇨ TILT¹

win·dow /'wɪndəʊ; *AmE* 'wɪndoʊ/ *Nomen* **1** Fenster ◇ *a window on the world* ein Fenster zur Welt ◇ *a broken window* eine kaputte Fensterscheibe ☛ Siehe auch FRENCH WINDOW *und* ROSE WINDOW **2** Schaufenster **3** Schalter ◇ *a box-office window* eine Theaterkasse **4** [Sing] ~ **into sth** Einblick in etw **5** ~ (**of opportunity**) Gelegenheit, Chance IDM **fly/go out (of) the 'window** (*umgs*) den Bach runtergehen

'window box *Nomen* Blumenkasten

'window dresser *Nomen* Schaufenstergestalter(in)

'window dressing *Nomen* [U] **1** Schaufensterdekoration **2** (*fig, abwert*) (reine) Show, Mache

'window ledge *Nomen* Fensterbank, Fensterbrett

win·dow·less /'wɪndəʊləs; *AmE* -doʊ-/ *Adj* fensterlos

win·dow·pane /'wɪndəʊpeɪn; *AmE* -doʊ-/ *Nomen* Fensterscheibe

'window shade (*auch* **shade**) *Nomen* (*AmE*) Jalousie

'window-shopping *Nomen* [U] Schaufensterbummeln

'window sill (*auch* **sill**) *Nomen* Fensterbank, Fensterbrett

wind·pipe /'wɪndpaɪp/ *Nomen* (ANAT) Luftröhre

wind·screen /'wɪndskriːn/ *Nomen* (*BrE*) Windschutzscheibe

'windscreen wiper (*BrE auch* **wiper**) *Nomen* Scheibenwischer

wind·shield /'wɪndʃiːld/ *Nomen* **1** (*AmE*) Windschutzscheibe **2** (*am Motorrad, Grill etc.*) Windschutz

'windshield wiper *Nomen* (*AmE*) (*auch* **wiper**) Scheibenwischer

wind·sock /'wɪndsɒk; *AmE* -sɑːk/ *Nomen* Windsack

wind·surf /'wɪndsɜːf; *AmE* -sɜːrf/ *Verb* windsurfen

wind·surf·er /'wɪndsɜːfə(r); *AmE* -sɜːrf-/ *Nomen* **1** (*AmE auch* **Wind·surf·er**™) Windsurfbrett **2** Windsurfer(in)

wind·surf·ing /'wɪndsɜːfɪŋ; *AmE* -sɜːrf-/ *Nomen* Windsurfen

wind·swept /'wɪndswept/ *Adj* **1** windgepeitscht **2** vom Wind zerzaust

wind tunnel /'wɪnd tʌnl/ *Nomen* Windkanal

wind-up¹ /'waɪnd ʌp/ *Adj* nur vor Nomen **1** zum Aufzie-

hen ◇ *wind-up windows* Autofenster zum Kurbeln **2** Schluss- ◇ *a wind-up speech* eine Schlussrede

wind-up² /'waɪnd ʌp/ *Nomen* (*BrE, umgs*) Spaß ◇ *Is this a wind-up?* Willst du mich ärgern/aufziehen?

wind·ward¹ /'wɪndwəd; *AmE* -wərd/ *Adj* Wind-, auf der Windseite OPP LEEWARD

wind·ward² /'wɪndwəd; *AmE* -wərd/ *Nomen* Windseite ◇ *sail to windward* gegen den Wind segeln ☛ Siehe auch LEE-WARD

windy /'wɪndi/ *Adj* (**wind·ier**, **windi·est**) **1** windig **2** (*umgs, abwert*) langatmig

wine¹ /waɪn/ *Nomen* **1** Wein ◇ *sparkling wine* Sekt **2** = WINE RED

wine² /waɪn/ *Verb* IDM ‚wine and 'dine schlemmen ‚wine and 'dine sb jdn fürstlich bewirten; jdn in ein gutes Restaurant einladen

'wine bar *Nomen* Weinlokal

'wine cellar (*auch* **cel·lar**) *Nomen* Weinkeller

‚wine 'cooler *Nomen* **1** (*AmE*) = Weinschorle mit Fruchtsaft **2** 'wine cooler Weinkühler

'wine glass *Nomen* Weinglas

'wine list *Nomen* Weinkarte

‚wine 'red (*auch* **wine**) /waɪn/ *Adj* weinrot

win·ery /'waɪnəri/ *Nomen* (*Pl* **-ies**) (*bes AmE*) Weingut SYN VINEYARD

wing¹ /wɪŋ/ *Nomen* **1** Flügel ◇ *He plays on the left wing.* Er spielt links außen. **2** (*beim Flugzeug*) Tragfläche **3** (*BrE*) (*beim Auto etc.*) Kotflügel ◇ *a wing mirror* ein Außenspiegel **4** (SPORT) Außenstürmer(in), Flügelstürmer(in) **5** (THEAT) **the wings** [Pl] die Kulissen IDM **get your 'wings** den Pilotenschein bekommen (**wait**) **in the 'wings** in den Kulissen (stehen) ◇ *young managers waiting in the wings* junge Manager, die auf ihre Chance warten **on a ‚wing and a 'prayer** auf gut Glück **on the 'wing** (*gehoben*) im Flug **take sb under your 'wing** jdn unter seine Fittiche nehmen **take 'wing** (*gehoben*) **1** davonfliegen **2** Flügel bekommen ☛ Siehe auch CLIP² *und* SPREAD¹

wing² /wɪŋ/ *Verb* fliegen ◇ *An invitation will be winging its way to you soon.* Eine Einladung wird Ihnen bald ins Haus flattern. ◇ (*gehoben*) *A seagull winged its way across the bay.* Eine Möwe flog über die Bucht. IDM 'wing it (*umgs*) improvisieren SYN IMPROVISE

‚wing 'collar *Nomen* Klappenkragen

'wing commander *Nomen* (*in der britischen Luftwaffe*) Oberstleutnant

winged /wɪŋd/ *Adj* **1** mit Flügeln, geflügelt OPP WINGLESS **2** -**winged** (*in Zusammensetzungen*) mit … Flügeln, -flügelig ◇ *a long-winged bird* ein Vogel mit langen Flügeln

wing·er /'wɪŋə(r)/ *Nomen* (SPORT) Außenstürmer(in), Flügelstürmer(in)

wing·less /'wɪŋləs/ *Adj* flügellos OPP WINGED

'wing nut *Nomen* Flügelmutter

wing·span /'wɪŋspæn/ *Nomen* Flügelspannweite, Flügelspanne

wing·tips /'wɪŋtɪps/ *Nomen* [Pl] (*AmE*) = feste Lederschuhe mir perforierter Kappe

wink¹ /wɪŋk/ *Verb* **1** ~ (**at sb**) (jdm zu)zwinkern, (jdm zu)blinzeln **2** (*gehoben*) (*Licht*) blinken, funkeln SYN BLINK PHRV 'wink at sth etw geflissentlich übersehen

wink² /wɪŋk/ *Nomen* Zwinkern, Blinzeln ◇ *with a wink* augenzwinkernd IDM **not get/have a 'wink of sleep; not sleep a 'wink** kein Auge zutun ☛ Siehe auch NOD² *und* TIP²

win·kle¹ /'wɪŋkl/ *Nomen* (*BrE*) Strandschnecke

win·kle² /'wɪŋkl/ *Verb* (*BrE, umgs*) PHRV ‚winkle sth/sb 'out (of sth) etw/jdn (aus etw) herausbekommen ◇ *They were winkled out of their positions of influence.* Sie wurden um ihre einflussreiche Position gebracht. ‚winkle sth 'out of sb etw aus jdm herausbekommen

win·ner /'wɪnə(r)/ *Nomen* **1** Gewinner(in), Sieger(in) ◇ *The jockey rode his 48th winner.* Der Jockei konnte seinen 48. Sieg verbuchen. **2** [meist Sing] (*umgs*) (*Erfolg*) Hit, Renner ◇ *We could be onto a winner.* Das könnte ein Hit werden. **3** [Sing] (SPORT) Siegestreffer, Siegestor ⇨ PICK¹

win·ning /'wɪnɪŋ/ *Adj* **1** nur vor Nomen siegreich ◇ *the win-*

winning post

ning goal der Siegtreffer ⋄ *the winning ticket* das Gewinnlos ☞ *Siehe auch* AWARD-WINNING *und* PRIZEWINNING **2** (*Lächeln etc.*) gewinnend, einnehmend IDM ⇨ CARD

'**winning post** *Nomen* (*bes BrE*) (SPORT) Zielpfosten

win·nings /ˈwɪnɪŋz/ *Nomen* [Pl] Preisgelder; (*beim Wetten etc.*) Gewinn

win·now /ˈwɪnəʊ; *AmE* -noʊ/ *Verb* (*Getreide*) worfeln, reinigen PHRV ‚**winnow sb/sth** '**out** (**of sth**) (*gehoben*) jdn/etw (aus etw) aussieben

wino /ˈwaɪnəʊ; *AmE* -noʊ/ *Nomen* (*Pl* **-os**) (*umgs*) = Penner(in), der/die viel billigen Alkohol trinkt

win·some /ˈwɪnsəm/ *Adj* (*gehoben*) gewinnend, einnehmend; (*Person*) reizend

win·ter[1] /ˈwɪntə(r)/ *Nomen* Winter ☞ *Beispiele bei* SOMMER IDM ⇨ DEAD[2]

win·ter[2] /ˈwɪntə(r)/ *Verb* den Winter verbringen; (*Tier*) überwintern

‚**winter** '**sports** *Nomen* [Pl] Wintersport(arten)

win·ter·time /ˈwɪntətaɪm; *AmE* -tərt-/ *Nomen* Winter(zeit)

win·try /ˈwɪntri/ *Adj* **1** winterlich **2** (*gehoben*) (*fig*) frostig, kühl

wipe[1] /waɪp/ *Verb* **1** (ab)wischen ⋄ *Please wipe your feet on the mat.* Bitte treten Sie Ihre Füße auf der Matte ab. ⋄ *She wiped off her make-up.* Sie schminkte sich ab. **2** (*Datei, Kassette etc.*) löschen **3** ~ **sth from sth** (*aus dem Gedächtnis*) etw aus etw löschen IDM ‚**wipe the** '**floor with sb** (*umgs*) jdn auseinander nehmen; jdm fertig machen ‚**wipe sb/sth off the** ‚**face of the** '**earth**; ‚**wipe sth off the** '**map** jdn/etw ausradieren ⋄ *It's as if he's been wiped off the face of the earth.* Es ist als hätte ihn der Erdboden verschluckt. ‚**wipe the slate** '**clean** einen Schlussstrich ziehen; reinen Tisch machen PHRV ‚**wipe sth** '**down** etw abwischen ‚**wipe sth** '**off** etw löschen ‚**wipe sth** '**off sth 1** etw von etw löschen **2** (*fig*) ⋄ *Wipe that stupid smile off your face.* Hör auf so blöd zu grinsen. **3** (FINANZ) ⋄ *Billions of dollars were wiped off share prices today.* Heute kam es zu Aktienverlusten in Milliardenhöhe. ‚**wipe** '**out** (*umgs*) (*beim Skifahren*) stürzen; (*beim Surfen*) ins Wasser fallen ‚**wipe sb/sth** '**out** (*oft passiv*) auslöschen ⋄ *The profits were virtually wiped out.* Die Gewinne wurden mehr oder weniger zunichte gemacht. ⋄ *a campaign to wipe out malaria* ein Feldzug zur Ausrottung von Malaria ‚**wipe sth** '**up 1** etw aufwischen **2** etw abtrocknen

wipe[2] /waɪp/ *Nomen* **1** ⋄ *Can you give the table a wipe?* Kannst du den Tisch abwischen? **2** Feuchttuch

wiper /ˈwaɪpə(r)/ = WINDSCREEN WIPER, WINDSHIELD WIPER

wire[1] /ˈwaɪə(r)/ *Nomen* **1** Draht ⋄ *fuse wire* Sicherungsdraht ☞ *Siehe auch* HIGH WIRE, HOT-WIRE *und* TRIPWIRE **2** Leitung ⋄ *overhead wires* eine Oberleitung ⋄ *The telephone wires had been cut.* Das Telefonkabel war gekappt worden. **3 the wire** der Drahtzaun **4** (*bes AmE, umgs*) Telegramm IDM ‚**get your** '**wires crossed** (*umgs*) sich missverstehen; aneinander vorbeireden ‚**go, come, etc.** (**right**) **down to the** '**wire** (*umgs*) im letzten Moment entschieden werden ☞ *Siehe auch* LIVE[2] *und* PULL[1]

wire[2] /ˈwaɪə(r)/ *Verb* **1** ~ **sth** (**up**) etw anschließen, etw verkabeln, in etw Leitungen verlegen ⋄ *Make sure the plug is wired up correctly.* Achten Sie darauf, dass der Stecker richtig angeschlossen ist. ⋄ *be wired for cable TV* verkabelt sein **2** ~ **sb/sth up** (**to sth**) jdn/etw (an etw) anschließen, jdn/etw (mit etw) verbinden; ~ **sb/sth to sth** jdn/etw an etw anschließen, jdn/etw mit etw verbinden **3** verwanzen, abhören ⋄ *The room had been wired for sound.* Das Zimmer wurde verwanzt. SYN BUG **4** (*bes AmE*) telegrafieren **5** (*Geld*) überweisen **6** mit Draht verbinden; zusammenbinden ☞ *Siehe auch* WIRED

'**wire-cutters** *Nomen* [Pl] Drahtschere ☞ *Hinweis bei* BRILLE

wired /ˈwaɪəd; *AmE* ˈwaɪərd/ *Adj* **1** (COMP) vernetzt **2** mit Draht verstärkt ⋄ *wired glass* Drahtglas **3** (*umgs*) aufgeregt, überdreht **4** (*bes AmE, umgs*) (*alkoholisiert*) blau; (*auf Drogen*) high

wire·less /ˈwaɪələs; *AmE* ˈwaɪərləs/ *Nomen* (*veraltet*) **1** (*bes BrE*) Radio(apparat) **2** Funk ⋄ *wireless operators* Funker

‚**wire** '**netting** *Nomen* Maschendraht

wire·tap[1] /ˈwaɪətæp; *AmE* ˈwaɪərt-/ *Verb* (**-pp-**) (*auch* **tap**) (*bes AmE*) (*Telefon*) anzapfen

wire·tap[2] /ˈwaɪətæp; *AmE* ˈwaɪərt-/ (*auch* **tap**) *Nomen* (*bes AmE*) Telefonüberwachung

wire·tap·ping /ˈwaɪətæpɪŋ; *AmE* ˈwaɪərt-/ *Nomen* Anzapfen von Telefonleitungen, Abhören

‚**wire** '**wool** *Nomen* (*BrE*) Stahlwolle

wir·ing /ˈwaɪərɪŋ/ *Nomen* [U] (ELEK) Leitungen, Kabel ⋄ *a wiring diagram* ein Schaltplan

wiry /ˈwaɪəri/ *Adj* drahtig

wis·dom /ˈwɪzdəm/ *Nomen* Weisheit, Klugheit ⋄ *words of wisdom* weise Worte ⋄ *I question the wisdom of the move.* Ich bezweifle, dass der Schritt sinnvoll ist. IDM ‚**conventional/received** '**wisdom** die vorherrschende Meinung ⋄ *Conventional wisdom has it that …* Viele Leute glauben, dass … **in its/his/her, etc.** (**infinite**) '**wisdom** in seiner/ihrer etc. (unendlichen) Weisheit ☞ *Siehe auch* PEARL

'**wisdom tooth** *Nomen* Weisheitszahn

wise[1] /waɪz/ *Adj* **1** weise ⋄ *the three Wise Men* die drei Weisen **2** klug, vernünftig ⋄ *The wisest course of action is just to say nothing.* Am klügsten ist es gar nichts zu sagen. IDM **be none the** '**wiser**; **not be any the** '**wiser 1** kein bisschen/nicht viel klüger sein als vorher **2** nichts merken; nichts herausfinden **be** ‚**wise after the e**'**vent** (*oft abwert*) ⋄ *It's easy to be wise after the event.* Hinterher ist man immer klüger. **be/get** '**wise to sb/sth** (*umgs*) jdn/etw durchschauen; jdm/etw auf die Schliche kommen **put sb** '**wise** (**to sth**) (*umgs*) jdn (über etw) aufklären

wise[2] /waɪz/ *Verb* PHRV ‚**wise** '**up** sich informieren ⋄ *Wise up, buddy.* Wach auf, Mensch! ‚**wise** '**up to sth** (*umgs*) etw erkennen, etw durchschauen

-wise /waɪz/ (*in Adjektiven und Adverbien*) **1** ⋄ *lengthwise* der Länge nach ⋄ *clockwise* im Uhrzeigersinn ⋄ *likewise* ebenso **2** (*umgs*) -mäßig, was … betrifft ⋄ *weather-wise* wettermäßig

wise·acre /ˈwaɪzeɪkə(r)/ *Nomen* (*bes AmE, umgs, veraltet*) Neunmalkluge(r), Klugschwätzer(in)

wise·crack[1] /ˈwaɪzkræk/ *Nomen* (*umgs*) witzige Bemerkung, Witzelei

wise·crack[2] /ˈwaɪzkræk/ *Verb* witzeln, flachsen

'**wise guy** *Nomen* (*bes AmE, umgs, abwert*) Besserwisser(in), Klugscheißer(in)

wise·ly /ˈwaɪzli/ *Adv* klug(erweise)

wish[1] /wɪʃ/ *Verb* (*selten in der Verlaufsform*) (*sich etw*) wünschen ⋄ *wish for sth* sich etw wünschen ⋄ *We wish them both well.* Wir wünschen den beiden alles Gute. ⋄ *I wish I hadn't eaten so much.* Hätte ich bloß nicht so viel gegessen. ⋄ *'Where is he now?' 'I only wish I knew!'* „Wo ist er jetzt?" „Wenn ich das bloß wüsste!" ⋄ *He was not sure whether he wished her to stay or go.* Er war sich nicht sicher, ob er wollte, dass sie blieb oder ging. ⋄ *I don't wish to be rude, but …* Ich möchte nicht unhöflich sein, aber … IDM **I** '**wish!** (*umgs*) schön wär's! SYN IF ONLY PHRV ‚**wish sth a**'**way** etw wegwünschen, etw fortwünschen '**wish sb/sth on sb** (*umgs*) (*in verneinten Sätzen*) jdm/etw wünschen, etw jdm/etw aufhalsen

wish[2] /wɪʃ/ *Nomen* **1** ~ (**for sth**) Wunsch (nach etw) ⋄ *Make a wish.* Wünsch dir etwas. ⋄ *She expressed a wish to be alone.* Sie wollte allein gelassen werden. ⋄ *He had no wish to start a fight.* Er wollte keinen Streit anfangen. **2 wishes** [Pl] (Glück)wünsche, Grüße ⋄ *With best wishes.* Mit besten Grüßen. ⋄ *Give him my good wishes.* Grüßen Sie ihn von mir. IDM **your wish is my com**'**mand** (*hum*) dein Wunsch ist mir Befehl

wish·bone /ˈwɪʃbəʊn; *AmE* -boʊn/ *Nomen* Gabelbein

‚**wishful** '**thinking** *Nomen* Wunschdenken

'**wish list** *Nomen* (*umgs*) Wunschliste

wishy-washy /ˈwɪʃi wɒʃi; *AmE* -wɔːʃi, -wɑːʃi/ *Adj* (*umgs, abwert*) **1** Wischiwaschi-, vage **2** (*Farbe*) verwaschen

wisp /wɪsp/ *Nomen* **1** (*Haar-*) Strähne; (*Gras- etc.*) Halm **2** Rauchfahne, Wolken-/Nebelfetzen

wispy /ˈwɪspi/ *Adj* dünn, fein ⋄ *wispy clouds* Wolkenfetzen

wis·teria /wɪˈstɪəriə; *AmE* -ˈstɪr-/ (*auch* **wis·taria** /wɪˈsteəriə; *AmE* -ˈster-/) *Nomen* (BOT) Glyzine

wist·ful /ˈwɪstfl/ *Adj* (*Adv* **wist·ful·ly** /-fəli/) wehmütig

wist·ful·ness /ˈwɪstflnəs/ *Nomen* Wehmütigkeit, Wehmut

wit /wɪt/ *Nomen* **1** [U/Sing] Esprit, Schlagfertigkeit, Witz ◊ *have a quick/ready wit* schlagfertig und gewitzt sein ◊ *have a sharp wit* scharfsinnig sein ◊ *have a dry wit* einen trockenen Humor haben **2** geistreicher Mensch, gewitzter/schlagfertiger Mensch **3 wits** [Pl] Verstand ◊ *He needed all his wits to find his way out.* Er musste all seine Gehirnzellen anstrengen, um den Ausgang zu finden. ◊ *The game was a battle of wits.* Das Spiel war eine taktische Auseinandersetzung. ◊ *Kate gathered her wits.* Kate sammelte sich. ☛ *Siehe auch* -WITTED **4** Verstand ◊ *It should not be beyond the wit of man to resolve this dispute.* Es sollte doch wohl nicht menschenunmöglich sein, diesen Streit beizulegen. IDM **be at your wits' end** mit seiner Weisheit am Ende sein **be frightened/scared/terrified out of your 'wits** eine Riesenangst haben; zu Tode erschreckt sein **have your 'wits about you** alle fünf Sinne beisammenhaben **keep your 'wits about you** einen klaren Kopf behalten **to 'wit** (*gehoben, veraltet*) und zwar; nämlich ☛ *Siehe auch* LIVE[1]

witch /wɪtʃ/ *Nomen* Hexe

witch·craft /'wɪtʃkrɑːft; *AmE* -kræft/ *Nomen* Hexerei, Zauberei

'witch doctor *Nomen* Medizinmann

'witch hazel *Nomen* (MED) Hamamelis

'witch-hunt *Nomen* (*meist abwert*) Hexenjagd

the 'witching hour *Nomen* die Geisterstunde

Wite-out™ /'waɪtaʊt/ *Nomen* (*AmE*) Korrekturflüssigkeit SYN TIPP-EX™

with /wɪð, wɪθ/ *Präp* ☛ Für Verben mit **with** siehe die Einträge für die Verben. **Bear with sb** z.B. steht unter **bear**. **1** mit ◊ *Don't be angry with her.* Sei ihr nicht böse. ◊ *He behaved with great dignity.* Er benahm sich sehr würdevoll. **2** bei ◊ *I have a client with me right now.* Ich habe gerade einen Kunden bei mir. ◊ *With her it's pronunciation that's the problem.* Bei ihr ist die Aussprache das Problem. ◊ *I bank with the HSBC.* Ich habe ein Konto bei der HSBC-Bank. ◊ *The keys are with reception.* Die Schlüssel sind an der Rezeption. ◊ *Leave it with me.* Überlassen Sie das mir. **3** vor ◊ *She blushed with embarrassment.* Sie errötete vor Verlegenheit. **4** trotz ◊ *With all her faults I still love her.* Trotz all ihrer Fehler liebe ich sie. IDM **be 'with sb** (*umgs*) jdm folgen können **be 'with sb (on sth)** jdn (bei etw) unterstützen **'with it** (*umgs*) **1** in; modern **2** auf der Höhe; voll da SYN ALERT[1] **with 'that** (*gehoben*) dann; daraufhin

with·draw /wɪð'drɔː, wɪθ'd-/ *Verb* (**-drew** /-'druː/, **-drawn** /-'drɔːn/) **1** (sich) zurückziehen; (MIL) abziehen ◊ *He was forced to withdraw from the competition because of injury.* Wegen einer Verletzung musste er vom Wettkampf zurücktreten. ◊ *Should they withdraw from the EU?* Sollen sie aus der EU austreten? **2 ~ sth (from sth)** etw (einer Sache) entziehen; (Münzen, Banknoten) aus dem Verkehr ziehen; (Produkt) vom Markt nehmen ◊ *The workers withdrew their labour.* Die Arbeiter legten ihre Arbeit nieder. **3** (*vom Konto*) abheben **4** (*gehoben*) (*Bemerkung etc.*) zurücknehmen, widerrufen SYN RETRACT

with·draw·al /wɪð'drɔːəl, wɪθ'd-/ *Nomen* **1** Zurückziehen; (MIL) Abzug, Rückzug ◊ *She is showing signs of withdrawal and depression.* Bei ihr finden sich Anzeichen von Zurückgezogenheit und Depression. ◊ *the withdrawal of a product from the market* der Rückruf eines Produktes ◊ *his withdrawal from the election* sein Zurücktreten von der Wahl ◊ *a campaign for withdrawal from the EU* eine Kampagne für den Austritt aus der EU **2** (*vom Konto*) Abheben ◊ *make withdrawals* Geld abheben **3** Entzug ◊ *withdrawal symptoms* Entzugserscheinungen **4** (*meist Sing*) (*einer Bemerkung etc.*) Widerruf, Zurücknahme SYN RETRACTION

with·drawn /wɪð'drɔːn/ *Adj* zurückhaltend, verschlossen

with·er /'wɪðə(r)/ *Verb* **1** verdorren (lassen) **2** (*fig*) **~ (away)** (dahin)schwinden

with·ered /'wɪðəd; *AmE* -ərd/ *Adj* **1** vertrocknet, verdorrt **2** (*Mensch*) hutzelig **3** (*Gliedmaßen*) verkümmert

with·er·ing /'wɪðərɪŋ/ *Adj* (*Adv* **with·er·ing·ly**) (*Blick, Bemerkung, Angriff etc.*) vernichtend ◊ *withering scorn/contempt* beißender Hohn

with·ers /'wɪðəz; *AmE* -ərz/ *Nomen* [Pl] Widerrist

with·hold /wɪð'həʊld, wɪθ-; *AmE* -'hoʊld/ *Verb* (**-held** /-'held/) **~ sth (from sb/sth)** (*gehoben*) (jdm/etw) etw vorenthalten, (jdm/etw) etw verweigern

with'holding tax *Nomen* (*in den USA*) Quellensteuer

with·in[1] /wɪ'ðɪn/ *Präp* **1** innerhalb, binnen **2** im Umkreis; **~ ...(of sth)** nicht weiter als ... (von etw) ◊ *Is it within walking distance? Kann man es zu Fuß erreichen?* ◊ *We are now within range of enemy fire.* Wir befinden uns jetzt in der feindlichen Schusslinie. **3** im Rahmen ◊ *He finds it hard to live within his income.* Es fällt ihm schwer, nicht über seine Verhältnisse zu leben. **4** (*gehoben*) im Inneren, innerhalb, in

with·in[2] /wɪ'ðɪn/ *Adv* (*gehoben*) innen, drinnen ◊ *Salesperson required. Apply within.* Verkäufer/in gesucht. Bitte im Laden anfragen.

with·out /wɪ'ðaʊt/ *Präp, Adv* ohne ◊ *He brought her tea without her having to ask.* Er brachte ihr Tee, ohne dass sie ihn darum bitten musste. ◊ *I'm sure we'll manage without.* Ich bin sicher, dass wir es ohne schaffen werden.

with·stand /wɪð'stænd, wɪθ's-/ *Verb* (**-stood, -stood** /-'stʊd/) (*gehoben*) **~ sth** etw aushalten, einer Sache standhalten SYN RESIST

wit·less /'wɪtləs/ *Adj* (*selten*) dumm, töricht IDM **be scared 'witless** (*umgs*) zu Tode erschreckt sein **be bored 'witless** (*umgs*) sich zu Tode langweilen

wit·ness[1] /'wɪtnəs/ *Nomen* Zeuge, Zeugin ◊ *We have a witness to the killing.* Wir haben einen Zeugen für den Mord. ◊ *defence witnesses* Zeugen der Verteidigung/Entlastungszeugen ◊ *prosecution witnesses* Zeugen der Anklage/Belastungszeugen IDM **be (a) 'witness to sth 1** (*gehoben*) Zeuge von etw sein **2** (*gehoben*) Zeugnis für etw geben; von etw zeugen **bear/give 'witness** Zeugnis für etw geben **bear/give 'witness to sth** etw bezeugen; von etw zeugen

wit·ness[2] /'wɪtnəs/ *Verb* **1** Zeuge sein, (mit)erleben ◊ *We are witnessing an increase in crime.* Wir erleben einen Anstieg der Verbrechen. ◊ *I couldn't bear to witness their suffering.* Ich konnte nicht mit ansehen, wie sie litten. **2** bezeugen ◊ *witness a signature* eine Unterschrift gegenzeichnen ◊ *The document was witnessed by a lawyer.* Das Dokument wurde notariell beglaubigt. **3** bestätigen, beweisen ◊ *There has been increasing interest in her life, as witnessed by these new biographies.* Es besteht ein wachsendes Interesse an ihrem Leben, was durch diese neuen Biografien bestätigt wird. ◊ (*gehoben*) *Italian cooking is very healthy – witness the low incidence of heart disease in Italy.* Die italienische Küche ist sehr gesund, was dadurch bestätigt wird, dass Herzkrankheiten in Italien eher selten sind. **4 ~ (to sth)** (*bes AmE*) (REL) (für etw) Zeugnis ablegen

'witness box (*auch* **stand**) (*AmE* **'witness stand**) *Nomen* Zeugenstand

-witted /'wɪtɪd/ (*in Adjektiven*) ◊ *They were a quick-witted group of students.* Die Studenten besaßen eine schnelle Auffassungsgabe. ◊ *dim-witted* beschränkt

wit·ter /'wɪtə(r)/ *Verb* **~ (on) (about sth)** (*BrE, umgs, meist abwert*) (über etw) labern

wit·ti·cism /'wɪtɪsɪzəm/ *Nomen* geistreiche/witzige Bemerkung

wit·ting·ly /'wɪtɪŋli/ *Adv* (*gehoben*) bewusst, wissentlich

witty /'wɪti/ *Adj* (**wit·tier, wit·ti·est**) (*Adv* **wit·tily** /-ɪli/) geistreich, witzig

wives *Form von* WIFE

wiz·ard /'wɪzəd; *AmE* -ərd/ *Nomen* **1** Zauberer **2** Leuchte, Genie

wiz·ard·ry /'wɪzədri; *AmE* -ərd-/ *Nomen* Zauberei; (*fig*) Künste, Kunststücke

wiz·ened /'wɪznd/ *Adj* (*gehoben*) schrumplig, verschrumpelt

woad /wəʊd; *AmE* woʊd/ *Nomen* Waid

wob·ble[1] /'wɒbl; *AmE* 'wɑːbl/ *Verb* **1** schwanken, wackeln, eiern ◊ (*fig*) *Her voice wobbled with emotion.* Ihre Stimme bebte vor Ergriffenheit. **2 ~ sth** mit etw wackeln, an etw rütteln

wob·ble[2] /'wɒbl; *AmE* 'wɑːbl/ *Nomen* [meist Sing] Wackeln ◊ *The handlebars have developed a wobble.* Der Lenker wackelt seit kurzem.

wob·bly[1] /'wɒbli; *AmE* 'wɑːbli/ *Adj* (*umgs*) **1** wackelig ◊ *He's still a bit wobbly after the operation.* Seit der Operation

wobbly

ist er noch ein bisschen wackelig auf den Beinen. **2** (*fig*) holprig, unsicher SYN SHAKY

wob·bly² /ˈwɒbli; *AmE* ˈwɑːbli/ *Nomen* IDM **throw a ˈwobbly** (*BrE, umgs*) wütend werden; ausrasten

wodge /wɒdʒ; *AmE* wɑːdʒ/ *Nomen* (*BrE, umgs*) Packen, Brocken; (*fig*) Haufen

woe /wəʊ; *AmE* woʊ/ *Nomen* (*veraltet oder hum*) **1 woes** [Pl] Sorgen **2** Kummer ◊ *I told him my tale of woe.* Ich klagte ihm mein Leid. IDM **woe beˈtide sb**; **ˈwoe to sb** (*gehoben oder hum*) wehe dem ◊ **woe is ˈme!** Ausruf (*veraltet oder hum*) weh(e) mir!

woe·be·gone /ˈwəʊbɪɡɒn; *AmE* ˈwoʊbɪɡɔːn, -ɡɑːn/ *Adj* (*gehoben*) traurig, kummervoll

woe·ful /ˈwəʊfl; *AmE* ˈwoʊfl/ *Adj* (*Adv* **woe·ful·ly** /-fəli/) **1** erbärmlich, jämmerlich SYN DEPLORABLE **2** (*gehoben*) traurig, kummervoll

wog /wɒɡ; *AmE* wɑːɡ/ *Nomen* (*BrE, vulg, Slang, beleidigend*) Kanake, Kaffer

wok /wɒk; *AmE* wɑːk/ *Nomen* Wok

woke, woken *Form von* WAKE¹

wolds /wəʊldz; *AmE* woʊldz/ *Nomen* [Pl] (*in britischen Ortsnamen*) Hochebene

wolf¹ /wʊlf/ *Nomen* (*Pl* **wolves** /wʊlvz/) Wolf IDM **keep the ˈwolf from the door** (*umgs*) sich/jdn über Wasser halten **throw sb to the ˈwolves** jdn den Wölfen zum Fraß vorwerfen **a wolf in sheep's ˈclothing** ein Wolf im Schafspelz ☛ *Siehe auch* CRY¹ *und* LONE

wolf² /wʊlf/ *Verb* (*umgs*) verschlingen; ~ **sth down** etw hinunterschlingen SYN GOBBLE

wolf·hound /ˈwʊlfhaʊnd/ *Nomen* Wolfshund

wolf·ish /ˈwʊlfɪʃ/ *Adj* (*gehoben*) **1** wölfisch, Wolfs- ◊ *wolfish yellow eyes* gelbe Augen wie ein Wolf **2** (*fig*) anzüglich

ˈwolf whistle *Nomen* anzügliches Pfeifen

ˈwolf-whistle *Verb* anzüglich pfeifen; ~ (**at**) **sb** jdm hinterherpfeifen

wolves *Form von* WOLF¹

woman /ˈwʊmən/ *Nomen* (*Pl* **women** /ˈwɪmɪn/) **1** Frau ◊ *She's all woman!* Sie ist eine Frau durch und durch! ◊ *a woman doctor* eine Ärztin ☛ *Hinweis bei* DAME, S. 877 **2** (*in Zusammensetzungen*) *a Englishwoman* eine Engländerin ◊ *a businesswoman* eine Geschäftsfrau ◊ *a horsewoman* eine Reiterin **3** Hausangestellte, Bedienstete **4** [Sing] (*veraltet, umgs*) Weib, Frauenzimmer ☛ *Siehe auch* KEPT WOMAN *und* OTHER WOMAN IDM **be your own ˈman/ˈwoman** sein eigener Herr sein ☛ *Siehe auch* HEART, HELL, HONEST, MAN¹, OWN¹, PART¹, POSSESSED, SUBSTANCE *und* WORLD

woman·hood /ˈwʊmənhʊd/ *Nomen* [U] (*gehoben*) **1** Frauenalter ◊ *He watched his daughters grow to womanhood.* Er sah, wie aus seinen Töchtern Frauen wurden. **2** Weiblichkeit **3** Frauen ◊ *the womanhood of this country* die Frauen dieses Landes

woman·izer (*BrE auch* **-iser**) /ˈwʊmənaɪzə(r)/ *Nomen* (*abwert*) Schürzenjäger

woman·kind /ˈwʊmənkaɪnd/ *Nomen* (*gehoben, veraltet*) Frauen, das weibliche Geschlecht

woman·li·ness /ˈwʊmənlinəs/ *Nomen* Fraulichkeit, Weiblichkeit

woman·ly /ˈwʊmənli/ *Adj* fraulich, weiblich SYN FEMININE

womb /wuːm/ *Nomen* Mutterleib, Gebärmutter SYN UTERUS

wom·bat /ˈwɒmbæt; *AmE* ˈwɑːm-/ *Nomen* Wombat

women·folk /ˈwɪmɪnfəʊk; *AmE* -foʊk/ *Nomen* [Pl] (*gehoben oder hum*) Frauen

ˌwomen's libeˈration *Nomen* (*veraltet*) **1** (*umgs* **ˌwomen's ˈlib** /lɪb/) Emanzipation **2 Women's Liberation** (*umgs* **Women's Lib**) Frauenrechtsbewegung

ˈwomen's studies *Nomen* Frauenstudien, Frauenforschung ☛ G 1.3c

won *Form von* WIN¹

won·der¹ /ˈwʌndə(r)/ *Verb* **1** ~ (**about sth**) sich (etw) fragen ◊ *I wonder whether he'll ring.* Ich bin gespannt, ob er anruft. ◊ *'Why do you want to know?' 'I was just wondering.'* „Warum willst du das wissen? " „Nur so." ◊ *We were wondering about May for the wedding.* Wir dachten vielleicht an Mai für die Hochzeit. **2** (*in höflichen Fragen/Bitten*) ◊ *I wonder if you can help me.* Könnten Sie mir vielleicht helfen? ◊ *I was wondering whether you'd like to come.* Würdest du gerne mitkommen? **3** ~ (**at sth**) (über etw) erstaunt sein, sich (über etw) wundern ◊ *I wonder (that) he didn't hurt himself.* Es wundert mich, dass er sich nicht verletzt hat. ◊ (*BrE, umgs*) *He'll be late again, I shouldn't wonder.* Es würde mich nicht wundern, wenn er wieder zu spät käme.

won·der² /ˈwʌndə(r)/ *Nomen* **1** Staunen ◊ *She gazed down in wonder at the city.* Sie blickte bewundernd auf die Stadt herab. SYN AWE **2** Wunder ◊ *one of the natural wonders of the world* eines der Naturwunder dieser Erde **3** [Sing] (*umgs*) ◊ *Geoff, you're a wonder!* Geoff, du bist ein Genie! ◊ *a boy wonder* ein Wunderknabe ◊ *a wonder drug* eine Wundermedizin IDM **do ˈwonders (for sb/sth)** (wahre) Wunder (für jdn/etw) tun **(it's) no/little/small ˈwonder (that) …** (es ist) nicht/kaum verwunderlich, (dass …) ◊ (*umgs*) *No wonder you're tired.* Kein Wunder, dass du müde bist. **it's a ˈwonder (that) …** (*umgs*) (es ist) ein Wunder, (dass …) **wonders will never ˈcease** (*umgs, oft iron*) es geschehen (doch) noch Zeichen und Wunder **work ˈwonders** Wunder wirken ☛ *Siehe auch* NINE

won·der·ful /ˈwʌndəfl; *AmE* -dərfl/ *Adj* **1** wunderbar **2** erstaunlich SYN REMARKABLE

won·der·ful·ly /ˈwʌndəfəli; *AmE* -dərf-/ *Adv* (*gehoben*) **1** sehr, wunderbar **2** erstaunlich

won·der·ing·ly /ˈwʌndrɪŋli/ *Adv* (*gehoben*) **1** staunend **2** nachdenklich

won·der·land /ˈwʌndəlænd; *AmE* -dərl-/ *Nomen* Wunderland

won·der·ment /ˈwʌndəmənt; *AmE* -dərm-/ *Nomen* (*gehoben*) Staunen, staunende Bewunderung

won·drous /ˈwʌndrəs/ *Adj* (*Adv* **won·drous·ly**) (*gehoben*) wundersam

wonk /wɒŋk; *AmE* wɑːŋk/ *Nomen* (*AmE, umgs, abwert*) **1** Streber(in) **2** Eierkopf

wonky /ˈwɒŋki; *AmE* ˈwɑːŋki/ *Adj* (*BrE, umgs*) wackelig

wont¹ /wəʊnt; *AmE* wɔːnt/ *Adj* **be** ~ **to do sth** (*gehoben, veraltet*) es gewohnt sein etw zu tun

wont² /wəʊnt; *AmE* wɔːnt/ *Nomen* [Sing] (*gehoben, veraltet*) Gewohnheit ◊ *She got up early, as was her wont.* Sie stand früh auf, wie sie es immer zu tun pflegte. SYN HABIT

won't /wəʊnt/ = WILL NOT

woo /wuː/ *Verb* **1** (um)werben ◊ *woo customers into the store* Kunden in den Laden locken **2** (*veraltet*) freien, werben um SYN COURT

wood /wʊd/ *Nomen* **1** Holz ◊ *Cut out the old wood.* Die dürren Zweige wegschneiden. **2** (*auch* **woods** [Pl]) Wald **3** (*Rasenbowling*) Kugel **4** (*Golf*) Holz(schläger) IDM **not be out of the ˈwoods** (*umgs*) nicht über den Berg sein ☛ *Siehe auch* KNOCK¹, NECK¹, TOUCH¹ *und* TREE

wood·carver /ˈwʊdkɑːvə(r); *AmE* -kɑːrv-/ *Nomen* Holzschnitzer(in)

wood·carving /ˈwʊdkɑːvɪŋ; *AmE* -kɑːrv-/ *Nomen* **1** Schnitzen **2** (Holz)schnitzerei

wood·chuck /ˈwʊdtʃʌk/ *Nomen* Waldmurmeltier

wood·cock /ˈwʊdkɒk; *AmE* -kɑːk/ *Nomen* (*Pl* **wood·cock** *oder* **wood·cocks**) Waldschnepfe ☛ G 1.2

wood·cut /ˈwʊdkʌt/ *Nomen* Holzschnitt

wood·cut·ter /ˈwʊdkʌtə(r)/ *Nomen* (*veraltet*) Holzfäller

wood·ed /ˈwʊdɪd/ *Adj* bewaldet

wood·en /ˈwʊdn/ *Adj* **1** hölzern, Holz- **2** (*Adv* **wood·en·ly**) (*ausdruckslos*) steif, hölzern

ˌwooden ˈspoon *Nomen* Kochlöffel IDM **get, win, take, etc. the ˌwooden ˈspoon** (*BrE, umgs*) Letzte(r) werden

wood·land /ˈwʊdlənd/ *Nomen* (*auch* **wood·lands** [Pl]) Wald(land)

wood·louse /ˈwʊdlaʊs/ *Nomen* (*Pl* **-lice** /-laɪs/) Assel

wood·man /ˈwʊdmən/ *Nomen* (*Pl* **-men** /-mən/) Waldarbeiter

wood·peck·er /ˈwʊdpekə(r)/ *Nomen* Specht

ˈwood pigeon *Nomen* Ringeltaube

ˈwood pulp *Nomen* Holzschliff

wood·ruff /ˈwʊdrʌf/ = SWEET WOODRUFF

wood·shed /ˈwʊdʃed/ *Nomen* Holzschuppen

woods·man /'wʊdzmən/ *Nomen* (*Pl* **-men** /-mən/) Waldarbeiter

woodsy /'wʊdzi/ *Adj* (*bes AmE, umgs*) waldig, Wald-

wood·wind /'wʊdwɪnd/ *Nomen* (*bes AmE* **wood·winds** [Pll]) Holzblasinstrumente ◇ *the woodwind section* die Holzbläser ☛ G 1.3b

wood·work /'wʊdwɜːk; *AmE* -wɜːrk/ *Nomen* **1** Holz(werk) ◇ *He hit the woodwork twice before scoring.* Er traf zweimal den Torrahmen, bevor er ein Tor erzielte. **2** (*BrE*) = WOODWORKING IDM **blend/fade into the ˈwoodwork** sich im Hintergrund halten **come/crawl out of the ˈwoodwork** (*umgs, abwert*) (aus dem Nichts) auftauchen

ˈwood·work·ing /'wʊdˌwɜːkɪŋ; *AmE* -wɜːrk-/ (*BrE auch* **ˈwood·work**) *Nomen* Werken/Arbeiten mit Holz

woody /'wʊdi/ *Adj* **1** holzig **2** bewaldet

woof¹ /wʊf/ *Ausruf* (*umgs*) wau, wau

woof² /wʊf/ *Verb* bellen

woof³ /wʊf/ *Nomen* Schuss(faden)

woof·er /'wuːfə(r)/ *Nomen* Basslautsprecher

wool /wʊl/ *Nomen* Wolle ☛ *Siehe auch* COTTON WOOL *und* DYED IN THE WOOL IDM ⇨ PULL¹

wool·len (*AmE* **wool·en**) /'wʊlən/ *Adj* wollen, Woll-

wool·lens (*AmE* **wool·ens**) /'wʊlənz/ *Nomen* [Pl] Wollsachen

wool·ly¹ (*AmE auch* **wooly**) /'wʊli/ *Adj* **1** wollig **2** (*bes BrE, umgs*) wollen, Woll- **3** (*ungenau*) verwaschen

wool·ly² /'wʊli/ *Nomen* (*Pl* **-ies**) (*BrE, umgs, veraltend*) (gestricktes) Kleidungsstück aus Wolle

woozy /'wuːzi/ *Adj* (*umgs*) **1** duselig **2** (*bes AmE*) ◇ *She felt woozy.* Ihr war übel.

wop /wɒp; *AmE* wɑːp/ *Nomen* (*Slang, beleidigend*) Spaghettifresser(in), Itaker(in)

word¹ /wɜːd; *AmE* wɜːrd/ *Nomen* **1** Wort ◇ *He never breathed a word of this to me.* Er hat mir darüber nie ein Sterbenswörtchen gesagt. ◇ *Could I have a quick word with you?* Könnte ich mal kurz mit Ihnen sprechen? ◇ *You'll have to take my word for it.* Du musst mir einfach glauben. ☛ *Siehe auch* FOUR-LETTER WORD *und* HOUSEHOLD WORD **2** [Sing] *Word has it that she's leaving.* Es geht das Gerücht um, dass sie die Firma verlässt. ◇ *The word is they've split up.* Es heißt, dass sie sich getrennt haben. ◇ *There's been no word from them since then.* Seither haben wir nichts von ihnen gehört. ◇ *She sent word that she would be late.* Sie gab Bescheid, dass sie spät kommen würde. ◇ *If word gets out about it, he will have to resign.* Wenn das herauskommt, muss er zurücktreten. ◇ *He likes to spread the word about the importance of healthy eating.* Er sagt gern allen, wie wichtig es ist, gesund zu essen. **3 the Word** (*auch* **the ˌWord of ˈGod**) [Sing] das Wort Gottes IDM **by ˌword of ˈmouth** mündlich; durch Mundpropaganda **(right) from the ˈword ˈgo** (*umgs*) gleich von Anfang an **(not) get a word in ˈedgeways** (*AmE* **(not) get a word in ˈedgewise**) (nicht) zu Wort kommen **have a word in sb's ˈear** (*BrE*) mit jdm unter vier Augen sprechen **have/exchange ˈwords (with sb) (about sth)** (*bes BrE*) (mit jdm) eine Auseinandersetzung (über etw) haben ◇ *Words were exchanged.* Es kam zu einer Auseinandersetzung. **in ˈother words** in anderen Worten **(not) in so/as many ˈwords** (nicht) direkt **in a ˈword** (*umgs*) mit einem Wort **in words of one ˈsyllable** mit einfachen Worten **2** auf gut Deutsch **the last/final word (on sth)** das letzte Wort (bei/in etw) **(upon) my ˈword** (*veraltet*) meine Güte **not have a good word to ˈsay for sb/sth** (*umgs*) nichts Gutes über jdn/etw zu sagen haben **put in a (good) ˈword for sb** für jdn ein gutes Wort einlegen **put ˈwords into sb's mouth** jdm etw in den Mund legen **say/give the ˈword** *Just say the word, and I'll go.* Du brauchst nur ein Wort zu sagen und ich gehe. **take sb at their ˈword** jdn beim Wort nehmen **take the ˈwords right out of sb's mouth** jdm das Wort aus dem Mund nehmen **too funny, silly, ridiculous, etc. for ˈwords** unsäglich lustig, albern, lächerlich etc. **ˌword for ˈword** Wort für Wort; wortwörtlich **sb's word is their ˈbond** auf jds Wort kann man sich verlassen ☛ *Siehe auch* ACTION¹, DIRTY¹, EAT, HANG¹, LAST¹, LOST, MINCE¹, MUM², OPERATIVE², PLAY², PRINT¹, WAR, WEIGH *und* WRITTEN

word² /wɜːd; *AmE* wɜːrd/ *Verb* (*oft passiv*) formulieren, in Worte fassen

ˈword break (*auch* **ˈword division**) *Nomen* Worttrennung, Silbentrennung

word·ing /'wɜːdɪŋ; *AmE* 'wɜːrd-/ *Nomen* Formulierung

word·less /'wɜːdləs; *AmE* 'wɜːrd-/ *Adj* (*Adv* **word·less·ly**) (*gehoben*) **1** stumm, wortlos **2** schweigsam

ˌword-ˈperfect *Adj* (*BrE*) textsicher

word·play /'wɜːdpleɪ; *AmE* 'wɜːrd-/ *Nomen* [U] Wortspiel

ˈword processing *Nomen* Textverarbeitung

ˈword processor *Nomen* Textverarbeitungssystem

wordy /'wɜːdi; *AmE* 'wɜːrdi/ *Adj* (*oft abwert*) langatmig, wortreich SYN VERBOSE

wore *Form von* WEAR¹

work¹ /wɜːk; *AmE* wɜːrk/ *Verb* **1** arbeiten ◇ *He worked his way to the top of his profession.* Er hat sich an die Spitze seines Berufs hinaufgearbeitet. **2** ~ **yourself hard** sich abmühen, sich schinden **3** ~ **sb hard** jdn antreiben, jdn hart herannehmen **4** (*Land*) bestellen; (*Mine*) ausbeuten ◇ (*fig*) *The salesman work a large area.* Die Vertreter bereisen ein großes Gebiet. ◇ (*fig*) *She knows how to work a crowd.* Sie weiß, wie man eine Menge mitreißt. **5** bearbeiten; ~ **sth into sth** etw in etw verarbeiten ◇ *work clay* Ton kneten ◇ *work iron* Eisen schmieden **6** funktionieren **7** bedienen, betreiben **8** ~ (**on sb/sth**) (bei jdm/etw) wirken **9** sich auswirken **10** bewirken **11** (*gehoben*) (*Körperteil*) zucken **12** ◇ *It will take a while for the drug to work out of your system.* Es wird eine Weile dauern, bis Ihr Organismus die Arznei ganz ausgeschieden hat. ◇ *I was tied up, but managed to work myself free.* Ich war gefesselt, konnte mich aber schließlich befreien. ◇ *The screw had worked loose.* Die Schraube hatte sich gelockert. ☛ *Siehe auch* WORK-TO-RULE
IDM **ˈwork it/things** (*umgs*) ◇ *Can you work it so that we get free tickets?* Kannst du es deichseln, dass wir Freikarten bekommen? ☛ *Für andere Redewendungen mit* **work** *siehe die Einträge für die Nomina, Adjektive etc.* **Work your fingers to the bone** z.B. steht unter **finger**. PHR V **ˌwork aˈround/ˈround to sth/sb** das Gespräch auf etw/jdn (hin)lenken **ˌwork sth ˈin 1** etw einreiben, etw verteilen ◇ *Gradually work in the butter.* Rühren Sie die Butter nach und nach ein. **2** etw einbauen ◇ *Try and work in something about your own experience.* Versuch eigene Erfahrungen einzubauen. **ˌwork sth into sth 1** etw in etw einbauen **2** etw in etw einrühren, etw in etw hineinarbeiten **ˌwork sth ˈoff 1** etw abarbeiten **2** (*Kredit*) abarbeiten **ˌwork ˈout 1** trainieren **2** klappen ◇ *My first job didn't work out.* In meiner ersten Stelle ist es nicht gut gelaufen. **ˌwork ˈout at sth** sich auf etw belaufen ◇ *It'll work out cheaper to travel by bus.* Eine Busfahrt wird billiger kommen. **ˌwork sb ˈout** jdn verstehen **ˌwork sth ˈout 1** etw ausrechnen **2** etw lösen, etw herausfinden **3** sich etw ausdenken **4** (*meist passiv*) (*Mine*) ausbeuten, bis die Vorräte erschöpft sind **5** ◇ *work out your notice* die Kündigungsfrist einhalten **ˌwork sb ˈover** (*Slang*) jdn zusammenschlagen **ˈwork to sth** sich an etw halten ◇ *work to a budget* sich mit den Ausgaben an einen Etat halten ◇ *We're working to a tight deadline.* Wir arbeiten unter großem Zeitdruck. **ˈwork towards sth** auf etw hinarbeiten **ˌwork sth ˈup** etw entwickeln ◇ *I can't work up any enthusiasm for it.* Ich kann dafür überhaupt keine Begeisterung aufbringen. ◇ *She soon worked up a sweat.* Sie geriet bald ins Schwitzen. **ˌwork yourˈself ˈup** sich aufregen ◇ *I can't get worked up about cars.* Ich kann mich nicht für Autos begeistern. ◇ *He had worked himself up into a fury.* Er war furchtbar wütend geworden. **ˌwork sth ˈup into sth 1** ◇ *I'm working my notes up into a book.* Ich arbeite meine Aufzeichnungen zu einem Buch aus. **2** ◇ *He worked the crowd up into a frenzy.* Er peitschte die Menge auf. **ˈwork ˈup to sth** sich auf etw steigern

work² /wɜːk; *AmE* wɜːrk/ *Nomen* **1** Arbeit ◇ *She's planning to return to work.* Sie hat vor, wieder zu arbeiten. ◇ *out of work* arbeitslos ◇ *He started work as a security guard.* Er begann als Wachmann zu arbeiten. ◇ *What line of work are you in?* Was tun Sie beruflich? ◇ (*BrE*) *be in work* Arbeit haben ◇ *When do you leave for work?* Wann gehen Sie zur Arbeit? ◇ *health and safety at work* Gesundheit und Sicherheit am Arbeitsplatz ◇ *Work continues on renovating the hotel.* Die Renovierungsarbeiten an dem Hotel gehen wei-

workable

ter. ◇ *The work of building the bridge took six months.* Der Bau der Brücke hat sechs Monate gedauert. ◇ *She set them to work painting the fence.* Sie trug ihnen auf, den Gartenzaun zu streichen. ☛ *Hinweis bei* ARBEIT **2** Werk ◇ *his life's work* sein Lebenswerk ◇ *Is this all your own work?* Hast du das alles ganz allein gemacht? **3 works** (*oft in Zusammensetzungen*) Werk, Fabrik ◇ *a brickworks* eine Ziegelei ☛ G 1.3b **4 the works** [Pl] (*einer Maschine etc.*) Getriebe [SYN] MECHANISM **5 the works** [Pl] (*umgs*) alles ◇ *We went to a restaurant and ordered the works.* Wir gingen in ein Restaurant und bestellten im Essen mit allem Drum und Dran. [IDM] **at ˈwork 1** am Werk **2 ~ (on sth)** (mit etw) beschäftigt ◇ *He is still at work on the painting.* Er arbeitet immer noch an dem Gemälde. ☛ *Danger — men at work.* Achtung – Baustelle. **get (down) to/set to ˈwork** sich an die Arbeit machen **give sb the ˈworks** (*umgs*) **1** jdn zusammenschlagen; jdn fertig machen **2** alles für jdn tun **ˌgood ˈworks** gute Werke **go/set about your ˈwork** die Arbeit aufnehmen/tun **have your ˈwork cut out** (*umgs*) Schwierigkeiten haben ◇ *You'll have your work cut out to get there on time.* Du wirst kaum rechtzeitig dort sein können. **in the ˈworks** im Gange **the work of a ˈmoment, ˈsecond, etc.** (*gehoben*) das Werk eines Augenblicks, einer Sekunde etc. ☛ *Siehe auch* DAY, DIRTY¹, HAND¹, HARD¹, JOB, LIGHT², NASTY, NICE, SHORT *und* SPANNER

work·able /ˈwɜːkəbl; *AmE* ˈwɜːrk-/ *Adj* **1** durchführbar ◇ *a workable solution* eine tragfähige Lösung [SYN] PRACTICAL **2** formbar ◇ *Add more water until the dough is workable.* Geben Sie mehr Wasser hinzu, bis Sie den Teig kneten können.

work·a·day /ˈwɜːkədeɪ; *AmE* ˈwɜːrk-/ *Adj* (*gehoben*) alltäglich, Alltags-, gewöhnlich [SYN] EVERYDAY

work·a·hol·ic /ˌwɜːkəˈhɒlɪk; *AmE* ˌwɜːrkəˈhɔːlɪk, -ˈhɑː-/ *Nomen* (*umgs, meist abwert*) (*Mensch*) Arbeitstier

work·bench /ˈwɜːkbentʃ; *AmE* ˈwɜːrk-/ *Nomen* (*auch* **bench**) *Nomen* Werkbank

work·book /ˈwɜːkbʊk; *AmE* ˈwɜːrk-/ *Nomen* (*BrE*) Arbeitsheft

work·day /ˈwɜːkdeɪ; *AmE* ˈwɜːrk-/ *Nomen* **1** (*AmE*) Arbeitstag **2** Werktag

ˌworked ˈup *Adj nicht vor Nomen* (*umgs*) aufgeregt ◇ *get worked up* sich aufregen

work·er /ˈwɜːkə(r); *AmE* ˈwɜːrk-/ *Nomen* **1** (*oft in Zusammensetzungen*) Arbeiter(in), Kraft ◇ *office workers* Büroangestellte ◇ *aid workers* Entwicklungshelfer ◇ *research workers* Leute, die in der Forschung tätig sind ◇ *worker participation* Mitbestimmung der Arbeitnehmer ◇ *She's a quick worker.* Sie arbeitet schnell. **2** (*Biene*) Arbeiterin

ˈwork experience *Nomen* **1** Arbeitserfahrung **2** (*BrE*) (Arbeits)praktikum

work·fare /ˈwɜːkfeə(r); *AmE* ˈwɜːrkfer/ *Nomen* = Regelung, der zufolge Arbeitslose eine Tätigkeit annehmen müssen, um staatliche Unterstützung zu erhalten

work·force /ˈwɜːkfɔːs; *AmE* ˈwɜːrkfɔːrs/ *Nomen* **1** Belegschaft [SYN] STAFF **2** Arbeitskräfte ☛ G 1.3b

work·horse /ˈwɜːkhɔːs; *AmE* ˈwɜːrkhɔːrs/ *Nomen* (*Mensch, Maschine*) Arbeitspferd

work·house /ˈwɜːkhaʊs; *AmE* ˈwɜːrk-/ *Nomen* (*BrE*) Armenhaus

work·ing¹ /ˈwɜːkɪŋ; *AmE* ˈwɜːrk-/ *Adj nur vor Nomen* **1** berufstätig [SYN] EMPLOYED **2** der Arbeiterklasse angehörend ◇ *a working man* ein Arbeiter **3** Arbeits- ◇ *I have a good working relationship with my boss.* Ich habe ein gutes kollegiales Verhältnis zu meinem Chef. ◇ *a working lunch* ein Arbeitsessen ◇ *a working knowledge* Grundkenntnisse ◇ *working parts* Verschleißteile ◇ *a working majority* eine arbeitsfähige Mehrheit [IDM] ORDER¹

work·ing² /ˈwɜːkɪŋ; *AmE* ˈwɜːrk-/ *Nomen* **1** Arbeitsweise, Funktionsweise **2** (*in einer Mine*) Schächte

ˌworking ˈcapital *Nomen* (WIRTSCH) Betriebskapital

the ˌworking ˈclass *Nomen* die Arbeiterklasse ☛ G 1.3b

ˌworking-ˈclass *Adj* Arbeiter- ◇ *He has a working-class background.* Er kommt aus einer Arbeiterfamilie.

ˌworking ˈday *Nomen* (*BrE*) **1** Arbeitstag **2** (*auch* **workday**) Werktag

ˈworking girl *Nomen* (*umgs*) **1** (*veraltend*) Prostituierte **2** berufstätige Frau

ˈworking paper *Nomen* **1** Arbeitspapier **2 working papers** [Pl] Arbeitserlaubnis

ˈworking party (*BrE auch* **ˈworking group**) *Nomen* Arbeitsgruppe ☛ G 1.3b

work·load /ˈwɜːkləʊd; *AmE* ˈwɜːrkloʊd/ *Nomen* Arbeitslast, Arbeitsbelastung

work·man /ˈwɜːkmən; *AmE* ˈwɜːrk-/ *Nomen* (*Pl* **-men** /-mən/) Arbeiter, Handwerker

work·man·like /ˈwɜːkmənlaɪk; *AmE* ˈwɜːrk-/ *Adj* fachmännisch ◇ *It was a workmanlike performance from the team.* Die Mannschaft hat gute Arbeit geleistet.

work·man·ship /ˈwɜːkmənʃɪp; *AmE* ˈwɜːrk-/ *Nomen* Arbeit(squalität)

work·mate /ˈwɜːkmeɪt; *AmE* ˈwɜːrk-/ *Nomen* (*bes BrE*) Arbeitskollege, -kollegin

ˌwork of ˈart *Nomen* (*Pl* **works of art**) Kunstwerk

work·out /ˈwɜːkaʊt; *AmE* ˈwɜːrk-/ *Nomen* Fitnesstraining

work·place /ˈwɜːkpleɪs; *AmE* ˈwɜːrk-/ *Nomen* Arbeitsplatz

ˈwork release *Nomen* (*AmE*) offener Strafvollzug

work·room /ˈwɜːkruːm, -rʊm; *AmE* ˈwɜːrk-/ *Nomen* Arbeitsraum

works ⇨ WORK² (3, 4, 5)

ˌworks ˈcouncil *Nomen* (*bes BrE*) Betriebsrat

work·sheet /ˈwɜːkʃiːt; *AmE* ˈwɜːrk-/ *Nomen* **1** Arbeitsblatt **2** Arbeitszettel

work·shop /ˈwɜːkʃɒp; *AmE* ˈwɜːrkʃɑːp/ *Nomen* **1** Werkstatt **2** Workshop

ˈwork-shy *Adj* (*BrE, abwert*) arbeitsscheu [SYN] LAZY

work·sta·tion /ˈwɜːksteɪʃn; *AmE* ˈwɜːrk-/ *Nomen* Computerterminal, Arbeitsplatz mit Computer

work·top /ˈwɜːktɒp; *AmE* ˈwɜːrktɑːp/ (*BrE*) (*bes AmE* **ˈwork surface**) *Nomen* Arbeitsfläche, Arbeitsplatte

ˌwork-to-ˈrule *Nomen* Dienst nach Vorschrift

work·week /ˈwɜːkwiːk; *AmE* ˈwɜːrk-/ *Nomen* (*AmE*) Arbeitswoche

world /wɜːld; *AmE* wɜːrld/ *Nomen* Welt ◇ *world leaders* Staats- und Regierungschefs der führenden Weltmächte ◇ *the natural world* die Natur ◇ *They are a couple in the real world as well as in the movie.* Sie sind sowohl in Wirklichkeit als auch im Film ein Paar. [IDM] **be/mean (ˌall) the ˈworld to sb** jdm alles bedeuten **the best of ˈboth/ˈall possible worlds** das Beste von beidem/allem **be ˈworlds aˈpart** Welten voneinander entfernt sein **come/go ˈup in the world** gesellschaftlich aufsteigen; es zu etw bringen **come/go ˈdown in the world** ◇ *He's really come down in the world.* Es ist abwärts gegangen mit ihm. **come into the ˈworld** (*gehoben*) zur Welt kommen **do sb/sth the ˈworld of good** jdm/einer Sache unwahrscheinlich gut tun **for all the world as ˈif/ˈthough …** geradezu so, als ob … **for all the world like sb/ˈsth** (*gehoben*) genau so wie jd/etw **have the world at your ˈfeet** die Welt zu seinen Füßen liegen haben **how, why, etc. in the ˈworld** (*umgs*) wie, warum, etc. um alles in der Welt **in an ˈideal/a ˈperfect ˈworld** in einer idealen/perfekten Welt **in the ˈworld** in der Welt ◇ *You look as if you haven't got a care in the world!* Du siehst so aus, als hättest du überhaupt keine Sorgen. **(be/live) in a world of your ˈown** in seiner eigenen Welt (sein/leben) **a man/woman of the ˈworld** ein Mann/eine Frau von Welt **not for (ˌall) the ˈworld** um nichts in der Welt **the … of this world** (*umgs*) die … dieser Welt ◇ *We all envy the Bill Gateses of this world.* Wir alle beneiden die Bill Gatese dieser Welt. **out of this ˈworld** (*umgs*) fabelhaft **see the ˈworld** die Welt sehen **set/put the world to ˈrights** diskutieren, wie man die Welt verbessern kann **set the ˈworld on fire** (*BrE auch* **set the ˈworld alight**) (*umgs*) (*meist verneint*) ein umwerfender Erfolg sein **the ˌway of the ˈworld** der Lauf der Dinge ◇ *That's the way of the world.* So ist das nun mal im Leben. **what is the world ˈcoming to?** wohin soll das führen? **(all) the ˌworld and his ˈwife** (*BrE, umgs, hum*) Gott und die Welt **a ˈworld away (from sth)** Welten (von etw) entfernt **the ˌworld is your ˈoyster** die Welt steht dir offen **a/the ˌworld of ˈdifference** (*umgs*) ein himmelweiter Unterschied **the (ˌwhole) world ˈover** auf der (ganzen) Welt ☞ *Siehe auch* BRAVE¹, DEAD¹, END¹, LOST, PROMISE¹, SMALL¹, TOP¹, WATCH¹, WILL¹ *und* WORST³

ˌworld-ˈbeating *Adj* Spitze-, Spitzen-

ˌworld-ˈclass *Adj* Weltklasse-, von Weltklasse

ˌworld-ˈfamous *Adj* weltberühmt

ˈworld·li·ness /ˈwɜːldlinəs; *AmE* ˈwɜːrld-/ *Nomen* Weltlichkeit

ˈworld·ly /ˈwɜːldli; *AmE* ˈwɜːrld-/ *Adj* (*gehoben*) **1** nur vor Nomen weltlich **2** (*auch* **ˌworldly-ˈwise**) welterfahren OPP UNWORLDLY

ˈworld-weariness *Nomen* Lebensüberdruss, Lebensmüdigkeit

ˈworld-weary *Adj* (*gehoben*) lebensüberdrüssig, lebensmüde SYN JADED

ˌworld·wide /ˈwɜːldwaɪd; *AmE* ˈwɜːrld-/ *Adj, Adv* weltweit

the ˌWorld Wide ˈWeb (*auch* **the Web**) (*Abk* WWW) *Nomen* das World Wide Web

worm¹ /wɜːm; *AmE* wɜːrm/ *Nomen* **1** Wurm **2** Made **3** (*umgs, abwert*) (*verachtenswerter Mensch*) Stück Dreck IDM **the ˌworm will ˈturn** auch der Wurm krümmt sich, wenn er getreten wird ☞ *Siehe auch* CAN²

worm² /wɜːm; *AmE* wɜːrm/ *Verb* **1 ~ your way ...** sich schlängeln **2** entwurmen PHR V **ˌworm your way/yourself ˈinto sth** (*abwert*) sich in etw einschleichen **ˌworm sth ˈout of sb** (*umgs*) jdm etw entlocken

ˈworm-eaten *Adj* wurmzerfressen, wurmstichig

worm·wood /ˈwɜːmwʊd; *AmE* ˈwɜːrm-/ *Nomen* Wermut

worn /wɔːn; *AmE* wɔːrn/ *Adj* **1** abgenutzt ◇ *an old pair of worn jeans* ein Paar abgetragene Jeans ◇ *The steps were worn.* Die Stufen waren ausgetreten. **2** erschöpft ☞ *Siehe auch* WEAR

ˌworn ˈout *Adj* **1** abgenutzt ◇ *These shoes are worn out.* Diese Schuhe sind abgetragen. **2** erschöpft

wor·ried /ˈwʌrid; *AmE* ˈwɜːr-/ *Adj* (*Adv* **wor·ried·ly**) besorgt, beunruhigt ◇ *Where have you been? I've been worried sick.* Wo bist du gewesen? Ich war fast krank vor Sorge. IDM **you had me ˈworried** (*umgs*) ◇ *You had me worried there – I thought you were going to resign!* Du hast mir einen Schrecken eingejagt – ich dachte, du trittst zurück!

wor·rier /ˈwʌriə(r); *AmE* ˈwɜːr-/ *Nomen* = jd, der sich leicht Sorgen macht

wor·ri·some /ˈwʌrisəm; *AmE* ˈwɜːr-/ *Adj* (*bes AmE*) Besorgnis erregend

worry¹ /ˈwʌri; *AmE* ˈwɜːri/ *Verb* (**wor·ries, worry·ing, wor·ried, wor·ried**) **1 ~ (about/over sb/sth)** sich (um jdn/etw) Sorgen machen **2 ~ sb/yourself (about sb/sth)** jdm/sich (um jdn/etw) Sorgen machen ◇ *You worry me.* Du machst mir Sorgen. ◇ *He's worried sick about his daughter.* Er macht sich furchtbare Sorgen um seine Tochter. **3** belästigen ◇ *The noise doesn't seem to worry her.* Der Lärm scheint ihr nichts auszumachen. **4** (*von Hunden*) jagen IDM **not to ˈworry** (*bes BrE, umgs*) keine Sorge PHR V **ˈworry at sth 1** an etw nagen ◇ *Rebecca worried at her lip.* Rebecca nagte an ihrer Lippe. ◇ *He began to worry at the knot.* Er versuchte, den Knoten mit den Zähnen aufzumachen. **2** sich über etw den Kopf zerbrechen

worry² /ˈwʌri; *AmE* ˈwɜːri/ *Nomen* (*Pl* **-ies**) Sorge ◇ *Going out at night is a real worry for many women.* Viele Frauen haben Angst, abends auszugehen. ◇ *be frantic with worry* vor Sorge außer sich sein SYN ANXIETY

worry·ing /ˈwʌriɪŋ; *AmE* ˈwɜːr-/ *Adj* beunruhigend, sorgenvoll

worry·ing·ly /ˈwʌriŋli; *AmE* ˈwɜːr-/ *Adv* beunruhigend-(erweise)

worry·wart /ˈwʌriwɔːt; *AmE* ˈwɜːriwɔːrt/ *Nomen* (*AmE, umgs*) jd, der sich leicht Sorgen macht

worse¹ /wɜːs; *AmE* wɜːrs/ *Adj, Adv* (*Komparativ von* „*bad*" *oder* „*badly*") schlechter, schlimmer ◇ *If he gets any worse, call the doctor.* Wenn sein Zustand sich verschlechtert, ruf den Arzt. IDM **be ˌworse ˈoff** schlechter dran sein **ˌcome off ˈworse** den Kürzeren ziehen; schlechter abschneiden **ˌgo from ˌbad to ˈworse** immer schlimmer werden **ˌworse ˈluck!** (*BrE, umgs*) wie schade! **you can/could do worse than do sth** es ist/wäre bestimmt kein Fehler etw zu tun ☞ *Siehe auch* BARK¹ *und* FATE

worse² /wɜːs; *AmE* wɜːrs/ *Nomen* Schlechtere(s), Schlim-

mere(s) ◇ *I'm afraid there is worse to come.* Ich fürchte, es kommt noch schlimmer. IDM **be none the ˈworse (for sth)** (bei einer Sache) keinen Schaden davontragen **the ˌworse for ˈwear** (*umgs*) **1** abgenutzt **2** betrunken ☞ *Siehe auch* BETTER³ *und* CHANGE²

worsen /ˈwɜːsn; *AmE* ˈwɜːrsn/ *Verb* (sich) verschlechtern, (sich) verschlimmern

wor·ship¹ /ˈwɜːʃɪp; *AmE* ˈwɜːrʃɪp/ *Nomen* **1** [U] Gottesverehrung, Gottesdienst **2** Verehrung **3 His, Your, etc. Worship** (*BrE, gehoben*) seine, Euer etc. Ehren

wor·ship² /ˈwɜːʃɪp; *AmE* ˈwɜːrʃɪp/ *Verb* (**-pp-,** *AmE auch* **-p-**) **1** anbeten **2** an einem Gottesdienst teilnehmen **3** vergöttern, verehren

wor·ship·per (*AmE auch* **wor·ship·er**) /ˈwɜːʃɪpə(r); *AmE* ˈwɜːrʃ-/ *Nomen* **1** Gottesdienstbesucher(in), Gläubige(r) **2** (*oft in Zusammensetzungen*) Anbeter(in) ◇ (*fig*) *sun worshippers* Sonnenanbeter

worst¹ /wɜːst; *AmE* wɜːrst/ *Adj* (*Superlativ von* „*bad*") schlechteste(r,s), schlimmste(r,s) IDM **be your ˈown worst ˈenemy** sich selbst der schlimmste Feind sein **ˌcome off ˈworst** am schlechtesten abschneiden

worst² /wɜːst; *AmE* wɜːrst/ *Adv* (*Superlativ von* „*badly*") am schlimmsten, am schlechtesten

worst³ /wɜːst; *AmE* wɜːrst/ *Nomen* **the worst** das Schlimmste ◇ *The worst of the storm was over.* Der schlimmste Sturm war vorbei. ◇ *Things were at their worst, when ...* Es konnte gar nicht schlimmer kommen, als ... IDM **at (the) ˈworst** schlimmstenfalls **bring out the ˈworst in sb** jds negative Seiten aufzeigen **do your ˈworst** ◇ *Let them do their worst – we'll fight them all the way.* Lass sie machen, was sie wollen – wir werden sie bis zum bitteren Ende bekämpfen. ◇ *The storm had done its worst.* Der Sturm hatte großen Schaden angerichtet. **ˌget the ˈworst of it** das Schlimmste abbekommen; den Kürzeren ziehen **if the ˌworst comes to the ˈworst** (*AmE auch* **if ˌworst comes to ˈworst**) wenn alle Stricke reißen; wenn es zum Schlimmsten kommt **the worst of ˈall (possible) ˈworlds** die schlechteste aller Möglichkeiten

worst⁴ /wɜːst; *AmE* wɜːrst/ *Verb* (*veraltet oder gehoben*) (*meist passiv*) (*besiegen*) schlagen

ˈworst-case *Adj* nur vor Nomen schlimmste(r,s), ungünstigste(r,s)

worst·ed /ˈwʊstɪd/ *Nomen* Kammgarn

worth¹ /wɜːθ; *AmE* wɜːrθ/ *Adj nicht vor Nomen* **1** wert ◇ *If you answer this question correctly, it's worth five points.* Wenn Sie diese Frage korrekt beantworten, bekommen Sie fünf Punkte. **2 be ~ doing sth** sich lohnen etw zu tun ☞ *Siehe auch* WORTHWHILE **3** (*reich*) schwer ◇ *He's worth about $10 million.* Er ist um die 10 Millionen Dollar schwer. IDM **for ˌall sb/it is ˈworth** so sehr es geht; so sehr man kann ◇ *He was rowing for all he was worth.* Er ruderte, was das Zeug hielt. **for ˌwhat it's ˈworth** (*umgs*) meiner (bescheidenen) Meinung nach **(the game is) not worth the ˈcandle** (*veraltet*) (die Sache) ist die Mühe nicht wert **not worth the paper it's ˈwritten/ˈprinted on** das Papier nicht wert, auf dem es geschrieben steht/gedruckt ist **ˌworth your/its ˈsalt** ◇ *Any boss worth his salt knows that.* Jeder Vorgesetzte, der etwas taugt, weiß das. **be ˌworth your/its ˌweight in ˈgold** nicht mit Gold zu bezahlen sein **sth is ˌworth sb's ˈwhile** etw lohnt sich für jdn ◇ *He'll do the job if you make it worth his while.* Er macht das, wenn du ihm genug zahlst. ☞ *Siehe auch* BIRD *und* JOB

worth² /wɜːθ; *AmE* wɜːrθ/ *Nomen* Wert ◇ *a dollar's worth of change* Kleingeld im Wert von einem Dollar ◇ *a month's worth of supplies* Vorräte für einen Monat ◇ *This helps children to develop a sense of their own worth.* Dies hilft Kindern ihr Selbstwertgefühl zu entwickeln. IDM ⇨ MONEY

wor·thily /ˈwɜːðɪli; *AmE* ˈwɜːr-/ *Adv* **1** ehrenhaft, löblich **2** zu Recht

worthi·ness /ˈwɜːðinəs; *AmE* ˈwɜːr-/ *Nomen* Wert, Ehrenhaftigkeit

worth·less /ˈwɜːθləs; *AmE* ˈwɜːrθ-/ *Adj* **1** wertlos OPP VALUABLE **2** nichtsnutzig

worth·less·ness /ˈwɜːθləsnəs; *AmE* ˈwɜːrθ-/ *Nomen* Wertlosigkeit

worth·while /ˌwɜːθˈwaɪl; *AmE* ˌwɜːrθ-/ *Adj* lohnend ◇ *It didn't seem worthwhile trying again.* Es schien sich nicht

worthy

zu lohnen es noch mal zu versuchen. ◊ *The smile on her face made it all worthwhile.* Ihr Lächeln ließ alle Mühe vergessen. ◊ *a worthwhile cause* ein guter Zweck ☛ Die Schreibweise **worth while** ist auch möglich, außer vor Nomina.

worthy¹ /'wɜːði; *AmE* 'wɜːrði/ *Adj* (**wor·thier, wor·thi·est**) **1** (*gehoben*) würdig ◊ *He felt he was not worthy of her.* Er fühlte sich ihrer nicht würdig. ◊ *worthy of attention* beachtenswert ◊ *worthy of mention/note* erwähnenswert **2** achtbar, ehrenwert, lobenswert **3 -worthy** (*in Zusammensetzungen*) -würdig ◊ *trustworthy* vertrauenswürdig ◊ *roadworthy* fahrtüchtig ◊ *seaworthy* seetüchtig

worthy² /'wɜːði; *AmE* 'wɜːrði/ *Nomen* (*Pl* **-ies**) (*oft hum*) Größe, wichtige Persönlichkeit

wot (*BrE, umgs, oft hum*) (*Schreibweise von „what", die eine betonte umgangssprachliche Redeweise anzeigt*)

would /wʊd; *unbetont* wəd, əd/ *Modalvb* (*Kurzform* **'d** /d/, *verneint* **would not** *Kurzform* **wouldn't** /'wʊdnt/) **1** (**Would** wird in der indirekten Rede als Vergangenheitsform von „will" und in Konditionalsätzen sowie in höflichen Bitten etc. gebraucht. In den meisten Fällen kann es mit **würde** oder einem anderen deutschen Konjunktiv übersetzt werden.) ◊ *She asked if I would help.* Sie fragte, ob ich helfen würde. ◊ *If I had seen the advertisement in time I would have applied for the job.* Wenn ich die Anzeige rechtzeitig gesehen hätte, hätte ich mich um die Stelle beworben. ◊ *They would never have met if she hadn't gone to Emma's party.* Sie wären sich nie begegnet, wenn sie nicht zu Emmas Party gegangen wäre. ◊ *He'd be a fool not to accept the offer.* Es wäre dumm von ihm, das Angebot abzulehnen. ◊ *I wish you'd be quiet for a minute.* Kannst du nicht mal einen Moment still sein? ◊ *Would you mind leaving us alone for a few minutes?* Würden Sie uns bitte ein paar Minuten allein lassen? ◊ *Would you open the door for me, please?* Würden Sie mir bitte die Tür aufmachen? ◊ *I wouldn't have any more to drink, if I were you* . Ich an Ihrer Stelle würde nichts mehr trinken. ◊ *I'd say he was about 50.* Ich würde sagen, er war so um die 50. ◊ *I would imagine the job will take about two days.* Ich denke, dass die Arbeit ungefähr zwei Tage dauern wird. **2 ~ like, love, hate, prefer, etc. sth/(sb) to do sth** ◊ *I'd be only too glad to help.* Ich möchte Ihnen sehr gerne helfen. ◊ *I'd hate you to think I was criticizing you.* Ich möchte nicht, dass du denkst, ich hätte dich kritisiert. ◊ *Would you prefer to stay here?* Möchtest du lieber hier bleiben? **3 ~ rather do sth/sb did sth** ◊ *I'd rather come with you.* Ich möchte lieber mit dir gehen. ◊ *I'd rather you came with us.* Mir wäre es lieber, wenn du mit uns kommen würdest. **4** (*drückt typische Ereignisse in der Vergangenheit aus*) ◊ *When my parents were away, my grandmother would take care of me.* Wenn meine Eltern fort waren, passte meine Großmutter auf mich auf. ◊ *He'd always be the first to offer to help.* Er war immer der Erste, der seine Hilfe anbot. [SYN] USED TO **5** (*meist abwert*) (*drückt typisches Verhalten aus*) ◊ *'She said it was your fault.' 'Well, she would say that, wouldn't she? She's never liked me.'* „Sie sagte, dass es deine Schuld war." „Klar, das sie das sagt. Sie hat mich nie gemocht." ◊ *'You would say that. You always support him.'* „Typisch, dass du das sagst. Du hältst immer zu ihm." **6 ~ that ...** (*gehoben*) ◊ *Would that he had loved to see it.* Hätte er das doch noch miterleben können! ☛ G 9 **8** (*in Angeboten, Einladungen etc.*) ◊ *Would you like a biscuit?* Möchten Sie einen Keks? ◊ *I'd love a piece of cake.* Ich hätte gern ein Stück Kuchen. ◊ *Would you have dinner with me on Friday?* Möchten Sie am Freitag mit mir essen gehen?

'would-be *Adj nur vor Nomen* künftige(r,s), angehende(r,s)

wound¹ /wuːnd/ *Nomen* Wunde (*auch fig*) ◊ *a bullet wound* eine Schusswunde [IDM] ⇨ LICK¹, REOPEN *und* RUB¹

wound² /wuːnd/ *Verb* verwunden, verletzen (*auch fig*) ◊ *He was wounded in the arm.* Er wurde am Arm verwundet.

wound³ *Form von* WIND³

wound·ed /'wuːndɪd/ *Adj* **1** verwundet, verletzt **2** *Adj* (*fig*) verletzt, gekränkt **3 the wounded** *Nomen* [Pl] die Verwundeten

wound·ing /'wuːndɪŋ/ *Adj* verletzend

wove *Form von* WEAVE¹

wow¹ /waʊ/ *Ausruf* (*auch* **wowee** /ˌwaʊ'iː/) *Ausruf* (*umgs*) wow!, Mensch!

wow² /waʊ/ *Verb* **~ sb** (*umgs*) jdn begeistern, jdn umhauen

wow³ /waʊ/ *Nomen* **1** (*umgs*) Wucht, Riesenerfolg **2** [U] (*bei einer Aufnahme*) Gleichlaufschwankungen, Jaulen

WPC /ˌdʌbljuː piː 'siː/ (*BrE*) *Kurzform von* **woman police constable** Polizeimeisterin

wpm *Kurzform von* **words per minute** Worte pro Minute ☛ *Hinweis bei* ANSCHLAG (4)

wrack (*selten*) = RACK²

wraith /reɪθ/ *Nomen* (*von kürzlich Verstorbenen*) Geist(ererscheinung) ◊ *a wraith-like figure* eine ätherische Erscheinung

wran·gle¹ /'ræŋgl/ *Nomen* Streit(erei) ◊ *a legal wrangle* ein Rechtsstreit

wran·gle² /'ræŋgl/ *Verb* (sich) streiten, sich in den Haaren liegen

wran·gling /'ræŋglɪŋ/ *Nomen* Streit(erei), Gezanke

wrap¹ /ræp/ *Verb* (**-pp-**) **1 ~ sth (in sth)** etw (in etw) wickeln; **~ sth up (in sth)** etw (in etw) einwickeln, etw (in etw) einpacken ☛ *Siehe auch* GIFT-WRAP **2 ~ B round/ around A** A in B einwickeln ☛ *Siehe auch* SHRINK-WRAPPED **3 ~ sth around/round sth/sb** etw um etw/jdn schlingen, etw um etw/jdn wickeln ◊ *His arms were wrapped around her waist.* Er hatte seine Arme um ihre Taille geschlungen. [IDM] **be ˌwrapped ˈup in sb/sth** mit jdm/etw total beschäftigt sein ◊ *They are completely wrapped up in their children.* Außer ihren Kindern kennen sie gar nichts anderes mehr. ☛ *Siehe auch* LITTLE FINGER [PHRV] ˌwrap 'up; ˌwrap it 'up (*Slang*) den Mund halten, still sein ˌwrap 'up sich einpacken, sich warm anziehen ˌwrap sb/yourself 'up sich/jdn einpacken, sich/jdn warm anziehen ˌwrap sth 'up (*umgs*) etw abschließen ◊ *That just about wraps it up for today.* Das wär's dann für heute.

wrap² /ræp/ *Nomen* **1** Tuch, Stola, Cape **2** [U] Verpackung, Hülle ◊ *gift wrap* Geschenkpapier ◊ *bubble wrap* Luftpolsterfolie ☛ *Siehe auch* PLASTIC WRAP **3** (*beim Filmen*) ◊ *Cut! That's a wrap.* Schnitt! Das ist im Kasten. [IDM] **under ˈwraps** (*umgs*) unter Verschluss; geheim

wrap·per /'ræpə(r)/ *Nomen* Verpackung; (*Bonbon- etc.*) Papier

wrap·ping /'ræpɪŋ/ *Nomen* (*auch* **wrap·pings** [Pl]) Verpackung, Hülle ◊ *shrink wrapping* Einschweißfolie

'wrapping paper *Nomen* Geschenkpapier

wrath /rɒθ; *AmE* ræθ/ *Nomen* (*veraltet oder gehoben*) Zorn

wrath·ful /'rɒθfl; *AmE* ræθ-/ *Adj* (*Adv* **wrath·ful·ly** /-fəli/) (*veraltet oder gehoben*) zornig, wutentbrannt

wreak /riːk/ *Verb* (*gehoben*) (*Verwüstung, Schaden etc.*) anrichten; (*Rache*) üben ◊ *This wreaked havoc on the economy.* Das hatte verheerende Auswirkungen auf die Wirtschaft.

wreath /riːθ/ *Nomen* (*Pl* **wreaths** /riːðz/) **1** (*Blumen- etc.*) Kranz **2** (*gehoben*) (*Rauch-*) Kringel; (*Nebel-*) Schwaden

wreathe /riːð/ *Verb* (*gehoben*) **1** (*meist passiv*) **~ sth (in sth)** etw (in etw) hüllen; **~ sth (with sth)** etw (mit etw) umhüllen ◊ (*fig*) *Her face was wreathed in smiles.* Sie strahlte über das ganze Gesicht. **2** sich winden, sich kringeln

wreck¹ /rek/ *Nomen* **1** Wrack (*auch fig*) ◊ *a nervous wreck* ein Nervenbündel **2** (*umgs*) (*Haus etc.*) Ruine; (*Auto etc.*) Schrotthaufen ◊ (*fig*) *They still hoped to salvage something from the wreck of their marriage.* Sie hofften immer noch, ihre kaputte Ehe zu retten. **3** (*AmE*) Unfall, Zusammenstoß ◊ *a train wreck* ein Eisenbahnunglück

wreck² /rek/ *Verb* **1** zerstören ◊ *He wrecked his car.* Er fuhr sein Auto zu Schrott. **2** (*fig*) ruinieren, zunichte machen **3 be wrecked** Schiffbruch erleiden

wreck·age /'rekɪdʒ/ *Nomen* [U] Wrackteile, Trümmer (*auch fig*) ◊ *pieces of wreckage* Wrackteile

wrecked /rekt/ *Adj* **1** *nur vor Nomen* zerstört, ruiniert; (*Schiff*) havariert; (*Ehe*) gescheitert **2** *nicht vor Nomen* (*BrE, Slang*) besoffen

wreck·er /'rekə(r)/ *Nomen* **1** Zerstörer(in), Saboteur(in) **2** (*AmE*) Abschleppwagen ◊ *the wrecker's yard* der Schrottplatz

wren /ren/ *Nomen* Zaunkönig

wrench¹ /rentʃ/ *Verb* **1** reißen, zerren ◊ *The bag was wrenched from her grasp.* Die Tasche wurde ihr entrissen. **2** (*fig*) *Guy wrenched his mind back to the present.* Guy zwang sich, sich wieder auf das Geschehen zu konzentrieren. ◊ *His words wrenched a sob from her.* Seine Worte lösten in ihr ein Schluchzen aus. ◊ *Her words wrenched at my heart.* Ihre Worte gingen mir zu Herzen. ◊ *a wrenching experience* eine schmerzliche Erfahrung **3** (*Knöchel etc.*) verrenken, verstauchen

wrench[2] /rentʃ/ *Nomen* **1** (*bes AmE*) Schraubenschlüssel ☛ Siehe auch MONKEY WRENCH **2** Trennungsschmerz ◊ *Leaving home was a terrible wrench for me.* Von Zuhause fortzugehen war sehr schmerzlich für mich. **3** [meist Sing] Verrenkung, Verstauchung

wrest /rest/ *Verb* PHR V **'wrest sth from sb/sth** (*gehoben*) jdm/etw etw entreißen (*auch fig*)

wres·tle /'resl/ *Verb* ringen (*auch fig*), kämpfen (*auch fig*) ◊ *Shoppers wrestled the raider to the ground.* Kunden zwangen den Täter zu Boden. ◊ *She wrestled to look serious.* Sie bemühte sich ernst zu blicken.

wrest·ler /'reslə(r)/ *Nomen* Ringer(in)

wrest·ling /'reslɪŋ/ *Nomen* Ringen ◊ *a wrestling match* ein Ringkampf

wretch /retʃ/ *Nomen* **1** Geschöpf ◊ *a poor wretch* ein armer Teufel **2** (*oft hum*) Schuft, Luder, Nervensäge

wretch·ed /'retʃɪd/ *Adj* **1** (*Adv* **wretch·ed·ly**) unglücklich, elend **2** (*Adv* **wretch·ed·ly**) furchtbar, schrecklich **3** erbärmlich **4** *nur vor Nomen* verdammt, verflixt

wretch·ed·ness /'retʃɪdnəs/ *Nomen* [U] Elend, Erbärmlichkeit

wrig·gle /'rɪgl/ *Verb* **1** zappeln, sich winden; (*Schlange etc.*) sich schlängeln; **~ about/around** herumzappeln ◊ *He managed to wriggle free.* Es gelang ihm, sich loszuwinden. ◊ *He wriggled himself into a comfortable position.* Er rutschte so lange herum, bis er eine bequeme Stellung gefunden hatte. **2 ~ sth** mit etw wackeln PHR V **'wriggle out of sth** (*umgs, abwert*) sich aus etw herauswinden

wring /rɪŋ/ *Verb* (**wrung, wrung** /rʌŋ/) **1 ~ sth** (**out**) etw auswringen **2** (*Hals*) umdrehen IDM **,wring sb's 'hand** jdm kräftig die Hand schütteln **,wring your 'hands** die Hände ringen PHR V **'wring sth from/out of sb** etw aus jdm herausquetschen, jdm etw abringen

wring·er /'rɪŋə(r)/ *Nomen* = Gerät, mit dem man Wäsche auswringt IDM **go through the 'wringer** (*umgs*) in die Mangel genommen werden; durch die Mangel gedreht werden

,wringing 'wet *Adj* klatschnass

wrin·kle[1] /'rɪŋkl/ *Nomen* Falte

wrin·kle[2] /'rɪŋkl/ *Verb* **1 ~ (up)** sich in Falten legen ◊ *His face wrinkled in a grin.* Sein Gesicht verzog sich zu einem Grinsen. **2 ~ sth (up)** (*Stirn*) runzeln; (*Nase*) rümpfen ◊ *He wrinkled his brow.* Er runzelte die Stirn. **3** Falten werfen, knittern **4** verknittern

wrin·kled /'rɪŋkld/ *Adj* faltig, runzlig; (*Stoff, Papier*) zerknittert

wrin·kly[1] /'rɪŋkli/ *Adj* (*umgs*) faltig, runzlig, zerknittert

wrin·kly[2] /'rɪŋkli/ *Nomen* (*Pl* **-ies**) (*BrE, umgs, beleidigend*) Alte(r), alter Knacker, alte Schachtel

wrist /rɪst/ *Nomen* Handgelenk IDM ➪ SLAP[2]

wrist·watch /'rɪstwɒtʃ; *AmE* -wɑːtʃ, -wɔːtʃ/ *Nomen* Armbanduhr

writ[1] /rɪt/ *Nomen* (RECHT) Verfügung ◊ *be served with a writ* eine Gerichtsvorladung erhalten ◊ *We intend to issue a writ against the newspaper.* Wir haben vor, die Zeitung vor Gericht zu bringen.

writ[2] /rɪt/ *Verb* (*veraltet*) *Form von* WRITE IDM **,writ 'large** (*gehoben*) **1** deutlich **2** (*dem Nomen nachgestellt*) im großen Stil

write /raɪt/ *Verb* (**wrote** /rəʊt/, **writ·ten** /'rɪtn/) **1** schreiben ◊ *Please write in pencil.* Bitte schreiben Sie mit Bleistift. ◊ *No decision has been made at the time of writing.* Zur Zeit der Niederschrift stand noch keine Entscheidung fest. ◊ *She wrote thanking us for the present.* Sie schrieb uns, um sich für das Geschenk zu bedanken. ◊ *I'm writing to enquire about language courses.* Ich möchte mich hiermit nach Sprachkursen erkundigen. ☛ Während man *Ich habe ihm geschrieben* im britischen Englisch mit **I've written to him** übersetzt, sagt man im amerikanischen Englisch auch **I've written him. 2 ~ sth** (**out**) (*Scheck, Quittung, Rezept etc.*) ausstellen ☛ Siehe auch WRITE STH OUT **3** (COMP) **~** (**sth**) **to/onto sth** (etw) in/auf etw schreiben IDM **be written all over sb's 'face** jdm im Gesicht geschrieben stehen **have sth/sb written all 'over it/sb** (*umgs*) ◊ *He had 'businessman' written all over him.* Man sah ihm sofort an, dass er Geschäftsmann war. ◊ *This essay has got Mike written all over it.* Dieser Aufsatz sieht ganz nach Mike aus. **,nothing (much) to write 'home about** (*umgs*) nichts Besonderes ☛ Siehe auch WORTH[1] PHR V **,write a'way** = WRITE OFF/AWAY **,write 'back (to sb)** (jdm) zurückschreiben, (jdm) antworten **,write sth 'down** etw aufschreiben, etw notieren **2** (FINANZ) etw abschreiben **,write 'in (for sth)** (wegen einer Sache) hinschreiben ◊ *She wrote in to the BBC to complain.* Sie schrieb an die BBC, um sich zu beschweren. **,write sb/sth 'in** (*AmE*) (POL) = für einen Kandidaten/eine Kandidatin stimmen, der/die nicht auf dem Stimmzettel aufgeführt ist **,write sth 'into sth** etw in etw festlegen **,write 'off/a'way (to sb/sth) for sth** etw (bei jdm/etw) anfordern ◊ *I've written off for the catalogue.* Ich habe den Katalog angefordert. **,write sth 'off 1** (FINANZ) etw voll abschreiben **2** (*BrE*) (*Auto*) zu Schrott fahren **,write sb/sth 'off (as sth)** jdn/etw (als etw) abschreiben **,write sth 'out** etw ausschreiben, etw ausarbeiten ☛ Siehe auch WRITE (2) ◊ *Shall I write it out in neat now?* Soll ich es jetzt ins Reine schreiben? ◊ *He wrote out each word in block capitals.* Er schrieb extra jedes Wort in Großbuchstaben. **,write sb 'out (of sth)** (*aus einem Drehbuch etc.*) jdn herausschreiben **,write sth 'up** etw ausarbeiten ◊ *He wrote up the minutes of the meeting.* Er erstellte aus seiner Mitschrift ein Sitzungsprotokoll. ◊ *They had to do a survey of the island and write up their findings.* Sie mussten die Insel inspizieren und darüber einen Bericht schreiben.

'write-in *Nomen* (*AmE*) (POL) = Stimmabgabe für nicht auf dem Stimmzettel aufgeführte Kandidaten

'write-off *Nomen* **1** (*BrE*) (*Fahrzeug*) Totalschaden **2** [Sing] (*umgs*) vertane Zeit **3** (FINANZ) Abschreibung

,write-pro'tect *Verb* (COMP) schreibschützen

writ·er /'raɪtə(r)/ *Nomen* **1** Schreiber(in), Schriftsteller(in), Autor(in) **2** Verfasser(in) **3** (*mit Adjektiven*) ◊ *a neat/messy writer* Person mit gut lesbarer/unordentlicher Handschrift

'write-up *Nomen* Pressebericht; (*Film-, Buch- etc.*) Kritik

writhe /raɪð/ *Verb* **~** (**about/around**) (**in/with sth**) sich (vor etw) winden ◊ (*fig*) *He was writhing with embarrassment.* Ihm war es furchtbar peinlich.

writ·ing /'raɪtɪŋ/ *Nomen* **1** Schreiben ◊ *essay writing* Aufsatzschreiben ◊ *a writing case* eine Schreibmappe ◊ *her talent for writing* ihr schriftstellerisches Talent **2** [U] Werk, Schriftstück ◊ *feminist writing* feministische Schriften ◊ *travel writing* Reiseberichte **3 writings** [Pl] Werke ◊ *the writings of Hegel* Hegels Werke **4** [U] Inschrift ◊ *There was writing all over the desk.* Der ganze Schreibtisch war vollgeschrieben. **5** [U] (Hand)schrift IDM **in 'writing** schriftlich ☛ Siehe auch WALL[1]

'writing paper *Nomen* Briefpapier

writ·ten /'rɪtn/ *Adj* schriftlich ◊ *written language* Schriftsprache IDM **the ,written 'word** das geschriebene Wort

wrong[1] /rɒŋ; *AmE* rɔːŋ/ *Adj* **1** falsch ◊ *I got all the answers wrong.* Alle meine Antworten sind falsch. ◊ *That picture is the wrong way round.* Das Bild ist verkehrt herum. ◊ *I realized that it was the wrong thing to say.* Ich merkte, dass ich etwas Falsches gesagt hatte. ◊ *You've got the wrong number.* Sie haben sich verwählt. ◊ *do sth the wrong way* etw verkehrt machen ☛ *Hinweis bei* FALSCH **2** *nicht vor Nomen* **be ~** sich irren, sich täuschen; **prove sb ~** jdm beweisen, dass er sich getäuscht hat ◊ *They wanted to prove the critics wrong.* Sie wollten den Kritikern beweisen, dass sie sich geirrt hatten. SYN MISTAKEN **3** *nicht vor Nomen* **sth is ~ (with sb/sth)** (etw) stimmt nicht (mit jdm/etw) ◊ *What's wrong?* Was ist los? ◊ *The doctor could find nothing wrong with him.* Der Arzt konnte nichts feststellen bei ihm. ◊ *I have something wrong with my foot.* Mein Fuß ist nicht in Ordnung. **4 ~ (of/for sb) (to do sth)** nicht richtig (von jdm) (etw zu tun) ◊ *She acknowledged that she'd done wrong.* Sie gab zu, nicht richtig gehandelt zu haben. ◊ *This man has done nothing wrong.* Dieser Mann hat nichts Unrechtes getan. ◊ *What's wrong with eating meat?* Warum sollte man kein Fleisch essen? **5** (*bei Stoff*) **the ~ side** die linke Seite IDM **from/on the ,wrong side of the 'tracks** aus/in einem ärmlichen Stadtteil **get (hold of) the ,wrong end of the 'stick** (*BrE,*

wrong

umgs) etw falsch verstehen **on the ˌwrong side of the ˈlaw** mit dem Gesetz in Konflikt **take sth the wrong ˈway** etw in den falschen Hals bekommen ☛ *Siehe auch* BACK⁴, BARK², BED¹, FAR¹, FOOT¹, NOTE¹, RUB¹, SIDE¹ *und* TRACK¹
wrong² /rɒŋ; *AmE* rɔːŋ/ *Adv* (*nach Verben*) falsch ◊ *I was trying to apologize but it came out wrong.* Ich versuchte, mich zu entschuldigen, aber ich habe wohl das Falsche gesagt. ◊ *'I thought you were going out.' 'Well you must have thought wrong, then!'* „Ich dachte, du wolltest ausgehen?" „Da musst du dich geirrt haben!" OPP RIGHT² IDM **get sb ˈwrong** (*umgs*) jdn falsch verstehen **get sth ˈwrong** (*umgs*) **1** etw missverstehen; etw falsch verstehen **2** sich bei/mit etw vertun ◊ *I must have got the figures wrong.* Ich muss mich verrechnet haben. **go ˈwrong 1** einen Fehler machen ◊ *If you do what she tells you, you won't go far wrong.* Wenn du machst, was sie dir sagt, kannst du nicht viel falsch machen. ☛ *Hinweis bei* FALSCH **2** kaputtgehen ◊ *My watch keeps going wrong.* Meine Uhr ist nicht in Ordnung. **3** schief gehen; schief laufen ◊ *Then the relationship started to go wrong.* In ihrer Beziehung begann es dann zu kriseln. **you can't go ˈwrong (with sth)** (*umgs*) man kann (mit etw) nichts verkehrt machen ☛ *Siehe auch* FOOT¹
wrong³ /rɒŋ; *AmE* rɔːŋ/ *Nomen* Unrecht OPP RIGHT IDM **be in the ˈwrong** im Unrecht sein **two ˌwrongs don't make a ˈright** ein Unrecht hebt das andere nicht auf ☛ *Siehe auch* RIGHT⁴
wrong⁴ /rɒŋ; *AmE* rɔːŋ/ *Verb* (*gehoben*) ~ **sb** jdm unrecht tun, jdn ungerecht behandeln

wrongˈdoer /ˈrɒŋduːə(r); *AmE* ˈrɔːŋ-/ *Nomen* (*gehoben*) Missetäter(in)
wrongˈdoing /ˈrɒŋduːɪŋ; *AmE* ˈrɔːŋ-/ *Nomen* (*gehoben*) Missetat(en), Vergehen, Verfehlung
ˌwrong-ˈfoot *Verb* (*BrE*) aus dem Konzept bringen, auf dem falschen Fuß erwischen
wrongˈful /ˈrɒŋfl; *AmE* ˈrɔːŋ-/ *Adj* (RECHT) unrechtmäßig
wrongˈfulˈly /ˈrɒŋfəli; *AmE* ˈrɔːŋ-/ *Adv* zu Unrecht, rechtswidrig
wrongˈly /ˈrɒŋli; *AmE* ˈrɔːŋ-/ *Adv* **1** zu Unrecht, fälschlicherweise **2** falsch ☛ *Hinweis bei* FALSCH
wrote *Form von* WRITE
wrought /rɔːt/ *Verb* (*gehoben*) (*veraltete Form von „work",* heute nur in der Vergangenheit gebraucht) ◊ *The century wrought major changes in society.* Das Jahrhundert bewirkte große Veränderungen in der Gesellschaft. ◊ *The storm wrought havoc in the south.* Der Sturm richtete im Süden verheerenden Schaden an.
ˌwrought ˈiron *Nomen* Schmiedeeisen
wrung *Form von* WRING
wry /raɪ/ *Adj* (*Adv* **wryly**) (*gehoben*) **1** ironisch ◊ *He pulled a wry face.* Er schnitt eine Grimasse. **2** (*Kommentar, Humor*) trocken
WTO /ˌdʌblju: tiː ˈəʊ; *AmE* ˈoʊ/ *Kurzform von* **World Trade Organization** Welthandelsorganisation
wuss /wʊs/ *Nomen* (*Slang*) Dummkopf
WWW /ˌdʌblju: ˌdʌblju: ˈdʌblju:/ *Abk* = WORLD WIDE WEB

Xx

X, x /eks/ *Nomen* (*Pl* **X's, x's**) **1** (*Buchstabe*) X, x ☛ *Beispiele bei* A, A ☛ *Siehe auch* X-RATED *und* X-RAY **2** Kreuzchen ◊ *Write X beside the candidate of your choice.* Machen Sie ein Kreuzchen neben den Namen des Kandidaten Ihrer Wahl. **3** = gebraucht, um eine vorgeschriebene Antwort als falsch zu markieren ☛ *Siehe auch* TICK² (1), S. 658 **4** (*am Briefende*) Küsse ◊ *Love from Kathy xxx* Gruß und Kuss von Kathy
xenoˈphoˈbia /ˌzenəˈfəʊbiə; *AmE* -ˈfoʊ-/ *Nomen* (*abwert*) Fremdenfeindlichkeit, Xenophobie
xenoˈphoˈbic /ˌzenəˈfəʊbɪk; *AmE* -ˈfoʊ-/ *Adj* fremdenfeindlich, xenophob
XL /ˌeks ˈel/ *Kurzform von* **extra large** XL
Xmas /ˈkrɪsməs, ˈeksməs/ *Nomen* = geschriebene Kurzform für Weihnachten
ˈX-rated *Adj* (*Film*) nicht jugendfrei ☛ *Hinweis bei* RATING
X-ray¹ /ˈeks reɪ/ *Nomen* **1** [meist *Pl*] Röntgenstrahl **2** Röntgenbild **3** Röntgenuntersuchung
X-ray² /ˈeks reɪ/ *Verb* röntgen
xyloˈphone /ˈzaɪləfəʊn; *AmE* -foʊn/ *Nomen* Xylophon

Y y

Y, y /waɪ/ Nomen (Pl **Y's, y's**) **1** (Buchstabe) Y, y ☛ Beispiele bei A, A **2 the Y** Abk (AmE, umgs) = YMCA, YWCA
yacht /jɒt; AmE jɑːt/ Nomen Jacht ◇ a yacht race eine Segelregatta
yacht·ing /'jɒtɪŋ; AmE 'jɑːt-/ Nomen Segeln
yachts·man /'jɒtsmən; AmE 'jɑːt-/ Nomen (Pl **-men** /-mən/) Segler
yachts·woman /'jɒtswʊmən; AmE 'jɑːt-/ Nomen (Pl **-women** /-wɪmɪn/) Seglerin
yak /jæk/ Nomen Jak
y'all /jɔːl/ = YOU-ALL
yam /jæm/ Nomen Jamswurzel
Yank /jæŋk/ (auch **Yan·kee**) Nomen (BrE, umgs, oft abwert) Yankee, Ami
yank¹ /jæŋk/ Verb (umgs) ziehen, reißen ◇ He yanked her to her feet. Er riss sie hoch.
yank² /jæŋk/ Nomen Ruck ◇ She gave the rope a yank. Sie zog kräftig am Seil.
Yan·kee /'jæŋki/ Nomen **1** (AmE) Nordstaatler, Einwohner von New England **2** = Soldat, der während des Bürgerkriegs für die Union (Nordstaaten) kämpfte **3** (BrE, umgs) = YANK
yap¹ /jæp/ Verb (**-pp-**) **1** kläffen **2** (umgs) quatschen
yap² /jæp/ Nomen Gekläff
yard /jɑːd; AmE jɑːrd/ Nomen **1** (BrE) Hof **2** (AmE) Garten **3** (meist in Zusammensetzungen) (Werk)gelände, Lagerplatz ◇ a boat yard eine Werft **4** (Abk **yd**) =Längenmaß, entspricht 0,914 m. Ein **yard** ist in 3 **feet** oder 36 **inches** unterteilt. ☛ Siehe auch S. 760 **5** (NAUT) Rah IDM ⇒ INCH¹
yard·age /'jɑːdɪdʒ; AmE 'jɑːrd-/ Nomen **1** = in Yards angegebene Länge oder Flächengröße **2** (beim Football) = Entfernung in Yards, die die Spieler oder Mannschaft vorgerückt sind
yardie /'jɑːdi; AmE 'jɑːrdi/ Nomen = Mitglied einer organisierten Verbrecherbande in Jamaika
'yard sale Nomen (AmE) = Trödelverkauf in jds Garten oder Hof ☛ Siehe auch GARAGE SALE
yard·stick /'jɑːdstɪk; AmE 'jɑːrd-/ Nomen Maßstab (auch fig) ◇ a yardstick by/against which to measure sth ein Maßstab zur Bewertung von etw
yar·mulke (auch **yar·mulka**) /'jɑːmʊlkə; AmE 'jɑːrm-/ Nomen = jüdisches Käppchen
yarn /jɑːn; AmE jɑːrn/ Nomen **1** Garn **2** (umgs) Geschichte, Seemannsgarn ◇ He used to spin yarns about his time in the Army. Er erzählte gern abenteuerliche Geschichten aus seiner Armeezeit. IDM ⇒ PITCH²
yash·mak /'jæʃmæk/ Nomen Gesichtsschleier
yawn¹ /jɔːn/ Verb gähnen (auch fig) ◇ a yawning gap eine tiefe Kluft
yawn² /jɔːn/ Nomen **1** Gähnen **2 be a ~** (umgs) todlangweilig sein
yd Abk (Pl **yds**) = YARD (4)
ye¹ /jiː/, unbetont ji/ Pron (veraltet oder Dialekt) ihr, euch
ye² /jiː/, unbetont ji/ Artikel (anstelle von „the" gebraucht, vor allem in Namen von Pubs oder Geschäften, um ihnen ein historisches Flair zu geben)
yea /jeɪ/ Adv, Nomen (veraltet) ja ☛ Siehe auch NAY
yeah /jeə/ Adv (Schreibweise, die eine umgangssprachliche Aussprache von „yes" wiedergibt) ja
year /jɪə(r), jɜː(r); AmE jɪr/ Nomen (Abk **yr**) **1** Jahr ◇ in a year's time in einem Jahr ◇ all (the) year round das ganze Jahr (über) ◇ for years jahrelang ◇ It's booked up for years to come. Es ist auf Jahre hinaus ausgebucht. ◇ That's the best movie I've seen in years. Das ist der beste Film, den ich seit Jahren gesehen habe. **2** (bes BrE) Jahrgang, Klasse ◇ We started German in year seven. Wir haben mit Deutsch in der siebten Klasse angefangen. ◇ a year-seven pupil ein Schüler in der siebten Klasse ☛ Hinweis bei SCHOOL¹ **3** [meist Pl] Alter ◇ She looks young for her years. Sie sieht jung aus für ihr Alter. ◇ She's getting on in years. Sie kommt in die Jahre. IDM **not/never in a hundred, etc. 'years** (umgs) niemals im Leben **put 'years on sb** jdn um Jahre älter machen **take 'years off sb** jdn um Jahre jünger machen **year after 'year** Jahr für Jahr **the year 'dot** (AmE **the year 'one**) (umgs) ◇ I've been going there since the year dot. Ich bin da schon immer und ewig hingegangen. ◇ They came to this country in the year dot. Sie sind vor einer Ewigkeit ins Land gekommen. **year 'in, year 'out** jahrein, jahraus ,**year of 'grace**; ,**year of our 'Lord** (gehoben) im Jahre des Herrn ,**year on 'year** (WIRTSCH) Jahr um Jahr ◇ a year-on-year increase in spending ein alljährlicher Anstieg der Ausgaben ☛ Siehe auch ADVANCED, DECLINE², DONKEY und TURN²
year·book /'jɪəbʊk; AmE 'jɪrbʊk/ Nomen Jahrbuch
year·ling /'jɪəlɪŋ; AmE 'jɪrlɪŋ/ Nomen Jährling
,year-'long Adj nur vor Nomen einjährig ◇ a year-long investigation eine ein ganzes Jahr dauernde Untersuchung
year·ly¹ /'jɪəli, 'jɜːli; AmE 'jɪrli/ Adj **1** einmal im Jahr **2** Jahres-, jährlich ◇ yearly income Jahreseinkommen
year·ly² /'jɪəli, 'jɜːli; AmE 'jɪrli/ Adv jährlich, einmal im Jahr
yearn /jɜːn; AmE jɜːrn/ Verb **~ (for sth/sb)** (gehoben) sich (nach etw/jdm) sehnen
yearn·ing /'jɜːnɪŋ; AmE 'jɜːrnɪŋ/ Nomen (gehoben) **~ (for sb/sth)** Sehnsucht (nach jdm/etw); **~ (to do sth)** Verlangen (etw zu tun)
yearn·ing·ly /'jɜːnɪŋli; AmE 'jɜːrn-/ Adv sehnsüchtig
,year-'round Adj ganzjährig, das ganze Jahr über
yeast /jiːst/ Nomen Hefe
'yeast infection Nomen (AmE) vaginale Hefepilzinfektion, vaginaler Soor
yell¹ /jel/ Verb schreien; **~ at sb/sth** jdn/etw anschreien ◇ She yelled out in pain. Sie schrie vor Schmerzen.
yell² /jel/ Nomen Schrei, Aufschrei ◇ let out/give a yell einen Schrei ausstoßen
yel·low¹ /'jeləʊ; AmE -loʊ/ **1** Adj gelb ☛ Beispiele bei BLAU **2** Adj (umgs, abwert) feige SYN COWARDLY **3** Nomen Gelb
yel·low² /'jeləʊ; AmE -loʊ/ Verb (sich) gelb verfärben; (Papier) vergilben
,yellow 'card Nomen (BrE) (SPORT) gelbe Karte
,yellow 'fever Nomen Gelbfieber
yel·low·ham·mer /'jeləʊhæmə(r); AmE -loʊ-/ Nomen Goldammer
yel·low·ish /'jeləʊɪʃ; AmE -loʊ-/ (seltener **yel·lowy** /'jeləʊi; AmE -loʊ-/) Adj gelblich ◇ The paper had a yellowish tinge. Das Papier war vergilbt.
,yellow 'line Nomen = gelbe Markierungslinie, die eingeschränktes Halteverbot bedeutet ◇ double yellow lines absolutes Halteverbot
,Yellow 'Pages™ (AmE ,**yellow 'pages**) Nomen [Pl] Branchenverzeichnis, Gelbe Seiten
yelp¹ /jelp/ Verb aufschreien, jaulen
yelp² /jelp/ Nomen Aufschrei, Jaulen
yen /jen/ Nomen **1** (Pl **yen**) Yen **2 ~ (for sth)** Drang (nach etw) ◇ I've always had a yen to travel around the world. Ich wollte schon immer um die Welt reisen.
yeo·man /'jəʊmən; AmE 'joʊ-/ Nomen (Pl **-men** /-mən/) (früher in GB) = Bauer, dem sein Land gehörte
yep /jep/ Ausruf (umgs) ja
yer /jə(r)/ Pron (Schreibweise, die eine umgangssprachliche

---

u actual | aɪ my | aʊ now | eɪ say | əʊ (BrE) go | oʊ (AmE) go | ɔɪ boy | ɪə near | eə hair | ʊə pure

yes

Aussprache von „you" oder „your" wiedergibt) ◊ *What's yer name?* Wie heißt du?

yes¹ /jes/ *Ausruf* **1** ja ◊ *Will they say yes to our proposals?* Werden sie unseren Vorschlägen zustimmen? **2** (*als Antwort auf eine verneinte Aussage*) doch ◊ *'I've never met her before.' 'Yes, you have.'* „Ich habe sie noch nie gesehen.","Doch, hast du." **3** (*gebraucht, um zu fragen, was jd möchte*) ja, bitte? ◊ *Yes? How can I help you?* Ja, bitte? Kann ich Ihnen helfen? **4** ach, wirklich? ◊ *'Sorry I'm late – the bus didn't come.' 'Oh yes?'* „Tut mir Leid, dass ich mich verspätet habe – der Bus ist nicht gekommen.","Ach, wirklich?" **5** (*zur Betonung des gerade Gesagten*) jawohl ◊ *Mrs Smith has just won 2 million pounds – yes! – 2 million!* Frau Smith hat gerade 2 Millionen Pfund gewonnen – jawohl! – 2 Millionen! **6 yes!** hurra!

yes² /jes/ *Nomen* (*Pl* **yes·ses** *oder* **yeses** /'jesɪz/) Ja, Jastimme

ˈ**yes-man** *Nomen* (*Pl* **-men** /-mən/) (*abwert*) Jasager

yes·ter·day¹ /'jestədeɪ, 'jestədi; *AmE* -tərd-/ *Adv* gestern ◊ *the day before yesterday* vorgestern IDM ⇒ BORN¹

yes·ter·day² /'jestədeɪ, 'jestədi; *AmE* -tərd-/ *Nomen* **1** Gestern ◊ *yesterday's paper* die Zeitung von gestern ◊ *I spent the whole of yesterday cleaning.* Ich habe gestern den ganzen Tag mit Putzen verbracht. **2** (*auch* **yes·ter·days** [Pl]) ◊ *All her yesterdays had vanished without a trace.* Ihre ganze Vergangenheit war wie weggeblasen.

yes·ter·year /'jestəjɪə/, *AmE* 'jestərjɪr/ *Nomen* (*veraltet oder gehoben*) **of ~** von früher, aus der Vergangenheit

yet¹ /jet/ *Adv* **1** noch ◊ *Don't go yet.* Gehen Sie noch nicht. ◊ *He'll be busy for ages yet.* Er wird noch ein ganze Weile zu tun haben. ◊ *They won't arrive for at least two hours yet.* Sie werden frühestens in zwei Stunden kommen. ◊ (*gehoben*) *She could yet surprise us all.* Sie könnte uns noch alle überraschen. ◊ *She's bought yet another diet book.* Sie hat schon wieder ein Diätbuch gekauft. ☞ *Hinweis bei* SCHON **2** (*in Fragen oder zur Verstärkung*) schon ◊ *Has it stopped raining yet?* Hat es schon aufgehört zu regnen? ◊ *yet again* wieder einmal **3** bis jetzt, bisher ◊ *the most comprehensive study yet* die bisher umfassendste Studie IDM **as ˈyet** bis jetzt ◊ *an as yet unpublished report* ein bis jetzt unveröffentlicher Bericht

yet² /jet/ *Konj* trotzdem, doch, aber SYN NEVERTHELESS

yeti /'jeti/ *Nomen* Yeti, Schneemensch

yew /juː/ *Nomen* (*auch* ˈ**yew tree**) Eibe

ˈ**Y-fronts**™ *Nomen* [Pl] (*BrE*) (Herren)- Slip ☞ *Hinweis bei* BRILLE

YHA /ˌwaɪ eɪtʃ 'eɪ/ *Kurzform von* **Youth Hostels Association** Jugendherbergsverband

yid /jɪd/ *Nomen* (*vulg, Slang, beleidigend*) Jud

Yid·dish /'jɪdɪʃ/ *Nomen* **1** Jiddisch **2** *Adj* jiddisch

yield¹ /jiːld/ *Verb* **1** (hervor)bringen; (*Gewinn, Zinsen*) abwerfen; (*Resultat, Werte*) ergeben; (*Früchte*) tragen ◊ *The research has yielded useful information.* Die Forschung hat nützliche Erkenntnisse gebracht. **2 ~** (**to sth/sb**) (etw/jdm) nachgeben ◊ *The lock would not yield.* Das Schloss gab nicht nach. ◊ *He reluctantly yielded to their demands.* Widerstrebend willigte er in ihre Forderungen ein. ◊ *yield to temptation* der Versuchung erliegen **3 ~ sth/sb** (**up**) (**to sb**) (*gehoben*) etw/jdn übergeben ◊ *He refused to yield up his gun.* Er weigerte sich, sein Gewehr herzugeben. ◊ (*fig*) *The universe is slowly yielding up its secrets.* Das Universum gibt langsam seine Geheimnisse preis. **4** (*AmE, IrE*) die Vorfahrt beachten; **~ to sb/sth** jdm/etw die Vorfahrt lassen SYN GIVE WAY PHRV ˈ**yield to sth** (*gehoben*) einer Sache weichen ◊ *Barges yielded to road vehicles for transporting goods.* Die Lastkähne wurden als Gütertransportmittel von Lkws verdrängt.

yield² /jiːld/ *Nomen* Ertrag, Erträge ◊ *a yield of 10% on your investment* ein Zinsertrag von 10% ◊ *a reduction in milk yield* ein Abfall der Milchleistung

yield·ing /'jiːldɪŋ/ *Adj* (*gehoben*) **1** nachgebend; (*Mensch*) nachgiebig; (*Kissen etc.*) weich **2** (*mit Adverbien*) **-** *high-yielding varieties* Hochertragssorten ◊ *high-yielding cows* Hochleistungskühe ◊ *low-yielding vines* Rebsorten mit niedrigem Ertrag

yin /jɪn/ *Nomen* (PHILOS) Yin

yip·pee /jɪ'piː; *AmE* 'jɪpi/ *Ausruf* (*umgs, veraltet*) hurra

YMCA /ˌwaɪ em es 'eɪ/ (*AmE auch, umgs* **the Y**) *Kurzform von* **Young Men's Christian Association** ≈ CVJM

yo /jəʊ; *AmE* joʊ/ *Ausruf* (*Slang*) hallo

yob /jɒb; *AmE* jɑːb/ (*auch* **yobbo** /'jɒbəʊ; *AmE* 'jɑːboʊ/ (*Pl* **-os**)) *Nomen* (*BrE, umgs*) Halbstarker, Rowdy

yodel¹ /'jəʊdl; *AmE* 'joʊdl/ *Verb* (**-ll-**, *AmE* **-l-**) jodeln

yodel² /'jəʊdl; *AmE* 'joʊdl/ *Nomen* Jodler

yoga /'jəʊgə; *AmE* 'joʊgə/ *Nomen* Yoga

yogi /'jəʊgi; *AmE* 'joʊgi/ *Nomen* (*Pl* **yogis**) Yogi

yogic /'jəʊgɪk; *AmE* 'joʊ-/ *Adj* Yoga-

yog·urt (*auch* **yog·hurt, yog·hourt**) /'jɒgət; *AmE* 'joʊgərt/ *Nomen* Joghurt

yoke¹ /jəʊk; *AmE* joʊk/ *Nomen* **1** Joch (*auch fig*) **2** Tragjoch **3** (*an Kleidung*) Sattel, Passe

yoke² /jəʊk; *AmE* joʊk/ *Verb* **1** (ins Joch) spannen **2** (*meist passiv*) (*gehoben*) verbinden

yokel /'jəʊkl; *AmE* 'joʊkl/ *Nomen* (*oft hum*) (Bauern)tölpel

yolk /jəʊk; *AmE* joʊk/ *Nomen* Eigelb

Yom Kip·pur /ˌjɒm 'kɪpə(r), kɪ'pʊə(r); *AmE* ˌjɑːm kɪ'pʊr, ˌjɔːm/ *Nomen* Jom Kippur

yon¹ /jɒn; *AmE* jɑːn/ *Adj* (*veraltet oder Dialekt*) jene(r,s) ◊ *over yon hill* hinter jenem Hügel

yon² /jɒn; *AmE* jɑːn/ *Adv* (*veraltet oder Dialekt*) dort drüben IDM ⇒ HITHER

yon·der¹ /'jɒndə(r); *AmE* 'jɑːn-/ *Adj, Artikel* (*veraltet oder Dialekt*) jene(r,s) ◊ *under yonder tree* unter den Baum dort

yon·der² /'jɒndə(r); *AmE* 'jɑːn-/ *Adv* (*veraltet oder Dialekt*) dort drüben

yonks /jɒŋks; *AmE* jɑːŋks/ *Nomen* [U] (*BrE, umgs, veraltend*) eine Ewigkeit

yoo-hoo /'juː huː/ *Ausruf* (*umgs, veraltend*) juhu, hallo

yore /jɔː(r)/ *Nomen* IDM **of ˈyore** (*veraltet oder gehoben*) vormals ◊ *in days of yore* in alten Zeiten

York·shire pud·ding /ˌjɔːkʃə 'pʊdɪŋ; *AmE* ˌjɔːrkʃər/ *Nomen* = aus Eierkuchenteig gebackene Beilage zu Rinderbraten

Yorkshire ˈterrier *Nomen* Yorkshireterrier

you /juː; *AmE* jə; *betont* juː/ *Pron* **1** du (dich, dir), ihr (euch), Sie (Ihnen) ☞ G 3 **2** man (einen, einem) ◊ *You never know.* Man kann nie wissen. ☞ *Hinweis bei* MAN, S.1091

you-all /'juː ɔːl/ (*auch* **y'all**) *Pron* (*umgs*) (*in den Südstaaten der USA*) ihr/Sie ◊ *Have you-all brought swimsuits?* Habt ihr eure Badeanzüge dabei?

you'd /juːd/ **1** = YOU HAD **2** = YOU WOULD

you'll /juːl/ = YOU WILL

young¹ /jʌŋ/ *Adj* **1** jung ◊ *In his younger days he played rugby.* Als er jung war, hat er Rugby gespielt. ◊ *They have a young family.* Sie haben kleine Kinder. ◊ *a young company* eine neue Firma **2** jugendlich ◊ *young fashion* Jugendmode **3 the younger** der/die jüngere ◊ *the younger Kennedy* der jüngere Kennedy ◊ (*BrE, gehoben*) *William Pitt the Younger* William Pitt der Jüngere IDM **not be getting any ˈyounger** (*umgs*) auch nicht jünger werden ˌ**young at ˈheart** (innerlich) jung geblieben ☞ *Siehe auch* OLD *und* ONLY²

young² /jʌŋ/ *Nomen* [Pl] **1 the young** junge Leute, die Jugend ◊ *It's a book for young and old alike.* Es ist ein Buch für Jung und Alt. **2** (*Jungtiere*) Junge

young·ish /'jʌŋɪʃ/ *Adj* ziemlich jung

ˌ**young ofˈfender** *Nomen* (*BrE*) jugendliche(r) Straftäter(in)

young·ster /'jʌŋstə(r)/ *Nomen* (*umgs*) Kind, Jugendliche(r)

ˌ**young ˈthing** *Nomen* (*umgs*) junge(r) Frau/Mann ◊ *bright young things working in computers* intelligente junge Leute, die in der Computerbranche arbeiten

your /jɔː(r); *AmE* jʊr; *unbetont* jə(r)/ *Adj* (*Abk* **yr**) **1** dein, Ihr, euer ☞ G 5.1 **2** (*mit Bezug auf „man"*) sein **3** (*umgs*) ◊ *This is your typical English pub.* Das ist das typische englische Pub.

you're /jʊə(r), jɔː(r); *AmE* jʊr/ = YOU ARE

yours /jɔːz; *AmE* jərz, jɔːrz, jʊrz/ *Pron* **1** deine(r), Ihre(r), eure(r) ☞ G 5.2 **2** (*meist* **Yours**) (*am Ende eines Briefes*) dein(e), Ihr(e), euer, eure ◊ (*BrE*) *Yours sincerely/faithfully* Mit freundlichen Grüßen ◊ (*AmE*) *Sin-*

cerely Yours Mit freundlichen Grüßen ◇ (*AmE*) *Yours Truly* Mit freundlichen Grüßen

your·self /jɔːˈself; *unbetont* jə-; *AmE* jər-, jɔːr-, jʊr-/ *Pron* **1** dich, dir, sich ☞ G 4 **2** selbst, selber ◇ *You can try it out for yourselves.* Ihr könnt es selbst ausprobieren. ◇ *You yourself are one of the chief offenders.* Du selbst bist einer der schlimmsten Übeltäter. IDM (**all**) **by your'self, my'self, etc.** (ganz) allein (**all**) **to your'self, my'self,- etc.** ganz (für sich, mich etc.) allein ◇ *I had a whole pizza to myself.* Ich habe ganz allein eine Pizza gegessen. **be your'self, my'self,etc.** sich, ich etc. selbst sein **feel your'self, my'self,etc.** sich wohl fühlen ◇ *I don't quite feel my'self today.* Ich fühle mich heute etwas daneben. **not seem your'self, etc.** nicht ganz beieinander sein ◇ *He didn't seem himself last night.* Gestern Abend war er nicht ganz beieinander.

your·selves /jɔːˈselvz; *unbetont* jə-; *AmE* jər-, jɔːr-, jʊr-/ *Pron* **1** sich, euch ☞ G 4 **2** selbst, selber ☞ Für Redewendungen mit **yourselves** siehe **yourself**.

youth /juːθ/ *Nomen* (*Pl* **youths** /juːðz/) **1** Jugend ◇ *in his youth* in seiner Jugend ☞ In der Bedeutung „alle Jugendlichen" wird **youth** mit einem Verb im Plural verwendet: *The youth of today are more independent.* **2** (*oft abwert*) Jugendlicher ◇ *a gang of youths* eine Bande Jugendlicher

ˈ**youth club** *Nomen* Jugendklub

ˌ**youth ˈcustody** *Nomen* (*BrE*) Jugendstrafe

youth·ful /ˈjuːθfl/ *Adj* (*Adv* **youth·ful·ly** /-fəli/) jugendlich

youth·ful·ness /ˈjuːθflnəs/ *Nomen* Jugendlichkeit

ˈ**youth hostel** *Nomen* Jugendherberge

you've /juːv/ = YOU HAVE

yowl[1] /jaʊl/ *Verb* heulen, jaulen, kläglich miauen

yowl[2] /jaʊl/ *Nomen* Heulen, Jaulen, (klägliches) Miauen

Yo Yo™ (*auch* **ˈyo-yo**) *Nomen* (*Pl* **Yo Yos**, **yo-yos**) Jo-Jo

yr (*bes AmE* **yr.**) *Abk* **1** (*Pl* **yrs**) = YEAR **2** = YOUR

yuan /juˈɑːn/ *Nomen* (*Pl* **yuan**) Yuan

yuck (*BrE auch* **yuk**) /jʌk/ *Ausruf* (*umgs*) igitt

yucky (*BrE auch* **yukky**) /ˈjʌki/ *Adj* (*umgs*) eklig, fies

Yule /juːl/ *Nomen* (*veraltet oder gehoben*) Jul(fest), Weihnachten

Yule·tide /ˈjuːltaɪd/ *Nomen* (*veraltet oder gehoben*) Julzeit, Weihnachtszeit

yum /jʌm/ (*auch* ˌ**yum-ˈyum**) *Ausruf* (*umgs*) lecker

yummy /ˈjʌmi/ *Adj* (*umgs*) lecker SYN DELICIOUS

yup·pie (*auch* **yuppy**) /ˈjʌpi/ *Nomen* (*Pl* **-ies**) (*umgs*) (*oft abwert*) Yuppie

YWCA /ˌwaɪ dʌbljuː siː ˈeɪ/ (*AmE auch*, *umgs* **the Y**) *Kurzform von* **Young Women's Christian Association** ≈ Christlicher Verein Junger Frauen, CVJF

Zz

Z, z /zed/ *AmE* ziː/ **1** *Nomen* (*Pl* **Z's**, **z's**) (*Buchstabe*) Z, z ☞ *Beispiele bei* A, A **2** **Z's** [Pl] (*AmE*, *umgs*, *hum*) Schlaf ◇ *I need to catch some Z's.* Ich brauche etwas Schlaf. IDM ⇒ A

zan·der /ˈzændə(r)/ *Nomen* (*Pl* **zander**) Zander

zany /ˈzeɪni/ *Adj* (**zani·er**, **zani·est**) (*umgs*) verrückt, irre

zap /zæp/ *Verb* (**-pp-**) (*umgs*) **1** vernichten, kaltmachen, beseitigen ◇ *The monster got zapped by a flying saucer.* Das Ungeheuer wurde von einer fliegenden Untertasse erledigt. **2** ~ **sb/sth** jdm/etw einen Schlag versetzen **3** rasen ◇ *I'm zapping through some modern novels at the moment.* Ich lese gerade in die Eiltempo ein paar moderne Romane. SYN ZIP **4** (*Fernsehkanal*) umschalten, zappen

zap·per /ˈzæpə(r)/ *Nomen* (*umgs*) **1** Fernbedienung **2** =Gerät/Waffe zum Vernichten von Ungeziefer etc.

zeal /ziːl/ *Nomen* (*gehoben*) Eifer, Begeisterung

zeal·ot /ˈzelət/ *Nomen* (*oft abwert*) (Glaubens)eiferer, -eiferin, Fanatiker(in)

zeal·ot·ry /ˈzelətri/ *Nomen* (*oft abwert*) Glaubenseifer, Fanatismus

zeal·ous /ˈzeləs/ *Adj* (*Adv* **zeal·ous·ly**) (*gehoben*) eifrig, emsig, fanatisch

zebra /ˈzebrə, ˈziːbrə/ *Nomen* (*Pl* **zebra** *oder* **zebras**) Zebra ☞ G 1.2

ˌ**zebra ˈcrossing** *Nomen* (*BrE*) Zebrastreifen

Zen /zen/ *Nomen* Zen

zen·ith /ˈzenɪθ/ *Nomen* **1** (ASTRON) Zenit **2** (*gehoben*) Höhepunkt OPP NADIR SYN PEAK

zero[1] /ˈzɪərəʊ; *AmE* ˈzɪroʊ, ˈziː-/ *Zahl* null ☞ *Siehe auch* S. 759

zero[2] /ˈzɪərəʊ; *AmE* ˈzɪroʊ, ˈziː-/ *Verb* (**zer·oes**, **zero·ing**, **zer·oed**, **zer·oed**) (*Instrument etc.*) auf null schalten PHRV ˌ**zero ˈin on sb/sth** **1** seine Aufmerksamkeit auf jdn/etw richten **2** jdn/etw einkreisen

ˈ**zero hour** *Nomen* Stunde X

ˌ**zero-ˈrated** *Adj* (*BrE*) nicht mehrwertsteuerpflichtig

ˌ**zero ˈtolerance** *Nomen* = strenge Anwendung des Gesetzes, besonders in Bezug auf geringere Verbrechen ◇ *Howard County has a zero tolerance policy on alcohol use by teenagers.* Howard County greift hinsichtlich des Alkoholkonsums von Jugendlichen sehr streng durch.

zest /zest/ *Nomen* **1** [U/Sing] Begeisterung, Schwung ◇ *zest for life* Lebensfreude **2** [U, Sing] (*fig*) Würze, Pfiff **3** [U] (*einer Zitrusfrucht*) Schale

zig·zag[1] /ˈzɪɡzæɡ/ **1** *Nomen* Zickzack(linie) **2** *Adj nur vor Nomen* Zickzack-, zickzackförmig

zig·zag[2] /ˈzɪɡzæɡ/ *Verb* (**-gg-**) im Zickzack fahren (ver)laufen etc.

zilch /zɪltʃ/ *Nomen* (*umgs*) gar nichts

zil·lion /ˈzɪljən/ *Nomen* (*bes AmE*, *umgs*) zig ◇ *There were zillions of reporters waiting.* Zigtausend Reporter warteten.

Zim·mer frame™ /ˈzɪmə(r) freɪm/ (*umgs* **Zim·mer** /ˈzɪmə(r)/) *Nomen* (*BrE*) Gehgestell

zinc /zɪŋk/ *Nomen* Zink

zing[1] /zɪŋ/ *Verb* (*umgs*) **1** zischen (lassen) **2** (*AmE*) (vernichtend) kritisieren, verreißen

zing[2] /zɪŋ/ *Nomen* [U] (*umgs*) (*Würze*) Pfiff

Zion·ism /ˈzaɪənɪzəm/ *Nomen* Zionismus

Zion·ist /ˈzaɪənɪst/ **1** *Nomen* Zionist(in) **2** *Adj* zionistisch

zip[1] /zɪp/ *Nomen* **1** (*BrE* ˈ**zip fastener**) Reißverschluss **2** [U] (*umgs*) Schwung **3** (*bes AmE*, *umgs*) nichts ◇ *We won four zip.* Wir haben vier zu null gewonnen.

zip[2] /zɪp/ *Verb* (**-pp-**) **1** ◇ *I zipped my jacket.* Ich machte den Reißverschluss meiner Jacke zu. ◇ *He zipped his case shut.* Er machte den Reißverschluss seines Koffers zu. **2** mit Reißverschluss geschlossen werden ◇ *The sleeping bags can zip together.* Die Schlafsäcke können mit einem Reißverschluss zu einem Doppelschlafsack verbunden werden. **3** (*umgs*) sausen PHRV ˌ**zip ˈup** sich mit Reißverschluss verschließen lassen ◇ *This jacket zips up.* Diese Jacke hat einen Reißverschluss. ˌ**zip sth ˈup** den Reißverschluss einer Sache zumachen ˌ**zip sb ˈup** jdm den Reißverschluss zumachen

ˈ**ZIP code** (*auch* ˈ**Zip code**) *Nomen* (*AmE*) Postleitzahl

zip·per /ˈzɪpə(r)/ *Nomen* (*bes AmE*) Reißverschluss

zit /zɪt/ *Nomen* (*umgs*) Pickel SYN PIMPLE

zith·er /ˈzɪðə(r)/ *Nomen* Zither

zo·diac /ˈzəʊdiæk; *AmE* ˈzoʊ-/ *Nomen* **the zodiac** der Tierkreis

zom·bie /ˈzɒmbi; *AmE* ˈzɑːmbi/ *Nomen* Zombie (*auch fig*)

zone[1] /zəʊn; *AmE* zoʊn/ *Nomen* Zone, Gebiet, Bereich ◇ *a*

zone

demilitarized zone eine Pufferzone ☛ *Siehe auch* NO-FLY ZONE *und* TWILIGHT ZONE

zone² /zəʊn; *AmE* zoʊn/ *Verb* (*meist passiv*) **1** ~ sth (for sth) (*Grundstück*) (für etw) vorsehen **2** in Zonen aufteilen

zoo /zuː/ *Nomen* (*Pl* **zoos**) (*gehoben* ˌzooˈlogical ˈgarden(s)) Zoo

zoo·keep·er /ˈzuːkiːpə(r)/ *Nomen* Tierpfleger(in), (Tier)wärter(in)

zoo·logic·al /ˌzəʊəˈlɒdʒɪkl, ˌzuːəˈl-; *AmE* ˌzoʊəˈlɑːdʒ-/ *Adj* zoologisch

zo·olo·gist /zəʊˈɒlədʒɪst, zuˈɒl-; *AmE* zoʊˈɑːl-/ *Nomen* Zoologe, Zoologin

zo·ology /zəʊˈɒlədʒi, zuˈɒl-; *AmE* zoʊˈɑːl-/ *Nomen* Zoologie

zoom¹ /zuːm/ *Verb* **1** sausen ☛ *Hinweis bei* SAUSEN **2** ~ (**up**) (**to** …) (auf …) hochschnellen ○ *House prices have zoomed up this year.* Die Hauspreise sind dieses Jahr in die Höhe geschnellt. PHRV ˌzoom ˈin/ˈout heran-/wegzoomen

zoom² /zuːm/ *Nomen* **1** (*auch* ˈzoom lens) Zoom(objektiv) **2** Sausen, Surren

Zoro·as·trian /ˌzɒrəʊˈæstriən; *AmE* ˌzɔːroʊ-/ **1** *Nomen* Zoroastrier(in) **2** *Adj* zoroastrisch

Zoro·as·trian·ism /ˌzɒrəʊˈæstriənɪzəm; *AmE* ˌzɔːroʊ-/ *Nomen* Parsismus, Zoroastrismus

zuc·chini /zuˈkiːni/ *Nomen* (*Pl* **zuc·chini** *oder* **zuc·chi·nis**) (*AmE*) Zucchini

Zulu /ˈzuːluː/ **1** *Nomen* Zulu **2** *Adj* Zulu-

zy·deco /ˈzaɪdɪkəʊ; *AmE* -koʊ/ *Nomen* = Tanzmusik, die ursprünglich von schwarzen Amerikanern in Louisiana gespielt wurde

zygote /ˈzaɪɡəʊt; *AmE* -ɡoʊt/ *Nomen* Zygote

Infoseiten

741–756 Kurze Übersicht über die englische Grammatik
757 Zeichensetzung
758 Amerikanisches Englisch
759–761 Ausdrücke mit Zahlen
762–764 Schriftverkehr
765 Telefonieren und SMS
766 Textanalytische Begriffe
767–772 Geographische Namen

Kurze Übersicht über die englische Grammatik

G1.1
G1.2
G1.3

1 Das Nomen The noun

1.1 Zählbare und nicht zählbare Nomina

a Zählbare Nomina Countable nouns

Die größte Gruppe der Nomina ist zählbar, z.B. **apple**, **book**, **teacher** (Gattungsbezeichnungen). Die Pluralform dieser Nomina wird im Englischen meist auf **-s** gebildet (**-es** bei Wörtern, die auf **s**, **x**, **ch**, **sh** enden). Unregelmäßige Pluralformen sind für die englischen Stichwörter angegeben.

Im Singular werden diese Nomina immer mit einem Bestimmungswort (Artikel, Possessivpronomen etc.) gebraucht.

b Nicht zählbare Nomina
Uncountable nouns

Nicht zählbare Nomina können Sammelbezeichnungen sein, z.B. **furniture**, **royalty**; Stoffbezeichnungen, z.B. **milk**, **iron**; oder Abstrakta, z.B. **love**, **time**. Sie können mit Wörtern wie **some**, **more** etc. verwendet werden, aber nicht mit dem unbestimmten Artikel. Diese Nomina sind im Wörterbuch mit [U] gekennzeichnet, sofern ihr Gebrauch sich vom deutschen unterscheidet:

> **heat·ing** /'hi:tɪŋ/ *Nomen* [U] (*bes BrE*) Heizung

> **Heizung 1** heating [U]

▸ *We are having central heating put in.*
Bei uns wird eine Heizung eingebaut.

c Singularnomina Singular nouns

Manche Nomina haben nur eine Singularform und können nicht im Plural verwendet werden. Sie werden im Wörterbuch mit [Sing] gekennzeichnet, soweit ihr Gebrauch sich vom deutschen unterscheidet:

> **Lebenshaltungskosten** cost of living [Sing]

> **the ˌcost of ˈliving** *Nomen* [Sing] die Lebenshaltungskosten

▸ *The cost of living has gone up.*
Die Lebenshaltungskosten sind gestiegen.

d Pluralnomina Plural nouns

Diese Nomina haben keine Singularform und werden mit dem Plural des Verbs gebraucht. Sie werden im Wörterbuch mit [Pl] gekennzeichnet:

> **po·lice**[1] /pəˈliːs/ *Nomen* [Pl] Polizei

> **Polizei** police [Pl]

▸ *Where are my scissors?*
Wo ist meine Schere?
▸ *Police are searching for the murderer.*
Die Polizei sucht den Mörder.

Wenn ein Nomen verschiedene Bedeutungen hat, kann die Zählbarkeit jeder Bedeutung bzw. Übersetzung anders sein.

> **dam·age**[1] /ˈdæmɪdʒ/ *Nomen* **1** [U] Schaden, (Be)schädigung **2 damages** [Pl] Schadenersatz

> **Gut 1** (*Besitz*) property [Sing]; (*Vermögen*) wealth [Sing]; (*Ware, Gebrauchsgegenstand*) commodity*; (*Sachen*) goods [Pl] **2** (*Land-*) estate **3** Güter (*Handels-*) goods [Pl]; (*Transport-*) freight [U]

1.2 Alternative Pluralformen

Einige Nomina, die Tiere bezeichnen, haben zwei Pluralformen: Meist wird der Plural normal mit **-s** gebildet:
▸ *They went to feed the ducks.*

In der Fachsprache (z.B. Jagd oder Tierhaltung) wird jedoch manchmal eine Pluralform ohne Endung gebraucht:
▸ *They are out shooting duck.*
▸ *We saw three zebra.*

1.3 Verb im Singular oder Plural

a Singularnomina, die mit einem Verb im Singular oder im Plural gebraucht werden können

Es gibt Nomina, die eine Singularform haben, aber mit der Singular- oder Pluralform des Verbs gebraucht werden. Sie bezeichnen oft eine Gruppe von Personen, und je nachdem, ob der Sprecher die Organisation, Institution etc. als Ganzes oder die einzelnen Personen meint, wird das Verb im Singular oder im Plural verwendet:
▸ *The Opposition has/have issued a statement.*

G1.3
G2.1
G2.2

b Zählbare Nomina im Singular, die mit einem Verb im Singular oder im Plural gebraucht werden können

Es gibt im britischen Englisch einige im Singular verwendete zählbare Nomina, die eine Gruppe von Personen bezeichnen, die mit der Singular- oder Pluralform des Verbs gebraucht werden können, je nachdem, ob der Sprecher die Organisation, Institution etc. als Ganzes oder die einzelnen Personen meint, z.B. **committee**:
▶ *The committee has/have decided to dismiss him.*

NB: Im amerikanischen Englisch werden diese Nomina mit dem Verb im Singular gebraucht:
▶ *The committee has decided to dismiss him.*

Im Plural werden diese Nomina immer mit dem Verb im Plural gebraucht:
▶ *The committees have decided....*

c Nicht zählbare Nomina, die mit einem Verb im Singular oder im Plural gebraucht werden

Einige nicht zählbare Nomina können entweder mit der Singular-oder Pluralform des Verbs gebraucht werden. Manche Wörter, die in diese Gruppe fallen, enden auf **-s**, was jedoch keine Pluralform ist:
▶ *His whereabouts are/is unknown.*
Sein Aufenthaltsort ist unbekannt.

Manche nicht zählbare Nomina, die eine Gruppe von Personen bezeichnen, können mit der Singular- oder Pluralform des Verbs gebraucht werden, je nachdem, ob der Sprecher die Organisation, Institution etc. als Ganzes oder die einzelnen Personen meint, z.B. **infantry**:
▶ *The infantry was/were guarding the bridge.*

Für Brüche und Prozente siehe S.759.

---

2 Die Artikel Articles

2.1 Formen

Der bestimmte Artikel
(der, die, das etc.)
The definite article (the)

Alle Formen des bestimmten Artikels werden im Englischen mit **the** übersetzt. Der Genitiv (des, der) wird meist mit **of the**¹ und der Dativ als indirektes Objekt (der, dem, den) meist mit **to the**² übersetzt.

Der unbestimmte Artikel
(ein, eine, ein etc.)
The indefinite article (a, an)

Alle Formen des unbestimmten Artikels werden mit **a** (vor Konsonanten) oder **an** (vor Wörtern, die am Anfang mit einem Vokal gesprochen werden) übersetzt. Siehe auch den Hinweis im Eintrag für **a**, Seite 1. Der Genitiv (eines, einer) wird meist mit **of a**¹ und der Dativ als indirektes Objekt (einer, einem) meist mit **to a**² übersetzt.

¹ Das „Genitiv-s" wird oft statt **of the** bzw. **of a/an** gebraucht, besonders bei Personen:
▶ *the neighbour's car*
das Auto des Nachbarn
▶ *the neighbours' car*
das Auto der Nachbarn
▶ *a teacher's salary*
das Gehalt eines Lehrers

² Wenn ein Verb ein direktes und ein indirektes Objekt hat, gibt es zwei Möglichkeiten:
▶ *He gave the flowers to the old lady.*
▶ *He gave the old lady the flowers.*
Er gab der alten Dame die Blumen.
▶ *Can I give a man flowers?*
▶ *Can I give flowers to a man?*
Kann ich einem Mann Blumen schenken?

2.2 Gebrauch

Der Gebrauch der Artikel entspricht in den meisten Fällen dem des Deutschen. Es sind jedoch einige Unterschiede zu beachten:

a Kein Artikel im Englischen, bestimmter Artikel im Deutschen:

Abstrakte Nomina
▶ *a film about love*
ein Film über die Liebe
▶ *a danger for democracy*
eine Gefahr für die Demokratie
▶ *He is scared of flying.*
Er hat Angst vor dem Fliegen.

Allgemeine Aussagen
▶ *He avoids people.*
Er meidet die Menschen.
▶ *Prices are rising.*
Die Preise steigen.

Länder, Seen, Gebäude, Straßennamen
▶ *Turkey, Switzerland*
die Türkei, die Schweiz
▶ *Lake Constance*
der Bodensee
▶ *Cologne Cathedral*
der Kölner Dom
▶ *Vienna Airport*
der Wiener Flughafen
▶ *Munich University*
die Universität München
▶ *in Oxford Street*
in der Oxfordstraße

Siehe auch die Hinweise bei den Einträgen für **Schule, Krankenhaus, Gefängnis** und **Kirche**.

In bestimmten Wendungen:
Tätigkeiten, Transportmittel

- *to/at work*
  zur/bei der Arbeit
- *to/in bed*
  ins/im Bett
- *go by car, train, bus, taxi, etc.*
  mit dem Auto, Zug, Bus, Taxi etc. fahren

Monate, Wochentage

- *May was unusually cold.*
  Der Mai war ungewöhnlich kalt.
- *in April*
  im April
- *on Sunday*
  am Sonntag

Mahlzeiten

- *Lunch is at one.*
  Das Mittagessen ist um eins.
- *Why don't you come for dinner?*
  Komm doch zum Abendessen!
- *before/after breakfast*
  vor/nach dem Frühstück

Religionen

- *Christianity has its roots in Judaism.*
  Das Christentum hat seine Wurzeln im Judentum.

b Unbestimmter Artikel im Englischen, bestimmter Artikel im Deutschen:

Mengenangaben

- *twice a week*
  zweimal die Woche
- *two dollars a kilo*
  zwei Dollar das Kilo

c Bestimmter Artikel im Englischen, kein Artikel im Deutschen:

Musikinstrumente

- *He plays the piano and the violin.*
  Er spielt Klavier und Geige.

d Unbestimmter Artikel im Englischen, kein Artikel im Deutschen: G2.2
G3.1
G3.2

Berufe, Ämter etc.

- *My mother is a teacher.*
  Meine Mutter ist Lehrerin.
- *He wants to be an actor.*
  Er will Schauspieler werden.

Der unbestimmte Artikel wird im Englischen auch bei Hobbys verwendet:
- *He's a keen photographer.*

Aber: Wenn es sich um eine bestimmte Position handelt, wird im Englischen der bestimmte Artikel gebraucht:
- *She's the manager of a sports shop.*
  Sie ist Geschäftsführerin in einem Sportgeschäft.
- *He's the headmaster of a primary school in Leeds.*
  Er ist Rektor einer Grundschule in Leeds.

Zahlen

- *It costs about a hundred dollars.*
  Das kostet ungefähr hundert Dollar.

Ebenso: *a thousand.*

e Possessivpronomen im Englischen, bestimmter Artikel im Deutschen:

Körperteile, Kleidung

- *She's broken her leg.*
  Sie hat sich das Bein gebrochen.
- *She's had her hair cut.*
  Sie hat sich die Haare schneiden lassen.
- *I took off my coat.*
  Ich zog den Mantel aus.

3 Die Personalpronomina Personal pronouns

3.1 Formen

ich	**I**	mich	**me**
du/ihr/Sie	**you**	dich/euch/Sie	**you**
er	**he**	ihn	**him**
sie	**she**	sie	**her**
es	**it**	es	**it**
wir	**we**	uns	**us**
sie	**they**	sie	**them**
mir	**to me**[1]		
dir/euch/Ihnen	**to you**		
ihm	**to him**		
ihr	**to her**		
ihm	**to it**		
uns	**to us**		
ihnen	**to them**		

3.2 Beispiele

- *Do you like him?*
  Magst du ihn?
- *Talk to them!*
  Sprich mit ihnen!

[1] Wenn ein Verb ein direktes und ein indirektes Objekt hat, gibt es zwei Möglichkeiten:
- *I gave her the letter.*
- *I gave the letter to her.*
  Ich habe ihr den Brief gegeben.

Wenn **it** als direktes Objekt gebraucht wird, ist die Konstruktion mit *to* gebräuchlicher:
- *I gave it to her.*
  Ich habe es ihr gegeben.

3.3 Gebrauch

a Der Gebrauch von *it*

Im Englischen gibt es keine geschlechtsspezifischen Artikel für Nomina, daher wird für alle Nomina, die nicht Personen oder Tiere bezeichnen, das stellvertretende Pronomen **it** gebraucht:
▸ *I like the flat – I'll take it.*
  Die Wohnung gefällt mir, ich nehme sie.
▸ *This jumper is too small for me – you can have it if you want.*
  Der Pullover ist mir zu klein, du kannst ihn haben, wenn du willst.

b Objektform statt Subjektform

Nach dem Verb **be** wird im Englischen heute meist die Objektform des Pronomens gebraucht, während das Deutsche die Subjektform verwendet:
▸ *It was her, not me.*
  Sie war's, nicht ich.

Ebenso, wenn das Pronomen in Antworten ohne Verb gebraucht wird:
▸ *'Who wants an ice cream?' 'Me!'*
  „Wer möchte ein Eis?" „Ich!"

4 Die Reflexivpronomina Reflexive pronouns

4.1 Formen

mir, mich	**myself**
dir, dich/sich	**yourself**
sich	**himself/herself/itself**
uns	**ourselves**
euch/sich	**yourselves**
sich	**themselves**

4.2 Beispiele

▸ *I don't want anything for myself.*
  Ich verlange nichts für mich.
▸ *I've bought (myself) a new dress.*
  Ich habe mir ein neues Kleid gekauft.
▸ *Have you hurt yourself?*
  Hast du dich verletzt?
▸ *And he calls himself a socialist?*
  Und er nennt sich Sozialist?
▸ *We've made ourselves look ridiculous.*
  Wir haben uns lächerlich gemacht.
▸ *Look at yourselves in the mirror!*
  Seht euch doch mal im Spiegel an!
▸ *They couldn't free themselves.*
  Sie konnten sich nicht befreien.

4.3 Unterschiede im Gebrauch

Die meisten deutschen reflexiven Verben sind im Englischen nicht reflexiv:
▸ *I apologized.*
  Ich habe mich entschuldigt.
▸ *I can't remember.*
  Ich kann mich nicht erinnern.
▸ *Wash your hands!*
  Wasch dir die Hände!

Yourself bzw. **yourselves** wird manchmal auch anstelle von **you** verwendet, vor allem wenn der Sprechende sich besonders gewählt ausdrücken will:
▸ *We sell a lot of these to people like yourselves.*
▸ *'And yourself?' he replied. 'How are you?'*

Nach bestimmten Präpositionen wird im Englischen nicht das Reflexivpronomen, sondern das Personalpronomen verwendet. Siehe den Hinweis bei **sich**.

Die verstärkenden Pronomina im Englischen haben die gleiche Form wie die Reflexivpronomina:
▸ *I did it myself.*

Siehe auch den Hinweis bei **selbst**.

Wenn „sich" etc. im Sinne von „einander, gegenseitig" verwendet wird, benutzt man im Englischen **each other** und **one another**:
▸ *We looked at each other.*
  Wir sahen uns (gegenseitig) an.
▸ *They hated one another.*
  Sie hassten sich.

5 Die Possessivpronomina Possessive adjectives and pronouns

5.1 Adjektivisch gebrauchte Possessivpronomina
Possessive adjectives

a Formen

Singular			Plural		
mein, meine	**my**		meine	**my**	
meinen, meine, mein	**my**		meine	**my**	
meines, meiner	**of my**[1]		meiner	**of my**[1]	
meinem, meiner	**to my**[2]		meinem	**to my**[2]	
(als indirektes Objekt)			(als indirektes Objekt)		

Ebenso werden gebildet:

dein/Ihr	your
sein	his/its
ihr	her/its
unser	our
euer	your
ihr	their

1. Das „Genitiv-s" wird oft statt **of my** gebraucht, besonders bei Personen:
   ▸ *my sister's boyfriend*
   der Freund meiner Schwester

2. Wenn ein Verb sowohl ein direktes als auch ein indirektes Objekt hat, gibt es zwei Möglichkeiten:
   ▸ *I showed my husband the letter.*
   ▸ *I showed the letter to my husband.*
   Ich habe den Brief meinem Mann gezeigt.

b Beispiele

▸ *That's my coat.*
Das ist mein Mantel.
▸ *Take my car.*
Nimm meinen Wagen!
▸ *at the bottom of my garden*
am Ende meines Gartens
▸ *I gave it to my husband.*
Ich habe es meinem Mann gegeben.

5.2 Nominal gebrauchte Possessivpronomina
Possessive pronouns

a Formen

meine(r,s)	**mine**
deine(r,s)/Ihre(r,s)	**yours**
seine(r,s)	**his**
ihre(r,s)	**hers**
unsere(r,s)	**ours**
eure(r,s)	**yours**
ihre(r,s)	**theirs**

Die Formen sind alle gleich, nur beim indirekten Objekt wird **to** vorangestellt.

b Beispiele

▸ *Your father would do that – mine wouldn't.*
Dein Vater würde das machen, meiner nicht.
▸ *Your car is too small – let's take mine.*
Dein Auto ist zu klein, nehmen wir meins.
▸ *You can show something like that to your sister, but not to mine.*
Deiner Schwester kann man so was zeigen, aber meiner nicht.

Beachte:
▸ *a friend of mine*
einer meiner Freunde/ein Freund von mir

---

6 Die Demonstrativpronomina
Demonstrative adjectives and pronouns

6.1 Formen

Singular

der, die, das; diese(r,s); jene(r,s)	**this, that**
den, die, das; diese(n,s); jene(n,s)	**this, that**
dessen, deren; dieses, dieser; jenes, jener	**of this/that**[1]
dem, der; diesem, dieser; jenem, jener	**to this/that**[2]
(als indirektes Objekt)	

Plural

die; diese; jene	**these/those**
die; diese; jene	**these/those**
deren, derer; dieser; jener	**of these/those**[1]
denen; diesen; jenen	**to these/those**[2]
(als indirektes Objekt)	

[1] Bei Personen wird statt **of this/that/these/those** oft das „Genitiv-s" gebraucht:
▸ *this/that woman's children*
die Kinder dieser Frau

Wenn „dessen/deren" possessiv gebraucht wird, verwendet man **his, her, its, their** (Siehe 5.1):
▸ *our friends and their parents*
unsere Freunde und deren Eltern

[2] Wenn ein Verb ein direktes und ein indirektes Objekt hat, gibt es zwei Möglichkeiten:
▸ *I gave that man money!*
▸ *I gave money to that man!*
Ich habe diesem Mann Geld gegeben!

6.2 Beispiele

▸ *This jumper is cheaper.*
Dieser/Der Pullover ist billiger.
▸ *Can you see that man?*
Siehst du diesen Mann dort?
▸ *I don't like the roof of that house.*
Das Dach dieses Hauses gefällt mir nicht.

▸ *He looks better in this photo.*
Auf diesem Foto sieht er besser aus.
▸ *These seats are reserved.*
Diese Plätze sind reserviert.
▸ *Some of these pictures are in the National Gallery.*
Einige dieser Bilder hängen in der Nationalgalerie.

6.3 Gebrauch

a *This* oder *that*

Oft können die Demonstrativpronomina **this/these** und **that/those** ohne Unterschied verwendet werden. Wenn aber auf etwas hingewiesen wird, das räumlich weiter entfernt ist oder in der Vergangenheit liegt, verwendet man **that/those**.

- *This dress is cheaper*
  Dieses Kleid ist billiger.
- *Do you like that house?*
  Gefällt dir das Haus (dort)?
- *This cake is nice!*
  Der Kuchen ist gut!
- *That's a nice dress (you're wearing)!*
  Das ist ein hübsches Kleid!
- *That cake was nice!*
  Der Kuchen war gut!
- *These are nice!*
  Die sind hübsch!
- *Those are nice!*
  Die (dort) sind hübsch!

b Als Stellvertreter des Nomens

Bei Vergleichen, oder wenn eine Wahlmöglichkeit besteht, sagt man oft **this one/that one**. Die Pluralform **these ones/those ones** ist nur in der britischen Umgangssprache möglich.

- *This one is cheaper than that one.*
  Das (hier) ist billiger als das dort.
- *I like this one better.*
  Der gefällt mir besser.

Um die Wiederholung eines schon erwähnten zählbaren Nomens zu vermeiden, benutzt man **the one(s) that**:

- *Our house is the one on the corner.*
  Unser Haus ist das an der Ecke.

This/that/these/those wird nur gebraucht, wenn eine Sache zum ersten Mal erwähnt wird. Danach wird im Englischen das Personalpronomen **it/they/them** gebraucht:

- *This jumper is too small for me.*
  You can have it.
  Der Pullover ist mir zu klein.
  Den kannst du haben.

Als Stellvertreter eines Nomens werden **this/that/these/those** nur für Sachen gebraucht. Wenn sich „der/die" auf eine Person bezieht, wird im Englischen **that man**, **woman**, **boy**, **girl** etc. oder das Personalpronomen **he/she/they** etc. gebraucht:

- *The secretary? I can't stand that woman!*
  (Oder: *I can't stand her!*)
  Die Sekretärin? Die kann ich nicht ausstehen!

Am Telefon wird **this** gebraucht:

- *This is Alex. Can I speak to Catherine?*
  Hier spricht Alex. Kann ich mit Catherine sprechen?

7 Die Relativpronomina
Relative pronouns

7.1 Formen

Singular	Plural	
der, die, das	die	who, which, that
den, die, das	die	who(m), which, that
dessen, deren	deren	whose, of which
dem, der	denen	to whom, to which

7.2 Gebrauch

a *Who* oder *which*

Who wird für Personen, **which** für Sachen gebraucht:

- *The man who bought the house is a doctor.*
  Der Mann, der das Haus gekauft hat, ist Arzt.
- *The figures which he produced supported his claim.*
  Die Zahlen, die er vorlegte, untermauerten seine Behauptung.

b *That*

That kann sowohl für Personen als auch für Sachen gebraucht werden:

- *The man that bought the house is a doctor.*
- *The figures that he produced supported his claim.*

c *Who* oder *whom*

Als Objekt wird meist **who** verwendet; **whom** klingt sehr formell:

- *A man who I didn't know opened the door.*
- *A man whom I didn't know opened the door.* (*formell*).
  Ein Mann, den ich nicht kannte, öffnete die Tür.

Es ist auch möglich, **who** bzw. **whom** auszulassen:

- *A man I didn't know opened the door.*

d *Whose* oder *of which*

Whose wird für Personen, **of which** für Sachen gebraucht, wobei die Wortstellung zu beachten ist:

- *the woman whose name I can never remember*
  die Frau, deren Namen ich mir nie merken kann
- *the book, the name of which I can never remember, ...*
  das Buch, dessen Namen ich mir nie merken kann, ...

In der Umgangssprache wird **of which** meist vermieden und ein anderer Anschluss bevorzugt:
- *the book – I can never remember its name – ...*
- *the book with the name I can never remember*

e Bestimmende Relativsätze
Defining relative clauses

Bestimmende Relativsätze geben an, um welche Person oder Sache es sich handelt:
- *the woman who called me*
  die Frau, die mich anrief

Diese Sätze werden im Englischen nicht mit einem Komma abgetrennt und ohne Sprechpause gesprochen.

Wenn das Relativpronomen Objekt des Relativsatzes ist, wird es in der Umgangssprache meist weggelassen:
- *the man I met on holiday*
  der Mann, den ich im Urlaub kennengelernt habe
- *the book you lent me*
  das Buch, das du mir geliehen hast

f Nicht-bestimmende Relativsätze
Non-defining relative clauses

Diese Sätze enthalten zusätzliche Informationen, die grammatisch nicht „notwendig" sind, um die Bezugsperson oder -sache eindeutig zu identifizieren. Sie werden im Englischen mit einem Komma abgetrennt und mit Sprechpause gesprochen. Das Relativpronomen **that** wird in diesen Sätzen nicht gebraucht. Das Relativpronomen kann nicht weggelassen werden, auch wenn es Objekt des Relativsatzes ist:

- *Peter, who had followed us*
  (nicht: *Peter that had followed us*)
  Peter, der uns nachgegangen war
- *Peter, whom nobody had noticed*
  (nicht: *Peter nobody noticed*)
  Peter, den niemand bemerkt hatte

g Relativpronomen mit Präposition

Wenn das Relativpronomen mit einer Präposition gebraucht wird, gibt es mehrere Möglichkeiten:

- Die Präposition wird ans Ende des Relativsatzes gestellt, das Relativpronomen wird weggelassen (in der Umgangssprache am gebräuchlichsten):
  - *The man I spoke to was very friendly.*
    Der Mann, mit dem ich sprach, war sehr freundlich.
  - *The house I was born in doesn't exist any more.*
    Das Haus, in dem ich geboren wurde, steht nicht mehr.

- Das Relativpronomen steht direkt hinter seinem Bezugswort, die Präposition wird ans Ende des Relativsatzes gestellt. **Whom** wird nur selten auf diese Weise gebraucht:
  - *The man who/that I spoke to was very friendly.*
  - *The house which/that I was born in doesn't exist any more.*

- Die Präposition steht vor **whom** oder **which** (formell). **Who** oder **that** können nicht auf diese Weise gebraucht werden:
  - *The man to whom I spoke was very friendly.* (nicht: *the man to who*)
  - *the chair in which I was sitting* (nicht: *the chair in that*)

---

8 Das Adjektiv The adjective

8.1 Attributiver und prädikativer Gebrauch

Die meisten Adjektive können, so wie im Deutschen, sowohl attributiv als auch prädikativ gebraucht werden:
- *a delicious cake*
- *The cake was delicious.*

Adjektive, die nur attributiv gebraucht werden, sind im Wörterbuch mit *nur vor Nomen* markiert (siehe z.B. den Eintrag für **subsequent** oder **regelwidrig**). Solche, die nur prädikativ verwendet werden, sind mit *nicht vor Nomen* markiert (siehe z.B. den Eintrag für **asleep** oder **verstorben**).

Im Englischen können auch Nomina attributiv gebraucht werden, z.B. **a metal object, a ski trip, a holiday romance, a school bag**.

8.2 Adverbialer Gebrauch

Bei vielen englischen Adjektiven ist es möglich, die Adverbform durch Anhängen der Silbe **-ly** zu bilden. Solche Adverbformen sind im Adjektiveintrag angegeben:

at·tract·ive /ə'træktɪv/ *Adj* (*Adv* **at·tract·ive·ly**) **1** attraktiv ◊ *an attractive idea* eine

attraktiv attractive (*Adv* attractively)

Wenn das Adverb eine andere Form hat (nicht **-ly**), oder wenn es eine andere Bedeutung als das Adjektiv hat, wird es separat behandelt:

add·ition·al·ly /ə'dɪʃənəli/ *Adv* (*gehoben*) außerdem

detailliert **1** *Adj* detailed ◊ *ein detaillierter Bericht* a detailed report **2** *Adv* in detail ◊ *etw detailliert beschreiben* describe sth in detail

8.3 Die Steigerung des Adjektivs

Einsilbige Adjektive werden im Englischen mit **-er**/**-est** gesteigert:
▶ *cold, colder, coldest.*

Bei Adjektiven, die schon auf **-e** enden, wird nur **-r,-st** angehängt:
▶ *nice, nicer, nicest.*

Mehrsilbige Adjektive werden mit **more**/**most** gesteigert:
▶ *beautiful, more beautiful, most beautiful.*

Manche zweisilbigen Adjektive verhalten sich wie einsilbige, besonders diejenigen, die auf **-er**, **-y** oder **-ly** enden:
▶ *clever, cleverer, cleverest.*

Steigerungsformen, die von diesen Regeln abweichen, sind in den jeweiligen Adjektiveinträgen angegeben:

Adjektive auf **-y**, die mit **-ier**, **-iest** gesteigert werden
▶ *sunny, sunnier, sunniest.*

Verdoppelung des Konsonanten
▶ *wet, wetter, wettest*
▶ *big, bigger, biggest.*

Unregelmäßige Formen
▶ *good, better, best.*

9 Das Verb
The verb

9.1 Die Zeitformen

Das Englische unterscheidet zwei grundlegende Aktionsarten (*aspects*) des Verbs: die einfache Form (*simple form*) und die Verlaufsform (*continuous* oder *progressive form*). Ganz allgemein kann gesagt werden, dass die einfachen Zeitformen den allgemeingültigen, gewohnheitsmäßigen oder abgeschlossenen Aspekt einer Handlung oder eines Geschehens betonen. Die Verlaufsform drückt aus, dass eine Handlung zu einem bestimmten Zeitpunkt im Gange und nicht abgeschlossen ist.

Im Deutschen wird die Aktionsart der Verlaufsform oft durch zusätzliche Wörter (meist Adverbien) oder bestimmte Fügungen, manchmal aber auch gar nicht ausgedrückt (wenn die Bedeutung aus dem Kontext klar ist):
▶ *I'm coming.*
  Ich komme schon.
▶ *We're having dinner.*
  Wir sind gerade beim Essen.
▶ *Are you having trouble with your car?*
  Hast du Probleme mit dem Auto?

a Die einfachen Zeitformen
The simple tenses

Die Verbformen für *I, you, we* und *they* sind gleich.
Die Verbformen für *he, she* und *it* sind gleich.

The simple present		
I look	do I look?	I do not look (don't look)
he looks	does he look?	he does not look (doesn't look)
The simple past		
I looked	did I look?	I did not look (didn't look)
he looked	did he look?	he did not look (didn't look)
The present perfect		
I have looked (I've looked)	have I looked?	I have not looked (haven't looked)
he has looked (he's looked)	has he looked?	he has not looked (hasn't looked)
The past perfect		
I had looked (I'd looked)	had I looked?	I had not looked (hadn't looked)
he had looked (he'd looked)	had he looked?	he had not looked (hadn't looked)
The future		
I will look (I'll look)	will I look?	I will not look (won't look)
he will look (he'll look)	will he look?	he will not look (won't look)
The future perfect		
I will have looked (I'll have looked)	will I have looked?	I will not have looked (won't have looked)
he will have looked (he'll have looked)	will he have looked?	he will not have looked (won't have looked)

The conditional

I would look (I'd look)	would I look?	I would not look (wouldn't look)
he would look (he'd look)	would he look?	he would not look (wouldn't look)

The conditional perfect

I would have looked	would I have looked?	I would not have looked (wouldn't have looked)
he would have looked	would he have looked?	he would not have looked (wouldn't have looked)

b Die Zeitformen der Verlaufsform The continuous tenses

Die Verlaufsform wird *continuous form* oder *progressive form* genannt.
Die Verbformen für **you**, **we** und **they** sind gleich.
Die Verbformen für **he**, **she** und **it** sind gleich.

The present continuous

I am looking (I'm looking)	am I looking?	I am not looking (I'm not looking)
you are looking (you're looking)	are you looking?	you are not looking (you aren't looking)
he is looking (he's looking)	is he looking?	he is not looking (he isn't looking)

The past continuous

I was looking	was I looking?	I was not looking (I wasn't looking)
you were looking	were you looking?	you were not looking (you weren't looking)
he was looking	was he looking?	he was not looking (he wasn't looking)

The present perfect continuous

I have been looking (I've been looking)	have I been looking?	I have not been looking (haven't been looking)
you have been looking (you've been looking)	have you been looking?	you have not been looking (haven't been looking)
he has been looking (he's been looking)	has he been looking?	he has not been looking (hasn't been looking)

The past perfect continuous

I had been looking (I'd been looking)	had I been looking?	I had not been looking (hadn't been looking)
you had been looking (you'd been looking)	had you been looking?	you had not been looking (hadn't been looking)
he had been looking (he'd been looking)	had he been looking?	he had not been looking (hadn't been looking)

The future continuous

I will be looking (I'll be looking)	will I be looking?	I will not be looking (won't be looking)
you will be looking (you'll be looking)	will you be looking?	you will not be looking (won't be looking)
he will be looking (he'll be looking)	will he be looking?	he will not be looking (won't be looking)

The future perfect continuous

I will have been looking (I'll have been looking)	will I have been looking?	I will not have been looking (won't have been looking)
you will have been looking (you'll have been looking)	will you have been looking?	you will not have been looking (won't have been looking)
he will have been looking (he'll have been looking)	will he have been looking?	he will not have been looking (won't have been looking)

The conditional continuous

I would be looking (I'd be looking)	would I be looking?	I would not be looking (wouldn't be looking)
you would be looking (you'd be looking)	would you be looking?	you would not be looking (wouldn't be looking)
he would be looking (he'd be looking)	would he be looking?	he would not be looking (wouldn't be looking)

The conditional perfect continuous

I would have been looking (I'd have been looking)	would I have been looking?	I would not have been looking (wouldn't have been looking)
you would have been looking (you'd have been looking)	would you have been looking?	you would not have been looking (wouldn't have been looking)
he would have been looking (he'd have been looking)	would he have been looking?	he would not have been looking (wouldn't have been looking)

9.2 Gebrauch

a Bezug auf Gegenwärtiges

Um auszudrücken, dass ein Geschehen zum Sprechzeitpunkt stattfindet, wird das **present continuous** gebraucht:
- *We're just having breakfast.*
  Wir frühstücken gerade.
- *What are you reading?*
  Was liest du da?
- *She isn't listening to me.*
  Sie hört mir nicht zu.

Um auszudrücken, dass ein Geschehen nicht abgeschlossen ist, auch wenn es zum Sprechzeitpunkt gerade nicht stattfindet, wird ebenfalls das **present continuous** gebraucht:
- *I'm learning Japanese.*
  Ich lerne Japanisch.
- *She's writing a book about snails.*
  Sie schreibt ein Buch über Schnecken.

Um auszudrücken, dass etwas oft geschieht und man sich darüber ärgert, wird **present continuous** mit **always** gebraucht:
- *He's always asking silly questions.*
  Er stellt immer dumme Fragen.

Einige Verben werden nicht in der Verlaufsform gebraucht, wenn sie Zustände, Gedanken oder Gefühle beschreiben, z.B. **need**, **want**, **know**, **love**, **hate** etc.:
- *I need some new shoes.*
  Ich brauche neue Schuhe.
- *She hates her job.*
  Sie hasst ihre Arbeit.

Einige Verben werden in der Verlaufsform gebraucht, wenn sie eine Tätigkeit beschreiben, und in der einfachen Form, wenn sie Zustände, Gedanken oder Gefühle beschreiben:
- *He's tasting the soup.*
  Er schmeckt die Suppe ab.
- *The soup tastes salty.*
  Die Suppe schmeckt salzig.
- *She's being difficult again.*
  Sie macht wieder mal Schwierigkeiten.
- *She's a difficult child.*
  Sie ist ein schwieriges Kind.
- *What are you thinking about?*
  Woran denkst du gerade?
- *Do you think I should leave?*
  Findest du, dass ich weggehen soll?

Für allgemeingültige Aussagen wird das **simple present** gebraucht:
- *Whales are mammals.*
  Wale sind Säugetiere.
- *Rice doesn't grow in this climate.*
  Reis gedeiht nicht in diesem Klima.

Um auszudrücken, dass etwas immer zutrifft oder regelmäßig geschieht, wird ebenfalls das **simple present** gebraucht:
- *He lives in Spain.*
  Er wohnt in Spanien.
- *The bus leaves at 8 o'clock.*
  Der Bus fährt um acht.
- *We don't often go out for a meal.*
  Wir gehen nicht oft ins Restaurant.

b Bezug auf Vergangenes

Um auszudrücken, dass etwas zum Sprechzeitpunkt vergangen und abgeschlossen ist, wird das **simple past** gebraucht:
- *He got up, paid the bill and left.*
  Er stand auf, bezahlte die Rechnung und ging.
- *I didn't read the letter, I just gave it to Lee.*
  Ich habe den Brief nicht gelesen, ich habe ihn bloß Lee gegeben.

Oft wird der Zeitpunkt des Geschehens durch Zeitangaben ausdrücklich bezeichnet:
- *Did you speak to Amy yesterday?*
  Hast du gestern mit Amy gesprochen?

Auch für ein Geschehen, das sich über einen längeren Zeitraum erstreckte, zum Sprechzeitpunkt jedoch vergangen und abgeschlossen ist, wird das **simple past** gebraucht:
- *I went to school in Scotland.*
  Ich bin in Schottland zur Schule gegangen.
- *Did she really work there for ten years?*
  Hat sie wirklich zehn Jahre dort gearbeitet?

Um auszudrücken, dass etwas oft oder regelmäßig geschah, wird ebenfalls das **simple past** gebraucht:
- *I often played tennis with her. She always won.*
  Ich habe oft Tennis mit ihr gespielt. Sie hat immer gewonnen.
- *They never went to the cinema when they lived in the country.*
  Als sie auf dem Land wohnten, gingen sie nie ins Kino.

Vorsicht: Im Deutschen kann für abgeschlossene Handlungen auch das Perfekt gebraucht werden, was im Englischen nicht möglich ist:
- *Did it rain yesterday?*
  Nicht: *Has it rained yesterday?*
  Hat es gestern geregnet?

Das **present perfect** wird verwendet, wenn etwas in einem noch andauernden Zeitraum stattgefunden hat:
- *I've had a terrible day today.*
  Ich hatte heute einen schrecklichen Tag.
- *The train has been late three times this week.*
  Diese Woche hat der Zug schon dreimal Verspätung gehabt.

Das **present perfect** wird auch gebraucht, wenn nicht der Zeitpunkt eines vergangenen Geschehens wichtig ist, sondern die Tatsache, dass es stattgefunden hat:
- *He's written a book.*
  Er hat ein Buch geschrieben.
- *We've bought a new car.*
  Wir haben uns ein neues Auto gekauft.

Um auszudrücken, dass eine vergangene Handlung zwar abgeschlossen ist, ihre Folgen jedoch zum Sprechzeitpunkt bedeutend sind, wird ebenfalls das **present perfect** gebraucht:
- *He's lost his calculator (and he still hasn't found it).*
  Er hat seinen Taschenrechner verloren (und er hat ihn immer noch nicht gefunden).

Das **present perfect** wird mit **since** und **for** gebraucht, um auszudrücken, dass ein Geschehen in die Gegenwart andauert (im Deutschen mit „seit" und dem Präsens ausgedrückt):
▶ *I have known about it since Christmas.*
Ich weiß es schon seit Weihnachten.
▶ *How long have you known?*
Seit wann weißt du es?
▶ *She hasn't bought any new clothes for years.*
Sie hat schon seit Jahren keine neuen Kleider mehr gekauft.

Im britischen Englisch wird das **present perfect** oft mit **just**, **ever**, **already** und **yet** gebraucht:
▶ *I've just arrived.*
Ich bin eben gekommen.
▶ *Have you ever been here before?*
Bist du schon einmal hier gewesen?
▶ *He's already packed his suitcases.*
Er hat schon die Koffer gepackt.
▶ *Haven't you finished yet?*
Bist du noch nicht fertig?

Im amerikanischen Englisch wird hier meist das **simple past** benutzt:
▶ *I just arrived.*

Um eine Tätigkeit zu beschreiben, die in der Vergangenheit begann und zum Sprechzeitpunkt noch andauert, oder die eben erst abgeschlossen ist und deren Folgen oder Ergebnis zum Sprechzeitpunkt von Belang sind, wird das **present perfect continuous** gebraucht (im Deutschen oft mit „schon" und „seit" und dem Präsens ausgedrückt):
▶ *I've been working since eight o'clock – can I have a break now?*
Ich arbeite schon seit acht Uhr – kann ich jetzt eine Pause machen?
▶ *They haven't been learning English very long.*
Sie lernen erst seit kurzem Englisch.
▶ *My hands are dirty because I've been gardening.*
Meine Hände sind schmutzig, weil ich im Garten gearbeitet habe.

Um auszudrücken, dass ein Geschehen im Verlauf war, während eine zweite Handlung stattfand, wird das **past continuous** gebraucht:
▶ *It was raining when I left the house.*
Als ich das Haus verließ, regnete es.
▶ *Was he cooking dinner when you got home?*
War er beim Kochen, als du nach Hause kamst?
▶ *I wasn't wearing a coat and got very wet.*
Ich hatte keinen Mantel an und wurde sehr nass.

Wie beim *present continuous* können manche Zustandsverben nicht in der Verlaufsform gebraucht werden:
▶ *The fresh bread smelled wonderful.*
(Nicht: *was smelling*)

Um auszudrücken, dass eine Handlung oder ein Geschehen zu einem bestimmten Zeitpunkt in der Vergangenheit abgeschlossen war, bevor eine andere Handlung begann, wird das **past perfect** gebraucht:

▶ *When I got to the station, the train had left.*
Als ich zum Bahnhof kam, war der Zug schon abgefahren.
▶ *I had never met Ed before he came to Bath.*
Ich lernte Ed erst kennen, als er nach Bath kam.
▶ *They had moved into the flat three months before Joe lost his job.*
Drei Monate nachdem sie eingezogen waren, verlor Joe seine Stellung.

Um auszudrücken, dass eine Handlung oder ein Geschehen über einen längeren Zeitraum hinweg im Gange gewesen war, bevor eine andere Handlung begann, wird das **past perfect continuous** gebraucht:
▶ *My hands were dirty because I had been gardening.*
Meine Hände waren schmutzig, weil ich im Garten gearbeitet hatte.
▶ *She hadn't been working at the shop very long when they sacked her.*
Sie hatte noch nicht lange in dem Laden gearbeitet, als sie entlassen wurde.

c **Bezug auf Zukünftiges**

Neben den Verbformen des Futurs gibt es auch andere Möglichkeiten, sich auf ein zukünftiges Geschen zu beziehen.

Um auszudrücken, dass ein zukünftiges Geschehen fest geplant, bereits vereinbart oder beschlossen ist, wird das **present continuous** gebraucht. Der Zukunftsbezug wird durch bestimmte Zeitangaben hergestellt oder muss aus dem Zusammenhang klar ersichtlich sein:
▶ *He's flying to Japan in August.*
Er fliegt im August nach Japan.
▶ *What are you doing this evening?*
Was machst du heute Abend?
▶ *I'm not starting my new job till next Monday.*
Ich trete erst nächsten Montag meine neue Stelle an.

Um eine Absicht für die Zukunft auszudrücken, wird **going to** + Infinitiv gebraucht:
▶ *I'm going to phone Michael tonight.*
Ich werde Michael heute Abend anrufen.
▶ *What are you going to do when you leave school?*
Was wirst du machen, wenn du mit der Schule fertig bist?
▶ *I'm not going to be as strict with my children as my parents were with me.*
Ich werde mit meinen Kindern nicht so streng sein, wie es meine Eltern mit mir waren.

Um auszudrücken, dass etwas mit Sicherheit oder großer Wahrscheinlichkeit geschehen wird, wird ebenfalls **going to** + Infinitiv gebraucht:
▶ *Look at those clouds – I think it's going to rain.*
Schau dir die Wolken an – ich glaube, es fängt gleich an zu regnen.

Um einen spontanen Entschluss auszudrücken, wird **will** + Infinitiv gebraucht:
- *I can't do this. I'll ask the teacher.*
  Ich kann es nicht. Ich frage den Lehrer.
- *I'll take the blue one.*
  Ich nehme den blauen.
- *We'll have the soup, please.*
  Wir nehmen die Suppe.

Um eine Voraussage zu machen oder eine Vermutung auszudrücken, wird **will** + Infinitiv gebraucht:
- *It will be colder tomorrow.*
  Morgen wird es kälter sein.
- *Will he pass the exam, do you think?*
  Glaubst du, dass er die Prüfung schafft?
- *This job won't take long.*
  Die Arbeit wird nicht lange dauern.

Für Bitten, Versprechen und Angebote wird ebenfalls **will** + Infinitiv gebraucht:
- *Will you buy some bread on your way home?*
  Kannst du bitte auf dem Heimweg Brot besorgen?
- *We'll be back early, don't worry.*
  Wir werden nicht spät heimkommen, mach dir keine Sorgen.
- *I'll help you with your maths.*
  Ich helfe dir bei der Matheaufgabe.

In Temporalsätzen, die sich auf ein zukünftiges Geschehen beziehen, wird nach den Konjunktionen **when**, **as soon as**, **before**, **until** etc. das **simple present** gebraucht:
- *Ring me as soon as you hear any news.*
  Ruf mich an, sobald du etwas hörst.
- *I'll look after Amy until you come back.*
  Ich passe auf Amy auf, bis du zurückkommst.
- *You'll recognize the street when you see it.*
  Wenn du die Straße siehst, wirst du sie erkennen.

Wenn etwas offiziell festgelegt oder angekündigt wird, z.B. in einem Fahrplan oder Programm, wird das **simple present** gebraucht:
- *We leave Parma at 10 and arrive in Luton at 12.30.*
  Wir fliegen um 10 Uhr von Parma ab und sind um 12 Uhr 30 in Luton.
- *School starts on 9 September.*
  Die Schule fängt am 9. September an.

Um auszudrücken, dass etwas jeden Moment geschehen kann, wird **about to** + Infinitiv gebraucht:
- *Go and ask him quickly. He's about to leave.*
  Frag ihn schnell. Er geht gleich.

Um Handlungen zu beschreiben, die zu einem zukünftigen Zeitpunkt im Gange sein werden, wird das **future continuous** gebraucht:
- *I'll be waiting at the station. I'll be wearing a green hat.*
  Ich werde am Bahnhof warten. Ich werde einen grünen Hut tragen.
- *This time next week you'll be relaxing in the sun!*
  Heute in einer Woche wirst du in der Sonne liegen!

Wenn es um festgelegte Pläne oder Absichten geht, wird ebenfalls das **future continuous** gebraucht:
- *We'll be visiting Oxford, Bath and Stratford.*
  Wir werden Oxford, Bath und Stratford besuchen.
- *How many nights will you be staying?*
  Wie viele Nächte werden Sie hier sein?

Um auszudrücken, dass eine Handlung zu einem bestimmten Zeitpunkt in der Zukunft abgeschlossen sein wird, wird das **future perfect** gebraucht:
- *I will have finished this work by 3 o'clock.*
  Bis drei Uhr werde ich mit dieser Arbeit fertig sein.
- *They'll have lived here for four years in May.*
  Im Mai werden sie vier Jahre hier gewohnt haben.

9.3 Das Passiv

a Das Passiv wird im Englischen mit dem Hilfsverb **be** und dem *past participle* des Hauptverbs gebildet. In Bezug auf den Gebrauch der einfachen Form bzw. der Verlaufsform gelten die gleichen Regeln wie für das Aktiv.
- *All the equipment is tested by experts.*
  Alle Geräte werden von Fachleuten getestet.
- *The house is being restored.*
  Das Haus wird gerade renoviert.
- *All our luggage was searched.*
  Unser ganzes Gepäck wurde durchsucht.
- *He died while the film was being shot.*
  Er starb, während der Film gedreht wurde.
- *Nothing has been decided yet.*
  Es ist noch nichts entschieden worden.
- *He didn't know that the house had been sold.*
  Er wusste nicht, dass das Haus verkauft worden war.
- *The film will be shot in Scotland.*
  Der Film wird in Schottland gedreht werden.

b Wenn ein englisches Verb zwei Objekte hat, kann das indirekte Objekt (Dativobjekt) auch Subjekt eines passiven Satzes werden:
- *They gave us flowers.* ⇨ *We were given flowers.*
- *The boss told us the news this morning.* ⇨ *We were told the news this morning by the boss.*

c Bei Vorgängen ist es auch möglich, **get** als Hilfsverb zu verwenden, um das Passiv auszudrücken:
- *I didn't want to get caught.*
  Ich wollte mich nicht erwischen lassen.
- *He got told off by the teacher.*
  Er wurde vom Lehrer ausgeschimpft.
- *She got stung by a wasp.*
  Sie wurde von einer Wespe gestochen.

9.4 Irreale Aussagen

a Konditionalsätze

In Konditionalsätzen können fast alle Zeiten verwendet werden:
- *If you've finished, you can go home.*
- *I'll wear my boots if it rains.*

Vorsicht aber bei irrealen Konditionalsätzen: Im Englischen muss im Nebensatz das s*imple past* oder das *past perfect* verwendet werden. Im Hauptsatz wird **would** + Infinitiv oder **would have** + *past participle* gebraucht. In der Umgangssprache wird **would** meist zu **'d** verkürzt:
- *If he made more effort, he would get better marks.*
  Wenn er sich mehr anstrengen würde, bekäme er bessere Noten.
- *If I had known I would have told you.*
  Wenn ich es gewusst hätte, hätte ich es dir gesagt.

b Irreale Aussage- und Fragesätze

Dem Gebrauch des deutschen Konjunktivs II in irrealen Aussage- und Fragesätzen entspricht im Englischen eine Fügung mit **would** + Infinitiv bzw. **would have** + *past participle*:
- *That would be nice.*
  Das wäre nett.
- *Would that be possible?*
  Wäre das möglich?
- *Of course I would have rung you.*
  Ich hätte dich schon angerufen.

c Irreale Wunschsätze

In irrealen Wunschsätzen wird **would** (verkürzt **'d**) + Infinitiv bzw. **had** (verkürzt **'d**) + *past participle* gebraucht:
- *I wish he would leave!/I wish he'd leave!*
  Wenn er doch nur wegginge!
- *If only I had known!/If only I'd known!*
  Wenn ich das doch nur gewusst hätte!

9.5 Indirekte Rede
Reported speech

Bei der Umwandlung der direkten Rede in die indirekte Rede gelten die folgenden Regeln:

In der indirekten Rede verschieben sich die Zeitformen nach hinten, also *simple present* wird zu *simple past* etc.
- *'I don't know anything.'* ⇨ *He said he didn't know anything.*
- *'I wrote to her.'* ⇨ *He said he had written to her.*
- *'I'll ask her.'* ⇨ *He said he would ask her.*

Nur wenn das einleitende Verb im *simple present* oder *present perfect* steht, werden die Zeitformen beibehalten:
- *He says he hasn't got it. ('I haven't got it.')*
- *He says he rang her yesterday.*
  ('I rang her yesterday.')
- *He says he'll give it to her. ('I'll give it to her.')*
- *They have admitted that they were there.*
  ('We were there.')

9.6 Infinitiv oder *ing*- Form

G 9.4
G 9.5
G 9.6
G 9.7

Manche Verben werden entweder mit einem Infinitiv oder der *ing*-Form des Verbs gebraucht. Die entsprechende Verwendungsweise wird im Wörterbuch fett gedruckt hervorgehoben und mit Beispielen belegt.

a Infinitiv mit *to*

- *I forgot to ring him.*
  Ich habe vergessen ihn anzurufen.
- *I learned to ride when I was ten.*
  Ich habe mit zehn Jahren Reiten gelernt.

Im Englischen besteht auch die Möglichkeit, das Objekt mit einem Infinitiv zu verbinden. Im Deutschen wird diese Konstruktion oft mit einem dass-Satz übersetzt:
- *I'd like you to come with me.*
  Ich möchte, dass du mitkommst.
- *I expected him to pass the exam.*
  Ich hatte erwartet, dass er die Prüfung bestehen würde.

b Infinitiv ohne *to*

Die Modalverben (**can**, **must** etc.) werden mit einem Infinitiv ohne **to** gebraucht:
- *I can't tell you.*
  Ich kann es dir nicht sagen.

Einige Verben, z.B. **see** und **hear**, können mit einem Infinitiv ohne **to** gebraucht werden:
- *I heard the phone ring.*
  Ich hörte das Telefon klingeln.
- *I saw them go outside.*
  Ich sah, wie sie hinausgingen.
- *She watched him eat his lunch.*
  Sie sah zu, wie er sein Mittagesssen aß.
  /Sie sah ihm beim Mittagessen zu.

c *ing*-Form

Manche Verben werden mit der *ing*-Form gebraucht. Im Deutschen wird diese Konstruktion meist mit einem Infinitiv oder mit einem Nebensatz übersetzt:
- *I hate having to get up early.*
  Ich hasse es, früh aufstehen zu müssen.
- *I don't like him coming unannounced.*
  Ich mag es nicht, wenn er unangemeldet kommt.
- *I wouldn't consider moving.*
  Einen Umzug würde ich nicht in Erwägung ziehen.

9.7 Phrasal verbs

a

Phrasal verbs sind feste Verbindungen von Verben und Partikeln (Adverbien oder Präpositionen), z.B. **eat out**, **tear up**, **look after** etc. Sie werden am Ende des entsprechenden Verbeintrags separat angeführt. Diese Verben können ohne Objekt (intransitiv) oder mit Objekt (transitiv) gebraucht werden.

Bei *phrasal verbs* ohne Objekt stehen Verb und Partikel immer zusammen:
- *Let's eat out tonight.*

b Bei *phrasal verbs* mit Objekt muss besonders auf die Stellung des Objekts im Satz geachtet werden.

Im Wörterbuch werden *phrasal verbs* mit Objekt folgendermaßen gezeigt: **get sb down, fight sb/sth off, tear sth up, look after sb/sth** etc. **Sb** (*somebody*) bedeutet, dass das Objekt eine Person sein kann, **sth** (*something*) bezeichnet ein Sachobjekt. **Sb** und **sth** zeigen an, wo das Pronomenobjekt im Satz stehen muss:
- *The waiting gets me down.*
- *He tried to fight them off.*
- *She read the letter and then tore it up.*
- *Could you look after them for me?*

Wenn das Objekt ein Nomen ist, gibt es in der Regel zwei Möglichkeiten:
- *She tore up the letter.*
- *She tore the letter up.*

Wenn das Objekt aus mehreren Wörtern besteht, steht es meist nach der Partikel:
- *She tore up all the letters he had sent her.*

Es gibt einige Ausnahmen:

c Phrasal verbs, bei denen Verb und Partikel immer getrennt werden

Bei bestimmten *phrasal verbs* kann das Nomenobjekt nicht nach der Partikel stehen, sondern es steht zwischen Verb und Partikel:
- *They changed their plans and messed the whole group around.*
Nicht: *They changed their plans and messed around the whole group.*

d Phrasal verbs, bei denen das Nomenobjekt nach der Partikel steht

Bei bestimmten *phrasal verbs* steht das Nomenobjekt normalerweise nach der Partikel, obwohl das Pronomenobjekt zwischen Verb und Partikel steht:
- *He played down his fear.*
Nicht: *He played his fear down.*

Aber:
- *He had been afraid, but later he played it down.*

10 Die Modalverben
Modal verbs

10.1 Modalverben und modifizierende Verben

Die Modalverben sind Verben, mit denen der Sprecher den Inhalt eines anderen Verbs modifizieren kann, um Konzepte wie Möglichkeit, Erlaubnis, Fähigkeit etc. auszudrücken. Die Modalverben werden mit dem Infinitiv ohne **to** gebraucht. Das Vollverb folgt immer auf das Modalverb. Die Form ist in allen Personen gleich, es gibt kein **-s** in der dritten Person Singular des Präsens.

Die englischen Modalverben können nicht alle Zeitformen bilden. Bei **can** ersetzt man die fehlenden Tempora mit **be able to**, bei **must** verwendet man **have to**, bei **may** im Sinne von Erlaubnis **be allowed to** etc.

Die Formen von **ought** entsprechen den Modalverben, es wird jedoch mit dem Infinitiv mit **to** gebraucht.

10.2 Gebrauch

a Fähigkeit: können
can, could, be able to

Im Präsens wird meist **can** gebraucht. Das Hauptverb kann im Englischen nicht weggelassen werden:
- *Can you ride a bike?*
Kannst du Rad fahren?
- *I can't do it.*
Das kann ich nicht machen.
- *He could speak six languages.*
Er konnte sechs Sprachen sprechen.
- *I couldn't understand him.*
Ich konnte ihn nicht verstehen.
- *I could do more for her.*
Ich könnte mehr für sie tun.
- *I could have done more for her.*
Ich hätte mehr für sie tun können.
- *It must be terrible not to be able to see.*
Es muss furchtbar sein, nicht sehen zu können.
- *He's been able to swim for a year.*
Er kann schon seit einem Jahr schwimmen.
- *We hadn't been able to warn him.*
Wir hatten ihn nicht warnen können.
- *One day you'll be able to laugh about it.*
Eines Tages wirst du darüber lachen können.

Im Sinne von „gelingen" wird **be able to** oder **manage to** gebraucht:
- *Were you able to/did you manage to speak to him?*
Hast du mit ihm sprechen können?
- *They were able to/managed to save two of the boys.*
Zwei Jungen konnten gerettet werden.

b Möglichkeit: können
can, could, may, might

- *It can happen at any time.*
Es kann jederzeit passieren.
- *He could be right.*
Er könnte Recht haben.
- *Couldn't you come earlier?*
Könntest du nicht früher kommen?
- *You could have left it on the bus.*
Du könntest es im Bus vergessen haben.

▸ *He may have forgotten./Maybe he has forgotten.*
Es kann sein, dass er es vergessen hat.
▸ *You may be right.*
Du kannst Recht haben.
▸ *She might be upstairs.*
Sie könnte oben sein.

c Zwang, Notwendigkeit: müssen
must, have (got) to, need to

Mit **must** drückt der Sprecher einen selbst auferlegten Zwang oder eine innere Notwendigkeit aus, während **have to** (im britischen Englisch auch **have got to**) meist einen von außen kommenden Zwang bezeichnet:
▸ *I must finish this essay today. I'm going out tomorrow.*
▸ *I have to finish this essay today, because we have to hand them in tomorrow.*

Vorsicht: Must not hat nicht die Bedeutung von „nicht müssen", sondern drückt ein Verbot aus (nicht dürfen, siehe Absatz **e**). Um „nicht müssen" auszudrücken, wird die Verneinung von **have to** oder **needn't** (ohne **to**) gebraucht:
▸ *He needn't come.*
Er muss nicht kommen.
▸ *I don't have to work tomorrow.*
Morgen muss ich nicht arbeiten.

Must wird nur im Präsens gebraucht. In allen anderen Fällen wird **have to** oder (seltener) **need (to)** gebraucht. **Need to** wird nicht im Perfekt gebraucht. Das Hauptverb kann im Englischen nicht weggelassen werden.
▸ *I must go to the bank./I've got to go to the bank./I need to go to the bank.*
Ich muss zur Bank.
▸ *Do you have to go already?*
Müsst ihr schon gehen?
▸ *It must be/has to be done by tomorrow.*
Das muss bis morgen gemacht werden.
▸ *I had to wait a long time.*
Ich musste lange warten.
▸ *I didn't have to wait long.*
Ich musste nicht lange warten.
▸ *We'll have to go.*
Wir werden hingehen müssen.
▸ *You'd have to ask a specialist.*
Da müsstest du einen Spezialisten fragen.
▸ *It needn't have happened.*
Das hätte nicht passieren müssen.

d Erlaubnis: dürfen, können
can, could, may, might, be allowed,

Can, **could** und **may** werden im Präsens gebraucht, um um Erlaubnis zu bitten oder um Erlaubnis zu gewähren bzw. zu verweigern. Um allgemeine Regeln auszudrücken und in den anderen Zeitformen wird **be allowed to** verwendet. **May** und **could** sind formeller als **can**. **Might** gehört der gehobenen Sprache an.
▸ *Can/may I go now, please?*
Kann/darf ich jetzt bitte gehen?
▸ *You can't go swimming today.*
Du darfst heute nicht schwimmen gehen.

▸ *Books may only be borrowed for two weeks.*
Bücher dürfen nur zwei Wochen ausgeliehen werden.
▸ *May I use your phone?*
Darf ich Ihr Telefon benutzen?
▸ *Could I possibly borrow your car?*
Könnte ich eventuell dein Auto ausleihen?
▸ *Might I suggest a small change?*
Dürfte ich eine kleine Änderung vorschlagen?
▸ *Are you allowed to park here?*
Darf man hier parken?
▸ *Even as a child I was allowed to stay up late.*
Ich durfte schon als Kind lange aufbleiben.
▸ *She won't be allowed to come.*
Sie wird nicht mitkommen dürfen.

e Verbot: nicht dürfen
may not, must not, not be allowed

▸ *Outdoor shoes may not be worn in the gym.*
In der Turnhalle dürfen keine Straßenschuhe getragen werden.
▸ *Cars must not park in front of the entrance.*
Vor dem Eingang darf nicht geparkt werden.
▸ *You mustn't leave the gate open.*
Du darfst das Tor nicht offen lassen.
▸ *You are not allowed to take photographs here.*
Man darf hier nicht fotografieren.
▸ *We weren't allowed to go out at night.*
Wir durften abends nicht weggehen.

f Bitte: können, würde
can, could, will, would

▸ *Can you help me?*
Kannst du mir helfen?
▸ *Could you open the door, please?*
Könnten Sie bitte die Tür aufmachen?
▸ *Will you sit down, please?*
Würden Sie sich bitte hinsetzen?
▸ *Would you do me a favour?*
Würden Sie mir einen Gefallen tun?

g Angebot, Einladung: möchte, wollen
would like, want to

▸ *Would you like a drink?*
Möchtest du etwas trinken?
▸ *Do you want a coffee?*
Willst du einen Kaffee?

Siehe auch den Eintrag für **mögen**.

h Vorschlag: sollen, wollen
shall

▸ *Shall I open the window?*
Soll ich das Fenster aufmachen?
▸ *Shall we go out for a meal today?*
Wollen wir heute essen gehen?

Im amerikanischen Englisch ist es gebräuchlich, in Vorschlägen **should** zu verwenden:
▸ *Should I open the window?*

i Ratschlag, Empfehlung: müssen, sollte
must, should, ought to

- You really must see that film.
  Den Film musst du unbedingt sehen.
- You should read this book.
  Dieses Buch solltest du lesen.
- She shouldn't work so hard.
  Sie sollte nicht so viel arbeiten.

j Vorwurf: sollen, dürfen
should, ought to, might

- You ought to be ashamed of yourself.
  Du solltest dich schämen.
- I ought to have helped.
  Ich hätte helfen sollen.
- You should have left earlier!
  Du hättest früher weggehen sollen!
- I shouldn't have gone to bed so late.
  Ich hätte nicht so spät ins Bett gehen sollen.
- You oughtn't to have done that.
  Das hättest du nicht tun dürfen.
- It should never have happened.
  Das hätte nicht passieren dürfen.
- You might have told me earlier.
  Du hättest es mir eher sagen können.

k Verpflichtung: sollen, sollte
should, ought to

Ought drückt eine stärkere moralische Verpflichtung aus als **should**.

- You should phone him.
  Du solltest ihn anrufen.
- You shouldn't leave small children alone.
  Kleine Kinder soll man nicht allein lassen.
- You ought to visit your mother more often.
  Du solltest deine Mutter öfter besuchen.
- She oughtn't to make private calls here.
  Sie sollte hier keine Privatgespräche führen.

l Aufforderung, Verweis auf die Zukunft: sollen, sollte
be to

- You are to report to reception at 6.15.
  Sie sollen sich um 6 Uhr 15 am Empfang melden.
- Tell him to come in.
  Er soll reinkommen.
- The museum is to open in May.
  Das Museum soll im Mai eröffnet werden.
- Things were to turn out quite differently.
  Es sollte alles ganz anders kommen.

m Vermutung, Erwartung, Zweifel: sollen
be supposed to, be said to, should

- The film is supposed to be good./They say it's a good film.
  Der Film soll gut sein.
- It's said to be the biggest in the world.
  Es soll das größte der Welt sein.
- What's this supposed to achieve?
  Wofür soll das gut sein?
- How is this supposed to work?
  Wie soll das funktionieren?
- Is this supposed to be a tree?
  Und das soll ein Baum sein?
- How am I supposed to know?/How should I know?
  Woher soll ich das wissen?
- Am I supposed to do everything on my own?
  Soll ich vielleicht alles allein machen?

n Drohung, Herausforderung: sollen
let

- Just let him try that!
  Das soll er erst mal probieren!
- Let her do it herself!
  Soll sie's doch selbst versuchen!

o Unerfüllbare Wünsche: sollte, müsste
wish, should

- I wish it was/were always like this!
  So sollte/müsste es immer sein!
- You should have seen her face!
  Du hättest ihr Gesicht sehen sollen!
- If only I had money!
  Geld müsste man haben!

p Für den Fall, dass: sollte
should

- If it should rain we'll postpone it.
  Sollte es regnen, verschieben wir es.
- If she should ring you, let me know.
  Sollte sie dich anrufen, sag Bescheid.

q Wahrscheinlichkeit, Annahme: können, müssen, dürfen, sollen
can't, must, ought to

- You can't be hungry already!
  Du kannst noch keinen Hunger haben!
- She couldn't have known that.
  Sie hätte das gar nicht wissen können.
- You must be totally exhausted.
  Du musst ja ganz erschöpft sein.
- He must have known about it.
  Er muss wohl davon gewusst haben.
- She ought to pass the exam.
  Sie müsste die Prüfung bestehen.
- He should have arrived by now.
  Er müsste eigentlich schon da sein.
- That ought to have been enough.
  Das hätte eigentlich genug sein sollen.

r Wille, Absicht, Wunsch: wollen
want to, would like

- We want to move.
  Wir wollen umziehen.
- Would you like to come with us?
  Möchtest du mitkommen?
- She doesn't want me to phone.
  Sie will nicht, dass ich anrufe.
- We want to go into town afterwards.
  Wir wollen nachher noch in die Stadt.
- He won't come out of his bedroom.
  Er will nicht aus seinem Zimmer kommen.
- She doesn't want to.
  Sie will nicht.
- The car won't start.
  Das Auto will nicht anspringen.

11 Die Zeichensetzung
Punctuation

Die Zeichensetzung im Englischen unterscheidet sich in nur wenigen Punkten vom Deutschen:

11.1 Komma Comma (,)

a Kommas werden gesetzt, um Satzteile zu trennen. Eine Ausnahme bilden die bestimmenden Relativsätze (Siehe auch G7e):
  ▸ *The people who were interviewed were in favour.*
  ▸ *What is the name of the river that flows through Dublin?*

b Nominalphrasen werden nicht durch Kommas abgetrennt:
  ▸ *The fact that many people work long hours puts a strain on family life.*
  ▸ *She showed us where to sit.*
  ▸ *We know that he is ill.*

c Kommas werden im Englischen verwendet, um einleitende Wörter, ein Adverb oder eine adverbiale Bestimmung vom Rest des Satzes zu trennen:
  ▸ *Oh, don't ask him – he's hopeless.*
  ▸ *In fact, she turned out to be right.*
  ▸ *What they really need, however, is more money.*
  ▸ *Germany, for example, has elections every four years.*

d Kommas stehen im Englischen auch vor kurzen Zitaten:
  ▸ *Disraeli said, 'Little things affect little minds.'*

e Dezimalstellen werden im Englischen mit einem Punkt und nicht mit einem Komma abgeteilt. Siehe auch S.759.

11.2 Doppelpunkt Colon (:)

Ein Doppelpunkt wird im Englischen wie im Deutschen gebraucht, um etwas einzuleiten. Im Englischen wird das darauf folgende Wort nicht großgeschrieben:
  ▸ *There are three points to consider: cost, timing, and the environmental impact.*

11.3 Ausrufezeichen
Exclamation Mark/Point (!)

Ein Ausrufezeichen wird im Englischen wie im Deutschen nach Ausdrücken verwendet, die Überraschung, Freude, Zorn etc. wiedergeben:
  ▸ *How annoying!*
  Es wird aber nicht bei Befehlen und Anordnungen gebraucht:
  ▸ *No smoking.*
  ▸ *Please turn off your mobile phone in the library.*

11.4 Apostroph Apostrophe (')

a Der Apostroph wird mit **s** verwendet, um die Zugehörigkeit auszudrücken:
  ▸ *my sister's husband*
  ▸ *the teacher's car*
  ▸ *the students' books*
  ▸ *the women's coats*

b Er wird auch gebraucht, um zu zeigen, dass ein Teil eines Wortes weggefallen ist:
  ▸ *I'm (I am)*
  ▸ *they'd (they would / had)*
  ▸ *in the winter of '99 (1999)*
  ▸ *rock 'n' roll (rock and roll)*

c Manchmal wird ein Apostroph mit **s** verwendet, um die Pluralform von Buchstaben, Zahlen oder Abkürzungen zu bilden:
  ▸ *roll your r's*
  ▸ *during the 1930's*

Normalerweise ist es aber falsch, für den Plural einen Apostroph zu verwenden.

11.5 Bindestrich Hyphen (-)

a Der Bindestrich wird im Englischen viel häufiger als im Deutschen verwendet, um Wörter zusammenzusetzen:
  ▸ *half-hearted*   ▸ *father-in-law*
  ▸ *pro-European*   ▸ *ninety-six*

b Ein Bindestrich kann in manchen Wörtern im britischen Englisch benutzt werden, um eine Vorsilbe von einem Wort zu trennen, das mit dem gleichen Vokal anfängt:
  ▸ *co-operate*   ▸ *pre-eminent*

c Wenn zwei oder mehr Wörter als Bestimmung vor einem Nomen stehen, verwendet man zur Verdeutlichung einen Bindestrich:
  ▸ *a large-scale project*

Nach Adverbien, die auf **-ly** enden, steht aber kein Bindestrich:
  ▸ *a highly intelligent child*

11.6 Anführungszeichen
Quotation marks (' ')

Im Englischen werden meist *single quotation marks* '…' verwendet. Für eine Anführung innerhalb einer Anführung benutzt man dann *double quotation marks*: "…".
  ▸ *'Have you finished reading "War and Peace" yet?' she asked.*

Wenn das Gesagte mit einem Komma abgetrennt wird, schreibt man, anders als im Deutschen, das Komma vor dem Anführungszeichen:
  ▸ *'You're late,' said Mandy.*

Amerikanisches Englisch

Das amerikanische Englisch unterscheidet sich vom britischen nicht nur in der Aussprache, sondern auch im Wortschatz, in der Rechtschreibung und in der Grammatik.

Aussprache

Bei unterschiedlicher Aussprache wird die amerikanische Aussprache im Wörterbuch nach der britischen angegeben: **tomato** /təˈmɑːtəʊ; (*AmE*) təˈmeɪtoʊ/

Einige wichtige Unterschiede: Betonte Vokale werden im amerikanischen Englisch gewöhnlich länger als im britischen gesprochen: In *packet* z.B. ist das /æ/ länger.

Im britischen Englisch wird der Konsonant /r/ nur vor einem Vokal ausgesprochen (z.B. in *red* und *bedroom*). In allen anderen Fällen ist das r „stumm" (z.B. in *car, learn, over*). Im amerikanischen Englisch wird das /r/ immer gesprochen.

Im amerikanischen Englisch wird das t zwischen Vokalen wie ein weiches d /d/ gesprochen, sodass z.B. *writer* und *rider* ähnlich klingen. Im britischen Englisch wird das t viel härter gesprochen.

Wortschatz

Das Wörterbuch informiert über Wörter, die nur im amerikanischen Englisch gebraucht werden oder die im britischen und amerikanischen Englisch unterschiedliche Bedeutungen haben, wie z.B. **cookie**, **elevator**, **trunk**.

Wenn die Übersetzung im amerikanischen Englisch anders ist, wird eine britische und eine amerikanische Übersetzung gegeben, z.B. *Kofferraum* **boot**; (*AmE*) **trunk**.

Rechtschreibung

Unterschiedliche Schreibweisen im britischen und amerikanischen Englisch sind im Wörterbuch angegeben. Die folgenden Unterschiede sind besonders häufig:

In Verben, die auf **-l** enden und wo die letzte Silbe unbetont ist, wird das **-l** im Partizip und in der *-ing* Form nicht verdoppelt: **cancelling**; (*AmE*) **canceling**.

Wörter, die auf **-tre** enden, werden im amerikanischen Englisch mit **-ter** geschrieben: **centre**; (*AmE*) **center**.

Wörter, die auf **-our** enden, werden im amerikanischen Englisch meist mit **-or** geschrieben: **colour**; (*AmE*) **color**.

Wörter, die auf **-ogue** enden, werden im amerikanischen Englisch meist mit **-og** geschrieben: **dialogue**; (*AmE*) **dialog**.

Manche Verben können im britischen Englisch mit **-ize** oder **-ise** geschrieben werden. Im amerikanischen Englisch ist nur die Schreibung mit **-ize** möglich: **realize**, **-ise**; (*AmE*) **realize**.

Grammatik

Present perfect/simple past

In Verbindung mit **already**, **just** und **yet** verwendet man im amerikanischen Englisch das *simple past*, im britischen Englisch das *present perfect*:

▶ *I have already given her the present.* (*BrE*)
▶ *I already gave her the present.* (*AmE*)

▶ *I've just seen her.* (*BrE*)
▶ *I just saw her.* (*AmE*)

▶ *Have you heard the news yet?* (*BrE*)
▶ *Did you hear the news yet?* (*AmE*)

Have/have got

Für „haben" im Sinne von „besitzen" kann man im britischen Englisch **have got** oder **have** sagen. Im amerikanischen Englisch kann man in Fragen und verneinten Sätzen nur **have** verwenden:

▶ *They have/have got two computers.* (*BrE* und *AmE*)
▶ *Have you got a computer? Yes I have.* (*BrE*)
▶ *Do you have a computer? Yes I do.* (*BrE* und *AmE*)
▶ *I haven't (got) enough time.* (*BrE*)
▶ *I don't have enough time.* (*BrE* und *AmE*)

Get/gotten

Im amerikanischem English ist **gotten** das *past participle* von **get**:

▶ *Your English has got better.* (*BrE*)
▶ *Your English has gotten better.* (*AmE*)

Präpositionen und Adverbien

Einige Präpositionen und Adverbien werden im britischen und im amerikanischen Englisch unterschiedlich gebraucht, z.B. **stay at home**; (*AmE*) **stay home**.

Form des Adverbs

In der amerikanischen Umgangssprache wird die Adverbform mit **-ly** oft nicht verwendet:

▶ *He looked at me really strangely.* (*BrE*)
▶ *He looked at me real strange.* (*AmE*)

Shall

Shall (statt **will** in der 1. Person Singular des Futurs) wird im amerikanischen Englisch nicht gebraucht:

▶ *I shall/will be here tomorrow.* (*BrE*)
▶ *I will be here tomorrow.* (*AmE*)

Auch in höflichen Angeboten wird **shall** nicht gebraucht:

▶ *Shall I open the window?* (*BrE*)
▶ *Should I open the window?* (*AmE*)

Unregelmäßige Verben

Im britischen Englisch kann das *past participle* mancher Verben entweder auf **-ed** oder auf **-t** gebildet werden, z.B. **burned/burnt**. Im amerikanischen Englisch wird nur die Form auf **-ed** gebraucht:

▶ *They burned/burnt the documents.* (*BrE*)
▶ *They burned the documents.* (*AmE*)

Wenn das Partizip als Adjektiv gebraucht wird, bevorzugt das britische Englisch die Form auf **-t**, während im amerikanischen Englisch (mit der Ausnahme von **burnt**) die Form auf **-ed** gebraucht wird:

▶ *a spoilt child* (*BrE*)
▶ *a spoiled child* (*AmE*)
▶ *burnt toast* (*BrE* und *AmE*)

Go/Come and…

In diesen Wendungen wird im amerikanischen Englisch das Wort **and** oft weggelassen:

▶ *Go and take a look outside.* (*BrE*)
▶ *Go take a look outside.* (*AmE*)

Beim Telefonieren

▶ *Hello, is **that** David?* (*BrE*)
▶ *Hello, is **this** David?* (*AmE*)

Ausdrücke mit Zahlen

Die Zahlen

Kardinal- und Ordinalzahlen

1	one	1st	first
2	two	2nd	second
3	three	3rd	third
4	four	4th	fourth
5	five	5th	fifth
6	six	6th	sixth
7	seven	7th	seventh
8	eight	8th	eighth
9	nine	9th	ninth
10	ten	10th	tenth
11	eleven	11th	eleventh
12	twelve	12th	twelfth
13	thirteen	13th	thirteenth
14	fourteen	14th	fourteenth
15	fifteen	15th	fifteenth
16	sixteen	16th	sixteenth
17	seventeen	17th	seventeenth
18	eighteen	18th	eighteenth
19	nineteen	19th	nineteenth
20	twenty	20th	twentieth
21	twenty-one	21st	twenty-first
22	twenty-two	22nd	twenty-second
30	thirty	30th	thirtieth
40	forty	40th	fortieth
50	fifty	50th	fiftieth
60	sixty	60th	sixtieth
70	seventy	70th	seventieth
80	eighty	80th	eightieth
90	ninety	90th	ninetieth
100	a/one hundred	100th	hundredth
101	a/one hundred and one	101st	hundred and first
200	two hundred	200th	two hundredth
1 000	a/one thousand	1 000th	thousandth
10 000	ten thousand	10 000th	ten thousandth
100 000	a/one hundred thousand	100 000th	hundred thousandth
1 000 000	a/one million	1 000 000th	millionth

▶ *650: six hundred and fifty*
▶ *2,854: two thousand eight hundred and fifty-four*
▶ *63,229: sixty-three thousand two hundred and twenty-nine*

Zahlen über 20 schreibt man mit Bindestrich: *thirty-five*. Bei Zahlen über 100, z.B. *264 two hundred and sixty-four* wird das Wort **and** /n/ ausgesprochen. Die letzte Zahl wird betont. Im amerikanischen Englisch wird das Wort **and** manchmal weggelassen: *two hundred sixty-four*.

☞ Die Tausender werden mit einem Komma oder (im britischen Englisch) auch mit einem Leerraum abgeteilt, z. B. 75,000 oder 75 000.

Für die Hunderterschritte (im britischen Englisch nur von 1100 bis 1900) gibt es auch die umgangssprachlicheren Bezeichnungen *eleven hundred, twelve hundred* etc., also: *1100 one thousand one hundred,* (umgs) *eleven hundred*; *2500 two thousand five hundred,* (AmE, umgs) *twenty-five hundred*.

Bei Zahlen wie 100 oder 1000 kann man **one hundred** oder **a hundred, one thousand** oder **a thousand** sagen. Im gesprochenen Englisch sagt man meist **a**, es sei denn, man möchte den Unterschied zwischen **one** und beispielsweise **two** herausheben.

A kann nur am Anfang einer Zahl stehen:
▶ *a/one thousand*
▶ *2 100 two thousand one hundred*

A thousand wird nicht bei Zahlen zwischen 1100 und 1999 verwendet:
▶ *1056 a thousand and fifty-six*
▶ *1100 one thousand one hundred*

Für „Null" kann man **nought, zero, nothing** oder **o** sagen. Bei Ergebnissen im Sport sagt man **nil**, im amerikanischen Englisch auch **zero**.

Wie Zahlen als Abkürzungen in SMS-Nachrichten verwendet werden können, wird auf S. 765 erklärt.

Brüche und Dezimalzahlen

½	a/one half		⅛	an/one eighth
⅓	a/one third		⅒	a/one tenth
¼	a/one quarter		11/12	eleven twelfths
	(*AmE auch* one fourth)		1/16	a/one sixteenth
¾	three quarters		1½	one and a half
	(*AmE auch* three fourths)		3⅝	three and five eighths

Bei Brüchen wird zur Betonung **one** statt **a** verwendet. Bei komplizierten Brüchen verwendet man **over**:
▶ ¹⁸/₄₉ *eighteen over forty-nine*
▶ ²¹/₁₄₄ *twenty-one over one four four*

Ganze Zahlen und Brüche werden mit **and** verbunden:
▶ 2½ *two and a half*
▶ 4⅔ *four and two thirds*

0.1	(zero, *BrE auch* nought) point one
0.25	(zero, *BrE auch* nought) point two five
1.75	one point seven five
4.973	four point nine seven three

☞ Die Dezimalstellen werden mit einem Punkt und nicht wie im Deutschen mit einem Komma abgeteilt.

Brüche und Prozente mit Nomina

Zur Verbindung von Brüchen bzw. Prozenten mit Nomina verwendet man meist **of**:
▶ *a fifth of the students questioned*
▶ *three quarters of the population*
▶ *75 % of the population*

Für **half** gelten besondere Regeln:

Vor **half** darf **a** nicht verwendet werden. **Of** kann manchmal ausgelassen werden:
▶ *Half (of) the work is already finished.*

In Verbindung mit Maß- oder Mengenangaben wird **of** immer ausgelassen:
▶ *half a mile*
▶ *It takes me half an hour by bus.*

Vor Pronomina muss immer **of** stehen:
▶ *We can't start – only half of us are here.*

Brüche und Prozente mit Verben

Wenn ein Bruch bzw. Prozentsatz mit einem nicht zählbaren Nomen oder einem Nomen im Singular verwendet wird, steht das Verb meist im Singular:
▸ *Fifty per cent of the land/Half (of) the land is cultivated.*

Wenn das Nomen im Singular steht, sich aber auf eine Gruppe bezieht, steht das Verb im Singular (im britischen Englisch kann es aber auch im Plural stehen):
▸ *Three quarters/75% of the workforce is/are against the strike.*

Wenn das Nomen im Plural steht, steht auch das Verb im Plural:
▸ *Two thirds/66% of children play computer games.*

Mathematische Zeichen

+	plus	3²	three squared
−	minus	6³	six cubed
×	times *oder* multiplied by	8¹⁰	eight to the power of ten
÷	divided by		
=	equals		
%	per cent (*AmE meist* percent)		

▸ 8+9 =17 *eight plus nine equals* (oder *is*) *seventeen*
▸ 4×6=24 *four times six equals twenty-four*
   oder *four sixes are twenty-four*
   oder *four multiplied by six is twenty-four*

Maße und Gewichte

Sowohl das metrische als auch das nicht-metrische System kann in vielen Fällen verwendet werden, besonders in Großbritannien. Oft hängt die Entscheidung vom Sprecher und der jeweiligen Situation ab. In Großbritannien muss jetzt das metrische System auf Verpackungen und Preisschildern mit Gewichten oder Maßen verwendet werden. In wissenschaftlichen Zusammenhängen wird immer das metrische System verwendet. In den USA ist das metrische System nicht so verbreitet.

Gewichte

Nicht-metrisches System		Metrisches System
	1 ounce (oz)	= 28.35 grams (g)
16 oz	= 1 pound (lb)	= 0.454 kilogram (kg)
14 lb	= 1 stone (st)	= 6.356 kilograms
112 lb	= 1 hundredweight (cwt)	= 50.8 kilograms
20 cwt	= 1 ton (t)	= 1.016 tonnes

▸ *The baby weighed 6 lb 6oz (six pounds six ounces).*
▸ *For this cake you need 100g (a hundred grams) of butter.*

In den USA entspricht ein **hundredweight** 100 lb und ein **ton** 2 000 lb oder 0,907 metrischen Tonnen. Die Einheit **stone** ist in den USA nicht bekannt, daher würde man in den USA hören: *She weighs 122 pounds*, während man in Großbritannien sagt: *She weighs eight stone ten.*

Längenmaße

Nicht-metrisches System		Metrisches System
	1 inch (in.)	= 25.4 millimetres (mm)
12 in.	= 1 foot (ft)	= 30.48 centimetres (cm)
3 ft	= 1 yard (yd)	= 0.914 metre (m)
1 760 yd	= 1 mile	= 1.609 kilometres (km)

▸ *Height: 5 ft 9 in. (five foot nine* oder *five feet nine)*
▸ *The bus stop is 200 yds (two hundred yards) from the cinema.*

▸ *The car was doing 50 mph (fifty miles per hour).*
▸ *The kitchen is 11' x 8'6" (eleven feet by eight feet six* oder *eleven foot by eight foot six).*
▸ *You'll need ten metres of fabric for the curtains.*
▸ *The car park was under four feet of water.*

Zur ungefähren Umrechnung von Meilen in Kilometer nimmt man die Meilenangabe mal 5 und teilt das Ergebnis durch 8.

Flächenmaße

Nicht-metrisches System		Metrisches System
	1 square inch (sq in)	= 6.452 square centimetres
144 sq in	= 1 square foot (sq ft)	= 929.03 square centimetres
9 sq ft	= 1 square yard (sq yd)	= 0.836 square metre
4840 sq yd	= 1 acre	= 0.405 hectare
640 acres	= 1 square mile	= 2.59 square kilometres *oder* 259 hectares

▸ *a 400-acre farm*
▸ *20 square metres of carpet*

Hohlmaße

Nicht-metrisches System			Metrisches System
	GB	USA	
20 fluid ounces (fl oz)	= 1 pint (pt)	= 1.201 pints	= 0.568 litre (l)
2 pints	= 1 quart (qt)	= 1.201 quarts	= 1.136 litres
4 quarts	= 1 gallon (gall)	= 1.201 gallons	= 4.546 litres

▸ *three pints of milk*
▸ *The petrol tank holds 40 litres.*

Raummaße

Nicht-metrisches System		Metrisches System
	1 cubic inch (cu in.)	= 16.39 cubic centimetres (cc)
1728 cu in.	= 1 cubic foot (cu ft)	= 0.028 cubic metre (m³)
27 cu ft	= 1 cubic yard	= 0.765 cubic metre

▸ *The car has a 1200 cc engine.*

Uhrzeit

	Im gesprochenen Englisch	Amtssprache
06.00	six o'clock	(o) six hundred (hours)
06.05	five past six	(o) six o five
06.10	ten past six	(o) six ten
06.15	(a) quarter past six	(o) six fifteen
06.20	twenty past six	(o) six twenty
06.30	half past six	(o) six thirty
06.35	twenty-five to seven	(o) six thirty-five
06.40	twenty to seven	(o) six forty
06.45	(a) quarter to seven	(o) six forty-five
06.50	ten to seven	(o) six fifty
06.55	five to seven	(o) six fifty-five
10.12	twelve minutes past ten	ten twelve
13.10	ten past one	thirteen ten
19.56	four minutes to eight	nineteen fifty-six

☞ Im amerikanischen Englisch sagt man manchmal **after** statt **past** und **of** statt **to**.

Für Zeitangaben von 13 bis 24 Uhr verwendet man im gesprochenen Englisch fast immer die Zahlen 1 bis 12, also 18 Uhr = 6 o'clock. Um klar zu machen, dass man 6 Uhr und nicht 18 Uhr meint, kann man *six o'clock in the morning* sagen.

Für 22 Uhr kann man *ten o'clock in the evening* sagen; für 15 Uhr 30 *half past three in the afternoon*. In der etwas formelleren Sprache sagt man auch **a.m.** (*AmE auch* **A.M.**) für Zeitangaben am Vormittag und **p.m.** (*AmE auch* **P.M.**) für Zeitangaben am Nachmittag und Abend.
▸ *He arrived home at two o'clock in the morning.*
▸ *Opening hours are 9 a.m. to 5.30 p.m.*

In der Amtssprache, z.B. bei Zugfahrplänen in Großbritannien, und für militärische Zwecke wird das 24-Stunden-System (*the 24-hour clock*) verwendet:
▸ *13.52 thirteen fifty-two*
▸ *22.30 twenty-two thirty*

Beim Militär etc. werden ganze Stunden als **hundred hours** gesprochen:
▸ *0400 (o) four hundred hours*
▸ *2400 twenty four hundred hours*

Datum

Das Datum kann man nur mit Zahlen oder mit Zahlen und Wörtern schreiben:
▸ *15/5/03* (Im amerikanischen Englisch schreibt man erst den Monat, dann den Tag: *5/15/03*)
 15 May 2003
 May 15th, 2003 (besonders *AmE*)

und kann es folgendermaßen sprechen:
▸ *May the fifteenth, two thousand and three*
▸ *the fifteenth of May, o three*
 (im amerikanischen Englisch: *May fifteenth*).
▸ *Her birthday is 9th April (April the ninth / the ninth of April).*
▸ *The restaurant will be closed May 3 – June 1 (from May the third to June the first).*

Der Ausdruck 24/7 bedeutet *twenty-four hours a day, seven days a week*, also „immer":
▸ *She's with me all the time – 24/7.*

Jahreszahlen

▸ *1608 sixteen o eight*
 (oder seltener *sixteen hundred and eight*)
▸ *1800 eighteen hundred*
▸ *1999 nineteen ninety-nine*
▸ *2003 two thousand and three (*umgs auch *o three)*
▸ *2015 twenty fifteen*

Temperaturen

Obwohl Temperaturen in Großbritannien offiziell in Celsius gemessen werden, verwenden viele Leute weiterhin die Fahrenheitskala, die auch in den USA für nicht-wissenschaftliche Zwecke gebräuchlich ist.

Zur Umrechnung von Fahrenheit in Celsius zieht man 32 von der Zahl ab, nimmt das Ergebnis mal 5 und teilt dann durch 9:
▸ 68° F − 32 = 36 × 5 = 180 ÷ 9 = 20° C

▸ *Water freezes at 32°F and boils at 212°F.*
▸ *The maximum temperature will be 56°.*
▸ *Overnight, temperatures below zero are expected, possibly reaching −10 (minus ten) before morning.*
▸ *He's got a temperature of 101°. I think he's got flu.*
▸ *The normal temperature of the human body is 98.6 degrees Fahrenheit, 37 degrees Celsius.*

Geldbeträge

GB

Betrag		Münze/Schein
1p	a penny (one p)	a penny
2p	two pence (two p)	a two-pence piece
5p	five pence (five p)	a five-pence piece
10p	ten pence (ten p)	a ten-pence piece
20p	twenty pence (twenty p)	a twenty-pence piece
50p	fifty pence (fifty p)	a fifty-pence piece
£1	a pound (a quid)	a pound (coin)
£2	two pounds	a two-pound coin
£5	five pounds (a fiver)	a five-pound note
£10	ten pounds (a tenner)	a ten-pound note

(Umgangssprachliche Ausdrücke für Geldbeträge stehen in Klammern.)

▸ *£5.99: five pounds ninety-nine*
▸ *25p: twenty-five pence* (oder *p*)
▸ *The apples are 65p a pound.*
▸ *We pay £550 a month in rent.*

USA

Betrag		Münze/Schein
1¢	one cent	a penny
5¢	five cents	a nickel
10¢	ten cents	a dime
25¢	twenty-five cents	a quarter
$1.00	one dollar	a dollar bill

In der Umgangssprache heißen Dollar **bucks**:
▸ *$50 fifty bucks.*
▸ *$3.35: three dollars thirty-five*
▸ *59¢: fifty-nine cents*
▸ *Do you have a quarter for the phone?*
▸ *The apartment costs $500 (five hundred dollars) a month.*

Telefonnummern

Wenn Telefonnummern angegeben werden, spricht man jede Zahl einzeln und teilt lange Nummern in kleinere Gruppen von etwa drei Zahlen auf, z. B. 295013 = *two nine five – o one three*.

579433 kann man so sagen: *five seven nine four three three* oder *five seven nine four double-three*.

Um eine Nummer in einer anderen Stadt zu wählen, muss man zuerst die meist fünfstellige Vorwahl (**area code**) wählen:
▸ *01865 is the code for Oxford.*

Wenn man jemanden in einer größeren Firma anruft, kann man sich mit seinem/ihrem Apparat verbinden lassen. Man gibt dazu die **extension number** an:
▸ *(01865) 656767 X 4840 (extension 4840).*

Mit folgenden Notrufnummern kann man in Notfällen die Polizei, die Feuerwehr oder einen Krankenwagen rufen:
▸ (in Großbritannien) 999 /ˌnain nain ˈnain/
▸ (in den USA) 911 /ˌnain wʌn ˈwʌn/
▸ (in Australien) 000 /ˌtripl ˈəʊ/

Schriftverkehr

Persönliche Briefe

Die Adresse (aber nicht der Name) des Absenders steht rechts oben, kann bei persönlichen Briefen aber auch weggelassen werden.

Die Adresse des Angeschriebenen wird nicht aufgeführt.

Nach der Anrede mit *Dear...* steht normalerweise kein Satzzeichen. Man kann ein Komma setzen, aber niemals ein Rufzeichen. Der erste Satz fängt mit einem Großbuchstaben an.

Bei persönlichen Briefen gibt es viele verschiedene Schlussformeln:

an Verwandte und sehr gute Freunde
- *Love*
- *Love from*
- *Lots of love*

an Freunde und Bekannte
- *Best wishes*
- *All the best*
- *Take care*

> 17a Mayfield Road
> Edinburgh
> EH9 6AJ
>
> 10 August
>
> Dear Tony
>
> Just wanted to drop you a line to say thank you for helping out the other day. I don't know how Tom and I would have managed the move without you – you did such a great job carrying boxes, furniture, etc. up and down stairs with us. I never realized how much stuff we had until we had to think about moving it all! We were both exhausted by the end of the day, and I'm sure you were too. Next time I think we'll look for a flat on the ground floor!
>
> Anyway, now we just have to unpack everything. It's complete chaos here at the moment, as you can imagine, but when we've sorted ourselves out you and Alison must come round for dinner, OK? Maybe the week after next? I'm sure I'll have unpacked all the saucepans by then!
>
> Thanks again for all your help. Tom or I will give you a call next week some time to arrange dinner.
>
> Love
> Sam

E-Mails, Faxe und Memos

Hier braucht man keine Anrede oder Schlussformel, als Abschluss schreibt man einfach seinen Namen. Memos (Mitteilungen) und E-Mails an Kollegen sind oft ganz formlos. Geschäftliche Faxe an Kunden, Lieferanten etc. sollten wie Geschäftsbriefe abgefasst sein.

> From: DAWSON, Margaret
> Sent: 12/03/03
> To: All Staff
> Subject: Minutes of Last Meeting
>
> Here are the minutes from our meeting of 10/03/03.
>
> Our next meeting will be at 10.00 a.m. on Monday 14th April. If you can't make this date, please let me know asap.
>
> Maggie

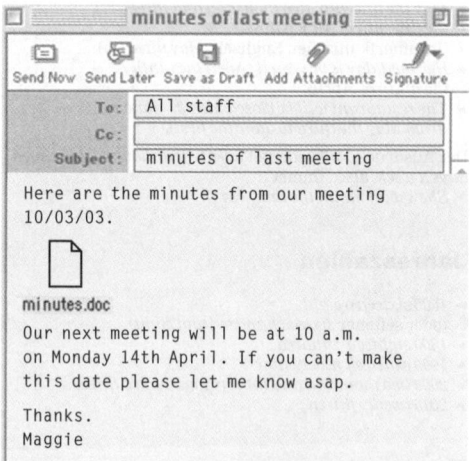

Fax

Alpha Textiles
Cindy Haverstock
Lower Bank Street
Birmingham
BM 4 8OJ
United Kingdom
telephone +44 (0) 1563 727740
fax +44 (0) 1563 728750
email haverstc@alphatex.co.uk

To: Hannah Tomiaki
Organization: Alpha Textiles
Fax number: 0870 227 1692
From: Cindy Haverstock
Date: 12 October 2002
Total pages: 3 (including cover)

Dear Hannah

Please find attached a draft contract for your perusal. Please let me have your comments and suggestions by the end of the week as agreed.

Kind Regards
Cindy Haverstock
Group Secretary

Förmliche Briefe

Bewerbungsschreiben

Britischer Stil

14 Trinity Avenue
Leicester
LE 6 2JJ

7 September 2002

Ms Judith Parker
Personnel Manager
Abbey Consulting
31-34 North Street
Leicester
LE 1 9FA

Dear Ms Parker

I am writing to apply for the post of administrative assistant as advertised in the Evening Mail on 1st September.

As you will see from the enclosed CV, I have considerable experience in this field, as I have worked in a similar capacity for 2 years. I am well organized with excellent communication skills and a professional, friendly manner. I also have excellent MS Office skills, and I am looking for an opportunity to demonstrate my ability to work under pressure in a busy and active environment.

I would welcome an opportunity to discuss my skills and abilities with you and how I might benefit your organization.

I look forward to hearing from you.

Yours sincerely

Debra McKitterick

Bitte um Informationen

Amerikanischer Stil

460 Kimberley Drive
Tucson, Arizona 71504

July 3, 2002

Office of Admissions
San Diego State University
5500 Campanile Drive
San Diego, CA 92182

To whom it may concern

I am presently a senior at William Sherman School in Tucson, AZ, and I expect to graduate in June of 2003. My major interests are in the area of math and economics.

Please send me a catalog, admission forms for September 2003, and any other material I need for application to your college.

Thank you

Sincerely,

Patrick Beresford

Die Adresse (aber nicht der Name) des Absenders steht rechts oben, kann aber auch links stehen. Das Datum steht entweder rechts oder links. Vorsicht: Im amerikanischem Englisch schreibt man zuerst den Monat und dann den Tag.

Der Name und/oder die Position und Adresse des Angeschriebenen wird aufgeführt.

Wenn man an jemanden schreibt, dessen Namen man nicht kennt, kann man folgende Anreden verwenden:

▸ *Dear Sir*
▸ *Dear Madam*
▸ *Dear Sirs*
▸ *Dear Sir/Madam* (alle besonders *BrE*)
▸ *To whom it may concern* (besonders *AmE*)

Um jemanden mit Namen anzuschreiben, verwendet man den Titel und den Nachnamen:
▸ *Dear Dr Smith*

Im amerikanischen Englisch schreibt man Mr., Mrs., Ms., Dr.

In förmlichen Briefen sollte man zusammengezogenen Formen wie *I'm* oder *don't* vermeiden und immer *I am* oder *do not* schreiben.

Schlussformeln für förmliche Briefe im amerikanischen Englisch:

▸ *Sincerely*
▸ *Sincerely Yours*
▸ *Yours Truly*

Im britischen Englisch verwendet man *Yours sincerely*, wenn man in der Anrede den Namen genannt hat, und *Yours faithfully*, wenn die Anrede *Dear Sir/Madam* etc. war.

Lebenslauf

Britischer Stil

Curriculum Vitae

Name: Emma Watson
Address: 54 Addison Road
London W3 2SD
Telephone: 0207 544 1002
Date of Birth: 01/07/80
Nationality: British

Personal profile
Hard-working and well-motivated graduate in Business and German. An excellent communicator with experience of dealing with customers. Well-organized and able to take responsibility.

Education/Qualifications
1997 – 2001   University of North London
               BA (Hons) Business Studies
               and German (2.ii)
1990 – 1997   St Stephen's School, York
               3 A-levels: Economics (C),
               German (B), History (C), 9 GCSEs

Employment to date
Sept 2001 – Present
- Europcars
  Full-time assistant, using computerized booking system to make reservations, responding to customer queries, sending out booking confirmations, record-keeping

May 1998 – Sept 1998
- University Placement Scheme, SEB Berlin
  Office assistant in the Sales Department, typing correspondence, filing and record-keeping

Skills
- Languages – fluent German, basic French
- Computer literate – good knowledge of all Microsoft packages
- Clean driving licence

Interests
Swimming, going to concerts, photography

References
Available on request

Amerikanischer Stil

Résumé

Jonathan Ashby
960 East St
Austin, TX 64200
Tel: (512) 124-9757
Email: j-ashby@servall.com

Objective:
To obtain a position as a software engineer in a large company.

Education:
Bachelor of Science in Computer Science and Mathematics, University of Phoenix
Graduated with honors, 2001

Professional Experience:
June 2001 – Present:
Technical Support Analyst, JB Pharmaceuticals Inc.
- Setting up new PCs and installing new software
- Configuring hardware and software applications
- Providing technical support and conducting workshops for new employees

Computer Skills:
Windows NT/2000/XP, UNIX
Microsoft Word, Excel, Powerpoint, Access, Netscape, Photoshop, Flash, Internet Explorer
Java, HTML, C++

Personal Qualities:
- Hard-working and well motivated
- Good at working in a team and independently
- Willing and able to learn new skills
- Excellent communication skills

Interests:
Basketball, jogging, movies

References:
Available on request

In Großbritannien ist es üblich, im Lebenslauf das Geburtsdatum anzugeben. In den USA kann man das Geburtsdatum, den Familienstand, Kinder etc. auch weglassen.

Bei Bewerbungen in Großbritannien und den USA ist es nicht üblich, Zeugnisse oder Fotos beizulegen. Stattdessen gibt man frühere Arbeitgeber oder Vorgesetzte bzw. Dozenten, Tutoren etc. als Referenzen an. Das kann entweder im Lebenslauf oder im Begleitschreiben geschehen.

Nützliche Ausdrücke

▶ *Near-native command of English*
▶ *Adequate spoken Dutch and French*
▶ *Native German speaker*
▶ *Abitur (German school-leaving exam which is the qualification for university entrance)*
▶ *The qualifications described below do not have exact equivalents in the American system.*
▶ *I enclose photocopies of my certificates with English translations.*

Telefonieren

Telefongespräche

- Hello.
  Hello, is that Sophie?
  Yes, speaking.
  Oh, hello. It's David.

- Hello, could I speak to Liz, please?
  Yes, of course. Can I ask who's calling?
  It's Sally.
  OK, just a minute, please.

- Good morning. Could I speak to Professor Grant, please?
  I'm afraid Professor Grant is in a meeting at the moment. Can I take a message?
  No, thank you. I'll call again later.

- Good afternoon. Whizzy Software Solutions. How can I help you?
  Could you put me through to Customer Services, please?
  Yes. Hold the line, please.
  Good morning. Customer Services.
  I'm having trouble with the language course I bought from you. I keep getting an error message.

- Hi, Tom. This is Mark.
  Hi, Mark. Where are you calling from?
  I'm on the train. I'm afraid I'm going to be an hour late.
  Thanks for letting me know. See you later then.
  Right. See you later.

- I've just tried ringing Jo but there was no answer. Whenever I tried to ring her yesterday, the line was engaged. I managed to get through to her earlier today but then we were suddenly cut off I spoke to her a few minutes ago. If you can't get through, try her on her mobile.

SMS-Nachrichten

In SMS-Nachrichten (*text messaging, txt msging*), E-Mails und im Internet werden häufig folgende Kurzformen verwendet:

2	to, too, two
2day	today
2moro	tomorrow
2nite	tonight
4	for
4eva	forever
asap	as soon as possible
b	be
b4	before
brb	be right back
btw	by the way
cu	see you
cul8r *oder* c u l8r	see you later
cusn *oder* c u sn	see you soon
evry1	everyone
fone	phone
fyi	for your information
gd	good
gr8	great
l8	late
l8r	later
lol	laughing out loud, lots of love
luv u	love you
msg	message
myob	mind your own business
ne1	anyone
neway	anyway
no1	no one
pls	please
ru ok?	are you ok?
sn	soon
spksn	speak soon
txt	text
thanx *oder* thx	thanks
u	you
u r	you are
v	very
w *oder* w/	with
xoxoxo	hugs and kisses
yr	your, you're

In SMS-Nachrichten werden Großbuchstaben verwendet, um Ausrufe oder Betonung auszudrücken.

Emoticons

:) *oder* :-)	ha, ha
;) *oder* ;-)	wink, wink
:-D	I am laughing at you
:D	laughter
:-X	my lips are sealed
:-/	hmm, I'm not sure

Textanalytische Begriffe

Alliteration	alliteration	satirisch	satirical (*Adv* satirically)
allwissender Erzähler	omniscient narrator	Schauplatz	setting
Anhang	appendix	Sekundärliteratur	secondary literature
Anspielung	allusion, reference	Semantik	semantics
Assonanz	assonance	Semiotik	semiotics
Aufbau	structure	Sonett	sonnet
Aussage	message	Stilmittel	stylistic device
Aussageabsicht	author's intention	Strophe	stanza, verse
Autobiografie	autobiography	Struktur	framework, structure
Berichterstattung	reporting	Subtext	subtext
Bewusstseinsstrom	stream of consciousness	Symbol	symbol
Bibliografie	bibliography	Symbolismus	symbolism
Biografie	biography	Syntax	sentence construction, syntax
Blankvers	blank verse	Theaterstück	play
Dichtung	(*Werk*e) work; (*Literatur*) literature; (*Gedichte*) poetry	Thema	subject, topic
		These	thesis
		Tragödie	tragedy
		Überschrift	title
Doppeldeutigkeit	ambiguity	Untertreibung	understatement
dramatische Ironie	dramatic irony	Verfasser(in)	author
Erzähler(in)	narrator	Vergleich	simile
Erzählperspektive	narrative perspective	Versmaß	metre, (*AmE*) meter
		Widerspruch	contradiction
Fabel	fable	Zitat	quotation
Farce	farce	zitieren	quote
Figur	character	Zweideutigkeit	ambiguity
Fortsetzung	sequel		
Fußnote	footnote	**Filmfachbegriffe**	
Gattung	genre		
Gedicht	poem	Abspann	credits
Handlung	plot	Außenaufnahme	location shot
Hauptfigur	main character	Beleuchtung	lighting
Herausgeber(in)	editor	Besetzung	cast
Hörspiel	radio play	Clip	clip
Ironie	irony	cutten	cut, edit
Icherzähler	first-person narrator	Cutter(in)	editor
Karikatur	caricature	Dokumentarfilm	documentary
Klischee	cliché; (*Stereotyp*) stereotype	drehen	film; (*Szene auch*) shoot; (*Film auch*) make
Komödie	comedy		
Kurzgeschichte	short story	Drehbuch	screenplay, script
Lautmalerei	onomatopoeia	Drehbuchautor(in)	scriptwriter
lautmalerisch	onomatopoeic	Drehort	location
Leitmotiv	leitmotif, theme	Einstellung	shot; (*Kameraaktion auch*) take
literarisch	literary	Feinschnitt	final editing
Literatur	literature	Innenaufnahme	interior shot
Literaturkritik	literary criticism	Kameraführung	camerawork
Lyrik	(lyric) poetry	Kameraperspektive	camera angle
lyrisch	lyric(al)	Klappe	clapperboard
Märchen	fairy tale	Komparse, Komparsin	extra
Metapher	metaphor		
metaphorisch	metaphorical (*Adv* metaphorically)	Montage	montage
Monolog	monologue; (*allein auf der Bühne*) soliloquy	Nahaufnahme	close-up
		Originalton	original soundtrack
		Regie	direction
Mythologie	mythology	Regisseur(in)	director
Mythos	myth	Requisiten	props
Nachwort	epilogue	Rückblende	flashback
Nebenhandlung	sub-plot	Schnitt	editing
Novelle	novella	Schwenk	pan
Paradox	paradox	schwenken	pan
Parodie	parody	Spielfilm	feature film
parodieren	parody	Standfoto	still
Pathos	pathos	Statist(in)	extra
Persiflage	pastiche	Stummfilm	silent film, (*AmE*) silent movie
Prolog	prologue; (*AmE*) prolog		
Prosa	prose	Synchronisierung	dubbing
Protagonist(in)	protagonist	Tonfilm	talkie
Realismus	realism	Totale	long shot
realistisch	realistic (*Adv* realistically)	Verfilmung	film version
Reim	rhyme	Vorführung	screening
Reimpaar	rhyming couplet	Vorspann	opening credits
Rhetorik	rhetoric	Zeitlupe in ~	in slow motion
rhetorisch	rhetorical (*Adv* rhetorically)	Zeitraffer im ~	speeded up
rhetorisches Mittel	rhetorical device	Zoom	zoom shot
Roman	novel		
Sachliteratur	non-fiction		

Geographische Namen

Diese Liste zeigt die englische Schreibung von geographischen Namen und den dazugehörigen Adjektiven.

Im Englischen sind das Adjektiv, das eine Nationalität beschreibt, und das Nomen, das die Einwohner eines Landes beschreibt, oft gleich. Um den Plural der Bezeichnung für den Einwohner zu bilden, hängt man **-s** an, z.B. *Americans*. Ausnahmen bilden **Swiss** und auf **-ese** endende Wörter (wie z.B. *Japanese*), diese bleiben im Plural gleich; und auf **-man** bzw. **-woman** endende Wörter, diese werden im Plural zu **-men** bzw. **-women**, z.B. *three Frenchmen; two Englishwomen*. Wenn es unterschiedliche Bezeichnungen für das Adjektiv und den Einwohner gibt, sind beide angegeben, z.B. **Denmark**: **Danish**; **Dane**. Wenn es ein anderes Wort für alle Einwohner als Gruppe gibt, ist dies in Klammern angegeben, z.B. **France**: French, Frenchman, Frenchwoman (the French).

Afghanistan /æfˈgænɪstɑːn; *AmE* -stæn/   Afghanistan
   Afghan /ˈæfgæn/, Afghani /æfˈgɑːni; *AmE* æfˈgæni/, Afghanistani /æfˌgænɪˈstɑːni; *AmE* -ˈstæni/
Africa /ˈæfrɪkə/   Afrika
   African /ˈæfrɪkən/
Albania /ælˈbeɪniə/   Albanien
   Albanian /ælˈbeɪniən/
Algeria /ælˈdʒɪəriə; *AmE* -ˈdʒɪr-/   Algerien
   Algerian /ælˈdʒɪəriən; *AmE* -ˈdʒɪr-/
America /əˈmerɪkə/   Amerika
   American /əˈmerɪkən/
Andorra /ænˈdɔːrə/   Andorra
   Andorran /ænˈdɔːrən/
Angola /æŋˈɡəʊlə; *AmE* -ˈgoʊ-/   Angola
   Angolan /æŋˈgəʊlən; *AmE* -ˈgoʊ-/
Antarctica /ænˈtɑːktɪkə; *AmE* -ˈtɑːrk-/   Antarktis
   Antarctic /ænˈtɑːktɪk; *AmE* -ˈtɑːrk-/
Antigua and Barbuda   Antigua und Barbuda
   /ænˌtiːgə ən bɑːˈbjuːdə; *AmE* bɑːrˈb-/
   Antiguan /ænˈtiːgən/,
   Barbudan /bɑːˈbjuːdən; *AmE* bɑːrˈb-/
Argentina /ˌɑːdʒənˈtiːnə; *AmE* ˌɑːrdʒ-/   Argentinien
   the Argentine /ˈɑːdʒəntaɪn; *AmE* ˈɑːrdʒ-/;
   Argentinian /ˌɑːdʒənˈtɪniən; *AmE* ˌɑːrdʒ-/,
   Argentine /ˈɑːdʒəntaɪn; *AmE* ˈɑːrdʒ-/
Armenia /ɑːˈmiːniə; *AmE* ɑːrˈm-/   Armenien
   Armenian /ɑːˈmiːniən; *AmE* ɑːrˈm-/
Asia /ˈeɪʃə, ˈeɪʒə/   Asien
   Asian /ˈeɪʃn, ˈeɪʒn/
Australasia /ˌɒstrəˈleɪʃə, -ʒə; *AmE* ˌɔːstrə-/   Australasien
   Australasian /ˌɒstrəˈleɪʃn, -ʒn; *AmE* ˌɔːstrə-/
Australia /ɒˈstreɪliə; *AmE* ɔːˈs-/   Australien
   Australian /ɒˈstreɪliən; *AmE* ɔːˈs-/
Austria /ˈɒstriə; *AmE* ˈɔːs-/   Österreich
   Austrian /ˈɒstriən; *AmE* ˈɔːs-/
Azerbaijan /ˌæzəbaɪˈdʒɑːn; *AmE* -zərb-/   Aserbaidschan
   Azerbaijani /ˌæzəbaɪˈdʒɑːni; *AmE* -zərb-/,
   Azeri /əˈzeəri; *AmE* əˈzeri/
(the) Bahamas /bəˈhɑːməz/   Bahamas
   Bahamian /bəˈheɪmiən/
Bahrain, Bahrein /bɑːˈreɪn/   Bahrain
   Bahraini, Bahreini /bɑːˈreɪni/
Bangladesh /ˌbæŋglədeʃ/   Bangladesch
   Bangladeshi /ˌbæŋgləˈdeʃi/
Barbados /bɑːˈbeɪdɒs; *AmE* bɑːrˈbeɪdoʊs/   Barbados
   Barbadian /bɑːˈbeɪdiən; *AmE* bɑːrˈb-/
Belarus /ˌbeləˈruːs/   Weißrussland
   Belorussian /ˌbeləˈrʌʃn/
Belgium /ˈbeldʒəm/   Belgien
   Belgian /ˈbeldʒən/
Belize /bəˈliːz/   Belize
   Belizean /bəˈliːziən/
Benin /beˈniːn/   Benin
   Beninese /ˌbenɪˈniːz/
Bhutan /buːˈtɑːn/   Bhutan
   Bhutani /buːˈtɑːni/, Bhutanese /ˌbuːtəˈniːz/
Bolivia /bəˈlɪviə/   Bolivien
   Bolivian /bəˈlɪviən/
Bosnia-Herzegovina   Bosnien und Herzegowina
   /ˌbɒzniə ˌhɜːtsəgəˈviːnə; *AmE* ˌbɑːzniə ˌhɜːrts-, ˌbɔːz-/
   Bosnian /ˈbɒzniən; *AmE* ˈbɑːz-, ˈbɔːz-/

Botswana /bɒtˈswɑːnə; *AmE* bɑːt-/   Botsuana
   Botswanan /bɒtˈswɑːnən; *AmE* bɑːt-/
   Motswana /mɒtˈswɑːnə; *AmE* ˈmɑːt-/,
   (Batswana /bætˈswɑːnə/)
Brazil /brəˈzɪl/   Brasilien
   Brazilian /brəˈzɪliən/
Brunei Darussalam   Brunei Darussalam
   /ˌbruːnaɪ dæˈruːsælæm/
   Brunei, Bruneian /bruːˈnaɪən/
Bulgaria /bʌlˈgeəriə; *AmE* -ˈger-/   Bulgarien
   Bulgarian /bʌlˈgeəriən; *AmE* -ˈger-/
Burkina /bɜːˈkiːnə; *AmE* bɜːrˈk-/   Burkina Faso
   Burkinese /ˌbɜːkɪˈniːz; *AmE* ˌbɜːrk-/
Burma /ˈbɜːmə; *AmE* ˈbɜːrmə/   Birma
   Burmese /bɜːˈmiːz; *AmE* bɜːrˈm-/
   —siehe auch Myanmar
Burundi /bʊˈrʊndi/   Burundi
   Burundian /bʊˈrʊndiən/
Cambodia /kæmˈbəʊdiə; *AmE* -ˈboʊ-/   Kambodscha
   Cambodian /kæmˈbəʊdiən; *AmE* -ˈboʊ-/
Cameroon /ˌkæməˈruːn/   Kamerun
   Cameroonian /ˌkæməˈruːniən/
Canada /ˈkænədə/   Kanada
   Canadian /kəˈneɪdiən/
Cape Verde /ˌkeɪp ˈvɜːd; *AmE* ˈvɜːrd/   Kap Verde
   Cape Verdean /ˌkeɪp ˈvɜːdiən; *AmE* ˈvɜːrd-/
Central African Republic   Zentralafrikanische Republik
   /ˌsentrəl ˌæfrɪkən rɪˈpʌblɪk/
Chad /tʃæd/   Tschad
   Chadian /ˈtʃædiən/
Chile /ˈtʃɪli/   Chile
   Chilean /ˈtʃɪliən/
China /ˈtʃaɪnə/   China
   Chinese /tʃaɪˈniːz/
Colombia /kəˈlʌmbiə/   Kolumbien
   Colombian /kəˈlʌmbiən/
Comoros /ˈkɒmərəʊz; *AmE* ˈkɑːmərouz/   Komoren
   Comoran /kəˈmɔːrən/
Congo /ˈkɒŋgəʊ; *AmE* ˈkɑːŋgoʊ/   Kongo
   Congolese /ˌkɒŋgəˈliːz; *AmE* ˌkɑːŋ-/
the Democratic Republic   Kongo, Demokratische Republik
of the Congo
   /ˌdeməkrætɪk rɪˌpʌblɪk əv ðə ˈkɒŋgəʊ; *AmE* ˈkɑːŋgoʊ/
Costa Rica   Costa Rica
   /ˌkɒstə ˈriːkə; *AmE* ˌkɑːstə, ˌkoʊstə/
   Costa Rican /ˌkɒstə ˈriːkən; *AmE* ˌkɑːstə, ˌkoʊstə/
Côte d'Ivoire   Côte d'Ivoire
   /ˌkəʊt diːˈvwɑː; *AmE* ˌkoʊt diːˈvwɑːr/
Croatia /krəʊˈeɪʃə; *AmE* kroʊ-/   Kroatien
   Croatian /krəʊˈeɪʃn; *AmE* kroʊ-/
Cuba /ˈkjuːbə/   Kuba
   Cuban /ˈkjuːbən/
Cyprus /ˈsaɪprəs/   Zypern
   Cypriot /ˈsɪpriət/
(the) Czech Republic /ˌtʃek rɪˈpʌblɪk/   Tschechien
   Czech /tʃek/
Denmark /ˈdenmɑːk; *AmE* -mɑːrk/   Dänemark
   Danish /ˈdeɪnɪʃ/, Dane /deɪn/
Djibouti /dʒɪˈbuːti/   Dschibuti
   Djiboutian /dʒɪˈbuːtiən/
Dominica /ˌdɒmɪˈniːkə; *AmE* ˌdɑːməˈn-/   Dominica
   Dominican /ˌdɒmɪˈniːkən; *AmE* ˌdɑːməˈn-/

(the) Dominican Republic   Dominikanische Republik
/dəˌmɪnɪkən rɪˈpʌblɪk/
Dominican /dəˈmɪnɪkən/
East Timor /ˌiːst ˈtiːmɔː(r)/   Osttimor
East Timorese /ˌiːst tɪməˈriːz/
Ecuador /ˈekwədɔː(r)/   Ecuador
Ecuadorian /ˌekwəˈdɔːriən/
Egypt /ˈiːdʒɪpt/   Ägypten
Egyptian /iˈdʒɪpʃn/
El Salvador /ˌel ˈsælvədɔː(r)/   El Salvador
Salvadorean /ˌsælvəˈdɔːriən/
England /ˈɪŋglənd/   England
English /ˈɪŋglɪʃ/; Englishman /ˈɪŋglɪʃmən/,
Englishwoman /ˈɪŋglɪʃwʊmən/, (the English)
Equatorial Guinea /ˌekwətɔːriəl ˈgɪni/   Äquatorialguinea
Equatorial Guinean /ˌekwətɔːriəl ˈgɪniən/
Eritrea /ˌerɪˈtreɪə; AmE -ˈtriːə/   Eritrea
Eritrean /ˌerɪˈtreɪən; AmE -ˈtriːən/
Estonia /eˈstəʊniə; AmE eˈstoʊ-/   Estland
Estonian /eˈstəʊniən; AmE eˈstoʊ-/
Ethiopia /ˌiːθiˈəʊpiə; AmE -ˈoʊ-/   Äthiopien
Ethiopian /ˌiːθiˈəʊpiən; AmE -ˈoʊ-/
Europe /ˈjʊərəp; AmE ˈjʊrəp/   Europa
European /ˌjʊərəˈpiːən; AmE ˌjʊrə-/
Fiji /ˈfiːdʒiː/   Fidschi
Fijian /ˌfiːˈdʒiːən, ˈfiːdʒiən/
Finland /ˈfɪnlənd/   Finnland
Finnish /ˈfɪnɪʃ/, Finn /fɪn/
(the) Former Yugoslav Republic   Mazedonien
of Macedonia /ˌfɔːmə ˌjuːgəslɑːv rɪˌpʌblɪk əv
ˌmæsɪˈdəʊniə; AmE ˌfɔːrmər, ˌmæsɪˈdoʊniə/
Macedonian /ˌmæsɪˈdəʊniən; AmE ˌmæsɪˈdoʊniən/
France /frɑːns; AmE fræns/   Frankreich
French /frentʃ/, Frenchman /ˈfrentʃmən/,
Frenchwoman /ˈfrentʃwʊmən/, (the French)
Gabon /ɡæˈbɒn; AmE ɡæˈboʊn/   Gabun
Gabonese /ˌɡæbəˈniːz/
(the) Gambia /ˈɡæmbiə/   Gambia
Gambian /ˈɡæmbiən/
Georgia /ˈdʒɔːdʒə; AmE ˈdʒɔːrdʒə/   Georgien
Georgian /ˈdʒɔːdʒən; AmE ˈdʒɔːrdʒən/
Germany /ˈdʒɜːməni; AmE ˈdʒɜːrm-/   Deutschland
German /ˈdʒɜːmən; AmE ˈdʒɜːrmən/
Ghana /ˈɡɑːnə/   Ghana
Ghanaian /ɡɑːˈneɪən/
Great Britain /ˌgreɪt ˈbrɪtn/   Großbritannien
British /ˈbrɪtɪʃ/; Briton /ˈbrɪtn/, (the British)
Greece /griːs/   Griechenland
Greek /griːk/
Grenada /grəˈneɪdə/   Grenada
Grenadian /grəˈneɪdiən/
Guatemala /ˌɡwɑːtəˈmɑːlə/   Guatemala
Guatemalan /ˌɡwɑːtəˈmɑːlən/
Guinea /ˈɡɪni/   Guinea
Guinean /ˈɡɪniən/
Guinea-Bissau /ˌɡɪni bɪˈsaʊ/   Guinea-Bissau
Guyana /ɡaɪˈænə/   Guyana
Guyanese /ˌɡaɪəˈniːz/
Haiti /ˈheɪti/   Haiti
Haitian /ˈheɪʃn/
Honduras /hɒnˈdjʊərəs; AmE hɑːnˈdʊrəs/   Honduras
Honduran /hɒnˈdjʊərən; AmE hɑːnˈdʊrən/
Hungary /ˈhʌŋgəri/   Ungarn
Hungarian /hʌŋˈgeəriən; AmE -ˈger-/
Iceland /ˈaɪslənd/   Island
Icelandic /aɪsˈlændɪk/, Icelander /ˈaɪsləndə(r)/
India /ˈɪndiə/   Indien
Indian /ˈɪndiən/
Indonesia /ˌɪndəˈniːʒə; BrE auch -ziə/   Indonesien
Indonesian /ˌɪndəˈniːʒn; BrE auch -ziən/
Iran /ɪˈrɑːn, ɪˈræn/   Iran
Iranian /ɪˈreɪniən/
Iraq /ɪˈrɑːk, ɪˈræk/   Irak
Iraqi /ɪˈrɑːki, ɪˈræki/
(the Republic of) Ireland /ˈaɪələnd; AmE ˈaɪərlənd/   Irland
Irish /ˈaɪərɪʃ/; Irishman /ˈaɪərɪʃmən/,
Irishwoman /ˈaɪərɪʃwʊmən/, (the Irish)
Israel /ˈɪzreɪl/   Israel
Israeli /ɪzˈreɪli/
Italy /ˈɪtəli/   Italien
Italian /ɪˈtæliən/

Jamaica /dʒəˈmeɪkə/   Jamaika
Jamaican /dʒəˈmeɪkən/
Japan /dʒəˈpæn/   Japan
Japanese /ˌdʒæpəˈniːz/
Jordan /ˈdʒɔːdn; AmE ˈdʒɔːrdn/   Jordanien
Jordanian /dʒɔːˈdeɪniən; AmE dʒɔːrˈd-/
Kazakhstan /ˌkæzækˈstɑːn; AmE -stæn/   Kasachstan
Kazakh /kəˈzæk/
Kenya /ˈkenjə, ˈkiːnjə/   Kenia
Kenyan /ˈkenjən, ˈkiːnjən/
Kiribati /ˈkɪrəbæs/   Kiribati
Korea /kəˈriə/   Korea
North Korea, South Korea;
North Korean /ˌnɔːθ kəˈriən; AmE ˌnɔːrθ-/,
South Korean /ˌsaʊθ kəˈriən/
Kuwait /kuˈweɪt/   Kuwait
Kuwaiti /kuˈweɪti/
Kyrgyzstan /ˌkɜːgɪˈstɑːn; AmE ˌkɪrgɪ-/   Kirgisistan
Kyrgyz /ˈkɜːgɪz; AmE ˈkɪrˈgiːz/
Laos /laʊs/   Laos
Laotian /ˈlaʊʃn; AmE auch leɪˈoʊʃn/
Latvia /ˈlætviə/   Lettland
Latvian /ˈlætviən/
Lebanon /ˈlebənən; AmE auch -nɑːn/   Libanon
Lebanese /ˌlebəˈniːz/
Lesotho /ləˈsuːtuː/   Lesotho
Sotho /ˈsuːtuː/, Mosotho /məˈsuːtuː/,
(Basotho /bəˈsuːtuː)
Liberia /laɪˈbɪəriə; AmE -ˈbɪr-/   Liberia
Liberian /laɪˈbɪəriən; AmE -ˈbɪr-/
Libya /ˈlɪbiə/   Libyen
Libyan /ˈlɪbiən/
Liechtenstein /ˈlɪktənstaɪn, ˈlɪxt-/   Liechtenstein
Liechtenstein, Liechtensteiner /ˈlɪktənstaɪmə(r), ˈlɪxt-/
Lithuania /ˌlɪθjuˈeɪniə/   Litauen
Lithuanian /ˌlɪθjuˈeɪniən/
Luxembourg /ˈlʌksəmbɜːɡ; AmE -bɜːrɡ/   Luxemburg
Luxembourg,
Luxembourger /ˈlʌksəmbɜːɡə(r); AmE -bɜːrɡər/
Madagascar /ˌmædəˈɡæskə(r)/   Madagaskar
Madagascan /ˌmædəˈɡæskən/, Malagasy /ˌmæləˈɡæsi/
Malawi /məˈlɑːwi/   Malawi
Malawian /məˈlɑːwiən/
Malaysia /məˈleɪʒə; BrE auch -ziə/   Malaysia
Malaysian /məˈleɪʒn; BrE auch -ziən/
(the) Maldives /ˈmɔːldiːvz/   Malediven
Maldivian /mɔːlˈdɪviən/
Mali /ˈmɑːli/   Mali
Malian /ˈmɑːliən/
Malta /ˈmɔːltə/   Malta
Maltese /ˌmɔːlˈtiːz/
(the) Marshall Islands   Marshallinseln
/ˈmɑːʃl aɪləndz; AmE ˈmɑːrʃl/
Mauritania /ˌmɒrɪˈteɪniə; AmE ˌmɔːr-/   Mauretanien
Mauritanian /ˌmɒrɪˈteɪniən; AmE ˌmɔːr-/
Mauritius /məˈrɪʃəs; AmE mɔːˈr-/   Mauritius
Mauritian /məˈrɪʃn; AmE mɔːˈr-/
Mexico /ˈmeksɪkəʊ; AmE -koʊ/   Mexiko
Mexican /ˈmeksɪkən/
(the Federated States of) Micronesia   Mikronesien
/ˌfedəreɪtɪd steɪts əv ˌmaɪkrəˈniːziə; AmE -ʒə/
Micronesian /ˌmaɪkrəˈniːziən; AmE -ʒn/
Moldova /mɒlˈdəʊvə; AmE mɑːlˈdoʊvə, mɔːl-/   Moldau
Moldovan /mɒlˈdəʊvn; AmE mɑːlˈdoʊvn, mɔːl-/
Monaco /ˈmɒnəkəʊ; AmE ˈmɑːnəkoʊ/   Monaco
Monacan /ˈmɒnəkən; AmE ˈmɑːn-/,
Monégasque /ˌmɒniˈɡæsk; AmE ˌmɑːn-/
Mongolia /mɒŋˈɡəʊliə; AmE mɑːŋˈɡoʊ-/   Mongolei
Mongolian /mɒŋˈɡəʊliən; AmE mɑːŋˈɡoʊ-/,
Mongol /ˈmɒŋɡl; AmE ˈmɑːŋ-/
Morocco /məˈrɒkəʊ; AmE məˈrɑːkoʊ/   Marokko
Moroccan /məˈrɒkən; AmE məˈrɑːkən/
Mozambique /ˌməʊzæmˈbiːk; AmE ˌmoʊ-/   Mosambik
Mozambican /ˌməʊzæmˈbiːkən; AmE ˌmoʊ-/
Myanmar /miˌænˈmɑː(r)/   Myanmar
— siehe auch Burma
Namibia /nəˈmɪbiə/   Namibia
Namibian /nəˈmɪbiən/
Nauru /ˈnaʊruː/   Nauru
Nauruan /naʊˈruːən/
Nepal /nəˈpɔːl/   Nepal
Nepalese /ˌnepəˈliːz/

(the) Netherlands /ˈneðələndz; *AmE* -ðərl-/ Niederlande
Dutch /dʌtʃ/, Dutchman /ˈdʌtʃmən/,
Dutchwoman /ˈdʌtʃwʊmən/, (the Dutch)
New Zealand /ˌnjuː ˈziːlənd; *AmE* ˌnuː-/ Neuseeland
New Zealander /ˌnjuː ˈziːləndə(r); *AmE* ˌnuː-/
Nicaragua /ˌnɪkəˈræɡjuə; *AmE* -ˈræɡwə/ Nicaragua
Nicaraguan /ˌnɪkəˈræɡjuən; *AmE* -ˈræɡwən/
Niger /ˈnaɪdʒə(r)/ Niger
Nigerien /naɪˈdʒɪəriən; *AmE* -dʒɪr-/
Nigeria /naɪˈdʒɪəriə; *AmE* -ˈdʒɪr-/ Nigeria
Nigerian /naɪˈdʒɪəriən; *AmE* -ˈdʒɪr-/
Northern Ireland Nordirland
/ˌnɔːðən ˈaɪələnd; *AmE* ˌnɔːrðərn ˈaɪərlənd/
Northern Irish /ˌnɔːðən ˈaɪərɪʃ/ (*nur Adjektiv*)
Norway /ˈnɔːweɪ; *AmE* ˈnɔːrweɪ/ Norwegen
Norwegian /nɔːˈwiːdʒən; *AmE* nɔːrˈw-/
Oman /əʊˈmɑːn, -mæn; *AmE* oʊ-/ Oman
Omani /əʊˈmɑːni, -mæni; *AmE* oʊ-/
Pakistan /ˌpɑːkɪˈstɑːn; *AmE* ˌpækɪˈstæn/ Pakistan
Pakistani /ˌpɑːkɪˈstɑːni; *AmE* ˌpækɪˈstæni/
Panama /ˈpænəmɑː/ Panama
Panamanian /ˌpænəˈmeɪniən/
Papua New Guinea Papua-Neuguinea
/ˌpæpuə njuː ˈɡmi:; *AmE* nuː-/
Papuan /ˈpæpuən/
Paraguay /ˈpærəɡwaɪ/ Paraguay
Paraguayan /ˌpærəˈɡwaɪən/
Peru /pəˈruː/ Peru
Peruvian /pəˈruːviən/
(the) Philippines /ˈfɪlɪpiːnz/ Philippinen
Philippine /ˈfɪlɪpiːn/, Filipino /ˌfɪlɪˈpiːnəʊ; *AmE* -noʊ/
Poland /ˈpəʊlənd; *AmE* ˈpoʊ-/ Polen
Polish /ˈpəʊlɪʃ; *AmE* ˈpoʊ-/,
Pole /pəʊl; *AmE* poʊl/
Portugal /ˈpɔːtʃʊɡl; *AmE* ˈpɔːrt-/ Portugal
Portuguese /ˌpɔːtʃʊˈɡiːz; *AmE* ˌpɔːrt-/
Qatar /ˈkʌtɑː(r)/ Katar
Qatari /kʌˈtɑːri/
Romania /ruˈmeɪniə/ Rumänien
Romanian /ruˈmeɪniən/
Russia /ˈrʌʃə/ Russland
Russian /ˈrʌʃn/
Rwanda /ruˈændə/ Ruanda
Rwandan /ruˈændən/
Samoa /səˈməʊə; *AmE* səˈmoʊə/ Samoa
Samoan /səˈməʊən; *AmE* səˈmoʊən/
San Marino /ˌsæn məˈriːnəʊ; *AmE* -noʊ/ San Marino
San Marinese /ˌsæn mærɪˈniːz/
São Tomé and Príncipe São Tomé und Príncipe
/ˌsaʊ təˌmeɪ ən ˈprɪnsɪpeɪ/
Saudi Arabia /ˌsaʊdi əˈreɪbiə/ Saudi-Arabien
Saudi /ˈsaʊdi/, Saudi Arabian /ˌsaʊdi əˈreɪbiən/
Scandinavia /ˌskændɪˈneɪviə/ Skandinavien
Scandinavian /ˌskændɪˈneɪviən/
Scotland /ˈskɒtlənd; *AmE* ˈskɑːt-/ Schottland
Scottish /ˈskɒtɪʃ; *AmE* ˈskɑːt-/, Scot /skɒt; *AmE* ˈskɑːt/,
Scotsman /ˈskɒtsmən; *AmE* ˈskɑːts-/,
Scotswoman /ˈskɒtswʊmən; *AmE* ˈskɑːts-/ (the Scots)
Senegal /ˌsenɪˈɡɔːl/ Senegal
Senegalese /ˌsenɪɡəˈliːz/
Serbia and Montenegro Serbien-Montenegro
/ˌsɜːbiə ən mɒntɪˈniːɡrəʊ; *AmE* ˌsɜːrbiə ən mɑːntəˈneɡroʊ/
Serbian /ˈsɜːbiən; *AmE* ˈsɜːrb-/, Serb /sɜːb; *AmE* sɜːrb/,
Montenegrin /ˌmɒntɪˈniːɡrɪn; *AmE* ˌmɑːntəˈne-/
(the) Seychelles /seɪˈʃelz/ Seychellen
Seychellois /ˌseɪʃelˈwɑ/
Sierra Leone /siˌerə liˈəʊn; *AmE* liˈoʊn-/ Sierra Leone
Sierra Leonean /siˌerə liˈəʊniən; *AmE* -ˈoʊn-/
Singapore /ˌsɪŋəˈpɔː(r), ˌsɪŋɡə-; *AmE meist* ˈsɪŋə-/ Singapur
Singaporean /ˌsɪŋəˈpɔːriən, ˌsɪŋɡə-/
Slovakia /sləʊˈvækiə; *AmE* sloʊ-/ Slowakei
Slovak /ˈsləʊvæk; *AmE* ˈsloʊ-/
Slovenia /sləʊˈviːniə; *AmE* sloʊ-/ Slowenien
Slovene /ˈsləʊviːn; *AmE* ˈsloʊ-/,
Slovenian /sləʊˈviːniən; *AmE* sloʊ-/
(the) Solomon Islands Salomonen
/ˈsɒləmən aɪləndz; *AmE* ˈsɑːl-/
Somalia /səˈmɑːliə/ Somali /səˈmɑːli/ Somalia
(the Republic of) South Africa /ˌsaʊθ ˈæfrɪkə/ Südafrika
South African /ˌsaʊθ ˈæfrɪkən/

Spain /speɪn/ Spanien
Spanish /ˈspænɪʃ/,
Spaniard /ˈspænjəd; *AmE* -njərd/, (the Spanish)
Sri Lanka /ˌsri ˈlæŋkə; *AmE auch* ˈlɑːŋkə/ Sri Lanka
Sri Lankan /ˌsri ˈlæŋkən; *AmE auch* ˈlɑːŋ-/
St Kitts and Nevis St. Kitts und Nevis
/snt ˌkɪts ən ˈniːvɪs; *AmE auch* seɪnt/
St Lucia /ˌsnt ˈluːʃə; *AmE auch* ˌseɪnt/ St. Lucia
St Vincent and the St. Vincent und die Grenadinen
Grenadines /snt ˌvɪnsnt ən ðə ˈɡrenədiːnz; *AmE auch* seɪnt/
Sudan /suˈdɑːn; *AmE auch* suˈdæn/ Sudan
Sudanese /ˌsuːdəˈniːz/
Suriname /ˌsʊərɪˈnɑːm; *AmE* ˌsʊr-/ Suriname
Surinamese /ˌsʊərməˈmiːz; *AmE* ˌsʊr-/
Swaziland /ˈswɑːziːlænd/ Swasiland
Swazi /ˈswɑːzi/
Sweden /ˈswiːdn/ Schweden
Swedish /ˈswiːdɪʃ/, Swede /swiːd/
Switzerland /ˈswɪtsələnd; *AmE* -ərl-/ Schweiz
Swiss /swɪs/, (the Swiss)
Syria /ˈsɪriə/ Syrien
Syrian /ˈsɪriən/
Tajikistan /tæˌdʒiːkɪˈstɑːn; *AmE* -ˈstæn/ Tadschikistan
Tajik /tæˈdʒiːk/
Tanzania /ˌtænzəˈniːə/ Tansania
Tanzanian /ˌtænzəˈniːən/
Thailand /ˈtaɪlænd/ Thailand
Thai /taɪ/
Togo /ˈtəʊɡəʊ; *AmE* ˈtoʊɡoʊ/ Togo
Togolese /ˌtəʊɡəˈliːz; *AmE* ˌtoʊ-/
Tonga /ˈtɒŋə, ˈtɒŋɡə; *AmE* ˈtɑːŋ-/ Tonga
Tongan /ˈtɒŋən, ˈtɒŋɡən; *AmE* ˈtɑːŋ-/
Trinidad and Tobago Trinidad und Tobago
/ˌtrɪnɪdæd ən təˈbeɪɡəʊ; *AmE* -ɡoʊ/
Trinidadian /ˌtrɪnɪˈdædiən/, Tobagan /təˈbeɪɡən/,
Tobagonian /ˌtəʊbəˈɡəʊniən; *AmE* ˌtoʊbəˈɡoʊ-/
Tunisia /tjuˈnɪziə; *AmE meist* tuːˈniːʒə/ Tunesien
Tunisian /tjuˈnɪziən; *AmE meist* tuːˈniːʒn/
Turkey /ˈtɜːki; *AmE* ˈtɜːrki/ Türkei
Turkish /ˈtɜːkɪʃ; *AmE* ˈtɜːrkɪʃ/,
Turk /tɜːk; *AmE* tɜːrk/
Turkmenistan Turkmenistan
/tɜːkˌmenɪˈstɑːn; *AmE* tɜːrkˌmenɪˈstæn/
Turkmen /ˈtɜːkmen; *AmE* ˈtɜːrk-/
Tuvalu /tuːˈvɑːluː/ Tuvalu
Tuvaluan /ˌtuːvɑːˈluːən/
Uganda /juːˈɡændə/ Uganda
Ugandan /juːˈɡændən/
Ukraine /juːˈkreɪn/ Ukraine
Ukrainian /juːˈkreɪniən/
(the) United Arab Emirates Vereinigte Arabische Emirate
/juːˌnaɪtɪd ˌærəb ˈemɪrəts/
(the) United Kingdom Vereinigtes Königreich
/juːˌnaɪtɪd ˈkɪŋdəm/
(the) United States Vereinigte Staaten von Amerika
of America /juːˌnaɪtɪd ˌsteɪts əv əˈmerɪkə/
American /əˈmerɪkən/
Uruguay /ˈjʊərəɡwaɪ; *AmE* ˈjʊr-/ Uruguay
Uruguayan /ˌjʊərəˈɡwaɪən; *AmE* ˌjʊr-/
Uzbekistan /ʊzˌbekɪˈstɑːn; *AmE* -ˈstæn/ Usbekistan
Uzbek /ˈʊzbek/
Vanuatu /ˌvænuˈɑːtuː/ Vanuatu
(the) Vatican City /ˌvætɪkən ˈsɪti/ Vatikanstadt
Venezuela /ˌvenəˈzweɪlə/ Venezuela
Venezuelan /ˌvenəˈzweɪlən/
Vietnam /ˌvietˈnæm, -ˈnɑːm/ Vietnam
Vietnamese /viˌetnəˈmiːz/
Wales /weɪlz/ Wales
Welsh /welʃ/, Welshman /welʃ/,
Welshwoman /ˈwelʃwʊmən/, (the Welsh)
Yemen Republic /ˌjemən rɪˈpʌblɪk/ Jemen
Yemeni /ˈjeməni/
Yugoslavia /ˌjuːɡəʊˈslɑːviə; *AmE* ˈjuːɡoʊ-/ Jugoslawien
Yugoslavian /ˌjuːɡəʊˈslɑːviən; *AmE* ˈjuːɡoʊ-/,
Yugoslav /ˈjuːɡəʊslɑːv; *AmE* ˈjuːɡoʊ-/
— *siehe auch* Serbia and Montenegro
Zambia /ˈzæmbiə/ Sambia
Zambian /ˈzæmbiən/
Zimbabwe /zɪmˈbɑːbwi, -bweɪ/ Simbabwe
Zimbabwean /zɪmˈbɑːbwiən/

Meere

the Arctic Ocean /ˌɑːktɪk ˈəʊʃn; AmE ˌɑːrktɪk ˈoʊʃn/	Arktischer Ozean	**the Indian Ocean** /ˌɪndiən ˈəʊʃn; AmE ˈoʊʃn/	Indischer Ozean
the Atlantic Ocean /ətˌlæntɪk ˈəʊʃn; AmE ˈoʊʃn/	Atlantischer Ozean	**the Mediterranean** /ˌmedɪtəˈreɪniən/	Mittelmeer
the Baltic /ˈbɔːltɪk; BrE auch ˈbɒltɪk/	Ostsee	**the Pacific (Ocean)** /pəˌsɪfɪk ˈəʊʃn; AmE ˈoʊʃn/	Pazifischer Ozean
the Caribbean (Sea) /ˌkærəbiːən ˈsiː, kəˈrɪbiən/	Karibisches Meer	**the Southern Ocean** /ˌsʌðən ˈəʊʃn; AmE ˌsʌðərn ˈoʊʃn/	Südpolarmeer

Weitere geographische Namen, die im Englischen vorkommen, und deren Aussprache

the Alps /ælps/	Alpen	**Mecklenburg-Western Pomerania** /ˌmeklənbɜːg ˌwestən pɒməˈreɪniə; AmE ˌmeklənbɜːrg ˌwestern ˈpɑː-/	Mecklenburg-Vorpommern
the Andes /ˈændiːz/	Anden		
Bavaria /bəˈveəriə; AmE -verɪə/	Bayern		
the Black Forest /ˌblæk ˈfɒrɪst; AmE ˈfɔːr-; ˈfɑːr-/	Schwarzwald	**North-Rhine Westphalia** /ˌnɔːθ raɪn westˈfeɪliə; AmE nɔːrθ/	Nordrhein-Westfalen
Carinthia /kəˈrɪnθiə/	Kärnten		
the Danube /ˈdænjuːb; AmE ˈdænjub/	Donau	**the Pyrenees** /ˌpɪrəˈniːz/	Pyrenäen
the Dolomites /ˈdɒləmaɪts/	Dolomiten	**the Rhine** /raɪn/	Rhein
the Elbe /elb/	Elbe	**the Rhineland-Palatinate** /ˌraɪnlænd pəˈlætɪnət/	Rheinland-Pfalz
Franconia /frænˈkəʊniə; AmE ˈkoʊ-/	Franken		
Hesse /hes, ˈhesə/	Hessen	**Saxony-Anhalt** /ˌsæksəni ˈanhalt/	Sachsen-Anhalt
Lake Constance /ˌleɪk ˈkɒnstəns; AmE ˈkɑːn-/	Bodensee	**Styria** /ˈstɪriə/	Steiermark
Lake Geneva /ˌleɪk dʒɪˈniːvə; AmE dʒə-/	Genfer See	**Swabia** /ˈsweɪbiə/	Schwaben
Lake Lucerne /ˌleɪk luːˈsɜːn; AmE -ˈsɜːrn/	Vierwaldstättersee	**the Thames** /temz/	Themse
Lower Austria /ˌləʊər ˈɒstriə; AmE ˌloʊər ˈɔːs-/	Niederösterreich	**Thuringia** /θjʊəˈrɪndʒiə/	Thüringen
		Ticino /tɪˈtʃiːnəʊ; AmE tɪˈtʃinoʊ/	Tessin
Lower Saxony /ˌləʊə ˈsæksəni; AmE ˌloʊər/	Niedersachsen	**the Tyrol** /tɪˈrəʊl; AmE -ˈroʊl/	Tirol
		Upper Austria /ˌʌpər ˈɒstriə; AmE ˈɔːs-/	Oberösterreich
		Vaud /vəʊ; AmE voʊ/	Waadt

Städtenamen

Athens /ˈæθənz/	Athen	**Strasbourg** /ˈstrazbɜːg; AmE -bɜːrg/	Straßburg	▸ *the Weimar Republic*
Basle /bɑːl; ˈbɑːzl; AmE ˈbæzəl/	Basel			▸ *Berlin restaurants*
Berne /bɜːn; AmE bɜrn/	Bern	**Venice** /ˈvenɪs/	Venedig	▸ *the London telephone directory*
Brussels /ˈbrʌslz/	Brüssel	**Vienna** /viˈenə/	Wien	
Cologne /kəˈləʊn; AmE kəˈloʊn/	Köln	**Warsaw** /ˈwɔːsɔː; AmE wɔːr-/	Warschau	Um die Herkunft zu beschreiben, kann man auch **from** verwenden:
Florence /ˈflɒrəns; AmE ˈflɔːr-/	Florenz	**Zurich** /ˈzjʊərɪk/	Zürich	▸ *the team from Munich*
				▸ *He's from Milan.*
Geneva /dʒɪˈniːvə; AmE dʒə-/	Genf	Vorsicht: die folgenden Städtenamen haben im Englischen eine andere Aussprache		
the Hague /ˈheɪɡ/	Den Haag			Für die Einwohner einer Stadt verwendet man **of**:
Hanover /ˈhænəvə; AmE -vər/	Hannover	**Berlin** /bɜːˈlɪn; AmE bɜːr-/		▸ *the people of Salzburg*
		Dresden /ˈdrezdən/		
Lucerne /luːˈsɜːn; AmE luːˈsɜːrn/	Luzern	**Frankfurt** /ˈfræŋfɜːt; AmE -fɜːrt-/		Bestimmte Städte haben auch verwandte Nomina für die Einwohner, z.B. *She's a Liverpudlian.*
Lisbon /ˈlɪzbən/	Lissabon	**Hamburg** /ˈhæmbɜːg; AmE -bɜːrg/		
Milan /mɪˈlæn/	Mailand	**London** /ˈlʌndən/		
Moscow /ˈmɒskəʊ; AmE ˈmɑːskoʊ/	Moskau	**Paris** /ˈpærɪs/		
		Salzburg /ˈsaltsbɜːg; AmE ˈsɔltsbɜːrg/		
Munich /ˈmjuːnɪk/	München			
Naples /ˈneɪplz/	Neapel	Städtenamen werden im Englischen auch als attributive Adjektive verwendet:		
Prague /prɑːɡ/	Prag			
Rome /rəʊm; AmE roʊm/	Rom	▸ *the Frankfurt Book Fair*		
		▸ *the Paris Motor Show*		
		▸ *the Edinburgh Festival*		

Aberdeen	Aberdonian
Berlin	Berliner
Glasgow	Glaswegian
Liverpool	Liverpudlian
London	Londoner
Manchester	Mancunian
New York	New Yorker
Paris	Parisian
Vienna	Viennese

Die britischen Inseln

Städte

Aberdeen /ˌæbəˈdiːn; AmE ˌæbərˈdiːn/	**Bradford** /ˈbrædfəd; AmE -fərd/	**Cork** /ˈkɔːk; AmE kɔːrk/
Ayr /eə(r); AmE er/	**Brighton** /ˈbraɪtn/	**Coventry** /ˈkɒvəntri; AmE ˈkʌv-/
Bath /bɑːθ; AmE bæθ/	**Bristol** /ˈbrɪstl/	**Derby** /ˈdɑːbi; AmE ˈdɑːrbi, ˈdɜːrbi/
Belfast /ˈbelfɑːst; AmE ˈbelfæst;/	**Caernarfon** /kəˈnɑːvn; AmE kɑːrˈnɑːrvn, kə(r)-/	**Douglas** /ˈdʌɡləs/
Berwick-upon-Tweed /ˌberɪk əpɒn ˈtwiːd; AmE əpɑːn/	**Cambridge** /ˈkeɪmbrɪdʒ/	**Dover** /ˈdəʊvə(r); AmE ˈdoʊvər/
Birmingham /ˈbɜːmɪŋəm; AmE ˈbɜːrmɪŋhæm/	**Canterbury** /ˈkæntəbəri; AmE auch -ˌberi/	**Dublin** /ˈdʌblɪn/
		Dundee /dʌnˈdiː/
Blackpool /ˈblækpuːl/	**Cardiff** /ˈkɑːdɪf; AmE ˈkɑːrdɪf/	**Durham** /ˈdʌrəm; AmE auch ˈdɜːr-/
Bournemouth /ˈbɔːnməθ; AmE ˈbɔːrn-/	**Carlisle** /kɑːˈlaɪl; AmE ˈkɑːrl-/	**Eastbourne** /ˈiːstbɔːn; AmE -bɔːrn/
	Chester /ˈtʃestə(r)/	**Edinburgh** /ˈedɪnbrə, -bərə/
	Colchester /ˈkəʊltʃɪstə(r); AmE ˈkoʊltʃestər/	**Ely** /ˈiːli/
		Exeter /ˈeksɪtə(r)/

Galway /ˈgɔːlweɪ/
Glasgow /ˈglɑːzgəʊ; *AmE* ˈglæzgoʊ/
Gloucester
 /ˈglɒstə(r); *AmE* ˈglɑːs-, ˈglɔːs-/
Hastings /ˈheɪstɪŋz/
Hereford /ˈherɪfəd; *AmE* -fərd/
Holyhead /ˈhɒlihed; *AmE* ˈhɑːl-/
Inverness /ˌɪnvəˈnes; *AmE* -vərˈn-/
Ipswich /ˈɪpswɪtʃ/
John o'Groats /ˌdʒɒn əˈgrəʊts;
 AmE ˌdʒɑːn əˈgroʊts/
Keswick /ˈkezɪk/
Kingston upon Hull
 /ˌkɪŋstən əpɒnˈhʌl; *AmE* əpɑːn/
Leeds /liːdz/
Leicester /ˈlestə(r)/
Limerick /ˈlɪmərɪk/
Lincoln /ˈlɪŋkən/
Liverpool /ˈlɪvəpuːl; *AmE* -vərp-/
London /ˈlʌndən/
Londonderry /ˈlʌndənderi/

Luton /ˈluːtn/
Manchester /ˈmæntʃɪstə(r)/
Middlesbrough /ˈmɪdlzbrə/
Newcastle upon Tyne
 /ˌnjuːkɑːsl əpɒnˈtaɪn;
 AmE ˌnuːkæsl əpɑːn/
Northampton /nɔːθˈhæmptən;
 AmE nɔːrθ-/
Norwich /ˈnɒrɪdʒ; *AmE* ˈnɑːr-/
Nottingham /ˈnɒtɪŋəm;
 AmE ˈnɑːtɪŋəm, -hæm/
Oxford /ˈɒksfəd; *AmE* ˈɑːksfərd/
Plymouth /ˈplɪməθ/
Poole /puːl/
Portsmouth
 /ˈpɔːtsməθ; *AmE* ˈpɔːrts-/
Ramsgate /ˈræmzgeɪt/
Reading /ˈredɪŋ/
Salisbury
 /ˈsɔːlzbəri; *AmE auch* -beri/
Sheffield /ˈʃefiːld/

Shrewsbury
 /ˈʃrəʊzbəri; *AmE* ˈʃroʊz-, -beri/
Southampton /saʊˈθæmptən/
St. Andrews /ˌsntˈændruːz;
 AmE auch semt/
St. David's
 /ˌsntˈdeɪvɪdz; *AmE auch* ˌsemt/
Stirling /ˈstɜːlɪŋ; *AmE* ˈstɜːrlɪŋ/
Stoke-on-Trent
 /ˌstəʊk ɒnˈtrent; *AmE* ˌstoʊk ɑːn/
Stratford-upon-Avon /ˌstrætfəd
 əpɒnˈeɪvn; *AmE* -fərd əpɑːn/
Swansea
 /ˈswɒnzi; *AmE* ˈswɑːnzi/
Taunton /ˈtɔːntən/
Warwick /ˈwɒrɪk;
 AmE ˈwɑːrɪk, ˈwɔːr-/
Worcester /ˈwʊstə(r)/
York /jɔːk; *AmE* jɔːrk/

Inseln

Anglesey /ˈæŋgəlsi/
Aran Islands /ˈarən aɪləndz/
Inner Hebrides /ˌɪnəˈhebrədiːz/

Isle of Man /ˌaɪl əvˈmæn/
Isle of Wight /ˌaɪl əvˈwaɪt/
Isles of Scilly /ˌaɪlz əvˈsɪli/

Orkney Islands /ˈɔːkni aɪləndz/
Outer Hebrides /ˌaʊtəˈhebrədiːz/
Shetland Islands /ˈʃetlənd aɪləndz/

Die Vereinigten Staaten und Kanada

Die Staaten der USA

Alabama /ˌæləˈbæmə/
Alaska /əˈlæskə/
Arizona /ˌærɪˈzəʊnə; *AmE* -ˈzoʊ-/
Arkansas /ˈɑːkənsɔː; *AmE* ˈɑːrk-/
California
 /ˌkæləˈfɔːniə; *AmE* -ˈfɔːrn-/
Colorado /ˌkɒləˈrɑːdəʊ;
 AmE ˌkɑːləˈrædoʊ/
Connecticut /kəˈnetɪkət/
Delaware /ˈdeləweə(r); *AmE* -wer/
Florida /ˈflɒrɪdə; *AmE* ˈflɔːr-/
Georgia /ˈdʒɔːdʒə; *AmE* ˈdʒɔːrdʒə/
Hawaii /həˈwaɪi/
Idaho /ˈaɪdəhəʊ; *AmE* -hoʊ/
Illinois /ˌɪləˈnɔɪ/
Indiana /ˌɪndiˈænə/
Iowa /ˈaɪəwə/
Kansas /ˈkænzəs/
Kentucky /kenˈtʌki/
Louisiana /luˌiːziˈænə/
Maine /meɪn/
Maryland /ˈmeərilənd; *AmE* ˈmerə-/

Massachusetts /ˌmæsəˈtʃuːsɪts/
Michigan /ˈmɪʃɪgən/
Minnesota
 /ˌmɪnɪˈsəʊtə; *AmE* -ˈsoʊtə/
Mississippi /ˌmɪsɪˈsɪpi/
Missouri /mɪˈzʊəri; *AmE* məˈzʊri/
Montana /mɒnˈtænə; *AmE* mɑːn-/
Nebraska /nəˈbræskə/
Nevada /nəˈvɑːdə; *AmE* nəˈvædə/
New Hampshire
 /ˌnjuːˈhæmpʃə(r); *AmE* ˌnuː/
New Jersey
 /ˌnjuːˈdʒɜːzi; *AmE* ˌnuːˈdʒɜːrzi/
New Mexico /ˌnjuːˈmeksɪkəʊ;
 AmE ˌnuːˈmeksɪkoʊ/
New York /ˌnjuːˈjɔːk;
 AmE ˌnuːˈjɔːrk/
North Carolina /ˌnɔːθ kærəˈlaɪnə;
 AmE ˌnɔːrθ/
North Dakota /ˌnɔːθ dəˈkəʊtə;
 AmE ˌnɔːrθ dəˈkoʊtə/
Ohio /əʊˈhaɪəʊ; *AmE* oʊˈhaɪoʊ/

Oklahoma /ˌəʊkləˈhəʊmə;
 AmE ˌoʊkləˈhoʊmə/
Oregon /ˈɒrɪgən; *AmE* ˈɔːrəgən, ˈɑːr-/
Pennsylvania /ˌpenslˈveɪniə/
Rhode Island
 /ˌrəʊdˈaɪlənd; *AmE* ˌroʊd/
South Carolina /ˌsaʊθ kærəˈlaɪnə/
South Dakota /ˌsaʊθ dəˈkəʊtə;
 AmE dəˈkoʊtə/
Tennessee /ˌtenəˈsiː/
Texas /ˈteksəs/
Utah /ˈjuːtɑː/
Vermont /vəˈmɒnt; *AmE* vərˈmɑːnt/
Virginia /vəˈdʒɪniə; *AmE* vərˈdʒ-/
Washington
 /ˈwɒʃɪŋtən; *AmE* ˈwɑːʃ-, ˈwɔːʃ-/
West Virginia
 /ˌwest vəˈdʒɪniə; *AmE* vərˈdʒ-/
Wisconsin
 /wɪsˈkɒnsɪn; *AmE* -ˈkɑːn-/
Wyoming /waɪˈəʊmɪŋ; *AmE* -ˈoʊmɪŋ/

Städte in den USA

Albany /ˈɔːlbəni/
Albuquerque
 /ˈælbəkɜːki; *AmE* -kɜːrki/
Amarillo /ˌæməˈrɪləʊ; *AmE* -loʊ/
Anchorage /ˈæŋkərɪdʒ/
Atlanta /ətˈlæntə; *AmE* æt-/
Augusta /ɔːˈɡʌstə/
Austin /ˈɒstɪn; *AmE* ˈɔːstɪn/
Baltimore /ˈbɔːltɪmɔː(r)/
Baton Rouge /ˌbætnˈruːʒ/
Berkeley /ˈbɜːkli; *AmE* ˈbɜːrkli/
Billings /ˈbɪlɪŋz/
Birmingham
 /ˈbɜːmɪŋəm; *AmE* ˈbɜːrmɪŋhæm/
Bismarck /ˈbɪzmɑːk; *AmE* -mɑːrk/
Boise /ˈbɔɪsi/
Boston /ˈbɒstən; *AmE* ˈbɔːs-/

Buffalo /ˈbʌfələʊ; *AmE* -loʊ/
Burlington /ˈbɜːlɪŋtən; *AmE* ˈbɜːrl-/
Charleston /ˈtʃɑːlstən; *AmE* ˈtʃɑːrl-/
Charlotte /ˈʃɑːlət; *AmE* ˈʃɑːrlət/
Cheyenne /ʃaɪˈæn/
Chicago /ʃɪˈkɑːgəʊ; *AmE* -goʊ/
Cincinnati /ˌsɪnsɪˈnæti/
Cleveland /ˈkliːvlənd/
Colorado Springs /ˌkɒlərɑːdəʊ
 ˈsprɪŋz; *AmE* ˌkɑːləræˈdoʊ/
Columbia /kəˈlʌmbiə/
Columbus /kəˈlʌmbəs/
Dallas /ˈdæləs/
Dayton /ˈdeɪtn/
Denver /ˈdenvə(r)/
Des Moines /dɪˈmɔɪn/
Detroit /dɪˈtrɔɪt/

Dover /ˈdəʊvə(r); *AmE* ˈdoʊ-/
Duluth /dəˈluːθ/
El Paso /elˈpæsəʊ; *AmE* -soʊ/
Eugene /juːˈdʒiːn/
Fort Worth
 /ˌfɔːtˈwɜːθ; *AmE* ˌfɔːrtˈwɜːrθ/
Grand Forks
 /ˌgrændˈfɔːks; *AmE* ˈfɔːrks/
Great Falls /ˌgreɪtˈfɔːlz/
Green Bay /ˌgriːnˈbeɪ/
Hartford /ˈhɑːtfəd; *AmE* ˈhɑːrtfərd/
Hollywood /ˈhɒliwʊd; *AmE* ˈhɑːli-/
Honolulu /ˌhɒnəˈluːluː;
 AmE ˌhɑːnə-/
Houston /ˈhjuːstən/
Idaho Falls
 /ˌaɪdəhəʊˈfɔːlz; *AmE* -hoʊ/

Indianapolis /ˌɪndiəˈnæpəlɪs/
Jackson /ˈdʒæksən/
Jacksonville /ˈdʒæksənvɪl/
Juneau /ˈdʒuːnəʊ; AmE -noʊ/
Kansas City /ˌkænzəs ˈsɪti/
Knoxville /ˈnɒksvɪl; AmE ˈnɑːks-/
Laramie /ˈlærəmi/
Las Vegas /ˌlæs ˈveɪɡəs/
Lincoln /ˈlɪŋkən/
Little Rock /ˈlɪtl rɒk; AmE rɑːk/
Los Angeles /ˌlɒs ˈændʒəliːz;
   AmE ˌlɔːs ˈændʒələs/
Louisville /ˈluːɪvɪl/
Madison /ˈmædɪsən/
Manchester /ˈmæntʃestə(r)/
Memphis /ˈmemfɪs/
Miami /maɪˈæmi/
Milwaukee /mɪlˈwɔːki/
Minneapolis /ˌmɪniˈæpəlɪs/
Mobile /məʊˈbiːl; AmE moʊ-/
Montgomery /mɒntˈɡʊməri;
   AmE məntˈɡɑːm-/
Nashville /ˈnæʃvɪl/
New Haven
   /ˌnjuː ˈheɪvən; AmE ˌnuː/
New Orleans /ˌnjuː ɔːˈliːənz;
   AmE ˌnuː ˈɔːrliənz/

New York
   /ˌnjuː ˈjɔːk; AmE ˌnuː ˈjɔːrk/
Newark /ˈnjuːək; AmE ˈnuːərk/
Norfolk /ˈnɔːfək; AmE ˈnɔːrfək/
Oklahoma City /ˌəʊkləhəʊmə ˈsiti;
   AmE ˌoʊkləhoʊmə/
Omaha /ˈəʊməhɑː; AmE ˈoʊ-/
Orlando /ɔːˈlændəʊ;
   AmE ɔːrˈlændoʊ/
Philadelphia /ˌfɪləˈdelfiə/
Phoenix /ˈfiːnɪks/
Pierre /piˈeə(r); AmE pɪr/
Pittsburgh /ˈpɪtsbɜːɡ; AmE -bɜːrɡ/
Portland /ˈpɔːtlənd; AmE ˈpɔːrt-/
Princeton /ˈprɪnstən/
Providence
   /ˈprɒvɪdəns; AmE ˈprɑːv-/
Raleigh /ˈrɑːli; AmE auch ˈrɔːli/
Reno /ˈriːnəʊ; AmE ˈriːnoʊ/
Richmond /ˈrɪtʃmənd/
Rochester
   /ˈrɒtʃɪstə(r); AmE ˈrɑːtʃəs-/
Sacramento
   /ˌsækrəˈmentəʊ; AmE -toʊ/
Salt Lake City /ˌsɔːlt leɪk ˈsɪti/
San Antonio /ˌsæn ænˈtəʊniəʊ;
   AmE ænˈtoʊnioʊ/

San Diego
   /ˌsæn diˈeɪɡəʊ; AmE -ɡoʊ/
San Francisco
   /ˌsæn frənˈsɪskəʊ; AmE -koʊ/
San Jose /ˌsæn həʊˈzeɪ; AmE hoʊ-/
Santa Fe /ˌsæntə ˈfeɪ/
Savannah /səˈvænə/
Scranton /ˈskræntən/
Seattle /siˈætl/
Sioux City /ˌsuː ˈsɪti/
Sioux Falls /ˌsuː ˈfɔːlz/
Springfield /ˈsprɪŋfiːld/
St Paul /ˌsnt ˈpɔːl; AmE auch ˌseɪnt/
St. Louis
   /ˌsnt ˈluːɪs; AmE auch ˌseɪnt/
Syracuse /ˈsɪrəkjuːs/
Tallahassee /ˌtæləˈhæsi/
Tampa /ˈtæmpə/
Toledo /təˈliːdəʊ; AmE -doʊ/
Topeka /təˈpiːkə/
Tucson /ˈtuːsɒn; AmE -sɑːn/
Tulsa /ˈtʌlsə/
Twin Falls /ˌtwɪn ˈfɔːlz/
Washington D.C. /ˌwɒʃɪŋtən diː ˈsiː;
   AmE ˌwɑːʃ-, ˌwɔːʃ-/
Wichita /ˈwɪtʃɪtɔː/

Provinzen und Territorien Kanadas

Alberta /ælˈbɜːtə; AmE ælˈbɜːrtə/
British Columbia /ˌbrɪtɪʃ kəˈlʌmbiə/
Manitoba /ˌmænɪˈtəʊbə; AmE -toʊ-/
New Brunswick
   /ˌnjuː ˈbrʌnzwɪk; AmE ˌnuː/
Newfoundland
   /ˈnjuːfəndlənd; AmE ˈnuː-/

Northwest Territories
   /ˌnɔːθwest ˈterətriz;
   AmE ˌnɔːrθwest ˈterətɔːriz/
Nova Scotia /ˌnəʊvə ˈskəʊʃə;
   AmE ˌnoʊvə ˈskoʊʃə/
Nunavut /ˈnʊnəvʊt/
Ontario /ɒnˈteəriəʊ; AmE ɑːnˈterioʊ/

Prince Edward Island
   /ˌprɪns ˈedwəd aɪlənd;
   AmE ˈedwərd/
Québec /kwɪˈbek/
Saskatchewan /səˈskætʃəwən/
Yukon Territory /ˈjuːkɒn terətri;
   AmE ˈjuːkɑːn terətɔːri/

Städte in Kanada

Calgary /ˈkælɡəri/
Chicoutimi-Jonquière
   /ʃɪˌkuːtəmi ʒõˈkjeə(r);
   AmE ʒõːˈkjer/
Edmonton /ˈedməntən/
Fredericton /ˈfredrɪktən/
Halifax /ˈhælɪfæks/
Hamilton /ˈhæmɪltən/
Iqaluit /ɪˈkæluːɪt/
London /ˈlʌndən/
Moncton /ˈmʌŋktən/
Montréal /ˌmɒntriˈɔːl; AmE ˌmɑːn-/

Niagara Falls /naɪˌæɡrə ˈfɔːlz/
Ottawa /ˈɒtəwə; AmE ˈɑːt-/
Québec /kwɪˈbek/
Regina /rɪˈdʒamə/
Saint John
   /ˌseɪnt ˈdʒɒn; AmE ˈdʒɑːn/
Saskatoon /ˌsæskəˈtuːn/
Sault Sainte Marie
   /ˌsuː seɪnt məˈriː/
St John's
   /ˌsnt ˈdʒɒnz; AmE ˌseɪnt ˈdʒɑːnz/
Sudbury /ˈsʌdbəri; AmE -beri/

Sydney /ˈsɪdni/
Thunder Bay
   /ˌθʌndə ˈbeɪ; AmE -dər/
Toronto /təˈrɒntəʊ; AmE təˈrɑːntoʊ/
Vancouver /vænˈkuːvə(r)/
Victoria /vɪkˈtɔːriə/
Whitehorse /ˈwaɪthɔːs; AmE -hɔːrs/
Windsor /ˈwɪnzə(r)/
Winnipeg /ˈwɪnɪpeɡ/
Yellowknife /ˈjeləʊnaɪf; AmE -loʊ-/

Australien und Neuseeland

Staaten Australiens

Australian Capital Territory (ACT)
   /ɒˌstreɪliən kæpɪtl ˈterətri;
   AmE ɔːˈstreɪliən ˈterətɔːri/
New South Wales
   /ˌnjuː saʊθ ˈweɪlz; AmE ˌnuː/

Northern Territory
   /ˌnɔːðən ˈterətri;
   AmE ˌnɔːrðərn ˈterətɔːri/
Queensland /ˈkwiːnzlənd/
South Australia /ˌsaʊθ ɒˈstreɪliə;
   AmE ɔːˈstr-/

Tasmania /tæzˈmeɪniə/
Victoria /vɪkˈtɔːriə/
Western Australia
   /ˌwestən ɒˈstreɪliə;
   AmE ˌwestərn ɔːˈstreɪliə/

Städte in Australien und Neuseeland

Adelaide /ˈædəleɪd/
Auckland /ˈɔːklənd/
Brisbane /ˈbrɪzbən/
Canberra
   /ˈkænbərə; AmE auch -berə/
Christchurch
   /ˈkraɪstʃɜːtʃ; AmE -tʃɜːrtʃ/

Darwin /ˈdɑːwɪn; AmE ˈdɑːrwɪn/
Dunedin /dʌˈniːdɪn/
Geelong /dʒɪˈlɒŋ; AmE dʒəˈlɔːŋ/
Hamilton /ˈhæmɪltən/
Hobart /ˈhəʊbɑːt; AmE ˈhoʊbɑːrt/
Melbourne /ˈmelbən; AmE -bərn/

Newcastle /ˈnjuːkɑːsl; AmE
   ˈnuːkæsl/
Perth /pɜːθ; AmE pɜːrθ/
Sydney /ˈsɪdni/
Townsville /ˈtaʊnsvɪl/
Wellington /ˈwelɪŋtən/

Aa

A, a (*Buchstabe*, MUS) A, a ◊ *„Austria" beginnt mit A.* 'Austria' begins with (an) A. ◊ *ein kleines a* a small a ◊ *ein großes A* a capital A ◊ *A-Dur* A major ◊ IDM **das A und O** the essential thing(s) ◊ **von A bis Z** from beginning to end ◊ **wer A sagt, muss auch B sagen** once you have started something, you should go through with it

à 1 at ◊ *fünf Stunden à 30 Franken* five hours at 30 francs ◊ *zwei Portionen à 100g* two 100g portions ◊ *drei Packungen à fünf Kassetten* three packs of five cassettes each **2 ~ la** à la ◊ *à la carte essen* eat à la carte

Aal eel IDM **sich winden wie ein Aal** try* to get out of sth

aalen *sich* ~ stretch out; (*in der Sonne*) bask

aalglatt slippery (as an eel) (*abwert*)

Aas 1 (*Kadaver*) carrion **2** (*Schimpfwort*) sod (*Slang, abwert*), devil (*umgs*) IDM **kein Aas** no one

Aasgeier vulture (*auch fig*)

ab 1 *Präp* from ◊ *ab Mai/nächster Woche* from May/next week ◊ *ab jetzt/von jetzt ab* from now on ◊ *ab 300 Dollar* from $300 ◊ *Ab hier ist der Fluss tiefer.* From here onwards the river is deeper. ◊ *ab sofort* as of now ◊ *Kinder ab 12 Jahren* children of 12 years and over ◊ *Der Film ist ab 18.* The film is an 18. ◊ *ab Werk* ex works ◊ *Ab 200 Exemplaren gewähren wir 10 % Rabatt.* We offer a 10 % discount for 200 or more copies. **2** *Adv* (*weg, fort*) off ◊ *Ab ins Bett mit dir!* Off to bed with you! ◊ *Sie müssen rechts ab.* You need to turn right. **3** *Adv* (*Fahrplan*) ◊ *Bremen ab 13.10 Uhr* depart Bremen 13.10 **4** *Adv* (*Bühnenanweisung*) exit **5** *Adv* ~ **sein** have come off ◊ *An meiner Jacke sind zwei Knöpfe ab.* Two buttons have come off my jacket. **6** *Adj* ~ **sein** (*erschöpft*) be worn out IDM **ab und zu/an** from time to time ☞ *Siehe auch* AUF

abändern alter

abarbeiten 1 (*Schulden*) work sth off; (*Strafe*) serve **2** (*Akten etc.*) get* through sth **3** *sich* ~ work yourself into the ground

abartig 1 deviant; (*absurd*) perverse ◊ *abartiges Verhalten* deviant behaviour ◊ *Ist es nicht abartig, dass manche Leute Hunde besser behandeln als Kinder?* Isn't it perverse how some people treat dogs better than children? **2** (*unheimlich, sehr*) terrible (*Adv* terribly)

Abbau 1 (*Reduktion*) reduction ◊ *ein Abbau der wöchentlichen Arbeitszeit* a reduction in the working week ◊ *Der Abbau von Arbeitsplätzen geht weiter.* Job cuts continue. ◊ *etwas für den Abbau von Vorurteilen gegenüber Obdachlosen tun* help break down prejudice towards homeless people **2** (*das Demontieren*) dismantling **3** (*Bergbau*) mining; (*Kies, Sand*) extraction **4** (NATURW) breakdown

abbaubar degradable ◊ *biologisch abbaubar* biodegradable

abbauen 1 reduce, cut*; (*Stress, Frust*) relieve; (*Vorurteile*) break* sth down ◊ *Stellen abbauen* cut jobs ◊ *Ängste abbauen* relieve anxiety **2** (*demontieren*) dismantle **3** (*Bergbau*) mine; (*Kies, Sand*) extract **4** (NATURW) break* sth down **5** (*nachlassen*) decline, go* downhill (*umgs*)

abbeißen 1 bite* sth off ◊ *ein Stück von der Wurst abbeißen* bite off a piece of sausage ◊ *Der Tiger biss dem Dompteur zwei Finger ab.* The tiger bit off two of the trainer's fingers. **2** (**von etw**) ~ have a bite (of sth) ◊ *Lässt du mich mal abbeißen?* Can I have a bite? IDM ⇨ ZUNGE

abbekommen 1 *etw* (**von etw**) ~ (*erhalten*) get* some (of sth) ◊ *Hast du von der Pizza was abbekommen?* Did you get some of the pizza? ◊ *Wir bekommen hier von der Sonne fast nichts ab.* We hardly get any sun here. **2** *etw* (**von etw**) ~ (*entfernen*) get* sth off (sth) ◊ *einen Fleck (von der Jacke) abbekommen* get a mark off (the jacket) ☞ G 9.7c IDM **etwas abbekommen** be damaged; (*Mensch*) be hurt ◊ *Die Stoßstange hat ganz schön was abbekommen.* The bumper was badly damaged. ◊ *Er hat ganz schön was abbekommen.* He was quite badly hurt. ◊ *Ich habe nur ein paar Kratzer abbekommen.* I only got a few scratches. ☞ *Siehe auch* FETT

abberufen 1 *jdn* (**von etw**) ~ dismiss sb (from sth) **2** (*Botschafter*) recall

Abberufung dismissal; (*Botschafter*) recall

abbestellen cancel*

abbezahlen (*Schulden, Darlehen, Raten*) pay* sth off; (*Waren, Güter*) pay* for sth

abbiegen 1 (*Richtung ändern*) turn off; **links/rechts** ~ turn left/right ◊ *in die Mühlgasse abbiegen* turn off into Mühlgasse ◊ *Wir sind falsch abgebogen.* We've taken a wrong turning. **2** (*vermeiden*) head sth off ◊ *Sie bog alle unangenehmen Fragen geschickt ab.* She skilfully headed off any awkward questions.

Abbild 1 (*Spiegelbild*) reflection (*auch fig*) ◊ *ein getreues Abbild der Gesellschaft* a true reflection of society ◊ *Der Film ist nur ein schwaches Abbild des Romans.* The film is just a pale imitation of the book. ◊ *Sie ist das genaue Abbild von Ina.* She's the spitting image of Ina. **2** (*künstlerische Darstellung*) picture; (*Kopie*) copy*

abbilden (*darstellen*) depict; (*zeigen*) show*; (*wiedergeben*) reproduce ◊ *die gesellschaftliche Wirklichkeit abbilden* depict real life ◊ *ein Plakat, auf dem ein Panda abgebildet ist* a poster showing a panda

Abbildung 1 illustration; (*in wissenschaftlichen Texten*) figure (*Abk* fig.) ◊ *farbige Abbildungen* colour illustrations ◊ *s. Abb. 4* see fig. 4 **2** (*das Abbilden*) portrayal ◊ *die Abbildung der Realität* the portrayal of reality

abbinden 1 (*abschnüren*) put* a tourniquet on sth ◊ *Der Sanitäter band ihr den Arm ab.* The first aider put a tourniquet on her arm. ◊ *eine Ader abbinden* tie off an artery **2** (*abnehmen*) take* sth off

Abbitte (*jdm*) ~ **leisten** make* an apology (to sb)

abblasen call sth off

abblättern (**von etw**) ~ peel off (sth)

abblenden dip* your headlights, (*AmE*) dim* your headlights

Abblendlicht dipped headlights [Pl], (*AmE*) dimmed headlights [Pl]

abblitzen 1 get* nowhere ◊ *Damit ist er beim Chef ganz schön abgeblitzt.* He got absolutely nowhere with that with the boss. **2** *jdn* ~ **lassen** give* sb the brush-off

abblocken 1 (*verhindern*) block **2** (*mauern*) stonewall ◊ *Als ich ihn nach dem Geld fragte, blockte er ab.* When I asked him about the money, he stonewalled.

abbrechen 1 (*sich lösen*) break* off; (*Bleistift, Nadel*) break* ◊ *An der Kanne ist der Griff abgebrochen.* The handle has broken off the jug. **2** (*etw entfernen*) break* sth off; (*Nagel, Zahn*) break* ◊ *Jemand hat die Antenne an meinem Auto abgebrochen.* Somebody's broken the aerial off my car. ◊ *Ich habe mir einen Nagel abgebrochen.* I've broken a nail. **3** (*aufhören*) break* off ◊ *Sie brach mitten im Satz ab.* She broke off mid-sentence. ◊ *Die Verbindung ist abgebrochen.* I've been cut off. ◊ *Meine Verbindung zu ihm ist völlig abgebrochen.* I've lost all contact with him. **4** (*beenden*) break* sth off; (*Schwangerschaft*) terminate ◊ *Die Verhandlungen wurden nach drei Tagen abgebrochen.* The negotiations were broken off after three days. ◊ *Das Spiel musste abgebrochen werden.* The game had to be abandoned. ◊ *die Schule abbrechen* drop out of school **5** (COMP) cancel* **6** (*Gebäude*) demolish; (*Gerüst, Zelt etc.*) take* sth down IDM **sich (k)einen abbrechen** (not) bust* a gut ☞ *Siehe auch* BRÜCKE, ZELT *und* ZUNGE

abbremsen slow (sth) down

abbrennen burn*; (*Gebäude*) burn* (sth) down ◊ *Das Dorf wurde abgebrannt.* The village was burnt down. ◊ *Das Haus ist abgebrannt.* The house burned down. ◊ *ein Feld abbrennen* burn off the stubble in a field ◊ *ein Feuerwerk*

abbringen

abbrennen let off fireworks **IDM** **abgebrannt sein** be broke; be skint (*umgs*)

abbringen jdn davon ~ etw zu tun stop* sb doing sth; jdn von etw ~ talk sb out of sth ◊ *Niemand wird mich davon abbringen, zu tun, was ich für richtig halte.* Nobody will stop me doing what I believe is right. ◊ *Du solltest versuchen, ihn von diesem Plan abzubringen.* You should try to talk him out of this plan. ◊ *jdn vom Weg abbringen* lead sb astray

abbröckeln 1 (*von etw*) ~ crumble away (from sth) ◊ *Der Putz bröckelt von der Decke ab.* The plaster is crumbling away from the ceiling. ◊ *Der Streik ist in den letzten Tagen abgebröckelt.* The strike has crumbled over the last few days. **2** (*Kurse, Werte*) fall*

Abbruch (*oft mit einem Verb übersetzt*) **1** breaking off; (*Schwangerschaft*) termination ◊ *nach Abbruch der Gespräche* after talks were broken off ◊ *Der Kampf endete durch Abbruch in der zweiten Runde.* The fight was stopped in the second round. **2** (*das Zerstören*) demolition ◊ *Aus Sicherheitsgründen entschied man sich für einen Abbruch der Brücke.* They decided to demolish the bridge on safety grounds. **IDM** **einer Sache keinen Abbruch tun** not affect sth; (*schaden*) not harm sth

abbruchreif dilapidated

abbuchen etw (*von etw*) ~ debit sth (from sth)

Abbuchung debit; (*Dauerauftrag*) standing order

abbürsten 1 (*reinigen*) brush ◊ *Schuppen von der Jacke abbürsten* brush dandruff off your jacket ◊ (*sich*) *die Schuhe abbürsten* brush your shoes **2** (*verwerfen*) dismiss *sth* out of hand

abbüßen 1 (*Strafe*) serve **2** (*Schuld*) atone for *sth*

Abc 1 alphabet **2 das ~ von etw** the ABC of sth

abchecken check

ABC-Waffen nuclear, biological and chemical weapons [Pl]

abdanken (*König*) abdicate; (*Minister etc.*) resign

abdecken 1 (*zudecken*) cover **2** (*Bereich, Kosten, Schäden, Verlust*) cover; (*Bedarf, Bedürfnisse*) meet* **3 ein Haus ~; das Dach ~** tear* the roof off a house **4 den Tisch ~** clear the table

Abdeckung 1 (*Plane etc.*) cover **2** (*das Abdecken*) (*meist mit einem Verb übersetzt*) ◊ *die Abdeckung der Mülldeponie mit einer Schicht Erde* covering the landfill with a layer of earth ◊ *eine Beihilfe zur Abdeckung der Mietkosten* financial assistance to cover the rent ◊ *nach Abdeckung der Grundbedürfnisse* after basic needs have been met

abdichten seal; (*Fenster*) insulate; (*Leck*) stop*; (*Riss, Loch*) fill

abdrängen 1 (*von der Straße*) force *sb/sth* off the road ◊ *Er wurde von einem überholenden Fahrzeug abgedrängt.* He was forced off the road by an overtaking vehicle. **2** (*fig*) drive* *sb/sth* (away) ◊ *Die Hooligans wurden von der Polizei abgedrängt.* The hooligans were driven away by the police. ◊ *jdn/etw in die Illegalität abdrängen* drive sb/sth underground ◊ *jdn ins Exil abdrängen* force sb into exile

abdrehen 1 (*Wasser, Strom etc.*) turn *sth* off, cut* *sth* off ◊ *Wir drehen das Wasser ab, wenn wir in Urlaub fahren.* We turn the water off when we go on holiday. ◊ *jdm den Strom abdrehen* cut sb's electricity off **2** (*Deckel, Knopf*) twist *sth* off **3** (*den Kurs ändern*) change course **4** (*durchdrehen*) go* round the bend

abdriften drift off course; (*fig*) drift ◊ *Jugendliche, die in die Kriminalität abdriften* young people drifting into crime

Abdruck[1] (*Fuß- etc*) print; (*in Gips, Wachs etc.*) cast

Abdruck[2] 1 (*das Drucken*) printing **2** (*Exemplar*) copy*

abdrucken print

abdrücken 1 (*schießen*) fire **2** (*abklemmen*) constrict ◊ *eine Ader abdrücken* constrict an artery ◊ *He! Du drückst mir die Luft ab!* Hey, you are stopping me breathing! **3** (*umarmen*) hug* **4 sich/etw** (*von etw*) **~** push yourself/sth off (from sth) ◊ *Sie drückte sich kräftig aus den Startblöcken ab.* She pushed herself strongly out of the starting blocks. ◊ *Er drückte das Boot vom Ufer ab.* He pushed the boat off from the bank. **5 sich ~** (*eine Spur hinterlassen*) leave* a print

Abend 1 evening ◊ *am Abend* in the evening ◊ *am Abend des 3. Juli* on the evening of 3 July ◊ *am frühen/späten Abend* in the early/late evening ◊ *heute Abend* this evening ◊ *gestern/morgen Abend* yesterday/tomorrow evening ◊ *den ganzen Abend lang* the whole evening ◊ *Guten Abend!* Good evening. ◊ *Einen angenehmen Abend!* Have a pleasant evening. ◊ *ein musikalischer Abend* a musical evening **2 zu ~ essen** have your evening meal, have tea/dinner/supper ◊ *Wann esst ihr zu Abend?* When do you have your evening meal? ☛ *Hinweis bei* MAHLZEIT **3 der Heilige ~** Christmas Eve

Abendausgabe evening edition **Abendbrot** tea, supper ◊ *Abendbrot essen* have tea/supper ☛ *Hinweis bei* MAHLZEIT **Abenddämmerung** dusk ◊ *in der Abenddämmerung* at dusk **Abendessen** evening meal, supper, dinner, tea ◊ *Was gibts zum Abendessen?* What's for dinner? ◊ *Sie sind gerade beim Abendessen.* The are just having their evening meal. ☛ *Hinweis bei* MAHLZEIT **abendfüllend** ◊ *ein abendfüllender Film* a feature film ◊ *Das Schulorchester bot ein abendfüllendes Programm.* The school orchestra put on a full evening's programme. **Abendgymnasium** night school ☛ *Hinweis bei* SCHOOL[1] **Abendkasse** box-office **Abendkleid** evening dress **Abendkurs** evening class **Abendland** West, Western world **abendländisch** Western **abendlich** evening ◊ *der abendliche Berufsverkehr* the evening rush hour ◊ *die abendliche Ruhe* the quiet of the evening ◊ *die abendliche Disko* the disco in the evening **Abendmahl 1** (Holy) Communion ◊ *das Abendmahl empfangen* take Communion **2 das letzte Abendmahl** the Last Supper **Abendprogramm** evening's entertainment; (*im Fernsehen*) evening schedule

abends in the evening ◊ *spät abends* late in the evening ◊ *9 Uhr abends* 9 o'clock in the evening ◊ *Er sitzt von morgens bis abends am Schreibtisch.* He sits at his desk from morning till night.

Abend- **Abendschule** night school ☛ *Hinweis bei* SCHOOL[1] **Abendzeitung** evening paper

Abenteuer 1 adventure ◊ *Sie liebt das Abenteuer.* She loves adventure. **2** (*Liebesaffäre*) affair, fling (*umgs*) **3** (*Unternehmen*) venture ◊ *ein militärisches/finanzielles Abenteuer* a military/financial venture

abenteuerlich 1 (*Reise, etc.*) adventurous; (*Bedingungen*) dangerous ◊ *ihre abenteuerliche Flucht* their adventurous escape ◊ *auf abenteuerlichen Umwegen* by a tortuous route **2** (*Geschichte, Begründung*) absurd, incredible; (*weit hergeholt*) far-fetched ◊ *Dieser Vorwurf ist wirklich abenteuerlich.* This accusation is really absurd. **3** (*Politik, Experiment*) risky*

abenteuer- **abenteuerlustig** adventurous **Abenteuerspielplatz** adventure playground

Abenteurer(in) adventurer

aber 1 but ◊ *arm, aber glücklich* poor but happy ◊ *Ich habe kein Radio, aber einen Fernseher.* I don't have a radio, but I do have a television. ◊ *Sie sind zwar nicht reich, aber auch nicht gerade arm.* They're not rich, but they're not exactly poor. ☛ **But** sollte nicht am Satzanfang stehen. Dafür verwendet man **however**: *Wir dürfen aber nicht vergessen, dass …* However, we mustn't forget that … ☛ *Hinweis bei* HOWEVER **2** (*zur Verstärkung*) really ◊ *Das ist aber schön!* That's really nice! ◊ *Das habt ihr aber gut gemacht!* You've done really well! ◊ *Kommst du mit? Aber ja!* Are you coming? Yes, of course! ☛ Wenn **aber** als Füllwort verwendet wird, wird es nicht übersetzt: ◊ *Jetzt aber los!* Let's get going! ◊ *Wie kann man aber auch nur so dumm sein?* How can anyone be so stupid? **3** ◊ *Aber, aber — wer wird denn gleich weinen!* There, there — don't cry! **IDM** ⇨ WENN

Aberglaube, Aberglauben superstition

abergläubisch superstitious

aberkennen jdm etw ~ strip* sb of sth ◊ *Ihr wurde die Medaille aberkannt.* She was stripped of her medal.

Aberkennung (*meist mit einem Verb übersetzt*) ◊ *Sie drohten ihr mit der Aberkennung der Staatsbürgerschaft.* They threatened to strip her of her citizenship.

abermalig further ◊ *eine abermalige Änderung des Gesetzes* a further change in the law

abermals (yet) again

abertausende thousands (upon thousands)

aberwitzig ridiculous; (*sinnlos*) senseless

abfahren 1 (*wegfahren*) leave*, go*, depart (*offiz*) ◊ *Wir fahren morgen ab.* We are leaving tomorrow. ◊ *Ist der Bus schon abgefahren?* Has the bus already gone? ◊ *Der Zug fährt um 18.30 Uhr ab.* The train will depart at 18.30. **2 von etw ~** leave* sth ◊ *Wir fuhren in Köln von der Autobahn ab.* We left the motorway in Cologne. **3** (*auf Skiern*) ski down **4** (*abnutzen*) wear* *sth* down ◊ *abgefahrene Reifen* worn

Abgabe

tyres **5** (*Strecke*) drive* round *sth* ◊ *Wir sind alle Straßen abgefahren.* We drove round all the streets. ◊ *Der Bus fährt alle Hotels ab.* The bus stops at all the hotels. **6** (*Müll*) collect **7 auf jdn/etw ~** be keen on sb/sth ◊ *Er ist voll auf Lisa abgefahren.* He's dead keen on Lisa. ◊ *Sie fährt voll auf Jazz ab.* She's heavily into jazz.

Abfahrt 1 (*von Zügen etc.*) departure **2** (*Autobahn-*) exit ◊ *die Abfahrt Oelde* the exit for Oelde **3** (*Ski-*) descent; (*Strecke*) run; (*Abfahrtslauf*) downhill ◊ *Die Abfahrt war gefährlich.* The descent was dangerous. ◊ *eine steile Abfahrt* a steep run ◊ *Sie belegte den dritten Platz in der Abfahrt.* She came third in the downhill.

Abfahrtslauf, Abfahrtsrennen downhill ◊ *der Abfahrtslauf der Männer* the men's downhill **Abfahrtszeit** departure time

Abfall 1 rubbish [U], waste [U], refuse [U] (*offiz*), (*AmE*) garbage [U]; (*auf der Straße*) litter [U] ◊ *den Abfall trennen* separate the rubbish ◊ *kompostierbare Abfälle* waste suitable for composting

> Der allgemeine Begriff für „Abfall" ist im britischen Englisch **rubbish**, im Amerikanischen **trash**. **Refuse** ist ein offizieller Begriff, der z.B. in Ausdrücken wie **refuse collection** (Müllabfuhr) verwendet wird. Wenn eine bestimmte Art von Abfall gemeint ist, ist das Wort **waste** gebräuchlich: *radioactive/organic/toxic waste*. Papier etc. auf der Straße heißt **litter**. Alle diese Wörter sind im Englischen nicht zählbar.

2 (*Rückgang*) drop ◊ *ein Abfall des Drucks* a drop in the pressure **3** (*vom Glauben*) break ◊ *der Abfall vom Glauben* the break with the faith

Abfallbeseitigung waste disposal **Abfalleimer** bin, (*AmE*) trash can

abfallen 1 (*Hang*) fall* away, slope ◊ *Der Weg fiel plötzlich ab.* The path fell away suddenly. **2** (*absinken*) fall* ◊ *Der Kabinendruck ist leicht abgefallen.* The cabin pressure has fallen slightly. ◊ *Das Flugzeug war bis auf 1 200 Meter abgefallen.* The aircraft had fallen to 1 200 metres. ◊ *Die Kurve fällt steil ab.* The graph falls sharply. **3** (*schlechter werden*) fall* behind; (*Leistung*) decline ◊ *Du bist gegenüber den anderen deutlich abgefallen.* You have fallen markedly behind the others. ◊ *Dortmund ist auf den dritten Platz abgefallen.* Dortmund has fallen back to third place. ◊ *Die Verkaufszahlen sind abgefallen.* Sales have declined. **4 von etw ~** (*herunterfallen*) fall* off sth ◊ *Der Putz fällt von den Wänden ab.* The plaster is falling off the walls. **5 von etw ~** (*abtrünnig werden*) break* with sth ◊ *von der Parteilinie abfallen* break with the party line ◊ *vom Glauben abfallen* lose your faith **6** (*übrig bleiben*) ◊ *Bei der Produktion von Gas fällt Teer ab.* Tar is a by-product of the production of gas. ◊ *Was in der Küche abfällt, kann oft kompostiert werden.* Kitchen waste can often be composted. **7 etw fällt für jdn ab** sb gets* sth ◊ *Wie viel fällt dabei für mich ab?* How much do I get?

Abfallentsorgung waste disposal

abfällig disparaging (*Adv* disparagingly) ◊ *sich abfällig über jdn/etw äußern* make disparaging remarks about sb/sth

Abfall- Abfallprodukt waste product; (*Nebenprodukt*) by-product **Abfalltonne** bin, dustbin, (*AmE*) garbage can, (*AmE*) trash can **Abfallverbrennung** waste incineration **Abfallvermeidung** waste reduction **Abfallverwertung** recycling of waste **Abfallwirtschaft** waste management

abfälschen deflect

abfangen 1 (*Person, Brief, Flugzeug, Ball*) intercept **2** (*abpassen*) catch* ◊ *Ich wollte dich abfangen, bevor du mit ihr sprichst.* I wanted to catch you before you speak to her. **3** (*unter Kontrolle bringen*) bring* sth* under control ◊ *Sie konnte das Motorrad gerade noch abfangen.* She was just able to bring the motorbike back under control. ◊ *den Aufprall abfangen* cushion the blow

Abfangjäger (MIL) interceptor

abfärben 1 run* ◊ *Dunkle Sachen können abfärben.* The colour in dark clothes can run. **2 auf jdn/etw ~** rub* off on sb/sth ◊ *Seine Einstellung färbte auf die Kinder ab.* His attitude rubbed off on the children.

abfassen write*; (*Entwurf*) draft; (*Vertrag, Testament, Gesetz*) draw* *sth* up

abfertigen 1 (*Fluggast*) check *sb* in; (*Paket, Waren*) prepare *sth* for dispatch; (*Lkw*) load; (*Flugzeug, Schiff*) make *sth* ready for departure **2** (*schroff behandeln*) be short with *sb* ◊ *Auf Ämtern wird man oft sehr unfreundlich abgefertigt.* Officials can be very short with you. ◊ *einen Vertreter kurz abfertigen* give a sales rep short shrift **3 jdn mit etw ~** (*abspeisen*) fob* sb off with sth **4** (SPORT) (*deutlich besiegen*) thrash ◊ *Sie wurden mit 5:1 abgefertigt.* They were thrashed 5-1.

Abfertigung 1 (*meist mit einem Verb übersetzt*) ◊ *An der Grenze ging die Abfertigung der Reisenden zügig voran.* The passengers were dealt with quickly at the border. ◊ *Die Abfertigung der Maschine dauerte eine Stunde.* It took about an hour to prepare the plane for take-off. **2** (*am Zoll*) clearance **3** (*Behandlung*) treatment

Abfertigungsschalter check-in desk

abfeuern etw (auf jdn/etw) ~ fire sth (at sb/sth)

abfinden 1 (*entschädigen*) **jdn (mit etw) ~** pay* sb (sth in) compensation ◊ *jdn mit 1 000 Dollar abfinden* pay sb 1 000 dollars in compensation ◊ *Sie bekam das Haus, während er abgefunden wurde.* She got the house while he received money in lieu. **2** (*Gläubiger*) pay* *sth* (off) **3 sich mit etw/jdm ~** put* up with sb/sth; **sich damit ~, dass ...** come* to terms with the fact that ... ◊ *Wir werden uns wohl damit abfinden müssen.* We will just have to put up with it. ◊ *sich mit einem Unentschieden abfinden* settle for a draw

Abfindung 1 (*das Rückzahlen*) (*meist mit einem Verb übersetzt*) ◊ *die Abfindung der Gläubiger* paying off the creditors **2** (*Entschädigung*) compensation [U]; (*bei Entlassung*) severance pay [U] ◊ *eine hohe Abfindung bekommen* receive generous compensation

abflachen 1 (*Küste etc.*) flatten out **2** (*Interesse*) wane; (*Diskussion, Unterhaltung*) go* downhill ◊ *Das Niveau der Partie ist abgeflacht.* The game went downhill.

abflauen die* down; (*Interesse, Begeisterung*) wane; (*Verkehr*) ease off ◊ *Das Geschäft ist merklich abgeflaut.* There has been a noticeable drop in sales. ◊ *nach Abflauen der Kämpfe* after the fighting died down ◊ *die abflauende Konjunktur* the declining economic situation

abfliegen 1 (*wegfliegen*) leave* ◊ *Wann genau fliegst du ab?* When exactly does your flight leave? **2** (*überfliegen*) fly* over *sth* ◊ *Hubschrauber flogen das Gebiet ab.* Helicopters flew over the area.

abfließen (*Wasser*) drain away; (*Geld, Verkehr*) flow

Abflug departure

abflugbereit ready for take-off **Abflughalle** departure lounge

Abfluss 1 (*von Wasser*) draining [U]; (*von Geld, Verkehr*) flow ◊ *der Abfluss von Kapital ins Ausland* the flow of capital out of the country **2** (*Abflussloch*) plughole, (*AmE*) drain ◊ *etw in den Abfluss gießen* pour sth down the plughole ◊ *Der Abfluss ist verstopft.* The waste pipe is blocked.

Abfolge sequence ◊ *die genaue Abfolge der Ereignisse* the exact sequence of events ◊ *in chronologischer Abfolge* in chronological order

abfragen 1 test; **jdn/jdm etw ~** test sb on sth ◊ *jdn das Einmaleins abfragen* test sb on their tables ◊ *Bist du in Geschichte abgefragt worden?* Did you have to answer questions in history? **2** (*Daten, Informationen etc.*) access; **etw nach etw ~** search sth for sth

abfrieren 1 (*Pflanze*) be killed by frost **2 sich etw ~** get* frostbite in sth ◊ *Sie hat sich die Zehen abgefroren.* She got frostbite in her toes.

Abfuhr 1 (*Abtransport*) collection **2 jdm/etw eine ~ erteilen** rebuff sb/sth ◊ *Die Wähler haben den extremistischen Parteien eine eindeutige Abfuhr erteilt.* The voters delivered a clear rebuff to the extremist parties. **3 sich eine ~ holen** be told where to get off **4 sich eine ~ holen** (SPORT) be thrashed

abführen 1 (*verhaften*) take* *sb* away ◊ *Abführen!* Take him/her away! **2 etw (an jdn) ~** pay* sth (to sb) **3** (MED) have a laxative effect

Abführmittel laxative

abfüllen 1 etw in etw ~ put* sth into sth ◊ *Wein in Flaschen abfüllen* bottle wine **2** etw (mit etw) ~ fill sth (with sth) **3** (*betrunken machen*) get* *sb* drunk

Abgabe 1 (*Steuer*) charge ◊ *eine jährliche Abgabe entrichten* pay an annual charge **2** (*Verteilung*) distribution; (*Verkauf*) sale; (*Versorgung*) supply ◊ *Abgabe von Winterbekleidung an Bedürftige* distribution of winter clothing to the needy ◊ *Abgabe von Eiern nur im Dutzend* eggs sold only by the dozen ◊ *die ärztlich kontrollierte Abgabe von Heroin*

Abgang

supplying heroin under medical supervision **3** (*Test, Referat etc.*) handing in ◊ *Abgabe ist um 12.* The test must be handed in at twelve. ◊ *Gegen Abgabe dieses Coupons ... On presentation of this voucher ...* **4** (SPORT) pass **6** (*Erklärung etc.*) giving ◊ *Der Minister sah sich zur Abgabe einer Erklärung gezwungen.* The minister was obliged to give an explanation. **7** (*Energie, Schadstoffe*) release; (*Licht, Wärme*) giving off

Abgang departure; (*Schule, Uni*) leaving; (*Bühne*) exit ◊ *seit seinem Abgang von der Uni* since he left university ◊ *einen großen Abgang haben* make a grand exit IDM **den Abgang machen** kick the bucket (*Slang*)

Abgas exhaust fumes [Pl] **Abgassonderuntersuchung** ⇨ ASU

abgearbeitet 1 ⇨ ABARBEITEN **2** (*erschöpft*) worn-out; (*Hände*) work-worn

abgeben 1 *etw* (*bei jdm*) ~ leave* sth (with sb); (*Test, Bewerbung, Fundsache*) hand sth in (to sb) ◊ *die Hausaufgaben abgeben* hand in your homework ◊ *ein Geschenk persönlich abgeben* deliver a present in person ◊ *seinen Führerschein abgeben müssen* have to surrender your driving licence **2 jdm** *etw* (*von etw*) ~ let* sb have (some of) sth ◊ *Gib ihm einen Keks ab.* Let him have a biscuit. **3 etw** (**an jdn**) ~ hand sth over (to sb) ◊ *Er gab den Vorsitz an einen Jüngeren ab.* He handed over the chairmanship to a younger man. **4** *günstig/kostenlos abzugeben* going cheap/free **5** (*Punkte*) concede **6** (*Ball*) pass **7** (*Schuss*) fire **8** (*Angebot, Versprechen*) make*; (*Erklärung, Stellungnahme*) give* ◊ *seine Stimme (für jdn) abgeben* vote (for sb) **9** (*Licht, Wärme*) give* *sth* off; (*Energie, Schadstoffe*) release **10** (*darstellen*) ◊ *Das Schloss gab einen prächtigen Hintergrund für die Zeremonie ab.* The castle provided a magnificent backdrop for the ceremony. ◊ *Sie würde eine großartige Lady Macbeth abgeben.* She would make a superb Lady Macbeth. **11 sich mit etw** ~ concern yourself with sth **12 sich mit jdm** ~ have sth to do with sb ◊ *Sie wird sich kaum mit einem Typen wie dir abgeben.* She won't want to have anything to do with someone like you. ◊ *sich mit Kriminellen abgeben* mix with criminals IDM ⇨ LÖFFEL

abgeblieben ◊ *Wo ist er bloß abgeblieben?* Where can he have got to? ◊ *Irgendwo muss die Tasche doch abgeblieben sein!* The bag must be somewhere.

abgebrüht hardened

abgedroschen worn-out; (*Redensart*) hackneyed ◊ *eine abgedroschene Phrase* a cliché

abgehackt (*Sätze, Rhythmus*) staccato

abgehen 1 (*von etw*) ~ leave* (sth) ◊ *Sie ging nach der zehnten Klasse* (*vom Gymnasium*) *ab.* She left (school) after year ten. ◊ *von der Universität abgehen* leave university ◊ *Das Schiff ging pünktlich ab.* The ship sailed on time. **2** (*Bühnenanweisung*) exit ◊ *nach links abgehen* exit left **3** (*Post etc.*) go* ◊ *Ist der Kurier schon abgegangen?* Has the courier already gone? **4** (*abzweigen*) branch off ◊ *links abzweigen* branch off to the left **5** (*sich lösen*) come* off; (*Fleck etc.*) come* out **6** (**von etw**) ~ (*abgezogen werden*) be taken off (sth), be deducted (from sth) (*offiz*) ◊ *Davon geht die Mehrwertsteuer ab.* VAT is deducted from the sum. **7 von etw** ~ (*Prinzipien, Plan*) abandon sth; (*Forderung*) drop* sth **8** (*vor sich gehen*) go* on; (*in einer bestimmten Weise verlaufen*) pass off ◊ *Du hast ja keine Ahnung, was hier alles abgeht.* You have no idea what's going on here. ◊ *ohne Streit abgehen* pass off peacefully ◊ *ohne Probleme abgehen* go smoothly **9 gut/tierisch** ~ ◊ *Das ging total gut ab gestern Abend.* Yesterday evening was really good. ◊ *Die Musik geht echt tierisch ab!* This music is fantastic! **10** (*abschreiten, prüfen*) go* over *sth* ◊ *ein Gelände abgehen* go over an area ◊ *Die Gleise werden regelmäßig abgegangen.* The tracks are inspected regularly. **11 etw geht jdm ab** lacks sth ◊ *Ihm geht jeglicher Humor/jegliches Taktgefühl ab.* He lacks any sense of humour/tact. ◊ *Mir geht das Verständnis für sein Verhalten völlig ab.* I completely fail to understand his behaviour.

abgekartet *ein abgekartetes Spiel sein* be rigged

abgeklärt (*desillusioniert*) disillusioned

abgelegen remote; (*Haus, Hof*) isolated

abgemacht 1 ⇨ ABMACHEN **2** agreed ◊ *Es war abgemacht, dass wir uns um 5 Uhr treffen.* It was agreed that we would meet at 5 o'clock. ◊ *Das war nicht abgemacht!* That isn't what we agreed! **3 Abgemacht!** Done!

abgemagert 1 ⇨ ABMAGERN **2** emaciated ◊ *abgemager-*

te Kinder emaciated children ◊ *Er ist bis auf die Knochen abgemagert.* He's just skin and bone.

abgeneigt 1 jdm/etw nicht ~ **sein** have nothing against sb/sth ◊ *Ich bin dem Plan prinzipiell nicht abgeneigt.* I'm not against the plan in principle. **2 ich etc. wäre** (**einer Sache**) **nicht** ~ I, etc. wouldn't mind (sth) ◊ *Einem Glas Sekt wäre ich nicht abgeneigt.* I wouldn't mind a glass of champagne.

Abgeordnete(r) member of parliament ☛ *Die Abgeordneten im britischen Unterhaus heißen* **Members of Parliament** (*oft zu* **MP** *abgekürzt*), *die Abgeordneten im amerikanischen Repräsentantenhaus* **Members of Congress** (**MC**).

abgepackt 1 ⇨ ABPACKEN **2** pre-packed ◊ *abgepackte Portionen* pre-packed portions ◊ *portionsweise abgepackt* packed in individual portions

abgeschlagen 1 ⇨ ABSCHLAGEN **2** (*mit großem Abstand zum Sieger*) way behind

abgeschlossen 1 ⇨ ABSCHLIESSEN **2** (*eine Einheit bildend*) self-contained

abgesehen 1 ⇨ ABSEHEN **2 es auf jdn/etw** ~ **haben** (*haben wollen*) be after sb/sth ◊ *Er hatte es nur auf ihr Geld abgesehen.* He was only after her money. ◊ *Sie hat es auf dich abgesehen.* She fancies you. **3 es auf jdn** ~ **haben** (*schikanieren*) have it in for sb (*umgs*) **4** ~ **von jdm/etw** apart from sb/sth ◊ (*ganz*) *abgesehen davon, dass ...* (quite) apart from the fact that ... ◊ *von wenigen Ausnahmen abgesehen* with a few exceptions ☛ *Hinweis bei* EXCEPT[1]

abgestanden 1 ⇨ ABSTEHEN **2** (*Getränk*) flat; (*Geruch, Luft*) stale; (*Witz*) old

abgewinnen 1 einer Sache etw ~ (*Bodenschätze*) extract sth from sth **2 einer Sache etw** ~ (*wertschätzen*) ◊ *Ich kann moderner Kunst einfach nichts abgewinnen.* Modern art just doesn't do anything for me. ◊ *Der Vorstellung, zwei Wochen im Wohnwagen zu verbringen, kann ich absolut keinen Reiz abgewinnen.* I can't see any attraction in spending two weeks in a caravan. ◊ *Versuch doch mal, der Sache was Positives abzugewinnen.* Try to see the positive side of it. ◊ *Ich kann dem Leben einfach keine Freude mehr abgewinnen.* I just don't enjoy life any more. **3 jdm etw** ~ (*Lächeln*) get* sth out of sb; (*Versprechen*) extract sth from sb **4 jdm nichts** ~ **können** ◊ *Ich kann ihm einfach nichts abgewinnen.* He just doesn't appeal to me.

abgewöhnen 1 sich etw ~ give* sth up ◊ *sich das Rauchen abgewöhnen* give up smoking **2 jdm etw** ~ cure sb of sth ◊ *jdm das Schnarchen abgewöhnen* cure sb of snoring

Abglanz reflection (*auch fig*) ◊ *Auf dem See schimmerte der Abglanz des Mondes.* The reflection of the moon shimmered on the lake. ◊ *ein schwacher Abglanz vergangener Herrlichkeit* a pale reflection of past glory

abgrenzen 1 etw (**von etw**) ~ separate sth (from sth); (*unterscheiden*) differentiate sth (from sth) ◊ *durch eine Hecke abgegrenzt* separated by a hedge ◊ *Naturalismus vom Realismus abgrenzen* differentiate between naturalism and realism ◊ *Man sollte den Radweg deutlicher* (*von der Fahrbahn*) *abgrenzen.* The cycle path ought to be more clearly marked off (from the road). **2 sich** (**von jdm/etw**) ~ differentiate yourself (from sb/sth) ◊ *Die Partei will sich von Rechtsextremisten abgrenzen.* The party wants to differentiate itself from the extreme right.

Abgrenzung 1 (*das Abgrenzen*) demarcation ◊ *die Abgrenzung des Gebietes* the demarcation of the area ◊ *Sie bemühen sich um eine klare Abgrenzung gegen Extremisten.* They are trying to distance themselves from extremists. **2** (*Barriere*) barrier

Abgrund abyss (*auch fig*) ◊ *ein tiefer Abgrund* a deep abyss ◊ *die Abgründe der menschlichen Seele* the dark depths of the human soul

abgrundtief utter (*nur vor Nomen*) (*Adv* utterly) ◊ *abgrundtiefer Hass* utter loathing ◊ *jdn abgrundtief verachten* utterly despise sb ◊ *abgrundtief verschieden* totally different

abgucken 1 (**jdm**) **etw** ~; (**sich**) **etw** (**bei/von jdm**) ~ learn* sth (from sb) ◊ *Von ihm kannst du dir einiges abgucken.* You can learn quite a lot from him. **2** (**bei jdm**) ~ copy* (from sb)

Abguss 1 (*für Wasser*) drain ◊ *etw in den Abguss gießen* pour sth down the drain **2** (*Nachbildung*) cast

abhaben *etw* (*von etw*) ~ have some (of sth) ◊ *Kann ich was von deinem Kuchen abhaben?* Can I have a bit of your cake?

◊ *Jeder soll etwas von dem Gewinn abhaben.* Everyone should get a share of the profit. IDM ⇨ RAD
abhaken 1 (*Liste*) tick *sth* off, (*AmE*) check *sth* off ◊ *Namen auf einer Liste abhaken* tick off names on a list ◊ *ein schwieriges Thema schnell abhaken* deal with a difficult issue quickly **2** (*Niederlage, Streit etc.*) put* *sth* behind you; (*vergessen*) forget*
abhalten 1 (*veranstalten*) hold* ◊ *Der Feier wird im Freien abgehalten.* The ceremony will be held outdoors. **2 jdn (von etw)** ~ stop* sb (doing sth) ◊ *Sie ließen sich durch den Regen nicht vom Feiern abhalten.* The rain didn't stop them enjoying the party. ◊ *Konntest du sie nicht davon abhalten?* Couldn't you stop her? ◊ *Sie ließ sich nicht davon abhalten, mitzukommen.* She insisted on coming with us. ◊ *Halt sie nicht ständig von der Arbeit ab!* Don't keep interrupting her while she's working. **3** (*fern halten*) keep* *sth* away
Abhandlung work, treatise (*gehoben*)
abhanden lost ◊ *Es ist beim Umzug abhanden gekommen.* It got lost in the move. ◊ *Mir ist der Pass abhanden gekommen.* I've lost my passport.
Abhang (steep) slope
abhängen 1 von etw ~ depend on sth ◊ *Von dieser Entscheidung hängt sehr viel ab.* A lot depends on this decision. ◊ *Das hängt ganz davon ab, ob …* It all depends on whether … **2 von jdm** ~ be dependent on sb ◊ *Sie hängen finanziell von ihm ab.* They're financially dependent on him. **3 etw** (**von etw**) ~ (*herunternehmen*) take* sth down (from sth) ◊ *ein Poster abhängen* take down a poster **4 etw (von etw)** ~ (*abkuppeln*) uncouple sth (from sth) **5 jdn** ~ (*Wettbewerb*) leave* sb trailing; (*Verfolger*) shake* sb off **6** (*faulenzen*) lounge around **7** (*Fleisch*) hang*
abhängig 1 von jdm/etw ~ (*finanziell, psychisch etc.*) dependent on sb/sth ◊ *Sie sind völlig voneinander abhängig.* They are totally dependent on each other. **2 von jdm/etw** ~ **sein** (*konditional*) depend on sb/sth; **etw von etw** ~ **machen** make* sth conditional on sth ◊ *Das ist von den Umständen abhängig.* It depends on the circumstances. ◊ *Sie machte ihre Zustimmung von zwei Bedingungen abhängig.* She consented, on two conditions. **3** (**von etw**) ~ (*Drogen etc.*) addicted (to sth) (*nicht vor Nomen*) ◊ *Er ist seit zwei Jahren abhängig.* He's been addicted for two years. ◊ *ein ehemaliger Abhängiger* a former drug addict **4** (LING) subordinate
Abhängigkeit dependence; (*Drogen-*) addiction ◊ *die gegenseitige Abhängigkeit von Ökologie und Ökonomie* the interdependence of ecology and the economy
abhärten sich ~ toughen yourself up; **sich gegen etw** ~ build up your resistance to sth ◊ *gegen Infektionen abgehärtet sein* be resistant to infection IDM **das härtet ab** it toughens you up
abhauen leave*; (*weglaufen*) run* away ◊ *Sie ist von zu Hause abgehauen.* She's run away from home. ◊ *Sein Vater ist abgehauen, als er zwei war.* His father left when he was two. ◊ *Hau bloß ab!* Get lost!
abheben 1 take* *sth* off; (*Telefonhörer*) lift ◊ *Er hob den Deckel vorsichtig ab.* He carefully took the lid off. ◊ *Ich habe angerufen, aber es hat keiner abgehoben.* I rang, but no one answered. **2** (*Geld*) withdraw* **3** (*Flugzeug, Hubschrauber*) take* off; (*Rakete*) lift* off **4** (*Spielkarten*) cut* **5 sich (von jdm/etw)** ~ (*anders sein*) stand* out from sb/sth; **sich (von etw)** ~ (*farblich*) stand* out against sth **6** (*fig*) (*den Boden verlieren*) ◊ *Ich hoffe nur, dass sie nicht völlig abhebt, wenn sie befördert wird.* I only hope that it doesn't go to her head if she's promoted.
Abhilfe ◊ *Abhilfe fordern* demand action ◊ *Die neue Straße soll Abhilfe gegen die Staus schaffen.* The new road is designed to put an end to the traffic jams.
abholen collect, pick *sb*/*sth* up ◊ *ein Paket auf der Post abholen* collect a parcel from the post office
abholzen (*Bäume*) cut* *sth* down; (*Wälder*) clear
Abholzung deforestation; (*Regenwälder*) destruction
abhören 1 listen to *sth* ◊ *den Patienten abhören* listen to the patient's chest ◊ *den Anrufbeantworter abhören* check the answering machine **2** (*Telefon*) tap*; (*Wohnung*) bug* **3** (*prüfen*) test ◊ *Soll ich dich abhören?* Shall I test you? ◊ *jdn Vokabeln abhören* test sb on vocabulary
Abitur Abitur ◊ *Abitur machen* do the Abitur ◊ *ein hervorragendes Abitur machen* get outstanding marks in the Abitur ◊ *durchs Abitur fallen* fail the Abitur ☞ Vergleichbare Schulabschlüsse: (in Großbritannien außer Schottland) **A levels**, (in Schottland) **Highers**, (in den USA) **High-School Diploma**. *Hinweis bei* A LEVEL
Abiturient(in) (*vor dem Abitur*) ≈ A level student/student taking Highers, (*AmE*) ≈ student taking the high-school diploma; (*mit Abitur*) ≈ student who has taken A levels/the high-school diploma ☞ *Hinweis bei* ABITUR
abkaufen jdm etw ~ **1** (*erwerben*) buy* sth from sb **2** (*glauben*) buy* sth (*umgs*) ◊ *Die Geschichte kauft dir niemand ab.* Nobody will buy that story. IDM ⇨ SCHNEID
Abkehr ~ **von etw/jdm** rejection of sth/sb ◊ *die Abkehr vom Materialismus* the rejection of materialism ◊ *Wir verlangen eine Abkehr von der Sparpolitik.* We demand the abandonment of the cost-cutting policies.
abklingen 1 (*Lärm, Sturm*) die* down **2** (*Begeisterung*) wane **3** ◊ *Das Fieber klingt ab.* The temperature is down. ◊ *Ihre Erkältung ist abgeklungen.* Her cold is better.
abklopfen 1 etw (von etw) ~ (*Staub etc.*) brush sth off (sth) ◊ *den Dreck von den Schuhen abklopfen* brush the mud off your shoes **2** (*Kleider, Schuhe*) ◊ *den Mantel abklopfen* brush the dirt off your coat ◊ *sich die Schuhe abklopfen* remove the dirt from your shoes **3 jdn/etw (auf etw)** ~ examine sb/sth (for sth) ◊ *einen Plan auf Schwachstellen abklopfen* examine a plan for possible problems
abknallen gun* *sb* down
abknöpfen jdm etw ~ take* sth off sb
abkommandieren 1 (*entsenden*) post; **jdn zu etw** ~ send* sb on sth ◊ *Er wurde nach Genf abkommandiert.* He was posted to Geneva. ◊ *Sie wurden zu einem UN-Einsatz abkommandiert.* They were sent on a UN mission. **2** (*einteilen*) ◊ *jdn zum Wachdienst abkommandieren* put* sb on guard duty
abkommen von etw ~ **1** go* off sth, get* off sth ◊ *vom Kurs abkommen* go off course ◊ *vom Thema abkommen* get off the subject ◊ *vom rechten Weg abkommen* stray from the path **2** (*Plan*) abandon sth
Abkommen agreement; (*Vertrag*) treaty* ◊ *ein Abkommen schließen* conclude an agreement
Abkömmling descendant
abkoppeln 1 sich/etw (von jdm/etw) ~ cut* yourself/sth off (from sb/sth) **2** (*Anhänger etc.*) uncouple
Abkoppelung, Abkopplung separation
abkratzen 1 etw (von etw) ~ (*mit den Fingern*) scratch sth (off sth); (*mit einem Werkzeug*) scrape sth (off sth) **2** (*sterben*) kick the bucket (*umgs*)
abkühlen 1 sich ~ cool down; (*Mensch*) cool off; (*Speise, Beziehung*) cool; (*Begeisterung*) wane ◊ *Sie haben sich am Brunnen abgekühlt.* They cooled off at the fountain. ◊ *Es hat sich abgekühlt.* It's got cooler. **2 etw** ~ **lassen** let* sth cool
Abkühlung ◊ *Am Wochenende wird es etwas Abkühlung geben.* It will be cooler at the weekend.
abkürzen 1 (*kürzer machen*) shorten ◊ *ein Verfahren abkürzen* shorten a process ◊ *Lässt sich der Weg nicht abkürzen?* Isn't there a shorter way? **2** (*schriftlich*) abbreviate ◊ *„Aktiengesellschaft" kürzt man „AG" ab.* 'Aktiengesellschaft' is abbreviated to 'AG'. ◊ *Wie kürzt man eigentlich „Montag" ab?* What is the abbreviation for 'Monday'? ◊ *der Deutsche Pudel-Klub* (*abgekürzt DPK*) the German poodle club (DPK for short)
Abkürzung 1 (*kürzerer Weg*) short cut ◊ *eine Abkürzung nehmen* take a short cut **2** (*Beschleunigung*) ◊ *zur Abkürzung des Verfahrens* to speed up the process **3** (*Kurzform*) abbreviation
abladen 1 unload ◊ *den Lkw abladen* unload the truck ◊ *Güter vom Lkw abladen* unload goods from the truck ◊ *Sie können Ihren Müll nicht einfach hier abladen!* You can't just dump your rubbish here! ◊ *Schutt abladen verboten!* No tipping. **2 etw (auf jdn)** ~ (*Schuld*) offload sth (on to sb); (*Verantwortung*) pass sth (on to sb) **3 etw (bei jdm)** ~ (*Sorgen etc.*) unload sth (on to sb)
Ablage 1 (*Abstellgelegenheit*) somewhere to put sth **2** (*Aktenschrank*) filing cabinet, (*AmE*) file cabinet **3** (*das Ordnen von Akten*) filing ◊ *die Ablage machen* do the filing
Ablagerung 1 (*abgelagerter Stoff*) deposit **2** (*das Ablagern*) build-up ◊ *die Ablagerung von Kalk in Rohren* the build-up of limescale in pipes **3** (*das Deponieren*) disposal; (*illegal*) dumping
ablassen 1 (*Schwimmbad, Tank etc.*) empty* **2 etw (aus etw)** ~ let* sth out (of sth) ◊ *die Luft aus den Reifen ablassen*

let the air out of the tyres. ◊ *Öl (aus dem Motor) ablassen* drain oil (from the engine) **3** *von etw* ~ abandon sth **4** *von jdm* ~ leave* sb alone IDM ⇨ DAMPF

Ablauf 1 (*eines Vertrags etc.*) expiry; (*eines Zeitraums*) end ◊ *nach Ablauf des Vertrags* on expiry of the contract ◊ *mit Ablauf des dritten Monats* at the end of the third month **2** (*Abfolge*) sequence of events ◊ *den Ablauf so genau wie möglich schildern* describe the exact sequence of events ◊ *Steht der zeitliche Ablauf der Prüfung schon fest?* Has the exam timetable been fixed? **3** (*Vorgehen*) (*meist mit einem Verb übersetzt*) ◊ *den ordnungsgemäßen Ablauf der Wahl überwachen* make sure that the election is run properly ◊ *einen reibungslosen Ablauf gewährleisten* ensure that things run smoothly

ablaufen 1 (*Pass, Amtszeit etc.*) expire, run* out ◊ *Mein Pass ist abgelaufen.* My passport has expired. ◊ *Ihre Amtszeit läuft dieses Jahr ab.* Her period of office runs out this year. ◊ *Die Bewerbungsfrist ist bereits abgelaufen.* The deadline for applications has passed. ◊ *im abgelaufenen Jahr* in the year that has just ended **2** (*vor sich gehen*) go* on ◊ *Was läuft hier eigentlich ab?* What's going on here then? ◊ *ohne Zwischenfälle ablaufen* pass off without incident ◊ *Wie sind die Feierlichkeiten damals abgelaufen?* What form did the celebrations take in those days? ◊ *Die Sache ist glimpflich abgelaufen.* It was a narrow escape. **3** (*Flüssigkeit*) drain away, run* away ◊ *Das Wasser läuft nicht richtig ab.* The water doesn't run away properly. **4** *etw* ~ (*Schuhe*) wear* sth out; (*Absätze*) wear* sth down IDM ⇨ RANG und UHR

ablecken 1 (*Teller, Messer etc.*) lick sth (clean) ◊ *sich die Finger ablecken* lick your fingers **2** *etw* (*von etw*) ~ (*Reste etc.*) lick sth (off sth); (*Blut*) suck sth (from sth)

ablegen 1 (*Schiff*) cast* off **2** (*Prüfung*) take*; (*mit Erfolg*) pass **3** (*Namen, Staatsbürgerschaft etc.*) give* sth up; (*Angewohnheit*) stop* doing sth **4** (*Eid*) take*; (*Gelübde, Geständnis*) make* ◊ *die Beichte ablegen* go to confession ◊ *Rechenschaft ablegen* be held to account **5** (*Hut, Mantel*) take* sth off ◊ *Möchten Sie nicht ablegen?* Wouldn't you like to take your coat off? **6** (*abheften*) file sth (away) ◊ *Bewerbungen in einer Mappe ablegen* file applications in a folder

Ableger 1 (*Pflanze*) cutting **2** (*Firma*) subsidiary*

ablehnen 1 (*zurückweisen*) refuse, turn sth down; (*Vorschlag*) reject ◊ *einen Antrag ablehnen* refuse an application ◊ *eine Einladung ablehnen* decline an invitation **2** (*sich weigern*) refuse ◊ *Ich lehne es ab, mit ihm an einem Tisch zu sitzen.* I refuse to sit at the same table as him. ◊ *Sie lehnt jede Stellungnahme ab.* She won't express an opinion. **3** (*missbilligen*) reject

Ablehnung 1 (*Zurückweisung*) rejection; (*Missbilligung*) opposition; (*Weigerung*) refusal ◊ *Der Vorschlag stieß auf breite Ablehnung.* The proposal met with widespread opposition.

ableisten do* ◊ *seinen Wehrdienst ableisten* do (your) military service

ableiten 1 (*herleiten*) deduce ◊ *Aus diesen Tatsachen kann man nur den Schluss ableiten, dass ...* From these facts we have to deduce that ... **2** (*Wort, Formel*) derive **3** *sich aus etw* ~ derive from sth **4** (*Gase, Schadstoffe*) release

ablenken 1 (*Thema wechseln*) change the subject; *von etw* ~ divert attention from sth ◊ *Lenk jetzt nicht* (*vom Thema*) *ab!* Don't try to change the subject! ◊ *Sie will nur davon ablenken, dass ...* She just wants to divert attention from ... **2** *jdn* (*von etw*) ~ (*stören*) distract sb (from sth) ◊ *Er hat mich abgelenkt.* He distracted me. **3** *jdn von etw* ~ take* sb's mind off sth ◊ *Das würde dich von deinen Problemen ablenken.* It would take your mind off your problems. **4** (*Lichtstrahl, Kugel*) deflect

Ablenkung 1 (*Unterhaltung*) diversion ◊ *etwas Ablenkung brauchen* be in need of diversion ◊ *Für Ablenkung ist gesorgt.* There are lots of things to do. ◊ *eine angenehme Ablenkung vom Alltag* a pleasant change **2** (*Störung*) distraction **3** (*Irreführung*) (*meist mit einem Verb übersetzt*) ◊ *Das dient der Ablenkung von der eigenen Schwäche.* It is designed to divert attention from their own shortcomings.

Ablenkungsmanöver diversionary tactic, red herring

ablesen 1 (*Messinstrumente, Rede*) read* ◊ *den Zähler ablesen* read the meter ◊ *die Temperatur ablesen* take a thermometer reading **2** (*erkennen*) tell* ◊ *Man kann seinem Gesicht ablesen, wie traurig er ist.* You can tell from his face how sad he is. ◊ *Eine eindeutige Tendenz lässt sich nicht ablesen.* The readings show no clear trend.

abliefern 1 (*bringen*) take*, deliver; (*abgeben*) hand sth in; (*weggeben*) hand sth over ◊ *Er muss die Hälfte seines Einkommens an seine Exfrau abliefern.* He has to hand over half his income to his ex-wife. **2** (*vorlegen*) give* ◊ *eine hervorragende Leistung abliefern* give an excellent performance

ablösen 1 (*ersetzen*) replace ◊ *Er wird demnächst abgelöst.* He is being replaced. ◊ *Sie wird den Filialleiter ablösen.* She will take over as branch manager. **2** *jdn/sich* (*bei etw*) ~ ◊ *die Wache ablösen* relieve the sentry ◊ *Wir haben uns beim Fahren abgelöst.* We shared the driving. **3** *etw* (*von etw*) ~ remove sth (from sth) ◊ *den Schmutz von der Wand ablösen* remove the dirt from the wall ◊ *Tapete ablösen* strip wallpaper **4** *sich* (*von etw*) ~ come* off (sth) ◊ *Ein Ziegel hat sich abgelöst.* A tile has come off the roof.

Ablösesumme transfer fee

Ablösung 1 (*Entlassung, Wechsel*) replacement ◊ *die Ablösung fossiler durch erneuerbare Energien* the replacement of fossil fuel by renewable energy sources **2** (*Schicht, Wache*) relief ☛ G 1.3a, next shift **3** (*Abtrennung*) removal; (*Netzhaut, Plazenta etc.*) detachment

ABM job creation scheme

abmachen 1 (*herunternehmen*) take* sth down; (*entfernen*) take* sth off **2** (*vereinbaren*) agree ◊ *Wir haben abgemacht, dass ...* We have agreed that ... ◊ *Das musst du mit ihr abmachen.* You will have to sort it out with her. ◊ *Abgemacht! Done!* ◊ *Das war aber so nicht abgemacht!* But that's not what we agreed! ◊ *Das ist abgemachte Sache.* It's a firm arrangement.

Abmachung agreement ◊ *eine Abmachung treffen* come to an agreement

abmagern become* emaciated ◊ *abgemagerte Kinder* emaciated children ◊ *Er ist auf 45 Kilo abgemagert.* His weight went down to 45 kilos.

abmelden 1 *sich/jdn* (*bei jdm/etw*) ~ ◊ *sich bei der Chefin abmelden* tell the boss that you are leaving ◊ *sich bei der Stadt abmelden* register your change of address when you leave **2** ◊ *das Telefon abmelden* have your phone disconnected ◊ *das Auto abmelden* take your car off the road

Abmeldung cancellation ☛ *Siehe auch* ABMELDEN

abmessen 1 (*bestimmen*) measure sth (out) **2** (*abteilen*) measure sth off

Abmessung (*Maße*) measurements [Pl] ◊ *die genauen Abmessungen der Kiste* the exact measurements of the box

abmildern (*Belastung, Gerichtsurteil*) reduce; (*Kritik, Haltung*) moderate; (*Auswirkung*) mitigate ◊ *Das Gesetz wurde etwas abgemildert.* The law was made less severe.

ABM-Kraft = person* working on a government job creation scheme ◊ *eine ABM-Kraft einstellen* give sb a placement

abmontieren (*Gerüst, Antenne*) take* sth down; (*Räder etc.*) take* sth off

ABM-Stelle placement

abmühen *sich* ~ struggle

abnabeln ◊ *sich von den Eltern abnabeln* cut the umbilical cord

Abnahme 1 (*Rückgang*) decrease **2** (*einer Prüfung etc.*) (*meist mit einem Verb übersetzt*) ◊ *Die Abnahme der Prüfung erfolgt einmal im Jahr.* The examination is held once a year. ◊ *die Abnahme einer Kontrolle* carrying out a check **3** (*von Gebäuden, Autos, Truppen*) inspection **4** (*von einem Bein etc.*) amputation **5** (*Kauf*) purchase

abnehmen 1 (*entfernen*) take* sth off ◊ *die Brille abnehmen* take off your glasses ◊ *den Telefonhörer abnehmen* pick up the receiver ◊ *Keiner hat abgenommen.* Nobody answered. **2** (*Gewicht verlieren*) lose* (weight) ◊ *Sie hat zehn Kilo abgenommen.* She's lost ten kilos. ◊ *Du hast ganz schön abgenommen.* You've lost a lot of weight. **3** (*weniger werden*) decline; (*schwächer werden*) deteriorate; (*Mond*) wane ◊ *Die Nachfrage hat deutlich abgenommen.* There has been a marked decline in demand. ◊ *Die Zahl der Raucher nimmt ab.* The number of people who smoke is going down. **4** (*amputieren*) amputate ◊ *Sie mussten ihm das Bein abnehmen.* They had to amputate his leg. **5** *jdm etw* ~ (*wegnehmen*) take* sth (away) from sb ◊ *Sie nahmen ihm die Brieftasche ab.* They took his wallet. ◊ *Kann ich Ihnen etwas abnehmen?* Can I take something for you? ◊ *jdm die Entscheidung abnehmen* make the decision for sb **6** *jdm etw* ~ (*glauben*) buy* sth ◊ *Das nehme ich dir nicht ab!* I

don't buy that! **7** (**jdm**) **etw ~** (*kaufen*) buy* sth from sb **8** (*Prüfung*) hold*
Abnehmer(in) buyer ◊ *einen Abnehmer für etw finden* find a buyer for sth ◊ *private Abnehmer* domestic consumers
Abneigung aversion ◊ *eine Abneigung gegen Spinnen* an aversion to spiders
abnorm abnormal (*Adv* abnormally)
abnutzen, **abnützen 1 sich ~** wear* out **2 etw ~** wear* sth out ◊ *Das nutzt den Bezug ab.* It'll wear out the cover. ◊ *abgenutzte Möbel* shabby furniture ◊ *abgenutzte Phrasen* clichés
Abnutzung, **Abnützung** wear [U]
Abonnement subscription; (*für Konzerte etc.*) season ticket ◊ *ein Abonnement für eine Zeitschrift* a subscription to a journal ◊ *etw im Abonnement bekommen* buy sth by/on subscription
Abonnent(in) (*Zeitung etc.*) subscriber; (*Konzert etc.*) season-ticket holder
abonnieren etw ~ take* out a subscription to sth
abordnen second ◊ *nach Kiel abgeordnet werden* be seconded to Kiel ◊ *Sie wurden zur Unterstützung der Polizei abgeordnet.* They were sent in to support the police.
Abordnung 1 (*bei einer Konferenz etc.*) delegation; (*in der Schule, im Büro etc.*) deputation ☛ G 1.3b **2** (*Versetzung*) secondment
abpacken pack ◊ *abgepacktes Obst* pre-packed fruit
abpassen 1 (*Person*) catch* **2** (*Zeitpunkt*) wait for *sth* ◊ *einen günstigen Moment abpassen* wait for the right moment
abpfeifen ◊ *Der Schiedsrichter pfiff das Spiel ab.* The referee blew the final whistle.
Abpfiff final whistle
abprallen 1 (**von/an etw**) **~** bounce off (sth); (*Kugel*) ricochet (off sth) **2 an jdm ~** ◊ *Jede Kritik prallt wirkungslos an ihm ab.* Criticism is like water off a duck's back to him.
abpumpen pump *sth* out
abquälen 1 sich (**mit jdm/etw**) **~** struggle (with sb/sth) **2 sich etw ~** force yourself to do sth ◊ *Sie quälte sich ein Lächeln ab.* She forced herself to smile.
abqualifizieren jdn/etw (**als etw**) **~** dismiss sb/sth (as sth)
abrackern sich ~ slave away ◊ *Er hat sich jahrelang für die Familie abgerackert.* He slaved away for years to support his family.
abrasieren shave *sth* off ◊ *Er hat sich den Bart abrasiert.* He shaved off his beard.
abraten (**jdm**) **von etw ~** advise (sb) against sth ◊ *Von Reisen in das Gebiet wird dringend abgeraten.* People are strongly advised not to travel to the area. ◊ *Er hat mir vom Kauf abgeraten.* He advised me not to buy it.
abräumen (*Geschirr*) clear *sth* away; (*Tisch*) clear
abreagieren 1 sich ~ let* off steam; **sich an jdm/etw ~** take* it out on sb/sth **2 etw an jdm/etw ~** take* *sth* out on sb/sth ◊ *Er reagiert seinen Frust immer an uns ab.* He always takes his frustration out on us.
abrechnen 1 (FINANZ) ◊ *Reisespesen über die Firma abrechnen* charge travel expenses to the firm ◊ *Telefongespräche im Sekundentakt abrechnen* charge for telephone calls by the second ◊ *die Kasse abrechnen* cash up ◊ *mit dem Fahrer abrechnen* pay the driver **2** (**mit jdm/etw**) **~** settle the score (with sb/sth) ◊ *Er wollte mit ihnen abrechnen.* He was going to settle the score with them ◊ *Mit dem werd ich abrechnen!* I'll get even with him! **3** (*abziehen*) deduct ◊ *die Steuer abrechnen* deduct the tax
Abrechnung 1 (*Rechnung*) account ◊ *die Abrechnung der Heizkosten vorlegen* submit the account for heating **2 die ~ machen** (*die Bücher führen*) do* the accounts; (*Kasse*) cash up **3** settling the score; (*Rache*) revenge ◊ *eine blutige Abrechnung* an act of bloody revenge ◊ *der Tag der Abrechnung* the day of reckoning **4** (*Abziehen*) (*oft mit einem Verb übersetzt*) ◊ *nach Abrechnung der Unkosten* after deducting expenses
abregen sich ~ calm down
Abreise departure
abreisen leave* ◊ *aus München abreisen* leave Munich ◊ *nach Spanien abreisen* leave for Spain
abreißen 1 (*Gebäude*) demolish, pull *sth* down (*umgs*) **2** (*abtrennen*) tear* *sth* off ◊ *ein Kalenderblatt abreißen* tear off a page from the calendar ◊ *ein Plakat abreißen* tear down a poster ◊ *einen Faden abreißen* break off a thread **3 nicht ~** (*aufhören*) ◊ *Die Welle der Politskandale reißt nicht ab.* There's no end to the political scandals. ◊ *nicht abreißende Besucherströme* never-ending streams of visitors
abriegeln seal *sth* off
abringen 1 jdm etw ~ extract sth from sb ◊ *Er hat ihr das Versprechen abgerungen.* He extracted the promise from her. **2 sich etw ~** ◊ *sich ein Lächeln abringen* force a smile ◊ *Du könntest dir ruhig mal ein bisschen Interesse abringen.* You could try to show a bit of interest.
Abriss 1 (*von Gebäuden*) demolition **2** (*von Abhandlungen*) outline **3** (*Eintrittskarte*) tear-off section
abrücken 1 etw (**von etw**) **~** move sth away (from sth) **2 von jdm/etw ~** move away from sb/sth ◊ *Er ist von seinen ursprünglichen Ansichten abgerückt.* He has moved away from his original ideas. **3** (MIL) move out
Abruf 1 (COMP) retrieval **2 auf ~** on standby; (*bei Bedarf*) on request ◊ *sich auf Abruf bereithalten* be on standby ◊ *Sperrmüll wird auf Abruf abgeholt.* Bulky refuse will be collected on request.
abrufbar accessible
abrufen call *sth* up ◊ *Informationen per Computer abrufen* call up information on screen ◊ *Aktienkurse im Internet abrufen* access share prices via the Internet ◊ *aktuelle Pollenwerte telefonisch abrufen* ring the pollen count information line
abrunden 1 (*vervollständigen*) ◊ *Passende Vorhänge runden das Bild ab.* Matching curtains complete the effect. ◊ *den Geschmack mit etwas Sahne abrunden* finish with a little cream **2 etw** (**auf etw**) **~** round sth down (to sth) ◊ *4,4 auf 4 abrunden* round 4.4 down to 4 **3** (*Ecke, Kante*) round ◊ *abgerundete Kanten* rounded edges
abrupt abrupt (*Adv* abruptly), sudden (*Adv* suddenly) ◊ *Damit war seine Karriere abrupt beendet.* With that, his career came to an abrupt end. ◊ *abrupt bremsen* brake sharply ◊ *Er blieb abrupt stehen.* He stopped suddenly.
abrüsten disarm
Abrüstung disarmament
Abrüstungsvertrag disarmament treaty*
absacken 1 (*Bauwerk*) subside; (*Flugzeug*) lose* altitude; (*Kurs*) fall* **2** (*Leistung*) go* down (*umgs*) ◊ *Sie ist in Französisch auf 3 abgesackt.* She has gone down to a 3 in French.
Absage 1 (*Ablehnung*) rejection ◊ *mit einer Absage rechnen* expect a rejection ◊ *dem Extremismus eine klare Absage erteilen* firmly reject extremism ◊ *eine Absage bekommen* be turned down **2** (*Veranstaltung, Teilnahme*) cancellation
absagen 1 (*Hochzeit, Streik*) call *sth* off; (*Termin, Veranstaltung*) cancel* ◊ *Sie hat ihre Teilnahme in letzter Minute abgesagt.* She cancelled at the last minute. **2 jdm ~** tell* sb that you can't come; (*Bewerber*) reject sb ◊ *Sie musste Anja leider absagen.* She had to tell Anja she couldn't come. ◊ *Ich muss Ihnen leider absagen.* I'm afraid I won't be able to make it. ◊ *dem Friseur absagen* cancel an appointment at the hairdresser's
absägen saw* *sth* off IDM ⇒ AST
Absatz 1 (*am Schuh*) heel ◊ *Schuhe mit hohen Absätzen* high-heeled shoes **2** (*Abschnitt*) paragraph **3** (WIRTSCH) sales [Pl] ◊ *den Absatz steigern* increase sales ◊ *reißenden Absatz finden* sell like hot cakes IDM **auf dem Absatz kehrtmachen** turn on your heel
Absatzgebiet market (area) **Absatzkrise** slump **Absatzsteigerung** increase in sales
absaugen pump *sth* out
abschaffen abolish, do* away with *sth* (*umgs*) ◊ *den Militärdienst schrittweise abschaffen* abolish military service in stages
Abschaffung abolition
abschalten 1 (*ausschalten*) switch *sth* off; (*stilllegen*) shut* *sth* down **2** (*sich entspannen*) switch off
abschätzen assess; (*vorhersagen*) say* ◊ *Die Folgen sind schwer abzuschätzen.* The consequences are difficult to assess. ◊ *Es ist schwer abzuschätzen, wie lange die Fahrt dauern wird.* It's difficult to say how long the journey will take.
abschätzig disparaging (*Adv* disparagingly)
Abschaum scum [U]
Abscheu revulsion ◊ *Abscheu gegen etw* revulsion at sth ◊ *eine Abscheu vor Spinnen* a horror of spiders

abscheulich appalling (*Adv* appallingly)
abschicken send* *sth* off
abschieben 1 (*ausweisen*) deport **2** *etw* **auf** *jdn* ~ shift sth onto sb **3** (*versetzen*) shunt *sb* off **4** (*weggehen*) push off (*umgs*) ◊ *Hoffentlich schiebt er bald ab.* Let's hope he pushes off soon. ◊ *Schieb ab!* Clear off!
Abschiebung deportation
Abschied 1 (*Trennung*) parting ◊ *beim Abschied* on parting ◊ *Der Abschied fiel mir schwer.* I found parting (from him, them etc.) very hard. ◊ *jdm zum Abschied zuwinken* wave goodbye to sb ◊ *Abschied von alten Gewohnheiten nehmen* give up old habits ◊ *etw zum Abschied bekommen* receive sth as a farewell gift **2** (*Rücktritt*) resignation ◊ *seinen Abschied nehmen* resign ◊ *Er verkündete seinen Abschied aus der Politik.* He announced that he was leaving politics.
Abschiedsbrief farewell letter; (*Selbstmord*) suicide note ◊ *einen Abschiedsbrief hinterlassen* leave a suicide note
Abschiedsfeier farewell party*
abschießen 1 (*Granate, Rakete*) fire; (*Pfeil, Kugel*) shoot* **2** *jdn/etw* ~ shoot* sb/sth (down) ◊ *ein Flugzeug abschießen* shoot down a plane ◊ *Wilderer haben über 300 Elefanten abgeschossen.* Poachers have shot over 300 elephants. **3** *jdn* ~ (*entfernen*) get* rid of sb ◊ *Sie versuchen, ihn abzuschießen.* They are trying to get rid of him. IDM ⇨ VOGEL
abschirmen *jdn/etw* (**von/gegen** *etw*) ~ (*schützen*) shield sb/sth (from sth); (*bewachen*) guard sb/sth (from sth) ◊ *die Augen gegen die Sonne abschirmen* shield your eyes from the sun ◊ *einen Konvoi gegen Überfälle abschirmen* guard a convoy from attack
abschlachten slaughter
Abschlag 1 (*Preisnachlass*) reduction **2** (*Teilzahlung*) part payment; (*Vorauszahlung*) advance payment **3** (*Golf*) tee-off; (*Fußball*) kick-out; (*Hockey*) bully (off)
abschlagen 1 *etw* (**von** *etw*) ~ knock sth off (sth); (*Kopf, Hand etc.*) chop* sth off (sth) **2** (*verweigern*) turn *sth* down, refuse; *jdm etw* ~ refuse sb sth, deny* sb sth ◊ *Seine Bitte wurde abgeschlagen.* His request was turned down. ◊ *Sie konnte ihnen nichts abschlagen.* She couldn't refuse them anything. **3** (*Fußball*) hit*; (*Golf*) drive* ◊ *Der Torwart schlug den Ball weit ab.* The goalkeeper hit the ball right out. ☛ *Siehe auch* ABGESCHLAGEN
abschlägig ◊ *etw abschlägig bescheiden* reject sth
abschleifen 1 (*glätten*) smooth; (*Holz auch*) sand; (*Zähne*) smooth *sth* down **2** (*entfernen*) strip*, smooth *sth* away; (*durch Verschleiß*) wear* *sth* away ◊ *die Fenster abschleifen* strip the paint off the windows
Abschleppdienst 1 (*bei Pannen*) recovery service **2** (*für Falschparker*) towaway unit
abschleppen 1 (*Fahrzeug*) tow *sth* (away); (*Ertrinkende*) rescue ◊ *Falschparker werden abgeschleppt.* Unauthorized vehicles will be towed away. ◊ *jdn bis zur nächsten Werkstatt abschleppen* tow sb to the nearest garage **2** drag* *sb* off ◊ *Er versuchte, sie nach der Disko abzuschleppen.* After the disco he tried to drag her off. **3** (*etw mitnehmen*) walk off with *sth* **4** **sich** (**mit** *etw*) ~ struggle (with sth) ◊ *sich mit schweren Taschen abschleppen* struggle with heavy bags
Abschlepp- Abschleppseil tow rope **Abschleppwagen** breakdown lorry*, (*AmE*) tow truck
abschließen 1 lock up ◊ *Vergiss nicht abzuschließen!* Don't forget to lock up! **2** *etw* ~ (*Wohnung, Raum, Schrank*) lock sth (up); (*Tür*) lock sth ◊ *die Haustür abschließen* lock the front door **3** (*Ausbildung, Untersuchung, Prozess*) complete; (*Gespräch*) finish ◊ *ohne abgeschlossene Berufsausbildung* without vocational qualifications ◊ *Das Thema ist für mich abgeschlossen.* The subject is closed as far as I'm concerned. **4** (*den Abschluss bilden*) end, close ◊ *Das Training schließt mit einer Entspannungsübung ab.* The training session ends with a relaxation exercise. **5** (*Geschäfte*) do* ◊ *Geschäfte mit China abschließen* do business with China **6** (*Versicherung*) take* *sth* out; (*Abkommen, Bündnis, Vertrag*) conclude; (*Wette*) place **7** (*versiegeln*) seal ◊ *ein hermetisch abgeschlossener Raum* a hermetically sealed room **8** *jdn/etw* **von** *etw* ~ cut* sb/sth off from sth ◊ *von der Außenwelt abgeschlossen* cut off from the outside world **9** **mit** *jdm/etw* ~ finish with sb/sth ◊ *mit der Welt/mit dem Leben abschließen* finish with the world/with life IDM ⇨ KAPITEL
abschließend 1 (*Adv*) in conclusion ◊ *Er fasste abschließend die wichtigsten Punkte zusammen.* In conclusion, he summarized the most important points. **2** (*Adj*) final ◊ *der abschließende 1500-Meter-Lauf* the final 1500 metre race ☛ *Hinweis bei* SUMMARY[1]
Abschluss 1 (*Prüfung*) qualification ◊ *Sie verließ die Schule ohne Abschluss.* She left school without any qualifications. ◊ *Er macht im Sommer seinen Abschluss als Elektriker.* He's doing his final exams to be an electrician in the summer. ◊ *einen guten/schlechten Abschluss haben* get good/bad results in your exams **2** (*Ende*) end, conclusion (*gehoben*); (*das Beenden*) completion ◊ *Zum Abschluss sang der Chor noch ein Lied.* At the end, the choir sang another song. ◊ *Die Diskussion näherte sich dem Abschluss.* The discussion was coming to an end. ◊ *etw zum Abschluss bringen* bring sth to an end ◊ *nach Abschluss der Bauarbeiten* after the completion of the building work ◊ *Man hofft auf einen erfolgreichen Abschluss des Gipfeltreffens.* There are hopes for a successful conclusion to the summit. ◊ *nach Abschluss ihres Studiums* when she finished university ◊ *Wir sollten langsam zum Abschluss kommen.* We should be finishing soon. ◊ *Als krönenden Abschluss gab es ein Feuerwerk.* The grand finale of the evening was a firework display. **3** (*das Abschließen, von einem Vertrag, Bündnis, Abkommen*) conclusion; (*von einer Versicherung*) taking out; (*von einer Wette*) placing; (*Geschäfts-*) business deal **4** (FINANZ) balancing ◊ *der Abschluss der Bücher* balancing the books ◊ *den Abschluss machen* draw up a balance sheet
Abschlussbericht final report **Abschlussfest** party* (at the end of sth) ◊ *das Abschlussfest des Sprachkurses* the party at the end of the language course **Abschlusskonzert** final concert **Abschlussprüfung** (*in der Schule*) school-leaving examination; (*eines Kurses*) final exam; (*an der Uni*) finals [Pl] ◊ *die Abschlussprüfung an der Uni ablegen* do your finals **Abschlussveranstaltung** final event
abschmecken (*kosten*) taste; (*würzen*) season
abschminken **sich**/*jdn* ~ take* your/sb's make-up off IDM *Das kannst du dir abschminken!* You can get that out of your head!
abschnallen 1 **sich** ~ take* your seat belt off; *jdn* ~ take* sb's seat belt off **2** *etw* ~ take* sth off
abschneiden 1 (**sich**) *etw* ~ cut* sth (off) ◊ *eine Scheibe Brot abschneiden* cut a slice of bread ◊ *Sie hat sich die Zöpfe abgeschnitten.* She has cut off her plaits. **2** *jdn/etw* **von** *jdm/etw* ~ cut* sb/sth off from sb/sth ◊ *Die Truppen wurden von der Nachschubzufuhr abgeschnitten.* The troops were cut off from their supply route. **3** **gut/schlecht** ~ do* well/badly ◊ *Er schnitt bei der Prüfung erstaunlich gut ab.* He did incredibly well in the exam. IDM ⇨ SCHEIBE und WORT
Abschnitt 1 (*Teil eines Textes/Gebiets*) section ◊ *ein neuer Abschnitt der Autobahn* a new section of the motorway **2** (*DNA-*) segment **3** (*Zeit-*) phase ◊ *ein neuer Abschnitt in ihrem Leben* a new phase in her life ◊ *sonnige Abschnitte* sunny intervals **4** (*von einer Eintrittskarte*) stub
abschöpfen 1 skim* *sth* off **2** (*Gewinne*) siphon *sth* off IDM ⇨ RAHM
abschotten 1 *jdn/sich* (**von** *etw*) ~ cut* sb/yourself off (from sth) ◊ *sich von der Außenwelt abschotten* cut yourself off from the outside world **2** *etw* ~ close sth (off); *etw* **von** *etw* ~ separate sth off from sth ◊ *die Grenzen abschotten* close the borders
abschrauben unscrew
abschrecken 1 *jdn* (**von** *etw*) ~ put* sb off (sth), deter* sb (from sth) (*gehoben*) ◊ *Der geringe Verdienst hat Bewerber abgeschreckt.* The low wages put applicants off. ◊ *Die Kamera soll Einbrecher abschrecken.* The camera is supposed to deter burglars. **2** (GASTRON) run* cold water over *sth*
abschreckend 1 deterrent ◊ *eine abschreckende Wirkung auf jdn haben* have a deterrent effect on sb ◊ *Die Sanktionen sollen abschreckend wirken.* The sanctions should act as a deterrent. ◊ *ein abschreckendes Beispiel* a deterrent **2** (*schockierend*) off-putting
Abschreckung 1 (*das Abschrecken*) deterrence ◊ *eine Politik der atomaren Abschreckung* a policy of nuclear deterrence **2** (*Mittel*) deterrent ◊ *als Abschreckung dienen* act as a deterrent
abschreiben 1 copy* ◊ *Sie hat von mir abgeschrieben!* She copied from me! ◊ *etw von der Tafel abschreiben* copy sth (down) from the blackboard **2** (*verloren geben*) give* up on sb/sth **3** (*Schulden*) write* sth off ◊ *etw als Verlust*

abschreiben write sth off as a loss ◊ *Investitionen abschreiben* write investments off against tax
Abschrift copy*
abschürfen graze ◊ *Sie schürfte sich das Knie ab.* She grazed her knee.
Abschürfung graze
Abschuss 1 (*Flugzeug*) shooting down **2** (*Rakete*) launch **3** (*Wild*) shooting **4** *etw ist zum ~ freigegeben* it is open season on sth (*auch fig*)
abschüssig sloping ◊ *ein leicht abschüssiges Gelände* gently sloping ground ◊ *ein leicht abschüssiger Hang* a gentle slope ◊ *eine abschüssige Straße* a steep road
Abschuss- Abschussliste *auf der ~ stehen* be on the hit list **Abschussrampe** launch pad
abschütteln 1 *etw* (**von etw**) *~* shake* sth off (sth) ◊ *Sie schüttelte das trockene Gras von der Zeltplane ab.* She shook the dry grass off the tarpaulin. **2** *jdn/etw ~* shake* sb/sth off ◊ *Es gelang dem Dieb, die Polizei abzuschütteln.* The thief managed to shake off the police.
abschwächen 1 (*Äußerung*) tone *sth* down; (*Reformen, Vorschriften*) water *sth* down **2** *sich ~* (*Einfluss, Wirkung*) weaken; (*Nachfrage*) fall*; (*Konjunktur, Wachstum*) slow down
Abschwächung (*Währung*) weakening; (*Konjunktur, Wachstum*) slowdown ◊ *Eine Abschwächung des Wachstums wird erwartet.* A slowdown in growth is expected.
abschwatzen *jdm etw ~* talk sb into giving you sth ◊ *Ich habe ihm die CD abgeschwatzt.* I talked him into giving me the CD.
abschweifen digress
abschwellen subside
abschwindeln *jdm etw ~* cheat sb out of sth
abschwören *einer Sache ~* renounce sth (*gehoben*)
absegnen approve
absehbar foreseeable ◊ *die absehbaren Folgen* the foreseeable consequences ◊ *auf absehbare Zeit* for the foreseeable future ◊ *Ein Ende der Hungersnot ist noch nicht absehbar.* An end to the famine is not yet in sight.
absehen 1 (*voraussehen*) predict ◊ *Das hätte niemand absehen können.* No one could have predicted that. ◊ *Das Ausmaß der Schäden lässt sich nicht absehen.* The scale of the damage is not yet known. **2** *von etw ~* (*verzichten*) ◊ *jdn bitten, von etw abzusehen* ask sb not to do sth ◊ *von einer Strafe absehen* not impose a sentence ◊ *von einer Anzeige absehen* decide not to press charges **3** *von etw ~* leave* sth aside ◊ *Wenn man von diesem Einwand absieht, ...* Leaving this objection aside ... ☞ *Siehe auch* ABGESEHEN
abseifen *jdn/sich/etw ~* soap sb/yourself/sth down
abseilen 1 *jdn/sich/etw ~* lower sb/yourself/sth ◊ *sich an zusammengeknoteten Bettlaken abseilen* lower yourself down on knotted sheets **2** (SPORT) abseil, (*AmE*) rappel **3** *sich ~* (*verschwinden*) slip* away
abseits 1 *Adv* (*abgelegen*) remote; (*beiseite*) to one side ◊ *ein abseits gelegener Hof* a remote farm ◊ *Er stand etwas abseits.* He stood to one side. ◊ *Der Verein wollte nicht abseits stehen.* The club did not want to be left out. **2** *Präp* away ◊ *abseits der Straße* away from the road
Abseits 1 (SPORT) offside ◊ *Er stand im Abseits.* He was offside. **2** ◊ *jdn ins Abseits drängen* marginalize sb
absenden send* *sth* off, dispatch (*offiz*)
Absender(in) sender
absenken 1 (*tiefer legen*) lower **2** (*verringern*) reduce ◊ *Die Schadstoffemissionen wurden deutlich abgesenkt.* Dangerous emissions were considerably reduced. **3** *sich ~* (*sich neigen*) slope down; (*sinken*) sink* ◊ *Zum Ufer hin senkt sich die Wiese etwas ab.* The meadow slopes down towards the river bank.
Absenz absence
abservieren 1 (*entlassen*) dismiss, give* *sb* the push (*umgs*) **2** (*klein machen*) brush *sb* aside **3** (*besiegen*) thrash
absetzen 1 (*Hut, Brille*) take* *sth* off ◊ *Sie setzte die Brille ab.* She took her glasses off. **2** (*hinstellen*) put* *sth* down ◊ *Er setzte seine Tasche ab.* He put his bag down. **3** (*Monarchen*) depose; (*Minister, Abgeordneten, Richter*) remove *sb* from office **4** (*Therapie*) discontinue; (*Medikament auch*) stop* taking *sth* **5** (*Sendung, etc.*) take* *sth* off; (*Veranstaltung*) cancel* ◊ *Die Serie wurde abgesetzt.* The series was taken off. ◊ *Das Stück wurde nach zwei Wochen abgesetzt.* The play closed after two weeks. **6** (*aussteigen lassen*) drop* *sb* (off) ◊ *Soll ich dich am Bahnhof absetzen?* Shall I drop you at the station? **7** (*steuerlich*) offset* ◊ *Fahrtkosten steuerlich absetzen* offset travel expenses against tax **8** *etw* (**von etw**) *~* (*optisch*) make* sth stand out (from sth) **9** (*verkaufen*) sell* ◊ *Sie haben schon 75 000 Exemplare abgesetzt.* They have already sold 75 000 copies. **10** *sich ~* (*fliehen*) get* away, clear off (*umgs*) ◊ *sich unbemerkt absetzen* get away without being noticed **11** *sich* (**von jdm**) *~* stand* out (from sb); (*in einem Rennen*) break* away (from sb) ◊ *ein Design, durch das Sie sich von der Konkurrenz absetzen* a design to make you stand out from your competitors ◊ *Er hat sich vom Hauptfeld abgesetzt.* He's broken away from the pack. **12** *sich ~* (*ablagern*) be deposited
absichern 1 (*Gebiet abriegeln*) seal *sth* off; (*Unfallstelle etc.*) make* *sth* safe **2** (*am Seil*) secure ◊ *Die Bergsteiger hatten sich mit Seilen abgesichert.* The climbers had secured themselves with ropes. **3** (*schützen*) protect; (*rechtlich, durch Versicherungen*) cover ◊ *Die Hilfstransporte wurden von UNO-Truppen militärisch abgesichert.* The aid deliveries were protected by UN troops. **4** (*finanziell*) ◊ *ein Projekt finanziell absichern* guarantee funding for a project ◊ *Sie ist finanziell abgesichert.* She's financially secure. **5** (*untermauern*) support ◊ *Seine These ist durch zahlreiche Experimente abgesichert.* His theory is supported by numerous experiments.
Absicherung 1 (*Unfallstelle etc.*) making safe **2** (*Schutz*) protection **3** (*Versorgung*) provision; (*Gewährleistung*) guarantee ◊ *eine soziale Absicherung im Alter* social provision in old age ◊ *Sie sollten den Vertrag nicht ohne juristische Absicherung unterschreiben.* You shouldn't sign the contract without seeking legal advice. ◊ *Die finanzielle Absicherung des Projektes ist noch nicht geklärt.* Funding for the project has not yet been obtained.
Absicht intention; (*Zweck*) purpose ◊ *Sie kauften das Haus in der Absicht, ein Restaurant zu eröffnen.* They bought the building with the intention of opening a restaurant. ◊ *Ich habe die feste Absicht, auszuziehen.* I am determined to move out. ◊ *Das war sicher keine böse Absicht.* There certainly wasn't any malice intended. **IDM** *mit Absicht* deliberately ◊ *Das hat er mit Absicht getan!* He did that deliberately!
absichtlich deliberate (*Adv* deliberately)
absinken 1 sink*; (*Temperatur, Wasserspiegel*) fall*; (*Boden*) subside **2** (*Leistung, Qualität*) decline ◊ *Das Bildungsniveau sinkt immer weiter ab.* Standards in education continue to decline.
absitzen 1 sit* *sth* out **2** (*Freiheitsstrafe*) serve, do* (*umgs*) ◊ *Er hat drei Jahre abgesessen.* He did three years. **3** (*vom Pferd*) get* off, dismount (*gehoben*)
absolut 1 *Adj* absolute ◊ *der absolute Nullpunkt* absolute zero ◊ *ein absoluter Tiefstand/Höchststand/Rekord* an all-time low/high/record ◊ *nur in absoluten Notfällen* only in a real emergency ◊ *ein absolutes Verbot von Militärflügen* a total ban on military flights **2** *Adv* absolutely ◊ *„Bist du sicher?" „Absolut!"* 'Are you sure?' 'Absolutely!' ◊ *absolut nichts* nothing at all ◊ *absolut verlässlich* completely reliable ◊ *absolut unverständlich* totally incomprehensible ◊ *absolut nicht gerechtfertigt* wholly unjustified
Absolution absolution
Absolutismus absolutism
absolutistisch absolutist ◊ *absolutistisch regieren* be an absolute ruler
Absolvent(in) = person* who has completed a course; (*Hochschul-*) graduate ◊ *Alle Absolventen des Computerkurses fanden schnell einen Job.* All the people who had completed the computer course soon found a job.
absolvieren 1 finish, complete (*gehoben*) ◊ *Nach erfolgreich absolvierter Schulausbildung ging er in die USA.* After successfully completing his schooling he went to the US. **2** (*Prüfung*) take*; (*bestehen*) pass **3** (REL) absolve
absondern 1 *jdn/etw* (**von jdm/etw**) *~* (*Patienten*) isolate sb/sth (from sb/sth); (*Gefangene*) separate sb/sth (from sb/sth) **2** *sich ~* cut* yourself off **3** (*Flüssigkeit*) secrete; (*Gas*) give* *sth* off
abspalten 1 *sich* (**von jdm/etw**) *~* split* off from sb/sth ◊ *Die Gruppe hatte sich von der Partei abgespalten.* The group had split off from the party. **2** *etw* (**von etw**) *~* separate sth from sth ◊ *Moleküle abspalten* separate molecules

Abspaltung

Abspaltung splitting off; (*Chemie*) separation
Abspann credits [Pl]
abspecken (*abnehmen*) lose* weight, slim* (down) (*auch fig*) ◊ *Die Belegschaft soll abgespeckt werden.* The workforce is to be slimmed down.
abspeichern (COMP) save
abspeisen jdn (**mit etw**) ~ fob* sb off (with sth)
abspenstig jdm jdn/etw ~ **machen** lure sb/sth away from sb ◊ *Sie wollen uns die Kunden abspenstig machen.* They're trying to lure our customers away from us.
absperren 1 seal *sth* off; (*Straße*) close *sth* off **2** (*Tür*) lock; (*Gas, Strom, Wasser*) turn *sth* off
Absperrung 1 (*Straße*) closing off; (*Gebiet, Gebäude etc.*) sealing off **2** (*Barriere*) barrier; (*Straßen-*) (road) block
abspielen 1 (*Kassette etc.*) play **2** *sich* ~ go* on; (*Ereignis*) take* place ◊ *Was spielt sich hier eigentlich ab?* What's going on here? ◊ *Die Schlägerei spielte sich auf offener Straße ab.* The fight took place in the street.
Absprache arrangement, agreement ◊ *in enger Absprache mit dem Autor* by arrangement with the author ◊ *sich an eine Absprache halten* stick to an agreement ◊ *ohne vorherige Absprache* without prior consultation
absprechen 1 *sich* ~ agree ◊ *Sie hatten sich abgesprochen, was sie anziehen würden.* They had agreed what to wear. ◊ *Die Betrüger hatten sich abgesprochen.* The conmen had agreed in advance what to say. **2** agree on *sth*; **etw mit jdm** ~ arrange sth with sb ◊ *Die Ausrede war abgesprochen.* They had agreed on the excuse they would use. ◊ *Wir müssen noch den Termin absprechen.* We've still got to arrange the date. **3** **jdm etw** ~ ◊ *jdm Fachkompetenz absprechen* dispute sb's expertise ◊ *Eine gewisse Eleganz war ihr nicht abzusprechen.* You couldn't deny she had a certain elegance. **4** **jdm etw** ~ (RECHT) deny* sb sth ◊ *Ihm wurden alle bürgerlichen Rechte abgesprochen.* He was denied all civil rights.
abspringen 1 (**von etw**) ~ jump (off sth) ◊ *mit dem Fallschirm abspringen* make a parachute jump **2** (SPORT) take* off ◊ *mit dem rechten Bein abspringen* take off on your right foot **3** (**von etw**) ~ (*nicht mehr mitmachen*) pull out (of sth) **4** (*Kurs*) drop* out (of sth)
Absprung 1 (SPORT) take-off; (*vom Flugzeug*) jump **2** (*fig*) break ◊ *den Absprung wagen* risk making the break ◊ IDM **den Absprung verpassen** miss the boat
abstammen 1 von jdm/etw ~ (*Mensch, Tier*) be descended from sb/sth ◊ *Er stammt von einer alten Adelsfamilie ab.* He is a descendant of an old aristocratic family. **2** (LING) **von etw** ~ (*von einem Wort*) be derived from sth; (*von einer Sprache*) come* from sth ◊ *Das englische Wort „school" stammt vom Lateinischen ab.* The English word 'school' comes from Latin.
Abstammung 1 descent ◊ *Sie sind dänischer Abstammung.* They're of Danish descent. **2** *adliger Abstammung sein* be descended from an aristocratic family **2** (LING) derivation
Abstand 1 (*räumlich*) distance ◊ *Abstand halten!* Keep your distance. ◊ *Die Bohnen im Abstand von 15 cm pflanzen.* Plant the beans 15 cm apart. **2** (*zeitlich*) interval ◊ *Die Busse fahren im Abstand von zehn Minuten.* The buses go at ten-minute intervals. **3** (*Differenz*) margin ◊ *Sie gewannen mit deutlichem Abstand.* They won by a considerable margin. **4** (*Ablösesumme*) = payment on moving into a property for furniture and fittings left by the previous tenant ◊ *Wir müssen für das Sofa Abstand zahlen.* We had to buy the sofa from the previous tenant. IDM **mit Abstand** by far ◊ *die mit Abstand beste Leistung* by far the best achievement **von etw Abstand gewinnen** get* away from sth **von etw Abstand nehmen 1** (*aufgeben*) abandon sth ◊ *Nach gründlicher Überlegung nahmen sie Abstand von ihrem Vorhaben.* After thinking it over carefully they abandoned their plan. **2** (*unterlassen*) refrain from doing sth (*gehoben*)
abstatten jdm seinen Dank ~ thank sb, convey your thanks to sb (*gehoben*) **jdm/etw einen Besuch** ~ pay* a visit to sb/sth
abstauben 1 (*reinigen*) dust **2** (*bekommen*) scrounge (*umgs*); (*stehlen*) pinch (*umgs*) **3** (SPORT) poach a goal
Abstecher (*Umweg*) detour; (*Ausflug*) trip ◊ *Er ist nur ein kleiner Abstecher.* It's only a short detour. ◊ *Auf dem Weg machten sie einen Abstecher in den Laden.* On they way they stopped off at the shop.

abstecken 1 (*markieren*) mark *sth* out **2** (*bestimmen*) set*; (*erklären*) set* sth out ◊ *Das Ziel war abgesteckt.* The target was set. ◊ *Am ersten Tag steckten sie ihre Positionen ab.* On the first day they set out their positions. **3** (*Schneidern*) pin*
abstehen stick* out ◊ *Er hatte abstehende Ohren.* His ears stuck out.
absteigen 1 (**von etw**) ~ (*Pferd, Fahrrad*) get* off (sth) **2** (SPORT) be relegated ◊ *Sie sind in die B-Gruppe abgestiegen.* They've been relegated to group B. **3** (*übernachten*) stay IDM ⇨ AST
Absteiger team that has been/will be relegated
abstellen 1 (*absetzen*) put* sth down ◊ *das Glas auf dem Tisch abstellen* put the glass down on the table **2** (*lagern*) put* sth away ◊ *den Stuhl auf dem Speicher abstellen* put the chair away in the loft **3** (*parken*) leave* ◊ *das Fahrrad im Flur abstellen* leave the bicycle in the hall **4** (*ausschalten*) turn *sth* off ◊ *das Radio abstellen* turn the radio off ◊ *den Strom abstellen* turn off the electricity at the mains ◊ *den Motor abstellen* switch off the engine ◊ *Sie haben mir das Telefon abgestellt!* My telephone's been cut off! **5** (*unterbinden, beheben*) do* sth about *sth* ◊ *Lässt sich dieser Krach nicht abstellen?* Can nothing be done about this noise? ◊ *einen Missstand abstellen* remedy a deficiency **6** **jdn für/zu etw** ~ second sb to sth; **etw für/zu etw** ~ commandeer sth for sth ◊ *Die Soldaten wurden für Aufräumarbeiten abgestellt.* The soldiers were seconded to the clearing-up operation. **7** **etw auf jdn/etw** ~ aim sth at sb/sth ◊ *Die Werbung war ganz auf Teenager abgestellt.* The advert was clearly aimed at teenagers.
Abstell- Abstellgleis jdn aufs ~ **schieben** sideline sb
Abstellraum storeroom
abstempeln 1 stamp; (*Briefmarke*) cancel* ◊ *eine Urkunde abstempeln* stamp a document ◊ *Der Brief ist in Ulm abgestempelt.* The letter has an Ulm postmark. **2** jdn als/zu etw ~ brand sb (as) sth; **etw als etw** ~ dismiss sth as sth ◊ *jdn als Lügner abstempeln* brand sb a liar ◊ *ein Bild als kitschig abstempeln* dismiss a picture as kitsch
absterben 1 die* off; (*Bäume*) die* ◊ *Viele Herden sind bereits abgestorben.* Many herds have died off. ◊ *Ganze Waldgebiete sind vom Absterben bedroht.* Whole forests are slowly dying. ◊ *abgestorbene Zellen* dead cells **2** (*gefühllos werden*) go* numb
Abstieg 1 (*ins Tal*) descent **2** (*Verschlechterung*) decline **3** (SPORT) relegation
abstimmen 1 (**über etw**) ~ vote (on sth) ◊ *über ein Gesetz abstimmen* vote on a bill ◊ *Der Vorsitzende ließ über den Antrag abstimmen.* The chairman put the motion to the vote. ◊ *geheim/namentlich abstimmen* vote by secret/open ballot ◊ *mit Nein/Ja abstimmen* vote against/in favour **2 etw (mit jdm)** ~ agree sth (with sb); **sich (mit jdm) über etw** ~ agree sth (with sb); **sich (mit jdm)** ~ discuss *sth* (with sb) ◊ *Sind die Termine mit der Zentrale abgestimmt?* Have the dates been agreed with head office? ◊ *Du musst dich mit Beate abstimmen.* You'll have to discuss it with Beate. **3** (*illegal vereinbaren*) fix, rig* (*umgs*) ◊ *Die Firmen haben ihre Angebote abgestimmt.* The firms fixed their bids. **4** **etw auf jdn/etw** ~ tailor sth to sb/sth **5 etw auf etw** ~ (*harmonisieren*) coordinate sth with sth ◊ *Die einzelnen Studiengänge sind noch nicht genügend aufeinander abgestimmt.* The individual courses are not yet properly coordinated. ◊ *farblich aufeinander abgestimmt* colour-coordinated ◊ *eine fein abgestimmte Mischung* a finely balanced mixture
Abstimmung 1 (*Wahl*) vote; (*das Abstimmen*) voting ◊ *Lassen Sie uns nun zur Abstimmung kommen.* Let us proceed to the vote. ◊ *Zur Abstimmung steht die Frage, ob ...* The motion is whether ... ◊ *etw zur Abstimmung vorlegen* put sth to the vote ◊ *in geheimer/namentlicher Abstimmung* in a secret/an open ballot **2** (*Koordinierung*) coordination
Abstinenz abstinence
abstoßen 1 (*Ecke etc.*) knock *sth* off; (*Geschirr, Möbel etc.*) chip* ◊ *Die Ecken sind abgestoßen.* The corners have been knocked off. ◊ *abgestoßene Teller* chipped plates **2** (*verkaufen*) sell* *sth* off **3 jd/etw stößt jdn ab** sb/sth puts* sb off; (*stärker*) sb finds* sb/sth repulsive ◊ *Sein Aussehen stieß mich ab.* I found his appearance repulsive. **4 sich (von etw)** ~ push yourself off (sth) ◊ *Ich stieß mich vom Rand ab.* I pushed myself off the side.

abstoßend repulsive (*Adv* repulsively) ◊ *sein abstoßendes Äußeres* his repulsive appearance
abstrakt 1 *Adj* abstract **2** *Adv* in the abstract ◊ *Sie denkt sehr abstrakt.* She thinks very much in the abstract. ◊ *abstrakt malen* do abstract painting
abstreifen 1 etw (von etw) ~ take* sth off (sth) **2** (*Schuhe, Füße*) wipe ◊ *sich die Füße abstreifen* wipe your feet **3** etw (nach etw) ~ (*absuchen*) comb sth (for sth)
abstreiten deny* ◊ *Es lässt sich nicht abstreiten, dass ...* It cannot be denied that ... ◊ *Sie stritt ab, von dem Vorfall gewusst zu haben.* She denied all knowledge of the incident. ◊ *Niemand kann ihm seinen guten Willen abstreiten.* Nobody can dispute his good will.
Abstrich 1 (*Kürzung*) cut **2** (*Konzession*) concession ◊ *Abstriche machen* make concessions **3** (MED) swab; (*vom Gebärmutterhals*) smear ◊ *einen Abstrich machen* take a swab
abstufen (*Haar*) layer; (*Hang, Gelände*) terrace ◊ *Der Hang ist zum Fluss hin abgestuft.* The land down to the river is terraced. ◊ *eine fein abgestufte Hierarchie* a highly differentiated hierarchy
abstumpfen 1 (*Sinne*) become* dull; (*Arbeit*) be soul-destroying; (*Mensch*) become* dehumanized ◊ *Diese Arbeit stumpft total ab.* This work is soul-destroying. ◊ *Wir sind gegen menschliche Not abgestumpft.* We have become indifferent to human suffering. **2** jdn ~ dehumanize sb; etw ~ dull sth ◊ *Das stumpft die Sinne ab.* It dulls the senses.
Absturz fall; (*Flugzeug etc.*) crash; (*Währung*) collapse
abstürzen 1 fall*; (*Flugzeug*) crash ◊ *Er stürzte tödlich ab.* He fell to his death. ◊ *Der Dollarkurs stürzte über Nacht ab.* The dollar fell overnight. ◊ *Das Flugzeug stürzte kurz nach dem Start ab.* The plane crashed just after take-off. **2** (*betrunken werden*) get* drunk **3** (*Klippen etc.*) drop* ◊ *Der Felsen stürzt fast senkrecht zum Meer ab.* The cliff drops almost vertically to the sea.
abstützen 1 support, prop* sth up ◊ *wissenschaftlich abgestützt* supported by research **2** sich ~ ◊ *sich beim Fallen vom Boden abstützen* put your hand out to break your fall ◊ *sich an einer Mauer abstützen* prop yourself against a wall
absuchen etw (nach jdm/etw) ~ search sth (for sb/sth); etw (auf etw) ~ examine sth (for sth) ◊ *den Tatort nach Spuren absuchen* search the scene of the crime for clues ◊ *etw auf Fehler absuchen* examine sth for flaws
absurd absurd ◊ *das absurde Theater* the Theatre of the Absurd
Abszess abscess
Abt abbot
abtasten 1 jdn (auf/nach etw) ~ search sb (for sth) **2** jdm etw ~ palpate sb's sth ◊ *Der Arzt tastete ihr das Rückgrat ab.* The doctor palpated her spine. **3** (*abschätzen*) size sb up **4** etw (auf/nach etw) ~ (*Laser*) scan* sth (for sth)
abtauchen 1 (*U-Boot*) dive* **2** (*Terroristen etc.*) go* underground ◊ *in die Illegalität abtauchen* go underground and live illegally
abtauen 1 (*Schnee*) thaw; (*Eis*) melt **2** (*Kühlschrank*) defrost
Abtei abbey
Abteil compartment
Abteilung department
Abteilungsleiter(in) head of department
Äbtissin abbess
abtöten destroy ◊ *Nerven abtöten* destroy nerve cells ◊ *den Schmerz abtöten* deaden the pain
abtragen 1 (*abnutzen*) wear* sth out ◊ *ein abgetragener Mantel* a worn coat **2** (*Erde*) remove; (*Landschaft*) flatten; (*vom Wind*) erode **3** (*Gebäude, Mauer*) pull sth down **4** (*Schulden etc.*) pay* sth off
Abtransport transportation, removal ◊ *den Abtransport von Atommüll verhindern* prevent the transportation of nuclear waste
abtransportieren take* sb/sth away
abtreiben 1 (*Frau*) have an abortion **2** (*Kind*) abort **3** (*wegbringen*) carry* sb/sth away ◊ *Der Wind hat sie abgetrieben.* The wind carried them away.
Abtreibung abortion ◊ *eine Abtreibung vornehmen* perform an abortion

Abtreibungsgegner(in) anti-abortionist **Abtreibungsparagraph** abortion act **Abtreibungspille** abortion pill
abtrennen 1 etw (von etw) ~ cut* sth off (sth); (*Unfall*) sever sth (from sth) ◊ *Bei dem Unfall wurde ihm das linke Ohr abgetrennt.* His left ear was severed in the accident. ◊ *hier abtrennen* tear off here **2** etw (von etw) ~ (*abteilen*) separate sth (from sth) ◊ *Ein Grasstreifen trennt den Radweg von der Fahrbahn ab.* The cycle path is separated from the road by a strip of grass.
abtreten 1 step down; (*Monarch*) abdicate; (*Persönlichkeit*) retire ◊ *Der Bürgermeister wird zum Ende des Jahres abtreten.* The mayor will step down at the end of the year. **2** (MIL) dismiss **3** (*Theater*) make* your exit ◊ *Hamlet tritt ab.* Exit Hamlet. ◊ *Alle treten ab.* Exeunt. **4** sich die Füße/Schuhe ~ wipe your feet/shoes **5** (*abgeben*) give* sth up; etw an jdn ~; jdm etw ~ hand sth over to sb
abtrocknen 1 (*Geschirr*) dry* (*sth*) (up) **2** sich/jdn ~ dry* yourself/sb; sich/jdm etw ~ dry* your/sb's sth ◊ *sich die Hände abtrocknen* dry your hands ◊ *Er trocknete ihr die Tränen ab.* He wiped away her tears.
abtropfen 1 (von etw) ~ drip* off (sth) **2** etw ~ lassen (*Kleidung*) hang* sth up to dry; (*Salat, Geschirr*) let* sth drain
abtrotzen jdm etw ~ extract sth from sb ◊ *Wir haben ihnen wichtige Zugeständnisse abgetrotzt.* We've extracted significant concessions from them. ◊ *Er hat es geschafft, ihr das Auto abzutrotzen.* He's managed to persuade her to let him use the car.
abtrünnig 1 disloyal; (*Wähler*) disaffected; (*Region*) breakaway (*nur vor Nomen*) **2** ◊ *dem Glauben abtrünnig werden* give up your faith
Abtrünnige(r) defector
abtun jdn/etw (als etw) ~ dismiss sb/sth (as sth) ◊ *Es wäre ein Fehler, ihn als Spinner abzutun.* It would be a mistake to dismiss him as a nutcase. ◊ *etw kurz abtun* brush sth aside ◊ *Damit ist die Sache abgetan.* That's the end of the matter.
aburteilen (*gerichtlich*) convict; (*moralisch*) condemn
Aburteilung (*gerichtlich*) conviction; (*moralisch*) condemnation
abverlangen jdm etw ~ demand sth of sb; (*Geld etc.*) charge sb sth ◊ *Den Schülern wird in dieser Prüfung einiges abverlangt.* This exam demands a great deal of the students. IDM ⇨ LETZTE(R,S)
abwägen weigh sth up ◊ *das Für und Wider abwägen* weigh up the pros and cons ◊ *Die verschiedenen Interessen müssen vorsichtig gegeneinander abgewogen werden.* The various interests have to be carefully weighed against each other.
Abwägung weighing up
abwählen 1 (*Politiker*) vote sb out of office **2** (*Unterrichtsfach*) drop
abwälzen etw auf jdn ~ (*Kosten*) pass sth on to sb; (*Verantwortung, Schuld*) shift sth on to sb
abwandeln adapt ◊ *Ich habe das Rezept abgewandelt.* I adapted the recipe. ◊ *in leicht abgewandelter Form* with slight modifications
abwandern (*aus einem Gebiet*) move away; zu jdm/etw ~ (*Kunden, Wähler*) switch to sb/sth
Abwanderung ◊ *die Abwanderung der Landbevölkerung in die Städte* the migration of the rural population into the cities ◊ *die Abwanderung von Firmen ins Ausland* firms moving abroad ◊ *die Abwanderung von Fachkräften* the brain drain ◊ *die Abwanderung der Wähler zu extremistischen Parteien* the drift of voters to extremist parties
Abwandlung 1 (*das Abwandeln*) adaptation **2** (*Variante*) variation **3** ◊ *in Abwandlung eines alten Sprichwortes* to coin a phrase ◊ *in Abwandlung von Brecht: ...* to paraphrase Brecht: ...
Abwart(in) caretaker ☛ G 2.2d
abwarten 1 wait (and see) ◊ *Wir sollten abwarten, bis die Sache vorbei ist.* We should wait until things blow over. **2** etw ~ wait for sth, await sth (*gehoben*) ◊ *eine Entscheidung abwarten* await a decision **3** (*Regen etc.*) wait for sth to stop IDM **abwarten und Tee trinken** wait and see ◊ *Das kannst du nicht erzwingen — da hilft nur abwarten und Tee trinken!* You can't force it — you'll just have to wait and see!
abwärts 1 down; (*den Berg hinunter*) downhill; (*den Fluss hinunter*) downstream ◊ *Der Weg führt steil abwärts.* It's a steep downhill path. **2** von etw ~ from sth down ◊ *von der*

abwaschbar

Hüfte abwärts gelähmt paralysed from the waist down ◊ *alle Dienstgrade vom Major abwärts* all ranks from major down [IDM] **mit jdm/etw geht es abwärts** sb/sth is going downhill

abwaschbar washable

Abwasch 1 (*das Abwaschen*) washing-up, (*AmE*) washing dishes; **den ~ machen** do* the washing-up, (*AmE*) wash the dishes **2** (*schmutziges Geschirr*) (dirty) dishes [Pl] **3** (*Spülbecken*) sink [IDM] **in einem Abwasch** in one go; all at once

abwaschen 1 (**Geschirr**) ~ wash up, (*AmE*) do* the dishes **2** (*Gesicht, Gemüse etc.*) wash **3** *etw* (**von** *etw*) ~ (*entfernen*) wash sth off (sth)

Abwasser sewage [U]; (*industriell*) effluent [U]

abwechseln 1 *sich* (**mit** *jdm*) ~ take* turns; *sich* (**mit/bei** *etw*) ~ take* it in turns (to do sth) ◊ *Ich wechsle mich mit ihr ab.* We take it in turns. ◊ *Die Fahrer wechselten sich ab.* They took it in turns to drive. **2** *sich* ~ (*Farben, Formen etc.*) alternate ◊ *Gesang und Vorträge wechselten sich ab.* Songs alternated with readings.

abwechselnd alternately

Abwechslung (*Zerstreuung*) change; (*Vielfalt*) variety ◊ *zur Abwechslung* for a change

abwechslungsreich (*Programm, Ernährung*) varied; (*Abend, Veranstaltung*) entertaining; (*Spiel*) exciting; (*Beruf*) interesting

Abweg [IDM] **jdn auf Abwege bringen** lead* sb astray **auf Abwege geraten/kommen** go* astray

abwegig (*Vorwurf*) preposterous

Abwehr 1 (SPORT) defence, (*AmE*) defense ◊ *eine stabile Abwehr* a strong defence ◊ *Er spielt in der Abwehr.* He's a defender. **2** (*Widerstand*) resistance; (*zurückweisende Haltung*) defensiveness ◊ *Mit seinem Vorschlag stieß er auf geballte Abwehr.* His proposal met with stiff resistance. ◊ *Sein Verhalten deutet auf Abwehr hin.* He seems very much on the defensive. **3** (*Schlag*) fending off **4** (*Immunsystem*) resistance

abwehren 1 (*Angriff, Feind*) repel*; (*Fragen, Schlag*) fend *sth* off; (*Gefahr*) ward *sth* off; (*Vorwurf, Kritik, Forderung*) reject **2** (SPORT) (*Ball*) save; (*Angriff*) fend *sth* off; (*Schlag*) parry

Abwehr- Abwehrkraft resistance [U] ◊ *die Abwehrkräfte stärken* increase your resistance **Abwehrspieler(in)** defender

abweichen von *etw* ~ deviate from sth; (*Straße etc.*) leave* sth; (*anders sein*) differ from sth ◊ *von der Norm abweichen* deviate from the norm ◊ *eine abweichende Auffassung* a different opinion ◊ *Das Schiff war vom Kurs abgewichen.* The ship was off course.

Abweichung 1 (*das Abweichen*) deviation **2** (*Unterschied*) variation ◊ *eine geringfügige Abweichung* a slight variation ◊ *die zulässige Abweichung einhalten* be within a tolerance

abweisen 1 (*ablehnen*) turn *sb/sth* down, reject (*gehoben*) ◊ *einen Antrag abweisen* turn down an application ◊ *Seine Klage wurde abgewiesen.* He lost the case. **2** (*wegschicken*) turn *sb* away

abweisend hostile; (*Geste*) dismissive ◊ *sich gegenüber jdm abweisend verhalten* be hostile towards sb

abwenden 1 das Gesicht/den Blick ~ look away **2** *sich* (**von** *jdm/etw*) ~ (*sich wegdrehen*) turn away (from sb/sth); (*aufgeben, verlassen*) leave* (sb/sth) ◊ *sich von einer Partei abwenden* leave a party **3** (*verhindern*) avert ◊ *eine Gefahr abwenden* avert a danger

abwerfen 1 (*Bomben, Hilfsgüter*) drop*; (*Ballast*) throw* *sth* out **2** (*Reiter*) throw* **3** (*Laub*) shed* **4** (*Zinsen*) pay*; (*Gewinn*) make*

abwerten 1 (*Währung*) devalue **2** (*herabwürdigen*) diminish, cheapen ◊ *Sein Ansehen ist abgewertet worden.* His status has been diminished. **3** *etw als etw* ~ dismiss sth as sth

abwertend derogatory, disparaging (*Adv* disparagingly)

Abwertung 1 (FINANZ) devaluation **2** (*Ansehen*) loss of status

abwesend 1 away; (*Schule auch*) absent **2** (*unaufmerksam*) abstracted (*Adv* abstractedly)

Abwesenheit 1 absence ◊ *Er wurde in Abwesenheit verurteilt.* He was sentenced in his absence. **2** (*Mangel*) lack

[IDM] **durch Abwesenheit glänzen** be conspicuous by your absence

abwickeln 1 (*Garn etc.*) unwind* **2** (*Geschäft, Verfahren*) conclude; (*Überweisung*) make*

Abwicklung processing [U]

abwimmeln give* *sb* the brush-off (*umgs*)

abwinken wave *sb/sth* aside; (*ablehnen*) say* no

abwischen 1 (*reinigen*) wipe *sth* (down) ◊ *den Tisch abwischen* wipe the table (down) ◊ *sich die Hände an der Hose abwischen* wipe your hands on your trousers **2** *etw* (**von** *etw*) ~ (*entfernen*) wipe sth off (sth)

Abwurf (*meist mit einem Verb übersetzt*) ◊ *Er gab Befehl zum Abwurf der Bomben.* He gave the order to drop the bombs. ◊ *Er hat sich beim Abwurf schwer verletzt.* He was seriously injured when the horse threw him.

abwürgen 1 stifle **2** (*Motor*) stall

abzahlen pay* *sth* off

abzählen count [IDM] *etw* **an einer Hand/an drei/fünf Fingern abzählen** count sth on the fingers of one hand **sich** *etw* **an den** (**zehn/fünf**) **Fingern/beiden Händen abzählen können** (*verstehen*) be able to work sth out straight away

abzapfen draw* *sth* off; (*Bier*) pull; (*Blut*) take*

Abzeichen 1 badge; (*Dienstgrad-*) insignia ☛ G 1.3c **2** (*Auszeichnung*) medal

abzeichnen 1 (*einen Gegenstand zeichnen*) draw*; (*ein Bild kopieren*) copy* **2** *sich* ~ (*Umriss, Konturen*) be/become* visible **3** *sich* ~ (*sich herausstellen*) be/become* clear ◊ *Schon jetzt zeichnet sich ab, dass die Arbeiter unzufrieden sind.* It is already clear that the workers are dissatisfied. ◊ *Ein neuer Trend zeichnet sich ab.* A new trend is emerging. **4** (*unterschreiben*) sign; (*mit Initialien*) initial*

abziehen 1 take* *sth* off; (*Schlüssel*) take* *sth* out ◊ *Sie zog den Ring vom Finger ab.* She took the ring off her finger. **2** (*Fell*) skin*; (*Haut einer Frucht*) peel **3** (*Bett*) strip* **4** (*Foto*) make* a print of *sth* **5** (*fotokopieren*) run* *sth* off **6** (*Truppen*) withdraw* **7** (*subtrahieren*) deduct **8** (*Gewitter, Kaltfront etc.*) move away; (*Dampf, Rauch, Nebel*) clear, disperse (*gehoben*) **9** (*weggehen*) go* away

abzielen 1 auf *etw* ~ (*etw bezwecken*) aim to achieve sth; **darauf ~** *etw zu tun* aim to do sth ◊ *Das Gesetz zielt auf eine Verbesserung der Luftqualität ab.* The law aims to achieve an improvement in air quality. **2 auf** *jdn* ~ (*an jdn gerichtet sein*) target sb ◊ *Das Angebot zielt auf Jugendliche ab.* The offer is targeted at teenagers. **3 auf** *jdn* ~ (*auf jdn bezogen sein*) be aimed at sb ◊ *Seine Kritik zielte eindeutig auf mich ab.* His criticism was clearly aimed at me. **4 auf** *etw* ~ (*anspielen*) drive* at sth ◊ *Worauf zielt deine Bemerkung ab?* What are you driving at?

Abzug 1 (*Waffe*) trigger ◊ *Er wartete mit dem Finger am Abzug.* He waited with his finger on the trigger. **2** (*Foto*) print **3** (*Fotokopie*) copy* **4** (*Lüftungs-*) vent; (*am Herd*) extractor fan **5** (MIL) withdrawal **6** (*Steuern*) deduction

abzüglich less ◊ *abzüglich 12%* less 12%

abzweigen 1 branch off **2** (*Geld*) appropriate

Abzweigung turn-off; (*Kreuzung*) junction; (*Gabelung*) fork

Accessoire accessory*

ach 1 oh! ◊ *Ach, du liebe Zeit!* Oh, good heavens! **2 Ach ja!** (*wenn man sich erinnert*) Oh yes! **3 Ach ja?** (*Zweifel oder Verwunderung*) Really? **4 Ach so!** (*wenn man verstanden hat*) Oh, I see! **5 Ach wo/Ach was!** Go on! ◊ *„Ich fall sicher durch." „Ach wo, das schaffst du locker!"* 'I'm going to fail!' 'Go on. You'll be fine.'

Ach [IDM] **mit Ach und Krach** with great difficulty ◊ *Wir haben den Kleiderschrank mit Ach und Krach nach oben gebracht.* With great difficulty, we managed to get the wardrobe upstairs. ◊ *eine Prüfung mit Ach und Krach bestehen* scrape through an exam

Achilles- Achillesferse Achilles heel **Achillessehne** Achilles tendon

Achse 1 (*Auto etc.*) axle **2** (ASTRON, MATH, POL) axis* ◊ *Die Erde dreht sich um ihre eigene Achse.* The earth turns on its own axis. [IDM] **auf Achse sein** be out and about; (*auf Reisen*) be on the road

Achsel (*Schulter*) shoulder; (*Achselhöhle*) armpit ◊ *Sie zuckte mit den Achseln.* She shrugged her shoulders.

Achselhöhle armpit **Achselzucken** shrug ◊ *Er nahm ihren Entschluss mit Achselzucken hin.* He accepted her de-

cision with a shrug. **achselzuckend** with a shrug ◊ *"Keine Ahnung", sagte er achselzuckend.* 'No idea,' he said with a shrug.
acht eight ☛ *Beispiele bei* SECHS
Acht¹ 1 eight ☛ *Beispiele bei* SECHS **2** (*Form*) figure of eight; (*AmE*) figure eight **3** (*Rad*) ⇨ ACHTER (2)
Acht² 1 ~ **geben** be careful **2 auf jdn/etw** ~ **geben** look after sb/sth, take* care of sb/sth **3** *etw außer* ~ *lassen* ignore sth, disregard sth (*gehoben*) **4 sich in** ~ **nehmen** take* care; *sich vor jdm/etw in* ~ *nehmen* watch out for sb/sth ◊ *Nimm dich auf dem Rückweg bitte in Acht!* Take care on the way back! ◊ *Nehmen Sie sich vor Trickbetrügern in Acht.* Watch out for conmen.
achtbar respectable (*Adv* respectably)
achte(r,s) eighth ☛ *Beispiele bei* SECHSTE(R,S)
Achteck octagon
achteckig octagonal
achtel eighth
Achtel eighth
  Achtelfinale (*Runde*) last sixteen; (*Spiel*) match in the round before the quarter finals **Achtelnote** quaver, (*AmE*) eighth note
achten 1 (*respektieren*) respect; (*befolgen*) observe ◊ *Ich achte ihn sehr.* I respect him greatly. ◊ *die Meinungen anderer Menschen achten* respect other people's opinions ◊ *auf die Einhaltung der Hygienevorschriften achten* observe hygiene standards **2 auf jdn/etw** ~ (*beachten*) pay* attention to sb/sth ◊ *auf Details achten* pay attention to detail **3 auf etw** ~ (*sich Mühe geben*) take* care over sth ◊ *Sie achtet sehr auf ihr Äußeres.* She takes a lot of care over her appearance. ◊ *Ich muß auf meine Figur achten.* I have to watch my figure. **4 darauf** ~, **dass** (*für etw sorgen*) see* (to it) that ◊ *Sie achtet darauf, dass ihr Schreibtisch immer aufgeräumt ist.* She sees to it that her desk is always tidy. **5 auf etw** ~ (*in Erwägung ziehen*) consider sth ◊ *Worauf muss man beim Gebrauchtwagenkauf achten?* What do you have to consider when you buy a used car? **6 auf jdn** ~ (*aufpassen*) look after sb IDM ⇨ LINIE
ächten 1 condemn; (*verbieten*) ban* **2** (*gesellschaftlich*) ostracize **3** (*historisch*) outlaw
Achter 1 (*Boot*) eight **2 einen** ~ **haben** have a buckled wheel
  Achterbahn roller coaster
achtern aft
achtlos careless (*Adv* carelessly)
achtsam careful (*Adv* carefully)
Achtung 1 (*Ausruf*) look out!, watch out! ◊ *Achtung! Die Decke ist hier sehr niedrig!* Look out! The ceiling is very low here! ◊ *Achtung, Stufe!* Mind the step! **2** (*auf Schildern*) danger ◊ *Achtung Steinschlag!* Danger! Falling rocks **3** (*Befehl*) attention ◊ *Achtung, Achtung, hier spricht die Polizei!* Your attention please! This is the police! ◊ *Achtung! Stillgestanden!* Attention! **4** (*Wertschätzung, Respektierung*) respect ◊ *die Achtung der Menschenwürde* respect for human dignity ◊ *Ich habe große Achtung vor ihr.* I have great respect for her. **5 in jds** ~ **fallen/steigen** fall*/rise* in sb's esteem IDM **Alle Achtung (vor jdm/etw)!** I'm impressed (by sb/sth)! ☛ *Siehe auch* LOS
Ächtung 1 condemnation; (*Verbot*) ban **2** (*gesellschaftlich*) ostracism **3** (*historisch*) outlawing
achtzehn eighteen ◊ *Der Film ist ab 18.* The film is rated 18. ☛ *Beispiele bei* SECHZEHN
achtzehnte(r,s) eighteenth ☛ *Beispiele bei* SECHSTE(R,S)
achtzig eighty ☛ *Beispiele bei* SECHZIG
achtzigste(r,s) eightieth ☛ *Beispiele bei* SECHSTE(R,S)
ächzen groan (*auch fig*); (*Holz*) creak
Acker (*Feld*) field; (*Ackerland*) farmland [U]
  Ackerbau arable farming **Ackerland** arable land
ackern (*hart arbeiten*) graft
Acryl 1 (*Faser*) acrylic ◊ *ein Pullover aus Acryl* an acrylic jumper **2** (*Acrylfarben*) acrylics [Pl]
  Acrylfarbe acrylic paint
Adaptation, Adaption adaptation
Adapter adaptor
adaptieren etw (für etw) ~ adapt sth (for sth)
adäquat 1 (*Arbeit, Gelände, Raum*) suitable (*Adv* suitably); (*Ersatz*) adequate (*Adv* adequately) **2** (*Übersetzung, Lösung, Mittel, Reaktion*) appropriate (*Adv* appropriately)

addieren 1 add (up) ◊ *Die Zahlen addieren.* Add the numbers up. **2 sich auf/zu etw** ~ add up to sth
Addition 1 (*Rechenart*) addition **2** (*das Zusammenzählen*) adding
ade bye
Adel aristocracy; (*historisch auch*) nobility ☛ G 1.3b
adeln ennoble
adelig ⇨ ADLIG
Ader 1 (ANAT, BOT, GEOL) vein ◊ *In seinen Adern fließt irisches Blut.* He has Irish blood in his veins. ◊ *Sie hat Zirkusblut in den Adern.* The circus is in her blood. ◊ *auf eine ergiebige Ader stoßen* strike a rich vein **2** (*Begabung*) talent; (*Neigung*) streak ◊ *seine rebellische Ader* the rebellious streak in his nature ◊ *eine soziale Ader haben* have a social conscience IDM ⇨ STOCKEN
Adjektiv adjective
adjektivisch adjectival (*Adv* adjectivally)
Adler eagle
adlig noble ◊ *adliger Herkunft sein* be of noble birth
Adlige(r) member of the aristocracy; (*historisch*) nobleman*, noblewoman*
Administration administration
administrativ administrative (*Adv* administratively)
Admiral admiral ☛ G 2.2d
adoptieren adopt
Adoption adoption ◊ *ein Kind zur Adoption freigeben* give up a child for adoption
Adoptiv- Adoptiveltern adoptive parents [Pl] **Adoptivkind** adopted child
Adrenalin adrenalin
Adressat(in) 1 etw (*eines Briefes*) addressee ◊ *Wer ist der Adressat (des Briefes)?* Who is the letter addressed to? **2** (*fig*) target ◊ *der Adressat der Kritik* the target of the criticism ◊ *Die Adressaten der Werbekampagne sind Teenager.* The advertising campaign is targeted at teenagers.
Adressbuch (*persönlich*) address book; (*Branchenverzeichnis*) directory*
Adresse address ◊ *Wie ist Ihre Adresse?* What is your address? ◊ *Ich bin unter der folgenden Adresse zu erreichen: ...* I can be reached at the following address: ... ◊ *keine feste Adresse haben* have no fixed address IDM **etw an jds Adresse richten** direct sth at sb ◊ *Die Warnung richtet sich an die Adresse der Gewerkschaften.* The warning is directed at the unions. **an der richtigen/falschen Adresse sein** have come to the right/wrong person ◊ *Mathe? Da bist du bei mir an der falschen Adresse.* If you want to know about maths, you've come to the wrong person. **die erste Adresse (für etw)** the top name (for sth)
adressieren 1 etw (an jdn) ~ (*Brief etc.*) address sth (to sb) **2 etw an jdn** ~ (*Protest, Appell, Kritik*) direct sth (at sb)
adrett smart (*Adv* smartly)
Advent 1 (*Adventszeit*) Advent ◊ *den Advent feiern* celebrate Advent **2** ◊ *der erste Advent* the first Sunday in Advent ◊ *am vierten Advent* on the fourth Sunday in Advent
  Adventskalender Advent calendar **Adventskranz** Advent wreath **Adventszeit** Advent
Adverb adverb
adverbial adverbial (*Adv* adverbially)
Aerobic aerobics [U] ◊ *zum Aerobic gehen* go to aerobics ◊ *Aerobic machen* do aerobics
Aerodynamik aerodynamics ☛ *Hinweis bei* ECONOMICS
aerodynamisch aerodynamic (*Adv* aerodynamically)
Affäre affair; (*Skandal auch*) scandal ◊ *mit jdm eine Affäre haben* have an affair with sb IDM **sich aus der Affäre ziehen** get* out of it ◊ *Wie kann er sich aus der Affäre ziehen?* How can he get out of it?
Affe, Äffin 1 monkey; (*Menschen-*) ape ◊ *Der Mensch stammt vom Affen ab.* Humans are descended from apes. **2** (*Schimpfwort*) idiot
Affekt im ~ in the heat of the moment ◊ *im Affekt handeln* act in the heat of the moment ◊ *Das Gericht entschied, er habe nicht heimtückisch gemordet, sondern im Affekt gehandelt.* The court decided that the killing was not premeditated.
affektiert affected (*Adv* affectedly)
affen- affengeil wicked **Affenhitze** sweltering heat **Affentempo** breakneck speed

Affinität

Affinität ~ **zu jdm/etw** affinity* for/with sb/sth; ~ **zwischen jdm/etw** affinity* between sb/sth
Affix affix
Affront ~ **(gegen jdn/etw)** affront (to sb/sth) ◊ *etw als Affront ansehen* regard sth as an affront
After anus
Agent(in) 1 (*Spion*) (secret) agent **2** (*Vermittler*) agent
Agentur agency*
  Agenturbericht, Agenturmeldung agency report
Aggregat unit
  Aggregatzustand state
Aggression 1 aggression [U] ◊ *seine Aggressionen an jdm abreagieren* work off your aggression on sb ◊ *zu Aggressionen neigen* have aggressive tendencies **2** (*Überfall*) attack ◊ *Aggressionen gegen Ausländer* attacks on foreigners
aggressiv 1 aggressive (*Adv* aggressively) ◊ *Was bist du denn gleich so aggressiv?* There's no need to be so aggressive! ◊ *Die Stimmung war aggressiv.* The atmosphere was hostile. **2** (*Substanz*) harsh
Aggressivität aggressiveness
Aggressor(in) aggressor
agieren 1 (*handeln*) act ◊ *als Vermittler agieren* act as a go-between ◊ *der als Direktor agierende Dr. Braun* Dr Braun, the acting head ◊ *als Privatperson agieren* act in a private capacity ◊ *Die Mannschaft agierte hervorragend.* The team played brilliantly. **2** (*tätig sein*) operate ◊ *unter einem Decknamen agieren* operate under a code name **3** (*Theater*) ◊ *auf der Bühne agieren* perform ◊ *in der Hauptrolle agieren* play the lead
agil (*körperlich*) fit*; (*geistig*) alert
Agitation (political) agitation
agitieren 1 (**für/gegen jdn/etw**) ~ campaign (for/against sb/sth) **2 jdn** ~ work on sb ◊ *Sie haben ihn agitiert mitzumachen.* They worked on him to get him to join.
Agonie death throes [Pl]
Agrar- Agrarpolitik agricultural policy **Agrarreform** land reform **Agrarsubvention** agricultural subsidy* **Agrarwirtschaft** farming
aha aha
Ahn, Ahne ancestor
ahnden penalize ◊ *einen Regelverstoß ahnden* penalize an infringement of the rules ◊ *Dieses Verbrechen wird mit der Todesstrafe geahndet.* The crime carries the death penalty.
Ahndung punishment
ähneln sich ~ (*Menschen*) be alike; (*Dinge*) be similar; **jdm/etw** ~ be like sb/sth ◊ *Die drei Brüder ähneln sich überhaupt nicht.* The three brothers are not at all alike. ◊ *jdm verblüffend ähneln* look amazingly like sb
ahnen 1 (*vermuten*) suspect ◊ *Ich habe doch geahnt, dass da was nicht stimmt.* I suspected there was something wrong. ◊ *Ich hab's geahnt!* I knew it! ◊ *Du ahnst nicht, wie schwierig sie sein kann.* You have no idea how difficult she can be. **2** (*voraussehen*) foresee* ◊ *Damals konnte doch niemand ahnen, was aus der Sache werden würde.* Nobody could have foreseen the outcome. ◊ *Sie ahnte nichts Gutes.* She had a sense of foreboding. ◊ *Das lässt Schlimmes ahnen.* I fear something terrible has happened. IDM ⇨ BÖSE
Ahnenforschung genealogy
ähnlich 1 similar (*Adv* similarly) ◊ *Sie sind charakterlich sehr ähnlich.* They are very similar in character. ◊ *Ich habe ähnliche Erfahrungen gemacht.* I have had similar experiences. ◊ *ähnlich beeindruckend* similarly impressive ◊ *Er sieht die Sache ähnlich.* He feels the same. ◊ *Er heißt Alwin oder so ähnlich.* He's called Alwin or something like that. ◊ *Bonbons, Limonade und Ähnliches* sweets, lemonade and the like **jdm/etw** ~ like sb/sth ◊ *Sie sieht ihrer Schwester sehr ähnlich.* She looks very like her sister. ◊ *Das Studium sollte, ähnlich der Schulbildung, kostenlos sein.* Higher education ought to be free, like schooling. IDM **jdm ähnlich sehen** be just like sb ◊ *Das sieht ihm wieder mal ähnlich, einfach so abzuhauen.* It's just like him to clear off like that! ◊ *Das sieht ihr eigentlich gar nicht ähnlich.* That's not like her at all.
Ähnlichkeit (*Beschaffenheit*) similarity*; (*Aussehen*) resemblance ◊ *Die Ähnlichkeit der Namen ist verblüffend.* The similarity between the names is amazing. ◊ *Es hat eine gewisse Ähnlichkeit mit Cola.* It has a certain similarity to cola. ◊ *Jede Ähnlichkeit mit lebenden Personen ist rein zufällig.* Any resemblance to living persons is purely coincidental.
Ahnung 1 idea ◊ *Hast du eine Ahnung, wie spät es ist?* Have you any idea what time it is? ◊ *Keine Ahnung.* No idea. ◊ *Von Chemie hat er nicht die geringste Ahnung.* He's doesn't know anything about chemistry. **2** (*Gefühl*) premonition ◊ *Ich hatte eine Ahnung, dass es schief gehen würde.* I had a premonition that something would go wrong. ◊ *Eine düstere Ahnung überkam ihn.* He was filled with foreboding. IDM **Hast du eine Ahnung!** That's what you think! ⇨ *Siehe auch* BLASS
ahnungslos (*nichts ahnend*) unsuspecting; (*naiv*) innocent (*Adv* innocently) ◊ *Ahnungslos öffnete sie die Tür.* Unsuspecting, she opened the door. ◊ *sich ahnungslos stellen* act the innocent
Ahorn maple
Ähre ear (of corn)
Aids AIDS ◊ *an Aids erkranken* get AIDS ◊ *sich auf Aids testen lassen* have an AIDS test
aidskrank suffering from AIDS (*nicht vor Nomen*) ◊ *aidskranke Patienten* patients suffering from AIDS ◊ *die Betreuung Aidskranker* caring for people with AIDS
ais, Ais A sharp
Akademie academy*; (*medizinisch*) school
Akademiker(in) 1 (*Hochschulabsolvent*) graduate ◊ *ein promovierter Akademiker* a graduate with a doctorate ◊ *Die Partei hat unter Akademikern großen Zulauf.* The Party has a lot of support among people with a university education. **2** (*Hochschullehrer*) academic ☞ G 2.2d
akademisch 1 (*universitär*) university ◊ *einen akademischen Abschluss haben* have a university degree ◊ *eine akademische Laufbahn* an academic career **2** (*theoretisch*) academic ◊ *Die Frage ist rein akademisch.* The question is purely academic. **3** **die akademische Viertelstunde** = the quarter of an hour between the official start of a lecture and the time when it actually begins
Akazie acacia
akklimatisieren sich ~ become* acclimatized
Akklimatisierung acclimatization
Akkord 1 (MUS) chord **2** (*Produktion*) piecework ◊ *im Akkord arbeiten* be on piecework
  Akkordarbeit piecework **Akkordarbeiter(in)** pieceworker ☞ G 2.2d
Akkordeon accordion ◊ *Akkordeon spielen* play the accordion
akkreditieren accredit
Akkreditierung accreditation
Akkumulator *auch* **Akku** (*Stromspeicher*) battery*; (*für Kühltaschen*) ice pack ◊ *den Akku aufladen* charge the battery **2** (COMP) accumulator
akkurat 1 (*genau*) precise (*Adv* precisely) **2** (*sorgfältig*) meticulous (*Adv* meticulously) **3** (*ordentlich, sauber*) neat (*Adv* neatly)
Akkusativ accusative (case) ◊ *im Akkusativ stehen* be in the accusative
  Akkusativobjekt direct object
Akne acne ◊ *an schwerer Akne leiden* have bad acne
Akribie (*Genauigkeit*) precision; (*Sorgfalt*) meticulousness
akribisch (*genau*) precise (*Adv* precisely); (*sorgfältig*) meticulous (*Adv* meticulously) ◊ *mit akribischem Fleiß* with meticulous care
Akrobat(in) circus acrobat ☞ G 2.2d
Akrobatik 1 (*Sport*) acrobatics [Pl] **2** (*Geschicklichkeit*) acrobatic skill
akrobatisch acrobatic (*Adv* acrobatically)
Akt 1 (*Handlung, Tat, Theaterstück*) act ◊ *ein Akt der Versöhnung* an act of reconciliation ◊ *ein terroristischer Akt* an act of terrorism **2** (*Zeremonie*) ceremony* **3** (KUNST) nude ◊ *ein sitzender weiblicher Akt* a seated female nude
Akte file ◊ *eine Akte anlegen* open a file IDM **etw zu den Akten legen** close the file on sth
  Akteneinsicht ◊ *Akteneinsicht verlangen* ask to see your file **Aktenkoffer** attaché case **aktenkundig** on record (*nicht vor Nomen*) ◊ *aktenkundig werden* be recorded ◊ *bei der Polizei aktenkundig sein* be on police files **Aktenordner** (lever arch) file **Aktenschrank** filing cabinet, (*AmE*)

file cabinet Aktentasche briefcase **Aktenzeichen** (file) reference
Akteur(in) protagonist; (*Theater etc.*) member of the cast; (*Sport*) player
Aktie share ◊ *in Aktien investieren* invest in stocks and shares ◊ *Die Aktien sind gestiegen.* Share prices have risen.
Aktiengesellschaft ~ public limited company (*Abk* plc), (*AmE*) ~ (stock) corporation (*Abk* Corp.); (*nicht börsennotiert*) ~ limited company (*Abk* Ltd) **Aktienindex** share (price) index ☛ *Siehe auch* FOOTSIE *und* DOW JONES
Aktion 1 (*Initiative*) campaign ◊ *die Aktion „Brot für die Welt"* the 'Feed the World' campaign **2** (*Handeln*) action ◊ *eine gemeinsame Aktion* joint action ◊ *Aktionen gegen Ernteverluste* measures to prevent damage to crops **3** (*Einsatz*) operation ◊ *eine militärische Aktion* a military operation ◊ *eine humanitäre Aktion* a humanitarian mission **4** (*Leistung*) feat
Aktionär(in) shareholder
Aktionismus 1 (*Aktionen*) activism, campaigning **2** (*Tätigkeitsdrang*) activity* ◊ *übertriebener Aktionismus* frenzied activity ◊ *in blinden Aktionismus verfallen* start doing things just for the sake of it
Aktions- **Aktionsbündnis,** **Aktionsgemeinschaft** action group **Aktionstag** day of action
aktiv 1 active (*Adv* actively) ◊ *Mein Großvater ist noch sehr aktiv.* My grandfather is still very active. ◊ *sportlich aktiv sein* do a lot of sport ◊ *sich aktiv gegen etw einsetzen* be actively opposed to sth ◊ *sich aktiv an der Diskussion beteiligen* contribute to the discussion ◊ *ein aktiver Beitrag zur Völkerverständigung* a positive contribution to international understanding ◊ *aktive Sterbehilfe* assisted death **2** (*Mitglied*) ◊ *aktiv Fußball spielen* be a member of a football team ◊ *in der Gewerkschaft aktiv sein* be an active member of the union **3** ~ **werden** take* action ◊ *Endlich wurde die Polizei aktiv.* At last the police took action. ◊ *militärisch aktiv werden* take military action
aktivieren 1 (*mobil machen*) get* *sb* to do sth ◊ *Spender aktivieren* get people to donate money **2** (*auslösen*) set* *sth* off **3** (*anregen*) stimulate
Aktivierung 1 (*Mobilisierung*) mobilization **2** (*Auslösen*) activation **3** (*Anregung*) stimulation
Aktivist(in) activist
Aktivität activity* ◊ *kriminelle Aktivitäten* criminal activities
Aktivurlaub activity holiday, (*AmE*) activity vacation
aktualisieren update ◊ *eine aktualisierte Ausgabe* an updated edition
Aktualisierung updating
Aktualität contemporary relevance, topicality ◊ *die Aktualität Gandhis* the contemporary relevance of Gandhi ◊ *Die Geschichte hat nichts an Aktualität verloren.* The story has lost none of its topicality. ◊ *ein Thema von hoher Aktualität* a highly topical subject
aktuell 1 (*gegenwärtig*) current (*Adv* currently); (*in letzter Zeit*) recent (*Adv* recently) ◊ *die aktuelle Lage* the current situation ◊ *aus aktuellem Anlass* in the light of recent events ◊ *Eine Mitgliedschaft in der EU ist nicht aktuell.* Membership of the EU is not an issue at present. ◊ *die aktuellen Probleme von Jugendlichen* the problems faced by young people today **2** (*gegenwartsbezogen*) topical ◊ *aktuelle Fragen* topical issues ◊ *Das Thema Menschenrechte bleibt aktuell.* The subject of human rights is still very topical. ◊ *Seine Rede hatte aktuelle Bezüge.* His speech had contemporary relevance. **3** (*neu*) latest (*nur vor Nomen*) ◊ *ihre aktuelle CD* her latest CD ◊ *die aktuelle Mode* the latest fashion ◊ *etw/jdn auf den aktuellen Stand bringen* bring sth/sb up to date

Vorsicht: „Aktuell" wird nie mit **actual(ly)** übersetzt. **Actual** bedeutet „tatsächlich, eigentlich, genau". Siehe auch Hinweis bei **actually**.

Akupunktur acupuncture
Akustik acoustics [*Pl*] ◊ *Der Raum hat eine hervorragende Akustik.* The room has excellent acoustics.
akustisch acoustic ◊ *eine akustische Gitarre* an acoustic guitar ◊ *Die Diashow wird akustisch begleitet.* The slide show comes with a sound track. ◊ *Ich habe Sie akustisch nicht verstanden.* I didn't hear what you said.
akut (*dringlich*) acute; (*Gefahr*) imminent ◊ *ein akutes Raumproblem* an acute shortage of space ◊ *akute Beschwerden* acute symptoms ◊ *akut an Leukämie erkranken* become ill with acute leukaemia ◊ *Sie ist nicht akut krank.* Her illness is not acute. ◊ *akute Einsturzgefahr* imminent danger of collapse ◊ *akut vom Aussterben bedroht* facing extinction ◊ *Sie schwebt in akuter Lebensgefahr.* Her condition is critical.
Akzent 1 (*Aussprache, Druckzeichen*) accent ◊ *mit amerikanischem Akzent sprechen* speak with an American accent **2** (*Betonung*) stress; (*Schwerpunkt*) emphasis* [IDM] **Akzente setzen** ◊ *neue Akzente in der Energiepolitik setzen* establish new priorities in energy policy ◊ *Wir setzen andere Akzente.* We are setting new trends.
akzentfrei without (an) accent ◊ *ein akzentfreies Englisch* English without an accent
akzentuieren (*hervorheben*) accentuate; (*betonen*) emphasize
akzeptabel 1 *Adj* acceptable ◊ *ein für alle Seiten akzeptabler Kompromiss* a compromise acceptable to all sides **2** *Adv* tolerably
akzeptieren 1 (*annehmen*) accept ◊ *Ich kann ihre Bedingungen nicht akzeptieren.* I can't accept their conditions. **2** (*gelten lassen*) recognize ◊ *Ich muss akzeptieren, dass sie die Bessere war.* I have to recognize that she was just better. ◊ *Ich akzeptiere seine Motive.* I respect his motives. **3** (*sich abfinden*) come* to terms with *sth*
Alarm 1 (*Warnung*) alarm ◊ *den Alarm auslösen* set off the alarm ◊ *Das war nur blinder Alarm.* It was a false alarm. **2** (*Zustand*) state of alert ◊ *Der Alarm wurde aufgehoben.* The state of alert was ended. [IDM] **Alarm schlagen** raise the alarm
Alarmanlage alarm; (*Einbruch*) burglar alarm; (*Auto*) car alarm **Alarmbereitschaft** alert ◊ *in erhöhte Alarmbereitschaft versetzt werden* be put on high alert **Alarmglocke** alarm bell
alarmieren 1 (*rufen*) call ◊ *die Polizei alarmieren* call the police **2** (*warnen*) alert ◊ *die Nachbarn alarmieren* alert the neighbours **3** (*beunruhigen*) alarm ◊ *Ihr Brief hatte die Eltern alarmiert.* Her letter alarmed the parents.
Alarm- **Alarmsignal** warning signal **Alarmstufe** alert ◊ *Alarmstufe drei auslösen* issue a red alert
Albatros albatross
albern 1 *Adj* silly* **2** *Adv* in a silly way
Albino albino*
Albtraum nightmare ◊ *zum Albtraum werden* turn into a nightmare
Album album
Alge alga* [*meist Pl*]
Algebra algebra
alias alias
Alibi 1 (RECHT) alibi ◊ *sich ein Alibi verschaffen* get yourself an alibi ◊ *ein Alibi vorweisen* produce an alibi **2** (*Vorwand*) excuse; (*halbherzige Maßnahme*) token gesture
Alimente maintenance [U]
Alkohol alcohol ◊ *Die Fahrerin stand unter Alkohol.* The driver was under the influence of alcohol. ◊ *Er trinkt keinen Alkohol.* He doesn't drink. ◊ *Alkohol am Steuer* drink-driving
alkoholabhängig alcoholic **Alkoholeinfluss** influence of alcohol ◊ *unter Alkoholeinfluss stehen* be under the influence of alcohol **alkoholfrei** non-alcoholic; (*Bier, Wein oft auch*) alcohol-free ☛ *Alkoholfreie Getränke heißen auch* **soft drinks**. **Alkoholgenuss** consumption of alcohol
Alkoholiker(in) alcoholic
alkoholisch alcoholic
Alkohol- **Alkoholkontrolle** breath test ◊ *in eine Alkoholkontrolle geraten* be stopped for a breath test ◊ *eine Alkoholkontrolle durchführen* carry out breath tests **Alkoholmissbrauch** alcohol abuse **Alkoholspiegel** level of alcohol in sb's blood **Alkoholtest** (*Atem*) breath test; (*Blut*) blood alcohol test ◊ *Alkoholtests durchführen* carry out breath tests ◊ *Er musste sich einem Alkoholtest unterziehen.* He was breathalysed.
all all ◊ *in all den Jahren* in all the years ◊ *Sie hat all ihr Geld verloren.* She lost all her money.
All space ◊ *einen Satelliten ins All schießen/aussetzen* launch a satellite into space
alle[1] *Adv* finished; (*Batterie*) flat ◊ *Du kannst den Kaffee*

alle

ruhig alle machen. You can go ahead and finish the coffee. ◊ Die Milch ist alle. We've run out of milk.

alle² Pron **1** (alle Menschen) everyone [Sing], everybody [Sing], all (gehoben) ◊ Es reicht nicht für alle. There isn't enough for everyone. ◊ Gleiches Recht für alle. Equal rights for all. ◊ ein Film für alle, die Spaß an Klamauk haben a film for everyone who enjoys slapstick **2 wir, ihr etc. ~** we, you, etc. all ◊ Er hat uns alle belogen. He lied to us all. ◊ Sie wussten alle, was los war. They all knew what was going on.

alle(r,s) 1 all (the) ◊ Beim Absturz kamen alle Passagiere ums Leben. All the passengers were killed in the crash. ◊ Alle Mühe war umsonst. All the trouble was for nothing. ◊ trotz aller Bemühungen despite all efforts ◊ in aller Aufrichtigkeit in all honesty ◊ Alle beide haben eine Strafe verdient. Both of them deserved to be punished. ◊ alle meine Bücher all my books

> In allgemein gültigen Aussagen verwendet man **all** ohne Artikel: Können alle Vögel fliegen? Can all birds fly?

Ebenso in offiziellen Mitteilungen: Alle Bewohner sind betroffen. All residents are affected.

2 (im Abstand von) every ◊ alle 14 Tage/200 Meter every two weeks/200 metres **IDM** ⇨ BEISAMMEN, FALL², HAND und MAL¹

alledem all that ◊ Trotz alledem besteht er auf einer Klage. In spite of all that he's insisting on suing. ◊ Nach alledem, was passiert ist, ... After all that's happened ...

Allee avenue

Allegorie allegory*

allegorisch allegorical (Adv allegorically)

allein 1 alone, on your own (umgs) ◊ Er zieht es vor, allein zu wohnen. He prefers to live alone. **2** (einsam) lonely ◊ sich allein fühlen feel lonely **3** (ohne Hilfe) by yourself, on your own ◊ Sie konnte schon mit zehn Monaten allein gehen. She was able to walk by herself at ten months. ◊ Regele deine Probleme allein. Sort out your problems on your own. **4** ~ by yourself, on your own ◊ Bist du von allein auf die Lösung gekommen? Did you work out the answer by yourself? ◊ Die Alarmanlage war von allein losgegangen. The alarm went off on its own. **5** (nur, schon) alone ◊ Allein in der ersten Woche ... In the first week alone ... ◊ Entscheidend ist allein, was man daraus macht. The only thing that matters is what you make of it. **6 ~ stehend/erziehend** single ◊ allein stehende Menschen single people ◊ allein erziehende Mütter single mothers ◊ allein Erziehende single parents **IDM** ⇨ EINZIG, KREMPEL und UNGLÜCK

Alleingang 1 etw im Alleingang tun do sth on your own ◊ Die EU sprach sich gegen einen Alleingang der USA aus. The EU spoke out against the USA going it alone. **2** (SPORT) solo effort; (Sololauf) solo run **Alleinherrscher(in)** autocrat; (Diktator) dictator

alleinig 1 sole (nur vor Nomen) ◊ der alleinige Eigentümer the sole owner **2** (allein stehend) single

Allein- Alleinsein being alone ◊ Er muss sich an das Alleinsein gewöhnen. He'll have to get used to being alone. **Alleinunterhalter(in)** solo entertainer

allemal 1 (ohne Problem) easily ◊ Das reicht allemal. That'll easily be enough. **2** (bestimmt) definitely, certainly ◊ Diese Lösung ist allemal billiger. This solution is certainly cheaper.

allenfalls only; (maximal) at most ◊ Das können sich allenfalls die Superreichen leisten. Only the super-rich can afford that. ◊ Es kamen allenfalls 20 Besucher. 20 visitors came at most.

aller- ... of all ◊ das allerschönste Erlebnis the most wonderful experience of all ◊ allerspätestens um elf at eleven at the very latest

allerbeste(r,s) 1 very best ◊ Er versprach, sein Allerbestes zu geben. He promised to do his very best. ◊ Der Schlagzeuger war am allerbesten. The drummer was best of all. ◊ Am allerbesten hat mir die Bootsfahrt gefallen. I liked the boat trip best of all. **2** (sehr gut) excellent ◊ Sie hat den allerbesten Eindruck hinterlassen. She made an excellent impression.

allerdings 1 (jedoch) however, though ◊ Was wir allerdings nicht bedacht haben, ist ... What we haven't considered, however, is ... ◊ Das Konzert war gut, allerdings etwas laut. The concert was good, though rather loud. ☛ Hinweis bei HOWEVER **2** (gewiss) certainly, you bet (umgs) ◊ Da hast du allerdings Pech gehabt. You've certainly been unlucky. ◊ „Willst du Kuchen?" „Allerdings!" 'Do you want some cake?' 'You bet!'

allererste(r,s) very first ◊ ihr allererster Auftritt her very first appearance ◊ Er hat sich als Allererster gemeldet. He was the very first to volunteer. ◊ in allererster Linie first and foremost ◊ Geld steht nicht an allererster Stelle. Money isn't the most important thing.

Allergie allergy* ◊ eine Allergie gegen Nickel an allergy to nickel

Allergiker(in) allergy sufferer

allergisch allergic ◊ Ich bin allergisch gegen Erdbeeren. I'm allergic to strawberries. ◊ Er reagiert allergisch auf Katzenhaare. He is allergic to cat hair. ◊ Sie ist allergisch gegen jede Form der Angeberei. She hates any kind of showing off.

allergrößte(r,s) greatest ◊ allergrößten Wert auf etw legen attach the greatest importance to sth ◊ unter allergrößten Schwierigkeiten with the utmost difficulty ◊ der allergrößte Teil der Studenten the vast majority of students

allerhand (ziemlich viel) quite a lot; (viele Dinge) all sorts of things ◊ allerhand Erfahrung quite a lot of experience ◊ allerhand zu erledigen haben have all sorts of things to do **IDM** das ist ja allerhand! (überrascht) that's incredible!; (empört) that's a bit much!

allerhöchste IDM ⇨ ZEIT

allerlei all sorts of things ◊ Es gibt allerlei zu gewinnen. You can win all sorts of prizes. ◊ sich allerlei Gedanken machen imagine all sorts of things

allerletzte(r,s) (very) last ◊ in der allerletzten Minute des Spiels in the very last minute of the match ◊ Ich sag's dir jetzt zum allerletzten Mal! I'm telling you for the last time! **IDM** das Allerletzte sein ◊ Das hast du ihm gesagt? Das ist ja wohl das Allerletzte! You said that to him? How could you! ◊ Die Hose ist wirklich das Allerletzte. Those trousers are the end!

Allerwelts- ordinary; (Name) common ◊ ein Allerweltsgesicht haben have an ordinary sort of face

alles Pron **1** everything ◊ Alles klar? Everything OK? ◊ Alles hat zwei Seiten. There are two sides to everything. ◊ Hast du alles erledigt? Did you get everything done? ◊ Ich würde das alles nicht so eng sehen. I wouldn't take it all so seriously. ◊ Mir ist das alles egal. It's all the same to me. ◊ Ist das alles? Is that all? ◊ Es fing alles damit an, dass ... It all began when ... ◊ der alles entscheidende fünfte Satz the crucial fifth set ◊ zu allem fähig capable of anything ◊ auf alles gefasst sein be prepared for the worst ◊ Nach allem, was sie erlebt hat ... After all she has gone through ... ☛ Siehe auch ALL, S. 787. **2** (alle Leute) everyone, everybody ◊ Alles aufstehen! Stand up, everybody! **IDM alles in allem** all in all ◊ Es ist ein alles in allem lesenswertes Buch. All in all, the book is well worth reading. **alles oder nichts** all or nothing **über alles** more than anything else ◊ Ihre Arbeit geht ihr über alles. Her work is more important to her than anything else. ◊ Er liebt seine Tochter über alles. He loves his daughter more than anything in the world. **vor allem** especially ◊ Das war sehr lecker, vor allem die Pizza. That was delicious, especially the pizza. ◊ Mir geht es vor allem darum, dass ... I am particularly concerned that ... ◊ Wir müssen vor allem darauf achten, dass ... Above all, we must make sure that ... ☛ Siehe auch ANDERE

Alles IDM ⇨ EIN

allesamt all

allgegenwärtig everywhere, ubiquitous (gehoben)

allgemein 1 general (Adv generally) ◊ eine allgemeine Einführung a general introduction ◊ Es wird allgemein angenommen, dass ... It is generally assumed that ... ◊ auf allgemeine Ablehnung/Kritik stoßen be widely opposed/criticized ◊ auf allgemeine Zustimmung stoßen meet with widespread approval ◊ Die allgemeine Stimmung war gedämpft. On the whole, the atmosphere was subdued. ◊ im allgemeinen Interesse in everybody's interest ◊ das allgemeine Wahlrecht universal suffrage ◊ So allgemein lässt sich das nicht sagen. You can't generalize like that. ◊ Allgemein gilt, dass ... As a general rule, ... ◊ Es ist allgemein bekannt, dass ... It's a well-known fact that ... ◊ allgemein beliebt widely popular ◊ allgemein verbreitet widespread ◊ allgemein üblich sein be common practice ◊ nicht allgemein zugänglich not open to the general public ◊ sich all-

gemein verständlich ausdrücken express yourself clearly and simply ◊ *eine allgemein verständliche Gebrauchsanweisung* easy-to-follow instructions **2 eine ~ bildende Schule** = a school providing a general education **IDM auf allgemeinen Wunsch** by popular request *im Allgemeinen* in general; *(insgesamt gesehen)* on the whole ◊ *Ich habe nichts gegen Fußball im Allgemeinen, ...* I've got nothing against football in general, ... ◊ *Im Allgemeinen ist sie für ihr Alter sehr vernünftig.* On the whole, she is very sensible for her age.
Allgemeinbildung general education
Allgemeinheit *(Öffentlichkeit)* general public; *(Allgemeinwohl)* general good
Allgemein- Allgemeinmedizin general medicine **Allgemeinmediziner(in)** general practitioner *(Abk GP)* ☛ **G** 2.2d ☛ *Hinweis bei* GP **Allgemeinwissen** general knowledge **Allgemeinwohl** general good
Allheilmittel cure-all; *(fig)* panacea *(gehoben)*
Allianz alliance
Alligator alligator
alliiert allied *(nur vor Nomen)*
Alliierte(r) ally*
Alliteration alliteration [U] ◊ *Sie verwendet viele Alliterationen.* She uses alliteration a lot.
alljährlich annual *(Adv* annually)
allmächtig all-powerful, omnipotent *(gehoben)* **der Allmächtige** the Almighty
allmählich gradual *(Adv* gradually); *(langsam)* slow *(Adv* slowly) ◊ *der allmähliche Abbau von Subventionen* the gradual reduction in subsidies ◊ *Es geht ihm allmählich besser.* He's slowly getting better. ◊ *Die Leute merken allmählich, was ios ist.* People are starting to realize what's going on. ◊ *Es wird allmählich Zeit, dass wir gehen.* It's about time we were going.
Allradantrieb four-wheel drive
Allround- all-round, *(AmE)* all-around *(nur vor Nomen)* ◊ *ein Allroundsportler sein* be an all-round sportsman ◊ *ein Allroundtalent sein* be an all-rounder
allseitig general ◊ *allseitige Zustimmung finden* gain general acceptance ◊ *zur allseitigen Zufriedenheit* to everyone's satisfaction ◊ *allseitig gebildet sein* have a good all-round education
allseits ◊ *allseits beliebt* popular with everyone ◊ *Ihre Fachkenntnisse werden allseits anerkannt.* She is generally recognized as an expert.
Alltag everyday life ◊ *Fotos aus dem amerikanischen Alltag* photos of everyday life in America ◊ *sich wieder im Alltag zurechtfinden* adjust to normal life ◊ *ein Bericht über den Alltag eines Polizisten* a day in the life of a policeman ◊ *der graue Alltag* dull routine
alltäglich 1 *(täglich)* daily ◊ *meine alltäglichen Pflichten* my daily chores ◊ *Güter des alltäglichen Bedarfs* objects of daily use **2** *(gewöhnlich)* everyday *(nur vor Nomen)* ◊ *das alltägliche Leben* everyday life ◊ *Überstunden sind für viele Arbeiter längst alltäglich geworden.* Overtime has become the norm for many workers.
Alltags- Alltagserfahrung everyday experience **Alltagsgeschichten** stories from everyday life [Pl] **Alltagsleben** daily life **Alltagsproblem** problem of daily life **Alltagssorgen** day-to-day worries [Pl] **Alltagssprache** everyday language **Alltagsstress** stress of everyday life
allumfassend comprehensive
Allüren airs and graces [Pl]
allwöchentlich 1 *Adj* weekly **2** *Adv* every week
allzu all too ◊ *Man vergisst allzu leicht, dass ...* It's all too easy to forget that ... ◊ *Verlass dich lieber nicht allzu sehr auf sie.* Don't rely too much on her. ◊ *vor nicht allzu langer Zeit* not that long ago
Allzweck- all-purpose *(nur vor Nomen)* ◊ *ein Allzweckmesser* an all-purpose knife ◊ *ein Allzweckreiniger* a general purpose cleaner
Alm, Alp (high) mountain pasture ◊ *das Vieh auf die Alm treiben* take the cattle up to the summer pastures ◊ *eine Hütte auf der Alm* an Alpine hut
Almosen alms [Pl]
Alp ⇨ ALM
Alpen Alps [Pl]
Alpenland Alpine region **Alpenveilchen** cyclamen*

Alphabet alphabet ◊ *nach dem Alphabet geordnet* in alphabetical order
alphabetisch alphabetical *(Adv* alphabetically) ◊ *in alphabetischer Reihenfolge* in alphabetical order ◊ *alphabetisch geordnet* arranged alphabetically
Alphabetisierung literacy
Alphorn alpenhorn
alpin 1 *(Alpen-)* alpine **2** *(Wintersport)* Alpine ◊ *Sieger in der alpinen Kombination* the winner of the Alpine combined event ◊ *die alpine Saison* the winter sports season
als 1 *(zeitlich)* when; *(während auch)* while ◊ *als ich so alt war wie du* when I was your age ◊ *als er krank war* while he was ill ◊ *gleich als wir ankamen* as soon as we arrived ◊ *Als sie gerade gehen wollte, klingelte das Telefon.* Just as she was about to leave, the telephone rang. **2** *(bei Vergleichen)* than ◊ *ein Jahr jünger als Paul* a year younger than Paul ◊ *Ich kann nicht mehr als fragen.* All I can do is ask. ◊ *Sie ist anders als die anderen.* She is different from the rest. ◊ *Das Spiel ist zu wichtig, als dass wir es verpassen.* The game is too important for us to miss. **3** *(vor Nomen und Adjektiven)* as ◊ *als Übersetzerin arbeiten* work as a translator ◊ *Du als Künstler müsstest doch wissen, dass ...* As an artist, you ought to know that ... ◊ *Genügt das als Beweis?* Is that sufficient proof? ◊ *sich als Außenseiter fühlen* feel an outsider ◊ *Sie kam als Einzige pünktlich.* She was the only one to arrive on time. **4** ~ **(ob/wenn)** as (if) ◊ *Es sieht aus, als ob es bald regnen würde.* It looks as if it's going to rain. ◊ *Es sah so aus, als ob er nicht kommen würde.* It looked as if he wasn't going to come. ◊ *Ich habe den Eindruck, als wäre sie nicht sehr glücklich.* I get the impression she isn't very happy. ◊ *Es kommt mir vor, als würden wir schon ewig warten.* We seem to have been waiting for ever. ◊ *Sie tut so, als ginge sie das alles nichts an.* She acts as if it was nothing to do with her. ◊ *Als wenn ich das nicht geahnt hätte!* I knew it! ☛ *Siehe auch* INSOFERN *und* UMSO **IDM** ⇨ ANDERE(R,S)
also 1 *(folglich)* so, therefore *(gehoben)* ◊ *Mir ist es egal, welche Partei regiert, also wähle ich auch nicht.* I don't care which party is in government, so I don't vote. ◊ *Ich denke, also bin ich.* I think, therefore I am. **2** *(mit anderen Worten)* so ◊ *Sie sind also der Meinung, dass ...* So you're of the opinion that ... ◊ *Wo treffen wir uns also genau?* So where exactly are we meeting? ◊ *1942, also mitten im Krieg* in 1942, i.e. in the middle of the War ◊ *Also bis später!* See you later then! ◊ *Also könnte man sagen, ...* So you could say that ... ◊ *Also gut, dann warten wir eben.* So all right then, we'll just wait. ◊ *Also ich fand das Stück unmöglich.* Well, I thought the play was terrible. ◊ *Na also, es funktioniert doch!* There you are, you see, it does work! **3** well ◊ *Also wirklich!* Well, really! ◊ *Also so was!* Would you believe it!
alt 1 old ◊ *in der guten alten Zeit* in the good old days ◊ *Er ist wieder ganz der Alte.* He's his old self again. ◊ *ein zwei Wochen altes Kätzchen* a two-week-old kitten ◊ *Alter Geizkragen!* The old skinflint! ◊ *sich alt vorkommen* feel your age ◊ *Wenn sie weiter so viel raucht, wird sie nicht alt.* She won't live to old age if she keeps on smoking so much. ◊ *Er wird morgen 20 Jahre alt.* He's twenty tomorrow. ☛ *Auf die Frage nach dem Alter kann man z.B.* **She's 18. oder She's 18 years old.** antworten. Man kann jedoch nicht „She's 18 years." sagen. *Siehe auch* ÄLTER **2** *(antik)* ancient ◊ *Alte Geschichte* ancient history ◊ *das alte Ägypten* Ancient Egypt ◊ *die alten Sprachen* classical languages **3** *(Brot, Kuchen)* stale **4** *(original)* original *(nur vor Nomen)* ◊ *die alten Bundesländer* the original Federal States **5** *(vertraut)* familiar ◊ *Uns bot sich das alte Bild.* A familiar scene greeted our eyes. ◊ *Hier ist alles beim Alten.* Nothing has changed here. ◊ *alles beim Alten lassen* leave things as they are ◊ *Sie ist immer noch die Alte.* She hasn't changed. ◊ *einen alten Gang gehen* continue just as before **IDM jdn alt machen** make* sb look old **(ganz schön) alt aussehen** be in a mess; *(dumm dastehen)* look foolish ◊ *Wenn das schief geht, sehen wir alt aus.* If this goes wrong, we'll be in a mess. **irgendwo nicht alt werden** not stay long somewhere ◊ *In dieser Firma wird sie bestimmt nicht alt.* I don't think she will be staying long with the firm. ☛ *Siehe auch* EISEN, HASE, HUT¹, JUNG, LIED, SCHACHTEL *und* SCHULE
Alt 1 *(Sänger(in), Stimme)* alto*; *(Frau auch)* contralto* ☛ *Beispiele bei* BASS, S. 836. **2** *(Partie)* alto part **3** *der Alt* *(im Chor)* the altos [Pl] **4** ⇨ ALTBIER
Altar altar
Alt- Altbau old building ◊ *ein renovierter Altbau* an old

building that has been renovated ◊ *im Altbau der Klinik* in the old part of the hospital **Altbier** = top-fermented dark beer
Alte(r) (*alte Frau/alter Mann*) old woman*/man*; (*Ehemann/-frau*) husband/wife*; (*Partner(in)*) partner; (*Vater, Mutter*) dad/mum; (*Chef(in)*) boss ◊ *meine Alten* my parents
alteingesessen old-established (*nur vor Nomen*)
Alten- Altenbetreuung care of the elderly ◊ *in der Altenbetreuung arbeiten* work caring for the elderly **Altenheim** old people's home ◊ *ins Altenheim kommen* go into an old people's home **Altenpflege** care of the elderly **Altenpfleger(in)** geriatric nurse **Altenwohnheim** retirement home
Alter age ◊ *im Alter von 70 Jahren* at the age of 70 ◊ *Sie ist gerade in einem schwierigen Alter.* She's at a difficult age. ◊ *ab einem bestimmten Alter* from a certain age ◊ *Sie war bis ins hohe Alter aktiv.* She remained active into old age. ◊ *eine Frau im mittleren Alter* a middle-aged woman ◊ *als ich in deinem Alter war* when I was your age ◊ *Man sah ihm sein Alter nicht an.* He didn't look his age. ◊ *Im Alter sieht man manches anders.* Old age makes you see some things differently. ◊ *mit zunehmendem Alter* as you get older ◊ *Sie haben keinen Respekt vor dem Alter.* They show no respect for their elders. **IDM** ⇨ VORRÜCKEN
älter older ◊ *Sie ist zwei Jahre älter als er.* She is two years older than him. ◊ *ältere Leute* older people ☛ *Siehe auch* ELDERLY ☛ Die Steigerungsformen von **old** sind im Allgemeinen **older** und **oldest**. Wenn man das Alter von zwei Menschen, vor allem von Familienmitgliedern, vergleichen will, kann man im britischen Englisch auch **elder** bzw. bei mehreren **eldest** sagen: *his elder sister* ◊ *Lucas Cranach the Elder* ◊ *the eldest son.*
altern age ◊ *Er ist deutlich gealtert.* He has aged visibly.
alternativ 1 *Adj* alternative (*nur vor Nomen*); (*Theater, Zeitung auch*) fringe ◊ *alternative Medizin* alternative medicine ◊ *ein alternatives Café* an alternative cafe **2** *Adv* ~ **leben** have an alternative lifestyle; (*umweltbewusst*) have a green lifestyle; (*aussteigen*) drop* out; **sich ~ ernähren** have a wholefood diet **3** *Adv* (*oder*) alternatively ◊ *Alternativ könntest du auch …* Alternatively, you could …
Alternative alternative ◊ *eine Alternative zur Kernenergie* an alternative to nuclear energy ◊ *vor der Alternative stehen, entwder …* be faced with a choice between …
Alters- Alterserscheinung sign of old age **Altersgenosse, -genossin** contemporary* **Altersgrenze** (*Maximum*) age limit; (*Minimum*) minimum age; (*für den Ruhestand*) retirement age ◊ *Mit 68 hatte der Senator die Altersgrenze erreicht.* At 68 the senator had reached the compulsory retirement age. **Altersgruppe** age group ◊ *Frauen aller Altersgruppen* women in all age groups ◊ *die Altersgruppe der 30- bis 35-Jährigen* the 18-25 age group **Altersheim** ⇨ ALTENHEIM **Altersklasse** category* ◊ *in der Altersklasse der Senioren* in the over-50 category **Altersunterschied** age difference **Altersversorgung** pension scheme
Alt- Altglas waste glass ◊ *eine Tonne Altglas* a ton of waste glass ◊ *Altglas wieder verwerten* recycle glass **Altglascontainer** bottle bank **althergebracht** traditional **Altkleider** old clothes [Pl] **Altkleidersammlung** collection of old clothes ☛ In Großbritannien werden Altkleider oft auf von kleineren Gruppen organisierten „jumble sales" oder in Geschäften von Wohltätigkeitsorganisationen wie z.B. Oxfam verkauft. **altklug** precocious (*Adv* precociously) **Altlast 1** (*Fläche*) contaminated land [U] ◊ *Die Sanierung der Altlasten wird noch Jahre dauern.* It will take years to clean up contaminated sites. **2** (*Abfall*) toxic waste [U] ◊ *flüssige Altlasten* toxic liquid waste ◊ *Er ist zu einer Altlast geworden.* He's become a liability. **Altmetall** scrap metal **altmodisch 1** *Adj* old-fashioned ◊ *altmodische Ansichten haben* have old-fashioned views ◊ *Der Laden ist richtig schön altmodisch.* The shop is really quaint. **2** *Adv* in an old-fashioned way **Altöl** used engine oil **Altpapier** waste paper **Altphilologie** Classics [U] **altrosa** dusky pink **altsprachlich** classical ◊ *ein altsprachliches Gymnasium* a grammar school which specializes in Classics **Altstadt** old (part of) town ◊ *die Lübecker Altstadt* the old part of Lübeck **Altweibersommer** Indian summer
Alufolie kitchen foil, tin foil
Aluminium, Alu aluminium, (*AmE*) aluminum

Amalgam amalgam
Amateur(in) amateur
Amateur- amateur ◊ *ein Amateurfotograf* an amateur photographer
amateurhaft amateurish
Ambition ambition ◊ *politische Ambitionen* political ambitions ◊ (*keine*) *Ambitionen haben* (not) be ambitious ◊ *Ambitionen auf etw haben* set your sights on sth
ambitioniert ambitious (*Adv* ambitiously)
ambivalent ambivalent
Ambivalenz ambivalence [U/Sing]
Amboss anvil
ambulant 1 (*in Notfällen*) ◊ *ambulant behandelt werden* be treated in casualty **2** (*nicht-stationär*) ◊ *ambulant operiert werden* be operated on as an outpatient **3** (*zu Hause*) domiciliary (*nur vor Nomen*) (*gehoben*) ◊ *ambulante Dienste* domiciliary care
Ambulanz 1 (*Krankenwagen*) ambulance ◊ *Er wurde mit der Ambulanz ins Krankenhaus gebracht.* He was taken to hospital by ambulance. **2** (*Unfallstation*) accident and emergency department, (*BrE auch*) casualty, (*AmE*) emergency room; (*poliklinische Station*) outpatient clinic
Ameise ant
Ameisenbär anteater **Ameisenhaufen** anthill
Amen amen **IDM** ⇨ JA
Amethyst amethyst
Ami American, Yank (*abwert*)
Amme wet nurse ☛ G 2.2d
Ammenmärchen old wives' tale
Ammoniak ammonia
Ammonium ammonium
Amnesie amnesia
Amnestie amnesty*
Amok ~ **laufen** run* amok
Amokläufer(in) person running amok
amortisieren sich ~ be recouped; (*Investition*) pay* for itself
Ampel 1 (traffic) light [meist Pl] ◊ *bei Rot über die Ampel fahren* jump the lights **2** (*Blumen-*) hanging basket
Ampère amp, ampere
Amphibie amphibian
Amphitheater amphitheatre, (*AmE*) amphitheater
Ampulle ampoule
Amputation amputation
amputieren amputate ◊ *Es mussten ihm beide Beine amputiert werden.* He had to have both legs amputated.
Amsel blackbird
Amt 1 office [U] ◊ *ein Amt innehaben* hold office ◊ *sein Amt niederlegen/zur Verfügung stellen* resign from office ◊ *Sie wurde ihres Amtes enthoben.* She was removed from office. ◊ *das Amt des Verteidigungsministers antreten* take up the post of Minister of Defence ◊ *das Amt des Polizeipräsidenten* the post of chief constable **2** (*Behörde*) office **3** (*Funktion*) ◊ *Sie hat freiwillig das Amt der Schatzmeisterin übernommen.* She volunteered to act as treasurer.
amtieren be in office ◊ *weiter amtieren* remain in office ◊ *Sie amtiert seit Januar als Parteivorsitzende.* She became party leader in January. ◊ *die amtierende Bürgermeister* the present mayor ◊ *die amtierende Europameisterin* the reigning European champion
amtlich official (*Adv* officially) ◊ *nach amtlichen Angaben* according to official reports ◊ *Das ist noch nicht amtlich.* It's not official yet. ◊ *das amtliche Kennzeichen* the registration number
Amts- Amtsarzt, -ärztin ≈ medical officer, (*AmE*) ≈ medical examiner **amtsärztlich** ◊ *ein amtsärztliches Attest ausstellen* issue a medical certificate **Amtsgericht** county court **Amtsgeheimnis 1** (*Schweigepflicht*) official secrecy **2** (*Information*) official secret **Amtszeit** period of office
amüsant entertaining (*Adv* entertainingly); (*Abend*) enjoyable (*Adv* enjoyably)
amüsieren 1 amuse ◊ *Es amüsierte ihn sehr.* It amused him very much. ◊ *amüsiert lächeln* smile in amusement **2 sich ~** enjoy yourself, have a good time ◊ *Ich will mich mal wieder so richtig gut amüsieren.* I'm really going to enjoy myself. **3 sich über jdn/etw ~** laugh at sb/sth; (*sich lustig*

machen) make* fun of sb/sth **4 sich mit jdm ~** (*ausnutzen*) be amusing yourself with sb ◊ *Sie will sich nur mir dir amüsieren.* She's only amusing herself with you.

an

- **räumlich 1** on, at ◊ *an der Wand hängen* be on the wall ◊ *Bremen liegt an der Weser.* Bremen is on the Weser. ◊ *die Schuhe an der Fußmatte abwischen* wipe your shoes on the mat ◊ *an der Grenze liegen* be on the border ◊ *an der Tür stehen* be (standing) at the door ◊ *an der Grenze warten* wait at the border ◊ *Er arbeitet am Theater.* He works at the theatre. ◊ *am Meer* by the sea ◊ *jdn am Arm festhalten* grab sb by the arm ◊ *am Himmel* in the sky ◊ *An dieser Stelle passierte das Unglück.* This is the spot where the accident happened. ◊ *An dieser Stelle sollten wir lieber aufhören.* At this point we'd better stop. **2** (*in eine Richtung*) to ◊ *Er befestigte die Lampe an der Decke.* He fixed the lamp to the ceiling. ◊ *Sie stellte die Leiter an die Wand.* She put the ladder up against the wall.
- **zeitlich 3** on, at ◊ *am Montag* on Monday ◊ *an einem Mittwochmorgen* on a Wednesday morning ◊ *an einem sonnigen Tag* on a sunny day ◊ *an meinem Geburtstag* on my birthday ◊ *an Ostern/Weihnachten* at Easter/Christmas ◊ *am Morgen/Nachmittag* in the morning/afternoon ☛ „Am Wochenende" heißt im britischen Englisch **at the weekend** und im amerikanischen **on the weekend**.
- **mit Präpositionen 4 bis ~ etw** (up) to sth ◊ *Das Hochwasser kam bis an die Haustür.* The (flood) water came right up to the front door. ◊ *bis an sein Lebensende* to the end of his days **5 von … ~** from … (on) ◊ *von nun an* from now on ◊ *vom 1 April an* from the first of April
- **andere Ausdrücke 6** (*in Mengenangaben*) ◊ *Was hat er im letzten Jahr an Land verkauft?* How much land did he sell last year? ◊ *Wurst am Stück kaufen* buy salami in the piece **7** (*mit Krankheiten etc.*) of ◊ *an etw sterben* die of sth ◊ *Er war an einer Grippe erkrankt.* He had flu. **8** (*mit Ankunftszeiten*) ◊ *Köln an: 20.30 Uhr* Arrives Cologne: 20.30 **9 ~ die** (*ungefähr*) about ◊ *an die 200 Menschen* about 200 people **10** (*mit Beschäftigungen*) ◊ *Er war seit vier Stunden an der Arbeit.* He had been working for four hours. ◊ *Sie schrieb den ganzen Tag an dem Aufsatz.* She spent all day working on the essay.
- **als Adverb 11** (*eingeschaltet*) on ◊ *Das Licht ist an.* The light's on. **12** (*mit Kleidern*) ◊ *ohne etwas an* with nothing on ◊ *Was hast du an?* What are you wearing? ☛ Für andere Ausdrücke mit **an** siehe die Einträge für die entsprechenden Nomina etc. **An jdn denken** z.B. steht unter **denken**.

[IDM] **an** (**und für**) **sich** ◊ *Die Burg an sich ist schon ein lohnendes Ausflugsziel.* The castle alone is worth the journey. ◊ *Damit stellt er das System an sich infrage.* This questions the value of the system itself. ◊ *An und für sich ist er ein lieber Mensch.* Basically he's a nice person. **es ist an jdm, etw zu tun** it's up to sb to do sth ☛ *Siehe auch* AB

Anachronismus anachronism
anachronistisch 1 anachronistic (*Adv* anachronistically) **2** (*veraltet*) outdated
anaerob anaerobic
analog 1 (*Computer, Uhr, Aufnahme*) analogue, (*bes AmE*) analog **2** *Adj* (*ähnlich*) similar, analogous (*gehoben*) ◊ *in analoger Weise* in a similar way **3** *Adv* (*entsprechend*) correspondingly; **~ zu etw** in line with sth; (*ähnlich*) along the lines of sth ◊ *Als der neue Zugfahrplan eingeführt wurde, änderten sich die Abfahrzeiten der Busse analog.* When the new train timetable was introduced, the bus times were changed correspondingly. ◊ *Die Preise steigen analog zu den Löhnen.* Prices are rising in line with wages. ◊ *Weitere Veranstaltungen sind geplant, analog den Protesten im Frühjahr.* Further events are planned along the lines of the protests in the spring.
Analogie 1 analogy* ◊ *Er sieht darin eine Analogie zur industriellen Revolution.* He sees in it an analogy with the industrial revolution. **2 in ~ zu etw** along similar lines to sth ◊ *In Analogie zu amerikanischen Einrichtungen sollen hier Campusuniversitäten entstehen.* Campus universities are to be set up here along similar lines to American institutions.
Analphabet(in) illiterate ◊ *Er ist Analphabet.* He is illiterate.
Analphabetismus illiteracy
Analyse analysis* ◊ *Es wurde zur Analyse ins Labor gebracht.* It was taken to the laboratory for analysis.

analysieren analyse, (*AmE*) analyze
Analytiker(in) analyst ☛ G 2.2d
Anämie anaemia, (*AmE*) anemia
anämisch anaemic, (*AmE*) anemic
Ananas pineapple
Anarchie anarchy
Anarchist(in) anarchist
Anästhesie 1 (*Abteilung, Wissenschaft*) anaesthesiology, (*AmE*) anesthesiology **2** (*Narkose*) anaesthetic, (*AmE*) anesthetic **3** (*Zustand*) anaesthesia, (*AmE*) anesthesia
Anatomie anatomy*
anatomisch anatomical (*Adv* anatomically)
anbahnen 1 sich ~ develop; (*Konflikt, Streit, Tragödie*) be looming; (*Änderung*) be in the offing ◊ *eine sich anbahnende Freundschaft* a developing friendship ◊ *Eine Krise bahnt sich an.* A crisis is looming. ◊ *Zwischen den beiden bahnt sich etwas an.* There's something going on between those two. **2** (*Gespräch, Kontakt etc.*) initiate; (*Geschäft*) set* sth up
Anbau 1 (*von Pflanzen*) cultivation ◊ *der Anbau genveränderter Pflanzen* the cultivation of genetically modified plants ◊ *aus biologischem Anbau* organically grown ◊ *aus eigenem Anbau* home grown **2** (*Gebäude*) extension **3** (*das Anbauen*) building ◊ *Braucht man eine Genehmigung für den Anbau eines Wintergartens?* Do you need planning permission to build a conservatory?
anbauen 1 (*Pflanzen*) grow* ◊ *biologisch angebautes Gemüse* organically grown vegetables **2** (*Gebäude*) build* an extension; **etw (an etw) ~** add sth (to sth), build* sth (onto sth) ◊ *Wir wollen anbauen.* We want to build an extension. ◊ *Dieser Seitenflügel wurde später angebaut.* This wing was added later. ◊ *An die Schule wurde eine Turnhalle angebaut.* A gym was built onto the school.
anbehalten keep* *sth* on
anbei enclosed ◊ *Anbei übersende ich Ihnen …* Please find enclosed …
anbeißen 1 take* the bait (*auch fig*) **2** (*Apfel etc.*) bite* (into) *sth*, take* a bite of *sth*
anbelangen was jdn/etw anbelangt as far as sb/sth is concerned
anbeten worship* (*auch fig*) ◊ *Er betet seine Mutter an.* He worships his mother.
Anbetracht in ~ einer Sache in view of sth ◊ *In Anbetracht der Tatsache, dass …* In view of the fact that …
Anbetung worship (*auch fig*); (*Verehrung*) adoration
anbiedern sich (**bei jdm**) **~** curry* favour (with sb), (*AmE*) curry* favor (with sb) (*abwert*), ingratiate yourself (with sb) (*abwert*) ◊ *sein anbiedernder Ton* his ingratiating tone
anbieten 1 (**jdm**) **etw ~** offer sb sth, offer sth (to sb) ◊ *Er bot ihr einen Keks an.* He offered her a biscuit. ◊ *Kann ich Ihnen etwas zu trinken anbieten?* Can I offer you something to drink? ◊ *Sie haben angeboten, uns beim Umzug zu helfen.* They've offered to help us with the move. ◊ *Die Stelle wurde ihr angeboten.* She was offered the job. ◊ *Die Bauern bieten Obst und Gemüse zum Verkauf an.* The farmers are selling fruit and vegetables. **2** (*vorschlagen*) suggest ◊ *eine Lösung anbieten* suggest a solution ◊ *Wann bietest du ihr endlich das Du an?* When are you finally going to suggest she calls you 'Du'? ☛ *Hinweis bei* DUZEN **3** ◊ *seinen Rücktritt anbieten* tender your resignation **4 sich (als etw) ~** offer your services (as sth); **sich ~ etw zu tun** offer to do sth ◊ *Sie haben sich als Vermittler angeboten.* They have offered their services as mediators. ◊ *Er bot sich an, uns beim Umzug zu helfen.* He has offered to help us with the move. **5 sich ~** (*in Betracht kommen*) present itself; (*geeignet sein*) be suitable ◊ *Diese Lösung bot sich an.* This solution presented itself. ◊ *Welche Möglichkeiten bieten sich an?* What possibilities are there? ◊ *Es bietet sich an, jetzt eine Pause einzulegen.* It might be a good idea to have a break now.
Anbieter (COMP) provider
anbinden 1 tie* *sb/sth* up; **jdn/etw an etw ~** tie* sb/sth to sth ◊ *Bohnen an einer Stange anbinden* tie beans to a stake ◊ *den Hund anbinden* tie the dog up ☛ *Siehe auch* ANGEBUNDEN **2** connect, link ◊ *Die Stadt soll an das ICE-Netz angebunden werden.* The town is to be linked to the ICE-network. ◊ *Der Vorort ist jetzt besser an die S-Bahn angebunden.* The suburb now has better S-Bahn connections.

Anblick

Anblick sight ◊ *Beim Anblick von Oldtimern gerät er ins Schwärmen.* He gets carried away at the sight of vintage cars.
anblicken look at *sb/sth*
anbraten fry*; (*Fleisch*) brown
anbrechen 1 (*Knochen*) crack ◊ *sich das Schlüsselbein anbrechen* crack your collarbone **2** start; (*Flasche, Packung*) open; (*Vorräte, Ersparnisse, Geldschein*) break* into ◊ *eine angebrochene Flasche Wein* an opened bottle of wine ◊ *Wer hat die Tafel Schokolade angebrochen?* Who has broken into this bar of chocolate? ◊ *Was machen wir mit dem angebrochenen Abend?* What are we going to do with the rest of the evening? ◊ *jede angebrochene Stunde* every hour or part of an hour **3** (*Tag, Zeitalter, Morgen*) dawn; (*Dunkelheit*) fall*; (*Herbst, Winter*) set* in; (*Frühling, Sommer*) begin*
anbrennen 1 (*beim Kochen*) burn* ◊ *Mir ist das Essen angebrannt.* I've burned the dinner. ◊ *Es riecht angebrannt.* There is a smell of burning. **2** (*zu brennen beginnen*) catch* fire; (*Holz, Kohlen*) start to burn **3** (*anzünden*) set* fire to *sth*; (*Zigarette etc.*) light*
anbringen 1 (*befestigen*) put* *sth* up ◊ *eine Tafel an der Wand anbringen* put a plaque up on the wall **2** (*mitbringen*) bring* *sb/sth* along ◊ *Er bringt immer irgendwelche Tiere an.* He's always bringing home some animal or other. **3** (*Argument, Frage*) put* *sth* forward; (*Kritik, Zweifel*) voice ☛ *Siehe auch* ANGEBRACHT
Anbruch beginning; (*Tag, Zeitalter auch*) dawn ◊ *der Anbruch einer neuen Ära* the dawn of a new age ◊ *bei Anbruch der Dunkelheit* at nightfall
anbrüllen 1 yell at *sb* **2** *gegen etw* ~ shout above the noise of *sth* ◊ *Wir mussten gegen den Lärm anbrüllen, um uns verständlich zu machen.* We had to shout to make ourselves heard above the noise.
Andacht 1 (*Gottesdienst*) (short) service **2** (*Gebet*) prayer ◊ *zur Andacht vor dem Altar niederknien* kneel in prayer before the altar **3** (*Konzentration*) rapt attention
andächtig 1 reverent (*Adv* reverently); (*fromm*) devout (*Adv* devoutly) ◊ *Sie kniete andächtig vor dem Kreuz.* She knelt reverently in front of the cross. **2** (*konzentriert*) rapt ◊ *eine andächtige Stille im Stadium* a rapt silence in the stadium ◊ *Das Publikum hörte andächtig zu.* The audience listened with rapt attention.
andauern continue, go* on ◊ *Die Bauarbeiten werden bis Mai andauern.* The building work will continue until May. ◊ *Der Streit dauert schon seit drei Jahren an.* The dispute has been going on for three years.
andauernd 1 *Adj* continuing, ongoing ◊ *die andauernden Bauarbeiten* the ongoing building work **2** *Adv* (*ständig*) always ◊ *Er sucht andauernd Streit.* He's always trying to pick a quarrel. ◊ *Sie stört uns andauernd.* She keeps on disturbing us.
Andenken 1 memory ◊ *im/zum Andenken an jdn/etw* in memory of *sb/sth* ◊ *ein ehrendes Andenken an jdn bewahren* honour sb's memory **2** (*Gegenstand*) memento*; (*Souvenir*) souvenir ◊ *Dieser Ring ist ein Andenken an meine Oma.* This ring is a memento of my gran.
andere(r,s)
• **als Adjektiv 1** other ◊ *mit anderen Worten* in other words ◊ *ein Job wie jeder andere* a job like any other ◊ *ein anderes Mal* another time ◊ *in eine andere Stadt ziehen* move to another town ◊ *an anderer Stelle im Text* elsewhere in the text **2** (*unterschiedlich*) different ◊ *Jede Kategorie ist mit einer anderen Farbe gekennzeichnet.* Each category is marked with a different colour. ◊ *Das ist eine ganz andere Frage.* That's a very different question. ◊ *Er ist ein ganz anderer Mensch geworden.* He has become a totally different person. ◊ *Ich bin da etwas anderer Meinung.* I don't quite agree. **3** (*nächste(r,s)*) next (*nur vor Nomen*) ◊ *am anderen Tag* the next day ◊ *von einem Tag auf den anderen* from one day to the next ◊ *Ein Wort gab das andere.* One thing led to another.
• **als Pronomen 4** (*Person*) other ◊ *Sie haben zwei Söhne. Der eine spielt Klavier, der andere Geige.* They have two sons. One plays the piano, the other the violin. ◊ *Ich komme, aber die anderen nicht.* I'm coming, but the others aren't. ◊ *die beiden anderen* the other two ◊ *Es ging einer nach dem anderen weg.* They left one after another. ◊ *alle anderen* everyone else ◊ *Er hat jetzt eine andere.* He's got a different girlfriend now. ◊ *Mir ist es egal, was andere denken.* I don't care what other people think. ◊ *Der eine oder andere hat sich beschwert, aber die meisten waren zufrieden.* One or two people complained, but most were satisfied. ◊ *Der eine spielt gern Fußball, der andere Tennis, der dritte lieber Volleyball.* Some people like to play football, others tennis and others again prefer volleyball. **5 ein(e) andere(r,s)** *Pron* (*Ding*) a different one; (*noch eins*) another one; (*Mensch*) somebody else ◊ *Das Buch gefällt mir nicht. Ich hätte gern ein anderes.* I don't like this book. I'd like a different one. ◊ *Das Glas hat einen Sprung. Hast du ein anderes?* This glass is cracked. Have you got another one? ◊ *Immer eins nach dem anderen!* Just do one thing at a time! **IDM alles andere als …** not … at all, far from … ◊ *Das ist alles andere als billig.* That's not cheap at all. ◊ *Es ist alles andere als sicher, dass …* It is far from certain that … **etwas anderes** something else ◊ *Wir müssen uns etwas anderes einfallen lassen.* We'll have to think of something else. ◊ *Das ist doch etwas ganz anderes!* But that's different! **nichts anderes** nothing else ◊ *Ich habe heute nichts anderes vor.* I'm not doing anything else today. ◊ *Mir blieb nichts anderes übrig, als zur Polizei zu gehen.* I had no option but to go to the police. ◊ *Sie tun nichts anderes als reden.* They do nothing but talk. ◊ *Das ist nichts anderes als Diebstahl.* That amounts to theft. **unter anderem** among other things ◊ *Zu der Sammlung gehören unter anderem Uhren und Schmuck.* The collection comprises watches and jewellery, among other things. ☛ *Siehe auch* SEITE und UNTER
anderenfalls, andernfalls otherwise
andererseits, andrerseits on the other hand ☛ *Hinweis bei* HOWEVER
ändern (**sich**) ~ change, alter ◊ *Ich habe meine Meinung geändert.* I've changed my mind. ◊ *Daran lässt sich jetzt nichts mehr ändern.* It can't be changed now. ◊ *Sie hat sich überhaupt nicht geändert.* She hasn't changed at all. ◊ *Das kann sich schnell ändern.* That can change very quickly. ◊ *einen Rock ändern lassen* have a skirt altered ◊ *Das ändert nichts daran, dass …* That doesn't alter the fact that … ◊ *Das ist leider nicht zu ändern.* Unfortunately nothing can be done about it. ☛ **Change** kann jede Veränderung beschreiben. **Alter** wird meist verwendet, um eine Veränderung im Aussehen, Charakter oder in der Verwendung etc. einer Sache zu beschreiben.
andernfalls ⇨ ANDERENFALLS
anders 1 (*verschieden*) different (*Adv* differently) ◊ *Er ist anders als die anderen.* He is different from the others. ◊ *Du siehst anders aus.* You look different today. ◊ *Es schmeckt anders als sonst.* It tastes different from usual. ◊ *Ich sehe das anders.* I see that differently. ◊ *sich anders entscheiden* come to a different decision ◊ *Das muss anders werden.* That's got to change. ◊ *Wie könnte es auch anders sein?* What else would you expect? ◊ *Sie hat es sich anders überlegt.* She has changed her mind. ◊ *Es kam ganz anders als erwartet.* Things didn't turn out as expected. ◊ *anders ausgedrückt* in other words ◊ *Anders als in anderen Städten gibt es in Berlin …* Unlike other cities, Berlin has … **2** (*sonst*) else ◊ *War noch jemand anders da?* Was there anyone else there? ◊ *irgendwo anders* somewhere else ◊ *Das könnte nirgendwo anders als in England passieren.* That could only happen in England. **3** ~**Denkende(r)** dissenter; (*Dissident*) dissident **4** ~**lautend** to the contrary (*nicht vor Nomen*) ◊ *anderslautende Meldungen* reports to the contrary
andersartig different
andersherum, andersrum 1 the other way round; (*in eine andere Richtung*) the other way ◊ *Muss das Bild nicht andersherum sein?* Doesn't the picture go the other way round? ◊ *den Griff andersherum drehen* turn the handle the other way **2** (*homosexuell*) gay
anderswo somewhere else; (*in Fragen und verneinten Sätzen*) anywhere else ◊ *Ich kann auch anderswo sitzen.* I can sit somewhere else. ◊ *So etwas findet man anderswo nicht.* You can't find this kind of thing anywhere else.
anderthalb one and a half ◊ *anderthalb Millionen* one and a half million ◊ *anderthalb Stunden* an hour and a half/one and a half hours ◊ *Das Kind ist anderthalb Jahre alt.* The child is eighteen months old.
Änderung ~ (**einer Sache**) change (in *sth*), alteration (to *sth*); (*in einem Gesetz, Dokument*) amendment (to *sth*) ◊ *eine grundlegende Änderung in der Drogenpolitik* a fundamental change in the policy on drugs ◊ *Sie nahm nur einige*

kleine Änderungen vor. She just made some minor alterations. ☛ *Hinweis bei* ÄNDERN
Änderungsantrag amendment ◊ *einen Änderungsantrag einbringen/vorlegen* introduce/table an amendment
Änderungsvorschlag suggestion for change; (*zu einem Gesetz, Dokument*) proposed amendment ◊ *Der Lehrer hörte sich unsere Änderungsvorschläge an.* The teacher listened to our suggestions for change.
anderweitig 1 *Adj* other ◊ *anderweitige Verpflichtungen* other responsibilities **2** *Adv* in other ways; (*an anderer Stelle*) elsewhere ◊ *Sie spielen mit den Kindern oder beschäftigen sie anderweitig.* They play with the children or occupy them in other ways. ◊ *Sie müssen anderweitig untergebracht werden.* They have to be accommodated elsewhere. ◊ *Das Gebäude wird jetzt anderweitig genutzt.* The building is being used for another purpose.
andeuten 1 (*zu verstehen geben*) hint, indicate (*gehoben*) ◊ *Sie deutete an, dass sie gehen würde.* She hinted that she would be leaving. ◊ *die Bereitschaft andeuten, etw zu tun* indicate your willingness to do sth ◊ *Willst du damit andeuten, dass ...?* Are you suggesting that ...? ☛ *Hinweis bei* SUGGEST **2** (*skizzieren*) outline; (*kurz erwähnen*) mention **3 etw deutet sich an** there are signs of sth ◊ *Eine Besserung deutet sich noch nicht an.* There are no signs of improvement yet.
Andeutung hint ◊ *Sie hat eine vage Andeutung gemacht, dass ...* She dropped a vague hint that ... ◊ *mit der Andeutung eines Lächelns* with a hint of a smile ◊ *Er sprach nur in Andeutungen davon.* He just hinted about it.
andeutungsweise ◊ *Sie gab ihm andeutungsweise zu verstehen, dass ...* She hinted that ... ◊ *Diese Fragen wurden nur andeutungsweise angesprochen.* These questions were only touched upon. ◊ *Die Burg ist nur andeutungsweise zu erkennen.* You can just make out the outline of the castle. ◊ *Wie kann man ihre Lebensbedingungen auch nur andeutungsweise verbessern?* How can we improve their living conditions even slightly?
andichten jdm etw ~ (*etwas Positives*) credit sb with sth; (*etwas Negatives*) accuse sb of sth
andicken thicken
andiskutieren start to discuss *sth*
Andrang rush; (*Gedränge*) crowd ◊ *der Andrang auf die Karten* the rush for tickets ◊ *Beim Sommerfest herrschte ein enormer Andrang.* There was an enormous crowd at the summer fête.
andrehen 1 (*anstellen*) turn *sth* on ◊ *die Heizung/das Wasser andrehen* turn on the heating/water **2 jdm etw ~** talk sb into buying sth; (*Aufgabe*) land sb with sth
andrerseits ⇨ ANDERERSEITS
androhen threaten; **jdm etw ~** threaten sb with sth ◊ *Sie drohte ihren Rücktritt an.* She threatened to resign. ◊ *Sie drohten uns Gewalt an.* They threatened us with violence. ◊ *Er drohte ihr die Kündigung an.* He threatened to dismiss her.
Androhung 1 threat ◊ *die Androhung militärischer Gewalt* the threat of military action **2** (RECHT) ◊ *unter Androhung eines Bußgelds* under penalty of a fine
andrücken press *sth* down
anecken (**mit etw**) (**bei jdm**) **~** cause offence (to sb) (by sth) ◊ *Sie ist mit ihren Ansichten schon öfters angeeckt.* Her views have frequently caused offence.
aneignen 1 (*Wissen, Kenntnisse*) acquire **2** (*wegnehmen*) misappropriate
Aneignung (*Lernen*) acquisition
aneinander 1 each other, one another ◊ *aneinander denken* think of each other ◊ *aneinander vorbeigehen* pass each other ◊ *sich aneinander gewöhnen* get used to each other ◊ *aneinander vorbiereden* talk at cross purposes **2** (*zusammen*) together ◊ *Die Tische stehen eng aneinander.* The tables are close together. ◊ *zwei Stücke aneinander kleben* stick two pieces together ◊ *aneinander grenzende Grundstücke* neighbouring plots of land **3 ~ hängen** (*sich mögen*) be attached to each other **4** (**mit jdm**) **~ geraten** come* to blows (with sb), quarrel* (with sb) **5 etw ~ reihen** string* sth together ◊ *Wörter aneinander reihen* string words together ◊ *Aneinander gereihte Bücher standen im Regal.* Rows of books were standing on the shelves. **6 sich ~ reihen** stand* in rows; (*folgen*) follow one after the other ◊ *Eindringliche Bilder reihten sich aneinander.* Powerful images followed one after the other. ◊ *Auf dem Marktplatz reihten sich Stände aneinander.* There were rows of stalls on the market place.
Anekdote anecdote
anekeln jd/etw ekelt jdn an sb/sth is disgusting ◊ *Dieses Handtuch ekelt mich an!* This towel is disgusting!
Anemone anemone
anerkannt 1 (*geachtet*) recognized; (*akzeptiert*) accepted ◊ *ein international anerkannter Experte* an internationally recognized expert ◊ *allgemein anerkannte Regeln* generally accepted rules **2** (*offiziell*) approved, recognized ◊ *staatlich anerkannt* state-approved ◊ *ein anerkannter Flüchtling* a person who has been granted official refugee status
anerkennen 1 (*würdigen*) recognize, appreciate; (*akzeptieren*) accept ◊ *Er fühlt sich von seinem Lehrer nicht anerkannt.* He doesn't feel appreciated by his teacher. ◊ *jdm anerkennend zunicken* nod appreciatively at sb ◊ *anerkennende Worte* words of appreciation ◊ *Sie fühlen sich nicht als Deutsche anerkannt.* They do not feel accepted as Germans. **2** (*offiziell*) recognize ◊ *Wird das englische Abitur in Deutschland anerkannt?* Are English A levels recognized in Germany? ◊ *als Kriegsdienstverweigerer anerkannt werden* be given conscientious objector status ◊ *ein Land diplomatisch anerkennen* give a country diplomatic recognition **3** (*Kind*) acknowledge
anerkennenswert commendable (*gehoben*)
Anerkennung 1 (*Würdigung*) recognition, (*Dankbarkeit*) appreciation ◊ *Sie genießt weltweite Anerkennung.* She enjoys worldwide recognition. ◊ *Er bemüht sich ständig um Anerkennung.* He is constantly seeking recognition. ◊ *ein kleines Geschenk als Zeichen der Anerkennung* a small gift as a token of appreciation **2** (*offiziell*) recognition ◊ *diplomatische Anerkennung* diplomatic recognition
Anerkennungsverfahren = screening procedure (for refugees or conscientious objectors)
anerzogen acquired ◊ *anerzogenes Verhalten* acquired behaviour ◊ *Ihre Ordnungsliebe ist anerzogen.* She was brought up to be tidy.
anfachen 1 (*Feuer*) fan* **2** (*Debatte, Streit*) fuel*
anfahren 1 (*losfahren*) set* off **2** (*verletzen*) hit* ◊ *Der Hund ist angefahren worden.* The dog's been hit by a car. **3** (*liefern*) deliver **4** (*anschnauzen*) shout at *sb*
Anfahrt 1 (*Anreise*) journey ◊ *Die Anfahrt dauerte länger als erwartet.* The journey took longer than expected. **2** (*Zufahrt*) approach road; (*privat*) drive
Anfall 1 (MED) attack; (*epileptisch*) fit **2** (*Anwandlung*) fit ◊ *in einem Anfall von Eifersucht* in a fit of jealousy ◊ *in einem Anfall von Leichtsinn* in a rash moment IDM **einen Anfall bekommen/kriegen** (*wütend werden*) throw* a fit
anfallen 1 (*überfallen*) attack **2** (*Kosten*) arise*; (*Müll*) accumulate; (*Zinsen*) accrue ◊ *die Abfälle, die in der Küche anfallen* the waste that accumulates in the kitchen ◊ *In den Ferien fällt hier kaum Arbeit an.* There's hardly any work here in the holidays.
anfällig delicate; (*Maschine etc.*) unreliable; **für etw ~ sein** (*Krankheiten etc.*) be susceptible to sth ◊ *gesundheitlich anfällig sein* have delicate health ◊ *für Erkältungen anfällig sein* be susceptible to colds
Anfälligkeit weakness; **~ für etw** susceptibility to sth
Anfang beginning ◊ *Anfang Januar* at the beginning of January ◊ *Er ist Anfang fünfzig.* He's in his early fifties. ◊ *Das Projekt steckt noch in den Anfängen.* The project is still in its early stages. ☛ *Hinweis bei* FIRSTLY IDM **aller Anfang ist schwer** the hardest part is always the beginning **am Anfang** (*zuerst*) at the beginning; (*zunächst*) at first ◊ *Warum hat er das nicht gleich am Anfang gesagt?* Why didn't he say so right at the beginning? ◊ *Am Anfang fand sie Latein langweilig.* She found Latin boring at first. **den Anfang machen** make* a start **einen neuen Anfang machen** make* a fresh start **von Anfang an** from the start ◊ *Ich war von Anfang an dagegen.* I was against it from the start.
anfangen 1 (*beginnen*) start, begin* ◊ *Es fängt um zehn an.* It starts at ten. ◊ *Können wir endlich anfangen?* Can we finally get started? ◊ *Jonas hat angefangen!* Jonas started it! ◊ *Das fängt ja gut an!* That's a good start!

Begin und start haben fast die gleiche Bedeutung, wobei start etwas umgangssprachlicher ist. Nach beiden kann entweder to oder die ing-Form eines Verbs stehen: *The baby began/started to cry.* ◊ *The baby began/started crying.* Wenn **begin** oder **start** selbst in der ing-Form steht, muss **to** folgen: *The baby was just beginning/starting to cry.* **Commence** ist wesentlich förmlicher als **begin** oder **start** und wird nur im geschriebenen Englisch verwendet.

2 *mit etw* ~ start sth, begin* sth ◊ *Hast du schon mit den Fahrstunden angefangen?* Have you started your driving lessons yet? **3** (*machen*) do* ◊ *Was sollen wir ohne sie bloß anfangen?* What on earth are we going to do without her? ◊ *Sie weiß nichts mit sich anzufangen.* She doesn't know what to do with herself. IDM **jd kann mit etw/jdm nichts anfangen 1** (*gebrauchen können*) sth/sb is no use to sb ◊ *Mit dem Abschluss kannst du nicht viel anfangen.* Those qualifications won't be much use to you. ◊ *Seit sie einen Freund hat, ist mit ihr nichts mehr anzufangen.* Since she's got a boyfriend, she's hopeless. **2** (*nicht mögen*) sb has no time for sth/sb ◊ *Mit dem Kerl kann ich nichts anfangen.* I have no time for that bloke. **3** (*verstehen*) sb can't make anything of sth/sb ◊ *Ich kann mit Kafka überhaupt nichts anfangen.* I can't make anything of Kafka. **etw mit jdm anfangen** (*Affäre*) start an affair with sb ☛ *Siehe auch* KLEIN, NULL *und* RECHT

Anfänger(in) 1 beginner; (*Autofahrer*) learner (driver) ◊ *ein blutiger Anfänger* an absolute beginner **2** (*Stümper*) amateur

Anfängerkurs beginners' course

anfänglich 1 *Adj* initial ◊ *nach anfänglichem Zögern* after some initial hesitation **2** *Adv* at first, initially (*gehoben*)

anfangs at first ◊ *Die anfangs freundliche Stimmung schlug plötzlich um.* The mood, which had been friendly at first, suddenly changed.

Anfangs- Anfangsbuchstabe first letter **Anfangsphase** initial phase **Anfangsstadium** initial stage **Anfangszeit 1** starting time **2** (*Anfänge*) early days [Pl] ◊ *die Anfangszeit der Studentenbewegung* the early days of the student movement

anfassen 1 (*berühren*) touch ◊ *Nicht anfassen!* Don't touch! **2** (*Problem, Aufgabe etc.*) tackle, deal* with *sth*; (*Menschen*) treat ◊ *ein heikles Thema anfassen* deal with a delicate issue ◊ *Er hat seinen Sohn immer sehr hart angefasst.* He always treated his son very harshly. **3** *sich* ~ feel* ◊ *Der Pulli fasst sich ganz weich an.* The jumper feels really soft. IDM (**bei etw**) **mit anfassen** lend* a hand (with sth) ◊ *Kannst du mal mit anfassen?* Can you lend me a hand? **zum Anfassen** approachable

anfechtbar 1 (RECHT) appealable **2** (*umstritten*) controversial

anfechten (*Testament*) contest; (*Urteil*) appeal against *sth*; (*Vertrag, Entscheidung*) challenge

anfertigen make*; (*Hausaufgaben, Porträt*) do*; (*Gutachten, Studie*) prepare ◊ *Er lässt seine Anzüge nach Maß anfertigen.* He has his suits made to measure.

anfeuern cheer *sb* on

anflehen beg*

Anflug 1 approach **2** (*Hauch*) hint ◊ *ohne jeden Anflug von Ironie* without a hint of irony

anfordern request; (*Waren, Ersatzteile*) order; (*Verstärkung*) call for *sth*

Anforderung 1 request **2 Anforderungen** (*Ansprüche*) demands [Pl]; (*Bestimmungen*) requirements [Pl] ◊ *hohe Anforderungen an jdn stellen* place high demands on sb ◊ *den hygienischen Anforderungen entsprechen* meet hygiene requirements

Anfrage 1 inquiry* **2** (*im Parlament*) question

anfragen (**bei jdm**) ~ ask (sb), inquire (of sb) (*gehoben*) ◊ *Fragen Sie doch mal beim Abteilungsleiter an.* Why don't you ask the head of department?

anfreunden *sich* (**mit jdm**) ~ become* friends (with sb) ◊ *Sie haben sich schnell angefreundet.* They quickly became friends. IDM **sich mit etw anfreunden können** get* to like sth ◊ *Mit dem Gedanken könnte ich mich durchaus anfreunden.* I could really get to like the idea. **sich mit etw nicht anfreunden können** not get on with sth ◊ *Er kann sich mit Computern einfach nicht anfreunden.* He just can't get on with computers.

anfühlen (**sich**) ~ feel* ◊ *Das fühlt sich feucht an.* This feels damp. ◊ *Fühl mal diese Wolle an.* Feel this wool.

anführen 1 (*an der Spitze sein*) lead* **2** (*Zitat etc.*) quote; (*Gründe, Tatsache*) state ◊ *Als Beleg für seine These führte er eine Umfrage an.* In support of his theory, he quoted an opinion poll. ◊ *Zur Erklärung wurde angeführt, dass ...* By way of explanation, it was stated that ... ◊ *Als Argument wird häufig angeführt, dass ...* The argument is often put forward that ... **3** (*veralbern*) wind* *sb* up

Anführer(in) leader

Anführungsstriche, Anführungszeichen quotation marks [Pl], quotes [Pl] (*umgs*) ◊ *etw in Anführungsstriche setzen* put sth in quotation marks

Angabe 1 (*Information*) information [U] ◊ *Dazu kann ich keine Angaben machen.* I can't give any information on this point. ◊ *nach Angaben der Behörden* according to the authorities ◊ *ohne Angabe von Gründen* without giving reasons ☛ *Hinweis bei* INFORMATION, S. 1030. **2** (*Angeberei*) boasting **3** (SPORT) service

angeben 1 give*; (*Einkommen*) declare ◊ *Geben Sie hier bitte Ihre Adresse an.* Please give your address here. ◊ *Als Grund gab sie an, ...* The reason she gave was that ... ◊ *Er gab seinen Lehrer als Referenz an.* He put his teacher down as a referee. **2** (*aussagen*) say*; (*vor Gericht*) state ◊ *Sie konnte nicht genau angeben, wann sie ihn gesehen hatte.* She couldn't say exactly when she had seen him. ◊ *Der Zeuge gibt an, einen Schrei gehört zu haben.* The witness states that he heard a scream. **3** (*bestimmen*) set* ◊ *den Kurs/die Richtung angeben* set the course/direction **4** (**mit etw**) ~ (*prahlen*) boast (about sth); (*durch Handlungen*) show* (sth) (*umgs*) ◊ *Sie gibt immer mit ihren reichen Freunden an.* She's always boasting about her rich friends. ◊ *Er will bloß mit seinem neuen Auto angeben.* He just wants to show off his new car. ◊ *Gib doch nicht immer so an!* Don't be such a show-off! IDM ⇨ TON²

Angeber(in) show-off; (*durch Reden*) big talker

angeberisch (*Mensch, Gerede*) boastful; (*Auto, Kleidung, Schmuck*) showy

angeblich 1 *Adj* so-called; (*mutmaßlich*) alleged (*nur vor Nomen*) (*gehoben*) ◊ *Der angebliche Bruder stellte sich als Liebhaber heraus.* The so-called brother turned out to be her lover. **2** *Adv* supposedly; (*mutmaßlich*) allegedly ◊ *der angeblich größte Diamant der Welt* supposedly the biggest diamond in the world ◊ *Sie seien angeblich entführt worden.* They had allegedly been kidnapped. ◊ *Er hat angeblich für sie spioniert.* He is supposed to have spied for them. ◊ *Sie hat angeblich schon etwas anderes vor.* She says she has already got something planned.

angeboren innate; (*Behinderung etc.*) congenital

Angebot 1 (*Vorschlag, Bereiterklärung*) offer ◊ *Gilt dein Angebot noch?* Does your offer still stand? ◊ *Er hat mir das Angebot gemacht, mich umsonst zu unterrichten.* He offered to teach me for nothing. **2** (*Auswahl*) range ◊ *ein großes Angebot an Büroartikeln* a wide range of office equipment ◊ *das kulturelle Angebot* the range of cultural activities **3** (WIRTSCH) supply IDM **im Angebot** on (special) offer, (*AmE*) on sale

angebracht 1 ⇨ ANBRINGEN **2** appropriate ◊ *Ich halte es für angebracht, dass du dich entschuldigst.* I think it would be appropriate for you to apologize. ◊ *Hier ist Vorsicht angebracht.* This calls for caution.

angebrochen ⇨ ANBRECHEN

angebunden 1 ⇨ ANBINDEN **2** (*verpflichtet*) tied down **3 kurz** ~ curt

angegriffen 1 ⇨ ANGREIFEN **2** (*Gesundheit*) poor; (*Nerven*) strained; (*Immunsystem*) weakened; (*Ruf*) damaged

angeheiratet by marriage (*nicht vor Nomen*) ◊ *eine angeheiratete Cousine* a cousin by marriage

angeheitert tipsy (*umgs*)

angehen 1 (*angreifen*) attack **2** (*sich nähern*) approach; (*Problem*) tackle **3 gegen etw** ~ combat* sth ◊ *gegen Korruption angehen* combat corruption ◊ *Wie kann man dagegen angehen?* What can you do about it? **4 jdn um etw** ~ ask sb for sth **5** (*anfangen*) start **6** (*Licht, Radio*) come* on **7 etw geht jdn** (**nichts**) **an** sth is (not) sb's business, sth concerns/doesn't concern sb ◊ *Das geht dich nichts an!* That's none of your business. ◊ *Dieses Problem geht uns alle an.* This problem concerns us all. IDM **etw geht an** (*ist möglich*) sth is possible; sth may well be **etw geht nicht an** (*ist nicht akzeptabel*) sth is not on **was ... angeht** as far as ... is concerned; as for ... ◊ *Was die Prüfung angeht, ...* As far as the exam is concerned, ... ◊ *Was ihn angeht,*

Angriff

braucht er sich hier nicht mehr sehen zu lassen. As for him, we don't want to see him here any more. ☛ Siehe auch FEUCHT

angehend future; (*Künstler*) budding (*nur vor Nomen*) ◇ *der angehende Direktor* the future director

angehören belong to *sth*; (*Mitglied sein auch*) be a member of *sth*

Angehörige(r) 1 relative ◇ *die Pflege kranker Angehöriger* the care of sick relatives ◇ *Er vertritt die Angehörigen des Opfers.* He is representing the victim's family. ◇ *die nächsten Angehörigen* the next of kin **2** (*Mitglied*) member

Angeklagte(r) defendant; (*bei Verbrechen auch*) accused* ☛ **Accused** wird immer mit dem Artikel **the** verwendet und ändert sich auch in der Mehrzahl nicht: *The accused were acquitted.*

Angel 1 (*Fischfang*) fishing rod **2** (*Tür-*) hinge [IDM] **etw aus den Angeln heben** turn sth upside down ☛ *Siehe auch* TÜR

Angelegenheit matter; (*Angelegenheiten*) business [U] ◇ *eine dringende/persönliche Angelegenheit* an urgent/persönal matter ◇ *Kümmer dich um deine eigenen Angelegenheiten!* Mind your own business! ◇ *Das ist eine teure Angelegenheit.* It's an expensive business.

angeln 1 fish; (*fangen*) catch* ◇ *angeln gehen* go fishing ◇ *Sie angelte eine Fliege aus dem Glas.* She fished a fly out of the glass. **2** (**sich**) **jdn/etw ~** find* sb/sth ◇ *Sie haben sich Sponsoren geangelt.* They have found sponsors.

angemessen (*entsprechend*) appropriate (*Adv* appropriately); (*adäquat*) adequate (*Adv* adequately); (*fair*) reasonable ◇ *Das Strafmaß erschien angemessen.* The sentence seemed appropriate. ◇ *Sie wurden angemessen entschädigt.* They were adequately compensated. ◇ *Diese Forderung ist nicht angemessen.* This demand is unreasonable. ◇ *Ihre Leistungen wurden nicht angemessen gewürdigt.* Her achievements were not properly acknowledged.

angenehm 1 pleasant (*Adv* pleasantly) ◇ *Er war angenehm überrascht.* He was pleasantly surprised. ◇ *Einen angenehmen Aufenthalt/Tag!* Enjoy your stay/day! ◇ *das Angenehme mit dem Nützlichen verbinden* combine business with pleasure **2** (*in Begrüßungen*) ◇ *Angenehm! Schwarz.* Pleased to meet you! My name is Schwarz.

angenommen 1 ⇨ ANNEHMEN **2** *Konj* supposing ◇ *Angenommen, es regnet ...* Supposing it rains ...

angepasst 1 ⇨ ANPASSEN **2** (*konventionell*) conventional

angeregt 1 ⇨ ANREGEN **2** (*Diskussion*) lively

angereichert 1 ⇨ ANREICHERN **2** enriched ◇ *angereichertes Uran* enriched uranium ◇ *mit Vitaminen angereicherte Lebensmittel* vitamin-enriched foodstuffs

angesagt 1 ⇨ ANSAGEN **2** (*populär*) in ◇ *Sind etwa Pelzmäntel wieder angesagt?* Are fur coats in again? **3** (*geplant*) on; (*erwartet*) expected ◇ *„Was ist heute Abend angesagt?" „Kino."* 'What's on for this evening?' 'The cinema.' ◇ *Gewitter sind angesagt.* Thunderstorms are expected. **4** (*angebracht*) a good idea ◇ *Ein heißes Bad ist angesagt.* A hot bath would be a good idea.

angeschlagen 1 ⇨ ANSCHLAGEN **2** (*Gesundheit*) poor; (*Firma, Wirtschaft*) struggling; (*Image*) tarnished ◇ *Das Unternehmen ist finanziell angeschlagen.* The company is struggling financially. ◇ *Sein Selbstbewusstsein ist angeschlagen.* His confidence has taken a knock. **3** (*beschädigt*) (slightly) damaged

angesehen 1 ⇨ ANSEHEN **2** (*respektiert*) respected; (*renommiert*) with a good reputation (*nicht vor Nomen*) ◇ *Sie ist bei ihren Mitschülern hoch angesehen.* She is well respected by her fellow-pupils. ◇ *eine angesehene Universität* a university with a good reputation

Angesicht 1 face **2** *im ~ einer Sache* in the face of sth ◇ *im Angesicht des Todes* in the face of death [IDM] **von Angesicht zu Angesicht** face to face

angesichts (*im Hinblick auf*) in view of ◇ *Angesichts der Tatsache, dass ...* In view of the fact that ...

angespannt 1 ⇨ ANSPANNEN **2** (*gereizt*) nervous (*Adv* nervously) **3** (*konzentriert*) attentive (*Adv* attentively) ◇ *Angespannt hörten wir zu.* We listened attentively. **4** (*kritisch*) tense; (*Verhältnis*) strained ◇ *eine angespannte Situation* a tense situation ◇ *angespannte Beziehungen* strained relations

Angestellte(r) employee; (*in einem Büro*) office worker ◇ *weibliche Angestellte* female employees ◇ *Sie arbeitet als Angestellte in einem Maklerbüro.* She works in an estate agent's. ◇ *Er ist leitender Angestellter in einem Großunternehmen.* He's an executive in a big firm. ◇ *Arbeiter und Angestellte* blue- and white-collar workers ☛ G 2.2d ☛ *Hinweis bei* ÖFFENTLICH

angestrengt 1 ⇨ ANSTRENGEN **2** *Adj* (*Bemühung, Versuch*) strenuous; (*Stimme, Stille*) strained; **3** *Adv* (*denken, arbeiten, blicken, versuchen*) hard

angetan 1 ⇨ ANTUN **2 von jdm/etw ~ sein** be taken with sb/sth; (*beeindruckt*) be impressed with sb/sth ◇ *Sie sind von der Idee sehr angetan.* They are very taken with the idea. ◇ *Sie waren von ihrem Engagement sehr angetan.* They were very impressed with her commitment. **3 jd/etw hat es jdm ~** sb is taken with sb/sth ◇ *Die Idee eines Musikstudiums hatte es ihm angetan.* He was very taken with the idea of studying music. **4 dazu/danach ~ sein, etw zu tun** be likely to do sth ◇ *Die wirtschaftliche Lage ist nicht dazu angetan, Leute zum Bauen zu ermutigen.* The economic situation is not likely to encourage people to build. **5** (*bekleidet*) wearing ◇ *mit einer schwarzen Robe angetan* wearing a black robe

angetrunken slightly drunk (*nicht vor Nomen*) ◇ *Er war zur Tatzeit angetrunken.* He was slightly drunk at the time of the incident. ◇ *Der angetrunkene Mann wollte sich nicht durchsuchen lassen.* The man, who had been drinking, refused to be searched. ◇ *In angetrunkenem Zustand ist sie aggressiv.* She is aggressive when she has been drinking.

angewandt 1 ⇨ ANWENDEN **2** applied (*nur vor Nomen*) ◇ *angewandte Mathematik* applied mathematics

angewiesen 1 ⇨ ANWEISEN **2 auf jdn/etw ~ sein** rely* on sb/sth ◇ *Auf dem Land ist man auf sein Auto angewiesen.* In the country people rely on their cars.

angewöhnen 1 sich etw ~ get* into the habit of doing sth ◇ *Sie gewöhnte sich an, früh aufzustehen* She got into the habit of getting up early. ◇ *Gewöhn dir einen anderen Ton an!* Don't talk to me in that tone of voice! **2 jdm etw ~** teach* sb to do sth

Angewohnheit habit ◇ *Er hatte die Angewohnheit, seine Socken überall liegen zu lassen.* He was in the habit of leaving his socks lying around.

angewurzelt [IDM] **wie angewurzelt** rooted to the spot ◇ *Sie blieb wie angewurzelt stehen.* She stood rooted to the spot.

angezogen ⇨ ANZIEHEN

Angina throat infection; (*Mandelentzündung*) tonsillitis

angleichen 1 etw (an etw) ~; etw (einer Sache) ~ bring* sth into line (with sth) ◇ *Die Mieten wurden an das westliche Niveau angeglichen.* Rents were brought into line with western levels. **2 sich ~** become* similar; **sich einer Sache ~** be brought into line with sth; (*ähnlich werden*) become* like sth ◇ *Weltweit gleichen sich die Lebensformen an.* Worldwide, lifestyles are becoming similar. ◇ *Die neue Verkehrsordnung gleicht sich den EU-Regeln an.* The new highway code has been brought into line with EU regulations.

Angler(in) angler

Anglikaner(in) Anglican

anglikanisch Anglican ☛ *In England ist die anglikanische Kirche die Staatskirche und heißt* **Church of England**.

Anglist(in) (*Fachmann*) English specialist; (*Student*) English student

Anglistik English (language and literature) ◇ *Sie studiert Anglistik.* She is studying English.

Anglizismus Anglicism

anglo-, Anglo- Anglo- ◇ *angloamerikanisch* Anglo-American

Angora- angora ◇ *eine Angorakatze* an angora cat ◇ *Angorawolle* angora (wool)

angreifen 1 attack (*auch fig*) **2** (*beschädigen*) damage ◇ *Chemikalien können die Haut angreifen.* Chemicals can damage the skin. **3** (*Reserven*) break* into *sth*

Angreifer(in) 1 attacker **2** (SPORT) striker

angrenzend (*Gelände, Mauer*) adjacent; (*Land, Gebiet*) neighbouring, (*AmE*) neighboring (*nur vor Nomen*)

Angriff 1 attack ◇ *einen Angriff fliegen* carry out an attack (from the air) ◇ *einen Angriff gegen jdn/etw richten* direct an attack at sb/sth **2** (*Angriffsspieler*) forwards [Pl] [IDM]

Angst

etw in Angriff nehmen set* about (doing) sth **zum Angriff übergehen** take* the offensive

Angst ~ **(vor jdm/etw)** fear (of sb/sth); ~ **(vor jdm/etw) haben** be afraid (of sb/sth); ~ **um jdn/etw haben** be afraid for sb/sth ◊ *vor Angst zittern* tremble with fear ◊ *ihre Angst vor Hunden* her fear of dogs ◊ *Sie hatte große Angst vor Hunden.* She was very afraid of dogs. ◊ *Er hatte Angst, sie zu verletzen.* He was afraid of hurting her. ◊ *Sie hatten Angst um ihre Kinder.* They were afraid for their children. ◊ *Sie haben Angst um ihre Arbeitsplätze.* They are afraid of losing their jobs. ◊ *jdm Angst einjagen* frighten sb IDM **jdm wird/ist Angst und Bange** sb becomes*/is afraid; sb gets*/is scared (*umgs*) ☛ *Siehe auch* HOSE

Angstgefühl feeling of anxiety **Angsthase** chicken (*umgs*)

ängstigen 1 frighten **2 sich (vor jdm/etw)** ~ be afraid (of sb/sth) **3 sich (um jdn/etw)** ~ be worried (about sb/sth)

ängstlich 1 (*furchtsam*) nervous (*Adv* nervously); (*schüchtern*) timid (*Adv* timidly) ◊ *ein ängstlicher Patient* a nervous patient **2** (*verängstigt*) anxious (*Adv* anxiously) **3** ~ **darauf bedacht sein, etw zu tun** be anxious to do sth

Angst- Angstschweiß cold sweat ◊ *Ihm brach der Angstschweiß aus.* He broke out in a cold sweat. **Angstzustand** panic attack

angegurtet wearing a seat belt (*nicht vor Nomen*) ◊ *Der angegurtete Fahrer blieb unverletzt.* The driver, who was wearing a seat belt, was not injured.

angucken (**sich**) **jdn/etw** ~ look at sb/sth ☛ *Siehe auch* ANSEHEN

anhaben have *sth* on ◊ *Er hatte ein rotes Hemd an.* He had a red shirt on. ◊ *Sie hat den ganzen Tag das Radio an.* She has the radio on all day. IDM **jdm nichts anhaben können** not be able to hurt sb ◊ *Der Hund kann dir nichts anhaben.* The dog can't hurt you. ☛ *Siehe auch* HOSE

anhaften 1 (an) jdm/etw ~ stick* to sb/sth ◊ *die den Wurzeln anhaftende Erde* the soil that is stuck to the roots **2** (*fig*) **jdm/etw** ~ be attached to sb/sth ◊ *Den Investitionen haftet ein gewisses Risiko an.* There is a certain risk attached to these investments. ◊ *Der Bar haftete etwas Zwielichtiges an.* The bar had acquired an unsavoury reputation.

anhalten 1 (jdn/etw) ~ stop* (sb/sth) ◊ *Sie musste an drei Ampeln anhalten.* She had to stop at three traffic lights. ◊ *Der Polizist hielt mich an.* The policeman stopped me. ◊ *den Atem anhalten* hold your breath ◊ *Manchmal möchte ich die Zeit anhalten können.* Sometimes I would like time to stand still. **2 jdn zu etw** ~; **jdm dazu** ~, **etw zu tun** urge sb to do sth **3** (*weitergehen*) continue; (*andauern*) last ◊ *Das unbeständige Wetter soll noch anhalten.* The unsettled weather is due to continue. ◊ *Die Euphorie hielt nicht lange an.* The euphoria did not last long. **4 sich/jdm etw** ~ hold* sth up against yourself/sb ◊ *Er hielt sich den Pullover an und schüttelte den Kopf.* He held the pullover up against himself and shook his head. IDM ⇨ HAND

anhaltend continuing; (*Applaus, Dürre, Rezession*) prolonged (*nur vor Nomen*); (*Regen, Kritik*) persistent; (*Wachstum, Nachfrage*) sustained ◊ *die anhaltende Diskussion* the continuing debate ◊ *auf anhaltend hohem Niveau* at a consistently high standard

Anhalter(in) 1 hitch-hiker **2 per** ~ **fahren** hitch-hike

Anhaltspunkt clue, pointer; (*Beweise*) evidence [Sing] ◊ *Ein roter Schuh war der einzige Anhaltspunkt.* A red shoe was the only clue. ◊ *Die Diskussion soll dem Architekten Anhaltspunkte für die Planung geben.* The discussion is to give the architect some pointers for the planning. ◊ *Es gibt keine Anhaltspunkte dafür, dass es Mord war.* There is no evidence that it was murder.

anhand ◊ *Anhand einer Skizze erklärte er uns, wie es funktioniert.* He used a sketch to explain how it works. ◊ *Anhand von Zeugenaussagen fertigte man ein Phantombild an.* A photofit picture was produced from the witnesses' statements.

Anhang 1 (*Nachtrag*) appendix* **2** (*Gefolgschaft, Fans*) supporters [Pl]; (*Freunde*) gang **3** (*Partner*) partner; (*Familie*) family

anhängen¹ 1 einer Sache ~ adhere to sth; (*einem Glauben/einer Ideologie*) subscribe to sth **2 jdm** ~ (*anhaften*) stick* with sb ◊ *Ihm hängt der Ruf eines Playboys immer noch an.* His playboy image has stuck with him.

anhängen² 1 etw (an etw) ~ attach sth (to sth); (*Wohnwagen*) hitch sth up (to sth) **2 etw (an etw)** ~ add sth (to sth) ◊ *In der dritten Person Singular muss man ein „s" anhängen.* In the third person singular you have to add an 's'. **3 jdm etw** ~ pin* sth on sb; (*die Schuld geben*) blame sth on sb ◊ *Sie wollen ihr noch zwei weitere Einbrüche anhängen.* They want to pin two more burglaries on her. ◊ *Das lass ich mir nicht anhängen!* I'm not going to take the blame for that! **4 sich** ~ (*sich jdm anschließen*) tag* along (*umgs*); (*sich einer Idee anschließen*) follow

Anhänger 1 (*Schmuckstück*) pendant **2** (*Wagen*) trailer

Anhänger(in) supporter; (*Fan auch*) fan; (*einer Partei oder Sekte*) follower

Anhängerschaft supporters [Pl]; (*einer Persönlichkeit auch*) following [U]

anhänglich affectionate

Anhänglichkeit devotion; (*Treue*) loyalty; (*Unselbstständigkeit*) clinginess

anhäufen (**sich**) ~ accumulate

Anhäufung 1 (*große Menge*) collection **2** (*das Anhäufen*) accumulation ◊ *die Anhäufung von Müll* the accumulation of rubbish

anheben 1 (*hochheben*) lift **2** (*erhöhen*) raise **3** (*anfangen*) begin*

Anhebung rise ◊ *eine kräftige Anhebung des Benzinpreises* a considerable rise in the price of petrol

anheizen 1 (*Feuer etc.*) get* sth going **2** (*Streit, Debatte, Rassismus etc.*) stir* sth up; (*Spannungen*) heighten; (*Inflation, Spekulation*) fuel*; (*Nachfrage*) stimulate; (*Stimmung*) liven sth up

anheuern 1 jdn (als etw) ~ hire sb (as sth) **2 (als etw)** ~ sign up (as sth)

Anhieb auf ~ straight away; (*beim ersten Mal*) first go ◊ *Wir haben uns auf Anhieb gut verstanden.* We got on well straight away. ◊ *Er hat die Fahrprüfung auf Anhieb bestanden.* He passed his driving test first go.

anhimmeln (*vergöttern*) idolize; (*ansehen*) gaze adoringly at *sb*

Anhöhe hill

anhören 1 (**sich**) **etw/jdn** ~ listen to sth/sb ◊ *Das muss ich mir nicht anhören.* I don't have to listen to this. ◊ *Ich höre mir Ihr dummes Gerede nicht länger an!* I'm not listening to your waffle any longer! ◊ *Sie musste sich eine Moralpredigt anhören.* She got a lecture. **2 sich** ~ (*klingen*) sound ◊ *Diese Musik hört sich ja grauenvoll an!* This music sounds awful! ◊ *Die Idee hört sich gut an.* That sounds like a good idea. **3 jdm etw** ~ ◊ *Es ist ihr deutlich anzuhören, dass sie noch nicht wieder gesund ist.* You can tell by her voice that she isn't better yet. **4 etw mit** ~ (*mithören*) overhear* ◊ *Ich habe zufällig mit angehört, was du gesagt hast.* By chance I overheard what you said. ◊ *Ich musste mit anhören, wie sie beleidigte.* I had to listen while he insulted her. **5** (*befragen*) question

Anhörung hearing

Animateur(in) entertainments organizer

Animation 1 (*Unterhaltung*) entertainment **2** (*Film*) animation

animieren 1 jdn zu etw ~ encourage sb to do sth ◊ *das Publikum zum Mitsingen animieren* encourage the audience to sing along **2** (*Film*) animate

Anis aniseed

ankämpfen gegen etw/jdn ~ fight* sth/sb; (*Wind etc.*) battle against sth ◊ *gegen Vorurteile ankämpfen* fight prejudice ◊ *Sie kämpfte gegen ihre Tränen an.* She fought back the tears. ◊ *gegen seine Müdigkeit ankämpfen* struggle to stay awake ◊ *Kleine Firmen müssen gegen die großen Ketten ankämpfen.* Small firms are up against the big chains.

Ankauf purchase ◊ *der Ankauf eines Hauses* the purchase of a house ◊ *An- und Verkauf von Möbeln* furniture bought and sold

ankaufen purchase

Anker anchor ◊ *einen Anker auswerfen* drop anchor ◊ *vor Anker liegen* lie at anchor

ankern anchor; (*vor Anker liegen*) be anchored

anketten jdn/etw ~ chain sb/sth up; **jdn/etw an etw** ~ chain sb/sth to sth

Anklage 1 (*Beschuldigung*) charge ◊ *Anklage gegen jdn erheben* bring charges against sb ◊ *Die Anklage lautet auf Mord.* The charge is murder. ◊ *Sie wurde wegen Betrugs*

unter Anklage gestellt. She was charged with fraud. **2** *(-vertretung)* prosecution ◊ *ein Zeuge der Anklage* a witness for the prosecution ☞ G 1.3a **3** *(Vorwurf)* accusation; *(Anprangerung)* indictment ◊ *Er brachte verschiedene Anklagen gegen seinen Trainer vor.* He made various accusations against his trainer. ◊ *Das Buch ist eine Anklage gegen die Zustände in den Gefängnissen.* The book is an indictment of conditions in prisons.

anklagen 1 jdn **(wegen einer Sache)** ~ *(beschuldigen)* accuse sb (of sth); *(vor Gericht)* charge sb (with sth) **2** *(kritisieren)* condemn ◊ *In ihrer Rede klagte sie die Scheinheiligkeit des Westens an.* In her speech she condemned the hypocrisy of the West.

Ankläger(in) prosecutor ☞ G 2.2d

Anklang 1 (bei jdm) ~ **finden** be well received (by sb); *(beliebt sein)* be popular (with sb) ◊ *Das Café fand großen Anklang.* The cafe proved very popular. **2 Anklänge an jdn/etw** echoes of sb/sth

ankleben (an etw) ~ stick* sth on (to sth)

anklicken click on *sth*

anklingen 1 *(mitschwingen)* be discernible ◊ *In ihrer Stimme klang Unzufriedenheit an.* A hint of dissatisfaction was discernible in her voice. **2 etw** ~ **lassen** *(andeuten)* hint at sth ◊ *Sie ließ anklingen, dass die Sache noch nicht erledigt war.* She hinted that that wasn't the end of the matter. ◊ *Kritik anklingen lassen* sound a note of criticism

anklopfen 1 knock ◊ *Sie platzte herein ohne anzuklopfen.* She burst in without knocking. **2 bei jdm** ~ sound sb out ◊ *Klopf doch mal bei ihr an, vielleicht gibt sie dir eine Stelle.* Sound her out — maybe she'll give you a job.

anknüpfen 1 an etw ~ link up with sth; *(Traditionen)* revive ◊ *Das knüpft an unsere Diskussion von gestern an.* That ties in with our discussion yesterday. **2 an etw** ~ *(fortsetzen)* continue (with) sth ◊ *Die Mannschaft will an die jüngsten Erfolge anknüpfen.* The team want to continue their series of successes. ◊ *Ich möchte an den Vortrag von gestern anknüpfen.* I would like to pick up where yesterday's talk left off. **3 ein Gespräch** ~ start up a conversation **4 Kontakte** ~ establish contact

ankommen 1 arrive ◊ *Wir sind gut in Bonn angekommen.* We have arrived safely in Bonn. ◊ *Damit sind wir auch schon beim nächsten Punkt angekommen.* That brings us to the next point.

> In der Umgangssprache sind Ausdrücke mit **get** häufiger: *When does the train get in?* ◊ *We got to Bonn at 10.* ◊ *They were exhausted when they got to the top of the mountain.*

2 mit etw ~ come* along with sth ◊ *Er kommt ständig mit diesen dämlichen Fragen an.* He's always coming along with these stupid questions. ◊ *Damit brauchst du überhaupt nicht anzukommen!* Don't even think about it! **3 (bei jdm)** ~ *(beliebt sein)* be a success (with sb) ◊ *Sie kommt bei den Lehrern gut an.* She is a great success with the teachers. **4 gegen jdn/etw** ~ compete with sb/sth ◊ *Gegen sie komme ich einfach nicht an.* I can't compete with her. ◊ *Gegen den Wind kamen wir kaum an.* We struggled against the wind. **5 auf jdn/etw** ~ *(abhängig sein)* depend on sb/sth ◊ *Wo wir hinfahren, kommt aufs Wetter an.* Where we go depends on the weather. ◊ *Das kommt darauf an, ob er da ist.* That depends on whether he's there. ◊ *Das kommt ganz darauf an.* It all depends. **6 (jdm) auf etw** ~ be important (to sb) ◊ *Es kommt ihm sehr auf Pünktlichkeit an.* Punctuality is very important to him. ◊ *Es kommt vor allem darauf an, dass …* The most important thing is … ◊ *Auf ein paar mehr oder weniger kommt es nicht an.* A few more or less won't matter. **IDM es auf etw ankommen lassen** risk sth ◊ *Ich würde es nicht auf eine Konfrontation mit ihm ankommen lassen.* I wouldn't risk a confrontation with him. **wenn es darauf ankommt** when it matters

ankotzen make* sb sick ◊ *Das kotzt mich an.* It makes me sick. ◊ *Deine ewige Nörgelei kotzt mich an!* I'm sick to death of your constant moaning!

ankreiden jdm etw ~ hold* sth against sb

ankreuzen 1 put* a cross in/against *sth* ◊ *das Kästchen mit „Ja" ankreuzen* put a cross in the 'Yes' box ◊ *die richtige Antwort ankreuzen* put a cross against the right answer ☞ In Großbritannien und den USA verwendet man oft ein Häkchen (✓), um z.B. auf Formularen die zutreffende Antwort anzukreuzen. Im britischen Englisch heißt es **tick**,

im Amerikanischen **check**. Es gibt auch ein Verb **tick**: *Tick the box if you would like more information.* **2** *(markieren)* mark *sth* (with a cross) ◊ *sich eine Textstelle ankreuzen* mark a place in a text

ankündigen 1 *(ansagen)* announce; *(Bescheid geben)* let* sb know ◊ *Er hat Reformen angekündigt.* He has announced reforms. ◊ *Sie hat ihren Besuch angekündigt.* She let us know she is coming. ◊ *Die Arbeit war angekündigt.* We had warning of the test. ◊ *Die Arbeit war nicht angekündigt.* It was a surprise test. **2** *(ein Zeichen von etw sein)* be a sign of sth **3 sich** ~ let* *sb* know you are coming; *(versprechen aufzutreten)* promise to appear ◊ *Sie kündigen sich immer an.* They always let us know when they're coming. ◊ *Der Winter kündigt sich an.* Winter is on its way.

Ankündigung announcement

Ankunft arrival ◊ *bei ihrer Ankunft* on arrival ◊ *kurz vor Ankunft der Gäste* shortly before the guests arrived

ankurbeln boost

anlächeln smile at *sb* ◊ *Er hat mich so nett angelächelt.* He smiled at me so nicely. ◊ *jdn freundlich anlächeln* give sb a friendly smile

anlachen 1 smile at *sb* ◊ *Sie lachte mich an.* She smiled at me. **2 etw lacht jdn an** sb can't resist sth ◊ *Die Schokolade hat mich so angelacht.* I couldn't resist the chocolate. **3 sich jdn** ~ pick sb up ◊ *Sie hat sich im Urlaub diesen Skilehrer angelacht.* She picked up this skiing instructor on holiday.

Anlage 1 *(Grün-)* park; *(um ein Schloss etc.)* grounds [Pl]; *(Ferien-, Wohn-, Sport-)* complex ◊ *öffentliche Anlagen* public parks **2** *(Werk)* plant; *(Einrichtung)* facility* ◊ *eine Anlage zur Müllverbrennung* a waste incineration plant ◊ *sanitäre Anlagen* sanitary facilities ◊ *militärische Anlagen* military installations **3** *(Gerät)* equipment [U]; *(Hi-Fi)* stereo* **4** *(eines Parks, Gartens etc.)* laying out; *(einer Kartei etc.)* setting up; *(einer Akte)* opening; *(einer Datei)* creation *(oft mit einem Verb übersetzt)* ◊ *Die Anlage des Gartens wird mehrere Monate dauern.* It will take several months to lay out the garden. **5** *(Aufbau)* structure **6** *(Geld-)* investment ◊ *eine sichere Anlage* a secure investment **7** *(Veranlagung)* talent, aptitude; *(Neigung)* tendency* ◊ *eine Anlage zu Allergien* a tendency towards allergies **8** *(Schreiben)* enclosure; **als/in der** ~ enclosed ◊ *Als Anlage sende ich Ihnen …* Please find enclosed …

anlangen 1 *(ankommen)* arrive; **an/auf/in etw** ~ reach sth ◊ *Er war auf dem Höhepunkt seiner Karriere angelangt.* He had reached the pinnacle of his career. **2 was jdn/etw anlangt** as far as sb/sth is concerned **3** *(anfassen)* touch

Anlass 1 *(Ursache)* cause; *(Grund)* reason ◊ *Es besteht kein Anlass zur Besorgnis.* There is no cause for concern. ◊ *Das gibt uns Anlass zur Hoffnung.* That gives us cause for hope. **2** *(Gelegenheit, Ereignis)* occasion ◊ *sich dem Anlass entsprechend kleiden* dress to suit the occasion ◊ *zu besonderen Anlässen* on special occasions ◊ *aus Anlass des Jahrestages* on the occasion of the anniversary **3** *(Möglichkeit)* opportunity* ◊ *ein willkommener Anlass für eine Feier* a welcome opportunity for a party ◊ *Aus gegebenem Anlass möchten wir darauf hinweisen, dass …* We should like to take this opportunity to point out …

anlassen 1 *(starten)* start (up) **2** *(Mantel)* keep* sth on **3** *(nicht abschalten)* leave* sth on; *(Motor, Wasserhahn)* leave* sth running ◊ *Er lässt immer das Licht an.* He always leaves the light on. **4 sich gut/schlecht** ~ start well/badly, get* off to a good/bad start

Anlasser starter

anlässlich on the occasion of *sth*, to celebrate *sth*; *(bei ernsteren Anlässen)* to mark *sth* ◊ *eine Feier anlässlich seines 60. Geburtstages* a party to celebrate his 60th birthday ◊ *eine Ausstellung anlässlich seines Todestages* an exhibition to mark the anniversary of his death

anlasten 1 jdm etw ~ accuse sb of sth ◊ *Ihm wird angelastet, sie ermordet zu haben.* He is accused of murdering her. **2 jdm die Schuld (an etw)** ~ blame sb (for sth)

Anlauf 1 (SPORT) run-up; *(Ski)* approach **2** *(Versuch)* try*, attempt *(gehoben)* ◊ *Er hat die Prüfung gleich im ersten Anlauf geschafft.* He got through the exam at the first attempt.

anlaufen 1 start; *(Film)* open ◊ *Der Motor läuft problemlos an.* The engine starts without any problem. **2** *(Anlauf nehmen)* take* a run-up **3 angelaufen kommen** come* running along/up ◊ *Sie kam völlig außer Atem angelaufen.* She

Anlaufschwierigkeiten

came running up out of breath. **4** (*ansteuern*) call at *sth*; (*Schiff auch*) put* in at *sth* **5** (*beschlagen*) mist up, steam up; (*Silber etc.*) tarnish **6** *blau/rot ~* go* blue/red ◊ *vor Wut rot anlaufen* go red with anger

Anlauf- Anlaufschwierigkeiten teething problems [Pl] **Anlaufstelle** place to go; (*Mensch*) person to talk to; (*Beratungsstelle*) drop-in centre; (*AmE*) drop-in center **Anlaufzeit** settling-in period, period of adjustment (*oft mit einem Verb übersetzt*) ◊ *Für das neue System rechnet man mit einer Anlaufzeit von zwei Wochen.* It will take two weeks for the new system to be up and running.

anlegen 1 (*Spielplatz, Radweg, Teich etc.*) make*; (*Park, Garten etc.*) lay* *sth* out ◊ *ein herrlich angelegter Garten* a beautifully laid-out garden **2** (*Akte, Datei*) create; (*Kartei, Projekt*) set* *sth* up ◊ *Das Projekt ist zunächst auf zwei Jahre angelegt.* The project has been set up initially for two years. ◊ *eine groß angelegte Studie* a large-scale study **3 etw (an etw) ~** put* *sth* (against *sth*); (*Ohren*) flatten *sth* (against *sth*) ◊ *die Arme an den Körper anlegen* put your arms down by the side of your body **4** (**das Gewehr**) **~** take* aim; **ein Gewehr auf jdn/etw ~** aim a gun at *sb/sth* **5** (*Maßstab*) apply* ◊ *strengere Maßstäbe anlegen* apply stricter standards **6** (**jdm**) **etw ~** put* *sth* on (sb) ◊ *Bitte die Sicherheitsgurte anlegen!* Please put your safety belts on!; *jdm Handschellen anlegen* handcuff *sb* **7** (*investieren*) invest ◊ *Sie hat ihr gesamtes Vermögen in Immobilien angelegt.* She has invested all her money in property. **8** (*Boot*) moor; (*Schiff*) berth **9 es auf etw ~** (*abzielen*) set* out to do *sth* ◊ *Er hat es von Anfang an darauf angelegt, Zeit zu schinden.* From the beginning he set out to play for time. **10 sich mit jdm ~** pick a fight with sb

Anleger (FINANZ) investor
Anlegestelle (*Boot*) mooring; (*Schiff*) berth
anlehnen 1 etw (an etw) ~ lean* *sth* against *sth* ◊ *ein Fahrrad an eine Mauer anlehnen* lean a bicycle against a wall **2 sich ~** lean* back; **sich an jdn/etw ~** lean* against sb/*sth* **3** (*offen lassen*) leave* *sth* slightly open; (*Tür auch*) leave* *sth* ajar ◊ *Das Fenster war nur angelehnt.* The window was left slightly open. **4 sich an jdn/etw ~** (*als Vorbild nehmen*) follow sb/sth
Anlehnung in ~ an jdn/etw following sb/sth
Anleihe 1 (*Geldaufnahme*) loan; (*Wertpapier*) bond ◊ *bei jdm eine Anleihe aufnehmen* take out a loan with sb **2** (*fig*) **eine ~ (bei jdm/etw)** a borrowing (from sb/sth) ◊ *Anleihen bei Goethe* borrowings from Goethe ◊ *Der Film macht deutliche Anleihen bei Hitchcock.* The film clearly borrows from Hitchcock.
anleinen 1 (*Tier*) put* *sth* on a lead ◊ *Der Hund war nicht angeleint.* The dog was not on a lead. **2** (*Bergsteiger*) rope *sb* up
anleiten 1 jdn bei etw ~ tell * sb how to do *sth*; (*zeigen*) show* sb how to do *sth* **2 jdn zu etw ~** educate sb to do *sth*; (*ermutigen*) encourage sb to do *sth* ◊ *Wir möchten die Leute dazu anleiten, die Umwelt zu schützen.* We want to educate people to protect the environment ◊ *Die Kinder werden zur Selbstständigkeit angeleitet.* The children are encouraged to be independent.
Anleitung 1 instruction; (*Unterricht*) tuition ◊ *Sie dürfen die Werkzeuge nur unter Anleitung benutzen.* They are only allowed to use the tools under instruction. ◊ *unter seiner fachkundigen Anleitung* under his expert tuition **2** (*schriftlich*) instructions [Pl]
anlernen train ◊ *Sie werden zu Haushaltshilfen angelernt.* They are trained to be home helps. ◊ *ein angelernter Arbeiter* a semi-skilled worker
anliefern deliver; (*versorgen mit*) supply* ◊ *aus Frankreich angelieferter Wein* wine supplied from France
Anlieferung delivery*; (*Versorgung*) supply [U]
anliegen 1 (an etw) (eng) ~ fit* tightly (on sth) ◊ *ein eng anliegendes Abendkleid* a tightly fitting evening dress **2** be on ◊ *Liegt heute etwas Besonderes an?* Is there anything special on today?
Anliegen 1 concern ◊ *ein berechtigtes Anliegen* a legitimate concern ◊ *Das ist mir ein besonderes Anliegen.* This is a matter close to my heart. **2** (*Bitte*) request ◊ *sich mit einem Anliegen an jdn wenden* turn to sb with a request
Anlieger(in) resident ◊ *Die Anlieger protestierten.* Residents protested. ◊ *„Anlieger frei"* 'Access only'
anlocken attract

Anmache chat-up; (*Belästigung*) harassment
anmachen 1 (*einschalten*) put* *sth* on, turn *sth* on; (*Feuer auch*) light* **2** (*anbringen*) put* *sth* up ◊ *ein Poster an der Wand anmachen* put a poster up on the wall **3 sich etw ~** put* *sth* on; **jdm etw ~** put* *sth* on sb ◊ *sich eine Brosche anmachen* put a brooch on **4** (*Zement*) mix; (*Salat*) dress **5** (*ansprechen*), (*BrE*) chat *sb* up (*umgs*); (*belästigen*) harass **6** (*kritisieren*) have a go at *sb* (*umgs*) ◊ *Sie macht jeden an, der zu spät kommt.* She has a go at anybody who's late. ◊ *Mach mich bloß nicht an!* Leave me alone! **7** (*begeistern*) turn *sb* on (*umgs*)
anmahnen 1 etw ~ (*eine Mahnung schicken*) send* a reminder about sth; **jdn ~ etw zu tun** remind sb to do sth **2** (*verlangen*) call for *sth* ◊ *Die Gewerkschaften mahnen Reformen an.* The unions are calling for reform.
anmalen 1 (*an die Tafel*) draw* **2** (*mit Farbe*) paint; (*mit Buntstiften*) colour; (*AmE*) color ◊ *Er malte sein Boot blau an.* He painted his boat blue. **3 sich ~** paint your face; (*schminken*) put* on make-up ◊ *Musst du dich denn immer so anmalen?* Do you always have to put on so much make-up? **4** ◊ *sich die Lippen anmalen* paint your lips
Anmarsch im ~ sein be on the way
anmaßen 1 sich etw ~ (*Kompetenzen, Recht*) claim sth for yourself ◊ *sich fremde Kompetenzen anmaßen* claim authority you don't possess **2** (*Macht, Rolle*) assume ◊ *die Rolle, die Washington sich anmaßt* the role which Washington assumes **3** ◊ *Ich möchte mir darüber kein Urteil anmaßen.* I wouldn't presume to express an opinion on this. ◊ *Wie kann er sich anmaßen, uns zu kritisieren?* How can he presume to criticize us?
anmaßend presumptuous (*Adv* presumptuously); (*arrogant*) arrogant (*Adv* arrogantly)
Anmaßung presumption; (*Arroganz*) arrogance
Anmelde- Anmeldeformular registration form **Anmeldefrist** registration period
anmelden 1 (*polizeilich, amtlich*) register; (*Auto, Fernseher*) license, (*BrE auto*) licence ◊ *Das Auto ist nicht angemeldet.* The car isn't licensed. ◊ *Das Fest muss beim Ordnungsamt angemeldet sein.* You have to apply to the council for a license for the party. ◊ *Konkurs anmelden* file for bankruptcy **2 sich ~** register; (*im Hotel*) check in; (*buchen*) book ◊ *sich polizeilich anmelden* register with the police ◊ *sich zur Prüfung anmelden* register for the examination **3 sich ~** (*Kurs, Schule*) enrol*, (*bes AmE*) enroll; **jdn ~** enrol* sb, (*bes AmE*) enroll sb ◊ *Muss man sich für den Kurs vorher anmelden?* Do you have to enrol for the course in advance? **4 sich (bei jdm) ~** (*Termin ausmachen*) make* an appointment (with sb) ◊ *sich beim Zahnarzt anmelden* make an appointment with the dentist ◊ *Sind Sie angemeldet?* Have you got an appointment? **5** (*ankündigen*) announce; **sich ~** (*vorankündigen*) say* you are coming, announce your arrival (*gehoben*) **6** (*Zweifel, Bedenken*) express; (*Interesse, Wunsch, Anspruch*) make* *sth* known ◊ *Er meldete Bedenken an dem Plan an.* He expressed reservations about the plan.
Anmeldeschluss closing date
Anmeldung 1 registration; (*für Kurse, Schulen*) enrolment, (*bes AmE*) enrollment; (*Buchung*) booking **2** (*Vereinbarung*) arrangement; (*Termin*) appointment ◊ *Führungen nur bei vorheriger Anmeldung.* Tours only by prior arrangement. ◊ *Um telefonische Anmeldung wird gebeten.* Please call for an appointment. **3** (*Formular*) registration form **4** (*Hotel etc.*) reception; (*Flughafen*) check-in desk
anmerken 1 (*ansehen*) ◊ *Man merkt ihr an, dass sie enttäuscht ist.* You can tell she's disappointed. ◊ *Die Erleichterung war ihm deutlich anzumerken.* You could plainly see how relieved he was. ◊ *Lass dir nichts anmerken.* Don't let on. **2** (*sagen*) mention, note ◊ *Ich möchte an dieser Stelle anmerken, dass ...* I should like to mention at this point that ... ◊ *Hierzu ist Folgendes anzumerken: ...* The following should be noted: ... ◊ *Es wurde kritisch angemerkt, dass ...* The criticism was made that ... **3** (*markieren, anstreichen*) mark ◊ *Ich habe die Stelle angemerkt.* I've marked the place.
Anmerkung comment, remark; (*erläuternd, Fußnote*) note ◊ *Darf ich dazu eine Anmerkung machen?* Could I just make a comment on that? ◊ *Deine dummen Anmerkungen kannst du dir sparen.* You can keep your stupid remarks to yourself. ◊ *„Anmerkung der Redaktion"* 'Editor's Note'

anmieten rent; (*Fahrzeug, Saal*) hire
Anmut grace; (*Reiz*) charm
anmuten seem ◊ *Die Geschichte mutete uns eher seltsam an.* The story seemed a bit weird to us.
anmutig graceful (*Adv* gracefully); (*reizvoll*) charming
annageln etw (an etw) ~ nail sth on (to sth)
annähen etw (an etw) ~ sew* sth on (to sth)
annähern 1 sich jdm/etw ~ approach sb/sth ◊ *Das Schiff hat sich bis auf 20 km der Küste angenähert.* The ship approached to within 20 km of the coast. **2** sich jdm/etw ~ (*fig*) come* closer to sb/sth ◊ *Er hat sich in vielen Punkten den Grünen angenähert.* He has come closer to the Greens on many points. **3** sich ~ move closer together
annähernd approximately; (*fast*) almost ◊ *Annähernd 250 Personen kamen.* Almost 250 people came. ◊ *Er verdient nicht annähernd so viel.* He doesn't earn anything like as much. ◊ *jeder auch nur annähernd intelligente Mensch* any half-intelligent person
Annäherung coming closer (together); (*von Standpunkten*) convergence; (*von Ländern*) rapprochement ◊ *eine Politik der Annäherung an den Westen* a policy of rapprochement with the West
Annäherungsversuch advance [meist Pl], overture [meist Pl]
Annahme 1 (*Vermutung*) assumption ◊ *In der Annahme, dass ...* On the assumption that ... ◊ *Es gibt keinen/allen Grund zu der Annahme, dass ...* There is no/every reason to suppose that ... ◊ *Gehe ich recht in der Annahme, dass ...* Am I right in thinking that ... **2** (*das Entgegennehmen*) (*meist mit einem Verb übersetzt*) ◊ *Sie hat die Annahme des Preises verweigert.* She refused to accept the prize. ◊ *Er wurde wegen Annahme von Schmiergeldern verhaftet.* He was arrested for taking bribes. **3** (*eines Vorschlags*) adoption; (*eines Gesetzesentwurfs*) passing
Annalen annals [Pl] IDM ⇨ EINGEHEN
annehmbar 1 (*akzeptabel*) acceptable (*Adv* acceptably) **2** (*recht gut*) reasonably good
annehmen 1 take*; (*Einladung, Hilfe, Angebot, Urteil*) accept ◊ *die irische Staatsbürgerschaft annehmen* take Irish citizenship ◊ *jds Namen annehmen* take sb's name ◊ *Er nahm ihre Hilfe dankbar an.* He gratefully accepted her help. ◊ *Die Kunsthochschule hat ihn nicht angenommen.* He was rejected by the art college. **2** (*Antrag etc.*) approve; (*Gesetz*) pass **3** (*vermuten*) assume ◊ *Die Polizei nimmt Brandstiftung als Ursache an.* The police assume arson to be the cause. ◊ *Nehmen wir mal an, es regnet nicht.* Let's assume it's not going to rain. **4** (*Eigenschaft*) take* sth on, assume (*gehoben*) ◊ *Die Debatte hat groteske Züge angenommen.* The debate has taken on a somewhat grotesque character. ◊ *Die Gewalt hat bedenkliche Ausmaße angenommen.* The violence has assumed alarming proportions. ◊ *Konturen/Gestalt annehmen* take shape **5** (*Kind*) adopt **6** sich jds/einer Sache ~ take* care of sb/sth IDM ⇨ VERNUNFT
Annehmlichkeit 1 (*angenehme Sache*) comfort; (*einer Stadt etc.*) amenity* ◊ *Sie mussten auf viele Annehmlichkeiten verzichten.* They had to forgo many comforts. **2** (*angenehme Seite*) convenience ◊ *die Annehmlichkeit einer Kantine* the convenience of a canteen
annektieren annex
Annexion annexation
anno in (the year) ◊ *anno 1649* in (the year) 1649 IDM **anno dazumal** (in) the olden days **anno Domini** in the year of our Lord
Annonce advertisement ◊ *sich auf eine Annonce melden* reply to an advertisement ◊ *jdn/etw per Annonce suchen* advertise for sb/sth
annoncieren advertise; (*ankündigen*) announce
annullieren (*Ergebnis, Wahl, Abkommen*) declare sth invalid; (*Vertrag, Ehe*) annul*; (*Tor*) disallow
anöden (*auf die Nerven gehen*) get* on your nerves; (*langweilen*) be a drag (*Slang*)
anonym anonymous (*Adv* anonymously)
Anonymität anonymity
Anorak anorak
anordnen 1 (*veranlassen, befehlen*) order ◊ *eine Untersuchung anordnen* order an inquiry ◊ *Neuwahlen anordnen* call fresh elections **2** (*sortieren*) arrange ◊ *alphabetisch angeordnet* (arranged) in alphabetical order

Anordnung 1 (*Befehl*) order ◊ *eine richterliche Anordnung* a judicial order ◊ *eine Anordnung treffen* give an order ◊ *auf Anordnung des Ministers* by order of the Minister ◊ *auf Anordnung des Arztes* on doctor's orders **2** (*Zusammenstellung*) arrangement
anpacken 1 (*greifen*) grab* hold of sb/sth **2** (*Problem etc.*) tackle ◊ *Sie wollen die sozialen Probleme an den Wurzeln anpacken.* They want to tackle social problems at the roots. ◊ *Packen wir's an.* Let's get down to business. **3** (*behandeln*) treat ◊ *Pack ihn nicht zu hart an!* Don't treat him too harshly. **4** (mit) ~ lend* a hand
anpassen 1 sich ~ (*konform gehen*) conform **2** sich jdm ~ (*sich auf jdn einstellen*) fit* in with sb; sich etw ~ (*sich auf etw einstellen*) adapt to sth ◊ *Du wirst dich der Gastfamilie anpassen müssen.* You'll have to fit in with your host family. ◊ *sich einem ungewohnten System anpassen* adapt to an unfamiliar system **3** etw einer Sache ~ (*abstimmen*) adapt sth to sth; (*justieren*) adjust sth to sth ◊ *Wüstentiere passen ihr Verhalten den Bedingungen an.* Desert animals adapt their behaviour to the conditions. ◊ *Der Speiseplan ist den individuellen Bedürfnissen angepasst.* The menus are adapted to suit individual needs. **4** etw einer Sache ~ (*auf das gleiche Niveau bringen*) bring* sth into line with sth ◊ *Gehälter werden an die Inflationsrate angepasst.* Salaries are being brought into line with inflation. **5** etw einer Sache ~ (*äußerlich angleichen*) make* sth fit in with sth
Anpassung 1 (*gesellschaftlich*) conformity **2** (*Gewöhnung, Angleichung*) adaptation ◊ *die Anpassung von Fremdwörtern an die deutsche Schreibweise* adapting foreign words to German spelling **3** (*das Abstimmen*) adjustment ◊ *die automatische Anpassung der Wechselkurse* the automatic adjustment of exchange rates
anpassungsfähig adaptable **Anpassungsfähigkeit** adaptability
anpeilen 1 (*auf etw hinzielen*) aim for sth **2** (*Standort bestimmen*) take* a bearing on sth
anpfeifen 1 ◊ *Er pfiff das Spiel an.* He blew the starting whistle. **2** (*zurechtweisen*) tell* sb off
Anpfiff 1 (*Spielbeginn*) start of the game; (*Fußball auch*) kick-off **2** (*Zurechtweisung*) telling-off (*umgs*)
anpflanzen 1 (*züchten*) grow* **2** (*einpflanzen, anlegen*) plant
anpöbeln insult
anprangern denounce
anpreisen extol* (the virtues of) sth ◊ *Zeitschriften, die Diäten anpreisen* magazines extolling the virtues of diets
Anprobe 1 (*Schneider, Theater*) fitting **2** (*Umkleidekabine*) fitting room
anprobieren try* sth on
anpumpen jdn (um etw) ~ borrow (sth) from sb
anquatschen speak* to sb; (*Annäherungsversuch*) chat* sb up
Anraten auf jds ~ on sb's advice
anrechnen 1 (*in Rechnung stellen*) charge for sth **2** etw als etw ~ count sth as sth ◊ *Der Lehrer hat das als Fehler angerechnet.* The teacher counted it as a mistake. ◊ *Das würde ich ihr als Versehen anrechnen.* I would consider that a mistake on her part. **3** etw auf etw ~ count sth towards sth IDM **jdm etw hoch anrechnen** give* sb credit for sth
Anrecht right; ein ~ auf etw haben be entitled to sth
Anrede 1 form of address; (*im Brief*) salutation (*Fachspr*) **2** (*Ansprache*) address
anreden 1 speak* to sb **2** jdn mit etw ~ call sb sth, address sb as sth (*gehoben*) ◊ *Sie lässt sich mit „Frau Doktor Huth" anreden.* She likes to be called 'Dr Huth'. ◊ *jdn mit „du" anreden* use the familiar form to sb **3** gegen jdn/etw ~ (*widersprechen*) argue against sb/sth **4** gegen etw ~ (*Lärm*) make* yourself heard above sth
anregen 1 (*vorschlagen*) suggest, propose (*gehoben*) ◊ *eine Idee anregen* suggest an idea **2** (jdn) zu etw ~ (*ermuntern*) encourage sb to do sth; (*inspirieren*) inspire sb to do sth; (*veranlassen*) make* sb do sth ◊ *die Leute zum Mitmachen anregen* encourage people to join in ◊ *Die Bilder des Künstlers sollen zum Nachdenken anregen.* The artist's pictures are meant to make you think. ◊ *Das Thema regt zur Diskussion an.* The subject stimulates discussion. **3** (*Appetit, Kreislauf, Fantasie*) stimulate
anregend stimulating
Anregung 1 (*Vorschlag*) suggestion; (*Idee*) idea ◊ *auf*

anreichern

Anregung der Studenten at the students' suggestion ◊ *Sie folgten unseren Anregungen.* They took up our suggestions. ◊ *Die Fotos dienen als Anregung.* The photos are meant to give you some ideas. **2** *(Impuls, Denkanstoß)* stimulus* ◊ *Die Bilder geben Anregung zur Diskussion.* The pictures provide a stimulus for discussion. **3** *(Belebung)* stimulation ◊ *ein Mittel zur Anregung der Verdauung* a drug to stimulate digestion

anreichern 1 sich ~ accumulate ◊ *Die Giftstoffe reichern sich in der Leber an.* The toxins accumulate in the liver. **2** *(aufwerten)* enrich ◊ *Laub reichert den Kompost an.* Leaves enrich the compost. **3 A mit B ~** add B to A ◊ *Pferdefutter mit Kalzium anreichern* add calcium to horses' feed

Anreise journey*; *(Transport)* travel ◊ *eine weite Anreise* a long journey ◊ *Die Anreise ist im Preis enthalten.* Travel is included in the price.

anreisen 1 travel* ◊ *Wir werden mit dem Auto anreisen.* We will be travelling by car. **2** *(ankommen)* arrive

Anreiz incentive

anrempeln jostle; *(absichtlich)* push

anrichten 1 arrange; *(servieren)* serve ◊ *Den Salat auf den Tellern anrichten.* Arrange the salad on the plates. ◊ *Es ist angerichtet.* Dinner is served. **2** *(verursachen)* ◊ *Der Sturm richtete schwere Verwüstungen an.* The storm caused severe devastation. ◊ *ein Massaker anrichten* carry out a massacre ◊ *Unheil anrichten* wreak havoc ◊ *Weiß er eigentlich, was er da angerichtet hat?* Does he know what he's gone and done?

anrüchig 1 *(von zweifelhaftem Ruf)* disreputable **2** *(anstößig)* offensive

anrücken *(Truppen, Polizei)* move in; *(Besuch)* descend ◊ *Wann rücken deine Freunde an?* When are your friends going to descend on us?

Anruf (phone) call ◊ *Er bekam einen Anruf.* He got a phone call. ◊ *Danke für den Anruf.* Thanks for calling.

Anrufbeantworter answering machine

anrufen 1 phone *sb/sth* (up), *(BrE auch)* ring* *sb/sth* (up) ◊ *Sie ruft oft ihre Eltern an.* She often phones her parents. ◊ *Hast du sie schon bei ihr angerufen?* Have you phoned her yet? ◊ *Ich habe bei ihm im Büro angerufen.* I phoned his office. ◊ *Bitte rufen Sie unter der folgenden Telefonnummer an.* Please ring the following number. ◊ *Ruf mal beim Bahnhof an.* Ring the station. ◊ *Hat jemand angerufen?* Were there any calls? **2** *jdn/etw* (um *etw*) **~** appeal to sb/sth (for sth) ◊ *Sie riefen die UNO um Hilfe an.* They appealed to the UN for help. **3** *(Posten etc.)* challenge ◊ *Der Wachmann rief uns an.* We were challenged by the guard.

Anrufer(in) caller

anrühren 1 *(mischen)* mix **2** *(anfassen)* touch ◊ *Rühr mich nicht an!* Don't touch me! ◊ *Unser Chef rührt keinen Computer an.* Our boss won't touch a computer. **3** *(Thema)* touch on *sth* **IDM** ⇒ **BISSEN**

Ansage 1 announcement **2** *(Karten)* bid*

ansagen 1 announce ◊ *Kein einziges Stück wurde angesagt.* Not one of the pieces was announced. **2** *(diktieren)* dictate ◊ *Kannst du mir die Maße ansagen?* Can you dictate the measurements to me? **3** *sich ~*; **seinen Besuch ~** say* you are coming ◊ *Aus Berlin hat sich eine Jazzband angesagt.* A jazz band from Berlin has said it will come. ◊ *Mein Bruder hat seinen Besuch angesagt.* My brother has said he will come. **IDM** ⇒ **KAMPF**

Ansager(in) announcer ← G 2.2d

ansammeln 1 *(Reichtümer)* amass; *(Punkte, Material etc.)* collect **2** *sich ~ (Menschen)* gather; *(Wasser, Staub)* collect; *(Dinge)* accumulate; *(Frust etc.)* build* up ◊ *Es hatte sich eine Menschenmenge angesammelt.* A crowd had gathered. ◊ *In der Mulde hat sich Wasser angesammelt.* Water has collected in the hollow.

Ansammlung 1 collection; *(von Schadstoffen etc.)* build-up **2** *(Menschenmenge)* crowd ← G 1.3b

ansässig based *(nicht vor Nomen)*; *(wohnhaft)* resident; *(örtlich)* local ◊ *eine in Genf ansässige Firma* a firm based in Geneva ◊ *ein in London ansässiger Franzose* a Frenchman resident in London ◊ *die ansässigen Betriebe* local businesses ◊ *Die Familie machte sich in Rheinsberg ansässig.* The family settled in Rheinsberg.

Ansatz 1 *(Methode)* approach ◊ *Vom Ansatz her sind die Reformen richtig.* These reforms are right in their approach. ◊ *Es war schon im Ansatz falsch.* It was the wrong approach. **2** *(Anzeichen)* (first) sign; *(Anfang)* first step ◊ *erste Ansätze für eine Besserung* first signs of improvement ◊ *Eine Entspannung der Lage ist nicht einmal im Ansatz zu erkennen.* There are no signs at all that the situation is easing. ◊ *Der neue Spieler zeigte vielversprechende Ansätze.* The new player showed promise. ◊ *Die Planung ist im Ansatz steckengeblieben.* The plans didn't get very far. ◊ *Es gelang uns nur in Ansätzen.* We were only partially successful. **3** *(Voranschlag)* estimate; *(im Staatshaushalt)* budget **4** *(von Kalk)* deposit; *(Schicht)* coating **5** *(Hals-, Arm-)* base; *(Haar-)* hairline; *(Haarwurzeln)* roots [Pl]

Ansatzpunkt starting point **ansatzweise** partially, to some extent; *etw ~ tun* begin* to do sth ◊ *Keines der Probleme wurde auch nur ansatzweise gelöst.* They didn't even begin to solve any of the problems. ◊ *Es ist ihr nur ansatzweise gelungen.* She has only partially succeeded. ◊ *Das geschieht schon ansatzweise.* This already happens to some extent.

anschaffen 1 buy*, get* *(umgs, auch fig)* ◊ *Sie spart, damit sie sich ein Auto anschaffen kann.* She's saving up to buy a car. ◊ *Er will sich einen Hund anschaffen.* He wants to get himself a dog. **2 ~ gehen** go* on the game *(Slang)*, *(AmE)* walk the streets *(Slang)*

Anschaffung purchase ◊ *Das Geld ist für die Anschaffung eines Kleinbusses vorgesehen.* The money is earmarked for the purchase of a minibus. ◊ *teuer in der Anschaffung* expensive to buy ◊ *eine Anschaffung fürs Leben* an investment for life

anschalten switch *sth* on

anschauen 1 *(sich)* **etw ~** look at sth, have a look at sth; *(Sendung, Video)* watch sth; *(Film, Spiel, Ausstellung, Stück)* see* sth ◊ *Sie schauten die Bilder an.* They looked at the pictures. ◊ *Das muss ich mir aus der Nähe anschauen.* I'll have to have a close look at that. ◊ *sich eine Sendung im Fernsehen anschauen* watch a programme on television **2** *jdn ~* look at sb; *sich jdn ~* have a look at sb ◊ *Er schaute mich nicht an.* He didn't look at me. ◊ *Komm, lass dich mal anschauen.* Come on, let's have a look at you. **IDM Schau mal einer an!** Well I never!, *(bes AmE)* Well, what do you know!

anschaulich clear *(Adv clearly)*; *(lebendig)* vivid *(Adv vividly)* ◊ *Er kann alles sehr anschaulich erklären.* He can explain everything very clearly. ◊ *Die Ausstellung macht die Entwicklung der Stadt anschaulich.* The exhibition illustrates the development of the town.

Anschauung 1 *(Überzeugung)* view; *(Meinung)* opinion; *(Vorstellung)* idea ◊ *politische/religiöse Anschauungen* political/religious views ◊ *Er hat manchmal seltsame Anschauungen.* He sometimes has strange ideas. **2** *Er kennt die Probleme der Flüchtlinge aus eigener Anschauung.* He has seen for himself the problems of the refugees. **3** *(Versenkung)* contemplation

Anschauungsmaterial illustrative material; *(im Unterricht)* visual aid **Anschauungsunterricht** demonstration; *(fig)* lesson ◊ *Das ist guter Anschauungsunterricht dafür, was passiert, wenn …* That is a lesson in what happens when …

Anschein appearance; *(Eindruck)* impression ◊ *dem äußeren Anschein zum Trotz* despite appearances (to the contrary) ◊ *Sie erweckt den Anschein, als sei ihr alles egal.* She gives the impression that it's all the same to her. ◊ *allem Anschein nach* apparently ◊ *Es hat den Anschein, als habe er es vergessen.* It appears that he's forgotten.

anscheinend apparently

anschicken sich ~ etw zu tun be on the point of doing sth

anschieben 1 *(Auto)* push **2** *(fig)* give* *sth* a boost; *(Reform etc.)* get* *sth* going

anschießen 1 shoot* at *sb*, shoot* and wound *sb* ◊ *Er wurde auf offener Straße angeschossen.* He was shot at in broad daylight. **2 angeschossen kommen** come* racing up

Anschiss telling off, *(AmE)* bawling out

Anschlag 1 *(Bekanntmachung)* notice **2** *(Angriff)* attack; *(Mordversuch)* assassination attempt ◊ *ein Anschlag auf das Polizeigebäude* an attack on the police station ◊ *einen Anschlag verüben* carry out an attack **3** *(auf einer Tastatur)* touch **4** *(Zeichen)* character ◊ *35 Zeilen à 60 Anschläge* 35 lines of 60 characters

---

Im Englischen wird die Geschwindigkeit beim Maschineschreiben in Wörtern pro Minute und nicht in Anschlägen gemessen. Für ein Wort rechnet man fünf

Anschläge: *Er schreibt 225 Anschläge pro Minute.* He can type 45 words per minute.
5 (*beim Spiel*) home **6** (MIL) firing position ◊ *in den Anschlag gehen* move into firing position ◊ *Sie standen mit dem Gewehr im Anschlag.* They were standing with their rifles at the ready. ◊ *ein Gewehr in Anschlag bringen* level a gun
anschlagen 1 (*befestigen*) put* *sth* up **2** (*wirken*) work ◊ *Das Medikament hat angeschlagen.* The medicine has worked. **3** (*bellen*) bark **4** (**sich**) *etw* (**an** *etw*) ~ bump sth (on sth); **mit** *etw* **an** *etw* ~ bump sth on sth ◊ *Ich habe mir das Knie angeschlagen.* I've bumped my knee. ◊ *Er ist mit dem Kopf an den Balken angeschlagen.* He bumped his head on the beam. **5** (*Taste*) strike*; (*Melodie, Note*) play **6** (*fig*) (*Töne*) adopt ◊ *Sie schlug versöhnliche Töne an.* She adopted a conciliatory tone. **7** (*Maschen*) cast* *sth* on IDM ⇨ TON²
anschleichen sich (**an** *jdn/etw*) ~ creep* up (on sb/sth)
anschleppen 1 (*mitbringen*) bring* *sb/sth* along **2** (*Auto*) give* *sth* a tow (until it starts)
anschließen 1 (*verbinden*) connect *sth* up; *etw* (**an** *etw*) ~ connect sth (to sth) ◊ *die Waschmaschine anschließen* connect the washing machine up ◊ *Ist der Computer ans Netzwerk angeschlossen?* Is the computer connected to the network? **2** *etw* (**an** *etw*) ~ (*mit Schloss*) padlock sth to sth **3 sich** *jdm/etw* ~ (*dazugesellen*) join *sb/sth* ◊ *Darf ich mich euch anschließen?* May I join you? **4 sich** *jdm/etw* ~ (*zustimmen*) agree with sb/sth ◊ *Ich schließe mich meinem Vorredner an.* I agree with the previous speaker. **5** (**sich**) **an** *etw* ~; **sich** *etw* ~ (*folgen*) follow sth; (*inhaltlich*) follow on from sth ◊ *An den Vortrag schloss eine Diskussion an.* The lecture was followed by a discussion. ◊ *An diesen Punkt schließt sich meine nächste Frage an.* My next question follows on from this point. **6 an** *etw* ~ (*angrenzen*) be next to sth; adjoin sth (*gehoben*) ◊ *Das Grundstück schließt an den Flughafen an.* The property is next to the airport. **7** *etw* **an** *etw* ~; *etw* **einer Sache** ~ (*anfügen*) attach sth to sth ◊ *Der Schule ist ein Kindergarten angeschlossen.* There is a nursery attached to the school.
anschließend 1 *Adv* afterwards ◊ *Anschließend ist Tanz.* There is dancing afterwards. **2** *Adj* ◊ *ein Film mit anschließender Diskussion* a film with a discussion afterwards ◊ *beim anschließenden Grillfest* during the barbecue that followed
Anschluss 1 (*Verbindung*) connection ◊ *In Mainz haben Sie Anschluss an die Regionalbahn.* In Mainz you have connections to the local trains. ◊ *Der Zug hat Anschluss an die Fähre.* The train connects with the ferry. ◊ *Anschluss ans Internet* connection to the Internet **2** (*Telefon*) line ◊ *Dein Anschluss war den ganzen Tag besetzt.* Your line was engaged all day. **3** (*Autobahn-*) junction **4** ~ **finden** make* friends; ~ **suchen** try* to make friends ◊ *Hast du in Köln schon Anschluss gefunden?* Have you made any friends yet in Cologne? **5** ◊ *den Anschluss an die Weltspitze halten* keep up with the best in the world ◊ *Wer ein paar Monate raus ist, hat den Anschluss verpasst.* If you're away for a few months, you lose touch. **6 im** ~ afterwards; **im** ~ **an** *etw* after sth, following sth ◊ *Im Anschluss spielt eine Jazzband.* A jazz band will be playing afterwards. ◊ *Im Anschluss an den Film findet eine Diskussion statt.* After the film there will be a discussion. **7** (GESCH) Anschluss
anschmiegen sich (**an** *jdn/etw*) ~ snuggle up (to sb/sth); (*Stoff, Kleider*) cling* (to sb/sth) ◊ *Sie schmiegte sich zärtlich an ihn.* She snuggled up to him tenderly. ◊ *Das Samtkleid schmiegte sich eng an ihren Körper an.* The velvet dress clung to her body.
anschmiegsam 1 (*Mensch, Tier*) affectionate **2** (*Kleidung*) clinging; (*Stoff*) soft
anschmieren (*hereinlegen*) con* ◊ *Der Markthändler hat uns angeschmiert.* The market trader conned us.
anschnallen 1 (*Schlittschuhe, Skier etc.*) put* *sth* on **2** *jdn/sich* ~ strap* sb/yourself in; (*Sicherheitsgurt*) put* on sb's/your seat belt, fasten sb's/your seat belt ◊ *das Kind im Buggy anschnallen* strap the child into the buggy ◊ *Denken Sie daran, Ihre Kinder anzuschnallen.* Remember to put your children's seat belts on. ◊ *Bitte schnallen Sie sich an.* Please fasten your seat belts. ◊ *Die Fahrerin war nicht angeschnallt.* The driver wasn't wearing her seat belt.
anschneiden 1 cut*; (*Brot*) start; (*Blumen*) cut* the stems of *sth* ◊ *die Geburtstagstorte anschneiden* cut the birthday cake **2** (*Thema, Frage, Problem*) broach, raise **3** (SPORT) (*Ball*) put* slice on *sth*
Anschovis anchovy*
anschrauben *etw* (**an** *etw*) ~ screw sth on (to sth) ◊ *Das Schild ist angeschraubt.* The plaque is screwed on.
anschreiben 1 (*an die Tafel etc.*) write* *sth* up ◊ *Können Sie das Wort bitte anschreiben?* Can you write that word up, please? **2** (*jdm schreiben*) write* to *sb/sth* **3** (*Kredit geben*) *etw* ~ give* sth on credit; *etw* ~ **lassen** put* sth on the slate (*umgs*) ◊ *Er lässt in der Kneipe immer anschreiben.* He always puts his drinks on the slate.
anschreien shout at *sb*
Anschrift address
Anschuldigung accusation ◊ *Anschuldigungen gegen jdn erheben* make accusations against sb
anschwärzen grass on *sb* (*Slang*), tell* tales on *sb*
anschwellen 1 (*dicker werden*) swell* (up) ◊ *Das Knie ist stark angeschwollen.* The knee is badly swollen. **2** (*Bach etc.*) rise* (*auch fig*) ◊ *Der Fluss wird in den nächsten Tagen weiter anschwellen.* The river will continue to rise in the next few days. ◊ *Der Umsatz ist auf 250 Millionen angeschwollen.* Turnover has risen to 250 million. **3** (*Musik, Ton, Lärm*) get* louder
ansehen 1 *jdn* ~ look at *sb/sth* ◊ *Sie sah mich an.* She looked at me. ◊ *jdn fragend ansehen* give sb a a questioning look **2 sich** *etw* ~ look at sth; (*Film, Ausstellung etc.*) see* sth; (*Fernsehsendung, Sportveranstaltung*) watch sth ◊ *Komm und sieh dir das an!* Come and look at this! ◊ *Ich habe mir das Bild ganz genau angesehen.* I looked at the picture very carefully. ◊ *Ich will mir die neue Ausstellung ansehen.* I want to (go and) see the new exhibition. ◊ *sich die Nachrichten ansehen* watch the news ◊ *sich den Dom ansehen* look round the cathedral **3** *jdn/etw* **als** *etw* ~ regard sb/sth as sth ◊ *Er wurde immer als Außenseiter angesehen.* He was always regarded as an outsider. **4** *jdm etw* ~ ◊ *Man sieht ihm seine Zufriedenheit an.* You can see he's happy. ◊ *Ich konnte ihr ansehen, dass etwas nicht stimmte.* I could tell by looking at her that something was wrong. ◊ *Man sieht (es) ihr nicht an, dass sie krank ist.* She doesn't look ill. **5 mit** ~ **müssen** watch helplessly ◊ *Wir mussten mit ansehen, wie das alte Haus abgerissen wurde.* We watched helplessly as the old house was demolished. **6** *etw* **nicht mehr/länger mit** ~ **können/wollen** ◊ *Wir konnten diese Ungerechtigkeit nicht mehr mit ansehen.* We couldn't stand by and watch this injustice any longer. ◊ *Die Anwohner wollen das nicht länger mit ansehen.* The residents are not prepared to put up with it any longer. IDM *jdn/etw* **schief ansehen** look askance at sb/sth (*gehoben*) ☞ *Siehe auch* NASENSPITZE
Ansehen 1 reputation ◊ *Er hat an Ansehen verloren.* His reputation was damaged. ◊ *bei jdm ein hohes Ansehen genießen* be held in high regard by sb ◊ *Die Stadt hat an Ansehen gewonnen.* The image of the town has improved. **2 ohne** ~ **von** *etw* irrespective of sth ◊ *ohne Ansehen des Alters* irrespective of age ◊ *ohne Ansehen der Person* impartially (and without bias)
ansehnlich considerable
ansetzen 1 *etw* (**an** *etw*) ~ attach sth (to sth) **2** (*anrühren*) mix **3** (*in Position bringen*) put* ◊ *die Trompete ansetzen* put the trumpet to your lips **4** *etw* (**für/auf** *etw*) ~ arrange sth (for sth) ◊ *Die Probe wurde auf Montag angesetzt.* The rehearsal was arranged for Monday. ◊ *Die Wahlen sind für Mai angesetzt.* The elections are to take place in May. **5** *etw* (**mit/auf** *etw*) ~ estimate sth (at sth) ◊ *Der Gewinn wurde auf zwei Millionen angesetzt.* The profit was estimated at two million. **6** (**mit** *etw*) ~ begin* (sth) ◊ *Man weiß gar nicht, wo man ansetzen soll.* You often just don't know where to begin. **7** (**zu** *etw*) ~ start (to do sth) ◊ *Er setzte gerade zum Überholen an.* He was just starting to overtake. ◊ *Das Flugzeug setzte zur Landung an.* The aeroplane was coming in to land. **8** (*hervorbringen*) ◊ *Blätter/Blüten ansetzen* come into leaf/blossom. ◊ *Rost ansetzen* start to rust ◊ *Fett ansetzen* put on weight **9** *jdn* **auf** *etw* ~ put* sb on to sth ◊ *Wir haben unsere besten Leute auf diesen Fall angesetzt.* We have put our best people on to the case. IDM ⇨ ROTSTIFT
Ansicht 1 view, opinion ◊ *Nicht alle Mitglieder teilen diese Ansicht.* Not all the members share this view. ◊ *meiner Ansicht nach* in my opinion ◊ *Die Ansichten zu diesem Thema sind geteilt.* Opinions are divided on this subject. ◊

nach Ansicht politischer Beobachter according to political commentators ◊ *Da bin ich aber ganz anderer Ansicht!* I disagree. ◊ *Sie sind der Ansicht, dass ...* They believe that ... **2** (*Bild, Seite*) view **3 zur ~** on approval ◊ *etw zur Ansicht bestellen* have sth sent on approval
Ansichtskarte (picture) postcard **Ansichtssache** a matter of opinion
ansiedeln (**sich**) **~** settle; (*Firmen etc.*) locate ◊ *Der Stamm siedelte sich im Süden an.* The tribe settled in the South. ◊ *Viele neue Firmen haben sich hier angesiedelt.* A lot of new firms have located here.
Ansiedlung 1 settlement ◊ *eine Ansiedlung aus der Steinzeit* a Stone Age settlement **2** (*das Ansiedeln*) settlement (*oft mit einem Verb übersetzt*) ◊ *die Ansiedlung von Juden im Westjordanland* the settlement of Jews on the West Bank ◊ *Die Ansiedlung weiterer Firmen ist geplant.* There are plans to move more firms to the area.
ansonsten otherwise
anspannen 1 hitch *sth* up **2** (**sich**) **~** tighten ◊ *die Muskeln anspannen* tighten your muscles ◊ *alle seine Kräfte anspannen* summon up all your strength ☞ *Siehe auch* ANGESPANNT
Anspannung 1 tightening ◊ *die Anspannung der Muskeln* the tightening of the muscles ◊ *unter Anspannung aller Kräfte* with a supreme effort **2** (*Stress*) tension ◊ *nervliche Anspannung* nervous tension ◊ *berufliche Anspannung* stress at work
Anspiel (*Pass*) pass; (*Zuspiel*) passing [U]
anspielen 1 jdn **~** pass (the ball) to sb **2 auf jdn/etw ~** allude to sb/sth, refer* to sb/sth, get* at sb/sth (*umgs*) ◊ *Damit wollen Sie wohl auf mich anspielen!* I suppose you are referring to me! ◊ *Worauf willst du denn damit anspielen?* What are you getting at? ◊ *Er spielte darauf an, dass ...* He hinted that ...
Anspielung ~ (**auf jdn/etw**) reference (to sb/sth), allusion (to sb/sth); **in/unter ~ auf jdn/etw** referring to sb/sth ◊ *Das soll wohl eine Anspielung auf mein Alter sein!* I suppose that was a reference to my age! ◊ *zweideutige Anspielungen* innuendo
anspitzen sharpen
Anspitzer (pencil) sharpener
Ansporn ~ (für jdn) zu etw incentive (for sb) (to do sth) ◊ *Als Ansporn zum Mitmachen wurde ein Preis ausgesetzt.* A prize was offered as an incentive to take part.
anspornen jdn (**zu etw**) **~** spur* sb on (to do sth) ◊ *angespornt durch diesen Erfolg* spurred on by this success ◊ *Mädchen werden zu selten angespornt, diese Berufe zu ergreifen.* Girls are not given enough encouragement to enter these professions.
Ansprache 1 address ◊ *eine kurze Ansprache halten* give a short address **2** (*Kontakt*) somebody to talk to ◊ *Menschen, die einfach nur Ansprache brauchen* people who just need somebody to talk to
ansprechbar available (to talk to) ◊ *Ich bin für jeden ansprechbar.* I am always available if anyone wants to speak to me. ◊ *Ich bin jetzt eine Stunde nicht ansprechbar.* I don't want to be disturbed for the next hour. ◊ *Der Verletzte war nicht ansprechbar.* The injured man was not responding.
ansprechen 1 jdn **~** speak* to sb ◊ *Warum sprichst du sie nicht einfach an?* Why don't you just go over and speak to her? ◊ *Ich habe ihn schon oft darauf angesprochen.* I've often spoken to him about it. ◊ *Auf seine Pläne angesprochen, sagte er ...* When asked about his plans, he said ... **2** jdn mit etw **~** call sb sth ◊ *jdn mit „Herr Professor" ansprechen* call sb 'Professor' ◊ *Hier sprechen sich alle mit Vornamen an.* We call each other by our first names here. ◊ *Wie spricht man einen Bischof an?* How do you address a bishop? **3** jdn **~** (*anziehen*) appeal to sb ◊ *Die Idee spricht mich gar nicht an.* The idea doesn't appeal to me at all. **4 etw ~** (*zur Sprache bringen*) raise sth; (*behandeln*) deal* with sth ◊ *ein Thema ansprechen* raise a subject ◊ *In der Sendung wurden aktuelle Themen angesprochen.* The programme dealt with topics of current interest. **5 sich angesprochen fühlen** take* sth personally ◊ *Warum fühlst du dich bei jeder kritischen Bemerkung gleich angesprochen?* Why do you take every critical remark personally? ◊ *Niemand fühlt sich angesprochen.* Nobody feels it's anything to do with them. **6 sich durch/von etw angesprochen fühlen** feel* that sth has something to offer you ◊ *Sie fühlen sich von den Kirchen nicht angesprochen.* They feel that the churches have nothing to offer them. **7 etw spricht** (**bei jdm**) **an** sth has an effect (on sb) ◊ *Dieses Mittel spricht bei mir überhaupt nicht an.* The medicine has no effect on me. **8 auf etw ~** (*reagieren*) respond to sth ◊ *Er spricht ausgezeichnet auf die Behandlung an.* He is responding very well to treatment.
ansprechend attractive (*Adv* attractively) ◊ *ein ansprechendes Gesicht* an attractive face ◊ *ansprechend gestaltet* attractively presented ◊ *Die Mannschaft bot eine ansprechende Leistung.* The team played well. ◊ *für jdn ansprechend sein* appeal to sb
Ansprechpartner(in) (person to) contact ◊ *Ansprechpartner ist Uwe Staub.* The person to contact is Uwe Staub.
anspringen 1 pounce on *sb*; (*hochspringen*) jump up at *sb* **2** (*Motor*) start ◊ *Der Wagen springt nicht an.* The car won't start. **3 auf etw ~** jump at sth
Anspruch 1 ~ (**auf etw**) entitlement to sth ◊ *sein Anspruch auf Urlaubsgeld* his entitlement to holiday pay ◊ *Anspruch auf etw haben* be entitled to sth ◊ *Anspruch auf Schadenersatz erheben* make a claim for damages **2 ~** (**an jdn/etw**) expectation (of sb/sth) [*meist Pl*] ◊ *die Ansprüche seiner Eltern erfüllen* live up to your parents' expectations ◊ *Sie stellt sehr hohe Ansprüche an ihre Schüler.* She sets high standards for her pupils. ◊ *eine Ausstellung mit einem pädagogischen Anspruch* an exhibition with an educational aim **3 etw in ~ nehmen** take* advantage of sth; (*Zeit*) take* sth up ◊ *Viele nahmen die Grippeschutzimpfung in Anspruch.* A lot of people took advantage of the flu vaccinations. ◊ *ein Hobby, das viel Zeit in Anspruch nimmt* a hobby which takes up a lot of time ◊ *Sozialhilfe in Anspruch nehmen* claim benefit **4 etw nimmt jdn** (**sehr**) **in ~** sth takes* up (all) sb's time
anspruchslos 1 (*leicht zu pflegen*) easy to look after **2** (*genügsam*) ◊ *Er ist sehr anspruchslos.* His needs are modest. ◊ *ganz anspruchslos leben* live very simply ◊ *Die Zimmer sind ziemlich anspruchslos ausgestattet.* The rooms are fairly basic. **3** (*geistig*) lowbrow ◊ *anspruchslose Unterhaltung* lowbrow entertainment ◊ *anspruchslose Lektüre* popular fiction ◊ *Das Gespräch war ziemlich anspruchslos.* The conversation was pretty trivial.
anspruchsvoll 1 (*Kunde, Publikum, Leser*) discriminating **2** (*Tätigkeit*) challenging; (*Projekt, Programm*) ambitious **3** (*geistig hoch stehend*) sophisticated; (*künstlerisch hoch stehend*) high quality ◊ *ein anspruchsvoller Schriftsteller* a sophisticated writer ◊ *anspruchsvolle Unterhaltung* high-quality entertainment ◊ *ein anspruchsvoller Film* a film that makes demands on the audience
anspucken spit* at *sb/sth*
Anstalt 1 institute ◊ *Die Anstalt hat ihren Sitz in Frankfurt.* The institute is based in Frankfurt. ◊ *eine öffentlich-rechtliche Anstalt* a public corporation **2** (*Heim, Gefängnis etc.*) institution; (*psychiatrische*) mental hospital ◊ *in einer Anstalt leben* live in an institution ◊ *Sie wurde in eine geschlossene Anstalt eingewiesen.* She was sent to a secure unit. **3** (*Internat*) boarding school; (*Schule*) school; (*Lehranstalt*) further education establishment **IDM Anstalten machen etw zu tun** make* a move to do sth ◊ *Er machte keine Anstalten, mir zu helfen.* He made no move to help me.
Anstand decency ◊ *Sie hat aber auch keinen Anstand!* Has she no sense of decency! ◊ *Das Beste, was er jetzt tun kann, ist mit Anstand zurückzutreten.* He should have the decency to resign. ◊ *mit Anstand verlieren können* be a good loser ◊ *sich mit Anstand aus der Affäre ziehen* get out of it without losing face
anständig 1 (*rechtschaffen*) decent (*Adv* decently) ◊ *Das war anständig von ihm.* That was decent of him. ◊ *jdn anständig behandeln* treat sb decently **2** (*respektabel*) respectable **3** (*zufrieden stellend*) decent ◊ *ein anständiges Gehalt* a decent wage ◊ *anständige Preise* reasonable prices ◊ *Sie zahlen anständig.* They pay well. **4** (*angemessen*) proper (*nur vor Nomen*) (*Adv* properly) ◊ *Zum Wandern brauchst du anständige Schuhe.* If you go walking you need proper boots. ◊ *anständig angezogen* properly dressed **5** (*beträchtlich*) considerable; (*Portion*) generous ◊ *eine anständige Summe* a considerable sum ◊ *Ich habe einen anständigen Preis dafür bekommen.* I got a good price for it. ◊ *Ihm werde ich anständig die Meinung sagen.* I'll really give him a piece of my mind.
anstandslos without any trouble ◊ *Der Bau wurde anstandslos genehmigt.* The building plans were approved

without any trouble. ◊ *Er hat die Rechnung anstandslos bezahlt.* He paid the bill without a murmur.
anstarren jdn/etw ~ stare at sb/sth; *(finster)* glare at sb/sth; *(mit offenem Mund)* gape at sb/sth
anstatt ~ **jds/einer Sache** instead of sb/sth; ~ **etw zu tun** instead of doing sth
anstecken 1 jdn (mit etw) ~ infect sb (with sth) ◊ *Sie wurden durch infizierte Blutprodukte angesteckt.* They were infected by contaminated blood products. ◊ *Ich will dich nicht mit meiner Erkältung anstecken.* I don't want to give you my cold. ◊ *Er hat sie mit dem Aids-Virus angesteckt.* She caught HIV from him. ◊ *Sie steckte uns mit ihrem Optimismus an.* Her optimism was infectious. **2 sich (bei jdm) (mit etw)** ~ catch* sth (from sb) ◊ *Er hatte Angst, dass er sich angesteckt haben könnte.* He was afraid he might have caught something. ◊ *Sie hat sich bei mir mit Windpocken angesteckt.* She caught chickenpox from me. ◊ *Niemand weiß, wie er sich angesteckt hat.* Nobody knows how he became infected. **3** *(in Brand stecken)* set* fire to sb/sth **4 sich eine Zigarette** ~ light* a cigarette **5 (sich) etw** ~ **pin*** sth on; **jdm etw** ~ **pin*** sth on sb ◊ *Er steckte sich seine Orden an.* He pinned on his medals. ◊ *Soll ich dir die Brosche anstecken?* Shall I pin the brooch on for you?
ansteckend infectious *(auch fig)*, catching *(nicht vor Nomen)* *(umgs, auch fig)*; *(durch Hautkontakt)* contagious ◊ *eine ansteckende Krankheit* an infectious disease ◊ *ihr ansteckendes Lachen* her infectious laugh
Anstecknadel pin; *(Abzeichen)* badge
Ansteckung infection
Ansteckungsgefahr risk of infection
anstehen 1 queue (up), *(AmE)* stand* in line ◊ *Wir mussten eine Stunde lang nach den Karten anstehen.* We had to queue for an hour for the tickets. **2** *(auf Erledigung warten)* have to be done ◊ *Was steht noch an?* What else has to be done? ◊ *die anstehenden Arbeiten* the jobs that need doing **3** *(festgelegt sein)* be due to take place ◊ *Im Frühjahr stehen Kommunalwahlen an.* Local elections are due to take place next spring. ◊ *die anstehenden Wahlen* the forthcoming elections **4 etw ~ lassen** *(hinauszögern)* defer* sth
ansteigen 1 *(Weg)* climb; *(Gelände)* slope ◊ *Die Straße stieg stark an.* The road climbed steeply. ◊ *die engen, steil ansteigenden Gassen* the steep, narrow streets **2** rise* ◊ *Die Schülerzahlen steigen an.* School rolls are rising. ◊ *Die Kriminalität steigt ständig an.* Crime is on the increase. ◊ *Die Wettervorhersage versprach ansteigende Temperaturen.* The forecasters promised a rise in temperatures.
anstelle ~ **von etw** instead of sth; *(Örtlichkeit)* in place of sth ◊ *anstelle von Latein* instead of Latin ◊ *ein Neubau anstelle des alten Gebäudes* a new building in place of the old one
anstellen 1 *(Gerät, Motor)* switch sth on **2 jdn** ~ employ sb; *(einstellen)* take* sb on ◊ *Er hat ihn als seinen Berater angestellt.* He employed him as his adviser. ◊ *neue Mitarbeiter anstellen* take on more staff ◊ *Er ist bei Siemens angestellt.* He works for Siemens. **3** *(unternehmen)* do* ◊ *Wie können wir es anstellen, dass wir das Geld zusammenbekommen?* What are we going to do to get hold of the money? **4** *(anrichten)* get* up to sth ◊ *Was wird er als nächstes anstellen?* What will he get up to next? ◊ *Was haben die Kinder denn jetzt wieder angestellt?* What have the children been up to now? **5** *(mit bestimmten Nomina)* ◊ *Nachforschungen/Überlegungen anstellen* make inquiries/observations ◊ *Untersuchungen anstellen* undertake investigations ◊ *einen Vergleich anstellen* make a comparison ◊ *Vergleiche anstellen* draw comparisons ◊ *eine begründete Vermutung anstellen* make an educated guess ◊ *Messungen anstellen* take measurements ◊ *Bohrungen anstellen* drill **6 sich** ~ *(Schlange stehen)* queue (up), *(AmE)* wait in line ◊ *Sie mussten sich nach den Eintrittskarten anstellen.* They had to queue for the tickets. ◊ *Bitte stellen Sie sich hinten an!* Please join the end of the queue/go to the back of the line. **7 sich bei etw geschickt, ungeschickt etc.** ~ be good, useless, etc. at sth ◊ *Er hat sich sehr geschickt dabei angestellt.* He was very good at it. ◊ *Beim Kochen stellte sie sich ungeschickt an.* She was useless at cooking. **8 sich** ~ *(sich zieren)* make* a fuss ◊ *Stell dich doch nicht so an!* Don't make such a fuss! **9 etw an etw** ~ lean* sth against sth
IDM ⇒ MENSCH
Anstellung 1 *(das Anstellen)* employment ◊ *die Anstel-*
lung von neuen Mitarbeitern the employment of new staff **2** *(Arbeit, Stelle)* job ◊ *ohne Anstellung sein* be out of a job
ansteuern head for sth
Anstieg 1 *(Aufstieg)* climb ◊ *der Anstieg zum Everest* the ascent of Everest **2** *(Zunahme)* rise ◊ *der Anstieg der Temperaturen* the rise in temperature ◊ *ein Anstieg der Kosten um 15 Prozent* a 15 per cent increase in costs
anstiften 1 jdn (zu etw) ~ incite sb (to sth) ◊ *jdn zu einer Tat anstiften* incite sb to commit a crime **2 etw** ~ instigate sth; *(Meuterei)* start
Anstiftung incitement ◊ *Anstiftung zur Gewalt* incitement to violence
anstimmen start to sing; *(Orchester)* start to play
anstinken 1 jdn ~ make* sb sick ◊ *Diese Arbeit stinkt mich an!* I'm sick of this job! **2 gegen jdn nicht** ~ **können** not have a chance against sb
Anstoß 1 *(Idee)* impetus [U/Sing]; **den ~ zu etw geben** start sth off; **jdm den ~ zu etw geben** induce sb to do sth **2 ~ (an etw) nehmen** object (to sth) **3 (bei jdm) ~ erregen** cause offence (to sb) **4** *(Fußball)* kick-off ◊ *Der Anstoß erfolgt um 15:30 Uhr.* Kick-off is at 3.30 p.m. ◊ *England hatte den Anstoß.* England kicked off.
anstoßen 1 an etw ~ bump into sth ◊ *Ich bin mit dem Kopf an der Tür angestoßen.* I bumped my head on the door. **2 jdn/etw** ~ bump into sb/sth, knock sb/sth **3 jdn** ~ *(als Hinweis)* nudge sb; *(mit dem Fuß)* give* sb a kick ◊ *Er stieß sie unter dem Tisch an.* He gave her a kick under the table. **4 (mit jdm)** ~ clink glasses (with sb); **(mit jdm) auf etw/jdn** ~ drink* to sth/sb's health (with sb) ◊ *auf das neue Jahr anstoßen* drink a toast to the New Year ◊ *Ich möchte mit Ihnen darauf anstoßen.* Let's drink to that. **5** *(Diskussion, Debatte etc.)* get* sth going **6** *(Anstoß erregen)* **(bei jdm)** ~ cause offence (to sb) ◊ *Sie stößt überall an.* She rubs everyone up the wrong way.
anstößig offensive
anstrahlen 1 *(beleuchten)* shine* a spotlight on sth; *(Gebäude)* floodlight* ◊ *Die Kirche wird nachts angestrahlt.* The church is floodlit at night. **2** *(anlächeln)* beam at sb
anstreben *(Ziel)* aim for sth, work towards sth; *(Lösung, Kompromiss)* seek* ◊ *eine Banklehre anstreben* aim for a traineeship in a bank
anstreichen 1 *(anmalen)* paint **2** *(markieren)* mark
Anstreicher(in) painter ☞ G 2.2d
anstrengen 1 sich ~ make* an effort, work hard ◊ *Er muss sich anstrengen, wenn er die Prüfung schaffen will.* He'll have to work really hard to pass the exam. **2** *(Augen, Ohren, Muskeln)* strain ◊ *Er musste seine Augen anstrengen.* He had to strain his eyes. ◊ *alle Kräfte anstrengen, um etw zu tun* make every effort to do sth ◊ *angestrengt nachdenken* think hard **3** *(strapazieren)* be tiring; **jdn/etw** ~ be a strain on sb/sth ◊ *Die Arbeit am Monitor strengt die Augen an.* Working on screen is a strain on the eyes. ◊ *Der Spaziergang hat ihn sehr angestrengt.* The walk tired him out. **4 ~ einen Prozess (gegen jdn) anstrengen** bring a case (against sb)
anstrengend tiring; *(Beruf)* demanding ◊ *eine körperlich anstrengende Arbeit* a physically demanding job ◊ *Aerobic ist mir zu anstrengend.* Aerobics is too strenuous for me. ◊ *anstrengend für die Augen sein* be a strain on the eyes
Anstrengung effort ◊ *Sie schwitzten vor Anstrengung.* They were sweating with the effort. ◊ *Alle Anstrengungen werden unternommen, um die Krise beizulegen.* Every effort is being made to resolve the crisis. ◊ *mit äußerster Anstrengung* with the greatest difficulty ◊ *körperliche Anstrengung* physical exertion
Anstrich 1 *(Farbe)* paint ◊ *ein neuer Anstrich* a new coat of paint **2** *(Note)* air ◊ *Das verleiht der Sache einen exklusiven Anstrich.* It gives it an air of exclusivity.
Ansturm rush ◊ *ein großer Ansturm auf die Geschäfte* a great rush to the shops ◊ *ein Ansturm auf die Börse* a run on the stock market ◊ *ein Ansturm von Fragen* a barrage of questions ◊ *ein Ansturm von Flüchtlingen* a flood of refugees
Antarktis Antarctic
antasten *(Rechte)* infringe
Anteil 1 *(Prozentsatz)* proportion ☞ G 1.3b ◊ *der Anteil der Rentner an der Bevölkerung* the proportion of pensioners in the population ◊ *der überwiegende Anteil der Bevölkerung* the majority of the population **2 ~ (an etw)** *(Teil, auf den man Anspruch hat)* share (of sth) **3 (an etw) ~ nehmen**

anteilig

show* an interest (in sth); (*an Leid, Schicksal*) be moved (by sth) **4 an etw ~ haben** (*beteiligt sein*) contribute to sth ◦ *Der Trainer hatte großen Anteil an unserem Erfolg.* The coach has contributed greatly to our success.
anteilig proportional (*Adv* proportionally)
Anteilnahme 1 (*Mitgefühl*) sympathy **2** (*Interesse*) interest ◦ *ihre Anteilnahme am Leben ihres Neffen* the interest she took in her nephew
Antenne aerial, (*AmE*) antenna
Anthologie anthology*
anthrazit charcoal grey, (*AmE*) charcoal gray ☛ *Beispiele bei* BLAU
Anthropologie anthropology
anti- anti-
Antialkoholiker(in) teetotaller **antiautoritär** anti-authoritarian; (*Erziehung*) child-centred, (*AmE*) child-centered **Antibabypille** contraceptive pill **Antibiotikum** antibiotic **antifaschistisch** anti-fascist **Antiheld(in)** anti-hero*, anti-heroine
antik 1 ancient ◦ *im antiken Rom* in ancient Rome ◦ *ein antiker Text* a classical text **2** (*alt*) antique
Antike die ~ the ancient world; **die klassische ~** classical antiquity
Antikörper antibody* ◦ *Antikörper bilden* produce antibodies
Antilope antelope*
Antipathie antipathy*
antippen 1 (*berühren*) touch ◦ *die Tasten antippen* touch the keys ◦ *jdn an der Schulter antippen* tap sb on the shoulder **2** (*Thema*) touch on *sth*
Antiquariat second-hand bookshop
antiquarisch second-hand
antiquiert antiquated
Antiquität antique
anti- antisemitisch anti-Semitic **Antisemitismus** anti-Semitism **Antithese** antithesis*
Antonym opposite, antonym (*Fachspr*)
Antrag 1 (*schriftliche Bitte*) application ◦ *einen Antrag bei der zuständigen Behörde einreichen* send an application to the relevant authority ◦ *einen Antrag auf etw stellen* apply for sth **2** (*Vorschlag, Entwurf*) motion ◦ *einen Antrag ins Parlament einbringen* table a motion in parliament ◦ *über einen Antrag abstimmen* take a vote on a motion **3** (*Formular*) application (form) ◦ *einen Antrag ausfüllen* fill in an application form **4** *jdm einen ~ machen* propose to sb
Antragsteller(in) applicant
antreffen find* ◦ *jdn zu Hause antreffen* find sb in ◦ *Ich habe sie gestern nicht angetroffen.* I didn't manage to see her yesterday.
antreiben 1 drive* *sb/sth* on ◦ *Der Kutscher trieb die Pferde an.* The coachman drove the horses on. **2** (*motivieren*) drive*, push ◦ *Sie war von dem Wunsch angetrieben anderen zu helfen.* She was driven by the desire to help others. ◦ *Seine Eltern haben ihn nie angetrieben.* His parents never pushed him. **3** (*mit Worten*) urge; *jdn zu etw ~* urge sb to do sth ◦ *Die Reiseführerin trieb die Touristen zur Eile an.* The guide urged the tourists to hurry. **4** (TECH) drive*; (*mit Motor, Strom etc.*) power; (*mit Treibstoff*) fuel* ◦ *von einem Propeller angetrieben* propeller-driven ◦ *von einer Batterie angetrieben* battery-powered ◦ *Fahrzeuge, die mit Erdgas angetrieben werden* gas-fuelled vehicles **5** (*anschwemmen*) wash *sth/sth* ashore
Antreiber(in) slave driver
antreten 1 (*Stelle, Studium, Strafe*) start; (*Amt*) take* *sth* up; (*Rückzug*) begin* ◦ *den Dienst antreten* start work **2** *jds Nachfolge ~* succeed sb **3** (*Erbe*) come* into *sth* ◦ *Wann wird er sein Erbe antreten können?* When will he come into his inheritance? **4** (*Reise, Rückweg*) set* off on *sth* **5 den Beweis ~** offer proof **6** (*Motorrad*) kick-start **7** (*sich aufstellen*) line up ◦ *Wir mussten der Größe nach antreten.* We had to line up according to our height. **8 zu etw ~** report for *sth* ◦ *zur Arbeit antreten* report for work **9 gegen jdn ~** take* sb on ◦ *Bremen musste gegen den Meister antreten.* Bremen had to take on the champions. **10** (*bei Wahlen*) stand* ◦ *Sie tritt zur Wahl an.* She is standing for election. ◦ *Er trat gegen den Präsidenten an.* He stood against the President. **11** (*beschleunigen*) put* on a spurt
Antrieb 1 (*Getriebe*) drive **2** (*Antriebskraft*) ◦ *eine Winde mit hydraulischem Antrieb* a hydraulically powered winch ◦ *Solarenergie lässt sich für den Antrieb von Autos nutzen.* Solar energy can be used to power cars. **3** (*Anstoß*) impetus ◦ *Das gab der Debatte neuen Antrieb.* That gave fresh impetus to the debate. ◦ *Er hat sich aus eigenem Antrieb um das Praktikum gekümmert.* He arranged the work placement off his own bat.
Antriebskraft 1 (TECH) power **2** (*fig*) driving force
antrinken IDM **sich einen** (**Rausch**) **antrinken** get* drunk ☛ *Siehe auch* MUT
Antritt 1 (*Stelle, Studium, Strafe etc.*) start; (*Amt*) taking up ◦ *vor Antritt des Urlaubs* before the start of the holiday ◦ *Seit dem Antritt des neuen Direktors hat sich vieles geändert.* There have been a lot of changes since the new head took up his post. **2** (*Erbe*) ◦ *nach Antritt seines Erbes* after he came into his inheritance **3** (*Beschleunigung*) acceleration
Antrittsrede inaugural speech; (*im Parlament*) maiden speech
antun 1 *sich/jdm etw ~* do* sth to sb/yourself ◦ *Tu mir das nicht an!* Don't do this to me! **2 sich etw ~** (*Selbstmord begehen*) commit* suicide ☛ *Siehe auch* ANGETAN
Antwort 1 answer, reply (*gehoben*) ◦ *Auf ihre Frage erhielt sie eine ausweichende Antwort.* She got an evasive answer to her question. ◦ *Als Antwort schüttelte sie nur traurig den Kopf.* She just shook her head sadly in reply. **2** (*Reaktion*) response

Answer und reply sind als Verb wie auch als Nomen am gebräuchlichsten, wenn man mündlich oder schriftlich auf etwas antwortet, wobei reply förmlicher ist als answer: *Er gab ihr eine freche Antwort.* He gave her a cheeky answer. ◦ *Bisher ist keine Antwort auf unser Schreiben eingegangen.* So far we have received no reply to our letter. Beachte: Man sagt **answer a person, a question, a letter** (ohne **to**) aber **reply to a letter**. Eine Antwort, die nicht in Worten sondern in einer Handlung besteht, heißt **response**, das entsprechende Verb **respond to**: *Als Antwort schickt Tokio einen Unterhändler.* In response, Tokyo is sending a negotiator.

IDM **um keine Antwort verlegen sein**; **keine Antwort schuldig bleiben** have an answer for everything ☛ *Siehe auch* REDE
antworten 1 answer, reply* (*gehoben*) ◦ *Bitte antworte mir!* Please answer me! ◦ *Er antwortete mit Ja.* He said yes. **2** (*reagieren*) respond ◦ *Sie antworteten auf die Angriffe mit Artilleriebeschuss.* They responded to the attacks with artillery fire. ☛ *Hinweis bei* ANTWORT
anvertrauen 1 *jdm etw ~* (*Wertsachen, Amt*) entrust sth to sb, entrust sb with sth ◦ *Er vertraute seinem Bruder den Wohnungsschlüssel an.* He entrusted his brother with the key to his flat. **2** *jdm jdn/etw ~* (*zur Pflege*) give* sb/sth to look after, leave* sb/sth in sb's care (*gehoben*) ◦ *Die Blumen haben wir unseren Nachbarn anvertraut.* We've given the plants to the neighbours to look after. ◦ *Sie vertrauten die Kinder den Großeltern an.* They left the children in their grandparents' care. **3 sich etw ~** confide in sb ◦ *Sie vertraute sich ihrem Lehrer an.* She confided in her teacher. **4** *jdm etw ~* (*Geheimnis*) tell* sb sth, confide sth to sb (*gehoben*) ◦ *Er vertraute mir all seine Geheimnisse an.* He confided all his secrets to me.
anvisieren aim at *sth* (*auch fig*)
anwachsen 1 (*Haut etc.*) grow* back; (*Wurzeln schlagen*) take* root **2** (*Gruppe, Sammlung etc.*) grow*; (*Zahl*) rise* ◦ *Die Zahl ist auf 120 angewachsen.* The number has risen to 120.
Anwalt, Anwältin 1 lawyer, (*AmE auch*) attorney, (*BrE auch*) solicitor, barrister ◦ *sich vor Gericht von seinem Anwalt vertreten lassen* be represented by your lawyer in court ☛ G 2.2d

In Großbritannien beraten **solicitors** ihre Klienten normalerweise in juristischen Angelegenheiten (z.B. bei Verträgen, Erbschaften etc.). Seit 1994 dürfen sie ihre Mandanten auch in den höheren Gerichten vertreten, was vorher den **barristers** vorbehalten war. **Lawyer** dient hier als Oberbegriff für beide. In den USA gibt es keine solche Unterscheidung; hier wird ein Anwalt meist mit **attorney** bezeichnet.

2 (*Fürsprecher*) champion, advocate (*gehoben*) ◦ *Sie mach-*

te sich zum Anwalt der Schwachen und Unterdrückten. She became a champion of the weak and oppressed.
anwaltlich legal *(nur vor Nomen)* ◇ *sich anwaltlich beraten lassen* take legal advice
Anwalts- Anwaltsgehilfin legal secretary* **Anwaltskanzlei 1** *(Büro)* solicitors' office, *(AmE)* lawyer's office **2** *(Firma)* law firm
Anwandlung *(Laune)* mood; *(Impuls)* impulse ◇ *Aus einer plötzlichen Anwandlung heraus küsste sie ihn.* On a sudden impulse, she kissed him. ◇ *eine überraschende Anwandlung von Großzügigkeit* a sudden fit of generosity
Anwärter(in) candidate; *(in einem Wettbewerb)* (strong) contender; *(in der Politik auch)* front runner ◇ *Sie gilt als Anwärterin auf das Bürgermeisteramt.* She is seen as the front runner for the office of mayor. ◇ *Es stehen noch 20 Anwärter auf der Liste.* There are still 20 people on the waiting list.
Anwartschaft bid; *(auf den Thron)* claim ◇ *seine Anwartschaft auf etw anmelden* announce your bid for sth ◇ *die Anwartschaft auf ein Amt haben* be in contention for a post
anweisen 1 *jdn ~ etw zu tun* instruct sb to do sth ◇ *Sie war dazu angewiesen worden.* She had been instructed to do it. **2** *jdm etw ~ (zuteilen)* allocate sth to sb **3** *jdm einen Platz ~* show* sb to a seat **4** *(Geld)* transfer*
Anweisung 1 *(Anordnung)* order [meist Pl] ◇ *auf Anweisung des Arztes* on doctor's orders **2** *(Anleitung)* instructions* [Pl] ◇ *Sie gab ihm Anweisungen für die Installation des Computers.* She gave him instructions on how to install the computer.
anwendbar 1 *etw ist ~ (verwendbar)* sth can* be applied/used ◇ *Das Gesetz ist auch auf Mietverträge anwendbar.* The law can also be applied to leases. ◇ *Das Medikament ist sicher und einfach anwendbar.* The drug is safe and easy to use. **2** *(praktisch umsetzbar)* practical ◇ *anwendbares Wissen* practical knowledge
anwenden *(Regel, Kriterium, Recht, Wissen)* apply*; *(Methode, Mittel, Taktik, Gewalt)* use
Anwender(in) user
Anwenderprogramm, Anwendersoftware application, piece of software
Anwendung 1 *(Benutzung)* use ◇ *die Anwendung von Pestiziden* the use of pesticides ◇ *Unter Anwendung von Gewalt drangen sie in sein Haus ein.* They used force to get into his house. ◇ *Chemikalien, die im Bergbau zur Anwendung kommen* chemicals that are used in mining **2** *(Umsetzung, Übertragung)* application ◇ *die praktische Anwendung der Aerodynamik* the practical application of aerodynamics **3** *(Kurmaßnahme)* treatment
anwerben *jdn (für etw) ~* recruit sb (to sth)
Anwerbung recruitment
Anwesen *(Landgut)* estate; *(Gebäude)* property*; *(Bauernhof)* farm
anwesend present *(nicht vor Nomen)* ◇ *die im Unterricht anwesenden Schüler* the pupils who were present in the lesson ◇ *Er war wegen Krankheit nicht anwesend.* He was absent due to illness.
Anwesende(r) person* present ◇ *andere Anwesende* other people present ◇ *Alle Anwesenden waren sich einig.* All those present agreed. ◇ *Jeder Anwesende erhielt eine Flasche Wein.* All those present received a bottle of wine. ◇ *Anwesende ausgenommen* present company excepted
Anwesenheit presence ◇ *in Anwesenheit eines Zeugen* in the presence of a witness ◇ *Der Lehrer stellte die Anwesenheit fest.* The teacher took the register.
Anwesenheitsliste attendance list
anwidern nauseate; *(fig)* make* sb sick ◇ *Angewidert von dem Gestank wandte sie sich ab.* Nauseated by the smell, she turned away. ◇ *Du widerst mich an.* You make me sick.
anwinkeln bend* ◇ *die Arme anwinkeln* bend your arms ◇ *mit angewinkelten Knien* with bent knees
Anwohner(in) resident ◇ *nur für Anwohner* residents only ◇ *Anwohner der Bahnstrecke* residents who live near the railway line
Anzahl number ◇ *eine ganze Anzahl Kinder* quite a number of children
anzahlen 1 *(Geld)* pay* a deposit of *sth* ◇ *Sie musste 50 Dollar anzahlen.* She had to pay a deposit of 50 dollars. **2** *(Ware)* pay* a deposit on *sth* ◇ *Wir hatten die Flugtickets angezahlt.* We had paid a deposit on the air tickets.

Anzahlung deposit ◇ *eine Anzahlung machen* pay a deposit
anzapfen 1 *(Fass, Telefon)* tap*; *(Datenbank, Stromleitung etc.)* tap* into *sth*; *(Geldquelle etc.)* dip* into *sth* **2** *jdn ~* borrow money from sb
Anzeichen sign; *(einer Krankheit)* symptom ◇ *Alle Anzeichen deuten darauf hin, ...* All the signs are that ...
Anzeige 1 *(Inserat)* advertisement ◇ *Er hat sich auf eine Anzeige gemeldet.* He answered an advertisement. **2** *(Bekanntgabe)* announcement **3** *(Meldung einer Straftat)* report (to the police), (formal) complaint ◇ *Sie erstattete Anzeige gegen ihre Nachbarn.* She reported her neighbours to the police. ◇ *Er zog seine Anzeige zurück.* He decided not to pursue his complaint. ◇ *Anzeige wegen Diebstahls gegen jdn erstatten* accuse sb of theft **4** *(ablesbarer Stand)* reading **5** *(Tafel etc.)* display
anzeigen 1 *(bekannt geben)* announce **2** *(bei der Polizei etc.)* report; *jdn wegen einer Sache ~* accuse sb of sth ◇ *ein Verbrechen anzeigen* report a crime (to the police) ◇ *einen Wohnortwechsel anzeigen* notify the authorities of a change of address **3** *(angeben)* show*, indicate; *(Thermometer, Messgerät auch)* read*; *(am Bildschirm)* display; *(Richtung)* point ◇ *Zeigt deine Uhr das Datum an?* Does your watch show the date? **4** *(mit Handzeichen)* signal*
Anzeigenblatt free paper, free sheet **Anzeigenkampagne** advertising campaign
Anzeigepflicht compulsory registration; *(Verbrechen)* duty to report; *(Krankheiten)* notification
Anzeigetafel *(im Stadion)* scoreboard; *(im Bahnhof)* indicator board
anzetteln start; *(Verschwörung, Intrigen)* hatch
anziehen 1 put* *sth* on ◇ *Sie zog sich eine Jacke an.* She put on a jacket. ◇ *Er zog dem Kind die Schuhe an.* He put the child's shoes on. **2** *sich ~* get* dressed; *jdn ~* dress sb ◇ *Sie zog sich an.* She got dressed. ◇ *Er zog das Baby an.* He dressed the baby. ◇ *schick angezogen* smartly dressed **3** *(anlocken)* attract ◇ *Ein Magnet zieht Eisenspäne an.* A magnet attracts iron filings. ◇ *Sie fühlte sich von ihm magisch angezogen.* She felt irresistibly attracted to him. **4** *(Zügel)* draw* *sth* in; *(Schraube, Schnur, Saite)* tighten; *(Handbremse)* pull *sth* on **5** *(Beine etc.)* draw* *sth* up ◇ *die Beine anziehen* draw up your legs **6** *(sich in Bewegung setzen)* move off **7** *(steigen)* rise* ◇ *Die Preise haben im letzten Jahr stark angezogen.* Prices have risen sharply in the last year. **8** *(beschleunigen)* accelerate
anziehend attractive ◇ *Sie hat ein anziehendes Wesen.* She has an attractive personality. ◇ *Der Park wirkt anziehend auf Skater.* The park attracts rollerbladers.
Anziehung 1 (PHYSIK) gravitational pull **2** *(Reiz)* attraction, appeal ◇ *Sie übt eine starke Anziehung auf Männer aus.* She has a great appeal for men.
Anziehungskraft 1 (PHYSIK) gravitational pull **2** *(Reiz)* attraction, appeal ◇ *Feuer übt eine magische Anziehungskraft auf Kinder aus.* Fire has a magical attraction for children.
Anzug 1 *(Kleidung)* suit ◇ *Er kam im schwarzen Anzug.* He came in a black suit. **2** *im ~ sein* be approaching **3** *(Beschleunigung)* acceleration **4** *(Bettbezug)* duvet cover **5** *(Antrag im Parlament)* motion
anzüglich suggestive *(Adv* suggestively)
Anzüglichkeit 1 *(Art und Weise)* suggestiveness **2** *(Äußerung)* suggestive remark
anzünden 1 *(Zigarre, Pfeife, Kerze, Feuer)* light*; *(Streichholz)* strike* **2** *(in Brand stecken)* set* fire to *sth*, set* *sth* alight
anzweifeln question
Aorta aorta
apart *(auffallend)* striking *(Adv* strikingly); *(attraktiv)* attractive *(Adv* attractively); *(ungewöhnlich)* unusual *(Adv* unusually)
Apartheid apartheid
Apartment flat, *(AmE)* apartment
Apathie apathy ◇ *in Apathie versinken* sink into apathy
apathisch apathetic *(Adv* apathetically)
Aperitif aperitif
Apfel apple IDM *etw für einen Apfel und ein Ei kaufen* buy* sth for a song; buy* sth for peanuts **in den sauren Apfel beißen** swallow the bitter pill; bite* the bullet ◇ *Er*

musste in den sauren Apfel beißen und alles bezahlen. He had to bite the bullet and pay the whole lot.
Apfelbaum apple tree **Apfelkuchen** apple cake; (*mit Mürbeteig*) apple pie **Apfelmus** apple purée; (*als Beilage*) apple sauce **Apfelsaft** apple juice **Apfelschorle** = apple juice with mineral water
Apfelsine orange
Apfel- Apfelstrudel apple strudel **Apfelwein** cider
Aphorismus aphorism
aphoristisch aphoristic
Apokalypse apocalypse
apokalyptisch apocalyptic
Apostel 1 apostle 2 (*Befürworter*) advocate ◊ *ein Apostel der Gewaltlosigkeit* an advocate of non-violence
Apostroph apostrophe
Apotheke pharmacy*, (*BrE auch*) chemist's* ◊ *etw in der Apotheke bekommen* get sth from the chemist's ☛ *Hinweis bei* DROGERIE *und* BAKER
apothekenpflichtig available only at a pharmacy
Apotheker(in) pharmacist ☛ G 2.2d ☛ *Hinweis bei* BAKER
Apparat 1 (*Gerät*) machine 2 (*Telefon*) phone, telephone ◊ *Deine Mutter ist am Apparat.* Your mother's on the phone. ◊ *Bleiben Sie am Apparat!* Hold the line. ◊ *Am Apparat!* Speaking. 3 (*Fernseher, Radio*) set 4 (*Foto-*) camera 5 (*Verwaltungs-, Regierungs- etc.*) apparatus 6 (ANAT) system 7 (*etwas Großes*) whopper (*umgs*) ◊ *Das ist aber ein Apparat!* What a whopper!
Apparatur equipment [U]; (*für Experimente etc.*) apparatus [U] ◊ *eine komplizierte Apparatur aufbauen* set up complex apparatus
Appell 1 ~ (**an jdn/etw**) appeal (to sb/sth); ~ **zu etw** appeal for sth, call for sth ◊ *ein Appell, mit Wasser sparsam umzugehen* an appeal to save water ◊ *ein Appell zum Frieden* a call for peace ◊ *einen Appell an die Regierung richten* appeal to the government 2 (MIL) roll-call
appellieren an jdn/etw ~ appeal to sb/sth ◊ *Sie appellierte an seine Vernunft.* She appealed to his common sense. ◊ *Er appellierte an die Eltern, den Kindern zu helfen.* He called on parents to help their children.
Appetit appetite ◊ *jdm den Appetit verderben* spoil sb's appetite ◊ *Danke, mir ist der Appetit vergangen!* No thanks, I've lost my appetite. ◊ *Ich habe Appetit auf eine Pizza.* I feel like a pizza. IDM **Guten Appetit!** Bon appétit!; (*im Restaurant*) Enjoy (your meal)!
appetitanregend appetizing ◊ *ein appetitanregender Duft* an appetizing smell ◊ *ein appetitanregendes Mittel* an appetite stimulant
appetitlich 1 (*appetitanregend*) appetizing (*Adv* appetizingly) ◊ *Das Essen war appetitlich angerichtet.* The meal was appetizingly presented. 2 (*ansprechend*) inviting (*Adv* invitingly) 3 (*Mensch*) delicious
applaudieren (jdm) ~ applaud (sb)
Applaus applause ◊ *jdm Applaus spenden* give sb a round of applause
Apposition apposition
Aprikose apricot
April April ☛ *Beispiele bei* JANUAR IDM **April, April!** April fool! ◊ *jdn in den April schicken* play an April fool joke on sb
Aprilscherz April fool (joke) ◊ *Er war auf einen Aprilscherz hereingefallen.* He was an April fool.
apropos ◊ *Apropos Auto … Talking of cars …*
Aquaplaning aquaplaning
Aquarell watercolour, (*AmE*) watercolor ◊ *Aquarell malen* paint in watercolour
Aquarellfarbe watercolour, (*AmE*) watercolor **Aquarellmalerei** 1 (*Malen*) watercolour painting, (*AmE*) watercolor painting 2 (*Bild*) watercolour, (*AmE*) watercolor
Aquarium aquarium*
Äquator equator
äquivalent equivalent
Äquivalent equivalent
Ära era ◊ *Eine Ära geht zu Ende.* It's the end of an era. ◊ *die Ära Kohl* the Kohl era
Araber (*Pferd*) Arab horse
Araber(in) Arab

arabisch Arab; (*Sprache*) Arabic ◊ *arabische Zahlen* Arabic numerals
Arbeit 1 work [U] ◊ *eine interessante Arbeit* interesting work ◊ *geistige Arbeit* intellectual work ◊ *früh am Morgen mit der Arbeit anfangen* start work early in the morning ◊ *sich an die Arbeit machen* get down to work ◊ *Sie fährt um 8 Uhr zur Arbeit.* She leaves for work at 8 o'clock. ◊ *der Tag der Arbeit* Labour Day ☛ Es ist zu beachten, dass **work** nicht zählbar ist. Siehe auch Bedeutung 2. 2 (*Stellung*) job ◊ *Sie fand endlich Arbeit.* She finally found a job. ◊ *eine Arbeit suchen* look for a job 3 (*Aufgabe*) task ◊ *eine Arbeit erledigen* carry out a task 4 (POL, WIRTSCH) (*Arbeitsverhältnis*) employment ◊ *der Minister für Arbeit* the employment minister ◊ *einer geregelten Arbeit nachgehen* be in regular employment 5 (*Mühe*) trouble ◊ *Ich möchte dir keine Arbeit machen.* I don't want to put you to any trouble. ◊ *Sie hat sich viel Arbeit gemacht.* She went to a lot of trouble. 6 (*Werk*) piece of work; (*wissenschaftlich*) paper; (*Diplom-, Doktor-*) dissertation ◊ *eine ausgezeichnete Arbeit* an excellent piece of work ◊ *eine italienische Arbeit* Italian workmanship 7 (*Klassen-*) test ◊ *Der Lehrer ließ eine Arbeit über „Faust" schreiben.* The teacher set a written test on 'Faust'. ◊ *Wir schreiben morgen eine Arbeit.* We've got a test tomorrow. 8 **etw in ~ haben** be working on sth ◊ *Sie hat ein neues Buch in Arbeit.* She's working on a new book. 9 **in ~ sein** be in preparation ◊ *Der dritte Band ist in Arbeit.* Volume three is in preparation. ◊ *Der Auftrag ist in Arbeit.* The order is in hand. ◊ *Der Entwurf ist noch in Arbeit.* They are still working on the design. IDM **ganze/gründliche Arbeit leisten** do* a thorough job ☛ *Siehe auch* STÜCK
arbeiten 1 work ◊ *hart arbeiten* work hard ◊ *geistig arbeiten* do intellectual work ◊ *ganztags/halbtags arbeiten* work full-time/part-time ◊ *bei einer Firma arbeiten* work for a firm ◊ *als Friseurin arbeiten* work as a hairdresser ◊ *auf dem Bau arbeiten* work on a building site ◊ *für das Fernsehen arbeiten* work in television ◊ *für den Frieden arbeiten* work for peace ◊ *über Goethe arbeiten* work on Goethe ◊ *Seine Nieren arbeiten nicht richtig.* His kidneys are not working properly. ◊ *Ich habe heute fast nichts gearbeitet.* I've hardly done any work today. ◊ *Mit ihr lässt es sich gut arbeiten.* She's easy to work with. ◊ *Bei dem Lärm arbeitet es sich schlecht.* The noise makes it difficult to work. 2 **an etw ~** work on sth ◊ *Er arbeitet an einem neuen Roman.* He's working on a new novel. ◊ *Du musst an deiner Aussprache arbeiten.* You need to work on your pronunciation. 3 ◊ *sich müde arbeiten* wear yourself out with work ◊ *sich krank arbeiten* make yourself ill with overwork ◊ *sich die Finger wund arbeiten* work your fingers to the bone 4 **sich durch etw ~** plough through sth ◊ *Er arbeitete sich durch Berge von Post.* He ploughed through piles of letters. ◊ *sich mühsam durch das Gebüsch arbeiten* fight your way through the undergrowth 5 **sich nach oben ~** work your way up ◊ *Sie arbeitete sich bis nach oben in die Chefetage.* She worked her way up into senior management. 6 (*herstellen*) make*, do* ◊ *Wer hat diese Schnitzereien gearbeitet?* Who did these carvings?
Arbeiter(in) worker; (*Bau-, Land-*) labourer; (*Straßen-*) workman* ◊ *ein ungelernter Arbeiter* an unskilled worker ◊ *Arbeiter und Angestellte* blue- and white-collar workers ◊ *Er ist ein langsamer Arbeiter.* He's a slow worker.
Arbeiterbewegung labour movement, (*AmE*) labor movement **Arbeiterfamilie** working-class family* **Arbeiterklasse** working class **Arbeiterpartei** workers' party* **Arbeiterviertel** working-class area
Arbeit- Arbeitgeber(in) employer **Arbeitgeberverband** employers' federation **Arbeitnehmer(in)** employee
Arbeits- Arbeitsamt jobcentre, (*AmE*) employment office **Arbeitsanleitung** instructions [Pl] **Arbeitsbedingungen** working conditions [Pl] **Arbeitsbeschaffungsmaßnahme** ⇨ ABM **Arbeitsblatt** 1 worksheet 2 (COMP) spreadsheet **Arbeitserlaubnis** work permit **Arbeitsgebiet** field of work **Arbeitsgemeinschaft** 1 (*in der Schule*) study group 2 (*Verband*) association; (*Bürgerinitiative*) action group **Arbeitsgruppe** 1 (*Ausschuss*) working group 2 (*Verband*) association; (*Bürgerinitiative*) action group **Arbeitskampf** industrial action [U] ◊ *Sie haben für den Arbeitskampf gestimmt.* They voted for industrial action. **Arbeitskraft** 1 (*Arbeitnehmer*) worker ◊ *ungelernte Arbeitskräfte* unskilled workers ☛ *Wenn „Arbeitskräfte" Stellen bedeutet, kann es mit* **jobs** *übersetzt werden: Das*

Unternehmen will 50 Arbeitskräfte einsparen. The firm wants to cut 50 jobs.Wenn das Wort im Sinne eines wirtschaftlichen Faktors verwendet wird, übersetzt man es mit dem unzählbaren Wort labour: *billige Arbeitskräfte* cheap labour. **2** (*Leistungsfähigkeit*) capacity for work ◊ *Hunger führt zu nachlassender Arbeitskraft.* Hunger reduces your capacity for work. **Arbeitskreis** (*Verband*) association; (*Bürgerinitiative*) action group **Arbeitslager** labour camp, (*AmE*) labor camp

arbeitslos unemployed, out of work ◊ *sich arbeitslos melden* register as unemployed ◊ *Sie ist seit zwei Jahren arbeitslos.* She has been out of work for two years. ◊ *ein arbeitsloser Schauspieler* an out-of-work actor

Arbeitslose(r) unemployed person* ◊ *drei Millionen Arbeitslose* three million unemployed ◊ *Die Zahl der Arbeitslosen steigt.* Unemployment is rising.

> In Großbritannien haben Arbeitslose ein Anrecht auf Arbeitslosengeld, wenn sie vorher zwei Jahre gearbeitet haben. Die Höhe dieser **job seeker's allowance** richtet sich nicht nach dem früheren Einkommen des Arbeitslosen. Bei längerer Arbeitslosigkeit kann **income support** beantragt werden, wenn kein Einkommen von anderen Familienmitgliedern vorhanden ist.

Arbeitslosengeld unemployment benefit, (*AmE*) unemployment compensation, (*BrE auch*) job seeker's allowance (*offiz*) **Arbeitslosenhilfe** ≈ income support **Arbeitslosenquote** unemployment rate **Arbeitslosenversicherung** unemployment insurance ☞ In Großbritannien zahlt jeder Arbeitnehmer **National Insurance contributions**, in denen Beiträge zur Renten- und Arbeitslosenversicherung sowie zur Krankenkasse enthalten sind. **Arbeitslosenzahl** unemployment figures [Pl] **Arbeitslosigkeit** unemployment ◊ *Die Arbeitslosigkeit in dieser Region beträgt vier Prozent.* Unemployment in this region stands at four per cent.

Arbeits- Arbeitsmarkt labour market, (*AmE*) labor market ◊ *seine Aussichten auf dem Arbeitsmarkt* his prospects in the labour market **Arbeitsplatz 1** (*Arbeitsstätte*) (place of) work, workplace (*offiz*) ◊ *mit dem Fahrrad zum Arbeitsplatz fahren* cycle to work ◊ *Sicherheit am Arbeitsplatz* safety in the workplace **2** (*Stellung*) job ◊ *Sie hat Angst um ihren Arbeitsplatz.* She is afraid she will lose her job. **3** (*Schreibtisch*) desk **Arbeitsstelle** job **Arbeitssuche** search for work ◊ *Er ist auf Arbeitssuche.* He is looking for a job. **Arbeitssuchende(r)** person looking for work, job seeker (*offiz*) **Arbeitsunfall** accident at work **Arbeitsverhältnis** employment [U]; (*vertraglich geregelt*) contract ◊ *bei Beendigung des Arbeitsverhältnisses* on termination of employment ◊ *ein befristetes Arbeitsverhältnis* a temporary contract ◊ *Ich wurde nach der Lehre in ein festes Arbeitsverhältnis übernommen.* I was given a permanent contract after my apprenticeship. **Arbeitsvertrag** contract of employment **Arbeitsweise 1** (*Methode*) working method **2** ◊ *die Arbeitsweise des Gehirns* the way the brain works ◊ *seine unkonventionelle Arbeitsweise* his unconventional way of working **Arbeitszeit** working hours [Pl] ◊ *flexible Arbeitszeiten* flexible working hours ◊ *gleitende Arbeitszeit* flexitime

archaisch (*Adv* archaically)
Archäologe, Archäologin archaeologist ☞ G 2.2d
Archäologie archaeology ◊ *eine Einführung in die Archäologie* an introduction to archaeology
archäologisch archaeological (*Adv* archaeologically)
Architekt(in) architect ☞ G 2.2d
architektonisch architectural (*Adv* architecturally)
Architektur architecture ◊ *die Architektur des 13. Jh.* 13th-century architecture ◊ *die Architektur des neuen Rathauses* the architecture of the new town hall
Archiv archive [meist Pl]
Archivar(in) archivist ☞ G 2.2d
archivieren put* *sth* in the archives
Areal area
Arena arena
arg bad* (*Adv* badly), terrible (*Adv* terribly) ◊ *Das war ziemlich arg.* It was pretty bad. ◊ *sein ärgster Feind* his worst enemy ◊ *Er hatte sich arg verbrannt.* He was badly burned. ◊ *arge Schmerzen* terrible pain ◊ *jdn in arge Bedrängnis bringen* put sb in a difficult situation ◊ *Wir*

haben uns arg gefreut. We were really pleased. **IDM** *etw liegt im Argen* there are a lot of problems with sth ◊ *Hier liegt noch vieles im Argen.* There are still a lot of problems here.

Ärger 1 annoyance; (*Wut*) anger ◊ *seinen Ärger an jdm auslassen* vent your anger on sb ◊ *Ich kann deinen Ärger gut verstehen.* I can see why you're annoyed. **2** (*Unannehmlichkeit*) trouble ◊ *Nichts als Ärger hat man mit euch!* You're nothing but trouble! ◊ *Sie hat Ärger mit der Polizei.* She is in trouble with the police. ◊ *Das gibt nur Ärger.* It will only cause trouble. ◊ *Du hättest dir viel Ärger ersparen können.* You could have saved yourself a lot of problems. ◊ *Mach jetzt bloß keinen Ärger!* Don't rock the boat!

ärgerlich 1 *Adj* (*unangenehm*) annoying; (*stärker*) infuriating ◊ *Das Ärgerliche ist …* The annoying thing is that … **2** *Adj* (*aufgebracht*) annoyed; (*stärker*) angry ◊ *Er wurde allmählich ärgerlich.* He was getting annoyed. **3** *Adv* with annoyance, angrily
ärgerlicherweise annoyingly
ärgern 1 *sich* (*über etw*) ~ be/get* annoyed (about sth); (*stärker*) be/get* angry (about sth) ◊ *Ich habe mich über seine Bemerkungen geärgert.* I was angry about his comments. ◊ *Es ärgert mich, dass …* I find it annoying that … ◊ *Er hat sich maßlos über deinen Brief geärgert.* Your letter made him extremely angry. ◊ „*Warum ich?", ärgerte sie sich.* 'Why me?', she said angrily. ◊ *Sie werden sich schwarz ärgern.* They'll go mad. **2** *sich über jdn* ~ be/get* annoyed with sb; (*stärker*) be/get* angry with sb ◊ *Ich hab mich sehr über ihn geärgert.* I was really angry with him. **3** *jdn* ~ annoy sb ◊ *Die Vorurteile ärgern mich am meisten.* What annoys me most is people's prejudice. ◊ *Hör auf ihn zu ärgern.* Stop annoying him. **IDM** ⇨ GRÜN und SCHWARZ

Ärgernis 1 annoyance [U] ◊ *zum Ärgernis der Bewohner* to the annoyance of residents ◊ *etw als Ärgernis empfinden* be annoyed by sth ◊ *ein öffentliches Ärgernis* a public nuisance **2** (*lästiges Problem*) irritation ◊ *die kleinen Ärgernisse des Alltags* the minor irritations of everyday life

arglos 1 (*nichts Böses ahnend*) unsuspecting **2** (*naiv*) innocent (*Adv* innocently)
Argument 1 (*in einer Diskussion*) point, argument ◊ *Das ist ein gutes Argument.* That's a good point. ◊ *Ein weiteres Argument ist …* A further point is that … ◊ *ein Argument für/gegen den Wehrdienst* an argument in favour of/against military service ◊ *Das lasse ich nicht als Argument gelten.* I refuse to accept that argument. ◊ *für etw Argumente vorbringen* make a case for sth ◊ *Als Argument wird häufig angeführt, dass …* It is often claimed that … **2** (*Ausrede*) excuse ◊ „*Ich hatte nicht geschlafen." „Das ist kein Argument.*' 'I'd had no sleep.' 'That's no excuse.'
Argumentation (line of) argument ◊ *eine schlüssige Argumentation* a sound line of argument ◊ *Ich möchte mich dieser Argumentation anschließen.* I'd endorse that argument.
argumentieren argue
Argwohn suspicion ◊ *jdm mit Argwohn begegnen* treat sb with suspicion
argwöhnen suspect
argwöhnisch suspicious (*Adv* suspiciously) ◊ *unter den argwöhnischen Blicken der Nachbarn* under the suspicious eyes of the neighbours ◊ *Sie beobachten die Vorgänge argwöhnisch.* They view these events with suspicion.
Arie aria
Aristokrat(in) aristocrat
Aristokratie aristocracy ☞ G 1.3b
aristokratisch aristocratic
Arkade arcade
Arktis Arctic
arktisch 1 Arctic **2** (*Temperaturen*) arctic
arm 1 poor ◊ *die Kluft zwischen Arm und Reich* the gulf between rich and poor ◊ *Der arme Kerl!* The poor fellow! ◊ *Du Ärmste!* Poor you! **2** ~ *an etw* lacking in sth ◊ *arm an Einbildungskraft* lacking in imagination ◊ *arm an Bodenschätzen* poor in natural resources **IDM** *arm dran sein* be having a hard time; (*finanziell*) be hard up ◊ *um etw ärmer* ◊ *Wir sind um eine Illusion ärmer.* We have lost yet another illusion. ☞ *Siehe auch* HUND, IRRE *und* SCHWEIN
Arm 1 arm ◊ *sich den Arm brechen* break your arm ◊ *Sie hat sich am Arm verletzt.* She hurt her arm. ◊ *jdn am Arm packen* grab sb by the arm ◊ *die Arme verschränken* cross your arms ◊ *das Baby auf den Arm nehmen* take the baby

Armatur

in your arms ◊ *jdn in den Arm nehmen* take sb in your arms **2** (*Kran*) arm; (*Fluss*) branch; (*Organisation*) wing IDM **jdn auf den Arm nehmen** pull sb's leg **den längeren Arm haben** hold* all the cards **der verlängerte Arm von jdm/etw sein** be sb/sth's tool **jdm in den Arm fallen** hold* sb back **jdm unter die Arme greifen** help sb out; give* sb a helping hand
Armatur 1 (*Wasserhahn*) (bathroom) fitting, tap, (*AmE*) faucet **2** (*Messinstrument*) instrument
Armaturenbrett instrument panel; (*Auto*) dashboard
Armband 1 (*Schmuck*) bracelet **2** (*Uhren-*) watch strap, (*AmE*) watchband
Armbanduhr (wrist)watch
Armbinde armband
Armee 1 (*Streitkräfte*) armed forces [Pl] ◊ *Sie dienten in der Armee.* They served in the armed forces. ◊ *zur Armee gehen* join up **2** (*Heer*) army* ☞ G 1.3b
Ärmel sleeve ◊ *ein Hemd mit kurzen Ärmeln* a short-sleeved shirt IDM **die Ärmel hochkrempeln** roll up your sleeves
Ärmelkanal the (English) Channel
ärmellos sleeveless
Armlehne 1 (*Sessel*) arm **2** (*im Auto, Flugzeug, Theater*) armrest
ärmlich poor; (*Kleidung*) shabby* (*Adv* shabbily) ◊ *Sie stammt aus ärmlichen Verhältnissen.* She comes from a poor family. ◊ *ärmlich gekleidet* shabbily dressed ◊ *ein ärmliches Leben führen* live in poverty
armselig 1 (*sehr arm*) miserable ◊ *armselige Löhne* miserable wages **2** (*schwach*) pathetic ◊ *eine armselige Leistung* a pathetic performance
Armut poverty ◊ *in Armut leben* live in poverty
Armutsgrenze poverty line **Armutszeugnis** ◊ *Das Gesetz ist ein Armutszeugnis für die Politiker.* The law is a sad reflection on politicians.
Aroma 1 (*Duft*) aroma; (*Geschmack*) flavour, (*AmE*) flavor, taste **2** (*Geschmacksstoff*) flavouring, (*AmE*) flavoring
arrangieren 1 arrange ◊ *die Blumen arrangieren* arrange the flowers ◊ *ein Stück für ein Jazzquartett arrangieren* arrange a piece for a jazz quartet **2 sich (mit jdm)** ~ reach a compromise (with sb) **3 sich mit etw** ~ accept sth
Arrest detention ◊ *jdn unter Arrest stellen* place sb in detention
arrogant arrogant (*Adv* arrogantly)
Arroganz arrogance
Arsch 1 (*Hintern*) arse (*vulg*, *Slang*), (*AmE*) ass (*vulg*, *Slang*) ◊ *auf den Arsch fallen* fall flat on your arse ◊ *jdm in den Arsch treten* give sb a kick up the backside **2** (*Schimpfwort*) arsehole (*vulg*, *Slang*), (*AmE*) asshole (*vulg*, *Slang*) IDM **am Arsch der Welt** (out) in the sticks **jdn am Arsch lecken** kiss sb's arse; (*AmE*) kiss sb's ass (*vulg*, *Slang*) ◊ *Sie kann mich mal am Arsch lecken.* She can kiss my arse. ◊ *Leck mich am Arsch!* Just piss off! **den Arsch nicht hochkriegen** not get off your backside (*umgs*), (*bes AmE*) not get your ass in gear (*Slang*) ☞ *Siehe auch* BEISSEN und KRIECHEN
Arschkriecher arse-licker (*Slang*), (*AmE*) ass-licker (*Slang*) **Arschloch** arsehole (*Slang*), (*AmE*) asshole (*Slang*)
Arsen arsenic
Arsenal 1 (*Waffen*) arsenal **2** (*Mittel*) battery ◊ *das ganze Arsenal an Möglichkeiten* the whole battery of possibilities **3** (*Sammlung*) collection
Art 1 (*Spezies*) species* ◊ *vom Aussterben bedrohte Arten* species threatened with extinction **2** (*Sorte*) kind, type ◊ *alle möglichen Arten von Uhren* clocks of all kinds ◊ *diese Art (von) Musik* this type of music ◊ *Gewalt jeglicher Art* violence of any kind ◊ *so eine Art von …* a sort of … **3 ~ (und Weise)** way ◊ *Auf die Art kommen wir nie zum Ende.* We'll never finish if we go on this way. ◊ *Er singt in einer Art, dass es einem kalt über den Rücken läuft.* The way he sings sends shivers down your spine. ◊ *auf traditionelle Art* in the traditional way ◊ *Das ist keine Art!* That's no way to behave! **4** (*Natur*) nature ◊ *eine liebenswürdige Art haben* have a lovable nature ◊ *eine sehr arrogante Art haben* have a very arrogant manner ◊ *Es ist eigentlich nicht ihre Art, zu spät zu kommen.* It's not like her to be late. ◊ *Das ist nicht meine Art.* It's not my style. IDM **auf die eine oder andere Art** (in) one way or another **aus der Art schlagen** be the odd one out **das ist nicht die feine englische Art** it's just not cricket **nach Art des Hauses** maison ☞ *Siehe auch* EINZIG
artenreich rich in species ◊ *eine artenreiche Gegend* an area rich in wildlife **Artenschutz** protection of endangered species ◊ *etw unter Artenschutz stellen* declare sth a protected species **Artensterben** species extinction ◊ *ein massives Artensterben* the extinction of many different species **Artenvielfalt** biodiversity
Arterie artery*
Arterienverkalkung hardening of the arteries [U]
art- Artgenosse member of the same species ◊ *Wale arbeiten mit ihnen Artgenossen zusammen.* Whales cooperate with members of the same species. ◊ *Ein Schaf lief los und seine Artgenossen folgten.* One sheep ran off and the others followed. **artgerecht** ◊ *die artgerechte Haltung von Schlangen* keeping snakes in suitable conditions
artig 1 (*brav*) good, well-behaved ◊ *Sei schön artig!* Be a good girl/boy! ◊ *Sie hat sehr artige Kinder.* Her children are very well-behaved. **2** (*höflich*) polite (*Adv* politely)
Artikel 1 article ◊ *ein Artikel über Hunde* an article about dogs ◊ *Artikel 1 des Grundgesetzes* Article 1 of the Basic Law ◊ *der bestimmte/unbestimmte Artikel* the definite/indefinite article **2** (*Ware*) item
artikulieren articulate; (*Gefühl auch*) express ◊ *jedes Wort deutlich artikulieren* articulate each word clearly ◊ *seinen Ärger artikulieren* express your anger ◊ *Es fällt ihr schwer, sich zu artikulieren.* She finds it difficult to express herself.
Artillerie artillery ◊ *Sie wurden mit schwerer Artillerie beschossen.* They came under heavy artillery fire.
Artischocke (globe) artichoke
Artist(in) performer
artistisch virtuoso ◊ *eine artistische Meisterleistung* a display of virtuoso skill
Arzneimittel medicine ◊ *ein wirksames Arzneimittel gegen Heuschnupfen* an effective medicine for hay fever
Arzt, Ärztin doctor ◊ *zum Arzt gehen* go to the doctor's ◊ *der behandelnde Arzt* the patient's doctor ◊ *ein Arzt für Allgemeinmedizin* a GP ☞ *Die Übersetzung* **woman doctor** *ist möglich, wenn man betonen will, dass es sich um eine Ärztin handelt:* *Sie möchte unbedingt eine Ärztin besuchen.* She insists on seeing a woman doctor. ☞ *Hinweis bei* BAKER ☞ G 2.2d
Arztbesuch visit to the doctor's **Arzthelfer(in)** practice nurse ☞ G 2.2d
ärztlich medical ◊ *Sie ist in ärztlicher Behandlung.* She is receiving medical treatment. ◊ *unter ärztlicher Aufsicht* under medical supervision ◊ *der ärztliche Notdienst* the doctor on call ◊ *sich ärztlichen Rat holen* consult a doctor ◊ *ärztlich verordnete Medikamente* prescribed medicines ◊ *Du solltest dich ärztlich untersuchen lassen.* You should see the doctor.
Arzt- Arztpraxis doctor's surgery* **Arzttermin** doctor's appointment ◊ *einen Arzttermin vereinbaren* make an appointment to see the doctor
as, As (Mus) A flat
Asbest asbestos
Asche ash ◊ *Ihre Asche wurde in alle Winde verstreut.* Her ashes were scattered. IDM ⇨ SCHUTT
Aschenbecher cinder track **Aschenbecher, Ascher** ashtray **Aschenputtel** Cinderella
Aschermittwoch Ash Wednesday
Asiat(in) Asian

> In Großbritannien bezieht sich **Asian** meist auf Personen, die ethnisch den Ländern Indien, Pakistan und Bangladesch zugeordnet werden. Chinesen, Japaner etc. werden mit den spezifischen Begriffen **Chinese**, **Japanese** etc. beschrieben. In den USA hingegen bezieht sich **Asian** auf Personen fernöstlicher Herkunft.

asiatisch Asian, oriental ◊ *asiatische Elefanten* Asian elephants ◊ *asiatische Gerichte* oriental dishes

> Das Wort **oriental** sollte nicht für Menschen verwendet werden, da es altmodisch und eventuell beleidigend wirkt. Wenn es um fernöstliche Länder geht, redet man oft von **Far Eastern** oder **East Asian countries**. ☞ *Hinweis bei* ASIAT(IN)

Asien Asia
asketisch ascetic (*Adv* ascetically)
asozial antisocial (*Adv* antisocially) ◊ *asoziales Verhalten* antisocial behaviour ◊ *Sie wurde als Asoziale abgestempelt.* She was branded a social misfit.
Aspekt 1 (*Blickwinkel*) point of view ◊ *Das Programm ist auch unter dem Aspekt neuer Kontakte interessant.* The programme is also interesting from the point of view of new contacts. ◊ *Unter diesem Aspekt wurde die Sache noch nie betrachtet.* The matter has never been considered from that angle. ☛ *Hinweis bei* POINT¹ **2** (*Gesichtspunkt*) aspect ◊ *die ökologischen Aspekte des Projektes* the ecological aspects of the project
Asphalt asphalt, Tarmac™ ◊ *mit Asphalt überzogen* covered with asphalt
asphaltieren asphalt, tarmac* ◊ *Der Feldweg wird asphaltiert.* The track is being asphalted. ◊ *Die Autobahn wird neu asphaltiert.* The motorway is being resurfaced.
Ass (*Sport, Kartenspiel*) ace ◊ *Sie schlug vier Asse hintereinander.* She served four aces in a row. ◊ *Ass sticht.* The ace wins the trick. ◊ *Im Kopfrechnen ist er ein Ass.* He's brilliant at mental arithmetic.
Assimilation assimilation
assimilieren 1 sich (**an etw**) ~ become* assimilated (into sth), adjust (to sth) **2** (BIOL) assimilate
Assistent(in) assistant; (*Universität*) research assistant; (*Labor-*) technician ◊ *Sie ist Assistentin der Geschäftsleitung.* She's the managing director's personal assistant. ☛ G 2.2d
Assistenzarzt, **-ärztin** registrar, (*AmE*) resident ☛ G 2.2d
assistieren (**jdm**) (**bei etw**) ~ assist (sb) (in sth)
Assoziation 1 (*Beziehung*) association ◊ *Der Name weckt Assoziationen.* The name has associations. **2** (*Vereinigung*) partnership; (*Organisation*) association
assoziieren associate ◊ *Mit diesem Wort assoziiert er Ferien.* He associates the word with holidays.
Ast branch IDM **auf dem absteigenden Ast sein** be going downhill **den Ast absägen, auf dem man sitzt** shoot* yourself in the foot
Aster aster
Ästhetik 1 (*Wissenschaft, Schönheit*) aesthetics, (*AmE auch*) esthetics ◊ *Er hat keinen Sinn für Ästhetik.* He has no feel for aesthetics. **2** (*Wertsystem*) aesthetic ◊ *eine modernistische Ästhetik* a modernist aesthetic
ästhetisch 1 aesthetic (*Adv* aesthetically), (*AmE*) esthetically (*Adv* esthetically) **2** (*schön*) beautiful ◊ *ein ästhetischer Anblick* a beautiful sight
Asthma asthma ◊ *an Asthma leiden* have asthma
Asthmaanfall asthma attack
Asthmatiker(in) asthmatic
asthmatisch asthmatic
astrein 1 (*sehr gut*) great (*umgs*) ◊ *Der Film war astrein.* The film was great. ◊ *in astreinem Französisch* in perfect French **2** (*legal*) above board (*nicht vor Nomen*)
Astrologe, **Astrologin** astrologer ☛ G 2.2d
Astrologie astrology
Astronaut(in) astronaut ☛ G 2.2d
Astronom(in) astronomer ☛ G 2.2d
Astronomie astronomy
astronomisch astronomical (*Adv* astronomically) ◊ *astronomische Preise* astronomical prices ◊ *Die Preise sind in astronomische Höhen gestiegen.* Prices have gone through the roof.
ASU emission check
Asyl 1 (political) asylum ◊ *einen Antrag auf Asyl stellen* apply for political asylum ◊ *jdm Asyl gewähren/verweigern* grant/deny sb asylum ◊ *politisches Asyl suchen* seek political asylum **2** (*kirchlich*) sanctuary
Asylant(in) asylum seeker
Asylantenheim hostel for asylum seekers
Asyl-, **Asylantrag** application for political asylum ◊ *einen Asylantrag stellen* apply for political asylum **Asylbewerber(in)** asylum seeker **Asylrecht 1** (*Recht auf Asyl*) right of asylum **2** (*Asyl*) political asylum **3** (*Gesetz*) asylum law(s) **Asylverfahren** asylum procedure
asymmetrisch asymmetric(al) (*Adv* asymmetrically)

Atelier studio
Atem breath ◊ *Lass mich erst einmal Atem holen.* Wait till I get my breath back. ◊ *mit angehaltenem Atem* with bated breath ◊ *den Atem anhalten* hold your breath IDM **außer Atem** out of breath **jdm den Atem verschlagen** take sb's breath away **jdn in Atem halten** ◊ *Die Rettungsaktion hielt alle in Atem.* People watched in suspense as the rescue operation was carried out. ◊ *Ein Serienmörder hält die ganze Stadt in Atem.* The whole town was in a state of fear because of a serial killer. ☛ *Siehe auch* AUSGEHEN und STOCKEN
atemberaubend breathtaking (*Adv* breathtakingly) ◊ *ein atemberaubendes Kleid* a breathtakingly beautiful dress
atemlos breathless (*Adv* breathlessly) ◊ *eine atemlose Stille* a breathless hush **Atemnot** (*akut*) shortness of breath; (*chronisch*) difficulty in breathing **Atempause** breather **Atemwege** respiratory tract **Atemzug** breath ◊ *im gleichen/in einem Atemzug* in the same breath
Atheismus atheism
Atheist(in) atheist ◊ *Atheist sein* be an atheist
atheistisch atheist ◊ *eine atheistische Weltanschauung* an atheist view of life ◊ *atheistisch sein* be an atheist
Äther 1 ether **2** (*Radio*) air ◊ *Die Sendung geht jeden Dienstag über den Äther.* The programme is on the air every Tuesday.
ätherisch 1 (*Öl*) essential **2** (*Wesen, Klänge etc.*) ethereal
Athlet(in) athlete ☛ G 2.2d
athletisch athletic (*Adv* athletically)
Atlantik Atlantic
Atlas atlas
atmen breathe (*auch fig*) ◊ *ruhig/schwer/tief atmen* breathe slowly/heavily/deeply
Atmosphäre atmosphere (*auch fig*) IDM ⇨ SCHNEIDEN
Atmung breathing ◊ *flache Atmung* shallow breathing
Atom atom
atomar 1 nuclear ◊ *die atomare Abrüstung* nuclear disarmament ◊ *atomar verseucht* contaminated with nuclear waste ◊ *eine atomar bestückte Langstreckenrakete* a long-range nuclear missile **2** (PHYSIK) atomic ◊ *der atomare Aufbau chemischer Elemente* the atomic structure of chemical elements
Atom-, **Atombombe** atomic bomb **Atomenergie** atomic energy **Atomkraft** nuclear power **Atomkraftgegner(in)** opponent of nuclear power **Atomkraftwerk** nuclear power station **Atomkrieg** nuclear war **Atommüll** nuclear waste **Atomreaktor** nuclear reactor **Atomsprengkopf** nuclear warhead **Atomtest** nuclear test **Atomwaffen** nuclear weapons [Pl] **atomwaffenfrei** nuclear-free
Attacke attack ◊ *scharfen Attacken ausgesetzt sein* come under fierce attack
attackieren attack
Attentat attack; (*Mord*) assassination; (*Mordversuch*) assassination attempt ◊ *einem Attentat knapp entkommen* narrowly escape assassination ◊ *das Attentat von Ohio* the Ohio bombing ☛ *Hinweis bei* ASSASSINATE
Attentäter(in) assassin; (*Bomben-*) bomber
Attest 1 (*Gutachten*) medical certificate ◊ *ein ärztliches Attest vorlegen* produce a medical certificate **2** (*Krankenmeldung*) doctor's certificate
Attraktion attraction
attraktiv attractive (*Adv* attractively); (*Preis, Programm*) exciting ◊ *jdn attraktiv finden* find sb attractive ◊ *attraktiv für Investoren* attractive to investors
Attrappe dummy
Attribut attribute; (*Charakterzug auch*) quality
ätzend 1 (*Chemie*) corrosive; (*Geruch*) pungent ◊ *ätzende Dämpfe* corrosive vapours **2** (*Kritik*) scathing **3** (*sehr unangenehm*) vile ◊ *Das Wetter war richtig ätzend!* The weather was absolutely vile.
au 1 *auch* **aua**, **autsch** ouch **2** ~ **ja** great
Aubergine aubergine, (*AmE*) eggplant
auch 1 (*gleichfalls*) also, too, as well ◊ *Denkbar ist auch, dass ...* It is also possible that ... ☛ *Siehe auch* ... *See also ...* ◊ *Du hast auch davon gewusst?* You knew about it too? ◊ *Ist Peter auch eingeladen?* Can Peter come as well? ◊ „*Ich war schon mal in Miami!*" „*Ich auch.*" 'I've been to Miami.' 'So have I.' ◊ *Ich singe gern und Sharon auch.* I like singing and so does Sharon. ◊ „*Ich hätte Lust auf ein Eis.*" „*Ich auch.*"

'I feel like an ice cream.' 'Me too.' ◊ *Sie hat kein Geld und ich auch nicht.* She hasn't any money and neither have I.

Too und as well sind weniger formell als also und werden häufig in gesprochenem Englisch verwendet. Also steht normalerweise vor dem Hauptverb oder nach is, are, were etc. Too und as well stehen normalerweise am Ende eines Satzes oder Satzglieds.

Negative Sätze und Verneinungen werden mit not ... either, neither oder nor gebildet: *'I can't remember his name.' 'I can't either.' ◊ 'I don't like football.' 'Nor do I.'* Vorsicht: Bei der Konstruktion not ... neither ändert sich die Satzstellung: *I don't eat meat and neither does Tom.*

2 (*sogar*) even ◊ *Alle sind durchgefallen, auch Peter.* Everyone failed, even Peter. ◊ *auch wenn* even if/though **3** (*tatsächlich*) ◊ *Wenn sie es versprochen hat, macht sie es auch.* If she promised to do it, then she will. ◊ *Wir vermuteten einen Einbruch. So war es dann auch.* We assumed there had been a break-in. And there had. ◊ *Hat er es sich auch gut überlegt?* Has he really thought about it? ◊ *Willst du auch wirklich nichts mehr?* Do you really not want any more? ◊ *Hoffentlich tut sie es auch.* Let's hope she does.
Audienz audience
audiovisuell audio-visual
auf
• **als Präposition 1** on; (*in Bewegung, betont*) on(to), up (to) ◊ *Die Bücher liegen auf dem Tisch.* The books are on the table. ◊ *Leg das Buch auf den Tisch!* Put the book on the table. ◊ *auf einer Insel* on an island ◊ *Helm auf!* Put your helmet on! ◊ *Sie ist auf der Straße von einem Fotografen angesprochen worden.* A photographer came up and spoke to her in the street. ◊ *auf dem Land* in the country **2** (*mit Institutionen, Veranstaltungen*) at; (*in Bewegung zu*) to ◊ *auf der Party* at the party ◊ *auf eine Hochzeit gehen* go to a wedding ◊ *auf die Post gehen* go to the post office **3** (*Zustand*) on ◊ *auf Urlaub* on holiday ◊ *auf der Flucht sein* be on the run ◊ *auf der Fahrt nach Köln* on the way to Cologne ◊ *auf der Suche nach etw* looking for sth **4** (*in eine Richtung zeigen etc.*) at; **~ jdn/etw zu** towards sb/sth ◊ *Man hat auf ihn geschossen.* He was shot at. ◊ *Das Auto kam auf uns zu.* The car was coming towards us. ◊ *auf den Grund tauchen* dive to the bottom ◊ *sich das Frühstück aufs Zimmer bringen lassen* have breakfast brought to your room **5** (*mit Zeitangaben*) ◊ *auf ein paar Tage* for a few days ◊ *in der Nacht von Montag auf Dienstag* in the early hours of Tuesday morning ◊ *auf die Sekunde genau* to the second ◊ *auf unbestimmte Zeit vertagt* adjourned indefinitely **6** (*Art und Weise*) in ◊ *auf diese Weise* in this way ◊ *auf Deutsch* in German ◊ *alles auf einmal* all at once **7** (*Grund, Ursache*) ◊ *auf jds Befehl* on sb's orders ◊ *auf Anweisung des Anwalts* on legal advice ◊ *auf Wunsch ihres Vaters* at her father's request **8** (*Mengenverhältnis*) per ◊ *ein Kilo Zucker auf ein Kilo Erdbeeren* one kilo of sugar per kilo of strawberries
• **als Adverb 9** (*offen*) open ◊ *Die Tür ist auf.* The door is open. ◊ *Mund auf!* Open wide! **10** (*aufgestanden*) up ◊ *Er war seit sechs auf.* He had been up since six. **11** (*los, weg*) off ◊ *Auf geht's zum Strand!* Off we go to the beach!
IDM **auf und ab** up and down ◊ *Mit ihrer Gesundheit geht es auf und ab.* Her health is up and down. ◊ *Er ging im Zimmer auf und ab.* He paced the room. **auf sich** ◊ *Was hat es mit dem World Wide Web auf sich?* What is the World Wide Web all about? ☞ *Siehe auch* AUS
aufarbeiten 1 (*bewältigen*) come* to terms with *sth* ◊ *die Vergangenheit aufarbeiten* come to terms with the past **2** (*Arbeit*) finish *sth* off; (*Akten, Korrespondenz*) clear the backlog of *sth* **3** (*behandeln*) analyse, (*AmE*) analyze **4** (*restaurieren*) restore, do* *sth* up (*umgs*)
Aufarbeitung 1 (*Bewältigung*) (*meist mit einem Verb übersetzt*) ◊ *die Aufarbeitung der Geschichte* coming to terms with the past **2** (*Erledigung*) (*meist mit einem Verb übersetzt*) ◊ *die Aufarbeitung der Korrespondenz* clearing the backlog of correspondence **3** (*Behandlung*) analysis **4** (*Restaurierung*) restoration, doing *sth* up (*umgs*)
aufatmen breathe a sigh of relief ◊ *Die Banken werden aufatmen.* The banks will breathe a sigh of relief. ◊ *Jetzt kann die Bevölkerung endlich aufatmen.* People can breathe again more easily.
Aufbau 1 (*Gerüst, Zelt etc.*) putting *sth* up; (*Stand, Bühne etc.*) setting *sth* up ◊ *Der Aufbau dauert 10 Minuten.* It takes 10 minutes to put it up. **2** (*Wieder-*) reconstruction ◊ *der wirtschaftliche Aufbau im Osten* economic reconstruction

in the East **3** (*Infrastruktur, Netz, Beziehung etc.*) development; (*Firma, Armee etc.*) building *sth* up ◊ *sich noch im Aufbau befinden* still be in the development stage **4** (*Struktur*) structure; (*Bild*) composition
Aufbauarbeit 1 (*Grundlagen*) groundwork ◊ *Die Trainerin hat erfolgreiche Aufbauarbeit geleistet.* The trainer's groundwork has been successful. **2** (*Wiederaufbau*) reconstruction ◊ *die Aufbauarbeit im Osten* the work of reconstruction in the East
aufbauen 1 (*Gerüst, Zelt etc.*) put* *sth* up; (*Stand, Bühne etc.*) set* *sth* up ◊ *ein Gerüst aufbauen* put up scaffolding **2 etw neu/wieder ~** (*Gebäude etc.*) rebuild* *sth* **3** (*Infrastruktur, Netz, Beziehung etc.*) develop; (*Firma, Armee, Datei etc.*) build* *sth* up ◊ *eine Beziehung zu jdm aufbauen* develop a relationship with sb ◊ *sich eine neue Existenz aufbauen* make a new life for yourself ◊ *die Demokratie aufbauen* build democratic institutions **4** (*ermutigen*) boost; **jdn ~** boost sb's morale, put* heart into sb ◊ *Der Erfolg hat sein Selbstbewusstsein aufgebaut.* The success boosted his self-confidence. **5** (*anordnen*) arrange; (*strukturieren*) structure **6 auf etw ~** build* on sth; (*Theorie etc.*) be based on sth ◊ *auf dem Erfolg vom letzten Jahr aufbauen* build on last year's success ◊ *auf einem Missverständnis aufbauen* be based on a misunderstanding **7 sich ~** (*Wolken, Wetterfront*) build* up ◊ (*fig*) *Er baute sich vor mir auf.* He planted himself in front of me.
aufbäumen 1 sich ~ (*Pferd*) rear up **2 sich (gegen etw) ~** (*rebellieren*) rebel* (against sth)
aufbauschen 1 sich ~ (*Segel*) fill; (*Gewand, Vorhang etc.*) billow (out) **2** (*übertreiben*) exaggerate ◊ *Der Vorfall wurde von den Medien maßlos aufgebauscht.* The incident was blown up out of all proportion by the media.
aufbegehren (**gegen jdn/etw**) **~** rebel* (against sb/sth) ◊ *gegen das Establishment aufbegehren* rebel against the Establishment ◊ *gegen sein Schicksal aufbegehren* struggle against your destiny
aufbekommen 1 (*öffnen*) get* *sth* open **2** (*Hausaufgaben*) get* ◊ *etwas aufbekommen* get homework ◊ *Heute haben wir in Mathe nichts aufbekommen.* We didn't get any maths homework today. ◊ *drei Textaufgaben aufbekommen* be set three problems for homework IDM ⇨ MUND
aufbereiten 1 (*Rohstoffe*) process; (*Wasser*) treat **2 etw wieder ~** reprocess sth **3** (*darstellen*) present; (*bearbeiten*) edit
Aufbereitung 1 (*Rohstoffe*) processing; (*Wasser*) treatment ◊ *die Aufbereitung von Abwasser* sewage treatment **2** (*Bearbeitung*) treatment; (*Darstellung*) presentation
aufbessern improve; (*Einkommen*) supplement
Aufbesserung improvement; (*finanziell*) increase ◊ *eine Aufbesserung des Etats* an increase in the budget
aufbewahren keep*; (*lagern*) store ◊ *Wertsachen sicher aufbewahren* keep valuables in a safe place ◊ *Lebensmittel kühl aufbewahren* store food in a cool place
Aufbewahrung storage ◊ *die richtige Aufbewahrung von Gemüse* the correct storage of vegetables ◊ *eine Hülle zur Aufbewahrung der Negative* a folder to keep the negatives in ◊ *jdm etw zur Aufbewahrung geben* give sth to sb for safe keeping
aufbieten bring* *sb/sth* out, muster; (*Spieler, Soldaten etc.*) deploy
aufbinden 1 (*öffnen*) untie* **2 jdm etw ~** (*Lüge etc.*) tell* sb sth; (*Ausrede*) use sth with sb ◊ *jdm eine Geschichte aufbinden* tell sb a story IDM ⇨ BÄR
aufblähen 1 (*Kosten, Haushalt*) inflate ◊ *der aufgeblähte Verwaltungsappart* the inflated bureaucracy ◊ *ein Verfahren unnötig aufblähen* make a procedure unnecessarily complicated ☞ *Siehe auch* AUFGEBLÄHT **2 sich ~** (*wichtig machen*) be puffed up with self-importance
aufblasbar inflatable
aufblasen 1 inflate; (*Ballon auch*) blow* *sth* up **2 sich ~** inflate; (*fig*) puff yourself up ◊ *Zum Glück hat sich der Airbag aufgeblasen.* Luckily, the air bag inflated. ☞ *Siehe auch* AUFGEBLASEN
aufbleiben 1 (*Geschäft, Tür, Fenster*) stay open **2** (*Mensch*) stay up
aufblenden 1 turn *sth* on full beam, (*AmE*) switch *sth* to high beams ◊ *die Scheinwerfer aufblenden* turn the headlights on full beam **2** (*kurz*) flash your headlights, (*AmE*) flash your high beams

aufblitzen flash ◊ *Wut blitzte in ihren Augen auf.* Her eyes flashed with anger.
aufblühen 1 (*Knospe*) open; (*Pflanze*) come* into flower **2** (*aufleben*) blossom ◊ *Unter ihrem Einfluss ist er richtig aufgeblüht.* He has really blossomed under her influence. **3** (*Aufschwung nehmen*) flourish ◊ *Der Tourismus blüht wieder auf.* Tourism is flourishing again. ◊ *das Aufblühen des Nationalismus* the growth of Nationalism
aufbohren 1 (*öffnen*) drill *sth* open **2** (*Loch bohren*) drill a hole in *sth* ◊ *einen Zahn aufbohren* drill a tooth
aufbrauchen use *sth* up
aufbrausen 1 (*Wasser, Wogen*) get* rough **2** (*Beifall, Jubel*) swell* **3** (*Mensch*) fly* off the handle (*umgs*) ◊ *Sie braust bei jeder Kleinigkeit auf.* She flies off the handle at every little thing.
aufbrausend quick-tempered ◊ *Sie hat ein aufbrausendes Temperament.* She's very quick-tempered.
aufbrechen 1 (*öffnen*) break* *sth* open; (*Auto, Wohnung etc.*) break* into *sth*; (*Fenster, Tür etc.*) force *sth* open ◊ *einen Tresor aufbrechen* break open a safe ◊ *Sie haben mir das Auto aufgebrochen!* They broke into my car! ◊ *Geschlechterrollen aufbrechen* dissolve gender roles **2** (*Wunde, Narbe*) open up; (*Asphalt etc.*) break* up; (*Konflikt etc.*) break* out ◊ *Bei dem Prozess brachen alte Wunden wieder auf.* The trial opened up old wounds. **3** (*sich aufmachen*) set* off ◊ *Sie brachen früh zu einer Bergtour auf.* They set off early on a mountain walk. ◊ *ins Ungewisse aufbrechen* set off into the unknown ◊ *Es wird spät – wir müssen aufbrechen.* It's getting late – we'd better be going. ◊ *Sie sind gestern nach Berlin aufgebrochen.* They left for Berlin yesterday.
aufbringen 1 (*Mut, Kraft*) summon (up) ; (*Energie, Geduld*) find*; (*Geld*) raise ◊ *Endlich brachte er den Mut auf, ihr die Wahrheit zu sagen.* Finally he summoned up the courage to tell her the truth. ◊ *Du musst jetzt viel Geduld aufbringen.* You'll have to be very patient. ◊ *Ich kann kein Verständnis für sie aufbringen.* I can't understand her. **2** (*wütend machen*) make* *sb* angry **3** *jdn gegen jdn ~* set* *sb* against *sb* ☞ *Siehe auch* AUFGEBRACHT **4** (*Schiff*) seize
Aufbruch ◊ *Sie gab das Signal zum Aufbruch.* She gave the signal to leave. ◊ *zum Aufbruch drängen* insist that it is time to go ◊ *ein neuer Aufbruch* a new departure ◊ *ein politischer Aufbruch* a political awakening ◊ *der Aufbruch in ein neues Jahrtausend* the dawn of a new millennium
Aufbruch(s)stimmung ◊ *Als er kam, herrschte schon Aufbruchstimmung.* When he arrived, people were getting ready to leave. ◊ *Das ganze Land ist in Aufbruchstimmung.* There is a feeling of a new beginning in the country.
aufbrühen make*
aufbürden *jdm etw ~* (*Arbeit, Verantwortung etc.*) load *sb* with *sth*; (*Probleme etc.*) burden *sb* with *sth*; *sich etw ~* saddle yourself with *sth*
aufdecken (*Skandal, Verbrechen*) expose IDM ⇨ KARTE
Aufdeckung exposure
aufdrängen 1 *jdm etw ~* force *sth* onto *sb* **2** (*aufdringlich sein*) *sich ~* intrude; *sich jdm ~* impose yourself on *sb* ◊ *Ich will mich nicht aufdrängen.* I don't want to intrude. ◊ *Sie hat sich uns aufgedrängt.* She imposed herself upon us. ◊ *Dräng dich ihr nicht so auf!* Don't be so pushy! **3** *sich ~* (*Eindruck, Frage*) arise*
aufdrehen 1 (*Wasserhahn etc.*) turn *sth* on **2** (*lauter, stellen*) turn *sth* up **3** (*schneller fahren etc.*) put* a spurt on ☞ *Siehe auch* AUFGEDREHT
aufdringlich 1 intrusive (*Adv* intrusively); (*Bettler, Vertreter*) insistent (*Adv* insistently) ◊ *aufdringliche Journalisten* intrusive journalists ◊ *ein aufdringlicher Typ* a pushy type **2** (*Geruch*) overpowering; (*Musik*) loud; (*Rhythmus*) insistent
Aufdruck (*Logo*) logo*; (*Briefkopf*) heading; *mit dem ~ ...* with ... printed on it
aufdrucken *etw* (*auf etw*) *~* print *sth* (on *sth*)
aufdrücken push *sth* open
aufeinander 1 (for, into, on, etc.) each other ◊ *Wir sind aufeinander angewiesen.* We are dependent on each other. ◊ *die Zähne aufeinander beißen* clench your teeth ☞ *Siehe auch* AUF **2** (*übereinander*) on top of each other ◊ *Die Kisten können aufeinander gestapelt werden.* The boxes can be stacked on top of each other. **3** *~* **folgen** follow each other ◊ *die schnell aufeinander folgenden Bilder* pictures following each other in rapid succession ◊ *zwei aufeinander folgende Sätze* two consecutive sentences **4** *~* **stoßen** (*zufällig*) bump into each other; (*Meinungen, Interessen etc.*) clash (with each other) **5** *~* **treffen** meet* (each other) ◊ *Sie treffen in der zweiten Runde aufeinander.* They meet in the second round.
Aufenthalt 1 stay ◊ *Wir wünschen Ihnen einen angenehmen Aufenthalt.* Have a pleasant stay. ◊ *Ein längerer Aufenthalt in der Sonne ist nicht zu empfehlen.* It is not advisable to stay in the sun for very long. **2** (*bei Reisen*) stop ◊ *Der Zug hat hier zehn Minuten Aufenthalt.* The train stops here for ten minutes.
Aufenthaltsdauer length of stay **Aufenthaltserlaubnis** residence permit **Aufenthaltsort 1** whereabouts ☞ G 1.3c **2** (*Wohnort*) place of residence **Aufenthaltsraum** lounge; (*im Krankenhaus*) day room
auferlegen 1 *jdm/sich etw ~* impose *sth* on *sb*/yourself ◊ *jdm ein Bußgeld auferlegen* impose a fine on *sb* ◊ *jdm Stillschweigen auferlegen* tell *sb* not to talk about *sth* ◊ *sich die Pflicht auferlegen etw zu tun* make it your duty to do *sth* ◊ *sich eine Aufgabe auferlegen* take on a task ◊ *sich Zurückhaltung auferlegen* exercise restraint **2** *jdm ~ etw zu tun* order *sb* to do *sth*
auferstehen 1 (REL) rise* ◊ *von den Toten auferstanden* risen from the dead **2** (*fig*) be restored; (*Tradition, Legende*) be revived ◊ *Das Rathaus ist in neuem Glanz auferstanden.* The town hall has been restored to its former glory.
Auferstehung 1 (REL) resurrection **2** (*fig*) revival; (*Sportler, Künstler*) comeback
aufessen (*etw*) *~* eat* (*sth*) up
auffahren 1 *auf etw/jdn ~* run* into the back of *sth*/*sb* ◊ *Der Bus ist auf einen Pkw aufgefahren.* The bus ran into the back of a car. **2** (*zu*) *dicht ~* drive* too close behind *sb*/*sth* ◊ *Er fährt viel zu dicht auf.* He drives much too close to the car in front. **3** (*aufschrecken*) start ◊ *Das Geräusch ließ sie auffahren.* The noise made her start. ◊ *aus dem Schlaf auffahren* wake* up with a start **4** (*aufbrausen*) flare up **5** (*vorfahren*) draw* up ◊ *Drei schwarze Limousinen fuhren vor dem Hotel auf.* Three black limousines drew up in front of the hotel. **6** (*in Stellung bringen*) move *sth* into position **7** (*sich aufstellen*) move in, move into position **8** *auf etw ~* (*Autobahn, Fähre*) drive* onto *sth* **9** (*heranbringen*) bring*; (*reichlich auftischen*) serve *sth* up IDM ⇨ GESCHÜTZ
Auffahrt 1 (*Autobahn-*) slip road, (*AmE*) access road **2** (*das Hinauffahren mit dem Auto*) drive up; (*mit der Seilbahn etc.*) ride up **3** (*Zufahrt*) driveway
auffallen 1 *jdm fällt etw auf* *sb* notices *sth* ◊ *Der Fehler ist mir noch gar nicht aufgefallen.* I hadn't noticed the mistake at all. ◊ *Ist dir etwas an mir aufgefallen?* Have you noticed anything about me? **2** (*sichtbar sein*) show*, be noticeable ◊ *Fällt der Fleck sehr auf?* Does the mark show very much? **3** (*hervorragen*) stand* out ◊ *Sie ist schon in der Schule wegen ihrer musikalischen Begabung aufgefallen.* In school, she stood out as being musically gifted. **4** (*sich schlecht benehmen*) behave badly ◊ *Sie sind im Restaurant unangenehm aufgefallen.* They behaved badly in the restaurant. ◊ *Die Kinder sind der Polizei als Ladendiebe aufgefallen.* The children came to the attention of the police when they were caught shoplifting.
auffallend (*bemerkenswert*) remarkable (*Adv* remarkably); (*frappierend*) striking (*Adv* strikingly) ◊ *Er ist heute auffallend still.* He is remarkably quiet today. ◊ *auffallend viele junge Menschen* a remarkable number of young people ◊ *eine auffallende Ähnlichkeit* a striking similarity
auffällig 1 (*sichtbar*) noticeable (*Adv* noticeably); (*signifikant*) significant (*Adv* significantly) ◊ *Auffällig ist, dass ...* It is noticeable that ... ◊ *Auffällig ist das Durchschnittsalter.* What is significant is the average age. **2** (*ungewöhnlich*) unusual (*Adv* unusually); (*seltsam*) strange (*Adv* strangely); (*Farbe, Kleidung*) garish, loud **3** (*aktenkundig*) known to the police **4** (*offenkundig*) obvious (*Adv* obviously)
auffangen 1 catch* **2** (*Flüssigkeit*) collect **3** (*Flüchtlinge etc.*) take* *sb* in **4** (*aufschnappen*) catch* **5** (*Signal etc.*) pick *sth* up **6** (*mildern*) offset* ◊ *eine Preissteigerung auffangen* offset a price increase
auffassen take*, interpret (*gehoben*) ◊ *eine Bemerkung als Kritik auffassen* take a remark as a criticism ◊ *Sie hat sein Schweigen als Absage aufgefasst.* She took his silence

as a negative answer. ◊ *Wie fassen Sie die Lage auf?* How do you interpret the situation? **2** (*begreifen*) grasp ◊ *schwierige Zusammenhänge schnell auffassen* grasp complex problems quickly **3** (*betrachten*) see* ◊ *Der Roman kann als Höhepunkt seines Schaffens aufgefasst werden.* The novel can be seen as the zenith of his work.

Auffassung 1 (*Meinung*) view, opinion ◊ *meiner Auffassung nach* in my view ◊ *Da bin ich anderer Auffassung.* I take a different view. ◊ *Er vertrat die Auffassung, dass ...* He put forward the view that ... ◊ *Sie ist der Auffassung, dass ...* She is of the opinion that ... ☛ *Hinweis bei* THINK¹ **2** ⇨ AUFFASSUNGSGABE

Auffassungsgabe powers of comprehension [Pl] ◊ *Kreativität und Auffassungsgabe* creativity and powers of comprehension ◊ *eine rasche Auffassungsgabe haben* be quick on the uptake

auffindbar ◊ *Die Dokumente waren nicht auffindbar.* The documents could not be found.

auffinden find* ◊ *Sie wurde tot aufgefunden.* She was found dead. ◊ *Der Ring ist nirgends aufzufinden.* The ring is nowhere to be found.

aufflackern (*Kerze, Hoffnung*) flicker; (*Feuer, Seuche*) flare up

aufflammen 1 (*Streichholz etc.*) flare; (*Lampe, Feuer*) be lit **2** (*Gewalt, Krankheit*) flare up; (*Emotion*) be aroused

auffliegen 1 (*hochfliegen*) fly* up **2** (*sich öffnen*) fly* open **3** (*Verbrechen*) be uncovered; (*Verbrecher auch*) be busted (*umgs*)

auffordern 1 *jdn ~ etw zu tun* ask sb to do sth **2** *jdn zu etw ~* (*aufrufen*) call for sth from sb; (*einladen*) invite sth from sb ◊ *Sie forderten die Regierung zum Handeln auf.* They called for action from the government. ◊ *jdn zur Mitarbeit auffordern* invite sb's collaboration **3** *jdn ~* (*zum Tanz*) ask sb to dance ◊ *Er hat mich zum Walzer aufgefordert.* He asked me to dance the waltz.

Aufforderung 1 (*Bitte*) request; (*nachdrücklicher*) demand ◊ *Sie hat sich auf unsere Aufforderung hin beworben.* She put in an application at our request. ◊ *eine Aufforderung zu sofortiger Zahlung* a demand for immediate payment ◊ *Sie richteten an den Minister die Aufforderung zurückzutreten.* They called for the minister to resign. **2** (*Einladung*) invitation IDM *ohne Aufforderung* without being asked

aufforsten afforest

Aufforstung afforestation

auffrischen 1 (*Farben, Politur*) renovate **2** (*Kenntnisse*) brush up **3** (*Gedächtnis*) jog* **4** (*Impfung*) boost **5** (*Kontakte, Freundschaften*) renew **6** (*Make-up*) freshen *sth* up **7** (*Wortschatz*) increase **8** (*Vorräte, Kasse*) replenish **9** (*Wind*) freshen ◊ *eine auffrischende Brise* a freshening breeze

Auffrischungskurs refresher course

aufführen 1 (*Theaterstück, Konzert etc.*) perform; (*Film*) show* **2** *sich ~* make* a fuss (*umgs*) *sich schlecht ~* behave badly ◊ *Sie hat sich wie eine Verrückte aufgeführt.* She made a terrible fuss. **3** (*nennen*) name; (*in einem Verzeichnis*) list; (*als Zeuge*) cite ◊ *alle auf der Liste aufgeführten Bücher* all the books on the list

Aufführung 1 (*Vorführung*) performance ◊ *eine Aufführung von Shakespeares „Sturm"* a performance of Shakespeare's 'Tempest' ◊ *ein Stück zur Aufführung bringen* perform a play **2** (*Auflistung*) list

auffüllen 1 (*Gefäß*) fill *sth* (up) ◊ *ein Regal mit Büchern auffüllen* fill a shelf with books ◊ *Wir haben die Grube mit Kies aufgefüllt.* We filled the hole with gravel. ◊ *den Tank auffüllen* fill up the tank **2** (*Vorrat*) replenish **3** (*mit Flüssigkeit*) top* *sth* up; (*verdünnen*) dilute

Aufgabe 1 job, task (*gehoben*); (*Pflicht*) duty*; (*Verantwortung*) responsibility* ◊ *Er ist seiner Aufgabe nicht gewachsen.* He's not up to the job. ◊ *jdm eine Aufgabe übertragen* set sb a task ◊ *Es gehörte zu ihren Aufgaben.* It was part of her duties. ◊ *Kindererziehung ist nicht allein Aufgabe der Eltern.* Bringing up children is not just the responsibility of parents. **2** (*Zweck*) purpose; (*Funktion*) function **3** (*Rechen-, Denk-*) problem **4** (*Schul-*) exercise; (*Haus-*) homework [U] ◊ *Ich muss noch meine Aufgaben machen.* I still have to do my homework. **5** (*von Briefen*) posting, (*AmE*) mailing; (*von Annoncen*) placing; (*von Gepäck*) registering; (*am Flughafen*) checking in **6** (*Hoffnung, Pläne*) abandoning; (*Haus, Geschäft, Gewohnheiten, Beruf, Kampf*) giving up (*oft mit einem Verb übersetzt*) ◊ *Die Krankheit seiner Frau hat ihn zur Aufgabe seiner Pläne gezwungen.* His wife's illness forced him to abandon his plans. ◊ *Eine Verletzung zwang sie zur Aufgabe des Rennens.* An injury forced her to drop out of the race. **7** (*Volleyball*) service

aufgabeln 1 *jdn/etw ~* pick sb/sth up ◊ *Wo hat er denn das Mädchen aufgegabelt?* Where did he pick that girl up then? **2** (*Heu*) fork *sth* up

Aufgaben- Aufgabenbereich, Aufgabenfeld, Aufgabengebiet area of responsibility **Aufgabenstellung** task **Aufgabenverteilung** division of responsibilities

Aufgang 1 (*Sonne, Mond*) rising **2** (*Treppe*) steps [Pl]; (*innen auch*) stairs [Pl]

aufgeben 1 give* (*sth*) up, (*AmE*) quit* ◊ *Sie will nicht kampflos aufgeben.* She won't give up without a fight. ◊ *Er will seinen Beruf nicht aufgeben.* He doesn't want to give up his job. ◊ *das Rauchen aufgeben* give up smoking **2** (*Geschäft, Projekt, Wohnung, Anspruch, Amt*) give* *sth* up ◊ *Sie mussten den Hof aufgeben.* They had to give up the farm. ◊ *Ich habe die Hoffnung aufgegeben.* I've given up hope. **3** (*Wettkampf, Rennen*) retire from *sth*, pull out of *sth* ◊ *Sie musste verletzt aufgeben.* She had to pull out because of an injury. **4** (*verloren geben*) give* up on *sb/sth* ◊ *Die Ärzte hatten ihn bereits aufgegeben.* The doctors had already given up on him. **5** (*Aufgabe*) set*, (*AmE*) assign ◊ *Die Lehrerin hat uns viel aufgegeben.* The teacher has set us a lot of homework. **6** (*Anzeige, Bestellung*) place **7** (*Brief, Paket*) post, (*AmE*) mail **8** (*Gepäck*) send* *sth* on; (*am Flughafen*) check *sth* in IDM ⇨ GEIST¹ und RÄTSEL

aufgebläht 1 ⇨ AUFBLÄHEN **2** (*Bauch*) bloated

aufgeblasen 1 ⇨ AUFBLASEN **2** (*affektiert*) pompous

Aufgebot 1 contingent; (*Sport*) squad **2** (*Ehe-*) notice of intended marriage; (*kirchlich*) (marriage) banns [Pl]

aufgebracht 1 ⇨ AUFBRINGEN **2** angry*

aufgedonnert dolled up (*umgs, abwert*) (*nicht vor Nomen*)

aufgedreht 1 ⇨ AUFDREHEN **2** excited; (*lebhaft*) lively ◊ *Auf der Party war sie irre aufgedreht.* She was really excited at the party.

aufgehen 1 (*Sonne, Mond, Teig*) rise* **2** (*Theatervorhang*) go* up, rise* (*gehoben*) **3** (*Fenster, Schublade, Knospe*) open **4** (*Reißverschluss, Verband, Knoten*) come* undone **5** (*Wunde, Blase, Pickel*) burst* **6** (*Saat*) come* up **7** (*Gleichung*) work out; (*Teilung*) go* ◊ *Die Gleichung ging glatt auf.* The equation worked out exactly. ◊ *25 durch 9 — das geht nicht auf.* 25 divided by 9 doesn't go. **8** *etw geht jdm auf* sb realizes sth **9** *in etw ~* (*sich auflösen*) go* up in sth ◊ *in Flammen aufgehen* go up in flames **10** *in etw ~* (*Erfüllung finden*) find* fulfilment in sth **11** *in etw ~* (*geschluckt werden*) merge ◊ *Die beiden Firmen sollen in einer Aktiengesellschaft aufgehen.* The two firms are to merge and form a limited company. ◊ *in der Masse aufgehen* disappear into the crowd IDM ⇨ LICHT, RAUCH und RECHNUNG

aufgeheizt 1 ⇨ AUFHEIZEN **2** (*Stimmung*) highly charged; (*Debatte*) heated

aufgehoben 1 ⇨ AUFHEBEN **2** *gut ~ sein* be in good hands IDM ⇨ AUFSCHIEBEN

aufgeklärt 1 ⇨ AUFKLÄREN **2** enlightened

aufgekratzt 1 ⇨ AUFKRATZEN **2** (*aufgeregt*) excited ◊ *in aufgekratzter Stimmung* in an excited mood

aufgelegt 1 ⇨ AUFLEGEN **2** *gut/schlecht ~ sein* be in a good/bad mood **3** *zu etw ~ sein* be in the mood for sth

aufgelöst 1 ⇨ AUFLÖSEN **2** (*verstört*) distraught ◊ *vor Trauer aufgelöst sein* be distraught with grief

aufgeregt 1 (*freudig*) excited (*Adv* excitedly) ◊ *Ich bin ganz aufgeregt!* I'm so excited! **2** (*nervös*) nervous (*Adv* nervously) **3** (*durcheinander*) flustered

aufgeschlossen 1 ⇨ AUFSCHLIESSEN **2** (*tolerant*) open-minded **3** *für etw ~ sein* (*empfänglich*) be receptive to sth

Aufgeschlossenheit 1 receptiveness **2** (*Toleranz*) open-mindedness

aufgeschmissen stuck (*nicht vor Nomen*) (*umgs*)

aufgesetzt 1 ⇨ AUFSETZEN **2** (*Flicken*) sewn-on; (*Tasche*) patch **3** (*unecht*) false ◊ *ein aufgesetztes Lächeln* a false smile

aufgesprungen 1 ⇨ AUFSPRINGEN **2** (*rissig*) cracked

aufgestaut 1 ⇨ AUFSTAUEN **2** (*Gefühle*) pent-up

aufgetakelt (*aufgedonnert*) dolled up (*nicht vor Nomen*) (*umgs, abwert*)

aufgeweckt 1 ⇨ AUFWECKEN **2** (*intelligent*) bright
Aufgewecktheit intelligence
aufgreifen 1 (*Person*) pick sb up **2** (*Thema, Idee, Vorschlag*) take* sth up; (*Problem*) tackle **3** (*Gespräch*) resume; (*Gedanken, Punkt*) pick up on sth; (*Tradition*) revive ◊ *Sie griff seinen letzten Punkt auf.* She picked up on his last point.
aufgrund on the basis of; (*wegen*) because of ◊ *Aufgrund von Zeugenaussagen wurde ein Phantombild angefertigt.* A photofit picture was produced on the basis of statements from witnesses. ◊ *Aufgrund einer Verletzung sagte er ab.* He cancelled because of an injury.
Aufguss 1 infusion; (*Kräutertee*) herbal tea **2** (*Abklatsch*) rehash
aufhaben 1 (*tragen*) wear*, have sth on ◊ *Hatte sie einen Helm auf?* Was she wearing a helmet? **2** (*Augen, Tür, Fenster*) have sth open; (*Schirm*) have sth up ◊ *Wir hatten alle Fenster auf.* We had all the windows open. **3** (*Hausaufgaben*) ◊ *etwas aufhaben* have homework ◊ *Heute haben wir nur wenig auf.* We haven't got much homework today. ◊ *In Latein haben sie heute nichts auf.* They haven't got any Latin homework today. ◊ *Wir haben eine Übersetzung auf.* We've got a translation to do for homework. **4** (*Essen*) have eaten ◊ *Bevor du dein Gemüse nicht aufhast, gibt es keinen Nachtisch.* There's no pudding until you've eaten your vegetables. **5** (*Geschäft etc.*) be open ◊ *Die Bank hat nur bis vier Uhr auf.* The bank is only open until four.
aufhalsen jdm/sich etw/jdn ~ saddle sb/yourself with sth/sb ◊ *Sie hat sich zu viel Arbeit aufgehalst.* She's saddled herself with too much work.
aufhalten 1 (*zurückhalten*) hold* sb/sth up ◊ *Sie war im Büro aufgehalten worden.* She'd been held up at the office. ◊ *Ich will Sie nicht länger aufhalten!* I won't keep you any longer! ◊ *Er hält den ganzen Betrieb auf.* He's holding everything up. **2** (*hindern*) stop*; (*Entwicklung, Katastrophe*) prevent ◊ *Er lässt sich von so etwas nicht aufhalten.* He doesn't let something like that stop him. **3 sich mit jdm/etw** ~ spend* time on sb/sth ◊ *Er hatte sich zu lange mit der Hausarbeit aufgehalten.* He had spent too much time on the housework. **4 (jdm)** etw ~ hold* sth open (for sb) ◊ *Sie hielt ihm die Tür auf.* She held the door open for him. **5 die Hand** ~ hold* your hand out **6 sich** ~ (*sich befinden*) be; (*Zeit verbringen*) spend* time; (*bleiben*) stay ◊ *Sie hält sich zurzeit in Rom auf.* She's in Rome at the moment. ◊ *Er hält sich viel im Ausland auf.* He spends a lot of time abroad. ◊ *Sie hielt sich bei Verwandten auf.* She was staying with relatives.
aufhängen 1 (*Mantel, Hut etc.*) hang* sth up; (*Bild, Vorhang etc.*) put* sth up; (*Wäsche*) hang*; (*draußen*) hang* sth out **2 (den Hörer)** ~ hang* up **3 jdn/sich** ~ (*erhängen*) hang sb/yourself **5 etw an etw** ~ (*als Aufhänger nehmen*) take* sth as a starting point for sth ◊ *Sie hatte ihr Referat an einem Fallbeispiel aufgehängt.* She had taken a case study as a starting point for her paper.
Aufhänger 1 (*Schlaufe*) loop **2** (*Ausgangspunkt*) peg (to hang sth on) ◊ *Er benutzte den Fall als Aufhänger für seinen Artikel.* He used the case as a peg on which to hang his article.
aufheben 1 (*hochheben*) pick sb/sth up; (*größeres Gewicht*) lift sb/sth up ◊ *Das Kind hob Steine auf und warf sie ins Wasser.* The child was picking up stones and throwing them into the water. ◊ *Die Sanitäter hoben den Verletzten auf.* The ambulance men lifted the injured man up. **2** (*Augen, Kopf, Hände*) raise **3** (*aufbewahren*) keep* ◊ *Den Rest können wir für morgen aufheben.* We can keep the rest for tomorrow. ☛ *Siehe auch* AUFGEHOBEN **4** (*abschaffen*) abolish; (*Verbot, Sanktionen, Ausnahmezustand*) lift; (*Urteil, Entscheidung*) reverse; (*Haftbefehl*) revoke **5** (*Versammlung*) close **6** (*ausgleichen*) cancel* sth out ◊ *Positive und negative Zahlen heben sich auf.* Positive and negative numbers cancel each other out.
Aufheben(s) fuss; **viel Aufhebens um jdn/etw machen** make a lot of fuss about sb/sth ◊ *ohne viel Aufhebens* without a lot of fuss
Aufhebung (*Abschaffung*) abolition; (*von Verboten, Sanktionen etc.*) lifting; (*von Urteilen, Entscheidungen*) reversal; (*eines Haftbefehls*) withdrawal
aufheitern 1 cheer sb up **2 sich** ~ (*Stimmung, Gesicht*) brighten up; (*Wetter*) clear up; (*Himmel*) clear
Aufheiterung 1 (*Unterhaltung*) entertainment ◊ *Zur Aufheiterung der Gäste spielte eine Band.* A band was playing for the entertainment of the guests. **2** (*Wetter*) sunny interval
aufheizen 1 (*erhitzen*) heat **2 (sich)** ~ heat up ◊ *Der Kompost darf sich nicht zu sehr aufheizen.* The compost must not be allowed to heat up too much. **3** (*aufpeitschen*) whip* sth up; (*Emotionen, Situation*) inflame ☛ *Siehe auch* AUFGEHEIZT **4 sich** ~ (*Stimmung, Atmosphäre*) get* heated
aufhellen 1 (*erhellen*) light* sth up; (*fig*) brighten sth up ◊ *Zahllose Sterne hellten die Winternacht auf.* Countless stars lit up the winter night. ◊ *den tristen Alltag aufhellen* brighten up your dull existence **2** (*Haare, Farbe*) lighten **3** (*fig*) (*klären*) shed* light on sth ◊ *die Motive für ein Verbrechen aufhellen* shed light on the motives for a crime **4 sich** ~ (*Wetter, Miene*) brighten up; (*Himmel*) brighten ◊ *Plötzlich hellte sich sein Gesicht auf.* Suddenly his face brightened up.
aufhetzen jdn **(gegen jdn/etw)** ~ stir* sb up (against sb/sth) ◊ *Sie hetzte die ganze Familie gegen ihre Schwägerin auf.* She stirred the whole family up against her sister-in-law. ◊ *jdn zur Gewalt aufhetzen* incite sb to violence
aufheulen (*Mensch, Tier*) howl; (*Sirene*) wail; (*Motor*) rev* up
aufholen 1 (*an Boden gewinnen*) make* up ground; (*Schüler, Sportler, Mannschaft*) catch* up ◊ *Er konnte zwar noch aufholen, aber es reichte nicht mehr zum Sieg.* He made up some ground, but still didn't manage to win. ◊ *Nach ihrer Krankheit musste sie in der Schule viel aufholen.* After she was ill, she had a lot to catch up on at school. **2** (*Zeit, Punkte etc.*) make* sth up ◊ *Er schaffte es, die Zeit aufzuholen.* He managed to make up the time. ◊ *Sie hat 30 Sekunden aufgeholt.* She has made up 30 seconds. ◊ *Der Zug holte die Verspätung wieder auf.* The train made up the delay. ◊ *Ich konnte meinen Rückstand nicht mehr aufholen.* I couldn't catch up.
aufhorchen prick up your ears; (*fig*) sit* up and take notice ◊ *Als ihr Name fiel, horchte sie auf.* When she heard her name, she pricked up her ears. ◊ *Seine Reden ließen die Leute aufhorchen.* His speeches made people sit up and take notice.
aufhören 1 ~ **(etw zu tun)**; **(mit etw)** ~ stop* (doing sth) ◊ *Sie hörte bald auf zu weinen.* She soon stopped crying. ◊ *Es hat aufgehört zu schneien.* It has stopped snowing. ◊ *Er will mit dem Rauchen aufhören.* He wants to stop smoking. ◊ *Hör auf!* Stop it! ◊ *Ich höre nächstes Jahr auf.* I'm giving up work next year. **2** (*Straße, Weg*) end **IDM Da hört (sich) doch alles auf!** That really is the limit! ☛ *Siehe auch* SPASS
aufkaufen buy* sth up
aufkeimen 1 (*Saat*) sprout, germinate (*Fachspr*) **2** (*fig*) begin* to grow; (*Hoffnung, Leidenschaft*) burgeon
aufklappen open; (*Klappstuhl, -tisch*) unfold
aufklaren (*Himmel*) clear; (*Wetter*) clear up
aufklären 1 (*Verbrechen, Fall*) solve; (*Irrtum, Missverständnis*) clear sth up; (*Widersprüche*) resolve ◊ *Sie wollte das Geheimnis aufklären.* She wanted to solve the mystery. ◊ *Schließlich klärte sich das Missverständnis auf.* In the end the misunderstanding was cleared up. **2 jdn (über etw)** ~ (*informieren*) inform sb (of sth) ◊ *jdn über seine Rechte aufklären* inform sb of their rights **3 (jdn) (über etw)** ~ (*erklären*) explain (to sb) (about sth) ◊ *Die Broschüre klärt darüber auf, wann …* The leaflet explains about when … **4** (*sexuell*) tell* sb the facts of life **5 sich** ~ (*Wetter*) clear up; (*Himmel*) clear
Aufklärung 1 (*oft mit einem Verb übersetzt*) ◊ *Sie arbeiteten an der Aufklärung des Falles.* They were trying to solve the case. **2** (*Klarstellung*) clarification; (*das Informieren*) informing; (*das Erziehen*) education ◊ *Er verlangte Aufklärung über die ganze Angelegenheit.* He demanded clarification on the whole issue. ◊ *Die Aufklärung der Verbraucher über die Risiken tut Not.* It is essential to inform consumers about the risks. ◊ *gesundheitliche Aufklärung* health education **3** (*sexuell*) explaining the facts of life; (*im Unterricht*) sex education **4** (*Philosophie*) Enlightenment **5** (MIL) reconnaissance
Aufklärungsarbeit awareness raising **Aufklärungsflug** reconnaissance flight **Aufklärungsflugzeug** reconnaissance aircraft* **Aufklärungskampagne** education campaign **Aufklärungsquote** clear-up rate
aufkleben etw **(auf etw)** ~ stick* sth on (sth)

Aufkleber sticker
aufknöpfen unbutton, undo*
aufkochen 1 (*zum Kochen bringen*) bring* *sth* to the boil **2** (*zu kochen beginnen*) come* to the boil
aufkommen 1 (*Sturm*) blow* up; (*Gewitter*) develop; (*Wind*) spring* up **2** (*Zweifel, Misstrauen*) arise*; (*Gerücht*) start ◊ *Das lässt die Frage aufkommen, ob ...* This raises the question of whether ... ◊ *Um keine Missverständnisse aufkommen zu lassen ...* To avoid any misunderstandings ... ◊ *Bei der Feier wollte keine rechte Stimmung aufkommen.* There wasn't much of an atmosphere at the party. ◊ *Es könnte der Eindruck aufkommen ...* You might get the impression that ... ◊ *Dabei kommt der Gedanke auf: Warum?* The thought comes to mind: why? **3 für etw ~** pay* for sth; **für jdn ~** support sb ◊ *Die Versicherung kam für den Schaden auf.* The insurance paid for the damage. ◊ *Er muss für seine Kinder aufkommen.* He has to support his children. **4** (*landen*) land **5** (*aufstehen*) get* up ◊ *Sie half ihm, vom Boden aufzukommen.* She helped him to get up again. **6** (*aufholen*) catch* up **7** (*bekannt werden*) come* to light
Aufkommen 1 (*das Auftreten*) emergence ◊ *das Aufkommen von neuen Trends* the emergence of new trends **2** (*Menge*) amount; (*Anzahl*) number ◊ *ein erhöhtes Aufkommen an Müll* an increase in the amount of rubbish ◊ *Das Aufkommen an Fahrzeugen hat sich verdoppelt.* The number of vehicles has doubled. **3** (FINANZ) revenue
aufkratzen (*Wunde, Haut*) scratch *sth* until it bleeds ☛ *Siehe auch* AUFGEKRATZT
aufkrempeln roll *sth* up
aufkreuzen turn up, (*AmE*) show* up ◊ *Sie kreuzte uneingeladen auf.* She turned up uninvited.
aufkriegen ⇨ AUFBEKOMMEN
aufkündigen 1 (*Vertrag*) terminate **2** (*Freundschaft, Allianz*) break* *sth* off ◊ *Nach dem Streit kündigte sie ihm die Freundschaft auf.* After the row she broke off their friendship. ◊ *Er hat seine Mitarbeit aufgekündigt.* He said that he would no longer work with them/us. ◊ *Die Partei kündigte die Koalition auf.* The party said that it wanted to leave the coalition.
Aufkündigung (*einer Freundschaft*) breaking off; (*eines Vertrags*) termination
auflachen laugh, give* a laugh ◊ *Sie lachte kurz auf.* She gave a little laugh.
aufladen 1 *etw* (**auf etw**) **~** load sth (on to sth) ◊ *Der Kran lud die Container auf das Schiff auf.* The crane loaded the containers on to the ship. **2 jdm/sich etw ~** (*Aufgabe*) burden sb/yourself with sth, lumber sb/yourself with sth (*umgs*) ◊ *Wir wollen ihm nicht noch mehr Probleme aufladen.* We don't want to burden him with yet more problems. **3** (*Batterie etc.*) charge *sth* (up); (*fig*) charge ◊ *emotional aufgeladen* emotionally charged **4 sich ~** become* charged (with static)
Auflage 1 (*Ausgabe*) edition; (*Druck*) impression ◊ *die zweite, erweiterte Auflage des Buches* the second, extended edition of the book ◊ *Uhren in limitierter Auflage* limited-edition watches **2** (*Zahl der gedruckten Exemplare*) print run; (*verkaufte Exemplare*) circulation ◊ *Diese Zeitschrift erscheint in hoher Auflage.* This magazine has a large circulation. **3** (*Bedingung*) condition ◊ *Die Erlaubnis war an bestimmte Auflagen gebunden.* Permission was granted subject to certain conditions.
auflassen 1 (*offen lassen*) leave* *sth* open ◊ *Du hast die Autotür aufgelassen!* You've left the car door open! **2** (*nicht abnehmen*) keep* *sth* on ◊ *Er ließ den Hut auf.* He kept his hat on. **3** (*aufbleiben lassen*) let* sb stay up **4** (*schließen*) close *sth* down
auflauern jdm ~ lie* in wait for sb; (*angreifen*) waylay* sb
Auflauf 1 (*Menschen-*) crowd ☛ G 1.3b **2** (GASTRON) bake ◊ *Speck-Nudel-Auflauf* bacon and pasta bake
Auflaufform oven dish
aufleben 1 (*Mensch*) be given a new lease of life ◊ *Durch den Job lebte sie wieder auf.* The job gave her a new lease of life. ◊ *Nach einer Tasse Kaffee lebte er auf.* A cup of coffee revived him. **2** (*Natur*) come* back to life **3** (*Wind*) freshen **4** (*Diskussion*) liven up **5** (*Tradition, Erinnerungen*) be revived
auflegen 1 put* *sth* on ◊ *Musik auflegen* put some music on ◊ *Holz auflegen* put wood on the fire ◊ *ein Gedeck mehr auflegen* set an extra place **2** (*Telefon*) hang* up ◊ *Sie hat einfach aufgelegt.* She just hung up. **3** (*herausgeben*) publish ◊ *eine neue Reihe auflegen* publish a new series ◊ *Das Buch wird nicht mehr aufgelegt.* The book is out of print. ◊ *ein Buch neu auflegen* bring out a new edition of a book **4** (*produzieren*) produce **5** (*Aktien*) issue
auflehnen sich (**gegen jdn/etw**) **~** rebel* (against sb/sth)
Auflehnung rebellion
aufleuchten 1 (*Licht*) come* on; (*auf dem Bildschirm*) flash up **2** (*Augen, Gesicht*) light* up
auflisten list
auflockern 1 (*Boden*) loosen **2** (*abwechslungsreich gestalten*) add variety to *sth* ◊ *den Unterricht auflockern* add variety to the lesson ◊ *das Straßenbild auflockern* brighten up the streets **3 sich ~** (*Körper*) loosen up **4 sich ~** (*Wolken*) disperse; break* (up) ◊ *aufgelockerte Bewölkung* broken cloud
auflodern (*auch fig*) flare up
auflösen 1 (**sich**) **~** dissolve ◊ *etw in Wasser auflösen* dissolve sth in water ◊ *Die Tablette hat sich nicht aufgelöst.* The tablet didn't dissolve. ☛ *Siehe auch* AUFGELÖST **2 sich ~** (*Nebel, Stau*) clear **3 sich ~** (*sich trennen*) split* up ◊ *Die Band hat sich aufgelöst.* The band split up. **4** (*beenden*) break* up; (*Vertrag*) terminate; (*Konto, Institution*) close; (*Wohnung, Haushalt*) clear *sth* out **5** (*Widerspruch*) resolve IDM **sich in Luft/Nichts auflösen** vanish into thin air ☛ *Siehe auch* RAUCH
Auflösung 1 (*das Auflösen*) breaking up (*oft mit einem Verb übersetzt*) ◊ *bei der gewaltsamen Auflösung der Demonstration* when violence was used to break up the demonstration ◊ *nach Auflösung der Nebelfelder* when the cloud clears ◊ *Er bat um die Auflösung seines Vertrags.* He asked to be released from his contract. ◊ *die Auflösung der Drogenszene* clearing up the drugs scene ◊ *die Auflösung des Ostblocks* the break-up of the Eastern bloc ◊ *bei der Auflösung seiner Wohnung* while clearing out his flat **2** (*Lösung*) solution **3** (COMP) resolution
aufmachen 1 open; (*Knopf, Jacke*) undo* ◊ *jdm die Tür aufmachen* open the door to sb ◊ *Machst du bitte auf?* Would you open the door please? ◊ *Hier macht bald ein Café auf.* A cafe is opening here soon. **2 sich ~** set* off ◊ *Sie machten sich zu einem Spaziergang auf.* They set off for a walk. **3** (*darstellen*) present ◊ *Die Broschüre ist ansprechend aufgemacht.* The brochure is attractively presented. ◊ *Der Skandal war groß aufgemacht.* The scandal was headline news. IDM ⇨ MUND
Aufmacher (*banner*) headline
Aufmachung 1 (*Gestaltung*) presentation ◊ *die übersichtliche Aufmachung der Broschüre* the clear presentation of the brochure ◊ *Die Zeitung berichtete in großer Aufmachung darüber.* The newspaper gave it a big spread. **2** (*Aussehen*) get-up
Aufmarsch 1 (*Parade*) parade **2** (*Stationierung*) deployment
aufmerksam 1 (*Zuhörer*) attentive (*Adv* attentively); (*Zuschauer*) perceptive; (*wachsam*) observant ◊ *aufmerksame Zuhörer* attentive listeners ◊ *etw aufmerksam verfolgen* follow sth closely **2** kind; (*zuvorkommend*) attentive ◊ *Das ist sehr aufmerksam von Ihnen!* That's really kind of you! **3** (**auf jdn/etw**) **~ werden** notice (sb/sth); (*misstrauisch werden*) become* suspicious (of sb/sth) **4 (jdn) auf jdn/etw ~ machen** draw* (sb's) attention to sb/sth ◊ *Darf ich Sie darauf aufmerksam machen, dass ...* I'd like to draw your attention to the fact that ... ◊ *Er machte darauf aufmerksam, dass ...* He pointed out that ... **5 (jdn) auf sich ~ machen** attract (sb's) attention ◊ *Sie machte als Jazz-Interpretin auf sich aufmerksam.* She attracted attention as a jazz singer.
Aufmerksamkeit 1 (*Konzentration, Interesse*) attention ◊ *Darf ich um Ihre Aufmerksamkeit bitten?* May I have your attention please? ◊ *Aufmerksamkeit erregen* attract attention ◊ *Er versuchte, die Aufmerksamkeit auf sich zu lenken.* He was trying to draw attention to himself. **2** (*Fürsorge*) kindness **3** (*Geschenk*) gift
aufmucken protest
aufmuntern (*aufheitern*) cheer *sb* up; (*beleben*) wake* *sb* up; (*ermutigen*) encourage ◊ *ein aufmunternder Blick* an encouraging look
aufmüpfig rebellious (*Adv* rebelliously)

Aufnahme 1 (*Beginn*) start ◊ *die Aufnahme von Verhandlungen* the start of negotiations ◊ *die Aufnahme diplomatischer Beziehungen* the establishment of diplomatic relations **2** ~ (**in etw**) (*Verein, Krankenhaus etc.*) admission (to sth) ◊ *die Aufnahme ins Krankenhaus* admission to hospital ◊ *die Aufnahme von neuen Mitgliedern* the admission of new members ◊ *Sie streben die Aufnahme in die EU an.* They want to join the EU. **3** (*Flüchtlinge etc.*) taking in ◊ *die Aufnahme von Asylbewerbern* taking in asylum seekers **4** (*Empfang, Anklang*) reception ◊ *die freundliche Aufnahme aller Fremden in diesem Land* the friendly reception of all foreigners in this country ◊ *Sie fanden herzliche Aufnahme bei den Gastfamilien.* They got a warm welcome from their host families. **5** (*Nahrung*) intake; (*Stoffe*) absorption ◊ *die Aufnahme von Flüssigkeit erhöhen* increase your fluid intake ◊ *die Aufnahme von Kalzium* the absorption of calcium ◊ *die Aufnahme von Nahrung verweigern* refuse food **6** (*Einbeziehung*) inclusion ◊ *die Aufnahme von Tennis in das olympische Programm* the inclusion of tennis in the Olympic games **7** (*Foto*) photo(graph) ◊ *Die Aufnahme zeigt die ganze Familie.* The photo shows the whole family. ◊ *ein Film mit 24 Aufnahmen* a film with 24 exposures **8** (*Video, Tonband*) recording ◊ *eine alte Aufnahme* an old recording **9** (*Filmen*) filming ◊ *Aufnahmen für eine neue Serie* the filming of a new series ◊ *Achtung, Aufnahme!* Action! **10** (*Kredit etc.*) taking out ◊ *die Aufnahme einer Hypothek* taking out a mortgage **11** (*Notizen, Protokoll*) taking down ◊ *bei der Aufnahme des Unfalls* while taking down the details of the accident **12** (*Rezeption*) reception ◊ *in der Aufnahme warten* wait in reception
Aufnahmeprüfung entrance examination
aufnehmen 1 start; (*Beziehungen, Kontakt*) establish ◊ *die Ermittlungen aufnehmen* start investigations ◊ *diplomatische Beziehungen aufnehmen* establish diplomatic relations ◊ *die Gespräche wieder aufnehmen* resume talks ◊ *ein Studium aufnehmen* go to university **2** (*Idee, Thema*) take* sth up ◊ *das Thema wieder aufnehmen* take up the topic again **3** (*Krankenhaus, Schule*) admit*; (*Verein*) accept sb as a member **4** (*unterbringen*) take* sb in ◊ *Flüchtlinge aufnehmen* take in refugees ◊ *einen Austauschschüler bei sich aufnehmen* have an exchange student to stay **5** (*empfangen*) welcome, make* sb welcome ◊ *Sie haben uns sehr gastfreundlich aufgenommen.* They made us very welcome. **6** (*akzeptieren*) receive ◊ *Die Idee wurde skeptisch aufgenommen.* The idea was received with scepticism. ◊ *Dieser Service wurde von den Kunden positiv aufgenommen.* The clients' response to this service was positive. ◊ *Der Vorschlag wurde begeistert aufgenommen.* The idea was greeted with enthusiasm. **7** jdn/etw ~ (*aufheben*) pick sb/sth up **8** (*Nahrung*) take*; (*Stoffe*) absorb; (*Eindrücke*) take* sth in ◊ *Er konnte keine Nahrung aufnehmen.* He couldn't take any food. ◊ *Der Sauerstoff wird ins Blut aufgenommen.* Oxygen is absorbed into the blood. **9 etw** ~ (*einfügen*) include sth in sth ◊ *Wann wurde Polo in das olympische Programm aufgenommen?* When was polo included in the Olympic games? **10** (*aufschreiben*) take* sth down **11** (*Foto*) take* **12** (*aufzeichnen*) record ◊ *Sie hat eine neue CD aufgenommen.* She has made a new CD. **13** (*Kredit etc.*) take* sth out ◊ *Sie mussten einen Kredit aufnehmen.* They had to take out a loan. **14** (*Masche*) increase
IDM es mit jdm/etw aufnehmen (**können**) be a match for sb/sth ◊ *Er kann es mit jedem Profi aufnehmen.* He's a match for any professional. ◊ *Diese Ausgrabung kann es gut und gerne mit Pompeji aufnehmen.* These excavations rival Pompeii.
aufopfern 1 etw/sich (*für jdn/etw*) ~ sacrifice sth/yourself (for sb/sth) **2** etw jdm/einer Sache ~ devote sth to sb/sth
aufopferungsvoll devoted (*Adv* devotedly)
aufpassen 1 (*Acht geben*) look out ◊ *Pass auf, da kommt ein Auto!* Look out, there's a car coming! ◊ *Kannst du nicht aufpassen?* Can't you watch what you're doing/look where you're going? ◊ *Pass auf, dass du dir nicht den Kopf stößt.* Mind your head! ◊ *Pass auf, dass ihr nichts passiert!* Mind she doesn't hurt herself! **2** (*sich konzentrieren*) pay* attention ◊ *im Unterricht gut aufpassen* pay attention in class ◊ *Jetzt passt mal gut auf!* Now listen carefully! **3 auf jdn/etw** ~ look after sb/sth, keep* an eye on sb/sth ◊ *Er passt auf seine Schwester auf.* He looks after his sister. ◊ *Kannst du auf den Kuchen aufpassen?* Can you keep an eye on the cake? **IDM** ⇨ **SCHARF**

Aufpasser(in) guard; (*Gefängnis*) warder; (*Museum*) attendant; (*Klub, Disco*) bouncer
aufplatzen (*Naht, Schlauch*) split*; (*Wunde, Haut*) open up
aufplustern 1 sich/die Federn ~ ruffle (up) your feathers **2 sich** ~ (*sich wichtig machen*) be puffed up with self-importance
Aufprall collision ◊ *Bei dem Aufprall wurde er verletzt.* He was hurt in the collision. ◊ *Beim Aufprall explodierte das Flugzeug.* The plane exploded on impact.
aufprallen auf etw ~ (*aufschlagen*) hit* sth; (*zusammenstoßen*) collide with sth
Aufpreis supplement; **gegen** ~ for an additional charge; **ohne** ~ at no extra cost
aufpumpen pump sth up
aufputschen 1 jdn zu etw ~ incite sb to sth; jdn gegen jdn/etw ~ stir* sb up against sb/sth **2** (*anfeuern*) encourage **3** sich (*mit etw*) ~ get* high (on sth)
Aufputschmittel stimulant
aufquellen swell* (up); (*Teig*) rise*
aufraffen 1 sich ~ (*aufstehen*) struggle to your feet **2 sich** ~ (*sich überwinden*) pull yourself together; **sich zu etw** ~ bring* yourself to do sth ◊ *Zu diesem Schritt konnten sie sich nicht aufraffen.* They couldn't bring themselves to do it. **3 etw** ~ (*aufheben*) snatch sth up
aufrappeln 1 sich ~ (*aufstehen*) pick yourself up **2 sich** (**wieder**) ~ (*gesund werden*) recover
aufräumen 1 (**etw**) ~ tidy* (sth) up ◊ *Hast du dein Zimmer aufgeräumt?* Have you tidied up your room? ◊ *ein aufgeräumter Schreibtisch* a tidy desk **2** (*wegräumen*) put* sth away ◊ *Ich muss noch meine Sachen aufräumen.* I must just put my things away. **3 mit etw** ~ (*abschaffen*) do* away with sth
Aufräumungsarbeiten clearing-up operations [Pl]
aufrecht 1 (*senkrecht*) upright ◊ *etw aufrecht hinstellen* stand sth upright ◊ *sich kaum noch aufrecht halten können* be hardly able to stand **2** (*nicht krumm*) straight ◊ *Er saß aufrecht am Tisch.* He sat up straight at the table. **3** (*rechtschaffen*) principled ◊ *aufrechte Politiker* principled politicians ◊ *ein aufrechter Mensch* a man of principle ◊ *eine aufrechte Gesinnung haben* have principles **4 etw** ~ **halten** keep* sth going, maintain sth; (*fortführen*) carry* on with sth
aufrechterhalten 1 (*beibehalten*) maintain **2 jdn** ~ keep* sb going ◊ *Diese Hoffnung erhält mich aufrecht.* That hope is what keeps me going. ◊ *Nur ihr Glaube hat sie aufrechterhalten.* It was her faith that gave her the strength to carry on.
aufregen 1 jdn ~ (*verärgern*) make* sb angry; (*beunruhigen*) upset* sb ◊ *Damit regst du ihn nur auf.* You will only make him angry. ◊ *Diese Nachricht hat uns sehr aufgeregt.* We were very upset by the news. ◊ *Sie regt mich wirklich auf.* She really gets on my nerves. **2 sich** (*über jdn/etw*) ~ get* worked up (about sb/sth) ◊ *Reg dich nicht darüber auf!* Don't get worked up about it! ◊ *Der Patient darf sich nicht aufregen.* The patient mustn't excite himself. ◊ *Sie wird sich aufregen, wenn sie das erfährt.* She'll be furious when she finds out.
aufregend exciting ◊ *etwas aufregend Neues* something new and exciting ◊ *eine aufregende Frau* a fascinating woman
Aufregung 1 excitement [U]; (*Hektik*) fuss [U/Sing] ◊ *In der Aufregung hatte sie vergessen, ihre Mutter anzurufen.* In all the excitement she had forgotten to ring her mother. ◊ *Die ganze Aufregung war umsonst.* It was all a fuss about nothing. ◊ *Vor Aufregung habe ich den Text vergessen.* I was so nervous I forgot my lines. ◊ *Sie konnte vor Aufregung kaum sprechen.* She was in such a state she could hardly speak. ◊ *für Aufregung sorgen* cause a stir **2** (*Chaos*) confusion ◊ *Alles war in heller Aufregung.* There was total confusion. **IDM Nur keine Aufregung!** Don't panic!
aufreiben 1 etw ~ chafe sth, rub* sth sore ◊ *Ich habe mir die Fersen aufgerieben.* My heels are rubbed sore. **2 jdn** ~ wear* sb down ◊ *Die Sorgen reiben sie auf.* Her worries are wearing her down. **3 sich** ~ wear* yourself out ◊ *Sie reibt sich für ihre Familie auf.* She wears herself out looking after her family. ◊ *eine aufreibende Arbeit* exhausting work ☛ G 9.7c **4** (*vernichten*) wipe sb/sth out
aufreißen 1 (*öffnen*) tear* sth open; (*Straße*) tear* sth up, dig* sth up ◊ *ein Paket aufreißen* tear open a parcel ◊ alte

aufreizend

Wunden aufreißen (re)open old wounds **2** *(ruckartig öffnen)* fling* sth open; *(Mund, Augen)* open sth wide **3** *(aufplatzen)* burst* (open); *(Naht)* split*; *(Wunde)* open up; *(Wolken)* break* up **4 sich etw ~** tear* sth; *(verletzen)* cut* sth ◊ *Sie hat sich die Hose aufgerissen.* She tore her trousers. **5 jdn ~** pick sb up *(umgs, oft abwert)* *(BrE auch)* pull sb *(umgs)*
aufreizend provocative *(Adv* provocatively*)*
aufrichten 1 *(aufstellen)* put* sth upright ◊ *etw wieder aufrichten* get sth back upright ◊ *Der Hund richtete die Ohren auf.* The dog pricked up its ears. **2 jdn ~** *(aufhelfen)* ◊ *einen Gestürzten aufrichten* help sb to their feet ◊ *einen Kranken aufrichten* sit a patient up **3 sich ~** straighten up ◊ *Er schnürte sich den Schuh und richtete sich sofort wieder auf.* He tied his shoelace and straightened up again immediately. ◊ *sich im Bett aufrichten* sit up in bed ◊ *sich zur vollen Größe aufrichten* draw yourself up to your full height **4** *(errichten)* erect **5 jdn ~** *(trösten)* give* sb new heart; **sich ~** take* heart
aufrichtig *(echt)* genuine *(Adv* genuinely*)*; *(wahrhaft)* sincere *(Adv* sincerely*)*; *(ehrlich)* honest ◊ *jdm aufrichtige Zuneigung entgegenbringen* have genuine affection for sb ◊ *mit aufrichtigem Dank* with sincere thanks ◊ *etw aufrichtig bedauern* sincerely regret sth ◊ *Es tut mir aufrichtig Leid.* I'm really sorry. ◊ *seinen Fehler aufrichtig eingestehen* be honest and admit your mistake
aufrollen 1 *(aufwickeln)* wind* sth up **2** *(aufkrempeln)* roll sth up **3 (sich) ~** *(auseinander)* unroll; *(Fahne)* unfurl **4 sich ~** *(zusammen)* roll up **5 etw (wieder/neu) ~** reopen sth ◊ *Der Prozess wurde neu aufgerollt.* The case was reopened.
aufrücken 1 *(nachrücken)* move along ◊ *Bitte aufrücken!* Move along please! **2** *(aufsteigen)* move up ◊ *in die nächste Liga aufrücken* move up into the next division
Aufruf call; *(Spenden-)* appeal ◊ *ein Aufruf zu mehr Toleranz* a call for more tolerance ◊ *ein Aufruf gegen die Gewalt* a call to oppose violence ◊ *ein Aufruf zur Blutspende* an appeal for people to donate blood
aufrufen 1 call ◊ *Unser Flug ist gerade aufgerufen worden.* Our flight has just been called. ◊ *der Reihe nach aufgerufen werden* be called in turn ◊ *eine Nummer aufrufen* call out a number **2 jdn ~** *(im Unterricht)* ask sb a question ◊ *Mich ruft sie nie auf.* She never asks me a question. **3 zu etw ~** appeal for sth; **jdn zu etw ~** call (up)on sb to do sth, appeal to sb to do sth ◊ *zu Spenden aufrufen* appeal for donations ◊ *zum Streik aufrufen* call for a strike ◊ *Er rief sie auf, an ihre Arbeitsplätze zurückzukehren.* He called on them to return to work. ◊ *Die Unfallzeugen wurden aufgerufen, sich zu melden.* Police appealed for witnesses to the accident to come forward. **4** (COMP) call sth up
Aufruhr 1 *(Rebellion)* revolt ◊ *Anstiftung zum Aufruhr* incitement to revolt **2** *(Erregung, Unruhe)* turmoil
aufrunden round sth up ◊ *auf 4 aufgerundet* rounded up to 4
aufrüsten 1 *(Staat, Armee)* arm ◊ *Das Land rüstet auf.* The country is arming itself. ◊ *ein Land aufrüsten* supply a country with arms ◊ *wieder aufrüsten* rearm **2** (COMP, TECH) upgrade*
Aufrüstung 1 *(Staat, Armee)* arming ◊ *eine Aufrüstung der Regierungstruppen* arming the government forces **2** (COMP, TECH) upgrading ◊ *die Aufrüstung bestehender Kraftwerke* upgrading existing power stations
aufrütteln 1 jdn ~ stir* sb to action; **jdn aus etw ~** shake* sb (out of sth) **2 jdn ~** *(aufwecken)* shake* sb awake
aufsagen *(vortragen)* recite*
aufsammeln pick sb/sth up ◊ *etw vom Boden aufsammeln* pick sth up off the floor
aufsässig rebellious
Aufsatz 1 *(schriftliche Arbeit)* essay ◊ *einen Aufsatz über Heine schreiben* write an essay on Heine **2** *(Abhandlung)* article **3** *(Möbel)* top (part) **4** *(Zubehör)* attachment
aufsaugen absorb ◊ *Feuchtigkeit aufsaugen* absorb moisture
aufschäumen foam up; *(Milch auch)* froth up
aufscheuchen 1 *(aufschrecken)* disturb **2 jdn aus etw ~** jolt sb out of sth
aufscheuern 1 ◊ *Er hat sich den Ellbogen aufgescheuert.* He grazed his elbow. ◊ *Meine Füße waren aufgescheuert.* My feet were rubbed raw.
aufschieben 1 *(öffnen)* slide* sth open **2** *(verschieben)* put* sth off ◊ *Es lässt sich nicht länger aufschieben.* We can't put it off any longer. IDM **aufgeschoben ist nicht aufgehoben** ◊ *Wenn ich zurückkomme, machen wir was Neues aus – aufgeschoben ist nicht aufgehoben.* When I get back we'll fix a new date – I won't forget.
Aufschlag 1 (SPORT) service, serve *(umgs)* ◊ *Er hat Aufschlag.* It's his service. **2** *(Ärmel)* cuff; *(Hose)* turn-up, (AmE) cuff; *(Jacke)* lapel **3** *(Zuschlag)* surcharge **4** *(Aufprall)* thud
aufschlagen 1 *(aufprallen)* ◊ *Er schlug hart auf.* He hit the ground hard. ◊ *Er schlug mit dem Kopf auf den Tisch auf.* His head hit the table. ◊ *Sie schlug mit dem Kopf auf den Boden auf.* She fell and hit her head on the floor. **2** *(aufbrechen)* break* sth open **3** *(öffnen)* open ◊ *Er schlug die erste Seite auf.* He opened the book at page one. ◊ *Schlagt jetzt Seite 10 auf.* Turn to page 10. ◊ *die Augen aufschlagen* open your eyes **4** *(errichten)* set* sth up; *(Lager auch)* pitch; *(Zelt)* put* sth up ◊ *sein Lager aufschlagen* pitch camp **5** *(verquirlen)* beat* sth up **6 sich etw ~** cut* sth open ◊ *Sie hat sich das Knie aufgeschlagen.* She fell and cut her knee open. **7 etw auf etw ~** add sth on to sth ◊ *Liefergebühren auf den Preis aufschlagen* add delivery charges on to the price **8** (SPORT) serve ◊ *von unten aufschlagen* serve underarm ◊ *Wer schlägt auf?* Whose service is it? **9** *(Flammen)* leap* up
aufschließen 1 *(öffnen)* unlock ◊ *Kannst du mir aufschließen?* Can you unlock the door for me? ◊ *die Wohnung aufschließen* unlock the front door ◊ *das Geschäft aufschließen* open up the shop **2** (SPORT) catch* up ◊ *zur Spitzengruppe aufschließen* catch up with the leaders
aufschlitzen slit* sth open
Aufschluss *(Einblick)* insight; *(Fakten)* information [U] ◊ *Von den Ergebnissen erhofft man sich neue Aufschlüsse über den Alterungsprozess.* It is hoped the results will provide new insight into the ageing process. ◊ *Aufschluss über etw geben* provide information about sth
aufschlüsseln break* sth down ◊ *genau aufschlüsseln, wofür das Geld ausgegeben wurde* give a precise breakdown of expenditure
aufschlussreich *(informativ)* informative; *(aufklärend)* revealing
aufschnappen 1 pick sth up *(umgs)* ◊ *Wo haben sie das nur aufgeschnappt?* Where did they pick that up? ◊ *etw im Vorbeigehen aufschnappen* overhear sth **2** *(sich öffnen)* burst* open
aufschneiden 1 *(öffnen)* cut* sth open ◊ *die Packung aufschneiden* cut open the pack ◊ *sich die Pulsadern aufschneiden* slash your wrists **2** *(schneiden)* cut* sth up; *(Brot)* slice; *(Braten)* carve **3** *(prahlen)* boast; *(übertreiben)* exaggerate
Aufschnitt *(Braten, Wurst)* cold meat, (AmE) cold cuts [Pl]; *(Käse)* sliced cheese
aufschrauben 1 *(Behälter)* unscrew the top of sth; *(Hahn)* turn sth on ◊ *die Thermosflasche aufschrauben* unscrew the top of the Thermos flask **2 etw (auf etw) ~** screw sth on (to sth)
aufschrecken 1 *(auffahren)* start, give* a start ◊ *aus dem Schlaf aufschrecken* wake with a start **2 jdn/etw ~** startle sb/sth; **jdn aus etw ~** startle sb out of sth ◊ *Ein Geräusch schreckte ihn auf.* He was startled by a sudden noise. ◊ *jdn aus seinen Träumereien aufschrecken* startle sb out of their reverie
Aufschrei 1 *(Schrei)* cry* **2** *(Empörung)* outcry* ◊ *Die Ankündigung verursachte einen Aufschrei der Empörung.* The announcement caused an outcry.
aufschreiben 1 write* sth down; **sich etw ~** make* a note of sth ◊ *Er hat alles aufgeschrieben.* He wrote everything down. ◊ *Sie hat sich seine Adresse aufgeschrieben.* She made a note of his address. ◊ *ein paar Gedanken aufschreiben* jot down a few ideas **2 jdn ~** book sb
aufschreien cry* out; *(protestieren)* protest ◊ *vor Schmerz aufschreien* cry out with pain
Aufschrift ◊ *ein Schild mit der Aufschrift ...* a notice saying ... ◊ *ein Transparent mit der Aufschrift ...* a banner with the message ... ◊ *Ein Ordner mit der Aufschrift „Privat".* A file marked 'Private'.
Aufschub *(Verschiebung)* postponement; *(Verzögerung)* delay; *(Frist)* extension ◊ *ein Aufschub der Wahl* a postponement of the election ◊ *ohne weiteren Aufschub* without further delay ◊ *um Aufschub bitten* ask for a an extension

of the deadline ◇ *einem Schuldner drei Monate Aufschub geben* give sb a further three months' credit ◇ *Die Sache duldet keinen Aufschub.* The matter is most urgent.

aufschürfen sich etw ~ graze sth ◇ *Sie hat sich das Knie aufgeschürft.* She grazed her knee.

aufschwatzen, aufschwätzen jdm etw ~ talk sb into buying sth ◇ *Er hat mir einen neuen Computer aufgeschwatzt.* He talked me into buying a new computer.

Aufschwung 1 (*Verbesserung*) upturn ◇ *ein unerwarteter Aufschwung der Preise* an unexpected upturn in prices ◇ *Die Mannschaft hofft auf einen Aufschwung.* The team are hoping for an upturn in their fortunes. **2** (*Auftrieb*) boost ◇ *Das wird ihr Aufschwung geben!* That will give her a boost. ◇ *Die Reise hat ihr einen neuen Aufschwung gegeben.* The trip gave her a new lease of life. **3** (SPORT) ◇ *einen Aufschwung am Barren machen* do an upwards swing on the parallel bars

aufsehen 1 look up ◇ *zum Himmel aufsehen* look up at the sky ◇ *ohne von seiner Arbeit aufzusehen* without looking up from his work **2 zu jdm ~** look up to sb

Aufsehen (*Aufregung*) stir; (*Sensation*) sensation; (*Aufmerksamkeit*) attention ◇ *Aufsehen erregen* cause a stir ◇ *Er hat mit seinem Film für Aufsehen gesorgt.* His film attracted a lot of attention. ◇ *jedes Aufsehen vermeiden* avoid attracting attention ◇ *Das war Aufsehen erregend.* It was sensational. ◇ *ohne großes Aufsehen* without any fuss

Aufseher(in) (*Gefängnis*) warder, (*AmE*) guard; (*Museum, Parkplatz*) attendant; (*bei Prüfungen*) invigilator, (*AmE*) proctor ☛ G 2.2d

aufsetzen 1 (**sich**) **etw ~** (*Hut, Brille etc.*) put* sth on ◇ *Du solltest einen Helm aufsetzen.* You should put a helmet on. **2** (*Gesicht*) put* sth on, assume (*gehoben*) ◇ *eine gute Miene aufsetzen* put on a cheerful expression ◇ *ein aufgesetztes Lächeln* a false smile **3** (*Wasser, etc.*) put* sth on (to boil) **4** (*Vertrag, Testament*) draw* sth up; (*Brief*) write* **5 sich ~** sit* up **6** (*auf eine Unterlage setzen*) put* sth down; (*Flugzeug*) land ◇ *den Fuß vorsichtig aufsetzen* put your foot down carefully ◇ *Der Pilot setzte das Flugzeug sicher auf.* The pilot landed the plane safely. **7** (*auf dem Boden auftreffen*) land ◇ *Das Motorrad setzte mit dem Vorderrad zuerst auf.* The motorbike landed on its front wheel. IDM ⇨ DÄMPFER und KRONE

Aufsicht 1 supervision ◇ *unter ärztlicher Aufsicht* under medical supervision ◇ *die Aufsicht über Atomanlagen* the supervision of nuclear installations **2 ~ haben** be on duty ◇ *Herr Becker hat in der Pause Aufsicht.* Mr Becker is on duty at break. **3** (*Mensch*) person* in charge; (*im Museum, Schwimmbad*) attendant; (*bei Prüfungen*) invigilator, (*AmE*) proctor

Aufsichtsbehörde supervisory body* ☛ G 1.3b **Aufsichtsrat** (*Gremium*) board (of directors) ☛ G 1.3b ◇ *in den Aufsichtsrat gewählt werden* be elected to the board **Aufsichtsrat, -rätin** board member ☛ G 2.2d

aufsitzen 1 (**auf etw**) **~** mount (sth) **2 jdm/etw ~** be taken in by sb/sth ◇ *Sie ist einem Trickbetrüger aufgesessen.* She was taken in by a con man. ◇ *einem Irrtum aufsitzen* be mistaken

aufspalten 1 etw (**in etw**) **~** split* sth (into sth); (*chemische Verbindung*) break* sth down (into sth) **2 sich** (**in etw**) **~** split* up (into sth)

Aufspaltung splitting; (*Land, Organisation*) splitting up

aufspannen (*Schirm*) put* sth up

aufsperren 1 (*Augen, Mund*) open sth wide ◇ *die Ohren aufsperren* pin your ears back **2** (*Tor, Tür*) unlock

aufspielen 1 sich ~ show* off **2 sich als etw ~** play sth ◇ *sich als Held/Märtyrer aufspielen* play the hero/martyr **3** (*musizieren, Sport*) play

aufspießen skewer

aufspringen 1 (*plötzlich aufstehen*) jump up, jump to your feet **2** (**auf etw**) **~** jump on (to sth) **3** (*sich öffnen*) burst* open

aufspüren track sb/sth down

aufstacheln spur* sb on; **jdn zu etw ~** incite sb to sth ◇ *jdn zur Meuterei aufstacheln* incite sb to mutiny

aufstampfen stamp ◇ *vor Wut mit dem Fuß aufstampfen* stamp your foot in anger

Aufstand uprising

aufständisch rebel, insurgent (*gehoben*) ◇ *aufständische Soldaten* rebel troops

Aufständische(r) rebel

aufstauen 1 (*Fluss etc.*) dam* sth (up) **2 sich ~** (*Gefühle*) build* up ◇ *Wut hatte sich in ihm aufgestaut.* Anger had built up inside him. **3 sich ~** (*Wasser, Verkehr*) back up

aufstehen 1 (*aus dem Sitzen*) stand* up **2** (*aus dem Liegen*) get* up ◇ *früh aufstehen* get up early **3** (*offen sein*) be open ◇ *Die Tür steht auf.* The door is open. IDM ⇨ HUHN

aufsteigen 1 go* up, rise* (*gehoben*) ◇ *mit einem Ballon aufsteigen* go up in a balloon ◇ *In der Ferne stieg Rauch auf.* Smoke was rising in the distance. **2 auf etw ~** (*Berg*) go* up sth **3 auf etw ~** (*Fahrrad, Pferd*) get* on sth **4** (*beruflich*) get* on; **zu etw ~** make* it to sth ◇ *zum Manager/zur Nummer eins aufsteigen* make it to manager/number one **5** (SPORT) go* up, be promoted ◇ *in die zweite Liga aufsteigen* be promoted to the second division **6 etw steigt in jdm auf** sb is filled with sth ◇ *Wut stieg in ihr auf.* She was filled with rage.

Aufsteiger 1 (*Mensch*) social climber **2** (*Mannschaft*) promoted team

aufstellen 1 (*errichten*) put* sth up ◇ *ein Zelt aufstellen* put up a tent **2** (*platzieren*) set* sth up ◇ *die Kegel aufstellen* set up the skittles **3** (*postieren*) post ◇ *Wachen waren an den Ausgängen aufgestellt.* Guards were posted at the doors. **4** (*nominieren*) nominate ◇ *jdn als Kandidaten aufstellen* nominate sb as a candidate **5** (*aufrichten*) stand* sth up ◇ *Er stellte sein Motorrad wieder auf.* He stood his motorbike up again. **6 sich ~** take* up a position; (*in einer Reihe*) line up; (*im Kreis*) form a circle **7** (MIL) deploy **8** (*Rekord*) set* **9** (*Behauptung, Hypothese*) put* sth forward **10** (*Plan, Liste*) draw* sth up **11** (SPORT) select, pick (*umgs*) ◇ *eine Mannschaft aufstellen* select a team ◇ *Er wurde für die Nationalelf aufstellt.* He was selected for the national team. **12** ◇ *Der Hund sah uns an, die Ohren aufgestellt.* The dog looked at us, its ears pricked up.

Aufstellung 1 (*das Errichten*) putting up, erection (*gehoben*) ◇ *die Aufstellung von Verkehrsschildern* the erection of traffic signs **2** (*das Platzieren*) setting up **3** (*das Postieren*) posting **4** (*das Nominieren*) nomination **5** (MIL) deployment **6** (*Rekord*) setting **7** (*Behauptung, Hypothese*) putting forward **8** (SPORT) selection **9** (*Liste*) list; (*Zusammenstellung eines Plans, einer Liste*) drawing up ◇ *die Aufstellung des Speiseplans* drawing up the menus ◇ *Fügen Sie eine Aufstellung der Ausgaben bei.* Enclose a list of expenses.

Aufstieg 1 climb ◇ *der Aufstieg zur Burgruine* the climb up to the castle ruins **2** (*gesellschaftlich, wirtschaftlich, beruflich*) advancement **3** (SPORT) promotion

Aufstiegschance prospect of promotion **Aufstiegsspiel** match that decides promotion, play-off

aufstöbern unearth; (*Verbrecher etc.*) track sb down; (*Wild etc.*) flush sth out

aufstocken 1 increase **2** (*Gebäude*) add another floor to sth

Aufstockung 1 increase ◇ *die Aufstockung der Belegschaft* increasing the staff **2** (*Gebäude*) adding another floor

aufstoßen 1 (*rülpsen*) belch **2** (*öffnen*) throw* sth open ◇ *die Tür aufstoßen* throw the door open **3** (*aufschlagen*) hit* ◇ *mit dem Kopf auf dem Boden aufstoßen* hit your head on the floor **4** (**jdm**) ~ give* offence (to sb) ◇ *Ihre Bemerkung ist vielen sauer/übel aufgestoßen.* Her remark gave offence to a lot of people. ◇ *Mir stößt auf, dass …* I don't like the fact that … ◇ *Das wird uns noch sauer aufstoßen.* We'll have to pay dearly for that.

aufstrebend (*Künstler, Spieler*) up-and-coming (*umgs*); (*Markt, Wirtschaft*) growing; (*Bürgertum*) aspiring (*nur vor Nomen*)

Aufstrich spread

aufstützen 1 sich (**auf etw**) **~** lean* (on sth) ◇ *Er stützte sich auf dem Tisch auf.* He leaned on the table. **2 etw** (**auf etw**) **~** rest sth (on sth) ◇ *die Ellbogen auf den Tisch aufstützen* rest your elbows on the table ◇ *den Kopf aufstützen* rest your head in your hands ◇ *Sie hatte das Kinn aufgestützt.* She rested her chin on her hand. **3 jdn/sich ~** prop* sb/yourself up

aufsuchen jdn ~ go* and see sb; **etw ~** go* to sth ◇ *einen Arzt aufsuchen* go and see a doctor ◇ *einen Schutzraum aufsuchen* go to a shelter

Auftakt 1 (*Anfang*) beginning ◇ *zum Auftakt der Aktion* at the beginning of the campaign ◇ *Der Festzug bildet den Auf-*

auftanken

takt zur Jubiläumsfeier. The anniversary celebrations open with a procession. **2** (Mus) upbeat

auftanken 1 fill (*sth*) up; (*Flugzeug*) refuel* **2** (*sich erholen*) recharge your batteries

auftauchen 1 (*aus dem Wasser*) surface **2** (*erscheinen*) appear, turn up (*umgs*) **3** (*gefunden werden*) turn up ◊ *Sind deine Schlüssel wieder aufgetaucht?* Have your keys turned up yet? **4** (*entstehen*) come* up, arise* (*gehoben*) ◊ *Da ist ein kleines Problem aufgetaucht.* A small problem has come up. IDM ⇨ NICHTS und VERSENKUNG

auftauen 1 (*Eis, Fluss*) thaw **2** (*Lebensmittel*) defrost **3** (*lebhafter werden*) thaw out

aufteilen 1 jdn/etw ~ (*aufgliedern*) divide sb/sth up; **etw in etw ~** divide sth into sth ◊ *eine Klasse in vier Gruppen aufteilen* divide a class into four groups ◊ *Wir wurden auf Gastfamilien aufgeteilt.* We were sent to stay with various host families. **2** etw ~ (*verteilen*) share sth out ◊ *Sie teilten die Beute unter sich auf.* They shared the loot out between them. **3** sich ~ split* up

Aufteilung dividing up

Auftrag 1 (*Bestellung*) order; (*für Kunstwerke etc.*) commission ◊ *einen Auftrag vergeben* place an order ◊ *eine Studie in Auftrag geben* commission a study **2** (*Aufgabe*) job, task (*gehoben*) ◊ *jdm den Auftrag erteilen, etw zu tun* give sb the job of doing sth ◊ *Das Militär hat den Auftrag, den Frieden zu sichern.* The military has the task of safeguarding peace. ◊ *ein gesellschaftlicher Auftrag* a social mission **3 in jds ~** on sb's behalf ◊ *Sie handelt im Auftrag der Regierung.* She is acting on behalf of the government. **4 im ~** ⇨ I.A.

auftragen 1 jdm ~ etw zu tun instruct sb to do sth ◊ *Sie haben mir aufgetragen, die Dokumente zu vernichten.* They instructed me to destroy the documents. **2 jdm Grüße ~** ◊ *Er hat mir Grüße an Sie aufgetragen.* He asked me to give you his regards. **3** (*Farbe, Make-up*) put* *sth* on, apply* **4** (*Speisen*) serve **5** (*Kleidung*) ◊ *Ich will nicht deine alten Sachen auftragen.* I don't want to wear your cast-offs. ◊ *Das kannst du noch gut auftragen.* You can still get a lot of wear out of that. **6 dick/stark ~** (*übertreiben*) lay* it on thick (*umgs*) **7** (*dick aussehen lassen*) make* *sb* look fat

Auftraggeber(in) client

Auftragsarbeit commission

auftreffen (**auf etw**) **~** hit* *sth* ◊ *mit dem Kopf auf das Lenkrad auftreffen* hit your head against the steering wheel ◊ *Beim Auftreffen zerschellte das Flugzeug.* The plane disintegrated on impact.

auftreiben find*

auftrennen (*Naht*) unpick

auftreten 1 occur*; (*Probleme etc.*) arise* ◊ *Es sind sieben Fälle von Leukämie aufgetreten.* Seven cases of leukemia have occurred. **2** (THEAT) appear ◊ *im Fernsehen auftreten* appear on television **3** (*sich benehmen*) be ◊ *Sie tritt immer so selbstbewusst auf.* She's always so confident. **4 als etw ~** (*in einer Eigenschaft*) act as sth ◊ *als Vermittler auftreten* act as a mediator ◊ *als Zeuge auftreten* appear as a witness **5** (*mit dem Fuß*) tread* ◊ *vorsichtig auftreten* tread carefully ◊ *Ich kann mit dem linken Fuß nicht auftreten.* I can't put my weight on my left foot. **6** (*mit einem Tritt öffnen*) kick *sth* open

Auftreten 1 performance; (*Verhalten*) manner ◊ *Das Auftreten der Mannschaft war enttäuschend.* The team's performance was disappointing. ◊ *ein arrogantes Auftreten* an arrogant manner **2** (*Eintreten, Erscheinung*) appearance; (*Vorkommen*) incidence ◊ *sechs Tage nach Auftreten der ersten Symptome* six days after the appearance of the first symptoms ◊ *ein gemeinsames Auftreten der Staatschefs* a joint appearance of the heads of state ◊ *das seltene Auftreten von Leberkrebs* the low incidence of liver cancer ◊ *das massive Auftreten der Polizei* the huge police presence

Auftrieb (*Elan*) boost ◊ *dem Friedensprozess neuen Auftrieb geben* give a boost to the peace process

Auftritt 1 appearance ◊ *ihr erster öffentlicher Auftritt* her first public appearance ◊ *Sie haben einen Auftritt im „Omen".* They are appearing at the 'Omen'. **2** (*Regieanweisung*) enter; (*Erscheinen*) entrance ◊ *Auftritt Mercutio* Enter Mercutio ◊ *ihr Auftritt im zweiten Akt* her entrance in the second act **3** (*Szene*) scene ◊ *dritter Akt, erster Auftritt* Act III, Scene I

auftun 1 (*öffnen*) open **2** (*finden*) find* **3** sich ~ (*sich eröffnen*) open up ◊ *Eine herrliche Aussicht tat sich vor ihm auf.* A glorious view opened up before him. ◊ *die soziale Kluft,*

die sich immer weiter auftut the widening gap between rich and poor

auftürmen 1 pile *sth* up ◊ *Sie türmten Kisten vor dem Eingang auf.* They piled boxes up outside the door. **2 sich ~** pile up; (*Schulden, Probleme*) mount

aufwachen wake* up; (*aus einer Narkose etc.*) come* round ◊ *Das Baby ist aufgewacht.* The baby woke up.

aufwachsen grow* up ◊ *Er ist bei seinen Großeltern aufgewachsen.* He grew up with his grandparents. ◊ *behütet aufwachsen* have a sheltered childhood

aufwallen 1 (GASTRON) come* to the boil ◊ *Die Milch aufwallen lassen.* Allow the milk to come to the boil. **2** (*Streitigkeiten*) flare up; (*Emotionen*) run* high

Aufwand 1 (*Mühe*) trouble; (*Anstrengung*) effort ◊ *Das ist mir zu viel Aufwand.* That's too much trouble for me. ◊ *großen Aufwand treiben* go to a lot of trouble ◊ *Der Aufwand hat sich gelohnt.* It was worth the effort. ◊ *Das Gesetz führte zu einem höheren bürokratischen Aufwand für kleine Unternehmen.* The law led to an increased bureaucratic burden for small firms. **2** (*Kosten*) cost, expense ◊ *mit einem Aufwand von 14 Millionen* at a cost of 14 million ◊ *Das ist mit erheblichem finanziellem Aufwand verbunden.* That involves considerable expense.

aufwändig elaborate; (*üppig*) lavish; (*raffiniert*) sophisticated; (*kostspielig*) expensive ◊ *ein aufwändig gestalteter Buchumschlag* an elaborately designed book jacket ◊ *ein aufwändiges Bankett* a lavish banquet ◊ *eine aufwändige Technik* sophisticated technology

aufwärmen 1 heat *sth* up **2** sich ~ get* warm; (*vor dem Sport*) warm up ◊ *Komm rein und wärm dich auf!* Come in and get warm! **3** (*Geschichten etc.*) bring* *sth* up

aufwarten mit etw ~ (*Veranstaltung, Musik*) present sth; (*Zahlen, Pläne, Vorschläge*) come* up with sth; (*Speisen*) serve ◊ *Er wartet immer mit einer Überraschung auf.* He's always coming up with surprises. ◊ *Die Mannschaft konnte mit großen Erfolgen aufwarten.* The team has many successes to its credit.

aufwärts 1 upwards; (*bergauf*) uphill ◊ *Die Entwicklung ist deutlich aufwärts gerichtet.* The trend is clearly upwards. ◊ *Hier geht's ziemlich steil aufwärts.* It goes uphill quite steeply here. ◊ *Sie fuhren die Donau aufwärts.* They travelled up the Danube. **2 von/ab ... ~** from ... up; (*Preise*) from ... upwards ◊ *vom Bauchnabel aufwärts* from the navel up ◊ *Zimmer ab 99 Dollar aufwärts.* Rooms from 99 dollars upwards. **3 es geht aufwärts (mit jdm/etw)** things are looking up (for sb/sth) ◊ *Er war ziemlich deprimiert, aber jetzt geht es wieder aufwärts mit ihm.* He was rather depressed, but now things are looking up for him again.

Aufwärtstrend upward trend

aufwecken wake* *sb* (up) ☞ Siehe auch AUFGEWECKT

aufweichen 1 soak; (*Papier, Pappe etc.*) go* soggy **2** (*fig*) (*Positionen etc.*) soften; (*lockern*) relax ◊ *Er hat seine Position aufgeweicht.* He has softened his stance. ◊ *Die Kriterien sollten nicht aufgeweicht werden.* The criteria should not be relaxed. ◊ *Die Fronten zwischen den Gegnern haben sich aufgeweicht.* The two sides are no longer taking such a hard line.

aufweisen 1 (*haben*) have ◊ *Die Gegend weist die niedrigste Arbeitslosenquote auf.* This area has the lowest unemployment. ◊ *Verpackungsmaterial, das den grünen Punkt aufweist* packaging that has the green dot on it ◊ *Bäume, die Beschädigungen aufweisen* trees that have been damaged **2** (*Erfolge etc.*) have sth to your name ◊ *Er konnte einige Neuinszenierungen aufweisen.* He had several new productions to his name.

aufwenden etw (für etw) ~ (*Energie, Ressourcen, Mühe*) expend sth on sth; (*Geld, Zeit*) spend* sth on sth ◊ *Sie haben viel Zeit für die Proben aufgewendet.* They spent a lot of time rehearsing.

aufwerfen (*Staub etc.*) throw* *sth* up; (*Thema, Frage*) raise; (*Problem*) pose

aufwerten 1 (*Devisen*) revalue **2** (*höher bewerten*) upgrade; (*verbessern*) improve ◊ *Pflegeberufe sollten aufgewertet werden.* The status of the caring professions should be upgraded. ◊ *Durch Blumenkübel soll die Innenstadt optisch aufgewertet werden.* The appearance of the town centre is to be improved with tubs of flowers.

Aufwertung 1 (*Devisen*) revaluation **2** (*Höherbewertung*) upgrading; (*Verbesserung*) improvement (*oft mit einem Verb übersetzt*) ◊ *eine Aufwertung der beruflichen Bil-*

dung an upgrading of vocational training ◊ *Durch das Theater wird die Stadt eine kulturelle Aufwertung erfahren.* The new theatre will enrich the city's cultural life.
aufwiegeln *jdn ~* stir* sb up
aufwiegen 1 compensate for *sth*, outweigh ◊ *Der Erfolg kann die Niederlage nicht aufwiegen.* This success cannot compensate for the defeat. ◊ *Wiegt der Nutzen die Nebenwirkungen auf?* Does the benefit outweigh the side effects? **2 etw mit etw ~** measure sth in terms of sth ◊ *Das kann man nicht mit Geld aufwiegen.* That cannot be measured in terms of money. IDM ⇨ GOLD
Aufwind (*Aufschwung*) impetus ◊ *Aufwind bekommen* get new impetus ◊ *Die Mannschaft ist im Aufwind.* The team are on the way up.
aufwirbeln stir* *sth* up IDM ⇨ STAUB
aufwischen 1 wipe *sth* up **2** (*Boden, Flur etc.*) clean; (*mit einem Schwamm*) mop*
aufwühlen stir* *sb/sth* up ◊ *die Gemüter aufwühlen* stir up the emotions ◊ *Der Bürgerkrieg hat das Land aufgewühlt.* The civil war threw the country into chaos. ◊ *aufwühlende Bilder* disturbing pictures
aufzählen name ◊ *alle Staaten der USA aufzählen* name all the states of the USA ◊ *Man kann gar nicht aufzählen, woran es mangelt.* The things they are short of are too numerous to mention.
Aufzählung 1 (*Liste*) list **2** (*das Aufzählen*) (*meist mit einem Verb übersetzt*) ◊ *Eine Aufzählung der Gewinner bildete den Abschluss.* At the end, the list of winners was read out.
aufzäumen bridle IDM ⇨ PFERD
aufzeichnen 1 (*festhalten*) record ◊ *fürs Fernsehen aufgezeichnet* recorded for television **2** (*zeichnen*) draw* ◊ *Kannst du mir den Weg aufzeichnen?* Can you draw me a map of how to get there?
Aufzeichnung 1 (*Aufnahme*) recording ◊ *eine Aufzeichnung vom gestrigen Halbfinale* a recording of yesterday's semi-final **2 Aufzeichnungen** records [Pl]; (*Notizen*) notes [Pl]
aufzeigen demonstrate
aufziehen 1 (*großziehen*) bring* *sb* up; (*Tier*) rear ◊ *Sie wurde von ihrer Schwester aufgezogen.* She was brought up by her sister. **2** (*Uhr, Spielzeug*) wind* *sth* up **3** tease, wind* *sb* up (*umgs*) ◊ *Sie zogen ihn mit seiner Frisur auf.* They teased him about his hairstyle. **4** (*Vorhänge*) draw* **5** (*Reifen, Saiten etc.*) put* *sth* on **6** (*Spritze*) fill **7** (*Bild*) mount **8** (*veranstalten*) arrange ◊ *Sie wollen das Jubiläum ganz groß aufziehen.* They want to arrange something big for the jubilee. **9** (*Stellung beziehen*) take* up position **10** (*Wolken*) gather; (*Gewitter*) brew*; (*sich nähern*) approach
Aufzucht rearing; (*Zucht*) breeding (*oft mit einem Verb übersetzt*) ◊ *Sie haben mit der Aufzucht sibirischer Tiger angefangen.* They have started breeding Siberian tigers.
Aufzug 1 lift, (*AmE*) elevator **2** (THEAT) act **3** (*Aufmachung*) get-up ◊ *In diesem Aufzug kannst du nicht mitkommen!* You're not coming with us in that get-up!
aufzwingen *jdn etw ~* impose sth on sb ◊ *Die Eroberer zwangen den Eingeborenen ihre Lebensweise auf.* The conquerors imposed their way of life on the natives. ◊ *Er versucht ständig, uns seinen Willen aufzuzwingen.* He's always trying to make us do what he wants. ◊ *Er hat mir seine Hilfe geradezu aufgezwungen.* He practically forced his help on me.
Auge 1 eye ◊ *Er hat grüne Augen.* He's got green eyes. ◊ *Der Stern ist mit bloßem Auge zu erkennen.* The star can be seen with the naked eye. ◊ *Ich habe etwas im Auge.* I've got something in my eye. ◊ *Er hatte Tränen in den Augen.* He had tears in his eyes. ◊ *Sie schaute ihm tief in die Augen.* She looked deep into his eyes. ◊ *Er ist auf dem rechten Auge blind.* He is blind in his right eye. ◊ *Ich habe es mit eigenen Augen gesehen.* I saw it with my own eyes. ◊ *mit den Augen zwinkern* blink **2 gute/schlechte Augen haben** have good/poor eyesight **3** (*auf Würfeln*) spot IDM **Augen zu und durch!** Just go on and do it! **Auge um Auge, Zahn um Zahn** an eye for an eye, a tooth for a tooth **jdn/etw/sich aus den Augen verlieren 1** (*keinen Kontakt mehr haben*) lose* touch with sb/sth/each other **2** (*nicht mehr sehen*) lose* sight of sb/sth/each other (**bei etw/jdm**) **ein Auge/beide Augen zudrücken** turn a blind eye (to sth) **da bleibt/blieb kein Auge trocken 1** everyone falls/fell about laughing ◊ *Seine Vorstellung war so witzig, da blieb kein Auge trocken.* His performance was so amusing, everyone fell about laughing. **2** (*vor Rührung*) there isn't/wasn't a dry eye (in the house) **jdm die Augen öffnen** open sb's eyes **die Augen vor etw verschließen** shut* your eyes to sth **ein Auge auf jdn/etw haben 1** (*Interesse zeigen*) have your eye on sb/sth **2** (*aufpassen*) keep* an eye on sb/sth **ein Auge auf jdn/etw werfen 1** (*Interesse haben*) have your eye on sb/sth **2** ◊ *Ich glaube, er hat ein Auge auf deine Cousine geworfen.* I think he's got his eye on your cousin. **2** (*anschauen*) look at sb/sth ◊ *Kannst du mal ein Auge auf den Brief werfen?* Could you look at the letter? **ein blaues Auge** a black eye ◊ *jdm ein blaues Auge verpassen* give sb a black eye **große Augen machen** be wide-eyed with amazement **jdn/etw im Auge behalten** (*beobachten*) keep* an eye on sb/sth ◊ *Wir werden dein Verhalten im Auge behalten.* We'll keep an eye on your behaviour. **etw im Auge behalten** (*sich merken*) bear* sth in mind ◊ *Wir werden Ihren Vorschlag im Auge behalten.* We'll bear your suggestion in mind. **in jds Augen** in sb's eyes; in sb's opinion **jdm ins Auge fallen/springen/stechen** hit* sb in the eye ◊ *Die rote Aufschrift springt sofort ins Auge.* The red writing hits you in the eye straight away. **etw ins Auge fassen** consider sth **ins Auge gehen** go* wrong **kein Auge zumachen/zukriegen** not sleep* a wink **etw mit anderen Augen sehen** see* sth in a different light **mit einem blauen Auge davonkommen** (*unbestraft*) get* off lightly; (*unverletzt*) come* away almost unscathed **jdn/etw nicht aus den Augen lassen** not let* sb/sth out of your sight; watch sb/sth closely **schwarz vor Augen** dizzy ◊ *Mir wurde plötzlich schwarz vor Augen.* I suddenly felt dizzy. **sich die Augen ausweinen** cry* your eyes out **unter vier Augen** in private **vor jds Augen** in front of sb ◊ *vor aller Augen* in front of everybody **jdm etw vor Augen führen** make* sb aware of sth ◊ *Die Ausstellung soll den Besuchern die Folgen falscher Ernährung vor Augen führen.* The exhibition aims to make visitors aware of the consequences of a poor diet. ◊ *Er hat zwei Autos in einer Woche zu Schrott gefahren ... das muss man sich mal vor Augen führen!* Just imagine! He's written off two cars in a week! ☞ Siehe auch AUSKRATZEN, DORN, FAUST, HAND, HINTEN, SAND, SCHUPPE, SCHWARZ, TATSACHE, TRAUEN und VERSCHLINGEN
Augenarzt, -ärztin eye specialist, ophthalmologist (*Fachspr*) ☞ G 2.2d
Augenblick moment ◊ *im Augenblick* at the moment ◊ *einen Augenblick lang* for a moment ◊ *Sie muss jeden Augenblick kommen.* She should be here at any moment. ◊ *Einen Augenblick, bitte!* Just a minute!
augenblicklich 1 *Adj* (*derzeitig*) present (*nur vor Nomen*) ◊ *die augenblickliche Lage* the present situation **2** *Adv* (*im Moment*) at the moment, at present ◊ *Augenblicklich besteht keine Gefahr.* There is no danger at present. **3** *Adv* (*sofort*) immediately ◊ *Es wurde augenblicklich still.* It immediately went quiet.
Augen- Augenbraue eyebrow ◊ *Er zog die Augenbrauen hoch.* He raised his eyebrows. **Augenfällig** (*auffällig*) noticeable (*Adv* noticeably); (*offensichtlich*) obvious (*Adv* obviously) ◊ *Die Armut hat augenfällig zugenommen.* There has been a noticeable increase in poverty. ◊ *Die Ähnlichkeit ist augenfällig.* The similarity is obvious. **Augenfarbe** colour of your eyes, (*AmE*) color of your eyes ◊ *Welche Augenfarbe hat er?* What colour are his eyes? **Augenlicht** (eye)sight **Augenmaß** 1 eye ◊ *Dafür brauch ich kein Maßband, das mache ich nach Augenmaß.* I don't need a tape measure for that — I do it by eye. **2** (*fig*) judgement ◊ *Sie haben Vernunft und Augenmaß bewiesen.* They have shown good sense and judgement. **Augenschein 1** look; **jdn/etw in ~ nehmen** have* a close look at sb/sth **2** (*äußere Erscheinung*) appearance [meist Pl] ◊ *Dem Augenschein nach ...* Judging by appearances, ... **3** (*Eindruck*) impression ◊ *Oft täuscht der erste Augenschein.* First impressions are often misleading. **Augenwimper** eyelash **Augenzeuge, -zeugin** eyewitness ◊ *Gab es Augenzeugen des Vorfalls?* Were there any eyewitnesses to the incident?
August August ☞ Beispiele bei JANUAR
Auktion auction ◊ *zur Auktion stehen* be up for auction
Aula hall
Au-pair- Au-pair-Aufenthalt stay as an au pair ◊ *ein sechsmonatiger Au-pair-Aufenthalt in Bath* a six-month

stay as an au pair in Bath **Au-pair-Mädchen** au pair (girl) **Au-pair-Stelle** job as an au pair

aus
- **Herkunft 1** (*aus etw heraus*) out of ◊ *Ich nahm das Buch aus der Tasche.* I took the book out of my bag. ◊ *Sie kam aus der Wohnung.* She came out of the flat. ◊ *Gibt es einen Weg aus der Krise?* Is there any way out of this crisis? ◊ *Er hat es aus Mitleid getan.* He did it out of pity. ◊ *Er nahm den Hut und zog ein Kaninchen daraus.* He took the hat and pulled a rabbit out of it. **2** (*irgendwoher*) from ◊ *Sie nahm ein Angebot aus Japan an.* She accepted an offer from Japan. ◊ *Der Wein kommt aus Italien.* The wine comes from Italy. ◊ *ein Zitat aus dem Roman* a quotation from the novel ◊ *Fragen aus dem Publikum* questions from the audience ◊ *Experten aus Politik und Wirtschaft* experts from the fields of politics and economics ◊ *aus einer Tasse trinken* drink from a cup ◊ *aus der Ferne* from a distance ◊ *Von der Brücke aus konnten wir sie sehen.* We could see them from the bridge. ◊ *ein Sturz aus 15 Metern Höhe* a fall from a height of 15 metres ◊ *aus ihrer Sicht* from her point of view ◊ *Hat sie etwas daraus gelernt?* Has she learned from it? **3** (*dating*) from ◊ *eine Karte aus dem Jahr 1855* a map dating from 1855 ◊ *eine Kirche aus dem 12. Jahrhundert* a 12th century church
- **Zusammensetzung 4** of, made of; (*Gruppe etc.*) made up of ◊ *ein Salat aus Tomaten und Eiern* a salad of tomatoes and eggs ◊ *ein Hemd aus reiner Seide* a shirt made of pure silk/a pure silk shirt ◊ *eine Delegation aus Lehrern und Schülern* a delegation made up of teachers and pupils ◊ *Kann man daraus Suppe kochen?* Can you make soup with it?
- **Ursache 5** ~ *etw heraus* out of sth ◊ *aus der Not heraus* out of necessity ◊ *aus seiner Erfahrung heraus* from his experience ◊ *aus diesen Überlegungen heraus* for these reasons ◊ *aus einer Laune heraus* on a whim ◊ *aus der Befürchtung heraus, dass …* fearing that …
- **Veränderung 6** *etw* ~ *jdm machen* turn sb into sth ◊ *Sie hat aus dem Kind einen Neurotiker gemacht.* She turned the child into a neurotic. ◊ *Er sollte mehr aus sich machen.* He ought to make more of himself. **7** ~ *jdm wird etw* sb becomes* sth; (*größere Veränderung*) sb turns into sth ◊ *Aus dem Student ist ein Manager geworden.* The student has turned into a manager. ◊ *Was ist aus ihnen geworden?* What has become of them? ◊ *Aus ihr wird einmal eine gute Lehrerin.* She'll make a good teacher one day.
- **als Adverb 8** (*vorbei*) over, finished; **mit jdm/etw ist es** ~ it's the end of sb/sth ◊ *Jetzt ist alles aus.* It's all over now. ◊ *Es ist aus zwischen den beiden.* It's over between the two of them. ◊ *Als seine Frau starb, war es mit ihm ganz aus.* When his wife died, it was the end of him. ◊ *Wann ist die Schule aus?* When does school finish? **9** (*Feuer*) out; (*Licht, Gerät etc.*) off ◊ *Der Fernseher ist bei ihnen nie aus.* Their television is never off. **10** (*nicht zu Hause*) out ◊ *Ich war schon lange nicht mehr aus.* I haven't been out for ages. **11** (*Ball*) out

IDM **auf etw aus sein** be after sth ◊ *Sie ist auf meine Stelle aus.* She's after my job. ☞ *Siehe auch* EIN[3]

Aus 1 (SPORT) out; (*Fußball*) out of play ◊ *Sie schlug den Ball ins Aus.* She hit the ball out. ◊ *Der Ball war im Aus.* The ball was out. ◊ *Er schoss den Ball ins Aus.* He kicked the ball out of play. **2** (*Ende*) end ◊ *Für ihn kam das Aus.* For him it was the end of the road. ◊ *Die Firma steht vor dem Aus.* The company is facing ruin.

ausarbeiten work *sth* out; (*Richtlinie, Plan etc.*) draw* *sth* up

Ausarbeitung working out; (*Richtlinie, Plan etc.*) drawing up

ausarten 1 in/zu etw ~ degenerate into sth ◊ *Die Demonstration artete in einen Aufstand aus.* The demonstration degenerated into a riot. ◊ *Das artet ja in Arbeit aus!* This is getting too much like hard work! **2** (*außer Kontrolle geraten*) get* out of control

ausatmen breathe out

ausbaden suffer for *sth*; (*Kritik*) take* the rap for *sth* (*umgs*) ◊ *Die Kinder müssen den Frust der Eltern ausbaden.* The children have to suffer because the parents are frustrated.

Ausbau 1 (*das Ausbauen*) (*meist mit einem Verb übersetzt*) ◊ *Der Ausbau des Motors dauerte zwei Stunden.* It took two hours to take the engine out. **2** (*Vergrößerung*) expansion; (*Verbreiterung*) widening ◊ *der Ausbau des Flughafens* the expansion of the airport ◊ *der Ausbau des Tunnels auf vier Spuren* the widening of the tunnel to four lanes ◊ *Sein Ziel ist der Ausbau seines Einflusses.* His aim is to expand his influence. **3** (*Entwicklung*) development; (*Verbesserung*) improvement; (*Erhöhung*) increase ◊ *der Ausbau der Infrastruktur* the improvement of the infrastructure ◊ *der weitere Ausbau ihrer Zusammenarbeit* a move towards closer cooperation between them **4** (*Umbau*) conversion; (*Anbau*) extension ◊ *der Ausbau des Dachgeschosses* the conversion of the attic ◊ *Sie setzen sich für einen behindertengerechten Ausbau der Schule ein.* They are calling for the school to be converted to cater for the needs of the disabled.

ausbauen 1 (*wegnehmen*) take* *sth* out, remove (*gehoben*) ◊ *Die Diebe bauten das Radio aus.* The thieves removed the radio. **2** (*vergrößern*) expand; (*verbreitern*) widen ◊ *Das Werk muss ausgebaut werden.* The factory will have to be expanded. ◊ *Das Kursangebot soll ausgebaut werden.* The range of courses is to be expanded. ◊ *die Straße auf vier Spuren ausbauen* widen the road to four lanes **3** (*entwickeln*) develop; (*erhöhen*) increase; (*verbessern*) improve ◊ *den Dienstleistungssektor ausbauen* develop the service sector ◊ *seinen Marktanteil ausbauen* increase your market share ◊ *Er konnte seinen Vorsprung auf zwei Minuten ausbauen.* He increased his lead to two minutes. **4** (*Haus etc.*) extend; (*Dachboden, Scheune etc.*) convert ◊ *Sie haben eine alte Scheune ausgebaut.* They have converted an old barn. ◊ *Sie wollen ausbauen.* They want to extend the house/convert the loft. **5** *etw zu etw* ~ (*umbauen*) convert sth into, sth; (*verändern*) turn sth into sth ◊ *Das Haus wurde zu einer Pension ausgebaut.* The house was converted into a guest house. ◊ *Der See soll zu einem Freibad ausgebaut werden.* The lake is to be turned into an open-air pool.

ausbaufähig 1 (*Haus etc.*) suitable for extension (*nicht vor Nomen*); (*Dachboden, Scheune*) suitable for conversion (*nicht vor Nomen*) **2** (*System, Konzept*) that can be developed (*nicht vor Nomen*) ◊ *Das Konzept ist ausbaufähig.* It is an idea that can be developed. **3** (*viel versprechend*) promising

ausbeißen sich einen Zahn ~ break* a tooth **IDM** ⇒ ZAHN

ausbessern repair; (*Kleidung*) mend

Ausbeute (*Ertrag*) yield; (*fig*) fruits [Pl]; (*Ergebnis*) result ◊ *die jährliche Ausbeute der Winzer* the wine growers' annual yield ◊ *die Ausbeute wochenlanger Arbeit* the fruits of weeks of work ◊ *Zehn Treffer in drei Spielen sind eine gute Ausbeute.* Ten goals in three matches is a good result. ◊ *die wissenschaftliche Ausbeute dieser Forschung* the scientific value of this research

ausbeuten exploit

Ausbeutung exploitation

ausbezahlen 1 (*Geldbetrag etc.*) pay* *sth* (out) ◊ *Die Summe wird nach einem Jahr ausbezahlt.* The amount will be paid out after one year. ◊ *Die Arbeiter lassen sich ihre Überstunden ausbezahlen.* The workers get paid for their overtime. **2** (*Erben, Teilhaber*) buy* *sb* out

ausbilden 1 *jdn* (**zu/als etw**) ~ train sb (to be sth) ◊ *Sie werden als Programmierer ausgebildet.* They are being trained as programmers. ◊ *ausbildende Betriebe* firms which provide training **2 sich als/zu etw** ~ **lassen** train as sth; (*eine Qualifikation erlangen*) qualify* as sth ◊ *Er ließ sich zum Mechaniker ausbilden.* He trained as a mechanic. **3** *sich* ~ (*entwickeln*) develop

Ausbilder(in) instructor

Ausbildung 1 training [U]; (*Bildung allgemein*) education [U] ◊ *berufliche Ausbildung* vocational training ◊ *Uns ist eine gute Ausbildung der Kinder sehr wichtig.* Good education for our children is very important to us. ◊ *Sie hat eine abgeschlossene Ausbildung als Frisörin.* She's a fully trained hairdresser. ◊ *Er macht eine Ausbildung zum Geigenbauer.* He is training as a violin maker. ◊ *Ich bin noch in der Ausbildung.* I'm not fully qualified yet. ☞ *Hinweis bei* LEHRE (A) **2** (*Entwicklung*) development ◊ *die Ausbildung der Blüten* the development of the flowers

Ausbildungsberuf = job requiring training **Ausbildungsgang** training course **Ausbildungsplatz, Ausbildungsstelle** training place

ausbleiben 1 fail to materialize ◊ *Die erhofften Spenden* *blieben aus.* The expected donations failed to materialize. ◊ *Enttäuschungen blieben nicht aus.* Disappointments were inevitable. ◊ *Sie haben alles versucht, aber der Erfolg blieb aus.* They tried everything, but success eluded them. ◊ *ausbleibende Lohnzahlungen* non-payment of wages **2** *(wegbleiben)* stay away ◊ *Die Touristen sind wegen des schlechten Wetters ausgeblieben.* The tourists stayed away because of the bad weather.

ausblenden 1 *(Ton, Bild)* fade *sth* out ◊ *Der Ton war ausgeblendet.* The sound had been faded out. **2** *(Thema etc.)* disregard ◊ *Wir können die Probleme nicht einfach ausblenden.* We can't just disregard the problems.

Ausblick 1 *(Blick)* view ◊ *ein herrlicher Ausblick auf die Berge* a wonderful view of the mountains ◊ *ein Zimmer mit Ausblick aufs Meer* a room with a sea view **2** *(Prognose)* outlook ◊ *Der Ausblick ist nicht gerade rosig.* The outlook is not exactly rosy. **3** *(Vorschau)* forecast ◊ *ein pessimistischer Ausblick für das laufende Geschäftsjahr* a pessimistic forecast for the current year ◊ *Zum Abschluss gab er einen Ausblick auf das kommende Jahr.* At the end, he looked forward to the coming year.

ausbooten get* rid of *sb*; *jdn aus etw* ~ kick sb out of sth *(umgs)*

ausborgen ⇨ AUSLEIHEN

ausbrechen 1 *(Krankheit, Krieg, Feuer, Gewalt etc.)* break* out; *(Vulkan, Krise, Kämpfe, Wut)* erupt ◊ *Das Feuer ist im oberen Stockwerk ausgebrochen.* The fire broke out on the upper floor. ◊ *Jubel brach aus.* There was great jubilation. **2 in Tränen/Beifall ~** burst* into tears/applause; **in Lachen ~** burst* out laughing ◊ *Sie wäre fast in Tränen ausgebrochen.* She almost burst into tears. ◊ *Sie brachen in Jubel aus.* They went wild with jubilation. **3 (aus etw) ~** escape (from sth); *(aus einer Gruppe, einem Schema)* break* away (from sth) ◊ *Zwei Gefangene sind ausgebrochen.* Two prisoners have escaped.

Ausbrecher(in) escaped prisoner

ausbreiten 1 spread* *sth* out; *(auseinander falten auch)* unfold ◊ *Sie breitete ihr Werkzeug auf dem Boden aus.* She spread her tools out on the floor. **2** *(Arme)* stretch *sth* out; *(Flügel)* spread* ◊ *Das Kind lief in die ausgebreiteten Arme des Vaters.* The child ran into his father's outstretched arms. **3** *(Theorie, Vorstellungen etc.)* expound; *(Sorgen, Thema)* discuss ◊ *Wir wollen dies nicht in der Öffentlichkeit ausbreiten.* This is not something that we want to discuss in public. **4 sich ~** spread*; *(Raum einnehmen)* spread* out ◊ *Die Nachricht breitete sich schnell aus.* The news spread quickly. ◊ *Du kannst dich dort ausbreiten.* You've got room to spread out there. **5 sich über etw ~** go* on about sth *(umgs)* ◊ *Sie breitet sich stundenlang über ihre Krankheiten aus.* She goes on for hours about her illnesses.

Ausbreitung *(Krankheit, Feuer, Ideologie etc.)* spread; *(Macht, Siedlung etc.)* expansion

ausbrennen 1 *(zerstört werden)* be burned out; *(Gebäude auch)* be gutted (by fire) ◊ *Das Auto brannte aus.* The car was burned out. ◊ *ein ausgebranntes Auto* a burnt-out car **2** *(Feuer, Kerze)* burn* out; *(Vulkan)* become* extinct

Ausbruch 1 *(Flucht)* escape; *(von mehreren Häftlingen)* breakout ◊ *Ihm gelang der Ausbruch aus dem Gefängnis.* He managed to escape from prison. **2** *(Beginn)* outbreak; *(Krankheit in einem Menschen)* onset [U] ◊ *der Ausbruch von Cholera im Jahre 1849* the cholera outbreak of 1849 ◊ *seit Ausbruch des Bürgerkrieges* since the outbreak of the civil war ◊ *der Ausbruch der Krawalle* the outbreak of rioting ◊ *Seit Ausbruch der Krankheit hatte sich ihr Leben verändert.* Her life had changed since the onset of the disease. ◊ *Die Krankheit kommt ganz plötzlich zum Ausbruch.* The symptoms of the disease appear quite suddenly. **3** *(Vulkan)* eruption ◊ *Beim Ausbruch des Vulkans kamen sie ums Leben.* They were killed when the volcano erupted. **4** *(Emotionen)* outburst; *(stärker)* explosion ◊ *ein Ausbruch von Jähzorn* an explosion of anger

ausbrüten 1 hatch; *(im Brutapparat)* incubate **2** *(ausdenken)* hatch *sth* up **3** *(Krankheit)* be going down with *sth*, *(BrE auch)* be sickening for *sth* ◊ *Ich glaube ich brüte eine Grippe aus.* I think I'm going down with flu.

ausbügeln 1 *(Fehler)* put* *sth* right **2** *(Falten)* iron *sth* out

ausbuhen *jdn* ~ boo sb (off the stage)

ausbürgern strip* *sb* of their citizenship

Ausdauer staying power; *(körperlich)* stamina; *(im Ertragen)* endurance; *(Hartnäckigkeit)* perseverance ◊ *Die Sportler brauchen viel Ausdauer.* Athletes need a lot of stamina. ◊ *Mit Ausdauer waren sie bei der Sache.* They persevered with it.

ausdauernd persistent *(Adv* persistently*)* ◊ *Nach ausdauerndem Suchen fand er die Schlüssel.* After a persistent search he found the keys. ◊ *ein sehr ausdauernder Zuhörer* a very patient listener ◊ *Der Elternbeirat hat sich ausdauernd für neue Computer eingesetzt.* The Parent Teacher Association campaigned tirelessly for new computers.

ausdehnen 1 ☛ *Siehe auch* AUSGEDEHNT **sich ~** expand; *(Kleider, Gummi)* stretch ◊ *Wenn man Metall erwärmt, dehnt es sich aus.* When metal is heated it expands. **2 sich ~** *(sich erstrecken)* extend; *(weitergehen auch)* go* on ◊ *Die Diskussion dehnte sich über Stunden hinweg aus.* The talks extended over several hours. ◊ *Das Sommerfest dehnte sich bis in den späten Abend aus.* The fête went on into the night. **3** *etw* **(auf etw/jdn) ~** extend sth (to sth/sb) ◊ *Die Fußgängerzone soll noch weiter ausgedehnt werden.* The pedestrian area is to be extended. ◊ *Dieses Angebot sollte auf alle Schulen ausgedehnt werden.* This option should be extended to all schools.

Ausdehnung 1 (NATURW, WIRTSCH) expansion ◊ *Erwärmung bewirkt bei Gasen und Metallen eine Ausdehnung.* Heating causes expansion in gases and metals. **2** *(Erweiterung)* extension, spread ◊ *die Ausdehnung des Gesetzes auf andere Bundesländer* the extension of the law to other federal states ◊ *Die Ausdehnung des Waldbrandes auf die gesamte Region ist nicht auszuschließen.* The forest fire may well spread over the whole area. **3** *(Ausmaß)* (meist mit einem Verb übersetzt) ◊ *Die Ausdehnung des Naturschutzgebietes beträgt mehrere hundert Quadratkilometer.* The National Park extends over several hundred square kilometres.

ausdenken sich etw ~ think* of sth; *(erfinden)* make* sth up ◊ *sich eine Lösung ausdenken* think of a solution ◊ *Die Geschichte hat er sich nur ausgedacht.* He just made up the story. IDM **etw ist nicht auszudenken** sth does not bear thinking about ◊ *Nicht auszudenken, was passiert wäre, wenn …* It doesn't bear thinking about what would have happened if … ◊ *Die Folgen sind gar nicht auszudenken!* The consequences don't bear thinking about!

ausdiskutieren thrash *sth* out; *(Thema)* exhaust ◊ *Wir sind gerade dabei, mögliche Alternativen auszudiskutieren.* We're thrashing out possible solutions. ◊ *Das Thema ist noch lange nicht ausdiskutiert.* The topic is by no means exhausted. ◊ *Das müssen wir noch ausdiskutieren!* We still need to talk about it!

ausdrehen turn *sth* off

Ausdruck 1 word; *(Phrase)* expression; *(Fachausdruck)* term ◊ *Sie suchte nach dem passenden Ausdruck.* She was trying to think of the right word. ◊ *Gut? Gut ist gar kein Ausdruck!* Good is not the word! ◊ *ein veralteter Ausdruck* an old-fashioned expression ◊ *ein Ausdruck aus der Literaturwissenschaft* a term used in literary criticism ◊ *Solche Ausdrücke will ich von dir nicht hören!* Don't use that sort of language to me! **2** *(sprachlicher Stil)* style ◊ *Aufsätze nach Inhalt und Ausdruck benoten* mark essays for style and content **3** (COMP) printout **4** *(Gesichts-)* expression ◊ *Ihr Gesicht hatte einen besorgten Ausdruck.* There was a worried expression on her face. **5** *(Zeichen)* sign ◊ *Krankheiten sind oft Ausdruck seelischer Probleme.* Diseases are often the sign of psychological problems. **6 etw zum ~ bringen** express sth ◊ *Sie brachten ihre Unzufriedenheit zum Ausdruck.* They expressed their dissatisfaction. **7 zum ~ kommen** be clear ◊ *Das kommt in dieser Statistik nicht zum Ausdruck.* That is not clear from the figures. ◊ *Der Pessimismus der Autorin kommt hier ganz deutlich zum Ausdruck.* The author's pessimism comes out quite clearly here. **8** *(Aussagekraft)* feeling

ausdrucken print *sth* out

ausdrücken 1 express, put* ◊ *in Zahlen ausgedrückt* expressed in terms of numbers ◊ *sein Beileid ausdrücken* express your sympathy ◊ *So kann man es auch ausdrücken!* That's one way of putting it! ◊ *Das ist, salopp ausgedrückt, eine Schweinerei.* To put it bluntly, the whole thing is a mess! ◊ *Anders ausgedrückt, …* In other words, … **2 sich ~** express yourself ◊ *Er drückt sich sehr gewählt aus.* He has a very refined way of expressing himself. **3** *(Früchte)* squeeze **4** *(Zigarette)* stub* *sth* out **5** ◊ *Sein Gesicht drückte Angst aus.* Fear was written on his face. ◊ *In ihrem Ver-*

ausdrücklich

halten drückt sich Hilflosigkeit aus. Her attitude suggests a feeling of helplessness.

ausdrücklich specific *(Adv* specifically) ◊ *Ich habe ausdrücklich einen Fensterplatz verlangt!* I specifically asked for a window seat! ◊ *Er hatte uns ausdrücklich davon abgeraten.* He had strongly advised us against it. ◊ *ihr ausdrücklicher Wunsch* her express wish

Ausdrucks- Ausdrucksform manifestation **Ausdruckskraft** expressiveness **ausdruckslos** expressionless; *(Blick, Starren)* blank *(Adv* blankly) ◊ *Ausdruckslos starrte sie auf die Wand.* She stared blankly at the wall. ◊ *Sein Gesicht war völlig ausdruckslos.* His face was completely expressionless. ◊ *etw ausdruckslos vorlesen* read sth without any expression **Ausdrucksmittel** means of expression **ausdrucksvoll** expressive *(Adv* expressively) **Ausdrucksweise** way of expressing yourself ◊ *eine gewählte Ausdrucksweise* a refined way of expressing yourself ◊ *eine komische Ausdrucksweise* a funny way to talk

auseinander 1 apart ◊ *Die Sträucher müssen etwa einen Meter auseinander gepflanzt werden.* The shrubs need to be planted about one metre apart. ◊ *Kannst du die Kerzen ein bisschen auseinander stellen?* Can you move the candles a bit further apart from each other? ◊ *Schreibt man das auseinander?* Is it written as two words? ◊ *Könnt ihr ein wenig auseinander rücken?* Can't you spread out a bit? ◊ *Ich bekomme die beiden Teile nicht auseinander.* I can't separate the two pieces. **2** (etw) ~ **brechen** break* (sth) in two ◊ *Die Stange war an der Lötstelle auseinander gebrochen.* The rod broke in two where it had been soldered. ◊ *Sie brach das Brötchen auseinander.* She broke the roll in two. **3** ~ **brechen** *(Familie, Beziehung)* break* up **4** ~ **bringen** separate; *(Freundschaft, Beziehung)* break* sth up ◊ *Ich brachte die prügelnden Kinder einfach nicht auseinander!* The children were fighting and I couldn't separate them! ◊ *Uns kann niemand auseinander bringen!* Nobody can separate us! **5** ~ **fallen** fall* apart ◊ *Dieses Buch fällt auseinander.* This book is falling apart. ◊ *(fig) Lieferung und Bezahlung fallen zeitlich auseinander.* There is a gap between delivery and payment. **6** etw ~ **falten** open sth out **7** ~ **gehen** part; *(Menge)* disperse; *(Freundschaft, Ehe)* come* to an end ◊ *Wir sind im Guten auseinander gegangen.* We parted on good terms. ◊ *Unsere Freundschaft ging auseinander.* Our friendship came to an end. **8** ~ **gehen** *(Meinungen, Schätzungen)* differ **9** jdn/etw ~ **halten** tell* sb/sth apart ◊ *Ich kann die Zwillinge nicht auseinander halten.* I can't tell the twins apart. **10** ~ **klaffen** gape; *(fig)* be poles apart **11** ~ **laufen** ◊ *An dieser Stelle laufen die Gleise auseinander.* At this point the tracks separate and go in different directions. **12** ~ **laufen** *(fig)* diverge ◊ *Ihre Interessen laufen auseinander.* Their interests diverge. **13** sich ~ **leben** grow* apart ◊ *Wir haben uns auseinander gelebt.* We have grown apart. **14** ~ **liegen** ◊ *Die Städte liegen sehr weit auseinander.* The towns are very far away from each other. ◊ *Sie liegen 40 km auseinander.* They are 40 kilometres apart. ◊ *Platz drei und vier lagen nur eine Sekunde auseinander.* There was only one second between third and fourth. **15** etw ~ **nehmen** take* sth apart, dismantle sth *(gehoben)* ◊ *ein Auto auseinander nehmen* take a car apart ◊ *Ich habe den Schrank auseinander genommen.* I dismantled the cupboard. **16** ~ **reißen** break* ◊ *Das Seil ist auseinander gerissen.* The rope broke. **17** etw ~ **reißen** tear* sth up **18** jdn/etw ~ **reißen** separate sb/sth ◊ *Der Krieg riss die Familie auseinander.* The family was separated in the war. **19** ~ **sein** be apart ◊ *Die beiden sind schon lange auseinander.* They've been apart for a long time. **20** ~ **sein** *(zeitlicher Unterschied)* ◊ *Mein Bruder und ich sind drei Jahre auseinander.* There's three years between my brother and me. **21** jdn ~ **setzen** separate sb ◊ *Die Lehrerin setzte die beiden Jungen auseinander.* The teacher separated the two boys. **22** jdm etw ~ **setzen** explain sth to sb in detail **23** sich mit etw ~ **setzen** concern yourself with sth ◊ *Warum muss ich mich damit auseinander setzen?* Why do I have to concern myself with it? ◊ *sich mit einem Thema kritisch auseinander setzen* tackle a subject head-on **24** sich mit jdm (über etw) ~ **setzen** debate with sb (about sth) **25** etw ~ **ziehen** *(dehnen)* stretch sth; *(trennen)* pull sth apart ◊ *Zieh die beiden Seiten vorsichtig auseinander.* Pull the pages carefully apart.

Auseinandersetzung 1 ~ mit etw *(meist mit einem Verb übersetzt)* ◊ *die Auseinandersetzung mit der Vergangenheit* dealing with the past ◊ *seine Auseinandersetzung mit dem Thema „Fremdsein"* the way he deals with the theme of alienation ◊ *eine kritische Auseinandersetzung mit dem Gedicht* a critical analysis of the poem **2** *(Diskussion)* debate; *(Streit)* dispute; *(Kampf)* confrontation ◊ *Im Stadtrat gab es darüber eine heftige Auseinandersetzung.* In the city council there was a heated debate about it. ◊ *Auseinandersetzungen zwischen Nachbarn* disputes between neighbours ◊ *eine blutige Auseinandersetzung* a bloody confrontation ◊ *kriegerische Auseinandersetzungen* armed conflict ◊ *Es kam zu Auseinandersetzungen mit der Polizei.* There were clashes with the police. ◊ *handgreifliche Auseinandersetzungen* scuffles

auserkoren (zu etw) ~ chosen (for sth/to do sth)
auserwählt select ◊ *Auserwählte Autoren wurden eingeladen.* A select group of authors were invited.
Auserwählte(r) 1 ◊ *die wenigen Auserwählten* the chosen few **2** *(Verlobte(r))* intended
ausfahren 1 leave* sth; *(aufs Meer)* put* to sea ◊ *Die Boote fuhren schon sehr früh aus.* The boats put to sea very early in the morning. **2** *(liefern)* deliver **3** jdn im Kinderwagen/Rollstuhl ~ take* sb out in the pram/wheelchair **4** *(Antenne, Kran, Teleskop)* extend; *(Landeklappen, Fahrwerk)* lower **5** *(Weg, Piste)* wear* sth down; *(zerfurchen)* rut* **6** *(Fahrzeug)* drive* sth flat out
Ausfahrt exit ◊ *Bei der nächsten Ausfahrt müssen wir raus.* We have to leave the motorway at the next exit. ◊ *Ausfahrt freihalten!* Please keep clear!
Ausfall 1 cancellation ◊ *der Ausfall des Konzertes* the cancellation of the concert **2** *(Motor, Maschine)* failure ◊ *aufgrund des Ausfalls der Triebwerke* due to engine failure ◊ *bei Ausfall der Heizanlage* if the heating breaks down **3** *(eines Menschen)* absence ◊ *der Ausfall der Eisläuferin bei den Winterspielen* the skater's absence from the Winter Games
ausfallen 1 *(nicht stattfinden)* not take* place; *(bereits Geplantes)* be cancelled ◊ *Die Fahrt ins Skilager fällt dieses Jahr aus.* The ski trip will not take place this year. ◊ *Das Konzert musste ausfallen.* The concert had to be cancelled. ◊ *Die erste Schulstunde fällt morgen aus.* There will be no first lesson tomorrow. **2** *(nicht funktionieren)* fail; *(Anlage)* break* down ◊ *Das rechte Triebwerk fiel aus.* The right engine failed. ◊ *Wann ist die Klimaanlage ausgefallen?* When did the air-conditioning break down? **3** *(Haare, Zähne)* fall* out ◊ *Mir fallen die Haare aus.* My hair is falling out. **4** *(Ergebnis)* turn out to be sth ◊ *Die Kosten sind unerwartet hoch ausgefallen.* The cost turned out to be higher than expected. ◊ *Der Test ist schlecht ausgefallen.* The test results were poor. **5** *(fehlen)* be absent ◊ *Zwei Lehrer sind ausgefallen.* Two teachers are absent. ◊ *Der dritte Redner ist kurzfristig ausgefallen.* The third speaker cancelled at short notice.
ausfallend, ausfällig abusive
ausfertigen *(Pass etc.)* issue; *(in schriftlicher Form erstellen)* draw* sth up
Ausfertigung 1 (RECHT) issuing; *(Niederschrift)* drawing up; *(Gesetz)* passing **2** *(Kopie)* copy* ◊ *eine Urkunde in einfacher Ausfertigung* a single copy of a certificate ◊ *Schicken Sie uns Ihren Lebenslauf in doppelter/dreifacher Ausfertigung.* Submit your CV in duplicate/triplicate. ◊ *ein Formular in vierfacher Ausfertigung* four copies of a form
ausfindig jdn/etw ~ **machen** find* sb/sth; *(aufspüren)* trace sb/sth
ausfliegen 1 fly* out; *(Vögel)* leave* the nest **2** *(aus einer Gefahrenzone)* leave* **3** jdn/etw ~ fly* sb/sth out
ausfließen 1 (aus etw) ~ *(herausfließen)* run* out (of sth); *(aus einem Leck)* leak out (of sth); *(Öl)* spill* (from sth) **2** *(Tank, Fass)* leak
ausflippen freak out; *(vor Wut)* go * mad; *(vor Freude)* go* wild ◊ *Wenn meine Eltern das mitkriegen, flippen sie aus.* If my parents get to hear of it, they'll go mad. ◊ *Nun flipp mal nicht gleich aus.* Keep your hair on. ☛ *Siehe auch* AUSGEFLIPPT
Ausflucht *(Ausrede)* excuse ◊ *Ausflüchte machen* make excuses ◊ *jdn unter Ausflüchten wegschicken* fob sb off with excuses
Ausflug 1 trip; *(Wanderung)* walk; *(Fahrrad-)* cycle ride ◊ *einen Ausflug machen* go on a trip ☛ *Hinweis bei* REISE **2** *(fig)* excursion ◊ *ein Ausflug in die Filmgeschichte* an excursion into the history of film IDM **ein Ausflug in die Vergangenheit** a trip down memory lane

Ausflügler(in) visitor
Ausflugs- Ausflugsdampfer pleasure boat **Ausflugslokal** = cafe or restaurant used by day trippers **Ausflugsziel** destination ◊ *ein beliebtes Ausflugsziel* a popular destination for excursions
ausformulieren 1 formulate **2** *(Referat etc.)* prepare *sth* carefully
ausfragen jdn (über jdn/etw) ~ question sb (about sb/sth)
Ausfuhr export
ausführen 1 take* *sb/sth* out ◊ *Er hat mich zum Essen ausgeführt.* He took me out for a meal. ◊ *den Hund ausführen* take the dog out (for a walk) **2** *(sich mit etw sehen lassen)* show* *sth* off **3** *(exportieren)* export **4** *(durchführen)* carry* *sth* out **5** *(ausarbeiten)* execute; *(vollenden)* complete ◊ *die im klassischen Stil ausgeführten Gemälde* the paintings executed in the classical style ◊ *ein Bild in Öl ausführen* paint a picture in oils **6** *(SPORT) (Freistoß etc.)* take*; *(Bewegungen)* make* **7** *(erläutern)* explain ◊ *wie ich bereits eingangs ausgeführt habe* as I explained at the beginning
ausführende(r,s) executive *(nur vor Nomen)* ◊ *das ausführende Organ* the executive body ◊ *die ausführende Gewalt* the executive ◊ *die ausführende Firma* the firm carrying out the work
Ausfuhr- Ausfuhrgenehmigung export licence, *(AmE)* export license **Ausfuhrverbot** export ban
ausführlich 1 *Adj (Informationen, Bericht etc.)* detailed; *(Gespräche, Beratung etc.)* in-depth; *(Brief)* long **2** *Adv* in detail; *(gründlich)* thoroughly ◊ *etw ausführlich darstellen* describe sth in detail ◊ *Die Klassenfahrt wurde ausführlich vorbereitet.* The school trip had been thoroughly prepared.
Ausführung 1 *(Durchführung)* (meist mit einem Verb übersetzt) ◊ *Unsere Pläne kamen nie zur Ausführung.* Our plans were never carried out. ◊ *Sie wurden mit der Ausführung des Baus beauftragt.* They were given the construction job. **2** *(Ausgestaltung)* execution; *(Vollendung)* completion **3** *(Ausstattung)* design; *(Modell)* model ◊ *Das Bett ist in verschiedenen Ausführungen lieferbar.* This bed is available in different designs. ◊ *die einfache Ausführung* the basic model **4 Ausführungen** remarks [Pl]; *(Rede)* talk ◊ *Seinen Ausführungen ließ sich entnehmen, dass …* It is clear from his remarks that …
ausfüllen 1 etw (mit etw) ~ *(Senke, Lücke)* fill sth (with sth) *(auch fig)* **2** *(ganz einnehmen)* fill ◊ *Das Poster füllt die ganze Wand aus.* The poster fills the whole wall. **3** *(Formular etc.)* fill *sth* in, *(AmE)* fill *sth* out **4** *(Zeitraum)* spend*; *(in Anspruch nehmen)* take* *sth* up ◊ *Die Ferien waren mit Tennisspielen ausgefüllt.* The holidays were spent playing tennis. ◊ *Ihr Tag war mit Arbeit ausgefüllt.* Her day was taken up with work. **5** *(Amt, Posten)* hold* **6 etw füllt jdn aus** sb finds* fulfilment in sth
Ausgabe 1 *(das Ausgeben)* issuing; *(Austeilung)* distribution; *(von Essen)* serving (oft mit einem Verb übersetzt) ◊ *Wer ist für die Ausgabe von Pässen zuständig?* Who is responsible for issuing passports? **2** *(Auslage)* expense [meist Pl], expenditure [U]; *(öffentlich)* spending [U] ◊ *Wir haben in den letzten Monaten keine größeren Ausgaben gehabt.* We haven't had any big expenses in the last few months. ◊ *Einnahmen und Ausgaben* income and expenditure ◊ *die Ausgaben für das Gesundheitswesen* health spending **3** *(Schalter)* counter; *(in Bibliotheken)* issue desk; *(Waren-)* collection point **4** *(Buch, Fernsehsendung)* edition; *(Nachrichten)* bulletin **5** *(Zeitungs-)* issue
Ausgang 1 way out, exit *(offiz)* **2** *(Rand)* edge ◊ *am Ausgang der Stadt* on the edge of the town **3** *(Ende)* end; *(einer Geschichte)* ending ◊ *am Ausgang des 20. Jahrhunderts* at the end of the 20th century ◊ *eine Geschichte mit glücklichem Ausgang* a story with a happy ending ◊ *den Ausgang der Ereignisse abwarten* wait to see how things turn out **4** *(Ergebnis, Folge)* result, outcome ◊ *der Ausgang der Abstimmung* the result of the vote ◊ *der Ausgang der Verhandlungen* the outcome of the negotiations ◊ *ein Unfall mit tödlichem Ausgang* a fatal accident ◊ *eine Feier mit tragischem Ausgang* a celebration that ended in tragedy **5** (MED) opening **6** *(Freizeit)* time off; *(für Soldaten)* leave ◊ *wenn ich Ausgang habe* in my time off ◊ *Der Patient hatte stundenweise Ausgang.* The patient was allowed out for a couple of hours at a time.
Ausgangslage, Ausgangsposition initial position; *(Grundlage)* basis ◊ *Wir sind in einer guten Ausgangslage.* We're starting out from a strong initial position. **Aus-**
gangspunkt starting point **Ausgangssperre** curfew; *(Soldaten)* confinement to barracks ◊ *Er hat Ausgangssperre.* He is confined to barracks.
ausgeben 1 etw (für etw) ~ *(Geld)* spend* sth (on sth) ◊ *Wie viel gibst du monatlich aus?* How much do you spend a month? ◊ *Er gibt ziemlich viel Geld für Klamotten aus.* He spends quite a lot of money on clothes. **2 etw (für jdn)** ~ buy* (sb) sth, buy* sth (for sb) ◊ *Er hat eine Runde Bier für seine Freunde ausgegeben.* He bought a round of beer for his friends. ◊ *Heute geb ich einen aus!* The drinks are on me today! **3** *(verteilen)* give* *sth* out, distribute *(gehoben)* **4** *(Spielkarten)* deal* **5** *(Banknoten, Fahrkarten, Verordnung etc.)* issue **6 sich als jd/etw/sich für jdn/etw** ~ pretend to be sb/sth ◊ *Er gab sich als Polizist aus.* He pretended to be a policeman. ◊ *Sie hat sich für jünger ausgegeben, als sie ist.* She pretended to be younger than she is. **7 jdn/etw als jdn/etw** ~ pretend (that) sb/sth is sb/sth ◊ *Sie hat ihn als ihren Mann ausgegeben.* She pretended he was her husband. ◊ *Er hat das Lied als seine eigene Komposition ausgegeben.* He pretended the song was his own composition. ⟶ HAND
ausgebildet 1 ⇨ AUSBILDEN **2** trained; *(akademisch auch)* qualified ◊ *gut ausgebildetes Personal* well-trained staff ◊ *hervorragend ausgebildete Ärzte* highly qualified doctors
ausgebombt bombed out
ausgebrannt 1 ⇨ AUSBRENNEN **2** burnt out ◊ *eine ausgebrannte Scheune* a burnt-out barn **3** *(erschöpft)* burned out
ausgebucht *(Hotel etc.)* fully booked
ausgedehnt 1 ⇨ AUSDEHNEN **2** *(lang)* long ◊ *ein ausgedehnter Spaziergang* a long walk **3** *(umfangreich, weiträumig)* extensive ◊ *ausgedehnte Grünflächen/Nachforschungen* extensive green areas/investigations
ausgedient 1 etw hat ~ sth is finished; *(kaputt)* sth has had it ◊ *Papier und Bleistift haben noch lange nicht ausgedient.* Pencil and paper are not finished yet. ◊ *Das Sofa hat ausgedient.* This sofa has had it. **2** *(pensioniert)* retired ◊ *ein ausgedienter General* a retired general
ausgefallen 1 ⇨ AUSFALLEN **2** unusual
ausgeflippt 1 ⇨ AUSFLIPPEN **2** wacky* *(umgs)*
ausgeglichen 1 ⇨ AUSGLEICHEN **2** *(Mensch, Temperament, Mannschaft)* well-balanced **3** (FINANZ) balanced ◊ *ein ausgeglichener Haushalt* a balanced budget **4** *(Spiel, Kampf)* evenly matched
Ausgeglichenheit 1 *(Gelassenheit)* calm **2** *(Ausgewogenheit)* balance **3** *(Gleichmäßigkeit)* consistency
ausgehen 1 go* out ◊ *Wir gehen jeden Samstag aus.* We go out every Saturday. **2 von jdm/etw** ~ *(herrühren)* come* from sb/sth ◊ *Alle Staatsgewalt geht vom Volke aus.* All authority comes from the people. ◊ *Die Einladung ging von der Schule aus.* The invitation came from the school. **3 von jdm/etw** ~ *(ausstrahlen)* radiate from sth; **etw geht von jdm/etw aus** sb/sth radiates sth ◊ *Von dem Stein ging ein seltsamer Glanz aus.* A strange glow radiated from the stone. ◊ *Eine warme Menschlichkeit geht von ihr aus.* She radiates warmth. **4 von etw** ~ *(voraussetzen)* assume sth ◊ *Gehen wir davon aus, dass …* Let's assume that … ◊ *Wir gehen davon aus, das Projekt bald abschließen zu können.* We assume that we will be able to complete the project soon. **5 auf etw** ~ aim for sth; **darauf ~ etw zu tun** aim to do sth ◊ *Ihr Plan geht darauf aus, die Kosten zu verringern.* The plan aims to reduce the costs. ◊ *auf Abenteuer ausgehen* be out looking for adventure **6** *(schwinden)* run* out ◊ *Uns ist das Geld ausgegangen.* Our money has run out./We've run out of money. ◊ *Mir geht allmählich die Geduld aus.* I'm running out of patience. **7** *(Haare)* fall* out **8** *(Licht, Feuer, Kerze)* go* out; *(elektrisches Gerät)* go* off **9** *(enden)* end ◊ *Wie ist das Spiel ausgegangen?* How did the match end? **10** *(davonkommen)* escape ◊ *Die Verantwortlichen gingen straffrei aus.* Those responsible escaped without punishment. **11 sich** ~ ◊ *Fast hätten wir den Zug verpasst, es ging sich gerade noch aus.* We nearly missed the train, but we just managed to get it. ◊ *Dreifünfzig? Das geht sich gerade noch aus.* Three fifty? I can just manage that. **IDM jdm geht die Luft/die Puste/der Atem aus 1** *(nicht atmen können)* sb runs* out of breath **2** *(jdm geht die Kraft aus)* sb runs* out of steam **3** *(finanziell)* sb runs* out of funds ⟶ *Siehe auch* LEER
ausgehend *(zu Ende gehend)* ◊ *im ausgehenden Mittelalter* towards the end of the Middle Ages ◊ *die Errungenschaften*

ausgehungert

des ausgehenden 20. Jahrhunderts the achievements of the closing years of the 20th century
ausgehungert 1 ⇨ AUSHUNGERN **2** (*entkräftet, hungrig*) starving
ausgeklügelt sophisticated
ausgekocht 1 ⇨ AUSKOCHEN **2** (*raffiniert*) cunning
ausgelassen 1 ⇨ AUSLASSEN **2** (*lebhaft*) lively; (*fröhlich*) exuberant (*Adv* exuberantly); (*wild*) boisterous (*Adv* boisterously)
Ausgelassenheit exuberance; (*Wildheit*) boisterousness
ausgemergelt gaunt; (*ausgehungert*) emaciated
ausgenommen 1 ⇨ AUSNEHMEN **2** apart from; (*es sei denn*) unless ◊ *Alle haben ein gutes Zeugnis bekommen, ich ausgenommen/ausgenommen ich.* They all got a good report apart from me.
ausgeprägt 1 *Adj* (*echt, groß*) real, strong ◊ *eine ausgeprägte Begabung* a real talent ◊ *ein ausgeprägtes Bedürfnis* a real need ◊ *ein ausgeprägter Sinn für Gerechtigkeit* a strong sense of justice **2** *Adj* (*markant, sichtbar*) pronounced, marked ◊ *ein ausgeprägter Anstieg der Ausgaben* a marked rise in expenses **3** *Adv* distinctly ◊ *ausgeprägt pessimistisch* distinctly pessimistic
ausgerechnet 1 ⇨ AUSRECHNEN **2** ◊ *ausgerechnet heute* today of all days ◊ *Warum ausgerechnet ich?* Why me of all people? ◊ *Ausgerechnet jetzt will er mich sprechen.* He would have to speak to me now.
ausgeschlossen 1 ⇨ AUSSCHLIESSEN **2** (*unmöglich*) impossible; (*nicht infrage kommend*) out of the question ◊ *Bei dem Lärm ist jede Erholung ausgeschlossen.* It's impossible to relax with this noise going on. ◊ *Ausgeschlossen!* That's out of the question! ◊ *Jeder Irrtum ist ausgeschlossen.* There can be no possibility of a mistake.
ausgeschnitten 1 ⇨ AUSSCHNEIDEN **2** ◊ *ein tief ausgeschnittenes T-Shirt* a T-shirt with a low neck
ausgesorgt ~ haben be set up ◊ *Mit diesem Job hat er fürs Leben ausgesorgt.* He's set up for life with that job.
ausgespielt ◊ *Die hat bei mir ausgespielt.* I've had it with her.
ausgesprochen 1 ⇨ AUSSPRECHEN **2** *Adj* marked, real ◊ *eine ausgesprochene Vorliebe/Abneigung* a marked preference/aversion ◊ *Er hat eine ausgesprochene Begabung für Sprachen.* He has a real talent for languages. ◊ *Sie hat ausgesprochenes Glück gehabt.* She was really lucky. **3** *Adv* extremely, really ◊ *Er hat sich ausgesprochen schlecht benommen.* He behaved extremely badly. ◊ *Ich mag sie ausgesprochen gern.* I really like her.
ausgestalten 1 (*organisieren*) organize; (*entwerfen*) design; (*schmücken*) decorate **2** (*formulieren*) formulate **3** *etw zu etw* ⇨ (*ausbauen*) convert sth into sth
Ausgestaltung 1 (*das Organisieren*) organization; (*das Entwerfen*) design; (*das Schmücken*) decoration **2** (*Form*) form
ausgestellt 1 ⇨ AUSSTELLEN **2** (*Rock etc.*) flared
ausgestorben 1 ⇨ AUSSTERBEN **2** (*Tierart etc.*) extinct **3** (*leer*) deserted ◊ *Der Ort war wie ausgestorben.* The place was deserted.
ausgesucht 1 ⇨ AUSSUCHEN **2** *Adj* (*erlesen*) exquisite; (*Wein, Früchte*) choice (*nur vor Nomen*) **3** *Adj* (*ausgewählt*) selected **4** *Adj* (*groß*) extreme ◊ *mit ausgesuchter Höflichkeit* with extreme courtesy **5** *Adv* (*sehr*) extremely ◊ *ein ausgesucht schönes Kleid* an extremely beautiful dress
ausgetreten 1 ⇨ AUSTRETEN **2** (*abgenutzt*) worn ◊ *ein ausgetretener Pfad* a worn path ◊ *Die Stufen waren in der Mitte ganz ausgetreten.* The steps were worn away in the middle.
ausgewachsen 1 ⇨ AUSWACHSEN **2** (*erwachsen*) fully grown ◊ *ausgewachsene Exemplare* fully grown specimens ◊ *ausgewachsene Männer* grown men **3** (*richtig*) proper (*nur vor Nomen*); (*Krise, Flaute*) full-blown **4** (*groß*) huge ◊ *ein ausgewachsener Skandal* a huge scandal
ausgewählt 1 ⇨ AUSWÄHLEN **2** selected ◊ *ausgewählte Werke* selected works
ausgewogen 1 balanced ◊ *sich ausgewogen ernähren* eat a balanced diet ◊ *ein ausgewogenes Verhältnis zwischen Arbeit und Freizeit* a good balance between work and leisure ◊ *ein ausgewogenes Verhältnis von Frauen und Männern* equal numbers of men and women ◊ *sozial ausgewogen* equitable **2** (*harmonisch*) harmonious

Ausgewogenheit 1 balance ◊ *die Ausgewogenheit des Programms* the well-balanced programme ◊ *die soziale Ausgewogenheit des Haushalts* the social justice of the budget **2** (*Harmonie*) proportion
ausgezeichnet 1 ⇨ AUSZEICHNEN **2** *Adj* (*hervorragend*) excellent ◊ *Er ist in ausgezeichneter Verfassung.* He is in excellent form. **3** *Adv* extremely well ◊ *Sie ist ausgezeichnet informiert.* She is extremely well informed.
ausgiebig 1 *Adj* (*Gespräch, Schlaf, Spaziergang etc.*) long; (*Essen*) substantial, big (*umgs*); (*Programm*) full ◊ *ein ausgiebiges Frühstück* a big breakfast ◊ *ausgiebige Regenfälle* heavy rain **2** *Adv* a lot ◊ *ausgiebig trinken* drink a lot ◊ *etw ausgiebig genießen* enjoy sth to the full ◊ *Seinen Geburtstag hat er ausgiebig gefeiert.* He celebrated his birthday in style.
ausgießen 1 (*Flüssigkeit*) pour sth out; (*weggießen*) pour sth away ◊ *Er goss das Wasser aus.* He poured the water away. **2** (*Gefäß*) empty* sth (out) ◊ *den Eimer ausgießen* empty the bucket **3** *etw* (**mit etw**) **~** (*füllen*) fill sth (in) (with sth) ◊ *Die Grube wurde mit Beton ausgegossen.* The hole was filled (in) with concrete.
Ausgleich 1 (*Gleichgewicht*) balance ◊ *einen Ausgleich erreichen* achieve a balance ◊ *Die Vorsitzende war um Ausgleich bemüht.* The chair tried to reach a compromise. **2** (*Entschädigung*) compensation; **zum/als ~** (**für etw**) to compensate (for sth) ◊ *ein finanzieller Ausgleich* financial compensation ◊ *Als Ausgleich für den Bewegungsmangel geht er schwimmen.* To compensate for the lack of exercise he goes swimming. ◊ *Der Sport gibt einen Ausgleich zum Beruf.* Sport makes a change from work. ◊ *Du brauchst ein bisschen Ausgleich.* You need (a bit of) a change. **3** (*Konto, Haushalt*) balancing ◊ *zum Ausgleich des Haushalts* to balance the budget **4** (*Treffer*) equalizer
ausgleichen 1 (*Unterschiede*) even sth out; (*Gegensätze*) reconcile; (*Differenzen*) settle **2** (*wettmachen*) compensate for sth; (*Verlust, Defizit, Nachteil*) make* up for sth ◊ *Die Zinsen gleichen nicht einmal die Teuerungsrate aus.* The interest doesn't even make up for inflation. ◊ *Die Überstunden werden durch freie Tage ausgeglichen.* Days off are given in lieu of overtime. **3** (*Konto, Haushalt*) balance **4** (SPORT) equalize **5** *sich* **~** balance (each other) out ◊ *Ausgaben und Einnahmen gleichen sich aus.* Income and expenditure balance each other out. **IDM** ⇨ GERECHTIGKEIT
Ausgleichs- Ausgleichssport sport to keep fit ◊ *Radfahren eignet sich gut als Ausgleichssport.* Cycling is a good way to keep fit. **Ausgleichstreffer** equalizer
ausgraben 1 (*Loch etc.*) dig*; (*Pflanze, Wurzel*) dig* sth out; (*Leiche*) exhume **2** (*finden*) dig* sth out, unearth ◊ *Sie hat ein paar alte Briefe ausgegraben.* She dug out some old letters. **3** (*in Erinnerung rufen*) dig* sth up; (*Unangenehmes*) rake sth up ◊ *Immer wieder gräbt sie die alte Geschichte aus.* She's always raking up that old story. **4** (*archäologisch*) excavate **IDM** ⇨ KRIEGSBEIL
Ausgrabung 1 (*Freilegung*) excavation ◊ *die Ausgrabung eines Tempels* the excavation of a temple ◊ *bei einer archäologischen Ausgrabung* during an archaeological dig **2** (*Fund*) (archaeological) find
Ausgrabungsstätte archaeological site
ausgucken 1 nach jdm/etw ~ look out for sb/sth ◊ *Ich habe schon den ganzen Tag nach ihm ausgeguckt.* I've been looking out for him all day. **2** (**sich**) **jdn/etw ~** have got your eye on sb/sth, choose* sb/sth
Ausguss 1 (*Becken*) sink **2** (*Abfluss*) drain
aushalten 1 (*ertragen*) stand* ◊ *Sie hält es vor Hitze nicht aus.* She can't stand the heat. ◊ *Ich halte es nicht länger aus.* I can't stand it any longer. ◊ *Ich kann die Schmerzen nicht aushalten.* I can't bear the pain. ◊ *Das ist ja nicht auszuhalten!* It's unbearable! ◊ *einen Vergleich mit etw aushalten* bear comparison with sth ◊ *Sportler müssen viel aushalten können.* Athletes need a lot of endurance. ◊ *Sie hält es nirgends lange aus.* She never stays anywhere for very long. ◊ *Hier lässt es sich aushalten.* I could get used to it here. ◊ *Vorsicht, der Tisch hält das Gewicht nicht aus!* Be careful, the table won't take the weight! **2** (*Druck, Temperatur, Belastung*) withstand* **3** (*durchhalten*) hold* on ◊ *Du musst noch eine Weile aushalten.* You'll have to hold on a bit longer. **4** (*unterhalten*) keep* ◊ *Sie lässt sich von ihren Eltern aushalten.* She is being kept by her parents. **5** (MUS) hold*
aushandeln negotiate; (*Preis, Bedingungen*) agree; (*Kompromiss*) reach, work sth out

aushändigen jdm etw ~ hand sb sth, hand sth to sb
Aushang notice ◊ *einen Aushang machen* put up a notice ◊ *Plakate zum Aushang im Klassenzimmer* posters to be displayed in the classroom
aushängen 1 (*Tür etc.*) take* *sth* off its hinges; (*Fenster*) take* *sth* out **2** (*bekannt machen*) put* *sth* up ◊ *Die neuen Stundenpläne werden morgen ausgehängt.* The new timetables will be put up tomorrow. **3** (*hängen*) be up ◊ *Die Ergebnisse hängen am schwarzen Brett aus.* The results are up on the noticeboard.
Aushängeschild ◊ *Sie ist das Aushängeschild des Klubs.* She's the club's star player. ◊ *Das Geschäft ist das Aushängeschild der Ladenkette.* The shop is the firm's flagship store.
ausharren hold* out ◊ *Sie musste einige Stunden ausharren, bis man sie befreite.* She had to hold out for several hours until they freed her. ◊ *Er harrte geduldig auf seinem Posten aus.* He stayed patiently at his post.
ausheben 1 (*Grube, Grab etc.*) dig* *sth*; (*Erde*) dig* *sth* out **2** (*Nest, Lager, Haus*) raid; (*Ring*) smash **3** (*Tür etc.*) take* *sth* off its hinges; (*Fenster*) take* *sth* out **4 sich etw ~** (*Schulter*) dislocate *sth*, put* *sth* out (*umgs*)
aushecken (*Plan*) hatch
ausheilen (*Wunde, Knie etc.*) heal (completely); (*Krankheit*) be completely cured ◊ *Das Knie ist noch nicht ausgeheilt.* The knee hasn't quite healed yet. ◊ *Die Infektion ist jetzt ausgeheilt.* The infection has cleared up completely. ◊ *Ihre Verletzung ist völlig ausgeheilt.* She has completely recovered from her injury.
aushelfen 1 help out ◊ *Er hilft im Laden aus.* He helps out in the shop. ◊ *Ich helfe hier nur aus.* I'm only filling in. **2 jdm (mit etw) ~** help sb out (with sth)
Aushilfe 1 (*Mitarbeit*) ◊ *Sie suchen jemanden zur Aushilfe.* They're looking for someone to help out. ◊ *zur Aushilfe arbeiten* help out **2** (*Mitarbeiter(in)*) temporary worker; (*im Büro*) temp ◊ *Er arbeitet hier als Aushilfe.* He works here on a temporary basis. ◊ *Sie ist dort nur eine Aushilfe.* She is only a temp there.
Aushilfskraft temporary worker; (*im Büro*) temp ◊ *Aushilfskräfte* temporary staff
aushöhlen 1 (*hohl machen*) hollow *sth* out; (*Obst, Gemüse*) scoop out the flesh of *sth*; (*erodieren*) erode ◊ *Die Tomaten aushöhlen und mit Reis füllen.* Scoop out the flesh of the tomatoes and fill them with rice. ◊ *Die Brandung höhlt die Klippen allmählich aus.* The waves are eroding the cliffs. **2** (*untergraben*) undermine
Aushöhlung 1 (*das Aushöhlen*) hollowing out; (*Stelle*) hollow; (GEOL) erosion **2** (*Untergrabung*) undermining
ausholen 1 ◊ *mit dem Arm ausholen* swing your arm back ◊ *Er holte aus und versetzte mir/dem Ball einen Schlag.* He took a swing at me/the ball. ◊ *Die Partei holte zum Gegenschlag aus.* The party was preparing for a counter-attack. **2** (*eilen*) take* long strides ◊ *mit weit ausholenden Schritten gehen* stride out **3** (*bei einem Bericht*) go* back ◊ *Ich musste weit ausholen, um die Hintergründe zu erklären.* I had to go back a long way to explain the background.
aushorchen jdn (**über/nach etw**) ~ sound sb out (about sth)
aushungern starve *sb/sth* out
auskennen sich ~ know* your way around; **sich in/mit etw** ~ know* all about *sth* ◊ *Ich kenne mich hier nicht aus.* I don't know my way around here. ◊ *Mit Hunden kennt er sich (gut) aus.* He knows all about dogs. ◊ *Ich kenne mich bei ihr nicht mehr aus.* I don't know where I am with her any more. IDM ⇨ WESTENTASCHE
auskippen 1 (*Aschenbecher, Eimer etc.*) empty* **2** (*Müll, Asche etc.*) tip* *sth* out
ausklammern (*Frage, Thema, Bereich*) not deal with *sth*; **jdn/etw (aus etw)** ~ exclude sb/sth (from sth) ◊ *Die wichtigsten Fragen blieben ausgeklammert.* The most important questions weren't dealt with. ◊ *Diese Möglichkeit wurde von vornherein ausgeklammert.* That possibility was excluded from the outset.
Ausklang (*meist mit einem Verb übersetzt*) ◊ *ein Glas Wein zum Ausklang des Abends* a glass of wine to end the evening ◊ *Den Ausklang des Festes bildete ein Feuerwerk.* The festivities ended with fireworks.
ausklingen end ◊ *Mit Musik und Tanz klang das Fest aus.* The party ended with music and dancing. ◊ *das ausklin-* *gende Jahr* the year which is/was coming to an end ◊ *Allmählich klangen die Glocken aus.* The sound of the bells gradually died away.
ausklügeln work *sth* out; (*System, Mechanismus*) devise ◊ *Alles war bis ins Detail ausgeklügelt.* Everything had been worked out right down to the last detail. ◊ *ein ausgeklügeltes System* an ingenious system
ausknobeln 1 (*ausdenken*) work *sth* out **2** (*durch Würfeln*) throw* dice (to decide sth) ◊ *Wir haben ausgeknobelt, wer anfangen soll.* We threw the dice to decide who should start.
auskochen 1 (*Knochen*) boil *sth* up **2** (*sterilisieren*) sterilize *sth* (in boiling water)
auskommen 1 (*zurechtkommen*) manage ◊ *Sie kommt mit ihrer Rente nicht aus.* She can't manage on her pension. ◊ *Ich bin mit der Zeit nicht ausgekommen.* I didn't have enough time. ◊ *Wir müssen heute ohne ihn auskommen.* We'll have to manage without him today. **2 mit jdm ~** get* on with sb ◊ *Er kommt mit seinen Eltern nicht aus.* He doesn't get on with his parents. ◊ *glänzend miteinander auskommen* get on like a house on fire ◊ *Mit ihr ist nicht auszukommen.* She's impossible.
Auskommen living ◊ *ein gutes Auskommen haben* make a good living ◊ *sein Auskommen finden* make a living
auskosten enjoy, relish ◊ *etw voll auskosten* enjoy sth to the full
auskratzen scrape *sth* out IDM **jdm die Augen auskratzen** scratch sb's eyes out
auskugeln dislocate ◊ *sich den Arm auskugeln* dislocate your arm
auskühlen 1 (*Mensch, Tier*) ◊ *völlig ausgekühlt* chilled to the bone **2** (*Kuchen etc.*) cool ◊ *etw auskühlen lassen* leave sth to cool **3** (*Raum, Gerät etc.*) get* cold
auskundschaften reconnoitre, (*AmE*) reconnoiter
Auskunft 1 information [U] ◊ *Ich bekam keine klare Auskunft.* I couldn't get any clear information. ◊ *eine brauchbare Auskunft* a useful piece of information ◊ *die Auskunft verweigern* refuse to give information ◊ *Auskunft darüber erteilt ...* Further information is obtainable from ... ◊ *nach Auskunft der Polizei* according to the police ☛ *Hinweis bei* INFORMATION, S. 1030. **2** (*Stelle*) information (office); (*Telefon-*) directory enquiries, (*AmE*) directory information ◊ *die Auskunft anrufen* ring directory enquiries ☛ G 1.3c
auskurieren 1 etw ~ recover from sth ◊ *eine Erkältung auskurieren* recover from a cold **2 jdn ~** make* sb better **3 sich ~** fully recover ◊ *Sie beschloss, nicht zur Arbeit zu gehen, sondern sich erst auszukurieren.* She decided not to go to work until she was fully recovered.
auslachen jdn ~ laugh at sb ◊ *Sie wurde von den anderen ausgelacht.* The others laughed at her.
ausladen 1 unload ◊ *Das Klavier wurde aus dem Möbelwagen ausgeladen.* The piano was unloaded from the furniture van. ◊ *den Kofferraum ausladen* unload the boot **2 jdn ~** cancel* an invitation to sb ◊ *Sie mussten alle Gäste wieder ausladen.* All the invitations had to be cancelled. ◊ *Jetzt kannst du ihn nicht mehr ausladen!* You can't ask him not to come!
ausladend 1 projecting; (*Hut*) wide-brimmed; (*Äste*) spreading ◊ *ein ausladendes Dach* a projecting roof ◊ *ein Baum mit einer ausladenden Krone* a tree with spreading branches **2** (*Geste, Bewegung*) sweeping (*nur vor Nomen*)
Auslage 1 (shop) window ◊ *Wir bewunderten die Auslagen der Geschäfte.* We admired the goods on display in the shop windows. ◊ *in der Auslage* in the window ◊ *sich die Auslagen ansehen* go window shopping **2 Auslagen** (*Ausgaben*) expenses [Pl]
Ausland 1 im/ins ~ abroad; **aus dem ~** foreign ◊ *ins Ausland gehen/im Ausland leben* go/live abroad ◊ *Urlaub im Ausland machen* go abroad on holiday ◊ *Touristen aus dem Ausland* foreign tourists **2** (*andere Staaten*) other countries [Pl] ◊ *Wie wird das Ausland reagieren?* How will other countries react? ◊ *im benachbarten Ausland* in neighbouring countries ◊ *im europäischen Ausland* in other European countries
Ausländer(in) foreigner ◊ *Er ist Ausländer.* He's a foreigner.
Ausländeranteil ◊ *Der Bezirk hat einen hohen Ausländeranteil.* The district has a large immigrant population.

Ausländerbeauftragte(r) = immigrant welfare officer
Ausländerbehörde ~ immigration office **ausländerfeindlich** xenophobic ◊ *ausländerfeindlich eingestellt sein* be xenophobic ◊ *ausländerfeindliche Aktionen* attacks on immigrants **ausländerfreundlich** ◊ *ein ausländerfreundliches Land* a country that welcomes foreigners **Ausländerhass** xenophobia
ausländisch foreign
Auslands- Auslandseinsatz ◊ *ein Auslandseinsatz deutscher Soldaten* the deployment of German troops abroad ◊ *im Auslandseinsatz* serving abroad **Auslandserfahrung** overseas experience **Auslandsgespräch** international call **Auslandskorrespondent(in)** foreign correspondent **Auslandsmarkt** export market ◊ *sinkende Umsätze auf dem Auslandsmarkt* declining exports **Auslandsreise** trip abroad ◊ *auf Auslandsreise sein* be on a trip abroad ◊ *wegen der zunehmenden Auslandsreisen* because of the increase in foreign travel **Auslandsstudium** period of study abroad
auslassen 1 miss *sth* out; (*Gelegenheit*) miss ◊ *Sie hat mich beim Aufrufen ausgelassen.* She missed me out when she called the register. ◊ *keine Gelegenheit auslassen etw zu tun* never miss an opportunity to do sth **2** *etw an jdm* ~ (*Laune etc.*) take* sth out on sb; (*Ärger*) vent sth on sb (*gehoben*) ◊ *Lass es nicht an mir aus!* Don't take it out on me! **3 sich** (**über** *jdn/etw*) ~ say* what you think (about sb/sth) **4** (*Fett*) ◊ *Speck auslassen* cook bacon until the fat runs out ◊ *ausgelassene Butter* clarified butter **5** (*Kleidungsstück, Gerät*) leave* sth off ◊ *Lass den Pullover ruhig aus.* You can leave off your sweater. ◊ *Lass den Fernseher aus!* Leave the television off! **6** (*weiter machen*) let* sth out; (*länger machen*) let* sth down
Auslassung omission
auslasten 1 (*Maschine, Betrieb etc.*) use *sth* to capacity ◊ *Die Kapazitäten der Bahn sind ausgelastet.* The railways are used to capacity. ◊ *Die Pflegeheime sind voll ausgelastet.* The nursing homes are full to capacity. ◊ *Die Maschinen waren nur zu 60% ausgelastet.* The machines operated at only 60% of capacity. **2** (*beanspruchen*) occupy*; (*befriedigen*) fulfil*, (AmE) fulfill ◊ *Mit Familie und Beruf war sie voll ausgelastet.* She was fully occupied with her family and job. ◊ *Er ist im Beruf nicht ausgelastet.* He doesn't feel fulfilled in his job.
Auslastung full capacity ◊ *bei voller Auslastung* at full capacity ◊ *Die Auslastung der Parkplätze liegt bei fast 100 Prozent.* The car parks are used to nearly 100 per cent capacity.
Auslauf 1 (*Abfluss*) outlet **2** (*Raum*) space to run around; (*Bewegung*) exercise ◊ *Der Park bietet ihnen genügend Auslauf.* In the park they have plenty of space to run around. ◊ *Hunde brauchen täglich Auslauf.* Dogs need exercise every day. **3** (*Hühner*) run; (*Pferde*) paddock **4** (*Skispringen*) run-out
auslaufen 1 (*Flüssigkeit*) spill*; (*langsam*) leak ◊ *Die Milch ist ausgelaufen.* The milk spilled. ◊ *Mein Parfum ist ausgelaufen.* My perfume has leaked. ◊ *Aus dem Schlauch ist Öl ausgelaufen.* Oil escaped from the pipe. **2** (*Behälter*) ◊ *Ein Öltanker war ausgelaufen.* An oil tanker had spilled its cargo. ◊ *Das Fass ist ausgelaufen.* All the liquid has come out off the barrel. ◊ *Schiff etc.*) put* to sea ◊ *zum Auslaufen bereitliegen* be ready to put to sea ◊ *aus dem Hafen auslaufen* leave harbour **4** (*Vertrag etc.*) run* out; (*Weg etc.*) peter out **5** (*Modell*) be discontinued **6** (*Farben*) run*
Ausläufer 1 (*Gebirge*) foothills [Pl] **2** (*meteorologisch*) ◊ *die Ausläufer eines Tiefs* a trough ◊ *die Ausläufer eines Hochdruckgebietes* a ridge of high pressure **3** (Вот) runner
Auslaufmodell discontinued model
auslaugen 1 (*Boden*) impoverish **2** (*Mensch*) exhaust
ausleben 1 sich ~ indulge yourself ◊ *Hier dürfen sich Autofahrer noch ausleben.* Drivers can really indulge themselves here. ◊ *sich bis spät in die Nacht ausleben* live it up till all hours **2** (*Fantasie, Traum*) live *sth* out; (*Gefühl, Trieb*) express
ausleeren 1 (*Inhalt*) empty* *sth* (out) **2** (*Behälter*) empty*
auslegen 1 put* *sth* out ◊ *Der Arzt hatte Prospekte im Wartezimmer ausgelegt.* The doctor had put out leaflets in the waiting room. ◊ *etw im Schaufenster auslegen* put sth on display in the window **2** (*Köder etc.*) put* *sth* down; (*Falle*) set* **3** (*Schublade etc.*) line; (*Zimmer mit Teppich*) carpet ◊ *Er legte den Käfig mit Zeitungspapier aus.* He lined the cage with newspaper. ◊ *das Wohnzimmer mit Teppichboden auslegen* carpet the living room ◊ *die Küche mit Zeitungspapier auslegen* put newspaper down on the kitchen floor **4 etw für jdn** ~ lend* sb sth ◊ *Kannst du mir das Geld auslegen?* Can you lend me the money? ◊ *Er legte ihr den Eintritt aus.* He lent her the money for a ticket. **5 etw für etw** ~ design sth for sth ◊ *Das Theater ist für 500 Zuschauer ausgelegt.* The theatre is designed to hold 500. **6** (*interpretieren*) interpret ◊ *Ihr Zögern wurde als Ablehnung ausgelegt.* Her hesitation was interpreted as a refusal. ◊ *Deine Worte könnte man falsch auslegen!* Your words could be misinterpreted! **7** (*Rohre etc.*) lay*
Ausleger boom; (*beim Kran*) jib; (*beim Boot*) outrigger
Auslegung interpretation
Ausleihe 1 (*meist mit einem Verb übersetzt*) ◊ *Die Ausleihe von Büchern ist nur mit Ausweis möglich.* Books can only be borrowed with a card. ◊ *Letzte Ausleihe ist um drei Uhr.* Books are only issued until three o'clock. **2** (*Schalter etc.*) issuing desk
ausleihen 1 (**sich**) (**bei/von** *jdm*) **etw** ~ borrow sth (from sb) ◊ *Dürfen wir eure Fahrräder ausleihen?* Can we borrow your bicycles? **2** (**jdm**) **etw** ~ (*verleihen*) lend* sth (to sb) ◊ *Ich kann dir mein Auto leider nicht ausleihen.* Unfortunately, I can't lend you my car. ☛ *Hinweis bei* BORGEN
auslernen complete your training ◊ *Sie hat im Sommer ausgelernt.* She completed her training in the summer. ◊ *ausgelernte Fachkräfte* qualified staff [IDM] **Man lernt nie aus!** You learn something new every day.
Auslese 1 selection ◊ *die natürliche Auslese* natural selection **2** (*Wein*) ~ vintage wine
ausliefern 1 etw (an jdn/etw) ~ deliver sth (to sb/sth) **2 jdn** ~ hand sb over; (*an einen Staat*) extradite sb ◊ *jdn der Justiz ausliefern* hand sb over to the police ◊ *Die Terroristen wurden an ihren Heimatstaat ausgeliefert.* The terrorists were extradited to their own country. **3 jdm ausgeliefert sein** be at sb's mercy ◊ *Er war seinen Verfolgern ausgeliefert.* He was at the mercy of his pursuers. **4** (*fig*) **jdn etw** ~ leave* sb to sth ◊ *die Flüchtlinge ihrem Schicksal ausliefern* leave the refugees to their fate ◊ *der Kälte schutzlos ausgeliefert* at the mercy of the elements
Auslieferung 1 (*Waren*) delivery* **2** (*eines Menschen*) handing over (*oft mit einem Verb übersetzt*); (*an einen anderen Staat*) extradition ◊ *nach seiner Auslieferung an die Justiz* after he was handed over to the police
ausliegen be displayed ◊ *Die Ringe lagen im Schaufenster aus.* The rings were displayed in the shop window. ◊ *Sie hatten Listen für eine Unterschriftenaktion ausliegen.* They had put out a petition for people to sign.
auslöschen 1 (*Feuer, Kerze, Glut etc.*) put* *sth* out; (*Licht auch*) turn *sth* out/off **2** (*Vergangenheit, Familie etc.*) wipe *sb/sth* out
auslosen draw* lots to decide *sth* ◊ *den Gewinner auslosen* draw lots to decide the winner
auslösen 1 (*Alarmanlage etc.*) set* *sth* off **2** (*hervorrufen*) cause ◊ *Anhaltende Regenfälle lösten eine Überschwemmung aus.* Continuous rainfall caused flooding. ◊ *Das löste Proteste bei den Grünen aus.* This led to protests from the Greens.
Auslöser 1 trigger ◊ *Auslöser für den Streik war ...* The trigger for the strike was ... ◊ *der Auslöser der Krankheit* the cause of the disease **2** (*Fotoapparat*) shutter release ◊ *auf den Auslöser drücken* release the shutter
Auslosung draw
ausloten 1 (*Kanal etc.*) sound the depth of *sth* **2** (*Wand etc.*) plumb **3** (*fig*) sound *sth* out ◊ *die Möglichkeiten ausloten* sound out the possibilities ◊ *Er hat bei seinem Chef die Chancen auf Beförderung ausgelotet.* He sounded out his boss about his chances of promotion.
auslüften air
ausmachen 1 (*Licht, Zigarette*) put* *sth* out **2** (*Lampe, Heizung etc.*) turn *sth* off **3** (*verabreden*) arrange ◊ *Wir haben ausgemacht, ins Kino zu gehen.* We've arranged to go to the cinema. ◊ *einen Termin beim Arzt ausmachen* make an appointment at the doctor's **4** (*erkennen*) make* *sb/sth* out; (*entdecken*) detect ◊ *Es fiel ihr schwer, den Fußgänger im Halbdunkeln auszumachen.* She found it difficult to make out the figure of the pedestrian in the gloom. ◊ *Flug-*

zeuge in großer Höhe ausmachen detect high-flying aircraft ◊ *Vom Hubschrauber aus gelang es der Polizei, den Fluchtwagen auszumachen.* The police managed to spot the getaway car from the helicopter. **5** (*Problem etc.*) sort *sth* out ◊ *Das muss sie mit sich selber ausmachen.* She has to sort it out for herself. ◊ *Das werden wir vor Gericht ausmachen!* We'll settle it in court! **6 etw macht jdm etwas/nichts aus** sb minds/does not mind sth (*nicht in der Verlaufsform*) ◊ *Macht es dir etwas aus, wenn ich das Fenster aufmache?* Do you mind if I open the window? ◊ *Macht es dir etwas aus, zu Fuß zu gehen?* Do you mind walking? ◊ *Es macht mir nichts aus, dass sie nicht mitkommen kann.* I don't mind her not coming. ◊ *Nicht, dass es mir was ausmachen würde.* Not that I would mind. **7** (*Unterschied machen*) make* a difference ◊ *viel ausmachen* make a big difference ◊ *Das macht kaum etwas aus.* It makes hardly any difference. **8** (*das Wesentliche sein*) make* ◊ *das Ballgefühl, das einen guten Fußballspieler ausmacht* the feel for the ball that makes a good footballer ◊ *Das ist es, was Freundschaft ausmacht.* That's what friendship is all about. **9** (*betragen*) account for *sth* ◊ *Es macht ein Fünftel des Jahresumsatzes aus.* It accounts for a fifth of annual turnover.
ausmalen 1 (*bemalen*) paint ◊ *mit Fresken ausgemalt* painted with frescoes **2** (*anmalen*) colour *sth* in, (*AmE*) color *sth* in **3 sich etw ~** imagine sth; **jdm etw ~** describe sth to sb ◊ *Sie malte sich bereits die schrecklichsten Dinge aus.* She was already imagining the worst. ◊ *Er malte ihr aus, welche Vorteile das haben würde.* He was describing all the advantages of it to her.
Ausmaß 1 extent ◊ *das Ausmaß des Schadens* the extent of the damage ◊ *Es wird untersucht, in welchem Ausmaß Kinder von Leukämie betroffen sind.* Investigations are under way to determine the extent of childhood leukaemia. ◊ *das Ausmaß der Katastrophe* the scale of the disaster **2** proportions [Pl] ◊ *erschreckende Ausmaße annehmen* reach alarming proportions ◊ *eine Umweltkatastrophe ungeahnten Ausmaßes* an environmental disaster of unimaginable proportions
ausmerzen 1 (*ausrotten*) eradicate **2** (*Fehler etc.*) eliminate
ausmessen (*Grundstück, Raum*) measure *sth* up
ausmisten 1 (*Stall etc.*) muck *sth* out **2** (*Schrank, alte Sachen*) clear *sth* out ◊ *Miste endlich deinen Schrank aus!* It's time you cleared out your cupboard. ◊ *Er mistete seine alten Bücher aus.* He cleared out his old books.
ausmustern 1 (MIL) declare *sb* unfit for military service **2** (*aussortieren*) scrap*; (*Flugzeug etc.*) take* *sth* out of service
Ausnahme exception ◊ *alle Kinder ohne Ausnahme* all the children without exception ◊ *mit einigen wenigen Ausnahmen* with one or two exceptions ◊ *eine Ausnahme bilden* be an exception ◊ *mit Ausnahme von jdm/etw* except for sb/sth ☛ *Hinweis bei* EXCEPT¹ IDM **Ausnahmen bestätigen die Regel** the exception proves the rule **die Ausnahme von der Regel** the exception to the rule
Ausnahmefall exception ◊ *ein Ausnahmefall sein* be an exception ◊ *nur im Ausnahmefall* only in exceptional circumstances **Ausnahmegenehmigung** special permission [U]; (*von Verbot, Regelung etc.*) exemption **Ausnahmeregelung** special provision **Ausnahmesituation** exceptional situation **Ausnahmezustand** state of emergency ◊ *den Ausnahmezustand verhängen* impose a state of emergency
ausnahmslos without exception ◊ *Sie waren fast ausnahmslos dagegen.* They were, almost without exception, against it. ◊ *Die Passagiere blieben ausnahmslos unverletzt.* None of the passengers were hurt.
ausnahmsweise as an exception; (*diesmal*) for once ◊ *Die Bibliothek ist ausnahmsweise auch am Wochenende geöffnet.* As an exception the library will be open at the weekend. ◊ *Sie darf ausnahmsweise länger aufbleiben.* She can stay up late for once.
ausnehmen 1 jdn/sich/etw (von etw) ~ (*gesondert behandeln*) exclude sb/yourself/sth (from sth) ◊ *Diese Region wurde von dem Embargo ausgenommen.* The region was excluded from the embargo. ◊ *Wir sind alle schuld — da will ich mich nicht ausnehmen.* We are all guilty, including me! ◊ *Anlieger ausgenommen* except for residents **2** (*Tier*) gut* **3 jdn ~** (*Geld abnehmen*) fleece sb
ausnüchtern sober up

Ausnüchterung ◊ *zur Ausnüchterung* to sober up
ausnutzen, ausnützen 1 (*ausbeuten*) exploit ◊ *Er hat meine Wehrlosigkeit ausgenutzt.* He exploited my defencelessness. ◊ *Ich habe das Gefühl, dass ich ausgenutzt werde.* I feel I'm being used. ◊ *Sie nutzen das Mitleid der Menschen aus.* They play on people's sympathy. **2** (*nutzen*) make* the most of *sth* ◊ *Er nutzt seine Freizeit gut aus.* He makes the most of his free time. ◊ *Sie nutzten das schöne Wetter dazu aus, schwimmen zu gehen.* They took advantage of the fine weather to go swimming. ◊ *Energie optimal ausnutzen* use power as efficiently as possible
Ausnutzung, Ausnützung 1 exploitation ◊ *die Ausnutzung von Lehrlingen als billige Arbeitskräfte* the exploitation of apprentices as cheap labour **2** (*Nutzung*) use ◊ *die volle Ausnutzung der Kapazität einer Anlage* using a plant to capacity
auspacken 1 (*Koffer, Kiste*) unpack; (*Geschenk, Butterbrot*) unwrap*; (*Paket*) open ◊ (*seine Sachen*) auspacken unpack (your things) **2** (*Geheimnisse verraten*) talk, tell* all
auspeitschen flog*
auspfeifen (whistle and) boo ◊ *Das Publikum pfiff ihn aus.* He was booed off the stage.
ausplaudern (*Geheimnis*) give* *sth* away
ausprobieren etw (**an jdm**) **~** try* *sth* out (on sb)
Auspuff exhaust
Auspuffrohr exhaust pipe **Auspufftopf** silencer, (*AmE*) muffler
auspumpen 1 (*Wasser*) pump *sth* out **2** (*Tank, Keller*) pump the water, oil, etc. out of *sth* ◊ *Ihm musste der Magen ausgepumpt werden.* He had to have his stomach pumped.
ausquetschen 1 (*Zitrone etc.*) squeeze **2** (*verhören*) pump (*umgs*) ◊ *Er quetschte mich über die Party aus.* He pumped me about what happened at the party. ◊ *Sie haben mich so lange ausgequetscht, bis ich alles erzählt hatte.* They kept on at me until I told them everything.
ausradieren 1 rub* *sth* out, erase (*gehoben*) **2** (*vernichten*) wipe *sth* out
ausrangieren take* *sth* out of service; (*wegwerfen*) throw* *sth* out
ausrangiert discarded, old
ausrasten 1 (*sich lösen*) come* out **2** (*wütend werden*) flip* your lid; (*wahnsinnig werden*) go* mad
ausrauben burgle, (*AmE*) burglarize; (*auf der Straße*) mug*; (*Auto*) break* into *sth*; (*Bank*) rob*
ausräuchern (*Ungeziefer*) smoke *sth* out; (*Raum*) fumigate
ausräumen 1 clear *sth* out **2** (*Missverständnis, Zweifel*) clear *sth* up; (*Verdacht*) allay
ausrechnen work *sth* out (*gehoben*), calculate IDM **sich (keine) Chancen ausrechnen** reckon you have a/no chance ☛ *Siehe auch* KOPF
Ausrede excuse ◊ *eine faule Ausrede* a feeble excuse
ausreden 1 jdm etw ~ talk sb out of sth ◊ *Wir konnten es ihm nicht ausreden.* We couldn't talk him out of it. **2** (*zu Ende reden*) finish (speaking) ◊ *Jetzt lasst mich doch bitte ausreden!* Please let me finish.
ausreichen be enough ◊ *Die vorhandenen Plätze reichen nicht aus.* There aren't enough places. ◊ *bei weitem nicht ausreichen* be nowhere near enough ◊ *bis nächste Woche ausreichen* last till next week
ausreichend 1 (*Note*) = adequate (*Adv* adequately) ◊ *In Mathe bekam er nur „ausreichend".* He scraped a pass in maths. ☛ *Hinweis bei* NOTE, S. 1126. **2** (*genug*) enough; (*gut genug*) adequate ◊ *Der Hintergrund der Kinder wurde nicht ausreichend berücksichtigt.* Not enough consideration was given to the children's background. ◊ *Es gibt keinen ausreichend großen Saal.* There isn't a hall large enough. ◊ *ausreichend ernährt werden* have an adequate diet
Ausreise leaving the country ◊ *Er wurde bei der Ausreise aus Italien festgenommen.* He was arrested when he tried to leave Italy.
ausreisen leave* (the country) ◊ *aus Peru ausreisen* leave Peru ◊ *in die USA ausreisen* go to the States ◊ *Er durfte nicht ausreisen.* He was refused an exit visa.
ausreißen 1 pull *sth* off; (*Pflanze*) pull *sth* up; (*Haar*) pull *sth* out ◊ *Er riss der Biene die Flügel ab.* He pulled the bee's wings off. ◊ *mehrere Bäume wurden ausgerissen* several

Ausreißer(in)

trees were uprooted **2** (*weglaufen*) run* away; (*aus dem Gefängnis, Käfig*) escape; **vor jdm/etw ~** run* away from sb/sth ◊ *von zu Hause ausreißen* run away from home [IDM] ⇨ BAUM

Ausreißer(in) runaway

ausrenken dislocate ◊ *sich die Schulter ausrenken* dislocate your shoulder

ausrichten 1 jdm etw ~ tell* sb sth ◊ *Können Sie ihm bitte ausrichten, dass …* Can you please tell him that … ◊ *Bitte richte ihr schöne Grüße von mir aus.* Please give her my regards. ◊ *Kann ich ihm etwas ausrichten?* Can I give him a message? **2 etw auf jdn/etw ~** adapt sth to sb/sth; **auf jdn/etw ausgerichtet sein** be geared towards sb/sth **3** (*Veranstaltung*) organize; (*als Stadt, Land*) host ◊ *die olympischen Spiele ausrichten* host the Olympic Games **4 etwas/viel/nichts ~ (können)** do* something/a lot/nothing ◊ *Der Arzt konnte nichts mehr ausrichten.* There was nothing the doctor could do. ◊ *Sie konnten beim Lehrer wenig für ihn ausrichten.* They didn't get very far with the teacher (on his behalf). **5** (*Richtung*) face ◊ *nach Süden ausgerichtet* facing south ◊ *Wir richteten die Stühle zur Bühne hin aus.* We lined up the chairs facing the stage.

Ausrichtung 1 (*das Veranstalten*) organization; (*Olympiade, Gipfelkonferenz etc.*) hosting **2** (*Haltung*) attitude **3** (*Anpassung*) gearing ◊ *die Ausrichtung des Unterrichts auf die Begabten* gearing the lessons towards the more able **4** (*Lage*) aspect ◊ *die Ausrichtung der Terrasse nach Süden* the southern aspect of the terrace ◊ *die Ausrichtung nach Mekka* position facing Mecca

ausrotten eradicate; (*Ungeziefer*) exterminate

Ausrottung extermination

ausrücken be called out ◊ *zu einem Einsatz ausrücken* be called out ◊ *Mehrere Einheiten der Armee sind ausgerückt.* Several army units are on the move.

Ausruf exclamation

ausrufen 1 (*rufen*) exclaim **2** (*Notstand, Unabhängigkeit etc.*) declare; (*Streik*) call **3** (*ansagen*) announce **4 jdn ~ (lassen)** put* out a call for sb

Ausrufezeichen exclamation mark, (*AmE*) exclamation point

ausruhen 1 (sich) ~ have a rest ◊ *Versuche, dich etwas auszuruhen.* Try to have a bit of a rest. ◊ *Sie fühlte sich ausgeruht.* She felt completely rested. **2** (*ruhen lassen*) rest ◊ *die Beine ausruhen* rest your legs [IDM] ⇨ LORBEER

ausrüsten equip*; (*Auto*) fit* ◊ *gut ausgerüstet* well-equipped

Ausrüstung 1 (*das Ausrüsten*) equipping; (*Auto*) fitting **2** (*Ausstattung*) equipment [U] ☛ Vorsicht: **Equipment** ist nicht zählbar, also kann man nicht von „an equipment" oder „equipments" reden: *eine neue Ausrüstung* a new set of equipment.

Ausrüstungsgegenstand piece of equipment [meist Sing]

ausrutschen slip*; (*hinfallen*) slip* (and fall*) ◊ *Er rutschte aus und brach sich den Arm.* He slipped and broke his arm. ◊ *Das Messer rutschte ihm aus.* His knife slipped. [IDM] ⇨ HAND

Ausrutscher (*einmaliger Fehler*) blip; (*Fauxpas*) gaffe

Aussage 1 opinion; **nach jds ~** according to sb ◊ *nach Aussagen der Experten* according to the experts ◊ *Darüber gibt es unterschiedliche Aussagen.* Opinions differ on that. ◊ *Dazu wollte er keine Aussage machen.* He refused to comment. **2** (*vor Gericht*) evidence, testimony; (*bei der Polizei, Presse*) statement ◊ *die Aussage vor Gericht verweigern* refuse to give evidence ◊ *eine Aussage widerrufen* retract a statement **3** (*Botschaft*) message ◊ *Die politische Aussage des Songs ist eindeutig.* The song has a clear political message.

Aussagekraft validity; (*Wirkung*) power, effect ◊ *Er bezweifelte die Aussagekraft der Studie.* He doubted the validity of the study. ◊ *Das Bild hat große Aussagekraft.* It's a very powerful image. **aussagekräftig** meaningful

aussagen 1 say* ◊ *Was will der Dichter damit aussagen?* What is the poet saying here? ◊ *Was sagt die Kleidung über den Menschen aus?* What do your clothes say about you? **2** (*vor Gericht*) testify*, give* evidence; (*bei der Polizei*) make* a statement ◊ *unter Eid aussagen* testify under oath ◊ *als Zeuge vor Gericht aussagen* give evidence in court

Aussagesatz indicative clause

ausschalten 1 switch *sth* off **2 sich ~** switch itself off **3** (*eliminieren*) eliminate

Ausschau nach jdm/etw ~ halten (*suchen*) keep* a lookout for sb/sth; (*haben wollen*) be on the lookout for sb/sth ◊ *Die Polizei hielt Ausschau nach dem vermissten Kind.* The police were keeping a lookout for the missing child. ◊ *Er hält immer nach einem Schnäppchen Ausschau.* He's always on the lookout for a bargain.

ausscheiden 1 (**aus etw**) **~** (*verlassen*) leave* (sth) ◊ *aus der Politik ausscheiden* leave politics **2** (SPORT) (*verlieren*) be eliminated; (*zurückziehen*) retire **3** (*nicht in Betracht kommen*) (have to) be ruled out ◊ *Viele Bewerber schieden von vornherein aus.* Many applicants were ruled out from the start. ◊ *Das scheidet völlig aus.* It's not an option. **4** (BIOL) excrete

Ausscheidung 1 (SPORT) knock-out stage; (*Qualifikation*) qualifier **2** (BIOL) excretion; **Ausscheidungen** excreta [Pl]

ausscheren pull out (*auch fig*) ◊ *Ein Lkw scherte vor uns aus.* A lorry pulled out in front of us. ◊ *aus einem Bündnis ausscheren* pull out from an alliance

ausschimpfen jdn (**wegen einer Sache**) **~** tell* sb off (for sth), give* sb a telling-off (for sth) ◊ *Er hat sie wegen ihrer Nachlässigkeit ausgeschimpft.* He told her off for her carelessness. ◊ *Sie hat ihn ordentlich ausgeschimpft.* She gave him a good telling-off.

ausschlachten 1 (*ausnutzen*) exploit ◊ *Die Presse hat den Fall ausgeschlachtet.* The press exploited the case for political ends. **2** (*Fahrzeug, Maschine*) cannibalize *sth* (for parts), break* *sth* up (for parts/scrap) ◊ *Sie haben das alte Motorrad ausgeschlachtet.* They cannibalized the old motor bike for parts. ◊ *Das Auto taugt nur noch zum Ausschlachten.* The car is only any good for parts. **3** (*Tier*) eviscerate (*gehoben*)

ausschlafen 1 (sich) ~ have enough/a good sleep; (*später aufstehen*) have a lie-in ◊ *sich richtig ausschlafen* have a good long sleep ◊ *Ich habe heute nicht richtig ausgeschlafen.* I didn't get enough sleep last night. ◊ *Das Kind ist nicht ausgeschlafen.* The child is still half asleep. **2** (*Rausch*) sleep* *sth* off ◊ *seinen Rausch ausschlafen* sleep off the effects of alcohol

Ausschlag 1 (MED) rash ◊ *einen Ausschlag bekommen* come out in a rash ◊ *einen Ausschlag im Gesicht haben* have a rash on your face **2** (*Pendel*) swing; (*Magnet, Kompassnadel*) deflection [IDM] **den Ausschlag geben** be the crucial factor; (*für den Sieg etc.*) tip* the scales; (*auslösen*) prompt ◊ *Seine Stimme gab den Ausschlag.* His vote tipped the scales. ◊ *Was gab den Ausschlag für Ihre Entscheidung zurückzutreten?* What prompted you to resign?

ausschlagen 1 knock *sth* out ◊ *Sie hat ihm zwei Zähne ausgeschlagen.* She knocked out two of his teeth. ◊ *Er hat sich beim Fußball einen Zahn ausgeschlagen.* He knocked a tooth out playing football. **2** (*treten*) kick (out); (*um sich schlagen*) lash out **3** (*ablehnen*) reject, turn *sb/sth* down ◊ *ein Angebot ausschlagen* turn down an offer **4** (*auskleiden*) line; (*Raum*) decorate ◊ *eine Schublade mit Papier ausschlagen* line a drawer with paper **5** (*Pendel*) swing*; (*Magnetnadel*) be deflected **6** (*Baum etc.*) come* into leaf **7** (*Feuer*) beat* *sth* out [IDM] ⇨ FASS

ausschlaggebend crucial (*Adv* crucially); (*Stimme*) deciding ◊ *von ausschlaggebender Bedeutung sein* be of crucial importance ◊ *Ausschlaggebend dafür war …* The crucial factor here was …

ausschließen 1 jdn/sich ~ lock sb/yourself out ◊ *Ich habe mich aus der Wohnung ausgeschlossen.* I've locked myself out of the flat. **2 jdn aus etw ~** (*Partei, Verein etc.*) expel* sb from sth **3 jdn von etw ~** (*Teilnahme, Anspruch*) exclude sb from sth; (*Erbfolge*) disinherit sb **4 etw von etw ~** exclude sth from sth ◊ *Diese Proben wurden von der Auswertung ausgeschlossen.* These samples were excluded from the analysis. ◊ *Unterwäsche ist vom Umtausch ausgeschlossen.* Underwear cannot be exchanged. **5** (*Möglichkeit, Zweifel*) rule *sth* out ◊ *Sie schloss die Möglichkeit von vornherein aus.* She ruled out the possibility right from the outset. ◊ *Das eine schließt das andere nicht aus.* The two things are not mutually exclusive. **6** (*verhindern*) prevent ◊ *Um weitere Missverständnisse auszuschließen, …* In order to prevent further misunderstandings …

ausschließlich 1 *Adv* only ◊ *Es waren ausschließlich Frauen eingeladen.* Only women were invited. **2** *Adj* (*einzig*) only; (*exklusiv*) exclusive ◊ *die ausschließliche Funktion der Maschine* the only function of the machine ◊ *das*

ausschließliche Recht auf etw haben have the exclusive right to sth **3** *Präp* excluding ◊ *der Preis des Abendessens, ausschließlich Getränke* the price of the dinner excluding drinks

ausschlüpfen (*Vogel, Reptil*) hatch (out); (*Schmetterling*) emerge

Ausschluss 1 exclusion; (*Hinauswurf, Enthebung*) expulsion ◊ *ihr Ausschluss von den Olympischen Spielen* her exclusion from the Olympic Games ◊ *Sie beantragten seinen Ausschluss aus dem Verein.* They called for his expulsion from the association. **2** (*Eliminierung*) elimination (*oft mit einem Verb übersetzt*) ◊ *durch Ausschluss aller anderen möglichen Ursachen* by eliminating all other possible causes **IDM** *unter Ausschluss der Öffentlichkeit* in private; (*Gerichtsverhandlung*) in camera

ausschmücken 1 (*Raum*) decorate **2** (*Erzählung etc.*) embellish

ausschneiden *etw* (*aus etw*) ~ cut* sth out (of sth)

Ausschnitt 1 (*Zeitungs- etc.*) cutting, (*AmE*) clipping ◊ *ein Ausschnitt aus der Zeitung* a cutting from the newspaper **2** (*Hals-*) neck, neckline ◊ *ein T-Shirt mit einem spitzen Ausschnitt* a V-necked T-shirt ◊ *ein Kleid mit tiefem Ausschnitt* a dress with a plunging neckline **3** (*eines Textes*) excerpt; (*eines Bildes*) detail; (*eines Films*) clip ◊ *ein Ausschnitt aus seinem neuen Film* a clip from his new film **4** (*Teil*) part, section; (*Querschnitt*) cross-section **5** (*Loch*) opening

ausschöpfen (*prüfen*) explore; (*aufbrauchen*) exhaust ◊ *Wir werden alle Möglichkeiten ausschöpfen.* We will explore all the possibilities. ◊ *Sie hatten ihre Reserven ausgeschöpft.* They had exhausted their supplies.

ausschreiben 1 (*nicht abkürzen*) write* sth out (in full) **2** (*Wohnung, Stelle*) advertise; (*Wettbewerb*) hold*; (*Auftrag*) invite tenders for *sth* **3** (*Attest etc.*) make* sth out

Ausschreibung 1 (*Wettbewerb*) competition; (*Inserat*) advertisement; (*Auftrag*) invitation to tender **2** (*das Ausgeschriebenwerden*) (*meist mit einem Verb übersetzt*) ◊ *Es wurde auf eine öffentliche Ausschreibung verzichtet.* They decided not to advertise the job. ◊ *Sie diskutieren über die Ausschreibung eines Wettbewerbs.* They are discussing holding a competition.

Ausschreitung 1 (act of) violence ◊ *Es kam zu Ausschreitungen.* Violence broke out.

Ausschuss 1 committee ◊ *Sie sitzt im umweltpolitischen Ausschuss.* She sits/is on the environmental policy committee. ◊ *in einen Ausschuss gewählt werden* be elected to a committee ☛ G 1.3b **2** (*minderwertige Ware*) rejects [Pl]

ausschütteln shake* sth out

ausschütten 1 (*Inhalt*) tip* sth out, empty* sth out ◊ *das Abwaschwasser ausschütten* tip the washing-up water out **2** (*Behälter*) empty* ◊ *den Eimer ausschütten* empty the bucket **3** (*Gewinn*) distribute; (*Dividenden, Zinsen, Prämien*) pay* **IDM** *sich ausschütten vor Lachen* kill yourself laughing ☛ *Siehe auch* HERZ

ausschweigen *sich* ~ remain silent

ausschwenken 1 swing* out ◊ *Der Wohnwagen ist beim Überholen ausgeschwenkt.* The caravan swung out as it overtook. **2** *etw* ~ (*Kran etc.*) swing* sth out **3** *etw* ~ (*abspülen*) rinse *sth* out

aussehen 1 look ◊ *krank/hübsch aussehen* look ill/pretty ◊ *Wie sieht seine Freundin aus?* What does his girlfriend look like? ◊ „*Er ist sehr stark.*" „*So sieht er aber nicht aus!*" 'He's very strong'. 'He doesn't look it, though!' ◊ *Es sieht aus, als ob ...* It looks as if ... ◊ *Die Wirklichkeit sah anders aus.* The reality was different. ◊ *Wie sieht es geschäftlich aus?* How's business? **2** *nach etw* ~ (*auf etw hindeuten*) look like sth ◊ *Die Sache sieht nach Betrug aus.* It looks like a case of fraud. ◊ *Es sieht nach Regen aus.* It looks like rain. **3** *gut/schlecht* ~ (*für jdn/etw*) things are looking good/bad (for sb/sth), the prospects (for sb/sth) are good/not good ◊ *Für die Bauindustrie sieht es derzeit schlecht aus.* The prospects for the building industry are not good at present. **IDM** *nach etwas aussehen* look good **nach nichts aussehen** not look very good **Sehe ich danach/so aus?** What do you take me for? **So siehst du aus!** You've got another think coming! ☛ *Siehe auch* ALT, BÖSE, DUMM, EI, LEBEN *und* LEICHE

Aussehen appearance ◊ *jdn nach seinem Aussehen beurteilen* judge sb by their appearance ◊ *ein attraktives/exotisches Aussehen haben* look attractive/exotic

außen 1 (*Außenseite*) ◊ *Der Kasten ist außen mit Blumen bemalt.* The box has painted flowers on the outside. ◊ *Wir haben das Haus außen neu streichen lassen.* We have had the outside of the house freshly painted. **2** *nach* ~ ◊ *Die Tür geht nach außen auf.* The door opens outwards. ◊ *Von dem Skandal darf nichts nach außen dringen.* Nothing about this scandal must get out. **3** *nach* ~ **hin** (*Wirkung*) outwardly ◊ *Nach außen hin schienen sie glücklich zu sein.* Outwardly they appeared to be happy. **4** *von* ~ from the outside (*auch fig*) ◊ *Ich habe das Schloss nur von außen gesehen.* I only saw the castle from the outside. ◊ *Von außen betrachtet sieht ihr Problem ganz anders aus.* Seen from the outside their problem looks quite different. ◊ *auf Hilfe von außen angewiesen sein* be dependent on outside help **5** (SPORT) (*auf der Außenbahn*) in the outside lane; (*als Außenstürmer*) on the wing

Außen- Außenbezirk outlying area; (*Stadtrand*) outskirts [Pl] **Außenbordmotor** outboard motor

aussenden 1 (*Boten, Expedition etc.*) send* *sb/sth* out, dispatch (*gehoben*) **2** (*Strahlen*) emit*; (*Signale*) transmit*

Außen- Außendienst ◊ *Er arbeitet als Vertreter im Außendienst.* He's a sales representative. ◊ *ein Sozialarbeiter im Außendienst* a field social worker ◊ *Sie zieht den Außendienst vor.* She prefers to work out of the office. **Außenhandel** foreign trade ◊ *eine Verbesserung im Außenhandel* an improvement in foreign trade **Außenminister(in)** Foreign Minister; (*in GB*) Foreign Secretary; (*in den USA*) Secretary of State **Außenministerium** Foreign Ministry*; (*in GB*) Foreign (and Commonwealth) Office; (*in den USA*) State Department ◊ *ein Sprecher des russischen Außenministeriums* a spokesman from the Russian Foreign Ministry **Außenpolitik** foreign affairs [Pl]; (*Entscheidungen, Handlungsweisen*) foreign policy ◊ *die Innen- und Außenpolitik* domestic and foreign policy **außenpolitisch 1** *Adj* (*Sprecher, Ausschuss*) foreign affairs; (*Entscheidungen, Probleme, Berater*) foreign policy ◊ *der außenpolitische Ausschuss* the foreign affairs committee ◊ *außenpolitische Fragen* foreign policy questions **2** *Adv* in terms of foreign policy ◊ *eine außenpolitisch folgenschwere Entscheidung* a serious decision in terms of foreign policy ◊ *außenpolitisch gesehen* from the point of view of foreign policy **Außenseiter(in)** outsider **Außenspiegel** wing mirror **Außenstehende(r)** outsider **Außenstelle** branch ◊ *in der Außenstelle München* in the Munich branch **Außenwand** outside wall, external wall (*Fachspr*) **Außenwelt** outside world **Außenwirtschaft** foreign economic affairs [Pl]

außer 1 *Präp* except, apart from, (*AmE*) aside from ◊ *Außer mir ist keiner da.* There's nobody here except me. ◊ *Außer meinem Bruder weiß es niemand.* Nobody knows apart from my brother. ☛ *Mit* **nobody, nothing, all, everyone** *etc. verwendet man auch* **but**: *Niemand außer Ihnen hätte den Mut dazu.* Nobody but you would have the courage to do it. ◊ *Sie hatten nichts außer einer guten Idee.* They had nothing but a good idea. ◊ *Alle außer einem sind wiedergekommen.* All but one came back. **2** *Präp* (*zusätzlich*) besides, apart from ◊ *Außer uns kamen noch drei andere.* There were three others besides us. ☛ *Hinweis bei* ADDITION, S. 8. **3** *Präp* (*außerhalb*) out of ◊ *außer Sichtweite/Hörweite/Gefahr* out of sight/earshot/danger ◊ *Sie ist im Moment außer Haus.* She's out of the office at the moment. ◊ *außer der Reihe* out of turn ◊ *außer Dienst sein* be retired ☛ *Siehe auch* BETRACHT *und* BETRIEB **4** *Präp* ~ **sich** beside yourself; ~ **sich geraten** go* mad ◊ *Sie war vor Freude außer sich.* She was beside herself with joy. ◊ *Mein Bruder geriet außer sich vor Zorn.* My brother went mad with rage. **5** *Konj* except; (*es sei denn*) unless ◊ *Wir haben uns gut amüsiert, außer dass wir uns auf dem Heimweg verlaufen haben.* We enjoyed ourselves, except that we got lost on the way home. ◊ *Sie joggt jeden Tag, außer (wenn) es schneit.* She goes jogging every day unless it's snowing. **IDM** *außer Stande sein (etw zu tun)* be unable (to do sth) ◊ *Sie war außer Stande, ihm zu helfen.* She was unable to help him. ☛ *Siehe auch* ATEM *und* FRAGE

außerdem 1 (*zudem*) besides ◊ *Ich habe keine Lust mitzugehen, und außerdem habe ich kein Geld.* I don't fancy going, and besides, I haven't got any money. ☛ *Hinweis bei* MOREOVER **2** (*zusätzlich*) as well, in addition (*gehoben*) ◊ *Sie spielt Klavier und außerdem noch Gitarre.* She plays the piano and the guitar as well.

äußere(r,s) 1 (*sich außen befindend*) outer (*nur vor Nomen*); (*Verletzung, Mauer*) external ◊ *Vorsichtig löst sie die äußere Schicht ab.* She carefully removes the outer

Äußere(s)

layer. **2** (*von außen kommend*) external ◊ *äußere Umstände* external circumstances **3** (*nach außen hin*) outward (*nur vor Nomen*) ◊ *eine äußere Ähnlichkeit* an outward similarity **4** (*außenpolitisch*) foreign (*nur vor Nomen*) ◊ *die äußeren Angelegenheiten eines Staates* the foreign affairs of a state

Äußere(s) 1 (*Aussehen*) (outward) appearance ◊ *Sie gibt viel auf ihr Äußeres.* She pays a lot of attention to her appearance. ◊ *jdn nur nach seinem Äußeren beurteilen* judge sb just by their outward appearance **2** (*Außenseite*) outside, exterior (*gehoben*)

außergewöhnlich exceptional (*Adv* exceptionally)

außerhalb 1 *Präp* (*Raum*) outside ◊ *außerhalb der Stadt* outside the town **2** *Präp* (*fig*) outside; (*Reichweite, Vorstellungskraft*) beyond ◊ *außerhalb der Legalität* outside the law ◊ *außerhalb des Bereichs des Möglichen* beyond the realms of possibility **3** *Präp* (*Zeitraum*) out of ◊ *außerhalb der Sprechstunden* out of surgery hours **4** *Adv* (*anderenorts*) out of town; (*vor der Stadt*) outside the town ◊ *Sie kommen von außerhalb um einzukaufen.* They come from out of town to shop. ◊ *Das Hotel liegt einen Kilometer außerhalb.* The hotel is situated one kilometre outside the town.

außerirdisch extraterrestrial

Außerirdische(r) extraterrestrial

äußerlich 1 outward (*nur vor Nomen*) (*Adv* outwardly) ◊ *ein äußerliches Anzeichen für etw* an outward sign of sth ◊ *äußerlich ruhig wirken* be outwardly calm ◊ *Rein äußerlich betrachtet …* On the face of it … ◊ *ohne äußerliche Regung* without visible emotion ◊ *Die Veränderungen sind nur äußerlich.* The changes are only superficial. ◊ *Das Haus ist äußerlich heruntergekommen.* The house is dilapidated on the outside. ◊ *Rein äußerlich sind sie nicht zu unterscheiden.* They are indistinguishable in appearance. **2** (MED) external

Äußerlichkeit 1 (*Kleidung, Benehmen etc.*) (outward) appearances [Pl] **2** (*Detail*) minor detail

äußern 1 express ◊ *seine Meinung äußern* express your opinion ◊ *Kritik an jdm äußern* criticize sb ◊ *die Ansicht/Befürchtung/Hoffnung äußern, dass …* express the view/fear/hope that … **2** sich (**über jdn/etw**) ~ give* an opinion (about sb/sth); **sich zu etw** ~ comment on sth ◊ *sich öffentlich zu etw äußern* comment publicly on sth ◊ *sich kritisch/skeptisch/optimistisch zu etw äußern* be critical/sceptical/optimistic about sth **3** sich **in/durch etw** ~ manifest itself in sth

außerordentlich 1 *Adj* (*überdurchschnittlich*) exceptional ◊ *von außerordentlicher Bedeutung* of exceptional importance **2** (*außerplanmäßig*) extraordinary (*nur vor Nomen*) ◊ *ein außerordentlicher Parteitag* an extraordinary party conference ◊ *jdm eine außerordentliche Kündigung aussprechen* summarily dismiss sb **3** *Adv* (*äußerst*) extremely ◊ *außerordentlich erfolgreich* extremely successful ◊ *Sie hat außerordentlich viel gelernt.* She learned an extraordinary amount.

äußerst extremely

außerstande ◊ *Er erklärte sich außerstande zu helfen.* He said he was unable to help ◊ *Er sah sich außerstande das zu beurteilen.* He felt he was not in a position to judge.

äußerste(r,s) extreme ◊ *Er gehört zur äußersten Rechten.* He is on the extreme right. ◊ *im äußersten Süden Afrikas* in the far south of Africa ◊ *der äußerste Planet* the most distant planet ◊ *am äußersten Ende des Spektrums* at the far end of the spectrum ◊ *bis an die äußersten Grenzen gehen* go to the very limit ◊ *von äußerster Wichtigkeit* of the utmost importance ◊ *nur im äußersten Notfall* only in an absolute emergency

Äußerste(s) 1 utmost ◊ *Er hat sich bis zum Äußersten eingesetzt.* He did his utmost. ◊ *Sie hat ihr Äußerstes gegeben.* She gave her all. **2** (*Schlimmste*) worst ◊ *Sie waren auf das Äußerste gefasst.* They were prepared for the worst. [IDM] **aufs Äußerste** (*sehr*) extremely ◊ *aufs Äußerste beunruhigt* extremely disturbed

Äußerung remark

aussetzen 1 (*zurücklassen*) abandon; (*freilassen*) release ◊ *einen Hund aussetzen* abandon a dog ◊ *Die Fische wurden im Rhein ausgesetzt.* The fish were released into the Rhine. **2** (*Satellit*) put* sth into orbit **3 sich/etw einer Sache ~** expose yourself/sth to sth; **einer Sache ausgesetzt sein** be exposed to sth ◊ *sich/seine Haut der Sonne aussetzen* expose yourself/your skin to the sun ◊ *der Strahlung ausgesetzt sein* exposed to radiation ◊ *Die Arbeiter sind gesundheitlichen Risiken ausgesetzt.* The workers are exposed to health risks. ◊ *Sie sind einem enormen Leistungsdruck ausgesetzt.* They're under enormous pressure to achieve. **4** (*Preis, Belohnung*) offer **5** (*aufhören*) stop* ◊ *Sein Herz setzte aus.* His heart stopped (beating). ◊ *Der Motor setzte plötzlich aus.* The engine suddenly stopped. **6** (RECHT) (*Strafe*) suspend; (*Verhandlung*) adjourn **7** (*eine Pause machen*) ◊ *Er setzte drei Jahre im Beruf aus.* He stopped work for three years. ◊ *eine Runde aussetzen* miss a turn ◊ *ein paar Tage mit der Arbeit aussetzen* take a few days off work **8** (*kritisieren*) ◊ *Er hatte nichts an dem Aufsatz auszusetzen.* He could find no fault with the essay. ◊ *Was hast du denn jetzt schon wieder auszusetzen?* What's wrong now? ◊ *Sie hat an allem etwas auszusetzen.* She finds fault with everything. ◊ *An seiner Leistung gab es einiges auszusetzen.* There were several things wrong with his work.

Aussicht 1 (*Ausblick*) view ◊ *eine Aussicht auf die Berge* a view of the mountains **2** (*Vorstellung*) prospect; (*Chance*) prospects [Pl] ◊ *die Aussicht eines vereinten Europa* the prospect of a united Europe ◊ *gute Aussichten auf dem Arbeitsmarkt* good job prospects ◊ *keine Aussicht auf Erfolg* no hope of success ◊ *Die Aussichten für die Zukunft sind schlecht.* The outlook is bleak. [IDM] **etw in Aussicht haben** ◊ *Er hat noch keine Lehrstelle in Aussicht.* He still hasn't had any offers of an apprenticeship. ◊ *Sie haben eine größere Wohnung in Aussicht.* They have a good chance of getting a bigger flat. **jdm etw in Aussicht stellen** promise sb sth

aussichtslos hopeless **aussichtsreich** promising ◊ *eine aussichtsreiche Kandidatin* a promising candidate

aussieben (*Bewerber etc.*) weed *sb* out

aussiedeln (*vertreiben*) expel*; (*emigrieren*) resettle

Aussiedler(in) = ethnic German (usually from Eastern Europe) who is given the right of residence in Germany

aussöhnen sich (**mit jdm**) ~ be reconciled (with sb)

Aussöhnung reconciliation

aussortieren sort *sth* out; (*wegwerfen*) throw* *sth* out

ausspannen 1 (*Flügel*) spread* **2** (*sich erholen*) unwind* **3 jdm jdn ~** pinch sb from sb (*umgs*) ◊ *Er hat mir die Freundin ausgespannt.* He pinched my girlfriend.

aussperren jdn/sich ~ lock sb/yourself out

Aussperrung lockout

ausspielen 1 (*Kartenspiel*) ◊ *das Herzass ausspielen* play the ace of hearts ◊ *Wer spielt aus?* Whose lead is it? **2** (*zur Geltung bringen*) make* use of sth, capitalize on sth ◊ *Sie spielte ihre Überlegenheit voll aus.* She made full use of her superiority. ◊ *Er konnte seine Stärke am Netz nicht ausspielen.* He wasn't able to capitalize on his strength at the net. **3 A gegen B ~** play A off against B ◊ *Sie hat ihre Eltern gegeneinander ausgespielt.* She played her parents off against each other.

ausspionieren (*in Erfahrung bringen*) find* sth out; (*überwachen*) spy* on sb/sth

Aussprache 1 (*Wort*) pronunciation **2** (*Akzent*) accent ◊ *Seine Aussprache im Englischen ist schlecht.* He doesn't have a good English accent. ◊ *Sie hat eine sehr undeutliche Aussprache.* She doesn't speak clearly. **3** (*Gespräch*) talk ◊ *Sie bat ihn um eine Aussprache.* She asked him if they could have a talk.

aussprechen 1 (*Wort*) pronounce ◊ *ein Wort richtig aussprechen* pronounce a word correctly **2** (*Wunsch, Meinung etc.*) express ◊ *Ich kann nur mein tiefes Bedauern aussprechen.* I can only express my profound regret. ◊ *Sie sprach ihm ein großes Lob aus.* She spoke very highly of him. ◊ *eine Empfehlung aussprechen* give a recommendation **3** sich (**über etw**) ~ talk (about sth); **sich mit jdm** (**über etw**) ~ talk sth over with sb ◊ *Die beiden sprachen sich über ihre Probleme aus.* They talked their problems over. **4** sich **für/gegen etw ~** be in favour of/against sth; (*AmE*) be in favor of/against sth [IDM] ⇒ VERTRAUEN

Ausspruch remark

ausspucken 1 (*spucken*) spit* **2** (*Essen etc.*) spit* *sth* out ◊ *den Kern ausspucken* spit out the stone ◊ (*fig*) *Spuck's aus!* Out with it!

ausspülen rinse *sth* out

Ausstand strike ◊ *in den Ausstand treten* go on strike ◊ *sich im Ausstand befinden* be on strike [IDM] **seinen Ausstand geben** have a leaving party

ausstatten jdn/etw (**mit etw**) ~ equip* sb/sth with sth ◊

Ausübung

ein gut ausgestattetes Jugendzentrum a well-eqipped youth club ◊ *eine Wohnung ausstatten* furnish a flat ◊ *Sie sind nicht einmal mit dem Nötigsten ausgestattet.* They lack even the basic necessities.
Ausstattung 1 (*das Ausstatten*) equipping **2** (*Geräte*) equipment ◊ *Die Austattung war mangelhaft.* They didn't have the right equipment. ◊ *die technische Ausstattung des Gebäudes* the technical facilities of the building **3** (*Mittel*) ◊ *die finanzielle und personelle Ausstattung der Abteilung* the funding and staffing of the department **4** (*Einrichtung*) ◊ *Die Wohnung hat eine geschmackvolle Ausstattung.* The flat is tastefully furnished.
ausstechen 1 (*übertreffen*) outdo* ◊ *Er versucht immer, seinen Bruder auszustechen.* He always tries to outdo his brother. **2** (*Auge*) *jdm ein Auge ausstechen* gouge sb's eye out ◊ *Bei dem Unfall wurde ihr ein Auge ausgestochen.* She lost an eye in the accident. **3** (*Plätzchen*) cut* *sth* out
ausstehen 1 *jdn/etw nicht ~ können* not be able to stand sb/sth ◊ *Ich kann ihn einfach nicht ausstehen.* I simply can't stand him. ◊ *Er kann es nicht ausstehen, wenn man ihn bevormundet.* He hates being treated like a child. **2** (*erdulden*) suffer ◊ *Er stand Höllenqualen aus.* He suffered agonies. **3** (*bevorstehen*) be still to come ◊ *Eine Prüfung steht noch aus.* One exam is still to come. ◊ *Die Antwort steht noch aus.* We are still waiting for the answer. IDM **ausgestanden sein** be all over ☞ *Siehe auch* TOD
aussteigen 1 (*Bus, Zug*) get* off; (*Auto*) get* out; (*Flugzeug*) leave* **2** ◊ *aus der Gesellschaft aussteigen* drop* out (of society)
Aussteiger(in) 1 dropout **2** = person* wishing to leave an organization, etc. ◊ *Aussteiger-Programme für Rechtsextremisten* exit programmes for right-wing extremists
ausstellen 1 (*im Museum etc.*) exhibit; (*im Schaufenster*) display **2** (*Dokument, Rechnung etc.*) issue ◊ *einen Pass ausstellen* issue a passport ◊ *jdm eine Quittung ausstellen* give sb a receipt ◊ *einen Scheck ausstellen* write (out) a cheque ◊ *jdm ein Zeugnis ausstellen* write sb a reference IDM ⇨ ZEUGNIS
Ausstellung 1 exhibition **2** (*das Ausstellen von Dokumenten*) issuing
Ausstellungsstück exhibit
aussterben become* extinct ◊ *Die Dinosaurier sind ausgestorben.* The dinosaurs are extinct. ◊ *vom Aussterben bedrohte Arten* endangered species
Ausstieg 1 exit ◊ *kein Ausstieg* no exit **2** (*Abbruch*) ◊ *Sie befürworten den Ausstieg aus der Atomenergie.* They're in favour of abandoning nuclear power. ◊ *sein Ausstieg aus dem Leistungssport* his retirement from competitive sport ◊ *der Ausstieg aus der Sucht* getting off drugs ◊ *Austieg aus der Gesellschaft* dropping out
ausstopfen stuff
Ausstoß 1 (WIRTSCH) output **2** (*Emission*) emission
ausstoßen 1 *jdn* (*aus etw*) *~* (*ausschließen*) expel* sb (from sth) ◊ *Er wurde aus der Partei ausgestoßen.* He was expelled from the party. ◊ *Sie fühlen sich aus der Gesellschaft ausgestoßen.* They feel like social outcasts. **2** (*Schadstoffe, Gase*) emit*; (*Atem*) expel* **3** (*Schrei, Drohung etc.*) utter
ausstrahlen 1 (*senden*) broadcast **2** (*verbreiten*) radiate ◊ *Leichtigkeit und Anmut ausstrahlen* radiate grace and charm ◊ *Er strahlt Ruhe aus.* He emanates an air of calm.
Ausstrahlung 1 (TV) broadcast **2** (*Wirkung*) charisma ◊ *eine Frau mit Ausstrahlung* a woman with charisma ◊ *ihre sympathische Ausstrahlung* her friendly manner
ausstrecken 1 (*Arm, Bein*) stretch *sth* out; (*Hand*) put* *sth* out ◊ *mit ausgestreckten Armen* with arms outstretched ◊ *Sie streckte die Hand aus.* She put out her hand. ◊ *Er streckte die Hand nach dem Salzstreuer aus.* He reached for the salt. **2** *sich ~* stretch out IDM ⇨ FÜHLER
ausströmen 1 radiate (*auch fig*); (*Duft*) give* off **2** (*Flüssigkeit*) pour out; (*Gas, Dampf*) escape ◊ *Irgendwo strömt hier Gas aus!* There's gas escaping somewhere!
aussuchen (*sich*) *jdn/etw ~* choose* sb/sth, pick sb/sth (*umgs*); (*sorgfältig auswählen*) select sb/sth ◊ *Sie suchten die besten Zehn unter den Bewerbern aus.* They selected the ten best candidates. ◊ *Suchen Sie sich was aus.* Take your pick.
Austausch 1 exchange ◊ *der Austausch der Gefangenen* the exchange of prisoners **2** (*das Ersetzen*) (*meist mit einem Verb übersetzt*) ◊ *der Austausch des Motors* replacing the engine **3** (SPORT) (*eines Spielers*) substitution ◊ *der Austausch Müllers gegen Meier* the substitution of Meier for Müller **4** (*Dialog*) exchange ◊ *Selbsthilfegruppen fördern den Austausch zwischen Betroffenen.* Self-help groups promote the exchange of ideas and experiences amongst sufferers. ◊ *der Austausch von Erinnerungen* sharing memories
austauschen 1 *jdn/etw* (*gegen jdn/etw*) *~* exchange sb/sth (for sb/sth), swap* sb/sth (for sb/sth) (*umgs*) ◊ *Gefangene austauschen* exchange prisoners **2** (*ersetzen*) replace ◊ *Du musst die Batterie austauschen.* The battery needs replacing. **3** (SPORT) (*Spieler*) *jdn* (*gegen jdn*) *~* substitute sb (by sb) **4** *sich* (*mit jdm*) *~* exchange ideas (with sb); (*Erfahrungen*) share experiences (with sb) **5** *etw* (*mit jdm*) *~* (*Erinnerungen, Erfahrungen*) share sth (with sb)
Austauschschüler(in) exchange student ◊ *Er war als Austauschschüler in Rom.* He was in Rome on a student exchange.
austeilen 1 distribute, hand *sth* out (*umgs*); (*Essen auch*) serve **2** (*Karten*) deal* **3** (*Schelte, Schläge etc.*) ◊ *Der kann ganz schön austeilen!* He can't half hand it out! ◊ *Er teilte nach allen Seiten hin aus.* He hit out angrily at everyone. ◊ *Er teilte Ohrfeigen aus.* He boxed their ears. ◊ *Sie teilte kräftig Tritte aus.* She kicked out hard.
Auster oyster
austoben 1 *sich ~* run* around; (*Dampf ablassen*) let* off steam **2** *sich ~ können* (*kreativ*) be given a free hand ◊ *Bei dem Projekt konnte der Architekt sich austoben.* The architect was given a free hand on the project. **3** *sich ~* (*nachlassen*) die* down ◊ *Das Unwetter hatte sich ausgetobt.* The storm had died down. **4** *etw* (*an jdm*) *~* (*Wut*) vent sth (upon sb)
austragen 1 (*liefern*) deliver **2** (*lösen*) resolve; (*ausfechten*) fight* *sth* out ◊ *Sie trugen ihren Streit vor Gericht aus.* They fought it out in court. **3** (*Wettkampf etc.*) hold* **4** ◊ *ein Kind voll austragen* carry a baby to full term ◊ *Sie will das Kind nicht austragen.* She doesn't want to have the baby. **5** (*Daten*) delete; *sich ~* cross your name off ◊ *Daten austragen* delete information ◊ *Sie trug sich aus der Liste aus.* She crossed her name off the list. IDM ⇨ RÜCKEN
Austragung (*oft mit einem Verb übersetzt*) **1** (*Wettbewerb*) holding ◊ *Probleme bei der Austragung von Turnierspielen* problems with holding tournaments **2** (*Konflikt*) resolution ◊ *die Austragung von Konflikten* resolving conflicts **3** (*Schwangerschaft*) ◊ *Die Austragung der Schwangerschaft erschien unzumutbar.* It seemed inadvisable to continue with the pregnancy.
Austragungsort venue
austräumen IDM ⇨ TRAUM
austreiben 1 *jdm etw ~* (*abgewöhnen*) cure sb of sth **2** (*Teufel etc.*) exorcize; (*Winter*) banish **3** (*sprießen*) come* into leaf; (*knospen*) come* into bud ◊ *Die Linden treiben aus.* The lime trees are coming into leaf. ◊ *frisch austreiben* produce new growth **4** (*Vieh*) drive* *sth* out (to pasture)
austreten 1 (*aus etw*) *~* (*entweichen*) escape (from sth) **2** (*löschen*) stamp *sth* out; (*Zigarette auch*) stub* *sth* out with your foot (*verlassen*) leave* ◊ *aus der Kirche austreten* leave the Church
austrinken finish ◊ *Sie trank ihren Kaffee aus.* She finished her coffee. ◊ *Trink aus!* Drink up!
Austritt (*oft mit einem Verb übersetzt*) **1** resignation ◊ *seit ihrem Austritt aus der Partei* since she resigned from the party ◊ *Die Kirche hatte zahlreiche Austritte zu verzeichnen.* A large number of people are recorded as having left the Church. **2** (*Dämpfe, Öl etc.*) escape ◊ *Ein Austritt von Giftgasen* an escape of poisonous chemicals ◊ *Sie konnten den Austritt von Gasen verhindern.* They managed to prevent gas escaping. ◊ *der Austritt von Kühlwasser aus dem Motor* coolant escaping from the engine
austrocknen (*etw*) *~* dry* (sth) up; (*vollständig*) dry* (sth) out
ausüben 1 ◊ *Er übt den Beruf des Uhrmachers aus.* He is a watchmaker. ◊ *Sie hat Medizin studiert, den Beruf aber nie ausgeübt.* She studied medicine but never worked as a doctor. ◊ *die Art und Weise, wie er sein Amt ausübt* the way he carries out his duties ◊ *keine politische Funktion ausüben* have no political role **2** (*Macht*) exercise **3** *etw* (*auf/über jdn/etw*) *~* (*Druck, Kontrolle, Gewalt*) exert sth (on sb/sth); (*Faszination, Reiz*) hold* sth (for sb)
Ausübung (*Macht, Recht*) exercise; (*Gewalt*) use; (*Reli-*

ausufern

gion) practice, (*AmE*) practise (*oft mit einem Verb übersetzt*) ◊ *die Ausübung von Gewalt* the use of force ◊ *in Ausübung ihres Amtes* in the course of her duties ◊ *Sie wurde an der Ausübung ihres Berufes gehindert.* She was prevented from doing her job. ◊ *unter Ausübung von Druck* by exerting pressure

ausufern 1 get* out of hand; (*Kosten*) run* out of control **2** (*Gewässer*) overflow; (*Stadt*) sprawl

Ausverkauf 1 sale; (*wegen Geschäftsaufgabe*) closing down sale, (*AmE*) liquidation sale ◊ *Die haben gerade Ausverkauf.* They've got a sale on. ☛ Vom Sommer- und Winterschlussverkauf spricht man in der Regel als **the sales**: *I bought it in the sales last summer.* **2** (*fig*) sell-out ◊ *ein Ausverkauf der Grundsätze der Partei* a sell-out of party principles

ausverkauft 1 sold out ◊ *Das Konzert war ausverkauft.* The concert was sold out. ◊ *Das Konzert ist noch nicht ausverkauft.* There are still tickets available for the concert. ◊ *Die sind momentan ausverkauft.* We're out of them at the moment. **2** (*voll besetzt*) ◊ *Das Spiel Herta gegen Schalke war vollständig ausverkauft.* There was a full house when Herta played Schalke. ◊ *vor ausverkauftem Haus spielen* play to a full house

Auswahl 1 (*das Auswählen*) selection (*oft mit einem Verb übersetzt*) ◊ *eine Auswahl treffen* make a selection ◊ *Du hast freie Auswahl!* You can choose. ◊ *Es standen mehrere Möglichkeiten zur Auswahl.* There were several possibilities to choose from. **2** (*Sammlung, Angebot*) selection; (*Sortiment auch*) range ◊ *eine große Auswahl an Bettwäsche* a good selection of bedlinen ◊ *Der Buchladen bietet wenig Auswahl.* The bookshop has a limited range. **3** (*Mannschaft*) team ◊ *Sie spielt zum ersten Mal in der Auswahl.* It's the first time she's been in the team.

auswählen (**sich**) *etw* ~ select sth, choose* sth

> Select deutet auf eine sehr sorgfältige Auswahl aus einem größeren Angebot bzw. einer größeren Anzahl von Möglichkeiten hin und ist formeller als **choose**, das außerdem eher für die Wahl zwischen zwei Dingen oder Möglichkeiten benutzt wird: ◊ *Wie wählen sich die Betriebe ihre Azubis aus?* How do firms select their trainees? ◊ *etwas Passendes aus dem Angebot auswählen* select something suitable from the range available ◊ *Sie konnten zwischen zwei Klausurthemen auswählen.* They had a choice of two essay topics.

Auswanderer, Auswanderin emigrant ◊ *Ihre Vorfahren waren Auswanderer aus Irland.* Their ancestors emigrated from Ireland.

auswandern emigrate ◊ *nach Amerika auswandern* emigrate to America

Auswanderung emigration ◊ *massenhafte Auswanderung* mass emigration ◊ *zur Auswanderung gezwungen werden* be forced to emigrate

auswärtig 1 not local ◊ *Sie besucht eine auswärtige Schule.* She doesn't go to a local school. ◊ *die auswärtigen Teilnehmer der Konferenz* the conference participants who don't live locally ◊ *eine Veranstaltung für Einheimische und Auswärtige* an event for local people and visitors **2** (SPORT) away ◊ *die auswärtige Mannschaft* the away team **3** (*das Ausland betreffend*) foreign (*nur vor Nomen*) ◊ *im auswärtigen Dienst tätig sein* work in the foreign service **4 das Auswärtige Amt** ⇨ AUSSENMINISTERIUM

auswärts 1 elsewhere ◊ *Die Jugendlichen fahren alle nach auswärts in die Disko.* The young people all go to discos elsewhere. ◊ *Sie kommen von auswärts.* They are not local. ◊ *auswärts essen* eat out **2** (SPORT) away ◊ *auswärts spielen* play away

Auswärtsspiel away match

auswechseln 1 change; **etw gegen etw** ~ replace sth with sth **2** (SPORT) substitute

Ausweg way out; (*Lösung*) solution

ausweglos hopeless

ausweichen 1 jdm ~ get* out of the way of sb/sth ◊ *Der Fußgänger konnte dem Radfahrer nicht ausweichen.* The pedestrian didn't manage to get out of the cyclist's way. **2** (*Fahrer, Auto*) (**jdm/etw**) ~ swerve (to avoid sb/sth) ◊ *nach rechts ausweichen* swerve to the right ◊ *Das Auto wich dem Fußgänger gerade noch aus.* The car swerved and just managed to avoid hitting the pedestrian. **3** (*Schlag*) dodge sb/sth ◊ *Der Boxer wich dem Hieb nach links aus.* The boxer dodged the punch by moving to the left. **4** jdm/etw ~ (*meiden*) avoid sb/sth; (*Frage*) evade sth ◊ *Sie wich seinen Blicken aus.* She avoided his eyes. ◊ *Er konnte der Entscheidung nicht länger ausweichen.* He couldn't put off the decision any longer. **5 auf etw ~** (*ersatzweise*) ◊ *Können wir auf einen anderen Termin ausweichen?* Can we change it to another date/time? ◊ *Bitte weichen Sie auf andere Verkehrsmittel aus.* Please use other means of transport.

ausweichend evasive (*Adv* evasively) ◊ *Sie äußerte sich nur ausweichend dazu.* She was evasive about it. ◊ *eine ausweichende Antwort* answer evasively

ausweinen 1 sich ~ cry*; (*zu Ende weinen*) finish crying ◊ *Lass sie sich ausweinen.* Let her cry. ◊ *Wein dich ruhig aus.* Have a good cry. **2 sich/etw bei jdm ~** cry* on sb's shoulder ◊ *Sie weinte ihren Kummer bei ihm aus.* She cried on his shoulder. **3 sich bei jdm über etw ~** have a good moan to sb about sth IDM ⇨ AUGE

Ausweis 1 (*Personal-*) identity card; (*Reisepass*) passport; (*Studenten-*) student card; (*Mitglieds-*) membership card; (*Park-*) parking permit **2** (*Zeichen*) sign

ausweisen 1 deport; (*Diplomaten*) expel* ◊ *Sie wurden aus Belgien ausgewiesen.* They were deported from Belgium. **2 sich ~** ◊ *Können Sie sich ausweisen?* Do you have any identification? ◊ *Er wies sich als Installateur der Gaswerke aus.* He showed a card to prove that he was a gas fitter. **3** (**jdn als etw**) ~ (*beweisen*) show* (sb to be sth) ◊ *wie empirische Ergebnisse ausweisen* as empirical results show ◊ *Ihre Haltung wies sie als Demokratin aus.* Her attitude showed her to be a democrat. **4** (*Gewinn, Verlust*) declare **5** (*bestimmen*) designate; (*bereitstellen*) allocate ◊ *Die Stadt hat ein neues Gewerbegebiet ausgewiesen.* The city has designated a new area for industrial development. ◊ *Für das Projekt sollen 20 Millionen ausgewiesen werden.* 20 millions are to be allocated to the project.

Ausweispapiere identity papers [Pl] ◊ *gefälschte Ausweispapiere* false identity papers ◊ *Sie hatte keinerlei Ausweispapiere bei sich.* She didn't have any form of identification on her.

Ausweisung 1 deportation; (*Diplomat*) expulsion ◊ *die Ausweisung aus einem EU-Mitgliedsstaat* deportation from an EU country **2** (*Bestimmung*) designation; (*Bereitstellung*) allocation (*oft mit einem Verb übersetzt*) ◊ *Man beschloss die Ausweisung des Gebietes als Wasserschutzgebiet.* It was decided to designate the area a water conservation area.

ausweiten 1 (*erweitern, vergrößern*) expand; (*Reform, Ermittlungen, Streik*) extend ◊ *Das Turnier soll auf 16 Mannschaften ausgeweitet werden.* The tournament is to be expanded to include 16 teams. **2 sich** (**auf etw**) ~ spread* (to sth) ◊ *Der Brand weitete sich auf das Hauptgebäude aus.* The fire spread to the main building. **3 sich** (**zu etw**) ~ escalate (into sth) ◊ *Ein Feuer kann sich schnell zum Flächenbrand ausweiten.* Fire can quickly escalate into a full-scale conflagration. **4 sich um etw ~** increase by sth ◊ *Die Produktion weitete sich um Milliarden aus.* Production increased by billions. **5 sich ~** (*sich dehnen*) stretch ◊ *Die Schuhe weiten sich beim Tragen aus.* The shoes will stretch when you wear them. ◊ *eine ausgeweitete Strickjacke* a shapeless cardigan

Ausweitung expansion; (*Verlängerung*) extension (*meist mit einem Verb übersetzt*) ◊ *Es wurde eine Ausweitung des Hilfsprogramms beschlossen.* It was decided to expand the aid programme. ◊ *Man befürchtete eine Ausweitung des Krieges auf die gesamte Region.* It was feared the war might spread to the whole region.

auswendig (off) by heart ◊ *Lernt das Gedicht auswendig.* Learn the poem by heart. ◊ *Er konnte alle Strophen auswendig.* He knew all the verses by heart. ◊ *etw auswendig vorspielen* play sth from memory IDM **etw in- und auswendig kennen** know* sth inside out

auswerfen 1 (*Angel, Netz etc.*) cast* ◊ *den Anker auswerfen* cast anchor **2** (*Kassette, Patronenhülse etc.*) eject **3** (*Lava*) spew sth out; (*Auswurf*) cough sth up **4** (*Waren*) turn sth out **5** (*Prämien etc.*) pay* sth out

auswerten analyse, (*AmE*) analyze; (*bewerten*) evaluate

Auswertung analysis; (*Bewertung*) evaluation (*oft mit einem Verb übersetzt*) ◊ *Sie begann mit der Auswertung der Versuchsergebnisse.* She started to analyse the results of the experiment.

auswickeln unwrap*

auswirken sich (auf jdn/etw) ~ have an effect (on sb/sth) ◊ *Die Steuerreform wirkte sich nachteilig auf die Wirtschaft aus.* The tax reform had an adverse effect on the economy. ◊ *Wie wirkt sich das auf die Gesundheit aus?* What effect does this have on your health? ☛ *Hinweis bei* EFFECT[1]
Auswirkung effect; (*Folge*) consequence [meist Pl] ◊ *Die Ölpest hatte verheerende Auswirkungen auf die Tierwelt.* The oil spill had a devastating effect on wildlife. ◊ *Das Wahlergebnis hatte eine unerwartete Auswirkung auf die Zukunft des Landes.* The election result had unexpected consequences for the country's future.
auswischen 1 (*Glas etc.*) wipe; (*Schrank, Schublade etc.*) wipe sth out ◊ *sich die Augen auswischen* wipe your eyes ◊ *den Schrank feucht auswischen* wipe out the cupboard with a damp cloth **2** (*an einer Tafel*) rub* sth out **IDM jdm eins auswischen 1** get* one over on sb **2** (*aus Rache*) get* your own back on sb
auswringen wring* sth out
Auswuchs 1 (*am Körper, an Pflanzen*) growth **2** (*fig*) excess ◊ *Auswüchse der Gewalt* excesses of violence ◊ *krankhafte Auswüchse der Fantasie* products of a diseased imagination
auszahlen 1 (jdm) etw ~ (*Prämie, Gewinn, Anteil*) pay* sth out (to sb) ◊ *Sie ließ sich ihr Erbteil auszahlen.* She had her portion of the inheritance paid out to her. ◊ *den Arbeitern ihren Lohn auszahlen* pay the workers their wages ◊ *sich einen Scheck auszahlen lassen* cash a cheque **2** jdn ~ (*Teilhaber*) buy* sb out; (*Arbeitnehmer*) pay* sb off **3** sich ~ pay* off (*umgs*) ◊ *Die Mühe zahlte sich aus.* The hard work paid off.
auszählen 1 count ◊ *die Stimmen auszählen* count the votes **2** jdn ~ (*beim Boxen*) count sb out
Auszahlung 1 (*von Prämien, Gewinnen, Anteilen*) payment ◊ *eine Auszahlung in bar* a payment in cash **2** (*eines Teilhabers*) buying out; (*eines Arbeitnehmers*) paying off
Auszählung counting
auszehren (*schwächen*) waste, debilitate; (*erschöpfen*) drain, exhaust ◊ *sein ausgezehrter Körper* his wasted body ◊ *Die vielen Sorgen haben sie ausgezehrt.* All the worry has drained her.
Auszehrung 1 (MED) emaciation [U] **2** (*fig*) erosion (*finanziell*) underfunding
auszeichnen 1 (*Waren*) label*; (*mit einem Preis*) price ◊ *Die Artikel sind einzeln ausgezeichnet.* The items are individually priced. **2** jdn/etw (mit etw) ~ honour sb/sth (with sth), (*AmE*) honor sb/sth (with sth); (*mit einem Preis, Orden*) award (sth) to sb/sth ◊ *Er wurde ausgezeichnet, weil er ein Kind gerettet hatte.* He was honoured for rescuing a child. ◊ *Sie wurde mit dem Nobelpreis ausgezeichnet.* She was awarded the Nobel Prize. ◊ *Er wurde als bester Schauspieler ausgezeichnet.* He won the best actor award. **3** (*charakteristisch sein*) set* sb/sth apart ◊ *Ihre Intelligenz zeichnet sie vor allen anderen aus.* Her intelligence sets her apart from all the rest. ◊ *Was zeichnet eigentlich eine Europaschule aus?* What's special about a European school? **4** sich (durch etw) ~ distinguish yourself (by sth) ◊ *Sie zeichnete sich im Sport aus.* She distinguished herself in sport. ◊ *Die Schule zeichnet sich durch kleine Klassen aus.* One of the distinguishing features of the school is small classes. ◊ *Kinder, die sich durch gute Leistungen auszeichnen* children whose achievements make them stand out
Auszeichnung 1 (*von Waren*) labelling; (*mit einem Preis*) pricing **2** (*Preis, Titel*) award; (*Orden*) decoration ◊ *Ihm wurde eine Auszeichnung verliehen.* He received an award. **3** (*Ehrung*) honour, (*AmE*) honor ◊ *Die Einladung an sich war schon eine Auszeichnung.* The invitation was an honour in itself. ◊ *Sie wurde mit einer Medaille etc.*) awarding ◊ *die Auszeichnung der Politiker mit dem Nobelpreis* the awarding of the Nobel prize to the politicians **IDM mit Auszeichnung** with distinction
ausziehbar (*Tisch*) extending; (*Leiter*) extendable; (*Sofa*) convertible
ausziehen 1 (*Tisch, Leiter etc.*) extend; (*Sofa*) pull sth out **2** (sich) etw ~ (*Kleidungsstück*) take* sth off ◊ *Er zog sich den Mantel aus.* He took his coat off. ◊ *Sie hat dem Kind die Schuhe ausgezogen.* She took off the child's shoes. **3** jdn ~ undress sb **4** sich ~ get* undressed, undress (*gehoben*) ◊ *Er kann sich schon selbst ausziehen.* He can already get undressed by himself. ◊ *sich nackt ausziehen* take all your clothes off ◊ *sich bis auf die Unterwäsche ausziehen* strip to

your underwear **5** (aus etw) ~ (*umziehen*) move out (of sth) ◊ *Wir sind letztes Jahr aus der Wohnung ausgezogen.* We moved out of the flat last year. ◊ *Sie ist von zu Hause ausgezogen.* She has left home. **7** (aus etw) ~ (*herauskommen*) move out (of sth) ◊ *Die Prozession zog feierlich aus der Kirche aus.* The procession moved solemnly out of the church. **8** (jdm/sich) etw ~ (*herausziehen*) pull sth out ◊ *Unkraut ausziehen* pull out weeds ◊ *einen Nagel mit der Zange ausziehen* pull a nail out with pliers ◊ *Er zog sich den Splitter aus.* He pulled out the splinter.
Auszubildende(r) trainee ☛ G 2.2d ☛ *Hinweis bei* LEHRE (1)
Auszug 1 (*Umzug*) move ◊ *Sie will uns beim Auszug helfen.* She wants to help us with the move. ◊ *der Auszug der Kinder aus dem Elternhaus* children leaving their parents' home **2** (*feierlich*) procession ◊ *ein feierlicher Auszug* a solemn procession **3** (*Konto-*) statement **4** (*Pflanzenextrakt etc.*) extract **5** (*Ausschnitt*) excerpt ◊ *Auszüge aus „Don Carlos"* excerpts from 'Don Carlos'
auszugsweise in excerpts ◊ *einen Artikel auszugsweise veröffentlichen* publish excerpts of an article
auszupfen (*Unkraut*) pull sth out; (*Haare*) pluck sth out
autark self-sufficient
authentisch authentic (*Adv* authentically); (*Geschichte, Bericht*) true
Authentizität authenticity
Autismus autism
autistisch autistic (*Adv* autistically)
Auto car ◊ *Fahrt ihr mit dem Auto oder mit der Bahn?* Are you going by car or train? ◊ *jdn im Auto mitnehmen* give sb a lift in the car ◊ *mit dem Auto in der Stadt unterwegs sein* be out driving in town ◊ *Er fährt gut Auto.* He is a good driver. ◊ *Er kann noch nicht Auto fahren.* He can't drive yet.
Autoabgase (car) exhaust fumes [Pl]
Autobahn motorway, (*AmE*) freeway ◊ *Sollen wir Autobahn oder Landstraße fahren?* Shall we take the motorway or the country roads?
Autobahnabfahrt, Autobahnausfahrt motorway exit, (*AmE*) freeway exit ◊ *die Autobahnausfahrt Vechta* the motorway exit for Vechta **Autobahnauffahrt** slip road, (*AmE*) access road **Autobahnbrücke** motorway bridge, (*AmE*) freeway bridge **Autobahngebühr** motorway toll, (*AmE*) freeway toll **Autobahnkreuz** motorway junction **Autobahnraststätte** motorway service area, (*AmE*) freeway rest area **Autobahnvignette** ⇨ VIGNETTE, S. 1310. **Autobahnzubringer** motorway feeder road, (*AmE*) freeway feeder road
Autobiografie autobiography*
autobiografisch autobiographical ◊ *Seine Romane sind autobiografisch geprägt.* His novels are partly autobiographical.
Autobus bus ☛ *Beispiele bei* BUS, S. 873.
Autodidakt(in) self-taught person* ◊ *Sie ist Autodidaktin.* She is self-taught.
Auto- Autodieb car thief* **Autofähre** car ferry* **Autofahrer(in)** (*car*) driver ◊ *Sie ist eine gute Autofahrerin.* She is a good driver. ☛ **Motorist** wird auch oft verwendet, besonders, wenn Autofahrer als Gruppe gemeint werden: *Police warned motorists to avoid the town centre.* **Autofahrt** drive; (*längere Reise*) car journey ◊ *Es sind drei Stunden Autofahrt.* It's a three-hour drive. **autofrei** car-free
autogen ◊ *autogenes Training* autogenic training
Autogramm autograph
Auto- Autohändler(in) car dealer ☛ G 2.2d **Autohersteller** car manufacturer **Autoindustrie** motor industry* **Autokennzeichen** car registration number, (*AmE*) license plate number **Autokino** drive-in cinema, (*AmE*) drive-in
Automat 1 (*Verkaufs-*) vending machine ◊ *Fahrkarten/ Schokolade aus dem Automaten ziehen* get tickets/ chocolate from the machine **2** (*Spiel-*) slot machine **3** (*Geld-*) cash machine **4** (*in Fabriken, auch abwertend für Menschen*) machine
Automatikwagen automatic
automatisch automatic (*Adv* automatically)
automatisieren automate
Automatisierung automation
Automechaniker(in) car mechanic ☛ G 2.2d

autonom autonomous (*Adv* autonomously)
Autonome(r) = member of a radical grouping that claims not to subscribe to any ideology
Autonomie autonomy
Autor(in) author
Auto- Autoradio car radio* **Autorennen** motor race; (*Sportart*) motor racing
autorisieren authorize ◊ *Wir sind dazu nicht autorisiert.* We are not authorized to do that.
autoritär authoritarian ◊ *eine autoritäre Erziehung* an authoritarian upbringing ◊ *ein autoritär regiertes Land* a country with an authoritarian government
Autorität authority* ◊ *Der Lehrer hat keine Autorität.* The teacher has no authority. ◊ *Sie gilt als Autorität auf diesem Gebiet.* She is considered an authority in this field. ◊ *die regionalen Autoritäten* the regional authorities
Auto- Autoschlüssel car key **Autostunde** ◊ *Das Dorf liegt eine Autostunde westlich von Berlin.* The village is an hour's drive west of Berlin **Autotelefon** car phone ◊ *Sie alarmierte die Polizei über ihr Autotelefon.* She called the police on her car phone. **Autounfall** car accident **Autovermietung** car hire, (*AmE*) car rental **Autowaschanlage** car wash **Autowerkstatt** garage **Autowrack** wrecked car
autsch ⇨ AU
avancieren zu etw ~ become* sth; (*aufrücken*) be promoted to sth ◊ *Das Buch avancierte zum Bestseller.* The book became a best-seller. ◊ *Sie avancierte zur Geschäftsführerin.* She was promoted to manager.
Avantgarde avant-garde
avantgardistisch avant-garde
Aversion ~ (gegen jdn/etw) aversion (to sb/sth)
Avocado avocado*
Axt axe
Azubi ⇨ AUSZUBILDENDE(R)
azurblau azure ☛ *Beispiele bei* BLAU

Bb

B, b 1 B, b ☛ *Beispiele bei* A, A, S. 773. **2** (MUS) B flat IDM ⇨ A, A
Baby baby* ◊ *Sie bekommt ein Baby.* She's having a baby. **Babynahrung** baby food **Babypause** career break to have children **babysitten** babysit* **Babysitter(in)** babysitter **Babyspeck** puppy fat, (*AmE*) baby fat
Bach stream
Backblech baking tray
Backbord port ◊ *nach Backbord* to port
Backe (*Gesicht*) cheek ◊ *Sie hat eine dicke Backe.* Her cheek is swollen.
backen 1 bake ◊ *Ich backe gern.* I like baking. **2** (*Brot etc.*) make*, bake ◊ *einen Kuchen backen* bake a cake **3** ◊ *Die Pizza muss 15 Minuten backen.* The pizza goes in the oven for 15 minutes. **4** (*in Fett*) fry*
Backen- Backenknochen cheekbone **Backenzahn** back tooth*, molar (*Fachspr*)
Bäcker(in) baker ◊ *beim Bäcker* at the baker's ☛ G 2.2d ☛ *Hinweis bei* LEHRE (1)
Bäckerei (*Laden*) baker's*; (*Backstube*) bakery* ☛ *Hinweis bei* BAKER
Back- Backform cake tin, baking tin, (*AmE*) baking pan **Backmischung** cake/bread mix **Backobst** dried fruit **Backofen** oven **Backpflaume** prune **Backpulver** baking powder **Backstein** brick
Bad 1 (*in der Badewanne*) bath **2** (*im Meer etc.*) swim (*oft mit einem Verb übersetzt*) ◊ *Ein Bad im Rhein ist nicht zu empfehlen.* It's not a good idea to swim in the Rhine. **3** (*Zimmer*) bathroom IDM **ein Bad in der Menge nehmen** (*Staatschef*) go* on a walkabout; (*Star*) mingle with the fans
Bade- Badeanzug swimming costume, swimsuit **Badehose** swimming trunks [Pl] ☛ *Hinweis bei* BRILLE **Badekappe** bathing cap **Bademantel** bathrobe **Bademeister(in)** swimming pool attendant ☛ G 2.2d **Bademütze** bathing cap
baden 1 have a bath, (*bes AmE*) take* a bath ◊ *heiß/kalt baden* have a hot/cold bath **2** (*Baby etc.*) bath, (*AmE*) bathe ◊ *ein Baby baden* bath a baby **3** (*Wunde etc.*) bathe **4** (*schwimmen*) swim* IDM **bei etw/mit etw baden gehen** come* a cropper with sth (*umgs*) ◊ *Beim Endspiel ging die Mannschaft baden.* The team came a cropper in the final.
Bade- Badeort (*Seebad*) seaside resort; (*Kurort*) spa **Badetuch** bath towel **Badewanne** bath, (*bes AmE*) bathtub, tub (*umgs*) ◊ *in der Badewanne sitzen* be in the bath ◊ *in die Badewanne steigen* get into the bath **Badezimmer** bathroom
Badminton badminton ◊ *Badminton spielen* play badminton

baff flabbergasted, gobsmacked (*umgs*) ◊ *Ich war völlig baff, als ich das hörte.* I was absolutely flabbergasted when I heard. ◊ *Da bist du baff!* That's knocked you sideways!
BAföG, Bafög = grant ◊ *Bafög beantragen* apply for a grant
Bagatelle ◊ *eine Bagatelle sein* be trivial
Bagger digger, excavator
Baggerführer(in) digger driver ☛ G 2.2d
baggern 1 (*Bauwesen, Volleyball*) dig* ◊ *Sie baggern eine Grube für die neue Sporthalle.* They're digging the foundations for the new sports centre. **2** (*flirten*) be on the pull (*Slang*)
Baggersee = lake (formed from a gravel pit)
Baguette baguette
Bahn 1 (*Eisen-*) rail, train

> **Rail** wird vor allem in der offiziellen und kommerziellen Sprache verwendet: *Die Güter werden mit der Bahn transportiert.* The goods are transported by rail.
>
> In der Alltagssprache sagt man meist **train**: *Wir fahren mit der Bahn.* We're going by train.

2 (*Netz*) railway [oft Pl], (*AmE*) railroad ◊ *Er arbeitet bei der Bahn.* He works on the railways. **3** (*Aschen-*) track; (*Spur*) lane ◊ *Der Weltmeister startet auf der dritten Bahn.* The champion is running in lane three. **4** (*Stoff, Tapete*) length **5** (*Stern, Satellit, Rakete*) path; (*Umlaufbahn*) orbit **6** (*fig*) ◊ *etw in die richtige Bahn lenken* put sth on the right track ◊ *Ihr Leben verläuft in geregelten Bahnen.* She leads an ordered life. IDM **auf die schiefe Bahn geraten** go* astray **jdn aus der Bahn werfen** throw* sb off course **freie Bahn** ◊ *Sie mussten dem Rettungswagen freie Bahn verschaffen.* They had to clear a way for the ambulance. ◊ (*fig*) *Die Regierungsumbildung gab dem Präsidenten freie Bahn für seine Wirtschaftsreform.* After the cabinet reshuffle, the way was clear for the president's economic reform. **Bahnarbeiter(in)** railway worker, (*AmE*) railroad worker ☛ G 2.2d **bahnbrechend** revolutionary **Bahndamm** embankment
bahnen 1 sich einen Weg ~ force your way through ◊ *Sie bahnten sich mühsam einen Weg durch die Schaulustigen.* They forced their way through the onlookers. **2 den Weg für etw ~** pave the way for sth
Bahnfahrt train journey ◊ *eine lange Bahnfahrt* a long train journey ◊ *Was kostet eine Bahnfahrt nach Hamburg?* How much is the rail fare to Hamburg?
Bahnhof (railway) station, (*AmE*) railroad station ◊ *Ich hole dich am Bahnhof ab.* I'll meet you at the station.
Bahnhofshalle station concourse **Bahnhofsvorsteher(in)** station manager ☛ G 2.2d

Bahn- Bahnlinie railway line, (*AmE*) railroad tracks [Pl] **Bahnsteig** platform **Bahnübergang** level crossing, (*AmE*) railroad crossing **Bahnverbindung** rail connection

Bahre (*für Verletzte*) stretcher; (*für Tote*) bier

Baiser meringue

Bakterie bacterium* [meist Pl] ◊ *Bakterien abtöten* destroy bacteria

Balance balance (*auch fig*) ◊ *Der Turner verlor die Balance.* The gymnast lost his balance. ◊ *die richtige Balance finden/treffen* find/strike the right balance
Balanceakt balancing act (*auch fig*)
balancieren 1 (*sich im Gleichgewicht halten*) keep* your balance ◊ *auf einem Stein balancieren* keep your balance on a rock ◊ *Wir mussten über einen Baumstamm balancieren, um auf die andere Seite des Flusses zu gelangen.* We had to walk along a tree trunk to cross the river. **2** *etw* (**auf etw**) ~ balance sth (on sth)

bald 1 (*in kurzer Zeit*) soon ◊ *Es wird bald dunkel.* It will soon be dark. **2** (*fast*) nearly ◊ *eine Stadt mit bald 50 000 Einwohnern* a town of nearly 50 000 inhabitants IDM **Bis bald!** See you soon! **Wird's bald!** Get a move on! ☛ *Siehe auch* KRACHEN

baldig speedy ◊ *jdm eine baldige Genesung wünschen* wish sb a speedy recovery ◊ *Beide Parteien hoffen auf eine baldige Einigung.* Both parties hope to reach an agreement soon.

Baldrian valerian

Balg (*Kind*) kid; (*frech, verwöhnt*) brat (*abwert*)

balgen sich (**mit jdm**) (**um etw**) ~ fight* (with sb) (over sth)

Balken (*aus Holz, Schwebe-*) beam; (*aus Stahl*) girder; (*Quer-*) joist; (*Stütz-*) prop ◊ *ein tragender Balken* a supporting beam IDM **lügen, dass sich die Balken biegen** lie* through your teeth

Balkon 1 balcony* **2** (*Theater*) circle, (*AmE*) balcony ◊ *Wo möchtest du sitzen? Balkon oder Parkett?* Would you rather sit in the circle or the stalls? ☛ Auch im britischen Englisch wird **balcony** benutzt, wenn es sich um eine höhere Stufe hinter dem **circle** handelt.

Ball¹ 1 ball **2** (*Schlag, Schuss, Wurf*) shot; (*Pass*) pass IDM **am Ball bleiben 1** (*Sport*) keep* possession of the ball; stick* with it **2** (*fig*) not give up

Ball² (*Tanz*) ball ◊ *auf einen Ball gehen* go to a ball ◊ *auf dem Ball* at the ball

Ballade ballad

Ballast 1 (NAUT) ballast **2** (*fig*) dead wood
Ballaststoffe roughage [U], fibre, (*AmE*) fiber [U]

ballen 1 (*Faust*) clench ◊ *Sie ballte die Hand zur Faust.* She clenched her fist. **2 sich ~** be concentrated IDM ⇨ FAUST

Ballen 1 (*Stroh etc.*) bale **2** (*Fuß-*) ball of the foot

Ballerina ballerina ☛ G 2.2d

ballern fire

Ballett ballet ◊ *ins Ballett gehen* go to the ballet
Balletttänzer(in) ballet dancer ☛ G 2.2d

Ball- Balljunge ballboy **Ballkleid** ball gown **Ballmädchen** ballgirl

Ballon balloon; (*Heißluft- auch*) hot-air balloon ◊ *eine Fahrt im Ballon* a hot-air balloon trip

Ballspiel ball game

Ballungsgebiet, **Ballungsraum** conurbation, large urban area

Balsam balm (*auch fig*)

Bambus 1 (*Pflanze*) bamboo **2** (*Material*) cane ◊ *ein Stuhl aus Bambus* a cane chair
Bambussprossen bamboo shoots [Pl]

Bammel fear; ~ **haben** be scared

banal (*Frage, Antwort, Bemerkung*) trite; (*Tatsache*) obvious; (*Anlass*) ordinary
Banalität banality*; (*Feststellung auch*) platitude

Banane banana
Bananenschale banana skin

Banause philistine

Band¹ *das* **1** tape; (*Seiden-*) ribbon **2** (ANAT) ligament **3** (*Förder-*) conveyor belt; (*Fließ-*) assembly line IDM **am laufenden Band** non-stop; continuously

Band² *das* (*Fessel*) tie, bond ◊ *familiäre Bande* family ties ◊ *freundschaftliche Bande* bonds of friendship IDM ⇨ RAND

Band³ *der* volume

Band⁴ *die* band ☛ G 1.3b

Bandbreite 1 (COMP, RADIO) bandwidth **2** (*Vielfalt*) range ◊ *die ganze Bandbreite der Gefühle* the whole range of emotions

Bande¹ (*Stadion*) edge; (*Eisbahn*) boards [Pl]

Bande² (*Gruppe*) gang ☛ G 1.3b
Bandenkrieg gang warfare [U] **Bandenmitglied** member of a/the gang

Bänderriss torn ligament

bändigen tame; (*Kinder, Naturkräfte*) bring* *sb/sth* under control

Bandscheibe disc

bang, bange anxious, frightened

Bange fear ◊ *Keine Bange!* Don't worry! IDM ⇨ ANGST

bangen 1 um etw ~ be worried about sth; (*Leben, Sicherheit*) fear for sth **2 um jdn ~** be worried about sb ◊ *Die Firma bangt um ihre Kunden.* The company is worried about losing its customers. **3** *jdm bangt es vor etw* sb is afraid of sth

Banjo banjo* ◊ *Sie spielt Banjo.* She plays the banjo.

Bank¹ (*zum Sitzen*) seat; (*Park-, Sport*) bench IDM **etw auf die lange Bank schieben** put* sth off **durch die Bank** every single one ◊ *Die Kinder sind durch die Bank selbstsicherer geworden.* Every single one of the children has become more confident. **vor leeren Bänken spielen** play to an empty house

Bank² (*Kreditinstitut*) bank ◊ *ein Konto bei einer Bank haben* have an account with a bank
Bankangestellte(r) bank clerk ☛ G 2.2d
Bankett reception
Banker(in) banker ☛ G 2.2d
Bankgeheimnis banking secrecy
Bankier banker
Bank- Bankkauffrau, -kaufmann (senior) bank officer ☛ G 2.2d **Bankkonto** bank account **Banklehre** training as a bank clerk ◊ *eine Banklehre machen/absolvieren* start/complete training as a bank clerk **Bankleitzahl** (branch) sort code **Banknote** banknote, (*AmE meist*) bill **Bankraub** bank robbery* **Bankräuber(in)** bank robber

bankrott bankrupt
Bankrott bankruptcy* (*auch fig*) ◊ *Bankrott machen/gehen* go bankrupt

Banküberfall bank raid

Bann spell IDM **jdn in seinen Bann ziehen/schlagen** captivate sb

bannen 1 (*fesseln*) entrance ◊ *Sie waren von der Geschichte völlig gebannt.* They were completely entranced by the story. **2** (*auf Film etc.*) capture **3** (*Gefahr*) avert; (*Geister*) ward *sth* off ◊ *Die Seuchengefahr ist gebannt.* The threat of an epidemic has been averted.

Banner banner (*auch fig*)

Bannmeile = restricted area around government buildings

bar (in) cash ◊ *bar zahlen* pay (in) cash ◊ *500 Dollar in bar* 500 dollars in cash IDM ⇨ MÜNZE

Bar (*Lokal, Theke*) bar

Bär(in) bear IDM **jdm einen Bären aufbinden** have sb on ☛ G 9.7c ☛ *Siehe auch* HUNGER

Baracke hut

barbarisch 1 (*grausam*) barbaric (*Adv* barbarically) **2** (*sehr, unheimlich*) terrible (*Adv* terribly) ◊ *Hier stinkt's barbarisch.* There's a terrible smell in here.

Bären- Bärenhunger einen ~ haben be ravenous **bärenstark 1** (*kräftig*) as strong as an ox **2** (*sehr gut*) brilliant

barfuß barefoot ◊ *barfuß gehen* go barefoot
barfüßig barefoot

Bargeld cash
bargeldlos 1 *Adj* (*Zahlungssystem, Gesellschaft*) cashless; (*Zahlungsmethode*) non-cash **2** *Adv* by electronic payment

Bariton 1 (*Sänger, Stimme*) baritone ◊ *Er ist Bariton.* He's a baritone. **2** (*Partie*) baritone part

Barkeeper(in) barman*, barmaid, (*bes AmE*) bartender ☛ G 2.2d

barmherzig 1 (*freundlich*) kind (*Adv* kindly) **2** (REL)

Barmhherzigkeit

merciful (*Adv* mercifully) **3** ◊ *der barmherzige Samariter* the Good Samaritan
Barmherzigkeit compassion; (*Gnade*) mercy
barock baroque
Barock (*Periode*) baroque period; (*Stil*) baroque (style) **Barockkirche** baroque church **Barockmusik** baroque music
Barometer barometer (*auch fig*)
Baron(in) baron, baroness ☛ *Hinweis bei* BARONESS
Barren 1 (SPORT) parallel bars [Pl] **2** (*Edelmetall*) bar; (*Gold oft auch*) ingot
Barriere barrier (*auch fig*) ◊ *sprachliche Barrieren abbauen* break down the language barrier
Barrikade barricade IDM **auf die Barrikaden gehen 1** (*demonstrieren*) take* to the streets **2** (*sich aufregen*) be up in arms **jdn auf die Barrikaden treiben 1** (*zum Protest zwingen*) drive* sb to take action **2** (*wütend machen*) have sb up in arms
barsch (*Kritik, Ton, Antwort*) sharp (*Adv* sharply); (*Absage*) blunt (*Adv* bluntly)
Barsch perch*
Barscheck open cheque, (*AmE*) open check
Bart 1 beard; (*Schnurrbart*) moustache, (*AmE*) mustache **2** (*bei Katzen, Mäusen, Robben*) whiskers [Pl]; (*bei Ziegen, Vögeln, Getreide*) beard **3** (*am Schlüssel*) bit IDM (**so**) **einen Bart haben** be old hat **etw in seinen Bart brummen** mumble sth (to yourself) ☛ *Siehe auch* HONIG
bärtig ◊ *ein bärtiger Mann* a man with a beard ◊ *ein bärtiges Gesicht* a bearded face ◊ *der Bärtige* the man with the beard
Basalt basalt
Basar 1 bazaar **2** (*Wohltätigkeits-*) fête, (*AmE*) carnival
Base (*Chemie*) base
basieren auf etw ~ be based on sth ◊ *Der Film basiert auf einer wahren Begebenheit.* The film is based on a real event.
Basilika basilica
Basilikum basil
Basis 1 (*Grundlage, Voraussetzung*) basis ◊ *auf freiwilliger Basis* on a voluntary basis ◊ *eine solide Basis für etw schaffen/legen* lay a firm foundation for sth ◊ *Das Projekt fand Zustimmung auf breiter Basis.* The project met with widespread approval. **2** (POL) grass roots [Pl] **3** (MIL, ARCHIT, MATH) base ◊ *Die Staffel kehrte zur Basis zurück.* The squadron returned to base.
Basisarbeit 1 (*Beschäftigung mit den Menschen an der Basis*) work at the grass roots **2** (*Schaffung von Grundlagen*) groundwork **Basisdemokratie** grass-roots democracy
Basketball basketball ◊ *Basketball spielen* play basketball.
Bass 1 (*Sänger, Stimme*) bass ◊ *Er ist Bass.* He's a bass. ◊ *Singt er Tenor oder Bass?* Does he sing tenor or bass? **2** (*Partie*) bass part ◊ *Kannst du den Bass singen?* Can you sing the bass part? **3 der Bass** (*im Chor*) the bases [Pl] ◊ *Der Chorleiter gab dem Bass den Einsatz.* The conductor brought in the basses. **4** (*Bassgeige*) double bass; (*im Jazz auch*) bass ◊ *Sie spielt Bass.* She plays the double bass. **5** (*Bassgitarre*) bass (guitar) ◊ *Adam Clayton am Bass* Adam Clayton on bass **6** (*Ton*) bass [U] ◊ *Die Bässe dröhnten.* The bass was booming out.
Bassin (*für Fische*) pond; (*zum Schwimmen*) pool
Bassist 1 (*Sänger*) bass **2 Bassist(in)** (*Musiker*) double bass player, bass player ◊ *Er ist Bassist.* He's a bass player.
Bassschlüssel (MUS) bass clef
Bast raffia ◊ *ein Untersetzer aus Bast* a raffia mat
basta! that's that!
Bastard 1 (*Pflanze*) hybrid; (*Tier*) cross-breed; (*Hund*) mongrel **2** (*uneheliches Kind/minderwertiger Mensch*) bastard (*abwert*)
Bastelarbeit 1 (*Gegenstand*) piece of handicraft **2** (*Hobby, Tätigkeit*) craft work **3** (*Feinarbeit*) fiddly job
Bastelei 1 (*Gegenstand*) piece of handicraft **2** (*Hobby, Tätigkeit*) craft work, making things **3** (*Stümperei*) tinkering ◊ *Die Bastelei am Grundgesetz führt zu nichts.* This tinkering with the constitution achieves nothing.
basteln 1 (*Hobby*) make* things ◊ *Er bastelt gern.* He likes making things. **2** (*Gegenstände*) make* ◊ *Die Kinder haben den Weihnachtsschmuck selber gebastelt.* The children

made the Christmas decorations themselves. **3 an etw** ~ tinker with sth ◊ *Er bastelt an seinem Motorrad.* He is tinkering with his motorbike. ◊ *Sie bastelt noch an einer Lösung.* She is still working on a solution.
Bastion bastion (*auch fig*)
Bastler(in) 1 (*von Modellen etc.*) handicraft enthusiast **2** (*Heimwerker*) DIY enthusiast ◊ *Mit der alten Karre kann nur noch ein Bastler was anfangen.* Only a DIY enthusiast could do something with that old banger.
Bataillon battalion
Batik batik
Batterie 1 (*Stromversorgung, Mil*) battery* **2** (*Serie, Reihe*) row ◊ *eine ganze Batterie von Flaschen* a whole row of bottles
batteriebetrieben battery-powered; (*Fahrzeug*) electric **Batteriehuhn** battery hen
Batzen pile ◊ *ein ganzer Batzen Arbeit* a pile of work ◊ *ein großer Batzen* (*Geld*) a tidy sum (of money)
Bau 1 (*das Bauen*) building, construction (*offiz*) ◊ *der Bau neuer Straßen* road building ◊ *Die neue Oper ist noch im Bau.* The new opera house is still under construction. **2** (*von Instrumenten*) making **3** (*Baugewerbe*) building trade, (*bes AmE*) construction industry ◊ *Er arbeitet auf dem Bau.* He is a building worker. **4** (*Gebäude*) building **5** (*Bauplatz*) building site **6** (*Gefängnis*) guardhouse **7** (*Biber-*) lodge; (*Dachs-*) sett; (*Fuchs-*) earth; (*Kaninchen-*) burrow, warren
Bauamt planning department **Bauarbeiten** building work; (*Straßen-*) roadworks [Pl] **Bauarbeiter(in)** building worker, (*AmE*) construction worker ◊ *Die Bauarbeiter rücken an.* The builders are starting work. ☛ G 2.2d **Bauaufsicht** (*Behörde*) building control department; (*das Beaufsichtigen*) supervision of building work
Bauch (*Mensch*) stomach, tummy (*umgs*); (*Tier*) belly* ◊ *Mir tut der Bauch weh.* I've got stomach ache. ◊ *mit vollem/leerem Bauch* on a full/an empty stomach IDM **aus dem** (**hohlen**) **Bauch** (*ohne Vorbereitung*) off the cuff; (*instinktiv*) instinctive (*Adv* instinctively) **sich den Bauch voll schlagen** stuff yourself ☛ *Siehe auch* BEIN, LOCH *und* WUT
bauchig bulbous
Bauch- **Bauchladen** tray **Bauchnabel** navel, belly button (*umgs*) **Bauchredner(in)** ventriloquist ☛ G 2.2d **Bauchschmerzen 1** stomach ache, tummy ache (*umgs*) ◊ *Ich habe Bauchschmerzen.* I've got stomach ache. **2** (*unguses Gefühl*) headache ◊ *Die Reform bereitet uns große Bauchschmerzen.* The reform is proving a major headache. ☛ Im amerikanischen Englisch sind die Wörter mit **ache** immer zählbar: *have a stomach ache/an earache, etc.* **Bauchspeicheldrüse** pancreas **Bauchtanz** (*das Tanzen*) belly dancing; (*ein Tanz*) belly dance **Bauchtänzer(in)** belly dancer ☛ G 2.2d
bauen 1 (*Gebäude, Straßen etc.*) build* ◊ *Hier werden Wohnungen gebaut.* They're building some flats here. ◊ *Sie wollen bauen.* They want to have a house built. **2** (*Modelle, Instrumente etc.*) make* IDM **auf jdn/etw bauen** rely* on sb/sth ◊ *Wir bauen darauf, dass ihr da seid.* We are relying on you to be there. **Mist/Scheiße bauen** mess things up
Bauer 1 (*Landwirt*) farmer ☛ G 2.2d **2** (*ungebildeter, grober Mensch*) peasant **3** (*Schachfigur*) pawn
Bäuerchen (**ein**) ~ **machen** burp
Bäuerin (*Landwirtin*) farmer; (*Frau eines Bauern*) farmer's wife ☛ G 2.2d
bäuerisch ⇨ BÄURISCH
bäuerlich rural ◊ *bäuerliche Traditionen* rural traditions ◊ *ein bäuerlicher Kleinbetrieb* a smallholding ◊ *eine bäuerlich geprägte Region* a traditional farming area
Bauern- Bauernhaus farmhouse **Bauernhof** farm ◊ *auf dem Bauernhof* on the farm
bau- baufällig (*Gebäude, Brücke*) dilapidated; (*Dach*) in danger of falling in (*nicht vor Nomen*) **Baufirma** building firm **Baugenehmigung** planning permission [U] ◊ *eine Baugenehmigung beantragen/erteilen* apply for/grant planning permission **Baugewerbe** building trade, construction industry **Bauherr(in)** client (for whom sth is being built) **Bauingenieur(in)** civil engineer ☛ G 2.2d **Baujahr** year of construction; (*eines Autos etc.*) year of manufacture ◊ *ein Käfer, Baujahr 1979* a 1979 Beetle **Baukasten** construction kit; (*Bauklötze*) box of bricks **Baukastensystem** modular system ◊ *Man kann sich das Stu-*

dium im Baukastensystem zusammenstellen. You can do a course of study on a modular basis. **Bauland** building land
Bauleiter(in) building site manager ☛ G 2.2d
Baum tree ◊ *Die Katze sitzt auf dem Baum.* The cat is sitting in the tree. IDM **Bäume ausreißen** ◊ *Ich könnte Bäume ausreißen!* I feel ready for anything! ◊ *Bisher hat der neue Bürgermeister noch keine Bäume ausgerissen.* So far the new mayor hasn't done very much. ☛ *Siehe auch* WALD
Baumarkt DIY store
Baumart species* of tree
Baumaterial building material
Baumbestand 1 (*Anzahl der Bäume in einem Gebiet*) tree stock **2** (*Bäume*) trees [Pl] ◊ *ein Park mit schönem altem Baumbestand* a park with lovely old trees
baumeln dangle ◊ *Eine Glühbirne baumelte von der Decke.* A light bulb dangled from the ceiling. ◊ *Sie saß auf dem Steg und ließ die Beine baumeln.* She sat on the jetty and dangled her legs.
Baum- Baumgrenze tree line **Baumhaus** tree house **Baumkrone** treetop **Baumrinde** bark **Baumschule** tree nursery* **Baumstamm** tree trunk **Baumsterben** ⇨ WALDSTERBEN **Baumstruktur** tree structure **Baumstumpf** tree stump
Baumwolle cotton ◊ *ein Hemd aus reiner Baumwolle* a 100 per cent cotton shirt
bäurisch uncouth
Bau- Bausparen ~ saving money with a building society/savings and loan association (to pay for the building of a house) **Bausparkasse** building society, (*AmE*) savings and loan association **Bausparvertrag** ~ building society savings agreement, (*AmE*) ~ savings and loan association agreement ◊ *einen Bausparvertrag abschließen* enter into a building society savings agreement **Baustein** (*Spielzeug*) building brick; (*fig*) component, element ◊ *ein wichtiger Baustein unserer Umweltpolitik* an essential element of our environmental policy **Baustelle 1** building site **2** (*Straße*) roadworks [Pl] ◊ **Baustil** style of architecture **Bauteil** component **Bauunternehmen** building firm **Bauunternehmer(in)** building contractor ☛ G2.2d **Bauweise 1** (*Stil*) building style **2** (*Methode*) method of construction **Bauwerk 1** (*Gebäude*) building **2** (*Brücke, Turm*) structure
Bazille, Bazillus germ; (MED) bacillus*
beabsichtigen intend, aim ◊ *Die Bank beabsichtigt, die Leitzinsen zu erhöhen.* The bank intends to raise interest rates.
beabsichtigt 1 (*geplant*) planned ◊ *die beabsichtigten Autobahngebühren* the planned motorway tolls **2** (*gewünscht*) intentional ◊ *Das war nicht beabsichtigt.* It wasn't intentional. ◊ *die beabsichtigte Wirkung* the desired effect
beachten 1 (*Regel, Vorschrift*) observe; (*Hinweis, Ratschläge*) follow ◊ *ein Verbot beachten* observe a ban **2 jdn/etw nicht ~** (*wahrnehmen*) ignore sb/sth ◊ *Er lief auf die Straße, ohne den Verkehr zu beachten.* He ran into the street, ignoring the traffic. **3** (*zur Kenntnis nehmen*) note ◊ *Bitte beachten Sie unsere Sonderangebote.* Please note our special offers. ◊ *Dabei ist zu beachten, dass sie erst vor zwei Jahren angefangen hat.* You have to remember that she only started two years ago.
beachtlich 1 (*groß*) considerable (*Adv* considerably) ◊ *eine beachtliche Summe* a considerable sum ◊ *Die Mieten sind beachtlich gestiegen.* Rents have increased considerably. **2** (*gut*) respectable ◊ *Das Ergebnis ist durchaus beachtlich.* It is a perfectly respectable score. **3** (*Leistung, Fortschritt*) significant
Beachtung 1 (*Aufmerksamkeit*) attention ◊ *Das Forschungsprojekt verdient Beachtung.* The research is worthy of attention. ◊ *Ihr Einwand fand keine Beachtung.* Her objection fell on deaf ears. **2 jdm/etw keine ~ schenken** ignore sb/sth **3** (*Befolgung*) (*meist mit einem Verb übersetzt*) ◊ *Wir bitten um Beachtung der Sicherheitsvorschriften.* Please observe the safety regulations.
beackern 1 *etw* ~ (*intensiv bearbeiten*) plough your way through sth **2 jdn** ~ work on sb
Beamte, Beamtin (*Staatsangestellter*) ~ civil servant, official; (*Polizist*) officer ◊ *Beamte in der Ausländerbehörde*

immigration officials ◊ *150 Beamte waren im Einsatz.* 150 police officers took part in the operation. ☛ G 2.2d ☛ *Hinweis bei* ÖFFENTLICH
beängstigend alarming
beanspruchen 1 (*Rechte, Leistungen*) claim ◊ *Schadenersatz beanspruchen* claim damages ◊ *Das Gebiet wird von beiden Staaten beansprucht.* Both states lay claim to the territory. **2** (*Aufmerksamkeit*) demand ◊ *Er beansprucht alle Aufmerksamkeit für sich.* He demands a lot of attention. **3** (*anstrengen*) be demanding ◊ *Die Arbeit beansprucht sie sehr.* Her work is very demanding. **4** (*belasten*) put* a strain on *sth* ◊ *Volleyball beansprucht die Gelenke.* Volleyball puts a strain on your joints. **5** (*Zeit/Raum einnehmen*) take* *sth* up ◊ *Sein Hobby beansprucht viel Zeit.* His hobby takes up a lot of his time. **6** (*Geduld, Hilfe*) impose on *sth* ◊ *Ich möchte Ihre Geduld nicht länger beanspruchen.* I won't impose on your patience any longer.
beanstanden criticize, find* fault with *sth* ◊ *Sie beanstandeten, dass kein Arzt hinzugerufen wurde.* They criticized the fact that a doctor wasn't called. ◊ *Eine perfekte Arbeit - nichts zu beanstanden!* A perfect piece of work — nothing to find fault with! ◊ *Haben Sie etwas an dem Wagen zu beanstanden?* Have you got a complaint about the car?
Beanstandung complaint ◊ *Es gab keinen Grund zu Beanstandungen.* There were no grounds for complaint.
beantragen *etw* (**bei** *jdm*) ~ apply* (to sb) for sth ◊ *Arbeitslosengeld beantragen* apply for unemployment benefit
beantworten 1 answer ◊ *eine Frage erschöpfend beantworten* answer a question fully ◊ *eine Frage ausweichend beantworten* give an evasive answer to a question ◊ *Unsere Fragen sind noch lange nicht beantwortet.* Our questions are still far from being satisfactorily answered. **2** *etw mit etw* ~ respond to sth with sth ◊ *Er beantwortete meine Bitte mit einem Nicken.* He responded to my request with a nod.
Beantwortung (*meist mit einem Verb übersetzt*) ◊ *Die Beantwortung dieser Frage erfordert weitere Nachforschungen.* Before answering this question we shall have to make further inquiries.
bearbeiten 1 *etw* (**mit** *etw*) ~ (*mit Chemikalien*) treat sth (with sth); (*mit dem Hammer*) hammer sth; (*mit Sandpapier*) sand sth (down); (*mit einem Pflug*) plough sth **2** (*Antrag, Akte etc.*) process **3** (*Aufgabe, Thema*) deal* with *sth* ◊ *ein Thema bearbeiten* deal with a subject **4** (*Text, Drama etc.*) adapt ◊ *Sie hat ihr Stück für das Fernsehen bearbeitet.* She adapted her play for television. **5** *jdn* ~ pummel* sb; (*fig*) work on sb ◊ *Sie bearbeitete ihn mit Fäusten.* She pummelled him with her fists. ◊ *Wir haben ihn so lange bearbeitet, bis er zustimmte.* We worked on him until we finally got him to agree.
Bearbeitung 1 (*einer Sache, eines Materials*) treatment ◊ *Nach eingehender Bearbeitung ist die Karosserie wie neu.* After thorough treatment the bodywork is as good as new. ◊ *landwirtschaftliche Bearbeitung* agricultural use **2** (*eines Antrags etc.*) processing **3** (*einer Aufgabe*) (*meist mit einem Verb übersetzt*) ◊ *Zur Bearbeitung der Aufgabe stehen 40 Minuten zur Verfügung.* You have 40 minutes to do the exercise. **4** (*Text*) adaptation; (*Musik*) arrangement
Beat 1 (*Musikstil*) beat (music) **2** (*Rhythmus*) beat
beatmen *jdn* ~ give* sb artificial respiration ◊ *Der Patient wird künstlich beatmet.* The patient is being given artificial respiration.
Beatmung artificial respiration
beaufsichtigen supervise
Beaufsichtigung supervision
beauftragen *jdn* (**mit** *etw*) ~ make* sb responsible (for doing sth); (*Firma*) hire sb (to do sth); (*Architekt etc.*) commission sb (to do sth) ◊ *Der Außenminister wurde beauftragt, die Verhandlungen zu führen.* The foreign minister was given responsibility for the negotiations. ◊ *Sie haben eine Agentur mit der Entwicklung eines neuen Designs beauftragt.* They commissioned an agency to create a new design.
Beauftragte(r) (*bei Verhandlungen*) delegate; (*gewählter Vertreter*) representative
beäugen eye
bebauen 1 (*Feld, Acker*) cultivate **2** *etw* (**mit** *etw*) ~ build* (sth) on sth, develop sth (with sth) ◊ *ein Grundstück bebauen* build on a piece of land ◊ *Sie wollen das Gelände mit Sozialwohnungen bebauen.* They want to build council

beben

housing on the site. ◊ *ein dicht bebautes Stadtviertel* a densely built-up part of town
beben shake* ◊ *30 Sekunden lang bebte die Erde.* The earth shook for 30 seconds. ◊ *Wut bebte in seiner Stimme.* His voice shook with rage.
Beben 1 (*Erdbeben*) earthquake **2** (*in der Stimme*) tremor
bebildert illustrated
Becher 1 (*aus Pappe*) cup; (*aus Plastik*) beaker; (*aus Porzellan*) mug **2** (*mit Joghurt*) pot; (*mit Sahne*) carton
bechern drink* (a lot)
Becken 1 (*Wasch-*) basin; (*Schwimm-*) pool; (*Toiletten-*) pan; (*Fisch-*) pond **2** (ANAT) pelvis **3** (GEOL) basin **4** (MUS) cymbal [meist Pl] ◊ *das Becken spielen* play the cymbals
Beckenbruch fracture of the pelvis **Beckenknochen** hip bone **Beckenrand** edge of the pool
Becquerel becquerel
bedacht 1 ⇨ BEDENKEN **2 auf etw ~ sein** be concerned about sth
Bedacht mit ~ 1 carefully, with care **2** (*absichtlich*) intentionally
bedächtig 1 (*langsam*) slow (*Adv* slowly) **2** (*überlegt, nachdenklich*) thoughtful (*Adv* thoughtfully)
bedanken sich bei jdm (für etw) ~ thank sb (for sth), say* thank you to sb (for sth) ◊ *Ich bedanke mich!* Thank you.
Bedarf need ◊ *ein dringender Bedarf an Parkplätzen* an urgent need for parking spaces ◊ *alles für den häuslichen Bedarf* all your household needs IDM **bei Bedarf** as required; if necessary ◊ *Bei Bedarf ein bis zwei Tabletten einnehmen.* Take one or two tablets as required. **je nach Bedarf** as required
bedauerlich unfortunate, regrettable ◊ *ein bedauerlicher Zwischenfall/Fehler* an unfortunate incident/error ◊ *eine bedauerliche Entwicklung* a regrettable development
bedauerlicherweise unfortunately ◊ *Bedauerlicherweise musste der Flug gestrichen werden.* Unfortunately the flight has been cancelled. ◊ *Bedauerlicherweise müssen wir Ihnen mitteilen, dass ...* We regret to have to inform you that ...
bedauern 1 (*Menschen*) feel* sorry for *sb* ◊ *Sie ist wirklich zu bedauern.* You really have to feel sorry for her. ◊ *Er lässt sich gern bedauern.* He likes people to feel sorry for him. **2** (*Tatsache, Situation etc.*) regret* ◊ *Wir bedauern, dass wir Ihnen nicht helfen können.* We regret that we are unable to help you. ◊ *Dieser Schritt ist sehr zu bedauern.* This is a most regrettable step.
Bedauern 1 (*Mitgefühl*) sympathy **2** (*Enttäuschung*) regret ◊ *mit großem Bedauern* with deep regret ◊ *Wir haben mit Bedauern festgestellt, dass ...* We realized to our regret that ... ◊ *Zu unserem Bedauern muss die Veranstaltung leider ausfallen.* We regret that the event will have to be cancelled.
bedauernswert (*Mensch, Tier, Tatsache, Vorfall*) unfortunate; (*Zustand*) deplorable
bedecken cover
bedeckt 1 ⇨ BEDECKEN **2** (*Himmel*) overcast, cloudy IDM **etw bedeckt halten** keep* sth to yourself; keep* sth quiet **sich bedeckt halten** keep* quiet
bedenken 1 (*überdenken*) think* sth through ◊ *Hast du diese Entscheidung auch richtig bedacht?* Have you really thought this decision through? **2** (*beachten*) remember, take* *sth* into account ◊ *Man muss bedenken, dass sie alle berufstätig sind.* You have to remember that they all have jobs. ◊ *Zu bedenken ist bei dieser Entscheidung auch, dass ...* When making this decision you should also take into account that ... ◊ *Er ist noch ganz rüstig, wenn man bedenkt, dass er schon 80 ist.* He's still quite sprightly, considering he's already 80. **3 jdn/etw mit etw ~** award sb sth ◊ *Der Film wurde mit dem Silbernen Bären bedacht.* The film was awarded the Silver Bear. ◊ *Die Schauspielerin wurde für ihre Leistung mit viel Lob bedacht.* The actress was highly praised for her performance. ◊ *Seine Rede wurde mit höflichem Beifall bedacht.* His speech was received with polite applause. IDM **etw zu bedenken geben** point sth out
Bedenken reservations [Pl] ◊ *Wir haben grundsätzliche Bedenken hinsichtlich der Gentechnologie.* We have reservations about the whole idea of genetic engineering. ◊ *rechtliche Bedenken* reservations about the legal aspects ◊ *ohne Bedenken* without hesitation
bedenkenlos 1 (*ohne Skrupel*) unscrupulous (*Adv* unscrupulously) **2** (*ohne kritische Überlegung*) without giving it a second thought, without thinking twice **3** (*ohne Gefahr*) safely; (*unbesorgt*) without hesitation
bedenkenswert 1 (*betrachtenswert*) worth considering, worth thinking about ◊ *eine bedenkenswerte Entwicklung* a development that is worth thinking about **2** (*fragwürdig*) worrying (*Adv* worryingly)
bedenklich 1 (*bedrohlich*) alarming (*Adv* alarmingly) ◊ *bedenkliche Ausmaße annehmen* reach alarming proportions ◊ *Das Niveau ist bedenklich abgesunken.* The standard has dropped alarmingly. **2** (*fragwürdig*) questionable ◊ *ökologisch/verfassungsrechtlich bedenklich* questionable on environmental/constitutional grounds IDM **(jdn) bedenklich stimmen** give* (sb) cause for concern ◊ *Die Zahlen stimmten ihn bedenklich.* The figures gave him cause for concern.
Bedenkzeit time to think about sth ◊ *Er gab mir einen Tag Bedenkzeit.* He gave me a day to think about it.
bedeppert (*dümmlich*) dopey (*umgs*), (*BrE auch*) gormless (*umgs*) ◊ *Steh nicht so bedeppert da.* Don't just stand there looking gormless.
bedeuten 1 mean* ◊ *Was bedeutet dieses Wort?* What does this word mean? ◊ *Was hat das rote Warnlicht zu bedeuten?* What does the red warning light mean? ◊ *Ihr Gesichtsausdruck bedeutet nichts Gutes.* The expression on her face doesn't bode well. ☛ *Hinweis bei* HEISSEN **2 jdm etw ~** mean* sth to sb ◊ *Seine Familie bedeutet ihm alles.* His family means everything to him.
bedeutend 1 (*einflussreich*) important ◊ *ein bedeutendes Bauwerk der Renaissance* an important example of Renaissance architecture **2** (*berühmt*) distinguished ◊ *ein bedeutender Musiker* a distinguished musician **3** (*beträchtlich*) significant (*Adv* significantly), considerable (*Adv* considerably) ◊ *ein bedeutender Anteil* a significant proportion ◊ *bedeutend höher* significantly higher ◊ *bedeutende Fortschritte machen* make considerable progress **4** (*groß*) large ◊ *einer der bedeutendsten Arbeitgeber der Region* one of the largest employers in the area
bedeutsam 1 important ◊ *ein historisch bedeutsames Gebäude* a historically important building **2** (*vielsagend*) knowing (*Adv* knowingly), meaningful (*Adv* meaningfully) ◊ *ein bedeutsamer Blick* a knowing look
Bedeutung 1 (*Sinn*) meaning **2** (*Wichtigkeit*) importance, significance ◊ *an Bedeutung gewinnen/verlieren* increase/decline in importance
bedeutungslos (*unwichtig*) of no importance ◊ *Die Festung ist strategisch bedeutungslos.* The fortress is of no strategic importance. **Bedeutungslosigkeit** insignificance ◊ *zur Bedeutungslosigkeit absinken* pale into insignificance **bedeutungsvoll 1** (*wichtig*) of great significance ◊ *eine historisch bedeutungsvolle Rede* a speech of great historical significance **2** (*vielsagend*) knowing (*Adv* knowingly), meaningful (*Adv* meaningfully)
bedienen 1 (*als Kellner, Verkäufer*) serve ◊ *Werden Sie schon bedient?* Are you being served? **2 jdn ~** wait on sb ◊ *Sie lässt sich vorn und hinten von ihrer Mutter bedienen.* She lets her mother wait on her hand and foot. **3** (*Maschine*) use, operate (*gehoben*) ◊ *Weißt du, wie man die Waschmaschine bedient?* Do you know how to use the washing machine? **4 sich ~** help yourself ◊ *Hier stehen die Getränke – bedien dich.* Here are the drinks – help yourself. **5 sich einer Sache ~** use sth ◊ *Die Wissenschaftler mussten sich ungewöhnlicher Methoden bedienen.* The scientists had to use unusual methods. IDM **mit etw gut/schlecht bedient sein** be happy/unhappy with sth ◊ *Mit dem Spielergebnis war die Mannschaft gut bedient.* The team was happy with the result of the game. **bedient sein** have had enough ◊ *Ich bin bedient!* I've had enough!
Bedienstete(r) 1 public sector employee ◊ *Bedienstete verschiedener Behörden* employees in various public services **2** (*im Haushalt, Hotel*) member of the domestic staff; (*früher*) servant ◊ *Das Hotel verfügt über 200 Bedienstete.* The hotel has over 200 domestic staff.
Bedienung 1 (*Restaurant, Geschäft*) service ◊ *Das Essen kostete 20 Dollar inklusive Bedienung.* The meal cost 20 dollars including service. **2** (*Kellner*) waiter; (*Kellnerin*) waitress **3** (*einer Maschine*) operation ◊ *Sind Sie mit der Bedie-*

nung dieser Maschine vertraut? Do you know how to operate this machine?
Bedienungsanleitung instruction manual **Bedienungsfehler** operational error
bedingen 1 (*bewirken*) cause; (*zu etw führen*) lead* to *sth*; (*bedeuten*) mean* ◊ *Die Schäden sind durch die Witterung bedingt.* The damage was caused by the weather. ◊ *Die geographische Lage der Insel bedingt, dass Landwirtschaft nur in geringem Maße möglich ist.* The geographical location of the island means that agriculture is very limited. **2** (*nötig machen*) require ◊ *Die geplante Umgehungsstraße bedingt den Bau einer weiteren Brücke.* The planned bypass would require the building of another bridge. **3 sich gegenseitig ~**; **einander ~** be interdependent ◊ *Angebot und Nachfrage bedingen sich gegenseitig.* Supply and demand are interdependent.
bedingt 1 (*verursacht*) caused; (*bestimmt*) conditioned ◊ *durch die Witterung bedingte Schäden* damage caused by the weather ◊ *genetisch/historisch/gesellschaftlich bedingt* genetically/historically/socially conditioned ◊ *saisonal bedingt* seasonal **2** (*nicht in vollem Umfang*) partial (*Adv* partially), limited ◊ *Es hat nur bedingte Gültigkeit.* It's only partially true ◊ *eine bedingte Zustimmung* qualified approval ◊ *die bedingte Entlassung der Häftlinge* the conditional release of the prisoners ◊ *Eine Vorhersage der Wahlergebnisse ist nur bedingt möglich.* It is only possible to forecast the election results up to a point.
Bedingung 1 (*Voraussetzung*) condition ◊ *unter der Bedingung, dass ...* on condition that ... ◊ *unter einer Bedingung* on one condition **2 Bedingungen** (*Umstände*) circumstances [Pl]; (*klimatisch, gesellschaftlich, wirtschaftlich*) conditions [Pl] ◊ *unter diesen/gewissen/normalen Bedingungen* under these/certain/normal circumstances
bedingungslos unconditional (*Adv* unconditionally)
bedrängen 1 jdn (*mit etw*) ~ pester sb (with sth), badger sb (with sth) ◊ *Die Kinder bedrängten ihn mit der Bitte, einen Hund zu kaufen.* The children badgered him to buy them a dog. **2** (MIL) attack; (*fig*) besiege
Bedrängnis trouble, difficulties [Pl] ◊ *Ihre indiskreten Fragen brachten ihn in arge Bedrängnis.* Her indiscreet questions got him into serious trouble. ◊ *in finanzielle Bedrängnis geraten* get into financial difficulties
bedrohen 1 threaten ◊ *jdn mit einem Messer bedrohen* threaten sb with a knife ◊ *jdn mit dem Tod bedrohen* threaten sb's life **2** (*eine Gefahr darstellen*) pose a threat to *sb/sth*, threaten ◊ *Die sich ausbreitende Wüstenlandschaft bedroht die Siedlungen.* The desertification of the land poses a threat to the settlements. ◊ *vom Hungertod bedroht sein* be threatened with starvation
bedrohlich (*gefährlich*) dangerous (*Adv* dangerously); (*erschreckend*) alarming (*Adv* alarmingly)
Bedrohung threat ◊ *Giftmüll stellt eine ernsthafte Bedrohung für die Umwelt dar.* Toxic waste poses a serious threat to the environment.
bedrucken A mit B ~ print B on A ◊ *Wir wollen die T-Shirts mit dem Vereinswappen bedrucken.* We want to print the club crest on the T-shirts. ◊ *der mit Blumen bedruckte Stoff* the floral-print material
bedrücken (*deprimieren*) get* *sb* down ☛ G 9.7c, be on *sb's* mind ◊ *Seine Arroganz gegenüber ihren Freunden bedrückt sie sehr.* His arrogance towards her friends really gets her down. ◊ *Was bedrückt dich?* What's on your mind?
bedrückend depressing (*Adv* depressingly)
bedrückt depressed ◊ *Sie ist sehr bedrückt darüber.* She is really depressed about it.
bedürfen jds/einer Sache ~ need sb/sth, require sb/sth (*gehoben*) ◊ *Die Geste bedarf keiner Erklärung.* The gesture needs no explanation. ◊ *Die neue Steuer bedarf der Zustimmung durch den Senat.* The new tax requires the agreement of the senate.
Bedürfnis 1 (*Wunsch, Notwendigkeit*) need ◊ *ein Bedürfnis nach Geborgenheit* a need for security ◊ *Es ist mir ein Bedürfnis, Ihnen für Ihre langjährige Treue zu danken.* I should like to thank you for your many years of loyal service. **2** (*Notdurft*) call of nature
bedürftig needy* ◊ *bedürftige Menschen* needy people ◊ *Nahrungsmittel wurden an Bedürftige verteilt.* Food was distributed to the needy. ◊ *bedürftige Familien* families in need

beeiden swear* ◊ *eine beeidete Aussage* a sworn statement
beeilen sich ~ hurry* (up)
beeindrucken impress ◊ *Ich bin wirklich tief beeindruckt.* I really am most impressed. ◊ *Sie beeindruckte durch ihre Ausdauer.* Her stamina was impressive.
beeindruckend impressive (*Adv* impressively)
beeinflussbar 1 ◊ *Das System ist nicht beeinflussbar.* The system cannot be changed. **2** (*Mensch*) impressionable
beeinflussen 1 (*Einfluss*) influence ◊ *sich nicht von etw beeinflussen lassen* not be influenced by sth ◊ *Die japanische Kunst hat seinen Stil beeinflusst.* His work was influenced by Japanese art. ◊ *Zeugen beeinflussen* interfere with witnesses **2** (*Änderung*) affect, have an effect on *sth* ◊ *Faktoren, die die Gesundheit beeinflussen* factors that affect health ◊ *etw positiv/negativ beeinflussen* have a good/bad effect on sth
Beeinflussung affecting, influencing; (*von Zeugen*) interfering (*oft mit einem Verb übersetzt*) ◊ *die Beeinflussung des Immunsystems* affecting the immune system
beeinträchtigen affect; (*beschädigen*) damage; (*verringern*) impair; (*einschränken*) restrict; (*verderben*) spoil
Beeinträchtigung effect; (*Beschädigung*) damage [U]; (*Verringerung*) impairment [U]; (*Einschränkung*) restriction
beenden 1 (*Streit etc.*) put* an end to *sth*; (*Sitzung*) close; (*Arbeit*) finish; (*Beziehung, Sitzung*) end ◊ *den Konflikt beenden* put an end to the conflict ◊ *das Studium beenden* complete your studies ◊ *Damit war die Sache beendet.* That was the end of the matter. **2** (COMP) etw ~ quit* from sth
Beendigung end, completion (*Fachspr*) ◊ *eine friedliche Beendigung der Krise* a peaceful end to the crisis ◊ *nach Beendigung der Ausbildung* on completion of the training
beengt cramped
beerben jdn ~ be sb's heir, inherit sb's estate ◊ *Wir spekulierten darüber, wer ihn beerben würde.* We wondered who would inherit his estate. ◊ *den Parteichef in dessen Amt beerben* take over as party leader
beerdigen bury*
Beerdigung funeral
Beere berry*
Beet (*Blumen-*) bed; (*Gemüse-*) patch
befähigen 1 jdn zu etw ~ enable sb to do sth ◊ *Jugendliche zu kritischem Denken befähigen* enable young people to think critically **2** (*qualifizieren*) qualify* ◊ *Das Zeugnis befähigt zum Fliegen von Sportflugzeugen.* The certificate qualifies you to fly a private plane.
befähigt 1 capable; (*Künstler*) gifted **2** (*qualifiziert*) qualified **3** (zu etw) ~ (*berechtigt*) authorized (to do sth)
Befähigung 1 (*Fähigkeit*) ability **2** (*Qualifikation*) qualification ◊ *die Befähigung zum Lehramt erwerben* get a teaching qualification
befahrbar (*Straße, Gleis*) open; (*Fluss*) navigable ◊ *Die Strecke ist nur einspurig befahrbar.* Only one lane is open. ◊ *Der Fluss ist wegen Hochwassers nicht befahrbar.* The river is closed to shipping because it is in flood.
befahren drive* along *sth*, use ◊ *Er befuhr die Autobahn Richtung Köln.* He was driving along the motorway towards Cologne. ◊ *eine kaum befahrene Straße* a little-used road ◊ *eine stark befahrene Straße* a busy road
befallen 1 (*Virus, Pilz*) attack; (*Gefühl*) overcome* ◊ *Zweifel befielen ihn.* He was overcome by doubts. **2 von etw ~ sein/werden** (*Krankheitserreger*) be infected with sth; (*Läuse*) be infested with sth; (*Schädlinge*) be attacked by sth ◊ *von Salmonellen befallen* infected with salmonella ◊ *Auch Menschen können von dem Erreger befallen werden.* The virus can also attack humans. ◊ *von Korruption befallen* riddled with corruption
befangen 1 (*voreingenommen*) biased ◊ *eine befangene Richterin* a biased judge ◊ *Der Gutachter wurde als befangen abgelehnt.* The expert was rejected on grounds of conflict of interest. **2** (*gehemmt*) self-conscious (*Adv* self-consciously)
Befangenheit 1 (*Voreingenommenheit*) bias [U/Sing] ◊ *Er wurde wegen Befangenheit abgelehnt.* He was rejected on grounds of bias. **2** (*Schüchternheit*) self-consciousness **3** (*Beschränkung*) ◊ *Sie kann ihre Befangenheit in kleinbürgerlichem Denken nicht ablegen.* She's stuck in petit bourgeois thinking.
befassen sich mit jdm/etw ~ **1** (*behandeln*) deal* with

Befehl

sb/sth; (*zum Thema haben auch*) be concerned with sb/sth ◊ *Die Untersuchung befasst sich mit ....* The study is concerned with .... **2** (*untersuchen*) study* sb/sth, work on sb/sth ◊ *Er befasst sich mit Kant.* He's working on Kant. ◊ *der damit befasste Ausschuss* the committee working on it ◊ *sich näher mit einem Thema befassen* go into a subject in more detail ◊ *Damit brauchst du dich nicht zu befassen.* You don't need to bother about that.
Befehl 1 (*Anordnung*) order ◊ *auf Befehl handeln* act under orders **2** (*Kommando*) command [U] ◊ *Sie sind seinem Befehl unterstellt.* They are under his command. **3** (COMP) command
befehlen etw ~ give* the order for sth; **jdm etw ~** order sb to do sth ◊ *Er befahl den Rückzug der Truppen.* He gave the order for the troops to retreat. ◊ *Er befahl ihnen, sich hinzulegen.* He ordered them to lie on the floor. ◊ *Du hast hier gar nichts zu befehlen.* You don't give the orders round here.
befehligen be in command of *sth* ◊ *eine militärische Einheit befehligen* be in command of a military unit
Befehls- Befehlsform imperative **Befehlshaber(in)** commander ◊ *der oberste Befehlshaber der UN Truppen* the commander-in-chief of the UN troops **Befehlsverweigerung** refusal to obey orders
befestigen 1 (*festmachen*) secure; **etw an etw ~** fix sth to sth; **etw mit etw ~** fasten sth with sth **2** (*Ufer, Mauer, Brücke*) reinforce; (*Straße, Weg*) surface ◊ *eine befestigte Straße* a metalled road
Befestigung 1 (*Seil, Plane*) securing **2** (*Ufer, Mauer, Brücke*) reinforcement; (*Straße, Weg*) surfacing
befeuchten moisten; (*Stoff, Papier*) dampen
befinden 1 sich ~ be; (*Ort auch*) be located, be situated ◊ *Das Material befindet sich in den Händen der Staatsanwaltschaft.* The material is in the hands of the public prosecutor. ◊ *sich in guter Gesellschaft befinden* be in good company ◊ *Der Speisewagen befindet sich in der Mitte des Zuges.* The dining car is located in the middle of the train. ◊ *Hier befand sich das historische Zentrum der Stadt.* The old city centre was situated here. ◊ *Das Haus befindet sich in einem schlechten Zustand.* The house is in poor condition. ◊ *sich auf freiem Fuß befinden* be free ◊ *sich im Bau befinden* be under construction ◊ *sich im Umbruch befinden* be undergoing radical change **2 jdn/etw als/für etw ~** find* sb/sth ◊ *Der Angeklagte wurde für schuldig befunden.* The accused was found guilty. ◊ *Er hat es nicht mal für nötig befunden, sich zu verabschieden.* He didn't even bother to say goodbye. **3 über etw ~** make* a decision about sth, decide sth ◊ *Sie sollen darüber befinden, ob er bleiben darf.* They have to decide whether he should be allowed to stay.
Befinden 1 (*Zustand*) condition **2** (*Meinung*) opinion ◊ *nach meinem Befinden* in my opinion
befindlich 1 (*Ort*) ◊ *die im Hafen befindlichen Schiffe* the ships in the harbour ◊ *alle auf dem Gelände befindlichen Gefahrengüter* any hazardous materials on the premises **2** (*Zustand*) ◊ *die im Aufbau befindliche Computerzentrale* the computer centre that is being set up ◊ *das im Bau befindliche Kraftwerk* the power station under construction
Befindlichkeit state (of mind)
beflecken 1 stain ◊ *mit Blut befleckt* bloodstained/stained with blood **2** (*Ruf, Ehre*) tarnish, damage
beflügeln jdn/etw (zu etw) ~ spur* sb/sth on (to sth) ◊ *Der Erfolg beflügelte sie.* Her success spurred her on. ◊ *die Fantasie beflügeln* fire the imagination
befolgen (*Anweisung, Rat, Richtlinie*) follow; (*Befehl, Gesetz*) obey; (*Grundsätze*) stick* to *sth*
befördern 1 (*Karriere*) promote **2** (*transportieren*) carry*; (*mit einem Verkehrsmittel auch*) transport ◊ *Die Fähre beförderte nur Fußgänger.* The ferry only carries foot passengers. ◊ *Die Post befördert täglich Millionen Briefe.* The post office handles millions of letters every day. ◊ *Der Satellit wurde ins All befördert.* The satellite was shot into space. ◊ *Sie beförderten ihn unsanft nach draußen.* He was manhandled out of the door. IDM ➨ JENSEITS
Beförderung 1 (*Karriere*) promotion **2** (*Transport*) transport
befragen jdn (zu/nach etw) ~ question sb (about sth) ◊ *die Hälfte aller Befragten* half of those questioned
Befragung questioning; (*Umfrage*) survey

befreien 1 free*; (*Volk, Land*) liberate; (*Tiere*) set* *sth* free ◊ *Die Feuerwehr befreite sie aus dem Autowrack.* The firemen freed her from the wreckage of the car. ◊ *Nerze aus Käfigen befreien* set mink free **2 etw von etw ~** clear sth of sth ◊ *die Straßen von Schnee befreien* clear the streets of snow **3 sich von etw ~** overcome* sth ◊ *sich von Vorurteilen/Drogenabhängigkeit befreien* overcome prejudices/drug dependency **4 jdn von etw ~** (*Verpflichtungen etc.*) release sb from sth; (*Kosten, Steuern etc.*) exempt sb from sth; (*Unterricht*) excuse sb (from) sth ◊ *Er ist vom Sport befreit.* He is excused (from) sport. ◊ *Die Ärztin konnte sie von ihrer Angst befreien.* The doctor was able to allay her fears.
befreiend ◊ *ein befreiendes Gefühl* a feeling of release ◊ *ein befreiendes Lachen* a laugh that breaks the tension
Befreier(in) liberator
befreit 1 ⇨ BEFREIEN **2** relieved ◊ *Er wirkte befreit.* He seemed relieved. ◊ *Sie lachten befreit auf.* They laughed out loud with relief.
Befreiung 1 liberation; (*aus Gefangenschaft*) release (*oft mit einem Verb übersetzt*) ◊ *Die Befreiung der Geiseln erfolgte ohne Blutvergießen.* The hostages were released without bloodshed. **2** (*von Pflichten, Auflagen, Steuern*) exemption **Befreiungsbewegung** liberation movement **Befreiungskampf** struggle for freedom
befremden (*überraschen*) surprise; (*enttäuschen*) disappoint ◊ *Es hat uns sehr befremdet, dass ...* We were disappointed to learn that ... ◊ *Dein Verhalten befremdet mich.* I find your behaviour rather surprising.
Befremden displeasure; (*Staunen*) astonishment; (*Missbilligung*) disapproval ◊ *Der Roman stieß auf großes Befremden.* The novel met with disapproval.
befremdet 1 ⇨ BEFREMDEN **2** (*überrascht*) surprised; (*enttäuscht*) disappointed
befremdlich bizarre
befreundet ◊ *Sie sind seit 20 Jahren befreundet.* They have been friends for 20 years. ◊ *Sie war eng mit ihm befreundet.* She was a close friend of his. ◊ *ein befreundeter Künstler* an artist friend of ours ◊ *mit Deutschland befreundete Staaten* states friendly to Germany
befrieden bring* peace to *sth*
befriedigen 1 satisfy* **2 sich (selbst) ~** masturbate
befriedigend satisfactory ◊ *eine Frage befriedigend beantworten* give a satisfactory answer to a question ☛ *Hinweis bei* NOTE, S. 1126.
befriedigt satisfied
Befriedigung 1 (*Genugtuung*) satisfaction ◊ *Er nahm mit einer gewissen Befriedigung zur Kenntnis, dass ...* He realized with a certain satisfaction that ... **2** (*Zufriedenstellung*) (*meist mit einem Verb übersetzt*) ◊ *die Befriedigung des täglichen Bedarfs* satisfying daily needs
befristet 1 *Adj* limited ◊ *für einen befristeten Zeitraum* for a limited period ◊ *Die Steuerbegünstigung ist bis 2005 befristet.* The tax relief is only valid until 2005. **2** *Adj* (*Vertrag, Stelle*) fixed-term **3** *Adj* (*Genehmigung, Vereinbarung*) temporary ◊ *eine befristete Feuerpause* a temporary ceasefire **4** *Adv* for a limited period ◊ *Die Regelung wurde befristet verlängert.* The regulation was extended for a limited period.
Befristung time limit ◊ *Ist die Befristung von Ansprüchen zulässig?* Is it legal to impose a time limit on claims?
befruchten 1 fertilize; (*künstlich*) inseminate; (*Blüten*) pollinate **2** (*fig*) have a stimulating effect on *sth*
Befruchtung 1 fertilization; (*Blüten*) pollination ◊ *künstliche Befruchtung* artificial insemination
Befugnis 1 (*Macht*) authority [U], powers [Pl] ◊ *weitreichende Befugnisse* far-reaching powers **2** (*Vollmacht*) authorization ◊ *eine Befugnis erteilen* grant authorization
befugt zu etw ~ sein (*Macht besitzen*) have the authority to do sth; (*Erlaubnis haben*) be authorized to do sth
befummeln touch *sb* up (*umgs*)
Befund results [Pl] ◊ *Die Dopingkontrolle ergab einen positiven Befund.* The results of the drugs test were positive. ◊ *Der ärztliche Befund lautet auf Darmkrebs.* The diagnosis is bowel cancer.
befürchten 1 fear (*gehoben*), be afraid of *sth* ◊ *Sie befürchten das Schlimmste.* They fear the worst. ◊ *Sie haben nichts zu befürchten.* You have nothing to fear. ◊ *Eben das hatte ich befürchtet.* That's exactly what I was afraid of. **2 etw ist zu ~** there is a danger of sth; **es ist/steht zu ~, dass ...** it is

feared that ... ◊ *Ein weiteres Absinken der Aktienkurse ist nicht zu befürchten.* There is no danger of a further fall in share prices. ◊ *Es sind weitere Opfer zu befürchten.* It is feared there will be further victims.
Befürchtung fear ◊ *Ihre schlimmsten Befürchtungen haben sich bestätigt.* Their worst fears were confirmed.
befürworten be in favour of *sth*, (AmE) be in favor of *sth*, support
Befürworter(in) supporter
begabt talented; (*künstlerisch auch*) gifted ◊ *musikalisch begabt* musically gifted ◊ *Sie ist vielseitig begabt.* She has many talents.
Begabung talent; (*künstlerisch auch*) gift ◊ *Sie zeigt eine herausragende Begabung für Musik.* She has an exceptional talent for music. ◊ *eine Begabung zum Sänger haben* have a gift for singing ◊ *eine handwerkliche Begabung haben* be good with your hands
begeben sich ~ **1** go*, make* your way **2** ◊ *sich auf eine Reise begeben* set out on a journey ◊ *sich in ärztliche Behandlung begeben* seek medical treatment ◊ *sich in Lebensgefahr begeben* risk your life
Begebenheit event
begegnen 1 *jdm* ~ meet* sb; **sich** ~ meet* ◊ *Das erste Mal war sie ihm im Urlaub begegnet.* She first met him on holiday. ◊ *Sie waren sich nie vorher begegnet.* They had never met before. **2** (*auf etw stoßen*) run* into *sth*, encounter (*gehoben*) **3** (*bekämpfen*) tackle ◊ *den globalen Problemen begegnen* tackle global problems **4** *etw mit etw* ~ (*bewerten*) regard sth with sth; (*reagieren*) respond to sth with sth ◊ *der Entscheidung mit Argwohn begegnen* regard the decision with scepticism ◊ *Sie begegnete diesem Vorwurf mit einem Lächeln.* She responded to this reproach with a smile. **5** *jdm mit etw* ~ (*behandeln*) treat sb with sth ◊ *Sie begegnete den Gästen mit Respekt.* She treated the guests with respect.
Begegnung 1 meeting, encounter (*gehoben*) ◊ *eine flüchtige Begegnung* a brief encounter **2** (SPORT) match, encounter (*gehoben*)
Begegnungsstätte meeting place; (*Gebäude*) community centre, (AmE) community center
begehen 1 (*Feier*) celebrate **2** (*Fehler, Irrtum*) make*; (*Selbstmord, Straftat*) commit* **3** (*Weg*) use
begehren 1 (*wünschen*) wish for *sth* **2** (*Mann, Frau*) desire
Begehren 1 (*Antrag*) request ◊ *auf Begehren der Verteidigung* at the defence's request **2** (*Wunsch, Sehnsucht*) desire ◊ *das Begehren nach politischer Unabhängigkeit* the desire for political independence
begehrenswert desirable
begehrt (*beliebt*) popular; (*gefragt*) sought after
begeistern 1 *sich für jdn/etw* ~ be keen on sb/sth ◊ *Sie begeistert sich für Hitchcocks Filme.* She's very keen on Hitchcock's films. **2** *sich nicht für jdn/etw* ~ *können* not be able to work up any enthusiasm for sb/sth ◊ *Sie konnten sich nicht für Salsa begeistern.* They couldn't work up any enthusiasm for salsa. **3** *jdn* (*für jdn/etw*) ~ arouse sb's enthusisiasm (for sb/sth) ◊ *Sie versuchte, ihn für ihre Gedichte zu begeistern.* She tried to arouse his enthusiasm for her poems. **4** (*entzücken*) delight ◊ *Er begeisterte sein Publikum.* He delighted his audience.
begeistert (*von etw*) ~ enthusiastic (about sth) (*Adv* enthusiastically); (*passioniert*) keen (on sth) ◊ *Sie waren von der Idee begeistert.* They were enthusiastic about the idea. ◊ *ein begeisterter Radfahrer* a keen cyclist
Begeisterung enthusiasm
Begierde desire
begierig eager (*Adv* eagerly)
begießen 1 (*Pflanzen*) water; (*Braten*) baste **2 A mit B** ~ pour B over A **3** (*feiern*) celebrate ◊ *Das muss begossen werden.* We must have a drink to celebrate. IDM ⇨ PUDEL
Beginn beginning ◊ *zu Beginn des 20.* at the beginning of the 20th century
beginnen start, begin*; **mit etw** ~ start sth, begin* sth ◊ *Dann begann es zu regnen.* Then it started to rain. ◊ *Sie begann mit der Arbeit.* She began her work. ◊ *Ich beginne das Problem zu begreifen.* I'm beginning to understand the problem. ☛ *Hinweis bei* ANFANGEN
beglaubigen authenticate, (*Kopie auch*) certify*; (*Unterschrift*) witness

Beglaubigung authentication
begleichen (*Rechnung*) pay*; (*Schuld*) settle IDM ⇨ RECHNUNG
Begleitbrief ⇨ BEGLEITSCHREIBEN
begleiten accompany*
Begleiter(in) companion; (MUS) accompanist
Begleit- Begleiterscheinung side effect (*auch fig*) **Begleitprogramm** cultural programme, (AmE) cultural program **Begleitschreiben, Begleitbrief** covering letter, (AmE) cover letter **Begleitumstände** attendant circumstances [Pl] (*gehoben*) ◊ *die Begleitumstände des Unfalls untersuchen* investigate the circumstances surrounding the accident
Begleitung 1 in ~ *von jdm* accompanied by sb ◊ *Er traf in Begleitung seines Anwalts am Flughafen ein.* He arrived at the airport accompanied by his lawyer. **2** (*das Begleiten*) ◊ *Die UN übernimmt die Begleitung des Transports.* The UN will provide an escort for the convoy. **3** (MUS) accompaniment **4** (*Mensch*) companion; (*zum Schutz*) escort
beglücken make* sb happy
beglückwünschen *jdn zu etw* ~ congratulate sb on sth
begnadigen reprieve
Begnadigung reprieve; (*Freilassung*) pardon
begnügen *sich mit etw* ~ make* do with sth, content yourself with sth (*gehoben*) ◊ *Wir mussten uns mit Pappbechern begnügen.* We had to make do with paper cups. ◊ *Statt zu widersprechen, begnügte er sich mit einem zynischen Lächeln.* He wanted to disagree but he contented himself with a cynical smile.
begraben 1 bury* (*auch fig*) **2** (*aufgeben*) abandon IDM ⇨ HUND *und* KRIEGSBEIL
Begräbnis (*Bestattung*) burial; (*Feier*) funeral
begradigen (*Fluss, Straße*) straighten
begreifen 1 understand*; (*Konzepte, Zusammenhänge etc.*) grasp ◊ *Er konnte seinen Freund gut begreifen.* He could well understand his friend. ◊ *Warum habe ich es abgelehnt? Ich begreife mich selbst nicht mehr!* Why did I turn it down? I just don't know why I did it! **2** *jdn/etw/sich als etw* ~ see* sb/sth/yourself as sth, regard sb/sth/yourself as sth (*gehoben*) ◊ *die Gesellschaft als Ganzes begreifen* see society as a whole ◊ *etw als Chance begreifen* regard sth as an opportunity
begreiflich understandable; **jdm etw** ~ **machen** help sb to understand sth
begreiflicherweise understandably
begrenzen 1 (*Kosten, Schaden, Geschwindigkeit*) limit **2** (*Gebiet, Grundstück etc.*) form the boundary of *sth* ◊ *Das Grundstück wurde von einem Zaun begrenzt.* A fence formed the boundary of the plot.
begrenzt limited ◊ *eine begrenzte Zahl von Studienplätzen* a limited number of university places ◊ *für eine begrenzte Zeit* for a limited period ◊ *Die Vorhersage von Erdbeben ist nur begrenzt möglich.* Predicting earthquakes is only possible to a limited extent.
Begrenzung 1 limit; (*Senkung*) reduction ◊ *eine Begrenzung der Besucherzahlen* a limit on the number of visitors ◊ *eine zeitliche Begrenzung der Parkdauer* a time limit on parking **2** (*Eingrenzung*) boundary*
Begriff 1 concept; (*Wort*) term ◊ *der Begriff von Kultur* the concept of culture ◊ *„Suffix" ist ein Begriff aus der Sprachwissenschaft.* 'Suffix' is a term used in linguistics. ◊ *ein technischer Begriff* a technical term **2** (*Vorstellung*) idea ◊ *Sein Begriff von Demokratie stimmt nicht mit meinem überein.* His idea of democracy does not coincide with mine. ◊ *Ich kann mir keinen rechten Begriff davon machen.* I can't really imagine it. **3** *jdm ein* ~ *sein* mean* sth to sb ◊ *Ist dir Karl Müller ein Begriff?* Does the name Karl Müller mean anything to you? ◊ *Shakespeare ist wohl jedem ein Begriff.* Everyone must have heard of Shakespeare. ◊ *Kummerow? Ist mir kein Begriff.* Kummerow? Never heard of it. IDM **für jds Begriff/Begriffe** in sb's view; in sb's opinion **im Begriff sein/stehen etw zu tun** be about to do sth ◊ *Er war im Begriff das Haus zu verlassen, als es klingelte.* He was about to leave the house when the doorbell rang. **schwer von Begriff sein** be slow on the uptake
begriffen 1 ⇨ BEGREIFEN **2 in etw** ~ **sein** (*Zustand*) be in a state of sth; (*Vorgang*) be in the process of sth ◊ *Das Staatswesen war im Umbruch begriffen.* The state system was in a state of upheaval. ◊ *Die Partei ist im Wandel begrif-*

begriffsstutzig

fen. The party is in the process of being transformed. ◊ *im Niedergang begriffen* in decline ◊ *Ihr Einfluss ist im Schwinden begriffen.* Their influence is on the wane.

begriffsstutzig, begriffsstützig slow ◊ *Wenn es um Witze geht, ist sie etwas begriffsstutzig.* When it comes to jokes, she's a bit slow to catch on.

begründen 1 etw ~ give * a reason for sth, justify sth; **etw (mit etw)** ~ give * sth as the reason for sth, justify* sth with sth ◊ *etwas eingehend begründen* give detailed reasons for something ◊ *Hat er seine Entscheidung irgendwie begründet?* Did he give any reasons for his decision? **2** (*gründen*) found, establish

Begründer(in) founder

begründet 1 ⇨ BEGRÜNDEN **2** (*Vermutung, Hoffnung, Verdacht*) well-founded; (*Zweifel, Aussicht*) reasonable ◊ *eine begründete Aussicht auf Erfolg* a reasonable chance of success ◊ *Seine Entscheidung war politisch begründet.* The reasons for his decision were political. **3** *etw liegt/ist in etw* ~ sth is the result of sth ◊ *Sein Erfolg liegt in seinem Fleiß begründet.* His success is the result of his hard work.

Begründung reason; (*Erklärung*) explanation; (*Rechtfertigung*) justification ◊ *Ihre Bewerbung wurde ohne Begründung abgelehnt.* Her application was rejected without explanation. ◊ *Zur Begründung der Entscheidung hieß es ...* They justified the decision by saying ...

begrünen ◊ *den Schulhof mit Bäumen begrünen* plant the school yard with trees/plant trees in the school yard

begrüßen 1 (*grüßen*) greet, say* hello to *sb* (*umgs*) ◊ *Er begrüßte sie mit einem Kuss.* He greeted her with a kiss. ◊ *Wir haben uns noch nicht begrüßt.* We haven't said hello to each other yet. **2** (*als Gastgeber empfangen/gutheißen*) welcome ◊ *Ich möchte Sie zu unserem Konzert begrüßen.* I would like to welcome you to our concert. ◊ *Er begrüßte den Abschluss des Friedensvertrages.* He welcomed the conclusion of the peace agreement. ◊ *Die Beitragserhöhung ist nicht zu begrüßen.* The increase in contributions is not a welcome development.

Begrüßung 1 (*Gruß*) greeting **2** (*Empfang*) welcome ◊ *Die offizielle Begrüßung fand im Rathaus statt.* The official welcome ceremony took place at the town hall. ◊ *Zur Begrüßung des Präsidenten spielte eine Militärkapelle.* A military band played to welcome the president.

begünstigen 1 (*fördern, bevorzugen*) encourage, favour, (*AmE*) favor ◊ *Schlechte Lebensbedingungen begünstigen die Ausbreitung von Krankheiten.* Poor living conditions encourage the spread of disease. ◊ *Kleinere Parteien werden durch dieses Wahlverhalten begünstigt.* This system of voting favours smaller parties. **2** *jdn* ~ show favour to sb, (*AmE*) show favor to sb **3** *ein Verbrechen* ~ be an accessory to a crime

Begünstigung 1 (RECHT) aiding and abetting ◊ *Der Angeklagte wurde wegen Begünstigung verurteilt.* The accused was found guilty of aiding and abetting. **2** (*Bevorzugung*) (*meist mit einem Verb übersetzt*) ◊ *die steuerliche Begünstigung Besserverdienender* giving tax breaks to higher-income groups ◊ *Das wäre eine Begünstigung des öffentlichen Verkehrs.* This would give an unfair advantage to public transport.

begutachten give* expert advice on *sth*, have a look at *sth*; (*technisch*) inspect and report on *sth*; (*Leistung*) judge ◊ *Das alte Rathaus wurde begutachtet und dann unter Denkmalschutz gestellt.* The old Town Hall was inspected and then placed under a preservation order. ◊ *Eine Jury wird die Entwürfe für die neue Bahnhofshalle begutachten.* A jury will judge the designs for the new station concourse.

behaart hairy* ◊ *stark behaarte Beine* very hairy legs ◊ *schwarz/dicht behaart* covered in black/thick hair

behäbig 1 (*Bewegung*) sluggish (*Adv* sluggishly), ponderous (*Adv* ponderously); (*Mensch*) stolid (*Adv* stolidly) ◊ *ein behäbig dahinfließender Fluss* a sluggishly flowing river **2** (*reich*) wealthy* **3** (*stattlich, imposant*) grand, imposing

behaftet *etw* ~ (*mit Fehlern, Widersprüchen, Vorurteilen etc.*) full of sth ◊ *Die Theorie ist mit Widersprüchen behaftet.* The theory is full of contradictions. ◊ *mit dem Makel der Armut behaftet sein* carry the stigma of poverty

behagen *etw behagt jdm* sb likes sth ◊ *Das Betriebsklima behagte ihr sehr.* She liked the working atmosphere very much. ◊ *Es behagte ihm gar nicht, dass das Haus so abgelegen war.* He was uneasy about the fact that the house was in such a remote spot.

behaglich 1 (*Wärme, Sessel*) comfortable (*Adv* comfortably); (*Atmosphäre, Zimmer*) cosy* (*Adv* cosily), (*AmE*) cozy* (*Adv* cozily) **2** (*zufrieden*) contented (*Adv* contentedly)

behalten 1 keep* ◊ *Du kannst das Foto behalten.* You can keep the photo. ◊ *Sie entschied sich, ihren Mädchennamen zu behalten.* She decided to keep her maiden name. ◊ *die Nerven behalten* keep your nerve **2** (*Status, Macht, Identität, Gültigkeit*) retain (*gehoben*) ◊ *Die Länder wollen ihre nationale Identität behalten.* The countries want to retain their national identity. ◊ *Die Karten behalten ihre Gültigkeit.* The tickets will remain valid. **3** (*zurückbehalten*) be left with *sth* ◊ *Er hat nach dem Unfall ein steifes Bein behalten.* The accident left him with a stiff leg. **4** (*sich merken*) remember ◊ *Ich habe den Namen nicht behalten.* I can't remember the name. **5** (*nicht entlassen*) keep* sb on ◊ *Die Firma konnte die meisten Angestellten behalten.* The company was able to keep most of its staff on. IDM **etw für sich behalten** (*Geheimnis, Neuigkeit.*) keep* sth to yourself ☛ *Siehe auch* AUGE, KOPF, NERV *und* RECHT

Behälter container ◊ *Behälter mit radioaktivem Abfall* containers of radioactive waste

behandeln 1 treat ◊ *Hör auf, mich wie ein kleines Kind zu behandeln!* Stop treating me like a little child! ◊ *Die Sache sollte vertraulich behandelt werden.* The matter should be treated as confidential. ◊ *Der Patient wurde mit Medikamenten behandelt.* The patient was treated with drugs. ◊ *Die Krankheit lässt sich mit Penizillin behandeln.* Penicillin can be used to treat the disease. ◊ *Er behandelte das Metall mit Rostschutzmittel.* He treated the metal with an anti-rust agent. **2** (*Thema, Problem, Fall*) deal* with *sth* ◊ *Das Buch behandelt die Ausländerfeindlichkeit in unserer Gesellschaft.* The book deals with xenophobia in our society. ◊ *Der Aufsatz behandelt die Französische Revolution.* The essay discusses the French Revolution. ◊ *Dieses Thema wird im nächsten Kapital ausfuhrlich behandelt.* The next chapter covers this in detail. ☛ *Hinweis bei* ABOUT[2] **3** (*umgehen mit*) handle IDM ⇨ DRECK, EI *und* HUND

Behandlung 1 treatment [U] ◊ *Sie verdienen eine bessere Behandlung.* They deserve better treatment. ◊ *in ärztlicher Behandlung* receiving medical treatment **2** (*Besprechung*) discussion **3** (*Bearbeitung*) (*meist mit einem Verb übersetzt*) ◊ *Die Behandlung Ihres Antrags kann leider nicht umgehend erfolgen.* Unfortunately your application can not be processed immediately.

beharren *auf etw* ~ (*bestehen*) insist on sth; (*Standpunkt, Position, Meinung, Entschluss*) stick* to sth ◊ *Sie beharrte auf dieser Formulierung.* She insisted on this wording. ◊ *Er beharrte darauf, dass die Erde eine Scheibe sei.* He insisted that the earth was flat.

Beharren (*Bestehen*) insistence ◊ *Auf Beharren der Familie wurden sie eingeladen.* They were invited at the insistence of the family.

beharrlich persistent (*Adv* persistently), dogged (*Adv* doggedly) ◊ *Sie weigerte sich beharrlich, die Summe zu zahlen.* She persistently refused to pay the money. ◊ *Er schwieg beharrlich.* He doggedly refused to speak.

Beharrlichkeit persistence

behaupten 1 claim, maintain ◊ *Er behauptet, gefoult worden zu sein.* He claims he was fouled. ◊ *Sie können von sich behaupten, ein Stück Pop-Geschichte geschrieben zu haben.* They can claim to have made pop history. ◊ *Er behauptete steif und fest, einen Geist gesehen zu haben.* He swore blind that he had seen a ghost. ☛ *Hinweis bei* ARGUE **2** (*Standpunkt, Stellung*) keep* ◊ *Sie konnte ihren Platz in der Mannschaft behaupten.* She was able to keep her place in the team. **3** *sich* ~ maintain your position, win* through ◊ *Es wird immer schwerer für Autohersteller, sich auf dem Markt zu behaupten.* It is becoming increasingly difficult for car manufacturers to maintain their market position. ◊ *sich tapfer behaupten* bravely hold your ground ◊ *Die Kandidaten mussten sich in einer Vorauswahl behaupten.* The candidates had to get through a preliminary selection procedure successfully. IDM ⇨ STEIF

Behauptung claim, assertion ◊ *eine falsche/pauschale Behauptung* a false/sweeping claim ◊ *eine Behauptung aufstellen* make an assertion ◊ *Wie kommt sie zu dieser Behauptung?* How can she say that?

Behausung accommodation

beheben 1 (*Problem*) sort sth out; (*Mängel, Missstände*) rectify*; (*Schaden*) repair ◊ *Dieses Problem können wir leicht selbst beheben.* We can easily sort this problem out ourselves. 2 (*Geld abheben*) withdraw*
beheimatet native ◊ *in Nordeuropa beheimatet* native to Northern Europe ◊ *Borussia Dortmund ist im Westfalenstadion beheimatet.* The Westfalenstadion is home to Borussia Dortmund.
beheizen heat ◊ *mit Strom beheizt* heated by electricity
behelfen sich ~ manage, make* do ◊ *Der Betrieb behalf sich mit Teilzeitkräften.* The firm managed with part-time staff. ◊ *Wir müssen uns irgendwie behelfen!* We have to manage somehow! ◊ *Sie werden sich ohne Sekretärin behelfen müssen.* They'll have to manage without a secretary. ◊ *Sie konnte sich nur mit Ausreden behelfen.* She just had to resort to excuses.
behelfsmäßig temporary (*Adv* temporarily) ◊ *Nach dem Erdbeben wurden zunächst behelfsmäßige Unterkünfte errichtet.* After the earthquake, temporary accommodation was set up.
beherbergen 1 (*unterbringen*) accommodate ◊ *Die Asylsuchenden wurden vorübergehend in ehemaligen Kasernengebäuden beherbergt.* The asylum seekers were temporarily accommodated in former barracks. 2 (*aufnehmen*) take* sb in ◊ *Sie beschloss, im Sommer Feriengäste bei sich zu beherbergen.* She decided to take in holiday guests during the summer. 3 (*Platz bieten für*) house ◊ *Das neue Gebäude soll vier Büros beherbergen.* The new building is to house four offices.
beherrschen 1 control*; (*herrschen über*) rule ◊ *das von Rebellen beherrschte Gebiet* the rebel-controlled area ◊ *Gallien wurde von den Römern beherrscht.* Gaul was ruled by the Romans. 2 (*am wichtigsten sein*) dominate ◊ *Die japanischen Hersteller beherrschen den Automobilmarkt.* Japanese manufacturers dominate the car industry. ◊ *Der Tod des Sängers beherrschte die Schlagzeilen.* The singer's death dominated the headlines. ◊ *Die Statue beherrscht den Marktplatz.* The statue dominates the market place. ◊ *Die Chefetage ist nach wie vor eine männlich beherrschte Domäne.* The boardroom continues to be a male domain. 3 (*unter Kontrolle haben, in der Gewalt haben*) be in control of *sth* ◊ *Als Rennfahrer beherrscht er sein Fahrzeug in jeder Situation.* As a racing driver he is in control of his car in all situations. ◊ *Die Mannschaft beherrschte ihren Gegner von Beginn an.* The team had the upper hand over their opponents right from the start. 4 (*zügeln*) control* ◊ *Er konnte seine Leidenschaft nicht länger beherrschen.* He could no longer control his passion. 5 (*Trick, Handwerk, Instrument*) have mastered ◊ *Wenn man einmal die Grundtechniken beherrscht, wird das Skifahren viel einfacher.* Once you have mastered the basic techniques, skiing becomes much easier. ◊ *Schiedsrichter müssen die Spielregeln perfekt beherrschen.* Referees must know the rules of the game inside out. ◊ *Sie beherrscht drei Fremdsprachen.* She speaks three foreign languages fluently. 6 **sich** ~ control* yourself ◊ *Er konnte sich nicht mehr beherrschen und schrie vor Schmerz.* He couldn't control himself any longer and cried out in pain.
beherrscht 1 ⇨ BEHERRSCHEN 2 self-controlled, composed ◊ *Er trat beherrscht auf.* He appeared composed.
Beherrschung 1 (*eines Volks*) rule 2 (*eines Gegners*) domination; (*einer Situation*) control ◊ *Die völlige Beherrschung des Gegners brachte der Mannschaft den Sieg.* Their complete domination over their opponent gave the team its victory. ◊ *die Beherrschung der Natur* control over nature ◊ *Der Fahrer verlor die Beherrschung über sein Auto.* The driver lost control of the car. 3 self-control ◊ *die Beherrschung verlieren* lose your self-control 4 (*Musikinstrument, Technik*) mastery; (*Sprache*) command ◊ *ihre Beherrschung des Instruments* her mastery of the instrument ◊ *Beim Dreisprung kommt es auf die Beherrschung der richtigen Technik an.* In the triple jump, mastering the right technique is the most important thing. ◊ *die Beherrschung der englischen Sprache in Wort und Schrift* a command of spoken and written English
beherzigen take* *sth* to heart, heed (*gehoben*) ◊ *Du solltest seinen Ratschlag beherzigen!* You should take his advice to heart!
beherzt brave (*Adv* bravely), courageous (*Adv* courageously) (*gehoben*)

behilflich jdm (bei etw) ~ sein help sb (with sth), assist sb (with sth) (*gehoben*) ◊ *Er war ihr bei der Wohnungssuche behilflich.* He helped her to find somewhere to live. ◊ *Der Verein ist Flüchtlingen bei rechtlichen Angelegenheiten behilflich.* The organization assists refugees with legal matters.
behindern (*Sicht, Polizei, Sportler*) obstruct; (*Arbeit, Wachstum, Fortschritt*) hinder; (*Verkehr*) hold* sth up; (*unterbrechen*) disrupt
behindert disabled ◊ *ein behindertes Kind* a disabled child ◊ *körperlich behindert* physically disabled ◊ *Sie war geistig behindert.* She had learning difficulties. ☞ *Hinweis bei* BEHINDERTE(R)
Behinderte(r) disabled person*

> Heutzutage werden Begriffe wie „the handicapped", „the mentally handicapped", „the blind" und „the deaf" unter Umständen als beleidigend aufgefasst. Bevorzugt werden Ausdrücke wie **people with disabilities**, **people who use wheelchairs**, **people with learning difficulties**, **people who are visually impaired** und **people who are deaf**.

Behinderteneinrichtung disabled unit **behindertengerecht** suitable for the disabled ◊ *behindertengerechte Wohnungen* flats for the disabled ◊ *behindertengerechte Toiletten* disabled toilets ◊ *Der Bahnhof wurde behindertengerecht umgebaut.* The station was modified to cater for the needs of the disabled. **Behindertensport** disabled sport **Behindertenwerkstatt** sheltered workshop
Behinderung 1 obstruction; (*Unterbrechung*) disruption ◊ *Der Spieler wurde wegen Behinderung des Gegners disqualifiziert.* The player was disqualified for obstructing an opponent. ◊ *starke Behinderungen im Straßenverkehr* severe traffic disruption 2 (*körperlich, geistig*) disability* ◊ *Hier arbeiten Menschen mit und ohne Behinderung zusammen.* Disabled and able-bodied people are working together here.
Behörde 1 authority* [meist Pl] ◊ *einen Bauantrag bei der zuständigen Behörde einreichen* submit a planning application to the relevant authority ◊ *Das Schiff ist von den belgischen Behörden gestoppt worden.* The ship was stopped by the Belgian authorities. 2 (*Büro*) (local government) office ◊ *Mein Aufenthaltsantrag liegt noch auf der Behörde.* My application for a residence permit is still at the immigration office.
behördlich official (*nur vor Nomen*) (*Adv* officially) ◊ *mit behördlicher Genehmigung* with official approval
behüten jdn/etw (vor jdm/etw) ~ protect sb/sth (from sb/sth) ◊ *Es ist wichtig, Kinder vor negativen Einflüssen zu behüten.* It is important to protect children from bad influences ◊ *In ihren Armen fühlte sich das Kind behütet.* The child felt safe in her arms. ◊ *Die Kinder waren behütet aufgewachsen.* The children had had a sheltered upbringing.
behutsam careful (*Adv* carefully); (*umsichtig*) cautious (*Adv* cautiously) ◊ *Bitte gehen Sie behutsam mit den Fundstücken um.* Please be careful how you handle the finds. ◊ *Ein behutsames Vorgehen ist erforderlich.* A cautious approach is required.
bei
● **Ort** 1 (*geographische Nähe*) near, by ◊ *ein kleines Dorf bei Berlin* a small village near Berlin 2 ~ jdm (*im Haus von*) with sb, at sb's (house); (*auf Briefen*) c/o ◊ *Warum bleibt ihr nicht übers Wochenende bei uns?* Why don't you stay the weekend with us? ◊ *Er ist bei seiner Freundin.* He's at his girlfriend's. ◊ *Wir sind morgen bei Schmidts zum Essen eingeladen.* We've been invited to dinner at the Schmidts' tomorrow. ◊ *Hans Müller bei Schmidt* Hans Müller c/o Schmidt ◊ *Er verbringt viel Zeit bei ihr in der Küche.* He spends a lot of time with her in the kitchen. 3 ~ jdm (*im Besitz von*) among(st) sb's belongings/possessions ◊ *Bei den Terroristen wurden Waffen und Munition gefunden.* Weapons and ammunition were found in the possession of the terrorists. 4 (*Geschäft, Praxis*) at the ...'s ◊ *beim Friseur/Arzt* at the hairdresser's/doctor's 5 (*Institution, Firma*) for ◊ *Sie arbeitet bei der Post/Bahn/Stadtverwaltung.* She works for the post office/railway/city council. ◊ *Bei IBM verdiente er gut.* He had a good salary at IBM. 6 (*Schriften*) in ◊ *ein häufiges Thema bei Böll* a common theme in Böll 7 ~ sich on you ◊ *Ich habe kein Kleingeld bei mir.* I haven't got any change on me. 8 (*Hand*) by ◊ *Sie*

nahm das Kind bei der Hand. She took the child by the hand. • **Zeit 9** (*Zeitpunkt*) at ◦ *bei der Eröffnung des Kongresses* at the opening of the congress ◦ *bei Einbruch der Dunkelheit* at nightfall **10** (*während, infolge von*) ◦ *Als Kind sah er seinem Großvater oft bei der Arbeit zu.* As a child he often watched his grandfather at work. ◦ *Beim Gespräch erfuhr sie von seinem Unfall.* She heard about his accident during the conversation. ◦ *ein gemütlicher Klatsch bei Kaffee und Kuchen* a good chat over coffee and cakes ◦ *Wie kannst du bei dem Lärm arbeiten?* How can you work with this noise? ◦ *Beim Unfall entstand erheblicher Sachschaden.* The accident caused considerable damage. ◦ *Beim Absturz der Maschine kamen alle Insassen ums Leben.* All the passengers were killed in the plane crash. ◦ *Beim Abwaschen erzählte sie uns von ihrer bevorstehenden Hochzeit.* While we were washing up she told us about her forthcoming wedding. ◦ *Beim Versuch, ein Omelett zu backen, verbrannte er sich die Hand.* He burnt his hand trying to cook an omelette. • **Voraussetzung, Umstand 11** (*im Falle von*) in the event of ◦ *Bei Regen findet das Konzert in der Festhalle statt.* In the event of rain the concert will take place in the hall. ◦ *Bei Bluthochdruck sollten diese Tabletten nur nach Rücksprache mit dem Arzt genommen werden.* People with high blood pressure should only take these tablets after consulting a doctor. ◦ *bei Temperaturen von minus 10° Celsius* at temperatures of minus 10° centigrade **12** (*Voraussetzung, Ursache für etw*) with ◦ *Bei regelmäßigem Training müsstest du es schaffen können.* With regular training you should make it. ◦ *bei den gegenwärtigen Zinssätzen* with interest rates as they are at the moment **13** ◦ *Bei aller Liebe, aber das kann ich dir nicht verzeihen.* Much as I love you, I can't forgive you for that. ◦ *Bei allem Verständnis kann ich dein Verhalten nicht billigen.* Much as I can see the reasoning behind it, I can't approve of your behaviour. ◦ *Der Vorschlag wurde bei fünf Gegenstimmen und zwei Enthaltungen angenommen.* The proposal was approved with five votes against and two abstentions. **IDM nicht (ganz) bei sich sein** not be (quite) with it

beibehalten keep*, retain (*gehoben*); (*fortsetzen*) maintain ◦ *die Regelungen in ihrer jetzigen Form beibehalten* keep the arrangements the way they are ◦ *die Todesstrafe beibehalten* retain the death penalty ◦ *die bisherige Politik beibehalten* maintain the current policy

Beibehaltung (*meist mit einem Verb übersetzt*) ◦ *sich für die Beibehaltung der Wehrpflicht einsetzen* argue to keep national service ◦ *die Beibehaltung des Status quo* maintaining the status quo

beibringen 1 *jdm etw* ~ (*unterrichten*) teach* sb (to do) sth ◦ *Sie brachte ihrem Bruder das Schwimmen bei.* She taught her brother to swim. **2** *jdm etw* ~ (*mitteilen*) break* sth to sb ◦ *Du musst es ihr behutsam beibringen.* You will have to break it to her gently. **3** *jdm etw* ~ (*Niederlage, Wunde etc.*) inflict sth on sb **4** (*vorlegen*) produce ◦ *Beweise beibringen* produce evidence **IDM** ⇒ VERNUNFT

Beichte confession ◦ *zur Beichte gehen* go to confession ◦ *jdm die Beichte abnehmen* hear sb's confession

beichten confess (*auch fig*) ◦ *Hast du deinem Vater schon den Unfall gebeichtet?* Have you confessed to your father about the accident yet? ◦ *Er geht regelmäßig beichten.* He goes to confession regularly.

Beichtgeheimnis seal of confession

beide 1 (*betont/ohne Artikel*) both ◦ *Es geht uns beiden gut.* We are both keeping well. ◦ *mit beiden Händen* with both hands ◦ *Beide hatten eine Weile in Paris gelebt.* Both of them had/They had both lived in Paris for a while. ◦ *„Sind die Blumen von Eva oder Anke?" „Von beiden."* 'Are the flowers from Eva or Anke?' 'From both of them.' **2** (*unbetont/mit Artikel*) two ◦ *Ein Durchgang verbindet die beiden Gebäude.* A passageway connects the two buildings. ◦ *Herr Meier und die beiden Kinder* Mr Meier and the two children ◦ *Welches der beiden Kleider gefällt dir besser?* Which of the two dresses do you prefer? ◦ *Diese beiden Bilder gefallen mir gut.* I like these two pictures. ◦ *meine beiden Brüder* my two brothers **3** (*keiner von beiden*) neither (of them) ◦ *keine der beiden Großmütter* neither of the two grandmothers ◦ *„Welches der beiden Fahrräder gehört dir?" „Keins von beiden."* 'Which of the two bicycles belongs to you?' 'Neither of them.' **4** (*Tennis*) all ◦ *30 beide.* 30 all.

beiderseitig mutual ◦ *in beiderseitigem Einvernehmen* by mutual agreement

beiderseits 1 (*auf beiden Seiten*) on both sides ◦ *beiderseits der Straße* on both sides of the road ◦ *Es gab beiderseits hohe Verluste.* There were heavy losses on both sides. **2** (*für beide*) mutually ◦ *ein beiderseits zufrieden stellendes Ergebnis* a mutually satisfactory outcome

beides 1 (*betont*) both (things) ◦ *Kreativität und Durchsetzungswillen – beides benötigt man für einen Job in den Medien.* Creativity and drive – you need both for a job in the media. ◦ *„Möchtest du Eis oder Torte?" „Beides!"* 'Would you like ice cream or cake?' 'Both!' **2** (*unbetont*) the two (things) ◦ *Arbeit und Familie – wie kombiniere ich beides?* A job and a family – how can I juggle the two?

beidhändig 1 ambidextrous **2** (*Tennis*) two-handed

beidseitig 1 (*auf beiden Seiten*) on both sides ◦ *Die Straßen war beidseitig zugeparkt.* There were cars parked on both sides of the road. ◦ *beidseitig beschrieben* covered with writing on both sides **2** (*für beide Parteien*) of/by both parties; (*von jeder der beiden Parteien*) by either party

beieinander together ◦ *Sie saßen eng beieinander.* They sat close together. ◦ *Hast du alle Unterlagen beieinander?* Have you got all your papers together? **IDM Du hast sie wohl nicht (mehr) alle beieinander!** Are you out of your mind? **gut/schlecht beieinander sein** be in good/bad shape

Beifahrer(in) 1 (*Auto*) front-seat passenger; (*Motorrad*) (pillion) passenger **2** (*Rallye*) co-driver

Beifahrersitz passenger seat

Beifall 1 (*Applaus*) applause, clapping ◦ *stürmischer Beifall* thunderous applause ◦ *Ihre Fans klatschten begeistert Beifall.* The fans gave her a rapturous round of applause. **2** (*Zustimmung*) approval ◦ *Mit ihrer abfälligen Bemerkung erntete sie wenig Beifall.* Her disparaging remark met with little approval.

beifällig (*Blick, Nicken*) approving (*Adv* approvingly); (*Bemerkung, Antwort*) favourable (*Adv* favourably), (*AmE*) favorable (*Adv* favorably) ◦ *Sie nickte beifällig.* She nodded approvingly ◦ *Der Vorschlag wurde beifällig aufgenommen.* The suggestion met with approval.

beifügen (**einer Sache**) *etw* ~ **1** (*hinzufügen*) add sth (to sth) **2** (*Brief*) enclose sth (with sth)

Beigabe 1 (*das Hinzufügen*) addition ◦ *ohne Beigabe künstlicher Aromastoffe* without the addition of artificial flavouring **2** (*Geschenk*) free gift **3** (*Archäologie*) (grave) goods [Pl]

beige beige ☞ *Beispiele bei* BLAU

beigeben (**einer Sache**) *etw* ~ add sth (to sth) **IDM klein beigeben** give* in ◦ *Warum muss ich immer klein beigeben?* Why am I always the one who has to give in?

Beigeordnete(r) ~ council officer

Beigeschmack unpleasant taste; (*fig*) nasty taste

Beiheft (*Buch*) supplement; (*CD*) insert

Beihilfe 1 aid [U], grant ◦ *Beihilfen im Steinkohlebergbau* aid for the coal industry ◦ *Der Kindergarten hat städtische Beihilfe beantragt.* The nursery has applied for a grant from the town council. ◦ *staatliche Beihilfe für Arbeitslose* state benefits for the unemployed **2** (RECHT) aiding and abetting

Beil hatchet; (*Schlachter-*) cleaver; (*Henkers-*) axe, (*AmE*) ax

Beilage 1 (*Essen*) side dish **2** (*Zeitung*) supplement

beiläufig casual (*nur vor Nomen*) (*Adv* casually) ◦ *eine beiläufige Bemerkung* a casual remark ◦ *Er erwähnte sie nur beiläufig.* He only mentioned her in passing.

beilegen 1 (**einer Sache**) *etw* ~ enclose sth (with sth) **2** (*beenden*) settle

Beilegung settlement

Beileid condolences [Pl] ◦ *Ich möchte Ihnen mein aufrichtiges Beileid aussprechen.* I should like to offer my sincere condolences.

beiliegen (**einer Sache**) ~ be enclosed (with sth) ◦ *Der Bewerbung lag ein Foto bei.* A photograph was enclosed with the application.

beiliegend enclosed ◦ *Beiliegend sende ich Ihnen das Formular.* Please find enclosed the form.

beimessen *einer Sache Bedeutung/Wert* ~ attach importance to sth ◦ *Ich würde der Sache keine allzu große Bedeutung beimessen.* I wouldn't attach too much importance to it.

beimischen (einer Sache) etw ~ add sth (to sth) ◊ *dem Teig einen Schuss Rum beimischen* add a dash of rum to the dough ◊ *Jemand hatte ihrem Getränk Gift beigemischt.* Someone had put poison in her drink.

Bein leg ◊ *Ich habe mich am Bein verletzt.* I've hurt my leg. **IDM auf den Beinen sein** be on your feet **etw auf die Beine stellen** put* sth on; (*zusammenstellen*) put* sth together ◊ *Der Gesangverein stellte ein beachtliches Programm auf die Beine.* The choral society put on an excellent programme. ◊ *einen Aktionsplan auf die Beine stellen* put a plan of action together **auf eigenen Beinen stehen** stand* on your own (two) feet **jdm ein Bein stellen** trip* sb up (*auch fig*) ◊ *Jemand hat mir auf dem Schulhof ein Bein gestellt.* Somebody tripped me up in the playground. ◊ *Da versucht jemand, dir ein Bein zu stellen.* Someone's trying to trip you up. ◊ *Mit ihrem unüberlegten Verhalten hat sie sich selbst ein Bein gestellt.* She spoilt her own chances with her rash behaviour. **in die Beine gehen 1** make* your legs ache ◊ *Squash geht unheimlich in die Beine.* Squash makes your legs ache terribly. **2** (*Rhythmus, Musik*) make* you want to dance **mit beiden Beinen im Leben/(fest) auf der Erde stehen** have both feet (firmly) on the ground **sich auf die Beine machen** get* going ◊ *Es ist schon spät, wir sollten uns auf die Beine machen.* It's late, we ought to get going. **sich die Beine in den Bauch stehen** hang* around waiting **sich die Beine vertreten** stretch your legs **wieder auf den Beinen** back on your feet ◊ *Wenige Wochen nach dem Unfall war er wieder auf den Beinen.* He was back on his feet again a few weeks after the accident. ☞ *Siehe auch* GRAB, HELFEN, KLOTZ, KNÜPPEL *und* MARK²

beinahe almost, nearly ◊ *Heute morgen wäre ich beinahe überfahren worden.* I nearly got run over this morning. ◊ *Sie kommt beinahe jeden Morgen zu spät zur Arbeit.* She is late for work nearly every morning. ◊ *Ich habe beinahe den Eindruck, du wärst mich gern los.* I am beginning to get the impression that you want to get rid of me. ☞ *Hinweis bei* FAST, S. 943.

Beinbruch fracture of the leg ◊ *ein komplizierter Beinbruch* a compound fracture of the leg **IDM Das ist (doch) kein Beinbruch!** It's not the end of the world!

beinhalten 1 (*unter anderem enthalten*) include ◊ *Das Fremdsprachenangebot beinhaltet auch Japanisch.* The languages offered include Japanese. **2** (*aus etw bestehen*) consist of sth ◊ *Die Prüfung beinhaltet einen mündlichen und einen schriftlichen Teil.* The exam consists of an oral and a written paper. **3** (*etw mit sich bringen*) involve ◊ *Der Gebrauchtwagenkauf beinhaltet immer ein gewisses Risiko.* Buying a used car always involves a certain amount of risk. **4** (*bedeuten*) mean* ◊ *Der Friedensvertrag beinhaltet Zugeständnisse auf beiden Seiten.* The peace treaty means sacrifices for both sides.

beinhart 1 tough; (*unerbittlich*) hard ◊ *ein beinharter Verhandlungsführer* a tough negotiator **2** (*toll*) great, cool ◊ „*Na, wie war die Party gestern?" „Beinhart!"* 'Well, what was the party like last night?' 'Cool!'

Beipackzettel information leaflet

Beirat advisory committee

beirren sich (von jdm/durch etw) nicht ~ lassen not be put off (by sb/sth), not let* sb/sth put you off ◊ *Die Band ließ sich durch die Buhrufe nicht beirren.* The band did not let the booing put them off.

beisammen together **IDM gut beisammen sein** be in good shape ◊ *Meine Oma ist mit ihren 80 Jahren noch gut beisammen.* My gran is in good shape for an eighty-year-old. **sie noch alle beisammen haben** (*auch fig*) ◊ *Hast du sie noch alle beisammen?* Are you out of your mind?

Beisein im ~ von jdm in the presence of sb

beiseite aside ◊ *Sie nahm mich beiseite und weihte mich in ihre Pläne ein.* She took me aside and told me her plans. ◊ *Sie legte das Buch beiseite.* She put her book down. ◊ *jdn beiseite drängen/stoßen* push sb out of the way ◊ *etw beiseite räumen* move sth out of the way **IDM etw beiseite bringen/schaffen** get* rid of sth **etw beiseite lassen** leave* sth to one side ◊ *Wir lassen die Frage der Entschädigung zuerst einmal beiseite.* Let's leave the question of compensation to one side for the time being. **etw (für etw) beiseite legen** put* sth aside (for sth) **jdn beiseite schaffen** eliminate sb **Scherz/Spaß beiseite** seriously ◊ *Spaß beiseite – irgendeine Ausrede musst du dir einfallen lassen.* Seriously, though – you'll have to think of some excuse.

beisetzen bury*

Beisetzung funeral

Beisitzer(in) committee member; (*Prüfung*) co-examiner

Beispiel example ◊ *ein anschauliches/gelungenes Beispiel* a graphic/good example ◊ *ein abschreckendes Beispiel* a deterrent ◊ *Das beste/jüngste Beispiel für … ist …* The best/most recent example of … is … ◊ *Als Beispiel für dieses Phänomen ließe sich Oxford anführen.* Oxford is an example of this phenomenon. ◊ *Am Beispiel Bangladeschs …* Taking Bangladesh as an example, … ◊ *Nehmen wir als Beispiel …* Take for example … ☞ *Hinweis bei* EXAMPLE **IDM (jdm) mit gutem Beispiel vorangehen** set* (sb) an example **sich an jdm ein Beispiel nehmen** follow sb's example **ohne Beispiel sein** be without precedent ◊ *ein politischer Skandal, wie er in der Geschichte des Landes ohne Beispiel ist* a political scandal without precedent in the history of the country **(wie) zum Beispiel** for example ◊ *Holzblasinstrumente, wie zum Beispiel Oboe oder Klarinette* woodwind instruments, for example the oboe or the clarinet

beispiel- beispielhaft exemplary ◊ *beispielhaftes Verhalten* exemplary behaviour ◊ *Abbados Interpretation von Mahlers Neunter war beispielhaft.* Abbado's interpretation of Mahler's Ninth was exemplary. **beispiellos** unprecedented ◊ *eine beispiellose Welle der Gewalt* an unprecedented wave of violence ◊ *Das Medieninteresse war beispiellos.* There was unprecedented media interest. **Beispielsatz** example ◊ *Die Beispielsätze im Wörterbuch verdeutlichen die Verwendung des Wortes.* The examples in the dictionary show how the word is used.

beispielsweise for example ☞ *Hinweis bei* EXAMPLE

beißen 1 bite* ◊ *Ich hoffe, der Hund beißt nicht.* I hope the dog doesn't bite. ◊ *jdn ins Bein beißen* bite sb in the leg ◊ *in die Bratwurst beißen* bite into the sausage **2 auf etw ~** bite* (on) sth ◊ *sich auf die Lippen/die Zunge beißen* bite your lip/tongue ◊ *auf etwas Hartes beißen* bite on something hard **3 nach jdm/etw ~** snap* at sb/sth **4** (*Qualm*) sting* ◊ *Der Qualm beißt in den Augen.* The smoke stings your eyes. **5 sich (mit etw) ~** clash (with sth) ◊ *Die Farben beißen sich.* The colours clash. **IDM er, sie etc. wird (dich) schon nicht beißen** he, she, etc. won't bite (you) **sich in den Arsch/Hintern beißen** kick yourself ☞ *Siehe auch* APFEL, GRANIT, GRAS *und* ZUNGE

beißend (*Kälte, Wind, Satire*) biting; (*Frost, Schmerz, Ironie*) sharp; (*Geruch*) pungent; (*Rauch*) acrid ◊ *beißender Witz* biting wit ◊ *beißender Spott* withering scorn ◊ *beißende Kritik/Polemik* fierce criticism

Beißzange pincers [Pl] ☞ *Hinweis bei* BRILLE

Beistand assistance; (*moralisch*) moral support ◊ *militärischen Beistand leisten* provide military assistance

beistehen jdm ~ help sb ◊ *einem Freund in der Not beistehen* help a friend in need

beisteuern etw (zu etw) ~ contribute sth (towards sth)

beistimmen 1 jdm ~ agree with sb ◊ *Ich stimme meinem Vorredner in dieser Sache bei.* I agree with the previous speaker about this point. **2 einer Sache ~** (*Vorschlag*) agree with sth; (*Antrag*) support sth

Beitrag 1 (*Mitglieds-*) subscription; (*zur Kranken- oder Rentenversicherung*) contribution **2** (*Mitarbeit*) contribution ◊ *einen wichtigen Beitrag zur Völkerverständigung leisten* make an important contribution to international understanding ◊ *seinen Beitrag zum Umweltschutz leisten* do your bit to protect the environment **3** (*Zeitungs-*) article; (*Radio, Fernsehen*) report

beitragen etw zu etw ~ contribute (sth) to sth ◊ *alle, die zum Gelingen der Veranstaltung beigetragen haben* all those who contributed to the success of the event ◊ *Die Aktion soll dazu beitragen, über die Gefahren von Alkohol am Steuer zu informieren.* The campaign is designed to increase awareness of the dangers of drink-driving.

beitreten einer Sache ~ join sth ◊ *einem Pakt/Bündnis beitreten* join a treaty/an alliance ◊ *einem Vertrag beitreten* sign an agreement

Beitritt (*meist mit einem Verb übersetzt*) ◊ *den Beitritt zu einem Bündnis erklären* join an alliance ◊ *In einem Referendum lehnte die Bevölkerung den Beitritt des Landes zur Europäischen Währungsunion ab.* In a referendum the country voted against joining the European monetary union.

Beiwagen sidecar

bejahen 1 say* 'yes'; answer in the affirmative (*gehoben*) **2** (*billigen*) approve ◊ *ein Projekt/einen Vorschlag bejahen* approve a project/a proposal

bejammern feel* sorry for *sb*, bewail (*gehoben*) ◊ *Hör endlich auf, dich selber zu bejammern!* Stop feeling sorry for yourself! ◊ *Sie bejammerten ihr Schicksal.* They bewailed their fate.

bejubeln cheer; (*begrüßen*) greet *sth* with enthusiasm ◊ *Tausende von Fans bejubelten den Sieg ihrer Mannschaft.* Thousands of fans cheered their team's victory. ◊ *Die Wiedervereinigung wurde nicht von allen DDR-Bürgern bejubelt.* Not all the citizens of the GDR greeted reunification with enthusiasm.

bekämpfen 1 combat* ◊ *Rassismus bekämpfen* combat racial prejudice ◊ *Ungeziefer bekämpfen* control vermin ◊ *Die Regierung ist entschlossen, die aufständischen Truppen mit allen Mitteln zu bekämpfen.* The government is determined to use all means at its disposal against the rebel troops. **2 sich ~ fight*** (each other) ◊ *Die verschiedenen Banden bekämpfen sich ununterbrochen.* The various gangs are constantly fighting. IDM ⇨ BLUT

Bekämpfung (*meist mit einem Verb übersetzt*) ◊ *Maßnahmen zur Bekämpfung von Kindesmissbrauch* ways of combating child abuse ◊ *Zur Bekämpfung der Seuche müssen wir bei ihren Ursachen ansetzen.* In order to combat the epidemic we must start with the causes.

bekannt 1 well-known; (*berühmt*) famous ◊ *eine bekannte Tatsache* a well-known fact ◊ *Er ist durch seine Songs bekannt geworden.* His songs made him famous. ◊ *Es ist allgemein bekannt, dass sie sich nicht verstehen.* It's common knowledge that they don't get on. **2 etw ist jdm ~** sb knows* sth ◊ *Das ist mir nicht bekannt.* I don't know anything about that. **3 als/für etw ~ sein** be known as/for sth ◊ *als Lügner bekannt sein* be known as a liar ◊ *Sie ist bekannt dafür, dass sie sehr ehrlich ist.* She is known to be very honest. **4 jdm ~ vorkommen** seem familiar to sb ◊ *Ihre Stimme kommt mir bekannt vor.* Her voice seems familiar. **5 mit jdm ~ sein** know* sb ◊ *Ich bin seit Jahren mit ihr bekannt.* I have known her for years. **6 sich mit etw ~ machen** familiarize yourself with sth ◊ *Wir müssen uns mit den neuen Vorschriften bekannt machen.* We need to familiarize ourselves with the new rules. **7 (jdn) mit etw ~ machen** introduce sb to sth ◊ *Das Buch will mit neuen Therapien bekannt machen.* The book provides an introduction to new forms of therapy. **8 jdn/sich mit jdm ~ machen** introduce sb/yourself to sb ◊ *Sie machte uns mit ihrer Nachbarin bekannt.* She introduced us to her neighbour. **9 etw ~ machen** announce sth; (*veröffentlichen*) publish sth **10 ~ geben** announce ◊ *Die Entscheidung wurde gestern bekannt gegeben.* The decision was announced yesterday. ◊ *Sie gaben die Geburt in einer Zeitungsanzeige bekannt.* They announced the birth in the paper. **11 ~ werden** become* known, become* public ◊ *Der Vorfall darf nicht bekannt werden.* The incident must not become public. ◊ *wie erst heute bekannt wurde* as has only just been announced ◊ *Das wurde schnell in der ganzen Nachbarschaft bekannt.* It soon got round the whole neighbourhood. IDM ⇨ HUND

Bekannte(r) 1 friend; (*flüchtig*) acquaintance **2** (*Freund(in)*) boyfriend, girlfriend
Bekanntenkreis circle of friends

Bekanntgabe announcement

bekanntlich as everybody knows ◊ *Rauchen ist bekanntlich gesundheitsschädlich.* It is a well-known fact that smoking is bad for your health.

Bekanntschaft 1 (*Kontakt*) acquaintance (*oft mit einem Verb übersetzt*) ◊ *Uns verbindet eine langjährige Bekanntschaft.* We have known each other for years. **2** ◊ *Sie hat in den Ferien ein paar komische Bekanntschaften gemacht.* She got to know some funny people on holiday. ◊ *Er hat seine ganze Bekanntschaft eingeladen.* He invited everybody he knew. **3 mit jdm/etw ~ machen** get* to know sb/sth ◊ *Wir haben im Urlaub mit einer englischen Familie Bekanntschaft gemacht.* We got to know an English family on holiday. ◊ *Er hat mit der italienischen Polizei Bekanntschaft gemacht.* He had a brush with the Italian police.

bekehren jdn (**zu etw**) **~** convert sb (to sth); **sich** (**zu etw**) **~** convert (to sth)

Bekehrung conversion ◊ *seine Bekehrung zum Buddhismus* his conversion to Buddhism

bekennen 1 confess; (*zugeben auch*) admit* ◊ *seine Sünden bekennen* confess your sins ◊ *Ich muss bekennen, dass ich es ganz vergessen habe.* I must confess that I completely forgot. ◊ *einen Fehler/seine Schuld bekennen* admit a mistake/your guilt **2 sich zu etw ~** declare your belief in sth, make* a commitment to sth ◊ *sich zum Kommunismus bekennen* declare your belief in Communism ◊ *Die Partei bekennt sich zu Europa.* The party has made a commitment to Europe. ◊ *Er ist ein bekennender Christ.* He is a committed Christian. **3 sich zu jdm ~** stand* by sb **4 sich als jd/etw ~** declare yourself to be sb/sth **5 sich schuldig ~** admit* your guilt; (*vor Gericht*) plead* guilty IDM ⇨ FARBE

Bekennerbrief, Bekennerschreiben letter claiming responsibility ◊ *Es gab kein Bekennerschreiben nach dem Anschlag.* No one claimed responsibility after the attack.

Bekenntnis 1 confession ◊ *ein Bekenntnis ablegen* make a confession ◊ *Nach eigenem Bekenntnis ist er ein schwieriger Mensch.* He admits to being a difficult person. **2 ~ (zu etw)** commitment (to sth), declaration of support (for sth) ◊ *ein klares Bekenntnis zu Europa* a clear commitment to Europe ◊ *sein öffentliches Bekenntnis zum Rechtsradikalismus* his public support for extreme right-wing views **3** religion; (*Konfession*) religious denomination

bekifft stoned (*Slang*)

beklagen 1 deplore; (*betrauern*) lament ◊ *sein Schicksal beklagen* lament your fate ◊ *Menschenleben waren nicht zu beklagen.* There were no casualties. **2 sich (bei jdm)** (**über jdn/etw**) **~** complain (to sb) (about sb/sth) ◊ *Er hat sich darüber beklagt, dass das Hotel so schlecht war.* He complained about how bad the hotel was.

beklagenswert sad; (*Zustand*) deplorable; (*Opfer, Folge, Vorfall*) unfortunate

Beklagte(r) (RECHT) defendant

bekleben etw ~ stick* things on sth; **A mit B ~** stick* B on A ◊ *Sie dürfen die Wände nicht bekleben.* They're not allowed to stick anything on the walls. ◊ *ein mit Plakaten beklebtes Fenster* a window covered in posters

bekleckern 1 etw ~ make* a mess on sth; **A mit B ~** spill* B on A ◊ *Pass auf, dass du die saubere Tischdecke nicht bekleckerst!* Be careful not to make a mess on the clean tablecloth! ◊ *Er hat die Tischdecke mit Orangensaft bekleckert.* He's spilt orange juice on the tablecloth. ◊ *Ich habe mir die Bluse bekleckert.* I've spilt something down my blouse. **2 sich (mit etw) ~** spill* sth down yourself ◊ *Er hat sich schon wieder bekleckert.* He has spilt something down himself again.

bekleiden ein Amt ~ hold* an office

bekleidet dressed (*nicht vor Nomen*) ◊ *Sie war mit Jeans und Turnschuhen bekleidet.* She was dressed in jeans and trainers.

Bekleidung clothes [Pl], clothing (*offiz*)

beklemmend (*Anblick, Film etc.*) disturbing (*Adv* disturbingly); (*Gefühl, Stille*) uneasy; (*Atmosphäre*) oppressive

bekloppt, beknackt (*dumm*) stupid; (*verrückt*) mad ◊ *ein beknackter Typ* a stupid idiot ◊ *Viele Radfahrer rasen wie bekloppt durch die Fußgängerzone.* A lot of cyclists ride like lunatics through the pedestrian zone.

beknien jdn **~** go* on at sb (*umgs*) ◊ *Sie hat ihre Eltern bekniet, sie auf die Party gehen zu lassen.* She has been going on at her parents to let her go to the party.

bekommen 1 (*erhalten*) get* ◊ *einen Brief bekommen* get a letter ◊ *Ich habe zum Geburtstag ein neues Fahrrad bekommen.* I got a new bike for my birthday. ◊ *etwas zu essen bekommen* get something to eat ◊ *20 Jahre Gefängnis bekommen* get 20 years in jail ◊ *Hunger/Heimweh bekommen* get hungry/homesick ◊ *Krebs/eine Krankheit/Schnupfen bekommen* get cancer/an illness/a cold ◊ *einen Sender bekommen* pick up a radio station **2** (*Baby*) have ◊ *Sie hat ein Kind bekommen.* She's had a baby. **3** ◊ *Der Baum bekommt Blätter.* The tree is coming into leaf. **4** (*Bus, Zug etc.*) catch* ◊ *Ich habe den Bus gerade noch bekommen.* I just caught the bus. **5 jdm gut ~** suit sb; (*gut tun*) do* sb good ◊ *Der Skiurlaub ist uns gut bekommen.* The skiing holiday did us good. **6 jdm nicht/schlecht ~** not suit sb; (*Essen auch*) not agree with sb ◊ *Das Klima bekommt ihm nicht.* The climate doesn't suit him. **7** (*bringen*) get* ◊ *Wie bekommen wir das Bett durch die Tür?* How are we going to get the bed through the door? ◊ *Wir haben die Bilder nicht zu sehen bekommen.* We didn't get to see the pictures. ◊ *Ich muss das bis fünf Uhr fertig bekommen.* I have to finish this by five. **8** *etw* (**von jdm**) ~ be owed sth (by sb) ◊ *Ich bekomme noch zehn Dollar von dir.* You still owe me ten dollars. ◊ *Was bekommen Sie von mir?* How much do I owe you? **9** (*im Laden, Lokal*) ◊ *Ich bekomme ein Weißbrot.* I'll have a white loaf, please. ◊ *Bekommen Sie schon?* Are you being served? ◊ *Was bekommen Sie?* What would you like? ☞ Für andere Ausdrücke mit **bekommen** siehe die Einträge für die entsprechenden Nomina etc. **Einen Korb bekommen** z.B. steht unter **Korb**.

bekräftigen 1 (*unterstreichen*) reaffirm; *etw* (**mit/durch** *etw*) ~ confirm sth (with/by sth) **2** *jdn/etw* (**in** *etw*) ~ support sb/sth (in sth) ◊ *einen Verdacht/eine Vermutung bekräftigen* support a suspicion/an assumption

bekriegen 1 *jdn* ~ wage war on sb; fight* sb (*auch fig*) **2** *sich* (**mit jdm**) ~ be at war (with sb), fight* (sb); (*zerstritten sein*) be at loggerheads (with sb)

bekritzeln *etw* ~ scribble on sth; **A mit B** ~ scribble B on A ◊ *Die Kinder haben die Tische bekritzelt.* The children have scribbled on the desks. ◊ *Er hat das ganze Buch mit Anmerkungen bekritzelt.* He has scribbled comments all over the book.

bekümmern worry* ◊ *Mich bekümmert, wie wenig er isst.* What worries me is how little he eats. ◊ *Ihr Verhalten bekümmert mich.* I'm worried about her behaviour.

bekümmert worried (*Adv* worriedly); (*beängstigt*) anxious (*Adv* anxiously) ◊ *ein bekümmertes Gesicht machen* look worried ◊ *„Warum?" fragte sie bekümmert.* 'Why?' she asked anxiously.

belächeln *jdn/etw* ~ dismiss sb/sth ◊ *Er wird in Fachkreisen als Spinner belächelt.* He's dismissed as a crackpot by the experts.

beladen load; (*mit Schulden, Verantwortung etc.*) burden ◊ *Sie haben den Wagen mit Heu beladen.* They loaded the wagon with hay. ◊ *Sie war mit Einkaufstaschen beladen.* She was loaded down with shopping.

Belag 1 (*für Straßen etc.*) surface; (*für Fußboden*) covering **2** (*Schicht, die sich ablagert*) coating; (*Zahn-*) plaque **3** (*für Pizza*) topping; (*für Brot*) filling **4** (*Brems-*) (brake) lining

belagern besiege (*auch fig*) ◊ *Paparazzi belagerten ihr Haus.* Her house was besieged by paparazzi.

Belagerung siege

belämmert (*niedergeschlagen*) miserable (*Adv* miserably); (*betreten*) sheepish (*Adv* sheepishly) ◊ *ein belämmertes Gesicht machen* look sheepish

Belang 1 (*Angelegenheit*) concern, affair ◊ *Er kümmert sich um die Belange der Flüchtlinge.* He looks after the concerns of the refugees. **2** (*Bedeutung*) importance ◊ *Angelegenheiten von internationalem Belang* matters of international importance ◊ *Fragen ohne Belang* irrelevant questions

belanglos irrelevant; (*unwichtig*) trivial ◊ *Es ist völlig belanglos, aus welchem Land sie kommen.* It is quite irrelevant what country they come from. ◊ *eine belanglose Angelegenheit/Bemerkung* a trivial matter/remark

Belanglosigkeit triviality*

belassen 1 leave* ◊ *alles beim Alten belassen* leave things as they are ◊ *Belassen wir es dabei!* Let's leave it at that! ◊ *jdn in dem Glauben belassen, dass …* Let's go on thinking that … ◊ *jdn in seinem Amt belassen* allow sb to remain in office **2** *jdm etw* ~ allow sb to keep sth ◊ *den Häftlingen ihre Würde belassen* allow the prisoners to keep their dignity

belastbar 1 resilient; (*gesund*) fit ◊ *Er ist wieder voll belastbar.* He's fully fit again. ◊ *Sie ist zur Zeit nicht sehr belastbar.* You can't put too much pressure on her just now. **2** (*Material*) strong

Belastbarkeit 1 (*von Menschen*) resilience, capacity to cope ◊ *körperliche/seelische Belastbarkeit* physical/mental resilience ◊ *Damit ist die Grenze der Belastbarkeit der Steuerzahler erreicht.* That's as much as the taxpayers can take. ◊ *Der Trainer forderte sie bis an die Grenzen der Belastbarkeit.* The coach pushed them to the limit. **2** (*von Netzwerken, Straßen*) capacity; (*von Brücken*) load-bearing capacity; (*von Material*) strength

belasten 1 (*mit Gewichten*) put* weight on *sth* ◊ *Ich kann meinen rechten Fuß nicht belasten.* I can't put any weight on my right foot. ◊ *eine Brücke schwer belasten* put a heavy load on a bridge **2** *jdn/etw* ~ put* a strain on sb/sth, put* sb/sth under pressure ◊ *Die Sorge um den Sohn belastet die Eltern sehr.* Worry about their son is putting a lot of strain on the parents. ◊ *Der Skandal hat das Arbeitsklima stark belastet.* The scandal has made for a strained working atmosphere. **3** *jdn* (**mit/durch** *etw*) ~ burden sb (with sth); (*beunruhigen*) worry* sb (with sth) ◊ *jdn mit Problemen/zu viel Arbeit belasten* burden sb with problems/too much work ◊ *Irgendetwas scheint ihn zu belasten.* Something seems to be worrying him. **4** (*verschmutzen*) pollute; (*durch Strahlen, Giftstoffe*) contaminate **5** (*Angeklagte*) incriminate **6** *etw* (**mit** *etw*) ~ (*Konto*) debit* sth (with sth) **7** ◊ *ein Haus mit einer Hypothek belasten* mortgage a house

belästigen 1 (*stören*) bother ◊ *Er belästigt mich dauernd mit seinen Problemen.* He's always bothering me with his problems. **2** (*zudringlich werden*) pester; (*körperlich*) molest; (*sexuell*) harass

Belästigung 1 (*Störung*) disturbance **2** (*Zudringlichkeit*) pestering; (*körperlich*) molesting; (*sexuell*) harassment

Belastung 1 (*mit einem Gewicht*) load ◊ *die zulässige Belastung eines Fahrstuhls* the maximum load of a lift ◊ *die zulässige Belastung einer Brücke* the permitted weight limit of a bridge **2** (*Druck*) pressure; (*stärker*) strain ◊ *Lehrer sind einer großen Belastung ausgesetzt.* There is a lot of pressure on teachers. ◊ *die gesundheitliche Belastung der Schichtarbeiter* the strain on the shift workers' health ◊ *Die Scheidung seiner Eltern stellte eine große Belastung für ihn dar.* His parents' divorce put him under a lot of strain. **3** (*Verschmutzung*) pollution; (*durch Strahlen, Giftstoffe*) contamination **4** (RECHT) incrimination **5** (*finanziell*) burden; (*Konto*) debiting ◊ *die steuerliche Belastung der Arbeitnehmer* the tax burden on employees

belauern watch; (*Beute, Opfer*) lie* in wait for *sb/sth* ◊ *Der Chef belauert mich ständig und wartet darauf, dass ich einen Fehler mache.* The boss watches me constantly, waiting for me to make a mistake.

belauschen eavesdrop* on *sb/sth*

beleben 1 (*freundlicher gestalten*) brighten *sth* up **2** (*aufregender machen*) liven sth up ◊ *Das Café hat die Innenstadt neu belebt.* The cafe has livened up the town centre. **3** *wieder* ~ (*Wirtschaft, Debatte*) stimulate; (*Menschen*) resuscitate **4** *sich* ~ (*Ausdruck etc.*) brighten up; (*Augen*) light* up **5** *sich* ~ (*Straßen, Geschäfte etc.*) get* busy

belebt 1 (*Straße, Platz etc.*) busy* **2** ◊ *die belebte Natur* the living world

Beleg 1 (*Quittung*) receipt **2** (*Beweis*) documentary evidence [U]; (*Quellennachweis*) reference

belegen 1 (*teilnehmen*) take*; (*sich einschreiben*) register for *sth* ◊ *einen Grundkurs belegen* take a foundation course **2** *den ersten, zweiten, letzten etc.* **Platz** ~ come* first, second, last, etc. **3** *etw mit etw* ~ (*Torte*) fill sth with sth ◊ *einen Tortenboden mit Früchten belegen* fill a flan case with fruit ◊ *Er belegte das Brot mit Schinken.* He put ham in the sandwich. **4** (*beweisen*) prove* ◊ *Sie konnte die Zahlung durch eine Quittung belegen.* She had the bill to prove she had paid. ◊ *Können Sie das wissenschaftlich belegen?* Have you got any scientific evidence to support that? ◊ *Die Statistik belegt, dass …* Statistics show that … **5** *jdn/etw mit etw* ~ impose sth on sb/sth ◊ *ein Land mit Sanktionen belegen* impose sanctions on a country ◊ *Er wurde mit einem Bußgeld belegt.* He was fined. ◊ *Sie wurde mit einem Redeverbot belegt.* She was banned from speaking in public. IDM ⇨ BESCHLAG

Belegschaft workforce ☞ G 1.3b

belegt 1 ⇨ BELEGEN **2** (*Hotel etc.*) full **3** (*Platz etc.*) taken **4** (*Brot etc.*) ◊ *ein belegtes Brot* a sandwich ◊ *ein belegtes Brötchen* a filled roll ◊ *Das Brot ist mit Käse belegt.* It's a cheese sandwich. **5** (*Zunge*) coated **6** (*Stimme*) hoarse

belehren 1 *jdn über etw* ~ inform sb of sth ◊ *Er wurde über seine Rechte belehrt.* He was informed of his rights. **2** (*unterweisen*) lecture ◊ *Er erklärte geduldig, ohne zu belehren.* He explained patiently, without lecturing. ◊ *Sie versucht ständig, ihren Bruder zu belehren.* She's always trying to tell her brother what to do. IDM ⇨ BESSER

beleidigen offend; (*absichtlich*) insult ◊ *Seine Äußerungen beleidigten sie zutiefst.* She was deeply offended by his remarks. ◊ *Ich lasse mich durch Ihre Anschuldigungen nicht länger beleidigen!* I have had enough of your insulting accusations.

beleidigend (*absichtlich verletzend*) offensive; (*kränkend*)

beleidigt

hurtful ◊ *Wir empfanden ihre kühle Reaktion als beleidigend.* We found their cool reaction hurtful.
beleidigt 1 ⇨ BELEIDIGEN **2** offended; (*gekränkt*) hurt ◊ *Er ist wegen jeder Kleinigkeit beleidigt.* He's very easily offended. ◊ *Sie machte ein beleidigtes Gesicht, als ihr Vorschlag abgelehnt wurde.* She looked hurt when her suggestion was turned down. ◊ *Er sah sie beleidigt an.* He gave her a hurt look.
Beleidigung 1 insult **2** (RECHT) (*mündlich*) slander; (*schriftlich*) libel*
belemmert ⇨ BELÄMMERT
belesen well read
beleuchten 1 light*; (*mit Scheinwerfern*) illuminate ◊ *schlecht beleuchtet* badly lit **2** (*untersuchen*) examine ◊ *ein Problem von allen Seiten beleuchten* examine a problem from every angle
Beleuchtung 1 lighting **2** (*das Anstrahlen*) illumination **3** (*Lichterketten etc.*) illuminations [Pl] ◊ *die festliche Beleuchtung des Weihnachtsmarkts* the festive illuminations at the Christmas market **4** (*Untersuchung*) examination ◊ *kritische Beleuchtung* critical examination
belichten (FOTO) expose
Belichtung (FOTO) exposure
Belichtungsmesser light meter **Belichtungszeit** shutter speed
Belieben nach ~ (*nach Geschmack*) as you wish; (*nach Bedürfnis*) to suit yourself ◊ *Sie kann nach Belieben über die Wohnung verfügen.* She can do as she wishes with the flat. ◊ *Sie können sich Ihre Arbeitszeit nach Belieben einrichten.* You can arrange your working hours to suit yourself.
beliebig 1 (*egal welcher, wie viel etc.*) any (at all) ◊ *Du kannst jeden beliebigen Bus zum Bahnhof nehmen.* You can take any bus to the station. **2** (*wie man will*) as you like ◊ *beliebig viele* as many as you like ◊ *Man kann beliebig lange in der Sauna bleiben.* You can stay as long as you like in the sauna. ◊ *Die Liste lässt sich beliebig fortsetzen.* The list can go on and on. **3** (*willkürlich*) arbitrary (*Adv* arbitrarily)
beliebt 1 (**bei jdm**) ~ popular (with sb); (*Mensch auch*) well liked (by sb) **2 sich** (**bei jdm**) ~ **machen** make* yourself popular (with sb)
Beliebtheit popularity ◊ *sich größter Beliebtheit erfreuen* enjoy enormous popularity
beliefern jdn/etw (**mit etw**) ~ supply* sb/sth (with sth)
bellen bark
Belletristik (popular) fiction
belohnen 1 jdn/etw (**für etw**) ~ reward sb/sth (for sth) ◊ *Ihr Fleiß wurde mit einer Eins belohnt.* Her hard work was rewarded with an 'A'. ◊ *Seine Geduld wurde reich belohnt.* He was richly rewarded for his patience. **2 jdn/etw mit etw** ~ (*auszeichnen*) award sth to sb/sth IDM **jdn/etw mit Undank belohnen** repay* sb/sth with ingratitude
Belohnung reward ◊ *eine hohe Belohnung aussetzen* offer a substantial reward ◊ *zur Belohnung* as a reward
belüften ventilate
Belüftung ventilation
belügen 1 lie to *sb* ◊ *Warum hast du uns belogen?* Why did you lie to us? **2 sich selbst** ~ delude yourself
belustigt amused
Belustigung amusement ◊ *zur Belustigung der Zuschauer* to the amusement of the audience
bemächtigen sich einer Sache ~ (*Thron, Macht, Gebiet*) seize sth; (*Informationen, Rohstoffe, Waffen*) acquire sth
bemalen paint; (*Muster*) decorate
Bemalung 1 (*das Bemalen*) painting **2** (*Malerei*) paintwork
bemängeln 1 criticize ◊ *Der Lehrer bemängelte ihre Rechtschreibung.* The teacher criticized their spelling. ◊ *An dieser Arbeit gibt es nichts zu bemängeln.* This piece of work is flawless. **2** (*sich beschweren*) complain ◊ *Sie bemängelten, dass man sie nicht informiert hätte.* They were complaining that they hadn't been told.
bemannt manned
bemerkbar 1 noticeable ◊ *deutlich bemerkbar* very noticeable **2 sich ~ machen** (*auf sich aufmerksam machen*) attract attention **3 sich ~ machen** (*Wirkung zeigen*) have an effect ◊ *Das Training macht sich positiv bemerkbar.* The training is having a positive effect.

bemerken 1 notice; (*erkennen*) realize ◊ *Ich hatte das Auto zu spät bemerkt.* I hadn't noticed the car until it was too late. ◊ *Er hatte nicht bemerkt, dass sie ihn nur aufziehen wollten.* He didn't realize that they were just trying to make fun of him. **2** (*sagen*) mention ◊ *Sie bemerkte beiläufig, dass …* She mentioned in passing that … ◊ *nebenbei bemerkt* incidentally
bemerkenswert remarkable (*Adv* remarkably) ◊ *ein bemerkenswerter Erfolg* a remarkable success ◊ *Bemerkenswert ist, dass …* It is remarkable that …
Bemerkung comment ◊ *eine abfällige Bemerkung machen* make a disparaging comment
bemitleiden feel* sorry for *sb* ◊ *Sie lässt sich gerne bemitleiden.* She likes people to feel sorry for her.
bemitleidenswert pitiful
bemühen 1 sich ~ (**etw zu tun**) try* hard (to do sth), make* an effort (to do sth) ◊ *Sie hat sich bemüht, die Aufgabe zu lösen.* She tried hard to solve the problem. **2 sich um etw ~** try* (hard) to get sth ◊ *Er bemüht sich um eine Stelle als Lehrer.* He is trying to get a teaching post. **3 sich um jdn ~** (*kümmern*) take* care of sb ◊ *Er bemüht sich immer sehr um seine Schwester.* He always takes good care of his sister. **4 sich um jdn ~** (*hofieren*) court sb **5 jdn ~** (*in Anspruch nehmen*) trouble sb
bemüht 1 um etw ~ sein ◊ *Die Firma ist um ein gutes Betriebsklima bemüht.* The firm makes an effort to create a good working atmosphere. **2** (*darum*) **~ sein etw zu tun** try* hard to do sth, endeavour to do sth (*gehoben*), (*AmE*) endeavor to do sth (*gehoben*) ◊ *Sie ist stets bemüht, einen guten Eindruck zu machen.* She always tries hard to make a good impression. **3 um jdn ~ sein** take* care of sb ◊ *Sie war sehr um ihren kleinen Bruder bemüht.* She took good care of her little brother.
Bemühung (*Anstrengung*) effort [meist Pl] ◊ *Alle Bemühungen waren umsonst.* All our/their efforts were in vain.
bemuttern mother
benachbart ◊ *Im benachbarten Haus wohnt ein Anwalt.* There's a lawyer living next door. ◊ *das benachbarte Ausland* neighbouring countries ◊ *Wir sind mit Meiers benachbart.* The Meiers are neighbours of ours.
benachrichtigen jdn (**von etw**) ~ inform sb (about/of sth), notify* sb (of sth) (*offiz*) ◊ *Ist die Polizei von dem Unfall benachrichtigt worden?* Have the police been informed of the accident? ◊ *Die Gewinner werden schriftlich benachrichtigt.* Winners will be notified by post.
Benachrichtigung notification ◊ *eine frühzeitige Benachrichtigung der Bevölkerung* the immediate notification of the public
benachteiligen jdn ~ discriminate against sb ◊ *Das Gesetz benachteiligt Familien mit geringem Einkommen.* The law discriminates against low income families. ◊ *Die Ampelschaltung benachteiligt Fußgänger gegenüber Autofahrern.* The traffic lights favour drivers at the expense of pedestrians.
benachteiligt deprived, disadvantaged ◊ *eine wirtschaftlich benachteiligte Region* an economically deprived area ◊ *sozial benachteiligte Gruppen* socially disadvantaged groups ◊ *Unterstützung für sozial Benachteiligte* support for the underprivileged ◊ *Sie fühlte sich gegenüber den Kollegen benachteiligt.* She felt she was less favourably treated than her colleagues.
Benachteiligung discrimination ◊ *die Benachteiligung der Frauen* discrimination against women ◊ *wirtschaftliche Benachteiligung* economic deprivation
Benefiz- Benefizkonzert charity concert ◊ *ein Benefizkonzert zugunsten der Welthungerhilfe* a charity concert in aid of famine relief **Benefizveranstaltung** charity event
benehmen sich ~ behave ◊ *sich ordentlich/vorbildlich benehmen* behave properly/impeccably ◊ *Er kann sich überhaupt nicht benehmen.* He has no idea how to behave. ◊ *Benimm dich!* Behave yourself! IDM ⇨ MENSCH
Benehmen behaviour, (*AmE*) behavior IDM **kein Benehmen haben** have no manners
beneiden (**um etw**) ~ envy* sb/sth (sth) ◊ *Ich beneide ihn um sein Geld.* I envy him his money. ◊ *Um diese Aufgabe bist du wirklich nicht zu beneiden.* I really don't envy you having to do that.
beneidenswert enviable (*Adv* enviably) ◊ *in einer beneidenswerten Lage sein* be in an enviable position ◊ *benei-*

denswert weiße Zähne enviably white teeth ◇ *Du bist wirklich beneidenswert.* You are really lucky.

benennen 1 (*bezeichnen*) name ◇ *die Teile eines Mikroskops benennen* name the parts of a microscope **2** (*identifizieren*) identify* ◇ *ein Problem benennen* identify a problem ◇ *Ich kann es nicht genau benennen.* I can't quite put my finger on it. **3** *jdn/etw nach jdm/etw* ~ call sb/sth after sb/sth, name sb/sth after sb/sth, (*AmE auch*) name sb/sth for sb/sth ◇ *Sie wurde nach der Tante benannt.* She was called after her aunt. ◇ *Das Hotel ist nach dem nahe gelegenen Schloss benannt.* The hotel is named after the nearby castle. **4** *jdn* (**als** *etw*) ~ nominate sb (as sth); (*als Zeugen*) call sb (as sth) ◇ *Sie wurden als Kandidaten benannt.* They were nominated as candidates. ◇ *als Zeuge benannt werden* be called as a witness

Benennung 1 (*das Benennen*) naming ◇ *die Benennung einer Straße nach dem Künstler* the naming of a street after the artist **2** (*Name*) name ◇ *Die Blume hat mehrere Benennungen.* The flower has several names. **3** (*Nominierung*) nomination ◇ *die Benennung der Kandidaten* the nomination of the candidates

benommen 1 ⇨ BENEHMEN **2** dazed ◇ *Sie war wie benommen von der schrecklichen Nachricht.* She seemed dazed by the terrible news. ◇ *völlig benommen* in a complete daze

benoten *jdn/etw* ~ give* a grade to sb/sth, give* sb/sth a grade ◇ *eine Arbeit mit „sehr gut" benoten* give a test an 'A' grade ◇ *Die im Seminar erbrachten Leistungen werden benotet.* Seminar coursework is assessed.

Benotung marking [U], (*AmE meist*) grading [U] ◇ *eine ungerechte Benotung* unfair marking ◇ *Die Benotung dieser Klausuren war schwierig.* These examination papers were difficult to mark.

benötigen need; (*Zeit*) take* ◇ *dringend benötigte Lieferungen* urgently needed supplies ◇ *Sie benötigten über drei Stunden, um das Leck abzudichten.* They took over three hours to stop the leak.

benutzen, benützen use ◇ *Kann ich euer Telefon benutzen?* May I use your telephone?

Benutzer(in) user

benutzerfreundlich user-friendly

Benutzung use ◇ *Die Benutzung der Liegestühle ist kostenlos.* Use of the deckchairs is free of charge.

Benzin petrol, (*AmE*) gasoline, (*AmE*) gas (*umgs*) ◇ *verbleites/bleifreies Benzin* leaded/unleaded petrol

Benzinkanister petrol can, (*AmE*) gasoline can **Benzinverbrauch** fuel consumption ◇ *hoher/sparsamer Benzinverbrauch* high/low fuel consumption ◇ *Das Auto hat einen Benzinverbrauch von fünf Litern pro 100 Kilometer.* The car does 20 km to the litre. ☛ *Den Benzinverbrauch von Fahrzeugen gibt man im Englischen gewöhnlich als* **miles per gallon** *(Meilen pro Gallone) an. Siehe auch* MILEAGE

beobachten 1 watch, observe (*gehoben*) ◇ *Das Haus wird von der Polizei beobachtet.* The house is being watched by the police. ◇ *jdn argwöhnisch beobachten* watch sb suspiciously ◇ *beobachten, wie sich die Zellen vergrößern* observe the growth of the cells ◇ *die Fortschritte der Kinder beobachten* monitor the children's progress **2** (*bemerken*) notice

Beobachter(in) observer

Beobachtung (*Beobachten*) observation (*oft mit einem Verb übersetzt*) ◇ *Sie wurde zur Beobachtung ins Krankenhaus eingeliefert.* She was admitted to hospital for observation. ◇ *Die Beobachtung von Ottern erfordert viel Geduld.* Watching otters requires a lot of patience. ◇ *Wir haben die Beobachtung gemacht, dass …* We have noticed that …

bepflanzen *etw* (**mit** *etw*) ~ plant sth in/on sth ◇ *den Schulhof mit Büschen bepflanzen* plant bushes in the school yard

bequatschen 1 *jdn* ~ *etw zu tun* talk sb into sth ◇ *Er hat mich bequatscht.* He talked me into it. **2** *etw* (**mit** *jdm*) ~ talk (to sb) about sth

bequem 1 (*Möbel*) comfortable **2** (*leicht*) easy (*Adv* easily); (*praktisch*) convenient (*Adv* conveniently) ◇ *In diesem Auto haben fünf Personen bequem Platz.* You can easily get five people in this car. ◇ *ein bequemes Zahlungsmittel* a convenient way to pay **3** (*faul*) lazy* ◇ *Er ist sehr bequem geworden.* He has become lazy. ◇ *Sie ist nur zu bequem, selbst anzurufen.* She can't be bothered to ring up herself. **IDM** *es sich bequem machen* ◇ *Sie machten es sich vor*

dem Fernseher bequem. They settled down in front of the television. ◇ *Machen Sie es sich bequem!* Make yourself at home!

Bequemlichkeit 1 (*Komfort*) comfort **2** (*Faulheit*) laziness

berappen pay*, fork *sth* out (*umgs*) ◇ *Er hat 100 Dollar Bußgeld berappen müssen.* He had to pay a 100-dollar fine.

beraten 1 (**sich**) (**über** *etw*) ~; *etw* ~ discuss sth ◇ *Wir haben uns eingehend mit ihnen über den Vorschlag beraten.* We have discussed the proposal in detail with them. ◇ *Haben Sie sich mit einem Anwalt beraten?* Have you taken legal advice? ◇ *Die Geschworenen beraten sich noch.* The jury is still out. **2** *jdn* (**in/bei** *etw*) ~ advise sb (on/about sth) ◇ *Er hat mich beim Kauf meines Motorrads beraten.* He advised me on what motorbike to buy. ◇ *Man sollte sich fachkundig beraten lassen.* You ought to get professional advice. **IDM** *gut/schlecht beraten sein* be well/ill advised ◇ *Du wärst gut beraten, dich vorher nach dem Preis zu erkundigen.* You would be well advised to inquire about the price beforehand. ◇ *Wir wären schlecht beraten, wenn wir diese Chance nicht nutzen würden.* It would be a mistake to miss this opportunity.

Berater(in) adviser ◇ *die außenpolitische Beraterin des Präsidenten* the president's adviser on foreign affairs

beratschlagen sich (**mit** *jdm*) (**über** *etw*) ~; *etw* (**mit** *jdm*) ~ discuss sth (with sb) ◇ *Ich will mich noch mit ihr beratschlagen.* I want to discuss it with her first.

Beratung 1 advice; (*Arzt, Rechtsanwalt*) consultation; (*Therapeut etc.*) counselling, (*AmE*) counseling ◇ *kostenlose Beratung für Mieter* free advice for tenants ◇ *eine Beratung durch einen Arzt* a consultation with a doctor **2** (*Gespräche*) discussion ◇ *Nach mehrstündiger Beratung stand das Urteil schließlich fest.* After several hours' discussion, they finally reached a verdict.

berauben *jdn/etw* (**einer Sache**) ~ (*Besitz*) rob* sb/sth (of sth), steal* sth (from sb); (*fig*) deprive sb/sth (of sth) ◇ *Sie beraubten ihn seiner Brieftasche.* They stole his wallet. ◇ *Der Orkan hat viele Bauern ihrer Existenzgrundlage beraubt.* The hurricane deprived many farmers of their livelihood. ☛ *Hinweis bei* STEHLEN

berauschen 1 intoxicate ◇ *Der Fahrer war offenbar berauscht.* Apparently the driver was intoxicated. ◇ *Die Geschwindigkeit berauschte ihn.* He found the speed exhilarating. **2 sich an** *etw* ~ get* carried away with sth

berauschend 1 intoxicating (*auch fig*) ◇ *berauschende Mittel* intoxicating substances **2** (*hervorragend*) exciting ◇ *eine wenig berauschende Vorstellung* not a very exciting performance ◇ *Sie haben nicht gerade berauschend gespielt.* Their playing was nothing special.

berechenbar 1 (*vorhersehbar*) predictable ◇ *Er ist nicht berechenbar.* He is unpredictable. ◇ *Ihre Absichten sind ziemlich berechenbar.* Their intentions are fairly clear. **2** (*errechenbar*) calculable ◇ *ein berechenbarer Faktor* a calculable factor ◇ *Die Kosten sind kaum berechenbar.* It is almost impossible to calculate the cost.

berechnen 1 *etw* (**nach** *etw*) ~ calculate sth (according to sth) ◇ *Die Stipendien werden nach dem Einkommen der Eltern berechnet.* Grants are calculated according to parental income. ◇ *Die Miete wird nach Quadratmetern berechnet.* The rent is calculated per square metre. **2** (*in Rechnung stellen*) charge ◇ *Die Arbeitszeit wird extra berechnet.* We will charge extra for labour.

berechnend calculating

Berechnung 1 calculation ◇ *kaltblütige Berechnung* cold-blooded calculation ◇ *nach meiner Berechnung* according to my calculations **2** (*Schätzung*) estimate **3** (*Gebühr*) charge ◇ *ohne Berechnung (von Gebühren)* free of charge

berechtigen 1 (*jdn*) **zu** *etw* ~ entitle sb to sth ◇ *Der Fahrschein berechtigt zur Hin- und Rückfahrt.* The ticket entitles you to travel there and back. **2 zu** *etw* ~ (*Anlass geben*) give* grounds for sth ◇ *zu neuen Hoffnungen berechtigen* give grounds for renewed optimism

berechtigt 1 ⇨ BERECHTIGEN **2** (*Forderung*) legitimate; (*Vorwurf*) justified; (*Kritik*) well-founded; (*Einwand*) reasonable ◇ *ein berechtigtes Interesse* a legitimate interest ◇ *eine berechtigte Annahme* a reasonable assumption **3 zu** *etw* ~ **sein** be entitled to sth ◇ *Alle Teilnehmer sind zur Stimmabgabe berechtigt.* All participants are entitled to vote.

Berechtigung

Berechtigung 1 (*Rechtmäßigkeit*) justification **2** (*Anspruch*) entitlement

Bereich 1 area ◊ *der Bereich um den Bahnhof* the area near the station ◊ *im Bereich der Stadt* within the city **2** (*Sachgebiet*) field ◊ *im technischen Bereich* in the technical field ◊ *Sie ist sehr gut im naturwissenschaftlichen Bereich.* She's very good at science. **3** (*auf einer Skala*) ◊ *im unteren/oberen Bereich liegen* be at the lower/upper end of the range IDM **im Bereich des Möglichen** within the bounds of possibility

bereichern 1 *etw* (**mit/um** *etw*) ~ add (sth) to sth ◊ *die Sammlung um einige wertvolle Stücke bereichern* add some valuable pieces to the collection ◊ *das kulturelle Leben der Stadt bereichern* be a valuable addition to the cultural life of the town **2** *jdn* (**um** *etw*) ~ ◊ *Der Auslandsaufenthalt hat sie um eine wichtige Erfahrung bereichert.* She gained valuable experience from her time abroad. **3 sich** ~ line your pockets **4 sich an** *jdm/etw* ~ make* money out of sb/sth, exploit sb/sth ◊ *Die Landbesitzer bereicherten sich an den Indios.* The landowners were exploiting the Indians.

Bereicherung 1 (*Erweiterung*) addition **2** (*Gewinn*) ◊ *Der Austausch wurde als Bereicherung empfunden.* People gained a lot from the exchange. ◊ *Sie ist eine echte Bereicherung für das Team.* She's a valuable asset to the team. **3** (*Reichwerden*) ◊ *persönliche Bereicherung* lining your own pockets ◊ *illegale Bereicherung* fraud

bereinigen sort *sth* out; (*Problem auch*) resolve; (*Missverständnis*) clear *sth* up; (*Streit, Sache*) settle ◊ *Wir versuchten, die Sache im Familienkreis zu bereinigen.* We tried to sort it out within the family.

Bereinigung resolution (*oft mit einem Verb übersetzt*) ◊ *Sie bemühten sich um eine schnelle Bereinigung der Situation.* They tried to sort things out quickly.

bereit zu *etw* ~ **1** (*fertig*) ready to do sth ◊ *Sie ist zur Abreise bereit.* She's ready to leave. **2** (*gewillt*) prepared to do sth, willing to do sth ◊ *Er war bereit, mehr Verantwortung zu übernehmen.* He was willing to take on more responsibility. ◊ *sich zu etw bereit erklären* agree to do sth IDM ⇒ SCHANDTAT

bereiten 1 *jdm etw* ~ (*Empfang, Bauchschmerzen, Vergnügen*) give* sb* sth; (*Probleme, Schwierigkeiten, Sorge*) cause sb sth ◊ *Die Prüfung bereitet mir schlaflose Nächte.* The exam's giving me sleepless nights. ◊ *Das Turnier bereitete den Jugendlichen sichtlich Freude.* The young people clearly enjoyed the tournament. ◊ *den Spekulationen ein Ende bereiten* put an end to the speculation **2** (*vorbereiten*) prepare IDM ⇒ ENDE

bereithalten 1 have *sth* ready; (*auf Lager haben*) have sth in store ◊ *Bitte halten Sie Ihren Reisepass bereit.* Please have your passport ready. ◊ *Sie hielten jede Menge Überraschungen für die Jüngsten bereit.* They had all sorts of surprises in store for the little ones. **2 sich** ~ stand* by

bereitlegen put* *sth* out ready

bereitliegen be laid out ready; (*erhältlich sein*) be available ◊ *Die Formulare liegen auf dem Wohnungsamt bereit.* The application forms are available at the housing department.

bereitmachen sich ~ get* ready

bereits 1 already ◊ *Ist die Entscheidung bereits gefallen?* Has it already been decided? ◊ *Er ist bereits letzte Woche gestorben.* In fact he died last week. **2** (*nur*) only, just ◊ *Bereits zwei Monate später gingen sie getrennte Wege.* They separated only two months later. **3** (*sogar*) even ◊ *Bereits geringe Mengen können zur Abhängigkeit führen.* Even small amounts can cause addiction. IDM ⇒ VERGEBEN

Bereitschaft 1 (*Alarm-*) standby ◊ *Die Truppe wurde in erhöhte Bereitschaft versetzt.* The troops were put on standby. **2** ~ **haben** be on call **3** (*Wille*) willingness, readiness ◊ *eine wachsende Bereitschaft zur Gewalt* an increasing readiness to resort to violence ◊ *Sie signalisierten ihre grundsätzliche Bereitschaft.* They indicated that they were willing in principle.

Bereitschaftsdienst emergency service ◊ *Ein Bereitschaftsdienst wurde eingerichtet.* An emergency service was provided. ◊ *ärztlicher Bereitschaftsdienst* doctor on call **Bereitschaftspolizei** riot police

bereitstehen be available ◊ *Im Nebenraum standen Getränke bereit.* Drinks were available in the next room. ◊ *Ein Firmenwagen stand bereit, um sie zum Flughafen zu bringen.* A company car was waiting to take her to the airport. ◊ *Für Notfälle steht ein Sanitäter bereit.* There is a first aider in attendance.

bereitstellen *etw* (**für** *jdn/etw*) ~ make* sth available (to sb/for sth); (*Fahrzeuge, Erfrischungen*) lay* sth on (for sb/sth) ◊ *Für die Mannschaften wurden Busse bereitgestellt.* Buses were laid on for the teams.

bereitwillig willing (*Adv* willingly)

bereuen regret*

Berg (*groß*) mountain; (*klein*) hill ◊ *für eine Woche in die Berge fahren* spend a week in the mountains IDM **über alle Berge sein** be miles away **über den Berg sein** be over the worst

bergab downhill (*auch fig*) ◊ *Es geht bergab mit ihr.* She's going downhill fast. **Bergarbeiter(in)** miner ☛ G 2.2d

bergauf 1 uphill **2** (*fig*) **es geht bergauf** things are looking up **Bergbahn** (*Zahnradbahn*) mountain railway; (*Seilbahn*) cable railway **Bergbau** mining

bergen 1 recover; (*Menschen*) rescue; (*Schiffe*) salvage **2** *etw* (**in sich**) ~ ◊ *Das Baden in Flüssen kann Gefahren bergen.* Swimming in rivers can be dangerous. ◊ *Die Reformen bergen sozialen Sprengstoff.* The reforms are potentially explosive.

Berg- Bergführer(in) mountain guide ☛ G 2.2d **Berghütte** mountain hut

bergig mountainous; (*kleiner*) hilly

Berg- bergsteigen go* climbing **Bergsteiger(in)** climber; (*Profi auch*) mountaineer ☛ G 2.2d **Bergtour** (*Kletterpartie*) climbing expedition; (*Wanderung*) walk in the hills; (*mit dem Auto*) drive in the mountains

Bergung recovery; (*Menschen*) rescue; (*Schiffe*) salvage **Bergungsarbeiten** rescue operation; (*Schiffe*) salvage operation

Berg- Bergwacht mountain rescue service **Bergwerk** mine

Bericht report ◊ *einen ausführlichen Bericht vorlegen* submit a detailed report ◊ *über etw Bericht erstatten* report on sth ◊ *Laut Bericht des „Spiegel"* ... According to a report in the 'Spiegel' ...

berichten 1 (**von** *etw*) ~ (*melden*) report sth; **über** *etw* ~ report on sth ◊ *Hilfsorganisationen berichten von Überfällen auf die Flüchtlinge.* Aid organizations are reporting attacks on the refugees. ◊ *Er berichtete über die Veranstaltung für die Lokalzeitung.* He reported on the events for the local paper. **2** (*erzählen*) tell* ◊ *Er berichtete (uns) über seine Erfahrungen.* He told us about his experiences. ◊ *Dann berichte doch mal, wie es euch ergangen ist!* Tell us how you got on.

Berichterstatter(in) correspondent ☛ G 2.2d **Berichterstattung** reporting, coverage

berichtigen 1 (*korrigieren*) correct **2** (*verändern*) adjust **Berichtigung 1** (*einer Klausur etc.*) corrections [Pl] ◊ *die Berichtigung abgeben* hand in the corrections **2** (*Richtigstellung*) correction [U]

berieseln 1 water *sth* (*with a sprinkler*) **2** (*fig*) **jdn mit** *etw* ~ expose sb to sth ◊ *Ständig werden die Kunden mit Musik berieselt.* Customers are exposed to relentless muzak.

Berliner (*Gebäck*) ≈ doughnut

Bernhardiner Saint Bernard

Bernstein amber [U] ◊ *ein Bernstein* a piece of amber

bersten burst*; (*Scheibe*) shatter; (*Beton*) crack; (*fig*) explode ◊ *Der Staudamm droht zu bersten.* The dam is in danger of bursting. ◊ *Das Bild birst vor Farbe.* The picture explodes with colour. IDM **zum Bersten voll** jam-packed (*umgs*)

berüchtigt notorious (*Adv* notoriously)

berücksichtigen 1 consider; (*einbeziehen*) take* *sth* into account ◊ *Ausgezeichnet, wenn man ihr Alter berücksichtigt!* Excellent, considering her age. ◊ *Die Pläne sollten die Bedürfnisse der Anwohner berücksichtigen.* The plans should take the residents' needs into account. **2** *jdn* (**für** *etw*) ~ consider sb (for sth)

Berücksichtigung consideration ◊ *unter Berücksichtigung aller Interessen* taking into consideration the interests of all parties

Beruf job, occupation (*offiz*); (*mit Ausbildung/höherer Schulbildung*) profession; (*handwerklich*) trade ◊ *Er ist Lehrer von Beruf.* He is a teacher by profession. ◊ *einen Beruf wählen* choose a career

berufen 1 (*Minister etc.*) appoint **2 sich auf jdn/etw ~** cite sb/sth **3 zu etw ~ sein** have a vocation to be sth ◊ *sich zum Priester berufen fühlen* have a vocation to be a priest
beruflich professional (*nur vor Nomen*) ◊ *berufliche Weiterbildung/Erfahrungen* professional development/experience ◊ *berufliche Ausbildung* vocational training ◊ *berufliche Perspektiven* career prospects ◊ *Was machen Sie beruflich?* What do you do for a living? ◊ *ihre berufliche Tätigkeit als Ärztin* her work as a doctor ◊ *berufliche Schulen* technical colleges ◊ *ein berufliches Gymnasium* a (further education) college ◊ *Sie will sich beruflich verbessern.* She wants to progress in her career.
Berufs- Berufsabschluss professional qualification [meist Pl] ◊ *einen Berufsabschluss erwerben* gain a professional qualification ◊ *ohne Berufsabschluss sein* not have any professional qualifications **Berufsanfänger(in)** = person* starting their first job **Berufsausbildung** professional training ◊ *eine betriebliche Berufsausbildung* professional training in a company **Berufsaussichten** job prospects [Pl] **berufsbedingt** work-related ◊ *berufsbedingter Stress* work-related stress **Berufsberater(in)** careers adviser ☞ G 2.2d **Berufsberatung** careers guidance **Berufserfahrung** professional experience **Berufsfachschule** ≈ college **Berufskrankheit** occupational disease **Berufsleben** working life ◊ *in seinem ganzen Berufsleben* during his entire working life ◊ *Jugendliche, die ins Berufsleben einsteigen* young people starting their first job **Berufsschule** ≈ (further education) college **Berufsschüler(in)** ≈ student at a further education college **berufstätig** working ◊ *die berufstätige Bevölkerung* the working population ◊ *Beide Eltern sind berufstätig.* Both parents work. ◊ *Sind Sie berufstätig?* Do you have a job? **Berufstätige(r)** = employed person* ◊ *Abendkurse für Berufstätige* evening classes for people who work **Berufstätigkeit** employment; (*Beruf*) job **Berufsverkehr** rush-hour traffic (*Stoßzeit*) rush hour **Berufswahl, Berufswunsch** choice of career **Berufszweig** occupational group
Berufung 1 unter ~ auf jdn/etw quoting sb/sth ◊ *Unter Berufung auf diplomatische Kreise ...* Quoting diplomatic sources ... ◊ *Unter Berufung auf ihren Arbeitsvertrag bestand sie auf einer sechsmonatigen Kündigungsfrist.* She insisted on a six-month period of notice as laid down in her contract. **2** (RECHT) appeal ◊ *gegen ein Urteil Berufung einlegen* lodge an appeal against the verdict ◊ *gegen einen Beschluss in Berufung gehen* appeal against a decision **3** (*Drang*) vocation ◊ *Er fühlte die Berufung zum Priester.* He had a vocation to the priesthood. ◊ *Sie fühlte die Berufung zur Schauspielerin.* She knew she wanted to be an actor. **4** (*Nominierung*) appointment ◊ *eine Berufung in ein Ministerium ablehnen* turn down a ministerial appointment
beruhen auf etw ~ be based on sth ◊ *Der Effekt beruht auf einer optischen Täuschung.* The effect is based on an optical illusion. IDM **etw auf sich beruhen lassen** let* sth rest ◊ *Ich denke, damit können wir die Angelegenheit auf sich beruhen lassen.* I think we can let the matter rest there.
beruhigen 1 calm ◊ *Die Polizei versuchte, die aufgebrachte Menge zu beruhigen.* The police tried to calm the angry crowd. ◊ *sein Gewissen beruhigen* ease your conscience ◊ *Du kannst beruhigt sein, ich werde nichts verraten.* Don't worry, I won't give anything away. ◊ *Dann bin ich ja beruhigt!* Well that's a relief. **2 sich ~** calm down ◊ *Nun beruhig dich doch wieder!* Now calm down! ◊ *Nach 19 Uhr beruhigt sich der Verkehr gewöhnlich.* After 7 there's much less traffic.
beruhigend reassuring ◊ *Es ist beruhigend zu wissen, dass ...* It is reassuring to know that ... ◊ *ein beruhigender Vorsprung* a comfortable lead ◊ *eine beruhigende Wirkung* a calming effect
Beruhigung (*oft mit einem Verb übersetzt*) ◊ *Zu Ihrer Beruhigung kann ich Ihnen versichern, dass ...* You'll be reassured to know that ... ◊ *nach der Beruhigung der Lage im Krisengebiet* now that the situation in the crisis area has calmed down
Beruhigungsmittel tranquillizer
berühmt famous ◊ *Thomas Mann wurde durch die „Buddenbrooks" berühmt.* Thomas Mann became famous with the publication of 'Buddenbrooks'.
Berühmtheit 1 (*Ruhm*) fame ◊ *internationale Berühmtheit erlangen* achieve international fame ◊ *Als Geburtsort Hitlers gelangte Braunau zu trauriger Berühmtheit.* Braunau achieved notoriety as the place where Hitler was born. **2** (*Mensch*) celebrity*
berühren 1 touch ◊ *Bitte nicht berühren!* Please do not touch. ◊ *jdn im Gesicht berühren* touch sb's face **2 sich ~** touch; (*Menschen*) touch each other ◊ *Pass auf, dass sich die Kabel nicht berühren.* Watch out that the wires don't touch. **3 sich ~** (*zusammenfallen*) coincide ◊ *In diesem Punkt berühren sich unsere Interessen.* In this matter our interests coincide. **4** (*betreffen*) affect ◊ *Etwa die Hälfte der Belegschaft ist von der neuen Arbeitszeitregelung berührt.* About half the workforce are affected by the new regulations on working hours. **5** (*bewegen*) move ◊ *Das Schicksal der Anne Frank hat Millionen von Menschen tief berührt.* Millions of people were deeply moved by the story of Anne Frank. ◊ *von etw peinlich/schmerzlich berührt sein* be embarrassed/distressed by sth ◊ *Das berührt mich überhaupt nicht.* I couldn't care less about it. **6** (*Thema, Punkt*) touch on *sth* ◊ *Die Schuldfrage wird von der Autorin nur am Rande berührt.* The author only touches on the question of guilt.
Berührung touch ◊ *Das Pferd weicht schon bei der leichtesten Berührung zurück.* The horse shies at the slightest touch. ◊ *körperliche Berührung* physical contact IDM **mit jdm/etw in Berührung kommen** come* into contact with sb/sth ◊ *mit Drogen/mit dem Gesetz in Berührung kommen* come into contact with drugs/the law ◊ *Mit diesem Thema bin ich wenig in Berührung gekommen.* I haven't had much to do with this.
Berührungsangst fear of contact ◊ *Mit dieser Initiative sollen Berührungsängste gegenüber Aidskranken abgebaut werden.* This programme is designed to break down people's fear of contact with AIDS victims. ◊ *Zwischen den deutschen und ausländischen Kindern gab es keine Berührungsängste.* There was no initial embarrassment between the German and the foreign children.
besagen 1 (*zum Inhalt haben*) state ◊ *Artikel 1 des Grundgesetzes besagt, dass ...* Article 1 of the Constitution states that ... ◊ *Gerüchte/Schätzungen besagen, dass ...* according to rumours/estimates ... ◊ *Untersuchungen besagen, dass ...* Research shows that ... **2** (*bedeuten*) mean* ◊ *Das besagt nicht viel.* That doesn't mean much.
besänftigen pacify* ◊ *Sie ließ sich nicht besänftigen.* She refused to be pacified.
Besatzer member of the occupying forces
Besatzung 1 (*Mannschaft*) crew ◊ *Zur Besatzung des Schiffes gehören auch zwei Köche.* The ship's crew includes two cooks. ◊ *die weibliche Besatzung* the female crew ◊ *eine achtköpfige Besatzung* a crew of eight ☞ G 1.3b **2** (*militärisch*) occupation ◊ *unter römischer Besatzung* under Roman occupation
Besatzungsmacht occupying power **Besatzungsmitglied** member of the crew
besaufen sich ~ get* plastered (*umgs*), get* pissed (*vulg*) ◊ *sich ordentlich besaufen* get well and truly pissed ◊ *sich sinnlos besaufen* get pissed out of your mind
Besäufnis piss-up (*vulg*)
beschädigen damage ◊ *Der Sturm hat das Dach beschädigt.* The roof was damaged in the storm. ◊ *leicht/erheblich beschädigt sein* be slightly/badly damaged ◊ *total beschädigt sein* be completely wrecked ◊ *Sie haben öffentliches Eigentum mutwillig beschädigt.* They caused malicious damage to public property.
Beschädigung 1 damage [U] ◊ *Das Gemälde wies Beschädigungen auf.* The painting showed signs of damage in several places. **2** (*das Beschädigen*) causing damage ◊ *Wegen Beschädigung öffentlichen Eigentums wurde sie zu einer Geldstrafe verurteilt.* She was fined for causing damage to public property.
beschaffen[1] *Verb* (**jdm**) **etw ~** get* sth (for sb) ◊ *Kann dir dein Vater nicht einen Job beschaffen?* Can't your father get you a job? ◊ *Du musst dir ein Gesundheitszeugnis beschaffen.* You will have to get a health certificate.
beschaffen[2] *Adj* designed ◊ *Die Türen müssen so beschaffen sein, dass ein Rollstuhl hindurch passt.* The doors have to be designed so that a wheelchair can get through. ◊ *Wie müssen Menschen beschaffen sein, die zu solchen Gräueltaten fähig sind?* What sort of person is capable of such atrocities?
Beschaffenheit 1 composition; (*eines Menschen*) make-up ◊ *die Beschaffenheit des Bodens* the composition of the

beschäftigen

soil ◊ *die geistige/körperliche Beschaffenheit einer Person* a person's intellectual/physical make-up ◊ *die chemische Beschaffenheit* the chemical structure **2** (*Zustand*) condition ◊ *die Beschaffenheit der Straße überprüfen* check the condition of the road

beschäftigen 1 *sich mit jdm ~* spend* time with sb ◊ *Sie beschäftigen sich viel zu wenig mit ihren Kindern.* They spend far too little time with their children. **2 sich mit etw ~** deal* with sth; (*untersuchen*) study* sth ◊ *Der Roman beschäftigt sich mit der Rolle der Frau um 1900.* The novel deals with the role of women around 1900. ◊ *Mit dieser Frage habe ich mich eigentlich noch nie beschäftigt.* I've never really studied this question. **3** *jdn ~* (*bewegen*) preoccupy* sb ◊ *Diese Frage beschäftigt ihn sehr.* He's very preoccupied with this question. **4** *jdn ~* (*Arbeit geben*) employ sb ◊ *Die Firma beschäftigt ca. 120 Mitarbeiter.* The firm employs about 120 people. **5** *jdn* (**mit etw**) ~ keep* sb occupied (with sth) ◊ *Mit diesem Spiel kann man Kinder stundenlang beschäftigen.* The game will keep children occupied for hours.

beschäftigt 1 (**mit etw/jdm**) ~ busy (with sth/sb) ◊ *Ich bin damit beschäftigt, alte Familienfotos zu sortieren.* I'm busy sorting old family photos. ◊ *mit dem Baby beschäftigt sein* be busy with the baby **2 mit sich/etw** ~ (*gedanklich*) preoccupied with yourself/sth ◊ *Sie ist zu sehr mit ihren eigenen Problemen beschäftigt.* She is far too preoccupied with her own problems. **3** (*angestellt*) employed ◊ *Er war als Buchhalter beschäftigt.* He was employed as a bookkeeper. ◊ *in der Computerbranche beschäftigt sein* work in computing

Beschäftigte(r) employee

Beschäftigung 1 activity* ◊ *eine langweilige/sinnvolle Beschäftigung* a boring/meaningful activity **2** (*Auseinandersetzung*) study ◊ *Sein Leben war der Beschäftigung mit der Psychoanalyse gewidmet.* His life was devoted to the study of psychoanalysis. **3** (*Anstellung*) employment ◊ *die illegale Beschäftigung von Minderjährigen* the illegal employment of minors ◊ *ohne Beschäftigung sein* be unemployed

beschämend 1 (*schändlich*) disgraceful (*Adv* disgracefully) ◊ *Sie verdient beschämend wenig.* She earns disgracefully little. ◊ *eine beschämende Haltung* a disgraceful attitude ◊ *Es ist beschämend, dass es so viele Obdachlose gibt.* It is a disgrace that there are so many homeless people. **2** (*demütigend*) humiliating ◊ *Es war beschämend für ihn, seinen Fehler zuzugeben.* It was humiliating for him to admit his mistake. ◊ *eine beschämende Niederlage* a humiliating defeat

beschämt (**über etw**) ~ ashamed (at sth) ◊ *Wir sind beschämt über ihre Lebensverhältnisse.* We are ashamed at their living conditions. ◊ *beschämt die Augen senken* look away in shame

beschatten shadow

beschaulich peaceful (*Adv* peacefully), quiet (*Adv* quietly) ◊ *eine beschauliche Idylle* a peaceful idyll ◊ *ein beschauliches Leben führen* lead a quiet life

Beschaulichkeit tranquillity

Bescheid 1 *jdm ~* **geben/sagen** let* sb know, tell *sb ◊ *Geben Sie mir bitte rechtzeitig Bescheid, ob ich Sie abholen soll.* Please let me know in good time whether I should pick you up. ◊ *Ich sag dir Bescheid!* I'll let you know. **2** (**über jdn/etw**) ~ **wissen** know* (about sb/sth) ◊ *Du brauchst nichts zu sagen, ich weiß Bescheid.* You don't need to say anything, I already know. **3** (*Entscheidung*) decision; (*Benachrichtigung*) notification ◊ *ein rechtskräftiger/vorläufiger Bescheid* a final/an interim decision ◊ *ein abschlägiger Bescheid* a rejection IDM **jdm Bescheid stoßen** have a go at sb

bescheiden *Adj* **1** (*zurückhaltend*) modest (*Adv* modestly) ◊ *Er war ein sehr bescheidener Mann.* He was a very modest man. ◊ *ein bescheidenes Auftreten* an unassuming manner **2** (*einfach*) simple (*Adv* simply); (*beschränkt*) modest (*Adv* modestly) ◊ *sehr bescheiden leben* live very simply ◊ *in bescheidenen Verhältnissen aufwachsen* grow up in modest circumstances **3** (*dürftig*) miserable ◊ *ein bescheidenes Taschengeld von 5 Dollar* a miserable 5 dollars for pocket money ◊ *ein bescheidenes Ergebnis* a poor result

Bescheidenheit modesty ◊ *Keine falsche Bescheidenheit!* No false modesty! ◊ *Darf ich in aller Bescheidenheit fragen, ob ...* One small question: ...

bescheinigen 1 acknowledge ◊ *den Empfang des Geldes bescheinigen* acknowledge receipt of the money ◊ *Die Kritiker bescheinigten der Aufführung hohe künstlerische Qualität.* The critics acknowledged the artistic quality of the performance. **2** (*schriftlich*) certify* ◊ *Hiermit wird bescheinigt, dass ...* This is to certify that ... **3 sich etw ~ lassen** get* confirmation of sth

Bescheinigung written record ◊ *eine Bescheinigung über geleistete Arbeitsstunden* a written record of the hours worked ◊ *eine ärztliche Bescheinigung* a doctor's certificate

bescheißen *jdn ~* rip* sb off (*Slang*) **jdn um etw** ~ do* sb out of sth (*umgs*) ◊ *Ich lass mich doch von dir nicht bescheißen!* I'm not going to be ripped off by you. ◊ *Er hat mich um einen Hunderter beschissen!* He did me out of a hundred!

beschenken *jdn ~* give* sb a present; **jdn mit etw** ~ give* sb sth (as a present) ◊ *Die Kinder werden mit Spielzeug beschenkt.* The children are given toys. ◊ *jdn reich beschenken* shower sb with presents

bescheren 1 *jdm etw ~* bring* sth for sb, bring* sb sth ◊ *Der heiße Sommer beschert den Getränkeherstellern Rekordumsätze.* The hot summer brought record sales for drinks manufacturers. ◊ *Was hat euch denn das Christkind beschert?* What did Father Christmas bring you? **2 beschert werden** get* your Christmas presents ◊ *Bei uns werden die Kinder nach der Kirche beschert.* In our family the children get their Christmas presents after church.

Bescherung 1 (*meist mit einem Verb übersetzt*) ◊ *Vor der Bescherung haben wir immer „Stille Nacht" gesungen.* We always used to sing 'Silent Night' before the Christmas presents were given out. **2** (*ärgerliche Sache*) mess ◊ *Eine schöne Bescherung!* What a mess! ◊ *Da haben wir die Bescherung!* That's done it!

bescheuert stupid ◊ *Ich bin doch nicht bescheuert!* I'm not that stupid! ◊ *Ich finde es ziemlich bescheuert, wie du reagiert hast.* It was stupid of you to react in that way. ◊ *ein bescheuerter Typ/eine bescheuerte Situation* a pain in the neck

beschießen 1 shoot* at *sb/sth*; (*aus der Luft, mit Fragen etc.*) bombard ◊ *Sie sind von Terroristen beschossen worden* They were shot at by terrorists. ◊ *mit Raketen beschossen werden* come under rocket attack **2** (PHYSIK) **etw** (**mit etw**) ~ bombard sth with sth

beschildern 1 (*ausschildern*) signpost ◊ *gut beschildert* well signposted **2** (*beschriften*) label*

Beschilderung 1 (*Ausschilderung*) signposting **2** (*Beschriftung*) labelling

beschimpfen 1 *jdn ~* swear* at sb; (*stärker*) hurl abuse at sb **2** *jdn als etw ~* call sb sth

Beschimpfung insult; (*das Beschimpfen*) (verbal) abuse ◊ *Sie mussten sich wüste Beschimpfungen anhören.* They were the target of vile insults. ◊ *in gegenseitige Beschimpfung ausarten* turn into a slanging match

beschissen 1 ⇨ BESCHEISSEN **2** lousy (*umgs*), crap (*vulg*) ◊ *Ich fühle mich beschissen.* I feel lousy. ◊ *Sie haben einfach beschissen gespielt.* Their playing was just crap. ◊ *Steig in dein beschissenes Auto!* Get into your bloody car! ◊ *in einer beschissenen Lage sein* be up shit creek

Beschlag (*Truhe, Fenster*) (metal) fitting IDM **jdn/etw mit Beschlag belegen; jdn/etw in Beschlag nehmen 1** (*für sich beanspruchen*) monopolize sb/sth; take* sb/sth over ◊ *Die Tische sind von den Stammgästen in Beschlag genommen.* The tables are monopolized by the regulars. ◊ *Sie haben den ganzen Park in Beschlag genommen.* They have taken over the whole park. ◊ *Die Fans belegten ihn sofort mit Beschlag.* The fans besieged him as soon as he appeared. **2** (*ausfüllen*) take* sth up ◊ *die ganze Etage mit Beschlag belegen* take up the entire floor ◊ *Ihr Hobby nimmt sie ganz in Beschlag.* The hobby takes up all her time.

beschlagen[1] *Verb* **1** (*sich überziehen*) mist up, get* steamed up ◊ *Die Scheiben waren sofort beschlagen.* The windows immediately misted up. **2** (*Pferd*) shoe*

beschlagen[2] *Adj* knowledgeable

Beschlagnahme seizure; (*von Akten, Vermögen*) confiscation

beschlagnahmen confiscate; (*Drogen, Beute*) seize

beschleunigen 1 (*Auto*) accelerate ◊ *Sie beschleunigte und zog am LKW vorbei.* She accelerated and overtook the

lorry. ◊ *von null auf hundert in acht Sekunden beschleunigen* go from nought to a hundred in eight seconds **2** (*schneller machen*) speed *sth* up, accelerate ◊ *das Streckennetz beschleunigt ausbauen* speed up the expansion of the network ◊ *den Wachstumsprozess beschleunigen* accelerate the rate of growth ◊ *Sie beschleunigte ihre Schritte.* She quickened her pace. **3 sich ~** accelerate; (*Puls, Atmung*) quicken; (*Konjunktur*) pick up
Beschleunigung acceleration
beschließen 1 (*einen Entschluss fassen*) decide ◊ *Sie haben beschlossen, sich zu trennen.* They have decided to separate. **2** (*Gesetz, Resolution*) pass ◊ *Der Sicherheitsrat hat die Entsendung von Truppen beschlossen.* The Security Council passed a resolution to send troops. ◊ *Der Antrag wurde einstimmig beschlossen.* The motion was carried unanimously. **3 über etw ~** vote on sth **4** (*beenden*) ◊ *Das Fest wurde mit einem Feuerwerk beschlossen.* The festival ended with a firework display. ◊ *Ein Klaviertrio beschloss den Abend.* The evening concluded with a piano trio.
Beschluss decision ◊ *einen Beschluss fassen* make a decision ◊ *auf Beschluss des Richters* by order of the court
beschmieren 1 (*beschmutzen*) ◊ *mit Blut beschmiert* stained with blood ◊ *Sie hat sich das Kleid mit Eis beschmiert.* She got ice cream all over her dress. ◊ *ein beschmiertes Gesicht* a face smeared with dirt **2** (*verunstalten*) deface; **A mit B ~** daub B on A ◊ *Grabsteine wurden beschmiert.* Gravestones were defaced. ◊ *etw mit Farbe beschmieren* daub paint on sth **3** (*bestreichen*) spread*
beschmutzen 1 dirty*; (*mit Graffiti*) deface; (*mit Kot*) foul; (*Wasser*) pollute **2** (*Name, Ehre*) besmirch (*gehoben*) IDM ⇒ NEST
beschneiden 1 (*Bäume, etc.*) prune, cut* *sth* back **2** (*einschränken*) restrict; (*kürzen*) cut* ◊ *jdn in seinen Rechten beschneiden* restrict sb's rights ◊ *Die Zuschüsse sind beschnitten worden.* The subsidies were cut. **3** (MED) (*oder rituell*) circumcise
Beschneidung 1 (*Einschränkung*) curtailment; (*Kürzung*) cut ◊ *die finanzielle Beschneidung der Hochschulen* cuts in university expenditure **2** (MED) circumcision ◊ *die Beschneidung von Mädchen* female circumcision
beschnuppern 1 jdn/etw/sich ~ (*riechen*) sniff at sb/sth/each other **2** (*kennen lernen*) **jdn/etw/sich ~** get* to know sb/sth/each other
beschönigen gloss over *sth* ◊ *Der Regierung wird vorgeworfen, das Ergebnis zu beschönigen.* The government is accused of glossing over the results. ◊ *beschönigend „Reform" genannt* euphemistically described as a 'reform' ◊ *Da gibt es nichts zu beschönigen.* There's no getting away from it.
beschränken 1 sich auf etw ~ (*Mensch*) confine yourself to sth; (*Analyse, Kritik*) be confined to sth ◊ *sich auf das Wesentliche beschränken* confine yourself to the bare essentials ◊ *Sie beschränkt sich darauf, die Situation zu beschreiben.* She only describes the situation. ◊ *Seine Kenntnisse beschränken sich auf die elementarsten Grundbegriffe.* He only understands the basic concepts. **2 etw (auf etw) ~** limit sth (to sth) ◊ *die Klassenstärke auf 30 beschränken* limit class sizes to 30 ◊ *Die zulässige Geschwindigkeit wurde auf 30 km/h beschränkt.* The speed limit was 30 kph. **3 jdn in etw ~** limit sb's sth ◊ *Ihre Zensuren beschränkten sie in ihrer Berufswahl.* Her low marks limited her choice of career. ◊ *Er fühlte sich in seiner Freiheit beschränkt.* He felt restricted.
beschränkt 1 limited ◊ *auf acht Jahre beschränkt* limited to eight years ◊ *in beschränktem Umfang* to a limited extent ◊ *Wintersport ist nur beschränkt möglich.* Opportunities for winter sports are limited. ◊ *beschränkte Haftung* limited liability ◊ *Die Überflutung blieb auf unbewohnte Gebiete beschränkt.* The floods only affected uninhabited areas. ◊ *auf beschränktem Raum* in a confined space **2** (*einfältig*) dim ◊ *Er ist etwas beschränkt.* He's a bit dim. ◊ *Bist du völlig beschränkt?* Are you completely thick? ◊ *Das sieht einfach beschränkt aus.* It looks seriously naff.
Beschränkung 1 (*das Beschränken*) (*meist mit einem Verb übersetzt*) ◊ *die Beschränkung der Studentenzahlen* restricting student numbers ◊ *die Beschränkung aufs Wesentliche* confining yourself to the essentials **2** (*Begrenzung*) restriction, limit ◊ *jdm Beschränkungen auferlegen* impose restrictions on sb ◊ *eine zeitliche Beschränkung* a time limit

beschreiben 1 (*darstellen*) describe ◊ *etw ausführlich beschreiben* describe sth in detail ◊ *etw sehr anschaulich beschreiben* give a vivid description of sth ◊ *Können Sie mir den Weg beschreiben?* Can you tell me how to get there? ◊ *Ich kann dir gar nicht beschreiben, wie ...* I can't tell you how ... ➡ *Hinweis bei* DESCRIBE **2** (*schreiben*) write* on *sth* ◊ *Papier beidseitig beschreiben* write on both sides of the paper ◊ *auf zwei eng beschriebenen Seiten* on two closely written pages ◊ *Das Blatt war mit kyrillischen Buchstaben beschrieben.* The page had Cyrillic writing on it. **3** (*Bogen, Kurve*) describe
Beschreibung description IDM **jeder Beschreibung spotten** defy* description
beschreiten ◊ *neue Wege beschreiten* explore new avenues ◊ *Mit diesem Werk beschritt er neue literarische Wege.* This book is a new departure for him. ◊ *beruflich neue Wege beschreiten* embark on a new career
beschriften write* on *sth*; (*etikettienen*) label*
beschuldigen jdn (**einer Sache**) **~** accuse sb (of sth) ◊ *Sie wurde des Dopings beschuldigt.* She was accused of taking drugs.
Beschuldigte(r) accused*
Beschuldigung allegation ◊ *Beschuldigungen gegen jdn erheben* make allegations against sb
Beschuss 1 fire; (*Kanonen*) shelling ◊ *Das Lager kam unter Beschuss durch feindliche Truppen.* The camp came under enemy fire. **2** (*Kritik*) attack ◊ *unter heftigen Beschuss geraten* come under fierce attack
beschützen jdn/etw (**vor jdm/etw**) **~** protect sb/sth (from sb/sth)
Beschützer(in) protector
Beschwerde 1 (*Klage*) **~** (**über jdn/etw**) complaint (about sb/sth) ◊ *eine Beschwerde vorbringen* make a complaint **2** (*Einspruch*) appeal ◊ *einer Beschwerde stattgeben* uphold an appeal ◊ *eine Beschwerde ablehnen* dismiss an appeal ◊ *Sie haben Beschwerde gegen das Urteil eingereicht.* They appealed against the judgment. **3 Beschwerden** trouble [U]; (*Schmerzen*) pain [U] ◊ *Mein Rücken macht mir Beschwerden.* I'm having trouble with my back. ◊ *Beschwerden in der Magengegend* abdominal pain ◊ *gesundheitliche Beschwerden* health problems
Beschwerdebrief letter of complaint
beschweren 1 sich (**über jdn/etw**) **~** (*beklagen*) complain (about sb/sth) ◊ *Sie haben sich bei den Nachbarn über den Lärm beschwert.* They complained to their neighbours about the noise. ◊ *Ich möchte mich beschweren.* I wish to make a complaint. **2** (*belasten*) weight *sth* down
beschwerlich difficult; (*Reise*) tiring
beschwichtigen (*beruhigen*) pacify*; (*versichern*) reassure ◊ *Er versuchte, beschwichtigend auf die Zuschauer einzuwirken.* He tried to pacify the spectators. ◊ *„Es wird keine Auswirkungen haben", beschwichtigte er die besorgten Eltern.* He reassured worried parents that there would be no ill effects. ◊ *beschwichtigende Worte* soothing words
beschwingt lively
beschwipst tipsy (*umgs*)
beschwören 1 (*Geist, Bild, Vision*) conjure *sth* up; (*Schlange*) charm ◊ *den Traum von ewiger Jugend beschwören* conjure up a vision of eternal youth **2** (*anflehen*) beg* ◊ *Ich beschwöre dich, mir die Wahrheit zu sagen.* I beg you to tell me the truth. ◊ *Sie hob beschwörend die Hände.* She lifted up her hands in supplication. **3** (*bekräftigen*) swear* on *sth* ◊ *Ich kann es nicht beschwören, aber ...* I can't swear to it but ...
besehen 1 sich etw ~ have a look at sth **2** ◊ *so besehen* seen in that light ◊ *bei Tag besehen* in daylight ◊ *genau besehen* when you analyse it
beseitigen 1 (*entfernen*) remove; (*entsorgen*) dispose of *sth*; (*zerstören*) destroy ◊ *Giftmüll beseitigen* dispose of toxic waste ◊ *Sind alle Unklarheiten beseitigt?* Is everything clear now? **2** (*Fehler, Mangel, Problem*) sort *sth* out; (*Missverständnis*) clear *sth* up **3 jdn ~** eliminate sb, get* rid of sb
Beseitigung 1 (*Entfernung*) removal; (*Entsorgung*) disposal; (*Zerstörung*) destruction ◊ *die Beseitigung von Abfällen* waste disposal **2** (*Abschaffung, Mord*) elimination
Besen broom IDM **ich fress einen Besen** I'll eat my hat ◊ **neue Besen kehren gut** a new broom sweeps clean

Besenstiel broom handle; (*bei Reisigbesen*) broomstick
besessen 1 ⇨ BESITZEN **2** fanatical ◊ *Sie ist eine besessene Tennisspielerin.* She's a fanatical tennis player. **3** (**von jdm/etw**) **~ sein** (*Idee, Leidenschaft, Wunsch*) be obsessed (with sb/sth) ◊ *Er war von der Idee besessen, eine Weltreise zu machen.* He was obsessed with the idea of travelling round the world. **4** (**von jdm**) **~ sein** (*Dämonen etc.*) be possessed (by sb) **5 wie ~** like mad
besetzen 1 (*reservieren*) keep* ◊ *Er bat sie, ihm einen Platz im Abteil zu besetzen.* He asked her to keep a seat for him in the compartment. **2 etw** (**mit jdm**) **~** (*Stelle*) fill sth (with sb); **eine Rolle mit jdm ~** cast* sb in a role **3 etw** (**mit etw**) **~ trim*** sth (with sth) ◊ *einen Kragen mit Pelz besetzen* trim a collar with fur **4** (*Territorium, Haus etc.*) occupy* ◊ *Tierschützer haben das Labor besetzt.* Animal rights campaigners have occupied the laboratory. ◊ *Das besetzte Haus wurde von der Polizei geräumt.* The squatters have been evicted from the house by the police. **5** (*bemannen*) man* ◊ *Alle Ausgänge des Flughafens wurden mit Polizisten besetzt.* All the exits to the airport were manned by police.
besetzt 1 ⇨ BESETZEN **2** (*Telefon*) engaged, (*AmE*) busy; (*Toilette*) occupied (*nicht vor Nomen*); (*Stuhl*) taken **3** (*Verkehrsmittel, Hotel, etc.*) full ◊ *Der Bus war voll besetzt.* The bus was completely full.
Besetztzeichen engaged tone, (*AmE*) busy signal
Besetzung 1 occupation **2** (*Stelle*) (*meist mit einem Verb übersetzt*) ◊ *Die Besetzung der Stelle wird sich hinauszögern.* There will be a delay in filling the post. **3** (*Sport*) line-up; (*Theater*) cast
besichtigen visit; (*inspizieren*) inspect
Besichtigung (*Sehenswürdigkeiten, Betrieb*) tour; (*Wohnung*) viewing; (*Kontrolle*) inspection
besiedeln 1 (*Land erschließen*) colonize **2** (*heimisch sein*) inhabit
besiedelt populated; **mit jdm/etw ~** inhabited by sb/sth ◊ *dünn/dicht besiedelt* sparsely/densely populated
besiegeln seal (*auch fig*)
besiegen 1 defeat; (*Sport auch*) beat* ◊ *Schalke besiegte den HSV mit 2:0.* Schalke beat HSV 2-0. **2** (*Krankheit, Angst, Schwierigkeiten*) overcome*
besinnen 1 sich ~ think* things over **2 sich auf etw ~** remember sth ◊ *Wir müssen uns wieder auf unsere Stärken besinnen.* We must remember what we're good at. IDM ⇨ BESSER
besinnlich reflective; (*ruhig*) quiet; (*nachdenklich stimmend*) thought-provoking ◊ *Wir begehen Silvester diese Jahr besinnlich.* We're going to have a quiet New Year this year. ◊ *Weihnachten ist eine besinnliche Zeit.* Christmas is a time for reflection.
Besinnung 1 (*Bewusstsein*) consciousness ◊ *die Besinnung verlieren* lose consciousness ◊ *wieder zur Besinnung kommen* regain consciousness ◊ *Er ist immer noch ohne Besinnung.* He is still unconscious. **2** (*Nachdenken*) reflection ◊ *Zeit zur Besinnung* time for reflection ◊ *die Besinnung auf das Wesentliche* going back to basics **3** (*Vernunft*) senses [Pl] ◊ *Ihre Schreie brachten ihn wieder zur Besinnung.* Her cries brought him to his senses.
besinnungslos 1 (*bewusstlos*) unconscious ◊ *Er brach besinnungslos zusammen.* He collapsed unconscious. **2** (*außer sich*) beside yourself ◊ *Sie war besinnungslos vor Angst.* She was beside herself with fear. ◊ *in besinnungsloser Wut* in blind rage
Besitz 1 (*Eigentum*) property; (*Landgut*) estate ◊ *während der Besatzung enteigneter Besitz* property expropriated during the occupation ◊ *Durch ihre Spielleidenschaft verlor sie ihren gesamten Besitz.* She gambled away everything she owned. **2** (*das rechtmäßige Besitzen*) ownership ◊ *Das Unternehmen ging in staatlichen Besitz über.* The firm went into state ownership. ◊ *Die Juwelen sind seit Jahren im Besitz der Familie.* The jewels have been in the family for years. ◊ *Der Autofahrer war nicht im Besitz eines Führerscheines.* The driver did not have a driving licence. **3** (*das Verfügen über etw*) possession ◊ *Der Besitz von Drogen ist strafbar.* Possession of drugs is a punishable offence. ◊ *Sie war nicht im vollen Besitz ihrer geistigen Kräfte.* She was not in full possession of her mental faculties. ◊ *Er brachte das Anwesen in seinen Besitz.* He managed to gain possession of the estate IDM **von jdm Besitz ergreifen** overcome* sb ◊ *Ein Gefühl der Trauer ergriff Besitz von ihr.* She was overcome by a feeling of grief.
Besitzanspruch claim **besitzanzeigend** possessive ◊ *besitzanzeigendes Fürwort* possessive pronoun

besitzen have; (*Geld, Haus, Auto etc. auch*) own ◊ *Das Fahrrad besitzt eine Gangschaltung.* The bicycle has gears. ◊ *Sie besaß nicht den Mut, die Wahrheit zu sagen.* She didn't have the courage to tell the truth. ◊ *Er besitzt keinen Pfennig.* He doesn't have a penny to his name. ◊ *Sie besitzen zwei Häuser.* They own two houses.
Besitzer(in) owner
besoffen plastered (*nicht vor Nomen*) (*umgs*), (*BrE auch*) pissed (*vulg*)
Besoffene(r) drunk
besondere(r,s) 1 (*außergewöhnlich*) special, particular (*nur vor Nomen*) ◊ *Es gab nichts Besonderes zu sehen.* There wasn't anything special to see. ◊ *Das Besondere daran ist ...* What's special about it is ... ◊ *Sie erledigte ihre Aufgabe ohne besondere Begeisterung.* She completed her work without any particular enthusiasm. ◊ *keine besonderen Merkmale* no distinguishing features **2** (*spezifisch*) special ◊ *Musiklehrer brauchen eine besondere Ausbildung.* Music teachers have to have special training. ◊ *Fallschirmspringer müssen besondere Kleidung tragen.* Parachutists have to wear special clothing. **3** (*hervorragend*) exceptional ◊ *eine Frau von besonderer Schönheit* a woman of exceptional beauty
Besonderheit (*Eigenschaft*) distinctive feature; (*Seltenheit*) rarity* ◊ *Eine Besonderheit des Gebäudes ist das große Portal.* A distinctive feature of the building is the large entrance. ◊ *die kulturellen Besonderheiten eines Landes kennen lernen* get acquainted with the distinctive culture of a country
besonders 1 *Adv* particularly, especially ◊ *besonders wichtig* particularly important ◊ *Wir brauchen viele Helfer, besonders am Freitag.* We need lots of helpers, especially on Friday. ◊ *Der Sprecher betonte besonders, dass ...* The speaker laid particular emphasis on the fact that ... **2** *Adv* **nicht ~** not particularly ◊ *Das interessiert mich nicht besonders.* I'm not particularly interested. ◊ *Es geht mir nicht besonders gut.* I'm not feeling too good. **3** *Adj* **nicht ~** ◊ *„Wie war das Theater?" „Nicht besonders."* 'What was the theatre like?' 'Nothing special.'
besonnen 1 ⇨ BESINNEN **2** (*Mensch*) level-headed; (*Verhalten*) calm (*Adv* calmly); (*Worte, Entscheidung*) considered ◊ *Trotz wachsender Kritik handelte die Vereinsführung besonnen.* Despite growing criticism, the directors of the club remained calm.
Besonnenheit calm; (*Vernunft*) level-headedness ◊ *Die Polizei rief die Menge zur Besonnenheit auf.* The police appealed to the crowd for calm. ◊ *Ein hohes Maß an Besonnenheit zeichnet ihn aus.* He is extremely level-headed.
besorgen 1 (**jdm**) **etw ~** (*beschaffen*) get* sth (for sb), get* (sb) sth **2** (**jdm**) **den Haushalt ~** do* the housework (for sb) **3 es jdm ~** (*die Meinung sagen*) tell* sb what's what **4 es jdm ~** (*heimzahlen*) get* your own back on sb **5 es jdm ~** (*sexuell*) give* it to sb (*vulg*)
Besorgnis 1 concern ◊ *Es besteht kein Anlass zur Besorgnis.* There is no cause for concern. ◊ *Besorgnis erregen* cause concern **2 ~ erregend** worrying (*Adv* worryingly); (*stärker*) alarming (*Adv* alarmingly)
besorgt 1 ⇨ BESORGEN **2** worried (*Adv* worriedly); (*ängstlich*) anxious (*Adv* anxiously) ◊ *Der besorgte Ehemann wartete vor der Tür.* The anxious husband was waiting outside. ◊ *Er blickte besorgt auf seine Uhr.* He looked anxiously at his watch. **3 um jdn/etw ~ sein** be worried about sb/sth, be concerned about sb/sth (*gehoben*) ◊ *Sie sind um die Sicherheit der Präsidentin besorgt.* They are concerned about the safety of the president.
bespielbar 1 (*Sportplatz*) playable ◊ *Der Platz war gut bespielbar.* The pitch was perfectly playable. ◊ *ein ganzjährig bespielbarer Rasen* an all-weather pitch **2** (*Tonträger*) recordable ◊ *eine bespielbare CD* a recordable CD
bespielen record onto *sth*; **A mit B ~** record B onto A ◊ *Sie bespielte die MD mit klassischer Musik.* She recorded classical music onto the MD. ◊ *ein Band bespielen* make a tape
bespitzeln spy* on *sb*
besprechen 1 etw (**mit jdm**) **~** discuss sth (with sb) **2 sich** (**mit jdm**) **~** confer* (with sb); **sich** (**mit jdm**) **über etw ~** discuss sth (with sb) ◊ *Sie besprachen sich ausführlich über ihre Zukunftsvorstellungen.* They discussed their ideas about the future in great detail. **3** (*rezensieren*) review ◊ *Er bespricht literarische Neuerscheinungen im Radio.* He reviews new books on the radio. **4** (*aufnehmen*)

◇ *eine Kassette besprechen* make a tape ◇ *Sie besprachen das Tonband mit Dialogen von Brecht.* They were recording some Brecht dialogues onto tape.
Besprechung 1 (*Konferenz*) meeting ◇ *Sie ist in einer Besprechung.* She's in a meeting. **2** (*Diskussion*) discussion **3** (*Planung*) planning **4** (*Rezension*) review
bespritzen jdn/etw (mit etw) ~ splash sb/sth (with sth) ◇ *Die Kinder bespritzten sich gegenseitig mit Wasser.* The children were splashing each other with water.
besprühen A (mit B) ~ spray B (on A)
besser 1 better ◇ *Heute ist das Wetter besser als gestern.* Today the weather is better than yesterday. ◇ *Du musst lernen, dich besser zu benehmen!* You must learn to behave better. ◇ *Er muss immer alles besser wissen!* He always thinks he knows better! ◇ *Komm mit, wenn du nichts Besseres zu tun hast!* Come with us, if you've got nothing better to do! ◇ *Ich habe Besseres zu tun, als mir das anzuhören!* I've got better things to do than listen to this! **2 es geht jdm** ~ (*gesundheitlich*) sb is better; (*wirtschaftlich*) things are going better for sb ◇ *Bleib im Bett, dann geht es dir bald besser.* Stay in bed and you'll soon be better. **3** (*lieber*) ◇ *Du solltest besser zum Arzt gehen.* You had better go to the doctor's. ◇ *Sie beschloss, das Thema besser nicht anzusprechen.* She decided it was better not to bring up the subject. **4** (*sozial höher gestellt*) superior ◇ *Er hält sich für was Besseres.* He thinks he's superior to other people. **5** (*nicht viel besser als*) glorified (*nur vor Nomen*) ◇ *Das „Ferienhaus" stellte sich als bessere Scheune heraus.* The 'holiday cottage' turned out to be a glorified barn. ◇ *Er behandelt seine Mutter wie eine bessere Bedienstete.* He treats his mother as though she were little better than a servant. IDM **besser gesagt** or rather **Besser ist besser!** It's better to be on the safe side! **jdn eines Besseren belehren** (*korrigieren*) put* sb right; (*widerlegen*) prove* sb wrong ◇ *Die Verkaufserfolge des neuen Modells belehrten alle Skeptiker eines Besseren.* The sales success of the new model proved all the sceptics wrong. **sich eines Besseren belehren lassen** admit* that you are wrong; (*sich umentscheiden*) change your mind **sich eines Besseren besinnen** think* better of it ☛ *Siehe auch* UMSO
bessern 1 improve **2 sich** ~ (*Wetter, Zustand etc.*) improve **3 sich** ~ (*Mensch*) reform
Besserung 1 (*Lage*) improvement ◇ *eine Besserung der Situation* an improvement in the situation **2** (*Gesundheit*) recovery ◇ *Er befindet sich auf Weg der Besserung.* He's well on the way to recovery. ◇ *Gute Besserung!* Get well soon! ◇ *Dann wünsch ihr mal gute Besserung!* Tell her I hope she gets better soon! **3** (*moralisch*) (*oft mit einem Verb übersetzt*) ◇ *Er gelobte Besserung.* He promised that he would reform.
Besserwessi = superior West German
Besserwisser know-all , (*bes AmE*) know-it-all (*umgs*)
besserwisserisch ◇ *eine besserwisserische Art* a superior manner ◇ *besserwisserische Eltern* parents who think they know it all
Bestand 1 (*Fortdauer*) continued existence; (*Überleben*) survival ◇ *der Bestand der Firma* the continued existence of the company ◇ *Diese Pflanzenart ist in ihrem Bestand bedroht.* The survival of this species of plant is under threat. ◇ *Diese Ehe wird keinen Bestand haben.* This marriage will not last. **2 der** ~ (**an etw**) (*Fundus*) the stock (of sth); (*Anzahl*) the number of sth
bestanden 1 ⇨ BESTEHEN **2** ◇ *Trotz mit Auszeichnung bestandener Prüfung fand sie keine Stelle.* Despite passing her exam with distinction, she couldn't find a job.
beständig 1 (*anhaltend*) constant **2** (*stabil*) stable ◇ *eine beständige Demokratie* a stable democracy **3** (*Nachfrage, Zuwachs, Rückgang etc.*) steady* (*Adv* steadily) ◇ *Die Arbeitslosigkeit steigt beständig an.* Unemployment is rising steadily. **4** (*auf gleich bleibendem Niveau*) consistent ◇ *Er spielt sehr beständig.* He's a consistent player. **5** (*Wetter*) settled; (*Nebel*) persistent **6 gegen etw** ~ **sein** be resistant to sth
Bestandsaufnahme stocktaking [U] (*auch fig*)
Bestandteil part, component (*gehoben*) ◇ *Die Filmfestspiele sind zum festen Bestandteil des kulturellen Lebens der Stadt geworden.* The film festivals have been an integral part of the town's cultural life. ◇ *etw in seine Bestandteile zerlegen* take sth apart ◇ *Das Buch löst sich in seine Bestandteile auf.* The book is falling apart

bestärken 1 (*Glauben, Entschluss*) strengthen; (*Meinung, Verdacht*) confirm; (*Zweifel*) reinforce ◇ *jdn in seinem Entschluss bestärken* strengthen sb's resolve ◇ *jdn in seinem Verdacht bestärken* confirm sb's suspicion **2 jdn** (**darin**) ~ **etw zu tun** encourage sb to do sth ◇ *Er bestärkte sie darin, sich von ihrem Mann zu trennen.* He encouraged her to leave her husband.
bestätigen 1 confirm ◇ *jds Theorie/Verdacht bestätigen* confirm sb's theory/suspicion ◇ *Sie sah sich dadurch in ihrer Ansicht bestätigt.* She felt that this confirmed her view. ◇ *Hiermit wird bestätigt, dass …* This is to certify that … **2** (*Erhalt*) acknowledge; (*Buchung*) confirm **3 sich** ~ prove to be true, be confirmed ◇ *Die These hat sich bestätigt.* The theory proved to be true. ◇ *Der Verdacht hat sich bestätigt.* The suspicion was confirmed. **4 jdn in etw/als etw** ~ confirm sb in sth/as sth ◇ *Sie wurde in ihrem Amt bestätigt.* She was confirmed in office. **5** (*Urteil*) uphold* IDM ⇨ AUSNAHME
Bestätigung confirmation ◇ *eine schriftliche Bestätigung vorlegen* produce written confirmation
bestatten bury*
Bestattung burial; (*Feierlichkeit*) funeral
Bestattungsinstitut, Bestattungsunternehmen (firm of) funeral directors
bestaunen marvel* at *sth*
beste(r,s) 1 best ◇ *die beste Bibliothek des Landes* the best library in the country ◇ *Im besten Fall schaffen wir ein Unentschieden.* At best we will manage a draw. ◇ *Die Akustik ist leider nicht die beste.* The acoustics are unfortunately not very good. ◇ *bei bester Gesundheit sein* be in the best of health ◇ *bester Laune sein* be in a very good mood ◇ *in bester Verfassung sein* be in top form ◇ *mit den besten Grüßen/Wünschen* with best regards/wishes ◇ *Besten Dank!* Many thanks. **2 der/die Beste** the best ◇ *Wer ist der Beste im Hochsprung?* Who's the best at high jump? ◇ *In Englisch ist sie die Beste in der Klasse.* She's top of her class in English. **3 das Beste** the best ◇ *Das Beste ist für sie gerade gut genug.* Only the best is good enough for her. ◇ *Wir wollen das Beste hoffen.* Let's hope for the best. ◇ *das Beste aus etw machen* make the best of sth ◇ *Das Beste wäre, wenn wir erst einmal gar nichts unternehmen.* It would be best if we did nothing at all for the moment. ◇ *Ich will doch nur dein Bestes!* I only want what is best for you! ◇ *Ein heißer Kaffee ist doch einfach das Beste!* You can't beat a hot cup of coffee! **4 das Beste an etw** the best thing about sth **5 am besten** ◇ *Welches Foto gefällt dir am besten?* Which photo do you like best? ◇ *Mit dieser Erkältung bleibst du am besten zu Hause.* With that cold you had best stay at home. ◇ *Am besten nehmen Sie die Straßenbahn.* It would be best if you took the tram. IDM **aufs Beste** extremely well **das Beste vom Besten sein** be the best there is **sein Bestes tun** do* your best ◇ *Wir haben unser Bestes getan.* We did our best. ☛ *Siehe auch* FAMILIE, JAHR, WEG, WENDEN *und* WILLE
bestechen 1 bribe **2** (**durch/mit etw**) ~ impress sb (with sth) ◇ *Der Tänzer bestach durch seine Akrobatik.* The dancer impressed the audience with his acrobatics.
bestechend (*hinreißend*) attractive; (*überzeugend*) convincing (*Adv* convincingly) ◇ *eine bestechende Idee* an attractive idea ◇ *Sie erklärte ihren Standpunkt mit bestechender Logik.* She put her case very convincingly.
bestechlich corrupt
Bestechlichkeit corruption
Bestechung bribery [U] ◇ *Man wirft ihr Bestechung von Zeugen vor.* She is accused of bribing witnesses.
Bestechungsgeld bribe
Besteck 1 cutlery, (*AmE*) flatware **2** (*für eine Person*) cutlery set ◇ *ein vierteiliges Besteck* a four-piece cutlery set ◇ *noch zwei Bestecke auflegen* lay two more places ◇ *Ich habe kein Besteck.* I haven't got a knife and fork. **3** (MED) set of instruments
bestehen 1 (*existieren*) be, be in existence ◇ *Es besteht die Gefahr, dass …* There is a danger that … ◇ *Der Verein besteht seit etwa zehn Jahren.* The club has been in existence for about ten years. **2** (*Prüfung*) pass **3** (*erfolgreich sein*) survive, hold* your own ◇ *Gegen die Konkurrenz der Supermärkte können kleine Geschäfte kaum bestehen.* Corner shops can scarcely survive in the face of supermarket competition. **4 aus etw** ~ consist of sth ◇ *Die Prüfung besteht aus drei Teilen.* The exam consists of three parts. ◇

aus Holz bestehen be made of wood **5 in etw** ~ consist in sth ◊ *Wahre Bildung besteht nicht nur darin, Fakten zu lernen.* True education does not consist in simply learning facts. **6 auf etw** ~ insist on sth ◊ *Sie bestand auf einer Entschuldigung.* She insisted on an apology. ◊ *Ich bestehe darauf, den Geschäftsführer zu sprechen.* I insist on seeing the manager. ◊ *Ich bestehe darauf, dass du dich an den Kosten beteiligst.* I insist that you pay a share of the costs. ◊ *Er bestand auf seiner Meinung.* He stuck to his point of view. **7** ~ **bleiben** continue (to exist) ◊ *Es besteht nach wie vor ein Raumproblem.* Space continues to be a problem. ◊ *Soll die NATO bestehen bleiben?* Should NATO continue to exist? **8 etw** ~ **lassen** retain sth ◊ *Man sollte das geltende Gesetz bestehen lassen.* The present law should be retained. **IDM** ⇨ HAUT
Bestehen 1 (*Vorhandensein*) existence ◊ *seit Bestehen der Europäischen Union* since the European Union came into existence ◊ *Der Chor feiert sein 50-jähriges Bestehen.* The choir is celebrating its 50th anniversary. **2** (*Beharren*) insistence ◊ *das Bestehen auf Prinzipien* insistence on principles
bestehend existing (*nur vor Nomen*)
bestehlen jdn (**um etw**) ~ steal* (sth) from sb ◊ *Sie hat ihre Tante* (*um viel Geld*) *bestohlen.* She stole (a lot of money) from her aunt.
besteigen 1 (*Berg, Leiter, Turm*) climb; (*Pferd*) get* on *sth*, mount (*gehoben*); (*Flugzeug, Schiff*) get* on *sth*, board (*offiz*) **2** (*Thron*) ascend
bestellen 1 etw (**bei jdm**) ~ order sth (from sb) ◊ *Ich habe mir beim Versandhaus ein Kleid bestellt.* I ordered a dress from the mail-order catalogue. ◊ *Die Ersatzteile sind schon lange bestellt.* The spare parts have been on order for a long time. ◊ *jdm ein Taxi bestellen* call sb a taxi **2** (*reservieren*) reserve, book **3** (*kommen lassen*) send* for *sb* ◊ *den Klempner bestellen* send for the plumber ◊ *Ich bin für 9 Uhr bestellt.* I have an appointment for 9 o'clock. **4 jdm etw** (**von jdm**) ~ (*ausrichten*) tell* sb sth (from sb) ◊ *Bitte bestelle ihm, dass...* Please tell him that... ◊ *Konnen Sie ihm etwas von mir bestellen?* Could you give him a message (from me)? ◊ *Ich soll Ihnen schöne Grüße von Herrn Schmidt bestellen.* Herr Schmidt sends his best wishes. **5** (LANDW) cultivate **IDM** **es ist um jdn/etw gut/schlecht bestellt** things are looking good/bad for sb/sth ◊ *Um Schalke ist es nicht gut bestellt.* Things are not looking good for Schalke. ◊ *Gesundheitlich ist es schlecht um ihn bestellt.* He is in poor health. ◊ *Um ihre Ehe ist es nicht besonders gut bestellt.* Their marriage is in trouble. **nichts zu bestellen haben** have no say ◊ *Der hat hier nichts zu bestellen.* He has no say around here.
Bestellschein order form
Bestellung order ◊ *eine Bestellung* (*über etw*) *aufgeben* place an order (for sth)
bestenfalls at best
bestens extremely well ◊ *bestens vorbereitet* extremely well prepared
besteuern tax ◊ *Sein Einkommen wird mit 17% besteuert.* His income is taxed at 17%. ◊ *Benzin höher besteuern* impose a higher tax on petrol
Besteuerung taxation
Bestform top form
bestialisch 1 (*grausam*) brutal (*Adv* brutally) **2** (*fig*) terrible (*Adv* terribly) (*umgs*) ◊ *Hier stinkt's bestialisch.* There's a terrible smell in here.
Bestie 1 beast **2** (*fig*) brute
bestimmen 1 (*aus verschiedenen Möglichkeiten auswählen*) decide on *sb/sth* ◊ *einen Treffpunkt bestimmen* decide on a place to meet **2** (*anordnen*) decide ◊ *Hier bestimme ich, was gemacht wird.* I'm the one who decides what's to be done around here. ◊ *Du hast hier gar nichts zu bestimmen!* You don't have any say in anything around here! ◊ *Ich möchte über meine Zeit selbst bestimmen.* I would like to decide for myself how I spend my time. **3 über jdn** ~ tell* sb what to do **4 jdn zu etw** ~ (*ernennen*) name sb as sth **5 für jdn/etw bestimmt sein** be intended for sb/sth **6** (*ermitteln*) identify*; (*Alter*) determine; (*Insekten, Pflanzen etc.*) classify* ◊ *Bestimmt sämtliche Verbformen in diesem Text!* Identify all the verb forms in this text. **7** (*prägen*) characterize
bestimmt 1 particular (*nur vor Nomen*); (*gewiss*) certain ◊ *Suchen Sie etwas Bestimmtes?* Are you looking for something in particular? ◊ *in bestimmten Fällen* in certain cases ◊ *Es gibt bestimmte Regeln, an die man sich halten muss.* There are certain rules which must be observed. **2** (*genau*) clear, definite ◊ *von etw eine bestimmte Vorstellung haben* have a clear idea of sth **3** (*entschieden*) determined, firm (*Adv* firmly) ◊ *Sein Auftreten war sehr bestimmt.* His manner was very determined. ◊ *Sie lehnte höflich, aber bestimmt ab.* She refused politely but firmly. **4** (LING) definite ◊ *der bestimmte Artikel* the definite article **5** (*sicherlich*) definitely, certainly ◊ *Er wird bestimmt da sein.* He'll definitely be there. ◊ *Sie kommt bestimmt wieder zu spät.* She is bound to be late again. ◊ *Es ist bestimmt schon acht.* It must be eight.
Bestimmung 1 (*Regelung*) regulation **2** (*Feststellung*) (*oft mit einem Verb übersetzt*) ◊ *Die Bestimmung der Todesursache stellte sich als schwierig heraus.* It proved difficult to determine the cause of death. **3** (LING) ◊ *adverbiale Bestimmung* adverbial modifier **4** (*Zweck*) purpose **5** (*Vorsehung*) fate, destiny ◊ *seiner Bestimmung folgen* follow your destiny ◊ *göttliche Bestimmung* divine providence
Bestimmungsort destination
Bestleistung best performance ◊ *eine persönliche Bestleistung erzielen* achieve a personal best
bestrafen 1 jdn (**für etw/wegen einer Sache**) ~ punish sb (for sth) ◊ *hart bestraft werden* be severely punished ◊ *Er wurde mit einer Lohnkürzung bestraft.* His pay was cut as a punishment. **2 jdn** (**für etw/wegen einer Sache**) (**mit etw**) ~ (*gerichtlich*) sentence sb (to sth) (for sth) ◊ *Sie wurde wegen Mordes zu acht Jahren Gefängnis bestraft.* She was sentenced to eight years' imprisonment for murder. ◊ *Er wurde mit einer hohen Geldstrafe bestraft.* He was given a large fine. **3 für etw** (**mit etw**) **bestraft werden** (*Nachteil erleiden*) be penalized for sth (by sth) ◊ *Sie wurde für ihre Aufrichtigkeit bestraft.* She was penalized for her honesty. **4 etw** (**mit etw**) ~ (*Vergehen, Verbrechen*) punish sth (with sth) ◊ *Das sollte härter bestraft werden.* It should be punished more severely. ◊ *Alkohol am Steuer wird mit Führerscheinentzug bestraft.* The penalty for drink-driving is losing your licence.
Bestrafung punishment
bestrahlen (*Tumor etc.*) treat *sth* with radiotherapy; (*Lebensmittel*) irradiate
Bestreben effort ◊ *im Bestreben, rechtzeitig fertig zu werden* in an effort to finish on time ◊ *ihr Bestreben, es allen recht zu machen* her anxiety to be fair to everyone
bestrebt ~ **sein etw zu tun** be anxious to do sth
Bestrebung attempt
bestreichen A mit B ~ (*Butter etc.*) spread B on A; (*Farbe etc.*) apply B to A ◊ *ein dick mit Butter bestrichenes Brot* a slice of bread thickly spread with butter ◊ *Plätzchen mit Eigelb bestreichen* brush biscuits with egg yolk
bestreiken ◊ *Die Fähre wurde bestreikt.* The ferry workers went on strike. ◊ *Dieser Betrieb wird bestreikt!* This factory is on strike.
bestreiten 1 (*abstreiten*) deny* ◊ *Er bestritt energisch, Bestechungsgelder angenommen zu haben.* He strongly denied that he had taken bribes. ◊ *Es lässt sich nicht bestreiten, dass...* There is no denying (the fact) that... **2** (*durchführen, teilnehmen*) ◊ *Der Kurs wird von qualifizierten Kräften bestritten.* The course is taught by qualified staff. ◊ *Er bestreitet sein zehntes Endspiel.* He's playing in his tenth final. ◊ *Das Endspiel bestreiten Ungarn und Polen.* Hungary and Poland meet in the final. **3** (*finanzieren*) pay* for sth
Bestseller best-seller
Bestsellerautor(in) best-selling author
bestücken 1 (*ausrüsten*) equip* **2** (*Regale etc.*) fill
bestückt equipped; (*Laden*) stocked
bestürmen 1 besiege (*auch fig*) ◊ *Das Amt wurde heftig von Rat suchenden bestürmt.* The office was besieged by people wanting advice. ◊ *Sie bestürmten ihn mit Fragen.* They besieged him with questions. **2** (SPORT) attack
bestürzt (*erschüttert*) shocked; (*besorgt*) dismayed ◊ *Sie waren bestürzt über das Ausmaß der Katastrophe.* They were shocked by the extent of the disaster. ◊ *Sie stellte bestürzt fest, dass...* She realized with dismay that...
Bestürzung dismay, (*Erschütterung*) shock ◊ *Sie reagierten mit Bestürzung.* They reacted with dismay. ◊ *Es herrscht tiefe Bestürzung über die Anschläge.* Everybody is shocked by the attacks.

Besuch 1 visit ◇ *jdm einen Besuch abstatten* pay sb a visit ◇ *von jdm Besuch bekommen* have a visit from sb ◇ *Wann kommst du zu Besuch?* When are you coming to see us? ◇ *Ich bin nur zu Besuch.* I'm just visiting. **2** (*Besucher*) a visitor; (*mehrere*) visitors [Pl] ◇ *Wir haben Besuch aus London.* We've got visitors/a visitor from London. ◇ *Wir bekamen am Wochenende unerwartet Besuch.* We had unexpected visitors at the weekend. **3** (*Schule etc.*) (*meist mit einem Verb übersetzt*) ◇ *Nach dem Besuch der Universität ging er ins Ausland.* After finishing university he went abroad.

besuchen 1 visit ◇ *Sie besuchen sich regelmäßig.* They visit each other regularly. ◇ *eine Ausstellung besuchen* visit an exhibition **2** (*Schule, Aufführung*) attend ◇ *Das Konzert war gut besucht.* The concert was well attended. ◇ *Sie besucht neuerdings einen Spanischkurs.* She's started going to Spanish lessons.

Besucher(in) visitor
Besuchszeit visiting hours [Pl]
besudeln besmirch
betagt elderly
betasten feel*; (*begrapschen*) touch *sb* up
betätigen 1 sich ~ be active ◇ *sich politisch betätigen* be politically active ◇ *sich handwerklich betätigen* do sth with your hands ◇ *sich sportlich betätigen* take part in sport ◇ *In seiner Freizeit betätigt er sich als Gärtner.* He does gardening in his spare time. **2** (*Gerät*) operate; (*Schalter*) press ◇ *eine Pumpe betätigen* operate a pump ◇ *den Blinker rechtzeitig betätigen* indicate in time ◇ *Sie hat die Bremse nicht betätigt.* She did not brake.
Betätigung 1 activity ◇ *sportliche Betätigung* sporting activity ◇ *körperliche Betätigung* physical exercise **2** (*Schalter etc.*) operation
Betätigungsfeld sphere of activity
betäuben 1 anaesthetize, (*AmE*) anesthetize ◇ *einen Patienten betäuben* anaesthetize a patient ◇ *Ich war örtlich betäubt.* I had a local anaesthetic. **2** (*Körperteil*) numb ◇ *den Kiefer betäuben* numb the gum **3** (*Schmerzen*) deaden, numb ◇ *Sie versuchte, ihre Schmerzen mit Tabletten zu betäuben.* She tried to deaden the pain with tablets ◇ *Er betäubte seinen Kummer mit Alkohol.* He drowned his sorrows in drink. **4** (*durch einen Schlag*) stun*
Betäubung 1 (MED) anaesthetic, (*AmE*) anesthetic ◇ *unter örtlicher Betäubung* under local anaesthetic **2** (*durch einen Schlag*) stunning **3** (*Taubheit*) numbness
beteiligen 1 sich an etw ~ (*Aktion, Veranstaltung, Wettbewerb*) take* part in sth (*Kosten, Diskussion*) contribute to sth **2 jdn (an etw) ~** (*Aktivitäten*) involve sb (in sth); (*Gewinn, Umsatz*) give* sb a share (in sth)
Beteiligte(r) person* involved; (*Teilnehmer*) participant ◇ *alle am Überfall Beteiligten* all those involved in the robbery ◇ *die an der Konferenz Beteiligten* participants at the conference
Beteiligung 1 (*das Teilnehmen*) participation; (*Verwicklung*) involvement ◇ *eine Friedenskonferenz unter Beteiligung aller Parteien* a peace conference with the participation of all parties ◇ *Sie wurde wegen aktiver Beteiligung am Attentat verhaftet.* She was arrested for her active involvement in the assassination. **2** (*Teilnehmerzahl*) attendance ◇ *Der Kurs musste wegen geringer Beteiligung eingestellt werden.* The course had to be cancelled because of poor attendance. **3** (FINANZ) share ◇ *eine angemessene Beteiligung am Umsatz* a reasonable share of the profits ◇ *eine 39-prozentige Beteiligung am Unternehmen* a 39-per-cent stake in the company
beten 1 (*zu jdm*) **~** pray (to sb) **2 für jdn/um etw ~** pray for sb/sth **3 etw ~** say* sth ◇ *das Vaterunser beten* say the Lord's Prayer
beteuern insist; (*Unschuld*) protest ◇ *Sie beteuerte, dass alles in Ordnung sei.* She insisted that everything was fine.
Beteuerung protestation; (*Versicherung*) assurance
Beton concrete
betonen 1 (*Silbe, Wort*) stress; (*Meinung auch*) emphasize ◇ *Sie betonte, dass ...* She stressed the fact that ... ◇ *Er betonte die Wichtigkeit der Redefreiheit.* He emphasized the importance of free speech. ☛ *Hinweis bei* EMPHASIZE **2** (*hervorheben*) accentuate
betont 1 *Adj* (*Silbe etc.*) stressed **2** *Adj* (*bewusst*) studied (*nur vor Nomen*) ◇ *mit betonter Gelassenheit* with studied composure **3** *Adv* deliberately ◇ *betont locker* deliberately casual

Betonung stress ◇ *ein Wort mit Betonung auf der ersten Silbe* a word with the stress on the first syllable ◇ *Die Betonung liegt auf „schnell".* 'Quick' is the operative word.
betören beguile; (*Duft*) intoxicate
betr. re

> Das Kürzel **re** wird nur in amtlichen oder juristischen Schreiben verwendet. In gewöhnlichen Geschäftsbriefen steht der Betreff ohne Kürzel fett gedruckt zwischen der Anrede und dem eigentlichen Text.

Betracht 1 jdn/etw in ~ ziehen consider sb/sth ◇ *alle möglichen Risiken in Betracht ziehen* consider all the possible risks ◇ *jdn für eine Stelle in Betracht ziehen* consider sb for a job **2 in ~ kommen** be a possibility ◇ *Auch ein Strafverfahren kommt in Betracht.* There's even a possibility of criminal proceedings. ◇ *Das kommt für mich nicht in Betracht.* It's out of the question for me. **3 etw außer ~ lassen** ignore sth; **etw nicht außer ~ lassen** take* sth into consideration
betrachten 1 look at *sb/sth* ◇ *Du musst die Situation mit ihren Augen betrachten.* You have to look at it from her point of view. **2 jdn/etw als etw ~** regard sb/sth as sth ◇ *Sie betrachtete es als Herausforderung.* She regarded it as a challenge.
Betrachter(in) observer ◇ *dem unvoreingenommenen Betrachter* to the impartial observer
Betrachtung examination ◇ *bei genauer Betrachtung* on close examination
beträchtlich considerable (*Adv* considerably) ◇ *beträchtlicher Schaden* considerable damage ◇ *beträchtlich höhere Kosten* considerably higher costs
Betrag sum, amount ◇ *ein einmaliger/fester/fünfstelliger Betrag* a one-off/fixed/five-figure sum ◇ *der volle Betrag* the full amount
betragen 1 be; (*sich belaufen auf*) amount to sth ◇ *Die Gebühren betragen 375 Dollar.* The fees amount to 375 dollars. ◇ *Die Fahrzeit beträgt zwei Stunden.* The travelling time is two hours. **2 sich ~** behave
betrauen *jdn mit etw ~* entrust sb with sth
betrauern mourn ◇ *Wir betrauern den Verlust eines wahren Freundes.* We are mourning the loss of a true friend. ◇ *Bei dem Unfall waren fünf Tote zu betrauern.* Five people lost their lives in the accident.
Betreff subject, re ☛ *Hinweis bei* BETR.
betreffen 1 (*behandeln*) concern ◇ *Die zweite Frage betrifft neue Technologien.* The second question concerns new technology. **2** (*angehen*) affect, hit* ◇ *Die Vorschrift betrifft nur Neuwagen.* The regulation only affects new cars. ◇ *Wer ist am stärksten von der Arbeitslosigkeit betroffen?* Who is hit hardest by unemployment? **3** (*bestürzen*) upset* ◇ *Das Flugzeugunglück hat ihn zutiefst betroffen.* He was very upset by the plane crash. **4 was etw betrifft** as far as sth is concerned ◇ *Was Sonnenenergie betrifft ...* As far as solar energy is concerned ... **5 was jdn betrifft** (*jemandeswegen*) on sb's account ◇ *Was ihn betrifft, brauchst du dir keine Sorgen zu machen.* Don't worry on his account. **6 was mich betrifft** (*meiner Meinung nach*) in my opinion **7 betrifft** ⇨ BETREFF
betreffend 1 (*bereits erwähnt*) concerned, in question ◇ *die betreffende Person* the person concerned ◇ *an dem betreffenden Tag* on the day in question **2** (*bezüglich*) regarding ◇ *Zusagen, die Finanzierung betreffend* promises regarding the financing ☛ *Siehe auch* BETREFFEND
betreiben 1 (*Studium*) do*, pursue (*gehoben*); (*Hobby, Politik*) go* in for *sth*, pursue (*gehoben*); (*Projekt, Vorhaben*) carry* out **2** (*Unternehmen*) run* ◇ IDM **auf jds Betreiben** at sb's instigation
betreten¹ *Verb* (*auf etw treten*) step* on(to) *sth*, walk on *sth*, set* foot in/on *sth* (*gehoben*) ◇ *Unsicher betrat er die Bühne.* He stepped uncertainly on to the stage. ◇ *Sie war froh, wieder heimatlichen Boden zu betreten.* She was glad to set foot on her native soil at last. ◇ *Betreten der Grünanlagen verboten!* Keep off the grass! ◇ *Neuland betreten* enter new territory **2** (*eintreten*) enter
betreten² *Adj* embarrassed; (*peinlich*) awkward (*Adv* awkwardly) ◇ *Sie machte ein betretenes Gesicht.* She looked embarrassed. ◇ *Es herrschte betretenes Schweigen.* There was an awkward silence.
betreuen 1 (*pflegen*) look after *sb* ◇ *Sie betreut ihre Oma.* She looks after her grandmother. **2** (*beaufsichtigen*) super-

Betreuer(in)

vise ◊ *Schüler bei den Hausaufgaben betreuen* supervise pupils doing homework **3** (*Kunden*) look after *sb* **4** (*zuständig sein*) be in charge of *sb/sth*, be responsible for *sb/sth* ◊ *jdn pädagogisch betreuen* be in charge of sb's education ◊ *ein Projekt betreuen* be responsible for a project
Betreuer(in) 1 person* in charge, (*von Gruppen auch*) group leader ◊ *Wie viele Betreuer werden bei der Klassenfahrt dabei sein?* How many adults will be in charge on the class trip? **2** (*von Kranken, Behinderten etc.*) carer **3** (*von Studenten*) advisor
Betreuung care
Betrieb 1 business; (*Firma*) company*; (*Fabrik*) factory* ◊ *ein mittelständischer Betrieb* a medium-sized business ◊ *ein landwirtschaftlicher Betrieb* a farm ◊ *Er ist noch im Betrieb.* He's still at work. **2** (*das Betreiben*) operation, running ◊ *Wer ist für den Betrieb der Kraftwerke zuständig?* Who is responsible for the operation of the power stations? ◊ *Die Streikaktion hat den ganzen Betrieb lahm gelegt.* The strike has brought all production to a standstill. **3** (*Funktion*) operation, service ◊ *in Betrieb* in operation ◊ *Die neue U-Bahnlinie hat den Betrieb aufgenommen.* The new underground line has come into operation. ◊ *etw in Betrieb nehmen* put sth into operation ◊ *außer Betrieb* out of order ◊ *den Betrieb einstellen* close down **4** (*Ablauf*) *Halten Sie hier nicht den ganzen Betrieb auf!* Stop holding everybody up! ◊ *den Betrieb aufrechterhalten* keep things going **5** (*Geschäftigkeit*) ◊ *Am Wochenende ist hier immer viel Betrieb.* It's always very busy here at the weekends.
Betriebs- Betriebsausflug staff outing **Betriebsferien** annual holidays [Pl] **Betriebsklima** working atmosphere **Betriebskosten** running costs [Pl] **Betriebspraktikum** work experience [U], industrial placement, (*AmE*) internship ◊ *Sie absolviert gerade ein Betriebspraktikum.* She's doing work experience. **Betriebsrat** works committee, works council ◊ *Sie ist im Betriebsrat.* She is on the works council. **Betriebsrat, -rätin** member of the works council ☞ G 2.2d **Betriebssystem** operating system **Betriebswirt(in)** graduate in business administration ◊ *Sie ist Betriebswirtin.* She has a degree in business administration. **Betriebswirtschaft, Betriebswirtschaftslehre** business administration
betrinken sich ~ get* drunk
betroffen 1 ⇨ BETREFFEN **2** (*bestürzt*) upset, shocked ◊ *Sie zeigten sich tief betroffen über seinen Selbstmord.* They were shocked at his suicide.
Betroffene(r) person* affected ◊ *Zwanzig Betroffene haben sich bei der Bürgermeisterin schriftlich beschwert.* Twenty of those affected complained in writing to the mayor.
Betroffenheit grief; (*Schock*) shock ◊ *Die Nachricht löste in der Bevölkerung tiefe Betroffenheit aus.* The news was a great shock to the people.
betrübt sad (*Adv* sadly)
Betrug deception; (*Straftat*) fraud; (*in der Prüfung*) cheating ◊ *Ihm wurde Betrug an den Wählern vorgeworfen.* He was accused of deceiving the voters.
betrügen 1 cheat ◊ *Beim Kartenspielen betrügt er immer.* He always cheats at cards. **2** (*täuschen*) **jdn/sich ~** deceive sb/yourself ◊ *Du betrügst dich selbst.* You are deceiving yourself. **3** **jdn um etw ~** cheat sb (out) of sth; (*Kindheit, Jugend*) rob* sb of sth ◊ *Er hat sie um ihr Geld betrogen.* He cheated her out of her money. ◊ *Er fühlte sich um den Sieg betrogen.* He felt he had been cheated of victory. **4** **jdn** (**mit jdm**) **~** be unfaithful to sb (with sb), (*AmE*) cheat on sb (with sb) ◊ *Sie betrügt ihren Mann.* She's being unfaithful to her husband.
Betrüger(in) confidence trickster; (*beim Kartenspiel*) cheat
betrügerisch 1 *Adj* deceitful; (*kriminell*) fraudulent ◊ *betrügerisches Verhalten* deceitful behaviour ◊ *in betrügerischer Absicht* with intent to defraud **2** *Adv* by deceit, fraudulently
betrunken 1 ⇨ BETRINKEN **2** drunk ◊ *Er war völlig betrunken.* He was blind drunk. ◊ *Sie wurde betrunken am Steuer erwischt.* She was caught drink driving. ◊ *betrunken Auto fahren* drink and drive ◊ *Er versuchte, sie betrunken zu machen.* He tried to get her drunk. ☞ Unmittelbar vor einem Nomen wird **drunk** zu **drunken**: *Drunken football fans were involved in fights after the match.*
Betrunkene(r) drunk

Bett 1 bed ◊ *ins Bett gehen* go to bed ◊ *im Bett bleiben* stay in bed ◊ *die Kinder zu Bett bringen* put the children to bed ◊ *die Betten machen* make the beds ◊ *Er kommt nie vor eins aus dem Bett.* He can never get up before one. **2** (*Feder-*) duvet, quilt, (*AmE*) comforter ᴵᴰᴹ **ans Bett gefesselt** confined to (your) bed **mit jdm ins Bett gehen/steigen** go* to bed with sb ☞ *Siehe auch* HUHN
Bettbezug duvet cover, (*AmE*) comforter cover **Bettdecke** blanket; (*Stepp-*) quilt; (*Tagesdecke*) bedspread
betteln (**um etw**) **~** beg* (for sth)
betten lay* ◊ *Sie betteten ihn vorsichtig aufs Sofa.* They laid him carefully on the sofa.
bett- bettlägerig bedridden **Bettlaken** sheet
Bettler(in) beggar
Bett- Bettruhe bed rest **Betttuch** sheet **Bettwäsche** bedlinen **Bettzeug** bedclothes [Pl], bedding
betucht well off
betulich (*übertrieben besorgt*) fussy (*Adv* fussily)
betupfen dab*
beugen 1 bend*; (*Kopf*) bow ◊ *Den Oberkörper langsam nach vorne beugen!* Slowly bend forward. ◊ *das Recht beugen* bend the law **2** **sich ~** bend*; (*lehnen*) lean* ◊ *Er beugte sich über das Mikroskop.* He bent over the microscope. ◊ *Beug dich nicht zu weit aus dem Fenster!* Don't lean too far out of the window! **3** **sich jdm/etw ~** give* in to sb/sth, bow to sb/sth (*gehoben*) ◊ *sich dem Druck beugen* bow to pressure **4** (LING) inflect ◊ *eine gebeugte Verbform* an inflected form of the verb
Beule 1 (*Schwellung*) lump, swelling ◊ *eine Beule am Kopf* a lump on the head **2** (*Delle*) dent
beunruhigen worry* ◊ *Das beunruhigt mich.* That worries me.
beunruhigend worrying (*Adv* worryingly); (*stärker*) alarming (*Adv* alarmingly)
beunruhigt worried (*Adv* worriedly), concerned
beurlauben 1 (*Urlaub geben*) give* sb leave (of absence) ◊ *Sie hat sich beurlauben lassen.* She has taken some leave. **2** (*suspendieren*) suspend ◊ *vom Amt beurlaubt* suspended from duty
beurteilen judge; (*Lage, Leistung*) assess ◊ *Man sollte Leute nicht nach ihrem Äußeren beurteilen.* You shouldn't judge people by their appearance. ◊ *Soweit ich das beurteilen kann, …* As far as I can judge, … ◊ *Wie beurteilen Sie die Lage?* How would you assess the situation?
Beurteilung 1 (*das Beurteilen*) judging; (*Urteil*) judgement; (*Einschätzung*) assessment ◊ *Acht Entwürfe wurden zur Beurteilung vorgelegt.* Eight plans were presented for judging. ◊ *eine Beurteilung der Risiken* an assessment of the risks **2** (*Gutachten*) report
Beute 1 haul, loot; (*Kriegs-*) booty ◊ *eine Beute im Wert von einer Million Dollar* a million-dollar haul **2** (*Jagd-*) prey (*auch fig*) ◊ *Sie waren für ihn leichte Beute.* They were easy prey to/for him.
Beutel 1 (*Packung*) packet; (*Tasche*) bag; (*Tabak-*) pouch **2** (ZOOL) pouch
beuteln 1 hit* sb/sth hard **2** (*schütteln*) shake
bevölkern 1 (*bewohnen*) populate (*meist passiv*); (*besiedeln*) settle ◊ *ein dicht/wenig bevölkertes Land* a densely/thinly populated country ◊ *Angeln und Sachsen hatten das Gebiet bevölkert.* The area had been settled by Angles and Saxons. **2** (*in Scharen erfüllen*) throng, take* sth over ◊ *Tausende von Besuchern bevölkerten die Straßen.* Thousands of visitors thronged the streets.
Bevölkerung population ☞ G 1.3b; (*Bewohner*) people [Pl]; (*Öffentlichkeit*) public ☞ G 1.3a ◊ *zehn Prozent der Bevölkerung* ten per cent of the population ◊ *Hilfe für die hungernde Bevölkerung* aid for the starving people ◊ *die einheimische Bevölkerung* local people ◊ *Hinweise aus der Bevölkerung* information from the public
Bevölkerungsdichte population density, density of population **Bevölkerungsexplosion** population explosion **Bevölkerungsgruppe** section of the population; (*Minderheit*) minority* (group) ◊ *die Interessen bestimmter Bevölkerungsgruppen* the interests of certain sections of the population ◊ *Sie bilden die größte ausländische Bevölkerungsgruppe.* They are the largest ethnic minority. **Bevölkerungswachstum** population growth, growth in population ◊ *Das Bevölkerungswachstum verlangsamt sich.* Population growth is slowing.

Bevollmächtigte(r) (authorized) representative
bevor before; (*erst wenn*) until ◇ *Sprich mit ihr, bevor es zu spät ist.* Speak to her before it's too late. ◇ *Bevor die Frage nicht geklärt ist, kann ich nicht zustimmen.* Until this question is resolved, I can't agree.
bevormunden tell* sb what to do ◇ *Ich lasse mich von dir nicht bevormunden.* I won't have you telling me what to do.
bevorstehen 1 lie* ahead; (*unmittelbar*) be imminent ◇ *Ein harter Kampf steht bevor.* A hard fight lies ahead. ◇ *Die Entscheidung steht bevor.* A decision is imminent. **2 etw steht jdm bevor** sb has sth ahead of them, sth is in store for sb ◇ *Mir steht ein anstrengendes Wochenende bevor.* I have an exhausting weekend ahead of me. ◇ *Ich glaube, ihr steht eine böse Überraschung bevor.* I think there's a nasty surprise in store for her.
bevorstehend forthcoming; (*beschlossen*) planned ◇ *die bevorstehenden Wahlen* the forthcoming elections ◇ *die bevorstehende Schließung der Fabrik* the planned closure of the factory
bevorzugen 1 (*lieber mögen*) prefer*, favour (*gehoben*), (AmE) favor (*gehoben*) ◇ *Sie bevorzugt klassische Musik.* She prefers classical music. ◇ *Die Politiker bevorzugen den kostengünstigeren Weg.* The politicians favour the cheaper option. **2** jdn (**gegenüber jdm**) ~ (*bevorrechten*) give* sb preference (over sb); (*begünstigen*) give* sb preferential treatment (over sb) ◇ *Junge Familien sollen gegenüber älteren Mietern bevorzugt werden.* Young families are to be given preference over older tenants. ◇ *Hier wird niemand bevorzugt!* Nobody is given preferential treatment here.
bevorzugt 1 *Adj* (*beliebt*) preferred; (*Lieblings-*) favourite, (AmE) favorite **2** *Adv* ◇ *Sollen Frauen bevorzugt eingestellt werden?* Should women be given preference for the job? ◇ *jdn bevorzugt abfertigen* give sb priority ◇ *jdn bevorzugt bedienen* serve sb first
bewachen 1 guard ◇ *Der Palast wird streng bewacht.* The palace is heavily guarded. ◇ *ein bewachter Parkplatz* a secure car park **2** (SPORT) mark
bewaffnen arm ◇ *ein bewaffneter Aufstand* an armed uprising ◇ *mit einer Kamera bewaffnet* armed with a camera
IDM ⇨ ZAHN
bewahren 1 jdn/etw vor jdm/etw ~ save sb/sth from sb/sth; **jdn davor ~ etw zu tun** stop* sb doing sth ◇ *eine Tierart vor dem Aussterben bewahren* save a species from extinction **2** (*Charakter, Identität, Selbstständigkeit, Traditionen*) preserve **3** (*aufrechterhalten*) keep*, maintain (*gehoben*) ◇ *Sie werden gebeten, Ruhe zu bewahren.* Please keep calm. ◇ *die Haltung bewahren* keep your composure ◇ *Stillschweigen bewahren* maintain silence **4** (*aufbewahren*) keep*
bewähren sich ~ prove* yourself, prove* your worth ◇ *Er hat sich als Rennfahrer bewährt.* He has proved himself as a racing driver. ◇ *Das System hat sich bewährt.* The system has proved its worth.
bewahrheiten sich ~ (*zutreffen*) prove (to be) true; (*eintreffen*) come* true ◇ *Wenn sich das bewahrheitet, muss er zurücktreten.* If this proves to be true, he will have to resign. ◇ *Die Vorhersagen haben sich bewahrheitet.* The predictions have come true.
bewährt 1 ⇨ BEWÄHREN **2** tried and tested; (*Methode auch*) proven (*nur vor Nomen*) ◇ *ein bewährtes Hausmittel* a tried and tested home remedy ◇ *Warum sollte man Bewährtes nicht beibehalten?* Why shouldn't you stick to what is tried and tested?
Bewährung 1 (RECHT) probation; (*nach vorzeitiger Freilassung*) parole ◇ *unter Bewährung stehen* be on probation ◇ *Nach 15 Monaten wurde er auf Bewährung entlassen.* After 15 months he was released on parole. ◇ *eine Freiheitsstrafe mit Bewährung* a suspended sentence ◇ *eine Freiheitsstrafe von einem Jahr mit Bewährung* a suspended sentence of one year's imprisonment ◇ *Die Strafe wurde zur Bewährung ausgesetzt.* The sentence was suspended. ◇ *eine Haftstrafe ohne Bewährung* immediate imprisonment **2** (*das Sichbewähren*) proving yourself ◇ *Man muss ihnen eine Gelegenheit zur Bewährung geben.* You have to give them an opportunity to prove themselves. ◇ *die Stunde der Bewährung* the hour of truth
Bewährungshelfer(in) probation officer ☛ G 2.2d
Bewährungsprobe test ◇ *Das Spiel wird für uns zu einer Bewährungsprobe.* The match will put us to the test.
Bewährungsstrafe (RECHT) probation [U] ◇ *Er wurde zu einer achtmonatigen Bewährungsstrafe verurteilt.* He was put on probation for eight months.
bewältigen 1 (*überwinden*) overcome*; (*meistern*) cope with *sth*; (*verarbeiten*) come* to terms with *sth* ◇ *ein Problem bewältigen* overcome a problem ◇ *den Alltag bewältigen* cope with everyday life ◇ *die Vergangenheit bewältigen* come to terms with the past **2** (*Pensum etc.*) get* through *sth*; (*Strecke*) cover
Bewältigung (*meist mit einem Verb übersetzt*) ◇ *Vorschläge zur Bewältigung der Krise* suggestions on how to overcome the crisis ◇ *Zur Bewältigung der Weihnachtspost werden zusätzliche Hilfskräfte eingesetzt.* Extra people are taken on to cope with the Christmas post. ◇ *die Bewältigung der NS-Vergangenheit* coming to terms with the Nazi past
bewandert ~ (**in etw**) knowledgeable (about *sth*)
bewässern water; (*durch Kanäle*) irrigate ◇ *künstlich bewässert* artificially irrigated
bewegen¹ 1 move ◇ *Der Schrank lässt sich nicht bewegen.* You can't move the wardrobe. ◇ *Können Sie den Arm bewegen?* Can you move your arm? **2 sich ~** move ◇ *Ich konnte mich vor Schmerzen kaum bewegen.* I could hardly move for the pain. ◇ *Die Besucher bewegten sich langsam zum Ausgang.* The visitors moved slowly towards the exit. ◇ *sich frei bewegen* move about freely ◇ *Er bewegt sich in den richtigen Kreisen.* He moves in the right circles. **3 sich ~** (*sich körperlich betätigen*) get* some exercise ◇ *Du solltest dich ein bisschen mehr bewegen.* You should get more exercise. **4** (*ändern*) change ◇ *Sie will in der Firma etwas bewegen.* She wants to change things in the company. **5 sich ~** (*sich ereignen*) happen; (*sich ändern*) change **6** (*ergreifen*) move, affect ◇ *Die Geschichte hat uns tief bewegt.* We were deeply moved by his story. **7** (*beschäftigen*) be on sb's mind, preoccupy* (*gehoben*) ◇ *Diese Frage bewegt mich schon lange.* This question has been on my mind for a while. **8 sich ~** (*sich benehmen*) behave, conduct yourself (*gehoben*) ◇ *Sie bewegte sich ganz ungezwungen.* She behaved quite naturally. **9 sich ~** (*schwanken*) vary*, range ◇ *Die Preise bewegen sich zwischen 150 und 200 Dollar.* The prices range from 150 to 200 dollars. IDM ⇨ KREIS
bewegen² jdn zu etw ~ induce sb to do sth; (*überreden*) persuade sb to do sth ◇ *Was hat ihn wohl dazu bewogen?* What induced him to do it?
beweglich 1 movable; (*Maschinenteil, Ziel*) moving (*nur vor Nomen*) ◇ *bewegliche Wände* movable partitions ◇ *leicht beweglich* easy to move **2** (*mobil*) mobile, able to get around (*umgs*); (*Körper, Geist*) agile ◇ *Oma ist zum Glück noch beweglich.* Fortunately, gran can still get around. ◇ *Mit dem Fahrrad ist man in der Stadt viel beweglicher.* You can get around more easily in town on a bike. ◇ *geistig beweglich* mentally agile **3** (*anpassungsfähig*) flexible
Beweglichkeit mobility; (*Wendigkeit*) agility; (*Anpassungsfähigkeit*) flexibility
Bewegung 1 movement; (*Geste*) gesture ◇ *Seine Bewegungen sind unbeholfen.* His movements are awkward. ◇ *Er machte eine weit ausladende Bewegung mit dem Arm.* He made a sweeping gesture with his arm. ◇ *Keine falsche Bewegung!* One false move and you're dead! **2** (*das Sichbewegen*) movement; (*Maschinen etc.*) motion ◇ *die Bewegung der Erde um die Sonne* the movement of the earth around the sun ◇ *die Maschine in Bewegung setzen* set the machine in motion ◇ *Der Zug setzte sich langsam in Bewegung.* The train slowly moved off. ◇ *Sie ist ständig in Bewegung.* She's always on the go. **3** (*körperliche Betätigung*) exercise ◇ *Etwas Bewegung wird dir gut tun.* A bit of exercise will do you good. **4** (*Entwicklung*) movement; (*Schwung*) impetus [U/Sing] ◇ *In den Friedensprozess gerät langsam Bewegung.* There are signs of movement in the peace process. ◇ *Der Vorschlag hat für neue Bewegung in den Verhandlungen gesorgt.* The proposal has brought fresh impetus to the negotiations. **5** (*Ergriffenheit*) emotion ◇ *Sie hörte ohne sichtbare Bewegung zu.* She listened without any visible emotion. **6** (*Gruppierung*) movement ◇ *die feministische Bewegung* the feminist movement IDM ⇨ HEBEL
bewegungslos without moving, motionless (*gehoben*)
beweinen mourn
Beweis 1 proof [U]; (*Beweismaterial*) evidence [U] ◇ *ein zwingender Beweis* compelling proof ◇ *Das ist der Beweis dafür, dass ...* This is proof that ... ◇ *aus Mangel an Beweisen* for lack of evidence ◇ *Haben Sie Beweise?* Have you got

beweisen

any evidence? ◊ *Den Beweis musst du mir noch liefern!* You still have to prove that to me! ◊ *Das ist noch lange kein Beweis!* That doesn't prove anything at all! ◊ *zum Beweis seiner Liebe* as a token of his love ☛ **Evidence** ist nicht zählbar. Wenn es um ein einzelnes Beweisstück geht, sagt man **a piece of evidence**. ☛ *Hinweis bei* DEMONSTRATE **2** (MATH) proof ▣ **etw unter Beweis stellen** show* evidence of sth

beweisen 1 (*nachweisen*) prove ◊ *seine Unschuld beweisen* prove your innocence ◊ *Versuch erst einmal, das Gegenteil zu beweisen.* I challenge you to prove otherwise. ◊ *was zu beweisen war* QED ☛ *Hinweis bei* DEMONSTRATE **2** (*zeigen*) show* ◊ *Entschlossenheit/Charakter beweisen* show determination/character ◊ *Die Zahlen beweisen, dass ...* The figures show that ... **3** *sich ~* prove* yourself

Beweis- Beweisführung (RECHT) presentation of the evidence; (*Argumentation*) argumentation [U] **Beweismaterial** evidence [U] ☛ *Hinweis bei* INFORMATION, S. 1030. **Beweismittel** evidence [U] ◊ *Es sind neue Beweismittel aufgetaucht.* New evidence has come to light. ☛ *Hinweis bei* INFORMATION, S. 1030.

bewerben sich (**bei jdm**) (**um/für etw**) *~* apply* (to sb) (for sth) ◊ *Er hat sich bei uns beworben.* He has applied to us for a job. ◊ *Sie hat sich als Aupairmädchen beworben.* She's applied to work as an au pair. ◊ *sich um ein Stipendium bewerben* apply for a grant ◊ *Er hat sich für den Parteivorsitz beworben.* He's standing as party chairman. ◊ *Berlin hatte sich vergeblich um die Ausrichtung der Olympischen Spiele beworben.* Berlin had made an unsuccessful bid to host the Olympic Games.

Bewerber(in) applicant; (*besonders für ein Amt*) candidate ◊ *ein Bewerber für das Bürgermeisteramt* a candidate for the office of mayor

Bewerbung 1 application ◊ *eine Bewerbung um einen Studienplatz* an application for a university place **2** (*Bewerbungsschreiben*) letter of application **3** (POL) candidacy ◊ *ihre Bewerbung für das Präsidentenamt* her candidacy for the presidency

Bewerbungsgespräch (job) interview **Bewerbungsschreiben** letter of application **Bewerbungsunterlagen** = documents in support of an application

> In Großbritannien und den USA bewirbt man sich in der Regel nur mit einem Brief und seinem Lebenslauf (**CV** oder (*AmE*) **résumé**) oder füllt einen Bewerbungsbogen aus. Zeugniskopien und Fotos werden nicht erwartet.

bewerfen jdn/etw mit etw *~* throw* sth at sb/sth ◊ *Sie hatten ein Polizeifahrzeug mit Steinen beworfen.* They had thrown stones at a police car. ▣ ⇨ DRECK *und* SCHMUTZ

bewerkstelligen manage

bewerten 1 (*beurteilen*) judge ◊ *Ich fühle mich ungerecht bewertet.* I feel I haven't been fairly judged. **2 jdn/etw als etw** *~* judge sb/sth (to be) sth, consider sb/sth (to be) sth ◊ *Sie bewerten das Wahlergebnis als Erfolg.* They judge the election result to be a success. ◊ *Wir bewerten diese Entwicklung als viel versprechend.* We consider this a promising development. **3** (*einschätzen*) assess; (*auf einer Skala*) rate ◊ *Wie bewerten Sie die Lage?* How do you assess the situation? ◊ *Wie bewerten Sie den Service?* How do you rate the service? **4** (*benoten*) mark, (*bes AmE*) grade ◊ *eine Arbeit mit „befriedigend" bewerten* mark a piece of work 'satisfactory' ☛ *Hinweis bei* NOTE, S. 1126. **5** (*Währung, Aktien*) value

Bewertung 1 assessment ◊ *eine Bewertung der Risiken* an assessment of the risks **2** (*das Benoten*) marking, (*AmE*) grading; (*Note*) mark, (*AmE*) grade **3** (*Währung, Aktien*) valuation

bewilligen (*Etat, Stelle*) approve; (*Antrag, Darlehen, Zuschuss*) grant; (*Stipendium*) award ◊ *Die Stelle ist nicht bewilligt worden.* The post hasn't been approved.

Bewilligung (*Etat, Stelle*) approval; (*Antrag, Darlehen, Zuschuss*) granting; (*Stipendium*) awarding (*oft mit einem Verb übersetzt*) ◊ *Sie wartet auf die Bewilligung eines Stipendiums.* She's waiting to see if she is awarded a grant.

bewirken bring* sth about; (*erreichen*) achieve ◊ *Das hat dramatische Veränderungen bewirkt.* This has brought about dramatic changes. ◊ *Sie haben genau das Gegenteil von dem bewirkt, was sie erreichen wollten.* They have achieved the opposite of what they intended. ◊ *Das hat bewirkt, dass sich der Verkehr verringerte.* This has had the effect of reducing traffic.

bewirten jdn *~* entertain sb, offer sb hospitality ; **jdn mit etw** *~* serve sb sth

bewirtschaften (*Gaststätte*) run*; (*Bauernhof*) manage; (*Land*) farm

Bewirtung catering ◊ *die Bewirtung der Hochzeitsgäste* the catering for the wedding

bewohnen live in *sth*

Bewohner(in) (*eines Hauses, einer Wohnung*) resident; (*eines Gebiets*) inhabitant

bewohnt (*Gebäude*) occupied (*nicht vor Nomen*); (*Gebiet*) inhabited

bewölken sich *~* cloud over

bewölkt cloudy*

Bewölkung cloud ◊ *starke Bewölkung* thick cloud

bewundern admire ◊ *Was ich an ihr bewundere ist ...* What I admire about her is ... ◊ *Deine Ausdauer ist wirklich zu bewundern.* Your stamina is really admirable.

Bewunderer, Bewunderin admirer

bewundernswert admirable (*Adv* admirably)

Bewunderung admiration

bewusst 1 (*absichtlich*) deliberate (*Adv* deliberately) ◊ *Ich habe ihn bewusst ignoriert.* I deliberately ignored him. **2** (*in Kenntnis*) aware (*nicht vor Nomen*), conscious (*Adv* consciously) ◊ *Wir tragen alle — bewusst oder unbewusst — zu dem Problem bei.* Consciously or unconsciously we all contribute to the problem. ◊ *ein bewusst lebender Mensch* a thinking person **3 etw ist jdm** *~*; **jd ist sich einer Sache** *~* sb realizes sth, sb is aware of sth ◊ *Ist dir eigentlich bewusst, was er für uns getan hat?* Do you realize what he has done for us? ◊ *Ich bin mir der Konsequenzen völlig bewusst.* I am fully aware of the consequences. **4** (**jdm**) **etw** *~* **machen** draw* (sb's) attention to sth **5 sich etw** *~* **machen** realize sth **6** (*besagt*) in question ◊ *die bewusste Person* the person in question

bewusstlos unconscious ◊ *Er wurde bewusstlos geschlagen.* He was knocked unconscious. ◊ *bewusstlos werden* lose consciousness

Bewusstlosigkeit unconsciousness ◊ *in Bewusstlosigkeit versinken* lapse into unconsciousness ◊ *aus der Bewusstlosigkeit erwachen* regain consciousness ◊ *jdn bis zur Bewusstlosigkeit prügeln* beat sb unconscious

Bewusstsein 1 (MED) consciousness ◊ *das Bewusstsein verlieren/wiedererlangen* lose/regain consciousness ◊ *bei vollem Bewusstsein der Patientin* while the patient was fully conscious **2** (*Kenntnis*) consciousness, awareness ◊ *im vollen Bewusstsein ihrer Schuld* in full consciousness of her guilt ◊ *das politische Bewusstsein* political awareness ▣ ⇨ ZURÜCKRUFEN

Bewusstseinsspaltung schizophrenia **Bewusstseinsstrom** stream of consciousness **Bewusstseinswandel** change in attitude

bezahlbar affordable

bezahlen 1 (*Miete, Steuern, Rechnung*) pay*; (*Waren, (Dienst)leistungen*) pay* for *sth* ◊ *Die Miete muss im Voraus bezahlt werden.* The rent must be paid in advance. ◊ *Wer soll denn das bezahlen?* Who's going to pay for this? ◊ *Hast du das Auto bar bezahlt?* Did you pay cash for the car? **2 jdn** (**für etw**) *~* pay* sb (for sth) ◊ *Er wird dafür bezahlt, dass er auf ihr Haus aufpasst.* He is paid to look after her house. ◊ *Vergiss nicht, den Elektriker zu bezahlen.* Don't forget to pay the electrician. **3 jdm etw** *~* pay* for sb's sth, give* sb the money for sth ◊ *Ich bezahle dir die Vase.* I'll give you the money for the vase. ▣ **das wirst du mir bezahlen!** You'll pay for that! **nicht zu bezahlen** exorbitant ◊ *Ein Haus ist dort einfach nicht zu bezahlen.* The price of a house there is exorbitant. **sich bezahlt machen** pay* off ☛ *Siehe auch* GOLD *und* TASCHE

Bezahlung 1 payment (*oft mit einem Verb übersetzt*) ◊ *die Bezahlung mit Kreditkarten* payment by credit card ◊ *Die Karte kann auch zur Bezahlung von Fahrkarten benutzt werden.* The card can also be used to pay for tickets. **2** (*Entlohnung*) pay ◊ *leistungsbezogene Bezahlung* performance-related pay ◊ *Unsere Hilfskräfte arbeiten ohne Bezahlung.* Our assistants are unpaid. ◊ *gegen Bezahlung* for money

bezaubern captivate

bezaubernd delightful (*Adv* delightfully), charming (*Adv* charmingly)

bezeichnen 1 jdn/etw/sich (**als etw**) *~* call sb/sth/yourself sth ◊ *Wie bezeichnet man dieses Phänomen?* What is this phenomenon called? ◊ *Das würde ich nicht als „Schnäppchen" bezeichnen!* I wouldn't call that a bargain! **2** (*bedeuten*) mean*, denote (*gehoben*) ◊ *Das englische Wort „bank" bezeichnet sowohl ein Geldinstitut als auch das Ufer eines Flusses.* The English word 'bank' denotes both a financial institution and the edge of a river. **3** (*markieren*) mark

bezeichnend (*bedeutsam*) significant; (*typisch*) characteristic ◊ *Es ist bezeichnend, dass …* It is significant that … ◊ *Diese Szene ist bezeichnend für den ganzen Film.* This scene is characteristic of the whole film.

bezeichnenderweise significantly ◊ *Bezeichnenderweise sind die großen Stars nicht erschienen.* Significantly, the big stars did not appear.

Bezeichnung 1 term; (*Name*) name ◊ *Die Bezeichnung „Dritte Welt" ist umstritten.* The term 'Third World' is controversial. **2** (*das Bezeichnen*) (*meist mit einem Verb übersetzt*) ◊ *Verdient dieses Produkt die Bezeichnung „umweltfreundlich"?* Does this product deserve to be called 'environmentally friendly'?

bezeugen 1 (*bestätigen*) testify* ◊ *eine Aussage vor Gericht bezeugen* testify in court ◊ *Können Sie bezeugen, dass die Angeklagte zu Hause war?* Can you testify to the fact that the accused was at home? **2** (*urkundlich belegen*) document **3** (*beweisen*) show*

bezichtigen jdn einer Sache ~ accuse sb of sth

beziehen 1 (*Bett*) make* *sth* (up); (*Sessel, Sofa*) cover ◊ *Hast du das Gästebett schon bezogen?* Have you made the guest bed up yet? ◊ *ein Kopfkissen beziehen* put a pillowcase on **2** (*einziehen*) move into *sth* ◊ *neue Büroräume beziehen* move into new offices **3** (*Position, Stellung*) take* *sth* up, adopt ◊ *Der Sicherheitsrat hat eine harte Position bezogen.* The security council has adopted a tough stance. ◊ *Sie hat zu den Vorwürfen keine Stellung bezogen.* She has not reacted to the accusations. **4** (*bekommen*) get*, obtain (*gehoben*) ◊ *Woher bezieht der Metzger sein Fleisch?* Where does the butcher get his meat from? ◊ *Rente beziehen* draw a pension **5** *etw auf etw* ~ relate sth to sth ◊ *die Ergebnisse auf die heutige Zeit beziehen* relate the results to the present **6** *sich auf jdn/etw* ~ (*berufen*) refer* to sb/sth ◊ *Sie bezog sich auf die neuesten Untersuchungen.* She referred to the latest studies. ◊ *Ich beziehe mich auf Ihr Schreiben vom …* I refer to your letter of … **7** *sich auf jdn/etw* ~ (*betreffen*) concern sb/sth ◊ *Die Pläne beziehen sich auf den Ausbau des Bahnhofs.* The plans concern the extension of the station. **8** *etw auf sich* ~ take* sth personally ◊ *Du musst nicht immer alles auf dich selbst beziehen!* You don't have to take everything personally! **9** *sich* ~ (*Himmel*) cloud over

Beziehung 1 relationship; (*Verbindung*) connection ◊ *die Beziehung zwischen Mensch und Natur* the relationship between man and nature ◊ *Diese Aussage steht in keiner Beziehung zum Thema.* This statement has no connection with the topic. **2** (*Kontakt*) relations [Pl] ◊ *diplomatische Beziehungen* diplomatic relations **3** (*Verhältnis*) relationship ◊ *eine sexuelle Beziehung* a sexual relationship **4** (*Verständnis*) feeling ◊ *eine innige Beziehung zur Kunst* a profound feeling for art ◊ *Ich habe keine Beziehung zur klassischer Musik.* I can't relate to classical music. **5** (*Aspekt*) respect ◊ *in dieser Beziehung* in this respect ◊ *in vieler Beziehung* in many ways **6** Beziehungen connections [Pl] ◊ *Man muss Beziehungen haben, um dort einen Job zu kriegen.* You have to have the right connections to get a job there.

beziehungsweise 1 (*oder*) or ◊ *telefonisch bzw. per Fax* by phone or fax **2** (*genauer gesagt*) or rather ◊ *Meine Eltern bzw. mein Vater war von dort.* My parents, or rather my father, was from there.

Bezirk area; (*Verwaltungs-*) (administrative) district

Bezug 1 (*Bett-*) duvet cover; (*Kissen-*) cushion cover; (*Kopfkissen-*) pillowcase **2** (*Sofa-, Sessel-*) (loose) cover **3** Bezüge (FINANZ) income [Sing] **4** (*Erhalt*) (*meist mit einem Verb übersetzt*) ◊ *Er ist zum Bezug einer Rente berechtigt.* He's entitled to draw a pension. **5** (*Zeitung*) subscription **6** (*Kauf*) buying, purchase (*gehoben*) **7** (*Verbindung*) connection; (*Parallele*) parallel ◊ *einen Bezug zu etw herstellen* make a connection to sth ◊ *In ihren Romanen zeigt sich ein enger Bezug zu ihrem Leben.* There are close parallels between her novels and her life. ◊ *Seine Theorie hat keinen Bezug zum wirklichen Leben.* His theory has no relation to

real life. **8** *zu jdm keinen* ~ (*mehr*) *haben* have grown apart from sb ◊ *Zu seinen alten Freunden hat er schon lange keinen Bezug mehr.* He's grown apart from his old friends. **9** *zu etw keinen* ~ *haben* not be able to relate to sth, not be into sth (*umgs*) ◊ *Ich habe keinen Bezug zu klassischer Musik.* I'm not into classical music. **10** in/mit/unter ~ auf jdn/etw (*zum Thema*) about sb/sth, concerning sb/sth (*gehoben*); (*nur einen Aspekt betreffend*) as regards sb/sth ◊ *In Bezug auf deine Schwester wollte ich dir noch was sagen.* I was going to tell you something about your sister. ◊ *In Bezug auf Entlohnung ist das einer der besten Arbeitgeber.* As regards pay they're one of the best employers. **11** mit/unter ~ auf etw (*in Geschäftsbriefen*) with reference to sth ◊ *Mit Bezug auf unser Telefongespräch …* With reference to our telephone conversation … **12** unter ~ auf jdn/etw (*Quelle*) quoting sb/sth ◊ *Unter Bezug auf das Rote Kreuz melden die Zeitungen …* The newspapers, quoting the Red Cross, report that … **13** ~ auf jdn/etw nehmen refer* to sb/sth **14** (*Wohnung*) move

bezüglich with reference to *sth* ◊ *Bezüglich Ihres Schreibens …* With reference to your letter …

Bezugsperson person* to relate to, attachment figure (*Fachspr*) ◊ *Ihre Schwester ist ihre einzige Bezugsperson.* Her sister is the only person she relates to.

bezwecken intend, aim to achieve sth

bezweifeln doubt ◊ *Ich bezweifle stark, dass sie es ehrlich meint.* I very much doubt whether she really means it. ◊ *Sie bezweifelt seine Angaben.* She doubts whether what he says is true. ◊ *Das ist nicht zu bezweifeln.* There is no doubt about that.

bezwingen 1 (*Gegner*) defeat **2** (*Angst, Berg*) conquer; (*Neugier*) overcome*; (*Emotionen*) control*

BGB Civil Code

BH bra

Biathlet(in) biathlete ☞ G 2.2d

Biathlon biathlon

bibbern shiver ◊ *Sie bibberten vor Kälte.* They were shivering with cold.

Bibel Bible

Biber beaver

Bibliografie bibliography*

Bibliothek library* ◊ (*sich*) *ein Buch aus der Bibliothek ausleihen* borrow a book from the library

Bibliothekar(in) librarian ☞ G 2.2d

biblisch biblical

bieder conventional (*Adv* conventionally); (*Design, Kleidung*) conservative (*Adv* conservatively); (*Inszenierung*) tame

biegen 1 bend* ◊ *Den Draht zu einem Kreis biegen.* Bend the wire into the shape of a circle. ◊ *Das lässt sich leicht biegen.* It bends easily. **2** *sich* ~ bend*; (*Metall*) buckle; (*Holz*) warp ◊ *Die Binsen bogen sich im Wind.* The rushes bent in the wind. ◊ *Der Tisch bog sich unter den vielen Geschenken.* The table groaned under the weight of all the presents. **3** (*ein-, abbiegen*) turn **IDM** auf Biegen und Brechen at all costs ◊ *Wir werden die Sache auf Biegen und Brechen zu Ende bringen.* We'll get this finished at all costs.

biegsam flexible; (*Körper*) supple

Biegung bend

Biene bee

Bienenhonig (pure) honey **Bienenkönigin** queen bee **Bienenschwarm** swarm of bees **Bienenstich 1** (*Stich*) bee sting **2** (*Kuchen*) = cake with almonds and sometimes cream **Bienenstock** beehive **Bienenvolk** bee colony*

Bier beer ◊ *Magst du Bier?* Do you like beer? ◊ *Möchtest du ein Bier?* Would you like a beer? ◊ *ein paar Bier* a few beers **IDM** das ist nicht mein Bier it's nothing to do with me **Bierbauch** beer belly* **Bierdeckel** beer mat **bierernst** deadly serious (*Adv* deadly seriously); (*humorlos*) humourless (*Adv* humourlessly), (*AmE*) humorless (*Adv* humorlessly) **Biergarten** beer garden **Bierkrug** beer mug **Bierzelt** beer tent

Biest 1 creature; (*groß und bedrohlich*) beast ◊ *die Schöne und das Biest* Beauty and the Beast **2** (*Kind*) brat (*umgs, abwert*) **3** (*Mann*) swine (*umgs, abwert*); (*Frau*) cow (*Slang, abwert*)

bieten 1 (jdm) *etw* ~ offer sb sth, offer sth to sb, give* sb sth, give* sth to sb ☞ *Hinweis* S. 862

Man benutzt **offer**, um eine Möglichkeit oder ein Angebot zu beschreiben: *They offered him a lot of money, but he didn't take the job.* ◊ *The Baltic coast has plenty to offer.* Wird diese Möglichkeit genutzt oder ein Angebot in Anspruch genommen, muss man im Englischen das Verb **give** verwenden: *The work gave him the opportunity to prove his ability.*

2 (*Oper, Theaterstück, Tombola etc.*) put* sth on; (*Musikstück*) perform **3** (*Leistung*) give* ◊ *Die Pianistin bot ein herausragendes Konzert.* The pianist gave an outstanding concert. **4** etw (für etw) ~ (*Geld*) offer sth (for sth); (*Auktion auch*) bid* sth (for sth) **5** etw bietet sich (jdm) sth presents itself (to sb) ◊ *So eine Möglichkeit bietet sich nur selten.* An opportunity like that doesn't present itself very often. ◊ *Den Rettungsmannschaften bot sich ein Bild der Verwüstung.* The rescue team were confronted with a scene of utter devastation. ◊ *Von hier bietet sich ein herrlicher Blick.* There is a wonderful view from here. [IDM] **sich etw nicht bieten lassen** not put* up with sth ◊ *Das lasse ich mir nicht länger bieten!* I won't put up with it any longer. ☛ *Siehe auch* STIRN

Bigamie bigamy
Bikini bikini
Bilanz 1 (FINANZ) results [Pl]; (*Aufstellung*) balance sheet ◊ *die Bilanz vorlegen* present the results ◊ *eine Bilanz aufstellen* draw up a balance sheet **2** (*Fazit*) analysis; (*Resultat*) outcome, result ◊ *die vorläufige Bilanz der Wissenschaftler* the scientists' initial analysis ◊ *Am Ende des Kongresses zog sie eine positive Bilanz.* She summed up the conference as a success. ◊ *Die Bilanz des Erdbebens: über 200 Tote.* The final toll in the earthquake was over 200 dead.
bilateral bilateral (*Adv* bilaterally)
Bild 1 picture; (*Gemälde auch*) painting; (*Illustration auch*) illustration ◊ *Das Bild zeigt eine Frau mit Hut.* It's a picture of a woman in a hat. ◊ *ein Bild von Klee* a painting by Klee **2** (*Foto*) photo* ◊ *ein Bild machen* take a photo ◊ *Ich hab noch zwei Bilder auf dem Film.* There are two exposures left on the film. **3** (*Optik*) image ◊ *ein Bild an die Wand werfen* project an image onto the wall **4** (*Vorstellung*) idea; (*Eindruck*) impression ◊ *sich ein Bild von etw machen* get an idea of sth ◊ *Ich konnte mir noch kein Bild von ihr machen.* I haven't really formed an impression of her yet. **5** (*Anblick*) sight ◊ *Uns bot sich ein grausiges Bild.* A horrific sight met our eyes. **6** (*Metapher*) image ◊ *lyrische Bilder* poetic images ◊ *Ihre Sprache ist voller Bilder.* Her language is full of imagery. **7** (*Spiegel-*) reflection; (*Eben-*) image **8** (*Erscheinungs-*) character ◊ *Fachwerkhäuser bestimmen das Bild der Stadt.* The half-timbered buildings give the town its character. [IDM] **(über jdn/etw) im Bilde sein** know* (about sb/sth) ◊ *Ich bin darüber im Bilde.* I know about it.
Bildarchiv picture library* **Bildband** illustrated book
Bildbeschreibung description of a picture
bilden 1 (*formen*) form; (*zusammenstellen*) set* sth up ◊ *einen Kreis bilden* form a circle ◊ *Er wurde beauftragt, eine Kommission zu bilden.* He was asked to set up a commission. **2** (*darstellen*) be ◊ *Die größte Gruppe bilden die Kölner.* The Cologne contingent is the largest group. ◊ *einen Schwerpunkt bilden* be a focal point ◊ *eine Ausnahme bilden* be an exception **3** (*informieren*) broaden the mind; **sich ~ educate yourself** ◊ *sich politisch bilden* educate yourself politically **4** sich ~ (*entstehen*) form ◊ *Eine Schlange hatte sich gebildet.* A queue had formed.
Bilderbuch picture book [IDM] **wie aus dem Bilderbuch** perfect ◊ *Er ist ein Schwiegersohn wie aus dem Bilderbuch.* He's the perfect son-in-law.
Bilderrahmen picture frame
bildhaft 1 (*metaphorisch*) metaphorical (*Adv* metaphorically) ◊ *etw bildhaft ausdrücken* express sth metaphorically ◊ *ein bildhafter Vergleich* a simile **2** (*lebhaft*) graphic (*Adv* graphically) ◊ *eine bildhafte Darstellung der Ereignisse* a graphic account of the events
Bild- Bildhauer(in) sculptor ☛ G 2.2d **bildhübsch** (very) pretty
bildlich 1 (*übertragen*) figurative (*Adv* figuratively) ◊ *bildlich gesprochen* figuratively speaking **2** (*in Bildern*) pictorial
Bildmaterial visual material, pictures [Pl] (*umgs*)
Bildnis picture; (*Porträt auch*) portrait
Bildschirm screen (*Computer auch*) monitor ◊ *Er starrte auf den Bildschirm.* He stared at the screen. ◊ *Sie sitzt den ganzen Tag am Bildschirm.* She sits in front of the computer all day. ◊ *etw am Bildschirm live mitverfolgen* watch sth live on television
Bildschirmschoner screen saver
Bildtelefon video phone
Bildung 1 (*Wissen, Ausbildung*) education ◊ *eine umfassende Bildung besitzen* have a good all-round education ◊ *berufliche Bildung* vocational training **2** (*das Bilden*) (*oft mit einem Verb übersetzt*) ◊ *mit der Bildung einer Regierung beauftragt werden* be asked to form a government **3** (*Entstehung, Zusammensetzung*) formation
Bildungsabschluss educational qualifications [Pl] **Bildungsangebot** range of courses available **Bildungschancen** educational opportunities [Pl] **Bildungslücke** gap in your knowledge **Bildungspolitik** education policy **Bildungsroman** = novel which shows the development of the main character over many years **Bildungssystem** education system **Bildungsurlaub 1** (*zur Weiterbildung*) study leave **2** (*Studienreise*) educational holiday **Bildungsweg 1** (form of) education **2 auf dem zweiten ~** at evening class **Bildungswesen** education system
Bildunterschrift caption
Billard billiards [U] ◊ *Billard spielen* play billiards
Billiarde a thousand billion ☛ *Hinweis bei* MILLIARDE
billig 1 cheap (*Adv* cheaply) ◊ *billige Arbeitskräfte* cheap labour ◊ *Sie haben die Rohstoffe billig eingekauft.* They bought the raw materials cheaply. ☛ **Cheap** wird besonders in der Umgangssprache oft als Adverb gebraucht: *Das habe ich billig gekriegt.* I got it cheap. **2** (*Ausrede*) feeble
billigen 1 (*genehmigen*) approve ◊ *Der Senat hat den Vertrag gebilligt.* The Senate approved the treaty. **2** (*gutheißen*) approve of sth, condone (*gehoben*) ◊ *Die Mehrheit billigte diese Entscheidung.* The majority approved of this decision. ◊ *Ich kann dein Verhalten nicht billigen.* I can't condone your behaviour.
Billigung approval ◊ *mit Billigung der Direktorin* with the approval of the principal
Billion million, million, trillion ☛ *Hinweis bei* MILLIARDE
bimmeln ring*; (*Glöckchen*) tinkle, jingle; (*Straßenbahn*) clang
Binärsystem binary system
Binde 1 (*Verband*) bandage; (*Augen-*) blindfold **2** (*Damen-*) sanitary towel, (*AmE*) sanitary napkin **3** (*Arm-*) armband
Bindeglied link
Bindehaut conjunctiva
Bindehautentzündung conjunctivitis [U] ◊ *eine Bindehautentzündung haben* have conjunctivitis
binden 1 tie*; (*Kranz*) make* ◊ *sich einen Schal um den Hals binden* tie a scarf around your neck **2 jdn/etw an etw ~** tie* sb/sth to sth; (*fig*) bind* sb/sth to sth ◊ *Sie hatten ihn an einen Stuhl gebunden.* He had been tied to a chair. ◊ *an einen Vertrag gebunden sein* be bound by an agreement ◊ *Es gibt nicht viel, was mich hier bindet.* There is not much to keep me here. **3 sich ~** commit* yourself ◊ *Er will sich nicht binden.* He won't commit himself. **4** (*Buch*) bind* ◊ *eine Examensarbeit binden lassen* have a thesis bound ◊ *ein gebundenes Buch* a hardback (book) **5** (GASTRON) **etw (mit etw) ~** bind* sth (with sth); (*andicken*) thicken sth (with sth)
Bindestrich hyphen ◊ *Das schreibt man mit Bindestrich.* It's hyphenated.
Bindfaden string [U] ◊ *mit einem Bindfaden festgebunden* tied with a piece of string
Bindung 1 (*Beziehung*) tie [meist Pl] ◊ *familiäre Bindungen* family ties ◊ *Er hat eine starke Bindung zu seiner Mutter.* He's very close to his mother. ◊ *eine feste Bindung eingehen* enter a permanent relationship **2** (*Verpflichtung*) commitment ◊ *eine vertragliche Bindung* a contractual commitment **3** (*am Ski*) binding **4** (NATURW) bond
binnen within ◊ *binnen 24 Stunden* within 24 hours ◊ *binnen kürzester Zeit* almost immediately
Binnen- Binnengewässer area of inland water **Binnenmarkt** home market ◊ *der japanische Binnenmarkt* the Japanese home market ◊ *der europäische Binnenmarkt* the

European single market **Binnenmeer** inland sea **Binnensee** lake

Binse rush

Bio- Biobauer, -bäuerin organic farmer ☛ G 2.2d **Biochemie** biochemistry **Biochemiker(in)** biochemist ☛ G 2.2d **biochemisch** biochemical (*Adv* biochemically)

Biografie 1 (*Darstellung*) biography* ◊ *eine Biografie von Heine* a biography of Heine **2** (*Lebenslauf*) life (history*) ◊ *eine bewegte Biografie* an eventful life ◊ *Der Roman ist von der Biografie der Autorin geprägt.* The novel is strongly influenced by the author's own life history.

Bio- Biokost organic food **Bioladen** health food shop

Biologe, Biologin biologist ☛ G 2.2d

Biologie biology ◊ *Nach der Pause haben wir Biologie.* After break, we've got biology.

biologisch 1 biological (*Adv* biologically) ◊ *biologische Vielfalt* biological diversity **2** organic (*Adv* organically); (*natürlich*) natural (*nur vor Nomen*) (*Adv* naturally) ◊ *biologische Abfälle* organic waste ◊ *Lebensmittel aus biologischem Anbau* organically grown food ◊ *die biologische Bekämpfung von Schädlingen* fighting pests by natural means ◊ *biologisch abbaubar* biodegradable

Bio- Biomüll organic waste **Biotechnologie** biotechnology

Biotop habitat, biotope (*Fachspr*)

Birke birch

Birnbaum pear tree

Birne 1 pear **2** (*Glüh-*) (light) bulb ◊ *Im Flur ist die Birne durchgebrannt.* The bulb in the hall has gone. ◊ *eine Birne auswechseln* change a light bulb **3** (*Kopf*) head ◊ *eins auf die Birne kriegen* be hit on the head ◊ *Sie hat wirklich nichts in der Birne.* She's not very bright.

bis 1 (*so lange bis*) until, till (*umgs*) ◊ *Ich habe bis 5 Uhr Zeit.* I'm free until 5 o'clock. ◊ *bis vor einer Woche* until a week ago ◊ *bis einschließlich Montag den zweiten* until Monday the 2nd inclusive ◊ *Bis auf weiteres geschlossen.* Closed until further notice. ◊ *von eins bis halb zwei* from one to one thirty ◊ *Die Party ging bis in die späte Nacht.* The party went on late into the night. ◊ *Bis später/Freitag!* See you later/on Friday! ◊ *Bis wann gilt das Sonderangebot?* How long does the special offer go on for?

Vorsicht: Wenn es um eine Frist, einen letzten Termin geht, sagt man **by** und nicht **until**: *Bis zehn muss ich fertig sein.* I have to have finished by ten.
Vergleiche: *Bis zehn bin ich im Büro.* I'll be in the office until ten.

2 (*nicht später als*) by ◊ *Können Sie das bis 4 Uhr erledigen?* Can you get it done by 4 o'clock? ◊ *bis spätestens Montag* by Monday at the latest ◊ *Bis wann weißt du Bescheid?* When will you know (by)? ◊ *Bis morgen müssen wir fertig sein.* We have to finish by tomorrow. **3** (*räumlich*) to, as far as ◊ *Bis Frankfurt sind es 50 km.* It's 50 km to Frankfurt. ◊ *Fahren Sie bis nach Dresden?* Are you going as far as Dresden? ◊ *Bis zur Grenze kann ich Sie mitnehmen.* I can take you as far as the border. ◊ *Das Wasser stand ihm bis zur Brust.* The water came right up to his chest. ◊ *Hast du das Buch bis zu Ende gelesen?* Did you finish the book? ◊ *bis zu den Knien im Wasser stehen* be standing knee-deep in water **4** (*ungefähr*) to ◊ *drei bis vier Stunden* three to four hours ◊ *fünf bis zehn Leute* between five and ten people ◊ *heiter bis wolkig* bright with some cloud **5** ~ **zu** up to ◊ *bis zu fünf Jahre Gefängnis bekommen* get up to five years in prison ◊ *Kinder bis zu sechs Jahren* children under seven **6** ~ **auf jdn/etw** (*außer*) apart from sb/sth, except (for) sb/sth ◊ *Bis auf Maria waren alle da.* Everyone came apart from Maria. ◊ *Bis auf zwei haben alle bestanden.* All except two passed. ◊ *bis auf eine Ausnahme* with one exception ☛ *Hinweis bei* EXCEPT¹ **7** ~ **auf etw** (*einschließlich*) (right) down to sth ◊ *bis auf den letzten Krümel* right down to the last crumb ◊ *bis auf die Grundmauern niederbrennen* burn to the ground ◊ *nass bis auf die Knochen* soaked to the skin ◊ *Das Konzert war bis auf den letzten Platz ausverkauft.* The concert was completely sold out. IDM ⇨ BALD

Bischof, Bischöfin bishop ☛ G 2.2d

bisexuell bisexual

bisher, bislang 1 so far, as yet ◊ *Bisher gab es keine Probleme.* So far there haven't been any problems. ◊ *ihr bisher erfolgreichstes Rennen* her most successful race so far ◊ *Bisher ist noch unklar, ob …* As yet it is not clear whether … **2** (*früher*) previously, up to now ◊ *höher als bisher angenommen* higher than previously supposed ◊ *die bisher gültigen Regelungen* the regulations in force up to now ◊ *Ich wusste bisher nicht, dass …* I never knew that … ◊ *Wir können nicht so weitermachen wie bisher.* We can't carry on like this.

bisherig 1 (*vorherig*) previous (*nur vor Nomen*) ◊ *Die bisherige Regelung gilt nicht mehr.* The previous regulation no longer applies. ◊ *ihre bisherige Karriere* her career to date ◊ *bisherige Erfahrungen* past experience **2** (*gegenwärtig*) present (*nur vor Nomen*), current (*nur vor Nomen*) ◊ *Der bisherige Amtsinhaber geht in den Ruhestand.* The present incumbent is retiring. ◊ *nach bisherigen Erkenntnissen* according to the current state of knowledge

Biskuit sponge ◊ *aus Biskuit* made of sponge

Biskuitrolle Swiss roll, (*AmE*) jelly roll

bislang ⇨ BISHER

Bison bison*

Biss 1 bite ◊ *der Biss einer Schlange* a snakebite **2** (*Kampfgeist*) spirit ◊ *Der Mannschaft fehlte der Biss.* The team lacked fighting spirit. ◊ *Ihr fehlt die nötige Biss.* She hasn't got what it takes.

bisschen 1 ein ~ a little, (*BrE auch*) a bit ; (*bei Flüssigkeiten auch*) a drop ◊ *Er hat ein bisschen Heimweh.* He's a little homesick. ◊ *Ich gehe ein bisschen an die frische Luft.* I'm going out to get a little fresh air. ◊ *Es dauert ein bisschen.* It'll take a little while. ◊ *ein bisschen Käse* a bit of cheese ◊ „*Hast du Hunger?*" „*Ein bisschen.*" 'Are you hungry?' 'A bit.'

Im britischen Englisch sagt man meist **a bit**: *Can you turn the volume up a bit?* Im amerikanischen Englisch (aber auch im britischen Englisch) sagt man **a little** oder, umgangssprachlich **a little bit** ◊ *Can you turn the volume up a little bit?*

2 kein ~ not at all ◊ *Sie waren kein bisschen darauf vorbereitet.* They were not at all prepared for it. ◊ *Sie wollte kein bisschen nachgeben.* She wouldn't budge an inch. **3 das ~** ◊ *Dir wird doch das bisschen Regen nichts ausmachen!* A little bit of rain won't hurt you! ◊ *Das bisschen, was er hatte, verschenkte er.* He gave away what little he had. ◊ *Wie soll einer von dem bisschen leben?* How can anyone live on that?

Bissen bit (of food); (*Imbiss*) bite (to eat) ◊ *Krieg ich einen Bissen von deinem Brot?* Can I have a bit of your sandwich? ◊ *schnell einen Bissen zu sich nehmen* have a quick bite to eat IDM **jdm bleibt der Bissen im Hals stecken** sb nearly chokes **keinen Bissen anrühren** not eat a thing **keinen Bissen herunterbringen** not be able to eat a thing

bissig 1 ◊ *Der Hund ist nicht bissig.* The dog doesn't bite. ◊ *Vorsicht, bissiger Hund!* Beware of the dog! **2** (*Bemerkung, Humor*) scathing (*Adv* scathingly); (*Satire*) biting ◊ *bissig reagieren* retort scathingly

Bistro bistro*

Bistum diocese

Bit (COMP) bit

bitte 1 please ◊ *Könnten Sie mir bitte helfen?* Please could you help me? ◊ „*Möchten Sie noch Kaffee?*" „*Ja, bitte.*" 'Would you like more coffee?' 'Yes, please.' ☛ *Hinweis bei* DANKE **2** (*bei Aufforderungen oder wenn man etwas anbietet, oft nicht übersetzt*) ◊ *Bitte schön, was darf es sein?* Can I help you? ◊ „*Kann ich mal einen Blick auf Ihre Zeitung werfen?*" „*Bitte schön!*" 'Could I borrow your newspaper?' 'Of course, here you are.' ◊ *Bitte, nehmen Sie doch Platz!* Please take a seat. ◊ *Bitte, nur zu!* Help yourself/yourselves. **3 ja ~** (*am Telefon*) hello; (*Herein!*) Come in!; (*auffordernd*) Yes? **4** (*einen Dank erwidernd*) that's all right, (*bes AmE*) you're welcome; (*eine Entschuldigung erwidernd*) it's all right ◊ „*Danke!*" „*Bitte (schön)!*" 'Thank you!' 'That's all right.' ◊ *Bitte, gern geschehen!* Not at all, it's a pleasure. ◊ „*Entschuldigung!*" „*Bitte!*" 'Sorry!' 'It's all right.' ☛ *Im Englischen ist es nicht unhöflich, auf* „*thank you*" *nichts zu antworten.* **5** (*wie*) ~? sorry?, (*AmE*) pardon me?, I beg your pardon? (*gehoben*) **6** (*nun gut*) all right ◊ *Bitte, wie du willst.* All right, have it your own way. **7 na ~** (*na also*) see ◊ *Na bitte, ich hab's doch gesagt/gewusst!* See, I told you so!/I knew it!

Bitte request; (*dringend*) appeal; (*Gefallen*) favour, (*AmE*) favor ◊ *Ich habe eine Bitte an dich.* Could I ask you a favour? ◊ *sich an jdn mit der Bitte um Hilfe wenden* appeal to sb for help ◊ *eine Bitte zurückweisen* turn down a request ◊ *Er*

bitten

kann ihr keine Bitte abschlagen. He can't refuse her anything. ◊ *auf seine Bitte hin* at his request
bitten 1 (jdn) **um etw** ~ ask (sb) for sth, request sth (from sb) (*gehoben*); (*inständig*) beg* sth (of sb) ◊ *jdn um Hilfe bitten* ask sb for help ◊ *Darf ich um Aufmerksamkeit bitten?* May I have your attention? ◊ *Wir bitten um Verständnis.* We apologize for the inconvenience. ◊ *jdn um einen Gefallen bitten* ask sb a favour **2** *jdn* ~ (*etw zu tun*) ask sb (to do sth); (*inständig*) beg* sb (to do sth) **3** (**jdn**) **zu/in etw** ~ ask (sb) to sth/somewhere; (*einladen*) invite sb (to/for sth) ◊ *jdn ins Zimmer bitten* ask sb to come in ◊ *Darf ich zu Tisch bitten?* Dinner is served. **4 sich ~ lassen** ◊ *Er lässt sich gerne bitten.* He always has to be asked. ◊ *Sie ließ sich nicht (erst) lange bitten.* She didn't need persuading. **IDM Ich muss doch sehr bitten!; Ich bitte Sie!** Really!; **wenn ich bitten darf** if you don't mind ← *Siehe auch* KASSE *und* KNIE
bitter 1 bitter (*Adv* bitterly) ◊ *bitter schmecken* taste bitter ◊ *Er musste die bittere Erfahrung machen, dass ...* He learned from bitter experience that ... ◊ *bis zum bitteren Ende* to the bitter end ◊ *„Mehr nicht?", fragte sie bitter.* 'Is that all?' she asked bitterly. ◊ *sich bitter beklagen* complain bitterly ◊ *Es herrscht bittere Kälte.* It's bitterly cold. ◊ *eine bittere Niederlage* a humiliating defeat ◊ *die bittere Erkenntnis, dass ...* the painful realization that ... ◊ *Es ist schon bitter, so im Stich gelassen zu werden.* It's hard when someone lets you down like that. ◊ *Die Erfahrungen haben ihn bitter gemacht.* He was embittered by his experiences. ◊ *ein bitteres Gefühl* a feeling of bitterness ◊ *bittere Worte* harsh words ◊ *Es herrschte bittere Armut.* People were desperately poor. ◊ *etw bitter nötig haben* be in dire need of sth **2** (*Schokolade*) plain, dark **IDM** ⇨ PILLE
bitterböse angry (*Adv* angrily) ◊ *eine bitterböse Satire* savage satire **bitterernst** deadly serious ◊ *Ich meine es bitterernst.* I'm deadly serious. **bitterkalt** bitterly cold (*umgs*), bitter ◊ *Draußen ist es bitterkalt.* It's bitter out.
Bitterkeit bitterness [U] (*auch fig*)
bittersüß bitter-sweet (*auch fig*)
bizarr strange (*Adv* strangely), bizarre (*Adv* bizarrely)
Bizeps biceps*
Blabla waffle
Blackout lapse (of memory)
blähen 1 (*mit Luft füllen*) fill; (*Nüstern*) flare ◊ *Der Wind blähte die Segel.* The wind filled the sails. **2 sich ~** billow ◊ *Die Segel blähten sich im Wind.* The sails billowed in the wind. **3** (*Blähungen verursachen*) give* you wind ◊ *Kohl bläht fürchterlich.* Cabbage gives you dreadful wind.
Blähung wind [U], flatulence [U] (*gehoben*), (*AmE*) gas [U]
blamabel (*Niederlage*) humiliating; (*Leistung*) disgraceful
Blamage embarrassment [U] ◊ *Was für eine Blamage!* How embarrassing!
blamieren 1 jdn (**vor jdm**) ~ embarrass sb (in front of sb), show* sb up (in front of sb) (*umgs*) ◊ *jdn öffentlich blamieren* embarrass sb in public ◊ *Du hast mich schön blamiert!* You really did show me up! **2 sich** (**vor jdm**) ~ make* a fool of yourself (in front of sb)
blanchieren blanch
blank 1 (*glänzend*) shiny* ◊ *blanke Stiefel* shiny boots ◊ *etw blank polieren* polish sth till it shines **2** (*nackt*) bare ◊ *auf dem blanken Boden* on the bare floor ◊ *mit blankem Oberkörper* stripped to the waist **3** (*offenkundig*) utter (*nur vor Nomen*) ◊ *blankes Entsetzen* utter dismay ◊ *blanker Hass* pure hatred ◊ *Das ist doch der blanke Hohn!* It's an outrage! ◊ *der blanke Neid* sour grapes **IDM blank sein** be broke
Blankoscheck blank cheque, (*AmE*) blank check
Blankvers blank verse
Blase 1 (*Luft-*) bubble (*auch fig*) ◊ *Die Blase ist geplatzt.* The bubble has burst. ◊ *wenn die Mischung Blasen wirft* when bubbles form in the mixture **2** (*auf der Haut, in Farbe*) blister ◊ *sich Blasen laufen* get blisters from walking ◊ *Die Farbe wirft Blasen.* The paint's blistering. **3** (*Harn-*) bladder **4** (*Gruppe*) lot **IDM etw zieht Blasen** sth causes problems
blasen 1 blow* ◊ *Sie blies ihm Rauch ins Gesicht.* She blew smoke in his face. ◊ *Es blies eine kühler Wind.* There was a cool wind blowing. ◊ *Glas blasen* blow glass ◊ *Der Jäger blies ins Horn.* The huntsman blew his horn. ◊ *Es bläst ganz schön.* It's very windy. **2** (*Musikinstrument*) play ◊ *Sie bläst (die) Posaune.* She plays the trombone. **3** (*Alkoholtest*) be breathalysed, (*AmE*) be breathalyzed ◊ *Ich musste blasen.* I was breathalysed. **4** (*zum Angriff etc.*) sound ◊ *zum Rückzug blasen* sound the retreat ◊ *Amerikanische Werbeagenturen blasen zum Sturm auf den britischen Markt.* American advertising agencies are launching an attack on the British market. **5 jdm** ~ give* sb a blow job (*vulg*) **IDM** ⇨ RÖHRCHEN *und* WIND
Blasenentzündung bladder infection
Bläser(in) wind player ◊ *die Bläser* the wind section
blasiert arrogant (*Adv* arrogantly); (*Lächeln, Art auch*) superior
Blas- Blasinstrument wind instrument **Blaskapelle** brass band ← G 1.3b **Blasmusik** brass band music
Blasphemie blasphemy
blasphemisch blasphemous (*Adv* blasphemously)
blass 1 pale; (*Hauttyp auch*) fair ◊ *ein blasses Gelb* a pale yellow ◊ *vor Schreck blass werden* go pale with fright ◊ *vor Neid blass werden* go green with envy **2** (*nichts sagend*) colourless, (*AmE*) colorless ◊ *Der Schauspieler wirkte blass in seiner Rolle.* The actor gave a colourless performance. **IDM keine blasse Ahnung/keinen blassen Schimmer von etw haben** not have the faintest/foggiest idea about sth; not have a clue about sth
blass- pale ◊ *blassgrün* pale green
Blatt 1 (BOT) leaf* **2** (*Papier*) sheet (of paper) ◊ *ein loses Blatt* a loose sheet ◊ *ein leeres Blatt* a blank sheet of paper ← In der Umgangssprache spricht man auch von **a piece of paper** *Gib mir noch ein Blatt!* Can you give me another piece of paper. **3** (*im Buch/Heft*) page **4** (*Zeitung*) paper **5** (*Spielkarten*) hand **6** (*Ruder-, Säge-*) blade **IDM auf einem anderen Blatt stehen** be another matter ◊ *Ob sie die Prüfung besteht, steht auf einem anderen Blatt.* Whether or not she'll pass the exam is another matter. **das Blatt hat sich gewendet** the situation has changed **ein unbeschriebenes Blatt sein** be an unknown quantity **kein Blatt vor den Mund nehmen** not mince your words **vom Blatt singen/spielen** sight-read*
blättern 1 in etw ~ leaf through sth ◊ *Sie blätterte in einer Illustrierten.* She leafed through a magazine. **2** (*Farbe, Putz*) flake off, peel off ◊ *Der Putz blättert schon (von den Wänden).* The plaster is peeling off (the walls).
Blätterteig puff pastry
Blatt- Blattgold gold leaf **Blattlaus** greenfly*, aphid (*Fachspr*) **Blattsalat** salad leaves [Pl]
blau 1 blue ◊ *ein blauer Anzug* a blue suit ◊ *blaue Augen* blue eyes ◊ *die Tür blau streichen* paint the door blue ◊ *ein blau gestreiftes Kleid* a blue striped dress ◊ *blau vor Kälte* blue with cold ◊ *blau anlaufen* go blue ◊ *„Welches Hemd willst du?" „Das blaue."* 'Which shirt do you want?' 'The blue one.' **2** (*betrunken*) drunk **3 blauer Fleck** bruise **IDM** ⇨ AUGE, BLAUE, BRIEF, DUNST, GRÜN *und* WUNDER
Blau blue ◊ *ein leuchtendes/kräftiges Blau* a bright/intense blue ◊ *ein helles/dunkles Blau* a light/dark blue ◊ *die Dame in Blau* the lady in blue ◊ *in Blau gekleidet* dressed in blue ◊ *Trikots in einem leuchtenden Blau* bright blue jerseys ◊ *Haben Sie den auch in Blau?* Have you got this in blue?
blauäugig 1 blue-eyed, with blue eyes (*nicht vor Nomen*) ◊ *blauäugige Kinder* children with blue eyes **2** (*naiv*) naive
Blaubeere bilberry*, (*AmE*) blueberry* **blaublütig** blue-blooded, aristocratic
Blaue **IDM das Blaue vom Himmel (herunter)lügen** tell* a pack of lies **eine Fahrt ins Blaue** (*mit unbestimmtem Ziel*) a trip out; (*mit unbekanntem Ziel*) a mystery tour **jdm das Blaue vom Himmel (herunter) versprechen** promise sb the ear`th/moon **ins Blaue hinein reden** talk off the top of your head
Blau- Blauhelm blue beret **Blaukraut** ⇨ ROTKOHL
bläulich bluish
Blau- Blaulicht flashing blue lights [Pl] ◊ *Feuerwehrwagen kamen mit Blaulicht an.* Fire engines arrived with blue lights flashing. ◊ *Er wurde mit Blaulicht ins Krankenhaus gebracht.* He was rushed to hospital in an ambulance. **blaumachen** skip* work, (*BrE auch*) skive
Blazer blazer
Blech 1 (*Material*) metal ◊ *Das ist kein Silber – das ist nur Blech.* It's not silver, it's just ordinary metal. **2** (*Platte*) metal sheet **3** (*am Auto*) bodywork **4** (*Kuchen-*) (baking)

tray **5** (MUS) brass **6** (*Unsinn*) rubbish, (*AmE*) trash (*umgs*) ⋄ *Red doch kein Blech!* Don't talk rubbish!
Blechdose can, (*BrE auch*) tin **Blechbläser(in)** brass player ⋄ *die Blechbläser* the brass section
blechen (**für etw**) **~** pay* (for sth), fork out a pretty penny (for sth) (*umgs*)
Blechschaden damage (to the bodywork)
Blei lead
Bleibe place to stay
bleiben 1 (*an einem Ort*) stay ⋄ *zu Hause bleiben* stay at home ⋄ *im Bett bleiben* stay in bed ⋄ *Bleiben Sie bitte am Apparat!* Please hold the line! ⋄ *Kann das Auto in der Einfahrt stehen bleiben?* Can I leave the car in the drive? ⋄ *Bitte bleiben Sie doch sitzen.* Please don't get up. **2** (*in einem Zustand*) stay, remain (*gehoben*) ⋄ *Er hatte beschlossen, ledig zu bleiben.* He had decided to stay single. ⋄ *Freunde bleiben* remain friends ⋄ *am Leben bleiben* stay alive ⋄ *Der Urlaub wird uns in Erinnerung bleiben.* The holiday will stay with us in our memories. ⋄ *Seine Briefe blieben unbeantwortet.* His letters went unanswered. ⋄ *in Verbindung bleiben* keep in touch ⋄ *Der Supermarkt bleibt sonntags geschlossen.* The supermarket doesn't open on Sundays. **3 bei etw ~** stick* to sth ⋄ *bei der Wahrheit bleiben* stick to the truth ⋄ *Es bleibt dabei — das Jugendzentrum wird geschlossen.* It's settled — the youth club is going to be closed. ⋄ *Wenn wir weiter so schlecht spielen, wird es nicht bei einer Niederlage bleiben.* If we go on playing as badly as this, it won't stop at one defeat. **4** ⋄ *Es bleibt keine andere Möglichkeit.* There is no alternative. ⋄ *Es blieb mir keine andere Wahl, als zu gehen.* I had no choice but to leave. ⋄ *Es bleibt abzuwarten, ob …* It remains to be seen whether … ⋄ *Es bleibt zu hoffen, dass …* We can only hope that … **5 Wo bleibt …?** Where is …?, What's keeping …? ⋄ *Wo bleibt denn Peter mit dem Essen?* What's keeping Peter with the food? **6 Wo ist … geblieben?** Where has … got to? ⋄ *Wo ist denn meine Brille geblieben?* I wonder where my glasses have got to? **7 etw ~ lassen** not do sth ⋄ *Das hätte sie lieber bleiben lassen sollen.* She shouldn't have done that. ⋄ *Lass es bleiben!* Forget it! IDM **das bleibt unter uns** keep it to yourself **(zu)sehen, wo man bleibt** sort it out for yourself ⋄ *Du bist alt genug — sieh zu, wo du bleibst!* You are old enough to sort it out for yourself! ☞ *Siehe auch* ÜBRIG *und* UNTER
bleibend (*Erinnerungen*) lasting; (*Schaden*) permanent; (*Werte*) eternal
bleich pale ⋄ *Sein Gesicht war bleich vor Entsetzen.* His face was pale with horror.
bleichen bleach
bleiern 1 (made of) lead ⋄ *bleierne Rohre* lead pipes **2** (*Müdigkeit*) overwhelming; (*Schwere*) leaden ⋄ *Eine bleierne Schwere legte sich über ihn.* A leaden weight settled upon him. **3** (*Himmel*) leaden; (*Licht*) grey
bleifrei unleaded ⋄ *Ich fahre bleifrei.* I use unleaded petrol.
Bleigießen = New Year's Eve custom of melting lead and cooling it in water to make shapes from which people try to predict what will happen to them in the year ahead
Bleistift pencil
Bleistiftspitzer pencil sharpener
Blende 1 (FOTO) aperture **2** (*im Auto*) (sun) visor
blenden 1 dazzle (*auch fig*) ⋄ *Das Licht blendete mich.* I was dazzled by the light. ⋄ *Ihre Schönheit blendete ihn.* He was dazzled by her beauty. ⋄ *Er blendete sie mit einer Taschenlampe.* He shone a torch in her eyes. ⋄ *Die Sonne blendet.* The sun's in my eyes. **2** (*blind machen*) blind (*auch fig*)
blendend 1 (*Licht, Farbe*) brilliant, dazzling ⋄ *blendend weiß* dazzling white **2** (*sehr gut*) great, brilliant (*Adv* brilliantly) ⋄ *Er sieht blendend aus.* He looks great. ⋄ *Sie verstand es blendend, uns zum Lachen zu bringen.* She was brilliant at making us laugh. ⋄ *Die Gäste haben sich blendend amüsiert.* The guests had a brilliant time. ⋄ *Es geht ihm blendend.* He is very well indeed.
Blender(in) fraud, phoney (*umgs*)
Blick 1 look; (*flüchtig*) glance ⋄ *einen flüchtigen Blick auf etw werfen* glance at sth ⋄ *Könntest du einen kurzen Blick darauf werfen?* Could you have a quick look at it? ⋄ *jdm einen fragenden Blick zuwerfen* give sb a questioning look ⋄ *jdn keines Blickes würdigen* not deign to look at sb **2** (*Augen*) eyes [Pl], gaze ⋄ *Ihre Blicke begegneten sich. Their

eyes met.* ⋄ *jds Blick ausweichen* avoid sb's eyes ⋄ *Sein Blick fiel auf die Waffe.* His gaze fell on the gun. **3** (*Ausdruck der Augen*) look (in your eyes), expression ⋄ *In seinem Blick lag schiere Verzweiflung.* There was a look of utter desperation in his eyes. ⋄ *ein verträumter Blick* a dreamy expression **4** (*Ausblick*) view ⋄ *ein Zimmer mit Blick aufs Meer* a room with a sea view **5** (*Blickfeld*) sight ⋄ *etw aus dem Blick verlieren* lose sight of sth **6** (*Urteilskraft*) eye ⋄ *einen guten Blick für etw haben* have a good eye for sth ⋄ *der geschulte Blick des Fachmanns* the trained eye of the specialist ⋄ *keinen Blick für etw haben* not notice sth **7 mit ~ auf etw/jdn** (*unter Berücksichtigung von*) in view of sth/sb; (*betreffend*) referring to sb/sth ⋄ *mit Blick auf die Auftragslage* in view of the order situation IDM **auf den ersten Blick** at first sight; immediately ⋄ *Man sieht doch auf den ersten Blick, dass hier was nicht stimmt.* You can see immediately that something's not quite right. **der böse Blick** the evil eye **einen Blick hinter die Kulissen werfen** have a look behind the scenes **wenn Blicke töten könnten** if looks could kill ☞ *Siehe auch* LIEBE *und* VERSCHLINGEN
blicken 1 look; (*kurz*) glance ⋄ *auf die Uhr blicken* look at your watch ⋄ *nach oben/nach rechts blicken* look up/to the right ⋄ *zuversichtlich in die Zukunft blicken* look to the future with confidence **2 sich (bei jdm) ~ lassen** come* and see sb; (*auftauchen*) show* up (at sb's house) ⋄ *Sie lässt sich bei uns so gut wie nie blicken.* She hardly ever comes to see us. ⋄ *Hat er sich schon blicken lassen?* Has he shown up yet? ⋄ *Lass dich mal wieder blicken!* Drop in again sometime! ⋄ *Lass dich hier ja nicht noch mal blicken!* Don't show your face here again! **3** (*verstehen*) get* ⋄ *Blickst du das immer noch nicht?* You just don't get it, do you? IDM ⇒ GESICHT
Blick- Blickfang ⋄ *als Blickfang dienen* be designed to catch the eye **Blickfeld 1** line of vision ⋄ *ins Blickfeld geraten* come into view **2** (*Öffentlichkeit*) public eye ⋄ *ins Blickfeld geraten* be in the public eye ⋄ *Die Diskussion rückte Russland ins Blickfeld.* The discussion turned the spotlight on Russia. **Blickkontakt** eye contact **Blickpunkt** focus (of attention) ⋄ *im Blickpunkt des Interesses stehen* be the focus of interest ⋄ *in den Blickpunkt der Öffentlichkeit geraten* be in the public eye **Blickwinkel** perspective, point of view ⋄ *von einem anderen Blickwinkel aus* from a different perspective ⋄ *aus dem Blickwinkel der Betroffenen* from the point of view of the people affected
blind 1 blind (*Adv* blindly) (*auch fig*) ⋄ *auf einem Auge blind* blind in one eye ⋄ *blinder Glaube* blind faith ⋄ *blind vor Hass* blinded by hatred ⋄ *blind vor Wut* in a blind fury ⋄ *jdm blind vertrauen* trust sb implicitly ⋄ *Sie ist blind für die Gefühle anderer.* She ignores other people's feelings. ⋄ *blind Schreibmaschine schreiben* touch-type **2** (*Spiegel*) tarnished; (*Scheibe*) blank ⋄ *ein blinder Passagier* a stowaway IDM ⇒ EIFER *und* HUHN
Blinddarm appendix ⋄ *am Blinddarm operiert werden* have your appendix out
Blinddarmentzündung appendicitis [U] ⋄ *eine Blinddarmentzündung haben* have appendicitis
Blinde(r) blind man*/woman* ⋄ *ein Heim für Blinde und Sehbehinderte* a home for the blind and partially sighted ⋄ *die Blinden* the blind ☞ *Hinweis bei* BEHINDERTE(R)
Blinden- Blindenhund guide dog (for the blind), (*AmE*) Seeing Eye dog™ **Blindenschrift** Braille ⋄ *die Blindenschrift beherrschen* be able to read Braille
Blindheit blindness (*auch fig*) ⋄ *kurzzeitige Blindheit* temporary blindness ⋄ *Seine Blindheit ist angeboren.* He was born blind. IDM **(wie) mit Blindheit geschlagen** blind ⋄ *Er muss wirklich mit Blindheit geschlagen sein.* He must be blind!
blindlings blindly ⋄ *jdm blindlings folgen* follow sb blindly ⋄ *jdm blindlings vertrauen* trust sb implicitly ⋄ *blindlings um sich schlagen* hit out wildly
Blindschleiche slow-worm
blinken 1 (*aufleuchten*) flash **2** (*Metall*) gleam; (*Diamant*) sparkle; (*Stern*) twinkle **3** (*Auto*) indicate ⋄ *links/rechts blinken* indicate left/right
Blinker indicator, (*AmE*) turn signal
Blinklicht flashing light
blinzeln blink ⋄ *in die Sonne blinzeln* squint into the sun
Blitz 1 lightning [U] ⋄ *ein Blitz* a flash of lightning ⋄ *In diesen Baum hat der Blitz eingeschlagen.* This tree has been struck by lightning. ⋄ *vom Blitz getroffen* struck by lightning ⋄ *Blitz und Donner* thunder and lightning **2** (FOTO)

Blitzableiter

flash ◊ *Hier brauchst du keinen Blitz.* You don't need to use flash. **IDM** **einschlagen wie ein Blitz** come* as a bombshell **wie ein Blitz aus heiterem Himmel** like a bolt from the blue **wie ein geölter Blitz** like greased lightning **wie vom Blitz getroffen** stunned
Blitzableiter lightning conductor, (*AmE*) lightning rod
Blitzaktion lightning raid ◊ *eine Blitzaktion der Polizei* a lightning raid by the police ◊ *in einer Blitzaktion* at lightning speed **blitzartig** in a flash, at lightning speed ◊ *blitzartig die Flucht ergreifen* disappear in a flash **blitzblank** ◊ *blitzblank sein* be spick and span ◊ *blitzblank geputzte Schuhe* highly polished shoes
blitzen 1 *es blitzt* there's (a flash of) lightning ◊ *Es blitzte und donnerte.* There was thunder and lightning. ◊ *Hat es gerade geblitzt?* Was that a flash of lightning? **2** (*funkeln*) flash ◊ *Ihre Zähne blitzten.* Her teeth flashed. ◊ *vor Sauberkeit blitzen* be sparkling clean **3** (*Blitzlicht verwenden*) use flash **4** (*Radarkontrollen durchführen*) carry* out speed checks **5** *jdn ~ catch* sb speeding ◊ *Er wurde geblitzt.* He was caught speeding.
Blitz- Blitzkrieg blitz **Blitzlicht** flash ◊ *eine Aufnahme mit Blitzlicht* a photo taken with flash **blitzsauber** sparkling clean **Blitzschlag** lightning [U], flash of lightning **blitzschnell** in a flash, instantly
Block 1 block ◊ *ein Block aus Sandstein* a block of sandstone ◊ *Das Studium besteht aus drei Blöcken.* The course consists of three blocks of study. ◊ *ein Spaziergang um den Block* a walk round the block **2** (*Schreib-*) pad **3** (*Staaten*) bloc; (*Gruppen*) political grouping
Blockade blockade (*auch fig*) ◊ *eine Blockade verhängen/aufheben* impose/lift a blockade ◊ *Sie warfen der Opposition die Blockade der Reformen vor.* They accused the opposition of blocking the reforms.
Block- Blockflöte recorder ◊ *Blockflöte spielen* play the recorder **blockfrei** non-aligned ◊ *die Gruppe der Blockfreien* the group of non-aligned states **Blockhaus, Blockhütte** log cabin
blockieren 1 (*behindern*) block ◊ *Die Gleise waren durch umgestürzte Bäume blockiert.* The line was blocked by fallen trees. ◊ *sich gegenseitig blockieren* reach deadlock **2** (*Zugang verweigern*) blockade ◊ *Studenten blockierten die Universität.* Students blockaded the university. **3** (*Räder, Bremse*) lock
Block- Blockpartei alliance party **Blockschokolade** cooking chocolate **Blockschrift** block capitals [Pl] ◊ *Bitte in Blockschrift ausfüllen.* Please write in block capitals.
blöd, blöde 1 stupid ◊ *sich blöd vorkommen* feel stupid ◊ *Für wie blöd hältst du mich eigentlich?* What sort of a fool do you take me for? **2** (*ärgerlich*) annoying ◊ *Ich finde es blöd, dass er geht.* It's really annoying that he's leaving. ◊ *Das Blöde daran ist, dass ...* The annoying thing about it is that ... ◊ *Es ist doch wirklich zu blöd!* It's a real nuisance! ◊ *Das ist blöd gelaufen.* It didn't go very well.
Blödheit stupidity ◊ *Daran war nur seine eigene Blödheit schuld.* It was his own stupidity.
blödeln fool around
Blöd- Blödmann idiot **Blödsinn** nonsense, rubbish ◊ *Das ist doch Blödsinn.* That's a load of rubbish. ◊ *Hör mit dem Blödsinn auf!* Stop messing about! **blödsinnig** stupid ◊ *blödsinnige Witze* stupid jokes
blöken (*Schafe*) bleat; (*Rinder*) low
blond blond, fair(-haired) ◊ *Sie hat blond gefärbte Haare.* Her hair's dyed blond. ◊ *Er ist blond gelockt.* He's got fair curly hair. ◊ *Als Kind war ich blond.* I had fair hair as a child.
bloß 1 *Adj* (*nackt*) bare ◊ *auf der bloßen Erde* on the (bare) ground ◊ *mit bloßem Oberkörper* stripped to the waist ◊ *mit bloßem Auge* with the naked eye **2** *Adj* (*allein*) mere (*nur vor Nomen*), pure ◊ *der bloße Gedanke daran* the mere thought of it ◊ *Der bloße Verdacht reicht für eine Verhaftung nicht aus.* You can't arrest someone merely on suspicion. ◊ *bloßer Zufall* pure chance **3** *Adv* (*nur*) only, just ◊ *Ich habe bloß noch drei Dollar.* I've only got three dollars left. ◊ *Er will bloß seine Ruhe haben.* He just wants to be left in peace. ◊ *Wie hat sie das bloß gemacht?* How on earth did she manage to do that? ◊ *Komm bloß nicht zu spät!* Don't dare be late! ◊ *„Soll ich Hans fragen?" „Bloß nicht!"* 'Shall I ask Hans?' 'No, don't, whatever you do!' **IDM** ⇨ SAGEN
Blöße nakedness **IDM** **sich eine/keine Blöße geben** show/not show a weakness

bloßstellen 1 *sich ~* make* a fool of yourself ◊ *sich vor anderen bloßstellen* make a fool of yourself in front of other people **2** *jdn ~* show* sb up ◊ *jdn vor allen Leuten bloßstellen* show sb up in front of everyone ◊ *einen Lügner bloßstellen* expose sb as a liar
Blouson bomber jacket
blubbern bubble
Blues blues ◊ *Blues spielen* play the blues ◊ *einen Blues spielen* play a blues number
Bluff bluff ◊ *Die Drohung erwies sich als ein Bluff.* The threat turned out to be a bluff.
bluffen bluff ◊ *Sie blufft nur.* She's bluffing. ◊ *Von dir lasse ich mich nicht bluffen!* You can't fool me!
blühen 1 (*Blüten haben*) bloom, be in bloom; (*Pflanze auch*) flower, be in flower; (*Baum*) blossom, be in blossom ◊ *Blühen die Rosen schon?* Are the roses in bloom yet? ◊ *rot blühen* have red flowers **2** (*gedeihen*) flourish **3** *jdm ~* be in store for sb ◊ *Wer weiß, was uns noch alles blüht.* Who knows what's in store for us. **IDM** ⇨ LEBEN
blühend 1 (*Blume*) flowering, in bloom (*nicht vor Nomen*); (*Wiese*) full of flowers (*nicht vor Nomen*) ◊ *spät blühende Rosen* late-flowering roses ◊ *ein blühendes Rapsfeld* a rape field in flower **2** (*Land, Zukunft*) prosperous; (*Gesundheit*) radiant ◊ *blühende Landschaften* prosperous regions ◊ *blühenden Handel treiben* do a roaring trade **3** (*Fantasie*) vivid **IDM** ⇨ LEBEN
Blume 1 flower **2** (*im Topf*) (pot) plant **IDM** **durch die Blume** in a roundabout way
Blumenbeet flower bed **Blumenerde** potting compost **Blumenhändler(in)** florist ☛ G2.2d **Blumenkasten** window box **Blumenkohl** cauliflower **Blumenladen** florist's **Blumenstrauß** bunch (of flowers); (*Bukett*) bouquet
Blumentopf flowerpot **IDM** **mit etw keinen Blumentopf gewinnen** not get* very far with sth
blumig flowery
Bluse blouse ◊ *eine Bluse aus Seide* a silk blouse
Blut blood ◊ *Blut spenden* give blood ◊ *jdm Blut abnehmen* take a blood sample from sb ◊ *Ich kann kein Blut sehen.* I can't stand the sight of blood. ◊ *Es floss viel Blut.* There was massive bloodshed. **IDM** **jdn bis aufs Blut reizen** make* sb's blood boil **Blut lecken** taste blood **Blut und Wasser schwitzen** go* hot and cold **böses Blut machen/schaffen** cause bad blood **kaltes/ruhiges Blut bewahren** keep* cool **etw liegt jdm im Blut** sth is in sb's blood ◊ *Tanzen liegt ihr im Blut.* Dancing is in her blood. (**Nur**) **ruhig Blut!** Keep your hair on! (*umgs*) **sich bis aufs Blut bekämpfen** fight to the death ☛ *Siehe auch* FLEISCH *und* STOCKEN
blutarm anaemic, (*AmE*) anemic (*auch fig*) **Blutbad** bloodbath ◊ *Sie richteten im Dorf ein Blutbad an.* They turned the village into a bloodbath. **Blutdruck** blood pressure ◊ *jdm den Blutdruck messen* take sb's blood pressure
Blüte 1 flower; (*Bäume*) blossom [U] ◊ *Der Baum trägt weiße Blüten.* The tree has white blossom. **2** (*Blütezeit*) bloom [U]; (*Bäume*) blossom [U] ◊ *in voller Blüte stehen* be in full bloom ◊ *Die Blüte der Mandelbäume hat begonnen.* The almond trees are coming into blossom. **3** (*Entwicklung*) flowering; (*Mensch*) prime; (*Wirtschaft*) boom ◊ *eine Zeit der kulturellen Blüte* a flowering of culture ◊ *in der Blüte ihrer/seiner Jahre* in his/her prime ◊ *eine Zeit der wirtschaftlichen Blüte* a boom period **4** (*Geldschein*) forged banknote **IDM** **seltsame Blüten treiben** have bizarre manifestations
Blutegel leech
bluten 1 bleed* ◊ *Mein Finger blutet.* My finger's bleeding. ◊ *aus dem Mund bluten* bleed from the mouth ◊ *aus der Nase bluten* have a nosebleed ◊ *Mir blutet das Herz, wenn ich sie so sehe.* My heart bleeds for her. **2** (*für etw*) *~* (*büßen*) pay* the price (for sth); (*Geld bezahlen*) fork out a lot of money (for sth) (*umgs*)
Blüten- Blütenblatt petal **Blütenstaub** pollen **blütenweiß** pure white
Bluter(in) haemophiliac, (*AmE auch*) hemophiliac ◊ *Er ist Bluter.* He is a haemophiliac.
Blütezeit 1 *während der Blütezeit der Bäume/Rosen* when the trees are in blossom/the roses are in bloom ◊ *zur Blütezeit der Erdbeeren* when the strawberries are in flower **2** (*Höhepunkt*) heyday, height; (*Mensch*) prime ◊ *in der Blütezeit des Walzers* in the heyday of the waltz ◊ *zur Blütezeit der Romantik* at the height of Romanticism

Blut- Blutgefäß blood vessel **Blutgerinnsel** blood clot **Blutgruppe** blood group **Bluthochdruck** high blood pressure, hypertension (*Fachspr*) ◊ *an Bluthochdruck leiden haben* have high blood pressure

blutig 1 bloody*; (*blutverschmiert*) covered in blood; (*Anschlag*) violent (*Adv* violently) ◊ *jdm die Nase blutig schlagen* give sb a bloody nose ◊ *jdn blutig schlagen* beat sb up ◊ *Der Aufstand wurde blutig niedergeschlagen.* The uprising was brutally suppressed. **2** (*Anfänger*) absolute; (*Ernst*) deadly ◊ *Das ist mein blutiger Ernst.* I'm deadly serious.

Blut- Blutkörperchen (blood) corpuscle **Blutkonserven** blood supplies [Pl] **Blutlache** pool of blood **Blutorange** blood orange **Blutprobe** blood test ◊ *bei jdm eine Blutprobe machen* give sb a blood test ◊ *Die Blutprobe ergab einen Alkoholspiegel von 1,6 Promille.* The blood test revealed an alcohol level of 160 micrograms. **Blutrache** vendetta **blutrünstig** bloodthirsty **Blutsauger** bloodsucker **Blutspende** blood donation ◊ *zur Blutspende aufrufen* appeal for people to give blood **Blutspender(in)** blood donor

Blutung 1 bleeding [U]; (*stärker*) haemorrhage, (*AmE*) hemorrhage ◊ *eine innere Blutung* internal bleeding ◊ *eine Blutung stillen* stop the bleeding **2** (*Menstruation*) period

blut- blutunterlaufen bloodshot **Blutvergießen** bloodshed **Blutvergiftung** blood poisoning [U] **Blutwurst** ≈ black pudding, (*AmE*) ≈ blood sausage

BLZ ⇨ BANKLEITZAHL

Bö (*Windstoß*) gust; (*Wind*) wind ◊ *orkanartige Böen* hurricane-force winds ◊ *in Böen starker bis stürmischer Wind* gusty winds, strong to stormy

Boa boa

Bob bobsleigh, (*AmE auch*) bobsled ◊ *Bob fahren* bobsleigh

Bock¹ der 1 (*Reh-, Kaninchen*) buck; (*Ziegen-*) billy goat; (*Schafs-*) ram **2** (*Mann*) (*abwert*) ◊ *So ein geiler Bock!* What a randy old goat! ◊ *Er ist ein sturer Bock.* He's as stubborn as a mule. **3** (*Turnen*) buck **4** (*Gestell*) trestle **5** (**keinen/null**) ~ (**auf etw**) **haben** (not) feel* like sth (*umgs*), (not) fancy* (sth) ◊ „*Kommst du mit?" „Nee, kein Bock.*" 'Are you coming?' 'No, I don't feel like it.' ◊ *Hast du Bock auf Pizza?* Do you fancy a pizza? ◊ *Ich hab' echt keinen Bock auf diese Leute.* I can't stand these people. IDM **einen Bock schießen** boob, (*AmE*) make* a boo-boo

Bock² *das* (*Bier*) bock

bocken 1 (*Tier*) refuse to move ◊ *Der Esel bockte.* The donkey refused to move. ◊ *Vor der dritten Hürde bockte das Pferd.* The horse refused the third jump. **2** (*Kind, Auto*) (*umgs*), play up ◊ *Hör auf zu bocken!* Stop playing up!

bockig awkward, stroppy ◊ *Werd bloß nicht bockig!* Now don't get stroppy!

Bockspringen (*Turnen*) vaulting; (*Spiel*) leapfrog

Bockwurst frankfurter, (*AmE*) wiener

Boden 1 (*im Freien*) ground; (*in Räumen*) floor ◊ *Er fiel auf den Boden.* He fell to the ground. ◊ *Lass deine Bücher nicht auf dem Boden liegen!* Don't leave your books lying on the floor!

> Im Englischen unterscheidet man zwischen dem Boden draußen (**ground**) und dem Fußboden im Haus (**floor**): *The ground was covered in snow.* ◊ *The floors were covered in thick carpet.* **Soil** ist die Erde, in der Pflanzen wachsen: *The soil must be kept moist.*

2 (*Erdreich*) soil ◊ *fruchtbarer/sandiger Boden* fertile/sandy soil **3** (*Grundstück*) land **4** (*eines Behälters, Gewässers*) bottom ◊ *auf dem Boden der Flasche* in the bottom of the bottle **5** (*Territorium*) territory (*gehoben*), soil ◊ *feindlicher Boden* enemy territory ◊ *auf französischem Boden* on French soil **6** (*Grundlage*) basis*, footing ◊ *auf dem Boden der Verfassung stehen* be on a sound constitutional footing ◊ *Mit der These bewegt er sich auf unsicherem Boden.* He's on shaky ground with that argument. **7** (*Pizza-, Torten- etc.*) base **8** (*Dach-*) loft, attic IDM **am Boden zerstört sein** be devastated **(an) Boden gewinnen/verlieren** gain/lose* ground **auf dem Boden der Tatsachen bleiben** stick* to the facts **etw aus dem Boden stampfen** conjure sth up out of nothing; (*Gebäude*) put* sth up quickly **Boden gutmachen/wettmachen** make* up ground; catch* up **den Boden unter den Füßen verlieren** feel* the bottom has dropped out of your world **festen Boden unter den Füßen haben 1** be on dry land ◊ *Ich war die ganze Zeit seekrank und wollte nur festen Boden unter den Füßen haben.* I was seasick all the time and couldn't wait to get back on dry land. **2** (*finanziell*) be financially secure **jdn zu Boden strecken** knock sb down; knock sb to the ground ☞ *Siehe auch* FASS *und* GRUND

Bodenerosion soil erosion **Bodenfrost** ground frost

bodenlos 1 (*tief*) bottomless ◊ *die bodenlose Tiefe des Meeres* the bottomless depths of the sea ◊ *Die Aktienkurse fielen ins Bodenlose.* Share prices fell drastically. **2** (*unerhört*) incredible (*Adv* incredibly), unbelievable (*Adv* unbelievably) ◊ *bodenloser Leichtsinn* incredible stupidity ◊ *Das ist eine bodenlose Frechheit!* What a cheek!

Boden- Bodenpersonal ground staff ☞ *Hinweis bei* STAFF¹ **Bodenschätze** natural resources [Pl]

bodenständig 1 (*Kultur, Tradition etc.*) local **2** (*Mensch*) close to your roots; (*realistisch*) down-to-earth ◊ *bodenständige Politiker* politicians who have remained close to their roots ◊ *Sie ist so bodenständig, dass sie ihre Heimat nie verlassen würde.* She is so attached to the area that she would never leave.

Bodybuilding body-building

Böe ⇨ Bö

Bogen 1 curve; (*Straße, Weg etc.*) bend ◊ *Der Fluss macht hier einen Bogen.* There's a bend in the river here. **2** (MATH) arc **3** (ARCHIT) arch **4** (*Sport, Waffe, zum Musizieren*) bow ◊ *mit Pfeil und Bogen schießen* shoot with a bow and arrow **5** (*Blatt*) sheet (of paper) IDM **den Bogen raushaben** have got the hang of it **den Bogen überspannen** go* too far **den Bogen zu etw schlagen/spannen** make* the link to sth **einen Bogen um jdn/etw machen** avoid sb/sth; give* sb/sth a wide berth

böhmisch Bohemian IDM ⇨ DORF

Bohne bean ◊ *dicke/grüne Bohnen* broad/green beans IDM **nicht die Bohne** not in the least ◊ *Das interessiert ihn nicht die Bohne.* He isn't in the least bit interested.

Bohnenstange beanpole (*auch fig*)

bohnern polish (the floor), wax (the floor)

bohren 1 drill ◊ *ein Loch in die Wand bohren* drill a hole in the wall ◊ *nach Öl bohren* drill for oil ◊ *einen Brunnen bohren* sink a well **2** (*Zahnarzt*) give* sb a filling ◊ *Der Zahnarzt hat überhaupt nicht gebohrt!* I didn't have to have any fillings. **3 in etw ~** (*Pfahl, Messer*) sink* sth into sth **4 sich in etw ~** dig* into sth, become* embedded in sth ◊ *Die Wrackteile hatten sich tief in die Erde gebohrt.* The wreckage had become embedded in the ground. **5** (**mit dem Finger**) **in der Nase ~** pick your nose **6** (*fragen*) keep* (on) asking ◊ *Der Polizist bohrte so lange, bis er die Wahrheit herausbekam.* The policeman kept asking questions until he got at the truth.

bohrend (*Frage*) probing; (*Blick*) penetrating; (*Schmerzen, Hunger*) gnawing (*nur vor Nomen*)

Bohrer (*Maschine*) drill; (*Bohraufsatz*) (drill) bit

Bohr- Bohrinsel (oil/gas) rig, drilling rig **Bohrmaschine** drill

böig gusty ◊ *böig auffrischender Wind* a freshening wind, becoming gusty

Boiler water heater

Boje buoy

Böller 1 (*Geschütz*) small cannon* **2** (*Feuerwerk*) banger

Bollwerk (*Festung*) bulwark (*auch fig*)

Bolzen bolt

bombardieren bombard (*auch fig*); (*mit Bomben auch*) bomb ◊ *Die Firma wurde mit Anrufen bombardiert.* The company was bombarded with phone calls.

bombastisch bombastic (*Adv* bombastically); (*Haus etc.*) massive

Bombe bomb ◊ *eine Bombe legen* plant a bomb IDM **eine Bombe platzen lassen** drop* a bombshell **etw schlägt ein wie eine Bombe** sth comes* as a bombshell **Bombenalarm** bomb alert **Bombenangriff** bombing raid **Bombenanschlag, Bombenattentat** bomb attack **Bombendrohung** bomb threat **Bombenerfolg** fantastic success; (*Platte, Film etc.*) roaring trade ◊ *Vor Weihnachten hat die Firma ein Bombengeschäft gemacht.* The company did a roaring trade before Christmas. **Bombenleger** bomber **bombensicher 1** bombproof **2** (*fig*) absolutely certain ◊ *Dass er gewinnt, ist bombensicher.* He's absolutely certain to win. **Bom-**

benstimmung fantastic atmosphere **Bombentrichter** bomb crater **Bombenwarnung** bomb warning
Bomber bomber
bombig great, fantastic
Bommel pompon
Bon 1 (*Kassenzettel*) receipt **2** (*Gutschein*) voucher, (*AmE*) coupon
Bonbon sweet, (*AmE*) candy* ☛ *Das amerikanische Wort* **candy** *ist normalerweise nicht zählbar oder steht im Plural. Man sagt meist* a piece of candy *oder* some candy *und nur selten* a candy.
Bonus bonus
Bonze big shot (*umgs*)
Boom boom
Boot boat ◊ *mit dem Boot* by boat ◊ *Auf dem See kann man Boot fahren.* You can go boating on the lake.
booten (COMP) boot (*sth*) up ◊ *Ich musste den Rechner neu booten.* I had to reboot the computer.
Boots- Bootsfahrt boat trip **Bootsflüchtlinge** boat people [Pl] **Bootshaus** boathouse **Bootssteg** landing stage **Bootsverleih** boat hire
Bord¹ *der* IDM **an Bord** on board; aboard ◊ *an Bord des Schiffs gehen* go on board the ship **über Bord gehen 1** fall* overboard **2** (*fig*) go* by the board **etw über Bord werfen 1** throw* sth overboard **2** (*fig*) abandon sth ◊ *Wir mussten alle unsere Pläne über Bord werfen.* We had to abandon all our plans. ◊ *Sie warfen alle Vorsicht über Bord.* They threw caution to the winds. **von Bord gehen** disembark (*offiz*); (*vom Schiff auch*) go* ashore; (*vom Flugzeug auch*) leave* the plane ☛ *Siehe auch* MANN
Bord² *das* shelf*
Bordell brothel
Bordstein kerb, (*bes AmE*) curb
borgen 1 sich etw (von/bei jdm) ~ borrow sth (from sb) ◊ *Ich habe mir bei ihm 20 Mark geborgt.* I borrowed 20 marks from him. ◊ *Das ist nicht sein Anzug, er ist nur geborgt.* It's not his suit: it's only borrowed. **2 jdm etw** ~ lend* sb sth, lend* sth to sb

Vorsicht: Bei „borgen" und „leihen" muss man genau unterscheiden, ob man etwas bekommt oder weggibt! *Er borgt sich ständig Geld von seinen Freunden.* He's always borrowing money from his friends. ◊ *Sie hat ihm ihr Motorrad geliehen/geborgt.* She's lent him her motorbike.

borniert 1 *Adj* narrow-minded **2** *Adv* in a narrow-minded way, rigidly ◊ *borniert auf seinen Ansichten beharren* stick rigidly to your opinions
Börse stock market; (*Ort*) stock exchange ◊ *an der Börse spekulieren* speculate on the stock market
Börsenkrach stock market crash **Börsenmakler(in)** stockbroker ☛ G 2.2d
Borste bristle
bösartig 1 (*Bemerkung, Mensch*) malicious (*Adv* maliciously), nasty (*Adv* nastily); (*Tier, Attacke*) vicious (*Adv* viciously) **2** (MED) malignant
Böschung (*Straße, Bahndamm*) embankment; (*Fluss*) bank
böse 1 (*verärgert*) annoyed, cross (*umgs*) **jdm** ~ **sein/auf jdn** ~ **sein** be angry with sb, be cross with sb; **über etw/wegen einer Sache** ~ **sein** be annoyed about sth ◊ *Sie wird immer gleich böse, wenn wir zu spät kommen.* She always gets annoyed when we're late. ◊ *Ich bin ihr böse, weil sie meinen Geburtstag vergessen hat.* I'm cross with her for forgetting my birthday. ◊ *Er warf ihr einen bösen Blick zu.* He gave her an angry glance. **2** (*bösartig*) nasty*, unkind ◊ *Es war nicht böse gemeint.* I didn't mean to be unkind. ◊ *Es steckte keine böse Absicht dahinter.* There was no harm intended. **3** (*Kind*) naughty* **4** (*moralisch schlecht*) evil, wicked (*veraltet*) ◊ *böse Geister* evil spirits ◊ *die böse Hexe* the wicked witch **5** (*schlimm*) nasty*, bad* ◊ *eine böse Überraschung* a nasty surprise ◊ *ein böser Traum* a bad dream ◊ *böse Folgen* serious consequences ◊ *ein böses Erwachen* a rude awakening ◊ *eine böse Enttäuschung* a bitter disappointment ◊ *Er ist oft krank, aber diesmal hat es ihn böse erwischt.* He's often ill, but this time it's really bad. IDM **es sieht (mit jdm/etw) böse aus** it's not looking good (for sb/sth) ◊ **es wird mit jdm böse enden** sb will come to a sticky end ◊ **nichts Böses ahnend** unsuspecting ◊ *Er kam nichts Böses ahnend ins Zimmer.* He came into the room, all unsuspecting. **etw wird böse enden** sth will end in disaster ☛ *Siehe auch* BLICK, BLUT, ENDE, MIENE *und* ZUNGE
Böse *das* evil ◊ *der Kampf gegen das Böse* the fight against evil
Bösewicht villain
boshaft malicious (*Adv* maliciously), nasty* (*Adv* nastily) ◊ *eine boshafte Bemerkung* a nasty remark
Bosheit 1 malice, spite ◊ *Das hat er aus reiner Bosheit gemacht.* He did it out of sheer spite. **2** (*Bemerkung*) spiteful remark
Boss boss (*umgs*)
böswillig malicious (*Adv* maliciously); (*absichtlich*) deliberate (*Adv* deliberately) ◊ *eine böswillige Unterstellung* a malicious accusation ◊ *Ihr Sohn hat böswillig ein anderes Kind gestoßen.* Your son deliberately pushed another child.
Botanik botany
Botaniker(in) botanist ☛ G 2.2d
botanisch botanical (*Adv* botanically) ◊ *der botanische Garten* the botanical gardens
Bote, Botin 1 messenger ◊ *die Zustellung per Boten* delivery by messenger ◊ *Sie ließ den Brief durch einen Boten überbringen.* She had the letter delivered by hand. **2** (*Vorbote*) herald
Botschaft 1 (*diplomatische Vertretung*) embassy* **2** (*Mitteilung*) message, news [U] ◊ *Die Botschaft war klar: keine Verhandlungen!* The message was clear — no negotiations! ◊ *die traurige Botschaft vom Tod ihres Vaters* the sad news of their father's death ◊ *die frohe Botschaft* the good news
Botschafter(in) ambassador ◊ *die britische Botschafterin in Spanien* the British ambassador to Spain ☛ G 2.2d
Boulevard boulevard
Boulevardblatt, Boulevardzeitung popular paper, tabloid (paper) (*abwert*) **Boulevardpresse** popular press, tabloid press (*abwert*)
Boutique boutique
Bowle punch ◊ *eine Bowle ansetzen* make some punch
Bowling tenpin bowling
Bowlingbahn bowling alley
Box 1 (*Lautsprecher*) speaker **2** (*Autorennen*) pit ◊ *an den Boxen* in the pits **3** (*Behälter*) box, container **4** (*im Stall*) box
boxen 1 punch **2** (**sich**) ~ fight* **3** (SPORT) box, fight*; **gegen jdn** ~ box against sb, fight sb
Boxenstop pit stop
Boxer (*Hund*) boxer
Boxer(in) (SPORT) boxer ☛ G 2.2d
Boxershorts boxer shorts [Pl]
Box- Boxhandschuh boxing glove **Boxkampf** boxing match **Boxring** boxing ring **Boxsport** boxing
Boykott boycott
boykottieren boycott
brabbeln (*undeutlich sprechen*) mutter, mumble
brachial violent (*Adv* violently), brutal (*Adv* brutally) ◊ *Er hat sich mit brachialen Methoden durchgesetzt.* He achieved his end by brutal means.
Brachialgewalt brute force
brachliegen lie* fallow; (*in der Stadt*) be derelict (*auch fig*) ◊ *Ihre Talente liegen brach.* Her talents are not being exploited.
Braille(schrift) Braille
Branche (*Wirtschaftszweig*) industry*, sector of industry, trade ◊ *Wie lange sind Sie schon in der Branche?* How long have you worked in the industry? ◊ *In welcher Branche ist sie?* What line of business is she in?
Branchenführer market leader **Branchenverzeichnis** classified directory, Yellow Pages ™
Brand fire IDM **in Brand geraten** catch* fire **etw in Brand setzen/stecken** set* sth on fire
brandaktuell highly topical; (*Neuigkeit, Information*) up-to-the-minute ◊ *ein brandaktuelles Thema* a highly topical issue **Brandanschlag** arson attack ◊ *einen Brandanschlag verüben* carry out an arson attack **Brandblase** blister **Brandbombe** firebomb, incendiary device **Brandgefahr** danger of fire **Brandherd 1** source of the fire **2** (*fig*) sensitive issue **brandmarken** brand ◊ *Er war als Lügner gebrandmarkt.* He was branded a liar. **brand-**

neu brand new **Brandopfer** victim of a fire **brandschatzen** pillage, sack **Brandstifter(in)** arsonist **Brandstiftung 1** arson [U] ◊ *Die Polizei geht von Brandstiftung aus.* The police are treating the case as arson. **2** (*Anschlag*) arson attack

Brandung surf IDM ⇨ FELS

Brand- **Brandwache** fire brigade, (*AmE*) fire department ☛ G1.3b **Brandwunde** burn

Bratapfel baked apple

braten 1 (*in der Pfanne*) fry* **2** (*im Ofen*) roast; (*Fisch, Apfel*) bake

Braten joint (of meat); (*gebraten auch*) roast ◊ *kalter Braten* cold roast meat

Bratensoße gravy [U] **Bratenwender** fish slice, (*AmE*) spatula

Brat- **Brathähnchen**, **Brathendl** (*ungebraten*) roasting chicken; (*gebraten*) roast chicken **Brathering** fried herring **Bratkartoffeln** sauté potatoes [Pl] **Bratpfanne** frying pan

Bratsche viola ◊ *Bratsche spielen* play the viola

Bratwurst sausage

Brauch custom, tradition ◊ *ein regionaler Brauch* a local custom ◊ *Das ist so Brauch bei uns.* It's a tradition round here.

brauchbar 1 (*Information, Vorschlag*) useful; (*Alternative, Basis*) viable; (*Ergebnis*) satisfactory; (*Spieler, Arbeiter*) decent **2** (*den Ansprüchen genügend*) all right ◊ *Das alte Radio ist noch ganz brauchbar.* This old radio is still all right.

brauchen 1 need ◊ *Ich brauche noch 200 Dollar.* I need another 200 dollars. ◊ *Es werden dringend freiwillige Helfer gebraucht.* Volunteers are urgently needed. ◊ *Brauchst du alle drei Tassen?* Do you need all three cups? ◊ *Ich brauche das Auto heute nicht mehr.* I don't need the car any more today. ◊ *Du brauchst nicht Noten zu lernen, um Gitarre zu spielen.* You don't need to learn to read music to play the guitar. **2** (*Zeit*) take* ◊ *Das braucht seine Zeit.* It takes time. ◊ *Wie lange hast du gebraucht?* How long did it take you? ◊ *Zum Flughafen braucht man eine Stunde.* It takes an hour to get to the airport. **3** (*Größe*) take* ◊ *Welche Schuhgröße brauchst du?* What size shoe do you take? ◊ *Ich brauche Größe 41.* I take a (size) 41. **4** (*Strom, Benzin etc.*) use ◊ *So ein Scheinwerfer braucht viel Strom.* These spotlights use a lot of electricity. ☛ *Hinweis bei* BENZINVERBRAUCH **5 jd kann etw nicht ~** sb can* do without sth ◊ *Blöde Kommentare kann ich im Moment nicht brauchen.* I can do without stupid remarks right now. ◊ *Ich kann deine Probleme jetzt wirklich nicht brauchen.* I really can't be bothered with your problems now. ☛ *Siehe auch* 10.2c

Brauchtum customs [Pl], traditions [Pl]

Braue (eye)brow ◊ *die Brauen hochziehen* raise your eyebrows

brauen (*Bier*) brew; (*Tee, Kaffee*) make*

Brauerei brewery*

braun 1 brown ☛ *Beispiele bei* BLAU **2** (*von der Sonne*) tanned, brown **3** (*POL*) Nazi ◊ *die Zeit der braunen Schreckensherrschaft* the age of Nazi terror

Braun brown

Bräune tan ◊ *eine gesunde Bräune* a healthy tan

bräunen (*im Ofen*) brown; (*Haut*) tan*

braun- **braunhaarig** dark-haired, with brown hair (*nicht vor Nomen*) ◊ *groß und braunhaarig* tall with brown hair **Braunkohle** lignite, brown coal

bräunlich brownish

brausen 1 (*fahren*) race, zoom ◊ *Sie sprang ins Auto und brauste davon.* She jumped into the car and zoomed away. **2** (*Geräusch*) roar ◊ *das Brausen des Meeres* the roar of the sea ◊ *brausender Beifall* thunderous applause

Braut bride; (*Verlobte*) fiancée

Bräutigam (bride)groom

Braut- **Brautjungfer** bridesmaid **Brautkleid** wedding dress **Brautpaar** bride and groom **Brautstrauß** wedding bouquet

brav **1** (*folgsam*) well-behaved, good ◊ *ein braver Schüler* a well-behaved pupil ◊ *Bedank dich brav!* Be good and say thank you. **2** (*ohne besonderen Reiz*) tame

bravo! well done!, bravo!

Brecheisen ⇨ BRECHSTANGE

brechen 1 break* ◊ *Sie brach die Schokolade in zwei Teile.* She broke the chocolate in two. ◊ *sein Wort/ein Versprechen/einen Vertrag brechen* break your word/a promise/a contract ◊ *Widerstand brechen* overcome resistance **2 sich etw ~** break* sth ◊ *Er hat sich das Bein gebrochen.* He's broken his leg. **3 mit etw ~** break* with sth ◊ *mit einer Gewohnheit brechen* break with a tradition **4** (*sich erbrechen*) be sick ◊ *Ich muss brechen.* I'm going to be sick. **5** (*Physik*) refract; **sich ~** be refracted IDM ⇨ BIEGEN, EIS, GENICK, HERZ, KNIE *und* ZAUN

Brech- **Brechmittel** (*fig*) ◊ *Diese Musik ist das reinste Brechmittel.* This music is enough to make you sick. **Brechreiz** nausea

Brechstange crowbar; (*von Einbrechern*) jemmy*, (*AmE*) jimmy*

Brei (*Masse*) mush, goo; (*Babynahrung*) baby food; (*beim Kochen*) paste ◊ *ein klebriger, grüner Brei* a sticky, green goo ◊ *Mehl und Wasser zu einem Brei verrühren.* Mix flour and water to make a paste. IDM **um den heißen Brei herumreden; wie die Katze um den heißen Brei herumschleichen** beat* around the bush ☛ *Siehe auch* KOCH *und* SCHLAGEN

breiig mushy ◊ *eine breiige Masse* a mushy paste

breit 1 wide, broad ◊ *eine breite Straße* a wide road ◊ *Das Zimmer ist drei Meter breit.* The room is three metres wide ◊ *Der Fluss ist sehr breit.* The river is very wide. ◊ *ein breites Lächeln* a broad smile

> Vergleiche **wide** und **broad**: **Wide** ist der allgemeine Ausdruck für „breit". Bei Körperteilen jedoch gebraucht man oft **broad**: *a broad nose* ◊ *broad shoulders* aber: *a wide mouth*. In gehobener oder literarischer Sprache benutzt man **broad**, um Landschaften o.Ä. zu beschreiben ◊ *a broad river* ◊ *a broad stretch of meadowland*.

2 (*Mehrheit*) broad; (*Zustimmung etc.*) widespread **3** (*betrunken*) drunk; (*unter Drogeneinfluss*) stoned **4 sich ~ machen** spread* out, sprawl ◊ *Sag ihm, er soll sich nicht so breit machen!* Tell him not to spread out so much! ◊ *Langeweile machte sich breit* There was a general feeling of boredom. IDM ⇨ LANG *und* WEIT

Breitband broadband

Breite 1 width ◊ *Breite und Höhe multiplizieren* multiply the width by the height ◊ *ein Sofa von zwei Meter Breite* a sofa two metres wide **2** (*Vielfalt*) breadth ◊ *die Breite des Sortiments* the breadth of choice **3** (GEOGR) latitude ◊ *auf dem 32. Grad nördlicher Breite* at latitude 32° north ◊ *in diesen Breiten* in these latitudes

Breitengrad parallel (of latitude), (line of) latitude ◊ *der 38. Breitengrad* the 38th parallel **Breitensport** popular sport

breit- **breitschlagen sich zu etw ~ lassen** get* roped into sth, get* talked into doing sth ◊ *Ich habe mich breitschlagen lassen abzuwaschen.* I've been talked into doing the washing up. **breittreten** discuss *sth* in public

Bremse 1 (*am Fahrzeug*) brake ◊ *auf die Bremse treten/steigen* step on the brake **2** (ZOOL) horsefly*

bremsen brake, slow down (*auch fig*) ◊ *scharf bremsen* brake hard ◊ *eine Entwicklung bremsen* slow down a trend ◊ *Sie ist nicht zu bremsen.* There's no stopping her.

Brems- **Bremslicht** brake light **Bremsspur** skid mark

brennbar combustible; (*Gas auch*) flammable; (*Flüssigkeit*) flammable

Brennelement fuel element; (*Brennstab*) fuel rod

brennen 1 (*Feuer*) burn*; (*Kerze, Zigarette*) be lit; (*Licht, Lampe*) be on **2** (*in Brand sein*) be on fire **3 ein Loch in etw ~** burn* a hole in sth **4** (*Ton, Porzellan*) fire; (*Ziegel auch*) bake **5** (*destillieren*) distil*, (*AmE*) distill **6** (*schmerzen*) sting* ◊ *Mir brennen die Augen.* My eyes are stinging. **7** ◊ *Die Sonne brennt.* The sun is very hot. IDM **darauf brennen, etw zu tun** be dead keen to do sth ☛ *Siehe auch* KIND, NAGEL, SEELE *und* ZUNGE

brennend 1 burning; (*Kerze, Zigarette*) lighted **2** (*fig*) burning (*nur vor Nomen*) ◊ *eine brennende Frage* a burning question ◊ *Dieses Thema interessiert mich brennend.* I am extremely interested in this subject.

Brenn- **Brennholz** firewood **Brennnessel** (stinging) nettle **Brennpunkt** focus (*auch fig*) ◊ *im Brennpunkt des Interesses stehen* be the focus of attention ◊ *Dieses Stadtviertel ist ein sozialer Brennpunkt.* This area of town is a hotbed of social tensions. **Brennstoff** fuel

brenzlig

brenzlig (*gefährlich*) dangerous, critical ◇ *eine brenzlige Situation* a dangerous situation IDM **es wird brenzlig** things are getting too hot
Brett 1 board; (*groß, unbehandelt*) plank ◇ *Bretter aus Eiche* oak boards ◇ *Die Tür ist mit Brettern vernagelt.* The door has been boarded up. **2** (*Spiel-*) board **3** (*im Schwimmbad*) diving board IDM **ein Brett vor dem Kopf haben** be thick ☞ *Siehe auch* SCHWARZ *und* STEIN
Bretter- Bretterbude shack **Bretterzaun** wooden fence
Brettspiel board game
Brezel pretzel
Brief letter IDM **ein blauer Brief** (*Schule*) = letter from the school warning that a child may have to repeat a year; (*Kündigung*) notice ◇ *Ich habe einen blauen Brief gekriegt.* I've been given notice to quit. ◇ *eine blauen Brief vom Arbeitgeber bekommen* be made redundant **ein offener Brief** an open letter
Briefbombe letter bomb **Brieffreund(in)** penfriend, pen pal (*umgs*) **Briefkasten 1** (*im Postamt, an der Straße*) postbox, (*AmE*) mailbox ◇ *etw in den Briefkasten einwerfen* post sth **2** (*an der Tür etc.*) letter box, (*AmE*) mailbox **Briefkopf** letterhead **Briefmarke** stamp **Briefpapier** writing paper **Briefroman** epistolary novel (*gehoben*) **Brieftasche** wallet, (*AmE auch*) billfold, (*AmE auch*) pocketbook **Briefträger(in)** postman*, postwoman*, (*AmE*) mail carrier ☞ G 2.2d **Briefumschlag** envelope **Briefwahl** postal vote, (*AmE*) absentee ballot
brillant brilliant (*Adv* brilliantly)
Brillant diamond
Brillantring diamond ring
Brille glasses [Pl], (*AmE*) eyeglasses [Pl] ◇ *Er setzte die Brille auf/ab.* He put on/took off his glasses.

Wörter wie **glasses**, **trousers**, **scissors** etc. werden nur im Plural verwendet. Man kann also nicht „a glasses" oder „one glasses" sagen: *Sie trägt eine Brille.* She wears glasses. Alternativ kann man auch **some** oder **a pair of** benutzen: *eine neue Brille* some new glasses/a new pair of glasses.

IDM **etw durch die rosa(rote) Brille sehen** see* sth through rose-tinted spectacles
Brillenetui, Brillenfutteral glasses case **Brillenfassung, Brillengestell** frame **Brillenglas** lens **Brillenträger(in)** = person* who wears glasses ◇ *Er ist Brillenträger.* He wears glasses.
bringen 1 (jdm) etw ~ (*her-*) bring* (sb) sth, bring* sth (to sb); (*hin-*) take* (sb) sth, take* sth (to sb) ◇ *Bring mir bitte das Telefonbuch!* Bring me the phone book, please. ◇ *Hoffentlich bringt er gute Nachrichten.* I hope he brings good news. ◇ *Bring deinem Vater eine Tasse Tee nach oben.* Take a cup of tea up to your dad.

Für „bringen" benutzt man das englische **bring** nur, wenn die Bedeutung „herbringen" ist. Für „bringen" im Sinne von „hinbringen" oder „mitnehmen" sagt man **take**.

2 jdn/etw irgendwohin ~ take* sb/sth somewhere; (*in Eile, unter Schwierigkeiten*) get* sb/sth somewhere ◇ *Ich bringe dich zum Bahnhof.* I'll take you to the station. ◇ *Ich bringe den Brief zur Post.* I'll take the letter to the post. ◇ *Wir müssen ihn sofort ins Krankenhaus bringen.* We need to get him to hospital straight away. ◇ *sich in Sicherheit bringen* get to safety ◇ *die Kinder ins Bett bringen* put the children to bed **3 sich etw ~ lassen** have sth brought ◇ *sich das Frühstück aufs Zimmer bringen lassen* have your breakfast brought up to your room **4** (*bewirken*) cause ◇ *Das bringt Ärger.* That'll cause trouble. **5** (*in einer Zeitung*) run*; (*im Fernsehen, Radio*) broadcast*; (*im Kino, Fernsehen*) show*; (*im Konzert*) play; (*im Theater*) put* sth on **6** (*Zinsen*) earn; (*Früchte*) yield; (*Preis*) fetch ◇ *Das Gemälde brachte eine Million.* The painting fetched a million. **7 jdn zu etw ~** make* sb do sth, get* sb do sth (*umgs*) ◇ *Sie brachten ihn dazu, den Test zu verschieben.* They made him postpone the test. ◇ *jdn zum Lachen/Weinen bringen* make sb laugh/cry ◇ *Schließlich brachten wir sie dazu, uns das Auto zu leihen.* We finally got her to lend us the car. **8 etw über sich ~** bring* yourself to do sth ◇ *Ich bringe es nicht über mich, das zu essen.* I can't bring myself to eat that. **9 etw mit sich ~** involve sth ◇ *Das bringt viel Arbeit mit sich.* It'll involve a lot of work. **10 etw hinter sich ~** get* sth over with ◇ *Lass uns die Sache schnell hinter uns bringen!* Let's get it over with quickly! **11 es zum Manager etc. bringen** (*Karriere*) make* it to manager, etc. ◇ *Er bringt es nie zum Oberst.* He'll never make it to colonel. IDM **Das bringt's nicht/voll!** That's boring/great! **Das bringt (doch) nichts.** That's no good.; That won't get us anywhere./This isn't getting us anywhere. **es zu etwas/nichts bringen** get* somewhere/nowhere **Glück/Pech bringen** bring* good/bad luck ◇ *Schornsteinfeger sollen Glück bringen.* Chimney sweeps are supposed to bring you luck. ☞ *Siehe auch* BEISEITE ☞ Für andere Redewendungen mit **bringen** siehe die Einträge für die Nomina etc. **Etw über die Bühne bringen** z.B. steht unter **Bühne**.
brisant controversial ◇ *ein brisantes Thema* a controversial subject
Brise breeze
Brite, Britin British man*/woman* (*offiz*), Briton ◇ *Seine Freundin ist Britin.* His girlfriend is British. ◇ *die Briten* the British

Briton wird meist nur im Pressejargon oder als Bezeichnung für die frühen Einwohner Großbritanniens verwendet: *Five Britons held in Greek jail* ◇ *the Ancient Britons.* In allen anderen Zusammenhängen spricht man von „a British man" oder „a British woman".

britisch British
bröckeln crumble (*auch fig*)
Brocken lump, chunk (*auch fig*) ◇ *Brocken in der Größe eines Fußballs* lumps the size of footballs ◇ *ein paar Brocken Italienisch sprechen* speak a few words of Italian IDM **ein schwerer/harter Brocken** tough one ◇ *Der nächste Gegner ist ein schwerer Brocken.* Their next opponent is a tough one. ◇ *Diese Aufgabe ist ein harter Brocken.* This exercise is really tough.
brodeln bubble ◇ *Das Wasser brodelt schon.* The water is already bubbling. ◇ *In der Armee brodelt es.* There is trouble brewing in the army.
Broiler (*ungebraten*) roasting chicken; (*gebraten*) roast chicken
Brokkoli broccoli [U]
Brom bromide
Brombeere blackberry*
Bronchitis bronchitis
Bronze 1 (*Metall*) bronze **2** (*Medaille*) bronze (medal) ◇ *Er gewann Bronze.* He won bronze/a bronze medal.
bronzefarben bronze **Bronzemedaille** bronze medal **Bronzezeit** Bronze Age
Brosche brooch
Broschüre leaflet; (*Werbe-*) brochure
Brot 1 bread **2** (*Laib*) loaf* (of bread)
Brotaufstrich spread **Brotbelag** sandwich filling
Brötchen roll
brotlos meagre; (*arbeitslos*) unemployed IDM ⇨ KUNST
Brotzeit 1 (*Pause*) break **2** (*Essen*) snack
Bruch 1 (*Achse, Rohr, Damm, Knochen*) fracture **2** (*Vertrag, Versprechen, Gesetz, Vertrauen*) breach **3** (*Auflösung*) break-up ◇ *der Bruch der Koalition* the break-up of the coalition **4 ein ~ mit jdm/etw** a break with sb/sth **5** (MATH) fraction IDM **zu Bruch/in die Brüche gehen** break* up ◇ *Ihre Freundschaft ging in die Brüche.* Their friendship broke up.
Bruchbude shack
brüchig (*Beton, Mauerwerk*) crumbling; (*Stimme*) cracked; (*Fingernägel*) brittle; (*fig*) fragile ◇ *ein brüchiger Frieden* a fragile peace
Bruch- Bruchlandung crash landing; (*fig*) failure **bruchrechnen** do* fractions **Bruchrechnung** fractions [Pl] **Bruchstück** fragment **bruchstückhaft** fragmentary ◇ *Die Akten sind nur bruchstückhaft erhalten geblieben.* The records are fragmentary. ◇ *Sie konnte sich nur bruchstückhaft erinnern.* She could only remember fragments. **Bruchteil** fraction ◇ *im Bruchteil einer Sekunde* in a fraction of a second **Bruchzahl** (MATH) fraction
Brücke 1 (*auch Gebiss, Schiff*) bridge ◇ *eine Brücke zwischen Ost und West* a bridge between East and West ◇ *Sport schlägt eine Brücke zwischen Jung und Alt.* Sport provides a link between young and old people. **2** (*Teppich*) (small) rug IDM **alle Brücken hinter sich abbrechen** make* a clean break with the past

Bruder brother ◊ *ein älterer Bruder* an elder brother ◊ *die Brüder Schmidt* the Schmidt brothers ◊ *Bruder Jakob* Brother Jacob ☛ *Hinweis bei* OLD
brüderlich brotherly; (POL) fraternal ◊ *brüderliche Solidarität* fraternal solidarity ◊ *brüderlich teilen* share sth fairly
Brühe 1 (*zum Kochen*) stock; (*Suppe*) (clear) soup **2** (*verschmutztes Wasser*) liquid ◊ *eine übel riechende braune Brühe* a smelly brown liquid ◊ *In dieser Brühe schwimme ich nicht!* I'm not swimming in that filthy water! **3** (*Schweiß*) sweat
brühen brew *sth* up
brüh- brühwarm ◊ *Sie haben es gleich brühwarm weitererzählt.* They immediately spread the news. **Brühwürfel** stock cube
brüllen (*Löwe*) roar; (*schreien*) yell; (*heulen*) scream ◊ *vor Schmerz brüllen* scream with pain IDM ⇨ SPIESS
brummeln mumble ◊ *Er brummelte vor sich hin.* He was mumbling to himself.
brummen 1 mutter ◊ *Er brummte irgendetwas Unverständliches.* He muttered something unintelligible. **2 etw (vor sich hin) ~** mumble to yourself **3** (*Motor*) hum*; (*Insekt*) buzz; (*Bär*) growl **4** (*Kopf*) throb* ◊ *Mir brummt der Schädel.* My head is throbbing. **5** (*Wirtschaft etc.*) be booming IDM ⇨ BART *und* KOPF
brummig grumpy* (*Adv* grumpily)
brünett ◊ *Sie ist brünett.* She's got brown hair. ◊ *brünette Haare* brown hair
Brunnen 1 (*zum Wasserholen*) well **2** (*Zier-*) fountain
brüsk curt (*Adv* curtly) ◊ *Meine Bitte wurde brüsk zurückgewiesen.* My request met with a curt refusal.
brüskieren offend; (*stärker*) insult
Brust 1 (ANAT) chest **2** (*Busen*) breast ◊ *Tumoren in der Brust* breast tumours ◊ *einem Kind die Brust geben* breastfeed a child **3** (*Fleisch*) breast IDM ⇨ PISTOLE **4** ⇨ BRUSTSCHWIMMEN
Brustbein breastbone **Brustbeutel** = purse worn round the neck
brüsten sich (mit etw) ~ boast (of/about sth) ◊ *Er brüstete sich, die Ereignisse vorhergesehen zu haben.* He boasted that he had foreseen the events.
Brust- Brustkorb ribcage **Brustkrebs** breast cancer **Brustschwimmen** breaststroke **Brustton im ~ der Überzeugung** with total conviction **Brustumfang** chest measurement; (*bei Frauen auch*) bust measurement
Brüstung (*Mauer*) parapet; (*Geländer*) railing
Brustwarze nipple
Brut 1 (*Brutzeit*) ◊ *Während der Brut reagieren die Vogeleltern empfindlich auf Störungen.* While they are sitting on the eggs, the birds don't like being disturbed. **2** (*Jungvögel*) brood ☛ G 1.3b **3** (*Gesindel*) mob
brutal brutal (*Adv* brutally) ◊ *ein brutaler Angriff* a brutal assault ◊ *Das Opfer wurde auf brutale Weise misshandelt.* The victim was brutally treated. ◊ *brutale Gewalt* brute force
Brutalität 1 brutality [U] **2 Brutalitäten** acts of brutality [Pl]
brüten 1 (*Vögel*) sit* on the nest **2 über etw ~** mull over sth
brütend sweltering ◊ *Es war brütend heiß gestern.* Yesterday was a sweltering hot day. ◊ *eine brütende Hitze* sweltering heat
Brüter breeder (reactor) ◊ *ein schneller Brüter* a fast breeder reactor
Brut- Brutkasten 1 incubator **2** (*Nistkasten*) nesting box **Brutstätte** breeding ground; (*fig*) hotbed ◊ *eine Brutstätte der Gewalt* a hotbed of violent crime
brutto gross ◊ *Wie viel verdient er brutto?* What's his gross income?
Bruttoeinkommen gross income **Bruttogehalt** gross pay **Bruttoinlandsprodukt** gross domestic product (*Abk* GDP) ◊ *Das Bruttoinlandsprodukt ging um 2% zurück.* GDP fell by 2%. **Bruttolohn** gross pay ◊ *ein Anstieg der Bruttolöhne* an increase in gross pay **Bruttosozialprodukt** gross national product (*Abk* GNP) ◊ *5% des Bruttosozialprodukts* 5% of GNP
brutzeln 1 sizzle ◊ *Das Steak brutzelte in der Pfanne.* The steak was sizzling in the pan. **2 etw ~** fry* sth (up)

Bub boy
Bube (*Karten*) jack ◊ *der Pikbube* the jack of spades ☛ *Hinweis bei* PIK
Buch 1 book ◊ *ein Buch über den Regenwald* a book about the rainforest **2 Bücher** accounts [Pl] ◊ *die Bücher prüfen* audit the accounts IDM **ein Buch mit sieben Siegeln** a closed book (**über etw**) **Buch führen** keep* a record (of sth) ◊ *Wir müssen mal über unsere Haushaltskosten Buch führen.* We should keep a record of our household expenses. **reden wie ein Buch** never stop* talking **wie jd/etw im Buche steht** a classic/perfect example of sb/sth ◊ *ein reicher Amerikaner, wie er im Buche steht* a classic example of a rich American
Buchbesprechung book review
Buche (*Baum*) beech (tree); (*Holz*) beech(wood) ◊ *aus Buche* made of beech
Buchecker beech nut
buchen 1 (*reservieren*) book ◊ *Habt ihr euren Urlaub schon gebucht?* Have you booked your holiday yet? **2** (*bei Geldgeschäften*) credit ◊ *Wir buchen den Betrag auf Ihr Konto.* We will credit the amount to your account. IDM **etw als Erfolg buchen** count sth a success
Bücherei (lending) library* ◊ (*sich*) *ein Buch aus der Bücherei ausleihen* borrow a book from the library
Bücher- Bücherregal bookshelf*; (*Möbelstück*) bookcase ◊ *im Bücherregal* on the bookshelf **Bücherwurm** bookworm
Buch- Buchfink chaffinch **Buchführung** bookkeeping ◊ *doppelte Buchführung* double-entry bookkeeping ◊ *die Buchführung machen* do the books **Buchhalter(in)** accountant ☛ G 2.2d **Buchhaltung 1** (*Buchführung*) bookkeeping **2** (*Abteilung*) accounts department **3** (*Fach*) accountancy **Buchhändler(in)** bookseller ☛ G 2.2d **Buchhandlung** bookshop, (*AmE*) bookstore ◊ *eine wissenschaftliche Buchhandlung* an academic bookshop **Buchkritik** book review **Buchladen** bookshop, (*AmE*) bookstore **Buchmacher(in)** bookmaker ☛ G 2.2d ☛ *Hinweis bei* BAKER
Buchsbaum box (tree)
Buchse socket, (*AmE*) outlet, receptacle
Büchse 1 can, (*BrE auch*) tin ☛ *Hinweis bei* DOSE, S. 890. **2** (*Behälter für Spendensammlungen*) collecting box
Büchsenöffner can-opener, (*BrE auch*) tin-opener
Buchstabe letter ◊ *ein kleiner/großer Buchstabe* a small/capital letter ◊ *in fetten Buchstaben* in bold (face) ◊ *in großen Buchstaben* in capitals
buchstabieren spell ◊ *Können Sie Ihren Namen bitte buchstabieren?* Could you spell your name for me, please? ◊ *Der Sechsjährige buchstabiert noch mühsam.* The six-year-old is still having trouble with spelling.
buchstäblich literal (*Adv* literally) ◊ *im buchstäblichen Sinn* in the literal sense ◊ *Der Aufstieg zum Gipfel nahm ihnen buchstäblich den Atem.* The climb to the top literally took their breath away.
Bucht (*Küste*) bay
Buchung 1 booking, reservation **2** (*Rechnungswesen, Buchführung*) entry*, transaction
Buckel ◊ *eine alte Frau mit Buckel* an old woman with a stoop ◊ *Die Katze machte einen Buckel.* The cat arched its back. IDM **etw auf den Buckel haben** have sth under your belt (*umgs*), have notched sth up (*umgs*) ◊ *Er hat 25 Dienstjahre auf dem Buckel.* He has notched up 25 years' service. ◊ *Er hat zehn Jahre Erfahrung als Richter auf dem Buckel.* He has already had ten years' experience as a judge. ◊ *Das Auto hat 250 000 km auf dem Buckel.* The car has got 250 000 km on the clock. **den Buckel für etw hinhalten** carry* the can ◊ *Bei dieser Sache muss sie den Buckel hinhalten.* She has to carry the can in this case. **Er/Sie kann mir den Buckel runterrutschen.** He/She can get lost.; **Rutsch mir doch den Buckel runter!** Get lost!; Go and jump in the lake!
buckelig, bucklig (*Mensch*) hunchbacked; (*Straße, Piste*) bumpy*
buckeln 1 vor jdm ~ kowtow to sb (*umgs, abwert*) **2** (*Tier*) arch its back
bücken sich (nach etw) ~ bend* down for sth, stoop (to pick sth up) ◊ *Sie bückte sich nach dem Geldschein.* She bent down to pick up the banknote. ◊ *Er musste sich bücken, um*

Buddhismus

sich nicht den Kopf zu stoßen. He had to stoop so as not to hit his head.
Buddhismus Buddhism
buddhistisch Buddhist
Bude 1 (*Zimmer*) room, place (to live) **2** (*Marktstand*) (market) stall IDM **die Bude auf den Kopf stellen** turn the place upside down **jdm die Bude einrennen** keep* pestering sb **Leben in die Bude bringen** liven things up **Stimmung in die Bude bringen** get* things going; put* some life into things ◊ *Sie versuchten mit improvisierter Musik Stimmung in die Bude zu bringen.* They tried to get things going with improvised music. **(eine) sturmfreie Bude haben** have the run of the place ◊ *Am Wochenende habe ich sturmfreie Bude.* At the weekend, I've got the run of the house.
Budget budget ◊ *mit knappem Budget arbeiten* work on a tight budget
Büfett, Buffet 1 (*Essen*) buffet ◊ *ein kaltes Büfett* a cold buffet ◊ *das Büfett eröffnen/freigeben* invite people to help themselves **2** (*Theke*) counter **3** (*Möbelstück*) sideboard
Büffel buffalo*
büffeln work; (*für Prüfungen etc.*) revise ◊ *Er büffelt jeden Tag zwei Stunden.* He spends two hours every day revising. ◊ *Ich muss noch Biologie büffeln.* I've still got biology to revise.
Bug (*Schiff*) bow [meist Pl]; (*Flugzeug*) nose
Bügel 1 (*Kleider-*) (coat) hanger **2** (*Brillen-*) arm, (*AmE*) stem **3** (*Steig-*) stirrup **4** (*Sicherheitsverschluss*) (safety) bar
Bügelbrett ironing board **Bügeleisen** iron **Bügelfalte** crease **bügelfrei** non-iron
bügeln 1 iron ◊ *ein Hemd bügeln* iron a shirt **2** do* the ironing ◊ *Ich mache den Abwasch, und du bügelst.* I'll do the washing-up and you can do the ironing.
buh! boo!
Buhmann whipping boy, (*AmE*) bogeyman* ◊ *Sie haben mich zum Buhmann gemacht.* They made me their whipping boy. ◊ *In den USA wurde die Zigarettenindustrie zum Buhmann der Nation.* In the USA the cigarette industry became public enemy number one.
Bühne 1 (*im Theater*) stage ◊ *ein Drehbuch für die Bühne bearbeiten* adapt a film script for the stage ◊ *hinter der Bühne* backstage ◊ *die europäische/politische Bühne* the European/political scene **2** (*Theater*) theatre, (*AmE*) theater ◊ *die städtische Bühne* the municipal theatre IDM **etw über die Bühne bringen** (*mit Erfolg*) carry* sth off; pull sth off; (*hinter sich bringen*) get* sth over with ◊ *Sie wollen die Sache schnell über die Bühne bringen.* They want to get the thing over with quickly. **über die Bühne gehen** go* off ◊ *Die Wahlen gingen ohne Zwischenfälle über die Bühne.* The elections went off without incident.
Bühnenbild (stage) design [U]; (*Kulisse*) (stage) set ◊ *häufig wechselnde Bühnenbilder* frequent changes of set **Bühnenbildner(in)** stage designer ☞ G 2.2d
Buhruf boo
Bukett (*Blumenstrauß, Aroma*) bouquet ◊ *ein Bukett aus 50 roten Rosen* a bouquet of 50 red roses
Bulette meatball
Bulimie bulimia
Bulldozer (*Baumaschine*) bulldozer
Bulle 1 (*männliches Rind*) bull ◊ *ein wild gewordener Bulle* an angry bull **2** (*Polizist*) cop (*umgs*)
Bumerang 1 boomerang **2** ◊ *Diese Taktik kann sich leicht als Bumerang erweisen.* These tactics can easily backfire on you.
bummeln 1 (*trödeln*) dawdle **2** (*spazieren*) stroll, wander ◊ *über den Markt bummeln* wander round the market
bumsen 1 thud* ◊ *Sein Kopf bumste auf den Tisch.* His head thudded onto the table ◊ *Es hat mächtig gebumst, als er mit dem Kopf auf den Tisch schlug.* There was a terrible thud when he hit his head on the table. **2** (*Unfall*) ◊ *Es hat gebumst.* There's been a crash. **3** (**jdn/mit jdm**) ~ shag* (sb) (*Slang*) ◊ *Hat sie mit ihm gebumst?* Did she shag him?
Bund¹ *der* **1** (*Staat*) Federal Government ◊ *Bund und Länder* the federal and state governments **2** (*Bundeswehr*) ◊ *Er ist beim Bund.* He is doing his national service. **3** (*Bündnis*) alliance; (*Verband*) association ◊ *sich zu einem Bund zusammenschließen* form an alliance ◊ *der Bund der Steuerzahler* the taxpayers' association IDM **den Bund**

der Ehe schließen get* married **mit jdm im Bunde sein** be in league with sb
Bund² *der* (*an Kleidung*) waistband
Bund³ *das* (*Bündel, Blumen, Gemüse, Schlüssel*) bunch ◊ *ein Bund Petersilie* a bunch of parsley
bündeln 1 tie* *sth* up in a bundle ◊ *Altpapier bitte bündeln.* Waste paper should be tied in bundles. **2** (*Strahlen, Kräfte*) concentrate
Bundes- federal
Bundesausbildungsförderungsgesetz ⇨ BAföG **Bundesbank** German Federal Bank, Bundesbank **Bundeshauptstadt** (federal) capital **Bundeskanzler(in)** (*Deutschland, Österreich*) (Federal) Chancellor; (*Schweiz*) Chancellor of the Swiss Confederation **Bundesland** (federal) state ◊ *die neuen/alten Bundesländer* the new/old states (of the Federal Republic of Germany) ◊ *das Bundesland Hessen* the state of Hesse **Bundespräsident(in)** (*Deutschland, Österreich*) (Federal) President; (*Schweiz*) President of the Swiss Confederation **Bundesrat** (*Deutschland, Österreich*) upper house; (*Schweiz*) Federal Council **Bundesregierung** Federal Government **Bundesrepublik** Federal Republic ◊ *die Bundesrepublik Deutschland* the Federal Republic of Germany **Bundesstaat 1** (*föderativer Staat*) federal state ◊ *Indien ist ein Bundesstaat.* India is a federal state. **2** (*Staat einer Föderation*) state ◊ *der Bundesstaat Iowa* the state of Iowa **Bundestag** lower house ◊ *Sie wurde direkt in den Bundestag gewählt.* She was directly elected to the lower house of the German parliament. ◊ *einen Gesetzesentwurf in den Bundestag einbringen* put a bill before (the German) parliament **Bundestagswahl** parliamentary election [meist Pl] **Bundesversammlung** Federal Assembly **Bundeswehr** German armed forces [Pl]
bündig (*Bauwesen*) flush (*nicht vor Nomen*), level; (*Text*) justified IDM ⇨ KURZ
Bündnis alliance ◊ *ein Bündnis gegen den Rassismus schließen* form an alliance against racism
Bungalow bungalow
Bunker bunker; (*Luftschutz-*) air-raid shelter
Bunsenbrenner Bunsen burner
bunt 1 (*einfarbig*) coloured, (*AmE*) colored ◊ *bunte Tücher* (brightly) coloured cloths **2** (*mehrfarbig*) colourful (*Adv* colourfully), (*AmE*) colorful (*Adv* colorfully) ◊ *eine bunte Krawatte* a colourful tie ◊ *ein bunt geschmückter Weihnachtsbaum* a colourfully decorated Christmas tree ◊ *Ostereier bunt bemalen* paint Easter eggs in different colours **3** (*vielseitig*) varied ◊ *eine bunte Mischung* a varied assortment ◊ *ein bunter Abend* an evening of entertainment ◊ *Das Publikum war bunt zusammengewürfelt.* The audience was a real mixed crowd. ◊ *ein buntes Durcheinander* a jumbled assortment ◊ *ein buntes Treiben* a hubbub IDM **es zu bunt treiben** go* too far **jdm zu bunt werden** be getting too much for sb ☞ *Siehe auch* HUND
Buntstift coloured pencil, (*AmE*) colored pencil, (*BrE auch*) crayon
Bürde burden
Burg castle
bürgen 1 für jdn ~ vouch for sb; (*Geld*) stand* surety for sb **2 für etw** ~ guarantee sth ◊ *Das Siegel bürgt für Qualität.* The seal is a guarantee of quality.
Bürger(in) citizen ◊ *eine freie Bürgerin dieses Landes* a free citizen of this country ◊ *ein ausländischer Bürger* a foreign resident ◊ *die Bürger der Stadt Regensburg* the people of Regensburg
Bürgerinitiative (citizens') action group ◊ *eine Bürgerinitiative gründen* form an action group **Bürgerkrieg** civil war ◊ *der amerikanische Bürgerkrieg* the American Civil War
bürgerlich 1 (*Werte, Normen*) middle-class; (*Denken*) bourgeois (*abwert*) **2** (*Rechte, Ehe*) civil (*nur vor Nomen*); (*Pflichten*) civic ◊ *das Bürgerliche Gesetzbuch* the Civil Code **3** (*Essen*) plain **4** ◊ *Elton John, mit bürgerlichem Namen Reg Dwight* Elton John, whose real name is Reg Dwight
Bürger- Bürgermeister(in) mayor ◊ *Sie ist Bürgermeisterin.* She's the mayor. **Bürgersteig** pavement, (*AmE*) sidewalk **Bürgertum** (GESCH) bourgeoisie ☞ G 1.3a
Burgruine ruined castle

Büro office ◊ *Sie hat Ärger im Büro gehabt.* She has had problems at the office.
Büroangestellte(r) office worker ◊ *Er ist Büroangestellter.* He works in an office. ☛ G 2.2d **Büroarbeit** office work **Bürogebäude** office building **Bürojob** office job **Bürokauffrau, -kaufmann** ≈ (qualified) office administrator ☛ G 2.2d **Büroklammer** paper clip **Bürokraft** office worker ◊ *eine zusätzliche Bürokraft einstellen* employ an extra person in the office ☛ G 2.2d
Bürokrat(in) bureaucrat
Bürokratie bureaucracy*
bürokratisch bureaucratic
Bursche 1 guy ◊ *ein zäher Bursche* a tough guy **2** (*junger Mann*) youth
Bürste brush
bürsten brush ◊ *sich die Haare bürsten* brush your hair
Bus bus ☛ *Im britischen Englisch heißt ein Reisebus auch* **coach**. ◊ *mit dem Bus fahren* go by bus
Busbahnhof bus station
Busch (*Strauch, Wildnis*) bush
Busen breasts [Pl], bosom (*gehoben*) ◊ *am Busen der Natur* in the bosom of nature
Bus- Busfahrer(in) bus driver ☛ G 2.2d **Busfahrt** bus trip, (*BrE auch*) coach trip, bus journey, (*BrE auch*) coach journey; (*Nahverkehr auch*) bus ride **Bushaltestelle** bus stop **Buslinie** (*Route*) bus route; (*Busverbindung*) bus service
büßen (**für**) *etw* ~ pay* (the penalty) for sth ◊ *Das wirst du mir büßen!* You'll pay for that!
Bußgeld fine, penalty* ◊ *ein Bußgeld in Höhe von 100€* a fine of €100
Butter butter IDM **Alles in Butter!** Everything's fine! **Butterbrot** sandwich ◊ *ein Butterbrot mit Käse* a cheese sandwich **Buttermilch** buttermilk
b.w. PTO
Byte byte
bzw. ⇨ BEZIEHUNGSWEISE

Cc

C, c (*Buchstabe,* MUS) C, c ☛ *Beispiele bei* A, A, S. 773.
ca. around, about, approximately ◊ *ca. 50 Leute* about 50 people
Café cafe
Cafeteria snack bar, cafeteria
Callboy (male) prostitute, rent boy ☛ G 2.2d
Callgirl call girl ☛ G 2.2d
Camembert camembert
Camp 1 (*Ferienlager*) camp, (*AmE auch*) summer camp **2** (*Flüchtlingslager*) camp
campen camp, go* camping; (*im Wohnwagen*) go* caravanning ◊ *Am Wochenende gehen wir campen.* At the weekend we're going camping.
Camper(in) camper
Camping camping ◊ *Camping verboten!* No camping. **Campingausrüstung** camping equipment **Campingplatz** campsite, (*AmE*) campground ◊ *auf einem Campingplatz übernachten* stay at a campsite
Campus campus ◊ *auf dem Campus* on campus
Cape cape
Caravan 1 (*Wohnwagen*) caravan, (*AmE*) trailer **2** (*Auto*) estate car, (*AmE*) station wagon
Cartoon 1 (*Zeichnung, Film*) cartoon **2** (*gezeichnete Geschichte*) comic strip, (*BrE auch*) strip cartoon
catchen do* all-in wrestling
CD CD ◊ *nur als CD erhältlich* only available on CD
CD-Player, CD-Spieler CD player
CD-Rom CD-ROM ◊ *auf CD-Rom erhältlich* available on CD-ROM
Cellist(in) cellist ☛ G 2.2d
Cello cello ◊ *Sie spielt Cello.* She plays the cello.
Celsius (*Skala*) centigrade; (*Grad*) Celsius ◊ *Temperaturen werden in Celsius angegeben.* Temperatures are given in centigrade. ◊ *Die Temperatur liegt bei 25 Grad Celsius.* The temperature is 25° Celsius.
Cembalo harpsichord ◊ *Er spielt Cembalo.* He plays the harpsichord.
Cent cent ◊ *zehn Cent* ten cents
ces, Ces C flat
Chamäleon chameleon (*auch fig*)
Champagner champagne
Champignon (button) mushroom
Champion champion; (*Mannschaft*) champions [Pl] ◊ *der dreimalige deutsche Champion im Federgewicht* the three-times German featherweight champion
Chance 1 (*Möglichkeit*) chance; (*Gelegenheit*) opportunity ◊ *eine letzte Chance* one last chance ◊ *die Chance wahrnehmen etw zu tun* seize the opportunity to do sth **2** (*Aussicht*) chance, prospect ◊ *Es besteht die Chance, dass ...* There is a chance that ... ◊ *Sie hat keine realistische Chance mehr auf den Titel.* She hasn't a chance of winning the title. ◊ *Seine Chancen auf eine Beförderung stehen schlecht.* His prospects of promotion are not good. ◊ *Du hast keine Chance bei ihr.* You haven't a hope of getting off with her! ◊ *"Glaubst du, du kannst ihn überreden?" "Keine Chance!"* 'Do you think you can persuade him?' 'Not a hope!' **3** (*beim Pferderennen*) odds [Pl] ◊ *Die Chancen, dass "Blitz" gewinnt, stehen eins zu hundert.* The odds on 'Blitz' winning are a hundred to one. IDM ⇨ AUSRECHNEN
Chancengleichheit equality of opportunity, equal opportunities [Pl] ◊ *für Chancengleichheit der Frauen im Beruf kämpfen* campaign for equality of opportunity for women in the workplace **chancenlos** *jd/etw ist* ~ *sb/sth* doesn't stand a chance **chancenreich** promising
Chaos chaos [U] ◊ *das reinste Chaos* utter chaos ◊ *Der Stundenplan ist ein einziges Chaos.* The timetable is in absolute chaos. ◊ *Das Land wurde ins Chaos gestürzt.* The country was thrown into chaos.
Chaot(in) 1 (*Randalierer*) hooligan ◊ *Unter den Demonstranten befand sich eine Hand voll Chaoten.* The demonstrators included a hooligan element. **2** ◊ *Was bist du eigentlich für ein Chaot?* Why can't you get your act together?
chaotisch chaotic (*Adv* chaotically) ◊ *Geht es hier immer so chaotisch zu?* Is it always as chaotic as this? ◊ *Es herrschten chaotische Zustände.* There was complete chaos. ◊ *chaotische Verkehrsverhältnisse* traffic chaos
Charakter character ◊ *Jede Straße hat ihren eigenen Charakter.* Every street has its own distinctive character. ◊ *Dieser Typ ist ein ganz mieser Charakter!* That man is a thoroughly unpleasant character! ◊ *Die Charaktere im Stück waren übertrieben.* The characters in the play were exaggerated. ◊ *Er hat keinen Charakter.* He has no strength of character. IDM **von Charakter** ◊ *ein Mann von Charakter* a man of principle
Charaktereigenschaft (personality) trait; (*positiv auch*) quality*
charakterisieren 1 jdn/etw (als jdn/etw) ~ portray sb/sth (as sb/sth); (*beschreiben*) describe sb/sth (as sb/sth) ◊ *als Intellektueller charakterisiert werden* be portrayed as an intellectual ◊ *jdn treffend charakterisieren* sum sb up ◊ *die Situation kurz charakterisieren* sum up the situation in a few words **2** (*typisch sein*) be typical of sth ◊ *lange Sätze, die seinen Stil charakterisieren* long sentences which are typical of his style
Charakteristikum distinguishing feature
charakteristisch (**für jdn/etw**) ~ typical (of sb/sth), characteristic (of sb/sth) ◊ *Diese Reaktion war charakteristisch*

für ihn. That reaction was typical of him. ◊ *ein charakteristisches Merkmal* a typical feature ◊ *ein charakteristischer Geruch* a characteristic smell
Charakter- Charakterschwäche weakness of character **Charakterstärke** strength of character **Charakterzug** (personality) trait
Charisma charisma
charismatisch charismatic
charmant charming *(Adv* charmingly)
Charme charm IDM *seinen (ganzen)* **Charme spielen lassen** turn on the charm
Charta charter
Charterflug charter flight
Chatroom chat room
chatten chat*
Chauffeur, Chauffeuse chauffeur; *(Taxi)* driver ☛ G 2.2d
Chauvinismus 1 *(Nationalismus)* chauvinism **2** *(Frauen gegenüber)* sexism, male chauvinism
Chauvinist(in) 1 *(Nationalist)* chauvinist **2** *auch* **Chauvi** sexist, male chauvinist (pig)
chauvinistisch 1 *(nationalistisch)* chauvinist(ic) **2** *(Frauen gegenüber)* sexist, chauvinist
checken 1 *(überprüfen)* check **2** *(kapieren)* twig* *(umgs)* ◊ *Hast du nicht gecheckt, was hier abgeht?* You mean you haven't twigged what's going on?
Chef(in) boss ◊ *Ist die Chefin schon da?* Is the boss in yet? *Kann ich den Chef sprechen?* I'd like to speak to the manager. ◊ *Wer ist denn hier der Chef?* Who's in charge here? ◊ *der Chef der Bande* the leader of the gang
Chefarzt, -ärztin (senior) consultant, *(AmE)* chief of staff ☛ G 2.2d **Chefetage 1** executive floor **2** *(fig)* boardroom ◊ *Die Krise hat in deutschen Chefetagen für Unruhe gesorgt.* The crisis caused concern in German boardrooms. **Chefingenieur(in)** engineer in charge **Chefkoch, -köchin** head cook; *(besonders in Restaurant oder Hotel)* chef **Chefredakteur(in)** *(Zeitung)* editor; *(Rundfunk, Fernsehen)* director ☛ G 2.2d **Chefsache** ◊ *Der Direktor hat diese Angelegenheit zur Chefsache erklärt.* This matter has to be referred to the director. **Chefsekretär(in)** (personal) assistant *(Abk* PA), senior secretary ☛ G 2.2d
Chemie 1 chemistry **2** *(Chemikalien)* (toxic) chemicals [Pl]; *(Zusätze)* additives [Pl] ◊ *Kartoffelanbau mit so wenig Chemie wie möglich* growing potatoes with as few chemicals as possible ◊ *Der Joghurt schmeckt nach Chemie.* The yogurt tastes artificial.
Chemiearbeiter(in) worker in the chemical industry ◊ *Chemiearbeiter sein* work in the chemical industry **Chemiefabrik** chemical plant **Chemiefaser** man-made fibre, *(AmE)* man-made fiber **Chemieindustrie** chemical industry*
Chemikalie (synthetic) chemical ◊ *hochgiftige Chemikalien* highly toxic chemicals
Chemiker(in) chemist ☛ G 2.2d ☛ *Hinweis bei* BAKER
chemisch chemical *(Adv* chemically) ◊ *eine chemische Reaktion auslösen* trigger a chemical reaction ◊ *etw chemisch nachweisen* prove sth by chemical analysis ◊ *chemisch reinigen* dry-clean ◊ *chemischer Dünger* artificial fertilizers
Chemotherapie chemotherapy [U] ◊ *Sie macht eine Chemotherapie.* She's having chemotherapy.
Chicoree chicory, *(AmE meist)* endive
Chiffon chiffon
Chiffre 1 *(Schriftzeichen, Symbol)* cipher **2** *(Annonce)* box number ◊ *Antworten unter der folgenden Chiffre ...* Reply to box number ... ◊ *eine Anzeige unter Chiffre aufgeben* advertise using a box number
chiffrieren write* *(sth)* in code ◊ *chiffrierte Botschaften* coded messages
Chinakohl Chinese cabbage, *(BrE auch)* Chinese leaves [Pl]
chinesisch Chinese ◊ *chinesisch essen gehen* go to a Chinese restaurant IDM **chinesisch für jdn sein** be all Greek to sb
Chip 1 (COMP) (micro)chip **2** *(Spielmarke)* chip **3** *(potato)* crisp, *(AmE)* (potato) chip ◊ *eine Tüte Chips* a packet of crisps ☛ Vorsicht! In britischem Englisch bedeutet **chips** „Pommes frites".

Chirurg(in) surgeon ☛ G 2.2d
Chirurgie 1 *(Fachgebiet)* surgery ◊ *eine Fachärztin für Chirurgie* a surgeon **2** *(Abteilung)* surgical ward **3** *(Notaufnahme)* casualty, *(AmE)* emergency room ◊ *Er wurde in die Chirurgie eingeliefert.* He was taken to casualty.
chirurgisch surgical *(nur vor Nomen)* *(Adv* surgically) ◊ *etw chirurgisch entfernen* surgically remove sth ◊ *Die Verletzung machte einen chirurgischen Eingriff notwendig.* The injury required surgery.
Chlor chlorine
chlorfrei chlorine-free ◊ *chlorfrei gebleichtes Papier* non-chlorine bleached paper **chlorhaltig** containing chlorine
chloriert chlorinated
Chloroform chloroform
Chlorophyll chlorophyll
Chlorwasserstoff hydrogen chloride
Choke choke
Cholera cholera
Cholesterin cholesterol
Cholesterinspiegel cholesterol level
Chor 1 choir; *(mit Orchester, bei Opern, im griechischen Drama)* chorus ◊ *einen Chor dirigieren* conduct a choir ◊ *Er stimmte in den Chor der Kritiker ein.* He joined in the chorus of criticism. ☛ G 1.3b **2** *im ~* in chorus ◊ *im Chor sprechen* speak in chorus ◊ *„Nein", sagten sie im Chor.* 'No,' they chorused. ◊ *Die Kinder brüllten im Chor.* The children were all bawling at once. **3** (ARCHIT) choir
Choral 1 hymn; *(Teil eines Oratoriums)* chorale **2** **gregorianischer ~** Gregorian chant
Choreograf(in) choreographer ☛ G 2.2d
Choreografie choreography
choreografisch choreographic *(Adv* choreographically)
Chor- Chorgesang *(Singen)* choral singing; *(Musik)* choral music **Chorknabe** choirboy **Chorkonzert** choral concert **Chorleiter(in)** conductor; *(eines Knabenchors)* choirmaster ☛ G 2.2d **Chormusik** choral music **Chorprobe** choir practice
Christ(in) Christian
Christbaum Christmas tree
Christentum Christianity ◊ *ein Vortrag über das Christentum* a talk about Christianity ◊ *jdn zum Christentum bekehren* convert sb to Christianity ◊ *zum Christentum übertreten* convert to Christianity
Christianisierung Christianization
Christi Himmelfahrt Ascension Day
Christkind 1 baby Jesus **2** *(Überbringer von Weihnachtsgeschenken)* ≈ Father Christmas
christlich Christian ◊ *der christliche Glaube* the Christian faith
Christus (Jesus) Christ IDM **vor Christus** BC ☛ *Siehe auch* BCE **nach Christus** AD ◊ *im Jahre 17 nach Christus* in 17 AD ☛ *Siehe auch* CE
Chrom chrome
Chromdioxid chromium dioxide
Chromosom chromosome
Chronik history; *(mittelalterlich)* chronicle
chronisch chronic *(Adv* chronically) ◊ *chronische Schmerzen* chronic pain ◊ *die Behandlung chronisch Kranker* the care of the chronically sick ◊ *chronischer Personalmangel* a chronic shortage of staff
Chronist(in) chronicler *(auch fig)*
Chronologie chronology; *(Folge)* sequence ◊ *die Chronologie der Ereignisse* the sequence of events
chronologisch chronological *(Adv* chronologically) ◊ *in chronologischer Folge* in chronological order
Chrysantheme chrysanthemum
ciao see you!, cheers, *(AmE)* so long
circa ⇨ ZIRKA
cis, Cis C sharp
City town centre, *(AmE)* downtown area ◊ *zum Einkaufen in die City fahren* go into town to shop ◊ *die Leipziger City* the centre of Leipzig ☛ Vorsicht: **The City** bezieht sich auf das Londoner Bankenviertel und wird im übertragenen Sinne für die Börse und das Geschäftswesen verwendet.
Clan clan
clean clean

clever clever (*Adv* cleverly); (*gerissen*) crafty* (*Adv* craftily); (*geschäftstüchtig*) shrewd (*Adv* shrewdly)
Clinch (SPORT) clinch IDM **mit jdm (wegen einer Sache) im Clinch liegen** be at loggerheads with sb (over sth)
Clip 1 ➪ VIDEOCLIP **2** ➪ OHRKLIPP
Clique 1 (*Freundeskreis*) gang, crowd **2** (*Interessengemeinschaft*) clique
Cliquenwirtschaft cronyism; (*Vetternwirtschaft*) nepotism
Clou 1 (*Höhepunkt*) highlight ◊ *Die Band war der Clou des Abends.* The band were the highlight of the evening. ◊ *Aber jetzt kommt der Clou!* Wait for it! **2** (*Besonderheit*) clever thing ◊ *Der Clou an der Software ist ...* The clever thing about the software is ...
Clown(in) clown ☛ G 2.2d IDM **den Clown spielen** act the fool
Club ➪ KLUB
Coach coach
Cockpit cockpit; (*bei großen Flugzeugen*) flight deck
Cocktail cocktail
Code ➪ KODE
Cognac® cognac ☛ *Siehe auch* KOGNAK
Collage collage ◊ *eine Collage aus Papier und Draht* a collage of paper and wire
Come-back comeback ◊ *ein Come-back feiern* make a comeback
Comic 1 *auch* **Comicstrip** (strip) cartoon, (*AmE*) comic strip **2** *auch* **Comicheft** comic
Computer computer ◊ *Ich arbeite am Computer.* I work on/at a computer. ◊ *Der Betrieb hat auf Computer umgestellt.* The business has been computerized.
Computerfehler computer error **computergesteuert** computer-controlled **computergestützt** computer-aided ◊ *computergestütztes Design* computer-aided design **Computerkriminalität** computer crime **Computerprogramm** computer program **Computerspiel** computer game
Container 1 (*Behälter*) container; (*Altglas-*) bottle bank; (*Altpapier-*) paper bank; (*Müll-*) skip, (*AmE*) dumpster **2** (*Wohn-*) prefabricated hut

Contergan® thalidomide
cool 1 cool (*Adv* coolly), calm (*Adv* calmly) ◊ *Sie hat es cool zur Kenntnis genommen.* She noted it coolly. ◊ *cool bleiben* keep calm **2** (*gut*) cool ◊ *ein cooler Typ* a cool dude ◊ *Sie lässt immer so coole Sprüche los.* She comes out with these really cool things.
Copyright copyright ◊ *unter Copyright stehen* be under copyright
Cord cord
Cordhose cords [Pl] ☛ *Hinweis bei* BRILLE
Corpus delicti (*Waffe*) weapon; (*Beweisstück*) piece of incriminating evidence
Couch couch, sofa
Couchgarnitur three-piece suite **Couchtisch** coffee table
Count-down countdown ◊ *Der Count-down läuft.* The countdown has begun. ◊ *der Count-down für die Olympischen Spiele* the countdown to the Olympic Games
Coup coup ◊ *einen Coup landen* pull off a coup
Coupé coupé
Courage courage, guts [Pl] (*umgs*) ◊ *die Courage aufbringen etw zu tun* pluck up the courage to do sth
couragiert brave (*Adv* bravely)
Cousin, Cousine cousin ◊ *Petra ist eine Cousine von Hans.* Petra is Hans' cousin. ◊ *Ich habe zwei Cousins und drei Cousinen.* I've got two male cousins and three female ones. ◊ *ein Cousin ersten/zweiten Grades* a first/second cousin
Crack¹ *der* ace
Crack² *das* crack
Creme cream (*auch fig*)
cremefarben cream
cremig creamy*
Croissant croissant
Crux (*Schwierigkeit*) problem; (*Last*) burden ◊ *Die Crux an der Sache ist ...* The problem with it is ...
Curry (*Gewürz*) curry powder; (*Gericht*) curry*
Currysoße curry sauce **Currywurst** = sausage with curry sauce
Cursor cursor
Cutter(in) (film) editor ☛ G 2.2d

Dd

D, d (*Buchstabe*, MUS) D, d ☛ *Beispiele bei* A, A, S. 773.
da¹ *Adv* **1** (*dort*) there ◊ *Da liegen sie doch!* There they are! ◊ *Ich werde da sein.* I'll be there. ◊ „*Welchen Ring möchtest du?" „Den da!"* 'Which ring would you like?' 'That one (there)!' ◊ *da hinten* back there ◊ *da drüben* over there ◊ *Wer ist da?* Who's there? ◊ *Es war keiner da.* There was nobody there. ◊ *Das Auto da habe ich schon mal gesehen.* I have seen that car before. **2** (*hier*) here ◊ *Sind alle da?* Is everyone here? ◊ *Da, nimm.* Here, have this. ◊ *Da sind wir.* Here we are. ◊ *Da kommt der Bus.* Here comes the bus. ◊ *Ist die Chefin da?* Is the boss in? ◊ *Ich bin gleich wieder da.* I'll be back in a minute. ◊ *Wenn er nicht selbst da ist, läuft nichts.* When he's not around, nothing gets done. **3** ~ **sein** ◊ *Es ist nichts mehr da.* There's nothing left. ◊ *Das ist noch nie da gewesen.* It's never happened before. ◊ *Sie war nur für ihn da.* She lived only for him. ◊ *Er war noch nicht ganz da.* He was not quite awake. ◊ *Sie ist geistig noch voll da.* She's still with it. **4** (*dann, damals*) then ◊ *von da an* from then on ◊ *Da hieß es auf einmal, dass ...* Then we suddenly heard that ... ◊ *Heute Abend, da gehe ich ins Kino.* I'm going to the cinema this evening. **5** (*in diesem Fall*) ◊ *Ich weiß nicht, was man da noch tun könnte.* I don't know what else could be done (in this case). ◊ *Wir haben da ein Problem.* We've got a problem here. ◊ *Da kann ich nicht mehr mithalten.* I can't keep up with that. **6** (*als Einleitung*) ◊ *Da fällt mir noch ein ...* That reminds me ... ◊ *Du hast so viel durchgemacht, da solltest du dir diese Pause gönnen.* You've had such a lot to cope with, he really should let you have a break. ◊ *Er hat sie viel um die Ohren, da kann das schon mal passieren.* It can easily happen. He's got so much on his plate. ◊ *Es war schon spät, da habe ich gedacht, ich kann nicht mehr anrufen.* It was late, so I thought I'd better not ring. ◊ *Da gehst du am besten gleich zum Arzt.* You'd better go straight to the doctor. ◊ *Da siehst du, was du angestellt hast!* Now look what you've done! ◊ *Da haben wir's!* I told you! ◊ *Da hat er nicht schlecht gestaunt.* That gave him something to think about. IDM **da und da** such and such a place ◊ *Er sagte, wir sollten uns da und da melden.* He told us to go to such and such a place. **da und dort** here and there ☛ *Siehe auch* HIER
da² *Konj* **1** (*weil*) since, as ◊ *Da sich jetzt ohnehin nichts mehr ändern lässt, ...* Since nothing can be done about it now anyway, ... **2** (*als*) when
dabehalten keep* ◊ *Kann ich das Buch dabehalten?* Can I keep the book? ◊ *Im Krankenhaus wollte man sie gleich dabehalten.* At the hospital they wanted to keep her in. ◊ *Die Mutter hätte sie gerne dabehalten.* Her mother would have liked her to stay.
dabei 1 (*bei einer Sache*) with/at/in it ◊ *Könntest du mir dabei helfen?* Could you help me with it? ◊ *Ich habe die Austellung gesehen. Es waren viele Monets dabei.* I saw the exhibition. There were a lot of Monets in it. ◊ *Er hat sich nichts dabei gedacht.* He didn't think anything of it. ◊ *Er hatte gemischte Gefühle dabei.* He had mixed feelings about

dabeibleiben

it. ◊ *Die Kraft ist dabei nicht entscheidend.* Strength is not the important thing here. ◊ *Dabei lernt man viele Leute kennen.* You meet a lot of people (doing it). ◊ *Dabei fällt mir noch ein …* Talking of which … ☛ *Siehe auch* BEI **2** (*währenddessen*) ◊ *Er aß und sprach dabei.* He was talking and eating at the same time. ◊ *„Nein", sagte sie und schüttelte dabei den Kopf.* 'No', she said, shaking her head. ◊ *Ich habe ihn dabei erwischt, wie er das Auto knacken wollte.* I caught him trying to steal the car. **3** (*vorhanden, beteiligt*) (*meist nicht übersetzt*) ◊ *eine Schule mit einer Schwimmhalle dabei* a school with a swimming pool ◊ *Da ist für jeden Geschmack etwas dabei.* There's something to suit all tastes. ◊ *Ein bisschen Glück ist auch dabei.* There's an element of luck in it. ◊ *Da bin ich dabei.* Count me in. ◊ *Wenn es Ärger gibt, ist er immer dabei.* He's always one of the troublemakers. **4** ~ **sein** (*im Begriff sein*) be (just) doing it; ~ **sein etw zu tun** be (just) doing sth ◊ *Er ist gerade dabei.* He's just doing it. ◊ *Ich war gerade dabei abzuschließen.* I was just locking up. ◊ *Ich bin dabei, das letzte Kapitel zu schreiben.* I'm just writing the last chapter. **5** (*obwohl*) yet ◊ *Dabei sah es heute früh gar nicht so schön aus.* And yet this morning it didn't look as if it was going to be fine. **6** ~ **bleiben** ◊ *Es bleibt dabei, zu keinem ein Wort.* It's agreed, nobody's to know. ◊ *Und dabei blieb es.* And that was the end of the matter. **IDM Da ist doch nichts dabei!** There's nothing to it!
dabeibleiben stick* with it (*umgs*) **dabeihaben 1** (*bei sich haben*) have sb/sth with you ◊ *Er hatte seine Frau dabei.* He had his wife with him. ◊ *seinen Führerschein dabeihaben* have your driving licence with/on you **2** jdn ~ **wollen** want sb to be there ◊ *Sie wollte jemanden von der Gewerkschaft dabeihaben.* She wanted somebody from the union to be there. **dabeistehen** stand* there
dableiben stay; (*zurückbleiben*) stay behind ◊ *Bleib doch noch ein bisschen da.* Please stay a bit longer.
Dach roof ◊ *auf dem Dach* on the roof ◊ *Mein Zimmer ist unterm Dach.* My room is in the attic. **IDM ein Dach über dem Kopf haben** have a roof over your head **eins aufs Dach kriegen/bekommen 1** (*Schläge*) get* hit on the head **2** (*Zurechtweisung*) get* an earful (*umgs*) **unter Dach und Fach** signed and sealed **unter einem Dach** under one roof ◊ *unter einem Dach leben* live under the same roof ☛ *Siehe auch* SPATZ
Dachboden attic, (*BrE auch*) loft ◊ *den Dachboden ausbauen* convert the loft **Dachdecker(in)** roofer ☛ G 2.2d **Dachfenster** skylight **Dachgarten** roof garden **Dachgaube** dormer window **Dachgepäckträger** roof rack **Dachgeschoss** attic ◊ *ein ausgebautes Dachgeschoss* a converted attic ◊ *im Dachgeschoss wohnen* live on the top floor **Dachorganisation** umbrella organization **Dachpappe** roofing felt **Dachrinne** gutter
Dachs badger
Dachschaden **IDM einen Dachschaden haben** have a screw loose
Dach- Dachstuhl roof, roof timbers [Pl] **Dachterrasse** roof terrace **Dachverband** umbrella organization **Dachwohnung** attic flat **Dachziegel** (roof) tile
Dackel dachshund
dadurch 1 through it/them ◊ *Du musst dadurch gehen.* You have to go through there. ☛ *Siehe auch* DURCH **2** (*durch diesen Umstand*) as a result ◊ *Dadurch wurde das Ganze nur noch schlimmer.* As a result things got worse. ◊ *Sie verteidigte ihn und gewann ihn dadurch für sich.* She defended him, and by doing this she won him over. ◊ *Und dadurch kam es, dass er Schauspieler wurde.* That's the reason he became an actor. ◊ *Es ändert sich dadurch nichts.* It doesn't change anything. **3** ~, **dass …** (*weil*) because …; (*indem*) by … ◊ *Behindert wurden die Untersuchungen auch dadurch, dass …* The investigation was also hampered by … ◊ *Sie zeichnete sich vor allem dadurch aus, dass …* She distinguished herself above all by …
dafür 1 (*für etwas*) for sth ◊ *Das Geld ist dafür.* This money is for it. ◊ *Dafür engagiere ich mich gern.* I'd like to get involved (in it). ◊ *Dafür ist es jetzt zu spät!* It's too late for that now! ◊ *die dafür zuständigen Lehrer* the teachers responsible for this ◊ *Er ist kein Fachmann, aber man könnte ihn dafür halten.* He's not an expert but you'd think he was. ☛ *Siehe auch* FÜR **2** ◊ *Das ist kein Grund dafür, nicht anzurufen.* That's no reason for not ringing. ◊ *Dafür, dass er erst zwei Jahre Englisch lernt, spricht er schon sehr gut.* Considering he's only been learning it for two years, his Eng-

lish is very good. **3** ~ **sein** be in favour (of it), (*AmE*) be in favor (of it) ◊ *Die Mehrheit der Leute ist dafür.* The majority of people are in favour. ◊ *Ich bin dafür, dass Gebühren eingeführt werden.* I'm in favour of charges being introduced. **4** (**aber**) ~ (*stattdessen*) (*andererseits*) but then ◊ *Sie kam spät, aber dafür bleibt sie länger.* She arrived late but she's staying longer. ◊ *Es ist zwar nicht neu, aber dafür kostenlos.* It's not new but then it is free. **5** **nichts** ~ **können** ◊ *Er konnte nichts dafür.* It wasn't his fault. ◊ *Ich kann auch nichts dafür, dass er mich mag.* I can't help it if he fancies me.
dagegen 1 (*gegen etw*) against it ◊ *Ich bin aus Versehen dagegen gekommen.* I knocked against it by accident. ◊ *Alles sprach dagegen, dass er gewinnen würde.* Everything was against him winning. ◊ *Dagegen kann man nichts machen.* You can't do anything about it. ◊ *Haben Sie etwas dagegen einzuwenden?* What's wrong with that? ☛ *Siehe auch* GEGEN **2** etwas ~ **haben** mind; (*stärker*) object; **nichts** ~ **haben** not mind ◊ *Hätten Sie etwas dagegen, wenn ich das Fenster aufmache?* Would you mind if I opened the window? ◊ *Sie hat etwas dagegen, dass du mitkommst.* She objects to your coming. ◊ *Sie hatten nichts dagegen.* They didn't mind. ◊ *Natürlich habe ich nichts dagegen.* Of course I don't mind. ◊ *Was hast du denn dagegen?* What have you got against it? **3** ~ **sein** be against (it) ◊ *Sie ist dagegen.* She's against it. ◊ *Ich bin strikt dagegen, dass sie ihren Hund mitbringt.* I strongly object to her bringing the dog. **4** in comparison; (*im Gegensatz*) by contrast ◊ *Dagegen war das ein Kinderspiel.* This was a piece of cake in comparison. ◊ *Hier blüht es. Bei uns dagegen liegt noch Schnee.* Here the flowers are out. At home, on the other hand, there is still snow. ☛ *Hinweis bei* CONTRAST[1]
dagegenhalten 1 (*entgegnen*) counter **2** (*sich durchsetzen*) hold* your own
dagegenstellen sich ~ oppose it ◊ *Sie stellte sich dagegen.* She opposed it.
dahaben 1 (*vorrätig haben*) have ◊ *Haben wir Reis da?* Have we got any rice? **2** jdn ~ ◊ *Wir haben einen Austauschschüler da.* We've got an exchange student staying. ◊ *Wir haben Freunde zum Essen da.* We've got friends here for dinner. ◊ *Er hat die Handwerker da.* He's got the workmen in.
daheim (at) home ◊ *daheim bleiben* stay at home ◊ *Willkommen daheim.* Welcome home. ◊ *daheim in Spanien* back home in Spain
daher 1 (*deshalb*) that's why, therefore (*gehoben*) ◊ *Ach — daher also sein plötzlicher Fleiß!* Ah — so that's why he's suddenly working so hard. ◊ *Es gibt daher keinen Grund zur Besorgnis.* Therefore there is no cause for concern. ◊ *Die Alpenrose wächst im Hochgebirge — daher auch der Name.* The alpine rose grows at high altitudes — hence the name. ◊ *Ihre Unzufriedenheit kam daher, dass …* The reason for their discontent was that … ☛ *Hinweis bei* RESULT[1] **2** (**von**) ~ (*von einem Ort*) from there ◊ *Ich komme gerade von daher.* I've just come from there. ◊ *Von daher droht keine Gefahr.* There's no danger from that quarter.
dahergelaufen ◊ *ein dahergelaufener Typ* a bum ◊ *jeder Dahergelaufene* any Tom, Dick or Harry **daherreden 1** talk and talk, prattle on (*veralt, abwert*) **2** etw ~ say* sth without thinking ◊ *Das hat er nur so dahergeredet.* He just said it without thinking. ◊ *dummes Zeug daherreden* talk nonsense **dahersagen** say* *sth* without thinking
dahin 1 there ◊ *Dahin können wir mit dem Auto fahren.* We can get there by car. ◊ *Wir setzten uns dahin, wo es etwas Schatten gab.* We sat down where there was some shade. **2** bis ~ (*so lange bis*) until then; (*bis spätestens*) by then ◊ *Man glaubte bis dahin, die Erde sei eine Scheibe.* People thought until then that the earth was flat. ◊ *Eröffnung ist am 31. — bis dahin muss alles fertig sein.* The opening is on the 31st — everything has to be ready by then. **IDM etw ist dahin** sth has had it (*umgs*) ◊ *Jetzt ist die Uhr endgültig dahin.* The watch has finally had it.
dahingestellt 1 etw ~ (sein) lassen leave* sth aside ◊ *Lassen wir die Frage, wer schuld ist, mal dahingestellt sein.* Let's leave aside for the moment the question of who is to blame. ◊ *Ob das eine gute Entscheidung war, lasse ich mal dahingestellt.* Whether it was the right decision is another matter. **2 es sei ~, ob** it remains to be seen whether ◊ *Ob man ihm trauen kann, sei dahingestellt.* It remains to be seen whether he can be trusted. **3 etw bleibt noch ~** sth hasn't yet been decided ◊ *Wer ihr Nachfolger wird, bleibt*

noch dahingestellt. It hasn't yet been decided who will succeed her.

dahinten back there

dahinter 1 behind it; *(jenseits)* beyond it ◊ *Weißt du, wo das Odeon ist? Genau dahinter wohne ich.* Do you know where the Odeon is? I live right behind it. ◊ *Hier ist das Wohnzimmer, und dahinter ist die Küche.* This is the living room and beyond it is the kitchen. ☞ *Siehe auch* HINTER **2 sich ~ klemmen** make* a real effort ◊ *Er muss sich wirklich dahinter klemmen, wenn er die Prüfung bestehen will.* He'll have to make a real effort if he wants to pass the exam. **3 ~ kommen** work sth out ◊ *Ich kam erst ziemlich spät dahinter, wer der Mörder war.* It took me a long time to work out who the murderer was. **4 ~ stecken** be behind it ◊ *Dass dieses Motiv dahinter steckte, hätte ich nicht gedacht.* I wouldn't have thought that this was the motive behind it. **5 ~ stehen** *(unterstützen)* support sth **6 ~ stehen** *(Motiv sein)* be behind it

dalassen leave* *sb/sth* there; *(hier lassen)* leave* *sb/sth* here

daliegen lie* there ◊ *Der Löwe lag friedlich da.* The lion was lying there peacefully. ◊ *Ich könnte hier den ganzen Tag nur so daliegen.* I could just lie here all day.

damalig *(Präsident, Minister etc.)* then *(nur vor Nomen)* ◊ *die damalige Premierministerin* the then Prime Minister ◊ *mein damaliger Freund* my boyfriend at the time

damals then ◊ *Tja, damals war alles noch anders.* Yes, well, everything was different then. ◊ *Ich lernte ihn kennen, als ich damals nach Rom fuhr.* I met him when I went to Rome that time. ◊ *Damals, als sie in Irland wohnte, ... At* the time when she was living in Ireland ...

Dame 1 lady* ◊ *Meine Damen und Herren ...* Ladies and gentlemen ... ◊ *eine wirkliche Dame* a real lady

> Einige Frauen schätzen es nicht sehr, wenn **ladies** als Anrede benutzt wird (wie z.B. in *Can I take your coats, ladies?*). Ihnen ist es lieber, wenn es weggelassen wird und der Begriff **lady** wenn möglich vermieden wird, z.B. mit: *a woman doctor* (anstelle von: *a lady doctor*) oder ◊ *There's someone waiting to see you.* (anstelle von: *There's a lady waiting to see you.*)

2 *(Schach, Kartenspiel)* queen **3** *(Gesellschaftsspiel)* draughts [U], *(AmE)* checkers [U] IDM **die Dame des Hauses** the lady of the house **sehr geehrte/verehrte Damen und Herren** *(Brief)* Dear Sir/Madam; *(Rede)* ladies and gentlemen ☞ *Siehe auch* WELT

Damenbekleidung womenswear **Damenbinde** sanitary towel, *(AmE)* sanitary napkin **Damenmannschaft** women's team **Damenmode** ladies' fashion **Damentoilette** ladies' toilet, *(AmE)* ladies' room ☞ *Hinweis bei* TOILETTE **Damenwahl** ladies' choice

damit¹ *Konj* so (that) ◊ *Mach die Tür zu, damit es nicht zieht.* Shut the door so that it's not draughty.

damit² *Adv* **1** with it/them ◊ *Was hast du damit gemacht?* What have you done with it/them? ◊ *Hör auf damit!* Stop that! ◊ *Her damit!* Give it to me! ◊ *Wie wär's damit?* How about it? ◊ *Damit wird er nichts erreichen.* That won't get him anywhere. ◊ *Was wollen Sie damit andeuten?* What do you mean to imply by that? ☞ *Siehe auch* MIT **2** *(darum)* ◊ *Er hat einen großen Fehler gemacht und sich damit alle Chancen verspielt.* He made a mistake and as a result ruined his chances. ◊ *Er hat sich entschuldigt und damit war die Sache erledigt.* He apologized and that was the end of the matter. ◊ *Sie spricht kein Französisch und ist damit für den Job nicht qualifiziert.* She doesn't speak French and so is not qualified for the job.

dämlich stupid

Damm 1 *(Stau-)* dam **2** *(Schutzwall)* embankment, *(AmE)* levee; *(Deich)* dyke **3** *(Straßen-, Bahn-)* embankment; *(zwischen Insel und Festland)* causeway

dämmen insulate

dämmerig dark, gloomy* ◊ *Es wurde dämmerig.* It was getting dark.

dämmern 1 *(am Morgen)* get* light **2** *(am Abend)* get* dark **3 der Morgen/Tag dämmert** dawn breaks* ◊ *Der Morgen dämmerte schon.* Dawn was already breaking. **4 der Abend dämmert** it is dusk **5 vor sich hin ~** doze **6 jdm dämmert etw** sth dawns on sb

Dämmerung 1 *(Abend-)* dusk, twilight ◊ *vor Einbruch der Dämmerung* before dusk ◊ *In der Dämmerung fahre ich nur ungern mit dem Auto.* I don't like driving in the twilight. **2** *(Morgen-)* dawn, daybreak ◊ *Sie brachen noch in der Morgendämmerung auf.* They set off at dawn.

Dämon demon

dämonisch demonic *(Adv* demonically*)*; *(Lächeln)* devilish ◊ *dämonische Kräfte* demonic powers

Dampf 1 vapour, *(AmE)* vapor [U]; *(Wasser-)* steam [U] **2 Dämpfe** *(Chemie)* fumes [Pl] ◊ *Bei der Verbrennung von Plastik entstehen schädliche Dämpfe.* Harmful fumes are given off when plastic is burned. IDM **aus etw ist der Dampf raus** sth has run out of steam **Dampf ablassen** let* off steam **jdm Dampf (unter'm Hintern) machen** give* sb a kick up the backside *(umgs)*

dampfen steam ◊ *eine dampfende Tasse Kaffee* a cup of steaming coffee ◊ *Aus dem Krater dampfte es.* There was steam rising from the crater.

dämpfen 1 *(Geräusche)* deaden ◊ *Der Lärm wird durch das Waldstück gedämpft.* The noise is deadened by the stretch of woodland. ◊ *Der Schnee dämpfte alle Geräusche.* The snow muffled any sound. **2** *(Aufprall etc.)* cushion ◊ *Das Gras hat den Aufprall gedämpft.* The grass cushioned the fall. **3** *(Hoffnungen, Optimismus, Nachfrage etc.)* dampen ◊ *Er dämpfte ihre Hoffnungen.* He dampened their hopes. **4** *(Gemüse etc.)* steam

Dampfer steamer IDM **auf dem falschen Dampfer sein/sitzen** be barking up the wrong tree *(umgs)*

Dämpfer *(Klavier)* damper; *(Streich- oder Blasinstrument)* mute IDM **jdm einen Dämpfer aufsetzen** put a damper on sb's enthusiasm, self-confidence, spirits, etc. ◊ *Die Absage setzte ihr einen Dämpfer auf.* The refusal put a damper on her self-confidence. **etw einen Dämpfer aufsetzen** put a damper on sth **einen Dämpfer bekommen/erhalten** suffer a setback; *(gerügt werden)* be taken down a peg or two

Dampf- Dampflok, Dampflokomotive steam engine, steam locomotive *(gehoben)* **Dampfmaschine** steam engine **Dampfnudel** (yeast) dumpling **Dampfschiff** steamer, steamship

Dämpfung reduction ◊ *eine Dämpfung der Kosten* cost reductions

danach 1 after it/them ☞ *Siehe auch* NACH **2** *(zeitlich)* after (that), afterwards, *(AmE auch)* afterward ◊ *Kurz danach ging er.* Soon after, he left. ◊ *Danach sah ich sie nie wieder.* I never saw her again after that. ◊ *Was danach kommt, weiß ich nicht.* I don't know what will happen after that. ◊ *Wir gehen danach noch ins Kino.* We're going on to the cinema afterwards. ◊ *Ich kam um sechs und sie kurz danach.* I arrived at six and she came shortly afterwards. ◊ *unmittelbar danach* immediately afterwards ◊ *drei Jahre danach* three years later ◊ *am Tag danach* the next/following day ☞ *Am Satzende verwendet man meist* **afterwards**: *We played tennis and then went to my house afterwards. Wir spielten Tennis und gingen danach zu mir.* ◊ *I met her at a party and saw her again soon afterwards.* Ich lernte sie auf der Party kennen und traf sie kurz danach wieder. IDM **jdm ist nicht danach** ◊ *Ihm ist nicht danach.* He doesn't feel like it. ◊ *Mir ist überhaupt nicht danach mitzugehen.* I really don't feel like going.

daneben 1 next to it/them ☞ *Siehe auch* NEBEN **2** *(im Vergleich)* in comparison ◊ *Daneben wirkt unser Haus geradezu winzig.* Our house looks positively tiny in comparison. **3** *(außerdem)* in addition ◊ *Es werden viele Sprachkurse angeboten. Daneben gibt es auch Zeichenkurse.* There are a lot of language classes on offer. In addition there are also drawing classes. ◊ *Sie hat einen anstrengenden Job und spielt daneben noch in einer Band.* She has a demanding job and plays in a band as well. **4 Daneben!** Missed! IDM **daneben sein 1** *(verwirrt)* be not with it ◊ *Heute ist er etwas daneben.* He's not really with it today. **2** *(unwohl)* feel* a bit under the weather **3** *(unangebracht)* be out of order; *(schlecht)* be awful

danebenbenehmen sich ~ make* an exhibition of yourself ◊ *Er hat sich auf der Party danebenbenommen.* He made an exhibition of himself at the party. ◊ *Da hast du dich ja wieder danebenbenommen!* Can't take you anywhere!

danebengehen 1 *(das Ziel verfehlen)* miss (the target) **2** *(fehlschlagen)* go* wrong; *(misslingen)* be a flop *(umgs)* ◊ *Gestern ging alles daneben.* Yesterday everything went wrong. **danebenliegen** *(Schätzung)* be wide of the mark;

danebentreffen

(*Vermutung*) be on the wrong track ◊ *Ich lag mit meiner Schätzung völlig daneben.* My estimate was very wide of the mark. **danebentreffen** miss

dank thanks to *sb/sth* ◊ *Dank seiner Geistesgegenwart ist nichts passiert.* Thanks to his presence of mind nothing happened.

Dank thanks [Pl]; (*Dankbarkeit*) gratitude ◊ *Und das ist nun der Dank dafür!* And that's all the thanks I get! ◊ *Mein besonderer Dank gilt den freiwilligen Helfern.* My special thanks go to the volunteer helpers. ◊ *jdm Dank schulden* owe sb a debt of gratitude ◊ *jdm seinen Dank aussprechen* express your gratitude to sb ◊ *zum/als Dank dafür* as a thank you ◊ *Wir sind Ihnen zu großem Dank verpflichtet.* We are greatly indebted to you. ◊ *Vielen Dank!* Thank you very much. ◊ *Besten Dank!* Thanks a lot. ◊ *Herzlichen Dank!* Thank you very much indeed. ☛ *Hinweis bei* DANKE IDM ⇨ GOTT

dankbar 1 (*voll Dank*) grateful (*Adv* gratefully) ◊ *Ich bin dir sehr dankbar.* I am very grateful to you. ◊ *Sie nahm die Hilfe dankbar an.* She gratefully accepted the help. ◊ *Sie ist für jede Abwechslung dankbar.* She's always glad of a change. **2** (*Zuhörer, Publikum*) appreciative **3** (*Arbeit, Aufgabe*) rewarding

Dankbarkeit gratitude ◊ *aus Dankbarkeit für etw* in gratitude for sth ◊ *als Ausdruck meiner Dankbarkeit* as a token of my appreciation

danke thank you, thanks (*umgs*); (*Ablehnung*) no, thank you ◊ *Danke, dass ihr gekommen seid.* Thanks for coming. ◊ *Danke, dass du uns geholfen hast.* Thanks for your help. ◊ *Danke schön/sehr.* Thank you (very much). ◊ „*Soll ich dir ein Taxi bestellen?" — „Danke, es geht schon."* 'Shall I order a taxi?' 'No, thanks, I'll manage.'

> **Thank you** und **Thanks** werden beide verwendet, um Dankbarkeit auszudrücken. **Thanks** ist umgangssprachlicher: *Thank you very much for your letter.* ◊ '*How are you then?' 'Fine, thanks.'* **Thank you** und **Thanks** werden auch verwendet, um etwas anzunehmen, das einem angeboten wird: '*Have a piece of cake.' 'Thank you, that would be nice.'* Um etwas abzulehnen, sagt man **no, thank you** oder **no, thanks**: '*Would you like some more tea?' 'No, thanks.'*

danken 1 jdm (für etw) ~ thank sb (for sth) ◊ *Ich möchte euch allen für eure Hilfe danken.* I should like to thank you all for your help. ◊ *Er lehnte dankend ab.* He declined with thanks. ◊ *Nichts zu danken!* It's a pleasure. **2** jdm etw ~ reward sb for sth ◊ *So danken sie dir also deine Hilfe!* So that's how they reward you for your help! ◊ *Man wird es ihm nicht danken.* He'll get no thanks for it.

Dankeschön 1 (*Worte*) thank you **2** (*Geschenk*) thankyou present

Dankeswort word of thanks ◊ *herzliche Dankesworte sprechen* express your sincere thanks

dann 1 (*danach*) then ◊ *Und was ist dann passiert?* And then what happened? ◊ *Er fuhr nach Wien und dann nach Graz.* He went to Vienna and then on to Graz. ◊ *Neben der Küche ist das Bad und dann das Schlafzimmer.* Next to the kitchen is the bathroom and then comes the bedroom. ◊ *Und dann muss ich ja auch noch meine Miete zahlen!* And then on top of that I have to pay my rent! **2** (*in diesem Fall*) then, in that case ◊ *Also, wir sehen uns dann bei mir.* So we'll meet at my place then. ◊ *Dann eben nicht!* In that case, forget it! ◊ *Wenn du das nicht verstehst, wer dann?* If you can't understand it, who can? ◊ *Ich gehe nur dann, wenn ...* I'll only go if ... IDM **Bis dann!** See you! **dann und dann** (*Zeit*) at such and such a time; (*Tag*) on such and such a date **dann und wann** now and then

daran on it/them, to it/them, at it, of it ☛ *Siehe auch* AN, S. 791.

darangehen ~ etw zu tun set* about doing sth **daranmachen** sich ~ etw zu tun start to do sth ◊ *Hast du dich immer noch nicht darangemacht?* Haven't you started yet? **daransetzen 1** alles ~ etw zu tun do* your utmost to do sth **2** sich ~ get* down to it ◊ *Wenn du dich mal daransetzt, geht es ganz schnell.* Once you get down to it, it won't take long.

darauf 1 on it/them ☛ *Siehe auch* AUF **2** (*danach*) after (that), afterwards ◊ *kurz darauf* soon after ◊ *wenige Tage darauf* a few days later **3** (*daraufhin*) to it/that ◊ *Was hast du darauf gesagt?* What did you say to that? ◊ *Darauf ist ihm nicht viel eingefallen.* He couldn't think of a reply.

daraus out of it/them ☛ *Siehe auch* AUS IDM **sich nichts daraus/draus machen** not worry about sth ◊ *Sie macht sich nichts daraus, wenn man über sie redet.* It doesn't worry her if people talk about her. ◊ *Mach dir nichts draus!* Don't worry about it!

darbieten 1 (*aufführen*) perform; (*präsentieren*) present **2** (jdm) etw ~ (*anbieten*) offer (sb) sth **3** sich (jdm) ~ present yourself (to sb) ◊ *In dieser Ausstellung bietet sich eine Fülle an historischem Material dar.* In this exhibition a wealth of historical material is presented.

Darbietung 1 (*Aufführung*) performance; (*Präsentation*) presentation **2** (*Nummer*) act

darin in it/them ☛ *Siehe auch* IN[1], S. 1029

darlegen (jdm) etw ~ explain sth (to sb), set* sth out (to sb) ◊ *Er legte die Gründe für seine Entscheidung überzeugend dar.* He explained the reasons for his decision convincingly. ◊ *Der Vertrag legt die Besitzverhältnisse eindeutig dar.* The contract clearly sets out the conditions of ownership.

Darlegung 1 (*Erklärung*) explanation **2 Darlegungen** remarks [Pl] ◊ *ihre Darlegungen über die finanzielle Situation* her remarks about the financial situation ◊ *Seinen Darlegungen war zu entnehmen, dass ...* We understand from what he said that ... ◊ *nach Darlegungen des Autors* according to the author

Darlehen loan ◊ *ein Darlehen aufnehmen/zurückzahlen* take out/pay back a loan ◊ *Ihm wurde ein Darlehen von 10 000 € gewährt.* He was given a loan of €10 000.

Darm 1 bowels [Pl], intestines [Pl] (*Fachspr*) **2** (*für Saiten*) gut; (*als Wursthaut*) skin

Darmkrebs bowel cancer

darstellbar 1 (*abbildbar*) = that can be shown (*nicht vor Nomen*); (*Eindruck, Konzept etc.*) that can be conveyed (*nicht vor Nomen*) ◊ *Die Ergebnisse der Umfrage sind grafisch darstellbar.* The results of the survey can be shown in a diagram. ◊ *Die Wirklichkeit ist im Film nicht darstellbar.* Reality cannot be conveyed in a film. **2** (*machbar*) feasible

darstellen 1 (*zeigen*) show*, portray (*gehoben*) ◊ *Das Bild stellt den Selbstmord des Seneca dar.* The painting shows Seneca's suicide. ◊ *Der Held wird als Außenseiter dargestellt.* The hero is portrayed as an outsider. **2** (*bedeuten*) represent; (*sein*) be, constitute (*gehoben*) ◊ *Der rote Punkt stellt die aufgehende Sonne dar.* The red dot represents the rising sun. ◊ *Was soll das darstellen?* What's it supposed to be? ◊ *Das stellt 25 % der Gesamtkosten dar.* That represents 25 % of the total cost. ◊ *Das Rauchen stellt das größte Gesundheitsproblem für die Bevölkerung dar.* Smoking constitutes the greatest public health risk. **3** (*präsentieren*) present; (*beschreiben*) describe ◊ *Sie stellte ihre Ergebnisse grafisch dar.* She presented her results in diagrams. ◊ *Er stellte seinen Lehrer sehr positiv dar.* He described his teacher in very positive terms. ◊ *Das Thema wurde in den Medien verzerrt dargestellt.* The subject was distorted in the media. ◊ *Er hat das aber ganz anders dargestellt.* He gave a quite different version of events. ☛ *Hinweis bei* DESCRIBE **4** (THEAT) play ◊ *Sie stellte die Maria Stuart dar.* She played Mary Stuart. ◊ *die darstellende Kunst* the performing arts **5** (NATURW) produce **6** sich (als etw) ~ (*erscheinen*) appear (to be) sth ◊ *Es war gar nicht so schlimm, wie es sich erst dargestellt hatte.* It wasn't as bad as it had first appeared. ◊ *Dargestellt hatte es sich so: ...* This was how it looked ... **7** sich als etw ~ (*sich ausgeben*) present yourself as sth ◊ *Die Angeklagten haben sich als Opfer dargestellt.* The accused presented themselves as victims.

Darsteller(in) actor ◊ *Er ist berühmt als Darsteller komischer Rollen.* He is famous as a comic actor.

Darstellung 1 portrayal ◊ *die Darstellung von Frauen in den Medien* the portrayal of women in the media ◊ *seine Darstellung des Tarzan* his portrayal of Tarzan ◊ *grafische Darstellungen* illustrations ◊ *schematische Darstellungen* diagrams **2** (*Schilderung*) account; (*Darlegung*) presentation ◊ *die filmische Darstellung von Gewalt* the presentation of violence in films ◊ *Nach Darstellung der Polizei ...* According to the police, ... **3** (NATURW) production

Darstellungsform form of expression, medium; (*Genre*) genre **Darstellungsweise** presentation; (*Stil*) style; (*Interpretation*) interpretation

darüber 1 over it/them ☛ *Siehe auch* ÜBER **2** ~ hinaus (*außerdem*) apart from that; (*obendrein*) also, in addition (*gehoben*), on top of that (*umgs*) ◊ *Darüber hinaus hatte sie nicht viel zu erzählen.* Apart from that she didn't have

much to say. ◇ *Darüber hinaus hat er sich ein Bein gebrochen.* On top of that, he broke his leg. ☛ Steht „darüber hinaus" nicht am Satzanfang, übersetzt man es meist mit **also**: *Ein Preisaufschlag würde darüber hinaus unserem Image schaden.* A price increase would also damage our image. ☛ *Hinweis bei* MOREOVER **3** *(währenddessen)* in the meantime **4** *(deshalb)* ◇ *Das Buch war so spannend, dass sie darüber ihre Verabredung vergaß.* She was so engrossed in her book that she forgot her appointment.
darum 1 round it/them ☛ *Siehe auch* UM, S. 1266. **2** *(deshalb)* that is why, because of that ◇ *Du hast sie geärgert, darum spricht sie nicht mehr mit dir.* You annoyed her — that's why she isn't talking to you any more. ◇ *Er ist Präsident und hat darum Vorbildfunktion.* He is the president and, because of that, has to set an example. ◇ *„Warum willst du nicht mitfahren?" „Darum!"* 'Why don't you want to come with me?' 'Because!' ☛ *Siehe auch* HERUMKOMMEN
darunter under it/them, below it/them; *(dazwischen)* among them ☛ *Siehe auch* UNTER
das ⇨ DER IDM ⇨ DIES
Dasein existence; *(Leben)* life* ◇ *ein kümmerliches Dasein fristen* eke out a miserable existence
dasitzen 1 sit* there ◇ *Er saß den ganzen Abend schweigend da.* He sat there in silence all evening. **2** *(in einer schlechten Situation sein)* be left ◇ *Er saß mit den Kindern allein da.* He was left with the children.
dass 1 that ◇ *Ich glaube nicht, dass er kommt.* I don't think (that) he'll come. ◇ *Es ist nett von dir, dass du mich eingeladen hast.* It is nice of you to invite me. ◇ *Entschuldigen Sie, dass ich Sie störe.* Excuse me for bothering you. ◇ *Dass sie ihn belogen hatte, war das Schlimmste.* The fact that she had lied to him was the worst thing. ◇ *Dass mir das passieren musste!* Fancy that happening to me! ☛ *Im gesprochenen und umgangssprachlichen geschriebenen Englisch wird* **that** *nach bestimmten Verben und Adjektiven meist ausgelassen:* She said (that) the story was true. ◇ It's possible (that) he didn't get the letter. ☛ *Siehe auch* SODASS ☛ G 9.5 **2 nicht, ~** not that ◇ *Nicht, dass ich wüsste.* Not that I know of. ◇ *Nicht, dass es mir etwas ausmachen würde.* Not that I would mind. ☛ *Wird „nicht, dass" als Warnung verwendet, übersetzt man es oft mit* **mind (that) you don't ...** *oder einfach* **don't ...**: *Nicht, dass du dich erkältest!* Mind you don't catch cold!/Don't catch cold, will you! ◇ *Dass mir keine Klagen kommen!* Don't let me hear any complaints!
dasselbe ⇨ DERSELBE IDM ⇨ EIN², HERAUSKOMMEN *und* LIED
dastehen 1 stand* there ◇ *Er stand da und sagte kein Wort.* He stood there and said nothing. **2** *(zurückbleiben)* be left ◇ *Wir würden ohne Job dastehen.* We'd be left without a job. ◇ *Nach dem Tode ihres Mannes stand sie allein da.* When her husband died, she was left all alone. **3** *(sich befinden)* be; **gut, schlecht, stark etc. ~** be in a good, poor, strong, etc. position ◇ *Wir stehen jetzt ärmer da als vorher.* We're worse off now than before. ◇ *Staaten, die wirtschaftlich besser dastehen als vor einem Jahr* countries that are in a better position economically than a year ago **4** *(aussehen)* ◇ *Wie stehe ich denn vor den Nachbarn da?* What will the neighbours think of me? **5 als etw ~** be seen as sth; *(hervorgehen)* come* out as sth ◇ *Wir wollen nicht als Spielverderber dastehen.* We don't want to be seen as spoilsports. ◇ *Und dennoch könnte er nach der Wahl als Gewinner dastehen.* After the election he could still come out as the winner. IDM **(dumm) dastehen** be in a mess ◇ *Wenn es regnet, stehen wir dumm da!* If it rains, we'll be in a mess.
Datei 1 *(Register)* register; *(auf Computer auch)* database **2** (COMP) file
Daten ⇨ DATUM **2** *(Informationen)* data [U] ◇ *Die neuesten Daten liegen noch nicht vor.* The latest data is not yet available. ◇ *Daten erfassen/sichern/abrufen* capture/back up/retrieve data ☛ *Hinweis bei* DATA
Datenbank database; *(Zusammenschluss mehrerer)* data bank ◇ *eine Datenbank über gestohlene Autos/für Fingerabdrücke* a database of stolen cars/fingerprints **Datenmissbrauch** misuse of data **Datennetz** data network **Datenschutz** data protection ◇ *Diese Angaben fallen unter den Datenschutz.* This information is covered by the data protection act. **Datenschutzbeauftragte(r)** data protection commissioner **Datensicherheit** data security **Datenträger** data carrier **Datentransfer, Datenüber-**
tragung data transfer **Datenverarbeitung** data processing
datieren 1 date ◇ *Bitte datieren Sie die Rechnung.* Please date your invoice. ◇ *ein vom 8. Juli datiertes Schreiben* a letter dated 8 July ◇ *Der Becher wird auf die Zeit um 2300 vor Christus datiert.* The cup is dated at around 2300 BC. **2** *(das Datum tragen)* be dated ◇ *Das Schreiben datiert vom 6. Mai.* The letter is dated 6 May. **3 aus ... ~** *(stammen)* date from ..., date back to ... ◇ *Der Schmuck datiert aus dem 12. Jahrhundert.* The jewellery dates from the twelfth century. ◇ *Das Gesetz datiert aus dem Mittelalter.* The law dates back to the Middle Ages.
Dativ dative
Dativobjekt indirect object
Dattel date
Datum 1 date ◇ *Welches Datum haben wir heute?* What's today's date?/What's the date today? ◇ *das heutige Datum* today's date **2 neueren/jüngeren Datums** recent; **älteren Datums** old **3** ⇨ DATEN
Datumsgrenze Date Line
Dauer 1 length, duration *(gehoben)* ◇ *unabhängig von der Dauer der Behandlung* irrespective of the length of the treatment ◇ *Die Karte ist für die Dauer der Festspiele gültig.* The ticket is valid for the duration of the festival. **2** *(Zeitspanne)* period ◇ *für die Dauer von drei Jahren* for a period of three years ◇ *Die Verhandlungen endeten nach dreitägiger Dauer mit einem Kompromiss.* The negotiations ended in compromise after three days. **3 von ~ sein** last ◇ *Ob diese Lösung von Dauer sein wird?* Will this be a lasting solution? **4 nicht von ~ sein; von kurzer ~ sein** be short-lived ◇ *Die Freude war von kurzer Dauer.* The joy was short-lived. **5 auf (die) ~** in the long term; *(unbegrenzt)* indefinitely ◇ *Der Stress macht einen auf die Dauer krank.* Stress makes you ill in the long term. ◇ *So kann es auf Dauer nicht weitergehen.* It can't go on like this indefinitely.
Dauerauftrag standing order ◇ *per Dauerauftrag* by standing order **Dauerbetrieb** continuous operation **Dauerbrenner** *(Erfolg)* perennial favourite; *(Sorge)* perennial concern; *(Thema)* topic that keeps coming up **Dauereinrichtung** permanent fixture
dauerhaft 1 *Adj* (*Frieden, Schaden, Erfolg*) lasting; *(Lösung, Beschäftigung)* permanent *(Adv* permanently); *(Bindung, Aufenthalt)* long-term **2** *Adv* in the long term; *(permanent)* permanently ◇ *Diese Maßnahmen sollen den Erfolg des Unternehmens dauerhaft sichern.* These measures are aimed at securing the success of the company in the long term. ◇ *dauerhaft geschädigt* permanently damaged
Dauer- Dauerkarte season ticket **Dauerlauf** jog; *(Aktivität)* jogging ◇ *Sie macht jeden Tag einen Dauerlauf.* She goes for a jog every day. ◇ *Er hält sich fit mit Schwimmen und Dauerlauf.* He keeps fit by swimming and jogging. **Dauerlösung** permanent solution
dauern 1 last ◇ *Die Prüfung dauert drei Stunden.* The exam lasts three hours. **2** *(beanspruchen)* take* ◇ *Der Flug dauert eine Stunde.* The flight takes an hour. **3** *(sich hinziehen)* be ◇ *Es wird noch eine Weile dauern, bis der Zug kommt.* It will be a while till the train arrives. ◇ *Es dauert nicht mehr lange.* It won't be long now.
dauernd 1 *(dauerhaft)* long-term; *(permanent)* permanent *(Adv* permanently) ◇ *dauernde Arbeitslosigkeit* long-term unemployment ◇ *eine dauernde Schädigung der Nieren* permanent kidney damage **2** *(wiederholt)* repeated *(nur vor Nomen) (Adv* repeatedly), constant *(Adv* constantly) ◇ *die dauernden Angriffe* the repeated attacks ◇ *Sie stellt mir dauernd dumme Fragen.* She's constantly asking me stupid questions.
Dauer- Dauerwelle perm ◇ *Sie lässt sich eine Dauerwelle machen.* She is having a perm. **Dauerzustand** permanent state (of affairs)
Däumchen IDM **Däumchen drehen** twiddle your thumbs
Daumen thumb ◇ *Das Baby lutschte am Daumen.* The baby was sucking its thumb. IDM **(jdm) den/die Daumen drücken** keep* your fingers crossed (for sb) ◇ *Ich drücke dir den Daumen, dass es klappt.* I'll keep my fingers crossed that it works out. **über den Daumen gepeilt** at a rough guess
Daunen down [U]

Daunendecke down-filled duvet **Daunenjacke** down jacket

Davidstern Star of David

davon 1 of it/them, from it/them ☛ *Siehe auch* VON IDM **Das hast du nun davon!** It serves you right! **Was habe ich denn davon?** Why should I, etc.? ◊ „*Du könntest deine Tante mal besuchen.*" „*Was hab ich denn davon?*" 'You could go and see your aunt sometime.' 'Why should I?' **davonbleiben** leave* *sth* alone **davonkommen** (**mit etw**) ~ escape (with sth), get* away (with sth); (*Strafe auch*) get* off (with sth) ◊ *Er kam mit dem Schrecken davon.* He escaped with a fright. ◊ *Er darf nicht ungestraft davonkommen.* He shouldn't be allowed to escape punishment. ◊ *Sie ist gerade noch einmal davongekommen.* She only just got away with it. ◊ *Das nächste Mal kommst du nicht so glimpflich davon.* You won't get away with it so easily next time. ◊ *Ich kam mit einem Bußgeld davon.* I got off with a fine. **davonlaufen** 1 (**jdm/etw**) ~ (*weglaufen*) run* away (from sb/sth) (*auch fig*) ◊ *Du kannst nicht ewig vor deinen Problemen davonlaufen.* You can't keep on running away from your problems. 2 **jdm** ~ (*jdn verlassen*) leave* sb 3 **jdm** ~ (*jdn abhängen*) outstrip* sb 4 (*unkontrollierbar werden*) get* out of control **davonmachen sich** ~ take* off; **sich mit etw** ~ make* off with sth

davor in front of it/sth; (*zeitlich*) before ☛ *Siehe auch* VOR

dazu 1 to it/them ☛ *Siehe auch* ZU¹ 2 (*außerdem*) as well, what is more (*gehoben*) ◊ *Sie ist ziemlich alt und dazu auch noch krank.* She is quite old and ill as well. ☛ *Hinweis bei* ADDITION, S. 8. ☛ *Hinweis bei* MOREOVER IDM ⇨ NOCH **dazukommen** 1 **etw** (**zu etw**) ~ (*beisteuern*) contribute sth (towards sth) ◊ *Sie haben eine größere Summe dazugegeben.* They contributed a considerable sum. 2 (*hinzutun*) add IDM ⇨ SENF

dazu- dazugehören 1 (**zu etw**) ~ belong (to/sth) ◊ *Sie sehnt sich danach, dazuzugehören.* She desperately wants to belong. ◊ *Stress gehört dazu.* Stress is part of the game. 2 (*benötigen*) take* ◊ *Es gehört viel Geduld dazu, ein Modellflugzeug zu basteln.* It takes a lot of patience to make a model aeroplane. ◊ *Es gehört schon einiges dazu, ihn in Rage zu bringen.* It takes a lot to make him angry. **dazugehörig** that goes* with *sth* (*nicht vor Nomen*); (*ist ein Teil davon*) that belongs to *sth* (*nicht vor Nomen*) ◊ *Er gab mir den Koffer und den dazugehörigen Schlüssel.* He gave me the case and the key that went with it. ◊ *Kreditkarten und die dazugehörigen Pin-Codes* credit cards and the PIN numbers that go with them ◊ *das Haus und die dazugehörige Scheune* the house and the barn that belongs to it **dazukommen** 1 (*eintreffen*) arrive, get* there (*umgs*) ◊ *Er kam dazu, als sie gerade fertig waren.* He arrived just as they'd finished. 2 (*hinzukommen*) ◊ *Es kommen noch drei Personen dazu.* There are three more people to come. ◊ *Kommt noch etwas dazu?* Will there be anything else? ◊ *Dazu kommt, dass Kinder oft allein gelassen werden.* Moreover, children are often left alone. ◊ *Dazu kommen die praktischen Schwierigkeiten.* In addition, there are the practical difficulties. ☛ *Siehe auch* KOMMEN **dazulernen** learn* ◊ *Ich habe seitdem viel dazugelernt.* I've learned a lot since then. ◊ *Aber man lernt ja dazu.* You live and learn. **dazumal** ⇨ ANNO

dazwischen 1 between them; (*bei mehreren*) among them ☛ *Siehe auch* ZWISCHEN 2 in between, between the two ◊ *Ich habe heute zwei Vorlesungen. Lass uns dazwischen einen Kaffee trinken gehen.* I've got two lectures today. Let's go for a coffee in between. ◊ *in den Jahren dazwischen* in the intervening years **dazwischenkommen** come* up ◊ *Mir ist leider was dazwischengekommen.* I'm afraid something's come up. ◊ *Sie hoffen, dass nichts dazwischenkommt.* They hope that nothing will happen to prevent it. ◊ *wenn nichts dazwischenkommt* if all goes well **dazwischenreden** interrupt **dazwischenrufen** shout out, interrupt **dazwischenschieben** 1 (*einschieben*) fit* *sth* in ◊ *Kannst du das Einkaufen nicht dazwischenschieben?* Can't you (manage to) fit in the shopping? 2 **sich** ~ push in 3 **etw** ~ push sth in

DDR GDR, German Democratic Republic

Deal deal ◊ *einen Deal machen* do* a deal ◊ *Steht der Deal noch?* Is the deal still on? ◊ *Der Deal ist geplatzt.* The deal's off.

dealen deal* drugs ◊ *Sie dealt mit harten Drogen.* She deals hard drugs.

Dealer(in) drug dealer

Debakel debacle; (*Niederlage*) defeat ◊ *mit einem Debakel enden* result in a debacle ◊ *ein Debakel erleben* suffer a defeat

Debatte debate; (*Streit*) argument ◊ *eine hitzige Debatte über etw führen* have a heated debate about sth ◊ *Schluss mit der Debatte!* Stop arguing! ◊ *Die kontroverse Debatte um ...* The controversy about ... IDM **nicht zur Debatte stehen** 1 (*kein Thema sein*) be not the issue 2 (*außer Frage*) be out of the question 3 (*nicht zur Disposition*) be not up for discussion **zur Debatte stehen** be under discussion; (*auf der Tagesordnung*) be on the agenda **etw zur Debatte stellen** put* sth forward (for discussion); (*im Parlament*) bring* sth up for debate ◊ *Ich wollte nur zur Debatte stellen, dass ...* I just wanted to put forward the idea that ... ◊ *einen Antrag zur Debatte stellen* propose a motion **debattieren** 1 (**über**) **etw** ~ debate sth ◊ *Sie debattierten (über) die Gesetzesvorlage.* They were debating the bill. ◊ *Sie debattierten stundenlang.* The debate went on for hours. 2 **über etw** ~ (*diskutieren*) discuss sth; (*streiten*) argue about sth ◊ *Lass uns nicht schon wieder darüber debattieren.* Let's not start arguing about it again.

Debüt debut ◊ *sein Debüt geben* make your debut

dechiffrieren decode; (*Geheimschrift auch*) decipher

Deck 1 deck ◊ *auf/an Deck sein* be on deck ◊ *unter Deck gehen* go below (deck) ◊ *Alle Mann an Deck!* All hands on deck! 2 (*Parkhaus*) level

Decke 1 (*Bett-*) bedclothes [Pl]; (*Federbett*) duvet; (*Stepp-*) quilt, eiderdown; (*Tages-*) bedspread ◊ *unter die Decke kriechen* snuggle down under the bedclothes ◊ *unter die Decke schlüpfen* get into bed 2 (*Woll-*) blanket; (*Picknick-*) rug 3 (*Tisch-*) tablecloth ◊ *eine frische Decke auflegen* put on a clean tablecloth 4 (*Schicht*) layer; (*Schnee auch*) covering 5 (*Zimmer-*) ceiling; (*Auto, Stollen*) roof ◊ *von der Decke herabhängend* hanging from the ceiling ◊ *Die Regale reichten bis zur Decke.* There were shelves from floor to ceiling. ◊ *Das Zimmer war bis zur Decke mit Kisten vollgestopft.* The room was piled high with boxes. IDM **an die Decke gehen** hit* the roof **jdm fällt die Decke auf den Kopf** *Zu Hause fällt mir die Decke auf den Kopf.* I'm fed up with being stuck at home. **mit jdm unter einer Decke stecken** be hand in glove with sb

Deckel 1 lid, top, cap

> **Tops** oder **caps** sind meist klein und rund. Sie werden aufgeschraubt oder aufgesteckt: *a bottle top* ◊ *Unscrew cap to open.* **Lids** sind in der Regel größer; man kann sie ebenfalls aufschrauben oder einfach abnehmen: *the lid of the jam jar* ◊ *a saucepan lid* ◊ *Put the lid back on the box.*

2 (*Buch-*) cover 3 (*Kopfbedeckung*) hat IDM **eins auf den Deckel bekommen/kriegen** get* told off **jdm eins auf den Deckel geben** tell* sb off

decken 1 cover ◊ *Damit wären noch nicht einmal die Unkosten gedeckt.* That wouldn't even cover our costs. ◊ *Der Polizist deckte seinen Kollegen.* The police officer covered his colleague. ◊ *Die Farbe deckt gut.* This paint covers well. ◊ *eine Stute decken lassen* have a mare covered 2 **A über B** ~ cover B with A ◊ *Sie deckten eine Plane über das Auto.* They covered the car with a tarpaulin. 3 **ein Haus** ~ put* the roof on a house; **das Dach** ~ do* the roof ◊ *Das Haus war mit grünen Ziegeln gedeckt.* The house had green roof tiles. 4 **jdn** ~ (*mit dem eigenen Körper*) shield sb 5 **jdn** ~ (*vor Strafe schützen*) cover for sb 6 (*Bedarf, Nachfrage*) meet* ◊ *Es wird schwierig sein, die Nachfrage zu decken.* It will be difficult to meet the demand. ◊ *Der Bedarf an neuen Wohnungen ist gedeckt.* There is enough new housing. 7 **den Tisch** ~ lay* the table ◊ *Der Tisch ist für sechs Personen gedeckt.* The table is laid for six. ◊ *Für wie viele Personen soll ich decken?* How many places shall I lay? 8 (SPORT) mark sb 9 **sich** (**mit etw**) ~ agree (with sth), coincide (with sth) (*gehoben*) ◊ *Die Aussagen der beiden Zeugen deckten sich.* The statements of the two witnesses agreed. ◊ *Schön, dass sich unsere Auffassungen decken.* I'm glad we share the same views. 10 (MATH) **sich** ~ be congruent ☛ *Siehe auch* GEDECKT

Decken- Deckengemälde ceiling painting **Deckenleuchte** overhead light

Deck- Deckmantel cover ◊ *etw als Deckmantel für etw benutzen* use sth as cover for sth ◊ *Unter dem Deckmantel*

des Datenschutzes wird die Pressefreiheit gefährdet. Data protection is used as a cover for the erosion of press freedom. **Deckname** code name; (*eines Menschen*) alias ◊ *unter dem Decknamen „Panther"* using the alias 'the Panther' ◊ *Die Aktion trug den Decknamen „Wirbelsturm".* The operation was code-named 'Hurricane'.
Deckung 1 (*Schutz, auch bei Versicherung etc.*) cover ◊ *Sie suchten Deckung im Dickicht.* They ran for cover in the undergrowth. ◊ *vor etw in Deckung gehen* take cover from sth ◊ *Der Vertrag sieht eine unbegrenzte Deckung vor.* The insurance provides unlimited cover. ◊ *eine Deckung von 2 Millionen* cover of up to two million ◊ *zur Deckung der Kosten* to cover the cost ◊ *Maßnahmen zur Deckung des Haushaltsdefizits* measures to balance the budget **2 jdm ~ geben** (*Feuerschutz*) cover sb, give* sb covering fire **3** (*Unterstützung*) backing **4** (SPORT) (*des Abschirmens*) marking **5** (*Spieler*) defence **6** (*beim Boxen*) guard ◊ *Er hat seine Deckung vernachlässigt.* He dropped his guard. **7** (*der Nachfrage etc.*) (*meist mit einem Verb übersetzt*) ◊ *Sie diskutierten die langfristige Deckung des Energiebedarfs.* They discussed how to meet energy demands in the long term. **8 etw zur ~ bringen** reconcile sth IDM **aus der Deckung kommen 1** (*Tier, Soldat etc.*) break* cover **2** (*mit der Wahrheit herauskommen*) come* clean **Volle Deckung!** Take cover!
deckungsgleich 1 (MATH) (*Geometrie*) congruent **2** (*fig*) identical ◊ *Sie antworteten nahezu deckungsgleich.* Their answers were almost identical. ◊ *Ihre Aussagen sind nicht deckungsgleich.* Their two statements do not agree.
Decoder decoder
decodieren decode
de facto *Adv, Adj* in fact, de facto ◊ *Die neue Regelung bedeutet de facto eine Verschlechterung.* The new regulation is in fact a change for the worse. ◊ *die De-facto-Abschaffung des Rechts auf Asyl* the de facto abolition of the right to asylum ◊ *Der Wechsel hatte de facto längst stattgefunden.* The change had already taken place unofficially.
defekt (*schadhaft*) faulty; (*nicht funktionstüchtig*) out of order
Defekt 1 (*technisch*) fault ◊ *Defekte aufweisen* be faulty **2** (MED) defect ☛ *Hinweis bei* FEHLER
defensiv defensive (*Adv* defensively) ◊ *eine defensive Spielweise* defensive play ◊ *defensives Fahrverhalten* defensive driving ◊ *defensiv spielen* play defensively ◊ *Er fährt eher defensiv.* He's not an aggressive driver.
Defensive 1 (*Position, Strategie*) defensive ◊ *in die Defensive gedrängt werden* be forced onto the defensive ◊ *Sie blieben in der Defensive.* They remained on the defensive. ◊ *aus der Defensive heraus spielen* play from a defensive position **2** (*Spieler*) defence [U]
definieren 1 (*bestimmen, beschreiben*) define ◊ *ein schwer zu definierender Begriff* a concept that is difficult to define ◊ *etw neu definieren* redefine sth **2 sich (als etw) ~** describe yourself (as sth) **3 sich (über etw) ~** define yourself (in terms of sth) ◊ *Sie definieren sich in Abgrenzung zu den Grünen.* They define themselves in terms of the way they differ from the Greens. ◊ *Gruppen, die sich kulturell definieren* groups who define themselves in terms of their cultural identity **4 jdn als etw ~** classify* sb as sth
Definition definition
definitiv (*bestimmt*) definite (*Adv* definitely); (*endgültig*) final (*Adv* finally)
Defizit 1 (*Fehlbetrag*) deficit ◊ *das Defizit im Etat ausgleichen* cover the budget deficit **2** (*Mangel*) lack [U/Sing]; (*Knappheit*) shortage **3** (*Unzulänglichkeit*) deficiency* ◊ *Defizite bei der Bekämpfung rechter Gewalt* deficiencies in combating right-wing violence
deformiert 1 distorted **2** (*Fehlbildung*) deformed **3** (*verunstaltet*) ruined
deftig 1 hearty ◊ *eine deftige Mahlzeit* a hearty meal ◊ *deftige Hausmannskost* good solid home cooking **2** (*derb, grob*) crude ◊ *ein deftiger Witz* a crude joke **3** (*heftig, groß*) whopping (*nur vor Nomen*); (*Kritik, Streit*) fierce
Degen 1 (*Waffe*) rapier **2** (SPORT) (*Fechten*) épée **3** (SPORT) (*Disziplin*) épée fencing
degenerieren 1 degenerate ◊ *Die Zeremonie ist zum bedeutungslosen Ritual degeneriert.* The ceremony has degenerated into meaningless ritual. **2** (*verkümmern*) atrophy*

degeneriert 1 (*entartet, verfallen*) degenerate **2** (*verkümmert*) atrophied; (*in der Evolution*) vestigial
dehnbar elastic (*auch fig*); (*Stoff auch*) stretchy ◊ *ein dehnbares Material* elastic material ◊ *ein äußerst dehnbarer Begriff* an extremely elastic concept
dehnen 1 stretch; (*Brustkorb*) expand; (*Laut, Silbe*) lengthen **2 sich ~** (*ausdehnen*) stretch ◊ *Der Stoff dehnt sich noch.* The material will stretch a bit. ◊ *Die Katze dehnte und streckte sich.* The cat had a good stretch. **3 sich ~** (*sich hinziehen*) go* on and on ◊ *Die Sitzung dehnte sich.* The meeting went on and on. ◊ *wenn Sekunden sich zu Minuten dehnen* when seconds turn into minutes **4 sich ~** (*sich erstrecken*) stretch out, extend (*gehoben*) **5 sich ~** (PHYSIK) expand
Dehnung 1 stretch (*oft mit einem Verb übersetzt*) ◊ *ein Stoff, der maximale Dehnung erlaubt* fabric with maximum stretch ◊ *Übungen zur Dehnung der Muskulatur* exercises to stretch the muscles **2** (*Erweiterung*) expansion; (MED) dilation **3** (*Vertrag, Gesetz*) extension **4** (*Vokal*) lengthening; (*Ton*) holding
Deich dyke
Deichsel shaft
deichseln wangle (*umgs*)
dein your ◊ *Viele Grüße, deine Alexandra.* Best wishes, Alexandra. ☛ G 5.1
deine(r,s) yours ☛ G 5.2
deinerseits as far as you are concerned ◊ *Gibt es deinerseits noch Fragen?* Are there any questions as far as you're concerned?
deinesgleichen people like you, your sort (*umgs, abwert*) ◊ *Mit dir und deinesgleichen will ich nichts mehr zu tun haben!* I want nothing more to do with you and your sort!
deinetwegen 1 (*dir zuliebe*) for your sake **2** (*wegen dir*) because of you, on your account **3** (*wenn es nach dir geht*) as far as you're concerned ☛ *Beispiele bei* MEINETWEGEN
deins ⇨ DEINE(R,S)
Deka ten grams ◊ *zehn Deka Schinken* 100 grams of ham
Dekade (*zehn Jahre*) decade
dekadent decadent (*Adv* decadently)
Dekadenz decadence
Dekan(in) 1 (*Uni*) dean **2** (REL) ≈ dean
Dekanat 1 (*Uni*) dean's office **2** (REL) ≈ deanery*
deklamieren 1 (*vortragen*) declaim **2** (*verkünden*) proclaim
Deklaration declaration ◊ *die Deklaration der Menschenrechte* the Declaration of Human Rights ◊ *eine Deklaration zum Schutz von Kindern* a declaration on the protection of children
deklarieren 1 declare ◊ *das deklarierte Ziel der Tagung* the declared aim of the conference **2 jdn/etw zu etw ~** declare sb/sth (to be) sth, **etw als etw ~** declare sth (to be) sth
deklassieren 1 (*hoch besiegen*) outclass **2** (*an den Rand drängen*) marginalize ◊ *sozial deklassierte Jugendliche* young people marginalized by society **3** (*herabsetzen*) dismiss ◊ *Die Schülervertretung wurde zum Palaverklub deklassiert.* The school council was dismissed as a talking shop.
Deklination declension
deklinieren (LING) decline
Dekoder decoder
dekodieren decode
Dekolletee low neckline ◊ *ein tiefes Dekolletee* a plunging neckline
Dekor 1 (*Verzierung*) decoration **2** (*Theater, Film*) decor
Dekorateur(in) (*von Schaufenstern*) window dresser; (*von Innenräumen*) interior designer; (*im Theater*) set designer ☛ G 2.2d
Dekoration 1 (*das Dekorieren*) decoration ◊ *Luftballons zur Dekoration verwenden* use balloons for decoration **2** (*Schmuck*) decorations [Pl] ◊ *die weihnachtliche Dekoration* Christmas decorations **3** (THEAT) set
dekorativ decorative (*Adv* decoratively)
dekorieren 1 decorate ◊ *Er hat die Wände mit Motorradpostern dekoriert.* He decorated the walls with posters of motor bikes. **2 jdn mit etw ~** (*Orden*) decorate sb with sth; (*Medaille*) award sb sth ◊ *Sie wurde mit Gold dekoriert.* She was awarded the gold medal.

Dekret

Dekret decree ◊ *ein Dekret erlassen* issue a decree
Delegation delegation
delegieren 1 (etw) (an jdn) ~ delegate (sth) (to sb) **2** *(abordnen)* send* ◊ *Der Landtag delegiert fünf Abgeordnete in den Bundesrat.* The state parliament sends five MPs to the Upper House. **3** *(in einen Ausschuss etc.)* appoint ◊ *Er wurde in das Gremium delegiert.* He was appointed to the board.
Delegierte(r) delegate
Delfin ⇨ DELPHIN
delikat 1 *(köstlich)* appetizing; *(auserlesen)* delicate **2** *(heikel, feinfühlig)* delicate *(Adv* delicately*)* ◊ *Das ist eine delikate Angelegenheit.* That's a delicate matter.
Delikatesse 1 delicacy* **2** *(fig)* treat
Delikatessengeschäft delicatessen, deli *(umgs)*
Delikt offence, *(AmE)* offense ◊ *ein Delikt begehen* commit an offence
Delinquent(in) offender ◊ *ein jugendlicher Delinquent* a young offender
Delirium delirium [U] ◊ *im Delirium sein* be delirious
Delle dent
Delphin 1 *(Tier)* dolphin **2** *auch* **Delphinschwimmen** butterfly
Delta delta
dem ⇨ DER IDM ⇨ WENN *und* WIE
Demagoge, Demagogin demagogue
demagogisch demagogic
Demarkationslinie demarcation line
Dementi denial ◊ *ein offizielles Dementi* an official denial ◊ *Dazu gab es ein klares Dementi.* This was strongly denied.
dementieren deny* ◊ *Die Meldung wurde heftig dementiert.* The statement has been strenuously denied.
dementsprechend 1 *Adj* appropriate ◊ *Er gab eine dementsprechende Empfehlung.* He made an appropriate recommendation. **2** *Adv* accordingly; *(entsprechend)* correspondingly ◊ *Die Arbeit hatte viele Mängel und deshalb konnte der Lehrer sie auch nur dementsprechend bewerten.* There was a lot wrong with the piece of work and the teacher had to mark it accordingly. ◊ *Das Angebot war knapp und die Preise dementsprechend hoch.* There was a shortage and prices were correspondingly high. ◊ *Das Wetter war schlecht und die Stimmung dementsprechend.* The weather was bad and so was the general mood. ◊ *Sie hatte schlechte Laune und benahm sich dementsprechend.* She was in a bad mood and showed it.
demgegenüber 1 *(im Vergleich dazu)* in comparison ◊ *Demgegenüber ist die mündliche Prüfung einfach.* The oral is easy in comparison. ◊ *Es geht darum, die Sprache zu lernen. Literatur ist demgegenüber zweitrangig.* The important thing is learning the language. Literature takes second place. **2** *(gegenüber etw)* ◊ *Demgegenüber war er machtlos.* He was unable to do anything about it. **3** *(jedoch)* on the other hand ◊ *Die Konkurrenz hat den Umsatz um 15 % gesteigert. Demgegenüber mussten wir Verluste einstecken.* Our competitors increased turnover by 15%. We, on the other hand, made a loss.
demnach 1 *(folglich)* therefore ◊ *Eine Lösung des Problems ist demnach nicht möglich.* There is therefore no solution to the problem. ◊ *Der Pulli war um 20% reduziert und war demnach ein Schnäppchen.* The sweater was reduced by 20%, so it was a bargain. **2** *(demgemäß)* according to it ◊ *Ich habe eine Kritik gelesen. Demnach soll das Stück sehr gut sein.* According to the review I read the play is very good.
demnächst shortly ◊ *Demnächst öffnet hier ein neuer Supermarkt.* A new supermarket will shortly be opening here. ◊ *Demnächst in diesem Kino.* Coming soon (to this cinema).
Demo ⇨ DEMONSTRATION
Demokrat(in) 1 democrat **2** *(Parteimitglied, bes. in den USA)* Democrat ◊ *Ist er Demokrat oder Republikaner?* Is he a Democrat or a Republican?
Demokratie democracy* ◊ *Das Land will zur Demokratie zurückkehren.* The country wants a return to democracy.
demokratisch democratic *(Adv* democratically*)* ◊ *eine demokratische Entscheidung* a democratic decision ◊ *Er wurde demokratisch gewählt.* He was democratically elected. ◊ *die demokratischen Staaten Europas* the European democracies
demolieren wreck; *(Wandalismus)* vandalize
Demonstrant(in) demonstrator
Demonstration demonstration ◊ *auf eine Demonstration gehen* go on a demonstration ◊ *zu einer friedlichen Demonstration gegen den Krieg aufrufen* call for a peaceful demonstration against the war ◊ *eine Demonstration der Stärke* a show of strength ◊ *Zur Demonstration zeigte der Lehrer einen Film.* The teacher showed a film in order to demonstrate it.
Demonstrationsverbot ban on demonstrations **Demonstrationszug** protest march
demonstrativ 1 *Adv* pointedly; *(aus Protest)* in protest ◊ *Er sah demonstrativ weg.* He pointedly looked the other way. ◊ *Die Zuhörer verließen demonstrativ den Saal.* The audience walked out in protest. **2** *Adj* deliberate, emphatic ◊ *demonstrative Lässigkeit* deliberate casualness ◊ *demonstrativer Beifall* emphatic applause **3** *Adj* (LING) demonstrative
demonstrieren demonstrate ◊ *Die Arbeiter demonstrierten für bessere Löhne.* The workers were demonstrating for better pay. ◊ *Er demonstrierte ihr das Gerät.* He demonstrated the gadget to her. ◊ *Sie demonstrierte ihre Unfähigkeit vor versammelter Mannschaft.* She displayed her incompetence in front of everybody.
Demontage 1 *(Abbau)* dismantling *(auch fig)* ◊ *die Demontage des Sozialstaats* the dismantling of the welfare state **2** *(Diskreditierung)* ◊ *Die Opposition bewirkte die politische Demontage des Ministers.* The opposition managed to destroy the minister politically.
demontieren 1 *(zerlegen)* dismantle; *(abmontieren)* remove ◊ *Die Maschine wird demontiert.* The machine is being dismantled. ◊ *Die Parkuhren wurden demontiert.* The parking meters have been removed. **2** *(diskreditieren)* damage ◊ *Ihr Ansehen wurde demontiert.* Her reputation was damaged. **3** *(untergraben)* undermine ◊ *Die Arbeitslosenzahlen demontieren das Vertrauen in die Zukunft.* The unemployment figures are undermining people's confidence in the future.
demoralisiert demoralized
Demoskopie 1 *(Meinungsforschung)* opinion research [U] **2** *(Umfrage)* (public) opinion poll
demoskopisch ◊ *demoskopische Erkenntnisse* the results of public opinion polls
Demut humility
demütig humble *(Adv* humbly*)*
demütigen humiliate
demütigend humiliating
Demütigung humiliation ◊ *Sie war ständigen Demütigungen ausgesetzt.* She suffered daily humiliations. ◊ *Er empfand es als Demütigung, dass man ihn ablehnte.* He found his rejection humiliating.
demzufolge 1 *(infolgedessen, folglich)* consequently ◊ *Die Mannschaft versäumte ihren Flug. Demzufolge musste das Spiel verschoben werden.* The team missed their flight. Consequently the match had to be postponed. **2** *(demnach)* according to which ◊ *ein Vertrag, demzufolge das Haus ihnen gehört* a contract according to which the house belongs to them ◊ *Er schlug ein Gesetz vor, demzufolge das Rauchen in der Öffentlichkeit verboten sei.* He proposed a law to ban smoking in public places.
den ⇨ DER
denen ⇨ DER
Denk- **Denkansatz** approach **Denkanstoß** ◊ *jdm einen Denkanstoß geben* set sb thinking ◊ *Die Malerin hat neue Denkanstöße erhalten.* The painter got new ideas.
denkbar 1 *(vorstellbar)* conceivable; *(möglich)* possible ◊ *kaum denkbar* scarcely conceivable ◊ *Das ist heute nicht mehr denkbar.* It's inconceivable nowadays. ◊ *andere denkbare Lösungen* other possible solutions ◊ *das denkbar schlechteste Ergebnis* the worst possible result ◊ *Es wäre für ihn nicht denkbar, allein in den Urlaub zu fahren.* He would never dream of going on holiday on his own. **2** *(äußerst)* extremely ◊ *Der Zeitpunkt war denkbar ungünstig.* It was an extremely inconvenient time. ◊ *Es geht ihm denkbar schlecht.* He is in a very bad way. ◊ *Das war denkbar knapp.* It was a very close thing.

denken 1 think* ◊ *Wie ich darüber denke, ist nicht wichtig.* It doesn't matter what I think. ◊ *Ich habe nur laut gedacht.* I was just thinking aloud. ◊ *Ich denke schon.* I think so. ◊ *Was sollen die Leute von uns denken?* What will people think of us? ◊ *Nicht, dass du denkst, ich hätte vergessen.* Don't worry. I haven't forgotten. ◊ *Du musst praktisch denken.* You must be practical. ◊ *Jeder vernünftig denkende Mensch hätte dasselbe getan.* Anyone in their right mind would have done the same. ◊ *eine gedachte Linie* an imaginary line **2 sich etw ~** think* of sth ◊ *Wie denkst du dir das eigentlich?* What are you thinking of? ◊ *Ich hätte mir ja denken können, dass er es vergessen würde.* I might have known he'd forget it. ◊ *Das kann ich mir denken.* I can imagine. **3 an jdn/etw ~** think* about/of sb/sth; (*nicht vergessen*) remember sb/sth ◊ *Sie musste oft an ihn denken.* She often thought about him. ◊ *Sie musste immer an ihn denken.* She couldn't stop thinking about him. ◊ *Ich habe gerade an dich gedacht!* I was just thinking of you! ◊ *Daran hatte er nicht gedacht.* He hadn't thought of that. ◊ *Er denkt nur an sich selbst.* He only thinks of himself. ◊ *Denk daran, die Blumen zu gießen.* Remember to water the flowers. ◊ *Haben Sie an eine bestimmte Farbe gedacht?* Do you have a particular colour in mind? ◊ *An die Folgen mag man kaum denken!* The consequences hardly bear thinking about. ◊ *An mehr Geld ist gar nicht zu denken.* There is no hope of any more money. **4 an etw ~; daran ~ etw zu tun** think* of doing sth ◊ *Haben Sie nie an einen Umzug nach Berlin gedacht?* Have you never thought of moving to Berlin? ◊ *Ich denke nicht daran nachzugeben!* No way am I giving in! **5** (*planen*) intend ◊ *Der Kurs ist für Fortgeschrittene gedacht.* The course is intended for advanced learners. ◊ *So war das nicht gedacht!* That wasn't the intention! **6 sich etw bei etw ~** mean* by sth ◊ *Er hatte sich nichts Böses dabei gedacht.* He didn't mean any harm by it. ◊ *Was hat sich der Künstler dabei gedacht?* What was the artist's intention? ◊ *Was hast du dir eigentlich dabei gedacht?* What did you think you were doing? **IDM Denkste!** ha!, (*BrE auch*) some hope! (*umgs*) **ich denk, ich hör/seh nicht recht/richtig!** I can't* believe my ears/eyes! (*umgs*) **solange ich denken kann** for as long as I can remember **wer hätte das gedacht!** Who would have thought it! **wo denkst du hin!** Where did you get that idea (from)? **jdm zu denken geben** make* sb think ☞ *Siehe auch* ENDE, TEIL¹ *und* TRAUM

Denken 1 thinking ◊ *Denken ist nicht seine Stärke.* Thinking is not his strong point. ◊ *Er übt sich in positivem Denken.* He tries to think positively. ◊ *abstraktes Denken* abstract thought ◊ *zu selbstständigem Denken anregen* encourage independence of thought **2** (*Haltung*) way of thinking, attitude ◊ *Dieses Denken ist ihm vollkommen fremd.* This way of thinking is totally alien to him. ◊ *das alte Denken* old ways of thinking ◊ *Vorurteile bestimmten ihr Denken.* Their attitude was based on prejudice.

Denker(in) thinker

denk- denkfaul mentally lazy (*nicht vor Nomen*) ◊ *denkfaule Lehrer* teachers who are mentally lazy **Denkfehler** flaw in sb's reasoning **Denkmal** memorial; (*Gebäude auch*) monument; (*Standbild auch*) statue ◊ *Das Denkmal erinnert an die Pestkatastrophe von 1665.* The memorial commemorates the plague of 1665. ◊ *Der Dichterin wurde ein Denkmal gesetzt.* They put up a memorial to the poet. **Denkmalschutz** preservation of historical buildings ◊ *etw unter Denkmalschutz stellen* classify sth as a historic monument ☞ In Großbritannien spricht man von Gebäuden, die unter Denkmalschutz stehen, als **listed buildings**. **Denkmodell 1** (*Theorie*) theory* ◊ *philosophische Denkmodelle* philosophical theories **2** (*Überlegung, Idee*) idea; (*Ansatz*) approach **Denkweise** way of thinking **denkwürdig** memorable **Denkzettel** lesson ◊ *jdm einen Denkzettel verpassen* teach sb a lesson

denn 1 (*weil*) because, for (*gehoben*) ◊ *Sie wurde nass, denn sie hatte keinen Schirm dabei.* She got soaked because she didn't have an umbrella. ☞ *Wenn* **denn** *am Satzanfang steht, dann steht im Englischen meist* **for**: *Denn es gibt noch viel zu tun.* For there is still a lot to do. **2** (*als*) than ◊ *größer denn je* greater than ever **3 es sei ~** unless ◊ *Sie wollte nicht mit ihm reden, es sei denn, er entschuldigte sich bei ihr.* She refused to talk to him unless he apologized. **4** (*verstärkend*) then ◊ *So lass uns denn anfangen.* Let's begin then. ☞ *Zur Verstärkung wird* „denn" *meist nicht übersetzt:* *Wie heißt du denn?* What's your name? ◊ *Was ist denn da los?* What's going on there?

dennoch still, nevertheless ◊ *Sie war krank, wollte aber dennoch verreisen.* She was ill but still wanted to travel. ☞ *Hinweis bei* HOWEVER

Dentallaut dental (consonant)

Denunziant(in) informer

Denunziation (*meist mit einem Verb übersetzt*) ◊ *Aus Angst vor Denunziation haben sie sich versteckt.* Fearing that somebody would inform on them, they went into hiding.

denunzieren 1 jdn ~ (*anzeigen*) inform against/on sb ◊ *Er wurde von Kollegen denunziert.* His colleagues informed on him. ◊ *Sie ist als Spionin denunziert worden.* She was exposed as a spy. **2** (*verurteilen*) denounce ◊ *Der Bericht denunzierte die Maßnahme als faulen Kompromiss.* The report denounced the measure as a shabby compromise.

Deo, Deodorant deodorant
Deoroller roll-on deodorant **Deospray** deodorant spray
deplatziert out of place ◊ *Ich fühlte mich auf dem Empfang völlig deplatziert.* I felt completely out of place at the reception.

Deponie tip, (*AmE*) garbage dump

deponieren 1 deposit; (*Bombe*) place ◊ *Er deponierte die Juwelen in einem Schließfach.* He deposited the jewellery in a safe. ◊ *Sie deponierte die Schlüssel beim Hausmeister.* She left the keys with the caretaker. **2** (*Müll*) dump

Deponierung 1 (*von Müll*) dumping **2** (*Lagerung*) storing **3** (*Geld etc.*) depositing

Deportation transportation

deportieren transport ◊ *deportierte Häftlinge* transported convicts

Depot 1 (*Lager, Garage*) depot **2** (*Abteilung einer Bank*) securities' department **3** (*Schließfach*) safe deposit box **4** (*Konto*) securities account; (*Aktien, Anleihen*) portfolio* **5** (*Einzahlung*) deposit

Depp twit (*umgs*)

Depression depression ☞ *Im psychologischen Sinne ist* **depression** *nicht zählbar: Er leidet unter schweren Depressionen.* He suffers from severe depression.

depressiv 1 (MED) depressive **2** (*deprimierend*) depressing **3** (WIRTSCH) depressed

deprimieren depress

deprimierend depressing (*Adv* depressingly)

deprimiert depressed

der 1 (*Artikel*) the ☞ G 2 **2** (*Relativpronomen*) who, which, that ☞ G 7 **3** (*Demonstrativpronomen*) that; (*Plural*) those ☞ G 6

derart 1 (*so viel*) so much; (*in solcher Weise*) in such a way ◊ *Er ist derart gewachsen, dass ich ihn nicht erkannt habe.* He has grown so much that I didn't recognize him. **2** (*vor einem Adjektiv oder Adverb*) so; (*vor einem Adjektiv mit Nomen*) such (a) ◊ *Sie war derart nervös, dass ihr die Hände zitterten.* She was so nervous that her hands shook. ◊ *ein derart modernes Haus* such a modern house

derartig 1 (*vor Nomen*) such (a) (*gehoben*) ◊ *derartige Zwischenfälle* such incidents **2** (*vor einem Adjektiv oder Adverb*) so; (*vor einem Adjektiv mit Nomen*) such (a) ◊ *ein derartig aufwendiges Essen* such an elaborate meal **3** (*vor Verben*) in such a way; (*so viel*) so much

derb 1 coarse; (*Witz, Lied auch*) crude; (*Tritt*) vicious **2** (*Fehler*) serious **3** (*Stoff, Leder*) tough, hard-wearing; (*Schuhe*) stout

Derby derby*

deren 1 (*Relativpronomen*) of which, whose ☞ G 7 **2** (*Demonstrativpronomen*) her, its, their

dergleichen 1 (*solch*) such **2** (*Ähnliches*) that sort of thing ◊ *Dergleichen wäre damals nicht möglich gewesen.* That sort of thing would not have been possible then. ◊ *Staubsauger, Waschmaschinen und dergleichen* vacuum cleaners, washing machines, and the like ◊ *Er hat nichts dergleichen gesagt.* He said nothing of the sort.

derjenige derjenige, diejenige, dasjenige the one, the person; **diejenigen** the ones, the people, those (*gehoben*) ◊ *Er ist derjenige, den ich gesehen habe.* He's the one I saw. ◊ *Sind Sie diejenige, mit der ich telefoniert habe?* Are you the person I spoke to on the phone? ◊ *Derjenige, der als letzter*

dermaßen

den Raum verlässt, schließt bitte die Tür. Would the last person to leave the room please shut the door. ◊ *einige derjenigen, die sich gestern anmeldeten* some of those who registered yesterday

> Wenn die Identität der Person völlig unbekannt ist, und **derjenige** „wer auch immer" verwendet, man oft **whoever** oder **anyone**: *Derjenige, der so etwas sagt, lügt.* Anyone who says that is lying. Wird **derjenige** etc. als Adjektiv gebraucht, übersetzt man es mit **the**: *derjenige Kandidat, der die meisten Stimmen erhält* the candidate who gets the most votes. **Diejenigen** kann mit **the** oder formeller **those** übersetzt werden: *diejenigen Familien, die sich daran beteiligen wollen* those families who wish to participate.

dermaßen *(mit einem Adjektiv)* so; *(mit einem Verb)* so much, to such a degree *(gehoben)* ◊ *Er ist dermaßen von sich überzeugt, dass ...* He's so full of himself that ... ◊ *Seine Knie zitterten dermaßen, dass ...* His knees were trembling so much that ... ◊ *Die Gewalt ist dermaßen eskaliert.* Violence has escalated to such a degree.

derselbe derselbe, dieselbe, dasselbe, dieselben ... (wie jd/etw) the same ... (as sb/sth) ◊ *derselbe Mann* the same man ◊ *Es ist dasselbe Rot wie hier.* It's the same red as here. ◊ *Sie geht in dieselbe Schule wie ich.* She goes to the same school as I do. ◊ *Es ist immer dasselbe mit ihm.* It's always the same with him. IDM ⇒ EIN²

derzeitige(r,s) present
des¹ ⇒ DER
des², Des (Mus) D flat
Desaster disaster *(auch fig)*
Desensibilisierung desensitization
Deserteur(in) deserter
desertieren desert
deshalb 1 that is why; *(also)* so, therefore *(gehoben)* ◊ *Er hat sich das Bein gebrochen. Deshalb ist er nicht da.* He's broken his leg. That's why he is not here. ◊ *Ach deshalb!* So that's why! ◊ *Sie hat kein Geld, deshalb kann sie nicht mitkommen.* She hasn't got any money, so she isn't coming. ◊ *Deshalb ist er doch kein schlechter Mensch.* That doesn't mean to say he's a bad person. ◊ *Deshalb auch der Titel.* Hence the title. 2 **~, weil** because ◊ *nicht zuletzt deshalb, weil* not least because
Design design
Designer(in) designer ☛ G 2.2d
Designer- designer ◊ *Designer-Jeans* designer jeans ◊ *Designerdrogen* designer drugs
designiert *(ernannt)* appointed, designated; *(in Titeln)* designate; *(gewählt)* elect ◊ *ihre designierte Nachfolgerin* her appointed successor ☛ In Amtsbezeichnungen wie *der designierte Direktor* und ◊ *der designierte Präsident* werden **designate** und **elect** dem Nomen nachgestellt: *the director designate* ◊ *the president elect.*
desillusioniert disillusioned
Desillusionierung disillusionment
Desinfektion disinfection
Desinfektionsmittel disinfectant
desinfizieren disinfect
Desinteresse indifference, disinterest ◊ *ihr völliges Desinteresse an meinen Belangen* her total disinterest in my affairs
desinteressiert indifferent *(Adv* indifferently); *(apathisch)* apathetic *(Adv* apathetically) ◊ *Sie zeigten sich am Wahlausgang desinteressiert.* They were indifferent to the election results.
desolat hopeless *(Adv* hopelessly); *(Situation)* desperate *(Adv* desperately); *(Zustand)* terrible
desorientiert disorientated
Despot(in) despot, tyrant *(auch fig)*
despotisch despotic *(Adv* despotically); *(Mensch)* tyrannical *(Adv* tyrannically)
Despotismus despotism
dessen 1 *(Relativpronomen)* of which, whose ☛ G 7 2 *(Demonstrativpronomen)* of this/that, *(possessiv)* his, its 3 *Adv* **~ ungeachtet** despite this, nevertheless ◊ *Dessen ungeachtet bewarb er sich.* He applied nevertheless.
Dessert dessert
Dessous lingerie [U]
destabilisieren destabilize

destillieren distil*, *(AmE)* distill
desto 1 **je ... desto** ... the ... the ... ◊ *je eher, desto besser* the sooner, the better ◊ *Je länger ich ihn kenne, desto weniger mag ich ihn.* The longer I know him the less I like him. 2 *(um so)* all the ◊ *ein kleiner, aber desto begeisterter Kreis* a small, but all the more enthusiastic group
destruktiv destructive *(Adv* destructively)
Destruktivität destructiveness
deswegen so, therefore *(gehoben)*; *(am Satzanfang)* that's why ◊ *Sie war im Urlaub, deswegen konnte ich sie nicht erreichen.* She was on holiday so I couldn't contact her. ◊ *Deswegen habe ich ihr geschrieben.* That's why I wrote to her.
Detail detail ◊ *Liebe zum Detail* attention to detail ◊ *etw bis ins letzte Detail organisieren* organize sth right down to the last detail ◊ *Er hat uns bis ins Detail davon berichtet.* He gave us a detailed report. IDM **im Detail** in detail ◊ *Es muss vorher im Detail geklärt werden.* The details have to be sorted out first. **ins Detail gehen** go* into detail(s) ☛ *Siehe auch* TEUFEL
Detailfrage detail ◊ *so eine Detailfrage* a minor detail like that **Detailkenntnis** detailed knowledge [U/Sing]
detailliert 1 *Adj* detailed ◊ *ein detaillierter Bericht* a detailed report 2 *Adv* in detail ◊ *etw detailliert beschreiben* describe sth in detail
Detektiv(in) *(Polizist)* detective; *(Privat-)* private detective; *(Kaufhaus-)* store detective ☛ G 2.2d
Detektivroman detective novel, whodunnit *(umgs)*, *(AmE)* whodunit
Detonation detonation, explosion
detonieren explode, detonate
deuteln **an etw gibt es nichts zu ~** there's no question about sth
deuten 1 **auf jdn/etw ~** indicate sb/sth; *(mit dem Finger)* point at sb/sth ◊ *Der Lehrer deutete mit dem Zeigestock auf das Wort.* The teacher indicated the word with the pointer. ◊ *Er deutete in die andere Richtung.* He pointed in the other direction. ◊ *Sie hat mit dem Finger auf ihn gedeutet.* She pointed at him. ◊ *Sie deutete mit einer Kopfbewegung auf die Tür.* She nodded towards the door. 2 **etw (als etw) ~** *(auslegen)* interpret sth (as sth) ◊ *einen Traum deuten* interpret a dream ◊ *die Sterne /die Zukunft deuten* read the stars/the future ◊ *etw falsch deuten* misinterpret sth ◊ *Sie hat seine Frage als Kritik gedeutet.* She took his question as a criticism. 3 **auf etw ~** *(schließen lassen)* suggest sth ◊ *Das deutet darauf, dass er schuldig ist.* That suggests that he is guilty. ◊ *Die Umstände deuten auf Selbstmord.* The indications are that it was suicide.
deutlich 1 *(klar)* clear *(Adv* clearly) ◊ *ihre deutliche Schrift* her clear handwriting ◊ *ein deutlicher Sieg* a clear victory ◊ *Es wurde deutlich, dass sie krank war.* It became clear that she was ill. ◊ *Ich kann mich noch deutlich an sie erinnern.* I can still clearly remember her. 2 *(eindeutig)* distinct *(Adv* distinctly); *(merklich)* noticeable *(Adv* noticeably) ◊ *Ich hatte den deutlichen Eindruck, dass ...* I got the distinct impression that ... ◊ *Die Preise sind deutlich höher.* Prices are noticeably higher. ◊ *jdm deutlich zu verstehen geben, dass ...* make it plain to sb that ... 3 **(jdm) etw ~ machen** make* sth clear (to sb) ◊ *Er machte uns deutlich, dass ...* He made it clear to us that ... 4 **~ werden** *(Kritik äußern)* speak* your mind ◊ *Ich muss jetzt einmal deutlich werden.* I have to speak my mind now. ◊ *Deutlicher kann ich nicht werden.* I can't put it plainer than that. IDM ⇒ SPRACHE
Deutlichkeit 1 *(Klarheit)* clarity ◊ *ein Mangel an Deutlichkeit* a lack of clarity ◊ *Das Bild gewann an Deutlichkeit.* The picture became clearer. 2 *(Unmissverständlichkeit)* unambiguity ◊ *die Deutlichkeit des Ergebnisses* the unambiguity of the result ◊ *jdm mit aller Deutlichkeit sagen, dass ...* make it perfectly clear to sb that ... ◊ *Ihre Worte ließen an Deutlichkeit nichts zu wünschen übrig.* Her words couldn't have been plainer.
deutsch German ◊ *Sprechen Sie deutsch?* Do you speak German?
Deutsch German ◊ *Er lernt Deutsch.* He's learning German. ◊ *Wie heißt das auf Deutsch?* What's that in German? ☛ *Siehe auch* S. 767 IDM **auf (gut) Deutsch** in plain English; *(unverblümt)* to put it bluntly
Deutsche *das* German ◊ *ins Deutsche übersetzen* translate into German

Deutsche(r) German ◊ *die Deutschen* the Germans ◊ *Sind sie Deutsche?* Are they German?
Deutung interpretation ◊ *Seine Formulierung ließ alle möglichen Deutungen zu.* The way he put it was open to all sorts of interpretations.
Devise motto* ◊ *Seine Devise lautet ....* His motto is ....
Devisen foreign exchange [U]; (*Sorten*) foreign currency [U] ◊ *in harten Devisen zahlen* pay in hard currency **Devisenhandel** foreign exchange dealing **Devisenmarkt** foreign exchange market **Devisenreserven** foreign exchange reserves [Pl]
Dezember December ☛ *Beispiele bei* JANUAR
dezent 1 (*Make-up, Farbe, Muster, Parfum*) subtle; (*Kostüm, Krawatte*) sober; (*Eleganz*) quiet; (*Beleuchtung, Musik*) subdued ◊ *Sie war dezent geschminkt.* She wore subtle make-up. **2** (*zurückhaltend*) discreet (*Adv* discreetly); (*feinfühlig*) tactful (*Adv* tactfully) ◊ *ein dezentes Lächeln* a discreet smile ◊ *Er hielt sich dezent im Hintergrund.* He remained discreetly in the background. ◊ *jdn dezent auf einen Fehler hinweisen* tactfully point out sb's mistake
dezentral 1 (*nicht im Zentrum*) outside the city centre (*AmE*) outside the city center (*nicht vor Nomen*) **2** (*nicht zentral*) local (*Adv* locally) ◊ *Das muss dezentral entschieden werden.* The decision must be made at local level.
dezentralisieren decentralize
Dezentralisierung decentralization [U/Sing]
Dezibel decibel
Dezimal- Dezimalrechnung decimal arithmetic [U], decimals [Pl] **Dezimalstelle** decimal place ◊ *etw auf drei Dezimalstellen berechnen* calculate sth to three decimal places **Dezimalzahl** decimal (number) ☛ *Dezimalzahlen werden nicht mit einem Komma, sondern mit einem Punkt geschrieben: 3.5* (*three point five*)
dezimieren decimate
Dezimierung decimation
d.h. *Abk* i.e.
Dia slide
Diabetes diabetes
Diabetiker(in) diabetic
diabolisch fiendish (*Adv* fiendishly), devilish (*Adv* devilishly) ◊ *ein diabolisches Grinsen* a fiendish grin
Diafilm slide film
Diagnose diagnosis* ◊ *eine Diagnose stellen* make a diagnosis
diagnostizieren diagnose ◊ *Die Ärztin diagnostizierte Gallensteine beim Patienten.* The doctor diagnosed gallstones in the patient. ◊ *der diagnostizierende Arzt* the doctor making the diagnosis
diagonal diagonal (*Adv* diagonally) ◊ *diagonal gestreift* with diagonal stripes
Diagonale diagonal
Diagramm (*Zeichnung*) diagram, chart; (*Kurve*) graph

> Im Englischen bezeichnet **chart** eine Darstellung von Zahlen oder Größenverhältnissen in Form von einfachen Bildern, Tabellen, u.ä.: *pie chart* Tortendiagramm ◊ *bar chart* Säulendiagramm ◊ *flow chart* Flussdiagramm. Werden Informationen oder Zahlenwerte in Form einer Kurve dargestellt, spricht man auch von **graph**: *The graph shows the population growth over the last 20 years.* **Diagram** bezeichnet dagegen eine vereinfachende Zeichnung einer Maschine, einer Struktur, eines Vorgangs etc.: *a diagram of the digestive system* eine grafische Darstellung des Verdauungssystems.

Diakon deacon ☛ G 2.2d
Diakonin deaconess ☛ G 2.2d
Diakonisse, Diakonissin = Protestant nun who carries out social work in the community ☛ G 2.2d
Dialekt dialect ◊ *Er spricht Dialekt.* He speaks (in) dialect. ◊ *Sie schreibt im Dialekt.* She writes in dialect.
Dialektik 1 (*Philosophie*) dialectic [Sing], dialectics [U] **2** (*Verhältnis*) dialectical relationship; (*Spannung*) tension; (*Widersprüchlichkeit*) contradictory character
Dialog dialogue; (*Gespräch*) discussion ◊ *witzige Dialoge* witty dialogues ◊ *den Dialog mit jdm suchen* seek a dialogue with sb ◊ *Probleme im Dialog lösen* solve problems through discussion

Dialyse dialysis [U] ◊ *Sie muss jeden zweiten Tag zur Dialyse.* She has to go for dialysis every two days.
Diamant diamond
diamanten diamond ◊ *Sie feierten diamantene Hochzeit.* They celebrated their diamond wedding.
Dia- Diaprojektor slide projector **Diashow** slide show
Diaspora diaspora
Diät diet ◊ *Sie musste streng Diät halten.* She had to stick to a strict diet. ◊ *Diät leben* be on a special diet ◊ *jdn auf Diät setzen* put sb on a diet ◊ *Ich mache gerade eine Diät.* I'm on a diet at the moment.
Diäten MP's pay [U]
Diavortrag slide presentation
dich 1 you ☛ G 3 **2** yourself ☛ G 4
dicht 1 (*Nebel, Rauch, Wald, Netz*) dense (*Adv* densely); (*Fell, Haar*) thick; (*Verkehr*) heavy*; (*Programm*) full ◊ *dicht besiedelt* densely populated ◊ *eine dichte Wolkendecke* a thick layer of cloud **2** (*wasser-*) watertight; (*luft-*) airtight ◊ *Das Dach ist nicht mehr dicht — es regnet rein!* The roof is leaking — the rain is coming in! **3** (*nah*) close (*Adv* closely) ◊ *dicht beieinander* close together ◊ *dicht gewebt* closely woven ◊ *dicht gefolgt* closely followed ◊ *Sie saßen dicht gedrängt.* They sat squashed together. ◊ *dicht hinter der Grenze* just over the border ◊ *dicht neben dem Haus* right next to the house **4** (*kurz*) ◊ *Seine Hochzeit stand dicht bevor.* His wedding was fast approaching. ◊ *Sie stehen dicht vor dem Sieg.* Victory is within their grasp. ◊ *in dichter Folge* in quick succession IDM **nicht ganz dicht sein** be off your head (*umgs*), be out of your mind
dichten (*schreiben*) write*
Dichter(in) writer; (*Poet*) poet ☛ G 2.2d
dichterisch 1 poetic (*nur vor Nomen*) (*Adv* poetically) ◊ *dichterische Freiheit* poetic licence ◊ *Er ist dichterisch begabt.* He has a gift for writing. **2** (*literarisch*) literary
dichtmachen 1 (*zeitweilig*) close **2** (*für immer*) close sth down
Dichtung¹ 1 (*Werk*) (literary) work ◊ *Büchners Dichtung* Büchner's work **2** (*Literatur*) literature; (*Lyrik*) poetry
Dichtung² 1 (*Ring*) washer **2** (*Abdichtung*) seal
dick 1 thick ◊ *ein dicker Baumstamm* a thick tree trunk ◊ *eine dicke Akte* a thick file ◊ *vier Meter dick* four metres thick ◊ *dicke Rauchschwaden* thick clouds of smoke ◊ *Die Soße wird einfach nicht dick.* The sauce won't thicken. **2** (*Mensch*) fat* ◊ *Bonbons machen dick!* Sweets make you fat! **3** (*angeschwollen*) swollen ◊ *Ich habe einen dicken Knöchel.* My ankle's swollen. **4** (*Freunde*) close **5** (*groß, teuer*) big; (*Gehalt*) hefty* ◊ *einen dicken Schlitten fahren* drive a big car **6** (*Lob*) high ◊ *Er sprach ihnen ein dickes Lob aus.* He praised them highly. IDM **jdn/etw dick(e) haben** have had enough of sb/sth ◊ *Jetzt habe ich aber die Faxen dick!* I've had enough of all this nonsense! **durch dick und dünn** through thick and thin **es nicht so dick haben** be hard up ☛ *Siehe auch* FELL, HUND *und* LUFT
Dickdarm colon, large intestine
Dicke 1 thickness **2** (*Durchmesser*) diameter
Dicke(r) 1 fat one **2** (*Anrede*) fatty* (*abwert*); (*Kosename*) cuddles
dicke ◊ *dicke drei Meter* at least three metres ◊ *Danke, das reicht dicke!* Thanks, that's plenty! ◊ *Sie hat's dicke.* She's got plenty of money. ◊ *Es kommt noch dicker.* It gets worse. IDM ⇨ DICK
Dickicht 1 (*Unterholz*) thick undergrowth; (*Wald*) thicket **2** (*fig*) maze ◊ *ein Dickicht von Verordnungen* a maze of rules and regulations
Dickkopf einen ~ haben; ein ~ sein be stubborn, be pigheaded ◊ *Er ist ein Dickkopf.* He's as stubborn as a mule.
dickköpfig stubborn (*Adv* stubbornly)
Didaktik 1 (*Wissenschaft*) pedagogy ◊ *Vorlesungen zur Didaktik* lectures on pedagogy ◊ *die Professorin für Didaktik* the Professor of Education **2** (*Methode*) teaching methods [Pl]
didaktisch pedagogical (*Adv* pedagogically) ◊ *didaktische Prinzipien* pedagogical principles ◊ *didaktische Fähigkeiten* teaching skills ◊ *Sie ist didaktisch sehr gut.* Her teaching methods are very good. ◊ *didaktisch wertvoll* educationally valuable
die ⇨ DER
Dieb(in) thief*; (*Einbrecher*) burglar; (*Taschen-*) pickpocket; (*Laden-*) shoplifter ◊ *Haltet den Dieb!* Stop thief! ◊ *der Dieb ihres Wagens* the person who stole her car

Diebesgut stolen goods [Pl]
diebisch 1 thieving ◊ *die diebische Elster* the thieving magpie ◊ *ein diebisches Pack* a pack of thieves 2 (*Freude, Vergnügen*) wicked (*Adv*) wickedly)
Diebstahl theft; (*Einbruch-*) burglary* ◊ *Ich werde Sie wegen Diebstahls anzeigen!* I shall report you to the police for theft! ◊ *jdn beim Diebstahl von Bargeld erwischen* catch sb stealing money
diejenige ⇨ DERJENIGE
Diele 1 (*Fußbodenbrett*) floorboard 2 (*Vorraum*) hall
dienen 1 **als etw ~** be used as sth ◊ *Der Raum dient als Büro.* The room is used as an office. ◊ *Das soll ihm als Warnung dienen.* Let that be a warning to him. ◊ *Ihre Lehrerin diente ihr als Vorbild.* She modelled herself on her teacher. 2 **einer Sache ~** (*verwendet werden*) be used for sth; (*nützlich sein*) benefit sth ◊ *Der Erlös dient einem guten Zweck.* The proceeds will be used for a good cause. ◊ *Seine Forschung dient der Menschheit.* His research is of benefit to mankind. ◊ *Das Experiment dient diesem Ziel.* That is the purpose of the experiment. ◊ *dem Frieden dienen* further the cause of peace 3 (**jdm**) ~ help (sb) ◊ *Womit kann ich Ihnen dienen?* How can I help you? ◊ *Mit dieser Erklärung ist mir nicht gedient.* This explanation is no help to me. 4 (*als Soldat*) be in the army/navy/air force; (*als Wehrpflichtiger*) do* military service ◊ *Wie viele Jahre hast du gedient?* How many years were you in the army? 5 (*als Diener(in)*) be a servant; **jdm ~** serve sb ◊ *Er hat ihm treu gedient.* He served him faithfully.
Diener(in) servant ☞ G 2.2d
dienlich jdm/einer Sache ~ sein be of use to sb/sth
Dienst 1 (*Pflichterfüllung, Amtsausübung*) duty; (*Arbeit, Arbeitszeit*) work ◊ *Dienst haben* be on duty ◊ *der Dienst habende Arzt* the doctor on duty ◊ *Ich bin gerade im/außer Dienst.* I'm on/off duty at the moment. ◊ *Um wie viel Uhr endet ihr Dienst?* What time does she go off duty? ◊ *vom Dienst suspendiert* suspended from duty ◊ *Ich muss zum Dienst gehen.* I have to go to work. ◊ *nach dem Dienst* after work ◊ *Welche Apotheke hat heute Dienst?* Which chemist's is open today? 2 (*als Soldat, Bedienstete(r) etc.*) service; (*Stellung*) post ◊ *nach 10 Jahren Dienst in der Armee* after ten years' service in the army ◊ *im Dienste der Königin* in the Queen's service ◊ *Sie hat gestern ihren Dienst angetreten.* She took up her post yesterday. ◊ *aus dem Dienst ausscheiden* retire ◊ *in Kambodscha Dienst tun* serve in Cambodia 3 (*Leistung, Hilfe, Einrichtung*) service ◊ *Dienst am Kunden* customer service ◊ *seine Dienste anbieten* offer your services ◊ *Er war im diplomatischen Dienst tätig.* He worked in the diplomatic service. ◊ *soziale Dienste* welfare services **IDM** **außer Dienst** retired ◊ *Er ist Offizier außer Dienst.* He is a retired army officer. **der öffentliche Dienst** the public sector; (*Beamte*) the civil service ☞ *Hinweis bei* ÖFFENTLICH **Dienst nach Vorschrift** work-to-rule ◊ *Sie machten Dienst nach Vorschrift.* They were working to rule. **jdm einen guten/schlechten Dienst erweisen** do sb a good turn/a disservice **jdm gute Dienste leisten** serve sb well **vom Dienst** ◊ *der Arzt/Offizier vom Dienst* the duty doctor/officer
Dienstag Tuesday ☞ *Beispiele bei* MONTAG
dienst- **dienstälteste(r)** longest-serving, most senior **dienstbereit** ◊ *die dienstbereite Apotheke* the duty chemist ◊ *Welche Apotheke ist Heiligabend dienstbereit?* Which chemist's is open on Christmas Eve? ◊ *der dienstbereite Arzt* the doctor on duty **dienstfrei** free ◊ *in ihrer dienstfreien Zeit* in her free time ◊ *mein dienstfreies Wochenende* my weekend off ◊ *dienstfrei haben* be off duty **Dienstgrad** rank **Diensthabende der/die** ~ the duty officer **Dienstjahr** year of service ◊ *nach 20 Dienstjahren* after 20 years of service **Dienstleistung** service ◊ *Sie bieten verschiedene Dienstleistungen an.* They offer a range of services. **Dienstleistungssektor** service sector
dienstlich 1 (*beruflich*) business ◊ *Die Angelegenheit ist rein dienstlich.* It's purely a business matter. ◊ *dienstlich verreist sein* be away on business ◊ *Er war aus dienstlichen Gründen verhindert.* He was unable to come because of work. 2 (*offiziell*) official (*nur vor Nomen*) ◊ *dienstliche Post* official mail 3 (*unpersönlich*) businesslike
Dienst- **Dienstmädchen** maid **Dienstreise** business trip ◊ *auf Dienstreise sein* be on a business trip **Dienststelle** (*Amt*) department; (*Büro*) office ◊ *eine staatliche Dienststelle* a government department ◊ *die Dienststellen*

der Stadt council offices **Dienstwagen** official car; (*Firmenwagen*) company car **Dienstzeit** 1 (*Arbeitszeit*) working hours [Pl]; (*Öffnungszeit*) office hours [Pl] 2 (*Gesamtdauer des Dienstes*) ◊ *nach 30-jähriger Dienstzeit* after 30 years' service ◊ *während seiner gesamten Dienstzeit* in all his working life
dies this; (*Plural*) these; (*zusammenfassend, verweisend*) that; (*Plural*) those ◊ *Dies ist der Freund, von dem ich dir erzählt habe.* This is the friend I told you about. ◊ *Dies alles kostet Geld.* All this costs money. ◊ *Dies sind die Gründe dafür.* These are the reasons for it. **IDM** **dies und das** this and that ◊ *über dies und das sprechen* talk about this and that ◊ *... und dies und das ...* ... and this and that ...
diese(r,s) 1 this; (*Plural*) these ☞ G 6 2 (*in Ausdrücken der Verärgerung*) that; (*Plural*) those [Pl] ◊ *Dieser Thomas!* That Thomas! ◊ *Diese Kinder!* Those children! ◊ *Diese alten Geizhälse!* What skinflints! 3 **an diesem Tag** (*heute*) today; (*an dem Tag*) on that day; (*am selben Tag*) on the same day; **dieser Tage** (*in den letzten Tagen*) recently; (*in den nächsten Tagen*) soon
Diesel 1 (*Motor*) diesel (engine) 2 (*Kraftstoff*) diesel (fuel) 3 (*Fahrzeug*) diesel (car)
dieselbe ⇨ DERSELBE
diesig misty*; (*besonders bei Hitze*) hazy* ◊ *diesiges Wetter* misty weather ◊ *Es ist schwül und diesig.* It's close and hazy.
diesjährig ◊ *der diesjährige Sieger* this year's winner ◊ *unser diesjähriges Fest* our celebrations this year
diesmal this time
diesseits (on) this side ◊ *diesseits vom Rhein/des Rheins* (on) this side of the Rhine
diffamieren 1 defame ◊ *diffamierende Behauptungen* defamatory statements ◊ *jdn persönlich diffamieren* blacken sb's name 2 **jdn als etw ~** accuse sb of being sth; **etw als etw ~** denounce sth as sth ◊ *jdn als Mörder diffamieren* accuse sb of being a murderer ◊ *etw als Gefühlsduselei diffamieren* denounce sth as sentimentality ◊ *etw als Lüge diffamieren* say that sth is a lie
Diffamierung slander; (*persönlich*) defamation of character [U]
Differenz 1 (*Unterschied, Betrag*) difference; (*Diskrepanz*) discrepancy* ◊ *kulturelle Differenzen* cultural differences ◊ *Ich zahle die Differenz.* I'll pay the difference. ◊ *die Differenz zwischen dem wirklichen und dem versteuerten Einkommen* the discrepancy between the actual and the declared income 2 (*Meinungsverschiedenheit*) difference (of opinion) ◊ *Sie haben ihre Differenzen beigelegt.* They have set aside their differences.
Differenzial- **Differenzialgleichung** differential equation **Differenzialrechnung** differential calculus
differenzieren 1 (*unterscheiden*) make* a distinction ◊ *Wir müssen genau differenzieren.* We must make a clear distinction here. ◊ *fein differenzieren* make fine distinctions ◊ *Können Sie das differenzieren?* Can you tell the difference? ◊ *Da solltest du wirklich differenzieren!* You can't generalize here! 2 **zwischen A und B ~** distinguish between A and B, differentiate between A and B ◊ *Ihr müsst zwischen der damaligen und der heutigen Situation differenzieren.* You must differentiate between the situation then and now.
differenziert precise (*Adv* precisely) ◊ *Ihre Berichte sind sehr differenziert.* Her reports are very precise. ◊ *differenziertes Denken* precise thinking ◊ *Damit muss man sich differenzierter auseinander setzen.* That must be analyzed more precisely. ◊ *etw differenziert beurteilen* make a discriminating judgement about sth ◊ *Ich sehe das alles viel differenzierter.* I see it as much more complex. ◊ *Das ist keine differenzierte Argumentation!* That's a generalization! ◊ *ein Heim mit differenzierten Betreuungsangeboten* a home with a range of different types of care
Differenzierung (*oft mit einem Verb übersetzt*) 1 (*das Differenzieren*) differentiation ◊ *eine Differenzierung nach Alter* differentiation according to age ◊ *Hier ist eine Differenzierung nötig.* It is necessary to make a distinction here. 2 (*Auseinanderentwicklung*) diversification ◊ *die Differenzierung der Investitionen* the diversification of investments ◊ *die Differenzierung des Freizeitangebots* increasing the range of leisure activities
diffus 1 (*ungeordnet*) confused; (*unklar*) vague ◊ *Sie argumentiert sehr diffus.* Her arguments are very confused. ◊

ein diffuses Gefühl der Angst a vague feeling of anxiety **2** (*Licht*) diffused

digital digital (*Adv* digitally) ◊ *mit digitaler Anzeige* with digital display ◊ *digital aufgezeichnet* digitally recorded **Digitalfernsehen** digital television

digitalisieren 1 (*Daten*) digitize ◊ *Sprache digitalisieren* digitize speech ◊ *in einer digitalisierten Welt* in a digital world **2** (*umwandeln*) convert *sth* to digital

Digitalisierung 1 (*Daten*) digitization ◊ *die Digitalisierung von Bildern* the digitization of pictures **2** (*Umwandlung*) conversion to digital form

Diktat 1 (*Text*) dictation ◊ *Wir mussten ein Diktat schreiben.* We had to do a dictation. **2** (*Gebot*) dictate **3** (POL) diktat

Diktator(in) dictator

diktatorisch dictatorial (*Adv* dictatorially) ◊ *seine diktatorische Art* his dictatorial manner ◊ *ein diktatorischer Staat* a dictatorship

Diktatur dictatorship ◊ *in einer Diktatur leben* live under a dictatorship

diktieren dictate ◊ *Kannst du mir das bitte diktieren?* Can you dictate it to me? ◊ *Ich will mir nicht mein Leben von anderen diktieren lassen.* I'm not having other people dictate to me how I live my life. ◊ *Seine Leidenschaft für das Theater diktierte sein Leben.* His life was governed by his passion for the theatre.

Diktiergerät Dictaphone™

Diktion (*Ausdrucksweise*) diction; (*Stil*) style

Dilemma dilemma ◊ *in einem Dilemma stecken* be in a dilemma

Dilettant(in) amateur

dilettantisch 1 *Adj* amateurish **2** *Adv* in an amateurish manner ◊ *Der Bankräuber ist ziemlich dilettantisch vorgegangen.* The bank robber acted in a rather amateurish manner.

Dill, Dille, Dillenkraut dill

Dimension dimension ◊ *Der Skandal hat politische Dimensionen angenommen.* The scandal has taken on a political dimension. ◊ *Seine Pläne bewegen sich in ganz anderen Dimensionen.* His plans are on a completely different scale.

-dimensional -dimensional ◊ *dreidimensional* three-dimensional

DIN® = German Industrial Standard ◊ *ein DIN-A4-Blatt* a sheet of A4

Ding 1 thing ◊ *Er kramte alle möglichen Dinge hervor.* He fished all sorts of things out. ◊ *Über solche Dinge spricht er nicht gern.* He doesn't like talking about things like that. ◊ *den Dingen ihren Lauf lassen* let things run their course ◊ *Wie die Dinge liegen, ...* As things stand, ... ◊ *Da hast du dir ja ein Ding geleistet!* What a thing to do! **2** (*Mensch, Tier*) thing, creature; (*Mädchen*) girl ◊ *Das arme Ding!* Poor little thing! IDM *das ist ja ein Ding!* Fancy that! ◊ *Er will in die USA? Das ist ja ein Ding!* He wants to go to the States? Well, fancy that! *jds Ding sein* be sb's (sort of) thing (*umgs*) ◊ *Computerspiele sind sein Ding.* Computer games are his thing. ◊ *Joggen ist nicht mein Ding.* Jogging's not my sort of thing at all. ◊ *ein Ding der Unmöglichkeit* an impossibility *ein (krummes) Ding drehen* do* a job (*umgs*) ◊ *es geht nicht mit rechten Dingen zu* things are not as they should be ◊ *Bei dem neuen Rekord kann es doch nicht mit rechten Dingen zugegangen sein!* It seems that things were not as they should have been when the new record was set. *guter Dinge sein* be in good spirits *über den Dingen stehen* stay cool *vor allen Dingen* above all; (*insbesondere*) particularly ◊ *Er wünscht sich vor allen Dingen ein Fahrrad.* What he wants above all is a bike. ◊ *Das gilt vor allen Dingen für Italien.* That is particularly true of Italy. ☞ *Siehe auch* MASS¹

dingfest *jdn ~ machen* arrest sb

Dings, Dingsbums, Dingsda (*Sache*) thing, thingummy (*umgs*); (*Mensch*) what's-his-name, what's-her-name (*umgs*) ◊ *Wie nennt man dieses Dings noch?* What's that thing called? ◊ *Die Dings war auch dabei.* What's-her-name was there as well.

Dinkel spelt

Dinosaurier dinosaur

Diode diode

Dioxid, Dioxyd dioxide

Dioxin dioxin

Diözese diocese

Diphtherie diphtheria [U]

Diphthong diphthong

Diplom 1 (*akademischer Grad*) degree; (*anderer Abschluss*) diploma ◊ *Sie war schon 30, als sie ihr Diplom machte.* She was 30 by the time she got her degree. ◊ *ein Diplom als Schmuckdesigner* a diploma in jewellery design **2** (*Urkunde*) certificate

Diplomarbeit dissertation

Diplomat(in) diplomat (*auch fig*) ☞ G 2.2d

Diplomatie diplomacy (*auch fig*) ◊ *Man sollte der Diplomatie eine Chance geben.* They should give diplomacy a chance.

diplomatisch diplomatic (*Adv* diplomatically) ◊ *im diplomatischen Dienst stehen* be in the diplomatic service ◊ *diplomatische Beziehungen aufnehmen* establish diplomatic relations ◊ *Das hat sie diplomatisch geschickt ausgedrückt.* She put that very diplomatically.

Diplom- Diplomingenieur(in) graduate engineer ☞ G 2.2d **Diplomkaufmann, -kauffrau** graduate in business studies ☞ G 2.2d **Diplompsychologe, -psychologin** graduate in psychology, qualified psychologist ☞ G 2.2d

dir 1 (to) you ☞ G 3 **2** (to) yourself ☞ G 4

direkt 1 direct (*Adv* directly) ◊ *eine direkte Folge* a direct consequence ◊ *direkte Steuern* direct taxes ◊ *etw direkt vom Bauern beziehen* get sth direct from the farmer ◊ *sich direkt an jdn wenden* approach sb directly ◊ *Die Firma war direkt daran beteiligt.* The firm was directly involved in it. ◊ *sein direkter Vorgesetzter* his immediate superior ◊ *direkte Gespräche* face-to-face talks **2** (*ohne Umweg*) straight ◊ *Sie ging direkt nach Hause.* She went straight home. **3** (*ohne Umsteigen*) direct ◊ *eine direkte Verbindung nach München* a direct connection to Munich ◊ *Kann man direkt nach Dallas fliegen?* Can you fly direct to Dallas? **4** (*zeitlich*) immediately ◊ *Sie wollte ihn direkt vor dem Meeting sehen.* She wanted to see him immediately prior to the meeting. ◊ *Wir fangen direkt nach der Schule an.* We start straight after school. **5** (*räumlich*) immediate (*nur vor Nomen*) (*Adv* immediately) ◊ *die direkte Umgebung der Stadt* the immediate environs of the town ◊ *direkt gegenüber der Bank* immediately opposite the bank ◊ *direkt neben dir* right next to you ◊ *Das Haus liegt direkt am Meer* The house is right by the sea. ◊ *Sie können direkt vorm Haus parken.* You can park right in front of the house. **6** (*live*) live ◊ *Das Konzert wurde direkt übertragen.* The concert was broadcast live. **7** (*unverblümt*) direct, forthright; (*negativer*) blunt (*Adv* bluntly) ◊ *Er war schon immer sehr direkt.* He's always been very forthright. ◊ *So ganz direkt hätte sie es nicht gesagt.* She didn't say it quite so bluntly. ◊ *Er fragte sie ganz direkt, wie viel sie verdient.* He asked her straight out how much she earned. ◊ *direkt zur Sache kommen* come straight to the point **8** (*geradezu*) really ◊ *Das hat mich direkt überrascht.* That really surprised me. ◊ *Das freut mich direkt.* I'm really pleased about that. ◊ *Das ist mir jetzt direkt peinlich.* I feel really bad about that now.

Direktflug direct flight

Direktheit directness; (*negativer*) bluntness ◊ *Er war für seine Direktheit bekannt.* He was known for his directness. ◊ *Ihre Direktheit konnte manchmal verletzend sein.* Her bluntness could sometimes be hurtful.

Direktion 1 management ◊ *Er wurde mit der Direktion der Festspiele betraut.* He was entrusted with the management of the festival. ☞ G 1.3a **2** (*Räume*) managers' offices [Pl]; (*Gebäude*) head office ☞ G 1.3c

Direktionsassistent(in) assistant to the director

Direktive directive

Direktmandat = seat won by being directly elected to parliament

Direktor(in) 1 (*von Behörden, Institutionen*) director **2** (*von Schulen*) head(teacher), (*AmE*) principal; (*von Hochschulen*) principal **3** (*von Unternehmen, Abteilungen*) manager

Direkt- Direktverbindung (*mit dem Zug*) through train; (*mit dem Flugzeug*) direct flight **Direktvermarktung** direct marketing

Dirigent(in) conductor ☞ G 2.2d

dirigieren

dirigieren 1 (Mus) conduct **2** (*in eine Richtung weisen*) direct; (*führen*) show* **3** (*Firma, Unternehmen*) run*
Dirndl 1 (*Kleid*) dirndl **2** (*Mädchen*) girl
dis, Dis D sharp
Diskette disk ◊ *etw auf Diskette speichern* save sth onto disk ◊ *eine Diskette einlegen* insert a disk
Diskettenlaufwerk disk drive
Diskjockey disc jockey ☞ G 2.2d
Disko disco* ◊ *in die Disko gehen* go to the disco ◊ *eine Disko veranstalten* organize a disco
Diskothek discotheque
diskreditieren discredit
Diskrepanz discrepancy*
diskret 1 discreet (*Adv* discreetly); (*vertraulich*) confidential (*Adv* confidentially) ◊ *sein diskretes Verhalten* his discreet behaviour ◊ *Die Bewerbungen werden diskret behandelt.* The applications are treated confidentially. ◊ *diskret schweigen* maintain a discreet silence **2** (*Parfum, Make-up, Hinweis*) subtle
Diskretion discretion; (*Vertraulichkeit*) confidentiality ◊ *Kann ich mit Ihrer Diskretion rechnen?* Can I count on your discretion? ◊ *Diskretion wahren* be discreet
diskriminieren 1 (*benachteiligen*) discriminate against sb/sth ◊ *jdn aufgrund seiner Religion diskriminieren* discriminate against sb on the grounds of religion ◊ *Die Jungen fühlen sich diskriminiert.* The boys feel that they are being discriminated against. **2** (*herabsetzen*) disparage, demean ◊ *diskriminierende Äußerungen* disparaging remarks ◊ *Diese Art von Journalismus diskriminiert ganze Bevölkerungsgruppen.* This kind of journalism is demeaning to whole sections of the population.
Diskriminierung discrimination [U] ◊ *Diskriminierung von Ausländern* discrimination against foreigners
Diskus discus
Diskussion (*Gespräch*) discussion; (*Debatte*) debate; (*Streit*) argument ◊ *Der Antrag wurde zur Diskussion gestellt.* The motion was put up for discussion. ◊ *Das führte zu heftigen Diskussionen.* That led to heated debate. ◊ *die Diskussion um die Grundgesetzänderung* the debate about changing the constitution ◊ *Ich lasse mich auf keine Diskussion ein.* I'm not going to discuss it. ◊ *Keine Diskussion!* Don't argue! IDM *zur Diskussion stehen* (*Thema sein*) be on the agenda; (*in Betracht kommen*) be being considered ◊ *Wieder einmal steht der Kindergarten zur Diskussion.* The nursery is on the agenda once again. ◊ *Zwei weitere Standorte stehen noch zur Diskussion.* Two further sites are being considered.
Diskussionsgrundlage basis* for discussion **Diskussionsrunde** discussion group **Diskussionsthema** subject of (a/the) discussion ◊ *Das Diskussionsthema des Abends war Europa.* Europe was the subject of discussion for the evening.
Diskus- Diskuswerfen the discus **Diskuswerfer(in)** discus thrower
diskutieren 1 (**mit jdm**) **über etw** ~ discuss sth (with sb) ◊ *über Politik diskutieren* discuss politics ◊ *Bei uns zu Hause wird viel diskutiert.* At home we talk about things a lot. **2** etw ~ debate sth ◊ *Das Parlament diskutiert die neue Gesetzesvorlage.* Parliament is debating the new bill. ◊ *Das Thema wurde heftig diskutiert.* There was a heated debate on the subject.
Dispersionsfarbe emulsion (paint)
Display 1 (*Anzeige*) display **2** (*Werbung*) display pack
disponieren 1 über etw/jdn ~ have sth/sb at your disposal; (*bestimmen*) manage sb/sth ◊ *Er disponiert über riesige Summen.* He has huge sums of money at his disposal. ◊ *Sie kann über ihre Zeit frei disponieren.* She can manage her own time. **2** (*im Voraus planen*) plan* ahead ◊ *für die nächste Saison disponieren* plan ahead for next season ◊ *anders disponieren* make other arrangements
disponiert 1 (*Verfassung*) ◊ *hervorragend disponiert sein* be on top form **2 für etw** ~ (*Krankheiten*) predisposed to sth
Disposition 1 zur ~ **stehen** be up for discussion ◊ *Das Amt des Bürgermeisters steht nicht zur Disposition.* The post of mayor is not up for discussion. **2 jdm zur** ~ **stehen** be at sb's disposal ◊ *Ihm steht eine fünfstellige Summe zur Disposition.* He has a five-figure sum at his disposal. **3** etw zur ~ **stellen** (*infrage*) call sth into question **4** etw zur ~ **stellen** (*zur Verfügung*) make* sth available **5** (*Planung*) arrangement; (*Gliederung*) outline plan **6** (*Veranlagung*) predisposition ◊ *eine Disposition zu Diabetes* a predisposition to diabetes
Disput dispute ◊ *ein Disput um die Miete* a dispute over the rent
Disqualifikation (Sport) disqualification
disqualifizieren 1 (Sport) disqualify* **2** sich ~ lose* (all) credibility ◊ *Dadurch hat er sich selbst disqualifiziert.* He has lost all credibility as a result.
Dissertation doctoral thesis* ◊ *Er schrieb seine Dissertation über Kant.* He wrote his doctoral thesis on Kant.
Dissident(in) dissident
Dissonanz 1 (Mus) dissonance **2** (*fig*) difference of opinion
Distanz 1 (*Entfernung, Strecke*) distance ◊ *aus sicherer Distanz* from a safe distance ◊ *Er wurde aus kurzer Distanz erschossen.* He was shot at close range. ◊ *der Weltrekord über die 100-Meter-Distanz* the world record for the 100 metres **2** (*innerer Abstand*) detachment IDM *auf Distanz* (**zu jdm/etw**) **gehen** distance yourself (from sb/sth) *Distanz* (**zu jdm**) **halten/wahren** keep* your distance (from sb)
distanzieren sich von jdm/etw ~ distance yourself from sb/sth; (*Meinung, Aktion*) dissociate yourself from sth ◊ *Die Partei distanziert sich von der Aktion.* The party dissociated itself from the campaign.
distanziert (*reserviert*) reserved; (*kühl*) distant
Distel thistle
distinguiert distinguished
Disziplin 1 discipline ◊ *in der Klasse Disziplin halten* keep discipline in class ◊ *Die Disziplin lässt zu wünschen übrig.* Discipline is poor. ◊ *eine olympische Disziplin* an Olympic discipline **2** (*Selbstbeherrschung*) self-discipline ◊ *Für eine Diät habe ich nicht genug Disziplin.* I haven't got enough self-discipline for dieting. ◊ *Dazu gehört eiserne Disziplin.* You need to be very disciplined to do that.
Disziplinar- Disziplinarmaßnahme ◊ *Disziplinarmaßnahmen ergreifen* take disciplinary action **Disziplinarstrafe** disciplinary measure **Disziplinarverfahren** disciplinary proceedings [Pl] ◊ *ein Disziplinarverfahren einleiten* start disciplinary proceedings ◊ *Ihr droht ein Disziplinarverfahren.* She faces the prospect of disciplinary proceedings.
disziplinieren discipline
diszipliniert 1 orderly ◊ *Diszipliniert standen sie Schlange.* They formed an orderly queue. ◊ *Das Publikum verhielt sich sehr diszipliniert.* The audience behaved in an orderly fashion. **2** (*beherrscht*) disciplined ◊ *Sie waren diszipliniert bei der Arbeit.* They worked in a disciplined way. ◊ *Sie war sehr diszipliniert und lernte sechs Stunden am Tag.* She showed great self-discipline and studied six hours a day.
Disziplinlosigkeit lack of discipline
Diva (*Schauspielerin*) star; (*Sängerin*) diva; (*launisch*) prima donna
Divergenz (*Meinungsverschiedenheit*) difference of opinion
divergieren diverge
divers various ◊ *Wir hatten diverse Probleme.* There were various problems. ◊ *unter der Rubrik „Diverses"* under the heading 'Miscellaneous'
Dividende dividend ◊ *eine hohe Dividende ausschütten* pay a large dividend
dividieren divide ◊ *Zehn dividiert durch zwei ist fünf.* Ten divided by two is five.
Division division ◊ *Division lernen* learn to do division ◊ *Die Division geht nicht auf.* It doesn't divide exactly. ◊ *Die letzte Division verläßt das Land.* The last division is/are leaving the country. ☞ G 1.3b
D-Mark German mark
Dobermann Dobermann (pinscher)
doch[1] *Konj* but ◊ *Er beeilte sich, doch er kam trotzdem zu spät.* He hurried, but he still arrived late.
doch[2] *Adv* **1** (*dennoch*) after all; (*trotzdem*) still ◊ *Du hast dich also doch entschieden zu kommen!* So you decided to come after all! ◊ *Man hat es ihm verboten, und doch hat er es gemacht.* He was told not to, but he still did it. ◊ *Zugeben würde er es nicht, aber es hat ihm doch geschmeckt.* He did

like it although he would never admit it. ◇ *Der Lehrer ist autoritär und doch beliebt.* The teacher is strict but popular nevertheless. ☛ *Hinweis bei* HOWEVER **2** (*Erwiderung*) yes, I am, etc. ◇ „*Das ist ja wohl nicht dein Ernst!*" „*Doch!*" 'Surely you're not serious!' 'Yes, I am!' ◇ „*Hast du nicht gefroren?*" „*Doch, schon!*" 'Weren't you cold?' 'Yes, I was actually!' ◇ „*Das könnt ihr doch nicht machen!*" „*Oh, doch!*" 'You can't do that!' 'Oh yes, we can!'

doch³ 1 (*zur Verstärkung*) (*oft nicht übersetzt*) ◇ *Ich bin doch kein Kind mehr!* I'm not a child! ◇ *Das darf doch nicht wahr sein!* I don't believe it! ◇ *Das konnte ich doch nicht wissen!* How was I supposed to know? ◇ *Du kommst doch mit?* You are coming, aren't you? ◇ *Warte doch auf mich!* Wait for me! ◇ *Reg dich doch nicht so auf!* Don't get so upset! ◇ *Wenn die Prüfung doch nur schon vorbei wäre!* If only the exam was over! ◇ *Das ist doch zu dumm!* What a nuisance! **2** (*noch*) again ◇ *Wie hieß sie doch?* What was her name again? ◇ *Wie war das doch?* What was that again?

Docht wick
Dogge mastiff; **Deutsche ~** Great Dane
Dogma dogma
dogmatisch dogmatic (*Adv* dogmatically)
Dohle jackdaw
Doktor 1 (*Arzt*) doctor ◇ *Danke, Herr/Frau Doktor.* Thank you, doctor. ☛ *Hinweis bei* BAKER **2** (*akademischer Grad*) doctorate, PhD ◇ *seinen Doktor machen* do your doctorate ◇ *Sie ist Doktor der Soziologie.* She has a doctorate in sociology. **3** (*Titel*) Doctor (*Abk* Dr) ◇ *Frau Dr. Schmidt* Dr Schmidt ☛ *Hinweis bei* PROFESSOR, S. 1151.
Doktorand(in) doctoral student
Doktorarbeit doctoral thesis*
Doktrin doctrine
Dokument 1 (*Urkunde etc.*) document ◇ *wichtige Dokumente* important documents **2** (*Zeugnis*) record; (*Beweisstück*) piece of evidence ◇ *ein Dokument der Vergangenheit* a record of the past ◇ *Der Angeklagte legte ein neues Dokument vor.* The defendant produced a new piece of evidence.
Dokumentarfilm documentary*
dokumentarisch documentary (*nur vor Nomen*) ◇ *dokumentarische Materialien/Beweise* documentary material/evidence ◇ *ein dokumentarischer Kurzfilm* a short documentary ◇ *etw dokumentarisch festhalten* make a documentary record of sth ◇ *Das ist dokumentarisch belegt.* There is documentary proof of it.
Dokumentation 1 (*das Dokumentieren*) (*meist mit einem Verb übersetzt*) ◇ *eine Dokumentation über den Krankheitsverlauf vornehmen* document the progress of the disease **2** (*Buch, Ausstellung etc.*) documentary account ◇ *eine Dokumentation über die Entwicklung der Stadt* a documentary account of the development of the town **3** (*Sendung, Film*) documentary* ◇ *eine Dokumentation über Dinosaurier* a documentary about dinosaurs
dokumentieren 1 document ◇ *Der Bericht dokumentiert zahlreiche Fälle von Menschenrechtsverletzungen.* The report documents numerous cases of human rights violations. ◇ *Er dokumentiert alle Fälle mit Fotos.* He keeps a photographic record of all cases. ◇ *(bekunden, zeigen)* show* ◇ *Die Umfrageergebnisse dokumentieren den Unmut der Bürger.* Opinion polls show people's dissatisfaction. **3** *sich* (**in/durch etw**) **~** ◇ *Der Erfolg des Produkts dokumentiert sich durch die Verkaufszahlen.* The success of the product is clearly shown in the sales figures. ◇ *Ihr Desinteresse dokumentierte sich darin, dass sie nicht zum Training erschienen.* Their failure to show up for training shows their lack of interest.
Dolch dagger
Dollar dollar ◇ *ein paar Dollar* a few dollars
Dollarkurs exchange rate for the dollar
dolmetschen act as an interpreter; **etw in etw ~** translate sth into sth ◇ *Er dolmetscht für das Gericht.* He acts as an interpreter in court. ◇ *Sein Interview wurde ins Englische gedolmetscht.* His interview was translated into English by an interpreter.
Dolmetscher(in) interpreter ☛ G 2.2d
Dom cathedral ◇ *der Kölner Dom* Cologne cathedral
Domain domain
dominant 1 (*vorherrschend*) dominant **2** (*herrschsüchtig*) domineering

Dominanz dominance
Domini IDM ⇨ ANNO
dominieren 1 (*vorherrschen*) be dominant ◇ *Sie dominiert in ihrer Ehe.* She is the dominant one in the marriage. ◇ *eine dominierende Stellung* a dominant position ◇ *Schwarz dominiert in dieser Saison.* Black is the dominant colour this season. **2** *etw* **~** dominate sth ◇ *Bremen dominierte den Spielverlauf.* Bremen dominated the game.
Domino dominoes [Pl]
Dominoeffekt domino effect **Dominostein** domino*
Domizil home, (*AmE*) domicile
Dompteur, Dompteuse circus trainer; (*für Raubkatzen*) lion tamer ☛ G 2.2d
Donner thunder ◇ *Blitz und Donner* thunder and lightning
IDM **wie vom Donner gerührt** thunderstruck
donnern 1 thunder ◇ *Es fing an zu donnern.* It began to thunder. ◇ *Es blitzte und donnerte.* There was thunder and lightning. ◇ *Es donnerte so laut, dass sie Angst bekamen.* The thunder was so loud that they were frightened. **2** (*dröhnen, schreien*) thunder; (*Geschütze*) boom **3** (*Lawine, Zug, Lkw*) thunder; (*Düsenjet, Rennauto*) roar ◇ *Die Lawine donnerte ins Tal.* The avalanche thundered into the valley. **4** (*stoßen*) crash ◇ *Sie donnerte gegen den Laternenpfahl.* She crashed into the lamppost. **5** (*hämmern, schlagen*) pound ◇ *Er donnerte mit der Faust gegen die Tür.* He pounded on the door with his fists. **6** (*werfen*) hurl ◇ *Sie donnerte ihre Tasche in die Ecke.* She hurled her bag into the corner.
donnernd thundering; (*Beifall*) thunderous ◇ *donnernde Hufe* thundering hooves ◇ *Ein donnerndes „Nein" war die Antwort.* The answer was a resounding no.
Donnerstag Thursday ☛ *Beispiele bei* MONTAG
Donnerwetter 1 row ◇ *Es wird ein großes Donnerwetter geben!* There'll be an awful row! **2 Zum ~ (noch mal)!** For heaven's sake! **3** (*Ausruf der Bewunderung*) wow!
doof stupid ◇ *Dieses doofe Fahrrad!* This stupid bike! ◇ *So ein doofer Typ!* What an idiot! ◇ *Ich stand ziemlich doof da.* I was standing there like a lemon.
Doofheit stupidity
dopen ein Tier ~ dope an animal; (**sich**) **~** take* drugs; **jdn ~** give* sb drugs ◇ *Er hatte sein Rennpferd gedopt.* He had doped his horse. ◇ *Sie dopen mit Anabolika.* They take anabolic steroids.
Doping doping ◇ *der Kampf gegen Doping* the fight against doping ◇ *jdn auf Doping kontrollieren* test sb for drugs
Dopingkontrolle drug test ◇ *Dopingkontrollen durchführen* do drug tests **Dopingverdacht** ◇ *unter Dopingverdacht stehen* be suspected of taking drugs
Doppel 1 (*Tennis*) doubles ◇ *im Doppel der Herren* in the men's doubles ☛ *Hinweis bei* SINGLE², S.580 **2** (*Mannschaft*) pair ☛ Im britischen Englisch wird nach **pair** in diesem Sinne meist ein Verb im Plural benutzt: *The German pair are expected to win.*
Doppelagent(in) double agent ☛ G 2.2d **Doppelbelastung** double burden **Doppelbett** double bed **Doppeldecker 1** (*Flugzeug*) biplane **2** (*Bus*) double-decker **doppeldeutig** ◇ *doppeldeutig sein* have a double meaning ◇ *eine doppeldeutige Bemerkung* a double entendre **Doppelfehler** (*Tennis*) double fault **Doppelfenster** double-glazed window **Doppelgänger(in)** double ◇ *Er hätte dein Doppelgänger sein können.* He could have been your double. ◇ *Sie verdient sich ihr Geld als Doppelgängerin von Madonna.* She makes money as a Madonna lookalike. **Doppelhaus** semi-detached house ☛ *Hinweis bei* EINFAMILIENHAUS **Doppelhaushälfte** semi-detached house ☛ *Hinweis bei* EINFAMILIENHAUS **Doppelkinn** double chin **Doppelklick** double-click **doppelklicken** double-click **Doppelleben** double life* **Doppelmoral** double standards [Pl] **Doppelmord** double murder **Doppelname** double-barrelled name, (*AmE*) double-barreled name

> In Großbritannien ist die Annahme eines Doppelnamens aus dem Nachnamen des Manns und dem Mädchennamen der Frau nicht üblich. **Double-barrelled names** deuten oft auf einen alten aristokratischen Familiennamen hin. In den USA dagegen können die Zunamen der beiden Eheleute verbunden werden, allerdings ohne Bindestrich. Doppelvornamen sind in Großbritannien unüblich, kommen aber, jedoch ohne Bindestrich, in den USA vor: *Mary Ellen.*

Doppelpass 1 (*Fußball*) one-two **2** (*doppelte Staatsangehörigkeit*) dual nationality **Doppelpunkt** colon **Doppelrolle 1** (*Theater, Film etc.*) ◊ *eine Doppelrolle spielen* play two roles **2** (*Doppelfunktion*) dual role **Doppelstockbett** bunk beds [Pl] **Doppelstunde** double period
doppelt 1 *Adj* double ◊ *eine doppelte Portion* a double portion ◊ *ein doppelter Salto* a double somersault ◊ *die doppelte Menge* twice the amount ◊ *in doppelter Ausfertigung* in duplicate ◊ *in doppelter Hinsicht* in two respects ◊ *doppelte Buchführung* double-entry bookkeeping ◊ *im doppelten Sinn* in both meanings of the word ◊ *doppelte Staatsbürgerschaft* dual citizenship ◊ *Wir mussten das Doppelte bezahlen.* We had to pay twice that. ◊ *Das kostet das Doppelte.* It costs twice as much. **2** *Adv* (*zweimal*) twice; (*in zweifacher Hinsicht, mehr als sonst*) doubly ◊ *doppelt so häufig* twice as often ◊ *Er ist doppelt so alt wie sie.* He's twice her age. ◊ *Das ist doppelt ärgerlich.* It's doubly annoying. ◊ *Diese CD habe ich doppelt.* I've got two of this CD. **IDM doppelt und dreifach** over and over again **doppelt gemoppelt** tautologous ◊ *Der Ausdruck „ein runder Kreis" ist doppelt gemoppelt.* The expression 'a round circle' is a tautology. **Doppelt hält besser.** Better safe than sorry.
Doppel- Doppelverdiener 1 person* with a second income **2** (*Paar*) dual-income couple **Doppelzimmer** double room
Dorf village ◊ *das Leben auf dem Dorf* village life ◊ *auf dem Dorf wohnen* live in the country **IDM das sind** (**für mich**) **böhmische Dörfer** it's all Greek to me
Dorfbewohner(in) villager ◊ *Fast alle Dorfbewohner kamen zum Sommerfest.* Nearly everyone in the village came to the summer fête.
dörflich village; (*ländlich*) rural ◊ *das dörfliche Leben* village life ◊ *Hier geht es sehr dörflich zu.* It's very rural here.
Dorn thorn **IDM jdm ein Dorn im Auge sein** be a thorn in sb's side
Dorsch cod*
dort 1 there ◊ *Dort habe ich meinen Schal vergessen.* I left my scarf there. ◊ *dort drüben* over there ◊ *dort oben* up there ◊ *dort hinten* there at the back ◊ *Ich wäre gern dort geblieben.* I'd like to have stayed there. **2** ~, **wo** where ◊ *dort, wo wir immer hingehen* where we always go **IDM** ⇒ DA¹ *und* HIER
dorther there ◊ *von dorther* from there
dorthin there ◊ *Bis dorthin sind es zehn Kilometer.* It's ten kilometres from here to there.
dortig there (*nicht vor Nomen*) ◊ *unsere dortigen Freunde* our friends there
Dose 1 (*Schachtel*) box **2** can, (*BrE auch*) tin ◊ *eine Dose Ananas* a tin of pineapple ☛ Im britischen Englisch ist **can** auch gebräuchlich, wenn es um Getränkedosen geht: ◊ *eine Dose Cola* a can of coke **3** (*Steck-*) socket, (*AmE*) outlet, receptacle
dösen 1 doze ◊ *Die Katzen dösten in der Sonne.* The cats were dozing in the sun. **2** (*abschalten*) stare into space
Dosen- canned, (*BrE auch*) tinned
Dosenbier canned beer **Dosenöffner** can-opener, (*BrE auch*) tin-opener
dosieren ◊ *das Waschpulver dosieren* measure out the required amount of detergent ◊ *Richtig dosiert wirkt die Substanz aufputschend.* Used in the right dose the substance acts as a stimulant. ◊ *Das Medikament war zu hoch dosiert.* The prescribed dose of the medicine was too high.
Dosis dose
Dotter yolk
Double (body) double
down 1 low ◊ *Wenn ich down bin, zieht sie mich wieder hoch.* When I'm feeling low she cheers me up. **2** (*erschöpft*) exhausted
Dozent(in) ≈ lecturer, (*AmE*) ≈ professor ◊ *eine Dozentin für Zivilrecht* a lecturer in civil law ☛ G 2.2d
Drache dragon
Drachen 1 kite ◊ *einen Drachen steigen lassen* fly a kite **2** (*Sportgerät*) hang-glider **3** (*Frau*) battleaxe
Drachenfliegen hang-gliding **Drachenflieger(in)** hang-glider
Dragee 1 pill **2** (*Süßigkeit*) sweet; (*Mandel-*) sugared almond
Draht 1 wire ◊ *ein Kleiderbügel aus Draht* a wire coat hanger ◊ *ein Kunstwerk aus Draht* a work of art made out of wire **2** (*Telefon*) **am** ~ on the line **3 heißer** ~ hotline **4** (*gute Beziehung*) rapport ◊ *Er hat sofort den Draht zu ihnen gefunden.* He immediately established a rapport with them. **5** (*Beziehungen*) connections [Pl] ◊ *Er hat einen guten Draht zum Ministerium.* He has connections in the ministry. ◊ *Sie hat einen guten Draht zur Direktorin.* She's on good terms with the head. **IDM auf Draht sein** be on the ball
drahtig wiry
draht- drahtlos cordless ◊ *ein drahtloses Telefon* a cordless phone **Drahtseilakt 1** (*im Zirkus*) high wire act **2** (*Risiko*) risky venture **Drahtseilbahn** cable railway **Drahtzieher(in)** mastermind ◊ *Sie ist die eigentliche Drahtzieherin des Drogenschmuggels.* She is the mastermind behind the drug-smuggling operation. ◊ *Die Drahtzieher werden selten gefasst.* The people behind it are rarely caught.
drakonisch draconian
Drama 1 (*Stück*) play **2** (*Gattung*) drama ◊ *das englische Drama* English drama **3** (*fig*) drama; (*Katastrophe*) disaster; (*Krise*) crisis* ◊ *Mach doch nicht aus allem gleich ein Drama!* Don't make such a drama out of everything! ◊ *Das ist für uns kein Drama.* It's not a disaster for us.
Dramatiker(in) dramatist ☛ G 2.2d
dramatisch dramatic (*Adv* dramatically) ◊ *eine dramatische Rettung* a dramatic rescue ◊ *dramatische Ausmaße annehmen* reach crisis proportions
dramatisieren dramatize
Dramatisierung 1 (*Bearbeitung*) dramatization **2** (*Übertreibung*) (over)dramatizing ◊ *Die Polizei warnte vor einer Dramatisierung der Situation.* The police warned against overdramatizing the situation.
Dramaturg(in) literary director ☛ G 2.2d
Dramaturgie 1 (*Abteilung*) script department **2** (*dramatische Gestaltung*) dramatic structure **3** (*Lehre*) theory of drama
dramaturgisch dramatic (*Adv* dramatically) ◊ *die dramaturgische Struktur* the dramatic structure
dran ⇒ DARAN **IDM an etw ist etwas/ nichts dran** there's something/no truth in sth ◊ *An dem Gerücht ist nichts dran.* There's no truth in the rumour. ◊ *Da scheint etwas dran zu sein.* There seems to be something in it. **früh/spät dran sein** be early/late **gut/schlecht dran sein** be well/badly off ◊ *Er ist noch schlechter dran.* He's even worse off. **jd ist dran** it's sb's turn; (*bei Spielen*) it's sb's go ◊ *Wer ist dran?* Whose turn is it? ◊ *Du bist dran.* It's your go. ☛ *Siehe auch* ARM, DRAUF *and* DRUM
dranbleiben 1 hang* on in there; **an jdm** ~ (*Gegner*) keep* up with sb; **an etw** ~ (*Arbeit, Projekt*) stick* at sth ◊ *an der Spitze dranbleiben* keep up with the people in the lead **2** (*Telefon*) hold* (the line)
Drang 1 (*Antrieb*) urge; (*Verlangen*) desire ◊ *den Drang haben etw zu tun* have the urge to do sth ◊ *der Drang nach Freiheit* the desire for freedom **2** (*Druck*) pressure ◊ *der Drang zu Einsparungen* the pressure to make cuts
drängeln 1 push (and shove) ◊ *Hör auf zu drängeln!* Stop pushing! ◊ *Hinten wird gedrängelt.* People behind are pushing and shoving. **2** (**sich**) ~ (*in eine bestimmte Richtung*) push your way ◊ *Sie drängelte sich an den Leuten vorbei zur Kasse.* She pushed her way past the other people to the checkout. **3 sich** ~ (*an einem Ort*) ◊ *In den Straßen drängeln sich die Menschen.* There are crowds of people in the street. **4** (*quengeln*) pester ◊ *Sie drängelte so lange, bis ihre Eltern nachgaben.* She pestered her parents until they gave in.
drängen 1 (*sich bewegen*) surge ◊ *Sie drängten in den Saal.* They surged into the hall. **2 sich** ~ (*auf engem Raum*) ◊ *Die Menschen drängten sich vor dem Tor.* There were crowds of people in front of the gate. ◊ *Sie drängten sich um den Stand.* They crowded round the stall. ◊ *Sie leben dicht gedrängt zusammen.* They live squashed together. **3 jdn** ~ (*irgendwohin drücken*) force sb ◊ *Die Polizei drängte ihn an die Wand.* The police forced him against the wall. ◊ *jdn von der Fahrbahn drängen* force sb off the road ◊ (*fig*) *Diese Leute werden an den Rand gedrängt.* These people are being marginalized. **4 jdn zu etw** ~ urge sb to do sth; **zu etw** ~ press for sth ◊ *Sie drängte ihn dazu, sich die Sache noch einmal zu überlegen.* She urged him to think the matter over again. ◊ *Die USA drängte zur Wieder-*

aufnahme der Gespräche. The US pressed for a resumption of the talks. ◊ *Sie drängten zur Eile.* They tried to hurry us up. ◊ *Er drängte zum Aufbruch.* He was anxious to leave. **5 auf etw ~** press for sth ◊ *auf eine Entscheidung drängen* press for a decision ◊ *Sie drängt darauf, dass der Plan bald verwirklicht wird.* She is pressing for the plan to be implemented soon. **6** (*dringend sein*) press ◊ *Die Zeit drängt!* Time is pressing! ◊ *drängende Probleme* pressing problems [IDM] ⇨ Ecke *und* Vordergrund

Drängen insistence; (*Druck*) pressure ◊ *auf ihr Drängen hin* at her insistence ◊ *Er gab dem Drängen nicht nach.* He didn't give in to the pressure.

dran- dranhalten sich ~ get* a move on **drankommen 1** (*an die Reihe kommen*) have your turn ◊ *Du kommst bald dran.* It'll soon be your turn. ◊ *Du kommst als Nächster dran.* It's your turn next. ◊ *Sie kam beim Friseur sofort dran.* She didn't have to wait at the hairdresser's. **2** (*im Unterricht*) have to answer a question ◊ *Immer komme ich bei den schweren Fragen dran!* I always have to answer the difficult questions! **drannehmen 1** (*behandeln, abfertigen*) see* ◊ *Der Arzt hat mich sofort drangenommen.* The doctor saw me straight away. **2** (*im Unterricht*) ask ◊ *Der Lehrer nimmt mich nie dran!* The teacher never asks me!

drapieren 1 (*legen, hängen*) drape; (*arrangieren*) arrange **2** (*schmücken*) decorate; (*behängen*) cover

drastisch 1 drastic (*Adv* drastically) ◊ *drastische Maßnahmen* drastic measures ◊ *Die Zahl hat sich drastisch verringert.* The number has fallen drastically. **2** (*deutlich*) graphic (*Adv* graphically) ◊ *eine drastische Schilderung* a graphic description ◊ *etw mit drastischen Worten beschreiben* describe sth graphically

drauf ⇨ darauf *und* auf [IDM] **drauf und dran sein etw zu tun** be on the point of doing sth **gut drauf sein** feel* good; (*in Form*) be on form

Draufgänger(in) daredevil **draufgängerisch** daredevil; (*Mensch*) devil-may-care **draufgehen 1** (*verbraucht werden*) be spent; **für etw ~** go* on sth **2** (*zerstört werden*) be destroyed **3** (*sterben*) die*; (*umkommen*) be killed **draufhaben** (*können*) know* ◊ *Er hat unheimlich was drauf.* He really knows his stuff. ◊ *Ich zeige dir mal, was mein Hund für Tricks drauf hat!* I'll show you what clever tricks my dog can do! **2** (*Geschwindigkeit*) do* ◊ *Er hatte bestimmt 140 drauf!* He was doing at least 140! **draufkriegen eins ~** (*ausgeschimpft werden*) get* bawled out; (*besiegt werden*) get* hammered (*umgs*)

draufloreden talk away; (*anfangen*) just start talking

draufzahlen 1 (*bei etw*) **~** (*Verlust machen*) lose* money (on sth) ◊ *Dabei hab ich draufgezahlt.* I lost money on it. **2** (*zuzahlen*) pay* extra

draus ⇨ daraus

draußen 1 (*außerhalb*) outside; (*im Freien*) out ◊ *draußen auf der Fensterbank* outside on the window sill ◊ *draußen vor der Tür* outside the door ◊ *nach draußen gehen* go outside ◊ *draußen an der frischen Luft* out in the fresh air **2** (*weit entfernt*) out ◊ *draußen in der Bucht* out in the bay

Dreck 1 (*Schmutz*) dirt; (*Schlamm*) mud; (*Kot*) muck (*umgs*) ◊ *Nach dem Spiel starrte er vor Dreck.* After the match he was covered in mud. ◊ *Der Boden war voller Dreck.* The floor was filthy. **2** (*Angelegenheit*) business ◊ *Kümmere dich um deinen eigenen Dreck!* Mind your own business! ◊ *Mach deinen Dreck doch alleine!* Do it yourself then! **3** (*wertlose Dinge*) rubbish; (*AmE*) garbage ◊ *Dieser Dreck ist sein Geld nicht wert!* It's rubbish. It isn't worth the money. [IDM] **Dreck am Stecken haben** not have a clean record **jdn/etw durch/in den Dreck ziehen** drag* sb/sth through the mud **im Dreck stecken/sitzen** be in a mess ◊ *Jetzt sitzen wir ganz schön im Dreck!* Now we're in a real mess! **jdn/etw mit Dreck bewerfen** sling* mud at sb/sth **sich einen Dreck um jdn/etw kümmern/scheren** not give* a damn about sb/sth **jdn wie den letzten Dreck behandeln** treat sb like dirt ☛ *Siehe auch* Karre

dreckig dirty*; (*stärker*) filthy* ◊ *Er hatte sich beim Spielen dreckig gemacht.* He had got dirty playing. ◊ *dreckig lachen* give a dirty laugh ◊ *ein ganz dreckiger Trick* a very dirty trick ◊ *dreckige Luft* polluted air [IDM] **jdm geht es dreckig** sb is in a bad way

Dreh [IDM] **den Dreh heraushaben** have got the knack (of it) ◊ *Wenn man den Dreh erst einmal heraushat, geht es ganz einfach.* It's quite easy once you've got the knack of it. **den richtigen Dreh finden** get* the hang of it **um den Dreh** thereabouts ◊ *zwanzig oder so um den Dreh* twenty or thereabouts

Dreharbeiten shooting [U] ◊ *Die Dreharbeiten haben begonnen.* Shooting has begun. ◊ *bei den Dreharbeiten zu einem Actionfilm* during the shooting of an action film **Drehbank** lathe **Drehbuch** screenplay; (*Text*) script ◊ *an einem Drehbuch arbeiten* work on a screenplay ◊ *Das steht nicht im Drehbuch.* That's not in the script.

drehen 1 (*bewegen*) turn ◊ *den Kopf drehen* turn your head **2 sich ~** turn; (*Zeiger, Karussell*) go* round; (*sehr schnell*) spin*; (*sich umdrehen*) turn over ◊ *Die Räder drehten sich.* The wheels turned. ◊ *Das Auto drehte sich um die eigene Achse.* The car spun round. ◊ *sich auf den Rücken drehen* turn over onto your back ◊ *Er drehte sich auf die andere Seite.* He turned onto his other side. ◊ *Die Erde dreht sich um die Sonne.* The earth revolves around the sun. **3** (*einstellen*) ◊ *Sie drehte das Radio lauter.* She turned the radio up. ◊ *die Heizung höher drehen* turn up the heating ◊ *das Gas klein drehen* turn the gas down low **4** (*Runde*) do* ◊ *Die Schwimmer drehten ihre Runden.* The swimmers were doing their laps. **5** (**sich**) **etw ~** (*Zigarette, Pille etc.*) roll sth ◊ *Sie drehte sich eine Zigarette.* She rolled a cigarette. **6** (*Film*) make*, film ◊ *Eine Fortsetzung wird jetzt gedreht.* A sequel is being made. ◊ *Sie drehen seit vier Wochen.* They have been filming for four weeks. ◊ *in Spanien gedreht* filmed in Spain **7** (**sich**) **~** (*Wind*) change ◊ *Der Wind hat (sich) gedreht.* The wind changed. **8 sich um jdn/etw ~** revolve round sb/sth; (*betreffen*) be about sb/sth ◊ *Die Unterhaltung drehte sich um die Party.* The conversation revolved round the party. ◊ *Du glaubst wohl, alles dreht sich immer nur um dich!* You think everything revolves around you! ◊ *Das Stück dreht sich um …* The play is about … ◊ *Bei ihnen dreht sich alles ums Geld.* They are only interested in money. **9** (*beeinflussen*) arrange ◊ *Kannst du es nicht so drehen, dass du nicht hingehen musst?* Can't you arrange not to have to go? ◊ *Daran lässt sich bestimmt etwas drehen.* I'm sure something can be arranged. [IDM] **jdm dreht sich alles/der Kopf** sb's head is spinning ◊ *Mir dreht sich alles!* My head is spinning! **wie man es auch drehen und wenden mag** whichever way you look at it ☛ *Siehe auch* Däumchen, Ding, Fahne, Grad *und* Kreis

Dreher(in) lathe operator ☛ G 2.2d

Dreh- Drehort location **Drehscheibe 1** (*Töpferscheibe*) (potter's) wheel ◊ (Eisenb) turntable **3** (*Knotenpunkt*) hub ◊ *eine Drehscheibe im internationalen Flugverkehr* a hub for international air travel **Drehtür** revolving door

Drehung turn; (*um eine Achse*) rotation ◊ *eine halbe Drehung nach links* a half turn to the left ◊ *Die Erde macht in 24 Stunden eine ganze Drehung um ihre eigene Achse.* The earth rotates on its axis once every 24 hours.

drei three ☛ *Beispiele bei* sechs ☛ *Hinweis bei* note, S. 1126. [IDM] ⇨ ewig, Kreuz *und* zählen

dreibändig three-volume **dreidimensional 1** *Adj* three-dimensional, 3-D ◊ *ein dreidimensionales Schaubild* a three-dimensional diagram **2** *Adv* in three dimensions **Dreieck** triangle **dreieckig** triangular **Dreiecksverhältnis** three-cornered relationship

dreifach triple (*nur vor Nomen*) ◊ *ein dreifacher Salto* a triple somersault ◊ *in dreifacher Ausfertigung* in triplicate ☛ *Beispiele bei* sechsfach [IDM] ⇨ doppelt

Dreikönigsfest Epiphany

dreimal three times ◊ *dreimal so viel* three times as much ◊ *dreimal so groß* three times as big ◊ *dreimal in der Woche* three times a week [IDM] ⇨ raten *und* umdrehen

dreimalig triple (*nur vor Nomen*) ◊ *die dreimalige Weltmeisterin* the triple world champion ◊ *nach dreimaligem Fehlen* after being absent three times

dreinblicken look

dreißig thirty ☛ *Beispiele bei* sechs

dreißigste(r,s) thirtieth ☛ *Beispiele bei* sechste(r,s)

dreist brazen; (*Lüge*) barefaced (*nur vor Nomen*)

Dreistigkeit cheek [U/Sing]

Dreiviertel- Dreiviertelstunde three quarters of an hour ◊ *Er kam eine Dreiviertelstunde zu spät.* He was three-quarters of an hour late. **Dreivierteltakt** three-four time

dreizehn thirteen ☛ *Beispiele bei* sechs

dreizehnte(r,s) thirteenth ☛ *Beispiele bei* sechste(r,s)

dreschen thresh [IDM] ⇨ phrase

dressieren (*Tier*) train
Dressing (salad) dressing
Dressman (male) model
driften drift (*auch fig*) ◊ *Sie drifteten aufs Meer.* They drifted out to sea. ◊ *Das Boot driftete im Hafen.* The boat was adrift in the harbour.
drillen drill IDM **auf etw gedrillt** well drilled in sth; (*ausgebildet*) trained in sth ◊ *Auf diese Art von Fragen waren sie gedrillt worden.* They were well drilled in answering this kind of question. ◊ *auf Sprengstoffsuche gedrillte Hunde* dogs trained to sniff out explosives
Drilling triplet ◊ *Er ist ein Drilling.* He's one of triplets.
drin ⇨ DARIN IDM **drin sein 1** (*möglich*) be possible; be a possibility ◊ *Ich wollte eigentlich Ben besuchen, aber das ist jetzt nicht mehr drin.* I really wanted to visit Ben, but I don't think that's going to be possible now. ◊ *Urlaub ist dieses Jahr nicht drin.* A holiday won't be a possibility this year. ◊ *Entschieden ist noch gar nichts. Es ist noch alles drin.* Nothing at all has been decided yet. Anything is possible. **2** (*bei der Arbeit etc.*) be in the swing ◊ *Da bist du schnell wieder drin.* You'll soon get back into the swing of it.
dringen 1 get*, come* ◊ *Wasser ist in den Keller gedrungen.* Water has got into the cellar. ◊ *Die Gerüchte sind schnell an die Öffentlichkeit gedrungen.* The rumours quickly got out. ◊ *Starker Rauch drang aus der Küche.* Thick smoke was coming out of the kitchen. **2 auf etw ~** insist on sth, press for sth (*gehoben*) ◊ *Sie dringen darauf die Sanktionen aufzuheben.* They are insisting on the lifting of the sanctions.
dringend 1 urgent (*Adv* urgently) ◊ *etw dringend benötigen* need sth urgently ◊ *dringend nötig* urgently needed ◊ *Ich muss sie dringend sprechen.* I urgently need to speak to her. ◊ *In dringenden Fällen ist sie auch abends erreichbar.* In an emergency she can be contacted in the evenings. **2** (*Rat, Empfehlung, Warnung, Verdacht*) strong (*Adv* strongly) ◊ *Ich habe ihm dringend davon abgeraten.* I strongly advised him not to.
dringlich urgent (*Adv* urgently) ◊ *eine dringliche Aufgabe* an urgent task ◊ *Sie fordern immer dringlicher, dass …* They are demanding more and more urgently that … ◊ *etw dringlich erwarten* await sth impatiently
Dringlichkeit urgency
Drink drink
drinnen inside; (*im Haus etc.*) indoors ◊ *Sie hörten von drinnen Geräusche.* They could hear noises coming from inside. ◊ *Wir mussten drinnen bleiben.* We had to stay indoors.
dritt zu ~ ◊ *Wir sind zu dritt.* There are three of us. ◊ *Sie kamen zu dritt.* Three of them came. ◊ *Kann man das zu dritt spielen?* Can three people play that?
dritt-, Dritt- third ◊ *ihr drittältestes Kind* her third eldest child ◊ *Sie ist die Drittgrößte in der Klasse.* She's the third tallest in the class.
dritte(r,s) 1 third ☛ *Beispiele bei* SECHSTE(R,S) **2 das Dritte Reich** the Third Reich **3 die dritten Zähne** false teeth [Pl] IDM ⇨ WELT
Dritte(r) 1 third ◊ *Er wurde Dritter.* He came third. ☛ *Siehe auch* JEDE(R,S) **2** (*Außenstehender*) third party* ◊ *Sie stellten die Akten Dritten zur Verfügung.* They made the documents available to a third party. ◊ *Was man einem Priester anvertraut, darf er keinem Dritten weitergeben.* A priest isn't allowed to pass on to anyone else what you tell him in confidence.
drittel third
Drittel third ◊ *Ein Drittel unserer Reise haben wir hinter uns.* We've done a third of the journey.
drittens thirdly
drittletzte(r,s) third (from) last, antepenultimate (*gehoben*) ◊ *die drittletzte Seite* the third last page ◊ *in der drittletzten Minute* three minutes before the end
Drittletzte(r,s) third from last ◊ *Er wurde Drittletzter.* He came third from last.
Droge drug ◊ *weiche/harte Drogen* soft/hard drugs
drogenabhängig drug-dependent **Drogenabhängige(r)** drug addict **Drogenabhängigkeit** drug addiction **Drogenberater(in)** drugs counsellor ☛ G 2.2d **Drogenberatung** drug counselling service, (*AmE*) drug counseling service **Drogenberatungsstelle** drugs advice centre, (*AmE*) drug advice center **Drogenfahnder(in)** drugs squad officer, (*AmE*) narcotics officer ☛ G 2.2d **Drogenhandel** drug dealing; (*groß angelegt*) drugs trade **Drogenhändler(in)** drug dealer ☛ G 2.2d **Drogenmissbrauch** drug abuse **Drogensucht** drug addiction **drogensüchtig** addicted to drugs (*nicht vor Nomen*) ◊ *drogensüchtige Kinder* children who are addicted to drugs **Drogensüchtige(r)** drug addict **Drogenszene** drug scene **Drogentote(r)** ◊ *Gestern wurde schon wieder ein Drogentoter gefunden.* Yesterday another addict was found dead. ◊ *die steigende Zahl der Drogentoten* the increasing number of drugs deaths
Drogerie chemist's, (*AmE*) drugstore

> Diese Geschäfte verkaufen neben Kosmetika etc. nicht rezeptpflichtige Medikamente. Sie haben oft auch eine Theke (**pharmacy counter**), wo rezeptpflichtige Arzneimittel abgegeben werden.

☛ *Hinweis bei* BAKER
Drohbrief threatening letter
drohen 1 threaten ◊ *Seine Freundin hat gedroht, ihn zu verlassen.* His girlfriend has threatened to leave him. ◊ *Sie drohen mit rechtlichen Schritten.* They are threatening legal action. ◊ *Er drohte mit seinem Rücktritt.* He is threatening to resign. ◊ *Sie drohte mir mit der Faust.* She raised her fist to me. ☛ Wenn von einer Drohung mit einer Waffe die Rede ist, muss im Englischen angegeben werden, wer bedroht wird: *Er drohte mit einer Pistole.* He threatened them, me etc. with a gun. **2 etw droht** there is a danger of sth; (*bevorstehen*) sth is imminent ◊ *Eine Hungerkatastrophe droht.* There is a danger of famine. ◊ *Es droht eine Krise.* A crisis is looming. **3 ~ etw zu tun** (*Gefahr laufen*) be in danger of doing sth, be threatening to do sth ◊ *Er drohte vor Erschöpfung zusammenzubrechen.* He was in danger of collapsing with exhaustion. ◊ *Die Lawine droht das ganze Dorf zu begraben.* The avalanche is threatening to bury the village. **4 jdm droht etw** sb faces sth ◊ *Ihm droht eine Haftstrafe.* He faces imprisonment. ◊ *Menschen, denen die Arbeitslosigkeit droht* people who face unemployment
drohend 1 threatening (*Adv* threateningly) ◊ *eine drohende Geste* a threatening gesture **2** (*angedroht*) threatened; (*bevorstehend*) imminent ◊ *die drohende Gefahr eines Krieges* the imminent danger of war
dröhnen (*Motor, Maschine*) drone; (*Stimme*) boom; (*Musik*) pound; (*Band*) play ◊ *das Dröhnen der Flugzeugmotoren* the drone of the aircraft engines ◊ *dröhnendes Lachen* booming laughter ◊ *dröhnender Beifall* thunderous applause ◊ *Mir dröhnt der Kopf von all dem Lärm.* My head is throbbing with all the noise.
Drohung threat ◊ *eine Drohung wahr machen* carry out a threat ◊ *leere Drohungen* empty threats
drollig 1 (*lustig*) funny* ◊ *eine drollige Geschichte* a funny story **2** (*niedlich*) cute **3** (*seltsam*) strange, odd ◊ *Du hast ja drollige Ideen.* You do have some strange ideas. ◊ *ein drolliger Kauz* an oddball
Drossel thrush
drosseln 1 (*Motor*) throttle *sth* back; (*Heizung*) turn *sth* down **2** (*Inflation, Ausstoß*) curb; (*Produktion, Einfuhren etc.*) reduce, cut* *sth* back ◊ *den Wasserverbrauch drosseln* reduce water consumption ◊ *das Tempo drosseln* slow down
drüben 1 over there ◊ *der da drüben in dem blauen Auto* that man over there in the blue car ◊ *drüben in Amerika* over in America **2** (*DDR*) East Germany; (*BRD*) West Germany ◊ *Meine Mutter kam von drüben.* My mother came from what was then East Germany. ◊ *Er ist nach drüben abgehauen.* He escaped to the West.
drüber ⇨ DARÜBER IDM ⇨ DRUNTER
Druck[1] **1** pressure ◊ *unter Druck arbeiten* work under pressure ◊ *jdn unter Druck setzen* put pressure on sb ◊ *unter Druck geraten* come under pressure ◊ *Meine Eltern machen Druck, dass ich endlich ausziehe.* My parents are putting pressure on me to move out. ◊ *Der Kessel steht unter Druck.* The boiler is pressurized. **2** (*Schmerz*) ache ◊ *einen Druck im Magen haben* have stomach ache ◊ *einen Druck im Kopf haben* have a headache **3** (*Rauschgift*) fix ☛ *Siehe auch* SCHUSS IDM **in/im Druck sein** be very busy; (*zeitlich*) be pushed for time ◊ *Als der Termin immer näher rückte, waren wir alle ganz schön im Druck.* As the deadline came closer we were all very busy. ◊ *Ich bin heute ziemlich im Druck.* I'm a bit pushed for time today.

Druck² 1 (*das Drucken*) printing ◊ *der Druck von Programmheften* the printing of programmes ◊ *Die Broschüre ist schon im Druck.* The brochure is already being printed. ◊ *Die Zeitschrift geht heute in Druck.* The magazine goes to press today. 2 (*Bild*) print
Druckbuchstabe in *Druckbuchstaben schreiben* print ◊ *Schreiben Sie Ihren Namen bitte in Druckbuchstaben.* Please print your name.
Drückeberger shirker, (*BrE auch*) skiver
drucken print IDM ⇨ LÜGEN
drücken 1 push ◊ *jdn zu Boden drücken* push sb to the ground 2 (**auf**) *etw* ~ press sth; (*Hupe*) sound sth ◊ *die Leertaste drücken* press the space bar ◊ *auf die Klingel drücken* press the doorbell ◊ *Er drückte ihr eine Pistole in den Rücken.* He pressed a gun into her back. 3 *jdn/etw an sich* ~ hug* sb/sth, clasp sb/sth to your chest (*gehoben*) ◊ *Er drückte sie fest an sich.* He hugged her tightly. 4 *sich an jdn* ~ cling to sb; *sich an etw* ~ flatten* yourself against sth ◊ *Die Kleine drückte sich an ihre Mutter.* The little girl clung to her mother ◊ *sich an die Wand drücken* press yourself against the wall 5 *jdm die Hand* ~ shake* hands with sb 6 *jdm etw in die Hand* ~ give* sb sth; (*heimlich*) slip* sth into sb's hand 7 *etw aus etw* ~ squeeze sth out of sth ◊ *den letzten Rest Zahnpasta aus der Tube drücken* squeeze the last bit of toothpaste out of the tube 8 (*zu eng sein*) be too tight; (*weh tun*) hurt* ◊ *Diese Schuhe drücken.* These shoes are too tight. 9 (*Preise, Kosten etc.*) bring* sth down ◊ *die Inflationsrate auf 4% drücken* bring the rate of inflation down to 4% 10 (*belasten*) weigh sth down ◊ *Die Verantwortung drückte sie schwer.* The responsibility weighed heavily on her. ◊ *Ihn drücken andere Sorgen.* He has other things on his mind. 11 (**auf**) **die Stimmung/das Gemüt** ~ be depressing ◊ *Das Wetter drückte auf die Stimmung.* The weather was depressing. 12 (*Rauschgift*) shoot* (*sth*) up 13 *sich* (**vor** *etw*) ~ (*Arbeit etc.*) try* to get out of sth; (*Verantwortung etc.*) evade sth ◊ *Sie versuchte sich vor dem Abwasch zu drücken.* She tried to get out of the washing-up. ◊ *Er drückt sich immer.* He's a skiver. IDM ⇨ DAUMEN, SCHUH *und* TUBE
drückend 1 (*Hitze, Klima etc.*) oppressive (*Adv*) oppressively) 2 (*Überlegenheit, Problem, Last*) overwhelming (*Adv*) overwhelmingly) ◊ *drückende Sorgen* overwhelming worries ◊ *die drückende Wohnungsnot* the acute housing shortage
Drucker (COMP) printer
Drucker(in) printer ☛ G 2.2d
Drücker IDM **am Drücker sein/sitzen** be in control **auf den letzten Drücker** at the last minute
Druckerei printer's, printing works*
Druckerpresse printing press
Druck- Druckfehler misprint **druckfrisch** hot off the press (*nicht vor Nomen*) ◊ *ein druckfrischer Bericht* a report hot off the press **Druckknopf** press stud, popper, (*AmE*) snap fastener **Druckluft** compressed air **Druckmesser** pressure gauge **Druckmittel** means of exerting pressure **Drucksache** printed matter [U] **Druckschrift** ◊ *Die Kinder lernen zuerst Druckschrift.* The children learn to print first. ◊ *Bitte in Druckschrift ausfüllen.* Please print. **Druckstelle** mark; (*bei Obst, Prellung*) bruise **Druckwasserreaktor** pressurized-water reactor
drum ⇨ DARUM IDM **mit allem Drum und Dran** with all the works ◊ *eine Fete mit Musik und allem Drum und Dran* a party with music and all the works **Sei's drum!** Never mind!
Drumherum 1 (*Umgebung*) setting; (*Drum und Dran*) trappings [Pl] ◊ *Das ganze Drumherum ist genau so wichtig wie das Turnier selbst.* The setting is just as important as the tournament. 2 (*Aufhebens*) fuss
drunter ⇨ DARUNTER IDM **drunter und drüber gehen** be chaotic ◊ *Hier geht's drunter und drüber!* It's chaotic around here!
Drüse gland
Dschungel 1 jungle 2 (*fig*) maze, tangle ◊ *der Dschungel der Verordnungen* the maze of regulations
du you ☛ *Hinweis bei* DUZEN ☛ G 3
Du IDM **auf Du und Du mit jdm stehen** be (very) friendly with sb **jdm das Du anbieten** = ask sb to use the familiar 'du' form (with you) ☛ *Hinweis bei* DUZEN (**mit jdm**) **per Du sein** use the familiar form (with sb) ☛ *Hinweis bei* DUZEN

dual 1 dual (*nur vor Nomen*) 2 **das Duale System** = recycling system for packaging, etc. 3 **das** ~ **System** (*der Berufsausbildung*) = combined system of attendance at vocational colleges while undergoing training on the job
Dübel Rawlplug™; (*Holz-*) dowel
dubios dubious; (*verdächtig*) suspicious ◊ *die dubiosen Praktiken der Firma* the company's dubious practices ◊ *dubiose Geschäfte* shady deals
ducken 1 *sich* ~ duck; (*vor Angst*) cower 2 *sich* (**vor** *jdm/etw*) ~ give* in (to sb/sth) ◊ *Die Gewerkschaft wird sich nicht vor der Regierung ducken.* The union will not give in to the government. ◊ *Solange sich alle nur ducken, wird sich nichts ändern.* As long as nobody stands up to them, nothing will change.
dudeln 1 tootle 2 (*Radio, Musik*) drone; (*laut*) blare
Dudelsack (bag)pipes [Pl] ◊ *Er spielt Dudelsack.* He plays the bagpipes.
Duell 1 duel ◊ *Er forderte ihn zum Duell heraus.* He challenged him to a duel. 2 (*Wettkampf*) contest ◊ *Die beiden Schachweltmeister lieferten sich ein spannendes Duell.* The two world chess champions fought an exciting contest. 3 (*Wortgefecht*) ding-dong (battle)
duellieren *sich* (**mit** *jdm*) ~ fight* a duel (with sb)
Duett 1 duet ◊ *Sie sangen das Lied im Duett.* They sang the song as a duet. ◊ *Sie sang im Duett mit ihrer Mutter.* She sang a duet with her mother. 2 (*Duo*) duo
Duft 1 (pleasant) smell; (*von Kaffee etc.*) aroma; (*von Parfum, Blumen*) scent, fragrance (*gehoben*) ☛ *Hinweis bei* GERUCH 2 (*Raureif*) hoar frost
duften 1 (*gut riechen*) smell* good ◊ *Der Kaffee duftet.* The coffee smells good. ◊ *Das duftet aber lecker!* That really smells delicious! ◊ *Was duftet denn hier so?* What's that nice smell round here? ◊ *Riech mal, wie der Flieder duftet.* Just smell that lilac! 2 (*einen Duft haben*) have a scent ◊ *Die Rosen duften nicht.* These roses have no scent. 3 *es duftet nach etw* there's a smell of sth ◊ *Es duftete nach frisch gebackenem Brot.* There was a smell of freshly baked bread. 4 *jd/etw duftet nach etw* sb/sth smells* of sth
duftend (*Kräuter, Blumen, Parfum*) fragrant
Duft- Duftnote fragrance, scent **Duftstoff** 1 aromatic substance; (*eines Tieres*) scent 2 (*kosmetische Substanz*) fragrance ◊ *frei von Duftstoffen* fragrance-free
dulden 1 tolerate ◊ *Die Fremden wurden im Dorf nur geduldet.* The strangers were tolerated in the village. ◊ *Sie duldet keinen Hund im Haus.* She won't have a dog in the house. ◊ *Er duldet keinen Widerspruch.* He won't be contradicted. ◊ *Die Sache duldet keinen Aufschub.* The matter cannot be put off any longer. 2 (*leiden*) suffer
Duldung 1 toleration; (*Billigung*) approval ◊ *mit ihrer stillschweigenden Duldung* with her tacit approval 2 (*für Flüchtlinge etc.*) temporary residence permit
dumm 1 (*nicht intelligent*) stupid, thick (*umgs*), (*bes AmE*) dumb (*umgs*) ◊ *Du hältst mich wohl für dumm!* Do you think I'm stupid? 2 (*unklug, albern*) stupid, silly* ◊ *Es war dumm von ihm ihr zu vertrauen.* It was stupid of him to trust her. ◊ *seine dummen Witze* his stupid jokes ◊ *Es wäre dumm jetzt aufzugeben.* It would be silly to give up now. ◊ *Gar nicht dumm, wie er das gemacht hat!* The way he did that was pretty smart! ◊ *Red kein dummes Zeug!* Don't talk rubbish! 3 (*ärgerlich*) annoying ◊ *Wie dumm, dass wir den Bus verpasst haben.* It's annoying we've missed the bus. ◊ *Das Dumme war, dass er die Nummer vergessen hatte.* The annoying thing was that he had forgotten the number. ◊ *Es ist zu dumm, dass er nicht mitfahren kann.* It's too bad he can't come with us. 4 (*benommen*) light-headed ◊ *Ich bin schon ganz dumm im Kopf.* I'm feeling quite light-headed. IDM *jdm dumm kommen* be cheeky to sb, (*AmE*) get* fresh with sb **dümmer als die Polizei erlaubt** as thick as two short planks **jdn für dumm verkaufen** take* sb for a ride ◊ *Die Politiker wollen die Wähler für dumm verkaufen.* The politicians are trying to take the voters for a ride. **jdm ist/wird etw zu dumm** sth is going too far; sth is getting beyond a joke ◊ *Jetzt wird es mir zu dumm! Ich gehe zu Fuß.* This is getting beyond a joke! I'm going to walk. **nicht so dumm sein, wie man aussieht** not be as daft as you look **sich dumm stellen** act stupid, (*AmE*) act dumb ☛ *Siehe auch* DASTEHEN, GEDANKE *und* GEFÜHL
dummdreist impudent (*Adv*) impudently), (*BrE auch*) cheeky (*Adv*) cheekily)

Dumme(r) (fig) sucker (umgs), (BrE auch) mug (umgs); (Benachteiligte(r)) loser ◊ *Er war wieder einmal der Dumme, an dem die Arbeit hängen blieb.* As usual, he was the mug who ended up doing the work. ◊ *Der Steuerzahler ist doch wieder der Dumme.* The taxpayer is the one who loses out yet again.
Dummejungenstreich (silly) prank
dummerweise 1 (leider) unfortunately; (ärgerlicherweise) annoyingly 2 (törichterweise) stupidly, foolishly ◊ *Ich habe mich dummerweise verlaufen.* Stupidly, I got lost. ◊ *Er hat dummerweise alles verraten.* He foolishly gave the game away.
Dummheit 1 stupidity 2 (unkluge Handlung) something stupid; (dumme Idee) silly idea ◊ *Mach keine Dummheiten! Die Pistole ist geladen.* Don't do anything stupid! The gun is loaded. ◊ *Sie hat nur Dummheiten im Kopf.* She has nothing but silly ideas in her head. ◊ *Jeder macht mal eine Dummheit.* It can happen to anyone.
Dummkopf idiot, fool
dümmlich stupid (Adv stupidly); (einfältig) simple-minded (Adv simple-mindedly) ◊ *Er grinste dümmlich.* He grinned stupidly. ◊ *ihre dümmlichen Argumente* her simple-minded arguments
dümpeln (Boot) bob*
dumpf 1 (tief und gedämpft) dull; (Klang auch) muffled; (entfernt) distant ◊ *ein dumpfer Schlag* a dull thud ◊ *ein dumpfer Schmerz* a dull pain ◊ *dumpfe Stimmen* muffled voices ◊ *ein dumpfes Grollen* a distant rumble 2 (modrig, muffig) musty*; (stickig) stifling 3 (hirnlos) mindless ◊ *dumpfe Vorurteile* mindless prejudice 4 (unbestimmt) vague (Adv vaguely) ◊ *dumpfe Ängste* vague fears ◊ *Er hatte das dumpfe Gefühl versagt zu haben.* He felt vaguely as though he had failed. 5 (apathisch) apathetic (Adv apathetically); (Blick) vacant (Adv vacantly) ◊ *Die Klasse versank in dumpfem Schweigen.* The class fell into an apathetic silence. ◊ *Sie starrte dumpf vor sich hin.* She stared ahead vacantly.
Dumping dumping
  Dumpingpreis giveaway price
Düne dune
Dung dung, manure
düngen 1 (Pflanze) feed*; (Feld) put* fertilizer on sth ◊ *Die Blumen müssen einmal in der Woche gedüngt werden.* The flowers have to be fed once a week. 2 *mit B ~* put* B on A ◊ *Die Bauern düngen ihre Felder mit Jauche.* The farmers put liquid manure on their fields. 3 ◊ *Kompost düngt gut.* Compost makes a good fertilizer.
Dünger, **Düngemittel** fertilizer
dunkel 1 dark ◊ *Es wird dunkel.* It's getting dark. ◊ *dunkle Wolken* dark clouds ◊ *dunkle Haare* dark hair ◊ *Sie ist ein dunkler Typ.* She's dark. ◊ *Sie war dunkel gekleidet.* She was dressed in dark clothes. ◊ *ein dunkles Kapitel unserer Geschichte* a dark period in our history ◊ *die dunkelsten Stunden ihres Lebens* the darkest hours of her life 2 *im Dunkeln* in the dark ◊ *Sie saßen im Dunkeln.* They were sitting in the dark. ◊ *Hast du Angst im Dunkeln?* Are you afraid of the dark? 3 (Brot) brown 4 (Stimme) deep 5 (undeutlich) unclear; (vage) vague (Adv vaguely) ◊ *Die Gründe für seinen Selbstmord blieben dunkel.* The reasons for his suicide remained unclear. ◊ *Er erinnerte sich dunkel an sie.* He vaguely remembered her. 6 (zweifelhaft) shady*, (BrE) dodgy* (umgs) ◊ *ihre dunkle Vergangenheit* her shady past ◊ *dunkle Machenschaften* dodgy dealings **IDM** **jdn (über etw) im Dunkeln lassen** keep* sb in the dark (about sth) **im Dunkeln liegen** be a mystery ◊ *Die Gründe für sein Verschwinden liegen im Dunkeln.* The reasons for his disappearance are a mystery. **im Dunkeln tappen** be at a loss; (Polizei) have no leads ◊ *Bei dem Einbruch tappt die Polizei noch immer im Dunkeln.* The police still have no leads on the burglary.
dunkel- dark ◊ *dunkelblau* dark blue ◊ *ein dunkelgrauer Mantel* a dark grey coat
dunkelblond (Haare) light brown; (Mensch) with light brown hair (nicht vor Nomen) ◊ *ein dunkelblonder Junge* a boy with light brown hair **dunkelhaarig** dark-haired, with dark hair (nicht vor Nomen) ◊ *eine dunkelhaarige Frau* a dark-haired woman **dunkelhäutig** dark-skinned, with dark skin (nicht vor Nomen) ◊ *Er ist dunkelhäutig.* He has dark skin.
Dunkelheit dark; (Ort, Zeit) darkness ◊ *Seine Augen gewöhnten sich langsam an die Dunkelheit.* His eyes slowly got used to the dark. ◊ *vor/nach Einbruch der Dunkelheit* before/after dark ◊ *Sie verschwand in der Dunkelheit.* She disappeared into the darkness ◊ *im Schutz der Dunkelheit* under cover of darkness ◊ *als die Dunkelheit hereinbrach* as darkness fell
Dunkel- Dunkelkammer darkroom **Dunkelziffer** number of unrecorded cases
dünn 1 thin (Adv thinly) ◊ *dünne Scheiben* thin slices ◊ *Seine Wohnung hat sehr dünne Wände.* The walls of his flat are very thin. ◊ *ein dünner Stoff* thin material ◊ *Den Teig dünn ausrollen.* Roll out the dough thinly. ◊ *Salbe dünn auftragen.* Apply the cream thinly. ◊ *Er war viel zu dünn gekleidet.* He was not dressed warmly enough.

> **Thin, skinny, slender** und **slim** beschreiben dünne Menschen. **Thin** ist das allgemeinste Wort zur Beschreibung von jemandem, der wenig Körperfett hat: *He is much too thin.* **Slim** verwendet man für Menschen, die auf attraktive Art schlank sind: *You're so slim! How do you do it?* **Slender** beschreibt schlanke und graziöse Menschen. **Skinny** bedeutet, dass jemand sehr dünn und nicht attraktiv ist.

2 (Tee, Kaffee) weak; (Suppe) watery 3 (Mehrheit) narrow 4 *~ besiedelt/bevölkert* thinly populated **IDM** **dünn gesät sein** be thin on the ground ◊ *Die wirklich lukrativen Jobs sind dünn gesät.* Really well-paid jobs are thin on the ground. ☛ Siehe auch DICK und EIS
dünnflüssig thin, runny* **dünnmachen sich ~** make* yourself scarce
Dunst 1 (Nebel) mist; (besonders bei Hitze) haze 2 (Schleier) haze; (Abgase) fumes [Pl]; (Smog) smog ◊ *ein Dunst von Zigarettenrauch* a haze of cigarette smoke ◊ *der Dunst vorbeifahrender Autos* the exhaust fumes of passing cars ◊ *Im Dunst der Abgase lag die Stadt vor ihnen.* The city lay before them under a blanket of smog. **IDM** **blauer Dunst** (Zigarettenrauch) cigarette smoke
Dunstabzugshaube extractor hood
dünsten steam; (Obst) stew; (Gemüse) braise
dunstig 1 hazy*; (neblig) misty* 2 (verräuchert) smoky*; (stickig) stuffy*
Duo 1 (Stück) duet 2 (Musiker) duo
Duplikat copy*
Dur major (key) ◊ *in D-Dur* in D major
durch
• **als Präposition** 1 through ◊ *durch die Berge* through the mountains ◊ *durch den Mund atmen* breathe through your mouth 2 (in etw herum) round ◊ *eine Führung durch das Schloss* a guided tour round the castle ◊ *Wir sind durch alle Geschäfte gegangen.* We went round all the shops. 3 (wegen) through; (mittels) by ◊ *Sie hat die Stelle durch ihren Vater bekommen.* She got the job through her father. ◊ *Nur durch seine Hartnäckigkeit hat er es erreicht.* He managed it by sheer persistence. ◊ *durch Zufall* by chance 4 (MATH) divided by ◊ *39 durch 3 ist 13.* 39 divided by 3 is 13. 5 (hindurch) throughout ◊ *den ganzen Winter durch* throughout the whole winter 6 (in Passivsätzen: von) by ◊ *Das Gelände wurde durch die Polizei abgeriegelt.* The area was cordoned off by the police ◊ *Das Haus wurde durch eine Bombe zerstört.* The house was destroyed by a bomb.
• **als Adverb** 7 (gar) cooked through ◊ *Ist der Braten schon durch?* Is the meat cooked through yet? 8 (am Telefon) through 9 (durchgescheuert) ◊ *Meine Hose ist an den Knien durch.* My trousers have gone through at the knees. 10 (fertig) finished (nicht vor Nomen) ◊ *Ich bin mit dem Buch noch lange nicht durch!* I've nowhere near finished this book! 11 (vorbei) ◊ *Es ist vier Uhr durch.* It's gone four. 12 **durch etw (durch) sein** (überstehen) have got through sth ◊ *Sei froh, dass du da durch bist!* Be glad that you've got through it! ◊ *Er ist endlich durch die Prüfung durch.* He's finally got through the exam.
IDM **bei jdm unten durch sein** have had it as far as sb is concerned ◊ *Die ist bei mir völlig unten durch!* She's had it as far as I'm concerned! **durch und durch** thoroughly ◊ *ein durch und durch amerikanisches Buch* a thoroughly American book ◊ *Wir sind durch und durch nass geworden.* We got wet through. ◊ *Er ist ein Profi durch und durch.* He's a professional through and through. **jdm durch und durch gehen** go* right through sb ◊ *Der Krach geht einem ja durch und durch!* The noise goes right through you!

durcharbeiten 1 (*Buch, Unterlagen*) go* through *sth*; (*intensiver*) study* ◊ *Das solltest du zur Wiederholung durcharbeiten.* You ought to go through it as revision. ◊ *Wir müssen mehrere Texte durcharbeiten.* We've got to study several texts. **2** (*gründlich ausarbeiten*) go* over *sth* ◊ *Arbeite dein Referat noch einmal gut durch.* Go over your presentation again thoroughly. **3** (PSYCH) (*verarbeiten*) work through *sth* **4 sich durch etw ~** work your way through *sth* ◊ *Wir arbeiteten uns durch das Unterholz durch.* We worked our way through the undergrowth. ◊ *Ich habe mich durch Stapel von Papieren durchgearbeitet.* I worked my way through piles of papers. **5** (*ohne Pause*) work through (*sth*) ◊ *Ich habe die Nacht durchgearbeitet.* I've worked through the night.

durchatmen take* deep breaths; (*einmal*) take* a deep breath

durchaus 1 (*mit Adjektiven: ganz und gar*) perfectly; (*ohne weiteres*) quite ◊ *durchaus berechtigt* perfectly justified ◊ *Es ist durchaus möglich, dass ...* It's quite possible that ... **2** (*mit Verben*) certainly ◊ *Wir nehmen die Vorwürfe durchaus ernst.* We are certainly taking the charges seriously. ◊ *Das kann ich mir durchaus vorstellen.* I can perfectly well imagine. **3** (*mit Negativen*) ◊ *durchaus nicht* not at all ◊ *durchaus nicht alle* by no means all ◊ *Das ist durchaus nicht zu viel verlangt!* It's not asking too much at all!

durchbeißen¹ 1 bite* through *sth* **2 sich (durch etw) ~** struggle through sth ◊ *Da musst du dich jetzt durchbeißen!* You'll just have to struggle through now!

durchbeißen² jdm/einem Tier die Kehle ~ rip* sb's/an animal's throat open

durchbiegen 1 bend* *sth* (as far as possible) ◊ *die Knie durchbiegen* bend your knees **2 sich ~** sag* ◊ *Die Äste biegen sich unter dem Gewicht durch.* The branches are sagging under the weight.

durchblättern leaf through *sth*; (*schnell*) flick through *sth*

Durchblick ◊ *Ich hab völlig den Durchblick verloren.* I'm completely lost. ◊ *Hast du da noch den Durchblick?* Do you know what's going on? ◊ *Ihm fehlt der Durchblick in Mathe.* He doesn't understand maths at all.

durchblicken understand* ◊ *Bei der Geschichte blick ich nicht durch.* I don't understand that story at all. ◊ *Ich blick da überhaupt nicht durch!* I'm completely lost! ◊ *Blickst du da noch durch?* Do you know what's going on? IDM **durchblicken lassen, dass ...** hint that ...

durchbluten 1 (*Wunde*) bleed* through *sth* ◊ *Die Wunde hat durch die Mullbinde durchgeblutet.* The wound has bled through the gauze. **2** (*Verband*) become* soaked with blood ◊ *Der Verband ist durchgeblutet.* The bandage has become soaked with blood.

durchblutet ◊ *Ihre Beine sind schlecht durchblutet.* She has bad circulation in her legs.

Durchblutung blood flow ◊ *Bewegung sorgt für eine gute Durchblutung der Haut.* Exercise stimulates blood flow to the skin.

durchbohren¹ 1 etw ~ drill holes/a hole through sth ◊ *ein Brett durchbohren* drill a hole through a plank **2 etw (durch etw) ~** drill sth (through sth)

durchbohren² jdn/etw (mit etw) ~ pierce sb/sth (with sth) ◊ *Ein Pfeil durchbohrte sein Herz.* An arrow pierced his heart.

durchbrechen¹ 1 (*in zwei Teile teilen*) break* *sth* in two **2** (*in zwei Teile geteilt werden*) break* (in two) **3** (**durch etw**) **~** (*fallen*) fall* through (sth) ◊ *Er ist durch das Eis durchgebrochen.* He fell through the ice.

durchbrechen² (*durchdringen*) break* through *sth* ◊ *die feindlichen Linien durchbrechen* break through the enemy lines **2** (*Regeln, Schallmauer*) break*

durchbrennen 1 (*Glühbirne etc.*) go* (*umgs*); (*Sicherung auch*) blow* ◊ *Die Birne ist durchgebrannt.* The bulb's gone. **2** (**mit jdm/etw**) **~** run* away (with sb/sth) ◊ *Sie ist von zu Hause durchgebrannt.* She's run away from home.

durchbringen 1 (*Gesetz, Antrag*) get* *sth* through **2** (*Vermögen, Geld*) spend* **3 jdn/sich ~** support sb/yourself ◊ *Sie hat drei Kinder alleine durchgebracht.* She supported three children on her own. **4** (*Patienten etc.*) pull *sb* through

Durchbruch breakthrough ◊ *Ihnen gelang ein Durchbruch in den Verhandlungen.* They achieved a breakthrough in the negotiations. ◊ *jdm zum Durchbruch verhelfen* give sb their first break

durchchecken 1 check **2 sich ~ lassen** (*medizinisch*) have a check-up **3** (*an den Zielflughafen*) check *sth* through ☛ G PVI

durchdacht (*well*) thought out ◊ *Dein Referat war nicht gut durchdacht.* Your presentation was not very well thought out. ◊ *ein bis ins Detail durchdachter Plan* a plan that has been thought out in great detail

durchdenken¹ (*in Gedanken durchgehen*) go*over *sth* in your mind

durchdenken² (*überdenken*) think* *sth* through ◊ *Hast du das auch gut durchdacht?* Have you thought it through properly?

durchdrängeln, durchdrängen sich ~ push your way through (*sth*) ◊ *Sie drängelten sich durch die Menge.* They pushed their way through the crowd.

durchdrehen 1 (*verrückt werden*) crack up (*umgs*); (*kopflos werden*) panic* ◊ *Sie ist völlig durchgedreht.* She has completely cracked up. ◊ *Als die Polizei kam, drehte er durch.* When the police arrived, he panicked. ◊ *Wenn das so weitergeht, dreh ich durch!* If it goes on like this, I'll go mad! **2** (*Räder*) spin* **3** (*Fleisch*) mince

durchdringen¹ 1 (durch etw) ~ get* through (sth); (*Sonne*) come* through (sth) **2 zu jdm ~** get* through to sb

durchdringen² penetrate; (*hoher Ton*) pierce ◊ *Ein Schrei durchdrang die Stille.* A scream pierced the silence.

durchdringend penetrating; (*Geruch auch*) pungent; (*hoher Ton*) piercing

durchdrücken 1 etw (durch etw) ~ press sth (through sth) ◊ *die Himbeeren durch ein Sieb durchdrücken* press the raspberries through a sieve **2** (*Knie, Arme, Rücken*) straighten **3** ◊ *das Gaspedal durchdrücken* put your foot down **4** (*Antrag, Reform etc.*) get* *sth* through; (*Kandidaten*) impose ◊ *Sie haben die Erhöhung durchgedrückt.* They got the rise through. ◊ *Sie konnten bei der Geschäftsleitung durchdrücken, dass niemand entlassen wurde.* They succeeded in persuading the management not to sack anyone.

durchdrungen von etw ~ sein be filled with sth, be imbued with sth (*gehoben*) ◊ *Sie waren von Angst durchdrungen.* They were filled with fear.

durcheinander 1 in a muddle ◊ *Meine Sachen sind ganz durcheinander.* My things are all in a muddle. **2** (*verwirrt*) confused ◊ *Ich bin ganz durcheinander.* I'm totally confused. **3 ~ bringen** (*in Unordnung bringen*) muddle *sth* up; (*Plan*) upset* **4 ~ bringen** (*verwechseln*) muddle *sb/sth* up ◊ *Ich bringe die beiden Namen immer durcheinander.* I always muddle those two names up. **5 ~ kommen** get* muddled up ◊ *Ich muss mir das aufschreiben, sonst komme ich durcheinander.* I'll have to write that down or I'll get muddled up. ◊ *Unser Zeitplan kam durcheinander.* Our schedule was thrown into disarray. **6 ~ reden** talk at once ◊ *Alle redeten durcheinander.* They were all talking at once. **7 ~ gehen** be chaotic ◊ *Bei der Kinderparty ging alles durcheinander.* The children's party was totally chaotic.

Durcheinander (*Unordnung*) mess; (*Wirrwarr*) chaos [U] ◊ *Bei mir herrscht gerade ein unglaubliches Durcheinander.* My place is a terrible mess at the moment. ◊ *Am Fahrkartenschalter herrschte ein heilloses Durcheinander.* There was absolute chaos at the ticket office.

durchfahren¹ 1 (durch etw) ~ drive* through (sth); **unter etw ~** drive* under sth ◊ *Wir sind durch das Dorf durchgefahren.* We drove through the village. **2** (*ohne Unterbrechung*) drive* through ◊ *Sie sind die ganze Nacht durchgefahren.* They drove through the night without stopping. ◊ *bei Rot durchfahren* drive through a red light ◊ *Der Zug fährt bis Hamburg durch.* It's a through train to Hamburg.

durchfahren² **1** drive* through *sth* ◊ *Wir durchfuhren viele nette Orte.* We drove through lots of nice villages. **2** (*Strecke, Kurs*) cover ◊ *Er durchfuhr den Parcours in vier Minuten.* He covered the course in four minutes. **3** (*Gedanke, Schrecken*) strike* ◊ *Plötzlich durchfuhr es mich: ...* It suddenly struck me that ... ◊ *Ein eisiger Schrecken durchfuhr sie.* She shuddered.

Durchfahrt 1 (*das Durchfahren*) way through ◊ *Der Lkw versperrte der Feuerwehr die Durchfahrt.* The lorry blocked the way for the fire brigade. ◊ *Durchfahrt nicht gestattet!* No entry! **2** (*Durchreise*) ◊ *Wir sind nur auf der Durchfahrt.* We're just passing through. ◊ *Es passierte bei der*

Durchfahrtsstraße

Durchfahrt des Zuges durch den Bahnhof. It happened as the train was passing through the station.
Durchfahrtsstraße main road
Durchfall diarrhoea, (*AmE*) diarrhea
durchfallen 1 (**durch etw**) ~ fall* through (sth) ◊ *Meine Münzen fallen alle durch.* My coins are all falling through. **2** (*bei einer Prüfung*) fail; (*bei einer Wahl*) lose; (*beim Publikum*) be a flop ◊ *Ich bin bei der Fahrprüfung durchgefallen.* I failed my driving test. IDM ⇨ PAUKE
Durchfallquote failure rate
durchfeiern (**die ganze Nacht**) ~ celebrate all night
durchfinden (**sich**) (**durch etw**) ~ find* your way (through sth) ◊ *Ich habe durch die Menge nicht durchgefunden.* I couldn't find my way through the crowd. ◊ *Er hat sich im neuen Flughafen gut durchgefunden.* He found his way around the new airport without any problem.
durchfließen¹ (**durch etw**) ~ flow through (sth) ◊ *Welcher Fluss fließt durch Prag durch?* Which river flows through Prague?
durchfließen² flow through *sth* ◊ *Wie viele Länder durchfließt der Rhein?* How many countries does the Rhine flow through?
durchfluten flood
durchforsten 1 (*Wald*) thin* *sth* out **2** (*fig*) go* through *sth*; (*durchsehen*) sift through *sth*; (*Gebiet*) comb ◊ *Sie durchforstete die Akten nach seinem Namen.* She went through the files looking for his name.
durchfragen sich (**zu etw/nach etw**) ~ keep* asking your way (to sth) ◊ *Ich musste mich zum Bahnhof durchfragen.* I had to keep asking my way to the station.
durchfressen 1 sich ~ eat* your way through *sth*, eat* holes in *sth*; (*Feuer*) spread* ◊ *Die Motten hatten sich durch die Wolldecke durchgefressen.* The moths had eaten holes in the woollen blanket. ◊ *Die Flammen hatten sich bereits zum Treppenhaus durchgefressen.* The flames had already spread to the staircase. **2 sich** (**bei jdm**) ~ live off sb
durchführbar practicable ◊ *Das Vorhaben ist nicht durchführbar.* The plan is not practicable. ◊ *Der Test ist bequem zu Hause durchführbar.* The test can easily be carried out at home.
durchführen 1 (*Vorhaben, Untersuchung, Operation, Umfrage*) carry* *sth* out **2** (*Abstimmung, Wettbewerb etc.*) hold* **3 durch/unter etw** ~ go* through/under sth ◊ *Der Weg führt unter der Brücke durch.* The path goes under the bridge. **4 jdn** (**durch etw**) ~ show* sb round (sth)
Durchführung (*meist mit einem Verb übersetzt*) ◊ *der Auftrag zur Durchführung der Arbeiten* the order to carry out the work ◊ *Er war für die Durchführung des Umzugs nach Berlin verantwortlich.* He was responsible for organizing the move to Berlin. ◊ *die Durchführung des Gesetzes* the implementation of the law
Durchgang 1 access [U] ◊ *Durchgang verboten.* No access. ◊ *Durchgang zur Messe durch das Zelt.* Access to the fair through the tent. **2** (*Weg*) way through; (*Gang*) passageway ◊ *Gibt's hier einen Durchgang zum Neubau?* Is there a way through to the new building here? **3** (*Phase*) stage; (*von Wettkämpfen*) round; (*bei Rennen*) heat ◊ *Er hat die Wahl im ersten Durchgang gewonnen.* He won the election on the first round. **4** (ASTRON) transit
durchgängig 1 (*fortlaufend*) continuous (*Adv* continuously) ◊ *eine durchgängige Linie* a continuous line ◊ *eine durchgängige Nord-Süd-Verbindung* a connection all the way through from North to South ◊ *Die Autobahn ist jetzt wieder durchgängig befahrbar.* The full length of the motorway is now open again. **2** ◊ *durchgängig geöffnet* open all day **3** (*von allen*) ◊ *Interesse war durchgängig vorhanden.* Everyone was interested.
Durchgangs- Durchgangslager transit camp **Durchgangsverkehr** through traffic
durchgeben (**jdm**) **etw** ~ (*publik machen*) announce sth (to sb); (*verbreiten*) give* sth (to sb) ◊ *Er gab ihr seine Adresse telefonisch durch.* He gave her his address over the phone. ◊ *Genaue Anweisungen werden Ihnen später durchgegeben.* Precise instructions will be given to you later. ◊ *eine Meldung im Radio durchgeben* make an announcement on the radio ◊ *Die Polizei gab eine Warnung durch.* The police put out a warning.
durchgebraten well done
durchgehen 1 (**durch etw**) ~ go* through (sth) ◊ *Geht das Klavier durch die Tür durch?* Will the piano go through the door? ◊ *Sie ging mitten durch die Menschenmenge durch.* She made her way through the crowd. ◊ *„Bitte durchgehen!"* 'Move down the bus, please!' **2** (**durch etw**) ~ (*hindurchdringen*) get* through (sth), come* through (sth) ◊ *Der Regen geht durch das Zelt durch.* The rain is coming through the tent. **3** (*durch eine Kontrolle*) get* through (sth) ◊ *Die Meldung ist ungekürzt durchgegangen.* The report got through uncut. ◊ *Haustiere gehen beim Zoll nicht durch.* You can't get pets through customs. **4** (*angenommen werden*) get* through, go* through ◊ *Das Gesetz ist trotz starker Widerstände durchgegangen.* The bill got through despite strong opposition. ◊ *Hoffentlich geht mein Antrag durch.* I hope my application will go through. **5** (*Zug*) go* through ☛ *Siehe auch* DURCHGEHEND **6** (*andauern*) go* on ◊ *Die Party ging die ganze Nacht durch.* The party went on all night. **7 etw** ~ **lassen** let* sth pass; **jdm etw** ~ **lassen** let* sb get away with sth ◊ *Das will ich noch mal durchgehen lassen.* I'll let it pass just this once. ◊ *Es ist nicht richtig, den Kindern alles durchgehen zu lassen.* It isn't right to let the children get away with everything. **8 etw** (**auf etw**) ~ go* through sth (for sth) ◊ *den Aufsatz auf Rechtschreibfehler durchgehen* go through your essay for spelling mistakes **9 für/als etw** ~ pass for sth ◊ *Das Auto kann für neu durchgehen.* The car can pass for new. ◊ *Er geht noch als 16-Jähriger durch.* He can still pass for a sixteen-year-old. **10** (*Pferd etc.*) bolt **11 mit jdm/etw** ~ run* away with sb/sth ◊ *Ihr Mann ist mit der Nachbarin durchgegangen.* Her husband ran off with the next-door neighbour. **12 jdm gehen die Nerven durch** sb loses* their temper ◊ *Schließlich gingen ihr die Nerven durch.* She finally lost her temper. **13 mit jdm geht die Fantasie durch** sb lets* his/her imagination run away with him/her
durchgehend 1 *Adj* continuous ◊ *eine durchgehende Linie/ein durchgehendes Muster* a continuous line/pattern ◊ *durchgehende Beschäftigung* continuous employment **2** *Adj* (*Zug*) through; (*Flug, Verbindung*) direct ◊ *ein durchgehender Zug* a through train **3** *Adv* (*ständig*) continuously; (*immer wieder*) constantly ◊ *Die Kinder werden durchgehend betreut.* The children are cared for continuously. ◊ *durchgehend geöffnet* open all day ◊ *Die A4 ist jetzt durchgehend befahrbar.* The whole length of the A4 is now clear. **4** *Adv* (*durch die Bank*) across the board ◊ *Die Wahlergebnisse der Partei waren durchgehend schlecht.* The party's election results were poor across the board. ◊ *Die Mitarbeiterinnen fühlen sich durchgehend diskriminiert.* All the female employees feel discriminated against.
durchgreifen 1 take* a strict line, crack down ◊ *Die neue Lehrerin greift energisch durch.* The new teacher is taking a strict line. ◊ *Die Polizei hat hart gegen die Randalierer durchgegriffen.* The police have cracked down on the vandals. **2** (**durch etw**) ~ reach through (sth)
durchgreifend (*Maßnahmen, Änderungen, Reformen, Handeln*) drastic; (*Verbesserung, Erfolg*) dramatic
durchhalten 1 survive ◊ *Wie lange kann er finanziell durchhalten?* How long will he be able to survive financially? **2** (*durchstehen*) make* it through *sth*, stick* *sth* out ☛ G 9.7c ◊ *Wird er den Sprachkurs bis zum Ende durchhalten?* Will he stick it out to the end of his language course? ◊ *Ich hoffe, dass ihre Nerven durchhalten.* I hope her nerves can stand it. **3** (*aufrecht erhalten*) keep* *sth* up ◊ *Sie konnte das Tempo nicht durchhalten.* She couldn't keep up the pace any longer. ◊ *eine Diät durchhalten* keep up a diet
Durchhaltevermögen stamina
durchhängen 1 sag* ◊ *Die Matratze hängt durch.* The mattress is sagging. **2** (*deprimiert*) be down; (*erschöpft*) be whacked (*umgs*)
Durchhänger einen ~ haben lose* your motivation/concentration ◊ *Während des Spiels hatte er immer wieder einen Durchhänger.* During the match he kept losing his concentration. ◊ *Ich habe seit Wochen einen Durchhänger.* I've been totally lacking in motivation for weeks.
durchkämmen¹ 1 (*Haare*) comb *sth* through; (*Fell*) groom **2** (*durchsuchen*) ⇨ DURCHKÄMMEN²
durchkämmen² (*durchsuchen*) comb ◊ *Die Polizei durchkämmte den Ort nach dem verschwundenen Kind.* The police combed the area in search of the missing child.
durchkämpfen 1 sich (**durch etw**) ~ fight* (your way through sth) ◊ *Wir mussten uns durch die Menschenmenge durchkämpfen.* We had to fight our way through the

crowds. **2 sich ~** (*durch das Leben*) struggle ◊ *Sie hat sich ihr Leben lang durchkämpfen müssen.* She has had to struggle all her life. **3 sich zu etw ~** bring* yourself to do sth ◊ *Er hat sich dazu durchgekämpft, sich bei seinen Eltern zu entschuldigen.* He finally brought himself to apologize to his parents. **4 etw ~** fight* for sth; (*durchsetzen*) force sth through ◊ *eine Reform durchkämpfen* force a reform through

durchkauen 1 (*besprechen*) go* over (and over) *sth* ◊ *Das haben wir schon hundertmal durchgekaut.* We've been over this a hundred times already. **2** (*gründlich kauen*) chew *sth* thoroughly

durchkneten 1 (*Teig*) knead *sth* thoroughly **2** (*Massage*) massage *sb/sth* thoroughly

durchkommen 1 (**durch etw**) **~** (*räumliche Behinderung*) get* through (*sth*) ◊ *Die Einfahrt war so schmal, dass nicht mal ein Kleinlaster durchkam.* The entrance was so narrow that not even a van could get through. ◊ *Hier ist einfach kein Durchkommen.* There's no way to get through here. **2** (**durch etw**) **~** (*durchdringen*) come* through (sth) (*auch fig*) ◊ *Durch ein Loch im Schlauch kommt Luft durch.* Air is coming through a hole in the tube. ◊ *Manchmal kommt ihr deutscher Akzent durch.* Sometimes her German accent comes through. ◊ *Am Nachmittag kam die Sonne durch.* In the afternoon the sun came out. ◊ *Manchmal kommt bei ihm der Chauvinist durch.* Sometimes the chauvinist in him comes out. **3** (**durch etw**) **~** (*passieren, vorbeikommen*) pass through (*sth*) ◊ *Der Faschingszug soll hier durchkommen.* The carnival procession will pass through here. **4** (*telefonisch*) get* through ◊ *Ich bin nicht durchgekommen.* I couldn't get through. **5** (*Nachricht etc.*) be announced **6** (*bestehen*) pass, get* through *sth* ◊ *Wenn er weiter so fleißig lernt, kommt er bestimmt durch.* If he continues to work hard, he will definitely pass. **7** (*Erfolg haben*) succeed; **mit etw ~** succeed with sth; (*negativ behaftet*) get* away with sth; (*sich durchsetzen*) get* what you want ◊ *Ich hoffe, dass du mit deinem Plan durchkommst.* I hope you succeed with your plan. ◊ *Damit kommst du bei ihr nicht durch.* You won't get away with that with her. ◊ *Mit ihrem Charme kommt sie überall durch.* With her charm she always gets what she wants. ◊ *Mit Englisch kommt man auf der ganzen Welt durch.* With English you can get by anywhere in the world. **8** (*überstehen*) come* through *sth*; (*Krankheit*) pull through *sth* ◊ *Wird der Patient durchkommen?* Will the patient pull through? **9** (*finanziell*) get* by ◊ *Mit ihrem Gehalt kommt sie kaum durch.* She can hardly get by on her salary.

durchkreuzen¹ (*durchstreichen*) cross *sth* out

durchkreuzen² 1 (*vereiteln*) frustrate, thwart ◊ *Sie hat seine Pläne durchkreuzt.* She has thwarted his plans. **2** (*durchfahren*) cross; (*auf einer Kreuzfahrt*) cruise ◊ *die Ägäis durchkreuzen* cruise the Aegean

durchkriechen (**durch etw**) **~** crawl through (sth); **unter etw ~** crawl under sth

durchlassen 1 jdn/etw (**durch etw**) **~** let* sb/sth through (sth) ◊ *Lassen Sie mich bitte durch?* Excuse me, could you let me through? **2** (*durchdringen lassen*) let* *sth* in ◊ *Licht durchlassen* let in light ◊ *Der Torwart hat den Ball durchgelassen.* The goalkeeper let the ball in.

durchlässig 1 permeable (*Fachspr*); (*undicht*) leaky* **2** ◊ *Das Bildungssystem ist durchlässiger geworden.* The school system has become less rigid. ◊ *Das ehemals strikte Verbot wird immer durchlässiger.* The once strict ban is now not being strictly enforced. ◊ *Die Grenzen wurden durchlässiger.* People were able to cross the borders more easily.

Durchlauf 1 (COMP) run **2** (SPORT) heat ◊ *im dritten Durchlauf des Rennens* in the third heat of the race **3** (*Probe*) rehearsal, run-through

durchlaufen¹ 1 (**durch etw**) **~** go* through (sth) ◊ *durch eine Absperrung durchlaufen* go through a barrier **2** (**durch etw**) **~** (*durchqueren*) cross (sth) ◊ *Kann man durch den Bach durchlaufen oder ist er zu tief?* Can you cross the stream, or is it too deep? **3** (*ohne Unterbrechung laufen*) keep* going ◊ *Wir sind die ganze Nacht durchgelaufen.* We kept going through the night. **4** (**durch etw**) **~** (*schlendern*) wander through (sth) ◊ *Ich bin heute mal durch die Einkaufspassage durchgelaufen.* I wandered through the shopping arcade today. **5** (**durch etw**) **~** (*Flüssigkeit*) run* through (sth); (*durchsickern*) trickle through (sth) ◊ *Das*

Wasser läuft durch das Rohr durch. The water runs through the pipe. **6** (*Socken etc.*) wear* *sth* out, go* through *sth*

durchlaufen² 1 (*Ausbildung*) do* ◊ *Er hat eine dreijährige Ausbildung durchlaufen.* He did a three-year course. **2** (*Entwicklungsstufen*) go* through *sth* ◊ *Picasso hat verschiedene Phasen durchlaufen.* Picasso went through various phases. ◊ *Der Antrag muss mehrere Dienststellen durchlaufen.* The application has to go through several departments. **3** (*Gebiet*) run* through *sth* ◊ *Der Bach durchläuft das Tal.* The stream runs through the valley. **4** jdn ~ run* through sb ◊ *Ein Schauder durchlief sie, als sie den Fremden sah.* A shudder ran through her when she saw the stranger. ◊ *Es durchlief sie eiskalt.* A shiver ran through her.

durchleben go* through *sth* ◊ *Sie hat schwierige Zeiten durchlebt.* She's been through some difficult times.

durchleiden suffer

durchlesen read* *sth* through; (*fertig*) finish reading *sth* ◊ *Sie las den Brief noch einmal durch.* She read through the letter again. ◊ *Ich habe den Aufsatz noch nicht ganz durchgelesen.* I haven't quite finished reading the essay yet.

durchleuchten¹ (**durch etw**) **~** shine* through (*sth*) ◊ *Das Licht leuchtete durch die Jalousie durch.* The light shone through the blind.

durchleuchten² 1 (*kontrollieren*) X-ray ◊ *Das Handgepäck wurde durchleuchtet.* The hand luggage was X-rayed. **2** investigate ◊ *Ein Ausschuss soll die Finanzen der Parteien kritisch durchleuchten.* A commission is to investigate party finances.

durchliegen (*Matratze, Bett*) wear* *sth* out

durchlöchern 1 make* holes in *sth*; **etw mit etw ~** riddle sth with sth ◊ *durchlöcherte Socken* socks with holes in them ◊ *Die Tür war von Kugeln durchlöchert.* The door was riddled with bullets. ◊ *Die Jacke war von Motten durchlöchert.* The jacket was moth-eaten. **2** (*schwächen*) undermine, weaken ◊ *Durch Geldmangel wird das soziale System immer mehr durchlöchert.* Lack of money is undermining the welfare system.

durchlüften¹ (*Zimmer etc.*) give* *sth* an airing

durchlüften² ventilate; (*Boden*) aerate ◊ *ein gut durchlüfteter Raum* a well-ventilated room

durchmachen 1 go* through *sth*; (*Krankheit*) have ◊ *Sie haben viel durchgemacht.* They've been through a lot. ◊ *Er hat bereits zwei Herzinfarkte durchgemacht.* He's already had two heart attacks. **2** (*feiern*) celebrate all night ◊ *Sie haben die ganze Nacht durchgemacht!* They celebrated all night! ◊ *Wir haben bis um sechs Uhr durchgemacht.* We carried on celebrating till six in the morning. **3** (*arbeiten*) work through (*sth*) ◊ *Wir müssen heute bis sechs durchmachen.* We'll have to work through till six today.

Durchmesser diameter ◊ *Der Stamm hat einen Durchmesser von einem Meter.* The trunk is one metre in diameter.

durchmischen¹ mix *sth* thoroughly

durchmischen² **A mit B ~** mix B with A ◊ *Sie durchmischte das Mehl mit Backpulver.* She mixed the baking powder with the flour.

durchmogeln sich (**durch/bei etw**) **~** get* by (in sth); (*durch Betrug*) cheat your way through sth ◊ *Ich habe nie viel getan, aber ich habe mich so durchgemogelt.* I never did very much, but I got by. ◊ *Er hat sich bei der Prüfung durchgemogelt.* He cheated his way through the exam.

durchmüssen have to go through *sth*; (*mit Schwierigkeit*) have to get through *sth* (*auch fig*) ◊ *Wir müssen durch die Innenstadt durch.* We have to go through the town centre. ◊ *Mach mal Platz, ich muss hier durch!* Get out of the way, I've got to get through here! ◊ *Da müssen wir jetzt irgendwie durch.* We'll just have to get through it somehow.

durchnässen drench, soak ◊ *Der Regen durchnässte ihn bis auf die Haut.* The rain drenched him to the skin. ◊ *ihre durchnässten Schuhe* her soaking wet shoes

durchnehmen do* ◊ *Wir haben heute das Futur durchgenommen.* We did the future tense today.

durchnummerieren number *sth* (consecutively) ◊ *die Seiten durchnummerieren* number the pages ◊ *Sie sind fortlaufend durchnummeriert.* They are numbered consecutively.

durchorganisieren 1 organize *sth* (thoroughly) ◊ *Das*

durchpeitschen

Turnier war gut durchorganisiert. The tournament was well organized. **2** (*Leben, Gesellschaft*) regiment ◊ *Ihr Tagesablauf war straff durchorganisiert.* Their days were highly regimented.

durchpeitschen 1 give* sb a flogging **2** (*Gesetz etc.*) rush sth through

durchqueren cross; (*reisen*) travel* through *sth*; (*unterirdisch*) pass through *sth* ◊ *Sie durchquerten die Antarktis zu Fuß.* They crossed the Antarctic on foot. ◊ *Er durchquerte Europa.* He travelled through Europe. ◊ *Die Forscher mussten mehrere Höhlen durchqueren.* The explorers had to pass through several caves.

Durchquerung crossing

durchrasen race through *sth*

durchrechnen work *sth* out; (*überprüfen*) check *sth* through ◊ *Wir müssen erst mal alles durchrechnen.* First, we'll have to work everything out. ◊ *Am Ende der Mathearbeit rechnete er alles noch einmal durch.* At the end of the maths test he checked everything through again. ☛ G PVI

durchregnen es regnet durch the rain is coming through ◊ *Im Badezimmer regnet es durch!* The rain is coming through the bathroom ceiling! ◊ *Es regnete durchs Dach durch.* The rain was coming through the roof.

durchreichen etw (durch etw) ~ pass sth through (sth)

Durchreise ◊ *Ich war nur auf der Durchreise.* I was just passing through. ◊ *bei ihrer Durchreise durch Tunesien* when they were travelling through Tunisia

durchreisen¹ (durch etw) ~ (*auf der Durchreise sein*) pass through (sth) ◊ *Ich bin nur einmal durch München durchgereist.* I only passed through Munich once. ◊ *durchreisende Touristen* tourists passing through

durchreisen² travel* through *sth* ◊ *Er hatte schon ganz Europa durchreist.* He had already travelled through the whole of Europe.

Durchreisende(r) ◊ *80% der Besucher sind Durchreisende.* 80% of visitors are just passing through. ◊ *Durchreisende nach Spanien* people passing through on their way to Spain

durchreißen 1 tear* *sth* in two ◊ *ein Stück Papier durchreißen* tear a piece of paper in two **2** snap* ◊ *Das Seil ist durchgerissen.* The rope snapped.

durchringen sich zu etw ~ finally do* sth; **sich nicht dazu ~ können etw zu tun** not be able to bring* yourself to do sth ◊ *sich zu einer Entscheidung durchringen* finally come to a decision ◊ *Sie konnte sich nicht dazu durchringen, sich zu entschuldigen.* She couldn't bring herself to apologize.

durchrosten rust through

durchrutschen 1 slide* through *sth* **2** (bei etw) ~ (*knapp bestehen*) scrape through (sth) ◊ *Ich bin beim Abitur gerade noch so durchgerutscht!* I just managed to scrape through my A levels!

Durchsage announcement ◊ *eine Durchsage machen* make an announcement

durchsagen announce

durchsägen saw through *sth*

durchschaubar 1 (*klar*) transparent; (*verständlich*) easy to understand ◊ *Entscheidungsprozesse durchschaubarer machen* make the decision-making processes more transparent ◊ *Das ist für jedermann durchschaubar.* It's easy for everyone to understand. ◊ *die schwer durchschaubare Lage* the complex situation **2** (*Betrug, Lüge*) obvious

durchschauen¹ (durch etw) ~ look through (sth)

durchschauen² 1 see* through *sb/sth* ◊ *Er befürchtete, dass sie ihn durchschaut hatte.* He was afraid she had seen through him. ◊ *einen Trick durchschauen* see through a trick ◊ *Ich habe dich durchschaut!* I know what you're up to! **2** (*verstehen*) understand* ◊ *Das ist für Laien schwer zu durchschauen.* It's hard for the lay person to understand.

durchscheinen¹ flood *sth* with light ◊ *Die Sonne durchschien das Schlafzimmer.* The sun flooded the bedroom with light.

durchscheinen² (durch etw) ~ shine* through (sth) ◊ (*sichtbar werden*) show* through (sth)

durchscheinend translucent

durchschimmern 1 (durch etw) ~ shine* through (sth) ◊ (*sichtbar werden*) show* through (sth) **2** ~ lassen, dass … hint that …

durchschlafen sleep* through (*sth*) ◊ *Er schlief durch bis zum Morgen.* He slept through until morning. ◊ *Das Baby schläft schon durch.* The baby already sleeps through the night.

Durchschlag 1 (*Kopie*) carbon copy* **2** (*Küchengerät*) colander

durchschlagen¹ 1 (*zerteilen*) break* *sth* in two ◊ *Er kann Ziegelsteine mit der bloßen Hand durchschlagen!* He can break a brick in two with his bare hand! **2** (*durchkommen*) come* through ◊ *Nässe schlägt durch die Wände durch.* There's damp coming through the walls. **3** (auf etw) ~ (*sich auswirken*) have an effect (on sth) ◊ *Die Arbeitslosigkeit schlägt auf das Familienleben durch.* Unemployment has an effect on family life. **4** sich ~ (an ein Ziel) get* through ◊ *Er schlug sich zur Grenze durch.* He got through to the border. **5** sich ~ (*es schaffen*) manage; (*finanziell*) get* by ◊ *Sie konnte sich gut allein durchschlagen.* She could manage quite well on her own. ◊ *Mit seinem Gehalt schlug er sich nur mühsam durch.* He struggled to get by on his salary.

durchschlagen² (*beschädigen*) go* through *sth*

durchschlagend (*Erfolg*) resounding (*nur vor Nomen*); (*Argument, Beweis*) compelling; (*Wirkung*) dramatic

Durchschlagskraft 1 (*Bombe etc.*) (penetrative) power **2** (*Argumente etc.*) conviction

durchschneiden¹ cut*; (*Brötchen etc.*) halve ◊ *das Band durchschneiden* cut the tape

durchschneiden² (*durchziehen*) cut* through *sth* ◊ *Zwei Autobahnen durchschnitten die Landschaft.* Two motorways cut through the countryside.

Durchschnitt average ◊ *im Durchschnitt* on average ◊ *über/unter dem Durchschnitt liegen* be above/below average ◊ *Mein Bruder ist guter Durchschnitt.* My brother is quite good at school.

durchschnittlich 1 average ◊ *der durchschnittliche Stundenlohn* the average hourly wage ◊ *durchschnittlich begabt sein* be of average ability **2** (*mittelmäßig*) mediocre **3** (*im Durchschnitt*) on average ◊ *Man zählte durchschnittlich 400 Besucher am Tag.* There were 400 visitors a day on average.

Durchschnitts- Durchschnittsbürger average citizen **Durchschnittseinkommen** average income **Durchschnittstemperatur** average temperature **Durchschnittswert** average ◊ *Der Durchschnittswert liegt bei 10%.* The average is 10%.

durchschwitzen ◊ *Ich bin total durchgeschwitzt.* I'm soaked in sweat. ◊ *Er hatte sein Trikot völlig durchgeschwitzt.* His football shirt was completely soaked with sweat. ◊ *mein durchgeschwitztes Hemd* my sweaty shirt

durchsehen 1 (durch etw) ~ look through (sth), see through (sth) ◊ *durch das Schlüsselloch durchsehen* look through the keyhole ◊ *Man kann durch den Stoff durchsehen.* You can see through the material. ☛ *Hinweis bei* SEHEN **2** (*genau ansehen*) look at *sth* (carefully); (*überprüfen*) go* through *sth* ◊ *Er hat die Unterlagen durchgesehen.* He's looked at the documents. ◊ *Ich muss meine Übersetzung auf Fehler durchsehen.* I have to go through my translation for mistakes. **3** (*flüchtig ansehen*) look through *sth* ◊ *die Post durchsehen* look through the post

durchsetzen 1 (*Plan, Gesetz, Reform etc.*) push *sth* through; (*Sanktionen*) enforce; (*Ziel*) achieve ◊ *Der Antrag wurde gegen die SPD durchgesetzt.* The proposal was pushed through despite opposition from the SPD. ◊ *Die Gewerkschaft setzte durch, dass er wieder eingestellt wurde.* The union succeeded in getting him reinstated. ◊ *seine eigenen Interessen durchsetzen* further your own interests ◊ *seine Ideen durchsetzen* get people to accept your ideas ◊ *seinen Kopf/Willen durchsetzen* get your way **2** sich ~ assert yourself; (*seinen Willen durchsetzen*) get* your way ◊ *Ich habe gelernt, mich durchzusetzen.* I've learned to assert myself. ◊ *Der neue Lehrer konnte sich bei der Klasse nicht durchsetzen.* The new teacher couldn't get control of the class. **3** sich gegen jdn ~ come* out on top against sb ◊ *Sie konnte sich gegen die Favoritin durchsetzen.* She managed to come out on top against the favourite. ◊ *Die Polizei kann sich gegen die Dealer nicht durchsetzen.* The police are losing the battle against the dealers. **4** sich ~ (*Anklang finden*) gain acceptance, catch* on (*umgs*) ◊ *Dieser Trend hat sich nicht durchgesetzt.* This trend hasn't caught on. **IDM** ⇨ KOPF

Durchsetzung (*Plan, Gesetz, Reform etc.*) pushing through; (*Sanktionen*) enforcing; (*Ziel*) achievement

Durchsetzungsvermögen assertiveness
Durchsicht examination; *(flüchtig)* look ◊ *nach einer ersten Durchsicht der Akten* after an initial examination of the files ◊ *Schon eine flüchtige Durchsicht des Katalogs zeigte, dass ...* Even a quick look through the catalogue showed ...
durchsichtig 1 transparent; *(Stoff etc.)* see-through **2** *(Stil)* clear, transparent ◊ *Seine Praktiken sind alles andere als durchsichtig.* His methods are far from clear. **3** *(leicht durchschaubar)* obvious ◊ *ein durchsichtiges Wahlkampfmanöver* an obvious electoral tactic
Durchsichtigkeit 1 *(Transparenz)* transparency **2** *(Klarheit)* clarity
durchsickern 1 (durch etw) ~ seep through (sth); *(tropfenweise)* trickle through (sth) **2** *(bekannt werden)* leak out ◊ *Neue Informationen sind durchgesickert.* New information has leaked out. ◊ *Sie ließ durchsickern, dass ...* She let it be known that ...
durchspielen 1 *(proben)* play sth through ◊ *eine Szene durchspielen* play a scene through **2** *(Sportler)* keep* playing; *(bis zum Ende)* play the whole match **3** *(Möglichkeiten etc.)* go* over *sth* ◊ *etw in Gedanken durchspielen* go over sth in your mind
durchsprechen talk *sth* through
durchstarten 1 *(Gas geben)* put* your foot down **2** *(fig)* get* going ◊ *Wenn wir das Geld bekommen, können wir durchstarten.* When we get the money, we can get going. ◊ *nach Schulschluss gleich zum Schwimmbad durchstarten* go straight to the swimming pool after school
durchstechen¹ *etw durch etw* ~ push sth through sth ◊ *den Spieß durch das Fleisch durchstechen* push the skewer through the meat
durchstechen² *A mit B* ~ stick* B into A ◊ *Er hat das Gemälde mit einem Messer durchstochen.* He stuck a knife into the painting.
durchstehen go* through *sth*; *(Zeit, Trennung etc.)* get* through *sth* ◊ *Sie hat in ihrem Leben viel durchgestanden.* She's been through a lot in her life. ◊ *Ich glaube nicht, dass er das Tempo durchstehen kann.* I don't think he can keep up the pace. ◊ *Sie hat große Ängste durchgestanden.* She was terribly afraid.
Durchstich cut
durchstöbern *(Kiste, Schublade)* rummage through *sth*; *(Dachboden, Haus, Buchladen etc.)* rummage around in *sth*; *(Archiv, Zeitschriften etc.)* hunt through *sth*; *(durchsuchen)* search
durchstoßen¹ 1 *etw (durch etw)* ~ push sth through (sth) **2** *(vorstoßen)* advance
durchstoßen² *etw (mit etw)* ~ break* through sth (with sth); *(Glasscheibe)* smash through sth (with sth) ◊ *Der Ast durchstieß die Windschutzscheibe.* The branch smashed through the windscreen.
durchstreichen cross *sth* out
durchstreifen 1 roam around *sth* ◊ *die Stadt mit der Kamera durchstreifen* roam around the town with the camera **2** *(absuchen)* search ◊ *das Gelände nach Spuren durchstreifen* search the area for clues
durchsuchen *etw (nach jdm/etw)* ~ search sth (for sb/sth); *jdn* **(nach etw)** ~ search sb (for sth)
Durchsuchungsbefehl search warrant
durchtrainiert fit, in peak condition ◊ *Wer teilnehmen will, sollte gut durchtrainiert sein.* Anyone wishing to take part should be very fit. ◊ *durchtrainierte Athleten* athletes who are in peak condition
durchtränken 1 soak ◊ *ein von Blut durchtränktes Hemd* a shirt soaked with blood **2** *(erfüllen)* fill*, imbue *(gehoben)* ◊ *mit Bitterkeit durchtränkte Gedichte* poems filled with bitterness
durchtrennen cut*; *(Nerv, Sehne, Ader, Kabel)* sever
durchtrieben crafty* *(Adv* craftily)
durchwachsen 1 *(Speck)* streaky; *(Fleisch)* marbled **2** *(gemischt)* mixed ◊ *Das Wetter war durchwachsen.* The weather was rather mixed. ◊ *„Wie war der Abend?" „Durchwachsen."* 'How was your evening?' 'So-so.'
Durchwahl 1 *(direktes Wählen)* direct dialling **2** *(Nummer)* direct dial extension
durchwählen dial* direct
durchwandern walk through *sth*

durchweg *(ganz)* entirely; *(ausnahmslos)* without exception ◊ *Die Resonanz war durchweg positiv.* The reactions were entirely favourable. ◊ *Die Gemälde sind durchweg Fälschungen.* The paintings are, without exception, fakes. ◊ *Sie waren durchweg zufrieden.* They were all satisfied.
durchweichen¹ *(weich werden)* go* soft; *(Karton, Boden)* go* soggy ◊ *ein durchgeweichter Pappkarton* a cardboard box that has gone soggy ◊ *etw durchweichen lassen* soak sth
durchweichen² *(weich machen)* soak ◊ *Der Regen hatte das Spielfeld durchweicht.* The rain had soaked the pitch. ◊ *Wir waren vom Regen durchweicht.* We got soaked in the rain.
durchwetzen wear* *sth* through ◊ *Die Hose war durchgewetzt.* The trousers were worn through.
durchwinken *jdn/etw* **(durch etw)** ~ wave sb/sth through (sth)
durchwühlen¹ rummage through *sth*; *(Einbrecher etc.)* ransack ◊ *Ich habe die Schublade nach der Socke durchwühlt.* I rummaged through the drawer looking for the sock. ◊ *Die Einbrecher durchwühlten die Wohnung.* The burglars ransacked the flat.
durchwühlen² *sich (durch etw)* ~ burrow through (sth); *(fig)* plough through (sth) ◊ *sich durch einen Berg von Akten durchwühlen* plough through a pile of documents
durchwurschteln, durchwursteln *sich* ~ muddle through
durchzählen count
durchziehen¹ 1 *jdn* **(durch etw)** ~ pull sb through (sth); *etw* **(durch etw)** ~ pull sth through (sth); *(Garn, Kordel etc.)* thread sth through (sth) ◊ *jdn durch das Fenster durchziehen* pull sb through the window ◊ *die Schnürsenkel durch die Ösen durchziehen* thread the shoelaces through the eyelets **2** *(durchführen)* carry* sth out; *(zu Ende bringen)* see* sth through ← G 9.7c; *(schnell, gedankenlos)* get* through sth ◊ *einen Plan durchziehen* carry out a plan ◊ *Jetzt, wo du angefangen hast, solltest du es auch durchziehen.* Now you've started, you should see it through. ◊ *Dieses Kapitel müssen wir heute noch durchziehen.* We've got to get through this chapter today. ◊ *Sie zog ihr Trainingsprogramm eisern durch.* She kept up her exercise programme with an iron will. **3 (durch etw)** ~ pass through (sth) ◊ *In der Nacht zieht ein Regengebiet durch.* An area of rain will pass through during the night. **4** *sich durch etw* ~ run* through sth ◊ *Dieses Stilmittel zieht sich durch das ganze Stück durch.* This stylistic device runs through the entire work. **5** *(Salat, Fleisch)* marinate
durchziehen² 1 pass through *sth*; *(durchqueren)* cross; *(kreuz und quer verlaufen)* criss-cross ◊ *Ein Netz von Radwegen durchzieht das Land.* A network of cycle paths crisscrosses the country. **2** *(durchdringen)* permeate ◊ *Der Duft von Brot durchzog das ganze Haus.* The smell of bread permeated the whole house.
Durchzug 1 *(Luftzug)* draught, *(AmE)* draft **2** ~ **machen** let* some fresh air in **3** *(das Durchziehen)* *(meist mit einem Verb übersetzt)* ◊ *nach dem Durchzug des Tiefs* once the low has passed through [IDM] **auf Durchzug schalten** switch off
durchzwängen 1 *sich (durch etw)* ~ squeeze through (sth) **2** *etw (durch etw)* ~ force sth through (sth)
dürfen¹ *Modalvb* ← G 10 [IDM] ⇒ BITTEN, RATEN *und* SPASSEN
dürfen² *Verb* **1** *(etw)* ~ be allowed to (do sth) ◊ *Darfst du das überhaupt?* Are you allowed to do that? ◊ *Sie durfte nicht.* She wasn't allowed to. **2** *(fahren, gehen etc.)* be allowed to go ◊ *Darf ich ins tiefe Becken?* Am I allowed to go in the deep pool? ◊ *Darf ich mit nach Amerika?* May I come with you to America? ◊ *Darf ich heute Abend mit David ins Kino?* May I go to the cinema this evening with David?
dürftig poor *(Adv* poorly); *(Kost, Einkommen)* meagre; *(Beweise, Informationen)* scanty*; *(Gras etc.)* sparse ◊ *eine dürftige Leistung* a poor performance ◊ *dürftig ausgestattet sein* be poorly equipped
dürr 1 *(trocken)* dry* ◊ *dürre Äste* dry branches **2** *(dünn)* skinny* ◊ *Hinweis bei* DÜNN **3** *(unfruchtbar)* barren ◊ *dürrer Boden* barren earth ◊ *(fig) dürre Jahre* lean years **4** *(knapp)* terse ◊ *eine dürre Mitteilung* a terse statement ◊ *etw in dürren Worten erklären* explain sth tersely
Dürre drought ◊ *von einer Dürre heimgesucht* hit by drought

Dürrekatastrophe devastating drought **Dürreperiode** period of drought
Durst thirst ◊ *den Durst löschen* quench your thirst ◊ *Ich habe Durst.* I'm thirsty. ◊ *Durst bekommen* get thirsty ◊ *Ich habe Durst auf ein Glas Milch.* I feel like a glass of milk. ◊ *brennenden Durst nach etw haben* have a burning desire for sth IDM **einen/ein Glas über den Durst trinken** have one too many
durstig thirsty* (*Adv* thirstily) ◊ *Scharfes Essen macht durstig!* Spicy food makes you thirsty!
Durststrecke bad patch; (*finanziell*) lean period
Dusche shower ◊ *ein Zimmer mit Dusche* a room with a shower ◊ *eine Dusche nehmen* have a shower ◊ *unter der Dusche stehen* be in the shower ◊ *Ich gehe mal kurz unter die Dusche.* I'll just go and have a quick shower. IDM **eine kalte Dusche** a let-down
duschen (**sich**) ~ shower, have a shower, take* a shower; jdn ~ give* sb a shower ◊ (*sich*) *kalt duschen* have a cold shower ◊ *Er duschte die Kinder und brachte sie zu Bett.* He gave the children a shower and put them to bed.
Düse 1 nozzle **2** (*Vergaser, Flugzeug*) jet
Düsenantrieb jet propulsion ◊ *Das Flugzeug fliegt mit Düsenantrieb.* The plane is jet-propelled. **Düsenflugzeug** jet **Düsenjäger** jet fighter
Dussel idiot (*umgs*)
dusselig hopeless; (*Fehler*) silly
düster 1 dark (*Adv* darkly) (*auch fig*); (*Aussicht*) gloomy* ◊ *Düstere Gedanken plagten ihn.* He was tormented by dark thoughts. ◊ *„So geht's nicht weiter", sagte sie düster.* 'This can't go on,' she said darkly. ◊ *Die Finanzlage sieht düster aus.* The financial situation looks gloomy. **2** (*Gestalt, Machenschaften*) shady*

Dutzend dozen ◊ *ein halbes Dutzend* half a dozen ◊ *Dutzende großer Kartons* dozens of large boxes ◊ *Die Besucher kamen zu Dutzenden.* Dozens of visitors came.
duzen
Da es im Englischen nur eine Form der Anrede gibt (**you**), kann man Ausdrücke wie „duzen", „siezen", „du zu jdm sagen" oder „jdm das Du anbieten" nicht wörtlich übersetzen. **Call sb 'du'** wäre für einen Engländer, der kein Deutsch spricht, unverständlich. Für „duzen/siezen" ist **use the familiar form** bzw. **use the polite form** die beste Entsprechung. **Be on first name terms with sb** hat nicht mehr die gleiche Bedeutung wie „duzen", weil sowohl Briten als auch Amerikaner sich in fast allen Lebensbereichen mit Vornamen anreden.

Dynamik 1 (PHYSIK, MUS) dynamics [U] **2** (*Lebhaftigkeit, Triebkraft*) dynamism ◊ *Sie hat viel von ihrer Dynamik verloren.* She has lost a lot of her dynamism. **3** (*Eigendynamik*) dynamic, momentum ◊ *Die Debatte besitzt eine eigene Dynamik.* The debate has its own dynamic.
dynamisch 1 dynamic (*Adv* dynamically); (*schwungvoll*) energetic (*Adv* energetically) ◊ *Sie ist jung und dynamisch.* She is young and dynamic. ◊ *Sie ging dynamisch an die Aufgabe heran.* She tackled the job energetically. **2** (WIRTSCH) buoyant
Dynamit dynamite (*auch fig*)
Dynamo dynamo*
Dynastie dynasty*
D-Zug fast train

Ee

E, e E, e ☞ *Beispiele bei* A, A, S. 773.
Ebbe 1 low tide ◊ *bei Ebbe* at low tide ◊ *Es ist Ebbe.* The tide is out. ◊ *Die Ebbe setzt um 12.30 Uhr ein.* The tide starts to go out at 12.30. **2** (*Geldmangel*) ◊ *Bei mir herrscht totale Ebbe.* I'm completely broke.
eben 1 (*flach*) flat; (*Baugrund*) level ◊ *200 km² ebenes Land* 200 km² of flat land ◊ *ein ebenes Stück Land* a level bit of land **2** (*zeitlich*) just ◊ *Ich habe eben mit ihm gesprochen.* I've just spoken to him. ◊ *Ich gehe eben zur Toilette.* I'm just going to the loo. ◊ *Eben war sie noch hier.* She was here a moment ago. **3** (*nun mal*) just (*oft nicht übersetzt*) *Da muss man eben durch.* You just have to put up with it. ◊ *Dann hat er eben Pech gehabt!* Too bad! **4** (*genau*) exactly, precisely ◊ *Eben!* Exactly! ◊ *Eben deswegen frage ich ja.* That's precisely why I'm asking. ◊ *Sie fiel in eben dem Fach durch, für das sie am meisten gelernt hatte.* She failed in the very subject she had worked hardest for.
Ebenbild image IDM **jds (genaues) Ebenbild sein** be the (spitting) image of sb
ebenbürtig equal; (*Konkurrent*) worthy ◊ *Er war ihr ebenbürtig.* He was a match for her.
Ebene 1 (*Flachland*) plain **2** (*Stufe, Stockwerk*) level ◊ *auf höchster Ebene* at the highest level ◊ *auf persönlicher Ebene* on a personal level ◊ *auf der vierten Ebene* on level four **3** (MATH) plane
ebenfalls likewise ◊ *eine zweite Ehe, die ebenfalls unglücklich war* a second marriage, which was likewise unhappy ◊ *Sie ist Diabetikerin und er ebenfalls.* She is a diabetic and so is he. ◊ *Sie mag keinen Fisch und er ebenfalls nicht.* She doesn't like fish, and neither does he. ◊ *eine abgetragene Hose und ein ebenfalls abgetragenes Sakko* tatty trousers and an equally tatty jacket ◊ *„Guten Appetit!" „Danke, ebenfalls."* 'Enjoy your meal!' 'Thanks, you too.'
Ebenholz ebony
ebenso just as ◊ *ebenso gut, viel, lang etc.* just as good, much, long etc. ◊ *Sie lehnte das Angebot ebenso ab wie er.* She turned down the offer just as he had. ◊ *Der Abend war*

ebenso informativ wie unterhaltsam. The evening was both informative and entertaining.
Eber boar
ebnen level* IDM ⇨ WEG
Echo 1 echo* ◊ *Hörst du das Echo?* Can you hear the echo? ◊ *Was er sagte, klang wie ein Echo auf ihre Worte.* He echoed her words. **2** (*fig*) ~ (**auf etw**) response (to sth) ◊ *Er erhielt ein geteiltes Echo.* He got a mixed response. ◊ *Der Film fand ein lebhaftes Echo.* The film made a big impact.
Echse lizard
echt 1 real; (*Kunstwerk, Edelstein*) genuine; (*Unterschrift*) authentic; (*Haarfarbe*) natural; (*Freund*) true **2** (*typisch*) typical ◊ *ein echt Wiener Lokal* a typical Viennese restaurant ◊ *Das war mal wieder echt Jörg!* That's typical of Jörg. **3** (*wirklich*) really ◊ *Der Film war echt ätzend!* The film was really horrible. ◊ *„Ich kriege ein Auto." „Echt?"* 'I'm getting a car.' 'Really?' **4 ein echter Bruch** (MATH) a proper fraction IDM ⇨ HAMMER
Echtheit 1 (*Ungefälschtheit*) authenticity **2** (*Aufrichtigkeit*) sincerity
Echtzeit real time
Ecke 1 corner ◊ *Er saß still in der Ecke.* He sat quietly in the corner. ◊ *an der Ecke* on the corner ◊ *in der linken oberen Ecke* in the top left-hand corner ◊ *Das Kino liegt in der Breiten Straße, Ecke Gartenstraße.* The cinema is on the corner of Breite Straße and Gartenstraße. ◊ *in der hintersten Ecke der Schublade* at the back of the drawer **2** (*Wurst, Käse*) piece **3 eine (ganze)** ~ a good deal ◊ *eine (ganze) Ecke billiger* a good deal cheaper ◊ *Wir mussten eine (ganze) Ecke gehen.* We had to walk a fair way. IDM **an allen Ecken und Enden/Kanten** everywhere ◊ *Es blüht an allen Ecken und Enden.* The flowers are out everywhere. ◊ *Das Gebäude brannte an allen Ecken und Enden.* The whole building was on fire. ◊ *Bei ihr fehlt es an allen Ecken und Kanten.* She is terribly hard up. **jdn in die Ecke drängen 1** (*ins Abseits drängen*) push sb aside **2** (*unter Druck setzen*)

pressurize sb mit jdm um/über sieben Ecken verwandt sein be distantly related to sb ◊ (**gleich**) **um die Ecke** (just) round the corner; (just) down the road; close by ◊ *Hochstadt liegt gleich um die Ecke.* Hochstadt is just down the road. ◊ *die Pizzeria um die Ecke* the local pizzeria **jdn um die Ecke bringen** bump sb off (*umgs*)

eckig **1** square; (*Gesicht*) angular **2** (*ungeschickt*) awkward

Eck- Eckpfeiler 1 corner pillar **2** (*fig*) cornerstone **Eckpunkt 1** intersection **2** (*fig*) cornerstone **Eckwert 1** (WIRTSCH) benchmark figure **2** ⇨ ECKPUNKT (2) **Eckzahn** canine, eye tooth

edel 1 (*hochwertig*) fine; (*luxuriös*) luxury (*nur vor Nomen*); (*teuer*) expensive; (*Metall*) precious; (*Pferd*) thoroughbred ◊ *ein edles Hotel* a luxury hotel ◊ *ein edler Tropfen* a superb wine **2** (*großherzig*) noble ◊ *edle Taten* noble deeds ◊ *edel denken* have noble sentiments **3** (*schön geformt*) aristocratic ◊ *ihre edlen Züge* her aristocratic features **4** (*adelig*) noble, aristocratic ◊ *aus edlem Geschlecht* of noble birth

Edelmetall precious metal **Edelstahl** stainless steel ◊ *Töpfe aus Edelstahl* stainless steel pans **Edelstein** precious stone **Edelweiß** edelweiss*

EDV (electronic) data processing; (*Anlage*) computer system; (*Computer allgemein*) computers [Pl] ◊ *die Umstellung auf EDV* computerization ◊ *der sinnvolle Einsatz der EDV* the sensible use of computers

Efeu ivy*

Effekt 1 (*Wirkung*) effect ◊ *den gewünschten Effekt haben* have the desired effect ◊ *Sie ist nur auf Effekt aus.* With her, everything's done for effect. **2** (*technisch*) special effect [meist Pl] ◊ *sich zu sehr auf Effekte verlassen* rely too much on special effects **3** (*Gag, Trick*) gimmick ◊ *Die Partei arbeitete mit billigen Effekten.* The party used cheap gimmicks.

effektiv 1 (*wirksam*) effective (*Adv* effectively); (*effizient*) efficient (*Adv* efficiently) ◊ *effektive Methoden* effective methods ◊ *effektiv wirken* be effective ◊ *Mittel effektiv einsetzen* use funds cost-effectively ◊ *Ein persönliches Gespräch ist oft effektiver.* You can often achieve more by talking things through. **2** (*tatsächlich*) actual (*Adv* actually) ◊ *der effektive Wert des Grundstücks* the actual value of the plot ◊ *Es wird viel geredet, aber getan wird effektiv nichts.* There are lots of discussions but nothing actually gets done. ◊ *effektiv unter staatlicher Kontrolle stehen* be effectively under state control **3** *Adv* (*zur Verstärkung*) *Ich weiß effektiv, dass ...* I know for a fact that ... ◊ *Der ist doch effektiv verrückt.* He's quite mad. **4** (*Gewinn, Rendite*) net

Effektivität effectiveness

effektvoll (*wirkungsvoll*) effective (*Adv* effectively); (*dramatisch*) dramatic (*Adv* dramatically) ◊ *eine Rede mit effektvollen Pausen* a speech full of dramatic pauses

effizient (*wirksam*) effective (*Adv* effectively); (*wirtschaftlich*) efficient (*Adv* efficiently) ◊ *eine effizient gestaltete Werbekampagne* an effective advertising campaign ◊ *ein Unternehmen effizienter machen* make a firm more efficient

Effizienz (*Wirksamkeit*) effectiveness; (*Wirtschaftlichkeit*) efficiency

egal 1 *etw ist* (*jdm*) ~ sth doesn't matter (to sb) ◊ *Ist doch egal.* It doesn't matter. ◊ *Es ist* (*mir*) *egal, ob ...* It doesn't matter (to me) whether ... ◊ *„Tee oder Kaffee?" „Egal."* "Tea or coffee?" 'I don't mind.' ◊ *Es ist mir eigentlich egal.* I'm not bothered, really. ◊ *Es ist mir völlig egal.* I couldn't care less. ◊ *Das kann ihm doch egal sein.* It's none of his business. **2** *jd/etw ist jdm* ~ sb doesn't care about sb/sth ◊ *Sie ist ihm jetzt egal.* He doesn't care about her any more. ◊ *Mir ist alles egal, macht was ihr wollt!* I don't care, do what you like. **3** (**ganz**) ~, ... (*es spielt keine Rolle*) it doesn't matter... ◊ *Ganz egal, was es kostet, ich kaufe es.* It doesn't matter how much it is. I'm buying it anyway. ◊ *Ganz egal, wer es verloren hat, ich will es wiederhaben.* I don't care who lost it, I want it back. ◊ *egal, wer kommt* whoever comes ◊ *egal, wie kalt es ist* however cold it is ◊ *egal, was passiert* whatever happens ◊ *egal, wo ich hingehe* wherever I go **4** (*gleich*) the same ◊ *Bretter egal schneiden* cut planks the same length ◊ *Die Schuhe sind nicht ganz egal.* The shoes are not identical.

Ego ego*

Egoismus (*Haltung*) self-centredness, (*AmE*) self-centeredness, egoism (*gehoben*); (*Handeln*) selfishness ◊ *Er hat das aus reinem Egoismus getan.* He did it for purely selfish reasons. ◊ *ein gesunder Egoismus* a healthy ego

Egoist(in) selfish person*, egoist ◊ *Du bist ein Egoist!* You're so selfish!

egoistisch egoistical; (*Handeln*) selfish (*Adv* selfishly) ◊ *Sie ist zu egoistisch.* She is too egoistical. ◊ *egoistisch handeln* act selfishly ☛ Statt **egoistical, egoism** etc. kann man auch **egotistical, egotism** etc. sagen.

Egotrip ego trip ◊ *auf dem Egotrip sein* be on an ego trip

Egozentriker(in) self-centred person*, (*AmE*) self-centered person* ◊ *Er ist ein Egozentriker.* He is self-centred.

egozentrisch self-centred (*AmE*) self-centered, egocentric (*gehoben*)

eh (*sowieso*) anyway ◊ *Wir haben den Bus eh schon verpasst.* We've missed the bus anyway. ◊ *Sie will eh nicht.* She doesn't want to anyway. ◊ *Er weiß es eh.* He knows already. IDM **wie eh und je** the same as ever ☛ *Siehe auch* SEIT[1]

ehe 1 (*bevor*) before ◊ *Ehe ich es vergesse, ...* Before I forget, ... ◊ *Ehe er es verpfuscht, mache ich es lieber selbst.* Rather than have him mess it up I'll do it myself. **2** ~ ... **nicht** (*bis*) until ...; (*wenn nicht*) unless ... ◊ *Ich kann das Buch nicht empfehlen, ehe ich es nicht gelesen habe.* I can't recommend the book until I've read it. ◊ *Ehe er nicht eine Adresse hinterlässt, können wir ihn nicht benachrichtigen.* Unless he leaves us an address, we can't let him know.

Ehe marriage ◊ *Sie hat eine Tochter aus erster Ehe.* She has a daughter from her first marriage. ◊ *Ihre Ehe wurde geschieden.* Their marriage was dissolved. ◊ *der Stand der Ehe* the state of matrimony IDM ⇨ BUND[1]

Ehebrecher(in) adulterer, adulteress **Ehebruch** adultery [U] ◊ *Ehebruch begehen* commit adultery **Ehefrau** (*Gattin*) wife*; (*verheiratete Frau*) married woman* **Ehegatte** husband, spouse (*gehoben*) **Ehegattin** wife*, spouse (*gehoben*) **Ehekrise** marital crisis* **Eheleute** married couple ◊ *die Eheleute Meier* the Meiers ◊ *beide Eheleute* both husband and wife

ehelich 1 (*Kind*) legitimate **2** (*Wohnung, Treue etc.*) marital (*nur vor Nomen*)

ehemalige(r,s) former (*nur vor Nomen*) ◊ *mein ehemaliger Chef* my former boss

Ehe- Ehemann (*Ehepartner*) husband; (*verheirateter Mann*) married man **Ehepaar** (married) couple ◊ *ein junges Ehepaar* a young married couple ◊ *ein kinderloses Ehepaar* a childless couple ◊ *das Ehepaar Meier* the Meiers **Ehepartner** husband, spouse (*gehoben*) **Ehepartnerin** wife, spouse (*gehoben*)

eher 1 (*früher*) earlier; **je** ~ ..., **je/desto** ... the sooner ... the ... ◊ *Ich konnte nicht eher kommen.* I couldn't come any earlier. ◊ *Wir waren eher da als sie.* We were there before them. ◊ *Je eher, desto besser.* The sooner the better. ◊ *Je eher du mir Bescheid sagst, je lieber ist es mir.* The sooner you let me know the better. **2** (*lieber*) sooner, rather; ~ ... **als** ... rather ... than ... ◊ *Sie verlässt sich eher auf ihre Freunde als auf ihre Eltern.* She'd rather rely on her friends than on her parents. ◊ *Eher bleibe ich zu Hause, als dass ich mit ihm auf die Party gehe.* I'd sooner stay at home than go to the party with him. **3** (*wahrscheinlich*) more likely ◊ *Das ist schon eher möglich.* That's more likely. ◊ *Er meint, dass sie eher in die Kneipe als zur Demo gehen werden.* He thinks they are more likely to go to the pub than the demo. ◊ *So geht es am ehesten.* That's probably the best way. **4** (*mehr*) more ◊ *Sie ist eher eine junge Frau als ein Mädchen.* She's more a young woman than a girl. ◊ *Die Prüfung war eher zu einfach als zu schwer.* It was more a question of the exam being too easy than too difficult. ◊ *Das Spiel war eher eine Farce als ein Finale.* The match was more of a farce than a final. ◊ *Es hat sich nicht verbessert, sondern eher verschlechtert.* It hasn't improved. On the contrary, it's worse.

Ehe- Ehering wedding ring **Eheschließung** marriage

Ehre 1 honour, (*AmE*) honor ◊ *ein Mann von Ehre* a man of honour ◊ *Er fühlte sich in seiner Ehre verletzt.* It was an insult to his honour. ◊ *zu Ehren der Königin* in honour of the queen ◊ *Seine Ehre verbietet es ihm, darüber zu sprechen.* It's a point of honour with him not to talk about it. ◊ *jdn bei seiner Ehre packen* appeal to sb's sense of honour ◊ *Die Stadt hat sie mit Ehren überhäuft.* The town has showered her with honours. ◊ *Es ist eine große Ehre für mich, dass ich in der Mannschaft spielen darf.* It's a great honour for me to be allowed to play in the team. **2** (*in Höflichkeitsformeln*)

ehren

pleasure ◇ *Es war mir eine große Ehre, Sie kennen zu lernen.* It was a great pleasure to meet you. ◇ *Darf ich mir die Ehre geben, Sie zur Eröffnungsfeier einzuladen?* May I request the pleasure of your company at the opening ceremony? ◇ *Wir haben die Ehre, den Minister bei uns begrüßen zu dürfen.* We have great pleasure in welcoming the minister here today. IDM **auf Ehre (und Gewissen)** on your honour; (*AmE*) on your honor **jdm/etw (alle) Ehre machen** be a credit to sb/sth ◇ *Sie hat ihren Eltern Ehre gemacht.* She was a credit to her parents. ◇ *Das Festival macht den Organisatoren alle Ehre.* The festival is a credit to the organizers. **jdm die letzte Ehre erweisen** pay* your last respects to sb **jdn/etw in Ehren** with all due respect to sb/sth **etw in Ehren halten** treasure sth ◇ *Sie hat den Ring immer in Ehren gehalten.* She always treasured the ring. **mit (allen) Ehren** with honour, (*AmE*) with honor **zu jds Ehre** to be fair to sb

ehren 1 honour, (*AmE*) honor ◇ *Sie fühlte sich durch die Einladung sehr geehrt.* She felt very honoured by the invitation. ◇ *Sie wurde mit einer Gedenktafel geehrt.* A plaque was put up in her memory. ◇ *In seiner Rede ehrte er die Opfer.* In his speech he paid tribute to the victims. ◇ *Das Angebot ehrt mich.* The offer is a great honour for me. **2 jdn ~** (*jdm Ehre machen*) do* sb credit ◇ *Ihre Bescheidenheit ehrt Sie.* Your modesty does you credit. ◇ *Es ehrt ihn, dass er sich nicht überreden ließ.* It's to his credit that he didn't allow himself to be persuaded.

Ehren- Ehrenamt honorary position ◇ *Aus gesundheitlichen Gründen musste er sein Ehrenamt niederlegen.* He had to relinquish his honorary position for health reasons. ◇ *Wenige sind bereit, ein Ehrenamt auszuüben.* Few people are prepared to do voluntary work. **ehrenamtlich 1** *Adj* voluntary ◇ *ehrenamtliche Arbeit* voluntary work ◇ *ehrenamtliche Mitarbeiter* volunteers **2** *Adv* on a voluntary basis ◇ *Alle sind ehrenamtlich tätig.* They all work on a voluntary basis. ◇ *ehrenamtlich arbeiten* do voluntary work **Ehrenbürger(in)** freeman*, (*AmE*) honorary citizen **Ehrendoktor** honorary doctorate ◇ *jdm einen Ehrendoktor verleihen* award sb an honorary doctorate ◇ *Er ist Ehrendoktor der Universität Wien.* He has an honorary doctorate from Vienna University. **Ehrengast** guest of honour, (*AmE*) guest of honor **Ehrenmal** memorial ◇ *ein Ehrenmal für die Opfer* a memorial to the victims **Ehrenmitglied** honorary member **Ehrenpreis** special award **Ehrenrunde 1** lap of honour; (*AmE*) lap of honor **2** (*Schule*) ◇ *eine Ehrenrunde drehen* repeat the year **Ehrensache 1** (*die Ehre betreffend*) point of honour, (*AmE*) point of honor **2** (*Selbstverständlichkeit*) ◇ *Das ist doch Ehrensache, dass ich dir helfe.* Of course I'll help you. It goes without saying. ◇ *Diskretion ist Ehrensache.* My lips are sealed. **Ehrenvorsitzende(r)** honorary chairman/-woman ◇ *Er wurde zum Ehrenvorsitzenden der SPD ernannt.* He was appointed honorary chairman of the SPD. **ehrenwert 1** (*Motiv*) honourable, (*AmE*) honorable; (*Versuch, Anliegen*) praiseworthy **2** (*anständig*) respectable **Ehrenwort** word of honour, (*AmE*) word of honor ◇ *jdm sein Ehrenwort geben* give sb your word of honour ◇ *Ehrenwort!* I promise!

Ehrfurcht reverence, awe ◇ *die Ehrfurcht vor Gott* reverence for God ◇ *Ehrfurcht gebietend* awe-inspiring ◇ *die Ehrfurcht vor dem Leben* respect for life

ehrfürchtig reverent (*Adv* reverently) ◇ *ehrfürchtiges Staunen* reverent awe

Ehrgeiz ambition ◇ *Er hat den Ehrgeiz, in Wimbledon zu spielen.* It's his ambition to play at Wimbledon.

ehrgeizig ambitious (*Adv* ambitiously)

ehrlich 1 honest (*Adv* honestly); (*offen*) frank (*Adv* frankly) ◇ *Sei ehrlich, warst du das?* Be honest, was it you? ◇ *ehrlich gesagt* to be honest ◇ *Er gab ehrlich zu, dass ...* He frankly admitted that ... ◇ *Ich sage immer ehrlich meine Meinung.* I always say what I think. ◇ *Der ehrliche Finder bekommt eine Belohnung.* A reward is offered for its return. ◇ *ehrlich gemeint* well-intentioned **2** (*echt*) genuine (*Adv* genuinely) ◇ *ehrliches Engagement* genuine commitment ◇ *ehrlich besorgt* genuinely concerned **3** (*wirklich*) really ◇ *„Er hat geheiratet." „Ehrlich?"* 'He got married.' 'Really?' ◇ *Aber mal ehrlich, ...* But seriously, ... IDM **ehrlich währt am längsten** honesty is the best policy ☛ *Siehe auch* HAUT

Ehrlichkeit honesty [U] ◇ *seine entwaffnende Ehrlichkeit* his disarming honesty ◇ *Der Ehrlichkeit halber ...* To be fair, ...

ehrlos dishonourable (*Adv* dishonourably), (*AmE*) dishonorable (*Adv* dishonorably)

Ehrung 1 (*Zeremonie*) award(s) ceremony*, (*BrE auch*) prize-giving **2** (*Ehrenerweisung*) honour, (*AmE*) honor

ehrwürdig venerable ◇ *eine ehrwürdige Einrichtung* a venerable institution ◇ *die ehrwürdige Fassade des Doms* the imposing facade of the cathedral

Ei 1 egg ◇ *faule Eier* rotten eggs **2** (BIOL) ovum* IDM **das Ei des Kolumbus** the perfect solution **sich/jdm gleichen wie ein Ei dem anderen** ◇ *Er gleicht seinem Bruder wie ein Ei dem anderen.* He and his brother are as alike as two peas in a pod. **ungelegte Eier** ◇ *Kümmere dich nicht um ungelegte Eier.* Don't cross your bridges before you come to them. **wie aus dem Ei gepellt aussehen** look immaculate **jdn wie ein rohes Ei behandeln** treat sb with kid gloves ☛ *Siehe auch* APFEL *und* GELB

Eibe yew (tree)

Eiche oak (tree)

Eichel (BOT) acorn

Eichelhäher jay

eichen calibrate

Eichhörnchen squirrel

Eid oath ◇ *unter Eid stehen* be under oath ◇ *unter Eid aussagen* give evidence (on oath) ◇ *einen Eid auf die Verfassung schwören* swear an oath of allegiance to the constitution ◇ *unter Eid falsch aussagen* commit perjury IDM **an Eides statt** ◇ *Er versicherte an Eides statt, dass ...* He affirmed that ... **der Eid des Hippokrates** the Hippocratic oath

Eidechse lizard

eidesstattlich ◇ *eine eidesstattliche Erklärung* a sworn statement ◇ *Er hatte eidesstattlich versichert, dass ...* He affirmed that ...

Eidgenosse, -genössin Swiss (citizen)

eidgenössisch Swiss

Eier- Eierbecher egg cup **Eierkuchen** pancake

eiern wobble

Eier- Eierschale eggshell **Eierstock** ovary* **Eiertanz** pussyfooting [U] (*umgs*) ◇ *einen Eiertanz aufführen* pussyfoot around **Eieruhr** egg timer

Eifer 1 (*Begeisterung*) enthusiasm ◇ *Sie waren mit Eifer bei der Sache.* They were full of enthusiasm for it. **2** (*Leidenschaft*) fervour, (*AmE*) fervor ◇ *revolutionärer Eifer* revolutionary fervour ◇ *sein missionarischer Eifer* his missionary zeal ◇ *blinder Eifer* fanaticism IDM **blinder Eifer schadet nur** fools rush in (where angels fear to tread) ☛ *Siehe auch* GEFECHT

Eifersucht jealousy ◇ *ihre Eifersucht auf ihre Schwester* her jealousy of her sister

eifersüchtig jealous (*Adv* jealously) ◇ *Er war eifersüchtig auf seine Schwester.* He was jealous of his sister.

eifrig eager; (*Sammler, Gärtner etc.*) keen ◇ *eifrige Helfer* eager helpers ◇ *eifrig bemüht sein etw zu tun* be keen to do sth ◇ *eifrig bei der Arbeit sein* be busy working

Eigelb (egg) yolk

eigen 1 my, your, etc. own ◇ *Ich habe es mit eigenen Augen gesehen.* I saw it with my own eyes. ◇ *Das ist deine eigene Schuld!* It's your own fault! ◇ *eigene Verantwortung* at your own risk ◇ *Sie sollen sich ihre eigene Meinung bilden.* They should form their own opinions. ◇ *Sie möchte ein eigenes Auto.* She would like a car of her own. ◇ *ein Zimmer mit eigenem Bad* a room with a private bathroom

> Vorsicht: **Own** wird ohne Artikel verwendet: *a house of your own/your own house.* Man kann nicht sagen: „an own house".

2 (*separat*) separate ◇ *Die Galerie hat einen eigenen Eingang.* There is a separate entrance for the gallery. **3** (*charakteristisch*) characteristic ◇ *mit der ihm eigenen Direktheit* with characteristic directness ◇ *Diese sarkastische Art war ihr eigen.* This sarcastic manner was typical of her. ◇ *Die Landschaft hat ihren eigenen Reiz.* The countryside has its own special charm. **4** (*penibel*) particular ◇ *In Bezug auf Sauberkeit ist er sehr eigen.* He is very particular about cleanliness. ☛ *Für andere Ausdrücke mit* **eigen** *siehe die Einträge für die entsprechenden Nomina etc.* **Auf eigenen Beinen stehen** z.B. steht unter **Bein**.

Eigenart peculiarity*; (*Merkmal*) characteristic feature ◇ *Er kennt die Eigenarten seiner Kunden.* He knows the peculiarities of his customers. ◊ *eine Eigenart der Region* one of the characteristic features of the region ◊ *die reizvolle Eigenart des Museums* the distinctive charm of the museum

eigenartig peculiar; *(seltsam)* strange *(Adv* strangely) ◊ *ein eigenartiger Mensch* a peculiar person ◊ *Er blieb eigenartig zurückhaltend.* He was strangely unforthcoming.

eigenartigerweise strangely enough

Eigen- Eigenbau ◊ *Sein Haus entstand im Eigenbau.* He built the house himself. ◊ *eine Alarmanlage Marke Eigenbau* a home-made alarm system **Eigenbedarf 1** ◊ *Sie haben Gemüse für den Eigenbedarf angepflanzt.* They grew vegetables for their own consumption. ◊ *für den Eigenbedarf bestimmt* intended for personal use **2** *(Mietrecht)* ◊ *Der Vermieter hat uns wegen Eigenbedarf gekündigt.* The landlord gave us notice to quit because he wants the flat himself. **Eigenbrötler(in)** loner *(umgs)* **Eigendynamik** momentum of its own **eigenhändig 1** *Adj* ◊ *zwei eigenhändige Goethe-Briefe* two letters in Goethe's hand **2** *Adv* personally ◊ *etw eigenhändig unterschreiben* personally sign sth ◊ *Hat er das eigenhändig getan?* Did he do it himself? **Eigenheim** ◊ *Sie können sich kein Eigenheim leisten.* They can't afford to buy a house. ◊ *Sie wollen ein Eigenheim bauen.* They want to build their own house. **Eigenheit** characteristic; *(Verhalten)* idiosyncrasy* ◊ *eine Eigenheit unseres Wahlsystems* a characteristic of our electoral system ◊ *Sie musste sich erst an seine Eigenheiten gewöhnen.* She first had to get used to his idiosyncrasies. **Eigenleben** independent existence **Eigenleistung** ◊ *Der Innenausbau wurde in Eigenleistung gemacht.* They did the interior themselves. ◊ *Er forderte mehr Eigenleistungen für die Rente.* He called for increased personal contributions towards pensions.

Eigenliebe egotism; *(Eitelkeit)* narcissism

Eigenlob self-praise **IDM Eigenlob stinkt** you shouldn't blow your own trumpet *(umgs)*

eigenmächtig *(eigenverantwortlich)* on your own authority; *(unbefugt)* without authority ◊ *Er wurde für sein eigenmächtiges Vorgehen kritisiert.* He was criticized for acting on his own authority. ◊ *Der Mieter hat eigenmächtig Änderungen vorgenommen.* The tenant made unauthorized alterations.

Eigenname *(proper)* name; *(Grammatik)* proper noun
Eigennutz self-interest
eigennützig selfish *(Adv* selfishly) ◊ *ein eigennütziger Mensch* a selfish person. ◊ *aus eigennützigen Motiven* for selfish reasons

eigens especially ◊ *Ich bin eigens für dieses Theaterstück in die Stadt gekommen.* I came into town especially for this play.

Eigenschaft 1 characteristic; *(positiv auch)* quality*; *(von Sachen, Stoffen auch)* property* *(Fachspr)* ◊ *die so genannten „weiblichen" Eigenschaften* so-called 'feminine' characteristics ◊ *Welche Eigenschaften muss ein Trainer haben?* What qualities must a coach have? ◊ *Dieser Stoff hat die Eigenschaft, wasserabweisend zu sein.* This material has the property of being water-repellent. **2** *(Funktion)* capacity ◊ *in seiner Eigenschaft als Präsident* in his capacity as President

Eigenschaftswort adjective

Eigensinn 1 *(Individualität)* individuality **2** *(Sturheit)* stubbornness, obstinacy

eigensinnig 1 *(eigenwillig)* headstrong; *(individuell)* individualistic ◊ *eine eigensinnige Auslegung* a very individualistic interpretation **2** *(stur)* stubborn *(Adv* stubbornly) ◊ *eigensinnig auf etw beharren* insist stubbornly on sth

eigenständig 1 independent *(Adv* independently) ◊ *eine eigenständige Organisation* an independent organization ◊ *eigenständig arbeiten* work independently ◊ *Ist das jetzt eine eigenständige Sportart?* Is that a sport in its own right now? ◊ *eine eigenständige Abteilung* a separate department **2** *(originell)* original

Eigenständigkeit 1 *(Unabhängigkeit)* independence **2** *(Originalität)* originality

eigentlich 1 *Adv (in Wirklichkeit, genau genommen)* really, actually ◊ *Eigentlich mag ich keine Oliven, aber diese hier sind lecker.* I don't really like olives but these are delicious. ◊ *Ich bin eigentlich froh, dass er gegangen ist.* Actually, I'm glad he's gone. ◊ *Von ihm hätte ich eigentlich Bes-* *seres erwartet.* I really would have expected him to do better. ◊ *Eigentlich hast du Recht.* I suppose you're right. **2** *Adv (in Fragen, Anteilnahme ausdrückend)* actually ◊ *Was macht dein Freund eigentlich?* What does your boyfriend actually do? ☛ In diesem Sinn wird **eigentlich** oft nicht übersetzt: *Wo wohnt sie eigentlich?* Where does she live? Um einen Vorwurf auszudrücken verwendet man oft einen Ausdruck mit **do you think**: *Was suchst du hier eigentlich?* What do you think you're doing here? ◊ *Was bildest du dir eigentlich ein?* Who do you think you are? **3** *Adv (ursprünglich)* originally ◊ *Wir hatten eigentlich geplant, Ostern nach Holland zu fahren.* We had originally planned to go to Holland for Easter. **4** *Adj (wirklich)* real ◊ *das eigentliche Problem* the real problem ◊ *Was war der eigentliche Grund?* What was the real reason?

Eigentor own goal ◊ *Er schoss ein Eigentor.* He scored an own goal. **IDM sich (mit etw) ein Eigentor schießen** shoot* yourself in the foot (with sth) *(umgs)* ◊ *Mit den hohen Eintrittspreisen für das Konzert hat sich der Veranstalter ein Eigentor geschossen.* The concert organizers shot themselves in the foot by charging high admission prices.

Eigentum 1 property* ◊ *Öffentliches Eigentum ist beschädigt worden.* Public property was damaged. ◊ *geistiges Eigentum* intellectual property ◊ *Dieser Park ist städtisches Eigentum.* This park belongs to the city. **2** (in) **jds ~ sein** belong to sb ◊ *Das Grundstück ist im Eigentum der Schule.* This piece of land belongs to the school. **3** (Recht) (legal) ownership

Eigentümer(in) owner; *(Hotel-, Geschäfts-)* proprietor

eigentümlich 1 peculiar ◊ *ein eigentümlicher Mensch* a peculiar person **2** *(typisch)* characteristic, typical ◊ *Sie reagierte mit der ihr eigentümlichen Ruhe.* She reacted with her characteristic calm.

Eigentumswohnung (owner-occupied) flat, *(AmE)* condominium ◊ *Er hat sich eine Eigentumswohnung gekauft.* He's bought his own flat.

> Um den Unterschied zwischen „Eigentumswohnung" und „Mietwohnung" hervorzuheben, benutzt man im britischen Englisch normalerweise eine verbale Konstruktion: *We have a flat in town.* ◊ *She rents a flat in town.*

eigenverantwortlich 1 *(eigenständig)* independent *(Adv* independently) ◊ *eine eigenverantwortliche Firma* an independent company ◊ *eigenverantwortlich arbeiten* work independently **2** *(auf eigene Verantwortung)* ◊ *Das muss eine eigenverantwortliche Entscheidung sein.* This is something that you have to decide for yourself. ◊ *Das kann ich nicht eigenverantwortlich entscheiden.* I haven't the authority to decide that. ◊ *eigenverantwortlich handeln* be responsible for your own actions

eigenwillig 1 *(eigensinnig)* headstrong **2** individualistic; *(unkonventionell)* unconventional ◊ *eine eigenwillige Interpretation* a very individualistic interpretation ◊ *eigenwillige Methoden* unconventional methods

Eigenwilligkeit 1 *(Eigensinnigkeit)* wilfulness **2** *(Individualität)* unconventionality

eignen 1 sich für/zu etw ~ be suitable as/for sth; *(für eine Tätigkeit)* be suited to/for sth ◊ *Nicht jedes Material eignet sich zum Recycling.* Not all materials are suitable for recycling. ◊ *Der Film eignet sich für Kinder ab vier Jahren.* The film is suitable for children from the age of four. ◊ *Ich finde, dass er sich für den Lehrerberuf überhaupt nicht eignet.* I think he is totally unsuited to a career as a teacher. ◊ *Er würde sich gut für diese Aufgabe eignen.* He would be a good person for the job. **2 sich als etw ~** make* (a good) sth ◊ *Dieses Ladenlokal eignet sich als Restaurant.* These shop premises would make a good restaurant.

Eignung suitability *(oft mit einem Verb übersetzt)* ◊ *Die Stadt prüfte die Eignung des Gebäudes als Schule.* The city assessed the suitability of the building as a primary school. ◊ *Die Bewerber werden auf ihre psychologische Eignung getestet.* Candidates are tested to see whether they are suited psychologically.

Eignungstest aptitude test
Eilbrief express letter
Eile 1 hurry, haste *(gehoben)* ◊ *Ich habe das in großer Eile gemacht.* I did it in a great hurry. ◊ *jdn zur Eile antreiben* hurry sb up ◊ *Es hat keine Eile.* There's no hurry. **2 in ~**

Eileiter

sein be in a hurry ◊ *Ich bin furchtbar in Eile.* I'm in a terrible hurry.
Eileiter Fallopian tube
eilen 1 hurry*, rush ◊ *Sie eilten ihm zu Hilfe.* They rushed to help him. **2** *(dringend sein)* be urgent ◊ *Die Bestellung eilt.* The order is urgent. ◊ *„Eilt"* 'Urgent'
eilfertig 1 *(schnell)* quick *(Adv* quickly); *(eifrig)* eager *(Adv* eagerly) ◊ *Sie versicherte eilfertig, sie werde sich darum kümmern.* She quickly assured us that she would see to it. ◊ *ein eilfertiger Beamter* an eager official **2** *(vorschnell)* hasty *(Adv* hastily) ◊ *eilfertig abgeschlossene Verträge* hastily concluded contracts
eilig 1 *Adj (dringend)* urgent ◊ *eine eilige Nachricht* an urgent message **2** *Adj* **es ~ haben** be in a hurry ◊ *Er hatte es sehr eilig, nach Hause zu kommen.* He was in a big hurry to get home. **3** *Adv (schnell)* quickly; *(in Eile)* in a hurry ◊ *Sie hatte die Nachricht so eilig dahingekritzelt, dass ich kaum ein Wort lesen konnte.* She had scribbled the message in such a hurry that I could hardly read a word of it.
Eilzug local service, stopping train
Eimer bucket; *(Abfall-)* bin ◊ *ein Eimer mit Wasser* a bucket of water **IDM im Eimer** ruined; *(kaputt)* broken ◊ *Seine Karriere ist im Eimer.* His career is ruined. ◊ *Mein CD-Spieler ist im Eimer.* My CD-player is broken.
ein¹ *Artikel* a, an ☞ *Hinweis bei* A, S. 1. ☞ G 2
ein² **1 ein(e)** *Zahl* a(n); *(betont)* one ◊ *ein Kilo Pflaumen* a kilo of plums ◊ *Eine Sekunde mal!* Just one second! **2 eine(r,s)** *Pron* one ◊ *einer von euch* one of you ☞ *Siehe auch* EINER *und* EINS³ **3 (der/die/das) eine** one (of them); **die einen** some (people) ◊ *Er hat zwei Schwestern. Die eine ist Lehrerin, die andere Ärztin.* He's got two sisters. One is a teacher, the other a doctor. ◊ *weder die eine noch die andere.* neither of them ◊ *Die einen sind dafür, die anderen dagegen.* Some people are in favour, others against. **4 der/die/das eine** ... one of the ... ◊ *Die eine Schwester ist Lehrerin, die andere Ärztin.* One of the sisters is a teacher, the other a doctor. **IDM ein bis zwei ...; ein oder zwei ...; ein, zwei ...** one or two ...; a ...or two ◊ *Ich muss noch ein, zwei Briefe schreiben.* I've got one or two letters to write. ◊ *Sollen wir ein, zwei Tage ins Grüne fahren?* Shall we go to the country for a day or two? **ein und derselbe/dieselbe/dasselbe** the same person/thing ◊ *Die Polizei vermutet, dass es sich um ein und denselben Täter handelt.* The police are assuming that the crimes were committed by the same person.
ein³ *Adv (eingeschaltet)* on **IDM bei jdm ein und aus gehen** *(häufig besuchen)* be always in and out of sb's house **2** *(eng vertraut sein)* be friendly with sb
Ein IDM jds Ein und Alles sein be/mean* everything to sb ◊ *Ihr Sohn ist ihr Ein und Alles.* Her son is everything to her. ◊ *Sport ist sein Ein und Alles.* Sport means everything to him.
Einakter one-act play
einander each other, one another ◊ *Zwei Klaviere wurden einander gegenüber aufgestellt.* Two pianos were set up opposite each other. ☞ *Normalerweise benutzt man* **each other,** *wenn man sich auf zwei Personen und* **one another,** *wenn man sich auf mehrere Personen bezieht:* We love each other. ◊ They all looked at one another. Im gesprochenen Englisch wird jedoch meist kein Unterschied gemacht.
einarbeiten 1 jdn ~ train sb ◊ *Er will seinen Nachfolger selbst einarbeiten.* He wants to train his successor himself. **2** sich ~ settle in, get* used to the work; **sich in etw ~** familiarize yourself with sth ◊ *Sie hat sich gut eingearbeitet.* She's settled in well. ◊ *Ich muss mich in die Materie einarbeiten.* I'll have to familiarize myself with the topic. **3** etw (in etw) ~ incorporate sth (into sth) *(auch fig)*, work sth (into sth) *(auch fig)* ◊ *Wir haben Ihre Vorschläge in den neuen Richtlinien eingearbeitet.* We have incorporated your suggestions into the new guidelines. **4** *(nachholen)* make* sth up ◊ *Die verlorene Arbeitszeit muss eingearbeitet werden.* We have to make up the lost working time.
Einarbeitung 1 *(in eine Aufgabe)* training **2** *(Einbauen)* incorporation ◊ *die Einarbeitung der Klausel in den Vertrag* the incorporation of the clause into the contract
einarmig 1 one-armed *(nur vor Nomen),* with one arm *(nicht vor Nomen)* **2 einarmiger Bandit** one-armed bandit

einäschern 1 *(Leiche)* cremate **2** *(Gebäude)* burn* *sth* to the ground
Einäscherung cremation
einatmen breathe *(sth)* in, inhale *(gehoben)* ◊ *Einatmen. Ausatmen.* Breathe in. Breathe out. ◊ *Abgase einatmen* inhale exhaust fumes ◊ *tief einatmen* take a deep breath
einäugig one-eyed *(nur vor Nomen),* with one eye *(nicht vor Nomen)*
Einbahnstraße one-way street
einbalsamieren embalm
Einband cover
Einbau installation *(oft mit einem Verb übersetzt)* ◊ *Der Einbau von Holzfenstern wird von der Gemeinde unterstützt.* The local council subsidizes the installation of wooden windows. ◊ *Der Einbau eines Fahrstuhls ist zu teuer.* It would be too expensive to install a lift. ◊ *Sie fordern den Einbau von leiseren Motoren in die Busse.* They are demanding that buses should be fitted with quieter engines.
einbauen 1 *(Fenster, Tür)* put* *sth* in; *(Regal)* put* *sth* up; *(Heizung, Alarmanlage, Fahrstuhl)* install; *(Küche, Möbel, Autozubehör)* fit* **2** *(einfügen)* incorporate ◊ *eine Klausel in einen Vertrag einbauen* incorporate a clause into a contract
Einbauküche fitted kitchen
einbehalten 1 keep*; *(beschlagnahmen)* confiscate **2** *(abziehen)* deduct
einbeinig one-legged *(nur vor Nomen),* with one leg *(nicht vor Nomen)*
einberufen 1 call *sb* up, *(AmE meist)* draft ◊ *zum Wehrdienst einberufen werden* be called up for military service ◊ *Er wurde zum 1. Oktober einberufen.* He received his call-up papers for 1 October. **2** *(Versammlung, Parteitag)* convene; *(Bundestag)* summon; *(Pressekonferenz)* call
Einberufung 1 conscription, *(AmE)* draft ◊ *seine Einberufung zur Bundeswehr* his conscription into the German army **2** *(meist mit einem Verb übersetzt)* ◊ *Er forderte die Einberufung eines Sondergipfels der EU.* He called for a special summit meeting of the EU to be convened.
einbetonieren etw (in etw) ~ concrete sth in(to sth) ◊ *Eine Rolle mit Dokumenten wurde in das Fundament einbetoniert.* A roll of documents was concreted into the foundations. ◊ *Eine einbetonierte Leiche wurde gefunden.* A corpse was found buried under concrete.
einbetten 1 surround ◊ *Die Wachsformen werden in Gips eingebettet.* The wax moulds are surrounded with plaster. ◊ *Der Ort liegt sanft in eine Hügellandschaft eingebettet.* The village nestles in hilly countryside. **2 in etw eingebettet sein** *(fig)* form part of sth ◊ *Seine Lesung ist eingebettet in eine Feierstunde mit Musik.* His reading forms part of a musical celebration.
Einbettzimmer single room
einbeziehen 1 jdn (in etw) ~ involve sb (in sth) ◊ *Die Kinder wurden in die Planung mit einbezogen.* The children were involved in the planning. **2** etw (in etw) ~ *(einschließen)* include sth (in sth) ◊ *Die Ergebnisse wurden in den Bericht einbezogen.* The results were included in the report. **3** etw (in etw) ~ *(berücksichtigen)* take* sth into account
Einbeziehung 1 *(meist mit einem Verb übersetzt)* ◊ *die Einbeziehung der Eltern in den Unterricht* involving parents in lessons **2** *(Einschließung)* inclusion, including ◊ *die Einbeziehung von Umweltfragen in die Konferenz* the inclusion of environmental problems in the conference **3 unter ~ von etw** *(Berücksichtigung)* taking sth into account
einbiegen turn ◊ *Das Auto bog nach links in die Hauptstraße ein.* The car turned left into the main street. ◊ *Er hatte beim Einbiegen die Vorfahrt missachtet.* He had failed to give way when turning.
einbilden ☞ *Siehe auch* EINGEBILDET **1** sich ~ imagine ◊ *Das bildest du dir nur ein.* You are just imagining it. ◊ *Bilde dir nicht ein, dass es leicht wird!* Don't imagine it'll be easy! ◊ *Er bildet sich ein, dass er Chancen bei ihr hat.* He fancies his chances with her. ◊ *Was bildest du dir eigentlich ein?* Who do you think you are? ◊ *Ich bilde mir ein, ihn in der Stadt gesehen.* I think I saw him in town. **2 sich viel/etwas/nichts auf etw ~** ◊ *Sie bildet sich viel auf ihre Kochkünste ein.* She's so proud of her cooking. ◊ *Keiner bildet sich etwas auf seine Gesangsqualitäten ein.* Nobody

claims to be a good singer. ◇ *Er bildet sich nichts auf sich ein.* He's not at all conceited. ◇ *Darauf brauchst du dir nichts einzubilden.* That's nothing to be proud of.
Einbildung 1 (*Fantasie*) imagination ◇ *Das existiert doch nur in deiner Einbildung!* It only exists in your imagination! **2** (*falsche Vorstellung*) figment of the imagination ◇ *Ich habe es doch gerade noch in der Hand gehabt. Das war doch keine Einbildung!* I only just had it in my hand. It wasn't a figment of my imagination! ◇ *unter krankhaften Einbildungen leiden* suffer from delusions **3** (*Hochmut*) conceit; (*Arroganz*) arrogance
Einbildungskraft imagination
einbinden 1 (*Buch*) bind* ◇ *in rotem Leder eingebunden* bound in red leather ◇ *Das Buch war in einen Schutzumschlag eingebunden.* The book had a dust jacket. **2** *jdn/etw in etw ~* (*einbeziehen*) involve sb/sth in sth; (*integrieren*) integrate sb/sth into sth
Einbindung integration ◇ *eine stärkere Einbindung der Flüchtlinge in die Gemeinde* greater integration of the refugees into the community ◇ *die Einbindung des Landes in Europa* integrating the country into Europe
einbläuen *jdm etw ~* drum* sth into sb ◇ *Sie bläute den Kindern ein, dass sie nicht mit Fremden mitgehen sollten.* She drummed it into the children not to go off with strangers.
einblenden 1 *etw ~* show* sth on the screen; (*Geräusch*) insert sth ◇ *eine Telefonnummer einblenden* show a telephone number on the screen **2** *sich ~* ◇ *Das Spiel beginnt. Wir blenden uns jetzt live ein.* We're going live now to the start of the match.
Einblick 1 *~ (in etw)* insight (into sth); (*flüchtig*) glimpse (into sth) ◇ *Sie bekamen einen Einblick ins deutsche Schulsystem.* They gained an insight into the German school system. ◇ *Der Vortrag bot einen Einblick in die kurdische Kultur.* The lecture gave an insight into Kurdish culture. **2** *~ (in etw)* (*Dokument*) access (to sth); *~ in etw nehmen* have access to sth ◇ *Sie hat ihnen den Einblick in das Grundbuch verweigert.* She wouldn't grant them access to the land register.
einbrechen 1 *in etw ~* break* into sth ◇ *Letzte Woche ist in das Haus eingebrochen worden.* The house was broken into last week. ◇ *Jemand hat im Büro eingebrochen.* There was a break-in at the office. **2** *bei jdm ~* burgle sb, (*AmE*) burglarize sb ◇ *Bei uns ist eingebrochen worden.* We were burgled. **3** (*einstürzen*) collapse (*auch fig*); (*Dach, Stollen auch*) cave in ◇ *Das Dach brach unter der Schneelast ein.* The roof collapsed under the weight of snow. ◇ *Die Gewinne sind eingebrochen.* Profits collapsed. ◇ *Der Stollen ist eingebrochen.* The tunnel caved in. **4** *in etw ~* (*fallen*) fall* through sth ◇ *Ein Kind ist ins Eis eingebrochen.* A child fell through the ice. **5** (*eindringen*) invade **6** (*Nacht, Dunkelheit*) fall*; (*Winter*) come* ◇ *bei einbrechender Nacht* as night fell ◇ *Der Winter ist früh eingebrochen.* Winter has come early. ◇ *bei einbrechender Dunkelheit* at dusk
Einbrecher(in) burglar
einbringen 1 (*Ernte*) bring* sth in; (*Kartoffeln, Getreide etc.*) harvest **2** (*Antrag*) put* sth forward ◇ *Wer hat den Antrag eingebracht?* Who put forward the motion? ◇ *einen Änderungsantrag einbringen* propose an amendment ◇ *einen Gesetzentwurf einbringen* introduce a bill **3** (*eintragen*) bring* in sth ◇ *Die Arbeit bringt nicht viel Geld ein.* The work doesn't bring in much money. ◇ *Die Aktien brachten ihm große Gewinne ein.* He made a lot of money from the shares. ◇ *Das hat uns viel Kritik eingebracht.* We got a lot of criticism because of it. **4** *etw (in etw) ~* contribute sth (to sth) ◇ *Die Kinder können ihre eigenen Ideen einbringen.* The children can contribute their own ideas. ◇ *Er brachte eine Million Dollar in die Firma ein.* He put a million dollars into the firm.
Einbringung 1 ◇ *die Einbringung der Ernte* bringing in the harvest **2** (*Gesetzentwurf*) introduction; (*Etat*) presentation
einbrocken *jdm etw ~* land sb with sth (*umgs*) *sich etw ~* let* yourself in for sth ◇ *Wer hat uns das eingebrockt?* Who landed us with this? ◇ *Was hast du dir da wieder eingebrockt?* You've let yourself in for something there! IDM ⇨ SUPPE
Einbruch 1 (*Straftat*) break-in ◇ *ein Einbruch bei der Firma Meier* a break-in at Meier's **2** (*Einmarsch*) invasion **3** (*Herabstürzen*) collapse (*auch fig*) ◇ *der Einbruch der* *Ölpreise* the collapse of oil prices **4** (*Anfang*) onset ◇ *vor Einbruch des Winters* before the onset of winter ◇ *beim Einbruch der Nacht* at nightfall
Einbruchdiebstahl burglary* **einbruchsicher** burglar-proof
einbürgern 1 (*Ausländer*) naturalize ◇ *eingebürgerte Ausländer* naturalized citizens ◇ *Sie wurde in Schweden eingebürgert.* She became a Swedish citizen. **2** (*Tiere, Pflanzen*) introduce ◇ *Die Pflanze wurde in Europa eingebürgert.* The plant was introduced into Europe. **3** *sich ~* become* established ◇ *Diese Praxis hatte sich eingebürgert.* The practice had become established. ◇ *Dieser Begriff hat sich inzwischen eingebürgert.* This is now an accepted term. ◇ *Die Korruption hat sich überall eingebürgert.* Corruption has become endemic.
Einbürgerung naturalization
Einbuße loss ◇ *große finanzielle Einbußen erleiden* suffer heavy financial losses ◇ *ohne Einbußen an der Qualität* without loss of quality
einbüßen (an) *etw ~* lose* sth ◇ *Dieser Sport hat an Popularität eingebüßt.* The sport has lost popularity. ◇ *Der Zirkus hat nichts von seiner Faszination für Kinder eingebüßt.* The circus has lost none of its appeal for children. ◇ *an Wert einbüßen* fall in value
einchecken check in; (*im Hotel*) register
eincremen 1 *jdn/etw ~* put* cream on sb/sth; *sich ~* put* cream on ◇ *Sie cremte sich ein.* She put some cream on. ◇ *sich mit Sonnenmilch eincremen* put sun lotion on **2** *jdm/sich etw ~* put* cream on sb's/your sth ◇ *Er cremte sich/ihnen das Gesicht ein.* He rubbed cream on his face/their faces.
eindämmen curb ◇ *Diese Entwicklung muss eingedämmt werden.* This development needs to be curbed. ◇ *Der Brand ist inzwischen eingedämmt worden.* The fire is now under control.
eindecken 1 *sich (mit etw) ~* stock up (with sth) **2** (*überhäufen*) inundate ◇ *mit Arbeit eingedeckt sein* be inundated with work
eindeutig 1 clear (*Adv*) clearly); (*nicht zweideutig auch*) unambiguous (*Adv* unambiguously); (*Ablehnung*) categorical (*Adv* categorically) ◇ *Die Rechtslage ist eindeutig.* The legal position is quite clear. ◇ *eindeutig erkennbar* clearly visible ◇ *eine eindeutige Antwort* an unambiguous answer ◇ *Er sprach sich eindeutig gegen den Vorschlag aus.* He spoke out strongly against the proposal. **2** (*ohne Zweifel*) definite (*Adv* definitely) ◇ *Wir brauchen eindeutige Beweise.* We need definite proof. ◇ *noch nicht eindeutig entschieden* not yet definitely decided ◇ *Es ist eindeutig nachgewiesen, dass …* It has been proved beyond all doubt, that … **3** (*anzüglich*) explicit
eindeutschen Germanize
eindimensional 1 (MATH) unidimensional **2** (*fig*) one-dimensional (*Adv* one-dimensionally) ◇ *eine eindimensionale Charakterisierung* one-dimensional characterization ◇ *ein eindimensionaler Mensch* a superficial person ◇ *Die Charaktere sind eindimensional gezeichnet.* The characters lack depth.
eindringen 1 (*in etw*) *~* get* in(to sth); (*Geschoss*) penetrate (sth) ◇ *Durch den Riss in der Wand dringt Feuchtigkeit ein.* Damp is getting in through the crack in the wall. ◇ *Der Schuss war in den Unterkiefer eingedrungen.* The bullet had penetrated the lower jaw. ◇ *Das Nitrat dringt in das Grundwasser ein.* Nitrates leach into the ground water. ◇ *Viele englische Vokabeln sind in die deutsche Sprache eingedrungen.* Many English words have found their way into the German language. **2** *in etw ~* (*einbrechen*) force your way into sth; (*einfallen*) invade sth ◇ *Sie waren in die Sperrzone eingedrungen.* They had forced their way in to the prohibited area. ◇ *Die Truppen sind in das Gebiet eingedrungen.* Troops invaded the region.
eindringlich 1 (*Appell, Bitte, Warnung*) urgent ◇ *eine eindringliche Warnung* an urgent warning ◇ *Er bat uns eindringlich um eine Spende.* He urged us to make a donation. **2** (*Schilderung*) vivid (*Adv* vividly)
Eindringlichkeit 1 urgency **2** (*Schilderung*) vividness
Eindringling intruder
Eindruck 1 impression ◇ *Du hast einen falschen Eindruck bekommen.* You've got the wrong impression. ◇ *einen Eindruck von den Verhältnissen gewinnen* get an impression of

eindrücken

the conditions ◊ *Sie erweckt den Eindruck, ziemlich selbstbewusst zu sein.* She gives the impression of being fairly self-confident. ◊ *Er machte einen positiven Eindruck.* He made a good impression. ◊ *Sie versucht immer, auf andere Eindruck zu machen.* She's always trying to impress. ◊ *Sie machen einen zufriedenen Eindruck.* They seem content. ◊ *der optische Eindruck* the visual effect **2 unter dem ~ von etw** in the light of sth ◊ *Unter dem Eindruck des Golf-Krieges stellten viele den Antrag auf Wehrdienstverweigerung.* In the light of the Gulf war, many people applied to be conscientious objectors. **3** (*Spur, Abdruck*) imprint IDM (**bei jdm**) **Eindruck schinden** impress (sb)

eindrücken smash; (*einbeulen*) bash sth in ◊ *Durch die Kraft der Explosion wurden Wände eingedrückt.* Walls were smashed by the force of the explosion. ◊ *Die Seite des Autos war eingedrückt worden.* The side of the car was bashed in. ◊ *Der Orkan drückte Schaufenster ein.* Shop windows were blown in by the hurricane.

eindrucksvoll impressive ◊ *ein eindrucksvolles Beispiel* an impressive example ◊ *Sie beschreibt das Leben im Krieg sehr eindrucksvoll.* She gives an impressive description of life in the war.

eine ⇨ EIN¹,²

eineiig (*Zwillinge*) identical (*nur vor Nomen*)

eineinhalb one and a half

einengen 1 restrict (*auch fig*) ◊ *Anzüge engen mich so ein.* I find suits so restricting. ◊ *Er fühlte sich durch sie in seiner Freiheit eingeengt.* He felt she was restricting his freedom. ◊ *Sie wohnen ziemlich eingeengt.* They live in rather cramped conditions. **2** (*Fahrbahn, Straße etc.*) make* sth narrower

einer 1 (*jemand*) someone, somebody ◊ *Kann mir mal einer erklären, was das alles soll?* Can somebody explain to me what all this is about? ◊ *Warum fragst du nicht einen, der mehr Ahnung davon hat?* Why don't you ask someone who knows more about it? **2** (*man*) you, people ◊ *Da kann einer sich ganz schön den Kopf stoßen.* You can give yourself a nasty bump on the head there. ◊ *Du kannst einem vielleicht auf die Nerven gehen!* You do get on people's nerves! IDM ⇨ SITZEN

Einer (SPORT) single scull

einerlei all the same ◊ *Dem ist das einerlei.* It's all the same to him. ◊ *Einerlei, ob er mitkommt oder nicht ...* It doesn't matter whether he comes or not ... ◊ *Die Umweltzerstörung ist uns nicht einerlei.* The destruction of the environment is not a matter of indifference to us.

Einerlei monotony

einerseits einerseits ... andererseits on the one hand ... on the other hand

einfach 1 *Adj* (*leicht*) easy* ◊ *Die Mathearbeit war ganz einfach!* The maths test was really easy! ◊ *Er war kein einfaches Kind.* He wasn't an easy child. **2** *Adj* (*unkompliziert*) simple; (*leicht durchführbar*) straightforward ◊ *eine einfache Lösung* a simple solution ◊ *aus dem einfachen Grund, dass ...* for the simple reason that ... ◊ *ein einfaches Verfahren* a straightforward procedure **3** *Adj* (*einmal vorhanden*) single (*nur vor Nomen*) ◊ *Dieses Dokument gibt es nur in einfacher Ausfertigung.* There is only a single copy of this document. **4** *Adj* (*Fahrkarte*) single (*nur vor Nomen*), (*AmE*) one-way ◊ *eine einfache Fahrkarte* a single (ticket) ◊ *Zweimal einfach nach Köln, bitte!* Two singles to Cologne, please! **5** *Adj* (*schlicht*) simple ◊ *ein einfacher Holztisch* a simple wooden table ◊ *ein einfaches Leben führen* lead a simple life **6** *Adj* (*Mensch*) ordinary ◊ *Wir waren eine ganz einfache Arbeiterfamilie.* We were an ordinary working-class family. **7** *Adv* (*einmal*) once ◊ *etwas einfach falten/zusammenlegen* fold sth once **8** *Adv* (*schlicht*) simply ◊ *Sie zieht sich immer sehr einfach an.* She always dresses very simply. **9** *Adv* (*verstärkend*) just, simply (*gehoben*) ◊ *Du kannst nicht einfach aufhören.* You can't just stop. ◊ *Ich kann es einfach nicht glauben!* I just can't believe it! ◊ *Das ist einfach nicht wahr.* That is simply not true.

Einfachheit simplicity ◊ *der Einfachheit halber* for the sake of simplicity

einfädeln 1 thread ◊ *eine Nadel einfädeln* thread a needle ◊ *Er fädelte ein Stück Nähgarn ein.* He threaded a needle with cotton. **2** *sich ~* (*in den Verkehr*) filter in **3** (*in die Wege leiten*) set* sth up ◊ *Er hatte das Geschäft im Urlaub eingefädelt.* He had set up the deal on holiday.

einfahren 1 (*Ernte*) bring* sth in **2** (*Gewinn, Verlust*)

make* ; (*Erfolg, Sieg*) achieve **3** (*Fahrgestell etc.*) retract **4** (*Fahrzeug*) run* sth in **5** (*beschädigen*) knock sth down **6** (*Zug*) come* in, arrive **7 in etw ~** (*einbiegen*) turn into sth ◊ *Autos dürfen nicht mehr in die Austraße einfahren.* Cars are not allowed to turn into Austraße any more. **8 sich ~** (*sich an ein Fahrzeug gewöhnen*) get used to driving (a car) **9 sich ~** (*zur Routine werden*) ◊ *Das hat sich bei uns so eingefahren.* We've got used to doing it this way. ◊ *Der neue Stundenplan muss sich erst einfahren.* It will take a while for people to get used to the new timetable.

Einfahrt 1 entrance ◊ *Einfahrt bitte freihalten!* Please keep the entrance clear! **2** (*Haus-, Garagen-*) drive **3** (*Einfahren*) entry ◊ *Einfahrt verboten!* No entry! ◊ *Es war kurz vor der Einfahrt des Zuges in den Tunnel.* It was just before the train entered the tunnel.

Einfall 1 idea ◊ *Wer ist auf diesen Einfall gekommen?* Who had the idea? **2** (MIL) invasion **3** (*von Licht*) the way the light falls

einfallen 1 etw fällt jdm ein (*Idee*) sb thinks* of sth ◊ *Mir ist eine Lösung eingefallen!* I've thought of a solution! ◊ *Zu diesem Thema fällt mir nichts ein.* I can't think of anything to say about this. **2 etw fällt jdm ein** (*Erinnerung*) sb remembers sth ◊ *Mir fällt gerade ein, dass ich einen Arzttermin habe!* I've just remembered that I've got a doctor's appointment. **3** (*zusammenbrechen*) collapse **4** (MIL) (**in etw**) **~** invade (sth) **5** (*Nacht, Nebel, Licht*) fall* **6** (*einstimmen*) join in IDM **Das fällt mir nicht im Traum ein!** I wouldn't dream of it! **sich etwas einfallen lassen** (**müssen**) (have to) think of something ◊ *Lass dir was einfallen!* Come on, think of something! **Was fällt dir** (**denn/eigentlich**) **ein!** How dare you!

einfalls- einfallslos unimaginative (*Adv* unimaginatively) **einfallsreich** imaginative (*Adv* imaginatively) ◊ *Man hatte den Raum einfallsreich geschmückt.* The room had been imaginatively decorated. **Einfallsreichtum** imagination; (*Findigkeit*) ingenuity ◊ *Man braucht Einfallsreichtum für diese Arbeit.* You need imagination for this work. ◊ *Das Stück hat Witz, Tempo und Einfallsreichtum.* The play is witty, pacy, and imaginative.

einfältig 1 (*naiv*) naive **2** (*beschränkt*) simple-minded; (*dumm*) stupid

Einfamilienhaus detached house

> Ein allein stehendes Einfamilienhaus wird in Großbritannien **detached** genannt. Viele Häuser entsprechen einer Doppelhaushälfte mit Garten und eigener Eingangstür und heißen **semi-detached houses**, *AmE* **duplexes**. Reihenhäuser heißen **terraced houses** in Großbritannien und in den USA **row houses**.

einfangen 1 (*gefangen nehmen*) catch*, capture (*auch fig*) ◊ *Er kann mit einigen Pinselstrichen eine Stimmung einfangen.* He can capture an atmosphere with a few brushstrokes. **2 sich etw ~** (*anstecken*) catch* ◊ *Du wirst dir noch eine Erkältung einfangen!* You'll catch cold! **3 sich etw ~** (*Schläge*) get* sth ◊ *Du wirst dir gleich eine Ohrfeige einfangen!* You'll get a clip round the ear in a minute!

einfärben dye

einfarbig plain ◊ *eine einfarbige Hose* plain trousers ◊ *Ich beschloss, die Wände einfarbig zu streichen.* I decided to paint the walls in plain colours.

Einfassung 1 (*eines Edelsteins*) setting **2** (*Rand*) edging

einfetten 1 (*Maschine*) grease **2 sich ~** put* cream on

einfinden sich ~ come* ◊ *Rund hundert Leute hatten sich zum Erntedankfest eingefunden.* About a hundred people had come to the harvest festival.

einfliegen 1 fly* in ◊ *Seit gestern fliegen Rettungsflugzeuge in das Krisengebiet ein.* Since yesterday rescue planes have been flying into the trouble spot. **2 jdn/etw ~** fly* sb/sth in ◊ *Medikamente wurden in das Erdbebengebiet eingeflogen.* Medicines were flown into the earthquake area.

einfließen 1 in etw ~ run* into sth **2** (*Luft*) move in ◊ *Von Süden fließt warme Luft ein.* Warm air is moving in from the south. **3** (*berücksichtigt werden*) be taken into account; (*beeinflussen*) affect ◊ *Die Anregungen der Anwohner sind in die Planung eingeflossen.* The residents' suggestions were taken into account during the planning. ◊ *Ökonomische Überlegungen sind in die Entscheidung eingeflossen.* Financial arguments affected the decision. **4 etw ~ lassen** (*erwähnen*) mention sth (in passing) ◊ *Er ließ während der Unterhaltung einfließen, dass er nicht verheiratet sei.* He

mentioned during the conversation that he was not married.
einflößen 1 jdm etw ~ pour sth down sb's throat ◊ *Wir flößten ihm vorsichtig etwas Wasser ein.* We tried to pour a little water down his throat. ◊ *Sie flößte dem Kind den Hustensaft ein.* She gave the child the cough mixture on a spoon. **2** jdm etw ~ (*Vertrauen, Ehrfurcht, Respekt*) inspire sth into sb; (*Angst*) instil* sth into sb
Einfluss influence ◊ *Ihr Freund hat einen positiven Einfluss auf sie ausgeübt.* Her boyfriend has had a positive influence on her. ◊ *Sie machte ihren Einfluss geltend und verschaffte ihm die Stelle.* She used her influence to get him the job.
einflussreich influential
einfordern demand
einfrieren freeze*
einfügen 1 etw (in etw) ~ fit* sth (into sth), insert sth (into sth); (*nachträglich*) add sth (to sth) ◊ *In den Schulunterricht müssen feste Lesezeiten eingefügt werden.* Fixed times for reading have to be fitted into the school timetable. ◊ *Zum Schluss fügte sie noch einige Zitate in den Text ein.* At the end she inserted a few more quotations into the text. **2** sich ~ fit* in ◊ *Er hatte sich schnell in die Mannschaft eingefügt.* He had quickly fitted into the team.
einfühlsam sensitive (*Adv* sensitively)
Einfühlungsvermögen sensitivity
Einfuhr 1 (*Einführen*) import **2** (*Waren*) imports [Pl]
Einfuhrbeschränkung import restriction ◊ *Für bestimmte Waren bestehen Einfuhrbeschränkungen.* There are import restrictions on certain goods.
einführen 1 (*importieren*) import **2** (*etwas Neues*) introduce ◊ *Hier hat man Tempo 30 eingeführt.* They have introduced a 30 km speed limit here. **3** jdn in etw ~ introduce sb to sth ◊ *Das Seminar soll die Studenten in die Grundlagen der Philosophie einführen.* The seminar is to introduce the students to the basics of philosophy. ◊ *Der Abteilungsleiter führte mich in meine Aufgaben ein.* The head of department showed me what to do. **4** jdn ~ (*bekannt machen*) introduce sb **5** (*hineinschieben*) insert ◊ *einen Schlauch in ein Rohr einführen* insert a tube into a pipe **6** (*in ein Amt*) inaugurate; (*als Pfarrer etc.*) institute
Einfuhrgenehmigung import licence, (*AmE*) import license
Einführung introduction ◊ *Eine Einführung in die Soziologie.* An introduction to sociology. ☛ *Hinweis bei* FIRSTLY
Einführungskurs introductory course
Einfuhrverbot import ban ◊ *ein Einfuhrverbot für etw verhängen/aufheben* impose/lift an import ban on sth
einfüllen etw (in etw) ~ put* sth in(to sth); (*Flüssigkeit*) pour sth in(to sth)
Eingabe 1 (*Unterschriftensammlung*) petition; (*Bitte*) request; (*Beschwerde*) complaint ◊ *an jdn eine Eingabe machen* put in a request to sb **2** (*das Eingeben*) (*meist mit einem Verb übersetzt*) ◊ *Bei der Eingabe der Zahlen war ein Fehler passiert.* A mistake was made when the figures were entered. **3** (COMP) input
Eingabefeld field; (*Kasten*) box **Eingabetaste** input key
Eingang 1 entrance ◊ *beim/am Eingang des Museums* at the entrance to the museum **2** (*das Eintreffen*) receipt ◊ *Sie bestätigte den Eingang der Waren.* She acknowledged receipt of the goods. **3** ~ **finden** find* your way into sth; (*berücksichtigt werden*) be taken into account; (*zu einer Personengruppe*) be accepted into sth ◊ *Diese Ideen haben jetzt Eingang in die Lehrbücher gefunden.* These ideas have now found their way into school books. ◊ *Die Vorschläge der Anwohner haben in die Planung Eingang gefunden.* The residents' suggestions have been taken into account in the planning.
eingängig (*Melodie etc.*) catchy*; (*Worte*) memorable
eingangs 1 *Adv* at the beginning ◊ *Diese Tatsache wurde eingangs bereits erwähnt.* This fact was mentioned at the beginning. **2** *Präp* at the beginning of ◊ *eingangs der Zielgeraden* at the beginning of the home straight
Eingangs- **Eingangsbereich** entrance hall **Eingangstür** entrance
eingeben 1 (COMP) enter ◊ *Sie gab die Zahlen in den Computer ein.* She entered the figures into the computer. **2** jdm etw ~ (*verabreichen*) give* sb sth
eingebildet 1 ⇨ EINBILDEN **2** (*arrogant*) conceited (*Adv* conceitedly) ◊ *ein eingebildeter Mensch* a conceited person **3** (*nicht wirklich*) imaginary ◊ *eine eingebildete Krankheit* an imaginary illness
Eingeborene(r) native (*veraltet, beleidigend*)
Eingebung inspiration; (*Idee*) brainwave; (*Impuls*) impulse ◊ *göttliche Eingebung* divine inspiration ◊ *Einer plötzlichen Eingebung folgend schrieb er seine Rede noch einmal um.* On impulse, he rewrote his speech.
eingefahren 1 ⇨ EINFAHREN **2** well-worn; (*Einstellungen, Handlungsweisen*) ingrained ◊ *eingefahrene Ernährungsgewohnheiten* ingrained eating habits ◊ *Ihr seid in eurem Tagesablauf viel zu eingefahren!* You are much too stuck in a rut!
eingefallen 1 ⇨ EINFALLEN **2** hollow; (*Gesicht*) haggard
eingefleischt 1 (*Gewohnheit, Meinung*) ingrained; (*Vorurteil*) deep-seated **2** (*Junggeselle*) confirmed (*nur vor Nomen*); (*Pessimist*) eternal; (*Fan*) avid
eingehen 1 (*schrumpfen*) shrink* **2** (*an etw* ~) (*sterben*) die (of sth) **3** (*Konkurs machen*) go* bust **4** (*Bündnis, Beziehung*) enter into sth; (*Kompromiss, Wette*) make*; (*Risiko*) take*; (*Verpflichtung*) take* sth on **5** (*chemische Verbindung*) form **6** (*ankommen*) be received ◊ *Ihre Beschwerde ist nicht bei uns eingegangen.* We have not received your complaint. **7** auf etw ~ (*Angebot, Forderungen*) accept sth ◊ *Sie gingen auf das Angebot nicht ein.* They did not accept the offer. **8** auf jdn/etw ~ pay* attention to sb/sth; (*reagieren*) respond to sb/sth ◊ *Du gehst nicht genug auf das Kind ein.* You don't pay enough attention to the child. ◊ *auf jds Fragen eingehen* respond to sb's questions **9** auf etw näher etc. ~ go* into sth ◊ *Auf die Einzelheiten gehe ich später ein.* I will go into the details later. **10** es geht jdm ein (*glauben*) sb believes sth; (*begreifen*) sb understands* sth ◊ *Es will mir nicht eingehen, dass morgen die Schule wieder anfängt!* I can't believe school starts again tomorrow! ◊ *Wann wird es dir endlich eingehen, dass ...* When are you ever going to understand that ... IDM **in die Geschichte/Annalen eingehen** go* down in history/in the annals ☛ *Siehe auch* EIN³
eingehend *Adj* (*Prüfung, Untersuchung*) thorough; (*Diskussionen, Informationen*) detailed *Adv* thoroughly, in detail ◊ *etw eingehend überprüfen* check sth thoroughly ◊ *etw eingehend besprechen* discuss sth in detail
Eingemachte(s) (*Obst*) bottled fruit IDM **es geht ans Eingemachte 1** (*finanziell*) it eats* into your savings **2** (*hart auf hart gehen*) it comes* to the crunch
eingemeinden etw (in etw) ~ incorporate sth into sth
eingenommen 1 ⇨ EINNEHMEN **2** von jdm/etw ~ sein be taken with sb/sth **3** von sich ~ sein fancy* yourself
eingeschnappt sulky*; ~ sein be in a huff (*umgs*)
eingeschränkt restricted, limited
eingeschworen 1 (*Feind*) sworn (*nur vor Nomen*); (*Gegner*) staunch; (*Gemeinschaft*) close **2** auf jdn/etw ~ sein swear* by sb/sth ◊ *Er ist auf diese Marke eingeschworen.* He swears by this make.
Eingeständnis admission ◊ *Das wird als Eingeständnis seines Versagens gewertet.* That is seen as an admission of failure. ◊ *Sie hat nach eigenem Eingeständnis das Geld gestohlen.* She admitted to stealing the money.
eingestehen admit* ◊ *Sie gesteht sich ihren Irrtum nicht ein.* She can't admit to herself that she was wrong. ◊ *Wir müssen einen Fehler eingestehen.* We have to admit that we have made a mistake.
eingestellt 1 ⇨ EINSTELLEN **2** (*gesinnt*) minded ◊ *progressiv eingestellt* progressively minded ◊ *ausländerfeindlich eingestellt sein* be hostile to foreigners ◊ *58% sind positiv eingestellt.* 58% are in favour. ◊ *ein sehr negativ eingestellter Mensch* a person with a very negative attitude
Eingeweide entrails [Pl], innards [Pl] (*umgs*) (*auch fig*)
Eingeweihte(r) person* in the know
eingewöhnen sich (in etw) ~ settle in(to sth) ◊ *Sie haben sich in der neuen Schule schnell eingewöhnt.* They settled into the new school very quickly.
Eingewöhnung (*oft mit einem Verb übersetzt*) ◊ *jdm die Eingewöhnung erleichtern* help sb to settle in ◊ *Der Unterricht dauert zunächst nur drei Stunden, zur Eingewöhnung.* They only have three hours' school at first to let them in gently.
Eingewöhnungsphase settling-in period
eingießen 1 pour ◊ *Sie goss den Tee ein.* She poured the

eingleisig

tea. **2 jdm/sich etw ~** pour sb/yourself sth ◊ *Er goss sich einen Whisky ein.* He poured himself a whisky.

eingleisig 1 single-track ◊ *Die Bahnlinie ist hier eingleisig.* This section of line is single-track. ◊ *Die Züge können den Bahnhof nur eingleisig passieren.* Only one track is in use at the station. **2 ~ denken** have a one-track mind

eingliedern 1 etw (in etw) ~ incorporate sth (into sth) ◊ *Das Land wurde in den Staatsverband eingegliedert.* The country was incorporated into the federation of states. **2 jdn (in etw) ~** integrate sb (into sth) ◊ *Bemühungen, die Einwanderer in die Gesellschaft einzugliedern* efforts to integrate the immigrants into society **3 sich (in etw) ~** fit* in(to sth) ◊ *Sie hatte sich in die französische Gesellschaft eingegliedert.* She had managed to fit into French society.

Eingliederung 1 *(von Land, einer Firma)* incorporation **2** *(sozial, beruflich etc.)* integration ◊ *die Eingliederung der Flüchtlinge in ihre neue Umgebung* the integration of the refugees into their new environment

eingraben 1 sich/etw (in etw) ~ bury* yourself/sth (in sth) **2 sich in etw ~** *(fig)* be etched in/on sth ◊ *Dieser Vorfall grub sich tief in mein Gedächtnis ein.* This incident was etched on my memory. **3 sich ~** (MIL) dig* yourself in

eingravieren etw (in etw) ~ engrave sth (on sth)

eingreifen intervene ◊ *in einen Konflikt eingreifen* intervene in a conflict

eingrenzen 1 surround ◊ *Ein Bauzaun grenzt das Gelände ein.* The site is surrounded by a hoarding. **2** *(einengen)* narrow sth down ◊ *den Kreis der Kandidaten eingrenzen* narrow down the candidates **3 etw (auf etw) ~** limit sth (to sth) ◊ *Die Bausumme soll auf 4 Millionen eingegrenzt werden.* The building costs are to be limited to 4 million.

Eingriff 1 *(Eingreifen, Einmischung)* intrusion; *(staatlich, militärisch)* intervention; *(in Rechte, Freiheit)* infringement ◊ *ein Eingriff in die Landschaft* an intrusion into the countryside ◊ *ein Eingriff in die Pressefreiheit* an infringement of the freedom of the press **2** *(Operation)* operation ◊ *sich einem operativen Eingriff unterziehen* have an operation

eingruppieren grade ◊ *falsch eingruppiert* wrongly graded ◊ *jdn höher eingruppieren* put sb in a higher grade

Eingruppierung grading

einhaken 1 *(befestigen)* fasten ◊ *den Deckel einhaken* fasten the lid **2 etw an/in etw ~** hook sth into sth ◊ *das Kettenglied in den Verschluss einhaken* hook the chain into the catch **3 sich bei jdm ~** take* sb's arm ◊ *Hak dich bei mir ein.* Take my arm. **4** *(im Gespräch etc.)* interrupt ◊ *Wenn ich hier einmal einhaken darf, ...* If I could just interrupt here ...

Einhalt 1 jdm ~ gebieten stop* sb **2 einer Sache ~ gebieten** put* an end to sth ◊ *Wir müssen der Gewalt Einhalt gebieten.* We must put an end to the violence. ◊ *den Fluten Einhalt gebieten* prevent flooding

einhalten *(Verabredung, Versprechen, Abstand)* keep*; *(Fahrplan, Lehrplan, Abkommen)* keep* to *sth*; *(Vorschrift)* comply* with *sth*; *(Waffenstillstand)* observe ◊ *das Tempolimit einhalten* keep within the speed limit ◊ *eine Frist einhalten* meet a deadline ◊ *die Grenzwerte einhalten* meet permitted levels

Einhaltung observance, compliance ◊ *die Einhaltung der Vorschriften* compliance with the regulations ◊ *die Einhaltung des Fahrplans* keeping to the timetable

einhandeln 1 etw gegen/für etw ~ exchange sth for sth **2 sich etw ~** get* sth ◊ *sich ein Bußgeld einhandeln* get a fine ◊ *sich eine Lungenentzündung einhandeln* catch pneumonia ◊ *sich Ärger einhandeln* land yourself in trouble ◊ *Damit haben sie sich massive Kritik eingehandelt.* They came in for a lot of criticism because of it.

einheften 1 *(in einen Ordner etc.)* file **2** *(Nähen)* tack sth in

einheimisch 1 local; *(nicht importiert)* home-produced ◊ *eine einheimische Firma* a local firm ◊ *einheimische Produkte* home-produced goods **2** *(Tier)* indigenous; *(Pflanze)* native

Einheimische(r) local

einheimsen earn; *(Sieg, Medaille, Preis auch)* win*

Einheit 1 unity; *(Ganzes)* whole; *(Vereinigung)* unification ◊ *die Einheit eines Landes* the unity of a country ◊ *eine Einheit bilden* form a whole ◊ *die Kosten der deutschen Einheit* the cost of German unification ◊ *der Tag der deutschen Einheit* German Unity Day **2** *(Maß-)* unit of measurement; *(Telefon- etc.)* unit **3** *(Soldaten etc.)* unit ◊ *die 250 Mann starke Einheit* the unit of 250 men

einheitlich 1 consistent *(Adv* consistently*)* ◊ *Es gab keinen einheitlichen Trend.* There was no consistent trend. ◊ *Wir brauchen ein einheitliches Konzept.* There must be a unity of concept. ◊ *Darüber gibt es keine einheitliche Meinung.* Opinions differ about that. **2** *(unterschiedslos)* uniform *(Adv* uniformly*)* ◊ *eine einheitliche Bezahlung* uniform rates of pay ◊ *eine einheitliche Währung* a single currency ◊ *einheitlich geregelt* standardized ◊ *Sie trugen einheitliche T-Shirts.* They were wearing the same T-shirts. ◊ *Sie sind alle einheitlich grün.* They are all green.

einheizen 1 put* the heating on **2 jdm ~** *(die Meinung sagen)* give* sb a piece of your mind **3 jdm ~** *(in Stimmung bringen)* get* sb going

einhellig universal *(Adv* universally*)*; *(einstimmig)* unanimous *(Adv* unanimously*)* ◊ *Es herrschte die einhellige Meinung, dass ...* The universal view was that ...

einholen 1 catch* up with *sb/sth (auch fig)* ◊ *Wir haben euch fast eingeholt!* We've almost caught up with you! ◊ *Die Realität hat ihn eingeholt.* Reality caught up with him. ◊ *von den Ereignissen eingeholt werden* be overtaken by events **2** *(Verspätung, Zeit)* make* up ◊ *Der Zug hat die Verspätung wieder eingeholt.* The train made up the lost time. **3** *(Segel, Netz, Anker)* haul sth in; *(Fahne)* lower **4 etw (bei jdm) ~** get* sth (from sb), obtain sth (from sb) *(gehoben)* ◊ *Wir haben drei Angebote eingeholt.* We got three quotes. ◊ *die Zustimmung des Direktors einholen* obtain the headmaster's permission **5** *(einkaufen)* buy* ◊ *einholen gehen* go shopping

Einhorn unicorn

einhüllen 1 jdn/etw ~ wrap* sb/sth up; **sich ~** wrap* up ◊ *Die Kranke wurde in Decken eingehüllt.* The patient was wrapped up in blankets. ◊ *sich gut einhüllen* wrap up well **2** *(fig)* envelop ◊ *von dichtem Nebel eingehüllt* enveloped in thick fog

einhundert ⇨ HUNDERT

einig 1 sich ~ sein agree; **sich nicht ~ sein** disagree ◊ *Alle Experten sind sich einig.* All the experts agree. ◊ *Darüber sind wir uns alle einig.* We are all agreed about that. **2 sich (mit jdm) (über etw) ~ werden** agree (sth) (with sb) ◊ *Ich bin mir mit ihm über den Preis einig geworden.* I agreed a price with him. ◊ *Die Parteien konnten sich nicht einig werden.* The parties could not reach agreement.

einige(r,s) 1 *(ein paar)* a few; *(mehrere)* some ◊ *einige Male* a few times ◊ *einige Bücher* some books ◊ *Einige lachten.* Some people laughed. **2** *(etwas, ein wenig)* some ◊ *Er sprach mit einiger Anstrengung.* He spoke with some difficulty. ◊ *seit einiger Zeit* for some time **3** *(ziemlich viel)* quite a lot ◊ *Ich habe noch einiges zu tun.* I've still got quite a lot to do. ◊ *Das hat bestimmt einiges gekostet.* It must have cost quite a lot.

einigen 1 *(vereinen)* unite **2 sich ~** reach agreement; **sich auf/über etw ~** agree on sth ◊ *Sie konnten sich nicht einigen.* They could not reach agreement. ◊ *Sie haben sich auf einen Kompromiss geeinigt.* They agreed on a compromise. ◊ *Wir haben uns darauf geeinigt, dass wir hier bleiben.* We have agreed to stay here.

einigermaßen 1 fairly, reasonably; *(mehr oder weniger)* more or less ◊ *Es geht ihm einigermaßen gut.* He's fairly well. ◊ *Ich bin einigermaßen zufrieden.* I'm reasonably satisfied. ◊ *Wir haben die Situation einigermaßen im Griff.* We have the situation more or less under control. ◊ *Sie war einigermaßen überrascht.* She was rather surprised. **2** *(als Antwort)* so, all right ◊ *"Wie geht's dir?" "(So) einigermaßen."* 'How are you?' 'All right.'

Einigkeit 1 *(Übereinstimmung)* agreement ◊ *Darüber herrscht Einigkeit.* There is agreement over this. **2** *(Einheit)* unity ◊ *Die Parteien demonstrieren Einigkeit.* The parties are putting on a show of unity.

Einigung 1 agreement **2** *(Vereinigung)* unification

einjagen jdm Angst ~ frighten the life out of sb; **jdm einen Schrecken ~** give* sb a fright

einjährig 1 *(ein Jahr alt)* ◊ *ein einjähriges Kind* a (one-)year-old child ◊ *Der Verein feiert sein einjähriges Bestehen.* The club is celebrating its first anniversary. ◊ *einjährige Pferde* yearlings **2** *(ein Jahr dauernd)* one-year ◊ *ein einjähriger Vertrag* a one-year contract **3** *(Pflanze)* annual

einkalkulieren allow for *sth*; (*Zeit*) allow; (*Kosten, Summe*) include ◊ *Staus hatte er nicht einkalkuliert.* He hadn't allowed for traffic jams. ◊ *Du solltest etwas mehr Zeit einkalkulieren.* You should allow a little more time.

einkassieren 1 (*Geld, Steuern etc.*) collect; (*illegal*) pocket **2** (*bekommen*) get* ◊ *Unsere Mannschaft hat einige Niederlagen einkassiert.* Our team got defeated several times. **3** (*wegnehmen*) take* *sth* away **4** (*verhaften*) nab* (*umgs*)

Einkauf 1 (*das Einkaufen*) buying [U]; (*von Lebensmitteln, Kleidung*) shopping [U] ◊ *Meine Kollegin ist für den Einkauf zuständig.* My colleague is in charge of buying. ◊ *Ich muss noch einige Einkäufe erledigen.* I've still got some shopping to do. **2** (*eingekaufte Ware*) shopping [U] ◊ *Sie verstaute ihre Einkäufe im Auto.* She put her shopping in the car. ◊ *Lass mal deine Einkäufe sehen!* Let's see what you've bought! **3** (*Abteilung*) buying department

einkaufen 1 buy* ◊ *Brot einkaufen* buy bread ◊ *Weihnachtsgeschenke einkaufen* do your Christmas shopping **2** ~ (**gehen**) go* shopping

Einkaufs- Einkaufsbummel shopping trip ◊ *einen Einkaufsbummel machen* go on a shopping trip **Einkaufsmöglichkeit** shops [Pl] **Einkaufsstraße** shopping street **Einkaufstasche** shopping bag **Einkaufswagen** shopping trolley, (*AmE*) shopping cart **Einkaufszentrum** shopping centre, (*AmE*) shopping mall **Einkaufszettel** shopping list

einkehren 1 (*in einer Gaststätte*) stop* ◊ *Mittags sind wir in einer Wirtschaft eingekehrt.* At lunchtime we stopped at a pub. **2** (*sich einstellen*) return ◊ *In dem Land ist endlich Frieden eingekehrt.* Peace has returned to the country at last. ◊ *Es ist Ruhe eingekehrt.* Things have quietened down.

einkesseln surround, encircle (*gehoben*)

einklagbar (*Schulden*) recoverable; (*Recht, Verpflichtung*) enforceable

einklagen sue for *sth*; (*Rechte etc.*) go* to court to obtain *sth* ◊ *Das Geld musste vor Gericht eingeklagt werden.* They had to sue for the money in court. ◊ *Er klagte sein Erbteil ein.* He went to court in order to obtain his inheritance.

Einklang 1 (*Harmonie*) harmony ◊ *im Einklang mit der Natur* in harmony with nature ◊ *mit der Welt im Einklang* at one with the world **2** *im ~ mit etw* (*gesetzlich vereinbar*) in accordance with *sth* ◊ *Die Neuregelung steht im Einklang mit der Verfassung.* The new regulation is in accordance with the constitution. **3** *im ~ mit jdm* (*Meinung*) in agreement with *sb* **4** *etw mit etw in ~ bringen* (*anpassen*) bring* *sth* into line with *sth* ◊ *Dies muss erst mit den EU-Bestimmungen in Einklang gebracht werden.* This first has to be brought into line with EU regulations. **5** *etw mit etw in ~ bringen* (*vereinbaren*) reconcile *sth* with *sth* ◊ *Lassen sich Tourismus und Naturschutz in Einklang bringen?* Can tourism and conservation be reconciled?

einkleben *etw* (*in etw*) ~ stick* *sth* in(to *sth*)

einkleiden 1 *jdn/sich ~* buy* *sb*/yourself a new outfit ◊ *Ich habe mich gestern komplett neu eingekleidet.* I bought myself a whole new outfit yesterday. **2** (*mit Uniform, Berufskleidung*) issue *sb* with their uniform ◊ *Die Rekruten wurden eingekleidet.* The recruits were issued with their uniforms. **3** *etw in etw ~* (*formulieren*) couch *sth* in *sth* ◊ *Sie haben ihre Gedanken oft in Allegorien und Mythen eingekleidet.* They often couched their ideas in allegory and myth.

einklemmen 1 *etw/jdn* (*in etw*) ~ wedge *sth/sb* (into *sth*); (*versehentlich*) trap* *sth/sb* (in *sth*) ◊ *Der Junge saß eingeklemmt zwischen zwei dicken Frauen.* The boy was wedged in between two fat women. ◊ *ein eingeklemmter Nerv* a trapped nerve ◊ *Die Fahrerin war im Auto eingeklemmt.* The driver was trapped in the car. ◊ *ein Brett in den Schraubstock einklemmen* clamp a piece of wood in the vice **2** *sich etw ~* trap* *sth* ◊ *Ich habe mir den Daumen in der Schublade eingeklemmt.* I trapped my thumb in the drawer. **3** ◊ *Der Hund klemmte den Schwanz ein.* The dog put his tail between its legs.

einknicken 1 (*Strohhalm, Pflanze*) bend*; (*Papier*) crease; (*brechen*) snap* **2** (*sich biegen*) bend*, buckle, give* way ◊ *Die Halme knickten beim Sturm ein.* The stems bent in the storm. ◊ *Ihre Knie knickten ein.* Her knees buckled. **3** (*fig*) give* in ◊ *Der Minister knickte vor dem Druck der Automobilindustrie ein.* The minister gave in to pressure from the motor industry.

einkochen 1 (*einmachen*) preserve; (*Marmelade*) make* **2** (*dickflüssiger werden*) reduce; (*verdampfen*) boil away

Einkommen income ◊ *Familien mit niedrigem Einkommen* families on a low income

Einkommensgrenze earnings limit **einkommensschwach** low-income (*nur vor Nomen*) **Einkommenssteuer** income tax **Einkommensteuererklärung** income tax return

einkreisen 1 circle, put* a ring round *sth* (*umgs*) ◊ *die richtige Antwort einkreisen* circle round the correct answer **2** (*umstellen*) surround ◊ *Sie war von Reportern eingekreist.* She was surrounded by reporters. **3** (*Problem etc.*) get* to the crux of *sth*, home in on *sth* ◊ *Wir haben das Problem eingekreist und behoben.* We have got to the crux of the problem and solved it.

Einkünfte income [U]; (*einer Region*) revenue [U]

einladen[1] **1** invite ◊ *Sie haben uns nach England eingeladen.* They have invited us to England. ◊ *jdn zum Geburtstag einladen* invite *sb* to a birthday party ◊ *Ich bin heute Abend eingeladen.* I've been invited to somebody's house this evening. ◊ *Er ist beim Chef eingeladen.* He's been invited to the boss's house. **2** *jdn ~ etw zu tun* invite *sb* to do *sth* ◊ *Er lud sie ein Platz zu nehmen.* He invited her to take a seat. ◊ *Das schöne Wetter lädt dazu ein schwimmen zu gehen.* The nice weather makes you want to go swimming. **3** *jdn* (*zu etw*) *~* (*für jdn zahlen*) treat *sb* (to *sth*) ◊ *Ich lade dich zu einem Eis ein.* I'll treat you to an ice cream.

einladen[2] (*Waren etc.*) load ◊ *Sie laden gerade die Kisten in den Lkw ein.* They are just loading the crates onto the lorry.

einladend inviting (*Adv* invitingly), tempting; (*Essen*) appetizing (*Adv* appetizingly); (*Geste*) encouraging (*Adv* encouragingly)

Einladung invitation

Einlage 1 (*Einzahlung*) deposit ◊ *eine Einlage machen* make a deposit **2** (*Investition*) investment **3** (*Darbietung*) interlude **4** (GASTRON) = vegetables/noodles/dumplings etc. in a clear soup **5** (*im Schuh*) insole; (*orthopädisch*) arch support **6** (*Zahn-*) temporary filling **7** (*im Brief*) enclosure

einlagern 1 (*aufbewahren*) store ◊ *Atommüll einlagern* store nuclear waste **2** *sich in etw ~* be deposited in *sth*

Einlagerung 1 storage ◊ *die Einlagerung von Giftmüll* the storage of toxic waste **2** (*das Ablagern*) deposition; (*Ablagerung*) deposit

Einlass admittance ◊ *Es verschaffte sich Einlass in das Haus.* He succeeded in gaining admittance to the house. ◊ *Kein Einlass unter 18!* Under-18s not admitted. ◊ *jdm Einlass gewähren* let *sb* in ◊ *Einlass 20 Minuten vor Spielbeginn.* Doors open 20 minutes before the start of play.

einlassen 1 *jdn ~* let* *sb* in, admit* *sb* (*offiz*) **2** (*Wasser, Bad*) run* ◊ *Wasser in ein Becken einlassen* run water into a basin ◊ *das Bad einlassen* run the bath **3** *etw in etw ~* set* *sth* into *sth*; (*in den Boden*) sink* *sth* into *sth* ◊ *in die Decke eingelassene Strahler* spotlights set into the ceiling **4** *sich mit jdm ~* get involved with *sb* ◊ *Sie wollte sich nicht mit einem verheirateten Mann einlassen.* She didn't want to get involved with a married man. **5** *sich auf etw/in etw ~* get* involved in *sth*, get* into *sth* ◊ *sich auf ein Wagnis einlassen* get involved in a risky venture ◊ *Sie ließ sich in ein Gespräch über Politik mit ihm ein.* She got into a discussion about politics with him. ◊ *Worauf habe ich mich da nur eingelassen?* What have I got myself into? ◊ *Ich lasse mich auf keinen Kompromiss ein.* I'm not compromising. **6** (*Fußboden, Möbel*) varnish

Einlauf 1 (SPORT) (*ins Ziel*) finish; (*Reihenfolge*) placing ◊ *Die Läuferin stürzte kurz vor dem Einlauf ins Ziel.* The runner fell just before the finish. ◊ *Es gab bei den Herren den gleichen Einlauf wie im Vorjahr.* The men's placings were the same as last year. **2** (MED) enema **3** (GASTRON) = mixture similar to pancake mixture put into clear soup **4** (*Post*) incoming mail [U]

einlaufen 1 *in etw ~* run* into *sth* ◊ *Das Öl lief in die Kanalisation ein.* The oil ran into the sewers. ◊ *Sie ließ Wasser ins Becken einlaufen.* She ran water into the basin. **2** *ein Bad ~ lassen* run* a bath **3** (*Zug*) come* in; (*Schiff auch*) dock **4** (*aufs Spielfeld*) come* onto the pitch/into the stadium **5** (*ins Ziel etc.*) ◊ *in die letzte Runde einlaufen* start the last lap ◊ *Gerade ist der Sieger ins Ziel eingelaufen.* The winner has just crossed the finishing line. **6** *sich ~* (*sich warm laufen*) warm up **7** (*Post etc.*) come* in, be received ◊

einläuten

Mehrere Beschwerden sind bei der Behörde eingelaufen. Several complaints have been received by the authority. **8** (*Wäsche*) shrink* ◊ *Der Pullover ist beim Waschen eingelaufen.* The jumper shrank in the wash. **9** (*Schuhe*) break* *sth* in **10 sich** ~ (*Maschine*) run* in; (*fig*) become* established IDM ⇨ TÜR

einläuten ring* *sth* in; (*fig*) signal*, open ◊ *wenn die Glocken das neue Jahr einläuten* when the bells ring in the New Year ◊ *das Ende einer Ära einläuten* signal the end of an era ◊ *Im Streit um die Reform wird die nächste Runde eingeläutet.* The next round of the argument about the reform is about to be opened.

einleben sich ~ settle in

einlegen 1 etw (**in etw**) ~ put* sth in(to sth) ◊ *Ich muss einen neuen Film einlegen.* I'll have to put a new film in. ◊ *eine CD einlegen* put a CD in **2** (*Gang*) ◊ *Leg den ersten Gang ein.* Put the car into first (gear). ◊ *Ich legte den Rückwärtsgang ein.* I put the car into reverse. **3** (*konservieren*) pickle **4** (*verzieren*) inlay* ◊ *Die Türen waren mit Rosenholz eingelegt.* The doors were inlaid with rosewood. **5** ◊ *eine Schweigeminute einlegen* observe a minute's silence ◊ *eine Pause einlegen* take a break ◊ *eine Sonderschicht einlegen* do an extra shift ◊ *Als er den Bus sah, hat er ein schnelleres Tempo eingelegt.* He put on a spurt when he saw the bus. ◊ *Eine Zwischenlandung musste eingelegt werden.* They had to make an extra stopover. **6** (*Protest*) register; (*Veto*) exercise; (*Widerspruch, Revision, Einspruch*) lodge ◊ *Sie haben gegen die Abschiebung Einspruch eingelegt.* They have lodged an appeal against the deportation order. **7 sich/jdm die Haare** ~ set* your/sb's hair IDM ⇨ WORT

einleiten 1 A wird mit B eingeleitet; B leitet A ein A begins* with B ◊ *Das Konzert wurde mit einer Sonate eingeleitet.* The concert began with a sonata. ◊ *Ein Referat leitete den Abend ein.* The evening began with a talk. ◊ *Die Ereignisse, die die Krise eingeleitet haben …* The events, which marked the beginning of the crisis … **2** (*Verfahren*) start; (*Maßnahmen, Schritte auch*) introduce ◊ *ein Verfahren gegen jdn einleiten* start legal action against sb **3 eine Geburt** (**künstlich**) ~ induce labour, (*AmE*) induce labor **4 etw in etw** ~ put* sth into sth; (*Abwasser etc.*) discharge sth into sth

einleitend 1 *Adj* (*Worte, Musik*) introductory; (*Maßnahmen*) preliminary ◊ *im einleitenden Kapitel* in the introductory chapter **2** *Adv* by way of introduction, in an/the introduction ◊ *Einleitend möchte ich darauf hinweisen …* By way of introduction, I should like to point out … ◊ *… wie sie einleitend in ihrem Buch festgestellt hat …* as she states in the introduction to her book ☛ *Hinweis bei* FIRSTLY

Einleitung 1 introduction ◊ *die Einleitung des Buches* the introduction to the book **2** start; (*von juristischen Schritten*) initiation ◊ *die Einleitung der Verhandlungen* the start of negotiations **3** (*der Geburt*) induction (*oft mit einem Verb übersetzt*) ◊ *Sie entschieden sich für die Einleitung der Geburt.* They decided to induce labour. **4** (*von Abwässern*) discharge

einlenken (*nachgeben*) give* in

einlesen 1 sich (**in etw**) ~ (*in ein Thema*) read* up (about sth); (*in ein Buch*) get* into sth ◊ *sich in die europäische Geschichte einlesen* read up on European history **2** (COMP) read* sth in; (*mit Scanner*) scan* sth in ◊ *Daten in den Speicher einlesen* read data into the memory ◊ *den Strichkode einlesen* scan the bar code in

einleuchten etw leuchtet jdm ein sth convinces sb, sb sees* sth ◊ *Dieses Argument leuchtete ihm sofort ein.* This argument convinced him straight away. ◊ *Es leuchtet mir nicht ein, warum ich das tun soll.* I don't see why I should do that.

einleuchtend convincing (*Adv* convincingly), reasonable ◊ *eine einleuchtende Erklärung* a convincing explanation ◊ *Das klingt durchaus einleuchtend.* That sounds perfectly reasonable.

einliefern take* ◊ *Sie wurde sofort in die Klinik eingeliefert.* She was taken to hospital immediately.

Einliegerwohnung = small flat/apartment, usually with its own entrance, in a detached house

einlösen 1 (*Scheck*) cash; (*Gutschein, Pfand*) redeem **2** (*Versprechen etc.*) keep*

einmachen bottle ◊ *Sie hat fünf Gläser Pflaumen eingemacht.* She has bottled five jars of plums.

einmal 1 once ◊ *Er war erst einmal in den USA.* He's only been to the States once. ◊ *einmal in der Woche* once a week ◊ *Einmal im Museum, war sie nicht mehr wegzubringen.* Once she was in the museum, it was impossible to get her out again. **2 noch** ~ again ◊ *Ich sage es noch einmal.* I'll say it again. **3 noch** ~ **so groß, viel etc.** twice as big, much, etc. **4** (*in der Zukunft*) one day, some time ◊ *Er wird einmal ein großer Schauspieler werden.* One day he'll be a great actor. **5** (*in der Vergangenheit*) at one time, once ◊ *Sie war einmal eine berühmte Filmschauspielerin.* She was a famous film actress at one time. **6 auf** ~ (*plötzlich*) suddenly **7 auf** ~ (*gleichzeitig*) at once ◊ *Sprecht nicht alle auf einmal!* Don't all talk at once. **8 nicht** ~ not even ◊ *Er hat sich nicht einmal bedankt.* He didn't even say thank you. ◊ *Sie weiß nicht einmal, wo Bali liegt.* She doesn't even know where Bali is. **9** ☛ Zur Verstärkung wird "einmal" meist nicht übersetzt. ◊ *Besuch sie doch einmal.* Why don't you go and see her. ◊ *Ich muss ihn schon einmal irgendwo gesehen haben.* I must have seen him somewhere before. ◊ *So ist es nun einmal.* That's just the way it is. ◊ *Sie kann ihn nun einmal nicht ausstehen.* She just can't stand him. ◊ *Macht erst einmal eure Hausaufgaben, dann könnt ihr spielen.* Do your homework first, then you can play. ◊ *Alle einmal zuhören!* Listen, everybody! IDM **einmal ist keinmal** once doesn't count **einmal mehr** once again **Es war einmal …** Once upon a time there was …

Einmaleins (times) tables [Pl] IDM **das** (**kleine**) **Einmaleins der/des …** the basics of … ◊ *Er lernte das kleine Einmaleins der Redekunst.* He learned the basics of rhetoric.

einmalig 1 *Adj* (*ein einziges Mal vorkommend*) one-off (*nur vor Nomen*) ◊ *eine einmalige Gebühr/Anschaffung* a one-off charge/purchase **2** *Adj* (*einzigartig*) unique ◊ *Das war eine einmalige Gelegenheit.* It was a unique opportunity. ◊ *Das ist ein weltweit einmaliges Experiment.* This is the only experiment of its kind in the world. **3** *Adj* (*sehr gut*) superb ◊ *Das Essen war wirklich einmalig.* The food was really superb. **4** *Adv* (*nur einmal*) (only) once **5** *Adv* (*sehr*) really, absolutely ◊ *Es war einmalig schön.* It was really nice.

Einmarsch 1 parade ◊ *der Einmarsch der Athleten* the parade of athletes **2** (MIL) invasion

einmarschieren (**in etw**) ~ **1** march in(to sth) ◊ *Die Sportler marschierten ins Stadion ein.* The athletes marched into the stadium. **2** (MIL) invade sth

einmauern 1 (*ins Mauerwerk einfügen*) set* *sth* into a/the wall ◊ *eine Gedenktafel in die Wand einmauern* set a commemorative plaque into the wall **2** (*mit Mauerwerk umgeben*) wall *sth* up **3** (*Gefangene*) immure

einmischen 1 sich (**in etw**) ~ interfere (in sth) ◊ *sich in fremde Angelegenheiten einmischen* interfere in other people's affairs **2 etw** (**in etw**) ~ (*Farben etc.*) mix sth (into sth)

Einmischung interference [U] (*oft mit einem Verb übersetzt*); (*militärisch*) intervention ◊ *Die Partei lehnt die Einmischung der Regierung ab.* The party rejected government interference. ◊ *Er verbittet sich jede Einmischung in seine Angelegenheiten.* He won't allow anyone to interfere in his affairs.

einmonatig 1 (*einen Monat dauernd*) one-month ◊ *ein einmonatiger Kurs* a one-month course **2** (*einen Monat alt*) month-old

einmotten put* *sth* into mothballs; (*fig*) mothball ◊ *Der Atommeiler wurde eingemottet.* The nuclear reactor was mothballed.

einmummen wrap* *sb* up (warmly); **sich** ~ wrap* yourself up (warmly) ◊ *dick eingemummt* warmly wrapped up

einmünden in etw ~ (*Fluss*) flow into sth; (*Straße*) lead* to sth

Einmündung 1 (*Fluss*) confluence ◊ *die Einmündung der Mosel in den Rhein* the confluence of the Moselle with the Rhine ◊ *die Einmündung der Themse in die Nordsee* the point where the Thames enters the North Sea **2** (*Straße*) junction ◊ *die Einmündung der Schillerstraße in den Hochweg* the junction of Schillerstraße and Hochweg

einmütig unanimous (*Adv* unanimously)

Einmütigkeit unanimity; (*Konsens*) agreement

Einnahme 1 (*durch Arbeit*) income [U]; (*durch Verkauf*) proceeds [Pl]; (*staatlich*) revenue [U] ◊ *Einnahmen und Ausgaben* income and expenditure ◊ *die Einnahmen aus dem Verkauf von Kuchen* the proceeds of the cake sale ◊ *die Einnahmen aus dem Fremdenverkehr* the revenue from

tourism 2 (*meist mit einem Verb übersetzt*) ◊ *die Einnahme verbotener Substanzen* taking banned substances **3** (MIL) capture
Einnahmequelle source of income
einnehmen 1 make*; (*Arbeitnehmer auch*) earn; (*Geschäft*) take* ◊ *Durch den Transfer nahm der Verein eine beachtliche Summe ein.* The club made a lot of money from the transfer. ◊ *Wie viel habt ihr gestern Abend eingenommen?* How much did you take last night? **2** (*Medikamente, Drogen*) take* ◊ *Er nimmt Tabletten gegen die Anfälle ein.* He takes tablets for the attacks. **3** (*Mahlzeiten*) have ◊ *einen kleinen Imbiss im Stehen einnehmen* have a snack on the hoof **4** (MIL) take*, capture **5** (*Platz belegen*) take* ◊ *Bitte nehmen Sie Ihre Plätze ein.* Please take your seats. ◊ *Er nimmt Platz 9 der Weltrangliste ein.* He's ranked number 9 in the world. **6** (*Raum beanspruchen*) take* *sth* up ◊ *Das neue Gewächshaus nahm den halben Garten ein.* The new greenhouse took up half the garden. ◊ *Welchen Stellenwert nimmt bei Ihnen die Freizeit ein?* What role does leisure play in your life? **7** (*Meinung, Standpunkt*) adopt ◊ *Sie nahm eine ablehnende Haltung gegenüber den Plänen ein.* She adopted a negative stance on the plans. **8** (*in eine bestimmte Position begeben*) assume ◊ *die Startposition einnehmen* assume the starting position ◊ *eine aufrechte Sitzhaltung einnehmen* sit up straight **9** *jdn für jdn* ~ win* sb over; *jdn gegen jdn* ~ turn sb against sb ◊ *Er konnte die Mehrheit der Wähler für sich einnehmen.* He was able to win over a majority of the voters. **10** *von jdm/etw eingenommen sein* be taken with sb/sth ◊ *Sie war von der Idee eingenommen.* She was taken with the idea. **11** *von sich eingenommen sein* be conceited ◊ *Er ist zu sehr von sich eingenommen.* He's too conceited.
einnehmend charming (*Adv* charmingly); (*Lächeln*) winning (*nur vor Nomen*)
einnicken nod* off (*umgs*)
einnisten *sich* ~ **1** (*Vogel*) nest **2** (*Ei*) implant itself; (*Schädlinge etc.*) establish itself **3** (*wohnen*) take* up residence
Einöde wasteland
einölen 1 *jdn/etw* ~ put* oil on sb/sth; *sich* ~ put* oil on ◊ *Ich muss mich mit Sonnenöl einölen.* I have to put some suntan oil on. **2** *jdm/sich etw* ~ put* oil on sb's/your sth ◊ *Er ölte ihnen den Rücken ein.* He put oil on their backs. **3** (*Schloss, Scharniere etc.*) oil **4** (*Backblech etc.*) grease
einordnen 1 arrange, put* *sth* in order; (*Akte, Datei*) file ◊ *Sie ordnete die Bücher ins Regal ein.* She arranged the books on the shelf. ◊ *Einordnen der E-Mails in die verschiedenen Ordner* filing emails in the various folders **2** *jdn/etw* ~ classify* sb/sth; *jdn/etw als etw* ~ class sb/sth as sth ◊ *Der Roman lässt sich nur schwer einordnen.* The novel is difficult to classify. ◊ *Die Partei ist ganz links einzuordnen.* The party ranks as a very left-wing grouping. **3** *sich* ~ (*Verkehr*) get* in(to) lane ◊ *Das Taxi ordnete sich links ein.* The taxi got into the left lane. **4** *sich* (*in etw*) ~ (*sich einfügen*) fit* (into sth) ◊ *Der neue Schüler ordnete sich schnell in die Klassengemeinschaft ein.* The new boy quickly fitted into his new class.
einpacken 1 pack ◊ *Packst du mir auch einen Apfel ein?* Can you pack me an apple, too? ◊ *Hast du daran gedacht, deinen Föhn einzupacken?* Did you remember to pack your hairdryer? **2** (*einwickeln*) wrap* ◊ *Könnten Sie mir das als Geschenk einpacken?* Could you gift-wrap it for me? **3** *sich* ~ wrap* up (warmly) **IDM einpacken können** ◊ *Wenn das so weitergeht, kann ich einpacken!* If this goes on, I might as well give up!
einparken 1 park **2** (*anderes Fahrzeug behindern*) box sb/sth in ◊ *Ich wurde eingeparkt.* I've been boxed in.
einpendeln *sich* ~ level* off; (*sich normalisieren*) settle down ◊ *Die Mitgliederzahl hat sich auf 120 eingependelt.* The number of members has levelled off at 120. ◊ *Das wird sich mit der Zeit wieder einpendeln.* Things will settle down again in time.
einpferchen 1 cram* sb/sth in ◊ *Die Gefangenen wurden zu viert in eine kleine Zelle eingepfercht.* The prisoners were crammed in four to a small cell. **2** (*in einen Pferch bringen*) pen* sth in/up
einpflanzen 1 (*Blumen etc.*) plant* **2** (*Eizellen etc.*) implant; (*Organ*) give* sb/sth a transplant ◊ *Ein Embryo ist dem Mutterschaf eingepflanzt worden.* An embryo was implanted into the mother sheep. ◊ *Dem Patienten wurde eine Spenderniere eingepflanzt.* The patient was given a kidney transplant.
einplanen include *sth* in the plans; (*Zeit*) allow; (*Geld*) budget for *sth* ◊ *Man muss für die Reise etwa drei Stunden einplanen.* You have to allow about three hours for the journey. ◊ *Ich hatte den Termin bereits fest eingeplant.* I'd already put the date down in my diary.
einprägen 1 *etw auf/in etw* ~ stamp sth onto sth **2** *jdm etw* ~ impress (the importance of) sth on sb ◊ *Sie prägte uns ein, immer mit Fahrradhelm zu fahren.* She impressed on us the importance of wearing a cycle helmet. **3** *sich* (*jdm*) ~ be imprinted upon sb's memory ◊ *Die Erlebnisse haben sich seinem Gedächtnis eingeprägt.* These experiences were imprinted on his memory. ◊ *ein Motiv, das sich sofort einprägt* an instantly memorable motif **4** *sich etw* ~ memorize sth ◊ *Sie prägte sich die Zahlenkombination genau ein.* She memorized the combination.
einprägsam 1 *Adj* easy to remember (*nicht vor Nomen*), memorable; (*Lied, Slogan etc.*) catchy ◊ *ein einprägsamer Name* a name that's easy to remember **2** *Adv* in a way that is/was easy to remember
einprogrammieren (*Nummern etc.*) program*
einquartieren 1 house; (*Truppen*) billet*; (*Besuch*) put* sb up ◊ *Die Flüchtlinge wurden zunächst in Notunterkünften einquartiert.* The refugees were initially housed in temporary accommodation. ◊ *Wenn sie zu Besuch kommen, werden wir sie bei Freunden einquartieren.* If they come for a visit, we will put them up with friends. **2** *sich* ~ stay
einrahmen 1 frame ◊ *Sie ließ das Bild einrahmen.* She had the picture framed. **2** surround ◊ *Die Stadt ist von Bergen eingerahmt.* The town is surrounded by mountains.
einrasten lock into position
einräumen 1 *etw in etw* ~ put* sth in sth ◊ *das Geschirr in den Schrank einräumen* put the crockery in the cupboard **2** *etw* ~ (*Schrank, Regal*) fill sth; (*Möbel, Zimmer*) arrange sth **3** *jdm/etw etw* ~ (*gewähren*) give* sb/sth sth, give* sth to sb/sth ◊ *Die Bank räumte ihr einen Kredit ein.* The bank gave her a loan. ◊ *Der Polizei wurde das Recht eingeräumt, sein Telefon abzuhören.* The police were given permission to tap his phone. ◊ *der Frauenpolitik Vorrang einräumen* give priority to women's issues ◊ *Ich räume ihm für die nächste Wahl gute Chancen ein.* I think he stands a good chance in the next election. **4** (*zugeben*) admit* ◊ *Er räumte seinen Irrtum ein.* He admitted his mistake.
einrechnen include, take* *sth* into account ◊ *30 Dollar am Tag, Überstunden nicht eingerechnet* 30 dollars a day, not including overtime ◊ *Wir müssen neben der Unterkunft auch die Fahrtkosten einrechnen.* We must take the cost of travel into account as well as accommodation.
einreden 1 *jdm etw* ~ persuade sb of sth, talk sb into believing sth ◊ *Die Friseurin redete ihr ein, dass sie unbedingt eine Dauerwelle brauche.* The hairdresser persuaded her that she had to have a perm. ◊ *Er redete sich ein, dass alles in Ordnung sei.* He talked himself into believing that everything was all right. ◊ *Du willst mir wohl ein schlechtes Gewissen einreden.* You're just trying to make me feel guilty. ◊ *Wer hat dir denn diese Idee eingeredet?* Who put that idea in your head? **2** *auf jdn* ~ keep* talking to sb ◊ *Der Sanitäter redete beruhigend auf den Verletzten ein.* The paramedic kept talking to the injured man to calm him down. ◊ *Hört auf, alle gleichzeitig auf mich einzureden!* Will you stop all talking to me at the same time!
einreiben 1 *sich* (*mit etw*) ~ put* sth on ◊ *Du musst dich mit Sonnenöl einreiben.* You must put some suntan oil on. **2** *jdn* (*mit etw*) ~ ◊ *Der Masseur rieb ihn mit Öl ein.* The masseur rubbed oil into his skin. **3** *jdm/sich etw* ~ rub* sth into sth ◊ *Soll ich dir den Rücken einreiben?* Shall I rub some lotion into your back? **4** *etw* (*in etw*) ~ rub* sth (into sth) ◊ *eine Salbe zum Einreiben* a cream to put on
einreichen (*Antrag, Bewerbung etc.*) send* *sth* (in), submit* (*offiz*); (*Beschwerde*) file (*offiz*); (*Rücktritt*) tender (*offiz*) ◊ *die Rechnung bei der Versicherung einreichen* send the bill to the insurance company ◊ *eine Klage beim Ministerium einreichen* file a complaint with the ministry
einreihen 1 *sich in etw* ~ join sth; *sich* (*in etw*) ~ take* your place (in sth) ◊ *Ich reihte mich in die Warteschlange ein.* I joined the queue. ◊ *Er konnte sich unter die besten Skifahrer einreihen.* He was able to take his place among the top skiers. **2** (*einordnen*) classify* ◊ *Man soll ihn nicht unter die Impressionisten einreihen.* You shouldn't classify

him as an Impressionist.
einreihig single-breasted
Einreise entry (*oft mit einem Verb übersetzt*) ◊ *Sie wurden an der Einreise gehindert.* They were prevented from entering the country.
Einreisegenehmigung entry permit
einreisen in ein Land ~ enter a country ◊ *Sie durften ohne Visum nach Deutschland einreisen.* They were allowed to enter Germany without a visa.
Einreisevisum entry visa
einreißen 1 (*niederreißen*) tear* *sth* down **2** (*einen Riss machen/bekommen*) tear* ◊ *Mein Fingernagel ist eingerissen!* I've torn a fingernail! **3** (*zur Angewohnheit werden*) become* a habit ◊ *Das will ich erst gar nicht einreißen lassen!* I don't want that to become a habit. ◊ *Schlechte Sitten sind schon wieder eingerissen.* People have got into bad habits again.
einrenken 1 (**jdm**) **etw ~** (*Gelenk, Wirbel*) put* *sth* back (in place) ◊ *Der Arzt renkte ihre ausgekugelte Schulter wieder ein.* The doctor put her dislocated shoulder back. **2** (*nach einem Streit*) sort *sth* out ◊ *Es gelang ihm, die Angelegenheit wieder einzurenken.* He managed to sort the matter out. **3 sich ~** sort itself out ◊ *Ich hoffe, die Sache renkt sich wieder ein.* I hope things sort themselves out again.
einrennen 1 break* *sth* down ◊ *Die Polizei rannte die Tür ein.* The police broke the door down. **2 sich den Kopf ~** (*anstoßen*) bash your head on/against *sth* (*umgs*) ◊ *Er rannte sich den Kopf an der Tür ein.* He bashed his head against the door. IDM ⇨ BUDE *und* TÜR
einrichten 1 furnish; (*Geschäft, Küche*) fit* *sth* out ◊ *Sie haben ihr Wohnzimmer wirklich nett eingerichtet!* They've furnished their living room really nicely! ◊ *ein modern eingerichtetes Büro* an office with modern furnishings. **2 sich ~** furnish your home ◊ *Er hatte sich mit alten Möbeln gemütlich eingerichtet.* He had furnished his home comfortably with old furniture. **3** (*Institution etc.*) set* *sth* up ◊ *Für Spenden wurden Konten eingerichtet.* Accounts were set up for donations. **4** (*arrangieren*) organize, manage ◊ *Sie hatte ihre Arbeit so eingerichtet, dass noch genug Zeit für ihre Familie blieb.* She organized her work so that she had enough time for her family. ◊ *Kannst du es dir so einrichten, diesmal pünktlich zu sein?* Can you manage to be there on time for a change? ◊ *17 Uhr? Das lässt sich einrichten!* 5 o'clock? We can manage that! ◊ *„Kommst du mit dem kleinen Gehalt aus?"„Man lernt es, sich einzurichten!"* 'Can you make ends meet on such low wages?' 'You learn to manage!' ◊ *Es ließ sich nicht anders einrichten.* There was no other way of doing it. **5 sich auf jdn/etw ~; auf jdn/etw eingerichtet sein** be prepared for sb/sth ◊ *Bei diesem Arzt musst du dich auf eine lange Wartezeit einrichten!* You have to be prepared for a long wait at this doctor's! ◊ *Sie war auf Besuch nicht eingerichtet.* She was not prepared for visitors. **6** (*Knochen*) set* IDM ⇨ HÄUSLICH
Einrichtung 1 (*das Einrichten*) establishment (*oft mit einem Verb übersetzt*) ◊ *Umweltschützer forderten die Einrichtung eines Naturschutzgebietes.* Environmentalists called for a nature reserve to be set up. ◊ *Mit der Einrichtung der Wohnung ließen sie sich Zeit.* They took their time furnishing the flat. **2** (*Möbel etc.*) furnishings [Pl] **3** (*öffentlich*) facility* [meist Pl]; (*Heim, Behörde*) institution ◊ *eine Einrichtung zur Kinderbetreuung* childcare facilities ◊ *eine staatliche Einrichtung* a state institution ◊ *Das Festival ist zu einer festen Einrichtung geworden.* The festival has become an institution.
Einrichtungsgegenstand piece of furniture
einrollen 1 roll *sth* up **2 sich ~** curl up **3** (*Zug, Lkw etc.*) pull in
einrosten 1 rust up **2** (*körperlich*) stiffen up; (*geistig*) get* rusty ◊ *Mein Französisch ist etwas eingerostet.* My French has got rather rusty.
einrücken 1 in etw ~ move to *sth* ◊ *Die Soldaten rückten in die Hauptstadt ein.* The soldiers moved into the capital. **2** (*zum Militärdienst*) report for military service **3** (*Text*) indent
einrühren etw (**in etw**) **~** stir* *sth* in(to sth)
eins[1] *Zahl* one ◊ *Seite eins* page one ◊ *Sie gewannen eins zu null.* They won one-nil. ◊ *um halb eins* at half past twelve ☛ *Siehe auch* 759
eins[2] *Adj* **1 etw ist jdm ~** sb doesn't* mind ◊ *„Tee oder Kaffee?" „Das ist mir eins."* 'Tea or coffee?' 'I don't mind.' **2** (**mit jdm**) **~ sein/werden** (*übereinstimmen*) agree (with sb) ◊ *In diesem Punkt sind wir uns eins.* We agree on this point. **3** (**mit jdm/etw**) **~ werden** (*verschmelzen*) become* one with sb/sth
eins[3] *Pron* **1** one ◊ *Ich brauche ein Handy, und zwar eins mit mehr Funktionen.* I need a mobile – one with more functions. **2** (*eine Sache*) one thing ◊ *Eins ist mir noch nicht klar, ...* I am still not clear about one thing, ...
Eins 1 one ☛ *Beispiele bei* SECHS **2** (*Note sehr gut*) A ☛ *Hinweis bei* NOTE, S. 1126. **3** (*Schulnote in der Schweiz*) F ☛ *Hinweis bei* NOTE, S. 1126.
einsam 1 lonely ◊ *In New York war sie sehr einsam.* She was very lonely in New York. ◊ *sich einsam fühlen* feel lonely ◊ *Seit dem Tod seiner Frau lebt er sehr einsam.* He has lived a very lonely life since his wife's death. **2** (*abgelegen*) lonely, isolated; (*nicht überfüllt*) secluded ◊ *eine einsame Berghütte* a lonely mountain hut ◊ *Die Hütte lag sehr einsam.* The hut was in a very isolated spot. ◊ *einsame Strände* secluded beaches ◊ *Was würdest du auf eine einsame Insel mitnehmen?* What would you take with you to a desert island? IDM ⇨ KLASSE
Einsamkeit (*unerwünscht*) loneliness; (*erwünscht*) solitude
einsammeln 1 (*auflesen*) pick *sth* up ◊ *das Fallobst im Garten einsammeln* pick up the windfalls in the garden **2** (*abholen*) collect ◊ *Altpapier wird morgen eingesammelt.* Waste paper will be collected tomorrow. **3** (*Geld, Hefte, Ausweise*) collect *sth* in
Einsatz 1 use [U/Sing]; (*von Truppen etc.*) deployment (*oft mit einem Verb übersetzt*) ◊ *der Einsatz von Schusswaffen* the use of guns ◊ *Unter dem Einsatz von Tränengas stürmte die Polizei das Gebäude.* Police using tear gas stormed the building. ◊ *Der Einsatz eines weiteren Schulbusses ist nötig.* It is necessary to put on another school bus. ◊ *Er hoffte, im nächsten Spiel zum Einsatz zu kommen.* He hoped to play in the next match. ◊ *Der Krankenwagen war ständig im Einsatz.* The ambulance was kept busy. **2** (*Engagement*) commitment ◊ *mit unermüdlichem Einsatz* with untiring commitment ◊ *unter Einsatz seines Lebens* at the risk of his own life **3** (*Militär*) mission; (*Polizei, Feuerwehr*) operation; **zum ~ ausrücken** be called out ◊ *Die Bergrettung musste zum Einsatz ausrücken.* The mountain rescue team was called out. ◊ *Die Feuerwehr ist unterwegs zu einem Einsatz.* The fire brigade is out on a call. **4** (*Mus*) entry*; (THEAT) cue **5** (*bei Glücksspielen*) stake ◊ *Er erhöhte den Einsatz.* He raised the stakes. **6** (*Pfand*) deposit **7** (*Stoff*) inset **8** (*einsetzbares Teil*) tray; (*bei Töpfen etc.*) basket ◊ *eine Schmuckschatulle mit herausnehmbaren Einsatz* a jewellery case with a removable tray
einsatzbereit 1 ready (for action), on standby (*nicht vor Nomen*) ◊ *Zwei einsatzbereite Krankenwagen warteten vor dem Bierzelt.* Two ambulances waited on standby outside the beer tent. **2** (*bereit, sich einzusetzen*) committed ◊ *aktive, einsatzbereite Arbeitnehmer* active, committed staff
Einsatzbereitschaft 1 (MIL) operational readiness **2** (*Bereitschaftsdienst*) standby **3** (*Engagement*) sense of commitment **einsatzfähig 1** (*fähig, eingesetzt zu werden*) ready for action; (*gesundheitlich*) fit (for work/to play) **2** (*mit den nötigen Fähigkeiten*) competent; (*motiviert*) motivated **3** (*Maschinen etc.*) in working order, operational ◊ *die Zahl der einsatzfähigen U-Boote* the number of operational submarines **Einsatzkräfte** emergency services [Pl] **Einsatzort** scene ◊ *Es dauerte fünf Minuten, bis der Notarzt am Einsatzort eintraf.* It was five minutes before the emergency doctor arrived at the scene.
einschalten 1 (*Radio etc.*) switch *sth* on **2 sich ~** come* on; (*Alarm*) go* off ◊ *Der Feueralarm schaltet sich beim ersten Anzeichen von Rauch ein.* The fire alarm goes off at the first sign of smoke. **3** involve, call *sb* in ◊ *Sie warnten davor, die Polizei einzuschalten.* They warned against involving the police. **4 sich ~** (*eingreifen*) intervene
Einschaltquote audience figures [Pl], ratings [Pl]
Einschaltung (*oft mit einem Verb übersetzt*) ◊ *Sie entschieden sich zur Einschaltung der Polizei.* They decided to call in the police. ◊ *Mit der Einschaltung der Anwälte eskalierte der Nachbarschaftsstreit.* Once the lawyers got involved, the dispute between the neighbours escalated.
einschärfen jdm etw ~ impress *sth* on sb ◊ *Sie hatte ihnen eingeschärft, niemandem etwas davon zu sagen.* She had impressed on them not to tell anyone about it. ◊ *Er hat mir*

eingeschärft, die Tür niemandem zu öffnen. He told me not to open the door to anyone.

einschätzen 1 assess ◊ *Der Schaden lässt sich noch nicht einschätzen.* The damage cannot be assessed yet. ◊ *Die Lage wurde nicht als gefährlich eingeschätzt.* The situation was not considered to be dangerous. ◊ *Ich hätte ihn klüger eingeschätzt.* I'd have thought he was cleverer than that. ◊ *Wie schätzen Sie Ihre Chancen ein?* How do you see your chances? **2** (*abschätzen*) estimate ◊ *die Entfernung richtig einschätzen* to estimate the distance correctly **3 falsch ~** misjudge ◊ *Er hat die Lage falsch eingeschätzt.* He misjudged the situation. IDM **etw kann nicht hoch genug eingeschätzt werden** it is impossible to overestimate the importance of sth

Einschätzung assessment ◊ *seine Einschätzung der Lage* his assessment of the situation ◊ *Nach meiner Einschätzung …* In my estimation …

einschenken (jdm) (etw) ~ pour (sb) (sth) ◊ *Er schenkte mir ein Glas Wein ein.* He poured me a glass of wine. IDM ⇨ WEIN

einschicken send*sth in

einschlafen 1 go* to sleep ◊ *Ich schlief wieder ein.* I went back to sleep. ◊ *Vor dem Einschlafen lese ich meistens noch eine halbe Stunde.* I usually read for half an hour before I go to sleep. ◊ *Mir ist das Bein eingeschlafen.* My leg has gone to sleep. ◊ *Ich konnte nicht einschlafen.* I couldn't get to sleep. ◊ *Er schläft oft beim Fernsehen ein.* He often falls asleep in front of the television. ◊ *Das Spiel war zum Einschlafen.* The game was enough to send you to sleep. **2** (*aufhören*) peter out ◊ *Die Partnerschaft ist eingeschlafen.* The partnership has petered out. ◊ *Unsere Freundschaft ist langsam eingeschlafen.* We've lost touch with each other over the years. **3** (*sterben*) pass away

einschläfern 1 jdn ~ send* sb to sleep **2 ein Tier ~** put* an animal down, put* an animal to sleep

Einschlag 1 impact ◊ *der Einschlag eines Meteoriten* the impact of a meteorite ◊ *Durch den Einschlag eines Blitzes sind zwei Menschen ums Leben gekommen.* Two people were killed by lightning. **2** (*Gepräge*) touch ◊ *eine Ballade mit sentimentalem Einschlag* a ballad with a sentimental touch

einschlagen 1 break*, smash ◊ *Wir mussten ein Fenster einschlagen.* We had to break a window. ◊ *Die Einbrecher hatten ein Fenster eingeschlagen.* The burglars had smashed a window. ◊ *Die Polizei hat die Tür eingeschlagen.* The police broke the door down. **2** (*hineinschlagen*) **etw (in etw) ~** (*Nagel etc.*) hammer sth in(to sth); (*Pfahl etc.*) drive* sth in(to sth) **3** (*verpacken*) **etw (in etw) ~** wrap* sth (up) (in sth) **4** (*Richtung*) take* ◊ *Die Regierung will einen härteren Kurs einschlagen.* The government is planning to take a harder line. ◊ *Er hat schon als Kind eigene Wege eingeschlagen.* He always went his own way, even as a child. **5** (*Lenkrad, Räder*) turn **6 auf jdn/etw ~** hit* sb/sth **7** (**in etw**) ~ hit* sth; (*Blitz*) strike* sth ◊ *Der Blitz hat in einen Baum eingeschlagen.* A tree was struck by lightning. **8** (*Erfolg haben*) be a big hit, go* down well IDM **jdm den Kopf/Schädel einschlagen** smash sb's head in **jdm/sich die Zähne einschlagen** knock sb's/your teeth out ☛ *Siehe auch* BLITZ *und* BOMBE

einschlägig relevant ◊ *Sie hat die einschlägige Fachliteratur studiert.* She studied all the relevant literature on the subject. ◊ *Er ist einschlägig vorbestraft.* He already has a conviction for a similar offence.

einschleichen 1 sich (in etw) ~ sneak in(to sth) **2** sich (in etw) ~ (*Fehler*) creep* in(to sth) ◊ *Da haben sich einige Fehler eingeschlichen.* Some mistakes have crept in here.

einschleimen sich bei jdm ~ suck up to sb (*umgs*)

einschleppen (*Krankheit, Tier, Pflanze*) bring* sth in, introduce

einschleusen jdn/etw (in etw) ~ smuggle sb/sth in(to sth)

einschließen 1 jdn/etw/sich (in etw) ~ lock sb/sth/yourself in (sth) **2 eingeschlossen sein** be trapped ◊ *Tausende sind unter den Trümmern eingeschlossen.* Thousands are trapped in the rubble. ◊ *vom Schneesturm eingeschlossen sein* be snowed in **3 etw (in etw) ~** (*einbeziehen*) include sth (in sth) ◊ *Sind Laptops in die Versicherung eingeschlossen?* Are laptops covered by the insurance?

einschließlich 1 including ◊ *Ich habe es allen gesagt, einschließlich Thomas.* I told everybody, including Thomas. **2 bis ~** up to and including ◊ *Die Straße ist bis einschließlich Freitag, den 4 Juni gesperrt.* The road is closed up to and including Friday, 4 June. ◊ *von Montag bis einschließlich Freitag* from Monday to Friday inclusive ☛ Im amerikanischen Englisch sagt man: *Monday through Friday.*

einschmeicheln sich (bei jdm) ~ ingratiate yourself (with sb)

einschmuggeln 1 smuggle *sth* in **2** sich (in etw) ~ sneak in(to sth)

einschnappen click shut ☛ *Siehe auch* EINGESCHNAPPT

einschneidend radical (*Adv*) (*Einsparungen, Maßnahmen*) drastic; (*Folgen, Wirkung*) far-reaching

Einschnitt 1 (MED) incision **2** (*Wendepunkt*) turning point **3** (*wichtiges Ereignis*) major event

einschränken 1 (*verringern*) reduce, cut* down on *sth* ◊ *Man sollte die Gewalt im Fernsehen einschränken.* The amount of violence on television should be reduced. ◊ *Du musst das Rauchen einschränken.* You must cut down on your smoking. **2** (*einengen*) restrict ◊ *die Rechte der Asylsuchenden einschränken/die Asylsuchenden in ihren Rechten einschränken* restrict the rights of asylum seekers **3** (*Behauptung etc.*) qualify* ◊ *Einschränkend sagte sie, dass …* She qualified her statement by saying that … **4** sich ~ müssen have to economize

Einschränkung 1 (*Reduzierung*) reduction; (*Einsparung*) cut ◊ *eine Einschränkung der Milchproduktion* a reduction in milk production ◊ *Einschränkungen im sozialen Wohnungsbau* cuts in public housing **2** (*Beschränkung*) restriction **3** (*Vorbehalt*) reservation ◊ *Ich stimme Ihnen zu, allerdings mit Einschränkungen.* I agree with you, with some reservations.

einschreiben 1 etw (in etw) ~ enter sth (in sth) **2 etw ~ lassen** (*Post*) register sth, send* sth by registered post, (*AmE*) send* sth by registered mail **3** sich ~ (an der Uni) matriculate; (*in einen Kurs*) enrol*, (*AmE*) enrol; (*in eine Liste*) put* your name down

Einschreiben per ~ by registered post, (*AmE*) by registered mail

einschreiten intervene; (*Maßnahmen ergreifen*) take* action ◊ *Ein Lehrer kann nur dann einschreiten, wenn …* A teacher can only intervene if … ◊ *Die Behörde hätte längst einschreiten müssen.* The authorities should have taken action long ago.

einschüchtern intimidate ◊ *Ich lasse mich nicht einschüchtern.* I won't be intimidated.

Einschüchterung intimidation [U] ◊ *eine brutale Einschüchterung* brutal intimidation

einschulen eingeschult werden start school ◊ *In Deutschland wird man mit sechs eingeschult.* Children start school at 6 in Germany.

einsehen 1 see*; (*erkennen*) realize ◊ *Ich sehe ein, dass du keine andere Wahl hattest.* I can see that you had no choice. ◊ *Warum ich? Das sehe ich nicht ein.* I don't see why it should be me. ◊ *Er hat seinen Irrtum endlich eingesehen.* He finally realized that he was wrong. **2** (*Einblick nehmen*) look at *sth* ◊ *die Akten einsehen* look at the files **3** (*hineinsehen*) see* into *sth* ◊ *den Garten einsehen* see into the garden

einseitig 1 one-sided ◊ *Das Endspiel war ziemlich einseitig.* The final was rather one-sided. ◊ *etw einseitig darstellen* present sth in a one-sided way **2** (*auf einer Seite*) on one side ◊ *einseitig bedruckt* printed on one side ◊ *Er ist einseitig gelähmt.* He's paralysed on one side. ◊ *Die Autobahn ist einseitig gesperrt.* The motorway is closed in one direction. ◊ *einseitige Liebe* unrequited love **3** (*Ernährung*) unbalanced ◊ *eine einseitige Ernährung* an unbalanced diet **4** (POL) unilateral (*Adv*) unilaterally ◊ *einseitige Abrüstung* unilateral disarmament

Einseitigkeit one-sidedness; (*Subjektivität auch*) bias [U/Sing]

einsenden etw (an etw/jdn) ~ send* sth in(to sth/sb)

Einsendeschluss closing date

einsetzen 1 etw (in etw) ~ put* sth in (sth) ◊ *neue Fenster einsetzen* put in new windows **2** (*verwenden*) use; (*Armee, Polizei, Waffen etc.*) deploy ◊ *Das Geld soll dort eingesetzt werden, wo es wirklich gebraucht wird.* The money should be used where it is really needed. ◊ *Soldaten wurden zur Brandbekämpfung eingesetzt.* Troops were deployed to fight the fire. ◊ *Ich werde ihn im Mittelfeld einsetzen.* I'll play him in midfield. ◊ *In den letzten zehn Minuten wurde*

Owen eingesetzt. Owen was brought on for the last ten minutes. ◊ Zusätzliche Busse wurden eingesetzt. Extra buses were put on. **3 jdn als etw ~** appoint sb (as) sth; (*Erben*) name sb as sth **4 etw (für jdn/etw) ~** (*riskieren*) risk sth (for sb/sth) **5** (*anfangen*) start **6 sich für jdn ~** support sb **7 sich für etw ~** fight* for sth ◊ *Sie hat sich immer für Gleichheit eingesetzt.* She has always fought for equality. ◊ *Ich werde mich dafür einsetzen, dass alle mitkommen dürfen.* I'll do my best to see that everybody can come.
Einsicht 1 ~ (**in etw**) insight (into sth) **2** (*Erkenntnis*) (*meist mit einem Verb übersetzt*) ◊ *Wir sind zu der Einsicht gekommen, dass …* We have come to realize that … **3** (*Einsehen*) ◊ *in etw Einsicht nehmen* look at sth ◊ *jdm Einsicht in die Akten gewähren* allow sb to look at the files [IDM] **zur Einsicht kommen** come* to your senses
einsichtig 1 (*vernünftig*) reasonable **2** (*verständlich*) clear
Einsiedler(in) hermit
einsilbig monosyllabic; (*Mensch auch*) uncommunicative
einsinken (**in etw**) **~** sink* in(to sth)
einspannen 1 jdn (zu/für etw) ~ rope sb in (to do sth/for sth) **2 etw** (**in etw**) **~** (*in eine Vorrichtung*) put* sth in(to sth); (*in einen Schraubstock*) clamp sth in(to sth) **3** (*Pferd, Ochsen etc.*) hitch *sth* up
einsparen 1 (*Energie, Material, Geld etc.*) save; (*Kosten, Arbeitsplätze*) cut*
Einsparung 1 saving ◊ *eine Einsparung von 20%* a 20% saving ◊ *die Einsparung von Wasser* saving water **2 Einsparungen** cuts [Pl] ◊ *Einsparungen im Gesundheitswesen* cuts in the health service
einsperren 1 lock *sb/sth* in **2** (*ins Gefängnis*) put* *sb* away, lock *sb* up
einspielen 1 make* ◊ *Das Stück spielte mehrere Millionen ein.* The play made millions. **2 sich ~** get* going ◊ *Die neue Arbeitsweise hat sich noch nicht eingespielt.* The new way of working hasn't got going yet. **3** (**aufeinander**) **eingespielt sein** work/play well together ◊ *Die beiden waren gut aufeinander eingespielt.* The two of them worked well together. ◊ *Wir sind ein eingespieltes Team.* We make a good team. **4** (*CD etc.*) record
einsprachig monolingual
einspringen 1 step* in ◊ *Die Gemeinde sprang mit einer größeren Summe ein.* The council stepped in with a large donation. **2** (**für jdn**) **~** (*vertreten*) stand* in (for sb)
Einspruch 1 objection ◊ *Niemand erhob gegen die Pläne Einspruch.* Nobody raised any objection to the plans. **2** (RECHT) appeal ◊ *Der Einspruch wurde abgelehnt.* The appeal was dismissed. ◊ *beim Obersten Gericht Einspruch einlegen* appeal to the Supreme Court
einspurig 1 (*Straße, Bahnlinie*) single-track ◊ *eine einspurige Straße* a single-track road **2** ◊ *Die Autobahn ist nur einspurig befahrbar.* Traffic on the motorway is restricted to a single lane.
einst 1 once ◊ *Hier regierten einst die Römer.* The Romans once ruled here. **2** (*in Zukunft*) one day ◊ *Einst wirst du das bereuen.* You'll be sorry one day.
einstampfen (*Bücher etc.*) pulp
Einstand 1 debut ◊ *Der junge Spieler feierte einen tollen Einstand.* The young player made a fantastic debut. **2** (*Tennis*) deuce
einstecken 1 (*in die Tasche etc.*) put* *sth* in your pocket, bag, etc. ◊ *Er steckte das Geld ein und ging.* He put the money in his pocket and left. ◊ *Hast du die Fahrkarten eingesteckt?* Have you got the tickets? **2** (*verdienen*) make* **3 etw ~ müssen** (*Niederlage, Verlust*) suffer sth; (*Kritik*) take* sth
einstehen 1 für etw ~ accept responsibility for sth ◊ *Er muss für sein Verhalten einstehen.* He has to accept responsibility for his actions. ◊ *Wir stehen dafür ein, dass …* We guarantee that … **2 für jdn ~** vouch for sb
einsteigen 1 (**in etw**) **~** (*Bus, Flugzeug, Zug*) get* on(to) sth; (*Auto*) get* in(to) sth ◊ *Er ist in München eingestiegen.* He got on at Munich. ◊ *Sie stieg in das Auto ein.* She got into the car. ◊ *Soll ich hinten einsteigen?* Shall I get in the back? **2** (*in einen Raum*) get* in ◊ *Die Diebe sind durch ein Kellerfenster eingestiegen.* The burglars got in through a basement window. **3 in etw ~** (*eintreten*) go* into sth ◊ *in die Politik einsteigen* go into politics ◊ *Frauen, die wieder ins Berufsleben einsteigen wollen* women who want to return to work
Einsteiger(in) 1 (*Anfänger*) beginner **2 ~ in etw** newcomer to sth
einstellen 1 (*Fernseher, Bild*) adjust; **etw auf etw ~** tune sth in to sth ◊ *die Zündung neu einstellen* adjust the timing **2** (*regulieren*) set* ◊ *die Heizung einstellen* set the central heating **3** (*Rekord*) equal* **4 jdn ~** take* sb on, (*bes AmE*) hire sb ◊ *neue Mitarbeiter einstellen* take on new staff **5** (*nicht fortsetzen*) stop* ◊ *die Produktion/den Betrieb einstellen* stop production ◊ *Der Flugbetrieb wurde eingestellt.* All flights were cancelled. ◊ *Bitte stellen Sie nun das Rauchen ein.* Please extinguish your cigarettes. ◊ *Das Gerichtsverfahren wurde eingestellt.* The court proceedings were halted. **6 sich ~** materialize ◊ *Der erwartete Boom hat sich nicht eingestellt.* The expected boom didn't materialize. ◊ *Später stellten sich bei ihr Zweifel ein.* Later she began to have doubts. ◊ *Der erste Erfolg stellte sich bald ein.* Soon they had their first success. **7 sich auf jdn/etw ~** (**müssen**) (have to) be prepared for sb/sth ◊ *Wir müssen uns auf Entlassungen einstellen.* We have to be prepared for redundancies. **8 sich auf etw ~** (*sich anpassen*) adapt to sth ◊ *sich auf Veränderungen einstellen* adapt to change
einstellig in single figures (*dem Nomen nachgestellt*) ◊ *ein einstelliges Wachstum* growth in single figures ◊ *eine einstellige Zahl* a single figure
Einstellung 1 (*Anstellung*) taking on, (*bes AmE*) hiring ◊ *die Einstellung neuer Mitarbeiter* taking on new staff **2** (*Gerät*) adjustment ◊ *Die Einstellung der Satellitenschüssel sollte von einem Fachmann vorgenommen werden.* Adjustment of the satellite dish should be carried out by a specialist. **3** (*das Aufhören*) (*oft mit einem Verb übersetzt*) ◊ *die Einstellung der Produktion* stopping production ◊ *Der Senat hat für die Einstellung des Projekts gestimmt.* The Senate voted to end the project. ◊ *die Einstellung des Betriebs* the closure of the plant ◊ *eine Einstellung der Kampfhandlungen* a ceasefire ◊ *Die Kampfhandlungen führten zur Einstellung der Hilfsflüge.* The fighting meant that the aid flights were cancelled. **4** (*Haltung*) attitude ◊ *Mit dieser Einstellung kann man nicht gewinnen.* You won't win with that attitude.
Einstellungsgespräch (job) interview **Einstellungsstopp** freeze on recruitment
Einstieg 1 (*Tür*) door **2** (*das Einsteigen*) (*meist mit einem Verb übersetzt*) ◊ *den Einstieg in den Zug für Rollstuhlfahrer erleichtern* make it easier for people in wheelchairs to get on the train **3** (*Anfang*) start (*oft mit einem Verb übersetzt*) ◊ *Das war der Einstieg in eine heftige Debatte.* It was the start of a heated debate. ◊ *ein Einstieg in die Thematik* a way into the subject ◊ *den Arbeitslosen den Einstieg ins Berufsleben erleichtern* make it easier for the unemployed to find work
Einstiegsdroge gateway drug, soft drug
einstig former (*nur vor Nomen*) ◊ *sein einstiger Rivale* his former rival
einstimmen 1 (*Musikinstrument*) tune **2** (**in etw**) **~** join in (sth) ◊ *in den Chor einstimmen* join in the chorus **3 sich auf etw ~** get* into the right mood for sth
einstimmig 1 unanimous (*Adv* unanimously) ◊ *etw einstimmig beschließen* pass sth unanimously **2** (Mus) unison ◊ *einstimmig singen* sing in unison
einstreichen 1 etw mit etw ~ put* sth on sth **2** (*Geld*) pocket
einstudieren 1 (*Rolle, Text*) learn ◊ *eine Rolle einstudieren* learn your lines ◊ *Das wirkt allzu einstudiert.* It sounds too studied. **2** (*inszenieren*) put* sth on ◊ *Sie haben eine Modenschau einstudiert.* They put on a fashion show. **3** (*proben*) rehearse
einstufen 1 jdn (**in etw**) **~** put* sb into a group ◊ *Wir wurden in die C-Gruppe eingestuft.* We were put into group C. ◊ *jdn in eine Steuerklasse einstufen* put sb in a tax band **2 jdn/etw als etw ~** (*für etw halten*) consider sb/sth (to be) sth; (*klassifizieren*) class sb/sth as sth ◊ *Er wurde als ein Favorit eingestuft.* He was considered one of the favourites. ◊ *Sie ist als erwerbsunfähig eingestuft.* She is classed as unable to work.
Einstufung classification (*oft mit einem Verb übersetzt*) ◊ *die Einstufung der Straße als Hauptverkehrsstraße* the classification of the road as an A-road ◊ *die Einstufung in eine höhere Gehaltsstufe* being put in a higher income bracket

einstündig one-hour ◊ *eine einstündige Fahrt* a one-hour journey ◊ *ein einstündiges Treffen* an hour-long meeting
Einsturz collapse
einstürzen **1** collapse ◊ *Das Haus ist eingestürzt.* The house collapsed. ◊ *etw zum Einstürzen bringen* destroy sth **2 auf jdn ~** overwhelm sb
Einsturz- Einsturzgefahr danger of collapse ◊ *Das Betreten des Gebäudes ist wegen Einsturzgefahr verboten.* Keep out. Building in danger of collapse. **einsturzgefährdet** in danger of collapse (*nicht vor Nomen*)
einstweilig temporary, interim (*nur vor Nomen*) ◊ *eine einstweilige Verfügung* an interim injunction
eintägig one-day ◊ *eine eintägige Veranstaltung* a one-day event ◊ *ein eintägiger Ausflug* a day trip
Eintagsfliege 1 mayfly **2** (*fig*) nine days' wonder
eintauchen 1 *etw in etw ~* dip* sth in sth; (*Gebäck*) dunk sth in sth **2** (*tauchen*) dive*
eintauschen *etw* (*gegen etw*) *~* exchange sth (for sth)
einteilen 1 jdn/etw (**in etw**) *~* divide sb/sth (up) (into sth) ◊ *Die Kinder werden nach dem Alter in Gruppen eingeteilt.* The children are divided up into groups according to their age. **2** (*klassifizieren*) classify* ◊ *Die Bauernhöfe sind je nach Ausstattung in vier Kategorien eingeteilt.* The farms are classified into four categories according to their facilities. ◊ *Diese Chemikalien müssen in die Kategorie der gefährlichen Stoffe eingeteilt werden.* These chemicals have to be classified as dangerous. **3** *jdn zu etw ~* give* sb the job of doing sth, assign sb to sth (*gehoben*) ◊ *Ich bin heute zum Fensterputzen eingeteilt.* I've been given the job of cleaning the windows today. ◊ *jdn zum Nachtdienst einteilen* assign sb to night duty **4** (**sich**) *etw ~* organize sth; (*Geld*) manage sth ◊ *Alles ist genau eingeteilt und funktioniert wie geschmiert.* Everything is highly organized and runs like clockwork. ◊ *Ich kann mir die Arbeit selbst einteilen.* I can organize my work myself.
einteilig one-piece (*nur vor Nomen*)
Einteilung 1 division, classification (*oft mit einem Verb übersetzt*) ◊ *die Einteilung der Stadt nach Wahlbezirken* the division of the city into wards ◊ *Ich bin gegen eine Einteilung in Altersgruppen.* I don't think we should divide them according to age. **2** (*Planen*) organization ◊ *die Einteilung der Arbeit* the organization of your work
eintippen key *sth* in
eintönig monotonous; (*langweilig*) dull
Eintönigkeit monotony
Eintopf stew
Eintracht harmony
einträchtig 1 *Adj* harmonious **2** *Adv* in harmony
Eintrag 1 entry* ◊ *der Eintrag im Gästebuch* the entry in the visitors' book **2** (*ins Klassenbuch*) = comment in the register about a pupil's behaviour
eintragen 1 jdn/etw (**in etw**) *~* put* sb's name/sth (in sth), enter sb's name/sth (in sth) (*offiz*) ◊ *einen Termin ins Notizbuch eintragen* put an appointment down in your notebook ◊ *Die Daten wurden damals per Hand in ein Buch eingetragen.* In those days, the information was entered by hand in a book. ◊ *In seinem Pass ist Kiel als Geburtsort eingetragen.* In his passport, his place of birth is down as Kiel. **2 sich ~** (*sich vormerken lassen*) put* your name down; (*unterschreiben*) sign ◊ *Hast du dich schon auf die Liste für den Ausflug eingetragen?* Have you put your name down for the trip yet? ◊ *Wir trugen uns ins Gästebuch ein.* We signed the visitors' book. **3** (*einzeichnen*) mark ◊ *Die Dünen sind auf der Karte gelb eingetragen.* The dunes are marked in yellow on the map. **4** *etw auf ein Konto ~* charge sth to sb's account **5** (*amtlich vermerken*) register ◊ *ein eingetragenes Warenzeichen* a registered trade mark **6** (*Gewinn bringen*) make* money **7** *jdm etw ~* (*Kritik, Lob*) earn sb sth; (*Ärger*) cause sb sth
einträglich lucrative
Eintragung entry* ☛ *Siehe auch* EINTRAG
eintreffen 1 (*ankommen*) arrive ◊ *in London eintreffen* arrive in London ◊ *Bis jetzt ist keine Antwort eingetroffen.* We haven't had an answer yet. **2** (*geschehen*) happen; (*Befürchtungen, Träume etc.*) come* true ◊ *Alles traf genau so ein, wie sie es vorausgesagt hatte.* Everything happened exactly as she had predicted.
eintreiben (*Schulden, Steuer etc.*) collect

eintreten 1 (**in etw**) *~* enter (sth) (*gehoben, auch fig*); (*hereinkommen*) come* in(to sth); (*hineingehen*) go* in(to sth) ◊ *in ein Zimmer eintreten* enter a room ◊ *Die USA traten 1941 in den Krieg ein.* The United States entered the war in 1941. **2 in etw ~** (*Mitglied werden*) join sth ◊ *in eine Partei eintreten* join a party **3** (*sich ereignen*) happen; (*Schaden, Tod*) occur*; (*Situation*) arise*; (*Wandel*) come* about ◊ *Das Gegenteil ist eingetreten.* In fact, the opposite happened. ◊ *Plötzlich trat Stille ein.* Suddenly there was silence. ◊ *Der gewünschte Erfolg ist nicht eingetreten.* They didn't achieve the success they hoped for. **4 für jdn ~** stand* up for sb; **für etw ~** (*befürworten*) advocate sth; (*unterstützen*) support sth ◊ *Warum bist du nicht für mich eingetreten?* Why didn't you stand up for me? ◊ *Er trat für eine Reform ein.* He advocated reform. ◊ *Die Gewerkschaften traten engagiert für den Maastrichter Vertrag ein.* The unions strongly supported the Maastricht Treaty. **5** (*Tür*) kick *sth* in **6 auf jdn ~** kick sb **7 sich etw ~** get* sth in your foot ◊ *Ich habe mir einen Splitter eingetreten.* I got a splinter in my foot.
einrichtern *jdm etw ~* drum* sth into sb
Eintritt 1 admission (*offiz*) ◊ *Der Eintritt* (*zu dem Konzert*) *ist frei.* Admission (to the concert) is free. ◊ *Es kostet keinen Eintritt.* There is no admission charge.

> In der gesprochenen Sprache wird statt **admission** oft eine andere Konstruktion gebraucht: *Es kostet keinen Eintritt.* It's free to go in. ◊ *Was kostet der Eintritt?* How much is it to go in? ◊ *Kinder haben freien Eintritt.* Children get in free.

2 (*das Eintreten*) entry ◊ *Kein Eintritt!* No Entry! **3** (*Beitritt*) (*meist mit einem Verb übersetzt*) ◊ *Voraussetzungen für den Eintritt in die EU* conditions for joining the EU ◊ *Sekretärin zum baldigen Eintritt gesucht.* Secretary required to start as soon as possible.
Eintrittsgeld admission charge **Eintrittskarte** (admission) ticket **Eintrittspreis** admission charge
eintrocknen dry* up; (*fest werden*) dry*; (*einschrumpfen*) shrivel* up
einüben 1 rehearse; (*beibringen*) teach* ◊ *Sie hat einen Tanz mit den Kindern eingeübt.* She taught the children a dance. **2** (*üben*) practise
Einvernehmen 1 agreement ◊ *im gegenseitigen Einvernehmen* by mutual agreement ◊ *Die Entscheidung ist im Einvernehmen mit der Familie getroffen worden.* The decision was reached with the agreement of the family. **2** (*Eintracht*) understanding IDM **mit jdm in gutem Einvernehmen stehen** be on good terms with sb
einverstanden (**mit etw**) **~ sein** (*zustimmen*) agree (to sth); (*übereinstimmen*) be agreed (on sth); (*für etw sein*) agree (with sth); (*zufrieden sein*) be happy (with sth) ◊ *Einverstanden!* Agreed! ◊ *Ich habe sie um eine Gehaltserhöhung gebeten, und sie ist einverstanden.* I asked her for a rise and she agreed. ◊ *Sind wir alle damit einverstanden?* Are we all agreed on this? ◊ *Er ist grundsätzlich mit der Idee einverstanden.* He agrees with the idea in principle. ◊ *Wir sind mit dieser Lösung einverstanden.* We are happy with this solution. ◊ *Sie sind damit einverstanden, dass du mitkommst.* They're happy for you to come with us. ◊ *Ich bin mit allem einverstanden.* I'll go along with everything. ◊ *Wer ist nicht einverstanden?* Is there anyone who disagrees?
Einverständnis 1 (*Zustimmung*) consent, approval ◊ *Die Universität muss ihr Einverständnis dazu geben.* The university must give its consent. **2** (*Übereinstimmung*) agreement ◊ *in beiderseitigem Einverständnis* by mutual agreement ◊ *im Einverständnis mit der französischen Polizei* with the agreement of the French police
Einwand *~* (*gegen etw*) objection (to sth) ◊ *Niemand erhob einen Einwand gegen die Pläne.* No one raised any objections to the plans.
Einwanderer, Einwanderin immigrant
einwandern immigrate

> Das Verb **immigrate** wird seltener gebraucht als das Nomen **immigrant**. **Go/Come to** (**live in …**) ist gebräuchlicher: *Er ist 1999 eingewandert.* He came to (live in) this country in 1999. ◊ *die eingewanderten Vietnamesen* the immigrants from Vietnam.

Einwanderung 1 immigration ◊ *das Problem der illegalen Einwanderung* the problem of illegal immigration **2**

Einwanderungsbehörde

(*das Einwandern*) (*meist mit einem Verb übersetzt*) ◊ *vor seiner Einwanderung* before he came to this country **Einwanderungsbehörde** immigration authorities [Pl] **Einwanderungsgesetz** immigration laws [Pl] **Einwanderungsland** country* of immigration **Einwanderungspolitik** immigration policy*

einwandfrei 1 perfect (*Adv* perfectly) ◊ *einwandfreie Waren* goods in perfect condition ◊ *Das Testament ist juristisch einwandfrei.* From a legal point of view the will is valid. ◊ *gesundheitlich einwandfreie Lebensmittel* food that is safe to eat ◊ *biologisch einwandfreie Molkereiprodukte* organic dairy products 2 (*Verhalten*) impeccable (*Adv* impeccably) 3 (*eindeutig*) clear (*Adv* clearly), indisputable (*Adv* indisputably) ◊ *Es steht einwandfrei fest, dass ... It is quite clear that ...* ◊ *Die Todesursache konnte nicht einwandfrei festgestellt werden.* It was not possible to establish the definite cause of death.

einwechseln (SPORT) substitute

Einweg- Einwegflasche non-returnable bottle **Einweggeschirr** disposable crockery ☛ *Es ist üblicher, von* **paper/plastic plates, cups, etc.** *zu sprechen.* **Einwegspritze** disposable syringe **Einwegverpackung** disposable packaging [U]

einweichen soak

einweihen 1 (*eröffnen*) open, inaugurate (*gehoben*); (*Kirche*) consecrate 2 (*zum ersten Mal benutzen*) christen (*umgs*) ◊ *Soll ich heute mein neues Kleid einweihen?* Shall I christen my new dress today? 3 jdn (in etw) ~ (*Geheimnis*) tell* sb (sth) ◊ *Sie hat mich nicht in ihren Plan eingeweiht.* She didn't tell me anything about her plan. 4 in etw eingeweiht sein know* about sth ◊ *Er war in die Pläne für das Attentat nicht eingeweiht.* He didn't know about the plans for the attack. 5 jdn (in etw) ~ (*Kunst etc.*) initiate sb (into sth)

Einweihung opening

Einweihungsfeier opening ceremony

einweisen 1 jdn ~ (*ins Krankenhaus*) admit* sb (to sth); (*ins Lager, Gefängnis*) send* sb (to sth) 2 jdn ~ (*in eine Aufgabe/eine Arbeit*) show* sb what to do 3 jdn/etw (in etw) ~ direct sb/sth (into sth) ◊ *Kannst du mich (in die Parklücke) einweisen?* Can you help me get into the parking space?

Einweisung 1 (*ins Krankenhaus*) admission; (*ins Lager etc.*) (*meist mit einem Verb übersetzt*) ◊ *Der Arzt veranlasste die Einweisung ins Krankenhaus.* The doctor arranged her admission to hospital. ◊ *Zur Einweisung in ein Straflager genügte schon eine Denunziation.* It only took a denunciation for somebody to be sent to a prison camp. 2 (*in eine Aufgabe*) training

einwenden object; etw gegen etw/jdn ~ have an objection to sth/sb ◊ *Er wandte ein, dass wir nicht genug Geld hätten.* He objected that we didn't have enough money. ◊ *Hast du etwas gegen unseren Vorschlag einzuwenden?* Have you any objections to our proposal? ◊ *Sie wusste nichts darauf einzuwenden.* She couldn't think of anything to say to that. ◊ *Dagegen ist nichts einzuwenden.* There's nothing wrong with that. ◊ *Gegen eine Tasse Tee hätte ich nichts einzuwenden.* I wouldn't mind a cup of tea.

einwerfen 1 put* sth in(*to sth*); (*Brief*) post, (*AmE*) mail 2 (*Fensterscheibe*) break*, smash 3 (*Bemerkung etc.*) interject 4 (SPORT) throw* *sth* in

einwickeln jdn/etw (in etw) ~ wrap* sb/sth (up) (in sth) ◊ *Das Baby war in eine Decke eingewickelt.* The baby was wrapped in a blanket. 2 jdn ~ (*überlisten*) take* sb in

einwilligen (in etw) ~ agree (to sth), consent (to sth) (*gehoben*); (*Erlaubnis geben*) give* your consent (to sth) ◊ *Sie hat eingewilligt, uns ihr Haus zu vermieten.* She agreed to rent us her house. ◊ *Er willigte nur ungern ein.* He agreed reluctantly. ◊ *Er willigte in die Scheidung ein.* He consented to a divorce. ◊ *Die Eltern müssen einwilligen.* The parents have to give their consent.

Einwilligung 1 consent 2 seine ~ (zu etw) geben agree (to sth) ◊ *Er hat seine Einwilligung zu einem Interview gegeben.* He agreed to an interview.

einwirken 1 auf jdn/etw ~ have an effect on sb/sth ◊ *beruhigend auf jdn einwirken* have a calming effect on sb ◊ *Das Klima hat vorteilhaft auf seine Gesundheit eingewirkt.* The climate has had a positive effect on his health. 2 (*beeinflussen*) influence, have an influence on sb/sth; (*überreden*) persuade ◊ *Kannst du nicht auf ihn einwirken, sich zu entschuldigen?* Can't you persuade him to apologise? 3 etw ~ lassen let* sth take effect ◊ *Man muss die Salbe ein paar Stunden einwirken lassen.* You have to let the cream take effect for a few hours.

Einwirkung effect; (*Einfluss*) influence ◊ *Die Schäden wurden durch Einwirkung von Strahlen bewirkt.* The damage was caused by the effects of radiation. ◊ *unter Einwirkung von Drogen stehen* be under the influence of drugs

einwöchig 1 (*eine Woche dauernd*) one-week ◊ *eine einwöchige Konferenz* a one-week conference 2 (*eine Woche alt*) week-old ◊ *ein einwöchiges Baby* a week-old baby

Einwohner(in) inhabitant

Einwurf 1 (*das Einwerfen*) (*meist mit einem Verb übersetzt*) ◊ *„Einwurf 1 Euro"* 'Insert 1 euro' 2 throw-in ◊ *einen Einwurf machen* take a throw-in 3 (*Einwand*) objection

Einzahl singular

einzahlen etw (auf etw) ~ pay* sth in(to sth) ◊ *einen Betrag auf ein Sparkonto einzahlen* pay a sum of money into a savings account ◊ *Spenden können bei der Frankfurter Sparkasse eingezahlt werden.* Donations can be made through the Frankfurt Savings Bank.

Einzahlung payment; (*auf ein Konto*) deposit ◊ *Nachweis über die Einzahlung* proof of payment ◊ *eine Einzahlung machen* make a deposit

Einzahlungsbeleg paying-in slip

einzäunen fence, surround sth by a fence

Einzel singles [Pl]; (*Spiel*) singles match ◊ *das Einzel-Finale der Frauen* the ladies' singles final ◊ *Er gewann sein Einzel/im Einzel.* He won his singles match/He won in the singles. ☛ *Hinweis bei* SINGLE[2], S.580

Einzelfall individual case; (*Sonderfall*) isolated case; (*Ausnahme*) exceptional case ◊ *Die zuständige Behörde prüft jeden Einzelfall.* The authorities look at each individual case. ◊ *Das ist kein Einzelfall.* It is not just an isolated case. ◊ *Manche sind sofort erfolgreich, aber das sind Einzelfälle.* Some are immediately successful, but these are exceptional cases. ◊ *im Einzelfall entscheiden* decide on a case-by-case basis **Einzelgänger(in)** loner **Einzelhaft** solitary confinement ◊ *Sie sitzt in Einzelhaft.* She is in solitary confinement. **Einzelhandel** retail trade ◊ *der Groß- und Einzelhandel* the wholesale and retail trade ◊ *Im Einzelhandel kostet das mehr.* It costs more in the shops. **Einzelhändler(in)** retailer ☛ G 2.2d **Einzelhaus** detached house ☛ *Hinweis bei* EINFAMILIENHAUS

Einzelheit detail ◊ *weitere Einzelheiten* further details ◊ *Er schilderte seine Operation in allen Einzelheiten.* He described his operation in great detail. ◊ *in die Einzelheiten gehen* go into detail

Einzelkind only child*

einzeln 1 *Adj* single, individual ◊ *Sie strich jeden einzelnen Fehler an.* She marked every single mistake. ◊ *Der einzelne Arzt muss das für sich entscheiden.* Each individual doctor must decide for him or herself. ◊ *eine einzelne Socke* an odd sock 2 *Adj* einzelne one or two ◊ *Einzelne Fragen blieben offen.* One or two questions were left open. 3 *Adv* individually; (*getrennt*) separately; (*nacheinander*) one at a time ◊ *Der Unterricht erfolgt in Gruppen oder einzeln.* The teaching takes place in groups or individually. ◊ *Die CDs kann man auch einzeln kaufen.* You can also buy the CDs separately. ◊ *Bitte einzeln eintreten.* Please come in one at a time.

Einzelne(r,s) 1 Einzelne(r) individual ◊ *Was kann der Einzelne dagegen tun?* What can the individual do about it? 2 jeder/jede ~ every single one ◊ *Jeder Einzelne hat seinen Beitrag geleistet.* Every single one has made a contribution. 3 ins Einzelne/im Einzelnen in detail ◊ *Das muss im Einzelnen noch besprochen werden.* That still needs to be discussed in detail. ◊ *Wir haben keine Zeit, um ins Einzelne zu gehen.* We haven't time to go into detail. ◊ *Alles war bis ins Einzelne geplant.* Everything was planned down to the last detail.

Einzel- Einzelstück 1 unique piece 2 ⇨ EINZELTEIL **Einzelteil** (individual) part ◊ *Ein Fernseher besteht aus rund 2 000 Einzelteilen.* A television is made up of about 2 000 individual parts. ◊ *etw in seine Einzelteile zerlegen* take sth to pieces **Einzelunterricht** individual tuition **Einzelzimmer** single room

einziehen 1 pull *sth* in; (*Fahne, Segel*) lower ◊ *Die Fischer zogen das Netz ein.* The fishermen pulled the net in. 2 pull *sth* in; (*Krallen*) retract ◊ *den Bauch einziehen* pull your tummy in ◊ *Er zog rechtzeitig den Kopf ein.* He ducked in time. ◊ *Der Hund zog den Schwanz ein.* The dog put his tail between his legs. **3** (*einatmen*) breathe *sth* in **4** (*einberufen*) call *sb* up, (*AmE*) draft ◊ *Er wird demnächst (zum Wehrdienst) eingezogen.* He'll soon be called up (for military service). **5** *etw* (**in etw**) ~ (*einbauen*) put* sth (into sth) **6 etw** (**in etw**) ~ (*durchziehen*) thread sth (into sth) **7** (*eintreiben*) collect **8** (*beschlagnahmen*) confiscate **9** (*aus dem Verkehr ziehen*) withdraw* **10 Erkundigungen** ~ make* enquiries **11** (**in etw**) ~ move in(to sth) ◊ *Wann ziehst du in die neue Wohnung ein?* When are you moving into the new flat? **12** (*in einen Rat etc.*) take* your seat; (*ins Finale etc.*) take* your place ◊ *Sie sind mit fünf Sitzen ins Stadtparlament eingezogen.* They took five seats on the town council. **13** (*einmarschieren*) process; (*Truppen etc.*) march in ◊ *Der Chor zog in die Kirche ein.* The choir processed into the church. ◊ *Endlich ist bei uns wieder Ruhe eingezogen.* Things have finally quietened down again around here. **14** (**in etw**) ~ (*eindringen*) be absorbed (into sth) ◊ *Die Creme zieht schnell (in die Haut) ein.* The cream is quickly absorbed (into the skin). IDM ⇒ SCHWANZ

einzig 1 *Adj* only ◊ *Das ist der einzige Grund.* That is the only reason. ◊ *eine einzige Schachtel Zigaretten* only one packet of cigarettes ◊ *das Einzige, was wir tun können* the only thing we can do ◊ *Er ist der Einzige, dem man vertrauen kann.* He's the only one you can trust. ◊ *die Einzigen, die Deutsch sprechen* the only ones who speak German ◊ *Sie hatte als Einzige einen Schirm dabei.* She was the only one with an umbrella. ◊ *Kein Einziger hatte die Hausaufgaben gemacht.* Not a single person had done the homework. **2** *Adj* (*zur Betonung einer Verneinung*) single ◊ *Sie hat nicht eine einzige Frage beantworten können.* She couldn't answer a single question. ◊ *Er ist kein einziges Mal gefallen.* He didn't fall down once. **3** *Adj* (*völlig*) absolute ◊ *Der Unterricht war eine einzige Quälerei.* The lessons were absolute torture. **4** *Adv* only, purely ◊ *Es war das einzig Vernünftige.* It was the only sensible thing. ◊ *Der Streit beruhte einzig auf einem Missverständnis.* The argument was purely the result of a misunderstanding. IDM **das einzig Wahre** the only thing **einzig in seiner Art** unique **einzig und allein** entirely

einzigartig 1 *Adj* unique **2** *Adv* extraordinarily, exceptionally ◊ *eine einzigartig schöne Gegend* an exceptionally beautiful area

Einzimmerwohnung one-room flat, (*AmE*) one-room apartment

Einzug 1 (*das Eintreiben*) collection **2** (*Beschlagnahmung*) confiscation **3** (*in eine Wohnung*) (*meist mit einem Verb übersetzt*) ◊ *Sie war seit dem Einzug in die neue Wohnung krank.* She had been ill since she moved into the new flat. **4** ~ **halten** arrive ◊ *Im Kindergarten hat der Computer Einzug gehalten.* Computers have arrived at nursery schools. ◊ (*in einen Rat, ins Finale etc.*) (*meist mit einem Verb übersetzt*) ◊ *vor seinem Einzug in den Bundestag* before he became a member of parliament ◊ *Der Einzug ins Halbfinale ist ihm sicher.* He is certain to get into the semifinal.

Einzugsermächtigung 1 direct debit (arrangement) **2** (*Formular*) direct debit mandate **Einzugsgebiet, Einzugsbereich 1** (*für Schulen, Krankenhäuser*) catchment area **2** ◊ *Das Dorf gehört zum/liegt im Einzugsgebiet der Hauptstadt.* The village is in the commuter belt of the city. ◊ *Das Industriegebiet liegt im Einzugsbereich der Straßenbahnlinie 11.* The industrial area is within reach of tram line 11.

eis, Eis (MUS) E sharp

Eis 1 ice ◊ *Vorsicht, das Eis trägt noch nicht!* Be careful, the ice won't take your weight yet! ◊ *Das Wasser war zu Eis gefroren.* The water had frozen. **2** (*Speise-*) ice cream ◊ *Gehen wir (ein) Eis essen?* Shall we go for an ice cream? **3** ~ **am Stiel** ice lolly*, (*AmE*) Popsicle™ **4** ~ **laufen** skate ◊ *Kannst du Eis laufen?* Can you skate? ◊ *Am Samstag gingen wir Eis laufen.* We went ice-skating on Saturday. IDM **etw auf Eis legen** put* sth on ice **auf Eis liegen** be on ice **das Eis brechen** break* the ice **sich auf dünnem Eis bewegen** be skating on thin ice

Eisbahn ice rink **Eisbär** polar bear

Eisberg iceberg IDM ⇒ SPITZE

Eis- Eisbeutel ice pack **Eisbrecher** ice breaker

Eischnee beaten egg white

Eis- Eiscreme ice cream **Eisdiele** ice-cream parlour, (*AmE*) ice-cream parlor

Eisen 1 (*Metall, Golfschläger*) iron ◊ *die Eisen verarbeitende Industrie* the iron (and steel) industry **2** (*Huf-*) horseshoe IDM **aus Eisen sein** (*Mensch*) be as hard as nails ◊ *das Eisen schmieden, solange es heiß ist* strike while the iron's hot **ein heißes Eisen** a controversial subject **jdn/etw zum alten Eisen werfen** throw* sb/sth on the scrap heap **zum alten Eisen gehören/zählen** be on the scrap heap **zwei/mehrere/noch ein Eisen im Feuer haben** have two/a few/other irons in the fire

Eisenbahn 1 (*Zug*) train, rail ◊ *Er fuhr mit der Eisenbahn.* He travelled by train. ◊ *etw mit der Eisenbahn schicken* send sth by rail ☞ *Hinweis bei* BAHN **2** (*Bahnstrecke*) railway, railway line, (*AmE*) railroad ◊ *Sie wohnt direkt an der Eisenbahn.* She lives right by the railway line. **3** (*Institution*) railways [Pl], railway company* ◊ *die Zukunft der Eisenbahn* the future of the railways ◊ *Er arbeitet bei der Eisenbahn.* He works on the railways. ◊ *die europäischen Eisenbahnen* the European railway companies **4** (*Modell-*) model railway; (*Spielzeug*) train set IDM ⇒ HÖCHSTE(R,S) **Eisenbahnbrücke** railway bridge, (*AmE*) railroad bridge **Eisenbahnstrecke** railway line, (*AmE*) railroad

Eisen- Eisenerz iron ore **Eisenzeit** Iron Age

eisern 1 *Adj* (*aus Eisen*) iron **2** *Adj* (*Disziplin, Regel, Prinzip*) strict; (*Wille*) iron (*nur vor Nomen*) ◊ *Das ist keine eiserne Regel.* It's not a strict rule. ◊ *Er hat eiserne Nerven.* He has nerves of steel. **3** *Adj* ~ **bleiben** remain adamant **4** *Adv* ◊ *eisern durchgreifen* take drastic action ◊ *eisern sparen* save every penny ◊ *eisern trainieren* train with iron determination ◊ *Er hielt eisern an dem Beschluss fest.* He stood firmly by the decision. IDM **das Eiserne Kreuz** the Iron Cross **der eiserne Vorhang 1** (THEAT) the safety curtain **2** (POL) the Iron Curtain **eiserne Lunge** (MED) iron lung **mit eiserner Hand/Faust** ruthlessly; brutally ◊ *Der Aufstand wurde mit eiserner Faust unterdrückt.* The uprising was ruthlessly crushed. ◊ *Der Diktator regierte mit eiserner Hand.* The dictator ruled with a rod of iron. ☞ *Siehe auch* RATION

Eis- Eisfach freezer compartment **eisfrei 1** (*Hafen etc.*) ice-free **2** (*Fahrbahn, Bürgersteig*) clear, not icy **eisgekühlt** ice-cold, iced **Eisglätte** icy conditions [Pl] ◊ *Bei Eisglätte ist der Weg gesperrt.* The path is closed in icy conditions. **Eishockey** ice hockey, (*AmE*) hockey

eisig 1 (*Wind, Wasser*) icy; (*Kälte*) bitter **2** (*unfreundlich*) frosty (*Adv* frostily) ◊ *ein eisiges Schweigen* a frosty silence ◊ *Sie lächelte eisig.* She smiled frostily. **3** (*Schreck, Grauen*) cold ◊ *Ihn erfasste ein eisiges Grauen.* A cold shudder went down his spine.

Eis- Eiskaffee iced coffee **eiskalt 1** freezing cold; (*Getränk*) ice-cold **2** (*kaltblütig*) cold-blooded (*Adv* cold-bloodedly, ruthless (*Adv* ruthlessly) ◊ *ein eiskalter Killer* a cold-blooded killer ◊ *eine eiskalte Geschäftsfrau* a ruthless businesswoman **3** (*abweisend*) cold (*Adv* coldly) ◊ *ein eiskalter Blick* a cold look ◊ *Sie ließ ihn eiskalt abblitzen.* She gave him the cold shoulder. **4** (*lässig*) cool (*Adv* coolly) (*umgs*) ◊ *Als sein Gegner ausrutschte, nutzte er seine Chance eiskalt.* When his opponent slipped, he coolly took his chance. ◊ *Das mach ich doch eiskalt.* I'll do that, no problem. **Eiskappe** ice cap **Eiskunstlauf** figure skating **Eiskunstläufer(in)** figure skater ☞ G 2.2d **Eisläufer(in)** skater ☞ G 2.2d **Eispickel** ice pick **Eisschnelllauf** speed skating ◊ *die Olympiasiegerin im Eisschnelllauf* the Olympic speed skating champion **Eisschnellläufer(in)** speed skater ☞ G 2.2d **Eisscholle** ice floe **Eisschrank** ⇒ KÜHLSCHRANK **Eistanz** ice dancing **Eistee** iced tea **Eiswürfel** ice cube **Eiszapfen** icicle **Eiszeit** ice age

eitel vain ◊ *Er ist eitel und arrogant.* He's vain and arrogant.

Eitelkeit vanity*; (*Stolz*) pride [U] ◊ *Sie hat ihn in seiner Eitelkeit verletzt.* She wounded his pride.

Eiter pus

eitern fester

Ei- Eiweiß 1 egg white **2** (*Protein*) protein ◊ *tierisches Eiweiß* animal protein **Eizelle** egg cell

Ekel[1] *der* **1** ~ (**vor jdm/etw**) disgust (at sb/sth); (*Hass*) loathing (of sb/sth) ◊ *Er sah mit Ekel auf seine abgetragene Kleidung.* He looked with disgust at his tattered clothing. ◊ *Sie spricht voller Ekel von ihrer früheren Arbeit.* She talks with loathing about her previous job. **2** (*Übelkeit*) ◊ *Bei*

Ekel

manchen Szenen des Films empfand ich Ekel. Some of the scenes in the film made me feel sick. ◊ *Er musste sich vor Ekel abwenden.* He felt sick and had to turn away. ◊ *eine Ekel erregende Brühe* a revolting brew ◊ *Das Essen roch Ekel erregend.* The food smelt revolting.

Ekel² *das pig (umgs)* ◊ *So ein altes Ekel!* What a pig!

ekelhaft 1 disgusting, revolting **2** *(Mensch, Wetter)* horrible *(Adv* horribly), nasty* ◊ *Der Saal war ekelhaft stickig.* The room was horribly stuffy.

ekeln *sich* **(vor jdm/etw)** ~ find* sb/sth repulsive; **es ekelt jdn/jdm vor jdm/etw** sb finds* sb/sth repulsive ◊ *Sie ekelt sich vor Spinnen.* She finds spiders repulsive.

EKG ECG, *(AmE)* EKG

Eklat confrontation; *(Aufsehen)* stir; *(Skandal)* scandal ◊ *Es kam zum öffentlichen Eklat zwischen den beiden Kandidaten.* There was a public confrontation between the two candidates. ◊ *Sie wurde mit großem Eklat von den Wettkämpfen ausgeschlossen.* She was excluded from the competition, which caused a great stir.

eklatant 1 *Adj (Fehler)* gross; *(Ungerechtigkeit, Verstoß)* flagrant; *(Lüge, Beispiel)* blatant; *(Unterschied)* striking **2** *Adv (offenkundig)* blatantly; *(unverfroren)* flagrantly; *(sensationell)* spectacularly ◊ *eklatant ungerecht* blatantly unfair ◊ *Er hat eklatant gegen die Regeln verstoßen.* He has flagrantly broken the rules. ◊ *Hier hat die Schule eklatant versagt.* The school has failed spectacularly here.

eklig 1 disgusting, revolting ◊ *Die Suppe schmeckt eklig!* The soup tastes disgusting! **2** *(Mensch, Wetter)* horrible, nasty* ◊ *Er hat sich ihr gegenüber ziemlich eklig benommen.* He has been pretty nasty to her.

Ekstase ecstasy* ◊ *in Ekstase kommen/geraten* go into ecstasies

ekstatisch ecstatic *(Adv* ecstatically)

Ekzem eczema [U]

Elan vigour, zest; *(Begeisterung)* enthusiasm ◊ *mit neuem Elan* with renewed enthusiasm ◊ *Sie ging voller Elan an die Arbeit.* She threw herself into her work.

elastisch 1 *(biegsam)* elastic; *(dehnbar)* stretchy* **2** *(geschmeidig)* springy, *(Muskeln etc.)* supple **3** *(fig)* flexible ◊ *eine elastische Politik* a flexible policy

Elastizität 1 elasticity **2** *(fig)* flexibility

Elch elk*

Elefant elephant **IDM** **wie ein Elefant im Porzellanladen** like a bull in a china shop ☞ *Siehe auch* MÜCKE

elegant elegant *(Adv* elegantly); *(Mode, Design, Spielart auch)* stylish *(Adv* stylishly); *(Bewegung)* graceful *(Adv* gracefully); *(Lösung etc.)* neat *(Adv* neatly) ◊ *elegant angezogen sein* be elegantly dressed

Eleganz elegance; *(in der Bewegung)* gracefulness ◊ *die Eleganz des Balletts* the gracefulness of the dancing

Elegie elegy*

Elektrik electrical system, electrics [Pl] *(umgs)*

Elektriker(in) electrician ☞ G 2.2d

elektrisch electrical; *(mit Strom betrieben)* electric *(Adv* electrically) ◊ *ein elektrisches Feld* an electrical field ◊ *elektrisches Licht* electric light ◊ *elektrisch geladen* electrically charged ◊ *elektrisch beheizt* heated by electricity

---

Electric wird normalerweise benutzt, um etwas zu beschreiben, das Elektrizität verbraucht oder erzeugt: *electric guitar, electric drill.* **Electrical** wird mit allgemeineren Ausdrücken benutzt: *electrical equipment.* Die Unterscheidung ist jedoch heutzutage nicht mehr ganz so klar, und man findet z.B. ◊ *an electric/electrical current, an electric/electrical shock* etc.

---

elektrisieren 1 *(begeistern)* electrify* ◊ *Seine Rede hatte eine elektrisierende Wirkung auf die Zuhörer.* His speech had an electrifying effect on the audience. **2** *sich ~;* **elektrisiert werden** get* an electric shock ◊ *Ich habe mich an dem kaputten Lichtschalter elektrisiert.* I got an electric shock from the faulty light switch. ◊ *Er sprang wie elektrisiert auf.* He jumped up as if electrified. **3** *(elektrisch aufladen)* give* sth an electrical charge

Elektrizität electricity

Elektrizitätswerk power station; *(Gesellschaft)* electricity company*

Elektroauto electric car

Elektrode electrode

Elektro- **Elektrogerät** electrical appliance **Elektrogeschäft** electrical retailer **Elektroherd** electric cooker **Elektroindustrie** electrical industry **Elektroingenieur(in)** electrical engineer ☞ G 2.2d **elektromagnetisch** electromagnetic *(Adv* electromagnetically) **Elektromotor** electric motor

Elektron electron

Elektronik 1 *(Wissenschaft)* electronics [U] **2** *(Bestandteile)* electronics [Pl] ◊ *mit modernster Elektronik ausgestattete Flugzeuge* planes equipped with the latest in electronics ☞ *Hinweis bei* ECONOMICS **3** *(Geräte)* electronic equipment [U]; *(Musikinstrumente)* electronic instruments [Pl]

elektronisch electronic *(Adv* electronically) ◊ *die elektronischen Medien* the electronic media ◊ *elektronisch gesteuerte Bewässerungsanlagen* electronically controlled irrigation systems ◊ *Die Daten sind elektronisch erfasst.* The data is held on computer.

Elektro- **Elektroschock** electric shock **Elektrosmog** electronic smog **Elektrotechnik** electrical engineering **Elektrotechniker(in)** electrical engineer ☞ G 2.2d

Element 1 *(Stoff, Bestandteil, Faktor)* element ◊ *Die Lieder enthalten Elemente der irischen Volksmusik.* The songs contain elements of Irish folk music. ◊ *in seinem Element sein* be in your element ◊ *den Elementen der Natur trotzen* brave the elements ◊ *Die subversiven Elemente schaden dem Ansehen unserer Partei.* Subversive elements are damaging the party's reputation. **2 Elemente** basics [Pl], rudiments [Pl] *(gehoben)* ◊ *An der Schule kam er nicht über die Elemente der Physik hinaus.* At school he didn't get beyond the basics of physics. **3** *(Batterie)* battery* **4** *(Bauteil)* section, part

elementar 1 basic *(nur vor Nomen)*; *(grundlegend)* fundamental ◊ *die elementaren Menschenrechte* basic human rights ◊ *ein elementarer Fehler* a basic mistake ◊ *die elementaren Grundbegriffe* the basics **2** *(Kraft, Gefühl etc.)* elemental

elend 1 *(kläglich)* miserable *(nur vor Nomen)* *(Adv* miserably); *(armselig auch)* poor ◊ *ein elendes Leben führen* lead a miserable life ◊ *elend versagen* fail miserably ◊ *elende Lebensbedingungen* poor living conditions **2** *(krank)* ill, awful *(umgs)*; *(übel)* sick, *(AmE)* sick to the stomach ◊ *Sie sieht sehr elend aus.* She looks really awful. ◊ *Mir ist elend.* I feel sick. **3** *(schrecklich)* terrible *(Adv* terribly) *(umgs)* ◊ *Das war eine elende Arbeit.* That was a terrible job. ◊ *Wir hatten elenden Durst.* We were terribly thirsty. ◊ *Sie hat eine elend lange Rede gehalten.* She made a terribly long speech. **4** *(gemein)* despicable, rotten *(umgs)* ◊ *Das war ein elender Betrug.* That was a rotten swindle.

Elend 1 misery; *(Armut auch)* poverty ◊ *das Elend der Armen* the misery of the poor ◊ *im Elend leben* live in poverty ◊ *das soziale Elend* poor social conditions **2** *(jammerender Zustand)* pain *(umgs)* ◊ *Es ist ein Elend mit den Kindern.* The kids are a pain. ◊ *Jetzt ist sie schon zum dritten Mal durchgefallen, es ist ein Elend.* This is the third time she has failed; it's heartbreaking. **IDM** ⇨ HÄUFCHEN

Elendsquartier slum dwelling **Elendsviertel** slums [Pl]

elf eleven ☞ *Beispiele bei* SECHS

Elf 1 eleven ☞ *Beispiele bei* SECHS **2** *(Mannschaft)* team

Elfenbein *ein Kamm aus Elfenbein* an ivory comb

Elfenbeinturm ivory tower

Elfmeter penalty* ◊ *zum Elfmeter antreten* take a penalty ◊ *einen Elfmeter geben/verwandeln/verschießen/halten* award/score off/miss/save a penalty

Elfmeterpunkt penalty spot **Elfmeterschießen** penalty shoot-out **Elfmeterschütze** penalty taker

elfte(r,s) eleventh ☞ *Beispiele bei* SECHSTE

eliminieren eliminate; *(aus einem Wettkampf etc. auch)* knock *sb/sth* out

Eliminierung elimination

Elision (LING) elision

elitär elitist *(abwert)*

Elite élite

Ellbogen, Ellenbogen 1 elbow ◊ *sich auf die Ellbogen aufstützen* lean on your elbows ◊ *Nimm die Ellbogen vom Tisch!* Don't put your elbows on the table! ◊ *jdn mit den Ellbogen anstoßen* nudge sb (with your elbow) **2** *(fig)* ◊ *Er ist ein Karrieretyp, der sich mit Ellbogen hochkämpft.* He's a career type who ruthlessly pushes his way to the top. ◊ *Wenn du deinen Willen durchsetzen willst, musst du auch*

empfindlich

mal die Ellbogen einsetzen. If you want to get your way, you have to be ruthless.
Ellbogengesellschaft dog-eat-dog society
Ellipse 1 (MATH) ellipse **2** (LING) ellipsis*
Elster magpie
elterlich parental ◊ *elterliche Verantwortung* parental responsibility ◊ *Er wohnt noch immer in der elterlichen Wohnung.* He still lives with his parents. ◊ *Sie arbeitete im elterlichen Betrieb.* She worked in her parents' firm.
Eltern parents [Pl] IDM **nicht von schlechten Eltern sein** be pretty good (*umgs*) ◊ *Die Idee ist nicht von schlechten Eltern.* It's a pretty good idea.
Elternabend parents' evening **Elternhaus** (parental) home; (*Erziehung*) upbringing ◊ *das Elternhaus verlassen* leave home ◊ *Sie kam aus einem wohl behüteten Elternhaus.* She had had a sheltered upbringing. **Elternsprechtag** parents' evening
E-Mail email ◊ *Informationen per E-Mail schicken* send information by email ◊ *Hast du E-Mail?* Are you on email?
Email, Emaille enamel ◊ *ein Topf aus Email* an enamel pot
Emanze women's libber
Emanzipation emancipation ◊ *für die Emanzipation der Frau kämpfen* fight for women's liberation
emanzipieren sich ~ emancipate yourself, free yourself ◊ *sich von kleinbürgerlichen Anschauungen emanzipieren* free yourself from petit bourgeois ideology
emanzipiert emancipated
Embargo embargo* ◊ *ein Embargo gegen ein Land verhängen/aufheben* impose/lift an embargo on a country
Emblem symbol; (*Vereins-, Firmen-*) logo*
Embryo embryo*
embryonal embryonic
Emigrant(in) emigrant
Emigration 1 (*das Weggehen*) emigration ◊ *die innere Emigration* inner emigration **2** (*Exil*) exile ◊ *in der Emigration leben* live in exile ◊ *Viele Russen sind in die Emigration gegangen.* Many Russians went into exile.
emigrieren emigrate
eminent 1 *Adj* (*herausragend*) eminent **2** *Adj* (*außerordentlich groß*) great ◊ *von eminenter Wichtigkeit* of great importance **3** *Adv* (*sehr*) extremely ◊ *eminent wichtig* extremely important
Emir emir
Emirat emirate
Emission 1 emission [meist Pl] **2** (WIRTSCH) issue
Emoticon emoticon
Emotion emotion, feeling ◊ *Der Artikel weckte heftige Emotionen.* The article aroused strong feelings.
emotional, emotionell *Adj* emotionally) ◊ *eine emotionale Bindung* an emotional tie ◊ *Es wurde heftig und emotional diskutiert.* There was a heated and emotional discussion. ◊ *eine emotional aufgeladene Atmosphäre* an emotionally charged atmosphere
Empfang 1 reception ◊ *einen Empfang geben* give a reception ◊ *Wir haben hier einen schlechten Empfang.* The reception here is bad. ◊ *eine Nachricht am Empfang hinterlassen* leave a message at reception **2** (*das Empfangen*) receipt ◊ *Bitte bestätigen Sie den Empfang der Ware.* Please acknowledge receipt of the goods. **3 etw in ~ nehmen** receive sth; (*bei einer Feier*) be presented with sth ◊ *Die Sieger werden ihre Preise im Rathaus in Empfang nehmen.* The winners will be presented with their prizes at the town hall. **4** (*Begrüßung*) reception, welcome ◊ *Seine Fans haben ihm einen begeisterten Empfang bereitet.* His fans gave him an enthusiastic reception. ◊ *Sie bedankte sich für den herzlichen Empfang.* She expressed her thanks for the warm welcome. **5 jdn in ~ nehmen** (*abholen*) meet* sb; (*offiziell begrüßen*) welcome sb ◊ *Am Bahnhof wurden die Austauschschüler von den Gasteltern in Empfang genommen.* The exchange students were met at the station by the host families.
empfangen 1 receive ◊ *Die Spieler empfingen den Pokal vom Bürgermeister.* The players received the cup from the mayor. ◊ *Er darf keinen Besuch empfangen.* He is not allowed any visitors. **2** (*begrüßen*) welcome, greet ◊ *Die Königin wurde vom Präsidenten offiziell empfangen.* The queen was officially welcomed by the president. ◊ *Der Kanzler wurde mit Pfiffen empfangen.* The chancellor was greeted with whistles. ◊ *Wir wurden freundlich empfangen.* We were given a friendly reception. **3** (RADIO) receive, get* (*umgs*) **4** (*schwanger werden*) conceive **5** (SPORT) entertain
Empfänger (RADIO) receiver
Empfänger(in) recipient; (*eines Briefes auch*) addressee ◊ *Der Empfänger der Niere ist ein Verwandter des Spenders.* The recipient of the kidney is a relative of the donor. ◊ *Sozialhilfe-Empfänger* people on benefit
empfänglich für etw ~ sein 1 be receptive to sth **2** (*anfällig*) be susceptible to sth
Empfängnis conception
empfängnisverhütend contraceptive **Empfängnisverhütung** contraception
Empfangs- Empfangschef(in) receptionist ☞ G 2.2D **Empfangsdame** receptionist ☞ G 2.2D **Empfangshalle** foyer, lobby*
empfehlen 1 (jdm) jdn/etw ~ recommend sb/sth (to sb) ◊ *Ich habe das Buch allen meinen Freunden empfohlen.* I recommended the book to all my friends. ◊ *Sie ist mir empfohlen worden.* She was recommended to me. ☞ Wenn es klar ist, auf wen sich das Dativobjekt bezieht, wird das Pronomen im Englischen oft weggelassen: *Das Buch kann ich Ihnen empfehlen.* I can recommend the book. ◊ *Kannst du mir ein Hotel empfehlen?* Can you recommend a hotel? **2** (jdm) ~ etw zu tun (*raten*) advise sb to do sth; (jdm) jdm ~ advise sth ◊ *Der Arzt hat ihr empfohlen, mehr Sport zu treiben.* The doctor has advised her to do more sport. ◊ *Vorsicht empfehlen* advise caution ◊ *Man hat ihm den Rücktritt empfohlen.* He has been advised to resign. **3 etw ist zu ~** sth is excellent ◊ *Die Torte ist sehr zu empfehlen.* The gateau is excellent. **4 etw ist nicht zu ~** sth is not advisable; **es ist nicht zu ~ etw zu tun** it is not advisable to do sth ◊ *Zu viel Bewegung bei heißem Wetter ist nicht zu empfehlen.* Too much exercise in hot weather is not advisable. **5 etw empfiehlt sich** sth is recommended; (*ratsam*) sth is advisable; **es empfiehlt sich etw zu tun** it is advisable to do sth ◊ *Am Samstag empfiehlt sich ein Besuch des Bauernmarktes.* A visit to the farmers' market on Saturday is recommended. ◊ *Eine baldige Anmeldung empfiehlt sich.* It is advisable to register early. ◊ *Es empfiehlt sich, zu Fuß zu kommen.* It is advisable to come on foot.
empfehlenswert 1 excellent ◊ *ein empfehlenswertes Buch* an excellent book ◊ *Ist das Buch empfehlenswert?* Would you recommend the book? **2 es ist ~ etw zu tun** it is advisable to do sth ◊ *Es ist empfehlenswert, die Karten rechtzeitig zu bestellen.* It is advisable to book tickets in good time.
Empfehlung recommendation ◊ *auf Empfehlung des Sicherheitsrats* on the recommendation of the security council
Empfehlungsschreiben letter of recommendation
empfinden 1 feel* ◊ *Schmerzen empfinden* feel pain ◊ *Ich empfinde nichts mehr für sie.* I no longer feel anything for her. **2 etw als etw ~** (*für etw halten*) consider sth (to be) sth; (*spüren*) find* sth sth ◊ *Wir empfinden diese Entscheidung als ungerecht/Provokation.* We consider this decision to be unfair/a provocation. ◊ *Ich empfinde die Situation als unerträglich.* I find the situation unbearable. ◊ *Den vierten Platz empfinden sie als bittere Enttäuschung.* Coming fourth is a bitter disappointment for them.
Empfinden feelings [Pl] IDM **nach meinem etc. Empfinden** to my, etc. way of thinking
empfindlich 1 *Adj* ~ (gegen etw) sensitive (to sth) ◊ *Die Pflanze ist gegen Kälte empfindlich.* The plant is sensitive to cold. ◊ *empfindliche Geräte* sensitive instruments **2** *Adj* (*nicht sehr robust*) delicate ◊ *empfindliche Kleidungsstücke* delicate garments ◊ *Der helle Teppich ist sehr empfindlich.* The light carpet shows the dirt terribly. ◊ *eine empfindliche Oberfläche* a surface that scratches easily ◊ *Dieser Film ist für empfindliche Gemüter nicht zu empfehlen.* This film is not recommended for those of a nervous disposition. **3** *Adj* (*leicht zu beleidigen*) touchy* ◊ *Sei doch nicht so empfindlich!* Don't be so touchy! ◊ *Auf Kritik reagiert er sehr empfindlich.* He is very sensitive to criticism. **4** *Adj* (*Verluste, Geldbuße*) heavy*; (*Kälte*) bitter; (*Strafe, Schlag*) severe **5** *Adv* considerably; (*kalt*) bitterly ◊ *Die Preise für Nahrungsmittel stiegen empfindlich an.* Food prices went up considerably. ◊ *Die Kürzungen haben uns empfindlich getroffen.* The cuts have hit us hard. IDM ⇨ STELLE

empfindsam sensitive
Empfindsamkeit sensitivity
Empfindung feeling; (*Wahrnehmung auch*) sensation
Emphase expression, feeling
empirisch empirical (*Adv*) empirically)
empor- emporarbeiten sich ~ work your way up **emporblicken** look up
Empore gallery*
empören 1 incense, outrage (*meist passiv*) ◊ *Am meisten empörte mich, dass ...* What incensed me most was that ... ◊ *Die Entscheidung empörte uns alle.* We were all outraged by the decision. **2 sich (über jdn/etw)** ~ be outraged (at/by sb/sth) ◊ *Die Grünen empörten sich über den Antrag.* The Greens were outraged by the motion. ◊ *„Das ist unverschämt!" empörte sich eine Besucherin.* 'That's outrageous!' said a visitor indignantly.
empörend outrageous
empor- emporklettern climb up **emporsteigen 1** climb ◊ *Sie stiegen die Treppen empor.* They climbed the stairs. **2** (*aufsteigen*) rise* ◊ *Aus dem Schornstein stieg Rauch empor.* Smoke rose from the chimney.
empört ~ **(über jdn/etw)** outraged (at sb/sth), angry (with sb/about sth) (*Adv*) angrily)
Empörung outrage ◊ *Der Bericht löste große Empörung aus.* The report caused outrage. ◊ *Sie wies den Vorwurf voller Empörung zurück.* She rejected the accusation angrily.
emsig 1 *Adj* industrious; (*eifrig*) keen ◊ *emsige Helfer* keen helpers ◊ *Im Büro herrschte emsige Geschäftigkeit.* The office was a hive of activity. **2** *Adv* busily
Emu emu
E-Musik serious music
Endausscheidung final
Ende 1 end ◊ *Der Park ist am Ende der Straße.* The park is at the end of the road. ◊ *am Ende des Monats* at the end of the month ◊ *gegen Ende des Jahres* towards the end of the year ◊ *Ende nächster Woche* at the end of next week ◊ *am anderen Ende der Stadt* on the other side of town ◊ *Er ist Ende zwanzig.* He's in his late twenties. ◊ *Ende der 60er-Jahre* in the late 60s **2** (*Ausgang einer Geschichte etc.*) ending ◊ *Das Ende fand ich blöd.* I thought the ending was stupid. **3** (*Tod*) death **4** (*Stück*) bit ◊ *ein Ende Schnur* a bit of string IDM **am Ende 1** (*zum Schluss*) at the end **2** (*schließlich*) in the end ◊ *Am Ende ging doch alles schief.* In the end everything went wrong. **3** (*vielleicht*) maybe ◊ *Hat er es am Ende vergessen?* Maybe he's forgotten? **am Ende der Welt** in the middle of nowhere **am Ende sein** be finished; (*erschöpft*) be exhausted; (*pleite*) be bankrupt **das andere Ende der Welt** the other side of the world **ein böses/tödliches etc. Ende nehmen** end in disaster ◊ *Der Urlaub nahm ein tödliches Ende.* The holiday ended in disaster. **ein Ende haben** (*zu Ende gehen*) come* to an end; (*aufhören*) stop* ◊ *Alles hat einmal ein Ende.* Everything has to come to an end. ◊ *Diese Experimente müssen ein Ende haben.* These experiments must stop. **einer Sache ein Ende bereiten/machen/setzen** put* a stop to sth; stop* sth ◊ *Das sollte den Spekulationen ein Ende bereiten.* That was designed to put a stop to the speculation. **ein glückliches/gutes etc. Ende finden** have a happy ending **ein plötzliches Ende finden** come* to a sudden end ◊ *Die Feier fand ein plötzliches Ende, als ...* The party came to a sudden end when ... **es ist noch ein ganzes/ziemliches Ende** it's still quite a long way **kein Ende nehmen** go* on and on ◊ *Der Jubel der Zuschauer wollte kein Ende nehmen.* The cheering of the spectators went on and on. **letzten Endes** ultimately (*gehoben*), at the end of the day (*umgs*) ◊ *Letzten Endes muss sie ihre Probleme selbst lösen.* At the end of the day, she's got to solve her problems herself. ☞ *Hinweis bei* ULTIMATELY **mit etw am Ende sein** have run out of sth ◊ *Ich bin mit meiner Geduld am Ende!* I have run out of patience. ☞ *Siehe auch* NERV **ohne Ende** endless ◊ *Es ist eine Diskussion ohne Ende.* It is an endless debate. ◊ *Geranien blühen scheinbar ohne Ende.* Geraniums seem to keep on flowering. ◊ *Die Kurse steigen ohne Ende.* The rates keep going up and up. **etw zu Ende denken** think* sth through **etw zu Ende führen/bringen** (*Reform etc.*) carry* sth through; (*Verhandlungen, Prozess etc.*) conclude sth **zu Ende sein 1** (*enden*) end ◊ *Die Besprechung ging um 10 Uhr zu Ende.* The meeting ended at 10 o'clock. **2** (*zur Neige gehen*) dwindle ◊ *Langsam gin-* *gen ihre Vorräte zu Ende.* Their supplies were slowly dwindling. **etw zu Ende lesen, schreiben etc.** finish reading, writing, etc. sth ◊ *Ich habe es nicht zu Ende gelesen.* I haven't finished (reading) it. **zu Ende sein** (*zeitlich*) be over; (*räumlich*) end ◊ *Die Saison ist bald zu Ende.* The season will soon be over. ◊ *Die Straße ist hier zu Ende.* The road ends here. ☞ *Siehe auch* ECKE, LATEIN, LEBEN, SPAREN *und* WEISHEIT
Endeffekt im ~ in the end, ultimately (*gehoben*) ◊ *Im Endeffekt war es ein gutes Geschäft für uns.* In the end it turned out to be a good deal for us.
endemisch endemic
enden 1 end, finish ◊ *Die Konferenz endete mit einem Kompromiss.* The conference ended in compromise. ◊ *Wie soll das enden?* Where will it all end? ◊ *Dieser Konflikt könnte in einem neuen Weltkrieg enden.* This conflict could end in another world war. ◊ *Das wird noch schlimm enden.* It'll end in tears. ◊ *Der Redner endete mit den Worten: ...* The speaker finished with the words ... ◊ *Als sie geendet hatte, klatschten alle Beifall.* When she had finished, they all applauded. ◊ *Der Film endete überraschend.* The film had a surprising ending. **2** (*räumlich*) stop* ◊ *Der Weg endet hier.* The path stops here. **3** (*Endstation haben*) terminate ◊ *Der Zug endet hier.* The train terminates here. **4 auf/mit etw** ~ end in sth ◊ *Der Plural endet auf -s.* The plural ends in -s. IDM ➪ BÖSE
End- Endergebnis final result **endgültig 1** *Adj* final **2** *Adv* (*endlich*) finally; (*bestimmt*) definitely; (*für immer*) for good; (*ein für alle Mal*) once and for all ◊ *Der Termin steht nun endgültig fest.* The date has now been finally fixed. ◊ *Haben sie endgültig zugesagt?* Have they definitely accepted? ◊ *Er ist endgültig ausgezogen.* He has moved out for good. ◊ *Diese Zeiten sind endgültig vorbei.* These times are over, once and for all. **Endhaltestelle** terminus*
Endivie endive, (*AmE*) chicory
End- Endkampf final **Endlager** permanent waste disposal site **endlagern** permanently dispose of sth **Endlagerung** permanent disposal of waste
endlich 1 at last, finally ◊ *Endlich haben wir Ferien!* At last it's the holidays! ◊ *Na endlich! Wir warten schon auf dich!* At last! We've been waiting for you! ☞ *Als Ausdruck der Ungeduld wird „endlich" oft nicht übersetzt, sondern mit der Stimme wiedergegeben:* Hör endlich auf! Will you stop it! ◊ *Lass mich endlich in Ruhe!* Just leave me alone, will you! **2** (*schließlich*) in the end ◊ *Sie haben sich endlich für einen Hund entschieden.* In the end they decided on a dog. **3** (*begrenzt*) finite ◊ *Ist das Universum endlich?* Is the universe finite?
endlos 1 *Adj* endless ◊ *endlose Diskussionen* endless discussions **2** *Adv* indefinitely, for ever (*umgs*) ◊ *Wir können nicht endlos warten.* We can't wait indefinitely. ◊ *Darüber lässt sich endlos streiten.* We could go on arguing about this for ever. ◊ *Die Besprechung zog sich endlos hin.* The meeting went on and on. ◊ *Es dauerte endlos lange.* It took ages.
Endorphin endorphin
End- Endphase final stage **Endprodukt** final product **Endrunde** final round **Endspiel 1** final **2** (*Schach*) endgame **Endspurt** final spurt (*auch fig*) **Endstadium 1** final stage **Endstand** final result **Endstation 1** terminus* **2** (*fig*) end of the line **Endsumme** (sum) total
Endung ending
Endverbraucher(in) consumer
Energie energy ◊ *Energie sparen/erzeugen* save/produce energy ◊ *Wir haben Energie und gute Ideen.* We are full of energy and good ideas. ◊ *alternative/erneuerbare Energien* alternative/renewable sources of energy ◊ *fossile Energien* fossil fuels
Energiebedarf energy requirement **Energieeinsparung** energy saving ◊ *eine jährliche Energieeinsparung von 4 Millionen* an annual energy saving of 4 million ◊ *Möglichkeiten der Energieeinsparung* ways of saving energy **Energieerzeugung** energy production **energiegeladen** full of energy (*nicht vor Nomen*) **Energiegewinnung** energy production **Energiekrise** energy crisis* **Energiequelle** source of energy **energiesparend** energy-saving ◊ *der energiesparende Umgang mit Elektrogeräten* energy-saving use of electrical appliances ◊ *Sie lernen auch, energiesparend zu kochen.* They also learn to cook in energy-saving ways. **Energiesparmaßnahmen** energy-saving measures [Pl] **Energieverbrauch** energy consumption ◊

Der Energieverbrauch darf nicht weiter steigen. Energy consumption must not continue to rise. **Energieverschwendung** waste of energy *(auch fig)* **Energieversorgung** energy supply **Energiewirtschaft** energy industry
energisch *(Mensch, Auftreten)* forceful *(Adv* forcefully*)*; *(Maßnahmen, Schritte, Widerstand)* firm *(Adv* firmly*)*
eng 1 close *(Adv* closely*)* ◊ *ein enges Verhältnis* a close relationship ◊ *Die Beisetzung fand im engsten Familienkreis statt.* The funeral was attended only by close relatives. ◊ *eng beieinander stehen* stand close together ◊ *eng beschriebene Seiten* closely written pages ◊ *Diese Begriffe sind eng verbunden.* These ideas are closely related. ◊ *Sie sind eng befreundet.* They are close friends. ◊ *Sie ist eng mit ihrer Nachbarin befreundet.* She and her neighbour are close friends. ◊ *Die beiden waren eng umschlungen.* The two of them were locked in a passionate embrace. ☞ *Hinweis bei* NAH **2** *(schmal)* narrow; *(Kurve)* tight; *(beengt)* cramped ◊ *enge Gassen* narrow streets **3** *(Zeit, Kleidung)* tight ◊ *Wir haben nur fünf Minuten Zeit, das könnte eng werden.* We've only got five minutes — that could be a bit tight. ◊ *eine enge Hose* tight trousers ◊ *Die Schuhe sind mir zu eng.* These shoes are too tight for me. ◊ *ein eng anliegendes Kleid* a tight-fitting dress ◊ *Ich muss den Rock enger machen.* I must take this skirt in. **4** *(Grenzen etc.)* strict *(Adv* strictly*)* ◊ *Die Freikarten gelten nur für einen eng begrenzten Zeitraum.* The free tickets are only valid for a strictly limited time. ◊ *Sie kam in die engere Auswahl.* She was shortlisted. IDM **etw nicht so eng sehen** not worry* about sth ◊ *Früher war das anders, aber heute wird das nicht mehr so eng gesehen.* In the old days it was different, but nowadays people don't worry so much. ☞ *Siehe auch* SCHNALLEN
Engagement 1 ~ **(für etw)** commitment (to sth) ◊ *sein Engagement für die Friedensbewegung* his commitment to the peace movement ◊ *Sie kümmerte sich mit großem Engagement um die Jugendlichen.* She was very committed to her work with young people. **2** ~ **(in etw)** involvement (in sth) ◊ *militärisches Engagement* military involvement ◊ *Damals begann sie ihr Engagement in der Friedensbewegung.* This was the beginning of her involvement in the peace movement. **3** *(Anstellung)* engagement
engagieren 1 *(anstellen)* hire, engage ◊ *Für das Kinderfest haben wir einen Zauberer engagiert.* We have hired a magician for the children's party. **2** **sich (für etw)** ~ be committed (to sth); **sich für jdn** ~ do* a lot to help sb ◊ *Er hat sich immer für die Friedensbewegung engagiert.* He has always been committed to the peace movement. ◊ *Sie hat sich sehr für ihren Neffen engagiert.* She has done a lot to help her nephew. **3 sich in etw** ~ get* involved in sth ◊ *Viele junge Menschen engagieren sich im Umweltschutz.* Many young people get involved in conservation work.
engagiert 1 committed, dedicated; *(aktiv)* active ◊ *Sie ist engagierte Christin.* She's a committed Christian. ◊ *ein engagierter Lehrer* a dedicated teacher ◊ *politisch engagierte Menschen* politically active people ◊ *Er tritt engagiert für Behinderte ein.* He is active on behalf of the disabled. **2 in etw** ~ **sein** be involved in sth ◊ *Sie ist seit Jahren in der Jugendarbeit engagiert.* She's been involved in youth work for years. **3** *(Film, Literatur etc.)* with a (political) message *(nicht vor Nomen)*
Enge 1 narrowness; *(Mangel an Raum)* lack of space ◊ *die Enge der Gassen* the narrowness of the lanes ◊ *Wegen der räumlichen Enge wurde ein weiteres Büro gebaut.* Because of the lack of space, another office was built. **2** *(räumliche Gedrängtheit)* ◊ *Es herrschte eine drangvolle Enge im Saal.* There was a terrible crush in the hall. **3** *(Knappheit)* tight situation ◊ *die finanzielle Enge in den Kommunen* the local councils' tight financial situation **4** *(fig)* *(Einengung)* confines [Pl] ◊ *Er wollte der familiären Enge entfliehen.* He wanted to escape from the narrow confines of the family. **5** *(geistige Beschränktheit)* narrow-mindedness ◊ *die geistige Enge und Intoleranz der Bevölkerung* the people's narrow-mindedness and intolerance IDM **jdn in die Enge treiben** put* pressure on sb
Engel angel *(auch fig)*
Engelsgeduld the patience of a saint
Engländer 1 Englishman* ◊ *die Engländer* the English ◊ *Er ist Engländer.* He is English.

Vorsicht: **English** bezieht sich nur auf die Einwohner von England! Die Einwohner von Schottland heißen **the Scots**, die von Wales **the Welsh**. Die Bezeichnung für alle Briten ist **the British**. ☞ *Hinweis bei* GROSSBRITANNIEN ☞ *Siehe auch* S. 767

2 *(Schraubenschlüssel)* monkey wrench
Engländerin Englishwoman* ◊ *Sie ist Engländerin.* She's English. ☞ *Hinweis bei* ENGLÄNDER
englisch 1 English **2** *(Steak)* rare IDM ⇨ ART
Englisch English ◊ *Sag das mal auf/in Englisch.* Say that in English. ◊ *Sie kann ein paar Brocken Englisch.* She has a smattering of English.
Englischhorn cor anglais, *(AmE)* English horn
engmaschig 1 *(Zaun, Netz)* with a fine mesh ◊ *engmaschige Fischernetze* fishing nets with a fine mesh **2** *(flächendeckend)* comprehensive ◊ *der engmaschige Ausbau des Mobilfunknetzes* the comprehensive expansion of the mobile phone network **3** *(Kontrollen, Vorsorge)* frequent *(Adv* frequently*)*
Engpass bottleneck *(auch fig)* ◊ *Engpässe in der medizinischen Versorgung* bottlenecks in the health service ◊ *einen finanziellen Engpass überbrücken* alleviate cash-flow problems
engstirnig 1 *Adj* narrow-minded, blinkered **2** *Adv* in a narrow-minded way, in a blinkered way
Engstirnigkeit narrow-mindedness
Enkel(in) grandchild*
Enklave enclave *(auch fig)*
enorm 1 *(groß)* tremendous *(Adv* tremendously*)*; *(Kosten, Summe)* huge ◊ *Er steht enorm unter Druck.* He is under tremendous pressure. ◊ *Ihre Leistungen haben sich enorm verbessert.* Her results have improved tremendously. **2** *(beeindruckend)* incredible, amazing ◊ *Es ist enorm, was dieser Mann leistet!* It's amazing what this man can do!
Enquete inquiry*
Enquetekommission commission of inquiry
Ensemble 1 (THEAT) company* ☞ G 1.3b **2** (MUS) ensemble **3** *(Gruppierung, Gesamtheit)* group
entartet degenerate ◊ *entartete Kunst* degenerate art
Entartung degeneration [U]
Enterich drake
entbehren 1 *(verzichten)* do* without sth ◊ *Wir können sie nicht entbehren.* We can't do without her. ◊ *Kannst du dein Fahrrad eine Stunde entbehren?* Can you do without your bike for an hour? **2 einer Sache** ~ *(ermangeln)* be without sth, lack sth ◊ *Die Parteien entbehren der Glaubwürdigkeit.* The parties lack credibility. ◊ *Der Vorwurf entbehrt jeglicher Grundlage.* The reproach is completely unfounded. ◊ *Es entbehrt nicht einer gewissen Ironie, dass ….* There is a certain irony in the fact that … **3 jds/einer Sache** ~ *(vermissen)* miss sb/sth
entbehrlich dispensable; *(unnötig)* unnecessary
Entbehrung deprivation ◊ *Sie mussten große Entbehrungen auf sich nehmen.* They experienced great deprivation.
entbinden 1 jdn von etw ~ release sb from sth; *(aus dem Amt entlassen)* relieve sb of sth ◊ *Sie wurde von ihrem Eid entbunden.* She was released from her oath. ◊ *Er wurde von seinem Amt entbunden.* He was relieved of his office. **2** *(gebären)* give* birth, have a/the baby ◊ *Sie hat zu Hause entbunden.* She had the baby at home. **3 ein Kind** ~ have a child ◊ *Sie hat gestern Zwillinge entbunden.* She had twins yesterday. **4 (von einem Kind) entbunden werden** give* birth (to a child) **5 jdn (von einem Kind)** ~ deliver sb's child **6 entbunden werden** *(fig)* be delivered
Entbindung 1 birth **2** *(von einem Amt, einer Pflicht etc.)* *(meist mit einem Verb übersetzt)* ◊ *Sie bat um die Entbindung von ihrer Aufgaben.* She asked to be released from her duties.
Entbindungsstation maternity ward ◊ *Sie liegt auf der Entbindungsstation.* She's in the maternity ward.
entblättern 1 sich ~ *(Baum)* shed* its leaves **2** *(die Blätter entfernen)* strip* the leaves from sth **3 sich** ~ *(sich ausziehen)* take* your clothes off
entblößen 1 bare ◊ *mit entblößtem Haupt* bareheaded **2 sich** ~ *(unsittlich)* expose yourself **3** *(fig)* reveal ◊ *Sie entblößte alle ihre Ängste (vor ihm).* She revealed all her fears (to him).
entbrennen 1 flare up; *(Krieg etc.)* break* out ◊ *Der Streit entbrannte an einem Missverständnis.* The row flared up over a misunderstanding. **2 in Liebe (für jdn/zu jdm)** ~ fall* passionately in love (with sb)

entdecken 1 discover ◊ *Radium wurde von Marie Curie entdeckt.* Radium was discovered by Marie Curie. ◊ *Sie entdeckte ihre Leidenschaft für Sprachen.* She discovered her passion for languages. 2 *(ausfindig machen)* spot* ◊ *Ich kann keinen Fehler entdecken.* I can't spot any mistakes.

Entdecker(in) discoverer; *(Forschungsreisender)* explorer ◊ *Bachblüten wurden nach ihrem Entdecker benannt.* Bach remedies were named after their discoverer. ☛ Im Englischen verwendet man häufig eine Verbalkonstruktion: *Kolumbus, der Entdecker Amerikas* Columbus, the man who discovered America.

Entdeckung discovery* ◊ *eine Entdeckung machen* make a discovery

Entdeckungsreise 1 expedition; *(Seereise auch)* voyage of discovery ◊ *eine Entdeckungsreise in den Himalaya unternehmen* go on an expedition to the Himalayas 2 *(fig)* (meist mit einem Verb übersetzt) ◊ *Das Museum lädt die Kinder zu einer Entdeckungsreise in die Welt der Kunst ein.* The museum invites children to explore the world of art.

Ente 1 duck* 2 *(Auto)* Citroën 2CV 3 *(Zeitungs-)* canard 4 **kalte ~** fruit punch IDM **lahme Ente** *(Mensch)* dawdler, slowcoach, *(AmE)* slowpoke

enteignen 1 jdn **~** dispossess sb 2 etw **~** expropriate sth

Enteignung expropriation ◊ *die Enteignung der Bauern von ihren Ländereien* the expropriation of the farmers' estates

enteisen defrost

enterben disinherit

entern 1 *(Schiff, Flugzeug)* board 2 *(erobern)* storm ◊ *Nach dem Konzert enterten die Fans die Bühne.* After the concert the fans stormed the stage.

Entertainer(in) entertainer ☛ G 2.2d

Entertainment entertainment

entfachen 1 *(Feuer)* light*; *(unabsichtlich)* start ◊ *Der Eigentümer hatte das Feuer selbst entfacht.* The owner had started the fire himself. ◊ *Ein Kurzschluss hat das Feuer entfacht.* The fire was caused by a short circuit. 2 *(Diskussion, Debatte)* provoke; *(Krieg, Streit)* start 3 *(fig)* **etw** (in jdm) **~** arouse sth (in sb) ◊ *Sein erster Konzertbesuch entfachte seine Liebe zur Musik.* His first visit to a concert aroused his love for music.

entfahren etw **entfährt** jdm sth escapes sb's lips; *(Fluch, Seufzer)* sb lets* out sth; *(Worte)* sb says* sth without thinking ◊ *Ihr entfuhr ein Stoßseufzer.* She let out a deep sigh. ◊ *„Wie schrecklich!" entfuhr es ihm.* 'How dreadful!' he said without thinking.

entfallen 1 jdn **~** escape sb ◊ *Der Titel des Buches ist mir entfallen.* The title of the book escapes me. ◊ *Wie konnte dir nur sein Name entfallen?* How could you forget his name? 2 etw **entfällt jdm/jds Händen** sb drops* sth ◊ *Das Tablett entfiel ihren Händen/ihr.* She dropped the tray. 3 *(ausfallen)* be cancelled ◊ *Heute entfällt die Chorprobe.* Today's choir practice is cancelled. 4 *(abgeschafft werden)* be abolished; *(verloren gehen)* be lost; *(nicht zutreffen/nicht (mehr) gültig sein)* not/no longer apply* ◊ *Diese Prüfung wird künftig entfallen.* This exam will be abolished. ◊ *130 Arbeitsplätze sollen demnächst entfallen.* 130 jobs will be lost in the near future. ◊ *Im Jahre 2005 entfällt diese Regelung.* From 2005 this rule will no longer apply. ◊ *Entfällt.* Not applicable. ◊ *Sozialhilfe entfällt, wenn man die Einkommensgrenze überschreitet.* You are no longer entitled to benefits when your earnings reach a certain limit. ◊ *Die bisherigen Kosten entfallen zugunsten einer Pauschale.* The previous charges will be replaced by an all-in price. 5 **etw entfällt auf jdn/etw** sb/sth receives sth ◊ *Auf jeden Gewinner entfiel eine beträchtliche Summe.* Each winner received a considerable sum. ◊ *Auf Helga Böhm entfielen 27 Stimmen.* Helga Böhm received 27 votes. ◊ *Auf 5 000 Lehrstellen entfallen weniger als 3 000 Bewerber.* There are fewer than 3 000 applicants for the 5 000 apprenticeships. ◊ *Von seinem Gehalt entfällt ein Drittel auf Miete.* The rent accounts for a third of his salary.

entfalten 1 *(ausbreiten)* unfold ◊ *Sie entfaltete die Landkarte.* She unfolded the map. 2 *(entwickeln)* develop ◊ *Sie entfaltete ungeahnte Fähigkeiten.* She developed unsuspected talents. ◊ *Vor diesem Hintergrund konnten die Bilder ihre volle Wirkung entfalten.* The pictures were especially effective against this background. 3 *(Ideen, Gedanken)* expound 4 **sich ~** develop ◊ *Erst bei Zimmertemperatur entfaltet sich das Aroma des Käses.* It is only at room temperature that the aroma of the cheese can develop. ◊ *Er konnte sich zu Hause nicht frei entfalten.* At home he could not develop his personality freely. 5 **sich ~** *(Blüte, Blätter, Fallschirm)* open

Entfaltung ◊ *das Recht auf freie Entfaltung der Persönlichkeit* the right to develop freely as a person ◊ *Der Roman gelangte im Viktorianismus zu voller Entfaltung.* The novel reached its heyday in Victorian times. ◊ *In diesem Licht kommt die Farbenpracht zur vollen Entfaltung.* In this light the colours can be seen in their full glory.

Entfaltungsmöglichkeiten opportunities for development [Pl]

entfernen 1 remove ◊ *Er entfernte den Fleck aus dem Teppich.* He removed the stain from the carpet. ◊ *Sie wurde aus/von ihrem Amt entfernt.* She was removed from her post. 2 *(wegräumen)* clear sth away 3 **sich ~** leave*, go* out ◊ *Er entfernte sich leise.* He left quietly. ◊ *Sie entfernte sich unerlaubt vom Schulgelände.* She went out of school without permission. ◊ *Er entfernte sich unerlaubterweise von seiner Truppe.* He was absent without leave. 4 **sich von jdm ~** *(entfremden)* drift apart from sb

entfernt 1 ⇨ ENTFERNEN 2 **weit ~** distant *(nur vor Nomen)*, a long way away *(nicht vor Nomen)* **nicht weit ~** nearby *(nur vor Nomen)*, not far away *(nicht vor Nomen)* ◊ *ein weit entfernter Ort* a distant place ◊ *nicht weit (davon) entfernt* not far away (from it) 3 *(mit Angabe der Entfernung)* away ◊ *nur wenige hundert Meter entfernt* only a few hundred metres away ◊ *im 20 Kilometer entfernten Mahlow* in Mahlow, 20 kilometres away ◊ *Sie wohnt 10 Minuten vom Zentrum entfernt.* She lives ten minutes from the town centre. 4 *(Verwandtschaft)* distant *(Adv* distantly*)* 5 *(vage)* vague *(Adv* vaguely*)* IDM **nicht entfernt/im Entferntesten** not remotely ◊ *Die Wohnung war (auch) nicht entfernt das, was wir uns vorgestellt hatten.* The flat was not remotely like what we had imagined. ◊ *Sie dachte nicht im Entferntesten daran, ihm zu helfen.* She had not the remotest intention of helping him. **(meilen)weit davon entfernt sein etw zu tun** 1 be far from doing sth; *(etw noch nicht erreicht haben)* have a long way to go before you do sth ◊ *Wir sind weit davon entfernt, eine gerechte Gesellschaft zu sein.* This is far from being a fair society. ◊ *Er ist weit davon entfernt, wieder richtig gehen zu können.* He has a long way to go until he'll be able to walk properly again. ◊ *Ich bin weit davon entfernt zu behaupten, dass es keine Rechtsradikalen gibt.* Far be it from me to say that there are no rightwing extremists. 2 *(keine Absicht haben)* have no intention of doing sth ◊ *Er ist weit davon entfernt, auf das Geld zu verzichten.* He has no intention of renouncing the money.

Entfernung 1 distance ◊ *Die Entfernung beträgt etwa 25 Kilometer.* It's a distance of about 25 kilometres. ◊ *Die Bühne war selbst bei dieser Entfernung gut zu sehen.* You could see the stage clearly, even at that distance. ◊ *Sie hat ihn aus der Entfernung nicht erkannt.* She did not recognize him from a distance. ◊ *Der Schuss kam aus 20 Metern Entfernung.* The shot came from 20 metres away. ◊ *Man konnte nur auf eine Entfernung von 50 Metern sehen.* Visibility was down to only 50 metres. 2 *(Beseitigung, Entlassung)* removal 3 *(Weggehen)* absence ◊ *unerlaubte Entfernung von der Truppe* absence without leave

entfesseln unleash *(auch fig)*

entflammbar flammable

entflammen 1 catch* fire; *(Brand)* break* out 2 *(in Brand stecken)* set* fire to sth; *(Fackel, Flamme)* light* 3 *(Streit, Diskussion, Krise)* flare up; *(Krieg etc.)* break* out 4 **in Liebe** (**für jdn/zu jdm**) **~** fall* passionately in love (with sb)

entfremden 1 **jdn jdm/einer Sache ~** alienate sb from sb/sth ◊ *Die Einwanderer sind ihrer eigenen Kultur entfremdet.* The immigrants are alienated from their own culture. 2 **sich** (**von**) **jdm ~** become* estranged from sb; **sich einer Sache ~** become* alienated from sth ◊ *Die Menschen haben sich der Natur entfremdet.* People have become alienated from nature. ◊ *Wir haben uns voneinander entfremdet.* We have drifted apart. 3 **etw seinem Zweck ~** not use sth for its intended purpose

Entfremdung estrangement; *(sozial, kulturell)* alienation [U]

entführen 1 kidnap*, abduct *(gehoben)*; *(Flugzeug)* hijack ◊ *Die beiden Kinder wurden am helllichten Tag entführt.*

The two children were kidnapped in broad daylight. **2** (*fig*) transport ◊ *Die Musik entführte uns in eine andere Welt.* The music transported us to another world.
Entführer(in) kidnapper; (*Flugzeug-*) hijacker
Entführung kidnapping; (*Flugzeug-*) hijacking
entgegen 1 contrary to ◊ *entgegen allen Erwartungen* contrary to all expectations **2** (*in Richtung*) towards ◊ *der Sonne entgegen* towards the sun
entgegenbringen jdm/einer Sache etw ~ show* sth for/in/to sb/sth ◊ *jdm Verständnis entgegenbringen* show understanding for sb ◊ *Er brachte uns viel Vertrauen entgegen.* He showed great confidence in us.
entgegengesetzt opposite; (*Merkmale, Ansichten*) opposing (*nicht vor Nomen*) ◊ *in die entgegengesetzte Richtung gehen* go in the opposite direction ◊ *den entgegengesetzten Effekt haben* have the opposite effect
entgegenkommen 1 come* towards ◊ *Uns kam ein Wagen entgegen.* A car came towards us. ◊ *ein entgegenkommendes Auto* an oncoming car **2** (*Zugeständnisse machen*) accommodate ◊ *Der Vertrag kam allen Seiten entgegen.* The contract accommodated all sides. ◊ *sich entgegenkommend zeigen* be accommodating ◊ *jdm finanziell entgegenkommen* make financial concessions to sb ◊ *Das kommt mir sehr entgegen.* That suits me fine. IDM ⇨ WEG
entgegennehmen accept; (*Hinweise, Bestellungen etc.*) receive
entgegensehen face; (*freudig erwarten*) look forward to ◊ *Die Autoindustrie sieht schweren Zeiten entgegen.* The car industry is facing hard times.
entgegenstellen sich jdm/einer Sache ~ oppose sb/sth
entgegentreten 1 (*gegenübertreten*) face **2** (*fig*) oppose; (*Argument, Gerücht etc.*) counter ◊ *Ich trat dem Vorhaben energisch entgegen.* I opposed the plan forcefully.
entgegnen reply*
entgehen 1 (*entkommen*) escape; (*vermeiden*) avoid ◊ *Er ist nur knapp dem Tod entgangen.* He only narrowly escaped death. ◊ *Sie entging gerade noch einer Niederlage.* She narrowly avoided defeat. **2 jdm** ~ escape sb's notice ◊ *Das hätte mir nicht entgehen dürfen.* That should not have escaped my notice. ◊ *Ihrer Aufmerksamkeit war nicht entgangen, dass ...* It had not escaped her attention that ... ◊ *Ein Detail ist ihm entgangen.* He failed to notice one detail. ◊ *Ihr entgeht keine Einzelheit.* She doesn't miss a single thing. **3 sich etw (nicht)** ~ **lassen** (not) miss sth ◊ *Die Gelegenheit solltest du dir nicht entgehen lassen.* You shouldn't miss this opportunity.
entgeistert dumbfounded ◊ *Sie schauten sich entgeistert an.* They looked at each other dumbfounded.
Entgelt (*Gebühr*) fee; (*Entschädigung*) compensation; (*Bezahlung*) remuneration
entgiften decontaminate; (MED) detoxify*
entgleisen 1 (EISENB) be derailed ◊ *Der Zug ist entgleist.* The train has been derailed. **2** (*fig*) commit* a faux pas ◊ *Der Politiker ist peinlich entgleist.* The politician has committed an embarrassing faux pas.
Entgleisung 1 (EISENB) derailment **2** (*fig*) faux pas
entgleiten jdm ~ slip* out of sb's hand(s) ◊ *Die Vase entglitt ihr.* The vase slipped out of her hands. ◊ *Ihm ist die Kontrolle entglitten.* He has lost control.
enthalten 1 contain ◊ *Die Broschüre enthält viele gute Tipps.* The brochure contains many useful tips. **2 in etw** ~ **sein** be included in sth ◊ *Der Flug ist im Preis enthalten.* The flight is included in the price. **3 sich einer Sache** ~ (*Bemerkung etc.*) refrain from sth ◊ *Ich enthalte mich jeder Äußerung.* I'll refrain from any comment. **4 sich (der Stimme)** ~ abstain ◊ *Sie enthielt sich der Stimme.* She abstained.
Enthaltsamkeit abstinence
Enthaltung abstention
enthaupten decapitate; (*als Strafe auch*) behead
entheben jdn einer Sache ~ (*eines Amtes etc.*) remove sb from sth; (*einer Pflicht etc.*) relieve sb of sth ◊ *Der Präsident wurde seines Amtes enthoben.* The president was removed from office.
enthüllen 1 (*Denkmal etc.*) unveil **2** (*Fakten, Skandal etc.*) reveal
Enthüllung 1 (*Denkmal etc.*) unveiling **2** (*Sensation etc.*) revelation; (*Geheimnis*) disclosure

Enthüllungsjournalismus investigative journalism
Enthusiasmus enthusiasm
Enthusiast(in) enthusiast
enthusiastisch enthusiastic (*Adv* enthusiastically)
entkalken descale
entkernen (*Kirsche, Pfirsich etc.*) pit, (BrE) stone; (*Apfel, Birne etc.*) core; (*Traube etc.*) remove the pips from sth
entkleiden (sich) ~ undress
entkoffeiniert decaffeinated
entkolonialisieren decolonialize
entkommen (jdm/etw) ~ escape (from sb/sth) ◊ *Er ist der Polizei/aus dem Gefängnis entkommen.* He escaped from the police/from prison. ◊ *Sie ist diesem Schicksal entkommen.* She escaped this fate.
entkorken uncork
entkräften 1 weaken **2** (*Argument*) refute; (*Verdacht*) allay
entkrampfen (sich) ~ relax ◊ *ein entkrampftes Verhältnis* a relaxed relationship ◊ *Das Klima entkrampfte sich.* The atmosphere became more relaxed.
entkriminalisieren decriminalize
entladen 1 (*Fahrzeug, Waffe*) unload **2 sich** ~ (*Spannung, Emotionen etc.*) erupt; (*Gewitter*) break*; (*Batterie*) run* down
entlang along ◊ *eine Radtour am Main entlang* a cycling tour along the Main
entlangfahren drive* along **entlangführen an etw** ~ run alongside sth **entlanggehen (an etw)** ~ walk along(side) (sth), go* along(side) (sth)
entlarven expose ◊ *die Schuldigen entlarven* expose the culprits ◊ *Der Politiker wurde als Heuchler entlarvt.* The politician was exposed as a hypocrite.
entlassen (*kündigen*) dismiss; (*bei Stellenkürzungen*) make* sb redundant; (*aus dem Krankenhaus, Gefängnis*) discharge ◊ *Sie wurde fristlos entlassen.* She was dismissed without notice. ◊ *Vor 5 Jahren wurden sie aus der Schule entlassen.* They left school 5 years ago.
Entlassung dismissal; (*bei Stellenkürzungen*) redundancy*; (*aus dem Krankenhaus, Gefängnis*) discharge ◊ *Der Chef drohte ihr mit Entlassung.* The boss threatened her with dismissal. ◊ *nach seiner Entlassung aus der Schule* after he left school
entlasten 1 relieve, take* the load off sb; (*Verkehr, Gewissen*) ease; (*Haushalt, Kasse*) relieve the strain on sth ◊ *Er soll den Chef von der Verwaltungsarbeit entlasten.* He should relieve the manager of administration. ◊ *Kann dich denn niemand entlasten?* Can't anybody take the load off you? ◊ *Familien mit Kindern finanziell entlasten* ease the financial burden of families with children **2** (RECHT) exonerate ◊ *entlastende Unterlagen* exonerating material
Entlastung 1 relief ◊ *Die neuen Wohnungen bedeuten eine Entlastung für den Wohnungsmarkt.* The new houses will bring relief to the housing market. ◊ *Dadurch kommt es zu einer Entlastung der Umwelt.* This relieves the strain on the environment. **2** (RECHT) ◊ *Das hat sie nur zur eigenen Entlastung gesagt.* She only said that to exonerate herself. ◊ *Der Angeklagte legte keine Beweise zu seiner Entlastung vor.* The accused submitted no evidence in his defence.
Entlastungsstraße relief road **Entlastungszeuge, -zeugin** (RECHT) defence witness, (AmE) defense witness
entlaufen (jdm) ~ run* away (from sb) ◊ *Unser Dackel ist entlaufen.* Our dachshund has run away. ◊ *ein entlaufener Häftling* an escaped prisoner ◊ *„Entlaufen, weißer Pudel"* 'Missing: white poodle.'
entledigen 1 sich einer Sache ~ dispose of sth; (*Kleidungsstück*) remove sth **2 sich einer Sache** ~ (*Aufgabe*) carry* sth out; (*Pflicht*) discharge sth (*gehoben*) **3 sich jds** ~ rid* yourself of sb
entleeren empty*
entlegen remote; (*Gebiet, Insel, Dorf auch*) outlying (*nur vor Nomen*) ◊ *in den entlegenen Stadtteilen* in the outlying parts of town
entlocken jdm/einer Sache etw ~ get* sth out of sb/sth ◊ *Die Presse konnte dem Regierungssprecher keine Informationen entlocken.* The press couldn't get any information out of the government spokesman. ◊ *Vielleicht kann man dem alten Radio noch ein paar Töne entlocken.* Perhaps we can coax a few more sounds out of the old radio. ◊ *Sie ver-*

Entlohnung

suchte ihm ein Lächeln zu entlocken. She tried to coax a smile out of him.

Entlohnung pay

entlüften 1 ventilate **2** (*Leitung/Heizung*) bleed*

entmachten strip* *sb/sth* of their/its power; (*Präsidenten etc.*) depose; (*Regierung*) topple

entmilitarisiert demilitarized

Entmilitarisierung demilitarization

entmündigen declare *sb* legally incapable

entmutigen discourage ◊ *Du solltest dich dadurch nicht entmutigen lassen.* You shouldn't let that discourage you.

Entnahme (*meist mit einem Verb übersetzt*) ◊ *Die Entnahme von Wasser aus dem See ist verboten.* It is forbidden to remove water from the lake. ◊ *Bei der Entnahme der Blutprobe wurde er ohnmächtig.* He fainted when they took the blood sample. ◊ *die Entnahme der Organe* the removal of the organs

entnehmen 1 *etw* (**einer Sache**) ~; *etw* (**aus etw**) ~ take* sth (from sth); *jdm etw* ~ take* sth from sb ◊ *Dieser Vers ist Schiller entnommen.* This verse is taken from Schiller. ◊ *jdm eine Blutprobe entnehmen* take a blood sample from sb **2** *etw einer Sache* ~; *etw aus etw* ~ (*ersehen*) gather sth from sth ◊ *Ihrem Schreiben entnehmen wir, dass* ... We gather from your letter, that ... ◊ *Aus ihrem Bericht lässt sich nicht entnehmen, was wirklich passiert ist.* It is not clear from their report what actually happened.

entnervt 1 *Adj* exasperated **2** *Adv* in exasperation ◊ *Schließlich gaben wir entnervt auf.* In the end we gave up in exasperation.

entpuppen *sich als etw* ~ turn out to be sth

entreißen 1 *jdm etw/jdn* ~ snatch sth/sb from sb **2** *jdn jdm/etw* ~ (*retten*) rescue sb from sb/sth

entrichten pay*

entrinnen *jdm/einer Sache* ~ escape from sb/sth

entrückt 1 (*losgelöst*) removed ◊ *dem Alltag entrückt* far removed from everyday life **2** (*verträumt*) rapt ◊ *Entrückt lauschte sie der Musik.* She was listening to the music, rapt.

entrümpeln clear *sth* out

entrüsten sich (**über etw**) ~ be indignant (about sth); (*stärker*) be outraged (at sth) ◊ *Die alten Damen entrüsteten sich über sein Aussehen.* The old ladies were outraged at his appearance. ◊ *„Um fünf Uhr morgens!"* entrüstete er sich.* 'At five a.m.!' he said indignantly.

entrüstet indignant (*Adv* indignantly); (*stärker*) outraged ◊ *mit entrüsteter Miene* with an indignant expression ◊ *über jds Verhalten entrüstet sein* be outraged by sb's behaviour

Entrüstung indignation; (*stärker*) outrage

entsaften *etw* ~ extract the juice from sth

Entsafter juicer, juice extractor

entschädigen *jdn* (*für etw*) ~ compensate sb (for sth) ◊ *Sie wollen für ihren verlorenen Besitz entschädigt werden.* They want to be compensated for the loss of their property. ◊ *Sie wurden für ihren Verlust mit einer Million entschädigt.* They received a million in compensation. ◊ *Das gute Essen entschädigte uns für das lange Warten.* The good food made up for the long wait.

Entschädigung compensation [U] ◊ *eine Entschädigung erhalten* receive compensation ◊ *Sie bekamen eine Million (als) Entschädigung.* They received a million in compensation.

entschärfen 1 (*Bombe*) defuse **2** (*Problem etc.*) ease; (*Situation, Krise, Konflikt*) defuse **3** (*Gefahrenstelle*) make* *sth* safer **4** (*Buch, Film*) tone *sth* down **5** (SPORT) save

entscheiden 1 decide ◊ *Die Sache ist noch nicht entschieden.* The matter is not yet decided. ◊ *Über den Termin ist noch nicht entschieden worden.* The date hasn't been decided yet. ◊ *Das Los entscheidet.* It will be decided by drawing lots. ◊ *Darüber kann ich nicht allein entscheiden.* I can't make that decision alone. **2** (*ausschlaggebend sein*) be the deciding factor ◊ *Sein Gutachten hat den Prozess entschieden.* His report was the deciding factor in the trial. **3 etw für sich** ~ (*Krieg, Sport*) secure victory in sth **4 sich** ~ decide, make* up your mind ◊ *Er hat sich noch nicht entschieden.* He hasn't decided yet. ◊ *Ich weiß nicht, wie ich mich entscheiden soll.* I can't make my mind up. **5 etw entscheidet sich** sth is decided ◊ *Morgen wird es entschieden. It will be decided tomorrow. **6 sich für jdn/etw** ~ decide on sb/sth, choose* sb/sth **7 sich gegen jdn/etw** ~ decide against sb/sth

entscheidend 1 *Adj* decisive; (*Moment, Frage, Schritt*) crucial; (*Spiel etc.*) deciding ◊ *einen entscheidenden Einfluss auf etw haben* have a decisive influence on sth ◊ *von entscheidender Bedeutung* of crucial importance ◊ *Für die Leute ist entscheidend, wie die Brille aussieht.* The deciding factor for people is what the glasses look like. ◊ *Das entscheidende Tor fiel in der letzten Spielminute.* The deciding goal came in the last minute. ◊ *die entscheidende Stimme abgeben* give the casting vote **2** *Adv* (*schlagen*) decisively; (*prägen, beeinflussen*) deeply; (*verändern, verbessern*) radically ◊ *entscheidend an etw mitwirken* play a crucial role in sth

Entscheidung decision; (*vor Gericht auch*) ruling ◊ *eine Entscheidung treffen* make a decision ◊ *eine positive/abschlägige Entscheidung zum Neubau* a decision in favour of/against the new building ◊ *einer Entscheidung ausweichen* avoid making a decision ◊ *vor einer schweren Entscheidung stehen* face a difficult decision ◊ *Wie ist die Entscheidung ausgefallen?* What was decided? ◊ *Ich wurde vor die Entscheidung gestellt* ... I had to decide whether ...

Entscheidungsfreiheit autonomy [U]; (*Wahl*) freedom to choose

entschieden 1 ⇨ ENTSCHEIDEN **2** (*eindeutig*) definite (*Adv* definitely) ◊ *Das geht entschieden zu weit.* That's definitely going too far. **3** (*entschlossen*) firm (*Adv* firmly); (*Gegner*) strong (*Adv* strongly) ◊ *etw entschieden zurückweisen* firmly reject sth ◊ *sich entschieden gegen etw aussprechen* take a firm stand against sth ◊ *Die CDU verneinte entschieden.* The CDU strongly denied it.

entschließen sich (*zu etw*) ~ decide (to do sth), make* up your mind (to do sth) ◊ *Sie kann sich nie entschließen.* She can never make up her mind. ◊ *Er hat sich anders entschlossen.* He has changed his mind.

entschlossen 1 ⇨ ENTSCHLIESSEN **2** firm (*Adv* firmly); (*zielbewusst*) determined ◊ *Wir müssen entschlossen gegen die Gewalt auftreten.* We must take a firm stand against violence. ◊ *auf entschlossenen Widerstand stoßen* meet with determined resistance **3** ~ **sein etw zu tun** be determined to do sth ◊ *Ich bin fest dazu entschlossen.* I'm absolutely determined to do it. **IDM** ⇨ KURZ

Entschlossenheit determination ◊ *Sie haben Mut und Entschlossenheit bewiesen.* They have shown courage and determination. ◊ *Wir wollen mit aller Entschlossenheit die Rebellen bekämpfen.* We will take firm action against the rebels.

Entschluss decision ◊ *einen Entschluss fassen* make a decision ◊ *Zu diesem Entschluss kam das Landgericht gestern.* The county court reached this decision yesterday. ◊ *Sie ist zu dem Entschluss gekommen, sich scheiden zu lassen.* She has decided to get divorced.

entschlüsseln 1 decode; (*Schrift*) decipher; (*Daten etc.*) decrypt ◊ *Damals war kaum ein Prozent der menschlichen Gene entschlüsselt.* At that time barely one per cent of the human genome was decoded. **2** (*erklären*) explain

entschuldigen 1 sich (**bei jdm**) (**für etw**) ~ apologize (to sb) (for sth) ◊ *Sie hat sich gleich bei mir entschuldigt.* She apologized to me immediately. **2 etw mit etw** ~ give* sth as an excuse for sth, blame sth for sth ◊ *Sie entschuldigte ihre Müdigkeit mit Überarbeitung.* She gave overwork as an excuse for her tiredness. ◊ *Er entschuldigte die Panne mit einem Programmierfehler.* He blamed the breakdown on a programming error. **3 jdn/sich** (**mit etw**) ~ excuse sb/yourself (by saying sth) ◊ *Sie entschuldigte sich mit momentaner Unaufmerksamkeit.* She excused herself by saying it was a momentary lapse. **4 sich/jdn** ~ (**lassen**) send* your/sb's apologies ◊ *Der Bürgermeister lässt sich entschuldigen.* The mayor sends his apologies. **5** (*Nachsicht zeigen*) excuse ◊ *Seine Jugend entschuldigt ihn nicht.* His youth does not excuse him. ◊ *Diese Gewalttaten lassen sich nicht entschuldigen.* These acts of violence are inexcusable. **IDM Entschuldige/Entschuldigen Sie** excuse me; sorry ◊ *Entschuldigen Sie, könnten Sie mir bitte den Käse reichen?* Excuse me, could you pass the cheese, please? ◊ *Entschuldigen Sie bitte die Störung!* Sorry to disturb you!

> Im britischen Englisch sagt man **excuse me**, um jdn auf sich aufmerksam zu machen, oder wenn man an jdm

vorbei will. Wenn man sich für etwas entschuldigt, sagt man **sorry**. Im amerikanischen Englisch kann man auch dafür **excuse me** sagen. ☛ *Siehe auch* PARDON, S.446

entschuldigend apologetic (*Adv* apologetically)
Entschuldigung 1 jdn (**für etw**) **um ~ bitten** apologize to sb (for sth) **2** (*Rechtfertigung*) excuse ◊ *Für ihr Verhalten gibt es keine Entschuldigung.* There is no excuse for her behaviour. ◊ *Als Entschuldigung für seine schlechte Laune sagte er, dass er müde sei.* He blamed tiredness for his bad mood. ◊ *Zu ihrer Entschuldigung sagte sie, dass ihre Eltern sie dazu gezwungen hätten.* In her defence, she said her parents had forced her to do it. **3** (*wegen Fehlens*) note ◊ *Sie hat ohne Entschuldigung gefehlt.* She was absent without a note. **4 Entschuldigung!** excuse me!, sorry! ☛ *Hinweis bei* ENTSCHULDIGEN
entsenden send*
Entsendung (*meist mit einem Verb übersetzt*) ◊ *Die Entsendung von UN-Soldaten wurde gestern beschlossen.* Yesterday they decided to send UN troops in.
entsetzen 1 horrify* **2 sich** (**über etw**) **~** be horrified (by/at sth) ☛ *Siehe auch* ENTSETZT
Entsetzen horror ◊ *zu meinem Entsetzen* to my horror ◊ *voller Entsetzen* horrified ◊ *Mit Entsetzen las ich den Artikel.* I was horrified when I read the article.
entsetzlich terrible (*Adv* terribly), horrendous (*Adv* horrendously) ◊ *Es war entsetzlich anzusehen, wie sie leiden musste.* It was terrible to see her suffering. ◊ *ein entsetzlicher Anblick* a horrendous sight
entsetzt 1 ⇨ ENTSETZEN **2** (**über etw**) **~** shocked (at sth), horrified (at/by sth) ◊ *Wir waren alle ganz entsetzt, als wir die furchtbare Nachricht erhielten.* We were all quite shocked to hear the terrible news. ◊ *Entsetzt sah er zu, wie das Kind überfahren wurde.* He watched in horror as the child was run over.
entsinnen sich (**an jdn/etw**) **~** remember (sb/sth)
entsorgen 1 (*Abfall*) dispose of *sth* **2** (*Stadt, Kernkraftwerk*) dispose of the waste from *sth*
Entsorgung waste disposal
entspannen 1 (**sich**) **~** relax; (*beruhigen*) ease ◊ *sich bei leiser Musik entspannen* relax to soft music ◊ *Die Lage hat sich entspannt.* The situation has eased. **2** *etw* **~** relax *sth*; (*beruhigen*) ease sth ◊ *Ein warmes Bad entspannt die Muskeln.* A warm bath relaxes the muscles. ◊ *Die Besprechungen haben die Atmosphäre entspannt.* The discussions have eased the tension.
entspannend relaxing
entspannt relaxed ◊ *Sie wirkte entspannt.* She seemed relaxed. ◊ *Er lehnte sich entspannt zurück.* He leaned back, relaxed.
Entspannung 1 relaxation **2** (POL) détente **3** (*Beruhigung*) (*meist mit einem Verb übersetzt*) ◊ *Die neue Auffahrt soll zur Entspannung der Verkehrssituation beitragen.* The new slip road should help ease the traffic situation.
Entspannungspolitik policy* of détente
entsprechen einer Sache ~ 1 (*gleichwertig sein*) be equivalent to sth ◊ *Ein Pfund entsprach ungefähr zwei Dollar.* One pound was equivalent to approximately two dollars. **2** (*übereinstimmen mit*) correspond to sth ◊ *Seine Version entspricht nicht den Tatsachen.* His version doesn't correspond to the facts. **3** (*Vorschriften etc.*) meet* sth, fulfil* sth ◊ *Das Gebäude entsprach nicht den modernen Anforderungen.* The building didn't meet modern requirements. ◊ *Er konnte ihrer Bitte nicht entsprechen.* He wasn't able to fulfil her request. ◊ *Der Film entsprach nicht meinen Erwartungen.* The film did not come up to my expectations.
entsprechend 1 *Adj* appropriate; (*passend*) suitable; (*relevant*) relevant ◊ *ein entsprechendes Trinkgeld* an appropriate tip ◊ *Die entsprechenden Unterlagen waren nicht aufzufinden.* The relevant documents could not be found. ◊ *Das Wetter im Urlaub war ganz furchtbar. Die Stimmung war entsprechend.* The weather on holiday was absolutely awful. So was our mood. **2** *Adv* accordingly, correspondingly; (*passend*) suitably ◊ *Der Bebauungsplan musste entsprechend geändert werden.* The building plans had to be altered accordingly. ◊ *Es war ein schlechter Sommer. Entsprechend schwach waren die Umsätze.* It was a terrible summer. Sales were correspondingly low. ◊ *Wir waren ent-*sprechend angezogen für die Party. We were suitably dressed for the party. ◊ *Sie hat ihm entsprechend geantwortet.* She gave him as good as she got. **3** *Präp* according to sth ◊ *entsprechend den Vorschriften* according to the regulations ◊ *Es geht ihr den Umständen entsprechend.* She is as well as can be expected (in the circumstances).
entspringen 1 (*Fluss etc.*) rise* **2** (**aus etw**) **~** (*fliehen*) escape (from sth) ◊ *Er war aus dem Gefängnis entsprungen.* He had escaped from prison. **3** (**aus**) *etw* **~** (*kommen*) come* from sth
entstehen 1 come* into existence, be created ◊ *Viele neue Staaten sind seit dem Krieg entstanden.* Many new states have come into existence since the war. ◊ *Im Osten sollen neue Arbeitsplätze entstehen.* New job opportunities are to be created in the east. **2** (*aufkommen*) arise* ◊ *Da können Missverständnisse entstehen.* Misunderstandings can arise. **3** (*Gase etc.*) be produced ◊ *Bei der Verbrennung entsteht Kohlendioxid.* Carbon dioxide is produced in the burning process. **4** (*verursacht werden*) be caused ◊ *Wie ist der Schaden entstanden?* How was the damage caused? **5** (*hergestellt werden*) ◊ *Der Film ist 1965 entstanden.* The film was made in 1965. ◊ *Der Roman ist in Rom entstanden.* The novel was written in Rome. ◊ *Hier entstehen neue Häuser.* New houses are being built here.
Entstehung origin; (*Entwicklung*) development; (*von Staaten etc.*) emergence
entstellen 1 (*Gesicht etc.*) disfigure **2** (*Sinn etc.*) distort ◊ *Der Artikel gab seine Meinung nur in entstellter Form wieder.* The article gave only a distorted version of his opinion.
enttäuschen disappoint ◊ *Das hat uns sehr enttäuscht.* It really disappointed us. ◊ *Die Aufführung enttäuschte.* The performance was disappointing. ◊ *Er enttäuschte total.* He was a complete disappointment.
enttäuschend disappointing (*Adv* disappointingly)
enttäuscht disappointed ◊ *Wir waren von dem Hotel enttäuscht.* We were disappointed with the hotel. ◊ *Ich bin von dir enttäuscht.* I'm disappointed in you. ◊ *enttäuscht darüber sein, dass ...* be disappointed that ... ◊ *enttäuscht den Kopf schütteln* shake your head in disappointment
Enttäuschung disappointment ◊ *zu seiner großen Enttäuschung* to his great disappointment ◊ *Sie erlebte eine herbe Enttäuschung.* She was bitterly disappointed.
entwaffnen disarm (*auch fig*) ◊ *die Truppen entwaffnen* disarm the troops ◊ *ein entwaffnendes Lächeln* a disarming smile
Entwarnung all-clear ◊ *Entwarnung geben* give the all-clear
entwässern (*Boden etc.*) drain
Entwässerung drainage
entweder entweder ... oder ... either ...or ... ◊ *Ich gehe entweder nach Paris oder nach Rom.* I'm going either to Paris or to Rome. ◊ *entweder in Schwarz oder Blau lieferbar* available in either black or blue
entweichen escape
entwenden (jdm) *etw* **~** steal* sth (from sb)
entwerfen 1 design ◊ *ein Plakat entwerfen* design a poster **2** (*Plan, Vertrag etc.*) draw* *sth* up
entwerten 1 (*Währung, Geld etc.*) devalue (*auch fig*) **2** (*Fahrschein etc.*) cancel*
entwickeln 1 develop; (*Wärme etc.*) generate ◊ *ein Mittel gegen Krebs entwickeln* develop a cure for cancer ◊ *eine Theorie entwickeln* develop a theory ◊ *einen Film entwickeln* develop a film ◊ *Die Glühbirne entwickelt Wärme.* The light bulb generates warmth. **2 sich** (**zu jdm/etw**) **~** develop (into sb/sth); **sich aus etw ~** develop from sth ◊ *Amerika hatte sich bereits zu einer Weltmacht entwickelt.* America had already developed into a world power. ◊ *Sie hatten sich in völlig verschiedene Richtungen entwickelt.* They had developed in completely different directions. **3 sich ~** (*Gase etc.*) be produced
Entwicklung 1 development ◊ *die Entwicklung des Kindes* the child's development ◊ *Das Projekt ist noch in der Entwicklung.* The project is still at the development stage. ◊ *eine völlig unerwartete Entwicklung nehmen* develop in a completely unexpected way **2** (*von Gasen etc.*) production **3** (*von Filmen*) developing
Entwicklungshelfer(in) aid worker ☛ G 2.2d **Entwicklungshilfe** foreign aid, development aid **Entwicklungsland** developing country*

entwirren disentangle *(auch fig)*
entwischen (jdm) ~ escape (from sb) ◊ *Er ist der Polizei entwischt.* He escaped from the police.
entwürdigend degrading
Entwurf 1 design; *(Skizze)* sketch ◊ *der Entwurf des Gebäudes* the design of the building **2** *(Text)* draft; *(Gesetzes-)* bill ◊ *der erste Entwurf des Artikels* the first draft of the article ◊ *Der Vertrag ist im Entwurf bereits fertig.* The draft contract is ready.
entwurzeln uproot ◊ *Der Baum wurde durch einen Sturm entwurzelt.* The tree was uprooted by a storm. ◊ *Die Flüchtlinge fühlen sich entwurzelt.* The refugees feel cut off from their roots.
entziehen 1 jdm etw ~ take* sth away from sb; *(Unterstützung, Privileg etc.)* withdraw* sth from sb ◊ *jdm den Führerschein entziehen* take sb's driving licence away **2 sich jdm/etw** ~ evade sb/sth; *(entkommen)* escape (from) sb/sth ◊ *sich seiner Verantwortung entziehen* evade your responsibilities ◊ *Er konnte sich dem Druck nicht entziehen.* He couldn't escape the pressure. **3 einer Sache etw** ~ *(Stoff etc.)* remove sth from sth ⓘⓓⓜ ⇨ Wort
Entziehungskur (drug/alcohol) detoxification programme, *(AmE)* detoxification program ◊ *eine Entziehungskur machen* undergo a detoxification programme
entziffern decipher
Entzücken delight
entzückend delightful
entzückt ~ (über/von etw) delighted (with sth)
Entzug 1 withdrawal ◊ *der Entzug der Arbeitsgenehmigung* withdrawal of your work permit **2** ⇨ Entziehungskur
Entzugserscheinung withdrawal symptom *(auch fig)*
entzünden 1 *(anzünden)* light*; *(in Brand setzen)* set* light to sth, ignite *(Fachspr)* ◊ *das olympische Feuer entzünden* light the Olympic flame ◊ *Die Kippe entzündete die Matratze.* The cigarette end set light to the mattress. **2** *(Streit etc.)* spark sth off ◊ *einen Protest entzünden* spark off a protest **3 sich** ~ *(Augen, Wunde etc.)* become* inflamed **4 sich** ~ *(Heu etc.)* catch* fire, ignite *(Fachspr)* ◊ *Das austretende Gas entzündete sich.* The escaping gas ignited. ◊ *Das Feuer entzündete sich in der Küche.* The fire started in the kitchen. **5 sich (an etw)** ~ *(Streit, Debatte etc.)* be sparked off (by sth)
entzündet inflamed
Entzündung inflammation
entzweien 1 divide ◊ *Ein Missverständnis hat die Gruppe entzweit.* A misunderstanding divided the group. **2 sich (mit jdm)** ~ fall* out with sb
Enzian gentian
Enzyklopädie encyclopedia
enzyklopädisch encyclopedic
Enzym enzyme
Epidemie epidemic *(auch fig)*
epidemisch epidemic *(auch fig)* ◊ *ein epidemisches Ausmaß erreichen* reach epidemic proportions ◊ *eine epidemisch um sich greifende Hysterie* hysteria spreading like an epidemic
Epik epic poetry
Epilepsie epilepsy
Epileptiker(in) epileptic ◊ *Epileptiker sein* be an epileptic
epileptisch epileptic ◊ *ein epileptischer Anfall* an epileptic fit
episch epic
Episode episode
Epizentrum epicentre, *(AmE)* epicenter
Epoche epoch ◊ *aus verschiedenen Epochen* from different epochs ◊ *Epoche machend* epoch-making
Epos *(Helden-)* epic (poem); *(höfisch)* romance
er 1 he **2** *(Gegenstand, Tier)* it ☛ G 3 ☛ *Hinweis bei* HE¹
erachten etw als/für etw ~ consider sth (as) sth ◊ *Ich erachte es für nicht notwendig.* I do not consider it necessary.
Erachten jds Erachtens (nach) in sb's opinion
erarbeiten 1 *(erstellen)* develop; *(Bericht)* prepare; *(Lösung etc.)* work sth out; *(gemeinsam)* work on sth **2 (sich) etw** ~ *(durch Arbeit erreichen)* work for sth ◊ *Das hat* *sie sich hart erarbeiten müssen.* She has had to work hard for it.
Erbanlage genetic make-up
erbarmen 1 jdn ~ move sb to pity **2 sich jds** ~ have mercy on sb
Erbarmen mercy
erbärmlich 1 *(erbarmenswert)* pitiful *(Adv* pitifully) ◊ *ein erbärmlicher Anblick* a pitiful sight **2** *(schlecht)* pathetic *(umgs) (Adv* pathetically) ◊ *eine erbärmliche Darbietung* a pathetic performance ◊ *Die Mannschaft spielt erbärmlich.* The team are playing really badly. **3** *(verstärkend)* terrible *(Adv* terribly)
erbarmungslos merciless *(Adv* mercilessly); *(grausam)* cruel; *(unaufhörlich)* relentless *(Adv* relentlessly)
Erbe 1 inheritance ◊ *das elterliche Erbe antreten* come into your inheritance **2** *(Hinterlassenschaft)* legacy; *(kulturhistorisch)* heritage ◊ *das Erbe des Kalten Krieges* the legacy of the cold war
Erbe, Erbin heir ◊ *der rechtmäßige Erbe* the rightful heir ◊ *Sie war die alleinige Erbin.* She was the sole heir. ◊ *Er machte sie zur Erbin seines Hauses.* He left her his house. ☛ „Erbin" kann auch mit **heiress** übersetzt werden, wenn diese ein großes Vermögen geerbt hat (im Sinne von „Millionenerbin"): *a rich American heiress.*
erben 1 inherit; *(Eigenschaften auch)* get* *(umgs)* ◊ *Sie hat das Haus geerbt.* She inherited the house. ◊ *Die grünen Augen hat er von seiner Mutter geerbt.* He gets his green eyes from his mother. ◊ *Er hat anscheinend geerbt.* He must have come into money. **2** *(Gebrauchtes)* ◊ *Das Hemd habe ich von meinem Vater geerbt.* The shirt was handed down from my father.
erbeuten make* off with *sth*, steal*; *(Waffen etc.)* capture
Erb- Erbfolge succession **Erbgut** DNA **Erbinformation** genetic information
erbittert 1 fierce *(Adv* fiercely) ◊ *ein erbitterter Streit* a fierce argument **2** *(enttäuscht, zornig)* bitter
Erbkrankheit hereditary disease
erblassen go* white ◊ *vor Schreck erblassen* go white with shock ◊ *vor Neid erblassen* be green with envy
Erblast legacy
erbleichen go* white
erblich hereditary; *(Eigenschaft)* inherited; *(Veranlagung)* genetic ◊ *Die Krankheit ist erblich.* It's a hereditary disease. ◊ *eine erbliche Veranlagung für Diabetes* a genetic tendency for diabetes ◊ *Er ist erblich vorbelastet; sein Vater war Maler.* Art is in his genes. His father was a painter.
erblinden go* blind ◊ *auf einem Auge erblinden* go blind in one eye
Erbmasse 1 (Biol) gene pool ◊ *die Erhaltung der Erbmasse* gene pool conservation ◊ *die Manipulation der Erbmasse* genetic manipulation **2** (Recht) estate
erbrechen 1 (sich) ~ vomit, *(BrE auch)* be sick ◊ *Ich musste (mich) erbrechen.* I've been sick. **2 etw** ~ bring* sth up ◊ *Das Baby erbrach die Milch.* The baby brought up the milk. ⓘⓓⓜ **bis zum Erbrechen** ad nauseam
erbringen 1 *(Resultat, Einkommen, Defizit)* produce ◊ *Die Untersuchungen haben nichts erbracht.* The investigations didn't produce any results. ◊ *Der Verkauf der Bilder erbrachte mehrere Millionen.* The pictures fetched several million. **2** *(aufbringen)* raise **3** *(Beweis)* provide ◊ *einen Nachweis erbringen* provide proof ◊ *die erforderten Leistungen erbringen* do what is required
Erbschaft inheritance ◊ *eine Erbschaft machen* come into an inheritance
Erbschaftssteuer inheritance tax
Erbse pea
Erb- Erbstück heirloom **Erbsünde** original sin
Erd- Erdachse earth's axis **Erdanziehung** earth's gravitational pull **Erdapfel** potato* **Erdatmosphäre** earth's atmosphere **Erdbeben** earthquake **Erdbeere** strawberry*
Erdboden ground ◊ *auf dem blanken Erdboden* on the bare ground ⓘⓓⓜ **dem Erdboden gleichmachen** *(Stadt)* raze sth to the ground; *(Gebäude)* flatten ◊ **im Erdboden versinken** ◊ *Er wäre am liebsten im Erdboden versunken.* He wished the ground would open up and swallow him. ◊ **wie vom Erdboden verschluckt sein** ◊ *Sie ist wie vom*

Erdboden verschluckt. She's disappeared off the face of the earth.

Erde 1 earth; *(Welt)* world ◊ *Die Erde dreht sich um die Sonne.* The earth revolves around the sun. ◊ *Die Astronauten kehrten zur Erde zurück.* The astronauts returned to earth. ◊ *in allen Ländern der Erde* in every country in the world ◊ *ein Paradies auf Erden* an earthly paradise **2** *(Erdboden)* ground ◊ *auf die Erde fallen* fall to the ground ◊ *unter der Erde leben* live underground ☛ *Hinweis bei* BODEN **3** *(Erdreich)* soil ◊ *fruchtbare Erde* fertile soil **4** (ELEK) earth, *(AmE)* ground IDM **unter der Erde sein/liegen** be dead and buried **jdn unter die Erde bringen 1** *(beerdigen)* bury* sb **2** *(umbringen)* kill sb ☛ *Siehe auch* BEIN

erdenklich *(möglich)* possible; *(vorstellbar)* imaginable ◊ *Er hat alles Erdenkliche für sie getan.* He did everything possible for her. ◊ *alle erdenklichen Gemüsesorten* every imaginable type of vegetable ◊ *sich alle erdenkliche Mühe geben* do everything you possibly can

Erd- Erderwärmung global warming **Erdgas** (natural) gas **Erdgeschoss** ground floor, *(AmE)* first floor ◊ *Wir wohnen im Erdgeschoss.* We live on the ground floor. **Erdkugel** globe **Erdkunde** geography **Erdnuss** peanut, *(BrE auch)* groundnut **Erdoberfläche** surface of the earth **Erdöl** oil, petroleum *(Fachspr)* ◊ *die Erdöl fördernden Länder* the oil-producing countries

erdrosseln strangle

erdrücken 1 crush *sb* to death ◊ *Er wurde von einem Lkw erdrückt.* He was crushed to death by a lorry. **2** *(fig)* overwhelm ◊ *Ihre Sorgen erdrückten sie fast.* She felt overwhelmed by her troubles.

Erd- Erdrutsch landslide *(auch fig)* ◊ *einen Erdrutsch auslösen* cause a landslide **Erdteil** continent

erdulden suffer, put* up with *sth* *(umgs)* ◊ *etw stumm erdulden* suffer sth in silence ◊ *Als Kind hat er viel Spott erdulden müssen.* He had to put up with a lot of teasing as a child.

Erd- Erdumdrehung rotation of the Earth **Erdumlaufbahn** orbit around the Earth **Erdwärme** geothermal energy

ereifern *sich über etw ~* get* worked up about sth ◊ *Warum ereifert sie sich immer wegen solcher Lappalien?* Why does she always get worked up about such trivial things? ◊ *„Das ist eine Unverschämtheit!"* eiferte er sich. 'It's an outrage!' he said heatedly.

ereignen *sich ~* occur*, happen

Ereignis event ◊ *ein großes Ereignis* an important event

Erektion erection

Eremit(in) hermit

ererbt inherited

erfahren¹ *Verb* **1** hear*, find* *sth* out ◊ *Wann hast du von dem Unfall erfahren?* When did you hear about the accident? **2** *(erleben)* experience; *(verspüren)* feel* ◊ *eine Renaissance erfahren* experience a renaissance ◊ *eine Transformation erfahren* undergo a transformation ◊ *Alle Gefangenen sollen eine humanitäre Behandlung erfahren.* All prisoners should be treated humanely. IDM ⇨ LEIB *und* UMWELT

erfahren² *Adj* experienced

Erfahrung 1 experience ◊ *Er hat (eine) langjährige Erfahrung auf diesem Gebiet.* He has many years of experience in this field. ◊ *Ich weiß das aus eigener Erfahrung.* I know this from my own experience. ◊ *nach meiner Erfahrung* in my experience ◊ *Die Erfahrung zeigt, dass ...* Experience shows that ... ◊ *Sie berichteten über ihre Erfahrungen in den USA.* They talked about their experiences in the States. ◊ *Wir haben die Erfahrung gemacht, dass auch junge Leute solche Probleme haben.* We have found that young people also have this kind of problem. ◊ *Mit dieser Methode habe ich gute Erfahrung gemacht.* I've always found this method successful. ◊ *Mit Mietwagen hat sie schlechte Erfahrungen gemacht.* She's been unlucky with hire cars. **2** *etw in ~ bringen* find* sth out

Erfahrungsaustausch exchange of experiences **Erfahrungsbericht** report **erfahrungsgemäß** ◊ *Das ist erfahrungsgemäß die beste Methode.* We know from experience that this is the best method. ◊ *die Rosenschau, erfahrungsgemäß Besuchermagnet* the rose show, which, as we know,

pulls in the visitors **Erfahrungswert** = figure based on previous experience

erfassen 1 *(begreifen)* grasp **2** *(auflisten, registrieren)* record; *(speichern)* hold* ◊ *Solche Straftaten werden nicht erfasst.* These offences are not recorded. ◊ *Die Daten sind im Computer erfasst.* The data is held on computer. **3** *(festhalten)* capture ◊ *etw in Bildern erfassen* capture sth in pictures ◊ *Das Flugzeug wurde vom Radar nicht erfasst.* The plane was not detected by the radar. **4** *(überfallen)* seize ◊ *Panik erfasste mich.* I was seized with panic. ◊ *Die Krise hat das Land erfasst.* The country is in the grip of a crisis. **5** *(Auto)* strike*; *(Strömung)* sweep* *sb/sth* away ◊ *Der Fußgänger wurde von einem vorbeifahrenden Auto erfasst.* The pedestrian was struck by a passing car.

erfinden invent; *(fantasieren auch)* make* *sth* up ◊ *Sie hat die Geschichte erfunden.* She made the story up. ◊ *Die Charaktere in diesem Film sind frei erfunden.* The characters in this film are entirely fictitious.

Erfinder(in) inventor ☛ G 2.2d

erfinderisch inventive

Erfindung invention

Erfolg success ◊ *ohne Aussicht auf Erfolg* with no prospect of success ◊ *Ihr letztes Stück hatte einen durchschlagenden Erfolg.* Her last play was a terrific success. ◊ *Er hatte keinen Erfolg mit seiner Bewerbung.* His application was unsuccessful. ◊ *Sie wehrte sich mit Erfolg gegen die Anschuldigungen.* She successfully defended herself against the accusations. ◊ *ein Erfolg versprechendes Drehbuch* a promising script IDM ⇨ BUCHEN *und* KRÖNEN

erfolgen *(stattfinden)* take* place; *(ausgeführt werden)* be carried out

erfolglos unsuccessful *(Adv* unsuccessfully*)*

Erfolglosigkeit lack of success

erfolgreich successful *(Adv* successfully*)*

Erfolgs- Erfolgsaussicht prospect of success **Erfolgschance** chance of success **Erfolgsdruck** pressure to succeed **Erfolgserlebnis** sense of achievement ◊ *Das Bestehen der Prüfung war ein echtes Erfolgserlebnis.* Passing the exam gave him a real sense of achievement. **Erfolgsgeheimnis** secret of success ◊ *Kennst du sein berufliches Erfolgsgeheimnis?* Do you know the secret of his professional success? **Erfolgskurs** road to success **Erfolgsmeldung** good news [U] ◊ *Erfolgsmeldungen über die Wirtschaft* good news on the economy ◊ *Weitere Erfolgsmeldungen vom Militär kamen von der Front.* Further military successes were reported from the front. **Erfolgsrezept** recipe for success **Erfolgsserie** string of successes **Erfolgsstory** success story*

erforderlich necessary ◊ *die erforderliche Mehrheit* the necessary majority ◊ *dringend erforderliche Reparaturarbeiten* urgently needed repair work ☛ *Hinweis bei* NECESSARY

erfordern require

Erfordernis requirement

erforschen *(Gebiet, Weltraum)* explore; *(Thema, Problem auch)* investigate; *(Wissensgebiet, Thema auch)* research

Erforschung *(eines Gebiets, des Weltraums)* exploration; *(von Gründen, Problemen)* investigation; *(eines Wissensbiets auch)* research ◊ *die Erforschung des Weltalls* the exploration of space ◊ *die Erforschung der Ursachen* the investigation into the causes ◊ *die Erforschung menschlichen Verhaltens* research into human behaviour

erfragen find* out about *sth*; *(Informationen)* obtain; *(den Weg)* ask ◊ *Öffnungszeiten können unter folgender Nummer erfragt werden.* You can find out about opening hours by calling this number. ◊ *den Weg erfragen* ask the way

erfreuen 1 *etw erfreut jdn* sb enjoys sth; *(etw gefällt jdm)* sb likes sth ◊ *Ihr Besuch hat mich sehr erfreut.* I enjoyed your visit very much. ◊ *Mit was für einer Art Geschenk kann ich ihn erfreuen?* What would he like as a present? **2** *sich an etw ~* take* pleasure in sth **3 sich einer Sache ~** enjoy sth ◊ *Er erfreute sich großer Beliebtheit/guter Gesundheit.* He enjoyed great popularity/good health.

erfreulich 1 *Adj* pleasing; *(Nachricht auch)* good; *(Nebeneffekt, Perspektive)* pleasant ◊ *erfreuliche Ergebnisse* pleasing results ◊ *Es ist erfreulich, dass es nun doch noch geklappt hat.* It is good to hear that it has worked out all right after all. **2** *Adv* ◊ *Das Echo auf die Aktion war erfreulich groß.* They were pleased by the big response to the

campaign. ◊ *Heute hatten wir eine erfreulich hohe Besucherzahl.* We were pleased that so many visitors came today.
erfreulicherweise happily, luckily ◊ *Erfreulicherweise wurde niemand schwer verletzt.* Luckily, nobody was seriously hurt. ◊ *Erfreulicherweise haben sich die Verkaufszahlen weiterhin gebessert.* I'm pleased to say that sales have continued to improve.
erfreut pleased
erfrieren 1 (*vor Kälte sterben*) freeze* to death; (*Mensch auch*) die of exposure; (*Pflanze*) be killed by frost **2** (*Körperteile*) ◊ *Ihm sind im Krieg zwei Zehen erfroren.* He lost two toes to frostbite during the war.
Erfrierungen frostbite [U]
erfrischen 1 refresh **2** (*erfrischend sein*) be refreshing ◊ *Kann etwas mehr erfrischen als eine kalte Dusche?* Is there anything more refreshing than a cold shower? **3 sich ~** refresh yourself; (*durch Waschen*) freshen up
erfrischend refreshing (*Adv* refreshingly) (*auch fig*)
Erfrischung 1 refreshment ◊ *Sollen wir eine Erfrischung zu uns nehmen?* Shall we have some refreshment? **2** (*das Erfrischen, Sich-Erfrischen*) (*meist mit einem Verb übersetzt*) ◊ *ein Glas kaltes Wasser zur Erfrischung* a glass of cold water to cool you down
erfüllen 1 (*Bedingung, Vertrag, Quote*) fulfil*, (*AmE*) fulfill; (*Wunsch*) grant; (*Pflicht, Auftrag*) carry* *sth* out ◊ *Alle unsere Erwartungen wurden erfüllt.* All our expectations were fulfilled. ◊ *Es erfüllt seinen Zweck.* It serves its purpose. **2** (*ausfüllen*) satisfy*, fulfil*, (*AmE*) fulfill ◊ *Ihr neuer Job erfüllt sie hundertprozentig.* She finds her new job one hundred per cent fulfilling. **3** (*Rauch, Geruch, Geräusch, Emotionen*) fill ◊ *Zigarettenqualm erfüllte das gesamte Zimmer.* Cigarette smoke filled the whole room. ◊ *Hass erfüllte ihn.* He was filled with hatred. **4 sich ~** come* true ◊ *Der Traum erfüllte sich endlich.* At last the dream came true. **5 sich (s)einen Traum ~** make* your dream come true
Erfüllung 1 (*das Erfüllen*) (*meist mit einem Verb übersetzt*) ◊ *erst nach Erfüllung der Forderungen* only when the requirements are fulfilled ◊ *Die Erfüllung der Kriterien hat Priorität.* The top priority is to meet the criteria. **2** (*Umsetzung, Wahrwerden*) realization ◊ *die Erfüllung eines Traumes* the realization of a dream ◊ *Mein Wunsch ging tatsächlich in Erfüllung.* My wish really did come true. **3** (*Zufriedenheit*) fulfilment, (*AmE*) fulfillment ◊ *Sie hat endlich als Lehrerin ihre Erfüllung gefunden.* She finally found fulfilment as a teacher.
ergänzen 1 supplement; (*vervollständigen*) complete ◊ *Das Team wurde mit fünf weiteren Spielern ergänzt.* The team was supplemented by five new players. ◊ *Ergänzen Sie folgenden Satz.* Complete the following sentence. ◊ *Vorräte ergänzen* replenish supplies **2 A um B ~** add B to A ◊ *Die Ausstellung soll um zwei Bilder ergänzt werden.* Two pictures are to be added to the exhibition. **3** (*hinzufügen*) add ◊ *Darf ich hierzu noch etwas ergänzen?* May I just add something at this point? **4** (*Gesetz*) amend **5 sich ~** complement each other; **sich** (**mit jdm/etw**) **~** be complemented by sb/sth ◊ *Traditioneller Unterricht ergänzt sich mit neuen Medien.* Traditional teaching is complemented by new media.
Ergänzung 1 (*Vervollständigung*) (*meist mit einem Verb übersetzt*) ◊ *Das neue Gerät soll nicht Ersatz für den PC sein, sondern Ergänzung.* The new machine is not meant to replace the PC but to complement it. ◊ *die Ergänzung des Radwegnetzes* extending the cycle path network **2** (*das Hinzugefügte oder Hinzuzufügende*) addition; (*eines Gesetzes*) amendment ◊ *ein paar inhaltliche Ergänzungen* a few additions with regard to content
ergattern manage to get (hold of) *sth* ◊ *Ich konnte gerade noch die beiden letzten Eintrittskarten ergattern.* I just managed to get hold of the last two tickets.
ergeben¹ *Verb* **1** (*herausfinden*) find* ◊ *Die Umfrage hat ergeben, dass …* The survey found that … **2** (*resultieren*) result in *sth*; (*erzielen*) produce; (*ausreichen für*) make* ◊ *Die Maßnahmen ergaben keine Verbesserung.* The measures did not result in improvement. ◊ *Die Eingabe in die Suchmaschine ergab sieben Treffer.* The search produced seven hits. ◊ *Ein Zentner Äpfel ergibt 30 Liter.* A ton of apples makes 30 litres. ◊ *Das ergibt keinen Sinn.* That makes no sense. **3** (*einbringen*) bring* *sth* in ◊ *Die Spen-*

denaktion ergab mehrere Millionen. The appeal for donations brought in several millions. **4 sich ~** (*Problem, Gelegenheit etc.*) arise*; (*Diskussion*) ensue; (*Bild*) emerge ◊ *Neue Schwierigkeiten ergeben sich jeden Tag.* New problems arise every day. ◊ *Aus dieser neuen Lage werden sich enorme Veränderungen für unser Leben ergeben.* This new situation will bring enormous changes in our lives. ◊ *Es hat sich so ergeben, dass wir alle zusammen fuhren.* The way it worked out, we all went together. ◊ *Es hat sich halt so ergeben.* It just happened that way.
ergeben² *Verb* **1 sich etw ~** resign yourself to *sth* **2 sich** (**jdm**) **~** surrender (to sb) ◊ *sich dem Feind ergeben* surrender to the enemy **3 sich etw ~** (*rückhaltlos hingeben*) give* yourself up to *sth*; (*Glücksspiel, Alkohol*) turn to *sth*
ergeben³ *Adj* **1** (*untertänig*) obedient (*Adv* obediently) **2** (*hingebungsvoll*) devoted (*Adv* devotedly)
Ergebnis 1 result, outcome; (*Schlussfolgerung*) conclusion ◊ *das Ergebnis der Wahl* the result of the election ◊ *Ich bin zu dem Ergebnis gekommen, dass …* I have come to the conclusion that … ◊ *Die Umfrage blieb ohne Ergebnis.* The survey was inconclusive. ◊ *Die Suche blieb ohne Ergebnis.* The search produced no results. **2** (MATH) answer, result (*Fachspr*) ◊ *das Ergebnis einer Rechenaufgabe* the answer to a sum
ergebnislos unsuccessful (*Adv* unsuccessfully); (*Suche, Verhandlungen*) fruitless (*Adv* fruitlessly) ◊ *Die Suche verlief ergebnislos.* The search proved fruitless. ◊ *Die Verhandlungen wurden ergebnislos abgebrochen.* The talks broke down.
ergehen 1 es ergeht jdm/etw gut, schlecht etc. sb/sth fares well, badly, etc. ◊ *Wie ist es ihr in den USA ergangen?* How did she fare in the USA? ◊ *Mir erging es genauso im Urlaub.* The same thing happened to me on holiday. **2** (*erlassen werden*) go* out, be issued (*offiz*) ◊ *Ein Haftbefehl erging gegen ihn.* A warrant was issued for his arrest. **3 sich in etw ~** ◊ *Die Zeitung erging sich in Spekulationen.* The paper engaged in wild speculation. ◊ *Sie erging sich in Danksagungen.* She thanked them profusely. **4 etw über sich ~ lassen** put* up with *sth* IDM ⇨ GNADE
ergiebig 1 ◊ *ein ergiebiges Waschmittel* a detergent that goes a long way **2** (*Quelle etc.*) rich ◊ *ergiebige Fischgründe* rich fishing grounds **3** (*Boden, Thema*) fertile **4** (*Landwirtschaft, Einsatz*) productive **5** (*Regen*) heavy*
ergießen sich ~ pour (*auch fig*) ◊ *Busladungen von Touristen ergießen sich über das Dorf.* Busloads of tourists pour into the village. ◊ *Der Fluss ergießt sich ins Meer.* The river flows into the sea.
ergonomisch ergonomic (*Adv* ergonomically)
ergrauen 1 (*grauhaarig werden*) go* grey **2** (*älter werden*) age, grow* old ◊ *Die Bevölkerung ergraut.* The population is ageing. ◊ *in Würde ergrauen* grow old gracefully
ergreifen 1 catch* ◊ *Die Täter wurden auf der Flucht ergriffen.* The culprits were caught while trying to escape. ◊ *Das Feuer ergriff die Vorhänge.* The curtains caught fire. **2** (*übernehmen, anfangen*) seize ◊ *die Macht/eine Gelegenheit ergreifen* seize power/an opportunity ◊ *Plötzlich ergriff sie die Panik.* She was suddenly seized by panic. ◊ *die Initiative ergreifen* take the initiative ◊ *die Flucht ergreifen* take flight ◊ *einen Beruf ergreifen* take up a career ◊ *Da ergriff er plötzlich das Wort.* He suddenly spoke up. **3** (*mit der Hand*) grab* hold of *sth* ◊ *Sie ergriff ihn am Arm.* She grabbed hold of his arm. **4** (*bewegen*) move; (*sehr nahe gehen*) affect ◊ *Sie war sehr ergriffen von der Oper.* She was very moved by the opera. ◊ *Die Nachricht ergriff ihn zutiefst.* He was deeply affected by the news. IDM ⇨ BESITZ, PARTEI *und* WORT
ergreifend moving (*Adv* movingly) IDM ⇨ SCHLICHT
Ergreifung (*Festnahme*) capture
ergründen investigate
Erguss 1 (*Blut-*) bruise, contusion (*Fachspr*) **2** (*Samen-*) ejaculation **3** (*Wortschwall*) outpouring
erhaben 1 (*Gedanken, Musik, Gefühle*) sublime **2 über etw ~ sein** be above *sth* ◊ *Sie ist über jeglichen Verdacht erhaben.* She is above all suspicion. **3 sich über jdn/etw ~ fühlen** consider yourself to be above sb/sth ◊ *Sie fühlt sich über niedere Bürotätigkeiten erhaben.* She considers herself above menial office tasks. **4** (*herausragend*) raised
Erhalt 1 (*Empfang*) receipt ◊ *nach Erhalt Ihres Schreibens* on receipt of your letter **2** (*Erhaltung*) preservation

erhalten 1 (*empfangen*) get*, receive (*offiz*) ◇ *eine Reaktion erhalten* get a response ◇ *Sie erhielt einen abschlägigen Bescheid.* She received a rejection. **2** (*erteilt bekommen*) get*, be given ◇ *einen Eindruck erhalten* get an impression ◇ *Er erhielt die rote Karte.* He was given the red card. ◇ *einen Befehl/einen Auftrag erhalten* be given an order/a task ◇ *Haben sie dafür Erlaubnis erhalten?* Have they been given permission for it? ◇ *Asyl erhalten* be granted asylum **3** (*gewinnen*) get*, obtain (*offiz*) ◇ *Teer erhält man aus Kohle.* Tar is obtained from coal. **4** (*bewahren*) preserve ◇ *ein gut erhaltenes Buch* a well-preserved book ◇ *Diese Sitte hat sich über Jahrhunderte erhalten.* This custom has been preserved for centuries. ◇ *Arbeitsplätze erhalten* save jobs ◇ *Erhalte dir deinen Optimismus!* Don't lose your optimism! **5** (*frisch, gesund etc.*) keep* ◇ *sich fit erhalten* keep fit ◇ *Er wurde künstlich am Leben erhalten.* He was kept alive artificially. ◇ *Er ist für sein Alter noch recht gut erhalten.* He is in very good shape for his age.

erhältlich available ◇ *im Buchhandel erhältlich* available from bookshops ◇ *für Vereine kostenlos erhältlich* available to clubs free of charge

Erhaltung preservation; (*Umwelt, Kunstwerke*) conservation; (*Tierart, Wald etc.*) protection; (*Unterhalt*) maintenance; (*Gebäude*) upkeep

erhängen hang ◇ *Er erhängte sich.* He hanged himself.

erhärten 1 (*Materie*) harden; (*Zement, Klebstoff auch*) set* **2** (*untermauern*) substantiate ◇ *Die Vorwürfe konnten nicht erhärtet werden.* The accusations could not be substantiated. **3 sich ~** (*Verdacht*) harden; (*These*) be strengthened

erheben 1 raise ◇ *Wir erhoben unsere Gläser.* We raised our glasses. ◇ *Er ging mit erhobenen Händen auf die Polizisten zu.* He approached the police with his hands up. **2** (*Forderung, Beschwerde, Vorwurf*) make* ◇ *Vorwürfe gegen jdn erheben* make accusations against sb ◇ *Einspruch erheben* raise an objection ◇ *Bedenken erheben* raise doubts ◇ *Widerspruch gegen etw erheben* contest sth ◇ *Anspruch auf etw erheben* claim sth ◇ *Gegen ihn wurde Anklage wegen Mordes erhoben.* A charge of murder was brought against him. **3** (*Steuer*) levy*; (*Gebühr*) make* ◇ *Auf Benzin wird eine Steuer erhoben.* Duty is levied on petrol. ◇ *Dafür wird eine Gebühr erhoben.* A charge is made for that. ◇ *Für Glasflaschen wird Pfand erhoben.* A deposit is charged on glass bottles. **4 jdn ~** ◇ *in den Adelsstand erhoben werden* be raised to the peerage ◇ *in den Ritterstand erhoben werden* receive a knighthood ◇ *Er wurde von seinen Fans zur Kultfigur erhoben.* He was made into a cult figure by his fans. **5 etw zu etw ~** adopt sth as sth ◇ *etw zum Maßstab erheben* adopt sth as a standard **6 sich ~** (*aufstehen*) rise* to your feet **7 sich ~** (*Gebäude, Berg etc.*) ◇ *Hoch über der Stadt erhebt sich die Burg.* The castle dominates the town. ◇ *Am Horizont erheben sich die Alpen.* The Alps line the horizon. **8 sich (in die Luft) ~** rise* into the air **9 sich (gegen jdn/etw) ~** rise* up (against sb/sth) IDM **die Hand gegen jdn erheben** raise your hand to hit sb ☛ *Siehe auch* STIMME *und* ZEIGEFINGER

erheblich considerable (*Adv* considerably) ◇ *in erheblichem Umfang* to a considerable degree ◇ *ein erheblicher Beitrag* a significant contribution ◇ *erheblich beeinträchtigt* seriously affected

Erhebung 1 (*Boden-*) elevation; (*Hügel*) hill; (*Berggipfel*) peak **2** (*Untersuchung*) survey ◇ *eine Erhebung durchführen* carry out a survey **3** (*Aufstand*) uprising **4** (*Gebühr, Zuschlag, Zoll*) charging; (*Steuer*) raising; (*Abgabe*) imposition

erheitern amuse

erhellen 1 (*erleuchten*) light* ◇ *Kerzen erhellten den Raum.* The room was lit by candles. ◇ *Das Feuerwerk erhellte die Nacht.* Fireworks lit up the night sky. ◇ *Der Mond erhellte die Wiese.* The moon illuminated the meadow. **2** (*erklären*) shed* light on *sth* **3 sich ~** (*Gesicht*) light* up; (*Himmel*) brighten up

erhitzen 1 heat *sth* (up) ◇ *Essen in der Mikrowelle erhitzen* heat up food in the microwave **2 sich ~ get*** hot ◇ *Der Asphalt erhitzt sich.* The asphalt gets hot. ◇ *Der Motor hat sich zu stark erhitzt.* The engine overheated. **3 sich ~** (*Stimmung*) become* heated; (*wütend sagen*) fume ◇ *Die Stimmung hat sich erhitzt.* The atmosphere became heated. ◇ *An dieser Frage erhitzen sich die Gemüter.* Feelings are running high about this issue. ◇ *Die Experten erhitzten sich* *darüber.* Amongst experts there is violent disagreement about it.

erhitzt 1 ⇨ ERHITZEN **2** (feeling) hot (and sweaty) ◇ *Die erhitzten Kinder kühlten sich im Schwimmbad ab.* The children were feeling hot and cooled off in the pool. ◇ *vom Laufen erhitzt* hot and sweaty from running

erhoffen (**sich**) **etw ~** (*hoffen*) hope for sth; (*erwarten*) expect sth

erhöhen 1 make* *sth* higher ◇ *Der Turm wurde um zwei Meter erhöht.* The tower was made two metres higher. ◇ *Die Mauer wurde auf zwei Meter erhöht.* The wall was raised to a height of two metres. ◇ *Sie haben das Haus um ein Stockwerk erhöht.* They added another storey to the house. **2 etw (um/auf etw) ~** (*steigern*) increase sth (by/to sth), put* sth up (by/to sth); (*Niveau, Temperatur*) raise sth (by/to sth) ◇ *Die Miete wurde um 20% erhöht.* The rent was put up by 20%. ◇ *ein erhöhter Cholesterinspiegel* a raised cholesterol level ◇ *Sie hatte erhöhte Temperatur.* She had a slight temperature. **3** (*vergrößern*) increase; (*verbessern*) improve ◇ *ein erhöhtes Krebsrisiko* an increased risk of cancer ◇ *die Sicherheit im Straßenverkehr erhöhen* improve road safety **4 sich ~** rise*, go* up ◇ *Die Schülerzahlen erhöhen sich ständig.* Pupil numbers are rising steadily. ◇ *Die Preise haben sich wieder erhöht.* Prices have gone up again.

Erhöhung 1 increasing the height ◇ *die Erhöhung der Mauer auf 2 Meter* increasing the height of the wall to 2 metres **2** (*Steigerung*) increase ◇ *eine Erhöhung der Mehrwertsteuer* an increase in VAT ◇ *die Erhöhung der Temperatur* the rise in temperature ◇ *die Erhöhung der Verkehrssicherheit* improving road safety

erholen 1 sich ~ relax, have a rest ◇ *Du siehst erholt aus.* You look relaxed. ◇ *Wir haben uns im Urlaub gut erholt.* We had a good rest on holiday. **2 sich (von etw) ~** recover (from sth), get* over sth

erholsam relaxing; (*Schlaf*) restful

Erholung 1 relaxation; (*Ruhe*) rest **2** (*nach einer Krankheit*) convalescence; (*Wirtschaft*) recovery ◇ *zur Erholung in die Berge geschickt werden* be sent to the mountains to convalesce ◇ *Die Erholung von der Operation dauerte lange.* It took a long time to recover from the operation. ◇ *die erwartete wirtschaftliche Erholung* the expected economic recovery

Erholungsaufenthalt holiday, (*AmE*) vacation **Erholungsgebiet** green belt area; (*Gegend*) holiday area **Erholungsurlaub** break; (*nach einer Krankheit*) convalescence [U]

erhören 1 (*Bitte, Gebet*) answer ◇ *Gott hat unsere Gebete erhört.* Our prayers were answered. ◇ *Ihre Vorstellungen wurden nicht erhört.* Their ideas were ignored. **2** (*Liebeswerbung*) yield to *sth*

erinnern 1 sich (an jdn/etw) ~ remember (sb/sth) ◇ *Erinnerst du dich noch?* Do you remember? ◇ *Kannst du dich an sie erinnern?* Can you remember her? ◇ *Ich kann mich nicht mehr daran erinnern, wo sie wohnt.* I don't remember where she lives. ◇ *Daran will ich mich gar nicht erinnern!* I don't want to be reminded of it! ◇ *..., erinnerte er sich.* ..., he recalled.

> Nicht verwechseln: **remind** und **remember**. „Jdn an etw erinnern" wird mit **remind** übersetzt: *Mum reminded John to take his sports kit.* „Sich an etw erinnern" wird mit **remember** übersetzt: *John remembered to take his sports kit.* ☛ *Hinweis bei* REMEMBER

2 jdn an etw ~ remind sb about sth ◇ *Sie erinnerte ihn an seinen Termin.* She reminded him about his appointment. **3 jdn an jdn/etw ~** remind sb of sb/sth ◇ *Dieses Lied erinnert mich an Paris.* This song reminds me of Paris. **4 an jdn ~** (*ähnlich sein*) be like sb ◇ *Sie erinnert an ihre Mutter.* She's like her mother. **5 an etw ~** (*denken lassen*) be reminiscent of sth ◇ *Dieser Skandal erinnert an Watergate.* This scandal is reminiscent of Watergate. ◇ *Hier erinnert nichts mehr an die Explosion vor einem Jahr.* There is nothing here to remind you of last year's explosion.

Erinnerung 1 ~ (an jdn/etw) memory* (of sb/sth) ◇ *Erinnerungen wachrufen* bring back memories ◇ *bleibende Erinnerungen* lasting memories ◇ *Wir werden London in guter Erinnerung behalten.* We will always have happy memories of London. ◇ *Der Duft weckt Erinnerungen an Griechenland.* The scent reminds you of Greece. ◇ *etw in Erinnerung rufen* recall sth **2 zur ~ an jdn/etw** ◇ *eine*

Erinnerungsvermögen

Demonstration zur Erinnerung an das Massaker a demonstration in commemoration of the massacre ◊ *Den Ring bewahrt er zur Erinnerung an sie auf.* He keeps the ring to remind him of her. ◊ *eine Gedenkstätte zur Erinnerung an den Holocaust* a memorial to the victims of the Holocaust **3** (*Andenken*) souvenir ◊ *eine Erinnerung an den Urlaub* a souvenir of the holiday ◊ *Zur Erinnerung erhalten sie eine Urkunde.* They receive a certificate as a memento. **IDM** ⇒ RUFEN
Erinnerungsvermögen memory
erkalten cool (*auch fig*)
erkälten sich ~ catch* a cold; **sich etw ~** get* a chill on sth ◊ *Ich habe mich beim Schwimmen erkältet.* I caught a cold swimming. ◊ *Sie hat sich die Blase erkältet.* She got a chill on the bladder.
erkältet ◊ *Ich bin stark erkältet.* I've got a bad cold. ◊ *ein erkältetes Kind* a child with a cold
Erkältung cold
erkämpfen (**sich**) etw ~ fight* hard for sth ◊ *Sie hat sich ihre Freiheit erkämpfen müssen.* She has had to fight hard for her freedom. ◊ *Sie erkämpfte sich zwei Goldmedaillen.* She managed to win two gold medals.
erkaufen 1 buy* ◊ *Glück lässt sich nicht erkaufen.* You can't buy happiness. **2** (**sich**) etw (**mit/durch etw**) ~ achieve sth (at the price of sth) ◊ *Das Wirtschaftswachstum wurde auf Kosten der Umwelt teuer erkauft.* Economic growth was achieved at great cost to the environment.
erkennbar apparent ◊ *nicht auf den ersten Blick erkennbar* not immediately apparent ◊ *Sie spricht ohne erkennbaren Akzent.* She speaks without any discernible accent. ◊ *gut erkennbar* easily recognizable ◊ *Die Buchstaben waren schlecht erkennbar.* The letters were difficult to make out.
erkennen 1 jdn/etw (**an etw**) ~ recognize sb/sth (by sth) ◊ *Ich habe ihn an seiner Stimme erkannt.* I recognized him by his voice. **2** (*gewahr werden*) realize; (*Krankheit*) diagnose ◊ *Sie erkannte ihren Fehler.* She realized her mistake. ◊ *Die Geschwulst ist frühzeitig erkannt worden.* The tumour was diagnosed early. ◊ *Ich kann darin keine Diskriminierung erkennen.* I don't see any discrimination in that. **3** (*sehen*) make* sth out ◊ *Er konnte die Hausnummer nicht erkennen.* He couldn't make out the number of the house. **4** etw zu ~ geben show* signs of sth ◊ *Selbstzweifel hat er nie zu erkennen gegeben.* He has never shown any signs of self-doubt. ◊ *Sie haben deutlich zu erkennen gegeben, dass wir jetzt gehen sollen.* They clearly indicated we should leave. **5** sich zu ~ geben reveal your identity, identify* yourself; **sich als etw zu ~ geben** reveal yourself to be sth ◊ *Der Anrufer gab sich nicht zu erkennen.* The caller did not identify himself. ◊ *Mit dieser Bemerkung gab er sich als Chauvi zu erkennen.* With this remark he revealed himself to be a male chauvinist. **6** etw ~ lassen indicate sth ◊ *Neue Forschungsergebnisse lassen erkennen, dass ...* New research findings indicate that ... **7** auf etw ~ impose sth ◊ *Das Gericht erkannte auf drei Jahre Gefängnis.* The court imposed a three-year prison sentence. ◊ *Das Gericht erkannte auf Freispruch.* The court acquitted the defendant.
erkenntlich sich (**für etw**) ~ zeigen show* your appreciation (for sth)
Erkenntnis 1 knowledge [U/Sing] ◊ *bessere Erkenntnisse* improved knowledge ◊ *nach neuesten Erkenntnissen* according to the latest findings **2** (*Einsicht*) realization ◊ *eine bittere Erkenntnis* a bitter realization ◊ *Er kam zu der Erkenntnis, dass er Unrecht hatte.* He realized that he was wrong. **3** (*Informationen*) information [U] ➜ *Hinweis bei* INFORMATION, S. 1030.
Erkennung identification; (*Krankheit*) diagnosis
Erkennungsdienst ≈ police records department ◊ *Sie ist schon einmal vom Erkennungsdienst der Polizei behandelt worden.* She's got a police record. ◊ *Der Erkennungsdienst sicherte die Spuren.* The police searched for forensic evidence. **erkennungsdienstlich** ◊ *jdn erkennungsdienstlich behandeln* take sb's fingerprints (and photograph)
Erkennungsmerkmal distinguishing feature **Erkennungszeichen** identification [U]; (*Abzeichen*) (identity) badge
Erker bay
erklärbar explicable (*gehoben*) (*nicht vor Nomen*) ◊ *Das ist schwer erklärbar.* It is not readily explicable. ◊ *aus nicht leicht erklärbaren Gründen* for reasons that are hard to understand
erklären 1 explain; sich (**durch/aus etw**) ~ be explained (by sth) ◊ *Sie hat mir das Wahlsystem erklärt.* She explained the electoral system to me. ◊ *Die schlechten Besucherzahlen erklären sich durch das Wetter.* The poor attendance can be explained by the weather. ◊ *Sein seltsames Verhalten lässt sich nicht erklären.* His strange behaviour is inexplicable. ◊ *Nur so erklärt sich der Vorgang.* That's the only possible explanation for what happened. **2** sich etw ~ be able to understand sth ◊ *Er konnte es sich nicht erklären.* He couldn't understand it. ◊ *Wie erklärst du dir sein Verschwinden?* What do you make of his disappearance? **3** (*Rücktritt*) announce; (*Liebe, Krieg*) declare ◊ *dem Terrorismus den Krieg erklären* declare war on terrorism **4** jdn/etw zu etw ~ declare sb/sth sth; **jdn/sich/etw für etw ~** declare sb/yourself/sth (to be) sth; **sich etw ~** declare sth ◊ *Die Erdbebenzone wurde zum Katastrophengebiet erklärt.* The earthquake zone was declared a disaster area. ◊ *Ich erkläre die Ausstellung für eröffnet.* I declare the exhibition open. ◊ *Anders Denkende wurden für geisteskrank erklärt.* Dissidents were certified as insane. ◊ *Er erklärte sich für zahlungsunfähig.* He declared himself bankrupt. ◊ *Sie erklärten sich mit ihren entlassenen Kollegen solidarisch.* They declared their solidarity with their sacked colleagues. ◊ *für tot erklärt sein* be pronounced dead ◊ *sich für schuldig erklären* admit your guilt ◊ *Sie erklärte sich einverstanden.* She said she agreed. ◊ *Sie erklärten sich für den Anschlag verantwortlich.* They claimed responsibility for the attack.
erklärlich 1 (*verständlich*) understandable ◊ *ein erklärlicher Irrtum* an understandable mistake **2** (*erklärbar*) explicable (*gehoben*) (*nicht vor Nomen*) ◊ *Das Ganze ist nicht erklärlich.* All this is inexplicable.
Erklärung 1 explanation ◊ *Du schuldest mir eine Erklärung!* You owe me an explanation! ◊ *Das ist die Erklärung für ihre schlechte Laune.* That explains her bad mood. **2** (*Mitteilung*) statement
erklimmen climb, mount (*gehoben*)
erklingen ring* out; (*Instrument, Musik*) play
erkranken be taken ill; **an etw ~** become* ill with sth ◊ *Wer springt ein, wenn die Mutter plötzlich erkrankt?* Who will take over if the mother is suddenly taken ill? ◊ *Er erkrankte an Leukämie.* He became ill with leukaemia. ◊ *Sie vertrat eine erkrankte Kollegin.* She stood in for a sick colleague. ◊ *an Krebs erkrankte Menschen* people suffering from cancer ◊ *an Aids erkrankte Menschen* people with AIDS ◊ *das erkrankte Organ* the diseased organ
Erkrankung illness; (*eines Körperteils*) disease ◊ *wegen Erkrankung* through illness
erkunden 1 explore **2** (MIL) reconnoitre, (AmE) reconnoiter ◊ *das Gelände erkunden* reconnoitre the terrain
erkundigen sich (**nach etw**) ~ enquire (about sth); **sich nach jdm ~** ask after sb ◊ *Er hat sich nach dir erkundigt.* He asked after you. ◊ *sich nach dem Weg zum Bahnhof erkundigen* ask the way to the station
Erkundigung enquiry* ◊ *Erkundigungen über jdn einholen* make enquiries about sb
Erkundung 1 (*meist mit einem Verb übersetzt*) ◊ *die Erkundung der Stadt* exploring the town **2** (MIL) reconnaissance
erlahmen 1 get* tired ◊ *Nach einer Weile erlahmten ihre Arme.* Their arms got tired after a time. ◊ *Seine Kräfte erlahmen.* His strength began to fail. **2** (*nachlassen*) wane ◊ *Schon bald erlahmte das Interesse.* Interest soon waned.
erlangen achieve ◊ *traurige Berühmtheit erlangen* achieve notoriety ◊ *Rechtskraft erlangen* be given legal force
Erlass 1 (*Vorschrift*) order, (*eines Monarchen etc.*) decree ◊ *ein Erlass des Justizministeriums* an order from the Ministry of Justice **2** (*das Erlassen*) issuing; (*Gesetz*) enactment ◊ *der Erlass einer einstweiligen Anordnung* the issuing of a temporary order **3** (*Aufhebung*) remission ◊ *Er hofft auf einen Erlass seiner Strafe.* He is hoping for a remission of sentence.
erlassen 1 (*Haftbefehl, Richtlinien, Verbot*) issue; (*Gesetz*) enact ◊ *Gegen ihn wurde Haftbefehl erlassen.* A warrant was issued for his arrest. **2** jdm etw ~ (*Schulden*) release sb from sth; (*Gebühren*) waive sth for sb ◊ *Ihm wurden die Schulden erlassen.* He was released from debt. ◊ *Der Rest seiner Strafe wurde ihm erlassen.* He got a remission of sentence.
erlauben 1 (jdm) etw ~ allow (sb) sth ◊ *Baden ist hier nicht erlaubt.* Swimming is not allowed here. ◊ *Ist das Radfahren*

auf dem Gehweg erlaubt? Are you allowed to cycle on the footpath? ◊ *Sie erlauben ihren Kindern sehr viel.* They let their children do more or less as they please. ◊ *Erlauben Sie, dass ich rauche?* Do you mind if I smoke? **2 jdm ~ etw zu tun** let* sb do sth, permit* sb to do sth *(offiz)* **3 jdm etw ~** *(Zeit, Geld)* ◊ *Sein Einkommen erlaubt ihm keine Reisen.* He can't afford to travel on his income. ◊ *Meine Zeit erlaubt mir das nicht.* I haven't got the time. **4 sich etw ~** *(gönnen)* treat yourself to sth; *(leisten)* afford sth **5 sich etw ~** *(das Recht nehmen)* ◊ *Er hat sich einen üblen Scherz mit uns erlaubt.* He played a nasty trick on us. ◊ *Darüber kannst du dir gar kein Urteil erlauben!* You're not in a position to judge! ◊ *Nur sie kann sich so etwas erlauben.* She's the only one who could get away with it. **IDM Erlauben Sie mal!** Do you mind! ☛ *Siehe auch* DUMM
Erlaubnis 1 permission; **jdn um ~ bitten (etw zu tun)** ask sb's permission (to do sth), ask sb for permission (to do sth); **jdm ~ geben (etw zu tun)** give* sb permission (to do sth) ◊ *Hast du deinen Vater um Erlaubnis gebeten?* Did you ask your father's permission? **2** *(Dokument)* permit
erläutern (jdm) etw ~ explain sth (to sb) ◊ *Können Sie das etwas näher erläutern?* Could you explain that in a bit more detail? ◊ *erläuternde Anmerkungen* explanatory notes ◊ *etw mit einem Beispiel erläutern* illustrate sth with an example
Erläuterung commentary*; *(Erklärung)* explanation ◊ *Sie folgten aufmerksam seinen Erläuterungen der Bilder.* They listened carefully to his commentary on the paintings. ◊ *Er war nicht bereit, weitere Erläuterungen zu geben.* He was not prepared to comment further. ◊ *Zur Erläuterung gab sie uns ein paar Beispiele.* She gave us a few examples by way of explanation.
Erle alder
erleben 1 experience; *(Abenteuer, Überraschung)* have*; *(Armut, Zeiten)* know* ◊ *Das Land erlebt eine Dürre.* The country is experiencing a drought. ◊ *Die Flüchtlinge haben viel Schlimmes erlebt.* The refugees have had a lot of terrible experiences. ◊ *Sie erlebten eine böse Überraschung.* They had a nasty surprise. ◊ *Hast du schon mal ein Fußballspiel live erlebt?* Have you ever been to a football match? ◊ *Wir haben es schon öfter erlebt, dass ...* It has quite often happened that ... ◊ *die Umwelt bewusst erleben* be aware of the environment **2** *(Person)* see* ◊ *So glücklich habe ich sie noch nie erlebt.* I've never seen her so happy. **3** *(Ereignis)* live to see ◊ *Das werden wir wohl nicht mehr erleben.* We won't live to see that. **IDM** ⇨ WUNDER
Erlebnis experience
erlebnisreich eventful; *(spannend)* exciting
erledigen 1 *(Arbeit, Einkäufe)* do*; *(Post, Formalitäten, Anträge)* deal* with sth; *(Auftrag)* carry sth out ◊ *Es sind noch eine Menge Dinge zu erledigen.* There's still lots to be done. ◊ *Ich erledige das schon.* I'll deal with it. **2** *(beenden)* finish; *(Thema, Sache)* close ◊ *Bis Ende Mai soll es erledigt sein.* It should be finished by the end of May. **3 sich (von selbst) ~** sort itself out
erledigt 1 finished ◊ *Nach diesem Skandal ist er beruflich erledigt.* After this scandal his career is finished. ◊ *Der ist für mich erledigt!* I don't want to have anything more to do with him! **2** *(erschöpft)* exhausted
erlegen *(Tier)* shoot*
erleichtern 1 (jdm) etw ~ make* sth easier (for sb) ◊ *Wir wollen ihnen den Wiedereinstieg in den Beruf erleichtern.* We want to make it easier for them to return to work. **2 jdn ~** be a relief to sb ◊ *Die Nachricht hat uns alle erleichtert.* The news was a relief to us all. **3 jdn um Geld etc. ~** relieve sb of money, etc.
erleichtert relieved ◊ *Sie war über die Entscheidung erleichtert.* She was relieved to hear the decision. ◊ *erleichtert aufatmen* breathe a sigh of relief
Erleichterung 1 relief ◊ *zu meiner großen Erleichterung* to my great relief ◊ *Sie stieß einen Seufzer der Erleichterung aus.* She breathed a sigh of relief. **2** *(das Leichtermachen)* *(oft mit einem Verb übersetzt)* ◊ *Der Computer ist eine große Erleichterung.* The computer has made life a lot easier. ◊ *zur Erleichterung der Arbeit* in order to make work easier
erleiden suffer ◊ *einen hohen Verlust/einen Herzinfarkt erleiden* suffer heavy losses/a heart attack ◊ *Er erlitt einen Bänderriss im Knie.* He tore a knee ligament. ◊ *einen Schock erleiden* get a shock
erlernen learn*; *(Beruf)* train for *sth*

erlesen exquisite; *(Wein, Bukett, Speisen)* fine; *(Programm, Runde, Teilnehmerfeld)* select
erleuchten illuminate, light* ◊ *ein erleuchtetes Schild* an illuminated sign ◊ *die hell erleuchteten Straßen* the brightly lit streets
Erleuchtung enlightenment; *(Eingebung)* inspiration
erliegen 1 succumb to *sth*; *(sterben)* die* of *sth* ◊ *Ich bin der Versuchung erlegen, sie doch zu kaufen.* I succumbed to temptation in the end and bought them. ◊ *Er ist seinen Verletzungen erlegen.* He died of his injuries. ◊ *Ich erlag dem Irrtum zu glauben ...* I made the mistake of thinking that ... **2 etw zum Erliegen bringen** bring* sth to a standstill **3 zum Erliegen kommen** come* to a standstill
Erlös proceeds [Pl] ◊ *der Erlös aus dem Verkauf des Grundstücks* the proceeds of/from the sale of the land
erlöschen 1 go* out; *(Vulkan)* become* extinct ◊ *Das Feuer war erloschen.* The fire had gone out. ◊ *ein erloschener Vulkan* an extinct volcano **2** *(Recht, Anspruch, Vertrag, Erlaubnis)* expire ◊ *Der Anspruch erlischt nach einem Jahr.* The claim lapses after a year. ◊ *ein erloschenes Recht* a right which has lapsed **3** *(Gefühle)* die*
erlösen 1 *(Gewinn, Summe)* make* ◊ *Die Firma erlöste zwei Millionen.* The firm made (a profit of) two million. **2 jdn (von etw) ~** release sb (from sth); *(von Sünden)* redeem sb (from sth) ◊ *Der Tod erlöste ihn von seinen Schmerzen.* Death released him from his suffering. ◊ *jdn von seinen Qualen erlösen* put sb out of their misery ◊ *erlöst aufatmen* breathe a sigh of relief
Erlösung release; *(Erleichterung)* relief; *(von Sünden)* redemption
ermächtigen jdn zu etw ~ authorize sb to do sth ◊ *Er ist nicht ermächtigt, den Vertrag abzuschließen.* He is not authorized to finalize the contract. ◊ *Sie sind nicht ermächtigt, darüber zu verhandeln.* They have no authority to negotiate on that.
Ermächtigung authorization; *(Vollmacht)* authority [U] ◊ *ohne Ermächtigung des Sicherheitsrats* without the authorization of the Security Council ◊ *Er handelte ohne Ermächtigung.* He acted without authority.
ermahnen jdn (zu etw) ~ tell* sb (to do sth); *(nachdrücklicher)* urge sb (to do sth) ◊ *Sie ermahnte ihn, sich gut zu benehmen.* She told him to be a good boy. ◊ *Wir können die Leute nur ermahnen, vorsichtig zu sein.* We can only urge people to be careful. ◊ *Der Vorsitzende ermahnte ihn zur Ruhe.* The chairman called him to order.
ermäßigen reduce ◊ *etw um 10% ermäßigen* reduce sth by 10% ◊ *Der Eintritt kostet 10 Franken, ermäßigt 6 Franken.* Entrance is 10 francs, concessions 6 francs.
Ermäßigung reduction ◊ *eine Ermäßigung um 15%* a 15% reduction ◊ *Schüler erhalten eine Ermäßigung.* There is a reduction for schoolchildren. ◊ *In dem Geschäft bekomme ich 10% Ermäßigung.* I get a 10% discount in that shop.
ermessen 1 assess **2** *(verstehen)* appreciate
Ermessen 1 discretion; **in jds ~ liegen** be at sb's discretion **2** *(Urteil)* judgement ◊ *Jeder handelte nach eigenem Ermessen.* Everybody used their own judgement. ◊ *nach bestem Ermessen* to the best of your judgement ◊ *nach menschlichem Ermessen* as far as anyone can tell
Ermessensfrage matter of judgement
ermitteln 1 *(feststellen)* establish; *(identifizieren)* identify* **2 (gegen jdn) ~** investigate (sb) ◊ *Die Polizei ermittelt noch, ob ...* The police are still investigating whether ... ◊ *Die Staatsanwaltschaft ermittelt bereits.* The public prosecutor is investigating the case. ◊ *Die Kripo ermittelt gegen einen 60-jährigen Mann.* A sixty-year-old man is being investigated by police. **3 etw ~** work sth out ◊ *etw rechnerisch ermitteln* work sth out mathematically ◊ *den Durchschnittswert ermitteln* find the average **4** *(Sieger)* decide
Ermittlung 1 *(Untersuchung)* investigation ◊ *Ermittlungen durchführen* conduct an investigation ◊ *die Ermittlungen gegen den Präsidenten* the investigation of the President **2** *(das Ermitteln)* *(meist mit einem Verb übersetzt)* ◊ *zur Ermittlung der Unfallursache* in order to establish the cause of the accident
Ermittlungsverfahren investigation
ermöglichen (jdm) etw ~ make* sth possible (for sb); **jdm ~ etw zu tun** enable sb to do sth ◊ *Bessere Computer ermöglichen globale Klima-Modelle.* Better computers make it

ermorden

possible to create global climate models. ◊ *Das hat ihnen die Flucht ermöglicht.* That enabled them to escape. ◊ *Das Geld ermöglichte ihm das Studium.* The money enabled him to go to university.
ermorden murder; *(aus politischen Gründen)* assassinate ◊ *Er wurde ermordet aufgefunden.* He was found murdered. ◊ *Er wurde von seiner Frau mit einem Messer ermordet.* He was stabbed to death by his wife. ☛ *Hinweis bei* ASSASSINATE
Ermordung murder; *(aus politischen Gründen)* assassination ☛ *Hinweis bei* ASSASSINATE
ermüden 1 *(müde werden)* get* tired ◊ *Die Augen ermüden.* Your eyes get tired. **2 jdn ~** tire sb out, wear* sb out
Ermüdung 1 tiredness **2** *(Metall)* fatigue
Ermüdungserscheinung (sign of) tiredness ◊ *keine Ermüdungserscheinungen zeigen* show no signs of tiredness ◊ *über Ermüdungserscheinungen klagen* complain of tiredness
ermuntern jdn **(zu etw) ~** encourage sb (to do sth) ◊ *Er ermunterte sie, ihre Erinnerungen aufzuschreiben.* He encouraged her to write her memoirs.
Ermunterung encouragement [U]
ermutigen jdn **(zu etw) ~** encourage sb (to do sth)
ermutigend encouraging *(Adv* encouragingly) ◊ *ein ermutigendes Zeichen* an encouraging sign ◊ *ermutigende Worte* words of encouragement
ernähren 1 feed* ◊ *ein Baby mit der Flasche ernähren* bottle-feed a baby ◊ *künstlich ernährt werden* be fed intravenously **2 sich von etw ~** live on sth **3 sich gesund, falsch** etc. **~** have a healthy, bad etc. diet
Ernährer(in) breadwinner
Ernährung 1 diet, nutrition *(Fachspr)* ◊ *eine ausgewogene/falsche Ernährung* a balanced/poor diet ◊ *ein Vortrag zum Thema Ernährung* a lecture on nutrition **2** *(das Ernähren)* feeding ◊ *künstliche Ernährung* intravenous feeding **3** *(Lebensmittel)* food
Ernährungsberater(in) dietician ☛ G 2.2d **Ernährungswissenschaft** food science, nutrition **Ernährungswissenschaftler(in)** nutritionist; *(Experte)* nutrition expert ☛ G 2.2d
ernennen 1 jdn zu etw **~** appoint sb (as) sth; *(Titel)* make* sb sth ◊ *Er wurde zum Botschafter ernannt.* He was appointed (as) ambassador. ◊ *Er wurde zum Ehrenbürger der Stadt ernannt.* He was made a freeman of the city. **2** jdn **(zu etw) ~** *(Sprecher, Kandidat* etc.) nominate sb (as sth) ◊ *Wir ernannten sie zu unserer Sprecherin.* We nominated her as our representative.
Ernennung appointment; *(als Sprecher, Kandidaten)* nomination ◊ *seine Ernennung zum Staatsoberhaupt* his appointment as head of state
erneuerbar renewable
erneuern 1 renovate; *(reparieren)* repair; *(ersetzen)* replace ◊ *alte Häuser erneuern* renovate old houses ◊ *die Kupplung erneuern* replace the clutch ◊ *Wir müssen das Dach erneuern.* We need a new roof. ◊ *die Fahrbahndecke erneuern* resurface the road **2** *(verlängern, wiederholen, wiederbeleben)* renew ◊ *die Genehmigung erneuern* renew the licence ◊ *eine alte Bekanntschaft erneuern* renew an old acquaintance ◊ *Die Haut erneuert sich.* Skin renews itself.
Erneuerung 1 renovation; *(Reparatur)* repair; *(Ersetzung)* replacement **2** *(einer Genehmigung, Bekanntschaft* etc.) renewal; *(einer Partei)* reform
erneut 1 *Adj* renewed; *(Versuch, Chance)* another ◊ *erneute Kämpfe* renewed fighting ◊ *jdm eine erneute Chance geben* give sb another chance **2** *Adv* again ◊ *Die Geräte müssen erneut geprüft werden.* The equipment will have to be checked again.
erniedrigen 1 humiliate **2** jdn zu etw **~** reduce sb to the level of sth ◊ *Sie wurden zu Bürgern zweiter Klasse erniedrigt.* They were reduced to the level of second-class citizens.
ernst serious *(Adv* seriously) ◊ *ein ernster junger Mann* a serious young man ◊ *ernste Bedenken haben* have serious reservations ◊ *ernste Musik* serious music ◊ *Er sah mich ernst an.* He looked at me seriously. ◊ *ein ernst gemeinter Vorschlag* a serious suggestion IDM **etw ernst meinen** mean* sth *(nicht in der Verlaufsform)* ◊ *Meinst du das ernst?* Do you mean that? **jdn/etw ernst nehmen** take* sb/sth seriously. **jdm ernst sein** ◊ *Es ist mir vollkommen ernst.* I'm perfectly serious. ◊ *Na gut, wenn es dir damit so ernst ist.* OK, if you feel so strongly about it. **ernst werden** get* serious ◊ *Jetzt wird's ernst.* Things are getting serious. **es (mit jdm/etw) ernst meinen** be serious (about sb/sth) **nicht ernst bleiben können** not be able to keep a straight face ☛ *Siehe auch* WORT
Ernst 1 seriousness ◊ *der Ernst der Lage* the seriousness of the situation **2 im ~** seriously **3 allen Ernstes** in all seriousness **4 mit etw ~ machen** go* through with sth; *(Drohung, Plan)* carry* sth out; *(Versprechen auch)* fulfil* sth, *(AmE)* fulfill sth ◊ *Im kommenden Jahr soll mit der Reform Ernst gemacht werden.* Next year they are going to go through with the reform. **5 etw ist jds ~** sb is serious about sth ◊ *Ist das tatsächlich dein Ernst?* Are you serious? IDM **etw im Ernst meinen** mean* sth *(nicht in der Verlaufsform)* ◊ *Das hab ich nicht im Ernst gemeint.* I didn't mean it. ☛ *Siehe auch* TIERISCH
Ernstfall (real) emergency ◊ *sich auf den Ernstfall vorbereiten* prepare for an emergency
ernsthaft serious *(Adv* seriously) ◊ *Du musst ernsthaft mit ihm reden.* You'll have to have a serious talk with him. ◊ *Das Thema ist nie ernsthaft diskutiert worden.* The topic has never been seriously discussed.
ernstlich serious *(Adv* seriously) ◊ *Niemand wurde ernstlich verletzt.* Nobody was seriously injured. ◊ *Ich bin ernstlich besorgt um sie.* I'm seriously worried about her. ◊ *Ich bin ihr nicht ernstlich böse.* I'm not really angry with her.
Ernte 1 harvest ◊ *bei der Ernte helfen* help with the harvest ◊ *Kartoffeln aus eigener Ernte* home-grown potatoes ◊ *Äpfel aus eigener Ernte* your own apples **2** *(Menge)* crop ◊ *Er hat seine gesamte Ernte verloren.* He lost the whole crop.
ernten 1 harvest; *(Obst, Gemüse)* pick **2** *(fig)* receive sth, get* sth; *(Zustimmung, Widerspruch)* meet* with sth ◊ *gute Kritiken ernten* get good reviews ◊ *Damit wirst du nur Gelächter und Spott ernten.* They'll only laugh at you.
ernüchtern jdn **~ 1** sober sb up **2** *(fig)* bring* sb back down to earth, disillusion sb ◊ *Nach dem ersten Spiel waren alle ernüchtert.* The first game brought them all back down to earth. ◊ *Sie kamen sehr ernüchtert heraus.* They came away completely disillusioned.
ernüchternd sobering
Ernüchterung disillusion(ment) ◊ *Einer anfänglichen Euphorie folgte bald die Ernüchterung.* After the initial euphoria disillusion set in.
Eroberer, Eroberin conqueror
erobern 1 conquer; *(Stadt)* capture **2 (sich) etw ~** win* sth ◊ *eine Medaille/neue Märkte erobern* win a medal/new markets ◊ *Er eroberte sich den dritten Platz.* He came third. IDM ⇒ STURM
Eroberung conquest; *(Stadt)* capture; *(fig)* winning ◊ *die Eroberung Amerikas* the conquest of America ◊ *die Eroberung neuer Absatzmärkte* winning new markets
eröffnen 1 open **2 jdm etw ~** *(mitteilen)* announce sth (to sb) ◊ *Dann eröffnete er uns, dass er auswandern wollte.* Then he announced that he was going to emigrate. **3 sich (jdm) ~** open up (for sb) ◊ *Neue Perspektiven haben sich eröffnet.* New perspectives opened up. **4 das Testament ~** read* the will
Eröffnung opening
erogen erogenous ◊ *erogene Zonen* erogenous zones
erörtern discuss
Erörterung discussion
Erosion erosion
Erotik 1 eroticism; *(Sinnlichkeit)* sensuality **2** *(Sexualität)* sex ◊ *Erotik-Filme* sex films
erotisch 1 erotic ◊ *eine erotische Ausstrahlung* an erotic charge ◊ *Ich finde ihn sehr erotisch.* I think he's really sexy. **2** *(sexuell)* sexual
Erpel drake
erpicht auf etw ~ sein be keen on sth; **darauf ~ sein etw zu tun** be keen to do sth ◊ *Ich bin nicht sonderlich erpicht darauf, dass er mitkommt.* I am not particularly keen on him coming. ◊ *Er war auf das Erbe erpicht.* He was very keen to inherit.
erpressen 1 jdn **~** blackmail sb ◊ *Ich lasse mich von dir doch nicht erpressen!* I am not going to let you blackmail me! ◊ *Die Firma wurde um drei Millionen erpresst.* A sum of three million was extorted from the firm by blackmail. **2 etw (von jdm) ~** extort sth (from sb); *(Geständnis)* extract

sth (from sb) ◊ *Schutzgelder von jdm erpressen* extort protection money from sb
Erpresser(in) blackmailer
Erpressung blackmail [U]
Erpressungsversuch blackmail attempt
erproben test ◊ *ein Medikament an Patienten erproben* test a drug on patients ◊ *eine erprobte Methode* a tried and tested method ◊ *ein erprobter Kämpfer* an experienced fighter
Erprobung testing
erraten guess ◊ *Du errätst nie, was mir heute passiert ist.* You'll never guess what happened to me today. ◊ *Er hat meine Gedanken erraten.* He read my thoughts.
errechnen calculate; (*schätzen*) estimate ◊ *den Preis errechnen* calculate the price ◊ *die errechneten Kosten* the estimated costs ◊ *vor dem errechneten Geburtstermin* before the expected date of delivery
erregen 1 *sich* ~ get* upset *Warum erregst du dich über solche Kleinigkeiten?* Why do you get upset about such trivial things? ◊ *„Es ist eine Schande!" erregte er sich.* 'It's a disgrace!' he said angrily. ☛ *Siehe auch* ERREGT **2** (*sexuell*) arouse ◊ *Ihr bloßer Anblick erregte ihn.* He found the mere sight of her arousing. **3** (*hervorrufen*) cause; (*Aufmerksamkeit, Interesse, Ärger*) arouse ◊ *großes Aufsehen erregen* cause a sensation
Erreger cause, pathogen (*Fachspr*) ◊ *Dieses Virus ist der Erreger des Drüsenfiebers.* This virus causes glandular fever.
erregt 1 (*Mensch*) upset (*nicht vor Nomen*); (*freudig*) excited (*Adv* excitedly) ◊ *Er war über den Vorfall sehr erregt.* He was very upset about the incident. **2** (*Diskussion etc.*) heated
Erregung 1 (*Freude*) excitement; (*Aufgewühltheit*) agitation; (*Zorn*) anger ◊ *ohne sichtbare Erregung* with no sign of emotion **2** (*sexuell*) (state of) arousal **3** (*Erzeugung*) (*meist mit einem Verb übersetzt*) ◊ *Er wurde wegen Erregung öffentlichen Ärgernisses verurteilt.* He was convicted of causing a public nuisance. ◊ *die Erregung von Verdacht* arousing suspicion
erreichbar accessible ◊ *mit öffentlichen Verkehrsmitteln leicht erreichbar* easily accessible by public transport ◊ *wenn der Hausarzt nicht erreichbar ist* if you can't get hold of your GP ◊ *Ich bin telefonisch unter dieser Nummer erreichbar.* You can ring me on this number.
erreichen 1 reach; (*ankommen auch*) get* to *sb/sth*; (*nicht verpassen*) catch* ◊ *Der Ort ist per Bahn nicht zu erreichen.* The village cannot be reached by train. ◊ *Hat dich mein Brief noch rechtzeitig erreicht?* Did my letter get to you in time? ◊ *ein hohes Alter erreichen* live to a great age **2** (*telefonisch*) get* hold of *sb/sth* (on the phone) ◊ *Ich konnte ihn telefonisch nicht erreichen.* I couldn't get hold of him on the phone. **3** (*zustande bringen*) achieve ◊ *ein Ziel erreichen* achieve a goal ◊ *Sie erreichte den dritten Platz.* She gained third place. ◊ *So erreichst du bei mir gar nichts.* You won't get anywhere with me that way.
errichten 1 (*erbauen*) build* **2** (*aufbauen*) erect; (*Zelt*) put* *sth* up ◊ *Gerüste errichten* erect scaffolding **3** (*gründen*) set* *sth* up ◊ *eine Zweigstelle errichten* set up a branch ◊ *eine Stiftung errichten* establish a foundation
Errichtung 1 (*Bau*) construction **2** (*Aufbau*) erection ◊ *die Errichtung der Tribüne* the erection of the stand **3** (*Schaffung*) creation ◊ *die Errichtung der Republik* the creation of the Republic
erringen win*; (*Erfolg*) achieve
erröten flush; (*vor Verlegenheit, Scham*) blush ◊ *errötete Wangen* flushed cheeks
Errungenschaft 1 achievement **2** (*Erwerb*) acquisition ◊ *meine neueste Errungenschaft* my latest acquisition
Ersatz 1 substitute; (*dauerhaft*) replacement ◊ *Er kam als Ersatz für den verletzten Spieler.* He was brought on as a substitute for the injured player. ◊ *Sie erhielt einen neuen Radio als Ersatz für den defekten.* She was given a new radio as a replacement for the faulty one. ◊ *als Ersatz für jdn einspringen* stand in for sb **2** (*Entschädigung*) compensation ◊ *für einen Schaden Ersatz fordern* claim compensation
Ersatzdienst = community service as an alternative to military service **Ersatzdroge** substitute drug **ersatzlos** completely ◊ *Arbeitsplätze, die ersatzlos gestrichen werden* jobs that disappear completely ◊ *ein Konzert ersatzlos streichen* cancel a concert **Ersatzrad** spare wheel **Ersatz-**

spieler(in) substitute (player) **Ersatzteil** spare part
ersatzweise 1 (*als Ersatz*) as a replacement ◊ *Ersatzweise werden Erlen gepflanzt.* Alders are being planted as a replacement. **2** (*stattdessen*) instead ◊ *Ersatzweise halten die Busse am Kino.* The buses stop at the cinema instead. **3** (*alternativ dazu*) alternatively ◊ *Fleisch oder ersatzweise Tofu* meat or alternatively tofu
erschaffen create
Erschaffung creation
erscheinen 1 appear ◊ *Plötzlich erschien sie in der Tür.* She suddenly appeared at the door. ◊ *als Zeuge vor Gericht erscheinen* appear in court as a witness ◊ *zur Arbeit erscheinen* turn up for work **2** (*herausgegeben werden*) be published ◊ *Diese Zeitschrift erscheint monatlich.* This magazine is published monthly. ◊ *In welchem Verlag erscheint das Buch?* Who is the book published by? ◊ *Das Buch erschien 1890.* The book was published in 1890. **3** (*Eindruck*) seem (*nicht in der Verlaufsform*) ◊ *All dies erscheint mir wie ein Traum.* It all seems like a dream.
Erscheinung 1 figure ◊ *eine elegante Erscheinung sein* cut an elegant figure ◊ *ihre äußere Erscheinung* her appearance. **2** (*Begebenheit*) occurrence; (*Phänomen*) phenomenon* **3** (*Vision*) vision **4** (*Veröffentlichung*) publication ▣ **in Erscheinung treten** appear ◊ *als Solist in Erscheinung treten* appear as a soloist ◊ *positiv in Erscheinung treten* make a good impression ◊ *aktiv in Erscheinung treten* become actively involved
Erscheinungsbild appearance **Erscheinungsform** form **Erscheinungsjahr** year of publication
erschießen shoot* *sb* (dead)
Erschießung shooting
erschlagen 1 beat* *sb* to death ◊ *Er wurde mit einem Hammer erschlagen.* He was beaten to death with a hammer. ◊ *Ich fühle mich wie erschlagen.* I feel absolutely shattered. **2** (*treffen*) strike* *sb* dead ◊ *Sie wurde vom Blitz erschlagen.* She was struck dead by lightning. ◊ *Er wurde von einem herabfallenden Felsen erschlagen.* A rock fell on him and killed him. **3** (*fig*) overwhelm ◊ *Sie wurde geradezu von den Informationen erschlagen.* She felt overwhelmed with information.
erschleichen *sich etw* ~ **1** (*Geld, Papiere etc.*) obtain sth by deception **2** (*Vertrauen etc.*) worm your way into sth ◊ *Er hat sich ihr Vertrauen erschlichen.* He wormed his way into her confidence.
erschließen 1 (*Markt, Gebiet*) open *sth* up; (*Ressourcen*) develop ◊ *den japanischen Markt erschließen* open up the Japanese market **2** (*ermitteln*) work *sth* out, deduce (*gehoben*) ◊ *die Bedeutung aus dem Kontext erschließen* work out the meaning from the context
Erschließung development
erschöpfen 1 exhaust ◊ *Unsere Reserven sind langsam erschöpft.* Our reserves are almost exhausted. ◊ *zu Tode erschöpft sein* be utterly exhausted ◊ *in völlig erschöpftem Zustand* in a state of complete exhaustion **2** *sich in etw* ~ be confined to sth ◊ *Meine Arbeit erschöpft sich im Sortieren der Post.* My job is confined to sorting the post.
Erschöpfung exhaustion ◊ *am Rand der Erschöpfung* at the point of exhaustion ◊ *Ich schlief vor Erschöpfung fast ein.* I was almost dropping with exhaustion. ◊ *bis zur totalen Erschöpfung arbeiten* work until you drop
erschrecken 1 (*sich*) ~ get* a fright; (*schockiert sein*) get* a shock ◊ *Ich habe mich zu Tode erschreckt!* I got a terrible fright! ◊ *Er erschrak beim Anblick seiner kranken Mutter.* He got a shock when he saw his sick mother. ◊ *Sie stellte erschreckt fest, dass ihre Tasche weg war.* To her horror she discovered that her bag had gone. **2** *jdn/etw* ~ startle *sb/sth*; (*stärker*) shock *sb/sth* ◊ *Ich wollte dich nicht erschrecken.* I didn't mean to startle you. ◊ *Erschrick die Rehe nicht.* Don't startle the deer. ◊ *Mich hat erschreckt, wie sehr er gealtert ist.* I got a shock when I saw how much he has aged. ◊ *Hast du mich aber erschreckt!* You made me jump!
erschreckend alarming (*Adv* alarmingly)
erschrocken startled; (*stärker*) shocked
erschüttern 1 shake* ◊ *Ein Erdbeben erschütterte die Region.* An earthquake shook the area. ◊ *Das hat ihr Vertrauen in die Politik erschüttert.* It shook her faith in politics. ◊ *Politische Unruhen erschütterten das Land.* Political unrest convulsed the country. **2** (*erschrecken*) shock ◊ *Die*

Erschütterung

Nachricht erschütterte sie zutiefst. She was shocked by the news.
Erschütterung 1 tremor ◊ *Sie spürte eine Erschütterung des Erdbodens.* She felt the earth tremor. **2** *(Ergriffenheit)* shock ◊ *Sie konnte ihre Erschütterung kaum verbergen.* She couldn't conceal her shock.
erschweren make* sth difficult; *(behindern)* hamper ◊ *Der Schnee erschwerte das Fahren.* Snow made driving difficult. ◊ *Starker Regen erschwerte die Bergungsarbeiten.* Heavy rain hampered the rescue work. ◊ *Erschwerend kommt noch hinzu, dass die Heizung auch nicht funktioniert.* To make matters worse, the heating isn't working. ◊ *erschwerende Umstände* aggravating circumstances
Erschwernis difficulty*; *(Problem)* problem
erschwinglich affordable
ersehen see* ◊ *wie sich aus dem Bericht ersehen lässt* as can be seen from the report
ersetzen 1 A (durch B) ~ replace A (with B), substitute B for A ◊ *die Vorhänge (durch neue) ersetzen* replace the curtains ◊ *Die Schreibmaschinen wurden durch Computer ersetzt.* The typewriters were replaced with computers. ◊ *Öl durch Butter ersetzen* substitute butter for oil **2** *(Ersatz bilden)* **jdn** ~ take* sb's place ◊ *Wer soll sie nur ersetzen?* Who will take her place? ◊ *Nichts kann eine gute Freundin ersetzen.* There is no substitute for a good friend. **3 (jdm) etw** ~ reimburse sb for sth ◊ *Die Versicherung ersetzt mir den Schaden.* The insurance is reimbursing me for the damage.
ersichtlich apparent *(Adv* apparently*)* ◊ *ohne ersichtlichen Grund* for no apparent reason ◊ *Wie aus den Unterlagen ersichtlich, ...* As can be seen from the documents, ...
erspähen spot*
ersparen 1 sich etw ~ save up for sth ◊ *Das Auto habe ich mir erspart.* I saved up for the car. ◊ *von seinem Ersparten leben* live on your savings **2 jdm/sich etw** ~ spare sb/yourself sth ◊ *Bitte erspar mir diese Moralpredigt.* Please spare me the lecture. ◊ *Du hättest dir all diesen Ärger ersparen können.* You could have saved yourself all this trouble. ◊ *Mir bleibt aber auch gar nichts erspart!* What I have to put up with! ◊ *Das wird uns auch zukünftig nicht erspart bleiben.* We can't avoid it.
Ersparnis savings [Pl] **2** *(Einsparung)* saving
erst 1 *(weniger als erwartet, kürzlich)* only ◊ *Es sind (bisher) erst zwei Leute gekommen.* There are only two people here (so far). ◊ *Wir haben erst die Hälfte der Strecke hinter uns.* We're only half way there. ◊ *erst gestern* only yesterday ◊ *Es ist erst ein Uhr.* It's only one o'clock. **2** *(nicht vor)* not until ◊ *Er ist erst um drei Uhr gekommen.* He didn't arrive until three. ◊ *Der nächste Zug fährt erst in einer Stunde.* The next train doesn't go for another hour. ◊ *Erst jetzt begriff er, was passiert war.* Only now did he realize what had happened. **3** *(als Steigerung)* ◊ *„Ich habe Hunger." „Und ich erst!"* 'I'm starving.' 'Me too!' ◊ *Ich und chaotisch? Du müsstest erst mal meine Mutter kennen lernen!* If you think that I'm disorganized, you should meet my mother! **4** ~ **einmal** first ◊ *Mach erst einmal deine Hausaufgaben.* Do your homework first. ◊ *Erst einmal möchte ich mich bedanken.* First of all, I'd like to say thank you. **IDM erst recht** more than ever ◊ *Sie braucht mich nun erst recht.* She needs me now more than ever. ◊ *Jetzt fahre ich erst recht alleine in Urlaub.* Now I am more than ever determined to go on holiday on my own. **erst recht nicht** certainly not
erstarren 1 solidify* ◊ *Die Lava erstarrte.* The lava solidified. ◊ *Beim diesem Anblick erstarrte ihr das Blut in den Adern.* The sight made her blood run cold. **2** *(Körperteil)* be stiff ◊ *Uns erstarrten die Finger vor Kälte.* Our fingers were stiff with cold. **3** *(fig)* **vor etw** ~ freeze* with sth ◊ *vor Angst erstarren* freeze with terror
erstatten 1 *(Unkosten etc.)* reimburse **2 Meldung/Bericht** ~ give a report **3 gegen jdn/wegen einer Sache Anzeige** ~ report sb/sth to the police
Erstattung refund, *(von ausgelegtem Geld)* reimbursement ◊ *etw gegen Erstattung des vollen Preises zurückgeben* return sth for a full refund ◊ *die Erstattung der Kosten* reimbursement of expenses
Erstaufführung premiere
erstaunen surprise; *(stärker)* amaze ◊ *Was ihn erstaunte, war die Tatsache, dass ...* What surprised him was the fact that ... ☛ *Siehe auch* ERSTAUNT

Erstaunen amazement ◊ *Zuerst reagierte sie mit Erstaunen.* Her first reaction was amazement. ◊ *jdn in Erstaunen versetzen* amaze sb
erstaunlich amazing *(Adv* amazingly*)*; *(stärker)* astounding *(Adv* astoundingly*)*
erstaunlicherweise amazingly
erstaunt 1 ⇨ ERSTAUNEN **2** *Adj* surprised; *(stärker)* amazed ◊ *darüber erstaunt sein, dass ...* be surprised (at the fact) that ... ◊ *Ich war sehr erstaunt über sein Benehmen.* I was amazed at his behaviour. ◊ *vor erstauntem Publikum* before an astonished audience **3** *Adv* in/with amazement ◊ *Sie sah mich erstaunt an.* She looked at me in amazement.
Erstausgabe first edition ◊ *im Vorwort zur Erstausgabe* in the foreword to the first edition ◊ *deutsche Erstausgabe 1996* first published in German in 1996
erstbeste(r,s) der/die/das erstbeste the first ◊ *bei der erstbesten Gelegenheit* at the first opportunity ◊ *sich dem Erstbesten an den Hals werfen* throw yourself at the first man that comes along ◊ *Er musste den erstbesten Job annehmen.* He had to take the first job that came along.
erste(r,s) 1 first; *(Reihe)* front ◊ *in den ersten sechs Monaten* in the first six months ◊ *die fünf Ersten, die anrufen* the first five callers ◊ *Wann hast du ihn zum ersten Mal getroffen?* When did you first meet him? ◊ *Sue erschien als Erste.* Sue was the first to arrive. ◊ *Du bist der Erste, der das sagt.* You are the first person to say that. ◊ *als Erster durchs Ziel gehen* be first across the finishing line ◊ *König Karl I.* King Charles the First ◊ *am/zum Ersten (des Monats)* on/by the first (of the month) ◊ *ein Ticket (in) der ersten Klasse* a first-class ticket ◊ *zum ersten, zum zweiten, zum dritten* going, going, gone ☛ *Hinweis bei* STOCK[1], S. 1233. **2** *(qualitätsmäßig)* top ◊ *Erste Priorität muss sein, ...* Our top priority must be ... ◊ *erste Wahl sein* be top quality **3** *(vorläufige)* preliminary ◊ *erste Zahlen* preliminary figures **4 der/die/das Erstere** the former **IDM als Erstes** first of all **fürs Erste** for the time being ☛ *Siehe auch* ADRESSE, BLICK, GEIGE, HAND, LIEBE, LINIE, SCHRITT *und* STUNDE.
erstechen stab* sb (to death)
ersteigern buy* sth at (an) auction
erstellen 1 *(ausarbeiten)* draw* sth up **2** *(bauen)* build*
erstens in the first place, firstly; *(zunächst)* to start with ☛ *Hinweis bei* FIRSTLY
ersticken 1 *(töten, löschen)* smother **2** *(unterdrücken)* suppress; *(Unruhen, Hoffnungen)* stifle **3** *(sterben)* suffocate; **an etw** ~ choke on sth ◊ *Der Hund erstickte vor Hitze im Wagen.* The dog suffocated in the hot car. ◊ *an einer Gräte ersticken* choke on a bone ◊ *Die Luft ist zum Ersticken.* It's suffocating in here. ◊ *in den Rauchwolken ersticken* be asphyxiated by the smoke **4 in etw** ~ ◊ *in Arbeit ersticken* be snowed under with work ◊ *im Geld ersticken* be rolling in money ◊ *Bangkok erstickt im Verkehr.* Bangkok is choked with traffic. ◊ *Die Stadt erstickt im Müll.* The town is drowning in a sea of rubbish. **IDM** ⇨ KEIM
erstklassig first-class; *(Restaurant, Sportler)* top-class ◊ *eine erstklassige Arbeit* a first-class piece of work ◊ *erstklassig geschulte Mitarbeiter* employees who have had first-class training ◊ *ein erstklassiges Restaurant* a top-class restaurant ◊ *Das Stück war erstklassig besetzt.* The play had an excellent cast.
Erstklässler(in) first-year pupil, *(AmE)* pupil in the first grade
erstmals for the first time
erstrebenswert desirable
erstrecken sich ~ **1** *(räumlich)* extend ◊ *sich bis in die Anden erstrecken* extend as far as the Andes ◊ *Das Gebiet erstreckt sich östlich der Altstadt.* The area extends to the east of the old town. ◊ *sich über drei Quadratkilometer erstrecken* cover an area of three square kilometers **2** *(zeitlich)* last ◊ *Die Therapie erstreckt sich über ein Jahr.* The treatment lasts for a year. **3 sich auf jdn/etw** ~ apply* to sb/sth
ertappen jdn/sich (bei etw) ~ catch* sb/yourself (doing sth) ◊ *jdn beim Abschreiben ertappen* catch sb copying **IDM** ⇨ TAT
erteilen give* (sb) sth ◊ *jdm einen Befehl erteilen* give sb an order ◊ *jdm eine Auflage erteilen* impose a condition on sb ◊ *jdm eine Absage erteilen* reject sb ◊ *jdm eine Abfuhr ertei-*

len snub sb ◇ *Nähere Auskünfte erteilt ... Further information is available from ...* IDM ⇨ WORT
ertönen be heard; (*Gong, Glocke*) sound; (*Sirene*) wail; (*Schuss, Ruf*) ring* out
Ertrag 1 (LANDW) yield **2** (*Gewinn*) return
ertragen bear* (*gehoben*) ◇ *etw mit Geduld ertragen* bear sth patiently ◇ *Sie konnte ihn einfach nicht ertragen.* She simply couldn't bear him. ◇ *Ich kann sie nicht mehr ertragen.* I can't put up with her any longer. ◇ *Er kann den Anblick von Blut nicht ertragen.* He can't stand the sight of blood. ◇ *Ich kann es nicht ertragen, wenn man mich unterbricht.* I can't stand people interrupting. ◇ *Kritik ertragen können* be able to take criticism
erträglich 1 bearable ◇ *etw erträglich machen* make sth bearable ◇ *schwer erträgliche Folgen* consequences that are hard to bear ◇ *etw auf ein erträgliches Maß reduzieren* reduce sth to a tolerable level ◇ *die Grenzen des Erträglichen überschreiten* become intolerable **2** (*befriedigend*) reasonable ◇ *ein erträgliches Einkommen haben* have a reasonable income
ertränken drown
erträumen sich jdn/etw ~ dream* of sb/sth ◇ *sich Frieden erträumen* dream of peace ◇ *Es war so, wie ich es mir immer erträumt hatte.* It was as I had always dreamed it would be.
ertrinken be drowned, drown ◇ *jdn vor dem Ertrinken retten* save sb from drowning
erübrigen 1 sich ~ be no longer necessary ◇ *Das hat sich erübrigt.* It is no longer necessary. ◇ *Es erübrigt sich, dies überhaupt noch zu diskutieren.* There is no point discussing it. **2** *etw* ~ (**können**) (be able to) spare sth ◇ *Kannst du ein paar Minuten für mich erübrigen?* Can you spare me a few minutes?
Eruption eruption (*auch fig*)
erwachen 1 (**aus etw**) ~ awake* (from sth) (*gehoben*) ◇ *aus dem Schlaf erwachen* awake from sleep ◇ *aus der Narkose erwachen* come round from the anaesthetic ◇ *ein böses Erwachen* a rude awakening **2** (*fig*) **aus etw** ~ be roused from sth ◇ *aus seiner Tagträumerei erwachen* be roused from your reverie **3 zu neuem Leben** ~ be reborn **4** (**in jdm**) ~ be aroused (in sb) ◇ *Mein Misstrauen erwachte.* My suspicions were aroused. ◇ *Das ließ bei ihnen böse Erinnerungen erwachen.* This brought back unpleasant memories for them.
erwachsen 1 *Adj* grown up ◇ *erwachsen aussehen* look grown up ◇ *erwachsen werden* become an adult ◇ *Wann wirst du endlich erwachsen?* Isn't it time you grew up? **2** *Adv* in an adult way ◇ *sich erwachsen benehmen* behave in an adult way
Erwachsene(r) adult; (*vom Kind aus gesehen*) grown-up ◇ *nur für Erwachsene* for adults only
erwägen ~ (**etw zu tun**) consider (doing sth) ◇ *Er erwägt seinen Rücktritt.* He is considering resigning.
Erwägung 1 consideration **2 jdn/etw** (**für etw**) **in** ~ **ziehen** consider sb/sth (for sth)
erwähnen mention ◇ *wie bereits erwähnt* as already mentioned ◇ *jdn namentlich erwähnen* mention sb by name ◇ *Davon wurde nichts erwähnt.* There was no mention of it. ◇ *Er wurde lobend erwähnt.* He got a special mention.
Erwähnung mention ◇ *die erste Erwähnung der Stadt* the first mention of to the town ◇ *Das bedarf kaum noch der Erwähnung.* It is hardly worth mentioning.
erwärmen 1 heat *sth* (up) ◇ *etw auf 35° erwärmen* heat sth to 35° ◇ *das Wasser erwärmen* heat (up) the water **2 sich** ~ warm up ◇ *Die Nordsee hat sich rasch erwärmt.* The North Sea warmed quickly. ◇ *sich auf 35° erwärmen* heat up to 35° IDM **sich für jdn/etw nicht erwärmen können** not take* to sb/sth ◇ *Ich kann mich einfach nicht für seine Musik erwärmen.* I just don't take to his music. ◇ *Ich kann mich für die Idee nicht erwärmen.* I can't work up any enthusiasm for the idea.
Erwärmung warming ◇ *eine globale Erwärmung* global warming ◇ *eine Erwärmung auf 30°* a rise in temperature to 30°
erwarten 1 expect ◇ *schneller als erwartet* sooner than expected ◇ *Ich erwarte von ihr, dass sie sich entschuldigt.* I expect her to apologize. ◇ *Vom Lehrerkollegium wird erwartet, dass ...* The teaching staff are expected to ... ◇ *Das war zu erwarten.* This was to be expected. ◇ *Du erwartest zu viel von ihr.* You're expecting too much of her. ◇ *wider Erwarten* contrary to expectations ◇ *jdn/etw ungeduldig erwarten* await sb/sth impatiently ◇ *etw sehnsüchtig erwarten* long for sth ◇ *Ich kann es nicht erwarten.* I can't wait. **2** (*treffen*) wait for *sb* ◇ *Er erwartet Sie in seinem Büro.* He's waiting for you in his office. **3 ein Kind** ~ be expecting (a child); **ein Kind/Baby von jdm** ~ be pregnant by sb **4 jdn** ~ (*bevorstehen*) await sb ◇ *Wer weiß, was uns erwartet.* Who knows what awaits us.

Erwartung 1 expectation ◇ *die Erwartungen erfüllen* live up to expectations ◇ *Das Ergebnis blieb hinter den Erwartungen zurück.* The results did not come up to expectations. **2** (*gespannt, freudig*) anticipation ◇ *voller Erwartung sein* be full of excited anticipation **3 in** ~ **von etw** in anticipation of sth
Erwartungsdruck pressure to succeed **erwartungsgemäß** as expected ◇ *Er wurde erwartungsgemäß in seinem Amt bestätigt.* As expected, he was confirmed in his office. ◇ *nach der erwartungsgemäßen Niederlage* after the expected defeat **erwartungsvoll** expectant (*Adv* expectantly)
erwecken 1 jdn (**aus etw**) ~ rouse sb from sth **2** (*Zweifel, Hoffnung*) raise; (*Mitleid, Interesse*) arouse; (*Vertrauen, Gefühle*) inspire; (*Erinnerungen*) awake* **3** *etw* **zum Leben** ~ bring* sth to life; **etw zu neuem Leben** ~ revive sth **4 den Anschein/Eindruck** ~ give* (rise to) the impression ◇ *Dabei wird leicht der Eindruck erweckt, dass ...* That can easily give rise to the impression that ... ◇ *Das erweckt den Anschein, als ob ...* It gives the impression that ...
erweisen 1 prove* ◇ *Es ist erwiesen, dass ...* It has been proved that ... ◇ *etw als erwiesen ansehen* regard sth as proven **2 jdm etw** ~ show* sb sth ◇ *jdm Respekt erweisen* show sb respect **3 jdm etw** ~ (*Gefallen, Dienst*) do* sb sth ◇ *jdm eine Gefälligkeit erweisen* do sb a good turn **4 sich** ~ (**sich herausstellen**) prove, turn out to be ◇ *sich als zutreffend erweisen* prove accurate ◇ *sich als wahrer Freund erweisen* prove to be a true friend ◇ *Wie sich später erwies, ... As it turned out later, ...* ◇ *sich dankbar erweisen* be grateful IDM ⇨ DIENST, EHRE and REVERENZ
erweitern 1 expand, extend ◇ *die Sammlung um 200 Titel erweitern* expand the collection by 200 titles ◇ *den Flughafen erweitern* expand the airport ◇ *das Service-Netz erweitern* extend the service network ◇ *erweiterte Öffnungszeiten* extended opening hours ◇ *eine erweiterte Zusammenarbeit* increased cooperation **2** (*Horizont*) broaden; (*Wissen*) increase **3 sich** ~ expand; (*Pupillen, Blutgefäße*) dilate **4** (MATH) expand
Erweiterung expansion
Erwerb 1 (*Kauf*) acquisition **2** (*Tätigkeit*) occupation **3** (*eines Titels, von Rechten, Fähigkeiten*) (*meist mit einem Verb übersetzt*) ◇ *der Erwerb der deutschen Staatsangehörigkeit* acquiring German citizenship ◇ *der Erwerb des Führerscheins* learning to drive
erwerben (**sich**) *etw* ~ acquire sth
erwerbstätig in paid employment (*nicht vor Nomen*) ◇ *Er ist seit 1995 erwerbstätig.* He has been in paid employment since 1995. ◇ *die erwerbstätige Bevölkerung* the working population
Erwerbstätige(r) person in paid employment
erwidern 1 reply*; (*schärfer*) retort **2** (*Gruß, Blick etc.*) return; (*Gefühle*) reciprocate
Erwiderung reply*; (*schärfer*) retort
erwirtschaften make* ◇ *das erwirtschaftete Geld* the money that had been made
erwischen 1 catch* ◇ *Sie hat mich beim Abschreiben erwischt.* She caught me copying. ◇ *Lass dich nicht erwischen.* Don't get caught. ◇ *Allergien können jeden erwischen.* Allergies can affect anyone. **2** (*unverhofft bekommen*) manage to get ◇ *Wir haben gerade noch den Zug erwischt.* We just managed to get the train. IDM **jdn hat es erwischt** (*verliebt*) sb is in love; (*krank*) sb has come down with sth; (*tot*) sb has been killed
erwünscht desirable; (*willkommen*) welcome; (*Wirkung, Erfolg*) desired ◇ *PC-Kenntnisse erwünscht* computer skills desirable ◇ *Fragen sind erwünscht.* Questions are welcome. ◇ *Ich bin hier wohl nicht erwünscht!* I can see I'm not wanted here!
erwürgen strangle
Erz ore
erzählen 1 (**jdm**) **etw** ~ tell* (sb) sth ◇ *eine Geschichte erzählen* tell a story ◇ *Ich habe viel zu erzählen.* I've got a lot

Erzähler(in)

to tell you. ◇ *Die Kinder erzählten von ihren Ferien.* The children talked about their holidays. ◇ *die Kunst des Erzählens* the art of storytelling ☛ *Hinweis bei* SAGEN **2** (LIT) narrate ◇ *Die Geschichte ist in der Gegenwart erzählt.* The story is narrated in the present tense. ◇ *erzählende Prosa* narrative prose IDM *das kannst du jemand anderem erzählen* pull the other one (*umgs*) *das kannst du mir nicht erzählen* you can't be serious (*umgs*) *lass dir nichts erzählen* don't be fobbed off *wem erzählst du das?* tell me about it! (*umgs*)

Erzähler(in) 1 (*in einem Roman etc.*) narrator ◇ *ein allwissender Erzähler* an omniscient narrator **2** (*Geschichten-*) storyteller ◇ *Er ist ein guter Erzähler.* He's a good storyteller. **3** (*Autor*) writer; (*von Romanen*) novelist ◇ *zeitgenössische Erzähler* contemporary writers

erzählerisch narrative (*nur vor Nomen*)

Erzählperspektive narrative perspective

Erzählung 1 story*, tale ◇ *Hoffmanns Erzählungen* the Tales of Hoffmann ◇ *Sie kennt ihn nur aus Erzählungen.* She only knows him from what other people have told her about him. **2** (*das Erzählen*) narrative ◇ *der Rhythmus der Erzählung* the rhythm of the narrative

Erz- Erzbischof archbishop **Erzengel** archangel

erzeugen produce; (*Strom etc.*) generate; (*hervorrufen*) cause; (*Druck, Eindruck, Spannung*) create

Erzeuger producer

Erzeugnis product

Erzeugung production; (*Strom etc.*) generation

Erz- Erzfeind(in) arch enemy* **Erzherzog** archduke **Erzherzogin** archduchess

erziehen bring* *sb* up; (*in der Schule*) educate; (*Hunde etc.*) train ◇ *Sie ist sehr streng erzogen worden.* She has been brought up very strictly. ◇ *Kinder zur Toleranz erziehen* bring children up to be tolerant

Erzieher(in) 1 educator **2** (*im Kindergarten etc.*) nursery school teacher ☛ G 2.2d **3** (*Privatlehrer*) tutor; (*Gouvernante*) governess ☛ G 2.2d

Erziehung upbringing; (*in der Schule*) education; (*von Hunden etc.*) training ◇ *eine gute Erziehung genießen* have a good upbringing ◇ *Die Erziehung zur Toleranz ist besonders wichtig.* It is especially important to educate children to be tolerant.

Erziehungsberechtigte(r) parent or guardian **Erziehungsgeld** = money paid to parents who are looking after a child or children full- or part-time and who are therefore not in full-time employment **Erziehungsurlaub** (*Mütter*) extended maternity leave; (*Väter*) extended paternity leave **Erziehungswissenschaft** education [U]

erzielen 1 achieve; (*Gewinn*) make* **2** (*Treffer*) score

erzwingen force

erzwungen enforced

es¹ it

☛ Bei unpersönlich gebrauchten Verben im Passiv wird *es* oft nicht übersetzt: *Es wurde gewählt.* There were elections. ◇ *Es wurde viel gesungen.* There was a lot of singing.

Vorsicht bei der Übersetzung, wenn *es* das Subjekt vorwegnimmt: *Es konnte keiner helfen.* Nobody could help.

2 (*männliches Wesen*) he; (*als Objekt*) him **3** (*weibliches Wesen*) she; (*als Objekt*) her ☛ G 3

es², Es (Mus) E flat

Esche ash (tree); (*Holz*) ash

Esel 1 donkey **2** (*Dummkopf*) idiot

Eselsbrücke mnemonic ◇ *Du musst dir eine Eselsbrücke bauen.* You need to have a mnemonic. **Eselsohr** ◇ *Das Buch hat schon Eselsohren.* The book is dog-eared already.

Eskalation escalation

eskalieren escalate ◇ *Der Konflikt eskalierte zu einem Bürgerkrieg.* The conflict escalated into civil war.

Eskimo Inuit ☛ *Hinweis bei* ESKIMO, S. 202.

Eskorte escort

eskortieren escort

esoterisch esoteric

Espe aspen

Espresso espresso*

Essay essay

essbar edible

Essecke dining area

essen 1 eat* ◇ *Isst du Fleisch?* Do you eat meat? ◇ *Mach dir was zu essen.* Make yourself something to eat. ◇ *Isst du gern Fleisch?* Do you like meat? ◇ *Ich esse gern griechisch.* I like Greek food. ◇ *Wir gehen heute Abend chinesisch essen.* We're going for a Chinese meal this evening. ◇ *Gestern waren wir Pizza essen.* We went out for a pizza yesterday. ◇ *Sollen wir essen gehen?* Shall we go out for a meal? ◇ *Mittags esse ich nur ein Sandwich.* I only have a sandwich at lunchtime. **2** *zu Mittag/Abend ~* have lunch/dinner ◇ *Habt ihr schon zu Abend gegessen?* Have you had dinner yet? ☛ *Hinweis bei* MAHLZEIT IDM ⇒ KIRSCHE

Essen 1 (*Mahlzeit*) meal ◇ *Wir sind gerade beim Essen.* We're just having our meal. ◇ *Er hat mich zum Essen eingeladen.* He invited me for a meal. ◇ *Komm doch heute Abend zum Essen zu mir.* Come for a meal at my place this evening. ◇ *Fangt bitte mit dem Essen an.* Please start. ◇ *Kommt bitte zum Essen!* Come and eat, please. ◇ *Wer kocht heute das Essen?* Who's cooking today? **2** (*Lebensmittel*) food ◇ *Das Essen ist hier sehr teuer.* Food is very expensive here. **3** (*Fest-*) dinner ☛ *Hinweis bei* MAHLZEIT

Essensmarke luncheon voucher, (*AmE*) meal ticket **Essenszeit** mealtime

essenziell essential

Essenz essence

Essig vinegar

Essiggurke gherkin, (*AmE*) pickle **Essigsäure** acetic acid

Ess- Esskastanie sweet chestnut **Esslöffel** tablespoon **Esstisch** dining table **Esszimmer** dining room

Estragon tarragon

etablieren establish; **sich ~** establish yourself

Etage 1 floor, storey ◇ *in der obersten Etage* on the top floor ☛ *Hinweis bei* STOCK¹, S. 1233. **2** (*fig*) level ◇ *Die Entscheidung fiel in den höchsten Etagen.* The decision was taken at the highest level.

Etagenbett bunk bed

Etappe stage

etappenweise in stages (*nicht vor Nomen*)

Etat budget ◇ *den Etat überschreiten* exceed the budget

Ethik 1 ethics [Pl] ◇ *Ethik in der Medizin* medical ethics **2** (*Lebensregeln*) ethic [Sing] ◇ *die protestantische Ethik* the Protestant ethic

ethisch ethical (*Adv* ethically)

ethnisch ethnic (*Adv* ethnically) ◇ *eine ethnische Säuberung* ethnic cleansing ◇ *die ethnische Aufgliederung eines Staates* the division of a country along ethnic lines ◇ *ethnisch motiviert* ethnically motivated

Ethnologe, Ethnologin ethnologist ☛ G 2.2d

Ethnologie ethnology

ethnologisch ethnological

Ethos ethos

Etikett label ◇ *die Flaschen mit Etiketten versehen* put labels on the bottles ◇ *Ihm hängt das Etikett Kriegsverbrecher an.* He's labelled as a war criminal.

Etikette etiquette

etliche 1 quite a few ◇ *Ich habe etliche Fragen.* I've got quite a few questions. **2** *etliches* quite a lot ◇ *um etliches höher* quite a lot higher

Etui case

etwa 1 about, around ◇ *etwa 20 Sekunden* about 20 seconds ◇ *Etwa hier passierte es.* It happened just about here. ◇ *Wann etwa kommst du?* When will you be here roughly? **2** *in ~* more or less ◇ *In etwa entspricht das dem Marktwert.* That's more or less the market value. **3** *so ~* something like that ◇ *Doch so etwa muss es gewesen sein.* It must have been something like that. ◇ *So etwa müssen die Menschen damals gelebt haben.* That's more or less how they must have lived in those days. **4** (*so/wie*) *~* (*zum Beispiel*) for instance ◇ *Bei bestimmten Krankheiten, etwa Krebs …* With certain illnesses, cancer for instance … **5** (*womöglich*) perhaps ◇ *Oder sollten sie etwa doch Recht haben?* Or were they perhaps right after all?

Wenn „etwa" Entsetzen, Überraschung etc. ausdrückt oder verstärkend in Fragen benutzt wird, wird es nicht übersetzt, sondern oft mit Frageanhängseln ausgedrückt: *Willst du ihn etwa heiraten?* You don't want to marry him, do you? ◊ *Er hat gelogen. Oder etwa nicht?* He was lying — or was he? ◊ *Du glaubst doch nicht etwa, dass …?* Surely you don't think …? ☛ *Hinweis bei* NICHT

6 (*zur Verstärkung*) (*oft nicht übersetzt*) ◊ *Dort war nicht etwa Geld verborgen, sondern …* It wasn't money buried there but … ◊ *Das sind nicht etwa Ferien, sondern vorlesungsfreie Zeit.* It's not actually a holiday. It's just that there are no lectures. ◊ *Glaub nicht etwa, dass ich das dulde!* Don't imagine I'm going to put up with it!

etwaig any ◊ *etwaige Bedenken* any doubts (there may be) ◊ *etwaige sonstige Fehler* any other mistakes that occur ◊ *für etwaige Notfälle* for emergencies ◊ *ein etwaiger Machtwechsel* a possible change of government

etwas 1 something; (*verneinend und oft in Fragen*) anything ◊ *Es ist für jeden Geschmack etwas dabei.* There is something for everyone. ◊ *etwas Aufregendes* something exciting ◊ *etwas zum Essen* something to eat ◊ *etwas anderes* something else ◊ *Das ist schon mal etwas!* Well, that's something, at least. ◊ *Haben Sie etwas gehört?* Did you hear anything? ☛ *Hinweis bei* SOME² **2 so ~** a thing like that; (*verneinend*) anything like that ◊ *So etwas kann auch nur dir passieren!* A thing like that could only happen to you! ◊ *So etwas hab ich ja noch nie gesehen!* I've never seen anything like it! ◊ *So etwas! Really!* ◊ *Nein, so etwas!* I don't believe it! **3** (*kleine Menge*) a little; (*bedingend*) any ◊ *Ich nehme etwas Zucker im Tee.* I like a little sugar in tea. ◊ *Wenn noch etwas Zeit bleibt, …* If there's any time left, … ◊ *etwas von dem Salat nehmen* have some salad ◊ *Möchtest du noch etwas Wein?* Would you like some more wine? **4** (*einschränkend vor Adjektiven*) rather, a little, slightly, (*BrE auch*) a bit (*umgs*) ◊ *Es war etwas schwierig.* It was rather difficult. ◊ *Deine Entscheidung kam etwas unerwartet.* Your decision was rather unexpected. ◊ *etwas länger bleiben* ☛ **A bit** kann nicht verwendet werden, wenn das Adjektiv vor einem Nomen steht: *ein etwas besseres Ergebnis* a slightly better result. ☛ *Hinweis bei* ZIEMLICH IDM *das hat auch etwas für sich* there's one thing/something to be said for it *etwas gegen jdn/etw haben* have something against sb/sth *etwas mit jdm haben* have got something going with sb *sich etwas antun* kill yourself ☛ *Siehe auch* BRINGEN

Etymologie etymology*
etymologisch etymological (*Adv* etymologically)
euch 1 (to) you ☛ G 3 **2** (to) yourselves; (*einander*) (to) each other ☛ G 4
euer your ◊ *Euer Peter* Yours, Peter ☛ G 5.1
euere(r,s) ⇨ EURE(R,S)
Eukalyptus eucalyptus
Eule owl IDM *Eulen nach Athen tragen* carry*/take* coals to Newcastle
Euphemismus euphemism
euphemistisch euphemistic (*Adv* euphemistically)
Euphorie ~ (**über etw**) euphoria (at/over sth) ◊ *nach einer anfänglichen Euphorie* after the initial euphoria ◊ *eine Euphorie auslösen* induce euphoria
euphorisch euphoric; (*begeistert*) ecstatic (*Adv* ecstatically) ◊ *sich euphorisch fühlen* feel euphoric ◊ *eine euphorische Stimmung* a state of euphoria ◊ *euphorische Kritiken* ecstatic reviews
eure(r,s) yours ☛ G 5.2
euretwegen 1 (*euch zuliebe*) for your sake **2** (*wegen euch*) on your account, because of you **3** (*wenn es nach euch geht*) as far as you're concerned ☛ *Beispiele bei* MEINETWEGEN
Euro euro*
Euroland the Eurozone, Euroland
Europa Europe
Europaabgeordnete(r) Member of the European Parliament (*Abk* MEP)
Europäer(in) European
europäisch 1 European **2 Europäische Union** European Union (*Abk* EU)
Europa- Europameister(in) European champion ◊ *Sie wurden Europameister.* They became European champions. ◊ *Europameister im Eiskunstlauf sein* be the European ice-skating champion **Europameisterschaft** European championships [Pl] **Europaparlament** European Parliament **Europarat** Council of Europe
Euter udder

Euthanasie euthanasia
evakuieren evacuate
Evakuierung evacuation
evangelisch Protestant ◊ *eine evangelische Kirche* a Protestant church ◊ *evangelisch sein* be a Protestant
Evangelium Gospel
eventuell 1 *Adj* possible, any … (that occur) (*nicht vor Nomen*) ◊ *eventuelle Angriffe* possible attacks ◊ *eventuelle Probleme* any problems that occur ◊ *bei eventuellen Problemen* if there are any problems ◊ *Für eventuelle Kosten kommen wir auf.* We will pay any expenses incurred. **2** *Adv* possibly ☛ „**Eventuell**" wird oft nicht übersetzt, sondern durch das Modalverb **may/might** ausgedrückt: ◊ *Eventuell wird doch noch etwas daraus.* Something might come of it, after all. ◊ *Eventuell ziehe ich um.* I may be moving.
Evolution evolution
ewig 1 eternal (*Adv* eternally) ◊ *das ewige Leben* eternal life ◊ *Ich werde dir ewig dankbar sein.* I'll be eternally grateful to you. ◊ *der ewige Schnee im Himalaja* the perpetual snows of the Himalayas **2** (*andauernd*) endless; (*ständig*) constant, never-ending ◊ *ewige Streitereien* endless arguments ◊ *Sie hat vom ewigen Stress die Nase voll.* She is fed up with the constant stress. ◊ *der ewige Konflikt* the never-ending conflict ◊ *der ewige Verlierer sein* be a (born) loser **3** *Adv* (*sehr lange*) for ages; (*in Zukunft*) forever, (*BrE auch*) for ever ◊ *Ich kenne ihn schon ewig.* I've known him for ages. ◊ *Ich kann nicht ewig warten.* I can't wait for ever. ◊ *Es kann nicht ewig so weiter gehen.* Things can't go on like this for ever. ◊ *Ich werde mir deswegen ewig Vorwürfe machen.* I shall always reproach myself for it. **4** *Adv* (*sehr*) very ◊ *ewig lange Fahrzeiten* very long journeys ◊ *die ewig langen Flure* the passages which seem to go on for ever IDM *auf ewig* for ever ◊ *auf ewig Abschied nehmen* say goodbye for ever *ewig und drei Tage* for ever and a day *für immer und ewig* for ever; for good ◊ *Ich werde nicht für immer und ewig hier bleiben.* I'm not here for good. ☛ *Siehe auch* ZEIT
Ewigkeit 1 eternity ◊ *bis in alle Ewigkeit* for all eternity **2** (*lange Zeit*) ages; (*in Zukunft*) forever ◊ *eine Ewigkeit auf jdn warten* wait ages for sb ◊ *Wir haben uns eine Ewigkeit nicht mehr gesehen.* We haven't seen each other for ages. ◊ *Das dauert ja eine Ewigkeit!* It seems to be taking forever!
ex (**etw auf**) **~ trinken** drink* (sth) in one go
Ex- former (*nur vor Nomen*); (*Ehepartner, Präsident auch*) ex-
exakt exact (*Adv* exactly) ◊ *die exakten Kosten* the exact cost ◊ *exakt vier Minuten* exactly four minutes ◊ *exakt um 12 Uhr* at 12 o'clock precisely ◊ *etw exakt berechnen* calculate sth precisely ◊ *Die Geräte müssen exakt aufeinander abgestimmt sein.* The instruments must be synchronized. ◊ *etw exakt ausarbeiten* work sth out in detail
Examen exam, examination (*gehoben*); (*Abschlussprüfung an der Uni*) finals [Pl]; (*AmE*) final ◊ *ein Examen machen* take an exam ◊ *Wann hast du Examen gemacht?* When did you take your finals?
exekutieren execute
Exekution execution
Exempel ~ (**für etw**) example (of sth) IDM *ein Exempel statuieren* ◊ *an jdm ein Exempel statuieren* make an example of sb ◊ *Mit dem Urteil will man ein Exempel statuieren.* The sentence is designed to be a warning to others. ☛ *Siehe auch* PROBE
Exemplar specimen; (*Buch, Zeitschrift*) copy*
exemplarisch 1 *Adj* typical ◊ *exemplarisch für etw sein* be typical of sth ◊ *ein exemplarisches Beispiel* a precedent ◊ *Der Fall hat exemplarische Bedeutung.* The case sets a precedent. **2** *Adv* by means of an example ◊ *etw exemplarisch veranschaulichen* illustrate sth by means of an example ◊ *etw exemplarisch zitieren* quote sth as an example
Exhibitionist(in) exhibitionist
Exil exile ◊ *im Exil leben* be in exile ◊ *ins Exil gehen* go into exile ◊ *Er befindet sich seit zwanzig Jahren im Exil in Paris.* He has been living in exile in Paris for two years.
Exilliteratur exile literature **Exilregierung** government in exile
Existenz 1 (*Vorhandensein*) existence **2** (*Leben*) life ◊ *eine neue Existenz aufbauen* start a new life **3** (*Lebensgrundlage*) livelihood ◊ *um die nackte Existenz kämpfen* eke out a livelihood ◊ *Die Existenz der Ladenbesitzer ist gefährdet.* The livelihood of the shopkeepers is under threat. ◊ *sich im*

Bankgewerbe eine Existenz schaffen make a career in banking ◊ *Er hat mir eine sichere Existenz geboten.* He provided me with financial security. **4** (*Mensch*) ◊ *verkrachte Existenzen* failures

Existenzangst 1 fear for your survival ◊ *Die Existenzangst geht in den Reisebüros um.* Travel agents fear for their survival. **2** (PHILOS) existential angst **Existenzberechtigung** (*Recht*) right to exist; (*Grund*) raison d'être **Existenzgrundlage** livelihood

existenziell 1 (*lebenswichtig*) vital (*Adv* vitally) ◊ *von existenzieller Bedeutung* of vital importance **2** (PHILOS) existential (*nur vor Nomen*) ◊ *existenzielle Ängste* existential angst

Existenzminimum subsistence level ◊ *am Rande des Existenzminimums leben* live at subsistence level

existieren exist ◊ *Das Restaurant existiert nicht mehr.* The restaurant no longer exists. ◊ *Davon kann man nicht existieren.* You can't exist on that. ◊ *Die Aufnahme existiert noch.* The recording is still in existence.

exklusiv exclusive ◊ *ein exklusives Restaurant* an exclusive restaurant ◊ *Wir berichten exklusiv von den Festspielen.* We have an exclusive report on the festival. **Exklusivbericht** exclusive report

Exkommunikation excommunication
exkommunizieren excommunicate
Exkrement excrement [U]
Exkurs digression
Exkursion study trip; (*naturkundlich*) field trip ◊ *eine Exkursion machen* go on a field trip
exotisch exotic ◊ *exotisch klingen* sound exotic
expandieren expand ◊ *ein schnell expandierender Markt* a rapidly expanding market
Expansion expansion ◊ *die Expansion der Firma* the expansion of the firm ◊ *eine Politik der Expansion betreiben* pursue an expansionist policy
Expedition expedition ◊ *eine Expedition unternehmen* go on an expedition
Experiment experiment ◊ *Sie führten Experimente an Ratten durch.* They carried out experiments on rats. ◊ *ein chemisches Experiment* a chemistry experiment ◊ *Nur keine Experimente!* Don't take any risks!
experimentell experimental (*Adv* experimentally)
experimentieren experiment ◊ *an Tieren experimentieren* experiment on animals ◊ *mit neuen Spielweisen experimentieren* experiment with new acting techniques
Experte, Expertin expert ◊ *Experte für Asylrecht sein* be an expert in asylum law ◊ *Experten für Computerkriminalität* experts on computer crime ◊ *Er ist Experte auf dem Gebiet.* He's an expert in the field. ☛ G 2.2d
explodieren 1 explode (*auch fig*); (*Bombe auch*) go* off **2** (*Kosten, Preise*) soar ◊ *Die Kosten des Gesundheitswesens explodieren.* Costs in the health service are soaring.
Explosion explosion ◊ *bei der Explosion* in the explosion ◊ *die Explosion der Bevölkerungszahlen* the population explosion ◊ *die Explosion der Kosten* the explosion in costs
Explosionsgefahr risk of explosion
explosiv explosive ◊ *ein explosiver Sprengsatz* an explosive device ◊ *Die Situation ist sehr explosiv.* It is an explosive situation. ◊ *Sie hat ein recht explosives Temperament.* She is very volatile.

Exponat exhibit
exponiert exposed
Export export ◊ *der Export von Obst* the export of fruit ◊ *Exporte nach Europa* exports to Europe
exportieren export ◊ *in die USA exportieren* export to the USA
expressiv expressive (*Adv* expressively)
extern 1 external ◊ *externe Gründe* external reasons ◊ *Sie legte das Examen als Externe ab.* She sat the exam as an external student. ◊ *externe Beratung* outside advice **2** (*im Internat*) ◊ *Er ist ein Externer.* He is a day boy. ◊ *externe Schüler* day pupils
extra 1 extra ◊ *Wir haben extra Hausaufgaben aufbekommen.* We have got extra homework. ◊ *Ich habe drei Stunden extra gearbeitet.* I worked three hours extra. ◊ *extra trocken* extra dry ◊ *Getränke sind extra.* Drinks are extra. **2** (*gesondert*) separately ◊ *Wir müssen das Frühstück extra bezahlen.* We have to pay for breakfast separately. ◊ *extra eingepackt* packed separately **3** (*speziell*) specially ◊ *extra für dich* specially for you ◊ *Sie ist extra gekommen.* She came specially. **4** (*absichtlich*) deliberately ◊ *Das hat er extra gemacht.* He did it deliberately.
Extra- Extraausgabe special edition **Extraausstattung** extras [Pl] ◊ *Ledersitze gehören zur Extraausstattung.* Extras include leather seats.
Extrakt 1 extract **2** (*Text*) synopsis*
extravagant flamboyant (*Adv* flamboyantly)
extrem extreme (*Adv* extremely) ◊ *die extreme Rechte* the extreme right ◊ *eine extrem schwierige Situation* an extremely difficult situation ◊ *Sie ist seelisch extrem belastet.* She is under severe mental stress. ◊ *Er ist immer sehr extrem.* He always goes too far.
Extrem extreme ◊ *ins andere Extrem fallen* go to the other extreme [IDM] **von einem Extrem ins andere fallen** go* from one extreme to the other
Extremfall extreme case ◊ *im Extremfall* in extreme cases
Extremismus extremism
Extremist(in) extremist
extremistisch extremist
Extrem- Extremsituation extreme situation **Extremwert** extreme value
extrovertiert extrovert
Exzellenz (*Titel*) His/Her Excellency*; (*Anrede*) Your Excellency*
Exzentriker(in) eccentric
exzentrisch eccentric (*Adv* eccentrically)
Exzess 1 excess ◊ *die schlimmsten Exzesse totalitärer Herrschaft* the worst excesses of totalitarian rule ◊ *Er treibt alles bis zum Exzess.* He always takes things to excess. ◊ *bis zum Exzess gewissenhaft* excessively conscientious **2 Exzesse** (*Gewalt*) violence [U] ◊ *eine Woge ausländerfeindlicher Exzesse* a wave of violence against foreigners ◊ *Nach dem Spiel kam es wieder zu Exzessen.* There were violent incidents again after the match.
exzessiv excessive (*Adv* excessively) ◊ *eine exzessiv hohe Dosis* an excessively high dose ◊ *Er treibt exzessiv Sport.* He does an excessive amount of sport.

Ff

F, f 1 (*Buchstabe*) F, f ☛ *Beispiele bei* A, A, S. 773. **2** (Mus) F
IDM ⇨ Schema
Fabel 1 (*Erzählung*) fable **2** (*Handlung*) plot
fabelhaft fantastic, fabulous (*Adv* fabulously) ◊ *Das ist eine fabelhafte Leistung!* It's a fantastic achievement! ◊ *Er kann fabelhaft Schach spielen.* He is a fantastic chess-player. ◊ *fabelhaft aussehen* look fantastic ◊ *Er spielte fabelhaft.* He played fantastically well. ◊ *fabelhaft reich sein* be fabulously rich
Fabel- Fabeltier mythical beast **Fabelwesen** mythical creature
Fabrik factory*; (*Papier- auch*) mill ◊ *eine chemische Fabrik* a chemical factory ◊ *In der Klinik ging es zu wie in einer Fabrik.* In the hospital it was like being on a production line.
Fabrikarbeit factory work **Fabrikarbeiter(in)** factory worker ☛ G 2.2d **Fabrikbesitzer(in)** factory owner ☛ G 2.2d **Fabrikgebäude** factory building **Fabrikgelände** factory site **Fabrikhalle** factory building
Facette facet (*auch fig*); (*Aspekt auch*) aspect ◊ *Das ist nur eine Facette des Problems.* This is only one facet of the problem. ◊ *Gewalt in allen ihren Facetten* power in all its aspects
Fach 1 compartment; (*Regal*) shelf; (*für Post*) pigeon-hole; (*Schließ-*) locker ◊ *Meine Schultasche hat vier Fächer.* My school-bag has four compartments. ◊ *das unterste Fach im Schrank* the bottom shelf in the cupboard **2** (*Fachgebiet*) subject; (*Forschungsgebiet*) field ◊ *Am liebsten habe ich die Fächer Deutsch und Geschichte.* My favourite subjects are German and history. ◊ *eine Meisterin ihres Faches* an expert in her field. ◊ *ein Examen im Fach Klavier* a piano exam ◊ *Er versteht sein Fach.* He knows his job. **3** (*Schauspieler, Opernsänger*) ◊ *ein Talent für das komische Fach* a talent for comedy IDM **vom Fach** expert; (*Berufszweig*) from the profession; (*Handwerk*) from the trade; (*Geschäft*) in the business ◊ *eine Frau vom Fach* an expert ◊ *Auf der Messe waren die meisten Besucher vom Fach.* Most of the visitors to the fair were from the trade. ☛ *Siehe auch* DACH
Fachabitur = A levels in vocational subjects [Pl] ◊ *Er hat das Fachabitur geschafft.* He passed his A levels for entry to a polytechnic. **Facharbeiter(in)** skilled worker; (*im Plural auch*) skilled labour; (*AmE*) skilled labor ◊ *Es gibt zu wenig qualifizierte Facharbeiter.* There is a shortage of skilled labour. ☛ G 2.2d **Facharzt, -ärztin** specialist ◊ *jdn an einen Facharzt überweisen* refer sb to a specialist ◊ *Sie ist Fachärztin für Gynäkologie.* She is a gynaecologist. ☛ G 2.2d **Fachausdruck** technical term ◊ *Der Fachausdruck dafür ist ...* The technical term for it is ... ◊ *ein medizinischer Fachausdruck* a medical term **Fachberater(in)** consultant ☛ G 2.2d **Fachbereich 1** (*Fachgebiet*) subject area ◊ *Kurse aus den unterschiedlichsten Fachbereichen* courses in a whole range of different subject areas **2** (*Hochschule*) faculty*; (*VHS, Gymnasium etc.*) department ◊ *Studenten aller Fachbereiche* students of all faculties ◊ *der Fachbereich Informatik* the department of Computer Science **Fachbuch** textbook; (*Nachschlagewerk*) reference book
fächeln fan* ◊ *Ich fächelte mir mit dem Programmheft Luft zu.* I fanned myself with my programme.
Fächer fan
fächerübergreifend interdisciplinary ◊ *im Team und fächerübergreifend arbeiten* work in a team, using an interdisciplinary approach
Fach- Fachfrau specialist, expert; (*Profi*) professional ◊ *Sie ist EDV-Fachfrau.* She is a computer specialist. ◊ *die als Fachfrau geladene Psychotherapeutin* the psychotherapist called as an expert witness **Fachgebiet** field ◊ *Experten verschiedener Fachgebiete* experts in various fields **Fachgeschäft** (small) shop, (*Spezialgeschäft*) specialist shop ◊ *eine Straße mit kleinen Fachgeschäften* a street of small shops ◊ *Lassen Sie sich im Fachgeschäft beraten.* Ask for advice at a specialist shop. ◊ *ein Fachgeschäft für Musikinstrumente* a shop selling musical instruments. **Fachhandel** specialist stores [Pl] ◊ *im Fachhandel erhältlich* available in specialist stores **Fachhochschule** ≈ polytechnic ☛ *Hinweis bei* POLYTECHNIC **Fachidiot(in)** narrow specialist **Fachkenntnisse** expertise [U]; (*Qualifikationen*) qualifications [Pl] ◊ *Fachkenntnisse und Erfahrungen* qualifications and experience ◊ *besondere Fachkenntnisse* specialist knowledge **Fachkraft** skilled worker ◊ *männliche Fachkräfte* skilled male workers ◊ *pädagogische Fachkräfte* qualified teachers ◊ *professionelle Fachkräfte* professionals ◊ *Wir beschäftigen eine Fachkraft für ausländische Kinder.* We have a qualified member of staff who works with foreign children. **fachkundig** expert (*Adv* expertly) ◊ *unter der fachkundigen Leitung von ...* under the expert supervision of ... ◊ *Dort werden Sie fachkundig beraten.* You'll get expert advice there. ◊ *eine fachkundige Jury* a jury of experts ◊ *ein fachkundiges Publikum* a discerning audience ◊ *Sie wurden fachkundig bedient.* The service was very professional.
fachlich specialist; (*beruflich*) professional (*nur vor Nomen*) (*Adv* professionally) ◊ *fachliche Kenntnisse* specialist knowledge ◊ *fachliche Kompetenz* professional competence ◊ *fachlich qualifiziertes Personal* professionally qualified staff ◊ *Die Bewerber werden auf ihre fachliche Eignung hin überprüft.* Applicants are given aptitude tests. ◊ *Die Teilnehmer werden fachlich auf den neuesten Stand gebracht.* Participants are brought up to date in the field.
Fach- Fachliteratur (specialist) literature ◊ *die medizinische Fachliteratur* medical literature ◊ *Fachliteratur in der Materie* books on the subject **Fachmann** specialist, expert; (*Profi*) professional ◊ *Er ist Fachmann für kommunale Finanzfragen.* He is a specialist in local government finance. ◊ *Fachleute schätzen die Kosten auf 5 Millionen.* Experts estimate the cost at 5 million. ◊ *Für größere Reparaturen ist der Fachmann zuständig.* Major repairs should be carried out by a professional.
fachmännisch professional (*Adv* professionally)
Fachoberschule = vocational secondary school
fachsimpeln talk shop
Fach- Fachsprache (specialist) terminology ◊ *die medizinische Fachsprache* medical terminology ◊ *Das große Fernrohr wird in der Fachsprache Refraktor genannt.* The technical term for the large telescope is 'refractor'. **Fachwerk** half-timbering [U] **Fachwerkhaus** half-timbered house **Fachwissen** specialist knowledge ◊ *Im Unterricht soll nicht nur Fachwissen weitergegeben werden.* Teaching should not only be about imparting specialist knowledge. ◊ *Er muss sein Fachwissen ständig auf den neuesten Stand bringen.* He has to keep abreast of new developments in his field.
Fackel torch ◊ *Demonstranten mit brennenden Fackeln* demonstrators carrying flaming torches ◊ *die olympische Fackel* the Olympic torch
fackeln nicht lange ~ not delay, (*BrE*) not hang about (*umgs*) ◊ *Die Polizisten haben nicht lange gefackelt und die Störer sofort festgenommen.* The police didn't hang about. They arrested the troublemakers immediately. ◊ *Fackel doch nicht so lange!* Get on with it!
fade 1 tasteless ◊ *Das Essen war fade.* The food was tasteless. ◊ *Der Fisch schmeckte ziemlich fade.* The fish didn't taste of anything. ◊ *fade Krankenkost* bland invalid food ◊ *einen faden Beigeschmack hinterlassen* leave a bad taste in the mouth **2** (*langweilig*) boring ◊ *Schließlich gab es einen faden Kompromiss.* In the end there was a boring compromise.
Faden 1 thread; (*einer Marionette*) string ◊ *Hast du Nadel und Faden dabei?* Have you got a needle and thread on you? ◊ *Sie bekam den Faden nicht durchs Nadelöhr.* She couldn't

fadenscheinig

thread the needle. **2** (*Rinnsal*) trickle ◊ *ein dünner Faden Blut* a thin trickle of blood **3 die Fäden ziehen** remove the stitches, take* out the stitches (*umgs*) IDM **an einem (seidenen) Faden hängen** hang* by a thread; be touch-and-go (*umgs*) ◊ *Ihr Leben hing an einem Faden.* Her life was hanging by a thread. ◊ *Der Sieg hing bis zum Schluss am seidenen Faden.* It was touch-and-go right up to the last moment whether we would win. **den Faden verlieren** lose* the thread **die Fäden in der Hand halten** pull* the strings **ein roter Faden** a recurrent theme ◊ *Dieser Gedanke zieht sich wie ein roter Faden durch den Roman.* This is a recurrent theme in the novel.

fadenscheinig 1 threadbare **2** (*fig*) feeble ◊ *fadenscheinige Ausreden* feeble excuses

Fagott bassoon ◊ *Fagott spielen* play the bassoon

fähig 1 zu etw ~ sein be capable of sth; **~ sein etw zu tun** be capable of doing sth ◊ *Er ist noch zu großen Leistungen fähig.* He is still capable of great things. ◊ *Sie war nicht mehr fähig, das Auto zu lenken.* She was no longer capable of steering the car. **2** (*zuverlässig, gut*) competent, capable; (*begabt*) able ◊ *ein fähiger Mitarbeiter* a competent member of staff ◊ *ein fähiger Schüler* an able pupil IDM ⇨ GEDANKE

Fähigkeit ability*; (*Fertigkeit*) skill ◊ *jds schauspielerische Fähigkeiten entdecken* discover sb's acting ability ◊ *Er hat die Fähigkeit, alle mit seiner Begeisterung anzustecken.* He has the ability to infect everyone with his enthusiasm. ◊ *künstlerische Fähigkeiten haben* have artistic skills ◊ *Wir wollen die handwerklichen Fähigkeiten der Kinder verbessern.* We want to improve the children's manual skills.

fahl pale ◊ *im fahlen Mondlicht* in the pale moonlight

Fähnchen (little) flag

fahnden nach jdm/etw ~ search for sb/sth

Fahndung search ◊ *eine Fahndung einleiten* mount a search ◊ *Die Fahndung nach dem Dieb wurde eingestellt.* The search for the thief was called off.

Fahndungsfoto photo* issued by the police

Fahne 1 flag ◊ *eine Fahne hissen/einholen* hoist/lower a flag ◊ *eine Fahne auf halbmast setzen* fly a flag at half-mast ◊ *die weiße Fahne zeigen* wave the white flag **2 eine ~ haben** reek of alcohol IDM **seine Fahne nach dem Wind drehen/hängen** trim* your sails to the wind

Fahneneid oath of allegiance ◊ *den Fahneneid leisten* swear the oath of allegiance **Fahnenflucht** desertion ◊ *Die Anklage gegen ihn lautete auf Fahnenflucht.* He was accused of desertion. ◊ *Sie begingen Fahnenflucht.* They deserted. **fahnenflüchtig** ◊ *Dieser Offizier ist fahnenflüchtig.* This officer is a deserter. ◊ *Wer ist fahnenflüchtig geworden?* Who has deserted? ◊ *Ein fahnenflüchtiger Soldat wurde verhaftet.* A deserter was arrested. **Fahnenmast, Fahnenstange** flagpole

Fahr- Fahrausweis 1 ⇨ FAHRKARTE **2** ⇨ FÜHRERSCHEIN **Fahrbahn** carriageway; (*Spur*) lane; (*Straßenoberfläche*) road (surface) **Fahrbahnrand** side of the road **Fahrdienst** transport [U] ◊ *Ein Fahrdienst wird bereitgestellt.* Transport is provided.

fahrbar mobile; (*Möbel*) on castors (*dem Nomen nachgestellt*) ◊ *ein fahrbares Klassenzimmer* a mobile classroom ◊ *ein fahrbarer Tisch* a table on castors ◊ *Ich habe keinen fahrbaren Untersatz.* I haven't any wheels.

Fähre ferry* ◊ *den Ärmelkanal mit der Fähre überqueren* cross the Channel by ferry ◊ *Die Fähre läuft um 8 Uhr in Ramsgate aus.* The ferry sails from Ramsgate at 8.

fahren 1 go*; (*abfahren auch*) leave* ◊ *ans Meer/in den Urlaub/nach Amerika fahren* go to the seaside/on holiday/ to America ◊ *mit dem Zug/Schiff/Auto/Bus/Fahrrad fahren* go by train/ship/car/bus/bike ◊ *mit der Rolltreppe/mit dem Aufzug in den vierten Stock fahren* take the escalator/lift to the fourth floor ◊ *per Anhalter fahren* hitch-hike **2** (*einen Wagen etc.*) drive*; (*Fahrrad, Motorrad, Roller*) ride* ◊ *Er fährt einen Sportwagen.* He drives a sports car. ◊ *Wir fuhren eine Strecke von 1 000 Kilometern.* We drove a distance of 1 000 kilometres. ◊ *rücksichtslos/sicher/vorsichtig fahren* drive recklessly/safely/carefully ◊ *Kannst du Fahrrad fahren?* Can you ride a bike? ◊ *Sie fährt mit der Fähre zur Schule.* She cycles to school. **3** (*bringen*) take*; (*Menschen auch*) drive* ◊ *Der Sand wird zur Baustelle gefahren.* The sand is taken to the building site. ◊ *Wir fuhren ihn ins Krankenhaus.* We drove him to hospital. ◊ *Er fuhr sein Auto zur Werkstatt.* He drove his car to the garage. **4** (*Achterbahn etc.*) go* on *sth* ◊ *Wir sind Achterbahn gefahren.* We went on the roller coaster. **5** (*verkehren*) run*; (*Schiff*) sail ◊ *Der Zug fährt nur an Werktagen.* The train only runs on weekdays. **6** (*Geschwindigkeit*) do* ◊ *Er fuhr mit 200 km/h.* He was doing 200 kph. ◊ *Ihr neuer Sportwagen fährt 220 Spitze.* Her new sports car does 220 kph. ☛ *Siehe auch* MPH **7** (**etw**) **gegen etw ~** run* (sth) into sth ◊ *Er fuhr (sein Auto) gegen eine Mauer.* He ran (his car) into a wall. **8** (**mit etw**) **durch/über etw ~** run* sth through/over sth ◊ *Er fuhr dem Hund übers Fell.* He ran his fingers through the dog's fur. ◊ *Sie fährt sich nervös durch die Haare.* She runs her fingers through her hair nervously. ◊ *Seine Zunge fährt immer wieder über die Lippen.* He keeps moistening his lips with his tongue. **9** (*Schmerzen etc.*) shoot*, go*; (*Blitz*) strike* ◊ *Der Schreck fuhr mir in die Glieder.* The shock went through me. **10** (*Programm, Versuch*) run* **11** (*Sonderschichten*) work **12 etw ~ lassen** (*Hoffnung etc.*) abandon sth

IDM **einen fahren lassen** fart **mit jdm/etw gut/schlecht fahren** do* well/not do* well with sb/sth ◊ *Mit dem Sparplan sind wir damals nicht schlecht gefahren.* We didn't do badly with the savings plan. ◊ *Sie schwieg und fuhr gut damit.* She said nothing, and that was the right thing to do. **was ist (denn) in dich gefahren?** what's got into you? ◊ *Was ist in dich gefahren, vor allen Leuten so einen Aufstand zu machen?* What got into you, to make such a fuss in front of all those people? ☛ *Für andere Redewendungen mit* **fahren** *siehe die Einträge für die entsprechenden Nomina etc.* **In die Höhe fahren** z.B. steht unter **Höhe**.

Fahrenheit Fahrenheit

Fahrer(in) driver ◊ *ein sicherer/rücksichtsloser Fahrer* a safe/reckless driver ◊ *der Fahrer des Motorrads* the motorcyclist

Fahrerflucht = leaving the scene of an accident ◊ *Man zeigte ihn wegen Fahrerflucht an.* He was charged with leaving the scene of an accident. ◊ *ein Unfall mit Fahrerflucht* a hit-and-run accident ◊ *Fahrerflucht begehen* commit a hit-and-run offence **Fahrersitz** driver's seat

Fahr- Fahrerlaubnis ⇨ FÜHRERSCHEIN **Fahrgast** passenger **Fahrgeld** fare ◊ *Bitte das Fahrgeld abgezählt bereithalten.* Please have the exact fare ready. **Fahrgemeinschaft** car pool **Fahrgestell 1** chassis **2** ⇨ FAHRWERK (1)

fahrig 1 (*Handschrift*) erratic; (*Bewegungen*) jerky **2** (*nervös*) nervous; (*unkonzentriert*) distracted

Fahrkarte ticket ◊ *eine Fahrkarte lösen* buy a ticket **Fahrkartenautomat** ticket machine **Fahrkartenkontrolle** ticket inspection **Fahrkartenschalter** ticket office

Fahrkosten travelling expenses [Pl], (*AmE*) traveling expenses [Pl]; (*einmalig*) fare

fahrlässig negligent (*Adv* negligently) ◊ (*grob*) *fahrlässig handeln* be negligent ◊ *etw fahrlässig verschulden* cause sth through negligence ◊ *fahrlässige Körperverletzung* negligence resulting in injury ◊ *fahrlässige Tötung* manslaughter

Fahrlässigkeit negligence [U]

Fahrlehrer(in) driving instructor ☛ G 2.2d

Fahrplan timetable, (*AmE*) schedule

fahrplanmäßig 1 *Adj* scheduled ◊ *20 Minuten vor der fahrplanmäßigen Abfahrt* 20 minutes before the scheduled departure time **2** *Adv* (*pünktlich*) on time; (*laut Fahrplan*) according to the timetable, (*AmE*) according to the schedule ◊ *Der Zug kam fahrplanmäßig an.* The train arrived on time. ◊ *Der Bus hat fahrplanmäßig einen guten Anschluss.* The bus has a good connection, according to the timetable.

Fahr- Fahrpraxis driving experience [U] ◊ *eine mangelnde Fahrpraxis haben* lack driving experience ◊ *Sie hat zehn Jahre Fahrpraxis.* She's been driving for ten years. **Fahrpreis** fare **Fahrprüfung** driving test ◊ *die Fahrprüfung machen/bestehen* take/pass your driving test

Fahrrad bicycle, bike (*umgs*) ◊ *mit dem Fahrrad kommen* come by bike ◊ *Heute bin ich mit dem Fahrrad zur Schule gefahren.* I cycled to school today.

Fahrradfahrer(in) cyclist **Fahrradhelm** cycle helmet **Fahrradtour** cycle tour **Fahrradweg** cycle path

Fahr- Fahrrinne navigation channel **Fahrschein** ⇨ FAHRKARTE **Fahrscheinentwerter** = ticket stamping machine **Fahrschule** driving school; (*Unterricht*) driving lessons [Pl] ◊ *Fahrschule machen/haben* take/have driving

lessons **Fahrschüler(in)** learner driver **Fahrspur, Fahrstreifen** lane ◊ *auf die linke Fahrspur wechseln* move into the left-hand lane **Fahrstuhl** lift, *(AmE)* elevator ◊ *den Fahrstuhl nehmen* take the lift ◊ *mit dem Fahrstuhl stecken bleiben* get stuck in the lift **Fahrstunde** driving lesson
Fahrt 1 journey; *(Schiffreise)* voyage ◊ *eine Fahrt mit der Eisenbahn* a train journey ◊ *Nach einer langen Fahrt kamen sie endlich in Basel an.* After a long journey, they finally arrived in Basle. ◊ *Nach drei Stunden Fahrt legten wir eine Pause ein.* After driving for three hours, we stopped for a break. ◊ *Der Unfall passierte auf der Fahrt nach Hause.* The accident happened on the way home. ◊ *Was kostet die Fahrt?* How much is the fare? ☛ *Hinweis bei* REISE **2** *(Fahrgeschwindigkeit)* speed ◊ *in voller Fahrt* at full speed ◊ *die Fahrt verlangsamen/beschleunigen* reduce/pick up speed IDM **jdn in Fahrt bringen** infuriate sb ☛ *Siehe auch* BLAUE **in Fahrt kommen/geraten 1** *(munter werden)* get* into the mood **2** *(wütend werden)* get* worked up **in Fahrt sein 1** *(gute Stimmung haben)* be in good form **2** *(wütend sein)* be in a rage
Fährte *(Spur)* trail *(auch fig)*; *(Geruch)* scent ◊ *jdm auf der Fährte sein* be on sb's trail ◊ *eine Fährte aufnehmen/einer Fährte nachspüren* pick up/follow a scent ◊ *auf eine falsche Fährte gelockt werden* be put off the scent IDM **auf der richtigen/falschen Fährte sein** be on the right/wrong track
Fahrtkosten ⇨ FAHRKOSTEN
Fahrverbot ban *(oft mit einem Verb übersetzt)* ◊ *Bei dieser Geschwindigkeit muss sie mit einem mehrmonatigen Fahrverbot rechnen.* For going at that speed she is likely to be banned from driving for several months. ◊ *In den Stadtzentren gilt ein Fahrverbot für Pkws.* Cars are banned from city centres. ◊ *Es besteht ein gesetzliches Fahrverbot für Lkws zwischen 22 und 6 Uhr.* Lorries are not allowed on the roads between 10 p.m. and 6 a.m.
Fahrwasser ⇨ FAHRRINNE IDM **im Fahrwasser von** etw in the wake of sth **in jds Fahrwasser** in sb's wake **ins politische Fahrwasser geraten** become* embroiled in politics **wieder in ruhiges Fahrwasser kommen** get* back on an even keel
Fahr- Fahrweise driving style, driving ◊ *eine aggressive Fahrweise* an aggressive driving style ◊ *Mit einer vernünftigen Fahrweise kann man Benzin sparen.* By driving sensibly, you can save petrol. **Fahrwerk 1** (AERO) undercarriage **2** ⇨ FAHRGESTELL (1) **Fahrzeit** journey (time) **Fahrzeug** vehicle
Fahrzeugbrief vehicle registration document, *(AmE)* vehicle registration card **Fahrzeughalter(in)** owner of a/the vehicle **Fahrzeugpapiere** vehicle documents [Pl] **Fahrzeugschein** = document which proves ownership of a vehicle
Faible *ein* ~ *für etw haben* be very keen on sth
fair fair *(Adv* fairly) ◊ *ein faires Angebot* a fair offer ◊ *ein fairer Wettbewerb/Sportler* a fair competition/sportsman ◊ *sich fair gegenüber jdm verhalten* behave fairly towards sb ☛ *In den folgenden Ausdrücken ist das Adverb* **fair**: *fair kämpfen/spielen* fight/play fair.
Fairness fairness
Fäkalien faeces [Pl], *(AmE)* feces [Pl]
Fakt fact ◊ *Die Fakten liegen auf dem Tisch.* The facts are known. ◊ *Fakt ist, dass das Klima sich erwärmt.* It's a fact that the climate is getting warmer.
faktisch 1 *Adj* actual ◊ *der faktische Gewinn/Nutzen* the actual gain/advantage **2** *Adv* to all intents and purposes ◊ *Das Land ist faktisch gespalten.* The country is, to all intents and purposes, divided. ◊ *Langzeitarbeitslose sind auf dem Arbeitsmarkt faktisch chancenlos.* The reality is that the long-term unemployed have no chance on the job market.
Faktor factor ☛ *Hinweis bei* POINT¹
Fakultät 1 *(Fachbereich)* faculty* ◊ *die juristische Fakultät* the faculty of law ☛ G 1.3b **2** *(Lehrpersonal und Studenten)* staff and students [Pl], *(AmE)* faculty and students [Pl]
fakultativ optional
Falke falcon
Fall¹ 1 *(Sturz)* fall ◊ *Sie verletzte sich bei dem Fall.* She was injured in the fall. ◊ *im freien Fall* in free fall ◊ *vor dem Fall der Mauer* before the wall came down **2** *(Aktien, Währung)* drop ◊ *ein Fall des DAX* a drop in the DAX IDM **jdn/etw zu**

fallen

Fall bringen destroy sb/sth ◊ *Sie versuchten, das Gesetz zu Fall zu bringen.* They attempted to destroy the bill. ◊ *Die Regierung wurde zu Fall gebracht.* The government was brought down. ☛ *Siehe auch* KNALL
Fall² case; *(Beispiel auch)* example ◊ *ein hoffnungsloser Fall* a hopeless case ◊ *in diesem Fall* in this case ◊ *Das ist nicht der Fall.* That is not the case. ◊ *ein schwerer Fall von Lungenentzündung* a bad case of pneumonia ◊ *einen Fall untersuchen* investigate a case ◊ *der Fall Alfred Neumann* the Alfred Neumann case ◊ *der erste/zweite/dritte/vierte Fall* the nominative/genitive/dative/accusative case ◊ *Nach „seitens" steht der zweite Fall.* 'Seitens' always takes the genitive (case). ◊ *im Falle eines Brandes* in the event of fire ◊ *Was würdest du in meinem Fall tun?* What would you do in my situation? ◊ *im schlimmsten Fall* if the worst comes to the worst ◊ *im besten Fall* at best IDM **auf alle Fälle 1** *(ganz bestimmt)* in any event; at all events ◊ *Er kommt auf alle Fälle.* In any event, he is coming. **2** *(vorsichtshalber)* just in case ◊ *Ich nehme auf alle Fälle einen Schirm mit.* I'll take an umbrella just in case. **auf jeden Fall** *(jedenfalls)* at any rate ◊ *Ich bin auf jeden Fall am Freitag wieder da.* At any rate, I'll be back on Friday. **2** *(mit Sicherheit)* definitely ◊ *Er kommt auf jeden Fall.* He is definitely coming. **auf keinen Fall** on no account ◊ *Diesen Witz darfst du auf keinen Fall erzählen.* On no account should you tell that joke. ◊ *„Darf ich mit?" „Auf keinen Fall!"* 'Can I come too?' 'Certainly not!' ☛ *In der Umgangssprache kann man hier auch* 'No way!' *sagen.* **jds Fall sein** be sb's cup of tea ◊ *Er ist überhaupt nicht mein Fall.* He's not my cup of tea at all. ◊ *Oliven sind nicht sein Fall.* He's not keen on olives. ◊ *Zelten ist nicht mein Fall.* Camping is not for me. **für alle Fälle** just in case **für den Fall, dass …** in case … ◊ *für den Fall, dass es sich abkühlt* in case it gets colder **von Fall zu Fall** from case to case ◊ *Das ist von Fall zu Fall verschieden.* It varies from case to case. ◊ *Das muss man von Fall zu Fall entscheiden.* You have to decide each case on its merits.
Falle 1 trap ◊ *eine Falle aufstellen* set a trap ◊ *jdm eine Falle stellen* set a trap for sb ◊ *Er ging in die Falle.* He walked into the trap. **2** *(Bett)* bed
fallen 1 fall* ◊ *Die Blätter fallen.* The leaves are falling. ◊ *Er fiel vor ihr auf die Knie.* He fell to his knees before her. ◊ *Sein Blick fiel auf den Ring.* His gaze fell on the ring. ◊ *Silvester fällt auf einen Sonntag.* New Year's Eve falls on a Sunday. ◊ *Nach wochenlangen Kämpfen fiel die Hauptstadt.* After weeks of fighting the capital fell. ◊ *in Ungnade/tiefen Schlaf fallen* fall into disgrace/a deep sleep ◊ *Sie fiel ihm um den Hals.* She threw her arms around his neck. ◊ *Gestern fiel der erste Schnee.* We had the first fall of snow yesterday. ◊ *Die Tür fiel ins Schloss.* The door shut. **2** *(hinfallen)* fall*; *(Fußgänger)* fall* over; *(Radfahrer, Reiter)* fall* off ◊ *Sie fiel auf den Bürgersteig.* She fell on the pavement. ◊ *Sie ist unglücklich aufs Kinn gefallen.* She fell over and hurt her chin. **3** *(sinken, Wert verlieren)* fall*, drop* ◊ *Das Barometer fällt.* The barometer is falling. ◊ *Sein Ansehen in der Öffentlichkeit ist gefallen.* He has fallen in public esteem. ◊ *Die Temperaturen sind gefallen.* The temperature has dropped. ◊ *Die Kaffeepreise sind stark gefallen.* Coffee prices have dropped sharply. ◊ *Die Aktien sind gefallen.* Shares dropped in value. **4** *(im Krieg)* be killed ◊ *Er fiel im Zweiten Weltkrieg.* He was killed in the Second World War. **5** *(Verbot, Barriere)* be lifted **6** *(Entscheidung)* be made; *(Tor)* be scored; *(Schuss)* be fired; *(Name)* be mentioned; *(Wort)* be said ◊ *Die Entscheidung ist gefallen.* The decision has been made. ◊ *Es fiel kein einziges Tor.* Not a single goal was scored. ◊ *Mehrere Schüsse fielen.* Several shots were fired. ◊ *Dein Name fiel auch.* Your name was also mentioned. ◊ *Es fiel kein einziges Wort darüber.* Not a word was said about it. **7 in/unter etw ~** fall* within (the scope of) sth ◊ *Der Fall fällt nicht unter das Wettbewerbsgesetz.* The case does not fall within the scope of the competition law. **8 durch etw ~** *(Prüfung etc.)* fail sth ◊ *Er ist durch die Prüfung gefallen.* He failed the exam. **9** *(hängen)* hang* ◊ *Seine Haare fielen ihm ins Gesicht.* His hair was falling in his eyes. **10 an jdn ~** *(Erbe)* go* to sb **11 jdn/etw ~ lassen** drop* sb/sth *(auch fig)* ◊ *Lass das Tablett nicht fallen.* Don't drop the tray. ◊ *Seine Freunde ließen ihn fallen.* His friends dropped him. **12 sich ~ lassen** drop*; *(erschöpft)* collapse ◊ *Sie ließ sich erschöpft aufs Sofa fallen.* She collapsed on the sofa. ☛ *Für andere Ausdrücke mit* **fallen** *siehe die Einträge für die entsprechenden Nomina.* **Jdm in den Arm fallen** z.B. steht unter **Arm**.

fällen 1 (*Baum*) cut* sth down, fell (*gehoben*) **2** (*Entscheidung*) make* **3 ein Urteil ~** pass judgement
fällig due ◇ *am ersten Mai fällig* due on the first of May ◇ *längst fällig* long overdue
Fälligkeit maturity
falls 1 (*wenn*) if ◇ *Falls es regnen sollte, verschieben wir die Wanderung.* If it rains, we'll postpone the walk. **2** (*für den Fall, dass*) in case ◇ *Nimm einen Pulli mit, falls es kalt wird.* Take a jumper in case it gets cold.
Fallschirm parachute ◇ *mit dem Fallschirm abspringen* make a parachute jump
Fallschirmspringen parachute jumping **Fallschirmspringer(in)** parachutist; (MIL) paratrooper
falsch 1 (*nicht richtig*) wrong; (*fehlerhaft*) incorrect (*Adv* incorrectly) (*gehoben*) ◇ *Das ist absolut falsch!* That's quite wrong! ◇ *Er hat alles falsch gemacht.* He did everything wrong. ◇ *es falsch machen* get it wrong ◇ *Die Uhr geht falsch.* The clock is wrong. ◇ *ein Wort falsch schreiben* spell a word incorrectly ◇ *etw falsch verstehen* misunderstand sth ◇ *etw falsch aussprechen* mispronounce sth ◇ *falsch singen* sing off key ◇ *ein falsch geparktes Auto* an illegally parked car

> Das Adverb **wrong** wird nach einem Verb oder Verbobjekt verwendet, vor allem im gesprochenen Englisch: *He's spelt my name wrong.* Das Adverb **wrongly** wird vor allem vor dem Partizip Perfekt oder einem Verb verwendet: *My name's been wrongly spelt.*

2 (*betrügerisch, unangebracht, künstlich*) false (*Adv* falsely); (*gefälscht*) forged ◇ *unter einem falschen Namen* under a false name ◇ *falsche Angaben machen* give false information ◇ *falsche Bescheidenheit* false modesty ◇ *unter Vorspiegelung falscher Tatsachen* under false pretences ◇ *falsche Zähne* false teeth ◇ *ein falsches Spiel mit jdm treiben* play sb false ◇ *falsche Papiere* forged documents ◇ *Er ist ein falscher Typ.* He's two-faced. ◇ *eine falsche Schlange* a snake in the grass IDM **falsch verbunden sein** have the wrong number ◇ *Sie sind leider falsch verbunden.* I'm afraid you've got the wrong number. ☛ *Siehe auch* ADRESSE, DAMPFER, FÄHRTE, KEHLE, PFERD, SPAREN, SPUR, WEG *und* WICKELN
fälschen forge
Fälscher(in) forger
Falsch- Falschfahrer(in) = person* driving in the wrong direction on the motorway **Falschgeld** counterfeit money; (*Noten*) forged banknotes [Pl]
fälschlich (*irrtümlich*) wrong (*Adv* wrongly); (*bewusst*) false (*Adv* falsely)
fälschlicherweise wrongly; (*vermuten, glauben*) mistakenly ◇ *Sie wurde fälschlicherweise des Diebstahls beschuldigt.* She was wrongly accused of theft.
Falsch- Falschmeldung false report **Falschspieler(in)** cheat
Fälschung 1 (*das Fälschen*) forging ◇ *die Fälschung von Banknoten* forging banknotes **2** (*Gefälschtes*) forgery*; (*Gemälde auch*) fake
fälschungssicher forgery-proof
Faltblatt leaflet
Falte 1 (*in der Haut*) wrinkle; (*tiefer*) line ◇ *Er hat viele Falten im Gesicht.* His face is very lined. ◇ *die Stirn in Falten legen* furrow your brow **2** (*im Stoff*) fold; (*im Faltenrock etc.*) pleat; (*Bügel-*) crease ◇ *lose Falten* loose folds ◇ *schmale Falten* narrow pleats ◇ *etw in Falten legen* pleat sth **3** (*Knitter-*) crease ◇ *die Falten ausbügeln* iron out the creases
falten 1 fold ◇ *ein Blatt Papier falten* fold a piece of paper in two ◇ *etw einfach/doppelt falten* fold sth in half/in four ◇ *etw auseinander falten* unfold sth **2 die Hände ~** clasp your hands (in prayer) **3 die Stirn ~** frown
Falter (*Nacht-*) moth; (*Tag-*) butterfly*
faltig (*Haut*) wrinkled; (*Gesicht, Stirn*) lined
familiär 1 family ◇ *familiäre Probleme* family problems ◇ *aus familiären Gründen* for family reasons **2** (*ungezwungen*) informal, friendly ◇ *Es ging familiär zu.* There was a friendly atmosphere.
Familie family* ◇ *eine vierköpfige Familie* a family of four ◇ *eine Familie gründen* start a family ◇ *Familie Meier* the Meier family ◇ *Tiger gehören zur Familie der Katzen.* Tigers belong to the cat family. ◇ *etw in der Familie lernen* learn sth at home ◇ *Gewalt in der Familie* domestic violence ◇ *Haben Sie Familie?* Have you any children? ☛ G 1.3b IDM **das kommt in den besten Familien vor** it happens to the best of us **in der Familie liegen** run* in the family ◇ *Das liegt bei uns in der Familie.* It runs in our family.
Familienangehörige(r) relative ◇ *die Familienangehörigen des Opfers* the victim's relatives **Familienangelegenheit** family matter **Familienmitglied** member of the family **Familienname** surname **Familienplanung** family planning **Familienstand** marital status **Familienverhältnisse** family circumstances [Pl] ◇ *Auskünfte über Alter, Einkommen und Familienverhältnisse* information about age, income and family circumstances ◇ *geordnete Familienverhältnisse* a stable family background ◇ *aus zerrütteten Familienverhältnissen kommen* come from a broken home
Fan fan; (*Fußball auch*) supporter ◇ *Er ist ein Fan von Schalke.* He is a Schalke fan.
Fanatiker(in) fanatic
fanatisch fanatical (*Adv* fanatically)
Fanatismus fanaticism [U]
Fanclub fan club
Fang 1 (*von Tieren*) (*meist mit einem Verb übersetzt*) ◇ *der Fang von Walen* catching whales **2** (*Beute*) catch; (*fig*) find ◇ *Die Fischer machten einen guten Fang.* The fishermen had a good catch. ◇ *Die Vase war wirklich ein guter Fang.* The vase was a really good find. IDM **einen guten Fang machen** make* a good catch
fangen 1 (*Mensch, Tier, Ball etc.*) catch*; (*mit einer Falle auch*) trap* ◇ *Fische fangen* catch fish ◇ *Hat die Polizei den Mörder gefangen?* Have the police caught the killer? ◇ *Sie fing den Ball mit beiden Händen.* She caught the ball in both hands. **2 sich ~** (*in einer Falle*) get* caught **3 sich ~** (*ins Gleichgewicht kommen*) regain your balance; (*fig*) regain your composure ◇ *Er konnte sich gerade noch fangen.* He managed to keep his balance. ◇ *Sie hat sich sofort wieder gefangen.* She quickly regained her composure.
Fangfrage trick question
Fantasie 1 (*Vorstellungskraft*) imagination ◇ *eine blühende Fantasie haben* have a vivid imagination ◇ *seiner Fantasie freien Lauf lassen* allow your imagination to run wild **2** (*Vorstellung*) fantasy* ◇ *düstere Fantasien haben* have morbid fantasies **3 Fantasien** (*Fieberträume*) (fevered) imaginings [Pl]; (*Trugbilder*) illusions [Pl] **4** (MUS) fantasia
fantasielos unimaginative (*Adv* unimaginatively) ◇ *Der Aufsatz war fantasielos.* The essay was unimaginative. ◇ *Er ist fantasielos.* He has no imagination.
fantasievoll imaginative (*Adv* imaginatively)
fantastisch 1 fantastic (*Adv* fantastically) ◇ *fantastische Vorstellungen* fantastic ideas **2** (*Literatur*) fantasy **3** (*unglaublich*) incredible ◇ *Das ist ja fantastisch!* That's incredible! ◇ *Er kann fantastisch malen.* He can paint incredibly well.
Farbe 1 colour, (*AmE*) color ◇ *Die Farbe Blau steht ihr gut.* Blue is a colour that suits her. ◇ *Welche Farbe hat dein Auto?* What colour is your car? ◇ *Die Abbildungen sind in Farbe.* The illustrations are in colour. ◇ *Er bekam wieder Farbe ins Gesicht.* The colour came back into his cheeks. ◇ *die Farben wechseln* change colour **2** (*gebräunter Teint*) tan ◇ *Du hast ganz schön Farbe bekommen.* You've got a good tan. **3** (*zum Anstreichen*) paint; (*zum Färben*) dye ◇ *Farbe dünn auftragen* apply a thin coat of paint **4** (*Kartenspiel*) suit IDM **Farbe bekennen** come clean
farbecht colour fast, (*AmE*) color fast
färben 1 dye ◇ *sich die Haare schwarz färben* dye your hair black **2** (*verfärben*) ◇ *Curry färbt die Soße gelb.* Curry powder makes the sauce yellow. ◇ *Ihre Gesichter waren rot gefärbt.* Their faces were red. **3** (*abfärben*) ◇ *Der neue Pulli färbt.* The dye of my new jumper runs. **4 sich rot, blau etc. ~** turn red, blue, etc. ◇ *Die Blätter färben sich gelb.* The leaves are turning yellow. **5** (*fig*) **von etw gefärbt** tinged (with sth) ◇ *Seine Ansprache war von Trauer gefärbt.* His speech was tinged with sorrow. ◇ *Das Programm ist umweltpolitisch gefärbt.* The programme has an environmental bias.
farben- farbenblind colour-blind, (*AmE*) color-blind **farbenfroh 1** (*bunt*) colourful, (*AmE*) colorful **2** (*farbenprächtig*) brightly coloured, (*AmE*) brightly colored

Farb- Farbfernsehen colour television, (*AmE*) color television **Farbfernseher** colour television (set), (*AmE*) color television (set) **Farbfilm** colour film, (*AmE*) color film **Farbfoto** colour photograph, (*AmE*) color photograph
farbig 1 *Adj* (*Bild*) colour, (*AmE*) color (*nur vor Nomen*) ◊ *farbige Abbildungen* colour pictures ◊ *ein farbiger Bildband* a book with colour illustrations **2** *Adv* in colour, (*AmE*) in color ◊ *farbig fotografierte Ansichten* views photographed in colour **3** *Adj* (*getönt*) tinted ◊ *farbige Kontaktlinsen* tinted contact lenses ◊ *farbige Glasfenster* stained glass windows **4** *Adj* (*Mensch*) ☛ In den USA werden Farbige als **people of color** bezeichnet. In Großbritannien ist es üblich, die ethnischen Minderheiten genauer zu identifizieren, z.B. **Black and Asian people**. ☛ *Hinweis bei* BLACK¹ **5** *Adj* (*fig*) colourful, (*AmE*) colorful ◊ *sein farbiger Lebensstil* his colourful lifestyle **6** *Adv* (*lebhaft*) vividly ◊ *etw farbig schildern* describe sth vividly
Farbige(r) black person ☛ *Hinweis bei* BLACK¹
Farbkasten paintbox
farblich ◊ *ein farblicher Kontrast* a colour contrast ◊ *Die Bilder sind farblich aufeinander abgestimmt.* The colours in the pictures go well together. ◊ *farblich gekennzeichnete Behälter* colour-coded containers ◊ *ein farblich abgesetzter Radweg* a cycle path delineated by a separate colour
farblos colourless, (*AmE*) colorless (*auch fig*); (*Schuhcreme*) neutral
Farb- Farbmonitor colour monitor, (*AmE*) color monitor **Farbstift** (*Buntstift*) crayon; (*Filzstift*) felt tip **Farbstoff** colour, (*AmE*) color ◊ *ohne Farbstoffe* containing no artificial colours **Farbton** colour, (*AmE*) color ◊ *etw in einem anderen Farbton streichen* paint sth a different colour ◊ *Ihr Haar hat einen rötlichen Farbton.* She's got reddish hair.
Färbung 1 (*das Färben*) dyeing **2** (*Farbe*) colouring, (*AmE*) coloring **3** (*Akzent*) ◊ *Seine Sprache hat eine südliche Färbung.* He has a slight southern accent. **4** (*Tendenz*) slant ◊ *die politische Färbung des Blattes* the political slant of the paper ◊ *Sie gab ihren Worten eine humoristische Färbung.* She spoke with a hint of humour.
Farce 1 farce **2** (*Füllung*) stuffing
Farm farm ◊ *eine Farm betreiben* run a farm
Farmer(in) farmer ☛ G 2.2d
Farn fern
Fasan pheasant
faschieren mince
Faschierte(s) mince, (*AmE*) ground beef
Fasching carnival (season), (*AmE*) Mardi Gras

> In Großbritannien beschränken sich die Faschingsfeierlichkeiten auf das Pfannkuchenessen am Faschingsdienstag, dem **Shrove Tuesday**. Wenn man von **carnival** spricht, meint man entweder sommerliche Straßenumzüge mit Festwagen oder die Karnevals- und Faschingsfestivitäten anderer Länder.

Faschingsball carnival ball; (*Kostümball*) fancy dress ball **Faschingsdienstag** Shrove Tuesday, (*AmE*) Mardi Gras **Faschingszug** carnival procession
Faschismus fascism ◊ *den Faschismus bekämpfen* fight fascism
Faschist(in) fascist
faschistisch fascist
faseln 1 *Unsinn* ~ talk rubbish **2** (*über/von etw*) ~ ramble on (about sth)
Faser fibre, (*AmE*) fiber
 Faseroptik fibre optics [U], (*AmE*) fiber optics [U]
faserig fibrous; (*Fleisch*) stringy
Fass barrel; (*kleines Bier-*) keg; (*Wein-*) cask ◊ *ein Fass Giftmüll* a barrel of toxic waste ◊ *Bier vom Fass* draught beer IDM *das Fass zum Überlaufen bringen* be the last straw (*umgs*) *das schlägt dem Fass den Boden aus* that's going too far (*umgs*) *ein Fass ohne Boden* a bottomless pit
Fassade façade (*auch fig*)
fassbar 1 concrete ◊ *konkret fassbare Ergebnisse* concrete results ◊ *urkundlich fassbar* documented **2** (*begreiflich*) comprehensible ◊ *kaum fassbar* barely comprehensible ◊ *schwer fassbar* difficult to comprehend
fassen
• **anfassen, (er)greifen 1** *jdn/etw* ~ take* hold of sb/sth; (*mit festem Griff*) grip* sb/sth ◊ *Er fasste das Kind am Arm.* He took hold of the child's arm. ◊ *Sie fasste ihn bei den Schultern.* She gripped him by the shoulders. ◊ *Er bekam das Seil gerade noch zu fassen.* He just managed to grab the rope. ◊ *Sie fasste seine Hand.* She took his hand. ◊ *Rex, fass!* Get him, Rex! **2** **nach jdm/etw** ~ reach for sb/sth ◊ *Er fasste nach der Tasche.* He reached for the bag. **3** *an etw* ~ (*berühren*) feel* sth; (*versehentlich*) touch sth ◊ *Er fasste an ihre heiße Stirn.* He felt her hot forehead. ◊ *Sie hat an die heiße Platte gefasst.* She touched the hotplate. ◊ *Er fasste ihr ans Knie.* He put his hand on her knee. **4** (*Verbrecher*) catch*
• **darstellen, begreifen 5** (*ausdrücken*) express ◊ *Das ist schwer in Zahlen zu fassen.* It's difficult to express in figures. ◊ *Er versuchte, seine Gefühle für sie in Worte zu fassen.* He tried to put into words what he felt for her. ◊ *ein Gesetz neu fassen* revise a law **6** *sich kurz* ~ be brief ◊ *Ich werde mich kurz fassen.* I shall be brief. ◊ *Fass dich kurz!* Keep it brief! **7** (*verstehen*) understand*; (*auslegen*) interpret ◊ *Die Hintergründe sind schwer zu fassen.* The reasons are difficult to understand. ◊ *Der Begriff ist hier recht weit gefasst.* The concept is interpreted very broadly. **8** (*glauben*) believe; (*an sich heranlassen*) take* sth in ◊ *Ich konnte mein Glück kaum fassen.* I could hardly believe my luck. ◊ *Das ist doch nicht zu fassen!* It's unbelievable! ◊ *Sie konnte den Tod ihres Vaters nicht fassen.* She couldn't take in the news of her father's death.
• **sich beruhigen 9** *sich* ~ compose yourself ◊ *Er fasste sich schnell.* He soon composed himself. ☛ *Siehe auch* GEFASST
• **umfassen, einfassen 10** (*Besucher etc.*) hold* ◊ *Die Aula fasst 200 Personen.* The hall holds 200 people. **11** (*Edelstein etc.*) set* ◊ *einen Stein neu fassen lassen* have a stone reset ☛ *Siehe auch* BESCHLUSS, ENTSCHLUSS, GEDANKEN *und* MUT IDM ⇒ AUGE, FUSS, NASE *und* TRITT
Fassung 1 (*Einfassung*) setting; (*einer Brille*) frame **2** (*einer Glühbirne etc.*) socket **3** (*Version*) version ◊ *die endgültige Fassung des Vertrags* the final version of the contract **4** (*Selbstbeherrschung*) composure ◊ *um Fassung ringen* struggle to regain your composure ◊ *jdn aus der Fassung bringen* disconcert sb ◊ *sich leicht aus der Fassung bringen lassen* be easily put off
fassungslos 1 *Adj* stunned; (*sprachlos*) speechless **2** *Adv* in amazement
Fassungsvermögen 1 capacity ◊ *400 Liter Fassungsvermögen* a capacity of 400 litres **2** (*geistig*) ◊ *Das übersteigt mein Fassungsvermögen.* It's beyond me.
fast almost, nearly; (*besonders vor Zahlen*) nearly ◊ *fast unmöglich* almost impossible ◊ *fast drei Viertel aller 17-Jährigen* nearly three quarters of all 17-year-olds ◊ *Sie wäre fast gestorben vor Sorge.* The worry nearly killed her.

> **Almost** und **nearly** drücken aus, dass ein Ereignis beinahe eingetreten wäre oder eine Menge fast erreicht wurde. Mit Zahlen wird in der Regel **nearly** gebraucht: *It took him nearly three hours.*
>
> Mit Adverbien kann man nur **almost** benutzen: *The sea was almost completely calm.*
>
> **Almost never, nothing, no one** etc. sind möglich, üblicher sind aber **hardly ever, hardly anything, hardly anyone**: *Das kommt fast nie vor.* That hardly ever happens.

fasten 1 fast **2** (*Diät*) diet
Fastenzeit period of fasting; (*vor Ostern*) Lent ◊ *in der Fastenzeit* in Lent
Fastnacht carnival, (*AmE*) Mardi Gras ☛ *Hinweis bei* FASCHING
Faszination fascination ◊ *eine magische Faszination auf jdn ausüben* hold a strange fascination for sb ◊ *ihre Faszination für die Literatur* her fascination with literature ◊ *Das macht die Faszination des Films aus.* That's what's so fascinating about the film.
faszinieren 1 fascinate ◊ *Er hat mich vom ersten Augenblick an fasziniert.* I was fascinated by him from the very beginning. ◊ *Das Meer fasziniert die Menschen.* People find the sea fascinating. ◊ *jdn nicht faszinieren* hold no appeal for sb **2** (*bannen*) hold* sb spellbound ◊ *die faszinierten Zuschauer* the spellbound audience
faszinierend fascinating; (*bezaubernd*) enchanting

fatal

fatal 1 (*folgenschwer*) disastrous ◊ *Das wäre fatal.* That would be disastrous. ◊ *Das Fatale an der Sache ist, dass ...* The disastrous thing about it is that ... **2** (*peinlich*) awkward; (*unangenehm*) unpleasant ◊ *Sie ist in einer fatalen Lage.* She is in an awkward situation. ◊ *Es erinnerte ihn fatal an seine Zeit im Gefängnis.* It was an unpleasant reminder of his time in prison.
fauchen snarl (*auch fig*); (*Katze*) hiss; (*Dampflok*) puff
faul 1 (*träge*) lazy* ◊ *ein fauler Sack* a lazy devil ◊ *faul herumlungern* loaf around **2** (*verdorben*) rotten; (*Eier*) bad **3** ◊ *ein fauler Kompromiss* a shabby compromise ◊ *eine faule Ausrede* a feeble excuse ◊ *ein fauler Trick* a dirty trick **IDM an der Sache ist** (**doch**) **etwas faul!** There's something fishy here! ☛ *Siehe auch* HAUT
faulen go* rotten
faulenzen do* nothing ◊ *In den Ferien will ich mal wieder so richtig faulenzen.* In the holidays I just want to do nothing. ◊ *Genug gefaulenzt!* Let's get to work!
Faulenzer(in) layabout
Faulheit laziness
faulig (*Obst, Gemüse etc.*) rotting; (*Geruch, Fleisch*) putrid; (*Wasser*) stagnant
Faulpelz layabout; (*humorvoll*) lazybones
Fauna fauna
Faust fist ◊ *die Fäuste ballen* clench your fists ◊ *jdm mit der Faust ins Gesicht schlagen* punch sb in the face ◊ *jdm mit der Faust drohen* shake your fist at sb **IDM auf eigene Faust** independently **die Faust/Fäuste in der Tasche ballen** bite* back your anger ☛ *Siehe auch* EISERN **Fäuste fliegen** a fight breaks* out ◊ *Nach dem Spiel flogen die Fäuste.* After the match fighting broke out. **mit der Faust auf den Tisch schlagen/hauen 1** bang on the table with your fist **2** (*fig*) put* your foot down **passen wie die Faust aufs Auge 1** (*nicht passen*) be completely unsuitable (for sb/sth); (*Farben*) clash **2** (*passen*) fit* exactly; (*in einer Situation*) be just right
faustdick huge, whopping (*umgs*) (*nur vor Nomen*) ◊ *Das war eine faustdicke Lüge!* That was a whopping great lie! ◊ *Da hat er aber faustdick aufgetragen.* He was laying it on very thick. **faustgroß** as big as your fist (*nicht vor Nomen*) ◊ *ein faustgroßer Stein* a stone as big as your fist **Fausthandschuh** mitten **Faustregel** rule of thumb **Faustschlag** punch
favorisieren 1 (*bevorzugen*) favour, (*AmE*) favor **2 favorisiert sein** (*voraussichtlicher Sieger sein*) be the favourite, (*AmE*) be the favorite ◊ *Er wird in diesem Wettkampf stark favorisiert.* He is the strong favourite in this competition.
Favorit(in) favourite, (*AmE*) favorite ◊ *Er war der Favorit auf die Goldmedaille.* He was the favourite for the gold medal. ◊ *England gilt als klarer Favorit für den Titel.* England is the strong favourite for the title.
Fax 1 fax ◊ *per Fax* by fax **2** (*Gerät*) fax machine
faxen fax
Faxen 1 (*Grimassen*) faces [Pl]; (*Clownerie*) antics [Pl], messing about [U] ◊ *Faxen machen* pull faces ◊ *Lass die Faxen!* Stop messing about! **2** (*Unarten*) tricks [Pl] ◊ *Er hat sich allerlei Faxen geleistet.* He got up to all sorts of tricks.
Faxgerät fax machine
Fazit conclusion ◊ *Zu welchem Fazit sind sie gekommen?* What conclusions did you come to? ◊ *Am Ende des Berichts zog er das Fazit, dass ...* At the end of the report, he concluded that ...
FCKW CFC
FCKW-frei CFC-free
Februar February ☛ *Beispiele bei* JANUAR
fechten 1 (SPORT) fence **2** (*fig*) **für etw ~** fight* for sth
Fechten (SPORT) fencing
Fechter(in) (SPORT) fencer
Feder 1 (*Vogel-*) feather **2** (TECH) spring **3 Federn** (*Bett*) bed ◊ *Er liegt/steckt noch in den Federn.* He's still in bed. ◊ *Raus aus den Federn!* Come on, get out of bed! ◊ *jdn aus den Federn holen* get sb out of bed **4** (*Schreibgerät*) pen; (*Gänsekiel*) quill ◊ *zur Feder greifen* take up your pen ◊ *Das Gedicht stammt aus der Feder Goethes.* The poem was written by Goethe. **5** (*am Füller*) nib
Federball 1 (*Spiel*) badminton **2** (*Ball*) shuttlecock
Federbett duvet, (*AmE*) comforter **Federhalter** fountain pen **federleicht** as light as a feather (*nicht vor Nomen*); (*Material etc.*) lightweight ◊ *mit federleichtem Schritt* with a light step **Federmappe** pencil case
federn 1 be springy, give* ◊ *Der Boden federte unter ihren Schritten.* The ground was springy under their feet. **2** ◊ *in den Knien federn* flex your knees ◊ *mit federnden Schritten gehen* walk jauntily
Federung (*beim Auto*) suspension; (*bei Möbeln*) springs [Pl]
Fee fairy* ◊ *die gute/böse Fee* the good/wicked fairy
Feedback feedback
fegen 1 sweep* up ◊ *Wir müssen noch fegen.* We've still got to sweep up. **2 etw ~** sweep* sth ◊ *die Treppe fegen* sweep the stairs ◊ *Ihr Mantel ist so lang, dass sie den Boden damit fegt.* Her coat is so long that it sweeps the floor. ◊ *Er hat den ganzen Dreck einfach in die Ecke gefegt.* He just swept all the dirt into the corner. **3** (*rasen, stürmen*) race; (*Wind*) sweep* ◊ *Das Auto fegte um die Ecke.* The car raced round the corner. ◊ *Der Wind fegte durch die Straßen.* The wind swept through the streets. **IDM jdn vom Platz fegen** wipe the floor with sb ◊ *Er fegte ihn in zwei Sätzen vom Platz.* He wiped the floor with him in two sets. ☛ *Siehe auch* LEER *und* TISCH
Fehde feud ◊ *Sie liegen seit Generationen in blutiger Fehde miteinander.* There has been a bloody feud between them for generations. ◊ *eine politische Fehde mit jdm austragen* carry on a political feud with sb
fehl ~ am Platz out of place
Fehl- Fehlanzeige dead loss, non-starter ◊ *Service ist dort Fehlanzeige, aber es gibt einen Getränkeautomaten.* Service there is a dead loss, but there's a drinks machine. ◊ *Sämtliche Hinweise entpuppten sich als Fehlanzeige.* The clues were all non-starters. ◊ *Ist sie vielleicht nebenan? Nein, Fehlanzeige!* Is she next door? No, wrong! *Dopingkontrollen? Fehlanzeige, angeblich aus Kostengründen.* Drugs tests? Nothing doing, supposedly because of the cost. **Fehlbetrag** deficit **Fehlbildung** malformation **Fehldiagnose** misdiagnosis* **Fehleinschätzung** (*einer Entwicklung, Situation*) misjudgement; (*eines Plans*) false assessment
fehlen 1 (*verschwunden sein*) be missing ◊ *In diesem Buch fehlen ein paar Seiten.* Some pages are missing in this book. ◊ *der fehlende Betrag* the missing amount **2** (*in der Schule*) be absent; (*bei der Arbeit*) be off **3 jdm fehlt etw; es fehlt jdm an etw** sb has not got sth, sb lacks sth (*gehoben*) ◊ *Leider fehlt uns das Geld für ein neues Auto.* Unfortunately, we haven't got the money for a new car. ◊ *Ihnen fehlte der Mut.* They lacked courage. **4 etw fehlt; es fehlt an etw** (*ist nicht vorhanden*) there is a lack of sth; (*ist zu knapp*) there is a shortage of sth ◊ *Es fehlte nicht an Gelegenheiten.* There was no lack of opportunities. ◊ *Überall fehlen Kindergartenplätze.* There's a shortage of nursery places everywhere. ◊ *Es fehlen noch Stühle.* We're still short of chairs. ◊ *Im Haushalt fehlen 10 Millionen.* The budget is showing a deficit of 10 million. **5 jdm fehlt etw** (*jd braucht etw*) sb needs sth ◊ *Nur noch zwei Punkte fehlen ihr zum Sieg.* She only needs two more points to win. ◊ *Es fehlen ihm noch zwei Jahre bis zur Pensionierung.* He has just two more years to go until he retires. **6 jdm fehlt jd/etw** (*jd vermisst jdn/etw*) sb misses sb/sth ◊ *Er fehlt mir sehr.* I miss him very much. ◊ *Mir fehlt die Sonne.* I miss the sun. **7 jdm fehlt etw** (*jd ist krank*) sth is wrong with sb, sth is the matter with sb ◊ *Wo fehlt's denn?* What's wrong? ◊ *„Fehlt dir was?"„Nein, mir fehlt nichts."* 'Is something the matter?' 'No, there's nothing wrong with me.' **IDM an mir soll es nicht fehlen** I will do my part; I'll do what I can **daran soll es nicht fehlen** that's no problem ◊ *Wenn du noch Geld brauchst, sag's ruhig. Daran soll es nicht fehlen.* If you need some more money, just say. That's no problem. **das fehlte** (**mir**) **gerade noch/das hat** (**mir**) (**zu meinem Glück**) **gerade noch gefehlt** that's all I needed ◊ *Das fehlt mir gerade noch, dass er krank ist kurz vor der Reise krank wird.* That's all I need, for him to be ill just before the trip. **es fehlte nicht viel ...** ◊ *Es fehlte nicht viel, und sie wären zusammengestoßen.* They only just missed colliding with each other. ◊ *Es hätte nicht viel gefehlt, und er wäre aus der Wohnung geflogen.* He came close to being thrown out of the flat. **weit gefehlt!** far from it!; not at all! ☛ *Siehe auch* WORT
Fehlen 1 (*Abwesenheit*) absence ◊ *unentschuldigtes Fehlen*

unauthorized absence **2** (*Mangel*) lack ◊ *das Fehlen sozialer Kontakte* a lack of social contacts
Fehl- Fehlentscheidung wrong decision ◊ *Das war eine politische Fehlentscheidung.* Politically, it was the wrong decision. **Fehlentwicklung** undesirable development
Fehler 1 mistake, error ◊ *Fehler machen* make mistakes ◊ *ein grammatischer Fehler* a grammatical mistake ◊ *einen Fehler wieder gutmachen* put right a mistake **2** (*charakterlich*) fault ◊ *Wir haben alle unsere Fehler.* We all have our faults. ◊ *Das Buch hat einen großen Fehler — es ist zu teuer.* The book has one major flaw — it's too expensive. **3** (*körperlich*) defect ◊ *genetische Fehler* genetic defects **4** (*technisch*) fault; (*Material-*) flaw

> Mündlich gebraucht man meistens **mistake**, während **error** formeller ist und eher schriftlich gebraucht wird. Entsprechend kann man in manchen festen Wendungen wie z.B. *error of judgement, human error* nur **error** verwenden. **Defect** bezeichnet einen körperlichen Fehler, etwa einen Sehfehler: *a sight defect.* **Fault** beschreibt ernst zu nehmende menschliche und technische Schwächen oder Unzulänglichkeiten. Eine kleinere Unvollkommenheit dagegen heißt **flaw**.

fehlerfrei 1 perfect (*Adv* perfectly); (*Ausführung*) flawless (*Adv* flawlessly) ◊ *Sie spricht fehlerfreies Russisch.* She speaks perfect Russian. **2** (*Sport*) clear ◊ *eine fehlerfreie Bewältigung des Parcours* a clear round **fehlerhaft 1** (*defekt*) faulty, defective ◊ *fehlerhafte CDs* faulty CDs **2** (*von minderer Qualität*) poor ◊ *eine fehlerhafte Aussprache haben* have a poor pronunciation **3** (*falsch*) incorrect; (*nicht genau*) inaccurate ◊ *Viele der Fragebögen waren fehlerhaft ausgefüllt.* Many of the forms had been completed incorrectly. **fehlerlos** ⇨ FEHLERFREI **Fehlermeldung** error message **Fehlerquote** number of mistakes; (*Statistik*) error rate
Fehl- Fehlgeburt miscarriage **fehlgehen 1** (*sich irren*) be wrong ◊ *Sie ging fehl in der Annahme, dass …* She was wrong in assuming that … **2** (*nicht treffen*) miss ◊ *Der Schuss ging fehl.* The shot missed the target. **3** (*missglücken*) fail ◊ *Dieser Versuch ging fehl.* This experiment failed. **Fehlgriff** mistake; (*falsche Wahl*) wrong choice ◊ *Mit dem Kauf der Wohnung haben wir einen Fehlgriff getan.* We made a real mistake, buying this flat. **Fehlinterpretation** misinterpretation **Fehlinvestition** bad investment, waste of money (*umgs*) **Fehlkalkulation** miscalculation **Fehlschlag 1** failure **2** (*Sport*) miss **fehlschlagen** fail ◊ *All ihre Bemühungen schlugen fehl.* All her efforts failed. **Fehlstart** (*Flugzeug*) unsuccessful take-off; (*Rakete*) abortive launch; (*fig*) poor start; (*verfrüht*) false start (*auch fig*) **Fehltritt 1** false step (*auch fig*), slip ◊ *Ein einziger Fehltritt hat dem Bergsteiger das Leben gekostet.* One false step cost the climber his life. ◊ *Die Partei kann sich vor den Wahlen keinen Fehltritt leisten.* The party cannot afford any slips before the election. **2** (*Verfehlung*) aberration; (*besonders sexuell*) indiscretion **Fehlurteil 1** (RECHT) miscarriage of justice **2** (*falsche Einschätzung*) misjudgement
Feier party*, celebration (*gehoben*); (*Hochzeits-*) reception ◊ *Wir machen eine kleine Feier.* We're having a little party. ◊ *die Feier zum 25-jährigen Bestehen der Firma* the firm's 25th anniversary celebration **IDM** **zur Feier des Tages** in honour of the occasion; (*AmE*) in honor of the occasion; as it's a special day (*umgs*)
Feierabend ◊ *Bei uns ist um 17 Uhr Feierabend.* We finish work at five o'clock. ◊ *Wann macht ihr Feierabend?* What time do you finish (work)? ◊ *nach Feierabend* after work ◊ *Sie verbringt ihren Feierabend meistens mit Lesen.* She spends most of her evenings reading. ◊ *Er opferte seinen Feierabend und half ihr beim Umzug.* He gave up his evening to help her move. **IDM** **Jetzt ist aber Feierabend!** That's enough!
feierlich formal (*Adv* formally); (*Augenblick, Zeremonie, Versprechen*) solemn (*Adv* solemnly) ◊ *Das Theater wird heute Abend feierlich eröffnet.* The theatre is being formally opened this evening. ◊ *feierlich versprechen etw zu tun* solemnly promise to do sth
Feierlichkeit 1 (*Ernst*) solemnity; (*Würde*) ceremony ◊ *Der Lärm störte die Feierlichkeit der Stunde.* The noise destroyed the solemnity of the occasion. ◊ *Er überreichte ihr die Urkunde ohne jede Feierlichkeit.* He handed her the certificate without ceremony. **2** (*Feier*) celebration

feiern 1 celebrate ◊ *Sie feierten jede Nacht.* They celebrated every night. ◊ *Weihnachten/einen Geburtstag feiern* celebrate Christmas/a birthday ◊ *ein Fest feiern* have a party **2** (*umjubeln*) fête ◊ *Die Mannschaft wurde von der ganzen Stadt gefeiert.* The team was fêted by the whole town.
Feiertag 1 holiday ◊ *ein kirchlicher/gesetzlicher Feiertag* a religious/public holiday ◊ *Schöne Feiertage!* Enjoy the break!

> An gesetzlichen Feiertagen, den **bank holidays**, haben in Großbritannien die Banken geschlossen, die meisten Geschäfte dagegen geöffnet. Wenn Feiertage auf einen Montag fallen, heißt das so entstehende lange Wochenende **bank holiday weekend**. Der erste Weihnachtsfeiertag heißt **Christmas Day**, der zweite **Boxing Day**. Wenn Weihnachten und Neujahr auf ein Wochenende fallen, werden die arbeitsfreien Tage in Großbritannien in der folgenden Woche ausgeglichen. Die anderen Feiertage sind: **Good Friday** (Karfreitag), **Easter Monday** (Ostermontag), **May Day Holiday** (Maifeiertag, der in Großbritannien immer auf den ersten Montag im Mai fällt), **Spring Bank Holiday** (der letzte Montag im Mai) und **August Bank Holiday** (der letzte Montag im August).

2 (*glücklicher Tag*) great day
feige cowardly ◊ *feige Gewalttaten* cowardly acts of violence ◊ *Du feiger Hund!* You coward!

> Obwohl **cowardly, friendly, lovely** etc. auf -ly enden, sind es keine Adverbien. Wenn die adverbiale Verwendung benötigt wird, muss man eine Umschreibung finden, z.B.: *Er hat seinen Freund feige verraten.* He betrayed his friend in a cowardly way. ◊ *Er schoss ihn feige in den Rücken.* Like a coward, he shot him in the back. ◊ *Sie lächelte freundlich.* She gave a friendly smile. ◊ *Sie kann wunderschön singen.* She's got a lovely voice.

Feige fig
Feigenblatt fig leaf* (*auch fig*)
Feigheit cowardice
Feigling coward
feilbieten offer sth for sale
Feile file
feilen 1 file ◊ *sich die Nägel feilen* file your nails **2 an etw ~** polish sth up ◊ *Sie feilt immer noch an der Übersetzung.* She is still polishing up her translation.
feilschen (**um etw**) ~ haggle (over sth) ◊ *nach langem Feilschen* after haggling for a long time
fein 1 (*dünn, zierlich, exakt*) fine (*Adv* finely) ◊ *Sie hat sehr feines Haar.* She has very fine hair. ◊ *feiner Regen/Nebel* fine rain/mist ◊ *einen feinen Unterschied machen* make a fine distinction ◊ *fein gemahlener Kaffee* finely ground coffee ◊ *Zwiebeln fein hacken.* Finely chop the onions. ◊ *Das Medikament muss sehr fein dosiert werden.* The dosage of the drug has to be finely calculated. **2** (*feinsinnig, kaum spürbar*) subtle ◊ *feine Ironie* subtle irony **3** (*empfindlich*) sensitive; (*Sinn auch*) keen ◊ *ein feines Gehör* sensitive hearing ◊ *einen feinen Geruch haben* have a keen sense of smell ◊ *Er hat ein feines Gespür für Spannungen.* He has an instinctive feeling for when something is wrong. **4** (*raffiniert*) clever (*Adv* cleverly) ◊ *Das Manöver war fein ausgedacht.* That was a cleverly thought-out move. **5** (*erlesen*) fine, high-quality (*nur vor Nomen*) ◊ *die feine Küche* fine cuisine ◊ *feines Leder* high-quality leather **6** (*elegant, vornehm*) smart ◊ *ein feines Restaurant* a smart restaurant ◊ *ein feiner alter Herr* a smart old gentleman ◊ *Du hast dich aber fein gemacht!* You're looking very smart! ◊ *Zum Abendessen hat sie sich fein angezogen.* She got dressed up for dinner. ◊ *feine Manieren* refined manners ◊ *die feine Gesellschaft* high society **7** (*anständig*) respectable (*Adv* respectably) ◊ *ein feiner Mensch* a respectable person ◊ *Das ist nicht gerade die feine Art!* That's not very nice! ◊ *Das sind ja feine Sitten!* That's a fine way to behave! **8** (*sehr gut*) great (*umgs*) ◊ *Fein, dass ihr mitkommt.* It's great that you can come. ◊ *Ferien sind eine feine Sache!* Holidays are great! ◊ *Das hast du fein gemacht!* Well done! **9** (*ganz*) nice and … ◊ *Seid jetzt fein still.* Keep nice and quiet now. **IDM** **fein heraus sein** be sitting pretty ☛ *Siehe auch* ART
Feind(in) 1 (*Mensch, Staat*) enemy* ◊ *mein größter Feind* my worst enemy ◊ *sich Feinde machen* make enemies ◊ *sich*

Feindbild

jdn zum Feind machen make an enemy of sb **2** (*im Tierreich*) ◊ *ein natürlicher Feind der Maus* a natural enemy of the mouse ◊ *keine natürlichen Feinde haben* have no (natural) predators **3** (*Bedrohung*) threat ◊ *als Feind der Demokratie gelten* be a threat to democracy **4 ein ~ von etw sein** be opposed to sth (*umgs*), be against sth
Feindbild 1 bogey; (*Mensch*) hate figure **2** (*Klischee*) stereotype ◊ *Feindbilder abbauen* challenge stereotypes
feindlich 1 (*stark abgeneigt*) hostile; **etw gegenüber ~ eingestellt** hostile to sth; (*dagegen*) opposed to sth ◊ *jdm feindlich gesinnt sein* feel hostile towards sb **2** (*gegnerisch*) enemy (*auch fig*) ◊ *feindliche Truppen* enemy forces ◊ *ins feindliche Lager überwechseln* go over to the enemy camp
Feindschaft 1 (*Beziehung*) enmity* [U] ◊ *eine bittere Feindschaft* bitter enmity ◊ *die langjährige Feindschaft zwischen den beiden* their long-standing enmity **2** (*Gefühl, Haltung*) hostility [U] ◊ *Feindschaft und Misstrauen* hostility and mistrust
feindselig hostile ◊ *jdm/einer Sache feindselig gegenüberstehen* be hostile towards sb/sth ◊ *sich feindselig ansehen* give each other hostile looks
Feindseligkeit hostility* ◊ *offene Feindseligkeiten gegenüber ...* open hostility towards ... ◊ *seit Ausbruch der Feindseligkeiten* since the outbreak of hostilities
feinfühlig 1 sensitive (*Adv* sensitively); (*taktvoll*) tactful (*Adv* tactfully) ◊ *sich feinfühlig mit etw auseinandersetzen* deal with sth sensitively ◊ *ein feinfühliger Mensch* a tactful person **2** (*Gerät*) sensitive
Feingefühl sensitivity; (*Takt*) tact
Feinheit 1 (*Beschaffenheit*) delicacy **2 Feinheiten** details [Pl] ◊ *letzte Feinheiten mit jdm abstimmen* sort out the final details with sb ◊ *sprachliche Feinheiten* the finer points of language ◊ *juristische Feinheiten* legal niceties ◊ *Weitere technische Feinheiten sind ...* Further refinements are ... ◊ *Das war ein Spiel mit vielen technischen Feinheiten*. The game was played with great finesse.
Fein- Feinkostgeschäft delicatessen **Feinmechaniker(in)** precision engineer ☛ G 2.2d **Feinschmecker(in)** gourmet
Feld 1 field; (*Ackerland*) (arable) land [U] ◊ *auf dem Feld arbeiten* work in the fields ◊ *durch Feld und Wald* through woods and fields ◊ *jdn des Feldes verweisen* send sb off (the field) ◊ *die Felder bestellen* cultivate the land **2** (*offenes Land*) ◊ *die Nacht auf freiem Feld verbringen* spend the night in the open **3** (*auf einem Formular etc.*) box; (*auf einem Spielbrett*) space; (*auf einem Schachbrett*) square ◊ *Bitte Felder 1 bis 4 ausfüllen*. Please fill in boxes 1 to 4. **4** (*Krieg*) battle ◊ *im Feld fallen* die in battle ◊ *ins Feld ziehen* go to war **IDM das Feld räumen** (*weichen*) leave* (the field); (*sich geschlagen geben*) admit* defeat; (*Spieler*) be sent off **ein weites Feld** a vast topic
Feldhockey ⇒ HOCKEY, S. 942. **Feldmaus** field mouse, common vole (*Fachspr*) **Feldsalat** lamb's lettuce **Feldwebel(in)** sergeant ☛ G 2.2d **Feldweg** path; (*befahrbar*) track **Feldzug 1** (*military*) campaign ◊ *einen Feldzug gegen die Rebellen führen* undertake a military campaign against the rebels **2** (*Kampagne*) **~ (gegen/zu etw)** campaign (against sth/to do sth) ◊ *einen entschlossenen Feldzug gegen Drogen führen* conduct a vigorous campaign against drugs
Felge (*wheel*) rim ◊ *den Reifen auf die Felgen ziehen* get the tyre onto the rim
Fell 1 (*behaarte Tierhaut*) coat; (*Schaf*) fleece; (*Pelztier, Katze, Hamster auch*) fur [U] ◊ *ein dichtes Fell* a thick coat ◊ *ein glänzendes Fell haben* have shiny fur **2** (*abgezogen*) skin; (*Schaf*) sheepskin **IDM jdm das Fell über die Ohren ziehen** take* sb for a ride; (*finanziell auch*) rip* sb off; take* sb to the cleaners **ein dickes Fell haben** have a thick skin; be thick-skinned
Fels rock ◊ *einen Tunnel in den Fels bohren* bore a tunnel through the rock **IDM wie ein Fels in der Brandung** like a rock; as firm as a rock
Felsbrocken lump of rock
Felsen rock; (*größer und spitz zulaufend*) crag; (*Felsabhang*) rock face ◊ *Das Schiff lief auf einen Felsen.* The ship struck a rock.
felsenfest firm (*Adv* firmly) ◊ *felsenfest davon überzeugt sein, dass ...* be firmly convinced that ... ◊ *ein felsenfester Entschluss* a firm decision ◊ *felsenfest der Meinung sein/davon überzeugt sein, dass ...* be firmly of the opinion/convinced, that ... ◊ *sich felsenfest auf etw verlassen* rely absolutely on sth
Fels- Felsspalte cleft; (*schmaler*) (rock) crevice **Felswand** rock face, rock wall ◊ *eine steile Felswand* a steep rock face ◊ *die Felswand bezwingen* climb the mountain face
feminin 1 feminine ◊ *feminin wirken* look feminine **2** (*Mann*) effeminate (*abwert*) ◊ *Er ist ein eher femininer Typ.* He's rather effeminate.
Feminismus feminism ◊ *die Ursprünge des Feminismus* the origins of feminism
Feminist(in) feminist
feministisch feminist
Fenchel fennel
Fenster 1 (*Gebäude, Auto, Briefumschlag*) window ◊ *aus dem Fenster* out of the window ◊ *das Fenster herunterkurbeln* wind the window down **2** (*Schau-*) (shop) window ◊ *etw aus dem Fenster nehmen* take sth out of the window ◊ *die Fenster neu dekorieren* change the window display **IDM Geld, Millionen etc. (mit beiden Händen) zum Fenster hinauswerfen** waste money, millions, etc. ◊ *Dabei wurde viel Geld zum Fenster hinausgeworfen.* It was a terrible waste of money. ◊ *zum Fenster hinausgeworfenes Geld* money down the drain **weg vom Fenster sein** have had it
Fensterbank, Fensterbrett window sill **Fensterladen** shutter **Fensterplatz** window seat, seat by the window **Fensterscheibe** window(pane)
Ferien 1 holidays [Pl], (*AmE*) vacation ◊ *in die Ferien gehen* start the holidays ◊ *in den Ferien nach England fahren* go to England in the (school) holidays ☛ *Im britischen Englisch wird* **vacation** *für die Semesterferien an der Uni verwendet.* **2** (*Urlaub*) holiday, (*AmE*) vacation ◊ *Ferien haben* be on holiday ◊ *in die Ferien fahren* go on holiday ◊ *seine Ferien in den USA verbringen* go on holiday to the US **3 die großen ~** the summer holidays [Pl], (*AmE*) the summer vacation **4** (*beim Parlament, Gericht*) recess
Ferienbeginn beginning of the holidays, (*AmE*) beginning of the vacation **Ferienende** end of the holidays, (*AmE*) end of the vacation **Ferienfreizeit** ≈ summer camp ◊ *auf Ferienfreizeit sein* be at summer camp **Feriengast** holidaymaker, (*AmE*) vacationer **Ferienhaus** holiday home, (*AmE*) vacation home; (*Häuschen*) holiday cottage **Ferienjob** holiday job, (*AmE*) vacation job ◊ *ein Ferienjob im Ausland* a holiday job abroad **Ferienkurs** holiday course, (*AmE*) vacation course **Ferienlager** camp, (*AmE*) summer camp ◊ *mit den Pfadfindern auf Ferienlager sein* be at scout camp ☛ *Siehe auch* HOLIDAY CAMP **Ferienort 1** (*Reiseziel*) holiday destination **2** (*Gemeinde*) (holiday) resort **Ferienwohnung** holiday flat, (*AmE*) vacation apartment **Ferienzeit** holiday period, (*AmE*) vacation period
Ferkel 1 (*Schwein*) piglet **2** (*schmutziger Mensch*) ◊ *Du Ferkel!* You are messy! ◊ *Wisch dir mal den Mund ab, du Ferkel!* What a mess you're in. Wipe your mouth. **3** (*unanständiger Mensch*) filthy beast
fern 1 faraway (*nur vor Nomen*), distant; **~ von etw** far (away) from sth ◊ *ferne Gebiete* faraway places ◊ *in einem fernen Land* in a faraway country ◊ *ferne Galaxien* distant galaxies ◊ *das ferne Rauschen* the distant roar ◊ *in ferner Zukunft* in the distant future ◊ *Der Tag kann nicht fern sein, an dem ...* The day cannot be that far distant, when ... ◊ *jdn von fern erkennen* recognize sb from a distance ◊ *aus nah und fern* from far and near ◊ *fern von zu Hause* far from home **2 jdn/etw (von etw/jdm) ~ halten** keep* sb/sth away (from sth/sb); (*fig*) protect sb/sth (from sth/sb) **3 sich (von etw/jdm) ~ halten** stay* away (from sth/sb) **4 jdm ~ liegen** ◊ *Es liegt mir vollkommen fern, andere zu beleidigen.* I don't want to offend anybody. ◊ *Das liegt mir fern.* That's not my intention. ◊ *Das liegt mir absolut fern.* That's the last thing I want to do.
Fernbedienung remote control **fernbleiben einer Sache ~** stay away from sth; (*aus Protest*) boycott sth
Ferne 1 distance ◊ *in der Ferne* in the distance ◊ *in die Ferne blicken* look into the distance ◊ *aus der Ferne* from a distance ◊ *aus weiter Ferne* from a long way away **2** (*Gebiete, Länder etc.*) faraway places [Pl] ◊ *in die Ferne* to faraway places ◊ *Grüße aus der Ferne* greetings from afar **IDM in weiter Ferne** (*Zukunft*) a long way off; (*Vergangenheit*) a long time ago ◊ *Dieser Tag liegt noch in weiter Ferne.* That day is still a long way off.

ferner (*darüber hinaus*) also; (*des Weiteren*) in addition, moreover ◊ *Untersagt wird ferner* ... It is also forbidden to ... ◊ *Dies dient ferner dazu,* ... In addition, this helps to ... ◊ *Ferner glaube ich nicht, dass* ... Moreover, I don't think that ...

Fern- Fernfahrer(in) long distance lorry driver, (*AmE*) long haul truck driver ☛ G 2.2d **Ferngespräch** long-distance call ◊ *ein Ferngespräch führen* make a long-distance call **ferngesteuert** remote-controlled **Fernglas** binoculars [Pl] ◊ *etw mit dem Fernglas beobachten* look at sth through binoculars ☛ *Hinweis bei* BRILLE **Fernkurs** correspondence course **Fernlicht** full beam, (*AmE*) high beam ◊ *mit Fernlicht fahren* drive with headlights on full beam ◊ *ohne Fernlicht fahren* drive with dipped headlights ◊ *das Fernlicht einschalten* put the headlights on full beam ◊ *das Fernlicht ausschalten* dip the headlights **Fernost** the Far East **fernöstlich** Far Eastern; (*aus/in Südostasien*) South East Asian; (*Philosophie, Weisheit*) eastern ◊ *die fernöstliche Produktion* manufacturing in the Far East ◊ *die fernöstliche Küche* South-East Asian food **Fernrohr** telescope ◊ *den Mond mit dem Fernrohr beobachten* observe the moon through a telescope

Fernseh- television ☞ In den meisten Fällen kann man die Abkürzung **TV** anstelle von **television** verwenden. **TV** ist in der gesprochenen Sprache häufiger und gilt deshalb als etwas weniger formell. Eine Ausnahme: *Sie arbeitet beim Fernsehen.* **She works in television.** **Fernsehansprache** television address **Fernsehanstalt** television company* **Fernsehantenne** television aerial, (*AmE*) antenna **Fernsehapparat** television set ☛ *Siehe auch* FERNSEHER **Fernsehbericht** television report **Fernsehdebatte** television debate

fernsehen watch television ◊ *Ich möchte nicht, dass die Kinder so viel fernsehen.* I don't want the children to watch so much television.

Fernsehen television ◊ *im Fernsehen* on television ◊ *Das Fernsehen wird das Ereignis live übertragen.* The event will be broadcast live on television. ◊ *das britische Fernsehen* British television

Fernseher television (set)

Fernseh- Fernsehfilm television film **Fernsehgebühr** television licence fee, (*AmE*) television license fee **Fernsehgerät** ⇒ FERNSEHER **Fernsehinterview** television interview **Fernsehkamera** television camera **Fernsehprogramm 1** (*Kanal*) channel ◊ *Die Sendung wird im dritten Fernsehprogramm ausgestrahlt.* The programme will be broadcast on channel 3. **2** (*Programmheft*) television guide **3** (*Sendefolge*) television schedule **Fernsehsender 1** television station ◊ *Er arbeitet bei einem großen Fernsehsender.* He works for a big television station **2** (*technische Anlage*) television transmitter **Fernsehsendung** television programme, (*AmE*) television program **Fernsehserie** television series* **Fernsehturm** television tower **Fernsehübertragung** television broadcast **Fernsehzuschauer(in)** (television) viewer

Fern- Fernsicht visibility **Fernsprecher** telephone **fernsteuern** operate *sth* by radio control; (*Modell*) operate *sth* by remote control ◊ *ein ferngesteuerter Hubschrauber* a radio-controlled helicopter **Fernsteuerung** radio control; (*Modell*) remote control **Fernstraße** major road, (*AmE*) highway **Fernstudium** correspondence course, (*bes AmE*) distance learning ◊ *Er lernt in seiner Freizeit im Fernstudium Englisch.* He's doing a correspondence course in English in his spare time.

Ferse heel IDM *jdm auf den Fersen bleiben/sein/sitzen* be hard on sb's heels

fertig 1 (*abgeschlossen*) finished ◊ *Das Projekt soll im Mai fertig sein.* The project is due to be finished in May. ◊ *Meinst du, du wirst bis morgen fertig?* Do you think you'll be finished by tomorrow? ◊ *das fertige Produkt* the finished product ◊ *die fertigen Pläne* the complete plans ◊ *fertige Gerichte* ready-cooked meals **2** (*bereit*) ready ◊ *Bist du fertig?* Are you ready? ◊ *Ich muss die Kinder für die Schule fertig machen!* I must get the children ready for school. ◊ *Das Flugzeug ist fertig zum Abflug.* The plane is ready for take-off. **3 mit etw ~ sein**; **etw ~ haben** have finished sth ◊ *Hast du deine Hausaufgaben fertig?* Have you finished your homework? ◊ *Ich bin fertig mit dem Anstreichen!* I've finished the painting! **4 etw ~ bekommen, machen etc.** finish sth ◊ *Ich muss die Hausaufgaben bis heute Abend fertig machen!* I must finish my homework by this evening. **5 etw ~ stellen** complete sth ◊ *Die Wohnungen wurden im Mai fertig gestellt.* The flats were completed in May. **6** (*erschöpft*) shattered ◊ *Ich bin völlig fertig.* I'm completely shattered. ◊ *Er war völlig fertig mit den Nerven.* He was a nervous wreck. IDM **es fertig bringen etw zu tun** manage to do sth ◊ *Sie brachte es fertig, die gute Stimmung durch eine dumme Bemerkung zu trüben.* She managed to ruin the atmosphere with a stupid remark. **es nicht fertig bringen etw zu tun** not be able to bring yourself to do sth **jdn fertig machen** lay* into sb ◊ *Er machte sie vor der ganzen Klasse fertig.* He laid into her in front of the whole class. ◊ *Den mach' ich fertig!* I'll get him for that! **etw macht jdn fertig** sb can't* stand sth ◊ *Die Hitze macht mich fertig.* I can't stand this heat. **mit jdm fertig sein** be finished with sb **mit etw fertig werden** cope with sth; (*überwinden*) get* over sth ◊ *Er kann mit dem Druck nicht fertig werden.* He cannot cope with pressure. ◊ *Sie ist mit dem Tod ihres Sohnes nie fertig geworden.* She has never got over her son's death. ◊ *Damit musst du allein fertig werden.* That's your problem. **mit jdm fertig werden** handle sb ◊ *Niemand wird mit dem Jungen fertig.* No one can handle that boy. ☛ *Siehe auch* FIX und LOS

fertigen make* ◊ *maschinell/mit der Hand gefertigt* machine-made/handmade

Fertig- Fertiggericht ready-cooked meal **Fertighaus** prefabricated house

Fertigkeit skill

Fertigung production ◊ *Die Fertigung soll an einen anderen Standort verlagert werden.* Production is to be moved to another site.

fes, **Fes** F flat

fesch good-looking; (*Kleidung*) smart

Fessel¹ (*Kette*) chain; (*Strick*) rope; (*Fuß-*) fetter; (*fig*) constraint ◊ *jdm die Fesseln abnehmen* take off sb's fetters/chains ◊ *von den Fesseln des Alltags befreit* freed from the constraints of everyday life

Fessel² (ANAT) ankle; (*bei Pferden*) pastern

fesseln 1 tie* sb up ◊ *Sie wurde von Räubern überfallen und gefesselt.* She was attacked by robbers and tied up. ◊ *jdm die Hände fesseln* tie sb's hands **2** (*fig*) enthral*, (*AmE*) enthrall ◊ *Alle hörten gefesselt zu.* Everyone listened, enthralled. **3 ans Bett/an den Rollstuhl gefesselt** confined to bed/a wheelchair

fesselnd gripping, enthralling (*gehoben*)

fest 1 firm (*Adv* firmly) ◊ *mit fester Stimme* in a firm voice ◊ *eine feste Basis* a firm basis ◊ *Sie hatte ihren Besuch fest zugesagt.* She had made a firm promise to come. ◊ *Wir sind der festen Überzeugung* ... We are firmly convinced ... ◊ *etw ist fest verwachsen/verankert* sth is firmly rooted/anchored ◊ *feste Vorstellungen* definite ideas ◊ *fest schlafen* be fast asleep ◊ *Er hatte ihr fest versprochen, sie nicht zu enttäuschen.* He had promised faithfully not to disappoint her. ◊ *Sie hatte sich fest vorgenommen, sich zu bessern.* She had every intention of mending her ways. ◊ *Er fasste den festen Entschluss, nie mehr zu trinken.* He was absolutely determined never to drink again. **2** (*nicht flüssig*) solid ◊ *feste Nahrung/Abfälle* solid food/waste **3** (*hart*) hard; (*widerstandsfähig*) tough ◊ *Granit ist ein festes Gestein.* Granite is a hard rock. ◊ *Wir müssen warten, bis der Zement fest geworden ist.* We must wait until the cement is hard. **4** (*nicht locker*) tight (*Adv* tightly) ◊ *Der Verband sitzt zu fest!* The bandage is too tight! ◊ *Sie band die Leine fest um den Laternenpfahl.* She tied the lead tightly round the lamp post. **5** (*Preis, Wechselkurs, Öffnungszeiten, Wohnsitz*) fixed; (*Stelle, Platz*) permanent; (*Beziehung, Freund etc.*) steady; (*Bestandteil*) regular (*nur vor Nomen*) IDM ⇒ BODEN, FUSS, HAND, STEIF, STEUER¹ *und* ZÜGEL

Fest 1 (*privat, Betriebs-*) party*; (*Dorf-, Schul-, Garten-*) fête, (*AmE*) carnival; (*festliche Veranstaltungen*) festival **2** (REL) festival; (*in Namen kirchlicher Festtage*) feast ◊ *ein islamisches Fest* an Islamic festival ◊ *das Fest der Heiligen Drei Könige* the feast of Epiphany

Festakt ceremony*

fest- festbinden *jdn/etw* ~ tie* sb/sth up; *jdn/etw* (an etw) ~ tie* sb/sth (to sth) ◊ *Die Geiseln waren mit Stricken festgebunden.* The hostages were tied up with rope. ◊ *Das Boot war am Steg festgebunden.* The boat was tied to the landing stage. **festbleiben** stand* firm **festdrehen** screw *sth* on tight

Festessen banquet
festfahren 1 (sich) ~ get* stuck ◊ *Unser Wagen hat sich im Schnee festgefahren.* Our car has got stuck in the snow. **2** (sich) ~ (fig) get* bogged down ◊ *Der Friedensprozess hatte sich hoffnungslos festgefahren.* The peace process had got hopelessly bogged down.
Festgeld term deposit
Festgeldkonto term deposit account
festhalten 1 hold* ◊ *Sie hielt das Kind an der Hand fest.* She held the child firmly by the hand ◊ *ein Pferd am Zügel festhalten* hold a horse by the reins ◊ *Sie wurde vom Zoll an der Grenze festgehalten.* She was held at the border by customs. ◊ *Sie wurden als Geisel festgehalten.* They were held hostage. **2 sich an jdm/etw** ~ hold* onto sb/sth ◊ *Er hielt sich am Treppengeländer fest.* He held onto the railing. ◊ *Halt dich fest!* Hold tight! **3 an etw** ~ stick* to sth; (*Traditionen, Gewohnheiten*) cling* to sth ◊ *Er hielt eisern an seiner Behauptung fest.* He stuck resolutely to his assertion.
festigen (*Gemeinschaft, Beziehung*) strengthen; (*Macht, Position, Vorsprung*) consolidate
Festigkeit strength, stability (*auch fig*)
Festigung (*meist mit einem Verb übersetzt*) ◊ *Schritte, die zur Festigung der Demokratie beitragen* measures to strengthen democracy ◊ *Das soll zu einer Festigung der Beziehungen der beiden Länder beitragen.* This is meant to consolidate relations between both countries. ☞ *Siehe auch* FESTIGEN
Festival festival
festklammern sich an jdm/etw ~ cling* to sb/sth (*auch fig*)
Festland mainland ◊ *auf dem Festland leben* live on the mainland ◊ *das europäische Festland* the Continent (of Europe)
festlegen 1 fix; (*Preise, Gebühren, Quoten etc.*) set*; (*gesetzlich, vertraglich*) lay* sth down ◊ *Der Termin wurde auf Montag festgelegt.* The appointment was fixed for Monday. ◊ *Die Mieten sind auf lange Zeit festgelegt.* Rents are fixed long-term. ◊ *Für den Wettbewerb wurde eine Altersgrenze festgelegt.* An age limit was set for the competition. ◊ *Die Öffnungszeiten sind gesetzlich festgelegt.* Opening hours are laid down by law. ◊ *Das war vertraglich festgelegt.* That was laid down in the contract. **2 sich/jdn (auf etw)** ~ commit* yourself/sb (to sth)
festlich festive (*Adv* festively); (*Empfang, Essen*) formal (*Adv* formally) ◊ *Der Saal war festlich geschmückt.* The hall was festively decorated. ◊ *Am 6. November soll das Theater festlich eröffnet werden.* The theatre will be formally opened on 6 November.
festmachen 1 etw an etw ~ fix sth to sth **2** (*verabreden*) fix ◊ *einen Termin festmachen* fix a date **3** (*Schiff*) moor
Festmahl banquet
fest- festnageln 1 nail *sth* (down) **2 jdn (auf etw)** ~ pin* sb down (to sth) ◊ *Ich lasse mich auf keinen bestimmten Termin festnageln.* I can't be pinned down to a particular date.
Festnahme arrest ◊ *Der Hinweis einer Zeugin führte zu seiner Festnahme.* A tip-off from a witness led to his arrest. ◊ *Er leistete keinen Widerstand bei seiner Festnahme.* He put up no resistance when he was arrested. **festnehmen** arrest ◊ *Einige Demonstranten wurden festgenommen.* Several demonstrators were arrested. ◊ *jdn vorläufig festnehmen* take sb into custody **Festnetz** landline network, fixed-line network ◊ *das deutsche Festnetz* the German fixed-line network ◊ *Telefonate im Festnetz* landline calls ◊ *vom Festnetz aus* from a landline ◊ *eine SMS ins Festnetz schicken* send a text message to a landline phone **Festplatte** hard disk ◊ *Hast du die Datei auf der Festplatte gespeichert?* Did you save the file to the hard disk?
Fest- Festrede speech **Festsaal** hall
fest- festschrauben screw *sth* (tight); **etw (an etw)** ~ screw sth on(to sth) **festsetzen 1** set* ◊ *Der Termin ist auf den 3. Mai festgesetzt.* The date has been set as May 3. **2 sich** ~ (*sich ansammeln*) collect; (*Gedanke*) become* fixed ◊ *In den Ritzen hat sich dicker Schmutz festgesetzt.* A thick layer of dirt has collected in the cracks. ◊ *Dieser Gedanke hat sich bei mir irgendwie festgesetzt.* Somehow this thought has become firmly fixed in my mind. **3** (*festnehmen*) arrest **festsitzen** be stuck ◊ *Wir sitzen mitten im Stau fest.* We're stuck in the middle of a traffic jam.
Festspiel 1 festival production **2 Festspiele** festival

fest- feststecken 1 pin*; (*Saum*) pin* *sth* up ◊ *eine Blume im Knopfloch feststecken* pin a flower in your buttonhole **2** (*festsitzen*) be stuck ◊ *Sie steckten im Verkehr fest.* They were stuck in the traffic. **feststehen** be certain; (*geregelt sein*) have been decided ◊ *Das Ergebnis steht noch nicht fest.* The result is not yet certain. ◊ *Fest steht, dass ...* It is certain that ... ◊ *Eins steht fest ...* One thing is certain ... ◊ *Der Termin steht noch nicht fest.* The date hasn't been decided yet. ◊ *Sein Nachfolger steht noch nicht fest.* It hasn't been decided who his successor will be. **feststellen 1** (*ermitteln*) ascertain, establish; (*wissenschaftlich*) detect; (*medizinisch*) diagnose ◊ *Die Todesursache konnte nicht festgestellt werden.* The cause of death could not be ascertained. ◊ *jds Personalien feststellen* establish sb's identity ◊ *Im Wasser wurden hohe Schadstoffkonzentrationen festgestellt.* High concentrations of toxins were detected in the water. **2** (*entdecken*) find* ◊ *An seinem Arm wurde ein Einstich festgestellt.* A needle mark was found on his arm. **3** (*bemerken*) notice ◊ *Hast du eine Veränderung in ihrem Verhalten festgestellt?* Have you noticed any change in her behaviour? **4** (*erkennen*) realize ◊ *Sie musste bald feststellen, dass die Aufgabe nicht so leicht war.* She soon realized that it wasn't such an easy task. **5** (*Schaden*) assess **6** (*sagen*) say*; (*hinweisen*) point *sth* out **Feststelltaste** shift lock
Feststellung 1 ascertainment; (*wissenschaftlich*) detection; (*medizinisch*) diagnosis* (*oft mit einem Verb übersetzt*) ◊ *Nach Feststellung der Personalien wurde er wieder freigelassen.* After his identity was established, he was released. ◊ *Die Feststellung der Ursachen ist nach so langer Zeit unmöglich.* It is impossible to ascertain the causes after so long. **2** (*Bemerkung*) comment; (*Aussage*) statement ◊ *Sie beschränkte sich auf die Feststellung, dass ...* Her only comment was ... ◊ *Die Feststellung des Ministers, er habe nichts davon gewusst, stellt uns nicht zufrieden.* The minister's statement that he knew nothing about it is not satisfactory. ◊ *Nach Feststellung der Polizei ...* According to the police ...
Festtag 1 special day; (*Feiertag*) holiday; (*Namenstag eines Heiligen*) feast day **2** (*Festspieltag*) day of the festival **3** *auch* **Festtage** festival
festtreten tread* *sth* down
Festung fortress
Festungsanlage fortifications [Pl]
Festveranstaltung (official) event
festziehen pull *sth* tight; (*Schraube*) tighten
Festzug carnival procession
Fete party* ◊ *eine Fete feiern* have a party
Fetisch fetish
fett 1 fatty; (*Ernährung auch*) high-fat (*nur vor Nomen*), high in fat (*nicht vor Nomen*); (*Speck*) fat; (*Fisch*) oily ◊ *Ich mag kein fettes Fleisch.* I don't like fatty meat. **2** (*mit viel Fett hergestellt*) rich; (*zu fett*) greasy* **3** (*Haar, Haut, Creme*) greasy* **4** (*dick*) fat* ◊ *Er ist ziemlich fett geworden.* He has got quite fat. **5** (*Einnahmen, Gewinn, Belohnung etc.*) large ◊ *fette Prämien* large bonuses **6** (*Erde*) rich; (*Weide etc.*) lush **7** (*gedruckt*) bold ◊ *fette Lettern* bold characters ◊ *eine fett gedruckte Überschrift* a heading in bold type
Fett fat ◊ *tierisches/pflanzliches Fett* animal/vegetable fat ◊ *etw in Fett anbraten* brown sth in the frying pan ◊ *Fett ansetzen* put on weight **IDM sein Fett abbekommen/abkriegen** get* what is coming to you (*umgs*)
fettarm low-fat (*nur vor Nomen*), low in fat (*nicht vor Nomen*) ◊ *fettarmer Käse* low-fat cheese ◊ *Dieses Fleisch ist relativ fettarm.* This meat is relatively low in fat. **Fettauge** globule of fat **Fettdruck** bold type
fetten grease
Fett- Fettfleck greasy mark **fettfrei** fat-free **fetthaltig** ◊ *fetthaltige Nahrungsmittel* fatty foods
fettig greasy*
Fettnäpfchen IDM ins Fettnäpfchen treten put* your foot in it
fettreich high-fat (*nur vor Nomen*), high in fat (*nicht vor Nomen*)
fetzen 1 rip* **2** (*eilen*) rush
Fetzen 1 shred; (*Stoff, Papier*) scrap ◊ *etw in Fetzen reißen* rip sth to shreds **2** (*Gesprächs-, Musik-*) snatch **3** (*Kleidung*) rag [U] **IDM dass die Fetzen fliegen** like crazy ◊ *Die Band spielte, dass die Fetzen flogen.* The band played

like crazy. **die Fetzen fliegen** there is a violent row ◊ *Bei der Sitzung flogen die Fetzen.* There was a violent row at the meeting.
feucht 1 damp; *(Augen, Lippen)* moist; *(Hände)* clammy ◊ *ein feuchter Lappen* a damp cloth ◊ *Das Gras war noch feucht von Tau.* The grass was still wet with dew. **2** *(Klima, Luft)* humid [IDM] **jdn einen feuchten Kehricht/ Schmutz angehen** be none of sb's (damned) business ◊ *Das geht dich einen feuchten Schmutz an!* It's none of your business!
Feuchtbiotop wetlands [Pl]; *(im Garten)* wildlife pond
Feuchtigkeit 1 moisture; *(in der Wohnung etc.)* damp ◊ *Mulch hält die Feuchtigkeit im Boden.* Mulch keeps the moisture in the soil. ◊ *Die Feuchtigkeit macht das Haus unbewohnbar.* The damp made the house uninhabitable. **2** *(Luft-)* humidity
feudal 1 (GESCH) feudal **2** *(vornehm)* posh *(umgs)*
Feudalherrschaft feudal system
Feudalismus feudalism
Feuer 1 fire ◊ *ein offenes Feuer* an open fire ◊ *ein Feuer anzünden/machen* light/make a fire ◊ *Feuer fangen* catch fire ◊ *feindliches Feuer* enemy fire ◊ *das Feuer eröffnen* open fire ◊ *das olympische Feuer* the Olympic flame **2** *(Funkeln)* sparkle ◊ *das Feuer in seinen Augen* the sparkle in his eyes **3** *(Temperament)* spirit; *(Begeisterung)* enthusiasm ◊ *Ihr jugendliches Feuer riss uns alle mit.* We were all swept along by her youthful enthusiasm. **4** *(für Zigaretten etc.)* a light ◊ *Haben Sie Feuer?* Have you got a light, please? ◊ *jdm Feuer geben* give sb a light [IDM] **für jdn durchs Feuer gehen** do* anything for sb **für jdn/etw Feuer und Flamme sein** be very keen on sb/sth **mit dem Feuer spielen** play with fire **unter Feuer genommen werden** come* under fire ◊ *Der Konvoi wurde von Guerillas unter Feuer genommen.* The convoy came under fire from guerrillas. **etw unter Feuer nehmen** fire on sth ☛ *Siehe auch* EISEN, HAND, KIND, ÖL *und* SPIEL
Feueralarm fire alarm ◊ *Der Feueralarm ging plötzlich los.* Suddenly the fire alarm went off. **Feuerbestattung** cremation **feuerfest** *(Glas, Geschirr)* fireproof; *(Stoff, Lack)* fire-resistant **feuergefährlich** flammable **Feuerlöscher** fire extinguisher **Feuermelder** fire alarm
feuern 1 (etw) **auf jdn/etw ~** fire (sth) at sb/sth ◊ *Die Soldaten feuerten Schüsse auf die Gegner.* The soldiers fired shots at the enemy. **2** jdn **~** *(entlassen)* fire sb, (BrE auch) sack sb *(umgs)* **3** *(schleudern)* fling* ◊ *Er feuerte die Spielsachen unters Bett.* He flung the toys under the bed. **4** (etw) **mit etw ~** burn* sth (in sth) ◊ *den Ofen mit Kohle feuern* burn coal in the stove
Feuer- Feuerpause ceasefire **Feuerprobe 1** (GESCH) ordeal by fire **2** *(fig)* acid test **feuerrot** bright red; *(Haare auch)* flaming red ◊ *vor Zorn feuerrot werden* go bright red with anger **Feuerschlucker(in), Feuerspucker(in)** fire-eater **Feuerstein** flint **Feuertreppe** fire escape **Feuerwache** fire station
Feuerwehr fire brigade, (AmE) fire department ◊ *Die Feuerwehr war umgehend zur Stelle.* The fire brigade were on the spot immediately. ☛ G 1.3b
Feuerwehrauto fire engine, (AmE auch) fire truck **Feuerwehrfrau** firefighter ☛ G 2.2d **Feuerwehrmann** firefighter, fireman* ☛ G 2.2d
Feuerwerk fireworks [Pl], firework display
Feuerwerkskörper firework ◊ *Feuerwerkskörper abbrennen* set off fireworks
Feuerzeug lighter
Feuilleton = section of the newspaper dealing with culture, literature and entertainment
feurig 1 *(leidenschaftlich)* passionate *(Adv passionately)* **2** *(Augen, Diamant)* flashing
Fiaker hackney carriage
Fiasko fiasco* ◊ *Die Hochzeitsfeier endete in einem Fiasko.* The wedding celebrations ended in fiasco. ◊ *Die Operninszenierung war ein einziges Fiasko.* The opera production was a complete fiasco.
Fichte spruce
ficken fuck *(vulg, Slang)* ◊ *jdn/mit jdm ficken* fuck sb
Fieber 1 temperature ◊ *Hast du Fieber?* Have you got a temperature? ◊ *Er hat 39° Fieber.* He's got a temperature of 39. ◊ *(bei jdm) Fieber messen* take sb's temperature **2** *(Krankheit)* fever *(auch fig)* ◊ *das Fieber der Spielleidenschaft* gambling fever
Fieberanfall bout of fever
fieberhaft 1 (MED) feverish ◊ *eine fieberhafte Erkältung* a feverish cold ◊ *ein fieberhafter Infekt* an infection and high temperature **2** *(angestrengt)* frantic *(Adv frantically)*
Fieberthermometer (clinical) thermometer
fiebrig feverish *(Adv feverishly)* ◊ *eine fiebrige Erkältung* a feverish cold ◊ *Ihre Augen glänzten fiebrig.* Her eyes had a feverish glaze. ◊ *fiebrige Hektik* feverish activity ◊ *fiebriger Durchfall* diarrhoea and a high temperature
fies 1 *(eklig)* horrible ◊ *ein fieser Geruch* a horrible smell **2** *(gemein)* mean, nasty* ◊ *Warum bist du so fies zu mir?* Why are you so mean to me? ◊ *Er ist ein echt fieser Typ.* He's really nasty.
Fiesling nasty piece of work *(umgs)*
fifty-fifty 1 ~ machen go* halves ◊ *Lass uns fifty-fifty machen.* Let's go halves. **2 etw ~ teilen** share sth evenly ◊ *Das Geld wird fifty-fifty geteilt.* The money will be shared evenly. **3 die Chancen stehen ~** there's an even chance
fighten fight*
Fighter(in) fighter *(auch fig)*
Figur 1 figure ◊ *Sie macht Figuren aus Ton.* She makes clay figures. ◊ *eine geometrische Figur* a geometrical figure ◊ *Ist der Toeloop eine schwierige Figur?* Is the toe loop a difficult figure? ◊ *eine bedeutende Figur der Aufklärung* a leading figure of the Enlightenment. ◊ *Ich achte auf meine Figur.* I watch my weight.

> **Figur** wird nicht immer ins Englische übersetzt: *Sie hat eine schlanke Figur.* She's slim. In Beschreibungen wird oft **build** oder **-built** gebraucht: *Er war blond und hatte eine sportliche Figur.* He was blond and of athletic build. ◊ *Er hatte eine kräftige Figur.* He was well-built. **Eine gute Figur haben** wird meist geschlechtsspezifisch übersetzt: *Sie hat eine tolle Figur.* She has a great figure. ◊ *Er hat eine tolle Figur.* He's got a great physique. Umgangssprachlich wird auch das Wort **body** gebraucht, was jedoch einen stärkeren sexuellen Unterton hat: *He's got a great body!*

2 *(in Brettspielen)* piece ◊ *mit einer Figur ziehen* move a piece **3** *(Roman-)* character ◊ *die Figuren im Roman* the characters in the novel [IDM] **eine erbärmliche/komische Figur abgeben** cut* a pathetic/comic figure **eine gute Figur machen** *(gut aussehen)* look good **eine gute/schlechte Figur machen/abgeben** *(einen Eindruck machen)* make* a good/bad impression ☛ *Siehe auch* UNGLÜCKLICH
Fiktion *(Fantasievorstellung)* fiction; *(Unwahrheit)* myth ◊ *die Grenze zwischen Fiktion und Fakten* the border between fact and fiction ◊ *Die Gleichwertigkeit aller Studienabschlüsse ist eine Fiktion.* It's a myth that all qualifications are of equal value.
fiktiv fictitious
Filet 1 fillet **2** *(Geflügelbrust)* breast
Filetsteak fillet steak
Filiale branch
Filialleiter(in) branch manager ☛ G 2.2d
Film 1 *(Foto-)* film ◊ *Der Film ist voll.* The film is finished. **2** *(Spiel-)* film, *(bes AmE)* movie ◊ *einen Film machen* make a film ◊ *Wo läuft der Film?* Where is the film showing? ◊ *Du solltest dir den Film ansehen.* You ought to go and see the film. **3 der deutsche etc. ~** German, etc. cinema **4** *(Filmbranche)* films [Pl] ◊ *Sie arbeitet beim Film.* She works in films. ◊ *Er will zum Film.* He wants to be a film actor.
Filmausschnitt (film) clip **Filmbericht** film report **Filmemacher(in)** film-maker ☛ G 2.2d
filmen 1 film; *(mit einer Videokamera)* video ◊ *Er filmte den Unfall mit einer Videokamera.* He videoed the accident. **2** *(als Schauspieler)* make* films
Film- Filmfestival, Filmfestspiele film festival **Filmindustrie** film industry*
filmisch ◊ *ein filmischer Reisebericht* a travel film ◊ *sein filmisches Werk* his films ◊ *etw filmisch dokumentieren* document sth on film
Film- Filmkamera film camera **Filmkritik** film review **Filmmusik** film music **Filmstar** film star, (AmE) movie star ☛ G 2.2d **Filmstudio** film studio* **Filmvorführung** ◊ *Vortrag und Filmvorführung* talk and film show ◊ *Die*

Filter

Filmvorführung findet am Samstag statt. The film will be shown on Saturday.
Filter filter
filtern filter
Filtertüte filter paper
Filz 1 felt ◊ *ein Hut aus Filz* a felt hat **2** (*etwas Verschlungenes*) tangle, web (*auch fig*); (*Korruption*) corruption; (*Filzokratie*) cronyism (*abwert*)
filzen 1 become* matted **2** (*durchsuchen*) search; (*Menschen auch*) frisk
Filzstift felt-tip (pen)
Finale 1 final ◊ *ins Finale kommen* get into the final **2** (Mus) finale
Finanzamt (*Verwaltungsbehörde*) tax office; (*Regierungsstelle*) Inland Revenue, (*AmE*) Internal Revenue Service
Finanzen 1 (*Finanzwesen*) finance [U]; (*Finanzierung auch*) funding [U] ◊ *das Ressort Wirtschaft und Finanzen* the department of business and finance ◊ *Die Finanzen für das Projekt fehlen noch.* Funding has not yet been found for the project. **2** (*Einkünfte*) finances [Pl] ◊ *Die Finanzen sind geordnet.* The finances are in order. ◊ *Um meine Finanzen steht es momentan nicht so gut.* I'm a bit short of cash at the moment.
finanziell financial (*Adv* financially)
finanzieren finance ◊ *Das Projekt wird aus staatlichen Mitteln finanziert.* The project is being financed by the state.
Finanzierung (*Mittel, Kredit*) finance; (*das Finanzieren*) financing ◊ *Die Finanzierung des Hauskaufs ist geregelt.* They have arranged finance for the house. ◊ *die Finanzierung des Bildungswesens* the financing of education
Finanz- Finanzkraft financial strength **finanzkräftig** wealthy* **Finanzkrise** financial crisis* ☛ *Beispiele bei* Krise **Finanzlage** financial situation **Finanzminister(in)** finance minister; (*in GB*) Chancellor of the Exchequer; (*in den USA*) Treasury Secretary **Finanzministerium** Ministry* of Finance; (*in GB, in den USA*) Treasury* ☛ G 1.3a **Finanzpolitik** financial policy ◊ *eine restriktive Finanzpolitik betreiben* pursue a restrictive financial policy **finanzpolitisch** financial policy ◊ *finanzpolitische Probleme* problems of financial policy ◊ *Die Entscheidung ist finanzpolitisch umstritten.* The decision is controversial in terms of financial policy. **finanzschwach** poor **finanzstark** wealthy*
finden 1 find* ◊ *Er hat eine Geldbörse gefunden.* He found a purse. ◊ *einen Arbeitsplatz/eine Wohnung finden* find a job/a flat ◊ *einen Fehler/eine Lösung finden* find a mistake/a solution ◊ *Ich habe lange nicht den Mut dazu gefunden.* It took me a long time to find the courage. ◊ *Trost/Liebe/Ruhe finden* find comfort/love/peace ◊ *neue Freunde finden* make new friends **2 Spaß/Gefallen ~** enjoy ◊ *für alle, die Spaß am Tanzen finden* for everyone who enjoys dancing ◊ *Sie werden an diesem Roman Gefallen finden.* You will enjoy this novel. **3** (*beurteilen*) find* (*gehoben*), consider (*gehoben*) ◊ *Wir fanden den Film überhaupt nicht lustig.* We didn't find the film at all funny. ◊ *Er fand das Risiko zu groß.* He considered the risk (to be) too great.

> Um eine Meinung zum Ausdruck zu bringen, sagt man **I think (that)** und NICHT „I find (that)": *Ich finde ihn sehr nett.* I think he's very nice. ◊ *Wie findest du meinen neuen Pulli?* What do you think of my new jumper? ◊ *Die neue Verkehrsregelung macht echt viel aus, findest du nicht?* The new traffic system really makes a difference, don't you think?

4 (*auf etw stoßen*) meet* with *sth* ◊ *Sein Vorschlag findet allgemein Anklang.* His proposal has met with general approval. **5** (*Weg*) find* your way ◊ *Findest du allein dahin?* Can you find your own way there? **6 etw findet sich** (*ist vorhanden*) sth is to be found ◊ *In dem Lied finden sich zahlreiche literarische Anspielungen.* There are many literary allusions to be found in the text. **7** (**zu**) **sich ~** find* yourself **8 sich ~** (*wieder gefunden werden*) turn up (*umgs*) ◊ *Der Schlüssel hat sich schließlich gefunden.* The key finally turned up. **9 sich ~** (*sich melden*) come* forward ◊ *Es fanden sich sofort Freiwillige.* Volunteers came forward straight away. IDM **etwas an jdm finden** see* something in sb ◊ *Was findest du bloß an ihm?* What on earth do you see in him? **das wird sich (alles) finden** it will all work out all right ☛ *Siehe auch* Ende, Fressen, Geschmack, Glaube, Huhn *und* Mittel
Finder(in) finder
Finderlohn reward (for the return of sth)
findig resourceful
Finger finger ◊ *Sie trägt einen goldenen Ring am Finger.* She wears a gold ring on her finger. IDM **jdm auf die Finger klopfen/hauen** rap* sb's knuckles **jdm auf die Finger sehen/schauen** keep* an eye on sb (**bei etw**) **die Finger im Spiel haben** be involved (in sth) ◊ *Die Polizei vermutet, dass die Mafia ihre Finger im Spiel hatte.* The police suspect that the mafia were involved. **die Finger von etw lassen** (*vermeiden*) steer clear of sth; (*nicht antasten*) leave* sth alone **Finger weg!** Hands off! **jdn/etw in die Finger kriegen** get* your hands on sb/sth **keinen Finger rühren/krumm machen** not lift a finger **mit dem Finger auf jdn zeigen** criticize sb **sich etw aus den Fingern saugen** invent sth **jdn um den (kleinen) Finger wickeln** twist sb round your little finger ☛ *Siehe auch* Abzählen *und* Schmutzig
Fingerabdruck 1 fingerprint ◊ *jdm die Fingerabdrücke abnehmen* take sb's fingerprints **2 genetischer Fingerabdruck** genetic fingerprint; (*Methode*) genetic fingerprinting **Fingerfertigkeit** dexterity **Fingerhandschuh** glove **Fingerhut 1** (*zum Nähen*) thimble **2** (*Blume*) foxglove
fingern 1 an etw ~ fiddle with sth ◊ *Sie fingerte an der Fernbedienung.* She fiddled with the remote control. **2 nach etw ~** feel* for sth ◊ *Er fingerte nach dem Portmonee.* He felt for his purse. **3 etw aus etw ~** fish sth out of sth ◊ *Sie fingerte eine Zigarette aus der Packung.* She fished a cigarette out of the packet.
Finger- Fingernagel (finger)nail ◊ *sich die Fingernägel lackieren* paint your nails ◊ *an den Fingernägeln kauen* bite your nails **Fingerspitzengefühl** sensitivity **Fingerzeig 1** (*Hinweis*) hint; (*Anzeichen*) indication ◊ *Darf ich das als Fingerzeig verstehen?* Am I to take that as a hint? ◊ *Das ist ein Fingerzeig für die Verärgerung der Wähler.* That is an indication of the voters' anger. **2** (*Handzeichen*) ◊ *Mit einem Fingerzeig auf seinen Nachbarn versuchte er, sich aus der Affäre zu ziehen.* He tried to get out of it by pointing the finger at his neighbour.
fingiert (*vorgetäuscht*) faked; (*gefälscht*) forged; (*Rechnung*) false
Fink finch
finster 1 dark ◊ *eine finstere Gasse* a dark alleyway ◊ *Sie tastete im Finstern nach der Klingel.* She felt for the bell in the dark. **2** (*zwielichtig*) shady* ◊ *finstere Gestalten* shady characters **3** (*feindselig*) grim (*Adv* grimly) ◊ *eine finstere Miene* a grim expression ◊ *Sie ist finster entschlossen durchzuhalten.* She is grimly determined to carry on. ◊ *Er sah uns finster an.* He gave us a black look.
Finsternis 1 darkness [U] **2** (*Sonnen-, Mond-*) eclipse ◊ *eine partielle/totale Finsternis der Sonne* a partial/total eclipse of the sun
Firlefanz 1 ◊ *ein schlichtes Kleid ohne jeglichen Firlefanz* a very simple dress ◊ *bei der Verpackung auf Firlefanz verzichten* keep the packaging simple **2** (*Unsinn*) nonsense
Firma company*, firm ◊ *Bei welcher Firma arbeiten Sie?* Which company do you work for? ◊ *eine Firma für Verpackungsmaterial* a packaging company ◊ *die Firma Kodak* the Kodak company ◊ *Er ist noch in der Firma.* He's still at work. ◊ *Die Firma Müller sucht neue Mitarbeiter.* Müller's are looking for staff. ☛ G 1.3b
firmen confirm
Firmen- Firmenchef(in) head of a/the company **Firmeninhaber(in)** owner of a/the company **Firmenleitung** management (of a/the company) ☛ G 1.3b **Firmensitz** company headquarters* ◊ *Der Firmensitz des Unternehmens befindet sich in Kiel.* ☛ G 1.3c The headquarters of the company is/are in Kiel. **Firmenwagen** company car
Firmling candidate for confirmation
Firmpate, -patin sponsor
Firmung confirmation
fis, Fis F sharp
Fisch 1 fish* ◊ *Fische fangen* catch fish **2** *auch* **Fische** (*Sternzeichen*) Pisces; (*Mensch auch*) Piscean ◊ *Sie ist (ein) Fisch.* She is a Pisces. IDM **kleine Fische** no big deal [U];

(*Geld*) peanuts [Pl]; (*Menschen*) small fry [U] **weder Fisch noch Fleisch** neither fish nor fowl
fischen fish ◊ *fischen gehen* go fishing ◊ *Er fischte ein Haar aus der Suppe.* He fished a hair out of the soup. ◊ *Sie fischte in der Tasche nach ihrem Portmonee.* She fished in her bag for her purse. IDM ⇨ KOMPLIMENT
Fischer(in) fisherman*/-woman* ☛ G 2.2d
Fischerboot fishing boat **Fischerdorf** fishing village
Fischerei fishing
Fischer- Fischerhütte fisherman's cottage **Fischernetz** fishing net
Fisch- Fischfang fishing ◊ *auf Fischfang gehen* go fishing ◊ *vom Fischfang leben* make your living from fishing **Fischgründe** fishing grounds [Pl] **Fischotter** otter **Fischreiher** grey heron **Fischstäbchen** fish finger, (*AmE*) fish stick **Fischsterben** (*meist mit einem Verb übersetzt*) ◊ *Das Tankerunglück führte zu einem großen Fischsterben.* The tanker accident killed large numbers of fish. **Fischteich** fish pond **Fischvergiftung** = food poisoning from eating fish
fiskalisch fiscal
Fiskus Treasury ☛ G 1.3a, taxman (*umgs*) ◊ *25% gehen an den Fiskus ab.* 25% goes to the Treasury. ◊ *Sie sollen 40 000 Dollar am Fiskus vorbeigemogelt haben.* They are said to have cheated the taxman out of $40 000.
fit 1 fit ◊ *Sie hält sich durch Gymnastik fit.* She keeps fit through exercise. ◊ *Er joggt täglich, weil er fit bleiben will.* He jogs every day because he wants to keep fit. ◊ *körperlich fit* physically fit **2** (*vorbereitet*) ready; (*fähig*) competent ◊ *Bist du fit für die Prüfung?* Are you ready for the exam? ◊ *Er ist in Spanisch ganz fit.* He is pretty competent in Spanish. ◊ *sprachlich fit sein* have a good command of language ◊ *junge Leute für das Berufsleben fit machen* prepare young people for work **3** (*in Ordnung*) okay ◊ *„Was hältst du von ihr?" „Sie ist ganz fit."* 'What do you think of her?' 'She's okay.'
Fitness fitness ◊ *etwas für die Fitness tun* improve your physical fitness
Fitnesscenter, **Fitnessstudio** gym; (*im Hotel etc.*) fitness centre, (*AmE*) fitness center **Fitnesstraining** fitness training
fix 1 (*schnell*) quick (*Adv* quickly) ◊ *Ich muss nur noch fix telefonieren.* I must just make a quick telephone call. ◊ *Das ging ja wirklich fix!* That was quick! **2** (*gewandt*) sharp **3** (*fest*) fixed ◊ *ein fixes Gehalt* a fixed wage IDM **fix und fertig 1** all ready ◊ *Der Plan liegt fix und fertig in der Schublade.* The plan is all ready in the drawer. ☛ *Siehe auch* IDEE **2** (*erschöpft*) completely shattered (*umgs*); (*nervlich*) at the end of your tether, (*AmE*) at the end of your rope ◊ *Nach dem Umzug war er fix und fertig.* After the move he was completely shattered. ◊ *Die Hitze macht mich fix und fertig.* The heat makes me feel shattered. ◊ *Ich bin fix und fertig, weil es zu Hause nur Streit gibt.* I'm at the end of my tether because of all the arguments at home. *Der Lärm macht sie fix und fertig.* The noise drives her mad.
fixen shoot* up (*Slang*)
Fixer(in) junkie, mainliner (*Slang*)
fixieren 1 (*festlegen*) set*, fix **2** (*festhalten*) capture; (*schriftlich*) set* *sth* down (in writing) ◊ *Die Ereignisse wurden fotografisch fixiert.* The events were captured in photographs. **3** *sich auf etw ~* commit* yourself to *sth* ◊ *Sie haben sich darauf fixiert, aus der Kernenergie auszusteigen.* They have committed themselves to abandoning nuclear energy. **4** *sich auf jdn ~* be obsessed by *sb* ◊ *Du darfst dich nicht so auf ihn fixieren.* You mustn't let yourself get obsessed by him. **5** (*anschauen*) fix your gaze/eyes on *sth* ◊ *Er fixierte einen Punkt am Horizont.* He fixed his gaze on a point on the horizon. ◊ *Sie fixierte ihn mit strengem Blick.* She fixed him with an stern gaze. **6** (FOTO) fix **7** (*anbringen*) put* *sth* up; (*festhalten*) hold* *sth* in place ◊ *ein Plakat an der Wand fixieren* put a poster up on the wall ◊ *mit Nadeln fixiert* held in place by pins **8** (MED) set* ◊ *einen gebrochenen Arm durch einen Gipsverband fixieren* set a broken arm in plaster
Fixkosten fixed costs [Pl]
Fjord fjord
FKK naturism
FKK-Strand nudist beach, naturist beach
flach 1 (*Gebiet, Dach, Schuhe*) flat ◊ *eine flache Gegend* a flat area ◊ *sich flach hinlegen* lie down flat ◊ *ein flacher Bauch* a flat stomach ◊ *auf der flachen Hand* on the flat of your hand **2** (*Gebäude, Absätze, Ball*) low ◊ *Der Ball sprang flach ab.* The ball bounced low. **3** (*Wasser, Atem*) shallow ◊ *eine flache Stelle im See* a shallow part of the lake ◊ *flach atmen* take shallow breaths ☛ *„Flache Teller"* werden im Englischen nicht mit einem Adjektiv bezeichnet, sondern heißen einfach **dinner plates**. *„Tiefe Teller"* sind **soup dishes** oder, gehobener, **soup plates**. **4** (*uninteressant*) dull, unexciting
Flachdach flat roof
Fläche 1 area ◊ *die Fläche rund um den See* the area round the lake ◊ *die Fläche eines Dreiecks berechnen* calculate the area of a triangle ◊ *landwirtschaftliche Flächen* agricultural land **2** (*Oberfläche*) surface; (*dreidimensional*) face, side ◊ *Ein Würfel hat 6 gleich große Flächen.* A cube has 6 equal sides. **3** (*weite Land-, Wasser-*) expanse ◊ *Die weite Fläche des Ozeans lag vor uns.* The vast expanse of the ocean lay before us.
Flächenbrand 1 (*Feuer*) conflagration ◊ *einen Flächenbrand entzünden* start a conflagration ◊ *Der Bürgerkrieg könnte sich zu einem Flächenbrand ausweiten.* The civil war could get out of hand. **2** (*Sensation*) furore ◊ *einen politischen Flächenbrand auslösen* spark off a political furore
flächendeckend 1 *Adj* comprehensive, blanket (*nur vor Nomen*) ◊ *ein flächendeckendes Angebot an Kursen* a comprehensive range of courses ◊ *eine flächendeckende Überwachung* blanket surveillance ◊ *Ihr Ziel ist die flächendeckende Versorgung mit Kindergartenplätzen.* Their aim is to provide nursery places for all. **2** *Adv* everywhere; (*durch die Bank*) across the board ◊ *Onlinedienste sind jetzt flächendeckend verfügbar.* Online services are now available everywhere. ◊ *Tempo 30 wird flächendeckend eingeführt.* A 30 kph speed limit is being introduced across the board.
flach- flachfallen (*Pläne etc.*) fall* through; (*Termin, Ereignis*) be cancelled; (*System*) collapse **flachlegen 1** (*Krankheit*) lay* *sb* up **2** (*Gegner*) bring* *sb* down **3** (*sexuell*) lay* **flachliegen** be laid up
Flachs 1 flax **2** (*Witz*) joke ◊ *Das war nur Flachs.* It was just a joke. ◊ *ohne Flachs* seriously
flachsen joke
flackern flicker ◊ *Das Licht/Feuer flackerte.* The light/fire was flickering. ◊ *eine flackernde Lampe* a flickering lamp ◊ *Wenn sie spricht, flackern ihre Augen nervös.* Her eyes flicker nervously when she speaks.
Fladen 1 = flat loaf* or cake **2** (*Kuh-*) (cow)pat
Fladenbrot = round, flat loaf*
Flagge flag ◊ *eine Flagge hissen/einholen* hoist/take down a flag ◊ *das unter liberianischer Flagge fahrende Schiff* the ship, which sails under a Liberian flag IDM **Flagge zeigen** nail your colours to the mast, (*AmE*) nail your colors to the mast
Flaggschiff flagship (*auch fig*)
Flair 1 air; (*Atmosphäre auch*) atmosphere ◊ *ein Flair von Eleganz* an air of elegance ◊ *eine Stadt mit internationalem Flair* a town with an international atmosphere **2** (*etwas Besonderes*) flair ◊ *einer Sache Flair verleihen* lend flair to *sth*
flambieren flambé
Flamingo flamingo*
flämisch Flemish
Flamme 1 flame ◊ *Die ganze Straße ging in Flammen auf.* The whole street went up in flames. ◊ *Bald stand das ganze Haus in Flammen.* Soon the whole house was in flames. **2** (*Feuer*) blaze ◊ *Sie kamen in den Flammen um.* They died in the blaze. **3** (*fig*) flames [Pl] ◊ *die Flamme der Leidenschaft* the flames of passion **4** (GASTRON) heat ◊ *Auf kleiner Flamme köcheln lassen.* Simmer over a low heat. **5** (*Freundin*) girlfriend IDM ⇨ FEUER, RAUB *und* RAUCH
Flanell flannel
flanieren stroll
Flanke 1 (ANAT, MIL) flank **2** (*Turnen*) flank vault **3** (*Fußball etc.*) cross
flanken 1 (*Fußball*) play a cross **2** (*Turnen*) perform a flank vault
flapsig casual (*Adv* casually); (*schnodderig*) flippant (*Adv* flippantly)
Flasche 1 bottle ◊ *eine Flasche Wasser* a bottle of water ◊

Flaschenhals

einem Baby die Flasche geben give a baby its bottle **2** (*Versager*) loser, plonker (*Slang*) IDM **zur Flasche greifen** take* to the bottle
Flaschenhals 1 neck of a/the bottle **2** (*Straßenstelle*) bottleneck **Flaschenöffner** bottle opener **Flaschenzug** block and tackle [Sing]
flatterhaft capricious
flattern 1 flutter (*auch fig*); (*Wäsche, Segel etc.*) flap* ◊ *Die Fahnen flatterten im Wind.* The flags were fluttering in the wind. ◊ *Ihr Herz flatterte.* Her heart fluttered. ◊ *Die Wäsche flatterte an der Leine.* The washing flapped on the line. **2** (*Knie*) shake* **3** ◊ *Der Vogel flatterte mit den Flügeln.* The bird flapped its wings. **4 ins Haus ~** plop* through the letter box; **jdm auf den Schreibtisch ~** land on sb's desk
flau 1 queasy ◊ *ein flaues Gefühl im Bauch haben* feel queasy ◊ *Ihm war flau im Magen.* He felt queasy. ◊ *Mir ist flau vor Hunger.* I feel weak with hunger. **2** (*Geschäft, Nachfrage*) slack, sluggish; (*Konjunktur*) stagnating **3** (*Wind*) slack
Flaum down
flauschig fluffy*
Flausen nonsense [U]
Flaute 1 (*Windstille*) calm ◊ *Es herrschte den ganzen Tag Flaute.* The calm lasted all day. ◊ *Stundenlang lag das Schiff wegen Flaute still.* The ship was becalmed for hours. **2** (WIRTSCH) period of stagnation ◊ *eine konjunkturelle Flaute* a period of economic stagnation
Flechte lichen
flechten 1 (*Haare*) braid, (*BrE auch*) plait ◊ *Sie trug das Haar geflochten.* She wore her hair in plaits. **2** (*Korb, Bast etc.*) weave* ◊ *einen Korb flechten* weave a basket ◊ *einen Kranz aus Blumen flechten* weave a wreath of flowers
Fleck 1 (*Schmutz*) mark, stain ◊ *Es hat einen Fleck hinterlassen.* It's left a mark. **2** (*andersfarbige Stelle*) patch ◊ *Der Hund hat einen schwarzen Fleck am Bein.* The dog has a black patch on its leg. **3** (*Ort*) spot **4 ein blauer ~** a bruise ◊ *Ich habe mir bei dem Sturz etliche blaue Flecke geholt.* I got quite a few bruises in the fall. ◊ *Ich bin voller blauer Flecke.* I'm covered in bruises. IDM **ein weißer Fleck auf der Landkarte** uncharted territory (**mit etw**) **nicht/kaum vom Fleck kommen** not/hardly get anywhere (with sth) **sich nicht vom Fleck rühren** not move **vom Fleck weg** on the spot
Fleckenentferner stain remover
fleckig 1 (*schmutzig*) stained **2** (*Haut, Gesicht*) blotchy
Fledermaus bat
Fleece (*Stoff, Jacke*) fleece
Flegel lout
flegelhaft loutish
flegeln sich ~ sprawl ◊ *sich auf der Couch flegeln* sprawl on the couch
flehen (**um etw**) **~** plead* (for sth), beg* (for sth) ◊ *um Hilfe flehen* plead for help ◊ *um Verzeihung flehen* beg for forgiveness ◊ *mit flehender Stimme* with a pleading voice
flehentlich pleading (*Adv* pleadingly)
Fleisch 1 meat ◊ *zartes/fettes/mageres Fleisch* tender/fatty/lean meat **2** (ANAT, BOT) flesh ◊ *Er hat nicht viel Fleisch auf den Knochen.* There isn't much flesh on him. ◊ *das saftige Fleisch der Nektarinen* the juicy flesh of nectarines IDM **jdm in Fleisch und Blut übergehen** become* second nature to sb **sein eigen Fleisch und Blut** your own flesh and blood **sich ins eigene Fleisch schneiden** cut* off your nose to spite your face **vom Fleisch fallen** waste away ☛ *Siehe auch* FISCH *und* STACHEL
Fleischbrühe 1 (*Suppe*) bouillon **2** (*Pulver*) stock granules [Pl]
Fleischer(in) butcher ☛ G 2.2d ☛ *Hinweis bei* BAKER
Fleischerei butcher's* (shop)
Fleisch- Fleischfresser carnivore **Fleischgericht** meat dish **Fleischhauer(in)** ⇨ FLEISCHER
fleischig plump; (*Nase*) fleshy
Fleisch- Fleischtomate beef tomato* **Fleischwaren** meat products [Pl] **Fleischwolf** mincer ◊ *Fleisch durch den Fleischwolf drehen* put meat through the mincer. **Fleischwunde** flesh wound **Fleischwurst** ≈ pork polony, (*AmE*) ≈ bologna
Fleiß hard work, diligence (*gehoben*)
fleißig 1 *Adj* (*Mensch*) hard-working; (*gewissenhaft auch*) conscientious ◊ *Sie ist gründlich und fleißig.* She is thorough and hard-working. **2** *Adj* (*regelmäßig*) regular (*nur vor Nomen*) ◊ *Sie ist eine fleißige Kinogängerin.* She's a regular cinema-goer. **3** *Adv* hard; (*gewissenhaft*) conscientiously ◊ *Sie hatten vor dem Konzert fleißig geübt.* They had practised hard before the concert. ◊ *Wir haben fleißig Geld gesammelt.* We worked hard to collect money.
Fleißiges Lieschen busy Lizzie
flennen blubber
flexibel flexible (*Adv* flexibly)
Flexibilität flexibility
flicken mend; (*stopfen auch*) darn; (*mit Flicken*) patch
Flicken patch
Flickflack backflip
Flickzeug repair kit
Flieder lilac
Fliege 1 fly* **2** (*Krawatte*) bow tie IDM **die Fliege machen** hop it; push off **keiner Fliege etwas zuleide tun** not hurt a fly **sterben wie die Fliegen** die* like flies **zwei Fliegen mit einer Klappe schlagen** kill two birds with one stone
fliegen 1 fly* ◊ *Der Vogel ist auf den Baum geflogen.* The bird flew into the tree. ◊ *Diese Maschine fliegt sehr tief.* That plane is flying very low. ◊ *Die Soldaten flogen ins Krisengebiet.* The soldiers flew into the crisis area. ◊ *Der Ball flog übers Netz.* The ball flew over the top of the net. ◊ *Sie hat Angst vorm Fliegen.* She is afraid of flying. ◊ *Der Arzt wurde mit dem Hubschrauber zum Unfallort geflogen.* The doctor was flown to the scene of the accident by helicopter. ◊ *Wir fliegen im Sommer nach Spanien.* We're going to Spain in the summer. ☛ Wenn man allerdings betonen will, dass man mit dem Flugzeug fliegt anstatt z.B. mit dem Zug oder Auto zu fahren, verwendet man meist **fly**: *We're flying to Spain this year. Last year we went by train.* **2** (*fallen*) fall*; (*geschleudert werden*) be thrown ◊ *Er ist von der Leiter geflogen.* He fell off a ladder. ◊ *Wenn du nicht aufräumst, fliegt das alles in den Müll.* If you don't tidy up, it'll all be thrown away. ◊ *Sie ist vom Motorrad geflogen.* She came off her motor bike. ◊ *Das Auto flog aus der Kurve.* The car came off the road on the bend. **3** (*ausgeschlossen werden*) be thrown out ◊ *Er ist von der Schule geflogen.* He was thrown out of the school. ◊ *Wenn das noch mal vorkommt, fliegen Sie!* If this happens again, you're out! **4 durch etw ~** fail sth ◊ *Er ist durch die Prüfung geflogen.* He failed the exam. **5 auf jdn/etw ~** go* for sb/sth ◊ *Er fliegt auf große Frauen.* He goes for tall women. IDM ⇨ FAUST, FETZEN *und* LUFT
fliegend 1 flying ◊ *ein fliegender Fisch* a flying fish **2** rapid ◊ *ein fliegender Wechsel* a rapid exchange ◊ *in fliegender Eile* in great haste **3** travelling, (*AmE*) traveling (*nur vor Nomen*) ◊ *ein fliegendes Labor* a travelling lab ◊ *ein fliegender Händler* a hawker IDM ⇨ UNTERTASSE
Fliegen- Fliegenklatsche fly swatter **Fliegenpilz** toadstool ☛ *Das Wort* **toadstool** *bezieht sich eigentlich auf alle giftigen Pilze, aber die richtige Bezeichnung* **fly agaric** /flaɪ ˈægərɪk/ *oder* /əˈgɑːrɪk/ *ist ein relativ unbekannter Fachbegriff.*
Flieger (*Flugzeug*) plane
Flieger(in) 1 pilot **2** (*Rang*) aircraftman*
Fliegerangriff air raid **Fliegerhorst** military airfield
fliehen (**vor jdm/etw**) **~** flee* (from sb/sth); (*entkommen*) escape (from sb/sth) ◊ *Er musste ins Ausland fliehen.* He had to flee abroad. ◊ *aus dem Gefängnis fliehen* escape from prison ◊ *Sie sind zu ihren Verwandten geflohen.* They escaped and took refuge with their relations.
Fliese tile ◊ *Fliesen verlegen* lay tiles ◊ *Sie legen die Fußboden im Badezimmer mit Fliesen aus.* They are tiling the bathroom floor.
fliesen tile
Fliesenleger(in) tiler ☛ G 2.2d
Fließband assembly line ◊ *am Fließband arbeiten* work on the assembly line ◊ *Sie steht den ganzen Tag am Fließband.* She works on the assembly line all day. ◊ *vom Fließband rollen* roll off the assembly line IDM **wie am Fließband** ◊ *etw wie am Fließband produzieren* mass-produce sth ◊ *Er schrieb Songs wie am Fließband.* He churned out songs.
Fließbandarbeit assembly-line work
fließen 1 flow, run* ◊ *Der Fluss fließt ins Meer.* The river flows into the sea. ◊ *Regenwasser fließt in den Tank.* Rain-

water runs into the tank. ◊ *Es ist viel Blut geflossen.* There was a lot of bloodshed. ◊ *Es fließt kein Strom.* There isn't any electricity. **2** (*Geld*) go* ◊ *Auf welches Konto fließen die Einnahmen?* Which account do the takings go into?
fließend 1 fluent (*Adv* fluently) ◊ *in fließendem Englisch* in fluent English ◊ *Sie spricht fließend Spanisch.* She speaks Spanish fluently. **2** (*Übergang, Grenze*) blurred **3** (*Verkehr*) moving (*nur vor Nomen*) **4** (*Wasser*) running
flimmern flicker ◊ *Der Bildschirm flimmert.* The screen's flickering. ◊ *Die Luft flimmerte vor Hitze.* The air shimmered in the heat. ◊ *Mir flimmert es vor den Augen.* Everything is swimming in front of my eyes.
flink nimble (*Adv* nimbly); (*schnell*) quick (*Adv* quickly)
Flipper(automat) pinball machine
flippern play pinball
Flirt flirtation (*oft mit einem Verb übersetzt*) ◊ *Sie hatte einen kleinen Flirt mit dem jungen Mann an der Bar.* She flirted a little with the young man at the bar.
flirten flirt
Flittchen slut (*abwert, beleidigend*)
Flitterwochen honeymoon ◊ *Sie sind in die Flitterwochen gefahren.* They have gone on their honeymoon.
flitzen pop* ◊ *Er ist mal eben für eine Woche nach Italien geflitzt.* He's just popped over to Italy for a week.
Flitzer sporty little car
Flocke flake ◊ *Es schneit dicke Flocken.* Big flakes of snow are falling.
Floh flea ◊ *Der Hund hat Flöhe.* The dog's got fleas. IDM **jdm einen Floh ins Ohr setzen** put* an idea into sb's head
Flohbiss flea bite **Flohhalsband** flea collar **Flohmarkt** flea market ◊ *Das habe ich auf dem Flohmarkt gekauft.* I bought it at the flea market.
Flop flop
Flora flora [U]
Florett foil ◊ *Sie lernt mit dem Florett fechten.* She is learning foil fencing.
florieren flourish
florierend flourishing
Florist(in) florist ☞ G 2.2d ☞ *Hinweis bei* BAKER
Floskel (meaningless) phrase, cliché
Floß raft ◊ *Man kann mit einem Floß den See überqueren.* You can cross the lake on a raft.
Flosse 1 (*bei Fischen, Schiffen, Flugzeugen*) fin **2** (*bei anderen Wassertieren, Taucherflosse*) flipper
Floßfahrt raft trip ◊ *eine Floßfahrt machen* go on a raft trip
Flöte 1 (*Quer-*) flute ◊ *Ich spiele Flöte.* I play the flute. **2** (*Block-*) recorder ◊ *Sie spielt Flöte.* She plays the recorder.
flöten 1 (*Flöte spielen*) play the flute; (*Blockflöte*) play the recorder **2** (*Melodie*) play *sth* on the flute/recorder **3** (*säuseln*) wheedle **4** (*Vogel*) sing* IDM **flöten gehen** go* out of the window (*umgs*); (*besonders Geld*) go* down the drain (*umgs*)
Flötist(in) flautist, (*AmE*) flutist ☞ G 2.2d
flott 1 (*rasch*) fast, quick (*Adv* quickly); (*Tempo, Börsenhandel*) brisk (*Adv* briskly) ◊ *Er fährt ziemlich flott.* He's quite a fast driver. ◊ *Das ging ja flott!* That was quick! ◊ *Die Arbeiter kommen flott voran.* The workmen are getting on quickly. **2** (*schick*) smart (*Adv* smartly) ◊ *Du siehst aber flott aus heute.* You're looking very smart today. **3** (*locker*) fun-loving, fast ◊ *Sie führt ein flottes Leben.* She leads a fast life. ◊ *ein flotter Spruch* a wisecrack **4** (*unterhaltsam, schwungvoll*) lively* ◊ *Die Band spielt flotte Musik.* The band is playing lively music. ◊ *Der Roman ist flott geschrieben.* The novel is written in a lively style. **5** (*Boot*) afloat (*nicht vor Nomen*); (*Auto*) on the road, running; (*Maschine*) working
flottbekommen, flottmachen (*Boot*) get* *sth* afloat; (*Auto*) get* *sth* on the road, running; (*Maschine*) get* *sth* working; (*Firma*) get* *sth* back on its feet
Flotte (NAUT, AERO) fleet
Fluch 1 oath (*veraltet*); (*Schimpfwort*) swear word; **einen ~ ausstoßen** swear* **2** (*Verwünschung*) curse ◊ *Auf diesem Haus liegt ein Fluch.* There is a curse on this house. ◊ *jdn/etw mit einem Fluch belegen* curse sb/sth
fluchen 1 swear* **2 auf/über jdn/etw ~** curse sb/sth ◊ *Er fluchte über das Wetter.* He cursed the weather.
Flucht[1] (*Häuser-*) row; (*Zimmer-*) suite
Flucht[2] **1** (*das Fliehen*) escape [U/Sing] (*auch fig*), flight (*veraltet*) ◊ *seine Flucht aus dem Gefängnis* his escape from prison ◊ *die Flucht vor dem Alltag* escape from the daily grind ◊ *die Flucht ergreifen* take flight ◊ *jdn in die Flucht schlagen* put sb to flight. ◊ *Sie verhalf ihm zur Flucht ins Ausland.* She helped him to escape abroad. ◊ *auf der Flucht* on the run **2 die ~ in etw** (*Missbrauch*) ◊ *Bei vielen führt die Dauerbelastung zur Flucht in den Alkohol.* Long-term stress leads many people to resort to alcohol. IDM **die Flucht nach vorn antreten** take* the bull by the horns
fluchtartig hasty* (*Adv* hastily)   **Fluchtauto** getaway car
flüchten 1 flee* (*gehoben*); (*weglaufen*) run* away; (*erfolgreich*) escape ◊ *Sie flüchteten vor dem Hochwasser.* They fled from the floods. ◊ *Der Täter flüchtete mit einem Taxi.* The culprit escaped in a taxi. ◊ *Die Leute flüchteten auf die Straße.* People ran out onto the street. **2 sich ~** run*, take* refuge (*gehoben*) (*auch fig*) ◊ *Das Kind flüchtete sich zu seiner Mutter.* The child ran to its mother. ◊ *Sie flüchteten sich in eine Hütte.* They took refuge in a hut. ◊ *Er flüchtete sich in Sarkasmus.* He took refuge in sarcasm.
flüchtig 1 (*auf der Flucht*) fugitive (*nur vor Nomen*), on the run (*nicht vor Nomen*); (*nicht festgenommen*) at large (*nicht vor Nomen*) ◊ *ein flüchtiger Verbrecher* a criminal on the run ◊ *Der Bankräuber ist noch flüchtig.* The bank robber is still at large. ◊ *der flüchtige Unfallfahrer* the hit-and-run driver **2** (*kurz*) brief (*Adv* briefly); (*vergänglich*) fleeting (*Adv* fleetingly) ◊ *Ich kenne ihn nur flüchtig.* I have only met him briefly. ◊ *flüchtige Augenblicke* fleeting moments **3** (*oberflächlich*) cursory (*Adv* cursorily) ◊ *Bereits bei flüchtigem Lesen wird deutlich, dass ...* It is clear after even a cursory reading that ... **4** (*Gas, chemische Verbindung*) volatile
Flüchtige(r) fugitive
Flüchtigkeitsfehler careless mistake, slip
Flüchtling refugee
Flüchtlingslager refugee camp
Flucht- Fluchtversuch escape attempt **Fluchtweg** escape route **2** (*Notausgang*) emergency exit
Flug flight ◊ *der Flug eines Vogels* the flight of a bird ◊ *Das Flugzeug befindet sich auf dem Flug nach Moskau.* The aircraft is on a flight to Moscow. ◊ *Mein Flug geht um 9 Uhr 30.* My flight is at 9.30. IDM **wie im Fluge vergehen** fly* by ◊ *Die Urlaubstage vergingen wie im Fluge.* The holiday just flew by.
Flugangst fear of flying   **Flugbegleiter(in)** flight attendant ☞ G 2.2d   **Flugbetrieb** air traffic **Flugblatt** flyer
Flügel (ANAT, POL, SPORT, ARCHIT) wing ◊ *Die Ente schlug mit den Flügeln.* The duck flapped its wings. ◊ *der westliche Flügel des Schlosses* the west wing of the palace **2** (*Lungen-*) lung; (*Nasen-*) nostril; (*Altar-*) panel; (*Tür-*) door; (*Fenster-*) casement **3** (*Hubschrauber-, Ventilator-*) blade; (*Windmühlen-*) sail, vane **4** (MUS) grand piano* ◊ *jdn am Flügel begleiten* accompany sb on the grand piano
Fluggast (airline) passenger
flügge 1 (*Vogel*) fully-fledged, (*AmE*) full-fledged **2** (*Kinder*) grown up, independent
Flug- Fluggesellschaft airline ☞ G 1.3b **Fluggeschwindigkeit** flying speed; (*Rakete*) velocity; (*Vogel, Insekt*) speed of flight **Flughafen** airport ◊ *auf dem Hamburger Flughafen* at Hamburg airport **Flughafengebäude** terminal building **Flughafensteuer** airport charges [Pl] **Flughöhe** altitude **Flugkapitän** captain (of an/the aircraft) **Fluglärm** aircraft noise **Fluglehrer(in)** flying teacher ☞ G 2.2d **Fluglinie 1** (*Gesellschaft*) airline ☞ G 1.3b ◊ *Mit welcher Fluglinie fliegst du?* What airline are you flying with? **2** (*Strecke*) route **Fluglotse, -lotsin** air traffic controller ☞ G 2.2d **Flugplatz** airfield; (*größer*) airport
flugs swiftly
Flug- Flugschein 1 (*Ticket*) air ticket **2** (*Pilotenschein*) pilot's licence, (*AmE*) pilot's license **Flugschreiber** flight recorder **Flugstunde 1** (*Pilot, Flugzeug*) flying hour **2** (*Entfernung*) ◊ *zwei Flugstunden von Bonn entfernt* two hours from Bonn by air **Flugticket** air ticket **Flugverbindung** flight ◊ *Die Flugverbindungen waren unterbrochen.* Flights were cancelled. ◊ *Es gibt keine direkte Flugverbindung.* There are no direct flights. **Flugverbot** ban on flying **Flugverkehr** air traffic **Flugzeit** flight time
Flugzeug plane, aircraft (*offiz*) ◊ *mit dem Flugzeug fliegen* go by plane/by air
Flugzeugabsturz plane crash ◊ *Er kam bei einem Flugzeugabsturz ums Leben.* He was killed in a plane crash.
Flugzeugführer(in) hijacker **Flugzeugentführung**

Flugzeugträger

hijacking **Flugzeugträger** aircraft carrier **Flugzeugunglück** plane crash
Flunder flounder
flunkern tell* stories; (*lügen*) fib*
Fluor fluorine
fluoreszierend fluorescent
Fluorid fluoride
Flur (*Gang*) corridor; (*Diele*) hall ◊ *Ich traf sie auf dem Flur.* I met her in the corridor.
Fluss 1 river ◊ *eine Hütte am Fluss* a cabin by the river ◊ *die Städte am Fluss* the towns on the river **2** (*Kontinuität*) flow ◊ *der freie Fluss der Informationen* the free flow of information **3 im ~ sein** (*im Gange*) be in progress; (*sich verändernd*) be in a state of flux ◊ *Die Gespräche sind noch im Fluss.* The talks are still in progress. ◊ *Das europäische Recht ist noch im Fluss.* European law is still in a state of flux. **4 in ~ kommen/geraten** get* going
flussabwärts downstream **Flussarm** arm of a/the river
flussaufwärts upstream **Flussbett** river bed
flüssig 1 liquid; (*Metalle, Glas*) molten ◊ *flüssiges Augen-Make-up* liquid eye make-up ◊ *Ich konnte nur flüssige Nahrung zu mir nehmen.* I was only able to take liquids. **2** (*ohne Stocken*) fluent (*Adv* fluently) ◊ *in flüssigem Englisch* in fluent English **3** (*Verkehr*) smoothly flowing **4** (*Geld, Kapital*) ready (*nur vor Nomen*); (*Mittel*) liquid ◊ *flüssige Mittel anhäufen* acquire liquid assets **5 etw ~ machen** (*bereitstellen*) provide sth; (*aufbringen*) raise sth [IDM] **flüssig sein** have some money **nicht flüssig sein** be broke
Flüssigkeit liquid; (*Körper-*) fluid ◊ *eine farblose Flüssigkeit* a colourless liquid ◊ *Sie sollten viel Flüssigkeit zu sich nehmen.* You should drink plenty of liquids.
Fluss- Flusskrebs crayfish, (*AmE*) crawfish **Flusslauf** course of a/the river **Flussmündung** river mouth **Flusspferd** hippopotamus* **Flussufer** river bank ◊ *am südlichen Flussufer* on the southern bank of the river
flüstern whisper ◊ *Sie flüsterte ihm etwas ins Ohr.* She whispered something in his ear. ◊ *Sie unterhielten sich flüsternd.* They talked in whispers.
Flut 1 tide; (*Höchststand*) high tide ◊ *Das Schiff lief mit der Flut aus.* The ship went out on the tide. ◊ *Es ist Flut.* The tide is in. ◊ *Die Flut kommt.* The tide is coming in. **2 Fluten** water ◊ *Sie stürzten sich in die Fluten.* They plunged into the water. **3** (*Überschwemmung*) floods [Pl] ◊ *bei einer Flut* in the floods **4** (*große Menge*) flood ◊ *eine Flut von Protestbriefen* a flood of protest letters
fluten 1 (*strömen*) flood, stream ◊ *Das Wasser flutete über die Bordwand.* The water flowed over the side of the ship. ◊ *Die Menschen fluten zum Arbeitsamt.* People are flooding to the job centre. ◊ *Das Sonnenlicht flutet ins Zimmer.* Sunlight is streaming into the room. **2** (*überschwemmen*) flood ◊ *Das Tal musste geflutet werden.* The valley had to be flooded.
Flut- Flutkatastrophe flood disaster **Flutlicht** floodlight [meist Pl] ◊ *bei/unter Flutlicht* under floodlights **Flutwelle 1** tidal wave **2** (*in einer Flussmündung*) bore
Föderalismus federalism
föderalistisch federalist
Föderation federation
Fohlen foal
Föhn 1 (*Gerät*) hairdryer **2** (*Wind*) = wind that brings warm air from the Mediterranean to the area north of the Alps, föhn, foehn
föhnen blow-dry* ◊ *Einmal waschen, schneiden und föhnen.* Wash, cut and blow-dry. ◊ *sich/jdm die Haare föhnen* blow-dry your/sb's hair
Fokus focus (*auch fig*) ◊ *der Fokus der Romane* the focus of the novels ◊ *Sie wollen den Fokus mehr auf den Service richten.* They want to focus more on service.
fokussieren focus*; (**auf**) **etw ~** focus* on sth
Folge 1 (*Serie*) series* ◊ *eine Folge von Bildern/Diebstählen* a series of pictures/thefts ◊ *in loser Folge* in an occasional series ◊ *in dichter/rascher Folge* in quick succession **2** (*Teil einer Fernsehserie, eines Fortsetzungsromans*) part; (*einer Geschichte auch*) episode **3** (*Ergebnis*) result; (*Auswirkung*) consequence ◊ *Die Straße ist als Folge der heftigen Schneefälle blockiert.* The road is closed as a result of the heavy snowfall. ◊ *Er starb an den Folgen eines Reitunfalls.* He died as a result of a riding accident. ◊ *die Folgen*

(*von etw*) *tragen müssen* have to bear the consequences (of sth) ◊ *Das könnte böse Folgen haben.* That could have serious consequences. ☛ *Hinweis bei* EFFECT[2] **4 etw zur ~ haben** lead* to sth ◊ *Die Kürzungen hatten zur Folge, dass Krankenhäuser geschlossen wurden.* The cuts led to hospitals being closed. [IDM] **in der Folge** (*im Anschluss*) subsequently; (*als Ergebnis*) consequently **in der Folge von etw** (*im Anschluss*) following sth; (*als Ergebnis*) as a result of sth **in Folge** in a row ◊ *sieben Tore in Folge* seven goals in a row **einer Sache Folge leisten** (*Befehl*) obey sth; (*Aufforderung, Beschluss*) comply with sth; (*Einladung, Vorschlag*) accept sth
folgen 1 jdm/etw ~ follow sb/sth ◊ *Bitte folgen Sie mir.* Follow me, please. ◊ *einem Rat/einer Anweisung folgen* follow advice/directions ◊ *einem Beispiel/Vorbild folgen* follow an example ◊ *Ich konnte seinen Erklärungen nicht folgen.* I couldn't follow his explanations. ◊ *Können Sie mir folgen?* Do you follow me? ◊ *jdm auf Schritt und Tritt folgen* dog sb's footsteps **2 (jdm/etw) ~** (*gehorchen*) obey (sb/sth) **3 (auf etw) ~** follow (sth) ◊ *Auf den Blitz folgte der Donner.* The thunder followed the lightning. ◊ *Es folgt die Wettervorhersage.* And now the weather forecast. [IDM] **es folgt daraus/daraus folgt, dass …** it follows that … **wie folgt** as follows
folgende(r,s) 1 following ◊ *am folgenden Mittwoch* on the following Wednesday ◊ *unter folgender Adresse* at the following address **2 Folgendes** the following (*offiz*), the following points [Pl] ◊ *Für Montag steht Folgendes auf dem Programm, …* For Monday the following is planned … ◊ *Es ist Folgendes zu beachten …* The following points should be borne in mind …
folgendermaßen like this ◊ *Das macht man folgendermaßen.* You do it like this.
folgenschwer (*Fehler, Unfall, Sturz*) serious; (*Entscheidung*) momentous
folgerichtig (*logisch*) logical (*Adv* logically); (*als Folge*) consequently ◊ *eine folgerichtige Konsequenz* a logical consequence
folgern etw (aus etw) ~ conclude sth from sth ◊ *Daraus folgerte sie, …* From that she concluded that … ☛ *Hinweis bei* CONCLUDE
Folgerung conclusion ◊ *eine Folgerung ziehen* draw a conclusion
folglich therefore, consequently (*gehoben*) ◊ *Morgen findet eine Demonstration statt. Folglich ist die Innenstadt für den Verkehr gesperrt.* Tomorrow there's going to be a demonstration. The town centre will therefore be closed to traffic. ☛ *Hinweis bei* RESULT[1]
folgsam obedient (*Adv* obediently)
Folie 1 film; (*Klarsicht-*) cling film, (*AmE*) plastic wrap; (*Alu-*) foil; (*Overhead-*) overhead transparency* **2** (*Hintergrund*) background ◊ *Die geschichtlichen Ereignisse bilden die Folie des Films.* Historical events form the background of the film.
Folklore folklore
folkloristisch folk
Folter torture [U] ◊ *die Folter anwenden* use torture ◊ *unter der Folter abgelegte Geständnisse* confessions made under torture ◊ *Sein stundenlanges Geschwätz war die reinste Folter!* His endless chatter was pure torture! [IDM] **jdn auf die Folter spannen** keep* sb on tenterhooks
Folterinstrument instrument of torture **Folterkammer** torture chamber **Folterknecht** torturer
foltern torture ◊ *Der Gefangene wurde zu Tode gefoltert.* The prisoner was tortured to death.
Folterung torture [U] ◊ *an Folterungen beteiligt sein* be involved in torture
Fonds 1 fund **2** (*Wertpapier-, Aktien-*) unit trust, (*AmE*) mutual fund
Fondue fondue
Fontäne fountain
forcieren (*erzwingen*) force; (*fördern, steigern*) boost; (*beschleunigen*) speed *sth* up ◊ *Einsicht kann man nicht forcieren.* You can't force insight. ◊ *Der Export soll forciert werden.* Exports are to be boosted. ◊ *Die neue Regierung will die Reformen forcieren.* The new government wants to speed up reforms. ◊ *das Tempo forcieren* force the pace
Förderband conveyor belt
Förderer, Förderin 1 (*Mäzen*) patron **2** (*Befürworter*) advocate

förderlich beneficial ◊ *der Gesundheit förderlich sein* be beneficial to health ◊ *sich förderlich auf die Umwelt auswirken* have a beneficial effect on the environment

fordern 1 (*verlangen*) demand ◊ *Die Entführer forderten ein hohes Lösegeld.* The kidnappers demanded a high ransom. ◊ *Der Verein fordert Rechenschaft vom Kassenwart.* The club is demanding an explanation from the treasurer. **2** (*beanspruchen*) claim ◊ *Das Hochwasser hat mehrere Menschenleben gefordert.* The floods claimed the lives of several people. ◊ *von der Versicherung eine Entschädigung fordern* claim compensation from the insurance **3** (*Preis*) ask ◊ *Welchen Preis kann ich fordern?* What price can I ask? **4** (*herausfordern*) challenge ◊ *jdn zum Duell fordern* challenge sb to a duel ◊ *ein Beruf, der einen zu wenig fordert* a profession that is not challenging enough

fördern 1 (*Interesse, Export, Entwicklung, Verständnis*) promote; (*Talent, Aktivitäten*) encourage; (*Verdauung*) aid **2** (*finanziell*) support, sponsor ◊ *Die Industrie fördert die Forschung.* Industry supports research. ◊ *Das Festival wird von Geschäftsleuten gefördert.* The festival is sponsored by business people. **3** (*Bodenschätze*) extract; (*Kohle, Erz*) mine

fordernd challenging (*Adv* challengingly); (*herrisch*) imperious (*Adv* imperiously)

Forderung 1 demand ◊ *Forderungen an jdn stellen* make demands on sb ◊ *eine Forderung erfüllen* meet a demand ◊ *die Forderung der Gewerkschaft nach einer Lohnerhöhung* the union's demand for a pay increase ◊ *auf Forderung der Opposition* at the request of the opposition **2** (*finanziell*) claim; (*Schulden*) debt ◊ *eine Forderung an jdn haben* have a claim against sb ◊ *eine Forderung eintreiben* collect a debt **3** (*Erfordernis*) imperative ◊ *eine sittliche Forderung* a moral imperative ◊ *die Forderung des Tages* the order of the day

Förderung 1 (*Unterstützung*) promotion; (*Ermutigung*) encouragement ◊ *die Förderung des Tourismus* the promotion of tourism ◊ *Hormone zur Förderung des Wachstums* growth-promoting hormones ◊ *So ein Talent verdient Förderung.* Such talent deserves encouragement. ◊ *Gymnastik zur Förderung der Rückenmuskulatur* exercises to strengthen the back muscles **2** (*finanziell*) support; (*Beihilfe*) grant ◊ *die finanzielle Förderung des Vereins* financial support for the club ◊ *ein Preis zur Förderung begabter Jugendlicher* a prize to support gifted young people **3** (*Abbau*) extraction; (*Kohle, Erz auch*) mining

Forelle trout

Forke pitchfork

Form 1 (*Umriss, Gestalt*) shape ◊ *Die Schale hat die Form eines Blattes.* The dish is in the shape of a leaf. ◊ *Der Pullover ist aus der Form geraten.* The jumper has gone out of shape. **2** *Formen* (*Figur*) figure ◊ *Sie hat ziemlich üppige Formen.* She has a rather full figure. **3** (*Struktur*) form ◊ *Vitamine in Form von Obst und Gemüse* vitamins in the form of fruit and vegetables ◊ *in gefrorener/flüssiger Form* in frozen/liquid form ◊ *Das Gesuch darf keinen Fehler in der Form aufweisen.* The petition must be presented in the correct form. **4** (*Modell*) way ◊ *Wir suchen nach neuen Formen des Zusammenlebens.* We are seeking new ways of living together. **5** (*Konvention*) etiquette; (*Manieren*) good manners [Pl] ◊ *Die Form verlangt, dass ein Kardinal mit „Eminenz" angeredet wird.* Etiquette demands that a cardinal is addressed as 'Your Eminence'. **6** (*Behälter*) mold, (*AmE*) mold; (*Back-*) cake tin, baking tin, (*AmE*) baking pan **IDM** *der Form halber* as a matter of form *Form(en) annehmen* **1** (*konkreter werden*) take* shape ◊ *Das Projekt nimmt langsam feste/konkrete Formen an.* The project is beginning to take shape. **2** (*sich negativ entwickeln*) be getting beyond a joke ◊ *Seine Arroganz nimmt Formen an – es ist unglaublich!* His arrogance is getting beyond a joke – it's unbelievable! *in Form* fit; on form ◊ *trainieren, um in Form zu bleiben* train to keep fit ◊ *Du bist aber heute gut/nicht gut in Form!* You're on form/not on form today!

formal 1 (*technisch, äußerlich*) technical (*Adv* technically) ◊ *ein formaler Fehler* a technical error ◊ *Sie sind formal im Recht.* Technically, you are right. **2** (*offiziell*) formal (*Adv* formally) ◊ *die formale Anerkennung eines Landes* the formal recognition of a country **3** (*die Struktur betreffend*) from the point of view of form ◊ *Der Film ist formal sehr innovativ.* The film is very innovative from the point of view of form.

Formaldehyd formaldehyde

Formalität formality* ◊ *Das ist eine reine Formalität.* That's a pure formality. ◊ *Sie erledigten die Formalitäten.* They completed the formalities.

Format 1 size; (*Bild-, Buch-, Papier- auch*) format ◊ *ein handliches Format* a handy size **2** (*Rang, Qualität*) quality; (*Menschen*) standing ◊ *ein Politiker von internationalem Format* a politician of international standing ◊ *eine Frau von Format* a highly competent woman ◊ *Hat er das nötige Format für diese Aufgabe?* Has he got what it takes for this job?

formatieren format*

Formation 1 (*Gruppe*) group ◊ *Eine Formation von Musikanten ging an der Spitze des Zuges.* A group of musicians led the procession. ☛ G 1.3b **2** (*Herausbildung, Anordnung*) formation ◊ *die Formation bestimmter sozialer Gruppen* the formation of certain social groups ◊ *in Formation fliegen/tanzen* fly/dance in formation

Formblatt form

Formel 1 formula* ◊ *eine mathematische Formel* a mathematical formula ◊ *ein Formel-1-Rennen* a Formula One race **2** (*Spruch*) expression; (*Motto*) slogan; (*Floskel*) phrase ◊ *die Formel von der „schlanken Produktion"* the expression 'lean production' ◊ *Die Formel lautet: „Je mehr, desto besser."* The slogan is: 'The more, the better'. ◊ *eine nichts sagende Formel* a meaningless phrase

formell 1 formal (*Adv* formally) ◊ *ein formeller Beschluss* a formal resolution **2** (*der Form nach*) technical (*Adv* technically); (*offiziell*) official (*Adv* officially)

formen 1 form; (*einen bestimmten Umriss geben*) shape ◊ *Seine Lippen formten sich zu einem stummen Schrei.* His lips formed a silent scream. ◊ *Die Militärzeit hat seinen Charakter geformt.* His time in the army formed his character. ◊ *aus dem Teig Brote formen* shape the dough into loaves ◊ *eine Mannschaft formen* build a team **2** *jdn/etw zu etw ~* make* sb/sth into sth

formieren 1 (*aufstellen*) form; **sich ~** form up; *sich zu etw ~* form sth ◊ *eine Kolonne formieren* form a column ◊ *Der Karnevalszug formierte sich.* The carnival procession formed up. ◊ *Die Tänzer formierten sich zu einem großen Kreis.* The dancers formed a big circle. **2** *sich ~* (*sich bilden*) be formed ◊ *Es formieren sich ständig neue Vereine.* New organizations are constantly being formed. ◊ *Die alten Parteien haben sich wieder formiert.* The old parties have re-formed themselves.

-förmig -shaped ◊ *herzförmig* heart-shaped ◊ *sternförmig* star-shaped ◊ *kreisförmig* circular

förmlich 1 *Adj* formal (*Adv* formally) ◊ *eine förmliche Erklärung* a formal declaration **2** *Adv* (*geradezu*) positively, absolutely; (*fast*) practically ◊ *Sie sprüht förmlich vor Energie.* She's absolutely bursting with energy. ◊ *Man kann das Gras förmlich wachsen sehen.* You can practically see the grass growing. ◊ *Der Eindruck drängt sich förmlich auf, dass ...* You really can't help feeling that ...

Förmlichkeit formality*

formlos 1 (*ohne vorgeschriebene Form*) informal (*Adv* informally) **2** (*umrisslos*) shapeless

Formsache formality* ◊ *Das ist reine Formsache.* It's purely a formality.

formschön elegant

Formular form

formulieren (*ausdrücken*) put*, phrase, express; (*in bestimmter Weise ausdrücken*) word; (*schreiben*) write* ◊ *..., wie sie es formuliert.* ..., as she puts it. ◊ *Können Sie das bitte anders formulieren?* Could you please rephrase that? ◊ *eine scharf formulierte Erklärung* a strongly worded statement ◊ *Der Text ist gut formuliert.* The text is well written. ☛ Die Verben **put**, **phrase**, **word** und **express** brauchen ein Objekt: *Sie kann knapp und präzise formulieren.* She's good at putting things succinctly. ◊ *Er hat Schwierigkeiten beim Formulieren.* He has difficulty expressing himself.

Formulierung 1 (*das Formulieren*) (oft mit einem Verb übersetzt) ◊ *Die Formulierung der Frage fiel ihm schwer.* He didn't know how to phrase the question. ◊ *Ich helfe dir bei der Formulierung des Schreibens.* I'll help you to draft the letter. **2** (*Worte*) wording; (*Formel*) phrase ◊ *die scharfe Formulierung des Briefes* the strong wording of the letter ◊

forsch

Er gebraucht häufig diese Formulierung. He often uses this phrase.
forsch (*resolut*) forceful (*Adv* forcefully); (*dynamisch*) dynamic (*Adv* dynamically) ◊ *ihre forsche Art* her forceful manner
forschen 1 (*wissenschaftlich untersuchen*) carry* out research, do* research ◊ *Sie forscht seit zehn Jahren auf dem Gebiet.* She has been doing research in this field for ten years. **2 nach jdm/etw ~** (*suchen*) search for sb/sth ◊ *Die Polizei forschte nach dem Täter.* The police searched for the culprit. ◊ *Sie forschen nach einem Heilmittel.* They are searching for a cure.
forschend searching (*Adv* searchingly)
Forscher(in) 1 researcher; (*Naturwissenschaftler auch*) scientist **2** (*Entdecker*) explorer
Forschung ~ (**an/über etw**) research (on sth) [U] ◊ *die medizinische Forschung* medical research ◊ *Er arbeitet in der Forschung.* He works in research. ◊ *Neue Forschungen haben ergeben, dass ...* New research has shown that ... **Forschungsarbeit** research [U] **Forschungseinrichtung** research institute **Forschungsergebnis** result of the research **Forschungsgebiet** field of research **Forschungsgruppe** research team **Forschungsinstitut** research institute **Forschungsprogramm** research programme (*AmE*) research program **Forschungsprojekt** research project **Forschungszentrum** research centre, (*AmE*) research center
Forst forest
Förster(in) forester ☞ G 2.2d
Forstwirtschaft forestry
fort 1 away ◊ *Fort mit dir!* Get away! **2 ~ sein** have gone ◊ *Mein Schal ist fort.* My scarf has gone. ◊ *Sind sie schon lange fort?* Have they been gone long? IDM **in einem fort** on and on ◊ *Er redete in einem fort.* He talked on and on. **und so fort** and so on
Fort fort
fortbestehen continue to exist
Fortbestehen continued existence
fortbewegen 1 sich ~ move; (*herumkommen*) get* around; (*reisen*) travel* **2 ~** (*von der Stelle bewegen*) move
Fortbewegungsmittel means* of transport
fortbilden 1 sich ~ do* further training ◊ *Er bildet sich in Abendkursen fort.* He is doing some further training at evening classes. **2 jdn ~** train sb
Fortbildung 1 (*das Fortbilden*) training ◊ *Die Firma investiert viel Geld in die Fortbildung.* The company invests a lot of money in training. **2** (*Kurs, Veranstaltung*) (training) course ◊ *Sie machte eine Fortbildung.* She did a course. ◊ *Ich habe morgen eine Fortbildung.* I'm on a course tomorrow.
fortfahren 1 (*weitermachen*) (**in/mit etw**) **~** go* on (with sth); **~ etw zu tun** go* on doing sth ◊ *Bitte fahren Sie fort.* Please go on. ◊ *Er fuhr in seiner Rede fort.* He went on with his speech. **2** (*abfahren*) leave*; (*wegfahren*) drive* away
fortführen 1 (*weiterführen*) carry* sth on, continue ◊ *Er führt das Geschäft seines Vaters fort.* He is carrying on his father's business. ◊ *Sie führte die Arbeit ihrer Vorgängerin fort.* She continued the work of her predecessor. **2** (*wegführen*) take* sb/sth away
Fortführung continuation; (*nach einer Unterbrechung*) resumption
fortgehen ⇨ WEGGEHEN
fortgeschritten 1 ⇨ FORTSCHREITEN **2** advanced ◊ *fortgeschrittene Schüler* advanced learners ◊ *im fortgeschrittenen Alter* at an advanced age ◊ *im fortgeschrittenen Stadium der Erkrankung* in advanced stages of the illness ◊ *zu fortgeschrittener Stunde* at a late hour
Fortgeschrittene(r) advanced student
Fortgeschrittenenkurs advanced course
fortkommen 1 (*wegkommen, weggehen*) get* away ◊ *Ich bin erst spät vom Büro fortgekommen.* I didn't get away from the office until late. ◊ *Mach, dass du fortkommst!* Clear off! **2** (*vorwärts kommen*) make* progress, get* on ◊ *Wir kamen nur mühsam fort.* It was very hard for us to make any progress. **3** (*abhanden kommen*) go* missing
fortlaufen ⇨ WEGLAUFEN
fortlaufend 1 (*durchgehend*) consecutive (*Adv* consecutively) ◊ *fortlaufend nummeriert* numbered consecutively **2** (*ständig*) continuous (*Adv* continuously) ◊ *Es trafen fortlaufend neue Nachrichten ein.* Fresh news was coming in continuously. **3** (*im Gang befindlich*) ongoing ◊ *fortlaufende Experimente* ongoing experiments
fortmüssen have to leave
fortpflanzen sich ~ 1 (*Lebewesen*) reproduce **2** (*Licht, Schall etc.*) travel*
Fortpflanzung reproduction
fortschreiten progress; (*weitergehen*) continue ◊ *Seine Krankheit schreitet erschreckend schnell fort.* His disease is progressing with frightening speed. ◊ *Wird das Bevölkerungswachstum weiter so rasch fortschreiten?* Will population growth continue at the same speed? ☞ *Siehe auch* FORTGESCHRITTEN
Fortschritt progress [U] ◊ *Er macht große Fortschritte.* He's making good progress. ◊ *der wirtschaftliche Fortschritt* economic progress ◊ *Das ist schon mal ein Fortschritt.* That's progress. ◊ *Auch kleine Fortschritte sind wichtig.* Small steps are important, too.
fortschrittlich progressive (*Adv* progressively) ◊ *fortschrittlich eingestellt sein* be progressive in your thinking
fortsetzen 1 continue; (*nach einer Unterbrechung auch*) resume ◊ *Sie setzten die Reise per Bus fort.* They continued their journey by bus. **2 sich ~** continue ◊ *Dieser Trend wird sich fortsetzen.* This trend is set to continue.
Fortsetzung 1 (*das Fortsetzen*) continuation, resumption (*oft mit einem Verb übersetzt*) ◊ *Die Fortsetzung der Verhandlungen ist für morgen anberaumt.* The talks are scheduled to continue tomorrow. **2** (*Folge*) next instalment, (*AmE meist*) installment; (*im Fernsehen, Radio*) next episode; (*von Filmen, Büchern*) sequel ◊ *Von dem Film soll eine Fortsetzung gedreht werden.* They're going to make a sequel to the film. ◊ *Fortsetzung folgt!* To be continued! ◊ *Fortsetzung auf Seite 3.* Continued on page 3.
fortziehen 1 (*umziehen*) move away ◊ *Sie ziehen von hier fort.* They're moving away (from here). **2** (*wegbewegen*) pull sb/sth away ◊ *Sie zog ihre Hand fort.* She pulled her hand away.
Forum 1 (*Diskussion*) discussion; (*Tagung*) conference **2** (*Gelegenheit zur Diskussion*) forum; (*Gelegenheit zum Auftreten*) showcase, platform ◊ *ein Forum der Interessen der Jugendlichen* a forum for the interests of young people ◊ *Die Galerie will jungen Künstlern ein Forum bieten.* The gallery will provide a showcase for young artists. ◊ *Solchen Menschen darf kein Forum gegeben werden.* These people should not be given a platform. **3** (*Raum*) entrance hall
fossil 1 fossil ◊ *fossile Brennstoffe* fossil fuels **2** (*versteinert*) fossilized
Fossil fossil (*auch fig*)
Foto photo* ◊ *Machst du mal ein Foto von mir?* Will you take a photo of me?
Fotoalbum photo album **Fotoapparat** camera
fotogen photogenic
Fotograf(in) photographer ☞ G 2.2d
Fotografie 1 (*Foto*) photograph **2** (*Technik, Kunst*) photography
fotografieren 1 (*Fotos machen*) take* photographs ◊ *Auf der Hochzeit wurde viel fotografiert.* A lot of photographs were taken at the wedding. ◊ *Sie kann unheimlich gut fotografieren.* She takes really good photographs. **2 jdn/etw ~** take* a photograph/photographs of sb/sth, photograph sb/sth (*gehoben*) ◊ *Hast du die Burg fotografiert?* Have you taken a photograph of the castle? ◊ *Er lässt sich nicht gerne fotografieren.* He doesn't like having his photograph taken.
fotografisch 1 photographic (*Adv* photographically) ◊ *ein fotografischer Effekt* a photographic effect **2** (*mit Fotos*) in photographs ◊ *etw fotografisch darstellen* show sth in photographs
Foto- Fotokopie photocopy*, copy* ◊ *eine Fotokopie von etw machen* make a copy of sth **fotokopieren** photocopy*, copy* **Fotokopierer** photocopier **Fotolabor** photographic laboratory* **Fotomodell** (photographic) model ☞ G 2.2d **Fotomontage** photo montage
Fötus foetus, (*AmE*) fetus
Foul foul ◊ *ein Foul begehen* commit a foul
Foulelfmeter penalty*
foulen 1 commit* a foul **2 jdn ~** foul sb
Foyer foyer

Fracht (*Ladung*) freight [U]; (*Schiffs-, Flugzeug-*) cargo*
Frachter freighter
Fracht- Frachtflugzeug cargo plane **Frachtschiff** cargo ship
Frack tails [Pl], tailcoat ◊ *im Frack* in tails/in a tailcoat
Frage question ◊ *jdm eine Frage stellen* ask sb a question ◊ *Er konnte die Frage nicht beantworten.* He couldn't answer the question. ◊ *eine Frage (an jdn) haben* have a question (for sb) ◊ *Gibt es noch Fragen?* Any more questions? ◊ *Auf die Frage, ob ...* In reply to the question as to whether ... ◊ *Es war eine Frage des Geldes.* It was a question of money. ◊ *die Frage der Einwanderung* the immigration question ◊ *Das ist gar keine Frage.* There's no doubt about that. ◊ *Es ist nur eine Frage der Zeit bis ...* It is only a matter of time before ... ☞ *Hinweis bei* ISSUE¹ IDM **außer Frage stehen/sein** ◊ *Das steht außer Frage.* There's no question about that. ◊ *Es steht außer Frage, dass ...* It is beyond question that ... **das ist die (große) Frage** that's the big question ◊ *Wie erfolgreich eine gemeinsame Währung sein wird, das ist die große Frage.* The big question is how successful a common currency will be. **ohne Frage** without doubt ☞ *Siehe auch* INFRAGE
Fragebogen questionnaire
fragen 1 ask ◊ „*Kommst du mit?" fragte sie.* 'Are you coming with us?' she asked. ◊ *Sie fragte ihn, ob ...* She asked him whether ... ◊ *Frag nicht so viel.* Don't ask so many questions. ◊ *Frag nicht so dumm!* Don't ask such stupid questions! ◊ *wenn ich fragen darf* if you don't mind me asking ◊ *Man wird doch wohl noch fragen dürfen!* I was only asking! ◊ „*Wo warst du so lange?" „Das frage ich dich!"* 'Where have you been?' 'I could ask you the same thing!' ◊ *Mach schon, frag nicht lang!* Don't ask questions – just do it. ◊ „*Was ist los mit dir?" „Da fragst du noch?"* 'What's wrong with you?' 'Surely you don't need to ask?' ◊ *Da fragst du mich zu viel.* I really couldn't say. **2** (**jdn**) **nach etw** ~ (*sich erkundigen*) ask (sb) sth, ask (sb) about/for sth ◊ *jdn nach dem Weg fragen* ask sb the way ◊ *Sie haben mich nicht nach meiner Meinung gefragt.* They didn't ask my opinion. ◊ *Ich wollte dich danach fragen.* I wanted to ask you about it. ◊ *Hast du dort schon mal nach Arbeit gefragt?* Have you asked about work there? ◊ *Wir wurden nicht nach unseren Pässen gefragt.* We were not asked for our passports. **3 nach jdm** ~ (*sich erkundigen*) ask after sb; (*jdn sprechen wollen*) ask for sb ◊ *Sie fragt in jedem Brief nach dir.* She always asks after you in her letters. ◊ *Hat jemand nach mir gefragt?* Did anyone ask for me? **4 nach jdm/etw** ~ (*sich kümmern*) care about sb/sth ◊ *Keiner fragt nach ihr.* Nobody cares about her. ◊ *Wer fragt schon danach, wie es mir geht?* Who cares about how I am? **5 jdn** (**um etw**) ~ ask sb (for sth) ◊ *Ich muss erst meine Mutter* (*um Erlaubnis*) *fragen.* I must ask my mother's permission) first. **6** (**jdn**) **wegen einer Sache** ~ ask sb about sth ◊ *Hast du schon mal wegen Samstag gefragt?* Have you asked about Saturday yet? **7 sich** ~ wonder ◊ *Ich frage mich, ob sie kommt.* I wonder whether she will come. ◊ *Da muss man sich fragen, ob ...* You can't help wondering whether ... ◊ *Es fragt sich, ob ...* The question is whether ... IDM **Fragen kostet nichts** there's no harm in asking ☞ *Siehe auch* LOCH
Frage- Fragesatz interrogative sentence **Fragestellung** question ◊ *Die Fragestellung lautet ...* The question is ... ◊ *Es kommt auf die richtige Fragestellung an.* The important thing is to ask the right questions. **Fragestunde** question time [U] **Fragewort** question word, interrogative **Fragezeichen** question mark
fraglich 1 doubtful ◊ *Es ist fraglich, ob er kommt.* It's doubtful whether he'll come **2** (*besagt*) in question (*nicht vor Nomen*) ◊ *zur fraglichen Zeit* at the time in question
Fragment fragment
fragmentarisch fragmentary ◊ *Sein Werk ist nur noch fragmentarisch erhalten.* His work only survived in fragmentary form.
fragwürdig doubtful; (*zwielichtig*) dubious ◊ *Es scheint fragwürdig, ob ...* It seems doubtful whether ... ◊ *Die Sache kommt mir sehr fragwürdig vor.* It all seems very dubious to me.
Fraktion (*im Parlament*) parliamentary party* ☞ G 1.3b, (*AmE*) congressional party* ☞ G 1.3b; (*im Ortsbeirat etc.*) group; (*Sondergruppe*) faction
Fraktionssprecher(in) party spokesperson*
Franchise franchise

Franchise-Geber(in) franchiser **Franchise-Nehmer(in)** franchisee **Franchise-Unternehmen** franchise
Franken Swiss franc
frankieren frank ◊ *einen Brief frankieren* frank a letter ◊ *ein frankierter Brief* a stamped letter
Franse 1 Fransen fringe ◊ *ein Tuch mit Fransen* a cloth with a fringe **2** (*Strähne*) strand
fransig IDM ⇒ MUND
Fraß food, muck (*umgs, abwert*) ◊ *Sie hat uns einen furchtbaren Fraß vorgesetzt.* She put some revolting food in front of us. ◊ *Man konnte den Fraß kaum essen.* We could hardly eat the muck we were given.
Fratze (ugly) face ◊ *eine Fratze schneiden/ziehen* pull a face ◊ *sein Gesicht verzog sich zu einer Fratze.* His face was contorted into a grimace.
Frau 1 woman* ◊ *Frauen und Kinder* women and children **2** (*Ehefrau*) wife* ◊ *Er hat sie gefragt, ob sie seine Frau werden will.* He asked her to be his wife. **3** (*Anrede*) Ms; (*bei verheirateter Frau*) Mrs ◊ *Frau Müller* Ms/Mrs Müller ◊ *Frau Doktor* Doctor ◊ *Frau Dr. Huber* Dr Huber ◊ *Frau Professorin* Professor ◊ *Frau Ministerin* Minister ☞ *Hinweis bei* PROFESSOR, S. 1151. IDM ⇒ LEBEN *und* TAT
Frauchen mistress
Frauen- Frauenarzt, -ärztin gynaecologist, (*AmE*) gynecologist ☞ G 2.2d **Frauenbeauftragte(r)** women's representative **Frauenberuf** job for women **Frauenbewegung** women's movement **frauenfeindlich** anti women (*nicht vor Nomen*), misogynistic ◊ *frauenfeindliche Werbung* advertising that is anti-women **Frauenfeindlichkeit** hostility to women, misogyny (*gehoben*) **Frauenhaus** (women's) refuge **Frauenrechtlerin** feminist **Frauenstimme** woman's voice **Frauenwahlrecht** women's suffrage [U]
Fräulein 1 (*jung*) young lady*; (*alt*) spinster **2** (*allgemeine Anrede*) Miss (*veraltet*) ◊ *ein Brief an Fräulein Schmidt* a letter to Miss Schmidt ☞ *Hinweis bei* MISS **3** (*Kellnerin*) ◊ *Fräulein, bitte zahlen!* Can we have the bill please?
Freak freak
frech 1 cheeky* (*Adv* cheekily), (*AmE*) fresh ◊ *Werd ja nicht frech!* Don't get cheeky! ◊ *Sei nicht so frech!* Don't be so cheeky! ◊ *... antwortete er frech* ...he answered cheekily ◊ *frech grinsen* grin cheekily ◊ *freche Antworten geben* answer back ◊ *freche Lügen* barefaced lies **2** (*keck*) saucy*
Frechheit cheek [U/Sing] ◊ *Er besaß auch noch die Frechheit, es zu sagen!* He even had the cheek to say it! ◊ *eine bodenlose Frechheit* an incredible cheek ◊ *so eine Frechheit!* What (a) cheek!
frei
● **ohne Zwang, Hindernisse, Kosten 1** free (*Adv* freely) ◊ *freie Wahlen* free elections ◊ *die freie Wirtschaft* the free market economy ◊ *Die Übersetzung ist zu frei.* The translation is too free. ◊ *freie Wahl haben* have a free choice ◊ *Er lehnte aus freiem Willen ab.* He declined of his own free will. ◊ *keine freie Minute haben* never have a free minute ◊ *Wann ist Dr. Simon frei?* When will Dr Simon be free? ◊ *Der Eintritt ist frei.* Admission is free. ◊ *Die Getränke waren frei.* The drinks were free. ◊ *sich frei bewegen* move around freely ◊ *frei nach Dickens* freely adapted from Dickens' novel ◊ *Alle Getränke frei!* Drinks are on the house! ◊ *20 kg Gepäck sind frei.* There is a 20 kg luggage allowance. ◊ *das Recht auf freie Arztwahl* the right to choose your doctor **2** (*uneingeschränkt*) unrestricted ◊ *freien Zugang zu den Märkten gewähren* provide unrestricted access to the markets ◊ *einen freien Blick auf etw haben* have an unimpeded view of sth ◊ *Anlieger frei* Access only ◊ *Freier Kartenverkauf.* Tickets on sale to the general public. ◊ *Der Film ist frei ab 12* (*Jahren*). No admission to persons under 12. ◊ *Die Autobahn Lille–Paris war wieder frei.* The Paris–Lille motorway had been cleared. **3** ~ **von etw** free from/of sth ◊ *frei von Schmerzen* free from pain ◊ *frei von chemischen Zusätzen* free of chemical additives ◊ *Ihre Beziehung war nicht frei von Konflikten.* Their relationship was not trouble-free. **4** (*ohne Vorlage*) ◊ *frei zeichnen* draw freehand ◊ *frei sprechen* speak without notes ◊ *eine freie Rede* an off-the-cuff speech ◊ *frei erfunden sein* be entirely fictitious ◊ *Format und Gestaltung sind frei.* The format and design are up to you. **5** (*Fußball*) unmarked
● **unabhängig 6** independent; (*nicht fest angestellt*) freelance ◊ *freie Völker* independent nations ◊ *als freier Jour-*

Freibad

nalist arbeiten be a freelance journalist ◊ *freie Mitarbeiter beschäftigen* employ freelancers ◊ *freier Mitarbeiter sein* be freelance ◊ *in der freien Wirtschaft tätig sein* work in the private sector
- **unbedeckt 7** (*nicht bedeckt*) bare ◊ *Das Top lässt den Bauch frei.* The top leaves your midriff bare. ◊ *sich frei machen* take your clothes off ◊ *den Oberkörper frei machen* strip to the waist **8** (*offen*) open ◊ *auf freiem Feld* in open country ◊ *ein freier Meinungsaustausch* an open exchange of views ◊ *im Freien* in the open (air) ◊ *ins Freie gehen* go outside ◊ *Konzerte unter freiem Himmel* open-air concerts ◊ *auf freier Strecke anhalten* stop between stations
- **nicht besetzt 9** free; (*Toilette, Wohnung, Stelle*) vacant ◊ *Ist ein Tisch frei?* Is there a table free? ◊ *Ist der Platz noch frei?* Is this seat free? ◊ *freie Stellen* situations vacant ◊ *In der Firma ist eine Stelle frei.* The firm has a vacancy. ◊ *Taxi frei.* For hire. ◊ *Es sind nur noch wenige Plätze frei.* There are only a few tickets left. ◊ *Für den Ausflug sind noch einige Plätze frei.* There are still a few places left for the trip. ◊ *Haben Sie ein Zimmer frei für heute Nacht?* Have you got a room for tonight please? ◊ *Die erste Reihe muss frei bleiben.* Please leave the front row empty. ◊ *ein freier Tag* a day off
- **verbale Ausdrücke 10 ~ laufen** run free ◊ *Lass die Hunde doch frei laufen.* Let the dogs run free. ◊ *Der Mörder läuft noch frei herum.* The murderer is still at large. **11 ~ laufend** free range ◊ *Eier von frei laufenden Hühnern* free-range eggs **12 ~ lebend** (living) in the wild (*nicht vor Nomen*) **13 ~ stehend** free-standing; (*Haus*) detached ☛ *Siehe auch* FREISTEHEN **14 ~ werden** be released; (*Dampf e*) be given off IDM ⇒ BAHN, FUSS, HAND, HAUS, LEBER, REDE, RÜCKEN, SCHNAUZE *und* STÜCK

Freibad open-air swimming pool **freibekommen 1** get* time off; **etw ~** get* sth off ☛ G 9.7c ◊ *Ich habe von meinem Chef für die Beerdigung freibekommen.* My boss let me have time off to go to the funeral. ◊ *einen Tag freibekommen* get a day off **2** *jdn* **~** obtain sb's release ◊ *jdn durch Lösegeld freibekommen* obtain sb's release by paying a ransom ◊ *jdn gegen Kaution freibekommen* get sb off on bail **3** (*lösen*) release **Freiberufler(in)** freelance(r) ☛ G 2.2d **freiberuflich** freelance ◊ *freiberuflich tätig sein* work freelance **Freibetrag** tax allowance **Freibier** free beer
Freier (prostitute's) client, punter (*umgs*), john (*umgs*)
Frei- Freiexemplar free copy* **freifinanziert** privately financed **Freigabe** release (*oft mit einem Verb übersetzt*); (*Straße etc.*) (re)opening ◊ *Der Fußballspieler verhandelt über Freigabe.* The footballer is negotiating a release from his contract. ◊ *die Freigabe der Gelder* releasing the funds ◊ *die Freigabe weicher Drogen* legalizing soft drugs **freigeben 1** *jdn* **~** release sb; (*Sportler, Filmstar*) release sb from their contract **2** *etw* **~** (*Straße*) (re)open sth; (*Drogen etc.*) legalize ◊ *eine Brücke für den Verkehr freigeben* (re)open a bridge to traffic ◊ *Der Film ist für Kinder ab 6 Jahren freigegeben.* The film has been passed as suitable for children over six. ◊ *Preise/Wechselkurse freigeben* remove price/currency controls **3** *etw zu etw* **~** release sth for sth ◊ *Akten zur Einsicht freigeben* release documents for inspection ◊ *Die Maschine wurde zum Start freigegeben.* The plane was cleared for take-off. **4** *jdm* **~** give* sb time off; **jdm etw ~** give* sb sth off ◊ *Er gab mir für die Beerdigung frei.* He gave me time off for the funeral. ◊ *Sie gab uns einen Tag frei.* She gave us a day off. **freigiebig** generous **freihaben** have time off; **etw ~** have sth off ◊ *Hast du nie frei?* Do you never have any time off? ◊ *den Tag freihaben* have a day off ◊ *Meist habe ich mittwochs frei.* I usually have Wednesday off.
freihalten 1 keep* sth free ◊ *Kannst du dir den Abend freihalten?* Can you keep the evening free? ◊ *jdm einen Platz freihalten* keep a seat for sb **2 etw (von etw) ~** keep* sth clear (of sth) ◊ *Einfahrt bitte freihalten!* Keep exit clear! IDM ⇒ RÜCKEN
Frei- Freihandel free trade **freihändig** with no hands
Freiheit 1 freedom [U]; (*Philosophie, Politik auch*) liberty* ◊ *für die Freiheit kämpfen* fight for freedom ◊ *jdm die Freiheit geben* give sb their freedom ◊ *alle Freiheiten haben* have complete freedom of action ◊ *der lange Weg in die Freiheit* the long road to freedom ◊ *die Freiheit der Presse* the freedom of the press ◊ *jdn seiner Freiheit berauben* deprive sb of their liberty ◊ *einem Tier die Freiheit geben* set an animal free ◊ *jdm völlige Freiheit lassen* give sb a free hand ◊ *die künstlerische Freiheit* artistic licence ◊ *Der Mör-*

der ist noch in Freiheit. The murderer is still at large. **2** (*Unabhängigkeit*) independence ◊ *um die Freiheit kämpfen* fight for independence **3** (*Vorrecht*) privilege ◊ *jdm gewisse Freiheiten gewähren* grant sb certain privileges **4 die ~ haben etw zu tun** be free to do sth **5 sich die ~ nehmen etw zu tun** take* the liberty of doing sth IDM **sich Freiheiten herausnehmen** take* liberties
Freiheitskampf struggle for independence **Freiheitsstrafe** (prison) sentence ◊ *eine Freiheitsstrafe von fünf Jahren* a five-year prison sentence ◊ *lebenslange Freiheitsstrafe* life imprisonment
freiheraus openly, straight out
Frei- Freikarte complimentary/free ticket **freikaufen** *jdn* **~** pay* a ransom for sb's release **freikommen** be released **Freilandgemüse** vegetables grown outdoors [Pl] **freilassen** release; (*Tier*) release sth into the wild ◊ *jdn gegen Kaution freilassen* release sb on bail **Freilassung** release **freilegen** expose
freilich 1 of course ◊ *„Kannst du das?" „Freilich!"* 'Can you do that?' 'Of course I can!' **2** (*einschränkend*) however, admittedly ◊ *Sie selbst war freilich nie in Gefahr.* However, she was never in any danger herself. ◊ *Endgültig ist seine Entscheidung freilich noch nicht.* Admittedly, his decision isn't final yet.
Freilicht- Freilichtbühne open-air stage; (*Theater*) open-air theatre, (*AmE*) open-air theater **Freilichtmuseum** open-air museum
freimachen 1 (**sich**) **~** (*freinehmen*) take* time off ◊ *ein paar Tage freimachen* take a few days off **2** (*Brief etc.*) stamp; (*maschinell*) frank
Freimaurer Freemason
freimütig frank (*Adv* frankly)
frei- freinehmen (**sich**) **etw ~** take* sth off; **sich ~** take* time off ◊ *Ich habe mir eine Woche frei genommen.* I took a week off. ◊ *Ich konnte mir nicht freinehmen.* I couldn't take time off. **freipressen** *jdn* **~** obtain sb's release **Freiraum** space (*auch fig*) ◊ *Teenagern muss man viel Freiraum lassen.* You have to give teenagers plenty of space. **freischaffend** freelance **Freischärler** guerilla **Freischwimmer(in)** = person* who has a swimming proficiency certificate **freisetzen** release ◊ *Giftige Gase wurden freigesetzt.* Poisonous fumes were released into the atmosphere. **Freisprecheinrichtung** hands-free kit **freisprechen** *jdn* (**von etw**) **~** clear sb (of sth); (*vor Gericht auch*) acquit* sb (of sth) **Freispruch** acquittal ◊ *Der Verteidiger plädierte auf Freispruch.* The defense was seeking an acquittal. **freistehen 1** be empty/vacant **2** *jdm* **~ etw zu tun** sb is free to do sth **freistellen 1** release; (*Gelder auch*) make* sth available **2** *jdn von etw* **~** (*Schüler*) excuse sb from sth **Freistellung 1** release; (*Gelder auch*) making sth available **2** (*vom Unterricht, von Gebühren*) exemption **3** (*vom Dienst*) leave **Freistil 1** freestyle **2** (*Ringen*) freestyle wrestling **Freistoß** free kick **Freistunde** free period
Freitag Friday (*Abk* Fri) ☛ *Beispiele bei* MONTAG
freitags on Fridays; (*jeden Freitag*) every Friday ☛ *Beispiele bei* MONTAGS
Frei- Freitod suicide **Freiwild** fair game
freiwillig 1 voluntary (*Adv* voluntarily) ◊ *freiwillige Beiträge* voluntary contributions ◊ *Er wird nicht freiwillig gehen.* He won't go voluntarily. ◊ *freiwillige Helfer/Mitarbeiter* volunteers ◊ *die Freiwillige Feuerwehr* the volunteer fire brigade ◊ *sich freiwillig für etw melden* volunteer for sth ◊ *Hat er freiwillig das Auto gewaschen?* Did he volunteer to wash the car? **2** (*wahlweise*) optional ◊ *Die Teilnahme ist freiwillig.* Attendance is optional.
Freiwillige(r) volunteer **Freiwilligen-Armee** volunteer army*
Freizeit 1 spare time; (*zur Erholung auch*) leisure (time) ◊ *in seiner Freizeit* in his spare time ◊ *Womit verbringen sie ihre Freizeit?* What do they do in their leisure time? **2** (*Reise*) (study) trip; (*Kurs*) course; (*Ferien*) holiday
Freizeitangebot leisure facilities [Pl]; (*Aktivitäten*) leisure activities [Pl] **Freizeitbeschäftigung** leisure activity* **Freizeitgesellschaft** leisure society* **Freizeitgestaltung** leisure activities [Pl] **Freizeitkleidung** leisurewear [U], casual clothes [Pl] **Freizeitpark** leisure park **Freizeitzentrum** leisure centre, (*AmE*) leisure center
freizügig 1 explicit ◊ *freizügige Videos* explicit videos

2 (*großzügig*) liberal ◊ *etw freizügig handhaben* have a liberal attitude towards sth **3** (*locker*) permissive
Freizügigkeit 1 freedom of movement **2** (*sexuell*) explicitness **3** (*moralisch*) permissiveness
fremd 1 foreign ◊ *eine fremde Sprache* a foreign language ◊ *einem fremden Kulturkreis angehören* belong to a different culture **2** (*nicht vertraut*) strange ◊ *in einer fremden Stadt* in a strange city ◊ *fremde Leute* strangers ◊ *Sie fühlte sich noch immer fremd in Berlin.* She still didn't feel at home in Berlin. **3** (*einem anderen gehörend*) other people's ◊ *fremdes Eigentum* other people's property ◊ *ohne fremde Hilfe* without anyone else's help ◊ *in fremde Hände geraten* fall into the wrong hands **4** (WIRTSCH) another ◊ *eine fremde Bank* another bank ◊ *Ersatzteile von einer fremden Firma kaufen* buy in spare parts (from another firm) **5** *jdm* ~ ◊ *Demokratie ist ihnen fremd.* Democracy is an alien concept for them. ◊ *Sprache und Religion in den USA sind ihm fremd.* In the USA the language and religion are unfamiliar for him. **6** *jdm* ~ **werden** seem unfamiliar to sb; (*Mensch*) seem like a stranger to sb **7** *sich* ~ **werden** drift apart
fremdartig strange; (*abwertend*) alien; (*exotisch*) exotic ◊ *fremdartige Schriftzeichen* strange characters ◊ *als asozial und fremdartig gelten* be considered antisocial and alien ◊ *fremdartig aussehen* look exotic ◊ *fremdartig gekleidet sein* be dressed in a strange way
Fremde (**in der/die**) ~ abroad ◊ *in der Fremde leben* live abroad
Fremde(r) 1 (*Unbekannte(r)*) stranger ◊ *Nie mit Fremden mitgehen!* Don't talk to strangers. **2** (*Ausländer(in)*) foreigner; (POL) alien ◊ *Vorurteile gegen Fremde* prejudice against foreigners ◊ *Fremde, die in Deutschland wohnen* foreigners living in Germany ◊ *als Fremder eingestuft werden* be classified as an alien **3** (*Tourist*) tourist **4** (*Außenseiter*) outsider ◊ *Er blieb immer ein Fremder.* He always remained an outsider. ◊ *Ich fühle mich hier als Fremde.* I don't feel at home here.
fremden- fremdenfeindlich 1 xenophobic ◊ *ein fremdenfeindliches Land* a xenophobic country **2** (*gegen Immigranten*) racist ◊ *fremdenfeindliche Einstellungen* racist attitudes ◊ *fremdenfeindliche Angriffe* racially motivated attacks ◊ *sich fremdenfeindlich äußern* express racist views **Fremdenfeindlichkeit 1** hostility towards foreigners, xenophobia **2** (*gegen Immigranten*) racism (*abwert*) ◊ *Fremdenfeindlichkeit bei der Polizei* racism in the police force **Fremdenführer(in)** (*tourist*) guide ◊ *als Fremdenführer arbeiten* work as a tourist guide ☛ G 2.2d **Fremdenhass 1** xenophobia **2** (*gegen Immigranten*) racism **Fremdenverkehr** tourism, tourist industry **Fremdenverkehrsbüro** tourist (information) office ◊ *im Fremdenverkehrsbüro nachfragen* ask at the tourist office **Fremdenverkehrsverein** tourist office ◊ *Fremdenverkehrsverein Weimar* the Weimar tourist office
fremd- fremdgehen be unfaithful **Fremdkapital** outside capital **Fremdkörper 1** (MED) foreign body* **2** *wie ein* ~ *out of place* ◊ *sich wie ein Fremdkörper vorkommen* feel out of place **Fremdsprache** foreign language ◊ *Deutsch als Fremdsprache* German as a foreign language ◊ *Sie lernt Russisch als zweite Fremdsprache.* She is learning Russian as her second foreign language. ◊ *Er spricht mehrere Fremdsprachen.* He speaks several languages. ◊ *Geschichte und Fremdsprachen unterrichten* teach history and modern languages **Fremdsprachenkenntnisse** knowledge of foreign languages [U] ◊ *Fremdsprachenkenntnisse sind im Beruf unerlässlich.* Knowledge of foreign languages is essential for the job. ◊ *Sekretärinnen mit guten Fremdsprachenkenntnissen* bilingual secretaries **Fremdsprachensekretär(in)** bilingual secretary* ☛ G 2.2d **Fremdsprachenunterricht 1** (foreign) language teaching; ◊ *der Einsatz von Computern im Fremdsprachenunterricht* the use of computers in language teaching ◊ *Der Fremdsprachenunterricht beginnt bereits in der Grundschule.* Pupils start learning a foreign language at primary school. ◊ *der Fremdsprachenunterricht in Firmen* in-company language training **2** (*Stunden*) (foreign) language lessons [Pl], (foreign) language classes [Pl] **fremdsprachig** foreign language ◊ *fremdsprachige Titel* foreign language titles ◊ *der Oskar für den besten fremdsprachigen Film* the Oscar for the best foreign language film **fremdsprachlich** foreign language; (*Kurs*) language **Fremd-**

währung foreign exchange [U] **Fremdwort 1** foreign word **2** *etw ist für jdn ein* ~ ◊ *Pünktlichkeit ist für sie ein Fremdwort.* She doesn't know the meaning of the word punctuality.
frenetisch wild (*Adv* wildly)
Frequenz frequency* ◊ *Auf welcher Frequenz liegt dieser Sender?* What frequency does the station broadcast on?
Fresko fresco*
Fresse 1 (*Mund*) mouth, (*BrE auch*) gob (*umgs*) **2** (*Gesicht*) ugly mug (*Slang*) ◊ *Ich kann deine Fresse nicht mehr sehen.* I never want to see your ugly mug again. ◊ *jdm die Fresse polieren* smash sb's face in IDM **die Fresse halten** shut* your trap (*Slang*); (*nichts ausplaudern*) keep* your trap shut (*Slang*) **eine große Fresse haben** be a big mouth
fressen 1 eat* ◊ *Das Pferd frisst ihr aus der Hand.* The horse will eat out of her hand. ◊ *Die Katze hat den Napf leer gefressen.* The cat ate everything up. ◊ *Er frisst wie ein Schwein.* He eats like a pig. ◊ *Der Holzwurm hatte sich durch den Türrahmen gefressen.* Woodworm had eaten away at the door frame. ◊ *Er gab dem Hund zu fressen.* He fed the dog. ◊ *Die Tiere haben nicht genug zu fressen.* There isn't enough food for the animals. **2** (*viel essen*) eat* like a horse, stuff yourself (*umgs*) ◊ *Er frisst für drei.* He eats like a horse. **3** (*verbrauchen*) use ◊ *Dieser Herd frisst weniger Strom.* This cooker uses less electricity. ◊ *Der Wagen frisst viel Benzin.* The car is very heavy on petrol. **4** ◊ *Die Reise hat ein großes Loch in meine Ersparnisse gefressen.* The trip made a large hole in my savings. ◊ *Das Feuer hat eine Schneise in den Wald gefressen.* The fire cut a swathe through the forest. IDM ⇒ BESEN
Fressen 1 food; (*für Vieh*) feed **2** (*Mensch*) grub (*umgs*) IDM *etw ist ein gefundenes Fressen für jdn* sth is a gift for sb
Frettchen ferret
Freude 1 joy, delight ◊ *vor Freude weinen* weep with joy ◊ *die Freuden des Landlebens* the joys of country life ◊ *diebische Freude* glee ◊ *zur Freude der Kinder* to the children's delight ◊ *die Freuden der Liebe* the delights of love ◊ *Er empfand tiefe Freude über das Geschenk.* He was delighted with the present. ◊ *Wir haben Grund zur Freude.* We have reason to be pleased. **2** (*Vergnügen*) pleasure ◊ *vor Freude strahlen* beam with pleasure ◊ *körperliche Freuden* physical pleasures ◊ *Es war mir eine Freude, Sie kennen zu lernen.* It was a pleasure to meet you. ◊ *Es ist mir eine große Freude, den Autor vorzustellen.* It gives me great pleasure to introduce the author. ◊ *Die Kinder bereiten den Großeltern viel Freude.* The grandparents get a lot of pleasure out of the children. **3** *jdm eine* ~ *bereiten/machen* make* sb happy, do* something nice for sb; (*mit einem Ausflug, Geschenk etc.*) give* sb a treat ◊ *Mit der Hüpfburg haben sie vielen Kindern eine Freude gemacht.* The bouncy castle made a lot of children happy. ◊ *Am Muttertag wollte er seiner Mutter eine Freude machen.* He wanted to do something nice for his mother on Mother's Day. ◊ *Sie lud uns ins Kino ein, um uns eine Freude zu machen.* She took us to the cinema for a treat. ◊ *Womit kann ich dir eine Freude bereiten?* What would you like? **4** ~ *an etw* enjoyment of sth, pleasure in sth; *an etw* ~ *haben* enjoy (doing) sth; (*stärker*) be delighted with sth ◊ *Sie hat Freude an ihrer Arbeit.* She enjoys her job. ◊ *Sie hatten viel Freude an ihren Enkeln.* They enjoyed being with their grandchildren. **5** *jdm die* ~ (*an etw*) *nehmen/verderben* spoil* sb's pleasure (in sth) ◊ *Du hast mir wirklich die Freude daran verdorben.* You spoilt it for me. **6** *etw mit* ~ *tun* be delighted to do sth ◊ *Er kündigt mit Freude ihren Besuch an.* He is delighted to announce their visit. IDM *jdm in Freud und Leid zur Seite stehen* stand* by sb through thick and thin
Freudenschrei shriek of delight ◊ *einen Freudenschrei ausstoßen* give a shriek of delight **Freudentränen** tears of joy [Pl] **freudestrahlend 1** *Adv* beaming (with pleasure) ◊ *Er nahm freudestrahlend die Urkunde entgegen.* Beaming with pleasure he accepted the certificate. **2** *Adj* beaming; (*Lächeln*) radiant ◊ *der freudestrahlende Parteiführer* the beaming party leader
freudig 1 *Adj* joyful (*gehoben*) ◊ *ein freudiges Wiedersehen* a joyful reunion ◊ *eine freudige Nachricht* good news ◊ *Das ist aber eine freudige Überraschung!* What a pleasant surprise! ◊ *ein freudiges Ereignis erwarten* be expecting a happy event ◊ *in freudiger Erwartung des Sängers* in ex-

freudlos

cited anticipation of the singer's arrival **2** *Adv* (*begrüßen*) warmly; (*überrascht*) pleasantly; **~ erregt** excitedly ◊ *Sie wurden freudig begrüßt.* They received a warm welcome.

freudlos miserable; (*Kindheit, Jahre*) joyless (*gehoben*)

freuen 1 sich (**über etw**) **~** be pleased (about sth); (*erleichtert, dankbar*) be glad (about sth); (*stärker*) be delighted (about/with sth) ◊ *Wir haben uns über die Einladung sehr gefreut.* We were very pleased to be invited. ◊ *Wir freuen uns, dass es ihm wieder besser geht.* We're glad to hear he's well again. ◊ *Ich freue mich sehr darüber.* I'm very glad about that. ◊ *Er freute sich aufrichtig, sie wiederzusehen.* He was delighted to see her again. ◊ *Sie freut sich ihres Lebens.* She enjoys life. ◊ *Ich würde mich so freuen, wenn sie uns besuchen würde.* I'd love her to come and stay with us. ◊ *Freu dich nicht zu früh.* Don't raise your hopes. ◊ *Wir freuen uns über jede Zuschrift.* Your letters are all very welcome. **2 sich auf etw/jdn ~** look forward to sth/seeing sb ◊ *Sie freut sich auf seinen Besuch.* She is looking forward to his visit. ◊ *Wir haben uns schon lange darauf gefreut.* We've been looking forward to it for a long time. ◊ *Ich freue mich auf Ihre Antwort.* I look forward to hearing from you. **3 es/das freut jdn** sb is glad, sb is pleased ◊ *Es freut mich zu hören, dass es ihm besser geht.* I'm glad to hear he's feeling better. ◊ *Es freute sie, dass er an ihren Geburtstag gedacht hat.* She was pleased he remembered her birthday. ◊ *Es freut mich, Sie kennen gelernt zu haben.* It was nice meeting you.

Freund(in) 1 friend ◊ *unsere Freundin Conny* our friend Conny ◊ *eine Freundin von mir* a friend of mine ◊ *Sie hat viele Freunde.* She has lots of friends. ◊ *Freunde werden become* friends ◊ *viele Freunde finden* make a lot of friends ◊ *unter Freunden sein* be among friends ◊ *Sie kommt mit ihrer Freundin.* She's coming with a friend. **2** (*Partner*) boyfriend; (*Freundin*) girlfriend ◊ *Er wohnt mit seiner Freundin zusammen.* He lives with his girlfriend. ◊ *Sie hat jetzt einen festen Freund.* She's got a steady boyfriend now. **3** (*Liebhaber, Fan*) lover ◊ *Freunde der Chormusik* lovers of choral music ◊ *Er ist Freund der Oper.* He is an opera lover. ◊ *ein Freund von Pferderennen* a racing fan **4 kein ~ von etw sein** not like sth ◊ *Er ist kein Freund von Fernsehinterviews.* He doesn't like television interviews. **5** (*Förderer*) supporter ◊ *Er ist Mitglied im „Verein der Freunde des Motorsports".* He is a member of the 'Motor Racing Supporters Club'. ◊ *Freunde des Museums* the friends of the museum **6 ein politischer ~** a political associate

Freundeskreis 1 circle of friends ◊ *ein großer Freundeskreis* a wide circle of friends ◊ *Sie feiert ihren Geburtstag im engsten Freundeskreis.* She is celebrating her birthday with a few close friends. **2** (*Hilfsgruppe*) support group ◊ *Freundeskreis Asyl* asylum seekers' support group

freundlich 1 friendly; (*höflich*) polite (*Adv* politely); (*liebenswürdig*) kind ◊ *Er lächelt ihr freundlich zu.* He gives her a friendly smile. ◊ *jdn freundlich empfangen* give sb a friendly welcome ◊ *Sie ist sehr freundlich zu den Kunden.* She is very polite to the customers. ◊ *Das ist sehr freundlich von ihnen.* That's very kind of you. ◊ *Seien Sie bitte so freundlich und schließen Sie die Tür.* Please could you shut the door. ◊ *Wir wurden sehr freundlich beraten.* The staff were very helpful. **2** (*Farben, Zimmer, Einrichtung*) cheerful ◊ *Die Atmosphäre ist hell und freundlich.* The atmosphere is bright and cheerful. ◊ *Er hofft auf freundliches Wetter.* He is hoping for good weather. **3 jdm ~ gesonnen sein** be well disposed towards sb **4 mit freundlichen Grüßen** Yours sincerely, (*AmE*) Sincerely (yours)

freundlicherweise kindly

Freundlichkeit friendliness; (*Liebenswürdigkeit*) kindness

Freundschaft friendship ◊ *Die Freundschaft ging in die Brüche.* Their friendship came to an end. ◊ *Freundschaft schließen* become friends ◊ *die deutsch-französische Freundschaft* friendly relations between Germany and France

freundschaftlich friendly ◊ *Sie ist mit ihm freundschaftlich verbunden.* She is friendly with him. ◊ *Er gab ihr einen freundschaftlichen Rat.* He offered her some friendly advice. ◊ *jdn freundschaftlich aufnehmen* welcome sb as a friend ◊ *ein Problem freundschaftlich lösen* solve a problem amicably ◊ *Die Firma ist freundschaftlich mit uns verbunden.* We have close ties with the firm. IDM ⇨ FUSS

Freundschafts- Freundschaftsdienst favour (for a friend), (*AmE*) favor (for a friend) **Freundschaftsspiel** friendly* (match)

Frevel crime

Frieden 1 peace ◊ *Frieden schließen/stiften* make peace ◊ *Es herrscht Frieden.* There is peace. ◊ *Im Land herrscht seit zwei Jahren Frieden.* The country has been at peace for two years. **2** (*Vertrag*) peace settlement **3** (*Eintracht*) harmony ◊ *der soziale Frieden* social harmony ◊ *um des lieben Friedens willen* for a quiet life IDM **jdn in Frieden lassen** leave* sb alone **jdn mit etw in Frieden lassen** not bother sb with sth

Friedensabkommen peace agreement **Friedensangebot** peace offer **Friedensbewegung** peace movement **Friedensgespräche** peace talks [Pl] **Friedensgruppe** peace group **Friedensinitiative** peace initiative **Friedenskonferenz** peace conference **Friedensnobelpreis** Nobel Peace Prize **Friedensnobelpreisträger(in)** winner of the Nobel Peace Prize **Friedensplan** peace plan **Friedenspolitik** peace policy* **Friedensprozess** peace process **Friedenssicherung** peace-keeping **Friedenstaube** symbol of peace **Friedenstruppe** peace-keeping force **Friedensverhandlungen** peace negotiations [Pl] **Friedensvertrag** peace treaty*

friedfertig peaceable

Friedhof cemetery*; (*bei einer Kirche*) churchyard ◊ *auf dem Friedhof* (*beerdigt*) *liegen* be buried in the cemetery ◊ *Sie ging auf den Friedhof.* She went to the cemetery.

friedlich 1 peaceful (*Adv* peacefully) ◊ *Die Demonstration verlief friedlich.* The demonstration passed off peacefully. **2** (*friedfertig*) gentle (*Adv* gently) ◊ *ein friedlicher Hund* a gentle dog

frieren 1 be cold ◊ *Sie froren sehr.* They were terribly cold. ◊ *Sie fror an den Händen.* Her hands were cold. **2** (*gefrieren*) freeze ◊ *ein gefrorener Boden* frozen ground ◊ *Es hat letzte Nacht gefroren.* There was a frost last night. IDM ⇨ SCHNEIDER

Frikadelle ≈ hamburger

Frisbee® Frisbee™ ◊ *Frisbee spielen* play frisbee

frisch 1 fresh (*Adv* freshly) ◊ *frische Kräuter* fresh herbs ◊ *frische Spuren im Schnee* fresh tracks in the snow ◊ *für frischen Wind sorgen* introduce a breath of fresh air ◊ *frisch gebackenes Brot* freshly baked bread ◊ *Die Wand ist frisch gestrichen.* The wall is freshly painted. ◊ *Die Farbe ist noch frisch.* The paint's still wet. ◊ *Der Rasen ist frisch gemäht.* The lawn is newly mown. ◊ *mit frischen Kräften an etw rangehen* tackle sth with renewed vigour ◊ *ein frisch gebackener Vater* a brand new father **2** (*sauber*) clean ◊ *frische Handtücher* clean towels ◊ *die Betten frisch beziehen* change the beds **3** (*kühl*) cool, chilly* ◊ *eine frische Brise* a cool breeze ◊ *Draußen ist es recht frisch.* It's quite chilly outside. **4** (*leuchtend*) bright, cheerful ◊ *frische Farben* bright colours **5 sich ~ machen** freshen up IDM ⇨ LEBER, LUFT, TAT *und* WIND

Frische 1 freshness [U] ◊ *die Frische der Zutaten* the freshness of the ingredients **2** (*Schwung*) energy

Frisch- Frischhaltefolie cling film, (*AmE*) plastic wrap [U] **Frischkäse** cream cheese

Friseur(in) hairdresser ☛ G 2.2d ◊ *Warst du beim Friseur?* Have you had your hair done? ☛ *Hinweis bei* BAKER

Friseursalon hairdresser's (salon)

frisieren 1 *sich* (*die Haare*) *frisieren* do your hair ◊ *jdn frisieren* do sb's hair ◊ *Sie hatte modisch frisiertes Haar.* She had a fashionable hairstyle. **2** (*Motor*) soup *sth* up (*umgs*) ◊ *frisierte Roller* souped-up scooters **2** (*Zahlen etc.*) manipulate ◊ *die Zahlen* (*nach oben*) *frisieren* manipulate the figures (upwards) ◊ *die Bilanzen frisieren* cook the books

Frist (*Zeitraum*) period; (*letzter Termin*) deadline; (*Kündigungs-*) period of notice ◊ *während dieser Frist* during this period ◊ *Man muss sich an die Fristen halten.* You have to keep to the deadlines. ◊ *nach Ablauf der Frist* after the deadline has expired ◊ *Sie setzten mir eine Frist bis Dienstag.* They gave me till Tuesday to do it.

fristen ◊ *Er fristete ein Leben in Armut.* He lived in poverty. ◊ *ein kümmerliches Dasein fristen* eke out a miserable existence

Fristenregelung = law permitting an abortion within the first three months of pregnancy

frist- fristgemäß, fristgerecht on time, within the prescribed period (*offiz*) ◊ *etw fristgemäß zurückzahlen* repay

Frühstückstisch

sth on time ◊ *einen Vertrag fristgemäß kündigen* terminate a contract within the prescribed period ◊ *sich fristgerecht anmelden* register before the deadline **fristlos** without notice (*dem Nomen nachgestellt*) ◊ *jdn fristlos entlassen* dismiss sb without notice ◊ *einen Vertrag fristlos kündigen* cancel a contract without notice **Fristverlängerung** extension
Frisur hairstyle
Fritten chips [Pl], (*AmE*) fries [Pl]
Fritteuse deep-fat fryer, (*AmE*) deep fryer
frittieren deep-fry* ◊ *frittierte Pilze* deep-fried mushrooms
frivol racy*, risqué, ribald ◊ *frivole Filme* risqué films ◊ *eine frivole Bemerkung* a suggestive remark
froh 1 (*erleichtert, dankbar*) glad (*nicht vor Nomen*) ◊ *Ich bin froh, dass alles vorbei ist.* I'm glad it's over. ◊ *Ich war froh, ihn los zu sein.* I was glad to be rid of him. ◊ *Wir sind froh über/um jede Spende.* We are glad of every donation. **2** (*glücklich*) happy (*Adv* happily) ◊ *frohe Gesichter* happy faces ◊ *Frohe Weihnachten/Ostern!* Happy Christmas/Easter! ◊ *Frohes neues Jahr!* Happy New Year! ◊ *eine frohe Nachricht* (a piece of) good news **IDM** ⇨ LEBEN
fröhlich 1 *Adj* cheerful (*Adv* cheerfully); (*glücklich*) happy (*Adv* happily); (*ausgelassen*) jolly, merry (*Adv* merrily) ◊ *ein fröhlicher Mensch* a cheerful person ◊ *ein fröhliches Gesicht* a happy face ◊ *ein fröhliches Fest* a jolly party ◊ *Sie sangen fröhlich.* They were singing merrily. ◊ *Die Nachricht stimmte ihn fröhlich.* The news put him in a good mood. **2** *Adv* (*unbekümmert*) blithely ◊ *Er redete fröhlich drauflos.* He blithely started talking.
Fröhlichkeit cheerfulness; (*Ausgelassenheit*) jollity
Frohsinn cheerfulness
fromm pious (*Adv* piously); (*sehr gläubig auch*) devout (*Adv* devoutly) ◊ *fromme Sprüche* pious words **IDM** ⇨ WUNSCH
Fronleichnam Corpus Christi
Front 1 front (*auch fig*); (*Kampflinie auch*) front line ◊ *eine Front kalter Meeresluft* a front of cold sea air ◊ *Er musste an die Front.* He was sent to the front. ◊ *an vorderster Front kämpfen* fight in the front line **2** (*Einstellung*) attitude, position ◊ *Die Fronten haben sich verhärtet.* Attitudes have hardened. ◊ *Es zeichneten sich zwei Fronten ab.* Two positions began to emerge. ◊ *zwischen den Fronten stehen* be between two fronts **3** (*eines Gebäudes*) frontage, façade **IDM Front gegen jdn/etw machen** make* a stand against sb/sth **jdn in Front bringen** put* sb in the lead **in Front gehen** go* into the lead **in Front liegen** be in the lead; be leading **klare Fronten schaffen** clarify* the/your position
frontal 1 *Adv* head-on ◊ *Die Autos sind frontal zusammengestoßen.* The cars collided head-on. ◊ *Er prallte frontal gegen einen Baum.* He crashed head-on into a tree. ◊ *jdn frontal angreifen* tackle sb head-on **2** *Adj* (*Ansicht etc.*) frontal (*nur vor Nomen*)
Frontalzusammenstoß head-on collision
Front- Frontantrieb front-wheel drive **Frontmann** frontman*
Frosch frog **IDM einen Frosch im Hals haben** have a frog in your throat **Sei kein Frosch!** Don't be such a wimp!
Froschlaich frogspawn **Froschmann** frogman* **Froschschenkel** frog's leg [meist Pl]
Frost frost ◊ *ein leichter/starker Frost* a slight/heavy frost ◊ *bei klirrendem Frost* in a sharp frost
frostbeständig frost-proof **Frostbeule** (MED) chilblain
frösteln shiver ◊ *Er fröstelt/Ihn fröstelt es.* He's shivering.
frostig frosty (*Adv* frostily) (*auch fig*) ◊ *Sie begrüßten sich frostig.* They greeted each other frostily.
Frostschutzmittel antifreeze [U]
Frottee towelling, (*AmE*) toweling ◊ *ein Bademantel aus Frottee* a towelling bathrobe
frotzeln tease; **über jdn/etw ~** make* fun of sb/sth
Frucht fruit ◊ *Hinweis bei* OBST ◊ *die Früchte unserer Arbeit* the fruits of our labour ◊ *exotische Früchte* exotic fruit(s) **IDM Früchte tragen** bear* fruit **verbotene Früchte** forbidden fruit
fruchtbar 1 (*Boden, Gegend*) fertile ◊ *ein fruchtbares Gebiet* a fertile area **2** (*sich rasch fortpflanzend*) prolific

3 (*fig*) fruitful ◊ *eine fruchtbare Zusammenarbeit* a fruitful collaboration
Fruchtbarkeit fertility
fruchten bear* fruit
Frucht- Fruchtfleisch flesh **Fruchtgeschmack** fruit flavour, (*AmE*) fruit flavor
fruchtig fruity* ◊ *Der Wein schmeckt fruchtig.* The wine has a fruity taste.
fruchtlos fruitless ◊ *Unsere Bemühungen blieben fruchtlos.* Our efforts were fruitless. ◊ *Die Verhandlungen sind fruchtlos verlaufen.* The negotiations proved fruitless.
Frucht- Fruchtpresse juicer; (*in einer Kelterei*) fruit press **Fruchtsaft** fruit juice **Fruchtzucker** fructose
früh 1 early* ◊ *früh am Morgen* early in the morning ◊ *vom frühen Morgen bis in die späte Nacht* from early morning until late at night ◊ *Kannst du auch etwas früher?* Can you make it a bit earlier? ◊ *zum frühesten Termin* at the earliest possible date ◊ *Sie hat schon früh graue Haare bekommen.* She went grey at an early age. ◊ *von früh auf* from an early age ◊ *eines seiner frühen Werke* one of his early works **2** (*am Morgen*) morning ◊ *heute früh* this morning ◊ *Sie kommt morgen früh.* She is coming tomorrow morning. ◊ *von früh bis spät* from morning till night ◊ *um vier Uhr früh* at four o'clock in the morning ◊ *morgens früh um halb neun* at half past eight in the morning **IDM früher oder später** sooner or later ☞ *Siehe auch* DRAN
Frühaufsteher(in) early riser
Frühe, Früh early morning ◊ *in der Früh um sieben Uhr* at 7 o'clock in the morning ◊ *in der Frühe* in the early morning ◊ *in aller Frühe* at the crack of dawn
früher 1 ⇨ FRÜH **2** (*einst*) ◊ *Früher war hier eine Bank.* There used to be a bank here. ◊ *Myanmar (früher Birma)* Myanmar (formerly Burma) ◊ *Wir kennen uns von früher.* We know each other from way back. ◊ *Es ist alles noch wie früher.* Nothing's changed. ◊ *Ich denke oft an früher.* I often think of the past. ◊ *Sie hat ihre Briefe von früher aufgehoben.* She has saved all her old letters. ◊ *Früher war alles besser.* Things were much better in the old days.
frühere(r,s) 1 ⇨ FRÜH **2** (*ehemalig*) former (*nur vor Nomen*), earlier; (*vorhergehend*) previous ◊ *ein früherer Kollege* a former colleague ◊ *der frühere Eigentümer des Hauses* the previous owner of the house
Früherkennung early diagnosis*
frühestens at the earliest ◊ *Sie kommt frühestens um zehn.* She won't be here before ten at the earliest. ◊ *Er ist frühestens in vier Jahren fertig.* It will be four years at the earliest before he finishes. ◊ *in frühestens einer Woche* in a week at the earliest
frühestmöglich earliest possible
Früh- Frühgeburt 1 premature birth **2** (*Kind*) premature baby* **Frühjahr** spring ☞ *Beispiele bei* SOMMER **Frühjahrsputz** spring clean ◊ *den Frühjahrsputz machen* have a spring clean
Frühling spring ☞ *Beispiele bei* SOMMER
Frühlingsanfang beginning of spring **Frühlingsrolle** spring roll **Frühlingstag** spring day ◊ *ein warmer Frühlingstag* a warm spring day ◊ *die ersten Frühlingstage* the first days of spring **Frühlingswetter** spring weather
früh- frühmorgens early in the morning **frühreif 1** precocious **2** (*Obst etc.*) early **Frühpensionierung** early retirement [U] **Frührente** early retirement ◊ *in Frührente gehen* take early retirement **Frührentner(in)** = person* who has taken early retirement **Frühsport** early morning exercise **Frühstadium** ◊ *Das Projekt befindet sich noch im Frühstadium.* The project is still in its early stages. **Frühstart** false start
Frühstück breakfast ◊ *Was gibt es zum Frühstück?* What is there for breakfast? ◊ *Eier zum Frühstück essen* have eggs for breakfast ◊ *das zweite Frühstück* a mid-morning snack ◊ *Frühstück machen* get breakfast ◊ *Zimmer mit Frühstück* bed and breakfast
frühstücken have breakfast; **etw ~** have sth for breakfast ◊ *Habt ihr schon gefrühstückt?* Have you had breakfast? ◊ *Was habt ihr gefrühstückt?* What did you have for breakfast? ◊ *Ich hatte noch nichts gefrühstückt.* I hadn't had any breakfast.
Frühstücks- Frühstücksfernsehen breakfast television **Frühstückspause** morning break **Frühstückstisch** breakfast table

Frühwarnsystem early warning system

frühzeitig 1 early* ◊ *sich frühzeitig bewerben* apply early ◊ *eine Krankheit frühzeitig erkennen* diagnose an illness in its early stages **2** (*vorzeitig*) premature ◊ *frühzeitiger Haarausfall* premature hair loss

Frust frustration

Frustration frustration

frustrieren frustrate

frustrierend frustrating

Fuchs 1 fox (*auch fig*) **2** (*Pferd*) chestnut ▣ **wo sich Fuchs und Hase gute Nacht sagen** in the back of beyond

Füchsin vixen

Fuchsjagd 1 (*Jagd auf Füchse*) fox-hunting; (*einzeine Veranstaltung*) hunt **2** (*Spiel*) drag hunt

Fuchtel ▣ *jdn unter der/seiner Fuchtel haben* have sb under your thumb **unter jds Fuchtel stehen/sein** be under sb's thumb

Fuge¹ (*Zwischenraum*) crack, gap ▣ **aus allen/den Fugen geraten** come* apart at the seams ◊ *Die Gesellschaft droht aus den Fugen zu geraten.* Society is threatening to come apart at the seams. ◊ *Das ökologische Gleichgewicht ist aus den Fugen geraten.* The ecological balance has been upset.

Fuge² (Mus) fugue

fügen 1 sich (**jdm/etw**) ~ obey (sb/sth) ◊ *sich jds Wünschen fügen* obey sb's wishes ◊ *Er muss lernen sich zu fügen.* He must learn to toe the line. **2 sich in etw ~** resign yourself to sth ◊ *sich in sein Schicksal fügen* resign yourself to your fate

Fügung divine providence [U]

fühlen 1 feel*; **nach etw ~** feel* for sth ◊ *Sie fühlte ihr Herz schlagen.* She felt her heart beating. ◊ *Ich fühlte einen Schmerz im Rücken.* I felt a pain in my back. ◊ *jdm den Puls fühlen* feel sb's pulse ◊ *Was fühlst du für ihn?* What do you feel for him? ◊ *Sie fühlte in ihrer Tasche nach dem Schlüssel.* She felt in her bag for the key. ◊ *Ich fühlte, dass etwas nicht stimmte.* I sensed that something was wrong. **2 sich ... ~** feel* ... ◊ *sich glücklich fühlen* feel happy ◊ *Ich fühle mich im Stich gelassen.* I feel let down. ◊ *sich wie ein Fremder fühlen* feel like a stranger ◊ *Fühle dich wie zu Hause!* Make yourself at home! **3 sich als jd ~** regard yourself as sb ◊ *Er fühlt sich als Künstler.* He regards himself as an artist. ▣ ⇨ Haut, Himmel, Recht, Schlips und Zahn

Fühler feeler, antenna*; (*Schnecke*) horn ▣ **seine/die Fühler ausstrecken** put* out feelers

Fuhre load ◊ *eine Fuhre Kies* a load of gravel

führen 1 lead* ◊ *Kinder an der Hand führen* lead children by the hand ◊ *das Pferd in den Stall führen* lead the horse into its stable ◊ *Das führt uns zum nächsten Thema.* That leads us to our next topic. ◊ *Diese Straße führt zur Grenze.* This road leads to the border. ◊ *Hunde an der Leine führen!* Dogs are to be kept on a lead. ◊ *Er führte uns durch das Haus.* He showed us around the house. ◊ *Der Portier wird Sie auf Ihr Zimmer führen.* The porter will show you to your room. ◊ *Der Weg führt über mehrere Felder.* The road goes across several fields. **2 zu etw ~** lead* to sth ◊ *Wohin soll das alles führen?* Where's it all leading to? ◊ *Es führte dazu, dass er seine Stelle verlor.* It led to him losing his job. ◊ *Das führt zu nichts.* It isn't getting us anywhere. ☛ *Hinweis bei* RESULT¹ **3** (*leiten*) run* ◊ *ein Geschäft führen* run a business **4** (**gegen jdn**) ~ lead* (sb) ◊ *Frankreich führt gegen Italien mit vier zu zwei.* France is leading Italy by four goals to two. ◊ *Schuhmacher führt in der Lead.* **5** (*steuern, lenken*) ◊ *ein Fahrzeug führen* drive a vehicle ◊ *ein Flugzeug führen* fly a plane ◊ *Er hat bei 30 Filmen die Kamera geführt.* He was behind the camera on 30 films. ◊ *die Hand zum Mund führen* put your hand to your mouth ◊ *Sie führte dem Jungen die Hand beim Schreiben.* She guided the boy's hand as he wrote. **6 etw (bei sich/mit sich) ~** have sth (on/with you); (*tragen*) carry* sth ◊ *Man muss seinen Ausweis immer bei sich führen.* You should always have your ID on you. ◊ *Der Zug führt einen Schlafwagen.* The train has a sleeping car. ◊ *Passagiere, die Handgepäck mit sich führen* passengers carrying hand baggage ◊ *Er führt einen Künstlernamen.* He uses a pseudonym. **7** (*transportieren*) carry* ◊ *Der Frachter führt Öl.* The freighter is carrying oil. ◊ *Der Rhein führt Hochwasser.* The Rhine is running high. **8** (*hierher bringen*) bring*; (*dorthin-*) take* ◊ *Was führt dich zu uns?* What brings you to us? ◊ *Seine Reise führte ihn nach China.* His journey took him to China. **9** (*Ware*) stock, sell* ◊ *Sonnenbrillen führen wir nicht.* We don't stock sunglasses. **10 sich** (**gut/schlecht**) ~ behave well/badly **11 jdn in einer Liste ~** have sb on a list **12** (*Gespräch, Diskussion*) have ☛ Für andere Ausdrücke mit **führen** siehe die Einträge für die entsprechenden Nomina etc. **Regie führen** z.B. steht unter **Regie**.

führend leading (*nur vor Nomen*) ◊ *eine führende Rolle* a leading role ◊ *eine führende Persönlichkeit* a prominent personality ◊ *an führender Stelle stehen* be in the lead ◊ *Sie sind führend in der Aids-Forschung.* They are leaders in the field of AIDS research.

Führer (*Buch*) guide ◊ *einen Führer von Paris kaufen* buy a guide to Paris ◊ *ein Führer durch die Tierwelt Afrikas* a guide to the animals of Africa

Führer(in) 1 (*Mensch*) leader; (*Hitler*) Führer **2** (*Touristen-*) guide ☛ G 2.2d

Führerschein 1 driving licence, (*AmE*) driver's license ◊ *den Führerschein vorzeigen* show your driving licence ◊ *ein Führerschein auf Probe* a probationary driving licence ◊ *Mir wurde der Führerschein abgenommen.* I was disqualified from driving. **2 den ~ machen** learn* to drive; (*bestehen*) pass your (driving) test ◊ *Ich mache gerade den Führerschein.* I'm learning to drive. ◊ *Sie hat den Führerschein erst vor zwei Jahren gemacht.* She only passed her test two years ago.

Fuhrpark fleet (of vehicles)

Führung 1 leadership; (*einer Firma*) management ☛ G 1.3b **2** (*Besichtigung*) guided tour ◊ *Führungen durch die Altstadt* guided tours through the old town ◊ *Wanderungen unter ortskundiger Führung* walks with a local guide **3** (Sport) lead ◊ *Sie ging in Führung.* She went into the lead. ◊ *Seine Mannschaft lag mit zwei Toren in Führung.* His team were two goals ahead. **4** (*Verhalten*) behaviour, (*AmE*) behavior ◊ *Wegen guter Führung wurde der Häftling vorzeitig entlassen.* The prisoner was released early for good behaviour. **5** (*das Führen*) (*meist mit einem Verb übersetzt*) ◊ *Sie war allein verantwortlich für die Führung der Geschäftsbücher.* She was solely responsible for keeping the books. ◊ *die Berechtigung zur Führung von Lastkraftwagen* the right to drive heavy goods vehicles ◊ *Ihm wurde die Führung seines Titels untersagt.* He was forbidden to use his title.

Führungskraft 1 executive ◊ *eine erfolgreiche Führungskraft* a successful executive **2** (*Autorität*) authority ◊ *Ihm wurde mangelnde Führungskraft vorgeworfen.* He was accused of lacking authority. **Führungsspitze** senior management ☛ G 1.3c **Führungsstil** managerial style; (Pol) style of leadership **Führungswechsel** change of leadership **Führungszeugnis** *polizeiliches ~* = police certificate stating that sb does not have a criminal record

Fuhr- Fuhrunternehmen haulage company* **Fuhrunternehmer** haulage contractor

Fülle 1 large number, wealth ◊ *Die Fülle unterschiedlicher Produkte ist verwirrend.* The large number of different products is confusing. ◊ *eine Fülle von Beispielen* a wealth of examples **2** (*Intensität*) richness ◊ *die Fülle ihrer Stimme* the richness of her voice **3** (*Körper-*) corpulence ◊ *Wegen seiner Fülle nennen ihn alle Dicker.* They all call him 'Fatty' because of his corpulence. ◊ *Sie neigt zur Fülle.* She is rather on the stout side. ▣ ⇨ Hülle

füllen 1 etw (mit etw) ~ fill sth (with sth) ◊ *Soll ich die Thermoskanne füllen?* Shall I fill the thermos flask? ◊ *einen Zahn füllen* fill a tooth ◊ *Ihre Kleider füllen mehrere Schränke.* Her clothes fill several wardrobes. ◊ *Ich habe jede Menge gefüllte Zähne.* I've got lots of fillings. ☛ *Siehe auch* GEFÜLLT **2 etw** (**mit etw**) ~ (GASTRON) stuff sth (with sth) ◊ *Sie füllte die Pute.* She stuffed the turkey. ◊ *gefüllte Pralinen* chocolates with a soft centre **3 sich** (**mit etw**) ~ fill (up) (with sth) ◊ *Der Bus füllte sich bis auf den letzten Platz.* The bus filled right up. **4 etw in etw ~** put* sth into sth, pour sth into sth ◊ *Er füllte eine grüne Flüssigkeit in die Flasche.* He was pouring a green liquid into the bottle.

Füller, Füllfederhalter fountain pen

füllig 1 stout **2** (*Ton, Geschmack*) rich ◊ *Diese Orgel hat einen fülligen Klang.* This organ has a rich, full sound. **3** (*Wein*) full-bodied

Füllung filling; (*für Braten, Polster etc.*) stuffing

fummeln 1 (*nach etw*) ~ fumble (for sth) ◊ *Sie fummelte in ihrer Tasche nach dem Lippenstift.* She fumbled in her bag for the lipstick. ◊ *Er fummelte ein Taschentuch aus seiner Hosentasche.* He fumbled to get a handkerchief out of his trouser pocket. **2** (**an etw**) ~ fiddle (with sth) ◊ *Hör auf, am Fernseher zu fummeln.* Stop fiddling with the television. **3** (*berühren*) pet* (*umgs*)
Fund discovery*; (*Gegenstand auch*) find ◊ *der Fund einer römischen Öllampe* the discovery of a Roman oil lamp ◊ *ein archäologischer Fund* an archaeological find
Fundament 1 foundations [Pl] ◊ *das Fundament des Dammes* the foundations of the dam **2** (*Grundlage*) basis*, foundation ◊ *Der Kurs ist ein solides Fundament für weitere Studien.* The course is a good basis for further studies. ◊ *Nach dem Zweiten Weltkrieg wurden die Fundamente der Bundesrepublik gelegt.* After the Second World War the foundations were laid for the German Federal Republic.
fundamental fundamental (*Adv* fundamentally)
Fundamentalismus fundamentalism ◊ *Gegner des Fundamentalismus* opponents of fundamentalism
Fundamentalist(in) fundamentalist
Fund- Fundbüro lost property office, (*AmE*) lost and found **Fundgrube** treasure trove ◊ *Dieser Laden ist eine wahre Fundgrube.* This shop is a real treasure trove.
Fundi ⇨ FUNDAMENTALIST
fundiert sound; (*gründlich*) thorough (*Adv* thoroughly) ◊ *fundierte Kenntnisse der Grammatik* a sound knowledge of grammar ◊ *finanziell fundiert* financially sound
fündig ~ **werden** find* what you are looking for ◊ *Sie wurden schnell fündig.* They soon found what they were looking for.
Fund- Fundort place where sth is/was found ◊ *der Fundort der Leiche* the place where the body was found **Fundsache** lost property [U]
fünf five ☞ *Beispiele bei* SECHS ☞ *Hinweis bei* NOTE, S. 1126.
fünffach fivefold ☞ *Beispiele bei* SECHSFACH
Fünfeck pentagon
Fünfkampf pentathlon
Fünfling quintuplet
Fünfprozentklausel, Fünfprozenthürde = regulation in the German electoral system which means that parties which receive fewer than 5 % of the votes cannot be represented in parliament
fünft zu ~ five of us/them ◊ *Wir sind gestern Abend zu fünft ausgegangen.* Five of us went out last night.
fünfte(r,s) fifth ☞ *Beispiele bei* SECHSTE(R,S) [IDM] ⇨ KOLONNE *und* RAD
Fünftel fifth
fünfzehn fifteen ☞ *Beispiele bei* SECHS
fünfzehnte(r,s) fifteenth ☞ *Beispiele bei* SECHSTE(R,S)
fünfzig fifty ☞ *Beispiele bei* SECHZIG
fünfzigste(r,s) fiftieth ☞ *Beispiele bei* SECHSTE(R,S)
fungieren als jd/etw ~ act as sb/sth
Funk radio ◊ *Per Funk erfuhr er von dem Unfall.* He heard of the accident by radio. ◊ *Sie riefen über Funk Hilfe.* They radioed for help.
Funke 1 spark ◊ *Funken von einem Lagerfeuer* sparks from a camp fire **2** (*fig*) ounce; (*Hoffnung*) glimmer; (*Wahrheit*) grain ◊ *jeder, der auch nur einen Funken Verstand hat* anyone with an ounce of sense ◊ *Es besteht noch immer ein kleiner Funke Hoffnung.* There is still a glimmer of hope. [IDM] **der Funke springt über** ◊ *der Funke, der ins Publikum überspringen muss* the enthusiasm that has to spread to the audience
funkeln sparkle; (*Stern*) twinkle ◊ *Der Anblick des Weihnachtsbaums ließ ihre Augen funkeln.* The sight of the Christmas tree made their eyes sparkle. ☞ **Sparkle** wird nur benutzt, wenn es um Freude geht. Andernfalls verwendet man **flash**: *Seine Augen funkelten kampfbereit. His eyes flashed aggressively.*
funken broadcast*; (*Mitteilung, Bilder auch*) send* sth (out) ◊ *Die Raumsonde funkte Fotos zur Erde.* The space probe sent pictures back to earth. ◊ *SOS-Signale funken* send out an SOS [IDM] **bei jdm funkt es/hat es gefunkt** the penny drops/has dropped (*umgs*) ◊ *Na, hat es endlich bei dir gefunkt?* Well, has the penny finally dropped? **bei/zwischen zwei Menschen hat es gefunkt** two people have fallen for each other (*umgs*) ◊ *Es dauerte nicht lange, da funkte es zwischen den beiden.* The two of them soon fell for each other.
Funker(in) radio operator; (*Hobby-*) radio ham ☞ G 2.2d
Funk- Funkgerät radio equipment [U]; (*tragbar*) radio*, walkie-talkie (*umgs*) **Funkspruch** radio message **Funkstille** (radio) silence ◊ *Funkstille einhalten* maintain radio silence ◊ *Zwischen meinem Bruder und mir herrscht zurzeit Funkstille.* My brother and I aren't talking to each other. ◊ *Über die Nazizeit in unserem Dorf herrscht Funkstille.* Nobody talks about the Nazi period in our village. **Funkstreife** police radio patrol
Funktion 1 function ◊ *Die Ärzte überprüften die Funktion seiner Leber.* The doctors checked his liver function. ◊ *Die Funktion der Maschine ist gestört.* The machine is not functioning properly. **2** (*Rolle*) role ◊ *die Funktion der Kirche in der Gesellschaft* the role of the Church in society ◊ *Sie hat eine leitende Funktion in der Firma.* She has a managerial role in the company. ◊ *Hat dieser Hebel hier irgendeine Funktion?* What is this lever here for? **3 in** ~ in operation **4 in** ~ **treten** come* into operation; (*Alarm etc.*) go* off; (*Mensch*) take* up your post ◊ *Die Kläranlage tritt nächste Woche in Funktion.* The sewage works comes into operation next week. ◊ *Der Rauchmelder trat in Funktion.* The smoke alarm went off. **5 außer** ~ out of operation; (*kaputt*) out of order ◊ *Die Maschine ist bereits seit Tagen außer Funktion.* The machine has been out of order for days. **6 jdn außer** ~ **setzen** relieve sb of his/her duties; **etw außer** ~ **setzen** put* sth out of operation
funktional functional ◊ *eine funktional ausgerichtete Architektur* functional architecture ◊ *zwei Abteilungen, die funktional zusammengehören* two departments that have a similar function
Funktionär(in) official
funktionell 1 functional (*Adv* functionally) ◊ *funktionelle Analphabeten* functional illiterates **2** (*praktisch*) functional, practical (*Adv* practically); (*effizient*) efficient (*Adv* efficiently) ◊ *funktionelle Kleidung* functional clothing ◊ *Das Gebäude ist funktionell gestaltet.* The building is functional in design. ◊ *Der Regionalverkehr muss funktioneller betrieben werden.* Local transport has to be run more efficiently.
funktionieren work ◊ *Wie funktioniert das?* How does that work? ◊ *Diese Zusammenarbeit funktioniert reibungslos.* This partnership works well. ◊ *Der Kühlschrank funktioniert nicht mehr richtig.* There's something wrong with the fridge.
Funkturm radio tower; (*Fernseh-*) television tower
für 1 for ◊ *ein Geschenk für Pia* a present for Pia ◊ *Sie lernt für die Prüfung.* She is revising for the exam. ◊ *für die Gleichberechtigung kämpfen* fight for equality ◊ *Euro für Dollar eintauschen* exchange Euros for dollars ◊ *Sie hat für mich unterschrieben.* She signed for me. ◊ *Für ihr Alter ist sie noch sehr rüstig.* She is still very fit for her age. ◊ *Sie geht für ein Jahr nach Frankreich.* She's going to France for a year. ◊ *etw für den halben Preis kaufen* buy sth half-price **2** (*zugunsten*) in favour of, (*AmE*) in favor of, for ◊ *für einen Kandidaten stimmen* vote for a candidate **3** (*als Gegenleistung*) in return for ◊ *Das ist für den Gefallen, den du mir getan hast.* That's in return for the favour you did me. **4** ~ *Nacht für Nacht* night after night ◊ *Tag für Tag* day after day ◊ *Schritt für Schritt* step by step ◊ *Punkt für Punkt* point by point **5** ~ **sich** ◊ *Das ist ein Fall für sich.* That's a separate issue. ◊ *Die Titelverteidigerin war eine Klasse für sich.* The champion was in a class of her own. ☞ *Siehe auch* SICH [IDM] **das Für und Wider** the pros and cons ◊ *Wir haben uns über das Für und Wider einer Universitätsausbildung gestritten.* We have been arguing about the pros and cons of a university education. ☞ Für andere Ausdrücke mit **für** siehe die Einträge für die entsprechenden Nomina etc. **Jdn/etw für etw halten** z.B. steht unter **halten**.
Furche furrow; (*im Gesicht auch*) line
Furcht ~ (**vor etw**) fear of sth ◊ *Aus Furcht vor neuen Anschlägen blieben sie zu Hause.* They stayed at home out of fear of new attacks. ◊ *Sie leben in ständiger Furcht um ihre Arbeitsplätze.* They live in constant fear of losing their jobs. ◊ *jdm Furcht einjagen/einflößen* frighten sb
furchtbar terrible (*Adv* terribly) ◊ *ein furchtbares Schicksal* a terrible fate ◊ *Sie hat furchtbar gelitten.* She suffered terribly. ◊ *ein furchtbar nettes Mädchen* a terribly nice girl

fürchten

◊ *furchtbaren Hunger haben* be terribly hungry ◊ *Das ist furchtbar nett von dir.* That's really kind of you. ◊ *Wir mussten furchtbar lachen.* It was so funny.

fürchten 1 be afraid, fear (*gehoben*) ◊ *Ich fürchte, dass es schon zu spät ist.* I'm afraid it's already too late. ◊ *Sie fürchtet, ihren Ring verloren zu haben.* She's afraid she has lost her ring. ◊ *Herr Peters war ein gefürchteter Lehrer.* Everyone was afraid of Mr Peters. ◊ *Er wird von seinen Gegnern gefürchtet.* He is feared by his opponents. ◊ *eine gefürchtete Terrorgruppe* a much-feared terrorist group ◊ *das gefürchtete Virus* the dreaded virus **2 sich (vor jdm/etw) ~** be afraid of sb/sth, fear sb/sth (*gehoben*) ◊ *Sie fürchtet sich vor Hunden.* She is afraid of dogs. ◊ *Ich fürchte mich, abends allein nach Hause zu gehen.* I'm afraid of going home alone in the evening. **3 um jdn/etw ~** be worried about sb/sth, fear for sb/sth (*gehoben*) ◊ *Sie fürchten um ihre lukrativen Jobs.* They're worried about losing their lucrative jobs. ◊ *Wir fürchten um sein Leben.* We fear for his life.

fürchterlich ⇨ FURCHTBAR

furchtlos fearless (*Adv* fearlessly)

füreinander for each other, for one another ◊ *füreinander da sein* be there for each other

Furnier veneer

Fürsorge (*Pflege*) care ◊ *ärztliche Fürsorge* medical care

fürsorglich caring, considerate (*Adv* considerately)

Fürsprache recommendation ◊ *Dank ihrer Fürsprache wurde er befördert.* Thanks to her recommendation he was promoted. ◊ *bei jdm Fürsprache für jdn einlegen* intercede on sb's behalf

Fürsprecher(in) advocate

Fürst(in) prince, princess IDM *wie ein Fürst leben* live like a lord

Fürstentum principality* ◊ *das Fürstentum Liechtenstein* the principality of Liechtenstein

fürstlich 1 royal (*nur vor Nomen*) ◊ *das fürstliche Schloss* the royal castle **2** (*üppig*) lavish (*Adv* lavishly); (*großzügig*) generous (*Adv* generously) ◊ *Wir wurden fürstlich bewirtet.* We were entertained lavishly.

Furt ford

Furunkel boil

Fürwort pronoun

Furz fart (*vulg, Slang*) ◊ *einen Furz lassen* let off a fart

furzen fart (*vulg, Slang*)

Fusion 1 (NATURW) fusion **2** (WIRTSCH) merger

fusionieren merge

Fuß 1 foot ◊ *Mir tun die Füße weh.* My feet hurt. ◊ *jdm auf den Fuß treten* tread on sb's toes ◊ *sich den Fuß verstauchen/brechen* sprain/break your ankle **2** (*Bein*) leg **3** (*von Lampen, Säulen, Denkmälern*) base; (*von Hügeln, Treppen*) bottom, foot*; (*von Tischen, Stühlen*) leg **4 zu~** on foot; **zu ~ gehen** walk ◊ *Zu Fuß dauert es 20 Minuten.* On foot it takes 20 minutes. ◊ *Man kann den Gipfel nur zu Fuß erreichen.* You can only reach the summit on foot. ◊ *Wir sind zu Fuß gegangen.* We walked. IDM *auf eigenen Füßen stehen* stand* on your own two feet *auf freiem Fuß* free; (*Verbrecher*) at large *jdn auf freien Fuß setzen* release sb *auf großem Fuß(e) leben* live in grand style (**Bei**) **Fuß!** Heel!; (**festen**) **Fuß fassen** settle in *kalte Füße bekommen/kriegen* get* cold feet *keinen Fuß vor die Tür setzen* not go* out (of the house) *mit jdm auf freundschaftlichem/gutem Fuß stehen* be on friendly/good terms with sb ☞ *Siehe auch* BODEN, GRAB, HAND, HELFEN, KOPF *und* WUND

Fußabdruck footprint **Fußbad** footbath

Fußball 1 football, soccer ◊ *Fußball spielen* play football

Im amerikanischen Englisch wird nur **soccer** verwendet, da **football** die Bezeichnung für „American Football" ist. Im britischen Englisch klingt **soccer** eher förmlich. Die offizielle Bezeichnung von Fußball in Großbritannien ist **association football**, während **footie** oder **footy** umgangssprachlich ist.

2 (*Ball*) football, (*bes AmE*) soccer ball

Fußballer(in) footballer, (*bes AmE*) soccer player ☞ G 2.2d

Fußball- Fußballfan football fan, (*bes AmE*) soccer fan **Fußballfeld** football pitch, (*bes AmE*) soccer pitch **Fußballmannschaft** football team, (*bes AmE*) soccer team **Fußballmatch** football match, (*bes AmE*) soccer match **Fußballmeisterschaft** football championship, (*bes AmE*) soccer championship **Fußballplatz** football field, (*bes AmE*) soccer field **Fußballrowdy** football hooligan, (*bes AmE*) soccer hooligan **Fußballschuh** football boot, (*bes AmE*) soccer boot **Fußballspiel 1** football match, (*bes AmE*) soccer match ◊ *Im Fernsehen lief ein Fußballspiel.* There was a football match on the television. **2** (*Sport*) football, (*bes AmE*) soccer ◊ *Er versteht nichts vom Fußballspiel.* He knows nothing about football. **Fußballspieler(in)** football player, (*bes AmE*) soccer player ☞ G 2.2d **Fußballstadion** football stadium, (*bes AmE*) soccer stadium **Fußballtrainer(in)** football coach, (*bes AmE*) soccer coach ☞ G 2.2d **Fußballverein** football club, (*bes AmE*) soccer club **Fußballweltmeisterschaft** World Cup

Fußboden floor ◊ *ein Fußboden aus Marmor/Holz* a marble/wooden floor

Fußbodenheizung underfloor heating [U]

Fußbremse footbrake

Fussel fluff [U], piece of fluff

fusselig fuzzy, covered in fluff (*nicht vor Nomen*) IDM ⇨ MUND

fusseln pill, go* fuzzy; (*Fusseln abgeben*) shed* fluff

Fußgänger(in) pedestrian

Fußgängerampel pedestrian signal **Fußgängerbrücke** footbridge **Fußgängerüberweg** pedestrian crossing, (*AmE*) crosswalk **Fußgängerunterführung** underpass **Fußgängerzone** pedestrian area

Fuß- Fußgelenk ankle **Fußmarsch** hike ◊ *einen Fußmarsch machen* go on a hike **Fußmatte** doormat **Fußnote** footnote **Fußpilz** athlete's foot **Fußsohle** sole of the foot ◊ *Ich habe eine Blase auf der Fußsohle.* I've got a blister on the sole of my foot. **Fußspur** footprints [Pl] ◊ *einer Fußspur im Schnee folgen* follow footprints in the snow **Fußstapfen** footprint; (*fig*) footstep ◊ *Fußstapfen im Schnee hinterlassen* leave footprints in the snow ◊ *in jds Fußstapfen treten* follow in sb's footsteps **Fußtritt** kick ◊ *jdm einen Fußtritt versetzen* give sb a kick **Fußweg 1** footpath **2** (*Entfernung*) walk ◊ *Die Schule ist eine halbe Stunde Fußweg entfernt.* The school is half an hour's walk away. ◊ *ein Fußweg von 10 Minuten bis zum Park* a ten-minute walk to the park

futsch gone (*nicht vor Nomen*); (*kaputt*) broken ◊ *Alles ist futsch.* Everything has gone.

Futter¹ food, feed; (*Heu, Stroh*) fodder ◊ *das Futter für die Katzen* the cat food ◊ *den Pferden Futter geben* feed the horses

Futter² (*in Kleidungsstücken etc.*) lining

Futteral case

füttern¹ feed* ◊ *die Enten füttern* feed the ducks ◊ *Der Bauer füttert die Kühe mit Heu.* The farmer feeds the cows on hay. ◊ *den Computer mit Daten füttern* feed data into the computer

füttern² line ◊ *ein mit Seide gefütterter Mantel* a silk-lined coat ◊ *dick gefütterte Stiefel* warm lined boots

Futternapf bowl

Fütterung feeding

Futur future tense ◊ *das erste Futur* the future ◊ *das zweite Futur* the future perfect

futuristisch 1 futuristic (*Adv* futuristically) ◊ *ein futuristisch gestalteter Wohnraum* a futuristically designed living room **2** (*Kunstrichtung*) futurist

Gg

G, g G, g ☛ *Beispiele bei* A, A, *S.* 773.
Gabe 1 gift ◊ *Sie hat die Gabe, das Wesentliche mit wenigen Strichen festzuhalten.* She has a gift for capturing the essence in a few brush strokes. **2** (*Geschenk, Spende*) donation
gäbe IDM ⇨ GANG
Gabel (*auch am Fahrrad*) fork ◊ *mit Messer und Gabel essen* eat with a knife and fork ◊ *den Hörer auf die Gabel legen* replace the receiver
gabeln sich ~ fork ◊ *Dort gabelt sich der Weg.* The path forks here.
Gabelstapler fork-lift truck
gackern 1 cluck **2** (*reden und lachen*) chatter and laugh; (*kichern*) giggle
gaffen gape, (*BrE auch*) gawp (*umgs*) ◊ *Die Leute standen da und gafften.* People stood gawping.
Gag 1 joke ◊ *optische Gags* visual jokes ◊ *Der Gag war, dass sie dann doch nicht gekommen sind.* The joke was they didn't come in the end. **2** (*Werbe-*) gimmick
Gage fee
gähnen yawn ◊ *Ich musste ständig gähnen.* I couldn't stop yawning. ◊ *ein Gähnen unterdrücken* stifle a yawn ◊ *ein gähnender Abgrund* a yawning chasm ◊ *Auf dem Platz herrscht gähnende Leere.* The square is totally deserted.
Gala 1 (*Kleidung*) evening dress [U] **2** (*Veranstaltung*) gala
galaktisch galactic
Galaxie galaxy*
Galaxis Galaxy, Milky Way
Galerie gallery*
Galgen gallows [Pl]
  Galgenfrist reprieve; **jdm eine ~ gewähren** give* sb a reprieve **Galgenhumor** gallows humour, (*AmE*) gallows humor
gälisch Gaelic ☛ *Hinweis bei* GAELIC
Gälisch Gaelic; (*Irisch auch*) Irish (Gaelic) ☛ *Hinweis bei* GAELIC
Galle 1 bile **2** (*Gallenblase*) gall bladder **3 jdm kommt die ~ hoch** it makes* sb's blood boil IDM ⇨ GIFT
  Gallenblase gall bladder **Gallenstein** gallstone
Gallier(in) Gaul
Galopp gallop ◊ *in Galopp fallen* break into a gallop ◊ *Sie ritt im Galopp den Hügel hinauf.* She galloped up the hill.
galoppieren gallop
gammeln go* rotten; (*Brot*) go* mouldy; (*AmE*) go* moldy ◊ *Im Kühlschrank gammelt das Essen.* The food's going rotten in the fridge. ◊ *Die Gebäude gammeln vor sich hin.* The buildings are falling into decay. **2** (*nichts tun*) loaf around
Gammler(in) deadbeat (*umgs*)
Gämse chamois*
gang IDM **gang und gäbe sein** be quite usual
Gang¹ *der* **1** (*Gehweise*) walk, gait (*gehoben*) ◊ *Wir haben ihn am Gang erkannt.* We recognized him by his walk. ◊ *der aufrechte Gang des Menschen* the upright gait of the human ◊ *ein federnder Gang* a springy step **2** (*das Gehen*) ◊ *sich den Gang zum Arzt ersparen* save going to the doctor ◊ *der Gang zum Gericht* going to court **3 etw in ~ bringen** start sth ◊ *eine Diskussion in Gang bringen* start a discussion ◊ *Er brachte die Maschinen wieder in Gang.* He restarted the machines. ◊ *das Feuer in Gang bringen* get the fire going **4 etw in ~ setzen** set* sth in motion **5 etw in ~ halten** keep* sth going **6 in ~ kommen** get* going **7** (*Lauf*) course ◊ *der Gang der Dinge* the course of events **8 seinen (gewohnten) ~ gehen** go* on as normal **9 im ~ sein** be in progress ◊ *Die Verhandlungen sind noch im Gang.* Negotiations are still in progress. **10 in vollem ~ sein** be well under way; (*Fest*) be in full swing **11** (*bei Fahrzeugen*) gear ◊ *Sie legte den ersten Gang ein.* She put the car in first gear. ◊ *Er schaltete in den fünften Gang.* He changed (up) into fifth gear. ◊ *Welchen Gang hast du drin?* What gear are you in? ◊ *den Gang eingelegt lassen* leave the car in gear ◊ *den Gang rausnehmen* put the car in neutral **12 einen ~ zulegen** get* a move on (*umgs*) **13** (*Flur*) corridor; (*hinter der Haus-/Wohnungstür*) hallway; (*Verbindungs-*) passage(way); (*unterirdisch*) underground passage; (*zwischen Sitzplätzen*) aisle ◊ *Sie wartet auf dem Gang.* She is waiting outside in the corridor. ◊ *ein Sitzplatz am Gang* an aisle seat ◊ *Doppelzimmer mit Bad auf dem Gang* double rooms with shared bathroom **14** (*Gericht*) course ◊ *Das Menü bestand aus vier Gängen.* It was a four-course meal.
Gang² *die* (*Bande*) gang ☛ G 1.3b
Gangart 1 walk, gait (*gehoben*) **2** (*Pferde*) pace
gängeln tell* sb what to do
gängig usual; (*Meinung*) general
Gangschaltung gears [Pl]
Gangster gangster
  Gangsterboss gang leader
Gangway gangway
Ganove crook
Gans 1 goose*; (*Braten*) roast goose **2** (*als Schimpfwort*) silly woman*/girl
Gänse- Gänseblümchen daisy* **Gänsebraten** roast goose **Gänsefüßchen** quotation marks [Pl], (*BrE auch*) inverted commas [Pl] ◊ *in Gänsefüßchen stehen* be in quotation marks **Gänsehaut** goose pimples [Pl], (*AmE meist*) goose bumps [Pl] ◊ *eine Gänsehaut bekommen* get goose pimples **Gänseleberpastete** goose liver pâté **Gänsemarsch im ~** in single file
Gänserich gander
ganz
• **als Adjektiv 1** whole; (*stärker*) entire (*nur vor Nomen*) ◊ *eine ganze Woche* a whole week ◊ *ganze Dörfer* entire villages **2 der, die, das ganze ...** all the ..., the whole ...; (*stärker*) the entire ...; **die ganzen ...** all the ...; **mein etc. ganzes ...** all my etc. ... ◊ *Habt ihr schon den ganzen Kuchen aufgegessen?* Have you already eaten all the cake? ◊ *Ich hab die ganze Zeit hier gewartet!* I was waiting here all the time! ◊ *das ganze Haus* the whole house ◊ *die ganzen Kinder* all the children ◊ *sein ganzes Geld* all his money ◊ *den ganzen Tag/Abend* all day/evening **3** (*sehr groß, lang etc.*) ◊ *eine ganze Weile* quite a while ◊ *eine ganze Menge* a lot **4** (*vor geographischen Namen*) all over ◊ *in ganz Deutschland* all over Germany ◊ *in der ganzen Welt* all over the world **5 eine ~ Note** a semibreve **6** (*nur*) all of ◊ *ganze zwei Tage* all of two days **7 von ganzem Herzen** with all your heart; (*danken*) from the bottom of your heart **8** (*heil, vollständig*) in one piece ◊ *Das Glas ist noch ganz.* The glass is still in one piece. ◊ *Der Teller ist ganz geblieben.* The plate didn't break.
• **als Adverb 9** (*sehr*) really, very ◊ *Die Übung ist ganz einfach.* The exercise is really easy. ◊ *Sie wurde ganz blass.* She went very pale. ◊ *Ihr seid ja ganz schmutzig!* You're all dirty! ◊ *Ich sehe das ganz anders.* I see it quite differently. ◊ *Ich will nur ganz wenig.* I only want very little. ◊ *Ich bin ganz durcheinander.* I'm all confused. **10** (*völlig*) all, altogether, quite ◊ *Das kann ich schon ganz alleine.* I can do it all by myself. ◊ *Sie ging ganz alleine nach Hause.* She went home all on her own. ◊ *ganz in Schwarz* all in black ◊ *Das ist was ganz anderes.* It's a different thing altogether. ◊ *Ich bin ganz deiner Meinung.* I quite agree. **11** (*ziemlich*) quite ◊ *Mir hat das Buch ganz gut gefallen.* I quite liked the book. ◊ *Ich bin noch nicht ganz fertig.* I haven't quite finished. ◊ *Es ist ganz schön windig.* It's quite windy. ◊ *ein ganz gutes Restaurant* quite a good restaurant **12 ~ jd sein** be just like sb; (*Aussehen*) be the image of sb ◊ *Er ist*

Ganze(s)

ganz der Vater! He's just like his father! **13** ~ **so** (*zur Betonung*) ◊ *Ganz so einfach ist es nicht!* It's not that simple. **IDM** **ganz Ohr sein** be all ears **ganz und gar** completely **ganz und gar nicht** not at all ◊ *Das gefällt mir ganz und gar nicht.* I don't like that at all. ☛ *Siehe auch* GEGENTEIL *und* WEG

Ganze(s) 1 whole ◊ *etw als Ganzes betrachten* consider sth as a whole **2 das Ganze** the whole thing ◊ *Sie betreibt das Ganze nur als Hobby.* She runs the whole thing as a hobby. ◊ *Was soll denn das Ganze?* What's it all for? **3 im Ganzen** on the whole; (*insgesamt*) altogether ◊ *Im Ganzen gesehen war es ein Erfolg.* On the whole it was a success. ◊ *Im Ganzen sind das 12 Euro.* Altogether, that comes to 12 euros. **IDM** **aufs Ganze gehen** go* all out ◊ *Die Mannschaft geht heute aber echt aufs Ganze.* The team is really going all out today. **es geht ums Ganze** everything's at stake ◊ *Bei dem Spiel heute geht es ums Ganze.* Everything's at stake in today's match. ☛ *Siehe auch* GROSS, HALB *und* KRONE

Ganzheit entirety ◊ *ein Kunstwerk in seiner Ganzheit erfassen* consider a work of art in its entirety

ganzheitlich 1 *Adj* (*Betrachtungsweise, Lösungen etc.*) integrated; (*Medizin, Philosophie*) holistic **2** *Adv* ◊ *etw ganzheitlich betrachten/anpacken* view/tackle sth in its entirety ◊ *ganzheitlich denken* think of the overall picture ◊ *ein Kind ganzheitlich bilden* give a child an all-round education ◊ *ganzheitlich orientierte Gesundheitsfürsorge* holistic health care

ganzjährig 1 *Adj* year-round ◊ *ein ganzjähriger Markt* a year-round market **2** *Adv* all year round ◊ *ganzjährig geöffnet sein* be open all year round

gänzlich 1 *Adv* completely, totally ◊ *gänzlich unklar* completely vague ◊ *gänzlich ungeeignet* totally unsuitable **2** *Adj* complete, total

ganzseitig full-page (*nur vor Nomen*) ◊ *eine ganzseitige Anzeige* a full-page advertisement

ganztägig 1 *Adj* all-day (*nur vor Nomen*) ◊ *ein ganztägiges Seminar* an all-day seminar **2** *Adv* all day ◊ *Die Ausstellung ist ganztägig geöffnet.* The exhibition is open all day.

ganztags all day; (*arbeiten*) full-time

Ganztags- Ganztagsbetreuung day care **Ganztagsschule** = school that holds classes all day ☛ *Alle Schulen in Großbritannien und in den Vereinigten Staaten sind Ganztagsschulen.*

gar¹ *Adj* cooked, done (*nicht vor Nomen*) ◊ *etw gar kochen* cook sth until it's done ◊ *Das gare Fleisch aus dem Topf nehmen.* When the meat is done, take it out of the dish.

gar² *Adv* **1** (*zur Verstärkung*) at all ◊ *Das ist gar nicht wahr!* That's not true at all! ◊ *Ich will damit überhaupt gar nichts zu tun haben.* I don't want to have anything at all to do with it. ◊ *Hast du gar nichts gegessen?* Have you not had anything to eat at all? ◊ *Ich habe gar keine Lust mitzukommen.* I really don't want to come with you. **2** ⇨ ETWA **3** (*zur Verstärkung*) ~ **so** so; ~ **zu** really ◊ *Sei doch nicht gar so ungeduldig!* Don't be so impatient! ◊ *Ich wüsste nur gar zu gerne, wo sie ist.* I would really like to know where she is. **IDM** ⇨ GANZ

Garage garage

Garant guarantor

Garantie guarantee; (*schriftlich auch*) warranty* ◊ *Das Notebook hat ein Jahr Garantie.* The notebook comes with one year's guarantee. ◊ *Die Garantie auf meine Kamera ist abgelaufen.* The guarantee on my camera has run out. ◊ *Die Waschmaschine hat noch ein Jahr Garantie.* The washing machine is under warranty for one more year. ◊ *Fällt das noch unter die Garantie?* Is that covered by the warranty? ◊ *Darauf gebe ich Ihnen keine Garantie.* I can't guarantee that. ◊ *Für diese Angaben wird keine Garantie übernommen.* The accuracy of these details is not guaranteed. **IDM** **unter Garantie** (*ganz sicher*) I bet ◊ *Das geht unter Garantie schief.* I bet it'll go wrong.

garantieren guarantee ◊ *Ich garantiere Ihnen, dass das die richtige Größe ist.* I guarantee you that that's the right size. ◊ *Die Party morgen wird super, das garantiere ich dir.* The party tomorrow will be brilliant, I guarantee you. ◊ *Die Firma garantiert für die Qualität ihrer Produkte.* The company guarantees the quality of its products.

garantiert I bet; (*Zusicherung*) without fail ◊ *Er hat garantiert versucht uns anzurufen.* I bet he has been trying to ring us. ◊ *Wir werden garantiert kommen.* We'll be there without fail.

Garantieschein guarantee (certificate) ◊ *Haben Sie Ihren Garantieschein dabei?* Have you got your guarantee there?

Garaus jdm/einer Sache den ~ **machen** kill sb/sth ◊ *Blattläusen den Garaus machen* get rid of greenfly ◊ *Die hohen Mietpreise machen den Geschäften noch den Garaus.* High rents are going to put shops out of business.

Garde guard; (*Regiment*) Guards [Pl]

Garderobe 1 wardrobe (*gehoben*), clothes [Pl] ◊ *Ihre Garderobe ist elegant.* She has an elegant wardrobe. ◊ *Mir fehlt die passende Garderobe.* I haven't got the right clothes. ◊ *Für Garderobe wird keine Haftung übernommen.* Coats left at owner's risk. **2** (*Vorrichtung*) coatrack ◊ *Willst du deine Jacke nicht an die Garderobe hängen?* Won't you hang up your jacket on the coatrack? **3** cloakroom, (*AmE*) checkroom ◊ *Ich gebe meinen Mantel eben an der Garderobe ab.* I'll just leave my coat at the cloakroom. **4** (*für Schauspieler*) dressing room

Garderobenfrau cloakroom attendant, (*AmE*) checkroom attendant **Garderobenmarke** cloakroom ticket, (*AmE*) checkroom ticket **Garderobenständer** coat-stand

Gardine net curtain, (*AmE*) curtain; (*Vorhang*) curtain, (*AmE*) drape

garen cook ◊ *Das Fleisch muss langsam garen.* The meat has to cook slowly.

gären 1 ferment ◊ *Der Saft muss mehrere Wochen gären.* The juice has to ferment for several weeks. **2** (*fig*) seethe ◊ *Es gärt in der Bevölkerung.* The people are seething with anger.

Garn thread; (*zum Weben, Spinnen*) yarn

Garnele prawn, (*AmE*) shrimp

garnieren garnish (*auch fig*); (*Torte etc.*) decorate ◊ *eine mit Weintrauben garnierte Käseplatte* a selection of cheeses garnished with grapes ◊ *eine Torte mit Mandeln garnieren* decorate a cake with almonds

Garnison (MIL) garrison

Garnitur 1 set; (*Möbel*) suite ◊ *eine Garnitur Unterwäsche* a set of underwear **2** (*auf Speisen*) garnish

garstig nasty*, horrible

Garten garden, (*AmE*) yard; **der botanische ~** the botanical gardens [Pl]

Gartenarbeit gardening ◊ *Ich habe heute etwas Gartenarbeit gemacht.* I did some gardening today. ◊ *Tipps für die Gartenarbeit* gardening tips **Gartenbau** horticulture **Gartenhaus** summer house **Gartenlokal** pub with a (beer) garden **Gartenschau** horticultural show **Gartenzwerg** garden gnome

Gärtner(in) gardener ☛ G 2.2d

Gärtnerei nursery*; (*für Obst und Gemüse*) market garden, (*AmE*) truck farm ◊ *Er arbeitet in einer Gärtnerei.* He works at a nursery.

Gärung fermentation

Gas 1 gas ◊ *giftige Gase* poisonous gases ◊ *Gas strömt aus.* There's a gas leak. ◊ *mit Gas heizen/kochen* have gas central heating/a gas cooker **2** ~ **geben/aufs ~ treten** go* faster, accelerate (*gehoben*); (*beim Autofahren*) put* your foot down (*umgs*) ◊ *Gib etwas mehr Gas.* Can you go a bit faster? ◊ *Er gab Gas und bog links ab.* He accelerated and turned left. **3 vom ~ gehen** slow down; **den Fuß vom ~ nehmen** take* your foot off the accelerator (*gehoben*)

Gasexplosion gas explosion **Gasflasche** gas cylinder, gas bottle **gasförmig** gaseous **Gasheizung** gas central heating [U] ◊ *eine Gasheizung einbauen lassen* have gas central heating installed **Gasherd** gas cooker **Gaskammer** gas chamber **Gasmaske** gas mask **Gaspedal** accelerator, (*AmE*) gas pedal

Gasse 1 lane; (*schmaler*) alley **2** (*fig*) passage, path

Gassi mit dem Hund ~ gehen take* the dog out

Gast 1 guest; (*Besucher eines Lokals*) patron ◊ *Du bist heute Abend mein Gast.* You're my guest this evening. ◊ *Wir haben selten Gäste.* We don't often have people round. **2** (*Besucher eines anderen Landes etc.*) visitor **3** (*Mannschaft*) visiting team, visitors [Pl] ◊ *Die Gäste lagen drei Tore in Führung.* The visiting team was three goals in the lead. **IDM** (**bei jdm**) **zu Gast sein** be invited (to sb's); (*wohnen*) stay (at sb's/with sb) ◊ *Der Journalist war gestern beim ZDF zu Gast.* The journalist was invited onto ZDF yesterday. ◊ *Die Kinder sind bei Münchner Familien zu Gast.* The children are staying with families in Munich. ◊

Wir sind schließlich nur zu Gast. After all, we're only guests.
Gastarbeiter(in) immigrant worker
Gäste- Gästebuch visitors' book; (*Hochzeits-*) guest book **Gästehaus** guest house **Gästezimmer** guest room
gast- gastfreundlich hospitable ◊ *Die Leute in Prag waren sehr gastfreundlich.* People in Prague were very hospitable. ◊ *von jdm gastfreundlich aufgenommen werden* be made welcome by sb **Gastfreundschaft** hospitality ◊ *Vielen Dank für Ihre Gastfreundschaft.* Many thanks for your hospitality. **Gastgeber 1** host ← **Hostess** wird auch verwendet, besonders für die Frau des Hauses: *Wir bedankten uns bei unseren Gastgebern.* We thanked our hosts/our host and hostess. **2** (SPORT) host team **Gastgeberin** hostess **Gasthaus, Gasthof** inn ◊ *in einem Gasthaus übernachten* stay the night at an inn
gastieren appear, perform
Gastland host country*
Gastronomie 1 (*Gewerbe*) restaurant and hotel trade **2** (*Kochkunst*) cuisine
gastronomisch gastronomic (*nur vor Nomen*) ◊ *gastronomische Spezialitäten* gastronomic specialities ◊ *ein gastronomischer Betrieb* a restaurant ◊ *Es gibt ein reichhaltiges gastronomisches Angebot.* You get a wide choice of dishes.
Gast- Gastspiel 1 performance **2** (*Auswärtsspiel*) away game **Gastspielreise** tour **Gaststätte** restaurant **Gastwirt(in)** restaurant proprietor ← G 2.2d
Gas- Gasvergiftung gas poisoning [U] **Gaszähler** gas meter
Gatte husband, spouse (*offiz*)
Gatter gate; (*Zaun*) fence
Gattin wife*, spouse (*offiz*)
Gattung 1 (BIOL) genus* **2** (KUNST) genre
GAU maximum credible accident
Gaul nag IDM *Einem geschenkten Gaul schaut man nicht ins Maul.* Don't look a gift horse in the mouth.
Gaumen palate (*auch fig*)
Gauner(in) crook (*umgs*)
Gazelle gazelle
geachtet respected
Gebäck (*Kekse*) biscuits [Pl], (*AmE*) cookies [Pl]; (*kleine Kuchen*) pastries [Pl]
gebannt 1 ⇨ BANNEN **2** (**wie**) ~ spellbound ◊ *Die Zuschauer lauschten gebannt.* The audience listened spellbound.
Gebärde gesture ◊ *Sie machte eine drohende Gebärde.* She made a threatening gesture.
gebärden sich ~ **1** (*sich verhalten*) behave ◊ *sich infantil gebärden* behave in a childish way ◊ *Die Menge gebärdete sich wie wild.* The crowd went wild. **2** (*sich den Anschein geben*) appear ◊ *Die Partei gebärdet sich gern progressiv.* The party likes to appear progressive.
Gebärdensprache sign language
gebären 1 give* birth to sb **2** (*fig*) breed*, give* rise to sth ◊ *Terror, der Hass gebiert* terror that breeds hatred ← *Siehe auch* GEBOREN
Gebärmutter womb
Gebäude building
geben 1 (jdm etw) ~ give* (sb sth), give* (sth to sb) ◊ *Er hat mir 50 Dollar gegeben.* He gave me 50 dollars. ◊ *jdm einen Befehl/Kuss/Rat geben* give sb an order/a kiss/a piece of advice ◊ *ein großes Fest geben* give a big party ◊ *Die Ärzte geben ihr noch sechs Monate.* The doctors give her another six months. ◊ *Langweilig? Ich geb dir gleich langweilig!* Boring? I'll give you boring in a minute! ◊ *Er hat alles gegeben.* He gave his all. ◊ *Geben Sie mir bitte vier Brötchen.* Can I have four rolls, please? ◊ *Er hat sein Bestes gegeben.* He did his best. ◊ *Ich möchte zu bedenken geben, dass ...* I would ask you to bear in mind that ... ◊ *Das sollte dir zu denken geben.* That should make you think. ◊ *Nähere Auskünfte gibt die Studienberatung.* Further details are available from the student advice centre. **2** *jdm etw* ~ (*reichen*) pass sb sth, pass sth to sb ◊ *Gib mir bitte das Salz.* Can you pass me the salt, please. **3** *jdm jdn/etw* ~ (*telefonisch*) put* sb through to sb/sth ← G PV0 ◊ *Ich gebe Ihnen mal die Reklamationsabteilung.* I'll just put you through to our complaints department. **4** (*ergeben*) make* ◊ *Das gibt doch überhaupt keinen Sinn.* That doesn't make any sense at all.

◊ *Sieben mal sieben gibt 49.* Seven times seven is 49. ◊ *Das gibt nur Ärger.* It will only cause trouble. **5** (*irgendwohin bringen*) take* ◊ *einen Film zum Entwickeln geben* take a film in to be developed ◊ *das Auto zur Reparatur in die Werkstatt geben* take the car to the garage to be repaired **6** (*irgendwohin tun*) put*; (*hinzufügen*) add **7 sich etw ~ lassen** ask for sth ◊ *Ich habe mir einen Prospekt geben lassen.* I asked for a brochure. **8 sich** (**von selbst**) ~ (*Schmerzen*) wear* off; (*Angst, Nervosität*) disappear **9 sich locker, fröhlich etc. geben** appear relaxed, cheerful, etc.; (*sich den Anschein geben*) give* the appearance of sth ◊ *Die Ministerin gab sich zuversichtlich.* The minister appeared confident. ◊ *Der Angeklagte gab sich gelassen.* The accused gave the appearance of being calm. ◊ *Sie gibt sich betont locker.* She is playing it cool. **10 viel/wenig etc. auf etw ~** set* great/little, etc. store by sth ◊ *Er gibt nicht viel auf Äußerlichkeiten.* He doesn't set much store by appearances. **11 etw von sich ~** (*Geräusch*) make* sth; (*Töne, Laute, Bemerkungen*) utter sth; (*Zeichen*) give* sth ◊ *Der Drucker gibt komische Geräusche von sich.* The printer's making strange noises. ◊ *Sie gab kein Lebenszeichen von sich.* She gave no sign of life. **12 es jdm ~** (*schlagen*) beat* sb up; (*die Meinung sagen*) tell* sb what you think of them (*umgs*) ◊ *Ich hab's dem Chef ordentlich gegeben!* I told the boss what I really think of him! **13** (*Karten*) deal* **14** (*unterrichten*) teach* ◊ *Herr Becker gibt Musik und Geschichte.* Mr Becker teaches music and history. ◊ *Sie gab ihm Deutschunterricht.* She gave him German lessons. **15** (*aufführen*) ◊ *Am Samstag wird „Wie ihr wollt" am Stadttheater gegeben.* 'As You Like It' is on at the municipal theatre on Saturday. **16 es gibt** there is/are ◊ *Es gibt hier ca. 7 000 Tierarten.* There are over 7 000 different species of animal here. ◊ *Kritiker wird es immer geben.* There will always be those who criticize. ◊ *Gibt's dich auch noch?* You're still around then? ◊ *Bei der Schießerei hat es mehrere Tote gegeben.* Several people were killed in the shooting. ◊ *Was gibt's im Kino?* What's on at the cinema? ◊ *Was gibt's zum Mittagessen?* What's for lunch? ◊ *Was gibt's da zu lachen?* What's funny? ◊ *Das hätte es zu meiner Zeit nicht gegeben.* That would never have happened in my day.
IDM **da gibt's** (**gar**) **nichts** there's no doubt about it ◊ *Er ist der Größte. Da gibt's nichts.* He's the greatest. There's no doubt about it. **das gibt es** things like that do happen **das gibt's hier nicht** that's not on **Das gibt's** (**doch**) **nicht!** (*Zweifel*) You're joking!; That can't be right!; (*Erstaunen*) I don't believe it! **Was gibt's?** (*was ist los?*) What's wrong?; What's up? **Was gibt's** (**Neues**)**?** What's new?
Gebet prayer ◊ *ein Gebet sprechen* say a prayer
Gebetsteppich prayer mat
Gebiet 1 (*Territorium*) territory* ◊ *ein autonomes/umkämpftes Gebiet* an autonomous/a disputed territory **2** (*Region*) area, region ◊ *ländliche Gebiete* rural areas ◊ *Waldbrände auf einem Gebiet von 18 Hektar* forest fires over an area of 18 hectares ◊ *ein unbewohntes Gebiet* an uninhabited region **3** (*Fach-*) field ◊ *ein Experte auf dem Gebiet der Nuklearmedizin* an expert in the field of nuclear medicine
gebieten (jdm) etw ~ demand sth (of sb); (*vorschreiben*) require sth (of sb) ◊ *Das gebietet mir meine Selbstachtung.* My self-respect demands that. ◊ *Das Grundgesetz gebietet den Schutz von Minderheiten.* The Basic Law requires that minorities be protected. ◊ *Hier ist Vorsicht geboten.* We need to be careful here. ◊ *Hier ist es gerechtfertigt, sogar geboten, Gewalt anzuwenden.* Here it is justified, even necessary, to resort to violence.
Gebilde (*Ding*) thing; (*Gegenstand*) object; (*Schöpfung*) creation; (*Form*) shape; (*Bauwerk*) construction; (*Struktur*) structure
gebildet 1 ⇨ BILDEN **2** educated; (*kultiviert*) cultured ◊ *der gebildete Leser* the educated reader ◊ *politisch gebildete Menschen* people who are politically well-informed
Gebirge mountains [Pl] ◊ *ins Gebirge fahren* go to the mountains
gebirgig mountainous
Gebiss 1 teeth [Pl] ◊ *ein gesundes Gebiss* healthy teeth **2** (*künstlich*) false teeth [Pl], dentures [Pl] ◊ *Sie trägt ein* (*künstliches*) *Gebiss.* She's got false teeth.
geblümt floral
geboren 1 ⇨ GEBÄREN **2** born ◊ *Ich bin/wurde am 1. Mai*

geborgen

1986 geboren. I was born on 1 May 1986. ◊ *der in London geborene Maler* the London-born painter ◊ *in Deutschland geborene Ausländer* foreigners born in Germany ◊ *Er ist der geborene Schauspieler.* He's a born actor. **3** (*zur Angabe des Geburtsnamens*) née ◊ *Ann Jaekel, geborene Berger* Ann Jaekel, née Berger

geborgen 1 ⇨ BERGEN **2** (safe and) secure ◊ *Bei ihr fühlte er sich geborgen.* He felt safe and secure with her.

Geborgenheit security

Gebot 1 (REL) commandment ◊ *die Zehn Gebote* the Ten Commandments **2** (*Grundsatz*) rule ◊ *ein Gebot missachten* break a rule ◊ *Pünktlichkeit ist oberstes Gebot.* Punctuality is the number one priority. ◊ *Disziplin ist das Gebot der Stunde.* Discipline is the order of the day. **3** (*bei Auktionen etc.*) bid ◊ *Das höchste Gebot lag bei 500 Dollar.* The highest bid was 500 dollars. ◊ *150, das ist mein letztes Gebot!* 150, that is my final offer!

geboten ⇨ GEBIETEN *und* BIETEN

Gebrauch 1 use ◊ *vor/nach Gebrauch reinigen* clean before/after use ◊ *kleine Mengen Tabak zum persönlichen/eigenen Gebrauch* small amounts of tobacco for personal/your own use ◊ *Gegenstände für den täglichen Gebrauch* everyday objects **2** *von etw ~ machen* use sth ◊ *Die Polizistin machte von der Waffe Gebrauch.* The policewoman used her weapon.

gebrauchen 1 use ◊ *Du solltest die Ferien zum Lernen gebrauchen.* You should use the holidays to revise. ◊ *Kannst du dieses Buch gebrauchen?* Is this book any use to you? **2** *etw* (*gut*) *~ können* ◊ *Das Geld können wir gut gebrauchen.* The money will be useful. ◊ *Ich könnte jetzt eine Dusche gebrauchen!* I could do with a shower now. ☛ Im amerikanischen Englisch sagt man: *I could use a shower.* **3** *etw nicht ~ können* ◊ *Faulenzer können wir hier nicht gebrauchen!* We can't do with lazy people here! **4** *zu ~ sein* ◊ *Ohne Batterie ist die Lampe nicht zu gebrauchen.* The lamp is useless without a battery. ◊ *Du bist wirklich zu nichts zu gebrauchen!* You really are useless! ◊ *Die Tasche ist doch noch gut zu gebrauchen.* But the bag is still usable.

gebräuchlich common ◊ *ein gebräuchlicher Begriff* a common concept

Gebrauchs- Gebrauchsanleitung, Gebrauchsanweisung instructions for use [Pl] **Gebrauchsgegenstand** everyday item; (*im Haushalt*) household item

gebraucht 1 ⇨ BRAUCHEN **2** ⇨ GEBRAUCHEN **3** (*aus zweiter Hand*) second-hand ◊ *ein gebrauchtes Motorrad* a second-hand motor bike ◊ *Wir haben die Einrichtung gebraucht gekauft.* We bought the furniture second-hand. **Gebrauchtwagen** second-hand car, (*bes AmE*) used car

gebräunt tanned

gebrechlich frail

gebrochen 1 ⇨ BRECHEN **2** broken ◊ *Am Ende des Romans ist er einsam und gebrochen.* At the end of the novel, he is a lonely, broken man. ◊ *in gebrochenem Italienisch* in broken Italian ◊ *Sie spricht nur gebrochen Russisch.* She doesn't speak Russian fluently.

Gebrüder brothers [Pl] ◊ *die Gebrüder Scholl* the Scholl brothers ◊ *die Gebrüder Grimm* the brothers Grimm

Gebrüll 1 roaring; (*Rinder*) bellowing **2** (*Menschen*) yelling

Gebühr charge; (*Honorar*) fee ◊ *eine Gebühr erheben* make a charge ◊ *Man hat uns über 250 Franken Gebühren berechnet.* We were charged over 250 francs.

gebührend 1 *Adj* proper ◊ *Sie bringen den Lehrern nicht den gebührenden Respekt entgegen.* They do not show proper respect for the teachers. ◊ *Sie stand in gebührendem Abstand hinter ihm.* She was standing at a respectful distance behind him. ◊ *Sie hielten gebührenden Abstand zum Feuer.* They kept a safe distance from the fire. **2** *Adv* properly; (*angemessen*) duly ◊ *Das muss gebührend gefeiert werden!* We have to celebrate this properly! ◊ *Die Leistung wurde von allen gebührend gewürdigt.* The achievement was duly acknowledged by everybody.

Gebühren- Gebührenerhöhung increase in charges ◊ *eine Gebührenerhöhung von 6%* a 6% increase in charges **gebührenfrei** free **gebührenpflichtig** ◊ *eine gebührenpflichtige Verwarnung* a fine ◊ *ein gebührenpflichtiger Kurs* a course for which there is a charge

gebunden ⇨ BINDEN

Geburt birth ◊ *Sie starb bei der Geburt des dritten Sohns.* She died giving birth to her third son. ◊ *Sie ist von Geburt an blind.* She has been blind since birth. ◊ *Er ist Schweizer von Geburt.* He is Swiss by birth. ◊ *die Geburt eines autonomen Staates* the birth of an autonomous state

Geburtenkontrolle population control; (*Familienplanung*) birth control **Geburtenrate** birth rate **Geburtenrückgang** decline in the birth rate **geburtenschwach** ◊ *ein geburtenschwacher Jahrgang* a year with a low birth rate **geburtenstark** ◊ *ein geburtenstarker Jahrgang* a year with a high birth rate

gebürtig by birth (*gehoben*) (*dem Nomen nachgestellt*) ◊ *ein gebürtiger Berliner/Iraner* a Berliner of an Iranian by birth ◊ *Sie ist gebürtige Bayerin.* She was born in Bavaria.

Geburts- Geburtsdatum date of birth **Geburtshaus** house where *sb* was born; (*Ort*) birthplace ◊ *Goethes Geburtshaus* the house where Goethe was born **Geburtsjahr** year of birth, year when *sb* was born ◊ *1776, das Geburtsjahr der Demokratie* 1776, the year which marked the birth of democracy **Geburtsname** birth name; (*Mädchenname*) maiden name; (*Familienname*) (original) surname **Geburtsort** birthplace; (*im Pass etc.*) place of birth **Geburtsstunde** (*fig*) beginning

Geburtstag 1 birthday ◊ *Herzlichen Glückwunsch zum Geburtstag!* Happy Birthday! ◊ *Tim hat heute Geburtstag.* It's Tim's birthday today. ◊ *jdm zum Geburtstag gratulieren* wish sb happy birthday ◊ *Was wünschst du dir zum Geburtstag?* What do you want for your birthday? ◊ *Ich schenke ihr eine Uhr zum Geburtstag.* I'm giving her a watch for her birthday. **2** (*Datum*) date of birth **Geburtstagsfeier** birthday party* **Geburtstagsgeschenk** birthday present **Geburtstagskarte** birthday card **Geburtstagskind** birthday boy/girl **Geburtstagsparty** birthday party*

Geburtsurkunde birth certificate

Gebüsch bushes [Pl]

gedacht 1 ⇨ DENKEN **2** ⇨ GEDENKEN **3** (*gemeint*) intended ◊ *eine als Einführung gedachte Vorlesung* a lecture intended as an introduction ◊ *So war das eigentlich nicht gedacht!* That wasn't the idea! **4** (*imaginär*) imaginary

Gedächtnis memory* ◊ *das Gedächtnis verlieren* lose your memory ◊ *Die Leute haben ein kurzes Gedächtnis.* People have short memories. ◊ *etw aus dem Gedächtnis aufsagen* recite sth from memory ◊ *Sie hatte jede Erinnerung an ihn aus ihrem Gedächtnis verdrängt.* She had completely wiped out the memory of him. ◊ *Er rief ihnen den olympischen Gedanken ins Gedächtnis.* He reminded them of the Olympic ideal. ◊ *Du wirst mir immer im Gedächtnis bleiben.* I'll never forget you. **IDM** ⇨ RUFEN *und* ZURÜCKRUFEN

Gedächtnislücke memory lapse **Gedächtnisschwund** loss of memory; (MED) amnesia

gedämpft 1 ⇨ DÄMPFEN **2** subdued; (*Beifall, Freude, Schreie, Reaktionen*) muted; (*Optimismus*) cautious (*Adv* cautiously) ◊ *gedämpftes Licht* subdued light ◊ *mit gedämpfter Freude* with muted enthusiasm ◊ *Wir sind gedämpft optimistisch.* We're cautiously optimistic. ◊ *Der Verkehrslärm dringt gedämpft durch das Fenster.* You can hear the muffled noise of traffic through the windows.

Gedanke thought; (*Einfall, Idee, Vorstellung*) idea ◊ *Er war ganz in Gedanken versunken.* He was lost in thought. ◊ *Beim bloßen Gedanken an Essen wird mir schon übel.* The mere thought of eating makes me feel sick. ◊ *Der Gedanke, allein leben zu müssen ...* The thought of having to live alone ... ◊ *Die Türklingel riss ihn aus seinen Gedanken.* The doorbell roused him from his thoughts. ◊ *ein absurder Gedanke* an absurd idea ◊ *Du wirst dich an den Gedanken gewöhnen müssen.* You will have to get used to the idea. ◊ *Wir müssen unsere Gedanken austauschen.* We must exchange ideas. ◊ *Ich kann keinen klaren Gedanken fassen.* I can't think clearly. ◊ *Ich kam gar nicht auf den Gedanken, dass er log.* It never crossed my mind that he was lying. **IDM** **jdn auf andere Gedanken bringen** take* sb's mind off things ◊ *Das wird dich auf andere Gedanken bringen.* That will take your mind off things. **auf dumme Gedanken kommen** get* into mischief **jds Gedanken lesen können** be able to read sb's mind ◊ *Wenn ich nur deine Gedanken lesen könnte.* If only I could read your mind. ◊ *Ich kann doch keine Gedanken lesen!* I'm not a mind-reader! **keines (klaren) Gedanken fähig sein** not be able to think clearly **mit einem Gedanken spielen** toy with an idea ◊ *Ich spiele mit dem Gedanken, mir ein Boot zu kaufen.*

I am toying with the idea of buying myself a boat. **sich (über etw) Gedanken machen** think* (about sth); *(besorgt sein)* be worried (about sth) ◊ *Sie macht sich bisher noch keine Gedanken über ihre Zukunft.* She hasn't thought about her future at all. ◊ *Ich mache mir Gedanken darüber, ob das Geld reichen wird.* I'm worried about whether we'll have enough money. ◊ *Du machst dir zu viele Gedanken.* You worry too much.
Gedankenaustausch exchange of ideas **Gedankengang** train of thought **gedankenlos 1** thoughtless ◊ *eine gedankenlose Bemerkung* a thoughtless remark ◊ *gedankenlos handeln* act without thinking **2** *(geistesabwesend)* absent *(Adv* absently) **Gedankenstrich** dash **Gedankenübertragung** telepathy **gedankenverloren** lost in thought
gedanklich 1 *Adj* intellectual **2** *Adv* ◊ *Er war gedanklich ganz woanders.* His mind was on something else altogether. ◊ *sich gedanklich auf eine Niederlage vorbereiten* mentally prepare for defeat
Gedeck 1 place setting; *(im Restaurant)* cover **2** *(festes Menü)* set meal
gedeckt 1 ⇨ DECKEN **2** *(Farbe)* subtle **3** *(Scheck)* covered *(nicht vor Nomen)* ◊ *ein gedeckter Scheck* a cheque that is covered
gedeihen 1 thrive **2** *(fortschreiten)* ◊ *Wir sind mit unseren Plänen noch nicht sehr weit gediehen.* We haven't got very far with our plans yet. ◊ *Der Bau ist schon so weit gediehen, dass ...* The building work has reached the stage at which ...
gedenken 1 jds ~ commemorate sb **2** *(beabsichtigen)* intend, propose
Gedenken remembrance ◊ *eine Feier zum Gedenken an die Toten* a ceremony in remembrance of the dead
Gedenk- Gedenkfeier memorial service **Gedenkminute** minute's silence ◊ *eine Gedenkminute einlegen* observe a minute's silence **Gedenkmünze** commemorative coin **Gedenkstätte** memorial **Gedenktafel** commemorative plaque **Gedenktag** day of remembrance
Gedicht poem; **Gedichte schreiben** write* poetry IDM **ein Gedicht sein** be heavenly
gediegen *(Mensch)* respectable; *(Möbel, Handwerk etc.)* good-quality *(nur vor Nomen)*, of good quality *(nicht vor Nomen)*; *(Atmosphäre)* refined
Gedränge 1 crush; *(Menschenmenge)* crowd ◊ *das Gedränge an der Bar* the crush at the bar ◊ *Sie verlor ihre Freunde im Gedränge.* She lost her friends in the crowd. ◊ *Es kam zu einem Gedränge auf der Tribüne.* There was a lot of pushing and shoving in the stands. **2** *(beim Rugby)* scrum
gedrückt 1 ⇨ DRÜCKEN **2** *(niedergeschlagen)* subdued
Geduld patience; **~ (mit jdm) haben** be patient (with sb), have patience (with sb) ◊ *Er hat keine Geduld.* He has no patience. ◊ *Hab Geduld mit ihm!* Be patient with him! ◊ *Schließlich verlor sie die Geduld.* She finally lost her patience. ◊ *Er bat sie um einen Augenblick Geduld.* He asked them to wait for a minute. IDM **jdm reißt die Geduld** sb is losing patience
gedulden sich ~ wait (patiently) ◊ *Wir mussten uns noch einen Tag gedulden.* We had to wait patiently for a day. ◊ *Ich kann mich nicht länger gedulden.* I cannot wait any longer. ◊ *Bitte gedulden Sie sich noch einen Moment.* Please bear with me for just a moment.
geduldig patient *(Adv* patiently)
geehrt 1 ⇨ EHREN **2 Sehr geehrte(r) Herr/Frau ...** *(im Brief)* Dear Mr/Mrs ... **3 Sehr geehrte Damen und Herren** *(im Brief)* Dear Sir or Madam; *(in einer Ansprache)* Ladies and Gentlemen
geeignet 1 ⇨ EIGNEN **2** suitable ◊ *für Kinder geeignet* suitable for children ◊ *Das ist als Ersatz geeignet.* It is a suitable substitute. ◊ *Sie sind für diesen Beruf nicht geeignet.* You are not suited to this job.
Gefahr danger; *(Risiko)* risk ◊ *in Gefahr sein/schweben* be in danger ◊ *außer Gefahr sein* be out of danger ◊ *Es besteht keine Gefahr, dass er es vergisst.* There is no danger of him forgetting. ◊ *sich in Gefahr begeben* put yourself at risk ◊ *der Gefahr von Infektionen vorbeugen* prevent the risk of infection ◊ *selbst auf die Gefahr hin, mich zu blamieren* even at the risk of making a fool of myself ◊ *Er läuft Gefahr, seinen Führerschein zu verlieren.* He runs the risk of losing his licence. ◊ *„Parken auf eigene Gefahr"* 'Parking at own risk'
gefährden put* *sb/sth* at risk; **gefährdet sein** be at risk ◊ *Das gefährdet die Zukunft der Industrie.* This puts the future of the industry at risk. ◊ *Frauen über 50 sind besonders gefährdet.* Women over 50 are particularly at risk. ◊ *gefährdete Tierarten* endangered species
Gefahren- Gefahrenquelle source of danger **Gefahrenzone** danger zone
Gefahrgut dangerous substance [meist Pl] ◊ *Der Lkw transportiert Gefahrgut.* The truck is carrying dangerous substances.
gefährlich dangerous *(Adv* dangerously)
gefahrlos safe *(Adv* safely) ◊ *der gefahrlose Umgang mit Maschinen* the safe use of machinery ◊ *ein Ort, wo Kinder gefahrlos spielen können* a place where children can play safely ◊ *Dieser Weg ist wieder gefahrlos zu begehen.* It is safe to use this path again.
Gefährte, Gefährtin companion; *(Lebens-)* partner
Gefälle 1 slope; *(Neigungsgrad)* gradient; *(Fluss)* drop ◊ *ein starkes Gefälle* a steep slope ◊ *20% Gefälle* a gradient of 20%/of 1 in 5 ◊ *Das Gelände hat ein leichtes Gefälle.* The land slopes gently. ◊ *Der Fluss hat ein starkes Gefälle.* The river drops sharply. **2** *(Unterschied)* divide ◊ *das Nord-Süd-Gefälle* the North-South divide
gefallen 1 jd/etw gefällt jdm sb likes sb/sth ◊ *Das gefällt mir nicht.* I don't like it. ◊ *Es gefällt ihr, allein zu leben.* She likes living alone. ◊ *Was gefällt dir nicht an dem Kleid?* What don't you like about the dress? ◊ *Mir gefällt, wie du das machst.* I like the way you do that. ◊ *Das Konzert hat ihm gut gefallen.* He enjoyed the concert a lot. ◊ *Das macht sie doch nur, um zu gefallen.* She is only doing it to please. **2 sich in etw ~** like playing the part of sth ◊ *Er gefällt sich in der Rolle des Intellektuellen.* He likes playing the part of the intellectual. **3 sich etw ~ lassen** put* up with sth ◊ *Das brauchst du dir nicht gefallen zu lassen.* You don't have to put up with it.
Gefallen[1] *der* favour, *(AmE)* favor ◊ *Könntest du mir einen Gefallen tun und zur Post laufen?* Could you please do me a favour and go to the post office? ◊ *Tu mir den Gefallen und sei endlich still!* Just do me a favour and shut up! ◊ *Dürfte ich Sie um einen Gefallen bitten?* Could I ask a favour of you? ◊ *Hör auf zu weinen. Damit tust du niemandem einen Gefallen.* Stop crying. That's not going to help anyone.
Gefallen[2] *das* pleasure ◊ *an etw Gefallen finden* get pleasure from sth ◊ *an jdm Gefallen finden* take a fancy to sb
Gefallene(r) soldier killed in action
Gefälligkeit favour, *(AmE)* favor; **aus ~** as a favour, *(AmE)* as a favor
gefälligst kindly ◊ *Warten Sie gefälligst, bis Sie dran sind.* Kindly wait until it's your turn. ◊ *Das soll sie gefälligst selbst bezahlen.* She can damn well pay for it herself. ◊ *Mach gefälligst die Tür zu!* Just shut the door, will you!
gefangen 1 ⇨ FANGEN **2 jdn ~ halten** hold* sb prisoner; *(fig)* hold* sb enthralled ◊ *In diesem Verlies hielten sie ihn gefangen.* They held him prisoner in this dungeon. ◊ *Die Musik hielt die Zuhörer gefangen.* The music held the audience enthralled. **3 etw ~ halten** keep* sth in captivity ◊ *ein Tier gefangen halten* keep an animal in captivity **4 jdn ~ nehmen** take* sb prisoner; *(fig)* captivate sb ◊ *Er wurde in Rio gefangen genommen.* He was taken prisoner in Rio. ◊ *Diese Geschichte nahm mich ganz gefangen.* I was captivated by the story. **5 in etw ~ sein** be a prisoner of sth ◊ *Sie war in ihren Ängsten gefangen.* She was a prisoner of her fears.
Gefangene(r) prisoner
Gefangen- Gefangennahme capture [U] **Gefangenschaft** captivity ◊ *Pandas paaren sich selten in Gefangenschaft.* Pandas rarely mate in captivity. ◊ *Er war in russischer Gefangenschaft.* He was a prisoner of war in Russia. ◊ *in Gefangenschaft geraten* be taken prisoner ◊ *Er kam 1940 in deutsche Gefangenschaft.* He was taken prisoner by the Germans in 1940.
Gefängnis 1 prison ◊ *aus dem Gefängnis kommen* come out of prison ◊ *ins Gefängnis müssen* be sent to prison

> **Prison** wird im Sinne von „Haft" ohne Artikel verwendet: *He's in prison.* Er sitzt im Gefängnis.
>
> Wenn man vom Gebäude spricht, benutzt man **a** oder

Gefängnisstrafe

the: *The minister visited the prison.* Artikel werden auch dann verwendet, wenn man das Gefängnis näher beschreibt: *a high-security prison.*
2 (*Gefängnisstrafe*) imprisonment [U] ◊ *Sie wurde zu drei Jahren Gefängnis verurteilt.* She was sentenced to three years' imprisonment. ◊ *Auf Entführung steht Gefängnis.* Kidnapping is punishable by imprisonment.
Gefängnisstrafe prison sentence **Gefängniswärter(in)** prison officer ☛ G 2.2d **Gefängniszelle** prison cell
gefärbt 1 ⇨ FÄRBEN **2** (*Lebensmittel*) ◊ *gefärbte Lebensmittel* foodstuffs with artificial colouring **3** (*Texte, Berichte*) ◊ *politisch gefärbte Geschichten* stories with political overtones **4** (*Sprache*) ◊ *schweizerisch gefärbtes Deutsch* German with a Swiss accent
Gefäß vessel
gefasst 1 ⇨ FASSEN **2** (*beherrscht, ruhig*) composed ◊ *Sie wirkte sehr gefasst.* She seemed very composed. ◊ *Er ertrug die Niederlage gefasst.* He bore the defeat with composure. **3 auf etw ~ sein** be prepared for sth ◊ *Wir müssen auf alles gefasst sein.* We must be prepared for anything. ◊ *Ich war nicht darauf gefasst, dass es so schnell gehen würde.* I was not prepared for it all happening so quickly. **4 sich auf etw ~ machen** prepare yourself for sth ◊ *Ich machte mich aufs Schlimmste gefasst.* I prepared myself for the worst. ◊ *Du musst dich darauf gefasst machen, dass es länger dauern kann.* You should be prepared for the fact that it may take a long time. ◊ *Du kannst dich auf was gefasst machen!* You're going to be for it!
Gefecht fighting [U], clash (*auch fig*) ◊ *Die Rebellen lieferten sich schwere Gefechte mit den Militärs.* The rebels engaged in heavy fighting with the army. ◊ *Bei Gefechten mit der Polizei gab es neun Tote.* Nine people were killed in clashes with the police. ◊ *In der Fernsehdebatte lieferten sich die beiden Kandidaten ein heftiges Gefecht.* The two candidates clashed in a television debate. IDM **jdn außer Gefecht setzen 1** put* sb out of action **2** (*fig*) spike sb's guns **im Eifer/in der Hitze des Gefechts 1** (*in der Aufregung*) in all the excitement **2** (*unbedacht*) in the heat of the moment
gefedert 1 ⇨ FEDERN **2** sprung ◊ *Der Sattel sollte gefedert sein.* The saddle should be sprung. ◊ *ein voll gefedertes Mountainbike* a mountain bike with full suspension ◊ *ein gut/schlecht gefederter Wagen* a car with good/poor suspension
gefeiert 1 ⇨ FEIERN **2** celebrated, acclaimed
gefestigt stable
Gefieder feathers [Pl], plumage [U]
Geflecht 1 ◊ *ein Geflecht aus Zweigen* intertwined branches ◊ *Ein Geflecht aus Papierstreifen bildet das Dach.* The roof is made of paper strips woven together. **2** (*Netz*) network **3** (*Wirrwarr*) tangle, web ◊ *ein Geflecht von Lügen* a tangle of lies
gefleckt 1 spotted **2** (*mit größeren Flecken*) ◊ *ein weißbraun gefleckter Hund* a dog with white and brown markings
geflissentlich deliberately ◊ *etw geflissentlich übersehen* deliberately overlook sth
Geflügel (*Federvieh, Fleisch*) poultry [U/Pl]
geflügelt winged ◊ *geflügelte Ameisen* winged ants IDM **ein geflügeltes Wort** a (well-known) saying
Gefolge 1 entourage **2** (*Trauergeleit*) cortège
Gefolgschaft 1 (*Gefolge*) entourage **2** (*Treue, Gehorsam*) allegiance ◊ *jdm Gefolgschaft leisten* give your allegiance to sb
Gefolgsmann follower ◊ *einer seiner engsten Gefolgsleute* one of his closest followers
gefragt 1 ⇨ FRAGEN **2** (*begehrt*) sought after, in demand (*nicht vor Nomen*) ◊ *ein gefragter Künstler* a sought after artist ◊ *Besonders gefragt war Schokoladenkuchen.* Chocolate cake was very much in demand. ◊ *Treue ist heute nicht mehr gefragt.* Loyalty has gone out. **3** (*gewünscht*) wanted ◊ *Gefragt sind vor allem neue Ideen.* New ideas are what's really wanted. ◊ *Fachkompetenz und ein sicheres Auftreten sind gefragt.* Candidates should have expert knowledge and a confident manner.
gefräßig greedy*; (*Tier etc.*) voracious
Gefreite(r) lance corporal, (*AmE*) private first class; (*bei der Marine*) able seaman*, (*AmE*) seaman*; (*bei der Luftwaffe*) leading aircraftman*, (*AmE*) airman* first class ☛ G 2.2d
Gefrierbeutel freezer bag
gefrieren freeze* ◊ *Die Milch war zu Eis gefroren.* The milk had frozen. ◊ *Als sie ihn sah, gefror ihr das Lächeln.* When she saw him, the smile froze on her lips.
Gefrier- Gefrierfach freezer compartment **gefriergetrocknet** freeze-dried **Gefrierpunkt** freezing, freezing point (*Fachspr*) ◊ *der Gefrierpunkt von Quecksilber* the freezing point of mercury ◊ *Temperaturen um den Gefrierpunkt* temperatures around freezing **Gefrierschrank** (upright) freezer **Gefriertruhe** (chest) freezer
Gefüge structure
gefügig meek (*Adv* meekly); (*gehorsam*) obedient (*Adv* obediently) ◊ *Er trottete gefügig hinter seiner Mutter her.* He trotted meekly after his mother. ◊ *sich jdn gefügig machen* make sb submit to your will
Gefühl 1 feeling ◊ *jds Gefühle verletzen* hurt sb's feelings ◊ *Ich habe das Gefühl, dass …* I've got a feeling that … ◊ *Ich habe kein Gefühl in den Fingern.* I've got no feeling in my fingers. ◊ *ein Gefühl für etw bekommen* get a feeling for sth ◊ *Der Film weckte nostalgische Gefühle in mir.* The film made me feel nostalgic. ◊ *Ich habe ein gutes Gefühl bei der Sache.* I feel quite optimistic about it. ◊ *ein Gefühl der Befriedigung/Erleichterung* a sense of satisfaction/relief **2** (*Sinn*) sense; (*Intuition*) instinct ◊ *ein Gefühl für Farben* a sense of colour ◊ *Ich verlasse mich auf mein Gefühl.* I rely on my instinct. IDM **das höchste der Gefühle 1** (*das Beste*) the ultimate **2** (*die äußerste Grenze*) the absolute limit **ein dummes Gefühl** (**bei etw**) **haben** have a nasty feeling (about sth) ◊ *Sie hatte das dumme Gefühl, dass die Sache schief gehen würde.* She had a nasty feeling it would all go wrong. **etw im Gefühl haben** have a feel for sth **mit gemischten Gefühlen** with mixed feelings **etw nach Gefühl machen** do* sth by instinct
gefühllos 1 insensitive (*Adv* insensitively); (*stärker*) unfeeling; (*grausam*) cruel **2** (*taub*) numb
gefühls- gefühlsmäßig emotional (*Adv* emotionally); (*instinktiv*) instinctive (*Adv* instinctively) ◊ *ihre gefühlsmäßige Bindung an ihre Großeltern* her emotional attachment to her grandparents **Gefühlssache** ◊ *Wie viel Wasser man den Pflanzen geben muss, ist Gefühlssache.* You have to have a feel for how much water to give the plants. ◊ *Was ich anziehe, ist bei mir reine Gefühlssache.* I just wear what I feel like.
gefühlvoll (*einfühlsam*) sensitive (*Adv* sensitively); (*ausdrucksvoll*) expressive (*Adv* expressively); (*voller Gefühl, sentimental*) emotional (*Adv* emotionally)
gefüllt 1 ⇨ FÜLLEN **2** (*voll*) full ◊ *Der Saal war gefüllt.* The hall was full.
gegeben 1 ⇨ GEBEN **2** given ◊ *Das habe ich als gegeben vorausgesetzt.* I took that as given. ◊ *Aus gegebenem Anlass einige Bemerkungen zu E-Mail.* For reasons known to us all, I'd like to make a few comments about email. ◊ *unter den gegebenen Umständen* given the circumstances IDM ⇨ ZEIT
gegebenenfalls if necessary
gegen 1 against ◊ *gegen die Sonne fotografieren* take a photo against the sun ◊ *gegen den Willen seiner Eltern* against his parents' will ◊ *etwas/nichts gegen jdn haben* have something/nothing against sb ◊ *gegen jdn gewinnen* win against sb ☛ Vorsicht! „gegen jdn verlieren" heißt aber *lose to sb.* Ebenso heißt „die Opposition gegen etw" *the opposition to sth.* **2** (*gewaltsamer Kontakt*) ◊ *Ich bin mit dem Knie gegen das Tischbein gestoßen.* I knocked my knee on the table leg. ◊ *Wütend schlug sie gegen die Wand.* Furiously she beat on the wall. ◊ *gegen die Mauer fahren* drive into the wall **3** (*Austausch*) for ◊ *Sie haben Waffen gegen Geiseln ausgetauscht.* They exchanged weapons for hostages. **4 ~ Rezept** on prescription **5** (*im Vergleich zu*) compared to/with ◊ *Gegen ihn bin ich nur ein Amateur!* Compared to him, I am just an amateur! **6** (MED) for; (*Impfung*) against ◊ *Hast du etwas gegen deine Kopfschmerzen eingenommen?* Have you taken anything for your headache? ◊ *eine Impfung gegen Cholera* a vaccination against cholera ◊ *ein Mittel gegen Arthritis* an arthritis drug **7** (*Zeitraum*) towards ◊ *gegen Ende der 80er Jahre* towards the end of the eighties **8** (*mit Zeitpunkten/Zahlenangaben*) around, about ◊ *gegen 7 Uhr* around 7 o'clock ◊ *Das Stadion fasst*

gegen 8 000 Menschen. The stadium holds around 8 000 people. **IDM** ⇨ **NATUR**

Gegen- Gegenangriff counter-attack ◊ *zum Gegenangriff übergehen* launch a counter-attack **Gegenargument** counter-argument **Gegenbeispiel** case where the opposite is true ◊ *Als Gegenbeispiel nannte er seine Eltern.* He named his parents as a case where the opposite was true. **Gegenbesuch** return visit **Gegenbeweis** evidence to the contrary [U] ◊ *den Gegenbeweis antreten* furnish evidence to the contrary ◊ *Sein Freund galt ihm als lebender Gegenbeweis.* His friend was living proof to the contrary.

Gegend 1 area, region, district ◊ *die Gegend rund um Hamburg* the Hamburg area ◊ *in der Gegend des Magens* in the stomach region

> **Area, region** oder **district?** District kann ein Teil einer Stadt oder eines Landes sein und kann feste Grenzen haben: *the district controlled by a council.* **Region** ist größer, meistens ein Teil eines Landes, und hat nicht unbedingt festgelegte Grenzen: *the industrial regions of the country.* **Area** ist der allgemeinste der drei Begriffe und wird sowohl synonym mit **district** als auch mit **region** verwendet: *the poorer areas of a town, an agricultural area of the country.* Wenn man von einem Teil einer Stadt spricht, wird häufiger **part** verwendet: *Which part of Paris do you live in?*

2 (*Einwohner*) (everyone in the) neighbourhood, (*AmE*) (everyone in the) neighborhood

Gegen- Gegendarstellung reply*; (*Richtigstellung*) correction **Gegendemonstration** counter-demonstration **gegeneinander** against each other ◊ *Sie haben uns gegeneinander ausgespielt.* They played us off against each other. ◊ *Wir sind gegeneinander gestoßen.* We bumped into each other. ◊ *Er schlug die Topfdeckel gegeneinander.* He banged the saucepan lids together. **Gegenfahrbahn** opposite carriageway **Gegenfrage** another question ◊ *Sie antwortete mit einer Gegenfrage.* She answered with another question. ◊ *Darf ich Ihnen eine Gegenfrage stellen?* Let me ask you a question. ☛ Hier wird das Wort **you** betont. **Gegengewicht ein ~** (**zu etw**) a counterweight (to sth) **Gegenkandidat(in)** rival candidate ◊ *der Gegenkandidat der CDU* the rival candidate from the CDU ◊ *Sie tritt als Gegenkandidatin gegen Müller an.* She is standing against Müller. **Gegenleistung** ◊ *Als Gegenleistung wurde uns ein Raum zur Verfügung gestellt.* In return, we were given a room. ◊ *Welche Gegenleistungen werden verlangt?* What are they demanding in return? **Gegenmaßnahme** countermeasure **Gegenmittel ~** (**gegen etw**) antidote (to sth) **Gegenoffensive** counteroffensive **Gegenprobe** cross-check ◊ *Der Arzt machte die Gegenprobe.* The doctor did a cross-check. **Gegenrevolution** counter-revolution **Gegenrichtung** opposite direction

Gegensatz 1 contrast ◊ *der Gegensatz zwischen Arm und Reich* the contrast between rich and poor ☛ Hinweis bei CONTRAST[1] **2** (*Gegenteil*) opposite ◊ *Gegensätze ziehen sich an.* Opposites attract. **3 Gegensätze** (*Differenzen*) differences [Pl] ◊ *politische Gegensätze* political differences **4 im ~ zu jdm/etw** (**stehen**) (be) in contrast to sb/sth ◊ *Manchester hat im Gegensatz zu London keine Straßenbahn.* In contrast to London, Manchester has trams. ◊ *Der Palast steht in krassem Gegensatz zum Elend in der Stadt.* The palace is in stark contrast to the poverty in the town. ◊ *Ihre Interessen stehen im Gegensatz zu unseren.* Their interests are opposed to ours.

gegensätzlich conflicting; (*unterschiedlich*) contrasting ◊ *die gegensätzlichen Interessen der beiden Länder* the conflicting interests of the two countries ◊ *gegensätzliche Charaktere* contrasting characters

Gegen- Gegenschlag retaliation [U] ◊ *Das Militär droht mit einem Gegenschlag.* The military is threatening retaliation. ◊ *Der Konzern holte zum Gegenschlag aus.* The company prepared to retaliate. **Gegenseite 1** other side **2** (*Gegner*) opposition ☛ G 1.3a **gegenseitig** mutual (*Adv* mutually); (*einander*) each other ◊ *in gegenseitigem Einvernehmen* by mutual agreement ◊ *sich gegenseitig ausschließen* be mutually exclusive ◊ *Wir helfen uns gegenseitig.* We help each other. **Gegenseitigkeit** ◊ *Das beruht auf Gegenseitigkeit.* The feeling is mutual. **Gegenspieler(in)** (*Gegner*) opponent; (*Pendant*) opposite number ◊ *seine politischen Gegenspieler* his political opponents ◊ *der britische Außenminister und sein deutscher Gegenspieler* the British Foreign Secretary and his German opposite number

Gegenstand 1 object ◊ *Gegenstände aus Silber* objects made of silver **2** (*Thema*) subject ◊ *Der Besuch war Gegenstand heftiger Diskussionen.* The visit was the subject of heated discussions. **3** (*Objekt*) object ◊ *Die Firma wurde Gegenstand scharfer Kritik.* The firm became the object of bitter criticism.

gegenständlich (KUNST) representational

gegenstandslos 1 (*unbegründet*) insubstantial; (*hinfällig*) irrelevant **2** (KUNST) non-representational, abstract

Gegen- Gegenstimme vote against ◊ *Es gab nur drei Gegenstimmen.* There were only three votes against. ◊ *Der Antrag wurde ohne Gegenstimmen angenommen.* The motion was carried unanimously. **Gegenstück** counterpart

Gegenteil opposite ◊ *Was ist das Gegenteil von „light"?* What's the opposite of 'light'? **IDM** **ganz im Gegenteil** quite the reverse; far from it (*umgs*) ◊ *Mir ist nicht langweilig. Ganz im Gegenteil.* I'm not bored. Far from it. **im Gegenteil** on the contrary **ins Gegenteil umschlagen** swing* to the other extreme

gegenteilig opposite ◊ *zum gegenteiligen Schluss kommen* come to the opposite conclusion ◊ *Ich habe nichts Gegenteiliges gehört.* I've heard nothing to the contrary.

gegenüber 1 ~ (**jdm/etw**) opposite (sb/sth) ◊ *Die Schule liegt gegenüber dem Bahnhof.* The school is opposite the station. ◊ *Er sitzt mir gegenüber.* He is sitting opposite me. ◊ *das Haus gegenüber* the house opposite ◊ *schräg gegenüber* diagonally opposite ◊ *die Kinder von gegenüber* the children who live opposite ◊ *gegenüber von Griesbach* opposite Griesbach **2 jdm/etw ~** (*in Bezug auf*) towards sb/sth, to sb/sth ◊ *Sie ist mir gegenüber oft sehr unfreundlich.* She is often very unfriendly towards me. ◊ *Gegenüber der Presse sagte er, …* To the press he said … ◊ *Das ist unsere Pflicht, uns und unseren Kindern gegenüber.* That is our duty to ourselves and our children. ◊ *ihre Treue uns gegenüber* their loyalty to us **3 jdm/etw ~** (*gegen*) against sb/sth ◊ *Vorurteile gegenüber Studenten* prejudice against students **4** (*im Vergleich zu*) compared with ◊ *Die Kosten stiegen um ein Drittel gegenüber dem Vorjahr.* The costs rose by a third compared with the previous year. ☛ Für andere Ausdrücke mit **gegenüber** siehe die Einträge für die entsprechenden Nomina etc.

gegenüberliegen face; **sich ~** face each other ◊ *Die Häuser liegen sich gegenüber.* The houses face each other

gegenüberliegend opposite ◊ *am gegenüberliegenden Ufer* on the opposite bank

gegenüberstehen 1 jdm/sich ~ stand* facing sb/each other, face sb/each other ◊ *Plötzlich stand er ihr gegenüber.* Suddenly he was standing there facing her. ◊ *Sie standen sich gegenüber.* They stood facing each other. ◊ *Morgen steht er Agassi gegenüber.* Tomorrow he faces Agassi. ◊ *Im Endspiel stehen sich Frankreich und Deutschland gegenüber.* France and Germany will face each other in the final. **2 einer Sache ~** (*positiv, skeptisch etc.*) ◊ *Menschen, die der Kirche kritisch gegenüberstehen* people with a critical attitude towards the Church ◊ *Sie standen dieser Entwicklung völlig hilflos gegenüber.* They were completely helpless in the face of this development. **3 einer Sache ~** (*mit etw konfrontiert sein*) face sth, be faced with sth ◊ *Sie stehen vielen Problemen gegenüber.* They face many problems. **4 sich ~** (*im Widerstreit stehen*) be brought face to face ◊ *Tradition und Fortschritt stehen sich gegenüber.* Tradition and progress are brought face to face. **5** (*in Vergleichen*) ◊ *Dem Stellenangebot stehen nur wenige Bewerber gegenüber.* There are too few applicants for the number of jobs available. ◊ *500 männlichen Bewerbern stehen 200 weibliche gegenüber.* There were 200 female as against 500 male applicants.

gegenüberstellen 1 jdn jdm/etw ~ confront sb with sth/sb ◊ *Der Mann wurde seinem Opfer gegenübergestellt.* The man was confronted with his victim. **2** (*vergleichen*) compare ◊ *Wir müssen die Alternativen gegenüberstellen und abwägen.* We must compare and weigh up the alternatives.

Gegenüberstellung 1 confrontation; (*zur Identifizierung*) identification parade, (*AmE*) line-up **2** (*Vergleich*) comparison

gegenübertreten jdm ~ face sb (*auch fig*)

Gegenverkehr oncoming traffic; (*in beide Richtungen*)

Gegenwart

two-way traffic ◊ *Er achtete nicht auf den Gegenverkehr.* He didn't pay attention to the oncoming traffic. ◊ *Vorsicht, Gegenverkehr* two-way traffic ahead

Gegenwart 1 present ◊ *in der Gegenwart leben* live in the present ◊ *die Kunst der Gegenwart* contemporary art **2** (LING) present (tense) **3** (*Anwesenheit*) presence ◊ *in Gegenwart meiner Eltern* in the presence of my parents

gegenwärtig *Adj* present; (*im Verlauf befindlich*) current (*Adv* currently) ◊ *die gegenwärtige Lage* the present situation ◊ *die gegenwärtige Debatte um die Schulreform* the current debate about school reform ◊ *die gegenwärtig laufende Ausstellung* the current exhibition ◊ *Der Vorschlag wird gegenwärtig geprüft.* The proposal is currently being studied.

Gegenwarts- Gegenwartskunst contemporary art **Gegenwartsliteratur** contemporary literature

Gegen- Gegenwehr resistance ◊ *ohne Gegenwehr* without resistance ◊ *heftige Gegenwehr leisten* offer fierce resistance ◊ *keine Gegenwehr leisten* offer no resistance **Gegenwert** equivalent **Gegenwind** headwind ◊ *Sie hatten Gegenwind.* There was a headwind. **gegenzeichnen** countersign

Gegenzug IDM *im Gegenzug (für etw)* in return (for sth)

Gegner(in) opponent; (*Feind*) enemy* ◊ *Sie besiegte ihre Gegnerin in zwei Sätzen.* She beat her opponent in two sets. ◊ *ein Gegner der EU* an opponent of the EU ◊ *Deutschlands Gegner im Zweiten Weltkrieg* Germany's enemies in the Second World War

gegnerisch opposing (*nur vor Nomen*); (*im Krieg*) enemy (*nur vor Nomen*) ◊ *die gegnerische Mannschaft* the opposing team ◊ *das gegnerische Tor* the opposing team's goal ◊ *die gegnerischen Truppen* the enemy troops

gehabt 1 ⇨ HABEN¹ **2 wie ~** as usual

Gehackte(s) mince, (*AmE*) ground meat

Gehalt¹ *der* content ◊ *der hohe Gehalt an Eiweiß* the high protein content

Gehalt² *das* salary* ☛ *Hinweis bei* LOHN
Gehaltserhöhung (pay) rise, (*AmE*) (pay) raise

gehaltvoll (*Lebensmittel*) nutritious; (*Wein*) full-bodied; (*Boden*) rich

gehässig spiteful (*Adv* spitefully)

Gehässigkeit 1 spite **2 Gehässigkeiten** spiteful remarks [Pl]

gehäuft 1 frequent (*Adv* frequently) ◊ *das gehäufte Auftreten von Leukämie* the frequent occurrence of leukaemia ◊ *gehäuft auftretende Infekte* frequently occurring infections **2** (*Löffel*) heaped, (*AmE*) heaping ◊ *zwei gehäufte Teelöffel Salz* two heaped teaspoons of salt

Gehäuse 1 (*Kamera etc.*) case **2** (*Schneckenhaus*) shell **3** (*Kerngehäuse*) core

gehbehindert ~ sein have difficulty in walking

Gehege (*im Zoo etc.*) enclosure IDM **jdm ins Gehege kommen** tread* on sb's toes **sich ins Gehege kommen** tread* on each others' toes

geheim 1 secret ◊ *streng geheim* top secret ◊ *Darüber wurde geheim abgestimmt.* A secret ballot was held. **2** (*rätselhaft*) mysterious **3** *etw* (*vor jdm*) **~ halten** keep* sth secret (from sb) ◊ *Die Namen werden geheim gehalten.* The names are kept secret. ◊ *ein geheim gehaltener Ort* a secret place IDM **im Geheimen** in secret; secretly

Geheim- Geheimagent(in) secret agent ☛ G 2.2d
Geheimdienst secret service **Geheimhaltung** secrecy ◊ *unter strengster Geheimhaltung verhandeln* negotiate in absolute secrecy

Geheimnis 1 ~ (vor jdm) secret (from sb) ◊ *Sie hat mir ein Geheimnis erzählt.* She told me a secret. ◊ *Wir haben keine Geheimnisse voreinander.* We have no secrets from each other. **2** (*etw Rätselhaftes*) mystery* ◊ *die Geheimnisse des Universums* the mysteries of the universe IDM **ein offenes Geheimnis** an open secret **kein Geheimnis aus etw machen** make* no secret of sth ◊ *Sie machte kein Geheimnis daraus, dass sie gehen wollte.* She made no secret of the fact that she wanted to leave.

Geheimniskrämerei secretiveness

geheimnisvoll 1 mysterious (*Adv* mysteriously) **2** (*geheimnistuerisch*) secretive ◊ *Er tut immer sehr geheimnisvoll.* He's always very secretive about things.

Geheim- Geheimnummer 1 (*Telefonnummer*) ex-

---

directory number, (*AmE*) unlisted number **2** (*Zahlenkombination*) PIN (number) **Geheimpolizei** secret police ☛ G 1.3a **Geheimrezept** secret recipe **Geheimschrift** secret code **Geheimtipp** hot tip **Geheimzahl** PIN (number)

gehemmt 1 ⇨ HEMMEN **2** inhibited

gehen

• **Bewegung 1** go*; (*weggehen auch*) leave*; (*zu Fuß*) walk ◊ *geradeaus gehen* go straight on ◊ *Ich gehe einkaufen.* I'm going shopping. ◊ *ins Bett gehen* go to bed ◊ *in Urlaub gehen* go on holiday ◊ *Wohin geht's?* Where are you going? ◊ *Er ist gegangen ohne etwas zu sagen.* He left without saying anything. ◊ *Sie musste wegen des Skandals gehen.* She had to leave her job because of the scandal. ◊ *Ich gehe lieber zu Fuß.* I'd rather walk. ◊ *am Stock gehen* walk with a stick ◊ *Ich gehe noch ein Stück mit.* I'll walk part of the way with you. ◊ *über die Straße gehen* cross the road **2** (*in anderen Wendungen*) ◊ *Er geht noch zur Schule.* He's still at school. ◊ *In diesen Krug gehen vier Liter.* This jug will hold four litres. ◊ *in Schwarz gehen* wear black ◊ *an die Arbeit gehen* set to work ◊ *Der Teig muss jetzt eine halbe Stunde gehen.* The dough has to rise for half an hour now.

• **Gesundheit 3** ◊ *Wie geht es dir?* How are you? ◊ *Es geht ihr ganz gut.* She's quite well.

• **funktionieren 4** ◊ *Der Wecker geht nicht mehr.* The alarm clock doesn't work any more. ◊ *Sie erklärte, wie das Spiel geht.* She explained the rules of the game. ◊ *Siehst du? Es geht ganz einfach.* You see? It's very simple.

• **möglich, akzeptabel sein 5** ◊ *Das geht einfach nicht anders!* There's just no other way! ◊ *Hör zu: so geht es nicht.* Listen: that's just not on. ◊ *Es geht nicht, dass Sie fest zusagen und dann doch nicht kommen.* You can't say you're definitely coming and then just not turn up. ◊ *„Wie schmeckt dir der Kuchen?" „Es geht so."* 'How do you like the cake?' 'It's all right.'

• **sich einem bestimmten Zustand/Zeitpunkt nähern 6** ◊ *Seine Schulden gehen in die Tausende.* His debts run into thousands. ◊ *Sie geht auf die 30.* She's nearly 30.

• **mit Präpositionen 7 in sich ~** do* some soul-searching **8 nach jdm/etw ~** ◊ *Er geht nur nach dem Preis.* He only goes by the price. ◊ *Nach dem Wetterbericht kann man nicht gehen.* You can't go by the weather forecast. ◊ *Immer geht alles nach dir!* You always get your own way! **9 um etw ~** ◊ *Worum geht es in dem Buch?* What's the book about? ◊ *Es geht ihm nicht ums Geld.* He's not bothered about the money. ◊ *Darum geht es nicht.* That's not the point. **10 vor sich ~** go* on ◊ *Was geht hier vor sich?* What's going on here?

IDM **sich gehen lassen 1** let* yourself go **2** (*seine Hemmungen abschütteln*) let* your hair down ☛ Für andere Redewendungen mit **gehen** siehe die Einträge für die entsprechenden Nomina. **In Ordnung gehen** z.B. steht unter **Ordnung.**

Gehen walking

Geher(in) walker

geheuer jdm nicht (ganz) ~ sein 1 give* sb the creeps ◊ *Die Altstadt ist mir nicht ganz geheuer.* The old part of town gives me the creeps. **2** (*verdächtig, unbehaglich*) seem dubious to sb ◊ *Sein Vorschlag war mir gleich nicht geheuer.* His suggestion seemed dubious to me straight away. ◊ *Was wir da machen ist mir nicht ganz geheuer.* I've got a bad feeling about what we're doing here.

Gehilfe, Gehilfin 1 helper; (*gelernt*) assistant **2** (*Komplize*) accomplice

Gehirn brain

Gehirnerschütterung concussion ◊ *Ich habe eine Gehirnerschütterung.* I've got concussion. ☛ *Hinweis bei* CONCUSSION **Gehirnwäsche** brainwashing [U] ◊ *eine Art Gehirnwäsche* a form of brainwashing ◊ *Sie wurden einer Gehirnwäsche unterzogen.* They were brainwashed.

gehoben 1 ⇨ HEBEN **2** (*Position etc.*) senior ◊ *in einer gehobenen Stellung arbeiten* have a senior position ◊ *Beamte im gehobenen Dienst* senior civil servants **3** (*nicht alltäglich*) elevated; (*Preisklasse*) upper ◊ *gehobene Sprache* elevated language ◊ *Villen für gehobene Ansprüche* villas for people with upmarket tastes **4** (*Stil*) formal

Gehör 1 hearing ◊ *Sie hat ein gutes Gehör.* She's got good hearing. ◊ *nach dem Gehör spielen* play by ear **2 absolutes ~ haben** have perfect pitch **3 sich ~ verschaffen** make* yourself heard

gehorchen obey ◊ *Er gehorcht ihr blind.* He obeys her

geläufig

blindly. ◊ *Meine Hände gehorchen mir nicht mehr.* I've lost control of my hands. IDM ⇒ WORT

gehören 1 belong ◊ *Das Buch gehört dir nicht.* The book doesn't belong to you. ◊ *Wohin gehören die Teller?* Where do the plates go? ◊ *Die Kinder gehören ins Bett.* The children should be in bed. **2 zu etw ~** be one of sth ◊ *Das gehört zu Ihren Aufgaben.* That's one of your tasks. ◊ *Sie gehört schon ganz zur Familie.* She's already one of the family. **3** (*erforderlich sein*) take* ◊ *Es gehört viel Mut dazu.* That takes a lot of courage. **4 sich ~** be the done thing IDM ⇒ EISEN *und* TON²

gehörig 1 proper (*Adv* properly) ◊ *Ihr wird nicht der gehörige Respekt entgegengebracht.* She isn't shown the proper respect. **2** *Adv* ◊ *Ich habe ihm gehörig die Meinung gesagt.* I gave him a piece of my mind. ◊ *Er hat ihn gehörig verprügelt.* He gave him a sound thrashing.

gehörlos deaf

Gehörlose(r) deaf person* ◊ *eine Gruppe Gehörlose* a group of deaf people ◊ *eine Schule für Gehörlose* a school for the deaf ☛ *Hinweis bei* BEHINDERTE(R)

gehorsam obedient (*Adv* obediently)

Gehorsam obedience

Gehweg pavement, (*AmE*) sidewalk

Geier vulture (*auch fig*)

Geige violin ◊ *Er spielt Geige.* He plays the violin. IDM **die erste Geige spielen** call the tune

geigen 1 play the violin **2** (*Melodie etc.*) play *sth* on the violin

Geiger(in) violinist ☛ G 2.2d

Geigerzähler Geiger counter

geil 1 (*begierig*) randy **2** (*toll*) cool (*umgs*), wicked (*Slang*) ◊ *Ich finde ihn total geil.* I think he's really cool. ◊ *Dein neues Auto ist geil!* Your new car is wicked! **3 auf jdn/etw ~ sein** be dead keen on sb/sth (*umgs*) ◊ *Sie war geil auf ihn.* She was dead keen on him.

Geisel hostage ◊ *Geiseln nehmen* take hostages

Geiseldrama hostage drama **Geiselnahme** hostage-taking **Geiselnehmer(in)** hostage-taker

Geist¹ 1 mind ◊ *den Geist anregen* stimulate the mind **2** (*Gesinnung, Stimmung*) spirit ◊ *der Geist der Zeit* the spirit of the age IDM **jdm auf den Geist gehen** get* on sb's nerves (*umgs*) **den Geist aufgeben** give* up the ghost (*hum*) **im Geiste** ◊ *Im Geiste sah sie sich schon als Ehefrau.* In her mind's eye, she was already married. ◊ *Wir werden im Geiste da sein.* We'll be there in spirit.

Geist² (*Gespenst*) ghost; (*überirdisches Wesen, Seele*) spirit (*auch fig*) ◊ *Ihr erschien der Verstorbene als Geist.* The deceased appeared to her as a ghost. ◊ *der Heilige Geist* the Holy Ghost/Spirit ◊ *böse Geister* evil spirits ◊ *Dein Sohn ist ein unruhiger Geist.* Your son is a restless spirit. IDM **daran/hier scheiden sich die Geister** opinions are divided on this **von allen guten Geistern verlassen sein** have taken leave of your senses ◊ *Bist du von allen guten Geistern verlassen?* Have you taken leave of your senses?

Geister- Geisterbahn ghost train ◊ (*mit der*) *Geisterbahn fahren* go on the ghost train **Geisterfahrer(in)** = sb driving along the wrong side of the motorway

geistern wander; (*durch die Medien etc.*) circulate ◊ *nachts durchs Haus geistern* wander around the house at night ◊ *Das Gerücht geisterte durch die Presse.* The rumour circulated in the newspapers. ◊ *Diese Gedanken geisterten ihr noch lange durch den Kopf.* These thoughts went round in her head for a long time.

Geister- Geisterstadt ghost town **Geisterstunde** witching hour ◊ *zur Geisterstunde* at the witching hour

geistes- geistesabwesend absent-minded (*Adv* absentmindedly) **Geistesblitz** brainwave, (*AmE*) brainstorm **geistesgegenwärtig 1** *Adj* quick-witted ◊ *eine geistesgegenwärtige Reaktion* a quick-witted reaction **2** *Adv* with presence of mind ◊ *geistesgegenwärtig reagieren* react with (great) presence of mind **geistesgestört** mentally disturbed **geisteskrank** mentally ill **Geisteskranke(r)** mental patient **Geisteswissenschaft** arts subject; **die Geisteswissenschaften** the arts [*Pl*]; the humanities [*Pl*]

geistig mental (*Adv* mentally); (*intellektuell*) intellectual (*Adv* intellectually) ◊ *eine positive geistige Haltung* a positive mental attitude ◊ *einer geistigen Tätigkeit nachgehen* pursue an intellectual activity ◊ *die geistige Entwicklung des Kindes* the child's intellectual development ◊ *geistiges Eigentum* intellectual property ◊ *Er war geistig behindert.* He had learning difficulties. ☛ *Hinweis bei* BEHINDERTE(R)

geistlich spiritual; (*religiös*) religious ◊ *geistlicher Beistand* spiritual support ◊ *ein hohes geistliches Amt* a high religious office ◊ *das geistliche Oberhaupt Tibets* the religious leader of Tibet ◊ *geistliche Musik* sacred music

Geistliche(r) cleric; (*Priester*) priest; (*freikirchlich*) minister ☛ G 2.2d

geist- geistlos dull **geistreich** witty* (*Adv* wittily); (*Einfall, Erfindung*) ingenious ◊ *Die Geschichte war geistreich erzählt.* The story was wittily told. ◊ *ein geistreiches Stück Literatur* an inspired literary work

Geiz meanness

geizen mit etw ~ be sparing with sth ◊ *mit Worten geizen* be sparing with words ◊ *nicht mit Lob geizen* be very generous in your praise

Geizhals, Geizkragen miser

geizig mean, (*AmE*) cheap ◊ *Er ist sehr geizig.* He's really mean. ◊ *geizig mit Informationen sein* be reluctant to pass on information

Gejammer moaning

Geklapper clatter

Geklimper tinkling; (*auf der Gitarre etc.*) twanging

geknickt 1 ⇒ KNICKEN **2** (*enttäuscht*) dejected (*Adv* dejectedly)

gekonnt 1 ⇒ KÖNNEN **2** skilful (*Adv* skilfully), (*AmE meist*) skillful (*Adv* skillfully); (*meisterhaft*) masterly (*Adv* in a masterly way) ◊ *ein gekonnter Pass* a skilful pass ◊ *Er spielte den Ball gekonnt ins Tor.* He played the ball skilfully into the goal. ◊ *eine gekonnte Vorstellung* a masterly performance ◊ *etw gekonnt vortragen* give a masterly presentation of sth

Gekritzel scribble

gekünstelt affected (*Adv* in an affected way) ◊ *ein gekünsteltes Lächeln* an affected smile ◊ (*leicht*) *gekünstelt wirken* seem (rather) affected ◊ (*leicht*) *gekünstelt sprechen* speak in (rather) an affected way

Gel gel

Gelaber(e) jabbering; (*Geschwafel*) waffle

Gelächter laughter ◊ *ein amüsiertes Gelächter* amused laughter ◊ *in Gelächter ausbrechen* burst out laughing

geladen 1 ⇒ LADEN, S. 1071. **2** ◊ *geladene Gäste* invited guests ◊ *eine geladene Waffe* a loaded weapon ◊ *elektrisch geladen sein* be electrically charged **3** (*gereizt*) seething, (*wütend*) furious

gelähmt ⇒ LÄHMEN

Gelände 1 area; (*Landschaft*) terrain; (*Grundstück*) grounds [*Pl*]; (*Messe-, Ausstellungs-*) exhibition centre, (*AmE*) exhibition center ◊ *das Gelände erkunden* reconnoitre the area ◊ *ein hügeliges Gelände* hilly terrain ◊ *auf dem Gelände der Schule* in the school grounds **2** (MIL) field ◊ *ins Gelände gehen* go out into the field

Geländelauf cross-country run

Geländer railing [*meist Pl*]; (*Treppen-*) banister [*meist Pl*]

Geländewagen four-wheel drive (vehicle)

gelangen 1 an etw ~ ◊ *ans Ziel gelangen* reach your goal ◊ *an die Öffentlichkeit gelangen* become public ◊ *an die Macht gelangen* come to power **2 zu etw ~** ◊ *zu Ruhm gelangen* achieve fame ◊ *zu Reichtum gelangen* become rich ◊ *zu einer Einigung gelangen* come to an agreement ◊ *zu der Erkenntnis gelangen, dass ...* reach the conclusion that ... **3 in etw ~** get* into sth; (*Besitz etc.*) come* into sth ◊ *Öl gelangte ins Grundwasser.* Oil got into the ground water. ◊ *Wie gelangte der Täter ins Haus?* How did the suspect get into the house? ◊ *in den Besitz von Atomwaffen gelangen* come into the possession of nuclear weapons ◊ *Über eine Treppe gelangt man ins Freie.* A staircase leads to the outside. IDM ⇒ ÜBERZEUGUNG

gelassen 1 ⇒ LASSEN **2** (*gefasst, ruhig*) calm (*Adv* calmly) ◊ *Er war ganz gelassen.* He was quite calm.

Gelassenheit composure

Gelatine gelatine

geläufig 1 common; (*vertraut*) familiar ◊ *eine geläufige Methode* a common method ◊ *geläufige Weihnachtslieder* familiar Christmas carols **2 etw ist jdm ~** sb is familiar with sth ◊ *Diese Bezeichnung ist den meisten geläufiger.* Most people are more familiar with this term.

gelaunt ◊ *gut/schlecht gelaunt sein* be in a good/bad mood
gelb 1 yellow ◊ *das gelbe Trikot* the yellow jersey ◊ *die gelbe Karte* the yellow card ◊ *die Gelben Seiten* the Yellow Pages ◊ *der gelbe Sack/die gelbe Tonne* the recycling bag/bin (for plastic waste) ☛ *Beispiele bei* BLAU **2** (*Ampel*) amber ☛ *Siehe auch* ROT, S. 1175. IDM **nicht das Gelbe vom Ei sein** not be ideal
gelblich yellowish
Gelbsucht jaundice
Geld 1 money [U] ◊ *um Geld spielen* play for money ◊ *bares Geld* cash **2** *auch* **Gelder** money; (*Finanzierungs-*) funds [Pl] ◊ *öffentliche Gelder* public money ◊ *Gelder für die Forschung beantragen* apply for research funds IDM **jdm das Geld aus der Tasche ziehen** (try* to) rip* sb off (*umgs*) **das große Geld machen** make* a lot of money; earn big bucks (*umgs*) **Geld wie Heu haben** be rolling in it **im Geld schwimmen** be rolling in money **ins Geld gehen** cost* a packet (*umgs*) ◊ *Die Ausbildung der Kinder geht ganz schön ins Geld.* The children's education costs a packet. **etw zu Geld machen** sell* sth off ☛ *Siehe auch* HAND, KASSIEREN *und* STANGE
Geldautomat cash dispenser ◊ *Geld am Geldautomaten abheben* withdraw money from the cash dispenser **Geldbeutel, Geldbörse** wallet, (*AmE*) pocketbook; (*nur für Münzgeld*) purse, (*AmE*) change purse **Geldbuße** fine **Geldgeber(in)** financial backer; (*Sport etc.*) sponsor **geldgierig** avaricious **Geldinstitut** financial institution **Geldmittel** funds [Pl] **Geldschein** (bank)note, (*AmE*) bill **Geldschrank** safe **Geldspende** donation **Geldstrafe** fine ◊ *jdn zu einer Geldstrafe* (*in Höhe von ...*) *verurteilen* sentence sb to a fine (of ...) **Geldstück** coin **Geldsumme** sum (of money) **Geldverschwendung** waste of money [U] **Geldwäsche** money laundering ◊ *Geldwäsche betreiben* launder money **Geldwechsel** currency exchange
Gelee jelly*; (*Aspik*) aspic
gelegen 1 ⇨ LIEGEN **2** situated ◊ *Das Hotel ist zentral gelegen.* The hotel is centrally situated. ◊ *der auf 1 500 Meter gelegene Ort* the village, which is at 1 500 metres **3** *jdm* ~ *kommen* come* at the right time (for sb), come* at an opportune moment (for sb) ◊ *Das Geld kommt mir sehr gelegen.* That money has come just at the right time. **4** *jdm ist an etw* ~ sb is keen to do sth ◊ *Uns ist sehr daran gelegen, die Angelegenheit zu klären.* We are very keen to clear this matter up. ◊ *Mir ist nicht viel daran gelegen.* I'm not particularly keen.
Gelegenheit 1 ~ (*etw zu tun*) opportunity* (to do sth/of doing sth), chance (to do sth/of doing sth) ◊ *Diese Gelegenheit solltest du nutzen.* You should take advantage of this opportunity. ◊ *Später werden Sie Gelegenheit haben, Fragen zu stellen.* Later you'll have the opportunity to ask questions. ◊ *Die Gelegenheit würde ich mir nicht entgehen lassen.* This is an opportunity not to be missed. ◊ *Morgen ist die letzte Gelegenheit, den Film zu sehen.* Tomorrow is the last chance to see the film. ◊ *Bisher hatte ich noch keine Gelegenheit dazu.* I haven't had a chance yet. ◊ *Wenn sich die Gelegenheit ergibt, werde ich ihn darauf ansprechen.* If I get the chance, I'll speak to him about it. ☛ *Hinweis bei* MÖGLICHKEIT **2** (*Anlass*) occasion ◊ *für besondere Gelegenheiten* for special occasions

> Bei dieser Gelegenheit wird unterschiedlich übersetzt: Wenn es um einen Anlass geht, spricht man von **occasion**: *Bei dieser Gelegenheit wurden die Preise verliehen.* The prizes were awarded on this occasion. Wenn es um einen Beitrag zu einem Gespräch geht, sagt man **at this point**: *Bei dieser Gelegenheit möchte ich anmerken, ...* At this point I'd just like to say ... Beachten Sie die Höflichkeitsfloskel in Sätzen wie: *Bei dieser Gelegenheit möchte ich allen herzlich danken.* I'd like to take this opportunity to thank everyone very much.

IDM **bei Gelegenheit** some time ◊ *Ich werde bei Gelegenheit mal bei euch vorbeischauen.* I'll come and see you some time. **die Gelegenheit beim Schopf packen** seize the opportunity (with both hands) ◊ *Er packte die Gelegenheit beim Schopf und fragte sie.* He seized the opportunity to ask her.
Gelegenheitsarbeit casual work [U] **Gelegenheitsarbeiter(in)** casual worker
gelegentlich 1 occasional (*nur vor Nomen*) (*Adv* occasionally) ◊ *gelegentliche Schauer* occasional showers **2** (*bei Gelegenheit*) some time ◊ *Komm gelegentlich mal vorbei.* Come and see me some time.
gelehrt 1 ⇨ LEHREN **2** learned, erudite
Gelehrte(r) scholar
Geleise ⇨ GLEIS
Geleit *freies/sicheres* ~ safe conduct ◊ *jdm freies/sicheres Geleit gewähren* grant sb safe conduct
Gelenk joint
gelenkig agile, supple
gelernt 1 ⇨ LERNEN **2** qualified; (*Handwerker(in) auch*) trained ◊ *Sie ist gelernte Reiseverkehrskauffrau.* She is a qualified travel agent. ◊ *Er ist gelernter Schreiner.* He is a trained carpenter. ◊ *gelernte und ungelernte Arbeiter* skilled and unskilled workers
Geliebte(r) 1 lover; (*Frau auch*) mistress ◊ *Er hat eine Geliebte.* He has a mistress. **2** (*geliebter Mensch*) beloved (*veraltet*) ◊ *ein Gedicht an die unerreichbare Geliebte* a poem to the unattainable beloved
gelinde ~ **gesagt** to put it mildly ◊ *Das Verhältnis ist, gelinde gesagt, angespannt.* The relationship is strained, to put it mildly.
gelingen be successful; (*Gericht etc.*) turn out well; **jdm gelingt es etw zu tun** sb manages to do sth, sb succeeds in doing sth ◊ *wenn der Plan gelingt* if the plan is successful ◊ *Der Pizzateig ist mir gut gelungen.* My pizza dough has turned out well. ◊ *Ihr gelang die Flucht.* She managed to escape. ◊ *Es ist mir nicht gelungen, sie zu überreden.* I didn't manage to persuade her. ☛ *Siehe auch* GELUNGEN
gell ☛ *Hinweis bei* NICHT WAHR *unter* NICHT
gellend shrill (*Adv* shrilly); (*Schrei, Pfiff auch*) piercing
geloben 1 (*jdm*) *etw* ~ promise (sb) sth ◊ *Er gelobte Besserung.* He promised to reform. ◊ *das Gelobte Land* the Promised Land **2** *sich etw* ~ vow sth ◊ *Er hat sich gelobt, dass ihm das nie wieder passieren würde.* He has vowed that it will never happen to him again.
Gelöbnis vow ◊ *ein feierliches Gelöbnis ablegen* make a solemn vow
gelöst 1 ⇨ LÖSEN **2** (*entspannt*) relaxed
gelten 1 (*gültig sein*) be valid; **für jdn/etw** ~ apply* to sb/sth ◊ *Die Fahrkarte gilt den ganzen Tag.* The ticket is valid for the whole day. ◊ *Diese Regeln gelten für alle Teilnehmer.* These rules apply to all competitors. **2 als etw** ~ be regarded as sth, be considered sth ◊ *Er gilt als Experte auf diesem Gebiet.* He is regarded as an expert in this field. ◊ *Sie gilt als eher konservativ.* She's considered rather conservative. ◊ *Es gilt als sicher, dass ...* It seems certain that ... **3 jdm/etw** ~ (*auf jdn/etw gerichtet sein*) ◊ *Die Bombe hatte dem Präsidenten gegolten.* The bomb had been intended for the President. ◊ *Seine ganze Liebe galt der Kunst.* Art was the great love of his life. ◊ *Ihm gilt mein Respekt.* I have great respect for him. **4 es gilt etw zu tun** it is a question of doing sth; (*das Wichtigste*) the important thing is to do sth ◊ *Wenn es gilt, Verantwortung zu übernehmen, kann man auf sie zählen.* When it's a question of taking on responsibility, you can rely on her. ◊ *Jetzt gilt es, nicht die Ruhe zu verlieren.* The important thing now is to stay calm. **5 etw** ~ **lassen** allow sth ◊ *Na gut, lassen wir das gelten.* OK, we'll allow it. ◊ *Diese Entschuldigung kann ich nicht gelten lassen.* I can't accept this excuse. IDM **Das gilt nicht!** That doesn't count!
geltend 1 current ◊ *nach geltendem Recht* under current legislation ◊ *der seit Dienstag geltende Waffenstillstand* the ceasefire, which has been in force since Tuesday **2 etw** ~ **machen** (*Ansprüche*) assert sth; (*Einwände*) raise sth
Geltung 1 validity ◊ *die universelle Geltung der Menschenrechte* the universal validity of human rights ◊ *Diese Bestimmungen haben keine Geltung für Großbritannien.* These regulations do not apply in Great Britain. **2** (*Beachtung*) recognition; (*Ruf*) reputation ◊ *Der Chor hat der Stadt internationale Geltung verschafft.* The choir has brought international recognition for the town. **3 etw zur** ~ **bringen** bring* sth out; (*vorteilhaft wirken lassen*) show* sth off (to advantage); (*durch Kontrast*) set* sth off ◊ *ein Rezept, das das Aroma des Basilikums zur Geltung bringt* a recipe that brings out the aroma of the basil ◊ *Die Musik bringt ihre Stimme perfekt zur Geltung.* The music shows off her voice beautifully. ◊ *Die weißen Wände bringen die Vorhänge besser zur Geltung.* The white walls set off the curtains better. ◊ *Deutschland will in der EU den Umwelt-*

schutz stärker zur Geltung bringen. Germany wants to give environmental protection more prominence in the EU. **4 zur ~ kommen** be effective; *(optisch)* look effective; *(hervorstechen)* stand* out ◊ *Auf der dunklen Decke kommt das helle Geschirr besser zur Geltung.* The pale crockery looks more effective against the dark cloth.
Gelübde vow ◊ *ein Gelübde ablegen* take a vow
gelungen 1 ⇨ GELINGEN **2** successful ◊ *ein gelungener Plan* a successful plan
gemächlich leisurely ◊ *in gemächlichem Tempo* at a leisurely pace ◊ *Gemächlich schlenderte sie durch die Stadt.* She took a leisurely stroll through the town.
Gemahl husband
Gemahlin wife*
Gemälde painting
Gemäldegalerie picture gallery*
gemäß *(entsprechend)* in accordance with; *(laut)* under, according to ◊ *Die Gefangenen erhielten Lebensmittelpakete gemäß der Genfer Konvention.* The prisoners received food parcels in accordance with the Geneva Convention. ◊ *Das ist gemäß Paragraph sechs verboten.* That is prohibited under section six.
gemäßigt 1 ⇨ MÄSSIGEN **2** moderate ◊ *gemäßigter Alkoholkonsum* moderate alcohol consumption ◊ *der gemäßigte Flügel der Partei* the moderate wing of the party **3** *(klimatisch)* temperate ◊ *die gemäßigten Breiten* the temperate latitudes
Gemäuer walls [Pl]; *(Ruine)* ruins [Pl]
gemein 1 mean, nasty*; *(Adv* nastily) ◊ *ein gemeiner Trick* a mean trick ◊ *Das war gemein von dir!* That was mean of you. ◊ *Er grinste gemein.* He gave a nasty grin. ◊ *Das ist echt gemein – ich gewinne nie!* It's not fair – I never win! **2** (BIOL) common *(nur vor Nomen)* ◊ *die gemeine Stubenfliege* the common housefly **3 etw mit jdm/etw ~ haben** have sth in common with sb/sth ◊ *Sie haben nichts miteinander gemein.* They have nothing in common.
Gemeinde 1 *(Verwaltungseinheit des Staates)* ≈ parish, borough ☛ *Hinweis bei* KREIS **2** *(Bewohner)* local population ◊ *Das Projekt ließ in der Gemeinde ein Gefühl der Solidarität entstehen.* The project created a feeling of solidarity among the local population. **3** *(Amt)* local council offices [Pl] **4** *(Religionsgemeinschaft)* community* ◊ *Die evangelische Gemeinde des Ortes zählt fünftausend Seelen.* The town's Protestant community numbers five thousand. ☛ G 1.3b **5** *(Kirchen-)* congregation; *(Verwaltungseinheit)* parish ◊ *Die Gemeinde sang ein Lied.* The congregation sang a hymn. ◊ *Er arbeitet seit April als Pfarrer in unserer Gemeinde.* He has been the vicar of our parish since April. ◊ *Unsere Gemeinde hat Geld für eine neue Orgel gesammelt.* Our church has been collecting money for a new organ.
Gemeinderat *(Gremium)* ≈ parish council ☛ *Hinweis bei* KREIS **Gemeinderat, -rätin** ≈ parish councillor ☛ *Hinweis bei* KREIS **Gemeindesaal** village hall; *(einer Kirche)* church hall **Gemeindeschwester** = nurse (sometimes employed by a church) who visits patients in their homes **Gemeindeverwaltung** ≈ parish council ☛ *Hinweis bei* KREIS **Gemeindezentrum** community centre, *(AmE)* community center
gemeingefährlich dangerous to the public *(nicht vor Nomen)* ◊ *Er gilt als gemeingefährlich.* He's considered dangerous to the public. ◊ *Diese Attacken wurden von der Polizei als gemeingefährlich eingestuft.* The police warned that these attacks constituted a danger to the public.
Gemeingut public property
Gemeinheit 1 spite ◊ *Er hat es aus reiner Gemeinheit getan.* He did it out of sheer spite. **2** *(Tat)* mean thing to do; *(Bemerkung)* mean thing to say ◊ *Hör auf, mir solche Gemeinheiten an den Kopf zu werfen.* Stop saying such mean things to me. **3** *(etw Unerfreuliches)* pain ◊ *So eine Gemeinheit! Jetzt ist mir doch der Zug vor der Nase weggefahren.* What a pain! I missed the train by seconds.
gemeinhin generally
gemeinnützig not-for-profit; *(karitativ)* charitable ◊ *eine gemeinnützige Organisation* a not-for-profit organization ◊ *Der Verein wird als gemeinnützig anerkannt.* The association is a recognized charity. ◊ *Der Erlös wurde für gemeinnützige Zwecke verwendet.* The proceeds will go to charity. ◊ *gemeinnützige Arbeit* community service
Gemeinplatz platitude *(gehoben, abwert)*
gemeinsam 1 *Adj (Konto, Projekt, Erklärung)* joint *(nur vor Nomen)*; *(Freund)* mutual *(nur vor Nomen)*; *(Wohnung, Hobbys, Ziel)* shared; *(Sprache)* common *(nur vor Nomen)* ◊ *gemeinsame Verantwortung* joint responsibility ◊ *Unsere gemeinsamen Erlebnisse haben uns näher gebracht.* The experiences we have shared have brought us closer together. ◊ *Wir haben nicht viel gemeinsam.* We don't have much in common. ◊ *Das Paar hatte keine gemeinsamen Kinder.* The couple had no children together. **2** *Adv* together ◊ *Gemeinsam finden wir eine Lösung.* Together we'll find a solution. ◊ *Das Auto gehörte den Eheleuten gemeinsam.* The car belonged to the couple jointly. ◊ *Eines ist allen Käfern gemeinsam:* ... One thing that is common to all beetles is ... IDM ⇨ KASSE *und* NENNER
Gemeinsamkeit 1 Gemeinsamkeiten ◊ *Es gibt viele Gemeinsamkeiten zwischen den beiden Stilrichtungen.* The two styles have a lot in common. ◊ *Die Geschwister hatten viele Gemeinsamkeiten.* The sisters and brothers had a lot in common. **2** *(Verbundenheit)* togetherness
Gemeinschaft 1 community* ◊ *jdn in die Gemeinschaft aufnehmen* accept sb into the community **2** *(Vereinigung)* association **3** *(Gefühl)* sense of community **4 in ~ mit** together with
gemeinschaftlich jointly
Gemeinschafts- Gemeinschaftsantenne communal aerial, *(AmE)* communal antenna **Gemeinschaftsarbeit** teamwork **Gemeinschaftsgefühl** community spirit **Gemeinschaftskonto** joint account **Gemeinschaftskunde** social studies ☛ G 1.3c **Gemeinschaftsraum** common room **Gemeinschaftsunterkunft** hostel **Gemeinschaftsunternehmen** joint venture
Gemeinwohl public welfare
gemessen 1 ⇨ MESSEN **2** measured *(nur vor Nomen)*; *(würdevoll)* dignified ◊ *gemessenen Schrittes* at a measured pace
Gemetzel massacre
Gemisch mixture ◊ *ein Gemisch aus Wasser und Sand* a mixture of water and sand
gemischt 1 ⇨ MISCHEN **2** mixed ◊ *Die Reaktion war gemischt.* The reaction was mixed. ◊ *gemischte Bonbons* assorted sweets ◊ *Luftballons bunt gemischt* balloons, assorted colours ◊ *ein bunt gemischtes Publikum* an audience made up of all types of people ◊ *Die Speisekarte ist bunt gemischt.* There is a varied menu. ◊ *Die Stimmung ist gemischt.* The mood is so-so. IDM ⇨ GEFÜHL
gemoppelt IDM ⇨ DOPPELT
Gemurmel murmuring
Gemüse 1 vegetables [Pl] ◊ *Ich mag kein Gemüse.* I don't like vegetables. **2** *(einzelne Sorte)* vegetable ◊ *Rhabarber ist eigentlich ein Gemüse.* Rhubarb is really a vegetable.
Gemüsegarten vegetable garden **Gemüsehändler(in)** greengrocer ☛ G 2.2d ☛ *Hinweis bei* BAKER **Gemüseladen** greengrocer's ☛ *Hinweis bei* BAKER
gemustert 1 ⇨ MUSTERN **2** patterned
Gemüt 1 disposition ◊ *ein sonniges Gemüt* a sunny disposition **2** *(Seele)* soul ◊ *Eine schöne Landschaft ist gut fürs Gemüt.* A beautiful landscape is good for the soul. ◊ *Der Film ist nichts für empfindliche Gemüter.* The film isn't for sensitive souls. **3 Gemüter** emotions [Pl] ◊ *Die Gemüter erhitzten sich.* Emotions ran high. ◊ *Der Artikel erregte die Gemüter erneut.* The article stoked up people's emotions again. IDM **jdm aufs Gemüt schlagen** lower sb's spirits
gemütlich 1 comfortable *(Adv* comfortably); *(Zimmer etc.)* cosy *(Adv* cosily) **2** *(Treffen, Atmosphäre)* relaxed, informal *(Adv* informally) ◊ *Sie trafen sich zum gemütlichen Beisammensein.* They had a relaxed get-together. ◊ *Nach der Sitzung plauderte man noch gemütlich.* They chatted informally after the meeting. **3** *(ohne Eile)* leisurely ◊ *Wir haben gemütlich zu Mittag gegessen.* We had a leisurely lunch. ◊ *gemütlich einen Kaffee trinken* have a leisurely cup of coffee ◊ *gemütlich schlendern* walk at a leisurely pace **4** *(Mensch)* easy-going **5 es sich ~ machen** make* yourself comfortable
Gemütlichkeit 1 cosiness ◊ *Im Büro erwartet man keine Gemütlichkeit.* You don't expect cosiness in an office. ◊ *Ein Kamin sorgt für Gemütlichkeit.* A log fire creates a cosy atmosphere. **2 in aller ~** at leisure
Gemüts- Gemütslage frame of mind **Gemütszustand** state of mind
Gen gene
genau 1 exact *(Adv* exactly) ◊ *Wie spät ist es genau?* What

Genauigkeit

is the exact time? ◊ *genau passen* be an exact fit ◊ *Er starb vor genau zwanzig Jahren.* He died exactly twenty years ago. ◊ *Genau so hatte ich es mir vorgestellt.* That's exactly what I had imagined. ◊ *Genau gegenüber ist die Post.* The post office is right opposite. ◊ *Ich weiß noch nicht genau, ob wir wegfahren.* I still don't know for sure whether we're going away. ◊ *So genau will ich es gar nicht wissen!* I don't want to know all the details! **2** *(richtig)* accurate *(Adv* accurately) ◊ *Die Waage geht genau.* The scales are accurate. ◊ *eine genaue Beschreibung* an accurate description ◊ *Meine Uhr geht ganz genau.* My watch keeps very good time. **3** *(gründlich)* close *(Adv* closely) ◊ *Er verfolgte die Diskussion genau.* He followed the discussion closely. ◊ *genau nachschauen* have a close look ◊ *Sie kannte ihren Mann genau.* She knew her husband very well indeed. **4** *(verstärkend)* ◊ *Ich weiß ganz genau, dass ...* I know for a fact that ... ◊ *Du weißt genau, was ich meine!* You know very well what I mean! ◊ *Über dem Kamin hängt das Bild genau richtig.* The picture looks just right above the fireplace. ◊ *„Du bist also dafür?" „Genau!"* 'So you're in favour of it?' 'Yes, I am!' ◊ *„Meinst du Peter?" „Ja, genau!"* 'Do you mean Peter?' 'Yes, that's right!' **5 etwas/nichts Genaues** anything/nothing definite ◊ *Genaues konnte ich nicht erfahren.* I couldn't find out anything definite. **6 Genaueres** ◊ *Wir wissen nichts Genaueres über die Firma.* We don't know any details about the company. **IDM es mit etw (nicht so) genau nehmen** (not) be very particular about sth **genau genommen** strictly speaking **genau gesagt** to be precise ☛ *Siehe auch* EBENBILD *und* SCHLAU
Genauigkeit accuracy
genauso just the same; *(vor Adj)* just as ◊ *Mir ging es genauso als ich schwanger war.* I felt just the same when I was pregnant. ◊ *Man erwartete genauso viele Zuschauer wie im Vorjahr.* They were expecting just as many spectators as last year. ◊ *„Im Krieg hatten wir nichts zu essen." „Uns ging es genauso."* 'We had nothing to eat during the war.' 'Neither did we.' ◊ *Ich bin genauso alt wie sie.* I'm exactly the same age as she is.
Gendarm *(village)* policeman*
Gendarmerie 1 constabulary* ☛ G 1.3b **2** *(Revier)* police station
Genealogie genealogy*
genehmigen approve, authorize
Genehmigung 1 permission; *(formeller)* authorization ◊ *Bevor du baust, musst du dir eine Genehmigung einholen.* You have to get permission before you build anything. **2** *(Schriftstück)* permit
genehmigungspflichtig ◊ *genehmigungspflichtig sein* need official approval
geneigt 1 ⇨ NEIGEN **2 ~ sein, etw zu tun** be inclined to do sth ◊ *Er war geneigt, ihre Geschichte zu glauben.* He was inclined to believe her story. **3 jdm ~ sein** be well-disposed towards sb *(gehoben)*
General(in) general ☛ G2.2d
Generaldirektor(in) general director; *(eines Unternehmens)* chairperson*, *(AmE)* president
generalisieren generalize
General- Generalkonsul(in) Consul General **Generalkonsulat** Consulate General **Generalleutnant** lieutenant general; *(in der britischen Luftwaffe)* air marshal **Generalmajor(in)** major general; *(in der britischen Luftwaffe)* air vice marshal **Generalprobe** dress rehearsal; *(für Konzert)* final rehearsal **Generalsekretär(in)** Secretary General; *(einer Partei)* General Secretary* **Generalstaatsanwalt, -anwältin** = chief public prosecutor in the highest regional court **Generalstab** (MIL) general staff **Generalstreik** general strike ◊ *den Generalstreik ausrufen* call a general strike **Generalversammlung** general meeting
Generation generation ◊ *die ältere/junge Generation* the older/young generation ◊ *die Generation meiner Großeltern* my grandparents' generation ◊ *Die meisten meiner Freunde sind aus meiner Generation.* Most of my friends are my generation. ◊ *Sie leben oft schon in der dritten Generation bei uns.* Often they are the third generation to live here. ◊ *ein Familienbetrieb in der dritten Generation* a third-generation family business ☛ G 1.3b
Generations- Generationskonflikt conflict between the generations **Generationsvertrag** = system whereby the earnings of the young generation contribute towards pensions **Generationswechsel** = takeover by a new generation
Generator generator
generell general *(Adv* generally) ◊ *ein generelles Parkverbot* a general ban on parking ◊ *etw generell verbieten* impose a general ban on sth ◊ *Es besteht eine generelle Anschnallpflicht.* It is generally compulsory to wear a seat belt.
genesen (von etw) ~ recover (from sth)
Genesung recovery* ◊ *Seine Genesung hatte sich unerwartet schnell vollzogen.* He had made an unexpectedly swift recovery. ◊ *auf dem Weg der Genesung* on the road to recovery ◊ *Zur Genesung fuhr sie in die Berge.* She went to the mountains to convalesce.
Genetik genetics [U]
genetisch genetic *(Adv* genetically) ◊ *Die Krankheit hatte genetische Ursachen.* The disease was genetic in origin. ◊ *genetisch manipulierte Nahrungsmittel* genetically modified foods
Gen- Genfood genetically modified food **Genforscher(in)** genetic researcher ☛ G 2.2d **Genforschung** genetic research
genial brilliant *(Adv* brilliantly); *(erfinderisch auch)* ingenious *(Adv* ingeniously) ◊ *ein genialer Einfall* a brilliant idea ◊ *Sie hatte das Problem genial gelöst.* She had found a brilliant solution to the problem. ◊ *ein genial geplanter Einbruch* an ingeniously planned burglary
Genialität genius
Genick (back of the) neck ◊ *sich das Genick brechen* break your neck ◊ *ein Schlag ins Genick* a blow to the back of the neck **IDM jdm das Genick brechen** get* sb into trouble; finish sb off
Genie genius
genieren sich ~ be embarrassed; **jdn ~** embarrass sb ◊ *Sie braucht sich deswegen nicht zu genieren.* She shouldn't be embarrassed about it. ◊ *Sie geniert sich nicht, sich auszuziehen.* She's not embarrassed about getting undressed. ◊ *Ihre Dummheit genierte ihn.* Her stupidity embarrassed him. ◊ *Vor ihm brauchst du dich nicht zu genieren.* You don't need to be shy with him.
genießbar *(trinkbar)* drinkable; *(essbar)* edible; *(Mensch)* bearable ◊ *genießbare Pilze* edible mushrooms ◊ *Er ist heute nicht genießbar.* He's unbearable today.
genießen 1 enjoy ◊ *das Leben in vollen Zügen genießen* enjoy life to the full ◊ *Sie genießt es, allein zu sein.* She enjoys being alone. ◊ *großes Ansehen genießen* enjoy great respect ◊ *Sie hat eine gute Erziehung genossen.* She had a good education. **2** *(essen)* eat*; *(trinken)* drink* ◊ *abends ein Bier genießen* drink a beer in the evening **IDM** ⇨ VORSICHT *und* ZUG
Genießer(in) person* who enjoys life; *(Feinschmecker)* gourmet
genießerisch *(essen, trinken)* with relish; *(sich räkeln)* luxuriously ◊ *Sie trank genießerisch ihren Likör.* She drank her liqueur with relish. ◊ *Sie lehnte sich genießerisch zurück.* She leant back luxuriously.
Genitalbereich genital area
Genitalien genitals [Pl]
Genitiv (LING) genitive ◊ *Das Nomen steht im Genitiv.* The noun is in the genitive.
Gen- Genmanipulation genetic modification **genmanipuliert** genetically modified ◊ *genmanipulierte Tomaten* genetically modified tomatoes
Genom genome
genormt standardized ◊ *genormte Maschinenteile* standardized machine parts ◊ *Alle Formulare sind jetzt genormt.* All forms are now of standard size.
Genosse, Genossin comrade
Genossenschaft cooperative
genossenschaftlich cooperative ◊ *eine genossenschaftliche Molkerei* a cooperative dairy ◊ *einen Betrieb genossenschaftlich verwalten* run a business as a cooperative
Genre genre
Gen- Gentechnik, Gentechnologie genetic engineering **gentechnisch** genetic *(Adv* genetically) **ein ~ veränderter Organismus** a genetically modified organism *(Abk* GMO)
Gentherapie gene therapy
genug enough ◊ *alt genug sein* be old enough ◊ *Das Beste ist*

gerade gut genug für sie. Only the best is good enough for her. ◊ *Ich habe genug von seiner Meckerei.* I've had enough of his moaning. ◊ *Jetzt habe ich aber endgültig genug!* That's enough, now! ◊ *Das war ja schon schlimm genug, aber ...* That was bad enough, but ...

Genüge 1 zur ~ enough ◊ *Snacks sind zur Genüge vorhanden.* There are enough snacks. ◊ *Das haben wir schon zur Genüge besprochen.* We've discussed it often enough. ◊ *Ich kenne das Problem zur Genüge.* I know the problem only too well. **2 etw ~ tun** (*Ansprüche, Forderungen*) meet* sth; (*Pflicht*) do* sth ◊ *Er musste der Pflicht Genüge tun.* He had to do his duty. ◊ *Der Gerechtigkeit wurde Genüge getan.* Justice was done.

genügen 1 be enough; (*gut genug, ausreichend*) be sufficient ◊ *Eine Mahlzeit am Tag genügt mir.* One meal a day is enough for me. ◊ *Ihm genügte es zu wissen, dass es ihr gut ging.* It was enough for him to know that she was well. ◊ *Eine Skizze genügt für meine Zwecke.* A sketch is sufficient for my purposes. ◊ *Personalausweis genügt.* An identity card is sufficient. **2** (*Ansprüchen etc.*) meet*

genügend 1 *Adj* enough ◊ *genügend Essen für alle* enough food for everybody **2** *Adv* sufficiently well ◊ *Er war nicht genügend vorbereitet.* He wasn't sufficiently well prepared.

genügsam undemanding

Genugtuung satisfaction ◊ *Mit Genugtuung stellte er fest, dass ...* He noted with satisfaction that ... ◊ *Ich habe mit Genugtuung gehört, dass ...* It gave me great satisfaction to hear that ...

Genus (LING) gender

Genuss 1 consumption (*gehoben*) ◊ *der Genuss von Alkohol* the consumption of alcohol ◊ *Der Genuss von Schweinefleisch ist verboten.* It is forbidden to eat pork. **2** (*Vergnügen*) ◊ *Es war uns ein Genuss, sie singen zu hören.* It was a pleasure to hear her sing. ◊ *etw mit Genuss trinken* drink sth with relish ◊ *etw mit Genuss tun* enjoy doing sth very much ◊ *Das Eis ist ein Genuss.* The ice cream is delicious. **IDM in den Genuss von etw kommen** get* sth

genüsslich with (evident) enjoyment; (*Essen auch*) with relish; (*schadenfroh*) with glee, gleefully ◊ *Genüsslich verspeiste sie den Kuchen.* She ate the cake with relish. ◊ *Die Zeitung schilderte genüsslich seine Niederlage.* The newspaper reported his defeat with glee.

Genuss- Genussmittel = sweets, tobacco, tea, coffee, alcohol, etc. **genussvoll** with relish ◊ *Genussvoll leckte sie an ihrem Eis.* She licked her ice cream with relish.

Geodreieck® = combined set square and protractor

geöffnet 1 ⇨ ÖFFNEN **2** open ◊ *Die Galerie ist sonntags nicht geöffnet.* The gallery isn't open on Sundays.

Geographie geography

geographisch geographical (*Adv* geographically) ◊ *die geographische Lage* the geographical position ◊ *Die Gebiete sind geographisch sehr unterschiedlich.* The regions are geographically very diverse. ◊ *geographisch günstig liegen* have a good geographical position

Geologie geology

geologisch geological (*Adv* geologically)

Geometrie geometry

geometrisch geometrical (*Adv* geometrically)

geordnet 1 ⇨ ORDNEN **2** ◊ *Sie stammt aus geordneten Verhältnissen.* She comes from a respectable family. ◊ *Es herrschen wieder geordnete Verhältnisse.* The situation has returned to normal again. ◊ *Er führt ein geordnetes Leben.* He leads an orderly life.

Gepäck luggage, (*bes AmE*) baggage; (MIL) kit ◊ *mit viel Gepäck reisen* travel with a lot of luggage ◊ *mit wenig Gepäck reisen* travel light

Gepäckabfertigung 1 (*Schalter*) check-in (desk) **2** (*Vorgang*) checking in (the luggage/baggage) **Gepäckablage** luggage rack, (*AmE*) baggage rack **Gepäckaufbewahrung 1** (*Schalter*) left luggage (office), (*AmE*) baggage checkroom **2** (*Vorgang*) looking after luggage/baggage **Gepäckausgabe** baggage reclaim, (*AmE*) baggage claim **Gepäckstück** piece of luggage, (*bes AmE*) piece of baggage **Gepäckträger 1** (*am Fahrrad*) carrier **2** (*am Auto etc.*) roof rack **Gepäckträger(in)** porter **Gepäckwagen** luggage van, (*AmE*) baggage car

Gepard cheetah

gepflegt 1 ⇨ PFLEGEN **2** well-groomed, (*Wohnung, Garten*) well-kept ◊ *eine gepflegte Erscheinung* a well-groomed appearance **3** (*niveauvoll, kultiviert*) ◊ *ein gepflegtes Lokal* an elegant restaurant ◊ *eine gepflegte Atmosphäre* a civilized atmosphere ◊ *Du solltest dich gepflegt ausdrücken.* You should express yourself in a civilized way.

Gepflogenheit (*Gewohnheit*) habit; (*Brauch*) custom

gepunktet 1 (*Stoff etc.*) spotted, (*bes AmE*) polka-dot ◊ *eine gepunktete Bluse* a spotted blouse **2** (*Linie*) dotted ◊ *eine gepunktete Linie* a dotted line

gerade¹ (MATH) even ◊ *eine gerade Zahl* an even number

gerade² 1 straight ◊ *gerade sitzen* sit up straight ◊ *etw gerade biegen* straighten sth **2** (*momentan*) just ◊ *Ich wollte gerade gehen.* I was just about to go. ◊ *Kannst du das gerade mal halten?* Could you just hold this for a moment? **3 ~ (erst)** (only) just ◊ *Das Buch ist gerade erst erschienen.* This book has only just come out. ◊ *Das reicht gerade so.* That's just about enough. **4** (*besonders, ausgerechnet*) ◊ *Das ist ein Problem — gerade in ihrer Situation!* That's a problem — especially in her situation. ◊ *Muss er denn gerade dieses Wochenende kommen?* Does it have to be this weekend that he comes? ◊ *So etwas passiert gerade dann, wenn man es eilig hat.* Something like that always happens just when you're in a hurry. ◊ *gerade jetzt im Sommer* now that it's summer ◊ *Warum gerade ich?* Why does it have to be me? ◊ *Warum gerade jetzt?* Why now, of all times? ◊ *Gerade heute muss es so kalt sein!* It would have to be so cold today of all days! ◊ *Gerade deshalb ist Sport so wichtig.* It's precisely for that reason that sport's so important. **5 ~ (noch)** just ◊ *Der Arzt kam gerade noch rechtzeitig.* The doctor came just in time. ◊ *Ich habe es gerade noch geschafft.* I only just managed it. ◊ *Der hat mir gerade noch gefehlt!* He's all I need! ◊ *Du kommst gerade richtig — wir fangen gleich an!* You've come just at the right time — we're just about to begin **6 nicht ~** not exactly ◊ *Wir hatten nicht gerade schönes Wetter.* We didn't exactly have good weather. ◊ *Geduld ist nicht gerade meine Stärke.* Patience isn't exactly my forte. IDM ⇨ FEHLEN, RECHT *und* WARTEN

Gerade 1 (MATH) straight line **2** (SPORT) (*Rennstrecke*) straight

geradeaus straight ahead, straight on ◊ *geradeaus blicken* look straight ahead ◊ *geradeaus gehen* go straight on ◊ *Und dann geht's immer geradeaus.* And then you keep going straight on.

geradebiegen straighten *sth* out, sort *sth* out

geradeheraus frank (*Adv* frankly) ◊ *Er ist sehr geradeheraus.* He's very frank. ◊ *Sie sagte geradeheraus, was sie dachte.* She said straight out what she thought. ◊ *jdm etw geradeheraus sagen* tell sb sth straight

gerädert shattered

geradewegs straight ◊ *Sie kamen geradewegs auf mich zu.* They came straight up to me. ◊ *Er kam geradewegs zum Thema.* He came straight to the point.

geradezu 1 really ◊ *Er hat sich geradezu lächerlich gemacht.* He really made a fool of himself. ◊ *Für den Preis ist das ja geradezu geschenkt.* At that price, it's a real giveaway. ◊ *Der Einfall ist geradezu genial.* That is an absolutely brilliant idea. **2** (*regelrecht*) virtually ◊ *Von Managern wird geradezu erwartet, dass sie Überstunden machen.* It's virtually taken as read that managers work overtime.

gerammelt ~ voll jam-packed

Gerangel tussle (*auch fig*) ◊ *das Gerangel um die Macht* the tussle for power

Geranie geranium

Gerät 1 equipment [U]; (*elektrisch*) appliance; (*Küchen-*) utensil; (*Mess-*) instrument ◊ *technische Geräte* technical equipment ◊ *ein medizinisches Gerät* a piece of medical equipment ◊ *das Gerät abschalten* switch off the appliance ☛ *Hinweis bei* AUSRÜSTUNG **2** (*Turn-*) apparatus [U] ◊ *die Geräte aufbauen* assemble the apparatus

geraten 1 get*; (*landen*) end up ◊ *Ruf an, wenn du in Schwierigkeiten gerätst.* Call me if you get into trouble. ◊ *in Streit geraten* get into an argument ◊ *Der Wagen geriet auf die Gegenfahrbahn.* The car ended up on the wrong side of the road. ◊ *in die falschen Hände geraten* fall into the wrong hands ◊ *Da sind Sie bei mir leider an den Falschen geraten.* I'm afraid I'm not the right person. ◊ *an einen Betrüger geraten* get involved with a swindler **2 außer sich ~** go* wild ☛ *Für andere Ausdrücke mit* **geraten** *siehe die Einträge für die entsprechenden Nomina.* **In Brand geraten** z.B. steht unter **Brand**.

Geräteturnen gym, (apparatus) gymnastics [U]
Geratewohl aufs ~ at random
Geräucherte(s) smoked meat
geraum some ◊ *nach geraumer Zeit* after some time ◊ *eine geraume Weile* quite a while
geräumig spacious
Geräusch sound; (*unangenehm, laut meist*) noise **Geräuschkulisse** background noise [U]; (*Film*) (background) sound effects [Pl] **geräuschlos** silent (*Adv* silently) **Geräuschpegel** noise level **geräuschvoll** noisy (*Adv* noisily)
gerecht 1 just; (*fair*) fair (*Adv* fairly) ◊ *eine gerechte Strafe* a just punishment ◊ *etw gerecht verteilen* share sth fairly **2** *jdm/etw* **~ werden** do* justice to sb/sth
Gerechtigkeit justice ◊ *Gerechtigkeit fordern* demand justice ◊ *jdn der Gerechtigkeit ausliefern/übergeben* bring sb to justice IDM **ausgleichende Gerechtigkeit** poetic justice
Gerechtigkeitssinn sense of justice
Gerede 1 talk [U]; (*Klatsch*) gossip [U] ◊ *Das ist alles nur leeres Gerede.* It's all just empty talk. ◊ *Mir geht das ganze Gerede über ihn auf die Nerven.* All the gossip about him is getting on my nerves. **2** *jdn/sich/etw ins* **~ bringen** ◊ *Das hat unsere Firma ins Gerede gebracht.* That has brought our company into disrepute. **3** *ins* **~ kommen/geraten** be brought into disrepute, get* a bad name
geregelt 1 ⇨ REGELN **2** (*zeitlich festgelegt*) regular ◊ *geregelte Arbeitszeit haben* work regular hours ◊ *ein geregeltes Leben führen* lead a well-ordered life
gereizt 1 ⇨ REIZEN **2** irritated; (*reizbar*) irritable (*Adv* irritably); (*verärgert*) annoyed; (*Stimmung, Atmosphäre etc.*) tense ◊ *ihr gereizter Ton* her irritated voice ◊ *Alle reagierten sehr gereizt.* Everyone reacted very irritably.
Gericht¹ 1 court (of law); (*die Richter*) judges [Pl] ◊ *von einem ordentlichen Gericht verurteilt werden* be sentenced by an ordinary court ◊ *jdn vor Gericht vertreten* represent sb in court ◊ *vor Gericht gehen* go to court ◊ *Das Gericht zieht sich zur Beratung zurück.* The judges will adjourn for consultation. ◊ *wegen Mordes vor Gericht stehen* be on trial for murder ◊ *jdn vor Gericht stellen* try sb ◊ *Der Fall kam vor Gericht.* The case was tried. **2** (*Gebäude*) law courts [Pl], (*AmE*) courthouse **3 das Oberste ~** the High Court IDM **das Jüngste Gericht** The Day of Judgement ☛ *Siehe auch* SCHLEPPEN
Gericht² (*Speise*) dish
gerichtlich legal (*nur vor Nomen*) (*Adv* legally) ◊ *gerichtlich gegen jdn vorgehen* take legal action against sb ◊ *gerichtliche Schritte einleiten* take legal steps ◊ *gerichtliche Auseinandersetzungen* legal disputes ◊ *etw gerichtlich festlegen* legally determine sth ◊ *eine gerichtliche Entscheidung* a court decision ◊ *ein gerichtliches Urteil* a verdict of the court ◊ *gerichtliche Kontrolle* judicial review
Gerichts- Gerichtsbarkeit jurisdiction **Gerichtshof** Court of Justice ◊ *etw vor den Europäischen Gerichtshof bringen* take sth to the European Court of Justice **Gerichtskosten** legal costs [Pl] **Gerichtsmedizin** forensic medicine **Gerichtssaal** courtroom **Gerichtsverfahren** legal proceedings [Pl] ◊ *ein Gerichtsverfahren gegen jdn einleiten* institute legal proceedings against sb **Gerichtsverhandlung** trial; (*privatrechtlich*) hearing **Gerichtsvollzieher** bailiff
gering 1 low; (*Menge, Größe etc.*) small; (*Länge, Dauer etc.*) short ◊ *ein geringes Einkommen* a low income ◊ *in geringer Höhe fliegen* fly at low altitude ◊ *bei geringer Geschwindigkeit* at low speed ◊ *eine geringe Wahlbeteiligung* a low turnout ◊ *eine geringe Menge Öl* a small amount of oil ◊ *eine geringe Lebensdauer* a short life ◊ *beim geringsten Geräusch aufwachen* wake up at the least sound ◊ *wegen zu geringer Nachfrage* due to insufficient demand ◊ *Es besteht nur geringes Interesse.* There isn't much interest. **2** (*Bedeutung*) minor; (*Idee, Risiko*) slight; (*Chance*) slim ◊ *Das spielt nur eine geringe Rolle.* That's only of minor importance. ◊ *nicht die geringste Idee haben* not have the slightest idea ◊ *geringe Erfolgschancen* a slim chance of success ◊ *Das ist das geringste Problem.* That's the least of my/our/his etc. problems. ◊ *Das ist das geringste Übel.* That's the least of all evils. **3** *etw* **~ schätzen** not think* much of sth **4 das Geringste** the least ◊ *Das hat nicht das Geringste damit zu tun.* That doesn't have the least thing to do with it. ◊ *Das geht ihn nicht das Geringste an!* That's

none of his business! ◊ *Er tut so, als hätten wir nicht das Geringste miteinander zu tun.* He behaves as if we didn't have anything to do with each other. IDM **kein Geringerer/keine Geringere als** no less a man/woman than ◊ *Kein Geringerer als Shakespeare sagte …* No less a man than Shakespeare said … **nicht im Geringsten** not in the least ◊ *Das stört sie nicht im Geringsten.* That doesn't bother her in the least. ☛ *Siehe auch* NEIGUNG *und* WEG
geringelt 1 ⇨ RINGELN **2** with horizontal stripes (*nicht vor Nomen*) ◊ *ein geringeltes Shirt* a shirt with horizontal stripes
geringschätzig contemptuous (*Adv* contemptuously) ◊ *Er lächelte geringschätzig.* He smiled contemptuously.
Geringschätzung contempt ◊ *eine allgemeine Geringschätzung der Politiker* a general contempt for politicians
gerinnen coagulate; (*Blut*) clot*; (*Milch*) curdle
Gerinnsel ⇨ BLUTGERINNSEL
Gerippe skeleton
gerippt ribbed ◊ *ein gerippter Pulli* a ribbed pullover
gerissen 1 ⇨ REISSEN **2** clever; (*negativ*) crafty*
Germ yeast
Germane, Germanin Teuton
germanisch Germanic
Germanistik German (studies) ☛ G P00 ◊ *Er studiert Germanistik.* He's studying German.
Germknödel plum dumpling
gern(e) 1 *jdn/etw* **~ haben** like sb/sth, be fond of sb ◊ *Ich habe ihn sehr gern.* I like him a lot. ◊ *Er hat es nicht gerne, wenn man ihn kritisiert.* He doesn't like being criticized. ◊ *Wir alle haben Frau Meyer sehr gern.* We're all very fond of Mrs Meyer. **2** *etw* **~ tun** like doing sth ◊ *Ich spiele gern Tennis.* I like playing tennis. ◊ *Ich fahre nicht besonders gern Auto.* I don't like driving much. ◊ *Ich trinke gern Weißwein.* I like white wine. **3** *etw* **~ tun** (*bereitwillig*) ◊ *Ich würde dir gerne helfen, wenn ich kann.* I would gladly help you if I can. ◊ *Das mache ich doch gern!* I'm very happy to do it! ◊ *Wir sind gerne bereit, sie zu unterstützen.* We are quite willing to support her. **4 ~ sehen** like ◊ *Es wird nicht gern gesehen, wenn man oft fehlt.* They don't like it if you're away too often. ◊ *Er ist ein gern gesehener Gast.* He's a welcome guest. **5** (*um Wünsche auszudrücken*) ◊ *Ich würde gerne mitkommen.* I'd like to come too. ◊ *Ich hätte gern einen Kaffee.* I'd like a coffee. ◊ *Ich hätte gern den Chef gesprochen.* I'd like to speak to the boss. ◊ *Sie wäre gern etwas größer.* She wishes she were a bit taller. **6** (*als positive Antwort*) ◊ *„Möchten Sie zum Essen kommen?" „Ja, sehr gerne."* 'Would you like to come for dinner?' 'Thanks, I'd love to.' ◊ *„Noch ein Stück Kuchen?" „Ja, gerne."* 'Another piece of cake?' 'Yes, please, I'd love one.' **7** (*beim Anbieten*) ◊ *Du kannst gerne unseren Swimmingpool benutzen.* You're welcome to use our swimming pool. IDM **du kannst/er etc. kann mich (mal) gern haben** you, he, etc. can stuff it (*umgs*) **gern geschehen** don't mention it, you're welcome ◊ *„Vielen Dank." „Gern geschehen."* 'Thank you very much.' 'You're welcome.' ☛ *Siehe auch* GUT, HERZ, LEBEN, RASEND *und* SEHEN
Geröll (*kleine Steine am Hang*) scree; (*größer im Tal*) boulders [Pl]
Gerste barley
Gerstenkorn (MED) sty*
Geruch smell ◊ *ein stechender Geruch* a pungent smell ◊ *ein starker Geruch nach Urin* a strong smell of urine ◊ *der Geruch von frischen Plätzchen* the smell of freshly baked biscuits

> **Smell** ist ein allgemeiner Begriff, der ganz neutral oder auch für unangenehme Gerüche verwendet werden kann. **Aroma** bezieht sich auf den Geruch von Essen oder Kaffee. **Scent** und (förmlicher) **fragrance** bezieht sich auf Blumen oder Parfum. Handelt es sich um unangenehme Gerüche, wird **stink**, **stench**, **reek** oder **odour** verwendet.

geruchlos odourless, (*AmE*) odorless
Geruchssinn sense of smell
Gerücht rumour, (*AmE*) rumor ◊ *Wer hat dieses Gerücht in die Welt gesetzt?* Who started this rumour? ◊ *Es geht das Gerücht um, dass …* There's a rumour going around that … ◊ *Gerüchte, wonach das Werk schließen soll* rumours that the factory is to close ◊ *Gerüchten zufolge ist er zurück-*

getreten. It is rumoured that he has resigned. ◊ *Das halte ich für ein Gerücht.* I don't believe it.
Gerüchteküche rumour mill, (*AmE*) rumor mill
geruhsam leisurely ◊ *ein geruhsamer Nachmittag* a leisurely afternoon ◊ *sich geruhsam zurücklehnen* lean back in a leisurely way
Gerümpel junk
Gerund(ium) gerund
Gerüst 1 (*Bau-*) scaffolding [U] ◊ *ein Gerüst aufbauen* erect scaffolding **2** (*fig*) framework ◊ *das Gerüst seines Referats* the framework of his report
ges, Ges (MUS) G flat
gesalzen 1 ⇨ SALZEN **2** (*Preise etc.*) very high, steep ◊ *gesalzene Mieten* very high rents ◊ *eine gesalzene Rechnung* a hefty bill
gesamt 1 whole, entire, all the ◊ *die gesamte Mannschaft* the entire team ◊ *die gesamte Ernte* the entire harvest **2 die gesamten ...** all the ... ◊ *die gesamten Einnahmen* all the takings
Gesamt- Gesamtausgabe 1 complete edition ◊ *die Gesamtausgabe Goethes* a complete edition of Goethe **2 Gesamtausgaben** (FINANZ) total expenditure [U] **Gesamtbetrag** total ◊ *ein Gesamtbetrag in Höhe von 5 Millionen Dollar* a total of 5 million dollars **Gesamteindruck** overall impression **Gesamtergebnis** overall result **Gesamtfläche** total area **Gesamtgewicht** total weight
Gesamtheit ◊ *die Gesamtheit der Lehrer* all the teachers ◊ *die Partei in ihrer Gesamtheit* the party in its entirety
Gesamt- Gesamthochschule = higher education institution combining university- and polytechnic-style courses **Gesamtlänge** total length **Gesamtnote** overall mark **Gesamtschule** comprehensive (school) **Gesamtsumme** total amount **Gesamtwerk** complete works [Pl] **Gesamtwert** total value **Gesamtwertung** overall placings [Pl] ◊ *die Gesamtwertung nach vier Tagen* the overall placings after four days ◊ *In der Gesamtwertung liegt er auf Platz drei.* He is in third place overall.
Gesandte(r) envoy
Gesang 1 singing; (*von Vögeln*) song [U] ◊ *Sie hat Gesang studiert.* She studied singing. **2** (*Lied*) *geistliche Gesänge* hymns ◊ *gregorianischer Gesang* plainchant
Gesangbuch hymn book **Gesangstunden, Gesangunterricht** singing lessons [Pl]
Gesäß bottom
Gesäßtasche back pocket
gesättigt 1 ⇨ SÄTTIGEN **2** saturated
Geschäft 1 (*Laden*) shop, (*AmE meist*) store **2** (*Firma, Unternehmen*) business ◊ *Er übernahm die Leitung des Geschäfts.* He took over the running of the business. **3** (*Handel*) business [U]; (*Geschäftsabschluss*) deal ◊ *Die Geschäfte gehen gut.* Business is good. ◊ *Er macht Geschäfte mit ihm.* He does business with him. ◊ *mit jdm ins Geschäft kommen* do business with sb ◊ *Wir haben mit dieser Firma ein Geschäft gemacht.* We did a deal with this firm. **4** (*Profit*) profit ◊ *Beim Verkauf hat er ein gutes Geschäft gemacht.* He made a good profit on the sale. **5 sein ~ verrichten** do* your business
geschäftig ◊ *Dort herrscht ein geschäftiges Treiben.* There's a bustle of activity there. ◊ *Sie liefen geschäftig hin und her.* They were bustling around.
geschäftlich 1 business (*nur vor Nomen*) ◊ *eine geschäftliche Verabredung* a business appointment ◊ *Sie ist geschäftlich unterwegs.* She is away on business. ◊ *Das Geschäftliche besprechen wir später.* We will discuss business matters later. **2** (*unpersönlich*) businesslike ◊ *Sein Ton war geschäftlich.* His tone was businesslike.
Geschäfts- Geschäftsabschluss business deal **Geschäftsbedingungen** terms of business [Pl] **Geschäftsbericht** (annual) report **Geschäftsfrau** businesswoman* ☛ G 2.2d **geschäftsführend** executive (*nur vor Nomen*); (*stellvertretend*) acting (*nur vor Nomen*) **Geschäftsführer(in)** (*eines Ladens, Restaurants etc.*) manager; (*einer GmbH*) managing director; (*eines Vereins*) secretary* ◊ *Er arbeitet als Geschäftsführer in einem großen Schuhgeschäft.* He is the manager of a large shoe shop. ☛ G 2.2d **Geschäftsführung** management ☛ G 1.3b **Geschäftsjahr** financial year, (*AmE*) fiscal year **Geschäftsleitung** ⇨ GESCHÄFTSFÜHRUNG **Geschäfts-**

leute business people [Pl]; (*Geschäftsmänner*) businessmen [Pl] **Geschäftsmann** businessman* ☛ G 2.2d **Geschäftsräume** (business) premises [Pl]; (*Büros*) offices [Pl] **Geschäftsreise** business trip **Geschäftsstelle** branch **geschäftstüchtig** enterprising; **~ sein** have a head for business ◊ *ein geschäftstüchtiger Bauer* an enterprising farmer ◊ *Sie ist sehr geschäftstüchtig.* She's got a good head for business. **Geschäftszeiten** business hours [Pl]; (*Bürozeiten*) office hours [Pl]
geschätzt 1 ⇨ SCHÄTZEN **2** (*angesehen*) respected
geschehen 1 happen; *jdm geschieht etw* sth happens to sb ◊ *Was ist geschehen?* What's happened? ◊ *Hoffentlich ist ihr nichts geschehen.* I hope nothing's happened to her. ◊ *Pass auf, sonst geschieht noch ein Unfall.* Be careful, or there will be an accident. **2** (*ausgeführt werden*) be done ◊ *Wann wird etwas in dieser Sache geschehen?* When will something be done about this? ◊ *Was soll mit diesen Büchern geschehen?* What do you want done with these books? IDM ⇨ GERN(E) *und* RECHT
Geschehen events [Pl] ◊ *das politische Geschehen* political events ◊ *der Ort des Geschehens* the place where it happened
gescheit 1 clever (*Adv* cleverly) **2** (*vernünftig*) sensible
Geschenk present; (*Gabe*) gift ◊ *Das war ein Geschenk meiner Eltern.* It was a present from my parents. ◊ *ein Geschenk an die Stadt* a gift to the town ◊ *Der Skandal war ein Geschenk für seine Gegner.* The scandal was a gift for his opponents. IDM **ein Geschenk des Himmels** a godsend **Geschenkartikel** gift **Geschenkpapier** wrapping paper ◊ *drei Bogen Geschenkpapier* three sheets of wrapping paper ◊ *etw in Geschenkpapier einpacken* gift-wrap sth
Geschichte 1 history ◊ *die Geschichte Deutschlands* the history of Germany ◊ *die deutsche Geschichte* German history ◊ *die Geschichte der Stadt* the history of the town ◊ *der längste Krieg der Geschichte* the longest war in history ◊ *aus der Geschichte lernen* learn from history ◊ *Er will Geschichte studieren.* He wants to study History. ◊ *Alte/Moderne Geschichte* Ancient/Modern History **2** (*Erzählung*) story* ◊ *die Geschichte eines Jungen, der ...* the story of a boy who ... ◊ *Das ist doch immer die alte Geschichte.* It's always the same old story. ◊ *Erzähl mir keine Geschichten.* Don't give me that rubbish. **3** (*Angelegenheit*) business ◊ *Das ist eine unangenehme Geschichte.* It's an unpleasant business. ◊ *Mir ist da eine dumme Geschichte passiert.* I've done something stupid. IDM **Geschichte machen** make* history **Geschichten machen** make* a fuss ☛ *Siehe auch* EINGEHEN
geschichtlich 1 historical (*Adv* historically) ◊ *eine geschichtliche Tatsache* a historical fact ◊ *geschichtliche Zusammenhänge erklären* explain the historical background ◊ *geschichtlich bedeutsam* historically important ◊ *geschichtlich gesehen* seen from a historical point of view **2** (*geschichtlich bedeutsam*) historic ◊ *ein geschichtlicher Augenblick* a historic moment
Geschichts- Geschichtsbewusstsein sense of history **Geschichtsbild** view of history **geschichtsträchtig** historic **Geschichtswissenschaft** history
Geschick[1] (*Können*) skill ◊ *mit viel Geschick* with great skill ◊ *Er bewies viel politisches Geschick.* He showed great political skill. ◊ *Sie hat kein Geschick im Umgang mit Menschen.* She's no good with people. **2** (*Fähigkeiten*) skills [Pl] ◊ *handwerkliches Geschick* practical skills
Geschick[2] (*Schicksal*) fate
Geschicklichkeit skill; (*manuelle Fertigkeit*) dexterity
geschickt 1 ⇨ SCHICKEN **2** skilful (*Adv* skilfully), (*AmE*) skillful (*Adv* skillfully); (*wohl überlegt*) clever (*Adv* cleverly) ◊ *ein geschickter Diplomat* a skilful diplomat ◊ *ein geschickter Schachzug* a clever move ◊ *Sie ist in handwerklichen Dingen sehr geschickt.* She's good with her hands.
geschieden 1 ⇨ SCHEIDEN (1,4) **2** divorced ◊ *Sie sind geschieden.* They're divorced. ◊ *eine geschiedene Frau* a divorced woman ◊ *seine geschiedene Frau* his ex-wife ◊ *Er hat zwei geschiedene Ehen hinter sich.* He's been divorced twice. ◊ *Etwa 40 % der geschiedenen Ehen sind kinderlos.* About 40% of marriages which end in divorce are childless.
Geschiedene(r) divorcee
Geschirr 1 (*Service*) (dinner/tea) service **2** (*Ess-*) china; (*Koch-*) pots and pans [Pl] **3** (*benutzt*) dishes [Pl] ◊ *(das) Geschirr spülen* do the dishes **4** (*beim Pferd*) harness

Geschirrspüler, Geschirrspülmaschine dishwasher **Geschirrtuch** tea towel, (AmE) dishtowel

Geschlecht 1 sex; (mit Bezug auf soziale und kulturelle Unterschiede) gender ◊ Welches Geschlecht hat dieser Hamster? What sex is this hamster? ◊ das schwache/starke Geschlecht the weaker/stronger sex ◊ unabhängig von Geschlecht und Alter regardless of sex and age ◊ Studenten beiderlei Geschlechts students of both sexes ◊ das andere Geschlecht the opposite sex ◊ die traditionellen Rollen der Geschlechter the traditional gender roles ◊ ein Kind männlichen/weiblichen Geschlechts a male/female child **2** (Dynastie) house ◊ das Geschlecht der Hohenzollern the house of Hohenzollern **3** (LING) gender

geschlechtlich sexual

Geschlechts- Geschlechtskrankheit sexually transmitted disease **geschlechtslos** asexual **Geschlechtsorgan** sex(ual) organ **geschlechtsreif** sexually mature **Geschlechtsumwandlung** sex change **Geschlechtsverkehr** sexual intercourse

geschliffen 1 ⇨ SCHLEIFEN **2** (vollendet) polished

geschlossen 1 ⇨ SCHLIESSEN **2** Adj closed; (Anstalt, Klinik) secure ◊ hinter geschlossenen Türen behind closed doors ◊ Das Museum war geschlossen. The museum was closed. ◊ Er saß mit geschlossenen Augen im Dunkeln. He sat in the dark with his eyes closed. ◊ eine geschlossene psychiatrische Anstalt a secure psychiatric unit **3** Adj (Gruppe, Front) united ◊ eine geschlossene Front präsentieren present a united front ◊ Es war eine geschlossene Mannschaftsleistung. It was a good performance by the whole team. **4** Adj (in sich zusammenhängend) complete; (Ortschaft) built-up **5** Adj (Gesellschaft, Veranstaltung) private **6** Adj (LING) closed ◊ ein geschlossener Vokal a closed vowel **7** Adv (einstimmig) unanimously; (gemeinsam) en bloc ◊ Der Antrag wurde geschlossen abgelehnt. The motion was unanimously rejected. ◊ Die Kommission trat geschlossen zurück. The commission resigned en bloc. ◊ Die Klasse stand geschlossen hinter ihm. The class was solidly behind him. **IDM in sich geschlossen** self-contained

Geschlossenheit unity [U]

Geschmack 1 taste; (Aroma) flavour, (AmE) flavor ◊ einen schlechten Geschmack im Mund haben have a nasty taste in your mouth ◊ Dieser Käse ist kräftiger im Geschmack. This cheese has a stronger flavour. **2** (Sinn für Schönes) taste [U] ◊ Sie hat einen guten Geschmack. She has good taste. ◊ Das Haus ist mit viel Geschmack eingerichtet. The house is furnished very tastefully. ◊ So ein Haus ist nicht jedermanns Geschmack. A house like that is not to everybody's taste. ◊ eine Sache des Geschmacks a matter of taste ◊ je nach Geschmack according to taste ◊ Das war ein Film nach meinem Geschmack. It was the sort of film I like. **IDM an etw Geschmack finden** like sth **jdn auf den Geschmack bringen** give* sb a taste for it **auf den Geschmack kommen** acquire a taste for it **die Geschmäcker sind verschieden** tastes differ **jeder nach seinem Geschmack** each to his own **über Geschmack lässt sich (nicht) streiten** there is no accounting for taste

geschmacklich ◊ geschmackliche Unterschiede differences in taste ◊ etw geschmacklich verfeinern improve the taste of sth

geschmacklos tasteless; (taktlos) in bad taste (nicht vor Nomen) ◊ ein geschmackloser Hut/Witz a tasteless hat/joke ◊ Die Bemerkung war geschmacklos. The comment was in bad taste.

Geschmacklosigkeit bad taste [U]; (Äußerung) tasteless remark; **eine ~ sein** be in bad taste ◊ der Gipfel der Geschmacklosigkeit the height of bad taste ◊ Das Bild ist eine Geschmacklosigkeit. The picture is in bad taste.

Geschmacks- Geschmacksfrage question of taste **Geschmacksrichtung 1** taste **2** (Speisen) flavour, (AmE) flavor **Geschmackssache** matter of taste ◊ Das ist Geschmackssache. It's a matter of taste. **Geschmackssinn** sense of taste

geschmackvoll tasteful (Adv tastefully)

geschmeidig 1 Adj supple (weich) soft ◊ ein geschmeidiger Körper a supple body **2** Adj (flexibel) flexible **3** Adv gracefully

Geschnetzelte(s) = thin strips of meat cooked in a sauce

Geschöpf 1 creature ◊ ein Geschöpf Gottes one of God's creatures **2** (Schöpfung) creation; (Produkt) product

Geschoss, Geschoß 1 ⇨ STOCK¹, S. 1233. **2** (Kugel) bullet; (Rakete) missile; (Granate) shell; (Wurf-) projectile

Geschrei 1 shouting; (vor Schmerz, Angst etc.) screaming ◊ Das Geschrei im Nebenzimmer wurde lauter. The shouting in the next room got louder. ◊ Mit wildem Geschrei stürmten die Kinder durchs Haus. The children ran round the house, screaming. **2** (Getue) fuss; (Protest) protest ◊ Mach doch kein solches Geschrei deswegen! Don't make such a fuss about it! ◊ Das Projekt löste großes Geschrei unter den Anwohnern aus. The project aroused considerable protest among the residents.

geschult 1 ⇨ SCHULEN **2** trained; (fachmännisch) professional ◊ geschultes Personal trained staff ◊ Ein geschultes Auge sieht den Unterschied. The difference is visible to the trained eye. ◊ geschulte Betreuung professional care

Geschütz (big) gun, piece of artillery ◊ ein Geschütz laden load a gun ◊ Panzer und schwere Geschütze tanks and heavy artillery **IDM grobes/schweres Geschütz auffahren** bring* in the big guns

geschützt 1 ⇨ SCHÜTZEN **2** (unter Schutz gestellt) protected; (gegen Wind, Nässe etc.) sheltered ◊ eine geschützte Art a protected species ◊ Dieses Gebäude ist ein geschütztes Kulturdenkmal. This is a listed building. **3** (patentiert) ◊ ein geschütztes Warenzeichen a registered trademark ◊ ein geschützter Name a name that has been trademarked

Geschwader squadron

Geschwafel blather (umgs), (BrE auch) waffle (umgs); (Unsinn) drivel (umgs)

Geschwätz 1 chatter **2** (Klatsch) gossip, tittle-tattle

geschwätzig talkative, garrulous ◊ ein geschwätziger alter Mann a garrulous old man ◊ Sie ist so geschwätzig. She's such a chatterbox.

geschweige ~ denn let alone ◊ Hier möchte man nicht mal aus dem Taxi steigen, geschweige denn wohnen. You wouldn't want to get out of the taxi, let alone live here.

Geschwindigkeit 1 speed ◊ mit enormer Geschwindigkeit at a terrific speed ◊ Die Polizei hielt ihn wegen Fahrens mit überhöhter Geschwindigkeit an. The police stopped him for speeding. **2** (PHYSIK) velocity

Geschwindigkeitsbegrenzung, Geschwindigkeitsbeschränkung speed limit ◊ die Geschwindigkeitsbegrenzung einhalten/überschreiten keep to/exceed the speed limit **Geschwindigkeitsüberschreitung** exceeding the speed limit, speeding ◊ Er wurde wegen Geschwindigkeitsüberschreitung gestoppt. He was stopped for speeding.

Geschwister brother(s) and sister(s) [Pl], siblings [Pl] (gehoben) ◊ alle seine Geschwister all his brothers and sisters ◊ Hast du Geschwister? Have you got any brothers or sisters?

geschwollen pompous (Adv pompously) ◊ Sie redet oft so geschwollen daher. She often talks so pompously.

Geschworene(r) 1 juryman*/-woman*, member of a jury; **die Geschworenen** the jury* ⬅ G 1.3b **2** ⇨ SCHÖFFE

Geschwulst (Knoten) lump; (Tumor) tumour, (AmE) tumor ◊ eine gutartige/bösartige Geschwulst a benign/malignant tumour

geschwungen 1 ⇨ SCHWINGEN **2** curved; (Straße, Weg) winding; (Linie) wavy

Geschwür ulcer; (Furunkel) boil

Geselchte(s) smoked meat

Geselle, Gesellin = person* who has served his/her apprenticeship, journeyman* (veraltet) ⬅ Hinweis bei LEHRE (1)

Gesellenbrief = diploma/certificate of (completed) apprenticeship **Gesellenprüfung** = apprentice's final examination

gesellig sociable; (Veranstaltung, Programm) social (nur vor Nomen) ◊ ein geselliger Typ a sociable chap ◊ ein geselliger Abend a social evening

Gesellschaft 1 society* ◊ die Stellung der Frau in der modernen Gesellschaft the position of women in modern society ◊ die feine Gesellschaft high society ◊ Es ist ein Problem der ganzen Gesellschaft. It's a problem of the whole of society. ◊ Menschen, die am Rande der Gesellschaft stehen people on the fringes of society ◊ eine multikulturelle Gesellschaft a multicultural society **2** (Firma) company* ⬅ Siehe auch GMBH **3** (Vereinigung) society*, association

4 (*gesellige Veranstaltung*) function ◊ *eine geschlossene Gesellschaft* a private function **5** (*Umgang, Zusammensein*) company ◊ *jdm Gesellschaft leisten* keep sb company ◊ *Du befindest dich in guter Gesellschaft.* You're in good company.
Gesellschafter(in) 1 (WIRTSCH) partner **2 ein stiller ~** a sleeping partner, (*AmE*) a silent partner
gesellschaftlich social (*nur vor Nomen*) (*Adv* socially) ◊ *eine gesellschaftliches Problem/Ereignis/Experiment* a social problem/event/experiment ◊ *ihre gesellschaftliche Stellung* her social position ◊ *eine gesellschaftlich wichtige Funktion* an important social function ◊ *gesellschaftlich akzeptabel* socially acceptable ◊ *gesellschaftliche Randgruppen* groups on the margins of society ◊ *seine gesellschaftliche Rolle* his role in society
gesellschafts- gesellschaftsfähig socially acceptable **Gesellschaftsform** form of society **Gesellschaftskritik** social criticism **gesellschaftskritisch** ◊ *Der Film will gesellschaftskritisch sein.* The film aims to deal with social issues. **Gesellschaftsordnung** social order, (political) system ◊ *die kapitalistische Gesellschaftsordnung* the capitalist social order ◊ *eine demokratische Gesellschaftsordnung* a democratic political system **gesellschaftspolitisch** socio-political (*Adv* socio-politically) ◊ **Gesellschaftsspiel** (*Brettspiel*) board game; (*Partyspiel*) party game **Gesellschaftsvertrag 1** (WIRTSCH) Articles of Association **2** (PHILOS) social contract **Gesellschaftswissenschaft** social science
gesengt IDM ⇨ SAU
Gesetz 1 law; (*Gesetzesvorlage*) bill ◊ *das Gesetz befolgen* obey the law ◊ *gegen das Gesetz verstoßen* break the law ◊ *nach dem deutschen Gesetz* according to German law ◊ *Alle Bürger sind vor dem Gesetz gleich.* All citizens are equal in the sight of the law. ◊ *Das verbietet das Gesetz.* That's against the law. ◊ *über dem Gesetz stehen* be above the law ◊ *das Gesetz über den Schwangerschaftsabbruch* the law on abortion ◊ *ein physikalisches/ökonomisches Gesetz* a law of physics/economics **2** (*Regel*) rule ◊ *die Gesetze der Höflichkeit* the rules of politeness
Gesetzbuch *das Bürgerliche ~* the Civil Code **Gesetzentwurf** bill ◊ *einen Gesetzentwurf vorlegen* present a bill **Gesetzesänderung** change in the law **Gesetzeslage** law ◊ *nach der bestehenden Gesetzeslage* according to current law **Gesetzeslücke** loophole in the law, legal loophole **Gesetzesvorlage** ⇨ GESETZENTWURF **Gesetzgebung** legislation [U]
gesetzlich 1 *Adj* legal; (*vorgeschrieben auch*) statutory ◊ *die gesetzlichen Grenzwerte* the legal limit ◊ *die gesetzliche Grundlage* the legal basis ◊ *gesetzliche Bestimmungen* statutory requirements ◊ *ein gesetzlicher Feiertag* a bank holiday **2** *Adv* legally, by law ◊ *Das ist gesetzlich nicht möglich.* This is not legally possible. ◊ *Sie sind gesetzlich dazu verpflichtet.* They are required by law to do it. ◊ *Die Öffnungszeiten sind gesetzlich geregelt.* There are laws regulating shop opening hours. ◊ *Das ist gesetzlich verboten.* It's illegal. ◊ *die gesetzlich zugelassenen Werte* the legal limits ◊ *das gesetzlich festgelegte Mindestalter* the minimum age
gesetzlos lawless
Gesetzmäßigkeit law ◊ *physikalische Gesetzmäßigkeiten* the laws of physics
gesetzt 1 ⇨ SETZEN **2** respectable; (*im Alter*) mature ◊ *Sie ist bereits in gesetztem Alter.* She is already a woman of mature years.
gesetzwidrig illegal (*Adv* illegally)
gesichert 1 ⇨ SICHERN **2** secure ◊ *ein gesichertes Einkommen* a secure income ◊ *eine gesicherte Zukunft* a secure future ◊ *ein gut gesichertes Gebäude* a secure building
Gesicht 1 face ◊ *ein hübsches Gesicht* a pretty face ◊ *Sie strahlte übers ganze Gesicht.* She was beaming all over her face. **2** (*Gesichtsausdruck*) look (on your face) ◊ *Ich konnte ihm vom Gesicht ablesen, dass etwas nicht stimmte.* I could tell by the look on his face that something was wrong. ◊ *ein trauriges Gesicht machen* look sad **3** (*Erscheinungsbild*) appearance ◊ *Das Gesicht der Stadt hat sich kaum verändert.* The town's appearance has hardly changed. IDM *jdn/etw aus dem Gesicht verlieren* lose* sight of sb/sth *das Gesicht verlieren* lose* face *das Gesicht wahren* keep* up appearances *ein langes Gesicht machen* look disappointed ◊ *Mach doch nicht so ein langes Gesicht!* Don't look so disappointed! *jdm etw ins Gesicht sagen* say* sth to sb's face *jdm nicht/kaum ins Gesicht sehen/blicken können* be unable/hardly be able to look sb in the face ◊ *Sie konnte ihm kaum ins Gesicht sehen.* She could hardly look him in the face. *sein wahres Gesicht zeigen* show* your true colours *jdm wie aus dem Gesicht geschnitten sein* be the spitting image of sb *jdn/etw zu Gesicht bekommen* see* sb/sth ☛ *Siehe auch* SCHLEUDERN
Gesichtsausdruck (facial) expression ◊ *mit einem unschuldigen Gesichtsausdruck* with an innocent expression **Gesichtsfarbe** complexion **Gesichtsmaske 1** (face) mask **2** (*Creme*) face mask, (*BrE auch*) face pack **Gesichtspunkt** point of view **Gesichtsverlust** loss of face **Gesichtszug** feature
Gesindel riff-raff [U]
Gesinnung 1 (*Ansichten*) views [Pl] **2** (*Charakter*) character
Gesinnungsgenosse, -genossin ◊ *ein revolutionärer Gesinnungsgenosse* a fellow revolutionary ◊ *Er sagte sich von seinen ehemaligen Gesinnungsgenossen los, als er aus dem Gefängnis kam.* He severed his ties with his old cronies when he came out of prison. **Gesinnungswandel** change of heart; (*Umkehr*) U-turn
gesondert separate (*Adv* separately) ◊ *Die Kinder essen in einem gesonderten Raum.* The children eat in a separate room. ◊ *Papier und Glas werden gesondert gesammelt.* Paper and glass are collected separately.
gespalten 1 ⇨ SPALTEN **2** (*Land, Partei*) divided; (*Verhältnis*) ambivalent
Gespann team; (*Paar*) pair
gespannt 1 ⇨ SPANNEN **2** *Adj* expectant (*Adv* expectantly) ◊ *Eine gespannte Stille herrschte im Saal.* There was an expectant silence in the hall. ◊ *Sie warteten mit gespannter Aufmerksamkeit.* They waited expectantly. ◊ *Die Wahl wird mit gespanntem Interesse verfolgt.* The elections are being followed with keen interest. **3** *Adj ~ sein* not be able to wait ◊ *Ich bin schon ganz gespannt.* I can't wait. ◊ *Ich bin auf das Resultat gespannt.* I can't wait to get the result. ◊ *Ich bin schon ganz gespannt auf sie.* I can't wait to meet her. **4** *Adj ~ sein, ob, wie, wer etc.* wonder whether, how, who, etc. ◊ *Ich bin gespannt, ob er anruft.* I wonder whether he'll phone. ◊ *Ich bin gespannt, wer gewinnt.* I wonder who will win. **5** *Adj* (*voller Spannungen*) tense
Gespenst ghost; (*Gefahr*) spectre, (*AmE*) specter ◊ *das Gespenst des Faschismus* the spectre of fascism ◊ *Hier geht angeblich ein Gespenst um.* This place is supposed to be haunted. IDM *Gespenster sehen* be imagining things ◊ *Da ist niemand. Du siehst mal wieder Gespenster!* There's no one there. You're imagining things again!
Gespenstergeschichte ghost story*
gespenstisch ghostly; (*Szene, Stille, Atmosphäre*) eerie
Gespött (*Gegenstand des Spottes*) laughing stock ◊ *Wir werden zum Gespött der Leute, wenn das bekannt wird.* We'll be a laughing stock if this gets out.
Gespräch 1 (*Unterhaltung*) conversation; (*Diskussion*) dialogue; (POL) talks [Pl] ◊ *ein Gespräch mit jdm führen* have a conversation with sb ◊ *Wir suchen ein Gespräch mit den Anwohnern.* We want a dialogue with the residents. ◊ *Die Gespräche sollen in Rom stattfinden.* The talks are to be held in Rome. ◊ *Die Affäre war das Gespräch des Tages.* The affair was the talk of the day. **2** (*Telefongespräch*) (telephone) call ◊ *Da ist ein Gespräch für Sie.* There's a call for you. ◊ *Er führt stundenlange Gespräche mit seiner Freundin.* He's on the phone to his girlfriend for hours. IDM *im Gespräch sein* be under discussion ◊ *Der Bau der neuen Autobahn ist schon seit einiger Zeit im Gespräch.* The construction of the new motorway has been under discussion for some time. ◊ *Ein Kaufpreis von 3 Millionen ist im Gespräch.* A purchase price of 3 million is being discussed. (*mit jdm*) *ins Gespräch kommen* get* talking (to sb) ◊ *Die beiden kamen sofort ins Gespräch.* The two of them got talking straight away.
gesprächig talkative; (*mitteilsam*) communicative ◊ *Er ist heute nicht sehr gesprächig.* He's not very talkative today. ◊ *Zu dem Thema war sie nicht sehr gesprächig.* She wasn't very communicative on the subject.
gesprächs- gesprächsbereit willing to talk **Gesprächskreis** discussion group **Gesprächspartner(in)** person to talk to; (*bei Verhandlungen*) dialogue partner ◊ *Sie hat zu Hause keinen Gesprächspartner.* She's got nobody to talk to

at home. **Gesprächsrunde** (*Diskussion*) discussion; (*Gesprächskreis*) discussion group; (*Verhandlungsrunde*) round of talks **Gesprächsstoff** something to talk about ◊ *für Gesprächsstoff sorgen* give people something to talk about ◊ *Den beiden geht der Gesprächsstoff nie aus.* The two of them never run out of things to talk about. ◊ *Der Skandal ist immer noch Gesprächsstoff.* People still talk about the scandal. **Gesprächsthema** topic of conversation ◊ *Gesprächsthema Nummer eins war ...* The main topic of conversation was ... ◊ *Die Schüler hatten wenigstens ein Gesprächsthema.* At least it gave the students something to talk about.

gespreizt 1 ⇨ SPREIZEN **2** *Adj* affected ◊ *Der Dialog wirkt unecht und gespreizt.* The dialogue seems artificial and affected. **3** *Adv* in an affected manner

Gespür 1 instinct ◊ *sein politisches Gespür* his political instinct **2** *ein ~ für etw* a feel for sth ◊ *Die Künstlerin hat ein feines Gespür für Farben.* The artist has a good feel for colours. ◊ *Er hat ein sicheres Gespür fürs Timing.* He's got an impeccable sense of timing.

Gestalt 1 form; (*Umriss*) shape ◊ *die Gestalt des neuen Gesetzes* the form of the new law ◊ *Sie haben um Hilfe in Gestalt von Medikamenten und Lebensmitteln gebeten.* They asked for aid in the form of medicine and food. ◊ *Der Platz soll eine rechteckige Gestalt haben.* The square is to be rectangular. **2** (*äußere Erscheinung*) design, appearance **3** (*Wuchs*) build ◊ *Der Gesuchte ist von kräftiger/schmächtiger Gestalt.* The wanted man is of strong/slight build. **4** (*Mensch*) figure ◊ *Im Dämmerlicht konnte ich nur schwarze Gestalten erkennen.* I could only make out dark figures in the twilight. ◊ *die Gestalt Jesu Christi* the figure of Jesus Christ **5** (*Roman-*) character [IDM] **Gestalt annehmen** take* shape ◊ *Das Projekt nimmt endlich Gestalt an.* The project is finally taking shape.

gestalten 1 (*entwerfen*) design; (*organisieren*) organize ◊ *Der Spielplatz wird völlig neu gestaltet.* The playground is being completely redesigned. ◊ *Viele wissen gar nicht, wie sie ihre Freizeit gestalten sollen.* A lot of people have no idea how to organize their leisure time. ◊ *Wie kann die Innenstadt attraktiver gestaltet werden?* How can the town centre be made more attractive? **2** *sich ~* turn out

gestalterisch (*kreativ*) creative (*Adv* creatively); (*künstlerisch*) artistic (*Adv* artistically)

Gestaltung 1 (*Design*) design; (*Organisation*) organization **2** (*das Gestalten*) (*meist mit einem Verb übersetzt*) ◊ *Wir wollen eine aktive Rolle bei der Gestaltung der europäischen Zukunft spielen.* We would like to play an active role in shaping the future of Europe.

geständig *~ sein* admit* your guilt, confess

Geständnis confession ◊ *Er legte ein umfassendes Geständnis ab.* He made a full confession. ◊ *Sie hat nach eigenem Geständnis als Agentin gearbeitet.* By her own admission, she worked as a secret agent. [IDM] **jdm ein Geständnis machen** make* a confession ◊ *Ich muss dir ein Geständnis machen.* I have a confession to make.

Gestank stench ☞ *Hinweis bei* GERUCH

gestatten 1 permit* ◊ *Fotografieren ist hier nicht gestattet.* Photography is not permitted here. ◊ *Die Einreise wurde ihnen nicht gestattet.* They were refused entry. ◊ *Gestatten Sie?* May I? **2** *jdm etw ~* give* sb permission to do sth

Geste gesture (*auch fig*) ◊ *als Geste des guten Willens* as a gesture of goodwill

Gesteck flower arrangement

gestehen 1 (*etw*) *~* confess (to sth) ◊ *Er hat den Mord gestanden.* He confessed to the murder. ◊ *Sie gestand, ihn ermordet zu haben.* She confessed to having murdered him. ◊ *Ich muss gestehen, dass ich das Buch noch nicht gelesen habe.* I must confess that I haven't read the book yet. ◊ *Der Angeklagte hat noch nicht gestanden.* The accused hasn't made a confession yet. ◊ *Offen gestanden kann ich ihn nicht ausstehen.* To tell you the truth, I can't stand him. **2** *jdm etw ~* confess sth to sb ◊ *Sie gestand mir, dass sie eine Beule in mein Auto gefahren hatte.* She confessed to me that she had dented my car.

Gestein 1 rock [U] ◊ *magmatisches Gestein* volcanic rock **2** (*Steine*) rocks [Pl] ◊ *herabstürzendes Gestein* falling rocks

Gestell 1 stand ◊ *ein Gestell für Fahrräder* a bicycle stand ◊ *ein Gestell für Weinflaschen* a wine rack **2** (*Unterbau*) frame ◊ *Als Bett diente ein einfaches Gestell mit Matratze.* A simple frame with a mattress served as a bed. **3** (*Brillen-*) frames [Pl]

gestellt 1 ⇨ STELLEN **2** posed ◊ *ein gestelltes Familienfoto* a posed family photo

gestelzt stilted; (*Gehabe*) affected

gestern yesterday ◊ *Sie ist gestern gekommen.* She came yesterday. ◊ *die Zeitung von gestern* yesterday's paper ◊ *die Mode von gestern* yesterday's fashions ◊ *gestern früh/Mittag/Abend* yesterday morning/lunchtime/evening ◊ *gestern Nacht* last night [IDM] ⇨ SCHNEE

Gestik gestures [Pl]

gestikulieren gesticulate

gestört 1 ⇨ STÖREN **2** disturbed ◊ *eine geistig gestörte Frau* a mentally disturbed woman ◊ *Viele junge Mädchen zeigen ein gestörtes Essverhalten.* Many young girls have eating disorders. **3** (*Verhältnis, Beziehungen*) troubled ◊ *Er hat ein gestörtes Verhältnis zu seinem Vater.* He has a troubled relationship with his father. ◊ *Der Finanzminister scheint ein gestörtes Verhältnis zu Zahlen zu haben.* The Chancellor seems to have a problem with numbers.

gestreift 1 ⇨ STREIFEN **2** striped ◊ *ein rotweiß gestreiftes Kleid* a red and white striped dress.

gestresst 1 ⇨ STRESSEN **2** stressed

gestrichelt dotted ◊ *eine gestrichelte Linie* a dotted line

gestrichen 1 ⇨ STREICHEN **2** level ◊ *zwei gestrichene Esslöffel Zucker* two level dessertspoons of sugar [IDM] ⇨ HOSE *und* NASE

Gestrüpp undergrowth, (*AmE*) underbrush

Gestüt stud (farm)

Gesuch (*Antrag*) application; (*Bittschrift*) appeal ◊ *Sie reichte ein Gesuch bei der entsprechenden Behörde ein.* She made an application to the relevant authority. ◊ *ein Gesuch auf Begnadigung* an appeal for mercy

gesucht 1 ⇨ SUCHEN **2** (*gefragt, rar*) sought after ◊ *Facharbeiter sind gesucht.* Skilled workers are sought after.

gesund healthy (*Adv* healthily) ◊ *ein gesunder Junge* a healthy boy ◊ *eine gesunde Einstellung* a healthy attitude ◊ *eine gesunde Wirtschaft* a healthy economy ◊ *sich gesund ernähren* eat a healthy diet ◊ *Er ist wieder gesund.* He's better now. ◊ *jdn gesund pflegen* nurse sb back to health ◊ *der gesunde Menschenverstand* common sense

Gesundheit 1 health ◊ *Sie erfreut sich bester Gesundheit.* She's in good health. **2 Gesundheit!** (*beim Niesen*) bless you!, (*AmE auch*) gesundheit!

gesundheitlich ◊ *gesundheitliche Risiken* health risks ◊ *aus gesundheitlichen Gründen* for health reasons ◊ *Es geht ihm gesundheitlich nicht gut.* His health is not good. ◊ *eine gute gesundheitliche Versorgung* good health care provision

Gesundheits- **Gesundheitsamt** public health department **gesundheitsbewusst** health-conscious **Gesundheitsminister(in)** Minister of Health **Gesundheitsministerium** Ministry* of Health **gesundheitsschädlich** *~ sein* be a health hazard, be damaging to health ◊ *gesundheitsschädlicher Staub* dust that is damaging to health ◊ *Dieser Staub ist gesundheitsschädlich.* This dust is a health hazard. **Gesundheitswesen** system of health care provision **Gesundheitszeugnis** certificate of health **Gesundheitszustand** state of health

getönt tinted ◊ *getönte Brillengläser* tinted lenses

Getöse 1 din ◊ *mit ohrenbetäubendem Getöse* with a terrible din **2** (*fig*) (*Rummel*) hype; (*Getue*) fuss

getragen 1 ⇨ TRAGEN **2** (*feierlich*) solemn; (*Tempo*) stately **3** (*gebraucht*) second-hand

Getränk drink ◊ *Ich sorge für die Getränke.* I'll see to the drinks. ◊ *Für Speisen und Getränke ist gesorgt.* Food and drink are provided. **Getränkeautomat** drinks machine **Getränkekarte** drinks list; (*im Speiselokal*) wine list **Getränkemarkt** = supermarket selling soft drinks and beer, usually by the crate

Getreide grain, cereals [Pl] **Getreideanbau** cereal growing **Getreidekorn** grain

getrennt 1 ⇨ TRENNEN **2** separate (*Adv* separately) ◊ *Sie gehen getrennte Wege.* They are going their separate ways. ◊ *Die Umkleidekabinen sind nach Männern und Frauen getrennt.* There are separate changing rooms for men and women. ◇ *Die Gremien haben getrennt darüber beraten.* The committees discussed it separately. **3 ~ leben** be separated ◇ *Sie lebt von ihm getrennt.* She's separated from him. **4 ~ schreiben** write* sth as two words ◇ *„Ice cream" wird getrennt geschrieben.* 'Ice cream' is written as two words. IDM ⇨ KASSE

getreu 1 faithful (*Adv* faithfully); (*Beschreibung*) accurate (*Adv* accurately) ◇ *eine getreue Nachbildung* a faithful copy **2 ~ dem/der ...** true to ... ◇ *getreu dem Motto ...* true to the motto ... **3** (*loyal*) ⇨ TREU

Getriebe gears [Pl]; (*-kasten*) gearbox IDM ⇨ SAND

getrost safely ◇ *Man kann getrost behaupten, dass ...* You can safely say that ... ◇ *Das kannst du getrost ihm überlassen.* You can safely leave that to him. ◇ *Du kannst getrost nach Hause gehen.* It's fine to go home.

Getto, Ghetto ghetto* (*auch fig*)
Gettoisierung ghettoization
Getue fuss ◇ *Das ganze Getue um den Euro nervt mich.* All the fuss about the euro is getting on my nerves. ◇ *sein vornehmes Getue* the way he put on airs

Getümmel bustle ◇ *im Getümmel des Jahrmarktes* in the bustle of the fair ◇ *sich ins Getümmel stürzen* join the fray

geübt 1 ⇨ ÜBEN **2** experienced; (*gekonnt*) skilful (*Adv* skilfully), (*AmE*) skillful (*Adv* skillfully); (*Auge, Ohr*) practised ◇ *ein geübter Fahrer* an experienced driver ◇ *Geübt löste sie den Fisch vom Haken.* She skilfully removed the fish from the hook. ◇ *sein geübter Blick* his practised eye ◇ *Er ist im Umgang mit Kindern sehr geübt.* He's got a lot of experience of dealing with children.

Gewächs 1 plant **2** (MED) growth
gewachsen 1 ⇨ WACHSEN¹ **2 jdm ~ sein** be a match for sb; **einer Sache ~ sein** be up to sth ◇ *Sie ist ihm durchaus gewachsen.* She's a match for him. ◇ *Er ist der Aufgabe nicht gewachsen.* He's not up to the task.

Gewächshaus greenhouse; (*größer*) glasshouse
gewagt 1 ⇨ WAGEN **2** daring; (*gefährlich*) risky* ◇ *ein gewagtes Unternehmen* a daring enterprise ◇ *ein gewagter Rückenausschnitt* a daring low back ◇ *ein gewagtes Überholmanöver* a risky overtaking manoeuvre

gewählt 1 ⇨ WÄHLEN **2** elegant (*Adv* elegantly) ◇ *Sie drückt sich sehr gewählt aus.* She expresses herself very elegantly.

Gewähr 1 guarantee ◇ *die beste Gewähr für den Erfolg* the best guarantee of success ◇ *Dafür kann ich keine Gewähr übernehmen.* I am unable to guarantee that. **2 ohne ~** ◇ *Diese Angaben sind ohne Gewähr.* We accept no responsibility for the accuracy of this information.

gewähren 1 give*; (*Bitte, Wunsch*) grant ◇ *Sie gewährte ihm Rabatt.* She gave him a discount. ◇ *jdm Asyl gewähren* grant sb asylum **2 jdn ~ lassen** not stop* sb ◇ *Er ließ ihn gewähren.* He didn't stop him.

gewährleisten guarantee ◇ *Die Wasserversorgung ist nicht gewährleistet.* The water supply cannot be guaranteed.

Gewährleistung guarantee ◇ *Maßnahmen zur Gewährleistung des Friedens* measures to guarantee peace

Gewahrsam 1 safe keeping ◇ *Er hält den Schlüssel in sicherem Gewahrsam.* He has the key in safe keeping. ◇ *Die Dokumente wurden in Gewahrsam gegeben.* The documents were handed over for safe keeping. **2** (*Haft*) custody ◇ *Der Dieb wurde in Gewahrsam genommen.* The thief was taken into custody.

Gewalt 1 power; (*Kontrolle*) control ◇ *Gewalt über jdn besitzen* have power over sb ◇ *die drei Gewalten* the three powers ◇ *Sie hatte die Gewalt über ihr Fahrzeug verloren.* She had lost control of her vehicle. **2 jdn in seine ~ bringen** take* sb prisoner; **etw in seine ~ bringen** bring* sth under your control; (*Flugzeug etc. auch*) hijack sth **3 sich in jds ~ befinden** be held by sb ◇ *Sie befinden sich noch immer in der Gewalt der Rebellen.* They are still being held by the rebels. **4 jdn in seiner ~ haben** hold* sb prisoner ◇ *Der Geiselnehmer hat drei Menschen in seiner Gewalt.* The hostage taker is holding three people prisoner. **5** (*Kraft, Heftigkeit*) force ◇ *Ich musste Gewalt anwenden.* I had to use force. ◇ *nackte Gewalt* brute force **6** (*Gewalttat, -akt*) violence ◇ *Im Fernsehen wird viel Gewalt gezeigt.* There is a lot of violence on television. ◇ *Gewalt gegen Frauen* violence against women ◇ *Er drohte ihr mit Gewalt.* He threatened her with violence. **7 mit ~** by force ◇ *mit Gewalt*

erpresste Aussagen statements obtained by force ◇ *Er will es mit Gewalt durchsetzen.* He wants to force it through. IDM **höhere Gewalt** act of God ◇ *Es war höhere Gewalt.* It was an act of God.

Gewaltakt act of violence **Gewaltandrohung** threat of violence ◇ *Er zwang sie unter Gewaltandrohung, den Safe zu öffnen.* He forced her to open the safe and threatened her with violence. **Gewaltanwendung** use of violence **gewaltbereit** violent **Gewaltbereitschaft** willingness to use violence **Gewaltenteilung** separation of powers **gewaltfrei** non-violent ◇ *gewaltfrei protestieren* hold a non-violent protest ◇ *eine gewaltfreie Lösung des Konfliktes* a non-violent solution to the conflict ◇ *Die Demonstration verlief gewaltfrei.* The demonstration passed off without violence. **Gewaltherrschaft** tyranny [U]

gewaltig 1 huge; (*Sturm*) violent ◇ *ein gewaltiges Bauwerk* a huge building ◇ *ein gewaltiger Unterschied* a huge difference ◇ *Sie steht unter gewaltigem Druck.* She is under enormous pressure. **2** *Adv* enormously ◇ *Die Zahlen sind gewaltig gestiegen.* The numbers have increased enormously. ◇ *Da täuschst du dich aber gewaltig.* I'm afraid you're very much mistaken there.

gewalt- gewaltlos ⇨ GEWALTFREI **Gewaltlosigkeit** non-violence **Gewaltmonopol** monopoly* on the use of force **gewaltsam** forcible (*nur vor Nomen*) (*Adv* forcibly); (*gewalttätig*) violent (*Adv* violently) ◇ *Die Bevölkerung wurde gewaltsam vertrieben.* The population were forcibly expelled. ◇ *gewaltsame Auseinandersetzungen* violent clashes ◇ *eines gewaltsamen Todes sterben* die a violent death ◇ *Sie öffnete gewaltsam das Tor.* She forced open the gate. **Gewalttat** act of violence **Gewalttäter(in)** violent criminal **gewalttätig** violent (*Adv* violently) ◇ *Er wurde gewalttätig.* He became violent. **Gewalttätigkeit** violence [U]; (*Akt, Vorfall*) act of violence ◇ *die Gewalttätigkeit der Skinheads* the violence of the skinheads ◇ *Gewalttätigkeiten gegenüber Kindern* acts of violence against children **Gewaltverbrechen** violent crime ◇ *Sie wurde Opfer eines Gewaltverbrechens.* She was the victim of a violent crime. **Gewaltverherrlichung** glorification of violence

gewandt 1 ⇨ WENDEN **2** skilful (*Adv* skilfully), (*AmE*) skillful (*Adv* skillfully)

Gewässer 1 (*Flüsse, Meeresgebiet*) waters [Pl] ◇ *in internationalen Gewässern* in international waters ◇ *die Verschmutzung von Bayerns Gewässern* the pollution of Bavaria's lakes and rivers **2** (*Fluss etc.*) stretch of water ◇ *ein stilles Gewässer* a quiet stretch of water

Gewebe 1 (*Stoff*) fabric **2** (MED, BIOL) tissue
Gewebeprobe tissue sample

Gewehr rifle

Geweih antlers [Pl]

gewellt wavy

Gewerbe 1 trade ◇ *ein Gewerbe ausüben* practise a trade **2** (*Betrieb, Industrie*) business ◇ *ein Gewerbe anmelden* register a business ◇ *Die Stadt bemüht sich, dort neue Gewerbe anzusiedeln.* The town is trying to get new businesses to locate there.

Gewerbeaufsicht (*in GB*) ≈ Health and Safety Executive; (*in den USA*) ≈ Occupational Health and Safety Administration **Gewerbegebiet** industrial estate, (*BrE auch*) trading estate, (*AmE*) industrial park **Gewerbesteuer** trade tax

gewerblich commercial ◇ *gewerbliche Räume* commercial premises ◇ *gewerblich genutzte Bauten* buildings that are used for commercial purposes

Gewerkschaft union, (*BrE auch*) trade union, (*AmE auch*) labor union

Gewerkschafter(in) trade unionist, (*AmE*) labor unionist

gewerkschaftlich union ◇ *mit gewerkschaftlicher Unterstützung* with union support ◇ *82% der Arbeitnehmer sind gewerkschaftlich organisiert.* 82% of the employees are unionized.

Gewerkschaftsführer(in) union leader

Gewicht 1 weight ◇ *Der Preis wird nach Gewicht berechnet.* The price is calculated by weight. ◇ *Wie hältst du nur dein Gewicht?* How do you manage to stay the same weight? ◇ *Gewichte stemmen* lift weights **2 spezifisches ~** specific gravity **3** (*Bedeutung*) importance, weight ◇ *Ein stärkeres Gewicht wird auf Frauenthemen gelegt.* More importance is attached to women's issues. ◇ *Bei dieser Wahl hat jede*

Gewichtheben

Stimme Gewicht. In this election every vote is important. **IDM ins Gewicht fallen** matter ◇ *Die zusätzlichen Ausgaben fallen bei diesen Unsummen kaum ins Gewicht.* The additional expenses hardly matter with these huge amounts.
Gewichtheben weightlifting **Gewichtheber(in)** weightlifter
gewichtig (*wichtig*) important
Gewichts- Gewichtsabnahme weight loss **Gewichtsklasse** weight category* **Gewichtsverlust** weight loss **Gewichtszunahme** increase in weight
gewieft shrewd; (*verschlagen*) wily
gewillt ~ **sein etw zu tun** be willing to do sth
Gewimmel throng, teeming mass
Gewinde thread
Gewinn 1 profit ◇ *einen Gewinn machen* make a profit ◇ *etw mit Gewinn verkaufen* sell sth at a profit ◇ *ein Gewinn bringendes Geschäft* a profitable business ◇ *eine Gewinn bringende Erfahrung* an enriching experience **2** (*Preis*) prize; (*gewonnenes Geld*) winnings [Pl] ◇ *Es werden Gewinne verlost.* There is a prize draw. **3** (*das Gewinnen*) (*meist mit einem Verb übersetzt*) ◇ *nach dem Gewinn der Goldmedaille* after winning the gold medal **4** (*praktischer Nutzen, Bereicherung*) asset, valuable addition ◇ *Er war ein echter Gewinn für die Nachrichtenredaktion.* He was a valuable addition to the news team. ◇ *Der Auslandsaufenthalt war ein großer Gewinn für mich.* The stay abroad was of great benefit to me.
Gewinnanteil dividend; (*im Lotto etc.*) share of the winnings **Gewinnausschüttung** dividend payout **Gewinnbeteiligung** profit-sharing **Gewinnchance 1** chance of winning; (*beim Wetten*) odds [Pl] **2** (WIRTSCH) potential profit
gewinnen 1 win* ◇ *Wir haben mit 3:1 gewonnen.* We won 3-1. ◇ *haushoch gewinnen* win hands down ◇ *Kunden gewinnen* win customers ◇ *jds Achtung gewinnen* win sb's respect ◇ *Hast du im Lotto gewonnen?* Have you won the lottery? ◇ *Jedes Los gewinnt.* Every ticket is a winner. **2** (*Vertrauen, Zeit*) gain; (*Eindruck*) get* ◇ *Ich habe den Eindruck gewonnen, dass er sehr schüchtern ist.* I got the impression that he's very shy. ◇ *Ich habe einen guten Einblick in den Beruf gewonnen.* I got a good idea of what the job involved. **3 an etw** ~ gain sth ◇ *an Höhe gewinnen* gain height ◇ *an Einfluss/Macht/Bedeutung gewinnen* gain influence/power/significance ◇ *an Geschwindigkeit gewinnen* gather speed **4 jdn für sich** ~ win* sb's support; (*jds Zuneigung gewinnen*) win* sb over; **jdn für sich** ~ win* sb's support for sth; (*jds Beteiligung erreichen*) get* sb involved in sth ◇ *die Wähler für sich gewinnen* win the support of the voters ◇ *Die Band gewann das Publikum sofort für sich.* The band won the audience over straight away. ◇ *Der Lehrer wollte auch jüngere Schüler für das Projekt gewinnen.* The teacher wanted to get younger pupils involved in the project, too. **5** (*Bodenschätze*) extract **6 etw aus etw** ~ (*erzeugen*) produce sth from sth ◇ *Dieser Treibstoff wird aus Raps gewonnen.* This fuel is produced from oilseed rape. **IDM** ⇨ ABSTAND, BLUMENTOPF, BODEN *und* ZEIT
gewinnend charming (*Adv* charmingly); (*Lächeln auch*) winning (*nur vor Nomen*) ◇ *Er hat ein gewinnendes Wesen.* He is a charming person.
Gewinner(in) winner
Gewinn- Gewinnspanne profit margin **Gewinnzahl** winning number
Gewirr (*von Fäden, Drähten, Haaren etc.*) tangle; (*von Gängen, Straßen etc.*) maze
gewiss 1 *Adj* certain ◇ *Du kannst dir seiner Unterstützung gewiss sein.* You can be certain of his support. ◇ *bis zu einem gewissen Grade* to a certain extent ◇ *Eine gewisse Frau Blum hat angerufen.* A Mrs Blum called. ◇ *Das kann eine gewisse Zeit dauern.* It could take a while. **2** *Adv* certainly; (*ohne Zweifel*) undoubtedly ◇ *Sagen Sie mir vorher noch Bescheid? – Aber gewiss doch!* Will you let me know beforehand? – Certainly! ◇ *Das ist gewiss richtig.* That's undoubtedly correct.
Gewissen conscience ◇ *ein gutes/reines Gewissen* a clear conscience ◇ *ein schlechtes Gewissen* a guilty conscience ◇ *Er hat drei Menschenleben auf dem Gewissen.* He has three deaths on his conscience. ◇ *Ich habe ein schlechtes Gewissen ihr gegenüber.* I feel guilty about her. ◇ *Sie bekam ein schlechtes Gewissen.* She began to feel guilty. **IDM jdm ins**

Gewissen reden appeal* to sb's conscience; (*Kindern etc.*) have a serious talk with sb ☞ *Siehe auch* EHRE
gewissenhaft conscientious (*Adv* conscientiously)
gewissenlos unscrupulous (*Adv* unscrupulously)
Gewissens- Gewissensbisse pangs of guilt [Pl] ◇ *Ich habe manchmal Gewissensbisse.* I sometimes have pangs of guilt. ◇ *Er macht sich deswegen keine Gewissensbisse.* He doesn't feel guilty about it. **Gewissensfrage** matter of conscience, moral question ◇ *Pelztragen bleibt eine Gewissensfrage.* Wearing fur remains a matter of individual conscience. ◇ *Der Einsatz von bewaffneten Soldaten ist eine Gewissensfrage.* The deployment of armed soldiers is a moral question. **Gewissensgründe** reasons of conscience [Pl] ◇ *Sie hat ihr Amt aus Gewissensgründen niedergelegt.* She resigned from her post for reasons of conscience. ◇ *Er hat aus Gewissensgründen verweigert.* He was a conscientious objector. **Gewissenskonflikt** moral dilemma ◇ *in einen Gewissenskonflikt geraten* face a moral dilemma
gewissermaßen more or less; (*sozusagen*) so to speak ◇ *gewissermaßen in letzter Sekunde* more or less at the last minute ◇ *Das ist gewissermaßen eine Ironie des Schicksals.* That's one of the ironies of fate, so to speak.
Gewissheit certainty ◇ *Ich kann mit absoluter Gewissheit sagen, dass ...* I can say with absolute certainty that ... ◇ *Darüber musst du dir Gewissheit verschaffen.* You must find out for certain about it.
Gewitter thunderstorm, storm (*auch fig*) ◇ *ein heftiges Gewitter* a violent thunderstorm ◇ *Plötzlich zog ein Gewitter auf.* Suddenly, a storm blew up. ◇ *Am Nachmittag braute sich ein Gewitter zusammen.* During the afternoon a storm gathered.
Gewitterwolke storm cloud (*auch fig*)
gewittrig thundery
gewitzt astute
gewöhnen 1 sich an jdn/etw ~ get* used to sb/sth ◇ *Daran wirst du dich schnell gewöhnen.* You'll soon get used to it. ◇ *Ich bin an ihn gewöhnt.* I'm used to him. **2 jdn/etw an jdn/etw** ~ get* sb/sth used to sb/sth ◇ *Du musst die Pferde an die Arena gewöhnen.* You have to get the horses used to the arena. **3 etw gewöhnt sein** be used to sth ☞ *Siehe auch* GEWOHNT
Gewohnheit habit ◇ *Viele Menschen haben die Gewohnheit, nicht zu frühstücken.* A lot of people are in the habit of skipping breakfast. ◇ *Pass auf, dass das nicht zur Gewohnheit wird!* Be careful that it doesn't become a habit. ◇ *etw aus reiner Gewohnheit tun* do sth out of habit
gewöhnlich ordinary, normal (*Adv* normally); (*üblich*) usual (*Adv* usually) ◇ *ein gewöhnlicher Fotoapparat* an ordinary camera ◇ *ein ganz gewöhnlicher Tag* a perfectly normal day ◇ *eine Stunde früher als gewöhnlich* an hour earlier than usual
gewohnt 1 ⇨ WOHNEN **2** usual; (*vertraut*) familiar ◇ *Alles ging seinen gewohnten Gang.* Things took their usual course. ◇ *Ich fühle mich in meiner gewohnten Umgebung am wohlsten.* I feel happiest in familiar surroundings. **3 etw** ~ **sein** be used to sth ◇ *Ich bin es gewohnt früh aufzustehen.* I'm used to getting up early. **IDM wie gewohnt** as usual
Gewöhnung (*meist mit einem Verb übersetzt*) ◇ *Die Gewöhnung an ein neues Zuhause kann bei Tieren lange dauern.* It can take a long time for animals to get used to a new home. ◇ *ein Schlafmittel, das ohne Gewöhnung über längere Zeit eingenommen werden kann* a sleeping drug that can be taken for longer periods without becoming habit-forming **gewöhnungsbedürftig** ◇ *Der Geschmack ist gewöhnungsbedürftig.* The taste takes a bit of getting used to. **Gewöhnungssache** ◇ *Das ist reine Gewöhnungssache.* It's just something you get used to.
Gewölbe vault; (*Raum auch*) vaults [Pl]
gewölbt 1 ⇨ WÖLBEN **2** vaulted; (*gebogen*) curved
gewollt 1 ⇨ WOLLEN² **2** (*absichtlich*) deliberate (*Adv* deliberately); (*gekünstelt*) artificial (*Adv* artificially)
Gewühl throng, crowd ☞ G 1.3b
gewunden 1 ⇨ WINDEN **2** (*Straße, Fluss etc.*) winding; (*Erklärung, Formulierung*) tortuous
Gewürz spice; (*Kräutersorte*) herb
Gewürzgurke pickled gherkin, (*AmE*) dill pickle **Gewürzmischung** mixed spices [Pl]; (*Kräuter*) mixed

herbs [Pl] ◊ *eine italienische Gewürzmischung* mixed Italian spices **Gewürznelke** clove
gezackt serrated
gezeichnet 1 ⇨ ZEICHNEN **2** (*unterschrieben*) signed **3** (*geprägt*) scarred ◊ *vom Krieg gezeichnet* scarred by war ◊ *Sie waren für ihr Leben gezeichnet.* They were scarred for life. ◊ *Sie ist vom Leben gezeichnet.* Time has left its mark on her.
Gezeiten tides [Pl]
gezielt 1 ⇨ ZIELEN **2** *Adj* (*Fragen, Übung, Maßnahme*) specific; (*Hilfe, Kampagne*) targeted; (*Schuss*) well-aimed ◊ *eine gezielte Werbekampagne* a carefully targeted advertising campaign **3** *Adv* ◊ *Der Zoll fahndete gezielt nach Drogen.* The customs were specifically targeting drugs. ◊ *Man will gezielt Jugendliche ansprechen.* Young people are being specifically targeted. ◊ *gezielt gegen etw vorgehen* target sth ◊ *gezielt nachfragen* ask specific questions ◊ *sich gezielt auf eine Prüfung vorbereiten* prepare for an exam in a focused way
Gezwitscher twittering
gezwungen 1 ⇨ ZWINGEN **2** strained; (*Lächeln, Lachen auch*) forced ◊ *eine gezwungene Stimmung* a strained atmosphere ◊ *Sie lächelte gezwungen.* She gave a forced smile.
gezwungenermaßen ◊ *Die Konkurrenz zog gezwungenermaßen nach.* The competition were forced to do the same. ◊ *Ich gab mich gezwungenermaßen damit zufrieden.* I had no choice but to accept it.
Ghetto ⇨ GETTO
Gicht gout ◊ *Gicht haben* have gout
Giebel 1 gable **2** (*Fenster-, Tür-*) pediment
Gier ~ (**nach etw**) greed (for sth); (*nach Macht, Geld auch*) lust (for sth)
gierig greedy* (*Adv* greedily)
gießen 1 pour ; (*verschütten*) spill ◊ *die Soße über den Braten gießen* pour the gravy over the meat ◊ *die Soße über den Tisch gießen* spill the gravy all over the table **2** (*Pflanzen etc.*) water **3** (*Metall, Gips etc.*) cast* ◊ *Die Figur wurde in Bronze gegossen.* The figure was cast in bronze. **4** (*regnen*) pour ◊ *Es gießt in Strömen.* It's pouring (with rain). IDM ⇨ ÖL
Gießkanne watering can
Gift poison IDM **Darauf kannst du Gift nehmen!** You can bet your life on that! **Gift für jdn/etw sein** be the worst thing for sb/sth **Gift und Galle spucken** spit* with rage **Giftgas** poison gas ◊ *Giftgas einsetzen* use poison gas **giftgrün** acid green; (*neongrün*) lime green
giftig 1 poisonous; (*Schlangen, Spinnen etc. auch*) venomous ; (*Chemikalien etc.*) toxic ◊ *giftige Pflanzen* poisonous plants ◊ *giftige Dämpfe* toxic fumes ◊ *giftige Pilze* toadstools **2** (*fig*) venomous (*Adv* venomously) ◊ *eine giftige Bemerkung* a venomous remark ◊ *jdn giftig ansehen* look daggers at sb **3** (*Grün, Gelb etc.*) acid
Gift- Giftmüll toxic waste **Giftschlange** poisonous/venomous snake **Giftstoff** toxin
Gigabyte gigabyte (*Abk* GB)
Gigant giant (*auch fig*)
gigantisch huge (*auch fig*) ◊ *gigantisch hohe Schulden* huge debts ◊ *gigantische Ausmaße annehmen* assume gigantic proportions
Ginster broom; (*Stech-*) gorse
Gipfel 1 peak; (*höchster Punkt des Berges*) summit **2** (*Konferenz*) summit **3** (*fig*) height; (*positiv*) epitome ◊ *der Gipfel der Unverschämtheit* the height of impertinence ◊ *der Gipfel des guten Geschmacks* the epitome of good taste IDM **Das ist (ja wohl) der Gipfel!** That's going too far!
gipfeln culminate (*gehoben*) ◊ *Die Schlägerei gipfelte in einer Straßenschlacht.* The fight culminated in a full-scale riot. ◊ *Der Streit gipfelte darin, dass sie auszog.* The quarrel ended in her leaving.
Gipfeltreffen summit ◊ *auf dem Gipfeltreffen* at the summit
Gips 1 plaster ◊ *einen Gips tragen* be in plaster ◊ *Sie hat ihren Arm in Gips.* She's got her arm in plaster. **2** (*Mineral*) gypsum
Gipsabdruck plaster cast **Gipsbein** leg in plaster ◊ *Er hat ein Gipsbein.* He's got his leg in plaster.
gipsen 1 plaster **2** (*Bein etc.*) put* *sth* in plaster

Gipsverband plaster cast ◊ *Patienten mit Gipsverband* patients with plaster casts ◊ *jdm einen Gipsverband anlegen* put sb's arm, leg, etc. in plaster ◊ *Sie trägt einen Gipsverband am Arm.* She's got her arm in plaster.
Giraffe giraffe
Girlande garland
Girokonto current account, (*AmE*) checking account
gis, Gis G sharp
Gischt spray; (*schäumend*) foam
Gitarre guitar ◊ *Sie spielt Gitarre.* She plays the guitar.
Gitarrist(in) guitarist
Gitter 1 (*Abdeckung*) grille; (*auf dem Boden*) grating **2** (*Geländer*) railing; (*Gitternetz*) grid IDM **jdn hinter Gitter bringen** put* sb behind bars **hinter Gittern sitzen/sein** be behind bars
Gitterbett cot, (*AmE*) crib
Gladiole gladiolus*
Glanz 1 gleam; (*auf Flächen, Schuhen, von Haar*) shine; (*Fotooberfläche, Fell*) gloss ◊ *der fiebrige Glanz in ihren Augen* the feverish gleam in her eyes ◊ *der Glanz des Goldes im Kerzenlicht* the gleam of the gold in the candlelight **2** (*Pracht*) splendour, (*AmE*) splendor ◊ *der Glanz vergangener Zeiten* the splendours of the past ◊ *einer Sache neuen Glanz verleihen* bring new glory to sth
glänzen shine* (*auch fig*); (*besonders im Halbdunkeln*) gleam ◊ *Das Gold glänzte im Sonnenschein.* The gold shone in the sunlight. ◊ *Er glänzte beim Zehnkampf.* He shone in the decathlon. ◊ *Die Wasseroberfläche glänzte im Mondschein.* The surface of the water gleamed in the moonlight. ◊ *Das Metall glänzte silberfarben.* The metal gleamed silver. ◊ *In ihren Augen glänzten Tränen.* Her eyes glistened with tears. ◊ *Sie glänzte durch ihr Wissen.* Her knowledge was impressive. ◊ *Ihre Nase glänzte.* She had a shiny nose.
IDM ⇨ ABWESENHEIT *und* GOLD
glänzend 1 shiny; (*Fotooberfläche, Papier*) glossy ◊ *glänzender Stoff* shiny material ◊ *Die Kinder bekamen glänzende Augen.* The children's eyes shone. **2** (*ausgezeichnet*) brilliant (*Adv* brilliantly) ◊ *ein glänzender Start* a brilliant start ◊ *Wir verstanden uns glänzend.* We got on brilliantly. ◊ *Mir geht es glänzend.* I feel great.
Glanz- Glanzleistung brilliant achievement; (*Darbietung*) brilliant performance **Glanzlicht** highlight **glanzlos** dull; (*matt*) matt **Glanzpunkt** highlight **Glanzstück 1** masterpiece; (*einer Sammlung etc.*) showpiece **2** (*ironisch*) ◊ *Da hast du dir ja ein Glanzstück geleistet!* You've really excelled yourself there! **glanzvoll** brilliant; (*festlich*) glittering ◊ *ein glanzvolles Comeback* a brilliant comeback ◊ *ein glanzvoller Höhepunkt* a glorious climax ◊ *ein glanzvolles Fest* a glittering party
Glas 1 glass ◊ *aus Glas* made of glass ◊ *zwei Glas Wein trinken* have two glasses of wine **2** (*Behälter*) jar ◊ *ein Glas Honig* a jar of honey **3** (*Brillen-*) lens IDM **zu tief ins Glas geschaut haben** have had too much to drink ☞ *Siehe auch* DURST
Glasauge glass eye **Glasbläser(in)** glass-blower ☞ G 2.2d
Gläschen little glass; (*Alkoholisches*) little drink
Glas- Glascontainer bottle bank, (*AmE*) glass recycle bin **Glasdach** glass roof
Glaser(in) glazier ☞ G 2.2d ☞ *Hinweis bei* BAKER
gläsern 1 ◊ *ein gläsernes Gebäude* a glass building **2** (*glasig*) glassy; (*ausdruckslos auch*) glazed **3** (*Organisation etc.*) transparent; (*Mensch*) lacking in privacy ◊ *Der gläserne Kunde braucht Schutz.* The privacy of the consumer needs to be protected.
Glas- Glasfaser fibreglass, (*AmE*) fiberglass **Glasfaserkabel** fibre-optic cable, (*AmE*) fiber-optic cable **Glashaus** greenhouse, (*BrE auch*) glasshouse **Glashütte** glassworks* ☞ G 1.3b
glasieren 1 glaze ◊ *eine glasierte Schüssel* a glazed bowl **2** (*Gebäck*) glaze; (*mit Zuckerguss*) ice, (*bes AmE*) frost
glasig 1 (*Augen etc.*) glassy; (*ausdruckslos auch*) glazed **2** (*Zwiebeln etc.*) transparent ◊ *die Zwiebeln glasig dünsten* cook the onions until transparent
glas- glasklar crystal clear (*auch fig*) ◊ *Unsere Position ist glasklar.* Our position is crystal clear. ◊ *eine glasklare Chance* a clear chance **Glaskugel** glass ball; (*Weihnachtsschmuck*) bauble; (*zum Wahrsagen*) crystal ball **Glasscheibe** sheet of glass; (*Fensterscheibe*) pane of glass
Glasscherbe piece of broken glass ◊ *Er trat in eine Glas-*

Glassplitter

scherbe. He trod on a piece of broken glass. ◊ *Auf dem Boden lagen Glasscherben.* There was broken glass on the floor. **Glassplitter** splinter of glass

Glasur glaze; *(auf Kuchen etc.)* icing, *(AmE)* frosting

glatt 1 smooth *(auch fig) (Adv* smoothly); *(Haar)* straight ◊ *eine glatte Oberfläche* a smooth surface ◊ *etw glatt hobeln* plane sth smooth ◊ *die Soße glatt rühren* stir the sauce until it is smooth ◊ *Er ist glatt rasiert.* He's clean-shaven. ◊ *Sie hat glattes Haar.* She's got straight hair. ◊ *Es ist alles glatt gegangen.* It all went smoothly. ◊ *das Tischtuch glatt streichen* smooth out the tablecloth **2** *(rutschig)* slippery; *(vereist)* icy **3** *(eindeutig)* downright *(nur vor Nomen); (Beweis)* clear ◊ *Das ist glatter Betrug.* That's downright fraud. ◊ *jdn glatt besiegen* beat sb outright **4** *(rundheraus)* flat *(Adv* flatly) ◊ *eine glatte Absage* a flat refusal ◊ *Sie hat unser Angebot glatt abgelehnt.* She flatly refused our offer. **5** *(verstärkend)* ◊ *Ich scheue mich nicht, es ihm glatt ins Gesicht zu sagen.* I don't mind telling him to his face. ◊ *Das habe ich glatt vergessen.* I completely forgot that. ◊ *Sie haben ihren Müll glatt liegen gelassen.* They just left their rubbish lying there. **6** *(Zahlen etc.)* round ◊ *eine glatte Summe* a round sum ◊ *Die Rechnung ist glatt aufgegangen.* The sum worked out exactly. **7 ~ stricken** knit* in stocking stitch

Glätte smoothness; *(gefährliche Glätte)* slipperiness ◊ *die Glätte ihrer Haut* the smoothness of her skin ◊ *die Glätte der Treppe bei Regen* the slipperiness of the steps in wet weather ◊ *Bei Glätte müssen die Straßen gestreut werden.* The roads must be gritted when it is icy.

Glatteis black ice **IDM** **jdn aufs Glatteis führen** catch* sb out

glätten 1 *(glatt machen)* make* sth smooth; *(Haar, Kleid etc.)* smooth *(auch fig); (glatt streichen)* smooth sth out *(auch fig)* **2 sich ~** subside; *(Meer)* become* calm **IDM** ⇨ WOGE

Glatze 1 bald head; **eine ~ haben** be bald ◊ *Seine Glatze glänzte.* His bald head was shiny. ◊ *Er hat eine Glatze und einen langen Bart.* He's bald, with a long beard. ◊ *Er bekommt eine Glatze.* He's going bald. ◊ *ein Mann mit Glatze* a bald man ◊ *Er ließ sich eine Glatze schneiden.* He had his head shaved. **2** *(Skinhead)* skinhead

Glaube 1 ~ (an jdm/etw) belief (in sb/sth); *(Vertrauen auch)* faith (in sb/sth) ◊ *der Glaube an Gott* belief in God ◊ *Sie lebte jahrelang in dem Glauben, dass das Haus ihr gehörte.* She lived for years in the belief that the house belonged to her. ◊ *Er hat seinen Glauben an die Menschheit verloren.* He's lost his faith in humanity. **2** *(religiöse Überzeugung, Religion)* faith ◊ *Er war bereit, für seinen Glauben zu sterben.* He was prepared to die for his faith. ◊ *der christliche Glaube* the Christian faith **IDM** **Glauben finden** be believed **jdm/etw Glauben schenken** believe sb/sth **in gutem Glauben** in good faith

glauben 1 *(meinen)* think* ◊ *„Er kommt bestimmt." „Das glaube ich nicht."* 'He's sure to come.' 'I don't think so.' ◊ *„Weiß sie was passiert ist?" „Ich glaube ja."* 'Does she know what's happened?' 'I think so.' ◊ *Wer hätte das geglaubt?* Who would have thought it? **2 jdm/etw ~** *(Glauben schenken)* believe sb/sth; *(an etw/jdn)* ~ believe (in sb/sth) ◊ *ob du es glaubst oder nicht* believe it or not ◊ *Es war kaum zu glauben, dass ...* It was hard to believe that ... ◊ *Das glaubst du selber nicht!* You can't be serious! ◊ *Ihr glaubt nicht, wie gut das schmeckt.* You can't imagine how good it is.

Glaubens- Glaubensbekenntnis creed; *(Religionszugehörigkeit auch)* faith ◊ *sein politisches Glaubensbekenntnis* his political creed ◊ *das Glaubensbekenntnis sprechen* say the creed ◊ *Menschen unterschiedlicher Glaubensbekenntnisse* people of different faiths **Glaubensfreiheit** religious freedom **Glaubensgemeinschaft 1** faith; *(innerhalb einer Religion)* denomination **2** *(Gruppe Gleichgesinnter)* community* ◊ *die Glaubensgemeinschaft der Apple-Nutzer* the community of Apple users ☛ G 1.3b

glaubhaft credible; *(plausibel)* plausible *(Adv* plausibly)

gläubig 1 religious; *(fromm)* devout ◊ *Wie gläubig sind die Deutschen?* How religious are the Germans? ◊ *ein gläubiger Katholik* a devout Catholic **2** *(vertrauensvoll)* trusting *(Adv* trustingly) ◊ *der Arzt und sein gläubiger Patient* the doctor and his trusting patient ◊ *Sie hörte gläubig zu.* She listened trustingly. ◊ *Er nimmt alles gläubig hin.* He believes everything you tell him.

Gläubige(r) believer; **die Gläubigen** the faithful [Pl]

Gläubiger(in) creditor

glaubwürdig credible *(Adv* credibly); *(Quelle)* reliable

Glaubwürdigkeit credibility

gleich
●**als Adjektiv 1** *(identisch)* (the) same ◊ *Sie fahren den gleichen Wagen.* They drive the same car. ◊ *Kein Fingerabdruck ist einem anderen völlig gleich.* No fingerprint is exactly the same as another. ◊ *Die Zwillinge sind gleich gekleidet.* The twins are dressed the same. **2 der/die Gleiche** the same (person*); **das Gleiche** the same (thing) ◊ *Sie ist immer noch die Gleiche.* She is still the same. ◊ *Es kommen immer die Gleichen.* It's always the same people who come. ◊ *Das Gleiche gilt auch für dich.* The same thing goes for you, too. ◊ *Das kommt aufs Gleiche hinaus.* It comes to the same thing. **3** *(gleichwertig)* equal *(Adv* equally) ◊ *etw in gleiche Teile schneiden* cut sth into equal parts ◊ *gleiche Bezahlung für gleiche Arbeit* equal pay for equal work ◊ *Ich versuche alle Kinder gleich zu behandeln.* I try to treat all the children equally. ◊ *gleich intelligent sein* be equally intelligent ◊ *Zwei und zwei (ist) gleich vier.* Two and two are four. ◊ *Sie sind gleich alt.* They're the same age. **4 ~ bleibend** *(Temperatur, Geschwindigkeit, Entfernung)* constant *(Adv* constantly); *(Leistung, Qualität etc.)* consistent *(Adv* consistently) ◊ *bei einer gleich bleibenden Temperatur* at a constant temperature ◊ *ein gleich bleibend hoher Standard* a consistently high standard **5 ~ denkend** ◊ *gleich denkende Leute* people who think alike **6 ~ lautend** identical; *(Wörter etc.)* that sound the same *(nicht vor Nomen)* ◊ *gleich lautende Urteile* identical judgements ◊ *gleich lautende Namen* names that sound the same **7 ~ gesinnt** like-minded ◊ *gleich gesinnte Freunde* like-minded friends ◊ *unter gleich Gesinnten* among kindred spirits
●**egal 8 ~ wann/wer/wo** whenever/whoever/wherever ◊ *Gleich wer kommt, ich bin nicht zu sprechen.* Whoever comes, I'm not available. ◊ *Ganz gleich, wie viel es kostet, ich will es haben.* I want it, however much it costs. **9 jdm ~ sein** be all the same to sb ◊ *Es ist mir gleich, ob du heute oder morgen kommst.* It's all the same to me if you come today or tomorrow. ◊ *Ihm ist alles gleich.* He doesn't care about anything.
●**sofort, bald 10** immediately; *(bald)* in a minute; **~ nach** immediately after; **~ danach** immediately afterwards; **~ zu Anfang** right at the start ◊ *Er hat es gleich getan.* He did it immediately. ◊ *Sie kommt gleich.* She'll be here in a minute. ◊ *„Wann gibt es Essen?" „Gleich."* 'When's the food ready?' 'In a minute.' ◊ *gleich nach der Arbeit* immediately after work ◊ *Ich habe es gleich zu Anfang geahnt.* I suspected it right at the start. ◊ *Ich komme gleich.* I'm just coming. ◊ *Er ging gleich ins Bett.* He went straight to bed. ◊ *Bis gleich!* See you later! ◊ *Es fängt gleich an.* It's just about to start. ◊ *Es muss nicht gleich sein.* There's no hurry. ◊ *Es ist gleich fünf.* It's nearly five. ◊ *Sie ist immer gleich beleidigt.* She's always quick to take offence. ◊ *Das hättest du gleich sagen können.* You could have said that straight away. ◊ *Die Schuhe waren so billig, da ich habe gleich zwei Paar gekauft.* The shoes were so cheap that I bought two pairs.
●**in unmittelbarer Nähe 11** just ◊ *Die Haltestelle ist gleich neben der Schule.* The stop is just next to the school.
●**Ratlosigkeit 12** ◊ *Wie heißt doch gleich der Film?* What was the film called again? ◊ *Was wollte ich gleich sagen?* What was I about to say?
●**Unmut 13** ◊ *Wenn es dir nicht passt, dann mach doch gleich wie du willst.* If it doesn't suit you, do what you want. ◊ *Ich habe es doch gleich gesagt.* I told you so. **IDM** ⇨ ECKE, HORN, KRACHEN, LIED, MÜNZE, NULL *und* SPRACHE

gleichaltrig the same age *(nicht vor Nomen)* ◊ *Die Kinder sind gleichaltrig.* The children are the same age. ◊ *Er hat einen gleichaltrigen Cousin.* He has a cousin who's the same age as he is.

gleichartig similar ◊ *gleichartige Systeme* similar systems ◊ *Beide Länder haben sich gleichartig entwickelt.* The two countries have developed in a similar way.

gleichbedeutend ~ (mit etw) synonymous (with sth); *(so gut wie)* tantamount to sth ◊ *Alter ist nicht gleichbedeutend mit Weisheit.* Age is not synonymous with wisdom. ◊ *Das wäre gleichbedeutend mit einer Kriegserklärung.* That would be tantamount to a declaration of war.

Gleich- Gleichbehandlung equal treatment **gleichberechtigt** equal; **~ sein** have equal rights ◊ *gleichberechtigte Partner* equal partners ◊ *Männer und Frauen sind gleichberechtigt.* Men and women have equal rights. ◊ *Alle*

Völkergruppen sollen gleichberechtigt miteinander leben können. All ethnic groups should enjoy equal rights.
Gleichberechtigung equal rights [Pl], equality
gleichen jdm/etw (in etw) ~ be like sb/sth (in sth), resemble sb/sth *(gehoben)* **sich** ~ be alike ◊ *Er gleicht seinem Vater im Aussehen.* He's like his father in looks. ◊ *Sie gleichen sich sehr.* They are very alike. IDM ⇨ Ei *und* Haar
gleichermaßen equally
gleichfalls 1 also ◊ *Ich möchte Sie gleichfalls darauf aufmerksam machen, dass …* I should also like to draw your attention to the fact that … **2** *(als Erwiderung)* the same to you, you too ◊ *„Schönes Wochenende." „Danke, gleichfalls."* 'Have a nice weekend.' 'Thanks, the same to you.'
gleichförmig uniform *(Adv* uniformly); *(eintönig)* monotonous *(Adv* monotonously)
gleichgeschlechtlich same-sex *(nur vor Nomen)*
Gleichgewicht 1 balance; (Physik, Psych) equilibrium ◊ *das Gleichgewicht der Kräfte* the balance of power ◊ *das ökologische Gleichgewicht* the balance of nature ◊ *aus dem Gleichgewicht kommen/geraten* lose your balance ◊ *das Gleichgewicht halten* keep your balance ◊ *thermisches Gleichgewicht* thermal equilibrium **2 im** ~ **sein** be balanced IDM *jdn aus dem Gleichgewicht bringen* throw* sb off balance *(auch fig)*
gleichgültig 1 ~ **(gegenüber jdm/etw)** indifferent (to sb/sth) *(Adv* indifferently) **2** *(unwichtig)* not important ◊ *Das ist doch gleichgültig.* That's not important. ◊ *Wir haben nur von gleichgültigen Dingen gesprochen.* We only talked about trivial things. ◊ *Sie ist mir völlig gleichgültig.* She means nothing to me. ◊ *Das ist mir vollkommen gleichgültig.* I couldn't care less.
Gleichgültigkeit indifference; *(Teilnahmslosigkeit)* apathy
Gleichheit 1 similarity; *(Uniformität)* uniformity ◊ *die Gleichheit ihrer Ansichten* the similarity of their opinions ◊ *Einheit ohne Gleichheit* unity without uniformity **2** *(gleiche Stellung)* equality ◊ *Freiheit, Gleichheit, Brüderlichkeit* liberty, equality, fraternity
Gleichheitszeichen equals sign
Gleichklang harmony *(auch fig)*
gleichkommen 1 be tantamount to *sth* ◊ *Die Bemerkung kam einem Vorwurf gleich.* The remark was tantamount to an accusation. **2** *(erreichen)* compare ◊ *Nichts kommt dem Duft von Rosen gleich.* Nothing compares with the scent of roses.
gleichmachen make* *sb/sth* the same; *(im positiven Sinn)* make* *sb/sth* equal IDM ⇨ Erdboden
gleichmäßig 1 regular *(Adv* regularly); *(kontinuierlich)* consistent *(Adv* consistently) ◊ *gleichmäßig atmen* breathe regularly ◊ *gleichmäßig hohe Temperaturen* consistently high temperatures **2** *(ebenmäßig, proportioniert)* even *(Adv* evenly) ◊ *gleichmäßige Gesichtszüge* even features ◊ *die Creme gleichmäßig auftragen* apply the cream evenly ◊ *gleichmäßig verteilt* evenly distributed
Gleichnis parable
gleichschalten bring* *sth* into line ◊ *Die Presse wurde gleichgeschaltet.* The press was brought into line.
gleichschenk(e)lig (Math) isosceles
gleichsehen 1 look like *sb* **2** *etw sieht jdm gleich sth* is typical of sb
gleichseitig (Math) equilateral
gleichsetzen *etw mit etw* ~ equate sth with sth
Gleichstand 1 balance of power ◊ *der militärische Gleichstand zweier Länder* the balance of military power between two countries **2** (Sport) draw; *(Tennis)* deuce ◊ *Bei Gleichstand wird das Spiel wiederholt.* The game is replayed if there's a draw. ◊ *Mit seinem Tor sorgte der Stürmer für den Gleichstand.* The striker's goal levelled the score.
gleichstellen 1 treat *sb/sth* as an equal **2** ⇨ gleichsetzen
Gleichstellung equality* ◊ *die Gleichstellung von Mann und Frau* equality between men and women ◊ *die berufliche Gleichstellung von Behinderten* equal career opportunities for the disabled
Gleichstrom direct current
gleichtun *es jdm* ~ emulate sb *(gehoben)* ◊ *Er versuchte, es seinen Vorgängern gleichzutun.* He tried to emulate his predecessors.
Gleichung equation ◊ *Die Gleichung höhere Strafen — weniger Kriminalität geht nicht auf.* The equation of higher penalties with lower crime rates doesn't work out.
gleichwertig of equal value *(nicht vor Nomen)*, equivalent; *(von Konkurrenten)* evenly matched ◊ *gleichwertiger Ersatz* a substitute of equal value ◊ *eine gleichwertige Stelle* an equivalent job ◊ *Die Mannschaft ist auf allen Positionen gleichwertig besetzt.* All the players in the team are of an equal standard. ◊ *Die Programme dieser beiden Fernsehsender sind gleichwertig.* The programmes on these two television channels are equally good.
gleichzeitig 1 *Adj* simultaneous ◊ *Forderungen nach Lohnerhöhung bei gleichzeitiger Arbeitszeitverringerung* demands for a pay increase and a simultaneous reduction in working hours ◊ *die gleichzeitige Einnahme von drei Medikamenten* taking three types of medication at once **2** *Adv* at the same time, simultaneously *(gehoben)* ◊ *Sie kochte und telefonierte gleichzeitig.* She was cooking and talking on the telephone at the same time. ◊ *Ich kann doch nicht alles gleichzeitig tun!* I can't do everything at once! **3** *Adv (auch)* also ◊ *Das Arbeitszimmer wird gleichzeitig als Gästezimmer benutzt.* The study is also used as a guest room. IDM ⇨ Hochzeit¹
gleichziehen draw* even; *(aufholen)* catch* up ◊ *Alle Telefonanbieter haben mit den Preisen gleichgezogen.* All telephone service providers have drawn even on price.
Gleis rail, track; *(Bahnsteig)* platform, *(AmE)* track ◊ *Die Arbeiter verlegen neue Gleise.* The workmen are laying new tracks. ◊ *Auf welchem Gleis fährt der Zug ein?* Which platform is the train coming in on? IDM *jdn/etw aus dem Gleis werfen/bringen* throw* sb/sth off course ◊ *Dieses Ereignis hat ihn ziemlich aus dem Gleis geworfen.* This event has rather thrown him off course.
gleißend dazzling *(Adv* dazzlingly)
gleiten 1 glide ◊ *Das Paar glitt elegant über die Tanzfläche.* The couple glided elegantly across the dance floor. ◊ *Sein Blick glitt über die Menge.* His gaze ran over the crowd. ◊ *Sie ließ ihre Finger über den Stoff gleiten.* She ran her fingers over the material. **2** *(nach unten bewegen)* slide* ◊ *Sie ließ sich aus dem Sattel gleiten.* She slid out of the saddle. ◊ *Er ließ die Schlüssel in die Tasche gleiten.* He slipped the keys into his pocket. **3** *(herunterfallen)* slip* ◊ *Das Glas glitt ihm aus der Hand.* The glass slipped out of his hand.
gleitend *(Skala, Beiträge)* sliding; *(bei statistischen Begriffen)* moving; *(Übergang)* gradual ◊ *gleitende Versicherungsbeiträge* a sliding scale of insurance contributions ◊ *Wir haben gleitende Arbeitszeit.* We work flexitime.
Gleit- **Gleitschirm** paraglider **Gleitschirmfliegen** paragliding [U] **Gleitschirmflieger** paraglider ← G 2.2d **Gleitzeit** flexitime [U]
Gletscher glacier
Gletscherspalte crevasse
Glied 1 limb ◊ *Sie streckte die Glieder und gähnte.* She stretched her limbs and yawned. ◊ *Nach der Arbeit taten ihm alle Glieder weh.* He ached in every limb when he'd finished the job. ◊ *Der Schreck fuhr ihr in die Glieder.* The shock went right through her. ◊ *Der Schrecken steckte ihnen in den Gliedern.* They were shaking with fear. ◊ *Das Militärische steckte ihnen in den Gliedern.* They were military people through and through. **2** *(Penis)* penis **3** *(Teil einer Kette)* link ◊ *Glieder der Nahrungskette* links in the food chain ◊ *das schwächste Glied* the weakest link **4** *(Teil eines Ganzen)* part; *(Mitglied)* member ◊ *die Glieder eines Satzes* the parts of a sentence ◊ *Er ist ein nützliches Glied der Gesellschaft.* He is a useful member of society. **5** *(Reihe)* rank ◊ *Die Soldaten stehen in Reih und Glied.* The soldiers are standing in rank and file. ◊ *Spieler aus dem zweiten Glied* second-rank players
gliedern 1 structure; *(in Teilen)* divide ◊ *Er gliedert seinen Vortrag nach bestimmten Themengebieten.* He is structuring his lecture according to specific subject areas. ◊ *Das Bauwerk ist in drei Teile gegliedert.* The building is divided into three sections. **2 sich in etw** ~ be divided into sth ◊ *Das Buch gliedert sich in sechs Kapitel.* The book is divided into six chapters.
Gliederung structure; *(das Gliedern)* structuring ◊ *Dem Vortrag fehlte eine logische Gliederung.* The lecture had no logical structure.

Gliedmaße limb
glimmen glow ◇ *Im Grill glimmen noch die Reste der Holzkohle.* The remains of the charcoal are still glowing in the barbecue. ◇ *Er spürte Zivilcourage in sich glimmen.* He felt a glow of inner courage.
Glimmstängel fag (*umgs*), (*AmE*) smoke (*umgs*)
glimpflich 1 (*Verletzung, Unfall*) minor ◇ *Der Unfall ging recht glimpflich aus.* It was a minor accident. ◇ *Das Geiseldrama nahm ein glimpfliches Ende.* The hostage crisis had a happy ending. ◇ *Das Unwetter nahm einen glimpflichen Verlauf.* The storm didn't cause any serious damage. ◇ *Sie ist noch einmal glimpflich davongekommen.* She got off lightly. **2** (*schonend*) lenient (*Adv* leniently) ◇ *Die Strafe fiel glimpflich aus.* The sentence was lenient. ◇ *Sie geht nicht gerade glimpflich damit um.* She's not exactly handling it carefully. ◇ *Das 1:0 war eine relativ glimpfliche Niederlage.* 1-0 wasn't as bad a defeat as it could have been.
glitschig slippery
glitzern glitter
global 1 global (*Adv* globally) ◇ *die globale Erwärmung der Atmosphäre* global warming ◇ *ein global agierendes Unternehmen* a global business ◇ *global denken* think globally ◇ *Global gesehen wird der Energiebedarf zunehmen.* Energy requirements will increase on a global scale. **2** (*umfassend*) all-round ◇ *globale Kenntnisse* all-round knowledge **3** (*allgemein*) general (*Adv* in general) ◇ *Die Angaben sind für unsere Zwecke zu global.* The information is too general for our purposes.
globalisieren globalize
Globalisierung 1 globalization **2** (*Verallgemeinerung*) generalization
Globus globe
Glocke 1 bell **2** (*Abdeckung*) bell, cover IDM **etw an die große Glocke hängen** tell* the whole world about sth **Glockengeläut** peal of bells **Glockenspiel 1** chimes [Pl] **2** (*Musikinstrument*) glockenspiel **Glockenturm** bell tower
Glorie glory
glorreich glorious; (*Idee*) bright ◇ *ein glorreicher Sieg* a glorious victory
Glossar glossary*
Glosse (*in den Medien*) commentary*
Glotze (goggle) box (*umgs*), (*AmE*) tube (*umgs*)
glotzen gawp ◇ *Warum glotzt du so dumm?* What are you gawping at? ◇ *Genug geglotzt! Mach den Fernseher aus.* That's enough telly! Turn it off.
Glück 1 (good) luck [U] ◇ *Das Glück war auf seiner Seite.* Luck was on his side. ◇ *Viel Glück!* Good luck! ◇ *Er wünschte ihr Glück für ihre Prüfung.* He wished her good luck for her exam. ◇ *Er hat unverschämtes Glück im Spiel.* He has the luck of the devil at gambling. ◇ *Er hat kein Glück bei den Frauen.* He doesn't have any luck with women. ◇ *Sie hat großes Glück gehabt, dass ihr nichts passiert ist.* She was very lucky that she wasn't hurt. ◇ *Ein Glück, dass dir das noch eingefallen ist.* Lucky you thought of that in time. ◇ *Wenn du Glück hast, bekommst du noch Karten.* If you're lucky, you'll still get tickets. ◇ *Du hast vielleicht Glück!* You lucky thing! **2** (*das Glücklichsein*) happiness [U] ◇ *Ihr Glück währte nicht lange.* Her happiness didn't last long. ◇ *die Suche nach dem Glück* the search for happiness ◇ *sein privates/persönliches Glück finden* find personal happiness IDM **auf gut Glück** on the off chance **dem Glück nachhelfen** help things along **Glück im Unglück haben** be lucky given the circumstances (mit) **mehr Glück als Verstand** more (by) luck than (good) judgement (noch) **nichts von seinem Glück wissen** not (yet) know* anything about it ◇ *Sie wird Überstunden machen müssen, weiß aber noch nichts von ihrem Glück.* She is going to have to do overtime, but she doesn't know anything about it yet. **sein Glück versuchen** try* your luck **von Glück sagen/reden können** be able to thank your lucky stars ◇ *Du kannst von Glück sagen, dass ich in der Nähe war.* You can thank your lucky stars that I was nearby. **jdn zu seinem Glück zwingen** force a good thing onto sb; force sb into it **zum Glück** luckily; fortunately ☛ *Siehe auch* BRINGEN *und* HERAUSFORDERN
glücken turn out well ◇ *Der Kuchen ist ihr nicht recht geglückt.* Her cake hasn't turned out very well. ◇ *Die Überraschung ist uns geglückt.* We managed to pull off the surprise. ◇ *Sein Vorhaben ist nicht geglückt.* His plan didn't work out. ◇ *Heute will mir einfach nichts glücken.* Nothing's going right for me today.
gluckern gurgle
glücklich 1 happy (*Adv* happily); (*froh*) pleased ◇ *ein glückliches Paar* a happy couple ◇ *Er ist sehr glücklich darüber, dass sie ihn besuchen will.* He is very pleased that she wants to visit him. ◇ *Sie ist glücklich über die Goldmedaille.* She is very pleased with the gold medal. **2** (*Glück habend*) lucky* ◇ *ein glücklicher Gewinner* a lucky winner ◇ *Die Mannschaft gewann glücklich mit 1:0.* The team had a lucky 1-0 win. **3** (*günstig*) fortunate ◇ *Er ist nicht so glücklich dran wie wir.* He's not as fortunate as we are. **4** (*schließlich*) finally ◇ *Nach fünf Stunden Fahrt kamen sie glücklich an.* After five hours' journey they finally arrived. IDM ⇨ ENDE, PREISEN *und* SCHÄTZEN
glücklicherweise luckily, fortunately (*gehoben*)
glück- glücklos luckless; (*erfolglos*) unsuccessful **Glücksache** ⇨ GLÜCKSSACHE
Glücksbringer lucky charm
glucksen 1 ⇨ GLUCKERN **2** (*lachen*) chuckle; (*Kind*) gurgle
Glücks- Glücksfall stroke of luck ◇ *durch einen Glücksfall* by a stroke of luck **Glücksgefühl** feeling of happiness **Glückspilz** ◇ *So ein Glückspilz!* He's so lucky, isn't he? **Glückssache** matter of luck ◇ *Das ist reine Glückssache.* It's just a matter of luck. **Glücksspiel 1** game of chance ◇ *Roulette und andere Glücksspiele* roulette and other games of chance ◇ *Sie hat beim Glücksspiel viel Geld verloren.* She lost a lot of money gambling. **2** = GLÜCKSSACHE **Glückssträhne** run of good luck **Glückstreffer** stroke of luck; (*Schuss*) fluke **Glückszahl** lucky number; (*Gewinnzahl*) winning number ◇ *Die 16 ist meine Glückszahl.* Sixteen is my lucky number.
Glückwunsch congratulations [Pl] ◇ (*Herzlichen*) *Glückwunsch* (*zur Hochzeit*)! Congratulations (on your marriage)! ◇ *Herzlichen Glückwunsch zum Geburtstag!* Happy birthday!/Many happy returns (of the day)!
Glühbirne (light) bulb
glühen 1 glow ◇ *Die Kohlen glühten noch.* The coal was still glowing. ◇ *ein rötliches Glühen in der Ferne* a red glow in the distance **2** (*sehr heiß sein*) burn* ◇ *Seine Wangen glühten vor Aufregung.* His cheeks were burning with excitement. ◇ *Du glühst ja!* You're burning up! ◇ *Ihre Stirn war glühend heiß.* Her forehead was burning hot. ◇ *In der Sonne war es glühend heiß.* It was baking hot in the sun. ◇ *Das Metall ist glühend heiß.* The metal is red-hot.
glühend 1 (*heiß*) burning (*nur vor Nomen*) ◇ *die glühende Sonne* the burning sun **2** (*leidenschaftlich*) passionate ☛ *Siehe auch* GLÜHEN IDM ⇨ KOHLE
Glüh- Glühlampe (light) bulb **Glühwein** mulled wine **Glühwürmchen** glow-worm
Glukose glucose
Glut 1 embers [Pl]; (*Zigaretten-*) (glowing) ash ◇ *die Glut anfachen* fan the embers **2** (*Hitze*) heat **3** (*Leuchten*) glow **4** (*Leidenschaft*) passion
Gluthitze scorching heat [U] ◇ *bei der Gluthitze* in the scorching heat
Glyzerin glycerine
Glyzinie wisteria
GmbH limited company* (*Abk* Ltd)
Gnade 1 mercy [U]; (*Gottes*) grace ◇ *Sie flehte um Gnade.* She begged for mercy. ◇ *jdm Gnade erweisen* show mercy to sb **2** (*Gunst*) favour, (*AmE*) favor ◇ *aus der Gnade fallen* fall from favour ◇ *Gnade vor jds Augen finden* find favour with sb ◇ *Ihm wurde die Gnade der späten Geburt zuteil.* He had the good fortune to have been born too late to be involved in Nazism. IDM **Gnade vor Recht ergehen lassen** temper justice with mercy
Gnadenfrist (period of) grace ◇ *Sie räumte ihm eine Gnadenfrist ein.* She granted him a period of grace. ◇ *eine Gnadenfrist von sechs Monaten* six months' grace **Gnadengesuch** plea for clemency
gnadenlos merciless (*Adv* mercilessly)
gnädig 1 lenient (*Adv* leniently) ◇ *ein gnädiges Urteil* a lenient sentence **2** (*gütig, wohlwollend*) merciful (*Adv* mercifully) ◇ *der gnädige Gott* merciful God ◇ *jdn gnädig stimmen* appease sb **3** (*herablassend*) gracious (*Adv* graciously) **4** (*Anrede*) *gnädige Frau* madam ◇ *gnädiger Herr* sir

Gnom gnome
Gnu gnu*, wildebeest
Gockel 1 cock, (*AmE*) rooster **2** (*Grillhähnchen*) roast chicken
Gokart go-kart
Gold gold; (*Medaille*) gold (medal) ◊ *ein Ring aus Gold* a gold ring ◊ *Ohrringe aus 18-karätigem Gold* 18-carat gold earrings ◊ *nach Gold graben* dig for gold ◊ *Er hat viermal Gold gewonnen.* He won four golds/gold medals. IDM **es ist nicht alles Gold, was glänzt** all that glitters is not gold **Gold wert sein** be worth a fortune **etw ist nicht mit Gold zu bezahlen/aufzuwiegen** sth is worth its weight in gold ☛ *Siehe auch* REDEN
Goldbarren gold bar, gold ingot **goldblond** golden ◊ *seine goldblonden Haare* his golden hair ◊ *Sie ist goldblond.* She has golden hair. **goldbraun** golden brown ◊ *Die Zwiebeln goldbraun anbraten.* Fry the onions until they are golden brown.
golden 1 (*aus Gold*) gold ◊ *eine goldene Kette* a gold chain **2** (*Farbe*) golden ◊ *ihr goldenes Haar* her golden hair ◊ *die goldene Regel* the golden rule ◊ *ihre Goldene Hochzeit* their golden wedding IDM ⇨ KÄFIG, MITTE, MITTELWEG *und* NASE
Gold- Goldfisch goldfish* **goldgelb** golden yellow **Goldgräber(in)** gold-digger ☛ G 2.2d **Goldgrube** gold mine (*auch fig*) **Goldhamster** golden hamster
goldig sweet, nice (*Adv* nicely)
Gold- Goldlack wallflower **Goldmedaille** gold medal ◊ *die Goldmedaille im Hochsprung* the gold medal for the high jump **Goldmedaillengewinner(in)** gold medallist **Goldmine** gold mine (*auch fig*) **Goldmünze** gold coin **Goldrausch** gold rush; (*Euphorie*) gold fever ◊ *Sie waren dem Goldrausch verfallen.* They were gripped by gold fever. **goldrichtig** absolutely right **Goldschmied(in)** goldsmith ☛ G 2.2d ☛ *Hinweis bei* BAKER **Goldstück 1** (*Münze*) gold coin **2** (*fig*) ◊ *Du bist ein Goldstück.* You're a treasure.
Goldwaage IDM ⇨ WORT
Golf¹ *der* gulf ◊ *der Golf von Mexiko* the Gulf of Mexico ☛ In Eigennamen wird „Golf" manchmal mit **Bay** übersetzt: *the Bay of Naples.*
Golf² *das* golf
Golfer(in) golfer ☛ G 2.2d
Golf- Golfplatz golf course **Golfschläger** golf club **Golfspieler(in)** golfer **Golfstrom** Gulf Stream
Gondel (*Boot, Seilbahn*) gondola; (*Ballon*) basket
Gong gong; (*beim Boxen*) bell ◊ *den Gong schlagen* beat the gong ◊ *Der Gong kündigte das Ende der Runde an.* The bell went for the end of the round.
gönnen 1 *jdm etw* ~ not begrudge sb sth ◊ *Ich gönne ihm den Sieg.* I don't begrudge him the victory. ◊ *Es wäre ihnen zu gönnen, dass endlich mal alles glatt läuft.* It would be really nice for them if everything went smoothly for once. ◊ *Sein Motorrad ist kaputt? Das gönne ich ihm!* His motor bike is off the road? Serves him right! **2** *sich/jdm etw* ~ (*erlauben*) allow yourself/sb sth; (*verwöhnen*) treat yourself/sb to sth ◊ *Sie gönnt sich selten eine Pause.* She hardly ever allows herself a break. ◊ *Man muss sich auch mal etwas Besonderes gönnen.* Sometimes you have to treat yourself to something special.
Gönner(in) patron
gönnerhaft patronizing (*Adv* patronizingly)
Gör, Göre 1 (*Kind*) brat **2** (*Mädchen*) little madam ◊ *So eine freche Göre!* The cheeky little madam!
Gorilla 1 (*Affe*) gorilla **2** (*Leibwächter*) heavy*
Gosse gutter (*auch fig*)
Gotik (*Stil*) Gothic (style); (*Periode*) Gothic period ◊ *zur Zeit der Gotik* in the Gothic period
gotisch Gothic
Gott god; (*im Christentum, Islam und Judaismus*) God ◊ *hinduistische Götter* Hindu gods ◊ *Gott der Herr* the Lord God ◊ *Gott Vater* God the Father ◊ *Gott, der Allmächtige* God Almighty ◊ *zu Gott/zum lieben Gott beten* pray to God ◊ *an Gott glauben* believe in God ◊ *der liebe Gott* the good Lord IDM **Ach (du lieber) Gott!** (*erschrocken*) Oh God!; Good heavens!; **Ach/Mein Gott!** (*abschätzig*) oh well! ◊ *Mein Gott, was soll's.* Oh well, never mind. **das walte Gott** please God **Gott sei Dank!** thank God!; thank goodness!; (*zum Glück*) luckily ◊ *Ich habe ihn Gott sei wie-*

der gefunden. Luckily I found him again. **Gott und die Welt kennen** know everybody **Gott weiß wann/was/wo/wie/wer ...** God knows when/what/where/how/who ... ◊ *Die Leute kamen von Gott weiß woher.* The people came from God knows where. **Grüß Gott!** hello! **leben wie Gott in Frankreich** live it up **leider Gottes** unfortunately **so wahr mir Gott helfe** so help me God **über Gott und die Welt reden** talk about everything under the sun **um Gottes willen 1** for goodness' sake ◊ *Sei um Gottes willen vorsichtig!* Be careful, for goodness' sake! **2** (*bloß nicht*) oh no!; Heaven forbid! ◊ *Um Gottes willen, keinen Besuch!* Oh no, not visitors! **weiß Gott** God knows ◊ *Du hast es weiß Gott nicht leicht gehabt.* God knows you haven't had an easy time. ☛ *Siehe auch* WORT
Götterspeise jelly, (*AmE*) jello
Gottes- Gottesanbeterin (ZOOL) praying mantis **Gottesdienst** (church) service ◊ *einen Gottesdienst feiern* hold a service ◊ *in den Gottesdienst gehen* go to church **gottesfürchtig** God-fearing **Gotteshaus** place of worship, house of God **Gotteslästerung** blasphemy **Gottesmutter** Mother of God ◊ *die Gottesmutter Maria* Mary, mother of God
Gottheit 1 deity, god **2** (*Göttlichkeit*) divinity
Göttin goddess
göttlich 1 divine ◊ *die göttliche Vorsehung* divine providence **2** (*herrlich*) wonderful, heavenly
gottlos godless
gottverlassen godforsaken (*nur vor Nomen*)
Götze idol
Götzendienst idolatry
Gourmet gourmet
Gouverneur(in) governor
Grab grave; (*mit größerem Grabstein, Monument*) tomb ◊ *das Grab, in dem seine Eltern ruhen* the grave where his parents are buried ◊ *das Grab des Unbekannten Soldaten* the tomb of the Unknown Soldier IDM **jdn ins Grab bringen 1** (*töten*) kill sb ◊ *Der Alkohol hat ihn ins Grab gebracht.* Drink killed him. **2** (*jdn zur Verzweiflung bringen*) be the death of sb ◊ *Du bringst mich noch ins Grab.* You'll be the death of me. **(schon) mit einem Bein/Fuß im Grab stehen** have one foot in the grave **sich im Grabe (her)umdrehen** turn in your grave **sich sein eigenes Grab graben/schaufeln** dig* your own grave **verschwiegen wie das/ein Grab sein** be as silent as the grave **jdn zu Grabe tragen** bury* sb
Grabbeigabe burial object
graben 1 (**nach etw**) ~ dig* (for sth) ◊ *Er hat im Garten gegraben.* He was digging the garden. ◊ *Sie gruben nach einem Schatz.* They dug for treasure. **2** *sich in etw* ~ dig* into sth; (*versinken*) sink* into sth; (*sich eingraben*) bury* yourself in sth ◊ *Die spitzen Krallen gruben sich in die Beute.* The sharp claws dug into their prey. ◊ *Die Räder gruben sich immer tiefer in den Sand.* The wheels sank deeper and deeper into the sand. ◊ *Der Splitter hatte sich tief ins Fleisch gegraben.* The splinter had buried itself deep in the flesh. ◊ *Tiefe Falten hatten sich in ihr Gesicht gegraben.* Her face was etched with deep lines. **3** *etw in etw* ~ sink* sth into sth ◊ *Sie grub ihre Zähne in das Brot.* She sank her teeth into the bread. **4** *etw in etw* ~ (*einritzen*) carve sth into sth **5** *sich in etw* ~ (*prägen*) be etched in sth ◊ *Diese Szene hat sich tief in mein Gedächtnis gegraben.* This scene is etched on my memory. IDM ⇨ GRAB
Graben 1 ditch; (*Burg-*) moat ◊ *Er ist mit dem Motorrad in den Graben gefahren.* He crashed his motorbike into the ditch. **2** (*Schützen-*) trench **3** (GEOL) rift ◊ *der nordatlantische Graben* the North Atlantic rift ◊ *der Sankt Andreas-Graben* the San Andreas fault **4** (*fig*) gap ◊ *der Graben zwischen Gesetz und Praxis* the gap between law and practice **5** (*Reitsport*) water jump
Grabenkampf trench warfare [U]
Grabmal (*Stein*) gravestone; (*Statue, Bauwerk*) monument
grabschen ⇨ GRAPSCHEN
Grab- Grabschändung desecration of a grave [U] ◊ *Die Grabschändungen sind ein Skandal.* The desecration of the graves is a scandal. **Grabstein** gravestone, tombstone
Grabung excavation ◊ *Bei Grabungen wurden römische Münzen gefunden.* Roman coins were found during excavations.
Grad 1 degree ◊ *fünf Grad über/unter Null* five degrees

Gradmesser

above/below zero ◊ *39 Grad Fieber* a temperature of 39 (degrees) ◊ *Wir haben null Grad.* The thermometer is at zero. ◊ *Kabul liegt auf 34 Grad südlicher Breite.* Kabul lies at latitude 34 degrees. ◊ *ein akademischer Grad* an academic degree ◊ *der Grad eines Magisters* a Master's degree ◊ *Verbrennungen dritten Grades* a third-degree burn

> In der schriftlichen Wiedergabe von Temperaturen wird im Englischen meist das Symbol ° benutzt. Dies wird **degrees** (1° = **one degree**) gelesen: *Water boils at 100° Celsius.* (Sprich: „a hundred degrees Celsius".) Wasser kocht bei 100 Grad. *The sea is 15° today.* Das Meer hat heute 15 Grad.
>
> Oft kann das Wort „degree" auch weggelassen werden: *in temperatures of 30 (degrees) in the shade* bei 30 Grad im Schatten: *It's three degrees below zero/minus three (degrees).* Wir haben drei Grad minus. *It's three degrees above zero/plus three (degrees).* Wir haben drei Grad plus.

2 (*Verwandtschafts-*) ◊ *ein Vetter zweiten Grades* a second cousin **3** (*Rang*) rank ◊ *ein Beamter mit dem Grad eines Inspektors* an official with the rank of inspector ◊ *Er bekleidet den Grad eines Hauptmannes.* He holds the rank of captain. **4** (*Maß*) level ◊ *ein hoher Grad an Verschmutzung* a high level of pollution ◊ *Bis zu einem gewissen Grad stimmt das.* That's true up to a point. ⓘᴅᴍ **im höchsten Grade** extremely ◊ *Der Vorfall war im höchsten Grade peinlich.* The incident was extremely embarrassing. **sich um 180 Grad drehen** do* a U-turn
Gradmesser gauge, indicator
Graf count; (*in GB*) earl ⓘᴅᴍ **wie Graf Koks (von der Gasanstalt)** like Lord Muck
Graffiti graffiti, graffiti art

> Das englische Wort **graffiti** kann als abstrakter Begriff verwendet werden oder für die Mehrzahl stehen: *Die Wände waren mit Graffiti(s) bepflastert.* The walls of the subway were covered in graffiti.
>
> Wenn man von einem einzelnen Graffiti spricht, kann man sagen: **a piece of graffiti**.

Grafik 1 (*Disziplin, Kunst*) graphic art ◊ *Grafik studieren* study graphic art **2** (*Druck*) print ◊ *eine Grafik von Dürer* a print by Dürer **3** (*Diagramm*) diagram ◊ *eine Statistik mittels einer Grafik darstellen* present statistics by means of a diagram **4** (*Gestaltung*) design; (*Illustration*) graphics [Pl]
Grafikdesigner(in) graphic designer ☛ G 2.2d
Grafiker(in) graphic artist; (*Buchillustration*) illustrator ☛ G 2.2d
Grafikkarte (Cᴏᴍᴘ) graphics card
Gräfin countess
grafisch 1 *Adj* graphic ◊ *das grafische Werk Picassos* the graphic work of Picasso ◊ *die grafische Gestaltung des Programmheftes* the graphic design of the programme **2** *Adv* (*mit Hilfe einer Grafik*) by means of a diagram ◊ *eine Statistik grafisch darstellen* present statistics by means of a diagram **3** *Adv* (*gestalterisch*) ◊ *etw grafisch gestalten* design sth ◊ *Die Website ist grafisch ansprechend.* The site is attractively designed.
Grafschaft county* ◊ *die Grafschaft Yorkshire* the county of Yorkshire
Gramm gram ◊ *zweihundert Gramm Zucker* two hundred grams of sugar
Grammatik 1 (*Disziplin*) grammar ◊ *Die russische Grammatik ist sehr kompliziert.* Russian grammar is very complicated. **2** (*Buch*) grammar (book)
grammatikalisch, grammatisch grammatical (*Adv* grammatically) ◊ *die grammatische Struktur einer Sprache* the grammatical structure of a language ◊ *grammatikalisch richtig* grammatically correct
Grammatikregel grammatical rule, rule of grammar
Granatapfel pomegranate
Granate 1 shell; (*Hand-*) grenade **2** (*Ballspiele*) drive **3** (*etw Besonderes*) sensation
Granatfeuer shelling, shellfire **Granatwerfer** mortar
grandios brilliant (*Adv* brilliantly); (*beeindruckend*) impressive (*Adv* impressively) ◊ *eine grandiose Gelegenheit* a brilliant opportunity ◊ *ein grandioses Bauwerk* an impressive building
Granit granite ◊ *eine Säule aus Granit* a granite column

ⓘᴅᴍ **(bei jdm) auf Granit beißen/stoßen** not get* anywhere (with sb) ◊ *Er hat bei seinem Chef auf Granit gebissen.* He got nowhere with the boss.
grantig grumpy* (*Adv* grumpily)
Granulat granules [Pl]
Grapefruit grapefruit
Graph graph
grapschen 1 (**sich**) **etw ~** grab* sth; **nach etw ~** grab* at sth **2** (*sexuell belästigen*) ◊ *Er grapschte ihr an den Busen.* He groped her breast.
Gras grass ⓘᴅᴍ **ins Gras beißen** bite* the dust (*umgs*) **über etw Gras wachsen lassen** let* the dust settle on sth
grasen graze
Grashalm blade of grass
grassieren be rampant ◊ *Weltweit grassieren Seuchen wie Aids und Malaria.* Diseases such as AIDS and malaria are rampant worldwide. ◊ *grassierende Arbeitslosigkeit* rampant unemployment ◊ *In der Schule grassiert ein Virus.* There's a virus going around the school.
grässlich terrible (*Adv* terribly) ◊ *Ich habe grässliche Schmerzen.* I am in terrible pain.
Grat ridge; (*Trennlinie*) line ◊ *der schneebedeckte Grat des Berges* the snow-covered ridge of the mountain ◊ *der schmale Grat zwischen Irrsinn und Normalität* the fine line between madness and sanity ◊ *Sie bewegen sich auf einem schmalen Grat.* They are treading a fine line.
Gräte (fish) bone
gratis free (of charge) ◊ *Diese Broschüre ist gratis.* The brochure is free. ◊ *Wir bekommen das gratis.* We receive it free of charge.
Gratis- free ◊ *Gratisprobe* free sample
Gratulant(in) person* who offers his/her congratulations ◊ *Sie gehörte zu den ersten Gratulanten.* She was among the first to offer her congratulations.
Gratulation 1 ◊ *Alle Nachbarn erschienen zur Gratulation.* All the neighbours turned up to offer their congratulations. **2** (*Glückwunsch*) congratulations [Pl] ◊ *Herzliche Gratulation zur Geburt von Ihrem Sohn!* Congratulations on the birth of your son.
gratulieren jdm (zu etw) ~ congratulate sb (on sth) ◊ *Ich habe ihr zur bestandenen Prüfung gratuliert.* I congratulated her on passing her exam. ◊ *Gratuliere!* Congratulations! ◊ *Ich habe sie angerufen, um ihr zum Geburtstag zu gratulieren.* I rang her up to wish her happy birthday. ⓘᴅᴍ **sich zu jdm/etw gratulieren können** be lucky to have sb/sth ◊ *Zu dieser Haushaltshilfe kannst du dir wirklich gratulieren!* You are really lucky to have home help like that.
Gratwanderung ridge walk; (*fig*) balancing act ◊ *eine Gratwanderung zwischen Anpassung und Widerstand* a balancing act between conformity and resistance
grau 1 grey, (*bes AmE*) gray ◊ *Er hat ganz graue Haare bekommen.* He has gone quite grey. ◊ *an einem grauen Wintertag* on a grey winter day ☛ *Beispiele bei* ʙʟᴀᴜ **2 ~ werden** go* grey ◊ *Sie wird langsam grau.* She's going grey. **3** (*trostlos*) dreary* ◊ *die grauen Vorstädte* the dreary suburbs ⇨ Aʟʟᴛᴀɢ ⓘᴅᴍ ⇨ Hᴀᴀʀ, Vᴏʀᴢᴇɪᴛ *und* Zᴇʟʟᴇ
Grau grey, (*bes AmE*) gray ☛ *Beispiele bei* ʙʟᴀᴜ
Gräuel atrocity* ◊ **jdm ein ~ sein** ◊ *Die Hausarbeit ist ihr ein Gräuel.* She detests housework.
Gräueltat atrocity*
grauen 1 (*dämmern*) ◊ *Es graute bereits, als er nach Hause kam.* Dawn was breaking when he returned home. **2 jd graut sich vor etw; jdm graut es vor etw** sb is terrified of sth; (*vor etw in der Zukunft*) sb is dreading sth ◊ *Er graut sich vor Spinnen.* He's terrified of spiders. ◊ *Mir graut vor dem Zahnarztbesuch nächste Woche.* I'm dreading going to the dentist next week.
Grauen horror ◊ *Er erinnert sich mit Grauen an das Erdbeben.* He thinks back with horror to the earthquake. ◊ *die Grauen des Krieges* the horrors of war
grauenhaft, grauenvoll horrible (*Adv* horribly), terrible (*Adv* terribly); *grauenhaft entstellt* horribly disfigured ◊ *Heute ist es grauenhaft kalt.* It's terribly cold today.
grauhaarig grey-haired, (*AmE*) gray-haired, with grey hair, (*AmE*) with gray hair (*nicht vor Nomen*)
Graupel (soft) hail
grausam 1 cruel (*Adv* cruelly); (*Verbrechen, Geschichte,*

Bilder) gruesome ◊ *Wie konnte er nur so grausam sein?* How could he be so cruel? ◊ *ein Tier grausam töten* cruelly kill an animal ◊ *Ich will ihr die grausamen Einzelheiten ersparen.* I want to spare her the gruesome details. ◊ *auf grausame Weise umkommen* die a horrible death **2** (*unangenehm, entsetzlich*) terrible (*Adv* terribly) ◊ *eine grausame Erkältung* a terrible cold ◊ *grausam frieren* be terribly cold

Grausamkeit 1 cruelty [U] **2** (*Gräueltat*) atrocity*

grausen 1 sich (**vor jdm/etw**) **~** be terrified (of sb/sth) ◊ *sich vor Spinnen grausen* be terrified of spiders **2 jdm/jdn graust** (**es**) (**vor etw**) sb dreads the thought (of sth) ◊ *Ihm graust davor, wieder in die Schule zu gehen.* He dreads the thought of going back to school. ◊ *Mir graust vor Weihnachten.* I dread the thought of Christmas.

Grausen horror ◊ *Ihn packte das kalte Grausen.* He was seized with horror. ◊ *Sie wandte sich mit Grausen ab.* She recoiled in horror. ◊ *Ich erinnere mich mit Grausen daran.* I think of it with horror.

grausig gruesome

Grauzone grey area

gravieren engrave ◊ *ein Datum in einen Ring gravieren* engrave a date on a ring

gravierend serious

Gravitation 1 gravitation **2** (*Schwerkraft*) gravity **Gravitationszentrum** centre of gravity, (*AmE*) center of gravity

Gravur engraving

grazil delicate

graziös graceful (*Adv* gracefully)

greifbar 1 (*in Reichweite*) within reach; (*zur Hand*) to hand ◊ *alles, was gerade greifbar war* everything within reach ◊ *Hast du die Akte greifbar?* Have you got the file to hand? ◊ *Es war kein Verantwortlicher greifbar.* There was nobody in authority available. **2** (*konkret, erkennbar*) concrete ◊ *greifbare Ergebnisse* concrete results **3 ~ nah(e); in greifbarer Nähe** within reach; (*fig*) within sb's grasp ◊ *Der Gipfel schien greifbar nah.* The summit seemed within reach. ◊ *Der Pokal rückte in greifbare Nähe.* The trophy came within our grasp.

greifen 1 in etw ~ reach into sth; **nach etw ~** reach for sth ◊ *Sie griff in die Tüte.* She reached into the bag. ◊ *Ich griff nach seiner Hand.* I reached for his hand. **2 zu etw ~** reach for sth; (*fig*) resort to sth ◊ *Sie griff zum Telefonhörer.* She reached for the phone. ◊ *zu unlauteren Mitteln greifen* resort to dishonest means **3 sich nach ~** grab* sth ◊ *Er griff sich ein Brötchen.* He grabbed a roll. **4 um sich ~** spread* ◊ *Das Feuer griff um sich.* The fire spread. **5** (*wirken*) be effective ◊ *Ob die neuen Gesetze greifen, bleibt abzuwarten.* It remains to be seen whether the new laws will be effective. **6** (*Reifen*) grip*; (*Zahnräder*) engage [IDM] (**für etw**) **tief in den Beutel/die Tasche greifen müssen** have to dig deep in your pocket (for sth) **zu hoch/niedrig gegriffen sein** be pitched too high/low **zum Greifen nahe sein** be within sb's grasp ◊ *Die Medaille war zum Greifen nahe.* The medal was within our grasp. ☞ *Siehe auch* ARM, FLASCHE, KASSE, LEERE¹, LUFT *und* STERN

Greifvogel bird of prey

Greis old man*

Greisin old woman*

grell 1 harsh (*Adv* harshly); (*gleißend*) glaring (*Adv* glaringly) ◊ *Die Beleuchtung war sehr grell.* The lighting was very harsh. ◊ *ein grell erleuchteter Raum* a room with harsh lighting ◊ *im grellen Scheinwerferlicht* in the glare of the headlights **2** (*Farbe*) garish **3** (*Ton*) shrill **4** (*Kontrast*) sharp

Gremium committee ◊ *ein Gremium aus Experten* a committee of experts ☞ G 1.3b

Grenz- Grenzbeamte, beamtin immigration officer; (*beim Zoll*) customs officer ☞ G 2.2d **Grenzbereich 1** border (area) ◊ *im hessisch-bayrischen Grenzbereich* on the border between Hesse and Bavaria ◊ *im Grenzbereich zu Belgien* on the Belgian border **2** (*Überschneidung*) area of overlap [U] ◊ *medizinisch-ethische Grenzbereiche* areas where medicine and ethics overlap **3** (*Extrembereich*) limits [Pl]

Grenze 1 border, (*BrE auch*) frontier; (*von kleineren Gebieten*) boundary* ◊ *die Grenze zwischen Israel und Ägypten* the border between Israel and Egypt ◊ *an der Grenze zu Schweden* at the Swedish border ◊ *die Grenzen zwischen den EU-Ländern* EU internal borders ◊ *die Grenzen des russischen Reichs* the frontiers of the Russian empire ◊ *die Grenze der Grafschaft* the county border **2** (*Abgrenzung*) boundary* (*auch fig*) ◊ *Die Themse bildet eine natürliche Grenze.* The Thames forms a natural boundary. ◊ *die Grenze zwischen Recht und Unrecht* the boundary between right and wrong ◊ *Das ist hart an der Grenze des Erträglichen.* It is almost beyond human endurance. **3 Grenzen** (*Limit*) limits [Pl] ◊ *Man muss Kindern Grenzen setzen.* You have to set limits for children. ◊ *seine Grenzen kennen* be aware of your limitations ◊ *Die Kreativität sind keine Grenzen gesetzt.* There are no limitations imposed on creativity. [IDM] **an die Grenzen von etw stoßen** reach the limits of sth **an seine Grenzen stoßen** reach your limit **etw in Grenzen halten** keep* sth within limits **sich in Grenzen halten** ◊ *Seine Begeisterung hielt sich in Grenzen.* His enthusiasm wasn't overwhelming.

grenzen 1 an etw ~ border on sth ◊ *die Länder, die an Belgien grenzen* the countries bordering on Belgium ◊ *Die Stadt grenzt an Bayern.* The town is on the Bavarian border. **2 an etw ~** (*fig*) verge on sth ◊ *Sein Mut grenzt an Leichtsinn.* His courage verges on folly. ◊ *Das grenzt ja an Wahnsinn!* That is bordering on madness! [IDM] ⇨ SICHERHEIT

grenzenlos 1 without frontiers (*nicht vor Nomen*) ◊ *ein grenzenloses Europa* a Europe without frontiers **2** (*uneingeschränkt, maßlos*) boundless; (*Vertrauen, Erstaunen, Zorn*) utter (*nur vor Nomen*); (*Enttäuschung, Geduld*) endless ◊ *ihr grenzenloser Optimismus* her boundless optimism ◊ *jdm grenzenlos vertrauen* trust sb implicitly ◊ *grenzenlos erleichtert sein* be immensely relieved

Grenz- Grenzgebiet border area ◊ *im israelisch-libanesischen Grenzgebiet* in the border area between Israel and Lebanon ◊ *im Grenzgebiet zur Türkei* in the area along the border with Turkey ◊ *Grenzgebiete zwischen Physik und Chemie* areas where physics and chemistry overlap **Grenzkontrolle** border control **Grenzland** border area **Grenzsoldat(in)** border guard ☞ G 2.2d **Grenzübergang** border crossing (point) **Grenzverletzung** border violation **Grenzwert** limit ◊ *die zulässigen Grenzwerte überschreiten* exceed the permissible limits **Grenzzwischenfall** border incident

griesgrämig grumpy* (*Adv* grumpily) (*umgs*)

Grieß semolina

Grießbrei semolina

Griff 1 handle; (*Pistolen-*) butt ◊ *Der Griff ist abgebrochen.* The handle has come off. **2** (*Handgriff*) grip; (*beim Judo, Ringen*) hold **3** (*Greifen*) (*meist mit einem Verb übersetzt*) ◊ *beim Griff in die Schublade* when reaching into the drawer ◊ *der Griff zu unlauteren Mitteln* resorting to dishonest means ◊ *der Griff zur Flasche/zur Droge* taking to the bottle/drugs [IDM] **etw im Griff haben 1** have sth under control ◊ *Ich habe alles voll im Griff.* I've got everything under control. ◊ *Er scheint die Dinge nicht mehr im Griff zu haben.* He seems to be losing his grip. **2** (*etw herausbaben*) have got the hang of sth **etw in den Griff bekommen** come*/get* to grips with sth ◊ *Er bekam seine Probleme einfach nicht in den Griff.* He just didn't come to grips with his problems.

griffbereit ready to hand ◊ *Die Gläser stehen griffbereit.* The glasses are there ready to hand. ◊ *Ich habe die Akte gerade nicht griffbereit.* I haven't got the file to hand at the moment.

Grill 1 grill; (*Garten-*) barbecue ◊ *Bratwürste vom Grill* barbecued sausages **2** (*Kühler-*) radiator grille

Grille cricket

grillen 1 grill; (*im Garten*) have a barbecue ◊ *Wir grillen heute Abend.* We're having a barbecue this evening. ☞ *Hinweis bei* GRILL², S. 271. **2 etw ~** grill sth; (*im Garten*) barbecue sth ◊ *Fleisch grillen* barbecue meat

Grill- Grillfest, Grillparty barbecue (party*) **Grillplatz** barbecue area

Grimasse grimace ◊ *Er verzog sein Gesicht zu einer Grimasse.* He made a grimace. ◊ *Grimassen schneiden* make faces

grimmig 1 grim (*Adv* grimly) ◊ *mit grimmiger Miene* with a grim expression ◊ *Sie schaute grimmig.* She was grim-faced. ◊ *jdm einen grimmigen Blick zuwerfen* look grimly at

grinsen

sb **2** (*sehr kalt*) bitter (*Adv* bitterly) ◊ *die grimmige Kälte* the bitter cold

grinsen grin*; (*höhnisch, süffisant*) smirk

Grinsen grin; (*höhnisch, süffisant*) smirk

Grippe flu [U], influenza (*Fachspr*) [U]; (*Erkältung*) cold ◊ *Er hatte eine schwere Grippe.* He had a bad bout of flu.

Grips intelligence, (*BrE auch*) nous (*umgs*)

grob 1 (*nicht fein*) coarse (*Adv* coarsely) ◊ *grobe Züge haben* have coarse features ◊ *grobes Leinen* coarse linen ◊ *grob gemahlen sein* be coarsely ground **2** (*nicht sanft, ungefähr*) rough (*Adv* roughly) ◊ *Sei nicht so grob – das tut weh!* Don't be so rough – you're hurting me! ◊ *einen groben Überblick über die Kosten* a rough idea of the cost ◊ *etw grob schätzen* estimate sth roughly ◊ *etw grob beschreiben* describe sth in broad outline **3** (*unhöflich*) rude (*Adv* rudely) **4** (*schwer wiegend, schlimm*) gross (*Adv* grossly) ◊ *ein grober Fehler* a gross error ◊ *Er hat grob fahrlässig gehandelt.* He was grossly negligent. ◊ *Das Gröbste habe ich schon erledigt.* I've done the worst bit. **IDM aus dem Gröbsten heraus sein 1** (*Schwierigkeiten*) be over the worst **2** (*bei Kindern*) *Dann sind die Kinder aus dem Gröbsten heraus.* Then the children won't need so much looking after. ☞ *Siehe auch* ZUG

Grobian brute

grob- grobkörnig 1 coarse **2** (*Foto etc.*) grainy **grobmaschig** wide-mesh; (*gestrickt*) loose-knit

grölen yell; (*Parolen*) chant ◊ *Naziparolen grölend zogen sie durch die Straßen.* They marched through the streets chanting Nazi slogans. ◊ *grölende Betrunkene* rowdy drunks

Groll resentment [U] **einen ~ gegen jdn haben/hegen** bear* a grudge against sb ◊ *Er sagte das ohne Groll.* He said it without resentment. ◊ *Sie hegte jahrelang einen Groll gegen ihren Bruder.* She had borne a grudge against her brother for many years.

grollen 1 rumble ◊ *das dumpfe Grollen des Donners* the dull rumble of the thunder **2 jdm ~** be angry with sb ◊ *Sie grollt ihm schon seit Tagen.* She has been angry with him for days. ◊ *„Immer ich",* grollte er. 'It's always me', he grumbled.

Groschen 1 (*wenig Geld*) penny* ◊ *Sie hatte sich mühsam ein paar Groschen verdient.* She had managed to earn a few pennies. **2** (*österreichische Währungseinheit*) groschen **IDM der Groschen fällt (bei jdm)** the penny drops*

groß 1 big*, large ◊ *ein großes Haus* a big house ◊ *der große Uhrzeiger* the big hand ◊ *ein großes Bier* a large beer ◊ *ein großer Unterschied/Fehler* a big difference/mistake ◊ *Sie haben eine größere Summe gespendet.* They donated quite a large sum.

> **Big** und **large** sind oft austauschbar: *a big/large house*; *a big/large family*. **Large** ist formeller und wird normalerweise nicht für Menschen benutzt. Manche Wörter können nur entweder mit **big** oder mit **large** stehen: *a big disappointment/mistake*, *a large amount/quantity/size*. **Great** beschreibt meist, wie wichtig jemand oder etwas ist: *a great artist/occasion*.

2 (*Körpergröße, Höhe*) tall ◊ *Wie groß ist sie?* How tall is she? ◊ *große Bäume* tall trees ☞ *Hinweis bei* HOCH **3** (*mit einer Maßangabe verbunden*) (*oft nicht übersetzt*) ◊ *eine 5 m² große Fläche* an area of five square metres ◊ *Ich bin 1 Meter 62 groß.* I'm 1 metre 62 (tall). **4** (*zeitlich*) ◊ *die große Pause* the long break ◊ *Dies verursachte große Verspätungen.* This caused long delays. ◊ *Die Bauarbeiten erstrecken sich über einen größeren Zeitraum.* The building work will take a long time. **5** (*Kinder, Erwachsene*) big*; (*älter*) older; (*erwachsen*) grown up ◊ *mein großer Bruder* my big brother ◊ *Der Große geht schon zur Schule.* The older boy goes to school already. ◊ *die beiden größeren Kinder* the two older children ◊ *Wenn die Kinder groß sind, ...* When the children are grown up ... ◊ *Was möchtest du mal werden, wenn du groß bist?* What do you want to be when you grow up? ◊ *Sie ist mit Pferden groß geworden.* She has grown up with horses. ◊ *Für die Kinder gibt es Saft und für die Großen Kaffee.* There's juice for the children and coffee for the grown-ups. **6** (*verstärkend*) great ◊ *mit großer Geschwindigkeit* at great speed ◊ *Es herrschte großer Lärm.* There was a great deal of noise. ◊ *große Freude* great joy ◊ *Ich bin kein großer Goethefan.* I'm not a great fan of Goethe. ◊ *große Hitze/Kälte* intense heat/cold

Wenn die englische Übersetzung bereits ein Adjektiv enthält, wird groß durch **very** ausgedrückt: *sich große Sorgen machen* be very worried ◊ *Wir hatten große Angst.* We were very frightened. ◊ *großen Hunger/Durst haben* be very hungry/thirsty ◊ *„Gehen wir ins Kino?" „Ich habe keine große Lust."* 'Shall we go to the cinema?' 'I'm not very keen.'

7 (*hervorragend*) great ◊ *ein großer Künstler* a great artist ◊ *Sie hat auf diesem Gebiet Großes geleistet.* She has done great things in this field. ◊ *Katharina die Große* Catherine the Great ◊ *Er ist der Größte!* He's the greatest! ◊ *In Geschichte ist er ganz groß.* He is very good at history. **8** (*aufwändig*) ◊ *Morgen wollen wir groß essen gehen.* Tomorrow we're going out for a special meal. ◊ *Der Geburtstag wurde groß gefeiert.* The birthday was celebrated in a big way. ◊ *eine groß angelegte Studie* a large-scale study **9** (*ungefähr*) broad (*nur vor Nomen*) ◊ *Das Programm steht in großen Zügen fest.* The broad outline of the programme has been decided. **10** (*besonders*) especially ◊ *An Kochen bin ich nicht groß interessiert.* I'm not especially interested in cooking. ◊ *Was ist denn da schon groß dran?* What's so special about it? ◊ *Auf das klein Gedruckte habe ich nicht groß geachtet.* I didn't pay much attention to the small print. ◊ *Was soll man da groß sagen?* What can you say?

IDM etw (auf) groß stellen turn sth up **Groß und Klein** young and old **im Großen und Ganzen** on the whole **etw wird groß geschrieben** sth is taken very seriously ◊ *Im Gaststättengewerbe muss Hygiene groß geschrieben werden.* In the catering industry hygiene must be taken very seriously. ☞ *Siehe auch* GROSSSCHREIBEN ☞ Für andere Redewendungen mit **groß** siehe die Einträge für die entsprechenden Nomina etc. **Große Augen machen** z.B. steht unter **Auge**.

-groß -sized ◊ *mittelgroß* medium-sized

Großangriff major attack

großartig 1 wonderful (*Adv* wonderfully), great ◊ *ein großartiger Mensch* a wonderful person ◊ *Ich fühle mich einfach großartig.* I feel absolutely wonderful. ◊ *Das hast du großartig gemacht!.* You were great! **2** (*viel*) much ◊ *Wir haben uns nie großartig darüber Gedanken gemacht.* We've never given the matter much thought.

Groß- Großaufnahme close-up **Großbaustelle** construction site **Großbetrieb 1** large firm **2** (*landschaftlicher Betrieb*) large farm **Großbildschirm** big screen

Großbritannien Great Britain

> **Britain** oder **Great Britain** ist ein geographisches Gebiet, das aus England, Schottland und Wales, aber nicht Irland, besteht. Der Name **Britain** wird oft fälschlicherweise auch für den Staat verwendet, der offiziell **United Kingdom of Great Britain and Northern Ireland** heißt. Dies wird zu **United Kingdom** oder **UK** abgekürzt. Die **British Isles** sind eine Inselgruppe, die aus **Britain**, **Ireland** und einigen kleineren Inseln besteht. Die **Republic of Ireland** ist ein unabhängiger Staat auf der südlichen Hälfte der Insel **Ireland**.

Großbuchstabe capital letter; **in Großbuchstaben** in capital letters, in upper case (*Fachspr*)

Größe 1 size ◊ *Pakete verschiedener Größe* parcels of various sizes ◊ *ein Tier von der Größe einer Ziege* an animal the size of a goat ◊ *Die Insel hat etwa die Größe Bayerns.* The island is about the size of Bavaria. ◊ *Welche Größe haben Sie?* What size do you take? ◊ *Ich habe Größe 12.* I'm a size 12. ◊ *Welche Größe hat die Wohnung?* How big is the flat? ◊ *eine Stadt mittlerer Größe* a medium-sized town ◊ *Skulpturen in voller Größe* life-size sculptures **2** (*Körpergröße*) height ◊ *Die Polizei sucht einen Mann mittlerer Größe.* The police are looking for a man of medium height. ◊ *Er erhob sich zu seiner vollen Größe.* He drew himself up to his full height. **3** (*Ausmaß*) magnitude ◊ *eine Katastrophe dieser Größe* a catastrophe of this magnitude **4** (MATH) quantity* (*auch fig*) ◊ *eine unbekannte Größe* an unknown quantity **5** (*Bedeutung*) greatness ◊ *Beethovens Größe ist unbestreitbar.* Beethoven's greatness cannot be denied. **6** (*Persönlichkeit*) leading light ◊ *Er ist eine Größe auf seinem Gebiet.* He is a leading light in his field. ◊ *Er gehört zu den lokalen Größen.* He's a local celebrity.

Großeltern grandparents [Pl]

Größen- Größenordnung scale ◊ *in derselben Größenord-*

nung on the same scale **Größenunterschied** difference in size **Größenwahn** delusions of grandeur [Pl], megalomania [U] (*Fachspr*) **größenwahnsinnig** megalomaniac ◊ *ein größenwahnsinniges Vorhaben* a megalomaniac project ◊ *Wozu braucht er so eine große Wohnung? Er wird wohl größenwahnsinnig!* What does he need such a big flat for? He's getting ideas above his station.

Groß- Großfahndung large-scale search **Großfamilie** extended family **großflächig** extensive; (*adverbial*) over a large area ◊ *großflächige Blumenbeete* extensive flower beds ◊ *großflächig absterbende Baumbestände* forests dying over a large area **Großformat** large format ◊ *Bilder im Großformat* large-format pictures **Großgrundbesitzer(in)** big landowner **Großhandel** wholesale trade ◊ *Waren für den Großhandel* goods for the wholesale trade ◊ *Waren im Großhandel kaufen* buy goods wholesale ◊ *etw über den Großhandel beziehen* obtain sth wholesale ◊ *Diesen Preis bekommt man nur im Großhandel.* You can only get this price wholesale. **Großhändler(in)** wholesaler ☛ G 2.2d **Großherzog** grand duke **Großherzogin** grand duchess **Großherzogtum** grand duchy* **Großindustrielle(r)** leading industrialist **Großmacht** superpower **Großmarkt** wholesale market **Großmutter** grandmother **Großneffe** great-nephew **Großnichte** great-niece **Großonkel** great-uncle **Großraum** area ◊ *der Großraum Frankfurt* the Frankfurt area **Großraumbüro** open-plan office **Großraumflugzeug** wide-bodied jet **Großraumwagen** open-plan carriage, (*AmE*) open-plan car **großschreiben** write* *sth* with a capital letter, write* *sth* upper case ◊ *Substantive werden großgeschrieben.* Nouns are written with a capital letter. ☛ *Siehe auch* GROSS **Großschreibung** capitalization **Großstadt** city* **Großtante** great-aunt **Großteil 1** large part; (*mit zählbaren Nomina*) large number ◊ *ein Großteil der Bevölkerung* a large part of the population ◊ *ein Großteil der Haushalte* a large number of the households **2 zum ~** for the most part ◊ *Sie sind zum Großteil hier geboren.* They were born here for the most part.

größtenteils for the most part

größtmögliche(r,s) greatest possible ◊ *die größtmögliche Anzahl* the greatest possible number

Groß- Großvater grandfather **Großverdiener(in)** high earner **Großwild** big game **großziehen** rear; (*Kinder auch*) bring* *sb* up **großzügig 1** generous (*Adv* generously) ◊ *ein großzügiges Geschenk* a generous gift ◊ *Ihre Eltern haben sie sehr großzügig unterstützt.* Her parents have supported her generously. ◊ *eine großzügige Auslegung der Regel* a generous interpretation of the rule **2** (*nicht beengt*) spacious (*Adv* spaciously) ◊ *großzügige Räume* spacious rooms ◊ *ein großzügig angelegter Park* a spaciously laid out park **Großzügigkeit 1** generosity **2** (*Weitläufigkeit*) spaciousness

grotesk grotesque (*Adv* grotesquely)

Grotte grotto*

Grübchen dimple

Grube 1 pit ◊ *eine Grube ausheben* dig a pit **2** (*Bergwerk*) mine, pit ◊ *in der Grube arbeiten* work down the mine

grübeln (**über etw**) **~** brood (about/on/over sth); (*nachdenken*) ponder (on) sth ◊ *Es hat keinen Zweck, über die Vergangenheit zu grübeln.* There's no point in brooding on the past. ◊ *Sie grübelte lange über diesem Problem.* She pondered the problem for a long time.

Grubenunglück mining disaster

grüezi good morning/afternoon/evening, hello (*umgs*)

Gruft 1 (*Gewölbe*) crypt **2** (*Grab*) grave

Grufti 1 (*älterer Mensch*) wrinkly* (*umgs*) **2** (*Gothic*) goth

grün 1 green ◊ *Als Beilage gibt es grünen Salat.* There's a green salad as a side dish. ◊ *Die Leute sollten grün denken und Recycling-Produkte kaufen.* People should think green and buy recycled goods. ◊ *Wählst du grün? Do you vote Green?* ☛ *Beispiele bei* BLAU **2** (*nicht reif*) unripe ◊ *grüne Bananen* unripe bananas ◊ *Die Banane ist noch zu grün zum Essen.* The banana isn't ripe enough to eat yet. IDM **jdn grün und blau schlagen** beat* sb black and blue ◊ **sich grün und blau ärgern** get* all worked up (*umgs*) ◊ **sich nicht grün sein** not get* on ◊ *Die beiden sind sich nicht grün.* The two of them don't get on. ☛ *Siehe auch* KLEE, LICHT *und* ZWEIG

Grün green ◊ *Die Ampel springt auf Grün um.* The lights are turning green. ◊ *Er wusch den Ball aufs zweite Grün.* He hit the ball onto the second green. ◊ *Die Ruine ist von* *üppigem Grün überwachsen.* The ruin is covered with lush green foliage. ◊ *Meine Heimatstadt hat sehr viel Grün.* There are lots of green spaces in my home town.

Grünanlage park

Grund 1 (*Boden*) ground ◊ *Nach dem Gewitter war der Grund völlig aufgeweicht.* The ground was completely sodden after the storm. **2** (*eines Gewässers, eines Gefäßes*) bottom ◊ *Ablagerungen am Grund einer Flasche* sediment at the bottom of a bottle ◊ *Im Grunde seines Herzens ist er ein guter Mensch.* At heart he's a good person. ◊ *Das Schiff lief auf Grund.* The ship ran aground. **3** (*Hintergrund, Untergrund*) background ◊ *weiße Schrift auf schwarzem Grund* white letters on a black background **4 ~ und Boden** land ◊ *der Preis für Grund und Boden* the price of land **5** (*Beweggrund*) reason ◊ *Es besteht kein Grund zur Sorge.* There's no reason to worry. ◊ *Sie fing ohne Grund an zu weinen.* She started to cry for no reason at all. ◊ *Du hast nicht den geringsten Grund, schlecht gelaunt zu sein.* You haven't got the slightest reason to be in a bad mood. ◊ *Er hat allen Grund, sich zu beschweren.* He's got every reason to complain. ◊ *Das ist aus praktischen Gründen nicht möglich.* That's not possible for practical reasons. ☛ *Siehe auch* AUFGRUND IDM **einer Sache auf den Grund gehen/kommen** get* to the bottom of sth ◊ *Der Sache wollen wir doch mal auf den Grund gehen.* Let's try to get to the bottom of this. **im Grunde** (**genommen**) basically ◊ *Im Grunde genommen hast du Recht.* Basically you're right. ◊ *Im Grunde genommen habe ich nichts dagegen.* I haven't got anything against it in principle. **jdn in Grund und Boden reden** not let* sb get a word in edgeways ◊ *Sie redete ihn in Grund und Boden.* She wouldn't let him get a word in edgeways. **sich in Grund und Boden schämen** be utterly ashamed **von Grund auf** completely ◊ *Die Partei will sich von Grund auf erneuern.* The party wants to completely overhaul itself. ◊ *Er hat das Brauereigewerbe von Grund auf erlernt.* He's had a very thorough training in brewing. **Grundausbildung** basic training **Grundausstattung** basic equipment [U] ◊ *Bezahlt wird nur noch die Grundausstattung.* We'll only pay for the basic equipment. ◊ *Eine Klimaanlage gehört zur Grundausstattung dieses Autos.* Air conditioning is standard on this car. **Grundbedürfnis** basic need ◊ *menschliche Grundbedürfnisse* basic human needs **Grundbegriffe** basic concepts [Pl]; (*praktische*) basics [Pl] ◊ *philosophische Grundbegriffe* basic philosophical concepts ◊ *die Grundbegriffe des Kochens* the basics of cooking **Grundbesitz 1** land ◊ *Seine Familie verfügt über großen Grundbesitz.* His family owns a lot of land. **2** ownership of land **Grundbesitzer(in)** landowner

gründen 1 found; (*Geschäft auch*) set* *sth* up; (*Familie*) start **2 etw auf etw ~** base sth on sth ◊ *Worauf sind diese Thesen gegründet?* What are these theories based on?

Gründer(in) founder

Gründervater founding father

Grundfarbe 1 primary colour, (*AmE*) primary color **2** (*Farbe des Untergrunds*) ground colour, (*AmE*) ground color

Grundfesten foundations [Pl] IDM **an den Grundfesten von etw rütteln** shake* the foundations of sth ◊ **etw in seinen/bis in seine Grundfesten erschüttern** shake* sth to its (very) foundations

Grund- Grundfläche floor area ◊ *Die Grundfläche der Wohnung beträgt 55 Quadratmeter.* The flat has a floor area of 55 square metres. **Grundgebühr** basic charge **Grundgedanke** basic idea **Grundgehalt** (*Lohn*) basic salary* **Grundgesetz 1** basic law ◊ *die Grundgesetze der Physik* the basic laws of physics **2** (*Gesetzeswerk*) Constitution ◊ *das deutsche Grundgesetz* the German Constitution **Grundhaltung** (basic) attitude ◊ *Sie hat eine positive Grundhaltung.* Her basic attitude is positive. **Grundkenntnisse** basic knowledge [U/Sing] ◊ *Grundkenntnisse in Italienisch* a basic knowledge of Italian **Grundkurs 1** (*Anfängerkurs*) beginners' course **2** (*in der Oberstufe*) basic course **Grundlage** basis* **grundlegend** fundamental (*Adv*) fundamentally)

gründlich 1 thorough (*Adv* thoroughly) ◊ *Er wusch sich gründlich die Hände.* He washed his hands thoroughly. **2** (*intensivierend*) well and truly ◊ *Sie hat uns den Spaß gründlich verdorben.* She well and truly spoilt our fun. IDM ⇒ ARBEIT

Grund- Grundlinie 1 basic principle **2** (SPORT) baseline **Grundlohn** basic pay **grundlos 1** *Adj* unfounded **2** *Adv*

for no reason ◊ *Er wurde grundlos angegriffen.* He was attacked for no reason. **Grundnahrungsmittel** basic foodstuff

Gründonnerstag Maundy Thursday

Grund- Grundordnung constitutional order **Grundrechenarten** basic arithmetic [U] ◊ *Er beherrscht noch nicht einmal die Grundrechenarten.* He can't even do basic arithmetic. **Grundrecht** basic right ◊ *das Grundrecht auf freie Meinungsäußerung* the basic right to freedom of speech **Grundregel** basic rule **Grundriss 1** ground plan **2** (MATH) base **3** outline ◊ *ein Grundriss der lateinischen Grammatik* an outline of Latin grammar ◊ *eine Musikgeschichte im Grundriss* a short history of music **Grundsatz** principle **grundsätzlich 1** *Adj* fundamental ◊ *Es wurden grundsätzliche Einwände geäußert.* Some fundamental objections were raised. ◊ *ein grundsätzliches Parkverbot* a complete ban on parking **2** (*prinzipiell*) in principle ◊ *Er gab sein grundsätzliches Einverständnis.* He agreed to it in principle. **3** *Adv* (*vollkommen*) absolutely ◊ *Davon rate ich Ihnen grundsätzlich ab.* I would advise you absolutely not to do it. **4** *Adv* (*aus Prinzip*) as a matter of principle ◊ *Das lehne ich grundsätzlich ab.* I reject it as a matter of principle. **Grundschule** primary school, (*AmE*) elementary school **Grundstein 1** foundation stone (*auch fig*) **2 der ~ für/zu etw sein** be the foundation of sth **Grundstock** basis **Grundstoff 1** basis (*auch fig*) **2** (*Rohstoff*) raw material **3** (CHEM) element **Grundstück** plot of land **Grundstudium** = first part of a university degree course

Gründung founding (*oft mit einem Verb übersetzt*) ◊ *die Gründung einer Stadt* the founding of a city ◊ *Die Gründung der Bank erfolgte 1910.* The bank was founded in 1910. ◊ *Sie ist nicht an der Gründung einer Familie interessiert.* She's not interested in starting a family.

Grund- Grundversorgung ◊ *Die Grundversorgung der Bevölkerung muss gesichert werden.* We must make sure that the population's basic needs are being met. ◊ *die medizinische Grundversorgung* basic medical care **Grundwasser** ground water **Grundzug** essential feature

Grüne country ◊ *ein Haus im Grünen* a house in the country ◊ *Lass uns am Sonntag raus ins Grüne fahren.* Let's go on a drive in the country on Sunday.

Grüne(r) (POL) Green ◊ *Die Grünen befürworten diesen Gesetzesentwurf.* The Greens are supporting this bill. ◊ *Sie ist eine Grüne.* She's a member of the Green party.

Grün- Grünfläche 1 green space **2** (*Grünanlage*) green spaces [Pl] ◊ *Immer mehr Grünfläche fällt der Bebauung zum Opfer.* More and more green spaces are being built on. **Grüngürtel** green belt **Grünstreifen** central reservation, (*AmE*) median (strip); (*am Rand einer Fahrbahn*) grass verge, (*AmE*) soft shoulder

grunzen grunt (*auch fig*) ◊ *Er grunzte irgendetwas Unverständliches.* He grunted something incomprehensible.

Gruppe group ◊ *eine Gruppe von etwa 20 Personen* a group of about 20 people ☞ G 1.3b

Gruppenarbeit 1 teamwork **2** (*beim Lernen*) group work ◊ *Wir haben heute in Englisch Gruppenarbeit gemacht.* We did group work in English today. **Gruppenführer(in)** group leader **gruppenweise** in groups

gruppieren 1 group ◊ *Er gruppierte die Muscheln nach ihrer Form.* He grouped the shells according to their shape. **2** sich ~ form a group

Gruppierung 1 grouping (together) (*oft mit einem Verb übersetzt*) ◊ *die Gruppierung von etymologisch zusammengehörenden Wörtern* the grouping together of words that are etymologically related ◊ *Die Gruppierung der Möbel in eurem Wohnzimmer gefällt mir sehr gut.* I really like the way you have grouped the furniture in your living room. **2** (*von Menschen*) group ◊ *eine politische Gruppierung* a political group ☞ G 1.3b

Gruselfilm horror film

gruselig scary

gruseln jd gruselt sich (vor etw); es gruselt jdn (vor etw) sb is scared (of sth) ◊ *Gruselst du dich vor Spinnen?* Are you scared of spiders? ◊ *Es gruselte sie, nachts auf den Friedhof zu gehen.* She was scared of going to the graveyard at night.

Gruß 1 regards [Pl] ◊ *Richten Sie Ihrer Frau bitte herzliche Grüße aus.* Please give my regards to your wife. **2 mit freundlichen Grüßen ...** yours sincerely ...; **viele liebe Grüße ...** lots of love ... **3** (*das Grüßen*) greeting ◊ *Sie nickte ihm zum Gruß zu.* She nodded a greeting to him.

grüßen 1 (jdn) ~ say* hello (to sb) ◊ *Er grüßt nie.* He never says hello. ◊ *Sie lächelt jedesmal freundlich, wenn ich sie grüße.* She always gives me a friendly smile when I say hello to her. **2** jdn von jdm ~ (*jdm einen Gruß senden*) give* sb's regards to sb ◊ *Bitte grüße die Eltern von mir.* Give my regards to your parents. **3** jd lässt (jdn) ~ sb sends* his/her love/regards ◊ *Angela lässt dich ganz herzlich grüßen.* Angela sends her love. IDM **Grüß dich!** Hello! ☞ *Siehe auch* GOTT

grußlos without saying hello; (*beim Abschied*) without saying goodbye

Grütze 1 groats [Pl] (*veraltet*) **2 rote ~** = dessert made from red fruit and juice in a soft jelly

gucken 1 look **2** (*anschauen*) watch ◊ *Es macht keinen Spaß, Filme alleine anzugucken.* It's no fun watching films on your own. **3 etw guckt aus etw** sth is sticking out of sth ◊ *Aus seiner Hosentasche guckte ein Taschentuch.* There was a handkerchief sticking out of his trouser pocket. IDM ⇨ RÖHRE

Guerilla¹ *die* **1** (*Einheit*) guerrilla group **2** (*-krieg*) guerrilla war

Guerilla² *der* guerrilla

Gulasch goulash

Gully drain

gültig 1 valid; (*aktuell*) current (*nicht vor Nomen*); (*in Kraft*) in force (*nicht vor Nomen*) ◊ *Die Karten sind nicht mehr gültig.* The tickets are no longer valid. ◊ *Dieser Satz ist auch heute noch gültig.* This statement is still valid today. ◊ *der gültige Fahrpreis* the current fare ◊ *früher gültige Münzen* coins that are no longer legal tender ◊ *das ab 1. Januar gültige Gesetz* the law which comes into force on 1 January ◊ *Winterfahrplan (gültig ab 1. Oktober)* Winter Timetable (with effect from 1 October) **2** (*anerkannt*) accepted ◊ *die bisher gültige Ideologie des „Schmelztiegels"* the ideology of the 'melting pot' which is still accepted today

Gültigkeit validity ◊ *die Gültigkeit der Vereinbarung* the validity of the agreement ◊ *Gültigkeit haben/erlangen* be/become valid ◊ *die Gültigkeit verlieren* cease to be valid ◊ *Die Fahrkarte hat drei Monate Gültigkeit.* The ticket is valid for three months.

Gummi 1 rubber ◊ *eine Ente aus Gummi* a rubber duck **2** *auch* **Gummiband** rubber band, (*BrE auch*) elastic band **3** *auch* **Gummizug** elastic [U] ◊ *ein neues Gummiband einziehen* replace the elastic **4** (*Radiergummi*) eraser, (*BrE auch*) rubber **5** (*Präservativ*) condom

Gummibärchen ≈ jelly baby*, (*AmE*) ≈ jelly bean **Gummibaum 1** rubber plant **2** (*Kautschukbaum*) rubber tree **Gummiboot** (rubber) dinghy*, (*AmE auch*) rubber raft **Gummigeschoss** rubber bullet **Gummihandschuh** rubber glove **Gummiknüppel** rubber truncheon **Gummistiefel** wellington (boot), (*AmE*) rubber boot

Gunst favour, (*AmE*) favor ◊ *Sie genießt die Gunst des Chefs.* She's in favour with the boss. ◊ *die Gunst des Publikums verlieren* fall out of favour ◊ *jdm eine Gunst erweisen* do sb a favour ◊ *Er hat sich zu meinen Gunsten verrechnet.* He made a mistake in my favour. ◊ *Zu seinen Gunsten wird geltend gemacht, dass ...* In his favour, it has been said that ... ◊ *Er bemühte sich um die Gunst des Vorstands.* He tried to ingratiate himself with the board. IDM **die Gunst der Stunde nutzen** make* the most of the opportunity

günstig 1 favourable (*Adv* favourably), (*AmE*) favorable (*Adv* favorably); (*Gelegenheit, Moment auch*) right; (*Wetter, Aussichten, Urteil auch*) good ◊ *etw in einem günstigen Licht erscheinen lassen* present sth in a favourable light ◊ *Er hat sich günstig darüber geäußert.* His comments were favourable. ◊ *einen günstigen Zeitpunkt abpassen* wait for the right moment ◊ *bei günstiger Witterung* in good weather ◊ *ein günstiges Urteil über jdn abgeben* give sb a good report ◊ *Die Aussichten werden als günstig beurteilt.* The prospects are considered good. ◊ *eine günstige Wendung nehmen* take a turn for the better ◊ *Du hättest keinen günstigeren Zeitpunkt wählen können.* You couldn't have chosen a better time. **2** (*Standort*) convenient (*Adv* conveniently) ◊ *in günstiger Lage zum Bahnhof* convenient for the station ◊ *günstig gelegen* conveniently situated **3** (*preiswert*) cheap (*Adv* cheaply) ◊ *ein günstiges Darlehen* a cheap loan ◊ *etw günstig kaufen* buy sth cheaply ◊ *günstige Einkäufe* bargains

gurgeln 1 (*mit Wasser etc.*) gargle **2** (*Geräusch, Stimme*) gurgle
Gurke 1 cucumber; (*in Essig eingelegt*) gherkin, (*AmE*) pickle ◊ *saure Gurken* (pickled) gherkins **2** (*Nase*) nose, (*BrE auch*) conk (*Slang*)
gurren coo*
Gurt 1 belt; (*Sitz-*) seat/safety belt; (*Trage-, Kletter-, Fallschirm-*) harness **2** (*Schulter-*) bandolier **3** (*Riemen*) strap ◊ *Sie befestigten die Ladung mit Gurten*. They secured the load with straps.
Gürtel belt ◊ *einen Gürtel ummachen* put on a belt ◊ *den Gürtel weiter schnallen* let out your belt ◊ *Sie trug ein Handy am Gürtel*. Her phone was clipped on her belt. ◊ *ein Gürtel von Grünanlagen* a belt of grass and trees **IDM** ⇒ SCHNALLEN
Gürtellinie waist(line) ◊ *ein Kleid mit hoch angelegter Gürtellinie* a dress with a high waist(line) ◊ *von der Gürtellinie an gelähmt* paralysed from the waist down **IDM ein Schlag unter die Gürtellinie 1** (*Boxen*) a punch below the belt ◊ *Schläge unter die Gürtellinie sind verboten*. It is forbidden to punch below the belt. **2** (*unfair, gemein*) (a blow) below the belt **unterhalb der Gürtellinie** near the knuckle (*umgs*) ◊ *Die Scherze lagen weit unterhalb der Gürtellinie*. The jokes were very near the knuckle.
Guru guru
Guss 1 (*das Gießen*) casting **2** (*Statue etc.*) cast ◊ *ein Guss aus Bronze* a bronze cast **3** (*Regen-*) downpour **4** (*Schwall*) shower **5** (*Zucker-, Schokoladen-*) icing [U]; (*Torten-*) glaze
Gusseisen cast iron
gut
• Qualität, Leistung etc. **1** good (*Adv* well); (*Essen*) nice ◊ *sich gut für/zu etw eignen* be good for sth ◊ *Schauen Sie sich das Foto gut an*. Take a good look at this photo. ◊ *Er kann gut mit Kindern umgehen*. He's good with children. ◊ *Das ist gut gegen Kopfschmerzen*. It's good for headaches. ◊ *Das halte ich nicht für gut*. I don't think it's a good idea. ◊ *Gut, dass du an deinen Schirm gedacht hast*. It's a good thing you remembered your umbrella. ◊ *Sie spricht sehr gut Englisch*. She speaks English very well. ◊ *Gut gemacht!* Well done! ◊ *etwas Gutes kochen* cook something nice ◊ *Bei deiner Tante wird's dir gut gehen*. You'll have a nice time at your aunt's. ◊ *Das kann ich gut verstehen*. I quite understand. ◊ *Weiter nach rechts — ja, so ist gut*. Further to the right — that's fine. ◊ *Das nimmt kein gutes Ende*. It'll all end in tears. **2** ~ (**in etw**) good (at sth) ◊ *Sie ist gut in Physik*. She's good at physics. ◊ *Er hat mit „gut" bestanden*. He got a 'B' in the exam. ☛ *Hinweis bei* NOTE, S. 1126. **3** (*für besondere Anlässe*) best ◊ *Die Schuhe will ich für gut behalten*. I'm keeping these shoes for best.
• in Verbindung mit Adjektiven und Partizipien **4** well ◊ *ein gut bezahlter Job* a well-paid job ◊ *gut gemeinte Ratschläge* well-meant advice ◊ *ein gut aussehender Mann* a good-looking man ◊ *gut gelaunt* cheerful ◊ *ein gut gehendes Geschäft* a profitable business ◊ *für finanziell gut gestellte Eltern* for parents who are well off ◊ *Das Geld ist bei ihm gut aufgehoben*. The money is safe with him. ☛ *Hinweis bei* WELL[1]
• Gesundheit **5** well, fine ◊ *Ihm geht's heute nicht gut*. He's not feeling very well today. ◊ „*Wie geht es Ihnen?" „Danke, gut!"* 'How are you?' 'Fine, thanks.' ◊ *Mir ist nicht gut*. I don't feel well. ☛ *Hinweis bei* FINE[1]
• leicht **6** easy* (*Adv* easily) ◊ *Man kann gut mit ihr reden*. She's easy to talk to. ◊ *Abends kann ich nicht gut weg*. I can't get away easily in the evenings. ◊ *Es ist gut möglich, dass …* It's perfectly possible that … ◊ *Ich kann ihn jetzt nicht gut darum bitten*. I can't very well ask him for it now. ◊ *Es kann gut sein, dass …* It may well be that …
• mit Gewichten, Maßen **7** (*mindestens, reichlich bemessen*) good ◊ *Es wiegt gut 10 Pfund*. It weighs a good 10 pounds. ◊ *Es dauert gut eine Stunde*. It takes a good hour. ◊ *zwei gute Löffel Zucker* two heaped spoonfuls of sugar
• in Ordnung **8** (**noch einmal**) ~ **gehen** ◊ *Na, hoffentlich geht das gut*. Let's hope it'll be all right. ◊ *Das ist gerade noch mal gut gegangen!* That was a near thing! ◊ *Das ist nicht lange gut mit den beiden*. It's not going to last with those two. **9** (*okay*) (all) right, OK ◊ *Also gut!* Right, then! ◊ *Gut, einverstanden!* Right, that's fine! ◊ „*Oh Entschuldigung!" „Schon gut."* 'Oh, I'm sorry!' 'It's all right.'
• positiv **10 Gute(s)** good (thing) ◊ *Das Gute daran ist,*

dass … The good thing (about it) is that … ◊ *In jedem Menschen steckt etwas Gutes*. There's (some) good in everybody. ◊ *Es hat auch sein Gutes, wenn's heute regnet*. It'll be no bad thing if it rains today. ◊ *Ich ahnte nichts Gutes*. I had a feeling something was wrong.
IDM alles Gute all the best ◊ *Alles Gute für die Zukunft*. All the best for the future. ◊ *Alles Gute zum Geburtstag!* Many Happy Returns! **das ist (ja) alles/ganz gut und schön, aber …** that's all very well but … **(du bist/du sist (vielleicht) gut!** *Du bist gut, du tust gerade, als ob ich was dafür könnte*. I like that! You talk as if it was my fault. ◊ *Sie sind gut, und wie soll ich jetzt nach Hause kommen?* Oh brilliant! How am I supposed to get home now? **es gut haben** be lucky **es (mit etw) gut getroffen haben** be lucky (with sth) ◊ *Sie haben es mit der Wohnung gut getroffen*. They were lucky with the flat. **gut daran tun** be well advised **gut drauf sein** be in a good mood **gut lachen/reden haben** ◊ *Du hast gut lachen, du hast die Prüfung schon hinter dir*. It's all right for you, you've got the exam over with. **(es) (damit/mit etw) gut sein lassen** forget it ◊ *Nun lass (es) gut sein, sie wird es schon nicht wieder tun*. Let's forget it now. She won't do it again. ◊ *Er ließ es mit einer Strafarbeit gut sein*. He decided that lines would be enough punishment. **gut und gern** easily ◊ *Die Reise kostet gut und gern ein Monatsgehalt*. The trip costs easily a month's salary. **im Guten** amicably ◊ *Lassen Sie uns die Sache im Guten regeln*. Let's settle the matter amicably. ◊ *jdm etw im Guten sagen* give sb a friendly piece of advice ◊ *Sie haben sich im Guten getrennt*. They separated on friendly terms. **immer für etw gut sein** ◊ *Sie ist immer für eine Überraschung gut*. You can always count on her to surprise you. **mach's gut** take care **na gut** all right then; (*zögernd*) well ◊ „*Los, komm doch mit.*" „*Na gut, du lässt mir ja sowieso keine Ruhe.*" 'Go on. Come with us.' 'All right then. I suppose you won't leave me in peace otherwise.' ◊ „*Kann ich heute Abend etwas länger wegbleiben?*" „*Na gut, aber nur heute.*" 'Can I stay out a bit later tonight?' 'Well, just tonight then.' **sich für etw zu gut sein** think* sth is beneath you **so gut es geht** as far as you can* ◊ *Sie klebte die Vase so gut es ging wieder zusammen*. She stuck the vase back together as best she could. ◊ *Ich versuche mich so gut es geht abzulenken*. I try as far as possible not to think about it. **so gut wie** virtually; as good as ◊ *Es ist so gut wie sicher, dass sie die Prüfung besteht*. She is virtually certain to pass the exam. **zu etw gut sein** be for sth ◊ *Wozu ist der Hebel hier gut?* What's this lever for? ◊ *Wozu soll das gut sein?* What's the point of that? ◊ *Wer weiß, wozu das gut ist*. It may be a good thing. ☛ *Für andere Redewendungen mit* **gut** *siehe die Einträge für die entsprechenden Nomen etc.* **Gut im Rennen liegen** z.B. steht unter RENNEN. ☛ *Siehe auch* WENDEN

Gut 1 (*Besitz*) property [Sing]; (*Vermögen*) wealth [Sing] (*Ware, Gebrauchsgegenstand*) commodity*; (*Sachen*) goods [Pl] ◊ *bewegliche Güter* movable property ◊ *Wasser ist ein knappes Gut*. Water is a scarce commodity. ◊ *Kinder sind das höchste Gut jeder Gesellschaft*. Children are the most valuable asset a society has. ◊ *weltliche/geistige Güter* material/intellectual possessions ◊ *sein Hab und Gut verlieren* lose everything you own **2** (*Land-*) estate **3 Güter** (*Handels-*) goods [Pl]; (*Transport-*) freight [U]
Gutachten expert opinion; (*Dokument*) expert report
Gutachter(in) expert adviser; (*vor Gericht*) expert witness
gutartig 1 (MED) benign **2** (*Charakter*) good-natured
gutbürgerlich 1 middle-class ◊ *aus gutbürgerlichen Verhältnissen* from a middle-class background **2** *gutbürgerliche Küche* good home cooking
Gute(r) 1 dear ◊ *meine Gute* my dear ◊ *Er hat schon alles erledigt, der Gute!* He's done it all, bless him! **2** (*herablassend*) poor dear ◊ *Der Gute/die Gute wird sich wundern*. The poor dear will be surprised. **3** (*Könner(in)*) ◊ *In Mathematik gehört sie zu den Guten*. She's one of the better ones at maths.
Güte 1 goodness; (*hilfreiche Gesinnung, Freundlichkeit*) kindness ◊ *die Güte Gottes* God's goodness ◊ *Sie hat seine Güte ausgenutzt*. She took advantage of his kindness. ◊ *Hättest du wohl die Güte, das Radio leiser zu machen?* Would you please turn the radio down! **2** (*Qualität*) quality* ◊ *eine Ware (von) erster Güte* a top quality product **IDM (Ach) du meine/liebe Güte!** (My) goodness!
Güteklasse class
Güter- Güterbahnhof goods station, (*AmE*) freight sta-

tion **Güterverkehr** goods traffic, *(AmE)* freight traffic **Güterwagen** goods wagon, *(AmE)* freight car **Güterzug** freight train, *(BrE auch)* goods train

gutgläubig gullible *(Adv* gullibly); *(naiv) Adv* naively)

guthaben be owed *sth* ◊ *Du hast bei mir noch ein Glas Wein gut.* I owe you a glass of wine.

Guthaben (bank) balance ◊ *Sie haben ein Guthaben von 200$ bei uns.* The balance on your account is $200.

gutheißen 1 *(befürworten)* approve of *sth* ◊ *Sie hieß meinen Vorschlag nicht gut.* She didn't approve of my suggestion. **2** *(bewilligen)* approve ◊ *Er konnte den Antrag nicht gutheißen.* He couldn't approve the request. ◊ *Die Sache wird stillschweigend gutgeheißen.* People just accept it.

gütig kind *(Adv* kindly)

gütlich 1 amicable *(Adv* amicably) **2** *sich an etw ~ tun* consume sth with gusto

gutmachen 1 *etw* **(wieder)** *~* put* sth right **2** *etw an jdm ~* make* sth up to sb ◊ *Sie hat viel an ihm gutzumachen.* She has a lot to make up to him for. **3** *(jdm) etw ~ (Gefallen etc.)* repay* sb for sth ◊ *Ich weiß nicht, wie ich (dir) das wieder gutmachen soll.* I don't know how to repay you. **4** *(Zugewinn)* make* ◊ *Er hat bei dem Geschäft 100$ gutgemacht.* He made $100 on the deal. IDM ⇒ BODEN

gutmütig good-natured; *(nachgiebig)* easy-going

Gutmütigkeit good nature; *(Hilfsbereitschaft)* kindness

Gutschein voucher; *(Geschenk- auch)* token; *(bei Warenrückgabe)* credit note ◊ *ein Gutschein über 100$* a voucher for $100 ◊ *einen Gutschein einlösen* use a voucher ◊ *ein Gutschein für einen Theaterbesuch* a theatre gift token

gutschreiben *jdm etw ~* credit sth to sb's account; *(fig)* credit sb with sth ◊ *Der Betrag wird Ihrem Konto gutgeschrieben.* The amount will be credited to your account. ◊ *Die Erfolge werden der Regierung gutgeschrieben.* The government is being credited with these successes.

Gutschrift 1 crediting *(meist mit einem Verb übersetzt)* ◊ *Bis zur Gutschrift auf dem Konto vergingen mehrere Tage.* It was several days before the amount was credited to the account. **2** *(Betrag)* credit ◊ *eine Gutschrift von 10$* a credit of $10 ◊ *Die Gutschrift war auf dem Konto verbucht.* The amount was credited to the account.

Guts- Gutshaus manor house **Gutshof** country estate

gutwillig charitable *(Adv* charitably); *(mit guten Absichten)* well-intentioned

Gymnasiallehrer(in) ≈ grammar school teacher ☞ G 2.2d ☞ *Hinweis bei* GYMNASIUM, S. 996.

Gymnasiast(in) ≈ grammar school pupil ☞ *Hinweis bei* GYMNASIUM, S. 996.

Gymnasium ≈ grammar school ◊ *aufs Gymnasium gehen/kommen* go to grammar school

> Die meisten **grammar schools** in Großbritannien sind durch **comprehensive schools**, d.h. Gesamtschulen, ersetzt worden. Auch in den USA herrscht das Gesamtschulsystem vor. Dort heißt eine Schule der Sekundarstufe I **junior high school** und eine der Sekundarstufe II **senior high school**.

Gymnastik 1 *(Sportart)* gymnastics [U] ◊ *Er spielt Tennis, ich mache Gymnastik.* He plays tennis. I do gymnastics. **2** *(Übungen)* exercises [Pl] ◊ *Ich habe gerade Gymnastik gemacht.* I've been doing my exercises.

Gynäkologe, Gynäkologin ⇒ FRAUENARZT/-ÄRZTIN

Gynäkologie gynaecology, *(AmE)* gynecology; *(Abteilung)* gynaecology department, *(AmE)* gynecology department

gynäkologisch gynaecological, *(AmE)* gynecological ◊ *die gynäkologische Abteilung* the gynaecological department ◊ *sich gynäkologisch untersuchen lassen* see a gynaecologist

Hh

H, h 1 H, h ☞ *Beispiele bei* A, A, S. 773. **2** (Mus) B

ha *(drückt Genugtuung aus)* ha

hä *(wie bitte?)* what

Haar hair; *das ~/die Haare* hair [U] ◊ *In meinem Eis ist ein Haar.* There's a hair in my ice cream. ◊ *kurzes Haar/kurze Haare* short hair IDM **an den Haaren herbeigezogen sein** be far-fetched **jdm ein Haar krümmen** harm sb **Haare spalten** split* hairs **kein gutes Haar an jdm/etw lassen** not have a good word to say about sb/sth **sich aufs Haar gleichen** be like two peas in a pod **sich die Haare raufen** tear* your hair out **sich in den Haaren liegen** be at loggerheads **sich in die Haare kriegen** argue **sich über jdm/etw keine grauen Haare wachsen lassen** not lose* any sleep over sb/sth **um ein Haar** very nearly ◊ *Um ein Haar hätte sie ihn verpasst.* She very nearly missed him. ☞ *Siehe auch* HAUT

Haaransatz *(an der Stirn)* hairline; *(an der Kopfhaut)* roots [Pl] ◊ *den Haaransatz nachfärben* redye your roots

Haarausfall hair loss ◊ *unter Haarausfall leiden* suffer from hair loss ◊ *Haarausfall haben* be losing your hair

Haarbürste hairbrush

haaren *(Tiere)* moult; *(Teppich)* shed* (fluff)

Haaresbreite *um ~* by a hair's breadth

Haar- Haarfarbe hair colour, *(AmE)* hair color ◊ *ihre natürliche Haarfarbe* her natural hair colour ◊ *Welche Haarfarbe hatte er?* What colour hair did he have? **haargenau** exact *(Adv* exactly); *(ausführlich)* in great detail *(nicht vor Nomen)* ◊ *haargenau stimmen* be exactly right ◊ *etw haargenau planen* plan sth in great detail ◊ *jdn/etw haargenau kennen* know sb/sth inside out

haarig 1 hairy* **2** *(heikel)* tricky*

-haarig -haired ◊ *langhaarig* long-haired

Haar- Haarnetz hairnet **haarscharf 1** by a hair's breadth ◊ *Er schoss haarscharf am Tor vorbei.* He missed the goal by a hair's breadth. ◊ *Sie entging haarschaf dem Tod.* She escaped death by the skin of her teeth. **2** *(sehr exakt)* precise; *(Unterschied)* fine **Haarschnitt** haircut **Haarspange** hairslide, *(AmE)* barrette **Haarspray** hairspray **haarsträubend** hair-raising; *(schockierend)* shocking

Hab *~ und Gut* possessions [Pl]

Habe possessions [Pl]

haben¹ *Hilfsvb* have ☞ G 9

haben² *Verb* **1** have (got) ◊ *Ich habe Kopfschmerzen.* I have (got) a headache ◊ *Das Gebäude hat 16 Etagen.* The building has (got) 16 floors.

> Im britischen Englisch wird häufig **have got** verwendet: *They've got a wonderful house.* ◊ *We haven't got a television.* ◊ *Have you got a meeting today?* Fragen und verneinte Sätze werden allerdings auch mit **do** gebildet: *Do you have any brothers and sisters?* ◊ *We don't have a car.* Im **past tense** wird in positiven Aussagen **had** verwendet. In verneinten Sätzen und Fragen wird dann meist **did have** benutzt: *They had a wonderful house.* ◊ *We didn't have much time.* ◊ *Did she have her husband with her?*
>
> Im amerikanischen Englisch hingegen wird hier üblicherweise **have** und **do/does/did have** benutzt: *They have a wonderful house.* ◊ *We don't have a television.* ◊ *Do you have a meeting today?*
>
> Sowohl im britischen als auch amerikanischen Englisch wird **have**, bzw. **do/does/did have** benutzt, wenn man eine Gewohnheit beschreibt: *In my country people usually have large families.* ◊ *We don't often have time to talk.* ◊ *Do you ever have headaches?*

◊ *Ein Kilometer hat 1 000 Meter.* There are 1 000 metres in a kilometre. ◊ *Es hat heute 28°C.* It's 28°C today. ◊ *geöffnet*

haben be open ◊ *Diese Hosen hat man jetzt.* These trousers are fashionable now. **2 zu … haben** ◊ *Wir haben nichts zu trinken daheim.* We've got nothing to drink at home. ◊ *Ich weiß, was wir zu tun haben.* I know what we have to do. ◊ *Ich hab noch die Übersetzung zu machen.* I've still got the translation to do. ◊ *Du hast mir gar nichts zu sagen.* You can't give me orders. **3 es mit jdm/etw nicht ~** not be keen on sb/sth ◊ *Er hat es nicht so mit der Malerei.* He's not very keen on painting. **4 etwas mit jdm ~** be having an affair with sb ◊ *Er hat was mit einer Studentin.* He's having an affair with a student. **5 etw an sich ~** ◊ *Das haben Lehrer nun mal so an sich.* That's what teachers are like. ◊ *Das haben alte Autos an sich.* That's how it is with old cars. **6 etw an jdm/etw ~** ◊ *An ihrer Tochter hat sie eine große Hilfe.* Her daugher is a great help to her. ◊ *Ich weiß, was ich an ihm habe.* I know how lucky I am to have him. **7 es in sich ~** *(schwierig sein)* be very hard; *(alkoholreich sein)* be very strong **8 etw nicht ~ können** not be able to stand sth ◊ *Dieses Geschwätz kann ich absolut nicht haben!* I just can't stand this gossip. **9 etwas gegen jdn/etw ~** have (got) something against sb/sth; **nichts gegen jdn/etw ~** have (got) nothing against sb/sth ◊ *Sie hat etwas gegen ihren Nachbarn.* She's got something against her neighbour. **10 (noch) zu ~ sein** be still available; *(zu verkaufen)* be still for sale ◊ *Er ist noch zu haben.* He's still available. ◊ *Ist der Stuhl im Fenster noch zu haben?* Is the chair in the window still for sale? **11 für etw zu ~ sein** be ready for sth; **für etw nicht zu ~ sein** have no interest in sth **12 sich (mit etw) ~** make* a fuss (about sth) ◊ *Nun hab dich nicht so!* Don't make such a fuss! **13 etw/nichts von jdm/etw ~** get* some/no benefit from/out of sth **14 etwas für sich ~** ◊ *Eine eigene Wohnung hat etwas für sich.* There is something to be said for having your own flat. **Ich hab's!** I've (got) it! **und damit hat sich's** and that's the end of it **wie gehabt** as before; *(wie immer)* as usual ☛ Für andere Ausdrücke mit **haben** siehe die Einträge für die entsprechenden Nomina etc. **Durst haben** z.B. steht unter **Durst**.

Haben credit

Habgier greed ◊ *aus Habgier* out of greed

habgierig greedy* *(Adv* greedily)

Habicht hawk

Habilitation *(Qualifikation)* = qualification as a university lecturer; *(Habilitationsschrift)* postdoctoral thesis

Hachse (GASTRON) leg

Hackbraten meat loaf*

Hackbrett 1 *(in der Küche)* chopping board, *(AmE)* cutting board **2** (MUS) dulcimer ◊ *Sie spielt Hackbrett.* She plays the dulcimer.

Hacke[1] *(Werkzeug)* hoe

Hacke[2] *(Ferse, Absatz)* heel

hacken 1 hack; *(mit dem Schnabel)* peck ◊ *ein Loch ins Eis hacken* hack a hole in the ice **2** *(zerteilen)* chop* ◊ *Holz hacken* chop wood **3 (etw) ~** *(Erde)* hoe (sth) **4** (COMP) hack ◊ *(sich in) ein anderes System hacken* hack into another system

Hacker(in) hacker

Hack- **Hackfleisch** minced meat, *(AmE)* ground meat **Hacksteak** burger

Hafen harbour, *(AmE)* harbor; *(Handels-, Fracht-)* port; *(Hafenanlagen)* docks [Pl]; *(Jacht-)* marina
Hafenstadt port

Hafer oats [Pl]
Haferbrei porridge (made with milk or water) **Haferflocken** porridge oats [Pl] **Haferschleim** porridge (made with water)

Haft 1 *(Polizei-)* custody; *(Gefängnis)* prison; *(bei Jugendlichen, politischen Gefangenen)* detention ◊ *jdn in Haft nehmen* take sb into custody ◊ *Er befindet sich seit einem Jahr in Haft.* He has been in prison for a year. ◊ *in politischer Haft sein* be a political prisoner **2** *(Strafe)* imprisonment [U] ◊ *Er wurde zu sechs Monaten Haft verurteilt.* He was sentenced to six months' imprisonment. ◊ *Er verbüßt eine zweijährige Haft.* He is serving a two-year prison sentence. ◊ *ein Jahr Haft mit Bewährung* a year's suspended sentence

haftbar jdn für etw ~ machen hold* sb liable for sth; **für**

etw ~ **sein** be liable for sth ◊ *Bei einem Unfall am Arbeitsplatz kann der Arbeitgeber haftbar gemacht werden.* The employer can be held liable for an accident at work.

Haftbefehl arrest warrant ◊ *Gegen ihn liegt ein Haftbefehl vor.* There is a warrant out for his arrest. ◊ *einen Haftbefehl gegen jdn erlassen* issue a warrant for sb's arrest

haften[1] **1 (an etw) ~** *(kleben, hängen bleiben)* stick* (to sth) *(auch fig)*; *(Frischhaltefolie, Geruch)* cling* (to sth) *(auch fig)* ◊ *Diese Aufkleber haften nur auf einer sauberen Fläche.* The stickers will only stick on a clean surface. ◊ *Eine Klette haftet an ihrem Pullover.* There's a burr stuck to her pullover. ◊ *Bilder, die im Gedächtnis haften bleiben* images that stick in the mind ◊ *Dieser Geruch bleibt überall haften.* The smell clings to everything. ◊ *Ein schlechter Ruf bleibt lange haften.* A bad reputation is difficult to lose. ◊ *Von dieser Lektion ist wenig haften geblieben.* I can't remember much of the lesson. ◊ *Sein Blick blieb an einer Reklame haften.* An advertisement caught his eye. **2** *(Haftung haben)* grip* ◊ *Bei nasser Fahrbahn haften die Reifen schlechter.* Tyres don't grip so well on wet roads. ◊ *Dieser Lippenstift haftet lange.* This lipstick is long lasting.

haften[2] **1 für jdn ~** be legally responsible for sb ◊ *Eltern haften für ihre Kinder.* Parents are legally responsible for their children. **2 für etw ~** be responsible for sth; *(für Schaden etc.)* be liable for sth ◊ *Sie haften mir dafür, dass alles fristgemäß abgewickelt wird.* You will be responsible for keeping everything on schedule. ◊ *für einen Schaden haften* be liable for any damage ◊ *Wir haften nicht für hier abgestellte Fahrzeuge.* We cannot accept liability for vehicles parked here. **3** *(garantieren)* ◊ *Die Firma haftet mit ihrem guten Namen.* The company's good reputation is its guarantee.

Haftentlassung release from custody [U]

haftfähig fit for detention *(nicht vor Nomen)*

Häftling detainee; *(im Gefängnis)* prisoner

Haft- **Haftpflichtversicherung** personal liability insurance [U]; *(für Autofahrer)* third party insurance [U] ◊ *eine Haftpflichtversicherung haben* have personal liability insurance **Haftrichter(in)** ≈ magistrate ◊ *Sie wurde dem Haftrichter vorgeführt.* She appeared before the magistrates. **Haftstrafe** prison sentence ◊ *eine Haftstrafe verbüßen* serve a prison sentence

Haftung liability ◊ *für den Schaden die Haftung übernehmen* accept liability for the damage ◊ *Gesellschaft mit beschränkter Haftung* limited liability company ◊ *Für Garderobe übernehmen wir keine Haftung.* Articles are left here at the owner's risk.

Hagebutte rose hip; *(Blume)* dog rose
Hagebuttentee rose-hip tea

Hagel 1 hail; *(Schauer)* hailstorm ◊ *Diesen Sommer hatten wir mehrmals Hagel.* We had several hailstorms this summer. **2** *(große Menge)* hail ◊ *ein Hagel von Pfeilen* a hail of arrows ◊ *ein Hagel von Kritik* a storm of criticism ◊ *Ein Hagel von Schlägen ging auf ihn nieder.* Blows rained down on him.

hageln 1 hail ◊ *Es hagelt!* It's hailing! **2** *(niederprasseln)* rain down ◊ *Granaten und Bomben hagelten vom Himmel.* Grenades and bombs rained down. ◊ *Es hagelte Auszeichnungen für ihren ersten Roman.* She was showered with praise for her first novel. ◊ *Es hagelte Proteste.* There was a storm of protest.

Hagelschauer hailstorm

hager gaunt ◊ *hager wirken* look gaunt

Hahn 1 *(Vogel)* rooster, *(BrE auch)* cock; *(jung)* cockerel **2** *(Wasser-)* tap, *(AmE meist)* faucet; *(Gas-)* gas tap ◊ *den Hahn schließen* turn the tap off ◊ *Bier vom Hahn* draught beer **3** *(an Schusswaffen)* hammer; **den ~ spannen** cock a gun

Hähnchen chicken

Hai, Haifisch shark

häkeln crochet

Häkelnadel crochet hook

haken 1 hook **2** *(festhängen)* stick*

Haken 1 hook ◊ *ein Haken aus Metall* a metal hook ◊ *Der Rock wird mit Haken und Öse geschlossen.* The skirt fastens with a hook and eye. ◊ *Er streckte seinen Gegner mit einem Haken zu Boden.* He landed his opponent a hook and floored him. **2** *(grafisches Zeichen)* tick, *(AmE)* check (mark) ◊ *Sie machte einen Haken unter die Hausaufgabe.* She put a tick under the homework. **3** *(Schwierigkeit)* snag

Hakenkreuz

◊ *Der Haken bei der Sache ist, dass ...* The snag is that ... **4 einen ~ schlagen** dart sideways; (*fig*) change tack **IDM mit Haken und Ösen kämpfen** fight* tooth and nail **Hakenkreuz** swastika

halb 1 ◊ *eine halbe Portion* a half portion ◊ *zum halben Preis* half price ◊ *Die Tür stand halb offen.* The door was half open. ◊ *Sie stand halb hinter einer Säule.* She was half hidden by a pillar. ◊ *Auf halber Strecke machten sie Rast.* They had a rest halfway. ◊ *auf halber Höhe* halfway up ◊ *halb Mensch, halb Pferd* half man, half horse ◊ *Sie fängt so vieles an, macht aber alles nur halb.* She starts so many things, but then only half finishes them. ◊ *eine halbe Stelle* a part-time post ◊ *Das war nur die halbe Wahrheit.* That was only part of the truth. ◊ *Du hast wieder nur halb zugehört.* You weren't listening properly again. ◊ *nur halbe Arbeit leisten* not do a job properly ◊ *Lass dich nicht auf so halbe Sachen ein.* If you're going to do it, then do it properly. ◊ *eine Bluse mit halbem Arm* a short-sleeved blouse ◊ *ein halber Ton* a semitone **2** (*vor Nomen, die Hälfte von*) half a/the ◊ *die halbe Familie* half the family ◊ *der halbe Kuchen* half the cake ◊ *ein halber Kilometer* half a kilometre **3** (*Zeit*) **ein halbes Jahr** six months; **~ sechs, sieben etc.** half past five, six, etc. ◊ *zehn vor halb vier* twenty past three ◊ *fünf nach halb vier* twenty-five to four **4 ~ so ...** half as ...; (*nicht so sehr*) not as/so ... ◊ *Ich brauche nur halb so viel.* I only need half as much. ◊ *Diese Marke ist nur halb so teuer.* This make is only half the price. ◊ *Sie ist halb so alt wie ich.* She's half my age. ◊ *Reg dich nicht auf, es ist alles nur halb so schlimm!* Don't get upset; it is not as bad as all that! ◊ *Tun wir etwas Salbe darauf, dann tut es gleich nur noch halb so weh.* Let's put some ointment on it, then it won't hurt so much. **5** (*beinahe*) nearly ◊ *Wir haben uns halb totgelacht.* We nearly died laughing. ◊ *Deine Mutter hat sich halb verrückt gemacht vor Sorgen.* Your mother was nearly out of her mind with worry. ◊ *Ich habe mich darüber halb krank geärgert.* I was absolutely furious. **IDM nichts Halbes und nichts Ganzes sein** be an unsatisfactory compromise ☛ Siehe auch HERZ, MENSCH, MIETE, OHR *und* WEG

Halbbruder half-brother **Halbdunkel** half-light; **im ~ liegen** be in semi-darkness

Halbe ≈ pint (of beer) ☛ **Pint** ist die Maßeinheit für Bier (in Großbritannien 0,568l; in den USA 0,473l). In britischem Englisch bedeutet **a half** ein halbes Pint.

halbe-halbe ◊ *mit jdm halbe-halbe machen* go halves with sb ◊ *Bei den Unkosten einigten sie sich auf halbe-halbe.* They agreed to go halves with the costs.

halber ... **halber** for the sake of ... ◊ *der Einfachheit halber* for the sake of simplicity **IDM** ⇒ FORM

Halb- Halbfinale semi-final **halbherzig** half-hearted (*Adv* half-heartedly)

halbieren 1 split* *sth* into two; (*schneiden*) cut* *sth* into two; (*Winkel*) bisect ◊ *einen Apfel halbieren* cut an apple into two ◊ *Halbieren wir doch einfach die Rechnung.* Let's just split the bill. **2** (*auf die Hälfte reduzieren*) halve **3 sich ~** be halved ◊ *Die Fahrzeit hat sich beinahe halbiert.* The journey time has been almost halved.

Halb- Halbinsel peninsula **Halbjahr 1** half year **2** (*Schul-*) semester ☛ *Hinweis bei* SEMESTER, S. 1210. **halbjährlich** six-monthly; (*Veranstaltung, Treffen*) biannual (*nur vor Nomen*); (FINANZ) half-yearly ◊ *ein halbjährlicher Bericht* a six-monthly report ◊ *halbjährlich erscheinen* be published twice a year **Halbkreis** semicircle ◊ *im Halbkreis* in a semicircle **Halbkugel** hemisphere **halblang** (*Haare*) shoulder-length **Halbleiter** semiconductor **halbmast** half mast ◊ *die Flaggen auf halbmast setzen* fly the flags at half mast **Halbmesser** radius* **Halbmond 1** half moon **2** (*Symbol*) the Crescent ◊ *der Rote Halbmond* the Red Crescent **Halbpension** half board ◊ *Halbpension nehmen* have half board **Halbschuh** shoe; (*Schnürschuh*) lace-up **Halbschwester** half-sister **halbseitig 1** (MED) ◊ *eine halbseitige Gesichtslähmung* paralysis of one side of the face ◊ *halbseitig gelähmt* paralyzed down one side ◊ *eine halbseitige Lähmung* hemiplegia **2** (*Druckseite*) half-page **3** (*Straße*) ◊ *Die Straße ist nur halbseitig befahrbar.* One side of the road is closed. **Halbstarker** youth (*abwert*) **halbstündig** half-hour ◊ *eine halbstündige Autofahrt* a half-hour drive **halbstündlich** half-hourly **halbtags** part-time ◊ *halbtags arbeitende Mütter* mothers who work part-time ◊ *Wir suchen eine Hilfe für halbtags.* We are looking for part-time help. ◊ *Wir haben montags halbtags geschlossen.* We have half-day closing on Monday. ◊ *Die Großmutter kümmert sich halbtags um die Kinder.* The grandmother looks after the children for part of each day. **Halbton** (MUS) semitone, (*AmE*) half-tone

halbwegs more or less ◊ *eine halbwegs vernünftige Antwort* a more or less sensible answer ◊ *Du musst jetzt gehen, wenn du wenigstens halbwegs pünktlich sein willst.* You'll have to go now if you want to be anywhere near on time. ◊ *jeder halbwegs informierte Mensch* anyone who knows anything ◊ *Ich ahnte es halbwegs.* I had a pretty good idea.

Halb- Halbwertszeit half-life* **halbwüchsig** adolescent **Halbwüchsige(r)** teenager; (*abwertend*) youth **Halbzeit 1** (SPORT) half* ◊ *in der zweiten Halbzeit* in the second half **2** (*Pause*) half-time ◊ *bei Halbzeit* at half-time **Halbzeitstand** half-time score

Halde 1 (*Bergbau*) slag heap **2** (*Berg*) pile ◊ *eine riesige Halde abgewrackter Autoreifen* a huge pile of old tyres **3** (*Müll-*) tip, (*AmE*) garbage dump **IDM auf Halde** ◊ *Die Ware wird auf Halde produziert.* The goods are being stockpiled. ◊ *eine Produktion auf Halde* stockpiling **etw liegt auf Halde** there is a backlog of sth; (*Güter*) there are stockpiles of sth ◊ *Anträge liegen auf Halde.* There is a backlog of applications.

Halfpipe half-pipe

Hälfte half* ◊ *die Hälfte der Mannschaft* half the team ◊ *Die Hälfte ist für dich.* Half is for you. ◊ *Der Saal war erst zur Hälfte voll.* The hall was only half full. ◊ *Die Unkosten sind um die Hälfte gestiegen.* The costs have increased by half. ◊ *etw in zwei Hälften schneiden* cut sth in half ◊ *Nach der Hälfte der Strecke nahmen sie einen Fahrerwechsel vor.* They changed drivers halfway there.

Halfter 1 (*für Pferde etc.*) halter **2** (*für Pistolen etc.*) holster **Hall** echo

Halle hall; (*in einer Fabrik*) shed; (*in Hotels etc.*) lobby*; (*für Flugzeug*) hangar; (*Sporthalle*) sports hall; (*Tennishalle*) indoor courts [Pl]; (*Schwimmhalle*) indoor swimming pool ◊ *Trainiert ihr im Freien oder in der Halle?* Do you train outdoors or indoors?

hallen echo*

Hallen- Hallenbad indoor swimming pool **Hallenfußball** indoor football

hallo hello

> **Hello** ist im Englischen die gebräuchlichste Begrüßung. Man kann es in jeder Situation verwenden, auch, wenn man sich am Telefon meldet. **Hi** ist der übliche Gruß im amerikanischen Englisch und wird heute im britischen Englisch auch viel verwendet. Als Zusatz zu **Hello** oder **Hi** sagt man oft **How are you?** oder (sehr umgangssprachlich) **How are you doing? Good morning** sagt man in der Familie oder am Arbeitsplatz, wenn man sich morgens zum ersten Mal sieht. Man kann es auch in formellen Situationen und am Telefon verwenden. In der Umgangssprache sagt man meist nur **Morning**. Wenn man jemanden neu kennen lernt, kann man **Pleased to meet you** oder (weniger förmlich) **Nice to meet you** sagen. In formellen Situationen hört man auch **How do you do?** Darauf antwortet man ebenfalls mit **How do you do?**

Hallo 1 (*Gruß*) hello **2** (*viel Aufheben und Lärm*) ◊ *jdn mit großem Hallo begrüßen* give sb a big welcome ◊ *Es gab ein großes Hallo beim Wiedersehen.* There was great excitement at the reunion.

Halluzination hallucination

Halm strand; (*Gras*) blade of grass; (*Trink-*) straw

Halogen halogen

Hals 1 neck ◊ *sich den Hals verrenken, um sehen zu können* crane your neck in order to see ◊ *Ich könnte ihm den Hals umdrehen!* I could wring his neck! **2** (*Schlund*) throat ◊ *Mir tut der Hals weh.* I've got a sore throat. **IDM aus vollem Hals** at the top of your voice ◊ *Sie schrie aus vollem Hals.* She screamed at the top of her voice. ◊ *Er lachte aus vollem Hals.* He laughed aloud. **bis zum Hals** up to your ears **Hals über Kopf** ◊ *Er hat sich Hals über Kopf verliebt.* He's fallen head over heels in love. ◊ *Sie reiste Hals über Kopf ab.* She left in a mad rush. ◊ *Sie haben Hals über Kopf geheiratet.* They rushed headlong into marriage. ☛ *Siehe* *auch* BISSEN, FROSCH, KEHLE, KLOSS, LUNGE, SCHEISSE *und* UMDREHEN

Halsabschneider shark (*umgs*) **halsbrecherisch** *Adj* dangerous (*Adv* dangerously); (*Geschwindigkeit*) breakneck (*nur vor Nomen*) ◊ *Der Aufstieg war nicht so halsbrecherisch wie der Abstieg.* The way up wasn't as dangerous as the way down. ◊ *Er nahm die Kurve mit halsbrecherischer Geschwindigkeit.* He took the bend at breakneck speed. **Halskette** chain; (*Schmuckstück für Frauen auch*) necklace ◊ *Er trug eine goldene Halskette.* He wore a gold chain. ◊ *eine Halskette aus Glasperlen* a necklace made of glass beads **Hals-Nasen-Ohren-Arzt/-Ärztin** ear, nose and throat specialist ☛ G 2.2d **Halsschmerzen** a sore throat ◊ *Ich habe furchtbare Halsschmerzen.* I've got an awful sore throat. **Halstuch** scarf*; (*für Männer*) cravat
halt¹ stop
halt² ⇨ EBEN (2)
Halt 1 hold ◊ *Meine Füße fanden keinen Halt.* My feet found no hold. ◊ *Sie suchte nach einem Halt auf dem schwankenden Schiff.* She looked for something to hold onto on the swaying ship. ◊ *Sie rutschte und verlor den Halt.* She slipped and lost her footing. **2** (*Stütze*) support; (*innere Stütze auch*) security ◊ *In diesen Stiefeln hat der Knöchel einen festen Halt.* These boots give the ankles firm support. ◊ *Sein Glaube gibt ihm Halt.* His faith is a support to him. ◊ *nach Halt suchen* seek security ◊ *keinen inneren Halt haben* be insecure **3** (*Anhalten*) stop ◊ *Nach einem kurzen Halt ging die Fahrt weiter.* The journey continued after a brief stop. ◊ *In der nächsten Ortschaft machen wir Halt.* We'll stop at the next village. ◊ *Die Bahn fährt ohne Halt bis zur Endstation.* The train goes to the terminus without stopping. IDM **vor nichts (und niemandem) Halt machen** stop* at nothing ◊ *Wenn er ein Ziel verfolgt, dann macht er vor nichts und niemandem Halt.* He'll stop at nothing when he's pursuing a goal. ◊ *Seine Wut macht vor nichts und niemandem Halt.* His anger knows no bounds.
haltbar 1 (*nicht leicht verderblich*) ◊ *Mindestens haltbar bis 4. Mai.* Best before 4 May. ◊ *Im Kühlschrank bis zu einem Monat haltbar.* Will keep up to one month in the fridge. ◊ *Gemüse haltbar machen* preserve vegetables ◊ *ein Vorrat an haltbaren Lebensmitteln* a supply of non-perishable foodstuffs ◊ *begrenzt haltbare Vorräte* goods that keep for a limited amount of time **2** (*beständig*) durable **3** (*aufrechtzuerhalten*) ◊ *Diese Anschuldigungen sind juristisch nicht haltbar.* These accusations can't be legally upheld. ◊ *Diese These ist nicht länger haltbar.* This theory is no longer tenable. ◊ *Die jetzigen Preise sind nicht haltbar.* We can't maintain our current prices. ◊ *Diese Versprechungen sind doch nicht haltbar.* These promises cannot be kept. **4** (*zu verteidigen*) defensible **5** (*beim Ballsport*) stoppable
Haltbarkeit 1 (*nicht leicht verderblich*) durability; (*von Lebensmitteln, Medikamenten*) shelf life* ◊ *Lebensmittel von begrenzter Haltbarkeit* foodstuffs with a limited shelf life ◊ *die Haltbarkeit von Schnittblumen* the life of cut flowers **2** (*einer These etc.*) tenability **Haltbarkeitsdatum** best before date ◊ *Das Haltbarkeitsdatum ist bereits überschritten.* We've already passed the best before date. ☛ *Hinweis bei* SELL-BY DATE
halten
• **festhalten 1** hold* ◊ *Soll ich dir die Leiter halten?* Shall I hold the ladder for you? ◊ *Dieses Gestein hält das Wasser.* This rock holds water. ◊ *Er hält den Weltrekord im Weitsprung.* He holds the world record in long jump. ◊ *Er hielt ein Gewehr auf mich gerichtet.* He pointed a gun at me. **2 sich ~ (können)** (be able to) hold on ◊ *Sie konnte sich nicht mehr halten.* She couldn't hold on any longer. ◊ *Der Seiltänzer konnte sich nicht mehr halten und stürzte ab.* The tightrope walker lost his footing and fell.
• **anhalten 3** stop* ◊ *Der Zug hält nur kurz.* The train only stops for a short time. ◊ *Haltet den Dieb!* Stop thief! ◊ *Sie war nicht mehr zu halten.* There was no stopping her.
• **nicht abweichen 4** (*aufrechterhalten*) keep* ◊ *ein Versprechen halten* keep a promise ◊ *das Gleichgewicht halten* keep your balance ◊ *Sport hält fit.* Sport keeps you fit. ◊ *jdn am Leben halten* keep sb alive ◊ *Wenn wir dieses Tempo halten können, dann kommen wir noch rechtzeitig.* If we can keep up this speed, we'll get there on time. ◊ *Der Sänger hielt den hohen Ton.* The singer held the high note. ◊ *Diese Ansicht hat sich nicht halten lassen.* That view could not be upheld. ◊ *Das Schiff hielt Kurs auf die Küste.* The ship steered a course towards the coast. **5 sich an etw ~** stick*

to sth; (*etw befolgen*) follow sth ◊ *Halte dich bitte an die Spielregeln.* Please stick to the rules.
• **nicht kaputtgehen, weggehen 6** (*von Bestand sein*) last ◊ *Die Maschine hat lange gehalten.* The machine has lasted a long time. ◊ *Dieser Knoten hält bestimmt.* This knot will definitely hold. ◊ *Sei vorsichtig, das Eis hält noch nicht.* Be careful, the ice won't hold your weight yet. **7 sich ~** (*bestehen*) stay; (*Lebensmittel*) keep* ◊ *Der Schnee hielt sich bis in den März.* The snow stayed until March. ◊ *Bei der Hitze hält die Milch nicht lange.* The milk won't keep long in this heat. ◊ *Kleinere Läden können sich nur mit Mühe halten.* Smaller shops find it hard to keep going. ◊ *An der nächsten Kreuzung halten Sie sich links.* Keep left at the next junction. ◊ *Gratuliere, du hast dich tapfer gehalten!* Well done, you were very brave!
• **denken 8 jdn/etw für etw ~** think* of sb/sth as sth, consider sb/sth (to be) sth ◊ *Ich hielt sie immer für ehrlich.* I always thought of her as honest. ◊ *Wir hielten ihn für einen großen Künstler.* We considered him a great artist. ◊ *Ich halte es für möglich, wahrscheinlich etc., dass …* I think it is possible, probable, etc. that … ◊ *Ich halte es für das Beste, wenn du jetzt gehst.* I think it would be best if you went now. ◊ *Für was hältst du mich eigentlich!* What do you take me for! ☛ *Hinweis bei* THINK¹ **9 etw von jdm/etw ~** think* sth of sb/sth ◊ *Ich halte nicht viel davon.* I don't think much of it. ◊ *Der Chef hält sehr viel von dem neuen Mitarbeiter.* The boss thinks a great deal of the new member of staff. ◊ *Was hältst du jetzt von einem Gläschen Sekt?* How do you feel about a little glass of champagne now?
• **andere Ausdrücke 10 sich ~** ◊ *Halt dich gerade!* Sit/stand up straight! **11** (**sich**) **etw ~** keep* sth ◊ *Sie halten Hühner.* They keep chickens. **12** (*eine Rede etc.*) give* ◊ *einen Vortrag/eine Predigt halten* give a lecture/sermon **13** (*durchführen*) ◊ (*einen*) *Mittagsschlaf halten* have an afternoon nap ◊ *Winterschlaf halten* hibernate ◊ *Wache halten* keep watch **14** (*beim Ballsport*) save ◊ *Der Torwart hielt den Elfmeter.* The goalkeeper saved the penalty. **15 sich an jdn ~** turn to sb ◊ *In Finanzfragen halte ich mich an meinen Bruder.* I turn to my brother in financial matters. **16 auf etw ~** set* store by sth ◊ *Unser Chef hält sehr auf korrektes Auftreten.* Our boss sets great store by correct manners. **17 zu jdm ~** stand* by sb ◊ *Auch in schwierigen Zeiten hat er zu seinen Freunden gehalten.* He stood by his friends even during difficult times. ◊ *Zu wem hältst du eigentlich?* Whose side are you on anyway? **18 es mit etw ~** ◊ *Wie halten wir es mit Mitgliedern, die ihre Beiträge nicht pünktlich zahlen?* What do we do about members who do not pay their membership fees on time? ◊ *Sie können es halten, wie sie wollen.* You can do as you like. ◊ *Wir halten es damit folgendermaßen: …* This is what we do in a case like this: …
IDM **an sich halten (können)** (be able to) control yourself ◊ *Er versuchte an sich zu halten und nicht zu schreien.* He tried to control himself and not to scream. **(etwas) auf sich halten** have some self-respect ◊ *Du solltest mehr auf dich halten.* You should have more self-respect. ◊ *Wer etwas auf sich hält, der verkehrt nicht in einem solchen Lokal.* No self-respecting person would frequent a pub like that.
Halter holder
Halter(in) owner
Halterung mounting
Halte- Haltestelle stop **Halteverbot 1** ◊ *Hier gilt absolutes Halteverbot.* You're not allowed to stop here. **2** (*Bereich*) no-stopping zone
haltlos 1 (*unbegründet*) unfounded **2** (*Mensch*) unstable
Haltung 1 posture ◊ *Er nahm eine drohende Haltung ein.* He adopted a threatening posture. ◊ *Sie saß in lässiger Haltung auf dem Sofa.* She sat casually on the sofa. **2** (*Einstellung*) attitude **3** (*Fassung*) dignity [U] ◊ *Sie verlor ihre Haltung nicht.* She preserved her dignity.
hämisch malicious (*Adv* maliciously), spiteful (*Adv* spitefully)
Hammelfleisch mutton
Hammer hammer ◊ *unter den Hammer kommen* come under the hammer IDM **etw ist ein (echter) Hammer 1** (*toll*) sth is (really) fantastic ◊ *Das Tor war ein echter Hammer!* That goal was really fantastic! **2** (*unverschämt*) sth is outrageous ◊ *Die Kantine soll geschlossen werden. Das ist ein echter Hammer!* The canteen's going to be closed. It's outrageous!

hämmern 1 hammer ◊ *gegen die Wand hämmern* hammer on the wall **2 auf etw ~** pound away at sth ◊ *Nebenan hämmerte jemand auf dem Klavier.* Someone was pounding away at the piano next door.

Hammerwerfen 1 hammer throwing [U] **2** (*Wettbewerb*) hammer (competition) ◊ *Er gewann das Hammerwerfen.* He won the hammer. ◊ *der Meister im Hammerwerfen* hammer champion

Hämorrhoiden haemorrhoids [Pl]

Hampelmann puppet (*auch fig*); (*Schwächling auch*) wimp, doormat

Hamster hamster

hamstern hoard; (*Hamsterkäufe machen*) panic buy* ◊ *Die Leute hamstern Mehl und Zucker.* People are panic buying flour and sugar.

Hand 1 hand ◊ *Er schüttelte ihr die Hand.* He shook her hand. ◊ *Wir gaben uns die Hand.* We shook hands. ◊ *sich die Hände waschen* wash your hands ◊ *jdn an die/bei der Hand nehmen* take sb by the hand ◊ *Sie hatte ein Messer in der Hand.* She had a knife in her hand. ◊ *Das Pferd fraß ihr aus der Hand.* The horse ate out of her hand. ◊ *in die Hände klatschen* clap your hands ◊ *die Hand ausstrecken* reach out your hand ◊ *etw mit der Hand schreiben* write sth by hand ◊ *etw von Hand nähen* sew sth by hand ◊ *Hand in Hand* hand in hand ◊ *Hände hoch!* Hands up! ◊ *etw in die Hand nehmen* pick sth up **2 eine ~ voll** a handful ◊ *eine Hand voll Touristen* a handful of tourists **3 rechter/linker Hand** on the right/left ◊ *Linker Hand sehen Sie die Burg.* On the left you can see the castle. **4 die öffentliche Hand** the state ◊ *Die öffentliche Hand ist der wichtigste Auftraggeber für uns.* We get most of our contracts from the state. ◊ *Zuschüsse von öffentlicher Hand* subsidies from the government ◊ *Die öffentliche Hand sollte mehr Parkplätze bauen.* The council ought to build more car parks. IDM **alle/beide Hände voll zu tun haben** have your hands full **auf der Hand liegen** be obvious **jdn auf Händen tragen** wait on sb hand and foot **etw aus der Hand geben** let* sb have sth ◊ *Ich kann die Unterlagen nicht aus der Hand geben.* I cannot let you have these documents. **jdm aus der Hand lesen** read* sb's palm **aus erster Hand** first-hand ◊ *Informationen aus erster Hand* first-hand information **aus zweiter Hand** second-hand; (*Autos auch*) used **etw bei der Hand haben** have sth handy **bei etw die Hand im Spiel haben** be involved in sth **die Hand in den Schoß legen** do* nothing **die Hand nicht vor (den) Augen sehen können** not be able to see your hand in front of your face **die Hände über dem Kopf zusammenschlagen** throw* up your hands in horror **freie Hand haben** have a free hand **jdm freie Hand lassen** give* sb a free hand **für jdn/etw die Hand ins Feuer legen** be able to vouch for sb/sth ◊ *Ich lege meine Hand für ihn ins Feuer.* I can vouch for him. **Geld mit vollen Händen ausgeben** spend* money like water **Hand und Fuß haben** be well thought out **hinter vorgehaltener Hand** off the record ◊ *Hinter vorgehaltener Hand geben manche Abgeordneten zu, dass ...* Some MPs are admitting off the record that ... ◊ *Darüber wird nur hinter vorgehaltener Hand geredet.* Nobody talks about it openly. **jdn in der Hand haben** have sb in the palm of your hand **jdn/etw in die Hände bekommen** get* your hands on sb/sth **jdm in die Hände fallen** fall* into sb's hands **etw in die Hand nehmen** take* charge of sth **jdm in die Hände spielen** play into sb's hands **in guten/sicheren Händen sein** be in safe hands **in jds Hand sein** be in sb's hands **in jds Hände übergehen** pass into sb's hands **mit etw Hand in Hand gehen** go* hand in hand with sth ◊ *Hand in Hand mit wirtschaftlichem Fortschritt sollte eine Steigerung des Umweltbewusstseins gehen.* Economic progress should go hand in hand with environmental responsibility. **mit Händen und Füßen reden** talk with your hands **mit leeren Händen** empty-handed **mit starker/fester Hand** with an iron hand **nichts (gegen jdn) in der Hand haben** have no evidence (on sb) **jds rechte Hand** sb's right-hand man/woman [Sing] **jdm rutscht die Hand aus** sb lashes out **sich mit Händen und Füßen wehren** fight* (tooth and nail) ◊ *Die Anwohner wehrten sich mit Händen und Füßen gegen den Plan.* The residents fought the proposal tooth and nail. **um jds Hand anhalten** ask for sb's hand (in marriage) **unter der Hand 1** (*verkaufen*) under the counter; (*nicht auf dem üblichen Weg*) by/through the back door ◊ *Die Zeitschrift wurde unter der Hand verkauft.* The magazine was sold under the counter. ◊ *Die Wohnungen wurden unter der Hand weitergegeben.* The flats were allocated through the back door. **2** (*erfahren*) off the record ◊ *Unter der Hand geben beide Seiten zu, dass ...* Both sides admit off the record that ... **von der Hand in den Mund leben** live from hand to mouth **zu Händen** for the attention of; attn ◊ *z. Hd. Herrn Müller* attn Mr Müller **zwei linke Hände haben** be cack-handed ☛ *Siehe auch* ABZÄHLEN, EISERN, ERHEBEN, FADEN, FENSTER, KLINKE, SCHMUTZIG, SPATZ, STEUER¹ *und* ZÜGEL

Handarbeit 1 ◊ *Dieser Stuhl ist eine Handarbeit.* This chair is handmade. **2** (*Nähen, Fach*) needlework [U]

Handball handball, (*AmE auch*) team handball [U]

Handbewegung gesture **Handbremse** handbrake ◊ *die Handbremse anziehen/lösen* put on/release the handbrake **Handbuch** handbook

Händchen ~ halten hold* hands

Händedruck handshake

Handel 1 trade; (*Wirtschaftsbereich auch*) commerce ◊ *Der Handel mit Orientteppichen geht zurück.* Trade in oriental carpets is on the decline. ◊ *der Handel mit Polen* trade with Poland ◊ *mit Kuba Handel treiben* trade with Cuba ◊ *Industrie und Handel* industry and commerce **2** (*Markt*) market ◊ *Das Gerät ist seit einer Woche im Handel erhältlich.* This piece of equipment has been on the market for a week. ◊ *etw aus dem Handel ziehen* take sth off the market

handeln 1 (*tätig werden*) act; (*sich verhalten*) behave ◊ *Wir müssen sofort handeln.* We have to act immediately. ◊ *in Notwehr handeln* act in self-defence ◊ *verantwortungslos handeln* behave irresponsibly ◊ *Du hast richtig gehandelt.* You did the right thing. ◊ *kollektives Handeln* collective action **2 von etw ~** be about sth ◊ *Der Film handelt von zwei Schwestern.* The film is about two sisters. ☛ *Hinweis bei* ABOUT² **3 es handelt sich um etw/jdn** it is about sth/sb; **bei jdm/etw handelt es sich um ...** sb/sth is ... ◊ *Worum handelt es sich?* What's it about? ◊ *Es handelt sich um meine Mutter.* It's about my mother. ◊ *Bei dem Toten handelt es sich um einen Drogenabhängigen.* The dead man was a drug addict. ◊ *Bei der Anlage handelt es sich um ein geschlossenes System.* The plant is a closed system. **4 in/mit etw ~ deal*** in sth ◊ *Wir handeln mit Gebrauchtwagen.* We deal in used cars. **5 mit jdm ~** trade with sb **6 (um etw) ~** haggle (over sth) ◊ *Auf dem Flohmarkt versucht sie immer zu handeln.* She always tries to haggle at the flea market.

Handels- Handelsabkommen trade agreement **Handelsbeziehungen** trade relations [Pl] **Handelsbilanz** balance of trade **handelseinig mit jdm ~ werden** agree terms with sb **Handelsembargo** trade embargo* **Handelsgesellschaft** company* **Handelskammer** chamber of commerce **Handelspartner** trading partner **Handelsschule** = school which emphasizes commercial rather than academic subjects **handelsüblich** standard ◊ *in handelsüblichen Mengen* in standard quantities **Handelsvertrag** trade agreement **Handelsvertreter(in)** (commercial) representative ☛ G 2.2d

Handfeger brush

handfest (*Krise, Vorteil*) real; (*Ergebnis*) clear; (*Grund*) good; (*Informationen*) solid; (*Skandal*) major; (*Mahlzeit*) substantial; (*Beweis*) tangible; (*Auseinandersetzung*) violent

Hand- Handfläche palm (of the/your hand) **Handgelenk 1** wrist **2 etw aus dem ~ machen/schütteln** do* sth without any effort **handgemacht** handmade **handgemalt** hand-painted **Handgemenge** scuffle **Handgepäck** hand luggage, (*AmE meist*) hand baggage **handgeschrieben** hand-written **Handgranate** hand grenade

handgreiflich violent ◊ *handgreiflich werden* become violent ◊ *eine handgreifliche Auseinandersetzung* a violent clash

Handgriff 1 move ◊ *Bei diesem Zauberer sitzt jeder Handgriff.* Every move this magician makes is just right. ◊ *Die Installation des Programms erfordert nur wenige Handgriffe.* This program can be installed in just a few simple steps. **2 keinen ~ tun** not lift a finger IDM **mit einem Handgriff/mit ein paar Handgriffen** in no time at all ◊ *Mit ein paar Handgriffen baute er das Zelt auf.* He put the tent up in no time at all.

handhaben handle; (*Gerät etc.*) operate; (*Gesetz, Vorschrift*) implement

Handikap handicap

Handlanger 1 labourer, (*AmE*) laborer **2** (*fig*) henchman*
Händler(in) dealer; (*Ladenbesitzer*) shopkeeper; (*Geschäftsbesitzer*) tradesman*/tradeswoman* ◊ *ein Auto beim Händler kaufen* buy a car from the dealer ◊ *fliegende Händler* street traders
handlich handy* (*Adv* handily); (*praktisch*) convenient (*Adv* conveniently) ◊ *eine handliche Sofortbildkamera* a handy instant camera ◊ *Der Staubsauger ist klein und handlich*. The vacuum cleaner is small and convenient.
Handlung 1 (*Handeln*) action; (*Tat*) act ◊ *die Konsequenzen meiner Handlungen* the consequences of my actions ◊ *eine strafbare Handlung* a punishable act **2** (*eines Romans, Films etc.*) plot, action ◊ *Die Handlung spielt in Berlin*. The action takes place in Berlin.
Handlungsfreiheit freedom of action **Handlungsspielraum** scope for action **Handlungsweise** conduct [U]
Hand- Handmixer hand blender **Handmühle** hand mill **Hand-out** handout **Handpuppe** glove puppet, (*AmE*) hand puppet **Handrücken** back of your/the hand **Handschellen** handcuffs [Pl] ◊ *Sie nahmen uns die Handschellen ab*. They took our handcuffs off. ◊ *Ihm wurden Handschellen angelegt*. He was handcuffed. **Handschlag** handshake ◊ *per/mit Handschlag* with a handshake ◊ *Sie besiegelten das Geschäft mit einem Handschlag*. They shook hands on the deal. **Handschrift 1** handwriting [U] ◊ *eine unleserliche Handschrift haben* have illegible handwriting **2** (*Buch*) manuscript ◊ *eine Handschrift aus dem 13. Jahrhundert* a 13th-century manuscript **handschriftlich 1** *Adv* handwritten ◊ *eine handschriftlicher Lebenslauf* a handwritten CV **2** *Adv* by hand ◊ *ein Formular handschriftlich ausfüllen* fill a form out by hand **3** (*in Handschrift überliefert*) manuscript ◊ *handschriftlich überlieferte Texte* texts handed down in manuscript form ◊ *handschriftliches Original* original manuscript **Handschuh** glove; (*Faust-*) mitten **Handschuhfach** glove compartment **Handspiel** (SPORT) handball ◊ *Freistoß wegen Handspiels* free kick for handball **Handstand** (SPORT) handstand ◊ *einen Handstand machen* do a handstand **Handtasche** handbag, (*AmE*) purse
Handtuch towel; (*für Geschirr*) tea towel IDM *das Handtuch werfen* throw in the towel
Handumdrehen *im ~* in no time at all
Handwäsche hand washing
Handwerk trade; (*Kunsthandwerk*) craft ◊ *ein Handwerk erlernen* learn a trade ◊ *Das Handwerk wirbt um Lehrlinge*. The trades are recruiting trainees. ◊ *eine Hotelbar, bedient durch ein gutes Team von Mitarbeitern, die ihr Handwerk kennen* a hotel bar run by a team of staff who know their job IDM *jdm das Handwerk legen* put a stop to sb's (little) game *jdm ins Handwerk pfuschen* mess up sb's plans ◊ *Die Polizei hat dem Attentäter ins Handwerk gepfuscht*. The police messed up the assassin's plans. ◊ *der Natur ins Handwerk pfuschen* interfere with Nature
Handwerker(in) (skilled) worker; (*Kunst-*) craftsman*/craftswoman*; (*Maler, Klempner etc.*) workman* ◊ *Bei mir kommen die Handwerker*. I've got workmen coming. ◊ *bessere Ausbildung für Handwerker* better training for skilled workers
handwerklich (*Beruf*) skilled; (*Geschick*) manual ◊ *handwerkliche Berufe* skilled trades ◊ *handwerkliche Fähigkeiten* manual skills ◊ *Er ist handwerklich sehr geschickt*. He is very clever with his hands. ◊ *handwerklich gefertige Gegenstände* handcrafted objects
Handwerks- Handwerksberuf skilled trade **Handwerksbetrieb** workshop **Handwerkszeug** tools of the trade [Pl]
Handy mobile (phone), (*bes AmE*) cellphone
Handzeichen 1 (*eines Autofahrers*) hand signal ◊ *ein Handzeichen geben* give a hand signal **2** ◊ *Abstimmung durch Handzeichen* vote by a show of hands
Handzettel leaflet; (*Werbung meist*) handbill
Hanf hemp
Hang- 1 slope ◊ *den Hang hinaufsteigen* climb up the slope ◊ *den Hang hinunterfahren* drive down the hill ◊ *Unser Haus liegt am Hang*. Our house is on the hillside. **2** tendency*; *einen ~ zu etw haben* have a tendency towards sth/to do sth ◊ *einen Hang zum Träumen haben* have a tendency to dream
Hängebrücke suspension bridge

hangeln ◊ *Die Affen hangelten sich von Ast zu Ast*. The monkeys were swinging from branch to branch. ◊ *sich am Seil abwärts hangeln* let yourself down a rope hand over hand ◊ *sich über eine Schlucht hangeln* make your way across a ravine hand over hand
Hängematte hammock
hängen¹ 1 hang* ◊ *Bunte Luftschlangen hängen von der Decke*. Coloured streamers are hanging from the ceiling. ◊ *Eine Dunstwolke hing über der Stadt*. A haze hung over the town. ◊ *Ihm hängt das Hemd aus der Hose*. His shirt is hanging out of his trousers.

> Es ist nicht nötig **hang** zu verwenden, wenn man beschreibt, wo sich etwas befindet: *Es hingen viele Bilder an der Wand*. There were a lot of pictures on the wall. ◊ *Deine Jacke hängt im Schrank*. Your jacket is in the wardrobe. ◊ *Die Liste hängt am schwarzen Brett*. The list is up on the notice board. ◊ *Der Spiegel hängt schief*. The mirror isn't straight. ◊ *Sie hängt am Tropf*. She's on a drip. ◊ *Ich habe meinen Mantel im Restaurant hängen gelassen*. I've left my coat behind in the restaurant.

2 (*sich neigen*) droop ◊ *Mit hängenden Schultern schlich er davon*. He slunk away with drooping shoulders. ◊ *Die Tulpen lassen die Köpfe hängen*. The tulips are drooping. ◊ *Lass die Schultern nicht so hängen*. Put your shoulders back. **3** (*sich festhalten*) cling* ◊ *Der Junge hing an ihrem Arm*. The boy clung to her arm. **4** *an etw ~* (*befestigt sein*) be attached to sth; (*haften*) stick* ◊ *An deinen Schuhen hängt noch Matsch*. There is still mud stuck to your shoes. ◊ *Ihr Blick hing an ihm*. Her gaze was fixed on him. **5** *an jdm/etw ~* (*jdn/etw mögen*) be fond of sb/sth, be attached to sb/sth **6** (*sich aufhalten, nicht wegkommen*) hang* around; *an etw ~* be glued to sth ◊ *Die beiden hängen jeden Abend in der Disco*. The two of them hang around in the disco every evening. ◊ *Wir hingen damals ständig am Radio*. We were glued to the radio in those days. ◊ *Sie hängt den ganzen Tag vorm Computer*. She sits the whole day in front of the computer. ◊ *Er hängt dauernd am Telefon*. He's constantly on the phone. ◊ *Sie hing völlig erledigt im Sessel*. She lay slumped in a chair, exhausted. **7** *an jdm/etw ~* (*von jdm/etw abhängen*) depend on sb/sth ◊ *Es hängen einige Arbeitsplätze dran*. Several jobs depend on it. **8** (*festhängen*) be caught; (*Computer*) be frozen; (*CD*) be stuck ◊ *Ich hänge mit dem Hosenbein im Zaun!* My trouser leg is caught on the fence! **9** *voll(er)* ... *~* be full of ... ◊ *Die Schränke hingen voller alter Kleider*. The wardrobes were full of old clothes. ◊ *Die Bäume hängen voller Äpfel*. The trees are laden with apples. **10** *jdn ~ lassen* let* sb down ◊ *Er lässt dich bestimmt nicht hängen*. He won't let you down. **11** *sich ~ lassen* (*sich gehen lassen*) let* yourself go **12** *~ bleiben* get* caught, get* stuck ◊ *Ich bin mit dem Ärmel an der Türklinke hängen geblieben*. My sleeve got caught on the door handle. ◊ *Der Luftballon ist im Baum hängen geblieben*. The balloon got caught in the tree. ◊ *Ich bin im Stau hängen geblieben*. I got stuck in the traffic. **13** *etw bleibt an jdm ~* sb gets lumbered with sth ◊ *Immer bleibt alles an mir hängen*. I always get lumbered with everything. **14** *von etw ist bei jdm viel/nichts/wenig ~ geblieben* sb remembers a lot/nothing/very little of sth ◊ *Ist bei dir vom Biounterricht viel hängen geblieben?* Do you remember much from biology lessons? IDM ⇨ FADEN, HERZ, KLETTE, KOPF, LIPPE, LUFT, ROCKZIPFEL, SEIL und SPRITZE

hängen² 1 hang* ◊ *Häng deine Kleider in den Schrank*. Hang your clothes in the wardrobe. ◊ *Sie hängte sich die Tasche über die Schulter*. She hung her bag on her shoulder. ◊ *Du solltest den Spiegel höher hängen*. You should hang the mirror higher. ◊ *Gardinen ans Fenster hängen* put curtains up at the windows **2** *etw an etw ~* (*Wohnwagen etc.*) hitch sth to sth **3** *sich ~* ◊ *Sie hängten sich über die Reling*. They hung over the railings. ◊ *Sie hängte sich an den untersten Ast*. She grabbed hold of the lowest branch. ◊ *Ich hängte mich sofort ans Telefon*. I got on the phone straight away. **4** *jdn ~* hang sb ☛ Vorsicht! Die Vergangenheitsformen sind hier **hanged**, **hanged**: *Sie wurde gehängt*. She was hanged. IDM ⇨ FAHNE, GLOCKE *und* NAGEL
hänseln tease
Hansestadt Hanseatic town
Hantel dumb-bell
hantieren 1 *mit etw ~* (*handhaben*) handle sth; (*sich beschäftigen*) be busy with sth ◊ *Sie lernen mit Gartengerä-*

hapern

ten fachgerecht zu hantieren. They learn to handle garden tools correctly. ◊ *Mein Vater hantierte in der Küche.* My father was busy in the kitchen. **2** (**an etw**) **~** (*herumspielen*) fiddle (about) (with sth), mess about (with sth) ◊ *Er hantierte am Rückspiegel.* He was fiddling with the rearview mirror.

hapern 1 es hapert an etw (*fehlt*) there is a lack of sth ◊ *Am Geld haperte es.* There was a lack of money. ◊ *Bei euch hapert es noch an der Übung.* You still haven't had enough practice. **2 es hapert** (**an/mit/in etw**) there are problems (with sth) ◊ *Es hapert oft an der Kommunikation.* There are often communication problems. ◊ *Mit dem Lesen hapert es bei ihm noch ein wenig.* He still has a few problems with his reading.

Häppchen 1 (*Imbiss*) bite to eat **2** (*Appetithappen*) canapé

Happen (*Stück*) bit; (*Bissen*) bite ◊ *ein kleiner Happen Fleisch* a little bit of meat ◊ *Ich esse einen Happen mit.* I'll have a bite to eat with you.

Happening happening

happig steep; (*Steuern*) high ◊ *100 Dollar dafür ist ganz schön happig!* 100 dollars is a bit steep! ◊ *Die Preise hier sind recht happig.* The prices here are pretty steep.

happy pleased ◊ *Sie ist total happy, dass er sie eingeladen hat.* She is really pleased that he has invited her.

Happyend happy ending

Hardliner hardliner

Hardrock hard rock

Hardware hardware

Harem harem

Harfe harp ◊ *Sie spielt Harfe.* She plays the harp.

Harke rake

harken rake

harmlos 1 harmless **2** (*Bemerkung, Frage etc.*) innocuous, innocent

Harmonie harmony

harmonieren 1 (*Töne etc.*) be harmonious **2** (*gut zusammenpassen*) go* together, work well together ◊ *Der Pullover und die Hose harmonieren farblich nicht miteinander.* The colours of the jumper and the trousers don't go together. **3** (*gut miteinander auskommen*) get* on well ◊ *Wir harmonieren gut miteinander.* We get on well.

Harmonika harmonica ◊ *Er spielt Harmonika.* He plays the harmonica.

harmonisch harmonious (*Adv* harmoniously); (*freundlich auch*) friendly, amicable (*Adv* amicably) ◊ *ein harmonischer Klang* a harmonic sound ◊ *harmonisch aufeinander abgestimmte Farben* harmonious combinations of colours ◊ *Das Treffen ist sehr harmonisch verlaufen.* The meeting passed off very amicably. ◊ *Die Häuser fügen sich harmonisch ins Stadtbild ein.* The new houses harmonize with the rest of the town's architecture.

harmonisieren harmonize

Harmonisierung harmonization

Harn urine

Harpune harpoon

harsch (*unfreundlich*) harsh (*Adv* harshly)

hart 1 hard ◊ *Das Brot ist ja hart wie Stein!* The bread is rock hard! ◊ *hart gekochte Eier* hard-boiled eggs ◊ *ein harter Bleistift* a hard pencil ◊ *harte Drogen* hard drugs ◊ *eine harte Währung* a hard currency ◊ *hartes Wasser* hard water ◊ *Sie arbeitet/trainiert hart.* She works/trains hard. ◊ *Diese Partei fährt einen harten Kurs.* This party is taking a hard line. ◊ *Sei nicht so hart zu ihr.* Don't be so hard on her. ◊ *Die Scheidung hat sie hart getroffen.* The divorce hit her hard. **2** (*robust*) tough ◊ *Cowboys sind harte Burschen.* Cowboys are tough guys. ◊ *Sie ist eine harte Frau.* She's tough. **3** (*schwer erträglich, unbarmherzig, unangenehm*) harsh ◊ *extrem harte Bedingungen* under extremely harsh conditions ◊ *ein hartes Urteil* a harsh sentence ◊ *Das sind aber harte Worte.* Those are harsh words. ◊ *die harte Realität* harsh reality ◊ *Sie hat einen harten Akzent.* She has a harsh accent. ◊ *Er wurde hart bestraft.* He was given a harsh punishment. **4** (*mit großer Wucht*) hard; (*Landung*) bumpy*; (*Bremsen*) sharp (*Adv* sharply) ◊ *ein harter Ruck/Sturz* a hard jolt/fall ◊ *ein harter Aufprall* a forceful crash ◊ *eine harte Landung* a bumpy landing ◊ *Warum bremst du immer so hart?* Why do you always brake so

sharply? ◊ *ein harter Sturz* a heavy fall **5** (*Konkurrenz*) keen **6** (*Auseinandersetzung*) heated ◊ *Es wurde hart diskutiert.* There were heated debates. **7** (*Gegensatz/Kontrast*) sharp **8** (*empörend*) terrible; (*gemein*) mean ◊ *Ganz schön hart, wie er mit seiner Mutter umspringt.* It's terrible, the way he treats his mother. ◊ *Was er gestern zu dir gesagt hat war echt hart.* What he said to you yesterday was really mean. **IDM es geht/kommt hart auf hart** things get* tough; (*es wird hart gekämpft*) it's a tough fight; (*es kommt zu Schlägereien*) things get* rough ◊ *Bei dem Fußballspiel morgen geht es hart auf hart.* In the football match tomorrow it's going to be a tough fight. ◊ *Bei der Demo ging es hart auf hart.* Things got rough during the demonstration. ◊ *wenn es hart auf hart geht/kommt* when it comes to the crunch ☛ *Siehe auch* BROCKEN, KERN, NUSS *und* STÜCK

Härte 1 (*von Werkstoffen, Wasser*) hardness **2** (*Robustheit*) toughness **3** (*harte Bedingungen, schwere Belastung*) hardship ◊ *die Härte des Krieges* the hardship of war **4** (*Strenge*) ◊ *Der Film zeigt dies mit schonungsloser Härte.* The film shows this quite brutally. ◊ *Es muss mit aller Härte gegen Dealer vorgegangen werden.* There must be tough measures against dealers. **5** (*Wucht*) force ◊ *die Härte des Aufpralls* the force of the impact ◊ *Der Minister drohte den Demonstranten mit der vollen Härte des Gesetzes.* The minister threatened the demonstrators with the full force of the law. **6** (*von Konturen, Kontrasten etc.*) harshness ◊ *die Härte der Farben/der Konturen/der Umrisse* the harshness of the colours/contours/outlines **7** (*von Währungen*) stability **IDM Das ist ja die Härte!** That's out of order!

Härtefall case of hardship; (*Mensch*) hardship case

härten 1 harden; (*Stahl*) temper **2** (**sich**) **~** (*hart werden*) harden

Hart- Hartfaserplatte piece of hardboard **hartherzig** hard-hearted (*Adv* hard-heartedly)

hartnäckig persistent (*Adv* persistently); (*ausdauernd*) dogged (*Adv* doggedly); (*störrisch*) obstinate (*Adv* obstinately) ◊ *ein hartnäckiges Gerücht* a persistent rumour ◊ *hartnäckiger Widerstand* dogged resistance ◊ *Sie schwieg hartnäckig.* She remained obstinately silent. ◊ *ein hartnäckiger Verfolger* a relentless pursuer

Hartnäckigkeit persistence; (*negativ*) stubbornness

Hartwurst ≈ salami

Harz *das* resin

Haschisch hashish

Hase hare **IDM ein alter Hase sein** be an old hand **wissen, wie der Hase läuft** know* which way the wind blows ☛ *Siehe auch* FUCHS

Haselnuss hazelnut

Hasen- Hasenbraten roast hare **Hasenscharte** cleft lip

Häsin doe

Hass hatred (*U*) ◊ *Hass auf/gegen die Gesellschaft* hatred towards society

hassen hate ◊ *Sie hasst es, mit dem Bus zu fahren.* She hates going by bus. ◊ *etw wie die Pest hassen* detest sth

hasserfüllt full of hate ◊ *Er blickte ihn hasserfüllt an.* He looked at him full of hate. ◊ *mit hasserfülltem Blick* with a look full of hate

hässlich 1 ugly; (*abstoßend*) hideous (*Adv* hideously) ◊ *hässliche Wohnblocks* ugly tower blocks ◊ *hässlich aussehen* look hideous **2** (*gemein, verwerflich*) nasty ◊ *Er war sehr hässlich zu ihr.* He was very nasty to her. ◊ *Sie sprach hässlich von ihm.* She was nasty about him. **3** (*unangenehm, unerfreulich*) unpleasant, nasty (*umgs*) ◊ *ein hässlicher Vorfall* an unpleasant incident ◊ *ein hässlicher Schnupfen* a nasty cold

Hässlichkeit ugliness (*U*)

Hassliebe love-hate relationship

Hast haste (*U*) ◊ *in großer Hast* in great haste ◊ *Sie überquerte ohne Hast die Straße.* She unhurriedly crossed the street.

hasten hurry*

hastig hurried (*Adv* hurriedly), hasty (*Adv* hastily) ◊ *hastige Schritte* hurried steps ◊ *Er unterbrach sie hastig.* He hastily interrupted her.

hatschi ahchoo, (*BrE auch*) atishoo

Haube 1 bonnet; (*einer Krankenschwester*) cap **2** (*Motor-*) bonnet, (*AmE*) hood **IDM unter der Haube sein** be married **jdn unter die Haube bringen** marry* sb off

Hauch 1 breath ◊ *Sie spürte seinen Hauch im Nacken.* She felt his breath on her neck. **2** (*Luftzug, kaum wahrnehmbarer Duft*) waft ◊ *ein Hauch von Parfum* a waft of perfume **3** (*Anflug*) hint ◊ *ein Hauch von Exotik* a hint of the exotic ◊ *Er hatte nicht den Hauch einer Chance.* He didn't have a ghost of a chance.

hauchdünn very thin ◊ *Sie trug die Salbe hauchdünn auf.* She applied a very thin layer of cream. ◊ *hauchdünn geschnittene Salami* very thin slices of salami

hauchen breathe ◊ *Er hauchte ihr etwas ins Ohr.* He breathed something in her ear.

hauen 1 hit* ◊ *Sie haute ihm ins Gesicht.* She hit him in the face. ◊ *Er haute ihm auf die Schulter.* He clapped him on the shoulder. **2** (*auf/gegen etw schlagen*) bang ◊ *Sie haute mit der Faust gegen die Wand.* She banged her fist on the wall. **3** (*zerschlagen*) smash ◊ *Sie haute den Stuhl in Stücke.* She smashed the chair to bits. **4** (*hineinschlagen*) knock; (*meißeln*) hew* ◊ *Er hat ein Loch ins Eis gehauen.* He knocked a hole in the ice. ◊ *Sie haute den Nagel in die Wand.* She knocked the nail into the wall. ◊ *eine in Stein gehauene Figur* a figure hewn from stone **5** (*schmeißen, sich fallen lassen*) fling* ◊ *Er haute seine Tasche in die Ecke.* He flung his bag into the corner. ◊ *Sie haute sich vor den Fernseher.* She flung herself in front of the TV. IDM ⇨ FAUST, FINGER, OHR, PAUKE, PFANNE, PUTZ *und* TISCH

Häufchen little pile IDM **ein Häufchen Elend** a picture of misery

häufen 1 pile, heap ◊ *Er häufte Kartoffeln auf den Teller.* He piled potatoes on his plate. ◊ *ein gehäufter Esslöffel Zucker* a heaped dessertspoonful of sugar **2 sich ~** increase ◊ *Die Fälle haben sich gehäuft.* The number of cases has increased. ◊ *Die Einbrüche häufen sich.* Break-ins are on the increase. ◊ *Auf dem Schreibtisch häuften sich die Briefe.* Letters were mounting up on the desk.

Haufen 1 pile, heap ◊ *ein großer Haufen Kartoffeln* a big pile of potatoes ◊ *Er warf alles auf einen Haufen.* He threw everything into a heap. ◊ *Hast du schon einmal so viele Menschen auf einen Haufen gesehen?* Have you ever seen so many people together in one place? **2** (*große Menge, Anzahl*) load (*umgs*); (*von Menschen*) crowd ☛ G 1.3b ◊ *ein Haufen Arbeit* a load of work ◊ *Er besitzt einen Haufen Bücher.* He owns loads of books. ◊ *ein Haufen Neugieriger* a crowd of curious onlookers ◊ *Das kostet einen Haufen Geld.* That costs a lot of money. IDM **jdn über den Haufen fahren** run* sb over **jdn über den Haufen rennen** plough sb down; (*zusammenstoßen*) crash into sb ◊ **etw über den Haufen werfen 1** chuck sth in ◊ *Sie haben alle Pläne über den Haufen geworfen.* They've chucked in all their plans. **2** (*vereiteln*) muck sth up (*umgs*) ◊ *Das hat unsere Berechnungen über den Haufen geworfen.* That mucked up all of our calculations.

haufenweise in large quantities, loads of (*umgs*) ◊ *Man fand haufenweise Kokain.* Large quantities of cocaine were found. ◊ *Er hat haufenweise Fehler gemacht.* He made loads of mistakes.

häufig 1 *Adj* common **2** *Adv* often, frequently ◊ *Es ist häufig so, dass* … It is often the case that … ◊ *eine häufig gestellte Frage* a frequently asked question

Häufigkeit frequency [U]

Häufung increasing number ◊ *die Häufung von Unfällen* the increasing number of accidents

Haupt head (*auch fig*) ◊ *das Haupt der katholischen Kirche* the head of the Catholic Church

haupt- hauptamtlich full-time ◊ *hauptamtlich tätig sein* work on a full-time basis **Hauptangeklagte(r)** (main) defendant **Hauptaufgabe** main task **Hauptbahnhof** main station **Hauptberuf** main job ◊ *Sie ist im Hauptberuf Lehrerin.* Her main job is teaching. **hauptberuflich** ◊ *Er ist hauptberuflich als Maler tätig.* His main job is as a painter. ◊ *ein hauptberuflicher Feuerwehrmann* a full-time firefighter **Hauptbestandteil** principal component **Hauptdarsteller(in)** lead ◊ *der männliche Hauptdarsteller* the male lead ◊ *die beiden Hauptdarstellerinnen* the two (female) leads **Haupteingang** main entrance **Hauptfach** main subject **Hauptfigur** main character **Hauptgebäude** main building **Hauptgericht** main dish ◊ *Als Hauptgericht gab es Kaninchen.* The main dish was rabbit. **Hauptgewinn** first prize **Hauptgrund** main reason

Häuptling headman*; (*Indianer-*) chief

Haupt- Hauptmahlzeit main meal ◊ *die Hauptmahlzeit abends einnehmen* eat your main meal in the evening ◊ *zwischen den Hauptmahlzeiten essen* eat between meals **Hauptmann** captain ◊ *zum Hauptmann befördert werden* be promoted to captain ☛ G 2.2d ◊ *Hinweis bei* PROFESSOR, S. 1151. ☛ *Hinweis bei* MAJOR², S. 376. **Hauptmenü** (COMP) main menu **Hauptmerkmal** main feature **Hauptperson 1** central figure ◊ *die Hauptperson des Abends* the central figure of the evening ◊ *Er will immer die Hauptperson sein.* He always wants to be the centre of attention. **2** (*Hauptfigur*) main character **Hauptpostamt** main post office **Hauptquartier** headquarters* (*Abk* HQ) ◊ *im Hauptquartier der Armee* at army headquarters ☛ G 1.3c **Hauptrolle** leading role (*auch fig*) **Hauptsache 1** most important thing ◊ *Geld ist nicht die Hauptsache.* Money is not the most important thing. ◊ *Hauptsache, es macht Spaß.* The main thing is to enjoy it. **2 in der ~** mainly **hauptsächlich 1** *Adv* mainly **2** *Adj* main (*nur vor Nomen*) **Hauptsaison** peak season **Hauptsatz** (LING) main clause **Hauptschlagader** (ANAT) aorta; (*fig*) main artery* **Hauptschuld** main share of the blame; **die ~** (**an etw**) **tragen** be mainly to blame (for sth); **jdm die ~ geben** hold* sb to be the main culprit **Hauptschule** = secondary school (where the curriculum is more practical than in a grammar school) **Hauptsitz** head office ◊ *Die Firma hat ihren Hauptsitz in London.* The firm's head office is in London. **Hauptstadt** capital ◊ *Frankreichs Hauptstadt Paris* Paris, the French capital **Hauptstraße** main road; (*Geschäftsstraße*) high street, (*AmE*) main street **Hauptthema** main topic **Hauptverhandlung** main proceedings [Pl] **Hauptverkehrsstraße** main road **Hauptverkehrszeit** rush hour ◊ *in der Hauptverkehrszeit unterwegs sein* travel at rush hour ◊ *morgens in der Hauptverkehrszeit* in the morning rush hour **Hauptwohnsitz** main residence **Hauptwort** noun

Haus 1 house; (*Mehrfamilienhaus*) block of flats, (*AmE*) apartment block ◊ *ein unterkellertes Haus* a house with a cellar ◊ *das Haus Habsburg* the House of Habsburg ◊ *das Weiße Haus* the White House ◊ *die beiden Häuser des Parlaments* both Houses of Parliament ◊ *Das ganze Haus tobte, als er auf die Bühne kam.* The house went wild when he appeared on stage. ◊ *vor ausverkauftem Haus spielen* play to a packed house ◊ *Bei uns im Haus ist eine Wohnung frei.* There's a flat to be let in our block. **2** (*Zentrum*), (*AmE*) center ◊ *das Haus der Jugend* the youth centre **3** (*Familie*) family* ◊ *aus gutem Hause kommen* come from a good family ◊ *ein Freund des Hauses* a friend of the family **4** (*Firma*) ◊ *ein weltbekanntes Haus* a world-famous company ◊ *Herr Müller ist heute nicht im Haus.* Mr Müller is out of the office today. **5 zu Hause** at home; **zu Hause bleiben/sein** stay/be at home, (*AmE*) stay/be home ◊ *bei uns zu Hause* at home ◊ *sich ganz wie zu Hause fühlen* feel completely at home ◊ *Fühlen Sie sich wie zu Hause.* Make yourself at home. ◊ *Freiburg spielt heute zu Hause.* Freiburg are playing at home today. ◊ *Er kommt von zu Hause.* He's coming from home. ◊ *wieder zu Hause sein* be back home ◊ *zu Hause arbeiten* work from home ◊ *Sie ist in Frankfurt zu Hause.* She lives in Frankfurt. **6 nach Hause** home ◊ *etw mit nach Hause nehmen* take sth home ◊ *Ich muss um 10 nach Hause.* I have to go home at 10. ◊ *Komm gut nach Hause!* Take care! IDM **aus dem Haus sein** ◊ *Ihre Kinder sind schon aus dem Haus.* Their children have already left home. **frei Haus** free of charge ◊ *Die Möbel werden frei Haus geliefert.* The furniture is delivered free of charge. **in etw zu Hause sein** be well up in sth ◊ *Sie ist in ihrem Fach zu Hause.* She's well up in her subject. ◊ *in der Bibel zu Hause sein* know your Bible **jdm steht etw ins Haus** sb has sth coming up **von Haus aus 1** (*ursprünglich*) originally; (*gelernt*) by training ◊ *Er ist von Haus aus Jurist.* He is a lawyer by training. **2** (*von Natur aus*) by nature ◊ *Sie ist von Haus aus offen.* She's frank by nature. ☛ *Siehe auch* ART *und* DAME

Hausapotheke medicine cabinet **Hausarbeit 1** housework [U] ◊ *die Hausarbeit machen* do the housework ◊ *lästige Hausarbeiten* chores **2** ⇨ HAUSAUFGABE **2** (*längere schriftliche Arbeit*) written assignment **Hausarrest** house arrest ◊ *unter Hausarrest stehen* be under house arrest ◊ *Du hast eine Woche Hausarrest!* You're grounded for a week! **Hausarzt, -ärztin** GP ◊ *vom Hausarzt überwiesen werden* be referred to your GP ☛ G 2.2d **Hausaufgabe** homework [U] ◊ *seine Hausaufgaben machen* do your homework ◊ *Als Hausaufgabe müssen wir* … For homework, we have to … ◊ *viele Hausaufgaben aufhaben* have a

Hausbesetzer(in)

lot of homework **Hausbesetzer(in)** squatter **Hausbesitzer(in)** (*von Eigenheim*) home owner; (*Vermieter*) landlord/landlady* **Hausbesuch** home visit **Hausbewohner(in)** occupant **Hausboot** houseboat

Häuschen little house ᴵᴰᴹ (**ganz/völlig**) **aus dem Häuschen sein** (*aufgeregt*) be wild with excitement; (*glücklich*) be over the moon

Haus- Hausdurchsuchung police raid (on sb's home) ◊ *bei einer Hausdurchsuchung* in a police raid ◊ *Die Polizei nahm eine Hausdurchsuchung vor*. The police raided the house. **hauseigen** in-house **Hauseigentümer(in)** ⇨ Hausbesitzer(in)

hausen (*wohnen*) live

Häuserblock block ◊ *dreigeschossige Häuserblocks* three-storey blocks

Haus- Hausflur entrance hall (and staircase); (*lang*) hallway **Hausfrau** housewife*, (*bes AmE*) homemaker ◊ *Hausfrau und Mutter sein* be a housewife and mother **hausgemacht 1** home-made ◊ *hausgemachte Kuchen* home-made cakes **2** (*selbst verantwortet*) of your own making (*nicht vor Nomen*) ◊ *Die Probleme sind hausgemacht*. The problems are of their own making. ◊ *eine hausgemachte Krise* a self-inflicted crisis **Hausgemeinschaft 1** (*Bewohner*) residents [Pl] **2** (*das Zusammenleben*) ◊ *Sie haben eine gute Hausgemeinschaft*. There is a sense of community.

Haushalt 1 house; (*Hausarbeit*) housework ◊ *im Haushalt der Brauns* in the Braun house ◊ *Sie führt ihrem Bruder den Haushalt*. She keeps house for her brother. ◊ *Die Kinder helfen im Haushalt mit*. The children help in the house. ◊ *Wer macht den Haushalt?* Who does the housework? ◊ *Unfälle im Haushalt* accidents in the home **2** (*Hausgemeinschaft*) household ◊ *ein Zwei-Personen-Haushalt* a two-adult household **3** (*Etat*) budget, (*BrE auch*) national budget ◊ *geringer als der öffentliche Haushalt von Hessen* less than the Hesse state budget ◊ *aus dem öffentlichen Haushalt* from the public purse

Haushälterin housekeeper ☞ G 2.2d

Haushalts- Haushaltsdefizit budget deficit **Haushaltsgeld** housekeeping money **Haushaltsgerät** domestic appliance **Haushaltsplan** budget **Haushaltswaren** household goods [Pl]

Haus- Hausherr(in) 1 (*Gastgeber(in)*) host ☞ *Hinweis bei* Gastgeber **2** (*Familienoberhaupt*) head of the household, householder (*offiz*) **3** (*Hausbesitzer*) house-owner; (*Vermieter*) landlord/landlady* **haushoch 1** *Adj* a mile high (*nicht vor Nomen*) ◊ *haushohe Flammen* flames a mile high ◊ *eine haushohe Flutwelle* a massive tidal wave **2** *Adv* ◊ *eine haushoch überlegene Mannschaft* a vastly superior team ◊ *jdm/etw haushoch überlegen sein* be head and shoulders above sb/sth ◊ *haushoch gewinnen* win hands down ◊ *haushoch verlieren* get a drubbing

Hausierer(in) hawker

häuslich 1 domestic ◊ *häusliche Sorgen* domestic worries ◊ *häusliches Glück* domestic bliss ◊ *ein Lehrer, der ihre häusliche Situation kennt* a teacher who knows her home situation ◊ *die häusliche Krankenpflege* home care **2** (*Mensch*) home-loving ◊ *häuslich veranlagt sein* be a home-loving person ◊ *Er ist nicht sehr häuslich*. He is not very domesticated. ᴵᴰᴹ **sich häuslich niederlassen/einrichten** make* yourself at home

Haus- Hausmann house husband ☞ G 2.2d **Hausmannskost 1** home cooking [U] ◊ *solide Hausmannskost* good home cooking **2** (*fig*) nothing fancy **Hausmeister(in)** caretaker, (*AmE*) janitor ☞ G 2.2d **Hausmittel** (home) remedy* ◊ *ein altes Hausmittel gegen Erkältung* a traditional remedy for colds **Hausmüll** (household) rubbish, (*bes AmE*) garbage, household refuse (*offiz*) ◊ *den Hausmüll getrennt sammeln* sort the rubbish ◊ *den Hausmüll abholen* empty the dustbins ☞ *Hinweis bei* Abfall **Hausordnung** house rules [Pl] **Hausrat** household goods [Pl] **Hausratversicherung** home contents insurance **Hausschlüssel** house key; (*für die Eingangstür*) front-door key [Pl] **Hausschuh** slipper ◊ *neue Hausschuhe kaufen* buy a new pair of slippers ☞ *Hinweis bei* Brille

Hausse 1 (*Steigen der Börsenkurse*) bull market **2** (*Aufschwung*) boom

Haus- Haustier pet; (*Nutztier*) domestic animal **Haustür** front door ◊ *die Haustür abschließen* lock the front door ◊ *etw direkt vor der Haustür haben* have sth on your doorstep

Hausverbot ban on entering a place; **jdm ~ erteilen** ban* sb from (entering) a place; **~ (bei jdm/in einem Geschäft etc.) haben** be banned (from sb's house, a shop, etc.) **Hauswirtschaft 1** (*Haushalt*) housekeeping **2** (*Fach*) home economics ☞ *Hinweis bei* economics

Haut skin; (*eines Tieres*) hide ◊ *Wir waren bis auf die Haut durchnässt*. We were soaked to the skin. ◊ *die knusprige Haut des Hähnchens* the crisp skin of roast chicken ◊ *einem Tier die Haut abziehen* strip an animal of its skin ◊ *Sie zeigte viel Haut*. She was showing a lot of flesh. ᴵᴰᴹ **auf der faulen Haut liegen**; **sich auf die faule Haut legen** laze around **aus der Haut fahren** go* up the wall (*umgs*) **eine ehrliche Haut** an honest sort **etw geht unter die Haut** sth is very moving **mit Haut und Haar(en)** completely ◊ *Er hat sich mit Haut und Haaren seiner Arbeit verschrieben*. He devoted himself completely to his work. **nicht aus seiner Haut (heraus)können** not be able to change your ways **nicht in jds Haut stecken mögen** not want to be in sb's shoes **nur noch Haut und Knochen sein/aus Haut und Knochen bestehen** be just skin and bone(s) **seine Haut retten** save your own skin **sich in seiner Haut (nicht) wohl fühlen** (not) feel* comfortable **Hautarzt, -ärztin** dermatologist ☞ G 2.2d **Hautausschlag** (skin) rash **Hautcreme** skin cream

häuten 1 skin* ◊ *ein Tier häuten* skin an animal ◊ *Sie häutete die Tomate*. She peeled the tomato. **2 sich ~** (*Schlange*) slough off its skin

haut- hauteng skintight **Hautfarbe** colour (of sb's skin), (*AmE*) (skin) color ◊ *Er wurde wegen seiner Hautfarbe diskriminiert*. He was discriminated against because of the colour of his skin. ◊ *eine Person mit schwarzer Hautfarbe* a black person **hautfreundlich** kind to your skin ◊ *hautfreundliche Cremes* creams that are kind to your skin **Hautkrankheit** skin disease **Hautkrebs** skin cancer **hautnah** close ◊ *hautnaher Kontakt* close contact ◊ *Stars hautnah erleben* get close to the stars ◊ *etw hautnah miterleben* experience sth at close hand **hautverträglich** hypoallergenic

Havarie (*Schaden*) damage; (*Unfall*) accident

Haxe ⇨ Hachse

he! hey!

Hebamme midwife* ☞ G 2.2d

Hebebühne hydraulic ramp; (*beim Lkw*) tail lift

Hebel lever ◊ *Sie legte den Hebel um*. She turned the lever. ᴵᴰᴹ **alle Hebel in Bewegung setzen** pull out all the stops **am Hebel sitzen** have the whip hand

heben 1 raise; (*hochheben, herausheben*) lift ◊ *Sie hob den Kopf*. She raised her head. ◊ *die Gläser heben* raise your glasses ◊ *einen Schatz heben* raise a treasure ◊ *Sie hob die Tür aus den Angeln*. She lifted the door off its hinges. ◊ *Gewichte heben* lift weights ◊ *Sie darf nicht schwer heben*. She's not allowed to lift heavy weights. **2 sich ~** rise* ◊ *Der Vorhang hob sich*. The curtain rose. **3** (*steigern, verbessern*) improve ◊ *Lob hebt ihr Selbstbewusstsein*. Praise improves their self-confidence. ◊ *Der Witz hob die Stimmung*. The joke lightened the mood. ☞ *Siehe auch* gehoben ᴵᴰᴹ **einen heben** sink* a pint (*umgs*) ◊ *Wir gehen noch einen heben*. We're going to sink a pint. ☞ *Siehe auch* Angel, Sattel *und* Schild²

hecheln pant ◊ *Der Hund hechelte*. The dog was panting.

Hecht 1 pike **2 ein toller ~** a bit of a lad

Heck (*Schiff*) stern; (*Flugzeug*) tail; (*Auto*) rear

Hecke hedge

Heckenschere hedge clippers [Pl] **Heckenschütze** sniper

Heckscheibe rear window

Heer 1 army* (*auch fig*) ☞ G 1.3b **2** (*Streitkräfte*) armed forces [Pl]

Hefe yeast

Hefeteig yeast dough **Hefeweizen** wheat beer with yeast

Heft 1 (*Schul-*) exercise book, (*AmE*) notebook **2** (*Zeitschriftenausgabe*) issue ◊ *in Heft Nummer 6* in the sixth issue of the magazine ◊ *Amerikastudien, Heft 3 (2001)* American Studies, 3 (2001) **3** (*dünnes Buch, Heftchen*) booklet

heften 1 fasten *sth* together ◊ *Er heftete die Blätter*. He fastened the sheets together. **2** (*befestigen*) pin* (*umgs*) ◊ *Sie heftete eine Notiz ans schwarze Brett*. She pinned a notice to

the board. **3** (*nähen*) tack **4** (*Blick etc.*) fix ◊ *Er heftete seine Augen auf mich.* He fixed his eyes on me.
Hefter 1 (*Gerät*) stapler **2** (*Mappe*) file
heftig (*Attacke, Explosion, Sturm, Reaktion*) violent (*Adv* violently); (*Streit, Kämpfe, Debatte, Protest*) fierce (*Adv* fiercely); (*Erdbeben, Schmerzen, Kritik*) severe (*Adv* severely) ◊ *ein heftiges Gewitter* a violent storm ◊ *Sie reagierte viel zu heftig.* She reacted much too violently. ◊ *heftiger Widerstand* fierce opposition ◊ *heftig streiten* argue fiercely ◊ *heftige Verluste erleiden* suffer severe losses ◊ *etw heftig kritisieren* criticize sth severely ◊ *heftiger Regen* heavy rain ◊ *heftig schwitzen* sweat profusely ◊ *Das ist heftig umstritten.* That's very controversial.
Heftigkeit 1 intensity* ◊ *Das Gewitter nahm an Heftigkeit zu.* The storm increased in intensity. **2** (*eines Menschen*) ◊ *Seine Heftigkeit überraschte sie.* She was surprised by how forceful he was. ◊ *Er wies den Vorwurf mit Heftigkeit zurück.* He forcefully rejected the accusation.
Heft- Heftklammer staple **Heftpflaster** plaster, (*AmE*) Band-Aid™ **Heftzwecke** drawing pin, (*AmE*) (thumb)tack
hegen 1 (*Tiere, Pflanzen*) look after *sth*; (*Garten auch*) tend **2** *jdn* ~ (**und pflegen**) attend to sb's every need **3** (*haben*) have; (*Misstrauen, Zweifel*) harbour ◊ *ehrgeizige Pläne hegen* have ambitious plans ◊ *Misstrauen gegen jdn hegen* harbour suspicion of sb
Hehl kein(en) ~ **aus etw machen** make* no secret of sth ◊ *Sie machte keinen Hehl daraus, dass sie enttäuscht war.* She made no secret of the fact that she was disappointed.
Hehler(in) receiver of stolen goods, fence (*umgs*)
Hehlerei receiving (stolen goods)
Heide, Heidin pagan, heathen (*abwert*)
Heide 1 heath **2** (*-kraut*) heather
  Heidekraut heather
Heidelbeere bilberry*, (*AmE*) blueberry*
Heiden- Heidenarbeit really hard work [U] **Heidenspaß** great fun [U] ◊ *Ihr macht Tennisspielen einen Heidenspaß.* She thinks tennis is great fun.
Heidin ⇨ HEIDE
heidnisch pagan, heathen (*abwert*)
heikel 1 (*Thema, Frage*) sensitive; (*Situation*) tricky* ◊ *ein heikles Thema* a sensitive topic ◊ *ein heikler Punkt* a sore point **2** (*empfindlich*) particular
heil 1 (*unverletzt*) unhurt (*nicht vor Nomen*); (*sicher, unversehrt*) undamaged, safe (*Adv* safely) ◊ *Er hat den Unfall heil überstanden.* He escaped unhurt from the accident. ◊ *Wenige Statuen sind heil geblieben.* Few of the statues remained undamaged. ◊ *Ein Wunder, dass das Auto heil blieb.* It's a wonder the car wasn't damaged. ◊ *Bist du gestern Abend heil nach Hause gekommen?* Did you get home safely last night? ◊ *die heile Welt der Kindheit* the idyllic world of childhood **2** (*geheilt*) ◊ *Ihr Knie ist inzwischen wieder heil.* Her knee has healed now. ◊ *Papa, kannst du meine Eisenbahn wieder heil machen?* Dad, can you mend my railway?
Heil salvation ◊ *sein Heil in etw suchen* seek salvation in sth
Heiland der ~ the Saviour, (*AmE*) the Savior
heilbar curable
Heilbutt halibut
heilen 1 cure; *jdn* (**von etw**) ~ cure sb (of sth) ◊ *eine Krankheit heilen* cure a disease ◊ *Sie wurde von Krebs geheilt.* She was cured of cancer. ◊ *Von ihm war ich jetzt endlich geheilt.* I was finally cured of him. **2** (*gesund werden*) heal ◊ *Seine Knieverletzung ist schnell geheilt.* His knee injury healed quickly.
heilfroh really glad
Heilgymnastik physiotherapy*, (*AmE*) physical therapy
heilig 1 holy* ◊ *ein heiliger Ort* a holy place ◊ *der Heilige Geist/Vater* the Holy Spirit/Father ◊ *der Heilige Stuhl in Rom* the Holy See in Rome ◊ *die Heiligen Drei Könige* the three wise men ◊ *jdn heilig sprechen* canonize sb **2** (*in Namen*) ◊ *der heilige Franz von Assisi* Saint Francis of Assisi **3** *etw ist* (*jdm*) ~ sth is sacred (to sb) ◊ *Kühe sind den Hindus heilig.* Cows are sacred to Hindus. ◊ *Ist denn nichts heilig?* Is nothing sacred? ⇨ HOCH *und* SCHRIFT
Heiligabend Christmas Eve ◊ *Was macht ihr Heiligabend?* What are you doing on Christmas Eve?
Heilige(r) saint ☛ *Hinweis bei* SAINT
heiligen IDM ⇨ ZWECK

Heiligenschein halo*
Heiligtum 1 (*Stätte*) shrine **2** (*Gegenstand*) sacred object
Heil- Heilkraft healing power **Heilkunde** medicine **heillos** hopeless (*Adv* hopelessly) **Heilmittel** remedy*; (*auch fig*) **Heilpädagogik** special education **Heilpflanze** medicinal plant **Heilpraktiker(in)** practitioner of complementary medicine
heilsam salutary
Heilung 1 healing; (*einer Krankheit*) curing ◊ *die Heilung der Kranken durch Handauflegen* the healing of the sick by the laying on of hands ◊ *die Heilung von Krebs* the curing of cancer **2** (*das Gesundwerden*) recovery* ◊ *Es besteht wenig Aussicht auf Heilung.* There is little hope of recovery. **3** (*fig*) cure ◊ *Für ihre Einsamkeit schien es keine Heilung zu geben.* There didn't seem to be any cure for her loneliness.
Heilungsprozess healing process
Heim 1 home ◊ *Endlich hatten sie ein eigenes Heim.* At last they had their own home. **2** (*Senioren- etc.*) home; (*für Obdachlose*) hostel ◊ *Meine Oma will nicht ins Heim.* My grandma doesn't want to go into a home. **3** (*Vereins-*) social club; (*von Sportverein*) clubhouse
Heimarbeit homework, (*BrE auch*) outwork
Heimat home; (*Stadt auch*) home town; (*Land auch*) homeland, native country* ◊ *Bist du noch mal in deine alte Heimat zurückgekehrt?* Have you ever been back home? ◊ *die Heimat des Fußballs* the home of football ◊ *England wurde ihnen zur zweiten Heimat.* England became their second home. ◊ *In seiner Heimat ist er kaum bekannt.* He is scarcely known in his native country.
Heimatkunde = study of local history and geography
Heimatland homeland, native country*
heimatlich 1 local ◊ *die heimatliche Tracht* the local costume ◊ *Sie kehrten ins heimatliche Sizilien zurück.* They returned to their native Sicily. **2** (*an die Heimat erinnernd*) of home (*dem Nomen nachgestellt*) ◊ *heimatliche Klänge* sounds of home
heimatlos homeless ◊ *heimatlose Flüchtlinge* homeless refugees ◊ *Zigeuner sind seit jeher heimatlos.* Gypsies have always been without a homeland.
Heimat- Heimatmuseum museum of local history **Heimatort** home town **Heimatvertriebene(r)** ⇨ VERTRIEBENE(R)
heim- heimbringen bring* *sb/sth* home, take* *sb/sth* home ☛ *Hinweis bei* BRINGEN **Heimfahrt** journey home **heimgehen** go* home
heimisch 1 local; (*inländisch*) domestic; (*Bevölkerung*) indigenous; (*Pflanzen-, Tierwelt*) native ◊ *der heimische Dialekt* the local dialect ◊ *der heimische Markt* the domestic market ◊ *Das Känguru ist in Australien heimisch.* The kangaroo is native to Australia. **2** *sich* ~ *fühlen* feel* at home; ~ *werden* begin* to feel at home IDM ⇨ HERD
Heim- Heimkehr return ◊ *die Heimkehr der Männer aus dem Krieg* the return of the men from war ◊ *Nach der Heimkehr von einer langen Reise war sie immer müde.* Whenever she got home from a long trip she was always tired. **heimkehren** return home **heimkommen** get* home
heimlich secret (*Adv* secretly) ◊ *eine heimliche Verabredung* a secret rendezvous ◊ *Hast du dich heimlich mit ihm getroffen?* Did you meet him secretly? ◊ *sich heimlich davonmachen* sneak away IDM (*mit etw*) **heimlich tun** be secretive (about sth)
Heim- Heimniederlage home defeat **Heimreise** journey home **Heimsieg** home win **Heimspiel** home match, (*bes AmE*) home game
heimsuchen hit* ◊ *Die Gegend wurde immer wieder von Naturkatastrophen heimgesucht.* The area was repeatedly hit by natural disasters. ◊ *Wegen der Lage wurde sein Laden oft von Einbrechern heimgesucht.* Because of its location his shop was often targeted by burglars. ◊ *das vom Hunger heimgesuchte Äthiopien* famine-stricken Ethiopia ◊ *der vom Krieg heimgesuchte Sudan* war-torn Sudan
Heimtrainer (*Fahrrad*) exercise bike
heimtückisch (*Krankheit etc.*) insidious (*Adv* insidiously); (*Tat*) malicious (*Adv* maliciously); (*Wetter, Straßenverhältnisse*) treacherous (*Adv* treacherously)
Heim- Heimvorteil home advantage [U] ◊ *Sie hatten den Heimvorteil.* They had home advantage. **heimwärts** home **Heimweg** way home ◊ *Wir sind gerade auf dem Heimweg.* We are just on our way home. **Heimweh** homesickness [U]

Heimwerker(in)

~ **(nach jdm/etw) haben** be/feel* homesick (for sb/sth); ~ **bekommen** get* homesick **Heimwerker(in)** DIY enthusiast ☞ G 2.2d **Heimwerkermarkt** DIY store, (*AmE*) do-it-yourself store

heimzahlen jdm etw ~ pay* sb back for sth ◊ *Das werde ich ihm heimzahlen!* I'll pay him back for that! IDM ⇨ MÜNZE

Heirat marriage ◊ *die Heirat mit einem Arzt* marriage to a doctor

heiraten 1 get* married ◊ *Sie heiratete mit 28.* She got married at 28. ◊ *standesamtlich/kirchlich heiraten* get married in a registry office/in church **2 jdn** ~ marry* sb ◊ *Sie heiratete einen Franzosen.* She married a Frenchman.

Heirats- Heiratsantrag proposal (of marriage) ◊ *einen Heiratsantrag annehmen* accept a proposal of marriage ◊ *Er machte ihr einen Heiratsantrag.* He proposed to her. **heiratsfähig** marriageable ◊ *Frauen im heiratsfähigen Alter* women of marriageable age **Heiratsurkunde** marriage certificate, (*AmE*) marriage license

heiser hoarse ◊ *Du klingst heiser.* You sound hoarse. ◊ *sich heiser schreien* shout yourself hoarse

Heiserkeit hoarseness

heiß 1 hot* ◊ *Mir ist heiß.* I'm hot. ◊ *heiße Rhythmen* hot rhythms ◊ *ein heißer Favorit* a hot favourite ◊ *Als es ihm zu heiß wurde, flüchtete er.* When things got too hot for him he fled. ◊ *heiß duschen* have a hot shower **2** (*hitzig*) heated ◊ *eine heiße Debatte* a heated debate ◊ *In der Sitzung ging es heiß her.* Things got very heated at the meeting. **3** (*toll*) cool (*umgs*); (*sexy*) sexy* ◊ *Der Rock sieht ja heiß aus!* That skirt looks cool! **4** (*sexuell erregt*) horny (*umgs*) ◊ *ganz heiß sein* feel really horny ◊ *jdn heiß machen* turn sb on **5** ~ **auf etw sein** be mad about sth **6** ~ **und innig** passionately **7 heiße Ware** (*illegal*) hot property [U]; (*gestohlen*) stolen goods [Pl] **8** (**von jdm**) ~ **begehrt sein** be extremely popular (with sb) **9** ~ **ersehnt** longed-for (*nur vor Nomen*); (*Rückkehr etc.*) eagerly awaited **10** ~ **geliebt** beloved **11** ~ **umkämpft** hard fought; ~ **umstritten** hotly disputed IDM ⇨ BREI, EISEN, HÖLLE, RÜCKEN *und* TROPFEN

heißen 1 be called ◊ *Wie heißt der Ort?* What is the place called? ◊ *Der Film heißt „Brazil".* The film is called 'Brazil'. ◊ *Wie heißt das Buch auf Französisch?* What is the book called in French? ◊ *Ich weiß nicht, wie sie heißt.* I don't know her name. ◊ *Was heißt „blau" auf Englisch?* What's the English for 'blau'? **2** (*bedeuten*) mean* ◊ *Heißt das, wir fahren nach Island?* Does that mean that we're going to Iceland? ◊ *Das soll nicht heißen, dass …* That's not to say that … ◊ *Sie wissen, was es heißt arm zu sein.* They know what it's like to be poor.

„**Was heißt …?**" Wenn man die Bedeutung eines Wortes wissen will, fragt man: *What does this word mean?*

3 das heißt that is (*Abk* i.e.); (*in anderen Worten*) in other words ◊ *die Jüngeren, d. h. alle unter 14* the younger ones, i.e. those under 14 **4 es heißt** (*steht geschrieben*) it says; (*man muss*) you have to; (*man sagt*) they say ◊ *In der Anleitung heißt es, dass …* It says in the instructions that … ◊ *Irgendwann heißt es, sich den Tatsachen zu stellen.* Sooner or later you have to face facts. ◊ *Es heißt, er sei geschieden.* They say he's divorced. ☞ *Siehe auch* WILLKOMMEN IDM **das will nichts heißen** that doesn't mean anything ☞ *Siehe auch* SCHÖN

Heiß- Heißhunger craving; (*großer Hunger*) ravenous hunger; **einen** ~ **haben** be ravenous; **einen** ~ **auf etw haben** have a craving for sth **heißhungrig** ravenous (*Adv* ravenously), ravenously hungry **Heißluftballon** (hot-air) balloon ◊ *mit dem Heißluftballon fahren* go up in a hot-air balloon

heiter 1 happy, cheerful; (*Musik auch*) light-hearted; (*Gedicht, Erzählung etc.*) amusing ◊ *Die Stimmung war heiter.* Everyone was in a happy mood. ◊ *ein heiteres Gemüt* a cheerful disposition ◊ *Das Treffen mit ihm stimmte mich heiter.* Meeting him cheered me up. (*Wetter*) bright ◊ *heiter bis sonnig* bright with some sunshine ◊ *heiter bis wolkig* cloudy with sunny intervals IDM **Das kann ja heiter werden!** Wonderful! ☞ *Siehe auch* BLITZ *und* HIMMEL

Heiterkeit 1 (*Gemütszustand*) cheerfulness **2** (*Belustigung, Stimmung*) merriment (*gehoben*) ◊ *Die Ankündigung löste Heiterkeit aus.* The announcement caused much merriment.

Heizdecke electric blanket

heizen 1 heat ◊ *eine Wohnung heizen* heat a flat ◊ *In der Turnhalle ist nicht geheizt.* The heating isn't on in the sports hall. ◊ *mit Erdgas heizen* have gas heating ◊ *mit Kohle heizen* have a coal-fired boiler ◊ *Der Ofen wird mit Holz geheizt.* It's a wood-burning stove. **2** (*Ofen befeuern*) stoke *sth* (up) ◊ *einen Hochofen heizen* stoke a furnace

Heizer(in) stoker ☞ G 2.2d

Heiz- Heizkessel boiler **Heizkörper** radiator **Heizkosten** heating costs [Pl] ◊ *Heizkosten senken* reduce heating costs ◊ *Heizkosten sparen* save money on heating bills **Heizkraftwerk** (thermal) power station **Heizlüfter** fan heater **Heizofen** heater **Heizöl** heating oil

Heizung 1 heating [U] ◊ *eine Heizung einbauen* put in central heating ◊ *eine neue Heizung* a new central heating system **2** (*Heizkörper*) heater; (*von Zentralheizung*) radiator **Heizungsmonteur(in)** central heating engineer ☞ G 2.2d

Hektar hectare (*Abk* ha)

Hektik rush ◊ *die Hektik des Alltags* the rush of daily life ◊ *Vor lauter Hektik vergaß ich abzuschließen.* I was in such a rush, I forgot to lock up. IDM **Nur keine Hektik!** (*Eile*) There's no rush. (*Panik*) Don't panic!

hektisch hectic ◊ *Der Tag verlief hektisch.* It was a hectic day. ◊ *hektisch herumrennen* rush around

Hektoliter hundred litres, (*AmE*) hundred liters

Held hero* ◊ *für jdn ein Held sein* be sb's hero

Heldendichtung heroic poetry **Heldenepos** epic

heldenhaft heroic (*Adv* heroically)

Heldentat heroic deed

Heldin heroine

helfen 1 help ◊ *jdm bei etw helfen* help sb with sth ◊ *Sie half der Frau über die Straße.* She helped the woman across the road. ◊ *Dieser Tee hilft gegen Halsschmerzen.* This tea is good for sore throats. ◊ *Dem Verletzten konnte nicht mehr geholfen werden.* It was too late to save the injured man. ◊ *Wenn er nie zuhört, ist ihm wirklich nicht zu helfen!* He's absolutely hopeless. He never listens. ◊ *Da hilft nur eins: …* There's only one thing to do, and that's … **2** (*in Drohungen*) teach* ◊ *Ich werde ihm helfen, mich so anzulügen!* I'll teach him to lie to me like that! **3 nicht(s)** ~ **be** no good ◊ *Es hilft alles nichts, …* It's no good, … ◊ *Da half selbst stundenlanges Reden nichts.* Discussing it for hours didn't get us anywhere. **4 sich zu** ~ **wissen** be resourceful; (*in bestimmten Situationen*) know* what to do **5 sich nicht (mehr) zu** ~ **wissen** be at your wits' end IDM **einer Sache (wieder) auf die Beine/Füße helfen** get*/put* sth back on its feet ◊ *Sie halfen dem Unternehmen wieder auf die Beine.* They got the firm back on its feet. **2** (*in Drohungen*) *Durch die Fahrpreissenkung will die Bahn dem Regionalverkehr auf die Beine helfen.* By lowering the fares the rail company hopes to revitalize regional transport. **jdm (wieder) auf die Beine/Füße helfen 1** help sb up ◊ *Sie half der alten Frau nach dem Sturz wieder auf die Beine.* She helped the old lady up after her fall. **2** (*fig*) help sb back on their feet ◊ *Nach dem Konkurs half ihm sein Schwiegervater wieder auf die Beine.* After he'd gone bankrupt his father-in-law helped him back on his feet. ☞ *Siehe auch* GOTT, SATTEL *und* SPRUNG

Helfer(in) helper ◊ *Helfer sind immer willkommen.* Helpers are always welcome. ◊ *freiwillige Helfer* volunteers

Helfershelfer(in) accomplice

Heliport heliport

Helium helium

hell 1 light; (*Licht, Stern etc.*) bright (*Adv* brightly) ◊ *Es wird gegen 8 Uhr hell.* It gets light about 8 o'clock. ◊ *helle Räume* light rooms ◊ *eine helle Farbe* a light colour ◊ *eine helle Hose* light-coloured trousers ◊ *ein hell erleuchtetes Haus* a brightly lit house ◊ *Es bleibt länger hell.* The evenings are drawing out. ◊ *in hellen Flammen stehen* be in flames **2** (*Haut, Haar*) fair ◊ *eine helle Haut haben* be fair-skinned **3** (*Ton*) high ◊ *mit heller Stimme* in a high voice ◊ *ein heller Ton* a high-pitched sound **4** (*intensiv, stark*) great ◊ *helle Begeisterung* great enthusiasm ◊ *seine helle Freude an etw haben* take great pleasure in sth ◊ *jdn in helle Aufregung versetzen* make sb panic ◊ *Das ist der helle Wahnsinn.* It's sheer madness. **5 auch helle** (*klug*) bright ◊ *Der ist ziemlich helle!* He's quite bright! ◊ *Er ist ein heller Kopf.* He's really bright. IDM ⇨ LICHT

hell- hellblau light blue **hellblond** very fair ◊ *hellblonde Haare* very fair hair ◊ *ein hellblondes Kind* a very fair child

Helle(s) (*Bier*) ≈ lager
hell- hellgelb pale yellow **hellgrün** light green **hellhörig 1** alert; **~ werden** (*aufmerksam*) prick up your ears; (*stutzig*) become* alert ◊ *Das Erwähnen des Namens machte mich hellhörig.* The mention of the name made me prick up my ears. **2** (*Haus etc.*) poorly soundproofed; (*Wand*) thin
Helligkeit brightness ◊ *die Helligkeit des Sterns* the brightness of the star ◊ *sich an die Helligkeit gewöhnen* get used to the bright light
hell- helllicht am helllichten Tag in broad daylight **hellrot** light red **hellsehen** have second sight ◊ *Sie konnte hellsehen.* She had second sight. ◊ *Ich kann doch nicht hellsehen!* I'm not psychic! **Hellseher(in)** clairvoyant ◊ *zu einem Hellseher gehen* go to a clairvoyant **hellwach** wide awake; (*aufmerksam*) alert
Helm helmet ◊ *Setz deinen Helm auf.* Put your helmet on.
Hemd 1 shirt ◊ *Er wechselte das Hemd.* He changed his shirt. **2** (*Unterhemd*) vest, (*AmE*) undershirt IDM **sein letztes Hemd hergeben** give* away your last penny
hemdsärmelig 1 ◊ *Er kam hemdsärmelig zu der Konferenz.* He came to the conference in his shirtsleeves. **2** (*fig*) casual (*Adv* casually); (*zu freundlich*) familiar (*Adv* familiarly) ◊ *Er geht mit ihren Kunden zu hemdsärmelig um.* He's too familiar with the customers.
Hemisphäre hemisphere
hemmen 1 (PSYCH, MED) inhibit ◊ *Dieses Arzneimittel hemmt das Wachstum von Tumorzellen.* This drug inhibits the growth of tumour cells. ◊ *Sie fühlte sich durch seine Anwesenheit gehemmt.* She felt inhibited by his presence. **2** (*stoppen*) hold* *sth* up; (*bremsen*) hold* *sth* back ◊ *Wer hemmt die Reformen?* Who is holding up the reforms? ◊ *Sie wurde von ihrem Mann in ihrer beruflichen Entwicklung gehemmt.* She was held back in her career by her husband. ☛ *Siehe auch* GEHEMMT
Hemmnis obstacle ◊ *ein Hemmnis für die wirtschaftliche Aufschwung* an obstacle to economic recovery
Hemm- Hemmschuh 1 (*fig*) obstacle ◊ *ein Hemmschuh für ihre Karriere* an obstacle to her career **2** (*Bremsklotz*) brake shoe **Hemmschwelle** inhibition [meist Pl] ◊ *Sie musste erst eine Hemmschwelle überwinden, bevor sie ihn anrief.* She had to overcome her inhibitions before calling him. ◊ *Die Hemmschwelle zur Gewaltanwendung sinkt immer weiter.* There is an increasing willingness to use violence.
Hemmung 1 (*Unsicherheit*) inhibition ◊ *Sie hat ihre Hemmungen überwunden.* She overcame her inhibitions. ◊ *In der Gruppe kann ich ohne Hemmungen reden.* In the group I can talk without feeling inhibited. **2** (*moralisch*) scruple ◊ *Sie hat keine Hemmungen, ihren Mann zu betrügen.* She has no scruples about being unfaithful to her husband. **3** (*das Hemmen/Gehemmtwerden*) (*meist mit einem Verb übersetzt*) ◊ *ein Mittel zur Hemmung des Zellwachstums* a drug to inhibit cell growth ◊ *Der Einfluss der Kirche wurde als Hemmung des Fortschritts betrachtet.* The influence of the Church was seen as holding back progress.
hemmungslos unrestricted; (*ohne Skrupel*) unscrupulous (*Adv* unscrupulously); (*gnadenlos*) ruthless (*Adv* ruthlessly) ◊ *der hemmungslose Energieverbrauch der Amerikaner* the unrestricted energy consumption of the Americans ◊ *hemmungsloser Opportunismus* unscrupulous opportunism ◊ *Sie beutete ihn hemmungslos aus.* She exploited him ruthlessly. ◊ *hemmungslose Brutalität* wanton brutality ◊ *hemmungslose Begeisterung* boundless enthusiasm ◊ *Er lügt hemmungslos.* He's an outrageous liar. ◊ *Sie weinte hemmungslos.* She was crying uncontrollably.
Hendl ⇨ BRATHÄHNCHEN
Hengst (*Pferd*) stallion; (*bei anderen Tieren*) male
Henkel handle ◊ *Du solltest die Tasse am Henkel fassen.* Hold the cup by the handle.
Henker executioner, hangman* ◊ *Er wurde dem Henker ausgeliefert.* He was sent for execution. ☛ G 2.2d
Henne hen
Hepatitis hepatitis
her 1 ◊ *Her zu mir!* Come over here to me! ◊ *Her mit dem Zaster!* Give me the money! ◊ *Vom Westen her zeitweise Regen.* Occasional rain moving in from the west. **2 ~ sein** (*herstammen*) be from … ◊ *Ich weiß nicht, wo er her ist.* I don't know where he's from. **3 mit jdm/etw ist es nicht weit ~** sb/sth leaves* a lot to be desired ◊ *Mit ihren Englischkenntnissen ist es nicht weit her.* Her knowledge of English leaves a lot to be desired. **4 hinter jdm/etw ~ sein** be after sb/sth **5** (*zeitlich*) ago ◊ *Das ist ein paar Tage her.* That was a few days ago. ◊ *Sie kennt ihn von früher her.* She knows him from before. **6 von etw ~** from the point of view of sth ◊ *Vom Thema her ist der Film interessant.* The film is interesting from the point of view of the topic. ☛ *Siehe auch* HIN (13) IDM ⇨ HIN
her- ☛ *Die Vorsilbe "her-", in der Bedeutung "hierher", wird oft mit "here" übersetzt: herkommen* come here ◊ *herbringen* bring *sth* here. IDM ⇨ HINGERISSEN
herab (*von oben herab*) down ◊ *Der Politiker grinste von Wahlplakaten herab.* The politician grinned down from the election posters. ◊ *Sie sehen uns von oben herab an.* They look down on us. ☛ *Siehe auch* OBEN
herabfallen fall* (off); **von etw ~** fall* off sth ◊ *Er wurde von einem herabfallenden Ast getötet.* He was killed by a falling branch. ◊ *Das Laub ist vom Baum herabgefallen.* The leaves have fallen off the tree.
herablassen 1 let* *sth* down **2 sich ~ etw zu tun** condescend to do sth
herablassend condescending (*Adv* condescendingly)
herabsehen look down (*auch fig*) ◊ *Sie sehen auf jeden herab, der nicht so reich ist wie sie.* They look down on anyone who isn't as rich as they are.
herabsetzen 1 reduce; (*Grenze*) lower ◊ *Dieser Mantel ist herabgesetzt.* This coat is reduced. ◊ *Die Strafe wurde herabgesetzt.* The sentence was reduced. ◊ *Die Altersfreigabe für diesen Film wurde herabgesetzt.* The age limit for this film was lowered. ◊ *Durch Drogen wird das Reaktionsvermögen herabgesetzt.* Reactions are slowed down by drugs. **2** (*herabwürdigen*) belittle ◊ *Sie fühlte sich herabgesetzt.* She felt belittled.
Herabsetzung 1 (*das Herabsetzen*) lowering ◊ *die Herabsetzung des Wahlalters* the lowering of the voting age **2** (*Diskriminierung*) discrimination; (*Kritik*) slur ◊ *Das ist eine Herabsetzung Behinderter.* This is discrimination against disabled people.
heran ◊ *Heran an die Arbeit!* Get to work! ◊ *Unser Garten geht bis an die Autobahn heran.* Our garden goes right up to the motorway.
heranführen 1 bring* *sth* up to *sth* ◊ *Er führte die Gabel an den Mund heran.* He brought the fork up to his mouth. ◊ *Der Weg führt ans Ufer heran.* The path brings you to the river bank. ◊ *Durch das Hoch wird Warmluft herangeführt.* The high pressure is bringing warm air in. **2 jdn an etw ~** introduce sb to sth ◊ *Sie führte ihn an die neue Aufgabe heran.* She was introducing him to the new task.
herangehen 1 an jdm/etw ~ go* up to sb/sth ◊ *Sie ging an die Absperrung heran.* She went up to the barrier. **2 an etw ~** (*in Angriff nehmen*) tackle sth
herankommen 1 come* up, approach (*gehoben*) ◊ *Sie ist bis auf 100 Meter herangekommen.* She approached to within 100 metres. ◊ *Er kam ganz dicht an sie heran.* He came right up to her. ◊ *Die gegnerische Mannschaft kam auf 2:3 heran.* The opposing team pulled back to 2-3. **2** (*Zeit*) approach, draw* near (*gehoben*) ◊ *Der Abend kam heran.* Evening was approaching. **3 an etw ~** reach sth ◊ *Kommst du an das Buch da oben heran?* Can you reach that book up there? **4 an jdn/etw ~** (*Leistung*) compete with sb/sth, get* near sb/sth (*umgs*) ◊ *An ihre Leistung kommt er nicht heran.* He can't compete with her. ◊ *Sie kam nicht an den Weltrekord heran.* She didn't get anywhere near the world record. **5 an jdn/etw ~** (*erreichen, beschaffen*) get* hold of sb/sth (*umgs*) ◊ *An die Direktorin kann man nicht herankommen.* You can't get hold of the head teacher.
heranlassen jdn an jdm/etw ~ let* sb near sb/sth ◊ *Lass die Kinder nicht an meine CDs heran.* Don't let the children near my CDs.
heranmachen 1 sich an etw ~ tackle sth; (*anfangen*) get* down to sth ◊ *Du musst dich auch an schwierigere Aufgaben heranmachen.* You must tackle more difficult tasks, too. **2 sich an jdn ~** chat* sb up ◊ *Leo versucht, sich an Anna heranzumachen.* Leo is trying to chat Anna up.
herannahen approach
heranreichen 1 reach ◊ *Das Kind kann noch nicht die Klingel heranreichen.* The child can't reach the doorbell yet. **2** (*gleichkommen*) come* up to (the standard of) sb/sth ◊ *Der diesjährige Wein reicht nicht an den des Vorjahres*

heranrücken

heran. This year's wine doesn't come up to the standard of last year's. ◊ *Sie reicht nicht an die Schönheit ihrer Schwester heran*. She is nowhere near as pretty as her sister. ◊ *Die Kosten reichen an eine sechsstellige Summe heran*. The costs are approaching six figures.

heranrücken 1 come* closer, draw* near (*gehoben*) ◊ *Weihnachten rückte heran*. Christmas was drawing near. **2** (**etw**) **an jdn/etw ~** move (sth) (up) closer to sb/sth ◊ *Er rückte den Stuhl näher ans Bett heran*. He moved the chair closer to the bed. ◊ *Sie rückte ganz nah an ihn heran*. She moved up very close to him.

heranschleichen creep* up on *sb*

herantasten sich (**an etw**) **~ 1** grope around (for sth) ◊ *Er tastete sich in der Dunkelheit an den Lichtschalter heran*. He groped around in the dark for the light switch. **2** (*fig*) feel* your way (towards sth) ◊ *Sie tastete sich an das Thema heran*. She was feeling her way towards the topic.

herantrauen 1 sich an jdn/etw ~ dare to go near sb/sth ◊ *Das Kind traut sich nicht an den Hund heran*. The child daren't go near the dog. **2 sich an etw ~** (*Herausforderung*) have the confidence to tackle sth ◊ *Traust du dich an diese Aufgabe heran?* Have you got the confidence to tackle this task? ◊ *Sie traute sich nicht an dieses Problem heran*. She shied away from the problem.

herantreten an jdn/etw ~ go* up to sb/sth, approach sb/sth (*auch fig*) ◊ *Der Kellner tritt an den Tisch heran*. The waiter goes up to the table. ◊ *Er trat mit einem ernsten Problem an sie heran*. He approached her with a serious problem.

heranwachsen (**zu etw**) **~** grow* (into sth); (*erwachsen werden*) grow* up (into sth); (*sich entwickeln*) develop (into sth)

heranwachsend adolescent ◊ *heranwachsende Kinder* adolescent children ◊ *die heranwachsende Generation* the young generation

Heranwachsende(r) adolescent, young person*

heranwagen ⇨ HERANTRAUEN

heranziehen 1 (*sich nähern*) approach ◊ *Ein Unwetter zieht heran*. A storm is approaching. **2** (*aufziehen*) raise; (*Pflänzchen etc.*) grow* *sth* (from seed) **3** (*ausbilden*) groom ◊ *Sie zog sich eine Nachfolgerin heran*. She was grooming her successor. **4** (*hinzuziehen*) call *sb* in ◊ *einen Experten heranziehen* call in an expert **5** (*in Betracht ziehen*) use; (*zitieren*) quote ◊ *Welche Kriterien wurden herangezogen?* What criteria were used? ◊ *Er zog Fallstudien heran*. He quoted case studies. ◊ *Wenn wir das Ausland zum Vergleich heranziehen* … If we compare this country with abroad …

herauf up ◊ *Den Berg herauf braucht man länger als hinunter*. It takes longer to go up the mountain than to come down.

heraufbeschwören 1 provoke; (*Probleme*) cause ◊ *Durch seine Äußerungen beschwor er einen Streit herauf*. His comments provoked an argument. ◊ *Steuererhöhungen könnten große Gefahren für die Autoindustrie heraufbeschwören*. Tax increases could put the motor industry in grave danger. **2** (*wachrufen*) evoke; (*erinnern*) conjure *sth* up

heraufsetzen raise; (*Summe, Preis*) increase ◊ *Das Mindestalter für die Bewerber wurde heraufgesetzt*. The minimum age for applicants was raised.

heraufziehen 1 pull *sb/sth* up ◊ *Ich fasste ihn an der Hand und zog ihn herauf*. I grasped his hand and pulled him up. **2** (*näher kommen*) approach; (*Gewitter*) gather; (*Zeitalter etc.*) dawn; (*Gefahr*) loom ◊ *Die Nacht zog herauf*. Night was approaching. ◊ *Eine neue Zeit zieht herauf*. A new age is dawning. ◊ *Schlechtes Wetter zieht herauf*. Bad weather is on its way. ◊ *eine heraufziehende ökologische Katastrophe* an imminent ecological disaster

heraus 1 out ◊ *ein Weg aus der Krise heraus* a way out of the crisis ◊ *Ihr neues Buch ist noch nicht heraus*. Her new book isn't out yet. ◊ *Endlich ist sie mit ihrem Problem heraus*. She's finally told us what the problem is. ◊ *Ich verliebe mich nicht mehr in Filmstars – aus dem Alter bin ich heraus!* I don't have crushes on film stars any more – I've grown out of that! **2** (*entschieden*) decided; (*klar*) clear ◊ *Ist es schon heraus, wer sein Nachfolger wird?* Has it been decided yet who will succeed him? ◊ *Ob das Benzin teurer wird, ist noch nicht heraus*. It's not clear yet whether petrol prices will go up. ◊ *Wer im Endspiel stehen wird, ist noch nicht heraus*. We don't yet know who will be in the final.

heraus- ☛ Die Vorsilbe „heraus" bzw. „hinaus" wird oft mit **out** übersetzt: *herausnehmen* take *sth* out

herausarbeiten 1 sich aus etw ~ work your way up out of sth **2** (*Chancen etc.*) create ◊ *Er arbeitete sich eine Vielzahl an Chancen heraus*. He created a lot of opportunities for himself. ◊ *Sie hatten einen 4:2 Vorsprung herausgearbeitet*. They had managed to get ahead 4-2. **3** (*deutlich machen*) bring* *sth* out ◊ *Sie arbeitete die unterschiedlichen Standpunkte hervorragend heraus*. She brought out the different points of view extremely well.

herausbekommen 1 etw (**aus jdm/etw**) **~** get* sth out (of sb/sth) ◊ *Sie bekam den Splitter nicht aus dem Finger heraus*. She couldn't get the splinter out of her finger. ◊ *Aus ihm ist nicht viel herauszubekommen*. You won't get much out of him. **2** (*die Lösung finden*) work sth out ◊ *Er bekam die Rechenaufgabe nicht heraus*. He couldn't work out the sum. **3** (*einen Geldbetrag*) get* *sth* back ◊ *Sie bekommen noch Wechselgeld heraus*. You'll get some change back. **4** (*herausfinden*) find* *sth* out

herausbilden sich (**aus etw**) **~** develop (out of sth)

herausbrechen 1 knock *sth* out; (*Wand*) knock *sth* down ◊ *Er brach Steine aus der Mauer heraus*. He knocked stones out of the wall. **2** break* off ◊ *Aus der Mauer sind große Stücke herausgebrochen*. Large pieces of wall had broken off. ◊ *Der Boden der Kiste brach heraus*. The bottom of the box fell out. **3 aus jdm ~** ◊ *Die aufgestauten Aggressionen brachen aus ihm heraus*. Her pent-up aggression was unleashed. ◊ *„Ich war es", brach es aus ihm heraus*. 'It was me,' he burst out.

herausbringen 1 etw (**aus etw**) **~** bring* sth out (of sth); **jdn** (**aus etw**) **~** get* sb out (of sth) ◊ *Kannst du einen Stuhl herausbringen?* Can you bring a chair out? ◊ *die Kinder aus dem Kriegsgebiet herausbringen* get the children out of the war zone **2** (*Produkt*) launch, bring* *sth* out; (*CD, Film*) release; (*Buch*) publish; (*Theaterstück*) put* *sth* on **3** (*hervorbringen*) say* ◊ *Ich konnte kein Wort herausbringen*. I couldn't say a word. **4** (*herausfinden*) find* *sth* out **5 etw aus jdm ~** get* sth out of sb (*umgs*) ◊ *Ich konnte nichts aus ihr herausbringen*. I couldn't get anything out of her.

herausfinden 1 find* *sth* out, discover ◊ *Wir müssen herausfinden, was passiert ist*. We must find out what happened. ◊ *Ich glaube, ich habe den Grund herausgefunden*. I think I've discovered the reason. **2** (**aus etw**) **~** find* your way out (of sth) ◊ *Ich fand nicht mehr heraus*. I couldn't find my way out.

Herausforderer, Herausforderin challenger

herausfordern 1 jdn (**zu etw**) **~** challenge sb (to sth) ◊ *jdn zu einem Duell herausfordern* challenge sb to a duel. **2** (*provozieren*) provoke ◊ *herbe Kritik herausfordern* provoke severe criticism IDM *das Glück/Schicksal herausfordern* tempt fate

herausfordernd 1 (*Aufgabe*) challenging; (*Blick*) defiant (*Adv* defiantly) **2** (*aufreizend*) provocative (*Adv* provocatively)

Herausforderung challenge

herausgeben 1 (*veröffentlichen*) publish; (*redigieren*) edit; (*Briefmarken, Katalog, Broschüre*) issue **2** (*jdm*) (**auf**) **etw ~** give* (sb) change (for sth) ◊ *Die Kassiererin hat mir falsch herausgegeben*. The cashier gave me the wrong change. ◊ *Können Sie herausgeben?* Have you got change for this? **3** (*aushändigen*) hand *sb/sth* over; (*zurückgeben*) give* *sb/sth* back

Herausgeber(in) editor; (*Verleger*) publisher

herausgehen 1 come* out ◊ *Hast du ihn herausgehen sehen?* Did you see him come out? ◊ *Der Rotweinfleck geht nicht aus dem Teppich heraus*. The red wine stain won't come out of the carpet. **2 aus sich ~** come* out of your shell

herausgreifen pick *sb/sth* out, single *sb/sth* out; (*sich konzentrieren*) focus* on *sb/sth* ◊ *Warum wurde gerade diese Stadt herausgegriffen?* Why was this particular town singled out? ◊ *Ich möchte drei Aspekten herausgreifen*. I'd like to focus on three aspects.

heraushalten jdn/etw (**aus etw**) **~** keep* sb/sth out (of sth); **sich aus etw ~** keep* out of sth ◊ *Der Verkehr soll aus der Stadtmitte herausgehalten werden*. Traffic is to be kept out of the town centre. ◊ *Halte du dich da bitte heraus, ja?* You keep out of it, OK?

heraushängen (**aus etw**) **~** hang* out (of sth) ◊ *Dein Hemd hängt heraus.* Your shirt's hanging out.

herausholen 1 jdn/etw (**aus etw**) **~** get* sb/sth out (of sth) ◊ *Hast du das Gepäck schon aus dem Kofferraum herausgeholt?* Have you got the cases out of the boot yet? **2** gain ◊ *einen Vorsprung herausholen* gain a lead ◊ *Sie hat bei den Verhandlungen leider nichts herausholen können.* Unfortunately she wasn't able to gain anything by the negotiations. ◊ *Wir haben das Optimale herausgeholt.* We achieved the best possible result. **3 etw aus jdm ~** (*Informationen*) get* sth out of sb

heraushören 1 jdn/etw (**aus etw**) **~** hear* sb/sth (above sth) **2 etw** (**aus etw**) **~** tell* sth (from sth) ◊ *Ich konnte aus seiner Stimme heraushören, dass etwas nicht stimmte.* I could tell from his voice that there was something wrong.

herauskommen 1 come* out ◊ *Die Sonne kam heraus.* The sun came out. ◊ *Aus dem Schornstein kommt schwarzer Qualm heraus.* Black smoke is coming out of the chimney. ◊ *Der Roman kommt demnächst als Taschenbuch heraus.* The novel will soon be coming out in paperback. ◊ *Erst später kam die Wahrheit heraus.* The truth only came out later. ◊ *Die Farben sind gut herausgekommen.* The colours have come out well. **2** (**ausgehen**) get* out ◊ *Meine Großmutter kommt nicht oft aus dem Haus heraus.* My grandmother doesn't get out of the house much. **3** (**aus etw**) **~** (*einen Ausweg finden*) get* out (of sth) ◊ *Wir müssen einen Weg finden, aus dieser Misere herauszukommen.* We have to think of a way to get out of this predicament. **4** (**bei etw**) **~** come* out (of sth) ◊ *Bei den Nachforschungen der Polizei ist nichts herausgekommen.* Nothing came out of the police investigations. ◊ *Was soll dabei herauskommen?* What's the point? **5 mit etw ~** come* out with sth ◊ *Endlich kam sie mit der Wahrheit heraus.* She finally came out with the truth. IDM **auf dasselbe herauskommen** not make* any difference **aus dem Lachen nicht mehr herauskommen** not be able to stop laughing ◊ *Wir kamen aus dem Lachen nicht mehr heraus.* We couldn't stop laughing. **aus dem Staunen nicht mehr herauskommen** be absolutely amazed **groß herauskommen** make* it big

herauskriegen ⇨ HERAUSBEKOMMEN

herausnehmen 1 take* sth out ◊ *Ich muss meine Kontaktlinsen herausnehmen.* I must take my contact lenses out. ◊ *Man nahm ihm den Blinddarm heraus.* They took his appendix out. ◊ *sich die Mandeln herausnehmen lassen* have your tonsils out **2** (*Spieler*) take* sb off IDM ⇨ FREIHEIT

herauspicken (**sich**) **etw** (**aus etw**) **~** pick sth (out of sth)

herausplatzen 1 burst* out laughing **2 mit etw ~** blurt sth out

herausragen 1 stick* out; (*in die Höhe*) stick* up **2** (*sich auszeichnen*) stand* out

herausragend outstanding

herausreden 1 sich ~ talk your way out of it; **sich aus etw ~** talk your way out of sth **2 sich auf jdn/etw ~** put* the blame on sb/sth ◊ *Er versuchte, sich auf seine Schwester herauszureden.* He tried to put the blame on his sister.

herausreißen 1 (*Papier*) tear* sth out; (*Wand*) knock sth down; (*Leitung, Heizkörper etc.*) rip* sth out; (*Pflanzen*) pull sth up; (*Fußboden*) take* sth up **2** jdn aus etw **~** take* sb away from sth ◊ *Der Umzug hat die Kinder aus ihrer vertrauten Umgebung herausgerissen.* The move took the children away from their familiar surroundings. ◊ *Sie versuchte alles Mögliche, um ihn aus seiner trüben Stimmung herauszureißen.* She did all she could to cheer him up.

herausrücken 1 (*Geld*) hand sth over **2 mit etw ~** come* out with sth ◊ *Endlich rückte er mit der Wahrheit heraus.* He finally came out with the truth. IDM ⇨ SPRACHE

herausrutschen slip* out (*auch fig*) ◊ *Das war nicht so gemeint — mir ist das nur so herausgerutscht.* I didn't mean it like that — it just slipped out.

herausschlagen 1 knock sth out **2** (*Geld, Gewinn*) make*; (*Vorteil*) gain

herausspringen 1 jump out **2 etw springt für jdn bei etw heraus** sb gets* sth out of sth ◊ *Bei dem Deal springt für mich selbst gar nichts heraus.* I don't get anything out of the deal myself. ◊ *Letztes Jahr sprang ein Plus von 3% heraus.* Last year there was a 3% profit. ◊ *Es könnte sogar ein Sieg für uns herausspringen.* We might even win.

herausstellen 1 sich ~ become* apparent ◊ *Inzwischen hat sich herausgestellt, dass der Schaden nicht so groß ist.* It has now become apparent that the damage is not so great. ◊ *Es wird sich herausstellen, was sich hier wirklich verändert hat.* We shall see how much has really changed around here. **2 sich** (**als etw**) **~** turn out (to be sth); (*als richtig, falsch etc.*) prove (to be sth) ◊ *Das so genannte Haus stellte sich als winzige Hütte heraus.* The so-called house turned out to be a tiny hut. ◊ *Wie sich herausstellte, war er betrunken.* It turned out that he was drunk. ◊ *Seine Vermutung hat sich richtig herausgestellt.* His assumption proved to be true. **3** (*hervorheben*) emphasize; (*präsentieren*) present

herausstrecken stick* sth out ◊ *Er hat mir die Zunge herausgestreckt.* He stuck his tongue out at me.

herauswachsen aus etw ~ grow* out of sth

herauswollen IDM ⇨ SPRACHE

herb 1 (*Geschmack, Geruch*) sharp; (*Wein*) dry* **2** (*Enttäuschung, Niederlage, Verlust*) bitter (*Adv* bitterly); (*Kritik, Rückschlag*) harsh (*Adv* harshly); (*Schönheit*) austere

herbeiführen 1 cause, bring* sth about ◊ *Es ist noch unklar, was den Absturz herbeigeführt hat.* It is still not clear what caused the crash. **2** (*Beschluss*) ◊ *Wir wollen im Bundesrat einen Beschluss herbeiführen, dass ....* We want the Bundesrat to pass a resolution to the effect that ... **3** (*Entscheidung*) ◊ *Storm führte in letzter Minute mit einem Kopfball die Entscheidung herbei.* Storm's last-minute header clinched it.

herbeisehnen jdn/etw **~** long for sb/sth

herbeiziehen IDM ⇨ HAAR

Herberge 1 (*Jugend-*) hostel **2** (*fig*) refuge, shelter

Herbergsmutter, Herbergsvater (youth hostel) warden ☛ G 2.2d

Herbizid herbicide

Herbst autumn, (*AmE meist*) fall ☛ *Beispiele bei* SOMMER

Herbstferien autumn half-term holiday, (*AmE*) fall vacation

herbstlich autumn, (*AmE meist*) fall; (*wie im Herbst*) autumnal ◊ *eine herbstliche Farbenpracht* blazing autumn colours ◊ *ein herbstlich kühler Tag* a crisp autumn day ◊ *herbstlich gefärbtes Laub* autumn leaves ◊ *Es ist schon ziemlich herbstlich.* It's getting quite autumnal.

Herbst- Herbstmonat autumn month, (*AmE meist*) fall month **Herbstsemester** ≈ autumn term, (*AmE*) fall semester

Herd 1 cooker, (*bes AmE*) stove, (*AmE auch*) range; (*Backofen*) oven ◊ *etw vom Herd nehmen* take sth off the stove ◊ *Er steht seit Stunden am Herd.* He's been slaving over a hot stove for hours. ◊ *etw auf den Herd stellen* put sth on to cook **2** (*Zentrum*) epicentre, (*AmE*) epicenter IDM **am heimischen Herd** at home

Herde herd; (*Schafe, Ziegen*) flock ◊ *eine Herde von 20 Rindern* a herd of 20 cattle ◊ *eine Herde Schafe* a flock of sheep IDM **in der Herde mitlaufen** follow the herd

herein Herein! Come in!

herein- ☛ Die Vorsilbe „herein-" wird bei Verben ohne Ortsangabe meist mit **in** übersetzt: *Schicken Sie ihn herein!* Send him in! ◊ *Das Licht strömte herein.* The light poured in.
Mit Ortsangabe wird „herein" mit **into** übersetzt: *Bring sie ins Wohnzimmer herein.* Bring them into the living room.

hereinbekommen 1 (*geliefert bekommen*) get* sth in **2** (*Summe, Kosten etc.*) get* sth back

hereinbitten jdn **~** ask sb (to come) in

hereinbrechen 1 über jdn/etw ~ (*überfallen*) befall* sb/sth (*gehoben*) ◊ *Großes Unheil war über sie hereingebrochen.* A terrible fate had befallen her. **2** (*beginnen*) fall*; (*Gewitter*) break* ◊ *Die Dunkelheit war bereits hereingebrochen.* Darkness had already fallen. ◊ *Ein Regenschauer brach über den Festzug herein.* The procession was suddenly hit by a downpour.

hereinfallen 1 auf jdn/etw ~ be taken in by sb/sth ◊ *auf einen Betrüger hereinfallen* be taken in by a con man ◊ *Ich fiel auf seine Schmeichelei herein.* I fell for his flattery. **2** (**bei/mit etw**) **~** be ripped off (with sth), (*BrE auch*) be done (over sth) ◊ *Mit dem Kauf des Autos ist er hereingefal-*

hereinholen

len. He was done when he bought that car. ◊ *Mit dieser Kandidatin sind wir wirklich hereingefallen.* Choosing that candidate was a big mistake. **3** (*Sonnenstrahl etc.*) shine* in
hereinholen 1 bring* *sth* in ◊ *die Wäsche hereinholen* bring in the washing **2** (*wettmachen*) make* up for *sth*
hereinkommen 1 come* in ◊ *Kommen Sie doch herein!* Please come in. ◊ *Wie bist du hereingekommen?* How did you get in? ◊ *zur Tür hereinkommen* come through the door **2** (Finanz) be raised ◊ *Woher soll das Geld hereinkommen?* How is the money to be raised?
hereinlassen let* *sb/sth* in ◊ *die Katze hereinlassen* let the cat in ◊ *jdn nicht zur Tür hereinlassen* not let sb in
hereinlegen jdn ~ play a trick on sb, take* sb for a ride ◊ *sich hereingelegt fühlen* feel that you have been taken for a ride
hereinplatzen (bei jdm/in etw) ~ burst* in (on sb/sth) ◊ *in eine Sitzung hereinplatzen* burst in on a meeting
hereinregnen ◊ *Es regnet zum Dach herein.* The rain is coming in through the roof.
hereinschauen 1 look in ◊ *Er schaute zum Fenster herein.* He looked in through the window. **2** (bei jdm) ~ drop* in (to see sb); **bei etw** ~ drop* in at sth, (*bes BrE*) call in at sth ◊ *nur kurz bei einem Freund hereinschauen* drop in for a moment to see a friend
Herfahrt journey here ◊ *auf der Herfahrt* on the journey here
herfallen 1 über jdn/etw ~ attack sb/sth ◊ *über das Essen herfallen* attack the food ◊ *Sie fielen brutal über ihn her.* They brutally assaulted him. ◊ *Mit gegenseitigen Anschuldigungen fielen sie übereinander her.* They hurled accusations at one another. **2 mit etw über jdn** ~ besiege sb with sth ◊ *mit Fragen über jdn herfallen* besiege sb with questions
herfinden find* your way here
Hergang sequence of events ◊ *der genaue Hergang* the exact sequence of events ◊ *den Hergang des Unfalls beschreiben* describe how the accident happened
hergeben 1 hand *sth* over ◊ *Gib endlich den Schlüssel her!* Hand over the key now! ◊ *Gib her!* Give it to me. **2** (*weggeben*) give* *sth* away **3** (*bieten*) have *sth* to offer ◊ *Mal sehen, was das Material hergibt.* Let's see what the material has to offer. ◊ *Das Thema gibt nicht genug her.* The subject isn't very promising. **4 etw/sich für etw** ~ be associated with sth ◊ *seinen guten Namen für eine Werbekampagne hergeben* be associated with an advertising campaign **5 sich nicht für etw** ~ not have anything to do with sth, not get* involved in sth ◊ *Dafür würde ich mich nicht hergeben!* I wouldn't have anything to do with it! **6** (*leisten*) produce ◊ *Diese Plantage gibt 500 Tonnen Kaffee her.* The plantation produces 500 tonnes of coffee. ◊ *Sie rannten, was ihre Beine hergaben.* They ran as fast as their legs would carry them. ◊ *fahren, was der Motor hergibt* drive at top speed IDM ⇨ HEMD
hergehen 1 neben jdm ~ walk with sb; **hinter jdm** ~ follow sb; **vor jdm** ~ lead* the way **2 ~ und etw tun** just go* and do* sth ◊ *Da geht sie einfach her und zeigt mich an!* She just went and reported me! **3** (*ablaufen*) ◊ *Es ging hoch her bei der Party.* The party went with a swing. ◊ *In der Diskussion ging es heiß her.* The discussion got very heated. ◊ *Es ging laut her.* It got very noisy.
hergucken ⇨ HERSEHEN
herhaben ◊ *Wo hat sie die Intelligenz her?* Where does she get her intelligence from?
herhalten 1 hold *sth* out ◊ *Kannst du mal deinen Teller herhalten?* Hold out your plate. **2 als etw (für jdn/etw) ~ (müssen)** be sth (for sb/sth), serve as sth (for sb/sth) ◊ *als Alibi für etw herhalten müssen* serve as an alibi for sth ◊ *als Sündenbock für etw herhalten* be made a scapegoat for sth
herholen get*, fetch IDM **weit hergeholt sein** be far-fetched
herhören listen
Hering herring; (*geräuchert*) kipper **2** (*Zelt-*) (tent) peg
herkommen 1 come* here ◊ *Kommst du bitte mal her?* Can you come over here? **2** (*herstammen*) ◊ *Wo kommst du ursprünglich her?* Where are you from originally? **3** (*hergenommen werden*) come* from *somewhere* ◊ *Wo soll das Geld herkommen?* Where's the money coming from?
herkömmlich (*konventionell*) conventional; (*althergebracht*) traditional ◊ *im herkömmlichen Sinne* in the con-

ventional sense ◊ *herkömmliche Methoden* traditional methods
herkriegen get* hold of *sb/sth*
Herkunft 1 (*Mensch*) origin; (*Hintergrund*) background ◊ *polnischer Herkunft sein* be of Polish origin ◊ *ihre bürgerliche Herkunft* her middle-class background ◊ *Herkunft und Name des Mädchens bleiben unbekannt.* The identity of the girl is unknown. **2** (*Ursprung*) origin; (*Infektion, Geld*) source ◊ *die Herkunft des Namens* the origin of the name ◊ *die Herkunft der Bakterien feststellen* establish the source of the bacteria ◊ *Die Herkunft des Kokains ist noch ungeklärt.* It's still not known where the cocaine came from.
herlaufen come* running; **neben etw** ~ run* alongside sth
IDM ⇨ ROCK[1] *und* SCHÜRZE
herleiten 1 (sich) von/aus etw ~ be derived from sth ◊ *sich von einem Substantiv herleiten* be derived from a noun **2 etw (von/aus etw)** ~ derive sth (from sth) ◊ *einen Rechtsanspruch aus etw herleiten* derive a legal claim from sth ◊ *etw sprachlich herleiten* trace the derivation of sth
hermachen 1 ◊ *Das macht ganz schön was her!* That looks great! ◊ *viel hermachen* look very impressive ◊ *Das macht nichts her.* It doesn't make much of an impression. ◊ *Ein Motorrad macht mehr her als ein Fahrrad.* A motor bike is more impressive than a push bike. **2 sich über jdn/etw** ~ attack sb/sth (*auch fig*) **3 sich über etw** ~ (*verschlingen*) devour sth **4 sich über etw** ~ (*beginnen*) get down to sth ◊ *sich über die Vorbereitung der Klausur hermachen* get down to revising for the exam
Hermaphrodit hermaphrodite
Hermelin ermine
hermetisch hermetic (*Adv* hermetically) (*auch fig*)
hermüssen be needed
hernehmen get* ◊ *Wo sollen wir denn all das Geld hernehmen?* Where will we get the money?
Heroin heroin ◊ *eine Überdosis Heroin* a heroin overdose
heroinsüchtig addicted to heroin (*nicht vor Nomen*) ◊ *heroinsüchtig werden* become addicted to heroin ◊ *heroinsüchtig sein* be a heroin addict **Heroinsüchtige(r)** heroin addict
heroisch heroic (*Adv* heroically)
Herr 1 gentleman* ◊ *ein älterer Herr* an elderly gentleman **2** (*Anrede*) Mr., (*BrE auch*) Mr ◊ *Herr Präsident/Vorsitzender* Mr President/Chairman ◊ *Sehr geehrter Herr Dr. Partridge, ...* Dear Dr Partridge, ... ◊ *Ja, Herr Minister* Yes, Minister ◊ *Sehr geehrte Herren* Dear Sirs ◊ *die Herren Kohl und Bush* Messrs Kohl and Bush ☛ *Hinweis bei* PROFESSOR, S. 1151. ☛ *Hinweis bei* MAJOR[2]. **3** (*Gott*) Lord **4 die Herren der Schöpfung** the men **5 die Herren** (SPORT) the men; (*Mannschaft*) the men's team ◊ *Den Titel bei den Herren holte ...* The men's title was won by ... ◊ *der Slalom der Herren* the men's slalom ◊ *Die Herren holten eine Goldmedaille.* The men's team won a gold medal. **6 der ~ des Hauses** the master of the house **7 alter ~** (*Vater*) old man **8 ~ (über etw)** (*Herrscher*) ruler (of sth) IDM **Herr der Lage sein/bleiben** be/remain in control of the situation **nicht mehr Herr seiner Sinne sein** lose* control **sein eigener Herr sein** be one's own boss **über jdn/etw Herr sein** control sb/sth **über jdn/etw Herr werden** get* sb/sth under control; (*mit etw fertig werden*) (be able to) cope with sth ◊ *Wir können der Nachfrage gar nicht mehr Herr werden.* We can't cope with the demand. ☛ *Siehe auch* LAND
Herrchen master
Herren- Herrenbekleidung menswear **Herrenhaus** manor house **herrenlos** abandoned; (*Tier*) stray ◊ *ein herrenloses Auto* an abandoned car ◊ *ein herrenloser Hund* a stray dog ◊ *herrenlos herumstreunen* roam (around) **Herrentoilette** (*gentle*)men's toilet, gents (*umgs*), (*AmE*) men's room
Herrgott 1 Lord (God) ◊ *unser* (*lieber*) *Herrgott* Our Lord **2 ~ noch mal!** for heaven's sake!, for God's sake! ☛ *Hinweis bei* GOD
Herrgottsfrühe in aller ~ at the crack of dawn
herrichten 1 renovate, do* *sth* up; (*aufräumen*) tidy* *sth* up; (*restaurieren*) restore ◊ *die Chemieräume herrichten* tidy up the chemistry labs ◊ *Die alte Kirche wird hergerichtet.* The old church is being restored. **2** (*vorbereiten*) get* *sth* ready ◊ *Wir müssen die Halle für das Fest herrichten.* We have to get the hall ready for the party. **3 sich/jdn ~** get* yourself/sb ready

Herrin mistress IDM **(nicht mehr) Herrin der Lage sein** (not) be in control of the situation

herrlich 1 *Adj* magnificent; (*Wetter, Tag*) glorious; (*Gefühl*) marvellous, (*AmE*) marvelous ◊ *ein herrlicher Blick* a magnificent view ◊ *bei herrlichem Wetter* in glorious weather ◊ *Das klingt herrlich.* It sounds wonderful. **2** *Adv* wonderfully, gloriously ◊ *herrlich schräge Musik* wonderfully weird music ◊ *Die Sonne schien herrlich.* The sun shone gloriously. ◊ *herrlich komisch* hilarious

Herrschaft 1 rule ◊ *die britische Herrschaft in Indien* British rule in India **2** (*Herrschaftsperiode*) reign ◊ *während der Herrschaft von Elizabeth I.* during the reign of Elizabeth I **3** (*Macht*) power ◊ *die Herrschaft antreten* come to power **4** (*Kontrolle*) control ◊ *die Herrschaft über sein Auto verlieren* lose control of your car ◊ *unter chinesischer Herrschaft sein* be under Chinese control **5 Herrschaften** ladies and gentlemen ◊ *Meine Herrschaften, dürfte ich Sie bitten,* … Ladies and gentlemen, would you please …

herrschaftlich 1 (*vornehm*) grand; (*stattlich*) imposing **2** (*einer Herrschaft zugehörig*) manorial ◊ *ein herrschaftlicher Park* a manorial estate

herrschen 1 es herrscht etw/etw herrscht there is sth ◊ *Es herrscht ein völliges Durcheinander.* There is complete chaos. ◊ *In Rom herrscht tiefe Bestürzung über …* There is deep shock in Rome at … ◊ *die herrschende Meinung* the prevailing view ◊ *Es herrschte Krieg im Land.* The country was at war. ◊ *Es herrscht Ratlosigkeit.* Nobody knows what to do. ◊ *die Zustände, die dort herrschen* the prevailing conditions **2 (über jdn/etw) ~** (*die Herrschaft haben*) rule (over sb/sth); (*Monarch auch*) reign (over sb/sth) ◊ *die herrschende Schicht* the ruling class IDM ⇨ LUFT

Herrscher(in) ~ (über jdn/etw) ruler (of sb/sth) ◊ *ein totalitärer Herrscher* a totalitarian ruler ◊ *ein absoluter Herrscher* an absolute monarch

herrschsüchtig domineering

herrühren von etw ~ stem* from sth

herschieben etw vor sich ~ 1 push sth along in front of you ◊ *Sie schob den Koffer vor sich her.* She pushed the suitcase along in front of her. **2** (*fig*) put* sth off ◊ *Du solltest die Entscheidung nicht länger vor dir herschieben.* You shouldn't put off the decision any longer.

hersehen 1 look ◊ *Nicht hersehen!* Don't look! ◊ *Alle mal hersehen!* Everybody look this way! **2 hinter jdm/etw ~** follow sb/sth with your eyes

herstellen 1 make*; (*in großen Mengen*) produce **2** (*Verbindung, Kontakt, Bezug etc.*) establish **3** (*Gesundheit*) restore

Hersteller(in) manufacturer

Herstellung 1 production; (*in einer Fabrik auch*) manufacture **2** (*fig*) establishment ◊ *die Herstellung der Währungsunion* the establishment of monetary union **3** (*Ruhe und Ordnung, Gesundheit*) restoration

Hertz hertz

herüber- Die Vorsilbe „herüber-", bzw. „hinüber-" wird oft mit **over** oder **across** übersetzt: *Er blickte zu uns herüber.* He glanced over towards us. ◊ *Soll ich dich hinüberfahren?* Shall I drive you over? ◊ *Sie kam zu uns herüber.* She came over to us. ◊ *Ich schwamm zum anderen Ufer hinüber.* I swam across to the other side.

herüberholen bring* sb/sth over

herüberkommen come* over ◊ *Komm doch mal auf einen Kaffee herüber.* Come over for a coffee.

herum 1 round, (*bes AmE*) around ◊ *Der Hund drehte sich im Kreis herum.* The dog was going round in circles. ◊ *links/rechts herum* round to the left/right **2 um jdn/etw ~** round sb/sth, (*bes AmE*) around sb/sth ◊ *Sie standen um ihn herum.* They were standing round him. **3 oben ~** at the top; (*Körperpartie*) up top; **unten ~** at the bottom; (*Körperpartie*) down below ◊ *Das Gitter ist oben herum vergoldet.* The railings are gilded at the top. ◊ *Sie ist oben herum ziemlich schmal.* She's quite small up top. ◊ *Unten herum hatte der Baum sämtliche Äste verloren.* The tree had lost all its branches at the bottom. ◊ *Hast du dich auch unten herum gewaschen?* Have you washed down below? **4 um etw ~** (*in der Umgebung*) near sth ◊ *Um den Bahnhof herum sind viele Nachtlokale.* There are lots of nightclubs near the station. **5 um etw ~** (*ungefähr*) around sth, (*bes BrE*) about sth ◊ *Gibt es einen Zug so um neun Uhr herum?* Is there a train around nine o'clock? **6** (*vorbei*) over ◊ *Ich bin froh, wenn dieser Tag endlich herum ist.* I'll be pleased when today's over.

„Herum" kann mit **round** oder **around** übersetzt werden.
In den Bedeutungen „ungefähr" und „ohne eigentlichen Zweck" wird sowohl im britischen Englisch als auch im amerikanischen Englisch **around** verwendet: *around 20 people* ◊ *They were just hanging around.*
Mit anderen Verben können im britischen Englisch **round** und **around** synonym verwendet werden, obwohl **around** gehobener klingt: *We travelled round/around India. She turned round/around.* Im amerikanischen Englisch wird meistens **around** verwendet.

herumalbern fool around

herumärgern sich mit jdm/etw ~ ◊ *Das Auto verkaufe ich. Ich will mich nicht länger damit herumärgern.* I'm selling the car. It's too much bother. ◊ *Warum sollen wir uns mit den Studenten herumärgern?* Why should we put up with all the hassle with the students?

herumbasteln an etw ~ tinker with sth

herumdrehen 1 sich ~ turn round; **jdn/etw ~** turn sb/sth round ◊ *Er drehte sich zu ihr herum.* He turned round to her. ◊ *Sie drehte sich langsam im Kreis herum und ließ sich von allen bewundern.* She turned round slowly and let everyone admire her. ◊ *Er drehte den Schlüssel im Schloss herum.* He turned the key in the lock. ☛ Hinweis bei HERUM **2 sich ~** (*auf die andere Seite*) turn over; **jdn/etw ~** turn sb/sth over ◊ *sich im Bett herumdrehen* turn over in bed ◊ *die Matratze herumdrehen* turn the mattress over **3 an etw ~** (*herumspielen*) fiddle with sth IDM ⇨ GRAB

herumdrücken 1 an etw ~ squeeze sth **2 auf etw ~** press sth **3 sich um etw ~** avoid (doing) sth ◊ *Er drückt sich gern um die Verantwortung herum.* He tries to avoid responsibility. ◊ *Sie hat sich lange um die Entscheidung herumgedrückt.* She avoided taking a decision for a long time. **4 sich ~** (*herumtreiben*) hang* around

herumdrucksen hum* and haw, (*AmE*) hem* and haw (*umgs*)

herumerzählen spread* sth around

herumfahren 1 um etw ~ drive* round sth ☛ Hinweis bei HERUM **2 (jdn/etw) ~** drive* (sb/sth) around ◊ *Wir sind herumgefahren und haben ein Postamt gesucht.* We drove around looking for a post office. ◊ *Wir haben die Gäste ein bisschen herumgefahren.* We drove the visitors around a bit. **3** (*erschrocken*) spin* round ☛ Hinweis bei HERUM **4 mit etw ~** (*fuchteln*) flap* sth around ◊ *Sie fuhr mit den Armen in der Luft herum, um die Wespen zu verscheuchen.* She was flapping her arms around in the air to try and get rid of the wasps.

herumfragen ask around ◊ *Sie hat bei den Nachbarn herumgefragt.* She asked around among the neighbours.

herumfuchteln mit etw ~ wave sth around; (*Waffe auch*) brandish sth

herumführen 1 jdn ~ show* sb round ◊ *Er führte sie in der Wohnung herum.* He showed her round the flat. **2 jdn um etw ~** take* sb round sth; (*an der Hand*) lead* sb round sth **3 um etw ~** (*Weg etc.*) go* round sth ◊ *Der Weg führt um das Schloss herum.* The path goes round the castle. ☛ Hinweis bei HERUM IDM ⇨ NASE

herumfummeln 1 an etw ~ fiddle (around) with sth ◊ *Fummel doch nicht dauernd an deinen Haaren herum.* Stop fiddling with your hair all the time. ◊ *Fummel ja nicht an meinen Sachen herum!* Don't touch my things! **2 an jdm/etw ~** (*sexuell*) grope sb/sth (*umgs*)

herumgehen 1 walk around (*sth*) ◊ *Er ging ein bisschen in der Stadt herum.* He walked around the town a bit. **2** (*von einem zum anderen*) go* around ◊ *Sie ging mit Getränken um.* She went around offering drinks. ◊ *Das Gerücht geht überall herum.* The rumour is going round. ☛ Hinweis bei HERUM **3 etw ~ lassen** pass sth round ◊ *Sie ließ die Fotos herumgehen.* She passed the photos round. ☛ Hinweis bei HERUM **4 um jdn/etw ~** (*umrunden*) walk round sb/sth ◊ *Wir gingen um den See herum.* We walked round the lake. ☛ Hinweis bei HERUM **5** (*zu Ende gehen*) go* (by) ◊ *Diese Woche ging sehr schnell herum.* This week went (by) very quickly. IDM ⇨ KOPF

herumhacken 1 auf jdm ~ pick on sb (*umgs*) ◊ *Ständig hackst du auf mir herum.* You're always picking on me. **2 auf etw ~** (*Thema*) harp on about sth (*umgs*) ◊ *Musst du*

herumirren

immer darauf herumhacken? Do you have to keep harping on about it?
herumirren wander around
herumkommandieren boss *sb* around
herumkommen 1 get* around ◊ *In seinem Beruf kommt er viel herum.* He gets around a lot in his job. **2 um etw ~** come* round sth ◊ *Der Bus kam um die Ecke herum.* The bus came round the corner. ☞ *Hinweis bei* HERUM **3 um etw ~** (*Engpass, Hindernis*) get* round sth ☞ *Hinweis bei* HERUM **4 um etw ~** (*vermeiden können*) be able to avoid (doing) sth; (*Aufgabe etc.*) get* out of (doing) sth (*umgs*) ◊ *Um die Operation wirst du nicht herumkommen.* You won't be able to avoid having the operation. ◊ *Er ist irgendwie um den Militärdienst herumgekommen.* He somehow got out of doing military service.
herumkriegen 1 (*überreden*) talk *sb* round ☞ G 9.7c ☞ *Hinweis bei* HERUM **2** (*Zeit*) get* through *sth* ◊ *Die letzten paar Tage kriegst du auch noch herum.* You'll get through the last few days all right.
herumlaufen 1 go* around; (*längere Distanzen, spazieren gehen*) walk* around; (*im Laufschritt*) run* around ◊ *So kannst du doch nicht herumlaufen.* You can't go around dressed like that. ◊ *Ich bin lange in der Stadt herumgelaufen, bis ich endlich was gefunden habe.* I walked around town for ages, before I eventually found something. ◊ *Die Kinder liefen im Garten herum.* The children were running around in the garden. **2 um jdm/etw ~** go* round sb/sth; (*längere Distanzen, spazieren gehen*) walk round sb/sth; (*im Laufschritt*) run* round sb/sth ◊ *Wir liefen um den See herum.* We walked round the lake. ☞ *Hinweis bei* HERUM
herumliegen lie* around ◊ *Überall lagen Kleidungsstücke herum.* There were clothes lying around everywhere. ◊ *Er liegt den ganzen Tag auf dem Sofa herum.* He lies around on the sofa the whole day.
herumlungern hang* around (*umgs*)
herummachen 1 mit jdm ~ mess around with sb (*umgs*) **2 an etw ~** fiddle around with sth
herummäkeln an jdm/etw ~ find* fault with sb/sth
herumquälen sich mit etw ~ struggle with sth ◊ *Ich habe mich den ganzen Tag mit dem Referat herumgequält.* I've been struggling with my essay all day.
herumreden ◊ *Es wurde endlos herumgeredet.* There were endless discussions. ◊ *Nun red nicht lange herum, sag was los ist!* Stop beating about the bush, get to the point! ◊ *Die reden doch um die eigentlichen Themen nur herum.* They are avoiding discussing the real issues. IDM ⇨ BREI
herumreichen 1 pass *sth* round **2 um etw ~** go* round sth ◊ *Das Seil reichte nicht um die Ladung herum.* The rope wouldn't go round the load. ☞ *Hinweis bei* HERUM
herumreisen travel* around
herumreißen 1 pull *sth* round hard ◊ *Er riss den Lenker herum.* He pulled the steering wheel round hard. **2** (*Spiel, Situation etc.*) turn *sth* round ☞ *Hinweis bei* HERUM IDM ⇨ RUDER
herumrennen ⇨ HERUMLAUFEN
herumschicken send* *sb/sth* round ☞ *Hinweis bei* HERUM
herumschlagen 1 etw um etw ~ (*wickeln*) wrap* sth round sth ☞ *Hinweis bei* HERUM **2 sich mit jdm ~** (*sich prügeln*) have a fight with sb ◊ *Die Brüder schlugen sich ständig miteinander herum.* The brothers were always having fights. **3 sich mit jdm/etw ~** (*herumärgern*) struggle with sb/sth ◊ *Sie hat sich wochenlang mit einer Infektion herumgeschlagen.* She has been struggling with an infection for weeks. ◊ *Warum muss ich mich mit so einem Pack herumschlagen?* Why do I have to put up with people like that?
herumschleichen 1 um etw ~ circle (round) sth ◊ *Der Löwe schlich um die Antilopen herum.* The lion circled (round) the antelopes. **2 um jdn ~** (*fig*) hang* round sb ☞ *Hinweis bei* HERUM IDM ⇨ BREI
herumschleppen 1 etw (mit sich) ~ (*Gepäck etc.*) lug* sth around (with you) (*umgs*) ☞ *Hinweis bei* HERUM **2 etw mit sich ~** (*Problem etc.*) worry* about sth ◊ *Wie lange schleppst du dieses Problem schon mit dir herum?* How long have you been worrying about this problem? **3 etw mit sich ~** (*Krankheit*) ◊ *Er schleppt schon seit Wochen eine Erkältung mit sich herum.* He's had a cold for weeks and he can't shake it off.

herumschnüffeln 1 (an etw) ~ sniff around (sth) **2** (*spionieren*) (**in etw**) **~** snoop around (in sth) (*umgs, abwert*)
herumschreien 1 (mit jdm) ~ shout (at sb) ◊ *Du sollst nicht immer so mit ihm herumschreien.* You shouldn't keep shouting at him like that. **2** (*Lärm machen*) yell
herumsetzen sich um etw ~ sit* (down) round sth ◊ *Sie setzten sich um das Feuer herum.* They sat down round the fire. ☞ *Hinweis bei* HERUM
herumsitzen 1 (*untätig*) sit* around **2 um etw ~** sit* round sth ☞ *Hinweis bei* HERUM
herumsprechen sich ~ get* around ◊ *Ich möchte nicht, dass sich das herumspricht.* I don't want it to get around.
herumstehen 1 stand* around; (*Gegenstände*) lie* around ◊ *Steh hier nicht herum, pack lieber mit an.* Don't stand around, give us a hand. ◊ *Überall standen leere Flaschen herum.* There were empty bottles lying around all over the place. **2 um jdn/etw ~** stand* round sb/sth ☞ *Hinweis bei* HERUM
herumstellen 1 sich um jdn/etw ~ form a circle round sb/sth ◊ *Die Gäste stellten sich um die Braut herum.* The guests formed a circle round the bride. **2 etw um etw ~** put* sth round sth ◊ *Stell die Stühle um den Tisch herum.* Put the chairs round the table. ☞ *Hinweis bei* HERUM
herumtelefonieren ring* around
herumtragen 1 jdn/etw (mit sich) ~ carry* sb/sth around (with you) ◊ *Ich trage diesen Brief schon den ganzen Tag mit mir herum.* I've been carrying this letter around with me all day. ◊ *Die Erinnerung daran trug sie jahrelang mit sich herum.* The memory stayed with her for years. ◊ *Er hatte den Gedanken schon lange mit sich herumgetragen.* He had been thinking about it for a long time. **2** (*Gerüchte*) spread*
herumtreiben sich (mit jdm) ~ hang* around (with sb) (*umgs*) ◊ *sich in Nachtlokalen herumtreiben* hang around in nightclubs ◊ *Jugendliche, die sich auf der Straße herumtreiben* young people hanging around on the streets ◊ *Wo hast du dich denn herumgetrieben?* Where have you been? ☞ *Hinweis bei* HERUM
herunter- down ◊ *auf der Fahrt nach Ulm herunter* on the trip down to Ulm ◊ *vom General bis zum einfachen Soldaten herunter* from general down to simple soldier
herunter- ☞ Die Vorsilbe „herunter-" bzw. „hinunter-" wird oft mit **down** übersetzt: *Der Wagen rollte den Hügel herunter/hinunter.* The cart rolled down the hill. ◊ *Das Haus ist heruntergebrannt.* The house burnt down. ◊ *den Preis herunterhandeln* beat the price down ◊ *von der Decke herunterhängen* hang down from the ceiling ◊ *das Treppengeländer herunterrutschen* slide down the banister ◊ *Meine Strümpfe rutschen immer herunter.* My socks keep slipping down.
herunterbekommen 1 get* *sth* down ◊ *Wir müssen das Fieber herunterbekommen.* We must get his/her temperature down. **2 etw (von etw) ~** get* sth off (sth) ☞ G 9.7c ◊ *Ich kann den Deckel nicht herunterbekommen.* I can't get the lid off.
herunterbringen IDM ⇨ BISSEN
herunter- herunterfahren 1 drive* down **2 etw ~** reduce sth, cut* (down) ◊ *die Produktion herunterfahren* reduce production ◊ *das Personal auf 600 Leute herunterfahren* cut staff to 600 **3** (*Computer*) shut* sth down; (*Anwendung*) close sth down **herunterfallen 1** fall* down ◊ *die Treppe herunterfallen* fall down the stairs **2 (von etw) ~** fall* off (sth) ◊ *Er ist von der Leiter heruntergefallen.* He fell off the ladder. **3 jdm fällt etw herunter** sb drops* sth ◊ *Mir ist eine Tasse heruntergefallen.* I dropped a cup. **heruntergehen 1** go* down **2** (*senken*) drop*; **mit den Preisen ~** lower prices **heruntergekommen** (*Gebäude*) run-down; (*Mensch*) down and out **herunterkommen 1** come* down **2** (*verfallen*) become* run-down **3 von etw ~** come* off sth **herunterladen** (COMP) download **herunterlassen** lower **heruntermachen jdn ~** give* sb a dressing-down **herunterreißen 1** pull *sth* down **2** (*abreißen*) pull sth off **heruntersetzen** ⇨ HERABSETZEN **herunterspielen** play sth down ◊ *In der Presse wurde der Anschlag auf den Minister heruntergespielt.* The press played down the attack on the Minister. **herunterspringen 1** jump down **2 (von etw) ~** jump off (sth) **herunterwirtschaften** run* *sth* down, bring* *sth* to the brink of ruin
hervor- hervorbringen produce ◊ *Kenia hat viele gute Athleten hervorgebracht.* Kenya has produced a lot of good

athletes. ◊ *Er brachte vor Angst kein Wort hervor.* He was speechless with fear. **hervorgehen 1 aus etw ~** be clear from sth ◊ *Aus diesen Unterlagen geht nicht hervor, dass …* It is not clear from these documents why … ◊ *Aus den vorliegenden Daten geht hervor …* It is clear from the data available … **2 siegreich/als Sieger ~** come* out the winner ◊ *In 8 Spielen ging Schottland viermal als Sieger hervor.* Scotland came out the winner four times in 8 matches **3** ◊ *Aus dieser Ehe gingen zwei Kinder hervor.* This marriage produced two children. **hervorgucken (hinter/unter etw) ~** peep out (from behind/under sth); *(sichtbar sein)* show* **hervorheben** stress ◊ *In seiner Rede hob er hervor, dass …* He stressed in his speech that … ◊ *Besonders hervorzuheben ist das Bühnenbild.* The set deserves particular mention. ◊ *Fremdwörter werden durch fetten Druck hervorgehoben.* Foreign words are highlighted in bold print. **hervorkommen hinter/unter etw ~** come* out from behind/under sth **hervorragen 1** stick* out **2** *(fig)* stand* out ◊ *aus der Menge hervorragen* stand out from the crowd **hervorragend 1** *Adj* outstanding, excellent ◊ *Sie ist eine hervorragende Köchin.* She is an outstanding cook. ◊ *Das Essen war hervorragend.* The meal was excellent. **2** *Adv* very well ◊ *Er ist für diesen Job hervorragend qualifiziert.* He is very well qualified for this job. ◊ *Er spricht hervorragend deutsch.* He speaks excellent German. **hervorrufen** cause; *(Emotionen)* arouse; *(Eindruck)* create; *(Protest, Widerstand)* provoke **hervorstehen** stick* out; *(Zähne, Rippen)* protrude *(gehoben)* **hervortun 1 sich (als etw) ~** distinguish yourself (as sth) **2 sich (mit etw) ~** *(sich wichtig tun)* show* off (with sth) **hervorzaubern** produce *sth* (by magic); *(fig)* conjure *sth* up ◊ *ein Kaninchen aus dem Hut hervorzaubern* produce a rabbit out of the hat ◊ *In ein paar Minuten zauberte sie ein Essen hervor.* She conjured up a meal in a matter of minutes.

Herz 1 heart ◊ *Sein Herz schlägt noch.* His heart is still beating. ◊ *ein schwaches Herz haben* have a weak heart ◊ *ein weiches/kaltes/gutes Herz haben* have a soft/cold/kind heart ◊ *eine Kette mit einem Herzen aus Gold* a chain with a gold heart ◊ *Sie hat ein goldenes Herz.* She has a heart of gold. ◊ *mit dem Herzen zu tun haben* have a heart condition ◊ *Mir schlug das Herz bis zum Hals.* My heart was pounding. ◊ *im Herzen Deutschlands* in the heart of Germany **2** *(Karte)* heart; *(Farbe)* hearts [Pl] ☛ *Hinweis bei* P<small>IK</small> <small>IDM</small> **aus tiefstem Herzen** from the bottom of your heart **jdm das Herz brechen** break* sb's heart **ein Herz für jdn/etw haben** be fond of sb/sth **ein Herz und eine Seele sein** be inseparable **es nicht übers Herz bringen etw zu tun; nicht das Herz haben etw zu tun** be unable to bring yourself to do sth; not have the heart to do sth ◊ *Er brachte es nicht übers Herz, ihr die Wahrheit zu sagen.* He couldn't bring himself to tell her the truth **jdm fällt/rutscht das Herz in die Hose** sb's heart sinks* into their boots **jds Herz hängt an jdm/an etw** sb has set their heart on sb/sth ◊ *Lass ihn doch gehen, wenn sein Herz so daran hängt.* Let him go, if he has set his heart on it that much. **leichten Herzens** ◊ *Dem konnte sie leichten Herzens zustimmen.* She had no problem agreeing to it. ◊ *Die Entscheidung wurde nicht leichten Herzens getroffen.* It wasn't an easy decision. **mit halbem Herzen** halfheartedly **jdm (sehr) am Herzen liegen** be (very) close to sb's heart **jdm sein Herz ausschütten** pour out your heart to sb **schweren Herzens** with a heavy heart; *(ungern)* reluctantly **sich etw zu Herzen nehmen** take* sth to heart **von Herzen gern** gladly ◊ *Ihr könnt von Herzen gern bei uns übernachten.* You can gladly stay the night with us. ☛ *Siehe auch* S<small>TEIN</small>, S<small>TOCKEN</small> *und* S<small>TOSS</small>

Herzanfall heart attack ◊ *einen Herzanfall bekommen/erleiden* have/suffer a heart attack **Herzbeschwerden** heart trouble [U]

herzeigen show* ◊ *Er wollte seine Fotos nicht herzeigen.* He didn't want to show me/us his photos. ◊ *Zeig her!* Let me see!

Herzenslust nach ~ to your heart's content

Herz- herzergreifend heart-rending **Herzfehler** heart defect **herzhaft** hearty *(Adv* heartily)

herziehen 1 etw/jdn hinter sich ~ pull sth/sb along behind you **2 vor/hinter/neben jdm/etw ~** walk along in front of/behind/next to sb/sth **3** *(umziehen)* move here **4 über jdn ~** run* sb down ◊ *Sie zieht immer über ihn her.* She is always running him down.

Herz- Herzinfarkt heart attack ◊ *einen Herzinfarkt bekommen*

men have a heart attack **Herzklopfen 1** (M<small>ED</small>) palpitations [Pl] *(gehoben)* **2** *(vor Aufregung etc.)* *(oft mit einem Verb übersetzt)* ◊ *Sie hatte Herzklopfen.* Her heart was pounding. ◊ *Mit Herzklopfen trat er nach vorn.* He stepped forward with his heart pounding. **herzkrank** suffering from a heart condition *(nicht vor Nomen)* ◊ *herzkranke Kinder* children suffering from a heart condition ◊ *Sie ist herzkrank.* She has a heart condition. **Herzkrankheit** heart condition

herzlich 1 warm *(Adv* warmly), cordial *(Adv* cordially) *(gehoben)*; *(Mensch)* kind ◊ *jdn herzlich begrüßen* give sb a warm welcome ◊ *sich herzlich bei jdm bedanken* thank sb warmly ◊ *Er ist unkompliziert und herzlich.* He is kind and straightforward. ◊ *Herzliche Glückwünsche!* Congratulations! ◊ *Herzliche Glückwünsche zum Geburtstag!* Happy Birthday! ◊ *herzliche Grüße* best wishes ◊ *Sie lässt dich herzlich grüßen.* She sends her best wishes. ◊ *mein herzlichstes Beileid* my deepest sympathy ◊ *Ihr seid immer herzlich willkommen.* You are always very welcome. ◊ *Herzlichen Dank.* Thank you very much. ◊ *Sie haben herzlich gelacht.* They laughed heartily. **2** *(äußerst)* totally ◊ *ein herzlich unbegabter Bildhauer* a totally untalented sculptor ◊ *Das ist mir herzlich egal.* I really couldn't care less. ◊ *Sie versteht herzlich wenig von Computern.* She knows precious little about computers.

Herzlichkeit warmth, friendliness

herzlos heartless *(Adv* heartlessly)

Herzmassage cardiac massage

Herzog duke

Herzogin duchess

Herz- Herzschlag 1 (heart)beat ◊ *Das Gerät überwacht die Herzschläge des Patienten.* The apparatus monitors the patient's heartbeat. ◊ *Vor Schreck setzte ihr Herzschlag einen Augenblick aus.* She had such a shock that her heart skipped a beat. **2** *(Puls)* pulse **3** *(Herzinfarkt)* heart attack; *(Herzversagen)* heart failure [U] ◊ *Er hatte einen Herzschlag.* He suffered a heart attack. **Herzschrittmacher** pacemaker **Herztransplantation** heart transplant **Herzversagen** heart failure [U] **herzzerreißend** heart-rending ◊ *ein herzzerreißender Anblick* a heart-rending sight ◊ *Sie weinte herzzerreißend.* It was heart-rending to hear her cry.

heterogen heterogeneous

heterosexuell heterosexual *(Adv* heterosexually)

Heterosexuelle(r) heterosexual

Hetze 1 rush ◊ *Er ist immer in Hetze.* He's always in a rush. **2** *(Aufwiegelei)* hate campaign **3** *(Jagd)* hunt

hetzen 1 *(Wild)* hunt **2 etw/jdn auf jdn ~** set* sth/sb on(to) sb ◊ *Sie hetzten die Hunde auf ihn.* They set the dogs on him. **3** *(antreiben)* rush ◊ *Hetz mich nicht so!* Don't rush me! ◊ *Er macht einen sehr gehetzten Eindruck.* He seems to be very rushed. **4** **(sich) ~** rush ◊ *Ich habe (mich) sehr hetzen müssen.* I really had to rush. **5 gegen jdn ~** *(üble Nachrede)* stir* up trouble/hatred against sb; **(bei jdm) gegen jdn ~** say* malicious things about sb (to sb) ◊ *Rechtsradikale hetzen gegen Ausländer.* Right-wing extremists are stirring up hatred against foreigners. ◊ *Sie hetzt dauernd beim Chef gegen mich.* She's always saying malicious things about me to the boss.

Hetz- Hetzjagd 1 *(auf Wild)* hunt **2** *(Hasskampagne)* hate campaign **3** *(Hast, Eile)* rush ◊ *Es war eine einzige Hetzjagd.* It was just one mad rush. **Hetzkampagne** hate campaign

Heu 1 hay **2** *(Geld)* dough *(umgs)*, *(BrE auch)* dosh ◊ *Er hat jede Menge Heu.* He's loaded. <small>IDM</small> ⇒ G<small>ELD</small>

Heuboden hayloft ◊ *auf dem Heuboden schlafen* sleep in the hayloft

Heuchelei 1 hypocrisy **2** *(Äußerung)* lie; *(Handlung)* deceit [U]

heucheln put* it on *(umgs)*; *(Gefühle etc. auch)* feign *(gehoben)* ◊ *Heuchle nicht!* Stop putting it on! ◊ *Ihre Freundlichkeit ist nur geheuchelt.* Her friendliness is just put on. ◊ *Mitleid heucheln* feign sympathy

Heuchler(in) hypocrite

heuchlerisch hypocritical *(Adv* hypocritically); *(Gefühle etc.)* feigned *(gehoben)*

heuer 1 *(dieses Jahr)* this year **2** *(jetzt)* now

heulen 1 cry*; *(laut klagend)* howl ◊ *Mir ist zum Heulen.* I feel like crying. ◊ *Er heulte laut vor Wut.* He was howling

heurige(r,s)

with rage. **2** (*Motor*) roar; (*Sirene*) wail IDM **etw ist zum Heulen** sth is enough to make you weep ☛ *Siehe auch* WOLF
heurige(r,s) this (year's) ◊ *die heurige Ernte* this year's harvest ◊ *im heurigen Herbst* this autumn
Heuriger new wine
Heu- Heuschnupfen hay fever **Heuschrecke** grasshopper; (*tropisch*) locust
heute 1 today ◊ *von heute an/seit heute* from today ◊ *ab heute* as of today ◊ *bis heute* until today ◊ *die Zeitung von heute* today's newspaper ◊ *heute Abend* this evening ◊ *Sie kommt heute Nacht zurück.* She's coming back tonight. ◊ *Wir sind heute Nacht zurückgekommen.* We got back last night. **2** (*heutzutage*) these days; (*jetzt*) now ◊ *die Jugend von heute* young people these days IDM **heute oder morgen 1** (*in den nächsten Tagen*) in the next day or two **2** (*in allernächster Zeit*) at a moment's notice ◊ *Die Lage kann sich heute oder morgen ändern.* The situation can change at a moment's notice. **lieber heute als morgen** the sooner the better; as soon as possible ◊ „*Wann soll ich anfangen?*" „*Lieber heute als morgen.*" 'When shall I start?' 'The sooner the better.' ◊ *Er würde lieber heute als morgen kündigen.* He wants to leave as soon as possible. **von heute auf morgen 1** (*ohne Vorwarnung*) without any warning **2** (*über Nacht*) overnight ☛ *Siehe auch* HIER
heutig ◊ *die heutige Ausgabe der Zeitung* today's edition of the newspaper ◊ *bis auf den heutigen Tag* to this day ◊ *der heutige Vormittag* this morning ◊ *im heutigen Ägypten* in modern Egypt ◊ *in der heutigen Zeit* nowadays
heutzutage these days ◊ *Heutzutage kann man anziehen was man will.* You can wear what you like these days.
Hexameter hexameter
Hexe 1 witch **2** (*verführerische Frau*) minx
hexen 1 ◊ *Denkst du, ich kann hexen?* What do you think I am, a magician? ◊ *Das geht bei ihm wie gehext.* He's got the magic touch. **2 etw ~ magic*** sth (up) ◊ *Als er fror, hexte er sich ein Feuer.* When he got cold, he magicked up a fire.
Hexen- Hexenkessel 1 (*fig*) pandemonium **2** (*Kessel einer Hexe*) witch's cauldron **Hexenschuss** (MED) lumbago [U] **Hexenverfolgung** witch-hunt
Hexerei witchcraft [U]
Hickhack squabbling ◊ *das Hickhack um den Mindestlohn* the squabbling about the minimum wage ◊ *Was soll das ganze Hickhack?* What's all this fuss about?
Hieb 1 blow; (*Peitschen-*) lash; (*Stock-, Schwert-*) stroke; (*Fechtdegen-, Säbel-*) cut ◊ *jdm einen Hieb versetzen* deal sb a blow ◊ *Hiebe auf den Kopf* blows to the head **2** (*verbal*) cutting remark, dig (*umgs*) ◊ *Hiebe austeilen/einstecken* make/incur some cutting remarks ◊ *jdm einen Hieb versetzen* have a dig at sb ◊ *der Hieb hat gesessen* that (remark) hit home **3** (*Verletzung*) gash **4 Hiebe** (*Prügel*) a hiding [Sing] ◊ *Gleich setzt es Hiebe!* You'll get a hiding in a minute!
hier 1 here ◊ *Ich bin nicht von hier.* I don't come from here. ◊ *hier oben/unten* up/down here ◊ *Er wohnt hier um die Ecke.* He lives just round the corner from here. ◊ *von hier aus* from here ◊ *hier in der Nähe* round here ◊ *Ich nehme das hier.* I'll take this one (here). ◊ *Hier entlang, bitte.* This way, please. ◊ *Hier wohne ich.* This is where I live. ◊ *Hier (spricht) Beate Kunz.* (This is) Beate Kunz speaking. **2** (*in diesem Moment*) now ◊ *Von hier an ging es bergab.* From now on it was downhill. ◊ *Hier brach sie in Tränen aus.* At this point she burst into tears. **3** (*in dieser Sache*) ◊ *Hier sind wir verschiedener Meinung.* Our opinions differ on this point. ◊ *Hier hat er Recht.* He's right about this. ◊ *Hier geht es um Recht und Unrecht.* This is a question of right and wrong. ◊ *Hier geht es um deine Zukunft!* This is about your future! IDM **hier und da/dort 1** (*an manchen Orten*) here and there **2** (*gelegentlich*) now and then **hier und jetzt/heute** here and now
hier-

> Zusammensetzungen wie **hierfür, hierzu** etc. werden meist mit der entsprechenden Präposition + **this/these** übersetzt: *Hierfür habe ich jetzt keine Zeit.* I haven't time for this now. ◊ *Hierüber sollte er informiert sein.* He ought to be informed about this. ◊ *Hiervon möchte ich drei Stück.* I'd like three of these. ◊ *Hierzu braucht sie kein Abitur.* She doesn't need A levels for this.

Siehe auch die Einträge für die jeweiligen Präpositionen.

Hierarchie hierarchy* ☛ G 1.3a
hierarchisch hierarchical (*Adv* hierarchically) ◊ *in hierarchischer Ordnung* in order of hierarchy
hierdurch through here; (*aus diesem Grund*) because of this ☛ *Siehe auch* DURCH
hierher here; **bis ~** to here, this far; (*bis jetzt*) so far ☛ *Siehe auch* HER, S. 1007. ◊ *Hasso, hierher!* Hasso, here! ◊ *auf dem Weg hierher* on the way here ◊ *Die Kerze gehört nicht hierher.* The candle doesn't belong here. ◊ *Er hat sie bis hierher getragen.* He carried her this far. ◊ *Bis hierher und nicht weiter!* This far and no further! ◊ *Bis hierher ist alles gut gegangen.* Everything has gone well so far. ◊ *Diese Frage gehört nicht hierher.* This question is off the point.
hiermit 1 with this ◊ *Hiermit kannst du den Garten besser umgraben.* You can dig the garden over better with this. **2** (*mit diesen Worten*) hereby ◊ *Hiermit bestätigen wir den Auftrag.* We hereby confirm the contract.
hierzulande in these parts
Hiesige(r) local
hiesige(r,s) ◊ *die hiesige Bevölkerung* the local population ◊ *die hiesig ansässigen Menschen* the locals
hieven haul (*auch fig*)
Hi-Fi-Anlage stereo system
high high (*umgs*)
Hilfe 1 help [U] ◊ *jdn um Hilfe bitten* ask somebody for help ◊ *Hilfe! Ich falle!* Help! I'm falling! ◊ *Verzweifelt rief sie um Hilfe.* She shouted desperately for help. ◊ *Seit ihrem Unfall kann sie nicht mehr ohne fremde Hilfe laufen.* She has been unable to walk unaided since the accident. ◊ *jdm zur Hilfe eilen/kommen* hurry/come to somebody's aid ◊ *humanitäre/medizinische Hilfe* humanitarian/medical aid ◊ *erste Hilfe leisten* give first aid ◊ *Hilfe suchend sah er sie an.* He looked at her imploringly. ◊ *jdm Hilfe leisten* help sb **2 etw zu ~ nehmen** use sth ◊ *ein Wörterbuch zu Hilfe nehmen* use a dictionary
Hilfeleistung assistance ◊ *Er wurde wegen unterlassener Hilfeleistung angeklagt.* He was charged with failing to render assistance. **Hilferuf** cry* for help
hilflos 1 helpless (*Adv* helplessly) ◊ *Wir können nur hilflos zusehen.* We can only look on helplessly. ◊ *einer Situation hilflos gegenüberstehen* be helpless in the face of sth ◊ *Wir sind ihnen hilflos ausgeliefert.* We're helpless in their hands. **2** (*unbeholfen*) clumsy (*Adv* clumsily)
Hilflosigkeit 1 helplessness [U] **2** (*Unbeholfenheit*) clumsiness [U]
hilfreich helpful ◊ *eine hilfreiche Verkäuferin* a helpful sales assistant ◊ *jdm hilfreich zur Seite stehen* support sb
Hilfs- Hilfsaktion aid programme, (*AmE*) aid program **Hilfsarbeiter(in)** (*auf Baustelle*) labourer, (*AmE*) laborer; (*in einer Fabrik*) unskilled worker ☛ G 2.2d **hilfsbedürftig** in need (*nicht vor Nomen*) ◊ *hilfsbedürftige Menschen* people in need ◊ *eine Kleidersammlung für Hilfsbedürftige* a clothes collection for people in need **hilfsbereit** helpful ◊ *ein hilfsbereiter Mensch* a helpful person ◊ *Ihre Freunde zeigten sich hilfsbereit.* Her friends helped her. **Hilfsbereitschaft** helpfulness [U] **Hilfskraft** assistant ◊ *Sie arbeitet als wissenschaftliche Hilfskraft an der Universität.* She works as a research assistant at the university. ◊ *ungelernte Hilfskräfte in Altenheimen* untrained care assistants in old people's homes ◊ *billige Hilfskräfte* cheap labour **Hilfsmaßnahme** aid package [U] ◊ *humanitäre Hilfsmaßnahmen* a humanitarian aid package **Hilfsmittel 1** aid **2** (*für Notlagen*) emergency supplies [Pl] **Hilfsorganisation** relief organization **Hilfsverb** auxiliary verb
Himbeere raspberry*
Himmel 1 sky* ◊ *Die Sonne stach vom Himmel.* The sun blazed down from the sky. ◊ *Der Mond steht schon am Himmel.* The moon is already up. ◊ *unter freiem Himmel* outdoors **2** (REL) heaven ◊ *in den Himmel kommen* go to heaven ◊ *Bali war für sie der Himmel auf Erden.* Bali was her heaven on earth. IDM **Ach du lieber Himmel!** Good heavens!; Good God! ☛ *Hinweis bei* GOD ◊ *aus heiterem Himmel* (right) out of the blue **etw fällt nicht vom Himmel** sth will not just fall into your lap ◊ *Erfolg fällt nicht vom Himmel!* Success doesn't just fall into your lap. **Himmel noch mal!** Damn it! ☛ *Hinweis bei* GOD **Himmel und Hölle in Bewegung setzen** move heaven and earth **im siebten Himmel sein/sich wie im siebten Himmel fühlen** be on cloud nine **etw schreit zum Himmel** sth is

an outrage ◊ *Ihre Not schreit zum Himmel.* Their misery is an outrage. ◊ **etw stinkt zum Himmel** sth stinks* to high heaven **Um Himmels willen!** (*bei einer Bitte*) For goodness' sake!; (*bei Bestürzung*) Oh my God! ☛ Manche Leute finden diesen Ausdruck anstößig. ☛ *Siehe auch* BLAUE, BLITZ, GESCHENK *und* WINK

himmelblau sky blue **Himmelfahrt Christi ~** Ascension Day; **Mariä ~** the Feast of the Assumption **Himmelfahrtskommando** (*Unternehmen*) suicide mission; (*Menschen*) suicide squad **Himmelsrichtung 1** point of the compass ◊ *die vier Himmelsrichtungen* the four points of the compass **2 aus allen Himmelsrichtungen** from all directions; **in alle Himmelsrichtungen** in all directions

himmlisch 1 heavenly, divine ◊ *der himmlische Vater* the heavenly father ◊ *himmlischer Beistand* divine help **2** marvellous (*Adv* marvellously) ◊ *himmlisches Wetter* marvellous weather

hin 1 (*räumlich*) ◊ *Die Tür lässt sich zum Garten hin öffnen.* The door opens out onto the garden. ◊ *Es war Stau von Hamburg bis hin nach Flensburg.* There was a traffic jam from Hamburg all the way to Flensburg. ◊ *Guck mal, ein Eisverkäufer! Los, hin!* Look, an ice-cream seller! Let's get over there! **2** (*zeitlich*) ◊ *gegen Morgen hin* towards morning ◊ *Die Konferenz erstreckte sich über mehrere Tage hin.* The conference stretched over several days. ◊ *Bis Weihnachten ist es noch lange hin.* It is still a long time till Christmas. **3 ~ sein** (*kaputt sein*) have had it (*umgs*) ◊ *Der Staubsauger ist hin.* The vacuum cleaner has had it. **4 ~ sein** (*tot sein*) be a goner (*umgs*) **5 ~ sein** (*weg sein*) be gone ◊ *Alles ist hin.* Everything is gone. **6 ~ sein** (*müde sein*) be done in (*umgs*) ◊ *Freitagabends bin ich immer total hin.* I'm always completely done in on a Friday evening. **7 von etw ganz ~ sein** be bowled over by sth (*umgs*), be really taken with sth (*umgs*) ◊ *Ich war ganz hin von ihrem neuen Haus.* I was absolutely bowled over by their new house. **8 nach außen ~** outwardly ◊ *Nach außen hin ist sie immer fröhlich.* She's always outwardly cheerful. ◊ *Nach außen hin ließ er sich nichts anmerken, aber innerlich kochte er.* He gave no outward indication of it, but inwardly he was fuming. **9 auf etw ~** (*gerichtet*) ◊ *Der Betrieb ist auf Wachstum hin angelegt.* The company is geared to growth. ◊ *Das Projekt ist auf zehn Jahre hin ausgelegt.* The project is set to last for ten years. **10 auf etw ~** (*in Hinblick auf*) for ◊ *das Dach auf Risse hin überprüfen* check the roof for cracks **11 auf etw ~** (*aufgrund*) on the basis of ◊ *Auf bloße Anschuldigungen hin kann ich ihr nicht kündigen!* I can't sack her on the basis of mere allegations! **12 ~ und zurück** there and back ◊ *Die Fahrt hin und zurück beträgt mehr als zwei Stunden.* The journey there and back lasts more than two hours. ◊ *Zweimal hin und zurück nach Freiburg, bitte.* Two returns to Freiburg, please. ◊ *Der Flug kostet hin und zurück 500 Dollar.* The return flight costs 500 dollars. **13 ~ und her** back and forth ◊ *Er ging nervös hin und her.* He walked nervously back and forth. ◊ *Sie überlegte hin und her.* She went over and over it in her mind. **IDM ... hin, ... her** ...or not ◊ *Müdigkeit hin, Müdigkeit her — die Hausaufgaben werden zu Ende gemacht!* Tired or not — you have to finish your homework. ◊ *Vater hin, Vater her — so darf er dich nicht behandeln!* I don't care whether he's your father or not — he can't treat you like that! **hin und wieder** now and then **nach einigem/langem Hin und Her** after some/a lot of toing and froing ☛ *Siehe auch* NICHTS

hinab down ◊ *Die Stufen hinab kommt man in den Garten.* You get into the garden if you go down the steps.

hinauf up ◊ *Die Explosion beschädigte das Haus bis hinauf zum zehnten Stockwerk.* The explosion damaged the house right up to the tenth floor. ◊ *Sie möchte beruflich noch weiter hinauf.* She would like to climb even higher up the career ladder.

hinaufarbeiten sich ~ work your way up (*auch fig*) ◊ *Sie arbeiteten sich den Berg hinauf.* They worked their way up the mountain. ◊ *Er hat sich zum Generaldirektor hinaufgearbeitet.* He worked his way up to the level of general manager.

hinaufgehen 1 go* up **2** (*nach oben führen*) lead* up **3 mit etw ~** put* up ◊ *Die Banken gehen schon wieder mit den Zinsen hinauf.* The banks are already putting up interest rates again.

hinaufkommen 1 come* up ◊ *Kommst du noch auf einen Kaffee mit hinauf?* Are you coming up for a coffee? **2** (*nach oben gelangen*) get* up ◊ *Wie soll ich denn da hinaufkommen?* How am I supposed to get up there?

hinaufsetzen 1 etw auf etw ~ put* sth up on sth ◊ *Sie setzte den Teddy auf das Regal hinauf.* She put the teddy up on the shelf. **2** (*erhöhen*) raise ◊ *Das Rentenalter soll hinaufgesetzt werden.* The retirement age is to be raised.

hinaus 1 out ◊ *Hinaus!* Get out! **2 über etw ~** (*räumlich*) beyond sth ◊ *weit über das übliche Maß hinaus* far beyond what is usual ◊ *Er ist mittlerweile über die Grenzen Frankfurts hinaus bekannt.* He is now known outside Frankfurt. **3** (*bis*) **über etw ~** (*zeitlich*) (until) after sth ◊ *bis weit über Mitternacht hinaus* until well after midnight **4 auf Jahre, Monate etc. ~** for years, months, etc. (to come) ◊ *Das Land wird auf Jahre hinaus die Hilfe des Auslands benötigen.* The country will need foreign aid for years to come. **5 darüber ~** ⇨ DARÜBER

hinaus- out ☛ *Hinweis bei* HERAUS-

hinausfinden find* your way out ◊ *Findest du allein hinaus?* Can you find your own way out?

hinausgehen 1 go* out(side) ◊ *Wir gingen hinaus.* We went outside. ◊ *Wir gingen auf die Straße hinaus.* We went out into the street. ◊ *Die Wärme geht einfach zum Fenster hinaus.* The heat goes straight out of the window. ◊ *beim Hinausgehen* on the way out **2** (*gelegen sein*) look (out) on to sth ◊ *Mein Fenster geht zum Hof hinaus.* My window looks out onto the courtyard. **3 über etw ~** be beyond sth

hinauskommen 1 get* out ◊ *Wie komme ich hinaus?* How do I get out? **2 auf etw ~** ⇨ HINAUSLAUFEN **3 über etw ~** get* beyond sth

hinauslaufen 1 run* out ◊ *Sie liefen auf die Straße hinaus.* They ran out into the street. ◊ *Die Kinder liefen hinaus.* The children ran outside. **2 auf etw ~** amount to sth

hinausragen 1 über etw ~ jut* out beyond sth ◊ *Einige Ziegel ragen über den Dachrand hinaus.* Some slates jut out beyond the edge of the roof. **2 über etw ~** stand* out from sth ◊ *Ihre Darbietung ragte weit über die der anderen hinaus.* Her performance clearly stood out from the others.

hinausschieben 1 push *sth* out **2** (*verschieben*) put* *sth* off ◊ *eine Entscheidung hinausschieben* put off making a decision

hinausschießen übers Ziel ~ go* too far IDM ⇨ ZIEL

hinausschmeißen ⇨ HINAUSWERFEN

hinaustreiben 1 drive* *sb/sth* out **2 jdn/etw aufs Meer etc. ~** sweep* *sb/sth* out to sea, etc. ◊ *Sie wurden aufs Meer hinausgetrieben.* They were swept out to sea.

hinauswerfen, hinausschmeißen, rausschmeißen, rauswerfen 1 throw* *sb/sth* out, (*bes BrE*) chuck *sb/sth* out (*umgs*) ◊ *Er warf die Tüte zum Fenster hinaus.* He threw the bag out of the window. ◊ *das alte Sofa rausschmeißen* throw out the old sofa ◊ *Benimm dich, sonst schmeiß ich dich gleich raus!* Behave yourself or you'll get thrown out! ◊ *Geld für etw rausschmeißen* waste money on sth ◊ *Das ist doch rausgeschmissenes Geld!* It's just money down the drain. **2** (*entlassen*) kick *sb* out (*umgs*), (*bes BrE*) give* *sb* the sack (*umgs*) ◊ *Er wurde nach drei Monaten hinausgeworfen.* After three months he was given the sack. IDM ⇨ FENSTER

hinauswollen 1 hoch ~ aim high ◊ *In der kommenden Saison will die Mannschaft hoch hinaus.* The team are aiming high this season. **2 auf etw ~** be getting at sth ◊ *Worauf willst du hinaus?* What are you getting at?

hinauszögern delay; (*hinausschieben*) put* *sth* off; **sich ~** be delayed ◊ *den Baubeginn hinauszögern* delay the start of the building work ◊ *Sie zögern ihre Entscheidung hinaus.* They are putting off making a decision. ◊ *Der Baubeginn wird sich noch etwas hinauszögern.* The start of the building work will be delayed.

hinbekommen ⇨ HINKRIEGEN

Hinblick im ~ auf etw (*angesichts*) in view of sth; (*in Bezug auf*) regarding sth

hinbringen take* ◊ *Felix kann dich hinbringen.* Felix can take you. ◊ *Kannst du den Wagen nicht morgen hinbringen?* Can't you take the car there tomorrow?

hinderlich ~ (*für jdn/etw*) **sein** be a hindrance (to sb/sth)

hindern jdn (daran) ~ (etw zu tun) stop* sb (doing sth), prevent sb (from doing sth) ◊ *Niemand hindert dich daran.* Nobody's stopping you. ◊ *Niemand hindert dich daran, wegzugehen.* Nobody's stopping you leaving. ◊ *Sie hinderten*

Hindernis

die Bevölkerung daran, die Stadt zu verlassen. They prevented the residents from leaving the town.
Hindernis 1 obstacle; (*Schwierigkeit*) difficulty* ◊ *Das ist kein unüberwindbares Hindernis.* It's not an insurmountable obstacle. ◊ *Es gibt keine Hindernisse mehr für die Freilassung der Geiseln.* There is now no obstacle to the release of the hostages. ◊ *eine Reise mit Hindernissen* a journey fraught with difficulties **2** (*Leichtathletik*) hurdle; (*Hindernislauf*) steeplechase **3** (*Pferdesport*) jump
Hindernislauf, Hindernisrennen obstacle race; (*Leichtathletik, Pferdesport*) steeplechase
Hinderungsgrund impediment ◊ *ein Hinderungsgrund für eine EU-Vollmitgliedschaft* an impediment to full membership of the EU ◊ *Das ist kein Hinderungsgrund.* That's no reason for not doing it.
hindeuten auf jdn/etw ~ point to sb/sth (*auch fig*) ◊ *Alle Anzeichen deuten auf eine Lungenentzündung hin.* All the symptoms point to pneumonia. ☛ *Hinweis bei* SUGGEST
hindurch through ◊ *Das Tor wurde geöffnet und sie rannten hindurch.* The gate was opened and they ran through. ◊ *durch beide Ortsteile hindurch* through both parts of the town ◊ *mitten hindurch* straight through the middle ◊ *Er war viele Jahre hindurch Vorsitzender.* He was chairman for many years. ◊ *das ganze Jahr hindurch* all year round ◊ *die ganze Nacht hindurch* all night long ◊ *durch die Jahrhunderte hindurch* throughout the centuries
hindurch- ☛ Die Vorsilbe „hindurch-" wird oft mit **through** übersetzt: *durch etw hindurchsehen* see through sth.
hindurchgehen go* through; **durch etw** ~ go* through sth ◊ *Die Autobahn geht mitten durch unseren Ort hindurch.* The motorway goes straight through the middle of our town. ◊ *unter einer Brücke hindurchgehen* go under a bridge
hindurchmüssen have to go through ; **durch etw** ~ have to go through sth
hindurchzwängen sich durch etw ~ squeeze through sth; **etw durch etw** ~ squeeze sth through sth ◊ *sich durch einen engen Gang hindurchzwängen* squeeze through a narrow passageway ◊ *Sie zwängte ihren Kopf durch das Loch hindurch.* She squeezed her head through the hole.
hinein 1 in(to) ◊ *Da hinein gehört der Müll.* The rubbish goes in there. ◊ *Da geht's hinein!* That's the way in. ◊ *Hinein mit euch!* In you go! **2 bis in etw** ~ (right) into sth ◊ *Bis ins 20. Jahrhundert hinein wurden die Lastkähne von Pferden gezogen.* Horses continued to be used into the twentieth century to pull canal barges. ◊ *bis in die tiefe Nacht hinein* until well into the night [IDM] ➪ TAG
hinein- ☛ Die Vorsilbe „hinein-" wird bei Verben ohne Ortsangabe meist mit **in** übersetzt: *Sie rannten hinein.* They ran in.
Mit Ortsangabe wird „hinein-" mit **into** übersetzt: *Sie rannten ins Haus hinein.* They ran into the house.
hineinbeißen take* a bite; **in etw** ~ bite* into sth
hineindenken 1 sich in jdn ~ put* yourself in sb's position ◊ *sich in den Kunden hineindenken* put yourself in the position of the customer **2 sich (in etw)** ~ think* your way into sth
hineinfressen etw in sich ~ bottle sth up
hineingehen 1 go* in; **in etw** ~ go* into sth ◊ *Du kannst schon hineingehen.* Go on in. ◊ *Er ging ins Rathaus hinein.* He went into the town hall. **2** (*hineinpassen*) ◊ *In den Saal gehen 300 Leute hinein.* The room holds 300 people.
hineingeraten in etw ~ get* into sth ◊ *In den Filter ist Sand hineingeraten.* Sand got into the filter. ◊ *Er ist in eine Prügelei hineingeraten.* He got into a fight.
hineininterpretieren etw in etw ~ read* sth into sth ◊ *Sie interpretierte zu viel in den Brief hinein.* She read too much into the letter.
hineinknien (*fig*) **sich in etw** ~ ◊ *sich in sein Studium hineinknien* buckle down to your studies ◊ *sich in die Materie hineinknien* get your teeth into the subject matter ◊ *sich in die Vorbereitung des Festes hineinknien* get stuck into the preparations for the party
hineinkommen come* in; (*gelangen*) get* in; **in etw** ~ come* into sth; (*gelangen*) get* into sth ◊ *Kommst du noch mit hinein?* Are you coming in? ◊ *Er kam nicht in die Disco hinein.* He couldn't get into the disco. ◊ *Wie komme ich ins Internet hinein?* How do I get onto the Internet?

hineinlachen in sich ~ laugh to yourself
hineinlassen jdn/etw (in etw) ~ let* sb/sth in(to sth)
hineinpassen (in etw) ~ fit* in(to sth)
hineinplatzen (in etw) ~ burst* in(to sth)
hineinragen in etw ~ project into sth; (*Gebiet*) extend into sth
hineinregnen ◊ *Es regnete durchs Dach hinein.* Rain was coming in through the roof.
hineinreißen (*fig*) **jdn (in etw) (mit)** ~ drag* sb in(to sth) ◊ *Musstest du ihn unbedingt mit hineinreißen?* Did you really have to drag him into it?
hineinreiten 1 (in etw) ~ ride* in(to sth) ◊ *in den Sonnenuntergang hineinreiten* ride into the sunset **2** (*fig*) **jdn/sich** ~ get* sb/yourself into trouble
hineinschauen ➪ HINEINSEHEN
hineinschlingen etw in sich ~ devour sth
hineinschlittern in etw ~ get* into sth
hineinschreiben etw (in etw) ~ write* sth in (sth)
hineinsehen (in etw) ~ look in(to sth)
hineinspielen (in etw) ~ play a part (in sth)
hineinstecken etw (in etw) ~ put* sth in(to sth) ◊ *den Stecker in die Steckdose hineinstecken* put the plug into the socket ◊ *Geld in ein Projekt hineinstecken* put money into a project ◊ *viel Arbeit in etw hineinstecken* put a lot of work into sth ◊ *den Kopf zur Tür hineinstecken* put your head round the door
hineinsteigern sich in etw ~ (*Wut etc.*) work yourself up into sth; (*Arbeit*) be/get* wrapped up in sth; (*Idee, Problem*) be/become* obsessed with sth
hineinversetzen sich in jdn/jds Lage ~ put* yourself in sb's position ◊ *sich gut in junge Leute hineinversetzen können* be able to understand how young people think
hineinwachsen in etw ~ grow* into sth (*auch fig*) ◊ *In den Pulli kannst du noch hineinwachsen.* You'll grow into the jumper. ◊ *in seine neue Rolle hineinwachsen* grow into your new role
hineinwollen (in etw) ~ want to go in(to sth)
hineinziehen 1 (in etw) ~ get* in(to sth) ◊ *Mach das Fenster zu, sonst zieht der ganze Gestank hinein!* Close the windows quickly or the smell will get in. **2 jdn in etw (mit)** ~ draw* sb into sth ◊ *in einen Konflikt hineingezogen werden* get drawn into a conflict
hinfahren 1 go* (there) ◊ *Italien? Da müssen wir auch mal hinfahren!* Italy? We ought to go there sometime. ◊ *Wo sind sie hingefahren?* Where have they gone to? **2 jdn/etw** ~ drive* sb/sth (there) ◊ *Ich kann dich hinfahren.* I can drive you there. ◊ *Kannst du die Kinder zur Schule hinfahren?* Can you drive the children to school?
Hinfahrt way there, outward journey; (*offiziell*) ◊ *Das ist auf der Hinfahrt passiert.* It happened on the way there.
hinfallen fall* over ◊ *Sie ist hingefallen.* She fell over.
hinfällig invalid ◊ *Die Genehmigung ist hinfällig.* The permit is invalid. ◊ *Das neue Gesetz hat sein Geständnis hinfällig gemacht.* The new law invalidated his confession.
hinfliegen 1 fly* (there) ◊ *Wo fliegt sie hin?* Where's she flying to? **2** ➪ HINFALLEN
hinführen 1 (*irgendwo*) ~ lead* to (sth) ◊ *Wo führt dieser Weg hin?* Where does this path lead to? ◊ *Wo soll denn das alles hinführen?* Where is it all going to end? **2 jdn zu etw** ~ take* sb (there) ◊ *Kannst du ihn schnell hinführen?* Can you take him there?
Hingabe dedication; (*einem Menschen gegenüber*) devotion; (*Leidenschaft*) passion ◊ *etw voller Hingabe tun* do sth with true dedication ◊ *seine vollkommene Hingabe ihr gegenüber* his complete devotion to her ◊ *etw mit großer Hingabe erzählen* tell sth with great passion
hingeben 1 sich etw ~ devote yourself to sth; (*Gefühle*) abandon yourself to sth; (*Hoffnung*) cherish sth ◊ *sich einer Aufgabe hingeben* devote yourself to a task ◊ *Er gab sich seiner Trauer hin.* He abandoned himself to grief. **2** (*opfern*) sacrifice, give* sth up ◊ *Er war bereit, alles für sie hinzugeben.* He was prepared to give up everything for her.
hingebungsvoll 1 *Adj* devoted ◊ *eine hingebungsvolle Mutter* a devoted mother **2** *Adv* devotedly; (*zuhören*) intently ◊ *sich hingebungsvoll um jdn kümmern* care devotedly for sb
hingegen however, on the other hand, by contrast ◊ *Die*

Kinder hingegen freuten sich. The children, by contrast, were pleased. ☞ *Hinweis bei* CONTRAST¹

hingehen 1 go* ◊ *Wo gehst du hin?* Where are you going (to)? ◊ *Sie ging zu dem Polizisten hin.* She went over to the policeman. ◊ *Wo soll die Reise hingehen?* Where are you off to? ◊ *Meine Gedanken gingen ganz woanders hin.* I was thinking of something completely different. ◊ *Ihre Auseinandersetzungen gingen hin bis zur Gewalttätigkeit.* Their arguments sometimes turned violent. **2** *(akzeptabel sein)* be all right ◊ *Das mag in deinen Augen hingehen.* You may think it's all right. IDM ⇒ PFEFFER

hingehören belong ◊ *Hier ist der Ort, wo ich hingehöre.* This is where I belong.

hingerissen 1 ⇒ HINREISSEN **2** enraptured ◊ *Er war von ihrer Schönheit hingerissen.* He was enraptured by her beauty. ◊ *Sie lauschte hingerissen der Musik.* She listened enraptured to the music. IDM **hin- und hergerissen sein** be torn

hinhalten 1 hold* sth out ◊ *Sie hielt ihm einen Geldschein hin.* She held out a note to him. ◊ *Sie hielt ihm ein Mikrofon hin.* She held a microphone in front of him. **2** *(vertrösten)* put* *sb* off ◊ *Er hält uns schon ewig mit Versprechungen hin.* He keeps putting us off with promises. IDM ⇒ BUCKEL *und* KOPF

Hinhaltetaktik delaying tactic [meist Pl]

hinhauen 1 hit* ◊ *Du musst fest hinhauen.* You need to hit hard. ◊ *Ich hätte nie gedacht, dass er einfach hinhaut.* I never thought he would just hit out like that. **2** *(funktionieren)* work ◊ *Das haut nicht hin.* It won't work. ◊ *Die Rechnung haut nicht hin.* The sums don't add up. **3 sich** ~ crash out *(umgs)* **4** *(flüchtig erledigen)* dash sth off ◊ *Er hat den Aufsatz nur so hingehauen.* He just dashed off the essay. **5** *(aufgeben)* chuck sth (in) *(umgs)* ◊ *Sie hat ihre Stelle bei der Bank hingehauen.* She's chucked her job at the bank. **6** *(zu Boden werfen)* ◊ *Bei dem Glatteis hat es mich hingehauen.* I went over on the ice.

hinhören listen ◊ *genau hinhören* listen carefully ◊ *Hör doch gar nicht hin, wenn sie schlecht über dich reden.* Don't take any notice, when they say horrible things about you. IDM ⇒ OHR

hinken limp ◊ *Er hinkt noch ein wenig.* He's still limping a bit. ◊ *Sie hinkt mit dem linken Bein.* She has a limp in her left leg. ◊ *Seit dem Unfall hinkte er.* The accident left him with a limp. ◊ *Er hinkt.* He has a limp. IDM ⇒ VERGLEICH

hinknien kneel* down

hinkommen 1 go* ◊ *Da komme ich öfter hin.* I often go there. ◊ *Wo kommt der Koffer hin?* Where does the suitcase go? ◊ *Wie kommen wir hin?* How do we get there? ◊ *Wo ist bloß mein Geldbeutel hingekommen?* Where's my purse got to? **2** *(auskommen)* manage ◊ *mit seinem Gehalt hinkommen* manage on your salary ◊ *Kommen wir bis morgen mit der Milch hin?* Have we enough milk to last until tomorrow? **3** *(ungefähr stimmen)* be (about) right ◊ *Das macht zusammen hundert, kommt das hin?* That comes to a hundred altogether, is that right? IDM **Wo kämen wir hin, wenn …** Where would we be if …

hinkriegen, hinbekommen 1 manage (to do) sth ◊ *Das wirst du schon hinkriegen.* You'll manage. ◊ *Wie hat er die Hausaufgaben denn so schnell hinbekommen?* How did he manage to do his homework so quickly? **2** *wieder* ~ put* sth right; *(reparieren)* mend

hinlänglich sufficient ◊ *ein hinlänglicher Beweis* sufficient proof ◊ *Diese Tatsache ist hinlänglich bekannt.* It's a well-known fact. ◊ *Dies hat die Vergangenheit hinlänglich gezeigt.* Past experience has shown this to be true time and time again.

hinlaufen 1 go* (there); *(rennen)* run* (there) ◊ *Passen Sie doch auf, wo Sie hinlaufen!* Why don't you look where you're going? ◊ *Wir liefen sofort hin.* We ran there immediately. **2** *(zu Fuß gehen)* walk (there) ◊ *Da kannst du gut hinlaufen.* You can easily walk there.

hinlegen 1 put* sth down ◊ *Sie legte es wieder hin.* She put it down again. **2** *(hinterlassen)* leave* ◊ *Ich legte ihm einen Zettel hin.* I left him a note. **3** *(bezahlen)* lay* sth out *(umgs)* **4 sich** ~ lie* down; *(Schläfchen halten)* have a nap ◊ *Mir ist nicht gut. Ich muss mich hinlegen.* I don't feel well. I'll have to go and lie down. ◊ *Sie legt sich immer nach dem Mittagessen hin.* She always has a nap after lunch. **5 sich** ~ *(hinfallen)* fall* over ◊ *Die Straße war so glatt, dass sie sich fast hingelegt hätte.* The road was so slippery that she nearly

fell over. ◊ *Er hat sich mit dem Fahrrad hingelegt.* He fell off his bike. **6** *(leisten)* put* sth on ◊ *eine erstklassige Vorstellung hinlegen* put on a first-class performance ◊ *Er legte einen Blitzstart hin.* He got off to a fantastic start.

hinnehmen 1 accept; *(dulden)* put* up with sth ◊ *Er nahm es als Tatsache hin.* He accepted it as a fact. ◊ *Wir werden nicht länger hinnehmen, dass wir schlechter bezahlt werden.* We are no longer prepared to put up with being paid less. ◊ *Sie wird das nicht einfach hinnehmen.* She won't take it lying down. ◊ *etw als gegeben hinnehmen* take sth as read **2** *(mitnehmen)* take* sb/sth (there) ◊ *Kann man da Kinder mit hinnehmen?* Can you take children (there)?

hinpassen 1 fit* ◊ *Der Schrank ist zu groß. Er passt da nicht hin.* The cupboard is too big. It won't fit there. **2** *(vom Stil her)* go* ◊ *Dieses moderne Gemälde passt dort nicht hin.* That modern painting doesn't go there.

hinreichend sufficient, adequate *(Adv* adequately) ◊ *mangels hinreichenden Tatverdachts* due to insufficient evidence ◊ *Die Gründe sind noch nicht hinreichend geklärt.* The reasons have never been adequately explained. ◊ *Darüber wurde er hinreichend informiert.* He was fully informed. ◊ *Dieses Problem wurde nicht hinreichend berücksichtigt.* Not enough consideration was given to the problem.

Hinreise journey there, outward journey *(offiz)* ◊ *Die Hinreise dauerte zwölf Stunden.* The journey there took twelve hours. ◊ *Auf der Hinreise hatte sie einen Unfall.* She had an accident on the way there.

hinreißen sich zu etw ~ lassen get* carried away and do sth ◊ *Sie ließ sich zu einer unbedachten Äußerung hinreißen.* She got carried away and spoke without thinking.

hinreißend ravishing *(Adv* ravishingly), wonderful *(Adv* wonderfully) ◊ *hinreißend schön* ravishingly beautiful ◊ *hinreißende Musik* wonderful music ◊ *hinreißend komisch* hilariously funny

hinrichten execute ◊ *Er ließ ihn öffentlich hinrichten.* He had him publicly executed. ◊ *auf dem elektrischen Stuhl hingerichtet werden* go to the electric chair ◊ *Er wurde durch den Strang hingerichtet.* He was hanged.

Hinrichtung execution

hinschmeißen IDM ⇒ KRAM

hinsehen look ◊ *Sie sah zu ihm hin.* She looked across at him. ◊ *In Zukunft werde ich genauer hinsehen.* I'll look more carefully in future. ◊ *Niemand wollte genauer hinsehen.* People didn't want to look too closely. ◊ *bei näherem Hinsehen* on closer examination

hinsetzen sit* sb/sth down; **sich** ~ sit* down

Hinsicht 1 respect ◊ *in dieser Hinsicht* in this respect ◊ *in wirtschaftlicher Hinsicht* from an economic point of view ◊ *In einer Hinsicht möchte ich widersprechen.* I don't agree on one point. ◊ *in anderer Hinsicht* from another point of view ◊ *in gewisser Hinsicht* in a way ◊ *Die Ausstellung war in jeder Hinsicht ein Erfolg.* The exhibition was an all-round success. ◊ *In dieser Hinsicht gibt es kaum Probleme.* There are hardly any problems on that score. **2 in ~ auf etw** concerning sth, with regard to sth *(gehoben)* ☞ *Siehe auch* REGARD² IDM **in vieler Hinsicht** in many ways

hinsichtlich with regard to *(gehoben)* ◊ *Hinsichtlich der Finanzierung macht er sich keine Sorgen.* He has no worries with regard to the financing. ◊ *Hinsichtlich der Qualität hat sich noch niemand beschwert.* As far as quality is concerned, there have been no complaints.

Hinspiel first leg

hinstellen 1 put* sth down; *(errichten)* put* sth (up); *(abstellen)* leave* ◊ *Sie stellte ihm ein Bier hin.* She put down a beer in front of him. ◊ *Dort hat man ein riesiges Einkaufszentrum hingestellt.* They've put up a huge shopping centre there. ◊ *Wo kann ich meinen Schirm hinstellen?* Where can I leave my umbrella? **2** *(charakterisieren)* make* sb/sth aus sb/sth ◊ *Er stellte ihn als Trottel hin.* He made him out to be a fool. ◊ *Er stellt sie zu Unrecht als naiv hin.* He makes out that she's naive but she isn't. ◊ *Man hat sie uns als Vorbild hingestellt.* She was held up to us as a model. **3 sich** ~ stand* ◊ *Stellt euch da drüben hin.* Go and stand over there. ◊ *Du musst dich hinstellen und deine Meinung sagen.* You have to stand up and say what you think.

hinten 1 at the back ◊ *Hinten sind noch Plätze.* There are seats at the back. ◊ *ganz hinten in der Schublade* right at

hinter 1018

the back of the drawer ◊ *hinten im Auto* in the back of the car ◊ *Er musste sich hinten anstellen.* He had to join the end of the queue. ◊ *Der Balkon geht nach hinten raus.* The balcony's at the back. ◊ *ganz hinten im Garten* at the far end of the garden ◊ *Sie näherte sich von hinten.* She approached from behind. ◊ *Er liegt bei dem Wettkampf hinten.* He's trailing in the competition. **2** *da/dort* ~ over there IDM **hinten (keine) Augen haben** (not) have eyes in the back of your head **hinten und vorne nicht** not at all ◊ *Das klappt hinten und vorne nicht.* It's just not working at all. ◊ *Das stimmt hinten und vorne nicht.* It's completely wrong. **nicht mehr wissen, wo hinten und vorne ist** not know* whether you are coming or going ☛ Siehe auch SCHUSS und VORN

hinter 1 behind ◊ *hinter der Theke* behind the bar ◊ *Er kam hinter dem Vorhang vor.* He came out from behind the curtain. ◊ *Mach die Tür hinter dir zu!* Close the door behind you. ◊ *Die Partei steht geschlossen hinter ihm.* The party is firmly behind him. ◊ *Er hat die Mitbewerber weit hinter sich gelassen.* He left the other competitors trailing far behind him. ◊ *Der Garten ist hinter dem Haus.* The garden is at the back of the house. **2** (*nach*) after ◊ *Hinter diesem Satz steht ein Ausrufezeichen.* There is an exclamation mark after that sentence. ◊ *zehn Kilometer hinter Ulm* ten kilometres after/beyond Ulm **3** ~ **jdm/etw her** after sb/sth ◊ *Die Polizei ist hinter ihm her.* The police are after him. ◊ *Er lief hinter ihr her.* He ran after her. ◊ *Er ist hinter den Juwelen her.* He's after the jewels. **4** *etw* ~ **sich bringen** get* sth over with; *etw* ~ **sich haben** have got sth over with ◊ *Das hat er schon hinter sich.* He's got that over with. ◊ *Sie hat die Windpocken hinter sich.* She's had chickenpox. ◊ *Er hat viele schlechte Erfahrungen hinter sich.* He's had a lot of terrible experiences. ◊ *Er hat die Prüfung gut hinter sich gebracht.* He did well in the exam. ◊ *Wir haben leider den Urlaub schon hinter uns.* Unfortunately we've already been on holiday. **5** (*mit bestimmten Verben*) ◊ *hinter den Anforderungen zurückbleiben* fall short of the requirements ◊ *hinter etw kommen* discover sth ◊ *hinter jdm zurückstehen* take second place to sb

Hinter- Hinterachse rear axle **Hinterausgang** rear exit **Hinterbein** hind leg **Hinterbliebene(r) 1 die Hinterbliebenen** the bereaved [Pl] **2** (RECHT) dependent

hintere(r,s) back (*nur vor Nomen*); (*Fahrzeug auch*) rear (*nur vor Nomen*) ◊ *die hintere Tür des Hauses* the back door of the house ◊ *die hintere Stoßstange* the rear bumper ☛ Siehe auch HINTERSTE(R,S)

hintereinander 1 (*räumlich*) one behind the other ◊ *Wir hätten hintereinander bleiben sollen.* We should have stayed one behind the other. ◊ *Diese beiden Vereine rangieren eng hintereinander in der Tabelle.* These two teams are placed very close together in the league table. **2** (*zeitlich*) in a row ◊ *Es regnete vier Tage hintereinander.* It rained for four days in a row. ◊ *Sie hat drei Jahre hintereinander gewonnen.* She won three years running. ◊ *kurz hintereinander* one after the other

Hintereingang rear entrance; (*Hintertür*) back door

hinterfragen examine *sth* critically; (*infrage stellen*) question

Hintergedanke 1 ◊ *Der Hintergedanke der Veranstaltung ist, …* The idea behind the event is to … **2** (*negativ*) ulterior motive ◊ *ohne Hintergedanken* with no ulterior motive

hintergehen cheat ◊ *Sie sehen sich von der Politik hintergangen.* They feel they've been cheated by politicians.

Hintergrund 1 background (*auch fig*) ◊ *im Hintergrund des Bildes* in the background of the picture ◊ *ihr familiärer Hintergrund* her family background **2** (THEAT) backdrop **3** (*Gründe, Motive*) the reason behind *sth* ◊ *die Hintergründe dieser Entscheidung* the reasons behind the decision

Hinterhalt ambush ◊ *aus dem Hinterhalt getötet* killed in an ambush ◊ *in einen Hinterhalt geraten* be ambushed ◊ *Sie wurden aus dem Hinterhalt erschossen.* They were shot by snipers.

hinterhältig devious (*Adv* deviously)

hinterher 1 after; *jdm* ~ *sein* be after sb ◊ *Die Polizei ist der Bande schon seit Monaten hinterher.* The police have been after the gang for months. **2** (*danach*) afterwards ◊ *Kommt ihr hinterher mit einen trinken?* Are you coming along for a drink afterwards?

hinterherfahren *jdm* ~ follow sb ◊ *Er setzte sich in sein Auto und fuhr hinterher.* He got into his car and followed him/her/them.

hinterherhinken (*jdm/etw*) ~ lag* behind (sb/sth) ◊ *Wir hinken immer noch hinterher.* We are still lagging behind.

Hinterhof courtyard

Hinterkopf back of the/your head ◊ *ein Schlag auf den Hinterkopf* a blow to the back of the head ◊ *Er ist auf den Hinterkopf gefallen.* He fell and hit the back of his head. IDM **im Hinterkopf** at/in the back of your mind ◊ *Im Hinterkopf trag ich das immer mit mir rum.* It's always at the back of my mind.

Hinterland hinterland

hinterlassen 1 leave*; (*Eindruck*) make* ◊ *Fingerabdrücke hinterlassen* leave fingerprints ◊ *jdm eine Nachricht hinterlassen* leave sb a note ◊ *Er hinterließ eine Frau und zwei Töchter.* He left a widow and two daughters. ◊ *einen guten Eindruck hinterlassen* make a good impression **2** (*jdm*) *etw* ~ (*vererben*) leave* sth to sb, leave* (sb) sth ◊ *Sie hinterließ nichts als Schulden.* She left nothing but debts. ◊ *Sie hat mir das Haus hinterlassen.* She left me the house.

hinterlegen *etw* (*bei jdm*) ~ leave* sth (with sb) ◊ *Ich werde die Schlüssel beim Hausmeister hinterlegen.* I'll leave the keys with the caretaker.

hinterlistig deceitful (*Adv* deceitfully); (*gerissen*) cunning (*Adv* cunningly)

Hintermann 1 man/woman/person behind you; (*Auto*) (driver in the) car behind **2 Hintermänner** [Pl] ◊ *die Hintermänner des Terroranschlags* the people behind the terrorist attack

Hintern behind (*umgs*), backside (*umgs*), (*bes BrE*) bottom, (*bes AmE*) butt (*umgs*) ◊ *Er gab ihr einen Klaps auf den Hintern.* He slapped her behind. ◊ *Er landete auf dem Hintern.* He landed on his backside. ◊ *jdn in den Hintern kneifen* pinch sb's bottom ◊ *jdm ein paar auf den Hintern geben* smack sb's bottom ◊ *jdm den Hintern versohlen* give sb a thrashing IDM **jdm/jdn in den Hintern treten** give sb a kick up the backside (*umgs*), (*bes AmE*) kick sb's ass (*Slang*) ☛ Siehe auch BEISSEN, DAMPF, KRIECHEN und TRITT

Hinterrad back/rear wheel; *auf dem* ~ *fahren* do* a wheelie

hinterrücks from behind ◊ *Sie wurde hinterrücks überfallen.* She was attacked from behind. ◊ *hinterrücks erstochen/erschossen werden* be stabbed/shot in the back

Hinterseite ⇨ RÜCKSEITE

hinterste(r,s) back (*nur vor Nomen*), (right) at the back (*nicht vor Nomen*) ◊ *in der hintersten Reihe* in the back row ◊ *im hintersten Teil des Geschäfts* right at the back of the shop ◊ *in der hintersten Ecke* in the far corner

Hinterteil behind (*umgs*)

Hintertreffen 1 *ins* ~ *geraten* be pushed into the background **2** *im* ~ *sein/liegen* ◊ *Nach der ersten Halbzeit lagen sie mit 0:2 im Hintertreffen.* At half-time they were two nil down.

hintertreiben block

Hintertür back door IDM **durch die Hintertür** by/through the back door **sich eine Hintertür offen halten/lassen** leave* yourself a way out

hinterziehen (*Steuern*) evade

hintun put* ◊ *Wo soll ich mein Fahrrad hintun?* Where shall I put my bike?

hinüber over, across ◊ „*Wo soll ich es hinlegen?" „Da hinüber.*" 'Where shall I put it?' 'Over there.' ◊ *Ich blickte hinüber zum Wald.* I looked over to the woods. ◊ *Man konnte sie bis auf die andere Straßenseite hinüber hören.* You could hear them across the street. ☛ Hinweis bei HERÜBER- IDM **hinüber sein 1** (*kaputt sein*) have had it **2** (*betrunken sein*) be out of it

hinüberfahren (*jdn/etw*) ~ drive* (sb/sth) over ◊ *Wir fuhren zu meiner Mutter hinüber.* We drove over to my mother's. ◊ *Ich fahre dich hinüber.* I'll drive you over (there).

hinübergehen go* over ◊ *Ich ging zu ihnen hinüber.* I went over to them.

Hin- und Rückfahrt return (ticket), (*AmE*) round-trip ticket

hinunter down ◊ *Der Verkehr staut sich bis hinunter in die*

Friedrichstraße. There is a traffic jam right down as far as the Friedrichstraße. ◊ *Ins Dorf hinunter sind es zwei Stunden.* It's two hours down to the village. ◊ *vom Vorstandsvorsitzenden hinunter bis zum Wachpersonal* from the chairman of the board down to the security staff
hinunter- down ☛ *Hinweis bei* HERUNTER-
hinunterbringen ◊ *Ich bringe die Wäsche gleich hinunter.* I'll take the washing downstairs. ◊ *Ich bringe dich hinunter.* I'll see you out.
hinuntergehen go* down
hinunterlassen lower
hinunterspülen flush *sth* away ◊ *die Tabletten in der Toilette hinunterspülen* flush the pills down the toilet
hinweg 1 *über etw* ~ (*räumlich*) over *sth* ◊ *Er sah mich streng über den Rand seiner Brille hinweg an.* He looked at me sternly over the top of his glasses. ◊ *eine Zusammenarbeit über die Grenzen hinweg* cross-border cooperation **2** *über etw* ~ (*zeitlich*) for *sth* ◊ *über Jahrhunderte hinweg* for centuries **3** *über jds Kopf* ~ without consulting sb ◊ *Die Entscheidung darf nicht über die Köpfe der Anwohner hinweg getroffen werden.* The decision should not be made without consulting the residents. **4** *über jdn/etw* ~ **sein** have got over sb/sth ◊ *Sie ist über seinen Tod immer noch nicht hinweg.* She still hasn't got over his death.
Hinweg way there ◊ *auf dem Hinweg* on the way there
hinweg- hinwegkommen *über jdn/etw* ~ get* over sb/sth **hinwegsehen** *über etw* ~ ignore sth **hinwegsetzen sich** *über etw* ~ ignore sth **hinwegtäuschen** *über etw* ~ hide* sth ◊ *Diese Rhetorik kann nicht darüber hinwegtäuschen, dass ....* This rhetoric can't hide the fact that ... **hinwegtrösten** jdn *über etw* ~ help sb to get over sth, console sb for sth
Hinweis 1 tip ◊ *nützliche Hinweise* useful tips ◊ *Hier noch ein paar Hinweise, was man beim Kauf eines Computers beachten sollte: ...* A few tips on what to look out for when buying a computer: ... ◊ *ein Hinweis zum Urheberrecht* a piece of advice on copyright ◊ *Hinweise für die Benutzung des Wörterbuchs* guidelines on the use of the dictionary **2** (*Mitteilung etc.*) ◊ *ein Schild mit dem Hinweis „Bitte nicht füttern!"* a sign saying 'Please don't feed the animals.' ◊ *Produkte mit dem Hinweis „für Vegetarier geeignet"* products labelled 'Suitable for vegetarians' ◊ *Er begründete seine Haltung mit dem Hinweis, dass ...* He justified his behaviour by saying that ... **3** (*Andeutung*) indication; (*Indiz*) clue; (*an die Polizei*) piece of information, tip-off (*umgs*) ◊ *Das ist ein Hinweis darauf, wie gefährlich diese Krankheit ist.* That was an indication of how dangerous this illness is. ◊ *Hinweise auf die Ursache des Unglücks* clues as to the cause of the disaster ◊ *Es gibt keinerlei Hinweise auf die Täter.* There are still no clues as to who did it. ◊ *ein Hinweis aus der Bevölkerung* a tip-off from the public **4** *mit/unter* ~ *auf* with reference to
hinweisen 1 (jdn) *auf etw* ~ point sth out (to sb), indicate sth (to sb), draw* (sb's) attention to sth (*gehoben*) ◊ *Ein Schild weist darauf hin, dass Goethe dort einmal übernachtet hat.* There is a notice indicating that Goethe once spent the night there. ◊ *Der Vermieter muss auf die Schäden hingewiesen werden.* The damage must be brought to the landlord's attention. ◊ *Wir wurden darauf hingewiesen, dass Rauchen verboten war.* Our attention was drawn to the fact that smoking was not allowed. **2** *auf jdn/etw* ~ (*deuten auf*) point to sb/sth ◊ *Alle Umstände weisen auf Selbstmord hin.* All the evidence points to suicide. ◊ *Alles weist darauf hin, dass ...* Everything points to the fact that ...
Hinweis- Hinweisschild sign ◊ *Hinweisschilder auf Rundwanderwege* signs indicating circular walks **Hinweistafel** information board
hinwerfen 1 (jdm) *etw* ~ throw* sth down (to sb), throw* (sb) sth ◊ *Sie warf das Buch hin.* She threw the book down. ◊ *Er warf dem Hund einen Knochen hin.* He threw the dog a bone. **2** (*aufgeben*) chuck *sth* in (*umgs*) ◊ *Sie hat die Schule hingeworfen.* She's chucked in school. **3** (*beiläufig äußern*) drop* *sth* (casually) ◊ *Sie hatte die Worte wie beiläufig hingeworfen.* She had dropped the remarks quite casually. ◊ *eine hingeworfene Bemerkung* a throwaway remark **4** (*schnell zeichnen/schreiben*) dash *sth* off ◊ *Ich warf einige Zeilen hin.* I dashed off a few lines. ◊ *ein paar schnell hingeworfene Skizzen* a few hastily executed sketches **5 sich** ~ throw* yourself to the floor ◊ *Der Junge warf sich hin und*

brüllte. The boy threw himself to the floor and screamed. IDM ⇒ KREMPEL
hinwirken *auf etw* ~ work towards sth
hinziehen 1 sich zu jdm/etw hingezogen fühlen feel* drawn to sb/sth **2** (*umziehen*) move ◊ *Wo zieht ihr hin?* Where are you moving to? **3 sich** ~ (*lange dauern*) drag* on ◊ *Die Verhandlungen zogen sich über Monate hin.* The negotiations dragged on for months. **4 sich** ~ (*sich verzögern*) be delayed **5 sich** ~ (*sich räumlich erstrecken*) stretch ◊ *Die Straße zog sich kilometerlang schnurgerade hin.* The road stretched straight ahead for several kilometres.
hinzufügen add ◊ *Dem habe ich nichts mehr hinzuzufügen.* I have nothing more to add.
hinzukommen (*zusätzlich dazukommen*) be added ◊ *Jetzt ist eine neue Variante hinzugekommen.* Now another variety has been added. ◊ *Zum Schluss kommt ein Ei hinzu.* An egg is added at the end. ◊ *Es kommt noch hinzu, dass sie krank war.* There is also the fact that she was ill. ◊ *Das kommt noch hinzu.* There's that too.
hinzuziehen jdn (*bei etw*) ~ consult sb (about sth)
Hiobsbotschaft bad news [U] ☛ *Hinweis bei* NACHRICHT
Hippie hippy*
Hippokrates IDM ⇒ EID
Hirn 1 brain **2** (*Verstand, Essen*) brains [Pl] IDM ⇒ ZERMARTERN
Hirngespinst hare-brained idea; (*Einbildung*) delusion ◊ *Er hängt immer irgendwelchen Hirngespinsten nach.* He's always going after some hare-brained idea. ◊ *Diese Idee galt bis vor kurzem als Hirngespinst.* Until recently, this idea was regarded as a delusion. ◊ *Das Ufo, das sie gesehen hat, war kein Hirngespinst.* The UFO she saw wasn't a figment of her imagination. **Hirnhautentzündung** meningitis [U] **hirnlos** brainless **hirnrissig** crazy* **Hirntod** brain death ◊ *Beide Ärzte stellten den Hirntod fest.* Both doctors diagnosed brain death. **Hirntumor** brain tumour, (*AmE*) brain tumor **hirnverbrannt** crazy
Hirsch 1 deer*; (*Rothirsch*) red deer* **2** (*männlicher Hirsch*) stag **3** (*Gericht*) venison **Hirschkalb** fawn **Hirschkuh** hind
Hirse millet
Hirte herdsman*; (*biblisch, Schafhirte*) shepherd
Hirtin shepherdess
hissen hoist
Historiker(in) historian ☛ G 2.2d
historisch 1 historical (*Adv* historically) ◊ *eine historische Figur* a historical figure ◊ *aus historischen Gründen* for historical reasons ◊ *historisch interessant* historically interesting ◊ *historisch bedeutsam* of historical significance **2** (*bedeutend*) historic ◊ *ein historischer Augenblick* a historic moment ◊ *berühmte historische Stätten* famous historic sites ◊ *die historische Altstadt* the old town centre
Hit (big) hit (*auch fig*)
Hitlergruß Nazi salute ◊ *Er hatte die rechte Hand zum Hitlergruß erhoben.* He had raised his right hand in a Nazi salute.
Hitlerjugend Hitler Youth
Hit- Hitliste charts [Pl] ◊ *die Hitlisten anführen* be number one (in the charts) ◊ *eine Hitliste der beliebtesten Berufe* a top ten of careers **Hitparade** hit parade ◊ *Sein Lied ist in die Hitparade gekommen.* His song reached the hit parade.
Hitze heat [U] ◊ *Die Menschen litten unter der großen Hitze.* People were suffering from the heat. ◊ *Ich kann bei dieser Hitze nicht arbeiten!* I can't work in this heat! ◊ *Was für eine Hitze!* It's so hot! ◊ *etw bei niedriger/mäßiger/mittlerer/starker Hitze backen* bake sth in a low/moderate/medium/high oven IDM ⇒ GEFECHT *und* KOCHEN
hitzefrei ~ **haben/bekommen** be sent home (from school) because of the heat
Hitzewelle heat wave
hitzig 1 (*Diskussion etc.*) heated ◊ *Es wurde hitzig diskutiert.* There was a heated discussion. **2** (*Mensch, Temperament*) quick-tempered ◊ *Er hat ein hitziges Temperament.* He is a quick-tempered person. ◊ *ihr hitziges Temperament* her quick temper ◊ *hitzig reagieren* react angrily
Hitz- Hitzkopf hothead **Hitzschlag** heatstroke [U] ◊ *Sie bekam einen Hitzschlag.* She got heatstroke. ◊ *Er wurde mit einem Hitzschlag ins Krankenhaus gebracht.* He was taken to hospital with heatstroke.

HIV HIV
HIV-Infektion HIV infection **HIV-infiziert** HIV-infected ◊ *HIV-infizierte Kinder* HIV-infected children ◊ *Sie ist HIV-infiziert.* She is infected with HIV. **HIV-negativ** HIV-negative **HIV-positiv** HIV-positive
H-Milch long-life milk
Hobby hobby*
Hobbyfotograf(in) amateur photographer ☛ G 2.2d
Hobbyraum hobby room
Hobel 1 (*Werkzeug*) plane **2** (*Küchengerät*) slicer
hobeln 1 (*Brett etc.*) plane **2** (*Gemüse*) slice
hoch
• **als Adjektiv 1** high; (*Baum, Schornstein*) tall; (*Schnee*) deep; (*Gras*) long ◊ *hohe Berge* high mountains ◊ *Die Sonne stand hoch am Himmel.* The sun was high in the sky. ◊ *Sie hatte hohes Fieber.* She had a high temperature. ◊ *Der Preis ist mir zu hoch.* The price is too high for me. ◊ *mit hoher Geschwindigkeit* at high speed ◊ *ein acht Stockwerke hohes Gebäude* an eight-storey building ◊ *der 1 200 Meter hoch gelegene Col de la Croix* the Col de la Croix, which lies at an altitude of 1 200 metres ◊ *Der Lehrer stellt hohe Ansprüche an die Schüler.* The teacher expects a lot of his pupils. ◊ *Bei mir im Keller stand das Wasser 50 Zentimeter hoch.* I had 50 centimetres of water in my cellar.

> **Tall** oder **high**? Wenn man die Höhe einer Sache beschreibt, sagt man meist **high**: *The fence is over five metres high.* ◊ *one of the world's highest mountains.* **High** beschreibt auch den Abstand vom Boden: *How high was the plane when the engine failed?* Wenn man die Größe eines Menschen meint, sagt man immer **tall**: *My brother's much taller than me.* **Tall** wird auch für hohe und schmale Dinge, wie z.B. Schornsteine, Bäume, Gläser etc. verwendet. Ein Gebäude kann man als **high** oder **tall** bezeichnen.

2 (*in einer Hierarchie*) senior ◊ *ein hoher Beamter* a senior official ◊ *hoher Besuch/hohe Gäste* VIP guests **3 der hohe Norden** the far north **4** (*Alter*) great ◊ *Sie hat ein hohes Alter erreicht.* She has lived to a great age. **5** (*Summe*) large; (*Strafe, Schulden*) heavy* **6** (*Mus*) high; (*falsch*) sharp ◊ *Die Partie ist zu hoch für einen Alt.* This part is too high for an alto. ◊ *das hohe C* top C ◊ *Du singst zu hoch.* You're singing sharp.
• **als Adverb 7** (*sehr*) highly ◊ *ein hoch entwickeltes Land* a highly developed country ◊ *Menschen, die wir hoch achten* people we regard highly ◊ *ein hoch dosiertes Medikament* a medicine in high doses ◊ *ein hoch geschätzter Künstler* a highly esteemed artist ◊ *hoch motiviert* highly motivated ◊ *ein hoch gewachsener Mann* a very tall man ◊ *hoch gewinnen/verlieren* win/lose by a long way ◊ *seine hoch gesteckten Ziele* his ambitious targets ◊ *ein hoch verschuldetes Land* a country which is heavily in debt **8** (*nach oben*) up ◊ *Hände hoch!* Hands up!
• **als Präposition 9** (MATH) to the power of ◊ *4 hoch 3 ist 64.* 4 to the power of 3 is 64.
IDM **hoch hinauswollen** have high aspirations ◊ *Sie will hoch hinaus.* She has high aspirations. ◊ *Er wollte schon immer zu hoch hinaus.* He always did have unrealistic aspirations. **hoch und heilig** faithfully ◊ *Er hat mir hoch und heilig versprochen, dass er kommt.* He promised faithfully to come. ◊ *Ich habe hoch und heilig geschworen, nichts zu erzählen.* I swore solemnly not to say a word. **etw ist jdm zu hoch** sth is beyond sb ◊ *Das ist mir zu hoch.* That's beyond me. **wenn es hoch kommt** at the most ◊ *Ich arbeite etwa vier Stunden am Tag, fünf wenn es hoch kommt.* I work about four hours a day, five at the most. ☛ Siehe auch ANRECHNEN, EINSCHÄTZEN, GREIFEN, KANTE, KOPF, KURS, ROSS, SEE², SPANNEN, TIER *und* WELLE
Hoch 1 (*Wetter*) high **2** (*Hochruf*) cheer ◊ *Ein dreifaches Hoch auf die Sieger!* Three cheers for the winners!
Hochachtung ~ (**vor jdm/für jdn**) respect (for sb) ◊ *Voller Hochachtung verbeugte er sich.* He bowed respectfully.
hochachtungsvoll yours faithfully; (*wenn der Empfänger mit Namen angeredet wird*) yours sincerely, (*AmE*) sincerely (yours)
hochaktuell highly topical ◊ *hochaktuelle Fragen* highly topical issues ◊ *Dieses Thema ist zur Zeit hochaktuell.* This topic is very much in the news at the moment. ◊ *Kostüme sind auch in diesem Winter wieder hochaktuell.* Suits are all the rage again this winter.

hocharbeiten sich ~ work your way up
Hochbau structural engineering
hochbegabt highly talented
hochberühmt very famous
Hochbetrieb peak period; (*Stoßzeit*) rush hour; (*Hochsaison*) high season ◊ *bei Hochbetrieb* in peak periods ◊ *Wir haben im Moment Hochbetrieb.* This is our busiest time. ◊ *Im August herrscht Hochbetrieb in den Eisdielen.* In August the ice cream parlours are at their busiest.
Hochbett loft bed
Hochburg stronghold ◊ *eine Hochburg des Kommunismus* a Communist stronghold
hochdeutsch standard German
Hochdeutsch standard German
Hochdruck 1 (*Wetter, Physik*) high pressure ◊ *Das Wasser spritzt mit Hochdruck aus dem Schlauch.* The water spurts out of the pipe at high pressure. **2** (*fig*) intense pressure ◊ *Er steht zur Zeit unter Hochdruck.* He's under intense pressure at the moment. ◊ *mit Hochdruck an etw arbeiten* work flat out on sth **3** (*Druckverfahren*) relief printing, letterpress
Hochdruckgebiet area of high pressure
hochfahren 1 go* up ◊ *mit dem Skilift hochfahren* go up on the ski lift ◊ *Ich fahre mit dem Fahrstuhl in den fünften Stock hoch.* I am going up in the lift to the fifth floor. **2 jdn/etw** ~ (*nach oben bringen*) take* sb/sth up ◊ *den Proviant zur Bergstation hochfahren* take food up to the top station **3** (*auffahren*) start (up) ◊ *Als es klingelte, fuhr sie vom Stuhl hoch.* She started from her chair when the bell rang. ◊ *aus dem Schlaf hochfahren* wake up with a start **4** (*aufbrausen*) flare up ◊ *Er fährt immer gleich hoch, wenn man was gegen sie sagt.* He flares up straight away if you say anything against her. **5** (*steigern*) increase ◊ *die Produktion auf 1 000 Fahrzeuge hochfahren* increase production to 1 000 cars **6** (*Anlage*) get* sth running; (*Computer*) boot sth up
Hochform top form ◊ *in Hochform sein* be in top form ◊ *zur Hochform auflaufen* get into your stride
Hochgebirge high mountains [Pl]
hochgehen 1 go* up, rise* (*gehoben*) **2** (*Bombe etc.*) go* off; **etw** ~ **lassen** blow* sth up **3** (*zu Fuß*) go* up (*sth*) ◊ *ins Schlafzimmer hochgehen* go up to the bedroom ◊ *die Stufen hochgehen* go up the steps **4** (*wütend werden*) hit* the roof **5** (*aufgedeckt werden*) get* caught (*umgs*) **etw** ~ **lassen** uncover sth; **jdn** ~ **lassen** catch* sb ◊ *Der Geheimdienst hat einen Agentenring hochgehen lassen.* The intelligence service has uncovered a spy ring. IDM ⇒ WAND
Hochglanz etw auf ~ **bringen** (*sauber machen*) give* sth a good clean; (*polieren*) polish sth (until it shines*); (*restaurieren*) restore sth to its former glory ◊ *Sie haben die Motorräder auf Hochglanz gebracht.* They polished the motor bikes until they shone.
Hochglanzbroschüre glossy brochure **Hochglanzpapier** glossy paper
hochgradig extreme (*Adv* extremely) ◊ *hochgradige Kurzsichtigkeit* extreme short sight ◊ *hochgradig nervös* extremely nervous ◊ *hochgradig verseucht* heavily contaminated ◊ *Der deutsche Schiffsbau ist hochgradig gefährdet.* German shipbuilding is under serious threat.
hochhackig high-heeled
hochhalten 1 hold* sth up ◊ *die Arme hochhalten* hold your arms up **2** (*Tradition etc.*) uphold*
Hochhaus high-rise (building)
hochheben lift sb/sth up, raise (*gehoben*); (*in die Arme nehmen*) pick sb up ◊ *den Arm hochheben* raise your arm ◊ *Heb mich hoch, bitte!* Please can you lift me up! ◊ *Soll ich das Kind immer hochheben, wenn es weint?* Should I pick up the baby whenever she cries?
hochkarätig 1 (*Edelstein*) high-carat **2** (*sehr gut*) excellent; (*Künstler, Spieler auch*) top; (*Gegner*) formidable ◊ *Die Mannschaft hat hochkarätige Chancen vergeben.* The team threw away some excellent opportunities. ◊ *ein hochkarätig besetztes Jazzfestival* a jazz festival with top musicians
hochklappen 1 (*zusammenklappen*) fold sth up; (*öffnen*) lift sth up; (*Kragen*) turn sth up **2** (*von selbst*) spring* back
hochklassig top class, great
hochkommen 1 (*nach oben kommen*) come* up (*sth*) ◊ *Der Briefträger kam die Straße hoch.* The postman came up the street. ◊ *die Treppe hochkommen* come upstairs ◊ *Er*

fiel ins Wasser und kam nicht mehr hoch. He fell into the water and didn't come up again. **2** (*sich erheben*) get* up ◊ *Ich komm nicht mehr hoch.* I can't get up. **3** (*erfolgreich sein*) get* on ◊ *Wer in dieser Firma hochkommen will, muss ehrgeizig sein.* Anyone who wants to get on in this firm has to be ambitious. ◊ *Sie lässt niemanden neben sich hochkommen.* She can't stand any competition. **4** (*gesund werden*) get* back on your feet **5** (*sich moralisch aufrichten*) bounce back ◊ *Trotz aller Schwierigkeiten kommt sie immer wieder hoch.* Despite all the difficulties, she always manages to bounce back. **6** (*Brechreiz*) ◊ *Das Essen kam ihm hoch.* The food made him sick. ◊ *Sie versuchte zu essen, aber es kam ihr alles wieder hoch.* She tried to eat, but she couldn't keep anything down. **7 es kommt jdm hoch, wenn …** (*anwidern*) it makes* sb sick when … ◊ *Da kann es einem wirklich hochkommen.* It's enough to make you sick. **8 in jdm ~** (*in jds Bewusstsein aufsteigen*) come* over sb; (*wieder*) come* back to sb ◊ *Es kam ein ungutes Gefühl in ihr hoch.* An uneasy feeling came over her. ◊ *Die Bilder dieser Reise kamen wieder in mir hoch.* The images of that trip came back to me. **9** (*besprochen werden*) come* up, arise* (*gehoben*) ◊ *Dieses Thema kommt immer wieder hoch.* This subject keeps coming up. ◊ *Die Vorwürfe kamen hoch, nachdem …* The accusations arose after …
Hochkonjunktur boom ◊ *In Zeiten der Hochkonjunktur steigt die Nachfrage.* Demand increases during a boom. ◊ *Im Frühling herrscht Hochkonjunktur.* There is a boom in the spring. ◊ *Speiseeis hat zur Zeit Hochkonjunktur.* There is a boom in ice cream sales at the moment.
hochkrempeln roll *sth* up
hochkriegen manage to lift *sth* IDM ⇨ ARSCH
Hochland highlands [Pl]
hochlegen put* *sth* up ◊ *die Beine hochlegen* put your feet up ◊ *Leg das Buch hoch, damit die Kinder es nicht in die Hände bekommen.* Put the book where the children can't reach it.
Hochleistungs- Hochleistungssport top-level sport **Hochleistungssportler(in)** top-level sportsperson*
Hochmut haughtiness; (*Arroganz*) arrogance
hochmütig haughty* (*Adv* haughtily) ◊ *jdn hochmütig ansehen* look at sb haughtily
hochnäsig arrogant (*Adv* arrogantly), snooty* (*umgs*)
hochnehmen 1 (*vom Boden, Tisch etc. hochheben*) pick *sb/sth* up ◊ *Sie nahm das Kind hoch.* She picked the child up. **2** (*nach oben bringen*) take* *sth* up **3** (*sich lustig machen*) make* fun of *sb*; (*jdn foppen*) have *sb* on ☛ G 9.7c ◊ *Wollt ihr mich hochnehmen?* Are you having me on? **4** (*verhaften*) pick *sb* up
Hochofen blast furnace
hochprozentig high-proof
hochrechnen forecast*, calculate ◊ *Jemand hat hochgerechnet, dass bis zum Jahr 2500 …* Somebody has calculated that by the year 2500 … ◊ *Das gute Ergebnis im ersten Halbjahr lässt sich nicht auf das gesamte Jahr hochrechnen.* The good results for the first six months cannot be used as the basis of the full-year forecasts.
Hochrechnung projection ◊ *Nach den ersten Hochrechnungen …* According to early projections …
Hochsaison 1 (*Hauptsaison*) high season ◊ *die alpine Hochsaison* high season in the Alps ◊ *in der Hochsaison* in high season **2** (*geschäftigste Zeit*) busiest time ◊ *Die Geschäfte haben im Sommer Hochsaison.* Summer is the busiest time for the shops.
Hochschul- Hochschulabschluss degree ◊ *Bewerber mit Hochschulabschluss* applicants with a degree **Hochschulabsolvent(in)** graduate **Hochschulausbildung** degree course; (*Abschluss*) degree ◊ *neben ihrer volkswirtschaftlichen Hochschulausbildung* at the same time as doing her degree course in economics ◊ *Arbeitslose mit Hochschulausbildung* unemployed graduates
Hochschule university* ☛ In Großbritannien heißen die meisten Einrichtungen, an denen man einen akademischen Grad erwerben kann, **universities**. Manche, die nur bestimmte Fächer anbieten, heißen **colleges**: *the Royal College of Music* ◊ *a teacher training college.* Ansonsten macht man an **colleges** eine berufsbezogene Ausbildung oder das Abitur. In den USA kann man seinen ersten akademischen Grad an einem **college** erwerben. Um jedoch den Magister- oder Doktorgrad zu erwerben, muss man an einer **university** studieren.
Hochschulreife = qualifications required for university entrance [Pl] ◊ *Hochschulreife erlangen* gain the qualifications needed to go to university/college ☛ *Hinweis bei* ABITUR **Hochschulstudium** university education; (*Studiengang*) (university) course; (*Abschluss*) degree ◊ *Viele können sich ein Hochschulstudium nicht leisten.* Many cannot afford a university education. ◊ *Es wird ein abgeschlossenes Hochschulstudium verlangt.* Candidates must have a degree. ◊ *ein fünfjähriges Hochschulstudium* a five-year degree course
hochschwanger heavily pregnant
Hochsee high seas [Pl]
Hochseefischerei deep-sea fishing **Hochseeschiff** ocean-going vessel
Hochsicherheits- Hochsicherheitsgefängnis high-security prison **Hochsicherheitstrakt** high-security wing
Hochsommer high summer ◊ *im Hochsommer* in high summer
hochsommerlich very hot
Hochspannung 1 high voltage **2** (*fig*) nervous excitement ◊ *unter Hochspannung stehen* be in a state of nervous excitement
Hochspannungsleitung (high-voltage) power line
hochspielen hype *sth* (up) ◊ *Die Affäre wurde hochgespielt.* The affair was hyped up.
hochspringen 1 jump up ◊ *Der Hund sprang an ihr hoch.* The dog jumped up at her. ◊ *Er sprang vom Stuhl hoch.* He jumped up out of his chair. **2** (SPORT) do* the high jump
Hochsprung 1 (*Disziplin*) high jump **2** (*einzelner Sprung*) jump
höchst highly, extremely ◊ *höchst bedenklich* highly dubious ◊ *Das ist ja höchst interessant!* That's extremely interesting.
Hochstapler confidence trickster
höchste(r,s) highest ◊ *das höchste Gericht* the highest court ◊ *von höchstem Interesse* of the greatest interest ◊ *das am höchsten verschuldete Land* the land with the most debts IDM **höchste Zeit/Eisenbahn sein** be high time (*umgs*) ☛ *Siehe auch* GEFÜHL, GRAD *und* TON[2]
hochsteigen 1 climb ◊ *den Berg/die Leiter hochsteigen* climb the mountain/ladder **2** (*Emotionen*) well up ◊ *Wut stieg in ihm hoch.* Anger welled up in him.
höchstens 1 at the most ◊ *höchstens 4%* 4% at the most ◊ *Er ist höchstens 18.* He can't be more than 18. **2** (*wenn überhaupt*) only, at most ◊ *Darum kümmern sich höchstens die Grünen.* Only the Greens take an interest in that.
Höchst- Höchstfall im ~ at the most ◊ *Im Höchstfall musst du eine Strafe zahlen.* At the most you'll have to pay a fine. ◊ *Wir bleiben im Höchstfall bis 22 Uhr.* We're staying no later than 10. **Höchstform** top form ◊ *Er war in Höchstform.* He was in top form. **Höchstgebot** highest bid **Höchstgeschwindigkeit** maximum speed ◊ *eine Höchstgeschwindigkeit von 220 km/h erreichen* reach a maximum speed of 220 km/hour ◊ *die zulässige Höchstgeschwindigkeit überschreiten* exceed the speed limit **Höchstgrenze** upper limit
Hochstimmung ◊ *Es herrschte Hochstimmung.* Spirits were high.
Höchst- Höchstleistung 1 ◊ *eine sportliche Höchstleistung* a top sporting achievement ◊ *jdm Höchstleistungen abverlangen* expect sb to perform highly ◊ *Höchstleistungen bringen* achieve your best **2** (*Maschinen etc.*) maximum output ◊ *eine Höchstleistung von 140 kW* a maximum output of 140 kW **Höchstmaß ein ~** (**an etw**) a high level (of sth) ◊ *ein Höchstmaß an Service bieten* offer a high level of service ◊ *ein Höchstmaß an Eigeninitiative zeigen* show a great deal of initiative **höchstpersönlich** in person ◊ *höchstpersönlich erscheinen* appear in person ◊ *Er begrüßte mich höchstpersönlich.* He greeted me in person. **Höchststand** highest level **Höchststrafe** maximum penalty* ◊ *die Höchststrafe für Körperverletzung* the maximum penalty for grievous bodily harm ◊ *jdn zur Höchststrafe von 15 Jahren verurteilen* sentence sb to the maximum of 15 years' imprisonment **Höchsttemperatur** maximum temperature **höchstwahrscheinlich** most probably ◊ *Ich kann höchstwahrscheinlich nicht kommen.* I

most probably won't be able to come. **Höchstwert** maximum value; (*Temperatur*) maximum temperature
Hochtouren 1 full speed ◊ *den Wagen auf Hochtouren bringen* rev the car up to full speed **2 auf ~ laufen** be in full swing ◊ *Die Vorbereitungen laufen auf Hochtouren.* The preparations are in full swing.
hochtrabend grandiose (*abwert*) ◊ *ein hochtrabender Titel* a grandiose title ◊ *Das klingt sehr hochtrabend.* That sounds very grandiose.
hochtreiben (*Preise etc.*) drive* sth up; (*Emotionen, Blutdruck*) raise
Hoch- und Tiefbau civil engineering
hochverdient (*Mensch*) highly distinguished; (*Erfolg etc.*) much-deserved
Hochverrat high treason
hochverschuldet heavily in debt (*nicht vor Nomen*) ◊ *hochverschuldete Firmen* firms which are heavily in debt
Hochwasser (*Überschwemmung*) flood, floods [Pl]; (*hoher Wasserpegel*) high-water level ◊ *das alljährliche Hochwasser* the annual flood ◊ *Der Stadtteil ist oft vom Hochwasser betroffen.* This part of the town is often flooded. ◊ *Die Donau führt Hochwasser.* The Danube is in flood. ◊ *Das Hochwasser steigt weiter an.* The water level is continuing to rise.
hochwertig high-quality (*nur vor Nomen*) ◊ *ein hochwertiges Produkt* a high-quality product
Hochzeit¹ wedding ◊ *eine standesamtliche Hochzeit* a registry office wedding ◊ *auf jds Hochzeit eingeladen sein* be invited to sb's wedding ◊ *goldene Hochzeit* golden wedding (anniversary) ◊ IDM **auf zwei Hochzeiten gleichzeitig tanzen** do* two things at once; (*an zwei Orten*) be in two places at once
Hochzeitsnacht wedding night **Hochzeitspaar** bride and groom, happy couple (*hum*) **Hochzeitsreise** honeymoon **Hochzeitstag 1** wedding day **2** (*Jahrestag*) wedding anniversary*
Hochzeit² (*Blütezeit*) golden age ◊ *die Hochzeit des Barock* the golden age of baroque
hochziehen 1 raise; (*Rock etc.*) hitch *sth* up ◊ *die Rollläden hochziehen* raise the blinds ◊ *die Augenbrauen hochziehen* raise your eyebrows ◊ *Sie zog den Rock hoch.* She hitched up her skirt. **2** (*errichten*) erect ◊ *das neue Haus hochziehen* erect the new house **3 sich ~** pull yourself up ◊ *Das Kind zog sich am Tisch hoch.* The child pulled itself up holding on to the table.
Hocke 1 squatting position ◊ *Der Skifahrer blieb in der Hocke.* The skier stayed in a squatting position. ◊ *Sie ging in die Hocke.* She squatted down. **2** (*Turnübung*) squat vault ◊ *Sie machte eine Hocke über den Bock.* She did a squat vault over the buck.
hocken 1 (*in der Hocke sitzen*) squat* **2** (*sitzen*) sit* **3** (*sich nicht rühren*) sit* around ◊ *Er hockt immer vor dem Fernseher.* He sits in front of the television all the time. **4 über etw ~** (*Turnen*) do* a squat vault over sth
Hocker stool IDM ⇨ REISSEN
Höcker hump; (*kleine Erhebung*) bump
Hockey hockey, (*AmE*) field hockey
Hockeyschläger hockey stick **Hockeyspieler** hockey player
Hoden testicle
Hodensack scrotum*
Hof 1 yard; (*Innen-*) courtyard; (*Schul-*) schoolyard, playground ◊ *auf dem Hof spielen* play in the yard **2** (*Königs-, Fürsten-*) court **3** (*Bauern-*) farm **4** (*von Mond, Sonne*) corona
hoffen 1 hope ◊ *hoffen, dass etw geschieht* hope that sth will happen ◊ *Das ist mehr, als wir zu hoffen wagten.* That is more than we'd dared hope for. ◊ *Hoffen wir das Beste!* Let's hope for the best. ◊ *„Regnet es?" „Ich hoffe nicht."* 'Is it raining?' 'I hope not.' ◊ *"Kommst du nach London?" "Ich hoffe schon."* 'Are you coming to London?' 'I hope so.' **2 auf etw ~** hope for sth ◊ *Wir hofften auf finanzielle Unterstützung.* We were hoping for financial support. ◊ *Jeden Samstag hoffe ich auf den großen Gewinn.* Every Saturday I hope to win the jackpot. **3 auf jdn ~ pin*** your hopes on sb IDM **Das will ich (doch stark) hoffen!** I should (jolly well) hope so!
hoffentlich hopefully ◊ *Hoffentlich schaffen wir das.* Hope-

fully we'll manage it. ◊ *„Werden sie gewinnen?" — „Hoffentlich!"* 'Will they win?' — 'I hope so!'
Hoffnung hope ◊ *die Hoffnung nicht aufgeben* not give up hope ◊ *sich falsche Hoffnungen machen* cherish false hopes ◊ *Es besteht kaum Hoffnung, dass …* There is little hope that … ◊ *Sie war seine letzte Hoffnung.* She was his last hope. ◊ *Er hatte seine ganze Hoffnung auf mich gesetzt.* He had pinned all his hopes on me. ◊ *Da mache ich mir keine Hoffnungen!* I don't hold out much hope of that. ◊ *Sie machte ihm Hoffnungen.* She got his hopes up.
hoffnungslos hopeless (*Adv* hopelessly)
Hoffnungs- Hoffnungslosigkeit hopelessness **Hoffnungsschimmer** glimmer of hope **Hoffnungsträger(in)** hope ◊ *Hoffnungsträger der Nation sein* be the hope of the nation
hoffnungsvoll 1 hopeful (*Adv* hopefully), optimistic (*Adv* optimistically) ◊ *Das Ergebnis stimmte uns sehr hoffnungsvoll.* The result made us very optimistic. **2** (*Erfolg versprechend*) promising ◊ *ein hoffnungsvolles Talent* a promising talent
höflich polite (*Adv* politely) ◊ *eine höfliche Bitte* a polite request ◊ *sich höflich verhalten* behave politely ◊ *Ich möchte Sie höflich bitten, …* Could I please ask you to …
Höflichkeit 1 politeness **2 Höflichkeiten** pleasantries [Pl] ◊ *Höflichkeiten austauschen* exchange pleasantries
Höhe 1 height ◊ *die Breite und Höhe* the width and height ◊ *eine Höhe von 10 Metern haben* be 10 metres high **2** (*über dem Meeresspiegel, von einem Flugzeug*) height, altitude ◊ *an Höhe gewinnen/verlieren* gain/lose height ◊ *luftige Höhen erklimmen* climb to lofty heights ◊ *in 4 000 Metern Höhe* at an altitude of 4 000 metres **3** (*Einkommen, Strafe etc.*) level; (*Summe, Zahlung*) amount; (*Verluste, Beitrag*) size ◊ *die Höhe der Einnahmen* the level of earnings ◊ *Das hängt von der Höhe des Einkommens ab.* That depends on the level of income. ◊ *Die Höhe der Schulden beträgt …* The amount of debt is … ◊ *Die Höhe der Beiträge belaufen sich auf …* The size of the contributions is … ◊ *etw in voller Höhe zurückzahlen* pay sth back in full ◊ *ein Anstieg in Höhe von 2%* a rise of 2% ◊ *eine Strafe in Höhe von 250 Dollar* a fine of 250 dollars **4** (*Ton-*) pitch; (*beim Radio etc.*) treble [U] ◊ *die Höhe eines Tons* the pitch of a note ◊ *beim Radio die Höhen einstellen* adjust the treble on the radio **5** (*geographisch*) level ◊ *auf der Höhe der Hauptstraße* on a level with the main street ◊ *Die Sprinter befanden sich auf gleicher Höhe.* The sprinters were level with each other. ◊ *In Höhe der Tankstelle müssen Sie abbiegen.* You have to turn off when you get to the petrol station. **6 in die ~** (*nach oben*) up ◊ *etw in die Höhe treiben* push sth up ◊ *in die Höhe schnellen* shoot up IDM **auf der Höhe der Zeit sein** be (right) up to date **Das ist (ja) die Höhe!** That (really) is the limit! **Höhen und Tiefen** ups and downs **in die Höhe fahren** jump up with a start; (*sich ärgern*) hit* the roof **nicht (ganz) auf der Höhe sein** be (a bit) under the weather
Hoheit 1 sovereignty* ◊ *unter britischer Hoheit stehen* be under British sovereignty **2** (*als Anrede*) Highness ◊ *Eure (Königliche) Hoheit* Your (Royal) Highness
Hoheitsgebiet territory* ◊ *in fremdes Hoheitsgebiet eindringen* invade foreign territory
Höhen- Höhenangst fear of heights ◊ *Höhenangst haben* be afraid of heights **Höhenflug 1** high-altitude flight **2** (*Erfolg*) run of success ◊ *sich auf einem Höhenflug befinden* have a run of success **3** (*Träumerei*) flight of fancy ◊ *geistige Höhenflüge* intellectual flights of fancy **Höhenluft** air at high altitude **Höhenunterschied** difference in altitude **höhenverstellbar** height-adjustable
Höhepunkt 1 highlight; (*Krieg, Krise*) height; (*Karriere, Spannung*) peak ◊ *der Höhepunkt des Abends* the highlight of the evening ◊ *auf dem Höhepunkt des Kalten Krieges* at the height of the Cold War ◊ *auf dem Höhepunkt seiner Karriere stehen* be at the peak of your career **2** (*Orgasmus*) climax ◊ *zum Höhepunkt kommen* climax
höhere(r,s) higher ◊ *höhere Gebühren* higher fees ◊ *bei höherer Geschwindigkeit* at a higher speed ◊ *Er besucht eine höhere Klasse.* He is in a higher year. ◊ *Ihr Herz schlug höher.* Her heart beat faster. IDM ⇨ REGION
hohl 1 hollow ◊ *ein hohler Stamm* a hollow tree trunk ◊ *etw in der hohlen Hand halten* hold sth in the cup of your hand ◊ *hohl klingen* sound hollow **2** (*nichts sagend*) empty ◊ *hohle Phrasen* empty phrases ◊ *hohles Gerede* mindless

chatter **3** (*dumm*) thick ◇ *Der ist vielleicht hohl!* He's really thick! IDM ⇨ BAUCH
Höhle cave; (*für Tiere*) den
Höhlenmalerei cave painting
Hohlraum empty space
Hohn scorn ◇ *Hohn und Spott* scorn and derision ◇ *Ihr Plan erntete bloß Hohn und Spott.* They poured scorn on her plan. IDM **ein/der reinste Hohn sein** be a mockery ◇ *Dieses Urteil ist ein Hohn!* The sentence is a mockery!
höhnisch (*verächtlich*) scornful (*Adv* scornfully); (*spöttisch*) derisive ◇ *höhnische Bemerkungen* derisive remarks ◇ *höhnisch lachen* laugh scornfully
Hokuspokus 1 mumbo-jumbo (*umgs, abwert*) **2** (*Zauberei*) magic **3** (*Zauberformel*) abracadabra
Holding, Holdinggesellschaft holding company*
holen 1 (**sich**) **etw ~** get* sth ◇ *Soll ich dir ein Glas Wasser holen?* Shall I get you a glass of water? ◇ *Ich hole mir schnell etwas zu essen.* I'll just get something to eat. ◇ *Hilfe holen* get help ◇ *sich bei jdm Tipps holen* get a few tips from sb ◇ *sich bei jdm Rat holen* ask sb's advice ◇ *sich Informationen aus dem Internet holen* find information on the Internet **2** jdn **~** get* sb, (*BrE auch*) fetch sb; (*telefonisch*) call sb ◇ *Soll ich meine Mutter holen?* Shall I get my mother? ◇ *jdn aus dem Bett holen* get sb out of bed ◇ *Schnell, hol den Arzt!* Quick, fetch the doctor! ◇ *einen Klempner holen* call a plumber **3** jdn **~** (*engagieren*) bring* sb in ◇ *Zusätzliche Lehrer wurden aus Deutschland geholt.* Additional teachers were brought in from Germany. **4** (**sich**) **etw ~** (*gewinnen*) win* sth **5 sich etw ~** (*sich etw zuziehen*) catch* sth ◇ *sich eine Grippe/einen Schnupfen holen* catch flu/a cold **6 Luft/Atem ~** take* a breath ◇ *Sie holte tief Luft.* She took a deep breath. IDM ⇨ REST, SCHWUNG, STRASSE, TEUFEL *und* TOD
Hölle hell (*auch fig*) ◇ *in die Hölle kommen* go to hell ◇ *Es war die Hölle.* It was hell. IDM **jdm die Hölle heiß machen** give* sb hell (*umgs*) **die Hölle war los** all hell broke loose ☞ *Siehe auch* HIMMEL *und* LEBEN
Höllenlärm terrible racket
höllisch 1 of hell (*dem Nomen nachgestellt*) ◇ *das höllische Feuer* the fires of hell **2** (*schrecklich*) terrible; (*sehr*) (*Adv*) terribly) ◇ *Das ist eine höllische Hitze.* It's terribly hot. ◇ *Es tat höllisch weh.* It hurt like hell.
Hollywoodschaukel garden swing
Holocaust Holocaust
Hologramm hologram
holographisch holographic
holpern jolt
holprig 1 bumpy, uneven ◇ *ein holpriger Pfad/Weg* a bumpy path ◇ *ein holpriges Pflaster* an uneven pavement **2** (*ungleichmäßig*) erratic (*Adv* erratically); (*nicht fließend*) halting (*Adv* haltingly) ◇ *ihr holpriges Spiel* her erratic playing ◇ *sein holpriges Englisch* his halting English
Holunder elder; (*-blüte*) elderflower
Holz 1 wood ◇ *hartes/weiches Holz* hard/soft wood ◇ *die Holz verarbeitende Industrie* the wood-processing industry ◇ *aus massivem Holz sein* be made of solid wood **2** (*Bau-*) timber, (*AmE*) lumber
Holz- wooden, timber ◇ *ein Holzzaun* a wooden fence ◇ *ein Holzbrett* a plank of wood/wooden plank ◇ *die Holzindustrie* the timber industry
Holzapfel crab apple **Holzarbeiten** carpentry [U] **Holzbläser(in)** woodwind player ◇ *Wir suchen Streicher und Holzbläser. We are looking for woodwind and string players.* ◇ *Die Holzbläser nehmen das Thema auf.* The theme is taken up by the woodwind. **Holzblasinstrument** woodwind instrument
hölzern wooden (*auch fig*)
Holz- Holzfäller(in) lumberjack, woodcutter (*veraltet*) ☞ G 2.2d **Holzhaus** wooden house
holzig woody
Holz- Holzkohle charcoal **Holzschnitt** woodcut ◇ *ein Holzschnitt von Dürer* a woodcut by Dürer ◇ *die Technik des Holzschnitts* the technique of woodcut **Holzschnitzerei** woodcarving ◇ *die Holzschnitzerei lernen* learn woodcarving **Holzschutzmittel** wood preserver, wood preservative **Holzspan** stick of wood; (*Hobelspan*) wood shaving **Holzscheit** log, piece of wood **Holzspielzeug** wooden toy
Holzweg IDM **auf dem Holzweg sein** be on the wrong track

Holzwurm woodworm ◇ *Der Tisch hat den Holzwurm.* There's woodworm in the table. ◇ *von Holzwürmern befallen* riddled with woodworm
Homebanking home banking
Homepage home page
homogen homogeneous (*gehoben*)
homöopathisch homeopathic
Homosexualität homosexuality; (*weiblich meist*) lesbianism ◇ *latente Homosexualität* repressed homosexuality ◇ *sich offen zu seiner Homosexualität bekennen* come out
homosexuell homosexual, gay; (*weiblich meist*) lesbian
Homosexuelle(r) homosexual; (*weiblich meist*) lesbian; (*im Plural auch*) lesbians and gays
Honig honey IDM **jdm Honig ums Maul/um den Mund/ um den Bart schmieren** butter sb up
Honigmelone honeydew melon
Honorar fee ◇ *gegen Honorar arbeiten* work for a fee/on a freelance basis
Honorarbasis auf ~ on a fee basis, on a freelance basis; (*Verkäufer*) on commission **Honorarkraft** freelancer, freelance (worker) ◇ *Die Kanzlei beschäftigt mehrere Honorarkräfte.* The office uses a number of freelance workers.
Honorarprofessor honorary professor
honorieren 1 etw ~ pay* (a fee) for sth; **jdn** (**für etw**) (**mit etw**) **~** pay* sb (sth) (for sth) ◇ *Die Arbeit wurde angemessen honoriert.* An appropriate fee was paid for the work. ◇ *Er wurde für den Roman mit einer astronomischen Summe honoriert.* He was paid an astronomical sum for the novel. **2** (*belohnen*) reward; (*würdigen*) recognize. ◇ *Sein Einsatz im Wahlkampf wurde von der Partei honoriert.* The party recognized his contribution to the election campaign. ◇ *Wie ist ihre Mitarbeit honoriert worden?* What reward did she get for her efforts? **3 A mit B ~** award B for A ◇ *etw mit einem Preis honorieren* award a prize for sth ◇ *Der Film wurde mit drei Oscars honoriert.* The film won three Oscars.
Hooligan hooligan
Hopfen 1 hops [Pl] **2** (*Pflanze*) hop IDM **bei jdm ist Hopfen und Malz verloren** sb is a hopeless case
hoppeln hop*
hoppla whoops ◇ *Hoppla, pass auf!* Whoops, careful!
hopsen skip* ☞ *Siehe auch* HUPFEN
hörbar audible ◇ *kaum hörbare Geräusche* barely audible sounds ◇ *nicht hörbar* inaudible
horchen listen
Horde horde (*auch fig*); (*wilde Menge*) gang ◇ *eine Horde Touristen* hordes of tourists ◇ *eine bewaffnete Horde* an armed gang
hören 1 hear* ◇ *Ich habe dich gar nicht kommen hören.* I didn't hear you coming. ◇ *Hörst du was?* Can you hear anything? ◇ *Ich konnte an seiner Stimme hören, dass etwas nicht stimmte.* I could hear from his voice that something was wrong. ◇ *Hab ich richtig gehört?* Did I hear that right? ◇ *Hast du schon von ihrem Unfall gehört?* Have you heard about her accident? ◇ *Ich habe viel Gutes über ihn gehört.* I've heard good reports of him. ◇ *Ich habe schon lange nichts von ihnen gehört.* I haven't heard from them for ages. ◇ *Er hört schlecht.* He doesn't hear very well. ◇ *Sie hört nur auf einem Ohr.* She is deaf in one ear. ◇ *Er hört sich gerne selbst reden.* He loves the sound of his own voice. **2** (*sich etw anhören*) listen (to *sth*); (*Vortrag, Konzert*) hear* ◇ *Ich höre gerade ihre neuste CD.* I am just listening to their latest CD. ◇ *Hörst du gerne Radio?* Do you like listening to the radio? ◇ *Sie wollte nicht hören.* She wouldn't listen. ◇ *Warum hörst du nie auf meine Ratschläge?* Why do you never listen to my advice? ◇ *Hätte ich doch bloß auf meine Eltern gehört.* If only I'd listened to my parents. ◇ *Hast du das Konzert im Radio gehört?* Did you hear the concert on the radio? **3** jdn (**zu etw**) **~** hear* from sb (on sth) ◇ *Das Gericht muss erst noch die Nebenzeugen hören.* The court still has to hear from the additional witnesses first. IDM **etw/das kann sich hören lassen** sth/that sounds good **Hör mal!; Hören Sie mal!** Listen (here)! **etwas/nichts von sich hören lassen** be/not be in touch ◇ *Sie hat ewig nichts mehr von sich hören lassen.* She hasn't been in touch for ages. **etw von jdm zu hören bekommen/kriegen** ◇ *Sie werden von mir noch zu hören bekommen!* You'll be

Hörer

hearing from me! ☛ *Siehe auch* DENKEN, LÄUTEN *und* MUND

Hörer phone, receiver ◊ *den Hörer abnehmen* pick up the phone ◊ *den Hörer daneben legen* take the phone off the hook

Hörer(in) 1 listener **2** (*Universität*) student ◊ *Hörer der Volksschulkurse* students on adult education courses ◊ *sich als Hörer einschreiben lassen* enrol for a course

Hör- Hörfunk radio ◊ *im Hörfunk* on the radio **Hörgerät** hearing aid

Horizont 1 horizon (*auch fig*) ◊ *Am Horizont versank die Sonne.* The sun dropped below the horizon. ◊ *Am Horizont drohen Schwierigkeiten.* There's trouble looming on the horizon. **2** (*geistiger Bereich*) horizons [Pl] ◊ *durch Lesen seinen Horizont erweitern* broaden your horizons by reading ◊ *Das geht über meinen Horizont.* That's way over my head. IDM ⇨ SILBERSTREIF(EN)

horizontal horizontal (*Adv* horizontally) ◊ *sich in horizontaler Lage befinden* be in a horizontal position ◊ *Die Straße verläuft horizontal.* The road is on the flat.

Hormon hormone
Hormonbehandlung hormone treatment; (*in den Wechseljahren*) HRT, hormone replacement therapy ◊ *Frauen unter Hormonbehandlung* women on HRT

hormonell hormonal ◊ *hormonell bedingt* caused by hormonal changes

Horn horn; (*im Orchester auch*) French horn; (MIL) bugle ◊ *etw auf dem Horn blasen* play sth on the horn ◊ (*das*) *Horn spielen* play the horn ◊ *ins Horn stoßen* blow the horn ◊ *Knöpfe aus Horn* horn buttons IDM **ins gleiche Horn stoßen** ◊ *ins gleiche Horn wie Greenpeace stoßen* echo the view of Greenpeace ◊ *Wer mit dem Lehrer immer ins gleiche Horn stößt, bekommt bessere Noten.* If you just repeat what the teacher said, you'll get better marks. ☛ *Siehe auch* STIER

Hörnchen croissant

Hornhaut 1 hard skin **2** (*am Auge*) cornea

Hornisse hornet
Hornissennest hornet's nest

Hornist(in) horn player, (*bes AmE*) French horn player; (MIL) bugler ◊ *ein berühmter Hornist* a famous horn player ☛ G 2.2d

Horoskop horoscope ◊ *jdm das Horoskop stellen* draw up sb's horoscope

horrend 1 (*Preise etc.*) horrendous ◊ *Die Kosten sind horrend.* The cost is horrendous. ◊ *horrend hoch sein* be horrendous ◊ *eine horrende Summe kosten* cost a huge amount **2** (*sehr schlimm*) terrible ◊ *horrende Schmerzen haben* be in terrible pain ◊ *horrende Gewalt* appalling violence

Horror 1 horror ◊ *Ein Horror überkam sie.* She was filled with horror. ◊ *Bilder des Horrors aus dem Kriegsgebiet* horrific pictures from the war zone **2 einen ~ vor jdm/etw haben** be terrified of sb/sth ◊ *einen Horror vor Spinnen haben* be terrified of spiders ◊ *Ich habe einen Horror vor der Prüfung.* I'm dreading the exam.

Horrorfilm horror film **Horrorgeschichte** horror story* **Horrormeldung** horrific news **Horrortrip 1** (absolute) nightmare (*umgs*) ◊ *Die Reise artete in einen Horrortrip aus.* The trip turned into an absolute nightmare. **2** (*durch Drogen*) bad trip (*Slang*)

Hör- Hörsaal lecture hall; (*mit abgestuften Sitzreihen*) lecture theatre, (*AmE*) lecture theater, auditorium **Hörspiel** radio play **Hörsturz** loss of hearing, (sudden) hearing loss

Hort 1 day nursery*, (*AmE*) day care center; (*für Schulkinder*) after-school club ◊ *Die Kinder gehen in den Hort.* The children go to nursery. ◊ *ein Kind in den Hort geben* send a child to nursery **2** (*Hochburg*) bastion; (*Brutstätte*) hotbed ◊ *ein Hort der Freiheit* a bastion of freedom ◊ *ein Hort der Revolution* a hotbed of revolution **3** (*Schatz*) treasure (hoard)

horten (*Geld, Lebensmittel etc.*) hoard; (*Waffen, Konsumgüter, Öl etc.*) stockpile

Hör- Hörvermögen hearing ◊ *ein schlechtes Hörvermögen haben* have poor hearing **Hörweite in/außer ~** within/out of earshot

Höschen 1 ⇨ HOSE **2** (*Schlüpfer*) panties [Pl], (*BrE auch*) pants [Pl], (*BrE auch*) knickers [Pl] ☛ *Hinweis bei* BRILLE

Hose 1 trousers [Pl], (*AmE meist*) pants [Pl] ◊ *ein Paar alte Hosen* an old pair of trousers ◊ *die Hose hochkrempeln* roll up your trousers ◊ *eine kurze Hose* shorts ☛ *Hinweis bei* BRILLE **2 in die ~ machen** wet your pants; (*Kot*) soil your pants IDM **die Hosen anhaben** wear* the trousers, (*AmE*) wear* the pants **die Hosen (gestrichen) voll haben** be shit scared (*vulg, Slang*) **die Hosen runterlassen** come* clean **in die Hose gehen** be a washout (*umgs*); (*Pleite sein*) flop* ◊ *Das Wochenende in Paris ging in die Hose.* The weekend in Paris was a washout. ◊ *Das Stück ging in die Hose.* The play flopped. ◊ *Das kann in die Hose gehen.* It could backfire. **sich (vor Angst) in die Hosen machen/scheißen** shit* yourself (*vulg, Slang*) **tote Hose** nothing going on ◊ *In dieser Stadt ist tote Hose.* There's nothing going on in this town. ☛ *Siehe auch* HERZ *und* JACKE

Hosenanzug trouser suit, (*AmE*) pantsuit **Hosenbein** trouser leg, (*AmE*) pant leg

Hosenboden seat of the/your trousers, (*AmE*) seat of the/your pants IDM **sich auf den Hosenboden setzen** get* down to work **den Hosenboden voll kriegen** get* a thrashing, (*bes BrE*) get* a good hiding

Hosenschlitz fly*, (*BrE auch*) flies [Pl]

Hosentasche trouser pocket, (*AmE*) pants pocket ◊ *die Hände in den Hosentaschen haben* have your hands in your (trouser) pockets IDM **etw wie seine Hosentasche kennen** know* sth like the back of your hand ◊ *Ich kenne diese Gegend wie meine Hosentasche.* I know this area like the back of my hand.

Hospital hospital

hospitieren sit* in (on lectures) ◊ *in einer Vorlesung hospitieren* sit in on a lecture

Hospiz 1 (*Sterbeklinik*) hospice **2** (*Pension*) hostel; (*im Kloster auch*) guest house

Hostess 1 receptionist **2** (*Flugzeug*) air hostess, stewardess **3** (*Nachtlokal etc.*) hostess

Hostie Host

Hotel hotel ◊ *in einem Hotel übernachten* stay at a hotel **Hotelfach** hotel management ◊ *das Hotelfach lernen* study hotel management **Hotelgast** (hotel) guest **Hotelkette** chain of hotels, hotel chain **Hotelzimmer** hotel room

Hubraum 1 (*Zylindervolumen*) cubic capacity **2** (*Leistung*) cubic centimetres (*Abk* cc) ◊ *ein Motor mit 50 cm³ Hubraum* a 50cc engine ◊ *Wie viel Hubraum hat das Auto?* What is the engine capacity of the car?

hübsch 1 pretty* (*Adv* prettily); (*Junge*) nice-looking; (*Sache*) nice (*Adv* nicely) **sich ~ machen** (*Gesicht*) make* yourself up; (*sich anziehen*) dress up ◊ *hübsch aussehen* look pretty ◊ *eine hübsche Stimme* a nice voice ◊ *sich hübsch anziehen* dress nicely ◊ *hübsch eingerichtet* nicely furnished ☛ *Das Adverb* **prettily** *ist im amerikanischen Englisch weniger geläufig.* **2** (*verstärkend*) pretty ◊ *Das hat eine hübsche Stange Geld gekostet.* It cost a pretty penny. ◊ *ganz hübsch kalt* pretty cold ◊ *Sie hat ein hübsches Vermögen geerbt.* She inherited a large fortune. ◊ *Es ist noch ein hübsches Stück bis zur nächsten Tankstelle.* It's still quite a way to the next petrol station. **3** *Adv* (*gut, angemessen*) well ◊ *Sei hübsch brav!* Be a good boy/girl! ◊ *Sie kann schon hübsch tanzen.* She can dance quite well. ◊ *Immer hübsch der Reihe nach!* Just wait your turn! **4** (*ironisch*) fine ◊ *Hier herrschen hübsche Zustände!* Things are in a fine state here! ◊ *Das sind ja hübsche Aussichten!* Not a pleasant prospect!

Hubschrauber helicopter

huch ooh

huckepack jdn/etw ~ nehmen/tragen give* sb a piggyback ◊ *Soll ich dich huckepack nehmen?* Shall I give you a piggyback? ◊ *Wir haben die Kinder huckepack nach Hause getragen.* We carried the children home piggyback.

Huf hoof* ◊ *einem Pferd die Hufe beschlagen* shoe a horse **Hufeisen** horseshoe **hufeisenförmig** semicircular **2** *Adv* in a semicircle **Hufschmied(in)** farrier ☛ G 2.2d ☛ *Hinweis bei* BAKER

Hüfte hip; (*Fleisch*) haunch ◊ *sich in den Hüften wiegen* sway your hips ◊ *die Hände in die Hüften gestemmt* with your hands on your hips ◊ *Das Wasser reichte ihr bis an die Hüfte.* The water came up to her waist.

Hüftgelenk hip (joint) ◊ *ein künstliches Hüftgelenk* an artificial hip (joint) ◊ *ein künstliches Hüftgelenk eingesetzt bekommen* have a hip replacement

Hügel hill; (*klein*) hillock; (*Erd-, Grab-*) mound
hügelig hilly*
Huhn 1 chicken ◊ *Heute gibt es Huhn mit Reis.* Today we're having chicken and rice. **2** (*Henne*) hen **3** (*Jägersprache*) feathered game bird **4** (*Mensch*) ◊ *ein verrücktes Huhn* a nutcase ◊ *ein dummes Huhn* a silly cow [IDM] **da lachen ja die Hühner** you must be joking **ein blindes Huhn findet auch einmal ein Korn** every dog has its day **mit den Hühnern aufstehen** be/get* up with the lark **mit den Hühnern zu Bett gehen** go* to bed early
Hühnchen chicken; (*Küken*) chick [IDM] **mit jdm ein Hühnchen zu rupfen haben** have (got) a bone to pick with sb
Hühner- **Hühnerauge** corn **Hühnerfleisch** chicken **Hühnerstall** hen house
huldigen 1 jdm ~ pay* homage to sb (*gehoben*) **2** einer Sache ~ embrace sth (*gehoben*); (*Laster*) take* to sth
Hülle 1 cover; (*Plastik-*) envelope; (*CD-*) (jewel) case; (*Schallplatten-*) sleeve, (*bes AmE*) jacket; (*Verpackungsmaterial*) wrapping ◊ *eine Hülle aus Plastik* a plastic cover ◊ *in einer schützenden Hülle* in protective wrapping **2 die Hüllen fallen lassen** strip* **3** *jds sterbliche ~* sb's mortal remains [Pl] [IDM] **in Hülle und Fülle** in abundance (*gehoben*) ◊ *Früchte in Hülle und Fülle* fruit in abundance ◊ *Hier gibt es Parkplätze in Hülle und Fülle.* There are plenty of parking spaces here.
hüllen 1 sich/jdn/etw in etw ~ wrap* sth round yourself/sb/sth ◊ *Sie hüllte sich in ein Badetuch.* She wrapped a towel round herself. ◊ *Er hüllte sie in eine Decke.* He wrapped a blanket round her. **2 in etw gehüllt sein** be covered in sth ◊ *in Schnee gehüllt* covered in snow ◊ *in Nebel gehüllt* shrouded in mist ◊ *in Flammen gehüllt* enveloped in flames ◊ *in eine Decke gehüllt* wrapped in a blanket **3** sich in Schweigen ~ remain silent
Hülse 1 case ◊ *die Hülse einer Patrone* a cartridge case **2** (*Bohnen, Erbsen*) pod; (*Getreide*) husk **3** (*fig*) shell ◊ *Ich kam mir vor wie eine leere Hülse.* My life seemed like an empty shell. ◊ *Ihre Worte waren leere Hülsen.* Her words were empty.
Hülsenfrucht pulse
human 1 humane (*Adv* humanely) **2** (*nachsichtig*) considerate; (*Strafe*) lenient ◊ *ein humaner Vorgesetzter* a considerate boss ◊ *Die Strafe ist human ausgefallen.* It was a lenient sentence.
Humanismus humanism; (*geistige Strömung auch*) Humanism
Humanist(in) 1 humanist **2** (*Altphilologe*) classicist ☛ G 2.2d
humanistisch 1 humanistic **2 humanistisches Gymnasium** = grammar school specializing in Classics
humanitär humanitarian ◊ *humanitär helfen* provide humanitarian aid
Humanität humanity
Humanmedizin (human) medicine
Hummel bumblebee
Hummer lobster
Humor 1 sense of humour, (*AmE*) sense of humor ◊ *Sie hat (viel) Sinn für Humor.* She has a good sense of humour. ◊ *Er hat keinen Humor.* He has no sense of humour. **2** (*Heiterkeit, Gelassenheit*) good humour, (*AmE*) good humor ◊ *ihr unverwüstlicher Humor* her unfailing good humour ◊ *den Humor nicht verlieren* remain good-humoured ◊ *Er nahm die Niederlage mit Humor.* He took the defeat well. **3** (*Art von Humor, Komik*) humour, (*AmE*) humor ◊ *Ich verstehe den britischen Humor nicht.* I don't understand British humour. ◊ *schwarzer Humor* black humour ◊ *Sie hat einen ganz eigenen Humor.* She has her own brand of humour. ◊ *etw mit viel Humor beschreiben* describe sth with humour
humoristisch humorous (*Adv* humorously)
humorlos humourless (*Adv* humourlessly), (*AmE*) humorless (*Adv* humorlessly) ◊ *ihr humorloses Lachen* a humourless laugh ◊ *humorlos lachen* laugh humourlessly ◊ *Sie ist völlig humorlos.* She has no sense of humour.
humorvoll humorous (*Adv* humorously) ◊ *eine humorvolle Bemerkung* a humorous remark ◊ *Sie ist sehr humorvoll.* She's got a good sense of humour.
humpeln 1 walk with a limp ◊ *Sie humpelt.* She walks with a limp. ◊ *Sie humpelt seit zwei Tagen.* She's been limp-

ing for two days. **2** (*sich fortbewegen*) limp ◊ *Er humpelte vom Spielfeld.* He limped off the field.
Humpen tankard
Hund 1 dog ◊ *ein bissiger Hund* a vicious dog ◊ *Vorsicht! Bissiger Hund.* Beware of the dog. ◊ *ein süßer junger Hund* a sweet little puppy **2** (*Schurke*) bastard (*vulg, Slang*) ◊ *Der Hund hat mich übers Ohr gehauen!* He ripped me off, the bastard! [IDM] **armer Hund** ◊ *Ich/du armer Hund!* Poor me/you! ◊ *Er ist ein armer Hund!* Poor devil! **auf den Hund kommen** go* to the dogs, (*AmE auch*) go* to hell in a handbasket (*umgs*) **bekannt sein wie ein bunter/scheckiger Hund** be well-known **Da liegt der Hund begraben!** That's the root of the matter. **ein dicker Hund 1** (*Unverschämtheit*) a nerve (*umgs*) ◊ *Das ist ja wohl ein dicker Hund!* What a nerve! **2** (*Fehler*) a mistake, (*bes AmE*) a goof (*umgs*) ◊ *Da ist dir ein dicker Hund unterlaufen!* That was a mistake! **keine schlafenden Hunde wecken** let* sleeping dogs lie ◊ *Wir wollen keine schlafenden Hunde wecken!* We should let sleeping dogs lie. **vor die Hunde gehen** go* downhill ◊ *Die Firma geht vor die Hunde.* The firm's going downhill. ◊ *Wenn sie weiter so raucht, geht ihre Gesundheit bald vor die Hunde!* If she goes on smoking so much, she'll ruin her health. **jdn wie einen Hund behandeln** treat sb like a dog
Hundedreck dog mess **Hundekuchen** dog biscuit **hundemüde** dog-tired (*umgs*) **Hunderasse** dog breed
hundert 1 a hundred ◊ *bis hundert zählen* count to a hundred ◊ *seit hundert Jahren* for a hundred years ◊ *Sie wird heute hundert.* She's a hundred today. ◊ *einige hundert Polizisten* several hundred police ◊ *mehrere hundert Menschen* a few hundred people ◊ *zwölf von hundert* twelve per cent ◊ *Die Chancen stehen hundert zu eins, dass …* It's a hundred to one (that) … ☛ *Es ist zu beachten, dass* **hundert**, **thousand**, **million** *und* **billion** *im Plural kein „s" haben, wenn eine Zahl davor steht: three hundred dollars* ◊ *Five million people live there.* ☛ *Siehe auch* S. 759 ☛ *Hinweis bei* PER CENT[1] **2** (*viele*) hundreds of ◊ *Er hatte mal wieder hundert Ideen.* As usual, he had hundreds of ideas. ◊ *Sie hatte hundert Fragen.* She had masses of questions. [IDM] **jdn auf hundert bringen** drive* sb crazy **auf hundert kommen** lose* your temper **auf hundert sein** be in a fury
Hunderter hundred
hundertfach 1 a hundred times ◊ *Wir brauchen die hundertfache Menge!* We need a hundred times that amount! **2** (*sehr oft*) hundreds of times ◊ *etw hundertfach üben* practise sth hundreds of times ◊ *täglich hundertfach* hundreds of times a day ◊ *Eine hundertfache Strahlenbelastung wurde gemessen.* An exposure a hundred times the safety limit was recorded.
Hundertfache das ~ a hundred times; **um ein Hundertfaches** a hundredfold ◊ *Es ist das Hundertfache von dem wert, was ich bezahlt habe.* It's worth a hundred times what I paid for it. ◊ *Heute kosten sie fast das Hundertfache.* Today they cost a hundred times that. ◊ *um ein Hundertfaches steigen* increase a hundredfold
Hundertjahrfeier centennial, (*BrE auch*) centenary* (celebrations)
hundertmal 1 hundreds of times ◊ *Ich habe ihnen das schon hundertmal gesagt.* I've told them hundreds of times. **2** (*sehr viel*) a hundred times, miles (*umgs*) ◊ *hundertmal so schnell* a hundred times faster ◊ *hundertmal besser* miles better
Hundertmeterlauf 100 metres, (*AmE*) 100 meters ◊ *im Hundertmeterlauf gewinnen* win the 100 metres
hundertprozentig 1 *Adj* a hundred per cent; (*völlig*) total; (*durch und durch*) through and through ◊ *(dem Nomen nachgestellt) aus hundertprozentiger Baumwolle sein* be a hundred per cent cotton ◊ *hundertprozentiger Einsatz* total commitment ◊ *ein hundertprozentiger Bayer* a Bavarian through and through **2** *Adv* one hundred per cent; (*ganz sicher*) definitely, for sure ◊ *Auf sie ist hundertprozentig Verlass.* You can rely on her one hundred per cent. ◊ *Das können wir hundertprozentig ausschließen.* We can definitely rule that out.
hundertste(r,s) hundredth [IDM] **vom Hundertsten ins Tausendste kommen** get* carried away
Hundertstel 1 hundredth **2** ⇨ HUNDERTSTELSEKUNDE
Hundertstelsekunde hundredth of a second
hunderttausend 1 a hundred thousand ◊ *mehr als hunderttausend Besucher* more than a hundred thousand visit-

Hündin

ors **2** (*sehr viele*) hundreds of thousands of *sth* ◊ *viele hunderttausend Menschen* hundreds of thousands of people ☛ *Siehe* S. 759

Hündin bitch

Hunger 1 hunger (*auch fig*) ◊ **~ haben** be hungry*; **~ nach etw** hunger for sth (*gehoben*); (*Freiheit, Gerechtigkeit, Frieden*) longing for sth ◊ *sich schwach vor Hunger fühlen* feel faint with hunger ◊ *Sie beging den Diebstahl aus Hunger.* Hunger drove her to steal. ◊ *Hunger nach Erfolg* hunger for success ◊ *großen Hunger haben* be very hungry ◊ *Ich habe keinen Hunger.* I'm not hungry. **2** ~ **auf etw haben** feel* like sth ◊ *Sie hatte plötzlich Hunger auf Schokolade.* She suddenly felt like some chocolate. **3** (*Nahrungsmangel*) starvation ◊ *an Hunger sterben* die of starvation ◊ *Tausende müssen Hunger leiden.* Thousands are starving. ☛ *Hinweis bei* HUNGER[1], S. 304. IDM **Hunger haben wie ein Bär/Wolf** be absolutely starving

Hungerkatastrophe famine ◊ *Millionen fielen der Hungerkatastrophe zum Opfer.* Millions of people died in the famine.

hungern 1 go* hungry ◊ *Im Krieg mussten viele hungern.* During the war many people went hungry. **2** (*fasten*) diet ◊ *eine Woche hungern* diet for a week ◊ *Er hungert mal wieder!* He's on a diet again. **3** *sich ... ~* ◊ *Er hat sich 20 Kilo vom Leib gehungert.* He went on a diet and lost 20 kilos. ◊ *Sie hat sich schlank gehungert.* She's been on a diet and lost weight. ◊ *sich zu Tode hungern* starve yourself to death **4 nach etw ~** be hungry for sth

Hunger- Hungersnot famine ◊ *Es herrschte eine schwere Hungersnot.* There was a severe famine. **Hungerstreik** hunger strike ◊ *in den Hungerstreik treten* go on hunger strike **Hungertod** starvation ◊ *den Hungertod sterben* die of/from starvation

Hungertuch IDM **am Hungertuch nagen** be on the breadline

hungrig 1 hungry* (*auch fig*) (*Adv* hungrily) ◊ *Ich bin hungrig.* I'm hungry. ◊ *Für Hungrige gibt es belegte Brote.* There are sandwiches if anyone's hungry. ◊ *hungrig nach Zuneigung* hungry for affection ◊ *Ich bin hungrig wie ein Wolf.* I'm famished! ◊ *Frische Luft macht hungrig.* Fresh air gives you an appetite. **2** ~ **auf/nach etw sein** feel* like sth ◊ *Ich bin hungrig auf etwas Süßes.* I feel like something sweet.

Hupe horn ◊ *die Hupe betätigen* sound the horn

hupen honk (the horn), (*BrE auch*) hoot (your horn)

hupfen IDM **das/etw ist gehupft wie gesprungen** that/sth makes no odds

hüpfen 1 jump (*auch fig*) ◊ *ins Wasser hüpfen* jump into the water ◊ *Er hüpfte in die Luft.* He jumped up in the air ◊ *Sie hüpfte vor Aufregung auf und ab.* She jumped up and down with excitement. ◊ *Er hüpfte von einem Thema zum anderen.* He jumped about from one subject to another. **2** (*sich fortbewegen*) skip*; (*Mensch auf einem Bein, Vogel*) hop* ◊ *Ausgelassen hüpften die Kinder nach Hause.* The children went skipping home in high spirits.

Hürde 1 hurdle (*auch fig*) ◊ *Das Pferd nahm die Hürde mühelos.* The horse cleared the hurdle effortlessly. ◊ *bürokratische Hürden* bureaucratic hurdles **2** (*Hürdenlauf*) hurdles [Pl] ◊ *Er läuft 400m Hürden.* He's running in the 400m hurdles. **Hürdenlauf** hurdles [Pl]

Hure whore (*vulg*)

hurra hooray

hurtig quick (*Adv* quickly)

huschen 1 dart ◊ *Ihre Augen huschten hin und her.* Her eyes darted about. **2** (*fig*) flit*, flash ◊ *Ein Lächeln huschte über ihr Gesicht.* A smile flitted across her face. ◊ *Bilder huschten durch seine Erinnerung.* Images flashed through his mind.

hüsteln 1 give* a little cough, clear your throat ◊ *Er hüstelte verlegen.* He gave an embarrassed little cough. **2** (*einem leichten Husten haben*) have a slight cough

husten 1 cough ◊ *Wegen des Rauches musste er stark husten.* The smoke was making him cough. **2** (*Husten haben*) have a cough ◊ *Sie hustet und hat Fieber.* She's got a cough and a temperature. **3** *etw ~* cough sth up

Husten cough ◊ *Er hat seit Wochen Husten.* He's had a cough for weeks.

Hustenanfall coughing fit **Hustenbonbon** cough sweet **Hustenreiz** tickle in the throat **Hustensaft** cough mixture

Hut[1] *der* hat ◊ *Sie setzte ihren Hut auf.* She put her hat on. IDM **den/seinen Hut nehmen (müssen)** have to go; have to resign ◊ **ein alter Hut** old hat ◊ *Diese Geschichte ist doch ein alter Hut!* That story is old hat! **Hut ab!** I take my hat off to you! (*veraltet*) **mit jdm/etw nichts/nicht viel am Hut haben** (*nicht mögen*) have no/not much time for sb/sth; (*kein Interesse haben*) have no/little interest in sb/sth ◊ *Mit den Nazis hatte er nichts am Hut.* He had no time for the Nazis. ◊ *Ich habe mit Technik nicht viel am Hut.* I'm not very interested in technology. **sich etw an den Hut stecken können** ◊ *Dein Geld kannst du dir an den Hut stecken!* You can keep your money! **jdn/etw unter einen Hut bringen** reconcile sb/sth ◊ *Viele Frauen müssen Familie und Beruf unter einen Hut bringen.* Many women have to reconcile the demands of family and work. **vor jdm/etw den Hut ziehen** take* your hat off to sb/sth ◊ *Vor dieser Leistung kann man nur den Hut ziehen.* You have to take your hat off to an achievement like that.

Hut[2] *die* (**vor jdm/etw**) **auf der ~ sein** be on your guard (against sb/sth)

hüten 1 (*Kinder etc.*) look after *sb/sth* **2** (*Tiere*) tend **3 das Haus/Bett ~** stay indoors/ in bed **4 das Tor ~** be in goal **5** (*Geheimnis*) keep* **6** *sich* (**vor jdm/etw**) **~** be on your guard (against sb/sth); *sich* (**davor**) **~ etw zu tun** (*nicht die Absicht haben*) have no intention of doing sth ◊ *Ich werde mich hüten, eine Prognose zu stellen.* I have no intention of making any predictions. ◊ *Ich werd mich hüten!* No fear! IDM ⇨ ZUNGE

Hüter(in) guardian

Hütte hut

Hüttenkäse cottage cheese **Hüttenschuh** slipper sock

Hyäne hyena

Hyazinthe hyacinth

Hydrant hydrant

Hydraulik 1 (*Wissenschaft*) hydraulics [U] **2** (*Vorrichtung*) hydraulic system

hydraulisch hydraulic (*Adv* hydraulically)

Hydrokultur hydroponics [U]

Hygiene hygiene ◊ *mangelnde Hygiene* poor hygiene

Hygieneartikel toilet article

hygienisch 1 hygiene (*nur vor Nomen*) ◊ *Das Schlachthaus erfüllt nicht die hygienischen Anforderungen.* The abattoir does not fulfil hygiene standards. ◊ *schlechte hygienische Verhältnisse in den Krankenhäusern* poor hygiene in the hospitals ◊ *aus hygienischen Gründen* for reasons of hygiene **2** (*sauber*) hygienic (*Adv* hygienically) ◊ *Die Einrichtung ist zweckmäßig und hygienisch.* The furniture is functional and hygienic. ◊ *hygienisch verpackte Lebensmittel* hygienically packed food **3** (*sanitär*) sanitary ◊ *die hygienischen Bedingungen in den Flüchtlingslagern* the sanitary conditions in the refugee camps

Hymne hymn; (*National-*) anthem

hyperaktiv hyperactive

Hyperbel 1 (MATH) hyperbola **2** (*Rhetorik*) hyperbole

Hyperlink hyperlink

hypermodern ultra-modern

Hypertext hypertext

Hypnose hypnosis [U] ◊ *jdn in Hypnose versetzen* hypnotize sb ◊ *Als er aus der Hypnose erwachte ....* When he woke up ....

Hypnotiseur(in) hypnotist ☛ G 2.2d

hypnotisieren hypnotize (*auch fig*)

Hypochonder hypochondriac

Hypotenuse hypotenuse

Hypothek mortgage ◊ *eine Hypothek auf ein Haus aufnehmen* take out a mortgage on a house

Hypothese hypothesis*, theory* ◊ *Das ist eine reine Hypothese!* That is pure hypothesis! ◊ *eine Hypothese aufstellen/widerlegen* put forward/refute a theory

hypothetisch hypothetical (*Adv* hypothetically)

Hysterie hysteria

hysterisch hysterical (*Adv* hysterically) ◊ *Sie wurde hysterisch.* She became hysterical. ◊ *Er schrie hysterisch.* He was screaming hysterically. ◊ *ein hysterischer Anfall* a fit of hysterics

I i

I, i 1 (*Buchstabe*) I, i ☛ *Beispiele bei* A, A, S. 773. **2** i! (*Ausruf*) ugh! IDM ⇨ TÜPFELCHEN
i.A. pp
ich I ☛ G 3
Ich 1 self* ⋄ *mein besseres Ich* my better self **2** (PSYCH) ego*
ichbezogen self-centred, (*AmE*) self-centered **Icherzähler(in)** first-person narrator **Ichform** first person ⋄ *Der Roman ist in der Ichform geschrieben.* The novel is written in the first person.
ideal ideal (*Adv* ideally), perfect (*Adv* perfectly)
Ideal ideal ⋄ *das Ideal der Freiheit* the ideal of liberty ⋄ *Sie ist das Ideal einer Karrierefrau.* She is the ideal career woman.
idealerweise ideally
Ideal- Idealfall 1 ideal case **2 im ~ ideally Idealgewicht** ideal weight
idealisieren idealize
Idealismus idealism
Idealist(in) idealist
idealistisch idealistic ⋄ *Du siehst immer alles zu idealistisch.* You are always too idealistic about everything.
Idealzustand ideal
Idee 1 idea ⋄ *Wie kommst du denn auf diese Idee?* What gave you that idea? ⋄ *Er hat mich auf die Idee gebracht.* He gave me the idea. ⋄ *Ich habe keine Idee, was ich meinem Bruder zum Geburtstag schenken soll.* I have no idea what to give my brother for his birthday. ⋄ *Niemand kam auf die Idee, dort nachzusehen.* It didn't occur to anyone to look there. **2 fixe ~** obsession ⋄ *Der Rachegedanke wurde zur fixen Idee bei ihm.* The idea of revenge became an obsession with him. ⋄ *Er ist von der fixen Idee besessen, dass die Chefin ihn schikaniert.* He is obsessed by the idea that the boss has it in for him.
ideell 1 ⋄ *Wir haben lange über den ideellen Gehalt des Buches diskutiert.* We had a long discussion about the ideas in the book. **2** (*nicht materiell*) non-material ⋄ *ideelle Werte* non-material values ⋄ *jdn ideell und finanziell unterstützen* give sb moral and financial support
ideen- ideenlos unimaginative (*Adv* unimaginatively) **ideenreich** imaginative (*Adv* imaginatively)
Identifikation identification (*oft mit einem Verb übersetzt*) ⋄ *Die Polizei ist mit der Identifikation des Fluchtautos beschäftigt.* The police are in the process of identifying the getaway car. ⋄ *Die hohe Identifikation mit dem Betrieb steigert die Leistungsfähigkeit.* Identifying strongly with the company you work for increases performance.
identifizieren 1 identify* ⋄ *Er wurde anhand der Fingerabdrücke identifiziert.* He was identified from his fingerprints. **2 sich mit jdm/etw ~** identify* with sb/sth
Identifizierung identification
identisch identical
Identität identity*
Ideologie ideology* ⋄ *die marxistische Ideologie* Marxist ideology
ideologisch ideological (*Adv* ideologically) ⋄ *ideologisch gefärbte Bücher* books with an ideological slant ⋄ *ideologisch begründet* ideologically motivated
Idiom idiom; (*Dialekt auch*) dialect
idiomatisch idiomatic
Idiot(in) idiot
Idiotenhügel nursery slope, (*AmE*) bunny slope **idiotensicher** foolproof
idiotisch idiotic
Idol idol
Idyll idyll ⋄ *ein ländliches Idyll* a rural idyll ⋄ *ein Idyll für Kinder* a paradise for children
Idylle idyll

idyllisch idyllic (*Adv* idyllically) ⋄ *eine idyllische Insel* an idyllic island ⋄ *Sie wohnen ganz idyllisch am Waldrand.* They live in a really idyllic spot on the edge of the woods. ⋄ *idyllisch gelegen* idyllically situated
Igel hedgehog
igitt ugh, yuck
Iglu igloo*
ignorant ignorant
Ignorant ignoramus
Ignoranz ignorance ⋄ *Das zeugt von einer gewissen Ignoranz gegenüber Kindern.* This demonstrates a certain ignorance about children.
ignorieren ignore
ihm (to) him; (*Gegenstand, Tier*) (to) it ☛ G 3
ihn him; (*Gegenstand, Tier*) it ☛ G 3
ihnen (to) them ☛ G 3
Ihnen (to) you ☛ G 3
ihr 1 (*2. Person Plural*) you ☛ G 3 **2** (*mit Bezug auf „sie", Singular*) (to) her ☛ G 3 **3** (*Possessiv, mit Bezug auf „sie", Singular*) her; (*mit Bezug auf Gegenstand, Tier*) its ☛ G 5.1 **4** (*Possessiv, mit Bezug auf „sie", Plural*) their ☛ G 5.1
Ihr your ⋄ *Ihr Peter Weiss* Yours, Peter Weiss ☛ G 5.1
ihre(r,s) hers; (*Plural*) theirs ☛ G 5.2
Ihre(r,s) yours ☛ G 5.2
ihrerseits 1 (*von ihr*) on her/its part, on its part; (*von ihnen*) on their part ⋄ *Er hielt einen Anruf ihrerseits für überflüssig.* He felt that a call on her part would be unnecessary. ⋄ *Die Gefahr eines Angriffs ihrerseits ist groß.* The risk of an attack on their part is considerable. **2** (*sie selbst, Singular*) for her/its part, herself/itself; (*sie selbst, Plural*) for their part, themselves ⋄ *Die Stadt ihrerseits warf den Bürgern Gier vor.* The town, for its part, accused the people of greed. ⋄ *erwachsene Kinder, die ihrerseits schon Familien haben* grown-up children, who (themselves) have families of their own
Ihrerseits (*von Ihnen*) on your part; (*Sie selbst*) for your part, yourself/yourselves ⋄ *War das ein Fehler Ihrerseits?* Was that a mistake on your part?
ihresgleichen (*gleichrangig*) her equal(s); (*im Plural*) their equals; (*gleichartig*) people like her; (*im Plural*) people like them ⋄ *Chauvinisten und ihresgleichen* chauvinists and people like them ⋄ *Frauen reisen lieber mit ihresgleichen.* Women prefer to travel with other women. IDM ⇨ SUCHEN
ihretwegen 1 (*ihr zuliebe*) for her sake; (*ihnen zuliebe*) for their sake **2** (*wegen ihr*) because of her; (*wegen ihnen*) because of them ☛ *Beispiele bei* MEINETWEGEN (1, 2)
Ihretwegen 1 (*Ihnen zuliebe*) for your sake **2** (*wegen Ihnen*) because of you ☛ *Beispiele bei* MEINETWEGEN (1, 2)
Ilex holly*
illegal illegal (*Adv* illegally) ⋄ *illegale Einwanderer* illegal immigrants ⋄ *Sie halten sich illegal hier auf.* They are here illegally. ⋄ *sich auf illegale Weise Geld beschaffen* obtain money by illegal means
Illegalität 1 (*Gesetzeswidrigkeit*) illegality ⋄ *die Illegalität des Drogenhandels* the illegality of drug dealing **2** (*illegaler Zustand*) ⋄ *in der Illegalität arbeiten* work illegally ⋄ *Er tauchte in die Illegalität ab.* He went underground. ⋄ *Durch dieses Gesetz wird der Organhandel noch mehr in die Illegalität gedrängt.* The effect of this law is to drive the trade in human organs even further underground.
Illusion illusion ⋄ *Ist dieses Ziel überhaupt erreichbar oder ist es eine Illusion?* Is this actually an attainable goal or is it an illusion? ⋄ *Man sollte sich nicht der Illusion hingeben, dass ...* You should not delude yourself that ... IDM **sich Illusionen machen** delude yourself **sich (über jdn/etw) keine Illusionen machen** not have any illusions (about sb/sth)

illusorisch 1 unrealistic, illusory *(gehoben)* ◊ *Der Termin war von Anfang an illusorisch.* That date was unrealistic from the start. **2** *(zwecklos)* pointless
Illustration illustration ◊ *Zur Illustration dieser These gab sie ein paar Beispiele.* She gave a few examples to illustrate this theory.
illustrieren illustrate
Illustrierte magazine
Iltis (European) polecat
IM ⇨ INOFFIZIELL
Image image; *(Ruf)* reputation
Imagepflege image building **Imageverlust** *(meist mit einem Verb übersetzt)* ◊ *Die Manager fürchten einen Imageverlust.* The managers are afraid their image will be damaged. ◊ *Sie hat einen Imageverlust erlitten.* Her image has suffered.
imaginär imaginary
Imbiss snack
Imbissbude hamburger/hot-dog stand **Imbissstube** snack bar
Imitation 1 imitation ◊ *Kinder lernen durch Imitation.* Children learn by imitation. ◊ *Der Pelz ist eine Imitation.* It's imitation fur. **2** *(eines Menschen)* impression ◊ *seine Chaplin-Imitation* his impression of Chaplin
imitieren 1 *(nachahmen)* imitate, mimic* ◊ *Sie kann verschiedene Tiere imitieren.* She can imitate various animals. **2** jdn ~ *(nachmachen)* do* an impression of sb ◊ *Er imitiert Politiker.* He does impressions of politicians. **3** *(nachbilden)* copy*
Imker(in) bee-keeper ☞ G 2.2d
Immatrikulation 1 *(das Immatrikulieren)* registration **2 Immatrikulationen** enrolment ◊ *ein Zuwachs bei den Immatrikulationen* an increase in enrolment
immatrikulieren (sich) ~ enrol*
immens 1 *Adj (Anstrengungen, Zerstörung, Bedeutung)* tremendous; *(Kosten, Aufgabe, Anstieg)* huge; *(Probleme, Druck)* enormous **2** *Adv* extremely; *(wichtig auch)* tremendously; *(schwierig)* immensely ◊ *immens teuer* extremely expensive ◊ *Die Kosten sind immens gestiegen.* The costs have risen dramatically. ◊ *immens viel Geld* a huge amount of money
immer 1 always ◊ *Sie hat fast immer Recht.* She is nearly always right. ◊ *Ich stand wie immer um 7 Uhr auf.* I got up at 7 o'clock as usual.

> Bei der Verwendung von **always** ist die Wortstellung zu beachten!
> **Always** steht **vor** einem Verb im *simple present* oder *simple past*: *She always has cornflakes for breakfast.* ◊ *He always wore a suit for work.*
> **Always** steht **nach** dem ersten Hilfsverb, einer Form von **be**, **have** oder **do**: *She had always been fairly independent.*
> **Always** steht **nach** dem Vollverb **be**: *He's always late.*
> **Always** steht normalerweise nicht am Satzanfang, es sei denn, man gibt jemandem Anweisungen oder Ratschläge: *Always wear a helmet when cycling.* ◊ *Always read the small print before you sign something.*

2 *(mit Komparativ)* ◊ *immer größer* bigger and bigger ◊ *immer wieder* again and again ◊ *Es wird immer schlimmer.* It's getting worse and worse. ◊ *immer mehr* more and more **3** *(zur Verstärkung)* ◊ *Immer schön langsam!* Slowly does it! ◊ *Immer mit der Ruhe!* Take it easy! **4** ◊ *Immer diese Musik!* That music will drive me mad! ◊ *Immer dieser Ärger!* It's always the same! **5 wann (auch)** ~ whenever; **was (auch)** ~ whatever; **wer (auch)** ~ whoever; **wie (auch)** ~ however; **wo (auch)** ~ wherever ◊ *Was immer ich mache, sie ist nie zufrieden.* Whatever I do, she is never satisfied. **IDM für immer** for ever; for good ◊ *für immer und ewig* for ever and ever ◊ *Willst du für immer in England bleiben?* Do you want to stay in England for good? **noch immer**; **immer noch** still ◊ *Er ist noch immer nicht fertig.* He is still not ready. ☞ *Siehe auch* GUT, MEHR, SACHT *und* TRAB
immergrün evergreen
immerhin 1 *(wenigstens)* at least ◊ *Immerhin sind wir rechtzeitig angekommen.* At least we arrived on time. **2** *(doch)* still ◊ *Das ist viel Arbeit, aber immerhin noch mach-*

bar. It's a lot of work, but still manageable. ◊ *Er hat zwar nicht alles gemacht, aber immerhin!* He didn't finish everything, but still. **3** after all ◊ *Ich trinke am liebsten Tee. Immerhin bin ich Engländer.* I like tea best. After all, I am English.
immerzu always, all the time
Immigrant(in) immigrant
Immigration immigration ◊ *ein Gesetz zur Steuerung der Immigration* a law to regulate immigration
Immobilie 1 *(Haus, Wohnung etc.)* property* ◊ *Die Immobilie kann nur von außen besichtigt werden.* The property can only be viewed from the outside. **2 Immobilien** property [U], *(AmE)* real estate [U] ◊ *Sind Immobilien eine gute Investition?* Is property a good investment? ◊ *Sie handelt mit Immobilien.* She's an estate agent.
Immobilienmakler(in) estate agent, *(AmE)* Realtor™, real estate agent ☞ G 2.2d **Immobilienmarkt** property market, *(AmE)* real estate market
immun gegen etw ~ sein 1 (MED) be immune to sth *(auch fig)* ◊ *immun gegen Windpocken* immune to chicken pox ◊ *Er ist vollkommen immun gegen Kritik.* He's totally immune to criticism. **2** (RECHT) be immune from sth ◊ *Diplomaten sind immun gegen Strafverfolgung.* Diplomats are immune from prosecution.
Immunität ~ gegen etw 1 (MED) immunity to sth ◊ *Immunität gegen Masern* immunity to measles **2** (RECHT) immunity from sth ◊ *Der Präsident genießt Immunität gegen Strafverfolgung.* The president has immunity from prosecution.
Immun- Immunschwäche immune deficiency [U], immunodeficiency [U] *(gehoben)* **Immunschwächekrankheit** immune deficiency syndrome **Immunsystem** immune system ◊ *ein schwaches Immunsystem* a weakened immune system
Imperativ imperative ◊ *der kategorische Imperativ* the categorical imperative
Imperfekt imperfect (tense)
Imperialismus imperialism ◊ *das Zeitalter des Imperialismus* the age of imperialism ◊ *eine Politik des Imperialismus* an imperialistic policy
Imperium empire *(auch fig)*
impfen vaccinate ◊ *sich impfen lassen* be vaccinated ◊ *Du solltest dich gegen Tetanus impfen lassen.* You'd better have a tetanus injection.
Impf- Impfpass vaccination record **Impfstoff** vaccine
Impfung vaccination
Implantat implant
implizieren imply*
implizit implicit *(Adv* implicitly) ◊ *eine implizite Aufforderung* an implicit request ◊ *die implizit definierte Funktion* the implicitly defined function ◊ *Implizit soll dies wohl heißen, ...* By implication, this probably means ...
imponieren jdm ~ impress sb ◊ *Am meisten imponierte ihm ihre Geduld.* He was impressed most of all by her patience.
imponierend impressive *(Adv* impressively)
Import import ◊ *Die Firma ist auf den Import und Export von Pharmaerzeugnissen spezialisiert.* The company specializes in the import and export of pharmaceutical products. ◊ *Importe aus Japan* imports from Japan
Importanteil import quota **Importartikel** import
Importeur(in) importer
importieren import
Import- Importverbot ban on import(s) ◊ *das Importverbot für Elfenbein* the ban on the import of ivory **Importzoll** import duty*
imposant impressive; *(Größe)* imposing ◊ *die imposante Summe von 200 Millionen* the impressive sum of 200 million ◊ *die imposant wirkenden Zahlen* the impressive figures ◊ *So imposant das Spektakel anfing, ... Although the show got off to an impressive start, ...* ◊ *imposante Bauwerke* imposing buildings
impotent impotent *(auch fig)*
Impotenz impotence *(auch fig)*
imprägnieren impregnate; *(wasserdicht machen)* waterproof
Impressionismus Impressionism ◊ *Sein Stil erinnert an den Impressionismus.* His style is reminiscent of Impressionism.
Impressionist(in) Impressionist

impressionistisch impressionistic ◊ *eine impressionistisch dargestellte Landschaft* an impressionistic landscape
Improvisation improvisation ◊ *ein Meister der Improvisation* a master of improvisation
improvisieren improvise
Impuls 1 (*Anstoß*) impetus [U/Sing] ◊ *Die Verhandlungen benötigen einen frischen Impuls.* Negotiations are in need of fresh impetus. **2** (*plötzliche Idee*) impulse ◊ *Aus einem plötzlichen Impuls heraus rief er sie an.* On a sudden impulse he called her. **3** (*in der Elektrotechnik*) pulse
impulsiv impulsive (*Adv* impulsively)
imstande ~ *sein etw zu tun* be able to do sth, be capable of doing sth; (*die Macht haben*) be in a position to do sth ◊ *Sie war vor Nervosität nicht imstande, etwas zu sagen.* She was so nervous that she wasn't able to say a thing. ◊ *Meinst du, er ist imstande, die Angelegenheit allein zu lösen?* Do you think he is capable of solving this business on his own? ◊ *Keine Bank ist hier wirklich imstande, einem Unternehmen ein Konto zu eröffnen.* In this case, no bank is really in a position to open an account for a business. **IDM imstande sein und etw tun** be more than/quite capable of doing sth ◊ *Sie ist imstande und bringt mich in Schwierigkeiten.* She's more than capable of dropping me in it. ◊ *Er ist imstande und verrät uns.* He's quite capable of giving us away.
in¹ *Präp* **1** in ◊ *Sie wohnt in Paris.* She lives in Paris. ◊ *im Bett* in bed ◊ *im Fernsehen/Radio* on TV/the radio ◊ *im Bus* on the bus ◊ *Sie ist Mitglied in einem Sportverein.* She is a member of a sports club. **2** (*Bewegung in Richtung*) (in)to ◊ *Er legte das Geld in die Schublade.* He put the money into the drawer. ◊ *Ich gehe ins Kino.* I'm going to the cinema. ◊ *Ich gehe in die Stadt.* I'm going (in)to town. **3** (*zeitlich*) in ◊ *im Januar* in January ◊ *im Winter* in winter ◊ *Wir fliegen in ein paar Tagen nach Griechenland.* We're flying to Greece in a few days' time. ◊ *In einer Stunde ist die Schule aus.* It's home-time in an hour. **4** (*Art und Weise*) in ◊ *Die Amerikaner messen Distanzen in Meilen.* The Americans measure distances in miles. ◊ *Der Text ist in Englisch.* The text is in English. ◊ *Sprachkurse in Deutsch* German language courses **5 bis** ~ *into* ◊ *Ich habe bis spät in die Nacht gearbeitet.* I worked late into the night.
in² *Adj* ~ *sein* be in (fashion) ◊ *Sind Miniröcke wieder in?* Are miniskirts in again? ◊ *Diese Gruppe ist schon ewig nicht mehr in.* This group has been out of fashion for ages.
inakzeptabel unacceptable (*Adv* unacceptably)
Inbegriff epitome (*gehoben*)
inbegriffen included
indem by ◊ *Er sparte viel Geld, indem er sein Haus selbst renovierte.* Her saved a lot of money by doing up his house himself.
Index 1 (*Verzeichnis*) index ◊ *etw im Index nachschlagen* look sth up in the index **2** (*kath. Kirche*) Index; (*fig*) **etw auf den ~ setzen** ban* sth ◊ *Seine Werke wurden auf den Index gesetzt.* His books were put on the Index. ◊ *Die CD wurde wegen rechtsextremer Texte auf den Index gesetzt.* The CD was banned because of right-wing extremist lyrics. **3** (*Messzahl, mathematische Kennzeichnung*) index* ◊ *der Index der Lebenshaltungskosten* the cost-of-living index
Indianer(in) Native American, (American) Indian ☛ *Heute ist es beleidigend, jdn als „Red Indian" zu bezeichnen.*
indianisch Native American, (American) Indian ☛ *Hinweis bei* INDIANER
Indikation 1 (MED) indication **2** (RECHT) legal grounds for termination of pregnancy [Pl]
Indikator indicator ◊ *Die Libelle gilt als Indikator für die Qualität eines Gewässers.* The dragonfly is an indicator of the quality of a stretch of water.
indirekt indirect (*Adv* indirectly)
indiskret indiscreet ◊ *indiskrete Fragen* indiscreet questions ◊ *Sie hat mich ganz indiskret nach meinem Alter gefragt.* She was indiscreet enough to ask me my age. ◊ *Sie beobachtete ihn ganz indiskret.* She was watching him quite openly. ◊ *Er hat sich äußerst indiskret verhalten.* He behaved with a total lack of discretion.
indiskutabel out of the question (*nicht vor Nomen*); (*sehr schlecht*) not worth discussing (*nicht vor Nomen*) ◊ *Das ist völlig indiskutabel!* That is completely out of the question! ◊ *ein indiskutables Ergebnis* a result that is not worth discussing

Individualist(in) individualist
individualistisch individualistic (*Adv* individualistically)
Individualität individuality
individuell individual (*Adv* individually) ◊ *etw individuell behandeln* deal with sth individually ◊ *etw ganz individuell gestalten* give sth a personal touch ◊ *individuell verschieden sein* differ from one to another
Individuum individual
Indiz 1 (RECHT) circumstantial evidence [U] ◊ *Die Indizien sprachen gegen ihn.* The circumstantial evidence was stacked against him. ◊ *das einzige Indiz* the only piece of circumstantial evidence **2** (*Anzeichen*) indication ◊ *ein gutes Indiz für die Wasserqualität* a good indication of water quality
indoktrinieren indoctrinate
industrialisieren industrialize
Industrialisierung industrialization
Industrie industry [U] ◊ *in der Industrie beschäftigt sein* work in industry
Industrieanlage industrial plant **Industriebetrieb** industrial firm **Industriegebiet** industrial area **Industriegesellschaft** industrial society **Industriekaufmann/-kauffrau** = person with formal business training working in the business side of an industrial company ☛ G 2.2d
Industrieland 1 industrialized country* **2** (*Gebiet*) industrial area
industriell industrial (*Adv* industrially)
Industrielle(r) industrialist
Industrie- Industriemüll industrial waste **Industrienation, Industriestaat** industrial nation **Industriestadt** industrial town; (*größer*) industrial city* **Industrie- und Handelskammer** Chamber of Industry and Commerce **Industriezeitalter** industrial age **Industriezweig** branch of industry
ineffektiv ineffective (*Adv* ineffectively)
ineffizient inefficient (*Adv* inefficiently)
ineinander in/into one another, in/into each other ◊ *ineinander fließen/fahren* flow/run into one another ◊ *ganz ineinander aufgehen* be completely wrapped up in each other ◊ *Sie sind ineinander verliebt.* They are in love.
infam 1 (*bösartig*) wicked (*Adv* wickedly) **2** (*zur Intensivierung*) dreadful (*Adv* dreadfully), awful (*Adv* awfully) ◊ *infame Übertreibung* gross exaggeration
Infanterie (MIL) infantry ☛ G 1.3a
infantil 1 *Adj* infantile **2** *Adv* in an infantile way
Infektion 1 infection **2** (*Entzündung*) inflammation **Infektionsgefahr** risk of infection **Infektionskrankheit** infectious disease
Inferno inferno*
Infinitiv (LING) infinitive ◊ *im Infinitiv (stehen)* (be) in the infinitive
infizieren jdn ~ infect sb (*auch fig*) **sich** ~ become*/get* infected ◊ *sich mit dem HIV-Virus infizieren* get infected with the HIV virus ◊ *Er hat alle mit seiner Panik infiziert.* His panic infected everyone. ◊ *Bei wem hat sie sich infiziert?* Who did she catch it from?
Inflation (WIRTSCH) inflation [U] ◊ *die Inflation in den Griff bekommen* get inflation under control **2** (*Zeit der Inflation*) period of inflation **3** (*Anstieg*) increase
inflationär 1 inflationary ◊ *Die Staatsschulden stiegen inflationär.* Government debt was rising at an inflationary rate. **2** (*fig*) excessive (*Adv* excessively) ◊ *ein inflationär gebrauchter Ausdruck* an excessively used expression
Inflationsrate rate of inflation, inflation rate ◊ *Die Inflationsrate liegt unter 4%.* The inflation rate is less than 4%.
infolge as a result of; (*aufgrund*) due to ◊ *Infolge einer Massenkarambolage kam es zu einem Stau.* There was a traffic jam as a result of a multiple pile-up. ◊ *infolge der Witterung* due to the weather
infolgedessen consequently (*gehoben*) ◊ *Die Förderungsrichtlinien werden ständig geändert, und unsere Finanzierung bricht infolgedessen zusammen.* The guidelines for sponsorship keep changing and consequently our funding collapses.
Informant(in) informer ◊ *Er soll ein Informant der Polizei sein.* They say he's a police informer.
Informatik information technology, IT

Informatiker(in)

Informatiker(in) IT specialist
Information 1 information [U] ◊ *eine interessante Information* an interesting piece of information ◊ *nähere Informationen über das/zum Thema* further information about/on the subject ◊ *nach inoffiziellen Informationen* according to unofficial information ◊ *zu Ihrer Information* for your information

> Das Wort **information** ist nicht zählbar, deshalb kann man weder *informations* noch *an information* sagen. „Eine Information" wird mit **a piece of information** oder umgangssprachlich **a bit of information** übersetzt.

2 (*Schalter*) information desk ◊ *zur Information gehen* go to the information desk
Informationsaustausch exchange of information **Informationsblatt** information sheet, fact sheet **Informationsfluss** flow of information **Informationsgesellschaft** information society* **Informationsmaterial** information [U]; (*Broschüre etc.*) literature [U] ◊ *schriftliches Informationsmaterial* written information ◊ *Hier ist eine Auswahl unserer Informationsmaterialien.* Here is a selection of our literature. **Informationsquelle** source of information **Informationsschalter** information desk **Informationsstand 1** information stand **2** (*Zustand des Informiertseins*) ◊ *der schlechte Informationsstand der Bevölkerung* the population's poor level of informed knowledge ◊ *je nach Informationsstand der Journalisten* depending on how much information journalists have **Informationstechnik** information technology [U], IT [U] **Informationsveranstaltung** presentation **Informationsverarbeitung** information processing [U] **Informationszentrum** information centre, (*AmE*) information center
informativ informative (*Adv* informatively)
informell informal (*Adv* informally) ◊ *etw auf informellem Wege lösen* find an informal solution to sth ◊ *Ich sah sie informell.* I saw her informally. ◊ *Querelen sollen informell beigelegt werden.* Quarrels should be resolved without formality.
informieren inform; **sich (über etw) ~** find* out (about sth) ◊ *gut/schlecht informiert sein* be well/ill informed ◊ *sich über die neuesten Entwicklungen informieren* find out about the latest developments
infrage 1 ~ kommen be an option ◊ *Ein Haus ohne Garten kommt für uns nicht infrage.* A house without a garden is not an option for us. ◊ *Es kommen mehrere Möglichkeiten infrage.* There are several possible options. ◊ *Das kommt überhaupt nicht infrage!* That's out of the question! **2** jdn/etw **~ stellen** (*anzweifeln*) call sb/sth into question **3** etw **~ stellen** (*gefährden*) put* sth under threat ◊ *Der Fortbestand des Theaters ist infrage gestellt.* The survival of the theatre has been put under threat.
infrarot (PHYSIK) infrared
Infrarot (PHYSIK) infrared radiation; (MED) infrared heat (therapy)
Infrarotlicht infrared light
Infrastruktur infrastructure
Infusion infusion
Ingenieur(in) (qualified) engineer ☛ G 2.2d
Ingwer ginger
Inhaber(in) holder; (*Geschäft, Betrieb*) owner
inhaftieren jdn **~** (*in Haft nehmen*) take* sb into custody; (*in Haft halten*) hold* sb (in custody)
Inhalator inhaler
inhalieren inhale
Inhalt 1 contents [Pl] ◊ *Der Inhalt des Reisegepäcks wurde überprüft.* The contents of the luggage were checked. **2** (*eines Buchs, Films etc.*) content ◊ *Dieses Fest hat einen religiösen Inhalt.* This festival is religious in content. ◊ *Das Seminar hat die Rolle der Frau im Dritten Reich zum Inhalt.* The seminar is about women's role in the Third Reich. **3** (*Inhaltsverzeichnis*) table of contents **4** (*Fläche*) area; (*Volumen*) volume **5** (*geistiger Gehalt*) meaning [U] ◊ *Sie war der Inhalt seines Lebens.* She was the meaning of his life.
Inhaltsangabe summary* **Inhaltsstoff** substance; (*in Lebensmitteln*) ingredient **Inhaltsverzeichnis** contents [Pl], table of contents
inhuman inhuman (*Adv* inhumanly), cruel (*Adv* cruelly)

Initiale initial
Initiative 1 initiative ◊ *Ergreif die Initiative und such dir ein neue Stelle.* Take the initiative and find yourself a new job. ◊ *auf Initiative des Bürgermeisters* on the initiative of the mayor ◊ *Auf eigene Initiative begann er eine Therapie.* He started a course of therapy on his own initiative. **2** (*Bürger-*) action group ◊ *eine Initiative gegen den Bau einer Straße* an action group opposing the building of a road **3** (POL) proposal ◊ *eine Initiative in den Bundesrat einbringen* bring a proposal before the Federal Council **4** ⇨ VOLKSABSTIMMUNG
Initiator(in) initiator
initiieren initiate
Injektion injection (*auch fig*)
injizieren (**jdm/sich**) **etw ~** inject (sb/yourself) with sth ◊ *jdm/sich Insulin injizieren* inject sb/yourself with insulin
inklusive inclusive of, including ◊ *Die Teilnahmegebühr, inklusive Mittagessen, beträgt 100 Franken.* The attendance fee, inclusive of lunch, comes to 100 francs. ◊ *Die Mietkosten sind inklusive Heizung und Warmwasser.* The rent includes heating and hot water.
inkognito incognito
inkompetent incompetent (*Adv* incompetently)
Inkompetenz incompetence
inkonsequent inconsistent (*Adv* inconsistently)
In-Kraft-Treten (*meist mit einem Verb übersetzt*) ◊ *bei In-Kraft-Treten des Gesetzes* when the law comes into force
Inkubationszeit incubation period
Inland 1 ◊ *im Inland wie im Ausland* at home and abroad ◊ *die Nachfrage im Inland* domestic demand ◊ *Kunstwerke, die im Inland verkauft werden* works of art sold within the country **2** (*Binnenland*) inland areas [Pl] ◊ *die Küste und das Inland* the coast and the inland areas ◊ *Im Inland ist das Klima trockener.* The climate is drier inland.
inländisch domestic ◊ *die inländische Nachfrage* domestic demand ◊ *die Beschäftigten in den inländischen Werken* workers in factories at home
Inlands- **Inlandsflug** domestic flight **Inlandsgespräch** national call **Inlandsmarkt** domestic market **Inlandsnachfrage** domestic demand [U]
Inliner, Inlineskate in-line skate, Rollerblade™
Inlineskater(in) in-line skater, rollerblader
Inlineskating in-line skating, rollerblading
inmitten ~ (von) in the middle of, amid (*gehoben*); (*umgeben von*) surrounded by ◊ *inmitten eines kleinen Parks* in the middle of a little park ◊ *inmitten zunehmender Spannungen* amid growing tension ◊ *inmitten seiner Freunde* surrounded by his friends
innehaben hold*
innehalten pause
innen 1 (*im Inneren*) inside ◊ *Der Kasten ist außen schwarz und innen rot.* The box is black on the outside and red inside. ◊ *Die Birne ist innen faul.* The pear is rotten inside. ◊ *Innen drin ist sie ganz anders.* Inside, she's different. **2** **nach ~** inwards ◊ *Die Tür geht nach innen auf.* The door opens inwards. ◊ *etw nach innen biegen* bend sth inwards ◊ *nach innen gerichtete Wut* anger turned inwards **3** **von ~** from the inside ◊ *Die Tür war von innen verriegelt.* The door was bolted from the inside. ◊ *Wir haben die Kirche von innen noch nicht gesehen.* We haven't seen the inside of the church. ◊ *Schönheit von innen* beauty from within **4** (*im Haus*) indoors ◊ *Innen ist es kalt.* It's cold indoors.
Innen- Innenarchitekt(in) interior designer ☛ G 2.2d **Innenbahn** inside lane **Inneneinrichtung** (interior) furnishings [Pl] **Innenhof** inner courtyard **Innenleben 1** (*Seelenleben*) inner life **2** (*von Organisationen*) internal workings [Pl] **3** (*von Geräten*) insides [Pl] **Innenminister(in)** Minister of the Interior; (*in GB*) Home Secretary*; (*in den USA*) Secretary* of the Interior **Innenministerium** Ministry* of the Interior; (*in GB*) Home Office ☛ G 1.3a; (*in den USA*) Department of the Interior **Innenpolitik** home affairs [Pl]; (*Entscheidungen, Handlungsweisen*) domestic policy ☛ *Hinweis bei* POLITIK **innenpolitisch 1** *Adj* (*Sprecher, Ausschuss*) home affairs; (*Ziele, Veränderungen etc.*) domestic policy ◊ *innenpolitische Fragen* questions of domestic policy ◊ *die innenpolitische Situation* the political situation in the country **2** *Adv* in terms of domestic policy ◊ *Das Gesetz ist innenpolitisch umstritten.* The

law is controversial in terms of domestic policy. **Innenraum** interior; (*Zimmer*) interior room **Innenseite** inside ◊ *Die Innenseite des Krugs ist bemalt.* The inside of the jug is painted. ◊ *die Innenseite eines Jacketts nach außen kehren* turn a jacket inside out **Innenstadt** town centre; (*Großstadt*) city centre, (*AmE*) downtown
innere(r,s) 1 (*im Inneren befindlich*) inner ◊ *Die innere Schicht ist sehr dünn.* The inner layer is very thin. ◊ *Eine innere Stimme hat mich gewarnt.* An inner voice warned me. **2** (*im Körper, in einem Land, in einer Organisation*) internal ◊ *innere Verletzungen* internal injuries ◊ *innere Blutungen* internal bleeding ◊ *die innere Sicherheit* internal security **3** (*auf der Innenseite*) inside ◊ *Die innere Spur ist zum Abbiegen.* The inside lane is for turning off.
Innere(s) 1 interior ◊ *das Innere eines Hauses* the interior of a house ◊ *ins Innere des Landes vordringen* advance into the interior of the country ◊ *Aus dem Inneren war das Weinen eines Kindes zu hören.* A child could be heard crying inside. **2** (*Gedanken, Gefühle*) heart, soul **3 Inneres** (POL) interior ◊ *das Ministerium für Inneres* the ministry of the interior ☛ *Siehe auch* INNENMINISTERIUM
Innereien (*Eingeweide*) innards [Pl]; (*essbar*) offal [U]; (*von Geflügel*) giblets [Pl]
innerhalb 1 (*räumlich*) in, inside ◊ *innerhalb des Hauses* inside the house **2** (*im Bereich von, zeitlich*) within ◊ *innerhalb der Familie* within the family ◊ *Sie sind innerhalb Frankfurts umgezogen.* They moved house within Frankfurt. ◊ *innerhalb weniger Minuten* within a few minutes ◊ *innerhalb kürzester Zeit* very quickly
innerlich 1 (*körperlich*) internal (*Adv* internally) ◊ *ein Medikament zur innerlichen Anwendung* a drug to be taken internally **2** (*psychisch*) mental (*Adv* mentally); (*im Inneren*) inner, inward (*Adv* inwardly) ◊ *Sie bereiten sich innerlich auf ihren großen Auftritt vor.* They are preparing themselves mentally for their big moment. ◊ *innerliche Ruhe* inner peace ◊ *Innerlich war ich belustigt.* I was inwardly amused. IDM ⇨ RUCK
innerste(r,s) innermost; (*Überzeugung*) deep ◊ *seine innersten Gedanken und Gefühle* his innermost thoughts and feelings ◊ *Es ist meine innerste Überzeugung, dass ...* It is my deep conviction that ... ◊ *der innerste Teil der Insel* the heart of the island
innig 1 *Adj* (*Beziehung, Freundschaft, Verbindung*) close, intimate ◊ *die innige Verbindung zwischen Kirche und Staat* the close relationship between Church and State **2** *Adv* intimately; (*zärtlich*) tenderly ◊ *Die Sprache ist mit dem Denken innig verbunden.* Speaking is intimately connected with thinking. ◊ *Er umarmte sie innig.* He embraced her tenderly. ◊ *Sie liebt ihr Motorrad heiß und innig.* She loves her motor bike passionately. ◊ *Sie liebten sich innig.* They loved each other dearly.
Innovation innovation
innovativ innovative (*Adv* innovatively)
Innung trade association; (*Zunft*) guild
inoffiziell 1 (*nicht amtlich*) unofficial (*Adv* unofficially) ◊ *ein inoffizieller Besuch* an unofficial visit ◊ *jdm etw inoffiziell sagen* tell sb sth unofficially **2 inoffizielle(r) Mitarbeiter(in)** = unofficial collaborator of the East German secret police
Input input [U]
Inquisition inquisition (*auch fig*)
Insasse, Insassin 1 (*Passagier*) passenger **2** (*Gefängnis-*) inmate; (*Lager-*) occupant
insbesondere particularly, in particular ◊ *alle Kinder, insbesondere die Mädchen* all the children, particularly the girls ◊ *Das trifft insbesondere Jugendliche.* This affects teenagers in particular.
Inschrift inscription
Insekt insect
Insektenkunde entomology **Insektenstich** insect bite **Insektenvernichtungsmittel** insecticide
Insel island ◊ *auf einer Insel wohnen* live on an island ◊ *Unser Garten ist eine Insel des Friedens.* Our garden is an oasis of peace.
Inselbewohner(in) islander **Inselstaat** island state
Inserat advertisement, ad (*umgs*) ◊ *sich auf ein Inserat melden* reply to an advertisement ◊ *ein Inserat aufgeben* put an ad in the paper

inserieren advertise ◊ *Wir haben unser Auto zum Verkauf inseriert.* We have advertised our car for sale.
insgeheim secretly
insgesamt 1 (*alles zusammengerechnet*) altogether ◊ *Wir waren insgesamt drei Wochen weg.* We were away for three weeks altogether. **2** (*alles in allem*) on the whole ◊ *Das Niveau war insgesamt gut.* On the whole, the level was good.
Insider(in) insider ◊ *Insider der Branche sind skeptisch.* Industry insiders are sceptical.
Insidergeschäft 1 insider deal **2 Insidergeschäfte** insider dealing [U] **Insiderwissen** inside knowledge
insofern, insoweit 1 (*in dieser Hinsicht*) in this/that respect ◊ *Insofern ist das ein gutes Beispiel.* In that respect, it's a good example. **2** ~ (**als**) in that, inasmuch as (*gehoben*) ◊ *Sie hatte insofern Glück, als ihr nichts passiert ist.* She was lucky in that nothing happened to her. **3** (*falls*) if ◊ *Insofern ich Zeit habe, helfe ich mit.* I'll help if I've got time.
Inspekteur(in) 1 inspector **2** (MIL) Chief of Staff
Inspektion 1 (*Kontrolle*) inspection ◊ *eine Inspektion durchführen* carry out an inspection **2** (*Wartung*) service ◊ *den Wagen zur Inspektion bringen* take the car in for a service **3** (*Behörde*) inspectorate
Inspektor(in) inspector ◊ *Den UN-Inspektoren wurde der Zutritt verweigert.* The UN inspectors were refused admittance. ☛ G 2.2d
Inspiration inspiration [U] ◊ *Ich warte auf eine Inspiration.* I'm waiting for inspiration.
inspirieren inspire ◊ *Das Video hat mich dazu inspiriert, mir eine Kamera zu kaufen.* The video inspired me to buy a camera. ◊ *Er hat sich von ihr inspirieren lassen.* He was inspired by her.
inspizieren inspect
instabil unstable
Installateur(in) (*Gas-*) fitter; (*Heizungs-*) heating engineer; (*Klempner*) plumber ☛ G 2.2d
Installation 1 (*das Installieren*) installation (*oft mit einem Verb übersetzt*) ◊ *die Installation eines neuen Zählers* installing a new meter **2** (*Elektro- etc.*) installations [Pl]; (*Sanitär-*) plumbing [U] **3** (*Kunstwerk*) installation
installieren install; (*einrichten*) set* *sth* up ◊ *eine Solaranlage installieren* install solar panels ◊ *Geistliche installieren* install priests in office ◊ *Er hat sein Studio im Keller installiert.* He has set up his studio in the basement.
instand 1 ~ **setzen/bringen** repair; (*renovieren*) renovate ◊ *Er hat das Fahrrad instand gesetzt.* He repaired the bike. ◊ *Sie muss die Wohnung instand setzen lassen.* She has to have the apartment renovated. **2** ~ **halten** maintain ◊ *Die Straßen werden von der Gemeinde instand gehalten.* The roads are maintained by the local authority. **3 gut/schlecht** ~ **sein** be in good/poor condition; (*Gebäude*) be in a good/poor state of repair **4 jdn** ~ **setzen etw zu tun** enable sb to do sth, put* sb in a position to do sth
Instandhaltung maintenance; (*eines Hauses, Grundstücks auch*) upkeep (*oft mit einem Verb übersetzt*) ◊ *Die Instandhaltung des Anwesens ist sehr kostspielig.* The property is very expensive to maintain.
inständig (*Bitte*) urgent (*Adv* urgently); (*Hoffnung*) fervent (*Adv* fervently) ◊ *sein inständiges Flehen* his urgent pleas ◊ *Sie bat ihn inständig, bei ihr zu bleiben.* She begged him to stay with her.
Instandsetzung repair; (*Gebäude*) renovation
Instanz 1 authority* ◊ *Diese Behörde ist die einzige Instanz, die eine solche Entscheidung treffen kann.* This is the only authority that can make such a decision. ◊ *eine unabhängige Instanz* an independent body ◊ *Der Antrag wird durch alle Instanzen gehen müssen.* The application will have to go through all the official channels. **2** (RECHT) (*Stufe eines Gerichtsverfahrens*) hearing; (*Gerichtshof*) court ◊ *in erster Instanz* at the first hearing ◊ *die zweite Instanz* the appeal court ◊ *die letzte Instanz* the final court of appeal
Instinkt instinct (*auch fig*) ◊ *seinem Instinkt folgen* follow your instincts ◊ *Er verlässt sich meistens auf seinen Instinkt.* He usually relies on (his) instinct. ◊ *Sie sucht sich mit sicherem Instinkt immer reiche Männer aus.* She has a sure instinct for finding rich men.
instinktiv instinctive (*Adv* instinctively)

instinktlos

instinktlos insensitive
Institut institute ◊ *Er ist Dozent am Institut für Germanistik.* He lectures at the Institute of German Studies.
Institution institution *(auch fig)*
institutionalisieren institutionalize
instruieren instruct, give* instructions to *sb* ◊ *Wir waren instruiert, nichts zu sagen.* We were instructed to say nothing. ◊ *Sie waren genau instruiert.* They had been given precise instructions.
Instruktion instruction
Instrument *(Musik-, Gerät)* instrument *(auch fig)* ◊ *Welches Instrument spielst du?* What instrument do you play? ◊ *optische Instrumente* optical instruments
instrumental instrumental ◊ *instrumentale Musik* instrumental music
instrumentieren arrange; *(für Orchester)* orchestrate
Instrumentierung instrumentation, orchestration
Insulin insulin
inszenieren 1 direct; *(Fernsehen)* produce ◊ *Das Stück wurde von Michael Bogdanov inszeniert.* The play was directed by Michael Bogdanov. ◊ *Er wird Goethes „Faust" inszenieren.* He's putting on Goethe's 'Faust'. **2** *(organisieren)* orchestrate
Inszenierung production [U]
intakt 1 intact; *(Gebäude etc. auch)* not damaged; *(Landschaft)* unspoilt ◊ *Ihre Ehe ist trotz allem intakt.* Their marriage has remained intact in spite of everything. ◊ *Von 1 000 Häusern sind nur noch 100 intakt.* Out of 1 000 houses, only 100 haven't been damaged. ◊ *der letzte intakte Buchenwald* the last unspoilt beech forest **2** in working order
integral integral
Integration integration [U]
integrieren integrate ◊ *Wir versuchen, diese Menschen sozial zu integrieren.* We're trying to integrate these people into society.
integriert integrated ◊ *ein integriertes Verkehrskonzept* an integrated transport system
Integrität integrity [U]
Intellekt intellect
intellektuell intellectual *(Adv* intellectually*)* ◊ *Die Diskussion war intellektuell sehr anspruchsvoll.* The discussion was of a very high intellectual standard.
Intellektuelle(r) intellectual
intelligent intelligent *(Adv* intelligently*)* ◊ *Er ist ein sehr intelligenter Mensch.* He's very intelligent. ◊ *Sie hat nicht sehr intelligent gehandelt.* She didn't act very intelligently. ◊ *Das Mädchen ist überdurchschnittlich intelligent.* The girl is of above-average intelligence.
Intelligenz 1 intelligence [U] **2** *(Intellektuelle)* intelligentsia [U]
Intelligenzquotient IQ, intelligence quotient
Intendant(in) artistic director; *(eines Radio- oder Fernsehsenders)* director-general
Intensität intensity [U]
intensiv 1 intensive *(Adv* intensively*)*; *(gründlich)* thorough *(Adv* thoroughly*)* ◊ *Die Polizei sucht intensiv nach dem Mörder.* The police have launched an intensive search for the murderer. ◊ *Wir haben uns intensiv auf die Saison vorbereitet.* We've prepared ourselves thoroughly for the season. ◊ *Er hat sich intensiv mit diesem Thema beschäftigt.* He has done a lot of work on the topic. ◊ *intensiv über etw nachdenken* think very hard about sth **2** *(eng)* close *(Adv* closely*)* ◊ *eine intensive Freundschaft* a close friendship ◊ *mit jdm intensiv zusammenarbeiten* work closely with sb **3** *(kräftig)* intense; *(Geruch, Geschmack auch)* strong ◊ *Es roch intensiv nach Gas.* There was a strong smell of gas.
intensivieren intensify*
Intensiv- Intensivkurs intensive course **Intensivstation** intensive care (unit) ◊ *Er liegt auf der Intensivstation.* He's in intensive care.
interaktiv interactive *(Adv* interactively*)*
interessant 1 *Adj* interesting ◊ *eine interessante Frau* an interesting woman ◊ *Das klingt interessant.* That sounds interesting. ◊ *Das Treffen verspricht interessant zu werden.* The meeting promises to be interesting. **2** *Adv* in an interesting way ◊ *Sie kann interessant über ihr Fachgebiet reden.* She can talk about her subject in a very interesting way. **3** *(attraktiv)* attractive ◊ *ein interessantes Angebot* an attractive offer ◊ *finanziell nicht interessant* financially not attractive
interessanterweise interestingly (enough) ◊ *Interessanterweise sind beide gleich groß.* Interestingly (enough), they're both the same height.
Interesse 1 (~ an jdm/etw); (~ für jdn/etw) interest (in sb/sth) ◊ *Das Interesse an der Veranstaltung ist erstaunlich groß.* There's an amazing amount of interest in the event. ◊ *Diese Information ist für uns von besonderem Interesse.* This information is of particular interest to us. ◊ *Das ist bloß in deinem eigenen Interesse.* It's in your own interest(s). ◊ *Wir haben viele gemeinsame Interessen.* We share many interests. **2** an jdm/etw ~ haben be interested in sb/sth ◊ *Wir suchen Studenten, die Interesse an einem Nebenjob haben.* We're looking for students who are interested in finding a side job. **3** an/für etw ~ zeigen show* an interest in sth **4** ~ daran haben, etw zu tun ◊ *Keiner kann ein Interesse daran haben, die Wahrheit zu verschleiern.* It's in nobody's interests to hide the truth. ◊ *Der Staat hat ein fundamentales Interesse daran, ...* It's in the state's interests to ...
interesselos indifferent
Interesselosigkeit indifference
Interressen- Interessengemeinschaft interest group **Interessengruppe** interest group; *(politisch auch)* lobby ☞ G 1.3b
Interessent(in) = sb who is interested in sth; *(Bewerber)* applicant; *(potentieller Kunde/Käufer/Mieter)* prospective customer/buyer/tenant ◊ *Interessenten können sich an der Rezeption für den Kurs anmelden.* Anyone who is interested can register for the course at reception. ◊ *Wir hatten 120 Interessenten für die Stelle.* There were 120 applicants for the job.
interessieren 1 jd/etw interessiert jdn *(Interesse haben)* sb is interested in sb/sth ◊ *Politik interessiert mich nicht.* I'm not interested in politics. ◊ *Die Psychologie interessiert mich, weil ...* I'm interested in psychology because ... ◊ *Es interessiert niemanden, was du denkst.* Nobody's interested in your opinion. **2** jd/etw interessiert jdn *(jdn/etw interessant finden)* sb finds* sb/sth interesting ◊ *Die Arbeit hat mich interessiert.* I found the work interesting. ◊ *Wen interessiert das?* Who cares?

> Wenn sich das Wort **interessieren** auf eine Person bezieht, gibt es zweierlei Übersetzungsmöglichkeiten: *Der interessiert mich* kann heißen **I'm interested in him** oder **I find him interesting**. Die erste Übersetzung hat einen leicht sexuellen Unterton; die zweite ist neutral.

3 sich für etw ~ be interested in sth ◊ *Ich interessiere mich nicht für Politik.* I'm not interested in politics. ◊ *Wir interessieren uns für die Wohnung.* We're interested in the flat. **4** jdn für etw ~ get* sb interested in sth
interessiert 1 interested ◊ *ein interessiertes Publikum* an interested audience ◊ *Sie machte ein interessiertes Gesicht.* She looked interested. ◊ *Er beobachtete alles interessiert.* He watched everything with interest. **2** an jdm/etw ~ sein be interested in sb/sth ◊ *Wir sind an langfristigen Investitionen interessiert.* We're interested in long-term investments. ◊ *Er ist an ihr interessiert.* He is interested in her. ◊ *Die Stadt ist daran interessiert, so bald wie möglich zu bauen.* The town would like to start building works as soon as possible.
Interimslösung interim solution
inter- interkontinental intercontinental **interkulturell** multicultural
intern internal *(Adv* internally*)* ◊ *die internen Konflikte der Partei* the party's internal conflicts ◊ *Darüber sind sie sich intern noch nicht einig.* They have not yet reached an agreement among themselves. ◊ *die internen Angelegenheiten des Landes* a country's domestic affairs
Internat boarding school
international international *(Adv* internationally*)* ◊ *eine internationale Organisation* an international organization ◊ *Unicef ist international tätig.* UNICEF works on an international level. ◊ *Der Film war international sehr erfolgreich.* The film was a great international success. ◊ *Sie ist eine international anerkannte Sängerin.* She's a

world-renowned singer. ◊ *Der Skandal hat international für Aufsehen gesorgt.* The scandal caused a worldwide stir.
Internet Internet, Net (*umgs*) ◊ *Ich hab es im Internet gekauft.* I bought it over the Internet. ◊ *Hast du es im Internet gefunden?* Did you find it on the Internet? ◊ *Wie komme ich ins Internet?* How do I get onto the Internet? ◊ *im Internet surfen* surf the Net
Internetanbieter, Internetprovider ISP, Internet Service Provider
internieren intern
Internierung internment [U]
Internist(in) specialist for internal diseases, (*AmE*) internist ☛ G 2.2d
Interpret(in) 1 (*Sänger, Pianist, Dirigent etc.*) performer **2** (*Vertreter*) exponent
Interpretation interpretation ◊ *Das ist eine Frage der Interpretation.* That's a question of interpretation. ◊ *Der Text lässt mehrere Interpretationen zu.* The text can be interpreted in a number of ways. **2** (*künstlerische Wiedergabe*) performance
interpretieren 1 interpret; (*erläutern*) analyse; (*vortragen*) perform ◊ *Man kann diese Aussage auch ganz anders interpretieren.* This statement can be interpreted quite differently of course. ◊ *ein Gedicht interpretieren* analyse a poem ◊ *Schubert-Lieder interpretieren* perform Schubert songs **2** *etw falsch ~* misinterpret sth
Interpunktion punctuation
Interpunktionszeichen punctuation mark
Intervall interval ◊ *in unregelmäßigen Intervallen* at irregular intervals
intervenieren 1 intervene ◊ *Der Schiedsrichter musste intervenieren.* The referee had to intervene. **2** protest ◊ *Die Bürger wollen gegen die Schließung des Kindergartens intervenieren.* The residents want to protest against the closure of the nursery. **3** (*mit Waffengewalt*) use military force
Intervention intervention; (*Protest*) protest
Interview interview ◊ *Er äußerte sich in einem Interview der Times zu den Vorwürfen.* He responded to the accusations in an interview with the Times. ◊ *Wir könnten ein Interview mit ihm machen.* We could interview him.
interviewen interview
intim 1 intimate; (*Freundschaft auch*) close ◊ *eine intime Atmosphäre* an intimate atmosphere ◊ *eine Feier in einem intimen Rahmen* a party with family and close friends **2** (*privat*) personal ◊ *die intime Körperpflege* personal hygiene ◊ *Er stellte ihr sehr intime Fragen.* He asked her some very personal questions. **3** (*sexuell*) sexual ◊ *eine intime Beziehung* a sexual relationship
Intimität 1 intimacy **2** (*Intimsphäre*) privacy
Intimsphäre privacy ◊ *in jds Intimsphäre eindringen* invade sb's privacy ◊ *jds Intimsphäre verletzen* encroach on sb's privacy
intolerant intolerant ◊ *Du bist ihm gegenüber zu intolerant.* You are too intolerant of him.
Intoleranz intolerance ◊ *Intoleranz gegenüber Fremden* intolerance of strangers
Intonation (MUS, LING) intonation
intonieren (MUS) **1** sing*; (*auf einem Instrument*) play ◊ *Sie intonierte oft eine Spur zu tief.* She often sang slightly flat. **2** (*anstimmen*) start (to sing); (*auf einem Instrument*) start (to play) ◊ *Er intonierte einen Kanon.* He started (to play) a canon. **3** (*einen bestimmten Ton angeben*) give* ◊ *Er intonierte ein d.* He gave a D.
intransitiv (LING) intransitive (*Adv* intransitively)
intravenös intravenous (*Adv* intravenously)
Intrigant(in) schemer
Intrige intrigue ◊ *einer politischen Intrige zum Opfer fallen* be the victim of a political intrigue ◊ *eine Intrige gegen jdn spinnen* scheme/plot against sb
Intrigenspiel plotting and scheming [U]
intrigieren (**gegen jdn/etw**) *~* scheme (against sb/sth), plot* (against sb/sth) ◊ *Sie intrigiert ständig.* She's always plotting and scheming.
introvertiert introverted ◊ *der ruhige, introvertierte Tennisstar* the quiet, introverted tennis star ◊ *Sie ist ein introvertierter Typ.* She is an introvert.

Intuition intuition ◊ *einer Intuition folgen* follow an intuition ◊ *Er hat eine sehr gute Intuition.* He is very intuitive.
intuitiv intuitive (*Adv* intuitively)
Invalide disabled person*
Invalidität disability*
Invasion invasion ◊ *die irakische Invasion in Kuwait* the Iraqi invasion of Kuwait
Inventar 1 (*Privathaushalt*) house contents [Pl]; (*Bestand eines Betriebes*) inventory [U], stock [U] ◊ *Die Firma hat das gesamte Inventar verkauft.* The firm has sold its entire stock. ◊ *Der Hausmeister gehört schon zum Inventar.* The caretaker is part of the furniture. **2 lebendes** *~* (*Vieh, Haustiere*) livestock; **totes** *~* fixtures and fittings [Pl] **3** (*Liste*) inventory* ◊ *ein Inventar erstellen* make an inventory
Inventur stocktaking ◊ *Wir haben wegen Inventur geschlossen.* We are closed for stocktaking. ◊ *Wir machen Inventur.* We're (doing the) stocktaking.
Inversion inversion
investieren invest (*auch fig*) ◊ *die investierten Gelder* the money invested
Investition investment ◊ *Die neuen Fenster waren eine gute Investition.* The new windows were a good investment. ◊ *Sie nahmen Investitionen in Milliardenhöhe vor.* They invested billions.
Investitionsvorhaben investment plan
Investment investment
Investmentbank investment bank **Investmentfonds** investment fund
Investor(in) investor ◊ *die Investoren des Projekts* the investors in the project
In-vitro-Fertilisation in vitro fertilization
inwiefern 1 (*in welchem Maße*) to what extent ◊ *Die Frage ist, inwiefern sie an dem Unfall mitschuldig ist.* The question is to what extent she was also responsible for the accident. **2** (*auf welche Weise*) in what way
inwieweit to what extent ◊ *Es liegt ganz bei dir, inwieweit du dich beteiligen willst.* It's entirely up to you to what extent you want to get involved.
Inzest incest
Inzucht inbreeding
inzwischen (*mittlerweile*) now; (*bis dahin*) in the meantime ◊ *Inzwischen hat er sich wieder etwas erholt.* He's now feeling a bit better. ◊ *Er will morgen zum Arzt. Inzwischen hilft er sich mit Schmerzmitteln durch.* He wants to go to the doctor's tomorrow. In the meantime he's getting by on painkillers. ◊ *Du kannst ja inzwischen schon das Auto holen.* Why don't you go and collect the car.
Ion ion
i-Punkt ◊ *einen i-Punkt setzen* dot your i ◊ *den i-Punkt vergessen* forget to dot your i
IQ IQ
irdisch 1 (*auf der Erde*) ◊ *die irdische Atmosphäre* the earth's atmosphere **2** (*diesseitig*) earthly ◊ *das irdische Dasein* earthly existence
irgend 1 *~* **so ein** some; *~* **so etw/so was** something ◊ *Er kam mir mit irgend so einer dummen Ausrede.* He came up with some stupid excuse. ◊ *Sie ist Lehrerin oder irgend so was.* She's a teacher or something. **2** (*irgendwie*) at all ◊ *Er nahm alles, was irgend brauchbar war.* He took anything that was at all useful. ◊ *wenn es irgend möglich ist* if it's at all possible ◊ *Wenn ich irgend kann, helfe ich.* I'll help if I in any way can.
irgendein(e,r,s) some, any ◊ *aus irgendeinem Grund* for some reason ◊ *auf irgendeine Art* in some way ◊ *in irgendeiner Ecke* in some corner ◊ *irgendein anderer Teilnehmer* some other competitor ◊ *„Was für einen Joghurt möchtest du?" „Irgendeinen."* 'What kind of yogurt would you like?' 'Oh, any.' ◊ *Für sie war das nicht irgendein Haus, es bedeutete ihr sehr viel.* It was not just any old house to her, it meant a lot to her. ☛ *Hinweis bei* ANY[1]
irgendetwas something; (*in Fragen oder verneinten Sätzen meist*) anything ◊ *An der Sache ist irgendetwas faul.* There is something fishy about this. ◊ *Kauf ihr doch irgendetwas zum Geburtstag.* Buy her something for her birthday. ◊ *Ich hätte Appetit auf irgendetwas Herzhaftes.* I fancy something savoury. ◊ *Habt ihr irgendetwas zu essen im Haus?* Have you got anything to eat in the house? ◊ *Ist*

irgendjemand

irgendetwas? Is anything wrong? ◊ *„Was möchtest du trinken?" „Irgendetwas."* 'What would you like to drink?' 'Oh, anything.' ☛ *Hinweis bei* SOME²

irgendjemand somebody/someone; (*in Fragen oder verneinten Sätzen meist*) anybody/anyone ◊ *Irgendjemand wird schon kommen, keine Sorge.* Someone will come, don't worry. ◊ *Kannst du nicht irgendjemand anderen fragen?* Can't you ask someone else? ◊ *Hast du etwa irgendjemandem davon erzählt?* Have you told anyone about it? ◊ *Sie ist nicht irgendjemand, sie ist eine berühmte Pianistin.* She's not just anybody, she's a famous pianist. ☛ *Hinweis bei* SOME²

irgendwann 1 sometime, some day; (*zu beliebiger Zeit*) anytime, any day ◊ *Ich komme irgendwann so gegen acht.* I'll come sometime around eight. ◊ *Irgendwann wird sie sich sicher wieder bei dir melden.* She's bound to contact you again some day. ◊ *„Wann soll ich kommen?" „Irgendwann."* 'When shall I come?' 'Oh, anytime.' **2** (*an einem bestimmten Zeitpunkt*) at some point ◊ *Irgendwann habe ich es aufgegeben.* At some point I gave up.

irgendwas ⇒ IRGENDETWAS

irgendwelche(r,s) some; (*in Fragen oder verneinten Sätzen meist*) any ◊ *Er hat irgendwelchen Blödsinn dahergeredet.* He said some stupid things. ◊ *Die Meinung irgendwelcher klugen Leute interessiert mich nicht.* The opinion of some old clever Dicks doesn't interest me. ◊ *Haben Sie noch irgendwelche Fragen?* Have you any further questions? ◊ *Er begnügt sich nicht mit irgendwelchen Klamotten — es muss schon Designerware sein.* He is not content with just any old clothes — it has to be designer labels. ◊ *Du kannst doch nicht einfach irgendwelche Leute anpumpen!* You can't go borrowing money off just anybody! ☛ *Hinweis bei* SOME²

irgendwer ⇒ IRGENDJEMAND

irgendwie somehow ◊ *Irgendwie muss man ihr doch helfen können!* It must be possible to help her somehow! ◊ *Kommt dir diese Frau irgendwie bekannt vor?* Does this woman seem somehow familiar to you?

irgendwo somewhere, (*AmE auch*) someplace; (*in Fragen oder verneinten Sätzen meist*) anywhere ◊ *Ich habe ihn irgendwo schon mal gesehen.* I've seen him somewhere before. ◊ *Gibt es hier irgendwo eine Apotheke?* Is there a chemist's here anywhere? ☛ *Hinweis bei* SOMEWHERE

irgendwoher 1 from somewhere, (*AmE auch*) from someplace; (*von einem beliebigen Ort*) from anywhere ◊ *Irgendwoher kenne ich dich!* I know you from somewhere! ◊ *Ich höre Stimmen irgendwoher.* I can hear voices from somewhere. **2** (*durch irgendwelche Umstände*) for some reason ◊ *Irgendwoher spricht er etwas Russisch.* For some reason he speaks a little Russian.

irgendwohin somewhere, (*AmE auch*) someplace; (*an einen beliebigen Ort*) anywhere

Iris iris

Ironie irony IDM **die Ironie des Schicksals** the irony of fate

ironisch ironic (*Adv* ironically)

irrational irrational (*Adv* irrationally)

irre, irr 1 mad ◊ *Ich bin fast irre geworden vor Angst.* I almost went mad with fear. ◊ *Ich bin doch nicht irre!* Do you think I'm mad? **2** (*toll*) great, wild (*umgs*) ◊ *Er ist ein irrer Typ.* He's a great bloke. ◊ *Die Party war echt irre.* The party was really wild. **3** (*sehr groß*) tremendous (*Adv* tremendously) ◊ *Ich hatte eine irre Angst.* I was tremendously scared. **4** (*sehr*) really ◊ *Ich hätte irre Lust ins Kino zu gehen.* I really fancy going to the cinema. ◊ *Wir haben irre lange im Stau gestanden.* We were stuck in a traffic jam for ages ◊ *Es waren irre viele Leute unterwegs.* There were loads of people around.

Irre IDM **in die Irre** ◊ *Lass dich nicht in die Irre führen.* Don't be led astray. ◊ *Dieser Begriff führt etwas in die Irre.* This term is rather misleading. ◊ *Mit dieser Auffassung geht er vollkommen in die Irre.* He's on completely the wrong track with this opinion.

Irre(r) madman*/madwoman* (*beleidigend*), lunatic (*beleidigend*) ◊ *Er lachte wie ein Irrer.* He laughed like a madman. ◊ *Sie jagte wie eine Irre durch die Stadt.* She raced through town like a lunatic. IDM **ein armer Irrer** a poor fool

irreal unreal; (*unrealistisch*) unrealistic ◊ *eine irreale Traumwelt* an unreal dream world ◊ *irreale Forderungen* unrealistic demands

irreführen mislead* ◊ *sich vom Titel irreführen lassen* be misled by the title ◊ *Werbung sollte nicht irreführen.* Advertising should not be misleading.

irreführend misleading

Irreführung ◊ *eine bewusste Irreführung des Verbrauchers* a deliberate attempt to mislead the consumer

irregulär irregular; (*nicht normal*) abnormal ◊ *irreguläre Praktiken* irregular practices ◊ *irreguläre Truppen* irregular troops ◊ *Die Kontrolle war irregulär.* The inspection didn't follow the rules.

irrelevant irrelevant ◊ *eine irrelevante Äußerung* an irrelevant remark ◊ *Sein Alter ist irrelevant.* His age is irrelevant.

irremachen put* *sb* off ◊ *Lass dich von seinen Fragen nicht irremachen.* Don't let him put you off with his questions. ◊ *Wir haben uns von der Kritik nicht irremachen lassen.* We didn't let the criticism put us off.

irren 1 be wrong, be mistaken (*gehoben*) ◊ *Der Umbau sollte 1 Million kosten. Doch die Planer irrten.* The conversion was supposed to cost a million. However, the planners were wrong. ◊ *Wenn ich nicht irre, ist das ihr Exfreund.* That's her ex-boyfriend, if I'm not mistaken. **2** *sich* ~ make* a mistake, be wrong ◊ *Da muss ich mich wohl geirrt haben.* I must have made a mistake. **3** *sich in etw* ~ get* sth wrong, get* the wrong sth ◊ *Ich habe mich in der Uhrzeit geirrt.* I got the time wrong/the wrong time. **4** *sich in jdm* ~ be mistaken about sb ◊ *Ich habe mich in ihr geirrt — sie ist ganz anders, als ich dachte.* I was mistaken about her — she's quite different from what I imagined. **5** (*umherirren*) wander ◊ *durch die Stadt irren* wander through the city ◊ *durch die Straßen irren* wander the streets

Irrenhaus madhouse (*umgs, abwert*) ◊ *Hier geht's (ja) zu wie im Irrenhaus!* It's like a madhouse round here!

irreparabel irreparable (*Adv* irreparably) ◊ *irreparable Schäden* irreparable damage

irreversibel irreversible ◊ *eine irreversible Entscheidung* an irreversible decision

Irr- Irrfahrt long and tortuous journey, odyssey [Sing] **Irrgarten** maze **Irrglaube** mistaken belief ◊ *der Irrglaube an etw* the mistaken belief in sth ◊ *Es ist ein Irrglaube zu denken, dass …* It is a mistake to think that …

irrig (*Eindruck, Entscheidung*) wrong; (*Meinung, Ansicht etc.*) mistaken; (*Annahme, Schluss*) false

Irritation 1 (*Verwirrung*) confusion [U] ◊ *zu Irritationen führen* cause confusion **2** (*Reiz*) irritation [U] ◊ *Kosmetika können Irritationen im Auge auslösen.* Cosmetics can cause irritation in the eye. **3** (*Verärgerung*) irritation [U] ◊ *Die Entscheidung des Trainers sorgte für Irritationen in der Mannschaft.* The manager's decision caused irritation within the team.

irritieren 1 (*ärgern*) irritate, annoy ◊ *„Wirklich?" sagte er irritiert.* 'Really?' he said, irritated. ◊ *Sein selbstzufriedenes Lächeln irritierte mich.* I found his self-satisfied smile irritating. ◊ *Ich war ein wenig irritiert.* I was a bit annoyed. **2** (*ablenken*) put* *sb* off ◊ *Die Schauspieler ließen sich von dem Lärm nicht irritieren.* The actors did not let the noise put them off. ◊ *Ihre Schreie irritierten den Angreifer derart, dass er Fersengeld gab.* She screamed so loudly that the attacker took to his heels. **3** (*verwirren*) confuse

Irrsinn insanity, madness ◊ *der Irrsinn des Krieges* the madness of war

irrsinnig 1 insane, mad ◊ *irrsinnig vor Angst* mad with fear ◊ *ein irrsinniger Vorschlag* a mad idea **2** (*intensiv*) tremendous (*Adv* tremendously), terrible (*Adv* terribly) ◊ *Ich war irrsinnig erleichtert.* I was tremendously relieved. ◊ *Er hatte irrsinnige Schmerzen.* He was in terrible pain.

Irrtum mistake, error (*gehoben*) ◊ *Das muss ein Irrtum sein.* That must be a mistake. ◊ *Diese Annahme stellte sich als Irrtum heraus.* This assumption turned out to be a mistake. ◊ *ein tragischer/fataler Irrtum* a tragic/fatal error ◊ *im Irrtum sein* be mistaken ☛ *Hinweis bei* FEHLER

irrtümlich 1 wrongly; (*aus Versehen*) by mistake, in error (*gehoben*) ◊ *Er wurde irrtümlich beschuldigt.* He was wrongly accused. ◊ *Er hatte irrtümlich ein falsches Konto angegeben.* He had given the wrong account by mistake. ◊ *Ein Soldat wurde irrtümlich erschossen.* A soldier was shot in error. **2** *jdn* ~ **für etw/jdn halten** mistake* sb for sth/sb

irrtümlicherweise mistakenly; (*aus Versehen*) by mistake ◊ *Viele glauben irrtümlicherweise, dass …* Many people mistakenly think that … ◊ *Informationen irrtümlicherweise weiterleiten* pass on information by mistake
Irrweg wrong track ◊ *auf einem wirtschaftlichen Irrweg sein* be on the wrong track economically
Ischias sciatica
  Ischiasnerv sciatic nerve
ISDN-Anschluss ISDN connection
Islam Islam ◊ *der sunnitische Islam* Sunni Islam ☛ *Beispiele bei* CHRISTENTUM
islamisch Islamic ◊ *eine islamische Partei* an Islamic party ◊ *in der islamischen Welt* in Islamic countries ◊ *der islamische Glaube* Islam
Isobar isobar
Isolation 1 isolation ◊ *die Isolation älterer Menschen* the isolation of elderly people ◊ *die Isolation des Gens* the isolation of the gene ◊ *die Isolation von Infizierten anordnen* order the infected people to be isolated ◊ *zunehmend in die Isolation geraten* become more and more isolated **2** (*Abdichtung*) insulation
isolieren 1 (**sich**) ~ isolate (yourself) ◊ *ein Land politisch isolieren* isolate a country politically ◊ *den Infizierten isolieren* isolate the infected person ◊ *ein Gen isolieren* isolate a gene **2** (*abdichten*) insulate ◊ *ein Haus isolieren* insulate a house ◊ *etw gegen Schall isolieren* soundproof sth
Isolierkanne ⇨ THERMOSKANNE
isoliert 1 isolated ◊ *international isoliert sein* be internationally isolated **2** (*abgedichtet*) insulated ◊ *ein gut isoliertes Haus* a well insulated house **3** *etw ~ betrachten* look at sth in isolation
Isolierung 1 isolation ◊ *die diplomatische Isolierung des Landes* the diplomatic isolation of the country **2** (*Abdichtung*) insulation ◊ *eine optimale Isolierung* an ideal form of insulation
Isomatte foam mat
Isotop isotope
IWF IMF

Jj

J, j J, j ☛ *Beispiele bei* A, A, S. 773.
ja 1 yes ◊ *„Gefällt es dir?" „Ja."* 'Do you like it?' 'Yes.' ◊ *„Hast du ihn wirklich gesehen?" „Ja!"* 'Did you really see him?' 'Yes I did!' ◊ *ja zu etw sagen* agree to sth ◊ *Ob sie die Schuld trägt? Ich glaube ja.* Is she guilty? I think so. **2** (*am Satzbeginn*) well ◊ *Ja, ganz sicher bin ich mir noch nicht.* Well, I haven't quite made my mind up yet. **3** (*sich am Telefon meldend*) hello **4** (*schließlich*) after all (*oft nicht übersetzt*) ◊ *Sie ist ja bloß ein Kind.* She's only a child (after all). ◊ *Es ist ja nicht so schlimm.* It's not so bad. **5** (*feststellend*) (*meist nicht übersetzt oder durch Betonung wiedergegeben*) ◊ *Du weißt ja, wie das ist.* You know what it's like. ◊ *Ich hab's dir ja gesagt!* Didn't I tell you! ◊ *Da bist du ja!* There you are! ◊ *Das weiß ich ja!* I know that! ◊ *Das ist es ja.* That's just it. **6** (*ungläubig*) really? **7** (*drohend*) ◊ *Mach das ja nicht noch einmal!* Don't you dare do that again! **8** (*mahnend*) (*meist mit Frageanhängsel übersetzt*) ◊ *Vergiss ja nicht die Tür abzuschließen.* Don't forget to lock the door, will you? **9** (*natürlich*) of course ◊ *Es gibt ja auch noch die Möglichkeit, dass …* Of course, there's still the possibility that … ◊ *Du weißt ja, dass es keine andere Lösung gibt.* You do know there's no other solution, don't you? **10** *~ …, aber …* ◊ *Du magst ja recht haben, aber …* You may well be right, but … **11** (*nicht wahr*) ☛ *Hinweis bei* NICHT WAHR *unter* NICHT IDM **nicht ja und nicht nein sagen (können)** not (be able to) commit yourself
Ja (*in einer Wahl*) yes (vote) ◊ *mit Ja antworten* answer yes ◊ *ein deutliches Ja zur Umgehungsstraße* a clear vote in favour of the bypass IDM **(zu allem) Ja und Amen sagen** agree to anything
Jacht yacht
Jacke jacket; (*Strick-*) cardigan IDM **(jdm) Jacke wie Hose sein** make* no odds (to sb)
Jackentasche jacket pocket
Jackett jacket
Jackpot jackpot
Jagd 1 (*auf Tiere*) hunting; (*auf Flugwild*) shooting ◊ *die Jagd auf Elefanten* the hunting of elephants ◊ *auf die/zur Jagd gehen* go hunting **2** *~ auf jdn* hunt for sb ◊ *Bei der Jagd auf Straftäter werden Computer eingesetzt.* Computers are used in the hunt for criminals. ◊ *Sie machen systematisch Jagd auf Ausländer.* They systematically pursue foreigners. **3** *~ nach etw* pursuit of sth ◊ *die Jagd nach dem Glück* the pursuit of happiness
  Jagdflugzeug fighter plane **Jagdhund** hunting dog **Jagdrevier** preserve **Jagdschloss** hunting lodge
jagen 1 hunt; (*verfolgen*) chase ◊ *Wale jagen* hunt whales ◊ *Verbrecher jagen* hunt criminals ◊ *jagen gehen* go hunting ◊ *nach Schnäppchen jagen* go bargain-hunting ◊ *Ich jagte ihn die Treppe hinunter.* I chased him downstairs. ◊ *jdn aus dem Haus jagen* throw sb out of the house ◊ *jdn zum Teufel jagen* send sb packing ◊ *Ein Skandal jagt den anderen.* It's one scandal after another. ◊ *Ein Fest jagt das andere.* It's on party after another. **2** (*rasen*) race ◊ *Ich jagte zum Flughafen.* I raced to the airport. IDM **damit kannst du mich/könnte man mich etc. jagen!** I, etc. can't stand that! ☛ *Siehe auch* KUGEL *und* LUFT
Jäger(in) hunter ☛ G 2.2d
Jaguar jaguar
jäh abrupt (*Adv* abruptly) ◊ *ein jähes Ende nehmen/finden* come to an abrupt end ◊ *etw jäh unterbrechen* interrupt sth abruptly ◊ *ein jäher Abgrund* a sheer drop
Jahr year ◊ *dieses/vergangenes/nächstes/jedes Jahr* this/last/next/every year ◊ *in diesem/im laufenden Jahr* this year ◊ *im letzten/nächsten Jahr* last/next year ◊ *in den letzten/vergangenen Jahren* in the last few years ◊ *für die nächsten Jahre* for the next few years ◊ *Ende/Anfang des Jahres* at the end/beginning of the year ◊ *einmal im Jahr* once a year ◊ *Das ist drei Jahre her.* That was three years ago. ◊ *Er tauchte nach Jahren plötzlich wieder auf.* He reappeared suddenly many years later. ◊ *von Jahr zu Jahr* every year ◊ *Jahr für Jahr* year after year ◊ *50 000 Dollar im/pro Jahr* 50 000 dollars a/per year ◊ *Mit den Jahren verblassten die Erinnerungen.* The memories faded as the years went by. ◊ *vor Jahren* years ago ◊ *Lehrlinge im dritten Jahr* trainees in their third year ◊ *im Jahr 1985* in 1985 ◊ *ein halbes Jahr* six months ◊ *Anfang der 80er Jahre* at the beginning of the eighties ◊ *16 Jahre alt sein* be 16 (years old) ◊ *Er ging mit 11 Jahren aufs Gymnasium.* He went to grammar school at (the age of) 11. ◊ *für Kinder ab 8 Jahren* for children aged 8 and upwards ◊ *Ihre Jahre sieht man ihr nicht an.* She doesn't look her age. ◊ *in den mittleren Jahren* in middle age ☛ *Hinweis bei* LETZTE(R,S) IDM **in den besten Jahren sein** be in the prime of (your) life
Jahrbuch yearbook
jahrelang 1 *Adj* ◊ *nach jahrelanger Ungewissheit* after years of uncertainty **2** *Adv* (for) years ◊ *Er ist schon jahrelang tot.* He has been dead for years. ◊ *Es hat jahrelang gedauert.* It took years.
Jahres- annual
  Jahresabschluss 1 (*Jahresende*) end of the year ◊ *zum Jahresabschluss* at the end of the year **2** (FINANZ) annual accounts [Pl] **Jahresanfang** beginning of the year ◊ *zu Jahresanfang* at the beginning of the year **Jahresbericht** annual report **Jahreseinkommen** annual income **Jahresende** end of the year ◊ *Warten wir bis zum Jahresende.* Let's wait until the end of the year. ◊ *am Jahresende* at the end of the year **Jahreskarte** annual season ticket **Jahrestag** anniversary* **Jahreswechsel** new year ◊ *mit besten Wünschen zum Jahreswechsel* with best wishes for

the New Year **Jahreszahl** date, year ◊ *Ich kann mir Jahreszahlen schlecht merken.* I'm terrible at remembering dates. ◊ *Datumsformat mit vierstelliger Jahreszahl* a four-digit year format **Jahreszeit** season ◊ *Der Frühling ist die schönste Jahreszeit.* Spring is the nicest season. ◊ *zu jeder Jahreszeit* throughout the year ◊ *zu dieser Jahreszeit* at this time of year ◊ *Für die Jahreszeit ist es sehr mild.* It's very mild for the time of year. **jahreszeitlich 1** *Adj* seasonal ◊ *jahreszeitliche Schwankungen* seasonal fluctuations **2** *Adv* according to the season ◊ *Das Angebot ist jahreszeitlich bedingt.* The supply varies according to the season.

Jahr- Jahrgang 1 year; *(Geburtsjahr)* year when sb was born ◊ *In diesem Jahrgang gibt es 200 Schüler.* There are 200 pupils in the year. ◊ *Wir sind beide Jahrgang 80.* We were both born in 1980. ◊ *Welcher Jahrgang ist sie?* What year was she born in? **2** *(Wein)* vintage **Jahrhundert** century* ◊ *im ersten Jahrhundert vor Christus* in the first century BC **jahrhundertealt** centuries-old **jahrhundertelang 1** *Adj* ◊ *nach jahrhundertelanger Unterdrückung* after centuries of oppression **2** *Adv* for centuries ◊ *Jahrhundertelang war diese Kultur unverändert geblieben.* For centuries this culture had remained unchanged. **Jahrhundertwende** turn of the century ◊ *Diese Bilder stammen aus der Jahrhundertwende.* These pictures are from the turn of the century. **Jahrhundertwerk** *(Leistung)* historic achievement; *(langwieriges Projekt)* monumental task

-jährig -year-old ◊ *ein fünfjähriges Kind* a five-year-old child ◊ *nach zweijähriger Zusammenarbeit* after two years' collaboration

jährlich annual *(Adv* annually) ◊ *ein jährlicher Beitrag* an annual contribution ◊ *Mitgliedskarten werden jährlich neu ausgestellt.* New membership cards are issued annually. ◊ *zweimal jährlich* twice a year

Jahr- Jahrmarkt fair ◊ *auf den Jahrmarkt gehen* go to the fair **Jahrtausend** millennium* ◊ *im zweiten Jahrtausend vor Christus* in the second millennium BC ◊ *nach Jahrtausenden* after thousands of years **Jahrzehnt** decade

Jähzorn violent temper; *(Wutausbruch)* violent rage ◊ *Sie neigt zu Jähzorn.* She has a violent temper. ◊ *Er hat es im Jähzorn getan.* He did it in a violent rage.

jähzornig hot-tempered, irascible *(gehoben)*

Jak yak

Jalousie (venetian) blind ◊ *die Jalousie herunterlassen* pull down the blind

Jammer 1 *ein ~ sein* be a shame ◊ *Es ist ein Jammer, dass es regnet.* It's a shame that it's raining. **2** *(Elend)* misery ◊ *ein Bild des Jammers* a picture of misery **3** *(Probleme)* trouble, problem [meist Pl] ◊ *Der Jammer mit dem Internet ist, dass es so langsam ist.* The trouble with the Internet is that it's so slow. **4** *(Klage)* lamentation

jämmerlich 1 *(Weinen, Lohn)* pitiful *(Adv* pitifully) ◊ *für einen jämmerlichen Lohn arbeiten* work for a pitiful wage ◊ *Der Kleine weinte jämmerlich.* The little boy was crying pitifully. **2** *(Bedingungen, Leben, Tod etc.)* miserable *(Adv* miserably), wretched *(Adv* wretchedly) ◊ *ein jämmerliches Dasein führen* lead a miserable existence ◊ *jämmerlich scheitern* fail miserably ◊ *jämmerlich umkommen/zu Grunde gehen* die a wretched death **3** *(Leistung, Spektakel, Mensch)* pathetic *(Adv* pathetically) ◊ *Er stellte eine jämmerliche Figur dar.* He looked pathetic. **4** *(sehr schlimm)* terrible *(Adv* terribly) ◊ *Wir haben jämmerlich gefroren.* We were terribly cold. ◊ *Sie spielt jämmerlich schlecht Klavier.* She plays the piano terribly badly. ◊ *Sie hat die Familie jämmerlich im Stich gelassen.* It was terrible how she deserted her family.

jammern 1 *über jdn/etw) ~ (sich beklagen)* moan (about sb/sth), whine (about sb/sth) ◊ *Er jammert über die Bezahlung.* He moans about the pay. ◊ *Hör auf zu jammern!* Stop whining! **2** *(klagen)* wail; *(stöhnen)* moan ◊ *Es erhob sich ein großes Jammern.* A great wail went up. ◊ *Sie lag im Bett und jammerte.* She lay in bed moaning. **3** *nach jdm/etw ~* cry* for sb/sth ◊ *Das Kind jammert nach seiner Mutter.* The child is crying for its mother. ◊ *Er jammerte nach einem Schmerzmittel.* He begged for painkillers.

jammerschade a great shame, an awful pity ◊ *Es ist jammerschade um sie.* It's a great shame about her.

jammervoll ⇨ JÄMMERLICH

Januar, Jänner January ◊ *im Januar* in January ◊ *vorigen/nächsten Januar* last/next January ◊ *im Januar vor einem Jahr* the January before last ◊ *Anfang/Ende Januar* at the beginning/end of January ◊ *Leos Geburtstag ist am 31. Januar.* Leo's birthday is (on) January 31.

Jargon 1 jargon ◊ *Im Flughafen-Jargon nennt man sie Spotter.* In airport jargon they are called spotters. ◊ *der Jargon der Journalisten* journalese **2** *(Slang)* slang

Jasager(in) yes-man*, yes-woman*

Jasmin jasmine

Jastimme vote in favour, *(AmE)* vote in favor ◊ *Der Antrag wurde mit 30 Jastimmen angenommen.* The motion was carried with 30 votes in favour.

jäten weed ◊ *ein Blumenbeet jäten* weed a flower bed ◊ *Unkraut jäten* do some weeding

Jauche liquid manure

jauchzen *(Hurra rufen)* cheer; *(jubeln)* shout (for joy)

jaulen howl

jawohl 1 *(zuvorkommend)* certainly ◊ *„Die Rechnung bitte!" „Jawohl, mein Herr!"* 'Can I have the bill, please?' 'Certainly, sir.' **2** (MIL) yes sir/ma'am

Jawort *(meist mit einem Verb übersetzt)* ◊ *Sie warten auf das Jawort der SPD für eine Reform.* They are waiting for the SPD to agree to a reform. ◊ *Sie gaben sich das Jawort.* They got married.

Jazz jazz

Jazzband jazz band ☛ G 1.3b

jazzen play jazz

Jazz- Jazzmusik jazz music **Jazzmusiker(in)** jazz musician

je¹ 1 ever ◊ *Es war kälter denn je.* It was colder than ever. ◊ *das schönste Haus, das ich je gesehen habe* the most beautiful house I have ever seen ◊ *Wer hätte ihm das je zugetraut?* Who would ever have thought him capable of that? **2** *(jeweils)* each ◊ *Sie bekamen je ein Glas Milch.* They each got a glass of milk. ◊ *Die Kisten sind je einen Meter breit.* The boxes are each a metre wide. ◊ *drei Gruppen von je 10 Kindern* three groups of 10 children **3** *~* **nach etw** depending on sth ◊ *je nach Alter* depending on age ◊ *je nach den Umständen* depending on the circumstances ◊ *Zum Essen gibt es Wein oder Bier, je nach Lust und Laune.* There's wine or beer to go with the food, whatever you prefer. **4** *~* **nachdem** depending ◊ *je nachdem, wie du dich fühlst* depending on how you feel ◊ *„Kommst du heute?" „Je nachdem."* 'Are you coming today?' 'It all depends.' **5** *~ ..., desto/umso ...* the ..., the ... ◊ *Je mehr, desto besser!* The more, the better. ◊ *Je länger ich hier wohne, umso besser gefällt es mir.* The longer I live here, the better I like it. **IDM** ⇨ EH *und* SEIT¹

je² ach *~* oh dear

Jeans 1 *(Hose)* jeans [Pl] ◊ *Ich brauche eine neue Jeans.* I need some new jeans. ◊ *ein Paar Jeans* a pair of jeans ☛ *Hinweis bei* BRILLE **2** *(Stoff)* denim [U]

Jeansjacke denim jacket **Jeansstoff** denim

jede(r,s)

• **als Adjektiv 1** every; *(einzeln betrachtet)* each ◊ *Jeder Mann, jede Frau und jedes Kind ist davon betroffen.* Every man, woman and child is affected. ◊ *jeden Tag* every day ◊ *jedes Mal* every time ◊ *jede(r) Dritte* every third person ◊ *Jede Stunde fährt ein Zug.* A train leaves every hour. ◊ *Jeder einzelne Teller ist handgemalt.* Each plate is hand painted. ☛ *Hinweis bei* PER CENT¹ **2** *(beliebig, jeglich)* any ◊ *Jeder Skifahrer würde dasselbe sagen.* Any skier would say the same. ◊ *Du kannst zu jeder Zeit anrufen.* You can phone any time. ◊ *ohne jede Anstrengung* without any effort ◊ *Menschen jeden Alters sind willkommen.* People of any age are welcome. ◊ *Jede Hilfe kam zu spät für ihn.* He was beyond help.

• **als Pronomen 3 jede(r)** everyone; *(beliebige)* anyone ◊ *Jeder der Anwesenden hat sich beschwert.* Everyone present complained. ◊ *Auf der Hochzeit kannte jeder jeden.* At the wedding everyone knew everyone else. ◊ *Jeder kann dir das sagen.* Anyone can tell you that. ◊ *Das kann jedem passieren.* That can happen to anyone. **4 jedes** *(einzeln betrachtet)* each (one) ◊ *Es gibt viele Angebote. Jedes hat Vor- und Nachteile.* There are lots of offers, and each one has its pros and cons. ☛ **Every** *und* **each** sind oft austauschbar, wobei bei **each** die Betonung mehr auf dem Einzelnen liegt.

IDM jeden Augenblick any minute ◊ *Er kann jeden Augenblick kommen.* He could be here any minute. ☛ *Siehe auch* FALL² *und* SEINE(R,S)

jedenfalls 1 (*zumindest*) at least, at any rate ◊ *Die Party war ganz nett, jedenfalls haben wir uns gut amüsiert.* The party was quite nice, at least, we enjoyed ourselves. ◊ *Ich jedenfalls ginge lieber ins Kino.* I for one would rather go to the cinema. **2** (*bestimmt*) anyway, anyhow ◊ *Ich rufe jedenfalls morgen an und buche die Karten.* I'll ring up tomorrow anyway and book the tickets.
jedermann IDM ⇨ SACHE
jederzeit any time ◊ *Sie können mich jederzeit zu Hause erreichen.* You can phone me at home any time.
jedoch but, however ◊ *Er hatte Kopfschmerzen, wollte jedoch keine Tabletten nehmen.* He had a headache, but he didn't want to take anything for it. ◊ *Es war jedoch zu spät, sie anzurufen.* It was too late to ring her, however. ☛ *Hinweis bei* ABER *und* HOWEVER
jegliche(r,s) (*irgendein(e)*) any …(at all), any …(whatsoever) ◊ *Er weist jegliche Verantwortung von sich.* He refuses to take any responsibility whatsoever. ◊ *Diese Behauptung entbehrt jeglicher Grundlage.* There is no basis whatsoever for this claim. ◊ *Die Regierung hat jegliches Vertrauen verspielt.* The government has forfeited any trust people might have had in them.
jemals ever
jemand someone, somebody; (*in Fragen und verneinenden Sätzen meist*) anyone, anybody ◊ *Ich kenne jemanden, der dir helfen kann.* I know someone who can help you. ◊ *Ist da jemand?* Is anyone there? ◊ *jemand anders* somebody else ◊ *Kaum jemand kam.* Hardly anybody came.
jene(r,s) 1 *Adj* that; (*im Plural*) those ◊ *im Juli jenes Jahres* in July of that year ◊ *jene Studenten, die bei den Eltern wohnen* those students who live with their parents ☛ G 6 **2** *Pron* that one; (*im Plural*) those ◊ *Dieser Pullover ist aus Wolle, jener aus Baumwolle.* This sweater is wool, that one is cotton. ◊ *Das Buch ist geeignet für all jene, die gerne reisen.* This is a book for all those who like to travel.
jenseits 1 (on) the other side of, beyond (*auch fig*) ◊ *Jenseits des Ozeans liegt Amerika.* On the other side of the ocean is America. ◊ *Jenseits der Grenze ist das Benzin billiger.* On the other side of the border petrol is cheaper. **2** (*mit Zahlenangaben*) over ◊ *Paare jenseits der 35* couples over 35
Jenseits hereafter, afterlife ◊ *an das Jenseits glauben* believe in the afterlife ◊ *eine Stimme aus dem Jenseits* a voice from beyond the grave IDM **jdn ins Jenseits befördern** bump sb off (*umgs*)
Jesuit Jesuit
Jesus Jesus
Jet jet
  Jetlag jet lag [U]
jetten fly*, jet* off (*umgs*) ◊ *Sie jettet zum Einkaufen nach Mailand.* She flies over to Milan to go shopping.
jetzige(r,s) present ◊ *der jetzige Besitzer* the present owner ◊ *zum jetzigen Zeitpunkt* at the present moment
jetzt 1 now ◊ *Jetzt geht es ihr wieder besser.* She's better now. ◊ *bis jetzt* up to now ◊ *ab jetzt* from now on ◊ *Er hat jetzt schon Angst davor.* He is already worried about it. ◊ *Warum rufst du erst jetzt an?* Why didn't you call before? **2** (*heutzutage*) nowadays ◊ *Sie haben jetzt viel mehr Möglichkeiten als früher.* Nowadays they have far more opportunities than they used to. IDM ⇨ HIER
jeweilige(r,s) particular, respective, individual ◊ *Sie kleidet sich entsprechend dem jeweiligen Anlass.* She dresses to suit the particular occasion. ◊ *Die Kinder werden in ihrer jeweiligen Muttersprache unterrichtet.* The children are taught in their respective mother tongues. ◊ *Dafür ist der jeweilige Klassenlehrer zuständig.* Each individual class teacher is responsible for this. ◊ *Die Kandidaten müssen die jeweiligen Anforderungen erfüllen.* Candidates must meet the specific requirements. ◊ *die jeweilige Landessprache* the language of the country concerned
jeweils 1 each ◊ *Jan und Karin hatten jeweils 13 Punkte.* Jan and Karin had 13 points each. ◊ *Der Flohmarkt findet jeweils am ersten Samstag im Monat statt.* The flea market is held on the first Saturday of each month. ◊ *Die Kurse finden jeweils Montag und Freitag um 19 Uhr statt.* The courses are held every Monday and Friday at 7 p.m. **2** (*zu dem Zeitpunkt*) at the time ◊ *Das Programm sucht die jeweils günstigsten Angebote heraus.* The program finds the cheapest offers available at the time. ◊ *der Prospekt mit den jeweils aktuellen Preisen* the brochure giving the current prices
jiddisch Yiddish
Jiu-Jitsu ⇨ JU-JUTSU
Job job ◊ *ein Job als Putzhilfe* a job as a cleaner
jobben work ◊ *Sie hat im Sommer als Kellnerin gejobbt.* She worked as a waitress in the summer. ◊ *Viele Studenten jobben nebenher.* A lot of students have part-time jobs.
Job- Jobsharing job-sharing [U] **Jobsuche** (*meist mit einem Verb übersetzt*) ◊ *Er ist seit drei Monaten auf Jobsuche.* He has been job-hunting for three months. ◊ *Meine Sprachkenntnisse waren ein Pluspunkt bei der Jobsuche.* My knowledge of languages was a plus when I was looking for a job. **Jobsuchende(r)** job seeker **Jobvermittlung 1** (*Arbeitsamt*) jobcentre, (*AmE*) employment office; (*privat*) employment agency* **2** (*das Vermitteln*) job placement
Joch yoke (*auch fig*)
Jockei, Jockey jockey ☛ G 2.2d
Jod iodine [U]
jodeln yodel*
Jodler (*Lied, Ruf*) yodel
Jodler(in) yodeller
joggen jog*, go* jogging ◊ *Sie joggt durch den Wald.* She jogs through the woods. ◊ *Er geht jeden Morgen joggen.* He goes jogging every morning. ◊ *Sie haben beim Joggen eine Leiche gefunden.* They found a body when they were out jogging.
Jogger(in) jogger
Jogging jogging
  Jogginganzug track suit, (*AmE*) sweats [Pl] **Jogginghose** jogging pants [Pl] ☛ *Hinweis bei* BRILLE
Joghurt, Jogurt yogurt
Johannisbeere (*rot*) redcurrant; (*schwarz*) blackcurrant
johlen roar
Joint joint (*umgs*)
Jo-Jo yo-yo*
Joker joker; (*fig*) trump card
Jolle dinghy*
Jongleur(in) juggler ☛ G 2.2d
jonglieren juggle; (**mit**) **etw ~** juggle with sth (*auch fig*)
Joule joule
Journal magazine; (*Sendung auch*) magazine programme, (*AmE*) magazine program
Journalismus journalism [U] ◊ *der politische Journalismus* political journalism
Journalist(in) journalist ◊ *eine freie Journalistin* a freelance journalist ☛ G 2.2d
Journalistik journalism
journalistisch journalistic ◊ *journalistische Recherche* journalistic research ◊ *Ich möchte gern journalistisch arbeiten.* I'd like to be a journalist. ◊ *journalistisch geschult* trained as a journalist
jovial genial (*Adv* genially)
Joystick joystick
Jubel jubilation [U]; (*Hurrarufe*) cheers [Pl] ◊ *Das Urteil wurde mit Jubel aufgenommen.* The judgment was greeted with jubilation. ◊ *unter dem Jubel der Zuschauer* to the cheers of the audience ◊ *Die Fans brachen in Jubel aus.* The fans started cheering.
jubeln (*sich freuen*) rejoice; (*Hurra rufen*) cheer ◊ *Wir haben Grund zum Jubeln.* We have reason to rejoice. ◊ *Das Publikum jubelte.* The audience cheered. ◊ *„Fantastisch!" jubelte er.* 'Great!' he shouted jubilantly.
Jubilar(in) = person* celebrating an anniversary/a birthday
Jubiläum anniversary* ◊ *Heute wird das 50-jährige Jubiläum der Schule gefeiert.* The school is celebrating its 50th anniversary today. ◊ *Vor allem das Thronjubiläum eines Monarchen wird* **jubilee** *genannt, besonders wenn es das 25.* (**silver jubilee**) *oder 50.* (**golden jubilee**) *ist.*
  Jubiläumsfeier anniversary celebrations [Pl] **Jubiläumsjahr** anniversary year
jucken 1 itch ◊ *Mir juckt der Arm.* My arm's itching. ◊ *Es juckt mich am Arm.* My arm's itching. ◊ *einen juckenden Ausschlag haben* have an itchy rash ◊ *Der Pullover juckt* (*sie*). The pullover makes her itch. **2 sich ~** scratch ◊ *Der Hund juckte sich.* The dog was scratching. ◊ *Sie hat sich den*

Juckreiz

Arm blutig gejuckt. She scratched her arm until it bled. **3** (*reizen*) tempt ◊ *Das Geld juckt mich gar nicht.* The money doesn't tempt me at all. IDM **es juckt jdn etw zu tun** sb is itching to do sth ◊ *Es juckte sie zu fragen, wie viel es gekostet hat.* She was itching to ask how much it cost. **etw juckt jdn nicht** sth does not bother sb ◊ *Es juckt mich nicht, dass ich nicht eingeladen worden bin.* It doesn't bother me that I haven't been invited. ◊ *Das juckt doch keinen!* Nobody cares!
Juckreiz itching
Judaismus Judaism
Jude, Jüdin Jew ◊ *die Juden Polens* the Jews of Poland ☞ Wird eine bestimmte Person bezeichnet, verwendet man das Adjektiv: *Er ist Jude./Sie ist Jüdin.* He/She is Jewish. Das Wort „Jewess" ist veraltet.
Judenstern Star of David
Judentum 1 (*Judaismus*) Judaism; (*jüdisches Wesen*) Jewishness ◊ *sich zum Judentum bekennen* profess Judaism ◊ *stolz auf sein Judentum sein* be proud of your Jewishness **2** (*als Volk*) Jewish community, Jewry (*veraltet*) ◊ *das internationale Judentum* the international Jewish community ◊ *das europäische Judentum* European Jewry
Judenverfolgung persecution of the Jews
Jüdin ➪ JUDE
jüdisch Jewish ◊ *jüdischer Abstammung sein* be of Jewish descent ◊ *jüdisch heiraten* have a Jewish wedding
Judo judo ◊ *Judo machen* do judo
Jugend 1 youth ◊ (*die*) *ewige Jugend* eternal youth ◊ *seit früher Jugend/von Jugend auf* from an early age ◊ *Schon in früher Jugend hat er seine Eltern verloren.* He lost his parents when he was still very young. **2 die ~** (*die jungen Leute*) young people [Pl] ◊ *die heutige Jugend* young people today ◊ *die englische Jugend* young people in England
Jugend- Jugendamt ≈ social services [Pl] ☞ Obwohl es im britischen Sozialamt ein speziell mit Jugendarbeit beauftragtes „youth team" gibt, verwendet man allgemein den Sammelbegriff „social services": *Die Unterlagen liegen auf dem Jugendamt vor.* The files are with social services. **Jugendarbeit 1** (*Sozialarbeit*) youth work **2** (*Arbeit junger Menschen*) youth employment **Jugendarbeiter(in)** youth worker ☞ G 2.2d **Jugendarbeitslosigkeit** youth unemployment **Jugendgruppe** youth group **Jugendheim 1** ➪ JUGENDZENTRUM **2** (*Wohnheim*) (children's) home **Jugendherberge** youth hostel **Jugendklub** youth club **Jugendkriminalität** juvenile crime
jugendlich 1 (*jung*) young ◊ *jugendliche Rebellen* young rebels ◊ *im jugendlichen Alter von 18* at the tender age of 18 **2** (*für junge Leute typisch*) youthful ◊ *mit jugendlichem Übermut* with youthful enthusiasm ◊ *sein jugendliches Aussehen* his youthful appearance
Jugendliche(r) young person*; (RECHT) juvenile
Jugend- Jugendmeisterschaft(en) youth championships [Pl] **Jugendstil** art nouveau ◊ *Möbel im Jugendstil* art nouveau furniture **Jugendstrafe** youth custody sentence **Jugendtraum** childhood dream **Jugenweihe** non-religious ceremony for teenagers as an alternative to confirmation **Jugendzeit** youth **Jugendzentrum** youth centre, (*AmE*) youth center
Ju-Jutsu ju-jitsu
Juli July ☞ *Beispiele bei* JANUAR
jung 1 young ◊ *ein junges Mädchen* a young girl ◊ *Sie haben sehr jung geheiratet.* They married very young. ◊ *Sie ist nicht mehr so jung.* She isn't as young as she was. ◊ *Sport hält jung.* Sport keeps you young. ◊ *Von jung auf hat er im Geschäft geholfen.* He has helped out in the shop since he was a child. ◊ *in jungen Jahren* in sb's youth ◊ *in jüngeren Jahren* in sb's younger days **2** (*neu*) new (*Adv* newly) ◊ *jung verheiratet sein* be newly married ◊ *die jüngste olympische Disziplin* the newest Olympic sport **3 jüngere(r), jüngste(r)** (more/most) recent ◊ *die Ereignisse der jüngeren Zeit* recent events ◊ *eine Untersuchung jüngeren Datums* a more recent investigation ◊ *nach jüngsten Angaben* according to the most recent figures ◊ *die jüngste Vergangenheit* the recent past ◊ *in jüngster Zeit* recently IDM **Jung und Alt** young and old
Junge¹ *der* **1** boy ◊ *ein hübscher Junge* a handsome boy ◊ *Ich habe ihn schon als Jungen gekannt.* I knew him when he was a boy. ◊ *Unsere Jungen haben gewonnen.* Our boys won. **2** (*Karten*) jack IDM **Junge, Junge!** (boy), oh boy! **ein schwerer Junge** a big-time crook
Junge² **1** *das* young animal; (*Hund*) puppy*; (*Katze*) kitten; (*Löwe, Bär*) cub; (*Vogel*) chick ◊ *Unsere Katze bekommt Junge.* Our cat is having kittens. **2 Jungen** young [Pl] ◊ *die Bärin und ihre Jungen* the mother bear and her young
Jünger (REL) disciple
Jüngere der/die ~ the younger ◊ *Bruegel der Jüngere* Bruegel the Younger ☞ *Siehe auch* JUNG
Jungfer alte ~ old maid
Jungfernfahrt maiden voyage **Jungfernflug** maiden flight
Jungfrau 1 virgin ◊ *Er ist noch Jungfrau.* He's still a virgin. ◊ *die Jungfrau Maria* the Virgin Mary **2** (*Sternzeichen*) Virgo ◊ *Sie ist (eine) Jungfrau.* She's (a) Virgo.
jungfräulich virgin ◊ *der jungfräuliche Schnee* the virgin snow ◊ *jungfräulich in die Ehe gehen* be a virgin bride ◊ *das jungfräuliche Empfängnis* the immaculate conception
Junggeselle bachelor ◊ *Er ist Junggeselle.* He's a bachelor. ◊ *Er ist Junggeselle geblieben.* He never married.
Junggesellin single woman*
Jüngling youth
jüngst recently
Jüngste(r,s) youngest ◊ *unsere Jüngste/unser Jüngster* our youngest ◊ *Sie ist nicht mehr die Jüngste.* She isn't getting any younger. IDM **der Jüngste Tag** the Day of Judgement ☞ *Siehe auch* GERICHT¹
Juni June ☞ *Beispiele bei* JANUAR
Junior(in) 1 junior ◊ *Er gehört noch zu den Junioren.* He's still a junior. ◊ *Die türkischen Junioren gewannen das Spiel.* The Turkish Youth Team won the game. **2** (*jüngster Sohn*) youngest ◊ *Unser Junior spielt ganz gut Fußball.* Our youngest is quite good at football. **3 Junioren** (*Kinder und Jugendliche*) young people [Pl], youngsters [Pl]
junior Junior ◊ *Herr Müller junior* Mr Müller Junior
Junkie junkie (*Slang*)
Jupiter Jupiter ☞ *Beispiele bei* MERKUR
Jura law ◊ *Jura studieren* study law
Jurastudent(in) law student
Jurist(in) lawyer ☞ G 2.2d
juristisch 1 *Adj* legal (*nur vor Nomen*) ◊ *juristische Konsequenzen* legal consequences ◊ *die Juristische Fakultät* the Law Faculty **2** *Adv* ◊ *juristisch vorgehen* take legal action ◊ *juristisch gesehen* from a legal point of view ◊ *jdn juristisch vertreten* represent sb legally
Jury jury*; (*Preisrichter auch*) panel of judges ☞ G 1.3b
just just ◊ *just in diesem Augenblick* just at that moment
Justiz 1 (*System*) justice system **2** (*Behörde*) judiciary*
Justizbeamte, -beamtin member of the judiciary **Justizminister(in)** Justice Minister, Minister of Justice; (*in GB*) Lord Chancellor; (*in den USA*) Attorney General **Justizministerium** Ministry of Justice; (*in GB*) Lord Chancellor's Department; (*in den USA*) Department of Justice **Justizvollzugsanstalt** penal institution
Jute jute ◊ *Säcke aus Jute* sacks made of jute
Juwel 1 gem (*auch fig*) **2 Juwelen** jewellery [U], (*AmE*) jewelry [U]
Juwelier(in) jeweller, (*AmE*) jeweler ☞ G 2.2d ☞ *Hinweis bei* BAKER
Jux joke ◊ *Er hat das nur aus Jux gesagt.* He just said it as a joke. ◊ *Der hat sich doch nur einen Jux mit euch gemacht.* He was just having a bit of fun with you. IDM **aus lauter Jux und Tollerei** just for the fun of it (*umgs*)

Kk

K, k K, k ☛ *Beispiele bei* A, a, S. 773.
Kabarett 1 revue ◊ *ein politisches Kabarett* a political revue ◊ *Heute Abend gehe ich ins Kabarett.* I'm going to a revue tonight. **2** (*Ensemble*) satirical revue company*
Kabarettist(in) revue artist ☛ G 2.2d
kabarettistisch revue ◊ *kabarettistische Sketche aufführen* perform revue sketches
Kabel cable; (*bei Elektrogeräten*) flex ◊ *Kabel verlegen* lay cables ◊ *Den Sender kann man über Kabel empfangen.* You can get the channel via cable.
Kabelanschluss cable connection, cable (TV) ◊ *Diesen Kanal kann man über Kabelanschluss empfangen.* You can get this channel on cable. **Kabelfernsehen** cable television ◊ *Die Serie läuft im Kabelfernsehen.* The series is on cable TV. ◊ *Wir sind ans Kabelfernsehen angeschlossen.* We've got cable.
Kabeljau cod
Kabel- Kabelnetz cable network ◊ *einen Sender über das Kabelnetz empfangen* get a channel via cable ◊ *Haushalte, die ans Kabelnetz angeschlossen sind* homes with cable **Kabeltrommel** cable drum
Kabine 1 cubicle; (*Umkleide- auch*) changing room; (*Wahl-*) booth **2** (*im Flugzeug, Schiff, Lkw*) cabin **3** (*Seilbahn-, Gondel*) car
Kabinett 1 (POL) cabinet; (*häufig auch*) Cabinet ☛ G 1.3b **2** (*Ausstellungsraum*) gallery* **3** (*Zimmer*) = small room with one window
Kabinettsbeschluss cabinet decision **Kabinettsmitglied** member of the Cabinet, Cabinet minister **Kabinettssitzung** cabinet meeting **Kabinettsumbildung** cabinet reshuffle
Kabrio, Kabriolett convertible
Kabuff cubbyhole
Kachel tile
kacheln tile
Kachelofen tiled stove
Kacke shit (*vulg, Slang*) ◊ *So eine Kacke!* Shit!
kacken shit* (*vulg, Slang*)
Kadaver carcass
Kader 1 (SPORT) squad **2** (MIL, POL) cadre
Kadmium cadmium
Käfer beetle
Kaff dump
Kaffee coffee ◊ *einen Kaffee trinken* have a (cup of) coffee ◊ *Kaffee kochen* make coffee ◊ *jdn zum Kaffee einladen* invite sb for coffee IDM *kalter Kaffee* ancient history; old hat
Kaffeebohne coffee bean **Kaffeefahrt** = coach trip with coffee break, during which people are encouraged to buy certain products **Kaffeefilter** coffee filter; (*Filterpapier*) filter paper **Kaffeehaus** coffee house **Kaffeekanne** coffee pot **Kaffeemaschine** coffee machine **Kaffeemühle** coffee grinder **Kaffeepause** coffee break ◊ *Wir machen eine Kaffeepause.* We had a coffee break. **Kaffeesatz** coffee grounds [Pl] **Kaffeetasse** coffee cup
Käfig cage IDM *ein goldener Käfig* a gilded cage
kahl 1 (*Mensch, Kopf*) bald ◊ *Er ist schon fast kahl.* He is already nearly bald. ◊ *sein kahler Kopf* his bald head ◊ *jdn kahl rasieren* shave sb's head ◊ *kahl geschorene Mönche* monks with shaven heads **2** (*Baum, Wand*) bare ◊ *Im Winter sind die Wälder kahl.* In winter the woods are bare. ◊ *Die Schnecken haben die Pflanzen kahl gefressen.* The snails have eaten all the leaves off the plants. ◊ *kahl geschlagene Flächen* deforested areas
kahlköpfig bald(-headed); (*rasiert*) with a shaven head (*nicht vor Nomen*) ◊ *Er ist kahlköpfig.* He is bald.
Kahlschlag 1 (*Fällen*) logging; (*Resultat*) deforestation ◊ *Der Kahlschlag in Kanada geht weiter.* Logging continues in Canada. ◊ *Regenwälder vor dem Kahlschlag retten* save the rainforests from deforestation **2** (*Fläche*) clearing

3 drastic cutbacks [Pl] ◊ *personeller Kahlschlag* staff cutbacks
Kahn 1 boat; (*Stech-*) punt ◊ *Kahn fahren* go boating **2** (*Schlepp-, Last-*) barge
Kai quay
Kaiser emperor ◊ *Er wurde 1312 zum Kaiser gekrönt.* He was crowned emperor in 1312.
Kaiserin empress
kaiserlich imperial (*nur vor Nomen*) ◊ *der kaiserliche Hof* the imperial court ◊ *das kaiserliche Rom* imperial Rome ◊ *seine Kaiserliche Hoheit* His Imperial Majesty
Kaiser- Kaiserreich empire **Kaiserschmarren** = sweet pancake, served cut up into pieces **Kaiserschnitt** Caesarean (section) ◊ *Das Kind wurde durch einen Kaiserschnitt geboren.* The baby was delivered by Caesarean. ◊ *ein Baby per Kaiserschnitt entbinden* deliver a baby by Caesarean section
Kajak kayak ◊ *Er ist Weltmeister im Einer-Kajak.* He is the world champion in solo kayak racing.
Kajal kohl
Kajalstift kohl pencil
Kajüte cabin
Kakao cocoa ◊ *eine Tasse Kakao* a cup of cocoa IDM *jdn/etw durch den Kakao ziehen* take* the mickey out of sb/sth
Kakaobohne cocoa bean **Kakaopulver** cocoa powder
Kakerlak cockroach
Kaktus, Kaktee cactus*
Kalauer corny joke
Kalb 1 calf* **2** (*Hirsch-*) fawn
kalben calve
Kalb- Kalbfleisch veal **Kalbsbraten** roast veal **Kalbsleder** calfskin ◊ *eine Tasche aus Kalbsleder* a calfskin bag **Kalbsschnitzel** veal escalope
Kaleidoskop kaleidoscope
Kalender calendar; (*Taschen-, Notiz-*) diary*
Kalenderjahr calendar year **Kalenderwoche** week ◊ *in der 52. Kalenderwoche* in week 52 ☛ *Im Englischen ist es üblicher, das Datum zu erwähnen: the week commencing 2 April.*
Kaliber calibre, (*AmE*) caliber (*auch fig*) ◊ *eine Pistole, Kaliber 9 mm* a 9mm calibre pistol ◊ *Fragen ähnlichen Kalibers* questions of similar calibre ◊ *Sie hat nicht das Kaliber ihrer Vorgängerin.* She isn't of the same calibre as her predecessor. ◊ *ein Mann vom Kaliber Kennedys* a man of Kennedy's calibre
Kalium potassium
Kalk 1 lime ◊ *Das Wasser enthält viel Kalk.* The water contains a lot of lime. **2** (*Kalkfarbe*) whitewash **3** (ANAT) calcium
kalkhaltig chalky; (*Wasser*) hard **Kalkstein** limestone
Kalkül calculation ◊ *Sein Kalkül ist nicht aufgegangen.* His calculation didn't work out. ◊ *Wir müssen dieses Ergebnis stärker ins Kalkül ziehen.* We must take this result into consideration more. ◊ *politisches Kalkül* political calculation ◊ *aus taktischem Kalkül* for tactical reasons
Kalkulation 1 calculation ◊ *Nach seiner Kalkulation ist das billiger.* According to his calculations this is cheaper. **2** (*Kostenvoranschlag*) costing
kalkulierbar calculable
kalkulieren 1 calculate ◊ *die Kosten exakt kalkulieren* calculate the exact cost ◊ *finanziell kalkulieren* make financial calculations **2** (**mit**) *etw ~* reckon on sth ◊ *Wir hatten mit mehr Besuchern kalkuliert.* We had reckoned on more visitors.
Kalorie calorie ◊ *wenig Kalorien haben* be low in calories
kalorienarm low-calorie (*nur vor Nomen*), low in calories (*nicht vor Nomen*) ◊ *sich kalorienarm ernähren* be on a low-

kalorienreich

calorie diet ◊ *Tomaten sind kalorienarm.* Tomatoes are low in calories. **kalorienreich** high-calorie (*nur vor Nomen*), high in calories (*nicht vor Nomen*) ◊ *eine kalorienreiche Ernährung* a high-calorie diet ◊ *Dieser Nachtisch ist sehr kalorienreich.* This dessert in very high in calories.

kalt 1 cold ◊ *Ich habe kalte Füße.* My feet are cold. ◊ *Es ist sehr kalt geworden.* It's turned very cold. ◊ *kalt duschen* have a cold shower ◊ *kalt essen* have a cold meal ◊ *Der Pullover muss kalt gewaschen werden.* The sweater has to be washed in cold water. ◊ *der Kalte Krieg* the Cold War ◊ *draußen im Kalten stehen* stand out in the cold ◊ *Die Miete beträgt kalt 400 €.* The rent is € 400, plus bills. ◊ *Mich überkam das kalte Grausen.* A shiver ran up my spine. **2 jdm ist ~** sb is cold ◊ *Mir ist so kalt!* I'm so cold! **3** *etw ~* **stellen** chill sth ◊ *die Getränke kalt stellen* chill the drinks **4** *etw lässt jdn kalt* (*unberührt*) sb is/remains unmoved by sth; (*uninteressiert, unbeeindruckt*) sth leaves sb cold ◊ *Seine Tränen ließen sie völlig kalt.* She was completely unmoved by his tears. IDM ⇒ BLUT, DUSCHE, FUSS, KAFFEE *und* RÜCKEN

Kaltblüter cold-blooded creature ◊ *Fische sind Kaltblüter.* Fish are cold-blooded (creatures). **kaltblütig 1** *Adj* (*gefühllos*) cold-blooded **2** *Adv* in cold blood ◊ *jdn kaltblütig erschießen* shoot sb in cold blood **3** *Adv* (*gelassen*) cool (*Adv* coolly) **Kaltblütigkeit 1** (*Gefühllosigkeit*) cold-bloodedness **2** (*Gelassenheit*) sangfroid

Kälte 1 cold ◊ *vor Kälte zittern* shiver with cold ◊ *bei eisiger Kälte* in the freezing cold ◊ *Wir standen in der Kälte.* We were standing in the cold. ◊ *15 Grad Kälte* 15 degrees below freezing **2** (*Gefühls-*) coldness
Kälteeinbruch cold snap (*umgs*) **Kältewelle** cold spell
Kalt- Kaltfront cold front **Kaltluft** cold air **Kaltmiete** rent excluding bills **Kaltschale** fruit soup
kaltschnäuzig callous (*Adv* callously)
kaltstellen jdn ~ freeze* sb out (*umgs*)
Kalzium calcium
Kamel 1 camel **2** (*Dummkopf*) idiot (*umgs*) ◊ *Ich bin vielleicht ein Kamel!* What an idiot I am!
Kamera camera ◊ *vor laufender Kamera* on camera
Kamerad(in) friend; (*Soldat*) fellow soldier, (*BrE auch*) comrade (*veraltet*)
Kameradschaft camaraderie ◊ *Es herrscht echte Kameradschaft in der Gruppe.* There's a great feeling of camaraderie in the group.
kameradschaftlich friendly
Kamera- Kamerafrau camerawoman* ☛ G 2.2d **Kameramann** cameraman* ☛ G 2.2d
Kamille camomile
Kamillentee camomile tea
Kamin 1 fireplace, fire ◊ *ein Spiegel über dem Kamin* a mirror over the fireplace ◊ *ein Raum mit offenem Kamin* a room with an open fire ◊ *am Kamin sitzen* sit by the fire **2** (*Schornstein*) chimney IDM *etw in den Kamin schreiben* write* sth off
Kaminfeuer (open) fire ◊ *ein schönes Kaminfeuer* a lovely open fire ◊ *am Kaminfeuer sitzen* sit by the fire
Kamm 1 (*auch bei Vögeln*) comb **2** (*Gebirgs-, Wellen-*) crest IDM *alle(s)* **über einen Kamm scheren** ◊ *alle Jugendlichen über einen Kamm scheren* generalize about young people ◊ *Es lässt sich nicht alles über einen Kamm scheren.* You can't generalize.
kämmen jdm/sich die Haare ~; jdn/sich ~ comb sb's/your hair ◊ *sich die Haare nach hinten kämmen* comb your hair back
Kammer 1 (POL, TECH, ANAT) chamber **2** (*Gericht*) division ◊ *eine Kammer des Gerichts* one division of the court **3** (*Berufsorganisation*) professional body* **4** (*Schlaf-*) bedroom; (*Abstell-*) storeroom
Kammerchor chamber choir ☛ G 1.3b **Kammerjäger** pest control officer **Kammerkonzert** concert of chamber music **Kammermusik** chamber music **Kammerorchester** chamber orchestra ☛ G 1.3b
Kampagne campaign ◊ *eine Kampagne zur Verkehrssicherheit starten* launch a road safety campaign
Kampf 1 fight (*auch fig*) ◊ *jdn zum Kampf herausfordern* challenge sb to a fight ◊ *der Kampf gegen die organisierte Kriminalität* the fight against organized crime ◊ *der Kampf der Geschlechter* the battle of the sexes **2** *die Kämpfe* (the) fighting [U] ◊ *Die Kämpfe gingen weiter.* Fighting continued. ◊ *die Kämpfe in Kabul* the fighting in Kabul **3** (*um etw zu erreichen*) struggle ◊ *der Kampf ums Überleben* the struggle for survival ◊ *der bewaffnete Kampf* the armed struggle ◊ *der Kampf um die Meisterschaft* the battle for the championship IDM **jdm/etw den Kampf ansagen** declare war on sb/sth
Kampfansage ~ (an jdn/etw) declaration of war (on sb/sth) **Kampfanzug** combat uniform, (*BrE auch*) battledress [U] **Kampfbereitschaft** combat readiness ◊ *die Truppen in Kampfbereitschaft versetzen* put troops on combat readiness **Kampfeinsatz** military operation
kämpfen 1 (gegen jdn/etw) ~ fight* (against sb/sth); **für/um jdn/etw** ~ fight* for sb/sth; **mit jdm** ~ fight* sb ◊ *ums Überleben kämpfen* fight for survival ◊ *Sie kämpfen um ihre Arbeitsplätze.* They are fighting for their jobs. ◊ *In der Hauptstadt wurde wieder gekämpft.* There was renewed fighting in the capital. ◊ *mit den Tränen kämpfen* fight back tears **2** mit sich ~ struggle with yourself ◊ *Ich kämpfte lange mit mir, bevor ich es ihm sagte.* I had to struggle with myself to tell him. **3** mit etw ~ contend with sth ◊ *Ich hatte mit vielen Problemen zu kämpfen.* I had a lot of problems to contend with. **4** um etw ~ (*Wettbewerb*) compete for sth ◊ *Sie kämpfen um die Goldmedaille.* They were competing for the gold medal. IDM ⇒ HAKEN
Kämpfer(in) fighter; (*Befürworter auch*) campaigner; (*Sport*) competitor ◊ *ein Kämpfer für den Frieden* a peace campaigner
kämpferisch ready for a fight (*nicht vor Nomen*); (*aggressiv*) aggressive; (*mutig*) spirited ◊ *Sie zeigten sich kämpferisch.* They were ready for a fight. ◊ *sein kämpferischer Ton* his aggressive tone ◊ *Sie war eine kämpferische junge Frau.* She was a spirited young woman. ◊ *kämpferische Auseinandersetzungen* battles
Kampf- Kampfflugzeug fighter (plane) **Kampfgeist** fighting spirit **Kampfhandlungen** fighting [U] ◊ *die Kampfhandlungen in Bosnien* the fighting in Bosnia ◊ *die Kampfhandlungen einstellen* cease hostilities **Kampfhund** fighting dog **Kampfkraft** strength; (MIL) military strength **Kampfrichter(in)** referee **Kampfsport** martial art **Kampfstoff** agent ◊ *der Kampfstoff Anthrax* the agent anthrax ◊ *chemische Kampfstoffe* chemical weapons
kampieren camp out
Kanal 1 canal; (*Ärmel-*) (English) Channel **2** (*Abwasser-*) sewer **3** (*Radio, Fernsehen*) channel **4** (*Weg*) channel ◊ *über diplomatische Kanäle* through diplomatic channels
Kanalisation sewerage system; (*Kanäle auch*) sewers [Pl] ◊ *in die Kanalisation fließen* flow into the sewerage system
kanalisieren 1 lay* sewers in sth ◊ *eine Stadt kanalisieren* lay sewers in a town ◊ *Der Ortsteil ist noch nicht kanalisiert.* This part of the village has no mains sewerage. **2** (*Fluss*) canalize **3** (*Verkehr*) control*; (*Emotionen*) harness
Kanarienvogel canary*
Kandidat(in) candidate; (*für eine Stelle*) applicant ◊ *einen Kandidaten für den Stadtrat aufstellen* put forward a candidate for the town council
Kandidatenliste list of candidates
Kandidatur candidacy ◊ *seine Kandidatur anmelden* announce your candidacy ◊ *Er verzichtet auf eine Kandidatur für das Amt des Bürgermeisters.* He is not standing for election as mayor.
kandidieren (für etw) ~ stand* (for sth) ◊ *Sie kandidiert fürs Parlament.* She is standing for election to Parliament. ◊ *Er kandidiert bei der nächsten Wahl nicht mehr.* He will not be standing as a candidate in the next election. ◊ *Sie kandidiert für die Präsidentschaft.* She's running for President.
kandiert crystallized
Kandiszucker amber sugar crystals [Pl], (*AmE*) rock candy crystals [Pl]
Känguru kangaroo*
Kaninchen rabbit
Kaninchenstall rabbit hutch
Kanister jerrycan
Kännchen (*Milch*) jug, (*AmE*) pitcher; (*Kaffee etc.*) (small) pot
Kanne (*Kaffee-, Tee-*) pot; (*Milch-*) churn; (*Öl-, Gieß-*) can
Kannibale, Kannibalin cannibal
kannibalisch cannibalistic
Kannibalismus cannibalism

Kanon canon
Kanone 1 cannon* **2** (*Revolver*) gun IDM **eine Kanone in etw sein** be an ace at sth **unter aller Kanone** terrible
Kanonenkugel cannonball
Kanonier(in) gunner
Kantate cantata
Kante 1 edge **2** (*Felsgrat*) ridge IDM **etw auf der hohen Kante haben** have sth put by **etw auf die hohe Kante legen** put* sth by ☛ *Siehe auch* ECKE
kanten 1 (*Skisport*) carve **2** (*auf die Kante stellen*) tilt
kantig 1 angular **2** (*Charakter, Bewegung*) awkward
-kantig -sided ◊ *vierkantig* four-sided
Kantine canteen
Kanton canton
kantonal cantonal
Kantor conductor of a/the choir, choirmaster
Kantorei church choir
Kantorin conductor of a/the choir
Kanu canoe ◊ *Kanu fahren* go canoeing
Kanüle (*Spritze*) (hypodermic) needle
Kanzel 1 (REL) pulpit ◊ *auf der Kanzel stehen* stand in the pulpit **2** (AERO) cockpit **3** (*Berg-*) spur
Kanzlei office; (*Anwalts-*) chambers [Pl]
Kanzler(in) 1 ⇨ BUNDESKANZLER **2** ⇨ REICHSKANZLER **3** (*einer Universität*) registrar
Kanzleramt 1 chancellery **2** (*Posten*) chancellorship
Kanzleramtsminister(in) Minister of State in the Chancellery, Head of the Chancellery **Kanzlerkandidat(in)** candidate for Chancellor
Kanzlerschaft chancellorship; (*Amtszeit*) period of office as Chancellor
Kap cape ◊ *das Kap der Guten Hoffnung* the Cape of Good Hope
Kapazität 1 capacity* [meist Sing] ◊ *Die Halle hat eine Kapazität von 600 Plätzen.* The hall has a capacity of 600. ◊ *Die Kapazitäten des Flughafens sollen erweitert werden.* The capacity of the airport is to be increased. ◊ *Die Kapazität der Müllverbrennungsanlage ist erschöpft.* The incineration plant is operating at full capacity. **2** (*Experte*) expert **3** (PHYSIK) capacitance
Kapelle¹ (REL) chapel
Kapelle² (MUS) band ☛ G 1.3b
Kapellmeister(in) conductor; (*einer Blas- oder Militärkapelle*) bandmaster
Kaper caper
kapern seize, capture; (*Flugzeug, Bus etc.*) hijack
kapieren 1 *Sie kapiert unheimlich schnell.* She's really quick to catch on. **2** *etw ~* get* sth (*umgs*) ◊ *Die Matheaufgabe kapiere ich nicht.* I don't get the maths homework. ◊ *Kapier doch endlich – ich will nicht!* I just don't want to – get it? ◊ *Das kapiere ich nicht.* I don't get it. ◊ *Das ist mein Fahrrad, kapiert?* This is my bike – OK?
kapital 1 major ◊ *ein kapitaler Fehler* a major mistake ◊ *Das war eine kapitale Dummheit.* That was extremely foolish. **2** (*Hirsch*) royal
Kapital capital [U] (*auch fig*) ◊ *Kapital anhäufen/beschaffen* accumulate/raise capital IDM **aus etw Kapital schlagen** capitalize on sth; make* capital out of sth ◊ *Sie konnten aus ihren Chancen kein Kapital schlagen.* They failed to capitalize on their chances. ◊ *Er versucht aus dem Skandal politisches Kapital zu schlagen.* He is trying to make political capital out of the scandal.
Kapitalanlage capital investment **Kapitalbeteiligung** stakeholding; (*Anteil*) stake **Kapitalbeteiligungsgesellschaft** venture capital company* **Kapitalertrag** capital gain **Kapitalgesellschaft** joint-stock company*
Kapitalismus capitalism
Kapitalist(in) capitalist
kapitalistisch capitalist ◊ *ein kapitalistisches System* a capitalist society
Kapital- Kapitalmarkt capital market **Kapitalverbrechen** serious crime; (*in Ländern mit Todesstrafe*) capital offence
Kapitän(in) captain
Kapitel chapter (*auch fig*) ◊ *ein dunkles Kapitel unserer Geschichte* a dark chapter in our history IDM **ein abgeschlossenes Kapitel** ◊ *Für uns ist das ein abgeschlossenes*

Kapitel. From our point of view, the matter is over and done with. **ein Kapitel für sich sein** be another matter
Kapitell capital
Kapitulation surrender ◊ *eine bedingungslose Kapitulation* unconditional surrender ◊ *Diese Maßnahme ist keine Kapitulation vor dem organisierten Verbrechen.* This measure does not mean that we are giving in to organized crime.
kapitulieren 1 surrender ◊ *endgültig/kampflos kapitulieren* surrender completely/without a fight **2** (**vor etw**) **~** give* up (in the face of sth) ◊ *vor den Schwierigkeiten kapitulieren* give up in the face of the difficulties
Kaplan chaplain; (*Hilfsgeistlicher*) curate
Kappe cap ☛ *Hinweis bei* DECKEL IDM **auf jds Kappe gehen** be down to sb ◊ *Die Niederlage ging auf ihre Kappe.* The defeat was down to her. **etw auf seine (eigene) Kappe nehmen** take* the responsibility for sth
kappen 1 (*stutzen*) cut* sth back **2** (*durchschneiden*) cut* through sth **3** (*reduzieren*) cut* ◊ *500 Stellen werden gekappt.* 500 jobs are to be cut.
Käppi cap
Kapriole (*Streich*) trick ◊ *sich die tollsten Kapriolen leisten* get up to the maddest tricks ◊ *Das Wetter schlägt mal wieder Kapriolen.* The weather is up to its tricks again.
Kapsel capsule
kaputt 1 (*defekt*) broken; (*Gerät meist*) not working (*nicht vor Nomen*) ◊ *kaputtes Spielzeug* broken toys ◊ *Das Telefon ist kaputt.* The phone isn't working. ◊ *Die Glühbirne ist kaputt.* The bulb has gone. ◊ *Mein Auto ist kaputt.* There's something wrong with my car. ◊ *Die Schuhe sind kaputt.* These shoes have had it. **2** (*erschöpft*) exhausted, shattered, (*bes AmE*) bushed (*nicht vor Nomen*) ◊ *Er war völlig kaputt.* He was absolutely shattered. **3** (*Familie, Beziehung etc.*) wrecked, on the rocks (*nicht vor Nomen*) ◊ *eine kaputte Ehe* a marriage on the rocks ◊ *Kinder aus kaputten Familien* children from broken homes ◊ *ein kaputter Typ* a loser **4** (*Herz, Knie etc.*) bad*
kaputtgehen 1 break*; (*Gerät*) go* wrong ◊ *Das Fenster ging kaputt.* The window broke. ◊ *Der Computer geht dauernd kaputt.* The computer keeps going wrong. ◊ *Die Vase ist beim Umzug kaputtgegangen.* The vase got broken in the move. **2** (*Kleidung, Schuhe*) be damaged ◊ *Die neuen Sandalen sind schon kaputtgegangen.* These new sandals are already damaged. ◊ *Jeans gehen nicht so leicht kaputt.* Jeans are very hard-wearing. **3** (*Lebensmittel*) go* off **4** (*Pflanze, Tier*) die* **5** (*Ehe, Beziehung*) break* up ◊ *Die Ehe ging schnell kaputt.* The marriage soon broke up. **6** (*ruiniert werden*) be destroyed; (*Firma*) go* bankrupt, go* bust (*umgs*) ◊ *Sie ist an Drogen kaputtgegangen.* She was destroyed by drugs.
kaputtlachen sich (über jdn/etw) ~ kill yourself laughing (at sb/sth) ◊ *Wir haben uns kaputtgelacht.* We killed ourselves laughing. ◊ *Es war zum Kaputtlachen.* It was hilarious.
kaputtmachen 1 break* ◊ *Er hat den Teller kaputtgemacht.* He broke the plate. ◊ *Wer hat den Luftballon kaputtgemacht?* Who's burst the balloon? **2** (*ruinieren*) ruin; (*zerstören*) destroy ◊ *Sie hat sich die Schuhe kaputtgemacht.* She ruined her shoes. ◊ *Die Autobahn hat die Gegend kaputtgemacht.* The motorway has ruined the area. ◊ *Die Geldsorgen haben sie kaputtgemacht.* Their financial worries have destroyed them. **3 sich (für jdn/etw) ~** wear* yourself out (for sb/sth) ◊ *Sie hat sich für ihre Familie kaputtgemacht.* She wore herself out looking after the family.
Kapuze hood ◊ *Wenn es regnet, setze ich die Kapuze auf.* If it rains, I'll put my hood up.
Karaffe carafe; (*mit Verschluss*) decanter
Karambolage crash; (*von mehreren Autos*) pile-up
Karamell caramel
Karamellbonbon (*hart*) butterscotch sweet, (*AmE*) butterscotch candy; (*weich*) toffee
karamellisieren caramelize
Karat 1 (*Edelstein*) carat ◊ *ein Diamant von drei Karat* a three-carat diamond **2** (*Gold*) carat, (*AmE*) karat ◊ *Der Ring hat 12 Karat.* The ring is 12 carat gold.
Karate karate ◊ *Karate machen* do karate
Karawane caravan; (*fig*) long line
Kardamom cardamom
Kardinal 1 (REL) cardinal **2** (*Vogel*) (red) cardinal

Kardinalfehler cardinal sin
Kardiologe, Kardiologin cardiologist ☞ G 2.2d
Kardiologie cardiology
Karenz- Karenztag unpaid (first) day of sick leave **Karenzurlaub** parental leave **Karenzzeit** waiting period
Karfiol cauliflower
Karfreitag Good Friday
karg meagre, (*AmE*) meager; (*Boden*) poor; (*Landschaft*) bare ◊ *ihr karger Lohn* their meagre wages ◊ *karg eingerichtet* sparsely furnished
kariert 1 checked ◊ *eine schwarz-weiß karierte Bluse* a black and white checked blouse **2** (*Papier*) squared ◊ *kariertes Papier* squared paper ◊ *ein karierter Schreibblock* a pad of squared paper
Karies (tooth) decay, caries (*Fachspr*)
Karikatur caricature (*auch fig*); (*Zeitungs-*) cartoon
Karikaturist(in) caricaturist; (*Zeitungs-*) cartoonist ☞ G 2.2d
karikieren caricature
karitativ charitable ◊ *eine karitative Organisation* a charitable organization ◊ *Der Erlös ist für karitative Zwecke bestimmt.* The proceeds are going to charity. ◊ *karitativ tätig sein* work for charity
Karneval carnival ◊ *der Karneval in Rio* the carnival in Rio ◊ *im Karneval* at carnival time ☞ *Hinweis bei* FASCHING
Karnevalszug carnival procession
Karo 1 square; (*Raute*) diamond **2** (*Muster*) check ◊ *eine Tischdecke mit blauweißen Karos* a blue-and-white check tablecloth **3** (*Karte*) diamond; (*Farbe*) diamonds [Pl] ☞ *Hinweis bei* PIK
Karomuster check
Karosse (state) coach; (*Auto*) car
Karosserie bodywork [U]
Karotte carrot
Karpfen carp
Karre, Karren 1 cart; (*zweirädrig*) barrow; (*Schub-*) wheelbarrow ◊ *Er hat die Säcke auf die Karre geladen.* He loaded the sacks on to the wheelbarrow. **2** (*altes Auto*) heap (*umgs*) IDM **jdm an den Karren fahren** tell* sb where to get off (*umgs*) **die Karre/den Karren aus dem Dreck ziehen** sort out the mess **die Karre/den Karren in den Dreck fahren** mess things up **jdn vor seinen Karren spannen** make* use of sb for your own purposes
karren cart; (*mit dem Auto*) drive* ◊ *Sand in den Garten karren* cart sand into the garden
Karriere career; **~ machen** be successful
Karrierefrau career woman* **Karriereleiter** career ladder ◊ *auf der untersten Stufe der Karriereleiter* on the lowest rung of the career ladder
Karte 1 card ◊ *jdm zum Geburtstag eine Karte schicken* send sb a card for their birthday ◊ *die gelbe/rote Karte* the yellow/red card ◊ *mit Karte zahlen* pay by credit card **2** (*Speise-*) menu; **nach der ~ essen** eat* à la carte ◊ *Die Karte bitte!* Could we have the menu, please? **3** (*Fahr-, Flug-, Eintritts-*) ticket ◊ *eine Karte lösen* buy a ticket **4** (*Spiel-*) (playing) card ◊ *Karten spielen* play cards ◊ *ein Spiel Karten* a pack/deck of cards **5** (*Land-*) map; (*See-*) chart ◊ *eine Karte von Italien* a map of Italy IDM **alles auf eine Karte setzen** put* all your eggs in one basket **gute/schlechte Karten haben 1** have a good/bad hand **2** (*fig*) be in a strong/weak position **jdm die Karten legen** read* the cards for sb **jdm in die Karten sehen 1** look at sb's cards **2** (*fig*) find* out what sb is up to **mit offenen Karten spielen** put* your cards on the table **mit verdeckten Karten spielen** play your cards close to your chest **schlechte Karten haben** not stand* much chance **seine Karten aufdecken/offen auf den Tisch legen** put* your cards on the table **sich nicht/von niemandem in die Karten sehen lassen** play your cards close to your chest
Kartei card index, (*AmE*) card catalog
Karteikarte index card **Karteikasten** card index, (*AmE*) card catalog **Karteileiche** non-active member
Kartell cartel ☞ G 1.3b
Kartellamt, (*in GB*) ≈ Competition Commission, (*in den USA*) ≈ Antitrust Division
Karten- Kartenhaus 1 house of cards **2** (*auf einem Schiff*) chart room **Karteninhaber(in)** cardholder **Kar-**

tenspiel 1 card game **2** (*Satz Karten*) pack of cards, (*AmE*) deck of cards **Kartentelefon** cardphone **Kartenvorverkauf** advance booking
Kartoffel potato*
Kartoffelbrei mashed potato **Kartoffelchips** (potato) crisps, (*AmE*) (potato) chips ☞ *Hinweis bei* CHIP, S. 874. **Kartoffelpuffer** potato pancake **Kartoffelpüree** mashed potato **Kartoffelsalat** potato salad
Kartograph(in) cartographer ☞ G 2.2d
Kartographie cartography
Karton 1 (*Schachtel*) (cardboard) box **2** (*Pappe*) card; (*dicker*) cardboard
Karussell roundabout, (*AmE*) carousel ◊ *Karussell fahren* go on the roundabout
Karwoche holy week
kaschieren conceal
Kaschmir cashmere ◊ *eine Jacke aus Kaschmir* a cashmere jacket
Käse 1 cheese **2** (*Unsinn*) rubbish, (*AmE*) garbage
Käsekuchen cheesecake **Käseplatte** cheese board
Kaserne barracks* ◊ *in der Kaserne wohnen* live in barracks ☞ G 1.3b
Kasino 1 (*Spiel-*) casino* **2** (*für Feiern*) function room **3** (*Offiziers-*) officers' mess
Kaskade 1 cascade **2** (*Schwall*) barrage ◊ *Sie musste eine Kaskade von Beschimpfungen über sich ergehen lassen.* She had to face a barrage of insults.
Kasper 1 (*im Kasperletheater*) Punch **2** (*Spaßmacher*) clown
Kasperletheater Punch and Judy show; (*Bühne*) puppet theatre, (*AmE*) puppet theater ◊ *Kasperletheater spielen* put on a Punch-and-Judy show
Kasse 1 cash box; (*Registrier-*) cash register, (*BrE auch*) till; (*Partei-*) coffers [Pl] ◊ *Die Kasse stimmt nicht.* There's money missing from the till. ◊ *Das Geld floss in die Kasse der Partei.* The money went into the party coffers. ◊ *Er verwaltet bei uns im Verein die Kasse.* He is treasurer of our club. **2** (*Schalter*) cash desk; (*im Supermarkt*) checkout; (*Theater, Kino*) box office; (*im Schwimmbad, Museum etc.*) ticket office; (*in einer Behörde etc.*) cashier's office **3** (*Haushalts-, Spiel-, Kaffee-*) kitty*; (*Porto- etc.*) petty cash (box) [U] ◊ *Wie viel haben wir denn in der Kasse?* How much is in the kitty? ◊ *Nimm dir das Geld für die Kekse aus der Kasse.* Take the money for the biscuits from petty cash. ◊ *Wer führt die Kasse?* Who's in charge of the money? ◊ *Hauptsache, die Kasse stimmt!* The main thing is the money's OK! **4** ⇨ SPARKASSE **5** ⇨ KRANKENKASSE IDM **die Kasse klingelt/die Kassen klingeln** the tills are ringing **gemeinsame Kasse machen** share the bills/expenses **getrennte Kasse haben** each pay* separately **gut bei Kasse sein** be well off **in die Kasse greifen** have your fingers in the till **Kasse machen 1** (*abrechnen*) cash up **2** (*Bilanz ziehen*) work out your finances **3** (*Geld einnehmen*) make* a lot of money; rake it in (*umgs*) **knapp/schlecht bei Kasse sein** be hard up (*umgs*) **volle Kassen bringen** make*/bring* in a lot of money (**jdn**) **zur Kasse bitten** ask sb to pay
Kasseler smoked pork loin
Kassen- Kassenarzt, -ärztin = doctor who treats patients who are members of the state health insurance scheme **Kassenbon** receipt **Kassenpatient(in)** = patient who is a member of the state health insurance scheme **Kassenschlager** top seller; (*Film, Theater*) box-office hit **Kassenwart(in)** treasurer **Kassenzettel** ⇨ KASSENBON
Kassette 1 cassette ◊ *etw auf Kassette aufnehmen* record sth on cassette **2** (*Schatulle*) box **3** (*Hülle*) slip case; (*mit Büchern, CDs etc.*) boxed set ◊ *vier Bände in Kassette* four volumes in a slip case ◊ *eine Kassette mit Fontanes gesammelten Werken* a boxed set of Fontane's collected works
Kassettenrekorder cassette recorder
kassieren 1 collect your money; **bei jdm ~** take* sb's money ◊ *Der Zeitungsjunge war da, um zu kassieren.* The newspaper boy came to collect his money. ◊ *Bei uns hat noch keiner kassiert.* Nobody's taken our money yet. ◊ *Darf ich kassieren?* Can I bring the bill? **2** (*bekommen*) get*; (*entgegennehmen*) take*; (*einsammeln*) collect ◊ *Er kassiert 10% der Einnahmen.* He gets 10% of the earnings. ◊ *Dafür hat er viel Lob kassiert.* He got a lot of praise for that. ◊ *Schmiergelder kassieren* take bribes ◊ *Im Weitsprung kas-*

sierte sie zwei Titel. She took two titles in the long jump. ◊ *Sie geht rum und kassiert die Beiträge.* She goes round and collects the membership fees. ◊ *Für Glasflaschen wird Pfand kassiert.* You have to pay a deposit on glass bottles. **3** *(konfiszieren)* take* *sth* away, seize ◊ *Die Polizei hat seinen Führerschein kassiert.* The police took his licence away. ◊ *Der Zoll hat jede Menge Schmuggelware kassiert.* The Customs seized a large amount of smuggled goods. **4** *(gefangen nehmen)* arrest **5** (SPORT) *(Niederlage)* suffer; *(Tor)* let* *sth* in IDM **ganz schön (Geld) kassieren** make* a lot of money

Kassierer(in) 1 cashier; *(im Supermarkt)* checkout operator ☛ G 2.2d **2** ⇨ KASSENWART(IN)

Kastagnetten castanets [Pl]

Kastanie chestnut; *(Baum auch)* chestnut tree **kastanienbraun** chestnut (brown)

Kästchen 1 *(kleine Schachtel)* small box **2** *(vorgedrucktes Quadrat)* square; *(auf Fragebögen)* box

Kaste caste

Kasten 1 *(Kiste, Turngerät)* box ◊ *Turnübungen am Kasten* exercises on the box **2** *(Getränke-)* crate ◊ *ein Kasten Bier* a crate of beer **3** ⇨ BRIEFKASTEN **4** ⇨ SCHAUKASTEN **5** *(Gebäude)* big ugly building; *(Wohnhaus)* barn of a place **6** *(Schrank)* cupboard **7** *(Tor)* goal IDM **etw/viel auf dem Kasten haben** be very bright **jdn/etw im Kasten haben** have got a picture of sb/sth; *(Film)* have got sth in the can **kastenförmig** box-like **Kastenwagen** van, *(AmE)* panel truck

kastrieren castrate

Katalog catalogue, *(AmE meist)* catalog

Katalysator, Kat 1 catalytic converter ◊ *ein geregelter Katalysator* a regulated catalytic converter **2** (CHEM) catalyst *(auch fig)*

Katapult catapult, *(AmE)* slingshot

katapultieren catapult; **sich ~** be catapulted ◊ *Die Wucht des Aufpralls katapultierte den Fahrer aus seinem Wagen.* The force of the impact catapulted the driver out of his car. ◊ *Er katapultierte sich auf Platz eins.* He was catapulted to the number one position.

katastrophal 1 *Adj* disastrous; *(stärker)* catastrophic; *(Zustände)* appalling ◊ *Die Lage im Krisengebiet ist katastrophal.* The situation in the crisis area is catastrophic. **2** *Adv* disastrously; *(sehr schlecht)* appallingly ◊ *Der Plan ist katastrophal gescheitert.* The plan failed disastrously. ◊ *Sie haben katastrophal gespielt.* They played appallingly.

Katastrophe disaster; *(stärker)* catastrophe **Katastrophenalarm** disaster alert ◊ *In dem Gebiet wurde Katastrophenalarm ausgelöst.* The area was put on disaster alert. **Katastrophengebiet** disaster area **Katastrophenhilfe** disaster relief **Katastrophenschutz 1** disaster prevention **2** *(Organisation)* emergency services [Pl]

Katechismus catechism

Kategorie category* ◊ *80% aller Delikte fallen unter diese Kategorie.* 80% of all crimes fall into this category. ◊ **in eine Kategorie gehören** belong in a category

kategorisch categorical *(Adv* categorically); *(Ablehnung, Weigerung auch)* flat *(Adv* flatly) ◊ *ein kategorisches Nein* a categorical 'No' ◊ *Sie hat den Vorschlag kategorisch abgelehnt.* She categorically rejected the suggestion. ◊ *Er weigerte sich kategorisch mitzumachen.* He flatly refused to join in.

Kater 1 tomcat, tom **2** *(nach Alkoholgenuss)* hangover

Kathedrale cathedral ◊ *die Kathedrale von Reims* Rheims Cathedral

Katheter catheter

Katholik(in) (Roman) Catholic ◊ *Sie ist Katholikin.* She's (a) Catholic.

katholisch (Roman) Catholic ◊ *Sie sind katholisch.* They're Catholic. ◊ *Sie haben katholisch geheiratet.* They had a Catholic wedding. ◊ *Sie wollen die Kinder katholisch erziehen.* They want to bring the children up as Catholics. ◊ *Er ist streng katholisch.* He's a strict Catholic.

Katz IDM **etw ist für die Katz** sth is a waste of time/effort/energy **Katz und Maus mit jdm spielen** play cat and mouse with sb

Kätzchen 1 *(kleine Katze)* little cat; *(junge Katze)* kitten **2** *(Blüte)* catkin

Katze cat; *(weiblich)* female cat; *(Raubkatze)* big cat IDM **die Katze aus dem Sack lassen** let* the cat out of the bag **die Katze im Sack kaufen** buy* a pig in a poke **die Katze lässt das Mausen nicht** a leopard cannot change its spots ☛ *Siehe auch* BREI

Katzenauge 1 cat's eye **2** *(Reflektor)* reflector **Katzenjammer** *(nach einem Misserfolg)* mood of despondency; *(Kater)* hangover **Katzensprung** stone's throw ◊ *Das Kino ist nur einen Katzensprung von hier.* The cinema's only a stone's throw from here.

Kauderwelsch 1 gibberish [U]; *(Sprachgemisch)* mishmash ◊ *Er sprach ein furchtbares Kauderwelsch.* He talked awful gibberish. ◊ *in einem Kauderwelsch aus Englisch und Spanisch* in a mishmash of English and Spanish **2** *(Fachjargon)* gobbledegook *(umgs)*

kauen 1 chew ◊ *Er kaute an seinem Bleistift.* He chewed (on) his pencil. ◊ **an/auf den Nägeln kauen** bite your nails **2 an etw ~** struggle with sth; **jd hat an etw zu ~** it takes* sb a long time to get over sth ◊ *Ich kaue noch an der Frage, wie ich das alles bezahlen soll!* I'm still struggling with the problem of how I'm going to pay for all that. ◊ *An der Zurückweisung hatte er noch lange zu kauen.* It took him a long time to get over the rejection.

kauern (**sich**) **~** crouch (down); *(ängstlich)* cower ◊ *sich hinter eine Hecke kauern* crouch behind a hedge ◊ *Das Kind kauerte sich verschreckt in eine Ecke.* The child cowered with fright in a corner.

Kauf 1 purchase *(oft mit einem Verb übersetzt)* ◊ **einen Kauf abschließen** complete a purchase ◊ **sich zum Kauf entschließen** decide to purchase ◊ **beim Kauf eines Gebrauchtwagens** when buying a used car **2** *(Verkauf)* sale ◊ **etw zum Kauf anbieten** offer sth for sale **3** *(gekaufter Gegenstand)* buy, purchase *(gehoben)* ◊ *ein guter Kauf* a good buy ◊ *ein günstiger Kauf* a bargain IDM **etw in Kauf nehmen** put* up with sth; accept sth

kaufen 1 buy*, purchase* *(gehoben)* ◊ *Ich kaufe meiner Mutter ein paar Blumen.* I'll buy my mother some flowers. ◊ *Sie kaufte sich ein Auto.* She bought herself a car. ◊ *Die Schule kaufte mehrere Computer.* The school purchased several computers. ◊ *Das wird viel gekauft.* That sells well. **2** *(einkaufen)* shop* ◊ *Wir kaufen nur im Supermarkt.* We always shop at the supermarket. **3** *(bestechen)* bribe **4 sich jdn ~** *(jdm die Meinung sagen)* give* sb a piece of your mind IDM **dafür kann ich mir nichts kaufen** what use is that?; that's a fat lot of use *(umgs)* ☛ *Siehe auch* APFEL *und* KATZE

Käufer(in) buyer, purchaser *(gehoben)*

Kauf- Kauffrau 1 *(Geschäftsfrau)* businesswoman* ☛ G 2.2d **2** *(mit kaufmännischer Lehre)* = person* with commercial qualifications **3** *(Diplom-)* = sb who has got a degree in business studies **Kaufhaus** department store **Kaufhausdetektiv(in)** store detective ☛ G 2.2d **Kaufkraft 1** *(von Geld)* purchasing power [U] **2** *(eines Käufers)* spending power [U] ◊ *Studenten verfügen über eine geringe Kaufkraft.* Students don't have much spending power. **Kaufladen** toy shop

käuflich 1 for sale ◊ *Das Gemälde ist nicht käuflich.* The painting isn't for sale. ◊ *Gesundheit ist nicht käuflich.* You can't buy health. ◊ **etw käuflich erwerben** buy sth **2** *(bestechlich)* open to bribery ◊ *Ich bin nicht käuflich.* I'm not open to bribery. ◊ *ein käuflicher Zeuge* a witness who can be bribed

Kauf- Kaufmann 1 *(Geschäftsmann)* businessman* ☛ G 2.2d **2** (GESCH) merchant **3** *(mit kaufmännischer Lehre)* = person* with commercial qualifications **4** *(Diplom-)* = person* with a degree in business studies **kaufmännisch** business ◊ *eine kaufmännische Lehre machen* do business training ◊ *Sie ist kaufmännische Angestellte.* She's in sales. **Kaufpreis** purchase price **Kaufvertrag** sales contract **Kaufzwang** obligation to buy ◊ *Es besteht kein Kaufzwang.* There is no obligation to buy.

Kaugummi (chewing) gum [U] ◊ *Er kaute Kaugummi.* He was chewing gum. ◊ *ein Kaugummi* a piece of chewing gum

Kaulquappe tadpole

kaum 1 *(fast gar nicht, schwerlich)* hardly, barely ◊ *Sie kannte ihn kaum.* She hardly knew him. ◊ *Ich bin kaum zu Hause.* I'm hardly ever home. ◊ *Kaum jemand hält sich daran.* Hardly anyone sticks to that. ◊ *Sie war kaum wieder zu erkennen.* She was barely recognizable. ◊ *Ihre Stimme war kaum zu hören.* You could barely hear her voice. ◊ *Sie*

Kaution

ist kaum älter als ich. She's not much older than me. ◊ *Kaum zu glauben!* That's incredible! ◊ *Ohne dich hätte ich das wohl kaum geschafft.* I couldn't have done it without you. ◊ *Ich glaube kaum, dass ...* I don't really think that ... **2** (*vermutlich nicht*) hardly ◊ *Das Kind wird ja wohl kaum Bier trinken!* The child is hardly going to drink beer! **3** (*gerade erst*) scarcely (*gehoben*) ◊ *Kaum war ich eingeschlafen, klingelte es.* I had scarcely fallen asleep when the doorbell rang. IDM ⇨ UNTERBIETEN
Kaution 1 deposit ◊ *drei Monatsmieten Kaution* a deposit of three months' rent ◊ *Wie viel Kaution musst du hinterlegen?* How big is your deposit? **2** (RECHT) bail [U] ◊ *eine Kaution für jdn stellen/zahlen* stand bail for sb ◊ *Sie wurde gegen eine Kaution von 3 000 Dollar freigelassen.* She was released in return for 3 000 dollars bail.
Kauz 1 (*Vogel*) (small) owl **2** (*Mensch*) odd bird
kauzig odd, funny (*umgs*)
Kavalier gentleman
Kavaliersdelikt minor offence
Kavallerie cavalry*
Kaviar caviar
Kebab kebab
keck cheeky* (*Adv* cheekily)
Keeper(in) goalkeeper
Kegel 1 (*geometrische Figur*) cone **2** (*beim Kegeln*) skittle; (*beim Bowling*) pin ◊ *Es sind alle Kegel gefallen.* All the pins went down. **3** (*Licht-*) beam IDM ⇨ KIND
Kegelbahn 1 (*Anlage*) skittle alley ◊ *Hat das Hotel eine Kegelbahn?* Has the hotel got a skittle alley? **2** (*Bahn*) (skittle) alley
kegeln play skittles ◊ *Wir gehen morgen zum Kegeln.* We're playing skittles tomorrow.
Kehle throat ◊ *Er hielt ihm ein Messer an die Kehle.* He held a knife to his throat. ◊ *jdn die Kehle durchschneiden* cut sb's throat IDM **aus voller Kehle** at the top of your voice ◊ *Sie sangen aus voller Kehle.* They sang at the top of their voices. *etw in die falsche Kehle bekommen* take* sth the wrong way **etw schnürt jdm die Kehle zu** ◊ *Es schnürte mir die Kehle zu, als ich das hörte.* My throat constricted when I heard about it. **sich die Kehle aus dem Hals schreien** yell your head off (*umgs*) ☛ *Siehe auch* MESSER
Kehlkopf larynx*
Kehlkopfentzündung laryngitis
Kehrbesen broom
kehren¹ sweep* ◊ *den Boden kehren* sweep the floor
kehren² turn ◊ *Er hat die Manteltaschen nach außen gekehrt.* He turned his coat pockets inside out. ◊ *Es hat sich ja alles noch zum Guten gekehrt.* Everything turned out well after all. ◊ *Sie saß in sich gekehrt auf dem Sofa.* She sat on the sofa, wrapped up in her own thoughts. **2** (*kümmern*) bother ◊ *Er kehrte sich nicht um uns.* He didn't bother with us. IDM ⇨ BESEN, RÜCKEN *und* TEPPICH
Kehricht sweepings [Pl], rubbish [U], (*AmE*) trash [U] IDM ⇨ FEUCHT
Kehrschaufel dustpan
Kehrseite 1 back ◊ *jdm seine Kehrseite zuwenden* turn your back on sb **2** (*Nachteil*) downside ◊ *die Kehrseite seines Ruhms* the downside of his fame IDM **die Kehrseite der Medaille** the other side of the coin
kehrtmachen do* an about-turn, turn back ◊ *Sie machte sofort kehrt, als sie ihn sah.* She did an about-turn when she saw him. ◊ *Lass uns besser kehrtmachen!* Let's turn back! IDM ⇨ ABSATZ
Kehrtwendung about-turn (*auch fig*)
Kehrwoche = week in which a tenant is responsible for cleaning the stairs, pavement etc.
keifen carp, nag*
Keil wedge; (*Brems-*) chock ◊ *einen Keil in den Baumstamm treiben* drive a wedge into the tree trunk IDM **einen Keil zwischen zwei Personen etc. treiben** drive* a wedge between two people, etc.
Keilerei fight, punch-up (*umgs*)
Keilriemen drive belt; (*im Auto*) fan belt
Keim 1 (*Trieb*) shoot ◊ *Die Samen haben Keime gebildet.* The seeds have formed shoots. **2** (*Embryo*) embryo* **3** (*Krankheitserreger*) germ **4** (*fig*) seed [meist Pl] ◊ *der Keim der Hoffnung* the seeds of hope ◊ *den Keim für eine Freund-*

schaft legen sow the seeds of a friendship IDM **etw im Keim ersticken** nip* sth in the bud
keimen 1 sprout, germinate **2** (*fig*) stir* ◊ *In ihr keimte die Hoffnung.* Hope stirred within her. ◊ *das keimende Leben* the first stirrings of life
keim- keimfrei sterile ◊ *keimfreies Wasser* sterile water ◊ *etw keimfrei machen* sterilize sth **Keimzelle 1** germ cell **2** (*fig*) nucleus*
kein 1 kein(e) no, not a ◊ *Keine Ahnung!* No idea! ◊ *Kein Mensch hört mir zu.* No one is listening to me. ◊ *Das ist keine schlechte Idee!* That's not a bad idea! ◊ *Er hat keine Zeit.* He hasn't got any time. ◊ *Kann sie kein Englisch?* Can't she speak any English? ◊ *Ich habe keine Lust.* I don't want to. **2** keine(r,s) none ◊ *Ich ging in mehrere Geschäfte, aber in keinem fand ich, was ich suchte.* I went to several shops but none had what I was looking for. ◊ *„Kann ich den Wein haben?" „Tut mir Leid, es ist keiner mehr da!"* 'Could you pass me the wine?' 'I'm afraid there's none left.'

> Wird **none of** mit einem Nomen im Plural gebraucht, so kann das folgende Verb im Singular stehen (gehoben) oder im Plural (umgangssprachlich): *Keiner der Züge fährt nach London.* None of the trains is/are going to London.

3 keine(r,s) (**der beiden**) neither ◊ *Keines der beiden Mädchen ist über 20.* Neither of the girls is over 20.

> Anstatt **neither** kann man als Objekt **not ... either** verwenden: *Mir gefällt keines der Bilder.* I don't like either of the pictures. ◊ *Mich interessiert keins von beiden.* I'm not interested in either of them.

4 (*vor Zahlwörtern oder Zeitangaben*) not even, less than ◊ *Es ist noch keine Woche her, dass ich sie traf.* It's not even a week since I met her. ◊ *Der Flug hat keine 100 Dollar gekostet.* The flight cost less than a hundred dollars. **5** (*nachgestellt zur Betonung*) no ... at all ◊ *Geld hat er keins.* He hasn't got any money at all. ◊ *Lust habe ich keine.* I don't feel like it at all. **6** (*niemand*) nobody, no one; (*als Objekt auch*) not anybody, not anyone ◊ *Keiner war zu Hause.* There was nobody at home. ◊ *Ich kannte keinen.* I didn't know anyone.

> Zur Verstärkung kann man auch sagen: *I knew nobody/no one.* Achtung: **Nobody** und **no one** stehen alleine. Um „keine(r) von" oder „keine(r) + Genitiv" zu übersetzen, muss man **none of** verwenden: *Keiner hat Zeit.* Nobody is free. ◊ *Keiner meiner Freunde hat Zeit.* None of my friends are free.

keinerlei no ... whatsoever, absolutely no ◊ *Sie zeigte keinerlei Reue.* She showed no remorse whatsoever. ◊ *Dafür gibt es keinerlei Beweise.* There's absolutely no evidence of that.
keinesfalls 1 under no circumstances ◊ *Das werden wir keinesfalls so hinnehmen.* Under no circumstances will we accept this. **2** (*sicherlich nicht*) by no means ◊ *Das Problem ist keinesfalls unlösbar.* The problem is by no means insoluble.
keineswegs not at all ◊ *Ich fühle mich keineswegs alt.* I don't feel old at all. ◊ *Das bedeutet keineswegs, dass ...* That certainly doesn't mean that ...
Keks biscuit, (*AmE*) cookie ◊ *eine Packung Kekse* a packet of biscuits IDM **jdm auf den Keks gehen** get* on sb's nerves (*umgs*)
Kelch goblet; (*Abendmahls-*) chalice
Kelle 1 (*Schöpf-*) ladle **2** (*Maurer-*) trowel **3** (*Signal-*) signalling disc, (*AmE*) signaling disk
Keller cellar ◊ *Ich gehe schnell in den Keller.* I'll just pop down to the cellar. IDM **im Keller sein** be at rock bottom ◊ *Die Preise sind im Keller.* Prices are at rock bottom. ◊ *Die Stimmung ist im Keller.* Spirits are at a low. **in den Keller fallen, rutschen etc.** hit* rock bottom ☛ *Siehe auch* LEICHE
Kellerassel woodlouse*
Kellerei 1 (*Betrieb*) wine producer's **2** (*Lagerraum*) wine cellars [Pl]
Keller- Kellergeschoss basement **Kellergewölbe** vault **Kellerwohnung** basement flat
Kellner waiter ☛ G 2.2d
Kellnerin waitress ☛ G 2.2d
kellnern work as a waiter/waitress

Kelte, Keltin Celt
keltern press
keltisch Celtic
kennen 1 know* ◊ *jdn gut kennen* know sb well ◊ *Ich kenne sie irgendwoher.* I know her from somewhere. ◊ *eine Katastrophe von nie gekanntem Ausmaß* a disaster of hitherto unknown proportions ◊ *Wie ich sie kenne, kommt sie bestimmt zu spät.* If I know her, she's sure to be late. ◊ *Sie kennt kein Mitleid.* She is ruthless. ◊ *Kennst du dieses Gefühl?* Have you ever had this feeling? ◊ *Ich kenne ihn nur als fairen Chef.* In my experience, he has always been a fair boss. **2 sich ~ lernen** (*zum ersten Mal begegnen*) meet* ◊ *Wo habt ihr euch eigentlich kennen gelernt?* Where did you actually meet? **3 jdn ~ lernen** get* to know sb ◊ *Ich lernte sie bald besser kennen.* I soon got to know her better. IDM *da kennst du mich/ihn/sie aber schlecht!* Then you're very wrong! *du wirst mich noch kennen lernen!* Just you wait! *sich nicht mehr kennen* (**vor ...**) be beside yourself (with …) ◊ *Er kannte sich nicht mehr vor Wut.* He was beside himself with rage. ☛ *Siehe auch* SEHEN *und* WESTENTASCHE
Kenner(in) (*Experte*) expert; (*Wein- etc.*) connoisseur ◊ *Sie ist eine Kennerin der Renaissance.* She's an expert on the Renaissance. ◊ *Er ist ein Kenner französischer Weine.* He is a connoisseur of French wines. ◊ *Sie ist eine Kennerin Österreichs.* She knows a lot about Austria.
Kennerblick expert eye ◊ *Sie betrachtete die Statue mit Kennerblick.* She cast her expert eye over the statue. **Kennermiene mit ~** like an expert
kenntlich 1 recognizable ◊ *die Boten, kenntlich an ihrer Uniform* the messengers, recognizable by their uniforms ◊ *Sie ist für Fremde nicht gleich kenntlich.* She is not immediately recognizable to strangers. **2 etw** (**durch etw**) **~ machen** indicate sth (by sth) ◊ *etw durch Hinweisschilder kenntlich machen* indicate sth by signs
Kenntnis 1 knowledge [U/Sing] ◊ *Kenntnisse der deutschen Sprache* knowledge of the German language ◊ *Sie hatte bislang keine Kenntnis davon.* She had no previous knowledge of it. ◊ *Nach heutiger Kenntnis besteht keine Gefahr.* Now we know it's not dangerous. ◊ *Sie verreiste ohne Kenntnis der Eltern.* She went away without her parents knowing it. **2 etw zur ~ nehmen** recognize sth; (*bemerken*) note sth; ◊ *Die Kirche muss endlich zur Kenntnis nehmen, dass …* The church must finally recognize that … ◊ *Ich habe es mit Bedauern zur Kenntnis genommen.* I noted it with regret. **3 jdn zur ~ nehmen** notice sb; **jdn nicht zur ~ nehmen** take* no notice of sb ◊ *Er nahm mich einfach nicht zur Kenntnis!* He took no notice of me whatsoever. **4 von jdm/etw** (**keine**) **~ nehmen** take* (no) notice of sb/sth ◊ *Keiner nahm davon Kenntnis.* Nobody took any notice of it. **5 jdn** (**von etw**) **in ~ setzen** inform sb (of sth) ◊ *Warum hat mich niemand davon in Kenntnis gesetzt?* Why didn't anyone inform me about it?
Kenntnisstand *nach bisherigem Kenntnisstand* according to our current information ◊ *nach heutigem Kenntnisstand* according to what we know now
Kenn- Kennwort 1 *die Zuschriften unter dem Kennwort „Unicef"* the envelopes marked 'UNICEF' **2** (*Losung*) password ◊ *Das Kennwort lautet Phönix.* The password is phoenix. **Kennzeichen 1** feature ◊ *ein Kennzeichen der modernen Kunst* a feature of modern art **2** (*Auto- etc.*) number plate, (*AmE*) license plate ◊ *ein Auto mit Münchner Kennzeichen* a car with a Munich number plate ◊ *das amtliche Kennzeichen* the registration number **3** (*Abzeichen*) badge
kennzeichnen 1 mark; (*durch Etikett*) label*; (*durch Schilder*) signpost ◊ *Die Flaschen sind mit Etiketten gekennzeichnet.* The bottles are labelled. ◊ *Die Ausfahrt ist durch Hinweisschilder gekennzeichnet.* The exit is signposted. **2** (*charakterisieren*) characterize; (*darstellen*) mark ◊ *Jazzelemente kennzeichnen ihre Musik.* Her music is characterized by jazz elements. ◊ *Der erste Weltkrieg kennzeichnete eine Wende.* The first world war marked a turning point. ◊ *kennzeichnende Merkmale* characteristic features
Kennziffer (code) number; (*bei Zuschriften etc.*) reference number; (MATH) characteristic
kentern capsize ◊ *Ich bin mit dem Kajak gekentert.* My canoe capsized.
Keramik pottery [U] ◊ *mexikanische Keramik* Mexican pottery ◊ *eine Schale aus Keramik* a pottery bowl
Keramiker(in) potter ☛ G 2.2

Kerbe notch IDM *in dieselbe Kerbe schlagen* take* the same line
Kerbholz IDM *etw auf dem Kerbholz haben* have got sth on your record ◊ *Sie hat einiges auf dem Kerbholz.* She's got quite a lot on her record.
Kerker dungeon ◊ *Sie wurden in den Kerker geworfen.* They were thrown into the dungeon.
Kerl 1 bloke, (*bes AmE*) guy **2 ein ganzer ~** a real man **3 ein feiner/netter ~** a good sort
Kern 1 pip; (*in Steinobst*) stone, (*AmE*) pit **2** (*Nuss-, Mandel- etc.*) kernel **3** (PHYSIK) nucleus* ◊ *den Kern eines Atoms spalten* split the nucleus of an atom **4** (*Zentrum*) core; (*Stadt-*) centre ◊ *der Kern der Sonne* the sun's core ◊ *der Kern der Gruppe* the core members of the group ◊ *der alte Kern der Stadt* the old town centre **5** (*fig*) crux ◊ *der Kern des Problems* the crux of the problem ◊ *Im Kern geht es um die Frage, ob …* It's fundamentally a question of whether … IDM *der harte Kern* the hard core ◊ *der harte Kern der Partei* the hard core of the party
Kernbereich core; (*einer Stadt auch*) centre *einer*, (*AmE*) center **Kernenergie** nuclear energy ◊ *Gegner der Kernenergie* opponents of nuclear energy **Kernfusion** nuclear fusion **Kerngehäuse** core **kerngesund** fit as a fiddle ◊ *Ich bin kerngesund.* I'm as fit as a fiddle. **Kernkraft** nuclear power **Kernkraftgegner(in)** opponent of nuclear power **Kernkraftwerk** nuclear power station **Kernphysik** nuclear physics [U] **Kernpunkt** central point **Kernreaktor** nuclear reactor **Kernseife** household soap **Kernspaltung** nuclear fission **Kernwaffen** nuclear weapons [Pl]
Kerosin kerosene
Kerze 1 candle **2** (*Zünd-*) spark plug **3** (*beim Turnen*) shoulder stand ◊ *eine Kerze machen* do a shoulder stand **kerzengerade** absolutely straight **Kerzenlicht** candlelight ◊ *Kammermusik bei Kerzenlicht* chamber music by candlelight ◊ *ein Abendessen bei Kerzenlicht* a candlelit dinner **Kerzenleuchter, Kerzenständer** candlestick **Kerzenschein** candlelight
Kescher (landing) net
Kessel 1 (*Tee-*) kettle; (*Suppen-*) pot; (*Heiz-*) boiler; (*über einem offenen Feuer*) cauldron **2** (*Tal*) hollow ◊ *Das Dorf liegt in einem tiefen Kessel.* The village lies in a deep hollow.
Ketschup ketchup
Kette 1 chain; (*Menschen-*) human chain ◊ *Der Hund liegt an der Kette.* The dog is kept on a chain. ◊ *eine Kette von Seen* a chain of lakes ◊ *die Kette an meinem Fahrrad* the chain on my bike ◊ *Die Demonstranten bildeten eine Kette.* The demonstrators formed a human chain. ◊ *eine Kette von Niederlagen* a series of defeats **2** (*Schmuck*) necklace ◊ *eine goldene Kette* a gold necklace ◊ *eine Kette aus Silber* a silver necklace IDM *jdn an die Kette legen* keep* sb on a short leash
ketten 1 chain ◊ *Die Gefangenen wurden aneinander gekettet.* The prisoners were chained to each other. **2** (*fig*) bind* ◊ *Sie hat ihn an sich gekettet.* She bound him to her.
Ketten- Kettenbrief chain letter **Kettenkarussell** = carousel with seats on chains **Kettenraucher(in)** chain smoker ◊ *Er war Kettenraucher.* He was a chain smoker. **Kettenreaktion** chain reaction ◊ *eine Kettenreaktion auslösen* set off a chain reaction **Kettensäge** chainsaw
Ketzer(in) heretic
Ketzerei heresy ◊ *jdn der Ketzerei beschuldigen* accuse sb of heresy
ketzerisch heretical (*Adv* heretically)
keuchen 1 pant ◊ *Der Läufer kam keuchend ins Ziel.* The runner arrived at the finishing line panting. **2** (*mit Mühe sprechen*) gasp
Keuchhusten whooping cough
Keule 1 club, cudgel **2** (*Gymnastik-*) Indian club **3** (GASTRON) leg; (*Hühner-*) drumstick
keulen cull
keusch chaste (*Adv* chastely)
Keuschheit chastity
Keuschheitsgelübde vow of chastity
Keyboard keyboard ◊ *Er spielt Keyboard.* He plays the keyboard.
Kfz ⇒ KRAFTFAHRZEUG
Kfz-Kennzeichen registration (number) **Kfz-Mechaniker(in)** (garage) mechanic ☛ G 2.2 **Kfz-Steuer** road tax **Kfz-Werkstatt** garage, vehicle repair shop

Kicherebse

Kicherebse chickpea, (*AmE meist*) garbanzo bean
kichern giggle; (*verlegen*) titter; (*schadenfroh*) snigger
Kichern giggling [U], giggles [Pl]
kicken 1 kick ◊ *Er kickte einen Stein ins Meer.* He kicked a stone into the sea. **2** (*Fußball spielen*) play (football)
Kicker(in) footballer
kidnappen kidnap*
Kidnapper(in) kidnapper
Kiebitz lapwing, peewit
Kiefer¹ *die* **1** pine (tree) **2** (*Holz*) pine ◊ *eine Küche aus Kiefer* a pine kitchen
Kiefer² *der* jaw ◊ *Sie hatte sich den Kiefer gebrochen.* She had a broken jaw.
Kieferhöhlenentzündung sinusitis [U] ◊ *Sie hat eine Kieferhöhlenentzündung.* She's got sinusitis. **Kieferorthopäde, -orthopädin** orthodontist ☛ G 2.2d
Kiel¹ (*Feder-*) quill
Kiel² (NAUT) keel
Kieme gill
Kies 1 gravel **2** (*Geld*) money, cash, (*BrE auch*) dosh (*Slang*) ◊ *jede Menge Kies* pots of money
Kieselstein pebble
Kiesgrube gravel pit
kiffen smoke pot (*umgs*)
Kiffer(in) (*umgs*) ◊ *Es gibt viele Kiffer unter ihnen.* A lot of them smoke pot.
killen kill *sb* (in cold blood)
Killer hit man* (*umgs*)
Killerkommando hit squad
Kilo kilo* ◊ *zwei Kilo Zucker* two kilos of sugar ◊ *Sie hat ein paar Kilo zu viel.* She is a few kilos overweight.
Kilobyte kilobyte (*Abk* K) ◊ *eine 500 Kilobyte große Datei* 500 kilobytes of data ◊ *32 768 KByte Speicher* 32 768K of memory
Kilogramm kilogram, (*BrE auch*) kilogramme (*Abk* kg) ◊ *ein zwei Kilogramm schwerer Pilz* a mushroom weighing two kilograms
Kilometer 1 kilometre, (*AmE*) kilometer (*Abk* k, km) ◊ *ein Tunnel von 12 Kilometern Länge* a tunnel 12 kilometres long **2** ~ **pro Stunde**) kilometres per hour (*Abk* kph) ◊ *eine Höchstgeschwindigkeit von 100 km/h* a speed limit of 100 kph ◊ *Das Auto fährt zweihundert Kilometer Spitze.* The car has a top speed of 200 kph. ☛ Anstelle **Kilometer** wird in GB und den USA meist **miles** gebraucht und Höchstgeschwindigkeiten werden in **miles per hour** (**mph**) angegeben. ☛ *Siehe auch* MPH
Kilometergeld mileage (allowance) ◊ *Ich bekomme Kilometergeld.* I get a mileage allowance. **kilometerlang** ◊ *ein kilometerlanger Sandstrand* miles of sandy beach ◊ *ein kilometerlanger Stau* a tailback for miles ◊ *kilometerlange Schlangen* mile-long queues ☛ *Hinweis bei* KILOMETER *oben* **Kilometerpauschale** = tax relief for commuting **Kilometerstand** mileage [U] ◊ *ein Auto mit hohem Kilometerstand* a high mileage car **kilometerweit** for miles ◊ *kilometerweite Strecken fahren* drive for miles ◊ *kilometerweit von etw entfernt sein* be miles away from sth **Kilometerzähler** milometer, the clock (*umgs*), (*AmE*) odometer
Kilowatt kilowatt (*Abk* kW) ◊ *ein Gerät mit einer Leistung von fünf Kilowatt* a five kilowatt machine
Kilowattstunde kilowatt-hour (*Abk* kWh)
kiloweise 1 ◊ *kiloweise Kokain* several kilos of cocaine **2** (*per Kilo*) by the kilo ◊ *Äpfel werden kiloweise verkauft.* Apples are sold by the kilo.
Kind child*; (*Baby*) baby* ◊ *ein zehnjähriges Kind* a ten-year-old child ◊ *Ich bin doch kein Kind mehr!* I'm not a child! ◊ *Ich kenne sie von Kind auf.* I've known her since she was a child. ◊ *Sie erwartet ein Kind.* She's expecting a baby. ◊ *ein Kind bekommen* have a baby ◊ *ein Kind abtreiben* have an abortion IDM **ein gebranntes Kind scheut das Feuer** once bitten, twice shy **ein gebranntes Kind sein** have had your fingers burnt ◊ *Er ist ein gebranntes Kind diesbezüglich.* He's already had his fingers burnt once in that respect. **kein Kind von Traurigkeit sein** know* how to enjoy life **mit Kind und Kegel** with the whole family ☛ *Siehe auch* NAME, SCHAUKELN *und* WELT
Kinderarbeit child labour, (*AmE*) child labor **Kinderarzt, -ärztin** paediatrician, (*AmE*) pediatrician ☛ G 2.2d **Kinderbett** children's bed; (*Gitterbett*) cot, (*AmE*) crib **Kinderbuch** children's book **Kinderermäßigung** reduction for children **Kindererziehung** bringing up the children ◊ *diejenigen, die sich um die Kindererziehung kümmern* those responsible for bringing up the children **kinderfreundlich** child-friendly; (*Mensch*) fond of children (*nicht vor Nomen*) ◊ *ein kinderfreundliches Hotel* a child-friendly hotel ◊ *ein kinderfreundliches Restaurant* a restaurant where children are welcome **Kindergarten** nursery school ◊ *Sie geht noch in den Kindergarten.* She's still at nursery school. **Kindergärtner(in)** nursery teacher ☛ G 2.2d **Kindergeburtstag** (children's) birthday party* **Kindergeld** child benefit ◊ *Kindergeld bekommen* receive child benefit **Kinderheim** children's home **Kinderhort** (*für Vorschulkinder*) crèche; (*für schulpflichtige Kinder*) after-school care centre, (*AmE*) after-school care center **Kinderklinik** children's hospital **Kinderkrankheit** childhood illness **Kinderkrippe** crèche, (*AmE*) day care center **Kinderlähmung** polio **kinderleicht** very easy ◊ *kinderleicht zu bedienen* very easy to use **kinderlieb** good with children (*nicht vor Nomen*) **kinderlos** childless **Kindermädchen** nanny* ☛ G 2.2d **Kinderpornographie** child pornography **kinderreich** with a lot of children (*nicht vor Nomen*); (*Familien*) large ◊ *kinderreiche Ehepaare* couples with a lot of children ◊ *eine kinderreiche Familie* a large family
Kinderschuh child's shoe; (*im Plural*) children's shoes IDM **noch in den Kinderschuhen stecken** be still in its infancy
Kinder- Kinderschutzbund = child protection agency* **Kindersicherung** child lock **Kindersitz** (*im Auto*) car seat, child (safety) seat; (*auf dem Fahrrad*) child seat **Kinderspiel 1** children's game **2** (*fig*) child's play ◊ *Das ist doch ein Kinderspiel für dich!* It would be child's play for you! **Kinderspielplatz** children's playground **Kinderstation** children's ward **Kindersterblichkeit** child mortality; (*von Säuglingen*) infant mortality **Kinderstube** **eine gute ~ haben** be well brought up **Kindertagesstätte** (day) nursery* **Kinderwagen** pram, (*AmE*) baby carriage; (*Sportwagen*) pushchair, (*AmE*) stroller; (*Buggy*) buggy, (*AmE*) stroller **Kinderzimmer** children's room; (*für Säuglinge*) nursery* ☛ **Nursery** wird vor allem im amerikanischen Englisch verwendet. Im britischen Englisch ist es eher veraltet.
Kindes- Kindesalter ◊ *Die beiden sind noch im Kindesalter.* They are both still children. ◊ *Erfahrungen im frühen Kindesalter* experiences in early childhood **Kindesmissbrauch** child (sex) abuse **Kindesmisshandlung** child abuse [U]
Kindheit childhood ◊ *Ich wollte von Kindheit an Tänzerin werden.* Since childhood I have wanted to be a dancer.
Kindheitserinnerung childhood memory* **Kindheitstraum** childhood dream
kindisch childish (*Adv* childishly)
kindlich 1 (*von Kindern*) children's (*nur vor Nomen*) ◊ *die kindliche Fantasie fördern* develop children's imagination ◊ *die kindliche Entwicklung* child development ◊ *Er wirkt noch recht kindlich.* He's still very much a child. **2** (*wie ein Kind*) childlike ◊ *die kindliche Unschuld* childlike innocence ◊ *eine kindliche Schrift haben* have childish handwriting ◊ *eine Frau mit einer kindlichen Figur* a woman with a boyish figure
Kinetik kinetics [U]
kinetisch kinetic ◊ *kinetische Energie* kinetic energy
Kinn chin
Kinnhaken jdm einen ~ versetzen punch sb on the jaw; (*beim Boxen*) catch* sb with a right/left hook to the jaw
Kino 1 cinema, (*AmE*) (movie) theater ◊ *Was läuft im Kino?* What's on at the cinema? **2** (*Vorstellung*) the cinema, (*AmE*) the movies [Pl] ◊ *Sollen wir heute Abend ins Kino gehen?* Shall we go to the cinema tonight? **3** (*Filmkunst*) cinema, (*AmE meist*) the movies [Pl] ◊ *das französische Kino der fünfziger Jahre* French cinema of the fifties
Kinofilm (cinema) film, (*AmE*) movie **Kinoprogramm** film programme, (*AmE*) film program; (*für alle Kinos*) film listings [Pl]
Kiosk kiosk
Kippe 1 cigarette end, (*AmE*) cigarette butt **2** (*Zigarette*) fag (*umgs*), (*AmE*) smoke (*umgs*) **3** (*Müll-*) tip, dump IDM **auf der Kippe stehen 1** be balanced precariously ◊ *Die Vase steht auf der Kippe.* The vase is balanced precariously. **2** (*fig*) ◊ *Viele Arbeitsplätze stehen auf der Kippe.* Many

jobs are hanging in the balance. ◇ *Es steht auf der Kippe, ob ...* It's touch and go either way.

kippen 1 fall* ; *(umfallen)* fall* over; *(Wagen)* roll over; *(Boot)* overturn ◇ *Der Papagei kippte tot von der Stange.* The parrot fell dead off its perch. ◇ *Bäume kippten im Unwetter.* Trees fell over in the storm. **2** *(schräg stellen)* tilt **3** *(schütten)* tip*; *(Müll, Abfälle)* dump ◇ *Er kippte den Kaffee in den Ausguss.* He tipped the coffee down the sink. ◇ *Abfälle in die Landschaft kippen* dump waste in the countryside **4** *(sich ändern)* go* the other way; *(Wetter)* change (for the worse) ◇ *Wäre der Elfmeter reingegangen, hätte das Spiel noch kippen können!* If the penalty had gone in, the game could have gone the other way. **5** *(Urteil, Beschluss)* overturn; *(Abmachung)* go* back on *sth* **6** *(Alkohol)* knock *sth* back ◇ *Sie kippte einige Whiskys.* She knocked back a few whiskies. ◇ *Er kippt gern einen.* He likes a drink.

Kirche church; *(Glaubensgemeinschaft)* Church ◇ *In der Kirche findet ein Konzert statt.* There's a concert in the church. ◇ *die Katholische Kirche in Bayern* the Catholic Church in Bavaria ◇ *Kirche und Staat* Church and State ☛ Wenn Kirche im Sinn von Gottesdienst gebraucht wird, wird kein Artikel verwendet: *go to church* ◇ *Was he in church today?*

Kirchengemeinde *(Bezirk)* parish; *(Menschen)* congregation ☛ G 1.3b **Kirchenglocke** church bell **Kirchenlied** hymn **Kirchensteuer** church tax ☛ In Großbritannien und den USA gibt es keine Kirchensteuer. Die Kirchen finanzieren sich durch Beiträge und Spenden.

kirchlich 1 *Adj* church *(nur vor Nomen)*; *(von der Kirche geführt)* run by the Church *(nicht vor Nomen)*; *(religiös)* religious ◇ *kirchliche Musik* church music ◇ *eine kirchliche Beratungsstelle* a counselling centre run by the Church ◇ *ein kirchlicher Feiertag* a religious holiday **2** *Adv* ◇ *kirchlich heiraten* marry in church

Kirchturm *(mit Spitze)* steeple; *(ohne Spitze)* (church) tower

Kirmes fair ◇ *auf die Kirmes gehen* go to the fair ◇ *Am Wochenende ist Kirmes.* The fair's on at the weekend.

Kirsche cherry*; *(Baum)* cherry tree; *(Holz)* cherry wood **IDM** **mit jdm ist nicht gut Kirschen essen** sb is not easy to get on with; *(vorübergehend)* sb is in a bad mood

Kirschkern cherry stone, *(AmE)* cherry pit **Kirschmarmelade** cherry jam **Kirschwasser** kirsch

Kissen cushion; *(Kopf-)* pillow

Kissenbezug cushion cover; *(Kopf-)* pillowcase, pillowslip **Kissenschlacht** pillow fight ◇ *eine Kissenschlacht veranstalten* have a pillow fight

Kiste 1 box; *(Latten-, Getränke-)* crate; *(Wein-)* case ◇ *eine Kiste Bier* a crate of beer **2** *(Auto)* car; *(alt)* banger *(umgs)*, *(AmE)* beater *(umgs)* **3** *(Angelegenheit)* business, affair

kistenweise 1 *(in großen Mengen)* ◇ *Im Kinderzimmer steht kistenweise Spielzeug rum.* There are boxfuls of toys in the children's bedroom. **2** *(in einer Kiste)* by the crate; *(Wein)* by the case ◇ *Bier kistenweise kaufen* buy beer by the crate

Kita ⇒ KINDERTAGESSTÄTTE

Kitsch kitsch

kitschig 1 kitschy ◇ *ein kitschiges Souvenir* a kitschy souvenir **2** *(rührselig)* soppy* ◇ *eine kitschige Liebesgeschichte* a soppy love story

Kitt 1 *(für Fenster)* putty; *(für Porzellan)* cement; *(Füllmasse)* filler **2** *(fig)* cement ◇ *der soziale Kitt des neuen Staates* the social cement of the new state

Kittel overall, *(AmE)* smock; *(eines Arztes, Krankenpflegers, Laboranten)* (white) coat

kitten *(Porzellan)* stick* together; *(spachteln)* fill; *(mit Kitt befestigen)* fix with putty; *(fig)* patch *sth* up ◇ *Sie versuchten ihre Freundschaft zu kitten.* They tried to patch up their friendship.

Kitz kid; *(Reh-)* fawn

kitzeln tickle ◇ *jdn am Bauch kitzeln* tickle sb's tummy ◇ *Das kitzelt!* That tickles.

kitzlig 1 ticklish **2** *(Situation)* tricky*

Kiwi kiwi (fruit)

Klacks blob; *(größer)* dollop *(umgs)* ◇ *ein Klacks Schlagsahne* a dollop of whipped cream **IDM** **etw ist (für jdn) ein Klacks** sth is a piece of cake (for sb) *(umgs)*; *(Geld)* be chicken feed (for sb) *(umgs)*

klaffen *(Loch, Wunde)* gape; *(Lücke)* yawn ◇ *eine klaffende*

Wunde a gaping wound ◇ *Im Haushalt klafft ein 100-Millionen-Loch.* There is a gaping hole of 100 million in the budget. ◇ *Unsere Vorstellungen klaffen weit auseinander.* Our ideas are miles apart.

kläffen yap*

Klage 1 *(Ausdruck der Trauer)* lament; *(Ausdruck des Schmerzes)* complaint **2** *(Beschwerde)* complaint ◇ *Sie haben keinen Grund zur Klage.* You have no cause for complaint. **3** *(im Zivilrecht)* action; *(im Strafrecht)* charge ◇ *gegen jdn Klage erheben* take legal action against sb ◇ *eine Klage auf Schadensersatz einreichen* bring an action for damages ◇ *Die Klage wurde abgewiesen* The action/charge was dismissed.

klagen 1 *(Trauer oder Schmerzen ausdrücken)* moan; *(weinen)* wail **2** *(über jdn/etw)* ~ complain (about sb/sth); *(Schmerzen, Übelkeit etc.)* complain (of sth) ◇ *Er klagte über die Preiserhöhung.* He complained about the price rises. ◇ *Sie klagt über Kopfschmerzen.* She is complaining of a headache. ◇ *Sie tat ihre Arbeit ohne zu klagen.* She did her work without complaining. **3** *jdm sein Leid/seine Not* ~ pour out your troubles to sb **4** (RECHT) **(gegen jdn)** ~ sue (sb), take* legal action (against sb) ◇ *Sie klagte gegen ihren Nachbarn auf Schadensersatz.* She sued her neighbour for damages.

Kläger(in) (RECHT) plaintiff

kläglich 1 miserable *(Adv* miserably); *(Misslingen)* dismal *(Adv* dismally) ◇ *eine klägliche Summe* a miserable amount of money ◇ *eine klägliche Niederlage* a miserable defeat ◇ *kläglich scheitern* fail dismally **2** *(Mitleid erregend)* pitiful *(Adv* pitifully); *(Ende)* wretched; *(Anblick)* sorry ◇ *kläglich weinen* cry pitifully ◇ *kläglich verenden* come to a wretched end

Klamauk *(im Theater, Kino)* slapstick comedy

klamm 1 (cold) and damp **2** *(steif)* numb **3** *(mit wenig Geld)* hard up *(umgs)* **4** *(sentimental)* ◇ *Beim Abschied wurde mir ganz klamm ums Herz.* When we said goodbye, I felt all emotional.

Klammer 1 *(Wäsche-)* clothes peg, *(AmE)* clothespin; *(Büro-)* paper clip; *(Heft-)* staple; *(Zahn-)* brace; *(Wund-)* clip; *(Haar-)* (hair)grip; *(fig)* bond **2** *(Schriftzeichen)* bracket [meist Pl], *(AmE)* parenthesis* [meist Pl] ◇ *eckige/runde Klammern* square/round brackets ◇ *Klammer auf/Klammer zu* open/close brackets ◇ *etw in Klammern setzen* put sth in brackets ◇ *geschweifte Klammern* braces

Klammergriff vice-like grip

klammern 1 *etw* **(an etw)** ~ *(mit einer Wäscheklammer)* peg* sth (on sth); *(mit einer Büroklammer)* clip* sth (to sth), attach sth (to sth) with a paper clip ◇ *Wäsche an die Leine klammern* peg the washing on the line ◇ *Er klammerte ein Foto an seine Bewerbungsunterlagen.* He attached a photo to his application with a paper clip. ◇ *Sie klammerte ihre Arme um seinen Hals.* She clamped her arms around his neck. **2** *sich an jdn/etw* ~ cling* to sb/sth *(auch fig)* ◇ *Der kleine Junge klammerte sich an seine Mutter.* The young boy clung to his mother. **3** *(Wunde)* close *sth* with clips **4** *(beim Boxen)* clinch, hold*

klammheimlich 1 *Adj* secret ◇ *ein klammheimliches Treffen* a secret meeting **2** *Adv* on the quiet ◇ *die Gebühren klammheimlich erhöhen* increase the fees on the quiet ◇ *Sie ist klammheimlich abgereist.* She left without saying a word.

Klamotte 1 Klamotten clothes [Pl]; *(Sachen)* things [Pl], stuff [U] **2** *(Klamauk)* slapstick comedy; *(alter Film)* old favourite, *(AmE)* old favorite

Klang 1 sound; *(-farbe)* tone ◇ *ein schöner Klang* a beautiful sound ◇ *Sie liebte den warmen Klang seiner Stimme.* She loved the warm tone of his voice. ◇ *Der Name „Bali" hatte einen guten Klang für sie.* Dort hatte sie ihre Hochzeitsreise verbracht. The name 'Bali' had pleasant associations for her. She'd spent her honeymoon there. **2 Klänge** *(Melodie)* tunes [Pl], strains [Pl] *(gehoben)* ◇ *alte, wohl bekannte Klänge* old familiar tunes ◇ *nach den Klängen einer Polka tanzen* dance to the strains of a polka

klanglich tonal *(Adv* tonally)

klanglos toneless *(Adv* tonelessly) **IDM** ⇒ SANG-

klangvoll 1 nice-sounding, sonorous *(gehoben)* **2** *(mit gutem Ruf)* illustrious

Klappe 1 flap; *(eines Lkws)* tailgate **2** *(beim Film)* clapperboard **3** *(an Musikinstrumenten)* key **4** *(Mund)* mouth, *(BrE auch)* gob *(umgs)* ◇ *Er hat eine große Klappe.* He's got

klappen

a big mouth. ◊ *Ich geb dir gleich eins auf die Klappe!* I'll give you a smack in the mouth in a minute! **IDM die/seine Klappe halten** (*nichts sagen*) keep* your mouth shut; (*aufhören zu reden*) shut* up ☛ *Siehe auch* FLIEGE

klappen 1 (*funktionieren*) work (out); (*problemlos verlaufen*) go* well ◊ *Hoffentlich klappt das auch!* I hope it works out all right! ◊ *Das Fahren klappt schon ganz gut, nur das Einparken noch nicht.* The driving is going quite well. I'm just not very good at parking yet. **2** (*falten*) fold **3** (*Kragen*) turn; (*Sitz*) tip*

Klappentext blurb

klapperig 1 rickety; (*Fahrzeug auch*) clapped-out (*umgs*) **2** (*Mensch, Tier*) decrepit; (*Mensch auch*) doddering

klappern 1 rattle; (*unangenehm laut*) clatter ◊ *das Klappern der Fensterläden* the rattling of the shutters ◊ *Er klapperte auf der Schreibmaschine.* He clattered away on the typewriter. **2 mit etw ~** rattle sth ◊ *Sie klapperten mit den Sammelbüchsen.* They were rattling the collection boxes. ◊ *Er klapperte mit dem Geschirr.* He made a lot of noise with the dishes. **3 jd klappert mit den Zähnen** sb's teeth chatter

Klapperschlange rattlesnake

Klappmesser clasp knife

klapprig ⇨ KLAPPERIG

Klapp- Klappsitz tip-up seat **Klappstuhl** folding chair **Klapptisch** folding table

Klaps smack

klar 1 clear (*Adv* clearly); (*Antwort*) straight (*nur vor Nomen*) ◊ *das klare Wasser des Sees* the clear water of the lake ◊ *Habe ich mich klar genug ausgedrückt?* Have I made myself clear? ◊ *Die Kriterien sind nicht klar definiert.* The criteria aren't clearly defined. ◊ *Gib mir eine klare Antwort!* Give me a straight answer! ◊ *Ich kann nicht mehr klar denken.* I can't think straight any more. ◊ *Du solltest endlich mal klare Verhältnisse schaffen.* You really ought to get things sorted out. ◊ *Das muss einmal klar und deutlich gesagt werden.* This has to be spelled out. ◊ *die Gläser klar spülen* rinse the glasses ☛ *Hinweis bei* CLEAR¹ **2** (*geistig*) lucid ◊ *In klaren Momenten erkannte sie ihn noch.* In her lucid moments, she still recognized him. ◊ *Er war nicht mehr klar im Kopf.* He wasn't with it any more. ◊ *bei klarem Bewusstsein sein* be fully conscious **3 etw ist jdm ~** sth is clear to sb ◊ *Es war mir klar, dass er log.* It was clear to me that he was lying. **4 etw wird jdm ~** sth becomes* clear to sb; (*jd sieht etw ein*) sb realizes sth ◊ *Als er das sah, wurde ihm alles klar.* When he saw that, it all became clear to him. ◊ *Ihm ist immer noch nicht klar, dass es aus ist.* He still doesn't realize that it's over. **5** (*bereit*) ready (*nicht vor Nomen*) ◊ *Das Flugzeug war klar zum Start.* The plane was ready for take-off. ◊ *Alles klar zum Start.* All systems go. **IDM alles klar** all right **klar sehen** understand* ◊ *Langsam sehe ich klar.* I'm beginning to understand. ◊ *Fernsehen gibt's heute nicht, damit du klar siehst!* There'll be no television tonight – do you understand? ◊ *In rund zwei Wochen sehen wir klar.* In about two weeks we'll have a better idea. **(na) klar!** of course! **sich über etw klar/im Klaren sein** be aware of sth; (*begreifen*) realize sth ◊ *Sie war sich klar darüber, dass sie ein großes Risiko einging.* She was aware that she was taking a big risk. ◊ *Du bist dir hoffentlich im Klaren darüber, dass er dir das nie verzeihen wird.* I hope you realize that he'll never forgive you. ☛ *Siehe auch* FRONT, KLIPP, VERHÄLTNIS, VERSTAND *und* WEIN

Klär- Kläranlage sewage treatment plant **Klärbecken** sewage tank

klären 1 (*Problem, Frage*) resolve, sort sth out (*umgs*); (*Fall*) solve; (*Identität, Ursache, Folge*) establish **2 etw klärt sich** sth is resolved, sth is sorted out (*umgs*); (*von selbst*) sth resolves itself, sth sorts itself out (*umgs*) ◊ *Diese Fälle klären sich meist ganz schnell.* These cases are usually resolved quite quickly. ◊ *Die Frage hat sich von selbst geklärt.* The problem has sorted itself out. **3** (*Abwässer etc.*) treat

klargehen be OK (*umgs*) ◊ *Das mit dem Kino heute Abend geht klar.* It's OK about the cinema tonight. ◊ „*Ich brauche die Kopien bis heute Nachmittag.*" „*Geht klar!*" 'I need the copies by this afternoon.' 'That's OK!'

Klarheit 1 (*Deutlichkeit, Eindeutigkeit*) (*meist mit einem Verb übersetzt*) ◊ *Seine Antwort ließ an Klarheit nichts zu wünschen übrig.* His answer was crystal clear. ◊ *Noch gibt es keine Klarheit über das Ausmaß des Unfalls.* There is no clear idea yet of the extent of the disaster. ◊ *Wir sind froh, dass jetzt Klarheit herrscht.* We are glad that things have now been sorted out. ◊ *Bei den Wassergebühren soll jetzt Klarheit geschaffen werden.* Water charges are to be made more transparent. ◊ *Er versuchte, sich Klarheit über die Kosten zu verschaffen.* He tried to get a clear idea of the costs. **2** (*Ungetrübtheit*) clarity ◊ *die Klarheit des Wassers* the clarity of the water

Klarinette clarinet ◊ *Er spielt Klarinette.* He plays the clarinet.

klarkommen 1 (*zurechtkommen*) manage; (**mit jdm/etw**) **~** cope (with sb/sth) **2 mit etw** (*verstehen*) get* to grips with sth **3 mit jdm ~** (*sich verstehen*) get* on with sb

klarmachen 1 (**jdm**) **etw ~** make* sth clear (to sb); (**jdm**) **~, dass …** make* it clear (to sb) that … ◊ *Sie hat ihre Position unmissverständlich klargemacht.* She has made her position perfectly clear. **2 sich etw ~** realize sth; (*berücksichtigen*) remember sth; (*sich vorstellen*) imagine sth ◊ *Ich habe mir noch nie klargemacht, was es heißt, arbeitslos zu sein.* I never realized before what it's like to be unemployed. ◊ *Das muss man sich einmal klarmachen!* Just imagine that! ◊ *Man muss sich einmal klarmachen, dass damals noch kein Mensch einen Computer hatte.* You have to remember that nobody had a computer then. **3** (*vorbereiten*) make* sth ready

Klärschlamm sludge

Klarsichtfolie clear plastic film; (*Frischhaltefolie*) cling film, (*AmE*) plastic wrap

klarstellen make* sth clear; **~, dass …** make* it (quite) clear that … ◊ *Vorab möchte ich eins klarstellen: …* First I'd like to make one thing clear: …

Klartext im ~ in plain language ☛ *Im englischen Kontext würde man sagen* **in plain English**: *Im Klartext heißt das, …* In plain English, that means that … **IDM Klartext reden/sprechen 1** (*sich verständlich ausdrücken*) talk plainly ☛ *Im englischen Kontext würde man sagen* **speak plain English**: *Kannst du nicht mal Klartext reden?* Can't you speak plain English? **2** (*offen die Wahrheit sagen*) ◊ *Du musst jetzt endlich Klartext mit deinen Eltern reden.* It's time you told your parents the truth. **3** (*jdm die Meinung sagen*) ◊ *Sie wollte mit ihm Klartext reden.* She was going to give him a good talking-to.

Klärung 1 (*meist mit einem Verb übersetzt*) ◊ *Er war für die Klärung organisatorischer Fragen zuständig.* His job was to resolve organizational problems. ◊ *Bis zur endgültigen Klärung hat die Polizei jede Auskunft verweigert.* Until the case is finally solved, the police have refused to give any information. ◊ *vor der Klärung der Eigentumsverhältnisse* before ownership is established ◊ *Sie fordern eine gerichtliche Klärung.* They want the issue to be settled by the court. ☛ *Siehe auch* KLÄREN 2 (*von Abwässern*) purification

Klärwerk sewage works* ☛ G 1.3b

klasse great (*umgs*), brilliant ◊ *Das finde ich klasse!* I think that's great! ◊ *Das hast du klasse gemacht.* That was great. ◊ *Sie ist eine klasse Spielerin.* She's a brilliant player. ☛ *Siehe auch* KLASSE

Klasse 1 class ◊ *die herrschende Klasse* the ruling class ◊ *in der Klasse bis 125 ccm* in the 125 cc-class ◊ *erster Klasse reisen* travel first class ◊ *ein Musiker erster Klasse* a first-class musician ◊ *Sie hat wirklich Klasse.* She really has class. ◊ *Er ist in meiner Klasse.* He is in my class. ◊ *die Jungen und Mädchen der Klasse 2d* the boys and girls in 2D ☛ G 1.3b **2** (*Schuljahr*) year, (*AmE*) grade ◊ *Er kommt bald in die sechste Klasse.* He'll soon be going into year six. ☛ *Hinweis bei* SECONDARY EDUCATION **3** (*Sport*) league **IDM (einsame/große) Klasse sein** be great ◊ *Das war einsame Klasse, wie sie ihn abgewimmelt hat.* That was great, the way she got rid of him. ◊ *Die neue Lehrerin ist Klasse.* The new teacher is great. ☛ *Siehe auch* KLASSE

Klassenarbeit (written) test ◊ *Morgen schreiben wir eine Klassenarbeit.* We've got a test tomorrow. **Klassenbuch** = class register in which the content of the lesson, and pupils' absences, poor behaviour, etc. are recorded **Klassenfahrt** school trip ◊ *Die 10. Klasse macht eine Klassenfahrt nach London.* Year 10 are going on a school trip to London. **Klassenkamerad(in)** classmate **Klassenkampf** class struggle **Klassenlehrer(in), Klassenleiter(in)** class teacher ☛ G 2.2d **Klassensprecher(in)** class representative; (*in Privatschulen, Gymnasien*) form captain **Klassentreffen** (class) reunion **Klassenzimmer** classroom

klassifizieren classify*; **jdn als etw ~** class sb as sth ◊ *Texte nach Gattungen klassifizieren* classify texts by genre

Klassik 1 (*Musik*) classical music ◊ *Sie hört gern Klassik.* She likes listening to classical music. **2** (*Epoche*) classical period ◊ *Werke aus dem Barock und der Klassik* works from the baroque and classical periods **3** (*Antike*) classical antiquity*

Klassiker classic ◊ *die Klassiker der modernen Literatur* the classics of modern literature

Klassiker(in) 1 (*Schriftsteller(in) der Klassik*) classical writer; (*Maler(in)*) classical painter; (*Komponist(in)*) classical composer **2** (*Meister(in)*) great exponent ◊ *Er gilt als Klassiker der abstrakten Malerei.* He is regarded as one of the greatest exponents of abstract painting.

klassisch 1 classical (*Adv* classically) ◊ *klassische Dramen* classical drama ◊ *ein klassisches Konzert* a classical concert ◊ *klassisch ausgebildete Musiker* classically trained musicians **2** (*zeitlos, beispielhaft*) classic ◊ *ein klassisches Design* classic design ◊ *ein klassischer Western* a classic western **3** (*typisch*) classic, typical ◊ *ein klassisches Beispiel* a classic example ◊ *ein klassisches Reiseland* a typical tourist destination

Klassizismus classicism

klassizistisch classical

Klatsch 1 (*Gerede*) gossip (*abwert*) ◊ *Der Klatsch und Tratsch im Büro geht mir auf die Nerven.* The gossip in the office gets on my nerves. **2** (*Geräusch*) smack; (*in Verbindung mit Wasser*) splash

klatschen 1 clap*; (*Beifall auch*) applaud (*auch fig*) ◊ *Das Publikum fing an, im Takt zu klatschen.* The audience began to clap in time to the music. ◊ *Der Dirigent klatschte energisch in die Hände.* The conductor clapped his hands in an authoritative manner. ◊ *Am Ende des Stücks klatschten sie artig Beifall.* They clapped politely at the end of the play. ◊ *Es gab sogar Leute, die den Tätern Beifall klatschten.* There were even people who applauded the perpetrators. **2 sich auf die Schenkel/vor die Stirn ~** slap* your thighs/forehead **3** (*werfen*) slap* ◊ *Es macht richtig Spaß, den Putz an die Wand zu klatschen.* It's great fun, slapping plaster on the wall. ◊ *Er klatschte ihm eine Sahnetorte ins Gesicht.* He slapped a cream cake in his face. **4** (*auftreffen*) hit*; (*Wasser*) splash ◊ *Der Regen klatschte gegen die Fensterscheiben.* The rain splashed against the window-panes. ◊ *klatschende Wellen* splashing waves **5** (**über jdn**) **~** (*tratschen*) gossip (about sb)

Klatsch- Klatschmohn (corn) poppy* **klatschnass** soaking wet **Klatschspalte** gossip column (*abwert*)

Klaue 1 claw **2** (*Huf*) hoof* **3** (*Hand*) paw (*umgs*) **4 Klauen** (*fig*) clutches [Pl] ◊ *Er befreite sich aus den Klauen seiner Entführer.* He escaped the clutches of his kidnappers. ◊ *die Klauen des Todes* the jaws of death **5** (*Handschrift*) scrawl [U], terrible handwriting [U] ◊ *Du hast vielleicht eine Klaue!* Your handwriting's terrible!

klauen (*etw*) **~** steal* (sth), (*BrE auch*) nick (sth) (*umgs*); **jdm** (*etw*) **~** steal* sth from sb, (*BrE auch*) nick sth from sb (*umgs*) ◊ *Man hat mir das Fahrrad geklaut!* Somebody's nicked my bike!

Klausel clause

Klausur 1 test; (*Prüfung*) exam (paper) ◊ *Wir schreiben morgen eine Klausur.* We've got an exam tomorrow. ◊ *Er verbringt Stunden damit, Klausuren zu korrigieren.* He spends hours marking exam papers. ☛ *Hinweis bei* PRÜFUNG **2** (*Sitzung*) closed session ◊ *In dreitägiger Klausur hat sich das Kabinett mit dem Etat befasst.* The Cabinet has been working on the budget in three days of closed session. **3 in ~ gehen** shut* yourself away

Klavier piano ◊ *Klavier spielen* play the piano

Klavierbegleitung piano accompaniment **Klavierkonzert 1** piano concerto **2** (*Veranstaltung*) piano recital **Klavierstimmer(in)** piano tuner ☛ G 2.2d **Klavierstuhl** piano stool **Klavierunterricht** piano lessons [Pl]

Klebeband sticky tape [U]

kleben 1 stick* ◊ *Das Pflaster klebt nicht mehr.* The plaster won't stick any more. ◊ *Unter meinem Schuh klebt ein Kaugummi.* I've got chewing gum stuck to the sole of my shoe. **2** (*mit Klebstoff*) glue ◊ *Ich habe diese Vase schon mehrfach geklebt.* I have glued this vase back together several times. **3** (*klebrig sein*) be sticky ◊ *Warum kleben meine Hände bloß so?* Why on earth are my hands so sticky? **4 an jdm/etw ~** cling* to sb/sth ◊ *Peter klebt geradezu an seiner Mutter.* Peter really clings to his mother. **5 ~ bleiben** get* stuck; (*in der Schule*) have to stay down (a year) ◊ *Wir sind gestern Abend in der Kneipe kleben geblieben.* We got stuck in the pub last night. ◊ *Reisreste sind am Topfboden kleben geblieben.* Bits of rice are stuck to the bottom of the saucepan. ◊ *Sie ist letztes Jahr kleben geblieben.* She had to stay down last year. **IDM jdm eine kleben** land sb one (*umgs*) ◊ *Ich klebe dir gleich eine!* I'll land you one in a minute!

Kleber glue, adhesive (*gehoben*)

Klebestift glue stick

klebrig sticky ◊ *Ich habe klebrige Finger von der Schokolade.* My fingers are sticky from the chocolate.

Klebstoff glue, adhesive (*gehoben*)

kleckern 1 spill* ◊ *Ich habe Joghurt auf mein Hemd gekleckert.* I've spilt yogurt on my shirt. **2** (*Schmutz machen*) make* a mess ◊ *Mein kleiner Bruder kleckert immer beim Essen.* My little brother always makes a mess when he's eating.

Klecks 1 stain; (*Tintenfleck*) ink(blot) ◊ *Der Maler hat Kleckse auf den Teppich gemacht.* The painter has left stains on the carpet. ◊ *Dein Heft ist ja voller Kleckse!* You've got ink all over your exercise book! **2** (*kleine Menge*) blob ◊ *ein Klecks Senf* a blob of mustard

klecksen 1 (*Kleckse machen*) ◊ *Mein Füller kleckst.* My pen is messy. ◊ *Ich habe über die ganze Seite gekleckst.* I've got ink all over the page. ◊ *Ich habe Soße auf das Tischtuch gekleckst.* I've got sauce on the tablecloth. **2** (*schlecht schreiben/malen/auftragen*) daub ◊ *Sie kleckste Farbe auf die Leinwand und nannte es Kunst.* She daubed paint onto the canvas and called it art.

Klee clover **IDM jdn/etw über den grünen Klee loben** praise sb/sth to the skies

Kleeblatt 1 clover ◊ *Ich habe ein vierblättriges Kleeblatt gefunden!* I've found a four-leaf clover! **2** (*Menschen*) threesome **3** (*Straßenkreuz*) cloverleaf intersection

Kleid 1 dress ◊ *Sie trägt ein Kleid aus rotem Satin.* She is wearing a red satin dress. **2 Kleider** (*Kleidung*) clothes [Pl] ◊ *Diese Kleider müssen gereinigt werden.* These clothes need to be dry-cleaned. **3** (*fig*) *das lila Kleid der Heide* the purple of the heather ◊ *Die Natur wechselt ihr Kleid und bereitet sich auf den Winter vor.* Nature changes her colours and makes ready for winter.

kleiden 1 (**sich**) **~** dress ◊ *Sie kleidet sich äußerst geschmackvoll.* She dresses very tastefully. ◊ *Sie kleidet ihre Kinder immer farbenfroh.* She always dresses her children in bright colours. ◊ *Warum muss er sich bloß immer nach der neuesten Mode kleiden?* Why does he always have to wear all the latest fashions? ◊ *Im Herbst kleidet sich die Natur in ihre schönsten Farben.* In autumn, nature wears her finest colours. **2 etw kleidet jdn** sth suits sb ◊ *Diese Farbe kleidet dich gut.* That colour suits you. **3 etw in Worte ~** put* sth into words ◊ *Wie soll ich meine Gefühle in Worte kleiden?* How can I put my feelings into words?

Kleider- Kleiderbügel coat hanger **Kleiderbürste** clothes brush **Kleiderhaken** clothes hook **Kleiderordnung** dress code **Kleiderrock** pinafore (dress) **Kleidersammlung** clothing collection **Kleiderschrank** wardrobe **Kleiderspende** clothing donation

Kleidung clothing [U], clothes [Pl]

Kleidungsstück article of clothing, garment

klein 1 small, little ◊ *eine kleine Wohnung* a small flat ◊ *das klein Gedruckte* the small print ◊ *Können Sie mir vielleicht diesen Schein klein machen?* Can you change this note into something smaller for me, please? ◊ *Was für ein niedlicher kleiner Hund!* What a sweet little dog! ◊ *Streng dich mal ein kleines bisschen an!* Make a bit of an effort! ◊ *Mein Gewicht ist meine kleinste Sorge.* My weight is the least of my worries. ◊ *Meine Schwester erschrickt bei dem kleinsten Geräusch.* My sister jumps at the slightest sound. ◊ *Tut mir Leid, aber ich habe es leider nicht klein.* I'm sorry, but I haven't got the right change.

Small oder **little**? **Small** steht am häufigsten mit den Nomina **number, group, child, business, house**.

Little wird oft mit **girl, boy, man, things** verwendet.

Small kann gesteigert werden und wird oft mit folgenden Adverbien gebraucht: **rather, quite, fairly, pretty**: *Our house is smaller than yours.* ◊ *The town is pretty small.* **Little** ist oft emotional aufgeladen und wird vor allem nach den Adjektiven **ugly, nice, cute** etc. verwendet: *a cute little baby* ◊ *You poor little thing!* Es kann auch ausdrücken, dass jd/etw nicht wichtig ist: *You'll just feel a little sting – it won't hurt.* ◊ *a dreadful little man.* Zu beachten ist, dass es selten gesteigert wird und fast ausschließlich vor dem Nomen gebraucht wird. Außerdem tritt **little** in Verbindung mit Eigennamen auf: *Little Italy is an area of New York where many Italians live.*

2 (*jung*) young, little ◊ *Dafür bist du noch zu klein.* You're too young for that. ◊ *Hast du noch kleinere Geschwister?* Have you got any younger brothers or sisters? ◊ *Als ich klein war, wollte ich Polizist werden.* When I was little, I wanted to be a policeman. **3** (*zeitlich kurz*) short, little ◊ *eine kleine Pause* a short break ◊ *Willst du für eine kleine Weile zu mir kommen?* Do you want to come over to my place for a little while? **4** (*Hitze etc.*) low ◊ *auf kleiner Flamme kochen* cook on a low heat ◊ *Hast du die Heizung klein gestellt?* Have you put the heating on low? **5** (*bescheiden*) modest; (*unbedeutend*) minor ◊ *Sie leben in kleinen Verhältnissen.* They live in modest circumstances. ◊ *Er ist ein kleiner Angestellter bei einer Bank.* He's a minor employee at a bank. ◊ *der kleine Mann auf der Straße* the ordinary man in the street **6** (*kleinlaut*) meek, small **7** *jdn/sich ~ machen* put* sb/yourself down **IDM** *klein anfangen* start small **von klein an/auf** from an early age ◊ *Ich bin von klein auf mit meinen Eltern ins Theater gegangen.* I went to the theatre with my parents from an early age. ◊ *Sie hat von klein auf in München gelebt.* She has lived in Munich since she was a child. ☛ *Siehe auch* BEIGEBEN, FISCH, GROSS, KURZ *und* ÜBEL

Klein- Kleinanzeige classified advertisement, (*BrE auch*) small ad (*umgs*) **Kleinarbeit** painstaking work **Kleinbauer, -bäuerin** small farmer **Kleinbetrieb** small business **Kleinbuchstabe** small letter **kleinbürgerlich 1** lower middle-class ◊ *die kleinbürgerliche Bevölkerung* the lower middle-class population **2** (*spießbürgerlich*) petit bourgeois (*abwert*) ◊ *Sie denkt sehr kleinbürgerlich.* She has some very petit bourgeois attitudes. **Kleinbus** minibus

Kleine(r,s) little one

Klein- Kleingeld 1 (small) change [U] ◊ *Ich habe leider kein Kleingeld.* I'm afraid I haven't got any change. **2** (*Geld*) money ◊ *Für eine Kreuzfahrt fehlt mir das nötige Kleingeld.* I haven't got the money to go on a cruise. **Kleinhirn** (ANAT) cerebellum

Kleinholz kindling [U], firewood [U] ◊ *Kleinholz machen* chop firewood **IDM** *aus jdm Kleinholz machen; jdn zu Kleinholz machen* make* mincemeat out of sb (*umgs*) *aus jdm Kleinholz machen; etw zu Kleinholz machen* smash sth up ◊ *Er hat seine komplette Wohnzimmereinrichtung zu Kleinholz gemacht.* He smashed up his living room.

Kleinigkeit little thing ◊ *Warum regst du dich bloß über jede Kleinigkeit so auf?* Why do you get so worked up over every little thing? ◊ *eine Kleinigkeit* a little something ◊ *Das ist doch eine Kleinigkeit für dich!* That's no problem for you! ◊ *Die Reparatur hat mich die Kleinigkeit von 500 Dollar gekostet.* The repairs cost me a mere 500 dollars.

klein- kleinkariert narrow-minded ◊ *Ich finde deine Einstellung kleinkariert.* You're being narrow-minded. ◊ *Er denkt recht kleinkariert.* He's very narrow-minded. **Kleinkind** toddler **Kleinkram 1** odds and ends [Pl] (*umgs*) **2** (*Unwichtiges*) minor details [Pl] **Kleinkrieg** feud ◊ *Die Nachbarn führten untereinander Kleinkrieg.* The neighbours were having a feud.

kleinkriegen 1 manage to destroy ◊ *Mein Bruder kriegt jedes Spielzeug klein.* My brother manages to destroy all his toys. ◊ *Diese Jeans sind einfach nicht kleinzukriegen.* These jeans go on forever. **2** *jdn ~ get* sb down* ☛ G 9.7c; (*schikanieren*) bully* sb ◊ *Mich kriegt niemand klein.* No one gets me down. ◊ *Lass dich von deinen Klassenkameraden nicht kleinkriegen!* Don't let your classmates bully you!

kleinlaut sheepish (*Adv* sheepishly), meek (*Adv* meekly) ◊ *eine kleinlaute Entschuldigung* a sheepish apology ◊ *Warum bist du plötzlich so kleinlaut?* What's made you be so quiet all of a sudden?

kleinlich 1 petty; (*engstirnig*) narrow-minded ◊ *kleinliche Streitereien* petty squabbles **2** (*geizig*) stingy ◊ *Was Geschenke anbelangt ist sie eher kleinlich.* She's quite stingy when it comes to presents.

Kleinod jewel, gem

kleinschreiben *etw wird kleingeschrieben* sth is not written with a capital (letter) ◊ *Adjektive werden kleingeschrieben.* Adjectives aren't written with capitals.

Klein- Kleinstadt small town **Kleinunternehmer(in)** owner of a small firm **Kleinwagen** small car

Kleister paste

kleistern paste

Klemme 1 clip; (MED) clamp **2** (*schwierige Situation*) tight spot (*umgs*) ◊ *Kannst du mir aus der Klemme helfen?* Can you help me out of a tight spot?

klemmen 1 stick* ◊ *Der Polizist klemmte einen Strafzettel an die Windschutzscheibe.* The policeman stuck a parking ticket to the windscreen. ◊ *An der Windschutzscheibe klemmte ein Strafzettel.* There was a parking ticket stuck to the windscreen. ◊ *Das Fenster klemmt.* The window is stuck. ◊ *Er klemmte sich hinter das Steuer und fuhr los.* He got behind the steering wheel and drove off. ◊ *Sie klemmte sich ans Telefon.* She got onto the phone. **2** *sich etw ~ trap* sth ◊ *Ich habe mir den Daumen in der Tür geklemmt.* I trapped my thumb in the door. **IDM** *sich hinter etw klemmen* put* your back into sth *sich hinter jdn klemmen* put* pressure on sb

Klempner(in) plumber ☛ G 2.2d

Kleptomane, Kleptomanin kleptomaniac ☛ G 2.2d

Kleptomanie kleptomania [U]

Klette burr **IDM** *wie eine Klette an jdm hängen* stick to sb like glue

Kletterer, Kletterin climber

klettern climb ◊ *auf einen Baum klettern* climb a tree ◊ *aus dem Auto klettern* climb out of the car ◊ *Die Temperaturen klettern höher und höher.* Temperatures are climbing higher and higher.

Kletter- Kletterpflanze climber **Klettertour 1** climbing trip **2** (WIRTSCH) ◊ *Der Dollar ist auf Klettertour.* The dollar is rising.

Klettverschluss Velcro™ fastening

klicken click ◊ *Der Auslöser klickte.* The shutter clicked. ◊ *Ich klickte auf eine Datei.* I clicked on a file. ◊ *auf die linke Maustaste klicken* click the left-hand mouse button

Klient(in) client

Klientel clientele ☛ G 1.3a

Klima 1 climate **2** (*Stimmung*) atmosphere; (*politisch*) climate ◊ *Im Büro herrscht ein gutes Klima.* There is a good atmosphere in the office.

Klimaanlage air conditioning [U] ◊ *die Klimaanlage anschalten* switch on the air conditioning ◊ *mit Klimaanlage* air-conditioned **Klimaschutz** combating of climate change

klimatisch climatic (*nur vor Nomen*) ◊ *klimatische Bedingungen* climatic conditions ◊ *in einer klimatisch günstigen Gegend* in an area with a favourable climate

klimatisiert air-conditioned

Klima- Klimaveränderung climate change [U] ◊ *das Problem der Klimaveränderung* the problem of climate change ◊ *Zeigen diese Stürme eine Klimaveränderung an?* Do these storms indicate a change in the climate? **Klimawechsel** change of air **Klimazone** climatic zone

Klimmzug pull-up ◊ *Klimmzüge machen* do pull-ups

klimpern 1 jingle ◊ *Die Münzen klimperten in seiner Tasche.* The coins jingled in his pocket. ◊ *mit den Schlüsseln klimpern* jingle the keys **2** (*auf dem Klavier*) tinkle away ◊ *auf dem Klavier klimpern* tinkle away on the piano **IDM** ⇨ WIMPER

Klinge blade **IDM** (*mit jdm*) *die Klingen kreuzen* cross swords (with sb) *jdn über die Klinge springen lassen* **1** murder sb; bump sb off (*umgs*), (AmE) rub* sb out (*umgs*) **2** (*ruinieren*) destroy sb

Klingel bell ◊ *Sie drückte auf die Klingel.* She pressed the bell.

Klingelknopf bell push

klingeln ring*; (*Wecker*) go* off, ring* ◊ *Das Telefon klingelte.* The phone was ringing. ◊ *Er klingelte (an der Tür).* He rang the doorbell. ◊ *Der Radfahrer klingelte.* The cyclist rang his bell. ◊ *Sie klingelte nach dem Zimmerservice.* She rang for room service. ◊ *Es hat geklingelt.* There was a ring at the door. ◊ *Der Wecker klingelte um sechs.* The alarm clock went off at six. ◊ *Es hat zur Pause geklingelt.* The bell's gone for break. IDM ⇨ KASSE

Klingel- Klingelton (*beim Handy*) ringtone **Klingelzeichen** ring; (*vor einer Vorführung*) bell

klingen 1 sound ◊ *Es klang, als ob sie weinte.* It sounded as if she was crying. ◊ *Am Telefon klang er sehr sympathisch.* He sounded very nice on the phone. ◊ *ein ausländisch klingender Name* a foreign sounding name ◊ *Die ganze Sache klingt nach Betrug.* The whole thing sounds like fraud. ◊ *Das klingt ja, als ob du mich loswerden willst.* It sounds as though you want to get rid of me. **2** (*Glocken*) ring*; (*Stimme etc.*) ring* out; (*Gläser*) clink ◊ *Ihre Stimme klang übers Wasser.* Her voice rang out across the water. IDM ⇨ MÜNZE

Klinik hospital; (*Spezial-*) clinic ◊ *Er wurde gestern in die Klinik eingeliefert.* He was taken to hospital yesterday. ◊ *eine psychiatrische Klinik* a psychiatric clinic

Klinikum hospital; (*Uni-*) hospital complex

klinisch clinical (*nur vor Nomen*) (*Adv* clinically) ◊ *ein klinisches Semester* a clinical term/semester ◊ *Er war klinisch tot.* He was clinically dead.

Klinke (door) handle IDM **sich die Klinke in die Hand geben** ◊ *Die Besucher gaben sich die Klinke in die Hand.* There was a constant stream of visitors.

klipp IDM **klipp und klar** clearly ◊ *jdm etw klipp und klar sagen* tell sb sth clearly ◊ *Das stand von vornherein klipp und klar fest.* That was perfectly clear from the outset.

Klippe 1 (*Felsen*) rock; (*Kliff*) cliff **2** (*Hindernis*) hurdle

klirren (*Gläser*) clink; (*vibrierendes Geräusch*) rattle ◊ *Die Gläser klirrten auf dem Tablett.* The glasses clinked on the tray. ◊ *Bei der Explosion klirrten die Fensterscheiben.* The window panes rattled in the explosion. ◊ *Der Teller fiel klirrend zu Boden.* The plate fell crashing to the floor. ◊ *mit klirrenden Schwertern* with clashing swords

klirrend (*Kälte*) bitter (*Adv* bitterly) ☛ *Siehe auch* KLIRREN

Klischee cliché; (*Stereotyp*) stereotype ◊ *Sie passt nicht ins Klischee der modernen Frau.* She doesn't fit the stereotype of the modern woman.

Klitoris clitoris

klitschnass soaking (wet); (*Menschen auch*) soaked (to the skin)

klitzeklein tiny* ◊ *ein klitzekleines Stück* a tiny piece ◊ *Sie schnitt die Chilischote klitzeklein.* She cut the chilli into tiny pieces.

Klo loo (*umgs*), (*AmE*) john (*umgs*) ◊ *aufs Klo gehen* go to the loo ◊ *Ich muss aufs Klo.* I need the loo.

Kloake sewer; (*Flüssigkeit*) sewage [U]

klobig (*Schuhe*) clumpy*; (*Möbel, Geräte*) bulky*

Klo- Klobrille toilet seat **Klobürste** toilet brush

Klon clone

klonen clone

Klopapier toilet paper ◊ *eine Rolle Klopapier* a roll of toilet paper

klopfen 1 knock; (*leicht*) tap* ◊ *Er klopfte mit der Faust gegen die Wand.* He knocked on the wall with his fist. ◊ *Er klopfte an die Tür.* He knocked on the door. ◊ *Ich habe leise ans Fenster geklopft.* I tapped at the window. ◊ *Es hat geklopft.* There was a knock at the door. **2** (*Herz, Puls*) beat*; (*heftig*) pound **3** *jdm auf den Rücken ~* slap* sb on the back; *jdm auf die Schulter ~* tap* sb on the shoulder; (*anerkennend*) give* sb a pat on the back ◊ *Sie klopfte ihm auf den Rücken, weil er sich verschluckt hatte.* She slapped him on the back because he was choking. ◊ *Er klopfte mir leicht auf die Schulter.* He tapped me gently on the shoulder. ◊ *Gut gemacht! Du darfst dir auf die Schulter klopfen.* Very good! Give yourself a pat on the back. **4** (*Teppich*) beat* **5** *etw von/aus etw ~* knock sth off sth ◊ *Er klopfte die Asche aus der Pfeife.* He knocked the ash out of his pipe. ◊ *Sie klopfte sich den Staub von der Hose.* She patted the dust off her trousers. **6** (*Fleisch*) tenderize **7** (*Steine*) break* **8** *Beifall ~* applaud by banging on the table IDM ⇨ FINGER *und* SPRUCH

Klopfzeichen knock ◊ *Ich habe ein Klopfzeichen gehört.* I heard a knock. ◊ *Sie gaben Klopfzeichen.* They knocked.

Klöppel 1 (*einer Glocke*) clapper **2** (*einer Trommel, eines Xylophons*) stick **3** (*zum Klöppeln*) bobbin

klöppeln make* lace (with bobbins); **etw ~** make* sth in lace

Kloß dumpling; (*aus Fleisch*) meatball IDM **einen Kloß im Hals haben** have a lump in your throat

Kloster (*für Mönche*) monastery*; (*für Nonnen*) convent ◊ *ins Kloster gehen* become a monk/nun

Klosterschule (*für Mädchen*) convent; (*für Jungen*) monastic school

Klotz 1 (*Holz-*) block (of wood); (*zum Hacken*) (chopping) block **2** (*Bauklotz*) building block **3** (*Gebäude*) monstrosity* ◊ *Die Schule ist ein Klotz aus Beton.* The school is a concrete monstrosity. **4** (*breitschultriger Mann*) big man; (*ungehobelter Mensch*) oaf IDM **jdm ein Klotz am Bein sein** be a millstone around sb's neck

klotzig 1 ◊ *ein klotziges Gebäude* a big ugly building **2** (*enorm*) ◊ *Er hat klotzig viel Geld.* He's got a huge amount of money. ◊ *Sie verdient klotzig.* She earns loads.

Klub club ◊ *Mitglied in einem Klub sein* be a member of a club

Klubhaus clubhouse **Klubmitglied** club member

Kluft 1 ravine; (*Abgrund*) abyss **2** (*fig*) gulf, gap ◊ *die Kluft zwischen den Schichten* the gulf between the classes ◊ *eine soziale Kluft* a social gap **3** (*Kleidung*) gear; (*Uniform*) uniform

klug 1 intelligent, clever ◊ *Sie ist sehr klug.* She's very intelligent. ◊ *Das war sehr klug von dir.* That was very clever of you. ◊ *ein kluger Kopf* a bright spark **2** (*vernünftig*) sensible (*Adv* sensibly); (*diplomatisch*) shrewd (*Adv* shrewdly) ◊ *eine kluge Wahl* a sensible choice ◊ *Die Regierung hat sich sehr klug verhalten.* The government acted very shrewdly. ◊ *Das Klügste ist, sie zu ignorieren.* The best thing to do is ignore her. ◊ *Sie war klug genug, den Mund zu halten.* She had the sense to keep quiet. ◊ *ein kluger Rat* sound advice IDM **aus jdm/etw nicht klug werden** not be able to make head (n)or tail of sb/sth ◊ *Ich werde aus ihm einfach nicht klug.* I just can't make head or tail of him. **der Klügere gibt nach** discretion is the better part of valour **so klug wie vorher/wie zuvor sein** be none the wiser

klugerweise wisely ◊ *etw klugerweise unterlassen* wisely refrain from sth ◊ *Er hat sich klugerweise herausgehalten.* He had the sense to keep out of it.

Klugheit 1 intelligence ◊ *die menschliche Klugheit* human intelligence **2** (*Vernunft*) sense; (*Diplomatie, Weitsicht*) shrewdness

Klugscheißer know-it-all (*umgs, abwert*), (*BrE auch*) know-all (*umgs, abwert*)

Klumpen lump ◊ *ein Klumpen Ton* a lump of clay ◊ *ein Klumpen Gold* a gold nugget

klumpig lumpy

km/h kph ☛ *Hinweis bei* KILOMETER, S.1046

knabbern nibble ◊ *an einer Möhre knabbern* nibble at a carrot ◊ *was zum Knabbern kaufen* buy something to nibble IDM **an etw zu knabbern haben** struggle to cope with sth ◊ *Er hat an diesem Verlust (schwer) zu knabbern.* He's struggling to cope with his loss.

Knabe boy

Knabenchor boys' choir

Knäckebrot crispbread

knacken 1 (*Schloss, Tresor*) break*; (*Auto*) break* into sth **2** (*Nüsse, Kodes*) crack ◊ *den Weltrekord knacken* crack the world record ◊ *ein Rätsel knacken* crack a puzzle ◊ *den Jackpot knacken* hit the jackpot **3** (*Geräusch*) crackle ◊ *Die Scheite knackten im Kamin.* Logs were crackling in the fireplace. ◊ *Es knackte in der Leitung.* The line was crackly. ◊ *Der Holzboden knackt.* The floor creaks.

Knacker *alter ~* old geezer (*Slang*)

knackig 1 crisp **2** (*Körper etc.*) ◊ *ein knackiger Hintern* a nice arse ◊ *eine knackige Bräune* a great suntan **3** (*einprägsam*) snappy ◊ *ein knackiger Werbespruch* a snappy slogan

Knackpunkt critical point

Knacks 1 crack ◊ *Die Schüssel hat einen Knacks.* There's a crack in the bowl. ◊ *Wir hörten einen Knacks.* There was a crack. ◊ *Ich hörte/spürte einen Knacks im Rücken.* My back went crack. **2** (*fig*) knock; (*stärker auch*) blow ◊ *Sein Selbstbewusstsein hatte einen Knacks bekommen.* His self-confidence had taken a knock. ◊ *Sie hat sich von diesem psychischen Knacks nie mehr erholt.* She never got over that psychological blow.

Knall 1 bang ◊ *mit einem lauten Knall explodieren* explode with a loud bang ◊ *Die Tür fiel mit einem Knall zu.* The door

shut with a bang. **2** (*fig*) trouble ◊ *Der große Knall ist uns erspart geblieben*. We avoided the worst of the trouble. ◊ *Zu Weihnachten kam es zum großen Knall*. Things really blew up at Christmas time. IDM **einen Knall haben** be off your rocker (*Slang*) **Knall auf Fall** all of a sudden
Knallbonbon cracker
knallen 1 bang; (*Korken*) pop*; (*Peitsche*) crack; (*Schüsse*) ring* out **2** (*in einem Streit*) ◊ *Zwischen den beiden hat es wieder einmal geknallt*. The two of them came to blows again. **3** (*Sonne*) blaze (down) ◊ *Die Sonne knallte vom Himmel*. The sun was blazing down. **4 jdm eine ~** give* sb a clip round the ear **5 gegen/auf etw ~** crash into sth ◊ *Das Auto knallte in die Leitplanke*. The car crashed into the barrier. ◊ *mit voller Wucht gegen etw knallen* crash straight into sth ◊ *Er knallte mit dem Hinterkopf aufs Eis*. The back of his head crashed onto the ice. **6** (*werfen, schmeißen*) throw ◊ *Sie knallte den Rucksack in die Ecke*. She threw her rucksack into the corner. **7** (*sich fallen lassen*) ◊ *Er knallte sich aufs Sofa*. He threw himself onto the sofa.
knall- knalleng skintight **Knallfrosch** banger **knallhart 1** (really) tough, (really) harsh (*abwert*) ◊ *ein knallharter Geschäftsmann* a tough businessman ◊ *knallharte Worte* harsh words ◊ *knallharte Methoden* brutal methods **2** (SPORT) (really) hard ◊ *ein knallharter Return* a really hard return
knallig 1 loud ◊ *ein knalliges Rot* a loud red **2** (*Slogan etc.*) catchy ◊ *ein knalliger Werbespruch* a catchy slogan
Knall- Knallkörper banger **knallrot** bright red ◊ *knallrot anlaufen* go bright red
knapp 1 short ◊ *Die Vorräte werden knapp*. Supplies are getting short. ◊ *Ihre Zeit war knapp bemessen*. She was short of time. **2** (*sehr nahe, dicht*) close ◊ *Puh! Das war knapp!* Cor! That was close! ◊ *ein knappes Resultat* a close result ◊ *Der Bus fuhr knapp an ihm vorbei*. The bus drove past really close to him. ◊ *dem Tod nur knapp entrinnen* narrowly escape death ☛ *Hinweis bei* NAH **3** (*gerade eben, gerade noch*) just ◊ *Sie haben knapp gewonnen*. They only just won. ◊ *den Zug knapp verpassen* just miss the train ◊ *knapp am Tor vorbeischießen* just miss the net ◊ *mit knapper Mehrheit siegen* win with a narrow majority **4** (*beinahe*) almost, just under ◊ *knapp 400 Leute* almost 400 people ◊ *vor knapp 20 Jahren* almost 20 years ago ◊ *ein knappes Drittel* almost a third ◊ *Wir heiraten in knapp drei Wochen*. We're getting married in just under three weeks' time. ◊ *Ich habe knapp 10 Dollar*. I've got just under 10 dollars. **5** (*kurz, prägnant*) concise ◊ *eine knappe Zusammenfassung* a concise summary **6** (*eng*) tight ◊ *Die Hose ist zu knapp*. Those trousers are too tight. ◊ *ein knapp sitzendes Kostüm* a tight-fitting suit IDM ⇒ KASSE *und* NOT
Knappheit 1 shortage ◊ *die Knappheit an Unterkünften* a shortage of accommodation **2** (*Kürze, Prägnanz*) conciseness ◊ *die Knappheit im Ausdruck* conciseness of expression
Knarre shooter (*umgs*)
knarren creak
Knast slammer (*umgs*) ◊ *Er sitzt im Knast*. He's in the slammer. ◊ *nach 3 Jahren Knast* after 3 years in the slammer
Knatsch trouble ◊ *Im Büro gab es Knatsch*. There was trouble in the office. ◊ *Er hat Knatsch mit der Freundin*. He's had a row with his girlfriend.
knattern rattle
Knäuel ball ; (*Menschen-*) knot; (*fig*) bundle ◊ *ein Knäuel Wolle* a ball of wool ◊ *ein Knäuel von Problemen* a bundle of problems ◊ *ein Knäuel der Gefühle* a tangle of emotions
Knauf knob
knauserig stingy ◊ *Sie ist sehr knauserig*. She's very stingy. ◊ *knauserig mit seinem Geld umgehen* be stingy
Knautschzone crumple zone
Knebel gag
knebeln gag* (*auch fig*) ◊ *Die Täter knebelten ihr Opfer*. The culprits gagged their victim. ◊ *Die Presse ist geknebelt*. The press is gagged. ◊ *jdn mit einem Vertrag knebeln* tie sb down with a contract
Knecht 1 (*auf den Bauernhof*) farmhand **2** (*fig*) slave ◊ *ein Knecht seines Gewissens/des Regimes* a slave to his conscience/the regime
kneifen 1 (*zwicken*) pinch ◊ *Sie kniff ihm ins Bein*. She pinched him in the leg. ◊ *Die Hose kneift*. These trousers are digging into me. **2** (*sich drücken*) chicken out ◊ *vor der Prüfung kneifen* chicken out of an exam ◊ *Du willst doch nicht etwa kneifen?* Surely you're not going to chicken out?
Kneifzange pliers [Pl] ☛ *Hinweis bei* BRILLE
Kneipe pub, (*AmE*) bar ◊ *in die Kneipe gehen* go to the pub
Knete 1 (modelling) clay **2** (*Geld*) cash, (*BrE auch*) dosh (*Slang*)
kneten 1 knead; (*massieren auch*) massage ◊ *den Teig kneten* knead the dough ◊ *jdm die Füße kneten* massage sb's feet ◊ *Ton kneten* work the clay **2** (*herstellen, formen*) model*, form
Knick 1 bend ◊ *ein Knick im Rohr* a bend in the pipe ◊ *Die Straße macht einen Knick nach links*. The road bends sharply to the left. **2** (*Falz, Bruch*) crease **3** (*fig*) downturn ◊ *ein Knick in seiner Karriere* a downturn in his career ◊ *ein Knick bei den Geburtenzahlen* a downturn in birth rates
knicken bend* ◊ *Bitte nicht knicken!* Please do not bend.
Knicks curtsy* ◊ *einen tiefen Knicks vor der Königin machen* curtsy to the queen
knicksen curtsy*
Knie knee ◊ *auf die Knie gehen* fall to your knees ◊ *sich die Knie aufschlagen* cut your knees ◊ *auf Knien durch den Schlamm robben* crawl on your knees through the mud ◊ *Ich hatte ganz weiche Knie*. I was weak at the knees. ◊ *Seine Hose hatte ganz abgewetzte Knie*. His trousers were worn at the knees. ◊ *die Knie durchdrücken* straighten your legs IDM **jdn auf/in die Knie zwingen** bring* sb to their knees; force sb to surrender **jdn auf Knien (um etw) bitten** beg* sb on bended knees (for sth) **etw übers Knie brechen** rush sth **in die Knie gehen 1** fall* to your knees **2** (*kapitulieren*) submit*
Kniebeuge (SPORT) knee bend ◊ *Kniebeugen machen* do knee bends **Kniebundhose** knee breeches [Pl] **Kniefall 1** (*als Zeichen der Ehrerbietung*) ◊ *einen Kniefall vor jdm/etw machen* go down on your knees before sb/in front of sth **2 ein ~ (vor etw)** (*Kapitulation*) a capitulation (to sth) **3** (*vor dem Altar*) genuflection **kniehoch** (*Gras*) knee-high; (*Wasser, Schnee*) knee-deep; (*Stiefel*) knee-length **Kniekehle** hollow of the knee
knien 1 kneel* ◊ *vor jdm knien* kneel before sb ◊ *im Knien* on your knees **2 sich ~** kneel* down ◊ *Er kniete sich auf den Boden*. He knelt down on the floor. **3 sich in etw ~** apply* yourself to sth, get* stuck into sth (*umgs*)
Knie- Kniescheibe kneecap **Knieschützer** knee pad **Kniestrumpf** knee sock
Kniff 1 (*Kunstgriff*) trick ◊ *jdm die wichtigsten Kniffe beibringen* teach sb the main tricks ◊ *den richtigen Kniff raushaben* have the knack **2** (*Knick*) crease **3** (*Kneifen*) pinch ◊ *ein freundlicher Kniff in die Seite* a friendly pinch in the ribs
knifflig tricky*
knipsen 1 (jdn/etw) ~ take* a photo (of sb/sth) ◊ *Hast du ihn geknipst?* Have you taken a photo of him? ◊ *Die Fotografen knipsten eifrig*. The photographers were clicking away. **2** (*Bild, Film*) take* ◊ *ein paar Bilder knipsen* take a few pictures ◊ *Sie hat drei Filme voll geknipst*. She took three films. **3** (*Fahrkarte etc.*) punch
Knirps 1 little boy/girl, squirt (*abwert*) **2 Knirps®** (*Regenschirm*) telescopic umbrella
knirschen 1 crunch; (*Leder*) creak; (*Schuhe*) squeak ◊ *Der Schnee knirschte unter unseren Füßen*. The snow crunched underfoot. **2 mit den Zähnen ~** grind* your teeth; (*fig*) gnash your teeth ◊ *Sie knirscht nachts mit den Zähnen*. She grinds her teeth at night.
knistern 1 crackle; (*Papier etc.*) rustle **2 mit etw ~** rustle sth **3** (*Spannung*) ◊ *Es herrschte eine knisternde Spannung im Saal*. There was a charged atmosphere in the room. IDM **es knistert 1** (*bei Auseinandersetzungen*) ◊ *Im Lehrerkollegium knistert es seit Wochen*. There's been a tense atmosphere among the staff for weeks. **2** (*sexuell*) ◊ *Zwischen den beiden knistert es*. There's chemistry going on between the two of them.
knittern crease
knittrig, knitterig creased; (*Haut*) wrinkled
knobeln 1 (*losen*) draw* lots; (*Münze werfen*) toss (a coin) ◊ *Sie knobelten um die Schokolade*. They drew lots for the chocolate. ◊ *Sie knobelten darum, wer den Abwasch machen musste*. They tossed to see who should do the washing up. **2** (*Rätsel lösen*) do* puzzles; (*würfeln*) play dice **3 an etw ~** (*rätseln*) puzzle over sth

Knoblauch garlic **Knoblauchbrot** garlic bread **Knoblauchpresse** garlic press **Knoblauchzehe** clove of garlic
Knöchel 1 (*Fuß-*) ankle ◊ *sich den Knöchel verstauchen* sprain your ankle **2** (*Finger-*) knuckle
knöchellang ankle-length **knöcheltief** ankle-deep ◊ *knöcheltiefes Wasser* ankle-deep water ◊ *Sie steckten knöcheltief im Matsch.* They were ankle-deep in mud.
Knochen bone ◊ *Mir taten alle Knochen weh.* Every bone in my body ached. ◊ *Du brichst dir die Knochen.* You'll break something. IDM **auf/in die Knochen gehen** be back-breaking ◊ *Die Arbeit ging ganz schön auf die Knochen.* It was back-breaking work. ◊ **bis auf die Knochen** to the core ◊ *Er ist ein Linker bis auf die Knochen.* He's leftwing to the core. ◊ *sich bis auf die Knochen blamieren* make a complete fool of yourself ◊ *bis auf die Knochen abgemagert sein* be just skin and bones *etw steckt/sitzt jdm noch in den Knochen* (*Schreck, Krankheit*) sb is not over sth ☛ *Siehe auch* HAUT
Knochenarbeit back-breaking work **Knochenbau** bone structure **Knochenbruch** fracture **Knochengerüst 1** skeleton **2** (*dünner Mensch*) bag of bones (*umgs*) **knochenhart** rock hard; (*Mensch, Arbeit*) tough **Knochenmark** bone marrow **Knochenmehl** bone meal **knochentrocken 1** bone dry **2** (*Thema, Mensch*) dry*, dry* as dust (*nicht vor Nomen*)
knochig bony*
Knödel dumpling
Knolle (*Kartoffel etc.*) tuber
Knollennase bulbous nose, conk (*umgs*)
Knopf 1 button ◊ *Dein oberster Knopf ist offen.* Your top button is undone. ◊ *An meiner Jacke ist ein Knopf ab.* A button's come off my jacket. ◊ *auf den richtigen Knopf drücken* press the right button **2** (*Dreh-*) knob
Knopfdruck auf/mit einem ~ at the touch of a button
knöpfen button (*sth*) (up) ◊ *Der Rock wird hinten geknöpft.* The skirt buttons at the back. ◊ *eine Jacke zum Knöpfen* a button-up jacket
Knopfloch buttonhole
Knorpel cartilage [U]; (*im Essen*) gristle
knorrig 1 (*Baum etc.*) gnarled **2** (*Mensch*) gruff
Knospe bud ◊ *zarte Knospen* tender buds ◊ *Die Rosen treiben Knospen.* The roses are in bud.
knoten tie* ◊ *sich einen Schal um den Hals knoten* tie a scarf around your neck
Knoten 1 knot ◊ *einen Knoten machen* tie a knot ◊ *einen Knoten aufmachen* undo a knot ◊ *eine Geschwindigkeit von 20 Knoten* a speed of 20 knots **2** (*Geschwulst*) lump ◊ *Sie hat einen Knoten in der Brust.* She has a lump in her breast. **3** (*Frisur*) bun **4** ⇨ KNOTENPUNKT
Knotenpunkt 1 (major) junction ◊ *am Knotenpunkt A5/A8* at the junction of the A5 and A8 **2** (*Zentrum*) hub ◊ *Frankfurt ist der Knotenpunkt der Fluggesellschaft in Europa.* Frankfurt is the European hub of the airline.
Know-how know-how
Knüller sensation
knüpfen 1 tie*; (*Teppich*) make* ◊ *Er knüpfte seine Krawatte.* He tied his tie. ◊ *Sie knüpfte das Seil an den Haken.* She tied the rope to the hook. **2** *etw* (**zu jdm**) ~ (*Kontakte, Verbindungen*) establish sth (with sb) **3 A an B** ~ (*Bedingungen, Voraussetzungen*) attach B to A ◊ *Er knüpfte seine Einwilligung an bestimmte Bedingungen.* He attached certain conditions to his agreement. ◊ *Sie knüpfte ihre Teilnahme an die Voraussetzung, dass sie dafür bezahlt würde.* She made her attendance dependent on receiving payment for it. **4** *etw an etw* ~ (*Erwartungen, Hoffnungen*) pin* sth on sth; **sich an jdn** ~ be pinned on sb ◊ *Seine Eltern knüpfen hohe Erwartungen an seinen Uniabschluss.* His parents are pinning great hopes on his degree. ◊ *Hohe Erwartungen knüpfen sich an den neuen Präsidenten.* High hopes are pinned on the new president. **5 sich an etw** ~ ◊ *An diese Stadt knüpfen sich für mich viele Erinnerungen.* This town holds many memories for me. ◊ *Daran knüpfen sich viele Fragen.* This raises many questions.
Knüppel 1 stick; (*Waffe*) club; (*Polizei-*) truncheon, baton, (*AmE*) nightstick **2** (*Gangschaltung*) gear lever, gearstick, (*AmE*) gear shift; (*im Flugzeug*) joystick IDM **jdm einen Knüppel zwischen die Beine werfen** throw* a spanner in the works ◊ *Er hat versucht, mir einen Knüppel zwischen die Beine zu werfen.* He tried to throw a spanner in the works.
knüppeldick ◊ *Dann kam es knüppeldick.* Then the real problems started. ◊ *Es hat sie knüppeldick erwischt.* It's been one disaster after another for her.
knurren 1 growl **2** (*murren*) moan **3** (*Magen*) rumble ◊ *Mir knurrt der Magen.* My stomach's rumbling.
knusprig crispy*; (*Brot*) crusty* ◊ *knusprig gebratener Speck* crispy bacon
knutschen 1 (jdn) ~ snog* (sb) (*umgs*) ◊ *Nun knutschen sie (sich) schon wieder.* They're snogging again! **2 mit jdm** ~ smooch with sb
Knutschfleck love bite, (*AmE*) hickey
k.o. 1 (*beim Boxen*) out ◊ *jdn k.o. schlagen* knock sb out ◊ *k.o. gehen* be knocked out **2** (*erschöpft*) shattered (*umgs*), (*bes AmE*) bushed (*umgs*) (*nicht vor Nomen*)
K.o. 1 (*beim Boxen*) knockout ◊ *durch K.o. gewinnen* win by a knockout **2** (*fig*) knockout blow ◊ *Mit diesem Tor hat er dem Gegner den K.o. versetzt.* With this goal he delivered the knockout blow to the opposition.
Koalition coalition ◊ *eine Koalition eingehen/bilden* enter into/form a coalition ◊ *eine Koalition zwischen CDU und SPD* a coalition between the CDU and the SPD ◊ *eine große Koalition* a grand coalition ☛ G 1.3b
Koalitionspartei coalition party* **Koalitionspartner** coalition partner **Koalitionsregierung** coalition government **Koalitionsvereinbarung** coalition agreement **Koalitionsverhandlungen** coalition negotiations [Pl] ◊ *Koalitionsverhandlungen führen* hold coalition negotiations
Kobold imp; (*tückischer*) goblin
Kobra cobra
Koch, Köchin cook; (*in einem Restaurant, Hotel*) chef ☛ G 2.2d IDM **viele Köche verderben den Brei** too many cooks spoil the broth
Kochbuch cookery book, (*bes AmE*) cook book
kochen 1 (*Essen zubereiten*) cook; (*in Flüssigkeit*) boil; (*Tee, Kaffee, Pudding, Suppe*) make* ◊ *Ich koche gerne.* I like cooking. ◊ *Sie kann nicht kochen.* She can't cook. ◊ *Er kocht und ich wasche ab.* He does the cooking and I do the washing up. ◊ *Was kochst du heute?* What are you cooking today? ◊ *Essen kochen* cook a meal ◊ *Kartoffeln kochen* boil potatoes ◊ *ein hart/weich gekochtes Ei* a hard-boiled/soft-boiled egg ◊ *Kochst du Kaffee?* Are you making coffee? ◊ *Suppe kochen* make soup **2** (*Speise*) cook; (*sieden*) boil ◊ *Wildreis muss lange kochen.* Wild rice takes a long time to cook. ◊ *Das Wasser kocht.* The water's boiling. ◊ *Die Suppe zum Kochen bringen.* Bring the soup to the boil. ◊ *Kochen die Kartoffeln schon?* Are the potatoes boiling yet? ◊ *Das Ganze etwa 5 Minuten kochen lassen.* Boil for about 5 minutes. ◊ *kochend heiß* boiling hot **3** (*Wäsche*) boil ◊ *Den Pullover kann man doch nicht kochen!* You can't boil that pullover! IDM **es kocht (vor Hitze)** it is boiling hot **in jdm kocht es** it is boiling up in sb **(vor Wut) kochen** be at boiling point; be boiling with rage
Kochgelegenheit cooking facilities [Pl]
Köchin ⇨ KOCH
Koch- Kochkurs cookery course **Kochlöffel** wooden spoon **Kochtopf** saucepan **Kochwäsche** washing that can be boiled; (*Programm*) 90° cycle
Kode code ◊ *einen Kode entschlüsseln/knacken* decipher/crack a code
Köder bait [U] ◊ *Er hat auf den Köder nicht angebissen.* He did not take the bait.
ködern 1 lure (*auch fig*) **2** jdn (**mit etw**) ~ tempt sb (with sth) ◊ *Die Konkurrenz versuchte, sie mit Geld zu ködern.* The competition tried to tempt her with money.
kodieren encode
Koedukation co-education
Koexistenz coexistence [U] ◊ *eine Politik der friedlichen Koexistenz* a policy of peaceful coexistence
Koffein caffeine
koffeinfrei decaffeinated **koffeinhaltig** containing caffeine (*nicht vor Nomen*)
Koffer suitcase, case ◊ *den Koffer packen/auspacken* pack/unpack your suitcase/case IDM **aus dem Koffer leben** live out of a suitcase **die Koffer packen** (*weggehen*) pack your bags (and leave*)
Kofferkuli luggage trolley, (*AmE*) baggage cart **Kofferradio** portable radio **Kofferraum** boot, (*AmE*) trunk

Kognak brandy* ◊ *ein Glas Kognak* a glass of brandy
Kohl 1 cabbage ◊ *Kohl anbauen* grow cabbages **2** (*Unsinn*) rubbish (*umgs*), (*AmE*) garbage (*umgs*) ◊ *Red keinen Kohl!* Don't talk rubbish!
Kohle 1 coal ◊ *Kohle abbauen* mine coal ◊ *ein Eimer Kohlen* a bucket of coal ◊ *glühende Kohlen* live coals **2** (*Zeichenkohle*) charcoal [U] ◊ *eine Skizze mit Kohle machen* do a sketch in charcoal **3** (*Geld*) cash [U] (*umgs*) ◊ *wenig Kohle haben* not have much cash IDM (**wie**) **auf** (**glühenden**) **Kohlen sitzen** be like a cat on hot bricks; be on tenterhooks
Kohlekraftwerk coal-fired power station **Kohlenbergwerk** coal mine **Kohlendioxid** carbon dioxide **Kohlenhydrat** carbohydrate **Kohlenmonoxid** carbon monoxide **Kohlensäure 1** (NATURW) carbonic acid **2** ◊ *Mineralwasser mit/ohne Kohlensäure* fizzy/still mineral water **Kohlenstoff** carbon
Kohl- Kohlkopf cabbage **Kohlrabi** kohlrabi **Kohlroulade** stuffed cabbage [U] **Kohlrübe** swede, (*AmE*) rutabaga **Kohlsprossen** Brussels sprouts [Pl]
Koje bunk, berth
Kokain cocaine ◊ *Kokain schnupfen* snort cocaine
kokainsüchtig addicted to cocaine (*nicht vor Nomen*) ◊ *kokainsüchtige Jugendliche* young people addicted to cocaine
kokett coquettish (*Adv* coquettishly)
kokettieren 1 (**mit jdm**) ~ flirt with sb ◊ *Sie kokettiert mit ihrem Chef.* She flirts with her boss. **2 mit etw** ~ (*sich interessant machen*) make* great play of sth ◊ *Sie kokettiert mit ihrem Unwissen.* She makes great play of her ignorance.
Kokosnuss coconut

Koks 1 coke **2** (*Rauschgift*) coke (*Slang*) IDM ⇨ GRAF
Kolben 1 (*in einem Motor*) piston **2** (*Gewehr-*) butt **3** (*in der Chemie*) flask **4** (*bei Pflanzen*) cob
Kolibri hummingbird
Kolik colic [U] ◊ *eine Kolik haben* have colic
Kollaborateur(in) collaborator
Kollaboration collaboration [U]
kollaborieren collaborate
Kollaps collapse (*auch fig*) ◊ *Die Firma stand kurz vor dem Kollaps.* The firm was on the verge of collapse. ◊ *Er bekam einen Kollaps.* He collapsed.
Kolleg 1 (*Vorlesung*) lecture; (*Vorlesungsreihe*) course of lectures **2** (*Institut*) = college offering full-time courses to prepare adults for university entrance **3** (*Kirche*) theological college
Kollege, **Kollegin** colleague ◊ *Er ist ein früherer Kollege von mir.* He is a former colleague of mine. ◊ *einer meiner Kollegen* one of the people I work with
kollegial ◊ *Wir schätzen ihr kollegiales Verhalten.* We like the fact that she is such a good colleague. ◊ *In dieser Fabrik gehen Deutsche und Ausländer kollegial miteinander um.* In this factory Germans and foreigners treat each other in a friendly way. ◊ *ein kollegialer Mitarbeiter* a helpful member of staff
Kollegium 1 (*an einer Schule*) (teaching) staff ☛ *Hinweis bei* STAFF[1] **2** (*Gruppe, Körperschaft*) committee ☛ G 1.3b
Kollegstufe ≈ sixth form
Kollekte collection
Kollektion 1 (*Sammlung, Mode*) collection **2** (*Sortiment*) range ◊ *eine komplette Kollektion von Weingläsern* a complete range of wine glasses
kollektiv collective (*Adv* collectively) ◊ *kollektive Sicherheit* collective security ◊ *kollektiv verantwortlich* collectively responsible
Kollektiv 1 (*Team*) team, group ◊ *im Kollektiv arbeiten* work as part of a team ◊ *ein 15 Mitglieder zählendes Kollektiv* a group consisting of 15 members **2** (*Lebensform*) collective
Kollektivschuld collective guilt [U]
kollidieren 1 (*zusammenstoßen*) collide ◊ *An der Kreuzung kollidierten zwei Fahrzeuge.* Two vehicles collided at the junction. **2** (*im Widerspruch stehen*) clash ◊ *Die Termine kollidieren miteinander.* The dates clash. ◊ *Gelegentlich kollidieren ihre Interessen.* Sometimes there is a clash of interests.
Kollision 1 (*Zusammenstoß*) collision ◊ *Es kam zu einer Kollision zwischen einem Fischkutter und einem Frachter.* There was a collision between a fishing vessel and a freighter. **2** (*Widerspruch*) conflict ◊ *eine Kollision der Interessen* a conflict of interests ◊ *mit dem Gesetz in Kollision geraten* come into conflict with the law
Kolloquium seminar ◊ *ein Kolloquium zum Thema Umweltschutz* a seminar on environmental protection
kolonial colonial ◊ *die koloniale Vergangenheit* the colonial past ◊ *Dieses Gebiet wurde kolonial verwaltet.* The area was administered as a colony.
Kolonial- Kolonialbesitz colonial possessions [Pl] **Kolonialgebiet** colonial territory* **Kolonialherrschaft** colonial rule [U] ◊ *die britische Kolonialherrschaft* British colonial rule
Kolonialismus colonialism ◊ *die Folgen des Kolonialismus* the effects of colonialism
Kolonial- Kolonialmacht colonial power **Kolonialzeit** colonial period
Kolonie colony* ◊ *eine ehemalige britische Kolonie* a former British colony ◊ *in einer Kolonie von Künstlern leben* live in an artists' colony
kolonisieren colonize
Kolonist(in) colonist
Kolonne 1 column ◊ *eine Kolonne von Flüchtlingen* a column of refugees ◊ *Kolonnen von Zahlen addieren* add up columns of figures **2** (*Verkehrs-*) line of traffic **3** (*Arbeitstrupp*) gang of workers IDM **fünfte Kolonne** fifth column
Koloss colossus* ◊ *der Koloss von Rhodos* the Colossus of Rhodes ◊ *Er ist ein Koloss von einem Mann.* He's a colossus of a man. ◊ *riesige Kolosse von Lastern* giant lorries
kolossal 1 colossal ◊ *die kolossalen Ausmaße der Pyramiden* the colossal dimensions of the Pyramids **2** (*intensivierend*) tremendous (*Adv* tremendously) (*umgs*) ◊ *von kolossaler Wichtigkeit* of tremendous importance ◊ *Er wird sich kolossal freuen.* He will be tremendously pleased. ◊ *Sie hat eine kolossale Dummheit begangen.* She did something extremely stupid.
Kolumbus IDM ⇨ EI
Kolumne column
Koma coma ◊ *im Koma liegen* be in a coma ◊ *in ein Koma fallen* go into a coma
Kombi ⇨ KOMBIWAGEN
Kombination 1 combination ◊ *in Kombination mit etw* in combination with sth ◊ *die Alpine/Nordische Kombination* the Alpine/Nordic combination **2** (*Schlussfolgerung*) deduction ◊ *Er lag mit seiner Kombination falsch.* His deduction was wrong. **3** (*beim Schach*) combination; (*beim Fußball*) passing game **4** (*Kleidung*) separates [Pl] ◊ *eine schicke Kombination* smart separates ◊ *eine Kombination aus Rock, Bluse und Weste* a skirt with coordinating blouse and waistcoat **5** (*Arbeitsanzug*) boiler suit, (*AmE*) coveralls; (*für Rennfahrer*) racing suit
Kombinationsgabe powers of deduction [Pl] **Kombinationsmöglichkeit** possible combination **Kombinationsschloss** combination lock **Kombinationsspiel 1** teamwork **2** (*Mannschaftsspiel*) team game
kombinierbar compatible ◊ *Die beiden Systeme sind nicht kombinierbar.* The two systems are not compatible. ◊ *Der Aufenthalt auf den Bahamas ist mit einer Kreuzfahrt kombinierbar.* The stay in the Bahamas can be combined with a cruise. ◊ *ein Regalsystem, das aus beliebig kombinierbaren Elementen besteht* a modular shelving system
kombinieren 1 combine ◊ *Er kombinierte den Besuch mit einem Einkaufsbummel.* He combined the visit with a shopping trip. ◊ *kombinierte Rad- und Fußwege* joint pedestrian paths and cycle paths **2** (*schlussfolgern*) conclude ◊ *Ich kombinierte schnell: Dahinter konntest nur du stecken.* I concluded that you must be behind it. **3** (SPORT) play a passing game ◊ *Die Mannschaft hat unheimlich gut kombiniert.* The team's passing was incredibly good.
Kombi- Kombiwagen estate car, (*AmE*) station wagon **Kombizange** combination pliers [Pl] ☛ *Hinweis bei* BRILLE
Komet comet
kometenhaft meteoric
Komfort (*Bequemlichkeit*) comfort; (*Vorrichtungen etc.*) amenity* [meist Pl] ◊ *Beim Kauf eines Autos achte ich vor allem auf Sicherheit und Komfort.* When buying a car, I mainly look for safety and comfort. ◊ *Auch auf Camping-*

plätzen braucht man nicht auf Komfort zu verzichten. You can still enjoy your home comforts on the camping site. ◊ *ein Hotel, das allen modernen Komfort bietet* a hotel with all modern amenities ◊ *auf den Komfort eines eigenen Pkw verzichten* do without the convenience of owning your own car ◊ *Zimmer mit allem Komfort* room with all mod cons

komfortabel comfortable (*Adv* comfortably) ◊ *komfortabel eingerichtet* comfortably furnished ◊ *komfortabel sitzen* sit in comfort

Komik comedy ◊ *unfreiwillige Komik* unintentional comedy ◊ *Sie hat einen Sinn für Komik.* She sees the funny side of things.

Komiker(in) comedian; (*Schauspieler(in)*) comic actor ☛ G 2.2d

komisch 1 funny* ◊ *Es war wirklich komisch, wie sie ins Wasser gefallen sind.* It was really funny when they fell in the water. ◊ *Das finde ich gar nicht komisch!* That's not very funny! ◊ *irre komisch* hilarious ◊ *eine komische Figur sein* be a figure of fun **2** (*Theater*) comic ◊ *eine komische Oper* a comic opera **3** (*merkwürdig*) funny*, odd, strange ◊ *Der Motor macht so ein komisches Geräusch.* The engine's making a funny noise. ◊ *Die Leute haben mich so komisch angesehen.* People gave me such funny looks. ◊ *Komisch, dass sie noch nicht angerufen hat.* It's odd that she still hasn't phoned. ◊ *Es kommt mir etwas komisch vor, dass er nie Geld hat.* I find it odd that he never has any money. ◊ *Es war ein komisches Gefühl, sie wieder zu sehen.* It was a strange feeling seeing her again. ◊ *Ein bisschen komisch war mir schon, als ich vor dem Chef stand.* I felt a bit uneasy when confronted with the boss. IDM ⇨ FIGUR

komischerweise funnily enough; (*seltsamerweise*) strangely enough

Komitee committee* ◊ *Das Komitee tritt zweimal im Jahr zusammen.* The committee meet/meets twice a year. ☛ G 1.3b

Komma 1 comma ◊ *Muss man hier ein Komma setzen?* Do you have to put a comma there? **2** (*in Zahlen*) (decimal) point ◊ *fünf Komma sieben* five point seven ◊ *das Ergebnis auf zwei Stellen hinter dem Komma berechnen* calculate the answer to two decimal points ☛ *Hinweis bei* DECIMAL POINT IDM ⇨ NULL *und* PUNKT

Kommafehler ◊ *Kommafehler machen* make mistakes with commas

Kommandant(in) (*einer militärischen Einheit*) commanding officer; (*Flotten-, Panzer-*) commander; (*Flugzeug-, Schiffs-*) captain; (*Lager-, Festungs-*) commandant

Kommandeur(in) commander

kommandieren 1 (MIL) be in command of *sth* ◊ *Er kommandiert die Luftwaffe.* He is in command of the Air Force. ◊ *der kommandierende General des Eurokorps* the general in command of Eurocorps **2** (*Befehle geben*) give* orders ◊ *Unser Lehrer kommandiert gern.* Our teacher likes giving orders. ◊ *„Platz", kommandierte er.* 'Sit', he ordered.

Kommando 1 order, command ◊ *Er gab das Kommando zum Schießen.* He gave the order to fire. ◊ *Sie stürmten auf Kommando los.* They charged off when they got the order. ◊ *auf sein Kommando* on his orders ◊ *Der Hund gehorcht auf Kommando.* The dog obeys commands. **2** (*Befehlsgewalt*) command; *das* ~ *haben* be in charge; (MIL) be in command ◊ *unter dem Kommando der Vereinten Nationen stehen* be under UN command ◊ *Wer hat hier das Kommando?* Who's in charge here? ◊ *Bei uns hatte die Oma das Kommando.* At home, grandma gave the orders. **3** (*Einheit*) unit **4** (*Dienststelle*) headquarters* ☛ G 1.3c

Kommandobrücke bridge

kommen

• **Bewegung 1** come* ◊ *Kommen Sie bitte her!* Come here, please! ◊ *Ich komme ja schon!* I'm just coming! ◊ *Wann kommst du mal wieder zu uns?* When are you coming to see us again? ◊ *Die Fähre kommt von Ostende.* The ferry has come from Ostend. ◊ *Der Wind kommt aus südlicher Richtung.* The wind is coming from the south. ◊ *Ich kam gerade vom Arzt, als das Telefon klingelte.* I'd just come home from the doctor's, when the telephone rang. ◊ *Links kommt jetzt gleich unsere Schule.* Our school is just coming up now on the left. ◊ *Ein Gefühl der Verzweiflung kam über mich.* A feeling of despair came over me. ◊ *Die Gäste kommen um 8.* The guests are coming at 8. ◊ *als der Bus kam* when the bus came ◊ *Der nächste Bus kommt in 20 Minuten.* The next bus will be here in 20 minutes. ◊ *Wann kommst du nach Hause?* When will you be home? ◊ *wenn ich nach Hause komme* when I get home ◊ *Die Post ist schon gekommen.* The post has already been. ◊ *Wann soll das Baby kommen?* When is the baby due? ◊ *Bald kommt der Herbst.* Autumn will soon be here. **2** (*durch etw gehen, fahren*) go* ◊ *Bei der Wanderung kamen wir durch ein kleines Dorf.* We went through a little village on our walk. ◊ *Auf der Fahrt nach Köln kommt man durch Düsseldorf.* You go through Düsseldorf on the way to Cologne. **3** (*bis/zu etw*) ~ (*gelangen*) get* (to/as far as sth) ◊ *Wie komme ich zum Fahrstuhl?* How do I get to the lift? ◊ *Wie kommt er von der Schule nach Hause?* How does he get home from school? ◊ *Wir sind nur bis Seite 5 gekommen.* We only got as far as page 5. ◊ *Wie weit bist du gekommen?* How far did you get? ◊ *Er kommt selten aus dem Haus/in die Stadt.* He hardly ever gets out of the house/into town. **4** (*in eine Institution*) go*; (*aus einer Institution*) come* ◊ *zur Bundeswehr kommen* go into the army ◊ *ins Krankenhaus kommen* go into hospital ◊ *ins Gefängnis kommen* go to prison ◊ *Sie kam sofort ins Krankenhaus.* She was taken to hospital immediately. ◊ *aus dem Krankenhaus kommen* come out of hospital ◊ *in die/aus der Schule kommen* start/leave school **5** (*hingehören*) go* ◊ *Wohin kommen die Gläser?* Where do the glasses go? ◊ *Das Foto kommt auf die Titelseite.* The photo is going on the front page. ◊ *Das Buch kommt aufs oberste Regal.* The book belongs on the top shelf. **6** *jdm kommt etw* sth occurs* to sb, sb has sth ◊ *Ihr kam der Gedanke, dass …* It occurred to her that … ◊ *Gestern Abend ist mir eine tolle Idee gekommen!* I had a great idea last night! ◊ *Mir kamen Zweifel, ob das wohl richtig war.* I was starting to have doubts as to whether it was right. **7** (*erscheinen*) come* through ◊ *Im Garten kommen schon die Osterglocken.* The daffodils are coming through in the garden. ◊ *Am Apfelbaum kommen die ersten Blüten.* The first blossom is coming out on the apple tree. ◊ *wenn die ersten grauen Haare kommen* when your hair starts to go grey **8** (*sich*) **jdn/etw** ~ **lassen** send* for sb/sth ◊ *Er ließ einen Arzt kommen.* He sent for a doctor. ◊ *Sollen wir (uns) eine Pizza kommen lassen?* Should we send for a pizza? ◊ *Ich ließ ein Taxi kommen.* I ordered a taxi.

• **Ursprung 9** (*stammen*) come*, be ◊ *Woher kommen Sie?* Where are you from? ◊ *Ich komme aus Österreich.* I'm from Austria. ◊ *Woher kommt eigentlich diese Jacke?* Where did you get that jacket? **10** (*herrühren*) come* ◊ *Wie kommt es, dass ihr euch so gut kennt?* How come you know each other so well? ◊ *Die Löcher in den Zähnen kommen von den vielen Süßigkeiten.* The holes in your teeth come from eating too many sweets. ◊ *Das kommt davon!* That's what happens, you see!

• **ereignen 11** (*geschehen*) happen ◊ *Warum musste das jetzt kommen?* Why did that have to happen now? ◊ *Meistens kommt alles anders als man denkt.* Things never turn out the way you expect. ◊ *Das Angebot kam völlig unerwartet.* The offer was completely unexpected. ◊ *Wie kommt es, dass du schon wieder da bist?* How come you're back again so soon? **12** (*Film, Sendung etc.*) be on ◊ *Was kommt im Kino?* What's on at the cinema? ◊ *Was kommt heute Abend im Fernsehen?* What's on television tonight? ◊ *Um 8 Uhr kommen Nachrichten.* The news is (on) at 8. ◊ *Im Fernsehen kommt nur noch Mist.* There's nothing but rubbish on television. **13** *jdm* ~ *jdm ungelegen kommen* be inconvenient for sb ◊ *Das kommt mir zu plötzlich!* It's all happening too fast for me. ◊ *Du kommst mir gerade richtig!* You've come just at the right time!

• **Verhalten 14** *jdm irgendwie* ~ ◊ *Wenn du mir so kommst, kriegst du gar nichts.* If you keep going on like that, you won't get anything. ◊ *Erst hat er mich fast umgefahren und dann wollte er mir auch noch frech kommen!* First he nearly knocked me over, and then he started being cheeky into the bargain. **15** (*zur Verstärkung oder Ermutigung*) come on ◊ *Komm, wir gehen jetzt!* Come on, we're going now! ◊ *Komm, jetzt reg dich nicht so auf!* Come on, don't get so worked up! ◊ *Ach komm, es lohnt sich doch sowieso nicht.* Come on now, it's really not worth it. ◊ *Na komm schon, leih mir doch dein Rad.* Oh go on, lend me your bike.

• **Ausdrücke mit Präpositionen 16 an** *etw* ~ (*bekommen*) get* hold of sth ◊ *Wie komme ich ganz schnell an das Geld?* How can I get hold of the money quickly? ◊ *Wie ist sie an den Job gekommen?* How did she get the job? **17 auf** *etw* ~ (*sich belaufen*) come* to sth ◊ *Die Rechnung kam auf 120 Dollar.* The bill came to 120 dollars. ◊ *Wie teuer kommt die*

Reparatur? What does the repair bill come to? **18 auf etw** ~ (*sich an etw erinnern*) (be able to) remember sth ◊ *Kommst du noch darauf, wie er heißt?* Do you remember his name? **19 auf etw** ~ (*herausfinden*) hit* upon sth ◊ *Lisa ist schließlich auf die richtige Antwort gekommen.* Lisa finally hit upon the correct answer. ◊ *Ich wäre nie darauf gekommen.* It would never have occurred to me. ◊ *Wie kommst du darauf?* What makes you think that? **20 auf jdn/etw** ~ (*an jdn/etw denken*) think* of sb/sth ◊ *Wie sind sie wohl auf mich gekommen?* I wonder what made them think of me? ◊ *Wie bist du denn auf die Idee gekommen?* Where did you get the idea from? ◊ *Schließlich kamen wir darauf, nach Italien zu fahren.* We eventually hit upon the idea of going to Italy. **21 auf jdn/etw** ~ (*in Proportionen*) ◊ *Auf jeden Lehrer kommen 30 Schüler.* There are 30 pupils to every teacher. ◊ *Auf jeden Gewinn kommen drei Nieten.* There are three blanks for every win. **22 hinter etw** ~ (*entdecken*) discover sth ◊ *Sie ist endlich dahinter gekommen, dass er log.* She eventually discovered that he was lying. **23 (jdm) mit etw** ~ (*belästigen*) bother sb with sth ◊ *Ständig kommt er mit neuen Fragen!* He's forever bothering me with questions! ◊ *Jetzt komm mir doch nicht schon wieder damit.* Now don't start that all over again! **24 nach jdm** ~ take* after sb ◊ *Kommt sie nach ihrer Mutter?* Does she take after her mother? **25 um etw** ~ (*verlieren*) lose* sth; (*verzichten müssen*) miss out on sth (*umgs*) ◊ *So kam sie um das ganze Erbe.* That's how she lost her entire inheritance. ◊ *Jetzt sind wir um unsere Kaffeepause gekommen!* Now we've missed out on our coffee break! **26 zu etw** ~ ◊ *Wie kommt er zu so viel Geld?* How does he have so much money? ◊ *wieder zu Kräften kommen* regain your strength ◊ *Er wird nie zu etwas kommen!* He'll never get anywhere in life! **27 zu etw** ~; **dazu** ~, **etw zu tun** get* round to (doing) sth ◊ *Ich komme nie dazu, die Fotos zu sortieren.* I never get round to sorting out the photos. ◊ *Wir sind nicht dazu gekommen, die Altstadt zu besichtigen.* We didn't manage to see the old city. ◊ *Heute bin ich zu nichts gekommen.* I got nothing done today. **28 es kommt zu etw** ◊ *Wie konnte es nur dazu kommen?* How could this happen? ◊ *In der Nacht kam es wieder zu Ausschreitungen.* There were riots again in the night. **IDM** **auf jdn/etw nichts kommen lassen** not hear* anything said against sb/sth **etw kommen sehen** see* sth coming ◊ *Ich sehe kommen, dass ich die ganze Arbeit machen muss!* I'll have to do it all. I can see it coming! ◊ *Das habe ich kommen sehen!* I could see that coming! **im Kommen sein** be coming into fashion ◊ *Schwarz ist wieder im Kommen.* Black is back in fashion. ◊ *Cholera ist wieder im Kommen.* Cholera is on the increase again. **Kommen und Gehen** coming and going **wer zuerst kommt, mahlt zuerst** first come, first served (**wieder**) **zu sich kommen** come* round ➤ Für andere Ausdrücke mit **kommen** siehe die Einträge für die entsprechenden Nomina etc. **In Schwung kommen** z.B. steht unter **Schwung**.

kommend 1 next ◊ *im kommenden Jahr* next year ◊ *Der Umbau ist für das kommende Frühjahr geplant.* The alterations are due to take place next spring. ◊ *Am kommenden Sonntag hat sie Geburtstag.* This coming Sunday is her birthday. **2** (*zukünftig*) future; (*Veranstaltungen etc.*) forthcoming ◊ *für kommende Generationen* for future generations ◊ *Die Broschüre informiert über die kommenden Veranstaltungen.* The brochure gives information about forthcoming events.

Kommentar 1 (*Stellungnahme*) comment ◊ *Kein Kommentar!* No comment! ◊ *einen Kommentar zu etw abgeben* comment on sth ◊ *Er lehnte jeden Kommentar ab.* He refused to comment. **2** (*Auslegung, mündliche Beschreibung*) commentary* ◊ *der Kommentar zu dem Match* the commentary on the match

Kommentator(in) commentator ◊ *ein Fußball-Kommentator* a football commentator ◊ *ein politischer Kommentator* a political commentator ➤ G 2.2d

kommentieren 1 (**etw**) ~ comment (on sth) ◊ *Er kommentierte den Rücktritt mit den Worten, „Eine sehr gute Entscheidung."* He commented that the decision to resign was the right one. ◊ *Das Angebot kommentierte er mit den Worten:* ... His comment on the offer was ... **2** (*beschreiben*) commentate (on) sth ◊ *Wer kommentiert das Spiel?* Who will be commentating (on) the match? **3** (*Text*) annotate ◊ *eine kommentierte Ausgabe* an annotated edition

Kommerz commercialism

Kommerzialisierung commercialization

kommerziell commercial (*Adv* commercially)

Kommilitone, Kommilitonin fellow student ◊ *ihre Kommilitonen* her fellow students ◊ *eine Kommilitonin meiner Schwester* a college friend of my sister's ◊ *Er ist ein ehemaliger Kommilitone.* I was at university with him.

Kommissar(in) 1 inspector; (*der Kriminalpolizei*) detective inspector **2** (*einer Verwaltung*) commissioner ➤ G 2.2d

Kommission commission ◊ *die EU-Kommission* the European Commission ◊ *Ich habe ihr die Vase in Kommission gegeben.* She's selling the vase for me on commission. ◊ *etw in Kommission nehmen* take sth on a sale or return basis

Kommode chest of drawers, (*AmE*) bureau

kommunal local ◊ *auf kommunaler Ebene* at local level ◊ *das kommunale Wahlrecht* the right to vote in local elections ◊ *der kommunale Haushalt* the council budget

Kommunal- Kommunalpolitik local politics ➤ G 1.3c **Kommunalwahl** local election

Kommune 1 local authority district; (*Behörde*) local authority* **2** (*Wohngemeinschaft*) commune ➤ G 1.3b

Kommunikation communication ◊ *Die Kommunikation ist zusammengebrochen.* Communication has broken down. ◊ *Er empfindet die Kommunikation mit seinen Eltern als schwierig.* He finds it difficult to communicate with his parents.

Kommunikationselektronik communications technology* **Kommunikationsfähigkeit** ability to communicate **Kommunikationsmittel** means* of communication **Kommunikationstechnik** communications technology*

kommunikativ communicative ◊ *kommunikativ orientierter Sprachunterricht* communicative language learning ◊ *kommunikative Fähigkeiten* communication skills ◊ *einen Konflikt kommunikativ lösen* solve a conflict through communication

Kommunion 1 Communion **2** (*Erstkommunion*) First Communion

Kommunismus communism ◊ *Er hat jahrzehntelang unter dem Kommunismus gelebt.* He lived under communism for decades. ◊ *die Theorien des Kommunismus* communist doctrine ➤ Wenn sich **Communism** auf ein Regierungssystem, wie z.B. in der ehemaligen Sowjetunion, bezieht, wird es großgeschrieben.

Kommunist(in) communist ➤ Wenn sich **Communism** auf ein Mitglied einer kommunistischen Partei bezieht, wird es großgeschrieben.

kommunistisch communist ◊ *die kommunistische Ideologie* communist ideology ➤ Wenn sich **Communism** auf Parteien, Regierungen, Länder etc. bezieht, wird es großgeschrieben: *Dieses Land wird kommunistisch regiert.* This country has a Communist government.

kommunizieren communicate ◊ *Sie kommunizieren schriftlich miteinander.* They communicate in writing.

Komödiant(in) 1 (comedy) actor ➤ G 2.2d **2** (*fig*) clown **komödiantisch** comic ◊ *eine herausragende komödiantische Leistung* an outstanding comic performance ◊ *Sie hat komödiantisches Talent.* She's quite a comedian.

Komödie comedy* (*auch fig*) ◊ *Shakespeares Komödien und Tragödien* Shakespeare's comedies and tragedies ◊ *Spiel mir keine Komödie vor!* Stop pretending!

kompakt 1 solid (*Adv* solidly) ◊ *eine kompakte Bauweise* a solid architectural style ◊ *Die Abwehr stand kompakt.* The team's defence was solid. **2** (*klein und praktisch*) compact (*Adv* compactly) **3** (*Mensch*) stocky (*Adv* stockily)

Kompanie (MIL) company* ➤ G 1.3b

Komparativ comparative (form)

Kompass compass ◊ *sich nach dem Kompass richten* follow the compass

kompatibel compatible

Kompensation compensation ◊ *eine hohe Kompensation erhalten* receive high compensation ◊ *Gewaltanwendung ist oft eine Kompensation für mangelndes Selbstbewusstsein.* People often compensate for their lack of self-confidence by being violent.

kompensieren compensate ◊ *Er kompensiert seine Unsicherheit durch/mit Arroganz.* He compensates for his insecurity by being arrogant.

kompetent competent (*Adv* competently); (*sachverständig*) expert (*Adv* expertly) ◊ *ein kompetenter Mitarbeiter* a competent member of staff ◊ *Wir wurden kompetent bera-*

ten. We got some expert advice. ◊ *Sie ist außerordentlich kompetent auf ihrem Gebiet.* She's an expert in her field.
Kompetenz 1 competence 2 (*Zuständigkeit*) power [meist Pl] ◊ *Ich habe keine Kompetenz, darüber zu entscheiden.* I don't have the power to decide. ◊ *Er soll seine Kompetenzen überschritten haben.* He is supposed to have exceeded his powers.
komplementär complementary
komplett complete (*Adv* completely) ◊ *Meine Sammlung von Beatlesplatten ist nun endlich komplett.* My collection of Beatles records is now finally complete. ◊ *Das habe ich komplett vergessen.* I completely forgot about it. ◊ *eine komplett möblierte Wohnung* a fully furnished flat ◊ *Peter ist hier — jetzt sind wir komplett.* Peter's arrived — now we're all here.
komplettieren complete
komplex 1 *Adj* complex 2 *Adv* in a complex way
Komplex complex ◊ *ein Komplex von Symptomen* a complex of symptoms ◊ *Dieser Komplex soll abgerissen werden.* This complex is going to be pulled down. ◊ *Er hat Komplexe wegen seines Aussehens.* He has a complex about his appearance.
Komplexität complexity*
Komplikation complication [meist Pl]
Kompliment compliment ◊ *Er machte mir ein Kompliment.* He paid me a compliment ◊ *Kompliment an die Köchin!* Compliments to the chef! ◊ *Er macht mir immer Komplimente zu meinem Aussehen.* He's always complimenting me on my appearance. IDM **nach Komplimenten fischen** fish for compliments
Komplize, Komplizin accomplice
komplizieren complicate ◊ *Das kompliziert die Angelegenheit enorm.* That complicates matters tremendously. ◊ *Warum musst du bloß alles immer so komplizieren?* Why do you have to make everything so complicated?
kompliziert 1 *Adj* complicated; (*Mensch*) complex 2 *Adv* in a complicated way ◊ *Warum drückt er sich immer so kompliziert aus?* Why does he always express himself in such a complicated way?
Komplott plot ◊ *Sie schmiedeten ein Komplott gegen den Präsidenten.* They hatched a plot against the president.
Komponente component
komponieren 1 compose ◊ *ein Lied komponieren* compose a song 2 (*gestalten*) construct; (*Farben*) combine ◊ *ein meisterhaft komponierter Krimi* a masterfully constructed crime novel
Komponist(in) composer ☛ G 2.2
Komposition 1 composition ◊ *Diese Sinfonie gehört zu Beethovens berühmtesten Kompositionen.* This symphony is one of Beethoven's most famous compositions. ◊ *Er ist mit der Komposition einer Oper beschäftigt.* He's composing an opera. 2 (*Gestaltung*) construction ◊ *Der Eingang ist eine Komposition aus Glas und Stahl.* The entrance is a construction of glass and steel. ◊ *Dieses Bild besticht durch die Komposition der Farben.* This picture is impressive because of the combination of colours.
Kompositum compound
Kompost compost; (*Komposthaufen*) compost heap
Komposthaufen compost heap
kompostierbar compostable
kompostieren 1 make* compost ◊ *Wer umweltbewusst ist, kompostiert.* People who are environmentally friendly make compost. 2 (*zu Kompost verarbeiten*) compost ◊ *Wir kompostieren unsere Küchenabfälle.* We compost our kitchen waste.
Kompott stewed fruit
komprimieren 1 (TECH) compress 2 (*zusammenfassen*) condense ◊ *Kannst du den Vortrag in komprimierter Form wiedergeben?* Could you do a condensed version of the talk?
Kompromiss compromise ◊ *ein fauler Kompromiss* a shabby compromise ◊ *sich auf einen Kompromiss einigen* reach a compromise
kompromissbereit willing to compromise ◊ *Die Verhandlungspartner zeigten eine kompromissbereite Haltung.* Both parties were willing to compromise. **Kompromissbereitschaft** willingness to compromise **kompromisslos** uncompromising (*Adv* uncompromisingly) **Kompromisslösung** compromise solution

kompromittierend compromising
kondensieren condense ◊ *Sein Atem kondensierte in der kalten Luft.* His breath condensed in the cold air.
Kondens- Kondensmilch condensed milk **Kondensstreifen** vapour trail, (*AmE*) vapor trail **Kondenswasser** condensation
Kondition 1 condition ◊ *Ich habe überhaupt keine Kondition mehr.* I'm really out of condition. ◊ *Um in guter Kondition zu bleiben, solltest du regelmäßig joggen gehen.* You ought to go jogging regularly to keep fit. 2 **Konditionen** terms [Pl] ◊ *Zu welchen Konditionen wurden Ihnen das Auto verkauft?* On what terms was the car sold to you?
Konditionstraining fitness training
Konditor(in) pastry cook ☛ G 2.2
Konditorei cake shop; (*Café*) cafe
kondolieren send*/offer your condolences
Kondom condom
Konferenz 1 (*Besprechung*) meeting ◊ *Herr Schulz ist bis vier Uhr in einer Konferenz.* Mr Schulz will be in a meeting until four. 2 (*Zusammenkunft*) conference ◊ *eine Konferenz zum Thema Drogen* a conference on drugs **Konferenzschaltung** (*Telefongespräch*) conference call; (*im Radio/Fernsehen*) (radio/television) link-up **Konferenzteilnehmer(in)** conference participant
Konfession denomination
konfessionell denominational ◊ *konfessioneller Religionsunterricht* denominational religious education ◊ *Der Kandidat ist politisch und konfessionell unabhängig.* The candidate belongs to no particular political party or religious denomination.
konfessionslos not belonging to any religion (*nicht vor Nomen*)
Konfetti confetti
Konfiguration configuration
konfigurieren (COMP) configure
Konfirmand(in) = person* who is being/has just been confirmed
Konfirmandenunterricht confirmation classes [Pl]
Konfirmation confirmation
konfirmieren confirm
konfiszieren confiscate; (*am Zoll auch*) seize ◊ *Nicht registrierte Waffen wurden konfisziert.* Unlicensed weapons were confiscated. ◊ *Der Koffer wurde am Zoll konfisziert.* The suitcase was seized by customs.
Konfitüre jam
Konflikt conflict ◊ *mit jdm/etw in Konflikt geraten* come into conflict with sb/sth ◊ *ein innerer/seelischer Konflikt* an inner conflict ◊ *ein bewaffneter Konflikt* an armed conflict
Konfliktberatung = counselling for pregnant women who want an abortion **Konfliktherd** trouble spot **Konfliktlösung** solution to the conflict **konfliktreich** turbulent **Konfliktsituation** conflict situation
Konföderation confederacy*
konform *mit etw ~ gehen* be in agreement with sth; *mit jdm ~ gehen* agree with sb
Konfrontation 1 confrontation; (*Konflikt*) conflict ◊ *Wir wollen eine Konfrontation.* We want to avoid a confrontation. 2 (*Gegenüberstellung*) (*meist mit einem Verb übersetzt*) ◊ *Die tägliche Konfrontation mit dem sozialen Elend war deprimierend.* It was depressing to be confronted with abject poverty on a daily basis.
konfrontieren 1 *jdn/etw ~* confront sb/sth 2 *jdn mit jdm ~* bring* sb face to face with sb 3 *jdn mit etw ~* make* sb face sth ◊ *Als er sie mit der Realität konfrontierte, ...* When he made her face reality, ... ◊ *Wir sind jeden Tag mit diesem Problem konfrontiert.* We have to deal with this problem every day.
konfus confused; (*nicht klar*) unclear; (*chaotisch*) chaotic ◊ *eine konfuse Politik* a confused policy ◊ *Er wirkte ziemlich konfus.* He seemed rather confused. ◊ *konfuse Äußerungen* unclear statements ◊ *Die Abwehr war völlig konfus.* The defence was absolutely chaotic. ◊ *Du machst mich ganz konfus!* You're making me nervous.
Konfusion confusion
Kongress 1 conference; (*größer*) congress ◊ *auf dem Kongress* at the conference 2 (*Parlament in den USA*) Congress

Kongressabgeordnete Congresswoman* **Kongressabgeordneter** Congressman* **Kongresshalle** conference hall

König king ◊ *der König von Jordanien/der jordanische König* the King of Jordan ◊ *der marokkanische König Hassan II* King Hassan II of Morocco ◊ *der König des Rock* the king of rock ◊ *der Pik-König* the king of spades ◊ *die Heiligen Drei Könige* the Three Kings IDM ⇨ KUNDE

Königin queen ◊ *die Königin von Dänemark* the Queen of Denmark

königlich 1 royal (*nur vor Nomen*) ◊ *Königliche Hoheit* Your Royal Highness **2** (*wie ein König*) regal ◊ *eine königliche Pose* a regal pose ◊ *königlich speisen* eat like a king ◊ *sich königlich amüsieren* have a great time **3** (*großzügig*) princely ◊ *Er wurde königlich belohnt.* He was given a princely reward.

Königreich kingdom ◊ *im schwedischen Königreich* in the kingdom of Sweden

königs- königsblau royal blue **Königshaus** royal palace; (*Familie*) royal family*

Konjunktion (LING, ASTRON) conjunction ◊ *koordinierende/subordinierende Konjunktionen* coordinating/subordinating conjunctions

Konjunktiv (LING) subjunctive

Konjunktur 1 economy ◊ *eine schwache/stabile Konjunktur* a fragile/stable economy ◊ *Die Konjunktur erholte sich.* The economy recovered. ◊ *die Konjunktur ankurbeln* boost the economy ◊ *die Konjunktur in den ehemaligen Ostblockländern* the economic situation in former Communist countries **2** (*Hoch-*) boom IDM **Konjunktur haben** be in great demand

konjunkturell 1 economic ◊ *eine konjunkturelle Flaute/Krise* an economic slump/crisis ◊ *die konjunkturelle Lage* the economic situation ◊ *aus konjunkturellen Gründen* for economic reasons ◊ *ein konjunktureller Aufschwung* a rise in economic activity ◊ *konjunkturelle Schwankungen* fluctuations in the economy **2** ~ **bedingt** due to economic factors

konkav concave (*Adv* concavely)

konkret 1 *Adj* concrete; (*Daten, Fall, Forderung, Frage*) specific; (*Antwort*) definite; (*Gefahr*) real **2** *Adv* specifically; (*in der Praxis*) in practice ◊ *Was bedeutet das konkret?* What does that mean specifically? ◊ *Wie sieht das konkret aus?* How does that look in practice? ◊ *etw konkret umsetzen* put sth into practice

konkretisieren be specific; (*realisieren*) realize ◊ *Was die Regierung plant, wollte er nicht konkretisieren.* He didn't want to be specific about the government's plans. ◊ *Ein Komponist half ihnen, ihre Ideen zu konkretisieren.* A composer helped them to realize their ideas. ◊ *Die genauen Kosten lassen sich noch nicht konkretisieren.* We still can't say for certain how much it will cost.

Konkurrent(in) competitor; (*Rivale*) rival ◊ *90 Konkurrenten aus 25 Ländern* 90 competitors from 25 countries ◊ *Er ist mein schärfster Konkurrent.* He's my main rival.

Konkurrenz competition ☛ G 1.3a; (*Konkurrent(en)*) competitors [Pl] ◊ *die Konkurrenz aus Niedriglohnländern* competition from low-wage countries ◊ *Die Konkurrenz aus dem Ausland wird härter.* Foreign competition is intensifying. ◊ *Die Konkurrenz der Frauen gewann Ulli Pietsch.* Ulli Pietsch won the women's competition. ◊ *Die Konkurrenz hat die Preise jetzt ebenfalls gesenkt.* Our competitors have lowered their prices too now. ◊ *jdm Konkurrenz machen* compete with sb ☛ G 1.3a IDM **außer Konkurrenz antreten** be an unofficial competitor

Konkurrenzdenken competitiveness **konkurrenzfähig** competitive (*Adv* competitively) ◊ *konkurrenzfähig sein* be competitive **Konkurrenzkampf** competition ◊ *der Konkurrenzkampf der Banken* competition between the banks **konkurrenzlos** ◊ *Die Firma ist konkurrenzlos.* The company has no competition. ◊ *Im Freistil war sie konkurrenzlos.* No one could compete with her in the freestyle. ◊ *Sie sind konkurrenzlos preiswert.* No one can beat them on price. **Konkurrenzunternehmen** rival company*

konkurrieren compete ◊ *zwei Supermächte, die um die Weltmacht konkurrieren* two superpowers competing for world power ◊ *Mit den Supermärkten können wir nicht konkurrieren.* We can't compete with the supermarkets. ◊ *auf dem Weltmarkt konkurrieren* compete in the world market ◊ *konkurrierende Firmen* rival firms

Konkurs bankruptcy*, receivership (*gehoben*) ◊ *Das Unternehmen steht vor dem Konkurs.* The firm is on the brink of bankruptcy. ◊ *in Konkurs gehen* go bankrupt ◊ (*den*) *Konkurs anmelden* go into receivership

Konkursverwalter receiver

können¹ *Modalvb* ☛ G 10

können² *Verb* ◊ *Kannst du das?* Can you do that? ◊ *Das kann ja jeder!* Anyone can do that! ◊ *Er kann absolut nichts.* He can't do a thing. ◊ *Er kann das wirklich gut.* He's really good at it. ◊ *Kannst du englisch?* Do you speak English? ◊ *Sie kann gut englisch.* Her English is good. ☛ *Siehe auch* DAFÜR IDM **du kannst mich mal!** you can go to hell (*umgs*) (**es**) **gut/nicht etc. mit jdm können** get* on well/not get* on with sb **können wir?** shall we go? **nicht mehr können** not be able to go on ◊ *Ich kann nicht mehr.* I can't go on. **wie konntest du nur!** how could you!

Können skill

Könner(in) expert

Konnotation connotation

Konsens consensus ◊ *einen Konsens erzielen* reach a consensus ◊ *Es gibt einen breiten politischen Konsens zu diesem Thema.* There's a broad political consensus on this issue. ◊ *Zwischen den Parteien herrschte Konsens.* There was a consensus of opinion between the parties.

konsequent 1 consistent (*Adv* consistently); (*logisch*) logical (*Adv* logically) ◊ *konsequentes Handeln/Vorgehen* a consistent course of action ◊ *konsequent sein* be consistent ◊ *konsequent handeln* act consistently ◊ *die einzig konsequente Lösung* the logical solution ◊ *konsequent denken* think logically **2** (*streng*) rigorous (*Adv* rigorously) ◊ *konsequente Kontrollen* rigorous checks ◊ *die Sanktionen konsequent durchsetzen* rigorously enforce sanctions **3** (*unbeirrbar*) single-minded (*Adv* single-mindedly) ◊ *sein Ziel konsequent verfolgen* single-mindedly pursue your goal ◊ *etw konsequent durchziehen* see sth through to the end

konsequenterweise logically

Konsequenz 1 consistency ◊ *mangelnde Konsequenz* a lack of consistency **2** (*Folge*) consequence ◊ *Das wird Konsequenzen haben.* That will have consequences. ◊ *Das hätte zur Konsequenz, dass …* That would mean that … IDM **die Konsequenzen aus etw ziehen** draw* the conclusion from sth **die Konsequenzen aus etw ziehen** learn* from sth **die Konsequenzen ziehen 1** take* the appropriate steps **2** (*zurücktreten*) resign **in letzter Konsequenz** (*logisch zu Ende gedacht*) when taken to its logical conclusion; (*am Ende*) at the end of the day

konservativ conservative (*Adv* conservatively); (*in der britischen Politik*) Conservative

Konserve (*Lebensmittel-*) canned food [U], (*bes BrE*) tinned food [U]; (*Dose*) can, (*bes BrE*) tin ◊ *sich von Konserven ernähren* live on tinned food ◊ *eine Konserve öffnen* open a tin IDM **Musik aus der Konserve** canned music (*umgs*) **Konservenbüchse** can, (*bes BrE*) tin

konservieren preserve; (*Obst auch*) conserve ◊ *alte Gebäude konservieren* preserve old buildings ◊ *Gemüse konservieren* preserve vegetables

Konservierungsmittel, **Konservierungsstoff** preservative

Konsistenz consistency

konsolidieren 1 consolidate **2 sich** ~ stabilize

Konsolidierung consolidation; (WIRTSCH) stabilization **Konsolidierungsphase** (WIRTSCH) period of consolidation

Konsonant consonant

Konspiration conspiracy

konspirativ conspiratorial ◊ *konspirative Aktivitäten* conspiratorial activities ◊ *konspirativ vorgehen* act in a conspiratorial way ◊ *sich konspirativ zusammenschließen* form a conspiracy ◊ *eine konspirative Wohnung* a safe house

konstant constant (*Adv* constantly); (*Leistungen*) consistent (*Adv* consistently) ◊ *Die Bevölkerungszahl ist konstant geblieben.* The population figures have remained constant. ◊ *Die Temperatur des Wassers wird konstant bei 25° gehalten.* The temperature of the water is maintained at a constant 25°. ◊ *Sie bringen konstant gute Leistungen.* They consistently achieve good results. ◊ *Die Besetzung der Band blieb konstant.* The line-up of the band remained the same.

Konstante constant (*auch fig*)

konstatieren 1 (*wahrnehmen*) notice, detect (*gehoben*) ◊ *Man muss eine gewisse Machtlosigkeit konstatieren.* One can't help noticing a certain powerlessness. ◊ *Dort konstatieren die Mediziner mögliche Gesundheitsrisiken.* Doctors detect possible health risks here. **2** (*erklären*) state; (*bemerken*) comment
konsterniert dismayed ◊ *Der Minister erklärte sich überrascht und konsterniert.* The minister said he was surprised and dismayed. ◊ *Er reagierte konsterniert.* He reacted with dismay.
konstituieren 1 (*gründen*) establish (*gehoben*), set* *sth* up ◊ *eine Institution konstituieren* set up an institution ◊ *eine konstituierende Sitzung* a constituent session **2 sich ~** be established ◊ *Das neue Gremium soll sich morgen konstituieren.* The new body is to be established tomorrow.
Konstitution constitution
konstitutionell constitutional
konstruieren 1 (*entwerfen*) design ◊ *Er hat den Fahrradständer selbst konstruiert.* He designed and constructed the bicycle stand himself. ◊ *Anhand der Aussagen konstruierte die Polizei den Tathergang.* On the basis of the evidence the police were able to reconstruct the sequence of events of the crime. **2** (LING) construe ◊ *Neue sprachliche Formulierungen werden konstruiert.* New forms of speech are construed. ◊ *Diese Verben werden mit dem Akkusativ konstruiert.* These verbs take the accusative. **3** (*sich ausdenken*) fabricate (*abwert*) ◊ *das Belastungsmaterial gegen den Angeklagten konstruieren* fabricate the incriminating evidence against the accused ◊ *Die Handlung klingt zu konstruiert.* The plot sounds too contrived.
Konstrukteur(in) design engineer ☛ G 2.2d
Konstruktion construction; (*Entwurf*) design [U] ◊ *Die Konstruktion des Satzes ist falsch.* The sentence construction is wrong. ◊ *Der Regisseur fand die Konstruktion des Sets sehr gut.* The director thought the design of the set was very good. ◊ *moderne Waffen herkömmlicher Konstruktion* modern conventionally designed weapons
Konstruktionsfehler (*des Entwurfs*) design fault; (*des Aufbaus*) structural fault
konstruktiv 1 constructive (*Adv* constructively) ◊ *konstruktive Vorschläge* constructive suggestions **2** (TECH) constructional
Konsul(in) consul
Konsulat consulate
Konsultation consultation
konsultieren consult
Konsum¹ consumption ◊ *der Konsum von Drogen* drug consumption ◊ *20 Menschen starben nach dem Konsum von Ecstasy.* 20 people died after taking ecstasy.
Konsum² (*Konsumgenossenschaft*) co-operative society; (*Lebensmittelgeschäft*) co-op (*umgs*)
Konsument(in) consumer
Konsum- Konsumgesellschaft consumer society* **Konsumgüter** consumer goods [Pl]
konsumieren consume (*auch fig*)
Konsumrausch consumer boom
Kontakt contact ◊ *Die Kontakte des Steckers sind verschmutzt.* The contacts on the plug are dirty. ◊ *mit jdm in Kontakt kommen* get in contact with sb ◊ *neue Kontakte knüpfen* make new contacts ◊ *den Kontakt zu jdm aufnehmen/verlieren* get in touch/lose touch with sb ◊ *engen Kontakt zu jdm haben* be close to sb ◊ *Es fehlte der Kontakt zwischen Künstlern und Publikum.* There was no rapport between the performers and the public. ◊ *Kinder sollten nicht in Kontakt mit Alkohol kommen.* Children should not be exposed to alcohol.
Kontaktadresse contact address **kontaktarm 1** antisocial **2** (*ohne Kontakte*) lacking (human) contact **Kontaktaufnahme** approach ◊ *eine schriftliche Kontaktaufnahme* an approach in writing ◊ *Eine telefonische Kontaktaufnahme ist möglich.* It is possible to contact us by telephone. **kontaktfreudig** sociable **Kontaktlinse** contact lens **Kontaktperson** contact
Kontamination contamination
kontaminieren contaminate
Konter 1 (*beim Boxen, Ringen*) counterblow **2** (*bei Ballspielen*) counter-attack (*auch fig*)
kontern counter

Konterrevolution counter-revolution
Kontext context ◊ *in diesem Kontext* in this context ◊ *Man muss das im Kontext sehen.* That needs to be seen in context. ◊ *aus dem Kontext herausgerissen* taken out of context ◊ *Es ist schwierig, den Satz ohne den Kontext zu übersetzen.* It is difficult to translate the sentence out of context.
Kontinent continent ◊ *der (europäische) Kontinent* the Continent
kontinental continental
Kontinentaleuropa continental Europe **Kontinentalklima** continental climate
Kontingent 1 (*Pflichtbeitrag*) quota ◊ *das ihnen zugeteilte Kontingent an frischem Trinkwasser* their allocated quota of fresh drinking water **2** (*Truppen-, Anzahl von Menschen*) contingent
kontinuierlich (*ununterbrochen*) continuous (*Adv* continuously); (*beständig*) steady (*Adv* steadily) ◊ *kontinuierlicher Datenaustausch* continuous data exchange ◊ *Seine Leistungen bessern sich kontinuierlich.* His performance is continuously improving. ◊ *Der Konsum von Alkohol steigt kontinuierlich an.* The consumption of alcohol is rising steadily.
Kontinuität continuity
Konto account ◊ *ein Konto eröffnen/auflösen* open/close an account ◊ *auf meinem Konto* in my account ◊ *Geld auf jds Konto überweisen* transfer money to sb's account ◊ *Der Betrag ist auf Ihrem Konto eingegangen.* The amount has been paid into your account. ◊ *ein Konto sperren lassen* block an account [IDM] **etw auf dem Konto haben** have sth on your record **etw geht auf jds Konto 1** (*verantwortlich sein*) sb is responsible for sth ◊ *Dieses Fiasko geht auf sein Konto.* He is responsible for this disaster. **2** (*bezahlt werden*) sth is on sb ◊ *Das Mittagessen geht auf mein Konto.* Lunch is on me.
Kontoauszug (bank) statement **Kontoinhaber(in)** account holder **Kontonummer** account number **Kontostand** balance (of account) ◊ *Ihr Kontostand ist ...* The balance of your account is ...
kontra 1 against **2** (RECHT, SPORT) versus (*auch fig*) ◊ *Pflanzenschutzmittel kontra Naturschutz* insecticides versus conservation ☛ *Siehe auch* PRO, S. 1150.
Kontra (*bei Kartenspielen*) double [IDM] **(jdm) Kontra geben** take* a stand (against sb) ☛ *Siehe auch* Pro, S. 1150.
Kontrabass double bass ◊ *Er spielt Kontrabass.* He plays the double bass.
Kontrahent(in) opponent
kontraproduktiv counterproductive
konträr contradictory ◊ *Sie hat ganz konträre Ansichten.* She has completely contradictory views. ◊ *zwei konträre Meinungen* two opposing views
Kontrast contrast ◊ *ein farblicher Kontrast* a contrast in colour ◊ *Kontraste bestimmen das Konzert.* The concert is characterized by contrasts. ◊ *als Kontrast* as a contrast ◊ *Das steht in deutlichem Kontrast zu der Tatsache, dass ...* This is in direct contrast to the fact that ... ◊ *zu etw in Kontrast stehen* contrast with sth
kontrastieren contrast
Kontrast- Kontrastmittel (MED) contrast medium **Kontrastprogramm** (*im Radio, Fernsehen*) alternative programme **kontrastreich** full of contrast (*nicht vor Nomen*) ◊ *Das Konzertprogramm war kontrastreich.* The concert programme was full of contrast. ◊ *kontrastreiche Architektur* richly contrasting architecture
Kontrolle 1 ~ (von etw) (*Überprüfung*) check (on sth), inspection (of sth); **zur ~** as a check ◊ *Kontrollen an der Grenze* border checks ◊ *Kontrollen vornehmen* carry out checks ◊ *Die Kontrollen von Restaurants sollten verschärft werden.* The inspection of restaurants should be tightened. ◊ *Das Atomwerk unterliegt einer regelmäßigen Kontrolle.* The atomic power station is inspected regularly ◊ *in eine Kontrolle kommen* be stopped by the police **2** (*Aufsicht*) surveillance, monitoring ◊ *die Kontrolle der Bevölkerung durch die Polizei* police surveillance of the population ◊ *Ein privater Wachdienst ist mit der Kontrolle von Parkplätzen beauftragt worden.* The job of car park surveillance has been given to a private security firm. ◊ *unter ärztlicher Kontrolle* monitored by a doctor **3** (*Beherrschung*) control ◊ *die Kontrolle ausüben* exercise control ◊ *Die Rebellen haben das Land unter Kontrolle.* The rebels have got con-

Kontrolleur(in)

trol of the country. ◊ *Es gelang ihnen, den Brand unter Kontrolle zu bringen.* They managed to get the fire under control. ◊ *Er hat die Kontrolle über das Auto verloren.* He lost control of the car. ◊ *Nach einer Kurve geriet der Wagen außer Kontrolle.* The car went out of control coming out of a bend. ◊ *die Kontrolle über sich verlieren* lose your temper
IDM ⇨ VERTRAUEN

Kontrolleur(in) inspector ☛ G 2.2d
Kontrollgang tour of inspection
kontrollieren 1 (*überprüfen*) check, inspect ◊ *Gepäck am Zoll kontrollieren* check baggage at customs ◊ *Vor dem Abflug kontrollierte er seine Instrumente.* Before take-off he checked his instruments. ◊ *Dieser Prozess wird streng kontrolliert.* Strict checks are carried out on this process. ◊ *Das Gesundheitsamt hat die Gaststätte kontrolliert.* Environmental health officers inspected the restaurant. **2** (*überwachen*) monitor ◊ *Die Arbeit aller Mitarbeiter wird ständig kontrolliert.* The work of all employees is constantly monitored. ◊ *Ich versuche, mein Gewicht zu kontrollieren.* I try to keep an eye on my weight. **3** (*beherrschen, regulieren*) control* ◊ *Viele politische Parteien werden von den Gewerkschaften kontrolliert.* Many political parties are controlled by the trade unions. ◊ *Die Gruppe kontrolliert den Computermarkt.* The group controls the computer market. ◊ *ein Unternehmen durch Aktienmehrheit kontrollieren* control an enterprise by owning a majority of the shares ◊ *kontrolliertes Risiko* controlled risk ◊ *kontrollierte Heroinvergabe* controlled issue of heroin
Kontroll- Kontrolllampe warning light **Kontrollpunkt, Kontrollstelle** checkpoint **Kontrollturm** control tower
kontrovers controversial (*Adv* controversially)
Kontroverse controversy*; (*Auseinandersetzung*) dispute ◊ *Es entspann sich eine Kontroverse um die Ausstellung.* A controversy arose about the exhibition.
Kontur outline
Konvention (*Norm, Abkommen*) convention ◊ *sich an die Konventionen halten* observe the conventions ◊ *die Genfer Konvention* the Geneva Convention
konventionell conventional (*Adv* conventionally); (*herkömmlich*) traditional ◊ *konventioneller Ackerbau* conventional farming methods ◊ *der Vertrag über konventionelle Abrüstung* the agreement on reductions in conventional arms ◊ *Er ist immer sehr konventionell gekleidet.* He always dresses very conventionally. ◊ *die konventionelle Frauenrolle* the traditional female role
Konversation conversation ◊ *ein Kurs für englische Konversation* an English conversation class
konvertierbar convertible
konvertieren 1 (*Geld, Währung, Daten etc.*) convert ◊ *Dollar in Euro konvertieren* convert dollars into euros **2** (**von etw**) (**zu etw**) ~ convert (from sth) (to sth) ◊ *Er konvertierte vom Hinduismus zum Islam.* He converted from Hinduism to Islam. ◊ *zum Christentum konvertieren* become a Christian ◊ *Sie war von der CDU zu den Grünen konvertiert.* She left the CDU and joined the Greens.
konvex convex
Konvoi convoy ◊ *im Konvoi fahren* drive in convoy ◊ *ein Konvoi mit Hilfsgütern* an aid convoy ◊ *ein Konvoi mit Kindern* a convoy of children
Konzentrat 1 concentrate **2** (*fig*) distillation
Konzentration concentration ◊ *Die Arbeit erforderte seine ganze Konzentration.* The work demanded his total concentration. ◊ *Nach zwei Stunden ließ ihre Konzentration nach.* After two hours she started to lose concentration. ◊ *hohe Konzentrationen giftiger Dioxine* high concentrations of poisonous dioxins ◊ *Die Zukunft der Firma liegt in der Konzentration auf neue Technologien.* The firm's future lies in concentrating on new technology.
Konzentrationsfähigkeit ability to concentrate ◊ *Diese Übung fördert die Konzentrationsfähigkeit.* This exercise improves the ability to concentrate. ◊ *Nach zehn Minuten ließ ihre Konzentrationsfähigkeit nach.* After ten minutes they started to lose concentration. **Konzentrationslager** concentration camp **Konzentrationsschwäche** poor concentration
konzentrieren 1 sich (**auf etw**) ~ concentrate (on sth) ◊ *Ich kann mich nicht konzentrieren!* I can't concentrate! ◊ *Sie konzentrierte sich ganz auf ihre Arbeit.* She concentrated hard on her work. ◊ *Sie haben 60 000 Soldaten in dem Gebiet konzentriert.* They have concentrated 60 000 troops in the area. **2 jdn/etw** ~ concentrate sb/sth ◊ *eine Säure konzentrieren* concentrate an acid ◊ *Sie konzentrierten ihre Kräfte auf die Abwehr.* They concentrated their efforts on defence. **3** sich (**auf jdn**) ~ (*richten*) be directed (at sb) ◊ *Die heftigste Kritik konzentrierte sich auf den Außenminister.* The most severe criticism was directed at the foreign minister.

konzentriert 1 ⇨ KONZENTRIEREN **2** concentrated; (*intensiv*) intensive ◊ *eine konzentrierte Kraftanstrengung* a concentrated effort ◊ *Die konzentrierte Trainingsarbeit zahlte sich aus.* The intensive training paid off. ◊ *konzentriert spielen* be focused on your game ◊ *konzentriert bleiben* not lose your concentration ◊ *Sie hörte konzentriert zu.* She listened with intense concentration. ◊ *schwach konzentrierte Benzoldämpfe einatmen* inhale low-level concentrations of benzene
Konzept 1 plan ◊ *ein detailliertes Konzept ausarbeiten* work out a detailed plan **2** (*Entwurf*) draft ◊ *Er wich von seinem Konzept ab.* He abandoned his original draft. ◊ *Die Rede ist im Konzept fertig.* The speech is ready in draft form. **3** (*Begriff*) concept ◊ *das Konzept der „ethnischen Säuberung"* the concept of 'ethnic cleansing' **IDM** **jdn aus dem Konzept bringen** put* sb off; throw* sb ◊ *Die Spielerin ließ sich nicht aus dem Konzept bringen.* The player didn't allow herself to be put off. ◊ *Diese Frage brachte ihn aus dem Konzept.* The question threw him. **aus dem Konzept kommen** lose* the thread **jdm das Konzept verderben** spoil* sb's plans **jdm nicht ins Konzept passen** not fit* in with sb's plans
Konzern group ◊ *ein multinationaler Konzern* a multinational (group)
Konzert 1 concert ◊ *Ich gehe heute Abend ins Konzert.* I'm going to a concert this evening. **2** (*Komposition*) concerto* **Konzertflügel** concert grand
konzertieren give* a concert
konzertiert concerted (*nur vor Nomen*)
Konzertsaal concert hall
Konzession 1 concession ◊ *Ich bin nicht zu Konzessionen bereit.* I'm not prepared to make any concessions. ◊ *eine Konzession an die Autofahrer* a concession to motorists **2** (*Lizenz*) licence, (*AmE*) license ◊ *eine Konzession für eine Gaststätte* a restaurant licence ◊ *Die Konzession geht bis ein Uhr.* They have a licence to stay open until one.
Kooperation cooperation ◊ *die Kooperation zwischen Amerika und Europa* cooperation between America and Europe ◊ *eine verstärkte Kooperation der Parteien* greater cooperation between the parties
kooperativ cooperative ◊ *Alle waren sehr kooperativ.* Everybody was very cooperative. ◊ *Er erhielt eine milde Strafe als Belohnung für sein kooperatives Verhalten.* He got a light sentence because he had cooperated with the police. ◊ *die kooperative Zusammenarbeit mit den Behörden* cooperation with the authorities ◊ *kooperativ zusammenarbeiten* collaborate ◊ *ein kooperativer Führungsstil* a participative management style
Kooperative cooperative
kooperieren cooperate ◊ *miteinander eng kooperieren* cooperate with each other closely ◊ *Nur wenn wir international kooperieren, können wir unser Ziel erreichen.* We cannot achieve our aim without international cooperation.
Koordination coordination ◊ *mangelnde Koordination zwischen den verschiedenen Behörden* lack of coordination between the various authorities ◊ *Wie kann man Frauen die Koordination von Familie und Beruf erleichtern?* What can be done to help women combine work and family responsibilities?
koordinieren coordinate; (*verbinden*) combine ◊ *Die Hilfsaktionen müssen besser koordiniert werden.* Aid programmes need to be better coordinated. ◊ *Wie wird er Beruf und Sport koordinieren?* How will he combine his career with his sporting activities?
Koordinierung coordination; (*das Koordinieren*) coordinating
Kopf 1 head ◊ *Er wurde am Kopf verletzt.* He received a head injury. ◊ *Sie ist mit dem Kopf gegen die Wand geprallt.* She hit her head on the wall. ◊ *den Kopf schütteln* shake your head ◊ *den Kopf einziehen* duck (your head) ◊ *Sie stand mit gesenktem Kopf vor ihnen.* She stood before them, head bowed. ◊ *Er rutschte mit dem Kopf zuerst die Rutsche*

hinunter. He slid head first down the slide. ◊ *Er ist einen Kopf größer als ich.* He's a head taller than me. ◊ *beschämt den Kopf senken* hang your head in shame ◊ *Sie hat nur Kleider im Kopf.* She has nothing in her head apart from clothes. ◊ *sich den Kopf waschen* wash your hair **2** (*Geist*) mind ◊ *kritische Köpfe* critical minds ◊ *Revolutionen beginnen immer im Kopf.* Revolution begins in the mind. ◊ *Er ist ein heller Kopf.* He's very bright. **3** (*Führer*) leader ◊ *Er war einer der führenden Köpfe der Organisation.* He was one of the leaders of the organization. **4** (*Person*) ◊ *Der Kirchenchor zählt 48 Köpfe.* There are 48 (people) in the church choir. ◊ *eine 5 000 Kopf starke Menschenmenge* a 5 000-strong crowd **5 pro ~** per head ◊ *Wie viel kostet das pro Kopf?* How much does it cost per head? **6** ◊ *ein Kopf Salat/Kohl* a lettuce/cabbage ◊ *zwei Köpfe Salat* two lettuces **7** (*oberer Teil*) head; (*einer Pfeife*) bowl ◊ *Stecknadeln mit bunten Köpfen* pins with coloured heads ◊ *am Kopf der Tafel* at the head of the table **8** (*Brief-*) letterhead; (*Zeitungs-*) masthead
IDM **auf dem Kopf stehen** be upside down **etw auf den Kopf stellen 1** (*durchsuchen*) turn sth upside down **2** (*grundlegend ändern*) turn sth on its head ◊ *Der Treffer stellte den Spielverlauf auf den Kopf.* The goal turned the match on its head. ◊ *Damit hat er seine bisherige Politik auf den Kopf gestellt.* This was a reversal of existing policy. **3** (*durcheinander bringen*) ◊ *Der Flohmarkt stellt die ganze Stadt auf den Kopf.* The flea market causes chaos in the town. **4** (*verdrehen*) distort sth ◊ *die Tatsachen auf den Kopf stellen* distort the facts **aus dem Kopf** off the top of your head ◊ *So aus dem Kopf kann ich dir das nicht sagen.* I don't know off the top of my head. **den Kopf aus der Schlinge ziehen** get* (yourself) off the hook **den Kopf hängen lassen** be despondent **den Kopf hinhalten** take* the blame **den Kopf in den Sand stecken** bury* your head in the sand **jdm den Kopf verdrehen** turn sb's head **den Kopf verlieren** lose* your head ◊ *Sie verloren völlig den Kopf.* They completely lost their heads. **jdm den Kopf waschen** tear* sb off a strip (*umgs*) **jdm durch den Kopf fahren** occur* to sb; go* through sb's head ◊ *Ein Gedanke fuhr ihm durch den Kopf.* A thought occurred to him. **jdm durch den Kopf gehen** go* through sb's head **einen kühlen Kopf behalten** keep* your head; keep* a clear/cool head **einen schweren Kopf haben** have a thick head (*umgs*) **etw im Kopf behalten** keep* sth in your head **etw im Kopf haben** remember sth ◊ *Ich hab die Adresse nicht im Kopf.* I can't remember the address. ◊ *Tut mir Leid, dass ich deinen Geburtstag vergessen habe, ich habe so viel anderes im Kopf.* I'm sorry I forgot your birthday. I've got so many other things to think about. **jdm im Kopf herumgehen** ◊ *Was du gesagt hast, ist mir noch lange im Kopf herumgegangen.* I kept thinking about what you said for a long time afterwards. **etw im Kopf (aus)rechnen** work sth out in your head (**jdm**) **in den Kopf steigen** go* to sb's head ◊ *Der Sekt stieg mir sofort in den Kopf.* The champagne went straight to my head. **Kopf an Kopf** neck and neck ◊ *Sie gingen Kopf an Kopf über die Linie.* They crossed the line neck and neck. **Kopf hoch!** chin up! **Kopf oder Zahl?** heads or tails? **Kopf stehen** go* mad **Kopf und Kragen riskieren** risk your neck **nicht auf den Kopf gefallen sein** be no fool **jdm nicht aus dem Kopf gehen** ◊ *Sie ging ihm nicht mehr aus dem Kopf.* He couldn't get her out of his mind. **jdm nicht in den Kopf gehen/wollen** ◊ *Es will mir einfach nicht in den Kopf, dass er tot ist.* I just can't believe he's dead. **nicht** (*ganz*) **richtig im Kopf sein** be not (quite) right in the head **nicht wissen, wo einem der Kopf steht** not know* whether you're coming or going **jdm schwirrt/ raucht/brummt der Kopf** sb's head is spinning ◊ *Ihm schwirrte der Kopf von den vielen neuen Eindrücken.* He had seen so much his head was spinning. **seinen Kopf durchsetzen** get* your own way ◊ *Er hat mal wieder seinen Kopf durchgesetzt.* He got his own way again. ◊ *Er muss immer seinen Kopf durchsetzen.* He always has to have his own way. **sich etw aus dem Kopf schlagen** ◊ *Das kannst du dir aus dem Kopf schlagen!* You can forget it! ◊ *Die Party kannst du dir aus dem Kopf schlagen.* You're not having a party. You can just forget it. **sich den Kopf zerbrechen** rack your brains ◊ *Ich habe mir den Kopf darüber zerbrochen, wie man das Problem lösen könnte,* I've been racking my brains trying to find a solution. ◊ *Es lohnt sich nicht, sich den Kopf darüber zu zerbrechen.* It's not worth losing any sleep over. **sich etw durch den Kopf gehen lassen** have a think

about sth ◊ *Lass dir das noch mal durch den Kopf gehen.* Have another think about it. **sich etw in den Kopf setzen** set* your heart on sth **jdm über den Kopf wachsen** get* too much for sb **von Kopf bis Fuß** from head to toe **jdn vor den Kopf stoßen** snub* sb **wie vor den Kopf geschlagen sein** be dumbfounded **jdm zu Kopf steigen** go* to sb's head ◊ *Die Macht ist ihm wohl zu Kopf gestiegen!* Power seems to have gone to his head! ☛ *Siehe auch* BRETT, BUDE, DACH, DECKE, DREHEN, EINSCHLAGEN, HALS, KUGEL, NAGEL, SCHLEUDERN, STROH *und* ZERMARTERN
Kopfball header **Kopfbedeckung** headgear [U] ◊ *der Mann mit der ungewöhnlichen Kopfbedeckung* the man with the unusual headgear ◊ *Du solltest nicht ohne Kopfbedeckung nach draußen gehen.* Don't go out without a hat. ◊ *Frauen dürfen die Moschee nur mit Kopfbedeckung betreten.* Women have to cover their heads in the mosque.
Köpfchen 1 (little) head **2** (*Findigkeit*) intelligence ◊ *Sie bewies Köpfchen.* She showed intelligence. ◊ *Köpfchen muss man haben!* It's up here you need it! **3** (*Mensch*) ◊ *ein helles Köpfchen sein* be very bright
köpfen behead **3** (*Flasche*) open **4** (*Ball*) head
Kopf- Kopfende top; (*vom Bett*) head **Kopfgeld** price on sb's head **Kopfhörer** headphones [Pl] ◊ *Er setzte sich die Kopfhörer auf.* He put on the headphones. ◊ *neue Kopfhörer a new pair/set of headphones* ☛ *Hinweis bei* BRILLE **Kopfkissen** pillow **kopflastig 1** top-heavy **2** (*intellektuell*) academic ◊ *kopflastige Fächer wie Latein* academic subjects such as Latin
kopflos 1 *Adj* headless **2** *Adj* (*in Panik*) panic ◊ *eine kopflose Reaktion* a panic reaction **3** *Adv* (*in Panik*) in a blind panic ◊ *Viele sind kopflos geflüchtet.* Many fled in a blind panic. **4** *Adv* (*planlos*) aimlessly ◊ *Er irrte kopflos durch die Stadt.* He wandered aimlessly round the town. ◊ *Die Mannschaft spielte völlig kopflos.* The team had no game plan.
Kopf- Kopfrechnen mental arithmetic ◊ *Im Kopfrechnen bin ich ganz schlecht.* I'm no good at mental arithmetic. **Kopfsalat** lettuce **Kopfschmerzen** headache (*auch fig*) ◊ *Ich habe starke/furchtbare Kopfschmerzen.* I've got a bad/splitting headache. ◊ *Die Finanzierung bereitet uns noch Kopfschmerzen.* The financing still poses a major headache. ◊ *Mach dir deswegen keine Kopfschmerzen.* Don't worry about it. **Kopfschütteln** shake of the head ◊ *mit einem verständnislosen Kopfschütteln* with a puzzled shake of the head **kopfschüttelnd** shaking your head ◊ *Er verließ kopfschüttelnd das Zimmer.* He left the room, shaking his head. **Kopfsprung** dive ◊ *Sie machte einen Kopfsprung ins Wasser.* She dived into the water. **Kopfstand** headstand ◊ *einen Kopfstand machen* do a headstand **Kopfsteinpflaster** cobbles [Pl]; (*seltener auch*) cobblestones [Pl] ◊ *Er rutschte auf dem nassen Kopfsteinpflaster aus.* He slipped on the wet cobbles. ◊ *eine Gasse mit Kopfsteinpflaster* a cobbled street **Kopftuch** headscarf* **kopfüber** headlong, head first ◊ *Sie fiel kopfüber die Treppe hinunter.* She fell headlong down the steps. **Kopfverletzung** head injury* ◊ *schwere Kopfverletzungen erleiden* sustain severe head injuries **Kopfweh** ⇨ KOPFSCHMERZEN **Kopfzerbrechen jdm ~ machen/bereiten** be a big worry for sb
Kopie copy* ◊ *eine Kopie anfertigen* make a copy
kopieren copy*; (*fotokopieren auch*) photocopy*
Kopierer photocopier, (*AmE auch*) copier
Kopiergerät photocopier
Koppel *die* paddock
koppeln etw (an etw/mit etw) ~ link sth (up) (to sth); (*Waggons etc.*) couple sth (up) (to sth) ◊ *Wir haben die beiden PCs miteinander gekoppelt.* We linked up the two PCs. ◊ *Länder, die ihre Währungen an den Euro gekoppelt haben* countries which have linked their currencies to the euro
Koproduktion co-production ◊ *eine deutsch-englische Koproduktion* a German-English co-production ◊ *Die Sendung entstand in Koproduktion mit dem ZDF.* The programme was a co-production with the ZDF.
Koralle coral
Korallenriff coral reef
Koran Koran
Korb 1 basket ◊ *ein Korb mit Äpfeln* a basket of apples ◊ *einen Korb werfen* shoot a basket ◊ *im Korb des Heißluftballons* in the basket of the hot-air balloon **2** (*Korbgeflecht*) wicker ◊ *Möbel aus Korb* wicker furniture **3** (*Förder-*) cage

Korbball

IDM **einen Korb bekommen** be turned down **jdm einen Korb geben** turn sb down
Korbball netball **Korbstuhl** wicker chair
Kord corduroy
Kordel cord
Korfball korfball
Koriander coriander
Korinthe currant
Kork cork ◊ *Untersetzer aus Kork* cork coasters
Korken cork
Korkenzieher corkscrew
Kormoran cormorant
Korn¹ *der* schnapps
Korn² *das* (*Getreide*) grain, (*BrE*) corn; (*Samen-, Salz-*) grain; (*Pfeffer-*) peppercorn ◊ *ein paar Körner Salz* a few grains of salt **IDM** ⇨ HUHN
Kornblume cornflower **Kornfeld** cornfield
körnig grainy*
Kornkammer granary*
Körper 1 body* ◊ *der menschliche Körper* the human body ◊ *Sie hatte Prellungen am Körper.* She had bruises on her body. ◊ *die Beschleunigung eines Körpers berechnen* calculate the acceleration of a body ◊ *Er zitterte am ganzen Körper.* He was shaking all over. **2** (*in der Geometrie*) ◊ *Eine Kugel ist ein geometrischer Körper.* A sphere is a solid (body). **Körperbau** build **Körperbeherrschung** control over your body **körperbehindert** (physically) disabled **Körperbehinderte(r)** (physically) disabled person* ◊ *Viele Körperbehinderte haben diese Erfahrung gemacht.* Many disabled people have experienced this. ◊ *Einrichtungen für Körperbehinderte* facilities for the disabled ☛ *Hinweis bei* BEHINDERTE(R) **Körperfunktion** bodily function **Körpergeruch** body odour **Körpergewicht** body weight **Körpergröße** height **Körperhaltung** posture **Körperkontakt** physical contact
körperlich 1 physical (*Adv* physically) ◊ *seine körperliche Verfassung* his physical condition ◊ *körperlich in der Lage sein etw zu tun* be physically capable of doing sth ◊ *jdn körperlich misshandeln* abuse sb physically ◊ *schwere körperliche Arbeit leisten* do hard physical work ☛ *Wenn man von einer beruflichen Tätigkeit spricht, wird* **körperlich** *meist mit* **manual** *übersetzt: He could only find unskilled manual work.* **2** ◊ *körperliche Strafe* corporal punishment
Körper- Körperlotion body lotion **Körperpflege** personal hygiene **Körperschaft** corporation **Körpersprache** body language **Körperteil** part of the body; (*vom Körper abgetrennt*) body part ◊ *eines der wichtigsten Körperteile* one of the most important parts of the body **Körperverletzung** bodily harm ◊ *schwere Körperverletzung* grievous bodily harm **Körperwärme** body heat
Korps 1 (*Armee-, Diplomaten-*) corps ☛ G 1.3b **2** ⇨ VERBINDUNG(9)
korpulent stout
korrekt correct (*Adv* correctly) ◊ *die korrekte Übersetzung* the correct translation ◊ *politisch korrekt* politically correct ◊ *Er hat völlig korrekt gehandelt.* He acted perfectly correctly. ◊ *korrekt gekleidet* suitably dressed
Korrektheit correctness
Korrektur (*Verbesserung*) correction; (*Korrigieren*) marking ◊ *Korrekturen vornehmen* make some corrections ◊ *bei der Korrektur von Klassenarbeiten* when marking tests **IDM** **Korrektur lesen** proof-read
Korrespondent(in) correspondent ☛ G 2.2d
Korrespondenz correspondence
korrespondieren correspond
Korridor corridor
korrigieren 1 correct; (*Klassenarbeit etc.*) mark ◊ *Ich habe nicht alle Fehler korrigiert.* I did not correct all the mistakes. ◊ *Ich habe alle Arbeiten korrigiert.* I've marked all the tests. ◊ *Ich kann nicht mitkommen. Ich muss korrigieren.* I can't come with you. I've got to do some marking. **2** (*Zahlen etc.*) adjust
Korrosion corrosion
korrupt corrupt
Korruption corruption ◊ *Es wird wegen Korruption gegen ihn ermittelt.* The minister is being investigated on charges of corruption. ◊ *im Kampf gegen die Korruption* in the fight against corruption

Korruptionsaffäre corruption scandal
Korsett corset (*auch fig*)
koscher kosher
K.-o.-Schlag knockout blow
Kosename pet name
Kosinus cosine
Kosmetik 1 (*Produkte*) cosmetics [Pl] ◊ *tierversuchsfreie Kosmetik* cosmetics that have not been tested on animals **2** (*fig*) ◊ *Diese Reformen werden als reine Kosmetik gewertet.* These reforms are considered to be purely cosmetic.
Kosmetiker(in) beautician ☛ G 2.2d
Kosmetikum cosmetic
Kosmetiksalon beauty salon
kosmetisch cosmetic (*Adv* cosmetically) (*auch fig*) ◊ *kosmetische Chirurgie* cosmetic surgery ◊ *kosmetische Reformen* cosmetic reforms
kosmisch cosmic
Kosmonaut(in) cosmonaut ☛ G 2.2d
kosmopolitisch cosmopolitan
Kosmos cosmos
Kost 1 food ◊ *gesunde Kost* healthy food **2** (*Verpflegung*) board ◊ *Kost und Logis* board and lodging
kostbar precious
Kostbarkeit (*Gegenstand*) treasure
kosten¹ 1 cost* ◊ *Was kostet der Anzug?* What does the suit cost? ◊ *Der Eintritt kostet drei Euro.* It costs three euros to go in. ◊ *Das Unglück kostete 250 Menschenleben.* The accident cost 250 people their lives. ◊ *Der Fehler kostete ihnen den Sieg.* The error cost them victory. ◊ *Das kann ihn den Arbeitsplatz kosten.* That may cost him his job. ◊ *Das Warten kostet Nerven!* Waiting frays your nerves! **2** (*benötigen*) take* ◊ *Das kostete sie viel Mühe.* That took her a lot of effort. ◊ *Hat dich das Überwindung gekostet?* Did you have to force yourself to do it? ◊ *Das hat mich schlaflose Nächte gekostet.* That caused me some sleepless nights. **3** *sich eine Sache etwas ~ lassen* spend* a lot on sth **IDM** **koste es, was es wolle** whatever the cost ☛ *Siehe auch* WELT
kosten² (*probieren*) taste ◊ *die Soße kosten* taste the sauce ◊ *Er gab ihr ein Stück zum Kosten.* He gave her a bit to taste. ◊ *Willst du davon kosten?* Do you want a taste?
Kosten (*Ausgaben*) cost(s); (*finanzieller Aufwand*) expense(s); (*Gerichts-*) costs [Pl] ◊ *Ich beteilige mich an den Kosten.* I'll make a contribution towards the cost. ◊ *die Kosten spürbar senken* lower the cost(s) considerably ◊ *die beim Umbau entstandenen Kosten* costs incurred during alterations ◊ *die laufenden Kosten* running costs ◊ *hohe Kosten verursachen* give rise to high costs ◊ *Kosten sparen* reduce costs ◊ *Kosten in Höhe von 60 000 $* costs amounting to $60 000 ◊ *etw auf eigene Kosten tun* do sth at your own expense **IDM** **auf Kosten von jdm/etw** at sb's/sth's expense ◊ *Er machte einen Witz auf ihre Kosten.* He made a joke at her expense. ◊ *auf Kosten der Steuerzahler* at public expense ◊ *auf Kosten der Umwelt gehen* be at the expense of the environment ◊ *Das Mittagessen geht auf meine Kosten.* Lunch is on me. **auf seine Kosten kommen** (*sich amüsieren*) enjoy yourself ◊ *Jazzfans kamen beim Konzert voll auf ihre Kosten.* Jazz fans really enjoyed the concert.
Kostenaufwand expense [U] ◊ *mit einem großen Kostenaufwand verbunden sein* involve great expense ◊ *Das verursachte einen Kostenaufwand in Millionenhöhe.* It cost millions. **kostendeckend** cost-effective (*Adv* cost-effectively) ◊ *kostendeckend arbeiten* work cost-effectively ◊ *kostendeckende Gebühren* fees that cover your costs **Kostenfrage** question of cost **kostengünstig** reasonable; (*billig*) cheap (*Adv* cheaply), economical (*gehoben*) (*Adv* economically) ◊ *ein kostengünstiges Angebot* a reasonable offer ◊ *etw kostengünstig renovieren* renovate sth at a reasonable price ◊ *kostengünstiger telefonieren* make cheaper calls ◊ *Strom möglichst kostengünstig erzeugen* generate power as economically as possible **kostenintensiv** cost-intensive **kostenlos** free ◊ *eine kostenlose Broschüre* a free brochure ◊ *etw kostenlos verteilen* distribute sth free of charge **kostenpflichtig** ◊ *eine kostenpflichtige Verwarnung* a fine and a caution ◊ *kostenpflichtige Parkplätze* fee-paying car parks ◊ *Diese Kurse sind kostenpflichtig.* A fee is charged for these courses. ◊ *Fahrzeuge kostenpflichtig abschleppen* tow away vehicles at the owners' expense **Kostenvoranschlag** estimate ◊ *Sie ließen sich*

krampfhaft

einen Kostenvoranschlag für die Renovierung machen. They got an estimate for the decorating.

köstlich 1 delicious ◊ *köstliche Speisen* delicious food ◊ *köstlich riechen* smell delicious **2** *(unterhaltsam)* delightful; *(amüsant)* priceless ◊ *eine köstliche Szene* a delightful scene ◊ *Ich amüsierte mich köstlich.* I enjoyed myself enormously.

Kostprobe sample, taste *(auch fig)* ◊ *Kostproben aus ihrem Programm* samples of their programme

kostspielig expensive, costly* ◊ *kostspielige Hobbies* expensive hobbies ◊ *ein kostspieliges Vergnügen* an expensive pleasure ◊ *eine kostspielige Angelegenheit* a costly business ◊ *Die Sanierung war sehr kostspielig.* The renovation was very costly.

Kostüm 1 costume; *(Verkleidung)* fancy dress **2** *(Damenzweiteiler)* suit, costume *(veraltet)* ◊ *ein elegantes Kostüm* an elegant suit

Kostümball fancy-dress ball

kostümieren dress up, wear* fancy dress ◊ *Man musste sich kostümieren.* You had to wear fancy dress. ◊ *kostümiert zum Faschingsball gehen* go to the carnival ball in fancy dress

Kostümprobe dress rehearsal

Kot excrement [U], faeces [Pl]

Kotelett chop; *(vom Nacken)* cutlet

Koteletten sideburns [Pl]

Köter dog, *(bes AmE)* mutt *(umgs)*

Kotflügel wing, *(AmE)* fender

Kotze puke

kotzen puke, throw* up ◊ *Ich musste fast kotzen!* I nearly puked! **IDM** *zum Kotzen* ◊ *Das ist zum Kotzen!* It makes you sick! ◊ *Ich finde ihn zum Kotzen!* He makes me want to throw up!

kotzübel ◊ *Mir ist kotzübel.* I feel like I want to throw up.

Krabbe prawn; *(kleiner)* shrimp

krabbeln 1 crawl **2** *jdn ~* caress sb **3** *(jucken)* tickle

Krach 1 noise, row *(umgs)* ◊ *Kinder machen viel Krach.* Children make a lot of noise. ◊ *Die Band machte einen schrecklichen Krach.* The band was making a terrible row. **2** *(Knall)* crash **3** *(Streit)* row ◊ *Gestern gab es Krach zwischen uns.* We had a row yesterday. ◊ *Ich habe Krach mit meinen Eltern.* I've fallen out with my parents. **IDM** *Krach schlagen* make* a fuss ☛ *Siehe auch* ACH

krachen 1 *(lautes Geräusch verursachen)* crash ◊ *40 Autos krachten ineinander.* 40 cars crashed into one another. ◊ *Der Lkw krachte gegen den Baum.* The lorry crashed into the tree. ◊ *An dieser Ecke kracht es häufig.* There are often crashes on this corner. ◊ *Der Baum krachte zu Boden.* The tree crashed to the ground. ◊ *Man hörte Böller krachen.* You could hear firecrackers going off. ◊ *Schüsse krachten.* Shots rang out. ◊ *Die Balken krachten.* The rafters were creaking. **2** *(Streit haben)* ◊ *Zwischen den beiden hat es gestern gekracht.* The two of them quarrelled yesterday. **IDM** *bald/gleich kracht's* there'll be trouble ◊ *Wenn du jetzt nicht endlich die Klappe hältst, kracht's!* If you don't shut up right now, there'll be trouble. *dass es nur so kracht* with a vengeance

Kracher *(Böller)* banger, *(AmE)* firecracker

krächzen croak ◊ *mit krächzender Stimme sprechen* speak in a croaky voice

Kräcker cracker

Kraft 1 *(körperlich)* strength ◊ *mit letzter Kraft* with your last ounce of strength ◊ *neue Kraft schöpfen* renew your strength ◊ *jdn viel Kraft kosten* take sb a lot of energy ◊ *mit aller Kraft gegen etw ankämpfen* oppose sth with all your might **2** *(seelisch, geistig)* power ◊ *Er ist im Vollbesitz seiner geistigen Kräfte.* He is in full possession of his mental powers. ◊ *Ich werde tun, was in meiner Kraft steht.* I'll do whatever is in my power. ◊ *jdn nach besten Kräften unterstützen* support sb to the best of your ability ◊ *Das überstieg ihre Kräfte.* That was too much for her. **3** (PHYSIK) force **4** (NAUT) ◊ *mit voller/halber Kraft* at full/half speed ◊ *volle Kraft voraus* full speed ahead **5** *(in der Gesellschaft, Politik)* force **6** *(Arbeitskraft)* employee **7** *in/außer ~* (RECHT) in/no longer in force ◊ *in Kraft treten* come into force ◊ *ein Gesetz, das seit 1981 in Kraft ist* a law that has been in force since 1981 ◊ *ein Gesetz, das seit 1990 außer Kraft ist* a law that was repealed in 1990 ◊ *etw außer Kraft setzen* cancel sth **8** *aus eigener ~* on your own ◊ *etw aus eigener Kraft schaffen* manage (to do) sth on your own ◊ *sich aus eigener Kraft finanzieren* be self-financing **9** *mit vereinten Kräften* with combined forces **10** *(wieder) zu Kräften kommen* regain your strength; *bei Kräften sein* be in good shape **IDM** *die treibende Kraft* the driving force

Kraftakt show of strength **Kraftausdruck** swear word

Kräfte- Kräftemessen trial of strength **Kräfteverhältnis** balance of power

Kraft- Kraftfahrer(in) driver **Kraftfahrzeug** motor vehicle **Kraftfahrzeugsteuer** road tax **Kraftfahrzeugversicherung** motor insurance **Kraftfutter** concentrated feed

kräftig 1 *(Mensch, Geschmack etc.)* strong *(Adv* strongly); *(Schlag etc.)* powerful *(Adv* powerfully); *(ziehen, schlagen etc.)* hard ◊ *ein kräftiger Wind* a strong wind ◊ *ein kräftiger Körperbau* a powerful physique ◊ *Er ist kräftig gebaut.* He is heavily built. ◊ *kräftiger Haarwuchs* full head of hair **2** *(Suppe, Schluck etc.)* hearty* *(Adv* heartily) ◊ *kräftig zulangen* tuck in heartily **3** *(Farbe etc.)* bold

kraftlos weak *(Adv* weakly), feeble *(Adv* feebly) ◊ *mit kraftloser Stimme* in a weak voice ◊ *eine kraftlose Handbewegung* a feeble wave ◊ *völlig kraftlos sein* have no strength at all

Kraft- Kraftprobe trial of strength **Kraftsport** = sports such as bodybuilding and weightlifting [Pl] **Kraftstoff** fuel **Kraftstoffverbrauch** petrol consumption **Krafttraining** weight training ◊ *Krafttraining machen* do weight training **Kraftverkehr** motor traffic **Kraftverschwendung** waste of energy

kraftvoll powerful *(Adv* powerfully)

Kraftwerk power station

Kragen collar **IDM** *jdn am/beim Kragen packen* grab* sb by the collar ◊ *jdm an den Kragen wollen* have it in for sb ◊ *jdm geht es an den Kragen* sb is in for it ◊ *jdm platzt der Kragen* sth is the last straw for sb ☛ *Siehe auch* KOPF *und* UMDREHEN

Kragenweite collar size ◊ *Er hat Kragenweite 41.* He wears a size 16 collar.

Krähe crow

krähen crow

Krake octopus

krakeelen make* a row

krakelig untidy

Kralle 1 claw; *(bei Raubvögeln)* talon **2** *(Park-)* wheel clamp, *(AmE)* (Denver) boot; *(Lenkrad-)* crook lock **IDM** *jdm die Krallen zeigen* show* sb your claws

krallen 1 *sich an/in jdn/etw ~* clutch (at) sb/sth, cling* to sb/sth; *(Katze etc.)* dig*/sink* its claws into sb/sth ◊ *Er krallte sich in den Vorhang.* He clutched the curtain. ◊ *Ihre Finger krallten sich ins Holz.* She dug her fingers into the wood. **2** *(ergreifen)* nab*; *(stehlen)* nick ◊ *Er krallte sich das beste Stück.* He nabbed the best bit for himself.

Kram 1 *(wertlose Gegenstände)* junk; *(Zeug)* stuff **2** *(Arbeit, Aufgabe)* business ◊ *Kümmer dich lieber um deinen eigenen Kram!* Mind your own business! **IDM** *den (ganzen) Kram hinschmeißen* chuck the whole thing (in) ◊ *jdm (nicht) in den Kram passen* (not) suit sb

kramen 1 *(nach etw) ~* rummage (for sth) ◊ *in den Unterlagen kramen* rummage among the documents ◊ *Sie kramte in ihrer Tasche nach dem Schlüssel.* She rummaged in her bag for the key. **2** *etw aus etw ~* fish sth out of sth ◊ *Er kramte etwas Kleingeld aus der Tasche.* He fished some change from his pocket.

Krampf 1 cramp; *(Zuckung(en))* convulsion(s); *(Gesichts-)* spasm(s) ◊ *einen Krampf im Bein bekommen* get cramp in your leg **2** *(Unsinn)* rubbish

Krampfader varicose vein ◊ *starke Krampfadern haben* have bad varicose veins

krampfartig convulsive *(Adv* convulsively); *(Schmerzen)* cramp-like

krampfhaft 1 convulsive *(Adv* convulsively) ◊ *krampfhafte Zuckungen* convulsive twitching ◊ *Ihr Magen zog sich krampfhaft zusammen.* Her stomach contracted sharply. **2** *(gezwungen)* forced; *(verzweifelt)* desperate *(Adv* desperately) ◊ *Ihre Gesten sind immer etwas krampfhaft.* Her gestures are always rather forced. ◊ *krampfhaft lächeln* give a forced smile ◊ *krampfhaft nachdenken* think desperately ◊ *Er versuchte krampfhaft, einen guten Eindruck*

zu machen. He tried desperately to make a good impression. ◊ *sich krampfhaft an jdm/etw festhalten* cling to sb/sth in desperation
Kran 1 crane **2** (*Wasserhahn*) tap, (*AmE*) faucet
Kranführer(in) crane driver ☛ G 2.2
Kranich crane
krank 1 ill (*nicht vor Nomen*), not well (*nicht vor Nomen*), (*bes AmE*) sick ◊ *schwer/unheilbar krank* seriously/terminally ill ◊ *psychisch krank* mentally ill ◊ *Meine Mutter liegt krank im Bett.* My mother's ill in bed. ◊ *Alkohol macht krank.* Alcohol makes you ill. ◊ *Du siehst krank aus.* You don't look well. ◊ *Er war vor Sehnsucht ganz krank.* He was quite sick with longing.

> Im britischen Englisch bedeutet **be sick** gewöhnlich „sich übergeben" und **be ill** „krank sein". **Sick** kann aber (im Sinne von „krank") vor einem Nomen gebraucht werden: *a sick child* ◊ *his sick mother.* **The sick** bedeutet „die Kranken". Im amerikanischen Englisch hat **be sick** die Bedeutung „krank sein": *She's been sick for several weeks now.*

2 (*Körperteil, Pflanze etc.*) diseased ◊ *sein krankes Bein* his diseased leg ◊ *Der Baum ist krank.* The tree is diseased. **IDM** *etw macht jdn* (**ganz**) **krank 1** (*vor Angst, Schreck etc.*) sth makes* sb feel quite ill ◊ *Der Gedanke daran machte sie ganz krank.* The thought made her feel quite ill. **2** (*etw geht jdm auf die Nerven*) sth (really) gets* sb down
Kranke(r) sick person, invalid (*gehoben*); (*Patient*) patient ☛ *Hinweis bei* KRANK
kränkelnd sickly (*auch fig*); (*Wirtschaft etc.*) ailing
kranken an etw ~ suffer from sth
kränken jdn ~ hurt sb ◊ *Ich wollte dich nicht kränken.* I didn't mean to hurt you. ◊ *Sie war über die Kritik sehr gekränkt.* She was deeply hurt by the criticism. ◊ *kränkende Bemerkungen* hurtful remarks ◊ *Sie fühlte sich in ihrer Ehre gekränkt.* Her pride was wounded.
Kranken- Krankenbesuch 1 (*privat*) visit to a sick person; (*in einem Krankenhaus*) visit to sb in hospital **2** (*von einem Arzt*) home visit; (*von einem Priester*) sick call **Krankenbett 1** sickbed ◊ *Sie rief ihm vom Krankenbett aus an.* She rang him from his sickbed. ◊ *Er saß stundenlang am Krankenbett seiner Mutter.* He sat for hours at his sick mother's bedside. **2** (*Spezialbett*) hospital bed **Krankengeld** sickness benefit **Krankengymnast(in)** physiotherapist, (*AmE*) physical therapist ☛ G 2.2 **Krankengymnastik** physiotherapy, (*AmE*) physical therapy ◊ *Krankengymnastik machen/verschrieben bekommen* undergo/be prescribed physiotherapy ◊ *zur Krankengymnastik gehen* go to see the physiotherapist **Krankenhaus** hospital

> Im britischen Englisch sind **in hospital** und **to hospital** feststehende Ausdrücke, die ohne **a** oder **the** gebraucht werden, wenn man von Patienten spricht: *All those hurt in the accident were taken to hospital.* ◊ *He's very ill in hospital.* Wenn aber ein Adjektiv davor steht, wird ein Artikel gebraucht: *He works in the local hospital.* Im amerikanischen Englisch dagegen wird grundsätzlich ein Artikel benutzt: *My grandpa's in the hospital.*

Krankenhausaufenthalt stay in hospital ◊ *nach mehreren Krankenhausaufenthalten* after several stays in hospital **Krankenkasse 1** (*Versicherung*) health/medical insurance (scheme) ◊ *Das zahlt die Krankenkasse.* Medical insurance pays for that. ◊ *die gesetzlichen/privaten Krankenkassen* the statutory/private health insurance schemes

> Anstatt einer Pflichtversicherung (wie in Deutschland) gibt es in Großbritannien den **National Health Service (NHS)**, ein staatliches System der medizinischen Versorgung, das vorwiegend aus Steuermitteln finanziert wird. In diesem System steht den Patienten eine gewisse medizinische Grundversorgung kostenlos zur Verfügung. Im britischen Kontext würde das erste Beispiel daher folgendermaßen übersetzt: *Das zahlt die Krankenkasse.* The NHS pays for that./You get that on the NHS.

2 (*Versicherungsanstalt*) health/medical insurance company* **Krankenpflege** nursing **Krankenpfleger(in)** nurse ☛ G 2.2 **Krankenschein** = health insurance certificate ◊ *Psychotherapie auf Krankenschein* psychotherapy on the National Health **Krankenschwester** nurse ☛ G 2.2 **Krankentransport** ambulance service; (*Krankenwagen*) ambulance **Krankenversicherung 1** health/medical insurance ◊ *eine Krankenversicherung abschließen* take out health insurance **2** (*Versicherungsanstalt*) health/medical insurance company* ☛ *Hinweis bei* KRANKENKASSE **Krankenwagen** ambulance ◊ *Er wurde mit dem Krankenwagen ins Krankenhaus gebracht.* He was taken to hospital in an ambulance.
krankfeiern 1 skive off work, pull a sickie (*umgs*) **2** (*arbeitsunfähig sein*) be off sick
krankhaft pathological (*Adv* pathologically); (*psychologisch auch*) unhealthy (*umgs*)
Krankheit illness; (*eine bestimmte auch*) disease ◊ *Wegen Krankheit fiel die Vorstellung aus.* The performance was cancelled due to illness. ◊ *eine lange Krankheit* a long illness ◊ *durch mangelhafte Ernährung verursachte Krankheiten* diseases caused by malnutrition
krankheitsbedingt due to illness (*nicht vor Nomen*) ◊ *nach viermonatiger krankheitsbedingter Pause* after four months' break due to illness **Krankheitserreger** pathogen **Krankheitsfall im ~** in case of illness
kranklachen sich ~ nearly die* (laughing) ◊ *Wir haben uns über seine Witze krankgelacht.* We nearly died (laughing) at his jokes.
krankmachen ⇨ KRANKFEIERN
krankmelden sich ~ ring*/phone in sick, let* *sb* know you are sick
krankschreiben jdn ~ sign sb off (sick), give* sb a medical certificate; **sich ~ lassen** be signed off sick ◊ *Der Arzt hat ihn eine Woche krankgeschrieben.* The doctor signed him off sick for a week.
Kränkung insult ◊ *Mit solchen Kränkungen muss man bei ihr rechnen.* You have to expect insults like that from her. ◊ *etw als eine Kränkung empfinden* take offence at sth
Kranz 1 (*Blumen- etc.*) wreath ◊ *ein Kranz aus Blumen* a wreath of flowers ◊ *einen Kranz niederlegen* lay a wreath ◊ *einen Kranz binden/flechten* make a wreath **2** (*Ring*) ring ◊ *Er war kahl bis auf einen Kranz grauer Haare.* He was bald but for a ring of grey hair.
Kranzniederlegung wreath-laying ceremony*
Krapfen doughnut, (*bes AmE*) donut
krass 1 extreme; (*Unterschied, Gegensatz*) stark; (*Ungerechtigkeit, Fehler etc.*) gross **2** (*unhöflich*) blunt (*Adv* bluntly) ◊ *eine krasse Ablehnung* a blunt dismissal ◊ *krass gesagt* putting it bluntly **3** (*scheußlich*) pants (*umgs*); (*hart*) tough ◊ *Ist das krass hier!* This is pants!
Krater crater ◊ *der Krater des Vesuvs* the crater of Vesuvius
Kraterlandschaft crater landscape
kratzen 1 scratch ◊ *jdm den Rücken kratzen* scratch sb's back ◊ *sich hinter dem Ohr kratzen* scratch behind your ear ◊ *sich am Kopf kratzen* scratch your head **2 etw an ~** (*einritzen*) scratch sth on sth **3** (*Juckreiz verursachen*) be/feel* rough/scratchy; (*Hals, Haut etc.*) itch ◊ *Dieser Wein kratzt im Hals.* This wine feels rough in my throat. ◊ *Mein neuer Pullover kratzt unheimlich.* My new jumper is terribly scratchy. ◊ *Mein Hals kratzt.* My neck itches. **4 etw aus/von etw ~** scrape sth from sth ◊ *Sie kratzte den Rest der Soße aus dem Topf.* She scraped the rest of the sauce from the pan. **5 an etw ~** (*antasten*) dent sth; (*fig*) ◊ *Die Niederlage hat gehörig an ihrem Selbstbewusstsein gekratzt.* The failure has really dented her self-confidence. **IDM etw kratzt jdn nicht** sb isn't bothered about sth (*umgs*)
Kratzer 1 (*Kratzspur*) scratch **2** (*Gerät*) scraper
kraulen¹ (*schwimmen*) do* the crawl
kraulen² (*Haare, Fell etc.*) ruffle ◊ *jdm den Bart kraulen* ruffle sb's beard ◊ *Sie kraulte den Hund hinter den Ohren.* She ruffled the dog behind the ears. ◊ *Er kraulte ihr den Nacken./Er kraulte sie im Nacken.* He stroked the back of her neck. ◊ *Sie kraulte ihm den Kopf.* She ran her fingers through his hair.
kraus 1 (*Haare, Fell etc.*) frizzy **2 die Nase ~ ziehen** screw your nose up; **die Stirn ~ ziehen** frown
kräuseln 1 ruffle; (*Nase*) screw *sth* up ◊ *Sie kräuselte die Nase.* She screwed her nose up. **2 sich ~** (*Haare*) go* frizzy; (*Nase*) wrinkle; (*Wellen*) ripple

Kraut 1 (*Pflanzengrün*) tops [Pl] **2** (*Tabak*) weed (*abwert*) **3** (*Kohl*) cabbage IDM **gegen jdn/etw ist kein Kraut gewachsen** there's no cure for sb/sth **ins Kraut schießen 1** (*fig*) run* wild **2** (*Pflanzen*) bolt, run* to seed
Kräuter herbs [Pl]
Kräuterbutter herb butter **Kräutergarten** herb garden
Kräutertee herbal tea
Krautkopf head of cabbage
Krawall 1 (*Aufruhr*) riot ◊ *blutige Krawalle* bloody riots **2** (*Lärm*) row ◊ *Krawall machen* make a row IDM **Krawall schlagen** kick up a fuss
Krawatte tie ◊ *Soll ich dir die Krawatte binden?* Shall I do your tie for you?
Krawattennadel tiepin
kraxeln auf etw ~ clamber up sth ◊ *Wir sind auf den Berg gekraxelt.* We clambered up the mountain.
Kreation creation
kreativ creative ◊ *kreative Lösungen* creative solutions ◊ *kreativ arbeiten* work in a creative field ◊ *eine kreative Pause einlegen* take a creativity break
Kreativität creativity* ◊ *unternehmerische Kreativität* entrepreneurial creativity ◊ *Sie ist eine Schriftstellerin von hoher Kreativität.* She's a very creative writer.
Krebs 1 (*Schalentier*) crab; (*Fluss-*) crawfish, (*AmE*) crayfish **2** (*Krankheit*) cancer ◊ *an Krebs sterben* die of cancer ◊ *Krebs erregende Stoffe* carcinogenic substances **3** (*Sternzeichen*) Cancer; (*Mensch auch*) Cancerian ◊ *Bist du (ein) Krebs?* Are you (a) Cancer?
Krebsforschung cancer research **Krebsgeschwür** cancer (*auch fig*) **krebskrank** suffering from cancer (*nicht vor Nomen*) ◊ *krebskranke Kinder* children suffering from cancer ◊ *Er ist krebskrank.* He has cancer. ◊ *Sie betreut viele Krebskranke.* She looks after a lot of cancer patients.
krebsrot red as a lobster **Krebsvorsorge** cancer prevention; (*Untersuchung*) cancer screening
Kredit 1 loan ◊ *einen Kredit aufnehmen/abzahlen* take out/pay off a loan ◊ *jdm einen Kredit gewähren* give sb a loan **2** (*Zahlungsaufschub*) credit ◊ *jdm Kredit gewähren* give sb credit ◊ *auf Kredit* on credit ◊ *bei jdm Kredit genießen* have credit with sb
Kreditgeber(in) lender; (*Unternehmen*) lending institution **Kreditinstitut** lending institution **Kreditkarte** credit card ◊ *Kann ich das mit Kreditkarte bezahlen?* Can I pay by credit card? ◊ *Ich habe den Flug mit Kreditkarte bezahlt.* I put the plane ticket on my credit card. **Kreditnehmer(in)** borrower **Kreditwürdigkeit** creditworthiness
Kreide chalk IDM **bei jdm (tief) in der Kreide stehen** owe sb a lot of money ☞ *Siehe auch* WEISS
kreidebleich white as a sheet **Kreidefelsen** chalk cliff **Kreidezeichnung** chalk drawing
kreieren create; (*gestalten auch*) design ◊ *eine neue Mode kreieren* create a new trend
Kreis 1 circle ◊ *einen Kreis ziehen* describe a circle ◊ *Wir saßen im Kreis.* We sat in a circle. ◊ *Das Kind drehte sich im Kreis.* The child turned round and round in circles. ◊ *Wir feiern nur im kleinen Kreis.* We're celebrating with a few close friends and family. ◊ *weite Kreise der Bevölkerung* large sections of the population **2** (*Landkreis*) ≈ (administrative/rural/urban) district ◊ *Kreis Ulm* the District of Ulm

Die größten und ältesten Verwaltungseinheiten in England und Wales heißen **counties**, in Schottland **regions**. **Counties** bzw. **regions** sind weiter in **districts** unterteilt. Die kleinste Verwaltungseinheit in England heißt **parish**, in Schottland und Wales **community**. **Boroughs** gibt es heute nur noch in London. In den USA sind die einzelnen Bundesstaaten in **counties** unterteilt, die einzelnen Städte oder Dörfer heißen **municipalities**.

3 (*beim Handball*) throwing circle IDM **Kreise ziehen** have repercussions ◊ *Der Skandal zieht immer weitere Kreise.* The scandal is having ever more serious repercussions. **sich im Kreis bewegen/drehen** go* round in circles
Kreisbahn orbit ◊ *Die Sonde erreicht ihre endgültige Kreisbahn.* The probe is entering its final orbit. ◊ *Sie schossen den Satelliten auf eine Kreisbahn um den Mond.* They sent the satellite orbiting around the moon.

kreischen screech; (*Mensch auch*) shriek; (*Vogel auch*) squawk; (*Bremsen, Reifen auch*) squeal ◊ *Sie kreischten vor Begeisterung.* They shrieked with enthusiasm. ◊ *Er hörte das Kreischen von Bremsen.* He heard a squealing of brakes. ◊ *Die Motorsäge kreischte.* The power saw made a loud screeching sound.
Kreisel 1 (*Kreisverkehr*) roundabout, (*AmE*) traffic circle **2** (*Spielzeug*) spinning top **3** (TECH) gyroscope
kreisen 1 um etw ~ revolve around sth (*auch fig*); (*Satellit*) orbit sth ◊ *Unsere Gespräche kreisen immer um dasselbe Thema.* Our conversations always revolve around the same subject. **2** (*Vogel, Flugzeug*) circle **3 etw ~ lassen** (*herumgeben*) hand sth (a)round **4 mit etw ~** (*Arme, Hüften etc.*) rotate sth ◊ *Arme und Schultern kreisen lassen* rotate your arms and shoulders
Kreis- Kreisfläche area of a/the circle **kreisförmig 1** *Adj* circular **2** *Adv* in (the shape of) a circle ◊ *kreisförmig angelegt* laid out in a circle ◊ *Das Eisen ist kreisförmig gebogen.* The iron is bent into the shape of a circle. **Kreislauf 1** cycle **2** (*Blut-, Geld-*) circulation **Kreislaufkollaps** circulatory collapse **Kreislaufprobleme** problems with your circulation [Pl] **Kreisliga** (SPORT) ≈ district league **kreisrund 1** *Adj* (perfectly) circular, (perfectly) round **2** *Adv* in the shape of a (perfect) circle ◊ *Der Innenhof war kreisrund angelegt.* The inner courtyard was shaped like a circle. **Kreissäge** circular saw
Kreißsaal delivery room
Kreis- Kreisstadt 1 = chief town of the district **2** (*Verwaltung*) = municipal authority* ☞ *Hinweis bei* KREIS **Kreistag** = district assembly* **Kreisumfang** circumference (of a/the circle) **Kreisverkehr** roundabout, (*AmE*) traffic circle **Kreisverwaltung** ≈ district authority* **Kreiswehrersatzamt** = district recruiting office
Krematorium crematorium*, (*AmE*) crematory*
Krempe brim
Krempel 1 stuff (*umgs*) ◊ *Lass deinen Krempel nicht überall liegen.* Don't leave your stuff all over the place. **2** (*wertloses Zeug*) junk (*umgs*) IDM **den ganzen Krempel hinwerfen** chuck the whole thing in (*umgs*) **Mach deinen Krempel doch alleine!** Do it yourself then!
krepieren die*; (*qualvoll*) die* a terrible death
Krepppapier crêpe paper
Kresse cress
kreuz IDM **kreuz und quer** all over (the place) ◊ *Die Autos parkten kreuz und quer.* Cars were parked all over the place. ◊ *Seine Sachen liegen kreuz und quer im Zimmer herum.* His things are lying all over the room.
Kreuz 1 cross ◊ *ein Kreuz in das Kästchen eintragen* put a cross in the box ◊ *Das Rote Kreuz* The Red Cross ◊ *Christus ist am Kreuz gestorben.* Christ died on the cross. **2** (*Kruzifix*) crucifix **3** (*Rücken*) lower back ◊ *Er hat es im Kreuz.* He's got back trouble. ◊ *Ihm tut das Kreuz weh.* He's got backache. **4** (*Autobahn-*) (motorway) intersection, (*AmE*) interchange **5** (*Spielkarte*) club; (*Spielkartenfarbe*) clubs [Pl] ☞ *Hinweis bei* PIK **6** (MUS) sharp IDM **jdn aufs Kreuz legen** take* sb for a ride **drei Kreuze machen** heave/breathe a sigh of relief **mit jdm über Kreuz sein/stehen** be on bad terms with sb **zu Kreuze kriechen** eat* humble pie, (*AmE*) eat* crow
Kreuzass ace of clubs
kreuzen 1 cross ◊ *Er kreuzte die Straße.* He crossed the road. ◊ *verschiedene Hunderassen kreuzen* cross different breeds of dog ◊ *die Arme vor der Brust kreuzen* fold your arms **2 sich (mit etw) ~** cross (sth); (*Autobahnen*) intersect (with sth); (*Blicke*) meet* (sth) ◊ *Die beiden Briefe haben sich gekreuzt.* The two letters crossed in the post. ◊ *Der Radweg kreuzt sich mit der Hauptstraße.* The cycle path crosses the main road. ◊ *Ihre Blicke kreuzten sich.* Their eyes met. **3 sich (mit etw) ~** (*in Konflikt stehen*) clash (with sth) **4** (*Schiff*) cruise IDM ⇨ KLINGE
Kreuzer 1 cruiser; (*Segelschiff*) yacht **2** (*Münze*) kreuzer
Kreuz- Kreuzfahrer (GESCH) crusader **Kreuzfahrt 1** cruise **2** (*Kreuzzug*) crusade **Kreuzfeuer** crossfire (*auch fig*) **Kreuzgang** cloister [meist Pl]
kreuzigen crucify* ◊ *eine Abbildung des Gekreuzigten* a picture of Christ crucified ◊ *der gekreuzigte Jesus* Christ on the cross
Kreuzigung crucifixion

Kreuzotter

Kreuz- Kreuzotter adder **Kreuzreim** alternate rhyme **Kreuzstich** cross stitch

Kreuzung 1 crossroads*, (*AmE*) intersection ◊ *eine viel befahrene Kreuzung* a busy crossroads ◊ *Er fuhr bei Rot über die Kreuzung.* He drove through a red light at the crossroads. **2** (BIOL) cross ◊ *eine Kreuzung zwischen Weizen und Roggen* a cross between wheat and rye **3** (BIOL) (*das Kreuzen*) crossing; (*von Tieren*) cross-breeding

Kreuz- Kreuzverhör cross-examination ◊ *im Kreuzverhör* under cross-examination ◊ *jdn ins Kreuzverhör nehmen* cross-examine sb **Kreuzworträtsel** crossword (puzzle) ◊ *Kreuzworträtsel machen/lösen* do crosswords

> Während es in deutschen Kreuzworträtseln in der Regel um Fragen des Allgemeinwissens geht, sind britische Kreuzworträtsel sehr viel wertschlüsselter. In ihnen dreht sich alles um Wortspiele und versteckte Bedeutungen. ➛ *Hinweis bei* RÄTSEL

Kreuzzug crusade (*auch fig*) ◊ *ein Kreuzzug gegen das Verbrechen* a crusade against crime

kribbelig 1 nervous **2** (*heikel*) critical

kribbeln 1 (*jucken*) tickle; (*Haut auch*) itch (*auch fig*) ◊ *Das kribbelt so, wenn du mir über den Arm streichst.* It tickles when you stroke my arm. ◊ *Mir kribbelt's in der Nase.* I've got a tickle in my nose. ◊ *Mein Fuß ist eingeschlafen. Er kribbelt wie verrückt.* My foot has gone to sleep. I've got awful pins and needles. ◊ *Wenn ich das höre, kribbelt's mir überall.* That really gives me the creeps. ◊ *Vor Aufregung kribbelt's mir im Bauch.* I'm so excited I've got butterflies in my stomach. **2** (*krabbeln*) swarm (about) ◊ *Hier kribbelt es überall vor Ameisen.* It's swarming with ants round here.

Kribbeln 1 tingling (feeling) ◊ *ein wohliges Kribbeln* a pleasant tingling feeling ◊ *Er spürte ein Kribbeln im Bauch.* He had butterflies in his stomach. **2** (*jucken*) tickle; (*Haut auch*) itch

kriechen 1 creep; (*Tiere, Menschen auch*) crawl ◊ *Der Nebel kroch übers Land.* Fog crept over the countryside. ◊ *Sie kroch auf allen vieren.* She crawled on all fours. ◊ *Die Zeit kriecht nur langsam voran.* Time goes by very slowly. **2** (*Fahrzeuge, Verkehr*) creep (along), crawl (along) **3** (**vor jdm**) ~ (*unterwürfig*) grovel* (to sb), crawl (to sb) IDM **jdm in den Arsch/Hintern kriechen** suck up to sb (*abwert*); lick sb's arse (*vulg, Slang*) ➛ *Siehe auch* KREUZ

Kriecher(in) creep (*umgs*)

Kriech- Kriechspur 1 trail **2** (*Fahrspur*) slow lane (*auch fig*) **Kriechtier** (ZOOL) reptile

Krieg war ◊ *einem Land den Krieg erklären* declare war on a country ◊ *Napoleon führte Krieg gegen Preußen.* Napoleon waged war against Prussia. ◊ *Dort herrscht Krieg.* There's a war going on there. ◊ *der Erste Weltkrieg* the First World War ◊ *der Dreißigjährige Krieg* the Thirty Years War ◊ *in den Krieg ziehen* go to war ◊ *der Kalte Krieg* the Cold War ◊ *Er ist im Krieg gefallen/geblieben.* He was killed in the war. ◊ *die Krieg führenden Partieen* the warring parties

kriegen 1 get* (*umgs*); (*Dieb, Bus, Erkältung etc. auch*) catch*; (*ein Baby*) have ◊ *Wie viel kriegst du in der Stunde?* How much do you get an hour? ◊ *Ärger kriegen* get into trouble ◊ *Früher oder später kriegen wir euch alle.* Sooner or later we'll catch all of you. ◊ *Sie kriegt ein Kind von ihm.* She is having his baby. ◊ *Wir haben Zuwachs gekriegt.* We've had an addition to the family. ◊ *So was krieg ich immer wieder zu hören.* I hear the same thing time and time again. **2 schwer zu ~ sein** be difficult to get hold of IDM **es mit jdm zu tun kriegen** have sb to deal with ◊ *Wenn du das nicht sofort lässt, kriegst du es mit mir zu tun!* If you don't stop that immediately, you'll have me to deal with! **zu viel kriegen** have it up to here ◊ *Da kann man doch zu viel kriegen!* I've had it up to here with this! ➛ *Siehe auch* HAAR, KURVE *und* WOLLE

Krieger 1 warrior; (*Indianer*) brave **2** (*Soldat*) soldier **Kriegerdenkmal** war memorial

kriegerisch 1 *Adj* military; (*feindlich*) hostile ◊ *ein kriegerischer Angriff* a military attack ◊ *kriegerische Auseinandersetzungen* hostilities ◊ *Bei uns zu Hause ging's immer sehr kriegerisch zu.* There was always a lot of fighting at home. ◊ *mit kriegerischen Mitteln* by fighting **2** *Adj* (*Haltung, Auftreten*) warlike **3** *Adv* by fighting ◊ *Sie sind fest*

entschlossen, ihre Probleme kriegerisch zu lösen. They're determined to solve their problems by fighting.

Kriegsbeil tomahawk IDM **das Kriegsbeil ausgraben** start a fight **das Kriegsbeil begraben** bury* the hatchet

Kriegs- Kriegsdienst 1 active service ◊ *Kriegsdienst leisten* see active service ◊ *Er wurde 1941 zum Kriegsdienst eingezogen/einberufen.* He was conscripted in 1941. **2** (*Wehrdienst*) military service **Kriegsdienstverweigerer** conscientious objector **Kriegserklärung eine ~ (an/gegen jdn)** a declaration of war (on/against sb) **Kriegsfilm** war film **Kriegsführung** warfare

Kriegsfuß IDM **mit jdm/etw auf (dem) Kriegsfuß stehen/leben** not get* on with sb/sth

Kriegs- Kriegsgebiet war zone **Kriegsgefangene(r)** prisoner of war (*Abk* POW) **Kriegsgefangenschaft** captivity ◊ *aus der Kriegsgefangenschaft zurückkommen* return from captivity ◊ *Er war in amerikanischer Kriegsgefangenschaft.* He was in an American POW camp. ◊ *in Kriegsgefangenschaft geraten* be taken prisoner (of war) **Kriegsgericht** court martial **Kriegsgrab** war grave **Kriegsjahr** year of war **Kriegsmarine** navy **Kriegspartei** party* (to the war) **Kriegsrecht** martial law ◊ *Das Kriegsrecht wurde verhängt.* Martial law was imposed. ◊ *Es herrscht Kriegsrecht im Land.* The country is under martial law. **Kriegsschiff** warship **Kriegsspielzeug** war toy **Kriegsverbrechen** war crime **Kriegsverbrecher(in)** war criminal **Kriegszeit** wartime ◊ *Das Rezept stammt noch aus der Kriegszeit.* The recipe goes back to wartime. ◊ *in/zu Kriegszeiten* during the war **Kriegszustand** state of war ◊ *Wir leben noch immer im Kriegszustand.* We are still living in a state of war. ◊ *sich im Kriegszustand mit jdm befinden* be at war with sb

Krimi thriller, whodunnit, (*AmE*) whodunit (*umgs*); (*Roman auch*) crime novel; (*mit Detektiv(in) als zentraler Figur*) detective novel

Kriminalbeamte, -beamtin detective, (*BrE auch*) CID officer ➛ G 2.2d

kriminalistisch ◊ *Sie ist kriminalistisch begabt.* She has a talent for solving crimes.

Kriminalität 1 crime ◊ *die organisierte Kriminalität* organized crime **2** (*Straffälligkeit*) criminality **Kriminalitätsrate** crime rate

Kriminal- Kriminalpolizei (*in GB*) ≈ Criminal Investigation Department (*Abk* CID); (*in den USA*) ≈ Federal Bureau of Investigation (*Abk* FBI) ➛ G 1.3c **Kriminalroman** ⇨ KRIMI

kriminell 1 *Adj* criminal ◊ *kriminelle Machenschaften* criminal activities ◊ *Sie ist kriminell.* She's a criminal. **kriminell werden** turn to crime **2** *Adv* in a criminal way **3** *Adj* (*rücksichtslos*) (totally) out of order ◊ *Das sind ja kriminelle Methoden!* These methods are totally out of order! **4** *Adj* (*gefährlich*) hairy **5** (*katastrophal*) disastrous

Kriminelle(r) criminal

Krimskrams bits and pieces [Pl]; (*Trödel*) jumble; (*dekorativ*) bric-a-brac

Kringel 1 ring; (*Kritzelei*) squiggle **2** (*Keks*) ring-shaped biscuit

Kripo ⇨ KRIMINALPOLIZEI

Krippe 1 (*Futter-*) manger **2** (*Kinder-*) (day) nursery*, (*AmE*) day care center ◊ *das Kind in eine Krippe geben* put the baby in a nursery **3** (*Weihnachts-*) crib, (*AmE*) crèche **Krippenspiel** nativity play

Krise crisis* ◊ *in einer finanziellen Krise stecken* be in a financial crisis ◊ *sich in einer Krise befinden* be in (a state of) crisis

Krisengebiet disaster area; (*Kriegsgebiet*) war zone **Krisenherd** trouble spot **Krisensituation** crisis situation **Krisensitzung** emergency meeting **Krisenstab** emergency committee ➛ G 1.3b **Krisenzentrum** crisis centre, (*AmE*) crisis center

Kristall¹ *der* crystal

Kristall² *das* **1** crystal; (*geschliffen auch*) cut glass ◊ *Gläser aus Kristall* crystal glasses ◊ *eine Vase aus Kristall* a cut-glass vase **2** (*Gegenstände*) (crystal) glassware ◊ *glänzendes Kristall* sparkling glassware

Kristallisation crystallization

kristallisieren (sich) ~ crystallize (*auch fig*)

kristall- kristallklar crystal clear **Kristallkugel** crystal

ball **Kristallvase** cut-glass vase **Kristallzucker** (*fein*) caster sugar; (*grob*) granulated sugar
Kriterium criterion* ◊ *nach verschiedenen Kriterien* according to different criteria ◊ *Nach welchen Kriterien werden sie ausgewählt?* What criteria are used to select them?
Kritik 1 ~ (**an jdm/etw**) criticism (of sb/sth) ◊ *scharfe Kritik* harsh criticism ◊ *auf heftige Kritik stoßen* come in for severe criticism ◊ *Kritik an jdm/etw üben* criticize sb/sth 2 (*Rezension*) review ◊ *eine gute Kritik erhalten* get a good review 3 (*die Kritiker*) critics [Pl] ◊ *bei der Kritik gut ankommen* be warmly received by the critics ◊ *Der Film kam bei der Kritik nicht an.* The film was not a critical success. IDM **unter jeder/aller Kritik sein** be the pits (*umgs*)
Kritiker(in) critic; (*Rezensent auch*) reviewer ☞ G 2.2d
kritiklos uncritical (*Adv* uncritically)
Kritikpunkt criticism ◊ *trotz aller Kritikpunkte* despite all the criticisms
kritisch critical (*Adv* critically) ◊ *unter ihren kritischen Blicken* under their critical eye ◊ *etw kritisch prüfen* examine sth critically ◊ *die Geschichte der kritischen Theorie* the history of critical theory ◊ *sich kritisch (zu etw) äußern* be critical (of sth)
kritisieren 1 jdn/etw (**wegen einer Sache**) ~ criticize sb/sth (for sth) ◊ *Er wurde dafür kritisiert, dass er die Demonstration verboten hatte.* He was criticized for banning the demonstration. ◊ *Sie kritisierten, dass nichts getan worden war.* They criticized the fact that nothing was done about it. ◊ *etw scharf kritisieren* be highly critical of sth 2 (*rezensieren*) review
kritzeln 1 scribble ◊ *Sie kritzelte die Nummer auf einen Zettel.* She scribbled down the number on a bit of paper. 2 (*malen*) doodle ◊ *Sie kritzelt, wo es nur geht.* She's always doodling. ◊ *gekritzelte Zeichnungen* doodles
Krokant praline
Krokette potato croquette
Krokodil crocodile
  Krokodilstränen crocodile tears [Pl]
Krokus crocus
Krone 1 crown; (*von Adeligen*) coronet ◊ *Er verzichtete auf die Krone.* He renounced his claim to the crown. ◊ *die britische Krone repräsentieren* represent the British Crown 2 (*Währung*) crown; (*in Schweden, Island*) krona*; (*in Norwegen, Dänemark*) krone* 3 (*Zahn-*) crown 4 (*Baum-*) branches [Pl], crown (*Fachspr*) ◊ *ein Baum mit einer ausladenden Krone* a tree with spreading branches 5 (*am Armbanduhr*) winder IDM **dem Ganzen die Krone aufsetzen** take* the cake, (*BrE auch*) take* the biscuit ◊ **einen in der Krone haben** be tipsy (*umgs*)
krönen 1 jdn (**zu etw**) ~ crown sb (sth) 2 *etw* (**mit etw**) ~ crown sth (with sth) ◊ *Er krönte seinen Erfolg mit einem Olympiasieg.* His success was crowned with an Olympic victory. ◊ *Den krönenden Abschluss bildete ein Feuerwerk.* The grand finale was a firework display. IDM **von Erfolg gekrönt** crowned with success
Kron- Kronkorken, Kronenkorken (metal) cap, crown cork (*Fachspr*) **Kronleuchter** chandelier **Kronprinz** 1 crown prince ◊ *Der britische Kronprinz wird traditionellerweise als* **Prince of Wales** *bezeichnet.* 2 (*fig*) heir apparent* ◊ *der Kronprinz des Parteiführers* the heir apparent to the party leader **Kronprinzessin** 1 crown princess ☞ *Hinweis bei* KRONPRINZ 2 (*fig*) heir apparent*
Krönung 1 coronation 2 (*Abschluss*) culmination; (*Höhepunkt*) high point
Kronzeuge, -zeugin Crown witness, person* who turns Queen's/King's evidence, (*AmE*) person* who turns State's evidence; **als ~ auftreten** turn Queen's/King's evidence, (*AmE*) turn State's evidence
Kropf 1 (MED) goitre, (*AmE*) goiter 2 (*beim Vogel*) crop
Kröte toad
Krücke 1 crutch ◊ *Sie geht an Krücken.* She's on crutches. 2 (*Griff*) handle 3 (*Versager*) no-hoper (*umgs*), (*BrE auch*) dead loss (*umgs*)
  Krückstock walking stick
Krug jug, (*AmE*) pitcher; (*größer, flaschenförmig*) pitcher, (*AmE*) jug; (*Bier-*) beer mug; (*aus Zinn*) tankard ◊ *ein Krug Milch* a jug of milk
Krümel crumb
krümelig crumbly

krümeln 1 make* crumbs 2 (*zerfallen*) be crumbly
krumm 1 bent; (*schief*) crooked; (*Beine*) bandy ◊ *Er geht schon ganz krumm.* His back is really bent. ◊ *ein krumm gewachsener Baum* a crooked tree ◊ *krumm am Schreibtisch sitzen* sit hunched over the desk 2 (*unehrlich*) crooked ◊ *krumme Geschäfte* crooked deals ◊ *ein krummes Ding drehen* do something crooked ◊ *ein krummer Hund* a crook IDM **etw krumm nehmen** take* sth the wrong way **jdm etw krumm nehmen** hold* sth against sb **sich (für jdn/etw) krumm legen** scrimp and save (for sb/sth) ☞ *Siehe auch* DING *und* FINGER
krümmen 1 bend* ◊ *einen Draht krümmen* bend a piece of wire ◊ *den Oberkörper leicht krümmen* lean forward slightly 2 sich ~ curve; (*Straße, Fluss*) bend* ◊ *eine gekrümmte Oberfläche haben* have a curved surface ◊ *eine gekrümmte Linie* a curve 3 sich ~ (*Mensch, Tier*) writhe ◊ *sich am Boden krümmen* writhe on the floor ◊ *sich vor Magenschmerzen/Lachen krümmen* be doubled up with stomach pain/laughter IDM ⇒ HAAR
Krüppel cripple (*veraltet, abwert*) ☞ Heute sagt man **disabled person**.
Kruste crust ◊ *ein Brot mit knuspriger Kruste* a crusty loaf ◊ *In der Mikrowelle bekommt das Essen keine Kruste.* Food doesn't brown in the microwave.
Kruzifix crucifix
Kübel 1 (*Pflanzen-*) tub 2 (*Eimer*) bucket; (*Sekt-*) ice bucket IDM **es gießt wie aus Kübeln** it's bucketing down
Kubik- Kubikmeter cubic metre, (*AmE*) cubic meter ◊ *20 Kubikmeter Fassungsvermögen* a capacity of 20 cubic metres **Kubikwurzel** cube root **Kubikzahl** cube **Kubikzentimeter** cubic centimetre, (*AmE*) cubic centimeter (*Abk* cc) ◊ *ein Motorrad mit 1 000 Kubikzentimetern Hubraum* a 1 000 cc motorcycle
Kubismus Cubism [U] ◊ *die Begründer des Kubismus* the founders of Cubism
Küche 1 kitchen ◊ *die Küche gemeinsam benutzen* share the kitchen 2 (*Essen*) food ◊ *Ich liebe die italienische Küche.* I love Italian food. ◊ *kalte Küche* cold food ◊ *warme Küche* hot meals 3 (*Zubereitungsart*) cooking ◊ *die indische Küche* Indian cooking ◊ *die feine französische Küche* French cuisine 4 (*Küchenpersonal*) kitchen staff ☞ *Hinweis bei* STAFF[1]
Kuchen cake; (*Obst-*) flan ◊ *ein Stück Kuchen* a piece of cake ◊ *jdn zu Kaffee und Kuchen einladen* invite sb for coffee and cakes ◊ *Es gab selbst gebackenen Kuchen.* There was home-made cake. ◊ *einen Kuchen belegen* put fruit on a flan
Küchenabfälle kitchen waste [U]
Kuchenblech baking tray
Küchenchef(in) (head) chef ☞ G 2.2d
Kuchengabel ≈ dessert fork
Küchen- Küchenmaschine mixer; (*mit Deckel, auch zum Zerkleinern*) food processor **Küchenschabe** cockroach, (*AmE auch*) roach (*umgs*) **Küchenschrank** kitchen cupboard
Kuchenteig cake mixture; (*Hefe-*) dough
Kuckuck cuckoo IDM **(das) weiß der Kuckuck!** goodness knows! **wo zum Kuckuck …?** where on earth …?
  Kuckucksei 1 cuckoo's egg 2 (*Kind*) cuckoo in the nest 3 (*fig*) ◊ *sich als Kuckucksei erweisen* prove to be a liability ◊ *sich ein Kuckucksei ins Nest legen* shoot yourself in the foot **Kuckucksuhr** cuckoo clock
Kuddelmuddel state of confusion, (*bes BrE*) muddle
Kufe runner; (*vom Schlittschuh*) blade
Kugel 1 ball; (*geometrische Figur*) sphere ◊ *kleine Kugeln aus Schokolade* small chocolate balls ◊ *Die Erde ist eine Kugel.* The earth is a sphere. 2 (*Geschoss*) bullet 3 (*beim Kugelstoßen*) shot 4 (*Portion*) scoop ◊ *zwei Kugeln Eis* two scoops of ice cream IDM **jdm eine Kugel durch den Kopf jagen** put* a bullet through sb's head **eine ruhige Kugel schieben** take* things easy **jdm/sich eine Kugel in den Kopf schießen** blow* sb's/your brains out
kugelig spherical
Kugel- Kugellager ball bearing **kugelrund** 1 round 2 (*dick*) rotund (*gehoben oder hum*) **Kugelschreiber** ballpoint (pen), (*BrE auch*) Biro™ **kugelsicher** bulletproof ◊ *eine kugelsichere Weste* a bulletproof vest **Kugelstoßen** the shot-put ◊ *im Kugelstoßen gewinnen* win the shot-put

Kuh

Kuh cow (auch fig) ◊ *So eine blöde Kuh!* The stupid cow! ◊ *eine heilige Kuh* a sacred cow
Kuhdorf tiny village **Kuhhandel** horse-trading [U] ◊ *ein politischer Kuhhandel* political horse-trading
kühl 1 cool; (unangenehm) chilly* ◊ *kühle Getränke* cool drinks ◊ *Kühl und trocken lagern.* Store in a cool, dry place. ◊ *Mir ist kühl.* I'm feeling chilly. ◊ *Die Abende werden schon kühl.* The evenings are getting chilly. ◊ *den Wein kühl stellen* chill the wine ◊ *Die Luft war kühl.* There was a chill in the air. ◊ *ein kühles Bier* a cold beer **2** (distanziert) cool (Adv coolly) ◊ *ein kühler Empfang* a cool reception ◊ *Er meinte nur kühl: ...* He just said coolly, ... **3** (nüchtern) hard-headed ◊ *ein kühl kalkulierender Politiker* a hard-headed politician ◊ *kühl und sachlich urteilen* make a hard-headed assessment ◊ *einen kühlen Kopf bewahren* keep a level head
Kühlbox cool box, (bes AmE) cooler
Kühle 1 coolness ◊ *die Kühle der Fensterscheibe* the coolness of the pane ◊ *die abendliche Kühle* the cool of the evening **2** (Distanz) coldness ◊ *die Kühle des Empfangs* the coldness of the reception ◊ *Sie strahlte distanzierte Kühle aus.* There was an air of remoteness about her. **3** (Nüchternheit) hard-headedness
kühlen cool; (im Kühlschrank) chill ◊ *die Flaschen im Fluss kühlen* put the bottles in the river to cool ◊ *Die Getränke sind gut gekühlt.* The drinks are well chilled. ◊ *den Knöchel mit einem Eisbeutel kühlen* put an ice pack on the ankle to reduce the swelling
Kühler radiator
Kühlerhaube bonnet, (AmE) hood
Kühl- Kühlmittel coolant **Kühlschrank** fridge, refrigerator (gehoben) **Kühltruhe** (chest) freezer
Kühlung 1 (das Kühlen) cooling (oft mit einem Verb übersetzt) ◊ *ein neues Verfahren zur Kühlung* a new cooling process **2** (von Lebensmitteln) chilling; (mit Kühlgerät) refrigeration ◊ *Ohne Kühlung verdirbt Fisch schnell.* Fish will quickly go off without refrigeration. **3** (Anlage) cooling system
Kühlwasser cooling water
kühn 1 bold (Adv boldly) ◊ *sein kühner Einsatz von Farben* his bold use of colour **2** (im Superlativ) wild (Adv wildly) ◊ *Das hätte ich in meinen kühnsten Träumen nicht erwartet.* I would never have expected it, even in my wildest dreams. ◊ *Auch die kühnsten Optimisten mussten einsehen, dass ...* Even those who were most wildly optimistic had to accept that ...
Kuhstall cowshed
Küken 1 chick **2** (jüngstes Mitglied) baby* (umgs)
Kukuruz ⇨ MAIS
kulant 1 accommodating ◊ *Sie erwiesen sich äußerst kulant.* They were very accommodating. ◊ *Die Versicherung hat uns kulant behandelt.* The insurers were very accommodating. **2** (Preis, Bedingungen) fair
Kuli ⇨ KUGELSCHREIBER
kulinarisch culinary (nur vor Nomen)
Kulisse 1 (Bühnenbild) set; (einzeln) flat; (seitlich) the wings [Pl]; (Hintergrund) backdrop (auch fig) ◊ *eine Kulisse gestalten* design the set ◊ *die rechte Kulisse* the wings on the right of the stage ◊ *Kulissen malen* paint scenery **2** (Rahmen) setting ◊ *Das Schloss bildet eine herrliche Kulisse.* The castle is a wonderful setting. IDM **hinter den Kulissen** behind the scenes **nur Kulisse sein** be a façade ☛ *Siehe auch* BLICK
Kulleraugen big round eyes [Pl] IDM **Kulleraugen machen** be goggle-eyed
kullern roll ◊ *vom Tisch kullern* roll off the table ◊ *Tränen kullerten ihr übers Gesicht.* Tears rolled down her face.
kulminieren culminate
Kult cult ◊ *zum Kult werden* achieve cult status ◊ *der Kult um die Fitness* the cult of physical fitness
Kultfigur cult figure **Kultfilm** cult film, (AmE) cult movie
kultivieren cultivate (auch fig)
kultiviert cultivated ◊ *sich kultiviert unterhalten* have a cultivated conversation
Kultivierung cultivation
Kult- Kultstätte place of (cult) worship **Kultstatus** cult status
Kultur culture ◊ *die Sprache und Kultur des Landes* the country's language and culture ◊ *jüdische Kultur* Jewish culture ◊ *primitive Kulturen* primitive cultures ◊ *eine Kultur von Bakterien* a culture of bacteria
Kulturbanause philistine **Kulturbeutel** sponge bag, toilet bag **Kulturdenkmal** cultural monument **Kultureinrichtung** cultural institution
kulturell cultural (Adv culturally) ◊ *kulturelle Veranstaltungen* cultural events ◊ *das kulturelle Angebot in Frankfurt* Frankfurt's cultural attractions ◊ *Hier ist kulturell viel los.* There's a lot going on here culturally.
Kultur- Kulturerbe cultural heritage **Kulturgeschichte** history of civilization ◊ *die europäische Kulturgeschichte* the history of European civilization **kulturgeschichtlich** ◊ *die kulturgeschichtliche Entwicklung Europas* the history of the development of European civilization ◊ *eine kulturgeschichtlich interessante Region* a historically and culturally interesting region **Kulturkreis** cultural group **Kulturlandschaft** man-made landscape **Kulturleben** cultural life **Kulturpolitik** cultural policy* **Kulturprogramm** cultural programme, (AmE) cultural program **Kulturrevolution** cultural revolution **Kulturzentrum** (Gebäude) arts centre, (AmE) arts center
Kultusminister(in) Minister of Education and the Arts **Kultusministerium** Ministry* of Education and the Arts
Kümmel caraway; (Gewürz) caraway seeds [Pl]; (Kreuz-) cumin ◊ *mit Kümmel bestreuen* sprinkle with caraway seeds
Kummer (Betrübnis) grief [U]; (Sorgen) worry [U] ◊ *Er starb vor Kummer.* He died of grief. ◊ *Sie isst nur aus Kummer.* She only eats because she's unhappy. ◊ *Die Kinder bereiten ihr Kummer.* She's worried about her children.
Kummerkasten complaints box; (in Zeitungen etc.) complaints column
kümmerlich 1 meagre; (Betrag auch) paltry ◊ *ein kümmerliches Gehalt* a meagre wage ◊ *kümmerliche 50 Dollar* a paltry 50 dollars **2** (Pflanze) stunted ◊ *ein paar kümmerliche Sträucher* a few stunted shrubs
kümmern 1 sich um jdn/etw ~ look after sb/sth ◊ *Kannst du dich heute um die Kinder kümmern?* Can you look after the children today? ◊ *Wir kümmern uns um die Getränke.* We'll take care of the drinks. ◊ *Kümmere dich um deinen eigenen Kram!* Mind your own business! ◊ *Kümmer dich nicht darum, was andere Leute sagen.* Don't pay any attention to what other people say. **2 etw kümmert jdn** sb cares about sth ◊ *Deine Sorgen kümmern mich nicht.* I don't care about your problems. ◊ *Es kümmert mich nicht, was die Leute von mir denken.* I don't care what people think of me. ◊ *Was kümmert euch das?* What do you care? IDM ⇨ DRECK
Kumpel 1 (Bergmann) miner **2** (Kamerad) chum (umgs), (BrE) mate (umgs)
Kunde, Kundin customer IDM **der Kunde ist König** the customer is always right
Kundenberatung 1 customer advice **2** (Büro) customer advice centre, (AmE) customer advice center **Kundendienst 1** (Dienstleistung) customer service **2** (Abteilung) customer service department **Kundennummer** customer reference number **Kundenstamm** clientele ☛ G 1.3a
Kundgebung rally*
kündigen 1 (Stelle) hand in your notice; (Wohnung) give* notice; (Vertrag) terminate ◊ *Wir haben unsere Wohnung schon gekündigt.* We've already given notice (on the flat). ◊ *Wir haben den Mietvertrag nicht rechtzeitig gekündigt.* We didn't terminate the tenancy agreement on time. **2 jdm ~** (Mietverhältnis) give* sb notice to quit their flat ◊ *Mein Vermieter hat mir gekündigt.* My landlord gave me notice to quit my flat. **3 jdm ~** (entlassen) give* sb their notice, dismiss sb ◊ *Warum ist ihm gekündigt worden?* Why has he been given his notice? ◊ *Ihr Chef kündigte ihr fristlos.* Her boss dismissed her without notice.
Kündigung 1 (einer Stelle, Wohnung) notice; (eines Vertrags) termination ◊ *Die Mitarbeiter erhielten vor einer Woche ihre Kündigung.* The employees were given their notice a week ago. ◊ *Unser Vermieter hat uns mit fristloser Kündigung gedroht.* Our landlord threatened to give us immediate notice to quit our flat. ◊ *die Kündigung des Mietvertrags* the termination of a tenancy agreement **2** (Schreiben) (written) notice ◊ *Hast du deine Kündigung schon schriftlich eingereicht?* Have you handed in your written notice yet? ◊ *Ich habe meinem Vermieter bereits*

meine Kündigung geschickt. I have already handed in my notice to the landlord.
Kündigungsfrist period of notice ◊ *ein Vertrag mit einjähriger Kündigungsfrist* a contract with a one-year period of notice ◊ *die gesetzliche Kündigungsfrist* the statutory period of notice
Kundschaft customers [Pl]
künftig 1 *Adj* future ◊ *künftige Generationen* future generations **2** *Adv* in future ◊ *Das wird künftig anders werden.* Things will be different in future.
Kunst 1 art ◊ *Kunst aus Mexiko* Mexican art ◊ *die schönen Künste* the fine arts ◊ *Wir haben heute Kunst.* We've got art today. ◊ *die Kunst des Überredens* the art of persuasion ◊ *die Förderung der Kunst* funding for the arts **2** (*fig*) trick ◊ *Die Kunst besteht darin, eine Marktlücke zu finden.* The trick is to find a hole in the market. IDM *das ist (doch) keine Kunst!* There's nothing to it! *eine brotlose Kunst* ◊ *Philosophie ist eine brotlose Kunst.* There's no money in philosophy. ☞ *Siehe auch* REGEL
Kunstausstellung art exhibition **Kunstblumen** artificial flowers [Pl] **Kunstdünger** artificial fertilizer **Kunstfaser** man-made fibre, (*AmE*) man-made fiber
kunstfertig skilful (*Adv* skilfully)
Kunst- Kunstfreund(in) lover of the arts ☞ G 2.2d **Kunstgalerie** art gallery* **Kunstgegenstand** art object **Kunstgeschichte** art history **Kunsthandwerk** handicraft [meist Pl] **Kunsthistoriker(in)** art historian ☞ G 2.2d **Kunsthochschule** art college **Kunstleder** imitation leather ◊ *eine Jacke aus Kunstleder* an imitation leather jacket
Künstler(in) 1 artist ☞ G 2.2d **2** (*Experte*) expert
künstlerisch artistic (*Adv* artistically) ◊ *Er ist künstlerisch sehr begabt.* He has great artistic talent.
künstlich 1 artificial; (*Gebiss etc.*) false ◊ *künstliche Blumen* artificial flowers ◊ *Sie wurde künstlich beatmet.* She was given artificial respiration. **2** (*gezwungen*) forced ◊ *Sein Lachen wirkt künstlich.* His laughter seems forced. ◊ *Reg dich doch nicht künstlich auf!* Don't get so worked up over nothing!
Kunst- Kunstrasen artificial turf **Kunstsammlung** art collection **Kunstschatz** art treasure **Kunstspringen** diving [meist Pl] **Kunststoff** plastic ◊ *Kinderspielzeug aus Kunststoff* plastic toys **Kunststoffverpackung** plastic packaging [U] **Kunststück 1** trick ◊ *Der Zauberer führte kleine Kunststücke vor.* The magician did some little tricks. **2** (*fig*) achievement ◊ *Das war wirklich kein Kunststück!* That was no great achievement! ◊ *Es war schon ein Kunststück, das Tor von dort nicht zu treffen.* It was quite an achievement to miss the net from there. **Kunstturnen** gymnastics [U]
kunstvoll artistic (*Adv* artistically)
Kunstwerk work of art ◊ *moderne Kunstwerke* modern works of art ◊ *Dieser neue Rennwagen ist ein technisches Kunstwerk.* This new racing car is a technical masterpiece.
kunterbunt colourful, (*AmE*) colorful
Kupfer copper
Kupferstich copperplate engraving
Kuppe 1 hilltop ◊ *die Kuppen der umliegenden Berge* the surrounding hilltops **2** (*vom Finger*) tip
Kuppel dome ◊ *die Kuppel der Peterskirche in Rome* the dome of St Peter's in Rome
Kuppelbau domed building **Kuppeldach** domed roof
Kupplung 1 clutch ◊ *Die Kupplung ist verschlissen.* The clutch has gone. ◊ *die Kupplung treten* put your foot on the clutch ◊ *die Kupplung kommen lassen* let the clutch in **2** (*zwischen Waggons etc.*) coupling
Kur 1 = course of treatment at a health spa ◊ *Der Arzt hat mir eine Kur verschrieben.* The doctor prescribed a course of treatment at a health spa. ◊ *Du solltest mal eine Kur machen.* You ought to go to a health spa. **2** (*Gesundheitsurlaub*) stay at a health spa ◊ *Nach der Kur ging es ihr besser.* After the stay at the health spa she felt better. ◊ *Sie fährt zur Kur.* She's going to a health spa. ◊ *Er ist in Bad Tölz in Kur.* He's in Bad Tölz for his health.

> *Das Konzept einer Kur, die von der Krankenkasse bezahlt wird, gibt es in Großbritannien nicht. Dementsprechend ist der Begriff „Kurort" nicht sehr geläufig.* **Health spas** *sind meist Privatunternehmen, die in großen Hotels, Landhäusern etc. verschiedene Formen von Gesundheitsurlaub und Heilbehandlungen anbieten.*

Kür free programme, (*AmE*) free program
Kuratorium board of trustees
Kurbel (*Autofenster, Rollladen etc.*) winder; (*Spielzeug, Grammophon*) handle; (*früher, für Autos*) crank (handle)
kurbeln wind* ◊ *die Autofenster nach unten/oben kurbeln* wind the car windows down/up
Kürbis pumpkin
Kurde, Kurdin Kurd
kurdisch Kurdish
Kur- Kurfürst(in) Elector **Kurgast** visitor to a health resort ☞ *Hinweis bei* KUR
Kurier(in) courier; (*Drogen- auch*) drug runner ◊ *Der Umschlag wurde von einem Kurier gebracht.* The envelope was delivered by courier. ☞ G 2.2d
Kurierdienst courier (service) ◊ *Das kam per Kurierdienst.* It was delivered by courier.
kurieren cure (*auch fig*) ◊ *Der Arzt hat sie von ihren Rückenschmerzen kuriert.* The doctor cured her backache. ◊ *Die Behandlung hat ihn von seiner Flugangst kuriert.* The treatment cured him of his fear of flying. ◊ *Ich bin kuriert! Nie wieder tu ich so was!* I've learnt my lesson! I'll never do that again!
Kur- Kurklinik ≈ clinic at a health spa **Kurkonzert** concert (at a health resort) **Kurort** health resort; (*mit Heilquellen*) spa (town) ☞ *Hinweis bei* KUR **Kurpackung** conditioning treatment
Kurs 1 course (*auch fig*) ◊ *ein 1 000 Meter langer Kurs* a 1 000 metre course ◊ *Ich habe mich zu einem Erste-Hilfe-Kurs angemeldet.* I've signed up for a first aid course. ◊ *Der Kurs dauert ein Jahr.* The course takes a year. ◊ *Das Flugzeug kam vom Kurs ab.* The aircraft went off course. ◊ *Die Partei änderte ihren Kurs.* The party changed course. ◊ *auf Kurs bleiben* remain on course ◊ *Sie nahmen Kurs auf Dover.* They headed for Dover. ◊ *Im Sinne von „Unterrichtstunde" übersetzt man „Kurs" mit* **class** *oder* **lesson**: *Gehen wir nach dem Kurs essen?* Shall we go and have a meal after our class? **2** *ein harter ~* a hard line ◊ *Sie werden einen härteren Kurs gegen Asylbewerber einschlagen.* They will take a harder line against asylum seekers. **3** (*Aktien-*) (share) price ◊ *Die Kurse sind gefallen.* Share prices fell. **4** (*Wechsel-*) (exchange) rate ◊ *der Kurs des Dollar* the dollar exchange rate IDM (*bei jdm*) *hoch im Kurs stehen* be very popular (with sb)
Kursänderung change of course ◊ *zu einer Kursänderung gezwungen werden* be forced to change course **Kursangebot** range of courses **Kursanstieg** rise **Kursbuch** (railway) timetable **Kursgebühr** course fee **Kursgewinn** increase in value ◊ *der Kursgewinn des Dollar* the increase in the value of the dollar
kursieren circulate, go* round ◊ *Es kursieren seit Tagen Gerüchte, dass er zurücktritt.* Rumours have been circulating for days that he is resigning ◊ *In der Schule kursierten Unterschriftslisten.* Petitions were circulating at school. ◊ *Im Büro kursieren die wildesten Gerüchte.* The wildest rumours are going round in the office.
kursiv italic ◊ *kursiv gesetzt* in italic type ◊ *die kursiv gedruckten Passagen* the passages in italics
Kursivschrift italics [Pl]
Kurs- Kursleiter(in) course tutor **Kursschwankung** (*Aktien*) price fluctuation; (*Devisen*) exchange rate fluctuation **Kursteilnehmer(in)** course participant ◊ *einer der Kursteilnehmer* one of the course participants ◊ *Die Kursteilnehmer sind fast alle Rentner.* The people on the course are nearly all pensioners. **Kursverlust** fall ◊ *Nach deutlichen Kursverlusten hat sich der Aktienmarkt wieder erholt.* The stock market recovered after a steep fall. ◊ *Händler befürchten weitere Kursverluste des Euro.* Dealers fear that the euro will fall further on the foreign exchange markets. **Kurswagen** through carriage, (*AmE*) through car **Kurswechsel** change of direction
Kurtaxe tourist tax
Kurve 1 curve; (*in einer Statistik auch*) graph line ◊ *die Kurve berechnen* calculate the curve ◊ *Im Winter steigt die Kurve an.* In winter there's a rise in the graph line. ◊ *Die Maschine flog eine Kurve nach rechts.* The plane banked to the right. **2** (*Straßen-*) bend ◊ *Die Straße macht hier eine scharfe Kurve.* There's a sharp bend in the road here. ◊ *Er ging zu schnell in die Kurve.* He took the corner too fast. IDM *die Kurve kratzen* make* a quick getaway *die Kurve kriegen* **1** (*schaffen*) manage to do it **2** (*dazu kommen*) get* round to it

kurven 1 (*umherfahren*) drive* round; (*mit dem Fahrrad*) ride* round ◊ *Die Kinder kurvten auf ihren Fahrrädern durch den Park.* The children were riding round the park on their bikes. 2 (*fliegen*) circle ◊ *Ein Hubschrauber kurvte die ganze Zeit über uns.* A helicopter was circling overhead the whole time. 3 **um die Ecke ~** take* the corner ◊ *Er kurvte mit einem Wahnsinnstempo um die Ecke.* He took the corner at a terrific speed.

kurvenreich winding, twisting ◊ *eine enge, kurvenreiche Straße* a narrow, winding road

kurz
- **räumlich 1** short ◊ *Sie hat kurze Haare.* She has short hair. ◊ *Die Hose ist zu kurz.* The trousers are too short. ◊ *Wir fuhren ein kurzes Stück auf der Autobahn.* We drove a short distance on the motorway. ◊ *Seine Haare sind sehr kurz geschnitten.* His hair is cut very short. ◊ *die Hose kürzer machen* shorten the trousers **2 ~ vor/hinter etc.** just before/after ◊ *kurz vor der Ampel* just before the traffic lights ◊ *Das Auto kam kurz vor mir zum Stehen.* The car stopped just in front of me.
- **zeitlich 3** (*Zeitraum*) short, brief (*Adv* briefly) ◊ *Der Urlaub war uns kurz.* The holiday was much too short. ◊ *ein kurzes Gespräch* a short chat ◊ *eine kurze Pause* a short break ◊ *Wir haben uns gestern kurz getroffen.* We met briefly yesterday. ◊ *Kurze Zeit später starb er.* He died soon afterwards. ◊ *Wir bleiben nur kurz.* We're not staying long. ◊ *Sie sah ihn kurz an.* She glanced at him. ◊ *Darf ich mal kurz nachsehen?* May I have a quick look? ◊ *Ich komme morgen kurz vorbei.* I'll pop in tomorrow. **4 ~ vor/nach etc.** shortly before/after ◊ *kurz nach Mitternacht* shortly after midnight ◊ *Er kam kurz vor sechs.* He arrived shortly before six. ◊ *kurz darauf* shortly afterwards ◊ *Wir stehen kurz vor einem Durchbruch.* We are on the verge of a breakthrough. **5** (*nicht ausführlich*) brief (*Adv* briefly) ◊ *Sie beschrieb in ein paar kurzen Worten die Lage.* She gave a brief description of the situation. ◊ *Fassen Sie sich kurz.* Please be brief. ◊ *Mach's kurz, ich habe nicht viel Zeit!* Be quick. I haven't much time! **6 vor kurzem** recently ◊ *bis vor kurzem* until recently **7 seit kurzem** for a short time; (*in letzter Zeit*) recently ◊ *Er wohnt erst seit kurzem in Frankfurt.* He's only been living in Frankfurt for a short time. ◊ *Seit kurzem ist das Parken dort sicherer geworden.* Recently parking there has been safer. ◊ *Seit kurzem existiert dort eine U-Bahn-Station.* An underground station opened there recently. ☛ *Hinweis bei* SEIT
- **IDM alles kurz und klein schlagen** smash things up ◊ *Die Einbrecher haben in der Wohnung alles kurz und klein geschlagen.* The burglars smashed up the flat. **den Kürzeren ziehen** come* off worse **kurz angebunden sein** be curt **kurz entschlossen** on the spur of the moment; (*ohne Zögern*) without a moment's hesitation ◊ *Kurz entschlossen rief sie ihn an.* She called him on the spur of the moment. ◊ *Kurz entschlossen trat er die Scheibe ein.* Without a moment's hesitation, he kicked in the window. **kürzer treten** (*finanziell*) cut* back; (*sich schonen*) take* things easy ◊ *Sie müssen kürzer treten.* They are having to cut back on their spending. ◊ *Er will aus gesundheitlichen Gründen etwas kürzer treten.* He wants to take things easy because of his health. **kurz gesagt** in a word ◊ *Er war, kurz gesagt, völlig unfähig.* He was, in a word, completely useless. **kurz und bündig** bluntly **kurz und gut** in short **kurz und schmerzlos** soon over and done with **über kurz oder lang** sooner or later **zu kurz kommen** lose* out ◊ *Das jüngste Kind kommt oft zu kurz.* The youngest child often loses out. ◊ *Die Freizeit darf nicht zu kurz kommen.* There must be enough leisure time. ☛ *Siehe auch* LEINE *und* SICHT

Kurz- **Kurzarbeit** short time ◊ *Kurzarbeit machen* be on short time ◊ *Sie wurden auf Kurzarbeit gesetzt.* They were put on short time. **kurzarbeiten** be on short time **Kurzarbeiter(in)** employee on short time

kurzärmelig short-sleeved

kurzatmig 1 short of breath (*nicht vor Nomen*) ◊ *ein kurzatmiger dicker Mann* a fat man, short of breath ◊ *Er ist kurzatmig.* He gets breathless easily. **2** (*fig*) (*kurzsichtig*) short-sighted

Kürze shortness ◊ *die Kürze der Schnur* the shortness of the rope ◊ *In der Kürze der Zeit konnte sie kein Visum bekommen.* She couldn't get a visa at such short notice.

IDM in aller Kürze very briefly **in der Kürze liegt die Würze** brevity is the soul of wit **in Kürze** shortly

Kürzel 1 (*Initialen*) initials [Pl]; (*Buchstabenwort*) acronym **2** (*in der Stenografie*) (shorthand) sign

kürzen 1 shorten; (*Rock, Kleid auch*) take* up **2** (*Aufsatz, Brief etc.*) cut*; (*Buch*) abridge ◊ *Sie musste den Artikel um ein Drittel kürzen.* She had to cut the article by a third. ◊ *eine gekürzte Fassung* an abridged version **3** (*reduzieren*) cut* ◊ *Noch mehr Stellen müssen gekürzt werden.* Even more jobs will have to be cut. ◊ *Sie hat ihm das Taschengeld gekürzt.* She cut his pocket money. ◊ *Auch im Kulturetat wird gekürzt.* There'll be cuts in the arts budget as well. **4** (MATH) reduce

kurzerhand without further ado; (*auf der Stelle*) on the spot

Kurz- **Kurzfassung** abridged version; (*Zusammenfassung*) summary* **Kurzform** short form ◊ *Mia ist eine Kurzform von Maria.* Mia is short for Maria. **kurzfristig 1** *Adj* last-minute ◊ *kurzfristige Stornierungen* last-minute cancellations ◊ *eine kurzfristige Ankündigung* a sudden announcement **2** *Adv* at short notice ◊ *kurzfristig absagen* cancel at short notice **3** *Adj* (*kurze Zeit gültig*) short-term **4** *Adj* (*sofortig*) immediate (*Adv* immediately) **Kurzgeschichte** short story* **kurzhaarig** short-haired **Kurzinfo, Kurzinformation** brief information [U] **kurzlebig 1** short-lived, ephemeral (*gehoben*) ◊ *kurzlebige Elementarteilchen* short-lived elementary particles ◊ *kurzlebige Zeitschriften* ephemeral publications **2** (*Konsumgüter*) with a short shelf life (*nicht vor Nomen*)

kürzlich recently ◊ *erst kürzlich* just recently ◊ *Ich habe ihn kürzlich getroffen.* I met him the other day.

Kurz- **Kurznachrichten** news summary* ◊ *Jede Stunde bringen wir fünfminütige Kurznachrichten.* There is a five-minute news summary every hour. **kurzschließen 1** short-circuit; (*Auto*) hot-wire (*umgs*), (*AmE auch*) jump **2 sich** (**mit jdm**) **~** be in touch (with sb) **Kurzschluss** short circuit **Kurzschlusshandlung** panic reaction **kurzsichtig 1** short-sighted (*Adv* short-sightedly), (*AmE*) near-sighted (*Adv* near-sightedly) ◊ *stark kurzsichtig sein* be very short-sighted **2** (*unüberlegt*) short-sighted (*Adv* short-sightedly) ◊ *Sie haben zu kurzsichtig geplant.* Their planning was too short-sighted. **Kurzstrecke 1** short journey ◊ *günstige Tarife für Kurzstrecken* cheap fares for short journeys ◊ *auf Kurzstrecken verkehrende Flugzeuge* short-haul aircraft **2** (SPORT) sprint ◊ *eine Kurzstrecke von 1 000 Meter* a 1 000 metres sprint

Kürzung cut; (*das Kürzen*) cutting ◊ *eine Kürzung der Finanzmittel* a cut in funding ◊ *die Kürzung von Sozialhilfe* cutting social security benefits ◊ *Die Redaktion behält sich das Recht auf Kürzungen vor.* The editor reserves the right to make cuts.

Kurz- **Kurzurlaub** short break **kurzweilig** entertaining, amusing **Kurzwelle** short wave ◊ *auf der Kurzwelle* on short wave ◊ *per Kurzwelle übertragen* transmit on short wave **Kurzzeitgedächtnis** short-term memory **kurzzeitig** brief (*Adv* briefly) ◊ *kurzzeitige Gefechte* brief clashes ◊ *Die Produktion wurde kurzzeitig eingestellt.* Production was stopped briefly. ◊ *kurzzeitige Arbeitslosigkeit* short-term unemployment ◊ *kurzzeitige Engpässe* temporary shortages

kuschelig soft; (*Fell, Stoff*) cuddly ◊ *mein warmes, kuscheliges Bett* my soft warm bed

kuscheln 1 cuddle up (*meist passiv*) ◊ *Sie kuscheln noch im Bett.* They are still cuddled up in bed. **2 sich aneinander ~** snuggle (up) together; **sich an jdn/etw ~** snuggle against sb/up to sth; **sich in etw ~** snuggle (down) into sth ◊ *Sie kuschelte sich in ihre warme Wolldecke.* She snuggled down into the warm blanket.

kuschen 1 (**sich**) **~** (*Hund*) ◊ *Kusch dich!* Down! **2** (**vor jdm**) **~** kowtow (to sb)

Kusine cousin ☛ *Beispiele bei* COUSIN, S.875

Kuss kiss; (*flüchtig auch*) peck ◊ *zwei Küsse auf die Wangen* a kiss on both cheeks

Küsschen (little) kiss ◊ *jdm ein Küsschen zuwerfen* blow sb a kiss

küssen kiss; **sich ~** kiss (each other) ◊ *Er küsste sie.* He kissed her. ◊ *sich zum Abschied küssen* kiss goodbye ◊ *Er küsste sie flüchtig auf die Wange.* He gave her a peck on the cheek.

Ladenschluss

Küste coast; (*Küstenlandschaft*) coastline ◊ *die südliche Küste Englands* the south coast of England ◊ *an der Küste gelegen* on the coast ◊ *vor der Küste anlegen* anchor off the coast ◊ *vor Neufundlands Küste* off the coast of Newfoundland ◊ *die pazifische Küste der USA* America's Pacific Coast ◊ *eine steile Küste* a craggy coastline ◊ *eine lange Küste* a long stretch of coastline
Küstenregion coastal area **Küstenstreifen** coastal strip **Küstenwache** coastguard
Kutsche coach; (*kleiner, oft offen*) carriage ◊ *in einer Kutsche fahren* have a ride in an (open) carriage
Kutscher(in) driver; (*Mann auch*) coachman* ☛ G 2.2d
kutschieren drive* ◊ *mit einem alten Bus durch die USA kutschieren* drive round the USA in an old bus ◊ *jdn durch die Gegend kutschieren* drive sb around
Kutte (*Mönchs-*) habit
Kutter fishing boat; (*Beiboot*) cutter
Kuvert envelope
Kuvertüre chocolate coating
KZ concentration camp
KZ-Gedenkstätte concentration camp memorial **KZ-Häftling** concentration camp inmate

L, l L, l ☛ *Beispiele bei* A, a, S. 773.
labern prattle on
labil 1 unstable ◊ *psychisch labil* mentally unstable ◊ *eine labile politische Situation* an unstable political situation **2** (*anfällig*) delicate ◊ *ihre labile Gesundheit* her delicate health ◊ *Patienten mit labilem Kreislauf* patients with circulation problems
Labor laboratory*, lab (*umgs*)
Laborant(in) laboratory technician ☛ G 2.2d
Labrador Labrador
Labyrinth labyrinth (*auch fig*); (*Gartenanlage*) maze (*auch fig*) ◊ *das Labyrinth der Altstadtgassen* the maze of narrow streets in the old town
Lachanfall fit of laughter ◊ *einen Lachanfall haben/bekommen* be in/go into fits of laughter
Lache¹ laugh ◊ *Er hat eine unheimlich dreckige Lache.* He's got a really dirty laugh.
Lache² (*Pfütze*) puddle; (*Blut-, Öl-*) pool
lächeln (**über etw**) ~ smile (at sth) ◊ *hämisch lächeln* smile maliciously ◊ *Sie sah mich lächelnd an.* She smiled at me. ◊ *müde lächeln* give a weary smile ◊ *„Ja", antwortete er lächelnd.* 'Yes', he said with a smile. ◊ *über etw höhnisch lächeln* sneer at sth
Lächeln smile IDM *ein müdes Lächeln hervorrufen* draw* a weary smile
lachen 1 (**über jdn/etw**) ~ laugh (at sb/sth) ◊ *Alle lachten über ihn.* They all laughed at him. ◊ *vor Lachen weinen laugh till you cry* ◊ *Sie konnte sich vor Lachen nicht mehr halten.* She couldn't stop laughing. ◊ *Ihnen war absolut nicht zum Lachen zumute.* They didn't feel at all like laughing. ◊ *jdn zum Lachen bringen* make sb laugh ◊ *Das ist ja zum Lachen!* Don't make me laugh! ◊ *richtig zum Lachen sein* be really funny ◊ *Was gibt es da zu lachen?* What's so funny? ◊ *Darüber kann ich überhaupt nicht lachen!* I don't find that at all funny! ◊ *Krise? Da kann man nur lachen!* Crisis? What a joke! ◊ *Über sein Verhalten kann man doch nur lachen.* His behaviour is absurd. **2 die Sonne/der Himmel lacht** the sun is shining **3** *etw lacht jdm* sth smiles on sb IDM **es wäre ja gelacht, wenn ...** it would be absurd if ... ◊ *Es wäre doch gelacht, wenn du die Fahrprüfung nicht bestehst.* Don't be absurd, of course you'll pass your driving test. **gut/leicht lachen haben** it's easy for sb to laugh; it's all very well for sb to laugh **nichts zu lachen haben** have a hard time of it **wer zuletzt lacht, lacht am besten** He who laughs last laughs longest. ☛ *Siehe auch* AUSSCHÜTTEN, HERAUSKOMMEN, HUHN, SCHECKIG *und* TRÄNE
Lachen laugh; (*Gelächter*) laughter ◊ *ein ansteckendes Lachen* an infectious laugh ◊ *Lachen und Weinen* laughter and tears ◊ *Ich konnte mir ein Lachen einfach nicht verkneifen.* I burst out laughing. IDM **jdm wird das Lachen (noch) vergehen** sb will be laughing on the other side of their face
Lacher laugh ◊ *Sie ernteten nur vereinzelte Lacher.* They only got the occasional laugh. ◊ *Sie holten die meisten Lacher.* They got the most laughs.
lächerlich 1 ridiculous ◊ *sich lächerlich vorkommen* feel ridiculous ◊ *sich lächerlich machen* make a fool of yourself ◊ *Er hat mich vor meinen Freunden lächerlich gemacht.* He made me look a fool in front of my friends. **2** (*gering*) ridiculously small ◊ *ein absolut lächerlicher Betrag* a ridiculously small sum ◊ *Sie verdienen lächerlich wenig.* They earn ridiculously low wages. ◊ *Er bekommt ein lächerliches Gehalt.* He gets a pathetic salary. ◊ *Der Flug hat nur lächerliche hundert Dollar gekostet.* The flight cost a mere hundred dollars. IDM **etw ins Lächerliche ziehen** turn sth into a joke
lachhaft laughable, pathetic ◊ *Einfach lachhaft!* It's laughable! ◊ *lachhafte Ausreden* pathetic excuses
Lachkrampf *einen ~ bekommen* collapse into fits of laughter
Lachs salmon
lachsfarben salmon pink
Lack (*Klar-*) varnish; (*Auto-, Farbe*) paint; (*für Lackarbeiten*) lacquer ◊ *farbloser Lack* clear varnish ◊ *Von den Fensterrahmen blättert schon der Lack ab.* The paint is already peeling off the window frames. ◊ *Lack auf etw auftragen* apply varnish to sth
Lackarbeiten lacquerware [U] **Lackfarbe** gloss paint
lackieren varnish; (*Auto*) spray ◊ *sich die Nägel lackieren* varnish your nails
Lack- Lackleder patent leather **Lackschaden** damage to the paintwork [U] ◊ *ein kleiner Lackschaden* a little bit of damage to the paintwork **Lackschuhe** patent leather shoes [Pl]
Lade- Ladefläche load area **Ladegerät** battery charger
Ladehemmung ~ *haben* (*Gewehr, Gerät*) be jammed; (*Mensch*) have a mental block
laden 1 load ◊ *Die Pkws wurden auf die Waggons geladen.* The cars were loaded onto the wagons. ◊ *Der Lkw wurde geladen.* The lorry was loaded. ◊ *Der Lkw hatte Lebensmittel geladen.* The lorry was loaded with food. ◊ *die Software laden* load the software ◊ *Es dauert zehn Minuten, bis das Programm geladen ist.* The program takes ten minutes to load. ◊ *das Gewehr laden* load the gun **2** *etw aus etw ~* unload sth from sth ◊ *die Möbel aus dem Umzugswagen laden* unload the furniture from the removal van **3** (*Gerät, Akku etc.*) charge **4** *jdn ~* (*vor Gericht*) summon sb ◊ *als Zeuge vor Gericht geladen sein* be summoned before the court as a witness ◊ *jdn zu einer Verhandlung laden* summon sb to a hearing ☛ *Siehe auch* GELADEN
Laden 1 shop, (*AmE*) store ◊ *Wann schließen die Läden?* When do the shops shut? ◊ *in den Laden gehen* go into the shop **2** ⇨ FENSTERLADEN IDM **den Laden schmeißen** be running things ◊ *Wer schmeißt hier den Laden?* Who's running things here? **der Laden läuft** business is good; (*alles läuft glatt*) things are running smoothly
Ladenbesitzer(in) shopkeeper, (*AmE*) storekeeper ☛ G 2.2d **Ladendieb(in)** shoplifter **Ladendiebstahl** shoplifting ◊ *jdn beim Ladendiebstahl erwischen* catch sb shoplifting **Ladenhüter** article that does not sell, article that is difficult to shift **Ladenöffnungszeiten** shop opening hours [Pl] ◊ *längere Ladenöffnungszeiten* extended shop opening hours **Ladenschluss** ◊ *Wann ist Ladenschluss?*

Ladenschlussgesetz

When do the shops shut? **Ladenschlussgesetz** law on shop opening hours
Ladung 1 load; (*bei Schiffen, Flugzeugen*) cargo* ◊ *eine Ladung Holz* a load of wood ◊ *Ich bekam eine Ladung Schnee ins Gesicht.* I got a whole load of snow in my face. **2** (*Dynamit, Strom etc.*) charge ◊ *eine elektrische Ladung* an electrical charge
Lage 1 position; (*geographisch*) location ◊ *die Lage des Babys in der Gebärmutter* the position of the baby in the uterus ◊ *in zentraler/ruhiger Lage* in a central/quiet location ◊ *in einer günstigen Lage* conveniently situated **2** (*Situation*) situation; (*Zustand*) state ◊ *Wir befinden uns in einer schwierigen Lage.* We are in a difficult situation. ◊ *die kritische Lage der Wirtschaft* the critical state of the economy ◊ *Versetz dich doch mal in ihre Lage!* Put yourself in her place. **3** (*Schicht*) layer ◊ *eine Lage Papier* a layer of paper IDM (**nicht**) **in der Lage sein etw zu tun** (not) be in a position to do sth; (*körperlich*) (not) be able to do sth ◊ *Er war nicht in der Lage mir zu helfen.* He was not in a position to help me. ◊ *Ich war lange nicht in der Lage Sport zu treiben.* For a long time I was not able to do any sport. ☞ *Siehe auch* HERR *und* HERRIN
Lageplan ground plan
Lager 1 (*Behausung, Personengruppe*) camp ◊ *Die Truppen schlugen ihr Lager auf.* The troops set up camp for the night. ◊ *Widerspruch aus dem eigenen Lager* opposition from within your own camp **2** (*Waren-*) warehouse; (*in einem Geschäft*) stockroom IDM **etw auf Lager haben 1** (*vorrätig haben*) have sth in stock **2** (*Trick, Witz etc.*) be ready with sth
Lagerarbeiter(in) warehouse worker ☞ G 2.2d **Lagerbestände** stock [U] **Lagerfeuer** camp fire ◊ *am Lagerfeuer sitzen* sit around the camp fire **Lagerhalle** warehouse
lagern 1 be stored ◊ *Dort lagert Atommüll.* Nuclear waste is stored there. **2** *etw ~* store sth ◊ *den Wein im Keller lagern* store the wine in the cellar ◊ *trocken lagern* store in a dry place
Lager- Lagerplatz 1 (*zum Übernachten etc.*) place to camp **2** (*zur Aufbewahrung*) storage place **Lagerraum** (*ein Raum*) store room; (*Platz*) storage space
Lagerung storage ◊ *die Lagerung von Atommüll* the storage of nuclear waste ◊ *bei richtiger Lagerung* if stored correctly
Lagune lagoon
lahm 1 ◊ *ein lahmes Bein haben* be lame in one leg **2** (*kraftlos*) weak ◊ *Meine Beine waren ganz lahm.* My legs were really weak. ◊ *eine lahme Ausrede* a feeble excuse **3** (*langweilig*) dull, boring; (*ohne Schwung*) sluggish ◊ *Mensch, seid ihr lahm!* You're so boring! ◊ *die lahme Konjunktur* the sluggish economy ◊ *Sie haben ganz schön lahm gespielt.* They put no effort into the game at all. IDM **etw lahm legen** bring* sth to a standstill ☞ *Siehe auch* ENTE
lahmen be/go* lame ◊ *Kurz vor dem Rennen lahmte das Pferd.* The horse went lame just before the race.
lähmen paralyse, (*AmE*) paralyze (*auch fig*) ◊ *rechtsseitig gelähmt* paralysed on the right side ◊ *Sein rechtes Bein ist gelähmt.* His right leg is paralysed. ◊ *auf beiden Beinen gelähmt.* He was paralysed in both legs. ◊ *Sie war vor Angst wie gelähmt.* She was paralysed by fear.
Lähmung paralysis (*auch fig*) ◊ *eine halbseitige Lähmung* paralysis on one side
Laich spawn
laichen spawn
Laie layman*, layperson*; (*nicht professionell*) amateur ◊ *Ein Laie kann das nicht verstehen.* A layman cannot understand it. ◊ *Ich bin ein vollkommener Laie auf diesem Gebiet.* I know nothing at all about this field. ◊ *ein medizinischer Laie* a person who is not a medical expert
laienhaft amateurish (*Adv* amateurishly) ◊ *laienhaft repariert* amateurishly repaired
Laienschauspieler(in) amateur actor/actress ☞ G 2.2d
Lake brine [U]
Laken sheet
lakonisch laconic (*Adv* laconically)
Lakritze liquorice
lallen babble; (*Betrunkene*) mumble
Lama (*Tier*) llama
lamentieren (**über etw**) *~* complain (about sth)

Lametta (*Christbaumschmuck*) ≈ tinsel
Lamm (*Tier, Fleisch*) lamb
Lammbraten roast lamb
Lampe light; (*Stehlampe etc.*) lamp
Lampenfieber stage fright **Lampenschirm** lampshade
Lampion (Chinese) lantern
Land 1 land ◊ *Tiere, die auf dem Land leben* animals that live on land ◊ *fruchtbares Land* fertile land ◊ *wieder Land unter den Füßen haben* be back on dry land ◊ *an Land gehen* go ashore ◊ *Es wurden tote Vögel an Land geschwemmt.* Dead birds were washed ashore. **2** (*Staat*) country* ◊ *europäische Länder* European countries ◊ *Filialen im ganzen Land* branches across/throughout the country ◊ *das Land der unbegrenzten Möglichkeiten* the land of opportunity ◊ *das Land der Inkas* the land of the Incas ☞ *Das englische Wort* **land** *wird eher im formellen oder literarischen Kontext verwendet: explorers who set out to conquer new lands.* **3** (*Bundesland*) (federal) state, Land; (*in Österreich*) province ◊ *das Land Niedersachsen* the state of Lower Saxony ◊ *Bund und Länder* the Federal Government and the individual states ◊ *die neuen Länder* the fomer East German states **4** (*ländliche Gegend*) **das** *~* the country ◊ *auf dem Land* in the country ◊ *aufs Land ziehen* move to the country ☞ *Wenn die Gefahr besteht, dass man* **country** *mit dem Staatsgebiet verwechseln könnte, verwendet man das Wort* **countryside**: *poverty in the countryside. Sonst bedeutet* **countryside** *„Landschaft".* IDM **etw an Land ziehen** land sth **andere Länder, andere Sitten** people do things differently in different places **aus aller Herren Länder(n)** from all over the world **hier zu Lande** here ☞ *Siehe auch* STADT
Landarbeiter(in) agricultural worker ☞ G 2.2d **Landbevölkerung** rural population
Lande- Landeanflug approach ◊ *beim Landeanflug auf Wien* on the approach to Vienna **Landebahn** runway
landeinwärts inland
landen 1 land ◊ *Wir landen in 20 Minuten.* We're due to land in 20 minutes. ◊ *Er fiel und landete auf dem Rücken.* He fell and landed on his back. ◊ *Er landete das Flugzeug.* He landed the aircraft. ◊ *einen Volltreffer landen* land a bull's eye ◊ *Der Boxer landete einige Treffer.* The boxer landed a few good punches. ◊ *einen Hit landen* land a hit record ◊ *Er konnte bei ihr nicht landen.* He wasn't getting anywhere with her. **2** (*gelangen*) end up (*umgs*) ◊ *Wo bin ich denn hier gelandet?* Where have I ended up now! ◊ *Das neue Spielzeug landete im Mülleimer.* The new toy ended up in the rubbish bin.
Landenge isthmus
Ländereien estates [Pl]
Länderspiel international (match)
Landes- national; (*von einem Bundesland*) regional, state; (*in Österreich*) provincial
Landeshauptmann (provincial) governor **Landeshauptstadt** state capital; (*in Österreich*) provincial capital
Landesinnere interior ◊ *in weiten Teilen des Landesinneren* in large areas of the interior ◊ *Die Armee drang weiter ins Landesinnere vor.* The army pushed further inland. ◊ *im italienischen Landesinneren* in inland Italy **Landeskunde** cultural studies ☞ G 1.3c **Landesmeisterschaft** (*regional*) regional championships [Pl]; (*national*) national championships [Pl] **Landesregierung** state government; (*in Österreich*) provincial government ◊ *die hessische Landesregierung* the government of Hesse
Landesteg landing stage
landes- landesüblich local ◊ *ein landesüblicher Brauch* a local custom ◊ *landesübliche Bezeichnungen* local names ◊ *in landesüblicher Tracht* wearing traditional local costume **landesweit** nationwide, national (*Adv* nationally); (*im Bundesland*) across the whole Land (*nicht vor Nomen*) ◊ *Der Täter wird landesweit gesucht.* There is a nationwide search for the culprit. ◊ *landesweite Protestaktionen in Hessen* protests across the whole of Hesse **Landeszentralbank** State Central Bank
Land- Landfriedensbruch breach of the peace **Landgericht** district court ◊ *das Landgericht Würzburg* the Würzburg district court **Landhaus** country house **Landkarte** map ◊ *etw auf der Landkarte suchen* look sth up on the map **Landkreis** district **Landleben** country life
ländlich rural ◊ *ländliche Gebiete* rural areas ◊ *ländlich strukturierte Gemeinden* rural communities

Land- Landrat (*in der Schweiz*) cantonal parliament
Landrat, -rätin 1 = chief administrative officer (of a district) **2** (*in der Schweiz*) member of a cantonal parliament
Landschaft landscape; (*schöner Anblick*) scenery; (*ländliche Gegend*) countryside ◊ *eine hügelige/karge Landschaft* a hilly/barren landscape ◊ *die politische Landschaft* the political landscape ◊ *Wales ist wegen seiner schönen Landschaft berühmt.* Wales is famous for its beautiful scenery. ◊ *Manche Leute kippen ihren Müll in die freie Landschaft.* Some people dump their rubbish in the open countryside.

> **Landscape** bezieht sich auf alles, was man sehen kann, wenn man auf eine Gegend blickt, sei diese auf dem Land oder in der Stadt. Von **scenery** spricht man, wenn es darum geht, dass die Landschaft einen schönen Anblick bietet. Das Wort **countryside** bezieht sich auf Gegenden, die fern von der Stadt liegen, und betont die Natürlichkeit der Landschaft.

landschaftlich 1 ◊ *landschaftliche Besonderheiten* natural features ◊ *eine landschaftlich besonders schöne Gegend* an area of outstanding natural beauty ◊ *die landschaftliche Schönheit Kents* the beautiful scenery of Kent ◊ *eine landschaftlich reizvolle Strecke* a scenic stretch of road ◊ *landschaftliche Folgen* environmental consequences **2** (*charakteristisch für ein Gebiet*) local, regional ◊ *Seine Aussprache ist landschaftlich gefärbt.* He has a slight local accent.
Landschafts- Landschaftspflege conservation **Landschaftsschutzgebiet** conservation area
Landsitz country seat
Lands- Landsleute fellow countrymen (and -women) [Pl], compatriots [Pl] (*gehoben*) **Landsmann, -männin** fellow countryman*/woman*, compatriot (*gehoben*)
Land- Landstraße (country) road **Landstreicher(in)** tramp **Landtag 1** state parliament **2** (*Gebäude*) state parliament building **Landtagsabgeordnete(r)** member of the state parliament ☛ G 2.2d **Landtagswahl** regional elections [Pl]
Landung landing ◊ *eine weiche/sichere Landung* a smooth/safe landing ◊ *zur Landung ansetzen* come in to land
Landwirt(in) farmer ☛ G 2.2d
Landwirtschaft 1 (*Ackerbau, Viehzucht etc.*) farming ◊ *Der Staat subventioniert die Landwirtschaft.* The state subsidizes farming. **2** (*Betrieb*) farm
landwirtschaftlich agricultural ◊ *landwirtschaftliche Gebäude/Geräte* agricultural buildings/implements ◊ *ein landwirtschaftlicher Betrieb* a farm ◊ *landwirtschaftlich genutzte Flächen* farmland
Landwirtschafts- Landwirtschaftsminister(in) agriculture minister **Landwirtschaftsministerium** ministry of agriculture
lang 1 long ◊ *ein fünf Meter langer Zaun* a five-metre-long fence ◊ *eine lange Freiheitsstrafe* a long prison sentence ◊ *Ich habe lange Zeit nichts mehr von ihr gehört.* I haven't heard from her for a long time. ◊ *ihr lang gehegter Wunsch* her long-held ambition ◊ *nach langer Fahrt* after a long journey ◊ *eine lang gezogene Kurve* a long sweeping curve ◊ *Sie sollten eine längere Strafe bekommen.* They should get a longer sentence. **2** (*mit Zeitspannen*) ◊ *Drei Tage lang hatte er nichts gegessen.* He hadn't eaten anything for three days. ◊ *mein ganzes Leben lang* all my life IDM **lang und breit** at great length ◊ *seit langem* for a long time ☛ *Siehe auch* KURZ, LAUFEN, REDE *und* SICHT
langärmelig long-sleeved **langatmig** long-winded
lange 1 long, (for) a long time ◊ *Wie lange dauert der Film?* How long is the film? ◊ *Das dürfte nicht lange dauern.* It shouldn't take long. ◊ *Ich hoffe, es dauert nicht mehr lange.* I hope it doesn't take much longer. ◊ *Es hat länger gedauert, als ich dachte.* It took longer than I thought. ◊ *Sie werden nicht lange wegbleiben.* They won't be gone for long. ◊ *Das ist schon lange her.* That was a long time ago. ◊ *Ich habe ihn lange nicht mehr gesehen.* I haven't seen him for a long time. ◊ *Er ließ sich nicht lange bitten.* He didn't wait to be asked twice.

> (**For**) **long** und (**for**) **a long time** werden beide gebraucht, um eine Zeitdauer auszudrücken. **A long time** wird normalerweise in bejahenden Sätzen gebraucht: *They stayed for a long time.* **Long** wird in bejahenden Sätzen nur mit einem anderen Adverb gebraucht, wie z.B. **too**, **enough**, **ago** etc.: *We lived here long ago.* ◊ *I've put up with this noise long enough.* Beide können in Fragen gebraucht werden: *Were you away long/a long time?* In verneinten Sätzen haben **long** und **a long time** manchmal eine unterschiedliche Bedeutung: *They didn't speak to each other for long.* Sie haben nicht lange miteinander gesprochen. ◊ *They didn't speak to each other for a long time.* Sie haben lange nicht miteinander gesprochen.

2 noch ~ nicht not … (yet) by any means, nowhere near; **~ nicht** not … anywhere near ◊ *Du hast noch lange nicht alles gehört!* You haven't heard the whole story yet by any means! ◊ *Das Spiel ist noch lange nicht zu Ende.* The game is nowhere near over. ◊ *Obst schmeckt lange nicht so gut wie Schokolade.* Fruit doesn't taste anywhere near as good as chocolate.
Länge 1 length ◊ *Das Rohr hatte eine Länge von einem Meter.* The pipe was one metre in length. ◊ *Auf einer Länge von 50 Metern hatte man eine Mauer errichtet.* A wall fifty metres in length had been erected. ◊ *Er gewann mit einer halben Länge Vorsprung.* He won by half a length. ◊ *Kannst du die Tischplatte der Länge nach durchsägen?* Can you saw through the table top lengthways? ◊ *Die Länge des Seils beträgt einen Meter.* The rope is one metre long. ◊ *eine Strecke von 50 km Länge* a 50-km-long stretch ◊ *Sie fiel der Länge nach hin.* She fell flat on her face. **2** ◊ *Der Film hatte Längen.* The film dragged in places. IDM **um Längen** by a long way ◊ *um Längen verlieren/besser sein* lose/be better by a long way ◊ *Sie war ihm um Längen voraus.* She was far better than him. ◊ *Der Vorjahressieger wurde diesmal um Längen geschlagen.* Last year's winner was easily beaten this time. **etw in die Länge ziehen** drag* sth out ◊ *Er hatte die Ermittlungen unnötig in die Länge gezogen.* He had dragged out the investigations unnecessarily. **sich in die Länge ziehen** drag* on ◊ *Die Bauarbeiten zogen sich in die Länge.* The building work was dragging on.
langen 1 (*greifen*) reach ◊ *Sie langte in ihre Tasche.* She reached into her bag. ◊ *Er langte nach einem Keks.* He reached for a biscuit. **2** (*genügen*) be enough ◊ *Zum Sieg langte es nicht.* It wasn't enough to win. ◊ *Mir langt das Geld zum Leben.* I've got enough money to live on. ◊ *Das Benzin langt noch bis zum Flughafen.* There's enough petrol to get us to the airport. IDM **jdm eine langen** clout sb (*umgs*) **es langt (jdm)** ◊ *Mir langt es!* I've had enough! ◊ *Jetzt langt's aber!* That's enough, now!
Längen- Längengrad degree of longitude ◊ *entlang des 114. Längengrades* at a longitude of 114 degrees **Längenmaß** measure of length
länger 1 ⇨ LANG **2** *Adj* longish ◊ *ein längerer Spaziergang* a longish walk ◊ *eine längere Abwesenheit* a lengthy absence ◊ *eine längere Debatte* quite a long debate ◊ *Sie waren einen längeren Weg gegangen.* They had walked for quite a long way. ◊ *Ich habe längere Zeit nichts von ihr gehört.* I haven't heard from her for quite a while. ◊ *auf längere Sicht* in the longer term **3** *Adv* quite a while ◊ *Es kann länger dauern.* It could take quite a while.
längerfristig 1 *Adj* long-term ◊ *längerfristige Perspektiven* long-term prospects **2** *Adv* in the longer term ◊ *Längerfristig muss sich das neue Konzept erst bewähren.* The new plan will first have to prove itself in the longer term.
Langeweile boredom ◊ *Ich sterbe vor Langeweile.* I'm dying of boredom.
lang- langfristig 1 *Adj* long-term ◊ *eine langfristige Kapitalanlage* a long-term capital investment ◊ *langfristige Projekte* long-term projects **2** *Adv* in the long term ◊ *Langfristig gesehen ist Miete doch teurer als Eigentum.* In the long term, renting is more expensive than ownership. ◊ *langfristig planen* plan for the longer term ◊ *Ich kann mich langfristig noch nicht festlegen.* I can't yet make a long-term commitment. **langhaarig** long-haired, with long hair (*nicht vor Nomen*) ◊ *eine langhaarige Hunderasse* a long-haired breed of dog ◊ *Sie ist langhaarig.* She has long hair. ◊ *der/die Langhaarige* the man/woman with long hair **langjährig** ◊ *eine langjährige Haftstrafe* a long prison sentence ◊ *eine langjährige Freundschaft* a long-standing friendship ◊ *ihr langjähriger Lebensgefährte* her long-term partner ◊ *ein langjähriger Mitarbeiter* a long-serving member of staff ◊ *langjährige Auseinandersetzun-*

Langlauf 1074

gen mit den Behörden years of discussions with the authorities ◇ *langjährige Drogenabhängige* drug addicts for many years ◇ *Ich habe langjährige Erfahrung auf diesem Gebiet.* I have many years' experience in this field. **Langlauf** cross-country skiing **Langläufer(in)** cross-country skier
langlebig ◇ *Diese Motoren sind relativ langlebig.* These engines last for a relatively long time. ◇ *langlebige Konsumgüter* consumer durables
länglich long (and) narrow ◇ *ein längliches Gesicht* a long narrow face
längs 1 lengthways ◇ *Sollen wir den Tisch längs stellen?* Should we put the table lengthways? ◇ *längs gestreift sein* have vertical stripes **2** *(entlang)* alongside ◇ *längs der Hauptstraße* alongside the main road
langsam 1 slow *(Adv* slowly) ◇ *Er ist ein wenig langsam.* He's a bit slow on the uptake. ◇ *Du musst langsamer sprechen!* You must speak more slowly! **2** *(allmählich)* gradually ◇ *Langsam verblasst die Farbe.* The colour gradually fades. ◇ *Er erholte sich langsam wieder.* He made a gradual recovery. ◇ *Langsam wurde sie ungeduldig.* She was starting to get impatient. ◇ *Es wird langsam Zeit zu gehen.* We must be thinking of going. IDM **langsam, aber sicher** slowly but surely
Langsamkeit ◇ *die Langsamkeit der Justiz* the slow progress of justice ◇ *Sie bewegte sich mit großer Langsamkeit.* She was moving very slowly.
Langschläfer(in) late riser
Längsschnitt 1 *(Darstellung)* longitudinal section **2** *(Schnitt)* longitudinal incision
längst 1 *(vor langer Zeit)* long ago, ages ago *(umgs)* ◇ *Ich habe längst aufgegeben.* I gave up long ago. ◇ *Der Film hat längst begonnen.* The film started ages ago. **2** *(seit langem)* for ages, long ◇ *Das ist längst kein Geheimnis mehr!* That's been common knowledge for ages! ◇ *Das war längst überfällig.* That was long overdue. ◇ *Das ist längst vorbei!* That's ancient history! **3 längst nicht** by no means ◇ *Das ist noch längst nicht entschieden!* That has by no means been decided! ◇ *Es ist längst nicht so schlimm, wie ich vermutet hatte.* It's nowhere near as bad as I had thought.
längstens at (the) most ◇ *Dafür wird er längstens drei Jahre Haft bekommen.* He'll get three years at the most for that.
Langstrecken- Langstreckenflug long-distance flight **Langstreckenläufer(in)** long-distance runner **Langstreckenrakete** long-range missile
langweilen 1 jdn (mit etw) ~ bore sb (with sth) ◇ *Er hat uns mit seinen Ferienfotos gelangweilt.* He bored us with his holiday snaps. ◇ *gelangweilte Gesichter* bored faces ◇ *Er steht gelangweilt da.* He stands there looking bored. ◇ *Computerspiele langweilen mich.* I find computer games boring. **2 sich** ~ be/get* bored ◇ *Ich langweile mich.* I'm bored. ◇ *sich zu Tode langweilen* be bored stiff ◇ *Ich langweile mich schnell.* I get bored easily. ◇ *Beim Fernsehen langweile ich mich.* I get bored watching television.
langweilig boring; **es ist jdm** ~ **sb** is bored ◇ *eine langweilige Vorlesung* a boring lecture ◇ *Wenn euch langweilig ist, könnt ihr gehen.* If you're bored, you can go. ◇ *Es wird dir schnell langweilig werden.* You'll soon get bored. ◇ *Jugendclubs sind ihnen zu langweilig.* They find youth clubs boring. ◇ *Sie ist schrecklich langweilig gekleidet.* She wears terribly boring clothes.
langwierig long-drawn-out ◇ *langwierige Verhandlungen* long-drawn-out negotiations ◇ *Der Prozess war eine langwierige Angelegenheit.* The trial dragged on for a long time.
Langzeit- Langzeitarbeitslose(r) = person* who has been unemployed for a long time ◇ *Fortbildung für Langzeitarbeitslose* training for the long-term unemployed **Langzeitarbeitslosigkeit** long-term unemployment **Langzeitwirkung** long-term effect [meist Pl]
Lanze lance
La-Ola-Welle Mexican wave, *(AmE)* the wave
Lappalie trifle
Lappen 1 cloth **2** *(Geldschein)* note, *(AmE)* bill **3** *(Haut-)* flap of loose skin; *(vom Hahn)* wattle **4** *(von der Lunge etc.)* lobe IDM **jdm durch die Lappen gehen** give* sb the slip ◇ *Er ging der Polizei durch die Lappen.* He gave the police the slip. *(umgs)* ◇ *Diese Gelegenheit ist ihm durch die Lappen gegangen.* He let the opportunity slip.

läppisch 1 silly **2** *(Geldbetrag)* measly *(umgs)* ◇ *für läppische zehn Dollar* for a measly ten dollars
Laptop laptop
Lärche larch
Lärm 1 noise ◇ *Mach nicht solchen Lärm!* Don't make such a noise! **2 um jdn/etw viel** ~ **machen** make* a lot of fuss about sb/sth IDM **viel Lärm um nichts** a fuss about nothing; *(Shakespeare-Stück)* Much Ado about Nothing
Lärmbelästigung noise pollution ◇ *die Lärmbelästigung reduzieren* reduce noise pollution
lärmen make* a racket *(umgs)* ◇ *Sie lärmen durch die Straßen.* They run through the streets making a racket.
lärmend noisy *(Adv* noisily)
Lärm- Lärmpegel noise level **Lärmschutz** noise abatement **Lärmschutzwand** noise barrier
Larve larva*
lasch 1 lax; *(sorglos)* slack ◇ *lasche Gesetze* lax laws ◇ *eine lasche Berufsauffassung haben* be slack in your work **2** *(Händedruck)* limp
Lasche 1 flap; *(Schuh-)* tongue **2** (TECH) plate
Laser laser
Laserstrahl laser beam
lassen
• **zurücklassen, in einem Zustand lassen 1** leave* ◇ *Lass alles so, wie es ist.* Just leave everything as it is. ◇ *das Auto in der Garage lassen* leave the car in the garage ◇ *Ich habe meine Tasche im Restaurant gelassen.* I've left my bag in the restaurant. ◇ *Lass mich (in Ruhe)!* Leave me alone! ◇ *Lassen wir es dabei.* Let's leave it at that. ◇ *einen Anruf unbeantwortet lassen* not return a call ◇ *Ich weiß nicht, wo ich meine Schlüssel gelassen habe.* I don't know where I've put my keys. ◇ *Touristen lassen viel Geld in der Stadt.* Tourists bring a lot of money into the town. ◇ *Sie lässt immer viel Geld beim Juwelier.* She always spends a lot of money at the jeweller's.
• **zulassen 2 jdn** *(etw tun/machen)* ~ let* sb (do sth) ◇ *jdn ins Haus lassen* let sb into the house ◇ *Lass sie gehen.* Let her go. ◇ *Lassen Sie mich Ihre Tasche tragen.* Let me carry your bag for you. ◇ *Lassen Sie mich bitte ausreden!* Please let me finish! ◇ *Man kann die Kinder nicht allein gehen lassen.* You can't let the children go on their own. ◇ *Sie haben sie nicht über die Grenze gelassen.* They didn't allow them across the border. ◇ *Niemand wurde ins Zimmer gelassen.* Nobody was allowed into the room. ◇ *Ich lasse mich nicht so behandeln.* I'm not going to put up with being treated like that.
• **geben 3 jdm etw** ~ *(überlassen)* let* sb have sth ◇ *Er hat ihr seine CDs noch eine Woche gelassen.* He let her have his CDs for another week. ◇ *Er hat uns die Wohnung billig gelassen.* He let us have the flat cheap. ◇ *jdm seine Kennkarte als Pfand lassen* leave your identity card with sb as security ◇ *Lass ihm doch seinen Spaß.* Let him have his fun. **4** *(verlieren)* lose* ◇ *Er hat seinen einzigen Sohn im Krieg lassen müssen.* He lost his only son in the war. ◇ *sein Leben für etw lassen* lay down your life for sth
• **aufhören 5 es/etw** ~ stop* it/doing sth ◇ *Lass das!* Stop it! ◇ *Sie sollte das Rauchen lassen.* She ought to stop smoking. ◇ *Sie kann es nicht lassen, ihn zu hänseln.* She can't stop teasing him. ◇ *Sie können es einfach nicht lassen!* They just can't stop! ◇ *Tu, was du nicht lassen kannst!* Do what you've got to do! ◇ *Dann lass es doch!* Then don't. ◇ *Lass diese Aufdringlichkeiten!* Keep your hands off me! ◇ *Eigentlich wollte ich mit, aber ich habe es dann doch gelassen.* I was going to go but in the end I didn't. **6 von jdm/etw** ~ give* sb/sth up ◇ *Sie kann ihn nicht lassen.* She can't give him up. ◇ *Er konnte nicht vom Rauchen lassen.* He couldn't give up smoking.
• **veranlassen 7** (sich) **etw machen** ~ have sth done, get* sth done ◇ *Ich muss mir das Auto reparieren lassen* have the car repaired ◇ *Ich muss mir die Haare schneiden lassen.* I must get my hair cut. ◇ *Du solltest es machen lassen.* You ought to get it done.
• **Möglichkeit 8 etw lässt sich machen** sth can* be done ◇ *Das lässt sich nicht machen.* It can't be done. ◇ *Die Bluse lässt sich leicht bügeln.* The blouse is easy to iron. ◇ *Seine Schuld lässt sich schwer beweisen.* It's difficult to prove that he is guilty. ◇ *Das lässt sich hören.* I like the sound of that. ◇ *Gegen diesen Vorschlag lässt sich nichts einwenden.* There's nothing you could object to in the proposal. ◇ *Die-*

ses Stück lässt sich nicht spielen. The play is impossible to perform.
• **als Imperativ 9 lass/lasst uns** let's, let us *(gehoben)* ◊ *Lass uns jetzt gehen!* Let's go now! ◊ *Lassen wir uns überraschen!* Let's wait and see! ☛ Die Verneinung ist **let's not** oder (nur im britischen Englisch) **don't let's**: *Let's not/Don't let's go to that awful restaurant again.*
IDM das muss man ihm/ihr lassen you've got to give him/her that ◊ *einen fahren/sausen lassen* fart *(Slang, vulg)* ◊ *etw sein lassen* forget* (about) sth ◊ *Lass jetzt die Hausaufgaben sein und komm mit ins Kino.* Forget about your homework and come to the cinema with us. ◊ *Lass den Abwasch Abwasch sein.* Forget about the washing up. ☛ *Siehe auch* STICH *und* ZEIT

lässig 1 casual *(Adv* casually); *(ungezwungen)* nonchalant *(Adv* nonchalantly) ◊ *Er hat seiner Arbeit gegenüber eine ziemlich lässige Einstellung.* He has a rather casual attitude to his work. ◊ *lässig gekleidet* casually dressed ◊ *mit einer lässigen Handbewegung* with a nonchalant gesture ◊ *lässig im Sessel sitzen* relax in a chair **2** *Adv (leicht)* easily ◊ *Die Prüfung besteht er lässig.* He'll pass the exam easily **3** *Adj (ausgezeichnet)* cool *(umgs)* ◊ *Das ist lässig.* It's cool.
Lasso lasso*
Last 1 *(Trag-, Frachtgut)* load **2** *(Gewicht)* weight ◊ *Die Frau brach unter der Last zusammen.* The woman collapsed under the weight. **3** *(fig)* burden ◊ *Mit dem Kind hat sie sich eine schwere Last aufgebürdet.* She's taken on a huge burden with that child. ◊ *Seine Arbeit ist ihm zur Last geworden.* His work has become a burden to him. ◊ *Ich möchte euch nicht zur Last fallen.* I don't want to impose on you. **4 Lasten** *die steuerlichen Lasten* the tax burden ◊ *die finanziellen Lasten* the costs ◊ *Sie wollen den Unternehmern keine zusätzlichen Lasten aufbürden.* They don't want to impose additional charges on the employers. ◊ *Das Porto geht zu unseren Lasten.* We have to pay postage. ◊ *Der Betrag geht zu Lasten der Firma.* The firm will be charged with the amount. ☛ *Siehe auch* ZULASTEN **IDM jdm etw zur Last legen** hold* sb responsible for sth; *(Verbrechen)* charge sb with sth ◊ *Man legte ihm die Krise zur Last.* He was held responsible for the crisis. ◊ *Ihm wurden mehrere Einbrüche zur Last gelegt.* He was charged with several burglaries.

lasten auf jdm/etw ~ rest on sb/sth ◊ *Das ganze Gewicht der Brücke lastet auf zwei Pfeilern.* The whole weight of the bridge rests on two pillars. ◊ *Alle Verantwortung lastet auf ihr.* She bears all the responsibility. ◊ *Sein Tod wird immer auf unserem Gewissen lasten.* His death will always be on our consciences. ◊ *Ein Fluch lastet auf der Familie.* There is a curse on the family. ◊ *Schulden lasten noch immer auf dem Grundstück.* The property is still encumbered with debt. **IDM** ⇨ SCHULTER
Lastenaufzug, goods lift, *(AmE)* freight elevator
Laster[1] *der* ⇨ LASTKRAFTWAGEN
Laster[2] *das* vice
lästern 1 über jdn/etw ~ run* sb/sth down **2** *(schmähen)* curse; *(Gott)* blaspheme
lästig annoying ◊ *eine lästige Angewohnheit* an annoying habit ◊ *Er wird mir langsam lästig.* He's beginning to get on my nerves. ◊ *Ich möchte dir nicht lästig fallen.* I don't want to be a nuisance. ◊ *die lästige Hausarbeit* these wretched chores
Last- Lastkahn barge **Lastkraftwagen, Lastwagen** lorry*, *(bes AmE)* truck **Lastschrift** debit ◊ *Zahlung erfolgt per Lastschrift.* Payment is by direct debit. **Lasttier** beast of burden **Lastwagenfahrer(in)** lorry driver, *(bes AmE)* trucker ☛ G 2.2d
Latein Latin **IDM mit seinem Latein am Ende sein** be at a loss what to do next
lateinisch Latin ◊ *lateinisch sorbus genannt* sorbus in Latin ◊ *auf Lateinisch* in Latin
latent latent ◊ *latent vorhanden* latent ◊ *eine latente Erkrankung* a latent disease
Laterne 1 lantern; *(aus Papier)* Chinese lantern **2** *(Straßen-)* street light
  Laternenpfahl lamp post
Latex latex
Latinum *das große/kleine* **Latinum** = an advanced/intermeiate Latin qualification
Latrine latrine

Latsche(n) *(Hausschuh)* slipper; *(alter Schuh)* old shoe
latschen traipse; *(schlurfend)* trudge ◊ *durchs Kaufhaus latschen* traipse round the store
Latte 1 slat **2** (SPORT) bar; *(Querlatte des Tores)* crossbar ◊ *die Latte reißen* knock the bar down ◊ *Der Ball ging an die Latte.* The ball hit the crossbar. **3 eine (lange/schöne/große) ~ a** (whole) string ◊ *eine lange Latte Schulden* a whole string of debts
  Lattenrost slatted base
Latz bib
Lätzchen bib
Latzhose dungarees [Pl], *(AmE)* (bib) overalls [Pl] ☛ *Hinweis bei* BRILLE
lau 1 balmy ◊ *laue Sommernächte* balmy summer nights **2** *(halbherzig)* lukewarm ◊ *Das Stück bekam nur laue Kritiken.* The play got a lukewarm reception from the critics.
Laub leaves [Pl]
  Laubbaum deciduous tree
Laube 1 summer house **2** *(Sitzplatz)* arbour, *(AmE)* arbor
Laub- Laubsäge fretsaw **Laubwald** deciduous forest
Lauch leeks [Pl] ◊ *eine Stange Lauch* a leek
Lauer auf ~ sein be on the lookout; **auf der ~ liegen** lie* in wait; **sich auf die ~ legen** settle down to (lie in) wait
lauern 1 lurk; **auf jdn/etw ~** *(auflauern)* lie* in wait for sb/sth ◊ *Taschendiebe lauerten auf Passanten.* Pickpockets were lying in wait for passers-by. ◊ *In der Großstadt lauern überall Gefahren.* There are dangers lurking everywhere in the city. ◊ *eine ständig lauernde Gefahr* a constant threat of danger **2 auf etw ~** *(warten)* look out for sth, *(Geräusch)* listen out for sth ◊ *Er lauert schon seit Wochen auf eine Gelegenheit.* He's been looking out for a chance for weeks. ◊ *Sie lauerte auf das Klingeln des Telefons.* She was listening out for the phone.
Lauf 1 ◊ *im schnellen Lauf* at a fast pace ◊ *der schnelle Lauf der Antilope* the speed of the antelope **2** *(Rennen)* race; *(Vorlauf)* heat ◊ *Sie gewann den Lauf in 11 Sekunden.* She won the race in 11 seconds. **3** *(einer Maschine etc.)* operation ◊ *den gleichmäßigen Lauf der Maschine sicherstellen* ensure smooth operation of the machine ◊ *Unregelmäßigkeiten im Lauf der Maschine machten Sorgen.* The fact that the machine was not running smoothly raised concerns. **4** *(Verlauf)* course ◊ *Astronomen verfolgen den Lauf der Gestirne.* Astronomers track the course of the stars. ◊ *im Lauf(e) des Tages* in the course of the day ◊ *Die Ereignisse nahmen ihren Lauf.* Events took their course. ◊ *der obere/untere Lauf eines Flusses* the upper/lower reaches of a river ◊ *dem Lauf der Schienen folgen* follow the direction of the tracks ◊ *seiner Fantasie freien Lauf lassen* give your imagination a free rein ◊ *Im Laufe des Gesprächs kam es zu einer Auseinandersetzung.* During the conversation there was an argument. **5** *(einer Schusswaffe)* barrel **6** *(bei Tieren)* leg **7** (MUS) run
Laufbahn 1 career ◊ *eine akademische Laufbahn einschlagen* take up an academic career **2** *(auf dem Sportplatz)* track

laufen
• **Bewegung 1** run* ◊ *Sie lief schreiend aus dem Haus.* She ran out of the house screaming. ◊ *eine Staffel laufen* run a relay ◊ *Der Motor läuft gut.* The engine is running well. ◊ *bei laufendem Motor* with the engine running ◊ *Der Wagen läuft auf Schienen.* The carriage runs on rails. ◊ *Die Straßen laufen parallel.* The streets run parallel. ◊ *Ein Aufatmen lief durch die Menge.* A sigh of relief ran through the crowd. ◊ *Ihm läuft die Nase.* His nose is running. ◊ *ein Computerprogramm laufen lassen* run a computer program ◊ *Sie ließ warmes Wasser in die Badewanne laufen.* She ran hot water into the bath. ◊ *Der Käse läuft.* The cheese is runny. ◊ *Eine Narbe läuft quer über sein Gesicht.* There is a scar running right across his face. ◊ *einen neuen Rekord über 100m laufen* set a new record in the 100m ◊ *Die Uhr läuft wieder.* The clock is going again. ◊ *Das Radio läuft den ganzen Tag.* The radio is on all day. ◊ *Blut lief aus der Wunde.* Blood was flowing out of the wound. **2** *(gehen)* walk ◊ *Ihr könnt mit dem Bus fahren oder laufen.* You can go by bus or foot. ◊ *Er war so betrunken, dass er gegen die Wand gelaufen ist.* He was so drunk that he walked into the wall. ◊ *sich eine Blase laufen* get a blister from walking ◊ *Sie lief in ein Auto.* She went under the wheels of a car. **3** *(aus Gewohnheit)* run* (off) ◊ *Sie läuft dauernd zum Arzt.* She's always running off to the doctor's.

laufend

• **andere Ausdrücke 4** (*gültig sein*) be valid; **auf jdn/ jds Namen ~** be in sb's name ◊ *Läuft der Pass noch bis Jahresende?* Is the passport valid till the end of the year? ◊ *Das Auto läuft auf den Namen meiner Mutter.* The car is in my mother's name. **5** (*vonstatten gehen*) go* ◊ *Alles läuft wie geplant.* Everything is going according to plan. ◊ *Heute läuft alles schief.* Everything is going wrong today. ◊ *Dieses Jahr sind die Geschäfte gut gelaufen.* Business was good this year. ◊ *Die Sache ist gelaufen.* It's over. ◊ *Man braucht nur einen Knopf zu drücken, und die Sache ist gelaufen.* You only have to press a button, and that's that. ◊ *An Betrügereien bin ich nicht interessiert, da läuft bei mir nichts.* I'm not interested in cheating, you can count me out. **6** (*vor sich gehen*) be in progress ◊ *Der Prozess läuft.* The trial is in progress. ◊ *Gegen die Firma läuft eine Klage.* A complaint has been filed against the firm. ◊ *Die Frist läuft noch zwei Wochen.* There are still two weeks before the deadline. **7** (*im Kino, Theater etc.*) be on, be showing ◊ *Im Fernsehen läuft eine neue Talkshow.* There's a new talk show on television. ◊ *Der Film läuft zurzeit in allen Kinos.* The film is currently showing at all cinemas. **8 jdn ~ lassen** let* sb go; **etw ~ lassen** let* things ride ◊ *Die Polizei hat den Taschendieb wieder laufen lassen.* The police let the pickpocket go. ◊ *Sie ließ die Dinge laufen.* She let things ride. ☛ *Siehe auch* GEFAHR
[IDM] **nach etw lange laufen** run* around after sth ☛ *Siehe auch* BAND¹, HASE, LADEN, MESSER, RENNEN, RÜCKEN, SCHWEIN, WEG *and* WUND

laufend 1 (*ständig*) constant (*Adv* constantly) ◊ *seinen Job laufend wechseln* constantly change your job **2** (*regelmäßig*) regular (*Adv* regularly) ◊ *Unsere laufenden Zahlungen sind jetzt fällig.* Our regular payments are now due. **3** (*fortlaufend*) serial, consecutive (*Adv* consecutively) ◊ *die laufenden Nummern eines Scheckbuchs* the serial numbers of a cheque book ◊ *laufend nummerierte Einträge* entries numbered consecutively **4** (*gegenwärtig*) current ◊ *das laufende Jahr* the current year ◊ *die laufenden Arbeiten* work in progress [IDM] **am laufenden Band** non-stop **auf dem Laufenden sein/bleiben** be/keep* up to date **jdn auf dem Laufenden halten** keep* sb informed

Läufer 1 (*Teppich*) runner **2** (*Schachfigur*) bishop
Läufer(in) runner
Lauf- Lauffeuer wie ein ~ like wildfire **Laufmasche** ladder, (*AmE*) run **Laufsteg** catwalk, (*AmE*) runway **Laufwerk 1** (*beim Computer*) drive **2** (*bei Maschinen*) mechanism **3** (*bei Uhren*) clockwork **4** (*bei der Eisenbahn*) running gear **Laufzeit 1** (*im Bankwesen*) term; (*Gültigkeit*) period of validity ◊ *ein Kredit mit befristeter Laufzeit* a fixed-term loan ◊ *Die Laufzeit des Vertrags ist abgelaufen.* The contract's period of validity has expired. **2** (*Betriebsdauer*) life ◊ *die Laufzeit der Batterie* the life of the battery **3** (*im Sport*) time **4** (*eines Films, einer Kasette etc.*) running time

Lauge 1 (CHEM) alkaline solution; (*Salzlauge*) salt solution **2** (*Seifen-*) suds [Pl]

Laune 1 mood ◊ *gute/schlechte Laune haben* be in a good/bad mood ◊ *Das hat ihr die Laune verdorben.* That ruined her good mood. ◊ *Ich bin nicht in Laune, auf die Party zu gehen.* I'm not in the mood for going to the party. ◊ *Sie hat so ihre Launen.* She can be a bit moody. ◊ *Es ist nicht so einfach, ihn bei guter Laune zu halten.* It's not so easy to keep him happy. **2** whim ◊ *Aus einer Laune heraus fragte er sie, ob sie ihn heiraten würde.* Just on a whim, he asked her if she would marry him. ◊ *die Launen des Schicksals/ Zufalls* the vagaries of fate/chance [IDM] ⇨ LUST

launisch 1 (*schlecht gelaunt*) moody* (*Adv* moodily) **2** (*unberechenbar*) capricious (*Adv* capriciously) ◊ *ihr launisches Wesen* her capricious nature **3** (*wechselhaft*) changeable (*Adv* changeably)

Laus louse*

Lauschangriff bugging operation ◊ *ein Lauschangriff gegen einen Politiker* a bugging operation targeting a politician

lauschen 1 (*heimlich horchen*) listen, eavesdrop* ◊ *Sie lauschte an der Tür.* She listened at the door. ◊ *Bitte glauben Sie nicht, dass ich gelauscht habe.* Don't think that I was eavesdropping. **2** (*aufmerksam zuhören*) listen (attentively) to *sth* ◊ *Sie lauschte seinen Worten.* She listened attentively to his words.

laut¹ *Adj* **1** (*Geräusche, Farben*) loud (*Adv* loudly) ◊ *laute Hilferufe* loud shouts for help ◊ *Die Musik ist zu laut.* The music is too loud. ◊ *Er lacht immer so laut.* He always laughs so loudly. ◊ *Du musst lauter sprechen, er ist schwerhörig.* Speak up – he's hard of hearing. **2** (*Menschen, Dinge*) noisy* (*Adv* noisily) ◊ *Sie wohnen in einer sehr lauten Straße.* They live in a very noisy street. ◊ *Mir ist es hier einfach zu laut.* It's just too noisy for me here. ◊ *Seid nicht so laut.* Don't make so much noise.

Loud beschreibt vor allem das Geräusch selbst: *a loud noise* ◊ *a loud bang* ◊ *loud music.* **Noisy** beschreibt einen Ort, eine Person, ein Tier, ein Ereignis etc., der/die/das zu laut ist: *a noisy road, party etc.* ◊ *noisy neighbours, children, etc.*

3 (*öffentlich*) aloud, (out) loud ◊ *etw laut vorlesen* read sth aloud ◊ *Du musst laut und deutlich sagen, was du willst.* You must say what you want loud and clear. ◊ *Die Sache darf nicht laut werden.* This must not get out. ◊ *Innerhalb der Partei wurde Unmut laut.* Dissatisfaction was heard within the party. ◊ *Zweifel sind bereits laut geworden.* Doubts have already been voiced. [IDM] ⇨ SAGEN

laut² *Präp* according to, in accordance with (*gehoben*) ◊ *laut* (*dem*) *Vertrag* according to the contract

Laut sound ◊ *Sie gab keinen Laut von sich.* She didn't make a sound. ◊ *Kein Laut war im Klassenzimmer zu hören.* Not a sound could be heard in the classroom.

Laute lute ◊ *Sie spielte Laute.* She played the lute.

lauten ◊ *Wie lautet die letzte Meldung?* What does the latest report say? ◊ *Die Inschrift lautet wie folgt:* ... The inscription reads as follows: ... ◊ *Die Antwort auf die Frage lautet ...* The answer to the question is ... ◊ *Das Urteil lautet auf ein Jahr Gefängnis.* The sentence is one year's imprisonment. ◊ *Die Papiere lauten auf den Namen Schmidt.* The papers are in the name of Schmidt.

läuten ring* ◊ *Der Küster läutet die Glocke.* The sexton rings the bell. ◊ *Die Glocken läuten zur Andacht.* The bells are ringing for the service. ◊ *Der Kranke läutete nach der Schwester.* The patient rang for the nurse. ◊ *Es läutet (an der Tür).* There's someone at the door. [IDM] **von etw läuten hören** hear* rumours about sth; (*AmE*) hear* rumors about sth ◊ *Ich habe läuten gehört, dass sie heiraten wollen.* I have heard rumours that they are planning to get married. ☛ *Siehe auch* STURM

lauter¹ *Adv* **1** nothing but ◊ *Er redet lauter Blödsinn.* He talks nothing but nonsense. ◊ *Es waren lauter nette Leute da.* All the people there were really nice. **2 vor ~ ...** for sheer ... ◊ *Vor lauter Freude sprang er in die Luft.* He jumped into the air for sheer joy. ◊ *Vor lauter Arbeit bin ich nicht dazu gekommen anzurufen.* With all the work I've had to do, I've not got around to ringing. [IDM] ⇨ JUX

lauter² *Adj* **1** (*unvermischt*) pure ◊ *lautere Fiktion* pure fiction ◊ *Das ist die lautere Wahrheit.* That is the absolute truth. **2** (*aufrichtig*) honest, sincere

laut- lauthals at the top of your voice ◊ *Er brüllte lauthals: „Haltet den Dieb!".* He yelled 'Stop thief!' at the top of his voice. ◊ *Wir lachten lauthals.* We roared with laughter. ◊ *Sie beschwerte sich lauthals.* She voiced her complaints loudly.

lautlos silent (*Adv* silently) ◊ *Die Katze schlich sich lautlos ins Zimmer.* The cat stole silently into the room. ◊ *lautlose Stille* absolute silence

Laut- Lautschrift phonetic alphabet; (*Umschrift*) phonetic transcription **Lautsprecher** loudspeaker; (*einer Stereoanlage etc.*) speaker ◊ *Ihre Rede wurde über Lautsprecher übertragen.* Her speech was broadcast over loudspeakers.

lautstark noisy (*Adv* noisily), loud (*Adv* loudly); (*Protest etc.*) vociferous (*Adv* vociferously) ◊ *Die Kinder machten sich lautstark bemerkbar.* The children were being noisy. ◊ *Sie unterhielten sich lautstark.* They were talking loudly. ◊ *lautstarke Demonstranten* vociferous demonstrators ☛ *Hinweis bei* LAUT¹ **Lautstärke 1** volume ◊ *bei/in voller Lautstärke* at full volume ◊ *Sie drehte die Musik auf volle Lautstärke.* She turned the music up to full volume. **2** noise (level), volume (of noise) ◊ *Die Lautstärke war unerträglich.* The noise level was unbearable. ◊ *die Lautstärke der Kanonenschläge* the noise of the guns ◊ *Wie lässt sich die Lautstärke regeln?* How do you control the volume?

lauwarm 1 lukewarm ◊ *Seide muss lauwarm gewaschen werden.* Silk must be washed in lukewarm water. **2** (*fig*) half-hearted (*Adv* half-heartedly), lukewarm ◊ *eine lauwarme Erklärung* a half-hearted explanation ◊ *lauwarmes Interesse* lukewarm interest

Lava lava
Lavabo washbasin, (*AmE auch*) washbowl
Lavendel lavender
Lawine avalanche (*auch fig*) ◊ *von einer Lawine verschüttet werden* be buried by an avalanche ◊ *eine Lawine von Protesten* an avalanche of protests
Layout layout ◊ *das Layout machen* do the layout
Layouter(in) designer ☞ G 2.2d
Lazarett military hospital
leasen lease ◊ *ein Auto leasen* lease a car
leben **1** live ◊ *Wann hat dieser Dichter gelebt?* When did this poet live? ◊ *Er lebt noch immer bei seinen Eltern.* He still lives with his parents. ◊ *Sie leben getrennt.* They live apart. ◊ *Er lebt für seine Musik.* He lives for his music. ◊ *Lebt dein Vater noch?* Is your father still alive? ◊ *Als der Rettungswagen eintraf, lebte sie schon nicht mehr.* When the ambulance arrived she was already dead. ◊ *Du lebst auch noch?* So you're still in the land of the living? ◊ *Sie lebt jetzt ihr eigenes Leben.* Now she has her own life. ◊ *vegetarisch leben* be a vegetarian **2** *von etw ~* live on sth; (*fig*) rest on sth ◊ *von Brot und Wasser leben* live on bread and water ◊ *Sie lebt von einer kleinen Rente.* She lives on a small pension. ◊ *Das Stück lebt von der Leistung der Darsteller.* The play rests on the talents of the actors. **IDM** *Lebe wohl!; Leben Sie wohl!* Farewell! **leben und leben lassen** live and let live ☞ *Siehe auch* FÜRST, FUSS, GOTT, HAND, KOFFER, MOND *und* TAG
Leben life* ◊ *Du hast mir das Leben gerettet!* You saved my life! ◊ *ihr ganzes Leben lang* all her life ◊ *Ich bin noch nie in meinem Leben geflogen.* I have never flown in my life. ◊ *das Leben in der Großstadt* life in the city ◊ *im gesellschaftlichen Leben* in society ◊ *das ewige Leben* eternal life ◊ *Tanzen ist ihr Leben.* Dancing is her life. ◊ *Es geht um Leben und Tod.* It's a matter of life and death. ◊ *Sie brachte Leben ins Haus.* She brought some life into the house. ◊ *am Leben sein/bleiben* be/stay alive ◊ *aus dem Leben gegriffen* from real life ◊ *Hier herrscht reges Leben.* There's a lot going on here. **IDM** *jdm das Leben zur Hölle machen* make* sb's life a misery **der Mann/die Frau meines Lebens** my ideal man/woman **etw für sein Leben gern tun** love doing sth ◊ *Ich fahre für mein Leben gern Ski.* I love skiing. **etw ins Leben rufen** found sth **mit dem Leben davonkommen** escape with your life **jdm nach dem Leben trachten** want to kill sb **nie im Leben** never ◊ *So was würde ich nie im Leben tun!* I would never do such a thing! **seinem Leben ein Ende setzen/machen** commit* suicide **seines Lebens nicht mehr froh werden** not get* over sth ◊ *Er wird seines Lebens nicht mehr froh, seit er vor einem Jahr seinen Job verlor.* He has never got over losing his job a year ago. **sich das Leben nehmen** take* your own life; commit* suicide ◊ *Er hat sich das Leben genommen.* He took his own life. **sich durchs Leben schlagen** survive ◊ *Ich schlage mich so durchs Leben.* I'm surviving, just about. **ums Leben kommen** die* ◊ *Er kam bei einem Autounfall ums Leben.* He died in a car accident. **wie das blühende Leben aussehen** look the picture of health **Wie das Leben so spielt!** That's the way it goes! ☞ *Siehe auch* BEIN *und* BUDE
lebend **1** living ◊ *ein im Exil lebender Autor* a writer living in exile ◊ *eine lebende Sprache* a living language ◊ *ein im Ruhestand lebender Beamter* a retired civil servant **2** *die Lebenden* (*nur im Pl*) ◊ *Ist sie noch unter den Lebenden?* Is she still alive? **IDM** *die nehmen es von den Lebenden* it's daylight robbery ◊ *Die nehmen es in diesem Kaufhaus aber wirklich von den Lebenden.* It's daylight robbery what they charge you in this shop.
lebendig **1** alive (*nicht vor Nomen*) ◊ *Sie verbrannten bei lebendigem Leibe.* They were burnt alive. ◊ *lebendig begraben* buried alive ◊ *Erinnerungen wurden lebendig.* Memories were rekindled. **2** (*lebhaft*) lively*; (*Schilderung etc.*) vivid (*Adv*) vividly ◊ *ein lebendiges Kind* a lively child ◊ *Er schreibt sehr lebendig.* He writes very vividly.
Lebens- Lebensabend old age, evening of sb's life
Lebensabschnitt stage in/of sb's life ◊ *Ein neuer Lebensabschnitt beginnt.* A new stage of my life is beginning.
Lebensaufgabe life's work ◊ *Sie hat es sich zur Lebensaufgabe gemacht, Menschen zu helfen.* She has made it her life's work to help people. **Lebensbedingungen** living conditions [Pl] **Lebensdauer** lifespan ◊ *die durchschnittliche Lebensdauer der Menschen* the average human lifespan ◊ *Diese Waschmaschine hat eine extrem lange Lebensdauer.* This washing machine will last a very long time. **Lebensende bis ans/an jds ~** to the end of sb's days ◊ *Sie lebte bis an ihr Lebensende in diesem Haus.* She lived in this house to the end of her days. **Lebenserfahrung** experience (of life) **Lebenserwartung** life expectancy* **lebensfähig** able to survive **Lebensfreude** zest for life ◊ *Sie ist voller Lebensfreude.* She has a great zest for life. **lebensfroh** full of zest for life ◊ *Sie ist ein sehr lebensfroher Mensch.* She is full of zest for life. **Lebensgefahr** (mortal) danger ◊ *sich in Lebensgefahr begeben* put yourself in danger ◊ *Ist sie außer Lebensgefahr?* Is she out of danger? ◊ *Er schwebte tagelang in Lebensgefahr.* He was in a critical condition for days. **lebensgefährlich** very dangerous; (*Verletzungen etc.*) life-threatening ◊ *Hier zu klettern ist lebensgefährlich!* It's very dangerous to climb here. ◊ *lebensgefährliche Verletzungen* life-threatening injuries ◊ *Sie wurde lebensgefährlich verletzt.* She was seriously injured. **Lebensgefährte, -gefährtin** partner **Lebensgröße in** *~ life-size* ◊ *eine Skulptur in Lebensgröße* a life-size sculpture **Lebenshaltungskosten** cost of living [Sing] **Lebenslage in jeder ~/in allen Lebenslagen** in any situation ◊ *Er weiß sich in jeder Lebenslage zu helfen.* He knows what to do in any situation. **lebenslänglich** (*Rente*) for life; (*Gefängnis*) life ◊ *Sie erhält eine lebenslängliche Rente.* She has a pension for life. ◊ *lebenslängliche Haft* life imprisonment ◊ *Sie bekam zweimal lebenslänglich.* She got two life sentences. **Lebenslauf** curriculum vitae*, CV, (*AmE*) resumé **lebenslustig** full of zest for life **Lebensmittel** food, foodstuffs [Pl] (*Fachspr*) ◊ *leicht verderbliche Lebensmittel* perishable foodstuffs **Lebensmittelgeschäft** grocer's (shop) ☞ *Hinweis bei* BAKER **Lebensmittelvergiftung** food poisoning [U] ◊ *Sie hatte eine Lebensmittelvergiftung.* She had food poisoning. **lebensmüde** **1** suicidal ◊ *eine lebensmüde Frau* a suicidal woman **2** (*verrückt*) mad ◊ *Du bist wohl lebensmüde.* You must be mad. ◊ *Ecstasy? Ich bin doch nicht lebensmüde!* Ecstasy? No way! **Lebensqualität** quality of life ◊ *eine hohe Lebensqualität* a good quality of life **Lebensraum** **1** (BIOL) habitat **2** (*eines Menschen*) (living) space **Lebensstandard** standard of living **Lebensstil** lifestyle ◊ *einen extravaganten Lebensstil haben* have an extravagant lifestyle **Lebensunterhalt** living ◊ *Womit verdient er seinen Lebensunterhalt?* How does he earn a living? **Lebensversicherung** life insurance [U] ◊ *eine Lebensversicherung abschliessen* take out life insurance **Lebenswandel** life*, lifestyle ◊ *Er hat einen lockeren Lebenswandel.* He leads an immoral life. **lebenswert** worth living (*dem Nomen nachgestellt*) ◊ *Was macht das Leben lebenswert?* What makes life worth living? ◊ *eine lebenswerte Umwelt* an environment worth living in **lebenswichtig** vital, essential ◊ *eine lebenswichtige Operation* a vital operation ◊ *lebenswichtige Vitamine* essential vitamins **Lebenszeichen** sign of life (*auch fig*) ◊ *Der Verletzte gab kein Lebenszeichen von sich.* The injured man showed no sign of life. ◊ *Wir haben noch kein Lebenszeichen von ihr erhalten.* We still haven't heard from her.
Leber liver ◊ *Vom vielen Trinken hat er es mit/an der Leber.* He has problems with his liver from drinking too much. **IDM** *frei/frisch von der Leber weg reden* speak* frankly
Leberfleck mole **Leberkrebs** cancer of the liver **Leberwurst** liver sausage, (*AmE*) liverwurst; (*Streichwurst*) liver pâté
Lebewesen organism ◊ *einzellige Lebewesen* single-celled organisms ◊ *kleinste Lebewesen* micro-organisms
Lebewohl farewell
lebhaft **1** lively* ◊ *eine lebhafte Diskussion* a lively discussion ◊ *eine lebhafte Fantasie* a lively imagination ◊ *Wir haben lebhaft diskutiert.* We had a lively discussion. ◊ *Die Ausstellung fand lebhaften Zuspruch.* The exhibition was very popular. **2** (*deutlich*) vivid (*Adv*) vividly ◊ *Mir ist die Party noch lebhaft in Erinnerung.* I still have vivid memories of the party.
Lebkuchen ≈ gingerbread
leblos lifeless ◊ *ein␣ loser Körper* a lifeless body ◊ *ein␣ loses Gesicht* an expressionless face
lechzen nach etw ~ long for sth ◊ *Er lechzte nach Anerkennung.* He longed for recognition. ◊ *Wir lechzten nach Wasser.* We were dying for a drink of water.

Leck leak ◊ *Das Schiff/der Öltanker hat ein Leck bekommen.* The ship/oil tanker has sprung a leak.
lecken¹ 1 lick ◊ *Die Katze leckt sich.* The cat is licking itself. **2** (**an**) *etw* ~ lick sth ◊ *Er leckt an seinem Eis.* He's licking his ice cream. **3** (*Tiere*) lap up ◊ *Die Katze leckt die Milch.* The cat is lapping up its milk. IDM **Leck/Leckt mich!** Piss off! ☛ *Siehe auch* ARSCH, BLUT *und* STIEFEL
lecken² (*undicht sein*) leak ◊ *Das Boot leckt.* The boat is leaking.
lecker delicious ◊ *Das riecht aber lecker.* That smells delicious. ◊ *Hm, dein Kuchen schmeckt aber lecker!* Mm, your cake is delicious. ◊ *Ist die Pizza lecker?* Is the pizza good?
Leckerbissen delicacy*; (*fig*) treat ◊ *ein besonderer Leckerbissen für Fans* a real treat for fans
Leder 1 leather ◊ *Taschen aus echtem Leder* genuine leather bags ◊ *Dieses Buch hat einen Einband aus Leder.* This book is bound in leather. ◊ *Das Fleisch ist zäh wie Leder.* The meat is as tough as old boots. **2** (*Ball*) ball IDM **jdm ans Leder wollen** be out to get sb
Lederhose leather trousers [Pl]; (*Tracht*) lederhosen [Pl] ☛ *Hinweis bei* BRILLE **Lederjacke** leather jacket **Lederwaren** leather goods [Pl]
ledig single ◊ *Ich bin noch ledig.* I am still single.
Ledige(r) single person*
lediglich only; (*nichts weiter als*) merely ◊ *Lediglich Männer dürfen teilnehmen.* Only men can take part. ◊ *Ich habe lediglich gesagt, dass ...* I merely said that ...
leer 1 empty; (*Batterie*) flat ◊ *Die Flasche ist halb leer.* The bottle is half empty. ◊ *Ihr Platz blieb leer.* Her seat remained empty. ◊ *auf leeren Magen* on an empty stomach ◊ *leeres Gerede* empty talk ◊ *leere Versprechungen* empty promises ◊ *eine leere Drohung* an empty threat ◊ *Mein Leben kam mir leer und sinnlos vor.* My life seemed empty and meaningless. ◊ *Er trank sein Glas leer.* He emptied his glass. ◊ *Die Batterie ist leer.* The battery is flat. ◊ *Angesichts der leeren Kassen ...* Since we've no money left ... ◊ *Iss deinen Teller leer!* Eat up everything on your plate! **2** ~ **stehen** (*Haus etc.*) be unoccupied, stand* empty ◊ *Das Haus steht schon seit Monaten leer.* The house has been unoccupied for months. ◊ *leer stehende Wohnungen* empty flats **3** (*menschenleer*) deserted **4** (*Blatt, Zeile etc.*) blank **5** (*ausdruckslos*) blank (*Adv* blankly) ◊ *Mit leerem Blick starrte sie aus dem Fenster.* She stared blankly out of the window. IDM **leer ausgehen** go*/come* away empty-handed ◊ *Heute geht keiner leer aus.* Nobody will go away empty-handed today. (**wie**) **leer gefegt** (completely) deserted ☛ *Siehe auch* BANK¹ *und* HAND
Leere¹ *das* IDM **ins Leere greifen** grab* at thin air **ins Leere starren** stare (off) into space
Leere² *die* emptiness [U] ◊ *die Leere des Alls* the emptiness of space ◊ *In den Geschäften herrscht gähnende Leere.* The shops are utterly deserted. ◊ *die Leere in den Kassen* empty coffers ◊ *die Leere in seinem Leben* the void in his life
leeren (**sich**) ~ empty* ◊ *Er leerte das Glas in einem Zug.* He emptied his glass in one go. ◊ *Der Raum leerte sich rasch.* The room emptied quickly. ◊ *Sonntags werden die Briefkästen nicht geleert.* There is no postal collection on Sundays.
Leer- Leergut empties [Pl] **Leerlauf 1** neutral ◊ *Das Auto ist im Leerlauf.* The car is in neutral. ◊ *den Leerlauf einlegen* put the car into neutral **2** (*fig*) slack period ◊ *Im Büro herrscht oft Leerlauf.* There are often slack periods in the office. **Leertaste** space bar
Leerung 1 (*von Post*) collection **2** (*das Leeren*) (*meist mit einem Verb übersetzt*) ◊ *Die Leerung der Mülltonnen geschieht wöchentlich.* The bins are emptied every week.
Leer- Leerzeichen space **Leerzeile** empty line
legal legal (*Adv* legally)
legalisieren legalize
Legalisierung legalization
Legalität legality [U] ◊ *die Legalität der Maßnahme* the legality of the measure ◊ *Das bewegt sich am Rande der Legalität.* This is just within the bounds of the law.
Legasthenie dyslexia ◊ *Er leidet an Legasthenie.* He is dyslexic.
Legastheniker(in) dyslexic ◊ *Sie ist Legasthenikerin.* She is dyslexic.
legen 1 lay*; (*Gegenstände*) put* ◊ *Legen Sie den Verletzten auf den Rücken.* Lay the injured man on his back. ◊ *Sie legte ihre Hand auf meine Schulter.* She laid her hand on my shoulder. ◊ *Er legte das Kind in die Wiege.* He laid the baby in the cradle. ◊ *Das Huhn legt jeden Tag ein Ei.* The hen lays an egg every day. ◊ *Heute wird der Fußboden gelegt.* The floor is being laid today. ◊ *Überall waren Minen gelegt.* Mines had been laid everywhere. ◊ *Sie legte das Brot auf den Tisch.* She put the bread on the table. ◊ *den Käse in den Kühlschrank legen* put the cheese in the fridge ◊ *Legen sie die Waffe aus der Hand!* Put down your weapon! ◊ *den Hund an die Leine legen* put the dog on a lead ◊ *Er legte mir eine Kette um den Hals.* He placed a chain round my neck. ◊ *Sie legte die Stirn in Falten.* She frowned. **2** (*Bombe*) plant; (*Feuer*) start ◊ *Wer hat die Bombe gelegt?* Who planted the bomb? ◊ *Er hat den Brand gelegt.* He started the fire. **3** (*Termin*) arrange ◊ *Ich habe die Besprechung auf den Abend gelegt.* I have arranged the meeting in the evening. **4 sich** ~ lie* (down) ◊ *Ich legte mich aufs Sofa.* I lay down on the sofa. ◊ *Er legte sich in die Sonne.* He lay down in the sun. ◊ *Legen Sie sich bitte auf den Bauch.* Please lie on your stomach. ◊ *Das Boot legte sich auf die Seite.* The boat went over onto its side. ◊ *sich in die Kurven legen* lean into the bends **5 sich schlafen** ~; **sich ins Bett** ~ go* to bed **6 sich** ~ (*nachlassen*) die* down ◊ *Der Sturm legte sich.* The storm died down. ◊ *Ihre Schüchternheit legte sich schnell.* Her shyness quickly wore off. IDM ⇨ AKTE, BEISEITE, HAND, KARTE, KREUZ, SEITE *und* WERT
legendär legendary
Legende legend ◊ *die Legende vom heiligen Martin* the legend of St Martin ◊ *Die Symbole sind in der Legende erklärt.* The symbols are explained in the legend.
leger casual (*Adv* casually)
Leggings leggings [Pl] ☛ *Hinweis bei* BRILLE
Legion legion
Legionär legionnaire
Legislative legislature
Legislaturperiode legislative period, (*BrE*) parliamentary term
legitim legitimate (*Adv* legitimately)
legitimieren 1 (*für legitim erklären*) legitimize **2** (*rechtfertigen*) justify* **3** (*bevollmächtigen*) authorize
Leguan iguana
Lehm clay
lehmig clayey ◊ *lehmiger Boden* clayey soil
Lehne (*Arm*-) arm(rest); (*Rücken*-) back
lehnen lean* ◊ *Er lehnte das Gewehr an die Wand.* He leant the rifle against the wall. ◊ *Er lehnte an einem Baum.* He was leaning against a tree. ◊ *Lehne dich nicht aus dem Fenster!* Don't lean out of the window! ◊ *Sie lehnte sich über die Brüstung.* She leant over the balustrade. ◊ *Ich lehnte mich nach vorne.* I leant forwards.
Lehr- Lehramt teaching profession ◊ *aus dem Lehramt ausscheiden* leave the teaching profession ◊ *Sie studiert für das Lehramt an Grundschulen.* She is studying to be a primary school teacher. **Lehrbuch** textbook ◊ *ein Lehrbuch für Chemie* a chemistry textbook ◊ *ein Beispiel wie aus dem Lehrbuch* a textbook example
Lehre 1 apprenticeship; (*bei Angestellten*) traineeship ◊ *Er macht eine Lehre als Friseur.* He is serving his apprenticeship as a hairdresser. ◊ *Sie hat eine kaufmännische Lehre gemacht.* She trained in business. ◊ *Er ist bei ihm in die Lehre gegangen.* He learned a great deal from him.

> Das britische Ausbildungssystem ist ein Kurs- bzw. Lehrgangssystem und unterscheidet sich somit grundlegend vom deutschen. Eine betriebliche Ausbildung ist eher selten. Für die Titel „Geselle" und „Meister" gibt es deshalb keine direkte Übersetzung. Zusammensetzungen werden folgendermaßen übersetzt: *eine Bäckerlehre/Schreinerlehre* an apprenticeship as a baker/carpenter ◊ *eine Banklehre/Buchhändlerlehre* a traineeship as a bank clerk/bookseller.

2 (*Erfahrung*) lesson ◊ *Das wird dir eine Lehre sein!* That will be a lesson to you! ◊ *Welche Lehre können wir daraus ziehen?* What lesson can we learn from this? ◊ *Er wollte ihr eine Lehre erteilen.* He wanted to teach her a lesson. **3** (*in der Philosophie etc.*) teaching ◊ *die Lehren Gandhis* the teachings of Gandhi ◊ *die christliche Lehre* Christian doctrine **4** (*Wissenschaft*) study ◊ *Die Lehre von den Erscheinungen heißt Phänologie.* The study of phenomena is called phenology. **5** (*an der Hochschule*) teaching ◊ *Forschung und Lehre* research and teaching

lehren teach* ◊ *Er lehrt Deutsch.* He teaches German. ◊ *Er hat seine Kinder schwimmen gelehrt.* He taught his children to swim. ◊ *Ich werde dich lehren, so zu lügen!* I'll teach you to lie like that! ◊ *Das Beispiel lehrt, dass ...* The example shows that ...

Lehrer(in) teacher ◊ *Er ist Lehrer für Englisch.* He's an English teacher. ☛ G 2.2d

Lehrerkonferenz staff meeting **Lehrerzimmer** teachers' (common) room, (*bes BrE*) staff room

Lehrgang course ◊ *Er nahm an einem Lehrgang teil.* He took a course.

Lehrling apprentice; (*bei Angestellten*) trainee

> Zusammensetzungen werden folgendermaßen übersetzt: *ein Bäckerlehrling* an apprentice baker ◊ *Er ist ein Schreinerlehrling.* He's serving an apprenticeship as a carpenter.

☛ *Hinweis bei* LEHRE (1)

Lehr- Lehrplan curriculum*; (*einzelne Fächer betreffend*) syllabus* ◊ *Sport steht auf dem Lehrplan.* The curriculum includes sport. ◊ *der Lehrplan für Musik* the music syllabus **lehrreich** instructive; (*informativ*) informative ◊ *Es war lehrreich zu sehen, wie ...* It was instructive to see how ... ◊ *Der Vortrag war sehr lehrreich.* The lecture was very informative. **Lehrstelle** apprenticeship; (*bei Angestellten*) traineeship ◊ *Es gibt noch freie Lehrstellen.* There are still apprenticeships available. **Lehrstoff** subject matter **Lehrstuhl 1** (*Professorenstelle*) chair **2** (*Institut*) department ◊ *Er arbeitet am Lehrstuhl für Amerikanistik.* He works in the Department of American Studies.

Leib body* ◊ *der Leib Christi* the Body of Christ ◊ *Ihm klebte das Hemd am Leib.* His shirt was sticking to him. ◊ *Sie zitterte am ganzen Leib.* She was trembling all over. ◊ *Er riss sich die Kleider vom Leib.* He tore off his clothes. ◊ *bei lebendigem Leibe verbrannt werden* be burned alive [IDM] **etw am eigenen Leib erfahren/spüren** know* sth from personal experience ◊ *Er hat am eigenen Leib erfahren, was Hunger bedeutet.* He knows from personal experience what it means to be hungry. **mit Leib und Seele** heart and soul ◊ *Man muss in diesem Job mit Leib und Seele dabei sein.* You have to put your heart and soul into this job. ◊ *Sie ist Gärtnerin mit Leib und Seele.* She is an utterly dedicated gardener. **sich jdn vom Leib halten** keep* sb at arm's length; keep* sb away ◊ *Bitte halt ihn mir vom Leib.* Please keep him away from me. **jdm wie auf den Leib geschnitten sein** be tailor-made for sb ◊ *Die Rolle ist ihm wie auf den Leib geschnitten.* The role is tailor-made for him.

Leibgericht, Leibspeise favourite dish

leiblich 1 physical **2** (*Mutter, Kind etc.*) natural (*nur vor Nomen*)

Leibwächter(in) bodyguard ☛ G 2.2d

Leiche body* ◊ *Die Leiche eines Mannes wurde in der Isar gefunden.* A man's body was found in the Isar. ◊ *Er konnte nur noch als Leiche geborgen werden.* He was dead before help arrived. [IDM] **aussehen wie eine (wandelnde) Leiche** look like death warmed up (*umgs*) **eine Leiche im Keller haben** have a skeleton in the cupboard **Nur über meine Leiche!** Over my dead body! **über Leichen gehen** be utterly ruthless

leichenblass deathly pale, as white as a sheet ◊ *leichenblass aussehen* look deathly pale

Leichen- Leichenhalle mortuary* **Leichentuch** shroud **Leichenwagen** hearse

Leichnam ⇨ LEICHE

leicht 1 light (*Adv* lightly) ◊ *Dieser Koffer ist leichter als der andere.* This case is lighter than the other one. ◊ *leichte Kost* a light diet ◊ *eine leichte Lektüre* light reading ◊ *leichter Regen* light rain ◊ *leichter Frost* light frost ◊ *einen leichten Schlaf haben* be a light sleeper ◊ *Er berührte sie leicht am Arm.* He touched her lightly on the arm. **2** (*nicht stark, ein wenig*) slight (*Adv* slightly) ◊ *ein leichter Schnupfen* a slight cold ◊ *ein leichter Akzent* a slight accent ◊ *leicht verletzt* slightly injured ◊ *Die Werte sind leicht gesunken.* The levels have gone down slightly. ◊ *mit leichter Verspätung* slightly late ◊ *Das ist leicht übertrieben.* That is a slight exaggeration. ◊ *leichte Verletzungen* minor injuries ◊ *eine leichte Brise* a gentle breeze **3** (*einfach, schnell, mühelos*) easy* (*Adv* easily) ◊ *Die Klausur war leicht.* The test was easy. ◊ *Das ist mir nicht leicht gefallen.* It wasn't easy for me. ◊ *Mathe fällt ihr leicht.* Maths comes easily to her. ◊ *Er macht sich's zu leicht.* He takes the easy way out. ◊ *Sie hat es nicht leicht.* Things are not easy for her. ◊ *leicht verständlich* easy to understand ◊ *Das hätte leicht schief gehen können.* It could easily have gone wrong. ◊ *leicht löslich* easily dissolved ◊ *Es war ihm ein Leichtes, sie zu überzeugen.* He had no problem convincing her. ◊ *Sie hat es nicht leicht mit ihm.* She has a difficult time with him. ◊ *Nimm's leicht!* Don't get upset. ◊ *Er wird sehr leicht aggressiv.* It doesn't take much to make him aggressive. **4** (*dünn*) thin* ◊ *ein leichtes Kleid* a thin dress ◊ *zu leicht angezogen* not dressed warmly enough ◊ *ein leicht bekleidetes Fotomodell* a scantily dressed model [IDM] **leicht reden haben** be all right for sb ◊ *Du hast leicht reden!* It's all right for you! **leichter gesagt als getan** easier said than done ☛ *Siehe auch* HERZ, LACHEN, SCHULTER *und* SPIEL

Leicht- Leichtathlet(in) athlete, (*AmE*) track-and-field athlete ☛ G 2.2d **Leichtathletik** athletics [U], (*AmE*) track and field [U] ◊ *Leichtathletik betreiben* do athletics

leichtfertig careless (*Adv* carelessly) ◊ *leichtfertig mit Geld umgehen* be careless with money ◊ *etw leichtfertig aufs Spiel setzen* recklessly risk sth ◊ *ein leichtfertiges Versprechen* a rash promise

Leicht- Leichtgewicht lightweight (*auch fig*) **leichtgläubig** gullible **Leichtgläubigkeit** gullibility **Leichtigkeit** ease ◊ *mit Leichtigkeit* with ease ◊ *mit spielerischer Leichtigkeit* with the greatest of ease

Leichtsinn foolishness ◊ *jugendlicher Leichtsinn* the foolishness of youth ◊ *sträflicher Leichtsinn* criminal negligence

leichtsinnig irresponsible (*Adv* irresponsibly)

Leichtsinnsfehler careless mistake

leid jdn/etw ~ sein have had enough of sb/sth ◊ *Er ist ihre Unschlüssigkeit leid.* He has had enough of her indecisiveness. ◊ *Ich bin ihn endgültig leid!* I'm fed up with him! ◊ *Ich bin es leid, ausgelacht zu werden.* I'm sick of being laughed at.

Leid 1 suffering ◊ *das Leid der Opfer* the suffering of the victims ◊ *Ihr ist großes Leid widerfahren.* She has suffered greatly. ◊ *Die Leid Tragenden sind die Schüler.* The pupils are the ones who suffer. ◊ *jdm Leid zufügen* cause sb pain ◊ *jdm sein Leid klagen* tell sb all your troubles **2 es tut jdm ~ sb is sorry** ◊ *Es tut mir sehr Leid, dass ich stören muss.* I'm very sorry to disturb you. ◊ *Es tat mir Leid um das viele Geld.* I was sorry about all the money. ◊ *Tut mir Leid!* Sorry! **3** jd tut jdm ~ sb feels* sorry for sb ◊ *Sie tut mir Leid.* I feel sorry for her. ◊ *Die Frauen können einem Leid tun.* You have to feel sorry for the women. ◊ *Das wird dir noch Leid tun!* You'll regret it! [IDM] ⇨ FREUDE

leiden 1 suffer ◊ *an Migräne leiden* suffer from migraine ◊ *Not leiden* suffer distress ◊ *unter Abgasen leiden* suffer from fumes ◊ *Sie litt unter seiner Kritik.* His criticism made her unhappy. **2** jdn/etw gut ~ können like sb/sth; **jdn/etw nicht ~ können** not be able to stand sb/sth ◊ *Ich kann ihn gut leiden.* I like him. ◊ *Ich kann sie nicht leiden.* I can't stand her. [IDM] ⇨ TOD

Leiden 1 (*Krankheit*) illness ◊ *Nach langem Leiden verstarb er.* He died after a long illness. **2** (*Kummer*) suffering ◊ *das Leiden der Straßenkinder* the suffering of the street children ◊ *Freuden und Leiden* joys and sorrows

Leidenschaft passion ◊ *Musik ist seine große Leidenschaft.* Music is his great passion. ◊ *Er ist Gärtner aus Leidenschaft.* He is a passionate gardener.

leidenschaftlich passionate (*Adv* passionately) ◊ *ein leidenschaftlicher Kuss* a passionate kiss ◊ *etw leidenschaftlich befürworten* passionately support sth ◊ *eine leidenschaftliche Rede* an impassioned speech ◊ *Er spielt leidenschaftlich gern Schach.* He is mad on chess.

Leidensgenosse, -genossin fellow sufferer

leider 1 unfortunately ◊ *Er kann leider nicht mitkommen.* Unfortunately he can't come. ◊ *Ich sehe mich leider gezwungen, ...* I am unfortunately obliged to ... ◊ *Leider schaffe ich es doch nicht.* I'm afraid I won't manage it after all. ◊ *Es gibt leider keine Karten mehr.* I'm afraid there are no tickets left. ◊ *Wir müssen Ihnen leider mitteilen, dass ...* We regret to have to inform you that ... **2 ~ ja** I'm afraid so; **~ nicht** I'm afraid not [IDM] ⇨ GOTT

leidig tiresome

leidlich reasonable (*Adv* reasonably) ◊ *leidlich Englisch*

Leidtragende(r)

sprechen speak English reasonably well ◊ *Es funktioniert leidlich.* It works reasonably well.
Leidtragende(r) ⇨ LEID
Leiharbeitnehmer(in) temp
leihen 1 *jdm etw ~ lend** sth ◊ *Ich lieh ihm Geld.* I lent him money ☛ *Hinweis bei* BORGEN **2** *sich etw (von jdm) ~* borrow sth from sb ◊ *sich Geld (von der Bank) leihen* borrow money (from the bank) **3** *(mieten)* hire; *(AmE)* rent ◊ *geliehene Fahrräder* hired bikes
Leih- Leihgabe loan ◊ *eine Leihgabe der National Gallery* a loan from the National Gallery **Leihmutter** surrogate mother **Leihwagen** hire car, *(AmE)* rental car ◊ *Wir haben uns einen Leihwagen genommen.* We hired a car.
Leim glue IDM *aus dem Leim gehen* fall* apart *jdm auf den Leim gehen* be taken in by sb
leimen 1 glue **2** *(hereinlegen)* take* sb for a ride ◊ *Man hatte ihn geleimt.* He had been taken for a ride.
Leine 1 *(Wäsche-)* (clothes) line; *(Angel-)* fishing line ◊ *Die Wäsche hängt auf der Leine.* The washing is on the line. **2** *(Hunde-)* lead, *(AmE)* leash ◊ *einen Hund an die Leine nehmen* put a dog on the lead ◊ *Hunde müssen an der Leine geführt werde!* Dogs must be kept on a lead! IDM *jdn an die kurze Leine nehmen* keep* sb on a tight rein *Zieh Leine!* Push off!
Leinen linen
Lein- Leintuch sheet **Leinwand 1** *(zur Projektion)* screen **2** (KUNST) canvas
leise 1 quiet *(Adv* quietly) ◊ *leise sprechen* speak quietly ◊ *mit leiser Stimme* in a quiet voice ◊ *Kannst du ein bisschen leiser sprechen?* Could you talk more quietly? ◊ *leise Musik* soft music ◊ *die Musik leiser stellen* turn the music down **2** *(schwach ausgeprägt)* faint ◊ *einen leisen Verdacht hegen* have a faint suspicion ◊ *Sie hatte nicht die leiseste Ahnung.* She didn't have the faintest idea. IDM ⇨ SOHLE
Leiste 1 strip; *(Fuß-)* skirting board, *(AmE)* baseboard; *(Knopf-)* facing; *(zur Verzierung)* trim [U/Sing] **2** (ANAT) groin
leisten 1 do*; *(erreichen)* achieve ◊ *Du hast gute Arbeit geleistet.* You've done a good job. ◊ *Er hat viel geleistet.* He's achieved a lot. **2** *(Maschine, Gerät)* ◊ *Was leistet der Rechner?* How powerful is the computer? ◊ *Der Motor meines Autos leistet 100 PS.* My car has a 100-horsepower engine. **3** *(Wehrdienst etc.)* do*; *(erste Hilfe, Garantie)* give*; *(Widerstand)* offer **4** ◊ *Verzicht leisten* make sacrifices ◊ *jdm gute Dienste leisten* serve sb well ◊ *jdm Gehorsam leisten* obey sb ◊ *eine Unterschrift leisten* sign ◊ *eine Zahlung leisten* make a payment ◊ *einen Beitrag zur Rentenversicherung leisten* contribute to a pension scheme **5** *sich etw ~ können* be able to afford sth ◊ *Wir können uns dieses Jahr keine großen Reisen leisten.* We can't afford any big trips this year. ◊ *Sie können sich keine Niederlage leisten.* They can't afford to lose. **6** *sich etw ~ (sich etw gönnen)* treat yourself to sth ◊ *Ich habe mir zwei neue Blusen geleistet.* I treated myself to two new blouses. **7** *sich etw ~ (sich etw herausnehmen)* ◊ *Sie hat sich eine Frechheit/unverschämte Bemerkung geleistet.* She was very cheeky/made a very cheeky remark. ◊ *Er trägt mit 50 immer noch Jeans. Das kann er sich aber leisten.* He's 50 and he still wears jeans, but he can get away with it. ◊ *Mensch, da hast du dir aber einen groben Schnitzer geleistet.* Gosh, you made a terrible gaffe there. IDM ⇨ ARBEIT, DIENST, FOLGE *und* VORSCHUB
Leistung 1 achievement, performance ◊ *Den Rekord zu brechen war eine starke Leistung.* Breaking the record was a brilliant achievement. ◊ *Wir werden nach Leistung bezahlt.* We have performance-related pay. ◊ *eine gute/schwache Leistung erbringen* perform well/poorly ◊ *große sportliche Leistungen vollbringen* achieve great success in sport ◊ *Sie erbringen schlechtere schulische Leistungen als andere.* Their school work is not as good as others'. **2** *(Auszahlung)* benefit ◊ *Leistungen beziehen/erhalten/in Anspruch nehmen* draw/receive/claim benefits **3** *(Angebot)* service ◊ *Wir bieten Ihnen folgende Leistungen an.* We offer the following services. **4** *(Ausstoß)* output; *(Kapazität)* capacity ◊ *die Leistung einer Fabrik steigern* increase a factory's output ◊ *die Leistung des menschlichen Gehirns* the capacity of the human brain **5** *(von Maschinen, Geräten)* power ◊ *Der Motor hat/bringt eine Leistung von 80 PS.* It's an 80-horsepower engine. **6** *(Zahlung)* payment ◊ *den Schuldner auf Leistung verklagen* sue the debtor for payment **7** *(Ableistung)* (meist mit einem Verb übersetzt) ◊ *Wir bitten Sie, die Leistung Ihrer Rechnung umgehend zu erbringen.* We ask that you settle your account immediately. ◊ *die Leistung des Wehrdienstes* doing military service
Leistungsbereitschaft ◊ *Sie besitzt eine hohe Leistungsbereitschaft.* She's willing to work hard. **Leistungsdruck** pressure to achieve ◊ *Manche Schulkinder stehen unter enormem Leistungsdruck.* Some children are under intense pressure to achieve. **Leistungsfach** = main subject for the school-leaving exam **leistungsfähig 1** *(kompetent)* capable **2** *(effizient)* efficient; *(Maschine, Computer)* powerful ◊ *eine leistungsfähige Wirtschaft* an efficient economy **3** *(vital)* fit **Leistungsfähigkeit 1** *(Effizienz)* efficiency; *(im Beruf, in der Schule)* performance ◊ *die Leistungsfähigkeit der Wirtschaft* the efficiency of the economy ◊ *die schulische Leistungsfähigkeit der Kinder* the children's performance in school **2** *(Kapazität)* capacity*; *(von Maschinen, Computern)* power ◊ *die geistige Leistungsfähigkeit* the intellectual capacity **3** *(Vitalität)* fitness **Leistungsgesellschaft** achievement-oriented society*, rat race *(umgs, abwert)* **Leistungsgrenze** limit ◊ *Sie müssen an die Leistungsgrenzen gehen.* They must push themselves to the limit. **Leistungskurs** = main subject in the school-leaving exam ◊ *Ich habe Mathe und Englisch als Leistungskurse.* My main subjects are maths and English. **Leistungsniveau** standard **leistungsorientiert** achievement-oriented; *(Mensch, Gesellschaft auch)* competitive; *(Bezahlung)* performance-related ◊ *Sie ist eine sehr leistungsorientierte Studentin.* She's a very competitive student. ◊ *Die Schule ist modern und leistungsorientiert.* The school is modern and puts the emphasis on achievement. **leistungsschwach 1** *(Computer etc.)* low-capacity; *(Motor etc.)* not very powerful *(nicht vor Nomen)* **2** *(Schüler)* weak; *(Organisation)* underperforming **Leistungssport** competitive sport ◊ *Leistungssport betreiben* take part in competitive sport **Leistungssportler(in)** competitive athlete ☛ G 2.2d **leistungsstark** *(Computer, Maschine)* powerful; *(Mannschaft, Organisation)* strong; *(Schüler, Mitarbeit)* excellent **Leistungssteigerung** improvement in performance **Leistungszentrum** training centre, *(AmE)* training center

Leit- Leitartikel leading article **Leitbild** role model
leiten 1 *(Geschäft)* run*, manage; *(Kommission etc.)* head ◊ *Er leitet die Firma bereits seit zwanzig Jahren.* He's been running the firm for twenty years. ◊ *eine Arbeitsgruppe leiten* head a working party ◊ *Sie leitet die Grundschule im Dorf.* She's head teacher of the village school. **2** *(Chor, Orchester)* conduct **3** *(Diskussion etc.)* chair ◊ *eine Debatte leiten* chair a debate **4** *(hinführen)* lead*, guide ◊ *Diese simple Tatsache leitet uns zu möglichen Lösungen.* This simple fact leads us to possible solutions. ◊ *Ein Instinkt leitet die Insekten zu ihrem Ziel.* Instinct guides the insects to their goal. ◊ *vom eigenen Interesse geleitet* guided by self-interest **5** *(durch Rohre)* pipe; *(Verkehr)* route ◊ *Gas durch Rohre leiten* pipe gas ◊ *Der Verkehr wurde über den Marktplatz geleitet.* The traffic was routed through the market place. **6** (PHYSIK) conduct ◊ *Metalle leiten Elektrizität.* Metals conduct electricity. ◊ *Kupfer leitet gut.* Copper is a good conductor. ◊ *Wasser leitet den Schall.* Sound travels through water. **7** *sich von etw ~ lassen* be guided by sth ◊ *sich von seinem Instinkt leiten lassen* be guided by your instinct IDM ⇨ WEG
leitend 1 guiding *(nur vor Nomen)* ◊ *Diesem Betrieb fehlt die leitende Hand.* These business lacks a guiding hand. **2** *(Führungs-)* senior ◊ *eine leitende Position in der Firma* a senior position in the firm ◊ *ein leitender Beamter* a senior civil servant ◊ *ein leitender Angestellter* an executive ◊ *ein leitender Ingenieur* a chief engineer ◊ *die leitende Direktorin des Instituts* the director of the institute **3** (PHYSIK) conductive *(Fachspr)*
Leiter[1] *der* conductor ◊ *Metalle sind hervorragende Leiter.* Metals are very good conductors.
Leiter[2] *die* ladder ◊ *eine Leiter hochsteigen/hinabsteigen* climb up/down a ladder
Leiter(in) 1 *(einer Firma)* manager; *(eines Chors, Orchesters)* conductor; *(eines Instituts)* director **2** *(einer Schule)* head teacher, *(AmE)* principal *(einer Fachschule etc.)* principal **3** *(einer Gruppe)* leader; *(einer Diskussion etc.)* chair
Leit- Leitfaden guide ◊ *ein Leitfaden zum Universitätsstudium* a guide to university study **Leitfigur** leading figure ◊ *betriebliche/politische Leitfiguren* leading figures from industry/politics **Leitgedanke, Leitidee** central theme; *(Grundsatz)* guiding principle ◊ *Der Redner stellte seinen*

Vortrag unter den Leitgedanken des humanitären Beistandes. The central theme of the speaker's address was humanitarian aid. **Leithammel 1** (ZOOL) leader (of herd/flock) **2** *(Anführer)* leader of the pack **Leitidee** ⇨ LEITGEDANKE **Leitkultur** dominant culture **Leitmotiv 1** (MUS, LIT) leitmotif **2** *(Hauptthema)* central theme; *(Prinzip)* guiding principle **Leitplanke** crash barrier, *(AmE)* guard rail **Leitsatz** guiding principle **Leitspruch** motto*
Leitung 1 *(einer Firma)* management; *(eines Chors, Orchesters)* direction ◊ *Das teilt die Leitung der Klinik mit.* This was announced by the hospital management. ◊ *Er gehört der kaufmännischen Leitung des Unternehmens an.* He is one of the company's commercial managers. ☛ G 1.3b **2** *(Anführen)* *(meist mit einem Verb übersetzt)* ◊ *Wer wird die Leitung der Expedition übernehmen?* Who will lead the expedition? ◊ *Sie wurde mit der Leitung der Beratungsstelle beauftragt.* She took over as head of the advice centre. ◊ *Er übernimmt die Leitung der Debatte.* He will be chairing the debate. **3** *(Rohr)* pipe **4** *(Strom-)* wire; *(dicker)* cable **5** *(Telefon-)* line ◊ *Es knackt in der Leitung.* It's a crackly line. ◊ *Es ist jemand in der Leitung.* There's someone on the line. ◊ *Die Leitung ist unterbrochen.* We've been cut off. IDM **eine lange Leitung haben** be slow on the uptake *(umgs)*
Leitungswasser tap water
Leitzins base rate
Lektion lesson *(auch fig)* ◊ *Heute nehmen wir die zehnte Lektion durch.* We're going to do lesson ten today. ◊ *Das sollte dir eine Lektion sein.* Let that be a lesson to you. ◊ *jdm eine Lektion erteilen/geben* teach sb a lesson
Lektor(in) 1 lector ☛ *An britischen Universitäten werden die Lektoren, die praktische Sprachkurse übernehmen, meist mit den Fremdwörtern bezeichnet. Deutsche Lektor/innen werden z.B. „Lektor" oder „Lektorin" genannt, Franzosen „lecteur" oder „lectrice" etc.* ☛ G 2.2d **2** *(beim Verlag)* editor ☛ G 2.2d **3** (REL) reader
Lektüre 1 *(Lesestoff)* reading matter ◊ *Nimm viel Lektüre mit in deinen Urlaub!* Take plenty of reading matter with you on holiday! ◊ *Das ist eine spannende Lektüre.* It's an exciting read. **2** *(das Lesen)* *(meist mit einem Verb übersetzt)* ◊ *Wir haben heute mit der Lektüre von „Wilhelm Tell" angefangen.* We started reading 'Wilhelm Tell' today. ◊ *Ich kann Ihnen dieses Buch als Lektüre empfehlen.* I can recommend that you read this book. ◊ *bei sorgfältiger Lektüre des Romans ...* if you read the novel carefully, ...
Lende loin
Lendenwirbel lumbar vertebra*
lenken 1 *(Fahrzeug)* drive*; *(in eine bestimmte Richtung)* steer; *(wenden)* turn ◊ *einen Bus/Zug/Wagen lenken* drive a bus/train/car **2** *(Staat)* govern; *(Firma)* run* ◊ *Verhandlungen lenken* lead negotiations ◊ *Dem Projekt fehlt die lenkende Hand.* The project needs a guiding hand. **3** *(Verkehr)* guide, direct; *(Energie etc.)* channel*; *(Diskussion, Ball,)* steer ◊ *Eine Schranke soll den Verkehr lenken.* A barrier will guide the traffic. ◊ *Ein Polizist lenkte den Verkehr mit der Hand.* A policeman was directing traffic. ◊ *die Aggression in die richtige Richtung lenken* channel aggression in the right direction ◊ *Sie lenkte das Gespräch auf ein anderes Thema.* She steered the conversation onto another topic. ◊ *Er lenkte den Ball an die Latte.* He hit the crossbar. **4 etw auf jdn/etw ~** *(Aufmerksamkeit)* draw* sth to sb/sth; *(Verdacht)* throw* sth onto sb/sth ◊ *Ich möchte Ihre Aufmerksamkeit auf folgende Punkte lenken.* I would like to draw your attention to the following points. ◊ *Der Täter lenkte den Verdacht auf einen Unschuldigen.* The culprit threw suspicion onto an innocent person.
Lenker handlebars [Pl]
Lenk- Lenkrad steering wheel **Lenkradschloss** steering lock **Lenkstange** handlebars [Pl]
Lenkung 1 *(Lenkvorrichtung)* steering ◊ *Die Lenkung geht schwer.* The steering is heavy. **2** *(Regelung)* regulation ◊ *die Lenkung der Marktwirtschaft* the regulation of the market economy **3** *(Führung, Leitung)* *(meist mit einem Verb übersetzt)* ◊ *Die Lenkung eines Staates ist eine schwere Kunst.* Governing a country is no easy matter. **4** (COMP) navigation
Leopard leopard
Lepra leprosy
Lerche lark

lernbegierig eager to learn *(nicht vor Nomen)*, keen ◊ *ein lernbegieriger Schüler* a keen pupil
lernbehindert with learning difficulties *(nicht vor Nomen)* ◊ *ein lernbehindertes Kind* a child with learning difficulties
Lernbehinderte(r) person* with learning difficulties ◊ *eine Schule für Lernbehinderte* a school for children with learning difficulties
lernen 1 learn* ◊ *Ich lerne Spanisch.* I'm learning Spanish. ◊ *Er hat von seinem Vater kochen gelernt.* He learned to cook from his father. ◊ *etw auswendig lernen* learn sth off by heart ◊ *Lächeln will gelernt sein.* Smiling is something you have to learn how to do. ◊ *Sie müssen lernen, auch mal „Nein" zu sagen.* You have to learn to say 'No' sometimes. ◊ *Aus dieser Erfahrung hat sie gelernt, nicht so vertrauensselig zu sein.* This experience has taught her not to be so trusting. ◊ *Sie hat ihn schätzen gelernt.* She came to appreciate him. ☛ *Siehe auch* KENNEN **2** **(etw) ~** *(eine Ausbildung machen)* train (as sth) ◊ *Ich habe drei Jahre gelernt.* I trained for three years. ◊ *Sie hat Schneiderin gelernt.* She trained as a dressmaker. ◊ *Er ist gelernter Jurist.* He is a trained lawyer. **3** *(für die Schule)* work; *(Stoff wiederholen)* revise ◊ *Sie hat in der Schule immer fleißig gelernt.* She always worked hard at school. ◊ *Für die Prüfung hat er tagelang gelernt.* He revised for days for the exam.
Lernende(r) learner
lern- lernfähig 1 able to learn *(nicht vor Nomen)*, capable of learning *(nicht vor Nomen)* ◊ *Politiker müssen lernfähig sein.* Politicians must be able to learn. ◊ *Er ist überhaupt nicht lernfähig.* He is incapable of learning anything at all. **2** (COMP) intelligent ◊ *lernfähige Systeme* intelligent systems **Lernprozess** learning process
lesbar 1 *(leserlich)* legible ◊ *Er hat eine gut lesbare Schrift.* His handwriting is easily legible. **2** *(verständlich)* clear *(Adv* clearly); *(angenehm zu lesen)* readable ◊ *Der Ratgeber ist gut lesbar geschrieben.* The guide is written in a clear style.
Lesbe, Lesbierin lesbian ◊ *Sie ist Lesbe.* She is a lesbian.
lesbisch lesbian ◊ *Sie ist lesbisch.* She is a lesbian. ◊ *lesbisch lebende Frauen* women living together in a lesbian relationship
Lese- Lesebrille reading glasses [Pl] ☛ *Hinweis bei* BRILLE **Lesebuch** reader
lesen¹ 1 read* ◊ *Ich habe in der Zeitung davon gelesen.* I read about it in the newspaper. ◊ *Ihre Hobbys sind Lesen und Reisen.* Her hobbies are reading and travelling. ◊ *Ihre Handschrift war kaum zu lesen.* You could hardly read her writing. ◊ *Die Zigeunerin hat mir aus der Hand gelesen.* The gypsy read my palm. ◊ *Schriftsteller aus Israel lesen in Rom.* Israeli writers are giving readings from their work in Rome. ◊ *In seinem Gesicht konnte man lesen, wie enttäuscht er war.* You could see from his face how disappointed he was. **2** *(Messe)* say* **3** *(an der Uni lehren)* lecture in sth ◊ *Sie liest in Göttingen Psychologie.* She lectures in psychology at Göttingen. **4 sich ~** read* ◊ *Das Buch liest sich wie ein Krimi.* The book reads like a detective novel. ◊ *Dein Aufsatz liest sich gut.* Your essay reads well. ◊ *Ihre Bücher lesen sich gut.* Her books are a good read. ◊ *Der Artikel liest sich leicht.* The article is easy to read. IDM ⇨ ENDE, GEDANKE, HAND *und* ZEILE
lesen² *(pflücken)* pick, gather ◊ *Trauben lesen* pick grapes ◊ *die Äpfel vom Boden lesen* gather the apples from the ground
lesenswert worth reading *(nicht vor Nomen)*
Leser(in) reader
Leseratte keen reader, bookworm
Leserbrief reader's letter, letter to the editor
leserlich legible *(Adv* legibly), clear *(Adv* clearly) ◊ *Sie hat eine (gut) leserliche Schrift.* Her writing is (easily) legible.
Lese- Lesesaal reading room **Lesezeichen** bookmark
Lesung reading; *(in der Kirche auch)* lesson ◊ *Der Autor hielt eine Lesung in der Stadtbücherei.* The author gave a reading in the town library. ◊ *die erste Lesung des neuen Haushalts* the first reading of the new budget
Lethargie lethargy
lethargisch lethargic *(Adv* lethargically)
letzte(r,s) 1 last ◊ *der letzte Bus* the last bus ◊ *Sie sah das Auto erst im letzten Moment/in letzter Sekunde.* She didn't

see the car until the last moment. ◊ *Sie haben den Plan in letzter Minute geändert.* They changed the plan at the last minute. ◊ *Das ist der letzte Rest.* This is the last little bit. ◊ *Mit letzter Kraft hob sie die Hand.* With her last ounce of strength she raised her hand. ◊ *Mit seinem letzten Geld kaufte er sich Bücher.* He bought himself some books with the last of his money. ◊ *Sie war auf dem letzten Platz.* She was last. ◊ *Ich sage es dir zum letzten Mal!* I'm telling you for the last time! ◊ *letzte Woche* last week ◊ *letzten Samstag* last Saturday ☛ Vorsicht! Ausdrücke wie „in den letzten/nächsten Wochen, Tagen," etc. muss man mit „in the last/next **few** days, weeks," etc. übersetzen. ☛ *Hinweis bei* MAL¹ **2** *(hinterste(r,s))* back ◊ *Ich saß in der letzten Reihe.* I sat in the back row. **3** *(endgültig)* final ◊ *Ist das dein letztes Angebot?* Is that your final offer? **4 (der/die) Letzte** the last one ◊ *Der Letzte, der geht, muss abschließen.* The last one to leave has to lock the door. ◊ *Er kam als Letzter.* He was the last to arrive. ◊ *Er wurde Letzter.* He came last. **5 (das) Letzte** (the) last thing ◊ *Das ist das Letzte, was wir gebrauchen können.* That's the last thing we need. ◊ *und noch ein Letztes* one last thing ◊ *Das war das Letzte, was wir von ihm sahen.* That was the last we saw of him. IDM **bis ins Letzte** down to the last detail ◊ *Sie haben die Reise bis ins Letzte durchgeplant.* They planned the trip down to the last detail. **jdm das Letzte abverlangen** be very demanding **etw ist das Letzte** sth is the pits; sth is terrible ◊ *Das ist doch wirklich das Letzte, wie wir dort behandelt wurden!* It really is terrible the way we were treated there! ◊ *Dieser Film ist das Letzte!* This film is the pits! **sein Letztes geben** give* your all ☛ *Siehe auch* DRECK, EHRE, ENDE, HEMD, LOCH, MENSCH, RETTUNG, SCHREI, STOSS, STUNDE, WORT, ZEIT *und* ZUG

letztendlich 1 *Adv* in the end, ultimately *(gehoben)* ☛ *Hinweis bei* ULTIMATELY **2** *Adj* ultimate *(nur vor Nomen)*

letztens *(kürzlich)* recently

letztere(r,s) 1 latter ◊ *Zum letzteren Punkt möchte ich anmerken:* ... With regard to the latter point I would just like to say: ... **2 der/die/das Letzere; Letzere(r,s)** the latter ◊ *Geschichte und Erdkunde standen zur Wahl. Ich habe mich für Letzteres entschieden.* It was a choice between history and geography. I chose the latter.

letztlich in the end ◊ *Der Umweg dauerte letztlich nur fünf Minuten länger.* In the end, the detour only took five minutes longer.

Leuchte light; *(Laterne)* lantern

leuchten 1 shine* ◊ *Ein Stern leuchtete hell am Himmel.* A star shone brightly in the sky. ◊ *Ihre Augen leuchteten vor Begeisterung.* Their eyes shone with enthusiasm. **2** *(Feuer, Farbe, Himmel, Phosphor)* glow ◊ *Die Zeiger an meiner Uhr leuchten im Dunkeln.* The hands on my watch glow in the dark. **3 (mit etw) ~ shine*** sth ◊ *Kannst du mal mit deiner Taschenlampe in diese Ecke leuchten?* Can you just shine your torch into this corner?

leuchtend shining *(Farben)* bright, vivid ◊ *mit leuchtenden Augen* with shining eyes ◊ *ein leuchtendes Beispiel* a shining example ◊ *ein leuchtend roter Pullover* a bright red jumper

Leuchter *(Kerzen-)* candle holder, candlestick; *(mehrarmig)* candelabra; *(Kron-)* chandelier

Leucht- Leuchtkraft brightness, brilliance *(auch fig)* **Leuchtrakete** flare **Leuchtreklame** neon sign **Leuchtstift** highlighter (pen) **Leuchtstoffröhre** fluorescent tube **Leuchtturm** lighthouse

leugnen 1 deny* everything ◊ *Er leugnete hartnäckig.* He stubbornly denied everything. **2 etw ~ deny*** sth **~ etw getan zu haben** deny* doing sth ◊ *Er leugnete den Diebstahl.* He denied committing the theft. ◊ *Ich kann nicht leugnen, dass ich erleichtert bin.* I can't deny that I'm relieved. ◊ *Dieser Schriftsteller leugnet den Holocaust.* This writer denies that the holocaust happened. ◊ *Es lässt sich nicht leugnen.* There's no denying it. ◊ *Die Ironie ist nicht zu leugnen.* The irony is undeniable.

Leukämie leukaemia, *(AmE)* leukemia [U]

Leute 1 people [Pl] ◊ *In der Stadt waren viele Leute.* There were a lot of people in town. ◊ *ältere Leute* older people ◊ *Wir müssen Leute entlassen.* We will have to lay people off. ◊ *Alle Leute sagen es.* Everybody says so. ◊ *Kommt, Leute, wir gehen!* Come on, folks, let's go!

Folk ist ein umgangssprachliches Wort für „Leute". Es wird oft verwendet, wenn man von alten Leuten oder von Menschen, die auf dem Land leben, spricht: *Only the old folk were left in the village.* **Folks** wird umgangs-

sprachlich im britischen sowie im amerikanischen Englisch gebraucht, wenn man sich auf mehrere Personen bezieht oder mehrere Personen anspricht: *Hi, folks!*

2 die Leute people [Pl] ◊ *Es ist mir egal, was die Leute sagen.* I don't care what people say. IDM **unter die Leute kommen** get* out (and meet people)

Leutnant second lieutenant; *(in der britischen Marine)* sub lieutenant; *(in der US-Marine)* lieutenant junior grade

Lexikon 1 *(Enzyklopädie)* encyclopedia **2** *(Wörterbuch)* dictionary*

Libelle dragonfly*

liberal 1 liberal ◊ *eine liberalere Drogenpolitik* a more liberal policy on drugs ◊ *Sie ist liberal eingestellt.* She has liberal views. **2** *(eine bestimmte Partei betreffend)* Liberal ◊ *die liberale Ministerin* the Liberal Minister ◊ *Er wählt liberal.* He votes Liberal.

Liberale(r) Liberal

liberalisieren liberalize

Liberalisierung liberalization

Liberalismus liberalism

Libero sweeper

licht 1 bright, light ◊ *eine lichte Zukunft* a bright future ◊ *lichte Pastellfarben* pale pastel colours ◊ *Zuweilen hat er ein paar lichte Momente.* He has a few lucid moments. **2** *(Haar)* thin *(Adv* thinly*)*; *(Vegetation)* sparse *(Adv* sparsely*)* **3** ◊ *eine lichte Höhe von 2,80 Meter* headroom of 2.8 metres ◊ *Das Rohr hat eine lichte Weite von einem halben Meter.* The pipe has an internal width of half a metre.

Licht light ◊ *Mach bitte Licht.* Please put the light on. ◊ *In ihrem Zimmer brennt noch Licht.* There's still a light on in her room. IDM **etw ans Licht bringen** bring* sth out into the open **ans Licht kommen** come* to light **das Licht der Welt erblicken** come* into the world; be born **ein gutes/schlechtes Licht auf jdn/etw werfen** throw*/cast* a good/bad light on sb/sth **jdm geht ein Licht auf** it dawns on sb **grünes Licht für etw geben** give* sth the green light **jdn hinters Licht führen** pull the wool over sb's eyes ◊ *Ich lasse mich von dir doch nicht hinters Licht führen!* You can't pull the wool over my eyes! **jdn/etw ins rechte Licht rücken/setzen** put* sb/sth in a favourable light **kein großes/helles Licht sein** not be very bright **sein Licht unter den Scheffel stellen** hide* your light under a bushel

Lichtblick bright spot (on the horizon) **lichtempfindlich** sensitive to light; *(Film)* light-sensitive

lichten 1 thin* sth out **2 sich ~** thin* out; *(Rauch, Nebel)* clear; *(Himmel auch)* brighten **3 den Anker ~** weigh anchor

Lichter- Lichterfest Hanukkah **Lichterkette 1** fairy lights [Pl] **2** *(Demonstration)* candlelit vigil ◊ *eine Lichterkette veranstalten* hold a candlelit vigil ◊ *30 000 Menschen bildeten eine Lichterkette gegen Rassismus.* 30 000 people formed a human chain and carried candles to protest against racism.

Licht- Lichtgeschwindigkeit speed of light **Lichthupe die ~ betätigen** flash your headlights **Lichtjahr** light year **Lichtmaschine** alternator **Lichtschalter** light switch **Lichtschranke** photoelectric beam **Lichtschutzfaktor** (sun protection) factor ◊ *eine Sonnenmilch mit hohem/niedrigem Lichtschutzfaktor* a high/low factor sun cream **Lichtstrahl** ray of light; *(von Taschenlampe)* beam

Lid eyelid

Lidschatten eyeshadow **Lidstrich** eyeliner

lieb 1 *(freundlich)* nice *(Adv* nicely*)* ◊ *Du bist immer sehr lieb zu mir.* You're always so nice to me. ◊ *Bitte sei so lieb und decke den Tisch.* Would you do me a favour and lay the table? ◊ *Das ist lieb gemeint von dir.* That's very sweet of you. ◊ *viele liebe Grüße Dein Tom* lots of love Tom ◊ *Viele liebe Grüße an deine Schwester.* Give my love to your sister. ◊ *Vielen Dank für das liebe Geschenk.* Thank you for the lovely present. **2** *(geschätzt)* dear ◊ *ein lieber Freund* a dear friend ◊ *Liebe Karin!* Dear Karin, ◊ *Liebe Ute, lieber Jan!* Dear Ute and Jan, ◊ *Ihr Lieben!* Dear all, ◊ *Dieser Ring ist mir besonders lieb.* I'm particularly fond of this ring. ◊ *Es war eine liebe Gewohnheit, sonntags einen Spaziergang zu machen.* It was a favourite habit of ours to go for a walk on Sundays. **3** *(brav)* good ◊ *Sei schön lieb und geh ins Bett.* Be a good boy/girl and go to bed. **4 jdn ~ haben** be very fond of sb; (*lieben*) love sb **5** jdn/etw ~ **gewinnen** grow* fond of sb/sth **6 etw ist/wäre jdm ~** sb likes/would like sth ◊ *Das ist mir gar nicht lieb.* I don't like that at all. ◊ *Es wäre mir lieb, wenn du auf mich warten könntest.* I'd appreciate it if you could wait for me. IDM ⇨ GOTT, HIMMEL, MANN *und* ZEIT

liebäugeln mit etw ~ have your eye on sth (*umgs*) ◊ *Bayern München liebäugelt mit der Meisterschaft.* Bayern Munich have got their eye on the championship. ◊ *Er liebäugelt schon lange damit, sich ein neues Motorrad zu kaufen.* He's been toying with the idea of buying a new motorbike for a long time.

Liebe love ◊ *die Liebe von Großeltern zu ihren Enkeln* the love of grandparents for their grandchildren ◊ *die Liebe zu Gott* the love of God ◊ *Ich würde nur aus Liebe heiraten.* I'd only marry for love. ◊ *seine Liebe zur Musik* his love of music ◊ *Max ist eine alte Liebe von mir.* Max is an old flame of mine. ◊ *Das Theater ist ihre große Liebe.* She's passionate about the theatre. IDM **Liebe auf den ersten Blick** love at first sight **mit Liebe** with great care; lovingly ◊ *Er hat diesen Oldtimer mit Liebe restauriert.* He has lovingly restored this old car. ◊ *Deine Mutter kocht wirklich mit Liebe.* You mother puts a lot of care into her cooking.

lieben 1 love ◊ *Sie liebt ihren Beruf.* She loves her job. ◊ *Die beiden lieben sich von ganzem Herzen.* They love each other with all their hearts. ◊ *Sie ist unfähig zu lieben.* She is incapable of love. ◊ *ein geliebter Mensch* a beloved person ◊ *Er liebt es nicht, beim Lesen gestört zu werden.* He doesn't like people disturbing him when he's reading. **2 sich ~** (*körperlich*) make* love; **jdn ~** make* love to sb

liebend etw ~ gern tun love doing sth, love to do sth ◊ *Ich würde liebend gerne kommen, aber ...* I'd love to come, but ...

Liebende(r) lover

liebenswert (*Mensch*) lovable (*Adv* lovably); (*Stadt*) attractive ◊ *ein liebenswertes Kind* a lovable child

liebenswürdig charming (*Adv* charmingly); (*hilfsbereit*) kind (*Adv* kindly) ◊ *Das ist sehr liebenswürdig von Ihnen.* That's very kind of you.

lieber 1 (*Komparativ zu gern*) ◊ *Ich mag ihn lieber als seinen Bruder.* I like him better than his brother. ◊ *Sie mag Tennis lieber als ich.* She likes tennis more than I do. ◊ *Machst du diesen Job wirklich lieber als deinen letzten?* Do you really prefer this job to your last one? **2** (*eher*) rather ◊ *Ich würde lieber morgen losfahren.* I'd rather leave tomorrow. ◊ *Ich würde lieber heute als morgen meinen Job wechseln.* I'd change my job today if I could. **3** (*besser*) ◊ *Mach deine Hausaufgaben lieber gleich.* You'd better do your homework straight away. ◊ *Das hättest du lieber nicht sagen sollen.* You shouldn't have said that. **4 jd/etw ist jdm ~** sb prefers* sb/ sth ◊ *Es wäre mir lieber, wenn du das sofort erledigen könntest.* I'd prefer it if you could do it immediately. ◊ *Sie ist mir sehr viel lieber als ihre Mutter.* I much prefer her to her mother.

Liebes- Liebesbeziehung love affair **Liebeserklärung jdm eine ~ machen** declare your love to sb **Liebesfilm** love story* **Liebesgeschichte 1** love story* **2** (*Affäre*) (love) affair **Liebeskummer** ◊ *Liebeskummer haben* be lovesick ◊ *Sie hat seit Wochen Liebeskummer wegen dieses Kerls.* She's been moping around for weeks over that guy. ◊ *Aus Liebeskummer verübte er Selbstmord.* He committed suicide out of unrequited love. **Liebespaar** couple ☛ G 1.3b **Liebesroman** love story*

liebevoll loving (*Adv* lovingly) ◊ *liebevolle Fürsorge* loving care ◊ *Er küsste sie liebevoll.* He kissed her lovingly. ◊ *Sie hat eine liebevolle Art.* She's a very caring person.

Liebhaber(in) lover

lieblich 1 delightful (*Adv* delightfully), charming (*Adv* charmingly) **2** (*Duft, Wein, Klang*) sweet (*Adv* sweetly)

Liebling 1 (*Anrede*) darling **2** (*bevorzugter Mensch*) favourite, (*AmE*) favorite, (*des Publikums auch*) darling ◊ *Manche Lehrer haben Lieblinge.* Some teachers have their favourites. ◊ *Sie ist der Liebling unseres Deutschlehrers.* She's the German teacher's pet.

Lieblingsfarbe favourite colour, (*AmE*) favorite color **Lieblingsschüler(in)** favourite (pupil), (*AmE*) favorite (pupil) **Lieblingsspeise** favourite food, (*AmE*) favorite food **Lieblingsthema** favourite topic, (*AmE*) favorite topic

lieblos 1 *Adj* (*Mensch*) unloving, (*Beziehung etc.*) loveless ◊ *eine lieblose Ehe* a loveless marriage ◊ *Ihre Kindheit war lieblos.* No one showed her how much love when she was a child. **2** *Adv* (*unfreundlich*) unkindly **3** *Adv* (*ohne Sorgfalt*) carelessly

liebste(r,s) favourite, (*AmE*) favorite ◊ *Reisen ist mein liebstes Hobby.* Travelling is my favourite hobby.

liebsten 1 am ~ (*Superlativ von gern*) ◊ *Am liebsten trinke ich Milch.* Milk's my favourite drink. ◊ *Am liebsten würde ich schon heute verreisen.* If I had the choice, I'd go away today. **2 am ~** (*Superlativ von lieb*) ◊ *Von all meinem Schmuck ist mir dieser Ring am liebsten.* This ring is my favourite piece of jewellery. ◊ *Am liebsten wäre mir ein Haus mit großem Garten.* What I'd most like is a house with a big garden. ◊ *Was wäre dir am liebsten?* What would you prefer?

Lied song; (*Kirchen-*) hymn; (*Weihnachts-*) carol ◊ *Soll ich dir ein Lied vorsingen?* Shall I sing you a song? IDM **davon kann ich (dir) ein Lied singen!** tell me about it! (*umgs*) **es ist immer dasselbe/das alte/das gleiche Lied** (**mit jdm/etw**) it's always the same (with sb/sth)

Liederabend evening of songs ◊ *ein Liederabend mit Werken von Schubert* an evening of Schubert songs

liederlich 1 *Adj* slovenly; (*unordentlich*) untidy* (*Adv* untidily*) ◊ *Sie ist so liederlich wie eh und je.* She is as slovenly as ever. ◊ *Warum muss dein Zimmer bloß immer so liederlich aussehen?* Why does your room always have to look such a mess? **2** (*nachlässig*) sloppy* (*Adv* sloppily) ◊ *eine liederliche Arbeit* a sloppy piece of work ◊ *Dieser Text ist liederlich übersetzt.* This is a sloppy translation. **3** (*unmoralisch*) dissolute (*Adv* dissolutely) ◊ *Führt er noch immer diesen liederlichen Lebenswandel?* Does he still lead such a dissolute life?

Liedermacher(in) singer-songwriter ☛ G 2.2d

Lieferant(in) supplier

lieferbar available ◊ *die zurzeit lieferbare Heine-Literatur* literature available on Heine at the moment ◊ *Der Artikel ist momentan nicht lieferbar.* The article is out of stock at the moment.

liefern 1 (*zustellen*) deliver ◊ *Wann liefern Sie uns den Kleiderschrank?* When will you be delivering the wardrobe? ◊ *Wir liefern die Ware frei Haus.* We deliver the goods free of charge. **2** (*zur Verfügung stellen*) supply* ◊ *Das Werk kann wegen eines Feuerschadens zurzeit nicht liefern.* The factory cannot supply anything at the moment because of fire damage. ◊ *Können Sie einen Beweis dafür liefern, dass Sie zu besagter Zeit zu Hause waren?* Can you provide any evidence that you were at home at the time in question? **3** (*produzieren*) produce ◊ *Dieser Staat liefert viele Rohstoffe.* That country produces a lot of raw materials. ◊ *Der karge Boden hier liefert nur wenig Ertrag.* The poor soil here doesn't yield much. **4 sich eine Schlacht mit jdm ~** fight* (a battle) with sb IDM ⇨ MESSER

Lieferschein delivery note

Lieferung (*das Liefern*) delivery*; (*von Waren auch*) consignment ◊ *Ist die Lieferung bereits eingetroffen?* Has the delivery come in yet? ◊ *Die Lieferung der Ware erfolgt nur gegen Barbezahlung.* It's cash on delivery. ◊ *Die Rechnung ist innerhalb einer Woche nach Erhalt der Lieferung zu bezahlen.* Please pay the bill within a week of delivery.

Liefer- Lieferwagen delivery van **Lieferzeit** delivery time

Liege bed; (*Camping-*) camp bed; (*Garten-*) sunlounger

liegen

• **flach, horizontal 1** lie* ◊ *auf dem Rücken/Bauch liegen* lie on your back/front ◊ *die ganze Nacht wach liegen* lie awake all night ◊ *am Boden liegen* lie on the floor ◊ *Im Liegen kann ich nicht lesen.* I can't read when I'm lying down. ◊ *Das Buch lag offen vor ihr.* The book lay open in front of her. ◊ *Das Schiff lag im Hafen.* The ship lay in the harbour. ◊ *Er lag noch im Bett.* He was still in bed. ◊ *Auf dem neuen Bett liegt man bequem.* The new bed is comfortable. ◊ *Das Auto kam auf dem Dach zu liegen.* The car came to rest on its roof. ☛ Vorsicht: Das Verb **lie** (**lay, lain**) (= liegen) ist nicht mit **lay** (**laid, laid**) (= legen) zu verwechseln!

• **Position, Situation 2** (*sich (geographisch) befinden*) be (situated), lie (*gehoben*) ◊ *Igls liegt in Tirol.* Igls is in the Tyrol. ◊ *München liegt ganz in der Nähe.* Munich is close by. ◊ *Das liegt auf unserem Weg.* That's on our way. ◊ *günstig liegen* be conveniently situated ◊ *Die Wohnung liegt an einer Kreuzung.* The apartment is situated at a junction. ◊ *Israel liegt südlich des Libanon.* Israel lies to the south of

Lebanon. ◊ *Das Hotel liegt inmitten einer Grünanlage.* The hotel is set in a park. **3** (*sein, sich befinden*) be ◊ *in Führung liegen* be in the lead ◊ *Er liegt an erster Stelle.* He's (lying) in first place. ◊ *Sie lag vier Sekunden vor der nächsten Läuferin.* She was (lying) four seconds ahead of the next runner. ◊ *Die Betonung liegt auf der ersten Silbe.* The stress is on the first syllable. ◊ *Es lag Schnee.* There was snow on the ground. ◊ *Ich lag im Krankenhaus.* I was in hospital. ◊ *Er lag im Sterben.* He was dying. ◊ *Wo liegt das Problem?* What is the problem? ◊ *Die ganze Arbeit liegt noch vor mir.* I've still got all the work to do. ◊ *London lag im Nebel.* London was enveloped in fog. ◊ *Sie liegt auf diesem Friedhof.* She is buried in this cemetery. ◊ *Da liegst du falsch.* You're wrong there. **4** (*mit Richtungsangabe*) face ◊ *Das Zimmer liegt nach Osten.* The room faces east. **5 bei etw ~** (*betragen*) be sth; (*Kosten*) amount to sth ◊ *Das Höchstgebot lag bei $3 000.* The highest offer was 3 000 $. ◊ *Die Temperaturen im Sommer liegen bei 30 Grad.* The summer temperatures are around 30 degrees. ◊ *Die Kosten liegen bei 250 $.* The costs amount to 250. ◊ *Der Weltrekord liegt bei 7m.* The world record stands at 7m.
• Abhängigkeit, Verantwortung **6 an jdm/etw ~** (*abhängig sein, schuld sein*) be due to sb/sth ◊ *Das liegt am Klima.* It's due to the climate. ◊ *Es liegt an ihm, dass wir zu spät kommen.* It's because of him that we're late. ◊ *Das liegt daran, dass niemand Zeit für ihn hat.* It's because nobody has any time for him. ◊ *Woran liegt es, dass der Film so erfolgreich ist?* Why is the film so successful? **7 bei jdm ~** (*abhängen von, lasten auf*) lie* with sb ◊ *Die Verantwortung liegt bei den Eltern.* Responsibility lies with the parents. ◊ *Das liegt bei dir.* It is up to you.
• Neigung, Vorliebe **8 jdm liegt etw/jd** ◊ *Englisch liegt ihm.* He finds English easy. ◊ *Dieser Lehrer liegt mir.* I get on well with this teacher. **9 jdm liegt viel an jdm/etw** sb/sth means* a lot to sb ◊ *Seinen Eltern liegt viel an guten Noten.* Good grades mean a lot to his parents. ◊ *Mir liegt nichts mehr an ihm.* He means nothing to me any more.
• liegen bleiben **10** (*nicht aufstehen*) remain lying down; (*im Bett*) stay in bed **11** (*vergessen werden*) be left behind; (*nicht erledigt werden*) be left unfinished; (*Auto etc.*) break* down; (*Schnee*) settle ◊ *Diese Jacke ist liegen geblieben.* This jacket got left behind. ◊ *Die ganze Arbeit blieb liegen.* All of the work was left unfinished. ◊ *Ist der Schnee liegen geblieben?* Did the snow settle?
• liegen lassen **12** leave* ◊ *Ich habe meine Bücher im Büro liegen lassen.* I've left my books in the office. ◊ *Lass den Kram liegen.* Leave all that stuff. ◊ *geradeaus, die Kirche rechts liegen lassen,* ... keep straight on, past the church on the right, ... ☛ *Siehe auch* LINKS
IDM **alles liegen und stehen lassen** drop* everything **an mir soll es nicht liegen!** That's fine by me. ☛ Für andere Redewendungen mit **liegen** siehe die Einträge für die entsprechenden Nomina etc. **Jdm auf der Zunge liegen** z.B. steht unter **Zunge**.
Liege- Liegesitz reclining seat **Liegestuhl** deckchair; (*Sonnenliege*) sunlounger **Liegestütz** press-up, (*AmE*) push-up ◊ *20 Liegestütze machen* do 20 press-ups **Liegewagen** couchette coach **Liegewiese** sunbathing lawn
Lift 1 (*Aufzug*) lift, (*AmE*) elevator ◊ *mit dem/im Lift fahren* use the lift ◊ *im Lift stecken bleiben* get stuck in the lift **2** (*Ski-, Sessel-*) lift
liften sich ~ lassen have a facelift
Liga league; (*Spielklasse*) division
liiert mit jdm ~ sein be having an affair with sb
Likör liqueur
lila purple; (*hell*) lilac
Lilie lily*
Liliputaner(in) midget (*beleidigend*), dwarf* (*beleidigend*)
Limbo limbo dancing
Limerick limerick
Limette lime
Limit limit ◊ *jdm ein zeitliches Limit setzen* set sb a time limit ◊ *am unteren Limit liegen* be at the lower limit
limitiert limited ◊ *in limitierter Auflage erscheinen* be published in a limited edition
Limonade, Limo lemonade
Limone (*Limette*) lime
Limousine saloon (car), (*AmE*) sedan; (*Straßenkreuzer*) limousine

Linde (*Baum*) lime (tree); (*Holz*) lime (wood)
Lindenblüten lime blossom [U]
lindern (*Schmerzen*) ease; (*Frust, Stress, Schmerzen*) relieve; (*Armut, Not*) alleviate; (*Hustenreiz, Sonnenbrand*) soothe
Linderung relief [U] ◊ *Linderung bringen* bring relief
Lineal ruler ◊ *eine Linie mit dem Lineal ziehen* draw a line with a ruler/rule a line
Linguistik linguistics [U]
Linie line ◊ *eine gestrichelte/gepunktete Linie* a broken/dotted line ◊ *eine durchgezogene Linie auf der Straße* a single white line on the road ◊ *Der Ball war auf der Linie.* The ball was on the line. ◊ *die männliche Linie der Familie* the male line of the family ◊ *Er vertritt folgende Linie:* ... He takes the following line ... ◊ *in direkter Linie von Bismarck abstammen* be a direct descendant of Bismarck ◊ *die Linie München-Salzburg* the Munich to Salzburg line ◊ *Welche U-Bahn-Linie muss ich nehmen?* Which underground line should I take? ◊ *Die Linie 4 fährt zum Theater.* The number 4 goes to the theatre. IDM **auf der ganzen Linie** in every respect **auf die** (**schlanke**) **Linie achten** watch your weight **in erster Linie** first and foremost ◊ *Ich will in erster Linie Erfahrung sammeln.* First and foremost I want to gain experience. ◊ *Diese Kurse sind in erster Linie für Frauen konzipiert.* These courses are designed principally for women.
Linienbus service bus **Linienflug** scheduled flight **Linienrichter** (*beim Fußball etc.*) linesman*, referee's assistant (*offiz*); (*beim Tennis etc.*) line judge
liniert lined ◊ *liniertes Papier* lined paper
Link link
Linke die **1** left hand **2** (*beim Boxen*) left ◊ *jdm eine Linke verpassen* hit sb with a left **3 zu jds Linken** on sb's left **4** (POL) the left ◊ *Die Linke ist von den Demokraten enttäuscht.* The left is disillusioned by the democrats.
Linke(r) left-winger ◊ *die Linken in der Partei* the left-wingers in the party ◊ *ein Wahlsieg der Linken* an election victory for the left
linke(r,s) 1 left, left-hand (*nur vor Nomen*) ◊ *mit der linken Hand schreiben* write with your left hand ◊ *auf der linken Spur überholen* overtake on the left ◊ *auf der linken Seite* on the left-hand side **2** (POL) left(-wing) ◊ *der linke Parteiflügel* the left wing of the party ◊ *linke Gruppierungen* left-wing groupings IDM ⇒ HAND
linkisch awkward (*Adv* awkwardly)
links 1 left ◊ *nach links schauen* look left/look to the left ◊ *sich links halten* keep left ◊ *links abbiegen* turn left ◊ *Links neben ihm sitzt seine Frau.* His wife is sitting on his left. ◊ *Links der Kirche sehen Sie das Rathaus.* To the left of the church, you can see the Town Hall. ◊ *Sie ordnete sich links ein.* She got into the left-hand lane. **2** (POL) left-wing ◊ *Er ist ziemlich links.* He is rather left-wing. **3** ◊ *einen Pulli auf links waschen* wash a pullover inside out ◊ *den Stoff von links bügeln* iron the fabric on the reverse side **4 ~ stricken** purl ◊ *zwei rechts, zwei links* knit two, purl two IDM **jdn links liegen lassen** give* sb the cold shoulder **etw mit links machen** ◊ *Die Klausur mach ich doch mit links!* I can do the exam with my eyes shut!
Links- Linksaußen outside left ◊ *jdn als Linksaußen einsetzen* put sb in as outside left **linksbündig** flush left (*nicht vor Nomen*) ◊ *Den Text linksbündig ausrichten.* Set the text flush left. **Linksextremist(in)** left-wing extremist **linksextremistisch** left-wing extremist ◊ *eine linksextremistische Gruppe* a left-wing extremist group ◊ *linksextremistische Gewalttaten* violence by left-wing extremists **Linkshänder(in)** left-hander ◊ *Er besiegte den Linkshänder aus Ulm.* He beat the left-hander from Ulm. ◊ *Linkshänder sein* be left-handed **linkshändig** left-handed ◊ *linkshändig spielen* play left-handed **linksherum** to the left ◊ *die Schraube linksherum drehen* turn the screw to the left **Linkskurve** left-hand bend **linksradikal** radical left-wing **Linksradikale(r)** left-wing radical **Linkssteuerung** left-hand drive [U] **Linksverkehr** driving on the left ◊ *Auf Malta herrscht Linksverkehr.* They drive on the left in Malta. ◊ *den Linksverkehr abschaffen* change to driving on the right
Linoleum linoleum, (*BrE auch, umgs*) lino
Linse 1 lentil **2** (*in der Optik*) lens ◊ *eine konvexe Linse* a convex lens ◊ *jdn vor die Linse bekommen* get sb in front of the camera

linsen peep
Lippe lip ◊ *Ich hab mir auf die Lippe gebissen.* I've bitten my lip. IDM **an jds Lippen hängen** hang* on sb's every word **etw nicht über die Lippen bringen** not be able to bring yourself to say sth ◊ *Er brachte das Wort nicht über die Lippen.* He couldn't bring himself to say the word.
Lippenbekenntnis empty words [Pl] **Lippenbekenntnisse (zu etw) ablegen** pay* lip-service (to sth) **Lippenstift** lipstick
liquid 1 (*Mittel etc.*) liquid **2** (*Firma etc.*) solvent
liquidieren 1 (*Firma*) liquidate **2** (*töten*) eliminate
Liquidität 1 liquidity **2** (*flüssige Mittel*) liquid assets [Pl]
lispeln lisp ◊ *Er lispelte ein wenig.* He spoke with a slight lisp.
List 1 trick ◊ *Er griff zu einer List, um an ihre Schlüssel zu kommen.* He got hold of her keys by means of a trick. **2** (*Verhalten*) cunning ◊ *Ich muss seine List bewundern.* I have to admire his cunning. IDM **mit List und Tücke** by trickery
Liste 1 list ◊ *eine Liste führen* keep a list ◊ *eine Liste anlegen* start to make a list ◊ *Er machte sich eine Liste.* He made a list. ◊ *Hast du dich in die Liste für den Kurs eingetragen?* Have you put your name down for the course? **2** (*Wahl-*) party list IDM **auf der schwarzen Liste stehen** be on the blacklist ◊ *Sie standen auf der schwarzen Liste der Regierung.* They were on the government's blacklist.
listig cunning (*Adv* cunningly)
Litanei litany* (*auch fig*)
Liter litre (*Abk* l), (*AmE*) liter ◊ *zehn Liter Benzin* ten litres of petrol ☛ *Hinweis bei* MPG
literarisch literary ◊ *ein literarisches Genie* a literary genius ◊ *literarische Werke* works of literature ◊ *Sie ist literarisch interessiert.* She is interested in literature. ◊ *Sie haben ihre Erlebnisse literarisch verarbeitet.* They have written a book about their experiences.
Literatur literature ◊ *wissenschaftliche Literatur* scientific literature ◊ *die Literatur der Romantik* Romantic literature
Literaturgeschichte 1 literary history **2** (*Buch*) history* of literature ◊ *eine französische Literaturgeschichte* a history of French literature **Literaturverzeichnis** bibliography* **Literaturwissenschaft 1** literary studies ☛ G 1.3c **2** (*als Fach*) literature ◊ *der Professor für amerikanische Literaturwissenschaft* the Professor of American Literature
Litfaßsäule advertising pillar
Lithographie 1 (*Technik*) lithography **2** (*Kunstwerk*) lithograph
Liturgie liturgy*
live live ◊ *Es wird live übertragen.* It's being broadcast live. ◊ *Er hat die Beatles live gesehen.* He saw the Beatles live on stage.
Live- Livemusik live music **Livesendung** live programme, (*AmE*) live program **Liveübertragung** live broadcast
Lizenz licence, (*AmE*) license ◊ *in Lizenz* under licence **Lizenzgebühr** licence fee, (*AmE*) license fee **Lizenzspieler(in)** professional player
Lkw ⇨ LASTKRAFTWAGEN
Lob praise [U] ◊ *ein großes Lob bekommen* receive high praise ◊ *jdm Lob spenden* praise sb ◊ *Er hat mir ein Lob ausgesprochen.* He praised me.
Lobby lobby* ◊ *die Lobby der Naturschützer* the environmental lobby ◊ *Sie haben keine Lobby.* They have nobody to lobby on their behalf. ☛ G 1.3b
loben praise ◊ *Sie wurden für ihren Einsatz gelobt.* They were praised for their commitment. ◊ *Sie wurde für ihren Mut gelobt.* She was commended for her courage. ◊ *Der Lehrer äußerte sich lobend über ihn.* The teacher spoke very highly of him. IDM ⇨ KLEE *und* TON²
lobenswert praiseworthy
Lobeshymne ~ **(auf jdn/etw)** hymn of praise (to sb/sth)
löblich laudable (*gehoben*), commendable (*gehoben*)
Loblied ein ~ **auf jdn/etw singen** sing* sb's/sth's praises
Loch 1 hole (*auch fig*) ◊ *ein Golfplatz mit 18 Löchern* an 18-hole golf course ◊ *Der Autokauf hat ein tiefes Loch in meinen Geldbeutel gerissen.* Buying the car left a big hole in my finances. ◊ *das Loch im Etat stopfen* fill the hole in my budget ◊ *Nach der Scheidung fiel er in ein tiefes Loch.* After the divorce his life seemed completely empty. **2** (*Wohnung*) dump IDM **aus dem letzten Loch pfeifen** be on your last legs **jdm Löcher in den Bauch fragen** bombard sb with questions **Löcher in die Luft starren** stare into space
lochen 1 punch a hole/holes in *sth* ◊ *ein Blatt Papier lochen* punch holes in a sheet of paper **2** (*Fahrkarte etc.*) punch
Locher (hole) punch
löcherig, löchrig with holes in, full of holes (*nicht vor Nomen*), (*auch fig*) ◊ *löcherige Socken* socks with holes in
Locke curl ◊ *seine blonden Locken* his blond curls ◊ *Sie hat Locken.* She has curly hair.
locken¹ 1 entice; (*in eine Falle etc.*) lure **2** (*Besucher, Zuschauer*) attract ◊ *Wie kann man Jugendliche in die Buchläden locken?* How do you attract young people into bookshops? ◊ *Die Frühlingssonne lockte in den Park.* The spring sunshine tempted people out into the park. ◊ *Ferner locken …* Other attractions are … **3** *etw* **lockt jdn** sth appeals* to sb ◊ *Lockt es dich ins Ausland zu gehen?* Does the idea of going abroad appeal to you? ◊ *ein lockendes Angebot* a tempting offer IDM ⇨ RESERVE
locken² sich ~ go* curly ◊ *gelockte Haare* curly hair
Locken- Lockenkopf 1 (*Kopf*) curly head **2** (*Kind*) curly-headed child **Lockenstab** hair styler **Lockenwickler** roller
locker 1 loose (*Adv* loosely) ◊ *Die Schraube ist locker.* The screw is loose. ◊ *ein lockerer Knoten* a loose knot ◊ *Sie ließ locker die Arme hängen.* Her arms hung loosely by her side. ◊ *die Zügel locker halten* hold the reins loosely ◊ *ein locker gespanntes Seil* a slack rope **2** *Adj* (*Erde, Kuchen*) light; (*Bauweise*) low-density **3** (*nicht formell*) informal (*Adv* informally) ◊ *Die Kleiderordnung ist locker.* Dress is informal. ◊ *ein lockerer Zusammenschluss von Eltern* an informal group of parents ◊ *Bei uns geht es immer recht locker zu.* We're very informal here. **4** *Adj* (*zwanglos, entspannt*) relaxed ◊ *eine lockere Atmosphäre* a relaxed atmosphere ◊ *Ich sehe jetzt alles etwas lockerer.* I'm more relaxed about things now. ◊ *Unser Lehrer ist ein ziemlich lockerer Typ.* Our teacher is very easy-going. **5** *Adv* (*ohne Schwierigkeiten*) easily ◊ *Das schafft sie locker.* She'll do it easily. IDM ⇨ SCHRAUBE
lockerlassen nicht ~ not give* up
lockermachen 1 *etw* ~ fork out sth (*umgs*) **2** *etw* **bei jdm** ~ get* sth out of sb
lockern 1 (**sich**) ~ loosen; (*Seil, Zügel*) slacken **2** (*Vorschriften, Embargo etc.*) relax **3 sich** ~ (*Stimmung etc.*) become* relaxed ◊ *in gelockerter Stimmung* in a relaxed atmosphere IDM ⇨ ZÜGEL
Lockerung (*von Vorschriften, Embargo etc.*) relaxation **Lockerungsübung** loosening-up exercise
lockig curly*
Lock- Lockmittel lure; (*fig*) enticement **Lockruf 1** call **2** (*fig*) lure ◊ *der Lockruf des Geldes* the lure of money **Lockvogel** decoy ◊ *jdn als Lockvogel einsetzen* use sb as a decoy
lodern (*Feuer, Fackel*) blaze; (*Flammen*) leap* ◊ *Das Feuer loderte.* The fire was blazing.
Löffel 1 spoon ◊ *mit dem Löffel essen* eat with a spoon **2** (*Menge*) spoonful ◊ *drei Löffel Zucker* three spoonfuls of sugar **3** (*Ohr*) ear IDM **den Löffel abgeben** kick the bucket (*umgs*)
löffeln eat* ◊ *Er löffelte eine Portion Eis.* He was eating ice cream.
Logarithmus logarithm
Loge 1 (*Theater-*) box **2** (*Pförtner-*) lodge
Logik logic ◊ *die Gesetze der Logik* the laws of logic ◊ *Wo ist da die Logik?* What is the logic in that? ◊ *Das widerspricht jeder Logik.* It's completely illogical.
logisch 1 logical (*Adv* logically) ◊ *Das klingt logisch.* It sounds logical. ◊ *logisch denken* think logically **2** (*selbstverständlich*) obvious ◊ *Es ist doch völlig logisch, dass …* It's obvious that … ◊ *„Kommst du mit?" „Na logisch!"* 'Are you coming too?' 'Of course!'
Logistik logistics [U] ☛ G 1.3c
logo of course, sure
Logo logo*
Logopäde, Logopädin speech therapist ☛ G 2.2d

Lohn

Lohn 1 pay [U]; (*Tages-, Wochen-*) wage, wages [Pl]

> **Pay** ist die allgemeine Bezeichnung für die Bezahlung geleisteter Arbeit: *10% mehr Lohn* a 10% pay rise ◊ *Die Löhne sind gestiegen.* Pay has gone up. ◊ *Sie erhalten den gleichen Lohn wie ihre männlichen Kollegen.* They are paid the same as their male colleagues. **Wage** oder **wages** werden meist gebraucht, wenn es um die Höhe des Lohns geht oder wenn von Tages- oder Wochenlohn die Rede ist. ◊ *Sie forderten höhere Löhne.* They demanded higher wages. ◊ *sein wöchentlicher Lohn* his weekly wage(s). **Salary** (Gehalt) wird monatlich auf ein Bankkonto überwiesen.

2 (*Belohnung*) reward
lohnen sich ~ be worthwhile, be worth it ◊ *Hat sich die ganze Mühe gelohnt?* Was all the trouble worthwhile? ◊ *Für mich lohnt sich das finanziell nicht.* It's not worth it for me financially. ◊ *Der Aufwand hat sich nicht gelohnt.* It was not worth the expense. ◊ *Es lohnt sich nicht mehr, das Auto zu reparieren.* It isn't worth repairing the car./The car isn't worth repairing. ◊ *Lohnt es sich noch hinzugehen?* Is it still worth going?
lohnend worthwhile; (*finanziell*) profitable ◊ *eine lohnende Aufgabe* a worthwhile task ◊ *eine lohnende Investition* a profitable investment ◊ *ein lohnendes Geschäft* a lucrative business
Lohn- Lohnerhöhung pay increase, (pay) rise, (*AmE*) raise ◊ *eine Lohnerhöhung von 5%* a 5% pay rise/a pay rise of 5% **Lohnforderung** pay claim **Lohnkürzung** pay cut **Lohnpolitik** pay policy* **Lohnsteuer** income tax **Lohnsteuerkarte** = document showing an employee's total earnings and what income tax has been paid in a particular year
Loipe (cross-country ski) trail
Lok engine
lokal local (*Adv*) locally)
Lokal pub, (*bes AmE*) bar; (*Speise-*) restaurant
Lokal- Lokalpresse local press **Lokalteil** local section
Lokführer(in) train driver, (*AmE*) engineer ☞ G 2.2d
Lokomotive locomotive, (railway) engine
Lokomotivführer(in) train driver, (*AmE*) engineer ☞ G 2.2d
Look look
Looping loop ◊ *einen Looping drehen/fliegen* loop the loop
Lorbeer 1 laurel **2** (*Gewürz*) bay leaf* IDM **sich auf seinen Lorbeeren ausruhen** rest on your laurels
Lorbeerblatt bay leaf* **Lorbeerkranz** laurel wreath
los 1 *Der Griff ist los.* The handle's come off. ◊ *Die Tiger sind los.* The tigers are on the loose. **2** (*etw passiert*) ◊ *Hier ist viel los.* There's a lot going on here. ◊ *Hier ist nie was los.* Nothing ever happens here. ◊ *In Berlin ist immer schwer was los.* There's always something exciting going on in Berlin. **3** (*etw stimmt nicht*) ◊ *Was ist denn (mit dir) los?* What's the matter (with you)? ◊ *Was ist mit deinem Fahrrad los?* What's wrong with your bike? ◊ *Was ist denn nun schon wieder los?* What is it now? **4 mit jdm ist nichts ~** (*jd ist zu nichts zu gebrauchen*) ◊ *Mit ihm ist zur Zeit gar nichts los.* He's a dead loss at the moment. ◊ *Ich habe kaum geschlafen. Mit mir ist heute nicht viel los.* I hardly slept. I'm not much use today. **5 jdn/etw ~ sein** (*befreit sein*) be rid of sb/sth ◊ *Endlich sind wir ihn los!* We're rid of him at last. ◊ *Bist du den Husten inzwischen los?* Have you got rid of your cough yet? ◊ *Diese Sorge bist du los.* You don't have to worry about that any more. **6 etw ~ sein** (*nicht mehr haben*) have lost sth ◊ *Er ist seinen Job los.* He's lost his job. ◊ *Jetzt bin ich schon wieder 100 Dollar los.* That's another 100 dollars I've spent. **7 los!** come on! *Los, gehen wir.* Come on, let's go. ◊ *Jetzt aber nichts wie los!* Let's get going! IDM **Achtung, fertig, los!; Auf die Plätze, fertig, los!** On your marks, get set, go! ☞ *Siehe auch* HÖLLE *und* TEUFEL
Los 1 (*Lotterie-*) (lottery) ticket; (*bei einer Verlosung*) (raffle) ticket ◊ *Jedes zehnte Los gewinnt.* Every tenth ticket is a winner. ◊ *Die Gewinner werden per Los ermittelt.* The prizewinners will be drawn out of a hat. **2** (*Schicksal*) lot ◊ *Sie hat ein schweres Los.* Hers is a hard lot. IDM **(mit jdn/etw) das große Los gezogen haben** have hit the jackpot (with sth); have struck (it) lucky (with sb/sth)
lösbar 1 ◊ *ein lösbares Problem* a problem that can be solved ◊ *ein schwer lösbares Problem* an problem that is hard to solve ◊ *ein nicht lösbares Problem* an insoluble problem **2** (*löslich*) soluble

Löscharbeit ◊ *Ein Feuerwehrmann wurde bei den Löscharbeiten verletzt.* A firefighter was injured while tackling the blaze. ◊ *Die Löscharbeiten dauerten mehrere Stunden.* It took several hours to bring the blaze under control.
löschen 1 (*Feuer etc.*) put* *sth* out, extinguish **2** (*Datei etc.*) delete; (*Festplatte*) wipe; (*Aufnahme, Erinnerung*) erase **3 den Durst ~** quench your thirst
Lösch- Löschfahrzeug fire engine **Löschtaste** delete key
lose 1 loose (*Adv* loosely) ◊ *ein loser Knopf* a loose button ◊ *losen Kontakt zu jdm haben* be in touch with sb from time to time **2** ◊ *Sie hat ein loses Mundwerk.* She's cheeky.
Lösegeld ransom ◊ *ein Lösegeld in Höhe von ...* a ransom of ...
losen (**um etw**) **~** draw* lots (for sth) ◊ *Losen wir darum!* Let's draw lots for it. ◊ *Wir werden einfach losen, wer es macht.* We'll just draw lots to decide who's going to do it.
lösen 1 (*Problem, Fall, Rätsel*) solve; (*Konflikt*) resolve; (*Aufgabe, Kreuzworträtsel etc.*) do* ◊ *Das Problem hat sich gelöst.* The problem has been solved. ◊ *Die Angelegenheit wird sich von selbst lösen.* The whole matter will resolve itself. ◊ *Die Gemeinde hat das Verkehrsproblem gut gelöst.* The council has found a good solution to the traffic problems. ◊ *Das Problem muss sich doch irgendwie lösen lassen.* There must be some solution to the problem. **2** (*Schraube etc.*) undo*; (*Handbremse*) release **3** (*Fahrkarte etc.*) buy* **4 etw (von/aus etw) ~** (*ab-, herauslösen*) get* sth off (sth) ☞ G 9.7c ◊ *eine Briefmarke vom Umschlag lösen* get a stamp off the envelope ◊ *Sie konnte ihren Blick nicht von ihm lösen.* She couldn't take her eyes off him. **5** (*Husten, Schleim*) loosen; (*Krampf*) ease **6** (*Verlobung*) break* *sth* off **7 etw (in etw) ~** (*in Flüssigkeit*) dissolve sth (in sth) **8 sich ~** (*Schraube, Knoten*) come* loose **9 sich (von etw) ~** (*Tapete, Farbe*) come* off, come* away **10 sich ~** (*Schuss, Lawine*) ◊ *Ein Schuss löste sich.* A gun went off. ◊ *Eine Lawine löste sich.* An avalanche started. **11 sich von jdm/etw ~** (*sich trennen*) break*/get* away from sb/sth **12 sich (aus etw) ~** (*Verankerung, Umklammerung etc.*) break* free (of sth)
losfahren (*abfahren*) set* off; (*wegfahren*) drive* off; (*mit dem Fahrrad, Motorrad etc.*) ride* off ◊ *Wir fuhren um sieben los.* We set off at seven.
losgehen 1 set* off ◊ *Ich gehe um sechs los.* I'm setting off at six. ◊ *Los geht's.* Come on, let's go. **2** (*beginnen*) start ◊ *Es geht los.* It's starting. ◊ *Der Startschuss fällt und es geht los.* The starter's gun fires and they're off. **3** (*Schuss, Bombe, Sirene etc.*) go* off **4** (**mit etw**) **auf jdn ~** go* for sb (with sth) ◊ *Sie sind mit Messern aufeinander losgegangen.* They went for each other with knives.
los- loskommen 1 von jdm/etw ~ (*von Drogen etc.*) get* off sth; (*von Schuldgefühlen etc.*) free yourself from sth ◊ *Sie kam endlich vom Heroin los.* She finally managed to get off heroin. ◊ *Er kam von dem Gedanken nicht los, dass ...* He was obsessed by the thought that ... ◊ *Ich komme einfach nicht von ihm los.* I just can't seem to make the break from him. **2** (*wegkommen*) get* away ◊ *Vor acht komme ich hier nicht los.* I won't get away from here until eight. ◊ *Es ist schon spät. Sieh zu, dass du loskommst.* It's late. You'd better get going. **loskriegen 1** jdn/etw **~** get* rid of sb/sth **2 etw (von etw) ~** (*lösen können*) get* sth off (sth) ☞ G 9.7c **loslachen** burst* out laughing **loslassen 1** (jdn/etw) **~** (*nicht mehr halten*) let* go (of sb/sth) (*auch fig*) **2 etw (auf jdn/etw) ~** (*auf jdn hetzen*) let* sth/sb loose (on sb/sth) (*auch fig*) **3 jdn nicht ~** (*ständig beschäftigen*) ◊ *Die Vorstellung ließ sie nicht mehr los.* She couldn't get the idea out of her mind. **4 etw ~** (*Schrei, Fluch*) let* sth out; (*Spruch etc.*) come* out with sth **loslaufen** start running **loslegen (mit etw) ~** get* going ◊ *Einfach die Software installieren und loslegen.* Just install the software and get going. ◊ *Wenn wir heute noch mit der Arbeit loslegen ...* If we get going today ... ◊ *Nach der Pause legte die Band so richtig los.* After the break the band really let rip.
löslich soluble
los- loslösen 1 etw (von etw) ~ remove sth (from sth), separate sth (from sth) (*auch fig*) ◊ *Diese Frage muss von den anderen Problemen losgelöst werden.* This question must be separated from the other problems. **2 sich ~** (*abgeben*) come* off; (*fig*) break* away; (*sich befreien*) free yourself **losmachen 1** untie* ◊ *die Schnur losmachen* untie the string ◊ *Er machte den Hund los.* He let the dog off the lead. ◊ *Das Schiff machte die Leinen los.* The ship cast off. **2 sich**

(*von jdm/etw*) ~ free yourself (from sb/sth) (*auch fig*) ◊ *Sie konnte sich nicht aus seinem Griff losmachen.* She couldn't free herself from his grasp. **3** (*sich beeilen*) get* a move on (*umgs*) **4** *was* ~ have some action ◊ *Am Wochenende wollen wir so richtig was losmachen.* We want some action at the weekend. **losplatzen** burst* out; (*lachen*) burst* out laughing **losreißen 1** *etw* (*von etw*) ~ tear* sth off (sth) ☛ G 9.7d ◊ *Der Ast wurde von einer Sturmböe losgerissen.* The branch was torn off by a gust of wind. ◊ *Im Sturm wurden Boote losgerissen.* In the gale, boats were torn loose from their moorings. **2** *sich* ~ break* free/loose; (*fig*) tear* yourself away ◊ *Er riss sich los und flüchtete.* He broke free and ran away. ◊ *Das Buch ist so spannend, ich kann mich einfach nicht losreißen.* The book is so exciting, I just can't tear myself away. **losrennen** ⇨ LOSLAUFEN **lossagen** *sich von jdm/etw* ~ break* with sb/sth; (*Überzeugung, Leben*) renounce sb/sth ◊ *sich von einer Partei lossagen* break with a party **losschicken** send* *sb/sth* (off) **losschlagen 1** (*abschlagen*) knock *sth* off **2** *auf jdn* ~ attack sb **3** (MIL) launch an attack ◊ *Die feindliche Truppe schlug überraschend los.* The enemy forces launched a sudden attack. **4** (*verkaufen*) sell*, get* rid of sth
Losung 1 slogan; (*Devise*) motto*; (*Leitwort*) watchword **2** (MIL) password
Lösung 1 solution; (*eines Rätsels etc. auch*) answer ◊ *eine Lösung des Konflikts* a solution to the conflict ◊ *die richtige Lösung des Rätsels einschicken* send in the correct answer to the puzzle **2** (*das Lösen*) (*oft mit einem Verb übersetzt*) ◊ *Vorschläge zur Lösung des Konflikts* suggestions as to how to resolve the conflict ◊ *an der Lösung eines Falles arbeiten* work to solve a case **3** (*Flüssigkeit*) solution
Lösungsmittel solvent
los- loswerden 1 get* rid of *sb/sth*; (*Gedanken, Verdacht etc.*) get* *sth* out of your head ◊ *Ich konnte ihn nicht loswerden.* I couldn't get rid of him. ◊ *Ich werde den Gedanken nicht los, dass ...* I can't get the idea out of my head that ... **2** (*verkaufen*) sell*, get* rid of sth **3** (*verlieren*) lose*; (*ausgeben*) spend* ◊ *Sie ist ihre ganzen Ersparnisse im Spielkasino losgeworden.* She lost all her savings at the casino. ◊ *Er ist seinen Arbeitsplatz aus politischen Gründen losgeworden.* He lost his job for political reasons. ◊ *Im Urlaub wird man schnell einen Haufen Geld los.* You can easily get through a lot of money on holiday. **4** (*aussprechen*) get* *sth* off your chest, get* the chance to say/ask sth ◊ *Sie ist endlich losgeworden, was ihr auf dem Herzen lag.* She finally managed to get what she felt off her chest. ◊ *Bei der Beratungsstelle können sie ihre Fragen loswerden.* At the advice centre they get the chance to ask questions. **losziehen 1** set* off ◊ *Am Samstag sind wir zum Einkaufen losgezogen.* On Saturday we set off to go shopping. **2** *gegen jdn/etw* ~ (*herziehen*) run* sb/sth down, (*BrE auch*) slag* sb/sth off (*Slang*)
Lot 1 (*Senkblei*) plumb (line); *im* ~ *sein* be plumb; (*fig*) be fine; *nicht im* ~ *sein* be out of plumb; (*fig*) be out of kilter **2** (NAUT) sounding line **3** (MATH) perpendicular IDM *etw aus dem Lot bringen* throw* sth out of kilter *aus dem Lot geraten* be thrown (out) ◊ *Durch die Verspätung ist der Zeitplan aus dem Lot geraten.* The delay has thrown the schedule out. *etw ins Lot bringen* sort sth out ◊ *Er hat die Sache wieder ins Lot gebracht.* He sorted the matter out. *ins Lot kommen* be sorted out ◊ *Es kommt schon alles wieder ins Lot.* Everything will sort itself out again.
löten solder
Lotion lotion
Lötkolben soldering iron
Lotse, Lotsin pilot; (*Flug-*) air traffic controller; (*Schüler-*) ≈ school crossing patrol ☛ G 2.2d ☛ *Hinweis bei* LOLLIPOP MAN
lotsen 1 guide; (*Schiff*) pilot ◊ *Er hat uns durch die Menge gelotst.* He guided us through the crowd. ◊ *die Kinder über die Straße lotsen* see the children across the road **2** (*mitschleppen*) drag*
Lotterie lottery* ◊ *Lotterie spielen* do the lottery
Lotto 1 (*Lotterie*) lottery* ◊ *Spielst du* (*im*) *Lotto?* Do you do the lottery? ◊ *im Lotto gewinnen* win the lottery ◊ *drei Richtige im Lotto haben* get three numbers right in the lottery **2** (*Spiel*) lotto
Lottoschein lottery ticket **Lottozahlen** winning lottery numbers [Pl]

luftig

Löwe 1 lion **2** (*Sternzeichen*) Leo* ◊ *Sie ist* (*ein*) *Löwe.* She's a Leo.
Löwenanteil lion's share **Löwenmaul, Löwenmäulchen** snapdragon **Löwenzahn** dandelion
Löwin lioness
loyal loyal (*Adv* loyally) ◊ *loyal zur Regierung stehen* remain loyal to the government ◊ *Sie war immer loyal ihren Eltern gegenüber.* She was always loyal to her parents.
Loyalität loyalty* ◊ *seine Loyalität gegenüber seinem Chef* his loyalty to his boss
LP LP
LSD LSD
Luchs lynx
Lücke gap (*auch fig*); (*Park-*) space; (*Gesetzes-*) loophole; (*Defizit*) shortfall ◊ *eine Lücke im Zaun* a gap in the fence ◊ *Ihr Tod hat eine Lücke in seinem Leben hinterlassen.* Her death has left a gap in his life. ◊ *Ich habe Lücken in der Grammatik.* There are gaps in my knowledge of grammar. ◊ *Im Haushalt klafft eine Lücke von einer Million.* There is a shortfall of one million in the budget. ◊ *Das Mädchen hat enorme Lücken im Wortschatz.* The girl's vocabulary is very limited. ◊ *Lücken in der Abwehr* holes in the defence
lückenhaft (*unvollständig*) incomplete; (*Wissen*) sketchy ◊ *lückenhafte Beweise* incomplete evidence ◊ *Das System ist lückenhaft.* There are gaps in the system. ◊ *Sein Bericht war sehr lückenhaft.* He left a lot out of his report. ◊ *Ich konnte mich nur lückenhaft an den Film erinnern.* I could only remember parts of the film.
lückenlos complete (*Adv* completely); (*Untersuchung, Aufstellung*) comprehensive (*Adv* comprehensively); (*Lebenslauf, Krankengeschichte etc.*) full (*Adv* fully); (*Überwachung*) total ◊ *ein lückenloses Bild* a complete picture ◊ *ein lückenloses Gebiss* a full set of teeth ◊ *die Herkunft von Rindfleisch lückenlos belegen* trace the transport of beef in its entirety
Lückentest gap-filling exercise
Luft 1 air ◊ *an die frische Luft gehen* go out into the fresh air ◊ *Ich geh mal kurz Luft schnappen.* I'm going to get a bit of fresh air. ◊ *die Luft aus den Reifen lassen* let the air out of the tyres ◊ *Er hat den Ball in die Luft geworfen.* He threw the ball into the air. ◊ *vor Freude in die Luft springen* jump for joy **2** (*Atem*) breath ◊ *nach Luft ringen/schnappen* gasp for breath ◊ *die Luft anhalten* hold your breath ◊ *Bitte tief Luft holen!* Take a deep breath, please! ◊ *Ich musste husten und bekam keine Luft mehr.* I was coughing and couldn't breathe. IDM *jdn an die* (*frische*) *Luft setzen* (*entlassen*) give* sb the sack (*umgs*); (*hinauswerfen*) throw* sb out *aus der Luft gegriffen sein* be pure invention ◊ *Seine Beschuldigungen sind völlig aus der Luft gegriffen.* His accusations are pure invention. *jdm bleibt die Luft weg* **1** sb can't* breathe **2** (*fig*) sb is speechless *die Luft ist rein* the coast is clear *es herrscht dicke Luft* there's a bad atmosphere (*für jdn*) *Luft sein* ◊ *Er tut so, als ob ich Luft wäre.* He ignores me. ◊ *Sie ist ab jetzt Luft für mich.* From now on I shall have nothing more to do with her. *in der Luft hängen* be left hanging in the air; (*noch nicht entschieden sein*) be up in the air *in der Luft liegen* be brewing *in die Luft fliegen* (*explodieren*) explode; blow* up *in die Luft gehen* fly* off the handle, (*bes AmE*) go* ape (*Slang*) *etw in die Luft sprengen/jagen* blow* up sth *einer Sache Luft machen* express sth; (*Ärger auch*) give* vent to sth ◊ *seinem Ärger/Herzen Luft machen* give vent to your anger/feelings ☛ *Siehe auch* AUFLÖSEN, AUSGEHEN, DICK, LOCH *und* SCHNEIDEN
Luftangriff air raid **Luftaufnahme** aerial photo(graph) **Luftballon** balloon **Luftbelastung** atmospheric pollution **Luftblase** air bubble **Luftbrücke** airlift **luftdicht** airtight **Luftdruck 1** (PHYSIK) atmospheric pressure **2** (*in Reifen, Ballons etc.*) pressure **3** (*Druckwelle*) blast
lüften 1 air, (*AmE meist*) air (*sth*) out ◊ *ein Zimmer lüften* air a room ☛ *Das Verb* **air** *muss ein Objekt haben: Sie lüftet täglich.* She airs the house every day. **2** (*heben*) raise, lift **3** (*verraten*) reveal; (*aufdecken*) discover IDM ⇨ SCHLEIER
Luft- Luftfahrt aviation **Luftfeuchtigkeit** (atmospheric) humidity **Luftfracht** air freight **Luftgewehr** air rifle, air gun
luftig 1 (*Raum*) airy* **2** (*Kleidung*) light ◊ *ein luftiges Sommerkleid* a light summer dress ◊ *Sie waren luftig gekleidet.*

Luftkrieg

They were wearing light clothes. ◊ *Du bist zu luftig angezogen.* You're not dressed warmly enough.
Luft- Luftkrieg aerial warfare **Luftkurort** = health resort renowned for its pure air **luftleer im luftleeren Raum** in a vacuum *(auch fig)* **Luftlinie** ◊ *sechs Kilometer Luftlinie* six kilometres as the crow flies **Luftloch 1** air hole **2** (AERO) air pocket **Luftmasse** air mass **Luftmatratze** air mattress, *(BrE auch)* air bed **Luftpirat(in)** hijacker **Luftpost** airmail ◊ *etw per/mit Luftpost schicken* send sth (by) airmail **Luftpumpe** pump; *(Fahrrad-)* bicycle pump **Luftraum** airspace **Luftreinhaltung** air pollution control **Luftröhre** windpipe, trachea *(Fachspr)* **Luftschicht** layer of air **Luftschiff** airship **Luftschlange** paper streamer **Luftschloss** pipe dream, castle in the air ◊ *Die Idee vom eigenen Haus ist ein Luftschloss.* The idea of a house of our own is just a pipe dream. ◊ *Luftschlösser bauen* build castles in the air **Luftschutzbunker, Luftschutzkeller** air-raid shelter **Luftsprung** jump; **(vor Freude) einen ~ machen** jump for joy **Luftstreitkräfte** air force ☞ G 1.3b
Lüftung 1 *(das Lüften)* airing **2** *(Anlage)* ventilation **Lüftungsanlage** ventilation system
Luft- Luftveränderung change of air **Luftverkehr** air traffic ◊ *der internationale Luftverkehr* international air traffic **Luftverschmutzung** air pollution ◊ *die hohe Luftverschmutzung in New York* the high levels of air pollution in New York ◊ *Die Bäume leiden unter der Luftverschmutzung.* The trees are being damaged by air pollution. **Luftwaffe** air force ☞ G 1.3b **Luftwaffenstützpunkt** air (force) base **Luftweg 1** ◊ *Die Hilfsgüter trafen auf dem Luftweg ein.* The aid arrived by air. ◊ *Der Luftweg ist am schnellsten.* It's quickest by air. **2 Luftwege** (ANAT) respiratory tract ◊ *ein akuter Infekt der Luftwege* an acute infection of the respiratory tract **Luftwiderstand** air resistance [U] **Luftzug** current (of air); *(störend)* draught, *(AmE)* draft
Lüge lie ◊ *eine faustdicke Lüge* a barefaced lie ◊ *Sie bezichtigte ihn der Lüge.* She accused him of lying. ⟦IDM⟧ **jdn/etw Lügen strafen** prove* sb wrong; give* the lie to sb/sth ◊ *Er strafte alle seine Kritiker Lügen.* He proved all his critics wrong.
lügen lie ◊ *Ich glaube, sie lügt.* I think she's lying. ◊ *Er kann einfach nicht lügen.* He cannot tell a lie. ◊ *Das ist gelogen!* That's a lie! ⟦IDM⟧ **wie gedruckt lügen** lie through your teeth ☞ *Siehe auch* BALKEN *und* BLAUE
Lügner(in) liar
Luke 1 *(Öffnung)* opening; *(in Böden oder Decken)* trapdoor; *(Dach-)* skylight **2** (NAUT) hatch
lukrativ 1 *Adj* lucrative ◊ *ein lukratives Geschäft* a lucrative deal **2** *Adv* profitably, at a profit ◊ *das Geschäft lukrativ betreiben* run the shop at a profit
Lümmel lout
lümmeln sich ~ loll ◊ *Er lümmelte sich im Sessel.* He was lolling in the armchair.
lumpen ⟦IDM⟧ **sich nicht lumpen lassen** *(sich großzügig zeigen)* be generous; *(mithalten)* not want to be outdone ◊ *Mein Vater ließ sich nicht lumpen und gab uns das Geld.* My father was generous enough to give us the money. ◊ *Die Konkurrenz ließ sich nicht lumpen.* The competition did not want to be outdone.
Lumpen rag ◊ *in Lumpen gekleidet* dressed in rags
lumpig *(kümmerlich)* measly *(umgs)* ◊ *Sie zahlen lumpige fünfzehn Franken die Stunde.* The pay a measly fifteen francs an hour.
Lunch light lunch
 Lunchpaket packed lunch, *(AmE)* bag lunch
Lunge lungs [Pl] ◊ *Joggen ist gut für die Lunge.* Jogging is good for the lungs. ◊ *Die Parks sind die grünen Lungen Londons.* The parks are the 'green lungs' of London. ◊ *auf Lunge rauchen* inhale ⟦IDM⟧ **sich die Lunge aus dem Hals schreien** yell your head off ☞ *Siehe auch* EISERN **Lungenentzündung** pneumonia [U] ◊ *sich eine Lungenentzündung holen* get pneumonia **Lungenflügel** lung **Lungenkrebs** lung cancer
Lunte fuse ⟦IDM⟧ **Lunte riechen** sense danger; *(Verdacht schöpfen)* smell* a rat
Lupe magnifying glass ⟦IDM⟧ **jdn/etw muss man mit der Lupe suchen** sb/sth is hard to find **jdn/etw unter die Lupe nehmen** take* a close look at sb/sth
lupenrein 1 *(Edelstein)* flawless **2** *(echt)* genuine; *(perfekt)* perfect

Lupine lupin
Lurch amphibian
Lust 1 ~ (auf/zu etw) haben feel* like (doing) sth ◊ *Ich habe Lust schwimmen zu gehen.* I feel like going swimming. ◊ *Ich habe keine Lust, jetzt meine Hausaufgaben zu machen.* I don't feel like doing my homework now. ◊ *Wir gehen ins Kino. Hast du auch Lust?* We're going to the cinema. Do you feel like coming, too? ◊ *Ich habe keine Lust.* I don't feel like it. ◊ *Ich habe heute zu nichts Lust.* I don't feel like doing anything today. ◊ *Hast du Lust auf ein Eis?* Do you feel like an ice cream? ◊ *Ich hätte jetzt Lust auf einen Kaffee.* I feel like a coffee now. ◊ *Ich hatte nicht übel Lust einfach zu gehen.* I really felt like walking out. ◊ *Ich hätte nicht übel Lust die Schule zu schmeißen.* I feel like packing in school. ◊ *Du kannst so lange bleiben, wie du Lust hast.* You can stay here as long as you like. **2 ~ (an etw)** *(Freude)* pleasure (in sth); *(Begeisterung)* enthusiasm (for sth) ◊ *Er hat die Lust am Malen entdeckt.* He has begun to take pleasure in painting. ◊ *Sie ging ohne große Lust ans Kochen.* She started to cook without much enthusiasm. ◊ *Er hat schon die Lust an dem neuen Spielzeug verloren.* He has already lost interest in the new toy. ◊ *Bei deinem griesgrämigen Gesicht kann einem die Lust vergehen!* Your grumpy face would put anyone off! **3** *(sexuell)* desire ⟦IDM⟧ **nach Lust und Laune** as you like; *(so viel man will)* as much as you like ◊ *den Tag nach Lust und Laune gestalten* spend the day as you like ◊ *Dort können die Kinder nach Lust und Laune herumtoben.* The children can romp around there as much as they like.
Lüster chandelier
lüstern lascivious *(Adv* lasciviously*)*
lustig 1 *(witzig)* funny* ◊ *lustige Geschichten* funny stories ◊ *die lustigen Grimassen des Clowns* the clown's funny faces ◊ *ein lustiger Typ* a funny guy ◊ *Sie erzählt immer so lustig.* She always tells such funny stories. **2** *(unterhaltsam)* entertaining, fun *(umgs)* ◊ *ein lustiger Abend* an entertaining evening ◊ *ein lustiges Spiel* a fun game ◊ *Die Party war wirklich lustig!* The party was really fun! **3** *(unbeschwert, heiter)* merry* *(Adv* merrily*)* ◊ *Nach einem Glas Wein wurde sie lustig.* After a glass of wine she got quite merry. ◊ *Obwohl es verboten war, fotografierten sie lustig weiter.* Although it wasn't allowed, they merrily kept on taking pictures. ⟦IDM⟧ **das kann ja lustig werden!** That's going to be fun! **sich über jdn/etw lustig machen** make* fun of sb/sth **solange man lustig ist** (for) as long as you like
lustlos apathetic *(Adv* apathetically*)*; *(halbherzig)* half-hearted *(Adv* half-heartedly*)* ◊ *Er wirkte müde und lustlos.* He seemed tired and apathetic. ◊ *Lustlos begann sie, ihr Zimmer aufzuräumen.* Half-heartedly, she began to tidy up her room.
Lustspiel comedy*
Lutheraner(in) Lutheran
lutherisch Lutheran
lutschen (an etw) ~ suck (sth) ◊ *ein Bonbon lutschen* suck a sweet ◊ *am Daumen lutschen* suck your thumb
luxuriös luxurious *(Adv* luxuriously*)* ◊ *eine luxuriöse Villa* a luxurious villa ◊ *luxuriös ausgestattet* luxuriously furnished ◊ *ein luxuriöses Leben führen* lead a life of luxury
Luxus luxury ◊ *Eine Spülmaschine ist kein Luxus mehr.* A dishwasher is no longer a luxury. ◊ *im Luxus leben* live in luxury
Luxus- luxury; *(Ausführung)* de luxe ◊ *ein Luxushotel* a luxury hotel ◊ *die Luxusausgabe* the de luxe edition **Luxusartikel** luxury* ◊ *Im Krieg war Schokolade ein Luxusartikel.* During the war chocolate was a luxury. ◊ *Die Firma produziert Luxusartikel.* The company produces luxury goods.
Lymphe lymph
 Lymphknoten lymph gland
lynchen lynch; *(fig)* kill
Lyra lyre
Lyrik (lyric) poetry ◊ *russische Lyrik* Russian poetry
Lyriker(in) lyric poet ☞ G 2.2d
lyrisch 1 lyric ◊ *die lyrische Dichtung* lyric poetry **2** *(stimmungsvoll)* lyrical *(Adv* lyrically*)* ◊ *ein lyrischer Stil* a lyrical style

M m

M, m M, m ☞ *Beispiele bei* A, A, S. 773.
Machart style
machbar feasible (*Adv* feasibly)
Mache 1 (*Gehabe*) show **2 in der ~** in the pipeline
machen 1 (*tun*) do* ◊ *Was macht er denn da?* What's he doing there? ◊ *Mach keine Dummheiten!* Don't do anything stupid! ◊ *Gut gemacht!* Well done! ◊ *Was kann man denn da machen?* What can you do? ◊ *Da kann man nichts machen.* There's nothing you can do about it. **2** (*herstellen, bewirken*) make* ◊ *Feuer machen* make a fire ◊ *Sie hat das Kleid selbst gemacht.* She made the dress herself. ◊ *blöde Witze machen* make silly jokes ◊ *Der Lärm macht mich noch ganz krank.* The noise makes me feel quite ill. ◊ *Das Kleid macht dich schlank.* That dress makes you look slim. ◊ *Das macht mich traurig.* It saddens me. ◊ *Du machst mich wahnsinnig!* You're driving me mad!

> **Do** oder **make**? „Machen" wird meist mit **do** übersetzt, wenn es im Sinne von „tun", „sich mit etw beschäftigen" verwendet wird: *What are you doing?* ◊ *do your homework.* Es wird meist mit **make** übersetzt, wenn es im Sinne von „herstellen", „bewirken" verwendet wird: *make coffee* ◊ *You're making me nervous!* Für andere Ausdrücke mit **machen** siehe die Einträge für die entsprechenden Nomina etc. **Lärm machen** z.B. steht unter **Lärm.**

3 (*Prüfung etc.*) take* ◊ *den Führerschein machen* take your driving test ◊ *Wann macht er Abitur?* When is he taking his A levels? **4** (*ausmachen*) matter ◊ *Das macht nichts.* It doesn't matter. ◊ *Macht es was, wenn ich später komme?* Will it matter if I'm a bit late? **5** (*mit Preisen, Zahlen*) be ◊ *Was macht das?* How much is that? ◊ *Das macht genau 20 Dollar.* That's exactly 20 dollars. ◊ *Drei mal drei macht neun.* Three threes are nine. **6** (*Tiere*) go* ◊ *Kühe machen muh.* Cows go moo. **7 jdn zu etw ~** make* sb sth; **etw zu etw ~** turn sth into sth ◊ *Sie haben ihn zum Direktor gemacht.* They made him managing director. ◊ *Der Film hat sie zum Star gemacht.* The film made her a star. ◊ *die Garage zum Arbeitszimmer machen* turn the garage into a study **8 sich an etw ~** start sth ◊ *Hast du dich schon an deine Hausaufgaben gemacht?* Have you started your homework yet? **9 sich ~** (*sich positiv entwickeln*) be coming along; (*aussehen*) look ◊ *Der neue Mitarbeiter macht sich ganz ordentlich.* The new member of staff is coming along nicely. ◊ *Das Bild macht sich gut an dieser Wand.* The picture looks good on that wall. IDM **Mach schon!** Hurry up! **Machs gut!** Take care! **sich nichts aus etw machen** not worry* about sth ◊ *Mach dir nichts draus.* Don't worry about it. ◊ *Sie macht sich nichts daraus, dass sie so dick ist.* She doesn't worry about being so fat. **sich nichts/nicht viel aus jdm/etw machen** not like sb/sth (very much) ◊ *Ich mache mir nichts aus Fußball.* I don't like football. **Was macht/machen ...?** How is/are ...? ◊ *Was macht die Schule?* How's school? ◊ *Was machen die Kinder?* How are the children? ☞ *Siehe auch* HOSE *und* MANN

Machenschaften machinations [Pl]
Macher(in) 1 doer ◊ *Er ist ein Macher.* He's a doer. ◊ *Der neue Trainer ist ein Macher.* The new coach gets things done. **2** (*Organisator*) organizer
Macho macho man*
Macht 1 power ◊ *alles, was in unserer Macht steht* everything in our power ◊ *an der Macht sein* be in power ◊ *an die Macht kommen* come to power ◊ *die westlichen Mächte* the Western powers **2** (*Wesen, Kraft*) force ◊ *dunkle Mächte* dark forces ◊ *Das ist nur die Macht der Gewohnheit.* It's just force of habit. IDM **mit aller Macht** with all your might ◊ *Sie stemmte sich mit aller Macht gegen die Tür.* She pushed against the door with all her might.
Machtbereich sphere of influence **Machtergreifung** seizure of power (*oft mit einem Verb übersetzt*) ◊ *die Machtergreifung durch die Militärs* the military seizure of power ◊ *nach der Machtergreifung* (*der Nazis*) after the Nazis seized power **Machthaber(in)** ruler ◊ *die militärischen Machthaber* the military rulers ◊ *die damaligen Machthaber* those in power at the time **machthungrig** power-hungry, greedy for power (*nicht vor Nomen*)

mächtig 1 *Adj* powerful ◊ *eine sehr mächtige Frau* a very powerful woman ◊ *seine mächtige Stimme* his powerful voice ◊ *die Mächtigen* those in power **2** *Adj* (*Wand, Stamm*) massive; (*Baum auch*) mighty* **3** *Adj* **einer Sprache ~ sein** (be able to) speak* a language ◊ *Er ist kaum der deutschen Sprache mächtig.* He can barely speak German. **4** *Adv* (*sehr*) terribly, (*bes AmE*) mighty ◊ *Wir haben uns mächtig darüber gefreut.* We were mighty pleased. ◊ *Sie haben sich mächtig ins Zeug gelegt.* They made a terrific effort.

Macht- Machtkampf power struggle **machtlos** powerless; (*hilflos*) helpless (*Adv* helplessly) ◊ *jdm/etw machtlos gegenüberstehen* be powerless against sb/sth ◊ *Sie mussten machtlos zusehen, wie ihr Dorf vernichtet wurde.* They had to watch helplessly as their village was destroyed. **Machtmissbrauch** abuse of power **Machtpolitik** power politics ◊ *Machtpolitik betreiben* play power politics ☞ G 1.3c **Machtposition** position (of power) ◊ *Sie hat ihre Machtposition schamlos ausgenutzt.* She shamelessly abused her position. **Machtprobe** trial of strength **Machtstellung** ⇨ MACHTPOSITION **Machtübernahme** (*oft mit einem Verb übersetzt*) ◊ *bei ihrer Machtübernahme* when she came to power ◊ *die Machtübernahme der Militärs* the takeover by the military **Machtverhältnisse** balance of power [Sing] **Machtwechsel** change of government
Machtwort IDM **ein Machtwort sprechen** put* your foot down
Macke 1 quirk ◊ *Jeder hat so seine Macken.* Everyone has their own little quirks. **2** (*Schaden*) defect IDM **eine Macke haben** be mad ◊ *Du hast wohl 'ne Macke!* Are you mad?
Macker 1 (*Freund*) fella (*umgs*) **2** (*Macho*) macho type/man* ◊ *diese miesen Macker* those stupid macho types
Mädchen girl; (*Baby*) baby girl ◊ *ein kleines Mädchen* a little girl ◊ *Sie hat ein Mädchen bekommen.* She had a baby girl. IDM **Mädchen für alles** dogsbody* ◊ *Ich bin hier wohl das Mädchen für alles!* I'm the dogsbody round here. **Mädchenhandel** trafficking in girls **Mädchenhaus** refuge for girls **Mädchenklasse** girls-only class ◊ *eine reine Mädchenklasse* a girls-only class **Mädchenmannschaft** girls' team **Mädchenname 1** (*Vorname*) girl's name **2** (*Geburtsname*) maiden name **Mädchenschule** (all-)girls' school ◊ *Sie war auf einer reinen Mädchenschule.* She went to an all-girls' school.
Made maggot ◊ *von Maden wimmeln* be crawling with maggots
Mädel ⇨ MÄDCHEN
madig maggoty IDM **jdm etw madig machen** spoil* sth for sb **jdn/etw madig machen** run* sb/sth down
Madonna Madonna
Mafia Mafia ☞ G 1.3a
Mafioso member of the Mafia
Magazin 1 (*Zeitschrift, Waffen-*) magazine ◊ *ein Magazin für Reisen* a travel magazine **2** (*Sendung*) magazine (programme), (*AmE*) magazine (program) **3** (*Lager*) storeroom
Magd servant girl
Magen stomach ◊ *Mir knurrt der Magen.* My stomach is rumbling. ◊ *Er hat sich den Magen verdorben.* He got a stomach upset. ◊ *Täglich drei Tabletten auf nüchternen Magen einnehmen.* Take three tablets a day before meals. IDM **jdm auf den Magen schlagen 1** upset* sb's stomach **2** (*fig*) upset* sb **jdm dreht sich der Magen um** ◊ *Wenn ich Blut sehe, dreht sich mir der Magen um.* The sight

of blood turns my stomach. **jdm (schwer) im Magen liegen 1** lie* heavy on the stomach **2** (*fig*) prey on sb's mind
Magenbeschwerden stomach trouble [U] ◊ *Magenbeschwerden haben* have stomach trouble **Magen-Darm-Infektion** gastro-enteritis [U] ◊ *eine Magen-Darm-Infektion haben* have gastro-enteritis **Magengeschwür** (stomach) ulcer ◊ *ein Magengeschwür haben* have an ulcer **Magenkrebs** stomach cancer **Magenschmerzen** stomach pains [Pl] **Magenverstimmung** stomach upset
mager 1 thin ☞ *Hinweis bei* DÜNN **2** (*Fleisch*) lean; (*Käse, Wurst*) low-fat **3** (*dürftig*) meagre, (*AmE*) meager; (*Auswahl, Ergebnis*) poor; (*Jahre, Zeit*) lean ◊ *magere zwei Prozent* a meagre two per cent
Mager- Magermilch skimmed milk **Magerquark** low-fat curd cheese **Magersucht** anorexia (nervosa) ◊ *an Magersucht leiden* suffer from anorexia **magersüchtig** anorexic
Magie ◊ *schwarze Magie* black magic
Magier(in) magician ☞ G 2.2d
magisch 1 magic ◊ *ein Amulett mit magischen Kräften* an amulet with magic powers ◊ *Das Licht zog sie magisch an.* The light drew her on as if by magic. **2** (*geheimnisvoll*) magical ◊ *die magische Welt der Insel* the magical world of the island ◊ *eine magische Anziehungskraft auf jdn ausüben* hold a fascination for sb
Magister, Magistra master's degree, MA ◊ *Er ist Magister der Germanistik.* He has an MA in German. ☞ *Es gibt keine Entsprechung für die Anrede* **Magister/Magistra** *im Englischen.* ☞ *Siehe auch* MSc
Magistrat town/city council
Magma magma
Magnat magnate
Magnesium magnesium
Magnet magnet (*auch fig*)
Magnetbahn ⇨ MAGNETSCHWEBEBAHN **Magnetfeld** magnetic field
magnetisch magnetic (*Adv* magnetically) (*auch fig*)
Magnetismus magnetism
Magnet- Magnetschwebebahn magnetic (levitation) railway **Magnetstreifen** magnetic strip
Magnolie magnolia
Mahagoni mahogany
mäh baa
Mähdrescher combine harvester
mähen cut*; (*Wiese, Rasen auch*) mow*
Mahl meal
mahlen grind* IDM **wer zuerst kommt, mahlt zuerst** first come, first served
Mahlzeit meal ◊ *eine warme/leichte/deftige Mahlzeit* a hot/light/hearty meal ◊ *eine Mahlzeit zu sich nehmen* have a meal ◊ *eine kleine Mahlzeit* a snack

> Die Bezeichnungen der Mahlzeiten hängen in Großbritannien oft von der geographischen oder sozialen Herkunft ab. Wenn der Hauptmahlzeit (**dinner**) mittags eingenommen wird, heißt die leichtere Abendmahlzeit **tea** oder **supper**. **Supper** nimmt man später am Abend ein als **tea**. **Tea** kann sich auch auf einen Imbiss mit Kuchen oder Gebäck am späten Nachmittag beziehen. Wenn **dinner** abends gegessen wird, heißt das leichtere Mittagessen **lunch**.

IDM **Mahlzeit!** Enjoy your meal.; (*als Gruß*) Hello! **Na/Prost Mahlzeit!** Great - that's all I need!; (*zu anderen gesagt*) Have fun!
Mahn- Mahnbescheid order to pay ◊ *ein gerichtlicher Mahnbescheid* a court order to pay **Mahnbrief** reminder
Mähne mane (*auch fig*)
mahnen 1 urge ◊ *Sie mahnte zur Vorsicht.* She urged caution. ◊ *Er mahnte sie zur Eile.* He urged them to hurry. ◊ *Die Bibliothekarin mahnte uns ruhig zu sein.* The librarian told us to be quiet. **2** (*erinnern*) remind; (*warnen*) warn ◊ *Sie mahnte die Kinder, ihre Hausaufgaben zu machen.* She reminded the children to do their homework. ◊ *seine mahnenden Worte* his words of warning **3** (*Mahnbrief schicken*) send* *sb* a reminder ◊ *Er mahnte den Kunden schriftlich.* He sent the customer a written reminder.
Mahn- Mahngebühr fine **Mahnmal** memorial ◊ *ein Mahnmal für die Opfer des Nationalsozialismus* a memorial to the victims of National Socialism **Mahnschreiben** reminder
Mahnung 1 call, exhortation (*gehoben*) ◊ *Seine Rede war eine Mahnung zur Toleranz.* His speech was a call for tolerance. **2** (*Warnung*) warning ◊ *seine Mahnung vor dem Missbrauch militärischer Macht* his warning against the abuse of military power ◊ *Das Bild soll eine Mahnung sein.* The picture is intended to make people think. **3** (*Mahnbrief*) reminder
Mahnwache vigil ◊ *eine Mahnwache halten* hold a vigil
Mai May ☞ *Beispiele bei* JANUAR
Maibaum ≈ maypole **Maifeiertag** May Day ☞ *Hinweis bei* FEIERTAG **Maiglöckchen** lily* of the valley **Maikäfer** May bug
Mail email
Mailadresse email address **Mailbox** mailbox
mailen email ◊ *Er hat ihr den Text gemailt.* He emailed her the text.
Mailing mailing, mailshot
Mais 1 (*Pflanze*) maize, (*AmE*) corn **2** (*als Gemüse*) sweetcorn, (*AmE*) corn; (*Kolben*) corn on the cob
Maiskolben corn cob; (*als Gemüse*) corn on the cob **Maiskorn** grain of maize, (*AmE*) grain of corn **Maismehl** cornflour, (*AmE*) cornmeal
Majestät majesty*
majestätisch majestic (*Adv* majestically)
Majonäse mayonnaise
Major(in) major; (*in der britischen Luftwaffe*) squadron leader ☞ *Hinweis bei* MAJOR[2], S. 376.
Majoran marjoram
makaber macabre
Makel 1 (*Fehler*) flaw ◊ *ein unbedeutender Makel* a minor flaw ◊ *Er spielte das Stück fast ohne Makel.* He played the piece almost flawlessly. **2** (*Schmach*) stigma ◊ *der gesellschaftliche Makel einer Scheidung* the social stigma of divorce ◊ *Es ist kein Makel, wenn man arm ist.* Being poor is nothing to be ashamed of.
makellos flawless (*Adv* flawlessly); (*ohne Flecken*) spotless (*Adv* spotlessly) ◊ *Sie hat eine makellose Haut.* She has a flawless complexion. ◊ *Das Badezimmer war makellos sauber.* The bathroom was spotlessly clean.
mäkeln complain ◊ *Hör auf, am Essen zu mäkeln!* Stop complaining about the food!
Make-up make-up; (*flüssig*) foundation ◊ *Make-up auflegen* put make-up on
Makkaroni macaroni [U]
Makler(in) estate agent, (*AmE*) Realtor™, real estate agent; (*Börsen-*) broker ☞ G 2.2d
Maklergebühr agent's fee
Makrele mackerel
Makro (COMP) macro*
Makrobefehl macro command
Makrone macaroon
Makulatur waste paper IDM **nur noch Makulatur sein** bite* the dust (*umgs*) **zur Makulatur werden** be scrapped
mal 1 times ◊ *Zwei mal zwei ist vier.* Two times two is four./Two twos are four. **2** (*bei Flächenangaben*) by ◊ *Das Zimmer ist vier mal fünf Meter groß.* The room is four by five metres. **3** ⇨ EINMAL
Mal[1] time ◊ *beide Male* both times ◊ *letztes Mal* last time ◊ *ein anderes Mal* another time ◊ *jedes Mal* every time ◊ *mehrere Male* several times ◊ *ein paar Mal* a few times ◊ *das nächste Mal* next time ◊ *Es war das erste und letzte Mal, dass er zu spät kam.* It was the first and last time that he was late. ◊ *ein einziges Mal* just once ◊ *ein weiteres Mal* once again

> Vorsicht bei der Übersetzung von „zum ersten, zweiten, letzten etc. Mal"! *Ich bin zum ersten Mal hier.* This is the first time that I've been here. ◊ *Zum zweiten Mal in diesem Winter ist der See zugefroren.* This is the second time this winter that the lake has frozen over. ◊ *Sie gewann zum dritten Mal Silber.* This is the third time that she's won silver. ◊ *Morgen steht sie zum letzten Mal auf der Bühne.* Tomorrow will be the last time she goes on stage. ◊ *Ich habe vor zwei Jahren zum letzten Mal mit ihm gesprochen.* The last time I spoke to him was two years ago./I last spoke to him two years ago. ◊ *ein Vulkan, der vor 500 Jahren zum letzten Mal aktiv war* a volcano that was last active 500 years ago.

manisch

IDM **ein für alle Mal** once and for all **mit einem Mal** suddenly **von Mal zu Mal** every time
Mal² **1** (*Fleck*) mark; (*Mutter-*) birthmark **2** (*beim Baseball*) base
Malaria malaria
malen 1 paint ◊ *Sie malt ein Porträt.* She is painting a portrait. ◊ *Ich male gern.* I like painting. ◊ *Er malte ein düsteres Bild der Zukunft.* He painted a gloomy picture of the future. **2** (*schreiben/zeichnen*) draw* ◊ *Sie malte eine Sieben auf das Papier.* She drew a seven on the paper. **IDM** ⇒ MÄNNCHEN *und* TEUFEL
Maler(in) 1 (*Künstler*) artist, painter **2** (*Anstreicher*) decorator, painter ☞ G 2.2d
Malerei painting
malerisch 1 picturesque (*Adv* picturesquely) **2** (*in Bezug auf Malerei*) artistic ◊ *Sie hat kein malerisches Talent.* She has no artistic talent. ◊ *sein bildhauerisches und malerisches Werk* his sculptures and paintings
Malheur mishap, little accident ◊ *Da ist mir ein Malheur passiert.* I've had a little accident. ◊ *Das ist doch kein Malheur!* It's not the end of the world!
Malkasten paintbox
malnehmen multiply* ◊ *Was erhält man, wenn man vier mit sechs malnimmt?* What do you get when you multiply four by six?
malochen work; (*schwer arbeiten*) slave away
Malstift crayon; (*Filzstift*) felt pen
Malz malt
   Malzbier = low-alcohol malt beer **Malzkaffee** = coffee substitute made from barley
Mama, Mami mummy*, (*AmE*) mommy* ☞ *Hinweis bei* MUTTI
Mammut mammoth
   Mammutveranstaltung mammoth event
mampfen munch
man 1 you, one (*gehoben*) ◊ *Man kann nie wissen, wozu man das noch braucht.* You never know when it might come in useful. ◊ *So etwas tut man nicht!* You just don't do things like that! ◊ *Wie isst man Hummer?* How does one eat lobster? ◊ *Wie kann man nur so etwas sagen!* What a dreadful thing to say! ◊ *Mit dir kann man ja nicht reden!* It's impossible to talk to you! ◊ *Wie lange fährt man nach Berlin?* How long does it take to get to Berlin?

> Die Possessivform von **one** ist **one's**: *One must be sure of one's facts before criticizing other people.* **One's** ist auch die Abkürzung für **one is** oder **one has**.
>
> Der Gebrauch von **one** gehört der gehobenen Sprache an. In der Alltagssprache sagt man **you**: *You must be sure of your facts.*
>
> Bei der Übersetzung von „man" wird häufig auch das Passiv verwendet: ◊ *Man hat interessante Fossilien entdeckt.* Interesting fossils were discovered. ◊ *Man hat mir gesagt, ich soll mich bei Ihnen melden.* I was told to report to you. ◊ *Wie schreibt man das?* How is it spelt? *Siehe auch Bedeutung 3.*

2 (*die Leute, die Öffentlichkeit*) they, people ◊ *Man sagt, dass es kalt wird.* They say it's going to be cold. ◊ *In Schweden geht man oft in die Sauna.* In Sweden people go to the sauna a lot. **3** (*bei Anweisungen, Empfehlungen etc., mit dem Passiv übersetzt*) ◊ *Man hat mir gesagt, dass der Zug nicht fährt.* I was told the train wasn't running. ◊ *Man hat uns davon abgeraten.* We were advised against it.
Management management ◊ *Das Management plant Kürzungen.* The management is/are planning cuts. ◊ *fehlendes Management* poor management ☞ G 1.3b
managen manage
Manager(in) manager ☞ G 2.2d
manch(e,r,s) 1 *Adj* some; (*viele*) many ◊ *Manche Ärzte arbeiten zu viel.* Some doctors work too hard. ◊ *Manches Projekt wird niemals realisiert.* Some projects never see the light of day. ◊ *Skifahren ist teurer als manches andere Hobby.* Skiing is more expensive than many other hobbies. ◊ *Manch einer hätte schon aufgegeben.* A lot of people would have given up by now. **2** *Pron* some (people); (*viele*) many (people) ◊ *Manche meinen, dass er zurücktreten sollte.* Some people think he should resign. ◊ *Manche schaffen es, andere nicht.* Some manage it, some don't. ◊ *So mancher kehrt nie zurück.* Many never come back.

manchmal sometimes
Mandant(in) client
Mandarine mandarin
Mandat 1 (RECHT) brief ◊ *ein Mandat übernehmen* take a brief **2** (*Auftrag*) mandate **3** (POL) (*Amt*) seat ◊ *Sie legte ihr Mandat nieder.* She resigned her seat. ◊ *Die Partei ist mit sechs Mandaten vertreten.* The party has six seats.
Mandel 1 almond ◊ *gebrannte Mandeln* roasted almonds **2** (ANAT) tonsil ◊ *sich die Mandeln herausnehmen lassen* have your tonsils out
   Mandelentzündung tonsillitis [U] ◊ *Er hat eine Mandelentzündung.* He's got tonsillitis.
Mandoline mandolin ◊ *Sie spielt Mandoline.* She plays the mandolin.
Manege ring
Mangel¹ *die* mangle **IDM** **jdn in die Mangel nehmen** give* sb a hard time
Mangel² *der* **1** ~ (**an etw**) lack of sth [U/Sing]; (*Knappheit*) shortage (of sth) ◊ *Er wurde aus Mangel an Beweisen freigesprochen.* He was acquitted for lack of evidence. ◊ *An Bewerbern besteht kein Mangel.* There is no shortage of applicants. **2** (*Fehler*) fault ◊ *technische Mängel* technical faults ◊ *Die Teller haben kleine Mängel.* The plates are slightly imperfect.
   Mangelerscheinung deficiency symptom
mangelhaft 1 *Adj* poor; (*unzulänglich*) inadequate ◊ *Seine Sprachkenntnisse sind mangelhaft.* His knowledge of the language is poor. ◊ *die mangelhafte Beschilderung der Autobahn* inadequate signage on the motorway ☞ *Hinweis bei* NOTE, S. 1126. **2** *Adv* poorly; (*nicht dem Standard entsprechend*) not properly ◊ *mangelhaft beleuchtet* poorly lit ◊ *Die Heizung funktioniert nur mangelhaft.* The heating isn't working properly. ◊ *Sie war nur mangelhaft vorbereitet.* She wasn't properly prepared.
mangeln 1 es mangelt an etw there is a lack of sth; (*unzureichend vorhanden*) there is a shortage of sth ◊ *Es mangelt am nötigen Respekt gegenüber den Eltern.* There is a lack of respect for parents. ◊ *Es mangelt an geschulten Arbeitskräften.* There is a shortage of qualified staff. ◊ *Über mangelnde Arbeit kann sie sich nicht beklagen.* She can't complain of being short of work. ◊ *mangelnde Hygiene* poor hygiene **2 jdm mangelt es an etw** sb lacks sth ◊ *Ihm mangelt es an nötigem Ernst.* He lacks the necessary seriousness. ◊ *Es mangelt ihr am nötigen Geld.* She hasn't got the money.
mangels for lack of ◊ *Mangels Beweisen wurde er freigesprochen.* He was acquitted for lack of evidence. ◊ *Mangels Interesse wurde das Museum geschlossen.* The museum was closed due to lack of interest.
Mangelware ~ **sein** be in short supply; (*fig*) be few and far between, (*BrE auch*) be like gold dust ◊ *Kohle war zur Zeit Mangelware.* Coal was in short supply at the time. ◊ *Torchancen waren Mangelware.* Chances to score were few and far between. ◊ *Ausbildungsplätze sind Mangelware.* Apprenticeships are like gold dust.
Mango mango*
Manie 1 (PSYCH) mania **2** (*fig*) obsession ◊ *Putzen wird bei ihr allmählich zur Manie.* Housework is becoming an obsession with her.
Manier 1 (*Art und Weise*) way, manner (*gehoben*) ◊ *in gewohnter Manier* in the usual way ◊ *nach alter Manier* in the traditional manner **2** (*Stil*) style ◊ *Er malt in der Manier Klees.* He paints in the style of Klee.
   Manieren manners [Pl] ◊ *Ich werde dir schon noch Manieren beibringen!* I'll soon teach you some manners!
Manifest manifesto*
manifestieren sich ~ manifest itself (*gehoben*); (*sich zeigen*) be manifest (*gehoben*) ◊ *Der Fremdenhass manifestierte sich in Gewalt.* Xenophobia manifested itself in violence.
Maniküre manicure
Manipulation 1 manipulation (*oft mit einem Verb übersetzt*) ◊ *Man wirft ihr Manipulation der öffentlichen Meinung vor.* She is accused of manipulating public opinion. **2** (*betrügerisch*) tampering; (*des Wahlausgangs*) rigging
manipulieren 1 manipulate **2** (*betrügerisch*) tamper with *sth*; (*Wahlausgang*) rig* ◊ *Die Stimmzettel sind manipuliert worden.* The voting slips were tampered with. ◊ *Die Wahl wurde manipuliert.* The election was rigged.
manisch 1 manic (*Adv* manically) ◊ *eine manische Episo-*

Manko

de a manic phase ◇ *Er ist manisch-depressiv.* He is a manic-depressive. **2** (*besessen*) obsessive (*Adv* obsessively) ◇ *seine manische Eifersucht* his obsessive jealousy

Manko shortcoming; (*Nachteil*) disadvantage

Mann 1 man* ◇ *der Zehnkampf der Männer* the men's decathlon ◇ *Zutritt nur für Männer.* Men only. **2** (*Ehe-*) husband ◇ *ihr verstorbener Mann* her late husband ◇ *Sie sind jetzt Mann und Frau.* They are now man and wife. **3** (*Leute, Besatzung*) ◇ *die 22 000 Mann starke Friedenstruppe* the 22 000-strong peacekeeping force ◇ *Über 100 Mann waren beim Großbrand im Einsatz.* Over a hundred firefighters fought the blaze. ◇ *Wie viel Mann waren im Golfkrieg im Einsatz?* How many troops were deployed in the Gulf war? ◇ *Es waren 50 Mann an Bord.* There was a 50-man crew. IDM **alle Mann** everybody **alle Mann an Bord!** all aboard! **etw an den Mann bringen** sell* sth, (*BrE auch*) flog* sth (*umgs*) **das ist unser Mann** He's our man. **den starken Mann spielen** act tough **ein gemachter Mann sein** have got it made (**mein lieber**) **Mann!** my God!, (*bes AmE*) (oh) boy! **pro Mann** per head **seinen Mann stehen** (*selbstständig sein*) stand* on your own (two) feet; (*nicht einlenken*) stand* your ground; (*im Wettkampf*) hold* your own **von Mann zu Mann** man to man ☛ *Siehe auch* TAT *und* WELT

Männchen 1 little man **2** (ZOOL) male IDM **Männchen machen** sit* up and beg **Männchen malen** draw* matchstick men, (*AmE*) draw* stick figures

Männer- Männerberuf male profession; (*im Handwerk*) male job **Männerchor** male voice choir **männerfeindlich** anti-male ◇ *Diese Schriftstellerin schreibt ziemlich männerfeindlich.* This writer is rather anti-male.

männlich 1 male ◇ *Von den 120 Babys waren 65 männlich.* Out of the 120 babies 65 were male. ◇ *eine männlich dominierte Welt* a male-dominated world ◇ *Es meldete sich eine männliche Stimme.* A man's voice answered. ◇ *ein männlicher Vorname* a boy's name **2** (*für den Mann typisch*; *in der Grammatik*) masculine ◇ *Er hat eine sehr männliche Stimme.* He has a very masculine voice. ◇ *traditionell männliche Eigenschaften* traditional masculine qualities ◇ *ein männliches Substantiv* a masculine noun

Männlichkeit 1 masculinity **2** (*Potenz*) virility

Mannschaft 1 team ☛ G 1.3b **2** (AERO, NAUT) crew ☛ G 1.3b **3** (*militärische Einheit*) unit; (*einfache Soldaten*) men [Pl] IDM **vor versammelter Mannschaft** in front of everyone

Mannschaftsaufstellung line-up **Mannschaftsführer(in)** (team) captain **Mannschaftsgeist** team spirit **Mannschaftskamerad(in)** teammate **Mannschaftskapitän(in)** (team (captain) **Mannschaftssport** team sport **Mannschaftswagen** personnel carrier; (*Polizei-*) (police) van **Mannschaftswertung** (*Punkte*) team score; (*Platz*) team placing **Mannschaftswettbewerb** team event

mannshoch six-foot (*nur vor Nomen*), as high as a man ◇ *eine mannshohe Hecke* a six-foot hedge ◇ *Der Zaun ist mannshoch.* It's a six-foot fence.

Manöver 1 manoeuvre, (*AmE*) maneuver (*auch fig*) ◇ *ein taktisches Manöver* a tactical manoeuvre **2** (MIL) manoeuvres [Pl], (*AmE*) maneuvers [Pl] ◇ *Die Truppe hielt ein Manöver ab.* The troops took part in manoeuvres.

manövrieren 1 manoeuvre, (*AmE*) maneuver ◇ *Sie manövrierte das Auto in die Parklücke.* She manoeuvred the car into the parking space. ◇ *Er hat sich selbst ins Abseits manövriert.* He has backed himself into a corner. **2** (*handeln*) perform manoeuvres, (*AmE*) perform maneuvers ◇ *Sie muss politisch geschickt manövrieren.* She will have to perform some clever political manoeuvres. ◇ *strategisches Manövrieren* tactical manoeuvres

Mansarde attic

Mansardenfenster dormer window **Mansardenwohnung** attic flat, (*AmE*) attic apartment

Manschette 1 cuff **2** (*beim Ringen*) stranglehold **3** (*Umhüllung*) paper frill **4** (*Dichtungsring*) sealing ring **Manschettenknopf** cufflink

Mantel 1 coat ◇ *Er half ihr in den Mantel.* He helped her into her coat. **2** (*Reifen-*) outer tyre, (*AmE*) outer tire IDM **der Mantel des Schweigens** the cloak of secrecy ◇ *Sie lüftete den Mantel des Schweigens.* She lifted the cloak of secrecy. ◇ *Er hüllte den Mantel des Schweigens über den Vorfall.* He hushed up the incident.

Manteltarifvertrag collective agreement on terms and conditions of employment

manuell manual (*Adv* manually) ◇ *manuelles Geschick* manual dexterity ◇ *Daten manuell eingeben* enter data manually ◇ *in manueller Arbeit hergestellt* hand made ☛ Vorsicht! **Manual work** bedeutet „körperliche Arbeit".

Manuskript manuscript

Mäppchen pencil case

Mappe 1 (*Dokumenten-*) folder **2** (*Tasche*) document case, briefcase; (*für Zeichnungen etc.*) portfolio; (*Schul-*) school bag

Maracuja passion fruit

Marathon marathon (*auch fig*)

Marathonlauf marathon **Marathonläufer(in)** marathon runner ☛ G 2.2d **Marathonsitzung** marathon session

Märchen 1 fairy tale ◇ *die Märchen der Gebrüder Grimm* Grimms' fairy tales **2** (*Lügengeschichte*) story* ◇ *Das sind nur Märchen.* Those are just stories. ◇ *Erzähl mir keine Märchen!* Who are you trying to kid?

Märchenbuch book of fairy tales **Märchenfigur** fairy-tale character **Märchengestalt** fairy-tale creature

märchenhaft 1 fairy-tale (*nur vor Nomen*) ◇ *ein märchenhafter Palast* a fairy-tale palace ◇ *eine märchenhaft klingende Geschichte* a story that sounds like a fairy tale **2** (*sagenhaft*) fabulous (*Adv* fabulously) ◇ *märchenhafter Reichtum* fabulous wealth

Märchen- Märchenland fairyland **Märchenprinz 1** (*Märchenfigur*) (fairy-tale) prince **2** (*idealer Mann*) Prince Charming **Märchenprinzessin** (fairy-tale) princess **Märchenwelt** fairy-tale world

Marder marten

Margarine margarine

Margerite ox-eye daisy*

Marienkäfer ladybird, (*AmE*) ladybug

Marihuana marijuana

Marille apricot

Marinade marinade

Marine navy* ◇ *zur Marine gehen* join the navy

marineblau navy blue **Marineinfanterist** marine ☛ G 2.2d **Marineoffizier** naval officer ☛ G 2.2d **Marinesoldat** naval officer; (*Marineinfanterist*) marine ☛ G 2.2d **Marinestützpunkt** naval base

marinieren marinate

Marionette marionette, puppet (*auch fig*)

Marionettenspieler(in) puppeteer **Marionettentheater** puppet theatre, (*AmE*) puppet theater

Mark¹ *die* mark IDM **keine müde Mark** not a single penny, (*AmE*) not a cent ☛ *Siehe auch* UMDREHEN

Mark² *das* **1** (*Knochen-*) marrow **2** (*Pflanzen-*) pith **3** (*Frucht-*) pulp IDM **jdn bis ins Mark treffen** shake* sb to the core; (*Kritik*) cut* sb to the quick (**jdn**) **durch Mark und Bein gehen** go* right through sb ◇ *Ihr Schrei ging ihm durch Mark und Bein.* Her scream went right through him.

markant 1 (*charakteristisch*) distinctive (*Adv* distinctively); (*auffallend*) striking (*Adv* strikingly) ◇ *eine markante Duftnote* a distinctive perfume ◇ *markante Merkmale* distinctive features ◇ *besonders markante Beispiele* particularly striking examples ◇ *Die amerikanische Politik unterscheidet sich markant von der europäischen.* American politics is strikingly different from European politics. **2** (*wichtig*) important; (*hervorstechend*) prominent (*Adv* prominently); (*stark*) sharp (*Adv* sharply) ◇ *die markantesten Punkte der Stadt* the most important sights in the town ◇ *ein sehr markantes Kinn* a very prominent chin ◇ *markant steigen/zurückgehen* go up/fall sharply

Marke 1 (*Erkennungs-*) ID tag; (*Polizei-*) badge; (*Garderoben-*) cloakroom token; (*Essens-*) meal ticket; (*Hunde-*) dog tag **2** (*Brief-*) stamp **3** (*Pegel, Höhe*) mark **4** (*bei Produkten*) brand; (*bei Elektroartikeln, Fahrzeugen*) make ◇ *Was Kaffee angeht, kaufe ich nur eine bestimmte Marke.* I always buy one particular brand of coffee.

> Wenn man den Namen einer Marke erwähnt, lässt man normalerweise das Wort **brand** und **make** weg: *ein Autoradio der Marke Blaupunkt* a Blaupunkt car radio.

Markenartikel branded product; (*im Plural auch*) branded goods [Pl] **Markenname** brand name **Markenzeichen** trademark (*auch fig*)

Marker marker

markerschütternd blood-curdling

Marketing marketing
markieren 1 mark ◊ *Er markierte die wichtigsten Zitate.* He marked the most important quotations. ◊ *Die Schlacht markierte einen Wendepunkt.* The battle marked a turning point. **2** (COMP) highlight **3** (*vortäuschen*) fake; (*spielen*) act **4** (*erzielen*) score ◊ *Sie markierte den Ausgleich.* She scored the equalizer.
Markierung 1 (*Zeichen*) marking [meist Pl]; (*Strich, Punkt etc.*) mark ◊ *Die weiße Markierung ist schlecht zu erkennen.* The white markings are difficult to see. ◊ *Das Glas bis zur Markierung füllen.* Fill the glass up to the mark. ◊ *Die Markierung des Wanderwegs ist gut zu erkennen.* The path is well marked. **2** (*das Kennzeichnen*) (*oft mit einem Verb übersetzt*) ◊ *Die Markierung der Bienen erfolgte im Labor.* The bees were marked in the laboratory. **3** (COMP) cursor
Markise awning
Markt 1 market ◊ *In Ulm ist samstags Markt.* There's a market on Saturdays in Ulm. ◊ *Sie kauft Gemüse auf dem Markt.* She buys vegetables at the market. ◊ *der wachsende Markt für Produkte aus fairem Handel* the growing market for fair-trade products ◊ *neue Märkte erschließen* open up new markets ◊ *Dieses Buch ist nicht mehr auf dem Markt.* This book is no longer on the market. ◊ *auf den Markt kommen* come on to the market ◊ *ein Produkt vom Markt nehmen* take a product off the market ◊ *der schwarze Markt* the black market ◊ *Sie haben ein neues Getränk auf den Markt gebracht.* The firm has brought out a new drink. **2** (*-platz*) market square
Marktanalyse market analysis **Marktanteil** market share [U/Sing], share of the market ◊ *ein Marktanteil von 7%* a 7% market share **marktbeherrschend** ◊ *das marktbeherrschende Unternehmen* the company which dominates the market ◊ *eine marktbeherrschende Stellung* market domination **Marktforscher(in)** market researcher ☛ G 2.2d **Marktforschung** market research **Marktfrau** market stallholder ☛ G 2.2d **marktführend** ◊ *das marktführende Unternehmen* the market leader ◊ *Diese Firma ist im Bereich Sportartikel marktführend.* This firm leads the market for sports goods. **Marktführer** market leader **Markthalle** covered market, market hall **Marktlücke** gap in the market **Marktplatz** market place, market square **Marktpreis** market price **Marktschreier** market stallholder (crying his/her wares) **Marktsegment** market segment **Marktstand** market stall **Markttag** market day **marktüblich** usual; (*aktuell*) current **Marktwert** market value [U/Sing] (*auch fig*); (*von Drogen*) street value **Marktwirtschaft** market economy* **marktwirtschaftlich** free-market (*nur vor Nomen*) ◊ *marktwirtschaftlich orientierte Politik* free-market policies ◊ *die marktwirtschaftliche Ordnung* the free-market system
Marmelade jam; (*Orangen-, Zitronen-*) marmalade ◊ *Marmelade kochen* make jam
Marmeladenglas jam jar
Marmor marble
Marmorkuchen marble cake
marode decaying; (*Zustand auch*) run-down
Marone (*Kastanie*) sweet chestnut
Marotte quirk ◊ *Sie hat die Marotte, den Hörer vor dem Telefonieren abzuwischen.* It's a quirk of hers to wipe the receiver before making a phone call.
Mars Mars ☛ *Beispiele bei* MERKUR
Marsch 1 (MIL, MUS) march **2** (*zügiges Gehen*) (long) walk ◊ *ein Marsch von drei Stunden* a three-hour walk
marsch 1 (*Befehl*) march! **2** (*Aufforderung*) ◊ *Marsch, beeilt euch!* Get a move on! ◊ *Marsch, ins Bett mit dir!* Off to bed!
Marschall marshal ☛ G 2.2d
Marsch- Marschbefehl marching orders [Pl] **Marschflugkörper** cruise missile
marschieren 1 (*Soldaten, Prozession etc.*) march **2** (*zügig gehen*) walk
Marschmusik marches [Pl]
Marsmensch Martian
Martinshorn siren
Märtyrer(in) martyr ◊ *Sie haben ihn zum Märtyrer gemacht.* They have made a martyr of him.
Marxismus Marxism
Marxist(in) Marxist
marxistisch Marxist

März March ☛ *Beispiele bei* JANUAR
Marzipan marzipan
Masche 1 (*beim Stricken, Häkeln*) stitch ◊ *rechte Maschen stricken* knit ◊ *linke Maschen stricken* purl ◊ *Maschen aufnehmen/abketten* cast on/cast off stitches **2** (*in einem Netz*) hole **3 Maschen** (*eines Fangnetzes*) mesh [U] **4** (*fig*) trick ◊ *die neue Masche der Diebe* the burglars' latest trick
Maschendraht wire netting
Maschine 1 machine **2** (*Schreib-*) typewriter ◊ *Maschine schreiben* type **3** (*Flugzeug*) plane ◊ *Die Maschine startet.* The plane is taking off. ◊ *Die Maschine aus Rom hat Verspätung.* The flight from Rome is delayed. **4** (*Motorrad*) bike
maschinell by machine ◊ *die maschinelle Ernte* harvesting by machine ◊ *maschinell hergestellt* machine-made
Maschinen- Maschinenbau mechanical engineering **Maschinenbauingenieur(in)** mechanical engineer ☛ G 2.2d **Maschinenfabrik** engineering works* **Maschinengewehr** machine gun **maschinenlesbar 1** *Adj* machine-readable **2** *Adv* in machine-readable form ◊ *Die Daten werden maschinenlesbar aufbereitet.* The data is processed in machine-readable form. **Maschinenpistole** sub-machine gun **Maschinenraum** engine room
Maschineschreiben typing
Maschinerie machinery [U] (*auch fig*) ◊ *eine gewaltige Maschinerie* a huge piece of machinery
Maschinist(in) machinist, machine operator; (*auf einem Schiff*) engineer ☛ G 2.2d
Masern measles [U] ◊ *Er hat die Masern.* He's got (the) measles. ◊ *Masern sind eine Viruserkrankung.* Measles is a viral disease.
Maserung grain [U]
Maske 1 (*Schutz-, Tauch-, Faschingsmaske etc., kosmetische Maske*) mask ◊ *eine Hexenmaske* a witch's mask **2** (THEAT) make-up [U] ◊ *Er war noch in der Maske.* He was still in make-up.
Maskenball masked ball **Maskenbildner(in)** make-up artist ☛ G 2.2d
maskieren sich ~ 1 (*sich verkleiden*) dress up ◊ *Beide Jungen maskierten sich als Cowboys.* The two boys dressed up as cowboys. ◊ *Sie hat sich mit einer dunklen Brille maskiert.* She disguised herself with a pair of dark glasses. **2** (*Verbrecher etc.*) put* on a mask
maskiert 1 ◊ *maskierte Kinder* children in fancy dress **2** (*Verbrecher etc.*) masked
Maskierte(r) masked man*/woman*
Maskottchen mascot
maskulin masculine
Masochismus masochism
Masochist(in) masochist ◊ *Sie ist Masochistin.* She's a masochist.
masochistisch masochistic (*Adv* masochistically)
Maß[1] *das* **1** (*Einheit*) unit of measurement **2** (*Größe*) measurement; (*von Möbeln, Zimmer*) dimension, measurement **3** (*Ausmaß*) degree, extent ◊ *ein hohes Maß an Selbstständigkeit* a high degree of independence ◊ *In welchem Maße sind wir davon betroffen?* To what extent are we affected by it? ◊ *Die Kosten wurden auf ein akzeptables Maß reduziert.* The costs were reduced to an acceptable level. ◊ *Das gilt in besonderem Maße für Lehrer.* This is especially true for teachers. ◊ *in ausreichendem Maße vorhanden sein* be present in adequate quantities [IDM] **das Maß aller Dinge** the measure of all things **Das Maß ist voll!** That's it. **Enough is enough!** **in Maßen** in moderation **mit zweierlei Maß messen** apply* double standards **nach Maß** customized ◊ *Ausbildung nach Maß* customized training courses ◊ *etw nach Maß anfertigen lassen* have sth made to measure ◊ *Babys nach Maß* designer babies
Maß[2] *die* litre of beer, (AmE) liter of beer
Massage massage ◊ *Ich gehe zur Massage.* I'm going to have a massage.
Massaker massacre ◊ *das Massaker an friedlichen Demonstranten* the massacre of peaceful demonstrators ◊ *ein Massaker verüben* carry out a massacre
massakrieren massacre
Masse 1 mass; (GASTRON) mixture ◊ *Die Schokolade war eine weiche, klebrige Masse.* The chocolate was a soft, sticky mass. ◊ *Die Masse kneten.* Knead the mixture. **2** (*große Menge*) ◊ *Bei der Masse der Bewerbungen fiel die Entschei-*

Maßeinheit

dung schwer. It was difficult to make a decision because of the large number of applications. ◊ *Massen von Büchern* masses of books ◊ *Die Masse der Frauen musste arbeiten.* Most of the women had to work. ◊ *Die Fans kamen in Massen.* Huge numbers of fans came. **3** (*Menschenmenge*) crowd ☛ G 1.3b **4 die ~** (*Volk*) the masses [Pl] ◊ *Fernsehsendungen für die breite Masse* TV programmes for the masses ◊ *Die breite Masse der Bevölkerung will Frieden.* The vast majority of the population wants peace. **5** (Physik) mass
Maßeinheit unit of measurement
Massen- Massenandrang crowds (of people) [Pl] ◊ *In den Geschäften herrschte Massenandrang.* There were crowds of people in the shops. **Massenarbeitslosigkeit** mass unemployment **Massenbewegung** mass movement **Massenentlassung** mass redundancies [Pl] **Massenflucht** mass exodus **Massengrab** mass grave
massenhaft in huge numbers (*nicht vor Nomen*) ◊ *Mücken treten in diesem Gebiet massenhaft auf.* Mosquitoes are found in huge numbers in this area. ◊ *ein massenhaftes Absterben der Bäume* trees dying in huge numbers ◊ *Sie haben massenhaft Geld.* They've got loads of money.
Massen- Massenkarambolage pile-up **Massenmedien** mass media [Pl] **Massenmord** mass murder ◊ *der Massenmord an Flüchtlingen* the mass murder of refugees **Massenproduktion** mass production ◊ *die industrielle Massenproduktion* industrial mass production **Massentierhaltung** intensive livestock farming **Massentourismus** mass tourism **Massenvernichtungswaffen** weapons of mass destruction [Pl]
massenweise ◊ *massenweise gute Ideen* lots of good ideas ◊ *Ich habe massenweise Post bekommen.* I got masses of post. ◊ *Die Lehrer wurden massenweise entlassen.* Large numbers of teachers were made redundant.
Masseur masseur ☛ G 2.2d
Masseurin masseuse ☛ G 2.2d
maßgeblich, maßgebend major, important; (*entscheidend*) crucial ◊ *bei etw eine maßgebliche Rolle spielen* play a major role in sth ◊ *maßgebliche Vertreter der Industrie* important figures from industry ◊ *Er war maßgeblich an gestrigen Sieg beteiligt.* He played a crucial role in yesterday's victory. ◊ *Er hat die Musikszene maßgeblich beeinflusst.* He has had a strong influence on the music scene.
maßgeschneidert tailor-made (*auch fig*)
massieren¹ massage ◊ *Kannst du mir den Rücken massieren?* Could you massage my back?
massieren² sich ~ (*sich häufen*) be concentrated; (*Truppen*) mass ◊ *In Großstädten massiert sich die Kriminalität.* Crime tends to be concentrated in cities.
massig 1 *Adj* huge **2** *Adv* loads of ... (*umgs*) ◊ *Der Markt zog massig Leute an.* The market attracted loads of people.
mäßig 1 moderate (*Adv* moderately) ◊ *schwacher bis mäßiger Wind* light to moderate winds ◊ *Die Kampagne hatte nur mäßigen Erfolg.* The campaign was only moderately successful. ◊ *Sie verdient mäßig.* She only earns a modest salary. **2** (*in Maßen*) in moderation ◊ *Sie trinkt nur mäßig.* She drinks only in moderation. **3** (*mittelmäßig*) mediocre; (*schwach*) poor (*Adv* poorly) ◊ *ein mäßiger Schüler* a mediocre pupil ◊ *Das Konzert war nur mäßig besucht.* The concert was poorly attended. ◊ *Das Stück erhielt nur mäßige Kritiken.* The play didn't get very good reviews.
mäßigen 1 reduce; (*Worte*) tone sth down ◊ *den Zigarettenkonsum mäßigen* reduce cigarette consumption **2 sich ~** (*maßvoller handeln*) restrain yourself; (*ruhiger werden*) calm down **3 sich ~** (*maßvoller werden*) become* more moderate ◊ *Ihre Ansichten haben sich gemäßigt.* Her views have become more moderate.
massiv 1 solid (*Adv* solidly) ◊ *ein Tisch aus massiver Birke* a solid birch table ◊ *Der Kleiderschrank ist Kiefer massiv.* This wardrobe is solid pine. ◊ *eine massive Statue aus Bronze* a solid bronze statue **2** (*groß*) huge (*Adv* hugely); (*Kritik, Bedrohung*) serious (*Adv* seriously); (*Protest*) strong (*Adv* strongly); (*Druck*) massive ◊ *ein massiver Baum* a huge tree ◊ *Die Steuern wurden massiv erhöht.* There were huge tax increases. ◊ *Die Presse machte der Firma massive Vorwürfe.* The press made serious accusations against the firm. ◊ *trotz des massiven Widerstands der Anwohner* in spite of strong opposition from the residents ◊ *der massive Einsatz von Polizei* the deployment of large numbers of police
maßlos (*Lebensweise, Forderung etc.*) excessive (*Adv* excessively); (*Enttäuschung*) bitter (*Adv* bitterly); (*Übertreibung*) gross (*Adv* grossly) ◊ *Ihre Ansprüche sind maßlos.* Her demands are excessive. ◊ *maßlos überzogene Kritik* excessive criticism ◊ *maßlos enttäuscht* bitterly disappointed ◊ *Das ist maßlos übertrieben.* That's grossly exaggerated. ◊ *Er nutzt sie maßlos aus.* He exploits her shamelessly.
Maßlosigkeit lack of restraint; (*Verschwendung*) extravagance; (*Gier*) greed
Maßnahme measure ◊ *vorbeugende Maßnahmen* preventive measures ◊ *neue Maßnahmen zum Umweltschutz* new conservation measures ◊ *einschneidende Maßnahmen gegen Steuerhinterziehung ergreifen* take drastic measures against tax evasion
Maßstab 1 standard; (*fig*) benchmark ◊ *Unsere Lehrer legen sehr hohe Maßstäbe an.* Our teachers set very high standards. ◊ *Die Tarifabschlüsse im Bergbau können kein Maßstab für die Banken-Tarifrunde sein.* The miners' settlements cannot be the benchmark for negotiations in the banking sector. **2** (*bei Landkarten*) scale ◊ *Diese Karte hat einen Maßstab von 1:100 000.* The scale of this map is 1:100 000. ◊ *Das Gebäude ist hier in stark verkleinertem Maßstab dargestellt.* The building is represented here on a very reduced scale.
maßstabsgetreu, maßstabsgerecht (true) to scale (*nicht vor Nomen*), scale (*nur vor Nomen*) ◊ *Der Stadtplan gibt alle Details maßstabsgetreu wieder.* The map shows all the details true to scale. ◊ *ein maßstabgetreues Modell* a scale model
maßvoll 1 moderate (*Adv* moderately) ◊ *eine maßvolle Anhebung der Gebühren* a moderate increase in charges. **2** (*in Maßen*) in moderation ◊ *Alkohol muss maßvoll genossen werden.* Alcohol must be taken in moderation.
Mast¹ *der* mast; (*Telefon-, Fahnen- etc. auch*) pole
Mast² *die* fattening
mästen 1 (*Tier*) fatten **2** (*Menschen*) overfeed*
masturbieren masturbate
Match match
Matchball match point
Material 1 (*Stoff*) material ◊ *radioaktives Material* radioactive material ◊ *Fast alle im Dorf hatten Material für das Buch zusammengetragen.* Nearly everyone in the village had collected material for the book. **2** (*Utensilien, Ausrüstung*) materials [Pl] ◊ *Sie suchen das nötige Material zusammen.* They're getting the necessary materials together. **3** (MIL) military materials and equipment [Pl] **4** (*Beweis-*) evidence
Materialermüdung material fatigue; (*bei Metall*) metal fatigue **Materialfehler** defective material ◊ *ein Unfall infolge eines Materialfehlers* an accident as a result of the use of defective materials
Materialismus materialism
Materialist(in) materialist ☛ G 2.2d
materialistisch materialistic (*Adv* materialistically)
Materie 1 (*Substanz*) matter **2** (*Thema*) subject
materiell 1 material (*nur vor Nomen*) (*Adv* materially) ◊ *materielle Güter* material goods ◊ *Der materielle Wert dieses Rings ist gering, aber er hat einen hohen ideellen Wert für mich.* The ring is of little monetary value, but it's of great sentimental value to me. **2** (*finanziell*) financial (*Adv* financially) ◊ *materielle Sorgen* financial worries ◊ *materiell abgesichert* financially secure ◊ *materielle Not* poverty **3** (*stofflich*) physical (*nur vor Nomen*) ◊ *die materielle Welt* the physical world **4** (*materialistisch*) materialistic (*Adv* materialistically)
Mathe maths [U] (*umgs*), (*AmE*) math [U] (*umgs*) ◊ *Mathe ist mein Lieblingsfach.* Maths is my favourite subject.
Mathematik mathematics [U] ◊ *Angewandte Mathematik ist sein Spezialfach.* Applied mathematics is his specialist subject.
Mathematiker(in) mathematician ☛ G 2.2d
mathematisch mathematical (*Adv* mathematically) ◊ *mathematische Regeln* mathematical rules ◊ *ein mathematisch begabtes Kind* a child with a gift for mathematics
Matratze mattress
Mätresse mistress
Matrose, Matrosin 1 sailor ☛ G 2.2d **2** (*Dienstgrad in GB*) ≈ Junior Seaman*, Ordinary Seaman*; (*in den USA*) ≈ Seaman Apprentice, Seaman Recruit
Matsch 1 (*Erde*) mud; (*Schnee*) slush **2** (*aus Früchten oder Gemüse*) mush, pulp [IDM] ⇨ SCHLAGEN

matschig 1 muddy*; (*Schnee*) slushy* **2** (*Obst, Gemüse*) mushy

matt 1 (*schwach*) weak; (*erschöpft*) exhausted ◊ *Er war vor Hunger ganz matt.* He was weak with hunger. **2** (*Stimme, Lächeln*) faint (*Adv* faintly) **3** (*nicht glänzend*) matt, dull ◊ *Ich hätte die Fotos gerne matt, nicht glänzend.* I'd like the photos matt, not glossy. ◊ *Seine Augen waren ganz matt.* His eyes were dull. **4** (*Licht*) subdued; (*Farben*) soft **5** (*Scherz*) feeble (*Adv* feebly); (*Vorstellung, Spiel, Rede*) lacklustre, (*AmE*) lackluster **6** (*beim Schach*) checkmate ◊ *Er war matt in zwei Zügen.* He was checkmated in two moves. ◊ *jdn matt setzen* checkmate sb ◊ *Schach und matt!* Checkmate!

Matte mat IDM **auf der Matte stehen** (*bereit sein*) be ready; (*bei jdm auftauchen*) turn up on sb's doorstep

Mattscheibe television screen; (*Fernseher*) box (*umgs*), telly (*umgs*)

Matura = school-leaving exam which entitles you to go to university ☞ *Hinweis bei* ABITUR

Maturand(in), Maturant(in) = student doing school-leaving exams ☞ *Hinweis bei* ABITUR

maturieren = do* your school-leaving exams ☞ *Hinweis bei* ABITUR

Mauer wall (*auch fig*) ◊ *eine Mauer hochziehen* put up a wall ◊ *eine Mauer des Schweigens* a wall of silence ◊ *die (Berliner) Mauer* the Berlin Wall
  Mauerbau building of the Berlin Wall **Mauerfall** fall of the Berlin Wall

mauern 1 lay* bricks **2** *etw ~* build* sth (in brick/stone) ◊ *Die Wände sind nicht gemauert.* The walls are not built in brick. **3** (*blockieren*) stonewall **4** (*bei Sport und Spielen*) play defensively

Mauer- Maueröffnung = collapse of the Berlin Wall **Mauerwerk** masonry; (*aus Ziegelsteinen*) brickwork

Maul mouth ◊ *Der Löwe riss sein Maul auf.* The lion opened its mouth. ◊ *Sie hatte sechs hungrige Mäuler zu stopfen.* She had six hungry mouths to feed. ◊ *Mach endlich dein Maul auf!* Say something! ◊ *Sie fürchtete die bösen Mäuler der Nachbarn.* She feared the neighbours' wagging tongues. IDM **das/sein Maul halten** keep* your mouth shut; (*aufhören zu reden*) shut* up ◊ *Halts Maul!* Shut up! **sich über jdn/etw das Maul zerreißen** gossip* about sb/sth ☞ *Siehe auch* GAUL *und* HONIG

maulen (*über jdn/etw*) ~ moan about sb/sth

Maul- Maulesel mule **Maulkorb 1** muzzle **2** *jdm/etw einen ~ anlegen* muzzle sb/sth (*auch fig*) ◊ *Die Regierung versucht der Presse einen Maulkorb anzulegen.* The government is trying to muzzle the press. **Maultier** mule **Maul- und Klauenseuche** foot-and-mouth disease, (*AmE*) hoof and mouth disease **Maulwurf** mole (*auch fig*)

Maurer(in) bricklayer, builder ☞ G 2.2d ☞ *Hinweis bei* LEHRE (1)

Maus 1 (ZOOL, COMP) mouse* **2** (*Kosewort*) love (*umgs*), (*AmE*) honey (*umgs*) **3 Mäuse** (*Geld*) cash [U], (*BrE auch*) dosh [U] (*Slang*) ◊ *Kannst du mir ein paar Mäuse leihen?* Can you lend me some dosh? **4 eine graue ~** a nobody IDM ⇨ KATZ *und* KATZE

Mauschelei dodgy dealings [Pl]

Mausefalle mousetrap

mausen IDM ⇨ KATZE

mausern 1 (*sich*) ~ (*Tier*) moult, (*AmE*) molt **2 sich (zu etw) ~** (*Mensch, Firma*) blossom (into sth)

Maus- Mausklick mouse click, click of a/the mouse ◊ *Autos per Mausklick!* Cars at the click of a mouse! ◊ *ein einfacher/doppelter Mausklick* a single/double click on the mouse **Mausmatte, Mauspad** mouse mat, (*AmE*) mouse pad

Mausoleum mausoleum

Maus- Maussteuerung mouse control **Maustaste** mouse button **Mauszeiger** mouse pointer

Maut, Mautgebühr toll
  Mautstelle tollbooth **Mautstraße** toll road, (*AmE*) turnpike

maximal 1 *Adj* maximum (*nur vor Nomen*) ◊ *die maximale Geschwindigkeit* the maximum speed **2** *Adv* at most ◊ *Es waren maximal 20 Leute da.* There were at most 20 people there. ◊ *die maximal zulässigen Schadstoffe* the maximum permitted levels of contaminants

Maxime maxim

Maximum maximum* ◊ *Dieses Modell bietet ein Maximum an Sicherheit und Komfort.* This model offers maximum safety and comfort.

Mayonnaise ⇨ MAJONÄSE

Mäzen(in) patron

Mechanik 1 (*Fach*) mechanics [U] **2** (*Mechanismus*) mechanism

Mechaniker(in) mechanic ☞ G 2.2d

mechanisch mechanical (*Adv* mechanically) (*auch fig*)

Mechanismus mechanism (*auch fig*)

Meckerer moaner (*umgs*)

meckern 1 (*Ziege*) bleat **2** (*schimpfen*) grumble, moan (*umgs*)

Medaille medal IDM ⇨ KEHRSEITE
  Medaillengewinner(in) medal winner, medallist

Medien media [Pl] ☞ Obwohl **media** ein Pluralwort ist, wird es manchmal mit einem Verb im Singular gebraucht: *The media is only interested in new books.*
  Medienanstalt broadcasting authority* **Medienbericht** media report **Medienlandschaft** media scene **Medienrummel** media attention [U] **medienwirksam** ◊ *ein medienwirksamer Protest* a protest that will draw the attention of the media ◊ *Der Staatsbesuch wurde medienwirksam inszeniert.* The state visit was stage-managed for the benefit of the media.

Medikament drug, (*bes AmE*) medication ◊ *rezeptpflichtige Medikamente* prescription drugs ◊ *ein Medikament gegen Aids* an AIDS drug ◊ *Nehmen Sie Medikamente?* Are you on any medication? ◊ *Hat dir der Arzt Medikamente verordnet?* Has the doctor given you something for that?

> **Medicine** wird allgemein im Sinne von Arzneimittel benutzt: *Medicines and food are urgently needed.* Sonst bezieht es sich auf Sirup oder Tropfen: *cough medicine.* Medikamente in Tablettenform werden meist **tablets** oder (besonders im britischen Englisch) **pills** genannt.

Medikamentenabhängigkeit prescription drug addiction **Medikamentenmissbrauch** prescription drug abuse

medikamentös with drugs (*dem Nomen nachgestellt*) ◊ *eine medikamentöse Behandlung* treatment with drugs

Mediothek media resources centre, (*AmE*) media resources center

Meditation meditation

meditieren (*über etw*) ~ meditate (on sth)

Medium medium* ☞ *Siehe auch* MEDIEN

Medizin 1 medicine ◊ *Sie studiert Medizin.* She is studying medicine. **2** (*Arznei*) drug, (*bes AmE*) medication ☞ *Hinweis bei* MEDIKAMENT

medizinisch 1 medical ◊ *die medizinische Betreuung/Behandlung* medical care/treatment ◊ *die medizinische Fakultät* the faculty of medicine ◊ *die medizinische Versorgung* health care ◊ *Sie wurden medizinisch betreut.* They were given medical care. ◊ *medizinisch notwendig* necessary from a medical point of view **2** (*Abfall*) clinical (*nur vor Nomen*); (*Pflanzen, Bäder*) medicinal ◊ *für medizinische Zwecke* for medicinal purposes

medizinisch-technische(r) Assistent(in) medical laboratory technician ☞ G 2.2d

Medizin- Medizinmann medicine man* **Medizinstudent(in)** medical student ☞ G 2.2d

Meer sea, (*bes AmE*) ocean ◊ *Das Boot fuhr weit aufs Meer hinaus.* The boat sailed far out to sea. ◊ *ein Meer von Lavendelblüten* a sea of lavender ◊ *ein Haus am Meer* a house by the sea ◊ *ans Meer fahren* go to the seaside ◊ *Liegt Bremen am Meer?* Is Bremen on the coast? IDM ⇨ SAND
  Meerbusen gulf **Meerenge** straits [Pl]

Meeres- Meeresbiologe, -biologin marine biologist **Meeresbiologie** marine biology **Meeresboden** sea bed **Meeresforschung** oceanography **Meeresfrüchte** seafood [U] **Meeresgrund** sea bed **Meeresluft** sea air **Meeresschildkröte** turtle **Meeresspiegel** sea level ◊ *500 Meter über dem Meeresspiegel* 500 metres above sea level

Meer- Meerkatze long-tailed monkey **Meerrettich** horseradish **Meerschweinchen** guinea pig

Meeting meeting

Mega- mega-
  Megabyte megabyte **Megahertz** megahertz

Mehl 1 flour **2** (*Pulver*) powder; (*Tier-*) bonemeal
mehlig 1 floury ◊ *mehlige Kartoffeln* floury potatoes **2** (*fein*) powdery **3** (*Obst*) mealy
Mehlspeise 1 = pudding made of flour, milk, eggs and butter **2** (*Kuchen*) cake
mehr 1 more ◊ *Du hast mehr gegessen als ich.* You've eaten more than me. ◊ *mehr als fünfzig Leute* more than fifty people ◊ *Mehr wollte er nicht essen.* He wouldn't eat any more. ◊ *Was will man mehr?* What more do you want? ◊ *Zwei Kilo sind mehr als genug.* Two kilos are more than enough. ◊ *mehr denn je* more than ever ◊ *Das ist ein Grund mehr zu verreisen.* That's another good reason to go away. ◊ *Zehn Dollar? Mehr nicht?* Ten dollars? Is that all? ◊ *Das ist mehr als fraglich!* That's very doubtful! **2** (*eher*) ◊ *mehr tot als lebendig* more dead than alive ◊ *Er ist mehr Bildhauer als Maler.* He's more of a sculptor than a painter. ◊ *Dieser Job liegt ihr sehr viel mehr.* This job suits her much better. ◊ *Sie spielten mehr laut als gut.* Their playing was loud rather than good. ◊ *Das funktioniert mehr schlecht als recht.* This doesn't work too well. ◊ *Er hält sich mehr schlecht als recht über Wasser.* He struggles to make ends meet. **3** *nicht ~* no longer, not ... any more ◊ *Dieses Modell ist nicht mehr erhältlich.* This model is no longer available. ◊ *Sie wohnen nicht mehr hier.* They don't live here any more. ◊ *Ich brauche nicht mehr lange.* It won't take me much longer. ◊ *„Möchten Sie noch Kuchen?" „Danke, ich kann nicht mehr."* 'Would you like some more cake?' 'No, thank you, I'm full.' ◊ *Ich habe keine Lust mehr.* I've had enough. ◊ *Sie ist nicht mehr dieselbe.* She's changed a lot. ◊ *Ich werde es nicht mehr tun.* I won't do it again. ◊ *Ich kann das nicht mehr hören!* I'm fed up with hearing that! **4** (*sonst*) ◊ *Es ist keiner mehr gekommen.* Nobody else came. ◊ *Da war nichts mehr zu machen.* There was nothing anybody could do. ◊ *Sie wünscht sich nichts mehr als ein Motorrad.* What she really wants is a motorbike. ☛ *Siehe auch* NICHTS **IDM** **mehr oder weniger 1** (*in etwa*) more or less ◊ *Der Preis ist mehr oder weniger derselbe.* The price is more or less the same. **2** (*vorwiegend*) on the whole ◊ *Das Treffen war mehr oder weniger erfolgreich.* On the whole, the meeting was successful. **3** (*teilweise*) ◊ *mehr oder weniger stark beschädigt* damaged to a greater or lesser extent ◊ *mehr oder weniger berühmte Besucher* famous and not-so-famous visitors **mehr und mehr**; **immer mehr** more and more **nach mehr schmecken** be moreish (*umgs*)
Mehr ein ~ an etw ◊ *ein Mehr an Lebensqualität* better quality of life ◊ *Die Autofirma wirbt mit einem Mehr an Service.* This car firm is offering better service.
Mehrarbeit extra work **Mehraufwand** (*Kosten*) additional costs [Pl]; (*Arbeit*) extra work [U] **Mehrbelastung** additional burden **Mehrbenutzer-** multi-user ◊ *Mehrbenutzerspiele* multi-user games **mehrdeutig** ambiguous
mehren 1 increase ◊ *seinen Reichtum mehren* increase your wealth **2** *sich ~* increase, grow* ◊ *Es mehren sich die Anzeichen für einen Angriff.* There are increasing signs that an attack is imminent. ◊ *Es mehren sich die Zweifel an dieser Politik.* There are growing doubts about this policy.
mehrere several; (*verschiedene*) various ◊ *mehrere hundert Videos* several hundred videos ◊ *Kommt ihr zu mehreren?* Are several of you coming? ◊ *Du hast mehrere Möglichkeiten.* There are various possibilities.
mehrfach 1 multiple (*nur vor Nomen*); (*mehrere*) several; (*wiederholt*) repeated (*nur vor Nomen*) (*Adv* repeatedly) ◊ *Sein Bein war mehrfach gebrochen.* He suffered multiple fractures to his leg. ◊ *ein Dokument in mehrfacher Ausfertigung* multiple copies of a document ◊ *Sie musste sich mehrfachen Herzoperationen unterziehen.* She had to have several heart operations. ◊ *trotz mehrfacher Zusagen* despite repeated promises ◊ *in mehrfacher Hinsicht* in many ways **2** (*mehrere Male*) several times ◊ *Ich habe ihn schon mehrfach gefragt.* I've already asked him several times. ◊ *Er ist mehrfacher Wimbledonsieger.* He has been Wimbledon champion several times over. ◊ *Sie ist mehrfach vorbestraft.* She has several previous convictions. **3 ein Mehrfaches** ◊ *Er bezahlte ein Mehrfaches des Marktwertes.* He paid several times the market value. ◊ *Die Schätzungen wurden um ein Mehrfaches übertroffen.* The estimates were exceeded many times over.
Mehrfachstecker multiple adaptor
Mehr- Mehrfahrtenkarte multi-journey ticket **Mehrfamilienhaus** = house divided into flats **mehrfarbig** multicoloured, (*AmE*) multicolored
Mehrheit majority* ◊ *die überwiegende Mehrheit des Volkes* the overwhelming majority of the population ◊ *mit knapper/großer Mehrheit gewinnen* win by a small/large majority ◊ *Die Partei hat die absolute Mehrheit errungen.* The party won an absolute majority. ◊ *die Mehrheit haben/in der Mehrheit sein* have a/be in the majority ◊ *die Mehrheit verlieren* lose your majority ☛ G 1.3a
mehrheitlich ◊ *ein mehrheitlicher Beschluss* a majority decision ◊ *Es wurde mehrheitlich abgelehnt.* It was rejected by a majority. ◊ *Die Ärzte waren mehrheitlich dagegen.* The majority of doctors were against it. ◊ *ein mehrheitlich von Albanern bewohntes Gebiet* an area where Albanians are the main ethnic group
Mehrheits- Mehrheitsbeschluss, **Mehrheitsentscheidung** majority decision **mehrheitsfähig** ◊ *Der Bundestag sucht noch nach einem mehrheitsfähigen Kompromiss.* The Bundestag is still seeking a compromise which can command majority support. ◊ *Die SPD war allein mehrheitsfähig.* The SPD was able to command a majority alone. **Mehrheitswahlrecht** first-past-the-post electoral system
mehrjährig 1 ◊ *mehrjährige Berufserfahrung* several years of experience ◊ *nach mehrjähriger Pause* after a break of several years ◊ *nach einem mehrjährigen Aufenthalt in Wien* after several years in Vienna ◊ *Die Karte wurde in mehrjähriger Arbeit zusammengestellt.* The map was compiled over several years. **2** (Bot) perennial
Mehrkampf combined event ☛ *Es ist üblicher, im Englischen von* **pentathlon** (Fünfkampf), **decathlon** (Zehnkampf) *etc. zu reden.*
Mehrkosten additional costs [Pl]
mehrmals several times; (*immer wieder*) repeatedly ◊ *mehrmals am Tag/die Woche/im Jahr* several times a day/week/year ◊ *Ich habe ihm mehrmals gesagt, dass ...* I told him repeatedly that ...
Mehr- Mehrplatz- multi-user **mehrsprachig** multilingual ◊ *ein mehrsprachiges Wörterbuch* a multilingual dictionary ◊ *mehrsprachig aufwachsen* grow up speaking several languages **mehrspurig** multi-lane **mehrstündig** lasting several hours (*nicht vor Nomen*) ◊ *ein mehrstündiger Film* a film lasting several hours ◊ *nach mehrstündigem Warten* after waiting for several hours ◊ *In mehrstündiger Arbeit füllte er das Dokument aus.* It took him several hours to complete the document **mehrtägig** lasting several days (*nicht vor Nomen*) ◊ *ein mehrtägiger Besuch* a visit lasting several days ◊ *nach mehrtägigem Warten* after waiting for several days ◊ *nach mehrtägigen Kämpfen* after several days of fighting **Mehrwegflasche** returnable bottle **Mehrwegverpackung** reusable packaging [U] **Mehrwertsteuer** value added tax (*Abk* VAT) ◊ *inklusive Mehrwertsteuer* including VAT **mehrwöchig** lasting several weeks (*nicht vor Nomen*) ◊ *eine mehrwöchige Sperre* a ban lasting several weeks ◊ *nach mehrwöchiger Unterbrechung* after a break of several weeks **Mehrzahl 1** majority* ☛ G 1.3a **2** (*in der Grammatik*) plural ◊ *ein Wort in die Mehrzahl setzen* put a word into the plural **Mehrzweckhalle** multi-purpose hall
meiden avoid ◊ *Sie mied meinen Blick.* She avoided my eyes.
Meile mile
Meilenstein milestone (*auch fig*) **meilenweit** miles ◊ *Es ist noch meilenweit bis zur nächsten Stadt.* It's miles to the nearest town. ◊ *meilenweit von der Küste entfernt* miles from the coast ◊ *Er war meilenweit von der Wahrheit entfernt.* He was miles from the truth. ◊ *Wir sind meilenweit gefahren.* We drove (for) miles. ◊ *meilenweit Wüste* miles and miles of desert ◊ *Es stinkt meilenweit.* You can smell it a mile away.
mein my ☛ G 5.1 **IDM** ⇨ GOTT
meine(r,s) 1 mine **2 die Meinen** my family ☛ G 5.2 **IDM** ⇨ SEINE(R,S)
Meineid perjury [U] ◊ *einen Meineid schwören* commit perjury
meinen 1 (*glauben*) think* ◊ *Sie meint, dass die Wohnung zu klein ist.* She thinks the flat is too small. ◊ *Ich meine, wir sollten nicht in die Stadt fahren.* I don't think we should drive into town. ◊ *Was meint ihr dazu?* What do you think? ◊ *Das meine ich auch.* I think so too. ◊ *„Sie sind zu alt dafür." „Wenn Sie meinen."* 'They're too old for that.' 'Do you think so?' ◊ *Er meinte Schritte zu hören.* He thought he heard footsteps. ◊ *Man könnte meinen, dass sie ihn hasst.* Anyone would think she hated him. ◊ *Das will ich meinen!* I quite agree! ◊ *Ich meine ja nur so.* It's just an idea. ◊ *Okay, wenn du meinst.* OK, if you like. ☛ *Hinweis bei* THINK[1]

2 (sagen wollen, Absicht haben) mean* ◇ Welchen Film meinst du? Which film do you mean? ◇ Ich habe das ganz anders gemeint. I didn't mean that at all. ◇ Das hat sie nicht so gemeint. She didn't mean it (like that). ◇ Was meinst du damit? What do you mean by that? ◇ Du warst nicht gemeint. I didn't mean you. ◇ Sicher meinte er es nicht böse. I'm sure he meant no offence. ◇ Er meint es gut, aber … He means well but … ◇ Ich hab es ironisch gemeint. I was being ironical. ◇ Meinst du das im Ernst? Are you serious? ◇ Wir meinen es nur gut mit dir. We only want the best for you. ◇ Das Wetter meint es gut mit uns. The weather is being kind to us. **3** (sagen) say* ◇ Was meinen Sie? What did you say? **IDM es zu gut mit etw meinen** overdo* sth ☛ Siehe auch ERNST und ERNST

meinerseits myself ◇ Ich meinerseits habe dagegen nichts einzuwenden. I have no objections myself. ◇ Es besteht meinerseits kein Handlungsbedarf. As far as I'm concerned no action is necessary.

meinesgleichen people like me [Pl]

meinetwegen 1 (mir zuliebe) for my sake ◇ Das hat er meinetwegen gemacht. He did it for my sake. **2** (wegen mir) because of me, on my account ◇ Sie haben meinetwegen die Party abgesagt. They cancelled the party because of me. **3** (von mir aus) as far as I'm concerned ◇ Meinetwegen kannst du machen, was du willst. You can do what you like, as far as I'm concerned. ◇ Also gut, meinetwegen! Fair enough! ◇ „Kann ich das Auto haben?" „Meinetwegen!" 'Can I have the car?' 'Sure.' **4** (zum Beispiel) let's say ◇ ein spanischer Maler, meinetwegen Goya a Spanish painter, let's say Goya

meins ⇨ MEINE(R,S)

Meinung 1 opinion; (zu einem Thema auch) view; **der ~ sein, dass …** think* that …, be of the opinion that … (gehoben) ◇ meiner Meinung nach in my opinion/view ◇ jdn nach seiner Meinung fragen ask sb's opinion ◇ Was ist deine Meinung zu dieser Sache? What is your opinion on the matter? ◇ sich eine Meinung über jdn/etw bilden form an opinion about sb/sth ◇ keine gute Meinung von jdm haben have a low opinion of sb ◇ über etw anderer/geteilter Meinung sein hold differing views on sth ◇ Sie ist der Meinung, dass du dich entschuldigen solltest. She thinks you ought to apologize. ◇ seine Meinung sagen say what you think ◇ Ich kümmere mich nicht um die Meinung der anderen. I don't care what other people think. ◇ Bist du auch der Meinung, dass …? Do you agree that …? ◇ Ganz meine Meinung! I couldn't agree more. ◇ Sie haben ihre Meinung geändert. They've changed their minds. ◇ Ich habe dazu keine Meinung. I don't have any strong feelings about it. ◇ Wir sind in dieser Sache ganz einer Meinung. We are in complete agreement on this. ☛ Hinweis bei VIEW und THINK¹ **2 einer/derselben ~ sein** agree ; **anderer ~ sein** disagree ◇ Da bin ich anderer Meinung. I don't agree. **3 die öffentliche ~** public opinion ◇ die öffentliche Meinung erforschen test public opinion **IDM jdm (gehörig) die Meinung sagen** give* sb a piece of your mind

Meinungsäußerung ◇ das Recht der freien Meinungsäußerung the right to freedom of expression **Meinungsaustausch** exchange of views **Meinungsbildung** forming an opinion **Meinungsfreiheit** freedom of thought **Meinungsumfrage** opinion poll ◇ eine Meinungsumfrage machen conduct an opinion poll **Meinungsverschiedenheit 1** difference (of opinion) ◇ Zwischen den Regierungen bestehen noch erhebliche Meinungsverschiedenheiten. There are still considerable differences (of opinion) between the two governments. ◇ Meinungsverschiedenheiten über etw haben have different views on sth **2** (Streit) disagreement

Meise tit, (AmE auch) chickadee
Meißel chisel
meißeln chisel* (auch fig)
meist ⇨ MEISTENS
meistbietend ◇ etw meistbietend verkaufen sell sth to the highest bidder ◇ die Meistbietenden the highest bidders

meiste(n) 1 most ◇ Die meisten Deutschen haben ein Auto. Most Germans have a car. ◇ die meiste Zeit most of the time

Wenn es um eine bestimmte Gruppe oder Menge geht, verwendet man **most of the, these, my … etc.**: *Die meisten Leute, die wir fragten, waren einverstanden.* Most of the people we asked agreed. ◇ *Die meisten seiner Freunde kamen mit.* Most of his friends came too. ◇ *Er* hat das meiste Geld verspielt. He gambled away most of the money.

2 (als Pronomen) most ◇ Die meisten bekamen ein Handy zu Weihnachten. Most of them got a mobile for Christmas. ◇ Den meisten hat der Film nicht gefallen. Most people didn't like the film. ◇ Ich konnte ganz gut Italienisch, aber inzwischen habe ich das meiste wieder vergessen. I used to be able to speak quite good Italian, but I've forgotten most of it now. ◇ Das meiste, was er sagt, ist Quatsch. Most of what he says is rubbish. **3** (Superlativ) **am meisten** the most ◇ Sie hatte am meisten Angst. She was the most afraid. ◇ Wer hat am meisten verloren? Who lost the most?

meistens usually ◇ Ich fahre meistens mit der U-Bahn. I usually travel by tube.

Meister(in) 1 ≈ master craftsman*, master (baker, carpenter etc.) ☛ Hinweis bei LEHRE (1) **2** (Experte) expert; (KUNST) master ◇ Er ist ein Meister auf seinem Gebiet. He is an expert in his field. ◇ die alten Meister the old masters ◇ ein Meister der Erzählkunst a master of narrative **3** (SPORT) champion; (Mannschaft) champions [Pl] ◇ Er ist deutscher Meister im Tischtennis. He is the German table tennis champion. **IDM** ⇨ ÜBUNG

meisterhaft 1 Adj masterly **2** Adv in a masterly fashion
Meisterleistung brilliant feat ◇ eine Meisterleistung der Ingenieurskunst a brilliant feat of engineering ◇ Diese Entdeckung war eine wahre Meisterleistung. This discovery was a brilliant achievement.

meistern cope with sth ◇ sein Leben meistern cope with life
Meister- Meisterprüfung = examination for the master craftsman's diploma ☛ Hinweis bei LEHRE (1) **Meisterschaft 1** (SPORT) championship; (Wettkampf) championships [Pl] ◇ die deutsche Meisterschaft erringen win the German championship ◇ an der Meisterschaft im Tischtennis teilnehmen take part in the table tennis championships **2** (Können) mastery ◇ es in etw zur Meisterschaft bringen attain mastery in sth **Meisterstück 1** = piece of work submitted for the master craftsman's diploma ☛ Hinweis bei LEHRE **2** (geniale Tat) master stroke ◇ ein Meisterstück der Diplomatie a master stroke of diplomacy ◇ Das war ein Meisterstück von dir. That was a stroke of genius on your part. **Meistertitel 1** title of master craftsman ☛ Hinweis bei LEHRE **2** (SPORT) championship title **Meisterwerk** masterpiece ◇ ein Meisterwerk der Baukunst an architectural masterpiece

meistverkauft best-selling
Mekka Mecca; (fig) mecca
Melancholie melancholy (gehoben) ◇ zur Melancholie neigen be prone to melancholy
melancholisch melancholy (gehoben)
Meldefrist registration period
melden 1 report ◇ Er meldete aus London, dass … He reported from London that … ◇ einen Einbruch bei der Polizei melden report a burglary to the police ◇ Aus Israel wird ein Bombenattentat gemeldet. Reports are coming in of a bomb attack in Israel. ◇ vermisst gemeldet reported missing ☛ Siehe auch KRANKMELDEN **2** (beim Einwohnermeldeamt) register ☛ Hinweis bei MELDEPFLICHT **3 sich ~** (bemerkbar machen) ◇ Melde dich, wenn du den Computer brauchst. Let me know if you need the computer. ◇ Das Baby meldet sich alle drei Stunden. The baby starts to cry every three hours. **4 sich ~ (bei jdm) ~ get*** in touch (with sb); (telefonisch) give* sb a call ◇ Er meldet sich nie. He never gets in touch. ◇ Wenn ich am Flughafen bin, melde ich mich gleich bei euch. I'll give you a call as soon as I get to the airport. ◇ sich auf eine Anzeige hin melden answer an advert **5 sich ~ (am Telefon)** answer (the telephone) ◇ Es meldet sich niemand. Nobody's answering. ◇ …, bitte melden come in please … **6 sich ~** (in der Schule) put* your hand up **7 sich (zu/für etw) ~** (sich anbieten) volunteer (for sth) ◇ sich zum Militär melden volunteer for the army ◇ sich freiwillig melden volunteer **8** (anmelden) **jdn (zu/für etw) ~** sign sb up (for sth); **sich (zu/für etw) ~** sign up (for sth) ◇ Der Ausflug wurde abgesagt, weil sich niemand gemeldet hat. The trip was cancelled, because nobody signed up for it. **9 sich arbeitslos ~** sign on **10 (jdn) ~** (ankündigen) ◇ Wen darf ich melden? Who shall I say it is? **11** (jdn) ~ (verpetzen) tell* (on sb) **IDM nichts zu melden haben** have no say ◇ Die Beschäftigten haben nichts zu melden. The employees have no say. ◇ Er hat bei seiner Frau nichts zu melden. His wife wears the trousers. ☛ Siehe auch WORT

Melde- Meldepflicht = obligation to inform the authorities; (*bei der Polizei*) = obligation to register your address with the police; (*Bank*) compulsory disclosure ◊ *Für die Krankheit besteht Meldepflicht*. It is a notifiable disease.

In Großbritannien und den USA gibt es keine Meldepflicht beim Einwohnermeldeamt, wie dies in Deutschland üblich ist. In Großbritannien müssen sich Ausländer aus einigen Nicht-EU-Staaten bei der Polizei registrieren lassen. Für die USA siehe den Eintrag **green card**.

Meldeschluss closing date **Meldestelle** ≈ police station ☞ *Hinweis bei* MELDEPFLICHT
Meldung 1 report; (*Nachricht*) news item ◊ *nach einer Meldung der Nachrichtenagentur Interfax* according to an Interfax report ◊ *Hier ist noch eine Meldung vom Sport*. Here is another sports news item. ◊ *Es liegt keine Meldung über den Einbruch vor*. No one has reported a burglary. ◊ *Meldung machen* report ◊ *Man muss sofort Meldung erstatten*. You must report it immediately. **2** (*Anmeldung*) entry* ◊ *Wir nehmen noch Meldungen entgegen*. We are still accepting entries. ◊ *Wir bitten um freiwillige Meldungen*. We are asking for volunteers (to come forward). **3** (COMP) prompt
Melisse (sweet) balm; (*Zitronen-*) lemon balm
melken milk (*auch fig*)
Melodie tune ◊ *Melodien aus bekannten Musicals* tunes from well-known musicals
melodisch melodious ◊ *melodisch sprechen* have a melodious voice
melodramatisch melodramatic (*Adv* melodramatically)
Melone 1 melon **2** (*Hut*) bowler (hat), (*AmE*) derby*
Membran(e) 1 (TECH) diaphragm **2** (ANAT) membrane
Memoiren memoirs [Pl]
Memorandum memo, memorandum* (*offiz*)
Menge 1 amount, quantity* ◊ *Salz darf nur in geringer Menge verwendet werden*. Only a small amount of salt should be used. ◊ *große Mengen einer giftigen Substanz* large quantities of a poisonous substance ◊ *Sind Medikamente in ausreichender Menge vorhanden?* Are enough medicines available? ☞ **Amount** wird meist mit nicht zählbaren Nomina verwendet: *a small amount of plutonium* ◊ *a quantity of books*. **2 eine (ganze) ~; jede ~** lots (*umgs*), loads (*umgs*) ◊ *„Kennst du hier viele Leute?" „Jede Menge!"* 'Do you know many people here?' 'Loads!' ◊ *eine Menge Geld* lots of money ◊ *jede Menge Zeit* loads of time **3** (*Menschen-*) crowd ◊ *sich unter die Menge mischen* mingle with the crowd ☞ G 1.3b **4** (MATH) set [IDM] **in rauen Mengen** galore ◊ *Es gab Bier in rauen Mengen*. There was beer galore.
Mengenlehre (MATH) set theory
Mensa (student) canteen, (student) cafeteria, refectory*
Mensch 1 human (being) ◊ *Diese Fähigkeit ist dem Menschen vorbehalten*. This ability is confined to humans. ◊ *Evolution des Menschen* the evolution of mankind ☞ *Hinweis bei* MAN¹, S. 378. **2** (*Person*) person* ◊ *ein schwieriger Mensch* a difficult person ◊ *In das Zelt passen über 2 000 Menschen*. The tent holds over 2 000 people. ◊ *die Trauer um einen geliebten Menschen* grief over the death of a loved one **3 kein ~** nobody, no one ◊ *Kein Mensch wird dich verstehen*. Nobody will understand you. ☞ *Hinweis bei* NIEMAND **4 Mensch!** (*verärgert*) hey!, oi! (*umgs*); (*überrascht, verstärkend*) gosh!, boy! (*umgs*); (*bewundernd*) wow! (*umgs*) ◊ *Mensch, lass das sein!* Oi, stop that! ◊ *Mensch, das hätte ich nie gedacht!* Gosh, I'd never have guessed! ◊ *Mensch, bin ich müde* Boy — am I tired! ◊ *Mensch, das ist ja toll!* Wow — that's great! [IDM] **auch nur ein Mensch sein** be only human **nur noch ein halber Mensch sein** be shattered (*umgs*) **sich wie der letzte Mensch benehmen/ anstellen** behave disgracefully **unter Menschen gehen** get* out (again) ☞ *Siehe auch* SEELE
Mensch, ärgere dich nicht ludo, (*AmE*) Parcheesi™
Menschen- Menschenaffe ape **Menschenbild** view of man **menschenfeindlich** inhuman; (*Mensch*) misanthropic **menschenfreundlich** human; (*Mensch*) philanthropic; (*Natur, Umgebung*) hostile ◊ *Wir wollen unsere Schulen menschenfreundlicher gestalten*. We want to give schools a more human face. ◊ *menschenfreundliche Stadtplanung* town planning that caters for the needs of people **Menschenfresser(in)** cannibal **Menschengedenken seit ~** since time immemorial; (*spezifisches Ereignis*) in living memory ◊ *Ihre Vorfahren leben hier seit Menschengedenken*. Their ancestors have lived here since time immemorial. ◊ *die schlimmsten Überschwemmungen seit Menschengedenken* the worst floods in living memory **Menschenhandel** traffic in human beings; (*mit Sklaven*) slave trade ◊ *Sie betreiben Menschenhandel mit Frauen und Kindern*. They traffic in women and children. **Menschenhändler(in)** trafficker in human beings; (*Sklavenhändler*) slave trader **Menschenkenntnis** knowledge of human nature [U] **Menschenkette** human chain **Menschenleben 1** life* ◊ *Das Erdbeben hat 800 Menschenleben gefordert*. The earthquake cost 800 lives. **2** (*Lebensdauer*) lifetime ◊ *Das wird ein ganzes Menschenleben halten*. That will last a lifetime. **menschenleer** deserted **Menschenmenge** crowd (of people) ☞ G 1.3b **Menschenrechte** human rights [Pl] ◊ *die Menschenrechte verletzen/beachten* violate/respect human rights **Menschenrechtskommission** Human Rights Commission **Menschenrechtsorganisation** human rights organization **menschenunwürdig** inhumane **menschenverachtend** callous; (*Gewalt*) brutal; (*Äußerung*) offensive ◊ *ein menschenverachtender Anschlag* a callous attack ◊ *ein menschenverachtender Ausländerhass* contempt for foreigners **Menschenverstand der gesunde ~** common sense [U] ◊ *Sie hat einen gesunden Menschenverstand*. She has common sense. **Menschenwürde** human dignity ◊ *die Achtung der Menschenwürde* respect for human dignity **menschenwürdig** (*Unterbringung*) decent; (*Leben, Sterben*) dignified; (*Behandlung, Zustände, Gesellschaft*) humane (*Adv* humanely) ◊ *eine menschenwürdige Behausung* decent accommodation ◊ *eine menschenwürdige Politik* humane policies ◊ *Sie müssen menschenwürdig untergebracht werden*. They have to be given decent accommodation.
Menschheit humanity, mankind ◊ *ein Verbrechen gegen die Menschheit* a crime against humanity ◊ *die Geschichte der Menschheit* the history of mankind ☞ *Hinweis bei* MAN¹, S. 378.
menschlich 1 *Adj* human ◊ *der menschliche Körper* the human body ◊ *menschliches Versagen* human error **2** *Adj* (*menschenwürdig*) humane (*Adv* humanely) ◊ *menschliche Grundwerte* humane values ◊ *jdn menschlich behandeln* treat sb humanely **3** *Adv* (*auf persönlicher Ebene*) on a human level, as a person ◊ *Menschlich ist das tragisch*. On a human level, this is tragic. ◊ *Wenn wir uns menschlich nicht verstehen …* If we don't understand each other as people … ◊ *Ich bin von ihnen menschlich enttäuscht*. I am disappointed in them.
Menschlichkeit humanity ◊ *Verbrechen gegen die Menschlichkeit* crimes against humanity
Menstruation menstruation
mental mental (*Adv* mentally) ◊ *mentale Stärke* mental strength ◊ *sich mental auf etw vorbereiten* mentally prepare yourself for sth
Mentalität mentality
Mentor(in) mentor
Menü 1 meal ◊ *tiefgekühlte Menüs* frozen meals ◊ *ein Menü mit drei Gängen* a three-course meal ◊ *Ich nehme das Menü*. I'll have the set menu. **2** (COMP) menu
Merkblatt leaflet
merken 1 notice; (*intuitiv, intellektuell*) realize ◊ *Ich habe sofort gemerkt, dass die Geldbörse fehlte*. I noticed straight away that the purse was missing. ◊ *Er hat gemerkt, worauf die Frage zielte*. He realized what this question was getting at. ◊ *Man merkte es an ihrem Gesicht*. You could tell from her face. **2 sich etw ~** remember sth, get* sth into your head (*umgs*) ◊ *Ich kann mir die Formeln einfach nicht merken*. I just can't remember the formulae. ◊ *Merk dir endlich, dass die Stunde um 10 anfängt!* Get it into your head that the lesson starts at 10!
merklich noticeable (*Adv* noticeably); (*Erhöhung, Rückgang auch*) marked (*Adv* markedly) ◊ *Die Nachfrage ist merklich zurückgegangen*. There has been a marked fall in demand. ◊ *kaum merkliche Veränderungen* almost imperceptible changes
Merkmal feature, characteristic; (*charakterlich oder biologisch*) trait ◊ *ein typisches Merkmal portugiesischer Architektur* a typical feature of Portuguese architecture ◊ *besondere Merkmale* distinguishing features ◊ *eins der wesentlichen Merkmale der Epoche* one of the key characteristics of the period ◊ *genetische Merkmale* genetic traits ◊ *Die*

zwei Produkte weisen identische Merkmale auf. The two products are identical.
Merkur Mercury ◊ *auf dem Merkur* on Mercury ◊ *ein Flug zum Merkur* a flight to Mercury
merkwürdig strange (*Adv* strangely), odd (*Adv* oddly) ◊ *ein merkwürdiges Gefühl* a strange feeling ◊ *Er hat sich merkwürdig verhalten.* He behaved oddly. ◊ *Sie starb unter merkwürdigen Umständen.* She died in mysterious circumstances.
merkwürdigerweise strangely enough, oddly enough ◊ *Ich habe ihn merkwürdigerweise nie vergessen.* Strangely enough, I've never forgotten him.
Message message
messbar measurable (*Adv* measurably)
Messbecher measuring jug
Messdiener(in) (altar) server ☛ G 2.2d
Messe¹ 1 (REL, MUS) Mass ◊ *in die/zur Messe gehen* go to Mass ◊ *eine Messe halten* celebrate a Mass **2** *eine schwarze ~* a black mass
Messe² (*Speiseraum*) mess
Messe³ (*Ausstellung*) trade fair
Messegelände exhibition centre, (*AmE*) exhibition center **Messehalle** exhibition hall
messen 1 measure ◊ *die Luftfeuchtigkeit messen* measure the humidity ◊ *Das Zimmer misst gerade acht Quadratmeter.* The room measures eight square metres. ◊ *Der Schrank misst 2 Meter in der Höhe.* The cupboard is 2 metres high. ◊ *Rekordwerte wurden am Sonntag gemessen.* Record high readings were taken on Sunday. ◊ *Im Vorjahr wurden 260 mm Regen gemessen.* Last year 260 mm of rainfall was recorded. ◊ *Ungewöhnlich hohe Strahlung wurde gemessen.* Unusually high levels of radiation were registered. **2** (*Puls, Fieber, Blutdruck*) take* **3** (*Zeit*) ◊ *Ich habe deine Zeit mit einer Stoppuhr gemessen.* I timed you with a stopwatch. **4** (*Temperatur*) ◊ *In Kassel wurden 32 Grad gemessen.* It was 32 (degrees) in Kassel. **5 sich mit jdm/etw ~** match yourself against sb/sth, compete against sb/sth ◊ *In Madrid werden sie sich mit der Weltspitze messen.* In Madrid they will be competing against the best in the world. **6 sich mit jdm/etw nicht ~ können** be no match for sb/sth, not be able to compete with sb/sth ◊ *Ich kann mich nicht mit ihm messen — er ist mir haushoch überlegen.* I can't compete with him — he's miles better than me. **7 jdn/etw an etw ~** (*beurteilen*) judge sb/sth by sth ◊ *Wir werden die Politiker an ihren Taten messen.* We will judge the politicians by their acts. **8 jdn/etw an jdm/etw ~** (*vergleichen*) compare sb/sth with sb/sth ◊ *Er wird immer an seinem berühmten Vater gemessen.* He is always compared with his famous father. ◊ *Gemessen an anderen afrikanischen Ländern ist es reich.* It is rich compared with other African countries. IDM ⇨ MASS¹
Messer knife* ◊ *mit Messer und Gabel essen* eat with a knife and fork ◊ *mit dem Messer auf jdn losgehen* go for sb with a knife IDM **jdn ans Messer liefern** inform on sb, (*BrE auch*) shop* sb (*umgs*) **auf Messers Schneide stehen** hang* in the balance **bis aufs Messer** to the bitter end **jdm das Messer an die Kehle setzen** hold* a knife to sb's throat (**jdn**) **ins offene Messer rennen/laufen** walk straight into the trap **jdn unterm Messer haben** operate on sb
Messergebnis reading
messer- messerscharf razor-sharp (*auch fig*) **Messerstich** knife wound ◊ *Der Tote wies mehrere Messerstiche auf.* The dead man had several knife wounds. ◊ *Sie wurde durch einen Messerstich ins Bein verletzt.* She was stabbed in the leg.
Messe- Messestadt town where trade fairs are held **Messestand** stand (at a/the trade fair)
Messgerät measuring instrument; (*Anzeiger*) gauge
Messias Messiah
Messing brass ◊ *eine Lampe aus Messing* a brass lamp
Messlatte rule, (*AmE*) yardstick
Messung (*das Messen*) measurement; (*regelmäßig*) monitoring; (*Ergebnis*) reading ◊ *die Messung der Windgeschwindigkeit* wind speed measurement ◊ *Die Messungen werden stündlich vorgenommen.* The readings are taken every hour.
Messwein communion wine
Messwert reading

Metall metal ◊ *ein Eimer aus Metall* a metal bucket ◊ *die Metall verarbeitende Industrie* the metal industry
Metallarbeiter(in) metal worker ☛ G 2.2d **Metalldetektor** metal detector
metallen metal ◊ *ein metallener Ring* a metal ring
Metallindustrie metal industry*
metallisch 1 metal ◊ *metallische Gegenstände* metal objects **2** (*wie Metall*) metallic ◊ *Seine Stimme hatte einen metallischen Klang.* His voice had a metallic ring to it.
Metallverarbeitung metal processing [U]
Metamorphose metamorphosis* (*gehoben*)
Metapher metaphor; (*Bild auch*) image ◊ *Das Wort wird als Metapher für Freiheit benutzt.* The word is used as a metaphor for freedom. ◊ *eine religiöse Metapher* a religious image
Metaphorik use of metaphor, imagery ◊ *die Metaphorik bei Trakl* Trakl's use of metaphor
metaphorisch metaphorical (*Adv* metaphorically), figurative (*Adv* figuratively) ◊ *der metaphorische Sinn* the metaphorical meaning ◊ *Das Wort wird hier metaphorisch gebraucht.* Here the word is used metaphorically. ◊ *metaphorisch gesprochen* figuratively speaking
Metaphysik metaphysics [U] ◊ *in der Metaphysik* in metaphysics
metaphysisch metaphysical
Metastase secondary growth
Meteor meteor
Meteorit meteorite
Meteorologe, Meteorologin meteorologist; (*im Radio, Fernsehen*) weatherman*, weathergirl (*umgs*) ☛ G 2.2d
Meteorologie meteorology
meteorologisch meteorological
Meter metre, (*AmE*) meter (*Abk* m.) ◊ *zwei Meter hoch* two metres high ◊ *ein 50 Meter langes Seil* a 50-metre rope ◊ *einen halben Meter breiter* half a metre wider ◊ *Er stürzte aus zehn Meter Höhe ab.* He fell from a height of ten metres. ◊ *4 mal 5 Meter* 4 metres by 5 ◊ *vier Meter Stoff* four metres of material ◊ *die Weltmeisterin über 200 Meter* the 200 metres world champion ◊ *der Weltrekord für 100 Meter* the world record for the 100 metres

> Die alten britischen Maßeinheiten, **yard**, **foot** und **inch** werden im alltäglichen Sprachgebrauch und in gewissen Redewendungen noch benutzt: *He's six foot tall.* Er ist ein Meter achtzig groß. ◊ *twelve-foot waves* vier Meter hohe Wellen ◊ *only a few yards away* nur wenige Meter entfernt.

meterdick a metre thick, (*AmE*) a meter thick (*nicht vor Nomen*) **meterhoch** a metre/several metres high/deep, (*AmE*) a meter/several meters high/deep (*nicht vor Nomen*) ◊ *Das Wasser stand meterhoch.* The water was a metre deep. ◊ *meterhohe Wellen* huge waves **meterlang** a metre/several metres long, (*AmE*) a meter/several meters long (*nicht vor Nomen*) ◊ *ein meterlanger Riss* a crack a metre long ◊ *meterlange Akten* rows and rows of files
Metermaß tape measure; (*Stab*) (metric) rule
Methadon methadone
Methan methane **Methangas** methane gas
Methanol methanol
Methode method ◊ *Der Einbrecher ging immer nach der gleichen Methode vor.* The burglar always used the same method. ◊ *Methoden zur Familienplanung* family planning methods ◊ *Der Wahnsinn hat Methode.* There's method in the madness. ◊ *die Methoden der empirischen Psychologie* the methodology of experimental psychology ◊ *Sie macht alles mit Methode.* She's very methodical. ◊ *betrügerische Methoden* fraudulent practices
Methodik methodology*
methodisch 1 methodological (*Adv* methodologically) ◊ *methodische Fehler* methodological errors **2** (*mit Methode*) methodical (*Adv* methodically) ◊ *methodisch vorgehen* work methodically
Methodist(in) Methodist ◊ *Sie ist Methodistin.* She's a Methodist.
methodistisch Methodist
Metier profession ◊ *Sie ist eine Anfängerin in diesem Metier.* She is just starting out in this profession. ◊ *sein Metier verstehen* know your job

Metrik 1 prosody (*Fachspr*) **2** (Mus) (study of) rhythm
metrisch 1 metrical ◊ *eine metrische Analyse* a metrical analysis **2** (*Maßsystem*) metric
Metronom metronome
Metropole 1 (*Weltstadt*) metropolis; (*Hauptstadt*) capital (city*); (*Großstadt*) big city* ◊ *die Metropole London* the metropolis of London **2** (*Zentrum*) centre, (*AmE*) center ◊ *eine Metropole der Modeindustrie* a major centre of the fashion industry
Metrum (*Versmaß*) metre, (*AmE*) meter; (*Zeitmaß*) rhythm
Mettwurst = smoked spiced sausage
Metzger(in) butcher ☛ G 2.2d ☛ *Hinweis bei* BAKER
Metzgerei butcher's (shop) ◊ *in die Metzgerei gehen* go to the butcher's
Meute 1 pack (of hounds) ☛ G 1.3b **2** (*Bande*) gang; (*Journalisten*) pack; (*Menge*) mob ☛ G 1.3b
Meuterei mutiny*
Meuterer mutineer
meutern 1 mutiny* **2** (*aufbegehren*) become* mutinous
MEZ Central European Time (*Abk* CET)
Mezzosopran mezzo-soprano*, mezzo* (*umgs*)
miau miaow
miauen miaow
mich 1 me ☛ G 3 **2** myself ☛ G 4
mickrig miserable; (*Pflanze*) sickly ◊ *ein mickriger Lohn* a miserable wage ◊ *eine mickrige Summe* a paltry sum ◊ *für ein paar mickrige Dollar* for a few measly dollars
Mief smell
Miene expression ◊ *Sie setzte eine fröhliche Miene auf.* She put on a cheerful expression. ◊ *mit ernster Miene* looking serious ◊ *Ihre Miene war sorgenvoll.* She looked worried. ◊ *Er hörte mit unbewegter Miene zu.* He listened impassively. IDM **gute Miene zum bösen Spiel machen** put* a good face on it/things **keine Miene verziehen** remain impassive
mies 1 lousy* (*umgs*), terrible (*umgs*) ◊ *Das Essen war mies.* The food was lousy. ◊ *miese Arbeitsbedingungen* lousy working conditions ◊ *Mir ist ziemlich mies.* I feel lousy. ◊ *Dieser Job wird mies bezahlt.* The pay in this job is terrible. **2** (*gemein*) nasty* ◊ *Er ist ein mieser Typ.* He's really nasty. ◊ *Sie hat sich ihm gegenüber wirklich mies verhalten.* She was really nasty to him. **3** *jdn/etw ~ machen* run* sb/sth down
Miese deficit ◊ *Miesen von zwei Millionen* a deficit of two million ◊ *Er hat Miese auf dem Konto.* He's overdrawn. ◊ *Das wird uns nicht aus den Miesen steuern.* That won't get us out of the red.
Miete rent ◊ *Wie hoch ist die Miete?* How much is the rent? ◊ *Sie zahlt monatlich nur 60 Dollar Miete.* Her rent is only 60 dollars a month. ◊ *Die Mieten sind gestiegen.* Rents have gone up. ◊ *Sie wohnen zur Miete.* They live in rented accommodation. ◊ *die Wohnung, in der er zur Miete wohnt* the place he's renting IDM **das ist die halbe Miete** that's half the battle
mieten rent; (*Auto*, *Boot*) hire ◊ *Wir haben ein Haus gemietet.* We're renting a house. ◊ *Sie mieten für die Feier einen Saal.* They are hiring a hall for the party.

> Im britischen Englisch wird **hire** gebraucht, wenn es um einen kurzen Zeitraum geht: *We hired a car for the day.* Für eine längere Zeitspanne wird **rent** benutzt: *rent a house, flat, holiday cottage, etc.* Im amerikanischen Englisch wird in beiden Fällen **rent** benutzt.

Mieter(in) tenant
Mieterhöhung rent increase
Mieterverein tenants' association
Mietrückstände rent arrears [Pl]
Mietshaus block of flats, (*AmE*) apartment building
Miet- Mietspiegel = average rental for comparable properties in a district ◊ *der gültige Frankfurter Mietspiegel* the going rate for rents in Frankfurt **Mietvertrag** lease ◊ *ein einjähriger Mietvertrag* a one-year lease **Mietwagen** hire car, (*AmE*) rental car **Mietwohnung** rented flat, (*AmE*) rented apartment ◊ *Er hat eine Mietwohnung.* He lives in a rented flat. ◊ *Die meisten wohnen in Mietwohnungen.* Most people live in rented accommodation.
Migräne migraine ◊ *Sie hat Migräne.* She's got a migraine. ◊ *Er leidet an Migräne.* He suffers from migraine/gets migraines.

Mikro mike (*umgs*)
Mikro- Mikrobiologie microbiology **Mikrochip** microchip **Mikroelektronik** micro-electronics [U]
Mikrofon microphone
Mikro- Mikrokosmos microcosm **Mikroorganismus** micro-organism **Mikroprozessor** microprocessor
Mikroskop microscope
mikroskopisch microscopic (*Adv* microscopically)
Mikrowelle 1 (PHYSIK) microwave **2** ⇨ MIKROWELLENHERD
Mikrowellenherd microwave (oven)
Milbe mite
Milch 1 milk **2** (*Körper-, Sonnen-* etc.) lotion
milchig milky
Milch- Milchkaffee milky coffee **Milchkuh** dairy cow **Milchprodukte** dairy products [Pl] **Milchreis** (*warme Nachspeise*) rice pudding; (*kalte Nachspeise*) cold creamed rice; (*Körner*) pudding rice **Milchstraße** Milky Way **Milchwirtschaft** dairy farming **Milchzahn** milk tooth*
mild, milde 1 mild (*Adv* mildly) ◊ *ein milder Winter* a mild winter ◊ *ein milder Käse* a mild cheese ◊ *eine milde Seife* a mild soap ◊ *Er ist, milde gesagt, ein Schurke.* He is, to put it mildly, a scoundrel. **2** (*Lächeln, Gesichtszüge, Tadel*) gentle (*Adv* gently) ◊ *Er lächelte milde.* He smiled gently. **3** (*Urteil, Strafe, Richter*) lenient **4** (*Licht*) soft
mildern 1 (*Auswirkungen, Folgen*) mitigate ◊ *mildernde Umstände* mitigating circumstances **2** ◊ *Das Gericht hat die Strafe gemildert.* The court imposed a lesser sentence. **3** (*Problem, Krise, Symptome, Schmerz*) alleviate; (*Angst*) allay **4** *sich ~* be lessened; (*Schmerzen*) ease; (*Zorn*) abate
Milieu 1 world; (*soziales Umfeld*) background ◊ *Sie ist in einem von Gewalt beherrschten Milieu aufgewachsen.* She grew up in a world dominated by violence. ◊ *Er kam aus einem ganz anderen sozialen Milieu als sie.* He came from a completely different social background to her. **2** (*Lebensbereich*) environment ◊ *Ein feuchtes Milieu ruft oft Hauterkrankungen hervor.* A damp environment often causes skin diseases. **3** (*zweilichtig*) scene; (*von Verbrechern auch*) underworld ◊ *das Milieu der Drogenabhängigen* the drug scene ◊ *Das Opfer gehörte dem kriminellen Milieu an.* The victim was from the criminal underworld. ◊ *Er/Sie stammt aus dem Milieu.* He's a pimp./She's a prostitute.
milieubedingt 1 affected by environmental factors ◊ *Ist die intellektuelle Entwicklung milieubedingt?* Is intellectual development affected by environmental factors? **2** (*mit der Drogenszene verbunden*) drug-related; (*mit der Bandenkriminalität verbunden*) gangland
militant militant (*Adv* militantly) ◊ *militante Aktivisten* militant activists ☛ Das Adverb **militantly** wird eher mit Adjektiven benutzt: *militant links gerichtet* militantly left-wing. Mit Verben ist eine Konstruktion mit einem Adjektiv gebräuchlicher: *Die neue Rechte tritt militant und aggressiv auf.* The new right wing is militant and aggressive.
Militär¹ der (high-ranking) army officer ◊ *ein hoher US-Militär* a high-ranking US army officer ◊ *Der Staat wird von Militärs regiert.* The country is under military rule.
Militär² das **1** armed forces [Pl], army ☛ G 1.3a ◊ *Er ist beim Militär.* He is in the armed forces. ◊ *zum Militär gehen* join the army **2** (*Anzahl von Soldaten*) army ◊ *Sie haben das Militär gegen die Demonstranten eingesetzt.* They sent in the army against the demonstrators. ◊ *Der Einsatz von Militär ist das letzte Mittel.* Military action would only be used as a last resort. ☛ G 1.3b
Militäraktion military action [U] ◊ *Die Alliierten drohten mit einer neuen Militäraktion.* The Allies threatened fresh military action. **Militärdienst** military service ◊ *Militärdienst leisten* do* military service **Militärdiktatur** military dictatorship **Militäreinsatz** military action [U]; (*Eingreifen*) military intervention [U]; (*zu zivilen Zwecken*) use of troops ◊ *ein internationaler Militäreinsatz in dem Land* international military intervention in the country ◊ *Er sprach sich für einen Militäreinsatz im Katastrophengebiet aus.* He called for the use of troops in the disaster area. **Militärgelände** military site **Militärgericht** military court, court martial ◊ *Er musste sich vor einem Militärgericht verantworten.* He had to stand trial before a military court. ◊ *Er wurde vor ein Militärgericht gestellt und verurteilt.* He was court-martialled and found guilty.
militärisch military ◊ *Er ist für ein militärisches Eingrei-*

fen. He is in favour of military intervention. ☛ Das Adverb wird oft mit einer Konstruktion mit dem Adjektiv **military** wiedergegeben: *Sanktionen militärisch durchsetzen* use military force to enforce sanctions ◊ *Das Gelände wird von der US-Armee militärisch genutzt.* The site is used by the US Army for military purposes.
Militärputsch military putsch
Millennium millennium*
Milliardär(in) billionaire ◊ *Sie ist Milliardärin.* She's a billionaire.
Milliarde billion (*Abk* bn) ☛ Früher bedeutete **billion** eine Million Millionen (auf Deutsch „Billion"). Heutzutage sagt man im Englischen dazu **trillion**. ☛ *Hinweis bei* HUNDERT
Milliardenbetrag sum in the region of a thousand million or more ◊ *ein zweistelliger Milliardenbetrag* a sum in the region of several thousand million ◊ *Hier geht es um Milliardenbeträge.* We are talking about thousands of millions here. **Milliardengeschäft** deal worth billions; (*Branche*) business worth billions **Milliardenhöhe in** ~ amounting to billions ☛ Im Englischen ist es üblich, die Währung zu nennen: *damage amounting to billions of dollars* ◊ *savings of billions of rupees*
Milli- Milligramm milligram (*Abk* mg) **Milliliter** millilitre, (*AmE*) milliliter (*Abk* ml) **Millimeter** millimetre, (*AmE*) millimeter (*Abk* mm) **Millimeterpapier** graph paper
Million million ◊ *eine halbe Million Menschen* half a million people ◊ *Die Verluste gehen in die Millionen.* The losses run into millions. ◊ *Millionen von Autos* millions of cars ☛ *Hinweis bei* HUNDERT *und* MILLIARDE
Millionär(in) millionaire ◊ *Er ist Millionär.* He's a millionaire.
Millionen- Millionenbetrag millions [Pl] ◊ *Durch diese Maßnahmen können Millionenbeträge eingespart werden.* Millions can be saved by this means. **Millionengeschäft** deal worth millions; (*Branche*) business worth millions ◊ *Er witterte ein Millionengeschäft.* He sensed that the deal could be worth millions. ◊ *Der Tourismus ist ein Millionengeschäft.* Tourism is worth millions. **Millionenhöhe in** ~ ◊ *Sie haben Schulden in Millionenhöhe.* They've got debts running into millions. ◊ *Schaden in zweistelliger Millionenhöhe* damage costing tens of millions **Millionenstadt** city* of over a million inhabitants ◊ *Berlin ist eine Millionenstadt.* Berlin is a city of over a million inhabitants.
millionste(r,s) millionth
Millionstel millionth
Milz spleen
 Milzbrand anthrax
Mimik (facial) expressions [Pl]
Minderheit minority* ◊ *Wir waren in der Minderheit.* We were in the minority. ☛ G 1.3a
 Minderheitsregierung minority government
minderjährig ◊ *Mütter mit minderjährigen Kindern* mothers with children under 18 ◊ *Er ist noch minderjährig.* He is still a minor.
 Minderjährige(r) minor (*offiz*) ◊ *Nach geltendem Gesetz ist der Verkauf von Alkohol an Minderjährige verboten.* The law forbids the sale of alcohol to minors.
mindern 1 reduce; (*Wirkungen*) lessen; (*Probleme, Angst*) alleviate **2 sich** ~ be reduced
minderwertig inferior, poor-quality (*nur vor Nomen*) ◊ *Viele Jugendliche halten sich für minderwertig.* Many young people feel inferior. ◊ *minderwertige Ware* poor-quality goods
 Minderwertigkeitsgefühl feeling of inferiority ◊ *Sie litt unter Minderwertigkeitsgefühlen.* She suffered from feelings of inferiority. ◊ *Er hat Minderwertigkeitsgefühle gegenüber seinem Vater.* He feels inferior to his father. **Minderwertigkeitskomplex** inferiority complex [meist Sing] ◊ *Sie hat Minderwertigkeitskomplexe.* She has an inferiority complex.
Minderzahl minority ☛ G 1.3a
Mindestalter minimum age
mindeste(r,s) 1 slightest ◊ *Ohne die mindeste Angst sprang sie ins Wasser.* She jumped into the water without the slightest fear. ◊ *Dazu habe ich nicht die mindeste Lust.* I don't feel like doing that at all. **2 das Mindeste** the least ◊ *Das ist das Mindeste, was wir tun können.* That's the least we can do. ◊ *Er hat nur das Mindeste getan.* He did the absolute minimum. **3 nicht das Mindeste** nothing ◊ *Er hat dir nicht das Mindeste getan.* He hasn't done anything to

you. ◊ *Ich verstehe nicht das Mindeste von Computern.* I don't know the first thing about computers. **4 nicht im Mindesten** not at all, not in the least ◊ *Das bezweifle ich nicht im Mindesten.* I don't doubt that at all. **5 zum Mindesten** at least ◊ *Du hättest zum Mindesten Bescheid sagen können.* You could at least have let me know.
mindestens at least
Mindest- Mindesthaltbarkeitsdatum best-before date **Mindestlohn** minimum wage **Mindestmaß** minimum ◊ *Die Verwaltung wurde auf ein Mindestmaß reduziert.* Administration was reduced to a minimum. ◊ *In einem Team muss es ein Mindestmaß an Zusammenarbeit geben.* There must be a certain degree of cooperation in a team. **Mindeststrafe** minimum penalty* ◊ *Darauf steht eine Mindeststrafe von 6 Jahren.* That carries a minimum penalty of 6 years.
Mine 1 (*Bergwerk, Bombe*) mine **2** (*Stollen im Bergwerk*) tunnel **3** (*Bleistift-*) lead; (*Kugelschreiber-*) refill
 Minenfeld minefield (*auch fig*)
Mineral mineral
 Mineralöl mineral oil **Mineralstoff** mineral **Mineralwasser** mineral water
Miniatur miniature
Minigolf minigolf
minimal 1 very little; (*Kosten etc.*) low; (*Chancen, Unterschiede, Verbesserung*) slight (*Adv* slightly) ◊ *minimale Fortschritte* very little progress ◊ *Wir wollen die Kosten minimal halten.* We want to keep costs as low as possible. ◊ *Die Rezepte unterscheiden sich nur minimal.* The recipes are only slightly different. **2** (*als Minimum*) at least ◊ *Es müssen minimal 8 Mio. Franken investiert werden.* At least 8m francs will have to be invested.
minimieren minimize
Minimum minimum ◊ *ein Minimum an Personal* a minimum of staff ◊ *auf ein Minimum reduziert* reduced to a minimum
Minirock miniskirt
Minister(in) minister, (*AmE*) secretary* ◊ *der Minister für Industrie und Handel* the Minister of/for Trade and Industry ☛ G 2.2d ☛ *Hinweis bei* MINISTER OF STATE
Ministerium ministry*, (*bes AmE*) department
Minister- Ministerpräsident(in) 1 (*Regierungschef eines Bundeslandes*) Minister President **2** (*Regierungschef eines Landes*) prime minister **Ministerrat** Council of Ministers
minus 1 minus ◊ *Fünf minus zwei ist drei.* Five minus two is three. ◊ *20 Grad minus* minus 20 (degrees) ◊ *5 000 Dollar minus Steuern* 5 000 dollars, less tax ☛ *Hinweis bei* NOTE, S. 1126. **2** (PHYSIK) negative
Minus 1 deficit ◊ *Das Minus beträgt 2 Millionen.* The deficit is 2 million. ◊ *Sein Konto weist ein Minus auf.* His account is minus. **2 im** ~ **sein/stehen** be overdrawn, have an overdraft **3 ein** ~ **machen** make* a loss **4** (*Nachteil*) drawback
 Minuspunkt 1 penalty point **2** (*Nachteil*) disadvantage **Minuszeichen** minus (sign)
Minute minute ◊ *Hast du mal eine Minute Zeit?* Have you got a minute? ◊ *in letzter Minute* at the last minute. ◊ *Es kommt nicht auf die Minute an.* A minute here or there doesn't matter. ◊ *Es ist fünf Minuten nach acht.* It's five past eight. ◊ *In einer ruhigen Minute hat er mir alles erzählt.* In a quiet moment he told me all about it.
 minutenlang ◊ *minutenlanger Beifall* applause lasting several minutes ◊ *Das Publikum applaudierte minutenlang.* The audience applauded for several minutes. **Minutenschnelle in** ~ in (a matter of) minutes **Minutenzeiger** minute hand
minutiös, minuziös meticulous (*Adv* meticulously) ◊ *ein minutiös geplantes Programm* a meticulously planned programme ◊ *eine minutiöse Schilderung* a detailed description ◊ *Er hat mir alles minutiös beschrieben.* He described it all to me in minute detail.
Minze mint
mir 1 (to) me ☛ G 3 **2** (to) myself ☛ G 4 IDM ⇨ VON
Mischehe mixed marriage
mischen 1 etw (**mit etw**) ~ mix sth (with sth) ◊ *Mineralwasser mit Saft mischen* mix mineral water with fruit juice **2 etw in/unter etw** ~ add sth to sth ◊ *Sie hat ihm Arsen in den Whisky gemischt.* She added arsenic to his whisky. **3** (*Karten*) shuffle **4 sich** (**mit etw**) ~ mix (with sth) ◊ *Öl mischt sich nicht mit Wasser.* Oil doesn't mix with water. ◊

Mischform

Öl und Wasser mischen sich nicht. Oil and water don't mix. **5 sich in etw ~** (*sich vermischen*) ◊ *In seine Trauer mischte sich Wut.* His grief was mingled with anger. **6 sich unter jdn/etw ~** mingle with sb/sth ◊ *Der Politiker mischte sich unter die Menge.* The politician mingled with the crowd. **7 sich in etw ~** (*sich einmischen*) interfere in sth ◊ *Misch dich bitte nicht in meine Angelegenheiten!* Please don't interfere in my affairs. ◊ *Sie mischte sich in unser Gespräch.* She butted in on our conversation.
Mischform mixture
Mischling 1 (*Mensch*) person of mixed race, half-caste (*beleidigend*) **2** (*Tier*) cross-breed; (*Hund*) mongrel
Mischmasch hotchpotch ◊ *ein Mischmasch aus Englisch und Deutsch* a hotchpotch of English and German
Mischpult mixing desk
Mischung mixture; (*bei Kaffee, Tee*) blend ◊ *eine Mischung aus Apfel- und Orangensaft* a mixture of apple and orange juice ◊ *eine bunte Mischung* an assortment
Mischwald mixed woodland
miserabel 1 *Adj* terrible ◊ *Ich fühle mich miserabel.* I feel terrible. **2** *Adv* very badly ◊ *Sie haben miserabel gespielt.* They played very badly.
Misere plight ◊ *die Misere der Flüchtlinge* the plight of the refugees ◊ *Wer trägt die Schuld an dieser Misere?* Who is to blame for this mess?
missachten disregard ◊ *Die Firma steht im Verdacht, die UN-Sanktionen zu missachten.* The firm is suspected of disregarding the UN sanctions.
Missachtung disregard ◊ *eine Missachtung der Menschenrechte* a disregard for human rights ◊ *Lehrer wissen, welche Missachtung ihnen entgegengebracht wird.* Teachers know how little they are valued.
Missbildung deformity*
missbilligen disapprove of *sb/sth* ◊ *Sie missbilligte sein Verhalten.* She disapproved of his behaviour. ◊ *Meine Mutter sah mich missbilligend an.* My mother looked at me disapprovingly.
Missbilligung disapproval
Missbrauch 1 misuse ◊ *der Missbrauch von persönlichen Daten* the misuse of personal data ◊ *Mit dem System wird viel Missbrauch getrieben.* The system is often abused. **2** (*von Alkohol, Drogen etc.*) abuse ◊ *der Kampf gegen den Missbrauch von Drogen* the battle against the abuse of drugs ◊ *Der Leichtathlet wurde des Anabolika-Missbrauchs überführt.* The athlete was found guilty of taking anabolic steroids. **3** (**sexueller**) **~** sexual abuse
missbrauchen 1 abuse; (*zum falschen Zweck*) misuse ◊ *Er hat seine Position zum eigenen Vorteil missbraucht.* He abused his position for his own advantage. ◊ *Der Wald wird als Müllkippe missbraucht.* The forest is misused as a rubbish tip. **2** (*Alkohol, Drogen etc.*) abuse **3 jdn** (**sexuell**) **~** abuse sb (sexually)
missen jdn/etw nicht ~ wollen/mögen not want/like to be/do* without sb/sth ◊ *Meine Hobbies möchte ich nicht missen.* I wouldn't like to be without my hobbies.
Misserfolg failure ◊ *Er hatte eine Reihe von Misserfolgen.* He had a series of failures. ◊ *Das Musical war ein Misserfolg.* The musical was a flop.
Missfallen 1 (*Unzufriedenheit*) displeasure **2** (*Missbilligung*) disapproval ◊ *Er ging von der Schule ab, sehr zum Missfallen seiner Eltern.* He left school, much to his parents' disapproval.
missfallen etw missfällt jdm sb dislikes sth ◊ *Sagen Sie uns, was Ihnen an unserem Service missfällt.* Tell us what you dislike about our service. ◊ *Wenn mir etwas missfällt, spreche ich es sofort an.* If I don't like something, I always mention it immediately. ◊ *Seine Meinung missfiel ihr.* His opinion displeased her.
miss- missgebildet deformed **Missgeschick** mishap ◊ *Mir ist da ein kleines Missgeschick passiert ...* I've just had a slight mishap ...
missglücken 1 fail ◊ *Der Versuch missglückte.* The attempt failed. **2 etw missglückt jdm** sb fails in sth ◊ *Der Versuch ist mir missglückt.* I failed in my attempt. ◊ *Das Soufflé ist mir missglückt.* The soufflé went wrong.
misshandeln mistreat, ill-treat ◊ *Die Gefangenen wurden misshandelt.* The prisoners were mistreated. ◊ *misshandelte Frauen* battered women ◊ *Er hat sie sexuell misshandelt.* He sexually abused her.
Misshandlung mistreatment [U] ◊ *die Misshandlung von Gefangenen* the mistreatment of prisoners ◊ *die Misshandlung von Kindern* cruelty to children ◊ *sexuelle Misshandlung* sexual abuse
Mission 1 (*Auftrag*) mission **2** (*Delegation*) delegation ☛ G 1.3b **3** (*Gebäude*) mission
Missionar(in) missionary* ☛ G 2.2d
Misskredit 1 jdn/etw in ~ bringen bring* sb into disrepute **2 in ~ geraten** fall* into disrepute
misslich difficult ◊ *eine missliche Lage* a difficult situation ◊ *Diese Umstände werden als misslich empfunden.* These circumstances are regrettable.
misslingen be unsuccessful; **etw misslingt jdm** sb fails at/in sth ◊ *Der Versuch ist ihnen misslungen.* They failed in their attempt. ◊ *Der Versuch ist misslungen.* The attempt has been unsuccessful. ◊ *Das Soufflé ist mir misslungen.* The soufflé went wrong.
missmutig bad-tempered ◊ *meine missmutige Nachbarin* my bad-tempered neighbour ◊ *Die Zuhörer verließen missmutig den Saal.* The audience left the hall feeling disgruntled.
Missstand deplorable situation ◊ *Was können wir tun, um diesen Missstand zu beheben?* What can we do to remedy this deplorable situation? ◊ *soziale Missstände* social injustices
misstrauen jdm/etw ~ distrust sb/sth, mistrust sb/sth

> Zwischen **distrust** und **mistrust** besteht nur ein feiner Unterschied. **Distrust** wird häufiger verwendet. Wenn man sicher ist, dass jemand unehrlich oder unzuverlässig ist, sagt man **distrust**, wenn man dagegen nur Vermutungen oder Zweifel hat, würde man eher **mistrust** verwenden.

Misstrauen ~ jdm/etw gegenüber distrust of sb/sth, mistrust of sb/sth ◊ *Misstrauen gegen die Politiker* mistrust of politicians ◊ *Ich begegne ihm mit großem Misstrauen.* I mistrust him.
misstrauisch suspicious (*Adv* suspiciously) ◊ *Er ist Ärzten gegenüber sehr misstrauisch.* He is very suspicious of doctors.
Missverhältnis 1 imbalance **2 in einem ~ zu etw stehen** be out of proportion to sth ◊ *Die Kosten stehen in einem krassen Missverhältnis zum Nutzen des Projekts.* The costs of the project are out of all proportion to its usefulness.
missverständlich ambiguous (*Adv* ambiguously); (*irreführend*) misleading (*Adv* misleadingly) ◊ *Diese Klausel ist recht missverständlich.* This clause is very ambiguous. ◊ *eine missverständliche Äußerung* a misleading statement
Missverständnis misunderstanding ◊ *Da muss ein Missverständnis vorliegen.* There must be some misunderstanding. ◊ *Ich möchte hier keine Missverständnisse aufkommen lassen.* I want to avoid any misunderstandings.
missverstehen misunderstand* ◊ *Da habe ich Sie wohl missverstanden.* I must have misunderstood you. ◊ *sich missverstanden fühlen* feel misunderstood
Misswirtschaft mismanagement
Mist 1 manure **2** (*fig*) rubbish ◊ *Sie erzählt unheimlich viel Mist.* She talks an awful lot of rubbish. IDM (**verdammter**) **Mist!** damn!; (*umgs*) **nicht auf jds** (**eigenen**) **Mist gewachsen sein** not be sb's (own) idea ☛ *Siehe auch* BAUEN
Mistel mistletoe
Mistelzweig sprig of mistletoe ◊ *sich unter einem Mistelzweig küssen* kiss under the mistletoe
Mist- Mistgabel pitchfork **Misthaufen** dungheap **Mistkübel** rubbish bin, (*AmE*) garbage can **Miststück** bastard (*vulg, Slang*); (*Frau auch*) bitch (*Slang, abwert*) **Mistwetter** filthy weather
mit

• **zusammen, inklusive 1** with ◊ *Willst du mit uns frühstücken?* Would you like to have breakfast with us? ◊ *ein Zimmer mit Balkon* a room with a balcony ◊ *mit Fieber im Bett liegen* be in bed with a temperature **2** (*bei bestimmten Gerichten*) and ◊ *Eier mit Speck* bacon and eggs ◊ *Erdbeeren mit Schlagsahne* strawberries and cream **3** (*bei Behältern*) of ◊ *eine Dose mit Keksen* a tin of biscuits ◊ *ein Paket mit Lebensmitteln* a food parcel **4** (*einschließlich*) including ◊ *Mit Steuern macht das 50 Dollar.* That's 50 dollars including tax. ◊ *Übernachtung mit Frühstück* bed and breakfast
• **mittels 5** by ◊ *mit Karte bezahlen* pay by (credit) card ◊ *Bist du mit dem Bus gekommen?* Did you come by bus? ◊ *etw*

mit der Post verschicken send sth by post ◊ *etw mit der Hand schreiben* write sth by hand ◊ *mit Bleistift schreiben* write in pencil ◊ *mit Stäbchen essen* eat with chopsticks
• **Alter, Zeitpunkt, Geschwindigkeit 6** at ◊ *Sie heiratete mit achtzehn.* She got married at eighteen. ◊ *Mit dem Unfall ihres Sohnes änderte sich ihr Leben.* After her son's accident her life changed. ◊ *Er überholte mich mit 180.* He overtook me at 110 mph. ☛ *Hinweis bei* MPH
• **als Adverb 7** as well ◊ *Das musst du mit berücksichtigen.* You have to bear that in mind as well. ◊ *Er ist mit einer der besten Musiker der Welt.* He is one of the best musicians in the world. ◊ *Warst du auch mit?* Did you go too?
• **in Wendungen 8** ◊ *Wie wär's mit einem Kaffee?* How about a coffee? ☛ Für andere Ausdrücke mit **mit** siehe die Einträge für die entsprechenden Nomina etc. **Mit Gewalt** z.B. steht unter **Gewalt**.

Mitarbeit 1 involvement; *(Kooperation)* cooperation ◊ *aktive Mitarbeit in der Partei* active involvement in the party ◊ *Man bat die Bevölkerung um ihre Mitarbeit bei der Suche nach dem Mörder.* The public were asked for their cooperation in the hunt for the killer. ◊ *seine langjährige Mitarbeit* his long service ◊ *Das Buch wurde unter Mitarbeit von mehreren Wissenschaftlern herausgegeben.* Several scientists contributed to the book. **2** *(im Unterricht)* participation ◊ *die Mitarbeit der Schüler im Unterricht* pupil participation in class
mitarbeiten 1 an/bei etw ~ be involved in sth ◊ *Am Projekt arbeiten drei Architekten mit.* Three architects are involved in the project. **2** *(im Unterricht)* contribute ◊ *Er arbeitet immer sehr gut mit.* He always contributes a lot in class.
Mitarbeiter(in) 1 employee ◊ *ein ehemaliger Mitarbeiter* a former employee ◊ *Er ist Mitarbeiter beim ZDF.* He works for the ZDF. ☛ Wenn man von allen Mitarbeitern in einer Firma etc. spricht, verwendet man meist **staff**: *Alle Mitarbeiter müssen um 9 Uhr da sein.* All staff have to be here at 9 o'clock. ☞ G 2.2d ☛ *Hinweis bei* STAFF¹ **2 freie(r)** ~ freelancer
Mitbegründer(in) co-founder
mitbekommen 1 *(verstehen)* understand*, get* *(umgs)*; *(hören)* hear*; *(sehen)* see* ◊ *Ich habe nur die Hälfte vom Film mitbekommen.* I didn't understand half the film. ◊ *Ich habe ihren Namen nicht mitbekommen.* I didn't get her name. ◊ *Die Nachbarn bekamen den Einbruch nicht mit.* The neighbours didn't hear the burglars. ◊ *Hast du mitbekommen, dass sie geheiratet hat?* Did you hear she got married? ◊ *Ich bekam ihr Gespräch zufällig mit.* I overheard their conversation. ◊ *Er bekam nur die zweite Halbzeit mit.* He only saw the second half. ◊ *Sie hat viel von der afrikanische Kultur mitbekommen.* She learnt a lot about African culture. **2 von etw nichts** ~ *(verpassen)* miss sth ◊ *Er kam zu spät und hat vom Festpass nichts mehr mitbekommen.* He arrived so late that he missed most of the party. **3** etw ~ *(bekommen)* be given sth ◊ *Sie hat eine Probe mitbekommen.* She was given a free sample.
mitbenutzen share
mitbestimmen (an/bei/über etw) ~ have a say (in sth); *(Verhandlungen)* take* part (in sth) ◊ *Wir dürfen bei der Lektürewahl mitbestimmen.* We are allowed to have a say in the choice of books. ◊ *bei den Verhandlungen mitbestimmen* take part in the negotiations
Mitbestimmung participation; *(betrieblich)* co-determination ◊ *demokratische Mitbestimmung* participation in the democratic process
Mitbestimmungsrecht right to participate in decision-making; *(betrieblich)* right of co-determination
Mitbewerber(in) 1 *(Konkurrenz)* competitor **2** *(für eine Stelle)* other applicant ◊ *Er war mein einziger Mitbewerber.* He was the only other applicant.
Mitbewohner(in) 1 *(in einer WG)* flatmate, *(AmE)* roommate **2** *(Bewohner)* resident
mitbringen 1 jdn/etw ~ bring* sb/sth (with you) ◊ *Kann ich ein paar Freunde mitbringen?* Can I bring a few friends? ◊ *Hast du deine CDs mitgebracht?* Have you brought your CDs (with you)? ◊ *jdn nach Hause mitbringen* take sb home ☛ *Hinweis bei* BRINGEN **2 (jdm) etw** ~ bring* (sb) sth ◊ *Ich habe dir ein Geschenk mitgebracht.* I've brought you a present. ◊ *Hast du ihm etwas aus dem Urlaub mitgebracht?* Did you bring him something back from your holiday? ◊ *Kannst du auf dem Heimweg Brot mitbringen?* Can you pick up some bread on the way home? **3** etw **(für etw)** ~

have sth (for sth) ◊ *Er bringt den den nötigen Ehrgeiz mit.* He has got the necessary ambition.
Mitbringsel present
Mitbürger(in) ◊ *ausländische Mitbürger* foreign residents ◊ *die deutschen Mitbürger* Germans ◊ *ältere Mitbürger* senior citizens
mitdenken think* what you are doing
mitdürfen (zu etw) ~ be allowed to go (to sth) ◊ *Ich darf nicht mit zu der Party.* I'm not allowed to go to the party. ◊ *Darf ich mit?* Can I come (too)?
miteinander 1 with each other ◊ *die beiden Gedichte miteinander vergleichen* compare the two poems with each other ◊ *Wir sprechen nicht mehr miteinander.* We're not speaking (to each other). ◊ *Mehl und Zucker miteinander vermischen* mix (together) the flour and sugar ◊ *Wir kommen gut miteinander aus.* We get on well. ◊ *Die Räume sind durch Glastüren miteinander verbunden.* The rooms are connected by glass doors. **2** *(gemeinsam)* together ◊ *Wir fuhren miteinander nach Rom.* We went to Rome together.
miterleben etw ~ see* sth ◊ *Hast du das aus nächster Nähe miterlebt?* Did you see it at close hand? ◊ *Ich musste miterleben, wie er litt.* I had to watch him suffer. ◊ *Er hat den Krieg noch miterlebt.* He remembers the war.
Mitesser blackhead
mitfahren go*/come* with sb ◊ *Laura fährt bei uns mit.* Laura is coming with us. ◊ *Er fährt bei den anderen mit.* He's going with the others. ◊ *Willst du nach Italien mitfahren?* Do you want to come to Italy too? ◊ *Kann ich bei dir mitfahren?* Could you give me a lift?
Mitfahrgelegenheit lift, *(AmE)* ride ◊ *Ich suche eine Mitfahrgelegenheit nach Berlin.* I'm trying to get a lift to Berlin.
mitfühlend sympathetic *(Adv* sympathetically*)*
mitgeben jdm etw ~ give* sb sth (to take with them) ◊ *Meine Mutter hat mir Obst mitgegeben.* My mother gave me some fruit to take with me. ◊ *jdm einen guten Rat mitgeben* give sb good advice
Mitgefangene(r) fellow prisoner ◊ *seine Mitgefangenen* his fellow prisoners ◊ *mit Hilfe von Mitgefangen* with the help of other prisoners
Mitgefühl empathy; *(Mitleid)* sympathy ◊ *Mitgefühl haben* feel empathy ◊ *sein tiefstes Mitgefühl ausdrücken* express your deepest sympathy
mitgehen 1 (mit jdm) ~ come* (with sb) ◊ *Willst du ins Kino mitgehen?* Do you want to come to the cinema? ◊ *Ich gehe mit dir mit.* I'll come with you. ◊ *Geh nie mit Fremden mit!* Never go off with strangers! **2** *(sich mitreißen lassen)* respond ◊ *Das Publikum ging begeistert mit.* The audience responded enthusiastically. **3** etw ~ **lassen** walk off with sth *(umgs)*
mitgenommen 1 ⇨ MITNEHMEN **2** *(ramponiert)* the worse for wear *(umgs)* ◊ *Ihre Frisur sah mitgenommen aus.* Her hair looked a bit the worse for wear. **3** *(emotional)* shaken ◊ *Sie war sichtlich mitgenommen.* She was visibly shaken.
mitgestalten *(Veranstaltung)* help to organize *sth*; *(Politik etc.)* help to shape *sth*
Mitgift dowry*
Mitglied member ◊ *Ich bin Mitglied in diesem Verein.* I'm a member of this club. ◊ *Mitglied in einem Verein werden* join a club
Mitgliederversammlung meeting; *(jährlich)* annual general meeting *(Abk* AGM*)* **Mitgliederzahl** membership ☛ G 1.3b **Mitgliedsausweis** membership card **Mitgliedsbeitrag** subscription
Mitgliedschaft membership ◊ *die Mitgliedschaft in einem Verein* membership of a club
Mitgliedsstaat member state
mithalten (mit jdm) ~ keep* up (with sb)
mithelfen help ◊ *Er hilft im Haushalt nie mit.* He never helps in the house. ◊ *beim Umzug mithelfen* help with the move
mithilfe ~ **(von)** with the help of ◊ *mithilfe eines Wörterbuchs* with the help of a dictionary ◊ *mithilfe von Computern* with the help of computers
Mithilfe help, assistance *(gehoben)* ◊ *unter Mithilfe der Eltern* with the parents' help ◊ *Die Polizei bittet die Bevölkerung um Mithilfe.* The police are asking for the assistance of the public.

mithören 1 etw ~ (*overhear*) sth ◊ *Sie hörte das Gespräch zufällig mit.* She overheard the conversation. ◊ *Wir konnten jedes Wort mithören.* We could hear every word they said. **2 (etw) ~** (*abhören*) listen in (to sth) ◊ *Telefongespräche mithören* listen in to telephone calls ◊ *Feind hört mit.* The walls have ears.

mitkommen 1 come* ◊ *Kann ich ins Theater mitkommen?* Can I come to the theatre (with you)? ◊ *Das müsste morgen in der Lieferung mitkommen.* It should come in tomorrow's delivery. ◊ *Ich komme noch bis zur Straßenecke mit.* I'll come with you as far as the corner. **2 (mit jdm/etw) ~** (*Schritt halten*) keep* up (with sb/sth) ◊ *Bei deinem Tempo komme ich gar nicht mit.* Don't go so fast. I can't keep up with you. **3 nicht (mehr) ~** (*nicht mehr verstehen*) be lost ◊ *Ich komme einfach nicht mehr mit.* I'm completely lost.

mitkriegen ⇨ MITBEKOMMEN

Mitläufer(in) camp follower; (*politisch*) fellow traveller

Mitleid pity; (*Mitgefühl*) sympathy ◊ *Das habe ich nur aus Mitleid getan.* I did it out of pity. ◊ *Mitleid mit den Flüchtlingen* pity for the refugees ◊ *Mit euch habe ich kein Mitleid.* I've got no sympathy for you. ◊ *ein Mitleid erregender Anblick* a pitiful sight [IDM] **(bei jdm) Mitleid schinden** play for sympathy (from sb)

Mitleidenschaft jdn/etw in ~ ziehen affect sb/sth ◊ *Das Herz kann ebenfalls schwer in Mitleidenschaft gezogen werden.* The heart can also be badly affected.

mitleidig pitying (*Adv* pityingly); (*mitfühlend*) sympathetic (*Adv* sympathetically)

mitmachen 1 (bei) etw ~ (*Spiel etc.*) join in sth; (*Ausflug, Kurs etc.*) go* on sth; (*Wettbewerb etc.*) take* part in sth ◊ *Magst du nicht beim Spiel mitmachen?* Don't you want to join in the game? ◊ *Ich mache nur einen Ausflug mit.* I'm only going on one excursion. ◊ *Mitmachen kann jeder.* Anyone can take part. ◊ *bei der Olympiade mitmachen* take part in the Olympics ◊ *Nein, das mache ich nicht mit!* No, I won't have it! **2** (*Herz, Augen etc.*) ◊ *Lange macht mein Körper das nicht mehr mit.* My body can't take it much longer. ◊ *Das kommt darauf an, wie lange ihr Herz noch mitmacht.* It depends how long her heart holds out. **3** (*Wetter*) ◊ *wenn das Wetter mitmacht* weather permitting **4** (*zusätzlich erledigen*) ◊ *Sie hat meine Arbeit mitgemacht.* She did my work as well. **5** (*erleiden*) go* through *sth* ◊ *Meine Großeltern haben im Krieg viel mitgemacht.* My grandparents went through a lot in the war. ◊ *nach allem, was er mitgemacht hat* after everything he's been through

Mitmensch fellow human being

mitmischen 1 (*sich einmischen*) interfere **2 (bei/in etw) ~** (*sich beteiligen*) be/get* involved (in sth) ◊ *in der Lokalpolitik mitmischen* be involved in local politics

mitnehmen 1 jdn/etw ~ take* sb/sth (with you) ◊ *Nimm einen Regenschirm mit!* Take an umbrella with you. ◊ *Wie viel Gepäck dürfen wir mitnehmen?* How much luggage can we take? ◊ *Geld haben die Einbrecher nicht mitgenommen.* The burglars didn't take any money. ◊ *Schlafsack bitte selbst mitnehmen.* Please bring your own sleeping bag. ☛ *Hinweis bei* BRINGEN **2 jdn ~** (*im Auto*) give* sb a lift, (*AmE*) give* sb a ride ◊ *Können Sie mich bis Stuttgart mitnehmen?* Can you give me a lift to Stuttgart? ◊ *Danke fürs Mitnehmen.* Thanks for the lift. **3 zum Mitnehmen** to take away, (*AmE*) to go ◊ *Pizza zum Mitnehmen* pizza to take away ◊ *Bei der Information gibt es Fahrpläne zum Mitnehmen.* Timetables are available at the information desk. **4** (*jdm zu schaffen machen*) hit* *sb* hard ◊ *Die Trennung hat ihn ganz schön mitgenommen.* The separation really hit him hard. ☛ *Siehe auch* MITGENOMMEN **5** (*Gewinn, Positives*) get* *sth* out of sth **6** (*besuchen, mitmachen*) do* ◊ *Wir haben in New York nur die berühmtesten Sehenswürdigkeiten mitgenommen.* We only did the main sights in New York. ◊ *Ich hab bei der Fahrt alles mitgenommen, was so geboten wurde.* I did everything that was on offer on the trip. **7** (*beschädigen*) ◊ *Ich hab ein Stück Leitplanke mitgenommen.* I ripped a piece of the crash barrier off.

mitrauchen 1 (mit jdm) ~ have a smoke with sb; (*teilen*) share a cigarette (with sb) **2** (*passiv*) inhale other people's cigarette smoke ◊ *Kinder, die im Auto mitrauchen* children inhaling other people's cigarette smoke in the car ◊ *Mitrauchen schadet der Gesundheit.* Passive smoking is harmful to health.

mitreden 1 (*beitragen*) **(bei/in etw) ~** contribute to sth ◊ *Bei dem Thema kann ich nicht mitreden.* I can't contribute anything to this topic. **2 (bei etw) ~** (*mitbestimmen*) have a say in sth ◊ *Sie wollen bei der Planung mitreden.* They want to have a say in the planning. ◊ *Da habe ich wohl noch ein Wort mitzureden.* Surely I have some say in the matter.

mitreißen 1 jdn/etw ~ (*fortreißen*) sweep* sb/sth away ◊ *Die Skifahrer wurden von der Lawine mitgerissen.* The skiers were swept away by the avalanche. **2** (*begeistern*) ◊ *Die Musik riss das Publikum mit.* The audience was carried away by the music. ◊ *Sie kann ihre Studenten so richtig mitreißen.* She really inspires her students.

mitreißend exciting; (*Rede*) rousing ◊ *ein mitreißendes Spiel* an exciting game ◊ *eine Geschichte mitreißend erzählen* tell a story in an exciting way

mitsamt (*together*) with

mitschicken 1 etw (mit etw) ~ enclose sth (in sth) ◊ *Können Sie die Rechnung bitte mitschicken?* Please can you enclose the bill. ◊ *Ich schicke dir einen warmen Pullover mit.* I'll also send you a warm pullover. **2 jdn (mit jdm) ~** send* sb along with sb ◊ *Wir sollten jemanden mit den Kindern mitschicken.* We should send somebody along with the children.

mitschleppen 1 etw ~ take* sth with you ◊ *Wir haben zu viel Gepäck mitgeschleppt.* We took too much luggage with us. **2 jdn ~** (*mitnehmen*) drag* sb along ◊ *Ich hab ihn ins Theater mitgeschleppt.* I dragged him along to the theatre.

mitschneiden record ◊ *ein Konzert (auf Video) mitschneiden* record a concert (on video)

mitschreiben 1 (etw) ~ (*aufschreiben*) take* notes (on sth) ◊ *Ich habe bei der Vorlesung mitgeschrieben.* I took notes in the lecture. ◊ *Kannst du in Bio für mich mitschreiben?* Could you take notes for me in biology? ◊ *Habt ihr das alles mitgeschrieben?* Did you write all that down? **2 (etw) ~** (*Prüfung etc.*) do* sth ◊ *die Klausur mitschreiben* do the exam **3 an etw ~** (*Beitrag leisten*) contribute to sth ◊ *Er hat am Drehbuch mitgeschrieben.* He contributed to the screenplay.

mitschuldig (an etw) ~ partly to blame for sth; (*an einem Verbrechen*) implicated in sth ◊ *Sie fühlt sich an seinem Tod mitschuldig.* She feels partly to blame for his death. ◊ *Sie ist an dem Mord mitschuldig.* She is implicated in the murder. ◊ *Wir sind alle mitschuldig.* We are all guilty. ◊ *Durch Schweigen haben sich viele mitschuldig gemacht.* By keeping quiet many shared the guilt.

Mitschüler(in) school friend ◊ *ehemalige Mitschüler treffen* meet old school friends ◊ *Seine Mitschüler hänselten ihn.* The other kids used to tease him.

mitsingen ◊ *im Chor mitsingen* sing in the choir ◊ *Singt bitte mit!* Please join in. ◊ *beim Refrain mitsingen* join in the chorus

mitspielen 1 play ◊ *Spielst du mit?* Are you playing? ◊ *Ich spiele in einer Band mit.* I play in a band. ◊ *bei einem Turnier mitspielen* play in a tournament **2** (*einverstanden sein, mitmachen*) ◊ *Ich würde gerne auf die Party gehen, aber da spielt mein Vater nicht mit.* I'd like to go to the party but my father won't have it. ◊ *Da spiele ich nicht mehr mit.* I'm not having any more. ◊ *wenn das Wetter mitspielt* weather permitting **3 (in/bei etw) ~** (*mitwirken*) be in sth ◊ *Wer spielt in dem Film mit?* Who's in the film? ◊ *bei einem Theaterstück mitspielen* be in a play **4 (bei etw) ~** (*eine Rolle spielen*) play a role in sth ◊ *Hat die Krankheit bei Ihrer Entscheidung mitgespielt?* Did her illness play a role in her decision? **5 jdm übel ~** (*zusetzen*) treat sb badly

Mitspieler(in) player; (*in der eigenen Mannschaft*) teammate; (*beim Theater*) member of the cast ◊ *Wir suchen noch Mitspieler für die Jugendmannschaft.* We're still looking for players for the youth team. ◊ *Meine Mitspieler horten ihre Karten.* The other players hoard their cards.

Mitspracherecht ◊ *ein Mitspracherecht bei der Entscheidung* the right to have a say in the decision ◊ *mehr Mitspracherecht verlangen* demand more say

Mitstreiter(in) active supporter

Mittag 1 (*Zeitpunkt*) midday, noon; (*Zeitraum*) lunchtime ◊ *gegen Mittag* around midday ◊ *Bis zum Mittag kamen 100 Besucher.* By midday 100 visitors had arrived. ◊ *gestern Mittag um zwölf* yesterday at twelve noon ◊ *gestern Mittag* yesterday lunchtime ◊ *Ich gehe jeden Mittag einkaufen.* I go shopping every lunchtime. ◊ *Die Geschäfte sind über Mittag offen.* The shops are open at lunchtime. ◊ *jeden Mittag um eins* every day at one o'clock ☛ *Siehe auch* NACHMITTAG **2 zu ~ essen** have lunch ◊ *Wir essen gerade zu Mittag.* We're just having lunch. ◊ *Was gibt's zu Mittag?* What's for

lunch? **3** (*Mittagspause*) lunch hour, lunch break ◊ *Mittag machen* have your lunch break
Mittagessen lunch ◊ *Ab halb eins gibt es Mittagessen.* Lunch is from 12.30. ◊ *Was gibt's zum Mittagessen?* What's for lunch? ◊ *ein warmes Mittagessen* a hot lunch
mittags at lunchtime ◊ *Er kommt mittags nach Hause.* He comes home at lunchtime. ◊ *mittags warm essen* have a hot lunch ◊ *um 12 Uhr mittags* at 12 noon ◊ *Morgen kann ich bis mittags schlafen.* I can sleep till midday tomorrow.
Mittags- Mittagspause lunch break, lunch hour ◊ *Mittagspause machen* have a lunch break ◊ *Ich spiele in der Mittagspause Tennis.* I play tennis in my lunch hour. ◊ *Er ist in der Mittagspause.* He's at lunch. **Mittagsschlaf** afternoon nap ◊ *einen Mittagsschlaf machen* have an afternoon nap **Mittagszeit** lunchtime ◊ *zur/in der Mittagszeit* at lunchtime ◊ *um die Mittagszeit* around lunchtime ◊ *Es werden auch Kurse während der Mittagszeit angeboten.* Lunchtime courses are also on offer.
Mittäter(in) accomplice
Mitte 1 middle; (*Mittelpunkt*) centre, (*AmE*) center ◊ *in der Mitte des Raumes* in the middle of the room ◊ *Es war Mitte August.* It was the middle of August. ◊ *Mitte des 19. Jahrhunderts* in the middle of the 19th century ◊ *die Mitte des Kreises* the centre of the circle ◊ *Das Krankenhaus wird Mitte Dezember eröffnet.* The hospital will open in mid-December. ◊ *Sie ist Mitte 20.* She is in her mid-twenties. ◊ *Mitte der 90er-Jahre* in the mid-nineties ◊ *in der Mitte des Schuljahres* halfway through the school year. ◊ *in der Mitte der Stadt* in the centre of town ◊ *Nehmt ihr bitte die beiden Kleinen in die Mitte?* Can you have the two little ones between you? **2** (POL) centre, (*AmE*) center ◊ *links/rechts von der Mitte* left/right of centre ◊ *eine Politik/Partei der Mitte* a moderate policy/party IDM **die goldene Mitte** the happy medium
mitteilen 1 jdm etw ~ inform sb of sth ◊ *jdm etw telefonisch/schriftlich/per E-Mail mitteilen* inform sb of sth by telephone/in writing/by email ◊ *Er lässt Ihnen mitteilen, dass er nicht kommen kann.* He wishes to inform you that he cannot come. ◊ *Bitte teilen Sie uns Ihre Meinung mit!* Please let us have your opinion. **2 etw ~** announce sth ◊ *Die Regierung teilte mit, dass ...* The government announced that ... **3 sich jdm ~** talk to sb
Mitteilung statement ◊ *eine offizielle Mitteilung machen* make an official statement ◊ *nach Mitteilung der Polizei* according to a police statement ◊ *Ich habe eine erfreuliche Mitteilung für euch.* I've got good news for you.
Mittel 1 ein ~ (gegen etw) a remedy* (for sth) ◊ *das beste Mittel gegen Kopfschmerzen* the best remedy for headaches ◊ *ein schmerzstillendes Mittel* a painkiller ◊ *ein Mittel zum Einreiben* an ointment ◊ *ein gutes Mittel gegen Langeweile* a good way of preventing boredom ◊ *Mittel gegen die Arbeitslosigkeit* ways of combating unemployment **2** (*Substanz*) ◊ *ein Mittel gegen Flecken* a stain remover ◊ *ein Mittel gegen Ungeziefer* a pesticide **3** (*Methode*) means* ◊ *Sie griff zu drastischen Mitteln.* She resorted to drastic means. ◊ *mit illegalen Mitteln* by illegal means ◊ *Er wird versuchen, das mit allen Mitteln zu verhindern.* He'll do anything to prevent it. ◊ *Ihr ist jedes Mittel recht.* She'll stop at nothing. **4** (FINANZ) funds [Pl] ◊ *die notwendigen Mittel zur Verfügung stellen* make the necessary funds available ◊ *mit staatlichen Mitteln finanziert werden* be financed by the state **5** (MATH) **das ~ (aus etw)** the mean (of sth) IDM **ein Mittel zum Zweck** a means to an end **Mittel und Wege finden** find* ways and means ☛ *Siehe auch* ZWECK
Mittelalter Middle Ages [Pl] ◊ *im Mittelalter* in the Middle Ages
mittelalterlich medieval
Mittel- Mittelamerika Central America **Mittelding** cross ◊ *ein Mittelding zwischen Moped und Fahrrad* a cross between a moped and a bicycle **Mitteleuropa** Central Europe **Mittelfeld 1** (*Teil des Spielfelds*) midfield ◊ *im Mittelfeld spielen* play in midfield ◊ *im linken Mittelfeld* in left midfield **2** (*in einer Tabelle*) mid-table, middle of the table ◊ *Der Verein ist die ganze Saison im Mittelfeld geblieben.* The club stayed in mid-table all season. ◊ (*fig*) *im Mittelfeld liegen* be halfway up the league table **Mittelfeldspieler(in)** midfield player ☛ G 2.2d **Mittelfinger** middle finger **Mittelgebirge** area of low mountains **Mittelgewicht** middleweight ◊ *der Meister im Mittelgewicht* the middleweight champion **mittelgroß** medium-sized ◊ *eine mittelgroße Stadt* a medium-sized town ◊ *Sie ist mittelgroß.* She is of medium height. **Mittelklasse 1** (*Gesellschaftsschicht*) middle classes [Pl] **2** (*Güteklasse, Größenklasse*) ◊ *ein Wagen der Mittelklasse* a mid-range car **Mittellinie 1** (*auf dem Spielfeld*) halfway line **2** (*auf der Straße*) white line (in the middle of the road)
mittelmäßig mediocre ◊ *eine mittelmäßige Note* a mediocre mark ◊ *Die Mannschaft hat nur mittelmäßig gespielt.* The team played indifferently.
Mittelmeer Mediterranean ◊ *Urlaub am Mittelmeer* a holiday in the Mediterranean ◊ *ans Mittelmeer fahren* go to the Mediterranean
Mittelmeerland Mediterranean country*
Mittelohrentzündung ear infection
Mittelpunkt 1 centre, (*AmE*) center ◊ *der Mittelpunkt des Kreises* the centre of the circle ◊ *Mittelpunkt der Stadt ist der Dom.* The focal point of the town is the cathedral. **2** (*Attraktion*) main attraction ◊ *der Mittelpunkt der Party* the main attraction of the party ◊ *der kulturelle Mittelpunkt der Region* the cultural centre of the region IDM **im Mittelpunkt stehen** be the centre of attention, (*AmE*) be the center of attention ◊ *Er will immer im Mittelpunkt stehen.* He always has to be the centre of attention. ◊ *Dieses Thema soll heute im Mittelpunkt stehen.* The main focus today will be on this topic. **jdn/etw in den Mittelpunkt stellen** focus* on sb/sth ◊ *Sie stellte die Umweltprobleme in den Mittelpunkt.* She focussed on environmental problems. **sich in den Mittelpunkt stellen** make* yourself the centre of attention, (*AmE*) make* yourself the center of attention
Mittel- Mittelschicht middle class ☛ G 1.3b **Mittelstand** middle classes [Pl] **Mittelstreckenrakete** medium-range missile **Mittelstreifen** central reservation, (*AmE*) median (strip) **Mittelstürmer(in)** centre forward, (*AmE*) center forward
Mittelweg middle way IDM **der goldene Mittelweg** the happy medium ◊ *sich auf einen goldenen Mittelweg einigen* agree on a happy medium ◊ *den goldenen Mittelweg gehen* steer a middle course
Mittel- Mittelwelle medium wave ◊ *auf Mittelwelle ausgestrahlt werden* be broadcast on medium wave ◊ *eine Sendung über Mittelwelle empfangen* receive a broadcast on medium wave **Mittelwert** mean
mitten in the middle of ◊ *mitten auf der Straße* in the middle of the road ◊ *Die Straße führt mitten durch den Ort.* The road runs right through the middle of the town. ◊ *mitten im Unterricht* in the middle of the lesson ◊ *mitten in der Nacht* in the middle of the night ◊ *Es ist noch mitten in der Nacht.* It's still the middle of the night. ◊ *mitten in der Luft* in mid-air
mittendrin (right) in the middle (of sth)
mittendurch straight through
Mitternacht midnight
mittlere(r,s) 1 (*in der Mitte*) middle ◊ *das mittlere Haus* the middle house **2** (*mittelgroß, -hoch etc.*) medium; (*durchschnittlich*) average ◊ *auf mittlere Sicht* in the medium term ◊ *Waren in mittlerer Preislage* medium-priced goods ◊ *mittlere Betriebe* medium-sized businesses ◊ *ein mittleres Einkommen* an average income ◊ *ein Mann mittleren Alters* a middle-aged man **3 die mittlere Reife** = school-leaving exam for 16-year olds ☛ *Siehe auch* GCSE
mittlerweile 1 (*inzwischen*) now ◊ *Der 26-Jährige, mittlerweile verheiratet und Vater zweier Kinder, ...* The 26-year-old, now married and a father of two ... ◊ *Das ist mittlerweile drei Jahre her.* That's three years ago now. **2** (*unterdessen*) meanwhile ◊ *Das Wasser müsste mittlerweile kochen.* Meanwhile, the water will have come to the boil.
Mittwoch Wednesday ☛ *Beispiele bei* MONTAG
mitunter (*manchmal*) sometimes; (*gelegentlich*) occasionally
mitverantwortlich partly responsible; (*mitschuldig*) partly to blame ◊ *Methan, das für den Treibhauseffekt mitverantwortlich gemacht wird* methane, which is considered partly to blame for the greenhouse effect ◊ *Wir sind alle mitverantwortlich an der Umweltverschmutzung.* We are all to blame for pollution. ◊ *Er war mitverantwortlich für die Bombardierung deutscher Städte.* He was one of those responsible for the bombing of German towns.
Mitverantwortung share of the responsibility; (*Schuld*) share of the blame ◊ *Wir können uns nicht vor der Mitverantwortung drücken.* We must accept our share of the blame. ◊ *Er trägt politische Mitverantwortung für die Ver-*

mitverdienen

brechen des Regimes. He is one of the people responsible for the crimes committed by the regime.
mitverdienen 1 (*an einem Geschäft*) take* a share of the profit; (*an einer Veranstaltung*) take* a share of the proceeds **2** (*auch arbeiten gehen*) go* out to work, too
mitversichern mitversichert sein be covered by the insurance ◊ *Kinder sind durch ihre Eltern mitversichert.* Children are covered by their parents' insurance.
mitwirken 1 bei/an etw ~ (*teilnehmen*) take* part in sth; (*zu etw beitragen*) play a part in sth; (*mithelfen*) help to do sth ◊ *Ich danke allen, die bei der Vorbereitung der Fahrt mitgewirkt haben.* I would like to thank all those who helped plan the trip. **2** (*bei einer Aufführung*) perform; (*bei einem Spiel*) play ◊ *Mitwirken werden auch die beiden Kirchenchöre.* The two church choirs will also be performing. ◊ *Es wirkten mit:* ... Cast: ...
Mitwirkung involvement; (*Mitarbeit*) collaboration; (*Teilnahme*) participation (*oft mit einem Verb übersetzt*) ◊ *die Mitwirkung der Bundesmarine* the German navy's involvement ◊ *20 Heime haben ihre Mitwirkung an dem Projekt zugesagt.* 20 homes have agreed to take part in the project. ◊ *Die Band hat ihre Mitwirkung zugesagt.* The band has agreed to perform.
Mitwisser(in) accessory* (*Fachspr*) ◊ *jdm zum Mitwisser machen* make sb an accessory ◊ *Die Widerstandsbewegung hatte viele Anhänger, noch mehr heimliche Mitwisser.* Many people supported the resistance movement, and even more secretly knew about it.
mitwollen (*mitgehen*) want to go with sb; (*mitkommen*) want to come with sb ◊ *Ich will mit!* I want to go with you!
mitzählen count
mitziehen (*einverstanden sein*) go* along with sth; (*unterstützen*) support
Mixed mixed doubles ☛ *Hinweis bei* SINGLE², S. 580
mixen (*Getränke, Geräusche*) mix (*Nahrungsmittel auch*) blend
Mixer blender
Mixtur mixture
Mob mob
Mobbing bullying; (*am Arbeitsplatz auch*) harassment
Möbel furniture [U] ◊ *Wir haben nicht viele Möbel.* We haven't got much furniture. ◊ *Möbel aus Eiche* oak furniture ☛ Vorsicht: **furniture** ist nicht zählbar. Wenn man von einem einzelnen Möbelstück sprechen will, verwendet man **a piece of furniture**.
Möbelpacker removal man* **Möbelstück** piece of furniture **Möbelwagen** removal van, (*AmE*) moving van
mobil 1 mobile **2 ~ machen** mobilize
Mobile mobile
Mobil- Mobilfunk mobile telephony **Mobilfunknetz** mobile phone network, (*AmE*) cellular phone network
mobilisieren 1 mobilize (*auch fig*) **2** (*Geld*) raise
Mobilität mobility
Mobil- Mobilmachung mobilization **Mobiltelefon** mobile (phone), (*AmE*) cellular phone
möblieren furnish ◊ *Voll möbliertes Zimmer zu vermieten.* Fully furnished room to let.
Möchtegern- would-be (*nur vor Nomen*) ◊ *ein Möchtegernstar* a would-be star
Modalverb modal verb
Mode fashion ◊ *die Mode dieser Saison* this season's fashion ◊ *die neueste Mode aus Paris* the latest Paris fashion ◊ *Kurze Röcke sind jetzt groß in Mode.* Short skirts are now the height of fashion. ◊ *Sie ist immer nach der neuesten Mode gekleidet.* She's always very fashionably dressed. **IDM aus der Mode kommen** go* out of fashion **in Mode kommen** come* into fashion (**große**) **Mode sein** be (very) fashionable; be trendy; be all the rage
Modeausdruck trendy expression **Modeberuf** fashionable job **modebewusst** fashion-conscious **Modebranche** fashion trade **Modedesigner(in)** fashion designer ☛ G 2.2d **Modeerscheinung** fad **Modefarbe** fashionable colour, (*AmE*) fashionable color **Modegeschäft** dress shop
Model *das* model ☛ G 2.2d
Modell 1 model ◊ *ein Modell der geplanten Brücke* a model of the proposed bridge ◊ *Der Wagen ist das neueste Modell.* The car is the latest model. ◊ *Das Unternehmen wurde ein Modell für andere Firmen.* The company became a model for other firms. ◊ *jdm Modell sitzen/stehen* sit for sb **2** (*Konzept*) concept; (*System*) system ◊ *das Modell der lebenslangen Ehe* the concept of marriage for life ◊ *ein Modell, wobei Arbeitnehmer und Arbeitgeber sich die Kosten teilen* a system in which employees and employers share the cost ◊ *eine Partei nach dem Modell der Grünen* a party along the lines of the Greens **3** (*Kleidungsstück*) creation
Modelleisenbahn model railway; (*Spielzeug*) train set
modellieren 1 make* ◊ *etw aus Ton modellieren* make sth in clay **2** (COMP) model*
Modellprojekt, Modellversuch pilot project
Modem modem
Modenschau fashion show
Moderation (*meist mit einem Verb übersetzt*) ◊ *Die Moderation des Konzerts übernimmt Ulli Berg.* The concert will be presented by Ulli Berg. ◊ *Die Moderation hat Jörg Thoma.* The presenter is Jörg Thoma.
Moderator(in) presenter, (*AmE*) announcer ☛ G 2.2d
moderieren present
moderig musty
modern¹ 1 *Adj* modern; (*modisch*) fashionable ◊ *moderne Literatur* modern literature ◊ *wieder modern werden* come back into fashion ◊ *Lange Haare sind nicht mehr modern.* Long hair is out. **2** *Adv* ◊ *modern eingerichtete Räume* rooms with modern furniture ◊ *modern ausgestattete Altersheime* old people's homes with modern facilities ◊ *eine modern ausgestattete Werkstatt* a workshop with modern equipment
modern² *Verb* rot*
Moderne die ~ (*Zeitalter*) the modern age; (*Literatur*) modern literature; (*Kunst*) modern art; (*Musik*) modern music
modernisieren modernize
Modernisierung modernization
Mode- Modeschmuck costume jewellery, (*AmE*) costume jewelry **Modeschöpfer(in)** fashion designer ☛ G 2.2d **Modewort** in word **Modezeitschrift** fashion magazine
modifizieren modify*
modisch fashionable (*Adv* fashionably), trendy* (*Adv* trendily) (*umgs*) ◊ *modisch gekleidet* fashionably dressed
modrig ⇨ MODERIG
Modus 1 procedure ◊ *nach neuem Modus* according to the new procedure **2** (LING) mood **3** (COMP) mode
Mofa = small moped ◊ *Mofa fahren* ride a moped
Mofafahrer(in) moped rider
mogeln 1 cheat ◊ *bei einer Prüfung/beim Kartenspiel mogeln* cheat in a test/at cards **2 sich in etc. etw ~** wangle your way into, etc. sth (*umgs*) ◊ *Er hatte sich an die Spitze der Warteschlange gemogelt.* He had wangled his way to the front of the queue. **3 etw irgendwohin ~** slip* sth somewhere ◊ *Sie hatte ihm einen Zettel in die Tasche gemogelt.* She had slipped a note into his pocket.
mögen 1 like ◊ *Er mag keine Oliven.* He doesn't like olives. ◊ *Ich mag ihn sehr gern.* I like him very much. ◊ *Ich mag am liebsten Eis.* I like ice cream best. ◊ *Ich mag Chips lieber als Kekse.* I like crisps better than biscuits. **2** (*wollen*) would like ◊ *Möchten sie noch etwas Suppe?* Would you like some more soup? ◊ *Möchtest du mit uns mitkommen?* Would you like to come with us? ◊ *Zum Geburtstag möchte ich einen Hamster.* I would like a hamster for my birthday. ◊ *Wer mitmachen möchte, soll es jetzt sagen.* Anyone wanting to take part should say so now. ◊ *Hier möchte ich nicht übernachten.* I don't want to spend the night here. ◊ *Ich möchte nicht stören, aber* ... Sorry to disturb you but ...

> Wenn man ausdrücken will, dass man etwas möchte, sollte man **would like** verwenden. **Want** kann auch benutzt werden, wirkt aber oft unhöflich. **Not want** verwendet man, wenn man etwas nicht möchte. Wenn man ausdrücken will, dass man etwas lieber möchte, benutzt man **prefer** oder **would rather:** *Ich möchte lieber einen Kaffee.* I'd rather have a coffee. ◊ *Er mag lieber ins Kino.* He'd rather go to the cinema. ◊ *Dazu möchte ich lieber nichts sagen.* I'd prefer not to comment.

3 (*in Einräumungen*) ◊ *Es mag schon sein, dass du recht hast.* It may well be that you're right. ◊ *Mag er schimpfen so viel er will,* ... However much he grumbles ... **4** (*in Vermutungen*) ◊ *Es mochte etwa 3 Uhr gewesen sein,* ... It might have been about 3 o'clock ... ◊ *Wie alt mag er wohl sein?* How old might he be? **5** (*in Aufforderungen*) ◊ *Sag ihm, er möge sich bitte beeilen.* Tell him to please hurry up. ◊ *Du*

möchtest bitte bei ihr vorbeikommen. Please would you go round and see her. ◊ *Er bat sie, sie möge ihm verzeihen.* He asked her to forgive him. ☛ *Siehe auch G 10.2g*
möglich 1 possible ◊ *etw möglich machen* make sth possible ◊ *so bald wie möglich* as soon as possible ◊ *Wäre es möglich, den Brief heute noch zu tippen?* Would it be possible for you to type the letter today? ◊ *Das ist schon möglich.* It's quite possible. ◊ *Es war mir leider nicht möglich, zu kommen.* I was unfortunately unable to come. ◊ *Ich werde mein Möglichstes tun.* I will do everything I can. ◊ *Das ist doch wol nicht möglich!* I don't believe it! **2** *alle möglichen* ... all sorts of ...; **alles Mögliche** all sorts of things ◊ *Sie kannte alle möglichen Lieder.* She knew all sorts of songs. ◊ *Wir haben alles Mögliche eingekauft.* We bought all sorts of things. IDM ⇨ BEREICH *und* UNMÖGLICH
möglicherweise possibly ◊ *Das Verbrechen ist möglicherweise von Kindern begangen worden.* The crime was possibly committed by children. ◊ *Er wird möglicherweise nächste Woche zurück sein.* He may possibly be back next week. ◊ *Sie tritt möglicherweise zur Wahl an.* She may stand for election. ☛ *Hinweis bei* PERHAPS
Möglichkeit 1 possibility* ◊ *Es besteht die Möglichkeit einer Überschwemmung.* There is the possibility of flooding. ◊ *Es besteht die Möglichkeit, dass ...* It is possible that ... ◊ *Ungewaschenes Obst sollte nach Möglichkeit vermieden werden.* Unwashed fruit should be avoided if possible. **2** *(Methode)* way; *(Alternative)* alternative ◊ *Es gibt verschiedene Möglichkeiten, wie wir helfen können.* There are several ways in which we can help. ◊ *Es gibt auch noch andere Möglichkeiten.* There are other alternatives. ◊ *Sie sah keine andere Möglichkeit, als ihm die Wahrheit zu sagen.* She saw no alternative but to tell him the truth. **3** *(Gelegenheit)* opportunity*, chance ◊ *das Land der unbegrenzten Möglichkeiten* the land of unlimited opportunity

Vorsicht: „die Möglichkeit etw zu tun" kann NICHT mit „the possibility to do sth" übersetzt werden: *Sie hatte die Möglichkeit, im Ausland zu studieren.* She had the chance to study abroad.

4 *(Mittel)* means [Pl], resources [Pl] ◊ *Ein Auto übersteigt unsere finanziellen Möglichkeiten.* A car is beyond our means.
möglichst 1 as ... as possible ◊ *möglichst bald* as soon as possible ◊ *möglichst wenig* as little as possible **2** *(falls möglich)* if possible ◊ *Bitte antworten Sie möglichst noch am selben Tag.* Please reply on the same day, if possible. **3** *(so weit wie möglich)* as far as possible ◊ *den Wasserverbrauch möglichst reduzieren* reduce water consumption as far as possible
Mohammedaner(in) Muslim
mohammedanisch Muslim
Mohn poppy*; *(Samen)* poppy seeds [Pl]
Mohnblume poppy*
Möhre, Mohrrübe carrot
mokieren 1 *sich ~* sneer **2** *sich über jdn/etw ~* *(verspotten)* ridicule sb/sth; *(sich ärgern)* get* angry about sb/sth ◊ *Sie mokierten sich über seine Rede.* They ridiculed his speech. ◊ *Er mokierte sich über den schlechten Service.* He got angry about the poor service.
Molekül molecule
molekular molecular *(nur vor Nomen)*
Molkerei dairy*
Molkereiprodukte dairy products [Pl]
Moll minor (key) ◊ *in a-Moll* in A minor
mollig 1 *(rundlich)* plump **2** *(warm)* cosy, *(AmE)* cozy ◊ *mollig warm* warm and cosy
Molotowcocktail Molotov cocktail
Moment¹ *der* moment ◊ *Hast du mal einen Moment Zeit?* Have you got a moment? ◊ *im Moment* at the moment ◊ *Er befürchtete, jeden Moment entdeckt zu werden.* He feared discovery at any moment. ◊ *Im letzten Moment riss er das Steuer herum.* At the last moment he managed to pull the wheel round. ◊ *Im ersten Moment hatte sie ihn nicht erkannt.* She hadn't recognized him for a moment. ◊ *In einem unbeobachteten Moment steckte er die Uhr ein.* When nobody was looking, he pocketed the watch. IDM **einen Moment!, Moment mal!** *(während des Überlegens)* let's see; *(wenn man jdn aufhalten will)* just a moment; *(am Telefon)* one moment, please

Moment² *das* element ◊ *das Moment der Überraschung* the element of surprise ◊ *das auslösende Moment* the trigger
momentan 1 *(augenblicklich)* at the moment, at present ◊ *Momentan habe ich sehr wenig Zeit.* At the moment, I don't have much time. ◊ *die momentan gültige Verordnung* the rule in force at the moment ◊ *seine momentane Verfassung* his present state **2** *(vorübergehend)* momentary ◊ *ein momentanes Schwindelgefühl* a momentary feeling of dizziness
Monarch(in) monarch
Monarchie monarchy*
Monarchist(in) monarchist ☛ G 2.2d
Monat month ◊ *im kommenden Monat* next month ◊ *im vergangenen Monat* last month ◊ *am 1. des Monats* on the 1st of the month ◊ *zweimal im Monat* twice a month ◊ *Sie ist im neunten Monat (schwanger).* She is nine months pregnant. ◊ *Er wurde zu 20 Monaten Haft verurteilt.* He was sentenced to 20 months' imprisonment.
monatelang (lasting) for months ◊ *monatelange Ermittlungen* enquiries lasting for months ◊ *Das Haus steht schon monatelang leer.* The house has been empty for months. ◊ *nach monatelangen Verhandlungen* after months of talks
monatlich monthly ◊ *eine monatliche Gebühr* a monthly fee ◊ *Wir zahlen 500$ monatlich.* We pay $500 a month.
Monats- Monatsanfang beginning of the month **Monatsende** end of the month **Monatsgehalt** monthly salary*; *(für einen Monat)* one month's salary **Monatskarte** monthly season ticket
Mönch monk ☛ G 2.2d
Mond moon ◊ *der abnehmende/zunehmende Mond* the waning/waxing moon ◊ *Der Mond geht auf.* The moon is rising. IDM **hinter dem Mond leben** be out of touch with the real world
mondän smart, fashionable
Mond- Mondfahrt flight to the moon **Mondfinsternis** eclipse of the moon **Mondlandschaft** lunar landscape **Mondlandung** moon landing **Mondschein** moonlight
monieren (etw) ~ complain (about sth) ◊ *Mängel monieren* complain about defects
Monitor monitor ◊ *auf dem Monitor* on the monitor
Mono- Monogamie monogamy **Monographie** monograph
Monolog monologue ◊ *innerer Monolog* interior monologue
Monopol monopoly* ◊ *ein Monopol auf/für etw haben* have the monopoly on sth
monoton monotonous ◊ *Die Arbeit ist sehr monoton.* The work is very monotonous. ◊ *Er las monoton vor.* He read aloud in a monotonous voice.
Monotonie monotony
Monster monster
monströs monstrous; *(hässlich)* horrible; *(riesig auch)* huge ◊ *ein monströses Verbrechen* a monstrous crime ◊ *Die monströse Fabrikhalle steht leer.* That huge factory is empty.
Monstrum 1 *(Ungeheuer)* monster **2** *(Mensch)* brute **3** *(Gebäude etc.)* monstrosity* ◊ *ein Monstrum von einem Einkaufszentrum* a monstrosity of a shopping centre
Monsun monsoon
Monsunregen monsoon rains [Pl] **Monsunzeit** monsoon season
Montag Monday ◊ *Heute ist Montag.* It's Monday today./Today is Monday. ◊ *jeden Montag* every Monday ◊ *letzten/nächsten Montag* last/next Monday ◊ *Montag in einer Woche* a week on Monday ◊ *die Zeitung vom Montag* Monday's newspaper ◊ *Ich habe Montag keine Zeit.* I'm not free on Monday. ◊ *Wir treffen uns Montag.* We are meeting on Monday. ☛ *Im amerikanischen Englisch und in informellen Kontexten auch im britischen Englisch sagt man:* We'll meet Monday.
Montagabend Monday evening ◊ *am Montagabend* on Monday evening **montagabends** every Monday evening, on Monday evenings
Montage 1 *(Einbau)* installation; *(Aufstellen)* erection; *(Zusammenbau)* assembly *(oft mit einem Verb übersetzt)* ◊ *Wie viel kostet die Küche einschließlich Montage?* How much will the kitchen cost inclusive of installation? ◊ *Die Montage des Wartehäuschens dauert nur einen Tag.* The shelter will only take a day to put up. ◊ *Wir mussten monatelang auf die Montage der Türen warten.* We had to wait months

for the doors to be put in. **2** (*im Film, in der Literatur, Kunst*) montage; (*Filmschnitt*) editing **3 auf ~ =** away on a job ◊ *So viel kann er nur auf Montage verdienen.* He can only earn so much by going away on a job.
Montag- Montagmorgen Monday morning ◊ *am Montagmorgen* on Monday morning **Montagnachmittag** Monday afternoon ◊ *am Montagnachmittag* on Monday afternoon **Montagnacht** Monday night ◊ *Montagnacht wurde bei uns eingebrochen.* We were burgled on Monday night.
montags every Monday, on Mondays ◊ *Sie treffen sich montags.* They meet every Monday. ◊ *Der Kurs findet montags statt.* The course is held on Mondays.
Monteur(in) engineer; (*Elektro- auch*) electrician; (*Gas-*) fitter; (*Auto-*) mechanic ☛ G 2.2d
montieren 1 (*zusammenbauen*) assemble **2** (*anbringen*) fix, put* *sth* on; (*Gerüst, Schild*) put* *sth* up; (*Fenster*) put* *sth* in; (*Reifen*) fit*; (*Beleuchtung, sanitäre Einrichtungen*) install
Montur 1 (*Uniform*) uniform **2** (*Kleidung, Ausrüstung*) outfit, gear (*umgs*) IDM **in voller Montur** fully clothed ◊ *Sie sprangen in voller Montur ins Wasser.* They leapt into the water fully clothed.
Monument monument ◊ *ein Monument zu Ehren des Wissenschaftlers* a monument to the scientist ◊ *ein Monument der Dummheit* a monument to stupidity
monumental monumental (*Adv* monumentally); (*beeindruckend*) imposing ◊ *monumentale Architektur* monumental architecture
Moor bog; (*Hoch-*) moor ◊ *im Moor versinken* sink into the bog ◊ *sich im Moor verirren* get lost on the moor
moorig boggy*
Moos 1 moss **2** (*Geld*) cash (*umgs*) ◊ *Hast du Moos?* Have you got any cash? ◊ *Er hat ganz schön Moos.* He's rolling in it.
Moped moped ◊ *Moped fahren* ride a moped ◊ *Sie fährt mit dem Moped zur Schule.* She goes to school on her moped.
Moral 1 morals [Pl]; (*Wertsystem*) morality [U] ◊ *Ethik und Moral* ethics and morals ◊ *die christliche Moral* Christian morality **2** (*Verhalten*) moral standards [Pl] ◊ *Diese Leute haben keine Moral!* These people have no moral standards! ◊ *Er warf ihnen eine doppelte Moral vor.* He accused them of double standards. **3** (*Selbstvertrauen*) morale ◊ *Die Moral im Team ist sehr gut/schlecht.* Morale in the team is very high/low. ◊ *Das Lob hat seine Moral gestärkt.* The praise boosted his morale. **4** (*Lehre*) moral ◊ *die Moral von der Geschichte* the moral of the tale
Moralapostel moralizer ◊ *scheinheilige Moralapostel* hypocritical moralizers ◊ *Ich möchte mich nicht zum Moralapostel aufspielen.* I don't want to moralize.
moralisch moral (*Adv* morally) ◊ *aus moralischen Gründen* on moral grounds ◊ *Ich habe mich moralisch verpflichtet gefühlt, ihr zu helfen.* I felt morally obliged to help her. ◊ *Er braucht moralische Unterstützung.* He is in need of moral support. ◊ *etw moralisch verurteilen* condemn sth on moral grounds
Moralist moralist
Moralpredigt lecture ◊ *Sein Vater hielt ihm eine Moralpredigt.* His father gave him a lecture.
Morast 1 mud **2** (*fig*) quagmire
morbid 1 (*kränklich*) sickly **2** (*dekadent*) decadent
Mord murder, (*AmE auch*) homicide ◊ *Die Polizei hat den Mord an dem jungen Mädchen aufgeklärt.* The police have solved the murder of the young girl. ◊ *Dem Angeklagten wird versuchter Mord vorgeworfen.* The accused is charged with attempted murder. ◊ *einen Mord begehen* commit a murder ◊ *Er sitzt wegen Mordes im Gefängnis.* He is in prison for murder. ◊ *ein Mord aus Habgier* a murder committed out of greed
Mordanschlag attempted murder; (*geglückt*) murder; (*politisch begründet*) assassination attempt; (*geglückt*) assassination ◊ *Auf den Präsidenten sind bereits zwei Mordanschläge verübt worden.* There have been two assassination attempts on the President. ◊ *Der Politiker fiel einem Mordanschlag zum Opfer.* The politician was assassinated.
Morddrohung death threat
morden 1 kill ◊ *Sie zogen plündernd und mordend durch das Land.* They went around plundering and killing. ◊ *Das Morden geht weiter.* The killing goes on. **2** (*ermorden*) murder

Mörder(in) murderer, killer
mörderisch 1 *Adj* murderous ◊ *das mörderische Treiben des Ku-Klux-Klans* the murderous activities of the Ku Klux Klan **2** *Adj* (*Hitze, Verkehr*) terrible; (*Konkurrenz*) intense; (*Tempo*) furious **3** *Adv* terribly (*umgs*) ◊ *mörderisch heiß* terribly hot
Mord- Mordfall murder (case), (*AmE*) homicide (case) ◊ *Der Mordfall konnte nie aufgeklärt werden.* The murder was never solved. **Mordkommission** murder squad, (*AmE*) homicide squad **Mordopfer** murder victim **Mordprozess** murder trial
Mords- Mordsarbeit a lot of work, a hell of a job (*umgs*) ◊ *Es war eine Mordsarbeit, das Haus zu renovieren.* Renovating the house was a hell of a job. **Mordshunger einen ~ haben** be starving **Mordskerl 1** (*kräftig*) hulk of a man, enormous guy (*umgs*) **2** (*anständig*) great guy (*umgs*) **mordsmäßig 1** *Adj* terrific ◊ *Das hat mordsmäßigen Spaß gemacht.* It was terrific fun. **2** *Adv* really, terribly (*umgs*) ◊ *Wir haben uns mordsmäßig gefreut.* We were really pleased. ◊ *Es hat mordsmäßig wehgetan.* It was terribly painful. **Mordsspaß** great fun ◊ *Das war ein Mordsspaß.* It was great fun.
Mord- Mordverdacht unter ~ stehen be suspected of murder **Mordversuch** attempted murder ◊ *der Mordversuch am Gouverneur* the attempted murder of the governor **Mordwaffe** murder weapon
morgen tomorrow ◊ *Morgen gehe ich ins Kino.* I'm going to the cinema tomorrow. ◊ *Morgen ist Montag.* It's Monday tomorrow. ◊ *morgen früh* tomorrow morning ◊ *morgen in einer Woche* a week tomorrow ◊ *morgen um diese Zeit* this time tomorrow ◊ *Bis morgen!* See you tomorrow! ◊ *die Welt von morgen* tomorrow's world ◊ *die Stars von morgen* the stars of the future IDM ⇨ HEUTE
Morgen morning ◊ *jeden Morgen* every morning ◊ *gestern/heute Morgen* yesterday/this morning ◊ *Der Unfall passierte am Morgen.* The accident happened in the morning. ◊ *am nächsten Morgen.* the next morning ◊ *am Morgen der Prüfung* on the morning of the exam ◊ *den ganzen Morgen* all morning ◊ *Guten Morgen!* Good morning! ◊ *Eines Morgens …* One morning … ◊ *vom Morgen bis zum Abend* from morning to evening ◊ *Sie feierten bis in den Morgen.* They were celebrating right through the night. ◊ *Es wird schon Morgen.* Day is breaking.

> Wenn die Adjektive **early** oder **late** vor **morning, afternoon** oder **evening** gebraucht werden, muss die Präposition **in** benutzt werden: *They left in the early morning.* ◊ *The rain stopped in the late afternoon.* Mit anderen Adjektiven wird **on** benutzt. ◊ *I start work on Monday morning.* ◊ *We met on a hot, sunny afternoon in June.* ◊ *I spoke to him on the following evening.*

Morgendämmerung dawn, daybreak ◊ *in der Morgendämmerung* at dawn
morgendlich morning ◊ *der morgendliche Berufsverkehr* the morning rush hour
Morgen- Morgengrauen dawn, daybreak ◊ *im Morgengrauen* at dawn **Morgenmuffel ein ~ sein** be bad-tempered in the early morning
morgens in the morning ◊ *Sie steht morgens immer ganz früh auf.* She always gets up very early in the morning. ◊ *um zehn Uhr morgens* at ten o'clock in the morning ◊ *von morgens bis abends* all day long
morgig(r,s) tomorrow's ◊ *die morgige Folge der Serie* tomorrow's episode of the series ◊ *der morgige Tag* tomorrow
Morphium morphine
morsch (*Holz*) rotten; (*Gebäude, Mauer*) crumbling
Morsealphabet Morse code ◊ *Wie schreibt man SOS im Morsealphabet?* What's SOS in Morse code?
Mörser (MIL, GASTRON) mortar
Mörtel mortar
Mosaik mosaic (*auch fig*)
Mosaikstein mosaic tile; (*fig*) piece of the jigsaw
Moschee mosque
Moschus musk
mosern (**über jdn/etw**) ~ grumble (about sb/sth)
Moskito mosquito*
 Moskitonetz mosquito net
Moslem ⇨ MUSLIM, S. 1111.
Most 1 (*Traubensaft*) must **2** (*Obstwein*) fruit wine

Motel motel
Motiv 1 (*Beweggrund*) motive ◇ *das Motiv der Tat* the motive for the crime ◇ *Als Motiv gab der Täter Geldnot an.* The culprit gave financial problems as the motive. ◇ *Die Tat hatte politische Motive.* It was a politically motivated crime. **2** (*Bild-*) subject ◇ *Motive aus der Natur* subjects from nature ◇ *Das Motiv der Briefmarke ist ein historisches Gebäude.* The stamp has a historic building on it. **3** (*in der Literatur, Musik*) theme, motif
Motivation motivation ◇ *die hohe Motivation der Angestellten* the high level of motivation among the employees ◇ *Diese Reisen sind für ihn eine enorme Motivation.* He is hugely motivated by these trips.
motivieren 1 jdn/sich (zu etw) ~ motivate sb/yourself (to do sth) **2** (*ermutigen*) encourage ◇ *Sie motivierte die Schüler zum Mitmachen.* She encouraged the pupils to join in.
motiviert motivated ◇ *hoch motiviert* highly motivated ◇ *Der Anschlag war politisch motiviert.* The attack was politically motivated.
Motor 1 engine; (*elektrisch*) motor **2** (*fig*) (*treibende Kraft*) driving force
Motorboot motor boat **Motorhaube** bonnet, (*AmE*) hood
motorisiert motorized ◇ *ein motorisiertes Zweirad* a motorized bike ◇ *Mehr als 60% der Schüler sind motorisiert.* More than 60% of pupils have a car.
Motor- Motorleistung engine performance **Motorrad** motorcycle, (*BrE auch*) motorbike ◇ *ein schweres Motorrad* a powerful motorbike ◇ *Er fährt mit dem Motorrad.* He's going by motorbike. **Motorradfahrer(in)** motorcyclist **Motorroller** (motor) scooter **Motorsäge** power saw **Motorschaden** engine trouble [U] ◇ *Er ist mit einem Motorschaden aus dem Rennen ausgeschieden.* He dropped out of the race because of engine trouble. **Motorsport** motor sport
Motte moth ◇ *von Motten zerfressen* moth-eaten **Mottenkugel** mothball
Motto motto*; (*Thema*) theme ◇ *Das Motto des Festes heißt dieses Jahr „Italien".* The festival's theme this year is 'Italy'.
motzen (**über etw**) ~ beef (about sth) (*umgs*), bellyache (about sth) (*umgs*)
Mountainbike mountain bike
Mountainbiker(in) mountain biker
Möwe seagull
Mücke gnat, midge; (*größer*) mosquito* ◇ *Mich hat eine Mücke gestochen.* I've got a gnat bite. **IDM aus einer Mücke einen Elefanten machen** make* a mountain out of a molehill
Mucken (**seine**) ~ **haben** have your little ways ◇ *Jeder hat so seine Mucken.* We all have our little ways. ◇ *Mein Auto hat so einige Mucken.* My car's a bit temperamental.
Mückenstich gnat bite, mosquito bite
Mucks sound ◇ *Ich will keinen Mucks mehr von euch hören!* I don't want to hear another sound out of you! ◇ *Der Anlasser machte keinen Mucks mehr.* I couldn't get a peep out of the starter. ◇ *Er saß da, ohne einen Mucks von sich zu geben.* He sat there without a murmur.
mucksmäuschenstill as quiet as a mouse ◇ *Die Kinder waren mucksmäuschenstill.* The children were as quiet as mice. ◇ *Es war mucksmäuschenstill.* You could have heard a pin drop.
müde tired ◇ *Ich bin müde von der Arbeit.* I'm tired after work. ◇ *Sie lag müde auf dem Sofa.* She lay on the sofa feeling tired. ◇ *Er kam müde von der Schule.* He was tired when he got home from school. ◇ *Sie sind müde vom Wandern.* Walking has tired them out. ◇ *Hitze macht müde.* Heat is tiring. ◇ *die müden Wanderer* the weary hikers ◇ *Er lächelte müde.* He gave a weary smile. ◇ *Ich bin zum Umfallen müde.* I'm ready to drop. **IDM** ⇨ LÄCHELN *und* MARK[1]
Müdigkeit tiredness ◇ *von Müdigkeit übermannt* overcome by tiredness ◇ *Sie konnte vor Müdigkeit kaum die Augen offen halten.* She was so tired she could hardly keep her eyes open. ◇ *Ich falle vor Müdigkeit fast um.* I'm so tired I could drop. ◇ *Er leidet an chronischer Müdigkeit.* He suffers from chronic fatigue.
muffelig, muffig 1 (*unfreundlich*) grumpy* **2** (*Geruch*) musty*
Mühe 1 trouble, effort ◇ *Hat sich die Mühe gelohnt?* Was it worth the trouble? ◇ *mit viel Mühe* with a lot of effort ◇ *Die Mühe kannst du dir sparen.* I wouldn't bother if I were you.

◇ *Das Gehen macht mir noch Mühe.* I'm still finding walking difficult. **2** ~ **haben etw zu tun** have trouble doing sth **3 sich ~ geben** make* an effort ◇ *Sie hat sich überhaupt keine Mühe gegeben.* She didn't make any effort at all. ◇ *Gib dir doch ein wenig Mühe!* Put a bit of effort into it! ◇ *Er hat sich große Mühe gegeben.* He went to a lot of trouble. ◇ *Sie hat sich keine große Mühe gegeben.* She didn't go to any great trouble. ◇ *Er gab sich Mühe nicht zu lachen.* He was trying not to laugh. **4 sich ~ machen** go* to a lot of trouble ◇ *Ihr habt euch wirklich viel Mühe gemacht.* You've really gone to a lot of trouble. ◇ *Machen Sie sich bitte wegen mir keine Mühe!* Please don't go to any trouble on my account! **5 sich die ~ machen etw zu tun** go* to the trouble of doing sth, bother to do sth ◇ *Er hat sich noch nicht einmal die Mühe gemacht anzurufen.* He didn't even bother to ring. **IDM mit Müh und Not** with great difficulty **nur mit Mühe** only just ◇ *Er konnte das Schild nur mit Mühe lesen.* He could only just read the sign.
mühelos effortless (*Adv* effortlessly)
mühevoll laborious ◇ *die mühevolle Arbeit im Garten* the laborious work in the garden ◇ *Sie hatten das Fest in mühevoller Arbeit vorbereitet.* They had gone to a lot of trouble preparing for the party. ◇ *ein mühevoll erkämpfter Sieg* a hard-fought victory
Mühle 1 mill; (*Kaffee-*) (coffee) grinder **2** (*fig*) wheel ◇ *die Mühlen der Bürokratie/Justiz/Verwaltung* the wheels of bureaucracy/justice/administration **3** (*Spiel*) nine men's morris **4** (*Auto*) (old) banger (*umgs*), (*AmE*) beater (*umgs*)
mühsam laborious (*Adv* laboriously); (*anstrengend*) arduous, hard ◇ *ein mühsam ausgehandelter Kompromiss* a laboriously worked-out compromise ◇ *Der mühsame Aufstieg blieb uns erspart.* We were saved the arduous climb. ◇ *nach jahrelang mühsamer Arbeit* after years of hard work ◇ *ein mühsam erkämpfter Sieg/ein mühsamer Sieg* a hard-fought victory ◇ *Die Polizei löste den Fall in mühsamer Kleinarbeit.* The police solved the case with painstaking attention to detail. ◇ *Sie konnte sich nur mühsam beherrschen.* She had difficulty controlling herself. ◇ *Er lächelte mühsam.* He made an effort to smile.
Mulatte, Mulattin mulatto* (*beleidigend*)
Mulde hollow
Muli mule
Müll 1 rubbish, refuse (*gehoben*), (*bes AmE*) garbage ◇ *Müll trennen* separate rubbish ◇ *radioaktiver Müll* radioactive waste **2** (*Mülleimer etc.*) (rubbish) bin, (*AmE*) trash (can) ◇ *etw in/auf den Müll werfen* throw sth away ◇ *Chemikalien gehören nicht in den Müll.* Chemicals shouldn't be put in the rubbish bin.
Müllabfuhr 1 (*das Abholen*) refuse collection, (*AmE*) garbage collection **2** (*Arbeiter*) dustmen [Pl], refuse collectors [Pl] (*gehoben*), (*AmE*) garbage men [Pl] ◇ *Die Müllabfuhr kommt erst morgen.* The dustmen aren't coming until tomorrow. ◇ *Er arbeitet bei der Müllabfuhr.* He works as a dustman. **Müllbeutel** rubbish bag, (*AmE*) garbage bag **Müllberg** rubbish heap, (*AmE*) garbage heap; (*fig*) rubbish mountain, (*AmE*) garbage mountain ◇ *Der europäische Müllberg wächst.* The European rubbish mountain is getting bigger. **Müllbeseitigung** refuse disposal
Mullbinde gauze dressing
Müll- Mülldeponie (rubbish) dump, (rubbish) tip; (*in der Amtssprache*) waste disposal site, (*AmE*) garbage dump **Mülleimer** rubbish bin, (*AmE*) trash can
Müller miller ☛ G 2.2d
Müll- Müllkippe ⇨ MÜLLDEPONIE **Müllsack** rubbish bag, (*AmE*) garbage bag **Müllschlucker** rubbish chute, (*AmE*) garbage chute **Mülltonne** dustbin, (*AmE*) garbage can, trash can **Mülltrennung** separating rubbish **Müllverbrennungsanlage** incineration plant **Müllvermeidung** waste reduction **Müllverwertung** recycling **Müllwagen** dustcart, (*AmE*) garbage truck
mulmig jdm wird es ~ sb feels* uneasy; (*übel*) sb feels* queasy
Multi multinational
multi- multikulturell multicultural **multilateral** multilateral (*Adv* multilaterally) **Multimedia** multimedia **Multimillionär(in)** multimillionaire ◇ *Sie ist Multimillionärin.* She's a multimillionaire. **multinational** multinational (*Adv* multinationally) ◇ *eine multinational tätige Organisation* a multinational organization
Multiple Sklerose multiple sclerosis (*Abk* MS)

Multiplikation multiplication
Multiplikator (*Zahl*) multiplier
multiplizieren (**etw mit etw**) ~ multiply* (sth by sth)
Multitalent man*/woman* of many talents
Mumie mummy*
mumifizieren mummify*
Mumm 1 (*Mut*) guts [Pl] (*umgs*) ◊ *den Mumm haben etw zu tun* have the guts to do sth **2** (*Kraft*) energy
Mumps mumps [U]
Mund mouth ◊ *mit vollem Mund sprechen* talk with your mouth full ◊ *ein Mund voll Suppe* a mouthful of soup ◊ *seinen/den Mund verziehen* pull a face ▨ **aus dem Mund riechen** have bad breath **etw aus jds (eigenem) Mund hören** hear* sth straight from the horse's mouth (*umgs*) **den Mund aufmachen** say* something ◊ *Niemand traute sich, den Mund aufzumachen.* No one dared say anything. **den Mund halten** keep* your mouth shut (*umgs*); (*aufhören zu reden*) shut* up (*umgs*) ◊ *Auf ihn ist Verlass, der hält seinen Mund.* You can trust him to keep his mouth shut. ◊ *Halt den Mund!* Shut up! **den Mund nicht aufbekommen/aufkriegen** not say anything ◊ *In Gegenwart des Chefs bekommt sie den Mund nicht auf.* She never says anything when the boss is around. **jdm den Mund verbieten** silence sb **jdm den Mund wässrig machen** make* sb's mouth water; (*fig*) whet* sb's appetite ◊ *Hör auf, mir von dem Essen vorzuschwärmen, du machst mir den Mund wässrig.* Stop going on about the food — you're making my mouth water. ◊ *Der Prospekt hat mir den Mund richtig wässrig gemacht.* The brochure really whetted my appetite. **den Mund zu voll nehmen** promise more than you can deliver **einen großen Mund haben** have a big mouth (*umgs*) **jdm etw in den Mund legen 1** (*jdm etw zuschreiben*) put* words in sb's mouth (*umgs*) **2** (*jdn etw sagen lassen*) tell* sb what to say ◊ *Er hat mir die Antwort förmlich in den Mund gelegt.* He told me exactly what to answer. **etw in den Mund nehmen 1** put* sth in your mouth ◊ *Kinder nehmen immer alles in den Mund.* Children always put everything in their mouths. **2** (*Wort etc.*) use sth ◊ *Das Wort „Rezession" wollte er nicht in den Mund nehmen.* He didn't want to use the word 'recession'. **etw/jd ist in aller Munde** everybody is talking about sth/sb; (*Schlagwort, Name*) sth is on everybody's lips **jdm nach dem Mund reden** say* what sb wants to hear **nicht auf den Mund gefallen sein** never be at a loss for words **sich den Mund fransig/fusselig reden** talk until you are blue in the face (*umgs*) **sich den Mund verbrennen** say* too much **jdm über den Mund fahren** interrupt sb ☛ *Siehe auch* BLATT, HAND, HONIG, WASSER *und* WORT
Mundart dialect
Mündel ward
münden in etw ~ 1 (*Fluss*) flow into sth ◊ *Der Nil mündet ins Mittelmeer.* The Nile flows into the Mediterranean. **2** (*Straße etc.*) lead* to sth (*auch fig*) ◊ *Der Radweg mündet in die Hauptstraße.* The cycle track leads to the main road. ◊ *Ihr Gespräch mündete in einen Streit.* Their conversation led to an argument.
Mund- Mundgeruch bad breath **Mundharmonika** mouth organ ◊ *Mundharmonika spielen* play the mouth organ
mündig 1 (*volljährig*) of age (*nicht vor Nomen*) ◊ *mündig werden* come of age ◊ *Sie ist noch nicht mündig.* She hasn't come of age yet. **2** (*Bürger etc.*) responsible
mündlich verbal (*Adv* verbally); (*Prüfung, Leistung, Mitarbeit, Überlieferung*) oral (*Adv* orally) ◊ *eine mündliche Zusage* verbal confirmation ◊ *Die Märchen sind mündlich überliefert worden.* The fairy stories have been passed on orally. ◊ *Alles Weitere mündlich!* I'll tell you the rest when I see you!
Mund- Mundpropaganda word of mouth [U] ◊ *Neue Mitglieder kommen vor allem durch Mundpropaganda dazu.* New members are recruited mainly by word of mouth. **Mundstück 1** mouthpiece **2** (*am Zaumzeug*) bit
mundtot jdn ~ machen silence sb
Mündung 1 (*Fluss-*) (river) mouth; (*breiter*) estuary*; (*Zusammenfluss*) confluence ◊ *die Mündung der Elbe* the mouth of the Elbe ◊ *die Mündung der Elbe in die Nordsee* the place where the Elbe flows into the North Sea **2** (*Straßen-*) junction **3** (*Gewehr-*) muzzle
Mund- Mundwasser mouthwash **Mundwerk** ◊ *ein loses/lockeres/großes Mundwerk haben* have a big mouth ◊ *ein böses Mundwerk haben* have a sharp tongue ◊ *ein freches Mundwerk haben* be cheeky **Mundwinkel** corner of your mouth **Mund-zu-Mund-Beatmung** mouth-to-mouth resuscitation [U]
Munition ammunition [U] (*auch fig*) ◊ *Das diente seinen Kritikern als Munition.* That gave his critics ammunition against him.
Munitionsdepot ammunition dump **Munitionsfabrik** munitions factory*
munkeln man munkelt …; es wird gemunkelt … it is rumoured …, (*AmE*) it is rumored … ◊ *Man munkelt, dass es Selbstmord war.* It is rumoured that it was suicide. ◊ *Es wird so allerlei gemunkelt.* There are all sorts of rumours.
Münster minster; (*Dom*) cathedral
munter 1 (*gesund, lebhaft*) lively*; (*fröhlich*) cheerful (*Adv* cheerfully) ◊ *ein munteres Kind* a lively child ◊ *Er pfiff munter vor sich hin.* He whistled to himself cheerfully. ◊ *Die Kinder spielten munter im Garten.* The children were playing happily in the garden. ◊ *gesund und munter* fit and well **2** (*wach*) awake (*nicht vor Nomen*) ◊ *Die Kinder waren schon um 6 Uhr munter.* The children were wide awake at 6. ◊ *Er wird immer erst mittags munter.* He isn't really awake till afternoon. ◊ *Eine Tasse Kaffee macht mich immer munter.* A cup of coffee always wakes me up. **3** (*unbekümmert*) regardless ◊ *munter weitermachen* carry on regardless **Muntermacher** stimulant, pick-me-up (*umgs*)
Münze coin ◊ *eine Münze werfen* toss a coin ▨ **etw für bare Münze nehmen** take* sth at face value ◊ *Man kann nicht alles, was er sagt, für bare Münze nehmen.* You can't take everything he says at face value. **etw in klingende Münze verwandeln/umsetzen** cash in on sth **jdm etw mit gleicher Münze heimzahlen** pay* sb back ◊ *Sie hat ihm diese Gemeinheit mit gleicher Münze heimgezahlt.* She paid him back for his nastiness.
mürbe 1 crumbly; (*Obst*) soft; (*Fleisch*) tender **2** **jdn ~ machen** wear* sb down; **~ werden** crack ◊ *Er ist schließlich doch mürbe geworden und hat gestanden.* Eventually he cracked and confessed.
Mürbeteig shortcrust pastry [U]
Murmel marble ◊ (*mit*) *Murmeln spielen* play marbles
murmeln 1 mumble ◊ *etw vor sich hin murmeln* mumble sth to yourself **2** (*Bach etc.*) murmur
Murmeltier marmot ▨ **wie ein Murmeltier schlafen** sleep* like a log
murren (**über etw**) ~ grumble (about sth) ◊ *Sie murrt dauernd über das Essen.* She's always grumbling about the food. ◊ *etw ohne Murren hinnehmen* accept sth without a murmur
mürrisch sullen; (*stärker*) surly* ◊ *Sie macht immer so ein mürrisches Gesicht.* She always looks so sullen. ◊ *ein mürrischer Kellner* a surly waiter
Mus purée
Muschel 1 (*Tier*) mussel **2** (*Schale*) shell **3** (*Hör-*) earpiece; (*Sprech-*) mouthpiece
Muse 1 muse; (*Inspiration*) inspiration **2 die leichte ~** light entertainment [U]
Museum museum ◊ *Wir könnten ins Museum gehen.* We could go to a museum. ◊ *das Museum für zeitgenössische Kunst* the museum of contemporary art
Musical musical
Musik 1 music [U] ◊ *Musik hören* listen to music ◊ *Er liebt die Musik.* He loves music. ◊ *die Musik zu dem Film* the music to the film **2** (*Kapelle*) band ☛ G 1.3b
musikalisch musical (*Adv* musically) ◊ *Sie ist sehr musikalisch.* She is very musical. ◊ *Die musikalische Leitung hat Max Hundt.* The musical director is Max Hundt. ◊ *eine musikalische Begabung* a gift for music ◊ *sich musikalisch ausdrücken* express yourself in music
Musikant(in) musician ☛ G 2.2d
Musiker(in) musician ☛ G 2.2d
Musik- Musikfreund(in) music lover **Musikgruppe** (music) group ☛ G 1.3b **Musikhochschule** college of music **Musikinstrument** musical instrument **Musikkapelle** band ☛ G 1.3b **Musikschule** music school

> Private oder städtische Musikschulen gibt es in Großbritannien kaum. Kinder, die ein Instrument lernen wollen, nehmen Privatstunden bei Musiklehrern: *Sie geht freitags zur Musikschule.* She goes to music lessons on Fridays.

Musikstück piece of music **Musikstunde** music lesson **Musikunterricht** music lessons [Pl]
musisch (*künstlerisch*) artistic (*Adv* artistically) ◊ *ein musischer Mensch* an artistic person ◊ *ein musisches Gymnasium* a school specializing in the arts ◊ *der musische Bereich* the arts
musizieren make* music
Muskat(nuss) nutmeg
Muskel muscle ◊ *sich einen Muskel zerren* pull a muscle ◊ *Er hat Muskeln!* He's very muscular! IDM *seine Muskeln spielen lassen* flex your muscles
Muskelkater aching muscles [Pl] ◊ *Ich habe Muskelkater in den Oberschenkeln.* My thigh muscles ache. ◊ *Ich habe Muskelkater.* I'm aching all over. **Muskelriss** torn muscle **Muskelzerrung** pulled muscle
Muskulatur muscles [Pl]
muskulös muscular
Müsli muesli
Muslim, Muslime, Muslimin Muslim
muslimisch Muslim
Muss must (*umgs*) ◊ *Englisch ist ein absolutes Muss.* English is an absolute must.
Muße leisure; (*Zeit*) (free) time ◊ *Er fand endlich Zeit und Muße, seinen Hobbys nachzugehen.* He finally found time and leisure to pursue his hobbies. ◊ *Zum Malen fehlt mir einfach die Muße.* I just don't have the time to paint. ◊ *Sonntags frühstücken wir in aller Muße.* On Sundays we have a leisurely breakfast.
müssen¹ *Modalvb* ☞ G 10
müssen² *Verb* **1** (*fahren, gehen etc.*) have to go ◊ *Ich muss in die Stadt.* I have to go into town. **2** (**etw**) ~ have to (do sth) ◊ *Du musst.* You have to. ◊ *Er führt kein Weg drum herum.* You have to. You just can't avoid it. ◊ *Ich muss mal.* I have to go to the loo.
müßig 1 *Adv* ◊ *müßig herumsitzen/-stehen* sit/stand around doing nothing **2** *Adj* (*überflüssig*) futile ◊ *eine müßige Frage* a futile question ◊ *Es ist müßig, darüber zu reden.* There's no point discussing it.
Müßiggang idleness
Muster 1 pattern ◊ *ein auffälliges Muster* a bold pattern ◊ *Die Feier läuft jedes Jahr nach dem gleichen Muster ab.* The celebrations follow the same pattern every year. ◊ *ein Kleid nach einem Muster nähen* make a dress from a pattern **2** (*Vorbild, Vorlage*) model ◊ *als Muster dienen* serve as a model ◊ *Das Muster einer guten Mutter* a model mother ◊ *ein Muster an Tugend* a paragon of virtue **3** (*Probe*) sample
Musterbeispiel classic example ◊ *ein Musterbeispiel für eine gute Werbung* a classic example of good advertising **mustergültig** exemplary ◊ *Er hat die Aufgabe mustergültig erfüllt.* The way he carried out the task was exemplary. **mustern 1** eye ◊ *Sie musterte ihn neugierig.* She eyed him curiously. ◊ *jdn von oben bis unten mustern* look sb up and down **2** *jdn ~* (*Wehrpflichtige*) give* sb a medical
Musterung 1 scrutiny **2** (MIL) medical
Mut 1 courage ◊ *Ich nahm all meinen Mut zusammen und sprach sie an.* I plucked up my courage and went over and spoke to her. ◊ *Er trank sich Mut an.* He had a couple of drinks to give him Dutch courage. **2** (*Zuversicht*) heart ◊ *Das gab mir neuen Mut.* This gave me new heart. ◊ *aus etw Mut schöpfen* take heart from sth ◊ *den Mut verlieren* lose heart ◊ *Sie fassten wieder Mut.* They took new heart. **3** *frohen/guten Mutes* in good spirits; (*zuversichtlich*) optimistic IDM **Mut zum Risiko** willingness to take risks **Nur Mut!** Go for it! **sich Mut antrinken** give* yourself Dutch courage
Mutation mutation
mutieren mutate
mutig brave (*Adv* bravely), courageous (*Adv* courageously) ◊ *Du bist vom obersten Brett gesprungen? Mutig, mutig!* You jumped off the top board? That was brave! ◊ *eine mutige Antwort* a courageous answer

„Mutig" wird mit **brave** übersetzt, wenn es darum geht, dass jemand (oft in gefährlichen Situationen) Tapferkeit beweist bzw. etwas tapfer durchsteht. **Courageous** wird benutzt, wenn es sich um (moralische) Entscheidungen etc. handelt, in denen man Mut beweist.

mutlos (*niedergeschlagen*) despondent; (*ohne Mut*) lacking courage (*nicht vor Nomen*)

mutmaßen (*vermuten*) presume; (*annehmen*) assume ◊ *Man mutmaßt, dass er ermordet wurde.* He is presumed to have been murdered. ◊ *Die Polizei mutmaßt, dass sie ins Ausland geflohen ist.* The police assume that she has gone abroad. ◊ *Es wurde viel darüber gemutmaßt.* There was a lot of speculation about it.
mutmaßlich suspected ◊ *die mutmaßlichen Entführer* the suspected kidnappers ◊ *der mutmaßliche Täter* the suspect ◊ *die mutmaßliche Zahl der Toten* the probable death toll ◊ *der mutmaßlich von Rebellen entführte Tourist* the tourist who is presumed to have been captured by rebels ◊ *Das Virus wurde mutmaßlich über Blutkonserven übertragen.* The virus is assumed to have spread via blood products.
Mutprobe test of courage
Mutter¹ mother ◊ *Sie ist Mutter von vier Kindern.* She is a mother of four. ◊ *eine allein erziehende Mutter* a single mother ◊ *seine leibliche Mutter* his natural mother ◊ *werdende Mütter* expectant mothers ◊ *die Mutter Erde/Natur* Mother Earth/Nature ◊ *Sie wird bald Mutter.* She is expecting a baby soon.
Mutter² (*Schrauben-*) nut ◊ *eine Mutter anziehen* tighten a nut
Mütterberatung (*Beratungsstelle*) baby clinic, (*AmE*) maternity center
Mutterboden topsoil
Mütterchen little old lady*
Mutter- Muttergesellschaft (WIRTSCH) parent company **Muttergottes** Virgin Mary; (*Abbild*) madonna **Mutterinstinkt** maternal instinct
mütterlich 1 maternal ◊ *mütterliche Gene* maternal genes **2** (*fürsorglich*) motherly ◊ *Sie ist ein sehr mütterlicher Typ.* She's very motherly.
mütterlicherseits on my, her, etc. mother's side (*nicht vor Nomen*); (*Großeltern, Onkel, Tante auch*) maternal (*nicht vor Nomen*) ◊ *ein Cousin mütterlicherseits* a cousin on my mother's side ◊ *mein Opa mütterlicherseits* my maternal grandfather
Mutter- Mutterliebe maternal love **Muttermal** mole **Muttermilch** breast milk **Mutterschaft** motherhood **Mutterschaftsurlaub** maternity leave ◊ *in Mutterschaftsurlaub gehen* take maternity leave ◊ *im Mutterschaftsurlaub sein* be on maternity leave **Mutterschutz** statutory maternity leave
mutterseelenallein all alone
Mutter- Muttersöhnchen mother's boy **Muttersprache** mother tongue, first language ◊ *Ihre Muttersprache ist Englisch.* Their mother tongue is English. ◊ *Studenten, deren Muttersprache Walisisch ist* students whose first language is Welsh **Muttersprachler(in)** native speaker ◊ *italienische Muttersprachler* native speakers of Italian **Muttertag** Mother's Day ◊ *der Mutter zum Muttertag Blumen schenken* give your mother flowers for Mother's Day ☞ *In Großbritannien wird Muttertag im März gefeiert.*
Mutti mum, (*AmE*) mom

Im amerikanischen Englisch wird auch **mama** oder **mamma** verwendet. Im britischen Englisch sind diese Bezeichnungen jedoch veraltet. Kleinere Kinder benutzen häufig auch **mummy** (*BrE*) oder **mommy** (*AmE*).

mutwillig 1 *Adj* wilful ◊ *mutwillige Zerstörung* wilful damage **2** *Adv* deliberately ◊ *mutwillig falsche Angaben machen* deliberately give false information ◊ *sich mutwillig in Gefahr begeben* knowingly put yourself in danger ◊ *etw mutwillig beschädigen* vandalize sth
Mütze cap; (*Woll-*) hat
mysteriös mysterious
mystisch 1 mystical ◊ *eine mystische Zahl* a mystical number **2** (*rätselhaft*) mysterious ◊ *ein mystisch klingender Titel* a mysterious sounding title
mythisch mythical
Mythologie mythology* ◊ *die griechische Mythologie* Greek mythology
mythologisch mythological
Mythos 1 myth ◊ *der Mythos der Medea* the myth of Medea ◊ *Die deutsche Pünktlichkeit ist nur ein Mythos.* German punctuality is a myth. **2** (*Mensch*) legend ◊ *Er wurde zum Mythos.* He became a legend. ◊ *der Mythos James Dean* the legendary James Dean

Nn

N, n N, n ➙ *Beispiele bei* A, A, S. 773.
na well, so ◇ *Na, so was!* Well, I never! ◇ *Na, wie geht's dir?* So, how are you? ◇ *Na und?* So what?

> **Na** wird je nach Zusammenhang unterschiedlich oder auch gar nicht übersetzt: *Na gut!* All right then. ◇ *Na warte!* Just you wait! ◇ *Na klar!* Of course! ◇ *Na, na, na!* Now, now. ◇ *Na ja, warum nicht.* OK, why not? ◇ *Na also!* There you are!

Nabel navel IDM **der Nabel der Welt** the hub of the universe ◇ *Diese Stadt ist nicht gerade der Nabel der Welt.* This town is not exactly the hub of the universe. ◇ *Er hält sich für den Nabel der Welt.* He thinks the world revolves round him.
Nabelschnur umbilical cord
nach 1 (*in eine Richtung, zu einem Ort*) to ◇ *Wir fliegen nach Peru.* We are flying to Peru. ◇ *Dieser Bus fährt nach Frankfurt.* This bus goes to Frankfurt. ◇ *Der Pfeil zeigt nach links.* The arrow points to the left. ➙ *Im Englischen braucht man nicht immer eine Präposition: Ich gehe nach Hause.* I'm going home. ◇ *Sie ging nach oben.* She went upstairs. ◇ *Geht nach draußen!* Go outside! ◇ *Er fährt nach Süden.* He is going south. ◇ *Sie blickte nach unten.* She looked down. ◇ *Ich machte einen Schritt nach vorn.* I took a step forward. ➙ *Siehe auch* AUSSEN **2** (*zeitlich, in Reihenfolgen*) after ◇ *nach einer Stunde* after an hour ◇ *nach Ostern* after Easter ◇ *nach dem Mittagessen* after lunch ◇ *Du bist nach ihm dran.* It's your turn after him. ◇ *einer nach dem anderen* one after another ◇ *Ihm nach!* Go after him! ◇ *Bitte, nach Ihnen!* After you! ◇ *im zweiten Jahrhundert nach Christus* in the second century AD ◇ *nach wenigen Tagen* a few days later **3** (*Uhrzeit*) past ◇ *Es ist zehn nach vier.* It's ten past four. **4** (*laut*) according to ◇ *Nach Auskunft der Regierung besteht keine Gefahr.* According to government information, there is no danger. ◇ *nach Angaben der Polizei* according to the police ◇ *Nach dem, was in der Zeitung stand* ... According to what was in the paper ... ◇ *nach internationalem Recht* according to international law **5** (*gemäß, zufolge*) by ◇ *Sie sortierte die Bücher nach der Größe.* She arranged the books by size. ◇ *nach diesen Gesichtspunkten* by these criteria ◇ *Er kennt sie nur dem Namen nach.* He only knows her by name. ◇ *nach Absprache* by arrangement ◇ *wenn es nach mir ginge* if it was up to me ◇ *Ihrem Dialekt nach kommt sie aus Franken.* Judging by her dialect she comes from Franconia. IDM **nach und nach** gradually **nach wie vor** still ➙ *Für andere Ausdrücke mit* **nach** *siehe die Einträge für die entsprechenden Nomina etc.* **Nach Wunsch** z.B. steht unter **Wunsch**.
nachäffen mimic*
nachahmen imitate ◇ *Er ahmte ihren Akzent nach.* He imitated her accent.
nachahmenswert ◇ *ein nachahmenswertes Modell* a model for others to follow ◇ *nachahmenswerte Beispiele* examples that others could follow ◇ *eine nachahmenswerte Aktion* a campaign that could serve as a model
Nachahmung imitation; (*Kopie*) copy* ◇ *Kinder lernen durch Nachahmung.* Children learn by imitation. ◇ *Das Modell soll zur Nachahmung anregen.* People should be encouraged to copy the idea.
nacharbeiten (*Arbeitszeit*) make* *sth* up ◇ *Er muss den Tag nacharbeiten.* He's got to make up the day he missed.
Nachbar(in) neighbour, (*AmE*) neighbor
Nachbarhaus house next door **Nachbarland** neighbouring country*, (*AmE*) neighboring country* **Nachbarort** neighbouring village/town, (*AmE*) neighboring village/town
Nachbarschaft 1 (*alle Nachbarn*) all the neighbours (*AmE*) all the neighbors [Pl] ◇ *Die ganze Nachbarschaft spricht darüber.* All the neighbours are talking about it. **2** (*Beziehung zu Nachbarn*) relations [Pl] ◇ *gute Nachbarschaft* good relations **3** (*Gegend*) neighbourhood, (*AmE*) neighborhood; (*Nähe*) vicinity ◇ *Sie wollen verhindern, dass in ihrer Nachbarschaft eine Mobilfunkantenne errichtet wird.* They want to stop the erection of a mobile phone mast in their neighbourhood. ◇ *in unmittelbarer Nachbarschaft der Schule* in the immediate vicinity of the school
nachbarschaftlich neighbourly, (*AmE*) neighborly ◇ *ein sehr gutes nachbarschaftliches Verhältnis* an excellent neighbourly relationship ◇ *die nachbarschaftliche Zusammenarbeit der beiden Regionen* the cooperation between the two neighbouring regions
Nachbarschaftshilfe 1 (*gegenseitiges Helfen*) (*meist mit einem Verb übersetzt*) ◇ *In Dörfern klappt die Nachbarschaftshilfe meist besser als in der Stadt.* In villages people usually help their neighbours more than in town. **2** (*Organisation*) = organization offering services within the community
nachbauen reproduce
Nachbeben aftershock
Nachbehandlung follow-up treatment
nachbestellen order more of *sth* ◇ *Sie bestellte zwei Teller zum Teeservice nach.* She ordered two more plates for the tea service. ◇ *Fotos nachbestellen* order extra prints
nachbilden reproduce
Nachbildung reproduction
nachblicken ⇨ NACHSEHEN (1)
nachdem 1 after ◇ *Nachdem sie gegangen war, rief er mich an.* After she'd gone, he rang me. **2** (*da, weil*) now that ◇ *Nachdem der Firmensitz nach Berlin verlegt wurde, soll das Lager jetzt auch dorthin ziehen.* Now that the firm's headquarters has been transferred to Berlin, the warehouse is also to move there.
nachdenken (**über etw/jdn**) ~ think* (about sth/sb) ◇ *Sie möchte erst darüber nachdenken.* She'd like to think about it first. ◇ *Denk bitte genau/scharf nach.* Please think carefully. ◇ *nach längerem Nachdenken* after lengthy consideration
nachdenklich 1 (*in Gedanken versunken*) thoughtful (*Adv*) thoughtfully), pensive (*Adv* pensively) ◇ *Er machte ein nachdenkliches Gesicht.* He looked thoughtful. ◇ *ein nachdenklicher Blick* a pensive expression ◇ *Seine Worte stimmten sie nachdenklich.* His words set her thinking. **2** (*Mensch*) serious **3** (*Worte etc.*) thought-provoking
Nachdruck[1] ◇ *etw mit Nachdruck sagen* say sth emphatically ◇ *Er setzt sich mit Nachdruck für die Abschaffung von Tierversuchen ein.* He is campaigning vigorously for the abolition of animal experiments. ◇ *Sie hatte mit Nachdruck darauf hingewiesen, dass* ... She had stressed that ... ◇ *Um ihren Worten Nachdruck zu verleihen,* ... To emphasize what she was saying, ... ➙ *Hinweis bei* EMPHASIZE
Nachdruck[2] (*Buch*) reprint; (*das Nachdrucken*) reprinting
nachdrücklich emphatic (*Adv* emphatically); (*Bitte, Forderung*) urgent (*Adv* urgently); (*Warnung*) stern ◇ *Er lehnte den Vorschlag nachdrücklich ab.* He emphatically rejected the suggestion. ◇ *Wir fordern nachdrücklich den Ausstieg aus der Atomenergie.* We are urgently calling for nuclear energy to be abandoned. ◇ *Die Polizei warnte nachdrücklich vor Alkohol am Steuer.* The police issued a stern warning against drinking and driving. ◇ *Wir haben unsere Kunden nachdrücklich auf die Risiken hingewiesen.* We made a point of warning our customers of the risks.
nacheifern jdn ~ try* to emulate sb
nacheinander one after the other ◇ *Sie sah sich nacheinander zwei Filme an.* She watched two films one after the other. ◇ *zwei Nächte nacheinander* two nights in a row ◇ *Sie wurden kurz nacheinander festgenommen.* They were arrested in quick succession. ➙ *Siehe auch* EINANDER

nachempfinden understand* ◊ *Ich kann dir wirklich nachempfinden, wie das gewesen sein muss.* I can understand what you must have gone through.

nacherzählen retell*

Nacherzählung retelling of a story ◊ *Wir mussten eine Nacherzählung der Geschichte schreiben.* We had to retell the story in our own words.

Nachfahr descendant

Nachfolge (*oft mit einem Verb übersetzt*) ◊ *Er trat die Nachfolge des Geschäftsführers an.* He succeeded the managing director. ◊ *Sie wird jetzt die Nachfolge übernehmen.* She will take over now.

nachfolgend following ◊ *die nachfolgenden Sendungen* the following programmes ◊ *nachfolgend aufgeführte Studiengänge* the following courses ◊ *Der Film soll nachfolgende Generationen mahnen.* The film should serve as a warning to future generations. ◊ *der Fahrer des nachfolgenden Wagens* the driver of the car behind ◊ *Die wichtigsten Punkte werden nachfolgend erläutert.* The key points are explained below.

Nachfolger(in) successor ◊ *Sie wurde zur Nachfolgerin des Verkaufsleiters ernannt.* She was appointed as successor to the sales director.

nachforschen investigate ◊ *Ich habe der Sache nachgeforscht.* I have investigated the matter.

Nachforschungen investigations [Pl]; (*der Polizei auch*) enquiries [Pl] ◊ *Die Polizei stellte intensive Nachforschungen an.* The police made thorough enquiries.

Nachfrage 1 ~ (**nach etw**) demand (for sth) ◊ *Es bestand eine rege Nachfrage.* There was high demand. ◊ *die Nachfrage decken* meet the demand **2** (*Erkundigung*) enquiry* ◊ *telefonische Nachfragen bei den Firmen* telephone enquiries to the companies ◊ *Auf meine Nachfrage, ob …* When I enquired whether … ◊ *Auf Nachfrage wurden den Journalisten weitere Einzelheiten mitgeteilt.* When the journalists asked, they were given further details.

nachfragen ask, enquire (*gehoben*) ◊ *Er fragte bei der Botschaft wegen seines Visums nach.* He asked about his visa at the embassy. ◊ *Ich hab nicht weiter nachgefragt.* I didn't enquire further. ◊ *Sie lässt nachfragen, ob …* She wants to know whether …

nachfühlen ⇨ NACHEMPFINDEN

nachfüllbar refillable

nachfüllen **1** fill *sth* up; (*wenn halb leer*) top* *sth* up ◊ *Öl nachfüllen* top up the oil **2** (*erneut füllen*) refill ◊ *Die Flaschen kann man nachfüllen lassen.* The bottles can be refilled.

Nachfüllpackung refill

nachgeben **1** (**einer Sache**) ~ give* in (to sth) ◊ *Sie gaben dem Druck der Öffentlichkeit nach.* They gave in to public pressure. **2** (*sich biegen, brechen*) give* way ◊ *Meine Beine gaben nach.* My legs gave way. IDM ⇨ KLUG

nachgehen **1** (*Uhr etc.*) be slow ◊ *Die Uhr geht eine Stunde nach.* The clock is an hour slow. **2** *etw/jdm* ~ (*folgen*) follow sth/sb ◊ *Sie ging dem Weinen nach.* She followed the sound of crying. ◊ *Er ging den beiden Kindern nach.* He followed the two children. **3** (*untersuchen*) investigate ◊ *Die Polizei geht Hinweisen aus der Bevölkerung nach.* The police are investigating leads from the public. **4** ~ *einem Hobby nachgehen* pursue a hobby ◊ *Er kann seinem Beruf nicht mehr nachgehen.* He can no longer work. IDM ⇨ NEIGUNG

nachgemacht (*Geld, Ausweis, Unterschrift*) forged; (*Schlüssel*) duplicate (*nur vor Nomen*); (*Kunstwerke etc.*) reproduction ☛ *Siehe auch* NACHMACHEN

Nachgeschmack **1** aftertaste **2** (*fig*) bad taste ◊ *Die Diskussion hinterließ einen unangenehmen Nachgeschmack.* The discussion left a bad taste in the mouth.

nachgestellt coming after a noun ◊ *Adjektive werden im Spanischen meist nachgestellt.* Adjectives usually come after the noun in Spanish.

nachgiebig soft, acquiescent (*gehoben*); (*entgegenkommend*) accommodating ◊ *Eltern sollten nicht zu nachgiebig sein.* Parents should not be too soft. ◊ *Er kritisierte die nachgiebige Haltung der Stadt.* He criticized the acquiescent attitude of the town.

nachgucken ⇨ NACHSEHEN (1, 2, 3)

nachhaken enquire again, make* further enquiries ◊ *Da würde ich noch mal nachhaken.* I would enquire again. ◊

Das Institut will jetzt in der Sache nachhaken. The institute now wants to make further enquiries into the matter.

nachhaltig sustainable; (*Wirkung, Erfolg, Eindruck*) lasting ◊ *nachhaltige Forstwirtschaft* sustainable forestry ◊ *nachhaltige Schäden* lasting damage ◊ *Das Publikum war von der Vorstellung nachhaltig beeindruckt.* The performance left a lasting impression on the audience. ◊ *Die Umweltverschmutzung schädigt den Wald nachhaltig.* Environmental pollution does lasting damage to the forests.

Nachhaltigkeit sustainability

Nachhauseweg way home ◊ *auf dem Nachhauseweg* on the way home

nachhelfen help *sth* along ◊ *die Verwendung von Medikamenten, um der Natur nachzuhelfen* the use of drugs to help nature along ◊ *In diesem Jahr wurde mit Kunstschnee nachgeholfen.* This year they had to resort to artificial snow. ◊ *Wenn sie nicht will, musst du vielleicht etwas nachhelfen.* If she doesn't want to, you might have to put pressure on her. IDM ⇨ GLÜCK

nachher **1** (*danach*) afterwards ◊ *Zuerst waren wir im Kino, und nachher sind wir noch ins Café gegangen.* First we went to the cinema and afterwards we went to the cafe. **2** (*später*) later ◊ *Bis nachher!* See you later! **3** (*womöglich*) otherwise ◊ *Lass mich bezahlen. Sonst sagst du nachher wieder, ich sei geizig.* Let me pay. Otherwise you'll say I'm being stingy again.

Nachhilfe private tuition, (*AmE*) private tutoring ◊ *Sie bekommt Nachhilfe in Latein.* She has private tuition in Latin. ◊ *jdm Nachhilfe geben* give sb private tuition

Nachhilfelehrer(in) private tutor ☛ G 2.2d **Nachhilfestunde** private lesson **Nachhilfeunterricht** private tuition, (*AmE*) private tutoring

Nachhinein im ~ **1** (*nachträglich*) in retrospect ◊ *Im Nachhinein schien es verdächtig.* In retrospect it seemed suspicious. **2** (*später*) later ◊ *Das erfuhr sie erst im Nachhinein.* She only heard that later.

Nachholbedarf ~ (**an etw**) **haben** need to catch up (on sth) ◊ *Ich habe einen enormen Nachholbedarf an Schlaf.* I really need to catch up on my sleep.

nachholen **1** catch* up on *sth* ◊ *Ich muss eine Menge Schlaf nachholen.* I've got a lot of sleep to catch up on. ◊ *Tut mir Leid, dass ich absagen muss. Wir holen das nach, ja?* I'm sorry I can't make it. We'll do it some other time, shall we? ◊ *An seinem Geburtstag war ich verreist. Wir haben die Feier aber nachgeholt.* I was away on his birthday. We celebrated it later, though. ◊ *eine Prüfung nachholen* take an exam at a later date ◊ *Das Konzert wird zu einem späteren Termin nachgeholt.* The concert will be postponed until a later date. **2** **jdn** ~ bring* sb (over) to join you ◊ *Nach zwei Jahren in den USA holte er seine Frau nach.* After two years in the States he brought his wife over to join him.

nachjagen **jdm/etw** ~ chase sb/sth

Nachkomme descendant; (*Tier*) offspring*

nachkommen **1** (*später kommen*) come* (along) later, follow (on) ◊ *Kommst du nach?* Are you coming along later? ◊ *Er ließ seine Familie nach England nachkommen.* He had his family join him in England. ◊ *der nachkommende Wagen* the car behind ◊ *nachkommende Generationen* future generations **2** **jdm** ~ (*hinterhergehen*) come* after sb, go* after sb ◊ *Der Kellner kam uns mit der Rechnung nach.* The waiter came after us with the bill. **3** (**bei/mit etw**) ~ (*mithalten*) keep* up (with sth) ◊ *Die Firma kommt mit der Produktion nicht mehr nach.* The company can't keep up with production. **4** (*erfüllen*) fulfil* ◊ *einer Bitte/einer Verpflichtung nachkommen* fulfil a request/your commitments **5** **jdm** ~ (*gleichen*) take* after sb ◊ *Sie kommt ganz der Mutter nach.* She takes after her mother.

Nachkriegs- post-war ◊ *die Nachkriegsgeschichte* post-war history ◊ *im Nachkriegsdeutschland* in post-war Germany ◊ *Sie ist in der Nachkriegszeit aufgewachsen.* She grew up after the war.

Nachlass **1** (*Ermäßigung*) reduction; (*Rabatt*) discount ◊ *Gewähren Sie Nachlass bei Barzahlung?* Do you give a discount for cash? **2** (*Erbe*) estate ◊ *Musils literarischer Nachlass* Musil's literary estate

nachlassen **1** (*Schmerz, Regen*) ease off; (*Wirkung*) wear* off; (*Sturm*) subside; (*Interesse*) wane; (*Preise*) fall*; (*Kämpfe, Aufregung, Wind*) die* down; (*Geschäft, Nachfrage*) fall* off; (*Gedächtnis, Gehör, Leistung*) deteriorate; (*Fieber*) go* down **2** (**jdm**) **etw** ~ (*einen Nachlass gewähren*) give* sb a

nachlässig

discount ◊ *Ich lasse Ihnen 5% nach.* I'll give you a 5% discount.
nachlässig careless (*Adv* carelessly); (*rücksichtslos*) thoughtless (*Adv* thoughtlessly); (*unordentlich*) untidy (*Adv* untidily) ◊ *Geh mit deiner neuen Jacke nicht so nachlässig um.* Don't be so careless with your new jacket. ◊ *nachlässig gekleidet* untidily dressed
Nachlässigkeit 1 carelessness **2** (*nachlässige Handlung*) (careless) slip
nachlaufen jdm/etw ~ run* after sb/sth; (*fig*) chase sb/sth, pursue sb/sth (*gehoben*) ◊ *Wenn du ihr schnell nachläufst, erwischst du sie vielleicht noch!* If you run after her quickly you might still catch her! ◊ *Läuft er seiner Exfreundin noch immer nach?* Is he still running after his ex-girlfriend? ◊ *Ich musste dieser blöden Bescheinigung wochenlang nachlaufen.* I spent weeks chasing this stupid certificate. ◊ *dem Glück nachlaufen* pursue happiness
nachlesen (*nachschlagen*) look *sth* up; (*über ein Thema*) read* about *sth*; (*etw Gehörtes*) read*
Nachlösegebühr (*im Bus, Zug*) penalty fare
nachlösen ◊ *eine Fahrkarte nachlösen* buy a ticket on the train ◊ *Kaufen sie ein Ticket bis zur Grenze und lösen Sie dann nach.* Buy a ticket to the border and then pay the extra.
nachmachen 1 copy* ◊ *Der Kleine macht seinem Vater alles nach.* The little boy copies everything his father does. ◊ *So schnell macht mir das keiner nach!* That'll be difficult to beat! ◊ *Drei Goldmedaillen! Das soll ihm erst mal einer nachmachen!* Three gold medals! I'd like to see anyone else do that! **2** (*imitieren*) imitate; (*Person auch*) mimic*, do* an impression of *sb* ◊ *Sie machte nach, wie er versuchte, mit Stäbchen zu essen.* She imitated him trying to eat with chopsticks. ◊ *Er kann unheimlich gut Vogelstimmen nachmachen.* He's really good at imitating birdsong. ◊ *Sie macht immer ihre Lehrerin nach.* She's always doing impressions of her teacher. **3** (*reproduzieren*) copy*; (*Antiquitäten, Kunstwerke auch*) reproduce; (*fälschen*) forge **4** (*nachholen*) catch* up on *sth* ◊ *Ich muss noch eine Englischhausaufgabe nachmachen.* I've still got one more bit of English homework to catch up on. ☛ *Siehe auch* NACHGEMACHT
Nachmieter(in) new tenant
Nachmittag afternoon ☛ *Beispiele bei* MORGEN
nachmittags in the afternoon ◊ *Das Büro ist nachmittags geschlossen.* The office is closed in the afternoon.
Nachnahme per/gegen ~ cash on delivery, (*AmE*) collect on delivery
Nachname surname, family name
nachplappern repeat *sth* parrot-fashion
Nachporto excess postage
nachprüfen 1 check ◊ *Hast du nachgeprüft, ob noch genug Luft in den Reifen ist?* Have you checked whether there's still enough air in the tyres? ◊ *Er prüfte nach, was ich gemacht hatte.* He checked up on what I'd been doing. **2 jdn** ~ (*später prüfen*) examine sb at a later date; (*Prüfung wiederholen*) re-examine sb
Nachprüfung 1 (*Kontrolle*) (further) check, re-examination (*gehoben*); (*behördlich*) enquiry* ◊ *Bei einer Nachprüfung wurden keine Ölspuren festgestellt.* During further checks no traces of oil were found. ◊ *eine richterliche Nachprüfung* a judicial enquiry **2** (*Wiederholungsprüfung*) resit; (*aufgeschobene Prüfung*) examination at a later date
nachrechnen 1 check (sb's arithmetic); **etw** ~ check sth ◊ *Rechne mal nach, ob wir uns noch einen Nachtisch leisten können.* Check if we've got enough money for a dessert. ◊ *eine Rechenaufgabe nachrechnen* check a sum **2** (*berechnen*) work *sth* out ◊ *Wie lange ist das schon her? Lass mich mal nachrechnen.* How long ago was it? Let me work it out.
Nachrede üble ~ (RECHT) defamation of character
nachreichen hand *sth* in later
nachreisen jdm ~ follow sb
nachrennen ⇨ NACHLAUFEN
Nachricht 1 news [U] ◊ *aktuelle Nachrichten* the latest news ◊ *Das ist eine gute Nachricht!* That's good news! ◊ *Gerade erreicht uns die Nachricht von einem Erdbeben.* News is just coming in of an earthquake.

News ist ein unzählbares Nomen: Wenn es um eine einzelne Nachricht geht, kann man **a piece of news** sagen:

Gestern bekamen wir eine gute Nachricht. We had a piece of good news yesterday.
2 (*Mitteilung*) message ◊ *eine Nachricht hinterlassen* leave a message ◊ *jdm eine Nachricht überbringen* give sb a message **3 (die) Nachrichten** the news [U] ◊ *Um acht Uhr kommen Nachrichten.* The news is on at eight. ◊ *Kam das gestern nicht in den Nachrichten?* Wasn't that on the news yesterday?
Nachrichtenagentur news agency* **Nachrichtendienst 1** news service **2** (*Geheimdienst*) intelligence service **Nachrichtensender** news channel **Nachrichtensendung** news bulletin **Nachrichtensperre** news blackout **Nachrichtensprecher(in)** newscaster, (*BrE auch*) newsreader ☛ G 2.2d **Nachrichtentechnik** telecommunications [Pl]
nachrücken (*aufrücken*) move up; (*in einem Amt*) succeed ◊ *Er ist für den scheidenden Abgeordneten in den Bundestag nachgerückt.* He succeeded the outgoing member in the Bundestag.
Nachruf ~ (**auf jdn**) obituary* (of sb)
nachrufen jdm (**etw**) ~ shout (sth) after sb
nachrüsten 1 (*modernisieren*) modernize; (*Leistungsfähigkeit verbessern*) upgrade ◊ *eine nachgerüstete Produktionsanlage* a modernized production plant ◊ *ein nachgerüsteter Kernkraftreaktor* an upgraded nuclear reactor **2 etw mit etw** ~ fit* sth in sth (later) ◊ *Altbauten sollen mit Wasserzählern nachgerüstet werden.* Water meters are to be fitted in older houses. **3** (MIL) acquire new arms
nachsagen 1 repeat ◊ *Sie sagt alles nach, was sie von Erwachsenen hört.* She repeats everything that grown-ups say. **2 jdm etw** ~ ◊ *jdm Arroganz nachsagen* accuse sb of being arrogant ◊ *Man kann mir nicht nachsagen, dass ich geizig bin.* Nobody can accuse me of being mean. ◊ *Ihm wurde großer Fleiß nachgesagt.* They said that he was very hard-working. ◊ *jdm Übles nachsagen* say bad things about sb
Nachsaison late season
nachschauen ⇨ NACHSEHEN (1, 2, 3)
nachschenken (jdm) (etw) ~ top (sb) up (with sth)
nachschicken (jdm) etw ~ forward sth (to sb)
Nachschlag second helping
nachschlagen¹ look *sth* up ◊ *ein Zitat nachschlagen* look up a quotation ☛ *Vorsicht:* **look up** wird immer mit einem Objekt gebraucht: *Schlag mal (im Wörterbuch) nach.* Look it up (in the dictionary).
nachschlagen² jdm ~ take* after sb
Nachschlagewerk reference work
nachschneiden trim* ◊ *die Haare nachschneiden lassen* have your hair trimmed
nachschreiben (*Klausur etc.*) do* *sth* later ◊ *Ich muss die Englischarbeit nächste Woche nachschreiben, weil ich krank war.* I've got to do the English test next week because I was ill.
Nachschub ~ (**an etw**) further supplies (of sth) [Pl]
nachsehen 1 jdm/etw ~ (*beobachten*) watch sb/sth; (*hinterhersehen*) gaze after sb/sth ◊ *Sie sah dem Auto neugierig nach.* She watched curiously as the car drove off. ◊ *Er sah ihr lange nach.* He gazed after her for a long time. **2** (*kontrollieren*) check, have a look ◊ *Hast du schon nachgesehen, ob wir genug Milch haben?* Have you checked whether we've got enough milk? ◊ *Soll ich mal im Internet nachsehen?* Shall I have a look on the Internet? **3** (*Wort, Zitat*) look* sth up ☛ *Hinweis bei* NACHSCHLAGEN¹ **4 jdm etw** ~ (*vergeben*) forgive* sb for sth ◊ *Hast du ihr nachgesehen, dass sie dich damals belogen hat?* Have you forgiven her for lying to you?
Nachsehen das ~ **haben** come* off worse; (*leer ausgehen*) be left empty-handed ◊ *Die Aktionäre profitierten; die Arbeiter hatten das Nachsehen.* The shareholders benefited and the workers came off worse.
nachsenden (jdm) etw ~ send* sth on (to sb), forward sth (to sb) ◊ *Bitte nachsenden!* Please forward!
Nachsicht leniency ◊ *Drogenhändler können nicht mit Nachsicht rechnen.* Drug dealers can expect no leniency. ◊ *Während des Umbaus bitten wir unsere Kunden um Nachsicht.* Please bear with us during the renovations. ◊ *Bitte habt heute Nachsicht mit mir.* You'll have to make allowances for me today.
nachsichtig tolerant (*Adv* tolerantly); (*nachgiebig*) leni-

ent (*Adv*) leniently ◊ *Waren die Eltern zu nachsichtig gegenüber dem Sohn?* Were the parents too lenient with their son?

Nachsilbe suffix

nachsitzen have detention ◊ *Ich muss heute (eine Stunde) nachsitzen.* I've got (an hour's) detention today. ◊ *Er ließ mich nachsitzen, weil ich mein Buch nicht dabei hatte.* He gave me a detention because I'd forgotten my book.

Nachsorge aftercare [U]

Nachspeise dessert, sweet ◊ *Eis als Nachspeise* ice cream for dessert

Nachspiel 1 repercussions [Pl] ◊ *Das wird noch ein Nachspiel haben.* This will have repercussions. ◊ *Der Vorfall hatte ein gerichtliches Nachspiel.* The matter ended up in court. 2 (*im Theater etc.*) epilogue

nachspielen 1 (*Melodie*) play 2 (*Szene, Situation*) enact 3 (*Theaterstück*) perform 4 (*Fußball etc.*) play stoppage time, play time added on; (*wegen Verletzungen*) play injury time ◊ *drei Minuten nachspielen* play three minutes of stoppage time

nachspionieren jdm ~ spy* on sb; (*kontrollieren*) check up on sb

nachsprechen (jdm) etw ~ repeat sth (after sb)

nachspüren 1 *einer Sache* ~ search for sth; (*untersuchen*) investigate sth ◊ *der Wahrheit nachspüren* search for the truth ◊ *rassistischen Tendenzen im Klassenzimmer nachspüren* investigate racist attitudes in the classroom 2 *einem Tier* ~ track an animal; *einer Fährte* ~ follow a trail

nächstbeste(r,s) der/die/das nächstbeste ... the first ... you see/you find ◊ *Wir gingen ins nächstbeste Restaurant.* We went into the first restaurant we saw. ◊ *das nächstbeste Angebot nehmen* take the first offer that comes up

nächste(r,s) 1 (*räumlich*) nearest ◊ *Wo ist der nächste Supermarkt?* Where is the nearest supermarket? 2 (*in einer Reihenfolge*) next ◊ *die nächste Straße rechts* the next street on the right ◊ *bei nächster Gelegenheit* at the next opportunity ◊ *in den nächsten Tagen* in the next few days ◊ *Als Nächstes räume ich mein Zimmer auf.* The next thing I'll do is tidy my room. ◊ *Der Nächste, bitte!* Next please! ◊ *Wer kommt als Nächster dran?* Who's next? ☛ *Hinweis bei* LETZTE(R,S) 3 (*Freunde, Verwandte*) close ◊ *die nächsten Verwandten* the closest relatives ◊ *Welcher von deinen Freunden steht dir am nächsten?* Who's your closest friend? ◊ *liebe deinen Nächsten* love your neighbour IDM **jdm/einer Sache am nächsten kommen** come* closest to sb/sth

nachstehen 1 jdm/etw an etw nicht ~ be a match for sb/sth in sth 2 jdm in nichts ~ be every bit as good as sb

nachstehend 1 *Adj* following ◊ *im nachstehenden Artikel* in the following article 2 *Adv* below ◊ *Nachstehend finden Sie weitere Erklärungen.* You will find further explanation below.

nachstellen 1 (LING) etw einer Sache ~ put* sth after sth ◊ *eine Präposition dem Substantiv nachstellen* put a preposition after the noun ◊ *ein nachgestelltes Adjektiv* an adjective which comes after the noun 2 (*Bremsen etc.*) adjust 3 (*Szene*) recreate; (*Vorfall*) reconstruct 4 (*Uhr*) put* sth back ◊ *die Uhr eine Stunde nachstellen* put the clock back an hour 5 jdm ~ (*folgen, aufdringlich sein*) pursue sb, pester sb; einem Tier ~ hunt an animal

Nächstenliebe charity ◊ *ein Akt der Nächstenliebe* an act of charity ◊ *tätige Nächstenliebe* charity work

nächstens 1 (*demnächst*) soon, in the near future 2 (*nächstes Mal*) next time ◊ *Pass nächstens besser auf!* Be more careful next time! 3 (*am Ende*) if it goes on like this ◊ *Er ist jeden Abend in der Kneipe, nächstens kommt er gar nicht mehr nach Hause.* He spends every evening at the pub. If it goes on like this he won't come home at all.

Nacht 1 night ◊ *letzte/vorige Nacht* last night ◊ *eines Nachts* one night ◊ *bis spät in die Nacht* late into the night ◊ *mitten in der Nacht* in the middle of the night ◊ *in der Nacht von Sonntag auf Montag* on Sunday night ◊ *in der Nacht von Freitag on Thursday night* ◊ *in der Nacht vom 5. auf den 6. März* during the night of the fifth to the sixth of March ◊ *in der Nacht zum 3. Januar* during the night of 2 January ◊ *die ganze Nacht hindurch* the whole night ◊ *Nacht für Nacht* night after night ◊ *über Nacht* overnight ◊ *Sie blieb die Nacht über in Oxford.* She stayed the night in Oxford. ◊ *Im Süden sind die Nächte warm.* In the South nights are warm. 2 heute ~ (*kommende*) tonight; (*vergangene*) last night 3 (*Dunkelheit*) dark ◊ *Ich fahre nicht gern bei Nacht.* I don't like driving in the dark. ◊ *Es wird Nacht.* It's getting dark. ◊ *bei Einbruch der Nacht* at nightfall 4 gute ~ goodnight ◊ *Sag deinem Vater gute Nacht.* Say goodnight to your father. IDM **bei Nacht und Nebel** under cover of darkness **die Nacht zum Tag machen** turn night into day **sich die Nacht um die Ohren schlagen** stay up all night ☛ *Siehe auch* FUCHS *und* UNTERSCHIED

Nachtarbeit night work **Nachtblindheit** night blindness

Nachtdienst 1 (*einer Krankenschwester etc.*) night duty ◊ *Wer hat Nachtdienst?* Who's on night duty? 2 (*einer Apotheke etc.*) night duty ◊ *Welche Apotheke hat heute Nachtdienst?* Which is the duty chemist tonight?

Nachteil disadvantage; (*Verlust*) loss ◊ *Dieser Wagen hat den Nachteil, dass er zu viel Benzin verbraucht.* The disadvantage of this car is that it's too heavy on petrol. ◊ *Das ist der Nachteil, wenn man mit der Bahn fährt.* That's the disadvantage of going by train. ◊ *zu jds Nachteil sein* be to sb's disadvantage ◊ *im Nachteil sein/sich im Nachteil befinden* be at a disadvantage ◊ *finanzielle Nachteile* financial losses ◊ *Ich habe davon nur Nachteile.* I only stand to lose by it. ◊ *Er hat sich zu seinem Nachteil verändert.* He has changed for the worse. ◊ *Der Prozess ist zu seinem Nachteil ausgegangen.* The trial went against him.

nachteilig 1 *Adj* unfavourable, (*AmE*) unfavorable; (*schädlich*) harmful ◊ *Ich habe nichts Nachteiliges darüber gehört.* I haven't heard anything unfavourable about it. ◊ *Rauchen ist nachteilig für die Gesundheit.* Smoking is harmful to health. ◊ *nachteilige Folgen haben* have harmful consequences 2 *Adv* ◊ *sich nachteilig auf etw auswirken* have an adverse effect upon sth

nächtelang 1 *Adj* ◊ *nächtelange Debatten* debates lasting several nights 2 *Adv* for nights on end

Nacht- **Nachtfalter** moth **Nachthemd** nightie (*umgs*); (*BrE auch*) nightdress, (*AmE auch*) nightgown; (*Herren-*) nightshirt

Nachtigall nightingale

nächtigen spend* the night

Nachtisch dessert, sweet ◊ *Zum Nachtisch gibt es Obst.* There's fruit for dessert.

Nacht- **Nachtklub** nightclub **Nachtleben** nightlife

nächtlich ◊ *nächtliche Besuche* night-time visits ◊ *der nächtliche Himmel* the night sky ◊ *in den nächtlichen Straßen* in the streets at night ◊ *zu nächtlicher Stunde* at night ◊ *nächtliche Ruhestörung* causing a disturbance at night

Nacht- **Nachtmahl** evening meal **Nachtmensch** night person* **Nachtportier** night porter ☛ G 2.2d

Nachtrag 1 appendix*; (*zum Testament*) codicil 2 (*Frage, Bemerkung*) supplementary question/point 3 (FINANZ) supplementary budget

nachtragen 1 jdm etw ~ follow sb with sth 2 jdm etw ~ (*nicht verzeihen*) hold* sth against sb 3 (*hinzufügen*) add ◊ *Ich möchte noch folgende Bemerkung nachtragen.* I should like to add the following remark. ◊ *einen Posten in der Rechnung nachtragen* add an item to the bill

nachtragend unforgiving ◊ *nachtragende Menschen* unforgiving people ◊ *Ich bin nicht nachtragend.* I don't bear grudges.

nachträglich 1 *Adj* at a later date (*nicht vor Nomen*); (*verspätet*) belated ◊ *nachträgliche Änderungen* changes carried out at a later date ◊ *nachträgliche Glückwünsche* belated good wishes 2 *Adv* afterwards; (*verspätet*) belatedly ◊ *sich nachträglich entschuldigen* apologize afterwards ◊ *Nachträglich alles Gute zum Geburtstag!* Happy birthday, belatedly. ◊ *Er gratulierte mir nachträglich zum Geburtstag.* He wished me a belated happy birthday.

nachtrauern jdm/etw ~ pine for sb/sth; (*Zeit, Tradition*) mourn the passing of sth

Nachtruhe ◊ *jds Nachtruhe stören* disturb sb's night's sleep

nachts at night ◊ *spät nachts* late at night ◊ *Samstags nachts* on Saturday nights ◊ *nachts arbeiten* work nights ◊ *um vier Uhr nachts* at four in the morning

Nacht- **Nachtschalter** night counter **Nachtschicht** night shift ◊ *die Arbeiter der Nachtschicht* the workers on night shift ◊ *eine Nachtschicht einlegen* do a night shift ◊ *Nachtschicht haben* be on night shift **Nachtschwester** night nurse **Nachtspeicherofen** night-storage heater **Nachttier** nocturnal animal **Nachttisch** bedside table

Nachttischlampe bedside lamp **Nacht-und-Nebel-Aktion** surprise move; (*der Polizei etc.*) night-time raid **Nachtwache 1** (*im Krankenhaus*) night duty; (*beim Militär*) night guard duty ◊ *Nachtwache haben* be on night duty **2** (*Mensch*) nightwatchman*; (*Krankenschwester*) night nurse **3** (*Toten-, Mahnwache*) vigil **Nachtwächter 1** nightwatchman* ☛ G 2.2d **2** (*Dummkopf*) dimwit (*umgs*) **3** (*früher in kleineren Städten*) watch **Nachtwanderung** night walk **Nachtzeug** night things [Pl]
Nachuntersuchung follow-up examination, check-up
nachvollziehbar easy* to understand (*nicht vor Nomen*) ◊ *aus nachvollziehbaren Gründen* for reasons that are easy to understand
nachvollziehen 1 (*verstehen*) understand* ◊ *Ich konnte seine Aufregung nicht nachvollziehen.* I could not understand why he got so angry. **2** (*zurückverfolgen*) trace
nachwachsen grow* again ◊ *Ihr Haar ist wieder nachgewachsen* Her hair has grown again. ◊ *die neue politische Generation, die jetzt nachwächst* the new political generation that is coming along
Nachwahl by-election; (*nachgeholt*) new election
Nachweis proof; **als/zum ~** as proof ◊ *den Nachweis für etw erbringen* provide proof of sth ◊ *eine Unterschrift zum Nachweis der Echtheit des Dokuments* a signature as proof that the document is genuine
nachweisbar 1 (*auffindbar*) detectable; (*belegbar*) demonstrable **2** (*beweisbar*) (*meist mit einem Verb übersetzt*) ◊ *nachweisbare Mängel* faults that can be proved
nachweisen prove ◊ *etw lässt sich leicht/schwer nachweisen* sth is easy/difficult to prove ◊ *Man konnte ihm nichts nachweisen.* Nothing could be proved against him. ◊ *Sie konnten mir keinen Irrtum nachweisen.* They could not prove any mistake on my part.
nachweislich (*meist mit einem Verb übersetzt*) ◊ *Das ist nachweislich falsch.* That can be proved to be wrong. ◊ *Sie hat nachweislich gelogen.* It can be proved that she was lying.
Nachwelt posterity ◊ *etw der Nachwelt überliefern* leave sth to posterity
nachwerfen 1 jdm etw ~ throw* sth at sb; (*Blicke, Beleidigungen etc.*) direct sth at sb **2** (*bei Münzfernsprechern etc.*) ◊ *Geld nachwerfen* put in more money [IDM] *das ist ja nachgeworfen!* that's really cheap.
nachwinken jdm ~ wave (goodbye) to sb
Nachwirkung after-effect
Nachwort epilogue
Nachwuchs 1 new generation; (*Berufseinsteiger*) new recruits [Pl]; (*in Sport, in der Kunst etc.*) new talent ◊ *der wissenschaftliche Nachwuchs* the new generation of scientists ◊ *Der Verein setzt auf den eigenen Nachwuchs.* The club is building on home-grown talent. **2** (*Kinder*) children [Pl] ◊ *Was macht der Nachwuchs?* How are the children? ◊ *Bei unseren Freunden hat sich Nachwuchs angekündigt.* Our friends are expecting a baby.
Nachwuchsband up-and-coming band **Nachwuchskraft** new recruit; (*in der Ausbildung*) trainee; (*Nachwuchsspieler*) up-and-coming player **Nachwuchssorgen** recruitment problems [Pl] **Nachwuchstalent** talented newcomer
nachzahlen pay* extra; (*später*) pay* later ◊ *Wir mussten 50 Dollar nachzahlen.* We had to pay 50 dollars extra. ◊ *Der Betrag ist innerhalb eines Monats nachzuzahlen.* The rest of the amount is to be paid within one month. ◊ *1 000 Dollar Steuern nachzahlen* pay 1 000 dollars in back tax
nachzählen count sth again, check
Nachzahlung 1 (*zusätzlich*) additional payment **2** (*nachträglich*) back payment
nachziehen 1 (*Bein etc.*) drag* ◊ *Der Hund zog ein Bein nach.* The dog was dragging one of its legs. **2** (*Linie etc.*) go* over (again), redo* ◊ *die Konturen nachziehen* go over the contours again ◊ *die Lippen nachziehen* redo your lipstick ◊ *die Augenbrauen nachziehen* pencil in your eyebrows **3** (*Schrauben, Muttern*) tighten **4** (*folgen*) follow ◊ *Die restliche Familie zieht im Mai nach.* The rest of the family is following in May. **5** (*gleichziehen*) follow suit
Nachzügler(in) 1 latecomer **2** (*Kind*) afterthought (*hum*)
Nacken back of the neck, nape of the neck (*gehoben*) ◊ *jdm im Nacken kraulen* stroke the back of sb's neck ◊ *einen steifen Nacken haben* have a stiff neck ◊ *Ich will die Haare im Nacken etwas kürzer.* I'd like my hair a little shorter at the back. [IDM] *jdn/etw im Nacken haben* have sb on your tail; (*Druck ausübend*) have sb breathing down your neck ◊ **jdm im Nacken sitzen** breathe down sb's neck ◊ *Ihr Verfolger saß ihr im Nacken.* Her pursuer was breathing down her neck. ◊ *Die Angst saß ihm im Nacken.* He was gripped by fear.
Nackenstütze (*von Sitzen*) headrest
nackt 1 naked; (*in der Kunst*) nude; (*Haut, Körperteil*) bare ◊ *halb/völlig nackt* half/completely naked ◊ *sich nackt fotografieren lassen* be photographed in the nude ◊ *auf nackter Haut* on your bare skin ◊ *mit nacktem Oberkörper* stripped to the waist ◊ *sich nackt ausziehen* strip **2** (*kahl*) bare ◊ *nackte Wände* bare walls ◊ *auf den nackten Boden* on the bare floor **3** (*Gewalt*) brute; (*Verzweiflung,Wahnsinn*) sheer; (*Tatsachen, Wahrheit*) plain; (*Not, Realität*) stark; (*Opportunismus*) naked ◊ *ums nackte Überleben kämpfen* battle for sheer survival
Nacktbadestrand nudist beach **Nacktfoto** nude photo(graph)
Nacktheit (*eines Menschen*) nakedness; (*abstrakter, in Kunst etc.*) nudity; (*Landschaft etc.*) bareness
Nacktschnecke slug
Nadel 1 needle ◊ *eine Nadel einfädeln* thread a needle ◊ *Nadeln abwerfen* drop needles ◊ *an der Nadel hängen* be hooked on drugs **2** (*Haar-*) (hair)pin; (*Ansteck-*) pin; (*Krawatten-*) tiepin **3** (*eines Plattenspielers*) stylus
Nadelbaum conifer **Nadeldrucker** dot matrix printer ◊ *ein 24-Nadeldrucker* a 24-pin (dot matrix) printer **Nadelkissen** pincushion **Nadelöhr** eye of a/the needle **Nadelstreifen** pinstripes [Pl]
Nagel nail ◊ *einen Nagel in die Wand schlagen* knock a nail into the wall ◊ *sich die Nägel lackieren* put nail varnish on your nails ◊ *Er kaut Nägel.* He bites his nails. [IDM] *etw an den Nagel hängen* chuck sth in (*umgs*) ◊ *seinen Beruf an den Nagel hängen* chuck in your job ◊ **den Nagel auf den Kopf treffen** hit* the nail on the head ◊ *es brennt jdm unter/auf den Nägeln* sb is dying to do sth (*umgs*) ◊ *Nägel mit Köpfen machen* do* the job properly ◊ **sich etw unter den Nagel reißen** pinch sth (*umgs*)
Nagelbürste nail brush **Nagelfeile** nail file **Nagelhaut** cuticle **Nagellack** nail varnish, (*AmE*) nail polish **Nagellackentferner** nail varnish remover, (*AmE*) nail polish remover
nageln 1 nail ◊ *etw an die Wand nageln* nail sth to the wall **2** (MED) (*Knochen*) pin* ◊ *den Bruch nageln* pin the fracture
nagel- nagelneu brand new **Nagelprobe** acid test **Nagelschere** nail scissors [Pl] ☛ *Hinweis bei* BRILLE
nagen gnaw; (*Rost etc.*) eat* away (*auch fig*) ◊ *an einem Knochen nagen* gnaw at a bone ◊ *Rost nagt an der Brücke.* Rust is eating away at the bridge. ◊ *Das nagt an ihrem Selbstvertrauen.* That's eating away at her self-confidence. ◊ *Die Trennung nagt sehr an ihn.* He's letting the separation eat away at him. ◊ *Der Zahn der Zeit nagt an den Gebäuden.* The buildings bear the marks of the ravages of time. [IDM] ⇨ HUNGERTUCH
nagend gnawing (*auch fig*)
Nahaufnahme close-up ◊ *jdn in Nahaufnahme zeigen* show sb in close-up
nah(e) 1 close; (*zeitlich auch*) near; (*nahe gelegen*) nearby, not far (off) ◊ *ein naher Verwandter* a close relative ◊ *zu nah am Monitor sitzen* sit too close to the monitor ◊ *den Tränen nahe sein* be close to tears ◊ *Er steht mir sehr nahe.* We're very close. ◊ *sich etw näher ansehen* take a closer look at sth ◊ *bei näherem Hinsehen* on closer examination ◊ *nahe der Schweizer Grenze* near the Swiss border ◊ *in einem nahe gelegenen Ort* in a nearby village ◊ *in naher Zukunft* in the near future ◊ *Die Klausur rückt immer näher.* The exam is getting nearer. ◊ *Sie waren nah daran, aufzugeben.* They very nearly gave up. ◊ *Die Haltestelle ist ganz nah.* The stop isn't far. ◊ *die nahe/nähere Umgebung* the immediate vicinity ◊ *Das Ende des Boykotts ist nahe.* The end of the boycott is in sight. ◊ *jdn näher kennen* know sb well ☛ *Siehe auch* OSTEN

Die Adjektive **near** und **close** bedeuten oft das Gleiche, aber in einigen Wendungen kann man nur eins von beiden benutzen: *the near future* die nahe Zukunft ◊ *a near neighbour* ein Nachbar ◊ *a near miss* fast ein Treffer ◊ *a* *close contest* ein knappes Rennen ⋄ *a close call* ein knappes Davonkommen. **Close** wird häufiger benutzt, wenn man eine Beziehung zwischen Menschen beschreibt: *a close friend* ein guter Freund ⋄ *close family* die engste Verwandschaft ⋄ *close links* enge Beziehungen.

2 jdm jdn/etw nahe/näher bringen bring* sb/sth closer to sb; **jdm etw nahe/näher bringen** (*Ideen etc.*) explain sth to sb ⋄ *Die Reise brachte mich ihm näher.* The journey brought me closer to him. ⋄ *Ich brachte ihm die afrikanische Kultur näher.* I explained African culture to him. **3 jdm nahe gehen** affect sb deeply ⋄ *Ihr Tod ging ihm sehr nahe.* Her death affected him deeply. **4 jdm/sich nahe/näher kommen** ⋄ *sich menschlich näher kommen* get to know each other as people ⋄ *Nach einer Flasche Wein kamen sie sich näher.* They got it together after a bottle of wine. ⋄ *Man darf ihm nicht zu nahe kommen.* He keeps his distance. **5 etw nahe legen** suggest sth ⋄ *Sein Schweigen legt die Vermutung nahe, dass ...* His silence suggests that ... **6 jdm etw nahe legen** advise sb to do sth ⋄ *Man legte ihm nahe zu kündigen./Man legte ihm den Rücktritt nahe.* He was advised to resign. **7 etw liegt nahe** sth suggests itself ⋄ *Dieser Gedanke liegt nahe.* This idea suggests itself. ⋄ *ein nahe liegender Verdacht* a justifiable suspicion **8 jdm/etw nahe stehen** (*sympathisieren*) sympathize with sb/sth ⋄ *der konservativen Partei nahe stehen* sympathize with the Conservative party ☛ *Siehe auch* NÄHER **IDM jdm zu nahe treten** offend sb ☛ *Siehe auch* GREIFEN

Nähe 1 *in der ~* close by, nearby; *in der ~ von etw* close to sth, near sth ⋄ *Sie wohnt in der Nähe.* She lives nearby. ⋄ *in der Nähe des Bahnhofs* near the station ⋄ *Ein wichtiger Faktor ist die Nähe zum Zentrum.* An important criterion is how close it is to the centre. ⋄ *in unmittelbarer Nähe des Sees* right next to the lake. ⋄ *Wohnst du hier in der Nähe?* Do you live round here? ⋄ *etw aus der Nähe betrachten* take a close(r) look at sth ⋄ *etw aus nächster Nähe miterleben* experience sth at first hand ⋄ *jdn aus nächster Nähe erschießen* shoot sb at close range ⋄ *Der Sieg rückte in greifbare Nähe.* Victory was within their grasp. **2** (*zwischen Menschen*) closeness ⋄ *körperliche Nähe* physical closeness ⋄ *jds Nähe suchen* seek sb's company

nahen get* closer, approach (*gehoben*) ⋄ *Die Polizei nahte.* The police were getting closer. ⋄ *wenn Gefahr naht* when danger approaches ⋄ *Die Rettung nahte.* Salvation was at hand.

nähen 1 sew* ⋄ *Träger an etw nähen* sew straps on to sth ⋄ *ein Kleid nähen* make a dress **2** (*ausbessern*) mend ⋄ *Die Hose muss genäht werden.* These trousers need mending. **3** (*Verletzung*) stitch *sth* (up) ⋄ *Er nähte die Wunde.* He stitched the wound up. ⋄ *Die Wunde muss genäht werden.* This wound needs stitches.

näher 1 ⇒ NAH(E) **2** (*genauer*) more detailed ⋄ *nähere Informationen* mote detailed information ⋄ *Nähere Auskünfte erteilt ...* Further details can be obtained from ... ⋄ *Ich möchte nicht näher darauf eingehen.* I don't want to go into any more detail. ⋄ *Wo kann ich Näheres (darüber) erfahren?* Where can I find out more about it?

Naherholungsgebiet = recreational area near a town
Näherin seamstress (*veraltet*) ☛ G 2.2d
nähern *sich jdm/etw ~* approach sb/sth, get* closer to sb/sth ⋄ *Er näherte sich dem Ufer.* He approached the bank. ⋄ *Ein Gewitter nähert sich.* A storm is approaching. ⋄ *Das Festival nähert sich dem Ende.* The festival is drawing to a close.

nahezu almost
Nähgarn (sewing) thread, cotton
Nahkampf hand-to-hand fighting; (*beim Boxen etc.*) infighting
Nähmaschine sewing machine
Nahost Middle East ⋄ *in Nahost* in the Middle East
Nährboden culture medium; (*fig*) breeding ground
nähren 1 feed* ⋄ *ein gut genährter Mensch* a well fed person ⋄ *Vom Erlös nährte sich der Verein jahrelang.* The club lived on the proceeds for years. **2** (*fig*) nurture ⋄ *eine Illusion nähren* nurture an illusion
nahrhaft nutritious ⋄ *nahrhaftes Essen* nutritious food ⋄ *etw Nahrhaftes essen* eat sth that is good for you
Nährstoff nutrient
nährstoffarm low in nutrients **nährstoffreich** rich in nutrients

Nahrung 1 food ⋄ *feste Nahrung zu sich nehmen* eat solid food **2** (*fig*) fuel ⋄ *Die Gerüchte haben neue Nahrung bekommen.* Rumours have been given fresh fuel. ⋄ *Die Diskussion hat neue Nahrung bekommen.* Fresh fuel has been added to the debate. ⋄ *den Vorurteilen Nahrung geben* fuel people's prejudices
Nahrungsaufnahme food intake ⋄ *die Nahrungsaufnahme reduzieren* cut down (your) food intake ⋄ *die Nahrungsaufnahme verweigern* refuse food **Nahrungskette** food chain **Nahrungsmittel** food, foodstuff (*Fachspr*) ⋄ *Sie lieferten Nahrungsmittel ins Kriegsgebiet* They delivered food to the war zone. **Nahrungsmittelhilfe** food aid ⋄ *Nahrungsmittelhilfe leisten* send food aid **Nahrungsmittelindustrie** food industry* **Nahrungssuche** search for food ⋄ *auf Nahrungssuche gehen* search/hunt for food
Nährwert nutritional value
Naht 1 seam; (*bei Metall*) joint **2** (MED) suture, stitches [Pl] **IDM aus allen Nähten platzen 1** be bursting at the seams (*umgs*) **2** (*zu dick sein*) be bursting out of your clothes
nahtlos 1 seamless; (*Körperbräune*) all-over ⋄ *nahtlos braun sein* have an all-over tan **2** (*fig*) smooth ⋄ *ein nahtloser Übergang* a smooth transition ⋄ *nahtlos an etw anknüpfen/ineinander übergehen* follow on smoothly from sth
Nahtstelle 1 (TECH) seam, joint **2** (*fig*) borderline ⋄ *an der Nahtstelle zwischen Legalität und Illegalität* on the borderline between legality and illegality
Nahverkehr local transport, (*AmE auch*) local transportation ⋄ *Verzögerungen im Nahverkehr* delays on local transport ⋄ *der öffentliche Nahverkehr* local public transport
Nahverkehrszug local train
Nähzeug sewing things [Pl]
naiv 1 naive (*Adv* naively) ⋄ *naiv klingen* sound naive ⋄ *naive Malerei* naive painting ⋄ *Naiv wie ich war, glaubte ich, dass ...* I naively hoped that ... ⋄ *ein Thema naiv behandeln* deal with a subject in an unsophisticated way **2 die Naive** (*im Theater, Film*) the ingénue
Naivität naivety*
Name name ⋄ *sich einen Namen machen* make a name for yourself ⋄ *im Namen des Gesetzes* in the name of the law ⋄ *seinen Namen für etw hergeben* lend your name to sth ⋄ *jdn nur dem Namen nach kennen* know sb only by name ⋄ *Er kennt alle Kinder beim Namen.* He knows all the children by name. ⋄ *Sie wurde auf den Namen Ute getauft.* She was christened Ute. **IDM etw/das Kind beim Namen nennen** call a spade a spade **in jds Namen** on sb's behalf; on behalf of sb ⋄ *Im Namen des Komitees heiße ich Sie willkommen.* On behalf of the committee, welcome. ☛ *Siehe auch* RANG
namenlos 1 nameless (*auch fig*); without a name (*dem Nomen nachgestellt*) **2** (*unvorstellbar*) unspeakable **3** (*unbekannt*) unknown
namens 1 by the name of ⋄ *ein Mann namens ...* a man by the name of ... **2** (*im Namen von*) in the name of
Namens- Namensänderung change of name **Namensgebung** naming **Namensschild** nameplate; (*zum Anstecken*) name tag **Namenstag** Saint's day **Namensvetter(in)** namesake **Namenszug 1** (*Unterschrift*) signature; (*Monogramm*) monogram **2** (*Logo*) logo*
namentlich 1 *Adv* by name ⋄ *namentlich aufgeführt* listed by name ⋄ *Die Hooligans sind der Polizei namentlich bekannt.* The hooligans are known to the police. ⋄ *ein Diplomat, der nicht namentlich genannt werden wollte* a diplomat who didn't want to be named **2** *Adv* (*besonders*) especially **3** *Adj* (*Abstimmung*) roll-call
namhaft 1 (*bedeutend*) distinguished; (*berühmt*) famous **2** (*beträchtlich*) substantial
nämlich 1 (*um es genauer zu sagen*) to be precise; (*und zwar*) namely ⋄ *eine große Summe, nämlich eine Million* a large sum, a million, to be precise ⋄ *Nur einer kann das Todesurteil aufheben, nämlich der Präsident.* Only one person can revoke the death sentence, namely the president. **2** (*als Begründung*) (*meist nicht übersetzt*) ⋄ *Er kommt heute nicht, er war nämlich schon gestern da.* He's not coming today — he was here yesterday.
nanu hello ⋄ *Nanu, was ist denn das?* Hello, what's this? ⋄ *Nanu, das gab's noch nie!* Hang on — that's never happened before!
Napalm napalm
Napf bowl

Narbe scar (*auch fig*) ◊ *Hoffentlich bleibt davon keine Narbe zurück*. I hope it won't leave a scar.
Narkose anaesthetic, (*AmE*) anesthetic ◊ *unter Narkose* under anaesthetic ◊ *Der Patient ist nicht mehr aus der Narkose aufgewacht*. The patient never came round from the anaesthetic.
Narr, Närrin 1 fool **2** (*Hof-*) jester **3** (*beim Fasching, Karneval*) = person* taking part in carnival celebrations **4 - narr, -närrin** ◊ *Sie ist eine Pferdenärrin*. She's mad about horses. IDM **jdn zum Narren halten** fool sb
närrisch 1 mad ◊ *Die Kinder rannten wie närrisch herum*. The children were running around like mad. **2** (*Freude*) sheer (*nur vor Nomen*) ◊ *die närrische Freude der Kinder beim Anblick der Geschenke* the children's sheer delight at the sight of the presents ◊ *Sie haben sich närrisch gefreut*. They were absolutely thrilled. **3** (*karnevalistisch*) carnival ◊ *die närrische Zeit* carnival time ◊ *das närrische Treiben* carnival events
Narzisse narcissus*
Narzissmus narcissism
nasal nasal (*Adv* nasally)
Nasallaut nasal (sound)
naschen 1 eat* sweet things, eat* sweets, (*AmE*) eat* candy ◊ *Sie nascht gerne*. She likes eating sweets. **2** ◊ *Wer hat von der Sahne genascht?* Who's been at the cream?
Nase 1 nose ◊ *Mir läuft die Nase*. My nose is running. ◊ *Sie putzte sich/dem Kind die Nase*. She wiped her/the child's nose. ◊ *Er blutete aus der Nase*. His nose was bleeding. **2** (*Geruchssinn*) sense of smell IDM **jdn an der Nase herumführen** lead* sb up the garden path (*umgs*) **auf die Nase fallen 1** (*hinfallen*) fall* over **2** (*einen Misserfolg haben*) come* a cropper (*umgs*) ◊ *Mit dem Geschäft sind sie böse auf die Nase gefallen*. They really came a cropper with that deal. **jdm etw aus der Nase ziehen** drag* sth out of sb ◊ *Ich musste ihm jedes Wort aus der Nase ziehen*. I had to drag it out of him bit by bit. **(über jdn/etw) die Nase rümpfen** turn your nose up (at sb/sth) (*auch fig*) **(von jdm/etw) die Nase (gestrichen) voll haben** be fed up (with sb/sth) (*umgs*) **die Nase vorn haben** be ahead **eine gute/die richtige Nase für etw haben** have a nose for sth; have good instincts about sth **jdn mit der Nase auf etw stoßen** spell* sth out to sb **pro Nase** per person **seine Nase in etw stecken** poke your nose into sth **sich an die eigene Nase fassen** ◊ *Er sollte sich an die eigene Nase fassen!* He can talk! ◊ *Fass dich doch an die eigene Nase!* You're a fine one to talk! **sich eine goldene Nase verdienen** earn a fortune **jdm etw unter die Nase reiben** rub* sb's nose in sth (*umgs*) ◊ *Du solltest ihm nicht dauernd unter die Nase reiben, dass er durchgefallen ist*. He's failed, but you don't have to keep rubbing his nose in it. **jdm vor der Nase wegfahren** ◊ *Der letzte Bus ist mir vor der Nase weggefahren*. I just missed the last bus. **jdm etw vor der Nase wegschnappen** snap* sth up under sb's nose (*umgs*) **vor jds Nase** in front of sb's nose ☞ *Siehe auch* TÜR
Nasenbein nasal bone ◊ *Er hat sich das Nasenbein gebrochen*. He has broken his nose. **Nasenbluten** nosebleed ◊ *Ich habe Nasenbluten*. I've got a nosebleed. **Nasenlänge** ◊ *Die Konkurrenz ist uns immer um eine Nasenlänge voraus*. Our competitors are always just ahead of us. ◊ *Er hat seinen Gegner um eine Nasenlänge geschlagen*. He pipped his opponent to the post. **Nasenloch** nostril **Nasenring** nose ring
Nasenspitze tip of your nose IDM **jdm etw an der Nasenspitze ansehen** tell* sth by the look on sb's face ◊ *Ich kann es dir an der Nasenspitze ansehen, dass du lügst*. I can tell by the look on your face that you're lying.
Nasen- Nasenspray nasal spray **Nasentropfen** nose drops [Pl]
Nashorn rhinoceros*
nass 1 wet* ◊ *Wir sind auf dem Weg zur Schule nass geworden*. We got wet on the way to school. ◊ *Er rasiert sich nass*. He has a wet shave. ◊ *Vor dem Schneiden muss der Friseur die Haare nass machen*. The hairdresser has to wet the hair before he cuts it. ◊ *jdn nass spritzen* splash sb ◊ *nass bis auf die Haut* soaked to the skin ◊ *nass geschwitzt* dripping with sweat **2 sich ~ machen** wet* yourself; **das Bett ~ machen** wet* the bed
Nässe wet; (*Feuchtigkeit*) damp; (*Wetter auch*) wet weather ◊ *Die Nässe kriecht durch die Wände*. The damp comes through the walls. ◊ *Bei Nässe ist die Fahrbahn glatt*. The road is slippery in wet weather. ◊ *vor Nässe schützen* keep dry
nässen 1 (*Wunde, Ekzem*) weep* **2** (*nass machen*) wet*
nasskalt cold and wet
Nastuch handkerchief*
Nation nation ◊ *eine Rede zur Lage der Nation* a speech on the state of the nation ◊ *die Vereinten Nationen* the United Nations ◊ *Er wurde zum Buhmann der Nation*. He became a hate figure among the people.
national 1 *Adj* national ◊ *die nationale Identität* the national identity **2** *Adv* nationally; (*auf nationaler Ebene auch*) at a national level ◊ *Die Kurse sollen national anerkannt werden*. The courses are to be nationally recognized. ◊ *Diese Normen sind national geregelt*. These standards are set at a national level. ◊ *Das Unternehmen ist national und international tätig*. The company operates in this country and abroad. **3** (*patriotisch*) patriotic (*Adv* patriotically) **4** (*Minderheit*) ethnic
Nationalbewusstsein sense of national identity **Nationalelf** national football team **Nationalfeiertag** national holiday ☞ *Hinweis bei* FEIERTAG **Nationalflagge** national flag **Nationalhymne** national anthem
Nationalismus nationalism ◊ *die Gefahren des Nationalismus* the dangers of nationalism
nationalistisch nationalistic
Nationalität nationality*
National- Nationalmannschaft national team ◊ *Er hat früher in der deutschen Nationalmannschaft gespielt*. He used to play for Germany. **Nationalpark** national park **Nationalrat** = lower chamber of the Austrian or Swiss parliament **Nationalrat, -rätin** = member of the lower chamber of the Austrian or Swiss parliament **Nationalsozialismus** National Socialism ◊ *ein Mahnmal für die Opfer des Nationalsozialismus* a memorial to the victims of National Socialism **Nationalsozialist(in)** National Socialist, Nazi ◊ *Sein Großvater war Nationalsozialist*. His grandfather was a National Socialist. **nationalsozialistisch** National Socialist, Nazi **Nationalspieler(in)** international (player) ◊ *Die Mannschaft ist mit Nationalspielern gespickt*. The team is full of international players. ◊ *der 54-malige englische Nationalspieler Stanley Matthews* Stanley Matthews, who was capped 54 times by England ◊ *Die deutschen Nationalspieler haben bis morgen frei*. The German national team is free till tomorrow. ☞ G 2.2d **Nationalstaat** nation state **Nationalstolz** national pride **Nationalversammlung** National Assembly*
NATO, Nato NATO, Nato ◊ *Die NATO stimmte zu*. Nato agreed. ◊ *ein Beschluss der NATO* a Nato resolution
Natrium sodium
Natron (*doppeltkohlensaures*) bicarbonate of soda, sodium bicarbonate, baking soda
Natter 1 (*Ringel-*) grass snake **2** (*Strumpfband-*) garter snake
Natur 1 nature ◊ *im Einklang mit der Natur* in harmony with nature ◊ *die menschliche Natur* human nature ◊ *Es liegt nicht in ihrer Natur, nachtragend zu sein*. It is not in her nature to bear grudges. ◊ *Er ist von Natur aus ehrlich*. He is honest by nature. ◊ *Baumwollarten, die von Natur aus farbig sind* types of cotton that are naturally coloured ◊ *Das Problem ist politischer Natur*. The problem is of a political nature. ◊ *Bei seiner Arbeit ist er ständig in der freien Natur*. In his job, he's always out of doors. ◊ *Tiere in der freien Natur* animals in the wild **2** (*Mensch*) type ◊ *Er ist eine gutmütige Natur*. He's a good-natured type. ◊ *Sie ist eine ganz ruhige Natur*. She's a very calm person. **3** ◊ *Glaubst du, ihre Haarfarbe ist Natur?* Do you think that's her natural hair colour? IDM **das liegt in der Natur der Sache** it's in the nature of things **gegen/wider die Natur** unnatural ◊ *Die Nachtarbeit ist wider die Natur*. Working nights is unnatural. **jdm gegen/wider die Natur gehen** go* against the grain ◊ *Es geht ihr gegen die Natur, so streng mit den Kindern umzugehen*. It goes against the grain for her to be so strict with the children. **jdm zur zweiten Natur werden** become* second nature to sb
Naturalien 1 fresh produce [U] **2** ◊ *in Naturalien bezahlen* pay in kind
Naturalismus naturalism
naturalistisch 1 *Adj* naturalistic **2** *Adv* in a naturalistic style

natur- naturbelassen natural ◊ *Das Obst wird als naturbelassenes Produkt vermarktet.* The fruit is marketed as a natural product. ◊ *ein naturbelassenes Stück Landschaft* a piece of the countryside left in its natural state **Naturdenkmal** natural monument ◊ *Die Tropfsteinhöhle gilt als bedeutendes Naturdenkmal.* The limestone cave is regarded as an important natural monument. ◊ *Dieser Baum ist als Naturdenkmal geschützt.* This tree is protected by a conservation order.

In Großbritannien werden Gebiete, die eine besonders interessante Flora und Fauna aufweisen (**Sites of Special Scientific Interest**) sowie landschaftlich schöne Gegenden (**Areas of Outstanding Natural Beauty**) geschützt.

nature plain ◊ *Schnitzel nature* a plain cutlet
Naturell character, temperament, nature ◊ *Das entspricht einfach nicht seinem Naturell.* It just doesn't fit with his character. ◊ *Sie hatte ein glückliches Naturell.* She had a sunny nature. ◊ *Sie sind von ihrem Naturell her friedfertig.* They are peaceable by nature.
Natur- Naturereignis natural phenomenon*; (*Katastrophe*) natural disaster **Naturerlebnis** (*meist mit einem Verb übersetzt*) ◊ *Die Wanderung bietet ein Naturerlebnis in einer schönen Landschaft.* The walk allows you to experience nature in beautiful countryside. **Naturfreund(in)** nature lover ☛ G 2.2d **naturgemäß 1** *Adv* naturally; (*zwangsläufig*) inevitably ◊ *Solche Verhandlungen sind naturgemäß schwierig.* Such negotiations are inevitably difficult. **2** *Adj* (*der Natur entsprechend*) natural ◊ *naturgemäße Waldwirtschaft* natural forestry **Naturgesetz** law of nature **naturgetreu** lifelike; (*gleicher Maßstab*) life-size ◊ *etw naturgetreu nachbilden* make a lifelike copy of sth ◊ *Das Schiff wurde naturgetreu nachgebaut.* They built a life-size model of the ship. **Naturheilkunde** natural medicine **Naturheilverfahren** natural therapy* **Naturkatastrophe** natural disaster **Naturkostladen** health food shop **Naturkunde** natural history **Naturkundemuseum** natural history museum **Naturlehrpfad** nature trail
natürlich 1 *Adj* natural (*Adv* naturally) ◊ *eine natürliche Auslese* natural selection ◊ *ihre natürliche Haarfarbe* her natural hair colour ◊ *ein natürliches Wesen haben* have a natural manner ◊ *Es ist doch ganz natürlich, dass sie ein Kind will.* It's only natural that she wants a child. ◊ *natürlich gewachsener Wald* wood that has grown naturally **2** *Adv* (*selbstverständlich*) of course ◊ *Ich hoffe natürlich, dass alles glatt geht.* Of course I hope that everything runs smoothly. ◊ *Natürlich kannst du machen, was du willst.* You can do what you like, of course. IDM **eines natürlichen Todes sterben** die* of natural causes
Natürlichkeit naturalness [U]
Natur- naturnah ◊ *Der Garten wurde naturnah belassen.* The garden was left in a natural state. ◊ *naturnah wohnen* live close to nature **Naturpark** ≈ national park **Naturprodukt** natural product **Naturschutz** ◊ *Diese Wiese steht unter Naturschutz.* This field is a conservation area. ◊ *Diese Pflanze steht unter Naturschutz.* This plant is a protected species. **Naturschutzbehörde** environmental protection agency* **Naturschutzgebiet** conservation area **Naturtalent** natural talent **Naturvolk** primitive people **Naturwissenschaft** (natural) science ◊ *Die Naturwissenschaften haben mich schon immer interessiert.* I've always been interested in the natural sciences. **Naturwissenschaftler(in)** (natural) scientist ☛ G 2.2d **naturwissenschaftlich** scientific (*Adv* scientifically) ◊ *naturwissenschaftliche Forschung* scientific research ◊ *etw naturwissenschaftlich klären* explain sth scientifically ◊ *naturwissenschaftliche Fächer* science subjects
Navigation navigation
navigieren navigate
Nazi Nazi
Naziherrschaft Nazi rule [U] **Naziregime** Nazi regime
NC ⇨ **Numerus Clausus**
NC-Fach = university course to which only a certain number of students are admitted
n. Chr. AD
Neandertaler Neanderthal man*
Nebel 1 mist; (*dichter*) fog ◊ *Im Tal lag Nebel.* There was mist in the valley. ◊ *Der Nebel hat sich bereits gelichtet.* The fog has already lifted. ◊ *künstlicher Nebel* dry ice **2** (ASTRON) nebula IDM ⇨ **NACHT**
Nebelhorn foghorn **Nebelscheinwerfer** fog light **Nebelschlussleuchte** rear fog lamp **Nebelschwaden** patches of mist [Pl]
neben 1 next to, beside ◊ *Ich saß neben ihr.* I was sitting next to her. ◊ *Neben dem Lokal war eine Apotheke.* There was a chemist's next to the pub. ◊ *Der Hund lief neben uns her.* The dog ran along beside us. ◊ *Sie setzte sich neben mich.* She sat down beside me. **2** (*zusätzlich*) as well as ◊ *Neben Biologie unterrichtet sie noch Sport.* She teaches sport as well as biology. ◊ *Neben Büros sollen auch Wohnungen gebaut werden.* Flats are going to be built as well as offices. **3** (*im Vergleich zu*) compared with ◊ *Neben dir ist er ein Waschlappen.* Compared with you he's a wimp.
nebenan next door ◊ *Gleich nebenan wohnt ein älteres Ehepaar.* An elderly couple live next door. ◊ *Ich gehe kurz nach nebenan.* I'm just going to pop next door. ◊ *das Café nebenan* the cafe next door ◊ *Am Stand nebenan wird Popcorn verkauft.* At the next stall they sell popcorn.
Neben- Nebenarm branch **nebenbei 1** (*zusätzlich*) on the side ◊ *Sie verdient sich nebenbei ein wenig Geld.* She earns a bit on the side. ◊ *Er studiert und nebenbei gibt er noch Klavierstunden.* He's a student and he also gives piano lessons. **2** (*beiläufig*) incidentally; (*Bemerkung auch*) by the way ◊ *Das ergab sich ganz nebenbei.* It came about quite incidentally. ◊ *Nebenbei gesagt, ist mir das egal.* That's all the same to me, by the way. **nebenberuflich 1** *Adj* ◊ *eine nebenberufliche Tätigkeit* a second job **2** *Adv* as a sideline ◊ *Sie ist nebenberuflich als Fremdenführerin tätig.* She works as a tourist guide as a sideline. **Nebenbeschäftigung** second job ◊ *eine Nebenbeschäftigung ausüben* have a second job **Nebeneffekt** side effect **nebeneinander 1** next to each other, side by side ◊ *Sie setzten sich nebeneinander.* They sat down next to each other. ◊ *Sie hielt die beiden Fotos nebeneinander.* She held the two photos side by side. **2** (*zusammen mit jdm/etw*) together ◊ *friedlich nebeneinander existieren/ leben* exist/live together peacefully **Nebeneinander 1** juxtaposition ◊ *ein Nebeneinander von verschiedenen Baustilen* a juxtaposition of different building styles **2** (*Koexistenz*) coexistence ◊ *ein friedliches Nebeneinander* peaceful coexistence **Nebenfach** subsidiary subject, (*AmE*) minor ◊ *Sie studiert Germanistik, Soziologie im Nebenfach.* She is studying German, with sociology as her subsidiary subject. **Nebenfluss** tributary* **Nebengebäude 1** (*Scheune, Garage etc.*) annexe, outbuilding ◊ *der Bauernhof und seine Nebengebäude* the farm and its outbuildings **2** (*benachbart*) neighbouring building, (*AmE*) neighboring building **Nebengeräusch** background noise **Nebenhandlung** sub-plot
nebenher also ◊ *Sie jobbt nebenher am Flughafen.* She's also got a job at the airport. ◊ *Er betreut nebenher eine Jugendmannschaft.* He's also in charge of a youth team. ◊ *Er verdient sich ein paar Dollars nebenher.* He earns a few dollars on the side.
nebenherfahren (**neben jdm**) ~ ride* alongside (sb); (*im Auto*) drive* alongside sb **nebenherlaufen 1 neben jdm** ~ run* alongside sb ◊ *Sie fährt mit dem Rad und der Hund läuft nebenher.* She rides her bike and the dog runs alongside her. **2** ◊ *Sein ganzes Interesse gilt seinem Hobby und die Arbeit läuft irgendwie nebenher.* His main interest is his hobby; his work somehow runs along at the same time.
Neben- Nebenhöhle sinus **Nebenhöhlenentzündung** sinusitis [U] **Nebenjob** second job **Nebenkosten** additional costs [Pl]; (*zum Mietpreis*) bills [Pl] ◊ *Die Miete schließt Nebenkosten ein.* The rent includes bills. **Nebenprodukt** by-product ◊ *Molke ist ein Nebenprodukt (bei) der Käseherstellung.* Whey is a by-product of cheesemaking. **Nebenraum** adjoining room **Nebenrolle** supporting role, minor role (*auch fig*) ◊ *Das Geld spielt in diesem Fall eine Nebenrolle.* Money plays a minor role in this case. **Nebensache** minor consideration ◊ *Ob du willst oder nicht, ist Nebensache.* Whether you want to or not is a minor consideration. ◊ *Alles andere ist Nebensache.* Everything else is unimportant. **nebensächlich** (*weniger wichtig*) of minor importance (*nicht vor Nomen*); (*bedeutungslos*) irrelevant ◊ *Das war ein nebensächlicher Punkt.* That point was of minor importance. **Nebensaison** low season

Nebensatz (LING) subordinate clause **nebenstehend** opposite ◊ *Siehe nebenstehende Grafik.* See the diagram opposite. **Nebenstraße** side street; (*Landstraße*) minor road
Nebenwirkung side effect
neblig foggy* ◊ *ein nebliger Tag* a foggy day
necken tease ◊ *Man neckte sie mit dem Foto.* They teased her about the photo.
neckisch 1 teasing (*Adv* teasingly) ◊ *Sie blinzelte ihm neckisch zu.* She gave him a teasing wink. **2** (*kess*) saucy (*Adv* saucily)
Neffe nephew
negativ 1 negative (*Adv* negatively) ◊ *negative Auswirkungen* negative effects ◊ *ein negativer Befund* a negative result ◊ *Der Test fiel negativ aus.* The test was negative. ◊ *Der Ausdruck ist für ihn negativ besetzt.* The word has negative connotations for him. ◊ *negativ geladen* negatively charged ◊ *Neue Technologien werden oft negativ bewertet.* People often take a negative view of new technology. ◊ *etw negativ darstellen* present sth in a bad light ◊ *sich negativ auf etw auswirken* have an adverse effect on sth **2** (MATH) minus ◊ *negative Zahlen* minus numbers
Negativ negative
Neger(in) Negro* (*abwert*)
nehmen 1 take* ◊ *jdn an der Hand nehmen* take sb by the hand ◊ *Sie nahm es ihm aus der Hand.* She took it from him. ◊ *den Bus nehmen* take the bus ◊ *Medizin nehmen* take medicine ◊ *eine Stadt nehmen* take a town ◊ *Du nimmst mich nie ernst.* You never take me seriously. ◊ *Nimm die Sache nicht so tragisch.* Don't take it to heart! **2** (*aufheben*) pick *sth* up; (*hochheben*) lift *sth* up ◊ *Nimm den Kuli in die Hand und fang an zu schreiben.* Pick up your pen and start writing. ◊ *Er nahm den Rucksack auf die Schultern.* He lifted the rucksack onto his shoulders. **3** (*tragen*) carry* ◊ *Ich nehme die Jacke über den Arm.* I'll carry my jacket over my arm. **4** (*wählen*) have ◊ *Ich nehme die Suppe.* I'll have the soup. **5** (*verwenden*) use ◊ *Nimm die blaue Schüssel dafür.* Use the blue bowl for that. **6 jdm etw ~** take* sth away from sb ◊ *Er hat mir die Angst vor dem Zahnarzt genommen.* He took away my fear of the dentist's. ◊ *jdm die Hoffnung nehmen* destroy sb's hope **7 etw an sich ~** take* care of sth ◊ *Ich nahm seine Briefe und Manuskripte an mich.* I took care of his letters and manuscripts. **8 etw auf sich ~** take* sth upon yourself ◊ *Sie hat die ganze Schuld auf sich genommen.* She took all the blame upon herself. **9 etw zu sich ~** have sth (to eat/drink) ◊ *Ich habe seit dem Frühstück nichts zu mir genommen.* I haven't had anything to eat since breakfast. **10 jdn zu sich ~** take* sb in ◊ *Sie will das Kind ihrer Schwester zu sich nehmen.* She wants to take in her sister's child. IDM **sich etw nicht nehmen lassen** insist on sth ◊ *Er ließ es sich nicht nehmen, mich nach Hause zu fahren.* He insisted on driving me home. **wie man's nimmt** it depends on your point of view ☛ Für andere Redewendungen mit **nehmen** siehe die Einträge für die entsprechenden Nomina etc. **Abschied nehmen** z.B. steht unter **Abschied**
Neid envy ◊ *vor Neid grün werden/erblassen* be green with envy ◊ *jdn voller Neid ansehen* look enviously at sb ◊ *Sein schönes Haus erregte viel Neid im Dorf.* His lovely house was much envied in the village. IDM **das muss ihm/ihr der Neid lassen** you have to give him/her that ◊ *Er kann gut kochen, das muss ihm der Neid lassen.* He's a good cook, you have to give him that.
neidisch ~ auf etw/jdn envious of sth/sb (*Adv* enviously)
neidlos ungrudging (*Adv* ungrudgingly)
neidvoll envious (*Adv* enviously) ◊ *Sie betrachtete ihn mit neidvollen Augen.* She gave him envious glances.
Neige remains [*Pl*] IDM **zur Neige gehen 1** (*alle werden*) run* out ◊ *Die Ölreserven gehen langsam zur Neige.* The oil reserves are running out. **2** (*vorübergehen*) draw* to a close (*gehoben*) ◊ *Der Sommer geht nun zur Neige.* Summer is drawing to a close.
neigen 1 (*Körper*) lean*; (*den Kopf zur Seite*) tilt; (*den Kopf nach vorne*) bend*; (*verbeugen*) bow ◊ *Sie neigte den Kopf zur Seite.* She tilted her head to one side. **2 sich ~** lean*; (*sich beugen*) bend* ◊ *sich nach vorn neigen* lean forward **3 sich ~** (*abfallen*) slope ◊ *Der Garten neigt sich zum Fluss.* The garden slopes down to the river. **4 zu etw ~** tend to sth; (*zu Krankheiten etc.*) be prone to sth ◊ *Er neigt zu Übertreibungen.* He tends to exaggerate. ◊ *Ich neige zu der Ansicht, dass …* I tend to the view that … ◊ *Sie neigt zu Kopfschmerzen.* She's prone to headaches. ◊ *Er neigt zum Rechtsradikalismus.* He has radical right-wing tendencies. **5 sich ~** (*zu Ende gehen*) end, draw* to a close (*gehoben*) ◊ *Der Tag neigt sich.* The day is ending.
Neigung 1 (*Schräge*) slope; (*Dach-*) pitch; (*von Hügeln*) gradient ◊ *Die Neigung der Straße beträgt 15°.* The road has a gradient of 15°. ◊ *Der Garten hat eine sanfte Neigung.* The garden slopes gently. **2** (*Vorliebe*) inclination ◊ *künstlerische Neigungen* artistic inclinations **3 ~ zu etw** (*Hang*) tendency to sth ◊ *Sie hat eine Neigung zu Depressionen.* She has a tendency to depression. **4 ~ zu jdm/etw** fondness for sb, liking for sb/sth ◊ *ihre Neigung zu ihren Enkelkindern* her fondness for her grandchildren ◊ *eine Neigung zu jdm fassen* become fond of sb IDM **keine/nicht die geringste Neigung verspüren etw zu tun** have no/not the slightest inclination to do sth ◊ *Sie verspürte nicht die geringste Neigung, sich zu entschuldigen.* She did not have the slightest inclination to apologize. **seinen Neigungen nachgehen** follow your inclinations
nein no ◊ *Oh nein, wie furchtbar!* Oh no, how terrible! ◊ *„Nein und abermals nein!"* 'For the last time, no!'

> In Ausdrücken des Staunens wird „nein" oft nicht übersetzt: *Oh nein, das darf doch nicht wahr sein!* I don't believe it! ◊ *Nein, so was!* You don't say! ◊ *Nein, wie niedlich!* Oh, how cute!
>
> Wenn „nein" in rhetorischen Fragen verwendet wird, muss man es mit dem entsprechenden Frageanhängsel übersetzen: *Du gehst doch nicht wirklich hin, nein?* You're not really going there, are you? ☛ *Hinweis bei* NICHT

IDM ⇨ JA
Nein no ◊ *Wirst du mit Ja oder Nein stimmen?* Will you vote yes or no? ◊ *„Möchtest du ein Bier?" „Da sage ich nicht Nein."* 'Would you like a beer?' 'I wouldn't say no.' ◊ *Sie blieb bei ihrem Nein.* She stuck to her refusal. ◊ *Das Projekt scheiterte am Nein des Stadtrats.* The project failed because of the town council's rejection.
Neinstimme no*(-vote), vote against ◊ *Der Antrag wurde mit 40 Ja- und zwei Neinstimmen angenommen.* The motion was passed with 40 votes in favour and two against.
Nektar 1 nectar **2** (*Getränk*) fruit juice
Nektarine nectarine
Nelke 1 (*Blume*) carnation **2** (*Gewürz*) clove
nennen 1 call ◊ *Sie wurde Irma genannt nach ihrer Tante.* She was called Irma, after her aunt. ◊ *Man kann ihn nicht gerade intelligent nennen.* You can't exactly call him intelligent. **2** (*angeben*) name; (*Namen, Grund*) give* ◊ *Nennen Sie fünf Städte in Belgien.* Name five towns in Belgium. ◊ *Ich nannte meinen Namen.* I gave my name. ◊ *Sie nannte mir den Preis.* She told me the price. **3 sich ~** call yourself; (*heißen*) be called ◊ *Sie nennt sich Tänzerin.* She calls herself a dancer. ◊ *Das hätte ich nicht vor dir erwartet! Und so was nennt sich mein Bruder!* I wouldn't have expected that from you! And you call yourself my brother! ◊ *Wie nennt sich dieser Haarschnitt?* What's this haircut called? IDM ⇨ NAME
nennenswert significant (*Adv* significantly), worth mentioning (*dem Nomen nachgestellt*) ◊ *eine nennenswerte Anzahl von Autofahren* a significant number of motorists ◊ *Der Grenzwert wurde nicht nennenswert überschritten.* The limit was not significantly exceeded. ◊ *Sie hatten nur eine nennenswerte Chance.* They had only one chance worth mentioning.
Nenner (MATH) denominator ◊ *der kleinste gemeinsame Nenner* the lowest common denominator IDM **etw auf einen (gemeinsamen) Nenner bringen** reconcile sth ◊ **einen (gemeinsamen) Nenner finden/auf einen (gemeinsamen) Nenner kommen** find* common ground
Neofaschismus neo-fascism
neofaschistisch neo-fascist
Neon neon
Neonazi neo-Nazi
neonazistisch neo-Nazi ◊ *neonazistische Ausschreitungen* neo-Nazi riots ◊ *neonazistisch eingestufte Gruppen* groups classed as neo-Nazi
Neon- Neonfarbe fluorescent paint **neongelb** fluorescent yellow **Neonlicht** neon light **Neonreklame** neon sign **Neonröhre** neon tube
Nepp rip-off (*umgs*)

neppen rip* *sb* off (*umgs*)
Neptun Neptune ☞ *Beispiele bei* MERKUR
Nerv 1 nerve ◊ *Der Nerv ist geschädigt.* The nerve is damaged. ◊ *einen empfindlichen Nerv treffen* touch a sensitive nerve ◊ *den Nerv der Zeit treffen* touch the pulse of the times **2** (*nervliche Konstitution*) nerves [Pl] ◊ *gute Nerven haben* have good nerves ◊ *Das kostet Nerven.* It's a strain on the nerves. ◊ *Sie ist völlig mit den Nerven am Ende.* She is a nervous wreck. ◊ IDM **jdm auf die Nerven gehen/fallen**; **jdm den (letzten) Nerv töten** get* on sb's nerves **den Nerv haben etw zu tun** have the nerve to do sth **die Nerven behalten** keep* your nerve **die Nerven verlieren** get* nervous; panic* **keine Nerven haben/kennen** have nerves of steel **Nerven haben** have a nerve ◊ *Ich soll dir Geld leihen? Du hast vielleicht Nerven!* You expect me to lend you money? You've got a nerve! **jds Nerven sind zum Zerreißen gespannt** sb's nerves are stretched to breaking point **Nerven zeigen** get* nervous
nerven (jdn) ~ get* on sb's nerves, bug* sb ◊ *Sie nervt mich mit ihrer ständigen Quengelei.* She gets on my nerves with her constant whining. ◊ *Der dauernde Lärm nervt.* The constant noise gets on your nerves. ◊ *Sie nervte mich so lange, bis ich ihr ein Eis kaufte.* She bugged me until I bought her an ice cream. ◊ *Er is im Moment ziemlich genervt.* He's pretty stressed-out at the moment.
nerven- nervenaufreibend nerve-racking; (*ärgerlich*) maddening (*Adv* maddeningly) ◊ *ein nervenaufreibendes Spiel* a nerve-racking game ◊ *Das geht nervenaufreibend langsam.* It's maddeningly slow. **Nervengas** nerve gas **Nervengift** neurotoxin **Nervenkitzel** thrill **Nervenkrieg** war of nerves **Nervensäge** pain in the neck **nervenstark** with strong nerves (*nicht vor Nomen*), cool (*Adv* coolly) ◊ *Er verwandelte den Strafstoß nervenstark.* He coolly converted the penalty. **Nervensystem** nervous system **Nervenzelle** nerve cell **Nervenzusammenbruch** nervous breakdown
nervlich nervous ◊ *Er war der nervlichen Belastung nicht gewachsen.* The nervous strain was too much for him. ◊ *Er ist nervlich am Ende.* He's a nervous wreck. ◊ *Ich bin nervlich ziemlich angeschlagen.* My nerves are shattered.
nervös nervous (*Adv* nervously); (*angespannt, irritiert*) on edge, tense ◊ *Kurz vor der Prüfung wurde sie nervös.* Just before the exam she began to feel nervous. ◊ *nervöse Störungen* nervous disorders ◊ *Sie war nervös und litt an Schlafstörungen.* She was tense and had problems sleeping. ◊ *Der Lärm macht mich ganz nervös.* The noise is getting on my nerves.
Nervosität nervousness; (*Spannung*) tension
nervtötend infuriating (*Adv* infuriatingly) ◊ *nervtötende Fragen* infuriating questions ◊ *Die Musik dröhnte nervtötend in den Ohren.* The noise of the music was driving everyone mad.
Nerz 1 (*Tier*) mink **2** *auch* **Nerzmantel** mink coat
Nessel nettle IDM **sich (mit etw) in die Nesseln setzen** get* into hot water (because of sth)
Nest 1 nest (*auch fig*) ◊ *das Nest eines Adlers* an eagle's nest **2** (*kleiner Ort*) tiny place; (*Kaff*) hole (*umgs*) ◊ *Er stammt aus einem kleinen Nest in Bayern.* He comes from some tiny place in Bavaria. ◊ *Ich will aus diesem gottverlassenen Nest raus!* I want to get out of this godforsaken hole! **3** (*Versteck*) hideout IDM **das eigene Nest beschmutzen** foul your own nest **sich ins warme/gemachte Nest setzen** have it made; (*durch Heirat*) marry* into money ◊ *Sein Vorgänger hatte den Betrieb saniert, er brauchte sich nur ins gemachte Nest zu setzen.* His predecessor had put the business back on its feet, so he'd got it made.
Netiquette netiquette
nett nice (*Adv* nicely); (*Mensch, Art, Abend auch*) pleasant (*Adv* pleasantly) ◊ *Das ist aber nett von dir!* That is nice of you! ◊ *Das war nett gemeint.* It was a nice thought. ◊ *Der Abend verlief ausgesprochen nett.* The evening passed extremely pleasantly. ◊ *Sei so nett und bring mir das Buch rüber.* Could you bring me that book please?
netterweise kindly
netto net ◊ *Das Gewicht beträgt 20 kg netto.* The net weight is 20 kg. ◊ *Er verdient 3 000 Dollar netto im Monat.* He earns 3 000 dollars a month net.
Nettoeinkommen net income **Nettogewicht** net weight **Nettogewinn** net profit
Network network

Netz 1 net ◊ *Fische mit dem Netz fangen* catch fish with a net ◊ *Er schoss den Ball ins Netz.* He put the ball into the net. **2** (*Spinnen-*) web (*auch fig*) ◊ *Er verstrickte sich im Netz seiner eigenen Lügen.* He got caught up in his own web of lies. **3** (*Einkaufs-*) string bag **4** (*Gepäck-*) rack **5** (*System*) network ◊ *ein Netz von Radwegen* a network of cycle paths ◊ *ein Netz von 200 Filialen* a network of 200 branches **6** (*Strom-*) grid; (*Wasser-*) mains [Pl] ◊ *Wann geht das Kraftwerk ans Netz?* When will the power station be linked to the national grid? ◊ *Wasser aus dem öffentlichen Netz* water from the mains **7** (*Internet*) Internet IDM **jdm ins Netz gehen** fall* into sb's trap ◊ *Mehrere Drogenhändler sind der Polizei ins Netz gegangen.* Several drug dealers fell into the police trap.
Netzanbieter network provider **Netzanschluss** mains connection **Netzbetreiber** (*Internet*) Internet Service Provider; (*Mobilfunk-*) network operator **Netzhaut** retina **Netznutzer(in)** Net user **Netzspannung** mains voltage **Netzstecker** mains plug **Netzsurfer(in)** Net surfer **Netzteilnehmer(in)** subscriber **Netzwerk** network **Netzwerktreiber** network driver
neu 1 *Adj* new ◊ *ein neuer Laden* a new shop ◊ *die Neue Welt* the New World ◊ *ein ganz neuer Wagen* a brand new car ◊ *Das Problem ist nicht neu.* This is not a new problem. ◊ *Das sieht wieder aus wie neu!* It looks like new again! ◊ *Ich bin neu hier.* I'm new here. ◊ *neue Kartoffeln* new potatoes ◊ *Das ist mir neu.* That's news to me. ◊ *Ich ziehe mir geschwind ein neues Hemd an.* I'll just put a clean shirt on. ◊ *ein neuer Beginn* a fresh start ◊ *die neuere Literatur/Geschichte* modern literature/history **2** *Nomen* **der/die Neue** the new man*/woman*/boy/ girl etc. **3** *Adv* ☞ Im Sinne von „wieder" wird „neu" meist mit der Vorsilbe **re-** übersetzt, oder seltener mit **again**: ◊ *Sie haben ihr Wohnzimmer neu eingerichtet.* They have refurnished their living room. ◊ *Die Buchhandlung ist neu eröffnet worden.* The bookshop has reopened. ◊ *Ich würde den Brief noch mal neu anfangen.* I would start the letter again. ◊ *Das Buch ist neu aufgelegt worden.* A new edition of the book has been brought out. ◊ *eine neu bearbeitete Fassung* a new version **4** *Adv* (*vor kurzem*) newly, just ◊ *eine neu gegründete Partei* a newly founded party ◊ *Dieses Produkt ist neu eingetroffen.* This product has just come in. **5 aufs Neue** afresh, anew ◊ *Das Land entdeckt seine Traditionen aufs Neue.* The country is discovering its traditions afresh. ☞ In vielen Sätzen wird „aufs Neue" nicht übersetzt: *Das Wetter fällt jedes Jahr aufs Neue ins Gewicht.* The weather is a crucial factor every year. **6 von neuem** (all over) again ◊ *Die Kämpfe flammten von neuem auf.* The fighting flared up again. ◊ *Wir mussten noch einmal von neuem beginnen.* We had to start all over again. IDM **was gibt's (Neues)?** ⇨ GEBEN
Neu- Neuankömmling new arrival ◊ *Neuankömmlinge aus dem Ausland* new arrivals from abroad **neuartig** new ◊ *neuartige Methoden* new methods ◊ *ein neuartiger Motor* a new type of engine **Neuauflage** reprint; (*mit Veränderungen*) new edition **Neuausgabe** new edition **Neubau 1** (*das Bauen*) (*meist mit einem Verb übersetzt*) ◊ *Der Neubau des Rathauses wird zehn Millionen kosten.* Building the new town hall will cost ten million. **2** (*neues Gebäude*) new house/building ◊ *Der Neubau wird im März eröffnet.* The new building will be opened in March. **Neubaugebiet** area of new development **Neubauwohnung** modern flat, (*AmE*) modern apartment
Neu- Neubearbeitung new version; (*eines Theaterstücks etc.*) adaptation; (*eines Buchs etc.*) revised edition **Neubildung 1** (*physiologisch*) regeneration; (*bösartig*) new growth ◊ *die Neubildung von Gewebe/Zellen* the regeneration of tissue/cells **2** (*neues Wort*) neologism **Neuentdeckung 1** new discovery* **2** (*Wiederentdeckung*) rediscovery*; (*Wiederbelebung*) revival **Neuentwicklung 1** development ◊ *die Neuentwicklung von Medikamenten* the development of new medicines ◊ *medizinische Neuentwicklungen* new medical developments **2** (*Produkt*) new product
neuerdings 1 (*seit kurzem*) recently **2** (*erneut*) again
neuerlich 1 (*erneut*) renewed ◊ *ein neuerlicher Angriff* a renewed attack ◊ *neuerliche Anstrengungen* renewed efforts **2** (*weitere(r,s)*) another, more ◊ *ein neuerlicher Versuch* another attempt ◊ *Es muss mit neuerlichen Beben gerechnet werden.* More tremors must be expected. **3** *Adv* (*wieder*) (yet) again
Neu- Neueröffnung 1 (*neue Filiale*) new branch; (*neuer*

Neuerscheinung

Laden) new shop **2** (*nach Schließung, Renovierung*) reopening **Neuerscheinung** new publication; (*CD, Schallplatte*) new release

Neuerung innovation; (*Änderung*) change; (*Reform*) reform

Neuerwerbung new acquisition

neueste(r,s) 1 latest ◊ *die neueste Mode* the latest fashion ◊ *die neueste Ausgabe* the latest edition ◊ *Weißt du schon das Neueste?* Have you heard the latest? ◊ *etw auf den neuesten Stand der Technik bringen* bring sth up to date with the latest technology ◊ *Die Zahlen sind nicht auf dem neuesten Stand.* The figures are not up to date. ◊ *die Zahlen auf den neuesten Stand bringen* update the figures **2 seit neuestem** recently

neu- neugeboren 1 newborn (*nur vor Nomen*) ◊ *ein neugeborenes Kind* a newborn baby ◊ *das Neugeborene* the newborn child **2 wie ~** like a new man/woman **Neugestaltung** redesigning; (*einer Organisation etc.*) reorganization

Neugier, Neugierde curiosity ◊ *Das weckte meine Neugier.* That aroused my curiosity. ◊ *Ich platze vor Neugier!* I'm bursting with curiosity.

neugierig *Adj* **1** curious; (*wissbegierig*) inquisitive, nosy* (*Adv* nosily) (*umgs, abwert*) ◊ *Ich bin neugierig, wie ...* I'm curious to know how ... ◊ *ein neugieriges Kind* an inquisitive child ◊ *Sei doch nicht so neugierig!* Don't be so nosy! **2** *Adv* out of curiosity, with interest ◊ *Ich blieb neugierig stehen.* I stopped out of curiosity. ◊ *Sie beobachteten ihn neugierig.* They watched him with interest. ◊ *Ich sah mich neugierig um.* I had a good look around.

Neugierige(r) 1 (*Zuschauer*) onlooker ◊ *Der Unfall lockte unzählige Neugierige an.* The accident attracted countless onlookers. **2** (*Interessierte(r)*) ◊ *60 Neugierige kamen zum Badminton-Schnuppertag.* 60 people who were interested came to the badminton trial day.

Neu- Neugliederung reorganization [U] **neugotisch** neo-Gothic **neugriechisch** modern Greek

Neuheit new product, article, item, etc.; (*Neuentwicklung*) innovation ◊ *Neuheiten für den Verbraucher* new consumer products ◊ *eine literarische Neuheit* a new literary work ◊ *eine technische Neuheit* a technological innovation ◊ *die letzte Neuheit auf dem Markt* the latest product on the market

neuhochdeutsch New High German

Neuigkeit news [U], piece of news ◊ *Er erzählte ihr schnell die letzten Neuigkeiten.* He quickly told her his latest news. ◊ *Das ist keine Neuigkeit.* That's nothing new. ☞ *Hinweis bei* NACHRICHT

Neuinszenierung new production

Neujahr New Year; (*Neujahrstag*) New Year's Day ◊ *jdm zu Neujahr viel Glück wünschen* wish sb a Happy New Year ◊ *Prosit Neujahr!* Happy New Year! ☞ *Hinweis bei* FEIERTAG **Neujahrsfest** New Year, New Year celebrations [Pl] ◊ *das chinesische Neujahrsfest* Chinese New Year ◊ *In Japan wird das Neujahrsfest über vier Tage gefeiert.* In Japan the New Year celebrations go on for four days. **Neujahrstag** New Year's Day

Neuland new territory, new ground (*auch fig*) ◊ *medizinisches Neuland betreten* break new ground in the field of medicine

neulich the other day, recently ◊ *Ich habe ihn erst neulich durch Zufall getroffen.* I met him only the other day by chance. ◊ *Als ich neulich von der Schule heimging, ...* The other day, when I was on my way home from school, ... ◊ *neulich früh* the other morning ◊ *Der Botschafter schlug neulich vor, ...* The ambassador recently suggested ...

Neuling newcomer; (*auf einem Gebiet*) novice

Neumond new moon ◊ *Es war Neumond.* There was a new moon.

neun nine ☞ *Beispiele bei* SECHS [IDM] **alle neune!** strike!

neunte(r,s) ninth ☞ *Beispiele bei* SECHSTE(R,S)

Neuntel ninth ☞ *Beispiele bei* SECHSTEL

neunzehn nineteen ☞ *Beispiele bei* SECHZEHN

neunzig ninety ☞ *Beispiele bei* SECHZIG

Neu- Neuordnung reorganization; (*Reform*) reform **Neuorientierung** reorientation **Neuphilologie** modern languages [Pl]

Neuralgie neuralgia

neuralgisch 1 neuralgic ◊ *neuralgische Schmerzen* neuralgia **2 ein neuralgischer Punkt** a trouble spot; (*Thema*) a touchy subject

Neu- Neuregelung revision; (*Reform*) reform; (*neue Bestimmung*) new regulations [Pl] ◊ *die Neuregelung der Arbeitszeit* revison of the regulations governing working hours **neureich** nouveau riche* (*abwert*)

Neurochirurgie neurosurgery

neurologisch neurological

Neuron neuron

Neurose neurosis*

neurotisch neurotic

Neuschnee fresh snow

neutral 1 neutral ◊ *neutral sein/bleiben* be/remain neutral **2** (*unparteiisch*) independent

neutralisieren neutralize

Neutralität neutrality

Neutron neutron

Neutrum (LING) neuter

Neu- Neuverfilmung remake **Neuwahl** (new) election ◊ *Italiens Opposition fordert vorzeitige Neuwahlen.* Italy's opposition are demanding early elections. **Neuwert** value when new ◊ *der Neuwert eines Autos* the value of a car when new **Neuzeit** modern era ◊ *vom Mittelalter bis in die Neuzeit* from the Middle Ages to the modern era ◊ *Literatur der Neuzeit* literature since the Middle Ages

nicht 1 not ◊ *Sie ist nicht alt.* She's not old. ◊ *nicht einmal* not even ◊ *Er raucht nicht.* He doesn't smoke. ◊ *Kommst du oder nicht?* Are you coming or not? ◊ *Sie ging nicht hin und ich auch nicht.* She didn't go and neither did I. ◊ *Alle lachten, nur sie nicht.* Everyone laughed except her. ◊ *„Wer kommt mit?" „Ich nicht."* 'Who's coming?' 'Not me.' ◊ *„Wer hat mein Bier getrunken?" „Ich nicht."* 'Who drank my beer?' 'It wasn't me.' ◊ *Das war wirklich nicht teuer.* It wasn't at all expensive. ◊ *Das ist nicht ungefährlich.* It's quite dangerous. ◊ *Habe ich das nicht gleich gesagt!* What did I tell you! **2** (*in Bitten und Verboten*) ◊ *(Bitte) nicht!* (Please) don't! ◊ *Nicht berühren!* Don't touch. ◊ *Den Rasen nicht betreten!* Keep off the grass. ◊ *Nicht vom Rand springen!* No diving! **3** (*vor bestimmten Adjektiven*) non- ◊ *nicht leitend* non-conducting ◊ *nicht tragend* non-loadbearing ◊ *nicht ehelich* illegitimate ◊ *nicht rostende Schrauben* rustproof screws ◊ *nicht rostender Stahl* stainless steel ☞ *Hinweis bei* NON- **4 ~ mehr** ⇨ MEHR **5 ~ größer, mehr, später etc. als etw** no bigger, more, later, etc.. than sth **6 ~ eine(r,s)** not (a single) one; **~ ein(e)** not one/a single ◊ *Nicht einer entschuldigte sich.* Not one (of them) apologized. ◊ *Nicht ein Haus blieb stehen.* Not a single house was left standing.

> **Nicht (wahr)?, oder?, ja?, gell?, was?** und **nein?** werden im Englischen mit einem Frageanhängsel übersetzt. Nach einem bejahenden Aussagesatz wird das Verb in verneinter Form gebraucht, nach einem verneinten Satz in bejahender Form: *Ihr kommt doch mit, nicht wahr?* You are coming, aren't you? ◊ *Ganz schön teuer, nicht?* Pretty expensive, isn't it? ◊ *Dafür bin ich zu alt, oder?* I'm too old for that, aren't I? ◊ *Das hättest du doch selbst machen können, oder?* You could have done it yourself, couldn't you? ◊ *Es ist doch nicht zu spät, oder?* It isn't too late, is it?

[IDM] **nicht, dass ich wüsste** not as far as I know ☞ *Siehe auch* OHNE

Nichtangriffspakt non-aggression pact

Nichte niece

nichtig 1 trivial; (*Vorwand*) flimsy ◊ *Der Streit entstand aus einem ganz nichtigen Anlass.* The quarrel arose from something very trivial. **2** (RECHT) void ◊ *etw für nichtig erklären* declare sth void ◊ *Der Vertrag ist dadurch nichtig geworden.* This renders the contract void. [IDM] ⇨ NULL

Nichtigkeit 1 triviality* (*abwert*) ◊ *sich wegen Nichtigkeiten Sorgen machen* worry about trivialities ◊ *ein paar höfliche Nichtigkeiten austauschen* exchange a few polite words **2** (*Ungültigkeit*) invalidity [U]

Nichtraucher(in) non-smoker ◊ *Ich bin Nichtraucher.* I'm a non-smoker./I don't smoke.

Nichtraucherwagen non-smoking carriage

Nichtregierungsorganisation non-governmental organization (*Abk* NGO)

nichts 1 nothing, not anything ◊ *„Was machst du gerade?"*

„Nichts." 'What are you doing at the moment?' 'Nothing.' ◊ *Er sagte überhaupt nichts.* He said nothing at all. ◊ *Das ist nichts Neues!* That's nothing new! ◊ *nichts dergleichen* nothing of the sort ◊ *Sie haben sich um nichts und wieder nichts gestritten.* They quarrelled about nothing at all. ◊ *Ich kann mir nichts Schöneres vorstellen, als ...* There's nothing I like more than ... ◊ *Ich will nichts damit zu tun haben.* I don't want (to have) anything to do with it. ◊ *Mir fällt nichts Besseres ein.* I can't think of anything better. ◊ *Das nützt nichts.* That's no good. ◊ *Daraus kann nichts Gutes werden.* No good will come of it. ◊ *Ich weiß nichts Genaues.* I don't have any details. ◊ *Das schadet nichts.* It won't do any harm. ◊ *Wir ahnten nichts.* We had no idea.

> Wenn „nichts" als Objekt gebraucht wird, kann es entweder mit **nothing** oder **not anything** übersetzt werden: *Ich habe nichts gesehen.* I saw nothing/didn't see anything. Es besteht kein großer Unterschied zwischen diesen Varianten. Mit **nothing** legt der Sprecher jedoch größere Betonung auf das „nichts", während mit **anything** eher die Verneinung des Verbs betont wird.

2 ~ **mehr** nothing more, not anything more; (*sonst nichts*) nothing else, not anything else ◊ *Ich habe nichts mehr zu sagen.* I've nothing more to say. ◊ *Ich will nichts mehr mit ihm zu tun haben.* I don't want to have anything more to do with him. ◊ *Es ist nichts mehr da.* There's nothing left. ◊ *Es ist nichts mehr zu tun.* There's nothing else to do. **3** ~ **ahnend** unsuspecting; (*adverbial*) suspecting nothing ◊ *die nichts ahnenden Mieter* the unsuspecting tenants ◊ *Nichts ahnend machte sie die Tür auf.* She opened the door, suspecting nothing. **4** ~ **sagend** meaningless IDM **für nichts** for nothing ◊ *Die ganze Arbeit war für nichts.* We did all that work for nothing. **Nichts da!** No way! (*umgs*) **nichts wie hin, raus, rein, weg etc.** let's get* over there, get* out, go* in, get* away, etc. **wie nichts** in no time (at all) ☛ Für andere Ausdrücke mit **nichts** siehe die Einträge für die entsprechenden Nomina etc. **Nichts anderes** z.B. steht unter **andere(r,s)**.

Nichts 1 nothingness [U] ◊ *das Nichts darstellen* represent nothingness ◊ *etw aus dem Nichts erschaffen* create sth from nothing **2** (*leerer Raum*) void (*gehoben*) **3** (*Mensch*) nobody* IDM **aus dem Nichts auftauchen** appear from nowhere **vor dem Nichts stehen** be facing (financial) ruin ☛ *Siehe auch* AUFLÖSEN

Nichtschwimmer(in) non-swimmer ◊ *Er ist Nichtschwimmer.* He is a non-swimmer/He can't swim.

nichtsdestoweniger nevertheless

Nichtstun inaction ◊ *das Nichtstun der Regierung* the government's inaction ◊ *Das Nichtstun ging mir auf die Nerven.* I was fed up with doing nothing.

Nichtzutreffendes ◊ *Nichtzutreffendes streichen.* Delete where inapplicable.

Nickel nickel

Nickelbrille wire-framed glasses [Pl] ☛ *Hinweis bei* BRILLE

nicken 1 nod* ◊ *zustimmend nicken* nod in agreement ◊ *mit dem Kopf nicken* nod your head ◊ *eine nickende Kopfbewegung* a nod of the head **2** (*schlafen*) doze

Nickerchen nap (*umgs*) ◊ *ein Nickerchen machen* have a nap

Nidel cream

nie 1 never ◊ *Er ist nie pünktlich.* He is never on time. ◊ *So etwas habe ich noch nie gesehen.* I've never seen anything like it. ◊ *Ich habe ihn noch nie im Leben gesehen.* I've never seen him before in my life. ◊ *Mir sagt nie jemand etwas.* Nobody ever tells me anything. **2 fast ~** hardly ever; (*betont*) almost never ◊ *Sie kommt fast nie in die Stadt.* She hardly ever comes into town. ◊ *Die Symptome treten fast nie alle zusammen auf.* You almost never find all the symptoms together. **3** ~ **wieder/mehr** never again; (*betont*) never, ever again ◊ *Ich werde ihm nie mehr mein Auto leihen.* I'll never, ever lend him my car again. IDM **nie und nimmer** never in a million years ☛ *Siehe auch* LEBEN

nieder 1 ~ **mit jdm/etw** down with sb/sth **2 auf und ~ up** and down

Nieder- (*in Ortsnamen*) Lower ◊ *Niederösterreich* Lower Austria

niederbrennen burn* (*sth*) down ◊ *Das Haus brannte nieder.* The house burnt down. ◊ *Sie brannten das Dorf nieder.* They burnt down the village.

niederbrüllen shout *sb* down

niederdeutsch Low German

niederdrücken 1 press *sth* (down) ◊ *den Deckel niederdrücken* press down the lid ◊ *Der Schnee drückt die Zweige nieder.* The branches are weighed down by the snow. **2** (*deprimieren*) depress; (*bedrücken*) oppress ◊ *Er ist sehr niedergedrückt.* He's very depressed. ◊ *eine niederdrückende Stimmung* an oppressive atmosphere

niedere(r,s) (*Rang, Stand, Tiere, Pflanzen*) lower; (*Offizier, Beamte(r)*) junior; (*Adel*) minor; (*Arbeit*) menial ☛ *Siehe auch* NIEDRIG

Niedergang decline

niedergehen 1 come* down, descend (*gehoben*) ◊ *Der Fallschirm ist im Meer niedergegangen.* The parachute came down in the sea. **2** (*stürzen*) go* down **3** (*Gewitter*) break*

niedergeschlagen despondent (*Adv* despondently); (*deprimiert*) depressed ◊ *Niedergeschlagen verließen die Spieler das Feld.* The players walked off despondently. ◊ *Sie macht einen niedergeschlagenen Eindruck.* She seems a bit depressed.

niederknien (**sich**) ~ kneel* (down) ◊ *Sie kniete sich nieder und betete.* She knelt down and prayed.

Niederlage defeat ◊ *Das Spiel endete mit einer 0:1 Niederlage.* The match ended in a 1-0 defeat. ◊ *eine schwere/deutliche/knappe Niederlage* a crushing/decisive/narrow defeat

niederlassen 1 sich ~ (*Vögel etc.*) alight (*gehoben*) **2 sich** (**als etw**) ~ set* (yourself) up (as sth); (*Praxis gründen*) set* up (in) practice (as sth) ◊ *sich als Psychiater niederlassen* set up in practice as a psychiatrist **3 sich ~** (*sich ansiedeln*) settle IDM ⇨ HÄUSLICH

Niederlassung branch

niederlegen 1 lay* (*sth*) (down) ◊ *Sie legte einen Kranz am Grab nieder.* She laid a wreath at the grave. ◊ *die Waffen niederlegen* lay down your arms **2 sein Amt/Mandat ~** resign; (*Abgeordnete(r)*) resign your seat **3 die Arbeit ~** go* on strike **4 jdn ~** put* sb to bed; **sich ~** lie* down; (*schlafen gehen*) go* to bed **5** (*aufschreiben*) write* *sth* down

niedermachen massacre

niedermetzeln butcher

niederprasseln rain down, pelt down ◊ *Hagelkörner prasselten auf das Dach nieder.* Hailstones pelted down on the roof. ◊ *Fragen prasselten auf den Sprecher nieder.* The speaker was bombarded with questions.

niederreißen 1 pull *sth* down **2** (*Schranken*) break* *sth* down; (*Hindernisse*) overcome*

niederschießen gun* *sb* down

Niederschlag 1 precipitation (*Fachspr*); (*Regen*) rain; (*Schnee*) snow; (*Schauer*) shower **2** (NATUR) precipitate **3** (*radioaktiv*) fallout **4 seinen ~ in etw finden** be reflected in sth ◊ *Seine Kindheitserlebnisse finden ihren Niederschlag in seinem Werk.* His childhood experiences are reflected in his works.

niederschlagen 1 (*zu Boden schlagen*) knock *sb* down, knock *sb* to the ground; (*überfallen*) attack ◊ *Ein Polizist wurde niedergeschlagen.* A policeman was knocked to the ground. ◊ *Sie wurde von zwei Jugendlichen niedergeschlagen.* She was attacked by two youths. **2** (*Aufstand, Protest, Putsch etc.*) put* *sth* down, suppress **3 sich ~** (CHEM) be precipitated; (*Dampf*) condense **4 sich in etw ~** be reflected in sth ◊ *Die größere Nachfrage schlägt sich im Umsatz nieder.* The higher demand is reflected in the turnover.

niederschlags-, niederschlagsfrei fine **Niederschlagsmenge** precipitation (*Fachspr*), rainfall

Niederschlagung suppression

niederschmetternd devastating

niederschreiben write* *sth* down

niedersetzen sich ~ sit* down

niederträchtig malicious; (*Mensch auch*) despicable

Niederung low-lying area

niederwalzen flatten

niedlich sweet, (*bes AmE*) cute

niedrig 1 low ◊ *ein niedriges Gebäude/Dach* a low building/roof ◊ *Schuhe mit niedrigen Absätzen* low-heeled shoes ◊ *niedrige Preise* low prices ◊ *Das Flugzeug fliegt sehr niedrig.* The plane's flying very low. ◊ *die Kosten zu niedrig ansetzen* underestimate the costs **2** (*wenig geachtet*)

lowly ◊ *Manuelle Tätigkeiten sind ihm zu niedrig.* Manual work is too lowly for him. **3** (*gemein*) base (*gehoben*) **IDM** ⇨ GREIFEN
Niedrig- Niedrigenergiehaus low-energy house **Niedriglohn** low wages [Pl] **Niedriglohnland** low-wage country* **Niedrigpreis** low price
niemals ⇨ NIE
niemand 1 no one, nobody; (*als Objekt auch*) not anyone, not anybody ◊ *Niemand kam.* Nobody came. ◊ *Ich habe niemanden gesehen.* I didn't see anyone. ◊ *Du darfst niemandem etwas sagen.* You mustn't tell anyone. ☛ **No one** ist in der schriftlichen Sprache viel häufiger als **nobody**. ☛ *Hinweis bei* NICHTS *und* KEIN **2** ~ **anders** no one else, nobody else ◊ *Niemand anders hätte sich das getraut.* Nobody else would have dared. ◊ *Es kann niemand anders als er gewesen sein.* It can't have been anyone but him. ◊ *Wer kam herein? Niemand anders als Anna.* And who came in? None other than Anna. **IDM** ⇨ HALT
Niemandsland no-man's-land (*auch fig*)
Niere kidney ◊ *eine künstliche Niere* a kidney machine **IDM** **jdm an die Nieren gehen** get* to sb (*umgs*) ◊ *Der Film ist mir echt an die Nieren gegangen.* The film really got to me.
nierenförmig kidney-shaped **nierenkrank** suffering from kidney disease (*nicht vor Nomen*) **Nierenschaden** kidney damage ◊ *Das kann einen bleibenden Nierenschaden verursachen.* It can cause irreversible kidney damage. **Nierenstein** kidney stone **Nierentransplantation** kidney transplant **Nierenversagen** kidney failure [U]
nieseln es nieselt it is drizzling
Nieselregen drizzle
niesen sneeze ◊ *Er nieste laut.* He gave a loud sneeze.
Niete¹ 1 (*Los*) blank ◊ *eine Niete ziehen* draw a blank **2** (**in etw**) **eine ~ sein** be hopeless (at sth)
Niete² (*Bolzen*) rivet; (*in Kleidung*) stud ◊ *eine Jeans mit Nieten* a pair of studded jeans
niet- und nagelfest alles, was nicht ~ ist everything that's not nailed down
Nightclub nightclub
Nikolaus, Nikolo St Nicholas

In den englischsprachigen Ländern ist es nicht gebräuchlich, dass Kinder am Nikolaustag beschenkt werden. Auch Knecht Ruprecht und Krampus sind unbekannt. Erst am 25. Dezember kommt der Weihnachtsmann **Father Christmas** oder **Santa (Claus)** mit den Geschenken.

Nikotin nicotine
nikotinarm low-nicotine **Nikotingehalt** nicotine content **Nikotinpflaster** nicotine patch
Nilpferd hippo*, hippopotamus*
nimmer- **IDM** ⇨ NIE
nimmermüde tireless **Nimmerwiedersehen auf ~ verschwinden** disappear never to be seen again
nippen (**an etw**) ~ sip* (sth)
Nippes knick-knacks [Pl]
nirgends, nirgendwo nowhere, not anywhere ◊ *Sie sind den ganzen Tag auf der Straße, weil sie nirgends hingehen können.* They are on the streets all day because they have nowhere to go. ◊ *Er fühlt sich nirgends zu Hause.* He doesn't feel at home anywhere. ◊ *Er war nirgendwo zu finden.* He was nowhere to be found. ☛ *Hinweis bei* NICHTS
Nische 1 niche ◊ *eine Nische im Markt* a niche in the market **2** (*in der Wand*) recess, alcove
nisten nest
Nist- Nistkasten nesting box **Nistplatz** nesting place
Nitrat nitrate
Nitratgehalt nitrate content
Niveau 1 level ◊ *Die Nachfrage erreichte nicht das Niveau des Vorjahres.* Demand did not reach the previous year's level. ◊ *Der Wasserspiegel des Tanks darf nicht unter ein bestimmtes Niveau sinken.* The water in the tank must not drop below a certain level. **2** (*Standard*) standard; (*Qualität*) quality ◊ *Er spielte unter seinem Niveau.* His game wasn't up to his usual standard. ◊ *Die Kritiker lobten das künstlerische Niveau des Festspiele.* The critics praised the artistic quality of the festival. ◊ *Das Spiel stand auf hohem Niveau.* It was a good game. ◊ *Das intellektuelle Niveau des Gesprächs war hoch.* It was a very intellectual conversation.

niveaulos (*Leistung*) poor; (*geistig anspruchslos*) undemanding
Nixe water nymph; (*Meerjungfrau*) mermaid
nobel 1 (*edel*) noble; (*adelig*) aristocratic **2** (*fein*) posh (*umgs, oft abwert*); (*exklusiv*) exclusive ◊ *ein nobler Stadtteil* a posh part of town ◊ *Die „Krone" hat aber noble Preise!* The 'Krone' is very expensive! **3** (*großzügig*) generous
Nobelpreis Nobel prize
Nobelpreisträger(in) Nobel prizewinner
Nobody nobody*
noch
•**Zeit 1** (*immer*) ~ still* ◊ *Er glaubt noch an den Weihnachtsmann.* He still believes in Father Christmas. ◊ *Noch kannst du etwas dagegen unternehmen.* You can still do something about it. ◊ *Es ist noch Platz für drei Leute.* There's still room for three people. ◊ *noch in den Siebzigerjahren* as late as the 70s **2** ~ **nicht** not yet ◊ *Der Termin steht noch nicht fest.* We haven't decided on the date yet. **3** ~ **nie** never ◊ *Er war noch nie in London.* He's never been to London. **4** (*irgendwann in der Zukunft*) still* ◊ *Ich muss noch alle Geschenke besorgen.* I've still got all my presents to buy. ◊ *Das Päckchen kommt bestimmt noch an.* There's still time for the parcel to arrive. ◊ *Ich muss noch schnell zur Bank.* I've just got to pop to the bank. ☛ In diesem Sinn wird **noch** oft nicht übersetzt: *Ich sage dir noch Bescheid.* I'll let you know. ◊ *Ich muss meine Mutter noch anrufen.* I've got to phone my mother. **5 gerade ~** (*vor kurzem*) a minute ago ◊ *Das Buch lag gerade noch hier.* The book was here a minute ago. **6** ~ **gestern etc.** only yesterday, etc. ◊ *Ich habe sie noch vor zwei Tagen gesehen.* I saw her only two days ago. **7** ~ **einmal** again ◊ *Können Sie das bitte noch einmal sagen?* Can you please say that again? **8** ~ (**gleich/mal**) again ◊ *Wie heißt sie noch gleich?* What's her name again? ◊ *Wann war noch mal der Termin?* When was the meeting again?
•**Menge 9** (*zusätzlich*) more ◊ *Möchten Sie noch Kaffee?* Would you like some more coffee? ◊ *Ich habe noch ein paar Pflanzen gekauft.* I've bought a few more plants. **10** ~ **etwas** something else; (*in Fragen und verneinten Sätzen meist*) anything else; ~ **jemand** somebody else; (*in Fragen und verneinten Sätzen meist*) anybody else ◊ *Ich habe dir noch etwas mitgebracht.* I've brought you something else. ◊ *Brauchst du sonst noch etwas?* Do you need anything else? ◊ *War noch jemand da?* Was anybody else there? **11** ~ **ein(e)**; ~ **eine(r,s)** another ◊ *Bitte noch eine Cola.* Can I have another coke, please? ◊ *Hast du noch einen?* Have you got another? **12 nur ~** only ◊ *Sie haben nur noch 100 Dollar.* They've only got 100 dollars left. **13 kaum ~** hardly any; (*übrig*) hardly any left; **kaum ~ ein(e)** hardly a ◊ *Es gibt kaum noch Bäume in der Stadt.* There are hardly any trees left in town. ◊ *Um acht war kaum noch ein Sitzplatz frei.* There was hardly a seat left at eight o'clock.
•**zur Verstärkung 14** ~ **so oft, viel etc.** however often, much, etc. ◊ *Da kannst du noch so oft anrufen, der hebt nicht ab.* However often you ring, he won't answer. ◊ *Und wenn er mich noch so bittet, ich komme nicht mit.* However much he begs me, I'm not coming. ◊ *Dem kannst du noch so viel Geld anbieten, er macht es nicht.* However much money you offer him, he won't do it. **15** (*um eine Steigerung zu verstärken*) even ◊ *Sein Fahrrad war noch teurer als meins.* His bike was even more expensive than mine. ◊ *Sie hat mir noch mehr Arbeit aufgehalst.* She landed me with even more work. **16** (*um Empörung auszudrücken*) surely ◊ *Man kann doch noch erwarten, dass Kinder älteren Leuten im Bus Platz machen.* Surely one can still expect children to give their seats to old people on buses. ◊ *Man wird doch noch fragen dürfen!* Surely there's no harm in asking!
17 ☛ Wenn **noch** zur Verstärkung gebraucht wird, oder wenn es eine Mahnung oder Drohung ausdrückt, wird es oft nicht übersetzt: ◊ *Er hat noch Glück gehabt, es hätte viel schlimmer ausgehen können.* He was lucky, it could have been much worse. ◊ *Das waren noch Zeiten!* Those were the days! ◊ *Das wird dir noch Leid tun!* You'll be sorry! ◊ *Das wird noch lange dauern.* This will take a long time. ◊ *Jetzt fängt es auch noch an zu regnen!* And now it's starting to rain! ◊ *Er starb noch am selben Tag.* He died the same day.
☛ *Siehe auch* WEDER
IDM **Auch das noch!** That's all we need! ◊ *Das Auto ist kaputt? Auch das noch!* The car's broken down? That's all we need! **das geht ja noch** that's not so bad ◊ *Zehn Minuten Verspätung? Das geht ja noch.* Ten minutes late? That's

not so bad. **noch dazu 1** (*besonders*) especially ◊ *Es ist gefährlich, noch dazu bei großer Hitze, lange Strecken durchzufahren.* It's dangerous to drive long distances without a break, especially when it's very hot. **2** (*zusätzlich*) on top of that ◊ *Noch dazu trieb die Mieterhöhung die Firma fast in den Ruin.* On top of that, the rent increase nearly bankrupted the firm. **3** (*und zwar*) at that ◊ *Ich habe meine Jacke verloren, noch dazu eine ganz neue.* I've lost my jacket, and a brand new one at that. **...noch und noch**; **...noch und nöcher** loads of … (*umgs*) ◊ *Sie haben Geld noch und noch.* They've got loads of money. ☞ Siehe auch IMMER

nochmalig further ◊ *nach nochmaligen Gesprächen* after further talks

nochmals again ◊ *Sie wies nochmals darauf hin, dass …* She stressed again that … ◊ *Im letzten Monat gingen nochmals 20 Arbeitsplätze verloren.* Last month another 20 jobs were lost.

Nockerl dumpling
Nomade, **Nomadin** nomad
Nomen noun
Nomenklatura (POL) nomenklatura ☞ G 1.3c
nominal (LING, WIRTSCH) nominal
Nominativ nominative
nominell nominal (*Adv* nominally)
nominieren 1 jdn (**für/als etw**) ~ nominate sb (for/as sth) ◊ *Er ist noch nicht offiziell als Kandidat nominiert.* He hasn't been officially nominated as candidate yet. ◊ *Wird sie für das Bürgermeisteramt nominiert?* Will she be nominated for the position of mayor? **2** (SPORT) select; (*Mannschaft auch*) name
Nominierung 1 nomination **2** (SPORT) selection
Nonne nun ☞ G 2.2d
Nonplusultra ultimate, last word ◊ *das Nonplusultra an Modernität* the last word in modernity
Nonsens 1 (*Unsinn*) nonsense **2** = verbal humour using nonsense verse, wordplay etc.
Nord north, North
Nord- north, northern (*Abk* N) ◊ *ein Nordwind* a north wind ◊ *Nordamerika* North America ◊ *die Nordküste Frankreichs* the north coast of France ◊ *Nordengland* Northern England ◊ *Nordirland* Northern Ireland ☞ Hinweis bei NORDEN
Norden north; (*Gebiet auch*) North (*Abk* N) ◊ *Sie fuhren nach Norden.* They drove north. ◊ *Der Wind wehte aus Norden.* The wind was coming from the north. ◊ *Die Terrasse liegt nach Norden.* The patio faces north. ◊ *im Norden des Landes* in the north of the country ◊ *Sie kommt aus dem Norden.* She comes from the north. ◊ *der hohe Norden* the far north ☞ Wörter wie **the north**, **northern** etc. werden manchmal großgeschrieben, vor allem wenn sie eine Gegend bezeichnen: **the North of Scotland**, **Northern Canada**. Für Regionen wie Ostengland, Nordfrankreich etc. kann man entweder **the East of England** oder **Eastern England**, **the North of France** oder **Northern France** sagen. North, South, etc. werden fast ausschließlich in festen Namen von Ländern etc. verwendet: **North Korea**, **South Africa**, **South America**, (aber **Northern Ireland**, **Western Australia**).
nördlich 1 (*Richtung, Wind*) northerly ◊ *Der Wind kommt aus nördlicher Richtung.* The wind is coming from a northerly direction. ◊ *der nördliche Polarkreis* the Arctic circle **2** (*Gebiet*) northern ◊ *im nördlichen Australien* in northern Australia ◊ *der nördliche Wendekreis* the Tropic of Cancer **3** ~ (**von**) north (of), to the north (of) ◊ *12 Kilometer nördlich der Grenze* 12 kilometres north of the border ◊ *Sie wohnen nördlich von Paris.* They live (to the) north of Paris. ◊ *Ich wusste gar nicht, wie weit nördlich Oslo liegt.* I didn't know that Oslo was so far north.
nördlichste(r,s) northernmost
Nordlicht 1 northern lights [Pl] **2** (*Norddeutsche(r)*) North German
Nordost north-east; (*Gebiet auch*) North-East ◊ *ein Wind aus Nordost* a wind from the north-east
Nordost- north-east, north-eastern (*Abk* NE) ◊ *Nordostchina* North East China ◊ *die Nordostküste* the north east coast ◊ *ein Nordostwind* a north-easterly ☞ Hinweis bei NORDEN
Nordosten north-east; (*Gebiet auch*) North-East (*Abk* NE)

◊ *ein Wind aus Nordosten* a wind from the north-east ◊ *Wir fahren zuerst nach Nordosten.* First we travel north-east. ◊ *der Nordosten Englands* the North-East of England
nordöstlich 1 (*Richtung, Wind*) north-easterly ◊ *aus nordöstlicher Richtung* from a north-easterly direction **2** (*Gebiet*) north-eastern ◊ *die nordöstlichen Staaten der USA* the north-eastern states of the USA **3** ~ (**von**) north-east (of) ◊ *150 Kilometer nordöstlich der Hauptstadt* 150 kilometres north-east of the capital
nordostwärts north-eastwards
Nordpol North Pole
Nordsee North Sea ◊ *Wir machen Urlaub an der Nordsee.* We're going to the North Sea coast for our holidays.
Nord-Süd-Konflikt North-South divide
nordwärts northwards
Nordwest north-west; (*Gebiet auch*) North-West ◊ *ein Wind aus Nordwest* a wind from the north-west
Nordwest- north-west, north-western (*Abk* NW) ◊ *Nordwestfrankreich* North-West France ◊ *ein Nordwestwind* a north-westerly ☞ Hinweis bei NORDEN
Nordwesten north-west; (*Gebiet auch*) North-West (*Abk* NW) ◊ *ein Wind aus Nordwesten* a wind from the north-west ◊ *Wir fahren zuerst nach Nordwesten.* First we travel north-west. ◊ *der Nordwesten Englands* the North-West of England ◊ *im äußersten Nordwesten Europas* in the extreme North-West of Europe ☞ Hinweis bei NORDEN
nordwestlich 1 (*Richtung, Wind*) north-westerly ◊ *Sie fuhren in nordwestliche Richtung.* They drove in a north-westerly direction. **2** (*Gebiet*) north-western ◊ *am nordwestlichen Stadtrand* on the north-western outskirts of the town **3** ~ (**von**) north-west (of) ◊ *100 Kilometer nordwestlich von hier* 100 kilometres north-west of here
nordwestwärts north-westwards
nörgeln (**über jdn/etw**) ~ grumble (about sb/sth), moan (about sb/sth)
Norm 1 norm ◊ *Das ist eine Abweichung von der Norm.* That's the exception to the norm. ◊ *Die Nur-Hausfrau ist nicht mehr die Norm.* It's no longer usual for women to be just housewives. **2** (*Industrie- etc.*) standard, standard specification; (*Grenzwert*) limit ◊ *Erfüllen diese Busse die europäischen Normen?* Do these buses conform to European standards? **3** (SPORT) qualifying standard ◊ *die Olympia-Norm erfüllen/verfehlen* meet/not meet the Olympic qualifying standard **4** (*Arbeitspensum*) target
normal normal (*Adv* normally) ◊ *Es ist ganz normal, dass du enttäuscht bist.* It's perfectly normal for you to be disappointed. ◊ *Sie versuchte, sich normal zu verhalten.* She tried to behave normally. ◊ *Wer normal verdient, kann er sich nicht leisten, hier zu wohnen.* You can't afford to live here on an average income. ◊ *Die Operation ist normal verlaufen.* There were no complications during the operation. [IDM] **Bist du noch normal?** Are you out of your mind?
Normalbürger average person*
normalerweise 1 (*gewöhnlich*) usually ◊ *Er hat normalerweise samstags frei.* He usually has Saturdays off. **2** (*unter normalen Umständen*) (*meist nicht übersetzt*) ◊ *Das müsste normalerweise reichen.* That should be enough. ◊ *Jetzt müsste normalerweise ein Licht aufleuchten.* Now a light should come on.
Normalfall 1 norm ◊ *Das ist der Normalfall.* That's the norm. **2 im** ~ usually ◊ *Er trainiert im Normalfall sechs Stunden am Tag.* He usually trains six hours a day.
normalisieren 1 sich ~ return to normal ◊ *Die Lage hat sich normalisiert.* The situation has returned to normal. **2** (*Beziehungen etc.*) normalize
Normalisierung 1 return to normal ◊ *die langsame Normalisierung des Lebens nach dem Erdbeben* the slow return to normal life after the earthquake **2** (*Beziehungen*) normalization
Normalität 1 normality, (*AmE auch*) normalcy **2 zur** ~ **werden** become* an everyday thing ◊ *Rassismus darf nicht zur Normalität werden.* We can't allow racism to become an everyday thing.
Normal- Normalnull sea level **Normalverbraucher** average consumer ◊ *der japanische Normalverbraucher* the average Japanese consumer
normativ prescriptive
normieren standardize ☞ Siehe auch GENORMT
Nostalgie nostalgia

nostalgisch nostalgic (*Adv* nostalgically)

Not 1 (*Armut*) poverty [U] **2** (*Leid*) suffering [U]; (*seelisch*) distress [U]; (*finanziell*) difficulty*; (*Sorgen*) problems [Pl] ◊ *die Not der Flüchtlinge* the suffering of the refugees ◊ *Ich kann die Not der Eltern gut verstehen.* I can understand the parents' distress. ◊ *Das Theater steckt in finanziellen Nöten.* The theatre is in financial difficulty. ◊ *die Nöte der Asylsuchenden* the problems of the asylum seekers ◊ *Not leidende Familien* families in need ☞ *Siehe auch* STUNDE **IDM** **aus der Not eine Tugend machen** make* a virtue out of necessity **in Not** in need ◊ *Kinder in Not* children in need **mit knapper Not** by the skin of your teeth **Not tun** be necessary **zur Not** if necessary, at a pinch (*umgs*) ◊ *Das kann ich zur Not alleine schaffen.* I can do it on my own if necessary. ☞ *Siehe auch* MÜHE

Notar(in) notary* (*public*) ☞ G 2.2d

notariell ◊ *etw notariell beglaubigen lassen* have sth certified by a notary ◊ *eine notariell beglaubigte Kopie* a certified copy

Not- **Notarzt, -ärztin** doctor on call; (*bei Unfällen*) emergency doctor **Notarztwagen** ambulance **Notaufnahme** casualty [U], accident and emergency [U], (*AmE*) emergency room ◊ *Er wurde in die Notaufnahme eingeliefert.* He was taken to casualty. **Notausgang** emergency exit **Notbeleuchtung** emergency lighting **Notbremse** emergency brake (*auch fig*) **Notdienst 1** emergency service **2** ~ **haben** (*Arzt, Tierarzt, Zahnarzt*) be on call; (*Apotheke*) be the duty chemist

notdürftig 1 *Adj* makeshift ◊ *eine notdürftige Unterkunft* a makeshift shelter **2** *Adv* ◊ *etw notdürftig reparieren* patch sth up ◊ *Die Opfer wurden notdürftig in Lagern untergebracht.* The victims were housed in makeshift camps.

Note 1 mark, (*bes AmE*) grade ◊ *eine gute Note in Englisch bekommen* get a good mark in English ◊ *die besten Noten* the highest marks ◊ *Keines der geprüften Modelle erhielt die Note „sehr gut".* None of the models tested received the top mark.

Die Noten, die man in britischen Schulen bekommt, sind unterschiedlich. Sie können Buchstaben (A-, C+ etc.) oder Zahlen sein. Man wird automatisch versetzt, also sind die wichtigsten Noten die, die man in Prüfungen wie GCSE bekommt. Wenn Lehrer eine Bemerkung wie „very good" oder „careless work" schreiben, gilt das nicht als Note, sondern als Kommentar zu der jeweiligen Aufgabe.

2 (SPORT) mark; (*Punkteanzahl*) score ◊ *die Note 50* a score of 50 ◊ *Er erhielt die Note 236.* He scored 236 points. **3** (MUS) note ◊ *eine hohe Note* a high note **4** *eine ganze* ~ a semibreve, (*AmE*) a whole note; *eine halbe* ~ a minim, (*AmE*) a half note **5 Noten** (*Notentext*) music [U] ◊ *Kannst du Noten lesen?* Can you read music? **6** (*Eigenart*) touch

Notebook notebook (computer)

Noten- **Notendurchschnitt** average mark, (*AmE*) grade point average ◊ *einen guten Notendurchschnitt haben* have good marks in all subjects ☞ *Da das britische Schulsystem hauptsächlich Buchstaben in der Bewertung benutzt, spielt das Konzept des „Notendurchschnitts" keine zentrale Rolle.* **Notenpapier** manuscript paper **Notenschlüssel** clef **Notenständer** music stand

Notfall emergency* ◊ *im Notfall* in an emergency ◊ *für den Notfall* in case of emergency ◊ *Im Notfall können wir den Termin verschieben.* If necessary we can postpone the meeting.

notfalls if necessary, if need be

notgedrungen 1 *Adj* enforced **2** *Adv* (*meist mit einem Verb übersetzt*) ◊ *Wir mussten notgedrungen improvisieren.* We were forced to improvise. ◊ *Die Arbeit blieb notgedrungen unerledigt.* The work had to be left undone.

notieren 1 (**sich**) **etw** ~ write* sth down, make* a note of sth ◊ *sich die Telefonnummer notieren* write the phone number down ◊ *etw im Kalender notieren* make a note of sth in your diary **2** (**mit etw**) ~ (*Aktien, Währung*) be quoted (at sth) ◊ *Gestern notierten die Aktien mit 10.78$.* The shares were quoted yesterday at $10.78. **3** (*Rangliste*) rank ◊ *Er ist an Nummer 8 der Weltrangliste notiert.* He is ranked eighth in the world.

Notierung (*Aktien etc.*) (quoted) price; (*Devisen*) rate

nötig 1 necessary ◊ *Das ist nicht nötig.* That's not necessary. ◊ *Er hielt es nicht für nötig, die Polizei zu verständigen.* He didn't think it was necessary to call the police. ◊ *Ich werde das Nötige tun.* I'll do what's necessary. ◊ *Er hat nur das Nötigste getan.* He only did what was absolutely necessary. ◊ *Es ist nicht nötig, dass ihr beide da seid.* There's no need/It's not necessary for you both to be there. ◊ *Ein neuer Kindergarten ist dringend nötig.* A new kindergarten is desperately needed. ◊ *Wir haben das Nötigste mitgenommen.* We took the bare essentials. ☞ *Hinweis bei* NECESSARY **2 etw** ~ **haben** need sth ◊ *Das hatten wir dringend nötig.* We badly needed that. ◊ *Ich habe seine Hilfe nicht nötig.* I don't need his help. **IDM** **Das wäre doch nicht nötig gewesen!** You shouldn't have. **es nicht einmal für nötig halten** not bother to do sth ◊ *Er hat es nicht einmal für nötig gehalten, anzurufen.* He didn't even bother to phone. **es nötig haben** ◊ *Die hat's nötig!* She's a fine one to talk! ◊ *Er hat's wohl nicht nötig, sich zu entschuldigen.* I suppose he doesn't see any reason why he should apologize.

nötigen 1 *jdn* ~ *etw zu tun* force sb to do sth; *jdn sexuell* ~ indecently assault sb **2 sich genötigt sehen etw zu tun** feel* compelled to do sth

Nötigung coercion; (*sexuell*) indecent assault

Notiz 1 note ◊ *sich Notizen machen* take notes **2** (*in der Zeitung*) report **IDM** **keine/kaum Notiz von jdm/etw nehmen** take* no notice/hardly any notice of sb/sth

Notizblock notepad **Notizbuch** notebook **Notizzettel** piece of paper

Not- **Notlage** crisis*, difficulties [Pl]; (*Not*) plight ◊ *eine finanzielle Notlage* financial difficulties ◊ *die Notlage der Flüchtlinge* the plight of the refugees **Notlandung** emergency landing, forced landing **Notlösung** temporary solution **Notlüge** white lie

notorisch notorious (*Adv* notoriously)

Not- **Notruf 1** (*Anruf*) emergency call **2** (*Nummer*) emergency number **Notrufsäule** emergency telephone **Notschlachtung** slaughtering (of a sick or injured animal) [U] **Notsignal** distress signal **Notsituation** ⇨ NOTLAGE **Notstand 1** crisis **2** (POL) state of emergency ◊ *den Notstand ausrufen* declare a state of emergency **Notstromaggregat** (emergency) generator **Notunterkunft** emergency accommodation [U] **Notwehr** self-defence, (*AmE*) self-defense

notwendig 1 necessary ◊ *die notwendigen Maßnahmen* the necessary measures ◊ *nur wenn es unbedingt notwendig ist* only if it is absolutely necessary ◊ *Es ist dringend notwendig, dass …* It is essential that … ◊ *Ich werde alles Notwendige tun.* I'll do what is necessary. ◊ *die dringend notwendige Hilfe* the urgently needed help ◊ *ein notwendiges Übel* a necessary evil **2** (*zwangsläufig*) inevitable ◊ *eine notwendige Konsequenz* an inevitable consequence

notwendigerweise necessarily; (*zwangsläufig*) inevitably ◊ *Das ist nicht notwendigerweise nachteilig.* That is not necessarily a disadvantage. ◊ *Diese Forderungen führen notwendigerweise zum Konflikt.* These demands will lead inevitably to conflict.

Notwendigkeit necessity* ◊ *eine taktische Notwendigkeit* a tactical necessity ◊ *Es besteht keine Notwendigkeit, das Gesetz zu ändern.* There is no need to change the law.

Novelle 1 short story* **2** (POL) amendment

November November ☞ *Beispiele bei* JANUAR

NS- **NS-Diktatur** Nazi dictatorship **NS-Vergangenheit** Nazi past **NS-Zeit** Nazi period

Nu *im* ~ in no time (at all); (*sofort*) immediately ◊ *Das Essen war im Nu fertig.* The food was ready in no time. ◊ *Im Nu war er von Polizisten umringt.* He was immediately surrounded by police.

Nuance (*Feinheit*) nuance; (*Farbe*) shade; (*Kleinigkeit*) touch ◊ *stilistische Nuancen* stylistic nuances ◊ *um eine Nuance schwächer* a touch weaker

nüchtern 1 sober ◊ *vollkommen nüchtern* completely sober ◊ *Als er wieder nüchtern war, …* When he had sobered up, … **2** ◊ *auf nüchternem Magen* on an empty stomach ◊ *nüchtern zur Untersuchung kommen* come to the check-up without having eaten anything beforehand **3** (*sachlich*) unemotional (*Adv* unemotionally) **4** (*schmucklos*) austere (*Adv* austerely); (*Tatsachen*) plain ◊ *ein nüchternes Zimmer* an austere room

nuckeln (**an etw**) ~ suck (sth) ◊ *am Daumen nuckeln* suck your thumb

Nudel 1 Nudeln pasta [U]; (*als Suppeneinlage oder in der*

chinesischen Küche) noodles [Pl] ◊ *Nudeln mit Tomatensauce* pasta in a tomato sauce **2** ◊ *Sie ist eine verrückte Nudel.* She's loopy. ◊ *Sie ist eine lustige Nudel.* She's a laugh.

Nugat nougat

nuklear nuclear

Nuklear- Nukleartest nuclear test **Nuklearwaffen** nuclear weapons [Pl]

null 1 nought, zero; (*Sport*) nil ◊ *null Komma vier Sekunden* nought point four seconds ◊ *Die Temperaturen sanken unter null.* Temperatures fell below zero. ◊ *Wir haben zwei zu null gewonnen.* We won two nil. ◊ *null Uhr* midnight ◊ *null Fehler* no mistakes ☞ *Siehe auch* S. 759 **2** (*kein*) no … at all ◊ *Von so etwas hat er null Ahnung.* He's got no idea at all about such things. ☞ *Siehe auch* BOCK (5) IDM **gleich null sein**; **gegen null gehen/tendieren** be virtually nil; be virtually non-existent ◊ *Seine Chancen auf eine Wiederwahl gehen gegen null.* His chances of being re-elected are virtually non-existent. **in null Komma nichts** in next to no time **null und nichtig** null and void (**wieder**) **bei null anfangen** start from scratch ☞ *Siehe auch* STUNDE

Null 1 (*Ziffer*) nought, zero **2** (*Versager*) dead loss (*umgs*)

Nullachtfünfzehn- 1 *Adj* nondescript, run-of-the-mill ◊ *ein Nullachtfünfzehn-Typ* a nondescript man ◊ *ein Nullachtfünfzehn-Job* a run-of-the-mill job ◊ *Sie hat eine Nullachtfünfzehn-Frisur.* Her hairstyle's nothing special. **2** *Adv* in a nondescript way, in a run-of-the-mill way **Nulllösung** zero option **Nullpunkt 1** (*Wert*) zero ◊ *Die Temperatur nähert sich dem Nullpunkt.* Temperatures are approaching zero. **2** (*Tiefpunkt*) rock-bottom ◊ *Das Ansehen des Politikers ist auf den Nullpunkt gesunken.* The politician's reputation has sunk to rock-bottom. ◊ *Die Stimmung war auf dem Nullpunkt.* People's spirits were at their lowest ebb. **Nullrunde** ◊ *eine Nullrunde bei den Gehältern* a pay round in which there was no pay increase ◊ *eine Nullrunde für die Rentner* no increases in pensions **Nulltarif zum** ~ free of charge, for free

numerisch numerical (*Adv* numerically)

Numerus clausus = limit on the number of students admitted to study a particular subject at a university

Nummer 1 number ◊ *Kein Anschluss unter dieser Nummer.* This number is unobtainable. ◊ *die Läuferin mit der Nummer eins* runner number one ◊ *Der Wagen mit der Nummer* … The car with the registration number … **2** (*Ausgabe*) issue **3** (*Größe*) size ◊ *Er braucht die Schuhe eine Nummer kleiner.* He needs a size smaller in these shoes. ◊ *Gibt es dieses Kleid auch eine Nummer größer?* Do you have this dress in the next size up? **4** (*Darbietung*) number, act ◊ *Der Clown übt eine neue Nummer ein.* The clown is rehearsing his new act. IDM **auf Nummer Sicher gehen** play it safe **Nummer eins** number one ◊ *die Nummer eins in der Weltrangliste* number one in the world rankings ◊ *Alkohol war lange die Droge Nummer eins.* Alcohol was for a long time the number one drug. ◊ *Unfallursache Nummer eins* the main cause of accidents **eine Nummer/ein paar Nummern zu groß** (*Sache, Auftrag etc.*) beyond sb's capabilities; (*Gegner*) out of sb's league

nummerieren number

Nummerierung numbering [U]

Nummernschild number plate, (*AmE*) license plate

nun 1 now ◊ *Was* (*machen wir*) *nun?* What (are we going to do) now? ◊ *Er telefoniert nun schon seit zwei Stunden.* He's been on the phone for two hours now. ◊ *Was ist nun schon wieder?* What's up now? ◊ *Kommen wir nun zum nächsten Thema.* Let's move on to the next item. ◊ *Da sind wir nun.* So here we are then.

Wenn **nun** zur Verstärkung verwendet wird oder wenn es Resignation, Ärger, Ungeduld etc. ausdrückt, wird es meist nicht übersetzt: *Wie viele Leute waren denn nun eigentlich da?* How many people were there then? ◊ *War es das nun wert?* So was it worth it? ◊ *Die Zeiten sind nun mal so.* That's the way things are nowadays. ◊ *So ist das nun mal.* That's just how it is. ◊ *Das wird sich nun wohl nicht mehr ändern lassen.* There's not much we can do to change it. ◊ *Kannst du das nun endlich machen!* Can you get on with it please! ◊ *Nun, nun! Es wird schon wieder.* Come on! It'll be all right.

2 von ~ **an** from now on; (*in der Vergangenheit*) from then on ◊ *Von nun an findet der Kurs immer mittwochs statt.* From now on, the course will be held on Wednesdays. ◊ *Von nun an ging sie nachts nicht mehr alleine nach Hause.* From then on, she never went home alone at night. **3** ~ **doch** after all ◊ *Das Konzert findet jetzt nun doch statt.* The concert is going ahead after all. ◊ *Das geht nun doch zu weit!* That really is going too far! **4** ~ **gut** all right ◊ *Nun gut, reden wir von etwas anderem.* All right, let's talk about something else. **5** ~ **ja** well ◊ *Nun ja, ich weiß auch nicht, was ich dazu sagen soll.* Well, I don't really know what to say to that.

nur 1 only, just ◊ *Ich habe nur zwei Stunden Zeit.* I've only got two hours. ◊ *Es kann ja nur besser werden.* Things can only get better. ◊ *Wir haben sie nur knapp verpasst.* We just missed her. ◊ *Es ist nichts los. Ich bin nur müde.* Nothing's wrong. I'm just tired. ◊ *Der Urlaub war schön, nur lag kein Schnee.* The holiday was lovely, except there was no snow. **2 nicht** ~ …, (**sondern**) **auch** … not only…, but also… ◊ *Er ist nicht nur geizig, sondern auch unfreundlich.* He's not only mean, but also unfriendly.

Nur wird auch oft gar nicht übersetzt: *Da kann ich nur lachen!* That's a laugh! ◊ *Es donnerte, dass die Fenster nur so klirrten.* The thunder was so loud that it made the windows rattle. ◊ *Was ist nur mit dir los?* Whatever's the matter with you?

IDM **nur so** no reason ◊ „*Warum hast du das gesagt?*" „*Nur so.*" 'Why did you say that?' 'No reason.' **Nur zu!** Go ahead!

nuscheln mumble ◊ *Wenn du so nuschelst, verstehe ich kein Wort.* I can't understand a word you say if you mumble.

Nuss nut IDM **eine harte Nuss** a tough nut

Nussknacker nutcrackers [Pl] **Nussschale** nutshell

Nüster nostril

Nutte tart (*Slang*)

nutzbar usable ◊ *nutzbare Energie* usable energy ◊ *Dieses Gerät ist vielseitig nutzbar.* This device has many different uses. ◊ *Diese Räume sind auch als Büro nutzbar.* These rooms can also be used as an office. ◊ *Das Gebäude wurde wieder nutzbar gemacht.* The building was made fit for use again. ◊ *landwirtschaftlich nutzbare Flächen* areas used for agricultural purposes

nütze zu etw/nichts ~ **sein** be good for sth/nothing

nutzen, nützen 1 (*von Vorteil sein*) be of use ◊ *Das nutzt mir doch nichts!* That's of no use to me. ◊ *Was/Wem nutzt das schon?* What use is that? ◊ *Da nützt alles nichts.* There's nothing to be done. ◊ *Jammern nützt nichts!* Moaning isn't going to get you anywhere! **2** (*Gebrauch machen*) use ◊ *Das Gebäude wird gewerblich genutzt.* The building is used for commercial purposes. **3** (*ausnutzen*) make* the most of sth ◊ *Du solltest diese Chance wirklich nutzen.* You should make the most of this opportunity.

Nutzen 1 use [U/Sing]; (*Vorteil*) benefit [oft Pl] ◊ *Welchen Nutzen bringt das Internet?* What is the use of the Internet? ◊ *der Nutzen dieser Behandlung* the benefits of this treatment ◊ *mehr Schaden als Nutzen* more harm than good **2 von** ~ **sein** be useful ◊ *Ich habe viel gelernt, was mir von Nutzen sein wird.* I've learnt a lot of things that will be very useful to me. **3** ~ **aus etw ziehen** benefit from sth, gain from sth ◊ *Sie werden keinen wirtschaftlichen Nutzen daraus ziehen.* They will not benefit financially from it.

Nutzer(in) user

nutzerfreundlich user-friendly

Nutz- Nutzfahrzeug commercial vehicle **Nutzfläche** (*in einem Gebäude*) usable floor space; (*in der Landwirtschaft*) agricultural land

nützlich useful; (*hilfreich*) helpful ◊ *Ein Regenschirm wäre bei dem Wetter sehr nützlich.* An umbrella would be useful in this weather. ◊ *Er hat sich in der Küche nützlich gemacht.* He made himself useful in the kitchen.

nutzlos useless (*Adv* uselessly); (*sinnlos*) pointless (*Adv* pointlessly); (*unbenutzt*) unused ◊ *nutzlose Ratschläge* useless advice ◊ *Die Computer stehen nutzlos herum.* The computers are standing around unused.

Nutzung use [U] ◊ *die Nutzung der Biotechnologie* the use of biotechnology ◊ *Eine gewerbliche Nutzung des Gebäudes ist nicht gestattet.* The building may not be used for commercial purposes.

Nylon® nylon

Nymphe nymph

Oo

O, o 1 (*Buchstabe*) O, o ☛ *Beispiele bei* A, a, S.773. **2** (*Ausruf*) ⇨ OH S. 1130 IDM ⇨ A, A
Oase oasis* (*auch fig*)
ob 1 if, whether ◊ *Sie fragten, ob wir auch hingehen wollten.* They asked if we would like to go, too. ◊ *Er fragte mich, ob wir zu der Party kommen wollten.* He asked me whether we wanted to come to the party.

> *Im zweiten Beispiel könnte man auch* **if** *sagen, aber nur* **whether** *kann vor dem Infinitiv stehen:* Have you decided whether to accept the offer yet? *Nur* **whether** *kann nach einer Präposition stehen:* the problem of whether to accept the offer.

2 (*zweifelnd*) I wonder ◊ *Ob der Zug wohl pünktlich ist?* I wonder if the train will be on time. ◊ *Ob ich doch lieber mitkomme?* I wonder if I should come with you? ☛ *Siehe auch* ALS **3** (**egal**) ~ ... **oder nicht** (regardless of) whether ... or not ◊ *Ob es dir nun passt oder nicht: Du räumst jetzt dein Zimmer auf!* Whether you like it or not, you are going to tidy up your room right now! IDM **ob ... ob/oder ...** whether ... or ...; both ... and ... ◊ *Ob im Büro oder zu Hause: Obst ist eine gesunde Zwischenmahlzeit.* Whether at the office or at home, fruit is a healthy snack. ◊ *Ob klein, ob groß, alle hatten ihren Freude an der Vorstellung.* Everyone, both young and old, enjoyed the performance. **Und ob!** Definitely!; You bet! (*umgs*), (*BrE auch*) Not half! (*umgs*) ◊ *„Hast du Hunger?" „Und ob!"* 'Are you hungry?' 'You bet!'
obdachlos homeless ◊ *Über tausend Menschen wurden obdachlos.* Over a thousand people were made homeless. ◊ *Das Erdbeben machte viele Menschen obdachlos.* The earthquake left many people homeless.
Obdachlose(r) homeless person* ◊ *Die Kirche teilt warme Mahlzeiten an Obdachlose aus.* The church provides warm meals for homeless people. ◊ *die Obdachlosen* the homeless **Obdachlosenheim** hostel for the homeless **Obdachlosenzeitung** street paper ☛ *Der bekannteste Titel in Großbritannien und den USA ist „The Big Issue".*
Obdachlosigkeit homelessness ◊ *Die Obdachlosigkeit nimmt zu.* Homelessness is on the increase.
Obduktion post-mortem (examination)
O-Beine bow legs [Pl]
oben
• **Position 1** (*hoch*) up ◊ *Das Glas ist da oben.* The glass is up there. ◊ *Weiter oben gibt es noch Schnee.* Further up there is still snow. ◊ *Hier oben wächst nichts mehr.* Nothing grows any more up here. ◊ *oben in der Luft* up in the air **2** (*am höchsten Punkt*) at the top ◊ *Gleich sind wir oben.* We're nearly at the top. ◊ *Sie band den Müllsack oben zu.* She tied up the bin bag at the top. ◊ *oben in der Tabelle* at the top of the table ◊ *Wo ist oben?* Which is the right way up? ◊ *Bei dem Bild haben sie oben und unten verwechselt.* They've got that painting upside down. ◊ *Die Kanne war bis oben voll.* The jug was full to the brim. **3** ~ **auf etw** (*auf einer Oberfläche*) on (top of) sth ◊ *oben auf dem Schrank* on top of the cupboard **4** (**ganz**) ~ **auf etw** (right) at the top of sth ◊ *Dieses Thema steht auf der Tagesordnung ganz oben.* This subject is right at the top of the agenda. ◊ *Schreiben Sie Ihren Namen oben auf das Formular.* Write your name at the top of the form. **5 von** ~ from above ◊ *Die Diebe drangen von oben ein.* The thieves got in from above. ◊ *Befehl von oben!* Orders from above! **6 von** ~ **bis unten** from top to bottom ◊ *Sie durchsuchten das Gebäude von oben bis unten.* They searched the building from top to bottom. ◊ *Er musterte sie von oben bis unten.* He looked her up and down. **7** (*ins obere/im oberen Stockwerk*) upstairs ◊ *Oben ist das Schlafzimmer.* The bedroom is upstairs. ◊ *Er geht nach oben.* He is going upstairs. ◊ *oben in dem Gebäude* on the top floor of the building
• **Richtung 8 nach** ~ up; (*die Bewegung betonend*) upwards ◊ *Er blickte nach oben.* He looked up. ◊ *Der Fahrstuhl fährt nach oben.* The lift is going up. ◊ *Sie hat sich nach oben gearbeitet.* She has worked her way up. ◊ *Seine Karriere geht steil nach oben.* His career is on the up and up. ◊ *Sie zeigte nach oben.* She pointed upwards. ◊ *Der Trend zeigte nach oben.* There was an upward trend. ◊ *Nach oben verjüngt sich die Vase.* The vase tapers towards the top. ◊ *eine nach oben offene Skala* an open-ended scale ◊ *Sie schaffte den Sprung nach oben.* She made it to the top.
• **im Text 9** above ◊ *Siehe oben.* See above. ◊ *die oben erwähnte Problematik* the above-mentioned problems ◊ *Weiter oben im Text wurde dieser Begriff erklärt.* This term was explained earlier in the text.

IDM **nicht mehr wissen, wo oben und unten ist** not know whether you are coming or going **von oben herab** condescendingly ◊ *Er behandelte sie sehr von oben herab.* He treated her very condescendingly. ◊ *jdn von oben herab ansehen* look down on sb **oben ohne** topless
obenauf 1 on top ◊ *Das Formular lag obenauf.* The form was on top. **2** (*in Form*) on form ◊ *Die Mannschaft is wieder obenauf.* The team is back on form.
obendrein on top of that, besides ◊ *Es war kalt, und obendrein regnete es auch noch.* It was cold and, besides, it was raining.
Ober waiter ◊ *Herr Ober!* Waiter!
Ober- Oberarm upper arm **Oberarzt, -ärztin** (*Vertreter des Chefarztes*) ≈ senior registrar, (*AmE*) senior physician; (*in der Chirurgie*) senior surgeon ☛ G 2.2d **Oberbefehlshaber(in)** commander-in-chief* **Oberbegriff 1** (*allgemeine Bezeichnung*) general term, generic term ◊ *Er kann sich unter dem Oberbegriff „Informationsmanagement" nichts vorstellen.* The general term 'information management' doesn't mean anything to him. ◊ *„Hepatitis" ist der Oberbegriff für alle Leberentzündungen.* 'Hepatitis' is a generic term for an inflammation of the liver. **2** (*Überschrift*) heading **Oberbürgermeister(in)** mayor
obere(r,s) upper; (*Preis-, Einkommensklasse*) higher; (*ganz oben*) top ◊ *der Obere Rhein* the upper Rhine ◊ *Sie unterrichtet nur obere Klassen.* She only teaches in the upper school. ◊ *Er schoss den Ball in die linke obere Ecke des Tors.* He kicked the ball into the top left-hand corner of the goal. ◊ *die obere Tabellenhälfte* the top half of the league table ◊ *die oberen Einkommensklassen* the higher income groups IDM ⇨ ZEHNTAUSEND
Oberfläche 1 surface (*auch fig*) ◊ *Auf der Oberfläche schwimmen kleine Insekten.* Little insects are floating on the surface. ◊ *Der Taucher kam wieder an die Oberfläche.* The diver came up to the surface again. ◊ *Die Reformen berühren nur die Oberfläche.* The reforms only scratch the surface. ◊ *Die Diskussionen blieben an der Oberfläche.* The discussions remained very superficial. **2** (*Geometrie*) surface area ◊ *Berechne die Oberfläche des Zylinders.* Calculate the surface area of the cylinder. **3** (COMP) interface
oberflächlich 1 superficial (*Adv* superficially); (*Blick*) cursory (*Adv* cursorily) ◊ *oberflächliche Argumente* superficial arguments ◊ *Das Problem wurde nur sehr oberflächlich behandelt.* The problem was dealt with very superficially. ◊ *Sie warf einen oberflächlichen Blick auf die Zeitung.* She had a cursory look at the paper. ◊ *oberflächlich betrachtet* at a cursory glance **2** (*Mensch*) shallow
Oberflächlichkeit superficiality
Ober- Obergeschoss upper floor; (*oberstes Geschoss*) top floor ☛ *Hinweis bei* STOCK[1], S. 1233. **oberhalb** above ◊ *Das Schloss liegt oberhalb der Stadt.* The castle is situated above the town. ◊ *oberhalb der festgelegten Grenze* above the fixed limit **Oberhand** upper hand ◊ *die Oberhand gewinnen/haben* gain/have the upper hand **Oberhaupt** head ◊ *das Oberhaupt der Familie/katholischen Kirche* the head of the family/Catholic Church ◊ *das geistliche Oberhaupt Tibets* Tibet's spiritual leader **Oberhaus** Upper

House; (in Großbritannien) House of Lords **Oberhemd** shirt
Oberin 1 (REL) Mother Superior **2** ⇨ OBERSCHWESTER
ober- oberirdisch above ground ◊ *Das Krankenhaus hat sechs oberirdische Stockwerke.* The hospital has six floors above ground. ◊ *der oberirdische Abschnitt der U-Bahn* the overground section of the tube system **Oberkellner** head waiter **Oberkellnerin** head waitress **Oberkiefer** upper jaw **Oberkommandierende(r)** commander-in-chief*, supreme commander **Oberkommando** supreme command **Oberkörper** upper part of the body ◊ *Es bedeckt den Oberkörper.* It covers the upper part of the body. ◊ *mit nacktem Oberkörper* stripped to the waist **Oberleutnant** lieutenant, (AmE) first lieutenant; (in der britischen Luftwaffe) flying officer; (in der US-Luftwaffe) first lieutenant **Oberliga** ≈ local league **Oberlippe** upper lip
Obers cream
Ober- Oberschenkel thigh **Oberschicht** upper class ☛ G 1.3b **Oberseite** top **Oberschwester** (einer Station) ward manager, (AmE) head nurse; (eines Krankenhauses) director of nursing, (AmE) senior nurse manager
Oberst colonel; (in der britischen Luftwaffe) group captain
Oberstaatsanwalt chief public prosecutor
oberste(r,s) 1 top ◊ *die oberste Erdschicht* the top layer of earth ◊ *im obersten Stockwerk* on the top floor ◊ *Soforthilfe für die Überlebenden ist das oberste Gebot.* The top priority is immediate help for the survivors. ◊ *Die Sicherheit steht an oberster Stelle.* Safety is the most important thing. **2** (Gericht) supreme; (Gremium, Behörde, Ebene) highest; (Beamte, Richter etc.) most senior ◊ *Die Entscheidung wird auf oberster Ebene getroffen.* The decision will be taken at the highest level.
Ober- Oberstudienrat, -rätin ≈ senior teacher **Oberstufe** (in GB) ≈ sixth form; (in den USA) ≈ senior high school **Oberteil** upper part; (von Kleidung) top **Oberweite** bust measurement
obgleich although
Obhut care [U] ◊ *Sie gaben die Kinder in die Obhut der Großmutter.* They put the children into their grandmother's care.
obige(r,s) above ◊ *Wir sind unter obiger Nummer erreichbar.* We can be reached at the above number. ◊ *Obige Statistik zeigt, dass ...* The above statistics show that ...
Objekt 1 (Gegenstand, Grammatik) object **2** (einer Studie, eines Versuchs) subject **3** (Ziel) target ◊ *Tankstellen sind ein beliebtes Objekt für Kriminelle.* Petrol stations are a favourite target for criminals. **4** (Immobilie) property*
objektiv 1 (sachlich) objective (Adv objectively) ◊ *objektiv betrachtet* looking at it objectively ◊ *Der Schiedsrichter beurteilt die Situation objektiv.* The referee makes an objective judgement about the situation. **2** (tatsächlich) actual, real ◊ *die objektiven Schwierigkeiten* the real difficulties ◊ *Die Zahl der Überfälle wächst objektiv.* The number of robberies is in fact growing.
Objektiv lens
Objektivität objectivity
Objektsatz object clause
Oblate 1 (Back-) = rice paper base for biscuits/cookies **2** (REL) Communion wafer
obliegen etw obliegt jdm sth is sb's responsibility ◊ *Ihm oblag die Aufgabe, straffällige Jugendliche zu beraten.* It was his responsibility to counsel young offenders.
obligatorisch 1 (üblich) obligatory ◊ *die obligatorische Frage nach seinen Zukunftsplänen* the obligatory question about his plans for the future **2** (vorgeschrieben) compulsory ◊ *die obligatorische dreijährige Wehrpflicht* the three years' compulsory military service ◊ *Schlafwagenreservierungen sind obligatorisch.* Sleepers must be booked in advance.
Obmann, Obmännin 1 (Vorsitzende(r) eines Vereins) chairperson* **2** (Vertreter) spokesperson*
Oboe oboe ◊ *Ich spiele Oboe.* I play the oboe.
Obrigkeit (Institution) authorities [Pl]
  Obrigkeitsstaat authoritarian state
obschon although
Observatorium observatory*
observieren have sb under surveillance

Obsession obsession
obskur dubious, shady*; (verdächtig) suspicious ◊ *obskure Vereine* dubious organizations ◊ *obskure Geschäfte* shady business ◊ *obskure Gestalten* suspicious figures
Obst fruit ◊ *Obst ernten* pick fruit

> A **fruit** bedeutet „eine Obstsorte": *all sorts of tropical fruits*. Um von einer einzelnen Frucht zu sprechen, sagt man **a piece of fruit**: *Would you like some cheese or a piece of fruit?* Die unzählbare Form ist aber gebräuchlicher: *Would you like some fruit?*

Obstbaum fruit tree **Obstgarten** orchard **Obstkuchen** fruit flan ☛ *Siehe auch* PIE **Obstsalat** fruit salad
obszön obscene
Obus trolleybus, (AmE) trackless trolley
obwohl although, though; (zur Betonung) even though ◊ *Obwohl die Preise gestiegen sind ... Although prices have risen ...* ☛ **Although** und **though** bedeuten das Gleiche, wobei **though** in der gesprochenen Sprache häufiger verwendet wird.
Occasion ⇨ OKKASION
Ochse ox*
Ochsenschwanzsuppe oxtail soup
ocker ochre, (AmE auch) ocher
öde 1 desolate; (menschenleer) deserted ◊ *eine öde Gegend* a desolate area **2** (kahl) barren ◊ *eine öde Landschaft* a barren landscape **3** (langweilig) dull, dreary* ◊ *eine öde Party* a dull party
oder 1 or ◊ *Er ist fünf oder sechs.* He's five or six. **2** (sonst) or (else) ◊ *Hau ab, oder ich mache dir Beine!* Clear off, or else I'll be after you! **3** ~ **so** (ähnlich/was) or something like that ◊ *Sie heißt Robotta oder so ähnlich.* She's called Robotta or something like that. **4** oder? ☛ *Hinweis bei* NICHT
Ödipuskomplex Oedipus complex
Ofen 1 (Herd, Holz-, Kohle-) stove; (Heizgerät) heater **2** (Back-) oven ◊ *Den Kuchen in den Ofen schieben.* Put the cake in the oven. **3** (Brenn-) kiln **4** (Hoch-) furnace IDM ⇨ SCHUSS
offen 1 open ◊ *Die Tür ist offen.* The door is open. ◊ *Die Geschäfte haben heute nicht offen.* The shops aren't open today. ◊ *auf offener See* on the open sea ◊ *aufs offene Meer hinausfahren* sail out into the open sea ◊ *eine offene Wunde* an open wound ◊ *Die Veranstaltungen sind für alle offen.* The events are open to everybody. ◊ *Sie stimmten offen darüber ab.* They had an open ballot on it. ◊ *Er starrte sie mit offenem Mund an.* He stared at her, open-mouthed. **2** (nicht entschieden) ◊ *Es ist noch offen, wie es weitergeht.* What happens next still hasn't been decided. ◊ *Die Entscheidung ist noch offen.* The decision hasn't been made yet. ◊ *ein offener Konflikt* an unresolved conflict ◊ *Die Frage ist noch offen.* The question has not yet been answered. **3** (nicht beglichen) outstanding ◊ *eine offene Rechnung* an outstanding bill **4** (unbesetzt) vacant ◊ *Die Stelle ist noch offen.* The post is still vacant. ◊ *offene Stellen* vacancies **5** ~ **für jdn/etw** open to sb/sth ◊ *Wir sind offen für alle Vorschläge.* We're always open to suggestions. ◊ *Er ist stets offen für die Probleme anderer.* He always shows an interest in other people's problems. **6** (ehrlich) honest (Adv honestly), frank (Adv frankly) ◊ *Kann ich dir ganz offen meine Meinung sagen?* Can I tell you my honest opinion? ◊ *Offen gesagt würde ich lieber nach Hause gehen.* To be honest, I'd rather go home. ◊ *Das gebe ich offen zu.* I freely admit that. **7** (Haare) loose ◊ *Sie trägt ihre Haare meist offen.* She usually wears her hair loose. **8** *offener Wein* wine by the glass **9** ~ **bleiben** (Geschäft etc.) stay open **10** ~ **bleiben** (Frage etc.) remain unanswered **11** ~ **halten** (Tür etc.) hold* sth open; (Möglichkeiten etc.) keep* sth open **12** etw ~ **lassen** leave* sth open (auch fig) ◊ *Lass das Fenster offen.* Leave the window open. ◊ *Können wir das noch offen lassen? Ich sage dir nächste Woche Bescheid.* Can we leave it open for now? I'll let you know next week. **13** etw ~ **legen** disclose sth ◊ *Die Gesellschaft soll offen legen, was mit den Geldern passiert ist.* The company should disclose what happened to the money. **14** ~ **stehen** be open ◊ *Das Tor stand offen.* The gate was open. ◊ *Dir stehen doch alle Möglichkeiten offen.* There are all sorts of possibilities open to you. ◊ *Es steht dir offen, wann du fährst.* It's up to you when you go. ◊ *Die Teilnahme steht jedem offen.* Anyone can take

offenbar

part. IDM ⇒ BRIEF, GEHEIMNIS, HINTERTÜR, KARTE, MESSER, OHR, STRASSE, TAG, TÜR *und* WORT

offenbar obvious (*Adv* obviously) ◊ *Sie hat es offenbar vergessen.* She's obviously forgotten.

offenbaren 1 (jdm) etw ~ reveal sth (to sb) **2** sich ~ become* clear ◊ *In den letzten Tagen offenbarte sich das Ausmaß der Katastrophe.* In recent days the scale of the disaster has become clear.

Offenbarung revelation ◊ *die Offenbarung des Johannes* the Book of Revelation

Offenheit 1 (*Ehrlichkeit*) frankness, honesty ◊ *Man hat ihm seine Offenheit nicht übel genommen.* They didn't take offence at his frankness. ◊ *Sie sagte das in aller Offenheit.* She said that quite openly. **2** (*Aufgeschlossenheit*) openmindedness

offenherzig open (*Adv* openly), candid (*Adv* candidly) ◊ *Sie ist ein sehr offenherziger Mensch.* She's a very open person. ◊ *offenherzige Selbstkritik* candid self-criticism

offenkundig obvious (*Adv* obviously)

offensichtlich obvious (*Adv* obviously) ◊ *Sie hat unsere Verabredung offensichtlich vergessen.* She's obviously forgotten about our meeting.

offensiv 1 offensive (*Adv* offensively) ◊ *eine offensive Strategie* an offensive strategy **2** (*angriffslustig*) attacking ◊ *seine offensive Spielweise* his attacking play

Offensive offensive, attack ◊ *in die Offensive gehen* go on the offensive ◊ *von der Defensive zur Offensive übergehen* switch from defence to attack

öffentlich 1 public (*Adv* publicly) ◊ *eine öffentliche Diskussion* public discussion ◊ *eine öffentliche Bibliothek* a public library ◊ *die öffentliche Meinung* public opinion **2** (*staatlich*) state-owned ◊ *öffentliche Unternehmen* state-owned companies **3 der öffentliche Dienst** ≈ the civil service [Sing] ☛ Die Aufgabe des **Civil Service** ist die Verwaltung staatlicher Ämter. Lehrer, Bahnarbeiter etc. sind keine „civil servants"

Öffentlichkeit 1 public ◊ *Er wandte sich mit einem Hilferuf an die Öffentlichkeit.* He appealed to the public for help. ◊ *Die Ärztin brachte den Fall an die Öffentlichkeit.* The doctor brought the case to public attention. ◊ *unter Ausschluss der Öffentlichkeit* behind closed doors ◊ *Eine breite Öffentlichkeit akzeptiert die Gebühren.* Most people accept the charges. **2 in aller ~** publicly IDM ⇒ WÄSCHE

Öffentlichkeitsarbeit public relations [U], PR [U]

öffentlich-rechtlich (*Medien*) state-owned, (*AmE*) public

offiziell official (*Adv* officially); (*förmlich auch*) formal (*Adv* formally) ◊ *ein offizieller Besuch* an official visit ◊ *Dies wurde heute von offizieller Seite mitgeteilt.* This was officially announced today. ◊ *nach offiziellen Angaben* according to official reports ◊ *Offiziell habe ich nichts damit zu tun.* Officially, I have nothing to do with it. ◊ *Er ist offiziell zurückgetreten.* He has formally announced his resignation.

Offizier officer ◊ *ein hoher Offizier* a high-ranking officer

offline off-line

öffnen 1 open ◊ *Kannst du das mit deinem Taschenmesser öffnen?* Can you open this with my penknife? ◊ *Die Post öffnet um 8.* The post office opens at 8. ◊ *Ich klingelte, aber niemand öffnete.* I rang the bell, but nobody opened the door. **2 sich ~** open ◊ *Der Fallschirm öffnete sich nicht.* The parachute didn't open. ◊ *Die Tür lässt sich nicht öffnen.* The door won't open. **3 sich einer Sache ~** open up to sth ◊ *China öffnete sich dem Westen.* China opened up to the West. **4 sich jdm ~** (*sich anvertrauen*) confide in sb IDM ⇒ AUGE

Öffner opener

Öffnung opening; (*eines Gebietes*) opening up ◊ *eine schmale Öffnung in der Mauer* a narrow opening in the wall ◊ *die Öffnung der Grenzen* the opening of the borders ◊ *die Öffnung Osteuropas* the opening up of Eastern Europe

Öffnungszeiten opening hours [Pl]

oft often, frequently ◊ *Ich denke noch oft an sie.* I often think about her. ◊ *Wie oft spielst du?* How often do you play? ◊ *Ich sehe sie jetzt öfter als früher.* I see her more often now than I used to. ◊ *Die Busse fahren sehr oft.* The buses run very frequently. ◊ *Wie oft muss ich dir das noch sagen?* How many times do I have to tell you?

öfter 1 ⇒ OFT **2** *auch des Öfteren*, *oftmals* often, frequently ◊ *Kommt das öfter vor?* Does that often happen? ◊ *Das habe ich schon öfter bemerkt.* I've noticed that a few times. ◊ *Mach öfter mal eine Pause.* Have a break from time to time. ◊ *Damit haben wir die Öfteren Probleme.* We quite often have problems with that.

oh oh ◊ *Oh, wie schrecklich!* Oh, how terrible!

ohne 1 without ◊ *Dann gehen wir eben ohne ihn.* We'll just have to go without him. ◊ *Ich bin ohne Auto da.* I'm here without my car. **2 ~ zu …** ◊ *ohne zu fragen* without asking **3 ~ dass …** ◊ *Ohne dass wir es merkten, kam sie ins Zimmer.* She came into the room without us noticing. **4** (*abzüglich*) not including, excluding ◊ *Ohne ihn sind wir zehn.* There are ten of us not including him. ◊ *die Kosten ohne Mehrwertsteuer* the cost excluding VAT IDM **nicht** (**so**) **ohne sein 1** (*positiv*) be quite something ◊ *Seine Freundin ist gar nicht ohne.* His girlfriend is quite something. ◊ *Dieser Cocktail ist nicht ohne!* This cocktail has quite a kick! **2** (*schwierig*) be quite difficult ◊ *Die Mathearbeit war nicht ohne.* That maths test was quite difficult. ◊ *Der neue Chef ist nicht ohne.* You have to watch out for the new boss. ◊ *Der Job ist nicht ohne.* The job is quite demanding. **nicht so ohne weiteres** not just like that ◊ *Das würde sie mir nicht so ohne weiteres erzählen.* She wouldn't tell me just like that. **Ohne mich!** Count me out! ◊ *Ihr wollt jetzt noch ins Kino? Ohne mich!* You're going to the cinema now? Count me out! **ohne weiteres 1** (*ohne zu zögern*) straight away; without hesitation ◊ *Sie haben uns das Geld ohne weiteres bewilligt.* They gave us the money straight away. **2** (*ohne Probleme*) easily ◊ *Das lässt sich ohne weiteres ändern.* That can easily be changed.

ohnegleichen unparalleled (*gehoben*), tremendous ◊ *ein Wachstum ohnegleichen* unparalleled growth ◊ *ein Skandal ohnegleichen* a tremendous scandal ◊ *eine Geschmacklosigkeit ohnegleichen* the height of bad taste

ohnehin anyway ◊ *Wir haben ohnehin keine Chance.* We haven't got a chance anyway. ◊ *Er wollte seine ohnehin knappe Freizeit nicht mit Hausarbeit verbringen.* He didn't want to spend what little free time he had on housework. ◊ *die ohnehin um ihr Image kämpfende Firma* the company, which is already fighting to defend its image

Ohnmacht 1 faint [Sing] ◊ *Sie erwachte aus ihrer Ohnmacht.* She came round from her faint. ◊ *eine tiefe Ohnmacht* a dead faint ◊ *Er war einer Ohnmacht nahe.* He was close to fainting. **2 in ~ fallen** faint, pass out ◊ *Ich bin fast in Ohnmacht gefallen.* I nearly fainted. **3** (*Machtlosigkeit*) powerlessness

ohnmächtig 1 ◊ *das ohnmächtige Kind* the child who had fainted **2 ~ werden, zusammenbrechen etc.** faint, pass out ◊ *Ich wurde fast ohnmächtig.* I nearly fainted. ◊ *Sie traten ihn, bis er ohnmächtig wurde.* They kicked him until he passed out. ◊ *Sie sackte ohnmächtig zu Boden.* She collapsed unconscious. **3** (*machtlos*) powerless

Ohr 1 ear ◊ *Er hat abstehende Ohren.* His ears stick out. ◊ *Der Hund spitzte die Ohren.* The dog pricked up its ears. ◊ *Sie hielt sich die Ohren zu.* She covered her ears. ◊ *jdm etw ins Ohr flüstern* whisper sth in sb's ear ◊ *Sie ist auf dem rechten Ohr taub.* She's deaf in her right ear. ◊ *Er hat ein musikalisches Ohr.* He has a good ear for music. **2 Ohren** (*Gehör*) hearing [U] ◊ *Hunde haben gute Ohren.* Dogs have good hearing. IDM **auf diesem Ohr taub sein** be deaf to that sort of thing **auf taube Ohren stoßen** fall* on deaf ears ◊ *Er stieß mit seiner Bitte um Beförderung auf taube Ohren.* His request for promotion fell on deaf ears. (**bei jdm**) **auf offene Ohren stoßen**; (**bei jdm**) **ein offenes Ohr finden** meet* with a positive response (from sb) ◊ *Sie stieß mit ihrer Idee bei der Stadt auf offene Ohren.* Her idea met with a positive response from the town council. **bis über beide Ohren verliebt sein** be head over heels in love **ein offenes Ohr für jdn/etw haben** be ready to listen to sb/sth **Halt die Ohren steif!** Keep your chin up! (*umgs*) **nur mit halbem Ohr hinhören** only half listen ◊ *Ich habe nur mit halbem Ohr hingehört.* I was only half listening. **sich aufs Ohr legen** have a nap (*umgs*) **jdn übers Ohr hauen** con* sb (*umgs*) **viel um die Ohren haben** have a lot on your plate (*umgs*) ☛ *Siehe auch* FELL, FLOH, GANZ, NACHT, SPITZEN, TAUB, TRAUEN *und* WORT

Ohrenarzt, -ärztin ear specialist ☛ G 2.2d **ohrenbetäubend** deafening **Ohrenkneifer, Ohrenkriecher** ⇒ OHRWURM (2) **Ohrensausen** ringing in the ears **Ohrenschmalz** earwax **Ohrenschmaus** a delight to hear **Ohrenschmerzen** earache [U] ◊ *Er hatte starke Ohren-*

schmerzen. He had bad earache. **Ohrenschützer** earmuffs [Pl] **Ohrenstöpsel** earplug
Ohr- Ohrfeige a clip round the ear, a slap in the face *(auch fig)* ◊ *eine schallende Ohrfeige* a sharp clip round the ear ◊ *Das Urteil ist eine Ohrfeige für alle Behinderten.* The decision is a slap in the face for all disabled people. **Ohrklipp** clip-on earring **Ohrläppchen** ear lobe **Ohrring** earring **Ohrstecker** stud (earring) **Ohrwurm 1** hit ◊ *Ohrwürmer aus den fünfziger Jahren* hits from the fifties ◊ *ein Schlager, der zum Ohrwurm wurde* a pop song that everyone's been singing **2** *(Insekt)* earwig
oje oh dear
okay OK *(umgs)*, all right *(umgs)* ◊ *Er ist wieder okay.* He's OK again. ◊ *Okay, jetzt geht's los!* Okay, we're off now! ◊ *Es ist völlig okay, wenn du später kommst.* It's quite all right if you come later.
Okay go-ahead ◊ *Sie haben ihr Okay zu dem Verkauf gegeben.* They have given the go-ahead for the sale.
Okkasion bargain
okkult occult *(nur vor Nomen)*
Öko *(Mensch)* eco-freak
Öko- eco- ◊ *Sie halten sich eine Ziege als Öko-Rasenmäher.* They keep a goat as an eco-lawnmower.
Ökobauer, -bäuerin organic farmer ☛ G 2.2d
Ökologe, Ökologin ecologist ☛ G 2.2d
Ökologie ecology
ökologisch 1 ecological *(Adv* ecologically), environmental *(Adv* environmentally) ◊ *das ökologische Gleichgewicht* the ecological balance ◊ *eine ökologisch sinnvolle Lösung* an ecologically sound solution ◊ *eine ökologische Steuerreform* a tax reform based on ecological principles ◊ *Das ist ökologisch umstritten.* That's controversial from an ecological point of view. ◊ *ökologische Schäden/Folgen* environmental damage/consequences ◊ *ökologisch verträgliche Produkte* environmentally friendly products ◊ *der ökologische Umbau der Schule* renovation of the school along environmentally friendly lines ◊ *ein Gebäude ökologisch sanieren* renovate a building to meet high environmental standards **2** *(Lebensmittel, Landwirtschaft)* organic *(Adv* organically) ◊ *Gemüse aus ökologischem Anbau* organic vegetables ◊ *ökologisch erzeugte Lebensmittel* organically produced food
Ökonom(in) economist ☛ G 2.2d
Ökonomie 1 economy* **2** *(Fach)* economics [U] ☛ *Hinweis bei* ECONOMICS
ökonomisch 1 economic *(Adv* economically) ◊ *ökonomisch erfolgreiche Regionen* economically successful regions ◊ *ökonomisch sinnvolle Antworten* answers that make sense from an economic point of view **2** *(sparsam)* economical *(Adv* economically) ◊ *ökonomisch arbeitende Betriebe* factories that work economically
Ökosystem ecosystem
Oktave (MUS) octave
Oktober October ☛ *Beispiele bei* JANUAR
ökumenisch ecumenical *(Adv* ecumenically) ◊ *ein ökumenischer Gottesdienst* an ecumenical service ◊ *sich ökumenisch trauen lassen* have an ecumenical wedding
Öl 1 oil ◊ *Essig und Öl* oil and vinegar ◊ *ätherische Öle* essential oils ◊ *nach Öl bohren* drill for oil **2** *in ~* in oils ◊ *Sie malt in Öl.* She paints in oils. IDM **Öl ins Feuer gießen** add fuel to the fire
Ölbild oil painting
Oldie oldie
Oldtimer 1 *(vor 1916 gebautes Auto)* veteran car; *(zwischen 1917 und 1930 gebautes Auto)* vintage car; *(Flugzeug)* vintage plane; *(Zug)* vintage train **2** *(älterer Mensch)* oldie; *(Spieler etc.)* veteran
ölen 1 *(Fahrrad, Tür)* oil; *(Maschinenteile, Motor)* lubricate **2** *(Holz)* treat *sth* with oil IDM ⇒ BLITZ
Öl- Ölfarbe 1 oil (paint) **2** *(zum Anstreichen)* oil-based paint **Ölfeld** oilfield **Ölfilm** film of oil; *(Ölteppich)* oil slick **Ölgemälde** oil painting **Ölheizung** oil-fired central heating [U]
ölig 1 oily* **2** *(Essen)* greasy* **3** *(Charakter)* smarmy* *(umgs, abwert)* ◊ *ein öliger Typ* a smarmy character
oliv olive green ☛ *Beispiele bei* BLAU
Olive 1 olive **2** *(Baum)* olive tree
Olivenhain olive grove **Olivenöl** olive oil

olivgrün olive green ☛ *Beispiele bei* BLAU
Öl- Öljacke oilskin jacket **Ölkonzern** oil group **Ölkrise** oil crisis* **Ölleitung** oil pipe; *(Pipeline)* oil pipeline **Ölpest** oil spill **Ölquelle** oil well **Ölschicht** ⇒ ÖLFILM **Ölstand** oil (level) ◊ *den Ölstand prüfen* check the oil **Öltanker** oil tanker **Ölteppich** oil slick **Ölwechsel** oil change ◊ *Machst du den Ölwechsel bei deinem Auto selbst?* Do you change the oil in your car yourself?
Olympiade Olympics [Pl], Olympic Games [Pl] ◊ *bei der Olympiade* at the Olympics
Olympia- Olympiadorf Olympic village **Olympiamannschaft** Olympic team **Olympiamedaille** Olympic medal **Olympiasieg** Olympic win **Olympiasieger(in)** Olympic champion **Olympiastadion** Olympic stadium **Olympiateilnehmer(in)** Olympic athlete
olympisch Olympic ◊ *die Olympischen Spiele* the Olympic Games
Ölzweig olive branch
Oma, Omi 1 grandma, granny* *(Kinderspr)* ◊ *Ich war bei meiner Oma.* I was at my grandma's. **2** *(alte Frau)* old woman*
Omelett(e) omelette ◊ *ein Omelett mit Pilzen* a mushroom omelette
Omen omen
ominös 1 ominous *(Adv* ominously) **2** *(zweifelhaft)* dubious
Omnibus bus*
onanieren masturbate
Onkel 1 uncle **2** *(Mann)* nice man *(Kinderspr)* ◊ *Gib dem Onkel die Hand.* Shake hands with the nice man. ◊ *der Onkel Doktor* the nice doctor
online online ◊ *online arbeiten/gehen* work/go online ◊ *online verfügbar* available online
Onlinedienst online service **Onlinemedien** online media [Pl] **Onlinenutzer(in)** online user
Opa, Opi 1 grandad, grandpa ◊ *Ich schlafe heute bei Opa.* I'm staying at grandad's tonight. **2** *(alter Mann)* old man*
Opal opal
Openair- Openairfestival open-air festival **Openairkino** open-air cinema **Openairkonzert** open-air concert
Oper 1 opera ◊ *Sie gehen morgen in die Oper.* They're going to the opera tomorrow. ◊ *die italienische Oper* Italian opera ◊ *Sie will an die Oper.* She wants to be an opera singer. **2** *(Ensemble)* opera company* ☛ G 1.3b **3** *(Opernhaus)* opera house
Operation (MED, MIL, COMP) operation ◊ *sich einer schweren Operation unterziehen* have a serious operation **Operationssaal** operating theatre, *(AmE)* operating room **Operationstisch** operating table
operativ 1 (MED) surgical *(Adv* surgically) ◊ *etw operativ entfernen* remove sth surgically ◊ *ein operativer Eingriff* an operation **2** (WIRTSCH) operating
Operette operetta ◊ *Sie gingen in die Operette.* They went to the operetta.
operieren 1 operate ◊ *eine international operierende Verbrecherbande* a criminal organization that operates at an international level ◊ *Die Ärzte haben ihn sofort operiert.* The doctors operated on him immediately. ◊ *ein frisch operierter Patient* a patient who has just had an operation ◊ *Sie wurde mehrfach operiert.* She had multiple operations. ◊ *Sie ist am Knie operiert worden.* She has had an operation on her knee. ◊ *Er ließ sich an der Schulter operieren.* He had an operation on his shoulder. **2** *mit etw ~* use sth ◊ *Er hat mit falschen Zahlen operiert.* He used incorrect figures.
Opern- Opernhaus opera house **Opernsänger(in)** opera singer ☛ G 2.2d
Opfer 1 sacrifice *(auch fig)* ◊ *In diesen schweren Zeiten müssen wir alle Opfer bringen.* We all have to make sacrifices in these difficult times. ◊ *Er versprach, Gott ein Opfer zu bringen.* He promised to make a sacrifice to God. ◊ *Sie brachten ein Schaf als Opfer dar.* They sacrificed a sheep. **2** *(Geschädigte(r))* victim; *(eines Unfalls, Kriegs etc.)* casualty ◊ *Opfer von Gewalt* victims of violence ◊ *Er war das Opfer seines eigenen Erfolgs.* He was the victim of his own success. ◊ *Nach dem Unfall wurden die Opfer ins Krankenhaus gebracht.* After the accident the casualties were taken to hospital. ◊ *Der Hurrikan forderte über 100 Opfer.* The hurricane claimed over 100 lives. ◊ *Das Haus wurde*

Opferbereitschaft

ein Opfer der Flammen. The house burned down. **3 jdm/etw zum ~ fallen** be the victim of sb/sth; *(getötet werden)* be killed by sb/sth; *(zerstört werden)* be destroyed by sb/sth ◊ *Wir befürchten, dass sie einem Verbrechen zum Opfer gefallen ist.* We fear that she has been the victim of a crime. ◊ *Das Reh ist einem Wilderer zum Opfer gefallen.* The deer was killed by a poacher. ◊ *Drei Häuser fielen den Flammen zum Opfer.* Three houses were destroyed by the fire. ◊ *Der neuen Straße sind viele Bäume zum Opfer gefallen.* Many trees have been sacrificed for the new road. IDM ⇨ ROT-STIFT

Opferbereitschaft willingness to make sacrifices

opfern 1 make* a sacrifice **2** (jdm) etw ~ sacrifice sth (to sb) **3** *(verzichten)* sacrifice, give* *sth* up ◊ *Für die neuen Wohnungen wurde eine Wiese geopfert.* A meadow was sacrificed so that new flats could be built. ◊ *Er opfert seine Freizeit für den Naturschutz.* He gives up his free time to work for conservation. **4 sich (für jdn/etw) ~** sacrifice yourself (for sb/sth) ◊ *Der Held opferte sich für seine Prinzipien.* The hero sacrificed himself for his principles. ◊ *Sie hat sich geopfert und das letzte Stück Kuchen gegessen.* She nobly ate the last piece of cake.

Opiat opiate

Opium opium

opportun ◊ *Eine Zinserhöhung ist zur Zeit wirklich nicht opportun.* Now isn't the right time for an increase in interest rates.

Opportunismus opportunism

Opportunist(in) opportunist

opportunistisch opportunistic (*Adv* opportunistically)

Opposition opposition; *(im Parlament)* Opposition ◊ *Gegen die Reform gibt es viel Opposition.* There's a lot of opposition to the reforms. ◊ *ein Sprecher der Opposition* a speaker for the Opposition ◊ *Die Partei muss in die Opposition gehen.* The party will have to go into opposition. ◊ *Das Land befindet sich in totaler Opposition zu allen UN-Resolutionen.* The country is wholly opposed to all UN resolutions. ◊ *Das sagt sie doch nur aus Opposition.* She's only saying that to be contrary. ☛ G 1.3a

oppositionell opposition ◊ *Die oppositionellen Kommunisten forderten eine Erklärung.* The Communist opposition demanded an explanation. ◊ *ein Treffen von oppositionellen Gruppen und Parteien* a meeting of opposition groups and parties

Oppositionelle(r) member of the Opposition; *(Dissident(in))* dissident

Oppositionsführer(in) leader of the Opposition

Optik 1 optics [U] **2** *(Aussehen)* appearance, visual effect ◊ *die sportliche Optik des Wagens* the car's sporty appearance **3** *(Sichtweise)* point of view*, perspective

Optiker(in) optician ☛ G 2.2d ☛ *Hinweis bei* BAKER

optimal 1 *Adj* ideal, perfect, optimum (*nur vor Nomen*) ◊ *Diese Lösung ist nicht optimal.* This solution isn't ideal. **2** *Adv* as well as possible; *(effizient)* as efficiently as possible ◊ *Ich möchte mich optimal auf die Prüfung vorbereiten.* I want to prepare for the exam as well as possible. ◊ *Die Energie wird optimal ausgenutzt.* The energy is used as efficiently as possible. ◊ *Das System kann nur dann optimal arbeiten, wenn …* The system can only work at optimum efficiency when …

Optimismus optimism

Optimist(in) optimist ◊ *Sie ist eine unverbesserliche Optimistin.* She's an eternal optimist.

optimistisch optimistic (*Adv* optimistically) ◊ *Sie blicken optimistisch in die Zukunft.* They're optimistic about the future. ◊ *Er äußerte sich optimistisch.* He spoke optimistically. ◊ *Er war optimistisch gestimmt.* He was in an optimistic frame of mind. ◊ *optimistisch stimmende Worte* encouraging words

Optimum best ◊ *Er strebt immer nach dem Optimum.* He always strives for the best. ◊ *Erfahrung und Qualität ergeben ein Optimum an Sicherheit.* Experience and quality make for optimum safety.

Option option

optisch 1 *(Instrumente, Täuschung)* optical ◊ *optische und akustische Reize* optical and auditory stimuli **2** *(Eindruck)* visual (*Adv* visually) ◊ *Der Film hinterließ starke optische Eindrücke.* The film made a powerful visual impression. ◊ *Die Broschüre ist optisch ansprechend.* The brochure is at-tractive to look at. ◊ *Der Raum wirkt optisch größer, wenn du ihn hell streichst.* The room will look bigger if you paint it a light colour.

opulent lavish (*Adv* lavishly); *(Klang, Kostüm)* rich (*Adv* richly); *(Villa, Zimmer)* opulent ◊ *Er war an einen opulenten Lebensstil gewöhnt.* He was used to a lavish lifestyle. ◊ *ein opulent bebildertes Buch* a lavishly illustrated book ◊ *opulent bestickt* richly embroidered

Opus 1 work, opus* ◊ *das neueste Opus des erfolgreichen Dramatikers* the latest work by the successful dramatist ☛ Das englische Wort **opus** ist sehr gehoben, außer wenn es in Verbindung mit der Nummer eines musikalischen Werks erscheint: Schumann's opus 47 in E flat major. **2** *(Gesamtwerk)* works [Pl]

Orakel oracle

oral oral (*Adv* orally) ◊ *eine orale Erzähltradition* an oral tradition of storytelling ◊ *ein orales Medikament* a medicine to be taken orally

orange, orangefarben orange ☛ *Beispiele bei* BLAU

Orange orange

Orangenmarmelade (orange) marmalade **Orangensaft** orange juice

Orang-Utan orang-utan

Oratorium oratorio*

Orchester orchestra. ☛ G 1.3b

Orchestergraben (orchestra) pit **Orchesterprobe** orchestra practice, orchestral rehearsal

Orchidee orchid

Orden 1 *(Auszeichnung)* medal **2** (REL) order

Ordensbruder monk **Ordensschwester** nun, sister

ordentlich 1 tidy* (*Adv* tidily), neat (*Adv* neatly) ◊ *ein ordentliches Zimmer* a tidy room ◊ *Er ist ein sehr ordentlicher Mensch.* He's a very tidy person. ◊ *ordentlich zusammengelegte Hemden* neatly folded shirts **2** *(richtig)* proper (*nur vor Nomen*) (*Adv* properly); *(ordnungsgemäß)* official (*Adv* officially); *(jährlich)* annual (*Adv* annually) ◊ *Er hat keinen ordentlichen Beruf gelernt.* He never learned a proper trade. ◊ *ein Verein mit einer ordentlichen Satzung* a club with a proper constitution ◊ *ein ordentliches Schulfach* an official school subject ◊ *der 17. ordentliche Gewerkschaftstag* the 17th annual union conference ◊ *ein ordentlicher Professor* a full professor ◊ *ein ordentliches Mitglied* a full member ◊ *ein ordentliches Gericht* a court of law **3** *(gut)* good (*Adv* well), decent (*Adv* decently) ◊ *Sie hat ordentliche Arbeit geleistet.* She has done a good job. ◊ *Er spielt recht ordentlich Saxophon.* He plays the saxophone pretty well. ◊ *Hier kriegt man wenigstens einen ordentlichen Kaffee.* At least you can get decent coffee here. ◊ *Die Firma zahlt ganz ordentlich.* The company pays a decent wage. ◊ *Er nahm einen ordentlichen Schluck aus der Flasche.* He took a large gulp from the bottle. ◊ *Das muss ordentlich gefeiert werden!* This calls for a celebration! **4** *(sehr)* really ◊ *Sein Gegner hat ihm ordentlich zu schaffen gemacht.* His opponent really gave him a run for his money.

Order (MIL, WIRTSCH) order ◊ *Sie hatten Order, keinen Schuss zu feuern.* They had orders not to shoot.

ordern order

ordinär 1 *Adj* vulgar, common ◊ *Sie ist eine ganz ordinäre Person.* She's really common. ◊ *ordinäre Kraftausdrücke* vulgar swear words **2** *Adj* *(alltäglich)* ordinary ◊ *Am liebsten esse ich eine ganz ordinäre Bratwurst.* I like ordinary sausages best of all. **3** *Adv* *(vulgär)* in a vulgar way ◊ *Warum redest du so ordinär?* Why do you talk in such a vulgar way?

Ordination 1 ordination **2** *(Arztpraxis, Sprechstunde)* surgery*

ordinieren ordain ◊ *Er wurde 1980 zum Pfarrer ordiniert.* He was ordained (as) a priest in 1980.

ordnen 1 *(in eine bestimmte Reihenfolge bringen)* arrange, organize ◊ *Das Wörterbuch ist alphabetisch geordnet.* The dictionary is arranged alphabetically. ◊ *Die Abteilungen sollen neu geordnet werden.* The departments are to be reorganized. **2** *(Ordnung schaffen, regeln)* sort *sth* out, put* *sth* in order ◊ *Er hatte keine Zeit, seine Unterlagen zu ordnen.* He didn't have time to sort out his papers. ◊ *Sie versuchte, ihr Leben zu ordnen.* She tried to sort out her life. ◊ *Vor seinem Tod wollte er noch seine Angelegenheiten ordnen.* He wanted to put his affairs in order before his death. ☛ *Siehe auch* GEORDNET

Ordner file
Ordner(in) steward ☞ G 2.2d
Ordnung 1 order ◊ *etw in alphabetische Ordnung bringen* put sth in alphabetical order ◊ *Es herrscht wieder Ruhe und Ordnung im Land.* Law and order have been restored in the country. ◊ *Der Präsident hat die Armee zur Ordnung gerufen.* The president called the army to order. ◊ *eine neue politische Ordnung* a new political order ◊ *die Ordnung der Krokodile* the order of crocodiles **2** *(aufgeräumter Zustand)* tidiness ◊ *Sauberkeit und Ordnung* cleanliness and tidiness ◊ *Auf seinem Schreibtisch herrscht Ordnung.* His desk is tidy. ◊ *Ich muss in meinem Zimmer Ordnung schaffen.* I must tidy my room up. ◊ *Bei mir hat alles seine Ordnung.* I like everything to be orderly. **IDM in Ordnung** all right; OK ◊ *Ist alles in Ordnung?* Is everything all right? ◊ *Ist es in Ordnung, wenn ich mir das Buch leihe?* Is it all right if I borrow this book? ◊ *In Ordnung!* OK! ◊ *Die Papiere sind in Ordnung.* The papers are in order. ◊ *Du hast dein Versprechen nicht gehalten. Das finde ich nicht in Ordnung.* You broke your promise. I don't think that's right. ◊ *Mit dem Telefon ist etwas nicht in Ordnung.* There's something wrong with the phone. ◊ *Der neue Lehrer ist echt in Ordnung.* The new teacher is really cool. **etw (wieder) in Ordnung bringen** put* sth right
Oregano oregano
Organ 1 organ ◊ *ein Organ spenden* donate an organ ◊ *Das Blatt ist das offizielle Organ der Partei.* The paper is the party's official organ. **2** *(Abteilung)* body*, organ *(gehoben)* ◊ *das höchste gesetzgebende Organ im Staat* the highest legislative body in the state ◊ *das Vertrauen in den Staat und seine Organe* faith in the state and its organs
Organhandel trade in human organs
Organisation organization ◊ *eine in Paris ansässige Organisation* an organization based in Paris ◊ *Er wurde für die gute Organisation des Streiks gelobt.* He was praised for his organization of the strike. ◊ *Die Eltern helfen bei der Organisation des Schulfestes.* The parents help to organize the school fête.
Organisationstalent talent for organization ◊ *Für diese Aufgabe braucht man Geduld und Organisationstalent.* You need patience and a talent for organization for this job. ◊ *Sie ist ein richtiges Organisationstalent.* She has a real talent for organization.
Organisator(in) organizer
organisatorisch 1 *Adj* organizational ◊ *aus organisatorischen Gründen* for organizational reasons **2** *Adv* from an organizational point of view, at an organizational level ◊ *Das ist organisatorisch nicht möglich.* It's not possible from an organizational point of view. ◊ *Sie unterstützen die Gruppe finanziell und organisatorisch.* They support the group financially and on an organizational level.
organisch 1 organic *(Adv* organically*)* ◊ *organische Abfälle* organic waste ◊ *organische Chemie* organic chemistry **2** *(körperlich)* physical *(Adv* physically*)* ◊ *Sie ist organisch gesund.* She is physically healthy.
organisieren 1 organize ◊ *Wer hat die Party organisiert?* Who organized the party? ◊ *Sie kann gut organisieren.* She's a good organizer. ◊ *Der Nahverkehr wird neu organisiert.* Local transport is being reorganized. ◊ *Wer organisiert die Preise für die Tombola?* Who's organizing the prizes for the tombola? ◊ *das organisierte Verbrechen* organized crime **2** *(beschaffen)* get* hold of sth *(umgs)*; *(stehlen)* lift *(umgs)* ◊ *Er hat ein Auto organisiert.* He got hold of a car. **3 sich ~** become* organized; **sich in/als etw ~** form sth ◊ *Sie haben sich politisch organisiert.* They have become politically organized. ◊ *Die Taschendiebe organisierten sich in Banden.* The pickpockets formed gangs. ◊ *Die Hälfte der Beschäftigten ist gewerkschaftlich organisiert.* Half of the work force is unionized.
Organismus 1 *(Körper)* body*, system **2** *(Lebewesen)* organism ◊ *gentechnisch veränderte Organismen* genetically modified organisms
Organist(in) organist ☞ G 2.2d
Organ- Organspende organ donation **Organspender(in)** organ donor
Orgasmus orgasm
Orgel organ ◊ *Sie spielt Orgel.* She plays the organ.
Orgelkonzert organ recital; *(Komposition)* organ concerto*
Orgelpfeife organ pipe

Orgie orgy* ◊ *Sie feierten wahre Orgien.* They had wild orgies.
Orient East, Orient *(gehoben)* ◊ *eine Reise in den Orient* a journey to the East ◊ *der Vordere Orient* the Middle East ◊ *Teppiche aus dem Orient* oriental carpets
orientalisch Eastern, oriental
orientieren 1 sich ~ find* your way around; **sich an/nach etw ~** find* your bearings using sth; *(Seefahrer, Vögel etc.)* navigate by sth ◊ *In Rom fiel es ihm schwer, sich zu orientieren.* He found it difficult to find his way around Rome. ◊ *Die Wanderer orientierten sich nach den Sternen.* The hikers used the stars to find their bearings. ◊ *Wandervögel orientieren sich am Stand der Sonne.* Migrating birds navigate by the sun. **2 sich (über etw) ~** find* out (about sth), get* an idea (of sth) **3 sich an etw ~** *(von etw abhängen)* be related to sth; *(sich etw zum Ziel setzen)* be geared towards sth ◊ *Der Preis orientiert sich an den Herstellungskosten.* The price is related to the production cost. ◊ *Die Politik sollte sich am Wohlergehen aller orientieren.* Policies should be geared towards the promotion of the general good. **4 sich an etw ~** *(zum Vorbild nehmen)* be modelled on sth; **sich an jdm ~** model* yourself on sb ◊ *Die Gestaltung orientierte sich an Entwürfen aus dem 18. Jahrhundert.* The design was modelled on 18th century sketches. ◊ *Er hat sich als Sänger an Caruso orientiert.* He modelled himself on Caruso. ◊ *Er hat sich immer sehr an seinen Eltern orientiert.* He's always done what his parents wanted.
orientiert 1 ⇨ ORIENTIEREN **2** *(ausgerichtet)* oriented; *(bewusst)* aware *(nicht vor Nomen)* ◊ *kommerziell orientiert* commercially oriented ◊ *ökologisch orientiert* environmentally aware ◊ *die links orientierte Arbeiterschaft* the leftist workforce
Orientierung 1 bearings [Pl] **zur ~** to help you find your way around ◊ *die Orientierung verlieren* lose your bearings ◊ *Zur Orientierung hatte sie eine Straßenkarte dabei.* She had a street map to help her find the way. **2 ~** *(auf etw)* *(Ausrichtung, Einstellung)* orientation (to/towards sth) ◊ *seine politische Orientierung* his political orientation ◊ *ihre materielle Orientierung* their orientation to materialism ◊ *die Orientierung der Partei auf Abrüstung* the party's orientation towards disarmament ◊ *Sie suchen nach einer neuen Orientierung.* They are looking for a new direction.
orientierungslos disoriented ◊ *Ich war völlig orientierungslos.* I felt completely disoriented. ◊ *Sie irrte orientierungslos im Wald umher.* She was wandering around in the woods completely lost. **Orientierungslosigkeit** lack of direction **Orientierungspunkt** point of reference **Orientierungssinn** sense of direction **Orientierungsstufe** = two-year period after primary school in which pupils are assessed before choosing a secondary school
original original; *(nach traditionellem Muster/Rezept)* authentic; *(echt, unverfälscht)* genuine ◊ *originale Handschriften* original manuscripts ◊ *original bayrische Weißwurst* authentic Bavarian white sausage ◊ *original Meißner Porzellan* genuine Meissen
Original 1 original ◊ *etw im Original lesen* read sth in the original ◊ *das Original des Bildes* the original painting ◊ *Du musst deine Geburtsurkunde im Original vorlegen.* You need to supply your birth certificate, not a copy. **2** *(Mensch)* character
Originalfassung original version ◊ *die Originalfassung der Sonate* the original version of the sonata ◊ *Der Film läuft in der französichen Originalfassung mit Untertiteln.* The film is being shown in French with subtitles. **originalgetreu** exact ◊ *etw originalgetreu nachbauen* build an exact replica of sth **Originalgröße** full size ◊ *etw in Originalgröße nachbauen* make a full-size replica of sth
Originalität 1 *(Eigenständigkeit)* originality **2** *(Echtheit)* authenticity
Originalton 1 original sound ◊ *Die Wochenschau wird im Originalton gezeigt.* The weekly newsreel is being shown with its original sound. ◊ *Der französische Klassiker wird im Original mit Untertiteln gezeigt.* This classic film is being shown in French with subtitles. **2** *auch* **O-Ton** authentic recording
originell (highly) original
Orkan hurricane
orkanartig hurricane-force
Ornament decoration [U] ◊ *orientalische Ornamente* oriental decoration
Ornithologie ornithology

Ort 1 place; (*Veranstaltungs-*) venue ◊ *ein Ort der Zuflucht* a place of refuge ◊ *am selben Ort* in the same place ◊ *Ort und Zeit der Veranstaltung festlegen.* Fix the time and venue. ◊ *ein idyllischer Ort* an idyllic spot ◊ *am Ort des Geschehens* at the scene ◊ *an einem anderen Ort* elsewhere ◊ *an jedem Ort, zu jeder Zeit* any time, anywhere **2** (*eines Romans, Stücks*) setting **3** (*Ortschaft*) village; (*Stadt*) town ◊ *ein kleiner Ort* a small village/town ◊ *die Schulen am Ort* the local schools ◊ *Er wohnt nicht am Ort.* He doesn't live locally. IDM **an Ort und Stelle 1** (*vor Ort*) on the spot **2** (*am rechten Platz*) in place ◊ *Die Schutzvorrichtung muss an Ort und Stelle sein.* The guard must be in place. **vor Ort** on the spot

orten locate

orthodox orthodox; (REL) Orthodox

Orthographie spelling, orthography (*gehoben*)

Orthopäde, Orthopädin orthopaedic specialist, (*AmE*) orthopedic specialist ☞ G 2.2d

örtlich local ◊ *die örtliche Polizei* the local police ◊ *örtlich begrenzt/zuständig* local ◊ *unter örtlicher Betäubung* under local anaesthetic ◊ *Ihr Knie wurde örtlich betäubt.* She was given a local anaesthetic (in the knee). ◊ *Örtlich ist mit Gewittern zu rechnen.* There will be thunderstorms in places.

orts- ortsansässig local **Ortsausgang** end of the village/town ◊ *am Ortsausgang* at the end of the village/town ◊ *Kurz vor dem Ortsausgang ist eine Tankstelle.* There's a petrol station just before you leave the village/town.

Ortschaft village; (*Stadt*) town ◊ *eine kleine Ortschaft* a small village/town ◊ *in geschlossenen Ortschaften* in towns and villages

Orts- Ortseingang approach to the village/town ◊ *am Ortseingang* at the approach to the village/town ◊ *Kurz vor dem Ortseingang blieb ihr Auto stehen.* As she approached the village/town the car stopped. **Ortsgespräch** local call ◊ *ein Ortsgespräch führen* make a local call **Ortskern** village/town centre, (*AmE*) village/town center **ortskundig** with local knowledge ◊ *ein ortskundiger Führer* a guide with local knowledge ◊ *sich ortskundig machen* get to know the area **Ortsname** place name **Ortsschild** (road sign with the) name of the village/town **Ortstarif** rate for local calls ◊ *Sie können zum Ortstarif anrufen.* Calls will be charged at local rate. **Ortsteil** district ◊ *im Kelkheimer Ortsteil Fischbach* in the Fischbach district of Kelkheim **Ortszeit** local time

Öse eye(let) ◊ *mit Haken und Öse* with a hook and eye

Ossi East German

Ost east, East

Ost- eastern, east ◊ *Ostdeutschland* Eastern Germany ◊ *Osteuropa* Eastern Europe ◊ *die Ostküste Englands* the east coast of England ◊ *Ostengland* the East of England ☞ *Hinweis bei* NORDEN

Ostblock Eastern bloc

Osten 1 east (*Abk* E) ◊ *Der Wind wehte aus Osten.* The wind was coming from the east. ◊ *Das Küchenfenster geht nach Osten raus.* The kitchen faces east. ◊ *im Osten des Landes* in the east of the country ◊ *Richtung Osten fahren* drive east ◊ *der Osten Chinas* east(ern) China ◊ *im Osten von Wien* in east Vienna **2** (*die neuen Bundesländer*) the former GDR ◊ *der Aufbau im Osten* reconstruction in the former GDR **3** (*Osteuropa*) Eastern Europe ◊ *die Staaten im Osten* Eastern European countries **4 der Nahe/Ferne ~** the Middle/Far East

Oster- Osterei Easter egg ☞ Im englischen Kontext gibt es traditionell nur Schokoladenostereier. **Osterfeuer** Easter bonfire **Osterglocke** daffodil **Osterhase** Easter bunny* **Ostermontag** Easter Monday ◊ *am Ostermontag* on Easter Monday

Ostern Easter ◊ *Frohe Ostern!* Happy Easter! ◊ *an/zu Ostern* at Easter ◊ *Was machst du (über) Ostern?* What are you doing over Easter? ◊ *letzte Ostern* last Easter

Ostersonntag Easter Sunday

östlich 1 (*Richtung*) easterly ◊ *in östlicher Richtung* in an easterly direction ◊ *östliche Winde* easterly winds **2** (*Gebiet, Länder*) eastern ◊ *in der östlichen Türkei* in eastern Turkey ◊ *östliche Philosophien* eastern philosophies **3** **~ (von etw)** east (of sth), to the east (of sth) ◊ *zehn Kilometer östlich von hier* ten kilometres east of here ◊ *Das Dorf liegt östlich von Algier.* The village is to the east of Algiers. ◊ *Die Siedlung ist weiter östlich gelegen.* The estate is further to the east. **4** (*osteuropäisch*) Eastern European ◊ *die östlichen Staaten* the Eastern European states

östlichste(r,s) easternmost

Ostsee Baltic (Sea); (*Küste*) Baltic (coast) ◊ *Fehmarn liegt in der Ostsee.* Fehmarn is in the Baltic. ◊ *Urlaub an der Ostsee* holidays on the Baltic coast

ostwärts eastwards

Ostwind easterly wind

Otter¹ *der* otter

Otter² *die* viper

out out (of fashion) ◊ *Die Band ist doch längst out!* That band went out ages ago!

outen 1 jdn **~** out sb **2** sich **~** come* out

Outfit 1 look **2** (*Kleidung*) outfit

Output output [U]

Ouvertüre overture ◊ *die Ouvertüre zur Fledermaus* the overture to Die Fledermaus

oval oval

Oval oval

Ovation ovation [meist Sing] ◊ *Für den Tenor gab es stehende Ovationen.* The tenor was given a standing ovation.

Overall (*Arbeitsanzug*) overalls [Pl], (*AmE*) coveralls [Pl]; (*modischer Hosenanzug*) jumpsuit ◊ *Er trug einen blauen Overall.* He wore blue overalls. ☞ *Hinweis bei* BRILLE

Overheadprojektor overhead projector

Oxid oxide

Ozean Ocean ◊ *der Indische Ozean* the Indian Ocean ◊ *der Atlantische/Pazifische Ozean* the Atlantic/Pacific (Ocean) ◊ *Sie segelten über den Ozean.* They sailed across the Atlantic/Pacific.

Ozon ozone; (*Ozonwerte*) ozone levels [Pl] ◊ *180 mg Ozon je Kubikmeter Luft* ozone levels of 180 mg per cubic metre **Ozonkiller** ozone-damaging gas ◊ *Fluorchlorkohlenwasserstoffe sind als Ozonkiller bekannt.* CFCs are known to be damaging the ozone layer. **Ozonloch** ozone hole, hole in the ozone layer ◊ *Das Ozonloch wächst rasant weiter.* The ozone hole is increasing rapidly. **Ozonschicht** ozone layer **Ozonwerte** ozone levels [Pl]

P, p P, p ☞ *Beispiele bei* A, a, S. 773.
paar ein ~ a few; *(zwei oder drei)* a couple; **die** ~ these/those few ◊ *ein paar Tage Urlaub* a few days' holiday ◊ *Nimm die paar übrigen Kekse noch!* Take those few biscuits that are left. ◊ *Ich habe schon ein paar Mal angerufen.* I've rung a couple of times. ◊ *Ein paar hundert Anrufer meldeten sich.* A couple of hundred people rang in. ◊ *mit meinen paar Brocken Französisch* with my few words of French ◊ *alle paar Tage* every few days ☞ *Hinweis bei* FEW
Paar 1 couple ◊ *ein junges Paar* a young couple ◊ *Die beiden sind schon seit Jahren ein Paar.* They've been together for years. ☞ G 1.3b **2** *(zwei zusammengehörende)* pair ◊ *Die Schuhe sind kaputt. Ich brauche ein neues Paar.* These shoes are worn out. I need a new pair. ◊ *ein Paar neue Socken* a new pair of socks ◊ *drei Paar Schuhe* three pairs of shoes ☞ *Hinweis bei* DOPPEL **IDM** **das sind zwei Paar Schuh(e)/Stiefel** those are two quite different things
paaren (sich) ~ mate **2 etw mit etw** ~ combine sth and sth; **sich mit etw** ~ be combined with sth ◊ *Nationalismus, gepaart mit Militarismus* nationalism combined with militarism
Paar- Paarlauf pair skating **Paarreim** rhyming couplet ◊ *im Paarreim* in rhyming couplets
Paarung 1 (BIOL) mating **2** *(Verbindung)* combination; *(zweier Spieler etc.)* pairing **3** *(Auslosung)* draw ◊ *Im Viertelfinale kommt es zu folgenden Paarungen ...* This is the draw for the quarter final ...
paarweise in pairs
Pacht 1 lease ◊ *die Pacht kündigen/verlängern* terminate/extend the lease ◊ *Der See wurde dem Verein in Pacht überlassen.* The lake was leased to the club. ◊ *etw zur Pacht geben* lease sth out ☞ *Siehe auch* LEASEHOLD² **2** *(Geldbetrag)* rent
pachten lease, take* a lease on *sth* ◊ *einen Bauernhof pachten* take a lease on a farm **IDM** **etw für sich gepachtet haben** have a monopoly on sth ◊ *Man darf nicht davon ausgehen, dass man die Wahrheit für sich gepachtet hat.* You can't assume that you have a monopoly on truth. ◊ *Die älteren Jungen haben den Spielplatz für sich gepachtet.* The older boys monopolize the playground.
Pächter(in) leaseholder; *(Bauernhof)* tenant
Pacht- Pachtland leasehold land **Pachtvertrag** lease **Pachtzins** rent; *(Grundstück)* ground rent
Pack riff-raff *(abwert)* ◊ *Was für ein Pack!* They're riff-raff! ☞ G 1.3c **IDM** ⇨ SACK
Päckchen 1 *(Packung)* packet, *(AmE)* pack; *(Tütchen)* sachet, *(AmE)* packet ◊ *ein Päckchen Kaugummi* a packet of chewing gum ◊ *ein Päckchen Heroin schmuggeln* smuggle a package of heroin **2** *(kleines Paket)* parcel, *(AmE meist)* package ◊ *ein Päckchen aufgeben* post a parcel
packen 1 pack ◊ *den Koffer packen* pack your case ◊ *Hast du schon gepackt?* Have you packed? **2** *(verstauen)* put* ◊ *Ich packe die Koffer schon mal ins Auto.* I'll put the cases in the car. ◊ *das Kind ins Bett packen* put the child to bed **3** *(fassen)* grab* ◊ *jdn am Arm packen* grab sb's arm/grab sb by the arm. **4** *(fesseln)* grip* ◊ *Der Film packte die Zuschauer sichtlich.* The film really gripped the audience. **5** *(schaffen)* manage to do *sth*; *(Bus, Zug etc.)* catch* ◊ *Ich habe den Berg mit dem Rad gepackt.* I managed to cycle up the hill. ◊ *Packen wir den Zug noch?* Will we still catch the train? ◊ *Sie hat die Prüfung gerade so gepackt.* She just scraped through the exam. **6 etw packt jdn** sb is overcome with sth ◊ *Ihn packte die Wut.* He was overcome with rage. ◊ *Die beiden hat es ganz schön gepackt.* They've really got it badly! **7** *(verstehen)* get* *(umgs)* ◊ *Hast du es endlich gepackt?* Have you got it at last? **IDM** ⇨ GELEGENHEIT, KOFFER, KRAGEN *und* STIER
packend gripping ◊ *eine packende Geschichte* a gripping story ◊ *Das Buch ist packend geschrieben.* The book is really gripping.

Packpapier brown paper
Packung 1 packet, *(AmE)* pack, package ◊ *eine Packung Aspirin* a packet of aspirin ◊ *eine Packung mit zehn Grußkarten* a pack of ten greetings cards **2** *(Behandlung)* pack; *(zur Kühlung)* ice pack; *(Gesicht)* mask, *(BrE auch)* face pack **3** *(Niederlage)* thrashing ◊ *Wir haben eine Packung hinnehmen müssen.* We got a real thrashing.
Packungsbeilage patient information leaflet
Pädagoge, Pädagogin 1 *(Lehrer)* teacher **2** *(Wissenschaftler)* educationalist ☞ G 2.2d
Pädagogik educational theory
pädagogisch educational *(Adv* educationally) ◊ *pädagogische Einrichtungen* educational institutions ◊ *pädagogisch sinnvoll* educationally sound ◊ *eine pädagogische Hochschule* a teacher training college ◊ *Er hat langjährige pädagogische Erfahrung.* He has taught for many years.
Paddel paddle
Paddelboot canoe
paddeln 1 canoe* ◊ *paddeln gehen* go canoeing **2** *(sich bewegen)* paddle
pädophil paedophile, *(AmE)* pedophile ◊ *pädophil veranlagt sein* have paedophile tendencies
Pädophile paedophile, *(AmE)* pedophile
paffen 1 (etw) ~ puff away (at/on sth) ◊ *Er paffte eine Zigarre.* He was puffing away on a cigar. **2** *(als Gewohnheit)* smoke ◊ *ein Päckchen Zigaretten pro Tag paffen* smoke twenty a day **3** *(ohne zu inhalieren)* ◊ *Sie pafft nur.* She doesn't inhale.
Page 1 bellboy, *(AmE auch)* bellhop, *(BrE auch)* pageboy ☞ G 2.2d **2** *(früher, bei Hof)* page
Pagenkopf pageboy cut
pah pah
Paket 1 parcel, *(AmE meist)* package ◊ *ein Paket packen/aufgeben* pack up/post a parcel **2** *(Packung)* packet, *(AmE)* package ◊ *ein Paket Haferflocken* a packet of porridge oats **3** *(Zusammenstellung)* package ◊ *ein Paket von Sparmaßnahmen* a package of cost cutting measures ◊ *ein ganzes Paket von Vorschriften* a whole raft of regulations **4** *(Rugby)* maul
Paketdienst parcel service
Pakt 1 *(Bündnis)* treaty organization; *(Warschauer auch)* pact **2** *(Vereinbarung)* agreement, pact ◊ *ein Pakt mit den Gewerkschaften* an agreement with the unions ◊ *ein Pakt mit dem Teufel* a pact with the devil
paktieren mit jdm ~ do* a deal with sb
Palast palace *(auch fig)* ◊ *der Palast des Kaisers* the Imperial Palace
Palästinenser(in) Palestinian
palästinensisch Palestinian
Palatschinke pancake
Palette 1 palette **2** *(fig)* range ◊ *Die Palette an Freizeitangeboten ist reichhaltig.* There is a wide range of leisure activities. ◊ *eine bunte Palette von Veranstaltungen* a variety of events **3** *(Gestell)* pallet
Palme palm (tree) **IDM** **jdn auf die Palme bringen** drive* sb up the wall *(umgs)*
Palm- Palmsonntag Palm Sunday **Palmtop** palmtop
Pamphlet pamphlet; *(Schmähschrift)* lampoon
Panda panda
Panflöte pan pipes [Pl], *(AmE)* panpipe
panieren coat *sth* with egg and breadcrumbs ◊ *panierter Fisch* fish in breadcrumbs
Paniermehl breadcrumbs [Pl]
Panik panic ◊ *Unter den Zuschauern brach eine Panik aus.* Panic broke out in the audience. ◊ *Er sprang voller Panik aus dem Fenster.* He jumped out of the window in panic. ◊ *kopflose Panik* blind panic ◊ *Allein der Gedanke versetzt*

panikartig

mich in Panik. I feel panic-stricken at the thought of it. ◊ *Sie gerieten in Panik/Panik erfasste sie.* They panicked. ◊ *Nur keine Panik!* Don't panic! ◊ *Ich fühlte Panik in mir aufsteigen.* I started to feel panicky.
panikartig 1 *Adj* panic ◊ *An der Börse kam es zu panikartigen Verkäufen.* On the stock exchange there was panic selling. **2** *Adv* in panic ◊ *Er ergriff panikartig die Flucht.* He fled in panic. **Panikkäufe** panic buying [U] **Panikmache** scaremongering **Panikstimmung** panic ◊ *In der Hauptstadt herrschte Panikstimmung.* Panic swept the capital.
panisch ◊ *Sie reagierten panisch.* They panicked. ◊ *Sie hat panische Angst vor Schlangen.* She's terrified of snakes. ◊ *Panisch fuhr er das Kind ins Krankenhaus.* Panic-stricken, he took the child to hospital.
Panne 1 (*Betriebsstörung, Auto-*) breakdown; (*Reifen-*) puncture; (*Störung*) fault ◊ *Ist die Panne schon behoben worden?* Has the fault been repaired now? ◊ *Kurz nach Abfahrt hatten wir bereits eine Panne.* Soon after we left we broke down. **2** (*Missgeschick*) slip-up; (*technisch*) hitch ◊ *Die Polizei räumte Pannen ein.* The police admitted there had been slip-ups. ◊ *Bei der Liveübertragung kam es zu Pannen.* There were hitches during the live broadcast. ◊ *Er stolperte von Panne zu Panne.* He made one gaffe after another.
Pannendienst breakdown service
Panorama panorama
panschen adulterate; (*mit Wasser*) water *sth* down
Panther panther
Pantoffel slipper; (*ohne Ferse*) mule
Pantomime¹ *die* mime
Pantomime² *der* mime artist ☛ G 2.2d
pantomimisch in mime ◊ *eine pantomimische Vorstellung* a performance in mime ◊ *etw pantomimisch darstellen* mime *sth*
Panzer 1 (*Fahrzeug*) tank **2** (*Rüstung*) armour, (*AmE*) armor [U] ◊ *einen Panzer tragen* wear (a suit of) armour **3** (*eines Tieres*) shell
Panzerfahrzeug armoured vehicle, (*AmE*) armored vehicle **Panzerfaust** bazooka **Panzerglas** bulletproof glass **Panzerkreuzer** (armoured) cruiser, (*AmE*) (armored) cruiser **Panzerschrank** safe
Papa, **Papi** dad (*umgs*)

Kleinere Kinder sagen häufig auch **daddy**. **Papa** und **pop** sind im amerikanischen Englisch eher altmodisch und im britischen Englisch veraltet.

Papagei parrot
Papaya papaya, (*BrE auch*) pawpaw
Papier 1 paper ◊ *ein Blatt/Stück Papier* a sheet/piece of paper **2** (*offizielles Schriftstück*) document ◊ *vertrauliche Papiere* confidential documents **3** *Papiere* (*amtliche Dokumente*) papers [Pl] ◊ *gefälschte Papiere* forged papers **IDM** **(nur) auf dem Papier** in name only; (*Rechte, Vereinbarung etc.*) on paper ◊ *Ihre Ehe existierte nur auf dem Papier.* They were married in name only. **etw zu Papier bringen** put* *sth* down on paper
Papiercontainer paper recycling bank **Papiergeld** paper money **Papierkorb** waste-paper basket, (*AmE*) wastebasket **Papierkram** paperwork ◊ *den Papierkram erledigen* do the paperwork **Papiertaschentuch** tissue **Papiertüte** paper bag
Pappbecher paper cup
Pappe cardboard ◊ *eine Verpackung aus Pappe* cardboard packaging
Pappel poplar
papperlapapp rubbish
Papp- **Pappkarton** cardboard box **Pappnase** false nose **Pappschachtel** cardboard box **Pappteller** paper plate
Paprika 1 pepper, (*AmE*) bell pepper **2** (*Gewürz*) paprika **Paprikaschote** pepper, (*AmE*) bell pepper ◊ *gefüllte Paprikaschoten* stuffed peppers
Papst, **Päpstin 1** (REL) pope ◊ *eine Audienz beim Papst* an audience with the Pope **2** (*Experte*) guru, expert
päpstlich papal (*nur vor Nomen*)
Papyrus papyrus*
Parabel 1 parable ◊ *die Parabel vom barmherzigen Sama-*
-riter the parable of the Good Samaritan **2** (MATH) parabola
Parade 1 parade ◊ *an einer Parade teilnehmen* take part in a parade ◊ *die Parade abnehmen* take the salute **2** (*Fußball*) save ◊ *eine blendende Parade des Torhüters* a brilliant save by the goalkeeper **3** (*Fechten*) parry*
Paradebeispiel classic example ◊ *ein Paradebeispiel dafür, wie schnell etwas passieren kann* a classic example of how quickly something can happen **Paradestück** showpiece
Paradies 1 (*in der Bibel*) (the Garden of) Eden, Paradise ◊ *die Vertreibung aus dem Paradies* the expulsion from the Garden of Eden **2** (*Eldorado*) paradise ◊ *Die Insel ist ein wahres Paradies für Taucher.* The island is a paradise for divers. **3** (*im Jenseits*) heaven ◊ *im Paradies* in heaven
paradiesisch perfect ◊ *ein paradiesischer Ort für Kinder* a perfect place for children ◊ *paradiesische Zustände* absolutely perfect conditions ◊ *eine paradiesische Insel* a paradise island ◊ *paradiesische Ruhe* blissful peace
paradox paradoxical ◊ *sich in einer paradoxen Situation befinden* be (put) in a paradoxical situation ◊ *So paradox das (auch) klingt …* It may sound paradoxical, but … ◊ *Das ist doch paradox!* It's a paradox!
paradoxerweise paradoxically
Paragraph article ◊ *nach/gemäß Paragraph 4 der Strafgesetzordnung* according to Article 4 of the penal code ◊ *In Paragraph 13 heißt es, dass …* Article 13 states that …
parallel parallel ◊ *parallel zum Main verlaufen* run parallel to the river Main ◊ *Die beiden Kurse laufen parallel.* The two courses are being run in tandem. ◊ *Parallel dazu läuft ein Spielfilm.* There's a film on at the same time.
Parallele parallel ◊ *eine auffallende Parallele zum anderen Mordfall* an obvious parallel to the other murder ◊ *eine Parallele zwischen den beiden Gesetzen* a parallel between the two laws ◊ *eine Parallele zur y-Achse ziehen* draw a line parallel to the y axis
Parallelklasse = other class in the same year
Parallelogramm parallelogram
Parallelstraße parallel street ◊ *eine Parallelstraße zum Hochweg* a street parallel to the Hochweg
Paralympics Paralympics [Pl] ◊ *an den Paralympics teilnehmen* compete in the Paralympics
paralysiert paralysed, (*AmE*) paralyzed ◊ *Alle reagierten wie paralysiert.* They were all paralysed.
Parameter parameter
paramilitärisch paramilitary
Paranuss brazil (nut)
Paraphrase paraphrase
paraphrasieren paraphrase
Parasit parasite
parat ready ◊ *Bitte Pässe parat halten!* Please have your passports ready. ◊ *immer eine Ausrede parat haben* always have an excuse ready ◊ *Das Auto steht parat.* The car's outside.
Pärchen couple ☛ G 1.3b
Parcours 1 course **2** (*Reitsport*) showjumping course
Parfum perfume
Parfümerie perfumery*

Parfümerien findet man in Großbritannien und den USA eher selten. Parfum und Kosmetika werden in Kaufhäusern (**department stores**) oder in Apotheken (**chemists**, AmE **drugstores**) vertrieben.

parieren¹ 1 (*Fußball*) save ◊ *einen Elfmeter parieren* save a penalty **2** (*Fechten*) parry* **3** *ein Pferd ~* rein in a horse
parieren² obey ◊ *Der Hund parierte ihm.* The dog obeyed him. ◊ *aufs Wort parieren* obey immediately ◊ *Wer nicht pariert, wird bestraft.* Anyone who doesn't do as they are told will be punished
Park park; (*Schloss-*) grounds [Pl]
Parka parka
Park- **Parkanlage** park **Parkausweis** parking permit **Parkbank** park bench **Parkdeck** level
parken 1 park ◊ *falsch parken* park illegally ◊ *sein Auto im Halteverbot parken* park on double yellow lines **2** (*geparkt sein*) be parked ◊ *Ihr Auto parkte vor dem Kino.* Her car was parked in front of the cinema. ◊ *parkende Autos* parked cars ◊ *Ich parke gleich um die Ecke.* I'm parked just round the corner.

Parkett 1 parquet (floor) ◊ *Alle Zimmer sind mit Parkett ausgelegt.* All the rooms have parquet floors. **2** (*Tanzfläche*) dance floor **3** (*Theater, Kino*) stalls [Pl], (*AmE*) orchestra ◊ *Wir saßen im Parkett.* We were sitting in the stalls. **4** (*fig*) stage ◊ *auf dem internationalen Parkett* on the international stage
Parkettboden parquet floor
Park- Parkgebühr parking charge **Parkhaus** multi-storey car park, (*AmE*) parking garage
Parkinsonkrankheit Parkinson's disease
Park- Parkkralle wheel clamp, (*AmE*) (Denver) boot **Parkleuchte** parking light **Parklücke** parking space **Parkplatz 1** car park, (*AmE*) parking lot **2** (*Parklücke*) parking space **Parkscheibe** parking disc, (*AmE*) parking disk **Parkuhr** parking meter ◊ *Die Parkuhr ist abgelaufen.* There's no time left on the parking meter. **Parkverbot 1** (*Verbot*) parking ban ◊ *ein Parkverbot einrichten* to introduce a parking ban ◊ *Hier ist Parkverbot.* You're not allowed to park here. **2** (*Stelle*) no-parking zone ◊ *Er stellte sich ins Parkverbot.* He parked in a no-parking zone. **Parkwächter(in) 1** (*Park*) park keeper **2** (*Parkhaus, Parkplatz*) car-park attendant
Parlament 1 parliament ◊ *das Parlament auflösen* dissolve parliament ◊ *Das Parlament beschloss, ...* Parliament decided that ... ☞ G 1.3a **2** (*Gebäude*) parliament (building)
Parlamentarier(in) member of parliament
parlamentarisch parliamentary ◊ *der parlamentarische Staatssekretär* the parliamentary secretary ◊ *Die Gesetze werden parlamentarisch beraten.* The bills will be discussed in parliament. ◊ *eine Reform parlamentarisch durchsetzen* get a reform through parliament
Parlaments- Parlamentsabgeordnete(r) member of parliament **Parlamentsbeschluss** parliamentary decision **Parlamentsfraktion** parliamentary party* **Parlamentsmehrheit** parliamentary majority* ◊ *Die Parlamentsmehrheit beschloss, ...* It was decided by a parliamentary majority that ... **Parlamentspräsident(in)** (*in Deutschland*) President of the Bundestag; (*in GB, USA*) Speaker **Parlamentssitzung** sitting (of parliament) **Parlamentswahl** parliamentary election [meist Pl], general election
Parodie parody* ◊ *eine Parodie auf „Romeo und Julia"* a parody of 'Romeo and Juliet'
parodieren parody*, do* a take off of *sb/sth* (*umgs*)
parodistisch satirical
Parodontose receding gums [Pl]
Parole 1 (MIL) password **2** (*Leitspruch*) motto* **3** (*Schlagwort*) slogan
Partei 1 party* ◊ *Welche Partei hast du gewählt?* Which party did you vote for? ◊ *die Partei wechseln* to change parties ◊ *die streitenden Parteien* the parties in dispute ☞ G 1.3b **2** (*Miet-*) tenant; (*offiziell*) party* IDM **für jdn Partei ergreifen** side with sb **Partei ergreifen** take* sides **über den Parteien stehen** be impartial
Parteichef(in) party leader
Parteienfinanzierung funding of political parties
Partei- Parteifreund(in) party colleague **Parteiführung** party leadership **parteiintern** within the party (*nicht vor Nomen*) ◊ *ein parteiinterner Streit* a dispute within the party
Parteilichkeit (political) bias [U/Sing]
parteilos independent ◊ *ein parteiloser Kandidat* an independent candidate ◊ *Er ist parteilos.* He does not belong to a political party.
Partei- Parteimitglied party member **parteipolitisch** party political (*nur vor Nomen*) ◊ *parteipolitische Auseinandersetzungen* party political disputes ◊ *Er will sich nicht parteipolitisch binden.* He does not want to commit himself to a political party. **Parteiprogramm** party manifesto* **Parteispende** donation to party funds **Parteitag** party conference, (*AmE*) party convention ◊ *auf dem Parteitag* at the party conference **Parteitagsbeschluss** conference resolution **parteiübergreifend** cross-party ◊ *ein parteiübergreifender Konsens* a cross-party consensus ◊ *Der Vorschlag stieß parteiübergreifend auf große Resonanz.* The suggestion met with a favourable response from all parties. **Parteivorsitzende(r)** party leader **Parteivorstand** party executive **Parteizugehörigkeit** party membership

parterre on the ground floor, (*AmE*) on the first floor
Parterre ground floor, (*AmE*) first floor ◊ *Sie wohnt im Parterre.* She lives on the ground floor.
Parterrewohnung ground-floor flat, (*AmE*) first-floor apartment
Partie 1 part ◊ *die Partie um den Mund herum* the part around the mouth **2** (*Spiel*) game ◊ *eine Partie Schach spielen* play a game of chess ◊ *eine Partie Golf* a round of golf **3** (*Rolle*) part IDM (**bei etw**) **mit von der Partie sein** ◊ *Da bin ich mit von der Partie!* Count me in! ◊ *Er hofft, im Finale mit von der Partie zu sein.* He hopes to be taking part in the final. **eine gute Partie sein** be a good catch (*umgs*)
partiell partial (*Adv* partially)
Partikel¹ *die* (LING) particle
Partikel² *das* (NATURW) particle
Partisan(in) partisan
Partitur score
Partizip participle; **~ Perfekt** past participle; **~ Präsens** present participle
Partner(in) partner
Partnerlook matching clothes [Pl] **Partnerschaft 1** partnership ◊ *eine Partnerschaft von Schulen und Unternehmen* a partnership between schools and business ◊ *homosexuelle Partnerschaften* homosexual relationships ◊ *Sie hat Probleme in ihrer Partnerschaft.* She is having problems with her partner. **2** (*zwischen Städten etc.*) twinning link ◊ *Die Schule hat eine Partnerschaft mit einer High School aufgebaut.* The school has established a link with a High School. **partnerschaftlich 1** *Adj* ◊ *partnerschaftliche Beziehungen* relationships based on partnership **2** *Adv* in partnership ◊ *partnerschaftlich zusammenarbeiten* working in partnership ◊ *Weiden ist mit Macerata partnerschaftlich verbunden.* Weiden is twinned with Macerata.
Partnerstadt twin town, (*AmE*) sister town
partout 1 at all costs ◊ *Er will seinen Plan partout durchsetzen.* He insists on carrying out his plan at all costs. ◊ *Sie will partout Tänzerin werden.* She is determined to be a dancer. **2 ~ nicht** ◊ *Die Kinder wollten partout nicht stillsitzen.* The children just wouldn't sit still. ◊ *Ein Mechaniker war partout nicht zu kriegen.* We couldn't find a mechanic for love nor money. ◊ *Er wollte davon partout nichts wissen.* He refused to even entertain the idea.
Party party* ◊ *eine Party geben* have a party ◊ *auf einer Party* at a party
Partyservice outside catering firm
Parzelle plot
Pass 1 passport **2** (*Sport, Gebirgs-*) pass
passabel 1 *Adj* reasonable **2** *Adv* reasonably well
Passage 1 passage **2** (*Einkaufs-*) (shopping) arcade
Passagier(in) 1 passenger **2 blinder ~** stowaway
Passagierflugzeug airliner **Passagierliste** passenger list
Passah(fest) Passover
Passant(in) passer-by*
Passat(wind) trade wind
Passbild passport photo*
passen 1 fit* ◊ *Die Hose passt* (*mir*) *nicht.* The trousers don't fit me. ◊ *Der Deckel passt nicht auf den Topf.* The lid doesn't fit the pan. ◊ *Das Klavier passt nicht durch die Tür.* The piano won't go through the door. ◊ *Wie viele Leute passen in dein Auto?* How many people can you get in your car? ◊ *In jeden Saal passen 2 000 Menschen.* Each room will hold 2 000 people. **2** (**zu etw**) **~ go*** (with sth) ◊ *Das Hemd passt nicht zur Hose.* The shirt doesn't go with the trousers. ◊ *Dazu passt ein Weißwein.* A white wine would go well with it. ◊ *Das Bild passt besser in die Diele.* The picture would go better in the hall. ☞ *Siehe auch* ZUSAMMENPASSEN **3 zu jdm ~** (*zusammenpassen*) be right for sb ◊ *Sie passt nicht zu ihm.* She is not right for him. ◊ *Der neue Kollege passt nicht zu uns.* Our new colleague doesn't fit in here. **4 zu jdm ~** (*typisch sein*) be just like sb ◊ *Es passt gar nicht zu ihr, dass sie so launisch ist.* It's not like her to be so moody. ◊ *Der Name passt zu ihm.* The name suits him. **5 jdm ~** (*recht sein*) suit sb ◊ *Der Termin würde mir gut passen.* The date would suit me fine. ◊ *Es passt mir nicht, dass er sich einmischt.* I'm not happy about him interfering. ◊ *Ihre Art passt mir nicht.* I don't like her manner. **6** (*beim Kartenspielen etc.*) pass ◊ *Bei der nächsten Runde passte er.* He passed in the next round. ◊ *Da muss ich leider passen.* I'm

passend

afraid I'll have to pass on that one. `IDM` **das könnte dir so passen!** you'd like that, wouldn't you! ☛ *Siehe auch* FAUST, KONZEPT *und* KRAM

passend 1 suitable; (*treffend*) right ◊ *ein passender Behälter* a suitable container ◊ *einen passenden Termin finden* find a suitable date ◊ *die passenden Schlüssel* the right keys ◊ *die passenden Worte* the right words ◊ *bei jeder passenden Gelegenheit* at every opportunity ◊ *Das ist nicht der passende Augenblick für einen Streit.* This is not the appropriate moment for an argument. ◊ *Das Restaurant hat einen passenden Namen.* The restaurant has an appropriate name. **2** (*harmonierend*) matching (*nur vor Nomen*) ◊ *ein Sofa mit passenden Kissen* a sofa with matching cushions ◊ *Haben Sie zu der Hose ein passendes Oberteil?* Have you got a top to match the trousers? **3** (*abgezählt*) ◊ *Ich habe es passend.* I've got the right money. ◊ *Bitte das Fahrgeld passend bereithalten.* Please have the correct fare ready.

passierbar passable; (*Fluss*) navigable

passieren 1 happen ◊ *Was ist passiert?* What's happened? ◊ *Es kann passieren, dass man warten muss.* It sometimes happens that you have to wait. ◊ *Hoffentlich ist ihm nichts passiert.* I hope nothing's happened to him. ◊ *Was passiert mit dem Gepäck?* What happens to the luggage? ◊ *Mir ist ein Malheur passiert.* I've had a little accident. **2** (*durchgehen/-fahren*) go* through *sth*; (*vorbeigehen/-fahren*) go* past *sb/sth*; (*Grenze, Brücke*) cross ◊ *bei Rot die Kreuzung passieren* go through a red light at the junction ◊ *Er ließ uns passieren.* He let us through. **3** (*Gesetz*) get* through *sth* ◊ *Das Gesetz passierte den Bundesrat.* The bill got through the Upper House. **4** (*durch ein Sieb*) strain `IDM` **das kann jedem (mal) passieren** accidents happen **Nichts passiert!** No harm done! **..., oder es passiert was!** ... or there'll be trouble! ☛ *Siehe auch* REVUE

Passierschein pass

Passion 1 passion ◊ *Die Musik war ihre Passion.* Music was her passion. ◊ *Er ist Radfahrer aus Passion.* He's a passionate cyclist. **2** (REL) Passion

passioniert keen

Passionsspiel Passion play

passiv passive (*Adv* passively) ◊ *Warum hat er sich so passiv verhalten?* Why was he so passive? ◊ *passive Mitglieder* non-active members ◊ *passives Wahlrecht* the right to be a candidate in an election

Passiv passive ◊ *Das Verb steht im Passiv.* The verb is in the passive.

Passivität passivity

Passiv- Passivrauchen passive smoking, (*AmE meist*) second-hand smoking **Passivraucher(in)** passive smoker, (*AmE meist*) second-hand smoker

Pass- Passkontrolle passport control ◊ *Wir sind durch die Passkontrolle gegangen.* We went through passport control. **Passstraße** mountain pass **Passwort** password ◊ *Die Dateien sind durch ein Passwort geschützt.* The files are password-protected.

Paste paste

Pastell 1 (*Farbton*) pastel shade **2** (KUNST) pastel ◊ *Bilder in Öl und Pastell* paintings in oil and pastels **Pastellfarbe, Pastellton** pastel shade

Pastete 1 (*Blätterteig-*) pie, pasty* **2** (*Leber-, Gemüse-*) pâté

pasteurisiert pasteurized

Pastor(in) vicar; (*freikirchlich*) minister; (*Titel*) Reverend ☛ G 2.2d

Pate 1 godparent; (*männlich auch*) godfather; (*Firm-*) sponsor ◊ *Ich bin Pate meines Neffen.* I'm godfather to my nephew. ◊ *Wenn man allgemein oder in der Mehrzahl von Paten spricht, benutzt man* **godparents**: *die Pflichten der Paten* the godparents' duties. **2 bei etw ~ stehen** be the inspiration for sth ◊ *Die 20er Jahre standen Pate bei diesem Programm.* The twenties were the inspiration for this programme. **3** (*finanziell, organisatorisch*) sponsor

Patenkind godchild*; (*Junge auch*) godson; (*Mädchen auch*) god-daughter **Patenonkel** godfather **Patenschaft 1** ◊ *Sie übernahm die Patenschaft für ihre Nichte.* She became a godparent to her niece. **2** (*finanziell, organisatorisch*) sponsorship (*oft mit einem Verb übersetzt*) ◊ *Der Verein hat die Patenschaft für eine Flüchtlingsfamilie übernommen.* The club is sponsoring a refugee family. **Patensohn** godson

Patent 1 patent ◊ *ein Patent anmelden* apply for a patent ◊ *Das Patent ist erloschen.* The patent has run out. ◊ *Er meldete seine Erfindung zum Patent an.* He patented his invention. **2** (*Urkunde*) certificate

Patentamt Patent Office

Patentante godmother

patentieren patent

Patent- Patentinhaber(in) patent holder **Patentlösung, Patentrezept** simple solution; (*universell anwendbar*) universal solution

Patentochter god-daughter

Pater father

pathetisch dramatic (*Adv* dramatically); (*rührselig*) sentimental (*Adv* sentimentally); (*melodramatisch*) melodramatic (*Adv* melodramatically)

Pathologe, Pathologin pathologist ☛ G 2.2d

Pathologie pathology

pathologisch pathological (*Adv* pathologically)

Pathos pathos; (*Ergriffenheit*) emotion; (*Rührseligkeit*) sentimentality (*abwert*)

Patience patience [U], (*AmE*) solitaire [U] ◊ *eine Patience legen* play patience

Patient(in) patient ☛ **Patient** kann sich sowohl auf Patienten wie auf Patientinnen beziehen. Wenn man unterstreichen will, dass es sich um eine Frau handelt, verwendet man z.B. **female patient**.

Patin godmother; (*Firm-*) sponsor ◊ *Sie ist die Patin ihres Neffen.* She's godmother to her nephew.

Patriarch patriarch

patriarchalisch patriarchal

Patriarchat 1 patriarchy **2** (REL) patriarchate

Patriot(in) patriot

patriotisch patriotic ◊ *patriotische Taten* patriotic deeds ◊ *Sie ist patriotisch gesinnt.* She's patriotic.

Patriotismus patriotism

Patrizier(in) patrician

Patron (*Schutzheilige(r)*) patron saint

Patrone cartridge

Patrouille patrol ◊ *Patrouille laufen/fahren* be on patrol

patrouillieren patrol* ◊ *Polizisten patrouillierten in den Straßen.* Police patrolled the streets.

patsch splat; (*Wasser*) splash

Patsche mess, fix (*umgs*) ◊ *Er sitzt nun ganz schön in der Patsche.* He's really in a mess now. ◊ *Kannst du mir aus der Patsche helfen und mir etwas Geld leihen?* Can you help me out and lend me some money?

patschnass soaking wet ◊ *Ich bin patschnass!* I'm soaking wet!

Patt stalemate (*auch fig*)

patzen 1 slip* up ◊ *Sie hat bei diesem Turnier mehrfach gepatzt.* She slipped up a few times in this tournament. **2** (*klecksen*) make* a blotch; (*Tinte*) make* a blot

Patzer slip; (*schwerer*) mistake

patzig rude (*Adv* rudely) ◊ *Er gab mir eine patzige Antwort.* He answered rudely. ◊ *Als er fragte, reagierte sie patzig.* When he asked her, she snapped at him.

Pauke kettledrum; (*im Plural auch*) timpani [Pl] ◊ *Sie spielt die Pauke.* She plays the timpani. `IDM` **auf die Pauke hauen** (*feiern*) party* ◊ *Gestern Abend haben wir mächtig auf die Pauke gehauen!* We really partied last night! **mit Pauken und Trompeten durchfallen** fail spectacularly

pauken work; (*für Prüfungen etc.*) revise

Paukenschlag 1 drumbeat **2** (*fig*) bang (*umgs*); (*Sensation*) sensation

Pauker (*Lehrer*) teacher ☛ G 2.2d

pausbackig, pausbäckig chubby-cheeked

pauschal 1 flat-rate (*nur vor Nomen*); (*durch die Bank*) across the board ◊ *Der Wasserverbrauch wird pauschal abgerechnet.* There is a flat-rate charge for water. ◊ *pauschale Kürzungen* across-the-board cuts **2** (*Verurteilung, Ablehnung*) wholesale (*nur vor Nomen*); (*Formulierung*) general (*Adv* generally) ◊ *Ich lehne den Vorschlag pauschal ab.* I reject the proposal wholesale. ◊ *Pauschal betrachtet ... Generally speaking, ...* ◊ *Wie lange das dauert kann ich pauschal nicht sagen.* I can't generalize about how long it will take. ◊ *Werden Asylbewerber dort pauschal abgelehnt?*

Are asylum seekers turned away on principle? ◊ *Du kannst ihn nicht so pauschal verurteilen.* You can't just condemn him out of hand.
Pauschalangebot all-inclusive offer, all-in package
Pauschale fixed sum
Pauschal- Pauschalpreis (*Einheitspreis*) flat rate; (*Inklusivpreis*) all-inclusive price **Pauschalreise** package holiday
Pause 1 break; (*Ruhe-*) rest; (*Theater*) interval; (*Rede*) pause

> Die Wörter **interval, intermission, break, recess** und **pause** haben alle eine ähnliche Bedeutung. Die Pause in einer Aufführung heißt im britischen Englisch **interval**, im amerikanischen Englisch jedoch **intermission**. **Break** benutzt man besonders bei Arbeitspausen oder in der Schule: *You've worked so hard, you've earned a break.* ◊ *We're not allowed in the classrooms at break.* **Recess** ist das amerikanische Wort für Schulpause, während es im britischen Englisch für längere arbeitsfreie Zeiträume, besonders im Parlament oder Gericht verwendet wird: *Parliament is in recess.* **Pause** wird gebraucht, wenn man seine Tätigkeit kurz unterbricht: *After a moment's pause, she answered.*

2 (Mus) rest ◊ *In Takt Nummer 16 hat die Flöte Pause.* In bar 16 the flute has a rest.
pausen trace
Pausen- Pausenbrot break-time sandwich **Pausenhof** playground, school yard
pausenlos incessant (*Adv* incessantly) ◊ *pausenloser Regen* incessant rain ◊ *Das Telefon klingelte pausenlos.* The phone rang incessantly. ◊ *Die Feuerwehr war pausenlos im Einsatz.* The fire brigade worked round the clock.
Pausen- Pausenstand half-time score **Pausenzeichen** (Mus) rest
pausieren take* a break ◊ *Wegen eines Bänderrisses muss sie zwei Monate pausieren.* She has to take a two-month break because of a torn ligament.
Pavian baboon
Pavillon pavilion; (*Gebäude mit provisorischen Klassenzimmern*) temporary classrooms [Pl]
Pay-TV pay TV
Pazifik Pacific
Pazifismus pacifism ◊ *die Grundsätze des Pazifismus* the principles of pacifism
Pazifist(in) pacifist ◊ *Sie war überzeugte Pazifistin.* She was a committed pacifist.
pazifistisch pacifist ◊ *eine pazifistische Bewegung* a pacifist movement ◊ *Er ist pazifistisch gesinnt.* He's a pacifist.
PC PC
PDA PDA
Pech 1 (*schwarze Masse*) pitch [U] 2 (*Unglück*) bad luck [U] ◊ *So ein Pech!* What bad luck! ◊ *Mit den Frauen hat er nur Pech.* He doesn't have any luck with women. ◊ *Wir hatten Pech mit dem Wetter.* We were unlucky with the weather. ◊ *Wir hatten das Pech, in einen Stau zu geraten.* Unfortunately, we got stuck in the traffic. IDM **Pech gehabt!** 1 Bad luck! 2 (*schadenfroh*) Tough! **vom Pech verfolgt sein** be dogged by misfortune ☛ *Siehe auch* BRINGEN
pechschwarz jet black **Pechsträhne** run of bad luck
Pechvogel ◊ *Er ist ein Pechvogel.* He doesn't have a lot of luck.
Pedal pedal; (*an Maschinen auch*) foot pedal; (*Gas-*) accelerator IDM **in die Pedale treten** pedal* hard
Pedant(in) pedant (*abwert*)
pedantisch 1 pedantic (*Adv* pedantically) (*abwert*) ◊ *Sie ist unheimlich pedantisch.* She's very pedantic. 2 (*exakt*) meticulous (*Adv* meticulously) ◊ *Alles wurde pedantisch genau geprüft.* Everything was meticulously checked.
Pediküre 1 pedicure ◊ *Ich mache eine Pediküre.* I'm giving myself a pedicure. 2 (*Fußpflegerin*) chiropodist, (*AmE meist*) podiatrist ☛ *Hinweis bei* BAKER
Peeling 1 exfoliation [U] ◊ *ein Peeling machen* exfoliate (the skin, face, legs, etc.) 2 (*Produkt*) (facial) scrub
Peepshow peep show
Pegel 1 (*Messgerät*) depth gauge 2 *auch* **Pegelstand** (water) level
peilen 1 (NAUT) plumb, sound; (*Bucht etc.*) take* sound-

ings in *sth* 2 (*Sender, Punkt*) locate, get* a fix on *sth* 3 ⇨ KAPIEREN 4 (*schauen*) peer ◊ *durchs Fernrohr peilen* peer through a telescope IDM ⇨ DAUMEN
peinigen torment ◊ *Albträume peinigten ihn.* He was tormented by nightmares. ◊ *peinigende Schmerzen* excruciating pain ◊ *von Schmerz gepeinigt* racked with pain ◊ *peinigende Erinnerungen* painful memories
Peiniger(in) tormentor
peinlich 1 embarrassing ◊ *äußerst peinlich* acutely embarrassing ◊ *Das ist mir furchtbar peinlich.* I feel very embarrassed about it. ◊ *Sie war peinlich berührt.* She was embarrassed. 2 (*genau, äußerst*) meticulous (*Adv* meticulously) ◊ *mit peinlicher Sorgfalt* with meticulous care ◊ *peinlich sauber* meticulously clean ◊ *peinlich genau* meticulous ◊ *Sie war peinlich darauf bedacht, dass ...* She was meticulous about ensuring that ... ◊ *Er hat die Regeln peinlich befolgt.* He observed the rules to the letter. 3 **peinlichst** ◊ *Er vermied es peinlichst, das Thema zu erwähnen.* He studiously avoided mentioning the subject. ◊ *etw peinlichst genau planen* plan *sth* down to the last detail
Peinlichkeit awkwardness [U]; (*Situation*) embarrassing situation; (*Augenblick*) awkward moment
Peitsche whip ◊ *Er knallte mit der Peitsche.* He cracked his whip. IDM ⇨ ZUCKERBROT
peitschen 1 whip* 2 (*Regen, Wind*) lash ◊ *Der Regen peitschte ihr ins Gesicht.* The rain lashed her face. 3 ◊ *Draußen peitschten Schüsse.* Outside shots rang out.
Pelikan pelican
Pelle skin; (*abgeschält*) peel [U] IDM **jdm auf die Pelle rücken** stick* to sb like a leech; pester sb
pellen 1 peel 2 **sich ~** peel ◊ *Meine Haut pellte sich.* My skin was peeling. IDM ⇨ EI
Pellkartoffeln = potatoes boiled in their skins [Pl]
Pelz 1 fur [U] ◊ *Das Tier hat einen braunen Pelz.* The animal has brown fur. ◊ *eine Mütze aus Pelz* a fur hat 2 (*Mantel etc.*) fur (coat)
pelzig 1 furry 2 (*Zunge*) furred
Pelz- Pelzkragen fur collar **Pelzmantel** fur coat **Pelzmütze** fur hat **Pelztier** = animal valued for its fur
Penalty (*Eishockey*) penalty shot
Pendant counterpart; (*Mensch auch*) opposite number; (*Entsprechung*) equivalent ◊ *ihr männliches Pendant* her male counterpart ◊ *sein deutsches Pendant* his German opposite number ◊ *Der amerikanische Senat ist das Pendant zum House of Lords.* The Senate is the American equivalent of the House of Lords.
Pendel pendulum; (*fig*) (pendulum of) public opinion ◊ *Das Pendel schlägt für/gegen die Reform aus.* Public opinion is swinging towards/away from reform.
Pendelbus shuttle bus
pendeln 1 swing* (to and fro) ◊ *im Wind pendeln* swing in the wind ◊ *Die Aktie pendelt um die 33-Euro-Marke.* The share price is hovering about 33 euros. 2 (*Mensch*) commute ◊ *zur Arbeit pendeln* commute to work ◊ *Pendelst du noch immer nach Frankfurt?* Are you still commuting to Frankfurt? ◊ *Minister, die zwischen Bonn und Berlin pendelten* ministers who were commuting between Bonn and Berlin ◊ *Er pendelt jeden Tag zwischen Koblenz und Köln.* He commutes (daily) from Koblenz to Cologne. 3 (*Bus, Fähre*) ply* (*gehoben*)
Pendelverkehr shuttle service
Pendler(in) commuter
Pendlerverkehr commuter traffic
penetrant 1 overpowering; (*Geschmack*) strong ◊ *Es riecht penetrant nach Farbe.* There is an overpowering smell of paint. ◊ *Er roch penetrant nach Schweiß.* He reeked of sweat. ◊ *Die Soße schmeckte penetrant nach Knoblauch.* The sauce had a strong taste of garlic. 2 (*störend*) insistent (*Adv* insistently) ◊ *das penetrante Handyklingeln* the insistent ringing of mobile phones 3 (*Mensch*) pushy*
peng bang
penibel 1 meticulous (*Adv* meticulously) ◊ *penibel geführte Akten* meticulous records ◊ *Es herrschte penible Sauberkeit.* The place was meticulously clean. 2 (*Mensch*) precise, fussy* (*abwert*)
Penis penis
Penizillin penicillin
pennen sleep* ◊ *Ich habe bis elf gepennt.* I slept till eleven.

Penner(in)

◊ *Da hab ich wohl wieder mal gepennt!* I must have been asleep.
Penner(in) dosser (*Slang*), (*bes AmE*) bum (*umgs*)
Pension 1 (*Rente*) pension ◊ *Er bezieht eine kleine Pension.* He has a small pension. **2** (*Ruhestand*) retirement ◊ *Sie ging vorzeitig in Pension.* She took early retirement. ◊ *in Pension sein* be retired ◊ *in Pension gehen* retire **3** (*Gästehaus*) guest house
Pensionär(in) retired civil servant, teacher, judge, etc.
pensionieren 1 retire, pension *sb* off ◊ *ein pensionierter Lehrer* a retired teacher ◊ *seitdem er pensioniert wurde* since he retired **2 sich ~ lassen** retire ◊ *Er ließ sich mit 55 pensionieren.* He retired at 55. ◊ *Sie hat sich vorzeitig pensionieren lassen.* She took early retirement.
Pensionierung retirement ◊ *die vorzeitige/frühzeitige Pensionierung* early retirement
Pensum quota ◊ *Ich habe mein heutiges Pensum geschafft.* I've done my quota (of work) for today. ◊ *Sie müssen ein großes Pensum bewältigen.* They have a heavy workload.
Pentagon 1 pentagon **2** (*US-Verteidigungsministerium*) Pentagon
Peperoni chilli*, (*AmE*) chili (pepper)
per 1 by ◊ *per E-Mail* by email ◊ *per Bahn* by rail ◊ *per Zufall* by chance ◊ *per Anhalter fahren* hitch(hike) ◊ *per Knopfdruck* at the touch of a button ◊ *etw per Gesetz festlegen* establish sth in law ◊ *Sie wird per Haftbefehl gesucht.* A warrant has been issued for her arrest. **2** (**mit jdm**) **~ du/Sie sein** = say* du/Sie (to sb) ☛ *Hinweis bei* DUZEN
perfekt 1 perfect (*Adv* perfectly) ◊ *Er spricht perfektes Deutsch.* He speaks perfect German. ◊ *perfekt getarnt* perfectly camouflaged ◊ *perfekt choreographiert* beautifully choreographed **2** (*abgeschlossen*) complete
Perfekt perfect (tense) ◊ *Das Verb steht im Perfekt.* The verb is in the perfect.
Perfektion perfection ◊ *technische Perfektion* technical perfection ◊ *etw bis zur Perfektion trainieren* practise sth until it's perfect
perfektionieren perfect
Perfektionismus perfectionism
Perfektionist(in) perfectionist ◊ *Perfektionist sein* be a perfectionist
Perforation perforation [meist Pl] ◊ *etw an der Perforation abreißen* tear sth off along the perforations
Pergament parchment
Pergamentpapier greaseproof paper, (*AmE*) wax paper
Periode 1 period ◊ *eine Periode des Friedens* a period of peace ◊ *Sie hat ihre Periode bekommen.* Her period has started. **2** (MATH) recurring ◊ *5,55 Periode* 5.55 recurring
periodisch periodic (*Adv* periodically) ◊ *Die Anfälle treten periodisch auf.* The attacks occur periodically. ◊ *periodisch erscheinende Zeitschriften* periodicals ◊ *eine periodisch auftretende Krankheit* a disease which comes in cycles
Peripherie 1 periphery*; (*einer Stadt auch*) outskirts [Pl] ◊ *an der Peripherie der Stadt* on the outskirts of the town ◊ *Sie wurden politisch an die Peripherie abgedrängt.* They were forced to the fringes of politics. **2** (*Geometrie*) circumference **3** (COMP) peripherals [Pl]
Perle 1 pearl (*auch fig*) **2** (*aus Holz, Glas etc.*) bead IDM **Perlen vor die Säue werfen** cast* (your) pearls before swine
perlen 1 (*Wasser*) form drop(let)s ◊ *Die Tropfen perlten auf der Motorhaube.* Droplets formed on the bonnet of the car. **2** (*Sekt etc.*) bubble ◊ *Der Sekt perlte im Glas.* Champagne was bubbling in the glass. **3 von etw ~** trickle off sth, run* off sth ◊ *Regentropfen perlten von den Blättern.* Raindrops trickled off the leaves.
Perlenkette pearl necklace
Perl- Perlhuhn guinea fowl **Perlmutt** mother-of-pearl
permanent constant (*Adv* constantly)
perplex (*verwirrt*) baffled; (*verblüfft*) (completely) at a loss
Perser(in) Persian
Perser, **Perserteppich** Persian carpet
Persiflage pastiche
Person 1 person* ◊ *pro Person* per person ◊ *zehn Personen* ten people ◊ *ein Ein-Personen-Haushalt* a one-person household ◊ *eine männliche/weibliche Person* a male/female ◊ *Angaben zur Person machen* give your personal details ◊ *jdn zur Person vernehmen* question sb about their identity ◊ *Wir waren vier Personen.* There were four of us. ◊ *Unsere Familie besteht aus vier Personen.* Ours is a family of four. ◊ *die eigene Person zu wichtig nehmen* take yourself too seriously **2 etw in ~ sein** be sth personified ◊ *Sie ist die Gutmütigkeit in Person.* She is kindness personified. **3 etw in einer ~ sein** be sth rolled into one ◊ *Er ist Präsident und General in einer Person.* He is president and general rolled into one. **4** (*im Theater, Roman*) character **5** (*Frau*) woman (*abwert*) IDM **ich für meine Person** I for my part
Personal staff ◊ *Personal einstellen* take on staff ◊ *beim Personal sparen* cut down on staff ☛ *Hinweis bei* STAFF¹
Personalabbau staff cuts [Pl] **Personalabteilung** personnel department **Personalakte** personal file **Personalausweis** identity card **Personalchef(in)** personnel manager **Personalkosten** staff costs [Pl] **Personalmangel** staff shortage **Personalpronomen** personal pronoun **Personalrat** = staff council for civil servants
Personalien personal details [Pl], particulars [Pl] ◊ *seine Personalien angeben* give your personal details ◊ *jds Personalien aufnehmen* take down sb's particulars
Personen- Personenaufzug (passenger) lift, (*AmE*) elevator **Personenbeschreibung** description ◊ *Die Polizei gibt folgende Personenbeschreibung ab: junger Mann ...* The police have released the following description: a young man ... **Personengedächtnis** memory* for faces **Personenkontrolle** security check; (*von Papieren*) identity check **Personenkreis** group of people **Personenkult** personality cult **Personennahverkehr** local public transport **Personenschaden** personal injury [U] **Personenzug** passenger train
persönlich 1 personal (*Adv* personally) ◊ *aus persönlichen Gründen* for personal reasons ◊ *Meine persönliche Meinung ist, dass ...* It's my personal opinion that ... ◊ *ein persönliches Fürwort* a personal pronoun ◊ *Es war meine persönliche Entscheidung.* It was my own decision. ◊ *kleine Mengen Haschisch zum persönlichen Gebrauch* small quantities of hashish for private consumption ◊ *Persönlich!* Private and confidential. **2 ~ werden** get* personal; **etw ~ nehmen** take* sth personally; **etw ~ meinen** mean* sth personally **3** (*selbst*) in person, personally ◊ *persönlich kommen* come in person ◊ *persönlich haften* be personally liable ◊ *Ich persönlich denke, dass ...* Personally, I think that ... ◊ *Sie haben sich nie persönlich kennen gelernt.* They have never met face to face.
Persönlichkeit 1 (*Eigenschaften*) personality* ◊ *die freie Entfaltung der Persönlichkeit* the free development of one's personality ◊ *Er hat noch Zeit, seine Persönlichkeit zu entwickeln.* He's still got time to develop as a person. **2** (*Mensch*) character ◊ *Sie war schon als Kind eine starke Persönlichkeit.* She was quite a character even as a child. **3** (*jd mit führender Position*) figure
Persönlichkeitsentwicklung personality development
Perspektive 1 (KUNST) perspective **2** (*Standpunkt*) perspective; (*Blickwinkel*) angle (*auch fig*) ◊ *aus der Perspektive der Frau* from a woman's perspective ◊ *ein Haus aus verschiedenen Perspektiven fotografieren* photograph a house from different angles ◊ *etw aus einer anderen Perspektive betrachten* see sth from a different angle **3** (*Aussicht*) prospect (*gehoben*) ◊ *Wir sehen keine Perspektive für Frieden.* We see no prospect of peace.
Perspektivlosigkeit lack of prospects [U]
Perücke wig
pervers 1 perverse; (*unerhört*) outrageous **2** (*sexuell*) perverted (*Adv* pervertedly) **~ veranlagt sein** be a pervert
Pessimismus pessimism [U]
Pessimist(in) pessimist
pessimistisch pessimistic (*Adv* pessimistically)
Pest plague IDM **jdn hassen wie die Pest** hate sb's guts (*umgs*) ◊ **jdn/etw meiden wie die Pest** avoid sb/sth like the plague (*umgs*) ◊ **stinken wie die Pest** stink* to high heaven
Pestizid pesticide
Petersilie parsley
Petition petition
Petroleum petroleum
Petroleumlampe paraffin lamp
petto etw in ~ haben have sth up your sleeve
Petze, **Petzer** telltale, (*AmE*) tattletale

petzen tell* ◊ *Wer hat das gepetzt?* Who went and told?
Pfad path, trail
Pfadfinder (Boy) Scout, (*AmE*) Boy Scout **Pfadfinderin** (Girl) Guide, (*AmE*) Girl Scout
Pfahl 1 post ◊ *Pfähle in den Boden rammen* ram posts into the ground **2** (ARCHIT) support; (*über moorigem Grund etc.*) stilt
Pfand 1 (*Geldbetrag*) deposit ◊ *Auf der Flasche ist Pfand.* There's a deposit on the bottle. **2** (*Gegenstand*) security*, pledge (*auch fig*) ◊ *etw als Pfand für etw hinterlegen* leave sth as security against sth ◊ *ein Pfand einlösen* redeem a pledge ◊ *Er gab ihr einen Ring als Pfand seiner Liebe.* He gave her a ring as a pledge of his love. **3** (*in Spielen*) forfeit ◊ *ein Pfand geben* pay a forfeit
Pfandbrief bond
pfänden seize; (*formell*) impound ◊ *Bei ihm ist nichts mehr zu pfänden.* He has nothing left for the bailiffs to seize. ◊ *Die gepfändeten Gegenstände wurden versteigert.* The impounded goods were sold at auction.
Pfand- Pfandflasche returnable bottle **Pfandhaus** pawnbroker's, pawnshop **Pfandschein** pawn ticket
Pfanne 1 frying pan, (*AmE auch*) fry pan, (*AmE auch*) skillet **2** (*Gelenk-*) socket IDM *jdn in die Pfanne hauen* **1** (*schlagen*) give* sb a hammering **2** (*reinlegen*) land sb in it **3** (*zurechtweisen*) bawl sb out
Pfannkuchen 1 pancake **2** ⇨ BERLINER
Pfarramt parish office
Pfarrei 1 parish **2** (*Amt*) parish office
Pfarrer(in) priest; (*anglikanisch auch*) vicar; (*freikirchlich*) minister ☛ G 2.2d
Pfarr- Pfarrhaus vicarage; (*mit Amtsräumen*) parish office **Pfarrkirche** parish church
Pfau peacock
Pfeffer 1 pepper ◊ *mit Pfeffer und Salz würzen* season with salt and pepper **2** (*Pep*) zing (*umgs*), sparkle ◊ *In der Show ist kein Pfeffer!* There's no zing to the show! IDM *der kann hingehen, wo der Pfeffer wächst* sb can go to hell **Pfefferkorn** peppercorn **Pfefferkuchen** = Christmas biscuits made with honey and spices
Pfefferminz peppermint
Pfefferminzbonbon peppermint **Pfefferminze** peppermint **Pfefferminztee** peppermint tea
Pfeffermühle pepper mill
pfeffern 1 (*würzen*) season sth with pepper ◊ *das Fleisch pfeffern* season the meat with pepper ◊ *stark gepfeffert* peppery **2** (*fig*) **etw (mit etw)** ~ spice sth (up) (with sth) ◊ *den Text pfeffern* spice up the text ◊ *Die Rede war mit Witz gepfeffert.* The speech was spiced with humour. **3** (*schmeißen*) throw*; (*mit Wucht*) hurl, fling* IDM *jdm eine pfeffern* sock sb (*umgs*)
Pfeife 1 (*Tabak-*) pipe ◊ *sich eine Pfeife anzünden* light your pipe **2** (MUS) pipe; (*Orgel-*) (organ-)pipe; (*Militärkapelle*) fife **3** (*Triller-*) whistle ◊ *Er blies in die Pfeife.* He blew his/the whistle. **4** (*Versager*) dead loss (*umgs*), jerk ◊ *Er ist eine richtige Pfeife!* He's a dead loss! ◊ *Du bist mir eine Pfeife!* You're hopeless! IDM *jdn/etw in der Pfeife rauchen können* be able to forget sth/sth ◊ *Das kannst du in der Pfeife rauchen!* You can forget it! *nach jds Pfeife tanzen* dance to sb's tune
pfeifen 1 whistle; (*mit Trillerpfeife auch*) give* a blow on the whistle; **nach jdm/etw** ~ whistle to sb/sth ◊ *Er pfiff eine Melodie (vor sich hin).* He was whistling a tune (to himself). ◊ *Sie pfiff nach dem Hund.* She whistled for the dog. ◊ *dreimal pfeifen* give three blows on the whistle ◊ *Sein Atem ging pfeifend.* He was wheezing. **2** (SPORT) blow* the whistle; **ein Foul** ~ blow* for a foul; **ein Spiel** ~ referee a match ◊ *Die Schiedsrichter pfiff.* The referee blew her/the whistle. ◊ *Der Schiedsrichter hat schlecht gepfiffen.* The referee was no good. **3** (*Maus etc.*) squeak **4 durch etw** ~ ◊ *Der Wind pfiff ihm durch die Jacke.* The wind cut through his jacket like a knife. ◊ *durch den Kamin pfeifen* whistle down the chimney ☛ *Hinweis bei* SAUSEN **5 auf etw** ~ ◊ *Das hat er über mich gesagt? Da pfeife ich darauf.* I couldn't care less what he said about me! ◊ *Ich pfeife auf Geld/drauf!* You can keep your money/it! IDM ⇨ LOCH *und* SPATZ
Pfeifkonzert boos and catcalls [Pl] ◊ *Er wurde mit einem Pfeifkonzert empfangen.* He was greeted with boos and catcalls. ◊ *ein Pfeifkonzert veranstalten* start booing ◊ *jdn mit einem Pfeifkonzert verabschieden* boo sb off the stage

Pfeil arrow ◊ *mit Pfeil und Bogen schießen* use a bow and arrow
Pfeiler (*Säule*) pillar (*auch fig*); (*Stütze*) support
Pfeilspitze arrowhead
Pfennig 1 (*Währung*) pfennig **2** (*Minimalbetrag*) penny* ◊ *etw auf den Pfennig genau ausrechnen* work sth out down to the last penny ◊ *Das kostet nur ein paar Pfennige.* It only costs a few pence. ◊ *kein Pfennig* not a penny IDM *keinen Pfennig wert sein* be worth nothing *mit jedem Pfennig rechnen (müssen)* (have to) watch/count every penny ☛ *Siehe auch* UMDREHEN
Pferd 1 horse ◊ *Pferde züchten* breed horses ◊ *Sie kam zu Pferd.* She rode here/came on horseback. ◊ *Er ritt auf einem Pferd in die Stadt ein.* He entered the town on horseback. **2** (*Turnen*) (vaulting) horse **3** (*Schach*) knight IDM *auf das richtige/falsche Pferd setzen* back the right/wrong horse *das Pferd vom Schwanz her aufzäumen* put* the cart before the horse *dazu/dorthin bringen mich keine zehn Pferde* wild horses wouldn't make me do that/drag* me there
Pferdeäpfel horse droppings [Pl] **Pferdefreund(in)** horse-lover **Pferderennen 1** (horse) race ◊ *beim Pferderennen* at the races ◊ *zum Pferderennen gehen* go to the races **2** ⇨ PFERDERENNSPORT **Pferderennsport** (horse) racing **Pferdeschwanz 1** horse's tail **2** (*Frisur*) ponytail ◊ *einen Pferdeschwanz tragen* wear your hair in a/have a ponytail **Pferdesport** equestrian sport; (*Pferderennen*) (horse) racing **Pferdestärke** ⇨ PS¹, S. 1153. **Pferdewagen** (horse-drawn) carriage; (*für Lasten*) (horse and) cart **Pferdezucht** horse breeding [U]; (*Gestüt*) stud farm
Pfiff 1 whistle ◊ *Ich hörte den Pfiff.* I heard the whistle blow. ◊ *der Pfiff des Schiedsrichters* the referee's whistle ◊ *ein schriller/gellender Pfiff* a high-pitched/piercing whistle **2** catcall ◊ *Aus dem Publikum kamen Pfiffe.* There were catcalls from the audience. **3** (*das besondere Etwas*) pizzazz (*umgs*)
Pfifferling chanterelle IDM *keinen Pfifferling* ◊ *keinen Pfifferling wert sein* be not worth a damn ◊ *Ich würde keinen Pfifferling auf ihn setzen.* I don't fancy his chances.
pfiffig (*intelligent, schlau*) clever (*Adv* cleverly), (*bes AmE*) smart; (*Spruch, Titel etc.*) snappy* ◊ *ein pfiffiger kleiner Junge* a clever little boy ◊ *pfiffige Ideen/Einfälle* bright ideas ◊ *pfiffige Moden* clothes with pizzazz ◊ *sich pfiffig anziehen* dress with flair
Pfingsten (*Fest*) Pentecost; (*Feiertage*) Whitsun (holiday) ◊ *an/zu Pfingsten* at Whitsun ◊ *über Pfingsten wegfahren* go away at Whitsun
Pfingst- Pfingstkirchengemeinde Pentecostal Church **Pfingstmontag** Whit Monday **Pfingstrose** peony* **Pfingstsonntag** Pentecost, (*BrE auch*) Whit Sunday ☛ *Pentecost bezeichnet im britischen Englisch fast immer das Fest.*
Pfirsich peach
Pflanze plant ◊ *blühende Pflanzen* flowering plants ◊ *eine wild wachsende Pflanze* a wild plant
pflanzen 1 plant (*auch fig*) ◊ *Samen/Salat pflanzen* plant seeds/lettuce ◊ *Er pflanzte die Flagge auf die Bergspitze.* He planted the flag on the summit. **2 sich** ~ plant yourself, plonk yourself (*umgs*), (*AmE meist*) plunk yourself (*umgs*)
Pflanzen- Pflanzenfresser herbivore **Pflanzenöl** vegetable oil **Pflanzenschutzmittel** pesticide **Pflanzenwelt** flora (*Fachspr*) ◊ *die Tier- und Pflanzenwelt* the flora and fauna
pflanzlich 1 plant ◊ *der pflanzliche Organismus* the physiology of plants **2** (*aus Pflanzen*) vegetable; (*vegetarisch*) vegetarian ◊ *pflanzliche Fette* vegetable fats ◊ *pflanzliche Lebensmittel* vegetarian food ◊ *pflanzliche Arzneimittel* herbal medicines
Pflaster 1 (*Straßen-*) road surface, (*AmE*) pavement; (*Bürgersteig*) pavement, (*AmE*) sidewalk ◊ *Das Pflaster hatte sich gesenkt.* The road (surface) had subsided. ◊ *das Pflaster erneuern* resurface the road **2** (*Gegend*) place; (*Land auch*) part of the world; (*Stadtteil*) part of town ◊ *Berlin ist ein teures Pflaster.* Berlin is an expensive place. ◊ *ein heißes Pflaster* a dangerous part of town **3** (*Heftpflaster*) (sticking) plaster, (*AmE auch*) Band-Aid™ ◊ *ein Pflaster auf die Wunde kleben* stick a plaster on the wound
pflastern (*Straße etc.*) pave ◊ *ein gepflasterter Hof* a paved

Pflasterstein

courtyard ◊ *wo die Straßen mit Gold gepflastert sind* where the streets are paved with gold
Pflasterstein paving stone; (*Kopfstein*) cobble(stone) ◊ *Pflastersteine setzen* lay paving stones
Pflaume 1 plum ◊ *Pflaumen ernten* pick plums ◊ *getrocknete Pflaumen* prunes **2** (*Mensch*) ◊ *Du Pflaume!* Don't be so wet!
Pflaumenbaum plum tree **Pflaumenkuchen** plum tart **Pflaumenmus** plum purée
Pflege 1 care; (*Kranken-*) nursing care ◊ *die Pflege behinderter Menschen* the care of disabled people ◊ *ständiger Pflege bedürfen* need constant nursing care ◊ *die ambulante Pflege* home care ◊ *die Pflege antiker Möbel* the care of antique furniture ◊ *die Pflege der Katze* looking after the cat **2** (*Erhaltung*) maintenance ◊ *Moderne Autos brauchen nicht viel Pflege.* Modern cars don't need much maintenance. **3** (*Förderung*) cultivation (*oft mit einem Verb übersetzt*) ◊ *die Pflege persönlicher Kontakte* cultivating personal contacts ◊ *die Pflege nachbarschaftlicher Beziehungen* fostering good relations between neighbours **4 ein Kind in ~ nehmen** foster a child
pflegebedürftig needing care (*nicht vor Nomen*); (*Krankenpflege*) needing nursing care (*nicht vor Nomen*) ◊ *pflegebedürftige alte Menschen* elderly people needing nursing care ◊ *im Alter pflegebedürftig werden* need care in old age
Pflegebedürftigkeit need of care **Pflegeberuf** caring profession, (*AmE*) caregiving profession **Pflegedienst** care [U] ◊ *ambulante Pflegedienste* home care ◊ *verschiedene Pflegedienste* various types of care **Pflegeeltern** foster parents [Pl] **Pflegefall** ◊ *ein leichter Pflegefall sein* be in need of minimal care ◊ *ein schwerer Pflegefall sein* be severely dependent ◊ *zum Pflegefall werden* become dependent **Pflegeheim** nursing home **Pflegekind** foster child*
pflegeleicht 1 easy* to look after (*nicht vor Nomen*); (*Stoff, Kleidung, Teppich auch*) easy-care; (*Auto, Boden*) low-maintenance ◊ *pflegeleichte Pflanzen* plants that are easy to look after **2** (*unkompliziert*) easy (*nur vor Nomen*) ◊ *Mein Sohn war nie pflegeleicht!* My son was never an easy child!
pflegen 1 (*Kranke*) care for sb; (*gesund pflegen*) nurse ◊ *einen bettlägerigen Patienten pflegen* care for a bedridden patient ◊ *jdn wieder gesund pflegen* nurse sb back to health **2** (*erhalten*) look after *sth*; (*Auto auch*) maintain; (*Rasen, Pflanzen*) tend ◊ *die Grünanlagen pflegen* look after the parks **3 etw/sich ~** look after sth/yourself ◊ *Du solltest dich pflegen.* You need to look after yourself. ◊ *seine Fingernägel pflegen* look after your fingernails ◊ *seinen Körper pflegen* groom yourself ◊ *gepflegt aussehen* look well groomed **4** (*fördern*) cultivate ◊ *Freundschaften pflegen* cultivate friendships ◊ *soziale Kontakte pflegen* maintain social contacts ◊ *freundschaftliche Kontakte pflegen* keep up with friends **5 etw zu tun ~** usually do* sth; (*immer*) always do* sth; (*in der Vergangenheit auch*) (always) used to do sth ◊ *Nach dem Mittagessen pflegt er ein Schläfchen zu halten.* He usually has a nap after lunch. ◊ *…, pflegte sie zu sagen.* …, she used to say. ◊ *Er hat ein Brett vorm Kopf, wie man so schön zu sagen pflegt.* He's as thick as two short planks, to coin a phrase.
Pflegepersonal care staff; (*für Kranke*) nursing staff ☞ *Hinweis bei* STAFF¹
Pfleger(in) care worker; (*Krankenpfleger*) (male) nurse; (*Krankenpflegerin*) nurse ☞ G 2.2d
Pflege- Pflegestation chronic ward; (*Alten-*) geriatric ward **Pflegeversicherung** long-term care insurance
pfleglich 1 *Adv* with care ◊ *jdn/etw pfleglich behandeln* treat sb/sth with care **2** *Adj* ◊ *Eine pflegliche Behandlung anderer Kulturen ist wichtig.* It is important to respect other cultures.
Pflicht 1 duty*; (*Verantwortung*) responsibility* ◊ *Ich tue nur meine Pflicht.* I'm only doing my duty. ◊ *Wir haben die Pflicht, uns um die Flüchtlinge zu kümmern.* We have a duty to care for the refugees. ◊ *Die Pflicht ruft!* Duty calls! ◊ *große Pflichten auf sich nehmen* take on heavy responsibilities ◊ *Es ist meine Pflicht, ihnen zu sagen, …* I am obliged to tell you that … ◊ *Regelmäßige Teilnahme ist Pflicht.* You have to attend regularly. **2** (SPORT) compulsory programme, (*AmE*) compulsory program
Pflichtaufgabe obligation **pflichtbewusst** conscientious (*Adv* conscientiously) **Pflichtbewusstsein** sense of duty; (*bei der Arbeit*) conscientiousness **Pflichtfach** compulsory subject ◊ *Pflichtfach sein* be a compulsory subject **Pflichtlektüre** required reading; (SCHULE) set texts [Pl]; (*einzeln*) set text ◊ *„Macbeth" ist Pflichtlektüre.* 'Macbeth' is a set text. **Pflichtprogramm 1** (SPORT) compulsory programme, (*AmE*) compulsory program **2** (*fig*) ◊ *zum Pflichtprogramm gehören* be a must **Pflichtverteidiger(in)** = lawyer acting for the defence in a legal aid case, (*AmE*) ≈ public defender
pflücken pick ◊ *Obst pflücken* pick fruit
Pflücker(in) picker
Pflug plough
pflügen plough ◊ *die Äcker pflügen* plough the fields
Pforte 1 door; (*Eingang*) entrance; (*Empfang*) reception; (*Pförtnerhaus*) porter's lodge ◊ *sich an der Pforte melden* report to reception **2** (*zum Garten etc.*) gate **3 seine Pforten öffnen/schließen** open/be closed to the public; (*das Geschäft öffnen*) open for business; (*das Geschäft schließen*) shut* up shop
Pförtner(in) porter, (*AmE*) concierge; (*am Tor*) gatekeeper ☞ G 2.2d
Pförtnerhaus porter's lodge
Pfosten post; (*Tor- auch*) goalpost
Pfostenschuss = shot that hits the goalpost
Pfote 1 (*Tier-*) paw ◊ *Die Katze leckte sich die Pfoten.* The cat was licking its paws. ◊ *Gib Pfote!* Sit up and beg! ◊ *auf leisen Pfoten schleichen* creep along **2** (*Hand*) hand ◊ *Pfoten weg!* Hands off! ◊ *die Pfoten von etw lassen* not touch sth ◊ *sich die Pfoten verbrennen* get your fingers burnt
pfui 1 ugh, yuck (*umgs*); (*Gestank*) pooh! ◊ *Pfui* (*Teufel*) – *das stinkt ja eklig!* Pooh! What a stink! **2** (*aufhören*) no!, stop it! **3** (*Buhruf*) boo
Pfund 1 (*Gewicht*) half a kilo ◊ *2 Pfund wiegen* weigh a kilo ◊ *ein Pfund Erdbeeren* half a kilo of strawberries ◊ *10 Pfund zunehmen* put on 10 pounds ☞ *Das britische Pfund* **pound** (= 16 Unzen) wiegt 454g. Obwohl die britischen Maßeinheiten offiziell durch das metrische System ersetzt worden sind, überleben sie weiterhin im Alltag. **2** (*Währung*) pound (*Abk* £); (*Sterling auch*) (pound) sterling ◊ *das britische Pfund* the pound sterling ◊ *den Preis in Pfund umrechnen* convert the price into sterling
Pfusch botch(-up) (*umgs*) ◊ *Diese Arbeit ist Pfusch.* It's a botch-up/a botched job. ◊ *Er hat Pfusch gemacht.* He botched it up.
pfuschen 1 (*Pfusch machen*) do* a botched job (*umgs*) ◊ *Der Handwerker hat bei der Reparatur gepfuscht.* The repair was a botched job. **2** (*mogeln*) cheat ◊ *Ich habe bei der Mathearbeit gepfuscht.* I cheated in the maths test. IDM ⇨ HANDWERK
Pfütze puddle ◊ *in eine Pfütze treten* step in a puddle
Phänomen phenomenon* (*auch fig*)
phänomenal phenomenal (*Adv* phenomenally)
Phantom phantom; (*Trugbild*) chimera (*gehoben*)
Phantombild Photo-Fit™, (*AmE*) composite; (*gezeichnet*) identikit™, (*AmE*) composite sketch
Pharao pharaoh
Pharmaindustrie pharmaceutical industry*
Pharmakologie pharmacology
pharmakologisch pharmacological (*Adv* pharmacologically)
Pharmakonzern pharmaceutical company*
pharmazeutisch pharmaceutical (*nur vor Nomen*)
Pharmazie pharmacy
Phase phase; (*Stadium*) stage; (*Zeit*) period ◊ *in eine neue Phase eintreten* enter a new phase ◊ *Wir sind in der Phase der Projektplanung.* The project is at the planning stage. ◊ *in dieser Phase* at this stage
phasenweise at times
Philanthrop(in) philanthropist
philanthropisch philanthropic
Philatelie philately
Philatelist(in) philatelist
Philharmonie 1 (*Orchester*) philharmonic (orchestra) ☞ G 1.3b **2** (*Gebäude*) concert hall
Philharmoniker(in) orchestral player ☞ G 2.2d ☞ In Orchesternamen wird „Philharmoniker" mit **Philharmonic** übersetzt: *die Wiener Philharmoniker* the Vienna Philharmonic.

Philologe, **Philologin** philologist ☞ G 2.2d
Philologie philology ◊ *die klassische Philologie* classical philology
Philosoph(in) philosopher ☞ G 2.2d
Philosophie philosophy*; (*Weltanschauung auch*) philosophy* of life
philosophieren philosophize
philosophisch philosophical (*Adv* philosophically)
phlegmatisch 1 (*träge*) apathetic ◊ *Er ist so phlegmatisch.* He's so apathetic. ◊ *ihr phlegmatisches Wesen* her apathy **2** (*gleichmütig*) phlegmatic
Phobie phobia
Phonetik phonetics [U]
phonetisch phonetic (*Adv* phonetically)
Phosphat phosphate
phosphatfrei phosphate-free **phosphathaltig** containing phosphates (*nicht vor Nomen*)
Phosphor phosphorus
Photosynthese photosynthesis
Phrase phrase ◊ *hohle Phrasen* empty phrases ◊ *abgedroschene Phrasen* clichés IDM **Phrasen dreschen** mouth clichés
pH-Wert pH level
Physik physics [U] ◊ *in der Physik* in physics
physikalisch physical (*Adv* physically) ◊ *physikalische Gesetze* physical laws ◊ *physikalische Therapie* physiotherapy
Physiker(in) physicist ☞ G 2.2d
Physiologe, **Physiologin** physiologist ☞ G 2.2d
Physiologie physiology
physiologisch physiological (*Adv* physiologically)
Physiotherapeut(in) physiotherapist, (*AmE*) physical therapist ☞ G 2.2d
physisch physical (*Adv* physically)
Pianist(in) pianist ☞ G 2.2d
Piano piano* ◊ *jdn am Piano begleiten* accompany sb on the piano
Pickel¹ 1 (*Spitzhacke*) pick(axe), (*AmE auch*) pickax **2** (*Eis-*) ice axe, (*AmE*) ice-ax
Pickel² (*auf der Haut*) spot ◊ *einen Pickel ausdrücken* squeeze a spot ◊ *Pickel haben* be spotty
pickelig spotty
picken 1 (*Körner etc.*) peck at *sth* **2** (**nach**) *etw* ~ (*stoßen*) peck *sth* ◊ *Die Küken picken ein Loch in die Schale.* The chicks peck a hole in the shell. ◊ *Der Vogel hat nach ihrem Finger gepickt.* The bird tried to peck her finger. **3** *etw aus etw* ~ pick *sth* out of *sth*
Picknick picnic ◊ *ein Picknick machen* go for/have a picnic
PID pre-implantation (genetic) diagnosis
piepen cheep; (*Gerät*) beep IDM **bei jdm piept es** sb has a screw loose; sb is off their head (*umgs*) ◊ *Bei diesem Regen willst du spazierengehen? Bei dir piept es wohl!* You want to go for a walk in this rain? You must have got a screw loose! **zum Piepen sein** be hilarious (*umgs*) ◊ *Es war zum Piepen.* It was hilarious.
piepsen 1 squeak **2** (*Gerät*) beep
Piepser bleeper
piepsig squeaky
Piepston, **Piepton** beep ◊ *ein hoher Piepston* a high-pitched beep
piercen pierce ◊ *Sie hat sich den Bauchnabel piercen lassen.* She has had her belly button pierced.
piesacken torment
Pietät respect [U]
pietätlos disrespectful (*Adv* disrespectfully)
Pigment pigment
Pik spade; (*Farbe*) spades [Pl] ◊ *Pik spielen* play a spade ◊ *Pik ist Trumpf.* Spades are trumps.

> Die vier Farben bei Spielkarten heißen **hearts** (Herz), **clubs** (Kreuz), **diamonds** (Karo), und **spades** (Pik): *the ace/king/queen/jack of spades* Pikass/Pikkönig/Pikdame/Pikbube ◊ *the seven of clubs* Kreuzsieben. König, Dame und Bube werden **face cards**, im britischen Englisch auch **court cards** genannt.

pikant 1 tasty*, piquant (*gehoben*) ◊ *ein pikantes Gericht* a tasty dish ◊ *pikant gewürzt* spicy **2** (*interessant, bedenklich*) ironical ◊ *Das Pikante daran ist, dass …* The ironical thing is that … **3** (*Witz etc.*) risqué; (*Detail etc.*) juicy*
Pike ◊ *sein Handwerk von der Pike auf lernen* learn your trade by starting at the bottom and working your way up
pikiert peeved (*umgs*), piqued (*gehoben*) ◊ *Er war etwas pikiert.* He was rather peeved. ◊ *Sie packte pikiert ihren Koffer und reiste ab.* She packed her suitcase in a huff and left.
Pikkolo(flöte) piccolo* ◊ *Pikkoloflöte spielen* play the piccolo
Piktogramm pictogram
Pilger(in) pilgrim
Pilgerfahrt pilgrimage
pilgern 1 go* on a pilgrimage **2** (*fig*) make* a pilgrimage ◊ *Sie pilgern alljährlich zu den Salzburger Festspielen.* They make an annual pilgrimage to the Salzburg festival. **3** (*strömen*) pour ◊ *Die Fans pilgerten ins Stadion.* The fans were pouring into the stadium.
Pille 1 pill, tablet ◊ *Er nahm eine Pille gegen seine Kopfschmerzen.* He took a headache pill. **2 die Pille** the pill ◊ *Sie nimmt die Pille.* She's on the pill. IDM **eine bittere Pille** a bitter pill ◊ *Sie mussten die bittere Pille schlucken.* It was a bitter pill for them to swallow.
Pilot(in) 1 pilot **2** (*Rennfahrer*) racing driver ☞ G 2.2d **Pilotfilm** pilot **Pilotprojekt** pilot project **Pilotstudie** pilot study* **Pilotversuch** pilot scheme
Pils Pils
Pilz 1 fungus*; (*Speise-*) mushroom; (*Gift-*) toadstool; (*Schimmel-*) mould, (*AmE*) mold ◊ *Die Rosen haben einen Pilz.* The roses have been attacked by fungus. ◊ *Sie isst gerne Pilze.* She likes mushrooms. ◊ *Dieser Pilz ist giftig.* That's a toadstool. **2** (*Haut-*) fungal infection ◊ *Er hat einen Pilz.* He's got a fungal infection.
Pilzbefall fungus **Pilzvergiftung** = poisoning through eating toadstools
Pimmel willy* (*umgs*)
pingelig fussy*, finicky, (*AmE*) picky ◊ *Er ist sehr pingelig.* He is very finicky. ◊ *Nun sei doch nicht so pingelig!* Don't be so fussy! ◊ *Sie stellten ihm pingelige Fragen.* They asked him nit-picking questions. ◊ *Alles wurde pingelig genau kontrolliert.* Everything was meticulously checked.
Pinguin penguin
Pinie (stone) pine
pink shocking pink
pinkeln pee* (*umgs*) ◊ *Er muss pinkeln gehen.* He has to go for a pee.
pinnen pin* ◊ *Sie pinnte das Foto an die Wand.* She pinned the photo up on the wall.
Pinnwand (pin)board
Pinscher pinscher
Pinsel brush; (*für Farbe auch*) paintbrush
pinseln paint
Pinzette tweezers [Pl] ☞ *Hinweis bei* BRILLE
Pionier(in) 1 pioneer (*auch fig*) ◊ *die Pioniere im Wilden Westen* the early American pioneers ◊ *ein Pionier auf dem Gebiet der Krebsforschung* a pioneer in the field of cancer research **2** (MIL) sapper
Pionierarbeit pioneering work ◊ *Er hat auf dem Gebiet der Erwachsenenbildung Pionierarbeit geleistet.* He did pioneering work in the field of adult education. **Pioniergeist** pioneering spirit **Pioniertruppe** (MIL) corps* of sappers
Pipeline pipeline
Pirat(in) pirate ☞ G 2.2d
Piratenschiff pirate ship **Piratensender** pirate station
Pirouette pirouette ◊ *eine Pirouette drehen* do a pirouette
Pisse piss (*vulg*)
pissen piss (*vulg*) ◊ *Ich muss mal pissen.* I need a piss.
Pistazie pistachio (nut)
Piste 1 (*Ski-*) piste ◊ *Er kam von der Piste ab.* He came off the piste. **2** (AERO) runway ◊ *Das Flugzeug setzte auf der Piste auf.* The aircraft landed on the runway. **3** (*unbefestigter Weg*) dirt road **4** (*Rennstrecke*) racetrack, (*AmE*) raceway
Pistole pistol ◊ *Er zog seine Pistole.* He drew his pistol. IDM **jdm die Pistole auf die Brust setzen** hold* a pistol to sb's head **wie aus der Pistole geschossen** in a flash
pitschnass soaking wet

Pizza pizza
Pizzeria pizzeria
Pkw car, (*AmE auch*) automobile
Plackerei drudgery [U] ◊ *Ihr Leben war früher nur Plackerei.* Their lives used to be sheer drudgery.
plädieren 1 für/gegen etw ~ argue for/against sth ◊ *Sie plädierten für harte Maßnahmen.* They argued for harsh measures. ◊ *Die Anwohner plädierten gegen den Plan.* The residents argued against the plan. ◊ *Ich plädiere dafür, die Aktion fortzusetzen.* I'm for continuing with the campaign. **2** (RECHT) (*beantragen*) ask for sth ◊ *Der Staatsanwalt hat auf lebenslange Haft plädiert.* The prosecutor asked for a life sentence. ◊ *Der Verteidiger plädierte auf Freispruch.* The defence counsel asked the court to find the defendant not guilty. **3** (RECHT) (*Plädoyer halten*) sum* up
Plädoyer 1 (RECHT) summing up ◊ *Der Verteidiger hat in seinem Plädoyer eine Bewährungsstrafe gefordert.* In his summing up the defence called for a suspended sentence. **2 ein ~ für/gegen etw** ◊ *Sie hielt ein Plädoyer für das Recht auf Asyl.* She put the case for the right to asylum. ◊ *Dieser Film ist ein Plädoyer gegen Gewalt.* This film is a polemic against violence.
Plage 1 nuisance ◊ *Die Insekten werden im Sommer zu einer Plage.* The insects are a real nuisance in summer. ◊ *eine Plage von Heuschrecken* a plague of locusts ◊ *Die Touristenmassen sind eine Plage.* The swarms of tourists are a pain. ◊ *Er hat seine Plage mit den Schülern.* The pupils give him a hard time. **2** (*Mühsal*) chore ◊ *Das Unkrautjäten ist wirklich eine Plage.* Weeding is a real chore.
plagen 1 plague; (*beängstigen*) worry* ◊ *Sie wird von Selbstzweifeln geplagt.* She is plagued with self-doubt. ◊ *Erzähl mir doch, was dich plagt.* Tell me what's worrying you. ◊ *Ihn plagte das schlechte Gewissen.* His conscience was troubling him. ◊ *Sie wird von Schmerzen geplagt.* She's in a lot of pain. ◊ *ein von Hunger und Bürgerkrieg geplagtes Land* a country racked by famine and civil war ◊ *geplagte Eltern* harassed parents **2 jdn** (**mit etw**) ~ pester sb (about sth) ◊ *Er plagt sie seit Wochen damit, dass er ein Mountainbike haben will.* He's been pestering them for a mountain bike for weeks. **3 sich** (**mit etw**) ~ have trouble (with sth) ◊ *Sie plagt sich seit Wochen mit einer Knieverletzung.* She's been having trouble with a knee injury for weeks. ◊ *Wir mussten uns ganz schön plagen, bis wir endlich fertig waren.* It was a struggle for us to finish.
Plagiat plagiarism ◊ *Sie hat ein Plagiat begangen.* She was guilty of plagiarism. ◊ *Diese Idee ist ein Plagiat.* That idea has been plagiarized. ◊ *Das Blatt ist ein „Spiegel"-Plagiat.* The magazine is a 'Spiegel' clone.
Plakat poster; (*zum Herumtragen*) placard ◊ *Sie haben überall Plakate aufgehängt.* They put up posters everywhere. ◊ *Plakate ankleben verboten!* Stick no bills!
plakativ bold (*Adv* boldly); (*zu einfach*) simplistic (*Adv* simplistically) (*abwert*) ◊ *plakative Farben* bold colours ◊ *seine plakative Sprache* his simplistic language ◊ *ein plakatives Emblem* an eye-catching logo
Plakette 1 disc, (*AmE*) disk ◊ *Die Plakette zeigt an, wann das Auto zum TÜV muss.* The disc shows when the car is due for its MOT. **2** (*Auszeichnung*) plaque
Plan 1 plan ◊ *Er legte einen Plan vor, wie sie das Geld auftreiben könnten.* He produced a plan for raising the money. ◊ *Pläne machen/schmieden* make plans ◊ *die Pläne zur Gesundheitsreform* the plans for health service reforms ◊ *die Pläne für den Umbau* the plans for the alterations **2** (*Stadt-, Lage-*) map **3 auf dem ~ stehen** be on the agenda ◊ *Und was steht für morgen auf dem Plan?* And what's on the agenda for tomorrow? ◊ *Morgen steht viel auf dem Plan.* There's a lot on tomorrow. IDM **jdn auf den Plan rufen** spur* sb into action **auf den Plan treten** appear on the scene
Plane tarpaulin
planen plan* ◊ *Hast du schon deinen Urlaub geplant?* Have you planned your holiday yet? ◊ *Auf dem Gipfel ist ein Hotel geplant.* They are planning to build a hotel on the summit. ◊ *Der Abend verlief anders als geplant.* The evening didn't go according to plan. ◊ *Die Straße war nur als Zufahrt zu den Garagen geplant.* The road was only intended to be an access road to the garages.
Planet planet
Planetarium planetarium*

planieren level*
Planierraupe bulldozer
Planke plank
planlos aimless (*Adv* aimlessly) ◊ *Das Spiel bestand aus planlosem Gerenne.* The game mainly consisted of running round aimlessly. ◊ *die planlose Politik der Regierung* the policy of the government, which has not been properly thought through ◊ *Sie irrten planlos umher.* They wandered around aimlessly.
planmäßig 1 *Adj* methodical; (*wie im Fahrplan*) scheduled ◊ *das planmäßige Vorgehen des Militärs* the methodical approach of the military ◊ *Planmäßige Ankunft ist 15.00 Uhr.* The scheduled time of arrival is 15.00. **2** *Adv* according to plan; (*wie im Fahrplan*) on schedule ◊ *Die Aktion ist planmäßig verlaufen.* The campaign went according to plan. ◊ *Die Maschine ist planmäßig gelandet.* The plane landed on schedule. ◊ *Die Fähren fahren wieder planmäßig.* The ferries are running normally again.
Planschbecken paddling pool, (*AmE*) wading pool
planschen splash about
Plantage plantation
Planung planning; (*Plan*) plan ◊ *noch in der Planung sein* be still in the planning stage ◊ *Vor drei Jahren begannen sie mit der Planung für die neue Schule.* They started planning the new school three years ago. ◊ *Tausende von Neubauten sind in Planung.* There are plans for thousands of new buildings. ◊ *Sie legten eine neue Planung vor.* They put forward a new plan.
Planwagen covered wagon
Planwirtschaft planned economy*
plappern babble ◊ *Das Kind plapperte vor sich hin.* The child was babbling to himself. ◊ *Schon in der zweiten Spanischstunde plapperten sie munter drauflos.* By the second Spanish lesson, they were chatting away merrily. ◊ *Unsinn plappern* talk nonsense
plärren 1 bawl sth out; (*Radio*) blare ◊ *Sie plärrte einen Schlager ins Mikrofon.* She was bawling out a hit song into the microphone. **2** (*weinen*) bawl, scream ◊ *Jetzt hör endlich auf zu plärren!* Stop bawling, will you? ◊ *Sie hat immer ein paar plärrende Kinder dabei.* She always has a couple of screaming kids in tow.
Plastik¹ *die* sculpture ◊ *eine Plastik von Henry Moore* a sculpture by Henry Moore ◊ *die Plastik der Antike* classical sculpture
Plastik² *das* plastic ◊ *Besteck aus Plastik* plastic cutlery
Plastikbecher plastic cup **Plastikbeutel** plastic bag
Plastikfolie plastic film [U]; (*dicker*) plastic sheeting [U]
Plastikmüll plastic waste **Plastiksack** plastic sack
Plastiktüte plastic bag **Plastikverpackung** plastic packaging [U]
plastisch 1 (*bildhauerisch*) plastic ◊ *die plastischen Künste* the plastic arts ◊ *plastische Chirurgie* plastic surgery ◊ *seine plastischen Arbeiten* his sculptures **2** (*räumlich wirkend*) three-dimensional, 3-D **3** (*anschaulich*) vivid; (*drastisch*) graphic ◊ *einen plastischen Eindruck von etw vermitteln* give a vivid impression of sth **4** (*formbar*) malleable
Platane plane (tree)
Plateau plateau*
Platin platinum
platonisch 1 (PHILOS) Platonic **2** (*nicht sexuell*) platonic (*Adv* platonically)
plätschern 1 (*Wasser, Brunnen*) splash; (*Bach*) babble ◊ *plätscherndes Wasser* splashing water ◊ *Das Gespräch plätscherte vor sich hin.* The conversation burbled along. **2** (*planschen*) splash about
platt 1 flat ◊ *Der Reifen ist platt.* The tyre is flat. ◊ *etw platt walzen* roll sth flat ◊ *sich die Nase am Fenster platt drücken* flatten your nose against the window **2** (*geistlos*) crude; (*langweilig*) dull ◊ *platte Sprüche* crude slogans **3** (*überrascht*) amazed; (*erschöpft*) done in (*umgs*) ◊ *Er war völlig platt.* He was absolutely amazed. ◊ *Da bist du platt, was?* Now what do you say to that? **4 jdn ~ machen** (*umbringen*) kill sb **5 etw ~ machen** (*abreißen*) raze sth to the ground
Platt, Plattdeutsch Low German
Platte 1 (*Stein-*) slab; (*Metall-*) plate; (*Holz-*) board **2** (*Schall-*) record **3** (*Teller, Gericht*) platter ◊ *eine Platte mit Käse* a platter of cheeses ◊ *eine kalte Platte* a cold platter **4** (*Herd-*) hotplate

Platte(r) (*Auto*) flat tyre, (*AmE*) flat tire; (*Fahrrad*) puncture ◊ *Ich habe einen Platten.* I've got a puncture.
Platten- Plattenbau = building made out of prefabricated concrete slabs **Plattenfirma** record company* **Plattenspieler** record player
Plattform 1 platform; (*Aussichts-*) viewing platform **2** (*Grundlage*) basis*; (*Forum*) forum ◊ *eine solide Plattform* a solid basis ◊ *eine Plattform für Diskussionen* a forum for discussion
Platz 1 (*Ort, Stelle, Rang*) place ◊ *etw an seinen Platz zurückstellen* put sth back in its place ◊ *Dies ist ein guter Platz für ein Picknick.* This is a good place for a picnic. ◊ *einen Platz im Pflegeheim bekommen* get a place in a nursing home ◊ *ein Platz in der Mannschaft* a place on the team ◊ *Sie kam auf den zweiten Platz.* She finished in second place. **2** (*freier Raum*) room, space ◊ (*für jdn/etw*) *Platz machen* make room (for sb/sth) ◊ *Hast du genug Platz für deine Sachen?* Have you got enough room for your things? ◊ *Der Schrank nimmt viel Platz weg.* The cupboard takes up a lot of room. ◊ *In der Turnhalle haben 500 Zuschauer Platz.* There's space for 500 spectators in the sports hall. ◊ *Platz sparende Möbel* space-saving furniture ◊ *Platz da!* Get out of the way! **3** (*Sitz-*) seat ◊ *Er bot mir seinen Platz an.* He offered me his seat. ◊ *Ist dieser Platz noch frei?* Is this seat taken? ◊ *Die Vorstellung war bis auf den letzten Platz ausverkauft.* The performance was completely sold out. ◊ *Bitte nehmen Sie Platz!* Please sit down. ◊ *Platz! Sit!* **4** (*Markt-*) square **5** (*Sport-*) field; (*Fußball- auch*) pitch ◊ *der beste Mann auf dem Platz* the best player on the field ◊ *jdn vom Platz stellen* send sb off IDM **am Platz(e)** in the place ◊ *das beste Hotel am Platze* the best hotel in the place ➤ *Siehe auch* FEGEN *und* LOS
Platzangst (*draußen*) agoraphobia; (*drinnen*) claustrophobia **Platzanweiser** usher ➤ G 2.2d **Platzanweiserin** usher, usherette ➤ G 2.2d
Plätzchen 1 (*kleiner Platz*) spot ◊ *ein schattiges Plätzchen* a shady spot **2** (*Gebäck*) biscuit, (*AmE*) cookie ◊ *Plätzchen backen* make biscuits
platzen 1 burst* (*auch fig*); (*Naht, Hose*) split* ◊ *Der Luftballon platzte.* The balloon burst. ◊ *Ich habe so viel gegessen, ich platze gleich.* I've eaten so much that I'm fit to burst. ◊ *Ich platze fast vor Neugier.* I was bursting with curiosity. ◊ *Sie platzte in die Besprechung.* She burst into the meeting. **2** (*Projekt, Verhandlungen etc.*) fall* through; (*Freundschaft etc.*) break* up ◊ *Der Vertrag ist geplatzt.* The contract has fallen through ◊ *Die Koalition ist geplatzt.* The coalition has broken up. ◊ *Sie hat die Verlobung platzen lassen.* She broke off the engagement. ◊ *Er hat die Vorstellung platzen lassen.* He cancelled the performance. IDM ⇒ BOMBE, KRAGEN *und* NAHT
platzieren 1 (*stellen, legen*) place, position ◊ *Sie haben die Bombe so platziert, dass niemand verletzt wurde.* They placed the bomb so that nobody was hurt. ◊ *ein ungünstig platziertes Schild* a badly positioned sign **2** (*zielen*) aim ◊ *ein platzierter Schuss* a well-aimed shot **3** (SPORT) *die an Nummer 1 platzierte Mannschaft* the team in first place ◊ *Sie sind in der Tabelle besser platziert als wir.* They rank higher in the table than we do. **4** (SPORT) **sich ~** be placed ◊ *Er platzierte sich unter den ersten Zehn.* He was placed among the first ten.
Platzierung (SPORT) place, placing ◊ *eine Platzierung unter den ersten Zehn* a place among the first ten ◊ *seine Platzierung in der Weltrangliste* his placing in the world rankings
Platz- Platzkarte (EISENB) (seat) reservation **Platzkonzert** open-air concert **Platzmangel** lack of space **Platzpatrone** blank cartridge **Platzregen** heavy shower **Platzverweis** sending-off **Platzwunde** cut
Plauderei conversation, chat (*umgs*)
plaudern talk, chat* (*umgs*) ◊ *Sie plauderten über alte Zeiten.* They talked about old times. IDM ⇒ SCHULE
Plauderton conversational tone
plausibel plausible (*Adv* plausibly) ◊ *eine plausible Erklärung* a plausible explanation ◊ *jdm etw plausibel machen* explain sth to sb
Playboy playboy
pleite broke (*umgs*) ◊ *Ich bin total pleite.* I'm completely broke. ◊ *Die Firma ist pleite.* The firm has gone bust.
Pleite 1 bankruptcy* ◊ *Die Firma steht kurz vor der Pleite.* The firm is on the verge of bankruptcy. **2** ~ **gehen/machen** go* bust (*umgs*) **3** (*Reinfall*) flop (*umgs*), washout (*umgs*) ◊ *Die Party war eine Pleite.* The party was a total flop.
Plenar- Plenarsaal plenary chamber **Plenarsitzung** plenary session
Plenum plenum
Plexiglas® Perspex™
Plombe 1 (*Siegel*) seal **2** (*Zahnfüllung*) filling
plombieren (*versiegeln*) seal; (*Zahn*) fill
Plotter (COMP) plotter
plötzlich sudden (*Adv* suddenly) IDM **Aber (etwas/ein bisschen) plötzlich!** And make it snappy! (*umgs*) ➤ *Siehe auch* ENDE
plump 1 ungainly; (*Bewegung*) clumsy (*Adv* clumsily) ◊ *plumpe Hände* ungainly hands **2** (*taktlos, ungeschickt*) crude
plumpsen fall*; (*mit einem dumpfen Geräusch*) thud* ◊ *Die Tasche plumpste auf den Boden.* The bag fell to the floor. ◊ *ein plumpsendes Geräusch* a thud ◊ *Sie ließen sich ins Wasser plumpsen.* They went splash into the water.
Plumpsklo earth closet
Plunder 1 (*Kram*) junk (*umgs*) **2** (*Gebäck*) ≈ Danish (pastry*)
Plünderer looter
plündern 1 loot **2** (*fig*) raid ◊ *sein Konto plündern* raid your account
Plünderung looting [U]
Plural plural
Pluralismus pluralism
plus plus ◊ *4 plus 4 ist 8.* 4 plus 4 is 8 ◊ *sechs Grad plus* six degrees above freezing ➤ *Hinweis bei* NOTE, S. 1126.
Plus 1 (*Zuwachs*) plus, increase; (*Gewinn*) profit ◊ *ein Plus erwirtschaften* make a profit **2** (*Pluspunkt*) plus point; (*Vorteil*) advantage
Plüsch plush
Plüschtier soft toy
Plus- Pluspol positive pole; (*Batterie*) positive terminal **Pluspunkt 1** plus point; (*Vorteil*) advantage **2** (SPORT) point **Plusquamperfekt** past perfect, pluperfect **Pluszeichen** plus sign
Pluto Pluto ➤ *Beispiele bei* MERKUR
Plutonium plutonium
Pneu tyre
Po bottom, backside (*umgs*)
Pöbel mob
pochen 1 knock; (*Herz*) pound; (*Schmerz*) throb* ◊ *Er pochte an die Tür.* He knocked on the door. ◊ *Mein Herz pochte vor Aufregung.* My heart was pounding with excitement. **2 auf etw ~** insist on sth
Pocken smallpox [U] ◊ *die Pocken haben* have smallpox
Pockenimpfung smallpox vaccination **pockennarbig** pock-marked
Podest 1 rostrum **2** (*Treppenabsatz*) landing
Podium platform (*auch fig*); (*für Redner, Dirigent*) podium **Podiumsdiskussion** panel discussion
Poesie poetry (*auch fig*); (*Zauber*) magic
Poet(in) poet
poetisch poetic (*Adv* poetically); (*fig auch*) romantic ◊ *poetische Prosa* poetic prose ◊ *die poetischen Bilder des Films* the poetic images of the film ◊ *Das stelle ich mir sehr poetisch vor.* It sounds so romantic.
Pogrom pogrom
Pogromstimmung xenophobic hysteria ◊ *In der Stadt herrschte Pogromstimmung.* The mood in the city was one of xenophobic hysteria.
Pointe point; (*Witz*) punch line, (*AmE*) tag line ◊ *die Pointe an der Geschichte* the point of the story ◊ *Man musste sich gut konzentrieren, um keine Pointen zu verpassen.* You had to listen carefully or you missed the punch line. ◊ *Ich habe die Pointe nicht verstanden.* I didn't get it.
pointiert pithy (*Adv* pithily) ◊ *pointierte Bemerkungen* pithy remarks ◊ *pointiert formuliert* pithily expressed
Pokal 1 cup; (*Wettkampf*) Cup **2** (*Trinkbecher*) goblet
Pokalfinale cup final **Pokalsieger** cup winners [Pl] **Pokalspiel** cup match, (*BrE auch*) cup tie
pökeln salt ◊ *gepökeltes Schweinefleisch* salt pork

Poker poker
pokern 1 play poker 2 play; (*Risiko eingehen*) take* a gamble; **hoch** ~ play for high stakes 3 (**um etw**) ~ negotiate (sth) ◊ *Sie wollen um 5% mehr Einkommen pokern.* They are trying to negotiate a 5% pay increase.
Pol pole IDM **der ruhende Pol** a calming influence
polar polar (*nur vor Nomen*); (*Nordpol*) Arctic ◊ *die polare Wildnis* the polar wastes ◊ *die polare Umwelt* the Arctic environment
polarisieren polarize
Polarisierung polarization
Polar- Polarkreis polar circle ◊ *nördlich des Polarkreises* north of the polar circle ◊ *der nördliche/südliche Polarkreis* the Arctic/Antarctic Circle **Polarlicht** (*im Norden*) Northern Lights [Pl]; (*im Süden*) Southern Lights [Pl]
Polemik 1 ~ (**gegen jdn/etw**) polemic (against sb/sth); (*Angriff*) attack (on sb/sth) ◊ *seine Polemik gegen abstrakte Kunst* his polemic against abstract art ◊ *seine Polemik gegen die Partei* his attack on the party ◊ *billige Polemik* point-scoring 2 ~ **um etw** controversy* about sth ◊ *die endlose Polemik um die Frage der Schuld* the endless controversy about who was responsible
polemisch polemical
polemisieren gegen jdn ~ attack sb; **gegen etw** ~ argue against sth
Police (insurance) policy*
Polier (site) foreman* ☞ G 2.2d
polieren polish
Polio, Poliomyelitis polio
Politbüro politburo*
Politesse traffic warden ☞ G 2.2d
Politik 1 politics ◊ *Die Politik hat mich nie sehr interessiert.* Politics has/have never interested me very much. ◊ *über Politik reden* discuss politics ◊ *in die Politik gehen* go into politics ◊ *Prominente aus Politik und Wirtschaft* prominent figures from the political and business world ☞ *Hinweis bei* POLITICS 2 (*Linie*) policy* ◊ *eine Politik der Versöhnung* a policy of reconciliation ◊ *Die Regierung will die Politik der Privatisierung fortsetzen.* The government intends to continue with its policy of privatization. ◊ *die Politik der Regierung* the policies of the government 3 (*Taktik*) tactics [Pl] ◊ *Er blieb bei seiner Politik.* He didn't change his tactics.
Politiker(in) politician ◊ *Ich traue Politikern nicht.* I don't trust politicians. ☞ G 2.2d
Politik- Politikverdrossenheit disillusion with politics **Politikwissenschaft** political science, politics [U] ◊ *Sie ist Professorin für Politikwissenschaft.* She is a professor of political science. ◊ *Er studiert Politikwissenschaft.* He is studying politics.
politisch political (*Adv* politically) ◊ *seine politischen Gegner* his political opponents ◊ *Sie sind politisch wenig interessiert.* They aren't very interested in politics. ◊ *politisch Verfolgte* victims of political persecution IDM ⇨ FAHRWASSER
politisieren 1 politicize ◊ *Die Arbeitslosigkeit hat eine ganze Generation politisiert.* A whole generation was politicized by unemployment. ◊ *Sie wollen die jungen Leute wieder politisieren.* They want to make young people more politically aware. 2 (*Thema*) make* sth a political issue ◊ *Dieses Thema sollte nicht politisiert werden.* The question ought not to be made into a political issue. 3 (*über Politik reden*) talk politics
Politologe, Politologin political scientist ☞ G 2.2d
Politur polish
Polizei police [Pl] ◊ *Er ging gleich zur Polizei.* He went straight to the police. ◊ *Die Polizei bittet um Hinweise.* The police are appealing for information. ◊ *Sie müssen sich bei der Polizei melden.* You have to report to the police. ◊ *Er ist bei der Polizei.* He is in the police (force). IDM ⇨ DUMM
Polizeiaktion police operation; (*Razzia*) police raid **Polizeiauto** police car **Polizeibeamte, -beamtin** ⇨ POLIZIST(IN) **Polizeibericht** police report **Polizeidienststelle** police station **Polizeieinsatz** police operation; (*das Einsetzen*) deployment of police ◊ *bei dem Polizeieinsatz* during the police operation ◊ *Er versuchte den Polizeieinsatz zu rechtfertigen.* He tried to justify the deployment of police. ◊ *harte Polizeieinsätze* heavy-handed policing ◊ *Die Demonstration konnte nur unter massivem Polizeieinsatz stattfinden.* The demonstration required a massive police presence.
polizeilich 1 *Adj* police ◊ *nach langen polizeilichen Ermittlungen* after a lengthy police investigation ◊ *bei der polizeilichen Vernehmung* when questioned by the police ◊ *schärfere polizeiliche Maßnahmen* more heavy-handed policing ◊ *ein polizeiliches Führungszeugnis* a certificate from the police to show that you have no criminal record 2 *Adv* by the police ◊ *Er wird polizeilich gesucht.* He is wanted by the police. ◊ *Das Gebäude wird polizeilich überwacht.* The building is being watched by the police. ◊ *polizeilich gemeldet sein* be registered with the police
Polizei- Polizeipräsident(in) chief of police; (*in GB*) Chief Constable ☞ G 2.2d **Polizeipräsidium** 1 police authority* 2 (*Gebäude*) police headquarters* ☞ G 1.3c **Polizeirevier** 1 police station ◊ *Er musste sich auf dem Polizeirevier melden.* He had to report to the police station. 2 (*Bezirk*) police area, (*AmE*) precinct **Polizeischutz** police protection **Polizeistaat** police state **Polizeistreife** police patrol ◊ *Er war einer Polizeistreife aufgefallen.* He was spotted by a police patrol. **Polizeiwache** police station
Polizist(in) police officer; (*Mann auch*) policeman*; (*Frau auch*) policewoman* ◊ *Drei Polizisten wurden verletzt.* Three police officers were injured. ☞ G 2.2d
Polka polka
Pollen pollen
Pollenallergie hay fever ◊ *Er hat eine Pollenallergie.* He gets hay fever. **Pollenflugvorhersage** pollen forecast
Polster 1 (*Kissen*) cushion 2 (*Kleidung*) pad 3 (*Rücklage*) reserves [Pl] ◊ *ein finanzielles Polster* financial reserves
Polstergarnitur (three-piece) suite, (*AmE*) (living room) suite
polstern pad*; (*Möbel auch*) upholster ◊ *gepolsterte Schultern* padded shoulders ◊ *gepolsterte Stühle* upholstered chairs
Polterabend = party* on the night before a wedding (at which old crockery is smashed)
poltern 1 bang (about) ◊ *Er polterte an die Tür.* He banged on the door. ◊ *Die Bücher fielen polternd zu Boden.* The books fell to the floor with a bang. 2 (*sich laut bewegen*) clatter ◊ *Die Akteure polterten über die Bühne.* The actors clattered around the stage. 3 (*schimpfen*) thunder ◊ *„Das ist unverschämt!"* polterte er. 'It's outrageous!' he thundered.
Polyester polyester
Polyp 1 polyp 2 **Polypen** (*in der Nase*) adenoids [Pl]
Pommes Frites, Pommes chips [Pl], (*AmE*) (French) fries [Pl]
pompös 1 *Adj* grandiose, ostentatious; (*abwertend*) ◊ *ein pompöses Musikfeuerwerk* a grandiose firework display with music ◊ *Das Haus ist vornehm, doch nicht pompös.* The house is elegant but not ostentatious. 2 *Adv* with pomp ◊ *etw pompös feiern* celebrate sth with pomp
Pony[1] *das* pony*
Pony[2] *der* fringe, (*AmE*) bangs [Pl]
Pop pop
popeln (in der Nase) ~ pick your nose
Pop- Popgruppe pop group **Popmusik** pop music
poppig 1 funky* (*umgs*) ◊ *poppige Rhythmen* a funky beat ◊ *poppige Farben* funky colours 2 (*mit auffälligen Effekten*) jazzy* (*umgs*) ◊ *ein poppiger Prospekt* a jazzy brochure ◊ *poppige Klassikversionen* jazzed up versions of the classics
populär popular ◊ *Diese Politik ist bei der Bevölkerung sehr populär.* The policy is very popular with the electorate. ◊ *populäre Sachbücher* non-fiction written for the popular market ◊ *populär gesprochen* in layman's terms
Popularität popularity
populärwissenschaftlich ◊ *populärwissenschaftliche Bücher* books on popular science ◊ *ein populärwissenschaftlich geschriebener Artikel* a scientific article written for the general reader
Pore pore
Porno (*Pornografie*) porn; (*Zeitschrift*) porn magazine; (*Film*) porn(o) film
Pornografie pornography
pornografisch pornographic

porös 1 porous ◊ *poröses Gestein* porous rock **2** *(undicht geworden)* leaking ◊ *porös werden* start to leak
Porree ⇨ LAUCH
Portal 1 *(Eingang)* entrance; *(Tor)* gate; *(Kirche)* door **2** (COMP) Portal
Portemonnaie ⇨ PORTMONEE
Portier porter, *(AmE)* janitor ☞ G 2.2d
Portion 1 portion; *(bei Tisch)* helping ◊ *Für Kinder gibt es auch kleine Portionen.* Half portions are available for children. ◊ *In dem Gasthaus gibt es große Portionen.* You get large helpings at this restaurant. ◊ *eine zweite Portion Kartoffeln* a second helping of potatoes ◊ *eine große Portion Eis* a large ice cream ◊ *eine Portion Kaffee* a pot of coffee **2** *(fig)* amount ◊ *eine große Portion Idealismus* a fair amount of idealism ◊ *eine gehörige Portion Glück* a good deal of luck
Portmonee *(Brieftasche)* wallet, *(AmE)* pocketbook; *(für Kleingeld)* (change) purse
Porto postage [U] ◊ *Das Porto war teurer als das Geschenk.* The postage cost more than the present. ◊ *Das Porto wird bald teurer.* Postal charges are going up.
Porträt 1 portrait **2** *(Text)* profile
porträtieren 1 paint a portrait of *sb*, paint *sb's* portrait ◊ *Sie ließ sich von einem Maler porträtieren.* She had her portrait painted. ◊ *sich selbst porträtieren* paint a self-portrait **2** *(beschreiben)* portray
Portwein port ◊ *ein Glas Portwein* a glass of port
Porzellan china, porcelain ◊ *eine Vase aus Porzellan* a china vase ◊ *Ist der Teller aus Porzellan?* Is the plate china?
Porzellanfigur china/porcelain figure **Porzellangeschirr** china **Porzellanmanufaktur** china factory
Posaune trombone ◊ *Er spielt Posaune.* He plays the trombone.
Pose pose
posieren pose
Position 1 position ◊ *Können Sie uns Ihre Position durchgeben?* Can you give us your position? ◊ *Sie befinden sich in einer starken Position.* They are in a strong position. ◊ *Sie müssen jetzt eine klare Position beziehen.* You need to make your position clear. ◊ *Er lag in zweiter Position.* He was in second position. **2** post, position *(gehoben)* ◊ *eine leitende Position* a senior post ◊ *eine verantwortungsvolle Position* a position of responsibility ◊ *Sie hat eine führende Position.* She is in management. **3** *(Einzelposten)* item
Positionslampe navigation light **Positionspapier** policy document
positiv positive *(Adv* positively) ◊ *Sie hat ein positives Verhältnis zu ihrer Arbeit.* She has a positive attitude to her work. ◊ *Die Grünen äußerten sich positiv zu dem Vorschlag.* The Greens responded positively to the proposal. ◊ *Der Sprinter wurde positiv getestet.* The sprinter tested positive. ◊ *positiv denken* think positively ◊ *positiv geladen* positively charged ◊ *Ich finde es positiv, dass sie darüber geredet hat.* I think it's a good thing she talked about it. ◊ *Wir hoffen auf eine positive Entscheidung.* We are hoping for a favourable decision.
Posse comedy*; *(fig)* farce
Possessivpronomen possessive pronoun
Post 1 *(Institution)* the Post Office [Sing] *(Abk* PO), *(AmE)* the Postal Service [Sing] ◊ *Er ist bei der Post.* He works for the Post Office. ◊ *etw mit der Post schicken* send sth by post **2** *(Briefe, Pakete etc.)* post, *(bes AmE)* mail ◊ *Ist die Post schon gekommen?* Has the post come? ◊ *Für dich ist keine Post da.* There isn't any post for you. **3** *(Postamt)* post office ◊ *Hat die Post auch samstags auf?* Is the post office open on Saturdays? ◊ *Kannst du das Paket für mich zur Post bringen?* Could you post this parcel for me?
Postamt post office **Postanweisung** ≈ money order **Postbeamte, -beamtin** postal worker ☞ G 2.2d **Postbote** postman*, *(AmE)* mailman* ☞ G 2.2d **Postbotin** postwoman*, *(AmE)* mail carrier ☞ G 2.2d **Postdienst** postal service
Posten 1 *(Stellung)* job ◊ *Posten werden gestrichen.* Jobs are being cut. **2** (MIL) post ◊ *Der Soldat darf seinen Posten nicht verlassen.* A soldier is not allowed to leave his post. **3** *(Wacht-)* guard ◊ *Posten stehen* stand guard **4** *(Menge)* quantity* **5** *(auf einer Liste)* item ◊ *der größte Posten unter den Ausgaben* the biggest item of expenditure IDM **auf dem Posten sein 1** be well ◊ *Er ist jetzt wieder auf dem Posten.* He's well again now. ◊ *Ich bin heute nicht ganz auf dem Posten.* I feel a bit under the weather today. **2** *(gewieft sein)* be on the ball **auf verlorenem Posten stehen** not stand* a chance
Poster poster
Post- Postfach 1 *(Postamt)* PO box ◊ *Er hat seine Geschäfte über Postfächer abgewickelt.* He conducted his business via PO box numbers. **2** *(im Hotel etc.)* pigeon-hole **Postgeheimnis** = confidentiality of the mail [U]
postieren place; **sich ~** take* up position
Post- Postkarte postcard **Postkutsche** stagecoach **postlagernd** poste restante, *(AmE)* general delivery ◊ *Schreib mir bitte postlagernd.* Please write to me post restante. **Postleitzahl** postcode, *(AmE)* Zip code **postmodern** postmodern **Postmoderne** postmodernism ◊ *ein Vertreter der Postmoderne* an exponent of postmodernism **postnatal** post-natal *(nur vor Nomen)* **Poststempel** postmark ◊ *Der Brief trug den Poststempel Wuppertal.* The letter had a Wuppertal postmark.
postulieren 1 *(als gegeben hinstellen)* posit *(gehoben)* ◊ *ein Leben nach dem Tod postulieren* posit the existence of life after death **2** *(behaupten)* maintain
Post- Postweg post ◊ *auf dem Postweg verloren gehen* be lost in the post **postwendend 1** by return (of post) ◊ *Er antwortete postwendend.* He replied by return. **2** *(sofort)* immediately **Postwurfsendung** mailshot
Pot pot ◊ *Pot rauchen* smoke pot
potent 1 *(finanzstark)* wealthy* **2** *(nicht impotent)* able to have an erection
Potenz 1 ability to have an erection **2** *(Kraft)* power **3** (MATH) power ◊ *die vierte Potenz von 10* 10 to the power of 4 ◊ *Die zweite Potenz von 10 ist 100.* 10 squared is 100. ◊ *Die dritte Potenz von 10 ist 1 000.* 10 cubed is 1 000. ◊ *eine Zahl in die zweite/dritte Potenz erheben* square/cube a number ◊ *eine Zahl in die vierte Potenz erheben* raise a number to the fourth power
Potenzial potential [U] ◊ *kein Potenzial haben* have no potential ◊ *das Potenzial an Energie* energy resources
potenziell potential *(nur vor Nomen)* *(Adv* potentially)
prä- pre- ◊ *die präkolumbische Zeit* the pre-Columbian period ◊ *präoperativ* preoperative
Präambel preamble
Pracht 1 *(Schönheit)* splendour, glory ◊ *das Schloss in seiner ganzen Pracht* the castle in all its splendour ◊ *Der Saal soll wieder in seiner alten Pracht erscheinen.* The room is being restored to its former glory. **2** *eine wahre ~ sein* be really wonderful
Prachtexemplar perfect specimen
prächtig 1 *(prachtvoll)* magnificent *(Adv* magnificently) ◊ *die prächtigen Fassaden in der Altstadt* the magnificent façades of the old town ◊ *prächtig bemalte Vasen* magnificently decorated vases **2** *(sehr gut)* wonderful ◊ *Die Stimmung ist prächtig.* The atmosphere is wonderful. ◊ *Wir haben uns prächtig amüsiert.* We had a wonderful time. ◊ *sich prächtig verstehen* get on like a house on fire ◊ *ein prächtiger Kerl* a great guy
Prachtstück gem
prachtvoll magnificent *(Adv* magnificently)
prädestiniert zu/für etw ~ be ideal for sth ◊ *Mit ihrer Ausbildung ist sie prädestiniert für diese Stelle.* With her background she is ideal for this job. ◊ *Er ist zum Hamlet prädestiniert.* He was born to play Hamlet.
Prädikat 1 label *(oft mit einem Verb übersetzt)* ◊ *Oft werden Produkte als „ökologisch" ausgezeichnet, die dieses Prädikat gar nicht verdient haben.* The term 'ecological' is often applied to products which do not deserve this label at all. ◊ *Der Chor erhielt das Prädikat „hervorragend".* The choir was judged 'outstanding'. **2** (LING) predicate
Präferenz preference
Präfix prefix
prägen 1 *(formen)* shape ◊ *Diese Erlebnisse haben sein Weltbild geprägt.* His ideas had been shaped by these experiences. ◊ *Er hat den Sound der Band entscheidend geprägt.* He put his stamp on the band's sound. **2** *(kennzeichnen)* characterize ◊ *Die Landschaft ist geprägt durch Wälder und Seen.* The landscape is characterized by woods and lakes. ◊ *Die Debatte war von Misstrauen und Vorwürfen geprägt.* The debate was marked by mistrust and accusations. **3** *(Wort, Ausdruck)* coin **4** *(Münze)* mint **5** *(pressen)* emboss ◊ *geprägtes Leder* embossed leather

pragmatisch pragmatic (*Adv* pragmatically) ◊ *eine pragmatische Lösung* a pragmatic solution ◊ *Ich sehe das eher pragmatisch.* I tend to view it pragmatically.
Pragmatismus pragmatism
prägnant succinct (*Adv* succinctly) ◊ *Sie hat die wichtigsten Punkte prägnant herausgearbeitet.* She dealt succinctly with the main points. ◊ *Die Antwort war kurz und prägnant.* The answer was brief and to the point.
Prägung 1 (*Beeinflussung*) (*meist mit einem Verb übersetzt*) ◊ *seine Prägung durch die bürgerliche Kultur* the way he has been shaped by bourgeois culture **2** (*Art*) style ◊ *Rockmusik lateinamerikanischer Prägung* Latin American-style rock music ◊ *eine Planwirtschaft alter Prägung* an old-style planned economy **3** (*Münzen*) minting [U] **4** (*Wort, Ausdruck*) coinage (*meist mit einem Verb übersetzt*) ◊ *Der Ausdruck ist eine Prägung aus der Jugendsprache.* The expression was coined by the younger generation. **5** (*in Leder etc.*) embossing [U]
prahlen (*mit etw*) ~ boast (about sth)
Präimplantationsdiagnostik preimplantation genetic diagnosis, preimplantation genetic testing
Praktik practice
praktikabel practicable
Praktikant(in) 1 (*Arzt*) trainee, (*AmE*) intern **2** (*Lehrer*) trainee teacher **3** (*Arzt*) house officer, (*AmE*) intern ☛ G 2.2d
Praktikum work experience [U], (*AmE*) internship ◊ *ein Praktikum machen* do work experience
Praktikumsstelle (work experience) placement, (*AmE*) internship
praktisch 1 practical (*Adv* practically) ◊ *praktische Erfahrung* practical experience. ◊ *Sie ist sehr praktisch veranlagt.* She is very practically minded. ◊ *Sie denkt immer sehr praktisch.* She is always very practical. ◊ *praktische Schuhe* sensible shoes ◊ *Sie ist immer praktisch gekleidet.* She always dresses very sensibly. **2 praktischer Arzt** GP, (*AmE*) family doctor ☛ G 2.2d **3** (*in der Praxis*) in practice ◊ *das Gelernte praktisch anwenden* put what you have learnt into practice **4** (*so gut wie*) practically, virtually ◊ *Das Kino war praktisch leer.* The cinema was practically empty. ◊ *Das ist praktisch nicht möglich.* It's not possible in practice.
praktizieren 1 (*betreiben, in einer Praxis tätig sein*) practise, (*AmE*) practice **2** (*anwenden*) use; (*Regel, Prinzip*) apply*
Praline chocolate ◊ *eine Schachtel Pralinen* a box of chocolates
prall 1 full; (*Kissen*) plump; (*Wangen*) round; (*Schenkel, Arme, Hintern*) well-rounded ◊ *pralle Brüste* full breasts ◊ *Du hast den Ball zu prall aufgepumpt.* You have inflated the ball too much. **2 ~ gefüllt** full to bursting (*nicht vor Nomen*) **3** (*Sonne*) blazing ◊ *in der prallen Sonne* in the blazing sunshine ◊ *Die Sonne schien prall auf den Platz.* The sun was blazing down on the square.
Prämie 1 payment; (*Sondervergütung*) bonus; (*Preis*) prize ◊ *Die Bauern bekommen von der EU eine Prämie.* Farmers receive a payment from the EU. ◊ *ein Gehalt und dazu Prämien* a salary and bonuses ◊ *Der Sieger erhält eine Prämie von 4000 Dollar.* The winner receives a prize of 4000 dollars. **2** (*Versicherung*) premium
prämieren *jdn* ~ award a prize to sb; *etw* ~ award a prize for sth ◊ *Der Gewinner wird mit 2000 Dollar prämiert.* The winner will be awarded a prize of 2000 dollars. ◊ *Die besten Ideen werden prämiert.* Prizes are awarded for the best ideas. ◊ *die prämierten Fotos* the winning photos
prangen be prominently displayed; (*leuchten*) shine* ◊ *An der Bürotür prangt sein Name.* His name is prominently displayed on his office door.
Pranger pillory ◊ IDM **jdn/etw an den Pranger stellen** pillory* sb/sth
Pranke (*Tatze, Hand*) paw
Präparat 1 (*Mittel*) preparation **2** (*fürs Mikroskop*) (slide) preparation; (*Körper*) preserved body*
präparieren 1 (*konservieren*) preserve **2** (*vorbereiten*) prepare
Präposition preposition
präpotent arrogant
Prärie prairie

Präsens present (tense) ◊ *Das Verb steht im Präsens.* The verb is in the present (tense).
präsent present (*nicht vor Nomen*) ◊ *Sämtliche Mitglieder waren bei der Sitzung präsent.* All the members were present at the meeting. ◊ *Die Polizei ist am Bahnhof verstärkt präsent.* There's an increased police presence at the station. ◊ *Sie wollen im Internet präsent sein.* They want to have a presence on the Internet. ◊ *das immer noch präsente Rassismusproblem* the continuing problem of racism ◊ IDM **etw präsent haben** remember sth; (*auswendig wissen*) have sth at your fingertips ◊ *Hast du ihre Telefonnummer präsent?* Can you remember her telephone number? ◊ *Er hat alle Fakten präsent.* He's got all the facts at his fingertips.
Präsentation presentation; (*Kunstausstellung*) exhibition
präsentieren 1 present; *jdm etw* ~ present sb with sth; *jdn jdm* ~ present sb to sb ◊ *ein neues Produkt präsentieren* present a new product ◊ *Der Ober präsentierte ihnen die Rechnung.* The waiter presented them with the bill. ◊ *Sie präsentierte ihren Eltern ihren neuen Freund.* She presented her new boyfriend to her parents. **2 sich ~** present yourself; (*auftreten*) appear ◊ *Er präsentiert sich als Opfer.* He presents himself as a victim. ◊ *Die Band präsentiert sich am Mittwoch.* The band is appearing on Wednesday. **3** (MIL) ◊ *Präsentiert das Gewehr!* Present arms!
Präsentierteller auf dem ~ in a goldfish bowl
Präsentkorb food hamper
Präsenz presence
Präsenzbibliothek reference library* **Präsenzdiener** conscript **Präsenzdienst** military service ◊ *Präsenzdienst machen* do military service
Präservativ condom
Präsident(in) president; (*als Titel*) President
Präsidentschaft presidency* ◊ *Sie bewarb sich um die Präsidentschaft.* She ran for the presidency. ◊ *während seiner Präsidentschaft* during his presidency
Präsidentschaftskandidat(in) presidential candidate
Präsidentschaftswahl presidential election
Präsidium 1 executive committee **2** (*Gebäude*) headquarters* ☛ G 1.3c
prasseln (*Regen*) beat*; (*Feuer*) crackle
prätentiös pretentious
Präteritum simple past (tense) ◊ *Das Verb steht im Präteritum.* The verb is in the simple past (tense).
präventiv preventive (*nur vor Nomen*) ◊ *präventive Arbeit gegen Drogenkonsum* preventive work against drug-taking ◊ *die Kriminalität präventiv bekämpfen* take preventive action against crime
Präventivmaßnahmen preventive measures [Pl] **Präventivschlag** pre-emptive strike
Praxis 1 (*Anwendung*) practice ◊ *in der Praxis* in practice ◊ *die gängige Praxis* current practice ◊ *etw in die Praxis umsetzen* put sth into practice **2** (*Erfahrung*) experience ◊ *Wir suchen jemanden mit langjähriger Praxis.* We are looking for somebody with many years' experience. **3** (*Arzt- etc.*) practice; (*Räumlichkeiten eines Arztes*) surgery*, (*AmE*) office; (*Räumlichkeiten eines Anwalts*) office ◊ *in die Praxis gehen* go to the surgery
praxisbezogen practically oriented **Praxisbezug** practical relevance **praxisfern** (*theoretisch*) theoretical; (*unpraktisch*) impractical **praxisnah 1** *Adj* (*praktisch*) practical; (*an der Praxis orientiert*) practically oriented ◊ *praxisnahe Tipps* practical tips ◊ *Er hat eine praxisnahe Ausbildung.* His training was practically oriented. **2** *Adv* ◊ *praxisnah informieren* give practical information ◊ *Der Kurs ist praxisnah gestaltet* The course is practically oriented
präzise precise (*Adv* precisely)
präzisieren give* more precise details of sth ◊ *Sie präzisierte ihre Vorschläge.* She gave more precise details of her proposals. ◊ *eine noch nicht präzisierte Anzahl von Opfern* an as yet unspecified number of victims
Präzision precision
Präzisionsarbeit precision work
predigen 1 give* a sermon **2** *etw* ~ preach the importance of sth ◊ *Die Ärztin predigte gesunde Ernährung.* The doctor preached the importance of healthy eating.
Prediger(in) preacher ☛ G 2.2d
Predigt 1 (REL) sermon ◊ *eine Predigt halten* give a ser-

mon 2 (*Standpauke*) lecture ◊ *Er hielt seinem Sohn eine Predigt.* He gave his son a lecture.
Preis 1 (*Betrag*) price ◊ *zu einem hohen Preis* at a high price ◊ *einen zu hohen Preis für etw bezahlen* pay too high a price for sth ◊ *Sie hat das Kleid zum halben Preis bekommen.* She got the dress half-price. ◊ *Das Buch ist seinen Preis wert.* The book is good value for money. **2** (*Gewinn*) prize ◊ *Bei dem Wettbewerb hat sie den ersten Preis gewonnen.* She won first prize in the competition. ◊ *der Große Preis von Italien* the Italian Grand Prix [IDM] *etw hat seinen Preis* sth doesn't come cheap *um jeden Preis* at all costs *um keinen Preis* not at any price ☛ *Siehe auch* WELT
Preisabsprache price fixing [U] **Preisanstieg** price rise **Preisaufschlag** mark-up **Preisausschreiben** competition ◊ *an Preisausschreiben teilnehmen* take part in competitions ◊ *etw bei einem Preisausschreiben gewinnen* win sth in a competition
Preiselbeere cranberry*
Preisempfehlung recommended price; **unverbindliche** ~ recommended retail price
preisen praise [IDM] *sich glücklich preisen* consider yourself lucky
Preis- Preiserhöhung price increase **Preisfrage 1** (*in Preisausschreiben*) prize question **2** (*finanzielle Entscheidung*) matter of cost
preisgeben 1 (*aussetzen*) expose ◊ *Er fühlte sich der Lächerlichkeit preisgegeben.* He felt exposed to ridicule. ◊ *Das Bauwerk wurde dem Verfall preisgegeben.* The building was allowed to go to rack and ruin. ◊ *Sie gab sich der Verzweiflung preis.* She abandoned herself to despair. **2** (*offenbaren*) divulge ◊ *Er gab den Namen seines Komplizen preis.* He divulged the name of his accomplice. ◊ *Sie gibt ihre Gefühle preis.* She's not afraid to show her feelings. **3** (*aufgeben*) betray ◊ *Er wollte seine Überzeugungen nicht preisgeben.* He didn't want to betray his convictions.
preis- preisgekrönt award-winning (*nur vor Nomen*) ◊ *ein preisgekröntes Buch* an award-winning book ◊ *Dieser Film ist preisgekrönt.* This film has won awards. **preisgünstig 1** *Adj* inexpensive ◊ *eine preisgünstige Alternative* an inexpensive alternative ◊ *Das ist preisgünstig.* That's good value. ◊ *ein preisgünstiges Angebot* a good offer **2** *Adv* at a reasonable price ◊ *Diese Firma bietet PCs preisgünstiger an.* This company offers PCs at more reasonable prices. ◊ *Wo kann man preisgünstig wohnen?* Where can you get reasonable accommodation? **Preislage** price range **Preis-Leistungs-Verhältnis** value ◊ *Bei diesem Buch stimmt das Preis-Leistungs-Verhältnis.* This book is good value for money. **Preisliste** price list **Preisnachlass** discount ◊ *Der Händler gewährte einen Preisnachlass.* The dealer gave a discount. **Preisrätsel** competition **Preisrichter(in)** judge **Preisschild** price tag **Preissenkung** price cut **Preissteigerung** price increase **Preisträger(in)** prizewinner **Preisvergleich** comparison of prices **Preisverleihung** presentation of prizes; (*von Auszeichnungen*) awards ceremony*
preiswert 1 *Adj* (*billig*) inexpensive; (*günstig*) good value (*nicht vor Nomen*), reasonably priced ◊ *Das Buch war sehr preiswert.* The book was very good value. **2** *Adv* (*billig*) cheaply; (*günstig*) at a reasonable price ◊ *Sie können mit dem Bus preiswert fahren.* You can travel cheaply by bus. ◊ *Sie bieten diesen Service preiswert an.* They offer this service at a reasonable price.
prekär precarious
prellen 1 (*betrügen*) cheat ◊ *Sie hat ihn um die Belohnung geprellt.* She cheated him out of his reward. ◊ *Sie haben die Zeche geprellt.* They avoided paying the bill. **2** (*verletzen*) bruise ◊ *Er hat sich den Arm geprellt.* He bruised his arm. **3** (*Ball*) bounce
Prellung bruise ◊ *Prellungen und Schürfwunden erleiden* suffer bruises and abrasions ◊ *Er hat sich eine Prellung am Knie zugezogen.* He bruised his knee.
Premiere premiere ◊ *Der Film hatte gestern Premiere.* The film had its premiere yesterday.
Premierminister(in) prime minister
Presse 1 die ~ the press ◊ *Die Presse hat darüber berichtet.* The press has/have reported on it. ☛ 1.3a **2** ◊ *eine gute/schlechte Presse haben* get/have a good/bad press **3** (*Maschine*) press; (*Saft-*) juicer; (*Zitronen-*) lemon squeezer **Presseagentur** press agency*, news agency* **Presseausweis** press card **Pressebericht** press report **Presseerklärung** press release **Pressefreiheit** freedom of the press **Pressekonferenz** press conference **Pressemeldung** press report **Pressemitteilung** press release
pressen 1 press; (*Flüssigkeit auch*) squeeze ◊ *eine CD pressen* to press a CD ◊ *frisch gepresster Orangensaft* freshly squeezed orange juice ◊ *Der Junge presste die Nase gegen die Fensterscheibe.* The boy pressed his nose against the window pane. ◊ *Er sprach mit gepresster Stimme.* He spoke in a choked voice. **2** *jdn/etw an sich* ~ clasp sb/sth to your chest
Presse- Pressereferent(in), Pressesprecher(in) press officer ☛ G 2.2d **Pressestelle** press office
Pressluft compressed air
Pressluftbohrer pneumatic drill, (*AmE*) jackhammer **Presslufthammer** air hammer
Prestige prestige
Prestigeobjekt status symbol **Prestigeverlust** loss of prestige
prickeln tingle; (*Getränk*) sparkle ◊ *Es prickelte ihm in den Fingern.* His fingers were tingling. ◊ *Ich spürte ein Prickeln auf der Haut.* My skin was tingling. ◊ *ein prickelndes Erlebnis* a thrilling experience
Priester(in) 1 priest; (*Priesterin auch*) woman priest ◊ *Priesterinnen* women priests ☛ G 2.2d **2** (*in bestimmten nichtchristlichen Religionen*) priest, priestess
Priesteramt priesthood **Priesterseminar** seminary* **Priesterweihe** ordination (to the priesthood) ◊ *die Priesterweihe von Frauen* the ordination of women
prima 1 *Adj* fantastic (*umgs*), great (*umgs*) ◊ *Die Stimmung war prima.* The atmosphere was fantastic. ◊ *Das finde ich prima.* That's fantastic. ◊ *Prima!* Great! **2** *Adv* really well ◊ *Alles hat prima geklappt.* Everything went really well.
Primaballerina prima ballerina **Primadonna** prima donna (*auch fig*)
primär primary (*Adv* primarily) ◊ *von primärer Bedeutung sein* be of primary importance ◊ *sich primär auf etw konzentrieren* concentrate primarily on sth ◊ *Wir haben primär das Ziel …* Our primary aim is …
Primat 1 primacy **2** (ZOOL) primate
Primel primrose; (*Gattung*) primula
primitiv 1 primitive (*Adv* primitively); (*einfach*) simple (*Adv* simply) ◊ *primitive Werkzeuge* primitive tools ◊ *primitiv möbliert* simply furnished ◊ *die primitivsten Grundregeln parlamentarischer Demokratie* the most basic principles of parliamentary democracy **2** (*niveaulos*) crude ◊ *primitive Witze* crude jokes
Primzahl prime number
Printmedien print media ☛ G 1.3a
Prinz prince ☛ *Hinweis bei* MAJOR[2], S. 376.
Prinzessin princess ☛ *Hinweis bei* MAJOR[2], S. 376.
Prinzip 1 principle ◊ *das Prinzip der Chancengleichheit* the principle of equal opportunities ◊ *strenge moralische Prinzipien* strict moral principles ◊ *unser oberstes Prinzip* our guiding principle **2 aus** ~ on principle ◊ *Er weigerte sich aus Prinzip mitzumachen.* He refused to get involved on principle. **3 im** ~ in principle; (*im Grunde genommen*) basically ◊ *Im Prinzip habe ich nichts dagegen.* I've nothing against it in principle. ◊ *Im Prinzip gibt es keinen Unterschied.* Basically there's no difference. **4 ein Mann/eine Frau mit Prinzipien** a man*/woman* of principle
prinzipiell 1 *Adv* as a matter of principle ◊ *So etwas tue ich prinzipiell nicht.* I wouldn't do anything like that as a matter of principle. ◊ *Er geht prinzipiell nicht vor Mitternacht zu Bett.* He never goes to bed before midnight. **2** *Adv* (*im Prinzip*) in principle ◊ *prinzipiell richtig* right in principle ◊ *Prinzipiell habe ich nichts dagegen.* I've nothing against it in principle. **3** *Adj* (*grundsätzlich*) fundamental; (*auf einem Prinzip beruhend*) of principle (*nicht vor Nomen*) ◊ *prinzipielle Unterschiede* fundamental differences ◊ *eine prinzipielle Frage* a question of principle ◊ *die prinzipielle Anerkennung gleicher Rechte* the recognition in principle of equal rights
Priorität 1 priority* ◊ *Erste Priorität ist für uns, zu informieren.* Our first priority is to inform the public. ◊ *einer Sache Priorität einräumen* give priority to sth **2 Prioritäten setzen** prioritize
Prise pinch ◊ *eine Prise Salz* a pinch of salt

Prisma

Prisma prism
Pritsche 1 pallet **2** (*Bett*) pallet (bed)
privat 1 private (*Adv* privately) ◇ *ein privates Unternehmen* a privately owned company ◇ *in privater Hand sein* be privately owned ◇ *Das Projekt wurde privat finanziert.* The project was privately funded. ◇ *in privatem Rahmen* in private ◇ *ein privater Fernsehsender* an independent television company **2** *Adj* (*persönlich*) personal ◇ *aus rein privaten Gründen* for purely personal reasons ◇ *meine private Telefonnummer* my home telephone number **3** *Adv* (*außerdienstlich*) ◇ *Wie sehen uns nie privat.* We never meet outside the office. ◇ *Privat ist er eigentlich ganz nett.* Outside work he's really quite nice. ◇ *Ist sie auf Dienstreise oder privat unterwegs?* Is she away on business or pleasure? ◇ *Ich bin nicht privat hier.* This isn't a social visit.
Privatadresse home address **Privatangelegenheit** private affair ◇ *Er mischt sich immer in meine Privatangelegenheiten ein.* He's always sticking his nose into my private affairs. ◇ *Das ist meine Privatangelegenheit.* That's my business. **Privatbesitz** private property ◇ *Privatbesitz! Betreten verboten!* Private (property). Keep out. ◇ *in Privatbesitz* in private hands **Privatdetektiv(in)** private detective ← G 2.2d **Privatdozent(in)** = university lecturer without tenure ← G 2.2d **Privateigentum** private property
privatisieren privatize
Privatisierung privatization
Privat- Privatfernsehen independent television **Privatklinik** private clinic/hospital **Privatleben** private life* **Privatlehrer(in)** private tutor ← G 2.2d **Privatnummer** home number **Privatpatient(in)** private patient **Privatquartier** private accommodation [U] **Privatrecht** private law **Privatschule** private school **Privatsphäre** privacy; (*Privatleben*) private life ◇ *Ich sehe das als Eingriff in meine Privatsphäre.* I consider that an invasion of privacy. ◇ *ein Einblick in die Privatsphäre des Königs* a glimpse into the king's private life **Privatstunde** private lesson **Privatwirtschaft** private sector
Privileg privilege
privilegiert privileged ◇ *die Privilegierten* the privileged few
pro a, per (*offiz*) ◇ *zweimal pro Tag* twice a day ◇ *30 Dollar pro Übernachtung* 30 dollars per night. ◇ *Sie kosten zwei Dollar pro Stück.* They cost two dollars each. ◇ *pro Stück verkauft werden* be sold individually [IDM] ⇨ MANN *und* NASE
Pro das ~ **und Kontra** the pros and cons [Pl]
pro- pro- ◇ *pro-amerikanisch* pro-American
Probe 1 test; (*Wein-*) tasting ◇ *eine Probe bestehen* pass a test ◇ *einen Wagen Probe fahren* test-drive a car **2** (*Testmenge, Muster*) sample ◇ *eine Probe Urin* a urine sample ◇ *Das ist eine Probe von dem, was auf uns zukommt.* That's a foretaste of what's to come. **3** (*Theater-*) rehearsal; (*Chorauch*) practice ◇ *Morgen ist Probe.* There's a rehearsal tomorrow. ◇ *Wie oft habt ihr Probe?* How often do you rehearse? **4 auf/zur ~** for a trial period; (*im Berufsleben*) on probation ◇ *Die Sperrung soll für sechs Monate auf Probe gelten.* The road will be closed for a trial period of six months. ◇ *ein Beamter auf Probe* a civil servant on probation [IDM] **jdn/etw auf die Probe stellen** put* sb/sth to the test **die Probe aufs Exempel machen** put* it to the test ◇ *Wir können ja die Probe aufs Exempel machen.* Let's put it to the test.
Probefahrt test drive ◇ *eine Probefahrt machen* have a test drive **Probelauf** test run
proben rehearse; (*Chor auch*) practise, (*AmE*) practice
probeweise 1 *Adj* experimental **2** *Adv* on a trial basis, as an experiment
Probezeit 1 trial period; (*im Berufsleben*) probation, probationary period **2** (*Bewährungsfrist*) probation
probieren 1 try* ◇ *Sollen wir es noch einmal probieren?* Shall we try again? ◇ *Ich werde es mit biologischen Mitteln probieren.* I'm going to try using biological methods. ◇ *Wir werden es dort probieren.* We'll try there. ◇ *Darf ich mal probieren?* Can I have a go? ◇ *Probier mal, ob du das übersetzen kannst.* Have a go at translating it. **2** (*ausprobieren*) try* sth out ◇ *Hast du schon probiert, ob deine neue Kamera auch funktioniert?* Have you tried out your new camera yet to see if it works? **3** (*kosten*) taste, try* ◇ *Soll ich noch Salz reingeben? Probier mal.* Taste this. Does it need more salt? ◇ *Probier mal diesen neuen Schokoriegel!* Just try this new chocolate bar! ◇ *Kann ich mal probieren?* Can I have a taste? **4** (*anprobieren*) try* sth on
Problem problem ◇ *eine Lösung des Problems* a solution to the problem ◇ *Das Problem liegt darin, dass …* The problem is that … ◇ *Das Parken wird langsam zum Problem.* Parking is becoming a real problem. ◇ *Hast du mit Latein noch immer Probleme?* Are you still having problems with Latin? ◇ *Mein neues Auto macht mir nichts als Probleme.* I've had nothing but trouble with my new car. ◇ *Tut mir Leid, aber das ist dein Problem.* I'm sorry, but that's your problem. [IDM] **Kein Problem!** No problem!
Problematik 1 problems [Pl] ◇ *die Problematik in Nordirland* the problems in Northern Ireland **2** (*Schwierigkeit*) problematic nature
problematisch 1 problematic; (*schwierig*) difficult ◇ *Das ist eine problematische Angelegenheit.* It is a problematic issue. ◇ *ein problematisches Kind* a problem child ◇ *ein problematisches Alter* a difficult age ◇ *Das könnte problematisch werden.* That could be a problem. **2** (*umstritten*) controversial ◇ *die problematische Umgehungsstraße* the controversial bypass
Problem- Problembewusstsein awareness of the problem ◇ *fehlendes Problembewusstsein* a lack of awareness of the problem **Problemfall** problem (case) ◇ *Das ist ein echter Problemfall.* That's a real problem. ◇ *eine steigende Zahl von Problemfällen* an increasing number of problem cases **problemlos 1** *Adj* problem-free ◇ *Keine Ehe ist problemlos.* No marriage is problem-free. ◇ *eine problemlose Geburt* an easy birth **2** *Adv* without any problems ◇ *Er hat die Prüfung problemlos bestanden.* He passed the exam without any problems. ◇ *problemlos verlaufen* go smoothly **Problemzone** trouble spot
Produkt 1 product ◇ *Produkte der Pharmaindustrie* pharmaceutical products ◇ *Wir sind alle Produkte unserer Erziehung.* We are all the product of our upbringing. **2** (*Agrar-*) produce [U] ◇ *hochwertige Produkte aus der Landwirtschaft* quality agricultural produce **3** (*Resultat*) result ◇ *das Produkt einer vierjährigen Zusammenarbeit* the result of four years' cooperation
Produktion 1 production; (*Abteilung auch*) production department; (*Prozess*) production process ◇ *die Produktion einstellen* cease production ◇ *eine Produktion der BBC* a BBC production ◇ *Sie arbeitet in der Produktion.* She works in the production department. ◇ *bei der Produktion* as part of the production process **2** (*Produktionsmenge*) output [U] ◇ *ein Viertel der Produktion* a quarter of the output
Produktionsanlage production plant **Produktionskosten** production costs [Pl] **Produktionsmittel** means* of production **Produktionsstätte** production plant **Produktionsverfahren** production process
produktiv productive (*Adv* productively); (*Schriftsteller etc.*) prolific (*Adv* prolifically) ◇ *Das Treffen war höchst produktiv.* It was a very productive meeting.
Produktivität productivity ◇ *eine Steigerung der Produktivität* an increase in productivity
Produkt- Produktmanager product manager **Produktpalette** product range, range of products
Produzent maker; (*Hersteller auch*) manufacturer; (*Land*) producer ◇ *der größte Produzent von Kaffee* the world's largest coffee producer
Produzent(in) (*Film*) producer ← G 2.2d
produzieren 1 produce; (*industrielle Produkte auch*) manufacture, make* ◇ *Lebensmittel produzieren* produce food ◇ *Schweiß produzieren* produce sweat ◇ *im Ausland produzieren* manufacture abroad **2** (*Film, Theaterstück*) produce; (*Schallplatte, Video*) make* **3 sich ~** show* off
profan 1 secular **2** (*gewöhnlich*) ordinary ◇ *ganz profane Dinge* ordinary things ◇ *profane Gegenstände* everyday objects
Professionalität professionalism
professionell professional (*Adv* professionally) ◇ *eine professionelle Tänzerin* a professional dancer ◇ *Spielt er immer noch professionell Fußball?* Is he still a professional footballer? ◇ *ein professionell geführter Wahlkampf* a professional campaign ◇ *professionelle Fachkräfte* professionally qualified staff ◇ *Das muss professionell gemacht werden.* It needs to be done by professionals. ◇ *Das war ein professionell geplanter Einbruch.* The burglary was a professional job.

Professor(in) professor, (AmE auch) full professor ◊ *zum Professor ernannt werden* be made (a) professor ◊ *Sie ist Professorin für Germanistik.* She is Professor of German. ◊ *ein ordentlicher/außerordentlicher Professor* a full/titular professor ☛ *Hinweis bei* MAJOR², S. 376. ☛ G 2.2d

Bei der Form der Anrede bei akademischen Titeln ist zu beachten, dass **Mr** und **Mrs** nicht benutzt werden: *Herr Professor Schmidt* Professor Schmidt ◊ *Frau Doktor Klein.* Dr Klein.
Im Englischen kann man den Namen nur dann weglassen, wenn man einen Arzt anredet: *Ist es ernst, Herr Doktor?* Is it serious, doctor?
oder in formellen Situationen, in denen einen Professor/eine Professorin angeredet wird: *Was halten Sie davon, Frau Professor?* What do you think, Professor?
Ansonsten z.B. wenn man einem Professor schreibt, muss der Nachname angehängt werden: *Sehr geehrter Herr Professor, ... Dear Professor Schmidt ...*
In Schulen sind die üblichen Anreden für Lehrer und Lehrerinnen **Sir** und **Miss**, oder besonders in Amerika **ma'am**.

Professur (*Lehramt*) professorship; (*Lehrstuhl*) chair ◊ *Sie lehnte eine Professur ab.* She turned down a professorship. ◊ *die Professur für Geschichte* the chair of history
Profi professional; (*Berufssportler auch*) pro* (*umgs*) ◊ *Profi werden* turn professional ◊ *Profi sein* be a pro
Profi- professional, pro ◊ *eine Profimannschaft* a professional team ◊ *ein Profigolfer* a pro golfer
Profil 1 profile (*auch fig*) ◊ *ein markantes Profil* a strong profile ◊ *im Profil* in profile ◊ *Die Partei will an Profil gewinnen.* The party wants to raise its profile. **2** (*Image*) image ◊ *das kulturelle Profil der Stadt* the town's cultural image **3** (*Reifen*) tread **4** (*Längsschnitt*) vertical section; (*Querschnitt*) cross section
profilieren sich ~ make* your mark ◊ *Sie hat sich als Lokalpolitikerin profiliert.* She made her mark in local politics. ◊ *profilierte Künstler* high-profile artists
Profit profit ◊ *einen Profit machen* make a profit ◊ *Profit aus etw schlagen* make a profit from sth ◊ *etw mit hohem Profit verkaufen* sell sth at a large profit ◊ *ein Profit bringendes Geschäft* a profitable business
profitabel profitable (*Adv* profitably)
profitieren von/bei etw ~ 1 benefit from sth ◊ *Die Kunden profitieren von dem harten Wettbewerb.* Customers benefit from the fierce competition **2** (*in Anspruch nehmen*) take* advantage of sth ◊ *Bisher haben 70 Kinder von dem Angebot profitiert.* So far 70 children have taken advantage of the offer. **3** (*Gewinn machen*) make* a profit out of sth
Prognose prediction; (*Wetter, Wirtschaft*) forecast; (MED) prognosis* ◊ *Der Trainer wollte keine Prognosen abgeben.* The coach didn't want to make any predictions. ◊ *die düstere Prognose der Kommission* the commission's gloomy forecast
prognostizieren predict; (*besonders Wetter, Wirtschaft*) forecast*
Programm 1 programme, (AmE) program ◊ *Auf dem Programm stehen Werke von Mozart.* On the programme there are works by Mozart. ◊ *das Programm für die neue Legislaturperiode* the programme for the new parliamentary term ◊ *ein Programm kaufen* buy a programme ◊ *ein kabarettistisches Programm* a cabaret act ◊ *Das Stadttheater hat dieses Jahr zwei ausländische Stücke im Programm.* The Stadttheater is putting on two foreign plays this year. ◊ *Ich kenne keine Sprachschule, die Walisisch im Programm hat.* I don't know of any language schools that offer Welsh. **2** (*Sender*) station; (*Fernsehen auch*) channel ◊ *Es wird im zweiten Programm übertragen.* It's being shown on Channel 2. **3** (COMP) program **4** (*bei Waschmaschinen etc.*) cycle **5** (*eines Verlags*) list ◊ *das belletristische Programm des Verlags* the publisher's fiction list IDM **auf dem Programm stehen** be planned; (*bei einer Sitzung*) be on the agenda ◊ *Was steht heute auf dem Programm?* What's planned for today? ◊ *Am Vormittag steht ein Museumsbesuch auf dem Programm.* In the morning there will be a visit to a museum. **nach Programm** according to plan
Programmänderung change to the programme, (AmE) change to the program

programmatisch programmatic ◊ *ein programmatischer Aufsatz* a programmatic essay ◊ *eine programmatische Rede* a keynote speech ◊ *Die Partei will sich programmatisch den Grünen annähern.* The party wants to bring its programme closer to that of the Greens.
Programm- Programmentwurf draft programme, (AmE) draft program **Programmheft** programme, (AmE) program
programmieren program* IDM **programmiert sein** be inevitable **auf etw programmiert sein** have sth as your sole aim ◊ *Sie sind nur auf Gewinn programmiert.* Their sole aim is maximizing profit.
Programmierer(in) programmer ☛ G 2.2d
Programmier- Programmierfehler programming error **Programmiersprache** programming language
Programm- Programmpunkt item on the programme; (*bei einer Sitzung*) item on the agenda **Programmvorschau** preview; (*im Kino*) trailers [Pl]
progressiv progressive (*Adv* progressively) ◊ *eine progressive Besteuerung* progressive taxation
Projekt project ◊ *ein Projekt über Straßenkinder* a project on street children
projektieren plan*
Projektil projectile
Projektion projection
Projektleiter(in) project leader
Projektor projector
projizieren etw auf jdn/etw ~ project sth onto sb/sth
proklamieren declare; (*Souveränität, Unabhängigkeit auch*) proclaim ◊ *Das Jahr 2001 wurde zum Internationalen Jahr der Freiwilligen proklamiert.* 2001 was declared the International Year of Volunteers.
Pro-Kopf- Pro-Kopf-Einkommen per capita income **Pro-Kopf-Verbrauch** per capita consumption
Proletariat proletariat ☛ G 1.3a
Proletarier(in) proletarian
proletarisch proletarian
Prolog (LIT, SPORT) prologue, (AmE) prolog
Promenade promenade
Promenadenmischung mongrel
Promille parts per thousand [Pl]

Der Alkoholspiegel im Blut wird in Großbritannien in Mikrogramm pro 100ml Blut und in den USA in **per cent** gemessen. Um auszudrücken, dass jemand zu viel getrunken hat, gebraucht man oft **be over the limit**: *Sein Alkoholtest ergab 2,1 Promille.* He was four times over the limit.

Promillegrenze legal (alcohol) limit
prominent 1 (*bekannt*) well known ◊ *eine prominente Persönlichkeit* a well-known figure **2** (*herausragend*) prominent ◊ *eine prominente Rolle spielen* play a prominent role
Prominente(r) celebrity*, VIP (*umgs*); (*aus der Politik, Wissenschaft etc.*) leading figure
Prominenz celebrities [Pl], VIPs [Pl]; (*aus der Politik, Wissenschaft etc.*) leading figures [Pl] (*umgs*) ◊ *die Prominenz aus Politik und Sport* leading figures from politics and sport
Promotion¹ (*Doktorwürde*) PhD, doctorate ◊ *Nach der Promotion begann er als Assistent.* After finishing his doctorate, he started as a junior lecturer.
Promotion² (*Werbung*) promotion
promovieren do* a PhD, do* a doctorate; (*die Doktorwürde erlangen*) get* a PhD, get* a doctorate ◊ *Er promovierte über Musil.* He did his PhD on Musil. ◊ *Sie promovierte 1999 an der Uni Ulm.* She got her PhD from Ulm University in 1999. ◊ *ein promovierter Psychologe* a psychologist with a PhD
prompt prompt (*Adv* promptly) ◊ *eine prompte Reaktion* a prompt reaction ◊ *Er hatte keine Arbeitserlaubnis und wurde prompt erwischt.* He had no work permit and promptly got caught.
Pronomen pronoun
Propaganda 1 propaganda (*abwert*); (*Reklame*) publicity **2 ~ für etw machen** promote sth
Propagandafilm propaganda film **Propagandakam-**

pagne propaganda campaign **Propagandamaterial** propaganda material
propagandistisch propagandist (*nur vor Nomen*), propaganda (*nur vor Nomen*) ◊ *propagandistische Filme* propagandist films ◊ *etw für propagandistische Zwecke missbrauchen* use sth for propaganda purposes
propagieren (*Ideen verbreiten*) propagate; (*werben für*) promote ◊ *Gewalt propagierende Rap-Musik* rap music that promotes violence
Propan propane
   Propangas propane gas
Propeller propeller
Prophet(in) prophet (*auch fig*)
prophezeien (**jdm/einer Sache**) **etw ~** predict sth (for sb/sth) ◊ *Zahlreiche Studien prophezeiten der Branche eine goldene Zukunft.* Numerous studies have predicted a golden future for the industry.
prophylaktisch 1 *Adj* prophylactic (*gehoben oder Fachspr*), preventive (*nur vor Nomen*) ◊ *eine prophylaktische Behandlung* prophylactic treatment ◊ *prophylaktische Maßnahmen* preventive measures **2** *Adv* prophylactically (*gehoben, Fachspr*), as a precaution ◊ *jdm prophylaktisch Antibiotika geben* give sb antibiotics as a precaution
Prophylaxe prophylactic (*gehoben oder Fachspr*)
Proportion proportion ◊ *eine Krise von monumentalen Proportionen* a crisis of mammoth proportions
proportional ~ (zu etw) 1 *Adj* proportional (to sth) ◊ *direkt/umgekehrt proportional zueinander sein* be directly/inversely proportional to one another **2** *Adv* in proportion to sth, proportionally to sth ◊ *Jede Partei bekommt proportional zu ihren Parlamentssitzen Sendezeit.* Each party is allocated airtime in proportion to the number of seats it has in Parliament.
proppenvoll jam-packed
Proporz (*Wahlsystem*) proportional representation
Prosa prose
Proseminar = course of seminars for students in their first and second years
prosit 1 cheers **2 ~ Neujahr!** Happy New Year!
Prosit toast ◊ *ein Prosit auf jdn ausbringen* propose a toast to sb ◊ *Ein Prosit auf Uwe!* Here's to Uwe! ◊ *Ein Prosit auf deinen Geburtstag!* All the best on your birthday!
Prospekt brochure; (*Werbezettel*) leaflet
prost cheers! IDM ⇨ MAHLZEIT
Prostata prostate (gland)
   Prostatakrebs prostate cancer
Prostituierte prostitute
Prostitution prostitution ◊ *zur Prostitution gezwungen werden* be forced into prostitution
Protagonist(in) protagonist
Protein protein
Protektionismus protectionism
Protest ~ (gegen jdn/etw) protest (against sb/sth); **aus ~ gegen etw** in protest at sth ◊ *Die Entscheidung löste heftigen Protest aus.* The decision provoked a storm of protest. ◊ *Er trat aus Protest gegen die Korruption in der Regierung zurück.* He resigned in protest at the corruption in the government. ◊ *Der US-Teamchef legte offiziellen Protest gegen die Wertung ein.* The US coach registered an official protest against the decision.
   Protestaktion protest ◊ *die Protestaktion der Lkw-Fahrer* the lorry-drivers' protest ◊ *sich an den Protestaktionen beteiligen* take part in the protest campaign
Protestant(in) Protestant
protestantisch Protestant
protestieren (**gegen jdn/etw**) **~** protest (against sb/sth), (*AmE*) protest (sth)
   Protest- Protestkundgebung protest rally* **Protestmarsch** protest march **Protestwähler(in)** protest voter
Prothese artificial limb, prosthesis* (*Fachspr*); (*Arm-*) artificial arm; (*Bein-*) artificial leg; (*Gebiss*) dentures [Pl]
Protokoll 1 record; (*einer Sitzung*) minutes [Pl] ◊ *das Protokoll der Gerichtsverhandlung* the record of the court proceedings ◊ *bei einer Sitzung das Protokoll führen* take the minutes of a meeting **2** (*Bericht*) report ◊ *das Protokoll des Seilbahnunglücks* the report on the cable car accident ◊ *Ich muss noch das Protokoll von meinem Versuch schreiben.* I've still got to write up my experiment. **3** (*bei der Polizei*) statement ◊ *eine Aussage zu Protokoll nehmen* take down a statement ◊ *Mehrere Zeugen gaben zu Protokoll, dass der Wagen weitergefahren sei.* Several witnesses made statements to the effect that the car had driven on. **4 etw zu ~ geben** (*festhalten*) put* sth on record ◊ *Da können Einwendungen gegen den Plan zu Protokoll gegeben werden.* Objections to the plan can be put on record there. **5** (*diplomatisches Zeremoniell*) protocol [U] ◊ *gegen das Protokoll verstoßen* commit a breach of protocol **6** (*Abkommen*) protocol
protokollarisch etw ~ aufzeichnen/festhalten (*Verhör, Verhandlung*) place sth on record; (*Sitzung*) minute sth
protokollieren record; (*Sitzung*) minute ◊ *Der Computer protokolliert alle Buchungen.* The computer records all transactions. ◊ *eine protokollierte Sitzung* a minuted meeting
Prototyp 1 prototype **2** (*Inbegriff*) epitome [Sing] ◊ *Sie ist der Prototyp einer Geschäftsfrau.* She is the epitome of a businesswoman.
protzen (**mit etw**) **~** show* (sth) off (*umgs*) ◊ *Er protzt mit seiner Uhr.* He is showing off his watch. ◊ *Er protzt damit, dass …* He likes to show off the fact …
protzig showy (*umgs*); (*angeberisch*) flashy ◊ *Ihr Schmuck ist protzig.* Her jewellery is showy. ◊ *ein protziger Sportwagen* a flashy sports car
Proviant 1 provisions [Pl] **2** (MIL) supplies [Pl]
Provider provider
Provinz 1 province ◊ *die Provinz Quebec* the province of Quebec **2** (*ländliche Gegend*) provinces [Pl] ◊ *Sie stammt aus der Provinz.* She comes from the provinces. ◊ *Das Dorf liegt in der tiefsten Provinz.* The village is right out in the sticks.
   Provinzhauptstadt provincial capital
provinziell provincial ◊ *Hier herrschen ziemlich provinzielle Verhältnisse.* It's rather provincial here.
Provinz- Provinznest (provincial) backwater **Provinzstadt** provincial town
Provision commission
   Provisionsbasis auf ~ arbeiten work on a commission basis
provisorisch temporary (*Adv* temporarily), makeshift ◊ *eine provisorische Lösung* a temporary solution ◊ *Die Schäden wurden provisorisch ausgebessert.* Temporary repairs were made to the damage. ◊ *Diese Reparatur ist nur provisorisch.* This is just a makeshift repair. ◊ *provisorisch errichtete Zelte* makeshift tents
provokant ⇨ PROVOKATIV
Provokateur(in) troublemaker; (*politisch*) agitator
Provokation provocation ◊ *Seine Prahlerei stellt eine Provokation dar.* His boasting is a provocation. ◊ *Dem Angriff ging keine Provokation voraus.* The attack was unprovoked.
provokativ, provokant, provozierend provocative (*Adv* provocatively)
provozieren provoke ◊ *Er hat den Streit provoziert.* He provoked the quarrel. ◊ *Sie ließ sich von ihm nicht provozieren.* She refused to let him provoke her.
provozierend ⇨ PROVOKATIV
Prozedur procedure ◊ *eine langwierige Prozedur* a long drawn-out procedure
Prozent 1 per cent ◊ *60 Prozent der Befragten* sixty per cent of those asked ◊ *Der Wein hat 12 Prozent.* The wine contains 12 per cent alcohol. ◊ *eine Steigerung von 12 Prozent* a 12 per cent increase ◊ *Der Cocktail besteht zu 25 Prozent aus Cognac.* The cocktail is 25 per cent brandy. ◊ *In dieser Stadt leben 18 Prozent Ausländer.* This town has a foreign population of 18 per cent. ☛ *Hinweis bei* PER CENT[1] **2 Prozente** discount ◊ *Er bekommt in diesem Laden Prozente.* He gets a discount in this shop.
-prozentig per cent ◊ *Die Straße hat ein sechsprozentiges Gefälle.* The road has a 6 per cent gradient. ◊ *hochprozentiger Alkohol* spirits
Prozentsatz percentage ☛ G 1.3b
prozentual ◊ *ein prozentualer Anteil von 5,3%* a percentage of 5.3 ◊ *Sie wird sich prozentual an den Kosten beteiligen.* She will share a percentage of the costs. ◊ *prozentual gesehen* in terms of percentage ◊ *Hier leben prozentual*

mehr Inder als in London. There's a higher percentage of Indians here than in London.
Prozess 1 (*Straf-*) trial; (*zwischen zwei Parteien*) court case ◊ *Sie sagt im Prozess aus.* She is giving evidence at the trial. ◊ *Er hat den Prozess verloren.* He lost his court case. ◊ *im Prozess um die Entführung* in the kidnap case ◊ *Sie führt einen Prozess gegen ihn.* She's taking him to court. 2 (*Vorgang*) process ◊ *der Prozess der Entscheidungsfindung* the decision-making process 3 (*Verlauf*) course ◊ *der Prozess der Krankheit* the course of the illness [IDM] **jdm den Prozess machen** take* sb to court (**mit jdm/etw**) **kurzen Prozess machen** make* short work of sb/sth
prozessfähig able to stand trial; (*körperlich, geistig*) fit to stand trial ◊ *Die 18-Jährige war voll prozessfähig.* The 18-year-old was able to stand trial in an adult court.
prozessieren take* legal action ◊ *Sie prozessiert gegen ihre Nachbarn.* She is taking legal action against her neighbours.
Prozession procession
Prozessor processor
prüde prudish (*Adv* prudishly)
prüfen 1 (*überprüfen*) check; (*untersuchen*) examine; (*überlegen, abwägen*) look into sth ◊ *Die Angaben wurden von der Polizei geprüft.* The police checked the information. ◊ *Wir prüfen alle Angebote sorgfältig.* We examine all offers carefully. ◊ *Die Behörde prüft die möglichen Folgen.* The authorities are looking into the possible consequences. ◊ *ein prüfender Blick* a searching look 2 (*durch Klausur, Test*) test, examine ◊ *Sie wird in Latein geprüft.* She will be tested in Latin. ◊ *Er wurde mündlich geprüft.* He had an oral exam. ◊ *Sie ist staatlich geprüfte Übersetzerin.* She's a certified translator.
Prüfer(in) examiner
Prüfling (examination) candidate
Prüf- Prüfstand auf dem ~ under scrutiny ◊ *Das System steht auf dem Prüfstand.* The system is under scrutiny.
Prüfstein touchstone
Prüfung 1 examination ◊ *eine Prüfung durch das Gericht* an examination in court ◊ *nach Prüfung des Alibis durch die Polizei* after the police had checked his alibi 2 (*Schule, Uni*) exam ◊ *eine Prüfung in Mathematik* a maths exam ◊ *Sie hat die Prüfung bestanden.* She passed the exam. ◊ *Er ist in der mündlichen Prüfung durchgefallen.* He failed his oral exam. ☛ „Eine Prüfung machen" heißt im Englischen **do/sit/take an exam.** „Eine Klassenarbeit/Klausur schreiben" übersetzt man mit **have** oder **do a test**, nicht „write".
Prüfungsangst exam nerves [Pl] ◊ *Er hat Prüfungsangst.* He's suffering from exam nerves. **Prüfungsausschuss** board of examiners **Prüfungsergebnis** exam(ination) result **Prüfungstermin** date of an/the exam(ination)
Prügel beating ◊ *Er bekam (eine Tracht) Prügel.* He was given a beating.
Prügelei fight
prügeln 1 beat* ◊ *Er wurde zu Tode geprügelt.* He was beaten to death. 2 **sich ~** fight* ◊ *Sie prügelten sich um die besten Plätze.* They fought for the best seats. ◊ *Er prügelte sich mit Jens.* He had a fight with Jens.
Prügelstrafe corporal punishment [U]
Prunk magnificence, splendour
Prunkstück showpiece
prunkvoll magnificent (*Adv* magnificently), splendid (*Adv* splendidly)
prusten splutter ◊ *Sie prustete vor Lachen.* She spluttered with laughter.
PS¹ (*Pferdestärke*) hp
PS² (*Postskriptum*) PS
Psalm psalm
Pseudonym pseudonym
pst sh!
Psyche psyche ◊ *die weibliche Psyche* the female psyche ◊ *eine Belastung für die Psyche* a psychological burden
Psychiater(in) psychiatrist ☛ G 2.2d
Psychiatrie 1 (*Fachgebiet*) psychiatry 2 (*Anstalt*) psychiatric hospital; (*Station*) psychiatric ward ◊ *Er wurde in die Psychiatrie eingeliefert.* He was put in a psychiatric hospital.
psychiatrisch psychiatric ◊ *Er befindet sich in psychiatrischer Behandlung.* He is receiving psychiatric treatment. ◊ *eine psychiatrische Klinik* a psychiatric clinic
psychisch psychological (*Adv* psychologically), mental (*Adv* mentally) ◊ *eine große psychische Belastung* a great psychological strain ◊ *Sie ist psychisch krank.* She is mentally ill. ◊ *Er ist psychisch am Ende.* He is on the verge of a mental breakdown.
Psychoanalyse psychoanalysis [U] ◊ *die Psychoanalyse nach Freud* psychoanalysis after Freud
Psychologe, Psychologin psychologist ☛ G 2.2d
Psychologie psychology
psychologisch psychological (*Adv* psychologically)
Psychopath(in) psychopath
Psycho- Psychopharmaka psychiatric drugs [Pl] **psychosomatisch** psychosomatic **Psychoterror** psychological terror **Psychotherapeut(in)** psychotherapist ☛ G 2.2d **Psychotherapie** psychotherapy [U]
Pubertät puberty ◊ *in die Pubertät kommen* reach puberty ◊ *Er steckt in der Pubertät.* He's going through puberty.
Publicity publicity
Public Relations, PR public relations, PR
publik 1 **etw ~ machen** make* sth public 2 **~ werden** become* public knowledge
Publikation publication
Publikum 1 audience; (*Sport*) crowd ◊ *ein breites Publikum* a wide audience ◊ *Er war beim Publikum sehr beliebt.* He was very popular with audiences. ◊ *Das Publikum feuerte ihn an.* The crowd spurred him on. ☛ G 1.3b 2 (*Gäste, Klientel*) clientele ☛ G 1.3b
Publikumserfolg (popular) success; (*Werk, Stück*) success with the public **Publikumsliebling** public idol **Publikumsmagnet** crowd-puller **Publikumsverkehr** ◊ *für den Publikumsverkehr geöffnet sein* be open to the public ◊ *Heute kein Publikumsverkehr!* Closed to the public today.
publikumswirksam (with) popular (appeal) ◊ *eine publikumswirksame Aktion* a campaign with popular appeal ◊ *eine publikumswirksame Schlagzeile* a headline which appeals to the public
publizieren publish
Publizist(in) journalist, publicist (*veraltet*) ☛ G 2.2d
Puck puck
Pudding ≈ blancmange
Pudel poodle [IDM] **wie ein begossener Pudel** with your tail between your legs
Pudelmütze woolly hat **pudelwohl** as happy as anything
Puder powder
pudern powder ◊ *sich die Nase pudern* powder your nose
Puderzucker icing sugar, (*AmE*) confectioners' sugar, powdered sugar
Puff¹ (*Stoß*) nudge
Puff² (*Bordell*) brothel ◊ *in den Puff gehen* go to the brothel
Puffer 1 buffer (*auch fig*) ◊ *Die oberste Schicht wirkt als Puffer.* The top layer acts as a buffer. 2 (*Kartoffel-*) potato fritter
Pufferzone buffer zone
Puffreis puffed rice
pulen pick; (*Krabben, Erbsen etc.*) shell ◊ *in der Nase pulen* pick your nose ◊ *etw aus den Zähnen pulen* pick sth out of your teeth ◊ *Erbsen aus der Schote pulen* shell peas
Pulle bottle [IDM] **volle Pulle** flat out (*umgs*)
Pullover, Pulli sweater, (*BrE auch*) jumper ◊ *Zieh dir einen Pulli über!* Put a jumper on!
Pullunder slipover, (*AmE*) vest
Puls pulse (*auch fig*) ◊ *den Puls messen* take your/sb's pulse ◊ *ein niedriger/hoher Puls* a slow/fast pulse ◊ *Sie hatte einen Puls von 140.* Her pulse was 140.
Pulsader artery* (*auch fig*) ◊ *die Pulsader mit den Fingern zusammenpressen* press the artery between your fingers ◊ *sich die Pulsadern aufschneiden* slash your wrists
pulsieren pulsate (*gehoben, auch fig*), throb* (*auch fig*) ◊ *Das Blut pulsierte durch die Adern.* Blood was pulsating through the veins. ◊ *Hier pulsiert das Leben.* It's throbbing with life here.
Pulsschlag pulse rate; (*einzelner*) pulse (beat)
Pult desk; (*Redner-*) lectern; (*Dirigenten-*) podium ◊ *Der Redner trat ans Pult.* The speaker stepped up to the lectern.

Pulver powder IDM **sein Pulver verschossen haben** have shot your bolt
Pulverfass powder keg (*auch fig*) **Pulverkaffee** instant coffee **Pulverschnee** powder snow
Puma puma
pummelig chubby*
Pump auf ~ on credit
Pumpe 1 pump **2** (*Herz*) ticker (*umgs*)
pumpen 1 pump ◊ *Sie pumpte Luft in den Reifen.* She pumped air into the tyre. ◊ *Sie pumpte Wasser aus dem Brunnen.* She pumped water out of the well. **2 sich (von jdm) etw ~** borrow sth (from sb); **jdm etw ~** lend* sb sth ◊ *Er pumpte sich das Geld von seinem Bruder.* He borrowed the money from his brother. ◊ *Kannst du mir Geld pumpen?* Can you lend me some money?
Punker(in) punk
Punkt 1 spot; (*sehr klein*) dot **2** (*geographisch, geometrisch*) point; (*Stelle, Ort*) place ◊ *Von diesem Punkt aus kann man ins Tal schauen.* You can see into the valley from this point. ◊ *zwei Geraden, die sich in einem Punkt schneiden* two straight lines which intersect at a point ◊ *Ich habe den Punkt markiert, wo das Bild hängen soll.* I have marked the place where the picture should be hung. **3** (*Satzzeichen*) full stop, (*AmE*) period **4** (*Wertungseinheit, Zeitpunkt, in einer Diskussion*) point ◊ *Wir liegen mit fünf Punkten in Führung.* We have a five-point lead. ◊ *Sieger nach Punkten* winner on points ◊ *einen bestimmten Punkt erreichen* reach a certain point ◊ *Punkt für Punkt* point by point ◊ *Wir sind uns in diesem Punkt einig.* We agree on this point. ☛ *Hinweis bei* POINT¹ **5** (*präzise Uhrzeit*) ◊ *Punkt Mitternacht* on the dot of midnight ◊ *Punkt 8 Uhr* 8 am sharp **6** (*einer Tagesordnung*) item ◊ *zum nächsten Punkt übergehen* go on to the next item IDM **etw auf den Punkt bringen** put* sth in a nutshell **auf den Punkt kommen** get* to the point ◊ *Komm endlich auf den Punkt!* Just get to the point! **der springende Punkt** the crucial point **ohne Punkt und Komma reden** talk on and on **jds schwacher/wunder Punkt** sb's Achilles' heel **toter Punkt 1** (*Stillstand*) stalemate ◊ *Die Verhandlungen sind an einem toten Punkt angekommen.* The negotiations have reached a stalemate. **2** (*Ermüdung*) low point ◊ *Mittags habe ich immer meinen toten Punkt.* I always have a low point around lunchtime.
Pünktchen little dot
Punkte- Punktestand score **Punktesystem** points system
punktgleich level on points (*nicht vor Nomen*) ◊ *Der Vfb ist punktgleich mit dem HSV.* Vfb is level on points with HSV. ◊ *punktgleiche Mannschaften* teams which are level on points
punktieren (Mus) dot* ◊ *eine punktierte Achtelnote* a dotted quaver
pünktlich on time ◊ *Sie war pünktlich.* She was on time. ◊ *Hoffentlich erscheint er pünktlich.* I hope he'll be on time. ◊ *Pünktlich um acht Uhr klingelte es.* The doorbell rang at eight o'clock sharp. ◊ *Pünktlich zu Ferienbeginn schien die Sonne.* The sun came out just as the holidays were starting. ◊ *Geld pünktlich überweisen* transfer money in time IDM ⇨ MINUTE
Pünktlichkeit punctuality
punktuell ◊ *ein punktuelles Ereignis* an isolated event ◊ *Die Parteien streben punktuelle Zusammenarbeit an.* The parties are aiming to work together on certain points. ◊ *etw punktuell beleuchten* examine only certain aspects of sth ◊ *Die Bewohner waren nur punktuell betroffen.* Only certain inhabitants were affected.
Punktzahl score ◊ *die höchste Punktzahl erzielen* achieve the highest score ◊ *Dafür erhielt sie die volle Punktzahl.* She received full marks for it.
Punsch punch
Pupille pupil ◊ *Die Pupillen verengen/weiten sich.* The pupils contract/dilate. ◊ *starre Pupillen* fixed pupils
Puppe 1 doll **2** (*Marionette*) puppet **3** (ZOOL) pupa* IDM **die Puppen tanzen lassen** paint the town red (*umgs*) **Puppenspiel** puppet show ◊ *ein Puppenspiel aufführen* put on a puppet show **Puppenspieler(in)** puppeteer **Puppentheater** puppet theatre, (*AmE*) puppet theater **Puppenwagen** doll's pram

pur 1 (*unverdünnt*) neat, (*bes AmE*) straight ◊ *Trinkst du deinen Martini pur?* Do you want your Martini neat? **2** (*rein, unverfälscht*) pure ◊ *aus purem Gold* of pure gold **3** (*bloß, rein*) pure, sheer (*nur vor Nomen*) ◊ *aus purer Bosheit* out of pure malice ◊ *pure Heuchelei* sheer hypocrisy ◊ *purer Zufall* sheer chance
Püree purée; (*Kartoffel-*) mash(ed potatoes) ◊ *etw zu Püree verarbeiten* purée sth
pürieren purée; (*Wurzelgemüse*) mash
Puritaner(in) Puritan
puritanisch 1 (*auf dem Puritanismus basierend*) Puritan ◊ *puritanisches Denken* Puritan thinking **2** (*sittenstreng*) puritanical (*abwert*) ◊ *eine puritanische Erziehung* a puritanical upbringing ◊ *Sie lebten puritanisch.* They adopted a puritanical lifestyle.
Puritanismus Puritanism
Purpur, purpurrot crimson
Purzelbaum somersault ◊ *einen Purzelbaum schlagen* turn a somersault
purzeln tumble (*auch fig*) ◊ *Er purzelte den Hügel hinab.* He tumbled down the hill.
Puste 1 breath ◊ *Sie war völlig außer Puste.* She was completely out of breath. ◊ *aus der Puste kommen* get out of breath **2 jdm geht die ~ aus** sb runs* out of breath; (*nicht mehr mithalten*) sb runs* out of steam; (*finanziell*) sb runs* out of money
Pustel pimple
pusten 1 blow* ◊ *Er pustete ins Horn.* He blew into the horn. ◊ *Sie pustete in die Glut.* She blew on the embers. ◊ *Die Polizei ließ ihn ins Röhrchen pusten.* The police got him to blow into the bag. ◊ *Sie pustete sich die Haare aus der Stirn.* She blew her hair out of her eyes. **2** (*mit Mühe atmen*) puff and pant ◊ *Er ging pustend den Berg hinauf.* He climbed the hill, puffing and panting. **3** (*Abgase etc. abgeben*) spew sth out ◊ *Wer weiß, was von der Fabrik alles in die Luft gepustet wird.* Who knows what the factory is spewing out into the atmosphere.
Pute(r) turkey
Putsch coup
putschen stage a coup ◊ *Die Generäle putschten gegen den Präsidenten.* The generals staged a coup against the president.
Putschversuch attempted coup ◊ *ein Putschversuch des Militärs* an attempted military coup
Putz plaster; (*auf Außenwänden auch*) rendering ◊ *Der Putz ist noch nicht getrocknet.* The plaster isn't dry yet. ◊ *An dem Haus bröckelt der Putz ab.* The rendering is falling off the walls of the house. IDM **auf den Putz hauen 1** have a rave-up (*umgs*) **2** (*angeben*) show* off **3** (*sich beschweren*) hit* the roof (*umgs*)
putzen 1 (*sauber machen*) clean ◊ *Ich habe den ganzen Tag geputzt.* I spent all day cleaning. ◊ *Fenster putzen* clean the windows ◊ *Wer putzt bei euch?* Who does the cleaning in your house? ◊ *das Silber putzen* polish the silver ◊ *Sie putzte sich die Zähne.* She brushed her teeth. **2** (*Stachel-, Johannisbeeren, Bohnen etc.*) top* and tail; (*Erd-, Himbeeren*) hull; (*Salat, Spinat*) prepare; (*Möhren*) trim* **3 sich die Nase ~** wipe your nose; (*geräuschvoll*) blow* your nose; **jdm die Nase ~** wipe sb's nose **4 ~ gehen** go* (out) cleaning **5** (**sich**) **~** (*Tiere*) wash (itself); (*Vogel*) preen ◊ *Die Katze putzt sich.* The cat is washing itself.
Putzfrau cleaning lady*
putzig cute, sweet
Putz- Putzfimmel ◊ *einen Putzfimmel haben* be obsessed with cleaning **Putzlappen, Putzlumpen** (cleaning) cloth; (*für Böden*) floorcloth **Putzmittel** cleaning product; (*im Plural*) cleaning materials ◊ *umweltfreundliche Putzmittel* environmentally friendly cleaning materials **putzmunter** perky ◊ *Er ist schon am frühen Morgen putzmunter.* He's quite perky first thing in the morning. ◊ *Sie hüpfte putzmunter herum.* She was skipping around full of beans.
Puzzle jigsaw (puzzle) ◊ *ein Puzzle zusammensetzen* do a jigsaw puzzle
Pyjama pyjamas [Pl], (*AmE*) pajamas [Pl]
Pyramide pyramid
Pyrenäen Pyrenees [Pl]
Pyromane, Pyromanin pyromaniac

Qq

Q, q Q, q ☞ *Beispiele bei* A, A, S. 773.
Quader 1 (MATH) cuboid 2 (*Steinblock*) block (of stone) ◊ *Quader aus Sandstein* blocks of sandstone
Quadrat square; **im ~** square ◊ *Das Bild ist 20 cm im Quadrat.* The picture is 20 cm square. ◊ *4 im Quadrat ist 16.* The square of 4 is 16. ◊ *eine Zahl ins Quadrat erheben* square a number ◊ *Das Quadrat von zwei ist vier.* Two squared is four.
quadratisch square
Quadrat- Quadratkilometer square kilometre, (*AmE*) square kilometer ◊ *Die Insel ist kaum einen Quadratkilometer groß.* The area of the island is barely a square kilometre. **Quadratmeter** square metre, (*AmE*) square meter ◊ *Die Küche ist 10 Quadratmeter groß.* The kitchen is 10 square metres.

> In Großbritannien beschreibt man die Größe einer Wohnung nicht in Quadratmetern, sondern man spricht von der Anzahl der Schlafzimmer (Kinder- bzw. Gästezimmer mit eingerechnet). Eine Zweizimmerwohnung ist somit **a one-bedroom flat**.

Quadratwurzel square root ◊ *Die Quadratwurzel aus 16 ist 4.* The square root of 16 is 4. **Quadratzentimeter** square centimetre, (*AmE*) square centimeter
quaken (*Frosch*) croak; (*Ente*) quack
Qual 1 (*Schmerz*) pain; (*seelisch*) anguish (*gehoben*) ◊ *Sie sterben unter grauenhaften Qualen.* They die in terrible pain. ◊ *seine seelischen Qualen* his mental anguish ◊ *ein Tier von seinen Qualen erlösen* put an animal out of its misery 2 (*Quälerei*) agony* [meist Sing], ordeal ◊ *die Qualen des Krieges* the agony of war ◊ *Das Abendessen mit ihrem Chef war eine Qual.* The dinner with her boss was an ordeal. ◊ *Sie macht mich das Leben zur Qual.* She makes his life a misery. ◊ *Morgen hat die Qual ein Ende.* Tomorrow the torment will be over. **IDM die Qual der Wahl haben** be spoilt for choice
quälen 1 torment ◊ *Die Tiere werden zu Tode gequält.* The animals are tormented and killed. ◊ *Der Gedanke quälte ihn.* The thought was tormenting him. ◊ *Menschen werden gequält und getötet.* People are tortured and killed. ◊ *Ihn quälen Rückenschmerzen.* He's in agony with back pain. ◊ *Sie leidet unter quälenden Kopfschmerzen.* She suffers from excruciating headaches. ◊ *Sie wurde von Schuldgefühlen gequält.* She was racked with guilt. ◊ *Er lächelte ein bisschen gequält.* He forced a smile. 2 (*belästigen*) pester ◊ *Sie quälten die Eltern wochenlang, dass sie den Film sehen wollten.* They've been pestering their parents for weeks to let them see the film. 3 **sich ~** (*Schmerzen haben*) be in pain ◊ *Der Hund quält sich so.* The dog is in such pain. ◊ *Er quält sich immer noch mit einer alten Verletzung.* An old injury is still troubling him. 4 **sich mit etw ~** (*schwer tun*) worry* about sth ◊ *Sie quälen sich mit der Frage, ob …* They are worrying about whether … 5 **sich** (**mit etw**) **~** (*sich anstrengen*) struggle (with sth) ~ (*Sie quälte sich stundenlang mit ihren Hausaufgaben.*) She struggled for hours with her homework. 6 **sich ~** (*mühsam bewegen*) ◊ *Sie quälte sich die Stufen hinauf.* She struggled up the steps. ◊ *Der Verkehr quält sich durch die City.* The traffic crawls through the city centre.
Quälerei torture [U]; (*Tier-*) cruelty [U]
Qualifikation 1 qualification ◊ *Jugendliche ohne berufliche Qualifikationen* young people without any qualifications 2 (*Befähigung*) ability* 3 (SPORT) ◊ *Sie war in der Qualifikation gescheitert.* She failed to qualify.
Qualifikationsrunde qualifying round **Qualifikationsspiel** qualifying match, qualifier
qualifizieren sich (**für etw**) ~ qualify* (for sth) ◊ *Er muss sich für das Finale qualifiziert.* He qualified for the final. ◊ *sich weiter qualifizieren* get more qualifications

qualifiziert 1 ⇨ QUALIFIZIEREN 2 qualified; (*Arbeit*) skilled ◊ *ein qualifizierter Ingenieur* a qualified engineer ◊ *Er ist für diesen Job hervorragend qualifiziert.* He is ideally qualified for this job.
Qualität quality* ◊ *die herausragenden Qualitäten dieses Schriftstellers* the outstanding qualities of this writer ◊ *Waren guter/minderer Qualität* high-/low-quality goods ◊ *Waren schlechter Qualität* goods of poor quality ◊ *in der Qualität besser sein* be better quality ◊ *Die Qualität ist nicht besonders gut.* It isn't very good quality. ◊ *Das Konzert war von hoher Qualität.* The concert was of a high standard.
qualitativ in quality (*nicht vor Nomen*), qualitative (*gehoben*) (*Adv* qualitatively) ◊ *eine qualitative Verbesserung* an improvement in quality ◊ *eine qualitativ bessere Ausbildung* a better-quality education ◊ *qualitativ hochwertige Kinderfilme* high-quality children's films
Qualle jellyfish*
Qualm smoke
qualmen 1 belch smoke ◊ *qualmende Fabrikschlote* factory chimneys belching smoke ◊ *Im Aschenbecher qualmte eine Zigarette.* Smoke rose from a cigarette in the ashtray. ◊ *Auf einmal qualmte es in der Küche.* Suddenly the kitchen was full of thick smoke. 2 (*rauchen*) smoke
qualvoll agonizing ◊ *qualvoll verenden* die an agonizing death ◊ *qualvolle Leiden* terrible suffering ◊ *in qualvoller Enge* in horribly cramped conditions
Quantität quantity*
quantitativ in quantity (*nicht vor Nomen*), quantitative (*Adv* quantitatively) (*gehoben*) ◊ *Die Mannschaft wurde nicht nur quantitativ, sondern auch qualitativ verstärkt.* The team received a boost not just in quantity but also in quality. ◊ *Ihre Arbeit wird nicht nach der quantitativen Leistung beurteilt.* They are not judged by the amount of work they do.
Quarantäne quarantine [U] ◊ *in Quarantäne kommen* go into quarantine ◊ *unter Quarantäne stehen* be in quarantine
Quark fromage frais, curd cheese
Quarkspeise = dessert made from fruit and curd cheese
Quartal quarter
Quartalsende end of the quarter
Quartett 1 (*Komposition, Musiker*) quartet ☞ G 1.3b 2 (*Kartenspiel*) Happy Families 3 (*Menschen*) foursome; (*Kriminelle*) gang of four
Quartier 1 (*Unterkunft*) accommodation [U] ◊ *Im Sommer ist kaum noch ein Quartier zu finden.* In the summer it's almost impossible to find accommodation. ◊ *Ein Bus brachte sie in ihr Quartier.* A bus took them to where they were staying. 2 (*Stadtviertel*) area 3 (*für Soldaten*) quarters [Pl]
Quarz quartz
quasi more or less, virtually ◊ *Sie hat ihn quasi dazu gezwungen.* She more or less forced him to do it.
quasseln chatter; (*Unsinniges*) blather ◊ *Worüber quasseln sie so lange?* What are they chattering about all this time? ◊ *Ich habe ein halbe Stunde mit ihr gequasselt.* I nattered to her for half an hour. ◊ *Was quasselt er da wieder für einen Blödsinn?* What's he blathering on about now?
Quatsch 1 (*Äußerung*) rubbish ◊ *So ein Quatsch!* What a load of rubbish! 2 (*Dummheiten*) nonsense ◊ *Was soll denn der Quatsch!* What's all this nonsense? ◊ *Mach keinen Quatsch!* Don't do anything silly! ◊ *Es ist Quatsch, dass ihr euch schuldig fühlt.* It's silly to feel guilty. 3 (*Jux*) joke ◊ *Das hat er doch nur aus Quatsch gesagt.* He just said it for a joke. ◊ *Er macht immer Quatsch mit den Kindern.* He's always larking about with the children.
quatschen 1 chatter, blather on (*abwert*) ◊ *Sie sitzen in der Küche und quatschen.* They sit chattering in the kitchen. ◊ *Stundenlang hat er nur über seine Probleme*

Quatschkopf

gequatscht. He blathered on about his problems for hours. ◊ *Die Leute quatschen dumm.* People talk a load of rubbish. **2** (*verraten*) let* the cat out of the bag
Quatschkopf windbag
Quecksilber mercury
quecksilberhaltig containing mercury (*nicht vor Nomen*) ◊ *quecksilberhaltiges Material* material containing mercury ◊ *Der Schlamm ist stark quecksilberhaltig.* The mercury content of the sediment is very high.
Quelle 1 (*Wasser-*) spring **2** (*Ursprung*) source (*auch fig*) ◊ *eine wesentliche Quelle der Umweltverschmutzung* a major source of pollution ◊ *Die Gerüchte stammen alle aus einer Quelle.* The rumours all come from the same source. ◊ *die an der Quelle einbehaltenen Steuern* taxes deducted at source ◊ *seine Quellen angeben* cite your sources ◊ *Seine Quelle war ein ehemaliger Agent.* His informant was a former secret agent. IDM **an der Quelle sitzen** be on the inside **aus sicherer/zuverlässiger Quelle** from reliable sources
quellen 1 pour; (*Flüssigkeiten auch*) gush ◊ *Aus dem Fenster quoll Rauch.* Smoke was pouring out of the window. ◊ *Aus der Wunde quoll Blut.* Blood was gushing out of the wound. **2** (*Getreide, Hülsenfrüchte*) swell* (up) ◊ *Bohnen quellen lassen* soak the beans
Quellen- Quellenangabe list of sources **Quellensteuer** tax deducted at source
quengeln 1 (*Baby*) grizzle **2** (*klagen*) whine **3** (*nörgeln*) moan ◊ *Er quengelt dauernd übers Essen.* He's always moaning about the food.
quer 1 (*rechtwinklig*) at right angles ◊ *quer zur Fahrbahn* at right angles to the road ◊ *Die Straße verläuft quer zur Hauptstraße.* The street crosses the main road. ◊ *Der Baum fiel quer über die Fahrbahn.* The tree fell across the road. **2** (*Richtung*) right/straight across ◊ *quer durch Europa fahren* travel right across Europe ◊ *Er ging einfach quer über den Rasen!* He walked right across the lawn! ◊ *Die Schnellstraße verläuft quer durch ein Wohngebiet.* The expressway goes right through a residential area. **3** ~ **durch etw** (*alle betreffend*) ◊ *Unterstützung quer durch alle Parteien* cross-party support ◊ *quer durch alle Altersgruppen beliebt* popular with people of all ages ◊ *quer durch die Musikgeschichte* covering music of all periods **4 sich ~ legen/stellen** be awkward ◊ *Die Regierung will Tempolimits einführen, aber die Autoindustrie legt sich quer.* The government wants to introduce speed limits but the car industry is being awkward. **6 ~ gestreift** with horizontal stripes IDM ⇨ KREUZ
Querbalken 1 cross-beam **2** (*Streifen*) ◊ *ein rotes Schild mit einem weißen Querbalken* a red sign with a white stripe across it **querbeet 1** (*ohne Ziel*) at random; (*überall*) here, there and everywhere; (*querfeldein*) across country ⇨ QUER (3) **Querdenker(in)** nonconformist; (*positiv*) lateral thinker ◊ *Querdenker sollte man schätzen.* Lateral thinkers are valuable. ◊ *Querdenker sein* swim against the tide
Quere IDM **jdm in die Quere kommen 1** (*stören*) disturb sb **2** (*in den Weg geraten*) get* in sb's way (*auch fig*)
Querelen bickering [U] ◊ *parteiinterne Querelen* internal party bickering ◊ *Es kam immer wieder zu Querelen zwischen den beiden.* They were always bickering. ◊ *Nach langen Querelen hat sie endlich gekündigt.* After months of wrangling she finally resigned.
quer- querfeldein across country **Querflöte** (transverse) flute ◊ *Er spielt Querflöte.* He plays the flute. **Querformat** landscape format ◊ *im Querformat* in landscape format ◊ *Hat das Bild Querformat?* Is the picture landscape? **Querschnitt** cross section (*auch fig*); (*Musik auch*) medley ◊ *ein Querschnitt durch eine Pyramide* a cross section through a pyramid ◊ *einen Querschnitt durch etw zeichnen* draw a cross section of sth ◊ *im Querschnitt* in cross section ◊ *ein Querschnitt durch die Geschichte des Blues* a medley from the history of the Blues **querschnittsgelähmt** paraplegic ◊ *ein querschnittsgelähmter Sportler* a paraplegic athlete ◊ *Seit dem Unfall ist sie querschnittsgelähmt.* The accident left her paralysed from the waist down. **Querschnittslähmung** paraplegia **Querstraße** side street ◊ *in einer Querstraße parken* park in a side street ◊ *Das ist eine Querstraße zum Kudamm.* It's off the Kurfürstendamm. ◊ *Gehen Sie die zweite Querstraße rechts!* Take the second turning on the right.
Querulant(in) troublemaker
Quer- Querverbindung 1 direct route ◊ *mehr Querverbindungen im öffentlichen Nahverkehr* more public transport direct routes ◊ *eine Querverbindung zwischen den beiden Autobahnen* a link road between the two motorways **2** (*Gebiete, Themen*) connection ◊ *Querverbindungen herstellen* make connections **Querverweis** cross-reference
quetschen 1 crush ◊ *Das Kind hat sich die Hand in der Tür gequetscht.* The child crushed her hand in the door. ◊ *zu Tode gequetscht werden* be crushed to death ◊ *Er hat sich den Finger in der Tür gequetscht.* He trapped his finger in the door. **2 sich ~** squeeze ◊ *Wir quetschten uns durch das Loch im Zaun.* We squeezed through the hole in the fence. ◊ *Kann ich mich auch noch mit ins Auto quetschen?* Is there enough room for me to squeeze into the car too?
quicklebendig lively; (*älterer Mensch*) sprightly
quieken, quieksen squeak; (*Ferkel*) squeal
quietschen 1 (*Tür, Schuhe*) squeak; (*Bremsen, Reifen, Straßenbahn*) screech ◊ *mit quietschenden Reifen zum Stehen kommen* screech to a halt **2** (*Mensch*) squeal
quietschvergnügt as happy as can/could be
Quintessenz essence
Quintett quintet ⇨ G 1.3b
Quirl whisk
quirlig 1 exuberant (*Adv* exuberantly) **2** (*Stadt, Markt*) bustling
quitt (**mit jdm**) **~ sein** be quits (with sb) (*umgs*)
Quitte quince ◊ *Marmelade aus Quitten* quince jam
quittieren 1 give* a receipt for sth ◊ *Können Sie mir den Empfang des Geldes quittieren?* Can you give me a receipt for the money? ◊ *Er ließ sich die Zahlung quittieren.* He asked for a receipt. **2** (*Niederlage*) suffer ◊ *Sie mussten eine heftige Niederlage quittieren.* They suffered a crushing defeat. **3 etw (mit etw) ~** ◊ *Die Szene wurde vom Publikum mit Gelächter quittiert.* The scene was greeted with laughter from the audience. ◊ *etw amüsiert quittieren* react to sth with amusement **4 den Dienst ~** resign ◊ *Beamte, die den Polizeidienst quittieren* police officers resigning from the force ◊ *den Dienst bei der Armee quittieren* leave the army
Quittung 1 receipt ◊ *Er stellte mir eine Quittung über 100 Euro aus.* He gave me a receipt for 100 euros. **2** comeuppance (*umgs*) ◊ *Die Quittung kommt am Wahltag!* They will get their comeuppance on polling day! ◊ *Das war die Quittung für deinen Übermut.* That's what you get for being so arrogant.
Quiz quiz*; (*Fernsehen*) game show
Quizsendung quiz show, game show
Quote 1 (*Anteil*) rate ◊ *Die Quote der Arbeitslosen liegt bei 5%.* The unemployment rate is 5%. ◊ *die hohe Quote von Rückfalltätern* the high proportion of people who reoffend **2** (*Quotenregelung*) quota ◊ *die Quote erfüllen* fill the quota **3** (*Rundf*) rating [meist Pl] ◊ *Es geht nur um Quoten und Werbeeinnahmen.* Ratings and advertising revenue are all that matters.
Quotenfrau token woman **Quotenregelung** ≈ positive discrimination [U] ◊ *Die Partei hält nichts von Quotenregelungen.* The party is not in favour of positive discrimination. ◊ *Die Quotenregelung sieht vor, dass 50% Frauen eingestellt werden.* The legislation requires that 50% of the employees should be women.

Rr

R, r R, r ☛ *Beispiele bei* A, a, S. 773.
Rabatt discount ◊ *Ich habe auf den Wein 15% Rabatt bekommen.* I got a 15% discount on the wine.
Rabatte (flower) border
Rabbi, Rabbiner(in) rabbi ☛ G 2.2d
Rabe raven
  Rabeneltern bad parents [Pl] **rabenschwarz** black; (*Himmel*) pitch-black
rabiat 1 (*Angriff, Methode etc.*) brutal (*Adv* brutally) **2** (*Mensch*) tough ◊ *Die Polizisten gingen rabiat vor.* The police got tough.
Rache revenge, vengeance (*gehoben*) ◊ *aus Rache für den Tod seines Vaters* in revenge for his father's death ◊ *Rache üben* take revenge ◊ *Sie sinnt auf Rache.* She is plotting revenge.
  Racheakt act of revenge
Rachen 1 throat **2** (*eines gefährlichen Tiers*) jaws [Pl] **IDM** **jdm etw in den Rachen werfen** give* sb sth
rächen 1 sich (für etw) (an jdm) ~ take* (your) revenge (on sb) (for sth) ◊ *Der Präsident rächte sich für den Putschversuch.* The president took revenge for the attempted coup. ◊ *Er rächte sich für seine Entlassung an der Firma.* He was getting his revenge on the firm for being sacked. **2 etw ~** avenge sth (*gehoben*) ◊ *Die Mafia wird seinen Tod rächen.* The mafia will avenge his death. **3 jdn ~** avenge sb's death/the insult to sb ◊ *Er wollte seine tote Schwester rächen.* He wanted to avenge his sister's death. **4 sich ~** *Irgendwann wird sich das rächen.* Sooner or later we will have to pay the penalty. ◊ *Jetzt rächt (es) sich, dass er jahrelang geraucht hat.* Now he is paying the penalty for years of smoking. ◊ *Ihre Faulheit hat sich gerächt.* That's what she got for being so lazy.
Rächer(in) avenger
Rachsucht desire for revenge
rackern slog* away
Rad 1 wheel; (*Zahnrad*) cog(wheel) ◊ *Essen auf Rädern* meals on wheels ◊ *Das Rad der Geschichte lässt sich nicht zurückdrehen.* You can't turn the clock back. **2** (*Fahrrad*) bicycle, bike (*umgs*) ◊ *Kann er schon Rad fahren?* Can he ride a bicycle yet? ◊ *mit dem Rad zur Arbeit fahren* cycle to work/go to work on your bike ◊ *Am Wochenende gehen wir Rad fahren.* We're going cycling at the weekend. ◊ *Wenn ich meine Hausaufgaben gemacht habe, gehe ich Rad fahren.* I'm going for a bike ride when I've finished my homework. **3 (ein) ~ schlagen** (*Turnen*) do* a cartwheel/cartwheels **4 ein ~ schlagen** ◊ *Der Pfau schlug ein Rad.* The peacock displayed its tail. **IDM das fünfte Rad am Wagen sein 1** (*dritte Person bei einem Paar*) play gooseberry **2** (*in einer Gruppe*) be out of it ◊ *Ich kam mir vor wie das fünfte Rad am Wagen.* I felt out of it. **ein Rad abhaben** be round the bend **unter die Räder kommen 1** be run over ◊ *Der Igel kam unter die Räder.* The hedgehog was run over. **2** (*herunterkommen*) fall* into bad ways
Radar radar
  Radarfalle radar trap **Radargerät** radar equipment [U] ◊ *die Strahlung von Radargeräten* radiation from radar equipment **Radarkontrolle** speed check ◊ *Die Polizei hat ihre Radarkontrollen verstärkt.* The police have increased speed checks. **Radarschirm** radar screen
Radau din ◊ *Die Kinder machten einen schrecklichen Radau.* The children were making an awful din.
Raddampfer paddle boat, (*BrE auch*) paddle steamer
radeln cycle ◊ *Sie sind Hunderte von Kilometern geradelt.* They cycled hundreds of kilometres. ◊ *Er radelt zur Schule.* He goes to school by bike.
Rädelsführer(in) ringleader
Radfahrer(in) cyclist
Radicchio radicchio

Radiergummi rubber, (*AmE*) eraser
Radierung etching
Radieschen radish
radikal 1 (*grundlegend*) radical (*Adv* radically) ◊ *Sie hat ihre Meinung radikal geändert.* Her views have changed radically. **2** (*Politik, Ideologie*) militant, extremist (*abwert*) ◊ *eine radikale Feministin* a militant feminist ◊ *Die Partei gilt als radikal.* The party is considered extremist. ◊ *die radikale Linke* the far Left ☛ *Hinweis bei* RADICAL¹ **3** (*Gegner, Verfechter etc.*) ◊ *Er ist ein radikaler Gegner der Euthanasie.* He is totally opposed to euthanasia. ◊ *Bluttransfusionen radikal ablehnen* be totally opposed to blood transfusions **4** (*drastisch, brachial*) drastic (*Adv* drastically) ◊ *eine radikale Lösung* a drastic solution ◊ *Sie gehen radikal gegen Drogen vor.* They are taking drastic measures to combat drugs. ◊ *Ihr Aussehen hat sich radikal gewandelt.* Her appearance has changed dramatically.
Radikale(r) radical, extremist (*abwert*)
Radikalisierung radicalization
Radikalismus radicalism
Radikalkur drastic remedy*
Radio radio* ◊ *Radio hören* listen to the radio ◊ *Das habe ich im Radio gehört.* I heard it on the radio.
radioaktiv radioactive ◊ *radioaktive Abfälle* radioactive waste ◊ *radioaktive Strahlung* radiation ◊ *radioaktiv verseucht* contaminated by radiation
Radioaktivität radioactivity
Radio- Radiorekorder radio-cassette player **Radiosender 1** radio station **2** (*Anlage*) radio transmitter **Radiowecker** radio alarm (clock)
Radium radium
Radius radius* ◊ *in einem Radius von 10 Kilometern* within a radius of 10 kilometres
Radkappe hubcap
Radler (*Getränk*) ≈ shandy*
Radler(in) cyclist
  Radlerhose cycling shorts [Pl] ☛ *Hinweis bei* BRILLE
Rad- Radrennen cycle race; (*Sportart*) cycle racing **Radtour** bike ride; (*länger*) cycle tour ◊ *Wir machen oft eine kleine Radtour am Fluss entlang.* We often go for a bike ride along the river. ◊ *eine Radtour durch Frankreich machen* go on a cycle tour through France **Radweg** cycle path
raffen 1 etw (an sich) ~ grab* sth ◊ *Der Dieb raffte die Geldscheine an sich und floh.* The thief grabbed the banknotes and ran. **2** (*Stoff*) gather ◊ *einen Rockbund raffen* gather the waistband of a skirt ◊ *Die Gardinen waren zur Seite gerafft.* The curtains were tied back. **3** (*kürzen*) shorten ◊ *Der Bericht muss noch gerafft werden.* The report will have to be shortened. ◊ *Sie erzählte mir die Handlung in gerafter Form.* She gave me a brief summary of the plot. **4** (*verstehen*) understand*, get* (*umgs*) ◊ *Das habe ich nicht gerafft.* I didn't get it.
raffgierig greedy* (*Adv* greedily)
Raffinerie refinery*
Raffinesse 1 (*Schlauheit*) cunning **2** (*technisches Detail*) refinement ◊ *eine Hi-Fi-Anlage mit allen Raffinessen* a stereo system with all the refinements **3** (*Feinheit*) refinement [U], finesse [U]
raffinieren refine
raffiniert 1 sophisticated; (*klug*) clever (*Adv* cleverly) ◊ *raffinierte Gerichte/Abendkleider* sophisticated dishes/evening dresses ◊ *ein raffiniert konstruierter Roman* a cleverly constructed novel **2** (*durchtrieben*) cunning (*Adv* cunningly), clever (*Adv* cleverly) ◊ *raffinierte Diebe/Tricks* cunning thieves/tricks ◊ *Bei der Fälschung ist er äußerst raffiniert vorgegangen.* He went about the forgery very cleverly. **3** (*Zucker, Öl*) refined
Rafting (white water) rafting

Rage

Rage rage, fury; **in ~ geraten** become* furious, fly* into a rage (*gehoben*) **in ~ sein** be in a rage; **jdn in ~ bringen** make* sb furious, infuriate sb
ragen (*hoch-*) rise*; (*hervor-*) stick* out
Rahm cream IDM **den Rahm abschöpfen** cream off the best
Rahmen 1 (*Bilder-, Fenster-*) frame **2** (*fig*) framework ◊ *Integration ist nur in einem europäischen Rahmen möglich.* Integration is only possible within a European framework. ◊ *Ein Streichquartett sorgte für den festlichen Rahmen des Empfangs.* A string quartet made the reception a special event. ◊ *Dieses Jahr findet das Fest in kleinerem Rahmen statt.* This year the fete will be on a smaller scale. **3 im ~ einer Sache** within the framework of sth; (*einer Veranstaltung etc.*) as part of sth ◊ *sofern das im Rahmen unserer Verfassung möglich ist* as far as is possible within the framework of our constitution ◊ *Im Rahmen der Ausstellung wird auch ein Video gezeigt.* A video is being shown as part of the exhibition. ◊ *Sie wollen im Rahmen ihrer Möglichkeiten helfen.* They want to help as much as they can. IDM **aus dem Rahmen fallen 1** (*ungewöhnlich sein*) be out of the ordinary; be very different ◊ *Seine Architektur fällt aus dem Rahmen.* His architecture is out of the ordinary. ◊ *Dieses Stück fällt aus dem Rahmen des Programms.* This piece is very different from the rest of the programme. **2** (*sich unpassend benehmen*) make* a spectacle of yourself ◊ *Bei der Party ist sie mal wieder aus dem Rahmen gefallen.* She made a spectacle of herself at the party again. ◊ *seine aus dem Rahmen fallenden Äußerungen* his inappropriate comments **den Rahmen** (**einer Sache**) **sprengen** go* beyond the scope of sth ◊ *Das würde den Rahmen dieses Artikels sprengen.* That would go beyond the scope of this article. **im Rahmen bleiben** stay within reasonable limits
Rahmenbedingung condition; (*Regel*) guideline ◊ *gesellschaftliche Rahmenbedingungen* social conditions ◊ *gesetzliche Rahmenbedingungen für etw schaffen* create a legal framework for sth **Rahmenhandlung** framework story, story within a story **Rahmenplan** framework **Rahmenprogramm** supporting programme, (*AmE*) supporting program **Rahmenvertrag** general agreement
Rakete 1 (*Waffe*) missile **2** (*Raumschiff, Feuerwerk*) rocket **Raketenangriff** missile attack **Raketenstellung** missile base **Raketenwerfer** rocket launcher
Rallye rally*
RAM (COMP) RAM
rammen 1 etw in etw ~ ram* sth into sth ◊ *einen Pfahl in den Boden rammen* ram a post into the ground **2** hit* ◊ *Das Auto rammte einen Lkw.* The car hit a lorry.
Rampe 1 ramp ◊ *eine Rampe für Rollstuhlfahrer* a wheelchair ramp **2** (*zum Be- und Entladen*) (loading) platform **3** (THEAT) = front of the stage
Rampenlicht (THEAT) footlights [Pl] IDM **im Rampenlicht stehen** be in the limelight
ramponieren damage; (*stärker*) ruin
Ramsch junk
ran ⇨ HERAN
Rand 1 edge, side ◊ *am Rand der Stadt* on the edge of town ◊ *Sie standen am Rand des Beckens.* They were standing at the edge of the pool. ◊ *am Rand der Straße* at the side of the road **2** (*der Gesellschaft etc.*) fringe [oft Pl] ◊ *Werden allein Erziehende an den Rand der Gesellschaft gedrängt?* Are single parents forced to live on the fringes of society? **3** (*des Ruins etc.*) verge, brink ◊ *Sie brachte die Firma an den Rand des Ruins.* She brought the business to the brink of ruin. ◊ *Ich stand am Rande eines Nervenzusammenbruchs.* I was on the verge of a nervous breakdown. ◊ *Seine Geschäfte bewegen sich am Rand der Kriminalität.* His business activities verge on the criminal. **4** (*Seiten-*) margin; (*Umrandung*) border ◊ *Was hat er an den Rand geschrieben?* What has he written in the margin? ◊ *ein Umschlag mit einem schwarzen Rand* an envelope with a black border **5** (*Schmutz- etc.*) ring ◊ *In der Badewanne war ein dunkler Rand.* There was a ring of dirt around the bath. **6** (*eines Gefäßes*) brim ◊ *Der Becher war bis zum Rand voll.* The cup was full to the brim. **7** (*Brillen-*) rim IDM **am Rande** in passing ◊ *Der Preis wurde nur am Rande erwähnt.* The price was mentioned only in passing. **außer Rand und Band** wild ◊ *Das Publikum geriet außer Rand und Band.* The audience went wild. ☛ *Siehe auch* ZURANDE
Randale disturbances [Pl]; (*stärker*) rioting [U] ◊ *Bei der Demo darf es keine Randale geben.* There must not be any disturbances at the demonstration. ◊ **Randale machen** go on the rampage
randalieren riot, go* on the rampage
Randalierer(in) hooligan, rioter
Rand- Randbemerkung 1 (*Notiz*) note in the margin **2** (*Bemerkung*) passing comment **Randerscheinung** marginal phenomenon*; (*Nebeneffekt*) side effect ◊ *Das gehört zu den negativen Randerscheinungen eines Wahlkampfes.* That is one of the negative side effects of an election campaign. ◊ *Die Neonazis in Deutschland sind noch eine Randerscheinung.* The neo-Nazis are still a minority in Germany. **Randgruppe** fringe group **Randstein** kerb, (*AmE*) curb **Randstreifen** hard shoulder, (*AmE*) breakdown lane
randvoll full to the brim (*nicht vor Nomen*)
Rang 1 (*militärisch*) rank; (*gesellschaftlich*) position ◊ *ein Offizier hohen Ranges* a high-ranking officer **2** (*Stellenwert*) importance ◊ *ein gesellschaftliches Ereignis von hohem Rang* a social occasion of great importance ◊ *ein politischer Skandal ersten Ranges* a major political scandal **3** (SPORT, POL) place ◊ *Er belegte Rang vier.* He took fourth place. ◊ *auf Rang acht* in eighth place **4** (THEAT) circle ◊ *der erste/zweite Rang* the dress/upper circle **5 Ränge** (*im Stadion*) terraces [Pl] IDM **alles, was Rang und Namen hat** everybody who is anybody **jdm den Rang ablaufen** outstrip* sb
Rangabzeichen insignia ☛ G 1.3c
rangehen 1 ⇨ HERANGEHEN **2** (*arbeiten*) get* cracking ◊ *Wenn du heute noch fertig werden willst, musst du aber rangehen.* If you want to finish today, you'd better get cracking.
Rangelei scrap, struggle; (*fig*) wrangle
Rangfolge 1 order (of importance) ◊ *Diese Frage steht in der Rangfolge der Prioritäten weit hinten.* This issue comes very low in our order of priorities. **2** placings [Pl]; (*Tabelle*) table
ranghoch senior; (SPORT, MIL) high-ranking ◊ *der ranghöchste Politiker* the most senior politician ◊ *das ranghöchste Team* the highest ranking team
rangieren 1 (EISENB) shunt; (*beim Parken*) manoeuvre, (*AmE*) maneuver **2** rank ◊ *auf dem zweiten Platz rangieren* rank second ◊ *Tennis rangiert ganz oben auf der Beliebtheitsskala.* Tennis is the most popular sport.
Rang- Rangliste (SPORT) rankings [Pl] ◊ *Sie führt die deutsche Rangliste an.* She is number one in the German rankings. ◊ *die Nummer fünf der deutschen Rangliste* the German number five **Rangordnung** hierarchy*, pecking order (*umgs*)
ranhalten 1 sich (mit etw) ~ get* a move on (with sth) ◊ *Halt dich ran, sonst werden wir nie fertig!* Get a move on or we'll never finish! **2** sich ~ (*beim Essen*) dig* in
Ranke tendril
ranken 1 climb; **sich um etw ~** grow* around sth, entwine itself around sth **2 sich um etw ~** (*Legende etc.*) grow* up around sth
rankommen ⇨ HERANKOMMEN
ranmachen ⇨ HERANMACHEN
Ranzen 1 (*Schul-*) satchel **2** (*Bauch*) belly* (*umgs*)
ranzig rancid
Rap rap
rapide rapid (*Adv* rapidly)
Rappe black horse
rappeln 1 rattle **2** (*Wecker*) ring*, go* off IDM **bei jdm rappelt es** sb has got a screw loose
rappelvoll packed, crammed full
rappen rap*
Rappen centime
Rapper(in) rapper
Raps (oilseed) rape
rar rare; (*wenige*) few ◊ *Wahre Liebe ist rar.* True love is a rare thing. ◊ *einer der raren Parkplätze* one of the few parking spaces IDM **sich rar machen 1** ◊ *Du machst dich so rar in letzter Zeit.* We haven't seen much of you lately. **2** (*sich verdrücken*) make* yourself scarce
Rarität rarity* ◊ *Polizistinnen waren damals eine Rarität.* Policewomen were a rarity in those days. ◊ *eine botanische Rarität* a rare plant
rasant 1 rapid (*Adv* rapidly); (*Wagen*) fast; (*Tempo*) high ◊

eine rasante Entwicklung a rapid development ◊ *ein rasanter Sportwagen* a fast sports car ◊ *Sie fuhren in rasantem Tempo dahin.* They were driving at high speed. **2** (*aufregend*) exciting, lively

rasch quick (*Adv* quickly); (*Wachstum, Wandel, Entwicklung*) rapid (*Adv* rapidly) ◊ *ein rascher Entschluss* a quick decision ◊ *Das Rote Kreuz versprach, rasche Hilfe zu organisieren.* The Red Cross promised to organize help quickly. ◊ *rasche Fortschritte* rapid progress ◊ *Ich muss nur noch rasch zur Bank.* I just have to pop to the bank.

rascheln 1 rustle ◊ *Was raschelt denn da?* What's that rustling? **2 mit etw ~** rustle sth ◊ *Er raschelte mit der Zeitung.* He rustled the newspaper.

rasen 1 rush; (*mit dem Auto*) speed* **2 gegen/in/vor etw ~** crash into sth ◊ *Das Auto raste gegen einen Baum.* The car crashed into a tree. **3 ~ (vor etw)** (*vor Wut, Schmerzen etc.*) go* mad (with sth); (*vor Begeisterung*) go* wild (with sth)

Rasen grass [U]; (*im Garten*) lawn

rasend 1 *Adj* (*schnell fahrend*) speeding ◊ *rasende Motorradfahrer* speeding motorcyclists ◊ *ein rasender Reporter* a roving reporter **2** (*Tempo*) terrific (*Adv* terrifically), incredible (*Adv* incredibly) ◊ *in rasendem Tempo* at a terrific speed ◊ *Und dann ging alles rasend schnell.* And then everything happened incredibly quickly. **3** (*Kopfschmerzen, Durst*) raging (*nur vor Nomen*); (*Beifall*) thunderous; (*Wut*) uncontrollable ◊ *rasende Kopfschmerzen* a raging headache [IDM] **etw rasend gern tun** ◊ *Ich würde rasend gern mitkommen.* I'd really love to come along. **jdn rasend machen** drive* sb up the wall (*umgs*) **rasend sein (vor etw)** be beside yourself (with sth) ◊ *Er war rasend vor Wut.* He was beside himself with rage.

Rasenmäher lawnmower

Raserei 1 (*Wut*) rage; (*Begeisterung*) frenzy* **2** (*zu schnelles Fahren*) speeding [U] [IDM] **jdn (noch) zur Raserei bringen** drive* sb mad

Rasier- Rasierapparat razor; (*Elektro-*) shaver **Rasiercreme** shaving cream

rasieren shave; **sich ~** shave, get* shaved; **jdn ~** give* sb a shave ◊ *glatt rasiert* closely shaved ◊ *sich die Beine rasieren* shave your legs ◊ *Sie hat sich den Kopf rasiert.* She's shaved her hair off. ◊ *sich den Bart rasieren* have a shave ◊ *sich nass/trocken rasieren* have a wet/dry shave

Rasier- Rasierklinge razor blade **Rasierpinsel** shaving brush **Rasierschaum** shaving foam **Rasierwasser** aftershave

Raspel 1 (*Küchengerät*) grater **2** (*Werkzeug*) rasp **3** (*kleines Stück*) flake

raspeln 1 grate ◊ *Die Schokolade grob raspeln.* Coarsely grate the chocolate. **2** (*Holz*) rasp

Rasse 1 race ◊ *die menschliche Rasse* the human race **2** (*Zucht-*) breed ◊ *eine neue Rasse züchten* produce a new breed **3** ◊ *eine Frau von Rasse* a classy woman ◊ *ein Pferd von Rasse* a spirited horse

Rassel (*Spielzeug*) rattle

rasseln 1 rattle; (*Wecker*) ring* ◊ *Er konnte die Ketten rasseln hören.* He could hear the rattling of the chains. ◊ *Die Panzer rasselten über den Platz.* The tanks clattered over the square. **2 mit etw ~** rattle sth ◊ *Er rasselte mit dem Schlüsselbund.* He rattled the bunch of keys. **3 durch etw ~** (*Prüfung etc.*) fail sth

Rassen- Rassendiskriminierung racial discrimination [U] ◊ *das Problem der Rassendiskriminierung* the problem of racial discrimination **Rassenhass** racial hatred [U] **Rassentrennung** racial segregation; (*in Südafrika auch*) apartheid **Rassenunruhen** racial disturbances [Pl]; (*schwerer*) race riots [Pl]

rassisch racial (*Adv* racially) ◊ *rassische Vorurteile* racial prejudices ◊ *aus rassischen Gründen* for reasons of race ◊ *rassisch Verfolgte* people who are/were persecuted because of their race

Rassismus racism ◊ *den Rassismus bekämpfen* fight racism

Rassist(in) racist

rassistisch racist; (*Vorurteile*) racial ◊ *rassistische Äußerungen* racist comments ◊ *rassistisch motivierte Gewalttaten* racist violence

Rast rest; (*mit dem Auto*) break ◊ *Auf dem Gipfel machten wir eine kurze Rast.* We stopped for a rest at the top.

Rastafari Rastafarian

Rastalocken dreadlocks [Pl]

rasten have a rest, rest (*gehoben*)

Raster 1 grid **2** (*soziales Netz*) net ◊ *Jugendliche, die durch das Raster der Arbeitsämter fielen* young people who slipped through the net of the job centres **3** (*Kategorie*) preconceived idea, image ◊ *Er passt nicht ins Raster des islamischen Fundamentalismus.* He doesn't fit into people's preconceived ideas of Islamic fundamentalism. ◊ *Dieses Gymnasium fällt aus dem Raster der üblichen Vorortschule heraus.* This grammar school doesn't fit the image of a typical suburban school. **4** (*Bildschirm*) screen

rastlos 1 (*unermüdlich*) tireless (*Adv* tirelessly) **2** (*unruhig*) restless (*Adv* restlessly)

Rast- Rastplatz 1 place to rest ◊ *Wir fanden einen windgeschützten Rastplatz.* We found a place to rest out of the wind. **2** (*mit Bänken etc.*) picnic area **Raststätte** (motorway) service area

Rasur 1 shave **2** (*das Rasieren*) shaving

Rat 1 advice [U], piece of advice ◊ *Er hat mir einen guten Rat gegeben.* He gave me some good advice. ◊ *jdn um Rat fragen* ask sb for advice

Advice ist nicht zählbar, also kann man nicht von „an advice" oder „advices" reden. Richtig ist **some advice**, oder für einen einzelnen Ratschlag **a piece of advice**.

2 (*Versammlung*) council ◊ *Sie sitzt im Rat.* She sits on the council. ☛ G 1.3b **3 die eidgenössischen Räte** = the Swiss parliament [IDM] **jdm mit Rat und Tat zur Seite stehen** help sb in many ways **sich keinen Rat (mehr) wissen** be at a loss as to what to do; be at your wits' end ☛ Siehe auch ZURATE

Rat, Rätin (*Ratsmitglied*) councillor

Rate 1 instalment, (*AmE meist*) installment; (*Zahlung*) payment ◊ *etw in Raten abzahlen* pay for sth in instalments ◊ *etw auf Raten kaufen* buy sth on hire purchase **2** (*Anzahl*) number (of cases); (*Inflations-, Sterblichkeits-, Wachstums- etc.*) rate ◊ *Die Rate von Leukämiefällen ist gestiegen.* The number of cases of leukaemia has risen.

raten 1 jdm (zu) etw ~; jdm ~ etw zu tun advise sb to do sth ◊ *Sie rieten ihm zur Vorsicht.* They advised him to be careful. ◊ *Ich rate dir, das nicht noch einmal zu probieren!* I would advise you not to try that again! **2** (*schätzen*) guess ◊ *richtig/falsch raten* guess right/wrong ◊ *Keine Ahnung, da müsste ich raten.* No idea – I can only guess. ◊ *Rate mal!* Guess! [IDM] **dreimal darfst du raten** I'll give you three guesses

Ratenzahlung 1 hire purchase [U], (*AmE*) installment plan **2** (*Zahlung*) payment [U]

Ratespiel guessing game; (*Quiz*) quiz*

Ratgeber (*Buch*) guide

Ratgeber(in) adviser

Rathaus 1 town hall, (*AmE*) city hall **2** (*Stadtrat*) town council ◊ *die Grünen im Rathaus* the Greens on the town council

ratifizieren ratify*

Ratifizierung ratification [U]

Ration 1 (*Soldaten-*) rations [Pl] **2** (*zugeteilte Menge eines Grundstoffs*) ration ◊ *eine Ration Brot* a ration of bread [IDM] **eiserne Ration** iron rations [Pl]

rational rational (*Adv* rationally)

rationalisieren rationalize

Rationalisierung rationalization [U]

rationell efficient (*Adv* efficiently)

rationieren ration

ratlos at a loss (*nicht vor Nomen*), bewildered (*Blick, Gesicht, Gebärde auch*) helpless (*Adv* helplessly) ◊ *Sie war völlig ratlos.* She was completely at a loss. ◊ *Er machte ein ratloses Gesicht.* He looked bewildered. ◊ *Sie standen dem Phänomen ratlos gegenüber.* They were at a loss to account for the phenomenon.

ratsam advisable ◊ *Ich halte es für ratsam, dass du aussziehst.* I think it would be advisable for you to move out.

Ratschlag advice [U], piece of advice ◊ *ein vernünftiger Ratschlag* a sensible piece of advice ◊ *jdm praktische Ratschläge geben* give sb some practical advice ☛ Hinweis bei RAT, S. 1159.

Rätsel 1 riddle; (*Kreuzwort- etc.*) puzzle ◊ *Sie gaben einan-*

rätselhaft

der zum Zeitvertreib Rätsel auf. They set each other riddles to pass the time. ◊ *ein Rätsel raten/lösen* solve a puzzle

> **Puzzle** ist ein Oberbegriff, zu dem auch Kreuzworträtsel (**crosswords**) gehören. Ein **riddle** oder **conundrum** ist eine Scherzfrage, die ein Wortspiel enthält, z.B.: 'What's black and white and red (read) all over?' 'A newspaper.' ☛ *Hinweis bei* KREUZWORTRÄTSEL

2 (*Geheimnis*) mystery* ◊ *das Rätsel um die verschwundenen Juwelen* the mystery of the missing jewels ◊ *Wie du diesen Job aushältst, ist mir ein Rätsel.* It's a mystery to me how you stand that job. IDM **jdm Rätsel aufgeben** (*unverständlich sein*) baffle sb ◊ *eine Krankheit, die den Wissenschaftlern noch Rätsel aufgibt* an illness that still baffles scientists **vor einem Rätsel stehen** be baffled

rätselhaft mysterious (*Adv* mysteriously) ◊ *unter rätselhaften Umständen* in mysterious circumstances IDM **jdm rätselhaft sein** be a mystery to sb

rätseln (**über etw**) ~ puzzle (over sth) ◊ *Wir rätselten lange darüber, wer uns verraten haben könnte.* We puzzled for a long time over who could have told on us.

Rätselraten 1 (*meist mit einem Verb übersetzt*) ◊ *Wir vertrieben uns die Zeit mit Rätselraten.* We passed the time solving puzzles. ☛ *Hinweis bei* RÄTSEL **2** (*fig*) speculation ◊ *Das Rätselraten um den neuen Sponsor ist beendet.* The speculation about the new sponsor is over.

Rats- Ratsherr councillor ☛ G 2.2d **Ratssitzung** council meeting

Ratte rat (*auch fig*)

Rattengift rat poison

rattern clatter; (*Maschinengewehr*) crackle ◊ *Züge rattern über die Gleise.* Trains clatter along the tracks.

rau 1 rough ◊ *raue Hände* rough hands ◊ *Das Schiff sank in rauer See.* The ship went down in rough seas. **2** (*Klima, Wind, Leben*) harsh; (*Wetter*) rough; (*Berge, Landschaft*) rugged **3** (*Sitten, Ton*) rough (and ready) (*Adv* roughly); (*grob*) coarse (*Adv* coarsely) ◊ *Hier herrscht ein rauer Umgangston.* We're very rough and ready here. **4** (*Klang*) harsh (*Adv* harshly); (*Stimme*) hoarse (*Adv* hoarsely) ◊ *ein raues Krächzen* a harsh crackle ◊ *Seine Stimme klang rau.* His voice sounded hoarse. IDM ⇨ MENGE

Raub 1 robbery* ◊ *schwerer Raub* robbery with violence. **2** (*Entführung*) abduction ◊ *der Raub der Sklaven* the abduction of slaves ◊ *Die Tiere gehen auf Raub aus.* The animals go out on the prowl. IDM **ein Raub der Flammen werden** go* up in flames

Raubbau 1 ~ (**an etw**) over-exploitation (of sth); (*beim Fischfang*) overfishing (of sth) ◊ *der Raubbau an den Wäldern* over-exploitation of the forests ◊ *die Tropenwälder gegen Raubbau schützen* protect tropical forests against over-felling **2** ~ **mit der Gesundheit treiben** ruin your health

rauben 1 (**jdm**) **etw** ~ steal* sth (from sb) ◊ *Er hat ihr Geld geraubt.* He stole her money. ◊ *Der Mann hat ihr die Handtasche geraubt.* The man snatched her bag. **2** (*Tier*) get* ◊ *Der Fuchs hat ein Huhn geraubt.* The fox got a chicken. **3 jdm etw** ~ rob* sb of sth; (*wegnehmen*) deprive sb of sth ◊ *Das hat ihr die Chance geraubt, Weltmeisterin zu werden.* It robbed her of the opportunity to become world champion. ◊ *Sie haben den Menschen die Freiheit geraubt.* They deprived people of their freedom.

Räuber(in) 1 robber ◊ *ein bewaffneter Räuber* an armed robber ◊ *Die Händler sind die reinsten Räuber.* The dealers are real sharks. **2** (*Tier*) predator

Räuberbande band of robbers

Raub- Raubkatze big cat **Raubkopie** pirated copy* **Raubmord** murder and robbery **Raubritter** robber baron **Raubtier** predator **Raubüberfall** robbery*; (*auf eine Bank*) raid **Raubvogel** bird of prey

Rauch smoke IDM **in Rauch (und Flammen) aufgehen** go* up in smoke **sich in Rauch auflösen** vanish (into thin air); (*Pläne*) come* to nothing ◊ *Die Tasche kann sich doch nicht in Rauch aufgelöst haben!* The bag can't have just vanished! ☛ *Siehe auch* SCHALL

rauchen 1 smoke ◊ *Stört es Sie, wenn ich rauche?* Do you mind if I smoke? ◊ *eine Zigarette rauchen* have a cigarette ◊ *Rauchen verboten!* No smoking! ◊ *das Rauchen aufgeben* give up smoking ◊ *Häuser mit rauchenden Schornsteinen* houses with smoke coming from their chimneys **2 es raucht** ◊ *In der Küche raucht es.* The kitchen is full of smoke. ◊ *Es raucht aus dem Vulkan.* There's smoke coming from the volcano. IDM ⇨ KOPF *und* PFEIFE

Raucher (*Zugabteil*) smoking compartment, smoker ◊ *Ist hier Raucher oder Nichtraucher?* Is this smoking or non-smoking?

Raucher(in) smoker ◊ *Sie ist eine starke Raucherin.* She is a heavy smoker. ◊ *Sind Sie Raucher?* Do you smoke?

Räucherlachs smoked salmon

räuchern smoke

Räucherstäbchen joss stick

rauchfrei non-smoking ◊ *Die Lufthansa fliegt jetzt rauchfrei.* Lufthansa flights are now non-smoking.

rauchig 1 smoky* ◊ *Der Tee schmeckt rauchig.* The tea has a smoky taste. **2** (*Stimme*) husky*

Rauch- Rauchschwaden clouds of smoke [Pl] **Rauchverbot** ban on smoking **Rauchvergiftung** (the effects of) smoke inhalation ◊ *Sie wurde mit einer Rauchvergiftung ins Krankenhaus gebracht.* She was taken to hospital suffering the effects of smoke inhalation. ◊ *Er erlitt schwere Rauchvergiftungen.* He was overcome by smoke. **Rauchwolke** cloud of smoke **Rauchzeichen** smoke signal

rauf ⇨ HERAUF *und* HINAUF

Raufasertapete woodchip (paper)

raufen (**sich**) (**mit jdm**) (**um etw**) ~ fight* (with sb) (over sth) ◊ *Auf dem Schulhof raufte er mit seinem Freund.* He was fighting with his friend in the playground. ◊ *Sie rauften sich um das letzte Bonbon.* They were fighting over the last sweet. IDM ⇨ HAAR

Rauferei fight, scuffle

Rauhaardackel wire-haired dachshund

Raum 1 (*Zimmer*) room; (*Räumlichkeiten*) premises [Pl] ◊ *Der Raum ist sehr groß.* The room is very big. ◊ *Die Musikschule zieht jetzt in eigene Räume um.* The music school is now moving into its own premises. **2** (*Platz*) (*Fläche*) space ◊ *Auf der engen Straße bleibt kein Raum zum Ausweichen.* In the narrow street there is no room for cars to pass. ◊ *Sie leben auf engstem Raum zusammen.* They live together in a very confined space. ◊ *Den Kindern fehlt der Raum, um sich austoben zu können.* The children have no space to run around. **3** (*Gebiet, Gegend*) area ◊ *Er kommt aus dem Raum Hamburg.* He comes from the Hamburg area. ◊ *im pazifischen Raum* in the Pacific region ◊ *im deutschsprachigen Raum* in German-speaking countries ◊ *die Kunst im öffentlichen Raum* art in public places **4** (*unbegrenzte Ausdehnung, Weltall*) space **5** (*Spiel-*) scope ◊ *Es lässt keinen Raum zur weiteren Ausdehnung.* It leaves no scope for further expansion. ◊ *Wir müssen Raum für Experimente lassen.* We have to leave room for experiment. ☛ *Hinweis bei* PLATZ

Raumaufteilung layout ◊ *die Raumaufteilung in dieser Wohnung* the layout of this flat **Raumausstatter(in)** interior decorator; (*Geschäft*) (firm of) interior decorators [Pl] ☛ G 2.2d

räumen 1 etw in etw ~ put* sth away in/on sth; **etw von etw** ~ clear sth off sth ◊ *Räum deine Kleider in den Schrank.* Put your clothes away in the wardrobe. ◊ *Ich räumte die Bücher ins Regal.* I put the books away on the shelves. ◊ *Er räumte die Akten vom Tisch.* He cleared the files off the desk. **2** (*weggehen*) leave*; (*Wohnung*) move out of *sth*; (*Hotelzimmer*) vacate ◊ *Bitte räumen Sie sofort das Gebäude!* Please leave the building immediately! **3** (*frei machen*) clear; (*evakuieren*) evacuate ◊ *Er räumte seinen Schreibtisch.* He cleared his desk. **4** (*wegtun*) clear ◊ *Minen räumen* clear mines ◊ *den Schnee vom Gehweg räumen* clear the snow from the pavement ◊ *Er wollte seinen Rivalen aus dem Weg räumen.* He wanted to get his rival out of the way. IDM ⇨ FELD *und* WEG

Raum- Raumfähre space shuttle **Raumfahrer(in)** astronaut ☛ G 2.2d **Raumfahrt** space travel [U] ◊ *die Geschichte der Raumfahrt* the history of space travel **Raumfahrtbehörde** space agency **Raumfahrtindustrie** space industry* **Raumfahrzeug** spacecraft*

räumlich 1 spatial (*Adv* spatially); (*Entfernung, Nähe*) physical (*Adv* physically) ◊ *ein starkes räumliches Empfinden* good spatial awareness ◊ *Die Aktion ist räumlich begrenzt.* The operation is confined to a specific area. ◊ *die räumliche Aufteilung des Hauses* the layout of the house **2** (*platzmäßig*) ◊ *die räumliche Enge* the lack of space ◊ *Die räumlichen Bedingungen in der Schule sind sehr schlecht.*

The school is very short of space. ◊ *in räumlich beengten Verhältnissen* in cramped conditions **3** (*dreidimensional*) three-dimensional (*Adv* three-dimensionally) **4** (*Klang*) stereophonic
Räumlichkeit 1 Räumlichkeiten premises [Pl] **2** (*Dreidimensionalität*) three-dimensionality, three-dimensional quality
Raum- Raumschiff space ship **Raumstation** space station **Raumteiler** room divider
Räumung 1 clearing; (*Wohnung*) vacating (*oft mit einem Verb übersetzt*) ◊ *Wer ist für die Räumung der Minen zuständig?* Who is responsible for clearing the mines? ◊ *Die Polizei forderte die Demonstranten zur Räumung der Straße auf.* The police ordered the demonstrators to clear the street. **2** (*Zwangsräumung*) eviction; (MIL) withdrawal ◊ *Sie verlangten die Räumung aller besetzten Gebiete.* They demanded a withdrawal from all the occupied areas.
Räumungsarbeiten clearing up [U] **Räumungsklage** eviction proceedings [Pl] ◊ *Der Vermieter reichte eine Räumungsklage gegen die Mieter ein.* The landlord took eviction proceedings against the tenants. **Räumungsverkauf** clearance sale; (*wegen Geschäftsaufgabe*) closing-down sale
raunen murmur; (*flüstern*) whisper
Raupe 1 (*Larve*) caterpillar **2** (*Baufahrzeug*) bulldozer
Raureif hoar frost
raus ◊ *Jetzt reicht's! Raus!* That's enough! (Get) out! ◊ *Li Peng raus!* Down with Li Peng! ☛ *Siehe auch* HERAUS *und* HINAUS IDM ⇨ NICHTS
Rausch 1 ◊ *einen Rausch bekommen/haben* get/be drunk ◊ *Er hatte einen Rausch einen Unfall verursacht.* He had caused an accident while drunk. ◊ *Er schlief seinen Rausch aus.* He slept it off. **2** (*Drogen-*) drugged state, high (*umgs*) **3** (*fig*) exhilaration; (*stärker*) frenzy ◊ *als Deutschland im Rausch der Einheit war* when Germany was in a state of exhilaration over reunification ◊ *in einen Rausch geraten* be driven into a frenzy ◊ *Er spielte sich fast in einen Rausch.* His playing became almost frenzied. IDM ⇨ ANTRINKEN
rauschen 1 (*Brandung, Wasserfall, Verkehr*) roar; (*Bach*) murmur; (*Baum, Blätter, Wind*) rustle; (*Radio, Lautsprecher*) hiss ◊ *das monotone Rauschen des Verkehrs* the monotonous roar of the traffic ◊ *im Wind rauschen* rustle in the wind ◊ *Aus dem Radio kam nur ein Rauschen.* The radio was just making a hissing sound. **2** (*sich schnell bewegen*) rush **3** (*Mensch*) sweep* ◊ *Sie rauschte aus dem Zimmer.* She swept out of the room.
Rauschgift drug, narcotic (*Fachspr*); (*Drogen*) drugs [Pl], narcotics [Pl] (*Fachspr*) ◊ *ein stark wirkendes Rauschgift* a powerful drug ◊ *Rauschgift nehmen* take drugs ◊ *Er nimmt seit Jahren Rauschgift.* He's been on drugs for years.
Rauschgiftfahnder(in) drugs squad officer, (*AmE*) narcotics officer ◊ *die Rauschgiftfahnder* the drugs squad ☛ G 2.2b **Rauschgifthandel** drug dealing; (*groß angelegt*) drugs trade **Rauschgifthändler(in)** drug dealer ☛ G 2.2b **Rauschgiftkriminalität** drug-related crime **Rauschgiftschmuggel** drug-smuggling **Rauschgiftsucht** drug addiction **rauschgiftsüchtig** addicted to drugs (*nicht vor Nomen*) ◊ *rauschgiftsüchtige Kinder* children who are addicted to drugs **Rauschgiftsüchtige(r)** drug addict
raushalten ☛ *Hinweis bei* HERAUS ⇨ HERAUSHALTEN
rauskriegen ⇨ HERAUSKRIEGEN
räuspern *sich* ~ clear your throat
rausschmeißen 1 throw **sb*/sth* out, chuck *sth* out (*umgs*); (*Geld*) throw* *sth* away ◊ *das alte Sofa rausschmeißen* throw out the old sofa ◊ *Er wurde rausgeschmissen.* He got thrown out. ◊ *Er schmeißt das Geld nur so zum Fenster raus.* He's just throwing money away. ◊ *Das ist doch rausgeschmissenes Geld!* It's money down the drain! **2** (*entlassen*) give* *sb* the sack (*umgs*) ◊ *Er wurde rausgeschmissen.* He was given the sack.
Rausschmeißer bouncer
Raute lozenge; (MATH) rhombus
Rave rave
Raver(in) raver
Razzia raid ◊ *bei der Razzia beschlagnahmt* seized in the raid ◊ *Die Polizei führte in dem Lokal eine Razzia durch.* The police raided the bar.
Reagenzglas test tube
reagieren 1 (*auf jdn/etw*) ~ react (to sb/sth); (*antworten*) respond (to sb/sth) ◊ *Sie reagierte enttäuscht auf diese Nachricht.* She reacted with disappointment to the news. ◊ *Er reagierte auf die Vorwürfe mit einem Achselzucken.* He responded to the accusations with a shrug of the shoulders. **2** (NATURW) react (together); **mit etw** ~ react with sth ◊ *Die zwei Chemikalien reagierten.* The two chemicals reacted together. ◊ *Das Gas reagiert mit dem Luftsauerstoff zu Ozon.* The gas reacts with the oxygen in the air to form ozone. ◊ *sauer reagieren* become an acid
Reaktion ~ (**auf jdn/etw**) reaction (to sb/sth) ◊ *eine allergische Reaktion* an allergic reaction ◊ *Der Vorwurf hat heftige Reaktionen ausgelöst.* The accusation provoked a strong reaction. ◊ *Er hat sein Leben ihrer schnellen Reaktion zu verdanken.* He owes his life to her quick reactions. ◊ *Der Protestmarsch war eine Reaktion auf die neuesten Stellenkürzungen.* The demonstration was a response to the latest job cuts.
reaktionär reactionary
Reaktionsfähigkeit reactions [Pl]
Reaktor reactor
Reaktorunfall nuclear (reactor) accident
real 1 *Adj* real ◊ *die reale Situation in dem Land* the real situation in the country ◊ *das reale Bruttosozialprodukt* real GNP ◊ *Diese Pläne sind real nicht umsetzbar.* These plans are impracticable. **2** *Adv* (WIRTSCH) in real terms ◊ *Die Ausfuhren stiegen real um 10%.* Exports rose by 10% in real terms.
Realeinkommen real income
realisierbar feasible; (*Alternative*) practicable
realisieren 1 (*Projekt, Vorhaben*) carry* *sth* out; (*Rekord, Ziel*) achieve ◊ *Das Bauvorhaben wurde schnell realisiert.* The building project was soon carried out. ◊ *Das Projekt ist technisch nicht zu realisieren.* The project is not technically feasible. **2** (*erkennen*) realize
Realisierung implementation [U]
Realismus realism
Realist(in) realist
realistisch realistic (*Adv* realistically) ◊ *bei realistischer Betrachtung der Dinge* looking at it realistically
Realität 1 (*Wirklichkeit*) reality [U] ◊ *Das entspricht überhaupt nicht der Realität.* That bears no relation to reality. ◊ *in der Realität* in reality ◊ *Du kennst die Realität überhaupt nicht.* You don't know the first thing about real life. **2** (*Tatsache*) realities [Pl] ◊ *die Realitäten des Lebens* the realities of life ◊ *Du gehst an den Realitäten vorbei.* You are ignoring the reality of the situation.
realitätsfern unrealistic (*Adv* unrealistically) **realitätsnah** realistic **Realitätssinn** sense of reality
Reality-TV reality TV
Realschule ≈ secondary school (specializing in technical and business subjects)
Rebe vine
Rebell(in) rebel
rebellieren rebel* ◊ *Jugendliche, die gegen das System rebellieren* young people who rebel against the system ◊ *Die Minderheiten rebellieren offen gegen die Regierung.* Minority groups are in open rebellion against the government. ◊ *rebellierende Gefangene* rioting prisoners
Rebellion rebellion
rebellisch rebellious (*Adv* rebelliously); (*Kinder*) unruly ◊ *eine rebellische Ader* a rebellious streak
Rebhuhn partridge
Rebsorte grape variety*
Receiver receiver
Rechen rake
Rechen- Rechenaufgabe maths problem; (*einfach*) sum ◊ *eine Rechenaufgabe lösen* do a sum **Rechenbeispiel** theoretical calculation **Rechenfehler** mathematical error, miscalculation
Rechenschaft (**für etw**) ~ **ablegen** give* an account (of sth); **jdm** ~ (**über etw**) **schulden** be answerable to sb (for sth); **jdn** (**für etw**) **zur** ~ **ziehen** call sb to account (for sth) ◊ *Er muss genau Rechenschaft über seine Ausgaben ablegen.* He has to give an exact account of his expenditure. ◊ *dem Parlament Rechenschaft schulden* be answerable to parliament ◊ *Ich schulde dir doch keine Rechenschaft darüber, was ich mit meiner freien Zeit anfange!* I'm not answerable

to you for the way I spend my free time. ◊ *Die Verantwortlichen müssen zur Rechenschaft gezogen werden.* Those responsible must be called to account. ◊ *Sie wurden wegen Korruption zur Rechenschaft gezogen.* They were brought to book for corruption.
Rechenschaftsbericht report
Rechen- Rechenschieber slide rule **Rechenzentrum** computer centre, (*AmE*) computer center
Recherche investigation; (*Forschung*) research
recherchieren investigate; (*forschen*) research ◊ *Der Ausschuss wird in dieser Sache recherchieren.* The committee will investigate the matter. ◊ *Wir haben gründlich recherchiert.* We carried out a thorough investigation. ◊ *ein hervorragend recherchierter Bericht* an extremely well-researched report
rechnen 1 do* arithmetic ◊ *Er kann nicht gut rechnen.* He is not good at arithmetic. ◊ *rechnen lernen* learn arithmetic ◊ *rechnen können* be numerate ◊ *Grob gerechnet sind es 200.* There are roughly 200. **2** *etw* ~ work sth out ◊ *Kannst du diese Aufgabe rechnen?* Can you work out this sum? **3** *etw zu etw* ~ add sth to sth ◊ *die Nebenkosten zu der Miete rechnen* add the additional costs to the rent **4** (*veranschlagen*) estimate ◊ *Für den Auftrag hat er acht Stunden gerechnet.* He estimated eight hours for the job. ◊ *Pro Person rechnet man drei Kartoffeln.* Allow three potatoes per person. **5** (**mit etw**) ~ (*sparsam umgehen*) ◊ *Privatkliniken rechnen knapper.* Private clinics are more careful with money. ◊ *Sie müssen mit ihrem Geld rechnen.* They have to be careful with their money. **6 jdn als/zu etw** ~ count sb as sth ◊ *Kinder über 14 werden als Erwachsene gerechnet.* Children over 14 count as adults. ◊ *Ich hatte dich eigentlich zu meinen Freunden gerechnet.* I thought of you as a friend. ◊ *Er wird zum linken Flügel der Partei gerechnet.* He is regarded as being on the left-wing of the party. **7 mit jdm/etw** ~ expect sb/sth ◊ *Sie rechnen mit 100 Besuchern.* They are expecting 100 visitors. ◊ *mit allem rechnen* be prepared for anything **8 auf jdn/etw** ~; **mit jdm/etw** ~ count on sb/sth ◊ *Du kannst auf mich rechnen.* You can count on me. ◊ *Er rechnet fest mit einem Platz in der Mannschaft.* He is counting on getting a place in the team. **9 sich** ~ (*sich lohnen*) be profitable ◊ *Das Unterfangen rechnet sich erst im Jahr 2015.* The venture will not be profitable until 2015. ◊ *So ein kleines Projekt rechnet sich nicht.* Such a small project is not commercially viable. IDM ⇨ KOPF *und* PFENNIG
Rechnen arithmetic [U]
Rechner 1 computer **2** (*Mensch*) ◊ *Er ist ein guter Rechner.* He is good at arithmetic.
rechnergesteuert computer-controlled **rechnergestützt** computer-aided
rechnerisch 1 (*in Bezug auf das Rechnen*) mathematical (*Adv* mathematically) ◊ *Den Kindern werden schon große rechnerische Leistungen abverlangt.* The children are already being required to work out difficult mathematical problems. ◊ *Das ist rechnerisch falsch.* There's a mistake in the calculations. **2** (*zahlenmäßig*) numerical (*Adv* numerically) ◊ *rein rechnerisch* numerically speaking
Rechnung 1 bill; (*Waren-*) invoice ◊ *eine Rechnung über 10 Franken* a bill for 10 francs ◊ *Die Firma hat die Rechnung noch nicht geschickt.* The firm has not sent its invoice yet. ◊ *Bitte bewahren Sie die Rechnung auf.* Please keep the receipt. ☛ *Die Rechnung in einem Restaurant oder einer Bar heißt im amerikanischen Englisch* **check**. **2 auf** ~ on account **3 auf jds** ~ **kommen/gehen** be paid by sb ◊ *Die Telefonkosten gehen auf Rechnung der Firma.* Telephone calls are paid by the firm. ◊ *Die Getränke gehen auf meine Rechnung!* The drinks are on me! **4 jdm etw in** ~ **stellen** charge sb for sth ◊ *Er hat mir zu viel in Rechnung gestellt.* He overcharged me. **5** (*Berechnung*) calculation; (*Schätzung*) calculations [Pl] ◊ *Nach dieser Rechnung gab es ein Minus von 7%.* According to this calculation, there was a shortfall of 7%. IDM **die Rechnung für etw bezahlen müssen/präsentiert bekommen** pay* the price for sth **die Rechnung geht (nicht) auf** ((*nicht*) *erfolgreich sein*) things are (not) working out ◊ *Bisher ist seine Rechnung nicht aufgegangen.* Up until now, things haven't worked out as he planned. **eine alte Rechnung (mit jdm) begleichen** settle an old score (with sb) **einer Sache Rechnung tragen** take* sth into account ☛ *Siehe auch* STRICH
recht 1 (*richtig*) right ◊ *Du kommst genau zur rechten Zeit.* You've come just at the right time. ◊ *Das geht doch nicht mit rechten Dingen zu!* There's something not quite right going on here! ◊ *Wenn ich mich recht entsinne*, ... If I remember correctly, ... ◊ *Verstehen Sie mich bitte recht.* Please don't misunderstand me. ◊ *Recht so!* That's fine. **2** (**jdm**) ~ **sein** be all right (with sb) ◊ *Ist es dir recht, wenn ich morgen komme?* Is it all right with you if I come tomorrow? ◊ *Politikern ist jedes Mittel recht, an die Macht zu kommen.* Politicians will use any means to get into power. ◊ *Es ist ihm gar nicht recht, dass sie das macht.* He doesn't like her doing it. ◊ *Das ist mir recht.* It's fine by me. **3** (*wirklich, echt*) real (*Adv* really) ◊ *ein rechter Faulpelz* a real lazybones ◊ *Er kocht recht gern.* He really enjoys cooking. ◊ *Er weiß nicht recht, ob* ... He doesn't really know whether ... ◊ *recht gut Bescheid wissen* be really well informed ◊ *Er hat nichts Rechtes gelernt.* He hasn't learnt a proper trade. ◊ *Recht herzlichen Dank!* Thank you very much indeed! **4** (*ziemlich*) quite ◊ *Das Konzert hat mir recht gut gefallen.* I quite enjoyed the concert. ☛ *Siehe auch* RECHT IDM **alles, was recht ist!** there is a limit! **das geschieht dir recht!** it serves you right! (**jdm**) **gerade recht kommen 1** come at just the right time (for sb) **2** (*ironisch*) be all sb needs ◊ *Na, du kommst mir gerade recht!* You! That's all I need! **man kann es nicht allen recht machen** you can't please everybody **mehr schlecht als recht** ⇨ SCHLECHT **nach dem Rechten sehen/schauen** keep* an eye on things ◊ *Kannst du bei uns nach dem Rechten sehen, während wir verreist sind?* Can you keep an eye on things while we're away? ◊ *Ich muss doch mal nach dem Rechten sehen!* I must just check that everything is all right. **jdm nichts recht machen können** ◊ *Man kann dir aber auch nichts recht machen!* There is no pleasing you! **nichts Rechtes mit jdm/etw anfangen können** not know* what to do with sb/sth ◊ *Sie wissen nichts Rechtes mit sich anzufangen.* They don't know what to do with themselves. ◊ *Mit diesem Buch kann ich nichts Rechtes anfangen.* This book doesn't do anything for me. **recht und schlecht** after a fashion ☛ *Siehe auch* DENKEN, DING *und* ERST
Recht 1 law [U] ◊ *nach geltendem Recht* under existing law ◊ *nach französischem Recht* according to French law ◊ *Das lässt das EU-Recht nicht zu.* That is not permitted under EU law. ◊ *Es muss gleiches Recht für alle gelten.* There should be one law for all. ◊ *das bürgerliche Recht* civil law **2 das** ~ (**auf etw**) the right (to sth) ◊ *Die Redaktion behält sich das Recht auf Kürzungen vor.* The editorial department reserves the right to make cuts. ◊ *Mit welchem Recht entscheidet er darüber?* What right has he to make that decision? ◊ *Es ist mein gutes Recht, meine Meinung zu äußern.* I have a right to express my opinion. **3** (*moralisch*) right ◊ *zwischen Recht und Unrecht unterscheiden* know right from wrong IDM **alle Rechte vorbehalten** all rights reserved **im Recht sein** be in the right **Recht behalten** be proved right **Recht bekommen** be proved right; (*vor Gericht*) win* your case **jdm Recht geben** admit* that sb is/was right **Recht haben** be right ◊ *Du hast Recht.* You're right. **Recht sprechen** administer justice **sich im Recht fühlen** feel* you are in the right **von Rechts wegen 1** by law **2** (*eigentlich*) by rights **zu Recht** quite rightly ◊ *Er fordert zu Recht, dass das Kraftwerk geschlossen wird.* He is quite rightly calling for the power plant to be shut down. ◊ *Das Restaurant hat zu Recht einen guten Ruf.* The restaurant enjoys a good reputation and rightly so. **zu seinem Recht kommen** ◊ *Die Kinder müssen auch zu ihrem Recht kommen.* The children's needs must be considered, too. ◊ *Nicht nur das Lernen, auch das Spiel muss zu seinem Recht kommen.* There has to be a place for play as well as learning. ☛ *Siehe auch* GNADE
Rechte 1 (*Hand*) right hand **2** (*Schlag*) right ◊ *Seine Rechte hat es in sich.* He's got a powerful right. **3** (POL) Right ☛ G 1.3a **4 zu jds Rechten** on sb's right ◊ *Er saß zur Rechten der Braut.* He sat on the bride's right.
rechte(r,s) 1 right ◊ *der rechte Arm* the right arm ◊ *Die Autos fahren hier auf der rechten Seite.* Cars drive on the right here. ◊ *auf der rechten Seite der Straße* on the right-hand side of the street **2** (POL) right-wing **3 rechter Winkel** right angle IDM ⇨ HAND
Rechte(r) right-winger
Rechteck rectangle; (*nicht quadratisch*) oblong
rechteckig rectangular; (*nicht quadratisch*) oblong
rechtens 1 *Adj* legal ◊ *Das Gericht fand die Kündigung für rechtens erklärt.* The court found that there were legal grounds for dismissal. **2** *Adv* by law

rechtfertigen justify* ◊ *Sie rechtfertigten die Preiserhöhung mit gestiegenen Personalkosten.* They justified the price increase, saying that staffing costs had risen.
Rechtfertigung justification [U] ◊ *Es gibt keine Rechtfertigung für Gewalt.* There is no justification for violence. ◊ *Und was hast du zu deiner Rechtfertigung zu sagen?* And how do you justify your behaviour?
rechthaberisch self-opinionated
rechtlich legal (*Adv* legally) ◊ *rechtliche Fragen* legal questions ◊ *rechtlich nicht zulässig* not legally permissible ◊ *Die Mieter sind rechtlich besser geschützt als die Vermieter.* Tenants are better protected under the law than landlords.
rechtlos with no rights (*nicht vor Nomen*) ◊ *eine rechtlose Minderheit* a minority with no rights ◊ *Sie sind praktisch rechtlos.* They have practically no rights.
rechtmäßig lawful; (*Besitzer*) rightful (*nur vor Nomen*)
rechts 1 right; (*auf der rechten Seite*) on the right ◊ *rechts abbiegen* turn right ◊ *Das Fahrrad kam von rechts.* The bike came from the right. ◊ *das erste Haus rechts* the first house on the right ◊ *Und rechts ist die Post.* And on the right is the post office. ◊ *Anja steht rechts von ihm.* Anja is on his right. ◊ *rechts des Neckars* on the right bank of the Neckar ◊ *rechts der Straße* on the right-hand side of the road ◊ *sich rechts einordnen* get into the right-hand lane ◊ *Soll ich es weiter nach rechts hängen?* Shall I hang it further to the right? **2** (POL) right-wing ◊ *Er ist stark rechts eingestellt.* His views are very right-wing. ◊ *Sie wählt schon immer rechts.* She's always been a right-wing voter. **3** (*beim Stricken*) knit ◊ *eins rechts, eins links* knit one, purl one
Rechts- Rechtsanspruch ~ (**auf etw**) legal right (to sth) ◊ *der Rechtsanspruch auf einen Kindergartenplatz* the legal right to a nursery school place ◊ *Sie hat Rechtsanspruch auf Wohngeld.* She is legally entitled to housing benefit. **Rechtsanwalt, -anwältin** lawyer, solicitor, barrister, (*AmE*) attorney ◊ *Hat sie sich vor Gericht durch einen Rechtsanwalt vertreten lassen?* Did she have a lawyer to represent her in court? ☛ *Hinweis bei* ANWALT ☛ G 2.2d **Rechtsaußen** (SPORT) right wing **Rechtsberatung** legal advice **rechtsbündig** flush right (*nicht vor Nomen*) ◊ *Den Text rechtsbündig ausrichten.* Set the text flush right.
rechtschaffen honest (*Adv* honestly), decent
Rechtschreib- Rechtschreibfehler spelling mistake ◊ *Du hast viele Rechtschreibfehler gemacht.* You've made a lot of spelling mistakes. **Rechtschreibkontrolle, Rechtschreibprüfung** (COMP) spellchecker ◊ *die Rechtschreibprüfung laufen lassen* run the spellchecker **Rechtschreibreform** spelling reform
Rechtschreibung spelling
Rechts- Rechtsextremismus right-wing extremism **Rechtsextremist(in)** right-wing extremist **rechtsextremistisch** extreme right-wing
Rechtsgrundlage legal basis
Rechtshänder(in) right-handed person* ◊ *Ist er Rechtshänder?* Is he right-handed?
rechtsherum (round) to the right, clockwise
rechtskräftig valid; (*Urteil*) final (*Adv* finally) ◊ *rechtskräftig abgelehnte Asylbewerber* asylum seekers whose applications for asylum have been finally rejected
Rechtsprechung administration of justice; (*Gesetz*) law ◊ *nach geltender Rechtsprechung* under current law ◊ *Solch hohe Schadenssummen gibt es in der deutschen Rechtsprechung nicht.* You don't get such high compensation payments in German courts.
rechts- rechtsradikal extreme right-wing **Rechtsradikale(r)** right-wing extremist **Rechtsradikalismus** right-wing extremism **Rechtsschutz** legal protection **Rechtsschutzversicherung** legal expenses insurance [U] **Rechtsstaat** (*Land*) state governed by the rule of law; (*Rechtsstaatlichkeit*) rule of law **rechtsstaatlich** based on the rule of law (*nicht vor Nomen*) **Rechtsstreit** lawsuit **Rechtsverkehr** driving on the right ◊ *In Kanada herrscht Rechtsverkehr.* They drive on the right in Canada. **Rechtsweg** legal action ◊ *den Rechtsweg gehen* take legal action ◊ *etw auf dem Rechtsweg beilegen* settle sth in court ◊ *Gegen Asylentscheidungen steht jedem der Rechtsweg offen.* Anyone can challenge a decision on asylum in court. ◊ *Die Verlosung findet unter Ausschluss des Rechtsweges statt.* The result of the draw will be final. **rechtswidrig** illegal (*Adv* illegally)

rechtwinklig right-angled
rechtzeitig 1 *Adj* prompt ◊ *Bei Infektionen muss eine rechtzeitige Behandlung erfolgen.* Infections require prompt treatment. ◊ *Ein Stau verhinderte sein rechtzeitiges Erscheinen am Arbeitsplatz.* A traffic jam prevented him from getting to work on time. **2** *Adv* in time; (*etwas früher*) in good time ◊ *Ich konnte noch rechtzeitig bremsen.* I braked in time. ◊ *Unser Tipp: rechtzeitig kommen.* Our tip: get there in good time.
Reck horizontal bar
recken 1 stretch ◊ *Recken Sie den linken Arm in die Höhe.* Stretch your left arm up in the air. ◊ *den Hals recken* crane your neck ◊ *Er reckte die Faust in die Höhe.* He raised his fist. **2 sich ~** stretch
recycelbar recyclable
recyceln recycle
Recycling recycling
Recyclingpapier recycled paper
Redakteur(in) editor; (*Moderator*) presenter, (*AmE*) announcer ☛ G 2.2d
Redaktion 1 ◊ *Die Redaktion des Buches hatte Bert Black.* The book was edited by Bert Black. **2** (*Redakteure*) editorial staff; (*Abteilung*) editorial department
redaktionell editorial ◊ *redaktionelle Beiträge* editorial contributions ◊ *die redaktionelle Bearbeitung eines Textes* the editing of a text
Redaktions- Redaktionsleitung editorial management ◊ *der Vorsitzende der Redaktionsleitung* the editor-in-chief **Redaktionsmitglied** member of the editorial staff **Redaktionsschluss** copy deadline
Rede 1 speech ◊ *eine Rede halten* make a speech **2** (*Gespräch*) conversation ◊ *Nie kam die Rede auf seinen Vater.* His father never came up in conversation. **3 die direkte/indirekte ~** direct/indirect speech ◊ *einen Satz in die indirekte Rede setzen* put a sentence into indirect speech [IDM] **die Rede auf jdn/etw bringen** bring* the conversation round to sb/sth **große Reden führen/schwingen** talk big; (*prahlen*) boast **etw in freier Rede vortragen** ◊ *Das Referat sollte in freier Rede vorgetragen werden.* The presentation should be given without notes. **langer Rede kurzer Sinn** the long and the short of it is ... **nicht der Rede wert** not worth mentioning ◊ *Vergiss es! Der Vorfall ist einfach nicht der Rede wert.* Forget it! The incident is simply not worth mentioning. ◊ *„Danke für deine Unterstützung." „Das ist nicht der Rede wert."* 'Thanks for your support.' 'Don't mention it.' **(jdm) Rede und Antwort stehen** justify* yourself (to sb) **von jdm/etw ist die Rede** ◊ *Bis jetzt ist von 20 Millionen die Rede.* Up to now they've been talking about 20 million. ◊ *Von Heirat war nie die Rede!* There was no mention of marriage! **von etw kann keine/nicht die Rede sein** ◊ *Es kann keine Rede davon sein, dass Geld verschwendet wurde.* There is no question of money having been wasted. ◊ *Von Berufserfahrung kann da keine Rede sein.* You can't call that professional experience. ◊ *Mit dir verreisen? Davon kann nicht die Rede sein!* Go away with you? I wouldn't dream of it! **(jdm) wegen einer Sache Rede und Antwort stehen** justify* sth (to sb) ◊ *Ich habe ihr wegen meines Fehlens Rede und Antwort stehen müssen.* I had to justify my absence to her. ◊ *Die Politiker stehen heute Bürgern Rede und Antwort.* There will be a question-and-answer session between politicians and townspeople today. **jdn zur Rede stellen** confront sb
Redefreiheit freedom of speech **redegewandt** eloquent (*Adv* eloquently)
reden 1 (**mit jdm**) (**über etw**) ~ talk (to sb) (about sth) ◊ *Worüber redet ihr gerade?* What are you talking about? ◊ *Sie redet nur noch von ihrem Freund.* All she ever talks about is her boyfriend. ◊ *Haben sie ihn zum Reden gebracht?* Did they make him talk? ☛ *Hinweis bei* SPRECHEN **2** speak* ◊ *Wir reden schon seit Wochen nicht mehr miteinander.* We haven't spoken to each other for weeks. ◊ *So lasse ich nicht mit mir reden, ist das klar?* I'm not to be spoken to like that, is that clear? ◊ *Ich rede nicht gern vor versammelter Mannschaft.* I don't like speaking in front of everybody. ☛ *Hinweis bei* SPRECHEN **3** (*sagen*) say* ◊ *Während des Essens hat sie kein Wort geredet.* During the meal she didn't say a word. ◊ *Lass mich zu Ende reden.* Let me finish (what I'm saying). ◊ *sich in Begeisterung reden* get carried away with what you are saying ◊ *Sein Sohn hat immer nur schlecht über ihn geredet.* His son never had a

Redensart

good word for him. **IDM gut reden haben** it's easy for sb to talk; it's all very well for sb to talk **mit sich reden lassen** be willing to compromise ◊ *Der Bürgermeister ließ in diesem Punkt nicht mit sich reden.* The mayor was not willing to compromise on this point. ◊ *Sie ließ nicht mit sich reden.* She wouldn't be persuaded. ◊ *„Können Sie schon früher ausziehen?" „Ich lasse mit mir reden."* 'Can you move out sooner?' 'I'm willing to be persuaded.' ◊ *Biete ihm 100 Euro an. Sicher lässt er mit sich reden.* Suggest a hundred euros. I'm sure he'll be open to offers. **Reden ist Silber, Schweigen ist Gold.** (speech is silver but) silence is golden **sich etw von der Seele reden** get* sth off your chest **von sich reden machen** draw* attention to yourself; (*berühmt werden*) make* a name for yourself ☛ *Siehe auch* BLAUE, BUCH, GEWISSEN, GOTT, GRUND, HAND, KLARTEXT, LEBER, LEICHT, MUND, PUNKT, SCHNABEL, SEELE, WAND *und* WORT

Redensart (*Redewendung*) expression, saying; (*Floskel*) empty phrase

Rede- Redeverbot (*oft mit einem Verb übersetzt*) ◊ *Er erhielt Redeverbot.* He was banned from speaking. **Redewendung** expression; (*idiomatisch*) idiom

redigieren edit

redlich 1 honest (*Adv* honestly) **2** (*sehr*) real (*Adv* really) ◊ *Sie hat sich redlich bemüht.* She made a real effort.

Redner(in) speaker

redselig talkative, chatty* (*umgs*)

Reduktion reduction ◊ *eine Reduktion der Preise um drei Prozent* a three-per-cent reduction in prices

reduzieren 1 etw (um etw) (auf etw) ~ reduce sth (by sth) (to sth), cut* sth (by sth) (to sth) ◊ *etw auf ein Minimum reduzieren* reduce sth to a minimum ◊ *Im Sommerschlussverkauf wurde vieles um bis zu 50% reduziert.* Many items were reduced by up to 50% in the summer sale. ◊ *den Energieverbrauch reduzieren* cut energy consumption **2 sich (auf etw)** ~ be reduced (to sth); (*zurückgehen*) decrease (to sth), go* down (to sth) ◊ *Ihr monatliches Einkommen hat sich um die Hälfte reduziert.* Her monthly income has been reduced by half. ◊ *Was er ausdrücken will, lässt sich auf ein paar Worte reduzieren.* What he wants to express can be reduced to a few words.

Reduzierung reduction ◊ *eine Reduzierung um ein Drittel* a reduction of a third

Reeder(in) shipowner ☛ G 2.2d

Reederei shipping company*

reell 1 real; (*realistisch*) realistic ◊ *Haben wir eine reelle Chance zu gewinnen?* Do we have a realistic chance of winning? **2** (*Preise, Geschäft*) fair

Reetdach thatched roof

Referat 1 paper ◊ *Ich muss ein Referat über Goethe halten.* I have to give a paper on Goethe. **2** (*Bericht*) report **3** (*Abteilung*) department

Referendar(in) civil service trainee; (*Lehrer*) trainee teacher; (*Jurist*) ≈ trainee solicitor ☛ G 2.2d

Referendariat training; (*für Lehrer*) teaching training; (*beim Gericht*) time as a trainee solicitor ◊ *Ist er noch im Referendariat?* Is he still doing his training?

Referendum referendum* ◊ *ein Referendum abhalten* hold a referendum

Referent(in) 1 (*Vortragende(r)*) speaker **2** (*Gutachter*) examiner **3** (*Sachberater*) adviser ◊ *der Referent für Auslandshilfe* the adviser on foreign aid

Referenz 1 reference ◊ *eine Referenz beibringen* produce a reference ◊ *Referenzen über einen Bewerber einholen* obtain references about an applicant **2** (*Mensch*) referee ◊ *jdn als Referenz angeben* give sb as a referee

referieren (über etw) ~ 1 give* a talk (on sth); (*wissenschaftliche Abhandlung*) give* a paper (on sth) **2** (*berichten*) report

reflektieren 1 reflect ◊ *Die Aluminiumplatten reflektieren die Sonnenwärme.* The aluminium sheets reflect the sun's heat. ◊ *Der Film reflektiert nicht die Meinung der Jugendlichen.* The film doesn't reflect the views of young people. ◊ *eine stark reflektierende Fläche* a very shiny surface **2 über etw ~** reflect on sth **3** (*bedenken*) consider; (*interpretieren*) interpret; (*kritisch durchleuchten*) look (critically) at *sth*; (*besprechen*) discuss **4 auf etw ~** (*anpeilen*) aim for sth; (*erhoffen*) hope for sth ◊ *Sie reflektieren auf Platz zwei.* They're aiming at second place.

Reflektor reflector

Reflex 1 (*Reaktion*) reflex; (*-handlung*) reflex action ◊ *gute Reflexe haben* have good reflexes ◊ *Ich wollte ihn nicht verletzen, es war einfach ein Reflex.* I didn't want to hurt him — it was just a reflex action. **2 ~ auf etw** reaction to sth **3** (PHYSIK) reflection (*auch fig*)

Reflexion reflection (*auch fig*) ◊ *Reflexionen über die Macht der Liebe* reflections on the power of love

Reflexivpronomen reflexive pronoun

Reform reform

Reformation Reformation

Reformationstag = October 31, a holiday in Protestant *Länder* commemorating the beginning of the Reformation

Reformator (GESCH) Reformer

reform- reformbedürftig in need of reform (*nicht vor Nomen*) **Reformhaus** health food shop

reformieren 1 reform **2 die reformierte Kirche** the Reformed Church

Refrain chorus, refrain

Refugium refuge

Regal shelves [Pl]; (*einzelnes Brett*) shelf*; (*Bücher-*) bookcase ◊ *An der Wand hing ein Regal.* There were shelves on the wall. ◊ *etw ins Regal stellen* put sth on the shelf ◊ *ein Buch aus dem Regal nehmen* take a book from the bookcase

Regatta regatta

rege (*Interesse, Nachfrage, Unterstützung*) strong; (*Fantasie, Debatte, Austausch*) lively*; (*Verkehr, Gebrauch*) heavy* ◊ *In den Geschäften herrschte reger Betrieb.* The shops were very busy. ◊ *Der Handel war in diesem Jahr sehr rege.* Business has been very good this year.

Regel 1 rule ◊ *Das verstößt gegen die Regeln.* That's against the rules. ◊ *sich an die Regeln halten* stick to the rules **2 sich etw zur ~ machen** make* a habit of doing sth ◊ *Ich habe es mir zur Regel gemacht, früh aufzustehen.* I make a habit of getting up early. **3 etw ist zur ~ geworden** sth has become a habit ◊ *Es ist zur Regel geworden, dass er sich jedes Wochenende betrinkt.* Getting drunk every weekend has become a habit with him. **4** (*Menstruation*) period ◊ *Sie hat ihre Regel.* She's got her period. ◊ *Sie hat ihre Regel mit 12 Jahren bekommen.* Her periods started when she was 12. **IDM in der/aller Regel** usually; as a rule ◊ *In der Regel funktioniert das.* That usually works. **nach allen Regeln der Kunst 1** (*gründlich*) well and truly ◊ *Die Gastgeber wurden nach allen Regeln der Kunst ausgespielt.* The home team were well and truly beaten. **2** (*geschickt*) skilfully ☛ *Siehe auch* AUSNAHME

Regelfall norm, rule ◊ *im Regelfall* as a rule

regelmäßig regular (*Adv* regularly) ◊ *regelmäßige Gesichtszüge* regular features ◊ *regelmäßige Verben* regular verbs ◊ *Ich muss regelmäßig meine Tabletten nehmen.* I have to take my tablets regularly. ◊ *Sie kommt regelmäßig zu spät.* She's always late.

Regelmäßigkeit regularity* **IDM in schöner Regelmäßigkeit** again and again

regeln 1 regulate (*verwalten*) administer ◊ *eine Sache durch Gesetz regeln* regulate sth by law ◊ *Ein Chip regelt den Vorgang.* A chip regulates the process. ◊ *Die Sozialhilfe wird von den Kommunen geregelt.* Benefits are administered by local government. ◊ *Der Verkehr wird durch eine Ampel geregelt.* The traffic is controlled by lights. ◊ *Die Temperatur regelt sich automatisch.* The temperature adjusts itself automatically. ◊ *Die Kostenfrage muss noch verträglich geregelt werden.* The question of costs has to be dealt with in the terms of the contract **2** (*abmachen*) arrange ◊ *Wir haben es so geregelt, dass ...* We have arranged it so that ... **3** (*Problem, Angelegenheit*) sort *sth* out ◊ *Ist die Sache jetzt endlich geregelt?* Has the matter finally been sorted out? **4** (*Formalitäten*) complete

regelrecht 1 real (*Adv* really), absolute (*Adv* absolutely) ◊ *Er hat sich regelrecht besoffen.* He got really drunk. ◊ *Das Stück war ein regelrechter Reinfall.* The play was an absolute disaster. **2** (*ordnungsgemäß*) proper (*nur vor Nomen*) (*Adv* properly)

Regel- Regelschmerzen period pains [Pl] **Regelstudienzeit** = (maximum) time allowed for a university course

In Großbritannien und den USA müssen die Abschlussprüfungen für ein Studium am Ende einer vorgeschriebenen Studienzeit (meist drei Jahre für ein

bachelor's degree in Großbritannien, vier Jahre in den USA) abgelegt werden.

Regelung 1 (*oft mit einem Verb übersetzt*) ◊ *die geplante Regelung des Bananenmarktes* the planned regulation of the banana trade ◊ *Sie verlangten eine Regelung der Arbeitsbedingungen.* They called for working conditions to be regulated. ◊ *Ihm wurde die Regelung des Verkehrs zugeteilt.* He was put in charge of controlling the traffic. **2** (*Lösung*) solution **3** (*Vorschrift*) regulation

Regel- Regelverstoß offence, (*AmE*) offense **regelwidrig** against the rules (*nicht vor Nomen*) ◊ *regelwidriges Verhalten* behaviour which is against the rules ◊ *regelwidrig handeln* break the rules

regen 1 (**sich**) **~ move 2 sich ~** (*Blatt, Gefühl*) stir* ◊ *Bald regten sich Zweifel in mir.* Doubts soon stirred within me. ◊ *Kein Lüftchen regte sich.* There wasn't a breath of wind.

Regen rain ◊ *starker Regen* heavy rain ◊ *Wir zogen bei strömendem Regen los.* We set off in pouring rain. ◊ *Bei Regen findet die Veranstaltung in der Halle statt.* If it rains, the event will be held in the hall. IDM **vom/aus dem Regen in die Traufe kommen** jump out of the frying pan into the fire

Regenbogen rainbow

regenerieren 1 restore ◊ *Wir wollen die Wiesen regenerieren.* We want to restore the meadows. **2** (**sich**) **~** (*sich neu bilden*) regenerate; (*fig*) recover

Regen- Regenfälle rain [U]; (*Schauer*) showers [Pl] ◊ *anhaltende Regenfälle* persistent rain ◊ *heftige Regenfälle* heavy showers **Regenjacke** waterproof jacket; (*dünn*) cagoule **Regenrinne** gutter **Regenschauer** shower **Regenschirm** umbrella

Regent(in) 1 (*Herrscher*) ruler **2** (*Stellvertreter*) regent

Regen- Regentonne water butt **Regentropfen** raindrop **Regenwald** rainforest **Regenwasser** rainwater **Regenwetter** wet weather **Regenwolke** rain cloud **Regenwurm** earthworm **Regenzeit** rainy season

Reggae Reggae

Regie (*oft mit einem Verb übersetzt*) ◊ *Wer hat bei diesem Film die Regie geführt?* Who directed this film? ◊ *Regie: Claudia Wehner* Director: Claudia Wehner ◊ *Die Demonstration lief unter der Regie der Grünen.* The demonstration was organized by the Green Party. ◊ *Unter der Regie des neuen Trainers siegte die Mannschaft 3:1.* Under their new manager, the team won 3-1. IDM **in eigener Regie** yourself ◊ *Sie macht alles in eigener Regie.* She does everything herself. ◊ *Spielgruppen, die Mütter in eigener Regie organisieren* playgroups that mothers run themselves

Regieanweisung stage direction

regieren 1 govern, rule; (*Monarch auch*) reign ◊ *Das Land wurde zunächst von den alliierten Mächten regiert.* The country was at first governed by the allied powers. ◊ *Das Land wird von den Militärs regiert.* The country is ruled by the military. ◊ *In der Stadt regiert die Angst.* The city is ruled by fear. ◊ *Karl VI regierte von 1711 bis 1780.* Charles VI reigned from 1711 to 1780. ◊ *Geld regiert die Welt.* Money makes the world go round. **2** (*an der Macht sein*) be in power ◊ *die SPD-regierten Länder* the federal states where the SPD is in power ◊ (LING) govern, take* ◊ *Präpositionen, die den Dativ regieren* prepositions that take the dative

Regierung government ☞ G 1.3b; (*in den USA*) administration; (*eines Monarchen*) reign ◊ *die Regierung in Stockholm* the Swedish government ◊ *die Regierung Schmidt* the Schmidt government ◊ *an der Regierung sein* be in government ◊ *unter der Regierung von Präsident Bush* under the Bush administration ◊ *unter der Regierung Kaiser Hadrians* under the reign of Emperor Hadrian ◊ *die Regierung antreten* take office ◊ *an die Regierung kommen* come into power

Regierungsbezirk = administrative district **Regierungschef(in)** head of government **Regierungserklärung** government statement

In Großbritannien ist es Tradition, dass der Monarch anlässlich einer neuen Legislaturperiode die Regierungserklärung des Premierministers zeremoniell vor versammeltem Parlament verliest. Diese Erklärung wird deshalb **Queen's/King's speech** genannt.

regierungsfähig able to govern (*nicht vor Nomen*) ◊ *Die Koalition bleibt also regierungsfähig.* The coalition is thus still able to govern. ◊ *eine regierungsfähige Mehrheit* a working majority **Regierungskrise** government crisis* **Regierungspartei** ruling party* **Regierungsprogramm** legislative programme, (*AmE*) legislative agenda ☞ **Regierungssprecher(in)** government spokesperson* **Regierungsumbildung** government reshuffle; (*in GB*) cabinet reshuffle **Regierungswechsel** change of government

Regime regime (*auch fig*)

Regimegegner(in) opponent of a/the regime

Regiment 1 (MIL) regiment **2** (*Herrschaft, Führung*) leadership IDM **ein strenges Regiment führen** run* a tight ship

Region region, area ◊ *eine autonome Region* an autonomous region ◊ *ländliche Regionen* rural areas ◊ *in der Region Leipzig* in the Leipzig area ☞ *Hinweis bei* GEGEND IDM **in höheren Regionen schweben** have your head in the clouds

regional regional, local ◊ *regionale Schwankungen* regional variations ◊ *regionale Firmen* local firms ☞ **Local** bezieht sich auf einen Ort und seine nähere Umgebung, **regional** meist auf ein größeres Gebiet: *die regionale Musikszene* the local music scene ◊ *das regionale Eisenbahnnetz* the regional railway network. *Hinweis bei* LOCAL[1]

Regionalliga regional league **Regionalpolitik** regional politics ◊ *Er interessiert sich nur für die Regionalpolitik.* He's only interested in regional politics. ☞ *Hinweis bei* ECONOMICS **Regionalprogramm** regional programmes [Pl], (*AmE*) local broadcasting [U] ☞ *Hinweis bei* LOCAL[1]

Regisseur(in) director ☞ G 2.2d

Register 1 (*alphabetische Liste*) index ◊ *einen Namen im Register nachschlagen* look up a name in the index **2** (*amtliches Verzeichnis*) register **3** (MUS) register; (*Orgel-*) stop IDM **alle Register ziehen/spielen lassen** pull out all the stops

registrieren 1 register **2** (*bemerken*) notice

reglementieren regulate, regiment (*abwert*) ◊ *die reglementierte Einfuhr von Steinkohle* regulated imports of coal ◊ *Ihr Leben ist stark reglementiert.* Their life is strictly regimented.

Regler control

reglos ⇨ REGUNGSLOS

regnen 1 rain ◊ *Regnet es?* Is it raining? ◊ *Es regnet in Strömen.* It's pouring with rain. **2 es regnet etw** sth floods in ◊ *Es regnete Beschwerdebriefe.* Letters of complaint flooded in.

regnerisch rainy*

regulär 1 (*üblich, normal*) usual (*Adv* usually); (*Unterricht*) normal (*Adv* normally); (*Arbeit, Armee, Preise*) regular ◊ *ein regulärer Job* a regular job **2** (*vorschriftsmäßig*) ◊ *Das Abseits war auf jeden Fall regulär.* It was definitely offside. ◊ *Seine Amtszeit sollte regulär im nächsten Jahr enden.* His term of office is due to end next year. ◊ *zwei Minuten vor Ende der regulären Spielzeit* with two minutes of normal time left ◊ *Das Ergebnis war regulär.* The result was judged to be correct.

regulieren 1 regulate; (*Zähne*) straighten **2 einen Schaden ~** settle a claim for damages **3 sich ~** regulate itself ◊ *ein sich selbst regulierender Mechanismus* a self-regulating mechanism

Regulierung regulation; (*Schaden, Rechnung*) settlement (*oft mit einem Verb übersetzt*) ◊ *Die Regulierung des Flusslaufes ist sehr kostspielig.* It is very expensive to regulate the flow of the river.

Regung emotion ◊ *ohne sichtbare Regung* showing no sign of emotion

regungslos, reglos 1 motionless ◊ *Er lag regungslos auf dem Boden.* He lay motionless on the ground. **2** (*ohne Gefühle*) impassive (*Adv* impassively) ◊ *Er blieb völlig regungslos.* He remained completely impassive. ◊ *Sie starrte regungslos auf die Leinwand.* She stared impassively at the screen.

Reh roe (deer*); (*Fleisch*) venison

Rehabilitation, Rehabilitierung 1 rehabilitation ◊ *die soziale Rehabilitation Straffälliger* the social rehabilitation of offenders ◊ *Einrichtungen für die berufliche Rehabilitation Behinderter* agencies that help disabled people get back to work ◊ *Für die medizinische Rehabilitation ist*

rehabilitieren

Krankengymnastik wichtig. Physiotherapy plays an important role in recovery. **2** (*fig*) (*meist mit einem Verb übersetzt*) ◊ *Das Match bietet ihnen die Chance zur Rehabilitation.* The match will give them a chance to restore their reputation.
rehabilitieren 1 rehabilitate **2 sich ~** restore your reputation ◊ *Er will sich bei den Weltmeisterschaften rehabilitieren.* He hopes to restore his reputation at the world championships.
Reha-Zentrum rehabilitation centre, (*AmE*) rehabilitation center
Reh- Rehbock roebuck **Rehbraten** roast venison **Rehkitz** fawn
Reibach (den großen) ~ machen make* a fortune
Reibe grater
Reibeisen 1 grater **2** ◊ *eine Stimme wie ein Reibeisen haben* be very hoarse
reiben 1 rub* ◊ *Er versuchte, den Fleck aus dem Hemd zu reiben.* He tried to rub the mark off the shirt. ◊ *Die Schuhe reiben.* These shoes rub. ◊ *sich die Augen reiben* rub your eyes ◊ *Sie rieb sich vor Freude die Hände.* She rubbed her hands with glee. ◊ *den Tisch trocken reiben* wipe the table dry **2** (*zerkleinern*) grate ◊ *geriebener Käse* grated cheese **3 sich (aneinander) ~** rub* each other up the wrong way **IDM** ⇨ NASE
Reiberei friction [U]
Reibung friction
reibungslos smooth (*Adv* smoothly) ◊ *reibungslos verlaufen* go smoothly
reich 1 rich; (*vermögend*) wealthy* ◊ *Er ist sehr reich.* He is very rich. ◊ *Sie ist eine sehr reiche Frau.* She is a very wealthy woman. ◊ *Leute aus reicher Familie* people from a wealthy background ☛ *Siehe auch* REICHE(R) **2** (*prächtig*) lavish (*Adv* lavishly), rich (*Adv* richly) ◊ *reiche Ornamente* lavish decorations ◊ *reich mit Perlen bestickt* richly decorated with pearls **3** (*üppig*) abundant; (*Auswahl, Angebot*) wide ◊ *eine reiche Ernte* an abundant crop ◊ *reiche Erdölvorkommen* large oil deposits ◊ *reiche Beute machen* find rich pickings **4 ~ an etw** rich in sth ◊ *reich an Bodenschätzen* rich in minerals ◊ *Das Gebiet ist reich an Seen.* There are a lot of lakes in the area. ◊ *reich an Überraschungen* full of surprises
Reich 1 empire ◊ *das Deutsche Reich* the German Empire ◊ *das Reich Gottes* the Kingdom of Heaven **2** (*fig*) realm ◊ *Das gehört ins Reich der Fabel.* It belongs in the realms of fantasy. ◊ *etw ins Reich der Märchen verweisen* dismiss sth as fantasy ◊ *Das gehört ins Reich der frommen Wünsche/Spekulation.* It's wishful thinking/pure speculation.
Reiche(r) rich man*/woman* ◊ *die Reichen* the rich
reichen 1 jdm etw ~ pass sb sth ◊ *Er reichte ihr die Schüssel.* He passed her the bowl. ◊ *Sie reichten sich die Hand.* They shook hands. **2** (*genügen*) be enough ◊ *Das reicht nicht für sechs Leute.* It's not enough for six people. ◊ *Dafür reicht mein Geld nicht.* I haven't got enough money for that. ◊ *Am Ende reichte es nur zu Platz drei.* In the end they only managed third place. **3** (*ausreichen*) last ◊ *Das Geld reicht bis nächste Woche.* The money will last until next week. ◊ *solange der Vorrat reicht* while stocks last **4 bis zu/an etw ~** (*sich erstrecken*) stretch as far as sth; (*vertikal*) come* up/down to sth ◊ *Der Wald reicht bis zum Strand.* The wood stretches as far as the beach. ◊ *Die Baumwollfelder reichen bis zum Horizont.* The cotton fields stretch as far as the eye can see. ◊ *Das Wasser reichte mir bis zum Knie.* The water came up to my knees. ◊ *Der Rock reicht bis zum Knie.* The skirt comes down to the knee. ◊ *Der Weihnachtsbaum reicht bis an die Decke.* The Christmas tree is as high as the room. ◊ *Reicht das Kabel bis an die Steckdose?* Will the flex reach the socket? **5 von etw bis etw ~** range from sth to sth ◊ *Die Temperaturen reichen von 8° bis 15°.* Temperatures range from 8° to 15°. **6 jdm reicht es** ◊ *Mir reicht es!* I've had enough!
reichhaltig extensive; (*Angebot, Auswahl*) wide ◊ *eine reichhaltige Speisekarte* an extensive menu ◊ *ein reichhaltiges Freizeitangebot* a wide range of leisure activities
reichlich 1 plenty of; (*großzügig*) generous (*Adv* generously) ◊ *Brennholz ist reichlich vorhanden.* There is plenty of firewood. ◊ *ein reichliches Trinkgeld* a generous tip ◊ *reichlich spenden* give generously **2** (*ziemlich*) rather ◊ *wie er reichlich spät erkannt hat* as he realized rather late in the day **3** (*mehr als*) more than ◊ *reichlich 1 000 Mitarbeiter* more than 1 000 employees
Reichskanzler (*im Kaiserreich*) Imperial Chancellor; (*in der Weimarer Republik*) Reich Chancellor
Reichtum wealth (*auch fig*) ◊ *Welch ein Reichtum an talentierten Leuten!* What a wealth of talent! ◊ *der Reichtum und die Vielfalt der Natur* the richness and variety of the wildlife
Reichweite 1 (*Geschoss, Sender, Flugzeug etc.*) range **2 außer ~** out of reach (*auch fig*) ◊ *außer Reichweite von Kindern* out of the reach of children **3 in ~** within reach; (*fig*) in sight ◊ *Das Messer lag in seiner Reichweite.* The knife was within his reach. ◊ *Eine Einigung ist in Reichweite.* An agreement is in sight.
reif 1 ripe ◊ *reife Kirschen* ripe cherries **2** (*Mensch*) mature ◊ *Er ist reif für sein Alter.* He's mature for his age. **3 ~ (für etw)** ready (for sth); (*Zeit*) ripe (for sth) **4** (*gut*) brilliant ◊ *eine reife Leistung* a brilliant achievement
Reif hoar frost
Reife maturity ◊ *ein Zeichen der Reife* a sign of maturity ☛ *Siehe auch* MITTLERE(R,S)
reifen 1 ripen **2** (*Mensch*) mature **3** (*entstehen*) take* shape ◊ *Damals reifte in ihr die Idee auszuwandern.* At that time the idea of emigrating was taking shape in her mind.
Reifen 1 tyre, (*AmE*) tire ◊ *Ein Reifen war geplatzt.* A tyre burst. ◊ *den Reifen austauschen* change the wheel ◊ *einen Reifen flicken* mend a puncture **2** (*Metall, Holz*) hoop
Reifenpanne puncture **Reifenwechsel** change of tyres
Reife- Reifeprüfung ≈ A levels [Pl], (*AmE*) ≈ High School Diploma ☛ *Siehe auch* ABITUR **Reifezeugnis** ≈ A level certificate, (*AmE*) ≈ high school graduation certificate
reiflich careful (*Adv* carefully)
Reigen round dance; (*fig*) series ◊ *ein Reigen kultureller Veranstaltungen* a series of cultural events
Reihe 1 row ◊ *in der ersten Reihe* in the front row **2** (*Menschen*) line ◊ *sich in einer Reihe aufstellen* line up ◊ *in einer Reihe marschieren* march in line ◊ *Die Kinder stehen in Reih und Glied.* The children are lined up. **3 etw in die ~ bringen/auf die ~ kriegen** sort sth out ◊ *Das werde ich schon auf die Reihe kriegen.* I'll sort that out. **4 in die ~ kommen** sort itself out ◊ *Das wird bestimmt wieder in die Reihe kommen.* It'll sort itself out. **5 jd ist an der ~; jd kommt an die ~** it is sb's turn ◊ *Du bist an der Reihe.* It's your turn. ◊ *Warten Sie bis Sie an die Reihe kommen!* Wait your turn! ◊ *Wer kommt an die Reihe?* Who's next? **6 außer der ~** ◊ *eine Sitzung außer der Reihe halten* hold an unscheduled meeting ◊ *Normal kommt sie alle zwei Wochen, aber heute kam sie außer der Reihe zu Besuch.* She normally comes every two weeks, but she made an extra visit today. **7** (*Anzahl*) number ◊ *eine Reihe neuer Kurse* a number of new courses ◊ *eine ganze Reihe von Verbesserungen* a lot of improvements **8** (*Sendungen, Veröffentlichungen etc.*) series* ◊ *eine neue Reihe über Großstädte* a new series on cities **9** (*Gruppe*) rank ◊ *Sie hatten nicht mit Kritik aus den eigenen Reihen gerechnet.* They hadn't expected criticism from within their own ranks. **IDM** **aus der Reihe tanzen** be different **der Reihe nach** one after the other ◊ *Die Referenten sagten alle der Reihe nach ab.* The speakers withdrew one after the other. ◊ *Erzähl doch mal alles der Reihe nach.* Start from the beginning.
reihen 1 (*Perlen*) string* **2 sich an etw ~** ◊ *Ein Missverständnis reihte sich ans andere.* There was one misunderstanding after another.
Reihen- Reihenfolge order ◊ *in alphabetischer Reihenfolge* in alphabetical order ◊ *in umgekehrter Reihenfolge* in reverse order **Reihenhaus** terraced house, (*AmE*) row house **reihenweise 1** (*in Reihen*) in rows **2** (*in großer Zahl*) lots of ◊ *Der Sturm hat reihenweise Bäume umgeknickt.* Lots of trees came down in the storm.
Reiher heron
reihum etw ~ tun take* it in turns to do sth
Reim rhyme; (*-spruch*) verse ◊ *in Reimen* in rhyme **IDM** **sich keinen Reim auf etw machen können** not be able to make head or tail of sth **sich selbst einen Reim auf etw machen** draw* your own conclusions
reimen etw mit etw ~ rhyme sth with sth; **sich (auf etw) ~** rhyme (with sth) **IDM** **das reimt sich nicht** it doesn't make sense

rein¹ *Adj* **1** (*unvermischt*) pure ◊ *reine Wolle* pure wool **2** (*nichts anderes als*) sheer, pure ◊ *Das ist reine Zeitverschwendung.* It's a sheer waste of time. ◊ *Das war reiner Zufall.* It was pure chance. ◊ *Das ist reine Formsache.* It's a mere formality. ◊ *die reinen Baukosten* the actual building costs ◊ *Sie hat die reine Wahrheit gesagt!* She was telling the truth. ◊ *Die Operation ist reine Routine.* The operation is merely routine. ◊ *aus reiner Neugier* just out of curiosity **3** (*ohne Ausnahme*) ◊ *eine reine Wohngegend* a purely residential area ◊ *ein reiner Männerchor* an all male choir **4** (*verstärkend*) utter ◊ *Das ist der reinste Wahnsinn.* It's utter folly. ◊ *Das Zimmer ist der reinste Schweinestall!* The room is an absolute pigsty! **5** (*sauber*) clean; (*Gewissen, Haut*) clear IDM **im Reinen sein** ◊ *mit sich selbst im Reinen sein* be at peace with yourself ◊ *mit seinem Gewissen im Reinen sein* have a clear conscience **etw ins Reine bringen** clear sth up **ins Reine kommen** ◊ *mit sich/etw ins Reine kommen* come to terms with yourself/sth ◊ *etw kommt ins Reine* sth sorts itself out **etw ins Reine schreiben** make* a fair copy of sth ☞ *Siehe auch* HOHN, LUFT, SKELETT, TISCH, WEIN *und* WESTE

rein² *Adv* **1** purely ◊ *aus rein politischen Gründen* for purely political reasons ◊ *rein theoretisch betrachtet* from a purely theoretical point of view **2** (*verstärkend*) absolutely ◊ *Dieses Gerät ist zu rein gar nichts zu gebrauchen.* This gadget is absolutely useless.

reinbeißen ⇨ HINEINBEISSEN IDM **zum Reinbeißen aussehen** be/look good enough to eat

Reinerlös net profit

Reinfall disaster; (*Veranstaltung auch*) flop

reinfallen ⇨ HEREINFALLEN

reinhängen sich (**bei/in etw**) ~ get* involved (in sth)

reinhauen 1 *jdm eine* ~ sock sb one (*umgs*) **2** (*Ball ins Tor*) hammer* sth in **3** (*essen*) tuck in (*umgs*) **4** (*eine große Wirkung haben*) be mind-blowing

Reinheit purity; (*Wasser auch*) quality

Reinheitsgebot = law that specifies the only permitted ingredients in German beer

reinigen 1 clean; (*Haut, Wunde auch*) cleanse; (*Teppich auch*) shampoo*; (*chemisch*) (dry-)clean; (*Abwasser*) treat; (*Luft, Blut*) purify* ◊ *die Straßen reinigen* clean the streets ◊ *die Kleider chemisch reinigen lassen* have the clothes dry-cleaned ◊ *einen Mantel zum Reinigen geben* take a coat to the cleaner's **2** (*fig*) cleanse (*gehoben*) ◊ *Er wollte sich von seiner Schuld reinigen.* He wanted to be cleansed of his guilt. ◊ *Der Streit wirkte wie ein reinigendes Gewitter.* The argument had the effect of clearing the air.

Reinigung 1 cleaning; (*Haut, Wunde auch*) cleansing; (*chemische*) dry-cleaning; (*von Wasser, Luft*) purification; (*von Abwässern*) treatment (*oft mit einem Verb übersetzt*) ◊ *die Reinigung der Straßen* street cleaning ◊ *Filter zur Reinigung der Luft* filters to purify the air ◊ *die Reinigung der Luft in Los Angeles* improving air quality in Los Angeles **2** (*Unternehmen*) (dry-)cleaner's* ◊ *etw in die Reinigung bringen* take sth to the cleaner's

Reinigungskraft 1 (*Angestellte(r)*) cleaner ☞ G 2.2d ☞ *Hinweis bei* BAKER **2** (*eines Putzmittels*) cleansing power

Reinigungsmilch cleanser **Reinigungsmittel 1** (*Putzmittel*) cleaner **2** (*für die Haut*) cleanser

Reinkarnation reincarnation

reinkommen ⇨ HEREINKOMMEN

Reinlichkeit cleanliness

reinrassig pure-bred; (*Pferd auch*) thoroughbred (*auch fig*)

Reis rice ◊ *ungeschälter Reis* brown rice

Reise journey; (*hin und zurück*) trip; (*übers Meer, durchs All*) voyage; (*Rundreise*) tour ◊ *Wir haben die Reise in Rom unterbrochen.* We broke our journey in Rome. ◊ *Unsere Reise führte uns über die Alpen.* Our journey took us over the Alps. ◊ *eine Reise mit dem Zug* a train journey ◊ *Gute Reise!* Safe journey! ◊ *eine Reise in die Zukunft* a trip into the future ◊ *Das Ziel unserer Reise war Athen.* Our destination was Athens. ◊ *Wohin geht die Reise?* Where are you off to?

> **Travel** ist ein unzählbares Nomen, das nur gebraucht wird, wenn man ganz allgemein vom Reisen spricht: *Foreign travel is very popular these days.*
>
> Wenn man ausdrückt, dass man von einem bestimmten Ort zu einem anderen fährt, benutzt man **journey**. **Journey** kann eine lange Fahrt sein: *the journey across Canada* – oder eine kurze, aber wiederholte: *the journey to work.*
>
> **Tour** ist eine Fahrt oder Wanderung, bei der man mehrere Orte besucht. **Tour** kann durch ein Land, eine Stadt, ein Gebäude etc. gemacht werden: *a three-week tour around Italy* ◊ *a guided tour of the castle.*
>
> **Trip** wird oft gebraucht, um das ganze Erlebnis des Verreisens auszudrücken (einschließlich des Aufenthalts an einem Ort sowie der Hin- und Rückreise): *They're just back from a trip to Japan. They had a wonderful time.* Aber: *'How was your journey?' 'Awful – the plane was delayed!'* **Trip** kann kurz sein: *a day trip* – oder länger: *a trip round the world* – und kann zum Vergnügen oder geschäftlich sein: *a trip to the seaside* ◊ *She's on a trip to New York to meet a client.*
>
> **Excursion** ist eine organisierte Fahrt mit einer Gruppe: *a full-day excursion by coach to the Lake District.*

IDM **auf Reisen gehen 1** travel*; (*wegfahren*) go* away ◊ *Seit er im Ruhestand ist, geht er viel auf Reisen.* Since he retired, he's been travelling a lot. ◊ *wenn sie auf Reisen geht* whenever she goes away **2** (*aufbrechen*) set* off on your travels **auf Reisen sein** travel*; (*nicht zu Hause sein*) be away ◊ *Sie ist viel auf Reisen.* She travels a lot. **die Reise nach Jerusalem** (*Spiel*) musical chairs

Reisebegleiter(in) 1 (*Mitreisende(r)*) travelling companion **2** (*Reiseleiter(in)*) tour leader ☞ G 2.2d **Reisebericht** account of your travels; (*Buch*) travel book **Reisebüro** travel agent's*; (*Unternehmen*) travel agency* ◊ *einen Flug im Reisebüro buchen* book a flight at the travel agent's **Reisebus** coach ◊ *ein voll besetzter Reisebus* a coach full of holidaymakers **Reisefieber 1** = feeling of nervous excitement before a journey ◊ *Sie konnte vor Reisefieber nicht schlafen.* She felt so excited before she went on holiday that she couldn't sleep. **2** (*Reiselust*) itchy feet [Pl] (*umgs*) ◊ *Ihn packte das Reisefieber.* He got itchy feet. **Reiseführer** (*Buch*) guidebook **Reiseführer(in)** ⇨ REISELEITER(IN) **Reisegepäck** luggage, (*bes AmE*) baggage **Reisegruppe** party* of tourists ◊ *eine zehnköpfige Reisegruppe* a party of ten tourists **Reisekauffrau, -kaufmann** travel agent **Reisekosten** cost of the trip [Sing] **Reiseleiter(in)** guide; (*auf Busreisen etc.*) tour leader ☞ G 2.2d **Reiselust** desire for travel ◊ *die Reiselust der Bundesbürger* the Germans' desire for travel ◊ *Langsam packt mich wieder die Reiselust.* I really want to get away again.

reisen 1 travel* ◊ *mit dem Auto/mit dem Schiff reisen* travel by car/sea ◊ *eine weit gereiste Frau* a well-travelled woman **2** (*an ein bestimmtes Ziel*) go* ◊ *Wir reisen ins Gebirge.* We're going to the mountains. **3** (*abreisen*) set* off, leave*

Reisende(r) traveller, (*AmE*) traveler; (*Fahrgast auch*) passenger

Reise- Reisepass passport **Reisescheck** traveller's cheque, (*AmE*) traveler's check **Reisetasche** travel(ling) bag; (*kleiner auch*) overnight bag **Reiseveranstalter(in)** tour operator **Reiseziel** (*holiday*) destination

Reisig brushwood

Reißbrett drawing board ◊ *nur auf dem Reißbrett existieren* be still at the drawing board stage

reißen 1 tear*; (*Kette, Riemen, Schuhband, Film, Saite, Faden etc.*) break* ◊ *Die Tüte riss.* The bag tore. ◊ *Der Henkel riss.* The handle broke. ◊ *Der Nagel riss aus der Wand.* The nail came out of the wall. **2** *etw* (**in etw**) ~ (*zerreißen*) tear* sth (into sth) ◊ *etw in Streifen/Stücke reißen* tear sth into strips/pieces ◊ *etw auseinander reißen* tear sth apart **3** (**sich**) *etw* (**in etw**) ~ (*ein Loch etc.*) tear* sth (in sth); (*Lücke, Wunde etc.*) leave* sth (in sth) ◊ *Du hast dir ein Loch in den Pullover gerissen!* You've torn a hole in your pullover! ◊ *Die Detonation riss einen Krater in den Boden.* The explosion blasted a crater in the ground. **4** (*sich verletzen*) ◊ *Er hat sich am Stacheldraht die Hände blutig gerissen.* He tore his hands on the barbed wire. **5** *etw aus/von etw* ~ rip* sth off/from sth ◊ *Die Türen waren aus den Angeln gerissen.* The doors were ripped off their hinges. ◊ *Er riss das Poster von der Wand.* He ripped the poster from the wall. ◊ *etw aus dem Zusammenhang reißen* take sth out of context **6** *jdn aus etw* ~ ◊ *Er wurde aus seiner gewohnten Umgebung gerissen.* He was torn from his familiar surroundings. ◊ *Die Klingel riss ihn aus dem Schlaf.* He was

reißend

rudely awakened by the bell. **7** (*ziehen, zerren*) pull; (*Lawine, Flut etc.*) sweep* ◊ *Der Hund riss an der Leine.* The dog pulled on the lead. ◊ *Sie wurden in den Tod gerissen.* They were swept to their deaths. ◊ *jdn zu Boden reißen* drag sb to the ground **8 etw (an sich) ~** (*gewaltsam an sich nehmen*) snatch sth; (*Macht*) seize sth ◊ *Sie riss ihm den Brief aus der Hand.* She snatched the letter from his hand. ◊ *das Gespräch an sich reißen* dominate the conversation **9 sich um jdn ~** fight* to get close to sb; **sich um etw ~** fight* to get sth; **sich (nicht) darum ~ etw zu tun** (not) be in a hurry to do sth **10** (*töten*) kill **11** (*die Latte*) **~** (*Hochsprung*) knock the bar off/down ◊ *Und wieder hat er gerissen!* He knocked the bar down again! ◊ *Bei 2,30m riss sie die Latte.* She failed to clear 2.30m. **12** (*Schwerathletik*) ⇨ STEMMEN IDM **jdn (nicht) vom Sitz/Stuhl/Hocker reißen** ◊ *Die Begeisterung riss die Zuschauer von ihren Sitzen.* It brought the audience to their feet. ◊ *ein Thema, das niemanden vom Stuhl reißt* a topic that nobody gets excited about ◊ *Solche Bilder reißen niemanden vom Hocker.* The pictures aren't exactly stunning. ☛ *Siehe auch* GEDULD, HINGERISSEN, NAGEL, RIEMEN *und* STRICK

reißend 1 (*Fluss*) raging (*nur vor Nomen*); (*Bestie*) wild **2** ◊ *Die Bücher fanden reißenden Absatz.* The books sold like hot cakes.

Reißer hit, money-spinner; (*Buch, Film auch*) blockbuster

reißerisch sensational (*Adv* sensationally) (*abwert*)

reiß- reißfest tear resistant **Reißleine** ripcord **Reißverschluss** zip (fastener), (*AmE*) zipper ◊ *den Reißverschluss aufmachen/zumachen* undo/do up the zip ◊ *Dein Reißverschluss ist offen.* Your zip is undone. **Reißwolf** shredder **Reißzwecke** drawing pin, (*AmE*) (thumb)tack

reiten 1 ride*, (*AmE*) go* horseback riding ◊ *reiten gehen* go riding ◊ *Reiten ist ihr Hobby.* Her hobby is riding. ☛ *Siehe auch* GALOPP *und* TRAB **2 etw ~** (*Wettkampf etc.*) take* part in sth ◊ *Military reiten* take part in three-day events ◊ *Reitest du auch Turniere?* Do you do eventing? ◊ *Er ritt mit 39,8 die schnellste Zeit.* At 39.8 he was the rider with the shortest time. **3 jdn ~** ◊ *Welcher Teufel hat den denn geritten?* What got into him?

Reiter(in) rider

Reit- Reitpferd horse **Reitschule** riding school **Reitsport** (horse) riding, (*AmE*) horseback riding **Reitstall** riding stable **Reitstunde** riding lesson **Reitturnier** horse show, (*BrE auch*)

Reiz 1 (*optisch, akustisch etc.*) stimulus* **2** (*verlockende Wirkung*) appeal ◊ *Das macht den Reiz dieser Festspiele aus.* That's what gives the festival its appeal. ◊ *der Reiz des Neuen* the novelty value **3** (*Schönheit, Zauber*) attraction, charm ◊ *der landschaftliche Reiz dieser Gegend* the natural attractions of this area ◊ *Sie setzte auf ihre weiblichen Reize.* She used her feminine charms. ◊ *Diese Zeichnungen sind von besonderem Reiz.* These sketches are particularly attractive.

reizbar irritable; (*Charakter*) quick-tempered

reizen 1 appeal to *sb*; (*verlocken*) tempt ◊ *Mich reizt die Herausforderung.* The challenge appeals to me. ◊ *Wen würde es nicht reizen, einmal für ein Jahr ins Ausland zu gehen?* Who wouldn't be tempted by the idea of spending a year abroad? ◊ *Das Angebot reizte ihn.* He found it a tempting offer. **2** (*ärgern*) tease; (*provozieren*) provoke ◊ *Sie reizten ihn so lange, bis er die Beherrschung verlor.* They teased him so much that he lost his temper. ◊ *Reiz sie nicht!* Don't provoke her! **3** (*beeinträchtigen*) irritate ◊ *Tränengas reizt die Augen.* Tear gas irritates the eyes. ◊ *Der Lärm reizt die Nerven.* The noise gets on your nerves. **4** (*Interesse etc.*) arouse ◊ *Das Verbot reizte die Neugier.* The ban aroused people's curiosity. **5 (jdn) zu etw ~** make* sb (want to) do sth ◊ *Seine Witze reizen uns zum Lachen.* His jokes made us laugh. ◊ *Das reizt zur Nachahmung.* It attracts would-be imitators. ◊ *(beim Kartenspiel)* bid*

reizend lovely; (*bezaubernd*) charming; (*nett*) nice ◊ *Wir haben uns reizend unterhalten.* We had a lovely chat. ◊ *Er ist ein reizender Mensch.* He's a charming man. ◊ *Das ist wirklich reizend von Ihnen, mich mal zu besuchen.* It's really nice of you to come and visit me. ◊ *Drei Klausuren in einer Woche? Na, das kann ja reizend werden!* Three tests in one week? How nice!

Reiz- Reizhusten dry (irritating) cough **Reizklima** (*Wetter*) bracing climate **reizlos** charmless (*gehoben*) **Reizthema** emotive issue ◊ *das Reizthema „Asyl"* the emotive issue of 'asylum' **Reizüberflutung** overstimulation

Reizung (*Entzündung*) irritation [U] ◊ *eine Reizung der Atemwege* irritation of the respiratory tract

reizvoll attractive, appealing; (*Gegend, Landschaft*) delightful ◊ *ein reizvolles Gesicht* an attractive face ◊ *Was macht ausgerechnet diesen Wettbewerb so reizvoll?* What is the appeal of this competition?

rekapitulieren recapitulate

rekeln sich ~ sprawl

Reklamation complaint ◊ *eine schriftliche Reklamation* a complaint in writing ◊ *die Reklamation einer Ware zurückweisen* refuse to give a refund for an item

Reklame 1 advertising [U] (*meist mit einem Verb übersetzt*) ◊ *Die Zeitschrift wird ausschließlich durch Reklame finanziert.* The newspaper is funded exclusively by advertising. ◊ *für etw Reklame machen* advertise sth ◊ *für jdn Reklame machen* promote sb ◊ *Das ist keine gute Reklame für uns.* It's not good for our image. **2** (*Anzeige, Prospekt, Werbespot etc.*) advertisement, ad (*umgs*), (*BrE auch*) advert (*umgs*); (*Poster*) poster ◊ *Er macht Reklame für Sportbekleidung.* He appears in adverts for sportswear. ◊ *Reklame kleben* put up posters ◊ *Bitte keine Reklame einwerfen.* No circulars.

reklamieren 1 make* a complaint; (*Anspruch auf Schadensersatz stellen*) make* a claim; **etw (bei jdm) ~** complain (to sb) about sth ◊ *Ich habe die beschädigte Ware sofort bei der Firma reklamiert.* I immediately complained to the firm about the damaged item. **2** (*Fund etc.*) claim **3 etw für sich ~** (*Idee, Erfolg etc.*) claim the credit for sth **4** (SPORT) appeal for *sth* ◊ *ein Handspiel reklamieren* appeal for handball

rekonstruieren reconstruct

Rekonstruktion reconstruction

Rekonvaleszenz convalescence

Rekord record ◊ *Der bisherige Rekord lag bei 81 Sekunden.* The previous record was 81 seconds. ◊ *Sie stellte einen neuen Rekord über 100 Meter auf.* She set a new record for the 100 metres. ◊ *Er verbesserte seinen persönlichen Rekord um zwei Minuten.* He clipped two minutes off his personal best. ◊ *ein Zuschauer-Rekord* a record attendance ◊ *Die Temperatur erreichte mit 40° einen neuen Rekord.* The temperature reached an all-time high of 40°.

Rekordhalter(in) record holder **Rekordmeister(in)** champion; (*Mannschaft*) champions [Pl] ◊ *Rekordmeister Real Madrid* the champions Real Madrid **Rekordsumme** record sum **rekordverdächtig** record-breaking (*nur vor Nomen*) **Rekordversuch** record attempt **Rekordzeit** record time ◊ *in neuer Rekordzeit gewinnen* win with a new record time

Rekrut recruit

rekrutieren 1 (*Personal, Mitglieder*) recruit **2 sich aus jdm/etw ~** (*bestehen aus*) be composed of sb/sth, be made up of sb/sth; (*kommen aus*) be drawn from sb/sth

Rektor(in) 1 (*Schule*) head(teacher), (*bes AmE*) principal **2** (*Hochschule*) vice-chancellor, (*AmE*) rector ☛ G 2.2d

Relation 1 (*Beziehung*) relation ◊ *Ist die Oper zu teuer in Relation zu anderen kulturellen Einrichtungen?* Is opera too expensive in relation to other forms of culture? **2 ~ (zwischen A und B)** (*Verhältnis*) ratio (of A to B) ◊ *Die Relation zwischen Schülern und Lehrern beträgt 20:1.* There is a pupil-teacher ratio of 20:1. IDM **in keiner Relation zu etw stehen** bear* no relation to sth; be out of all proportion to sth

relativ 1 *Adv* relatively; (*ziemlich*) fairly ◊ *in relativ kurzer Zeit* in a relatively short time ◊ *Das kommt relativ häufig vor.* It is fairly common. **2** *Adj* relative ◊ *der relative Erfolg der Partei* the relative success of the party ◊ *eine relative Mehrheit* a simple majority

relativieren 1 put* *sth* into perspective ◊ *Die Gespräche relativierten vieles.* The talks put many things into perspective. **2 sich ~** be put into perspective ◊ *Ihre unrealistischen Vorstellungen haben sich schnell relativiert.* Her unrealistic ideas were soon put into perspective. **3** (*einschränken*) qualify* ◊ *Er relativierte seine Aussage.* He qualified his statement.

Relativitätstheorie theory* of relativity

Relativ- Relativpronomen relative pronoun **Relativsatz** relative clause

relaxen relax

relevant (**für etw**) ~ relevant (to sth) ◊ *die relevanten Behörden* the relevant authorities ◊ *Diese Frage ist für uns alle relevant.* It's a question which concerns us all. ◊ *Das Ergebnis ist politisch relevant.* The result has political relevance.
Relief relief
  Reliefkarte relief map
Religion 1 religion ◊ *Die Religion spielt in Nordirland eine wichtige Rolle.* Religion plays an important role in Northern Ireland. ◊ *einer Religion angehören* be a member of a religion **2** (*Schulfach*) religious education
  Religionsfreiheit religious freedom **Religionsgemeinschaft** religious group ☛ G 1.3b **Religionslehrer(in)** religious studies teacher ☛ G 2.2d **Religionsunterricht** religious education
religiös religious ◊ *Ich bin nicht religiös.* I am not religious. ◊ *Sie ist sehr religiös erzogen worden.* She had a very religious upbringing. ◊ *religiös Verfolgte* people persecuted for their religious beliefs
Relikt relic ◊ *ein Relikt aus dem Kalten Krieg* a relic of the Cold War
Reling (ship's) rail
Reliquie (holy) relic
remis ◊ *remis enden* end in a draw ◊ *remis spielen* draw
Remis draw ◊ *Remis anbieten* offer a draw
Remoulade tartare sauce
Renaissance 1 Renaissance ◊ *die Malerei der Renaissance* Renaissance painting **2** (*neue Blüte*) revival ◊ *die Renaissance nationalistischer Ideologien* the revival of nationalistic ideologies ◊ *eine Renaissance erleben* make a comeback
Rendezvous 1 date ◊ *ein Rendezvous mit jdm haben* have a date with sb **2** (*Raumfahrt*) rendezvous
Rendite yield
Reneklode greengage
Rennbahn racetrack; (*Pferde-*) racecourse
rennen 1 run* ◊ *um sein Leben rennen* run for your life ◊ *Die Kinder rannten um die Wette.* The children were racing each other. ◊ *ins Unglück rennen* be heading for disaster **2** (*immer wieder gehen*) ◊ *Sie rennt wegen jeder Kleinigkeit zum Chef.* She goes running to the boss about every little thing. ◊ *Er rennt dauernd zum Arzt.* He's always at the doctor's. **3 an/gegen etw** ~ walk into sth ◊ *Er rannte an einen Laternenpfahl.* He walked into a lamp post. ◊ *Sie rannte mit dem Kopf gegen die Tür.* She bumped her head on the door. **IDM** ⇒ HAUFEN, MESSER *und* UNGLÜCK
Rennen race (*auch fig*) ◊ *für ein Rennen trainieren* train for a race ◊ *Das Rennen um die Präsidentschaft ist noch völlig offen.* The race for the presidency is still wide open. ◊ *Sie verlor das Rennen um den 3. Platz.* She failed to get third place. **IDM** *das Rennen ist gelaufen* it's all over *das Rennen machen* win* *ein totes Rennen* a dead heat *gut im Rennen liegen* be a front runner ◊ *Er liegt gut im Rennen um die Präsidentschaft.* He's a front runner for the presidency. *im Rennen sein* be in the running ◊ *Nur zwei Firmen sind noch im Rennen.* There are only two firms still in the running.
Renner hit ◊ *Die Serie war der Renner.* The series was a smash hit.
Renn- Rennfahrer(in) racing driver; (*Radsport*) racing cyclist ☛ G 2.2d **Rennpferd** racehorse **Rennrad** racing bike **Rennsport** racing **Rennstall 1** (*Reitsport*) racing stable **2** (*Motorsport*) racing team **Rennstrecke** course; (*Rennbahn*) racetrack **Rennwagen** racing car, (*AmE*) race car
renommiert renowned
renovieren renovate, do* *sth* up (*umgs*)
Renovierung renovation
  renovierungsbedürftig in need of renovation (*nicht vor Nomen*) ◊ *Das Wohnheim ist dringend renovierungsbedürftig.* The hostel is in urgent need of renovation. **Renovierungskosten** renovation costs [Pl]
rentabel profitable; (*sich lohnend*) viable ◊ *ein rentabler Betrieb* a profitable business ◊ *Die Strecke ist nicht mehr rentabel.* The line is no longer viable. ◊ *rentabel wirtschaften* make a profit
Rente 1 pension **2** (*aus Versicherung*) annuity* **IDM** *in Rente gehen* retire ◊ *mit 60 in Rente gehen* retire at 60 ◊ *vorzeitig in Rente gehen* take early retirement
  Rentenalter retirement age **Rentenbeitrag** pension contribution(s) **Rentenfonds 1** (FINANZ) income fund **2** (*einer Firma etc.*) pension fund **Rentenreform** pension reform **Rentenversicherung** (state) pension scheme
Rentier reindeer*
rentieren sich ~ pay*; (*sich lohnen*) be worth it ◊ *Das neue Parkhaus rentiert sich nicht.* The new multi-storey car park doesn't pay. ◊ *Der weitere Weg rentiert sich für uns.* Although it's further, it's worth it for us. ◊ *Eine Sanierung rentiert sich nicht.* It's not worth renovating.
Rentner(in) pensioner
Reparatur repair ◊ *etw in Reparatur geben* take sth to be repaired ◊ *Mein Wagen ist in Reparatur.* My car is being repaired. ◊ *Eine Reparatur der Schuhe lohnt sich nicht.* The shoes are not worth repairing.
  Reparaturarbeiten repair work [U] **reparaturbedürftig** in need of repair (*nicht vor Nomen*) ◊ *eine reparaturbedürftige Brücke* a bridge in need of repair **Reparaturkosten** repair costs [Pl] **Reparaturwerkstatt** (repair) workshop; (*Auto-*) garage ◊ *etw in die Reparaturwerkstatt bringen* take sth to be repaired
reparieren repair; (*Zaun, Dach, Möbel*) mend
Repertoire (*eines Künstlers*) repertoire; (*eines Theaters*) repertory ◊ *sein Repertoire erweitern* expand your repertoire ◊ *Das Repertoire des Theaters ist eher konservativ.* The theatre's repertory is rather conservative.
Report ~ (**über etw**) report (on sth)
Reportage ~ (**über jdn/etw**) report (on sb/sth)
Reporter(in) reporter ☛ G 2.2d
Repräsentant(in) representative; (*Sprecher(in)*) spokesperson*
  Repräsentantenhaus House of Representatives
Repräsentation 1 (*das Repräsentieren*) (*oft mit einem Verb übersetzt*) ◊ *Die Goethe-Institute im Ausland dienen der Repräsentation deutscher Kultur.* The role of the Goethe Institute is to represent German culture abroad. **2** (*offizielle Anlässe*) official functions [Pl] ◊ *Für die Repräsentation baut die Regierung das Schloss um.* The government are renovating the castle to use it for official functions. **3** (*Statuspflege*) ◊ *Die Ausstattung diente nur der Repräsentation.* The decor was designed to impress.
repräsentativ 1 representative; (*typisch*) typical ◊ *Ihre Texte sind repräsentativ für die Einstellung der Jugend.* Their texts are representative of what young people think. ◊ *ein repräsentativer Querschnitt* a representative cross-section ◊ *Er war einer der repräsentativsten Künstler des 20. Jahrhunderts.* He was the quintessential 20th century artist. **2** (*eindrucksvoll*) prestigious **3** (*ansehnlich*) presentable ◊ *Seit der Wahl ist ihm seine Familie nicht mehr repräsentativ genug.* Since the election he has not considered his family presentable enough. **4** (*symbolisch, zeremoniell*) ◊ *die repräsentativen Pflichten des Präsidenten* the President's official duties ◊ *repräsentative Schreibtische* desks that are status symbols ◊ *Sie hat eine repräsentative Rolle.* She is just a figurehead.
repräsentieren 1 (*vertreten, darstellen*) represent ◊ *Die Partei repräsentiert die Mehrheit der Bevölkerung.* The party represents the majority of the population. ◊ *Sie repräsentiert die biedere Hausfrau.* She represents the conventional housewife. **2** (*öffentlich auftreten*) perform official/social duties ◊ *Als Diplomat muss er viel repräsentieren.* As a diplomat he has to perform a lot of official duties.
Repressalie reprisal
Repression repression
repressiv repressive (*Adv* repressively)
Reprivatisierung reprivatization, denationalization
Reproduktion reproduction
reproduzieren reproduce
Reptil reptile
Republik republic
Republikaner(in) 1 (*Anhänger der Staatsform*) republican **2** (*Mitglied der US-Partei*) Republican **3** (*Mitglied der deutschen Partei*) = member of the Republican Party in Germany
republikanisch 1 (*die Staatsform betreffend*) republican

Republikflucht

◇ *eine republikanische Verfassung* a republican constitution **2** (*die US-Partei betreffend*) Republican
Republikflucht = illegal emigration from the former GDR ◇ *Republikflucht war in der DDR strafbar.* It was a crime to try to leave the GDR without permission.
Requisit (THEAT) prop [meist Pl]
Reservat 1 (*Indianer-*) reservation ◇ *in einem Reservat leben* live on a reservation **2** (*Natur-*) reserve
Reserve 1 reserve; (*Lebensmittel auch*) supply* [meist Pl] ◇ *Wir mussten unsere Reserven angreifen.* We had to break into our reserves. ◇ *eine Reserve an Lebensmitteln haben* have food in reserve ◇ *Ich halte immer Kekse in Reserve.* I always have a supply of biscuits. ◇ *etw als Reserve zurücklegen* put sth aside ◇ *keine körperlichen Reserven mehr haben* have no energy left **2** (FINANZ) **Reserven** reserves [Pl] ◇ *Reserven von 200 Millionen Dollar* reserves of 200 million dollars ◇ *Ich habe noch stille Reserven.* I've got a bit of money put by. **3** (MIL) reserve ◇ *ein Offizier der Reserve* an officer of the reserve **4** (SPORT) reserves [Pl] ◇ *in der Reserve spielen* play in the reserves [IDM] **jdn aus der Reserve locken** draw* sb out ☛ G 9.7c
Reservebank substitutes' bench ◇ *auf der Reservebank sitzen* be on the substitutes' bench **Reservekanister** jerrycan **Reservemannschaft** reserve team **Reserveoffizier** reserve officer **Reserverad** spare wheel **Reservereifen** spare tyre, (*AmE*) spare tire **Reservespieler(in)** substitute, reserve
reservieren reserve; (*Zimmer, Platz, Karte*) book ◇ *sich ein Zimmer reservieren lassen* book a room
reserviert 1 *Adj* reserved **2** *Adv* in a reserved manner
Reservierung reservation
Reservist(in) 1 (MIL) reservist **2** (SPORT) substitute, reserve
Reservoir 1 reservoir **2** (*fig*) pool ◇ *Sie haben ein großes Reservoir an Nachwuchsspielern.* They have a large pool of up-and-coming players.
Residenz 1 (*Wohnsitz*) residence **2** (*Stadt*) (royal) capital **Residenzstadt** (royal) capital
residieren reside
Resignation resignation ◇ *Sie sagte es mit Resignation in der Stimme.* She said it with resignation in her voice.
resignieren give* up
resigniert resigned (*Adv* resignedly)
resistent (**gegen etw**) ~ **sein** be resistant (to sth)
Resistenz ~ **gegen etw** resistance to sth
resolut 1 *Adj* resolute; (*Charakter auch*) determined **2** *Adv* resolutely; (*sich verteidigen, kämpfen*) vigorously
Resolution resolution ◇ *eine Resolution zum Asylrecht beschließen* pass a resolution on asylum
Resonanz 1 resonance **2** (*Unterstützung*) support; (*Interesse*) response ◇ *Sie ist mit ihrem Bericht auf keine Resonanz gestoßen.* Her report found little support. ◇ *Die Resonanz war groß.* There was a huge response.
Resozialisierung reintegration into society, rehabilitation
Respekt respect ◇ *keinen Respekt vor jdm/etw haben* have no respect for sb/sth ◇ *bei allem Respekt* with all due respect ◇ *Er erwies seinen Eltern Respekt.* He respected his parents. ◇ *ein Respekt einflößender Mann* a formidable man ◇ *jdm Respekt zollen* pay tribute to sb ◇ (*Allen*) *Respekt!* Very impressive!
respektabel respectable
respektieren respect ◇ *seine Lehrer/das Alter respektieren* respect your teachers/your elders ◇ *jds Haltung/ Gefühle/das Gesetz respektieren* respect sb's position/feelings/the law
respektive or ☛ *Beispiele bei* BEZIEHUNGSWEISE
respektlos disrespectful (*Adv* disrespectfully)
respektvoll respectful (*Adv* respectfully) ◇ *in respektvollem Abstand bleiben* maintain a respectful distance ◇ *jdn respektvoll grüßen* greet sb respectfully
Ressentiment hostility [U] ◇ *Ressentiments zwischen Franzosen und Deutschen* hostility between the French and the Germans ◇ *Ich habe ihm gegenüber kein Ressentiment.* I have no hostile feelings towards him. ◇ *zunehmende Ressentiments gegen Zuwanderer* growing anti-immigrant feeling
Ressort 1 (*Aufgabenbereich*) area of responsibility **2** (*Abteilung*) department (*auch fig*) ◇ *Die Küche ist mein Ressort.* Cooking is my department.
Ressortchef(in), Ressortleiter(in) head of department
Ressource resource ◇ *die natürlichen Ressourcen erschließen/ausschöpfen* tap/exhaust natural resources
Rest 1 der ~ the rest ◇ *Sie verbrachten den Rest des Urlaubs in den Bergen.* They spent the rest of the holiday in the mountains. ◇ *Du kannst den Rest zu Fuß gehen.* You can walk the rest of the way. ◇ *Wir kommen als Erste. Der Rest kommt später.* We'll be the first to arrive. The rest are coming later. ☛ Vorsicht! Wenn sich **the rest** auf mehrere Personen oder Sachen bezieht, steht es mit einem Verb im Plural. **2 Reste** remains [Pl]; (*Essen*) leftovers [Pl] ◇ *die sterblichen Reste* the mortal remains ◇ *die Reste versunkener Kulturen* the remains of vanished civilizations **3 ein ~** a bit left (over); (*Tropfen*) a drop left (over) ◇ *Es ist noch ein Rest Kuchen da.* There's a bit of cake left. **4** (MATH) remainder ◇ *13 durch 2 ist 6, Rest 1.* 13 divided by 2 is 6, remainder 1. ☛ Weniger formell kann man auch sagen *with 1 left over.* **5** (*Stoff-*) remnant [IDM] **jdm/etw den Rest geben** finish sb/sth off ◇ *Ich hatte schon ein bisschen Kopfweh, aber der Krach hat mir noch den Rest gegeben.* I already had a bit of a headache but the noise just finished me off. **der Rest ist Schweigen** (*am besten schweigt man*) the less said, the better **2** (*das Weitere ist unbekannt*) the rest is anybody's guess **sich den Rest holen** ◇ *In der heißen Mittagssonne habe ich mir dann den Rest geholt.* The hot midday sun finished me off.
Restaurant restaurant ◇ *Wir gehen heute ins Restaurant.* We're going to a restaurant today. ◇ *jdn ins Restaurant einladen* take sb out for a meal
Restauration 1 (*Wiederherstellung*) restoration **2** (GESCH) Restoration
Restaurator(in) restorer ☛ G 2.2d
restaurieren restore
Restaurierung restoration
Rest- Restbetrag balance, remainder **Restkarten** remaining tickets [Pl]
restliche(r,s) remaining ◇ *die restlichen 600* the remaining 600 ◇ *Die restliche Zeit war sie hier.* The rest of the time she was here. ◇ *Die restlichen drei Meter Stoff reichen für Kissenbezüge.* The three metres of material left over are enough to make cushion covers with.
restlos complete (*Adv* completely), total (*Adv* totally) ◇ *restlos zufrieden* completely satisfied ◇ *Das Konzert war restlos ausverkauft.* The concert was completely sold out. ◇ *Die Kinder haben den Kuchen restlos aufgegessen.* The children have eaten up every last bit of the cake. ◇ *Das Hotel ist restlos ausgebucht.* The hotel is fully booked.
Restposten remnant ◇ *Restposten aus der Kolonialzeit* remnants of the colonial period ◇ *Günstige Restposten!* Reduced to clear.
Restriktion (*Einschränkung*) restriction; (*Kontrolle*) control ◇ *eine Industriepolitik mit ökologischen Restriktionen* an industrial policy with environmental controls
restriktiv restrictive ◇ *eine restriktive Geldpolitik* a restrictive monetary policy ◇ *das Asylverfahren restriktiv handhaben* implement the asylum procedure in a restrictive manner
Resultat 1 (*Folge, Mathematik*) result ◇ *das Resultat einer Rechnung* the result of a calculation ◇ *das Resultat einer Umfrage* the results of an opinion poll ◇ *Das Resultat des Auffahrunfalls war ein hoher Sachschaden.* The collision resulted in heavy damage. **2** (*von Bemühungen*) result [meist Pl] ◇ *ein gutes Resultat erzielen* get good results ◇ *das beste Resultat der Mannschaft* the team's best result **3** (*einer Handlung*) outcome ◇ *Die Maßnahmen sollten das unter den Umständen bestmögliche Resultat erzielen.* The measures were intended to achieve the best possible outcome in the circumstances.
resultieren 1 aus etw ~ result from sth, be the result of sth **2 in etw ~** result in sth
Resümee 1 summary* ◇ *ein kurzes Resümee der Ermittlungen geben* give a short summary of the investigations ☛ *Hinweis bei* SUMMARY[1] **2** (*Schlussfolgerung*) ◇ *Daraus kann man als Resümee ziehen, dass ...* From this we can conclude that ... ◇ *Als Resümee ihrer Untersuchungen warnten die Mediziner davor, Säuglinge auf dem Bauch schlafen zu lassen.* In summary, the medical researchers

warned parents not to allow babies to sleep on their stomachs.
resümieren sum* (*sth*) up
Retorte retort IDM **aus der Retorte** synthetic ◇ *Rauschgift aus der Retorte* synthetic drugs
Retortenbaby test-tube baby*
retrospektiv 1 *Adj* retrospective **2** *Adv* in retrospect ◇ *Retrospektiv betrachtet, war die Entscheidung ein Fehler.* In retrospect, the decision was a mistake.
Retrospektive 1 (*Ausstellung etc.*) retrospective ◇ *eine Retrospektive der Filme Fassbinders* a Fassbinder retrospective **2 in der ~** in retrospect
retten 1 jdn/etw (vor/aus etw) ~ save sb/sth (from sth); (*in Sicherheit bringen*) rescue sb/sth (from sth) ◇ *Sie rettete das Kind vor dem Ertrinken.* She saved the child from drowning. ◇ *Er rettete die Situation.* He saved the situation. ◇ *Er konnte durch eine Notoperation gerettet werden.* An emergency operation saved his life. ◇ *Sie wurden von der Feuerwehr aus den Flammen gerettet.* They were rescued from the blaze by firefighters. ◇ *Er konnte seine Bilder vor Kriegsausbruch in die Schweiz retten.* He managed to get his pictures out to Switzerland before the outbreak of war. ◇ *Das T-Shirt ist nicht mehr zu retten.* That T-shirt has had it. ◇ *Er hatte die rettende Idee, sich einen Iglu zu bauen.* He had the brilliant idea of building himself an igloo. **2 sich (aus etw) ~** escape (from sth) ◇ *Er konnte sich aus dem brennenden Auto retten.* He managed to escape from the burning car. ◇ *Sie konnte sich ans Ufer retten.* She managed to swim to the shore. ◇ *Der Pilot rettete sich mit dem Schleudersitz.* The pilot ejected in time. IDM **jdm das Leben retten** save sb's life **sich vor jdm/etw nicht mehr/kaum noch retten können** (*Menschen, Anrufe*) be besieged by sb/sth; (*Post, Anträge*) be snowed under with sth **(wohl) nicht mehr zu retten sein** ◇ *Du bist wohl nicht mehr zu retten!* You must be out of your mind! ☞ *Siehe auch* HAUT
Retter(in) rescuer; (*Land, Bewegung etc.*) saviour, (*AmE*) savior; (REL) Saviour, (*AmE*) Savior
Rettich (white) radish
Rettung 1 rescue; (REL) salvation (*meist mit einem Verb übersetzt*) ◇ *Rettung bringen* come to the rescue ◇ *Es bestehen nur noch geringe Aussichten auf Rettung der Bergsteiger.* The chances of rescuing the mountaineers are now very slim. ◇ *Für die Fahrerin gab es keine Rettung mehr.* There was no hope of saving the driver. ◇ *Für ihn kam jede Rettung zu spät.* It was too late to save him. ◇ *eine Bürgerinitiative zur Rettung des Schwimmbads* a local campaign to save the swimming pool **2** (*Krankenwagen, Rettungsdienst*) ambulance ◇ *die Rettung anrufen* call an ambulance IDM **jds letzte Rettung sein** be sb's only hope
Rettungsaktion rescue operation **Rettungsanker** lifeline ◇ *Das Jugenzentrum ist für viele Jugendliche der Rettungsanker.* The youth club is a lifeline for many young people. **Rettungsarbeiten** rescue work [U] **Rettungsboot** lifeboat **Rettungsdienst 1** (*Krankenwagen*) ambulance ◇ *den Rettungsdienst rufen* call an ambulance **2** (*Berg, See*) rescue service **Rettungsfahrzeug** emergency vehicle **Rettungshubschrauber** rescue helicopter **Rettungsinsel** inflatable life raft **rettungslos** hopeless (*Adv* hopelessly) ◇ *ein rettungsloser Versager* a hopeless failure ◇ *rettungslos verliebt* hopelessly in love ◇ *Ohne Brille bin ich rettungslos verloren.* I'm lost without my glasses. **Rettungsmannschaft** rescue team **Rettungsring** lifebelt **Rettungsschwimmer(in)** lifeguard ☞ G 2.2d **Rettungswagen** ambulance **Rettungsweste** life jacket
Return return (of serve)
retuschieren touch *sth* up
Reue ~ (**über etw**) remorse (for sth); (*in Religionslehre*) repentance (for sth) ◇ *Er zeigte nicht die geringste Reue.* He didn't show the slightest remorse. ◇ *Deine Reue kommt zu spät.* It's too late to feel sorry now.
reumütig remorseful (*Adv* remorsefully) ◇ *Er hat nicht reumütig reagiert.* He wasn't remorseful. ◇ *Er kam reumütig zurück.* He came back full of remorse.
Revanche 1 (SPORT) revenge; (*Spiel*) return match ◇ *Der Sieg war eine Revanche für die Niederlage im Finale von 1998.* The win was revenge for their defeat in the 1998 final. ◇ *Revanche fordern* request a return match **2** (*Rache*) revenge ◇ *an jdm Revanche nehmen* take revenge on sb ◇ *Revanche für etw nehmen* get your revenge for sth ◇ *eine Revanche für die Ermordung des Parteiführers* an act of revenge for the murder of the party leader
revanchieren 1 sich (**für etw**) ~ get* revenge (for sth), get* your own back (for sth) (*umgs*) **2 sich** (**bei jdm**) (**für etw**) (**mit etw**) ~ ◇ *Er revanchierte sich für die Gastfreundschaft mit einer Einladung in sein Ferienhaus.* He returned their hospitality by inviting them to his holiday home. ◇ *Sie revanchierte sich bei den Nachbarn mit einer Flasche Sekt.* She gave the neighbours a bottle of champagne to thank them for their kindness. ◇ *Wie kann ich mich bei dir revanchieren?* What can I do for you in return?
Reverenz ~ (**an jdn/etw**) homage (to sb/sth) IDM **jdm seine Reverenz erweisen** pay* your respects to sb
Revers lapel ◇ *ein Jackett mit breitem Revers* a jacket with wide lapels
revidieren 1 revise; (*Entscheidung*) reverse; (*Fehler*) correct **2** (*überprüfen*) check; (*Buchführung*) audit
Revier 1 territory* ◇ *Die Bande hatte ihr Revier am Hafen.* The gang's territory was the port. ◇ *Der Gemüsegarten ist mein Revier.* The vegetable garden is my territory. ◇ *Das Waldstück gehört zum Revier von Förster Stolpp.* That bit of forest belongs to the area that Stolpp is warden of. **2** (*Polizei-*) district, (*AmE*) precinct; (*Dienststelle*) police station
Revision 1 revision; (*nochmalige Prüfung*) review ◇ *eine Revision des Artikels 7* a revision of Article 7 ◇ *die Revision einer Politik* a policy review **2** (RECHT) appeal ◇ *Revision gegen das Urteil beantragen* lodge an appeal against the sentence ◇ *Er wird in die Revision gehen.* He's going to appeal. ◇ *eine Revision zulassen* allow an appeal **3** (*Überprüfung*) inspection; (*Buchführung*) audit
Revolte revolt ◇ *eine Revolte anzetteln* stir up a revolt ◇ *eine Revolte der Studenten* a student revolt
Revolution revolution IDM ⇨ SANFT
revolutionär revolutionary
Revolutionär(in) 1 revolutionary* **2** (*Neuerer*) innovator
revolutionieren revolutionize ◇ *Die Infotechnik hat die Berufswelt revolutioniert.* Information technology has revolutionized the workplace. ◇ *eine revolutionierende Entdeckung* a revolutionary discovery
Revolver revolver ◇ *mit einem Revolver bewaffnet* armed with a revolver ◇ *mit vorgehaltenem Revolver* at gunpoint
Revolverheld gunslinger
Revue revue ◇ *eine Revue inszenieren* put on a revue IDM **etw Revue passieren lassen** review sth
Rezensent(in) critic; (*von Büchern auch*) reviewer
rezensieren review
Rezension review
Rezept 1 (*vom Arzt*) prescription ◇ *nur auf Rezept erhältlich* available on prescription only **2 ~ gegen etw** cure for sth ◇ *Gegen Liebeskummer gibt es kein Rezept.* There's no cure for love. ◇ *Sie fand kein Rezept gegen das Spiel ihrer Gegnerin.* She couldn't work out a winning formula against her opponent's game. **3** (*Anleitung*) recipe ◇ *ein Rezept für Zwiebelsuppe* a recipe for onion soup ◇ *ein Rezept für Erfolg* a recipe for success ◇ *das Rezept für eine glückliche Ehe* the secret of a happy marriage
rezeptfrei available without a prescription (*nicht vor Nomen*), over-the-counter (*nur vor Nomen*) ◇ *rezeptfreie Medikamente* over-the-counter medicines ◇ *Dieses Mittel kann man rezeptfrei bekommen.* You can get this medicine over the counter.
Rezeption reception (desk) ◇ *sich in der Rezeption treffen* meet in reception ◇ *eine Nachricht bei der Rezeption hinterlassen* leave a message with reception ◇ *Nähere Auskünfte erhalten Sie an der Rezeption.* You can get more information at the reception desk.
rezeptpflichtig available on prescription only (*nicht vor Nomen*)
Rezession recession ◇ *eine beginnende Rezession* the start of a recession
rezitieren (*Gedicht*) recite; (*literarische Texte*) read* from *sth*
Rhabarber rhubarb
Rhetorik rhetoric ◇ *billige Rhetorik* empty rhetoric
rhetorisch rhetorical (*Adv* rhetorically)
Rheuma rheumatism

rheumatisch rheumatic ◊ *rheumatische Beschwerden* rheumatic pain

rhythmisch 1 (*Takt*) rhythmic; (*seltener*) rhythmical (*Adv* rhythmically) ◊ *rhythmische Gymnastik* rhythmic gymnastics ◊ *sich rhythmisch bewegen* move rhythmically ◊ *rhythmisches Klatschen* clapping to the rhythm **2** (*Instrument*) rhythm ◊ *rhythmische Instrumente* rhythm instruments ◊ *rhythmische Begleitung* rhythmic accompaniment

Rhythmus 1 rhythm ◊ *aus dem Rhythmus kommen* lose the rhythm ◊ *Das Publikum klatschte im Rhythmus der Musik.* The audience clapped in time to the music. **2 im ~** (**von etw**) at intervals (of sth) ◊ *Der Müll wird im Rhythmus von zehn Tagen abgefahren.* The rubbish is collected at ten-day intervals.

Ribisel redcurrant; (*schwarz*) blackcurrant

richten 1 etw auf jdn/etw ~ (*Blick*) direct sth at sb/sth; (*Aufmerksamkeit*) direct sth to sb/sth; (*Waffe, Kamera, Taschenlampe, Teleskop*) point sth at sb/sth; (*Fernglas, Rakete*) train sth on sb/sth **2 sich auf jdn/etw ~** (*Blick*) be directed at sb/sth; (*Aufmerksamkeit*) be directed to sb/sth; (*Hoffnungen*) be pinned on sb/sth; (*Waffe, Kamera, Taschenlampe, Scheinwerfer, Teleskop*) be pointed at sb/sth; (*Fernglas, Rakete*) be trained on sb/sth ◊ *Ihr Blick richtete sich auf ihre Mutter.* Her gaze was directed at her mother. ◊ *Alle Blicke richteten sich auf ihn.* All eyes were on him. **3 etw an jdn/etw ~** (*Frage, Kritik, Bemerkung*) direct sth at sb/sth; (*Brief, Beschwerde*) address sth to sb/sth; (*Bitte, Appell*) make* sth to sb/sth; (*Annonce, Angebot*) aim sth at sb/sth **4 sich an jdn/etw ~** (*Frage, Kritik, Bemerkung*) be directed at sb/sth; (*Brief, Beschwerde*) be addressed to sb/sth; (*Werbung*) be aimed at sb/sth **5 etw gegen jdn/etw ~** direct sth against/at sb/sth; **sich gegen jdn/etw ~** be directed against sb/sth **6 sich nach jdm/nach jds Wünschen ~** fit* in with sb/with what sb wants ◊ *Ich richte mich ganz nach dir.* I'll fit in with what you want. **7 sich nach etw ~** (*Vorschrift etc.*) follow sth ◊ *Sie richtete sich genau nach der Gebrauchsanweisung.* She followed the instructions exactly. **8 sich nach etw ~** (*von etw abhängen*) depend on sth ◊ *Der Preis richtet sich nach dem Gewicht.* The price depends on the weight. **9** (*in Ordnung bringen, zurechtmachen*) ◊ *sich die Zähne richten lassen* have your teeth fixed ◊ *Die Tür muss gerichtet werden.* The door has to be fixed. ◊ *einen Knochenbruch richten* set a bone ◊ *Er richtete sich die Krawatte.* He straightened his tie. ◊ *jdm ein Bett richten* make up a bed for sb ◊ *Soll ich dir etwas zu essen richten?* Shall I make you something to eat? **10** (*einrichten*) arrange ◊ *Das lässt sich richten.* That can be arranged. **11** (**über**) **jdn/etw ~** (*urteilen*) pass judgement on sb/sth ☞ *Siehe auch* SCHLEPPEN

Richter(in) judge ☞ G 2.2d IDM **jdn/einen Fall vor den Richter bringen** take* sb/a case to court **sich zum Richter (über jdn/etw) machen** sit* in judgement (over sb/sth) ☞ *Siehe auch* SCHLEPPEN

richterlich judicial ◊ *eine richterliche Entscheidung* a judicial decision ◊ *etw richterlich genehmigen* authorize sth by a court order

Richterskala Richter scale ◊ *eine Stärke von 4,7 auf der Richterskala erreichen* measure 4.7 on the Richter scale

Richterspruch judgement

Richtfest topping-out ceremony*

Richtgeschwindigkeit recommended speed

richtig 1 right, correct (*Adv* correctly) ◊ *die richtige Entscheidung* the right decision ◊ *Das finde ich nicht richtig.* I don't think that's right. ◊ *Du kommst gerade richtig.* You're just in time.

> Correct ist gehobener als **right** und wird besonders für Lösungen mathematischer Probleme u.ä. verwendet. Als Adverb muss „richtig" mit **correctly** oder (**in**) **the right way** übersetzt werden, oder weniger förmlich mit **right**: *She answered the question correctly.* ◊ *You're not doing it the right way.* ◊ *Have I spelt your name right?* ◊ *The clock is not right.* Das Adverb **rightly** bedeutet „zu Recht": *This was very difficult, as she rightly points out.*

2 der/die/das Richtige the right one; **der/die Richtige** (*Mensch*) the right person* ◊ *Such dir den Richtigen aus.* Choose the right one. ◊ *Sie ist genau die Richtige für den Job.* She's exactly the right person for the job. ◊ *Ich warte immer noch auf den Richtigen.* I'm still waiting for the right man to come along. **3** (*moralisch*) right ◊ *Das ist nicht das Richtige für dich.* That's not the right thing for you. ☞ Auch hier muss das Adverb umschrieben werden: *richtig handeln* do the right thing **4** (*ordentlich, vernünftig*) proper (*nur vor Nomen*) (*Adv* properly); (*wirklich, echt*) real (*Adv* really) ◊ *richtige Gläser, keine Plastikbecher* proper glasses, not plastic cups ◊ *Das Radio geht nicht mehr richtig.* The radio doesn't work properly any more. ◊ *Sein richtiger Name ist nicht Schmitt.* His real name is not Schmitt. ◊ *Nach Mitternacht ging die Party erst richtig los.* The party really got going after midnight. ☞ In der amerikanischen Umgangssprache wird **real** auch als Adverb benutzt: *It was real sad.* Es war richtig traurig. IDM (**mit etw**) **richtig liegen** be on the right lines (with sth) **etw richtig stellen** correct sth ☞ *Siehe auch* ADRESSE, DREH, FÄHRTE, KOPF, NASE, PFERD, RIECHER, SPUR *und* TICKEN

richtiggehend real (*Adv* really)

Richtigkeit correctness ◊ *die Richtigkeit der Entscheidung* the correctness of the decision ◊ *etw auf seine Richtigkeit prüfen* check sth to see if it is correct IDM **das hat schon seine Richtigkeit** it's all right **es muss alles seine Richtigkeit haben** everything must be done correctly

Richtlinie guideline

Richtschnur guiding principle

Richtung 1 direction ◊ *in die falsche Richtung gehen* go in the wrong direction ◊ *in entgegengesetzter Richtung* in the opposite direction ◊ *ein Schritt in die richtige Richtung* a step in the right direction ◊ *aus nördlicher Richtung* from a northerly direction ◊ *die Richtung ändern* change direction ◊ *In welcher Richtung liegt das Dorf?* Which direction is the village? ◊ *Sie fuhren Richtung Grenze.* They were driving towards the border. ◊ *Sie fuhren Richtung Süden.* They were driving south. ◊ *auf der Autobahn Richtung Frankfurt* on the motorway to Frankfurt ◊ *eine neue Richtung einschlagen* take a new direction ◊ *Jugendliche, die eine rechtsradikale Richtung einschlagen* young people who turn to right-wing extremism **2** (*Bewegung*) movement; (*Tendenz*) trend; (*politische Überzeugung*) persuasion; (*Lehrmeinung*) school of thought IDM **irgendwas in der Richtung** something along those lines **die Richtung stimmt** ◊ *„Was halten Sie von der Reform?" „Die Richtung stimmt."* 'What do you think about the reform?' 'It's on the right track'.

Richtwert (recommended) level ◊ *Der Kohlendioxidgehalt der Luft lag weit über dem Richtwert.* The level of carbon dioxide in the air was well above the recommended level.

riechen 1 (**etw**) **~** smell* (sth); (**nach etw**) **~** smell* (of sth); **an etw ~** smell* sth, sniff (at) sth ◊ *Es riecht gut.* It smells good. ◊ *Er roch nach Alkohol.* He smelled of alcohol. ◊ *Es riecht nach Benzin.* There's a smell of petrol. ◊ *Katzen können nicht gut riechen.* Cats don't have a good sense of smell. ◊ *Diese Blumen riechen nicht.* These flowers have no scent.

> Von Verben der sinnlichen Wahrnehmung wie **smell**, **taste**, **see** oder **hear** werden keine ing-Formen gebildet. Stattdessen wird oft **can** verwendet: *I can smell smoke.* Ich rieche Rauch.

2 nach etw ~ (*verdächtigen lassen*) smack of sth ◊ *Das riecht nach Betrug.* That smacks of deceit. IDM **etw nicht riechen können** (*nicht ahnen*) ◊ *Das konnte ich doch nicht riechen, dass du keinen Brokkoli magst.* How was I supposed to know you didn't like broccoli? **jdn/etw nicht riechen können** (*nicht leiden können*) not be able to stand sb/sth ◊ *Er kann sie nicht riechen.* He can't stand her. ☞ *Siehe auch* MUND

Riecher nose IDM **den richtigen Riecher haben** be right ◊ *Da hatte ich doch den richtigen Riecher!* I was right all along! **einen (guten) Riecher für etw haben** have a nose for sth ◊ *Sie hat einen guten Riecher fürs Geschäft.* She has a nose for business.

Ried reeds [Pl]; (*Gebiet*) marsh

Riege (SPORT) team ☞ G 1.3b

Riegel 1 bolt ◊ *Die Tür hatte keinen Riegel.* There was no bolt on the door. ◊ *den Riegel zuschieben* bolt the door **2** (*Schokoladen-*) bar ◊ *ein Riegel Schokolade* a bar of chocolate IDM **einer Sache einen Riegel vorschieben** put* a stop to sth ☞ *Siehe auch* SCHLOSS

Riemen strap; (*Gürtel*) belt; (*Schnürsenkel*) shoelace IDM **sich am Riemen reißen 1** (*sich beherrschen*) get* a grip

(on yourself) **2** (*sich anstrengen*) pull your socks up ☛ *Siehe auch* SCHNALLEN
Riese giant ◊ *der Riese Goliath* the giant Goliath ◊ *die Riesen der Autoindustrie* the giants of the car industry ◊ *Er ist ein Riese.* He's very tall.
rieseln trickle; (*Schnee*) fall* softly; (*Putz, Kalk etc.*) crumble off; (*Nadelbaum*) lose* its needles ◊ *Das Wasser rieselte die Felsen herunter.* The water trickled down the rocks. ◊ *Sie ließ den Sand langsam durch die Finger rieseln.* She let the sand trickle slowly through her fingers.
Riesen- huge; (*in Tiernamen meist*) giant
  Riesenerfolg huge success **riesengroß** huge **Riesenrad** big wheel, (*bes AmE*) Ferris wheel **Riesenschildkröte** giant tortoise **Riesenslalom** giant slalom **Riesenspaß** enormous fun [U] ◊ *Das war ein Riesenspaß!* That was enormous fun!
riesig 1 *Adj* huge; (*Interesse*) enormous ◊ *ein riesiges Haus* a huge house ◊ *Ich habe riesigen Hunger.* I'm starving. **2** *Adj* (*großartig*) fantastic **3** *Adv* terribly (*umgs*) ◊ *Sie freute sich riesig über seinen Anruf.* She was terribly pleased about his call.
Riesin giantess ◊ *die Riesin Angurboda* the giantess Angurboda ◊ *Sie ist eine Riesin.* She's very tall.
Riff¹ *das* reef
Riff² *der* (MUS) riff
rigide rigid (*Adv* rigidly)
rigoros rigorous (*Adv* rigorously)
Rikscha rickshaw
Rille groove
Rind 1 (*Kuh*) cow; (*Bulle*) bull; (*Färse*) heifer ◊ *der Preis pro Rind* the price per cow ☛ *Im landwirtschaftlichen Zusammenhang heißt die Mehrzahl von cow* **cattle**: *They breed cattle.* Nennt man die Zahl der Rinder sagt man, **head of cattle**: *Twenty head of cattle were slaughtered.* **2** (*Fleisch*) beef
Rinde 1 (*eines Baumes etc.*) bark **2** (*Käse-*) rind; (*Brot-*) crust
Rinder- Rinderhack(fleisch) minced beef **Rinderherde** herd of cows/cattle **Rinderwahnsinn** mad cow disease
Rind- Rindfleisch beef **Rindvieh 1** cattle [Pl]; (*einzelnes Tier*) cow ◊ *dreißig Stück Rindvieh* thirty head of cattle **2** (*Schimpfwort*) idiot
Ring 1 ring ◊ *ein Ring aus Gold* a gold ring ◊ *einen Ring tragen* wear a ring ◊ *Er hatte Ringe unter den Augen.* He had rings under his eyes. ◊ *Übungen an den Ringen* exercises on the rings ◊ *ein Ring von Rauschgifthändlern* a drugs ring ◊ *Ring frei für den Weltmeister im Schwergewicht!* Seconds out for the heavyweight champion of the world! **2** ⇨ RINGSTRASSE
  Ringbuch ring binder
ringeln sich ~ curl (yourself); (*Fortbewegung*) wriggle ◊ *Ihr Haar ringelte sich um ihr Gesicht.* Her hair curled around her face. ◊ *Die Schlange ringelte sich um den Baumstamm.* The snake curled itself around the tree trunk. ◊ *Ein Regenwurm ringelte sich durch das Laub.* A worm wriggled through the leaves. ◊ *In der Asche ringelte sich eine Natter.* An adder was curled up in the ashes.
Ringelnatter grass snake
ringen 1 wrestle (*auch fig*) ◊ *der Olympiasieger im Ringen* the Olympic champion in wrestling ◊ *Wir haben jahrelang mit diesem Problem gerungen.* We have wrestled with this problem for years. ◊ *nach hartem Ringen mit den Behörden* after a tough battle with the authorities **2 mit sich ~** wrestle with your conscience **3 um etw ~** struggle for sth, struggle to do sth ◊ *um Erfolg ringen* struggle for success ◊ *um einen Kompromiss ringen* struggle to find a compromise **4 nach Atem/Luft ~** fight* for breath/air; **nach Worten ~** struggle to find the right words **5 die Hände ~** wring* your hands IDM ⇨ TOD
Ringer(in) wrestler ☛ G 2.2
Ring- Ringfinger ring finger **Ringkampf 1** (SPORT) wrestling **2** (*einzelner Kampf*) wrestling match **3** (*tätliche Auseinandersetzung*) fight **Ringrichter(in)** referee ☛ G 2.2d
rings ~ **um jdn/etw** (all) around sb/sth ◊ *auf den Bergen rings um die Stadt* on the mountains all around the town ◊ *Sie gingen rings um das Haus herum.* They walked around the house.

ringsherum all around
Ringstraße ring road, (*AmE*) outer belt
Rinne 1 channel **2** (*Dach-*) gutter
rinnen 1 run* ◊ *Der Sand rann langsam durch die Sanduhr.* The sand ran slowly through the hour-glass. ◊ *Das Geld rinnt ihm durch die Finger.* Money just runs through his fingers. **2** (*undicht sein*) leak
Rinnsal trickle, rivulet (*gehoben*)
Rippe rib IDM **nichts auf den Rippen haben** be nothing but skin and bone **sich etw nicht aus den Rippen schneiden können** not know* where you're going to get sth from ◊ *Ich kann mir das Geld doch nicht aus den Rippen schneiden!* I don't know where the money's going to come from!
Rippenfellentzündung pleurisy [U]
Risiko risk ◊ *Es besteht das Risiko, dass sich der Bürgerkrieg ausdehnt.* There is a risk that the civil war will spread. ◊ *auf eigenes Risiko* at your own risk ◊ *Wir gehen keine Risiken ein.* We don't take risks. ◊ *Sie gehen das Risiko ein, einen großen Fehler zu machen.* They are running the risk of making a big mistake. ◊ *Ich möchte nicht das Risiko eingehen, zu spät zu kommen.* I don't want to risk being late. ◊ *das Risiko, den Arbeitsplatz zu verlieren* the risk of losing your job IDM ⇨ MUT
Risikobereitschaft willingness to take risks **Risikofaktor** risk factor **risikofreudig** prepared to take risks (*nicht vor Nomen*) ◊ *eine äußerst risikofreudige Geschäftsfrau* a businesswoman who is prepared to take risks **Risikogruppe** high-risk group **risikoreich** dangerous; (*riskant*) risky* ◊ *Die Atomtechnik ist viel zu risikoreich.* Nuclear technology is much too dangerous. ◊ *risikoreiche Investitionen* risky investments ◊ *Jedes Geschäft dieser Größenordnung ist risikoreich.* Any deal of this size involves risk.
Risikopatient high-risk patient
riskant risky* ◊ *ein riskantes Unterfangen/Geschäft* a risky venture/business
riskieren risk; (*Risiko eingehen auch*) run* the risk of sth ◊ *sein Leben/seinen Ruf riskieren* risk your life/reputation ◊ *Sie riskieren ein Bußgeld.* They risk a fine. ◊ *Sie riskierte einen Blick.* She risked a look. ◊ *Starke Raucher riskieren, an Lungenkrebs zu erkranken.* Heavy smokers run the risk of developing lung cancer. ◊ *Ich will nichts riskieren.* I don't want to take any risks.
Riss (*in Stoff*) tear; (*in Stein etc.*) crack; (*fig*) rift ◊ *lange Risse in den Hauswänden* long, thin cracks in the walls of the house ◊ *Ein tiefer Riss ging durch die Partei.* There was a deep rift in the party.
rissig cracked; (*Haut, Hände, Lippen*) chapped
Ritt ride ◊ *einen Ritt durch den Wald machen* go for a ride through the wood
Ritter knight ◊ *jdn zum Ritter schlagen* knight sb
  Ritterburg knight's castle
ritterlich 1 knightly, chivalrous **2** (*zuvorkommend*) gallant (*Adv* gallantly)
Ritter- Ritterorden order of knights **Ritterrüstung** (suit of) armour **Ritterstand jdn in den ~ erheben** knight sb
rittlings ~ auf etw sitzen sit* astride sth
Ritual ritual ◊ *heidnische Rituale* pagan rituals ◊ *Beim Frühstück vollzieht er immer dasselbe Ritual.* He always goes through the same ritual at breakfast.
Ritze crack
ritzen scratch; (*Buchstaben, Bild etc.*) carve; (*in Glas, Metall*) engrave ◊ *Er hat ein Herz in die Baumrinde geritzt.* He carved a heart in the tree trunk. IDM **die Sache ist geritzt** it's all settled
Rivale, Rivalin rival
rivalisierend rival (*nur vor Nomen*) ◊ *rivalisierende Banden* rival gangs
Rivalität rivalry*
Robbe seal
robben crawl
Robe 1 (*Kleid*) evening gown **2** (*Richter-, Priester-*) robe
Roboter robot
robust robust; (*Material, Mensch*) strong; (*Schuhe*) stout ◊ *Er hat eine sehr robuste Gesundheit.* He enjoys robust health.
röcheln breathe with a rattling sound ◊ *sein röchelnder Atem* his rattling breathing ◊ *Der Sterbende röchelte.* The dying man's breath was rattling in his throat.

Rock¹ 1 skirt 2 (*Kleid*) dress IDM **hinter jedem Rock her sein/herlaufen** chase anything in a skirt (*Slang*)
Rock² (MUS) rock (music)
rocken rock
Rocker(in) rocker
Rock- Rockfestival rock festival **Rockgruppe** rock group
rockig rock-style ◊ *rockige Songs* rock-style songs ◊ *rockiger Jazz* jazz in the rock tradition
Rockzipfel IDM **an jds Rockzipfel hängen** be tied to sb's apron strings
Rodel sledge, toboggan; (*Sport*) luge
Rodelbahn toboggan run; (*Sport*) luge run
rodeln go* tobogganing; (*olympische Disziplin*) luge ◊ *Lass uns rodeln gehen!* Let's go tobogganing! ◊ *eine Medaille im Rodeln* a medal in the luge ◊ *Wir sind in voller Fahrt in den Graben gerodelt.* We went full tilt into the ditch on our toboggans.
roden 1 clear the land ◊ *Bevor der Weinberg angelegt wird, muss gerodet werden.* Before the vineyard is planted, the land will have to be cleared. 2 (*Wald, Grundstück*) clear; (*Baum*) grub* *sth* up
Rogen roe
Roggen rye
Roggenbrot rye bread
roh 1 raw; (*noch nicht gekocht*) uncooked ◊ *rohes Fleisch* raw meat ◊ *Kann man das roh essen?* Can you eat it raw? ◊ *Die Erdbeeren roh pürieren.* Liquidize the uncooked strawberries. 2 (*nicht (fertig) bearbeitet*) rough (*Adv* roughly); (*Seide, Zucker*) raw; (*Diamanten*) uncut; (*Öl*) crude ◊ *rohe Bretter* rough planks ◊ *ein Denkmal aus roh behauenem Stein* a memorial of roughly hewn stone ◊ *Die Übersetzung ist im Rohen fertig.* A rough version of the translation is finished. 3 (*grob*) rough (*Adv* roughly); (*Witz*) coarse ◊ *Er ist ein recht roher Kerl.* He is a really rough fellow. ◊ *rohe Sitten/Umgangsformen* rough customs/manners ◊ *Die Diebe haben mein Auto mit roher Gewalt aufgebrochen.* The thieves used brute force to break into my car. IDM ⇒ E1
Rohbau basic structure, shell (of a building) ◊ *Das Haus ist noch im Rohbau.* Only the external walls and roof structure of the house are finished. **Rohentwurf, Rohfassung** rough draft **Rohkost** raw fruit and vegetables [Pl] **Rohmaterial** raw material **Rohöl** crude oil **Rohprodukt** product requiring further treatment; (*Rohmaterial*) raw material
Rohr 1 (*Leitung*) pipe 2 (*Schilf*) reed; (*Bambus-, Zucker-*) cane; (*geflochten*) wicker ◊ *Er schnitt das Rohr zu einer Pfeife.* He made the reed into a pipe. ◊ *ein Korb aus Rohr* a wicker basket
Rohrbruch burst pipe
Röhrchen small tube IDM **ins Röhrchen blasen** take* a breath test
Röhre 1 pipe 2 (*Elektronen-*) tube 3 (*Fernseher*) telly* (*umgs*), box (*umgs*) ◊ *Er sitzt den ganzen Tag vor der Röhre.* He sits in front of the telly all day long. IDM **in die Röhre gucken** end up with nothing
Rohr- Rohrleitung pipe **Rohrmöbel** cane furniture [U]
Roh- Rohseide raw silk **Rohstoff** raw material ◊ *ein an Rohstoffen armes Land* a country with few raw materials ◊ *ein an Rohstoffen reiches Land* a country that is rich in raw materials
Rokoko (*Stil*) rococo (style); (*Periode*) rococo (period)
Rollbahn runway
Rolle 1 roll; (*Garn, Papier, Film*) reel; (*Draht*) coil ◊ *eine Rolle Klopapier* a roll of toilet paper 2 (*runde Packung*) tube, packet ◊ *eine Rolle Schokoladentaler* a packet of chocolate drops 3 (*Rad*) roller; (*an Möbeln*) castor; (*bei Schiebetüren*) runner 4 (*Turnübung*) roll ◊ *eine Rolle vorwärts/rückwärts machen* do a forward/backward roll 5 (THEAT) role, part ◊ *eine Rolle spielen/lernen/einstudieren* play/learn/rehearse a part 6 (*Stellung*) role ◊ *die traditionelle Rolle der Frau in der Gesellschaft* the traditional role of women in society ◊ *Ich finde, er ist der Rolle des Abteilungsleiters nicht gewachsen.* I do not think he is up to being head of department. ◊ *die Rollen tauschen* swap roles ◊ *Er gefällt sich in der Rolle des Machos.* He likes to play the macho man. IDM **aus der Rolle fallen** behave badly **eine Rolle (bei etw) spielen** play a part (in sth); (*wichtig sein*) be important in sth; be an important factor in sth ◊ *Bei diesem Film spielt die Musik eine wichtige Rolle.* Music plays an important part in this film. ◊ *Bei der Entscheidung spielt die Kostenfrage auch eine Rolle.* The question of cost is also an important factor in the decision. ◊ *Welche Rolle spielt Sport in der Schule?* What is the importance of sport in school? ◊ *Die größte Rolle spielt für ihn, dass er mehr Zeit hat.* What matters most to him is that he has more time. **etw spielt keine Rolle** sth doesn't matter ◊ *Es spielt keine Rolle, wann du kommst.* It doesn't matter what time you come. ◊ *Geld spielt keine Rolle.* Money is no object. ◊ *Warum erwähnen Sie das? Das spielt jetzt keine Rolle.* Why did you mention that? It's not relevant now. **von der Rolle sein** not be with it ◊ *Es tut mir Leid, aber ich bin heute irgendwie völlig von der Rolle.* Sorry, but I'm not with it at all today.
rollen 1 roll ◊ *Der Ball rollte in den Bach.* The ball rolled into the stream. ◊ *Tränen rollten über ihre Wangen.* Tears rolled down her cheeks. ◊ *Autos rollten vom Fließband.* Cars rolled off the production line. ◊ *Sie rollten Murmeln über den Boden.* They rolled marbles across the floor. ◊ *Teig zu einem Bällchen rollen* roll the dough into a little ball ◊ *ein gerolltes r* a rolled r ◊ *mit den Augen rollen* roll your eyes ◊ *Die Lkws rollten über die Brücke.* The lorries trundled over the bridge. 2 (*schieben*) wheel ◊ *Sie rollte den Teewagen ins Zimmer.* She wheeled the trolley into the room. 3 (*zusammenrollen*) roll *sth* up ◊ *Er rollte den Teppich.* He rolled the carpet up. ◊ *gerollte Tabakblätter* rolled-up tobacco leaves IDM **etw ins Rollen bringen** set* sth off; get* sth going ◊ *Der Bericht hat eine Menge ins Rollen gebracht.* The report has really got something going. **ins Rollen kommen** get* going; get* under way ◊ *Die Ermittlungen sind ins Rollen gekommen.* The investigations are under way. ◊ *Es ist Zeit, dass endlich etwas ins Rollen kommt.* It's time that something happened. ☞ *Siehe auch* STEIN
Rollen- Rollenspiel role play **Rollentausch** role reversal, reversal of roles **Rollenverteilung** assignment of roles, role ◊ *die Rollenverteilung in der Ehe* the assignment of roles within marriage ◊ *das Ausbrechen aus der traditionellen Rollenverteilung* breaking out of the traditional roles
Roller scooter ◊ *Roller fahren* ride a scooter
Roll- Rollfeld taxiways [Pl]; (*Lande-, Startbahn*) runways [Pl] **Rollkragen** polo neck, (*AmE*) turtleneck **Rollkragenpullover** polo-necked jumper, (*AmE*) turtleneck sweater **Rollladen** shutter [meist Pl], (*AmE*) shade
Rollmops rolled pickled herring
Rollo blind [meist Pl], (*AmE*) shade; (*an der Außenseite des Fensters*) shutter [meist Pl] ◊ *die Rollos hochziehen* open the blinds
Roll- Rollschuh roller skate ◊ *Rollschuh laufen* roller skate **Rollschuhbahn** roller-skating rink **Rollschuhlaufen** roller skating **Rollschuhläufer(in)** roller skater **Rollstuhl** wheelchair ◊ *Er sitzt im Rollstuhl.* He is confined to a wheelchair. **Rollstuhlfahrer(in)** wheelchair user **rollstuhlgerecht** suitable for wheelchairs (*nicht vor Nomen*) ◊ *rollstuhlgerechte Busse* buses that are suitable for wheelchairs **Rolltreppe** escalator ◊ *mit der Rolltreppe fahren* take the escalator
ROM (COMP) ROM
Roma Romany people [Pl], Romanies [Pl]
Roman novel; (*höfischer Roman*) romance
Romanik Romanesque period
romanisch 1 (*Sprache*) Romance (*nur vor Nomen*) 2 (ARCHIT) Romanesque
Romanistik Romance languages and literature [Pl]
Romantik 1 romanticism, Romantic period 2 (*Stimmung*) romance ◊ *eine Mischung aus Romantik und Abenteuer* a mixture of romance and adventure
Romantiker(in) romantic; (*Künstler etc.*) Romantic
romantisch 1 Romantic ◊ *die romantische Malerei* Romantic painting 2 (*gefühlsbetont, malerisch*) romantic ◊ *ein romantisches Essen* a romantic dinner
Romanze romance
Römer(in) Roman
römisch Roman ◊ *römische Zahlen* Roman numerals ◊ *römisch zwei* two in Roman numerals
römisch-katholisch Roman Catholic
Rommee rummy

röntgen X-ray ◊ *Das Bein wurde sofort geröntgt.* The leg was X-rayed at once. ◊ *Ich muss zum Röntgen.* I have to go for an X-ray.
Röntgen- Röntgenaufnahme X-ray **Röntgenstrahl** X-ray
rosa 1 pink ☞ *Beispiele bei* BLAU **2** (*Homosexuelle betreffend*) gay ◊ *rosa Ehen* gay marriages IDM **etw durch eine rosa(rote) Brille sehen** ⇨ BRILLE
Rose rose
Rosé rosée ◊ *Im Sommer trinke ich am liebsten Rosé.* In the summer I like rosé wine best.
Rosen- Rosenkohl Brussels sprouts [Pl] **Rosenkranz** rosary* ◊ *den/einen Rosenkranz beten* say the rosary **Rosenmontag** = Monday before Shrove Tuesday
Rosette rosette
rosig rosy* (*auch fig*) ◊ *rosige Haut* rosy skin ◊ *Die Aussichten sind alles andere als rosig.* The prospects are far from rosy. ◊ *Die rosigen Zeiten sind vorüber.* The good times are over.
Rosine raisin
Rosmarin rosemary
Ross horse IDM **auf dem hohen Ross sitzen** be high and mighty ◊ *Sie hat keinen Grund, auf dem hohen Ross zu sitzen.* She has no reason to be so high and mighty.
Rosskastanie horse chestnut **Rosskur** drastic cure
Rost¹ rust ◊ *etw vor Rost schützen* protect sth from rust ◊ *Das Gitter hatte schon Rost angesetzt.* The bars had already gone rusty.
Rost² (*Gitter*) grating; (*Grill-*) grill; (*im Backofen*) shelf* **Rostbraten** (*gegrillt*) grilled steak; (*in der Pfanne gebraten*) fried steak; (*im Ofen gegart*) roast beef **Rostbratwurst** (grilled) sausage
rosten rust, go* rusty ◊ *Die Maschinen rosten vor sich hin.* The machines are rusting away.
rösten roast; (*Brot*) toast ◊ *Kaffee rösten* roast coffee
rostfrei ◊ *ein rostfreies Messer* a stainless steel knife ◊ *Die Spüle ist aus rostfreiem Stahl.* The sink is stainless steel.
Rösti ≈ fried grated potatoes [Pl]
rostig rusty* (*auch fig*)
Rostschutzmittel rustproofing agent, anti-rust product
rot 1 red ◊ *einen Fehler rot anstreichen* underline a mistake in red ◊ *die rote Karte bekommen* be given the red card ◊ *Er bekam einen roten Kopf.* He blushed. ☞ *Beispiele bei* BLAU **2** (*kommunistisch*) communist; (*sozialistisch*) socialist, red (*umgs*) **3 rote Bete** beetroot, (*AmE*) beet **4 das Rote Kreuz** the Red Cross **5 der Rote Halbmond** the Red Crescent IDM ⇨ FADEN *und* ZAHL
Rot red ◊ *Die Ampel zeigte Rot.* The traffic lights were red. ☞ *Beispiele bei* BLAU
Rotation rotation
Rotationsprinzip principle of rotation
rot- rotblond sandy; (*bei Frauen auch*) strawberry blonde **rotbraun** reddish brown; (*Haare auch*) auburn ◊ *rotbraunes Leder* reddish-brown leather ☞ *Beispiele bei* BLAU
Röte redness; (*im Gesicht*) blush ◊ *Röte und Abschuppen der Haut* redness and flaking of the skin ◊ *Sie spürte die Röte in sich aufsteigen.* She felt a blush rise to her cheeks. ◊ *Die Röte stieg ihm ins Gesicht.* He blushed.
Röteln German measles [U], rubella [U] (*Fachspr*)
röten redden ◊ *gerötete Augen* reddened eyes ◊ *gerötete Hautstellen* red patches on the skin ◊ *Seine Nase war stark/leicht gerötet.* His nose was very/slightly red. **2 sich ~** go* red ◊ *Die Haut rötete sich.* The skin went red.
rothaarig red-haired, with red hair (*nicht vor Nomen*) ◊ *Rothaarige sind meist sonnenempfindlich.* Red-haired people are usually sensitive to the sun.
rotieren 1 rotate ◊ *rotierende Propeller* rotating propellers ◊ *ein rotierender Vorsitz* a rotating presidency ◊ *Der Vorsitz wird rotierend von den Mitgliedsstaaten übernommen.* The chair rotates among the member states. **2** (*hektisch agieren*) be in a flap ◊ *Er ist am Rotieren.* He's in a flap. ◊ *Wenn ich für sechs Personen kochen muss, fange ich an zu rotieren.* I get into a flap if I have to cook for six.
Rot- Rotkäppchen Little Red Riding Hood **Rotkehlchen** robin **Rotkohl** red cabbage
rötlich reddish ☞ *Beispiele bei* BLAU
Rotlichtviertel red light district

Rotstift red pencil IDM **den Rotstift ansetzen** cut* back ◊ *Die Firma setzt beim Personal den Rotstift an.* The firm is cutting back on staff. **dem Rotstift zum Opfer fallen** be axed ◊ *Die Stellen könnten bald dem Rotstift zum Opfer fallen.* The jobs may be axed soon.
Rot- Rotwein red wine **Rotwild** red deer
Rotz snot (*umgs*)
Rouge blusher; (*altmodisch*) rouge
Roulade beef olive
Roulett roulette
Route route ◊ *die Route über Paris* the route via Paris
Routine 1 routine ◊ *Nach einiger Zeit wird jeder Job zur Routine.* After a while every job becomes routine. **2** (*Erfahrung*) experience; (*Übung*) practice, (*AmE*) practise ◊ *Ihm fehlt die nötige Routine.* He hasn't had enough experience of doing it.
Routinekontrolle routine check ◊ *bei einer Routinekontrolle* in the course of a routine check **routinemäßig 1** *Adj* routine **2** *Adv* as a matter of routine, routinely ◊ *Die Zollbeamten durchsuchen routinemäßig das Gepäck.* The Customs officials go through the luggage as a matter of routine. **Routinemaßnahme** routine measure
routiniert 1 *Adj* experienced ◊ *eine routinierte Spielerin* an experienced player **2** *Adv* expertly ◊ *Routiniert nahm sie Blut ab.* She expertly took a blood sample.
Rowdy hooligan
Rubbellos scratch card
rubbeln rub*; (*Karte, Los*) scratch
Rübe 1 turnip; (*Zucker-*) (sugar) beet; (*Karotte*) carrot; (*rote Rübe*) beetroot, (*AmE*) beet **2** (*Kopf*) head, nut (*umgs*) ◊ *jdm eins auf die Rübe geben* bash sb on the head ◊ *eins auf die Rübe bekommen* get bashed on the head
Rubel rouble
rüber ⇨ HERÜBER- *und* HINÜBER
rüberbringen 1 (*hierher*) bring* sth over; (*dorthin*) take* sth over ◊ *Kannst du mir mal den Stuhl rüberbringen?* Can you bring me over the chair? ◊ *Ich brachte ihr ein Geschenk rüber.* I took her over a present. **2** (*vermitteln*) get* sth across/over, put* sth across/over ◊ *eine Idee rüberbringen* get/put an idea across
rüberkommen 1 come* over ◊ *Kommst du heute Abend zu uns rüber?* Can you come over to see us this evening? **2** (*deutlich werden*) come* across/over ◊ *Die Botschaft kam bei seiner Rede gut rüber.* The message came across very well in his speech.
Rubin ruby*
Rubrik 1 (*Zeitungs-*) column ◊ *die Rubrik „Verschiedenes"* the miscellaneous column **2** (*Kategorie*) category*; (*Überschrift*) heading ◊ *Das Programm teilt sich in zwei Rubriken auf.* The programme falls into two categories. ◊ *die unter dieser Rubrik registrierten Straftaten* the crimes recorded under this heading
Ruck jerk; (*Fahrzeug*) jolt ◊ *ein Ruck an dem Seil* a jerk on the rope ◊ *Mit einem Ruck setzte sich der Zug in Bewegung.* The train started with a jolt. ◊ *Sie entfernte das Pflaster in einem Ruck.* She ripped the plaster off in one go. ◊ *Ein Ruck ging durch die Menge.* A ripple of excitement went through the crowd. IDM **sich (innerlich) einen Ruck geben** ◊ *Er gab sich einen Ruck und entschuldigte sich.* He forced himself to apologize.
ruckartig 1 *Adv* with a jerk; (*von einem Fahrzeug*) with a jolt ◊ *Sie richtete sich ruckartig auf.* She sat up with a jerk. ◊ *Der Bus kam ruckartig zum Stehen.* The bus stopped with a jolt. ◊ *Ruckartig riss er das Lenkrad herum.* He jerked the steering wheel round. **2** *Adj* jerky ◊ *eine ruckartige Bewegung* a jerky movement
Rück- Rückantwort reply* ◊ *Schicken Sie Ihre Rückantwort an folgende Adresse ...* Send your reply to the following address ... ◊ *Um Rückantwort wird gebeten.* RSVP **Rückbesinnung** return ◊ *die Rückbesinnung auf traditionelle Werte* a return to traditional values **Rückblende** flashback ◊ *etw in einer Rückblende erfahren* discover sth in flashback
Rückblick review ◊ *ein Rückblick auf das vergangene Jahr* a review of the past year ◊ *im Rückblick auf die Olympischen Spiele* looking back at the Olympic Games ◊ *Im Rückblick lässt sich sagen, ...* In retrospect we can say ...

rückblickend

rückblickend in retrospect ◊ *Wie sich rückblickend zeigt, hast du Recht gehabt.* In retrospect you were right. ◊ *Rückblickend gestand er, einen Fehler gemacht zu haben.* Looking back he admitted that he had made a mistake.
rücken move; (*aufrücken*) move up; (*kommen*) come* ◊ *Sie rückte den Tisch zur Seite.* She moved the table aside. ◊ *Er ist an die erste Stelle gerückt.* He moved up to the top of the list. ◊ *Könnt ihr ein bisschen rücken?* Can you move up a bit? ◊ *Kannst du ein wenig näher rücken?* Can you move a bit closer? ◊ *in greifbare Nähe rücken* come within reach ◊ *Je näher die Prüfung rückte, desto nervöser wurde sie.* The closer it came to the exam, the more nervous she got. IDM ⇨ LICHT, PELLE und VORDERGRUND
Rücken 1 back ◊ *der Rücken des Pferdes* the horse's back ◊ *Sie trug einen Rucksack auf dem Rücken.* She carried a rucksack on her back. ◊ *Er drehte ihr den Rücken zu.* He turned his back on her. ◊ *Sie stellten sich Rücken an Rücken.* They stood back to back. ◊ *Sie saß mit dem Rücken zum Fenster.* She was sitting with her back to the window. **2** (*Hand-* etc.) back; (*Buch-*) spine; (*Berg-*) ridge **3** ⇨ RÜCKENSCHWIMMEN IDM **etw auf dem Rücken von jdm austragen** carry* sth out at the expense of sb **den Rücken frei haben** be free (of any obligations) **jdm den Rücken freihalten** keep* people off sb's back **jdm/etw den Rücken kehren** turn your back on sb/sth **jdm den Rücken stärken** (*Mut machen*) give* sb encouragement; (*unterstützen*) give* sb moral support **hinter jds Rücken** behind sb's back ◊ *Hinter ihrem Rücken wurde viel über sie geredet.* There was a lot of talk about her behind her back. **jdm in den Rücken fallen** stab* sb in the back **jdm läuft es (eis)kalt über den Rücken** shivers run* down sb's spine **jdm läuft es heiß und kalt den Rücken hinunter** sb goes* hot and cold **mit dem Rücken zur Wand stehen** have your back to the wall **sich den Rücken freihalten** cover your back
Rückendeckung 1 cover **2** (*fig*) backing, support
Rückenflosse dorsal fin **Rückenlehne** back **Rückenmark** spinal cord **Rückenschmerzen** backache [U]; (*chronisch*) back pain [U] ◊ *Rückenschmerzen haben* have backache **Rückenschwimmen** backstroke ◊ *Sie wurde Vierte im Rückenschwimmen.* She came fourth in the backstroke. **Rückenwind 1** tailwind, following wind ◊ *Rückenwind haben* have a following wind **2** (*Auftrieb*) momentum; (*Unterstützung*) support ◊ *Die SPD hatte Rückenwind.* The SPD was gaining momentum. **Rückenwirbel** vertebra*
Rück- Rückeroberung recapture **rückerstatten** ⇨ ZURÜCKERSTATTEN **Rückerstattung** refund; (*von ausgelegtem Geld*) reimbursement [U] ◊ *eine Rückerstattung der Steuern* a tax refund ◊ *die Rückerstattung der Reisekosten* reimbursement of travel expenses **Rückfahrkarte** return (ticket), (*AmE*) round-trip ticket **Rückfahrt** return journey, way back (*umgs*) **Rückfall 1** relapse ◊ *einen Rückfall erleiden* have a relapse **2 ein ~ (in etw)** a return (to sth) ◊ *ein Rückfall in alte Gewohnheiten* a return to old habits **rückfällig ~ werden** relapse; (*Straftäter*) reoffend **Rückflug** return flight, flight back (*umgs*) **Rückfrage** query* ◊ *Für Rückfragen stehe ich Ihnen gerne zur Verfügung.* I will be glad to answer any queries you might have. ◊ *Auf Rückfrage hat man uns versichert, dass …* On further enquiry, we were assured that … ◊ *Nach Rückfrage …* After checking … **Rückführung 1** (*Zurückführen*) (*meist mit einem Verb übersetzt*) ◊ *die Rückführung der Probleme auf die Umweltverschmutzung* tracing the problems back to pollution **2** (*von Menschen*) repatriation ◊ *die Rückführung der Flüchtlinge in ihre Heimat* the repatriation of the refugees **3** (*Zurückgabe*) return ◊ *die Rückführung von Kulturgütern* the return of cultural artefacts **4** (FINANZ) repayment ◊ *die Rückführung der Ausgaben* repayment of expenses **Rückgabe** return [U] ◊ *Japan forderte die Rückgabe der vier Inseln.* Japan demanded the return of the four islands. **Rückgang** fall; (*in der Qualität*) decline ◊ *ein deutlicher/leichter Rückgang* a steep/slight fall ◊ *ein Rückgang der Mitgliederzahlen* a fall in membership **rückgängig 1** falling ◊ *rückgängige Studentenzahlen* falling student numbers **2 etw ~ machen** (*Termin, Bestellung*) cancel* sth; (*Entscheidung*) go* back on sth
Rückgrat spine, backbone (*auch fig*) ◊ *Verletzungen am Rückgrat* injuries to the spine ◊ *kein Rückgrat haben* have no backbone ◊ *Rückgrat zeigen* show guts IDM **jdm das Rückgrat brechen** break* sb; (*finanziell*) ruin sb

Rück- Rückgriff (*oft mit einem Verb übersetzt*) ◊ *Ein Rückgriff auf die Originalakten war nötig.* It was necessary to go back to the original files. **Rückhalt** support, backing ◊ *fehlender Rückhalt* lack of support **rückhaltlos** complete (*Adv* completely); (*Unterstützung*) wholehearted (*Adv* wholeheartedly) ◊ *Diesem Vorschlag möchte ich rückhaltlos zustimmen.* I should like to give this proposal my wholehearted support. **Rückhand** backhand ◊ *einen Ball mit der Rückhand spielen* play a backhand shot ◊ *Sie setzte den Ball mit einer Rückhand ins Netz.* She hit a backhand into the net. **Rückkehr** return ◊ *bei ihrer Rückkehr* on their return ◊ *eine Rückkehr zu traditionellen Werten* a return to traditional values **Rückkehrer(in)** ◊ *Rückkehrer aus dem Krieg* people returning from the war ◊ *Rückkehrer nach Ruanda* refugees returning to Rwanda **rückläufig** falling ◊ *rückläufige Verkaufszahlen* falling sales ◊ *eine rückläufige Nachfrage* a fall in demand ◊ *eine rückläufige Tendenz* a downward trend ◊ *rückläufige Konjunktur* a downturn in the economy **Rücklicht** rear light; (*Fahrrad*) back light **Rückmeldung 1** feedback [U] ◊ *Ich habe viele positive Rückmeldungen erhalten.* I have received a lot of positive feedback. **2** (*Uni*) re-registration **Rücknahme** (*eines Angebotes*) withdrawal; (*eines Gesetzes*) repeal ◊ *die Rücknahme des Antrags* the withdrawal of the application ◊ *Die Rücknahme der Karten ist nicht möglich.* The tickets cannot be returned. ◊ *Sie sind zur Rücknahme der Umverpackung verpflichtet.* They are obliged to take the packaging back. **Rückpass** back pass **Rückporto** return postage **Rückrunde** return match
Rucksack rucksack, (*bes AmE*) backpack
Rucksacktourist(in) backpacker
Rück- Rückschau ◊ *Rückschau halten* look back ◊ *In der Rückschau bewerte ich diese Erlebnisse ganz anders.* In retrospect I judge these events quite differently. **Rückschlag 1** setback ◊ *einen schweren Rückschlag erleiden* suffer a serious setback **2** (*Tennis* etc.) return **Rückschluss** conclusion ◊ *Rückschlüsse ziehen* draw conclusions **Rückschritt** step backward(s), retrograde step (*gehoben*) ◊ *ein pädagogischer Rückschritt* a step backwards pedagogically **Rückseite** back; (*Münze*) reverse
Rücksicht consideration ◊ *Mit Rücksicht auf die Kinder verzichtete sie aufs Rauchen.* She gave up smoking out of consideration for the children. ◊ *ohne Rücksicht auf etw* with no consideration for sth ◊ *Nimm doch etwas Rücksicht auf deine Eltern!* Show some consideration for your parents! ◊ *Sie kennen keine Rücksicht.* They don't care about other people. ◊ *Mit Rücksicht auf die anstehenden Wahlen …* In view of the forthcoming elections … IDM **ohne Rücksicht auf Verluste** come what may
Rücksichtnahme consideration ◊ *Rücksichtnahme auf die Kunden* consideration for the customers ◊ *ohne Rücksichtnahme auf die Schäden* with no thought for the possible damage
rücksichtslos inconsiderate (*Adv* inconsiderately); (*verantwortungslos*) reckless (*Adv* recklessly)
rücksichtsvoll considerate (*Adv* considerately) ◊ *rücksichtsvolles Verhalten* considerate behaviour
Rück- Rücksitz (*Auto*) back seat; (*Motorrad*) pillion ◊ *Gepäck auf dem Rücksitz* luggage on the back seat ◊ *Auch auf dem Rücksitz muss man sich anschnallen.* Seat belts must be worn in the back as well. **Rückspiegel** rear-view mirror **Rückspiel** return match **Rücksprache** consultation ◊ *Nach Rücksprache mit Frau Nagel …* After consultation with Frau Nagel … ◊ *mit jdm Rücksprache halten* consult (with) sb **Rückstand 1** (*Rest*) residue ◊ *giftige Rückstände* toxic residues ◊ *die Rückstände aus den Kläranlagen* the residue from sewage treatment plants **2** (*Verzug*) backlog ◊ *Der Rückstand ist durch Krankheit entstanden.* The backlog built up as a result of illness. ◊ *Der Rückstand der Arbeiten an der Straße beträgt bereits zwei Monate.* The roadworks are already two months behind schedule. ◊ *Sie sind mit der Miete im Rückstand.* They are behind with the rent. ◊ *Das Land holte den wirtschaftlichen Rückstand auf.* The country caught up economically. **3** (*Geldsumme*) arrears [Pl] **4** (SPORT) deficit ◊ *Nach einem 0:4 Rückstand noch ein 4:4 geholt!* A 4:4 draw after a 0-4 deficit! ◊ *Das Team rangiert mit vier Punkten Rückstand auf dem zweiten Platz.* The team is in second place, four points behind the leaders. **rückständig 1** (*unentwickelt*) backward; (*veraltet*) antiquated; (*Mensch*) behind the times (*nicht von Nomen*) ◊ *ein rückständiges Gebiet* a backward

region ◊ *rückständige Methoden* antiquated methods ◊ *Du bist etwas rückständig.* You're a bit behind the times. **2** (*Zahlung*) overdue ◊ **Rückstau** (*Wasser*) backing up; (*Fahrzeuge*) tailback ◊ *Es kommt zu Rückstaus im Kanal.* Water backs up in the drain. **Rückstrahler** reflector
Rücktritt 1 (*Amt*) resignation ◊ *seinen Rücktritt einreichen* hand in your resignation ◊ *Er war von den Grünen zum Rücktritt aufgefordert worden.* The Greens had called for his resignation. ◊ *seinen Rücktritt erklären* resign **2** ~ **von etw** (*Vertrag, Sport etc.*) withdrawal from sth
Rücktrittserklärung (*schriftlich*) letter of resignation; (*mündlich*) resignation announcement **Rücktrittsforderung** demand for sb's resignation **Rücktrittsgesuch** resignation **Rückumschlag** self-addressed envelope ◊ *ein frankierter Rückumschlag* a stamped (self-) addressed envelope **Rückwand** back wall; (*Möbel*) back
rückwärtig rear (*nur vor Nomen*) ◊ *die rückwärtigen Passagiere* the rear passengers ◊ *der rückwärtige Teil des Gebäudes* the rear of the building ◊ *die rückwärtige Seite* the far side ◊ *die rückwärtige Reihe* the back row
rückwärts backwards ◊ *rückwärts gehen* walk backwards ◊ *rückwärts fahren* reverse ◊ *rückwärts einparken* reverse into a parking space ◊ *einen Salto rückwärts machen* do a back somersault
Rückwärtsgang reverse (gear) ◊ *den Rückwärtsgang einlegen* put the car into reverse
Rück- Rückweg way back; (*nach Hause*) way home ◊ *Sie sind auf dem Rückweg.* They're on their way back. ◊ *Er war auf dem Rückweg von der Arbeit.* He was on his way home from work. **rückwirkend** retrospective (*Adv* retrospectively) ◊ *eine rückwirkende Änderung des Strafrechts* a retrospective change in the criminal law ◊ *Das Parlament hat das Gesetz rückwirkend beschlossen.* Parliament passed the Act with retrospective effect. ◊ *Die Gehälter sollen rückwirkend zum September erhöht werden.* The salary increase will be backdated to September. **Rückwirkung 1** (*negativ*) repercussion [meist Pl] ◊ *Rückwirkungen auf etwas haben* have repercussions on sth ◊ *Das schlechte Sommerwetter hat Rückwirkungen auf die Einzelhandelsumsätze.* The bad summer is hitting retail sales. **2 mit ~ von ...** with effect from ... **Rückzahlung** repayment **Rückzieher** backing out ◊ *einen Rückzieher machen* back out **Rückzug** withdrawal; (MIL) retreat ◊ *ein Rückzug aus den besetzten Gebieten* a withdrawal from the occupied areas. ◊ *Die Truppen sind auf dem Rückzug.* The troops are retreating. ◊ *Die Grippewelle befindet sich wieder auf dem Rückzug.* The flu epidemic is now on the wane.
rüde (*grob*) crude (*Adv* crudely); (*unhöflich*) rude (*Adv* rudely); (*Behandlung*) rough (*Adv* roughly)
Rüde (male) dog
Rudel (*Wölfe, Hunde etc.*) pack ☛ G 1.3b; (*Hirsche*) herd; (*Löwen*) pride ☛ G 1.3b; (*Menschen*) horde ◊ *Die Fans zogen in Rudeln durch die Stadt.* Hordes of fans descended on the town.
Ruder 1 oar **2** (*Steuer-*) rudder ◊ *das Ruder auswechseln* replace the rudder ◊ *am Ruder stehen* be at the helm **3** (*Macht*) power ◊ *welche Regierung auch immer am Ruder ist* whatever government is in power ◊ *wieder ans Ruder kommen* return to power ◊ *das Ruder übernehmen* take control IDM *aus dem Ruder laufen* **1** (*Schiff*) go* off course ◊ (*Situation etc.*) get* out of hand ◊ *Das Problem scheint aus dem Ruder zu laufen.* The problem seems to be getting out of hand. ◊ *Die Kosten waren erheblich aus dem Ruder gelaufen.* The costs were running out of control. ◊ *das Ruder herumreißen* change all that ◊ *Es sah nach einer Niederlage aus, aber der Stürmer riss das Ruder noch herum.* It looked like a defeat, but the striker changed all that.
Ruderboot rowing boat, (*AmE*) rowboat
Ruderer, Ruderin rower
Ruderklub rowing club
rudern row ◊ *Wir sind/haben auf dem See gerudert.* We went rowing on the lake. ◊ *Sie rudert gern.* She's keen on rowing. ◊ *Er ruderte beim Gehen mit den Armen.* He swung his arms as he walked.
rudimentär rudimentary; (*Organe, Gliedmaße*) vestigial ◊ *Die Höhlenzeichnungen sind nur noch rudimentär vorhanden.* The cave drawings exist only in rudimentary form.
Ruf 1 (*Signal, Aufruf*) call; (*lauter*) shout ◊ *die Rufe der Vögel* the calls of the birds ◊ *der Ruf nach einem Volksent-*

scheid calls for a referendum ◊ *Durch laute Rufe lenkte sie die Aufmerksamkeit der Passanten auf sich.* She shouted loudly to attract the attention of passers-by. ◊ *Rufe der Zeitungsverkäufer* the cries of newspaper sellers ◊ *Er folgte dem Ruf seines Gewissens.* He followed his conscience. **2** (*Ansehen*) reputation ◊ *Sie machte ihrem Ruf alle Ehre.* She lived up to her reputation. ◊ *Er fürchtete um seinen guten Ruf.* He was worried about his reputation. **3** (*Berufung*) (offer of a) chair ◊ *Sie hat einen Ruf an die Universität Trier angenommen.* She accepted a chair at Trier.
rufen call; (*lauter*) shout; (*herbeirufen*) call *sb* over ◊ *einen Arzt rufen* call a doctor ◊ *Ich habe bereits nach der Kellnerin gerufen.* I've already called the waitress. ◊ *Er rief um Hilfe.* He shouted for help. ◊ *Der Chef rief ihn zu sich.* The boss sent for him. ◊ *Ein Millionengeschäft rief sie nach Italien.* A deal worth millions took her to Italy. IDM *jdm etw in Erinnerung/ins Gedächtnis rufen* remind sb of sth ◊ (*jdm*) *wie gerufen kommen* come* at just the right time ◊ *Da ich pleite war, kam mir der Auftrag wie gerufen.* I was broke, so the job came at just the right time. ◊ *Vielen Dank für das Buch; es kommt mir wie gerufen.* Thank you for the book; it's just what I need. ☛ *Siehe auch* LEBEN *und* PLAN
Rüffel ticking off (*umgs*), (*AmE*) lecture
Ruf- Rufmord character assassination **Rufname** ◊ *Ich heiße Maria Gabriele, aber mein Rufname ist Gabriele.* My name is Maria Gabriele, but I'm called Gabriele. ◊ *Rufname Sascha* known as Sascha **Rufnummer** telephone number ◊ *Zu erreichen sind wir unter der Rufnummer 589 3637.* We can be reached on 589 3637. **Rufnummernanzeige** caller ID **Rufweite** earshot ◊ *außer/in Rufweite* out of/within earshot
Rugby rugby
Rüge reprimand; (*öffentlich*) censure [U] ◊ *eine Rüge erhalten* receive a reprimand ◊ *Dem Land wurde eine Rüge wegen Menschenrechtsverletzungen erteilt.* The country was censured for human rights violations.
rügen jdn (*für etw/wegen einer Sache*) ~ reprimand sb (for sth); (*öffentlich*) censure sb (for sth); **etw** ~ criticize sth ◊ *Wissenschaftler rügten die Tatenlosigkeit der Regierung.* Scientists criticized the government's failure to act.
Ruhe 1 (*Stille*) quiet; (*vollkommene Stille*) silence ◊ *Ruhe, bitte!* Quiet, please! ◊ *Es herrschte vollkommene Ruhe.* There was complete silence. ◊ *Gib endlich Ruhe!* Just be quiet! **2** (*Erholung*) rest ◊ *Der Patient braucht Ruhe.* The patient needs rest. ◊ *Er gönnt sich keine Ruhe.* He never rests. ◊ *Mit den drei Kindern kommt sie nie zur Ruhe.* With the three children, she never stops. ◊ *Das lässt mir keine Ruhe.* I keep thinking about it. ◊ *sich zur Ruhe setzen* retire ◊ *Wir werden keine Ruhe geben, bis der Letzte von ihnen frei ist.* We won't rest until the last one is free. **3** (*Frieden*) peace ◊ *die Ruhe auf der Insel* the peace and quiet of the island ◊ *in Ruhe und Frieden leben* live in peace ◊ *für Ruhe sorgen* keep the peace ◊ *Ich will in aller Ruhe essen.* I want to have my meal in peace. ◊ *Ich will meine Ruhe haben.* I don't want to be disturbed. ◊ *Lass mich in Ruhe!* Leave me alone! ◊ *Lass mich in Ruhe mit deinen Sorgen.* Don't bother me with your problems. ◊ *Es herrscht wieder Ruhe und Ordnung.* Law and order has been restored. **4** (*Gelassenheit*) calm ◊ *die innere Ruhe* inner calm ◊ *Ruhe bewahren* keep calm ◊ *Ruhe vor dem Sturm* the calm before the storm ◊ *Sie hörte mir in aller Ruhe zu.* She listened to me calmly. ◊ *Er lässt sich durch nichts aus der Ruhe bringen.* He doesn't let anything upset him. ◊ *Das muss ich mir in aller Ruhe überlegen.* I need time to think about it. ◊ *Immer mit der Ruhe!* Don't panic! ◊ *Sie hat wirklich die Ruhe weg.* You'd think she had all the time in the world. IDM *die Ruhe selbst sein* be perfectly calm
ruhelos restless (*Adv* restlessly) ◊ *ein ruheloser Mensch* a restless person ◊ *eine ruhelose Stadt* a hectic city ◊ *ein ruheloses Leben führen* lead an unsettled life
Ruhelosigkeit restlessness
ruhen 1 rest; *etw* ~ *lassen* let* sth rest ◊ *Der Patient muss ruhen.* The patient must rest. ◊ *Wir wollen diese Angelegenheit erst mal ruhen lassen.* We're going to let the matter rest for a while. ◊ *Er lässt sein Amt erst einmal ruhen.* He is taking a break from office. **2** (*stillstehen*) stop* ◊ *Die Arbeit ruht.* Work has stopped. ◊ *Wir werden nicht eher ruhen, bis ... We won't stop until ...* ◊ *Das Verfahren ruht.* The proceedings have been suspended. ◊ *Die Waffen ruhen.* There was a ceasefire. ◊ *Die Maschinen ruhen.* The machines are

idle. ◊ *Der Verkehr ruht.* There's no traffic. ◊ *Das Virus kann jahrelang im Körper ruhen.* The virus can remain dormant in the body for years. ◊ *Die Gelder ruhen auf Konten im Ausland.* The money is sitting in foreign bank accounts. **3 an/auf etw ~** be supported by sth ◊ *Das Dach ruht auf vier Pfeilern.* The roof is supported by four columns. ◊ *Alle Hoffnung ruht auf den Abfahrtsläufern.* All hopes are pinned on the downhill racers. **4** (*begraben sein*) lie* ◊ *Hier ruht Beethoven.* Here lies Beethoven. IDM ⇨ POL *und* SCHULTER

Ruhe- Ruhepause break ◊ *eine Ruhepause einlegen* take a break **Ruhestand** retirement ◊ *eine Beamtin im Ruhestand* a retired civil servant ◊ *in den Ruhestand gehen* retire **Ruhestätte** resting place **Ruhestörung** disturbing the peace; (RECHT) disturbance of the peace **Ruhetag** closing day ◊ *mittwochs Ruhetag haben* be closed on Wednesdays ◊ *Kein Ruhetag.* Open 7 days.

ruhig
● **als Adjektiv/Adverb 1** quiet (*Adv* quietly) ◊ *ein ruhiges Wohnviertel* a quiet residential area ◊ *Das Hotel ist ruhig gelegen.* The hotel is in a quiet position. ◊ *Sei endlich ruhig!* Be quiet, will you? **2** (*reglos, gelassen*) calm (*Adv* calmly); (*still*) quiet (*Adv* quietly); (*friedlich*) peaceful (*Adv* peacefully) ◊ *eine ruhige See* a calm sea ◊ *Bleiben Sie ruhig.* Keep calm. ◊ *Sie antwortete ganz ruhig.* She answered quite calmly. ◊ *ruhig schlafen* sleep peacefully ◊ *Er ist ruhiger geworden, seit er geheiratet hat.* He has calmed down since he got married. **3** (*stabil*) steady; (*reglos*) still ◊ *eine ruhige Hand* a steady hand ◊ *Du musst die Kamera ganz ruhig halten.* You must hold the camera steady. ◊ *Bei dieser Musik kann ich die Beine nicht ruhig halten.* When I hear that music I can't keep still. **4** (*Gewissen*) clear **5** (MED) **jdn ~ stellen** sedate sb; **etw ~ stellen** immobilize sth
● **als Partikel 6** (*ohne Bedenken*) ◊ *Sie können ruhig noch ein Stück Kuchen nehmen.* Have another piece of cake. ◊ *Nennen Sie mich ruhig Jörg.* Please call me Jörg. ◊ *Schlaf ruhig weiter.* You can sleep a bit longer. ◊ *Sie können ruhig gehen, ich mache das schon fertig.* Don't worry, you can go. I'll finish it off. ◊ *Du kannst ruhig mit mir darüber sprechen.* You can talk to me about it if you want. **7** (*drückt Ungeduld, Ärger aus*) ◊ *Du hättest ruhig sagen können, dass du weggehst.* You might have told me that you were going out. ◊ *Du hättest ruhig etwas aufräumen können!* It wouldn't have hurt you to tidy up a bit! ◊ *Das kannst du mir ruhig glauben.* It's true. IDM **um jdn/etw ist es ruhig geworden** media interest in sb/sth has died down ☛ *Siehe auch* BLUT, FAHRWASSER *und* KUGEL

Ruhm (*Ansehen*) fame
rühmen 1 praise, extol* (*gehoben*) ◊ *Dichter rühmen ihre Schönheit.* Poets extol her beauty. ◊ *Sie wurde in der Rezension rühmend erwähnt.* She received honourable mention in the review. **2 sich einer Sache ~** boast about sth ◊ *Er rühmt sich seiner guten Beziehungen zum Chef.* He boasts about his good relationship with the boss. ◊ *Die Firma rühmt sich eines beispielhaften Umweltbewusstseins.* The firm prides itself on its commitment to environmental awareness. ◊ *Sie kann sich rühmen eine ausgezeichnete Köchin zu sein.* She can be proud of her cooking skills.
rühmlich glorious; (*Ausnahme*) notable ◊ *Er spielte in dieser Affäre keine rühmliche Rolle.* He played a less than glorious role in this affair. ◊ *Es ist nicht gerade rühmlich, wie unsere Gesellschaft damit umgeht.* The way our society deals with it is not something to be proud of. ◊ *kein rühmliches Ende nehmen* come to a bad end
ruhmreich glorious
Rührei scrambled egg [meist Pl]
rühren 1 (*Suppe, Kaffee etc.*) stir*; (*Teig*) beat* ◊ *Rühren Sie die Kräuter in die Soße.* Stir the herbs into the sauce. ◊ *Die Eier unter den Teig rühren.* Beat the eggs into the mixture. **2** (**sich**) **~** (*bewegen*) move ◊ *Man konnte sich kaum rühren.* You could hardly move. ◊ *Der verletzte Radfahrer rührte sich nicht.* The injured cyclist lay there motionless. ◊ *Im Haus rührt sich nichts.* There's no sign of life in the house. ◊ *Du hättest dich ruhig mal rühren können!* You might have got in touch! **3 von etw ~** be the result of sth; **daher ~, dass ...** stem* from the fact that ... ◊ *Die Verschuldung rührte von Fehlinvestitionen.* The debts were the result of bad investments. ◊ *Das Problem rührt daher, dass der Plan nicht richtig ausgeführt wurde.* The problem stems from the fact that the plan was not carried out properly. ◊ *Daher rührte also das Missverständnis!* So that's how the misunderstanding arose! ◊ *Kopfschmerzen rühren oft vom Wetter.* Headaches are often caused by the weather. **4 an etw ~** touch on sth ◊ *Viele würden lieber nicht an das Thema rühren.* Many people would prefer not to touch on the subject. ◊ *Daran will ich nicht rühren.* I don't want to go into that. **5** (*Gefühle hervorrufen*) move ◊ *zu Tränen gerührt sein* be moved to tears ◊ *Der Film rührte die Herzen.* The film was very moving. ◊ *Ich bin sehr gerührt über die mir entgegengebrachte Anerkennung.* I am very touched by the appreciation shown to me. IDM **rührt euch!** (MIL) at ease! ☛ *Siehe auch* DONNER, FINGER *und* FLECK
rührend touching; (*liebenswürdig*) sweet
Rührlöffel wooden spoon
Rührung emotion [U] ◊ *ohne sichtliche Rührung* without showing any sign of emotion ◊ *Ihnen kamen Tränen der Rührung.* They were moved to tears.
Ruin ruin [U] ◊ *Die Stadt steht vor dem finanziellen Ruin.* The town is facing financial ruin. ◊ *an den Rand des Ruins gebracht werden* be brought to the brink of ruin ◊ *eine Firma in den Ruin treiben* bankrupt a company
Ruine ruin ◊ *römische Ruinen* Roman ruins
ruinieren ruin ◊ *Die Partei hat die Wirtschaft des Landes ruiniert.* The party ruined the country's economy. ◊ *Seine Frau hat ihn ruiniert.* His wife bankrupted him. ◊ *Diese Affäre hat ihren Ruf ruiniert.* The affair destroyed her reputation.
rülpsen belch, burp (*umgs*)
Rülpser belch, burp (*umgs*)
rum ⇨ HERUM
Rum rum
rumkriegen ⇨ HERUMKRIEGEN
Rummel 1 (*Aufheben*) fuss; (*Betriebsamkeit*) razzmatazz (*umgs*) ◊ *Um Berlin wird viel Rummel gemacht.* There's a lot of fuss being made about Berlin. ◊ *der vorweihnachtliche Rummel* the pre-Christmas razzmatazz ◊ *der Rummel um ihre Person* the media circus surrounding her **2** (*Jahrmarkt*) fair, (*BrE auch*) funfair, (*AmE auch*) carnival
Rummelplatz fairground
rumoren 1 bang about ◊ *Er rumorte in der Küche.* He was banging about in the kitchen. ◊ *Sie sagt, dass es im Keller rumort.* She says there are noises in the cellar. **2** (*Vulkan, Magen*) rumble ◊ *In meinem Magen rumort es.* My stomach is rumbling. ◊ *In der Baubranche rumort es.* There are rumblings in the building industry.
Rumpelkammer junk room
rumpeln rumble ◊ *Schwere Lastwagen rumpeln durch die Straßen.* Heavy lorries rumble through the streets. ◊ *Es begann zu rumpeln und zu vibrieren, als das Schiff auf Grund lief.* There was a lot of rumbling and juddering as the ship ran aground.
Rumpf trunk; (*Statue*) torso; (*Schiff*) hull; (*Flugzeug*) fuselage ◊ *ein Rumpf ohne Kopf* a headless trunk ◊ *Ihm wurde der Kopf vom Rumpf getrennt.* His head was severed from his body.
rümpfen 1 die Nase ~ wrinkle your nose **2** (**über etw**) **die Nase ~** (*verächtlich*) turn up your nose (at sth) (*umgs*)
rumtreiben ⇨ HERUMTREIBEN
Run run ◊ *der Run auf die Aktien* the run on the shares
rund 1 round ◊ *ein rundes Gesicht* a round face ◊ *eine runde Summe/Zahl* a round figure ◊ *rund gerechnet* in round figures **2** (*Körper, Körperteil*) plump* ◊ *Sie ist noch runder geworden!* She looks even plumper! ◊ *runde rote Backen* round red cheeks ◊ *ein runder Bauch* a fat stomach **3** (*ungefähr*) about ◊ *Rund 350 Gäste nahmen an der Tagung teil.* About 350 people attended the conference. **4 ~ um jdn/etw** around sb/sth, round sb/sth; (*als Thema*) all about sb/sth ◊ *rund um die Uhr* around the clock ◊ *Wir liefen rund um den See.* We ran right round the lake. ◊ *eine Sendung rund um die Weltausstellung* a programme all about the world fair IDM ⇨ TISCH
Rund- Rundblick panoramic view **Rundbrief** circular letter
Runde 1 circuit; (*Briefträger, Wachmann*) round ◊ *Im Park drehten Jogger ihre Runden.* Joggers were doing their circuits of the park. ◊ *Ich werde noch eine Runde drehen, damit der Motor warm wird.* I'll just have another drive round to warm up the engine. ◊ *Nach dem Essen machten wir eine*

Runde um den Platz. After dinner we had a walk round the square. **2** (*bei Rennen*) lap **3** (*bei Wettkämpfen, Spielen, Verhandlungen*) round ◊ *eine Runde Skat* a round of skat ◊ *Sie verloren in der vierten Runde gegen die Italiener.* They lost to the Italians in the fourth round. ◊ *die nächste Runde der Friedensgespräche* the next round of peace talks **4** (*Gruppe*) group ◊ *Die Runde war sich darüber einig.* The group were agreed on it. ◊ *Sie saßen am Abend in gemütlicher Runde zusammen.* They spent a convivial evening together. ◊ *Er schaute in die Runde.* He looked around him. **5** (*Getränke*) round (of drinks) ◊ *eine Runde ausgeben* buy a round (of drinks) IDM **die Runde machen** be passed round; (*Nachricht, Gerücht*) go* round **über die Runden kommen** get* by
runden 1 round ◊ *ein Tisch mit gerundeten Kanten* a table with rounded edges ◊ *Runden Sie den Teig zu einem Laib.* Shape the dough into a round loaf. **2 etw nach oben/unten ~** round sth up/down
runderneuern ◊ *runderneuerte Reifen* retreads
Rund- Rundfahrt tour; (*Ausflug*) excursion ◊ *Wir haben eine Rundfahrt durch Rajasthan gemacht.* We went on a tour of Rajasthan. ◊ *Sie können an diversen Rundfahrten teilnehmen.* You can go on various excursions. ☛ *Hinweis bei* REISE **Rundflug** (sightseeing) flight ◊ *ein Rundflug über London* a sightseeing flight over London **Rundfunk** radio ◊ *etw im Rundfunk übertragen* broadcast sth on the radio ◊ *Wie der algerische Rundfunk meldete, ...* According to Algerian radio, ... ◊ *eine beliebte Sendung im Rundfunk* a popular radio programme **Rundfunksender** (*Anlage*) transmitter; (*Institution*) radio station **Rundgang** tour; (*Spaziergang*) walk; (*regelmäßig*) round; (*Soldat, Wachmann*) patrol ◊ *ein Rundgang durch den alten Hafen* a tour of the old harbour ◊ *Wir machten einen Rundgang durch den Garten.* We had a walk round the garden. ◊ *Auf seinem Rundgang bemerkte er, dass ein Fenster offen stand.* On one of his patrols, he noticed an open window. ◊ *einen Rundgang durch das Museum machen* go round the museum
rundherum 1 all around; (*darum herum*) right round it ◊ *die Familien, die rundherum wohnen* the families who live all around ◊ *Rundherum wird eine Mauer gezogen.* A wall is being put up right round it. **2** (*völlig*) totally ◊ *Sie lehnten die Pläne rundherum ab.* They totally rejected the plans. ◊ *Es war ein rundherum gelungenes Fest.* The party was a complete success.
rundlich 1 (*füllig*) plump **2** (*fast rund*) rounded
Rund- Rundreise tour **Rundschreiben** circular letter **rundum** totally ◊ *Mit dem Ergebnis sind wir rundum zufrieden.* We are totally satisfied with the result. ◊ *Sein Vorschlag fand rundum Zustimmung.* His suggestion met with universal approval. **Rundumschlag** broadside ◊ *zum Rundumschlag gegen jdn/etw ausholen* launch a broadside against sb/sth **Rundung** curve
Rune rune
runter ⇨ HERUNTER *und* HINUNTER
runterfallen ⇨ HERUNTERFALLEN
runterhauen *jdm eine/ein paar ~* give* sb a clip round the ear (*umgs*)
runterholen sich einen ~ jerk off ; **jdm einen ~** jerk sb off (*Slang*)
runterkommen ⇨ HERUNTERKOMMEN
runterrutschen IDM ⇨ BUCKEL
Runzel wrinkle

runzelig wrinkled
runzeln die Stirn ~ (*besorgt, verärgert*) frown; (*verwundert, missbilligend*) raise your eyebrows
Rüpel hoodlum, (*BrE*) lout (*umgs*)
rüpelhaft loutish ◊ *Wenn er betrunken ist, benimmt er sich immer so rüpelhaft.* His behaviour becomes very loutish when he's drunk.
rupfen 1 (*Vogel*) pluck ◊ *gerupfte Hühner* plucked chickens ◊ *Du siehst ja aus wie ein gerupftes Huhn!* You look like a drowned rat! **2** (*reißen*) pull sth off; (*aus dem Boden*) pull sth up ◊ *Blätter vom Stiel rupfen* pull leaves off the stem **3** *jdn ~* (*viel Geld abnehmen*) fleece sb (*umgs*) ◊ *Die Touristen werden ordentlich gerupft.* They really fleece the tourists. ◊ *Bei der Scheidung hat sie ihn so richtig gerupft.* She really took him to the cleaner's in the divorce. IDM ⇨ HÜHNCHEN
ruppig rude (*Adv* rudely); (*grob*) rough (*Adv* roughly)
Rüsche frill ◊ *Die Bluse hat am Hals einen Besatz aus Rüschen.* The blouse has a frill at the neck. ◊ *Gardinen mit Rüschen* frilled net curtains
Ruß soot
Rüssel (*Elefanten-*) trunk; (*Insekten-*) proboscis*
rüsten 1 arm ◊ *In Pakistan wird weiter gerüstet.* Pakistan continues to arm. **2** (**sich**) (**zu/für etw**) **~** prepare for sth ◊ *sich für die Zukunft rüsten* prepare for the future ◊ *Die Stadt rüstet zum Jubiläum.* The town is preparing for the anniversary.
rüstig sprightly
Rüstung 1 (*Waffen*) arms [Pl] **2** (*Bewaffnung*) armament **3** (*Ritter-*) (suit of) armour ◊ *in voller Rüstung* in full armour
Rutsch slide IDM **(einen) guten Rutsch (ins neue Jahr)!** Happy New Year! **in einem/auf einen Rutsch** in one go
Rutschbahn, Rutsche slide
rutschen 1 (*gleiten*) slip* ◊ *Das Tablett rutschte ihm aus der Hand.* The tray slipped out of his hand. ◊ *Die Brille rutschte ihr von der Nase.* Her glasses slipped off her nose. ◊ *Wenn du etwas trinkst, rutscht die Tablette besser.* If you have something to drink, the tablet will go down more easily. **2** (*schleudern*) skid* **3** (*nervös oder unbeholfen*) shuffle **4** (*fallen*) drop* ◊ *Eintracht ist auf Platz vier gerutscht.* Eintracht has dropped back to fourth place. **5** (*rücken*) move up/over ◊ *Wenn jeder ein Stückchen rutscht, ist noch Platz.* If everybody moves up a bit there will be room. **6** (*auf einer Rutsche*) go* on the slide ◊ *Darf ich mal rutschen?* Can I go on the slide? IDM **ins Rutschen kommen/geraten** (*Fahrzeug*) go* into a skid; (*Ladung etc.*) start to slip ◊ *Der Wagen kam auf der vereisten Fahrbahn ins Rutschen.* The car went into a skid on the icy road. ☛ *Siehe auch* HERZ *und* KELLER
rutschig slippery
rütteln 1 an etw ~ rattle sth ◊ *Sie rüttelten am Tor.* They rattled the gate. **2 jdn/etw ~** shake* sb/sth ◊ *Sie rüttelte mich am Arm.* She shook my arm. ◊ *Seine Mutter rüttelte ihn aus dem Schlaf.* His mother shook him awake. **3** (*sich ruckartig bewegen*) jolt **4 an etw ~** undermine ◊ *An diesen Grundrechten sollte nicht gerüttelt werden.* These basic rights should not be undermined. IDM **an etw gibt es nichts/ist nicht zu rütteln** sth cannot* be changed

Ss

S, s S, s ☛ *Beispiele bei* A, a, S. 773.
Saal hall; (*Ball-*) ballroom; (*Theater-*) auditorium ◊ *ein voll besetzter Saal* a packed hall ◊ *Die Komiker brachten den Saal zum Toben.* The comedians brought the house down.
Saat 1 (*Samen*) seed (*auch fig*) ◊ *die Saat der Gewalt* the seeds of violence **2** (*das Säen*) sowing
Sabbat sabbath ◊ *Heute ist Sabbat.* Today is the sabbath. ◊ *am Sabbat* on the sabbath ◊ *den Sabbat einhalten* keep the sabbath
sabbern slobber; (*Baby*) slobber
Säbel sabre
säbeln hack
Sabotage sabotage
sabotieren sabotage; (*unterminieren*) undermine
Sach- Sachbearbeiter(in) ~ (**für** …) person* responsible (for …) ◊ *der zuständige Sachbearbeiter im Gartenbauamt* the person responsible in the parks department **Sachbeschädigung** criminal damage [U] ◊ **Sachbuch** non-fiction book
Sache 1 thing ◊ *Die Sache ist die:* … The thing is … ◊ *Von dir hört man ja nette Sachen!* I've heard all sorts of things about you! ◊ *Die Sache macht sich.* Things are coming along nicely. ◊ *Du machst dir die Sache sehr leicht.* You're making things very easy for yourself. ◊ *Was machst du denn für Sachen!* What are you up to? **2 Sachen** things [Pl], stuff [U] ◊ *Finger weg, das sind meine Sachen!* Don't touch, those are my things! ◊ *Er hat früher gute Sachen geschrieben.* He used to write good stuff. **3** (*Angelegenheit*) matter, business ◊ *Das ist eine ernste Sache.* This is a serious matter. ◊ *Das ist alles eine Sache der Erziehung.* It's all a matter of upbringing. ◊ *Das ist eine schlimme Sache.* This is a bad business. ◊ *Ich sehe die Sache so:* … The way I see it, … ◊ *Ist das schon beschlossene Sache?* Is that already settled? **4** (*Vorfall*) business, affair; (*Aufgabe*) job ◊ *Ich mache mir Sorgen wegen dieser Sache mit Paul.* I'm worried about this business with Paul. ◊ *Das ist meine Sache.* That's my business. ◊ *Er hat seine Sache sehr gut gemacht.* He did a good job. ◊ *Diese Entscheidung ist Sache des Ministers.* This decision is up to the minister. ◊ *Die Sache ist schief gegangen.* It didn't work. ◊ *mit Begeisterung bei der Sache sein* join in enthusiastically **5** (*Zweck*) cause ◊ *die Sache der Gewerkschaften vertreten* support the trade union cause ◊ *sich für eine gute Sache engagieren* work for a good cause ◊ (*mit jdm*) *gemeinsame Sache machen* make common cause (with sb) **6** (*Punkt*) point; (*Thema*) subject ◊ *Bleiben Sie doch bitte bei der Sache.* Please keep to the point. ◊ *zur Sache kommen* get to the point ◊ *Wir kommen der Sache langsam näher.* Now we're getting somewhere. ◊ *in Sachen Umweltschutz* on the subject of environmental protection **7** (RECHT) case ◊ *zu einer Sache vernommen werden* be questioned about a case **IDM** *das ist nicht jedermanns Sache* it's not everyone's cup of tea **das ist so eine Sache** it's a bit tricky **eine Sache für sich 1** (*etwas anderes*) another matter **2** (*etwas Schwieriges*) a tricky business **in eigener Sache** on your own behalf ◊ *Zuerst möchte ich etwas in eigner Sache sagen.* First, I'd like to say something on my own behalf. ◊ *ein Hinweis in eigener Sache* a word from the organizers/management/editors **nicht bei der Sache sein** (*unkonzentriert*) not be with it ◊ *Tut mir Leid, ich bin heute nicht ganz bei der Sache.* Sorry, I'm not quite with it today. **Sachen gibt's (, die gibt's gar nicht)!** Would you believe it! **seine Sache verstehen** know* what you're doing (**sich**) **seiner Sache sicher sein** be sure of your ground **etw tut nichts zur Sache** sth does* not matter **was Sache ist** what's what ◊ *Dem sollte mal jemand sagen, was Sache ist.* Somebody ought to tell him what's what. ☛ *Siehe auch* NATUR *und* SCHARF
Sach- Sachgebiet field ◊ *Welches Sachgebiet bearbeiten Sie?* What's your field? **sachgemäß**, **sachgerecht** proper (*Adv* properly); (*angemessen*) appropriate (*Adv* appropriately) ◊ *Sondermüll muss sachgerecht entsorgt werden.* Hazardous waste must be properly disposed of. ◊ *die sachgemäße Nutzung der Räumlichkeiten* appropriate use of the premises **Sachkenntnis** expertise [U] **sachkundig** knowledgeable; (*fachmännisch*) expert (*Adv* expertly) ◊ *Zehn sachkundige Bürger wurden in den Ausschuss gewählt.* Ten knowledgeable people were elected to the committee. ◊ *ein sachkundiger Führer* an expert guide ◊ *Ich muss mich erst mal sachkundig machen.* I'll have to find out about it first. **Sachlage** situation **sachlich 1** (*nüchtern*) objective (*Adv* objectively) ◊ *eine sachliche Berichterstattung* an objective report ◊ *ruhig und sachlich argumentieren* argue calmly and objectively ◊ *Ich habe nur ganz sachlich festgestellt, dass …* I simply stated the fact that … ◊ *Bleiben Sie doch bitte sachlich!* Please stick to the facts!

> Die Übersetzung von **sachlich bleiben** hängt vom Kontext ab. Wenn es darum geht, nicht überschwänglich zu werden, sagt man im Englischen: *Let's not get carried away.* Wenn man vor persönlichen Angriffen warnen will, kann man: *Let's not get personal* sagen.

2 (*in der Sache begründet*) factual (*Adv* factually) ◊ *sachlich richtig/falsch* factually correct/incorrect ◊ *Dieser Beschluss ist sachlich nicht nachzuvollziehen.* There is no logic in this decision. ◊ *aus sachlichen Gründen* for practical reasons **3** (*funktional*) functional ◊ *ein sachlicher Stil* a functional style ◊ *Das Haus ist sehr sachlich eingerichtet.* The house is furnished in a very functional style.
sächlich (LING) neuter
Sachlichkeit 1 (*Sachlichsein*) objectivity **2** (*Funktionalität*) functionality
Sachschaden damage (to property) [U] ◊ *Zehn Menschen wurden verletzt und es entstand beträchtlichen Sachschaden.* Ten people were injured and there was serious damage to property.
sacht, **sachte** gentle (*Adv* gently); (*gleichmäßig*) smooth (*Adv* smoothly) ◊ *jdn sacht berühren* touch sb gently ◊ *jdm etw sachte beibringen* break sth to sb gently ◊ *ein sacht ansteigender Hügel* a gentle slope ◊ *Der Zug fuhr sacht an.* The train moved off smoothly. **IDM** (**immer**) **sachte!** gently does it!; (*nicht so eilig*) steady on!
Sach- Sachverhalt facts [Pl] ◊ *Der Sachverhalt ist sehr kompliziert.* The facts are very complicated. ◊ *Der genaue Sachverhalt ist noch unklar.* It is not yet clear exactly what happened. **Sachverstand** expertise **Sachverständige(r)** expert ☛ G 2.2d
Sack 1 sack ◊ *ein Sack Zement* a sack of cement ◊ *der Gelbe Sack* the recycling bag **2** (*Hoden-*) balls [Pl] (*vulg*) **3** (*Mensch*) sod (*vulg*), bastard (*vulg*) **IDM** **jdm auf den Sack fallen/gehen** get* on sb's nerves **etw im Sack haben** have sth in the bag ◊ *Den Auftrag hätten wir im Sack!* The order's in the bag! **mit Sack und Pack** with all your belongings ◊ *Er stand mit Sack und Pack vor der Tür.* He appeared at my door with all his belongings. ☛ *Siehe auch* KATZE
Sackbahnhof terminus **Sackgasse 1** (*Straße*) cul-de-sac **2** (*fig*) impasse ◊ *Die Verhandlungen sind in eine Sackgasse geraten.* The negotiations have reached an impasse.
Sadismus sadism
Sadist(in) sadist
sadistisch sadistic (*Adv* sadistically)
säen (*auch fig*) sow* ◊ *Rasen säen* sow a lawn ◊ *Zwietracht säen* sow the seeds of discord **IDM** ⇨ DÜNN
Safari safari ◊ *auf Safari gehen* go on safari
Safe safe
Safran saffron
Saft 1 (*Frucht-, Pflanzen-*) juice **2** (*Braten-, Fleisch-*) juice [meist Pl]; (*Bratensoße*) gravy [U] ◊ *den Braten im eigenen*

Saft schmoren braise a joint in its own juices **3** (*Husten-*) syrup **4** (*Elektrizität*) juice (*umgs*) ◇ SCHMOREN
saftig 1 (*Obst, Steak*) juicy*; (*Wiese, Grün*) lush **2** (*Rechnung, Bußgeld*) hefty*; (*Niederlage*) crushing
Saft- Saftladen dump (*umgs*) ◇ *Was ist denn das hier für ein Saftladen!* What a dump this is! **Saftsack** bastard (*vulg, abwert*)
Sage legend ◇ *der Sage nach* according to legend ◇ *Es geht die Sage, dass ...* Legend has it that ...
Säge saw
Sägemehl sawdust
sagen
• **behaupten, mitteilen 1** say* ◇ *Sie sagte kein Wort.* She didn't say a word. ◇ *Was hat er über mich gesagt?* What did he say about me? ◇ *Er hat gesagt, dass er nicht kommen würde.* He said he wasn't coming. ◇ *Was haben Sie dazu zu sagen?* What have you got to say about this? **2 jdm etw ~ tell*** sb sth ◇ *Könnten Sie mir bitte sagen, wie spät es ist?* Could you tell me the time, please? ◇ *Ich hab's dir doch gleich gesagt!* I told you so! ◇ *Das war das letzte Mal, das sag ich dir!* That was the last time, I can tell you! ◇ *Ich hab dir doch gesagt, dass du die Musik leiser machen sollst!* I told you to turn the music down! ◇ *Tu gefälligst, was ich dir sage.* Just do as you're told. ◇ *Was ich (Ihnen) noch sagen wollte: ...* By the way: ... ◇ *Von dir lasse ich mir so etwas nicht sagen!* I won't take that from you!

> **Say** oder **tell**? Bei der Wiedergabe von direkter Rede benutzt man **say**: „*Ich weiß nicht*", *sagte sie*. 'I don't know,' she said.
> Wenn man erwähnt, *wem* etwas gesagt wird, muss **tell** verwendet werden: *Ich sag's ihr.* I'll tell her.
> **Tell** wird auch für Ratschläge und Befehle benutzt: *Können Sie mir sagen, wie ich zum Bahnhof komme?* Can you tell me how to get to the station? ◇ *Sie sagte uns, wir sollten ruhig sein.* She told us to be quiet.

• **nennen 3** call ◇ *Sag doch bitte nicht „Baby" zu mir.* Please don't call me 'baby'. ☞ *Hinweis bei* DUZEN
• **formulieren 4** put* ◇ *Das hast du gut gesagt.* You put that well. ◇ *So kann man es auch sagen.* You could put it like that.
• **meinen 5** think* ◇ *Was sagst du zu ihrem neuen Freund?* What do you think of her new boyfriend?
• **bedeuten 6** mean* ◇ *Sagt dir der Name etwas?* Does the name mean anything to you? ◇ *Das sagt noch nicht, dass ...* That doesn't mean ... ◇ *Ich will damit nicht sagen, dass ...* I don't mean ...
• **andere Ausdrücke 7** ◇ *Champagner? Da sage ich nicht nein.* Champagne? I wouldn't say no. ◇ *Man sagt, dass ...* They say ... ◇ *Das kann man wohl sagen!* You can say that again! ◇ *Man kann sagen, was man will, aber ...* You can say what you like, but ... ◇ *Wie gesagt, ...* As I said, ... ◇ *Das sagt sich so einfach.* That's easily said. ◇ *Was sagst du jetzt?* Now what do you say? ◇ *Seine Noten sagen noch lange nichts über seine Fähigkeiten.* His marks say nothing at all about his abilities. ◇ *Von einer Gehaltserhöhung habe ich nichts gesagt.* I said nothing about a rise. ◇ *Wie sagt man doch gleich?* What's the word? ◇ *wie man (so schön) sagt* as they say ◇ *wenn ich so sagen darf* if I may say so ☐ *das ist nicht gesagt* that's not necessarily the case ◇ *das kann man wohl sagen!; das kannst du laut sagen!* you can say that again! ◇ *du sagst es!/Sie sagen es!* that's right! ◇ *es ist noch (lange) nicht gesagt, dass ...* it's not yet certain that ... ◇ *gesagt, getan!* no sooner said than done ◇ *sag bloß* don't say ◇ *Jetzt sag bloß, du hast es vergessen!* Now don't say you forgot! ◇ *sag mal* I say ◇ *Sag mal, weißt du, wer das ist?* I say, do you know who's that? ◇ *sage und schreibe* believe it or not ◇ *Es hat sage und schreibe fünf Stunden gedauert.* Believe it or not, it took five hours. ◇ *wem sagst du das?* you're telling me! ◇ *wer sagt's denn?* what did I tell you? ☞ Für andere Redewendungen mit **sagen** siehe die Einträge für die entsprechenden Nomina etc. **Jdm etw ins Gesicht sagen** z.B. steht unter **Gesicht**.
Sagen *das ~ haben* be in charge, call the shots (*umgs*)
sägen saw*
sagen- sagenhaft 1 (*aus Sagen*) legendary **2** (*unglaublich*) incredible (*Adv* incredibly) ◇ *Sie hatte sagenhaftes Glück.* She was incredibly lucky. **sagenumwoben** legendary
Säge- Sägespäne wood shavings [Pl] **Sägewerk** sawmill
Sahne cream IDM **(aller)erste Sahne** top class
sahnig creamy*
Saison season ◇ *zu Beginn der Saison 2002* at the beginning of the 2002 season ◇ *außerhalb der Saison* out of season
saisonal seasonal
Saison- Saisonbeginn start of the season ◇ *zu Saisonbeginn* at the start of the season ◇ *ein enttäuschender Saisonbeginn* a disappointing start to the season **Saisonende** end of the season **Saisoneröffnung** opening of the season
Saite (MUS, SPORT) string
Sakko (sports) jacket, (*AmE*) sport coat
sakral religious
Sakrament sacrament
Sakrileg sacrilege [U/Sing] ◇ *Das ist ein Sakrileg!* That's sacrilege!
säkular secular
Salamander salamander
Salami salami
Salär salary*
Salat 1 (*Kopf-*) lettuce **2** (*Gericht, Beilage*) salad ◇ *ein gemischter Salat* a mixed salad IDM **Da haben wir den Salat!** Now we're in a right mess!
Salbe ointment
Salbei sage
Saldo balance
Salmonellen salmonella [U] ◇ *an Salmonellen erkranken* get salmonella poisoning
Salon 1 (*Friseur-, Kosmetik-*) salon **2** (*Ausstellungsraum*) showroom **3** (*Wohnzimmer*) drawing room
salopp (*locker*) casual (*Adv* casually); (*nachlässig*) careless (*Adv* carelessly) ◇ *saloppe Kleidung* casual clothes ◇ *salopp gesagt* to put it crudely
Salto somersault ◇ *einen Salto vorwärts/rückwärts machen* do a forwards/backwards somersault
Salz salt ◇ *eine Prise Salz* a pinch of salt IDM **Salz in die Wunde streuen** rub* salt into the wound
salzen put* salt in/on *sth* ◇ *Das ist zu stark gesalzen.* There's too much salt in this. ◇ *gesalzene Butter* salted butter
salzig salty*
Salz- Salzkartoffeln boiled potatoes [Pl] **Salzsäure** hydrochloric acid **Salzstreuer** salt cellar, (*AmE*) salt shaker **Salzwasser 1** (*Meerwasser*) salt water **2** (*zum Kochen*) salted water
Samba samba ◇ *Samba tanzen* dance the samba
Samen 1 seed **2** (*Sperma*) sperm*
Sammel- Sammelaktion fund-raising campaign **Sammelband** anthology* **Sammelbecken 1** collecting tank **2** (*fig*) rallying point ◇ *Die Partei ist ein Sammelbecken für radikale Wähler.* The party is a rallying point for radical voters. **Sammelbehälter** recycling collection point; (*Altglas-*) bottle bank; (*Altpapier-*) paper bank **Sammellager** reception centre (for asylum seekers), (*AmE*) reception center; (*Durchgangslager*) transit camp
sammeln 1 collect ◇ *Sie sammelt Bierdeckel.* She collects beer mats. ◇ *Es wurden 650 Unterschriften gesammelt.* 650 signatures were collected. ◇ *für einen guten Zweck sammeln* collect (money) for a good cause ◇ *den Abfall getrennt sammeln* collect rubbish in separate containers **2** (*Material, Informationen, Kraft*) gather; (*Beeren, Pilze, Kräuter auch*) pick ◇ *Die Forscher haben Daten darüber gesammelt.* The researchers gathered data on the subject. ◇ *Während ihres Urlaubs konnte sie viele Eindrücke sammeln.* She saw lots of new things on holiday. ◇ *Er hat während seines Praktikums viele Erfahrungen gesammelt.* He learned a lot during his work experience. **3** (*Punkte*) score **4** (*Stimmen*) win* **sich (um sich) ~** gather sb (around you) **6 jdn** (**hinter sich**) **~** get* sb (behind you) **7 sich ~** (*Menschen, Tiere*) gather, assemble **8 sich ~** (*Flüssigkeit*) accumulate **9 sich ~** (*Ruhe suchen*) compose yourself
Sammelstelle 1 (*zum Recyceln*) collection point **2** (*für Menschen*) assembly point

Sammelsurium motley collection, assortment
Sammelunterkunft hostel
Sammler(in) collector
Sammlung 1 collection ◊ *Die Sammlung erbrachte eine vierstellige Summe.* The collection yielded a four-figure sum. ◊ *eine Sammlung von über 500 Gemälden* a collection of over 500 paintings ◊ *eine Sammlung von Essays* a collection of essays **2** composing yourself (*meist mit einem Verb übersetzt*) ◊ *Vor dem Auftritt brauchte er einen Moment innerer Sammlung.* He needed a moment to compose himself before he went on.
Samstag Saturday ☞ *Beispiele bei* MONTAG
samstags on Saturdays ☞ *Beispiele bei* MONTAGS
samt (together) with, along with, and ◊ *Das Schiff ging samt der Mannschaft unter.* The ship went down with all hands. IDM **samt und sonders** all ◊ *Seine Bücher handeln samt und sonders von Krieg und Gewalt.* His books all deal with war and violence.
Samt velvet
samtig velvety
sämtlich all ◊ *Die Opfer waren sämtlich ältere Frauen.* The victims were all older women. ◊ *Er hatte sämtliche Hoffnung verloren.* He had lost all hope. ☞ *Hinweis bei* ALLE(R,S)
Sanatorium sanatorium*, (*AmE auch*) sanitarium*
Sand sand IDM **im Sande verlaufen** (*erfolglos bleiben*) come* to nothing; (*verschwinden*) peter out ◊ *Auch diese Initiative verlief im Sande.* This initiative also came to nothing. **etw in den Sand setzen 1** (*keinen Erfolg haben*) make* a mess of sth ◊ *Sie setzte ihre Fahrprüfung in den Sand.* She made a mess of her driving test. **2** (*verschwenden*) squander sth **Sand im Getriebe** a problem ◊ *Die schlechte Leistung der Mannschaft zeigte deutlich, dass irgendwo Sand im Getriebe war.* The team's poor performance showed that there was clearly a problem somewhere. **jdm Sand in die Augen streuen** con* sb **Sand ins Getriebe streuen** put* a spanner in the works **... wie Sand am Meer** loads of ...; thousands of ...
Sandale sandal
Sand- Sandbahn 1 (*für Speedway*) speedway racing track; (*für Pferderennen*) all-weather track **2** (*Sportart*) longtrack **Sandbank** sandbank
sandig sandy; (*mit Sand bedeckt*) covered in sand ◊ *sandiger Boden* sandy soil ◊ *Nach dem Picknick am Strand war alles sandig.* After the picnic on the beach, everything was covered in sand.
Sand- Sandkasten sandpit, (*AmE*) sandbox **Sandkuchen** Madeira cake **Sandsack 1** sandbag **2** (SPORT) punchbag, (*AmE*) punching bag **Sandstein** sandstone ◊ *ein Haus aus Sandstein* a sandstone house **Sandstrand** sandy beach
sanft 1 gentle (*Adv* gently) ◊ *Ihre sanfte Art wird von allen geschätzt.* Everyone likes her gentle manner. ◊ *eine sanfte Stimme/ein sanftes Lächeln* a gentle voice/smile ◊ *sanfte Hügel* gentle hills ◊ *sanfte Methoden* gentle methods ◊ *sanfter Druck* gentle pressure ◊ *Sie schob ihn mit sanfter Gewalt zur Tür hinaus.* She pushed him gently but firmly out of the door. **2** (*Geräusch, Farbe, Musik, Licht*) soft (*Adv* softly) **3** (*Landung*) smooth **4** (*Medizin, Geburt*) natural; (*Tourismus*) green **5** (*ruhig*) peaceful (*Adv* peacefully) ◊ *ein sanfter Tod* a peaceful death ◊ *Das Baby schlief sanft.* The baby was sleeping peacefully. IDM **die sanfte Revolution** the Velvet Revolution
Sänger(in) singer ☞ G 2.2d
sang- IDM **sang- und klanglos** quietly; (*unbemerkt*) unnoticed (*nicht vor Nomen*)
sanieren 1 (*Gebäude*) (completely) renovate, modernize; (*Gebiet*) redevelop; (*Landschaft*) clean sth up **2** (WIRTSCH) rescue, return *sth* to profitability **3** *sich* ~ solve your financial problems; (*Wirtschaft*) recover
Sanierung 1 renovation, modernization; (*Gebiet*) redevelopment; (*Boden, Fluss etc.*) clean-up **2** (WIRTSCH) rescue, return to profitability ◊ *ein Plan zur Sanierung des Betriebs* a rescue plan for the company ◊ *Steuererhöhungen zur Sanierung des Haushalts* tax increases to balance the budget
Sanierungsarbeiten renovation work [U] **sanierungsbedürftig 1** in need of renovation (*nicht vor Nomen*) ◊ *ein sanierungsbedürftiges Gebäude* a building in need of renovation **2** (*Firma etc.*) ailing **Sanierungskonzept 1** re-
development scheme **2** (WIRTSCH) rescue plan **Sanierungsmaßnahmen 1** renovation work [U]; (*von Gebieten*) redevelopment [U] **2** (WIRTSCH) rescue package
sanitär sanitary (*nur vor Nomen*) ◊ *Die sanitären Verhältnisse sind verheerend.* The sanitary conditions are appalling.
Sanitäter(in) 1 paramedic **2** (*Soldat*) medical orderly ☞ G 2.2d
Sankt Saint
Sanktion sanction ◊ *Sanktionen gegen ein Land verhängen/aufheben* impose/lift sanctions against a country
sanktionieren sanction
Saphir sapphire
Sardelle anchovy*
Sardine sardine
Sardinenbüchse sardine tin, (*AmE*) sardine can
Sarg coffin
Sarkasmus sarcasm
sarkastisch sarcastic (*Adv* sarcastically)
Satan Satan
satanisch 1 (*Sekte etc.*) satanic **2** (*fig*) fiendish, mischievous ◊ *Er hatte eine satanische Freude daran, andere zu schockieren.* He took mischievous delight in shocking people.
Satellit satellite ◊ *Das Endspiel wurde über Satellit übertragen.* The final was broadcast via satellite.
Satellitenschüssel satellite dish **Satellitensender** satellite channel **Satellitenstadt** satellite town
Satin satin ◊ *ein Kleid aus Satin* a satin dress
Satire satire; (*Artikel auch*) satirical article ◊ *Das Stück ist eine Satire auf unsere Gesellschaft.* The play is a satire on our society.
Satiriker(in) satirist ☞ G 2.2d
satirisch satirical (*Adv* satirically) ◊ *Es war satirisch übertrieben dargestellt.* It was presented with satirical exaggeration.
satt 1 full (up) (*umgs*) ◊ *Ich bin satt.* I'm full. ◊ *Bist du satt?* Have you had enough? ◊ *Machen Nudeln wirklich satt?* Is pasta really filling? ◊ *Im Krieg konnten sie sich nie richtig satt essen.* During the war they could never get enough to eat. ◊ *Die Kinder haben sich an Süßigkeiten satt gegessen.* The children have filled themselves up with sweets. ◊ *Wie sollen wir die vielen Leute satt bekommen?* How are we going to feed so many people? **2** (*selbstzufrieden*) smug **3** (*Farben*) rich, deep ◊ *ein sattes Grün* a rich green ◊ *Die Farben leuchten satt.* The colours have a rich glow. **4** (*Wiese*) lush **5** (*Gewinne, Umsatz*) hefty; (*Mehrheit*) comfortable ◊ *Die Diäten der Abgeordneten wurden um satte 8% erhöht.* MPs' allowances were increased by a hefty 8%. ◊ *Bei diesem Geschäft hat er satt verdient.* He made a packet out of that deal. **6** ... **satt** lots of ..., loads of ... (*umgs*) ◊ *Pilze satt* loads of mushrooms ◊ *Im Urlaub hatten wir Sonne satt.* On holiday we had lots of sunshine. IDM **jdn/etw satt bekommen** get* fed up with sb/sth ◊ *Schließlich bekam er es satt und beschwerte sich.* In the end he got fed up with it and complained. **jdn/etw satt haben** be fed up with sb/sth; be sick of sb/sth ◊ *Ich habe es satt, mir das immer wieder anhören zu müssen!* I'm sick of hearing that over and over again! ◊ *Er hatte sie endgültig satt.* He was really fed up with her. **sich an jdm/etw nicht satt sehen können** not be able to take your eyes off sb/sth ◊ *Sie konnte sich an ihrem Baby nicht satt sehen.* She couldn't take her eyes off her baby. **sich an etw satt sehen** soon get* tired of looking at sth ◊ *An dieser Farbe sieht man sich schnell satt.* You soon get tired of looking at this colour.
Sattel saddle ◊ *Er schwang sich in den Sattel und ritt davon.* He swung himself into the saddle and rode away. ◊ *Sie schwang sich auf den Sattel und fuhr zur Schule.* She jumped onto her bike and rode to school. ◊ *einem Pferd den Sattel auflegen/abnehmen* saddle up a horse/take the saddle off a horse ◊ *Das Pferd warf den Reiter aus dem Sattel.* The horse threw its rider. ◊ *ohne Sattel reiten* ride bareback IDM **fest im Sattel sitzen** be firmly in the saddle **jdm in den Sattel helfen**; **jdn in den Sattel heben** help sb to power **sich im Sattel halten (können)** last ◊ *Der neue Chef wird sich nicht lange im Sattel halten.* The new boss won't last very long.
satteln saddle
Sattel- Sattelschlepper articulated lorry*, (*AmE*) tractor-trailer **Satteltasche** (*Gepäcktasche*) saddlebag,

pannier; (*Werkzeugtasche*) bicycle tool kit **Sattelzug** articulated lorry* and trailer, (*AmE*) tractor-trailer

sättigen 1 jdn/sich ~ satisfy* sb's/your hunger **2** etw ~ (*Ehrgeiz, Neugier etc.*) satisfy* sth **3** etw ~ (NATURW, WIRTSCH) saturate ◊ *gesättigte Fettsäuren* saturated fats ◊ *Der PC-Markt ist noch nicht gesättigt.* The PC market has not reached saturation. **4** (*Speisen*) be filling ◊ *Diese Suppe sättigt nicht sehr.* This soup is not very filling.

sättigend filling

Saturn Saturn ☛ *Beispiele bei* MERKUR

Satz 1 sentence ◊ *mitten im Satz abbrechen* break off in mid-sentence ◊ *Sie schilderte mit wenigen Sätzen die Situation.* She described the situation briefly. **2** (*Teil-*) clause ◊ *ein abhängiger/selbstständiger Satz* a subordinate/main clause **3** (RECHT) clause **4** (*Philosophie, Lehrsatz*) proposition **5** (*Mathe, Physik*) theorem ◊ *der Satz des Pythagoras* Pythagoras' theorem **6** (MUS) movement **7** (*Tennis, Volleyball*) set; (*Badminton, Tischtennis*) game **8** (*zusammengehörige Dinge*) set ◊ *ein Satz Briefmarken/Kochtöpfe* a set of stamps/pans **9** (*Tarif*) rate **10** (*Boden-*) sediment [U]; (*Kaffee-*) grounds [Pl] **11** (*Sprung*) leap, bound; (*Schritt*) stride ◊ *Sie sprang mit einem Satz über die Mauer.* She cleared the wall in a single bound. ◊ *Mit drei Sätzen war er an der Tür.* He reached the door in three strides. ◊ *Ich machte einen Satz über den Zaun.* I leapt over the fence.

Satzung statutes [Pl]

Satzzeichen punctuation mark

Sau 1 (*Schwein*) sow **2** (*Schimpfwort: schmutzig*) slob (*umgs*); (*gemein*) bastard (*vulg, Slang*) IDM **die Sau rauslassen** let* your hair down **keine Sau** nobody at all **unter aller Sau** the pits (*umgs*) ◊ *Ihre englische Aussprache ist wirklich unter aller Sau.* Her English pronunciation really is the pits. **wie eine gesengte Sau 1** (*schnell*) like a bat out of hell **2** (*schlecht*) like a maniac ◊ *Er fährt wie eine gesengte Sau.* He drives like a maniac. **jdn zur Sau machen** bawl sb out, (*AmE*) chew sb out

sauber 1 clean ◊ *Sind deine Schuhe sauber?* Are your shoes clean? ◊ *die Wohnung sauber machen* clean the flat ◊ *Parkett ist leicht sauber zu halten.* A wooden floor is easy to keep clean. **2** (*Hund*) house-trained, (*AmE*) house-broken; (*Kind*) potty-trained **3** (*ordentlich*) neat (*Adv* neatly); (*genau*) accurate (*Adv* accurately); (*deutlich*) clear (*Adv* clearly) ◊ *Er hat eine sehr saubere Handschrift.* His writing is very neat. ◊ *eine saubere Lösung* a neat solution **4** (*redlich*) honest ◊ *ein sauberer Charakter* an honest character ◊ *Er/Die Sache ist sauber.* He/The thing is on the level. **5** (*beachtlich*) great; (*ironisch*) fine, nice (*Adv* nicely) ◊ *Das ist ja sauber!* That's great! ◊ *Saubere Freunde hast du!* Fine friends you've got! IDM ⇨ WESTE

Sauberkeit cleanliness

säuberlich (*sorgfältig*) careful (*Adv* carefully); (*ordentlich*) neat (*Adv* neatly) ◊ *Der Müll wird säuberlich getrennt.* The rubbish is carefully sorted. ◊ *ein säuberlich gefaltetes Taschentuch* a neatly folded handkerchief

säubern 1 clean; (*Gelände, Luft, Wasser*) clean *sth* up ◊ *einen Teppich säubern* clean a carpet ◊ *den Bach säubern* clean up the stream **2 A von B ~** (*sauber machen*) clean B off A; (*frei machen*) clear A of B ◊ *den Teppich von Flecken säubern* clean the stains off the carpet ◊ *ein Gebiet von Tretminen säubern* clear an area of landmines **3** etw **~ jdm/etw**) ~ (*befreien*) rid* sth (of sb/sth); (*Partei, Organisation*) purge sth (of sb/sth) ◊ *das Internet von Pornografie säubern* rid the Internet of pornography ◊ *eine Partei* (*von Extremisten*) *säubern* purge a party (of extremists)

Säuberung 1 (*Reinigung*) cleaning [U]; (*Gelände, Luft, Wasser*) clean-up [U] (*oft mit einem Verb übersetzt*) ◊ *Die Säuberung des Strandes nach der Ölkatastrophe nahm Monate in Anspruch.* It took months to clean up the beach after the oil disaster. **2** (*fig*) purge ◊ *die stalinistischen Säuberungen* the Stalinist purges **3** ◊ *ethnische Säuberung* ethnic cleansing

saublöd damn silly (*umgs*) ◊ *Stell dich nicht so saublöd an!* Don't be so damn silly! ◊ *Ich muss mal was ganz Saublödes fragen.* I hate to ask a really silly question.

Sauce ⇨ SOSSE

saudumm damn stupid (*umgs*)

sauer 1 sour; (*Obst*) tart; (*Wein*) acid ◊ *saure Sahne* sour cream ◊ *Die Milch ist sauer.* The milk has turned sour. **2** (NATURW) acid; (*Boden*) acidic ◊ *saurer Regen* acid rain **3** (*in Essig eingelegt*) pickled ◊ *saure Gurken* pickled gher-

kins ◊ *etw sauer einlegen* pickle sth **4** (*verärgert*) annoyed ◊ *Bist du noch sauer auf mich?* Are you still annoyed with me? ◊ *Hat er sehr sauer reagiert?* Was he very annoyed? ◊ *Sie machte ein saures Gesicht.* She looked annoyed. ☛ *Siehe auch* AUFSTOSSEN **5** ◊ *mein sauer verdientes Geld* my hard-earned money IDM ⇨ APFEL

Sauerei 1 (*Schmutz und Unordnung*) mess [Sing] ◊ *eine Sauerei machen* make a mess ◊ *Was ist denn das hier für eine Sauerei!* What's all this mess here? **2** (*Schande*) disgrace [Sing] ◊ *Das ist eine echte Sauerei!* It's an absolute disgrace! **3** (*moralisch Anstößiges*) filth [U]; (*Witz*) dirty joke

Sauer- Sauerkirsche sour cherry* **Sauerkraut** sauerkraut

säuerlich 1 slightly sour; (*Obst, Wein*) slightly sharp ◊ *Die Milch riecht schon säuerlich.* The milk already smells sour. **2** (*verärgert*) slightly annoyed ◊ *etwas säuerlich dreinblicken* look a bit annoyed ◊ *ein säuerliches Gesicht machen* pull a sour face

Sauer- Sauerstoff oxygen **Sauerteig** sourdough

saufen drink*; (*Auto*) guzzle ◊ *Er säuft wie ein Loch.* He drinks like a fish.

Säufer(in) drunkard

saugen 1 (*mit dem Mund*) suck ◊ *Gift aus einer Wunde saugen* suck poison from a wound ◊ *Die Pflanzen saugen Wasser aus der Erde.* The plants draw water from the soil. **2 an etw ~** suck at/on sth; (*Pfeife, Zigarette*) draw* at/on sth **3** (*mit dem Staubsauger*) vacuum ◊ *das Wohnzimmer saugen* vacuum the lounge ◊ *Staub saugen* do the vacuuming IDM ⇨ FINGER

säugen suckle

Säuger, Säugetier mammal

saugfähig absorbent

Säugling baby*, infant (*Fachspr*)

saukalt freezing cold

Säule pillar (*auch fig*), column ◊ *eine Säule der Gesellschaft* a pillar of society ☛ **Column** wird vor allem verwendet, wenn von dem architektonischen Stil gesprochen wird, oder wenn es um eine freistehende oder hauptsächlich dekorative Säule handelt: *classical columns* ◊ *Nelson's Column.*

Säulendiagramm bar chart, (*AmE auch*) bar graph

Saum 1 hem; (*Naht*) seam **2** (*Rand*) edge

saumäßig 1 (*sehr, groß*) damned (*umgs*), hellish (*Adv* hellishly) (*umgs*) ◊ *Sie hatte saumäßiges Glück/Pech.* She was damned lucky/unlucky. ◊ *Es tut saumäßig weh.* It hurts like hell. **2** (*schlecht*) lousy* (*umgs*), terrible (*Adv* terribly) (*umgs*) ◊ *Er ist ein saumäßiger Autofahrer.* He is a lousy driver. ◊ *In deinem Zimmer sieht es saumäßig aus.* Your room's a pigsty.

säumen line ◊ *Tausende säumten die Straßen.* The streets were lined with thousands of people. ◊ *Der Strand ist von Palmen gesäumt.* The beach is lined with palms.

Sauna sauna ◊ *Gestern waren wir in der Sauna.* Yesterday we went to the sauna.

Säure 1 (NATURW) acid **2** (*Beschaffenheit*) acidity

Saurier dinosaur

säuseln 1 (*rauschen*) rustle **2** (*sprechen*) whisper **3** (*singen*) croon

sausen 1 (*eilig gehen*) dash; (*vorbeifahren, -fliegen*) zoom, whizz; (*nach unten fallen*) plummet ◊ *Ich saus mal eben rüber zum Supermarkt.* I'm just dashing round to the supermarket. ◊ *Ein Auto kam um die Ecke gesaust.* A car came zooming round the corner. ◊ *Die Drachen sausen durch die Luft.* The kites are whizzing through the air.

> **Whizz** und **zoom** beschreiben eine schnelle und laute Bewegung und beziehen sich oft auf Fahrzeuge. **Zoom** bezeichnet das tiefe Geräusch eines Motors: *low-flying aircraft zooming over the house*, und **whizz** deutet meist auf ein hohes pfeifendes Geräusch: *Fireworks whizzed up into the sky.*

2 (*Wind, Wasser*) roar; (*Blut*) pound ◊ *Mir sauste das Blut in den Ohren.* The blood was pounding in my ears. **3 durch etw ~** fail sth ◊ *Er ist durch die Prüfung gesaust.* He failed his exam. **4 etw ~ lassen** (*Gelegenheit*) pass sth up; (*Stelle, Studium*) give* sth up; (*nicht hingehen*) give* sth a miss ◊ *Er ließ die Oper sausen.* He gave the opera a miss. **5 jdn ~ lassen** dump sb IDM ⇨ LASSEN

Saxophon saxophone ◊ *Sie spielt Saxophon.* She plays the saxophone.
S-Bahn S-Bahn, city and suburban railway
scannen scan*
Schabe 1 cockroach, (*AmE auch*) roach (*umgs*) **2** (*Motte*) moth
schaben 1 (*kratzen, schälen*) scrape ◊ *Du solltest die alte Farbe von der Tür schaben.* You should scrape the old paint off the door. ◊ *ein schabendes Geräusch* a scraping noise **2** (*raspeln*) grate; (*zerkleinern*) mince
schäbig 1 (*unansehnlich*) shabby* (*Adv* shabbily) **2** (*geizig*) paltry ◊ *ein schäbiges Gehalt* paltry wages **3** (*verwerflich*) mean (*Adv* meanly), shabby* (*Adv* shabbily) ◊ *Ich kam mir richtig schäbig vor.* I felt really mean. ◊ *Sie hat ihn schäbig behandelt.* She treated him shabbily. ◊ *Er ist ein schäbiger Kerl.* He's a nasty piece of work. ◊ *eine schäbige Ausrede* a flimsy excuse
Schablone 1 pattern; (*zum Zeichnen äußerer Umrisse*) template; (*zum Übertragen ausgestanzter Muster*) stencil **2** (*stereotype Denkweise*) stereotype; (*stereotype Redewendung*) cliché ◊ *Die Figuren in seinem Roman lassen sich nicht in eine Schablone pressen.* The characters in his novel don't conform to a stereotype.
Schach 1 (*Spiel*) chess ◊ *eine Partie Schach* a game of chess ◊ *Schach spielen* play chess **2** (*Zug*) check ◊ *jdm Schach bieten* put sb in check ◊ *Der König steht im Schach.* The king is in check. ◊ *Schach!* Check! IDM **jdn/etw in Schach halten** keep* sb/sth in check
Schachbrett chessboard **Schachfigur** chess piece
schachmatt ~ **sein** be checkmated; *jdn* ~ **setzen** checkmate sb
Schacht (*Bergwerk, Aufzug*) shaft; (*Brunnen*) well; (*Gully*) manhole; (*U-bahn*) tunnel ◊ *Die Bergleute fuhren in den Schacht ein.* The miners went down the pit.
Schachtel box; (*Zigaretten*) packet ◊ *eine Schachtel Pralinen/Streichhölzer* a box of chocolates/matches IDM **eine alte Schachtel** an old bag (*umgs, abwert*)
Schachzug move ◊ *ein geschickter Schachzug* a clever move
schade 1 shame, pity ◊ *Oh, wie schade!* Oh, what a shame! ◊ *Schade, dass es regnet!* What a shame it's raining! ◊ *Es ist schade, dass du nicht kommen kannst.* It's a pity you can't come. **2** ~ **sein um etw** be a waste of sth ◊ *Mein neuer Pullover ist bereits ausgeleiert – schade um das Geld!* My new pullover has already gone baggy — what a waste of money! **3 um jdn/etw ist es nicht** ~ sb/sth is no loss **4 zu** ~ **für jdn/etw** too good for sb/sth ◊ *Sie ist viel zu schade für ihn.* She's far too good for him. **5 sich (für jdn/etw) zu** ~ **sein** consider yourself above sb/sth ◊ *Für die Hausarbeit war er sich zu schade.* He considered himself above doing the housework. ◊ *Sie war sich nicht zu schade, das Auto anzuschieben.* She didn't mind pushing the car.
Schädel 1 skull **2** ⇨ KOPF IDM ⇨ EINSCHLAGEN
schaden (*jdm/etw*) ~ (*Gesundheit*) damage sb/sth; (*Ansehen, Karriere etc.*) be damaging (to sth) ◊ *Rauchen schadet der Gesundheit.* Smoking damages your health. ◊ *Die Skandale schaden der Leichtathletik.* The scandals are damaging to athletics. IDM **das schadet ihm/ihr gar nichts!** it serves him/her right! **das schadet nichts** it doesn't matter **etw würde/kann** (*jdm*) **nicht schaden** sth wouldn't do (sb) any harm; sth wouldn't hurt (sb) ◊ *Ein bisschen frische Luft würde nicht schaden!* A bit of fresh air wouldn't hurt! ☛ *Siehe auch* EIFER
Schaden 1 damage [U] ◊ *Der Sturm richtete einen Schaden in Höhe von einer Million Dollar an.* The storm caused a million dollars' worth of damage. ◊ *Der Schaden am Auto ist nicht der Rede wert.* The damage to the car is negligible. ◊ *Die Dächer wiesen Schäden auf.* The roofs showed signs of damage. ◊ *Die Vorwürfe fügten dem Ansehen der Polizei großen Schaden zu.* The accusations damaged the police's reputation. ◊ *Beim Umzug hat die Lampe Schaden genommen.* The lamp suffered a bit in the move. **2** (*Verletzung*) injury* ◊ *Er zog sich bleibende Schäden zu.* He sustained permanent injuries. ◊ *Sie trug nur leichte Schäden davon.* She was only slightly injured. **3 zu** ~ **kommen** (*verletzt werden*) be hurt
Schadenersatz compensation ◊ *Schadenersatz fordern* demand compensation ◊ *auf Schadenersatz klagen* sue for compensation ◊ *jdn auf Schadenersatz verklagen* sue sb for compensation ◊ *Die Reiseveranstalter wurden zu Schadenersatz verurteilt.* The tour operators were ordered to pay compensation. **Schadenfreude** malicious pleasure, glee ◊ *Sie machte aus ihrer Schadenfreude keinen Hehl.* She could not hide her glee. **schadenfroh** gleeful (*Adv* gleefully) ◊ *Er rieb sich schadenfroh die Hände.* He rubbed his hands gleefully.
Schadens- Schadensbegrenzung damage limitation **Schadensersatz** ⇨ SCHADENERSATZ
schädigen damage
schädlich harmful ◊ *schädlich für die Umwelt* harmful to the environment
Schädling pest ◊ *Schädlinge bekämpfen* control pests **Schädlingsbekämpfung** pest control **Schädlingsbekämpfungsmittel** pesticide
Schadstoff harmful substance, pollutant (*offiz*) ◊ *Der Boden war mit Schadstoffen belastet.* The ground was polluted.
Schaf 1 (*Tier*) sheep* **2** (*dummer Mensch*) silly billy* IDM **das schwarze Schaf** the black sheep (of the family)
Schäfer(in) shepherd(ess) ☛ G 2.2d
Schäferhund Alsatian, (*AmE*) German shepherd
schaffen¹ 1 (*eine Aufgabe bewältigen*) manage ◊ *Er schaffte die Arbeit alleine nicht mehr.* He couldn't manage the work on his own any longer. ◊ *Sie schaffte es, sein Autogramm zu bekommen.* She managed to get his autograph. ◊ *Sie haben den Durchbruch geschafft.* They have achieved a breakthrough. **2** (*eine Prüfung bestehen*) pass ◊ *Er hatte den Führerschein beim ersten Versuch geschafft.* He had passed his driving test first time. **3** (*ein Verkehrsmittel erreichen*) catch*, make* ◊ *Wenn wir uns beeilen, schaffen wir den Bus noch.* If we hurry, we can still make the bus. **4** (*arbeiten*) work **5** *jdn* ~ wear* sb out ◊ *Nach dem Wettkampf war er völlig geschafft.* After the race he was worn out. **6** (*irgendwohin bringen*) take* ◊ *Bitte schaffe den Abfall in die Tonne.* Can you take the rubbish to the bin, please.
schaffen² 1 (*Arbeitsplätze, Möglichkeiten, Bedingungen, Atmosphäre, Probleme, Kunstwerk*) create; (*Platz*) make*; (*Frieden*) achieve ☛ Die Übersetzung von **schaffen** hängt oft davon ab, mit welchen Wörtern es verwendet wird. Siehe die Einträge für **Ordnung**, **Klarheit** etc. **2 sich Freunde/Feinde** ~ make* friends/enemies IDM **mit jdm/etw nichts zu schaffen haben wollen** not want anything to do with sb/sth ◊ *Mit ihnen will ich nichts zu schaffen haben!* I don't want anything to do with them! **mit jdm/etw zu schaffen haben** have something to do with sb/sth ◊ *Was habe ich damit zu schaffen?* What have I got to do with it? **sich irgendwo zu schaffen machen 1** (*an etw hantieren*) fiddle about with sth ◊ *Er machte sich am Auto zu schaffen.* He was fiddling about with the car. **2** (*etw tun, was verdächtig ist*) act suspiciously ◊ *Sie sah, wie sich jemand an der Haustür zu schaffen machte.* She saw somebody acting suspiciously at the front door. **jdm zu schaffen machen 1** (*jdm Mühe bereiten*) bother sb ◊ *Mein Heuschnupfen macht mir heute wieder zu schaffen.* My hay fever's bothering me again today. **2** (*jdm viel Arbeit machen*) cause sb a lot of trouble **3** (*jdm Sorgen bereiten*) worry* sb ◊ *Der Streit machte ihm noch tagelang zu schaffen.* The argument worried him for days afterwards.
Schaffen work
Schaffner(in) conductor ☛ G 2.2d
Schafott scaffold
Schafspelz sheepskin IDM ⇨ WOLF
schal 1 (*ohne Kohlensäure*) flat ◊ *Die Cola ist schon ganz schal.* The coke's gone flat. **2** (*unangenehm*) nasty* ◊ *Die Angelegenheit hinterlässt einen schalen Beigeschmack.* The affair has left a nasty aftertaste behind.
Schal scarf* ◊ *sich einen Schal umlegen* put a scarf on
Schale 1 (*von Obst, Gemüse*) skin **2** (*von Nüssen, Eiern, Muscheln*) shell **3** (*Schüssel*) dish
schälen 1 (*Obst, Gemüse*) peel **2 sich** ~ peel ◊ *Deine Nase schält sich.* Your nose is peeling.
Schalentier crustacean
Schall sound ◊ *Licht breitet sich schneller aus als Schall.* Light travels faster than sound. ◊ *ein Zimmer gegen Schall isolieren* soundproof a room IDM **Schall und Rauch sein** not mean anything
schalldicht soundproof
schallen (*Stimme, Glocke, Beifall*) ring* out; (*nachhallen*)

echo ◊ *Ihre Stimme schallte durch den Raum.* Her voice rang out across the room. ◊ *in schallendes Gelächter ausbrechen* burst out laughing

Schall- Schallmauer sound barrier ◊ *die Schallmauer durchbrechen* break the sound barrier **Schallplatte** record **Schallschutz** soundproofing; *(an Autobahnen etc.)* noise barrier **Schallwelle** sound wave

Schalotte shallot

schalten 1 *(Auto etc.)* change gear, *(AmE)* shift gears ◊ *in den zweiten Gang/Leerlauf schalten* change into second gear/neutral 2 *(Ampel)* change ◊ *Die Ampel schaltete auf Grün.* The lights changed to green. 3 *(reagieren)* react ◊ *Bei diesem Spiel muss man schnell schalten.* You have to react quickly in this game. ◊ *Er hat sofort geschaltet und den Arzt gerufen.* He acted immediately and called the doctor. 4 *(einstellen)* turn ◊ *den Kühlschrank kälter schalten* turn the fridge to a colder setting ◊ *die Heizung niedriger schalten* turn the heating down ◊ *den Mixer auf die höchste Stufe schalten* switch the mixer to the highest setting IDM **schalten und walten** do* as you please ☞ *Siehe auch* DURCHZUG

Schalter 1 *(Hebel)* switch 2 *(Bank, Post)* counter; *(Bahnhof)* window, ticket office; *(Flughafen)* desk

Schalterbeamter, -beamtin counter clerk; *(Bahnhof)* ticket clerk **Schalterhalle** main hall; *(Bahnhof)* ticket office; *(Flughafen)* check-in hall **Schalterstunden** opening hours [Pl]

Schalt- Schalthebel 1 switch (lever) 2 *(Auto etc.)* gear lever, *(AmE)* gear shift **Schaltjahr** leap year **Schaltkreis** (ELEK) (switching) circuit

Schaltung 1 *(Fahrrad, Auto etc.)* gears [Pl]; *(Getriebe)* gearbox 2 (ELEK) circuit

Scham shame ◊ *vor Scham erröten* blush with shame ◊ *Aus falscher Scham ging er nicht zum Arzt.* He was too embarrassed to go to the doctor. ◊ *Es erfüllt mich mit tiefer Scham.* It makes me feel ashamed.

schämen 1 *sich* ~ be ashamed (of yourself); *(aus Keuschheit)* be embarrassed ◊ *Du solltest dich schämen!* You should be ashamed of yourself! ◊ *Sie schämte sich, weil sie ihren Bruder gehauen hatte.* She was ashamed of herself for having hit her brother. ◊ *Schämst du dich etwa, mit mir gesehen zu werden?* Are you ashamed to be seen with me then? 2 *sich wegen/für etw* ~; *sich einer Sache* ~ be ashamed of sth IDM ⇨ GRUND

Scham- Schamgefühl (sense of) shame ◊ *Es verletzt ihr Schangefühl.* They consider it indecent. **Schamhaar** pubic hair **schamhaft** 1 bashful *(Adv* bashfully) 2 *etw* ~ *verschweigen* keep* quiet about sth ◊ *Schamhaft verschwieg er, dass ihm gekündigt worden war.* He kept quiet about the fact that he had been sacked. **schamlos** 1 *(gewissenlos)* shameless *(Adv* shamelessly) 2 *(unverschämt)* blatant; *(Lüge, Frechheit)* barefaced *(nur vor Nomen)*

Schampus bubbly *(umgs)*

Schande shame [U], disgrace ◊ *Sie brachte Schande über die ganze Familie.* She brought shame on the whole family. ◊ *Sitzenbleiben ist doch keine Schande!* There's no shame in staying down a year. ◊ *„Das ist eine Schande!", beschwerte er sich.* 'It's a disgrace!', he grumbled. ◊ *Er ist eine Schande für die ganze Schule.* He is a disgrace to the whole school. ◊ *Zu meiner Schande muss ich zugeben, dass ...* I'm ashamed to say that ... IDM **es ist eine Schande, dass/wie ...** it is a disgrace that/the way ...

schänden 1 defile; *(Gräber etc.)* desecrate 2 *(Frauen)* rape; *(Kinder)* abuse

Schandfleck eyesore ◊ *ein Schandfleck in der Landschaft* a blot on the landscape

schändlich shameful *(Adv* shamefully), disgraceful *(Adv* disgracefully)

Schandtat outrage ◊ *die Schandtaten der Apartheid* the outrages of apartheid ◊ *Ihm traue ich jede Schandtat zu!* I believe him capable of anything! IDM **zu jeder Schandtat/allen Schandtaten bereit sein** be game for anything

Schändung 1 *(Gräber etc.)* desecration 2 *(Frauen)* rape; *(Kinder)* abuse

Schanze ⇨ SPRUNGSCHANZE

Schar 1 crowd; *(Vögel)* flock ◊ *eine Schar von Zuschauern* a crowd of onlookers ◊ *eine treue Schar von Anhängern* a loyal band of followers ◊ *eine kleine Schar von Helfern* a small group of helpers ☞ 1.3b 2 **Scharen** hordes [Pl] ◊

Scharen von Touristen hordes of tourists ◊ *Zu dem Konzert kamen Scharen von Zuhörern.* People flocked to the concert. 3 **in (hellen) Scharen** in droves

scharen 1 *sich um jdn/etw* ~ cluster around sb/sth 2 *jdn/etw um sich* ~ gather sb/sth around yourself, surround yourself with sb/sth ◊ *Sie schart gerne junge Leute um sich.* She likes to surround herself with young people.

scharf 1 *(Messer etc.)* sharp 2 *(Essen)* hot; *(Käse)* strong ◊ *scharf gewürzt* spicy 3 *(ätzend)* strong, harsh ◊ *scharfe Putzmittel* harsh cleaning materials 4 *(Kälte, Wind)* biting; *(Frost)* sharp 5 *(Foto, Bild etc.)* clear, sharp ◊ *ein scharfes Bild* a clear picture ◊ *scharfe Konturen* sharp contours ◊ *das Fernglas scharf einstellen* focus the binoculars 6 *(genau)* acute ◊ *Sie hat eine scharfe Beobachtungsgabe.* She has acute powers of observation. ◊ *jdn scharf beobachten* watch sb closely ◊ *scharf rechnen können* be good at figures ◊ *scharf nachdenken* think hard 7 *(Kritik, Angriff, Auseinandersetzung, Konkurrenz)* fierce *(Adv* fiercely); *(Protest)* strong *(Adv* strongly); *(Bemerkung)* cutting ◊ *jdn scharf kritisieren* fiercely criticize sb ◊ *Er protestierte scharf gegen diese Ungerechtigkeit.* He protested strongly against this injustice. ◊ *scharf gegen etw vorgehen* take tough action against sth 8 *(Munition etc.)* live ◊ *Es wurde scharf geschossen.* Live ammunition was used. ◊ *Sie trugen scharfe Waffen.* Their guns were loaded. 9 *(Hund)* fierce 10 *(plötzlich)* sharp *(Adv* sharply); *(schnell)* fast ◊ *scharf rechts abbiegen* turn sharp right ◊ *scharf bremsen* brake sharply 11 *(toll)* cool, great, brilliant *(umgs)* ◊ *eine scharfe Frisur* a cool hairstyle IDM **das scharfe S** the letter ß, the letter sz **scharf auf jdn aufpassen** keep* a careful eye on sb **scharf auf etw sein** be keen on sth ◊ *Auf diese Arbeit bin ich nicht scharf.* I'm not keen on this work. ◊ *Ich bin ganz scharf auf Lakritz.* I love liquorice. **scharf auf jdn sein** fancy* sb **jdn scharf machen** turn sb on **scharfe Sachen** spirits [Pl] ☞ *Siehe auch* TON[2], WIND *und* ZUNGE

Scharfblick ◊ *eine Schriftstellerin mit besonderem Scharfblick* a very perceptive writer

Schärfe 1 sharpness *(auch fig)* ◊ *die Schärfe der Klinge/der Bilder* the sharpness of the blade/the pictures ◊ *die Schärfe seiner Stimme* the sharpness of his voice ◊ *Die Schärfe des Windes trieb sie nach Hause.* The biting wind drove them home. 2 *(schonungslose Härte)* severity ◊ *Gegen diese Leute muss mit aller Schärfe vorgegangen werden.* These people must be dealt with with the greatest severity. 3 *(Heftigkeit)* ferocity ◊ *die Schärfe des Angriffs* the ferocity of the attack ◊ *Die Debatte wurde mit zunehmender Schärfe geführt.* The debate became increasingly heated. ◊ *Er wies die Vorwürfe in aller Schärfe zurück.* He strongly rejected the accusations. ☞ *Siehe auch* SCHARF

schärfen 1 sharpen ◊ *ein Messer schärfen* sharpen a knife ◊ *Die Museumsbesuche schärften sein Auge für Kunst.* The museum visits improved his appreciation of art. ◊ *Das Bewusstsein für Recht und Unrecht muss geschärft werden.* We need to foster a greater sense of right and wrong. 2 *sich* ~ improve ◊ *Ihr Sinn für Details hat sich geschärft.* Her eye for detail has improved.

scharf- scharfkantig with sharp edges ◊ *ein scharfkantiger Felsen* a sharp rock **Scharfschütze, -schützin** sniper; *(Polizei)* marksman*, markswoman*, *(AmE auch)* sharpshooter **Scharfsinn** astuteness ◊ *psychologischer Scharfsinn* psychological astuteness ◊ *Diese Aufgabe stellt Ihren Scharfsinn auf die Probe.* This puzzle requires quick thinking. **scharfsinnig** astute *(Adv* astutely) ◊ *eine scharfsinnige Bemerkung* an astute observation ◊ *ein scharfsinniger Detektiv* a clever detective

Scharlach scarlet fever

Scharlatan charlatan

Scharnier hinge

Schärpe sash

scharren scratch; *(Pferd etc.)* paw ◊ *Der Hund scharrte an der Tür.* The dog scratched at the door. ◊ *Das Pferd scharrte mit den Hufen.* The horse pawed (at) the ground.

Schaschlik (shish) kebab

Schatten 1 *(von der Sonne geschützt)* shade [U] ◊ *im Schatten sitzen* sit in the shade ◊ *sich im Schatten eines Baumes ausruhen* rest in the shade of a tree ◊ *Die Schirme spendeten etwas Schatten.* The parasols provided some shade. ◊ *dreißig Grad im Schatten* thirty in the shade 2 *(Umriss)* shadow ◊ *Abends werden die Schatten länger.* The shadows get longer in the evening. ◊ *einen großen Schatten werfen* cast a long shadow ◊ *Ein Schatten tauchte aus dem Nebel*

auf. A shadowy figure appeared out of the mist. **3** (*etwas Negatives*) cloud ◊ *Ein Schatten fiel auf sein Glück.* A cloud was cast over his happiness. ◊ *ein langes Leben mit Licht und Schatten* a long life with good times and bad **IDM jdn/etw in den Schatten stellen** put* sb/sth in the shade ◊ *Die Veranstaltung stellte alle Erwartungen in den Schatten.* The event exceeded all our expectations. **in jds Schatten stehen** be in sb's shadow **nur noch ein Schatten seiner selbst sein** be a shadow of your former self **(nicht) über seinen Schatten springen können** (not) be able to overcome your inhibitions ◊ *Sie musste über ihren Schatten springen, um sich auf die Bühne zu wagen.* She had to overcome her inhibitions and force herself to go on stage. **seinen Schatten vorauswerfen** be foreshadowed **Schattendasein** ◊ *Diese Sportart führt schon seit Jahren ein Schattendasein.* The sport has long had the status of poor relation. ◊ *Er trat aus dem Schattendasein hervor.* He was plucked from obscurity. ◊ *Er wollte das Theater aus seinem Schattendasein herausholen.* He wanted to rescue the theatre from obscurity. **Schattenmorelle** morello cherry* **Schattenseite 1** (*Straße etc.*) shady side **2** (*Nachteil*) drawback; (*Kehrseite*) dark side ◊ *Der Erfolg hatte auch seine Schattenseiten.* Success had its drawbacks. ◊ *die Schattenseiten des Lebens* the dark side of life ◊ *In dem Reiseführer werden auch die Schattenseiten beschrieben.* The guidebook also describes the negative aspects. **Schattenspiel** shadow theatre, (*AmE*) shadow theater; (*Stück*) shadow show **Schattenwirtschaft** black economy
Schattierung shade ◊ *Blau in allen Schattierungen* all shades of blue ◊ *Politiker aller Schattierungen* politicians of all persuasions ◊ *Ich kann Bürokraten aller Schattierungen nicht ertragen.* I can't stand bureaucrats of any kind.
schattig shady*
Schatz 1 treasure ◊ *einen Schatz vergraben* bury treasure **2 ein ~ an/von etw** a wealth of sth **3** (*Liebling*) darling; (*Engel*) angel ◊ *Du bist ein Schatz!* You're an angel!
schätzen 1 (*vermuten*) reckon, think*; (*raten*) guess ◊ *Was schätzt du, wie alt ist er?* How old do you reckon he is? ◊ *Ich schätze ihn auf etwa zwanzig.* I would think he's about twenty. ◊ *„Glaubst du, dass er es schafft?" „Ich schätze schon."* 'Do you think he'll make it?' 'Yes, I would think so.' ◊ *„Wie gross bist du?" „Schätz mal!"* 'How tall are you?' 'Have a guess!' **2** (*veranschlagen*) estimate; (*als Experte*) value ◊ *Der Schaden wurde auf drei Millionen geschätzt.* The damage was estimated at three million. ◊ *grob geschätzt* at a rough estimate ◊ *Schmuck schätzen lassen* have jewellery valued **3 jdn ~** think* highly of sb; **etw ~** appreciate sth **4** (*mögen*) like ◊ *Sie schätzt es gar nicht, wenn man sie bei der Arbeit stört.* She doesn't like being interrupted when she's working. **IDM sich glücklich schätzen, dass …** think* yourself lucky that … **etw zu schätzen wissen** appreciate sth
Schatz- Schatzkanzler(in) (POL) Chancellor of the Exchequer, (*AmE*) Secretary to the Treasury **Schatzmeister(in)** treasurer
Schätzung 1 estimate ◊ *nach offiziellen Schätzungen* according to official estimates ◊ *Schätzungen zufolge hat sich die Zahl verdoppelt.* It is estimated that the number has doubled. **2** (*Wert*) valuation
schätzungsweise roughly
Schau show ◊ *Das ist doch alles nur Schau!* It's all show! ◊ *Da hat er wieder mal eine Schau abgezogen!* He was showing off again! ◊ *Sie macht immer nur auf Schau.* She only does it for show. **IDM etw zur Schau stellen 1** (*ausstellen*) exhibit sth **2** (*protzen*) show* sth off; (*deutlich zeigen*) show* sth ◊ *Sie stellt ihre Gefühle ungern zur Schau.* She doesn't like showing her feelings. **etw zur Schau tragen** show* sth, make* a show of sth ◊ *Er trug seine Enttäuschung offen zur Schau.* He openly showed his disappointment. ◊ *die auf dem Parteitag zur Schau getragene Eintracht* the show of harmony displayed at the party conference
Schauder shiver ◊ *Mir lief ein Schauder den Rücken hinunter.* A shiver ran down my spine. ◊ *Beim Anblick des Massengrabs überlief ihn ein Schauder.* He shuddered at the sight of the mass grave.
schauderhaft 1 (*Schauder erregend*) ghastly **2** (*schlecht*) dreadful (*Adv* dreadfully) ◊ *Es war schauderhaft kalt.* It was dreadfully cold. ◊ *Der Gesang hört sich schauderhaft an.* The singing sounds awful.
schaudern shudder ◊ *Es schauderte sie/Sie schauderten beim Gedanken an die Prüfung.* They shuddered at the thought of the exam. ◊ *Der Gedanke macht mich schaudern.* I shudder to think of it.

schauen 1 look ◊ *Schau mal, wer da ist.* Look who's there. ◊ *Er schaute sehr interessiert.* He looked very interested. ◊ *Schau, es ist nun mal so.* Look, that's how it is. **2** (**nach jdm/etw**) **~** (*suchen*) look (for sb/sth) ◊ *Er hat überall nach ihr geschaut.* He looked everywhere for her. **3 nach jdm/etw ~** (*überprüfen*) check sb/sth; (*sich kümmern*) look after sb/sth ◊ *Schau doch mal nach den Kartoffeln.* Can you check the potatoes? ◊ *Wer schaut nach dem Hund?* Who looks after the dog? **4 auf etw ~** (*achten*) care about sth, be hot on sth (*umgs*) ◊ *Der Verbraucher schaut nicht auf Umweltverträglichkeit.* Consumers don't care about the effect on the environment. ◊ *Er schaut sehr auf gute Manieren.* He's very hot on good manners. **5** (**darauf**) **~, dass …** see* that …, mind that … ◊ *Schau, dass du dir nicht zu viel vornimmst.* Mind that you don't take too much on. **6** (**darauf**) **~, ob …** see* if/whether … ◊ *Schau mal, ob du es einrichten kannst.* See if you can arrange it. ◊ *Schauen wir mal, ob es geht.* Let's see if it works. ☞ *Siehe auch* SEHEN **IDM Da schau her!/Schau, schau!** Well I never!; How about that! ◊ *Schau, schau! Trifft man dich auch mal wieder?* Well I never! Fancy meeting you! **da schaust du (aber)!** how about that! ☞ *Siehe auch* FINGER, GAUL *und* GLAS

Schauer 1 (*Regen*) shower ◊ *vereinzelte Schauer* scattered showers **2** (*Schauder*) shiver; (*stärker*) shudder ◊ *Ihm lief ein Schauer über den Rücken.* A shiver ran down his spine.
schauerlich 1 (*Geschichte*) spine-chilling; (*Tat, Verbrechen*) horrific **2** (*schrecklich*) terrible
Schaufel 1 shovel; (*für Mehl, Zucker etc.*) scoop; (*als Spielzeug*) spade; (*Kehrricht-*) dustpan; (*Bagger-*) bucket ◊ *mit der Schaufel den Schnee wegräumen* clear the snow with a shovel ◊ *Eimer und Schaufel* bucket and spade ◊ *Schaufel und Besen* dustpan and brush **2** (*Menge*) shovelful ◊ *ein paar Schaufeln Erde* a few shovelfuls of soil
schaufeln 1 shovel* ◊ *Sie schaufelte den Sand in den Eimer.* She shovelled the sand into the bucket. ◊ *Schnee schaufeln* clear the snow **2** (*graben*) dig* ◊ *Er schaufelte ein Loch.* He dug a hole. **IDM** ⇒ GRAB
Schaufenster shop window ◊ *Ich habe einen tollen Pulli im Schaufenster gesehen.* I've seen a lovely jumper in a shop window.
Schaufensterbummel window-shopping ◊ *einen Schaufensterbummel machen* go window-shopping
Schaukasten display case
Schaukel swing
schaukeln 1 (*auf einer Schaukel etc.*) swing*; (*spielen*) go*/play on the swings ◊ *Er schaukelte in der Hängematte.* He was swinging in the hammock. ◊ *Die Kinder schaukeln.* The children are playing on the swings. **2** (*auf einem Schaukelstuhl etc.*) rock; (*im Wind*) sway ◊ *Das Boot schaukelte sanft.* The boat rocked gently. ◊ *Auf der Überfahrt hat es ganz schön geschaukelt.* It was pretty rough on the crossing. **3 jdn/etw ~** rock sb/sth ◊ *Sie schaukelte das Kind in den Armen.* She rocked the child in her arms. **IDM wir werden das Kind/die Sache schon schaukeln** we'll manage somehow
Schaukel- Schaukelpferd rocking horse **Schaukelstuhl** rocking chair
Schaulustige(r) onlooker
Schaum foam; (*auf Bier*) froth; (*auf Flüssen, Suppe*) scum; (*Seifen-*) lather **IDM Schaum schlagen** be all talk ◊ *Sie schlagen doch nur Schaum.* They're all talk.
schäumen 1 foam, froth; (*Seife etc.*) lather ◊ *Das Bier schäumte aus dem Hahn.* The beer foamed out of the tap. ◊ *Das Shampoo schäumt zu stark.* The shampoo produces too much lather. **2** (*wütend sein*) fume ◊ *Er schäumte vor Wut.* He was fuming with rage.
Schaum- Schaumfestiger styling mousse **Schaumgummi** foam rubber
schaumig foamy, frothy; (*Seife etc.*) lathery ◊ *Das Eiweiß schaumig schlagen.* Beat the egg white until frothy. ◊ *Butter und Zucker schaumig schlagen.* Cream butter and sugar until fluffy.
Schaum- Schaumschläger(in) big mouth **Schaumstoff** foam **Schaumwein** sparkling wine
Schauplatz scene; (*für einen Film, eine Veranstaltung*) setting ◊ *Die Innenstadt wurde Schauplatz heftiger Aus-*

schreitungen. The city centre was the scene of violent disturbances. ◊ *Der Saal ist Schauplatz vieler Konzerte*. The hall is the setting for numerous concerts.

schaurig 1 (*Bericht, Geschichte*) gruesome; (*Lachen*) eerie **2** (*schlimm*) dreadful

Schauspiel 1 (*Theaterstück*) play **2** (*Anblick*) spectacle ◊ *ein unwürdiges Schauspiel* a shameful spectacle ◊ *Wir wollen den Leuten doch kein Schauspiel geben*. Let's not make a spectacle of ourselves. **3** (*Theater*) theatre, (*AmE*) theater

Schauspieler actor ☛ G 2.2d

Schauspielerin actress, actor ☛ G 2.2d ☛ *Hinweis bei* ACTRESS

schauspielerisch acting (*nur vor Nomen*) ◊ *schauspielerisches Talent* acting talent ◊ *Er zeigte eine gute schauspielerische Leistung*. He acted well. ◊ *Sie ist schauspielerisch begabt*. She has a talent for acting. ◊ *Er ist schauspielerisch interessiert*. He is interested in acting.

Scheck cheque, (*AmE*) check ◊ *einen Scheck über 10 000 Dollar ausstellen* write a cheque for 10 000 dollars ◊ *Kann ich mit Scheck bezahlen?* Can I pay by cheque?

scheckig (*Pferd*) dappled IDM **sich scheckig lachen** fall* about laughing ☛ *Siehe auch* HUND

Scheckkarte cheque guarantee card, (*AmE*) banker's card

Scheibe 1 disc, (*AmE*) disk **2** (*Fenster-*) window (pane) ◊ *Das Auto hatte getönte Scheiben*. The car had tinted windows. ◊ *eine Scheibe einschlagen* smash a window ◊ *Ein Ball flog durch die Scheibe*. A ball went through the window pane. **3** (*Brot- etc.*) slice ◊ *eine Scheibe Salami* a slice of salami **4** (*Schallplatte*) record **5** (*Töpfer-*) (potter's) wheel **6** (*Eishockey*) puck **7** (*Schieß-*) target IDM **sich von jdm eine Scheibe abschneiden können** take* a leaf out of sb's book **sich von etw eine Scheibe abschneiden** emulate sth

Scheibenwischer windscreen wiper, (*AmE*) windshield wiper

Scheich sheikh

Scheide 1 (ANAT) vagina **2** (*für ein Schwert etc.*) sheath

scheiden 1 dissolve (*Fachspr*) ◊ *Die Ehe wurde 1995 geschieden*. The marriage was dissolved in 1995. ◊ *Wie viele Ehen werden wieder geschieden?* How many marriages end in divorce? **2 sich ~ lassen** get* divorced ◊ *Ihre Eltern wollen sich scheiden lassen*. Her parents want to get divorced.

> **Get divorced** ist gebräuchlicher als **divorce**: *My parents got divorced when I was three*. Wenn aber nur ein Partner die Scheidung wünscht, oder wenn ein Grund für die Scheidung angegeben wird, sagt man **divorce**: *She divorced her first husband for mental cruelty*. ☛ *Siehe auch* GESCHIEDEN

3 aus etw ~ (*ausscheiden*) retire (from sth) ◊ *Sie scheidet in diesem Jahr aus dem Dienst*. She's retiring this year. ◊ *Er schied vorzeitig aus dem Rennen*. He retired early from the race. **4** (*von jdm/etw*) **~** (*sich trennen*) part (from sb/sth) ◊ *Sie sind im Streit voneinander geschieden*. They parted after a row. **5 etw von etw ~** (*trennen*) separate sth from sth ◊ *die Spreu vom Weizen scheiden* separate the wheat from the chaff IDM ⇒ GEIST² *und* TOD

Scheidung (*Ehe-*) divorce ◊ *Sie reichte die Scheidung ein*. She filed for divorce. ◊ *Seine Eltern leben in Scheidung*. His parents are divorced.

Scheidungsgrund grounds for divorce [Pl] **Scheidungsrate** divorce rate

Schein 1 (*Licht*) light; (*Glanz, Schimmer*) glow ◊ *im Schein einer Taschenlampe* by the light of a torch **2** (*Eindruck*) impression; (*äußerer Anschein*) appearance [meist Pl] ◊ *Sie wollten den Schein einer intakten Familie aufrecht erhalten*. They wanted to give the impression of being a happy family. ◊ *Der Schein trügt*. Appearances are deceptive. ◊ *den Schein wahren* keep up appearances ◊ *Die häusliche Idylle ist mehr Schein als Sein*. The domestic idyll is just an illusion. **3** (*Bescheinigung*) certificate; (*beim Studium*) cert; (*Erlaubnis*) permit **4** (*Geld-*) note, (*AmE*) bill IDM **etw zum Schein tun** pretend to do sth ◊ *Sie ging zum Schein auf den Vorschlag ein*. She pretended to go along with the proposal.

scheinbar apparent (*Adv* apparently) ◊ *ein scheinbarer Widerspruch* an apparent contradiction ◊ *scheinbar mühelos* apparently effortless ◊ *Er hat scheinbar keine Angst*. He doesn't seem to be afraid.

scheinen 1 (*leuchten*) shine* ◊ *Das Licht schien ihr in die Augen*. The light was shining in her eyes. **2** (*den Eindruck machen*) seem ◊ *Sie scheint sich zu langweilen*. She seems to be bored. ◊ *Es schien ihm, dass ...* It seemed to him that ... ◊ *Wie es scheint, hat er es vergessen*. It seems that he has forgotten.

scheinheilig 1 (*heuchlerisch*) hypocritical (*Adv* hypocritically) **2** (*unschuldig*) innocent (*Adv* innocently) ◊ *Tu nicht so scheinheilig!* Don't play the innocent!

Scheinheiligkeit hypocrisy

Scheinwerfer (*im Theater, Museum, Haus*) spotlight; (*Such-*) searchlight; (*Auto-*) headlight; (*im Stadion, zum Anstrahlen*) floodlight ◊ *grelle Scheinwerfer* glaring spotlights ◊ *Der Turm wird von Scheinwerfern angestrahlt*. The tower is floodlit.

Scheiß rubbish (*umgs*), shit (*vulg*) ◊ *Red keinen Scheiß!* Don't talk rubbish! ◊ *So ein Scheiß!* Oh shit! ◊ *Was soll der Scheiß?* What the hell do you think you're doing? ◊ *Mach keinen Scheiß!* Stop messing about!

Scheißdreck ◊ *Er kümmert sich einen Scheißdreck um sie*. He doesn't give a shit about her. ◊ *Das geht dich einen Scheißdreck an!* That's none of your sodding business!

Scheiße 1 (*Kot, Schimpfwort*) shit ◊ *So eine Scheiße!* Oh shit! **2** (*Blödsinn, Mist*) rubbish (*umgs*), shit (*vulg*) IDM **jdm steht die Scheiße bis zum Hals** sb is right in the shit ☛ *Siehe auch* BAUEN

scheißegal ◊ *Es ist ihm scheißegal, ob sie kommt*. He doesn't give a shit whether she comes or not. ◊ *Scheißegal!* Who cares?

scheißen 1 shit* (*vulg, Slang*), crap* (*vulg, Slang*) **2 auf jdn/etw ~** not give* a damn about sb/sth (*umgs*), not give* a shit about sb/sth (*vulg*) ◊ *Ich scheiße auf ihn!* I don't give a shit about him! ◊ *Auf ihre Hilfe scheiße ich!* Sod their help! IDM **Scheiß drauf!** To hell with it! (*umgs*), (*BrE auch*) Sod that! (*vulg*) **jdm was scheißen** ◊ *Der scheiße ich was!* She can go to hell! ☛ *Siehe auch* HOSE

scheiß- scheißfreundlich nice as pie **Scheißkerl** bastard

Scheitel 1 (*Linie*) parting, (*AmE*) part ◊ *Er trägt den Scheitel in der Mitte*. He has a centre parting. **2** (*Haare*) hair [U]; (*Kopf*) top of your head **3** (*höchster Punkt*) vertex* IDM **vom Scheitel bis zur Sohle** from top to toe; every inch ◊ *Er ist ein Gentleman vom Scheitel bis zur Sohle*. He is every inch a gentleman.

Scheiterhaufen pyre; (*zur Hinrichtung*) stake ◊ *jdn auf dem Scheiterhaufen verbrennen* burn sb at the stake

scheitern 1 fail; (*Ehe, Gespräche auch*) break* down ◊ *Er ist an der letzten Frage gescheitert*. He failed at the last question. ◊ *Sie sind bei dem Versuch gescheitert, den Rekord zu brechen*. They failed in their attempt to break the record. ◊ *Der Plan scheiterte an den hohen Kosten*. The plan failed because of the high costs. ◊ *Er scheiterte mit seinem Antrag*. His proposal was rejected. ◊ *Die Friedensverhandlungen sind gescheitert*. The peace talks have broken down. **2** (*verlieren*) lose* ◊ *Er scheiterte im Endspiel an Haas*. He lost in the final to Haas.

Scheitern failure; (*von Ehen, Verhandlungen*) breakdown ◊ *das Scheitern der Gespräche* the breakdown of the talks ◊ *Sie versuchten, unser Vorhaben zum Scheitern zu bringen*. They tried to thwart our plans. IDM **zum Scheitern verurteilt sein** be doomed to failure

Schelle (*Glocke*) bell; (*Türklingel*) doorbell

schellen 1 ring* ◊ *Er schellte bei uns an der Tür*. He rang our doorbell. ◊ *Das Telefon schellte*. The phone rang. **2 es hat geschellt** (*an der Tür*) that was the doorbell; (*in der Schule*) the bell has gone

Schellfisch haddock*

schelmisch mischievous (*Adv* mischievously)

Schelte 1 telling-off (*umgs*), (*AmE*) lecture **2** (*Kritik*) criticism

Schema 1 (*Zeichnung*) diagram **2** (*Muster*) pattern, format; (*System*) system ◊ *Die Zeremonie verläuft immer nach dem gleichen Schema*. The ceremony always follows the same format. ◊ *Die Rennen werden nach diesem Schema gewertet*. This is the system of judging the races. ◊ *aus dem Schema ausbrechen* break the mould IDM **nach Schema F** in the same old way

schematisch 1 schematic (*Adv* schematically) ◊ *eine*

Schemel

schematische Darstellung a schematic diagram **2** (*mechanisch*) mechanical; (*nicht kreativ*) unoriginal
Schemel 1 (*Hocker*) stool **2** (*Fußbank*) footstool
schemenhaft shadowy ◊ *schemenhafte Formen* shadowy shapes ◊ *Die Küste war nur schemenhaft zu erkennen.* You could barely make out the coast.
Schenkel 1 thigh ◊ *Er schlug sich auf die Schenkel.* He slapped his thighs. **2** (MATH) side ◊ *die Schenkel des Dreiecks* the sides of the triangle
schenken 1 (*Geschenke machen*) give* presents ◊ *Wir schenken nichts zu Weihnachten.* We don't give presents at Christmas. **2 jdm etw ~** give* sb sth (as a present), give* sth to sb (as a present) ◊ *Was hast du ihr zum Geburtstag geschenkt?* What did you give her for her birthday? ◊ *Sie bekam ein Kaninchen geschenkt.* She was given a rabbit (as a present). **3** (*Aufmerksamkeit, Kraft, Freiheit*) give*; (*Beachtung*) pay* ☛ *Siehe auch* GEHÖR *und* GLAUBE **4 jdm etw ~** (*erlassen*) let* sb off sth ◊ *Die letzte halbe Stunde des Trainings schenkte er ihnen.* He let them off the last half hour of training. **5 sich etw ~** give* sth a miss; (*überspringen*) skip* sth ◊ *Den Museumsbesuch schenken wir uns.* We can give the visit to the museum a miss. ◊ *Diese Aufgabe können wir uns schenken.* We can skip this exercise. ◊ *Deine dummen Sprüche kannst du dir schenken!* You can keep your stupid comments to yourself! ◊ *Die Einzelheiten kannst du dir schenken!* Spare us the details! IDM **das ist geschenkt** that's a bargain **sich nichts schenken 1** (*sich anstrengen*) make* a great effort; spare no pains (*gehoben*) ◊ *Sie schenkten sich nichts und arbeiteten die ganze Nacht.* They made a great effort and worked all through the night. **2** (*Gegner*) give* nothing away ◊ *Die beiden Mannschaften haben sich nichts geschenkt.* Neither team gave anything away. **jdm wird nichts geschenkt** sb does not have it easy ☛ *Siehe auch* GAUL
Schenkung (RECHT) gift
scheppern (*Geräusch*) clank; (*Bewegung*) clatter ◊ *Der Eimer schepperte auf den Boden.* The bucket clattered to the floor. IDM **es scheppert 1** (*Autounfall*) there's a crash ◊ *An der Ecke hat's gescheppert.* There's been a crash at the corner. **2** (*Streit*) there's a row ◊ *Zwischen den beiden scheppert es oft.* Those two often have rows.
Scherbe fragment; (*Glas-*) piece of broken glass; (*Ton-*) piece of broken pottery ◊ *Er hat sich an einer Scherbe geschnitten.* He cut himself on a piece of broken glass/pottery. ◊ *Die Vase fiel herunter und ging in Scherben.* The vase fell and shattered.
Schere 1 scissors [Pl] ◊ *eine scharfe Schere* (a pair of) sharp scissors ◊ *ein Bild mit der Schere ausschneiden* cut out a picture with scissors ☛ *Hinweis bei* BRILLE **2** (*Krebs, Hummer*) claw
scheren 1 (*Fell, Hund, Hecke*) clip*; (*Schaf*) shear*; (*Kopf*) shave* **2 sich um jdn/etw ~** care about sb/sth ◊ *Er schert sich nicht um die Vorschriften.* He doesn't care about the regulations. ◊ *Das schert mich wenig.* I couldn't care less. IDM ⇨ DRECK, KAMM *und* TEUFEL
Scherge henchman*
Scherz joke ◊ *Das hat er nur zum Scherz gesagt.* He only said it as a joke. ◊ *einen Scherz über jdn/etw machen* make a joke about sb/sth ◊ *Sie treibt ihre Scherze mit mir.* She is playing with me. ◊ *Das ist kein Scherz.* I'm not kidding. IDM ⇨ BEISEITE
scherzen joke ◊ *Darüber sollte man nicht scherzen.* You shouldn't joke about things like that. ◊ *Er scherzt gern.* He enjoys having a joke. IDM **mit jdm/etw ist nicht zu scherzen** sb/sth is not to be trifled with
scherzhaft 1 *Adj* humorous ◊ *scherzhafte Bemerkungen* humorous comments ◊ *eine scherzhafte Drohung* a threat that isn't meant seriously **2** *Adv* jokingly ◊ *Er wird scherzhaft „Dickerchen" genannt.* He is jokingly called 'Fatty'. ◊ *Das war scherzhaft gemeint.* I was only joking.
scheu 1 (*Tier*) timid (*Adv* timidly) **2** (*Mensch, Blick*) shy (*Adv* shyly)
Scheu (*Schüchternheit*) shyness; (*Angst*) fear; (*Hemmung*) inhibition; (*Ehrfurcht*) awe ◊ *Er legte seine Scheu nur zögernd ab.* He gradually overcame his shyness. ◊ *Das Pferd kam ohne Scheu auf uns zu.* The horse came towards us without any fear. ◊ *Sie kennt keine Scheu vor heiklen Themen.* She has no inhibitions about discussing delicate subjects. ◊ *Kinder haben keine Scheu vor Computern.* Children are not in awe of computers.

scheuchen 1 shoo* ◊ *den Vogel in den Käfig scheuchen* shoo the bird into the cage ◊ *Er scheuchte sie aus der Küche.* He shooed her out of the kitchen. **2** (*antreiben*) drive* ◊ *Der Trainer hat uns ganz schön gescheucht.* The trainer drove us really hard. ◊ *Sie scheuchte ihn an die Arbeit.* She made him get on with his work.
scheuen 1 (*Risiko*) shrink* from sth; (*Kosten, Mühe*) spare ◊ *Sie haben weder Kosten noch Mühen gescheut.* They spared neither expense nor effort. ◊ *Er braucht den Vergleich nicht zu scheuen.* He needn't be afraid of comparisons. **2** (*Pferd*) shy* ◊ *Das Pferd scheute (vor der Hecke).* The horse shied (at the hedge). **3 sich (davor) ~ etw zu tun** be afraid to do sth ◊ *Scheuen Sie sich nicht zu fragen.* Don't be afraid to ask. **4 sich vor etw ~** avoid sth ◊ *Sie scheute sich vor dem Weg durch den Park.* She avoided the path through the park. IDM ⇨ KIND
scheuern 1 (*putzen*) scour; (*mit einer Bürste*) scrub* **2** (*reiben*) chafe; (*Schuhe*) rub* ◊ *Die Wanderschuhe haben mir die Füße wund gescheuert.* These walking boots have rubbed my feet raw. **3 sich etw (an etw) ~; etw (an etw) ~** rub* sth (on sth) ◊ *Das Schaf scheuerte seine Flanke am Zaun.* The sheep rubbed its flank on the fence. ◊ *ihre wund gescheuerten Knie* her sore knees IDM **jdm eine scheuern** give* sb a clout (round the ears)
Scheuklappen blinkers [Pl], (*AmE*) blinders [Pl]
Scheune barn
scheußlich (*Anblick, Verbrechen, Lärm, Wetter*) terrible (*Adv* terribly); (*Geruch*) awful; (*Geschmack auch*) horrible; (*Ort, Lärm, Strafe*) dreadful ◊ *Das schmeckt scheußlich!* This tastes horrible!
Schicht 1 layer; (*Öl-*) film ◊ *eine dünne Schicht Erde* a thin layer of earth **2** (*Bevölkerungs-*) section; (*Klasse*) class ◊ *breite Schichten der Bevölkerung* broad sections of the population ◊ *die untere/obere Schicht* the lower/upper class ◊ *Menschen aus allen Schichten* people from all walks of life **3** (NATURW) stratum* **4** (*Arbeit*) shift ◊ *Mein Vater arbeitet Schicht.* My father works shifts.
Schichtarbeit shift work **Schichtarbeiter(in)** shift worker **Schichtdienst** shift work ◊ *Sie arbeitet im Schichtdienst.* She works shifts.
schichten layer; (*stapeln*) stack ◊ *Nudeln und Fleisch in die Auflaufform schichten.* Layer the pasta in the baking dish with the meat.
schick smart (*Adv* smartly); (*modisch*) fashionable (*Adv* fashionably) ◊ *Du siehst aber schick aus!* You're looking very smart! ◊ *schick angezogen* smartly dressed
schicken 1 send* ◊ *jdm einen Brief/Blumen schicken* send sb a letter/flowers ◊ *Seine Eltern haben ihn ins Internat geschickt.* His parents sent him to boarding school. ◊ *Mutter hat uns einkaufen geschickt.* Mother sent us shopping. **2 nach jdm/etw ~** send* for sb/sth **3 sich in etw ~** resign yourself to sth ◊ *Sie schickte sich in ihr Los.* She resigned herself to her fate. **4 etw schickt sich nicht** sth is not done IDM ⇨ APRIL
Schickeria smart set
Schickimicki trendy
Schicksal fate; (*Bestimmung auch*) destiny* ◊ *Sie ist vom Schicksal geschlagen.* Fate has been unkind to her. ◊ *Welches Schicksal erwartet die Flüchtlinge?* What fate awaits the refugees? ◊ *Er hat sich in sein Schicksal ergeben.* He has resigned himself to his fate. ◊ *Er war ihr Schicksal.* He was her destiny. ◊ *Die nackten Zahlen stehen für menschliche Schicksale.* Behind the bald figures are human lives. IDM ⇨ HERAUSFORDERN, IRONIE *und* WINK
schicksalhaft 1 *Adj* fateful ◊ *eine schicksalhafte Begegnung* a fateful meeting **2** *Adv* by fate ◊ *Sie sind schicksalhaft miteinander verbunden.* They are bound together by fate.
Schicksalsschlag stroke of fate
Schiebedach sunroof
schieben 1 push ◊ *Sie musste das Fahrrad schieben.* She had to push her bicycle. ◊ *jdn beiseite schieben* push sb aside ☛ *Siehe auch* WACHE **2** (*in den Backofen, in den Mund, in die Taschen*) put* ◊ *das Brot in den Backofen schieben* put the bread in the oven ◊ *Sie schob ihm eine Praline in den Mund.* She put a chocolate in his mouth. **3 sich ~** move; **sich durch etw ~** push your way through sth ◊ *Wir schoben uns langsam durch die Menge.* We pushed our way slowly through the crowd. **4 etw auf jdn/etw ~** blame sth on sb/sth ◊ *Er versuchte, alles auf seinen Bruder zu schie-*

ben. He tried to blame his brother for everything. **5** (*illegal handeln*) deal* on the black market; (**mit**) **etw ~** traffic* in sth ◊ *mit Waffen schieben* traffic in arms IDM **etw vor sich her schieben** put* sth off ◊ *Sie schiebt den Besuch schon viel zu lange vor sich her.* She has been putting off the visit for too long already. **etw (weit) von sich schieben** (totally) reject sth ◊ *Er schob den Vorwurf weit von sich.* He totally rejected the accusation. ☛ *Siehe auch* BANK[1], KUGEL, SCHUH *und* VORDERGRUND

Schieber trafficker
Schiebetür sliding door
Schiebung fix (*umgs*); (SPORT) match-fixing [U] ◊ *Das war doch eindeutig Schiebung.* It was clearly a fix.
Schiedsgericht 1 (RECHT) tribunal ☛ G 1.3b **2** (SPORT) panel of judges
Schiedsrichter(in) (*Fußball, Volleyball, Boxen, Eishockey, Hockey*) referee; (*Tennis, Kricket*) umpire
schief 1 (*krumm*) crooked (*Adv* crookedly) ◊ *schiefe Zähne* crooked teeth ◊ *Du sitzt ja ganz schief.* You're not sitting up straight. ◊ *Das Bild hängt schief.* The picture isn't straight. **2** (*geneigt*) inclined (*Fachspr*) ◊ *eine schiefe Ebene* an inclined plane **3** (*verzerrt*) distorted (*Adv* distortedly); (*Vergleich*) false ◊ *ein ganz schiefes Bild von England* a thoroughly distorted impression of England ◊ *Das ist in dem Artikel ganz schief dargestellt.* That has been completely distorted in the article. **4 ~ gehen;~ laufen** go* wrong ◊ *Heute geht aber auch alles schief!* Everything is going wrong today! **5 ~ liegen** be wrong IDM ⇨ ANSEHEN, BAHN *und* WICKELN
Schiefer slate
Schieferdach slate roof **Schiefertafel** slate
schielen 1 have a squint ◊ *Sie schielt stark/leicht.* She has a pronounced/slight squint. ◊ *Er schielt auf dem rechten Auge.* He has a squint in his right eye. **2** (*schauen*) peep ◊ *durchs Schlüsselloch schielen* peep through the keyhole **3 nach jdm/etw ~; auf jdn/etw ~** (*begehrlich*) have your eye on sb/sth (*auch fig*) ◊ *Er schielt schon die ganze Zeit nach dir.* He's had his eye on you all the time. ◊ *Sie schielt nach seinem Job.* She's got her eye on his job.
Schienbein shin(bone) ◊ *jdm vor/gegen das Schienbein treten* kick sb on the shin
Schiene 1 (*Bahn*) rail ◊ *den Güterverkehr von der Straße auf die Schiene verlagern* switch freight from road to rail **2** (*Gleis*) rail, track ◊ *neue Schienen verlegen* lay new tracks ◊ *Der Zug ist aus den Schienen gesprungen.* The train was derailed. ☛ *Ist nur eines der beiden Stahlteile eines Gleises gemeint, spricht man von* **rail**; *meint man aber beide Stahlteile, spricht man von* **rails** *oder* **track(s)**. **3** (*Schublade*) runner; (*Gardinen*) track; (*Ofen*) shelf*; (*Teppich-*) gripper strip **4** (MED) splint **5** (*Mittel*) means*; (*Richtung*) line ◊ *Kann man auf der politischen Schiene noch etwas bewegen?* Can anything still be achieved by political means? ◊ *Sie setzten auf die umweltfreundliche Schiene.* They were taking an ecological line.
schienen put* *sth* in a splint/splints
Schienen- Schienennetz rail network **Schienenverkehr** rail traffic
schier 1 (*fast*) almost, virtually ◊ *Die Schule platzt schier aus den Nähten.* The school is almost bursting at the seams. ◊ *Es war schier unmöglich.* It was virtually impossible. **2** (*pur*) sheer (*nur vor Nomen*) ◊ *die schiere Größe des Doms* the sheer size of the cathedral
Schieß- Schießbefehl order to fire **Schießbude** shooting gallery*
schießen 1 shoot*; **auf jdn/etw ~** fire at sb/sth, shoot* at sb/sth; **mit etw ~** fire sth ◊ *Nicht schießen!* Don't shoot! ◊ *Er hat drei Hasen geschossen.* He shot three hares. ◊ *Sie schossen auf Passanten.* They shot at passers-by. ◊ *Er hat mit einem Luftgewehr auf sie geschossen.* He fired an air gun at them. ◊ *Er hat in die Luft geschossen.* He fired shots in the air. **2** (*Ball*) put* ◊ *Sie schoss den Ball ins Tor/Aus/über das Netz.* She put the ball into the goal/out/over the net. **3** (*Rakete, Satelliten*) put*, launch **4** (SPORT) shoot*; (*ein Tor machen*) score ◊ *Nun schieß doch endlich!* Go on, shoot! ◊ *aufs Tor schießen* have a shot at goal ◊ *England scored three goals.* **5** (*Foto*) take* **6** (*schnellen*) shoot*, flash ◊ *Der Wagen kam um die Ecke geschossen.* The car shot round the corner. ◊ *Eine Idee schoss ihm durch den Kopf.* An idea flashed through his mind. IDM ⇨ BOCK[1], EIGENTOR, KRAUT, KUGEL *und* PISTOLE

Schießerei shoot-out ◊ *Er wurde bei einer Schießerei verletzt.* He was injured in a shoot-out.
Schieß- Schießplatz shooting range; (MIL) firing range **Schießsport** shooting **Schießstand** shooting range
Schiff 1 ship ◊ *mit dem Schiff fahren* go* by ship **2** (ARCHIT) (*Mittel-*) nave; (*Seiten-*) aisle; (*Quer-*) transept
schiffbar navigable
Schiff- Schiffbau shipbuilding ◊ *Der Schiffbau ist die wichtigste Industrie hier.* Shipbuilding is the most important industry here. **Schiffbruch** shipwreck; **~ erleiden** be shipwrecked; (*fig*) fail ◊ *Die Segler erlitten Schiffbruch.* The sailors were shipwrecked. ◊ *Mit seinem Vorschlag wird er Schiffbruch erleiden.* His proposal is likely to fail. **Schiffbrüchige(r)** survivor (of a shipwreck) ◊ *Die Schiffbrüchigen wurden gerettet.* The survivors were rescued from the stricken ship. **Schifffahrt 1** (*Verkehr*) shipping [U] ◊ *die Schifffahrt auf dem Rhein* shipping on the Rhine ◊ *Der Fluss ist für die Schifffahrt gesperrt.* The river is closed to shipping. **2** (*Reise*) boat trip ◊ *eine Schifffahrt auf dem Rhein machen* take a boat trip on the Rhine
Schikane 1 harassment; (*von Schülern/Kollegen*) bullying ◊ *Ständig diese Kontrollen – das ist doch reine Schikane!* All these checks – it's harassment! ◊ *Er litt unter den ständigen Schikanen seines Vorgesetzten.* He was constantly bullied by his boss. **2** (*Motorsport*) chicane IDM **mit allen Schikanen** with all the trimmings; (*Haus etc.*) with all mod cons ◊ *ein Segelboot mit allen Schikanen* a yacht with all the trimmings
schikanieren harass, bully* ◊ *Sie hat uns mit ihren kleinlichen Vorschriften schikaniert.* She was constantly harassing us with her petty rules and regulations. ◊ *Er schikaniert seine Mitschüler.* He bullies the other children at school.
Schild[1] *das* **1** sign; (*Tafel*) plaque; (*Nummern-, Namen-*) plate ◊ *Auf dem Schild steht „Rauchen verboten".* It says 'No smoking' on the sign. **2** (*Etikett, Anhänger*) label ◊ *Der Preis steht auf dem Schild.* The price is on the label.
Schild[2] *der* **1** (*Schutz-*) shield **2** (*Mützen-*) peak, (*AmE*) bill, visor IDM **etw (gegen jdn) im Schilde führen** plot* sth (against sb) **jdn auf den Schild heben** put* sb forward; (*zum Anführer machen*) make* sb your leader
Schildbürgerstreich stupid trick ◊ *Da haben sie sich aber einen richtigen Schildbürgerstreich geleistet!* That was a really stupid trick of theirs!
Schilddrüse thyroid gland
schildern (*beschreiben*) describe; (*darstellen*) depict, portray ◊ *Er schilderte uns seine Lage.* He described his situation to us. ◊ *Der Film schildert das Leben der 60er Jahre.* The film depicts life in the sixties.
Schilderung (*Beschreibung*) description; (*eines Vorgangs*) account
Schildkröte (*Land-*) tortoise; (*Wasser-*) turtle
Schilf reeds [Pl] ◊ *Vögel, die im Schilf nisten* birds that nest in the reeds ◊ *ein mit Schilf gedecktes Dach* a thatched roof
schillern shimmer
schillernd 1 (*glänzend*) shimmering, iridescent (*gehoben*) ◊ *ein bunt schillernder Käfer* a bright shimmering beetle **2** (*auffallend*) glittering ◊ *ein schillernder Rockstar* a glittering rock star **3** (*undurchschaubar*) elusive ◊ *eine schillernde Figur* an elusive character ◊ *ein schillernder Begriff* an elusive concept
Schilling shilling
Schimmel 1 (*Pferd*) white horse, grey **2** (*Pilz*) mould, (*AmE*) mold **3** (*Mehltau*) mildew
schimmelig mouldy, (*AmE*) moldy
Schimmelkäse blue cheese
schimmeln go* mouldy, (*AmE*) go* moldy
Schimmer 1 shimmer; (*Kerzen-*) glow; (*Gold*) gleam; (*Seide*) sheen ◊ *der Schimmer des Mondlichts auf dem Wasser* the shimmer of moonlight on the water **2** (*Hauch*) glimmer ◊ *ein Schimmer Hoffnung* a glimmer of hope IDM ⇨ BLASS
schimmern (*Wasser, Mondlicht, Seide*) shimmer; (*Sterne*) twinkle; (*Kerzen*) glow; (*Metall*) gleam
schimmlig ⇨ SCHIMMELIG
Schimpanse chimpanzee
schimpfen 1 (auf/über jdn/etw) ~ (*meckern*) grumble (about sb/sth) ◊ *Er schimpfte vor sich hin.* He grumbled to

Schimpfwort

himself. ◊ *Sie schimpfte auf die schlechte Organisation.* She grumbled about the poor organization. **2** (**mit jdm**) **~** (*zurechtweisen*) get* mad (with sb), (*BrE auch*) tell* sb off ◊ *Hat dein Vater sehr geschimpft?* Did your dad get really mad? ◊ *Sie schimpft immer mit den Kindern.* She's always telling the children off. **3 sich etw ~** call yourself sth ◊ *Und so etwas schimpft sich nun Fachmann!* And he calls himself an expert!

Schimpfwort swear word
Schindel shingle
schinden 1 (*quälen*) ill-treat; (*beschädigen*) ravage ◊ *Die Pferde wurden zu Tode geschunden.* The horses were worked to death. ◊ *eine vom Krieg geschundene Stadt* a town ravaged by war **2 sich ~** slave away IDM ⇒ EINDRUCK, MITLEID *und* ZEIT
Schinderei hard work [U], slog (*umgs*) ◊ *Die Schinderei hat sich ausgezahlt.* All the hard work paid off.
Schindluder IDM **mit jdm Schindluder treiben** abuse sb; (*betrügen*) deceive sb **mit etw Schindluder treiben 1** (*vergeuden*) squander sth; (*entwenden*) misappropriate sth ◊ *Die Regierung trieb Schindluder mit den Nahrungsmittellieferungen.* The government was misappropriating food consignments. **2** (*Ängste, Sorgen*) play on sth; (*Gesundheit*) abuse sth
Schinken ham
Schippe shovel; (*Spielzeug*) spade; (*Müll-*) dustpan IDM **jdn auf die Schippe nehmen** pull sb's leg ◊ *Du willst mich wohl auf die Schippe nehmen!* Are you pulling my leg?
schippen shovel* ◊ *die Kohlen in den Keller schippen* shovel the coal into the cellar ◊ *Schnee schippen* clear the snow away
Schirm 1 umbrella; (*Sonnen-*) parasol ◊ *einen Schirm aufspannen/zumachen* put an umbrella up/down **2** (*Lampen-*) (lamp)shade ◊ *eine Lampe mit einem beigen Schirm* a lamp with a beige shade **3** (*Mützen-*) peak, (*AmE*) bill, visor **4** (*Bild-*) screen ◊ *Die Bilder flackerten über den Schirm.* The pictures flickered over the screen. **5** (*Fall-*) parachute
Schirmherr(in) patron **Schirmherrschaft** patronage; (*einer Organisation*) auspices [Pl] ◊ *unter der Schirmherrschaft des Bürgermeisters* under the patronage of the mayor ◊ *Die Hilfsaktion steht unter der Schirmherrschaft der UNO.* The relief action is being carried out under the auspices of the UN. ◊ *die Schirmherrschaft über eine Veranstaltung übernehmen* become the patron of an event
Schiss ~ kriegen/haben get*/be scared ◊ *Er hatte Schiss vor der Klassenarbeit.* He was dead scared about the test.
schizophren 1 (MED) schizophrenic **2** (*absurd*) absurd ◊ *eine schizophrene Situation* an absurd situation
Schizophrenie 1 (MED) schizophrenia ◊ *an Schizophrenie leiden* suffer from schizophrenia **2** (*Absurdität*) absurdity
Schlacht battle ◊ *die Schlacht von Verdun* the Battle of Verdun ◊ *die Schlacht um den Vertrag* the battle for the contract ◊ *Die Demonstranten lieferten sich Schlachten mit der Polizei.* The demonstrators fought with the police.
schlachten slaughter
Schlachtenbummler away fan
Schlachter(in), **Schlächter(in) 1** butcher **2** (*am Schlachthof*) slaughterer ☞ G 2.2d ☞ *Hinweis bei* BAKER
Schlacht- Schlachtfeld battlefield **Schlachthof** slaughterhouse, abattoir, (*BrE*) **Schlachtruf** battle cry* **Schlachtschiff** battleship
Schlacke 1 (*Kohle, Koks*) clinker [U]; (*kleiner*) cinders [Pl] **2** (*Hochofen-*) slag [U]
Schlaf sleep [U] ◊ *Der Wecker riss ihn aus dem Schlaf.* The alarm woke him from his sleep. ◊ *im Schlaf sprechen* talk in your sleep ◊ *einen leichten/festen Schlaf haben* be a light/sound sleeper ◊ *Halb im Schlaf ging sie ans Telefon.* Half asleep, she went to the phone. IDM **etw im Schlaf können** be able to do sth in your sleep ◊ *Sie kann das Gedicht schon im Schlaf aufsagen.* She can already recite that poem in her sleep.
Schlafanzug pyjamas [Pl] ☞ *Hinweis bei* BRILLE
Schläfe temple ◊ *Er bekommt langsam graue Schläfen.* He's greying at the temples.
schlafen 1 sleep*, be asleep ◊ *Hast du gut geschlafen?* Did you sleep well? ◊ *Er schläft immer noch.* He is still asleep. ◊ *Bei dem Tor hat die Abwehr geschlafen.* The defence must

have been asleep to let that goal through. ◊ *Ich gehe jetzt schlafen.* I am going to bed now. ◊ *Sie legte sich schlafen.* She went to bed. ◊ *Er legte das Baby schlafen.* He put the baby to bed. ◊ *Morgen können wir lange schlafen.* We can have a lie-in tomorrow. ☞ „Schlafen" übersetzt man mit **be asleep**, wenn man den Gegensatz zwischen schlafen und wach sein betonen möchte, besonders wenn jemand schläft, während etwas anderes passiert: *Chris was asleep when the phone rang.* **2** (*übernachten*) stay ◊ *Karin schläft heute Nacht bei ihrer Freundin.* Karin's staying at her friend's tonight. **3 mit jdm ~** sleep* with sb IDM ⇒ HUND *und* MURMELTIER
schlaff 1 limp (*Adv* limply); (*locker*) loose (*Adv* loosely); (*nicht gespannt*) slack ◊ *ein schlaffer Händedruck* a limp handshake ◊ *Seine Arme hingen schlaff herunter.* His arms hung limply by his sides. ◊ *Das Seil ist zu schlaff.* The rope is too slack. **2** (*Bauch, Muskeln*) flabby*; (*Brüste*) sagging **3** (*schwach*) lethargic (*Adv* lethargically) ◊ *Nach der Grippe fühlte ich mich furchtbar schlaff.* I felt terribly lethargic after the flu. ◊ *Er saß schlaff im Sessel.* He sat slumped in the armchair. **4** (*träge, temperamentlos*) wet; (*langweilig*) boring ◊ *ein schlaffer Typ* a wimp ◊ *Sei nicht so schlaff!* Pull yourself together!
schlaflos sleepless (*Adv* sleeplessly) ◊ *eine schlaflose Nacht* a sleepless night ◊ *Ich habe die ganze Nacht schlaflos im Bett gelegen.* All night I lay awake in bed.
Schlaflosigkeit insomnia
schläfrig sleepy* (*Adv* sleepily); (*Mensch auch*) drowsy* (*Adv* drowsily); (*Bewegungen, Stimme*) tired
Schlaf- Schlafsack sleeping bag **Schlaftablette** sleeping pill **Schlafwagen** sleeper **schlafwandeln** sleepwalk, walk in your sleep **Schlafzimmer** bedroom
Schlag 1 blow; (*Faust-*) punch ◊ *ein harter/leichter Schlag* a hard/soft blow ◊ *ein Schlag auf den Kopf* a blow to the head ◊ *Sie hat ihm einen Schlag in den Magen versetzt.* She punched him in the stomach. ◊ *Er hat sich mit einem Schlag auf die Schulter bei mir entschuldigt.* He slapped my shoulder by way of apology. **2** (*Knall*) bang; (*Aufprall*) thud ◊ *ein dumpfer Schlag* a dull thud **3 Schläge** beating [Sing] ◊ *Er hat von seinem Vater Schläge bekommen.* His father gave him a beating. ◊ *Er hat als Kind nie Schläge bekommen.* He was never beaten as a child. **4** (*Militär-*) strike **5** (*elektrisch*) electric shock ◊ *Sie hat an der Steckdose einen Schlag bekommen.* She got an electric shock from the socket. **6** (*Blitz-*) bolt; (*Donner-*) clap **7** (*Schicksals-, Niederlage*) blow ◊ *Der Polizei ist ein Schlag gegen die Mafia gelungen.* The police have dealt a blow to the mafia. **8** (*Klang*) sounding; (*einer Glocke*) ringing, clanging; (*einer Uhr*) striking; (*einer Trommel*) beat(ing) ◊ *Schlag neun Uhr* on the stroke of 9 o'clock **9** (*rhythmische Bewegung, Herz-, Puls- etc.*) beat; (*Ruder-*) stroke; (*Pendel-*) swing **10** (*Tennis, Golf*) stroke **11** (*Schlaganfall*) stroke ◊ *einen Schlag bekommen* have a stroke **12** (*Menschen-*) type ◊ *Sie sind ein ganz anderer Schlag als die Bayern.* They are quite a different type from the Bavarians. ◊ *ein Offizier vom alten Schlag* an officer of the old school **13** (*Portion*) helping ◊ *ein Schlag Suppe* a helping of soup **14** (*Schlagsahne*) whipped cream IDM **auf einen Schlag** at one go; at once **ein Schlag ins Wasser** a failure; (*Veranstaltung auch*) a washout **einen Schlag haben** be out of your mind ◊ *Du hast wohl einen Schlag!* You must be out of your mind! **keinen Schlag tun** not do* a stroke (of work) ◊ *Er hat keinen Schlag getan und die Prüfung trotzdem bestanden.* He didn't do a stroke and still he passed the exam. **mit einem Schlag** all of a sudden ◊ *Mit einem Schlag war ihm alles klar.* All of a sudden it all became clear to him. **Schlag auf Schlag** in quick succession ◊ *Die Fragen kamen Schlag auf Schlag.* The questions came in quick succession. ◊ *Es ging alles Schlag auf Schlag.* Everything happened very quickly. **jdn trifft der Schlag** ◊ *Sie wollen heiraten – mich trifft der Schlag!* They're getting married – I don't believe it! ◊ *Meinen Vater trifft der Schlag, wenn er das hört.* My Dad will have a heart attack if he gets to hear that. **wie vom Schlag getroffen sein** be (as if) thunderstruck ☞ *Siehe auch* GÜRTELLINIE
Schlaganfall stroke ◊ *einen Schlaganfall bekommen* have a stroke
schlagartig sudden (*Adv* suddenly); (*Änderung, Ende auch*) abrupt (*Adv* abruptly) ◊ *Nach einer Tasse Kaffee ging es ihm schlagartig besser.* After a cup of coffee he suddenly felt much better.

schlagen
- **Gewalt ausüben 1** hit*; (*brutaler*) beat*; (*mit der Faust*) punch ◊ *jdm auf die Hand schlagen* hit sb on the hand ◊ *jdm die Zeitung auf den Kopf schlagen* hit sb over the head with a newspaper ◊ *Er schlug mit der Faust gegen die Tür.* He beat his fist against the door. ◊ *Der Dieb schlug der Frau die Faust ins Gesicht.* The thief punched the woman in the face. ◊ *jdn zu Boden schlagen* knock sb down ◊ *jdn k.o. schlagen* knock sb out ◊ *Er schlug mir auf die Schulter.* He slapped me on the shoulder. ◊ *Sie schlug mit der Faust auf den Tisch.* She banged the table with her fist ◊ *mit dem Kopf gegen die Wand schlagen* bang your head against the wall **2 sich ~** (*sich prügeln*) fight* ◊ *Sie haben sich mit den Nachbarskindern geschlagen.* They fought the children from next door. ◊ *Die Kinder schlugen sich um den Ball.* The children fought over the ball. ◊ *Sie haben sich um die Konzertkarten geschlagen.* They fought to get the concert tickets. ◊ *Ich schlage mich nicht um diese Arbeit.* I'm not too keen on this work.
- **brechen, schneiden 3** (*brechen*) break*; (*zerstören*) smash ◊ *Sie hat zwei Eier in die Pfanne geschlagen.* She broke two eggs into the pan. ◊ *Er hat alles in Stücke geschlagen.* He smashed everything to pieces. **4** (*schneiden*) cut* ◊ *Löcher ins Eis schlagen* cut holes in the ice ◊ *Stufen in die Felsen schlagen* cut steps in the rock ◊ *Sie hat ihm ein Loch in den Kopf geschlagen.* She cut his head open. **5** (*Baum*) fell; (*Holz*) cut*
- **treiben, rühren 6** knock; (*mit einem Schläger*) hit* ◊ *einen Nagel in die Wand schlagen* knock a nail into the wall ◊ *den Ball ins Netz schlagen* knock the ball into the net ◊ *Sie hat mir die Tasse aus der Hand geschlagen.* She knocked the cup out of my hand. **7** (*kräftig rühren*) beat*; (*mit einem Schneebesen*) whisk; (*Sahne*) whip* ◊ *Das Eiweiß steif schlagen.* Whisk the egg white until stiff. ◊ *Butter und Zucker schaumig schlagen.* Cream the butter and sugar.
- **bewegen 8 sich ~** (*gehen*) slip*; (*in eine bestimmte Richtung*) turn ◊ *Er schlug sich in eine dunkle Gasse.* He slipped into a dark alley. ◊ *Sie schlugen sich nach links.* They turned left. **9** (*hervordringen*) come* ◊ *Aus dem Fenster schlugen Flammen.* There were flames coming out of the window. **10** *ein Bein über das andere schlagen/die Beine übereinander schlagen* cross your legs **11** ◊ *Der Vogel schlug mit den Flügeln.* The bird flapped its wings.
- **befestigen, einhüllen 12** (*befestigen*) put* sth up, fix; (*mit Nägeln*) nail; (*mit Heftzwecken*) pin* ◊ *Sie schlug den Zettel ans schwarze Brett.* She put the notice up on the board. **13** (*einhüllen*) wrap* ◊ *den Fisch in Zeitungspapier schlagen* wrap the fish in newspaper
- **Geräusch machen 14** (*Herz, Puls*) beat*; (*Glocke*) ring*; (*Uhr*) strike*; (*Tür, Fenster*) bang ◊ *Die Uhr schlägt zwölf.* The clock strikes twelve. **15** (*Trommel, Pauke*) beat*, bang (*umgs*) ◊ *die Trommel schlagen* beat the drum ◊ *den Takt schlagen* beat time
- **besiegen 16** beat* ◊ *England schlug Deutschland 2 : 0.* England beat Germany 2-0. ◊ *jdn um ein paar Sekunden schlagen* beat sb by a few seconds
- **andere Ausdrücke 17 gegen etw ~** beat* against sth; (*Regen, Wellen auch*) pound against sth ◊ *Die Wellen schlugen gegen das Schiff.* The waves pounded against the side of the ship. **18** *etw zu/auf etw ~* add sth (on) to sth ◊ *Die Liefergebühren werden auf den Preis geschlagen.* The delivery charges are added onto the price. **19 nach jdm ~** take* after sb ◊ *Sie schlägt nach ihrer Großmutter.* She takes after her grandmother. **20 sich auf etw ~** affect sth ◊ *Die Grippe hat sich ihr auf die Nieren geschlagen.* The flu has affected her kidneys.
- IDM *sich geschlagen geben* admit* defeat **jdn zu Brei/Matsch schlagen** beat* sb to a pulp **um sich schlagen** lash out ☛ Für andere Redewendungen mit **schlagen** siehe die Einträge für die entsprechenden Nomina etc. *Krach schlagen* z.B. steht unter **Krach**.

schlagend (*Argument, Beispiel, Beweis*) convincing (*Adv* convincingly)

Schlager 1 (*Lied*) pop song; (*Hit*) hit **2** (*erfolgreiches Produkt*) hit; (*Ware*) best-seller

Schläger (*Tennis, Federball, Squash*) racket; (*Tischtennis, Kricket*) bat; (*Hockey, Eishockey*) stick; (*Golf*) club

Schläger(in) thug, bruiser (*umgs*)

Schlägerei fight, punch-up (*umgs*)

schlag- schlagfertig (*Mensch*) quick-witted; (*Antwort*) witty* ◊ *schlagfertig antworten* come back with a witty riposte **Schlagfertigkeit** quickness of wit **Schlaginstrument** percussion instrument **schlagkräftig** powerful **Schlagloch** pothole **Schlagsahne, Schlagobers** whipping cream; (*geschlagen*) whipped cream **Schlagstock** cudgel; (*von Polizisten*) truncheon **Schlagwort 1** slogan, catchphrase ◊ *das Schlagwort vom „positiven Denken"* the slogan 'Positive Thinking' **2** (*Klischee*) cliché (*abwert*) **3** (*Kategorie*) subject ◊ *ein nach Schlagwörtern geordneter Katalog* a catalogue arranged by subject **Schlagzeile** headline ◊ *Schlagzeilen machen* make* headlines **Schlagzeug** drums [Pl]; (*im Orchester*) percussion ◊ *Sie spielt Schlagzeug in einer Band.* She plays drums in a band. **Schlagzeuger(in)** drummer; (*im Orchester*) percussionist ◊ *Er spielt als Schlagzeuger in einer Jazzband.* He plays drums in a jazz band. ☛ G 2.2d

schlaksig (*groß und dünn*) lanky; (*ungeschickt*) gangling

Schlamassel mess ◊ *Da haben wir den Schlamassel!* Now we're in a right mess!

Schlamm mud

schlammig muddy

Schlampe slut (*abwert*)

Schlamperei sloppiness, carelessness; (*Fehler*) careless mistake

schlampig, schlampert 1 (*ungepflegt*) scruffy* (*Adv* scruffily); (*unordentlich*) untidy* (*Adv* untidily) ◊ *schlampig angezogen* scruffily dressed **2** (*nachlässig*) sloppy* (*Adv* sloppily), careless (*Adv* carelessly) ◊ *schlampiges Deutsch* sloppy German ◊ *Der Aufsatz war schlampig geschrieben.* The essay was carelessly written.

Schlange 1 (ZOOL) snake **2** (*Menschen-*) queue, (*AmE*) line ◊ *An den Grenzübergängen bildeten sich kilometerlange Schlangen.* Mile-long queues built up at the border crossings. ☛ Im britischen English heißt die Autoschlange auch **tailback**. **3** ◊ *Sie ist eine falsche Schlange.* She's so two-faced. IDM **Schlange stehen** queue, (*AmE*) stand* in line

schlängeln 1 sich ~ (*Bach, Weg*) wind* its way; (*Schlange*) wriggle ◊ *eine geschlängelte Linie* a wavy line **2 sich durch etw ~** (*Mensch*) weave your way through sth ◊ *Wir schlängelten uns durch die Menschenmenge.* We weaved our way through the crowd.

schlank 1 (*Mensch, Körperteil*) slim ◊ *eine schlanke Figur* a slim figure ◊ *Er ist sehr schlank geworden.* He has lost a lot of weight. ☛ *Hinweis bei* DÜNN **2** (WIRTSCH) lean ◊ *schlanke Produktion* lean production ◊ *das Unternehmen schlanker machen* slim down the company IDM ⇨ LINIE

Schlankheit slimness

Schlankheitskur diet ◊ *eine Schlankheitskur machen* go on a diet

schlapp 1 (*erschöpft*) worn out, tired out; (*kraftlos, energielos*) listless (*Adv* listlessly) **2** (*langweilig, schwunglos*) pathetic (*umgs*) ◊ *ein schlapper Typ* a wimp **3** (*schlaff hängend*) limp (*Adv* limply) ◊ *Die Fahne hing schlapp vor der Botschaft.* The flag hung limply in front of the embassy. **4** (*Geschäft, Nachfrage*) slack; (*Währung, Konjunktur, Regierung*) weak

Schlappe setback ◊ *eine Schlappe erleiden* suffer a setback

schlappmachen 1 (*müde werden*) flag*, run* out of steam; (*aufgeben*) give* up ◊ *Er hat kurz vor dem Ziel schlappgemacht.* He ran out of steam just before the finish. ◊ *Sie macht so schnell nicht schlapp.* She doesn't give up that easily. **2** (*kaputtgehen*) break* down ◊ *Der Bus machte schlapp.* The bus broke down.

schlau 1 (*klug*) clever (*Adv* cleverly) ◊ *Er ist ein schlauer Kopf.* He's a clever chap. ◊ *Das hat sie wirklich schlau gelöst.* She solved it very cleverly. ◊ *Hier heißt es schlau sein.* You need to be on the ball here. **2** (*listig*) wily ◊ *Sie ist ein schlauer Fuchs.* She's very wily. IDM **aus jdm/etw (nicht) schlau werden** (not) be able to make head or tail of sb/sth **genau so schlau sein wie vorher** be none the wiser

Schlauch 1 tube; (*Wasser-*) hose ◊ *mit dem Schlauch ernährt werden* be fed by tube **2** (*Reifen*) inner tube IDM **ein Schlauch sein** be a slog

Schlauchboot rubber dinghy*

schlauchen wear* sb out ☛ G 9.7d ◊ *Ich bin völlig geschlaucht.* I'm absolutely worn out.

Schlaufe loop; (*zum Festhalten*) strap

schlecht 1 bad* (*Adv* badly*); (*Qualität, Leistung auch*)

schlecken

poor (*Adv* poorly) ◊ *schlechte Noten/Lehrer* bad marks/teachers ◊ *bei schlechtem Wetter* if the weather's bad ◊ *schlecht gelaunt sein* be in a bad mood ◊ *Er ist in Mathe noch schlechter als ich.* He is even worse at maths than I am. ◊ *Wir haben bisher nur Schlechtes über ihn gehört.* Up to now we have heard nothing but bad things about him. ◊ *Das Geschäft geht schlecht.* Business is bad. ◊ *bei einer Prüfung schlecht abschneiden* do badly in an exam ◊ *eine schlechte Qualität haben* be (of) poor quality ◊ *Sie spricht sehr schlecht Englisch.* Her English is very poor. ◊ *schlecht motiviert* poorly motivated ◊ *schlecht besucht sein* be poorly attended ◊ *schlecht geeignet* not suitable ◊ *Ihre Chancen stehen schlecht.* She doesn't stand much chance. ◊ *Die Tür schließt schlecht.* The door doesn't shut properly. ◊ *über jdn schlecht reden* speak ill of sb ◊ *sich schlecht mit jdm vertragen* not get on with sb **2** (*Augen etc.*) ◊ *Er hat schlechte Augen.* He's got poor eyesight. ◊ *Seine Augen werden schlechter.* His sight is getting worse. ◊ *Sie hört so schlecht.* She doesn't hear too well. **3** (*böse*) evil ◊ *Er ist ein schlechter Mensch.* He's an evil man. **4** (*Milch, Fleisch etc.*) off (*nicht vor Nomen*); (*Luft*) polluted ◊ *schlecht werden* go off ◊ *schlechte Luft einatmen* breathe polluted air ◊ *Die Luft im Raum war sehr schlecht.* It was very stuffy in the room. **5** (*übel*) sick ◊ *Mir ist schlecht.* I feel sick. ◊ *Es stank so, dass einem schlecht werden konnte.* The smell was enough to make you feel sick. ◊ *Du siehst schlecht aus.* You don't look well. ◊ *Es geht ihm immer noch schlecht.* He's still not well. ◊ *Dem Land geht es wirtschaftlich sehr schlecht.* The country's economy is in a very bad state. **6 nicht ~** (*sehr*) really ◊ *Sie waren nicht schlecht beeindruckt.* They were really impressed. **7** (*ungünstig*) not convenient ◊ *Heute Nachmittag passt es mir schlecht.* This afternoon is not convenient for me. **8** (*kaum*) hardly ◊ *Das kann ich ihm schlecht sagen.* I can hardly tell him that. ◊ *Ich kann im Moment schlecht weg.* I can't really get away at the moment. **IDM auf jdn schlecht zu sprechen sein** be annoyed with sb **das wäre nicht schlecht!** it wouldn't be a bad idea! **mehr schlecht als recht** just about ◊ *Er lebt mehr schlecht als recht von seiner Rente.* He just about manages on his pension. **jdn/etw schlecht machen** run* sb/sth down **um jdn/mit etw steht es schlecht** sb/sth is in a bad way ☞ Für andere Redewendungen mit **schlecht** siehe die Einträge für die entsprechenden Nomina etc. **Schlechte Karten haben** z.B. steht unter **Karte**. ☞ *Siehe auch* BEDIENEN *und* FAHREN

schlecken 1 (an) *etw ~* (*lecken*) lick sth **2** (*essen*) eat*; (*aufschlecken*) lap* *sth* up **3** (*naschen*) eat* sweets

Schlehe sloe

schleichen 1 creep* ◊ *Sie schlich von hinten an ihn heran.* She crept up behind him. **2 sich in/aus etw ~** (*leise*) slip*; (*unbemerkt*) sneak* ◊ *Er schlich sich leise aus dem Haus.* He slipped quietly out of the house ◊ *Er schlich sich unbemerkt in die Wohnung.* He sneaked into the flat. ◊ *Er hat sich in ihr Vertrauen geschlichen.* He wormed his way into her confidence.

schleichend gradual; (*Inflation*) creeping ◊ *ein schleichender Verfall* a gradual decline

Schleier 1 veil ◊ *einen Schleier tragen* wear a veil ◊ *Ich sah alles wie durch einen Schleier.* Everything was a blur. **2** (*Dunst*) haze **IDM den Schleier des Vergessens über etw breiten** draw* a veil over sth **den Schleier lüften** reveal the secret

schleierhaft *jdm ~ sein* be a mystery to sb

Schleife 1 bow; (*Kranz*) ribbon **2** (*Biegung*) loop ◊ *Der Fluss macht hier eine Schleife.* There's a loop in the river here. ◊ *eine Schleife fahren* make a detour ◊ *Das Flugzeug musste mehrere Schleifen über München ziehen.* The plane had to circle over Munich several times.

schleifen 1 (*Messer, Beil*) sharpen; (*Linse*) grind*; (*Diamant, Glas*) cut* **2** (*niederreißen*) raze *sth* (to the ground) **3** *jdn ~* work sb very hard **4 jdn/etw ~** (*ziehen, mitschleifen*) drag* sb/sth (*auch fig*) **5** (*reiben*) rub* against *sth* ◊ *Das Schutzblech schleift am Reifen.* The mudguard is rubbing against the tyre. ◊ *die Kupplung schleifen lassen* slip the clutch **6 etw ~ lassen** let* sth slide ◊ *Die Behörden haben die Sache schleifen lassen.* The authorities let the matter slide. **IDM** ⇨ ZÜGEL

Schleim mucus; (*im Hals*) phlegm; (*Schnecke*) slime ◊ *Schleim absondern* secrete mucus

Schleimer(in) creep (*umgs, abwertend*)

Schleimhaut mucous membrane

schleimig 1 slimy* (*Adv* slimily) (*auch fig*) **2** (MED) mucous

schlemmen (*etw*) ~ feast (on sth); (*sich voll stopfen*) gorge yourself (on sth)

schlendern stroll

Schlendrian slackness

Schlenker 1 swerve ◊ *Er machte einen plötzlichen Schlenker nach rechts.* He suddenly swerved to the right. **2** (*beiläufige Bemerkung*) aside

schleppen 1 (*tragen*) lug* (*umgs*) ◊ *Ich schleppte den Koffer die Treppe hoch.* I lugged the suitcase up the stairs. **2** (*ziehen*) drag* (*auch fig*); (*abschleppen*) tow ◊ *Sie schleppte die Kisten über den Hof.* She dragged the boxes across the yard. ◊ *Seine Freunde schleppten ihn ins Bett.* His friends dragged him off to bed. ◊ *Sie schleppte sich zum nächsten Notruftelefon.* She managed to drag herself to the nearest emergency telephone. ◊ *Sie wurde von einem Museum ins nächste geschleppt.* She was dragged round to one museum after another. ◊ *Der Wagen wurde in die Werkstatt geschleppt.* The car was towed to the garage. **3** (*schmuggeln*) smuggle **IDM jdn vor Gericht/den Richter schleppen** haul sb before a court/judge

schleppend 1 (*Schritte*) ◊ *Er hat einen schleppenden Gang.* He walks with a shuffle ◊ *Mit schleppenden Schritten verließ sie das Haus.* She shuffled out of the house. **2** (*langsam*) slow (*Adv* slowly); (*Nachfrage, Geschäft*) slack ◊ *Die Arbeit geht nur schleppend voran.* The work is progressing very slowly. ◊ *Sie beschwerte sich über die schleppende Bearbeitung.* She complained about the delay in dealing with the matter.

Schlepper 1 (*Schiff*) tug **2** (*Traktor*) tractor

Schlepper(in) 1 (*Menschenschmuggler*) = person* who smuggles people into a country **2** (*jd, der Kunden wirbt*) tout, (*AmE*) scalper

Schleuder 1 sling; (*mit Gummiband*) catapult, (*AmE*) slingshot **2** (*Wäsche-*) spin dryer **3** (*Honig etc.*) separator

schleudern 1 hurl, throw* ◊ *Er schleuderte den Hammer 100 Meter weit.* He hurled the hammer a distance of 100 metres. ◊ *Sie wurde zu Boden geschleudert.* She was thrown to the ground. **2** (*Wäsche*) spin* **3** (*schlingern*) skid* ◊ *Das Auto schleuderte gegen einen Baum.* The car skidded into a tree. ◊ *ins Schleudern geraten* go into a skid **IDM jdm etw ins Gesicht/an den Kopf schleudern** hurl* sth at sb **ins Schleudern geraten/kommen** be thrown

schleunigst at once ◊ *Sie sollte sich schleunigst anmelden.* She needs to register at once. ◊ *Verschwinde, aber schleunigst!* Get out now!

Schleuse 1 (*Kanal*) lock **2** (*zum Wasserablassen*) sluice (gate) **3** (*Raum*) sealed chamber; (*U-Boot, Raumschiff*) airlock

schleusen 1 (*Schiff*) ◊ *Das Schiff wurde durch den Kanal geschleust.* The ship was taken through the canal locks. **2 jdn durch etw ~** get* sb through sth ◊ *Es dauerte lange, bis alle durch den Zoll geschleust waren.* It took a long time to get them all through customs. **3** (*schmuggeln*) smuggle

Schliche tricks [Pl] **IDM jdm auf die Schliche kommen** get* wise to sb

schlicht simple (*Adv* simply) ◊ *die schlichte Wahrheit* the simple truth ◊ *schlicht möbliert* simply furnished **IDM schlicht und einfach** simply ◊ *Er war schlicht und einfach überfordert.* He was quite simply out of his depth. **schlicht und ergreifend** short and sweet; (*einfach*) simply ◊ *Der Text war schlicht und ergreifend.* The text was short and sweet. ◊ *Das ist schlicht und ergreifend falsch.* That's simply not true.

schlichten 1 settle ◊ *einen Streit schlichten* settle a dispute ◊ *außergerichtlich geschlichtet werden* be settled out of court **2 zwischen A und B ~** mediate between A and B

Schlichtheit simplicity

Schlichtung settlement; (*amtlich*) arbitration

schließen 1 close, shut* ◊ *das Buch/die Türen/Augen schließen* close the book/doors/your eyes ◊ *ein geschlossenes Fenster* a closed window ◊ *Wir schließen gleich.* We're just closing. ◊ *Wann schließt die Bank?* When does the bank close? ◊ *Die Bücherei war vorübergehend für Besucher geschlossen.* The library was temporarily closed to the public. ◊ *Die Aktien schlossen etwas höher.* Shares closed slightly higher. ◊ *Die Tür schließt schlecht*. The door doesn't shut properly.

> **Close** oder **shut**? Beide Wörter kann man für Türen, Fenster, Augen etc. und Geschäfte, Büros etc. verwenden. **Shut** wird oft benutzt, wenn der Vorgang geräuschvoll ist. Auch für Behälter wie Kisten oder Koffer gebraucht man **shut**. **Closed** und **shut** sind als Adjektive auch gebräuchlich: *The store is closed/shut today*, wobei im amerikanischen Englisch **shut** unhöflicher klingt. **Closed** wird vor Nomen benutzt, **shut** nicht: *a closed window*. In Bezug auf Straßen, Flughäfen etc. wird **closed** benutzt: *The road is closed because of snow*. Im gehobenen Englisch steht **close** auch für „beenden", wenn es um eine Besprechung o.ä. geht.

2 sich ~ close, shut* ◊ *Die Tür schloss sich hinter ihr*. The door closed behind her. ◊ *Die Wunde hat sich noch nicht geschlossen*. The wound is still open. **3** *(einschließen)* lock ◊ *Sie schloss die Akten in den Tresor*. She locked the files in the safe. **4** *(Betrieb)* close *(sth)* down ◊ *Das Restaurant wurde geschlossen*. The restaurant was closed down. **5** *(beenden)* end; *(Sitzung)* close *(gehoben)* ◊ *Er schloss die Rede mit einem Zitat*. He ended the speech with a quotation. **6** *etw* (**aus** *etw*) ~ infer* sth (from sth) ☞ *Hinweis bei* SUGGEST **7 von jdm/etw auf jdn/etw** ~ judge sb/sth by the standards of sb/sth ◊ *Du solltest nicht von dir auf andere schließen*. You shouldn't judge other people by your own standards. **8** *(mit bestimmten Nomina)* ◊ *eine Lücke schließen* fill the gap ◊ *ein Bündnis schließen* form an alliance ◊ *einen Vertrag schließen* sign a treaty ◊ *Freundschaft schließen* become friends ◊ *Frieden schließen* make peace ◊ *Kompromisse schließen* compromise IDM ⇒ BUND¹

Schließfach 1 locker; *(für Gepäck)* left-luggage locker **2** *(Tresor)* safe deposit box

schließlich 1 *(endlich)* finally; *(letzten Endes)* in the end; *(nach langer Zeit)* eventually ◊ *als sie schließlich kam* when she finally arrived ◊ *Schließlich entschied er sich, es ihr zu sagen*. In the end, he decided to tell her. ◊ *Er ist schließlich an Altersschwäche gestorben*. He eventually died of old age. **2** *(immerhin)* after all ◊ *Schließlich ist sie deine Mutter*. After all, she is your mother. ◊ *Beeile dich, schließlich wollen wir nicht zu spät kommen*. Hurry up, we don't want to be late, do we?

Schließung *(Stilllegung)* closure; *(das Schließen)* closing *(oft mit einem Verb übersetzt)* ◊ *die drohende Schließung der Schule* the threatened closure of the school ◊ *wenige Minuten nach Schließung der Wahllokale* minutes after polling stations closed

schlimm 1 bad* *(Adv* badly); *(schwerwiegend)* serious *(Adv* seriously) ◊ *eine schlimme Nachricht* bad news ◊ *schlimm betroffen* badly affected ◊ *Das Schlimmste war, dass …* The worst thing was that … ◊ *Es hätte noch schlimmer kommen können*. It could have been worse. ◊ *schlimme Folgen* serious consequences ◊ *Das ist eine schlimme Sache*. It's a terrible thing. ◊ *Nicht so schlimm!* Never mind. **2** *(verwerflich)* wicked; *(unartig)* naughty ◊ *ein schlimmes Verbrechen* a wicked crime ◊ *Es gibt Schlimmere als sie*. There are worse people than them.

schlimmstenfalls at (the) worst ◊ *Schlimmstenfalls muss er ein Bußgeld zahlen*. At worst he'll have to pay a fine. ◊ *Schlimmstenfalls wird es erst im Mai fertig*. It'll be finished by May at the latest.

Schlinge 1 noose; *(am Arm)* sling ◊ *die Schlinge zuziehen* tighten the noose ◊ *den Arm in einer Schlinge tragen* have your arm in a sling **2** *(Falle)* snare IDM ⇒ KOPF

schlingen 1 *(gierig essen)* bolt your food ◊ *Er schlang, ohne richtig zu kauen*. He bolted his food, without chewing it properly. **2** *(legen)* wrap*; *(binden)* tie* ◊ *Sie schlang ihre Arme um ihn*. She wrapped her arms around him. ◊ *Er schlang ihr das Seil um den Hals*. He tied the rope around her neck.

schlingern *(Anhänger etc.)* sway; *(Schiff)* roll ◊ *Der Anhänger geriet ins Schlingern*. The trailer started to sway.

Schlips tie, *(AmE auch)* necktie IDM **jdm auf den Schlips treten** put* sb's nose out of joint ◊ *sich auf den Schlips getreten fühlen* feel* offended

Schlitten 1 sledge, *(AmE)* sled; *(Rodel- auch)* toboggan; *(Pferde- auch)* sleigh ◊ *Schlitten fahren* go tobogganing **2** *(Auto)* (flash) car ◊ *Hast du ihren neuen Schlitten schon gesehen?* Have you seen her flash new car?

Schlittenhund husky*

schlittern 1 *(rutschen)* slide*; *(Fahrzeug)* skid* ◊ *Kinder schlitterten auf dem Eis*. Children were sliding on the ice. ◊ *Der Lkw schlitterte in den Straßengraben*. The lorry skidded into the ditch. **2** *(fig)* **in etw ~** slide* into sth; *(schneller)* plunge into sth ◊ *in eine Rezession schlittern* slide into recession ◊ *in die roten Zahlen schlittern* plunge into the red ◊ *in eine Krise schlittern* be plunged into crisis

Schlittschuh (ice) skate ◊ *Gehen wir Schlittschuh laufen*. Let's go ice-skating.

Schlitz slit; *(für Münzen etc.)* slot

schlitzen slit* ◊ *hinten geschlitzt* with a slit at the back

schlohweiß snow-white

Schloss 1 *(Burg)* castle; *(Palast)* palace; *(Herrenhaus)* mansion, *(BrE auch)* stately home **2** *(an Türen etc.)* lock ◊ *Der Schlüssel steckt im Schloss*. The key is in the lock. IDM **hinter Schloss und Riegel** behind bars ◊ *jdn hinter Schloss und Riegel bringen* put sb behind bars

Schlosser(in) metalworker; *(Maschinen-)* fitter; *(Auto-)* mechanic; *(für Schlösser)* locksmith ☞ G 2.2d ☞ *Hinweis bei* BAKER

Schlot chimney

schlottern 1 *(zittern)* shake* ◊ *vor Angst/Kälte schlottern* shake with fear/cold ◊ *Ihm schlotterten die Knie*. His knees were shaking. **2** *(lose hängen)* flap* ◊ *Die Hose schlotterte ihr um die Beine*. Her trousers were flapping round her legs. ◊ *ein schlotternder Anzug* a baggy suit

Schlucht ravine

schluchzen sob*

Schluck 1 mouthful; *(klein)* sip; *(groß)* gulp ◊ *ein Schluck Kaffee* a mouthful of coffee ◊ *ein Schluck Wasser* a sip of water ◊ *mit einem Schluck* in one gulp ◊ *Er nahm einen kräftigen Schluck aus der Flasche*. He took a swig from the bottle. ◊ *Sie trank den Tee in kleinen Schlucken*. She sipped her tea. **2** *(Getränk)* drink ◊ *einen Schluck mit jdm trinken* have a drink with sb

Schluckauf hiccups [Pl] ◊ *(einen) Schluckauf bekommen* get* (the) hiccups

schlucken 1 swallow *(auch fig)*; *(einnehmen)* take* ◊ *Der Geldautomat hat meine Karte geschluckt!* The cash machine swallowed my card. ◊ *Er musste ganz schön schlucken*. He had to swallow hard. **2** *(Lärm)* absorb ◊ *Die dicken Mauern schlucken den Lärm*. The thick walls absorb the noise. **3** *(Firma, Konzern etc.)* swallow *sth* up ◊ *Sie sind von einer größeren Firma geschluckt worden*. They were swallowed up by a larger company. **4** *(verbrauchen)* use ◊ *Das neue Auto schluckt weniger Sprit*. The new car uses less gas. **5** *(hinnehmen)* put* up with *sth* ◊ *Sie muss lernen, nicht alles zu schlucken*. She needs to learn not to put up with it all. ◊ *Er muss vieles schlucken*. He has to take a lot of flak.

schludern be sloppy ◊ *Die Handwerker haben bei der Arbeit geschludert*. The workmen were sloppy.

schlummern 1 sleep*, slumber *(gehoben)* **2** *(latent vorhanden sein)* lie* dormant; *(verborgen liegen)* be hidden ◊ *In ihr schlummern viele Talente*. She has a lot of hidden talents.

Schlund 1 *(Rachen)* throat; *(Mund)* mouth **2** *(Abgrund)* maw *(gehoben)*

schlüpfen 1 slip* ◊ *aus dem Zimmer schlüpfen* slip out of the room **2 in/aus etw ~** *(Schuhe, Kleidung)* slip* sth on/off ◊ *in die Schuhe schlüpfen* slip your shoes on ◊ *aus dem Mantel schlüpfen* slip your coat off ◊ *in eine andere Rolle schlüpfen* take on a different role **3** *(aus dem Ei)* hatch; *(der Puppe, Larve)* emerge

Schlupfloch 1 *(Versteck)* hiding place, hideout **2** *(Loch)* hole; *(im Gesetz etc.)* loophole ◊ *legale Schlupflöcher* loopholes in the law

schlurfen shuffle

schlürfen 1 slurp **2** *(trinken)* drink*; *(essen)* eat*

Schluss 1 *(Ende)* end ◊ *vor Schluss gehen* leave before the end ◊ *Sie bildeten den Schluss*. They brought up the rear. ◊ *Schluss jetzt!* That's enough! ◊ *Damit ist jetzt Schluss*. It's over now. ◊ *Um 22 Uhr ist Schluss*. It finishes at ten. ◊ *Für heute machen wir Schluss*. Let's call it a day. ◊ *Schluss mit der Gewalt gegen Frauen!* Stop violence against women! **2 zum ~** *(am Ende)* at the end; *(abschließend)* finally ◊ *Zum Schluss waren alle todmüde*. At the end they were all exhausted. ◊ *Und zum Schluss möchte ich mich bedanken*. And finally, I should like to thank you all. **3** *(Film, Roman*

Schlüssel

etc.) ending; (*Aufsatz*) conclusion ◊ *ein überraschender Schluss* a surprise ending **4** (*Folgerung*) conclusion ◊ *zu dem Schluss kommen, dass ...* come to the conclusion that ... ◊ *Daraus kann man zwei Schlüsse ziehen.* From this we can draw two conclusions. ☛ *Hinweis bei* CONCLUDE **5** (**mit jdm**) **~ machen** break* up (with sb) ◊ *Sie hat mit ihrem Freund Schluss gemacht.* She broke up with her boyfriend. ◊ *Sie hat Schluss gemacht.* She broke it off. **6 mit etw ~ machen** end sth; (*Alkohol etc.*) give* up ◊ *Sie wollte mit dem Leben Schluss machen.* She wanted to end it all.

Schlüssel 1 key (*auch fig*) ◊ *den Schlüssel abziehen* remove the key ◊ *Der Schlüssel steckt.* The key is in the keyhole. ◊ *der Schlüssel zum Erfolg* the key to success **2** ⇨ SCHRAUBENSCHLÜSSEL **3** (*Verteiler-*) formula

Schlüsselbein collarbone **Schlüsselbund** bunch of keys **Schlüsselloch** keyhole

schlussfolgern conclude ◊ *Aus seinem Verhalten konnte sie schlussfolgern, dass ...* She concluded from his behaviour that ...

Schlussfolgerung conclusion ◊ *Schlussfolgerungen aus etw ziehen* draw conclusions from sth ◊ *zu der Schlussfolgerung gelangen, dass ...* come to the conclusion that ... ☛ *Hinweis bei* CONCLUDE

schlüssig 1 (*Beweis, Antwort, Begründung*) conclusive (*Adv* conclusively); (*Erklärung*) convincing (*Adv* convincingly); (*Argumentation, Konzept*) coherent (*Adv* coherently); (*Gedankengang*) logical (*Adv* logically) ◊ *ein in sich schlüssiges Konzept* a coherent concept **2 sich (über etw) ~ sein** have made up your mind (about sth), have decided (about sth) ◊ *Sie war sich nicht schlüssig, was sie tun sollte.* She hadn't made up her mind what to do. **3 sich (über etw) ~ werden** decide (on sth)

Schluss- Schlusspunkt end ◊ *Das Lied bildete den Schlusspunkt des Abends.* The song brought the evening to an end. ◊ *Sie setzte einen Schlusspunkt unter ihre Beziehung.* She ended the relationship. **Schlussstrich einen ~ unter etw ziehen** draw* a line under sth **Schlussverkauf** sales [Pl] ☛ *Hinweis bei* AUSVERKAUF

schmächtig slightly built, weedy (*abwert*)

schmackhaft tasty* ◊ *Kürbis schmackhaft zubereiten* make a tasty dish out of pumpkin IDM **jdm etw schmackhaft machen** promote the idea of sth to sb ◊ *Sie wollen den Mitarbeitern den Umstieg auf öffentliche Verkehrsmittel schmackhaft machen.* They want to promote to employees the idea of switching to public transport. ◊ *Durch die Spiele soll Kindern der Museumsbesuch schmackhaft gemacht werden.* The games are designed to help young visitors enjoy the museum.

schmal 1 narrow; (*Hände, Lippen, Handgelenk*) thin ◊ *ein schmaler Pfad* a narrow path ◊ *Er ist ganz schmal geworden.* He's much thinner now. ◊ *Ihre Augen wurden schmal.* Her eyes narrowed. ◊ *ein schmales Büchlein* a thin booklet ◊ *Die Hose ist schmal geschnitten.* The trousers are narrow. **2** (*nicht ausreichend*) limited ◊ *ein schmales Budget* a limited budget

schmälern 1 (*mindern*) diminish ◊ *den Wert schmälern* diminish the value ◊ *Das schlechte Wetter schmälerte das Vergnügen.* The bad weather detracted from our enjoyment. **2** (*herabsetzen*) belittle

Schmalz 1 (*Schweine-*) lard; (*Gänse-*) fat; (*Braten-*) dripping **2** (*Sentimentalität*) schmaltz

schmalzig sentimental

Schmarotzer (*Tier, Pflanze*) parasite

Schmarotzer(in) (*Mensch*) scrounger; (*Schnorrer*) freeloader

schmatzen 1 (*laut essen*) eat noisily ◊ *Schmatz nicht so!* Don't make such a noise while you're eating. ◊ *Er schmatzt so laut.* He's such a noisy eater. **2** (*Popcorn, Kekse etc.*) munch; (*Suppe etc.*) slurp

schmecken 1 (*wahrnehmen*) taste ◊ *Hast du den Knoblauch geschmeckt?* Could you taste the garlic? ◊ *Ich kann nichts schmecken.* I've lost my sense of taste. ☛ *Hinweis bei* RIECHEN **2** (**nach etw**) **~** (*einen bestimmten Geschmack haben*) taste (of sth) ◊ *süß schmecken* taste sweet ◊ *scheußlich schmecken* taste horrible ◊ *Es schmeckt nach Zitrone.* It tastes of lemon. ◊ *nach nichts schmecken* be tasteless **3** (*gut schmecken*) be good, delicious, etc. ◊ *Die Suppe schmeckt sehr gut.* The soup is delicious. ◊ *Und, schmeckt's?* Is it nice? ◊ *Das schmeckt nicht!* It's horrible! ◊ *Das schmeckt mir nicht.* I don't like it. ◊ *Frisch schmeckt es am besten.* It

tastes best when it's fresh. ◊ *Hat es geschmeckt?* Did you enjoy your meal? ◊ *Das Essen hat mir* (*gut*) *geschmeckt.* I really enjoyed the meal. ◊ *Sie ließen sich das Essen schmecken.* They tucked in. **4 jdm nicht ~** (*nicht gefallen*) not be to sb's liking ◊ *Die Entscheidung schmeckte ihm nicht.* The decision was not to his liking. IDM ⇨ MEHR

schmeichelhaft flattering (*Adv* flatteringly)

schmeicheln flatter ◊ *Es schmeichelte ihr sehr, dass ...* She felt very flattered that ... ◊ *Er fühlte sich dadurch geschmeichelt.* He felt flattered by it.

Schmeichler(in) flatterer

schmeißen 1 (*werfen*) throw*, toss, (*BrE auch*) chuck (*umgs*); (*schleudern*) fling* ◊ *etw in die Mülltonne schmeißen* chuck sth in the bin ◊ *etw auf den Boden schmeißen* fling sth down ◊ *die Tür ins Schloss schmeißen* slam the door ◊ *Das Publikum schmiss mit faulen Eiern nach ihm.* The audience pelted him with rotten eggs. **2** (*Studium, Lehre etc.*) pack sth in (*umgs*), (*BrE auch*) chuck sth in (*umgs*) ◊ *die Schule schmeißen* drop out of school **3** (*bewältigen*) run* ◊ *den Haushalt schmeißen* run the house **4** (*Party etc.*) throw* **5 eine Runde ~** buy* a round (of drinks) **6 mit etw um sich ~** (*Geld*) throw* sth around; (*Geschenke*) be very generous with sth **7 sich ~** fling* yourself ◊ *sich wütend auf die Erde schmeißen* fling yourself down in a rage ◊ *Sie schmiss sich erschöpft aufs Bett.* She collapsed exhausted on the bed. **8 sich in etw ~** (*anziehen*) throw* sth on IDM ⇨ LADEN

Schmeißfliege bluebottle

schmelzen melt; (*Eisen, Erz*) smelt ◊ *Käse schmelzen* melt cheese ◊ *Der Schnee ist schon geschmolzen.* The snow has already melted.

Schmelz- Schmelzkäse cheese spread **Schmelzofen** furnace **Schmelztiegel 1** (*für Metall*) crucible **2** (*fig*) melting pot ◊ *ein Schmelztiegel der Kulturen* a cultural melting pot **Schmelzwasser** melting snow and ice, meltwater (*Fachspr*)

Schmerz pain; (*dumpf*) ache ◊ *ein stechender/bohrender Schmerz* a stabbing/gnawing pain ◊ *große Schmerzen haben* be in great pain ◊ *vor Schmerzen schreien* scream with pain ◊ *unter starken Schmerzen leiden* be in severe pain ◊ *Er fühlte tiefen Schmerz nach der Trennung.* The separation caused him great pain. ◊ *Das Atmen bereitet mir Schmerzen.* It hurts to breathe. ◊ *Ich habe Schmerzen im Bein.* My leg hurts.

schmerzen 1 (*weh tun*) hurt*, (*auch fig*); (*dumpf*) ache ◊ *Nach dem Sturz schmerzte jeder Atemzug.* After the fall every breath hurt. ◊ *Nach der Wanderung schmerzten ihr die Beine.* Her legs were aching after the walk. **2** (*traurig machen*) upset ◊ *Es schmerzt mich sehr, dich so unglücklich zu sehen.* It upsets me to see you so unhappy. ◊ *Die Niederlage schmerzte ihn sehr.* The defeat was very painful for him.

schmerzend painful; (*dumpf*) aching ◊ *eine schmerzende Wunde* a painful wound ◊ *schmerzende Füsse* aching feet

Schmerzensgeld damages [Pl] ◊ *ein hohes Schmerzensgeld erhalten* be awarded substantial damages ◊ *jdn auf Schmerzensgeld verklagen* sue sb for damages

schmerzfrei free from pain (*nicht vor Nomen*); (*spielen, sitzen etc.*) without pain

schmerzhaft painful

schmerzlich painful (*Adv* painfully) ◊ *eine schmerzliche Erfahrung* a painful experience ◊ *schmerzlich vermisst werden* be sorely missed

schmerzlos painless (*Adv* painlessly) IDM ⇨ KURZ

Schmerzmittel painkiller

Schmetterling (*Insekt*) butterfly* **2** (*Schwimmstil*) butterfly

schmettern 1 smash; (*schleudern*) hurl ◊ *Der Sturm schmetterte das Auto gegen eine Mauer.* The car was smashed against a wall in the gale. ◊ *Er schmetterte den Ball ins Netz.* He smashed the ball into the net. **2** (*Trompete etc.*) blare; (*Lied, Marsch*) belt sth out

Schmied(in) blacksmith ☛ G 2.2d

Schmiede forge

schmiedeeisern wrought-iron

schmieden 1 (*Eisen, Hufeisen*) forge **2** (*Pläne*) make*; (*Komplott*) hatch ◊ *Sie schmiedeten ein Komplott gegen ihn.* They hatched a plot against him. IDM ⇨ EISEN

schmiegen sich an jdn/etw ~ snuggle up to sb/sth; **sich in**

etw ~ nestle in sth ◇ *Sie schmiegten sich aneinander.* They snuggled up to each other. ◇ *Sie schmiegte sich an seine Schulter.* She snuggled her head into his shoulder. ◇ *Das Dorf schmiegt sich in ein Tal.* The village nestles in a valley.

Schmiere 1 (*Fett*) grease 2 (*Schmutz*) grime IDM **Schmiere stehen** keep* a lookout

schmieren 1 lubricate; (*fetten auch*) grease; (*ölen auch*) oil 2 (*streichen*) spread* ◇ *Marmelade aufs Brot schmieren* spread jam on the bread ◇ *jdm ein Brot schmieren* make sb a sandwich 3 (*Creme etc.*) smear ◇ *Das Baby schmierte Honig über den ganzen Tisch.* The baby smeared honey all over the table. ◇ *sich Sonnencreme ins Gesicht schmieren* put sun cream on your face 4 (*schreiben*) scribble; (*malen*) daub ◇ *Sie schmierte in ihr Heft.* She was scribbling in her exercise book. ◇ *Sie schmierten Parolen an die Wand.* They daubed slogans on the wall. ◇ *Da hast du aber wieder geschmiert.* You've made a mess again. 5 (*Kugelschreiber, Füller*) smudge 6 (*bestechen*) bribe ◇ *Sie lassen sich für alles schmieren.* They take bribes for everything. IDM **jdm eine schmieren** give* sb a slap ☞ *Siehe auch* HONIG

Schmiererei 1 (*Schrift*) scribble; (*Kleckse, Flecken*) smudges [Pl] 2 (*Gemälde*) daub

Schmiergeld bribe ◇ *2 000€ Schmiergeld* a €2 000 bribe ◇ *Schmiergeld kassieren* take bribes

Schmiergeldaffäre bribery scandal

schmierig 1 (*fettig*) greasy*; (*rutschig*) slippery ◇ *eine schmierige Rußschicht* a layer of greasy soot ◇ *Durch den Regen war der Lehmboden schmierig geworden.* The rain had made the clay slippery. 2 (*schmutzig*) dirty* 3 (*aufdringlich freundlich*) smarmy ◇ *Das war aber ein schmieriger Kerl!* What a smarmy character! ◇ *schmierig grinsen* give a smarmy grin

Schmierpapier rough paper

Schminke make-up

schminken sich/jdn/etw ~ make* yourself/sb/sth up ◇ *sich die Augen schminken* make up your eyes ◇ *sich die Lippen schminken* put lipstick on ◇ *sich leicht schminken* put on a little make-up ◇ *Sie war stark geschminkt.* She was wearing a lot of make-up. ◇ *Sie schminkt sich nicht.* She doesn't wear make-up. ◇ *Er wurde für die Rolle weiß geschminkt.* He wore white make-up for the role.

schmirgeln sandpaper

Schmirgelpapier sandpaper

Schmöker book

schmökern (in etw) ~ read* (sth)

schmollen sulk

schmoren 1 braise ◇ *Sie schmorte einen Rinderbraten.* She did braised beef. ◇ *Der Braten schmorte im Backofen.* The meat was cooking in the oven. 2 (*in der Sauna*) sweat; (*in der Sonne*) swelter IDM **jdn (im eigenen Saft) schmoren lassen** let* sb stew (in their own juice) **im eigenen Saft schmoren** be inward-looking

schmuck smart

Schmuck 1 jewellery, (*AmE*) jewelry ◇ *Sie besaß viel alten Schmuck.* She owned a lot of antique jewellery. 2 (*Verschönerung*) decoration ◇ *der einzige Schmuck* the only decoration ◇ *Zum Schmuck des Saales wurden Blumenkübel aufgestellt.* Tubs of flowers were put out to decorate the hall.

schmücken 1 (*verzieren*) decorate ◇ *Sie halfen, den Weihnachtsbaum zu schmücken.* They helped to decorate the Christmas tree. 2 (*als Schmuck dienen*) adorn ◇ *Statuen schmückten den Eingang.* Statues adorned the entrance.

schmucklos unadorned

Schmuckstück 1 piece of jewellery, (*AmE*) piece of jewelry 2 (*besonders schönes Stück*) crowning glory* ◇ *Das Schmuckstück des Museums war ein Wikingerschiff.* The crowning glory of the museum was a Viking ship.

schmuddelig, schmuddlig grubby*; (*Lokal*) dingy*

Schmuggel smuggling ◇ *der Schmuggel von Uran* uranium smuggling

schmuggeln smuggle ◇ *Zigaretten schmuggeln* smuggle cigarettes ◇ *ins Gefängnis geschmuggeltes Rauschgift* drugs smuggled into the prison

Schmuggelware smuggled goods [Pl], contraband [U] (*offiz*)

Schmuggler(in) smuggler

schmunzeln smile (to yourself)

schmusen (mit jdm) ~ (kiss and) cuddle (sb) ◇ *Sie schmusten verliebt.* They were kissing and cuddling. ◇ *Sie schmuste mit ihrem kleinen Bruder.* She was cuddling her little brother.

Schmutz dirt ◇ *Sie wischte den Schmutz vom Boden auf.* She wiped the dirt off the floor. ◇ *Haustiere machen so viel Schmutz!* Pets make so much mess! IDM **jdn/etw durch/in den Schmutz ziehen** drag* sb/sth through the mud **jdn mit Schmutz bewerfen** sling* mud at sb ☞ *Siehe auch* FEUCHT

schmutzig dirty*; (*stärker*) filthy* ◇ *Mach dich nicht schmutzig!* Don't get dirty! ◇ *schmutzig grau* dirty grey ◇ *eine schmutzige Fantasie haben* have a dirty mind ◇ *schmutzig lachen* give a dirty laugh ◇ *Politik ist ein schmutziges Geschäft.* Politics is a dirty business. ◇ *Du hast ganz schmutzige Hände.* Your hands are filthy. IDM **sich (nicht) die Finger/Hände schmutzig machen** (not) get* your hands dirty ☞ *Siehe auch* WÄSCHE

Schnabel 1 beak 2 (*Mund*) mouth ◇ *den Schnabel aufmachen* open your mouth 3 (*bei Blasinstrumenten*) mouthpiece IDM **Halt den Schnabel!** Shut up! **reden, wie einem der Schnabel gewachsen ist** speak* your mind; (*unaffektiert*) speak without affectation

Schnake 1 daddy-long-legs 2 ⇨ MÜCKE

Schnalle 1 buckle ◇ *eine Schnalle öffnen/schließen* undo/fasten a buckle 2 (*Türklinke*) door handle 3 (*Frau*) tart (*umgs*)

schnallen 1 ◇ *etw weiter/enger schnallen* loosen/tighten sth 2 **etw auf etw ~** strap* sth on(to) sth ◇ *Die Taucher schnallten sich die Sauerstoffflaschen auf den Rücken.* The divers strapped the air cylinders on their backs. 3 (*begreifen*) get* (*umgs*) ◇ *Ich habe das nicht geschnallt!* I don't get it! ◇ *Du schnallst auch gar nichts!* You just don't get it, do you? IDM **den Riemen/Gürtel enger schnallen** tighten your belt ◇ *Sie mussten den Gürtel enger schnallen.* They had to tighten their belts.

schnalzen ◇ *mit der Zunge schnalzen* click your tongue ◇ *Er schnalzte mit der Peitsche.* He cracked his whip.

Schnäppchen bargain ◇ *ein Schnäppchen machen* get a bargain

schnappen 1 (**sich**) **jdn/etw ~** grab* sb/sth; (*wegreißen*) snatch sb/sth ◇ *Sie schnappte das Kind und hielt es unter die Dusche.* She grabbed the child and put her under the shower. ◇ *Er schnappte seine Schlüssel.* He grabbed his keys. ◇ *Der Dieb schnappte sich ihre Tasche.* The thief snatched her bag. ◇ *Der Hund schnappte den Ball.* The dog caught the ball in its mouth. 2 **nach etw ~** snap* at sth ◇ *Der Hund schnappte nach ihrer Hand.* The dog snapped at her hand. ◇ *Die Enten schnappten nach dem Brot.* The ducks fought for the bread. 3 **nach Luft ~** gasp for air 4 (*festnehmen*) catch* ◇ *Sie wurde von der Polizei geschnappt.* She was caught by the police. 5 ◇ *Die Tür schnappte ins Schloss.* The door clicked shut.

Schnappschuss snapshot

Schnaps schnapps; (*Spirituosen*) spirits [Pl] ◇ *zwei Schnäpse* two glasses of schnapps

Schnapsbrennerei distillery* **Schnapsidee** crazy idea

schnarchen 1 snore ◇ *Er schnarcht immer so!* He snores so loudly! 2 (*schlafen*) be fast asleep ◇ *Sie schnarchen schon.* They're fast asleep.

Schnarcher(in) (*Mensch*) snorer

schnarren rasp

schnattern 1 (*Gans*) cackle; (*Ente*) quack 2 (*Mensch*) chatter (away) ◇ *Sie schnatterten ununterbrochen.* They chattered non-stop. 3 ◇ *Er schnatterte vor Kälte.* His teeth were chattering.

schnauben snort

schnaufen (puff and) pant; (*Dampflok*) puff ◇ *Er schnaufte vor Anstrengung.* He was panting with exertion.

Schnauzbart big moustache; (*geschwungen*) handlebar moustache ◇ *Er trug einen üppigen Schnauzbart.* He had a bushy moustache.

Schnauze 1 muzzle; (*Schweine-*) snout ◇ *eine breite Schnauze* a wide muzzle ◇ *die nasse Schnauze des Hundes* the dog's wet nose 2 (*Mund*) mouth, trap (*Slang*) ◇ *Halt die Schnauze!* Shut your mouth! ◇ *Ich hau dir eins auf die Schnauze!* I'll punch you in the face! IDM **auf die Schnauze fallen** come* a cropper (*umgs*) **eine große Schnauze haben** have a big mouth **jdm eins vor die**

schnäuzen

Schnauze geben punch sb in the face **frei nach Schnauze** ◊ *Ich koche frei nach Schnauze!* I just improvise when I'm cooking! **(von etw) die Schnauze voll haben** have had enough (of sth)
schnäuzen sich (die Nase) ~ blow* your nose
Schnauzer 1 (*Hund*) schnauzer **2** (*Schnauzbart*) big moustache; (*geschwungen*) handlebar moustache
Schnecke 1 snail; (*Nackt-*) slug **2** (*Gebäck*) ≈ Danish, (*BrE auch*) ≈ Danish pastry* **3** (*an Saiteninstrumenten*) scroll IDM *jdn zur Schnecke machen* tear* sb off a strip
Schneckenhaus (snail) shell IDM **sich in sein Schneckenhaus zurückziehen** withdraw* into your shell
Schneckentempo *im Schneckentempo* at a snail's pace ◊ *Die Autoschlange bewegte sich im Schneckentempo.* The traffic was just crawling along.
Schnee 1 snow ◊ *Zwei Überlebende wurden aus dem Schnee geborgen.* Two survivors were dug out of the snow. ◊ *der frisch gefallene Schnee* the newly fallen snow ◊ *Schnee schaufeln* clear away the snow ◊ *Es liegt ein Meter Schnee.* The snow is a metre deep. ◊ *Heute Nacht soll Schnee fallen.* Apparently, it's going to snow tonight. **2** (*Ei-*) whisked egg white ◊ *Das Eiweiß zu Schnee schlagen.* Whisk the whites until stiff. IDM **Schnee von gestern sein** be water under the bridge; (*altmodisch*) passé
Schneeball snowball **schneebedeckt** covered with snow (*nicht vor Nomen*), snow-covered; (*Gipfel*) snow-capped **Schneebesen** whisk **Schneefall** ◊ *heftige Schneefälle* heavy snowfalls ◊ *der erste Schneefall* the first fall of snow ◊ *in höheren Lagen Schneefall* snow on high ground **Schneeflocke** snowflake **Schneeglöckchen** snowdrop **Schneekette** snow chain **Schneemann** snowman* **Schneeregen** sleet **Schneesturm** blizzard, snowstorm **Schneeverwehung, Schneewehe** snowdrift **schneeweiß** snow-white
Schneid guts [*Pl*] (*umgs*) ◊ *Dazu fehlt ihr der Schneid.* She hasn't got the guts. IDM **jdm den Schneid abkaufen** unnerve sb
Schneide (*Klinge*) blade; (*Kante*) cutting edge IDM ⇨ MESSER
schneiden 1 cut* ◊ *einen Artikel aus der Zeitung schneiden* cut an article from the newspaper ◊ *Sie schnitt Löcher ins Papier.* She cut holes in the paper. ◊ *Ich lasse mir heute die Haare schneiden.* I'm having my hair cut today. ◊ *Das Messer schneidet schlecht.* The knife doesn't cut properly. ◊ *den Rasen schneiden* mow the lawn **2** (*zerteilen*) cut* *sth* (up); (*in Scheiben*) slice* *sth* (up) ◊ *etw in Streifen schneiden* cut sth (up) into strips ◊ *etw in zwei Hälften schneiden* cut sth in half ◊ *Sie schnitt den Kuchen in acht Stücke.* She cut the cake into eight pieces. ◊ *Sie schnitt Pilze in den Eintopf.* She sliced mushrooms into the stew. **3 sich (an etw)** ~ cut* yourself (on sth) ◊ *Ich habe mir/mich in den Finger geschnitten.* I've cut my finger. **4** (*Film, Tonband*) edit **5** (*beim Fahren*) cut* in on *sb/sth*, cut* *sb* up; (*Kurve*) cut* ◊ *Ein Lkw hat sie beim Überholen geschnitten.* A lorry cut her up. **6** (*kreuzen*) cross; **sich** ~ intersect (each other) ◊ *wo die Landstraße die Bundesstraße schneidet* where the B-road crosses the A-road ◊ *Die beiden Linien schneiden sich.* The two lines intersect. **7** (*Ball*) slice **8** ◊ *Grimassen schneiden* make faces ◊ *jdm eine Grimasse schneiden* pull a face at sb **9** (*Wind, Kälte*) sting* ◊ *Der eisige Wind schnitt ihnen ins Gesicht.* The icy wind stung their faces. **10** ◊ *eng geschnitten* tight-fitting ◊ *elegant geschnitten* well cut ◊ *ihr fein geschnittenes Gesicht* her delicate features **11** *jdn* ~ (*ignorieren*) give* sb the cold shoulder (*umgs*) ◊ *Er wurde von seinen Kollegen geschnitten.* His colleagues gave him the cold shoulder. ◊ *Warum schneidest du mich?* Why aren't you speaking to me? IDM **Die Luft/Atmosphäre ist zum Schneiden!** You could cut the air/atmosphere with a knife! ☞ *Siehe auch* FLEISCH, GESICHT, LEIB *und* RIPPE
schneidend (*Kälte, Wind*) biting; (*Schmerz*) stabbing; (*Stimme*) piercing; (*Bemerkung*) cutting; (*Ironie*) bitter
Schneider (*Gerät*) slicer IDM **aus dem Schneider sein** be out of the woods
Schneider(in) (*Damen-*) dressmaker; (*Herren-*) tailor ☞ G 2.2 ◊ *Hinweis bei* BAKER IDM **frieren wie ein Schneider** be frozen stiff
schneidern 1 (*Kleid, Kostüm*) make* ◊ *Er ließ sich einen Anzug schneidern.* He had a suit made. ◊ *Sie hat das Kleid selbst geschneidert.* She made the dress herself. **2** (*als Beruf*) be a tailor/dressmaker; (*als Hobby*) do* dressmaking

Schneidezahn incisor, front tooth* (*umgs*)
schneien snow ◊ *Es fing an zu schneien.* It started snowing. ◊ *Draußen schneite es dicke Flocken.* Outside the snow was coming down in thick flakes. ◊ *Es schneit stark.* It's snowing heavily. ◊ *Es schneite leicht.* A light snow was falling. ◊ *Konfetti schneite auf das Brautpaar.* Confetti rained down on the newly-weds.
Schneise 1 (*Wald-*) strip of cleared woodland; (*Feuerschutz*) firebreak ◊ *eine Schneise in den Wald schlagen* clear a strip in the forest ◊ *Das Unwetter hinterließ eine Schneise der Verwüstung.* The storm cut a swathe of destruction. **2** (*Flug-*) (air) corridor
schnell 1 fast ◊ *eine schnelle Straße* a fast road ◊ *zu schnell fahren* drive too fast ◊ *Sie arbeitet schnell.* She's a fast worker. ◊ *Das geht mir viel zu schnell.* The pace is too fast for me. **2** (*Handeln, Vorgang*) quick (*Adv* quickly) ◊ *Schnelles Handeln war erforderlich.* Something had to be done quickly. ◊ *Darf ich mal schnell telefonieren?* May I make a quick telephone call? ◊ **schnell etwas trinken** have a quick drink ◊ *Sie begreift sehr schnell.* She's quick on the uptake. ◊ *Es ging alles ganz schnell.* It all happened very quickly. ◊ *Keine Angst, es geht ganz schnell.* Don't worry, it won't take a minute. ◊ *Ich muss noch schnell die Wäsche aufhängen.* I must just hang out the washing. **3** (*Veränderung etc.*) rapid ◊ *schnelles Wachstum* rapid growth

> **Fast** beschreibt vor allem Menschen und Dinge, die sich schnell bewegen (können): *a fast car.* **Quick** wird meist zur Beschreibung von schnellem Handeln oder schnellen Vorgängen verwendet: *a quick decision* ◊ *The disease spread quickly.* **Rapid** ist gehobener und beschreibt meist, wie schnell sich etwas verändert: *rapid progress.*

4 (*bald*) soon ◊ *Sie lebten sich schnell ein.* They soon settled in. ◊ *schneller als erwartet* sooner than expected **5** ◊ *Wie heißt sie noch schnell?* What's her name again?
Schnelldurchlauf ◊ *Die Jury hörte sich die Songs noch einmal im Schnelldurchlauf an.* The jury listened again to a quick run-through of the songs.
schnellen 1 (*springen*) leap* **2 in die Höhe schnellen** (*Hund etc.*) leap into the air; (*Preise, Aktien, Kurse*) shoot up
Schnellhefter loose-leaf binder
Schnelligkeit speed ◊ *mit erstaunlicher Schnelligkeit fahren* drive at an amazing speed ◊ *Sie räumte mit erstaunlicher Schnelligkeit auf.* She tidied up amazingly quickly.
Schnell- Schnellimbiss snack bar **schnelllebig** (*Zeit*) fast-moving **Schnellreinigung** express dry cleaner's **Schnellstraße** dual carriageway, (*AmE*) divided highway **Schnellverfahren 1** high-speed process; *im* ~ at high speed **2** (RECHT) summary proceedings [*Pl*] **3** (*in der Verwaltung etc.*) fast-track procedure **Schnellzug** fast train
Schnippchen *jdm ein* ~ **schlagen** put* one over sb (*umgs*)
schnippen, schnipsen 1 (*Asche, Krümel etc.*) flick ◊ *Sie schnippte die Asche in den Aschenbecher.* She flicked the ash into the ashtray. **2 mit der Schere** ~ snip* (with the scissors); **mit den Fingern** ~ click your fingers; (*gebieterisch*) snap* your fingers
Schnipsel scrap, bit
Schnitt 1 (MED) incision ◊ *Woher hast du denn den Schnitt im Finger?* How did you get that cut on your finger? **2** (*Haar-*) (hair)cut; (*Kleider-*) cut ◊ *ein guter Schnitt* a good cut ◊ *ein kurzer/neuer Schnitt* a short/new haircut **3** (*von Gras*) cut; (*von Bäumen etc.*) pruning [*U*] **4** (*Film, Tonband*) editing [*U*] ◊ *beim Schnitt* during editing ◊ *Diese Szene ist dem Schnitt zum Opfer gefallen.* That scene was cut. **5** (*Schnittmuster*) (paper) pattern **6** (*Quer-*) (cross) section ◊ *etw im Schnitt darstellen* show something in (cross) section **7** (*Durch-*) average; *im* ~ on average ◊ *einen Schnitt von 120 fahren* drive at an average speed of 120 ◊ *unter/über dem Schnitt liegen* be below/above average
Schnittblume cut flower
Schnitte 1 (*Scheibe*) slice **2** (*belegt*) open sandwich; (*zusammengeklappt*) sandwich ◊ *eine Schnitte mit Käse* a cheese sandwich ◊ *eine Schnitte mit Marmelade* a slice of bread and jam **3** (*Waffel*) wafer (biscuit)
Schnitt- Schnittlauch chives [*Pl*] **Schnittmenge** intersection **Schnittmuster** (paper) pattern **Schnittpunkt** (point of) intersection **Schnittstelle** (COMP) interface **Schnittwunde** cut

Schnitzel 1 escalope ◇ *Wiener Schnitzel* Wiener schnitzel **2** (*Schnipsel*) scrap, bit
schnitzen carve ◇ *Er schnitzte Tiere.* He carved animals. ◇ *Sie kann gut schnitzen.* She does good carvings.
Schnitzer (*Fehler*) blunder; (*im Benehmen*) faux pas* ◇ *ein grober Schnitzer* a terrible blunder ◇ *Mit dieser Bemerkung leistete sie sich einen groben Schnitzer.* She really put her foot in it when she said that.
Schnitzer(in) woodcarver ☛ G 2.2d
Schnitzerei woodcarving
schnöde 1 (*nichtswürdig*) despicable (*Adv* despicably) ◇ *Er ließ sie schnöde im Stich.* It was despicable the way he left her in the lurch. ◇ *der schnöde Mammon* filthy lucre ◇ *schnöde Habgier* sheer greed **2** (*einfach*) mere (*nur vor Nomen*) ◇ *Mein Auto ist nicht nur ein schnöder fahrbarer Untersatz.* My car is more than a mere means of transport.
Schnorchel snorkel ◇ *mit Schnorchel tauchen* go snorkelling
schnorcheln snorkel*, go* snorkelling
Schnörkel scroll, flourish; **ohne ~** plain, unfussy
schnörkellos plain, simple (*Adv* simply); (*klar*) clear (*Adv* clearly)
schnorren (*etw*) (**bei/von jdm**) **~** cadge (sth) (off sb) ◇ *Sie schnorrt häufig bei ihren Freunden Zigaretten.* She's always cadging cigarettes off her friends.
Schnorrer(in) freeloader
schnüffeln 1 sniff; **an etw ~** sniff (at) sth ◇ *Der Hund schnüffelte an dem Knochen.* The dog sniffed at the bone. ◇ *Klebstoff schnüffeln* sniff glue **2** (**in etw**) **~** (*spionieren*) snoop around (in sth)
Schnüffler(in) 1 snooper, (*BrE auch*) Nosey Parker (*umgs*) **2** (*Klebstoff-*) (glue) sniffer
Schnuller dummy*, (*AmE*) pacifier
Schnupfen cold ◇ *Er hat Schnupfen.* He's got a cold. ◇ *Ich habe mir einen Schnupfen geholt.* I caught a cold.
Schnupperkurs taster course
schnuppern 1 sniff; **an jdm/etw ~** sniff (at) sb/sth **2** (*kennen lernen*) get* a taste of *sth* ◇ *Sie konnten in die Büros schnuppern.* They were able to get a taste of office life. **3** *Landluft/Seeluft* **~** get* a breath of country air/sea air; *Zirkusluft* **~** get* a whiff of the circus
Schnur 1 (*Faden*) string; (*Stück*) piece of string ◇ *Ich brauche eine Schnur.* I need some string/a piece of string. **2** (*Zelt-*) guy **3** (*Kabel*) flex
Schnürchen IDM **wie am Schnürchen laufen/klappen** go* like clockwork
schnüren 1 (*Paket*) tie* *sth* up; (*Schuhe, Mieder*) lace up ◇ *Er hat die Zeitungen zu einem Paket geschnürt.* He tied the newspapers up in a bundle. ◇ *Sie schnürte sich die Stiefel.* She laced her boots up. **2** *etw auf etw* **~** tie* sth to sth ◇ *Sie schnürte das Packet auf ihr Fahrrad.* She tied the parcel on her bicycle.
schnurgerade dead straight ◇ *Die Autobahn verläuft schnurgerade in Richtung Stuttgart.* The motorway goes in a dead straight line towards Stuttgart.
schnurlos cordless
Schnurrbart moustache, (*AmE*) mustache
schnurren 1 (*Katze*) purr **2** (*Kühlschrank, Maschine*) hum*; (*Kamera, Ventilator*) whirr*
Schnür- Schnürsenkel shoelace ◇ *sich die Schnürsenkel zubinden* tie your shoelaces ◇ *Vorsicht, deine Schnürsenkel sind auf!* Careful, your shoelaces are undone! **Schnürstiefel** lace-up boot
schnurstracks straight ◇ *Wir gingen schnurstracks nach Hause.* We went straight home.
Schock shock ◇ *einen Schock bekommen* get a shock ◇ *Das war ein schwerer Schock für ihn.* It came as a great shock to him. ◇ *Das hat ihr einen großen Schock versetzt.* It was a terrible shock for her. ◇ *sich von dem Schock erholen* get over the shock ☛ *Im medizinischen Sinne ist* **shock** *nicht zählbar: die Behandlung von Schocks* the treatment of shock. ◇ *Er steht noch unter Schock.* He is still suffering from shock.
schocken shock ◇ *Der Bericht schockte die Öffentlichkeit.* The report shocked the public. ◇ *ihre geschockten Eltern* her shocked parents ◇ *die geschockten Überlebenden* the survivors, who were suffering from shock

schockieren shock ◇ *Es hat uns schockiert, wie arm sie waren.* We were shocked at how poor they were. ◇ *Ich war über die Entscheidung schockiert!* I was really shocked at the decision.
Schöffe, Schöffin ≈ magistrate ◇ *zum Schöffen berufen werden* be appointed as a magistrate
Schöffengericht ≈ magistrate's court
Schokolade 1 chocolate ◇ *eine Tafel Schokolade* a bar of chocolate ◇ *ein Riegel Schokolade* a chocolate bar ◇ *ein Fisch aus Schokolade* a chocolate fish **2** (*Getränk*) hot chocolate
Schokoladenseite best side
Scholle 1 (*Fisch*) plaice* **2** (*Eis-*) floe **3** (*Boden*) land
schon 1 (*bereits*) already; (*in Fragen*) yet (*oft nicht übersetzt*) ◇ *Ich habe schon gegessen.* I've already eaten. ◇ *Als wir kamen, war er schon weg.* When we arrived, he had already left. ◇ *Diese Straße ist schon heute überlastet, wie soll das erst in 20 Jahren werden?* There is already too much traffic on this road, what will it be like in 20 years' time? ◇ *Das neue Haus soll schon im Sommer fertig sein.* The new house is supposed to be ready by the summer. ◇ *Hast du schon das Neueste gehört?* Have you heard the latest? ◇ *Das weiß ich schon.* I know.

> In Fragen wird „schon" mit **yet** übersetzt: *Schläft sie schon?* Is she asleep yet?
>
> Wenn die Frage jedoch Erstaunen ausdrückt, wird „schon" mit **already** übersetzt: *Was, sie schläft schon?* Is she asleep already?
>
> In Aussagesätzen, wenn „schon" die zusätzliche Bedeutung „früher als erwartet" hat, steht im englischen Satz **already** am Ende: *Sie ist schon da.* She's already here. ◇ *Sie ist schon da!* She's here already!
>
> In Ausdrücken mit **seit, wie lange** etc. wird **schon** meist nicht übersetzt, sondern im Englischen oft durch die Zeitform des Verbs ausgedrückt: *Wie lange wohnst du schon hier?* How long have you lived here? ◇ *Ich kenne sie schon seit zehn Jahren.* I've known her for ten years.

2 (*sogar*) even; (*allein*) just ◇ *schon als Kind* even as a child ◇ *Schon eine kleine Menge kann tödlich sein.* Even a small amount can be lethal. ◇ *Schon beim Gedanken daran wird mir schlecht.* Just thinking about it makes me feel sick. ◇ *schon von Anfang an* right from the start ◇ *Das war schon 1885 bekannt.* This was known as early as 1885. **3 ~ einmal** before; (*jemals*) ever ◇ *Das hab ich schon einmal versucht.* I've tried that before. ◇ *Warst du schon einmal in London?* Have you ever been to London? **4** (*zur Einschränkung*) of course; (*als Zustimmung*) yes ◇ *Das ist schon möglich, aber unwahrscheinlich.* It's possible of course, but unlikely. ◇ *Teuer ist es schon, aber es gefällt mir.* Yes, it is expensive, but I like it. **5** (*in rhetorischen Fragen*) ◇ *Zweitausend, was ist das schon?* What's two thousand anyway? ◇ *Was verstehst du schon davon?* What do you know about it? ◇ *„Wer hat das gemacht?"„Na wer schon!"* 'Who did that?' 'Who do you think?' **6** (*zur Verstärkung*) (*oft nicht übersetzt*) ◇ *Ich komme ja schon!* All right, I'm coming! ◇ *Schon wieder!* Not again! ◇ *Na wenn schon!* So what? ◇ *Jetzt ist das Fahrrad schon wieder kaputt!* The bike's broken again! ◇ *Es wäre schon gut, wenn sie käme.* It would be good if she came. ◇ *Wenn du dich so anstellst, bekommst du es schon gar nicht.* You certainly won't get it if you make such a fuss. ◇ *Wenn es doch schon vorbei wäre!* If only it were over! ◇ *So geht es schon gar nicht!* That's even worse! ◇ *Das könnte sich schon bald ändern.* That could soon change. ◇ *Er schaffte es schon beim ersten Mal.* He did it first time. ◇ *Das hättest du schon früher tun können.* You could have done that earlier. ◇ *Das habe ich ihn schon oft gefragt.* I've often asked him that. ◇ *Sie kommt schon morgen.* She's coming tomorrow. ◇ *Das war schon immer so.* It's always been like that. **7** (*zur Aufmunterung, Beruhigung*) (*oft nicht übersetzt*) ◇ *Das schaffst du schon!* Don't worry, you'll manage! ◇ *Schon gut!* It's all right! ◇ *Ich weiß schon.* I know, I know. **8** (*als Aufforderung*) then ◇ *Nun komm schon!* Come on then! ◇ *Mach schon!* Hurry up! IDM ⇒ MACHEN *und* WENN
schön 1 beautiful (*Adv* beautifully) ◇ *eine schöne Frau/Aussicht* a beautiful woman/view ◇ *Das sieht schön aus.* It looks beautiful. ◇ *schön eingerichtet* beautifully furnished ◇ *Sie hat sehr schön gesungen.* She sang beautifully.

schonen

◊ *ein schöner Mann* a handsome man ◊ *sich schön anziehen/machen* get dressed up **2** (*angenehm*) nice; (*stärker*) lovely ◊ *Ein schönes Wochenende!* Have a nice weekend! ◊ *Es wäre schön, wenn du länger bleiben könntest.* It would be nice if you could stay longer. ◊ *Hier ist es schön warm.* It's nice and warm in here. ◊ *Es war ein schöner Abend.* It was a lovely evening. ◊ *ein schöner, warmer Tag* a lovely warm day ◊ *ein schönes Erlebnis* a wonderful experience ◊ *Das war eine schöne Zeit.* They were good times. ◊ *War es schön bei Peter?* Did you have a good time at Peter's? ◊ *Am schönsten ist es, wenn ich mit dir allein bin.* It's best when we're alone together. ◊ *Das Schöne daran ist ...* The good thing about it is ... ☛ *Hinweis bei* NICE **3** (*ziemlich*) quite ◊ *Es hat ganz schön lange gedauert.* It took quite a while. ◊ *ganz schön teuer/schwer* pretty expensive/difficult **4** (*beträchtlich*) ◊ *Das war ein schönes Stück Arbeit.* It was a lot of work. ◊ *Du hast mir einen schönen Schrecken eingejagt!* You gave me a real fright! **5** (*ironisch*) fine ◊ *eine schöne Bescherung* a fine mess ◊ *Das sind ja schöne Aussichten!* That's a fine prospect! IDM *das ist alles schön und gut, aber ...* that's as may be, but ... **na schön** all right then ◊ *Na schön, du darfst zu der Party gehen.* All right then, you can go to the party. **wie man so schön sagt**; **wie es so schön heißt** as they say **zu schön, um wahr zu sein** too good to be true

schonen 1 (*schützen*) protect; (*sparen*) save ◊ *die Umwelt schonen* protect the environment ◊ *die Trinkwasservorräte schonen* save water ◊ *die Bremsen schonen* go easy on the brakes ◊ *Ich muss meine Gesundheit schonen.* I need to rest. ◊ *die Nerven schonen* avoid stress ◊ *seine Kräfte schonen* conserve your energy ◊ *Du musst dein Knie schonen.* You need to rest your knee. **2 sich ~** ◊ *Du solltest dich mehr schonen.* You should take better care of yourself. ◊ *Sie muss sich noch schonen.* She still has to take things easy. ◊ *Sie schonen sich fürs Zeitfahren.* They're saving themselves for the time trial. **3 jdn ~** (*nicht kränken*) spare sb's feelings; (*nicht angreifen*) spare sb ◊ *Ich wollte dich schonen.* I wanted to spare your feelings. ◊ *die Frauen und Kinder schonen* spare the women and children

schonend gentle (*Adv* gently) ◊ *schonende Gymnastik* gentle exercises ◊ *Wir haben ihn schonend auf die Nachricht vorbereitet.* We broke the news to him gently. ◊ *die Möbel schonend behandeln* treat the furniture with care ◊ *eine schonende Bewirtschaftung des Landes* environmentally friendly agriculture ◊ *Wir müssen schonender mit der Natur umgehen.* We need to do more to protect the environment.

Schonfrist period of grace

Schönheit beauty* ◊ *die Schönheit der Landschaft* the beauty of the landscape ◊ *eine richtige Schönheit* a real beauty ◊ *die Schönheiten der Natur* the beauties of nature ◊ *die verborgenen Schönheiten dieser Inseln* the mysterious charms of these islands

Schönheits- Schönheitschirurg(in) plastic surgeon ☛ G 2.2d **Schönheitschirurgie** cosmetic surgery **Schönheitsfehler** flaw ◊ *Geschirr mit kleinen Schönheitsfehlern* china with slight flaws ◊ *Der Plan hat mehrere Schönheitsfehler.* There are several flaws in the plan. **Schönheitsideal** ideal of beauty

Schonkost light diet ◊ *jdn auf Schonkost setzen* put sb on a light diet

Schonung 1 rest; (*Umwelt*) protection; (*Ressourcen*) saving ◊ *Der Patient braucht noch etwas Schonung.* The patient still needs rest. **2** (*Waldgebiet*) plantation

schonungslos merciless (*Adv* mercilessly); (*Kritik, Kritiker*) fierce (*Adv* fiercely); (*Anklage, Analyse*) scathing ◊ *ein schonungsloser Angriff* a merciless attack ◊ *mit schonungsloser Offenheit* with brutal frankness

Schonzeit 1 close season, (*AmE*) off season ◊ *Für Rehe ist jetzt Schonzeit.* It's the close season for deer. **2** (*fig*) honeymoon (period)

Schopf mop of hair ◊ *sein roter Schopf* his mop of red hair IDM ⇨ GELEGENHEIT

schöpfen 1 (*mit der Hand*) scoop; (*mit der Kelle*) ladle; (*aus dem Brunnen*) draw* ◊ *Suppe auf den Teller schöpfen* ladle soup into the plate ◊ *Wasser aus einem Boot schöpfen* bale out a boat **2 aus etw ~** draw* on sth ◊ *Wir können nur aus einem kleinen Etat schöpfen.* We have only a small budget to draw on. **3** (*mit bestimmten Nomina*) ◊ *Atem/Luft schöpfen* take a breath ◊ *frische Luft schöpfen* get a breath of fresh air ◊ *Mut schöpfen* summon up courage ◊ *aus etw Kraft schöpfen* draw strength from sth ◊ *Verdacht schöpfen* become suspicious IDM ⇨ VOLL

Schöpfer(in) creator; (*Gott*) Creator

schöpferisch creative ◊ *der schöpferische Prozess* the creative process ◊ *Menschen, die schöpferisch tätig sind* creative people

Schöpfung 1 (*Kunstwerk*) work (of art); (*Mode*) creation ◊ *Eine dieser Schöpfungen steht im Museum.* One of these works is in the museum. ◊ *Der Name war seine Schöpfung.* He thought up the name. **2** (*erschaffene Welt*) creation **3** (*Erschaffung der Welt*) Creation

Schoppen 1 (*Wein*) ≈ a large glass of wine **2** (*Bier*) ≈ a pint of beer

Schorf scab ◊ *Auf der Wunde bildete sich Schorf.* A scab formed on the wound.

Schorle **saure ~** spritzer; **süße ~** = mixture of wine and lemonade; (*Saft-*) = mixture of fruit juice and mineral water

Schornstein chimney; (*Schiff, Lokomotive*) funnel IDM *etw in den Schornstein schreiben* kiss goodbye to sth

Schornsteinfeger(in) chimney sweep ☛ G 2.2d

Schoß 1 lap ◊ *Sie hatte ihre Handarbeit auf dem Schoß.* She had her sewing on her lap. ◊ *Sie setzte sich auf seinen Schoß.* She sat on his knee. **2** (*Mutterleib*) womb **3** (*Schutz*) bosom ◊ *Er kehrte in den Schoß der Familie zurück.* He returned to the bosom of his family. IDM *etw fällt jdm in den Schoß* sth is handed to sb on a plate ☛ *Siehe auch* HAND

Schote pod ◊ *Erbsen aus den Schoten lösen* shell peas ☛ *Siehe auch* PAPRIKASCHOTE

Schotte, Schottin Scot ◊ *Sie ist Schottin.* She's a Scot. ☛ **She's Scottish** *ist auch möglich. Vorsicht: das Nomen* **Scotch** *bezieht sich auf den Whisky, und* **Scots** *bezeichnet die in Schottland gesprochene, dem Englischen eng verwandte, Sprache.* ☛ *Siehe auch* S. 767

Schottenmuster tartan **Schottenrock** kilt

Schotter (*Straßenbelag, Eisenbahn*) (stone) chippings [Pl]; (*Straßenbau*) (road) metal

Schottin ⇨ SCHOTTE

schraffiert shaded; (*kreuzweise*) cross-hatched

schräg 1 *Adj* (*schief*) sloping ◊ *schräge Wände* sloping walls **2** *Adv* at an angle ◊ *Der Tisch steht schräg im Zimmer.* The table is at an angle (to the wall). ◊ *schräg parken* park at an angle to the road ◊ *mit schräg geneigtem Kopf* with your head on one side **3** *Adv* (*nicht gerade*) diagonally ◊ *Er saß mir schräg gegenüber.* He was sitting diagonally across from me. ◊ *Wir wohnen schräg gegenüber der Schule.* We live almost opposite the school. **4** *Adj* (*seltsam, skurril*) weird ◊ *sein schräger Humor* his weird sense of humour ◊ *ein schräger Vogel* an oddity **5** *Adv* ◊ *jdn schräg ansehen* look askance at sb

Schräge slope ◊ *eine Schräge von 45°* a slope of 45° ◊ *ein Dachzimmer mit Schrägen* an attic with sloping walls ◊ *eine leichte Schräge haben* slope slightly ◊ *Die Autos fahren über eine Schräge auf den Zug.* The cars drive up a ramp onto the train.

Schräg- Schräglage tilt; (*Schiff*) list (*meist mit einem Verb übersetzt*) ◊ *Die Ladung rutschte in eine Schräglage.* The load tilted. ◊ *Das Schiff hatte Schräglage.* The ship was listing. ◊ *Der Wagen raste um die Kurve und bekam so viel Schräglage, dass er sich überschlug.* The car took the bend at such an angle that it overturned. **Schrägstrich** slash

Schramme scratch; (*Haut*) graze

schrammen scrape; (*Haut*) graze ◊ *Das Auto schrammte an der Wand entlang.* The car scraped along the wall. ◊ *sich das Knie schrammen* graze your knee ◊ *Er hat mit seinem Fahrrad ein Auto geschrammt.* He scratched a car with his bike.

Schrank cupboard; (*Kleider-*) wardrobe, (*AmE*) closet; (*Bücher-*) bookcase; (*Wohnzimmer-*) wall unit; (*Einbau-*) fitted cupboard; (*für Kleider*) built-in wardrobe, (*AmE*) closet; (*Spind*) locker IDM ⇨ TASSE

Schranke 1 (*Absperrung*) barrier (*auch fig*) ◊ *soziale Schranken abbauen* break down social barriers **2** (*Grenze*) boundary* ◊ *moralische Schranken* moral boundaries ◊ *Ihrer Fantasie sind keine Schranken gesetzt.* Their imagination is given free rein. IDM *jdn in die Schranken weisen* put* sb in their place

schrankenlos 1 (*Freiheit, Recht*) absolute; (*Begeisterung*) boundless; (*Macht*) arbitrary (*gehoben*) **2** (*offen*) ◇ *der schrankenlose Binnenmarkt in Europa* the open European market

Schrankwand wall unit

Schraube 1 (*mit Spitze*) screw (*ohne Spitze*) bolt ◇ *eine Schraube anziehen/lockern* tighten/loosen a screw **2** (*Propeller*) propeller **3** (SPORT) twist [IDM] **bei jdm ist eine Schraube locker** sb has a screw loose

schrauben 1 screw ◇ *ein Regal an die Wand schrauben* screw a shelf to the wall ◇ *den Deckel auf die Flasche schrauben* screw the lid back on to the bottle ◇ *den Deckel von der Flasche schrauben* unscrew the bottle top **2 etw höher/niedriger ~** turn sth to raise/lower it **3** (*fig*) ◇ *seine Ansprüche in die Höhe schrauben* raise your sights ◇ *Die Anforderungen werden immer höher geschraubt.* The demands are getting greater all the time. ◇ *die Preise nach unten schrauben* bring prices down

Schrauben- Schraubenschlüssel wrench, (*BrE auch*) spanner **Schraubenzieher** screwdriver

Schraubverschluss screw top

Schrebergarten ≈ allotment

Schreck (*Angst*) fright; (*unangenehme Überraschung*) shock ◇ *Du hast mir einen Schreck eingejagt!* You gave me a fright! ◇ *Vor Schreck ließ er das Glas fallen.* He dropped the glass in fright. ◇ *Von dem Schreck muss ich mich erst erholen!* I haven't got over the shock yet! ◇ *Der Schreck steckt ihr noch in den Gliedern.* She still hasn't recovered from the shock. ◇ *Er war vor Schreck wie gelähmt.* He froze with terror. [IDM] **Ach du Schreck!** Oh no!; Oh God! ☛ *Hinweis bei* GOD

schrecken 1 worry* ◇ *Die Gefahr schreckte sie nicht.* The danger didn't worry her. **2 aus dem Schlaf ~** wake* with a start; **jdn aus dem Schlaf ~** startle sb from sleep

Schrecken 1 (*Schreck*) fright ◇ *jdm einen Schrecken einjagen* give sb a fright ◇ *Der Fahrer kam mit dem Schrecken davon.* The driver escaped without injury. ◇ *Mit Schrecken stellte er fest, dass das Geld weg war.* To his horror he found the money had disappeared. **2** (*Wirkung*) horror, terror ◇ *die Schrecken des Krieges* the horrors of the war ◇ *Die Krankheit hat ihren Schrecken verloren.* The disease has lost its terror. **3** (*Mensch etc.*) terror ◇ *Sie ist der Schrecken der ganzen Schule.* She is the terror of the school.

Schreckensherrschaft reign of terror

schreckhaft nervous (*Adv* nervously), jumpy ◇ *Das Tier war sehr schreckhaft.* The animal was very nervous. ◇ *Er zuckte schreckhaft zusammen.* He jumped.

schrecklich terrible (*Adv* terribly) ◇ *Das ist ja schrecklich!* But that's terrible! ◇ *Sie haben Schreckliches durchgemacht.* Terrible things have happened to them. ◇ *schrecklich kalt* terribly cold ◇ *Es tut mir schrecklich Leid.* I'm terribly sorry. ◇ *Ich habe schrecklichen Hunger.* I'm terribly hungry. ◇ *Sie hat sich schrecklich benommen.* She behaved very badly. ◇ *Er hat sich schrecklich geärgert.* He was extremely annoyed.

Schreck- Schreckschusspistole blank pistol **Schrecksekunde** ◇ *Nach einer kurzen Schrecksekunde sprang er zur Seite.* He froze for a moment and then jumped out of the way.

Schrei (*hallend*) shout; (*spitz*) shriek; (*aus Angst*) scream ◇ *die Schreie der Möwen* the cries of the gulls ◇ *ein Schrei der Entrüstung* a cry of outrage ◇ *einen spitzen Schrei ausstoßen* give a shriek ◇ *ein erstickter Schrei* a stifled scream ◇ *die Schreie der Affen* the chatter of the monkeys [IDM] **der letzte/neueste Schrei** the latest thing

schreiben 1 write* ◇ *schreiben lernen* learn to write ◇ *einen Aufsatz über Napoleon schreiben* write an essay on Napoleon ◇ *Dieser Füller schreibt gut.* This pen is nice to write with. ◇ *Ich habe nichts zum Schreiben dabei.* I haven't got anything to write with. ◇ *Sie schrieb mir, dass sie nicht kommt.* She wrote and told me she wasn't coming. ◇ *die Musik zu einem Fernsehspiel schreiben* write the music for a television play ◇ *Sie hat drei Stunden an dem Aufsatz geschrieben.* She spent three hours on the essay. ◇ *schön schreiben* have good handwriting ◇ *Sie schreibt unleserlich.* Her writing is illegible. ◇ *Was hast du zu Frage 2 geschrieben?* What did you put for Question 2? ◇ *eine Klassenarbeit schreiben* do a test ☛ *Siehe auch* KRANKSCHREIBEN *und* GROSSSCHREIBEN ☛ *Hinweis bei* WRITE **2** spell* ◇ *Wie schreibt man Ihren Namen?* How do you spell your name?

[IDM] ⇨ ENDE, KAMIN, REIN[1], SAGEN, SCHORNSTEIN *und* STERN

Schreiben letter ◇ *Ihr Schreiben vom 4.11.* your letter dated 4 November

schreib- schreibfaul bad* about writing letters **schreibgeschützt** (COMP) write-protected **Schreibkraft** clerical assistant, typist ◇ *Schreibkräfte* clerical staff **Schreibmaschine** typewriter ◇ *Kannst du Schreibmaschine schreiben?* Can you type? **Schreibpapier** paper; (*Brief-*) writing paper **Schreibtisch** desk

Schreibung spelling

Schreib- Schreibwaren stationery [U] **Schreibwarenhandlung** stationer's ☛ *Hinweis bei* BAKER **Schreibweise** spelling

schreien 1 (*rufen*) shout; (*heftiger*) scream; **nach jdm ~** cry* for sb; **nach etw ~** clamour for sth ◇ *Wir mussten schreien, um uns verständlich zu machen.* We had to shout to make ourselves heard. ◇ *um Hilfe schreien* shout/scream for help ◇ *Das Kind schrie nach seiner Mutter.* The child was crying for its mother. ◇ *Sie schrien nach Gummibärchen.* They were clamouring for jelly babies. **2** (*weinen*) cry*; (*Schreie ausstoßen*) scream; (*Papagei*) screech; (*Affen*) shriek; **vor etw ~** scream with sth ◇ *sich heiser schreien* scream yourself hoarse ◇ *Sie schrie vor Schmerz.* She was screaming with pain. ◇ *Das Baby schrie vor Müdigkeit.* The baby was screaming because she was so tired. ◇ *Das Publikum schrie vor Lachen.* The audience screamed with laughter. **3 nach etw ~** (*fordern*) demand sth; (*dringend nötig haben*) be crying out for sth ◇ *Das Volk schrie nach Gerechtigkeit.* The people were demanding justice. ◇ *Die Fabriken schreien nach Arbeit.* The factories are crying out for work. ◇ *Das alte Bauernhaus schreit nach einer Renovierung.* The old farmhouse is in urgent need of restoration. [IDM] **zum Schreien sein** be hilarious ☛ *Siehe auch* HIMMEL, KEHLE, LUNGE *und* SPIESS

schreiend 1 (*ins Auge fallend*) garish ◇ *schreiend blau* garish blue **2** (*skandalös*) glaring ◇ *eine schreiende Ungerechtigkeit* a glaring injustice

Schrein shrine; (*Reliquien-*) reliquary*

Schreiner(in) ⇨ TISCHLER

schreiten 1 (*gehen*) walk; (*mit langen Schritten*) stride* ◇ *Sie schritten hinter dem Sarg her.* They walked behind the coffin. ◇ *Sie schritt über den Laufsteg.* She strode down the catwalk. ◇ *Der Tiger schreitet durch seinen Käfig.* The tiger paces up and down in its cage. **2 zu etw ~** *zur Tat schreiten* act ◇ *zur Abstimmung schreiten* proceed to a vote ◇ *zum Angriff schreiten* go on the offensive

Schrift 1 (*System*) script ◇ *die japanische Schrift* Japanese script **2** (*Geschriebenes*) writing; (*Aufschrift*) lettering; (*auf Denkmälern etc.*) inscription ◇ *die Schrift an der Tafel* the writing on the blackboard ◇ *die rote Schrift auf dem Plakat* the red lettering on the poster ◇ *die verwitterte Schrift auf dem Grabstein* the worn inscription on the gravestone **3** (*Hand-*) (hand)writing ◇ *Sie hat eine ordentliche Schrift.* She has neat handwriting. ◇ *Seine Schrift ist unleserlich.* His writing is illegible. **4** (*Schriftart*) typeface ◇ *Was für eine Schrift ist das?* What typeface is it? ◇ *in kursiver Schrift* in italics **5** (*Veröffentlichung*) publication; (*Broschüre*) leaflet; (*Unterlage*) document ◇ *Diese Schrift erscheint monatlich.* This publication is issued monthly. ◇ *eine Schrift des Ministeriums* a ministry leaflet ◇ *philosophische Schriften* philosophical works [IDM] **die (Heilige) Schrift** (Holy) Scripture

Schriftführer(in) secretary* ◇ *der Schriftführer des Vereins* the club secretary ◇ *bei einer Versammlung Schriftführer sein* take the minutes of a meeting

schriftlich 1 *Adj* written ◇ *eine schriftliche Prüfung* a written exam **2** *Adv* in writing ◇ *Hast du das schriftlich beantragt?* Have you applied in writing? ◇ *Diesen Teil bitte schriftlich bearbeiten.* Please give a written answer to this section.

Schrift- Schriftsprache written language ◇ *die heutige Schriftsprache* the written language of today ◇ *die englische Schriftsprache* written English **Schriftsteller(in)** ☛ G 2.2d **Schriftstück** document **Schriftzeichen** character **Schriftzug** (*Aufschrift*) lettering [U]; (*Logo*) logo* ◇ *ein roter Schriftzug* red lettering ◇ *der Schriftzug der Firma* the company logo ◇ *der Schriftzug auf dem Schild* the words on the sign

schrill 1 (*Schrei, Ton*) shrill (*Adv* shrilly) **2** (*Farbe, Krawatte etc.*) loud

Schritt 1 step; (*groß*) stride ◇ *ein kleiner Schritt* a small step ◇ *einen Schritt nach vorne machen* take a step forward ◇ *Er ging schnellen Schrittes nach Hause.* He strode briskly home. ◇ *einen Schritt zur Seite gehen* step aside ◇ *Könntest du einen Schritt schneller gehen?* Could you walk a bit faster? ◇ *ein paar Schritte von ihr entfernt* a few feet away from her **2** (*Geräusch*) footstep ◇ *Er hörte Schritte.* He could hear footsteps. ◇ *Ich habe dich am Schritt erkannt.* I recognized the sound of your footsteps. **3** (*bei Pferden*) walk ◇ *im Schritt gehen* walk **4** (*bei Autos*) walking pace ◇ (*im*) *Schritt fahren* travel at walking pace **5** (*Handlung*) step ◇ *Was ist jetzt der nächste Schritt?* What's the next step? ◇ *einen Schritt weiterkommen* make progress ◇ *rechtliche Schritte einleiten* start legal action **IDM** *auf Schritt und Tritt* wherever you go* **den zweiten Schritt vor dem ersten tun** put* the cart before the horse **der erste Schritt** the first move ◇ *den ersten Schritt tun* make the first move **einen Schritt zu weit gehen** overstep* the mark (**mit** *jdm/etw*) **Schritt halten** keep* up (with sb/sth) ◇ *Sie kann kaum mit dir Schritt halten.* She can't keep up with you. ◇ *mit der Inflation Schritt halten* keep pace with inflation **Schritt für Schritt** step by step **Schrittmacher** (MED, SPORT) pacemaker **Schritttempo** walking pace ◇ *im Schritttempo fahren* drive at walking pace ◇ *Es ging nur im Schritttempo voran.* The traffic was crawling along.

schrittweise 1 *Adj* gradual ◇ *eine schrittweise Steigerung der Dosis* a gradual increase in the dose **2** *Adv* in stages ◇ *die Bahn schrittweise privatisieren* privatize the railways in stages ◇ *etw schrittweise einführen* phase sth in

schroff 1 (*barsch*) abrupt (*Adv* abruptly); (*kurz angebunden*) curt (*Adv* curtly) **2** (*plötzlich*) abrupt (*Adv* abruptly) ◇ *ein schroffes Ende* an abrupt end ◇ *schroffe Gegensätze* stark contrasts **3** (*steil*) steep (*Adv* steeply) ◇ *die schroffe Steilküste* the steep cliffs

schröpfen rip* *sb* off (*umgs*) ◇ *Ich habe mich ganz schön schröpfen lassen.* I was really ripped off.

Schrott 1 scrap metal ◇ *mit Schrott handeln* deal in scrap metal ◇ *als Schrott verkauft werden* be sold for scrap **2** (*unnützes Zeug*) junk ◇ *Dieses Schrott solltest du endlich wegwerfen.* You ought to get rid of that junk! ◇ *Dieses Radio ist doch der letzte Schrott!* This radio is useless! **3** (*Unsinn*) rubbish ◇ *Der redet einen ganz schönen Schrott!* What a load of rubbish he talks! **IDM** *etw zu Schrott fahren* smash sth up

Schrottauto wrecked vehicle; (*noch fahrbar*) old banger **Schrotthändler(in)** scrap dealer → G 2.2d **Schrottplatz** scrap yard **schrottreif** fit for the scrap heap (*nicht vor Nomen*) ◇ *ein schrottreifes Fahrrad* a bicycle which is only fit for the scrap heap ◇ *ein Auto schrottreif fahren* smash up a car

schrubben scrub*

Schrubber deck scrubber, long-handled scrubbing-brush

Schrulle 1 (*Angewohnheit*) quirk; (*Einfall*) funny idea ◇ *eine harmlose Schrulle* a harmless quirk ◇ *Sie hat nichts als Schrullen im Kopf.* She has some funny ideas. **2** (*Frau*) dotty old woman ◇ *Das ist vielleicht eine Schrulle!* She's a bit dotty.

schrullig 1 (*Mensch*) odd ◇ *ein schrulliger Kauz* an odd bird **2** (*Angewohnheit, Art*) peculiar ◇ *Sie hat so einige schrullige Angewohnheiten.* She's got some peculiar habits.

schrumpfen 1 (*sich zusammenziehen*) shrink*; (*Obst*) shrivel* up; (*Metall*) contract **2** (*sich vermindern*) dwindle ◇ *Die Schülerzahlen sind geschrumpft.* Pupil numbers have dwindled. ◇ *Die Regenwaldgebiete sind erheblich geschrumpft.* There has been a marked decline in the areas of rainforest.

Schub 1 (*Schubkraft*) thrust **2** (*Anstoß*) boost ◇ *Das hat ihm einen Schub gegeben.* It gave him a boost. **3** (*einer Krankheit*) stage ◇ *Die Krankheit tritt in Schüben auf.* The illness progresses in stages. ◇ *depressive Schübe* depressive episodes **4** (*Gruppe*) batch ◇ *Jetzt können wir den nächsten Schub reinlassen.* We can let the next batch in now.

Schubkarre wheelbarrow **Schubkraft** ⇨ SCHUB (1) **Schublade 1** drawer **2** (*Kategorie*) ◇ *Sie passt in keine Schublade.* She's difficult to pigeon-hole. ◇ *jdn in eine Schublade stecken* pigeon-hole sb

Schubs push; (*stärker*) shove

schubsen push; (*stärker*) shove ◇ *Er hat mich geschubst!* He pushed me! ◇ *Schubst euch nicht!* Don't push!

schüchtern 1 (*scheu*) shy (*Adv* shyly) ◇ *Er wirkt sehr schüchtern.* He seems very shy. **2** (*zaghaft*) tentative (*Adv* tentatively)

Schüchternheit shyness

schuften work (like a slave) ◇ *schwer schuften* work really hard ◇ *sich zu Tode schuften* work yourself to death ◇ *Sie hat ein Leben lang für ihre Familie geschuftet.* She slaved all her life for her family.

Schufterei hard work

Schuh shoe ◇ *ein Paar Schuhe* a pair of shoes **IDM** *jdn drückt der Schuh* something is bothering sb ◇ *Wo drückt (dich) der Schuh?* What's bothering you? **jdm etw in die Schuhe schieben** blame sb for sth **nicht in jds Schuhen stecken mögen** not want to be in sb's shoes ◇ *In ihren Schuhen möchte ich nicht gerade stecken!* I wouldn't like to be in her shoes! ← *Siehe auch* PAAR

Schuhcreme shoe polish; (*weich*) shoe cream, (*AmE*) shoeshine **Schuhgeschäft** shoe shop **Schuhgröße** shoe size ◇ *Welche Schuhgröße haben Sie?* What size shoes do you take? ◇ *Ich habe Schuhgröße 39.* I take size 39 shoes. **Schuhlöffel** shoehorn **Schuhsohle** sole ◇ *meine Schuhsohlen* the soles of my shoes

Schul- **Schulabgänger(in)** school-leaver, (*AmE*) graduate **Schulabschluss** school qualifications [Pl] ◇ *Jugendliche ohne Schulabschluss* young people who leave school with no qualifications ◇ *Welchen Schulabschluss haben Sie?* What exams have you passed? ◇ *nach dem Schulabschluss* after leaving school **Schulamt** education authority* **Schulanfang 1** (*nach den Ferien*) beginning of term ◇ *Wann ist bei euch Schulanfang?* When does your term begin? ◇ *Ihm fällt der Schulanfang schwer.* He finds it hard going back to school. **2** (*für Erstklässler*) first day at school ◇ *Alles Gute zum Schulanfang.* Good luck for your first day at school. **Schulanfänger(in)** child* who is starting school **Schularbeiten, Schulaufgaben** homework [U] ◇ *Mach deine Schularbeiten!* Do your homework! ◇ *Hast du Schulaufgaben auf?* Have you got any homework? ◇ *zu viele Schulaufgaben aufbekommen* get too much homework ◇ *Hat er euch Schulaufgaben aufgegeben?* Did he give you any homework? **Schulausflug** school trip ◇ *einen Schulausflug machen* go on a school trip **Schulbehörde** education authority* **Schulbildung** education ◇ *Hat er eine gute Schulbildung?* Did he have a good education? ◇ *eine abgeschlossene Schulbildung haben* have school qualifications **Schulbuch** school book **Schulbus** school bus

schuld (**an** *etw*) **~ sein** be to blame (for sth) ◇ *Wer war schuld?* Who was to blame? ◇ *Du bist selbst schuld, wenn du durch die Prüfung fällst.* It'll be your own fault if you fail the exam. ◇ *Ich bin nicht daran schuld, dass es schief gegangen ist.* It's not my fault it went wrong.

Schuld 1 (*Schuldigsein*) guilt ◇ *Er hat seine Schuld zugegeben.* He admitted his guilt. ◇ *Sie leugnet ihre Schuld.* She denies that she is guilty. ◇ *Die Schuld liegt bei Ihnen.* You are to blame. ◇ *Ich bin mir keiner Schuld bewusst.* I am not aware of having done anything wrong. ◇ *Er hat Schuld auf sich geladen, weil er nichts gesagt hat.* He is guilty because he kept quiet. ◇ *Seit ihrem Tod lastet auf uns allen eine schwere Schuld.* Since her death we are all burdened with a deep sense of guilt. **2** (*Verantwortung*) blame ◇ *Er hat die Schuld an dem Vorfall auf sich genommen.* He took the blame for what happened. ◇ *Er versucht ständig, die Schuld von sich abzuwälzen.* He always tries to put the blame onto other people. ◇ *Sie tragen die Schuld, wenn etwas passiert!* You'll be to blame if anything happens! ◇ *Dich trifft doch gar keine Schuld!* You are in no way to blame! ◇ *Sie gibt ihm die Schuld daran.* She blames him for it. ◇ *Such die Schuld nicht immer bei anderen!* Don't always try to blame other people! ◇ *Er hat Schuld an dem Unglück.* The accident was his fault. ◇ *Das ist deine eigene Schuld.* It's your own fault. ◇ *Das ist seine Schuld.* It's all his fault. ← *Siehe auch* SCHULDEN **IDM** *tief in jds Schuld sein/stehen* be deeply indebted to sb

Schuldbekenntnis admission of guilt ◇ *Das kommt einem Schuldbekenntnis gleich.* It amounts to an admission of guilt. ◇ *ein Schuldbekenntnis ablegen* admit your guilt

schuldbewusst guilty (*Adv* guiltily) ◊ *Er klang schuldbewusst.* He sounded guilty. ◊ *Sie sah mich schuldbewusst an.* She looked at me guiltily. ◊ *Er war ziemlich schuldbewusst.* He felt rather guilty.

schulden jdm etw ~ owe sb sth ◊ *Was schulde ich Ihnen?* How much do I owe you? ◊ *Du schuldest mir noch eine Erklärung!* You still owe me an explanation!

Schulden debts [Pl] **~ haben** be in debt ◊ *Schulden machen* run up debts ◊ *Hast du deine Schulden schon abbezahlt?* Have you paid off your debts yet? ◊ *Er hat hohe Schulden.* He is deeply in debt. ◊ *Er hat sich in Schulden gestürzt.* He got into debt. ◊ *Ich habe noch Schulden bei dir.* I still owe you money.

Schuldenberg mountain of debt **schuldenfrei** out of debt ◊ *Endlich sind wir schuldenfrei.* At last we are out of debt. ◊ *Die Firma ist nicht schuldenfrei.* The firm is in the red.

Schuldgefühl feeling of guilt

Schuldienst teaching ◊ *aus dem Schuldienst ausscheiden* leave teaching ◊ *im Schuldienst sein* be a teacher

schuldig 1 guilty ◊ *Der Angeklagte war nicht schuldig.* The accused was not guilty. ◊ *sich schuldig bekennen* plead guilty ◊ *Er wurde des Mordes schuldig erklärt.* He was found guilty of murder. ◊ *Sie wurde wegen Raubes schuldig gesprochen.* She was convicted of theft. ◊ *sich schuldig fühlen* feel guilty ◊ *Er hat sich der Erpressung schuldig gemacht.* He committed blackmail. **2** jdm etw ~ sein owe sb sth, owe sth to sb ◊ *Sie ist mir noch 50 Dollar schuldig.* She still owes me 50 dollars. ◊ *Das bin ich meiner Familie schuldig.* I owe that to my family. ◊ *Du bist mir noch eine Antwort schuldig.* You still haven't given me an answer. **3** (*gebührend*) due ◊ *jdm den schuldigen Respekt entgegenbringen* show sb due respect **IDM jdm nichts schuldig bleiben 1** (*mithalten können*) hold* your own ◊ *Trotz einer Verletzung blieb sie ihrer Gegnerin nichts schuldig.* Despite her injury, she was able to hold her own against her opponent. **2** (*jds Erwartungen erfüllen*) live up to sth ◊ *Sie sind ihrem Ruf nichts schuldig geblieben.* They lived up to their reputation. **3** (*etw gerecht werden*) do* sth justice ◊ *Die Musiker blieben dem Stück nichts schuldig.* The musicians did the piece justice. ☛ *Siehe auch* ANTWORT

Schuldige(r) person* responsible, guilty party* (*offiz*) ◊ *Die an dem Unfall Schuldigen wurden von der Polizei verhört.* The people responsible for the accident were questioned by the police. ◊ *Wer von euch ist der Schuldige?* Which of you is to blame?

Schuldigkeit duty ◊ *seine (Pflicht) und Schuldigkeit tun* do your duty

schuldlos blameless ◊ *Die Gewerkschaft war nicht ganz schuldlos.* The union was not totally blameless. ◊ *Sie waren an der Krise völlig schuldlos.* They were in no way to blame for the crisis.

Schuldner(in) debtor

Schuld- Schuldschein promissory note (*Fachspr*) **Schuldspruch** guilty verdict

Schule school ◊ *von der Schule abgehen* leave school ◊ *Er geht noch zur Schule.* He is still at school. ◊ *Sie ist Lehrerin an unserer Schule.* She's a teacher at our school. ◊ *vor/nach der Schule* before/after school ◊ *Wir haben morgen keine Schule.* There's no school tomorrow. ◊ *Sie ist sehr gut in der Schule.* She is doing very well at school. ◊ *die florentinische Schule* the Florentine school

> School benutzt man ohne Artikel, wenn man sich auf den Unterricht bezieht: *School starts at eight o'clock.* ◊ *Where do you go to school?* ◊ *What did you do at school today?* Wenn man von Schulbesuchen in einem anderen Zusammenhang spricht, verwendet man **the**: *John's mother had to go to the school to see his teacher.* ◊ *We went to a concert at the school.* A oder **the** werden auch gebraucht, wenn zusätzliche Informationen gegeben werden, z.B. wenn ein Adjektiv vor **school** steht: *The children go to the local school.* ◊ *He teaches at a school in Hull.* Das gleiche gilt für **college** und **university**. ☛ *Siehe auch* GEFÄNGNIS, KIRCHE *und* KRANKENHAUS

IDM alter Schule; der alten Schule of the old school ◊ *ein Kavalier der alten Schule* a gentleman of the old school **aus der Schule plaudern** tell* tales out of school **bei jdm in die Schule gegangen sein** be influenced by sb **Schule machen** be widely adopted; set* a trend ◊ *Das Modell sollte Schule machen.* This is a model that should be widely adopted.

schulen train ◊ *ein geschultes Auge* a trained eye

Schüler(in) 1 pupil; (*ältere auch*) student; (*Schüler*) schoolboy; (*Schülerin*) schoolgirl ◊ *eine Klasse mit 30 Schülern* a class of 30 pupils ◊ *Als Schüler bekommt man Ermäßigung.* There are reductions for schoolchildren. ◊ *Er ist ein guter Schüler.* He gets good marks at school. ◊ *Ich bin noch Schülerin.* I'm still at school. ☛ *Hinweis bei* STUDENT, S. 625. **2** (*Kunst, Wissenschaft*) pupil

Schüleraustausch school exchange **Schülerlotse, -lotsin** ≈ school crossing patrol, lollipop man*/lady* (*umgs*) ☛ *Hinweis bei* LOLLIPOP LADY **Schülermitverwaltung, Schülerrat, Schülervertretung** school council **Schülerzeitung** school magazine

Schul- Schulfach (school) subject **Schulferien** school holidays [Pl], (*AmE*) school vacation **schulfrei** ◊ *Heute ist schulfrei.* There's no school today. ◊ *schulfreie Tage* days when there is no school **Schulfreund(in)** school friend **Schulgeld** school fees [Pl] **Schulhof** school yard

schulisch school ◊ *Ihre schulischen Leistungen sind gut.* Her school work is good.

Schul- Schuljahr 1 school year **2** (*Jahrgangsstufe*) year ◊ *Er ist jetzt im zweiten Schuljahr.* He is now in his second year at school. **Schulkamerad(in)** school friend **Schulkind** schoolchild* **Schulklasse** class ☛ G 1.3b **Schulküche 1** school kitchen **2** (*Lehrküche*) cookery room **Schullandheim** = hostel in the country where school classes go to stay **Schulleiter(in)** head teacher **schulpflichtig** ◊ *ein Kind im schulpflichtigen Alter* a child of school age ◊ *In Deutschland sind die Kinder mit sechs schulpflichtig.* In Germany children have to attend school from the age of six. **Schulranzen** satchel **Schulsport** school sport **Schulsprecher(in)** student representative ☛ *Hinweis bei* HEAD BOY

Schulter shoulder ◊ *Er nahm das Kind auf die Schultern.* He lifted the child onto his shoulders. ◊ *Der Polizist packte den Dieb an den Schultern.* The police officer grabbed the thief by the shoulder. ◊ *mit den Schultern zucken* shrug your shoulders **IDM etw auf die leichte Schulter nehmen** take* sth lightly **auf jds Schultern ruhen/lasten** rest on sb's shoulders **jdm die kalte Schulter zeigen** give* sb the cold shoulder **Schulter an Schulter** shoulder to shoulder (*auch fig*) **jdm über die Schulter schauen** look over sb's shoulder

Schulterblatt shoulder blade **schulterfrei** off-the-shoulder ◊ *ein schulterfreies Kleid* an off-the-shoulder dress **Schultergelenk** shoulder joint **schulterlang** shoulder-length **Schulterschluss** solidarity [U]; (*Zusammenarbeit*) collaboration

Schultüte = conical carton of sweets given to children on their first day at school

Schulung 1 training [U] **2** (*Lehrgang*) (training) course ◊ *an einer Schulung für Sozialarbeiter teilnehmen* do a course in social work

Schul- Schulunterricht lessons [Pl] **Schuluniform** school uniform **Schulweg** way to school ◊ *Er ist auf dem Schulweg entführt worden.* He was abducted on the way to school. ◊ *Ich habe einen kurzen Schulweg.* I don't have far to go to school. **Schulzeit 1** (*Schulbesuch*) schooldays [Pl] ◊ *Erinnerungen an die Schulzeit* memories of your schooldays **2** (*nicht Ferienzeit*) term time ◊ *Während der Schulzeit fahren die Busse häufiger.* During term time the buses are more frequent. **3** (*Schulpflicht*) years at school [Pl] ◊ *Die Schulzeit im Gymnasium soll von neun auf acht Jahre verkürzt werden.* The number of years spent at grammar school is to be reduced from nine to eight.

schummeln 1 cheat ◊ *beim Kartenspielen schummeln* cheat at cards **2** jdn/etw in etw ~ smuggle sb/sth into sth ◊ *Briefe ins Gefängnis schummeln* smuggle letters into prison

schummrig, schummerig 1 dim* ◊ *im schummrigen Licht* in the dim light **2** (*leicht schwindelig*) dizzy ◊ *Mir wurde schummrig vor den Augen.* I felt dizzy.

Schund junk, trash (*auch fig*) ◊ *Was liest du da für Schund?* What's that trash you're reading?

schunkeln link arms and sway ◊ *Sie saßen im Bierzelt, sangen und schunkelten.* They sat in the beer tent, arms linked, singing and swaying.

Schuppe 1 (*Fische, Reptilien*) scale **2 Schuppen** dan-

Schuppen

druff [U] **IDM** **jdm fällt es wie Schuppen von den Augen** the scales fall* from sb's eyes
Schuppen 1 (*Garten- etc.*) shed 2 (*hässliches Gebäude*) eyesore
Schuppenflechte (MED) psoriasis
schuppig flaking; (*Kopfhaut*) dandruffy
schüren 1 (*Feuer etc.*) poke, rake 2 (*anstacheln*) stir* *sth* up ◊ *Sein Ärger wurde dadurch noch zusätzlich geschürt.* That stirred up his anger even more.
schürfen 1 graze ◊ *sich die Haut/das Knie schürfen* graze your skin/knee 2 (*Kohle etc.*) mine 3 **nach etw** ~ prospect for sth ◊ *nach Gold schürfen* prospect for gold
Schürfwunde graze
Schurke, **Schurkin** rogue, villain ◊ *In dem Film spielte er den Schurken.* He played the villain in the film.
Schürze apron, pinafore ◊ *(sich) eine Schürze umbinden* put an apron on **IDM** **hinter jeder Schürze herlaufen** chase anything in a skirt
Schuss 1 shot ◊ *Es fielen Schüsse.* Shots were fired. ◊ *ein Schuss aus der Pistole* a shot from the pistol ◊ *einen Schuss auf jdn/etw abfeuern* fire a shot at sb/sth ◊ *ein Schuss aufs Tor* a shot at goal ◊ *einen Schuss abwehren/halten* clear/block a shot 2 (*Geschoss*) bullet; (*Menge Munition*) round ◊ *Er hat einen Schuss ins Herz abbekommen.* He got a bullet through the heart. ◊ *Sie hat zehn Schuss im Magazin.* She has ten rounds in the magazine. 3 (*Flüssigkeit*) dash; (*Alkohol auch*) shot; (*fig*) touch ◊ *Tee mit einem Schuss Rum* tea with a shot of rum ◊ *ein Schuss Ironie* a touch of irony ◊ *Ihre Abschiedsrede war mit einem Schuss Schwermut gewürzt.* Her farewell speech was tinged with sadness. 4 (SPORT) schuss ◊ *Sie fuhr die Piste im Schuss hinunter.* She schussed down the slope. 5 (*Drogen*) shot, fix ◊ *ein Schuss Heroin* a shot of heroin ◊ *Sie setzte sich einen Schuss.* She shot up. ◊ *Er setzte sich der einen Schuss.* He OD'd. **IDM** **der Schuss geht nach hinten los** it backfires ◊ *Dieser Schuss könnte leicht nach hinten losgehen.* This could easily backfire. **einen Schuss haben** be off your trolley ◊ *Die hat wohl einen Schuss!* She must be off her trolley! **ein Schuss in den Ofen** a total waste of time **ein Schuss ins Schwarze** a bull's-eye **in Schuss** in good shape ◊ *Das Auto ist gut in Schuss.* The car is in good shape. ◊ *Sie hält ihren Garten gut in Schuss.* She keeps her garden looking nice. ◊ *Er brachte sein Fahrrad wieder in Schuss.* He got his bike going again. **weit/weitab vom Schuss** (*abgelegen*) off the beaten track ◊ *Das Hotel liegt weitab vom Schuss.* The hotel is well off the beaten track.
Schüssel bowl ◊ *eine Schüssel (mit) Reis* a bowl of rice
Schussfeld 1 field of fire ◊ *ein freies Schussfeld haben* have a free field of fire 2 (*Ballsport*) ◊ *Er hatte freies Schussfeld.* He had a clear shot at goal. **IDM** **ins Schussfeld (der Kritik) geraten** come* under fire
Schuss- **Schusslinie** 1 line of fire ◊ *aus der Schusslinie gehen* move out of the line of fire 2 (*fig*) firing line ◊ *Die Boulevardpresse ist in die Schusslinie geraten.* The popular press has found itself in the firing line. **Schussverletzung** gunshot wound **Schusswaffe** firearm **Schusswechsel** exchange of fire **Schusswunde** gunshot wound
Schuster(in) cobbler ◊ *die Schuhe zum Schuster bringen* take your shoes to the cobbler's ☞ G 2.2 ☛ *Hinweis bei* BAKER
Schutt rubble **IDM** **in Schutt und Asche** ◊ *eine Stadt in Schutt und Asche legen* reduce a town to rubble ◊ *Nach dem Krieg lagen die Städte in Schutt und Asche.* After the war the towns lay in ruins.
Schüttelfrost shivering fit
schütteln 1 shake* ◊ *Sie schüttelte den Kopf.* She shook her head. ◊ *Er schüttelte mir die Hand.* He shook my hand. ◊ *Der Hund schüttelte sich.* The dog shook itself. ◊ *vom Fieber geschüttelt werden* be shaking with fever ◊ *von Husten/Weinkrämpfen geschüttelt werden* be racked with coughs/sobs 2 **es schüttelt jdn vor Kälte** sb shivers (with cold); **es schüttelt jdn vor Ekel** sb shudders 3 **sich vor etw** ~ shake* with sth ◊ *Wir schüttelten uns vor Lachen.* We were shaking with laughter.
schütten 1 pour; (*verschütten*) spill*; (*kippen*) tip*; (*Mehl, Reis*) put* ◊ *Ich schüttete Wasser auf das Feuer.* I poured water on the fire. ◊ *Der Kellner schüttete mir Soße über die Bluse.* The waiter spilt sauce over my blouse. ◊ *Sie schütteten den Müll in die Grube.* They tipped the rubbish into the hole. ◊ *Sie schüttete Mehl in eine Rührschüssel.* She put

flour into a mixing bowl. ◊ *Zu viele Fabriken schütten Gift in unsere Flüsse.* Too many factories are polluting our rivers. 2 **es schüttet** it's pouring (with rain)
schütter sparse; (*Haar*) thinning
Schutz 1 protection ◊ *Bietet Sonnencreme einen wirksamen Schutz gegen Sonnenbrand?* Does sun cream give you effective protection against sunburn? ◊ *Diese Tiere stehen unter Schutz.* These animals are a protected species. ◊ *Dieser Wald sollte unter Schutz gestellt werden.* This forest should be protected. ◊ *internationale Maßnahmen zum Schutz der Menschenrechte* international action to protect human rights 2 (*Unterschlupf*) shelter; (*Zuflucht*) refuge ◊ *In einer Höhle fanden wir Schutz vor dem Unwetter.* We found shelter from the storm in a cave. ◊ *Viele suchten in der Schweiz Schutz.* Many sought refuge in Switzerland. 3 **im ~ der Dunkelheit** under cover of darkness 4 (*Vorrichtung*) guard **IDM** **jdn (vor/gegen etw) in Schutz nehmen** defend sb (against sth) **jdn vor jdm in Schutz nehmen** protect sb against sb ◊ *Der Kanzler nahm seinen Minister gegen diese Vorwürfe in Schutz.* The Chancellor defended his minister against these allegations.
Schutzanzug protective clothing [U] **Schutzblech** mudguard, (AmE) fender **Schutzbrille** (protective) goggles [Pl] ☛ *Hinweis bei* BRILLE
Schütze 1 marksman*; (*Bogen-*) archer; (*Attentäter*) gunman* ◊ *Die Polizei hat den Schützen festgenommen.* The police arrested the gunman. ◊ *ein guter/schlechter Schütze* a good/poor shot 2 (*Tor-*) scorer 3 (*Sternzeichen*) Sagittarius; (*Mensch auch*) Sagittarian ◊ *Er ist (ein) Schütze.* He's a Sagittarius. 4 (*Mitglied eines Schützenvereins*) member of the rifle club 5 (MIL) private; (*in der Artillerie*) gunner
schützen jdn/etw/sich (vor jdm/etw) ~ protect sb/sth (against/from sb/sth) ◊ *Sie trugen Atemmasken, um sich vor dem Rauch zu schützen.* They wore masks to protect themselves from the smoke. ◊ *urheberrechtlich geschützt* protected by copyright. ◊ *Mit einer Tetanusimpfung ist man vor Infektion geschützt.* A tetanus injection gives you protection from infection. ◊ *Topfblumen vor Kälte schützen.* Protect your house plants from the cold. ◊ *Vor Nässe schützen!* Keep dry. ☛ *Siehe auch* GESCHÜTZT
schützend 1 *Adj* protective ◊ *eine schützende Hülle* a protective cover ◊ *Babys brauchen einen schützenden Hut gegen die Sonne.* Babies need a hat to protect them from the sun. 2 *Adv* (*oft mit einem Verb übersetzt*) ◊ *Er stellte sich schützend vor sie.* He stood in front of her to protect her. ◊ *Der Trainer stellte sich schützend vor die Mannschaft.* The coach defended the team. ◊ *Sie hielt sich schützend die Hände vors Gesicht.* She shielded her face with her hands.
Schützen- **Schützenfest** = village fete and shooting competition **Schützengraben** trench **Schützenhilfe** support, backing **Schützenkönig(in)** = winner of the shooting competition **Schützenverein** gun club
Schutzgeld protection money ◊ *Schutzgeld erpressen* extort protection money
Schützin 1 riflewoman* ◊ *Eva Schmidt war die beste Schützin in dieser Klasse.* Eva Schmidt was the best riflewoman in this class. ◊ *Sie ist eine gute Schützin.* She's a good shot. 2 (*Tor-*) goalscorer 3 (*woman*) member of a rifle club
Schützling protégé; (*weiblich*) protégée
schutzlos defenceless ◊ *Die Ausländer sind diesen Aggressionen schutzlos ausgeliefert.* Foreigners are defenceless against these attacks. ◊ *Wir waren dem Wetter schutzlos ausgeliefert.* We had no protection against the weather. ◊ *Die Mitarbeiter waren der Strahlung schutzlos ausgesetzt.* The staff were exposed to radiation without protection.
Schutz- **Schutzmarke** registered trademark **Schutzmaßnahme** precaution; (*vorbeugend*) preventive measure; (*schützend*) protective measure ◊ *Schutzmaßnahmen treffen* take precautions **Schutzpolizei** police [Pl] **Schutzzone** (*für Menschen*) safe haven; (*für Tiere, Pflanzen etc.*) protected area
schwach 1 weak ◊ *ein schwacher Mann/Charakter* a weak man/character ◊ *Nach der Grippe fühlte ich mich tagelang schwach.* I felt weak for days after I'd had flu. ◊ *Das Land ist wirtschaftlich schwach.* The country has a weak economy. ◊ *Er hat ein schwaches Herz/eine schwache Blase/eine schwache Lunge.* He has a weak heart/ bladder/chest. ◊ *Sie hat einen schwachen Willen.* She is weak-willed. ◊ *Ich trinke meinen Kaffee schwach.* I drink

my coffee weak. ◊ *mit schwacher Stimme* in a weak voice ◊ *Es trifft immer die Schwächsten der Gesellschaft.* The weakest members of society are always hardest hit. ◊ *Sie hat schwache Augen.* Her eyesight is poor. ◊ *schwache Nerven zeigen* lose your nerve ◊ *in einem schwachen Augenblick* in a moment of weakness **2** (*älterer Mensch*) frail ◊ *ein alter, schwacher Mann* a frail old man **3** (*sozial*) disadvantaged ◊ *sozial schwache Familien* disadvantaged families ◊ *die finanziell Schwachen* people on low incomes **4** ~ **werden** weaken ◊ *Sie wurde schwach und aß eine Tafel Schokolade.* She weakened and ate a bar of chocolate. **5** (*Leistung, Ergebnis*) poor, not very good ◊ *ein schwacher Start* a poor start ◊ *Er war immer schwach in der Schule.* He was never very good at school. ◊ *In Mathe bin ich ziemlich schwach.* I'm not very good at maths. ◊ *Das Ende fand ich ziemlich schwach.* I didn't think the end was very good. ◊ *Sie spielten schwach.* They didn't play very well. **6** (*nicht zahlreich*) low, poor (*Adv* poorly) ◊ *die schwache Wahlbeteiligung* the low turnout at the polls ◊ *Das Konzert war schwach besucht.* The concert was poorly attended. **7** (*nicht leistungsstark*) not powerful, not strong ◊ *Der Motor ist zu schwach.* The engine isn't powerful enough. ◊ *Das Licht ist zu schwach zum Lesen.* The light isn't strong enough to read by. **8** (*Duft, Licht, Lob, Erinnerung etc.*) faint (*Adv* faintly); (*Wind, Strömung*) light ◊ *Es duftete schwach nach Rosen.* There was a faint smell of roses. ◊ *Das ist nur ein schwacher Trost.* That's not much comfort. ◊ *schwach radioaktiver Abfall* low-level radioactive waste **9** (*Nachfrage, Geschäft*) slack **10** (*Grammatik*) weak **11** (*gemein*) mean **IDM** **Mach mich nicht schwach!** Don't do that to me!; Don't say that! ☛ *Siehe auch* PUNKT

Schwäche 1 weakness (*auch fig*) ◊ *die Schwäche der Regierung* the weakness of the government ◊ *meine Stärken und Schwächen* my strengths and weaknesses ◊ *Plötzlich überkam sie eine Schwäche.* She suddenly felt faint. ◊ *die konditionellen Schwächen der Mannschaft* the team's lack of fitness ◊ *Nur seine Schwäche in Mathe macht mir Sorgen.* I'm only worried about his poor performance in maths. **2** **eine ~** (**für etw**) have a weakness (for sth); **eine ~** (**für jdn**) a soft spot (for sb)

Schwächeanfall sudden feeling of faintness ◊ *Sie hatte einen Schwächeanfall.* She suddenly felt faint.

schwächen weaken ◊ *Die Krankheit hatte seinen Körper geschwächt.* The illness had weakened his body.

Schwachkopf idiot (*umgs*)

schwächlich (*Gesundheitszustand*) poor; (*Kind*) sickly; (*vor Alter*) frail; (*fig*) ailing

Schwächling weakling

Schwach- Schwachsinn (*Quatsch*) nonsense, (*BrE*) rubbish (*umgs*), (*AmE*) garbage (*umgs*) ◊ *Du redest nur Schwachsinn!* You're talking a load of rubbish! **schwachsinnig** (*unsinnig*) idiotic **Schwachstelle, Schwachpunkt** weak point

Schwächung weakening ◊ *eine Schwächung des Immunsystems* a weakening of the immune system

Schwaden (*Rauch-*) cloud; (*Nebel-*) patch

Schwager brother-in-law*

Schwägerin sister-in-law*

Schwalbe 1 swallow **2** (*Fußball*) dive (in the penalty area)

Schwall torrent, flood (*auch fig*)

Schwamm 1 sponge **2** (*Pilz*) mushroom **3** (*Haus-*) dry rot **IDM** **Schwamm drüber!** Forget it!

Schwan swan

schwanen ◊ *Mir schwant nichts Gutes!* I have a feeling something nasty is going to happen!

schwanger pregnant ◊ *Sie ist im zweiten Monat schwanger.* She is two months pregnant. ◊ *schwanger werden* get pregnant

Schwangere pregnant woman*

Schwangerschaft pregnancy* ◊ *eine Schwangerschaft unterbrechen* terminate a pregnancy

Schwangerschaftsabbruch termination (of pregnancy) (*Fachspr*), abortion ◊ *die gesetzlichen Bestimmungen über Schwangerschaftsabbruch* the laws on abortion ◊ *einen Schwangerschaftsabbruch vornehmen* terminate a pregnancy **Schwangerschaftsberatung** counselling for pregnant women, (*AmE*) counseling for pregnant women **Schwangerschaftsgymnastik** antenatal exercises [Pl]

Schwangerschaftstest pregnancy test ◊ *einen Schwangerschaftstest machen* do a pregnancy test **Schwangerschaftsurlaub** maternity leave

Schwank (THEAT) farce

schwanken 1 (*Äste*) sway; (*Boden, Boot*) rock **2** (*torkeln*) stagger **3** (*unterschiedlich sein*) vary* ◊ *Der Preis schwankt je nach Qualität.* The price varies according to quality. ◊ *Die Temperaturen heute Nacht schwanken zwischen 6° und 9°.* Temperatures tonight will be between 6° and 9°. **4** (*unbeständig sein*) fluctuate; (*zwischen zwei Polen*) alternate ◊ *Im Mai schwankten die Ölpreise erheblich.* Oil prices fluctuated significantly during May. ◊ *Seine Gefühle schwankten zwischen Hass und Gleichgültigkeit.* His feelings alternated between hatred and indifference. **5** (*nicht entschlossen sein*) be undecided; **zwischen A und B ~** not be able to decide between A and B, waver between A and B ◊ *Ich schwanke immer noch, ob ich es tun soll.* I am still undecided as to whether I should do it. ◊ *Sie schwankten zwischen einem roten und einem grünen Auto.* They couldn't decide between a red and a green car.

Schwankung (*Auf- und Abbewegung*) fluctuation; (*Unterschiede*) variation ◊ *die starken Schwankungen der Wechselkurse* the marked fluctuations in the exchange rates ◊ *regionale Schwankungen* regional variations ◊ *Schwankungen der Stimmung* mood swings

Schwanz 1 tail ◊ *Der Hund wedelte mit dem Schwanz.* The dog wagged its tail. **2** (*Penis*) prick (*vulg, Slang*) **IDM** **den Schwanz einziehen** back down ☛ *Siehe auch* PFERD

schwänzen 1 truant, (*BrE auch*) skive (*umgs*) ◊ *Er hat geschwänzt.* He was skiving. **2** *etw* ~ skip* sth (*umgs*), (*BrE auch*) skive sth (*umgs*) ◊ *den Unterricht schwänzen* skip classes

schwappen slosh ◊ *Das Wasser ist auf den Boden geschwappt.* The water has sloshed onto the floor.

Schwarm 1 (*Insekten-*) swarm; (*Vogel-*) flock; (*Fisch-*) shoal **2** (*Menschen*) horde ◊ *ein Schwarm von Fotografen* a horde of photographers **3** (*angebeteter Mensch*) idol ◊ *Sie ist der Schwarm aller Jugendlichen.* She's every teenager's idol. ◊ *Der Biologielehrer war der Schwarm aller Mädchen in der Klasse.* All the girls had a crush on the biology teacher.

schwärmen 1 swarm ◊ *Tausende Mücken schwärmten um unser Zelt.* Thousands of mosquitoes swarmed around our tent. **2** **für jdn ~** be mad about sb; **für etw ~** be mad on sth **3** **von jdm/etw ~** rave about sb/sth (*umgs*) ◊ *Sie schwärmt von London.* She raves about London.

Schwärmer(in) dreamer

schwarz 1 black ◊ *schwarze Haare* black hair ◊ *schwarz wie die Nacht* black as night ◊ *schwarzer Kaffee* black coffee ◊ *schwarzer Tee* tea without milk ◊ *der schwarze Tod* the Black Death ◊ *schwarze Magie* black magic ☛ *Beispiele bei* BLAU ☛ *Hinweis bei* BLACK[1] **2** (*schmutzig*) filthy* **3** (*düster*) black, gloomy* ◊ *Das war ein schwarzer Tag für uns.* That was a black day for us. ◊ *Wie kann ich diese schwarzen Gedanken vertreiben?* How can I banish these gloomy thoughts? ◊ *Er hat die wirtschaftliche Lage sehr schwarz gemalt.* He painted a very black picture of the economic situation. **4** (*umgs*); (POL) Conservative ◊ *schwarz wählen* vote Conservative **5** (*katholisch*) Catholic **6** (*illegal*) illegal (*Adv* illegally) ◊ *schwarz über die Grenze gehen* cross the border illegally ◊ *der schwarze Markt* the black market ◊ *Das Geld hat er sich schwarz verdient.* He earned the money by moonlighting. ◊ *Das meiste haben wir schwarz machen lassen.* We paid cash in hand for most of the work. **IDM** **das schwarze Brett** the noticeboard **jdm den schwarzen Peter zuschieben/zuspielen** pass the buck to sb (*umgs*) **schwarz auf weiß** in black and white ◊ *etw schwarz auf weiß haben* have sth in black and white **schwarz sehen** not be very hopeful; be pessimistic ◊ *Für mein Examen sehe ich schwarz.* I'm not very hopeful that I'll pass the exam. **schwarz von ...** packed with ... ◊ *Das Stadion war schwarz von Menschen.* The stadium was packed with people. **sich schwarz ärgern** get* extremely annoyed **jdm wird es schwarz vor den Augen** sb faints ☛ *Siehe auch* AUGE, LISTE, SCHAF, WARTEN *und* ZAHL

Schwarz black ☛ *Beispiele bei* BLAU

Schwarzarbeit work done on the side (*umgs*); (*besonders abends*) moonlighting (*umgs*) ◊ *sich nebenbei Geld mit Schwarzarbeit verdienen* earn a bit of extra money by

doing work on the side **schwarzarbeiten** do* work on the side **Schwarzbrot** dark rye bread
Schwarze(r) 1 Black (man*/woman*) ☞ *Hinweis bei* BLACK² **2** (*schwarzhaariger Mensch*) dark-haired man*/woman* ◊ *Hast du die Schwarze oder die Blonde gefragt?* Did you ask the dark-haired one or the blonde one? **3** (POL) Conservative
Schwärze 1 blackness **2** (*Farbe*) black dye
schwärzen blacken
schwarz- schwarzfahren travel* without a ticket **Schwarzfahrer(in)** fare dodger **schwarzhaarig** black-haired, with black hair (*nicht vor Nomen*) **Schwarzmarkt** black market ◊ *etw auf dem Schwarzmarkt kaufen* buy sth on the black market **schwarz-weiß** black and white ◊ *schwarz-weiß fotografieren* take black and white photographs **Schwarz-Weiß-Film** black and white film **Schwarz-Weiß-Foto** black and white photo* **Schwarzwurzel** (black) salsify [U]
schwatzen, schwätzen 1 (*reden*) talk; (*plaudern*) chat* ◊ *Unsinn schwatzen* talk rubbish ◊ *Er hat fröhlich mit den Fahrgästen geschwatzt.* He chatted happily to the passengers. **2** (*dummes Zeug*) go* on ◊ *Er schwätzt dauernd von Freiheit.* He's always going on about freedom. **3** (*während des Unterrichts*) talk in class, chatter **4** (*ausplaudern*) talk, blab* (*umgs*)
Schwätzer(in) 1 (*jd, der viel redet*) chatterbox **2** (*jd, der Unsinn redet*) windbag (*umgs*) **3** (*jd, der klatscht*) gossip
Schwebe 1 sich in der ~ halten be balanced **2** (*fig*) **in der ~** in the balance; (*nicht entschieden*) not decided ◊ *Die Entscheidung ist noch in der Schwebe.* The decision is still in the balance.
Schwebebahn monorail
schweben 1 float; (*ohne Bewegung*) hover ◊ *Über dem Platz schwebten bunte Luftballons.* Coloured balloons floated above the square. ◊ *Die Texte schweben zwischen Horror und Fantasy.* The texts hover between horror and fantasy. ◊ *Er schwebte an einem Seil über dem Abgrund.* He was hanging from a rope above the abyss. **2** (*unentschieden sein*) be pending **3** (*gleiten*) glide IDM **in Lebensgefahr schweben** be in a critical condition ☞ *Siehe auch* REGION *und* WOLKE
Schwefel sulphur, (*AmE*) sulfur
Schweif tail; (*eines Fuchses*) brush
schweifen wander (*auch fig*), roam (*auch fig*) ◊ *Seine Blicke schweiften ruhelos durch den Saal.* His gaze roamed restlessly round the room.
Schweige- Schweigemarsch silent march **Schweigeminute** minute's silence
schweigen 1 say* nothing, keep* silent (*gehoben*); (*stumm bleiben*) remain silent ◊ *Ich fragte ihn noch einmal, aber er schwieg.* I asked him again, but he said nothing. ◊ *Ihr Gewissen gebot ihr, nicht mehr länger zu schweigen.* Her conscience wouldn't allow her to keep silent any longer. ◊ *Der Angeklagte schweigt auf alle Fragen.* The accused is refusing to answer any questions. **2** (*nichts verraten*) keep* quiet ◊ *Er hat darüber geschwiegen.* He kept quiet about it. **3 ~ können** be able to keep a secret **4** (*verstummen*) fall* silent ◊ *Seit Mai schweigen die Waffen.* Since May, the guns have been silent. IDM **von etw/jdm ganz zu schweigen** to say nothing of sth/sb; not to mention sth/sb ◊ *Die Wohnungsnot wird immer ärger, von der Arbeitslosigkeit ganz zu schweigen.* The housing shortage is getting worse, to say nothing of unemployment.
Schweigen silence ◊ *ein eisiges Schweigen* a stony silence ◊ *Es herrschte ein tiefes Schweigen.* There was deep silence. IDM **sich in Schweigen hüllen** refuse to be drawn ◊ *Auf die Frage nach einer Steuersenkung hüllte sich die Ministerin in Schweigen.* The minister refused to be drawn on the question of tax cuts. **jdn zum Schweigen bringen** silence sb (*auch fig*) ☞ *Siehe auch* MANTEL, REDEN *und* REST
Schweigepflicht duty of confidentiality ◊ *die ärztliche Schweigepflicht* a doctor's duty of confidentiality ◊ *Diese Auskunft unterliegt der Schweigepflicht.* This information is confidential.
schweigsam 1 *Adj* quiet; (*Charaktereigenschaft*) taciturn ◊ *Er ist heute sehr schweigsam.* She is very quiet today. ◊ *ein schweigsamer Mann* a taciturn man ◊ *Er wurde immer schweigsamer.* He said less and less. **2** *Adv* silently, in silence ◊ *Er sah ihr schweigsam zu.* He watched her in silence.

Schwein 1 pig **2** (*Fleisch*) pork **3** (*Schimpfwort*) swine (*umgs*) **4 wie ein ~/wie die Schweine** like a pig/like pigs ◊ *Ich schwitze wie ein Schwein.* I'm sweating like a pig. ◊ *besoffen/voll wie ein Schwein* drunk as a skunk IDM **ein armes Schwein** a poor devil; a poor sod (*vulg*) **kein Schwein** no one; nobody ◊ *Das kann kein Schwein verstehen.* No one can understand it. **(großes) Schwein haben** be (very) lucky
Schweinefleisch pork
Schweinerei 1 (*Unordnung*) mess **2** (*Schande*) disgrace **3** (*etwas Anstößiges*) obscenity*; (*anstößige Handlung*) obscene behaviour, (*AmE*) obscene behavior
Schweinestall pigsty*
schweinisch 1 (*unordentlich*) messy* **2** (*moralisch anstößig*) obscene; (*Witz*) smutty
Schweiß sweat, perspiration (*gehoben*) ◊ *Mir brach vor Angst der kalte Schweiß aus.* Fear made me break out in a cold sweat. ◊ *Nach dem Tennisspiel war ich in Schweiß gebadet.* After the tennis match, I was drenched in sweat.
schweißen weld ◊ *Die Plastikteile sind geschweißt.* The plastic parts are welded together.
Schweißer(in) welder ☞ G 2.2d
schweißgebadet drenched in sweat (*nicht vor Nomen*)
Schwelbrand smouldering fire, (*AmE*) smoldering fire
schwelen smoulder, (*AmE*) smolder (*auch fig*)
schwelgen 1 indulge yourself **2 in etw ~** wallow in sth (*oft abwert*) ◊ *im Luxus schwelgen* wallow in luxury ◊ *in alten Erinnerungen schwelgen* reminisce about the past
Schwelle 1 (door)step **2** (*fig*) threshold ◊ *an der Schwelle zum nächsten Jahrtausend* on the threshold of the next millennium ◊ *ein Leben an der Schwelle zur Kriminalität* a life on the edge of crime ◊ *Das Land steht an der Schwelle zur Atommacht.* The country is on the point of becoming a nuclear power.
Schwellenland emerging nation
Schwellung swelling
Schwemme (WIRTSCH) glut
schwemmen wash ◊ *an Land geschwemmt werden* be washed ashore
Schwenk 1 swerve ◊ *ein Schwenk nach rechts* a swerve to the right ◊ *Sie machte plötzlich einen Schwenk.* She suddenly swerved. **2** *Die Kamera machte einen Schwenk nach rechts.* The camera panned to the right. **2** (*fig*) shift ◊ *der Schwenk der Partei in der Asylpolitik* the shift in the party's policy on asylum
schwenken 1 wave ◊ *Sie schwenkten Fähnchen.* They were waving flags. ◊ *die Arme schwenken* wave your arms about **2** (*sich bewegen*) swing*; (*Kamera*) pan* ◊ *Der Kran schwenkte nach links.* The crane swung to the left. ◊ *Die Kamera schwenkte ins Publikum.* The camera panned towards the audience. **3** (*Gemüse etc.*) toss ◊ *die Kartoffeln in Butter schwenken* toss the potatoes in butter
schwer 1 *Adj* heavy* (*Adv* heavily) ◊ *ein schweres Essen* a heavy meal ◊ *schwer bewaffnet* heavily armed ◊ *Die Pizza lag mir schwer im Magen.* The pizza lay heavily on my stomach. ◊ *Du solltest nicht so schwer tragen.* You shouldn't be carrying such heavy weights. ◊ *Der Koffer ist 20 Kilo schwer.* The case weighs 20 kilos. ◊ *Wie schwer ist sie?* What does she weigh? ◊ *Für deine Größe bist du nicht zu schwer.* Your weight is normal for your height. **2** *Adj* (*schlimm*) severe (*Adv* severely); (*Krankheit, Fehler, Verbrechen etc.*) serious (*Adv* seriously) ◊ *ein schwerer Sturm* a severe storm ◊ *ein schwerer Schlag* a severe blow ◊ *Sie ist schwer verunglückt.* She was in a serious accident. ◊ *schwer krank* seriously ill ◊ *Er ist schwer verletzt.* He's seriously injured. ◊ *eine schwere Enttäuschung* a great disappointment ◊ *schwere Kämpfe/Regenfälle* heavy fighting/rainfall ◊ *Sie machte sich schwere Vorwürfe.* She felt very guilty. ◊ *Der Wagen wurde schwer beschädigt.* The car was badly damaged. ◊ *ein schweres Los* a terrible fate **3** *Adj* (*schwierig*) difficult, hard; **jdm/sich etw ~ machen** make* sth difficult for sb/yourself; **es jdm ~ machen etw zu tun** make* it difficult for sb to do sth ◊ *Das ist schwer zu sagen.* It's difficult to say. ◊ *Ich bin oft schwer zu erreichen.* It's often difficult to get hold of me. ◊ *Es ist schwer für sie, so weit weg von zu Hause zu sein.* It is difficult for her being so far from home. ◊ *sich das Leben schwer machen* make life difficult for yourself ◊ *Sie hat es ihm sehr schwer gemacht, unabhängig zu werden.* She made it very difficult for him to become independent. ◊ *schwere Zeiten* hard times ◊ *Der Roman ist gut,*

aber ziemlich schwer. The novel is good, but rather heavy going. **4** *Adj (anstrengend)* hard; **es ~ haben** have a hard time ◊ *Sie hat einen schweren Tag hinter sich.* She's had a hard day. ◊ *schwer arbeiten* work hard ◊ *Das hat sie sich schwer erarbeitet.* She worked hard for it. ◊ *Sie hört schwer.* She is hard of hearing. ◊ *Mit ihr wirst du es schwer haben.* You'll have a hard time with her. ◊ *Sie hat es immer schwer gehabt.* She's had a hard life. ◊ *Jungen haben es schon schwer.* It's hard for boys. ◊ *Er atmete schwer und sagte nichts.* He breathed heavily and said nothing. ◊ *Krankenschwester ist ein schwerer Beruf.* Being a nurse is a demanding job. ◊ *eine schwere Verantwortung* a heavy burden of responsibility **5** *Adv* with difficulty ◊ *Die Patientin atmete schwer.* The patient was breathing with difficulty. ◊ *Davon kann ich mich nur schwer trennen.* It is hard for me to part with it. **6** *Adj (anspruchsvoll)* serious ◊ *schwere Musik* serious music **7** *Adv (sehr)* really ◊ *Er hat sich schwer blamiert.* He really made a fool of himself. ◊ *Das machte ihr schwer zu schaffen.* It caused her a lot of trouble. ◊ *Der Skandal hat ihm schwer geschadet.* The scandal did him a lot of harm. ◊ *Sie ist schwer in Ordnung.* She's great. ◊ *Das will ich schwer hoffen!* I certainly hope so! **8 etw fällt jdm ~** sb finds* sth difficult; **es fällt jdm ~ etw zu tun** sb finds* it difficult to do sth ◊ *Das lange Stillsitzen fällt ihm schwer.* He finds it difficult to sit still for long. **9 etw ~ nehmen** take* sth to heart; *(Schicksalsschlag)* take* sth hard ◊ *Nimm es nicht so schwer!* Don't take it to heart so. ◊ *Sie hat die Trennung sehr schwer genommen.* She took it very hard when they separated. **10 sich (bei/mit etw) ~ tun** have problems (with sth) ◊ *sich in der Schule schwer tun* have problems at school ◊ *Beim Kochen tut sie sich schwer.* She finds cooking difficult. **11 ~ erziehbar** with behavioural difficulties, *(AmE)* with behavioral difficulties *(nicht vor Nomen)* **12 ~ löslich** insoluble **13 ~ verdaulich** indigestible **14 ~ verdient** hard-earned **15 ~ verständlich** incomprehensible; **nur ~ verständlich** hard to understand *(nicht vor Nomen)* **16 ~ zugänglich** inaccessible IDM ⇨ Anfang, Begriff, Brocken, Geschütz, Herz, Junge[1], Kopf, Stand *und* Tragen

schwerbehindert disabled ◊ *Parkplätze für Schwerbehinderte* parking spaces for the disabled

Schwere 1 heaviness **2** *(Ausmaß, Heftigkeit)* seriousness; *(von Symptomen, Krankheit, Verletzungen, Schaden)* severity

schwerelos weightless *(Adv* weightlessly); *(tanzen etc.)* effortless *(Adv* effortlessly)

Schwerelosigkeit weightlessness ◊ *die Auswirkungen der Schwerelosigkeit* the effects of weightlessness

Schwererziehbare(r) child* with behavioural difficulties

schwerfällig slow *(Adv* slowly); *(träge, unbeholfen)* awkward *(Adv* awkwardly); *(Sprache, Stil)* ponderous *(Adv* ponderously); *(Verwaltung, Bürokratie etc.)* cumbersome; *(Mensch, Gang)* lumbering

schwerhörig hard of hearing *(nicht vor Nomen)*, deaf ◊ *Er ist schwerhörig.* He is hard of hearing. ◊ *für Schwerhörige* for the deaf and hard of hearing ◊ *etwas schwerhörig sein* be a bit deaf ◊ *eine Schule für schwerhörige Kinder* a school for children with hearing difficulties IDM **Bist du denn schwerhörig?** Are you deaf or something?

Schwerhörigkeit impaired hearing, deafness

Schwer- Schwerindustrie heavy industry* **Schwerkraft** gravity ◊ *das Gesetz der Schwerkraft* the law(s) of gravity ◊ *die Schwerkraft überwinden* defy gravity **Schwermetall** heavy metal

schwermütig melancholy

Schwerpunkt 1 centre of gravity, *(AmE)* center of gravity **2** *(fig)* main focus ◊ *Der Schwerpunkt des Programms liegt bei Sprachkursen.* The main focus of the programme is on language courses. ◊ *Die Schule legt den Schwerpunkt auf Fremdsprachen.* The school lays special emphasis on foreign languages. ◊ *ein Kunststudium mit Schwerpunkt Plastik und Malerei* an art course with painting and sculpture as the main subjects ◊ *Schwerpunkte setzen* set priorities

schwerstbehindert severely disabled

Schwert 1 sword **2** *(bei Surfbrettern, Segelbooten etc.)* centreboard, *(AmE)* centerboard IDM **ein zweischneidiges Schwert** a double-edged sword

Schwer- Schwerverbrecher(in) criminal, serious offender *(offiz)* **Schwerverletzte(r)** ◊ *zwei Tote und zehn Schwerverletzte* two dead and ten seriously injured ◊ *Der Unfall forderte zwei Schwerverletzte.* Two people were seriously injured in the accident.

Schwertlilie iris

schwerwiegend serious *(Adv* seriously) ◊ *ein schwerwiegendes Problem* a serious problem ◊ *in besonders schwerwiegenden Fällen* in very serious cases ◊ *Dieser Eingriff in die Natur wäre zu schwerwiegend.* This would be too great a disturbance of the ecological balance. ◊ *schwerwiegende Bedenken haben* have grave doubts ◊ *eine schwerwiegende Entscheidung* a momentous decision

Schwester 1 sister *(auch fig)* ◊ *meine jüngere Schwester* my younger sister ◊ *Solidarität mit unseren Schwestern in Afrika* solidarity with our sisters in Africa ☛ *Hinweis bei* ÄLTER **2** *(Kranken-)* nurse ◊ *nach der Schwester rufen* call the nurse ☛ G 2.2d **3** *(Ordens-)* nun; *(Anrede)* Sister ◊ *von Schwestern geleitet* run by nuns ◊ *Schwester Franziska* Sister Franziska ☛ G 2.2d

Schwesternschüler(in) student nurse ☛ G 2.2d

Schwieger- Schwiegereltern parents-in-law [Pl] **Schwiegermutter** mother-in-law* **Schwiegersohn** son-in-law* **Schwiegertochter** daughter-in-law* **Schwiegervater** father-in-law*

Schwiele callus*

schwierig difficult; *(heikel auch)* delicate ◊ *ein schwieriger Aufstieg* a difficult ascent ◊ *Das ist eine schwierige Sache.* It's difficult. ◊ *Ich fand die erste Aufgabe am schwierigsten.* I found the first exercise the most difficult. ◊ *Das Kind ist sehr schwierig.* He/she is a very difficult child. ◊ *Er ist ein schwieriger Mensch.* He's very difficult. ◊ *schwierige Pflanzen* plants that are difficult to look after ◊ *ein schwieriges Thema ansprechen* touch on a delicate subject ◊ *Kinder aus sozial schwierigen Verhältnissen* children from disturbed family backgrounds

Schwierigkeit 1 difficulty* ◊ *die Schwierigkeit der Sprünge* the difficulty of the jumps ◊ *Das macht die Schwierigkeit der Situation deutlich.* This shows how difficult the situation is. **2 Schwierigkeiten** difficulties [Pl], trouble [U] ◊ *in Schwierigkeiten stecken* be in difficulties ◊ *in Schwierigkeiten geraten* get into difficulties ◊ *jdn in Schwierigkeiten bringen* make trouble for sb ◊ *Schwierigkeiten kriegen* run into trouble ◊ *Schwierigkeiten mit der Polizei haben* be in trouble with the police ◊ *Ich hatte Schwierigkeiten, es zu bekommen.* I had trouble getting hold of it. **3** *(Problem)* problem ◊ *Die größte Schwierigkeit liegt darin, dass ...* The biggest problem is that ... ◊ *Damit habe ich keine Schwierigkeiten.* That doesn't worry me. ◊ *ohne Schwierigkeiten* without any difficulty IDM **Schwierigkeiten machen** be difficult ◊ *Jetzt mach keine Schwierigkeiten!* Now don't be difficult! ◊ *Der Junge machte schon im Kindergarten Schwierigkeiten.* The boy was always a problem, even in kindergarten. **jdm Schwierigkeiten machen** ◊ *Der Grenzbeamte machte ihnen bei der Einreise Schwierigkeiten.* They had trouble with the customs when they entered the country. ◊ *Mach uns bloß keine Schwierigkeiten!* We don't want any trouble from you! ◊ *Mathe macht mir keine Schwierigkeiten.* I don't have any trouble with maths.

Schwierigkeitsgrad level of difficulty

Schwimmbad swimming pool ◊ *ins Schwimmbad gehen* go to the swimming pool

Schwimmbecken (swimming) pool

schwimmen 1 swim* ◊ *Er ist ans Ufer geschwommen.* He swam to the shore. ◊ *schwimmen lernen* learn to swim ◊ *schwimmen gehen* go swimming **2** *(treiben)* float ◊ *Auf der Suppe schwammen Fettaugen.* Globules of fat were floating on the surface of the soup. ◊ *Die Kinder ließen ihre Boote im Wasser schwimmen.* The children were sailing their boats in the water. **3** *(nass sein)* ◊ *Der Fußboden schwimmt!* The floor is soaking wet! IDM **ins Schwimmen kommen/geraten** get* out of your depth ◊ *Da kam ich ins Schwimmen.* I was out of my depth. ☛ *Siehe auch* GELD *und* STROM

Schwimmer(in) 1 swimmer ◊ *Zum Glück war er ein guter Schwimmer.* Luckily he was a strong swimmer. **2** *(Vorrichtung)* float; *(in Toiletten, Tanks)* ballcock

Schwimm- Schwimmflosse flipper **Schwimmflügel** arm band **Schwimmweste** life jacket ◊ *die Schwimmweste anlegen* put your life jacket on

Schwindel 1 *(-gefühl)* dizziness, vertigo *(Fachspr)* ◊ *Übelkeit und Schwindel* dizziness and nausea **2** *(Betrug)* swin-

schwindelfrei

dle, fraud ◊ *Es stellte sich als großer Schwindel heraus.* It turned out to be a huge swindle. ◊ *Er hält die Statistiken für reinen Schwindel.* He regards the statistics as a complete fraud. ◊ *den Schwindel auffliegen lassen* expose the fraud ◊ *Alles Schwindel.* It's all lies. ◊ *Er fällt auf jeden Schwindel rein.* He's easily conned. **3 ~ erregend** (*Höhe*) dizzy ◊ *Schwindel erregende Höhen* dizzy heights ◊ *eine Schwindel erregende Summe* an astronomical sum
schwindelfrei *schwindelfrei sein* have a good head for heights **Schwindelgefühl** dizziness [U], feeling of dizziness
schwindelig ⇨ SCHWINDLIG
schwindeln 1 jdm schwindelt es sb feels* dizzy ◊ *Mir schwindelt oft.* I often feel dizzy. ◊ *Ihr schwindelte der Kopf bei dem Gedanken.* The thought of it made her head spin. **2** ◊ *schwindelnde Höhen erreichen* reach dizzy heights ◊ *die Kosten in schwindelnde Höhe treiben* send the costs sky high **3** (*lügen*) fib* (*umgs*) ◊ *„Ich weiß es nicht", schwindelte er.* 'I don't know,' he fibbed. ◊ *Das war geschwindelt.* It was a fib. **4 sich in/durch etw ~** con* your way into/through sth (*umgs*) ◊ *sich durch die Prüfung schwindeln* con your way through the exam
schwinden dwindle ◊ *die schwindende Zahl der Bäume* the dwindling numbers of trees ◊ *Seine Kräfte schwanden.* His strength was failing. ◊ *Plötzlich schwand ihr der Mut.* Suddenly her courage deserted her. ◊ *das allmähliche Schwinden der Arbeiterklasse* the gradual disappearance of the working class
Schwindler(in) fraud; (*Lügner*) fibber (*umgs*)
schwindlig dizzy ◊ *Mir wird ganz schwindlig (im Kopf).* I feel quite dizzy.
schwingen 1 swing*; (*Flagge, Stock*) wave ◊ *Er schwang die Beine so hoch er konnte.* He swung his legs as high as he could. **2** (*pendeln*) sway ◊ *Der Mast schwang bedrohlich hin und her.* The mast was swaying alarmingly. ◊ *Die Tür schwang auf und zu.* The door swung to and fro. **3** (*vibrieren*) vibrate; ((*Licht*)*wellen*) oscillate ◊ *Er brachte die Saiten der Gitarre zum Schwingen.* He made the strings of the guitar vibrate. **4** (**sich**) **in, auf, hinter etc. etw ~** jump into, onto, behind, etc. sth ◊ *Er schwang sich aufs Fahrrad.* He jumped onto his bike. ◊ *Der Affe schwang sich von Ast zu Ast.* The monkey swung from branch to branch. IDM ⇨ REDE
Schwingung oscillation ◊ *mechanische Schwingungen* mechanical oscillations ◊ *ein Pendel in Schwingung versetzen* set a pendulum swinging
Schwips ◊ *einen Schwips haben* be tipsy
schwirren buzz ◊ *Eine Mücke schwirrte durch das Zimmer.* There was a mosquito buzzing round the room. ◊ *Der Pfeil schwirrte durch die Luft.* The arrow whizzed through the air. IDM ⇨ KOPF
Schwitze roux
schwitzen sweat, perspire (*gehoben*) ◊ *Er schwitzte vor Angst.* He was sweating with fear. ◊ *Sie schwitzt über ihren Hausaufgaben.* She is sweating over her homework. ◊ *„Sag es ihm doch!" „Nein, ich lass ihn noch etwas schwitzen."* 'Tell him!' 'No, I'm going to let him sweat for a bit.' ◊ *nass geschwitzt sein* be drenched with sweat ◊ *Sie hat das Bett nass geschwitzt.* The sheets were drenched with sweat. ◊ *Während des Rennens kam ich so richtig ins Schwitzen.* I worked up a good sweat during the race. ◊ *Bei dem Gedanken kam sie ins Schwitzen.* The thought of it brought her out in a sweat. IDM ⇨ BLUT
schwören 1 swear* ◊ *Ich schwöre es.* I swear. ◊ *einen Eid schwören* swear an oath ◊ *Rache schwören* swear revenge ◊ *Ich könnte (darauf) schwören, ihn gestern gesehen zu haben.* I could have sworn I saw him yesterday. **2 auf etw ~** (*sehr überzeugt sein von*) swear* by sth ◊ *Bei Erkältungen schwört er auf heiße Zitrone.* He swears by hot lemon for colds. **3** (*versprechen*) promise ◊ *Sie hat mir geschworen, mit dem Rauchen aufzuhören.* She promised me she would give up smoking. **4 sich ~ etw zu tun** vow to do sth ◊ *Ich habe mir geschworen, es diesmal gleich zu tun.* I've vowed to do it immediately this time.
schwul gay
schwül muggy ◊ *ein schwüler Tag* a muggy day
Schwüle muggy weather
Schwuler gay man*
Schwund 1 decline ◊ *ein krasser Schwund an Arbeitsplätzen* a massive decline in the number of jobs ◊ *der Schwund der Ozonschicht* the depletion of the ozone layer ◊ *der Schwund des antarktischen Eisschildes* the thinning of the Antarctic ice cap **2** (MED) wasting ◊ *ein Schwund der Muskulatur* wasting of the muscles
Schwung 1 (*Wucht*) force ◊ *Er schoss den Ball mit viel Schwung ins Tor.* He kicked the ball into the goal with great force. **2** (*Dynamik*) impetus [U/Sing]; (*Elan*) drive; (*mitreißende Wirkung*) verve ◊ *der Onlinewirtschaft neuen Schwung verleihen* give new impetus to e-business ◊ *Ihm fehlt in letzter Zeit der Schwung.* He's got no drive lately. ◊ *Das Orchester spielte mit viel Schwung.* The orchestra played with great verve. ◊ *Der Aufführung fehlte es an Schwung.* The performance lacked sparkle. ◊ *mit frischem Schwung* with renewed enthusiasm ◊ *Ihr Lächeln gab ihm neuen Schwung.* Her smile gave him a boost. **3** (*Stimmung*) ◊ *Er brachte so richtig Schwung in die Party.* He really got the party going. ◊ *Die Schülerband sorgte für musikalischen Schwung.* The school band helped things go with a swing. **4** (*Bogen*) curve ◊ *der Schwung ihrer Lippen* the curve of her lips ◊ *Mit einem Schwung kam der Skifahrer zum Stehen.* The skier swept to a halt. **5** (*beim Golf etc.*) swing IDM **in Schwung bleiben 1** (*Mensch*) keep* active **2** (*Wirtschaft etc.*) remain buoyant **jdn in Schwung bringen 1** (*in Stimmung*) get* sb in the mood **2** (*fit machen*) make* sb fit **etw in Schwung bringen** get* sth going **in Schwung kommen** get* going **in Schwung sein 1** (*Fest etc.*) be in full swing **2** (*erfolgreich sein*) be doing well; (*Geschäft*) be booming ◊ *Der Einzelhandel ist zurzeit gut in Schwung.* Business is booming for retailers at the moment. **Schwung nehmen/holen** pick up momentum; (*mit dem Arm*) swing* your arm back; (*Anlauf nehmen*) take* a run at it
schwunghaft flourishing **schwungvoll 1** (*kraftvoll*) powerful ◊ *Er holte schwungvoll aus und schlug den Ball übers Netz.* He took a powerful swing and hit the ball over the net. ◊ *Sie glitt schwungvoll über das Eis.* She swept across the ice. **2** (*lebendig*) lively ◊ *schwungvolle Musik* lively music ◊ *Das Spiel begann äußerst schwungvoll.* The game got off to a flying start. **3** (*Unterschrift, Pinselstrich*) bold
Schwur 1 oath ◊ *einen Schwur ablegen* swear an oath **2** (*Versprechen*) vow ◊ *einen Schwur leisten* make a vow
Schwurgericht ≈ trial by jury ◊ *Er muss sich vor einem Schwurgericht verantworten.* He faces trial by jury. ◊ *Der Fall kam vor das Schwurgericht.* The case was tried by a jury.
Science-Fiction science fiction
sechs six ◊ *sechs Meter hoch* six metres high. ◊ *sechs Millionen Menschen* six million people ◊ *wir sechs* the six of us ◊ *Drei mal sechs ist achtzehn.* Three sixes are eighteen. ◊ *mit sechs* (*Jahren*) at (the age of) six ◊ *Er wird morgen sechs.* He'll be six tomorrow. ◊ *Kinder bis zu sechs Jahren* children under six ◊ *Sie hatten sich seit sechs Monaten nicht gesehen.* They hadn't seen each other for six months. ◊ *um sechs Uhr morgens* at six o'clock in the morning ◊ *um halb sechs* at half past five ☛ Siehe auch S. 759
Sechs 1 six ◊ *unter den besten Sechs sein* be one of the best six ◊ *unter den ersten Sechs* in the first six ◊ *Beim Wettlauf gewann die Sechs.* Number six won the race. ◊ *Fahr mit der Sechs zum Marktplatz.* Take a (number) six to the market square. ☛ Siehe auch S. 759 **2** (*Note*) ≈ F; (*in der Schweiz*) ≈ A ◊ *Er hat eine Sechs bekommen.* He got an F. ☛ Hinweis bei NOTE, S. 1126.
Sechseck hexagon
sechseckig hexagonal
sechseinhalb six and a half
sechsfach sixfold ◊ *eine sechsfache Steigerung* a sixfold increase ◊ *ums Sechsfache steigen* increase sixfold ◊ *Er ist sechsfacher Olympiasieger.* He has won gold in the Olympics six times. ◊ *die sechsfache Menge Wein* six times as much wine ◊ *die Journalistin und sechsfache Mutter* journalist and mother of six
sechst zu ~ six ◊ *Wir waren zu sechst.* There were six of us. ◊ *Sie gingen zu sechst hin.* Six of them went there.
sechstägig six-day
sechstens sixth(ly)
sechste(r,s) sixth ◊ *zum sechsten Mal* for the sixth time ◊ *am sechsten Dezember* on the sixth of December ◊ *Er belegte den sechsten Platz.* He came/finished sixth. ◊ *Heinrich*

der Sechste Henry VI/the Sixth ◊ *Sie ist in der sechsten Klasse.* She's in Year 6. **IDM** ⇨ SINN
sechstel sixth ◊ *ein sechstel Gramm* a sixth of a gram
Sechstel sixth ◊ *Der Umsatz ist um ein Sechstel zurückgegangen.* Turnover has decreased by a sixth. ☛ *Siehe auch* S. 759
sechstgrößte(r,s) sixth-largest
sechzehn sixteen ◊ *Er hat mit sechzehn angefangen zu rauchen.* He started smoking when he was sixteen. ◊ *Das Zimmer hat sechzehn Quadratmeter.* The (area of the) room is sixteen square metres. ◊ *Er kam um sechzehn Uhr.* He arrived at 4 o'clock in the afternoon. ◊ *Der Zug fährt um 16.30.* The train leaves at sixteen thirty. ☛ *Siehe auch* S. 759
sechzehnte(r,s) sixteenth ☛ *Beispiele bei* SECHSTE(R,S)
sechzig sixty ◊ *Sie ist schon über sechzig.* She's over sixty. ◊ *Er ist Mitte sechzig.* He is in his mid sixties. ☛ *Siehe auch* S. 759
Sechziger(in) sixty-year-old
Sechzigerjahre sixties ◊ *Mitte der Sechzigerjahre* in the mid sixties
sechzigste(r,s) sixtieth ☛ *Beispiele bei* SECHSTE(R,S)
See¹ *der* ◊ *am See* by the lake ◊ *Er durchschwamm den See.* He swam across the lake.
See² *die* sea ◊ *Die See war stürmisch.* The sea was rough. ◊ *Er war sechs Monate auf See.* He was at sea for six months. ◊ *an die See fahren* go to the seaside **IDM** *auf hoher See* on the high seas **in See stechen** put* (out) to sea **zur See fahren** go* to sea
Seebad seaside resort **Seebeben** seaquake **Seefahrer(in)** seafarer ☛ G 2.2d **Seefahrt 1** seafaring ◊ *die Geschichte der Seefahrt* the history of seafaring **2** (*Fahrt übers Meer*) voyage **Seegang** swell ◊ *bei hohem Seegang* in a heavy swell. **Seehund** seal **seekrank** seasick ◊ *Er wird leicht seekrank.* He gets seasick. **Seelachs** coley
Seele soul **IDM** *jdm aus der Seele sprechen* say* exactly what sb feels *etw brennt jdm auf der Seele* sb feels* strongly about sth *eine Seele von Mensch* a dear *jdm in der Seele wehtun* break* sb's heart *seine Seele verkaufen* sell* your soul *sich etw von der Seele reden* get* sth off your chest ☛ *Siehe auch* HERZ *und* LEIB
seelenruhig calmly
Seeleute seamen [Pl], sailors [Pl] (*eines bestimmten Schiffes*) crew members [Pl]
seelisch (*psychologisch*) psychological (*Adv* psychologically); (*geistig*) mental (*Adv* mentally); (*emotional*) emotional (*Adv* emotionally) ◊ *die seelische Entwicklung* emotional development ◊ *seelische Grausamkeit* mental cruelty ◊ *Menschen mit seelischen Störungen* people who are psychologically disturbed ◊ *die seelische und körperliche Gesundheit* mental and physical well-being
Seelöwe sea lion
Seelsorge pastoral work
Seelsorger(in) minister; (*im Gefängnis, in der Armee etc.*) chaplain ☛ G 2.2d
seelsorgerisch pastoral ◊ *seelsorgerisch tätig sein* provide pastoral care ◊ *die Häftlinge seelsorgerisch betreuen* look after the spiritual welfare of the prisoners
See- Seemann seaman*, sailor ☛ G 2.2d **Seenot** distress ◊ *ein in Seenot geratenes Schiff* a ship in distress **Seepferdchen** sea horse **Seeräuber** pirate **Seesack** kitbag **Seeschifffahrt** maritime shipping **Seestern** starfish* **Seestreitkräfte** naval forces [Pl] **seetüchtig** seaworthy **Seeweg** sea route ◊ *Wer entdeckte den Seeweg nach Indien?* Who discovered the sea route to India? ◊ *auf dem Seeweg* by sea **Seezunge** sole*
Segel sail **IDM** *die Segel streichen* (*fig*) admit* defeat ☛ *Siehe auch* WIND
Segelboot sailing boat, (*AmE*) sailboat **Segelfliegen** gliding **Segelflugzeug** glider
segeln 1 (*auf dem Wasser*) sail ◊ *Wir gehen segeln.* We're going sailing. ◊ *um die Welt segeln* sail round the world **2** (*fliegen*) fly* ◊ *am Himmel segeln* fly across the sky. ◊ *zu Boden segeln* float to the ground **IDM** *durch eine Prüfung segeln* fail an exam
Segen 1 blessing ◊ *den Segen sprechen* give the blessing ◊ *jdm Glück und Segen wünschen* wish sb all the best **2** (*Billigung*) consent ◊ *mit dem Segen der Regierung* with the consent of the government ◊ *Meinen Segen hat er!* Good luck to him! **3** (*Wohltat*) boon ◊ *Der Computer ist ein wahrer Segen.* The computer is a real boon. ◊ *Es ist ein Segen, dass du da bist!* It's a good thing you're here!

segensreich beneficial
Segment 1 (MATH) segment **2** (*Teil*) section **3** (*Sektor*) sector
segnen 1 bless **2** *mit etw gesegnet sein* (*haben*) be blessed with sth
sehbehindert partially sighted ◊ *Er ist stark sehbehindert.* He has severely impaired vision.
sehen 1 see* ◊ *Ich habe die rote Ampel nicht gesehen.* I didn't see the red light. ◊ *Wie ich sehe, geht es dir wieder besser.* I see you are better. ◊ *Siehst du meine Schlüssel irgendwo?* Have you seen my keys anywhere? ◊ *Wir sehen uns am Freitag!* See you on Friday. ◊ *etw von der komischen Seite sehen* see the funny side of sth ◊ *Sie sieht in ihm eine Vaterfigur.* She sees him as a father figure. ◊ *Ich weiß nicht, was er in ihr sieht.* I don't know what he sees in her. ◊ *Sie ist hier immer gern gesehen.* We're always pleased to see her. ◊ *auf einem Auge nichts sehen* be blind in one eye ◊ *Sie sieht schlecht.* Her eyesight is poor. ◊ *Den Fleck sieht man nicht.* The stain doesn't show. ◊ *Schon bald konnten wir sie nicht mehr sehen.* She had soon disappeared from view. ◊ *Hast du schon die Ausstellung gesehen?* Have you been to the exhibition yet? ◊ *Die Ausstellung ist bis Samstag zu sehen.* The exhibition is open until Saturday. ◊ *Da war nichts zu sehen.* There was nothing there. **2** (*hinsehen*) look

> **Look** wird gebraucht, wenn man etwas bewusst anschaut: *Look carefully. Can you see anything strange? Schauen Sie genau hin. Sehen Sie etwas Ungewöhnliches?*

◊ *Sieh mal, wer da kommt!* Look who's coming! ◊ *aus dem Fenster sehen* look out of the window ◊ *Die Fenster sehen auf den Garten.* The windows look onto the garden. ◊ *jdm in die Augen sehen* look into sb's eyes ◊ *Lass mich auch mal sehen!* Let me have a look. ◊ *Alles sah auf ihn.* All eyes were on him. ◊ *Siehe Seite 8.* See page 8. **3** (*treffen*) meet* ◊ *Können wir uns morgen sehen?* Can we meet tomorrow? **4** (*einschätzen*) ◊ *Siehst du jetzt, dass ich Recht hatte?* See! I was right. ◊ *Wie siehst du das?* What do you think? ◊ *So gesehen hast du Recht.* If you look at it like that, you're right. ◊ *statistisch gesehen* according to statistics **5** *nach jdm/etw* ~ check sb/sth ◊ *Ich will nur schnell nach der Post sehen.* I'll just check if there's any post. ◊ *nach den Kindern sehen* keep an eye on the children **6** *auf etw* ~ set* great store by sth ◊ *sehr auf Äußerlichkeiten sehen* set great store by appearances ◊ *Du siehst aber auch nur aufs Geld.* You only seem to care about money. **8** *sich ...* ~ ◊ *Er sah sich gezwungen, das Auto zu verkaufen.* He was forced to sell his car. ◊ *Ich sehe mich nicht in der Lage, das zu tun.* I don't feel in a position to do it. ◊ *Sie sah sich vor eine schwierige Wahl gestellt.* She was faced with a difficult choice.
IDM *das muss man gesehen haben* **1** (*unglaublich*) it has to be seen to be believed **2** (*unbedingt*) it's a must *es nicht gern sehen,* (*wenn/dass ...*) ◊ *Seine Mutter sieht es nicht gern.* His mother doesn't like it. ◊ *Ich sehe es nicht gern, wenn du abends allein nach Hause gehst.* I don't like you going home alone at night. *etw kommen sehen* see* sth coming ◊ *Das habe ich ja schon lange kommen sehen!* I could see that coming a long time ago! *mal sehen* we'll see *jdn/etw nicht mehr sehen können* be sick (of the sight) of sb/sth ◊ *Ich kann ihn langsam nicht mehr sehen!* I'm getting sick of the sight of him. *jdn (nur) vom Sehen kennen* (only) know* sb by sight *sich (bei jdm) sehen lassen* ◊ *Lass dich mal wieder bei deiner Oma sehen!* Go and see your grandmother again some time. ◊ *Sie hat sich hier schon lange nicht mehr sehen lassen.* She hasn't been here for ages. ◊ *Lass dich hier nicht mehr sehen!* Don't dare show your face round here again! *sich (mit jdm/etw) sehen lassen können* ◊ *Mit dem Mantel kannst du dich nicht sehen lassen!* You can't go out in that coat! ◊ *Ihre neue Wohnung kann sich sehen lassen.* Her new flat is quite smart. ◊ *Sein Zeugnis kann sich durchaus sehen lassen.* He can be proud of his report. ☛ *Für andere Redewendungen mit* **sehen** *siehe die Einträge für die entsprechenden Nomina etc.* **Klar sehen** z.B. steht unter **klar.** ☛ *Siehe auch* KARTE
sehenswert worth seeing (*nicht vor Nomen*) ◊ *ein sehenswerter Film* a film worth seeing ◊ *Das alte Schloss ist wirklich sehenswert.* The old castle is really worth a visit.
Sehenswürdigkeit sight ◊ *Er hat uns alle Sehenswürdigkeiten gezeigt.* He showed us all the sights. ◊ *Wir haben uns die Sehenswürdigkeiten angesehen.* We went sightseeing.

Sehne 1 (ANAT) tendon **2** (*Bogen-*) string ◊ *Er spannte die Sehne.* He tightened the string of his bow. **3** (MATH) chord
sehnen sich nach jdm/etw ~ long for sb/sth, yearn for sb/sth; *sich danach* ~ *etw zu tun* long to do sth
sehnlich ◊ *Er wünscht sich nichts sehnlicher als ein eigenes Auto.* His one desire is to have his own car. ◊ *ihr sehnlichster Wunsch* her dearest wish ◊ *Sie hoffen sehnlichst auf ein Wunder.* They are desperately hoping for a miracle.
Sehnsucht longing ◊ *ihre Sehnsucht nach Frieden* their longing for peace ◊ *Sehnsucht nach jdm haben* be longing to see sb
sehnsüchtig longing (*Adv* longingly) ◊ *einen sehnsüchtigen Blick auf etw werfen* look longingly at sth ◊ *Er wartet schon sehnsüchtig auf dich.* He's longing to see you.
sehr 1 (*vor Adjektiven und Adverbien*) very ◊ *sehr klein* very small ◊ *Das kommt sehr oft vor.* That very often happens. ◊ *Alles lief sehr gut.* Everything went very well. ◊ *Sehr geehrter Herr Meier!* Dear Mr Meier, **2** (*mit Verben*) very much ◊ *Wir freuen uns sehr darauf.* We are looking forward to it very much. ◊ *Es hat so sehr geregnet, dass ...* It rained so much that ... ◊ *Danke sehr!* Thank you very much! ◊ *Er hat sehr gelacht.* He had a good laugh. ◊ *Das hat sehr wehgetan.* It hurt a lot. ◊ *Es hat nicht sehr wehgetan.* It didn't hurt much. ◊ *Ärgere dich nicht zu sehr darüber!* Don't be too cross about it. **3** ~ *viel* a lot ◊ *Das Kind hat sehr viel geweint.* The child cried a lot. ◊ *Sie haben sehr viel Geld.* They've got a lot of money. ◊ *Das war schon sehr viel besser.* That was much better. ◊ *Ich habe nicht sehr viel Zeit.* I haven't got much time. ◊ *Er hat in letzter Zeit sehr viel gearbeitet.* He's been working very hard lately. **4** ~ *wohl* perfectly well ◊ *Er weiß sehr wohl, dass ...* He knows perfectly well that ... ◊ *Man kann sehr wohl mit ihr reden.* She's perfectly easy to talk to. ◊ *Sie können sehr wohl etwas dafür!* It certainly is their fault!
seicht 1 (*flach*) shallow **2** (*oberflächlich*) superficial; (*auf niedrigem Niveau*) trivial
Seide silk ◊ *ein Schal aus Seide* a silk scarf
seiden 1 (*aus Seide*) silk **2** (*seidig*) silky **IDM** ⇨ FADEN
Seife soap ◊ *ein Stück Seife* a bar of soap ◊ *Wasser und Seife* soap and water
Seifenblase (soap) bubble ◊ *Seifenblasen machen* blow bubbles **IDM** **wie eine Seifenblase zerplatzen** be shattered ◊ *Der Traum zerplatzte wie eine Seifenblase.* The dream was shattered.
Seifen- Seifenkiste soapbox **Seifenkistenrennen** soapbox derby **Seifenoper** soap (opera)
Seil rope; (*Hoch-*) tightrope; (*für Seilbahn etc.*) cable; (*Abschlepp-*) tow rope ◊ *ein Stück Seil* a length of rope ◊ *Das Seil ist gerissen.* The cable broke. ◊ *auf dem Seil tanzen* walk the tightrope **IDM** **in den Seilen hängen** be exhausted
Seilbahn cable car ◊ *mit der Seilbahn fahren* go by cable car **Seiltänzer(in)** tightrope walker ☛ G 2.2d
sein¹ *Verb* **1** be ☛ Siehe S. 45 **2** (*als Hilfsverb im present perfect*) have ☛ G 9.1 **IDM** **bist du, ist das etc. zu ...** ◊ *Bist du noch zu retten?* Are you out of your mind? ◊ *Ist das denn zu glauben?* I don't believe it! ◊ *Das ist nicht zu ertragen.* I can't bear it. **das kann sein** that's possible, maybe **das kann nicht sein** that can't be true **das wär's** that's it ◊ *Das wär's für heute.* That's it for today. **es sei denn, (dass) ...** unless ... ◊ *es sei denn, es regnet* unless it rains **jdm ist, als (ob) ...** sb has the feeling ... ◊ *Ihm war, als hätte er sie schon einmal gesehen.* He had the feeling he'd seen her before. ◊ *Mir ist, als ob jemand in der Wohnung ist.* I feel there's someone in the flat. **jdm ist nach etw** sb feels* like sth ◊ *Mir ist heute nicht nach Kuchen/Feiern.* I don't feel like cake/celebrating today. ◊ *Mir ist nach Jazz.* I fancy listening to some jazz. **ist was?** is there a problem? **mit etw ist/wird es nichts** sth is off ◊ *Mit dem Urlaub ist es nichts.* The holiday is off. **Sei doch nicht so!** Don't be like that! **sei es, dass ... oder sei es, dass ...** whether ... or ... ◊ *Sei es, dass die Vorschriften es erfordern, oder sei es, dass ...* Whether the regulations require it or ... **sei es ... oder ...** whether it's ... or ... ◊ *Die Kinder brauchen Ansprechpartner, sei es nun zu Hause oder in der Schule.* The children need somebody to talk to, whether it's at home or at school. **was nicht ist, das kann noch werden** there's hope yet ☛ Siehe auch LASSEN, WER *und* WIE
sein² *Possessivpronomen* **1** his; (*mit Bezug auf Gegenstand, Tier*) its; (*mit Bezug auf ein Mädchen*) her **2** (*mit Bezug auf „man"*) one's, your ☛ G 5.1 **IDM** ⇨ SEINE(R,S)

Sein being; (*Dasein*) existence ◊ *Das Sein bestimmt das Bewusstsein.* Being determines consciousness. ◊ *das menschliche Sein* human existence **IDM** **Sein oder Nichtsein** to be or not to be ◊ *Sein oder Nichtsein, das ist hier die Frage.* To be or not to be, that is the question. ◊ *Die Atommächte entscheiden über Sein oder Nichtsein der Menschheit.* The nuclear powers have the power of life and death over us.
seine(r,s) his ☛ G 5.2 **IDM** **das Seine tun** do* your bit (*umgs*) ◊ *wenn jeder das Seine tut* if everyone does their bit ◊ *Ich werde das Meine tun, um das Geld zusammenzukriegen.* I'll do my bit towards finding the money. **jedem das Seine** each to his own
seinerseits (*von ihm*) on his/its part; (*er selbst*) for his/its part, himself/itself ◊ *Das ist ein großzügiges Angebot seinerseits.* That's a generous offer on his part. ◊ *Er ist seinerseits nicht zu Kompromissen bereit.* He, for his part, isn't prepared to compromise. ◊ *Der Verein seinerseits sieht das anders.* The club itself has a different view.
seinerzeit in those days, at that time
seinesgleichen (*gleichrangig*) his equals [Pl]; (*gleichartig*) people like him [Pl] ◊ *Er behandelte sie wie seinesgleichen.* He treated them as his equals. ◊ *Ich habe keinerlei Verständnis für ihn und seinesgleichen.* I have no time for people like him. **IDM** ⇨ SUCHEN
seinetwegen 1 (*ihm zuliebe*) for his sake **2** (*wegen ihm*) because of him, on his account **3** (*von ihm aus*) as far as he's concerned ☛ *Beispiele bei* MEINETWEGEN
seit¹ *Präp* (*Zeitpunkt*) since; (*Zeitspanne*) for ◊ *Sie ist schon seit Sonntag krank.* She has been ill since Sunday. ◊ *Seit wann bist du hier der Chef?* Since when have you given the orders here? ◊ *der beste Komiker seit Woody Allen* the best comedian since Woody Allen ◊ *Er hat sie seit einem Jahr nicht mehr gesehen.* He hasn't seen her for a year. ◊ *Seit wann hast du ein Auto?* How long have you had a car?

> Wie lange etwas schon andauert, kann man sowohl mit *since* als auch mit *for* beschreiben. Man sagt *since*, wenn man vom *Anfang* einer Zeitspanne spricht, und *for*, wenn man von der *Länge* einer Zeitspanne spricht: *I've known her since 1998.* ◊ *I've known her for ten years.* Es ist zu beachten, dass in beiden Fällen das *present perfect* verwendet wird. Wenn *since* allerdings einen Nebensatz einleitet, steht das Verb im Nebensatz entweder im *present perfect* oder im *past tense*. ☛ *Siehe auch* SEIT²

IDM **seit (eh und) je** for ages; (*immer*) always ◊ *Wir kennen uns seit eh und je.* We've known each other for ages. ◊ *Das ist schon seit eh und je so.* It's always been like that.
seit² *Konj* since ◊ *Ich habe ihn, seit er zurück ist, nicht gesehen.* I haven't seen him since he came back. ◊ *Seit er sein Auto hat, ist er nur noch unterwegs.* Since he got his car, he's never at home. ◊ *Seit ich hier bin, sind keine Busse vorbeigefahren.* No buses have gone past since I've been here. ☛ *Hinweis bei* SEIT¹
seitdem¹ *Adv* since then ◊ *Sie haben sich seitdem nicht mehr gesehen.* They haven't seen each other since then.
seitdem² *Konj* since ◊ *Seitdem sie ihren Führerschein hat, ...* Since she passed her driving test, ...
Seite 1 side ◊ *die Seiten eines Dreiecks* the sides of a triangle ◊ *auf der anderen Seite des Flusses* on the other side of the river ◊ *das Fenster von beiden Seiten putzen* clean both sides of the window ◊ *Sie ist auf der rechten Seite gelähmt.* She is paralyzed down her right side. ◊ *Ich stehe ganz auf deiner Seite!* I'm entirely on your side! ◊ *jdn auf seine Seite ziehen* get sb on your side ◊ *Sie legte das Buch zur Seite.* She put the book to one side. ◊ *Sieh das Ganze mal von der komischen Seite.* Try and see the funny side of it. ◊ *Von der Seite kannte ich sie nicht.* I hadn't seen this side of her before. ◊ *zur Seite gehen* step aside ◊ *die obere/untere/hintere/vordere Seite* the top/bottom/back/front ◊ *Sie hörte es von dritter Seite.* She heard it from a third party. ◊ *Ihm wurden von keiner Seite Vorwürfe gemacht.* Nobody blamed him. ◊ *Es wurde von offizieller Seite bestritten.* It was officially denied. ◊ *von kirchlicher Seite* by the Church ◊ *Er zeigt sich heute nicht gerade von seiner besten Seite.* He is not at his best today. ◊ *Pünktlichkeit ist nicht seine starke Seite.* Punctuality is not his strong point. **2** (*in einem Buch etc.*) page **IDM** **auf der einen Seite ... auf der anderen Seite** on the one hand ... on the other hand **etw auf die Seite legen** set* sth aside ◊ *jeden Monat etwas Geld auf die Seite legen* set aside some money every month **etw auf die**

Seite schaffen help yourself to sth **jdn auf die Seite schaffen** do* away with sb (*umgs*) **jdm nicht von der Seite weichen/gehen** not leave* sb's side; stay close to sb **Seite an Seite** side by side **jdm zur Seite stehen** ◊ *Sie steht dem Präsidenten als Beraterin zur Seite.* She provides advice and support to the president. ◊ *Er stand ihnen immer zur Seite.* He was always there when they needed him. ☞ *Siehe auch* FREUDE *und* RAT
Seitenhieb dig (*umgs*) ◊ *Den Seitenhieb konnte ich mir nicht verkneifen.* I couldn't resist having a little dig.
seitens from ◊ *Seitens der Eltern gab es keine Einwände.* There were no objections from the parents.
Seiten- Seitensprung affair ◊ *einen Seitensprung machen* have an affair **Seitenstechen** stitch; **~ haben** have a stitch **Seitenstraße** side street ◊ *in einer Seitenstraße parken* park in a side street ◊ *eine Seitenstraße der Seestraße* a street off Seestraße
seither since (then) ◊ *Ich habe ihn seither nicht mehr gesehen.* I haven't seen him since.
seitlich[1] **1** *Adj* side ◊ *seitliche Fenster* side windows ◊ *ein seitlicher Wind* a crosswind **2** *Adv* sideways ◊ *Das Auto prallte seitlich gegen einen Baum.* The car crashed sideways into a tree. ◊ *seitlich montierte Ruder* oars fixed on each side
seitlich[2] *Präp* beside ◊ *das Feld seitlich der Straße* the field beside the road
Sekretär(in) secretary* ☞ G 2.2d
Sekretariat 1 office ◊ *das Sekretariat der Schule* the school office **2** (*Verwaltungsabteilung*) administrative offices [Pl]
Sekt sparkling wine ◊ *eine Flasche Sekt* a bottle of sparkling wine ☞ Für Sekt verwendet man auch oft das Wort **champagne**, selbst wenn man nicht explizit von Champagner spricht: *Der Sekt floss in Strömen.* The champagne was flowing like water.
Sekte sect ◊ *einer Sekte angehören* belong to a sect
Sektion (*Abteilung*) section
Sektor sector
sekundär 1 secondary ◊ *eine sekundäre Bedeutung haben* be of secondary importance ◊ *Das Ergebnis ist nur sekundär.* The result is only of secondary importance. ◊ *eine sekundäre Infektion* a secondary infection **2** (*nicht unmittelbar*) second-hand ◊ *sekundäre Erlebnisse* second-hand experiences
Sekundärliteratur secondary literature
Sekundarstufe secondary education, (*AmE*) high school ☞ *Der Sekundarstufe II an deutschen Gymnasien entspricht in etwa der britische „sixth form" und das amerikanische „Senior High School".*
Sekunde second; (*Moment auch*) moment ◊ *Wir dürfen keine Sekunde verlieren.* We haven't a moment to lose. ◊ *Meine Uhr geht auf die Sekunde genau.* My watch keeps perfect time. ◊ *Es ist auf die Sekunde 12 Uhr.* It is 12 o'clock precisely.
sekundenschnell, in Sekundenschnelle in a matter of seconds **Sekundenzeiger** second hand
selbe(r,s) 1 same ◊ *am selben Tag* on the same day ☞ *Siehe auch* DERSELBE **2** ⇨ SELBST[1]
Selbermachen zum ~ to make yourself ◊ *Marionetten zum Selbermachen* puppets to make yourself
selbst[1] *Pron* **1**

Die Übersetzung von „selbst" hängt von der Person ab: **myself, yourself, himself, herself, ourselves, yourselves, themselves.** *Ich selbst bin dagegen.* I myself don't agree. ◊ *Hast du das selbst gemacht?* Did you do that yourself? ◊ *Der Besitzer hat uns selbst bedient.* The owner served us himself. ◊ *Sie denkt nur an sich selbst.* She only thinks about herself. ◊ *Sollen wir es selbst machen?* Shall we do it ourselves? ◊ *Habt ihr das Auto selbst repariert?* Did you repair the car yourselves? ◊ *Sie haben das Zimmer selbst tapeziert.* They wallpapered the room themselves.

Wenn „selbst" sich auf ein Tier oder eine Sache bezieht, wird es mit **itself** übersetzt: *Das Hotel selbst war schön.* The hotel itself was nice.

Wenn es sich auf „man" bezieht, übersetzt man es mit **yourself** und (*gehoben*) **oneself**: *Das kann man selbst machen.* You can do that yourself.
2 ~ ernannt self-appointed **3 ~ gebacken** home-made ◊

ein selbst gebackener Kuchen a home-made cake **4 ~ gebaut** ◊ *Sie wohnen in einem selbst gebauten Haus.* They live in a house they built themselves. **5 ~ gemacht** home-made **6 ~ gestrickt** ◊ *Sie trug einen selbst gestrickten Pulli.* She was wearing a jumper she had knitted herself. **7 ~ verdient** ◊ *mein erstes selbst verdientes Geld* the first money I earned myself IDM **nicht mehr man selbst sein** not be yourself (any more) ◊ *Seit dem Unfall ist er nicht mehr er selbst.* He's not been himself since the accident. **von selbst 1** yourself, etc.; on your own; (*automatisch*) automatically ◊ *Die Sache hat sich von selbst erledigt.* It sorted itself out. ◊ *Da hätte man auch von selbst draufkommen können.* You could have thought of that yourself. ◊ *Die Wunde verheilt von selbst.* The wound will heal on its own. ◊ *Die Tür schließt von selbst.* The door shuts automatically. ◊ *Es geht ganz von selbst.* It's really easy. ◊ *Diese CD verkauft sich von selbst.* This CD sells like hot cakes. **2** (*unaufgefordert*) of your own accord ◊ *Er hat sich von selbst entschuldigt.* He apologized of his own accord. ☞ *Siehe auch* RUHE, SCHATTEN, SPRECHEN, VERSTEHEN *und* WILLEN
selbst[2] *Adv* (*sogar*) even ◊ *Selbst wenn er wollte* ... Even if he wanted to ... ◊ *Da musste selbst ich lachen.* Even I couldn't help laughing at that.
Selbst self ◊ *Sie sucht ihr wahres Selbst in Indien.* She's looking for her true self in India.
Selbstachtung self-respect **Selbstauslöser** delayed shutter release, self-timer **Selbstbedienung** self-service ◊ *eine Gaststätte mit Selbstbedienung* a self-service restaurant **Selbstbefriedigung** masturbation **Selbstbeherrschung** self-control **Selbstbestätigung** (*meist mit einem Verb übersetzt*) ◊ *Es ist eine tolle Selbstbestätigung, auf der Bühne zu stehen.* It really boosts your ego, being on stage. **Selbstbeteiligung** contribution; (*bei Schäden*) excess ◊ *Selbstbeteiligung im Gesundheitswesen?* Should people make a contribution to their medical costs? **Selbstbetrug** self-deception **selbstbewusst** (self-)confident ◊ *Schon als junges Mädchen trat sie selbstbewusst auf.* Even as a young girl, she seemed very confident. **Selbstbewusstsein** (self-)confidence ◊ *sein mangelndes Selbstbewusstsein* his lack of confidence **Selbstbildnis** self-portrait **Selbstdarstellung** self-promotion ◊ *Die Messe gilt vor allem der Selbstdarstellung von Wirtschaftsunternehmen.* The trade fair is an opportunity for businesses to promote themselves. **Selbsteinschätzung** self-image ◊ *eine gesunde Selbsteinschätzung haben* have a healthy self-image ◊ *Er ist der Beste, aber nur in seiner Selbsteinschätzung.* He's the best, but only in his own judgement. ◊ *Nach einer realistischen Selbsteinschätzung hatten sie nicht mit dem ersten Platz gerechnet.* After assessing their own capabilities realistically, they didn't expect to come first. **Selbsterhaltungstrieb** survival instinct, instinct for self-preservation **selbstgefällig** complacent (*Adv* complacently) **selbstgerecht** self-righteous (*Adv* self-righteously) **Selbstgespräch Selbstgespräche führen** talk to yourself **selbstherrlich** arrogant (*Adv* arrogantly); (*Entscheidung, Führungsstil*) autocratic (*Adv* autocratically) **Selbsthilfe** self-help ◊ *Armutsbekämpfung durch Selbsthilfe in Peru* combating poverty through self-help in Peru ◊ *Die Eltern griffen zur Selbsthilfe und organisierten Nachhilfe.* The parents took matters into their own hands and organized tuition. **selbstklebend** self-adhesive **Selbstjustiz** vigilantism; **zur ~ greifen** take* the law into your own hands **Selbstkontrolle 1** (*Beherrschung*) self-control **2** (*bei den Medien*) self-regulation ◊ *freiwillige Selbstkontrolle ausüben* exercise voluntary self-regulation **Selbstkostenpreis** cost price; **zum ~** at cost **Selbstkritik** self-criticism **selbstkritisch** self-critical **selbstlos** selfless (*Adv* selflessly) **Selbstmitleid** self-pity **Selbstmord** suicide ◊ *Selbstmord begehen* commit suicide ◊ *Das wäre Selbstmord.* That would be suicidal. **Selbstmörder(in)** suicide **selbstmörderisch** suicidal **Selbstmordgefährdet** suicidal **Selbstmordversuch** suicide attempt ◊ *Sie hat schon drei Selbstmordversuche gemacht.* She has already made three suicide attempts. **Selbstporträt** self-portrait **selbstsicher** confident (*Adv* confidently) **selbstständig 1** independent (*Adv* independently) ◊ *ein selbstständiger Mensch/Staat* an independent person/state ◊ *jdn zum selbstständigen Denken erziehen* teach sb to think independently **2** (*beruflich*) self-employed ◊ *ein selbstständiger Maler* a self-employed painter ◊ *Der Schreiner hat sich selbstständig gemacht.* The carpenter has start-

ed his own business. **Selbstständige(r)** self-employed person* **Selbstständigkeit 1** independence ◊ *die Selbstständigkeit des Denkens/Handelns* independence of thought/action **2** (*beruflich*) self-employment **Selbstverpflegung** self-catering **selbstverschuldet** ◊ *Seine Probleme sind selbstverschuldet.* He has no one to blame but himself for these problems. ◊ *Bei selbstverschuldeten Unfällen verliert man seinen Schadensfreiheitsrabatt.* If you cause an accident, you lose your no-claims bonus. **selbstverständlich 1** *Adv* of course ◊ *Selbstverständlich werde ich dabei sein.* Of course I'll be there. **2** *Adj* everyday (*nur vor Nomen*), normal ◊ *die selbstverständlichste Sache der Welt* the most normal thing in the world ◊ *Für uns ist es selbstverständlich, diesen Kindern zu helfen.* It goes without saying that we help these children. **3** *Adv* as a matter of course ◊ *Sie nahmen meinen Freund ganz selbstverständlich bei sich auf.* They welcomed my boyfriend as a matter of course. ◊ *Er setzte sich ganz selbstverständlich zu uns an den Tisch.* He sat down at our table as if it was the most natural thing in the world. **4** *Adj* **jdn/etw als ~ hinnehmen** take* sb/sth for granted **5** *Adj* **das ist ~** that goes without saying; (*bitte*) don't mention it **Selbstverteidigung** self-defence **Selbstvertrauen** self-confidence ◊ *jds Selbstvertrauen stärken* boost sb's self-confidence **Selbstwertgefühl** (PSYCH) self-esteem ◊ *ein mangelndes Selbstwertgefühl haben* have low self-esteem **selbstzufrieden** self-satisfied, smug **Selbstzweck** end in itself ◊ *Noten sollten nicht zum Selbstzweck werden.* Marks should not be an end in themselves.
selektiv selective (*Adv* selectively) ◊ *selektive Wahrnehmung* selective perception ◊ *Die Presse informiert uns nur selektiv.* The newspapers don't give us the whole picture.
Selen selenium
selig 1 (REL) blessed ◊ *die selige Crescentia* the blessed Crescentia ◊ *jdn selig sprechen* beatify sb ◊ *bis an mein seliges Ende* until my dying day **2** (*überglücklich*) delighted (*Adv* delightedly) **3** (*verstorben*) late (*nur vor Nomen*)
Sellerie (*Knollen-*) celeriac; (*Stangen-*) celery
selten 1 rare (*Adv* rarely) ◊ *seltene Pflanzen* rare plants ◊ *Das trifft nur in den seltensten Fällen zu.* That only applies in very rare cases. ◊ *Ich sehe ihn selten.* I rarely see him. **2** (*besonders*) exceptionally ◊ *ein selten schönes Stück* an exceptionally beautiful piece
Seltenheit rarity* ◊ *Diese Pflanzen stehen wegen ihrer Seltenheit unter Naturschutz.* These plants are protected because of their rarity. ◊ *Dass er zu spät kommt, ist keine Seltenheit.* It is not uncommon for him to be late.
Seltenheitswert rarity value ◊ *eine Erstausgabe mit Seltenheitswert* a first edition with rarity value ◊ *Gute Architekten haben heutzutage Seltenheitswert.* Good architects are a rarity these days.
seltsam strange (*Adv* strangely), odd (*Adv* oddly) ◊ *Sie hat sich gestern sehr seltsam benommen.* She was behaving very strangely yesterday. ◊ *Seltsam, die Tür ist plötzlich aufgegangen.* That's odd, the door suddenly opened. ◊ *ein seltsames Gefühl haben* have a funny feeling IDM ⇨ BLÜTE
seltsamerweise strangely enough, oddly
Semester 1 semester

In Großbritannien wird an den Universitäten das akademische Jahr entweder in drei **terms** oder zwei **semesters** unterteilt. Wenn Studenten allerdings von ihrer Studienzeit sprechen, reden sie von **years**: *Im wievielten Semester bist du?* What year are you in? ◊ *Ich bin im sechsten Semester.* I'm in my third year.

Auch das Schuljahr wird in drei **terms** eingeteilt. In den USA wird das akademische Jahre entweder in zwei **semesters** von etwa 15 Wochen oder drei **quarters**, die etwa 10 Wochen lang sind, unterteilt.

2 (*Student(in)*) ◊ *Die ersten Semester bekommen leicht Zimmer im Studentenheim.* It's easy for the first-year students to get a room in the hall of residence. ◊ *Er hat es sich von einem höheren Semester erklären lassen.* He got a student from a higher year to explain it to him. **3 ein älteres ~** an older person*
Semesterbeginn beginning of the semester ☛ *Hinweis bei* SEMESTER, *oben.* **Semesterferien** vacation ◊ *Wann fangen die Semesterferien an?* When does the vacation start?

Semifinale (SPORT) semi-final
Semikolon semicolon
Seminar 1 (*Lehrveranstaltung*) seminar ◊ *ein Seminar leiten/abhalten* take/hold a seminar **2** (*Universitätsinstitut*) department ◊ *das juristische Seminar* the law department **3** (*Priester-*) seminary*
Semit(in) Semite
semitisch Semitic
Semmel (bread) roll IDM **wie warme Semmeln weggehen** sell* like hot cakes
Senat 1 senate **2** (RECHT) = panel of judges (in higher German courts)
Senator(in) senator ☛ G 2.2d
Sende- Sendeanstalt television/radio station **Sendegebiet** transmission area
senden 1 *etw* (**an jdn**) ~; (**jdm**) *etw* ~ (*schicken*) send* sth (to sb), send* (sb) sth ◊ *Truppen in das Kriegsgebiet senden* send troops to the war zone **2** (TV, RADIO) broadcast* **3** (*Signal*) send* *sth* out
Sendeplatz slot ◊ *Freitags bleibt dieser Sendeplatz Spielfilmen vorbehalten.* On Fridays this slot is reserved for feature films.
Sender 1 television/radio station; (*Kanal*) channel ◊ *Mehrere ausländische Sender haben das Programm gekauft.* Several foreign TV stations have bought the programme. ◊ *auf einen anderen Sender umschalten* switch to another channel **2** (*Anlage*) transmitter
Sende- Sendereihe series* **Sendeschluss** close-down **Sendezeit 1** (*Zeitdauer*) airtime ◊ *Die Sendezeit der Nachrichten wurde halbiert.* The airtime for news has been cut by half. **2** (*Zeitpunkt*) slot ◊ *die Sendezeit der Nachrichten verlegen* move the slot for the news ◊ *zur besten Sendezeit* in prime time
Sendung 1 programme, (*AmE*) program ◊ *eine Sendung über Kunst* a programme about art ◊ *auf Sendung sein/gehen* be/go on (the) air **2** (*Post-*) item of mail; (*Paket*) parcel; (*Brief*) letter **3** (*Aufgabe*) mission
Senf 1 mustard **2** (*Pflanze*) mustard plant IDM **seinen Senf dazugeben** have your say
Senfkorn mustard seed
sengend scorching
senil senile
Senilität senility
senior Senior ◊ *Bernd Schreiber senior* Bernd Schreiber Senior
Senior(in) 1 (*Rentner*) senior citizen **2** (*beim Sport*) senior ◊ *die Wettkämpfe der Senioren* the senior competitions ◊ *Er spielt bei den Senioren.* He plays for the seniors.
Seniorenheim old people's home
Senke hollow
senken 1 lower; (*Kosten etc.*) reduce ◊ *die Arme senken* lower your arms ◊ *Er senkte seine Stimme.* He lowered his voice. ◊ *die Altersgrenze senken* lower the age limit ◊ *Sie senkte ihren Blick.* She lowered her eyes. ◊ *Blutdruck senkende Tabletten* tablets to lower blood pressure ◊ *Kosten um 16% senken* reduce costs by 16% **2 sich ~** fall*; (*Boden etc.*) subside ◊ *Der Wasserstand senkte sich.* The water level fell. ◊ *Die Nacht senkte sich.* Night fell. ◊ *Das Fundament senkte sich.* The foundations subsided. ◊ *Die Schranke senkte sich.* The barrier came down.
senkrecht 1 vertical (*Adv* vertically) ◊ *ein senkrechter Strich* a vertical line ◊ *senkrecht aufsteigender Rauch* smoke rising vertically ◊ *Die Sonne stand fast senkrecht am Himmel.* The sun was almost directly overhead. **2** (*Kreuzworträtsel*) down
Senkung reduction; (*des Wasserspiegels*) fall; (*der Altersgrenze*) lowering ◊ *eine Senkung der Personalkosten* a reduction in staff costs ◊ *eine Senkung um 16%* a reduction of 16% ◊ *eine Senkung des Grundwasserspiegels* a fall in the groundwater levels ◊ *eine Senkung des Wahlalters* a lowering of the voting age
Sensation sensation
sensationell sensational (*Adv* sensationally); (*unglaublich*) incredible (*Adv* incredibly) ◊ *eine sensationelle Entdeckung* a sensational discovery ◊ *Sie siegten sensationell gegen die Favoriten.* They won sensationally against the favourites. ◊ *sensationell niedrige Mieten* incredibly low rents

Sensations- Sensationslust sensation-seeking **sensationslüstern** sensation-hungry **Sensationspresse** tabloid press
Sense scythe IDM **Sense sein** be enough ◊ *Jetzt ist aber Sense!* That's enough now! ◊ *Bei mir ist jetzt Sense!* I've had enough!
sensibel sensitive (*Adv* sensitively)
sensibilisieren sensitize ◊ *jdn für die Probleme alter Menschen sensibilisieren* sensitize sb to the problems of old people
Sensibilisierung ◊ *eine Sensibilisierung für Katzenhaare* sensitization to cat hair ◊ *Sie wollten eine Sensibilisierung für Umweltthemen erreichen.* They wanted to sensitize people to the importance of environmental problems.
Sensibilität sensitivity
Sensor 1 sensor **2** (*-taste*) touch pad
sentimental sentimental (*Adv* sentimentally)
Sentimentalität sentimentality [U]
separat separate (*Adv* separately); (*Wohnung, Zimmer*) self-contained ◊ *ein separater Hauseingang* a separate entrance ◊ *etw separat waschen* wash sth separately ◊ *eine separate Wohnung unterm Dach* a self-contained attic flat
Separatismus separatism
separatistisch separatist
September September ☛ *Beispiele bei* JANUAR
Serie 1 series*; (*von Erfolgen*) string ◊ *eine Serie von Anschlägen* a series of attacks ◊ *etw in Serie schalten* connect sth in series ◊ *eine Serie von Siegen* a string of victories ◊ *etw in Serie herstellen/bauen* mass-produce sth ◊ *in Serie gehen* go into production **2** (*Radio-, TV-*) series*; (*Mehrteiler*) serial ☛ In einer **series** ist jede Folge eine neue, vollständige Geschichte mit denselben Hauptfiguren. In einer **serial** wird eine Geschichte in mehreren Teilen erzählt.
serienmäßig 1 (*Produktion*) ◊ *eine serienmäßige Produktion der Geräte* mass production of the machines ◊ *etw serienmäßig herstellen* mass-produce sth **2** (*Ausstattung*) ◊ *mit serienmäßiger Servolenkung* with power steering as standard ◊ *Vier Airbags sind serienmäßig.* Four air bags are standard. **Serienmörder(in)** serial killer **Seriennummer** serial number **Serientäter(in)** persistent offender
seriös (*Mensch*) respectable; (*Firma*) reputable; (*Angebot, Anzeige*) above board (*nicht vor Nomen*) ◊ *ein seriöser älterer Herr* a respectable old gentleman ◊ *Die Annonce klang nicht seriös.* The advertisement did not sound above board.
Seriosität respectability; (*Vertrauenswürdigkeit*) trustworthiness
Serum serum
Service¹ *das* (*Ess-*) dinner service; (*Kaffee-, Tee-*) tea service ◊ *ein Service für sechs Personen* a dinner service with six settings
Service² *der* **1** service ◊ *Wir bieten einen guten Service.* We offer good service. ◊ *Der Service ließ zu wünschen übrig.* The service left a lot to be desired. **2** (*beim Tennis etc.*) service, serve
servieren 1 serve; **jdm etw ~** serve sb (with) sth ◊ *den Gästen den Nachtisch servieren* serve the guests with the dessert **2** (*fig*) **jdm etw ~** confront sb with sth ◊ *dem Wähler die bittere Wahrheit servieren* confront the voter with the hard truth **3** (*beim Tennis etc.*) serve
Serviette serviette, (*BrE auch*) napkin
Servolenkung power steering [U]
servus hello; (*beim Abschied*) goodbye
Sesam sesame
Sessel armchair
Sessellift chairlift ◊ *mit dem Sessellift fahren* go by chairlift
sesshaft ◊ *Er ist nun endlich sesshaft geworden.* He has finally settled down. ◊ *in Frankfurt sesshaft werden* settle in Frankfurt ◊ *Sie ist in Kiel sesshaft.* She lives in Kiel.
Set 1 set **2** (*Tisch-*) place mat
setzen 1 put* ◊ *etw auf eine Liste setzen* put sth on a list ◊ *das Glas an den Mund setzen* put the glass to your mouth ◊ *einen Schritt vor den anderen setzen* put one foot in front of the other ◊ *ein Komma setzen* put a comma ◊ *etw in Klammern setzen* put sth in brackets **2 sich ~** sit* (down) ◊ *Möchtest du dich setzen?* Would you like to sit down? ◊ *sich auf einen Stuhl setzen* sit down on a chair ◊ *Er setzte sich zu mir an den Tisch.* He came and sat at my table. ◊ *Darf ich mich zu Ihnen setzen?* May I join you? ◊ *Bitte setzen Sie sich.* Please take a seat. ◊ *Er setzte sich aufs Fahrrad.* He got on his bike. **3 jdn ~** sit* sb (down) ◊ *Sie setzte das Kind auf einen Stuhl.* She sat the child on a chair. **4 sich ~** (*in Flüssigkeiten etc.*) settle ◊ *Der Kaffeesatz muss sich erst setzen.* The coffee grounds have to settle first. **5** (*pflanzen*) plant **6** (**etw**) (**auf etw**) **~** bet* (sth) (on sth) ◊ *Auf welches Pferd hast du gesetzt?* Which horse did you bet on? ◊ *Sie setzte 50€ auf Nummer 15.* She put €50 on number 15. ☛ Für andere Redewendungen mit **setzen** siehe die Einträge für die entsprechenden Nomina etc. **Sich etw in den Kopf setzen** z.B. steht unter **Kopf**.

Seuche 1 epidemic **2** (*Plage*) nuisance; (*stärker*) pain (*umgs*) ◊ *Die Lkws auf der Autobahn sind eine echte Seuche.* The lorries on the motorway are a real pain.
Seuchengefahr risk of an epidemic ◊ *Es bestand akute Seuchengefahr.* There was a high risk of an epidemic.
seufzen sigh ◊ *„Ich weiß", seufzte sie.* 'I know,' she sighed. ◊ *laut/tief seufzen* give a loud/deep sigh ◊ *erleichtert seufzen* heave a sigh of relief
Seufzer sigh
Sex sex
Sexismus sexism
sexistisch sexist
Sextett sextet ☛ G 1.3b
Sex- Sextourismus sex tourism **Sextourist(in)** sex tourist
Sexualerziehung, Sexualkunde sex education
Sexualität sexuality
Sexual- Sexualleben sex life **Sexualmord** sex murder **Sexualobjekt** sex object **Sexualpraktik** sexual practice **Sexualstraftäter(in)** sex offender **Sexualverbrechen** sex crime
sexuell sexual (*Adv* sexually)
sexy sexy* (*Adv* sexily)
Sezession secession
Sezessionskrieg American Civil War, (*AmE*) the Civil War, the War between the States
sezieren (BIOL) dissect
Shampoo shampoo*
Sherry sherry*
Shit shit (*Slang*)
Shop shop
Shopping shopping ◊ *Shopping machen* go shopping ◊ *zum Shopping nach London fliegen* fly to London to go shopping
Shorts shorts [Pl] ☛ *Hinweis bei* BRILLE
Show show
Showbusiness show business, (*umgs*) ◊ *Sie ist im Showbusiness.* She's in show business.
Show-down showdown
sich 1 (*mit Bezug auf männliche Person*) (to) himself **2** (*mit Bezug auf weibliche Person*) (to) herself **3** (*mit Bezug auf ein Ding oder ein Tier*) (to) itself **4** (*mit Bezug auf „man"*) (to) oneself, (to) yourself ☛ *Hinweis bei* MAN, S. 1091. **5** (*mit Bezug auf „sie", Plural*) (to) themselves **6** (*mit Bezug auf „Sie"*) (to) yourself, (to) yourselves **7** (*einander*) (to) each other, (to) one another ☛ G 4

Nach bestimmten Präpositionen wird im Englischen nicht das Reflexivpronomen, sondern das Personalpronomen (**him**, **her**, **you** und **them**) verwendet: *All das hatte er längst hinter sich gelassen.* He had left all that behind him long ago. ◊ *Sie hatte kein Geld bei sich.* She didn't have any money on her. ◊ *Vor sich sehen Sie die Burg.* In front of you is the castle. ◊ *Sie blickten um sich.* They looked around.

8 ◊ *Hier lebt es sich gut.* This is a nice place to live. ◊ *Das lässt sich machen.* That can be done. ◊ *Dieses Brot lässt sich nicht gut schneiden.* This bread is difficult to cut. IDM **etw an sich 1** (*selbst*) sth itself ◊ *Die Idee an sich ist gut.* The idea itself is good. **2** (*an und für sich*) in itself ◊ *Das wäre an sich kein Problem, denn ...* That wouldn't be a problem in itself, because ... **von sich aus** without being told to; (*all*) by yourself/yourselves ◊ *Die Kinder haben von sich aus aufgeräumt.* The children cleared up all by themselves. ☛ *Siehe auch* AN, BEI *und* SACHE

Sichel

Sichel 1 sickle **2** (*Mond-*) crescent ◊ *die Sichel des Mondes* a crescent moon

sicher 1 *Adj* certain, sure ◊ *Ein Sturz hätte den sicheren Tod bedeutet.* A fall would have meant certain death. ◊ *Sicher ist nur, dass ...* One thing is certain ... ◊ *Bist du sicher, dass er kommt?* Are you sure he's coming?

> Obwohl **sure** und **certain** fast die gleiche Bedeutung haben, kann man nicht sagen „it is sure that" sondern nur **it is certain that**: *It is not certain yet that he will compete.* Sein Start ist noch nicht sicher. Im Gespräch klingt **sure** weniger überzeugt als **certain**: *I'm sure she'll come if she can.* Sie kommt sicher, wenn sie kann. ◊ *I'm certain she'll come.* Ich bin sicher, dass sie kommt.

2 *Adv* (*ohne Zweifel*) for sure, for certain ◊ *Weißt du das auch sicher?* Do you know that for sure? ◊ *Niemand kann sicher vorhersagen, wann ...* No one can say for certain when ... **3** *Adv* (*bestimmt*) certainly, definitely ◊ *Das wäre sicher eine Möglichkeit.* That would certainly be a possibility. ◊ *„Hättest du anderes reagiert?" „Ja, ganz sicher."* 'Would you have reacted differently?' 'Definitely.'

> Um eine persönliche Meinung, Überzeugung, Vorhersage auszudrücken, wird im Englischen oft eine verbale Konstruktion gebraucht: *I'm sure you're right, but ...* Das ist sicher richtig, aber ... ◊ *I'm sure he'll ring.* Er ruft sicher noch an. ◊ *That can't be easy.* Das ist sicher nicht leicht. ◊ *She's bound to be late again.* Sie kommt sicher wieder zu spät. ◊ *He is sure to succeed.* Der Erfolg ist ihm sicher.

4 *Adj* (*nicht gefährlich*) safe (*Adv* safely) ◊ *sichere Straßen* safe streets ◊ *Hier fühlen sie sich sicher.* They feel safe here. ◊ *Bewahr das sicher auf.* Keep it safe. ◊ *Hier kann man sicher über die Straße gehen.* You can cross the road safely here. **5** *Adj* (*gesichert*) secure (*Adv* securely) ◊ *sichere Arbeitsplätze* secure jobs ◊ *sichere Grenzen* secure borders **6** *Adj* (*zuverlässig*) reliable ◊ *Das habe ich aus sicherer Quelle.* I got it from a reliable source. ◊ *ein sicherer Aufschlag* a reliable serve **7** *Adj* (*voller Selbstvertrauen*) confident (*Adv* confidently) ◊ *ihr sicheres Auftreten* her confident manner **8** *Adv* (*natürlich*) of course, sure (*umgs*) ◊ *„Kann ich dein Rad haben?" „Sicher."* 'Can I use your bike?' 'Sure.' **IDM sicher ist sicher** better safe than sorry ☛ *Siehe auch* HAND, LANGSAM, NUMMER *und* SACHE

sichergehen 1 play safe **2** ~, **dass** ... make* sure that ... ◊ *Er wollte ganz sichergehen, dass alles klappte.* He wanted to make sure that everything went smoothly.

Sicherheit 1 (*Sichersein vor Gefahr*) safety ◊ *die Sicherheit der Radfahrer im Kreisverkehr* the safety of cyclists on roundabouts ◊ *Sie ist bei uns in Sicherheit.* She is safe with us. **2** (*Sichersein vor Gefährdungen*) security ◊ *finanzielle Sicherheit* financial security ◊ *die äußere Sicherheit des Landes* the external security of the country

> **Safety** drückt ein Geschütztsein vor einer direkten, d.h. gegen die Gesundheit oder das Leben einer Person gerichteten Bedrohung aus: *Sicherheit am Arbeitsplatz* safety at work. **Security** hat mehr mit dem Geschütztsein vor Gefährdungen aller Art zu tun: *die Sicherheit der Arbeitsplätze* job security.

3 jdn/etw in ~ bringen rescue sb/sth ◊ *Die Feuerwehr brachte die Kinder in Sicherheit.* The fire brigade rescued the children. ◊ *Wir haben alle Wertgegenstände noch rechtzeitig in Sicherheit gebracht.* We managed to rescue all the valuable items while there was still time. ◊ *Die Flüchtlinge wurden in Sicherheit gebracht.* The refugees were taken to a place of safety. ◊ *Die Sammlung wurde vor Kriegsausbruch in Sicherheit gebracht.* The collection was taken to a safe place before the outbreak of war. **4 sich in ~ bringen** escape ◊ *Die Heimbewohner konnten sich unverletzt in Sicherheit bringen.* The residents of the home escaped unharmed. **5 mit ~** definitely ◊ *Er wird mit Sicherheit nicht in Barcelona starten.* He definitely won't be competing in Barcelona. ◊ *Das wird mit Sicherheit zu einer Konfrontation führen.* This is bound to lead to a confrontation. ◊ *Mit Sicherheit wissen wir nur, dass ...* The only thing we know for sure is that ... ◊ *Das kann ich nicht mit Sicherheit sagen.* I'm not sure about that. ☛ *Hinweis bei* SICHER **6** (*durch Übung erworbene Gewandtheit*) assurance ◊ *Die nötige Sicherheit am Klavier fehlt ihr immer noch.* Her piano playing still lacks assurance. **7** (*Selbstbewusstsein*) confidence **8** (*Bürgschaft*) security ◊ *Sicherheiten geben* provide security **IDM jdn in Sicherheit wiegen** lull sb into a false sense of security ◊ *Es gelang ihm, seine Anleger in Sicherheit zu wiegen.* He managed to lull his investors into a false sense of security. **mit an Sicherheit grenzender Wahrscheinlichkeit** almost certainly ◊ *Der Mörder kommt mit an Sicherheit grenzender Wahrscheinlichkeit aus dem Ortsgebiet.* The murderer almost certainly comes from the area. **sich in Sicherheit wiegen** think* you are safe **zur Sicherheit** just to make sure ◊ *Ruf ihn doch zur Sicherheit noch mal an.* Ring him again just to make sure. **Sicherheitsabstand** safe distance (between vehicles) ◊ *den Sicherheitsabstand einhalten* keep your distance from the vehicle in front **Sicherheitsbehörde** security service **Sicherheitsberater** security advisor **Sicherheitsbestimmung** safety regulation, security [U] ◊ *Bau- und Sicherheitsbestimmungen* building and safety regulations ◊ *die laschen Sicherheitsbestimmungen am Flughafen* the lax security at the airport ☛ *Hinweis bei* SICHERHEIT **Sicherheitsbindung** safety binding **Sicherheitsgründe** safety reasons [Pl] **Sicherheitsgurt** seat belt, safety belt **sicherheitshalber 1** (*aus Sicherheitsgründen*) for safety reasons, for safety's sake ◊ *Die Kabine lässt sich sicherheitshalber nicht von innen verriegeln.* For safety reasons, the cabin cannot be locked from the inside. **2** (*um sicherzugehen*) just in case ◊ *Sicherheitshalber gebe ich dir die Telefonnummer des Hotels.* I'll give you the phone number of the hotel just in case. **Sicherheitskette** safety chain ◊ *die Sicherheitskette vorlegen* put the safety chain on **Sicherheitskraft** security force [meist Pl] **Sicherheitsmaßnahme** security measure, safety measure ◊ *zusätzliche Sicherheitsmaßnahmen* extra security measures ◊ *billige Sicherheitsmaßnahmen wie zum Beispiel Funkgeräte* cheap safety measures such as radios ◊ *Die Sicherheitsmaßnahmen sind verschärft worden.* Security has been increased. ☛ *Hinweis bei* SICHERHEIT **Sicherheitsnadel** safety pin **Sicherheitsorgan** security service **Sicherheitspolitik** security policy* **Sicherheitsrat** Security Council **Sicherheitsrisiko** security risk **Sicherheitsschloss** safety lock **Sicherheitsvorkehrung** ⇨ SICHERHEITSMASSNAHME **Sicherheitszone** security zone

sicherlich definitely, certainly ◊ *In England wäre das sicherlich teurer gewesen.* In England that would definitely have been dearer. ◊ *Die Preise werden sicherlich steigen.* Prices are bound to go up. ◊ *Sie hat sich sicherlich geirrt.* She must have made a mistake. ☛ *Hinweis bei* SICHER

sichern 1 (*fest machen, gegen Diebstahl*) secure ◊ *Die Ladung war schlecht gesichert.* The load was not properly secured. ◊ *ein Haus gegen Einbruch sichern* secure a house against burglary **2** (*beim Bergsteigen*) belay* **3** (*sicher machen*) make* sth safe ◊ *Wie kann der Atomreaktor dauerhaft gesichert werden?* How can the nuclear reactor be made safe for the long term? **4** (*schützen*) protect ◊ *Die UN-Soldaten sollen den Hafen sichern.* The UN troops are to protect the harbour. **5** (*gewährleisten*) safeguard, guarantee ◊ *Wir wollen 500 Arbeitsplätze sichern.* We want to safeguard 500 jobs. ◊ *die Menschenrechte sichern* safeguard human rights ◊ *Die Renten sind derzeit gesichert.* For the time being, pensions are guaranteed. **6 jdm/sich etw ~** get* sth; (*Titel, Sieg, Stimme etc.*) secure sth ◊ *Die meisten hatten sich im Vorverkauf Karten gesichert.* Most people had got tickets in advance. ◊ *Die Deutschen sicherten sich den zweiten Platz.* The Germans secured second place.

sicherstellen 1 seize; (*gestohlene Ware*) recover ◊ *Die Polizei hat Waffen und Munition sichergestellt.* The police have seized weapons and ammunition. ◊ *Der gestohlene Wagen wurde von der Polizei sichergestellt.* The stolen car was recovered by the police. **2** (*sicher sein, gewährleisten*) ensure ◊ *Wir wollen sicherstellen, dass neben Büros auch Wohnungen gebaut werden.* We want to ensure that homes are built as well as offices. ◊ *Die Soldaten sollen die Verteilung der Hilfsgüter sicherstellen.* The troops are to ensure that aid is distributed properly.

Sicherung 1 (*meist mit einem Verb übersetzt*) ◊ *Die Partei versprach die Sicherung der Arbeitsplätze.* The party promised to safeguard jobs. ◊ *eine Aktion zur Sicherung der Schulwege* a campaign to make children's routes to school safer ◊ *der Einsatz von UN-Truppen zur Sicherung des Friedens* the deployment of UN troops on peacekeeping operations ◊ *die notwendigen Maßnahmen zur Sicherung der Hilfstransporte* the measures needed to protect the aid convoys ◊ *Eine Sicherung der Ölversorgung gelang nicht.* They did not succeed in guaranteeing the oil supply. ◊ *das System der sozialen Sicherung* the social security system **2** (*Vorrichtung*) safety catch ◊ *Das Gewehr hat eine Sicherung.* The gun has a safety catch. **3** (ELEK) fuse ◊ *Die Sicherung ist durchgebrannt.* The fuse has gone.

Sicht 1 view ◊ *jdm die Sicht versperren* obstruct sb's view ◊ *Das Schiff kam langsam in Sicht.* The ship slowly came into view. ◊ *Land in Sicht!* Land ahoy! **2** (*Sichtverhältnisse*) visibility ◊ *Die Sicht war schlecht.* Visibility was poor. **3** (*Anschauungsweise*) (point of) view IDM **auf lange/kurze Sicht** in the long/short term ◊ *Auf kurze Sicht ist keine Besserung zu erwarten.* No improvement can be expected in the short term. ◊ *auf lange Sicht planen* plan for the long term **aus jds Sicht** from sb's point of view; as far as sb is concerned ◊ *Aus Sicht der Grünen geht der Antrag nicht weit genug.* As far as the Greens are concerned, the proposal doesn't go far enough. **in Sicht** in sight ◊ *Ein Ende der Kämpfe ist noch nicht in Sicht.* There is no end in sight to the fighting.

sichtbar visible (*Adv* visibly); (*deutlich*) clear (*Adv* clearly) ◊ *Im Röntgenbild war der Bruch gut sichtbar.* The fracture was clearly visible on the X-ray. ◊ *Die Folgen sind noch nicht sichtbar geworden.* The consequences are not yet clear. ◊ *Sie hat sich sichtbar gefreut.* She was clearly pleased. ◊ *Der Reaktorunfall hat sichtbar gemacht, welche Risiken diese Technik in sich birgt.* The accident at the reactor has shown the dangers of this technology.

sichten 1 (*Schiffe, Land, Beute, Tiere*) sight, see* **2** (*durchsehen*) sift through *sth*; (*prüfen*) examine ◊ *Nur ein Bruchteil des Materials ist bisher gesichtet worden.* Only a fraction of the material has so far been examined.

sichtlich 1 *Adj* obvious ◊ *mit sichtlichem Vergnügen* with obvious pleasure **2** *Adv* obviously; (*betroffen, bewegt, schockiert auch*) visibly; (*erleichtert, enttäuscht*) clearly ◊ *Sie freuten sich sichtlich über die Spende.* They were obviously delighted at the donation. ◊ *Er war sichtlich von dem Beifall gerührt.* He was visibly moved by the applause.

Sicht- Sichtverhältnisse visibility [U] ◊ *bei schlechten Sichtverhältnissen* in poor visibility **Sichtweise** (point of) view **Sichtweite 1** visibility ◊ *Es herrschte Nebel mit einer Sichtweite von 100 Meter.* It was foggy with visibility down to 100 metres. **2 außer/in ~ sein** be out of/within sight ◊ *Die Tabellenspitze ist in Sichtweite.* They are within sight of the top of the table.

sickern seep ◊ *Chemikalien sickerten in den Boden.* Chemicals seeped into the ground.

sie 1 (*weibliche Person als Subjekt*) she; (*als Objekt*) her **2** (*Gegenstand, Tier*) it **3** (*mehrere Personen, Gegenstände etc. als Subjekt*) they; (*als Objekt*) them ← G 3

Sie you ← G 3 ← *Hinweis bei* DUZEN

Sieb sieve; (*Tee-*) strainer; (*Gemüse-*) colander ◊ *etw durch ein Sieb schlagen* pass sth through a sieve
  Siebdruck (silk-)screen print; (*Verfahren*) (silk-)screen printing

sieben¹ *Verb* sieve, (*Mehl auch*) sift

sieben² *Zahl* seven ← *Beispiele bei* SECHS IDM ⇨ BUCH

Siebenschläfer 1 (ZOOL) (edible) dormouse **2** = 27 June. It is said that if it rains on this day, it means that there will be seven weeks of rain. ← *Es gibt etwas Ähnliches in Großbritannien: Wenn es am 15. Juli* (**St Swithin's day**) *regnet, soll es 40 Tage Regen geben.*

siebte(r,s) seventh ← *Beispiele bei* SECHSTE(R,S) IDM ⇨ HIMMEL

Siebtel, Siebentel seventh ← *Beispiele bei* SECHSTEL

siebzehn seventeen ← *Beispiele bei* SECHZEHN

siebzehnte(r,s) seventeenth ← *Beispiele bei* SECHSTE(R,S)

siebzig seventy ← *Beispiele bei* SECHZIG

Siebziger(in) seventy-year-old

siebzigste(r,s) seventieth ← *Beispiele bei* SECHSTE(R,S)

siedeln settle

sieden boil ◊ *das Wasser zum Sieden bringen* bring the water to the boil ◊ *die siedend heiße Flüssigkeit* the boiling hot liquid

Siedepunkt boiling point (*auch fig*) ◊ *Die Stimmung war auf dem Siedepunkt.* The tension had reached boiling point.

Siedler(in) settler

Siedlung 1 (*Niederlassung*) settlement **2** (*Wohnhäuser*) estate
  Siedlungsgebiet settlement **Siedlungspolitik** settlement policy*

Sieg victory* (*auch fig*); (*beim Sport auch*) win ◊ *ein leichter/knapper Sieg* an easy/a narrow victory ◊ *Diese Entscheidung ist ein Sieg für die Anwohner.* This decision is a victory for the residents. ◊ *der Sieg über Napoleon* the victory over Napoleon ◊ *ihr Sieg im Pokal* their win in the cup ◊ *Sie haben einen knappen Sieg errungen.* They have won by a narrow margin.

Siegel 1 seal **2** (*Stempelabdruck*) stamp IDM **unter dem Siegel der Verschwiegenheit** in strict confidence ← *Siehe auch* BUCH
  Siegellack sealing wax **Siegelring** signet ring

siegen 1 win*; **vor jdm/gegen jdn ~** beat* sb, defeat sb ◊ *Unsere Mannschaft hat mit 3:2 gesiegt.* Our team won 3-2. ◊ *im Kampf siegen* win a fight ◊ *nach Punkten siegen* win on points ◊ *Er siegte in 40 von 50 Bundesstaaten.* He won in 40 of 50 states. ◊ *Sie siegten vor den Norwegern in der Abfahrt.* They beat the Norwegians in the downhill. **2** (*fig*) **über jdn/etw ~** triumph over sb/sth ◊ *Gesunder Menschenverstand siegte über Idealismus.* Common sense triumphed over idealism.

Sieger(in) winner; (*einer Schlacht*) victor (*gehoben*) ◊ *Sieger wurde Uwe Baer.* Uwe Baer was the winner. ◊ *In dem Konflikt wird es keine Sieger geben.* There will be no winners in this conflict. ◊ *der zweite Sieger* the runner-up
  Siegerehrung presentation ceremony* **Siegermacht** victorious power
  Sieges- Siegesfeier victory celebration [meist Pl] **siegessicher** confident (*Adv* confidently), confident of victory (*nicht vor Nomen*) **Siegeszug** triumphant march; (*Siegesserie*) successful run ◊ *1958 begann der Siegeszug der Einbauküche.* The triumphant march of the fitted kitchen began in 1958. ◊ *Die Mannschaft setzte ihren Siegeszug fort.* The team continued its successful run.

siegreich victorious; (*Mannschaft, Spieler, Kandidat*) winning (*nur vor Nomen*) ◊ *eine siegreiche Armee* a victorious army ◊ *die siegreiche Mannschaft* the winning team ◊ *Sie war erneut in Berlin siegreich.* She won again in Berlin. ◊ *ein Match siegreich beenden* win a match

Siesta siesta ◊ *eine Siesta halten* take a siesta

siezen call *sb* 'Sie', use the polite form ◊ *Er siezte sie.* He called her 'Sie'. ← *Hinweis bei* DUZEN

Signal 1 signal ◊ *Er gab seinem Komplizen ein Signal zur Flucht.* He gave a signal to his accomplice to run away. **2** (*fig*) sign ◊ *ein positives Signal* a positive sign IDM **ein Signal/Signale setzen** ⇨ ZEICHEN SETZEN *unter* ZEICHEN
  Signalanlage signals [Pl]

signalisieren indicate ◊ *Das rote Licht signalisiert, dass ein Zug kommt.* The red light indicates that a train is coming. ◊ *Er hat seine Bereitschaft signalisiert teilzunehmen.* He has indicated his willingness to take part. ◊ *Sie signalisierte ihm zu schweigen.* She signalled to him to be quiet.
  Signalwirkung ◊ *Sein Kirchenaustritt hatte Signalwirkung.* His leaving the church set a precedent. ◊ *die Vorwahlen, von denen traditionsgemäß eine große Signalwirkung ausgeht* the primaries, which are usually good indicators of future results

Signatur 1 (*Unterschrift*) signature **2** (*eines Leihbuchs*) shelf mark **3** (*auf Landkarten*) symbol

signieren sign

signifikant significant (*Adv* significantly)

Silbe syllable ◊ *ein Wort mit drei Silben* a word of three syllables
  Silbenrätsel = word puzzle in which the answers to the clues are found using syllables from a list **Silbentrennung** hyphenation

Silber 1 silver ◊ *Die Kette war aus Silber.* The necklace was (made of) silver. **2** (*Medaille*) silver (medal) IDM ⇨ REDEN
  silberfarben silver(-coloured), (*AmE*) silver(-colored) **Silberfischchen** silverfish* **silbergrau** silver grey **Silberhochzeit** silver wedding, (*AmE*) silver anniversary **Silbermedaille** silver medal

silbern 1 silver **2** (*wie Silber, Töne*) silvery ◊ *das silberne Mondlicht* the silvery light of the moon ◊ *Der Stoff glänzte silbern.* The material had a silver sheen.

Silber- Silberschmied silversmith ☞ *Hinweis bei* BAKER
Silberschmuck silver jewellery
Silberstreif(en) IDM **ein Silberstreif(en) am Horizont** light at the end of the tunnel
silbrig silvery ◊ *ein silbriger Glanz* a silvery sheen
Silhouette silhouette; (*einer Stadt auch*) skyline; (*in der Mode*) shape ◊ *die Silhouette des Doms* the silhouette of the cathedral ◊ *Seine Gestalt hob sich als Silhouette gegen den Himmel ab.* His figure was silhouetted against the sky.
Silicium, **Silizium** silicon
Silikon silicone
Silo silo*
Silvester New Year's Eve ◊ *an Silvester* on New Year's Eve ☞ *Hinweis bei* FEIERTAG
Silvesterabend New Year's Eve **Silvesternacht** night of New Year's Eve
simpel 1 simple ◊ *eine simple Erklärung* a simple explanation ◊ *ein simpel konstruiertes Gerät* a simple piece of equipment **2** (*nicht luxuriös*) ordinary **3** (*Mensch*) simple; (*beschränkt auch*) simple-minded (*abwert*)
Sims window sill; (*Kamin-*) mantelpiece
simsen (jdm) ~ text (sb)
Simulant(in) malingerer
Simulation simulation
simulieren 1 sham*, feign (*gehoben*) ◊ *Er simuliert nur.* He's just shamming. ◊ *Sie simulierte einen Ohnmachtsanfall.* She pretended to faint. **2** (TECH) simulate
simultan simultaneous (*Adv* simultaneously)
Sinfonie symphony
Sinfonieorchester symphony orchestra ☞ G 1.3b
singen 1 sing* ◊ *falsch singen* sing out of tune ◊ *Er sang das Baby in den Schlaf.* He sang the baby to sleep. ◊ *in einem singenden Tonfall* in a singsong voice ◊ *Sie singt Sopran.* She is a soprano. **2** (*gestehen*) squeal (*umgs*), talk IDM ⇒ BLATT *und* LIED
Single[1] *die* single
Single[2] *der* single person* ◊ *eine Bar für Singles* a bar for single people ◊ *Sie ist (ein) Single.* She is single.
Single-Haushalt single-person household
Singular singular ◊ *Das Verb steht im Singular.* The verb is in the singular. ◊ *Das Wort steht selten im Singular.* The word is rarely used in the singular.
Singvogel songbird
sinken 1 sink* ◊ *Das Schiff sank (auf den Meeresgrund).* The ship sank (to the bottom of the sea). ◊ *Sie sank zu Boden.* She sank to the ground. ◊ *Er sank in einen tiefen Schlaf.* He sank into a deep sleep. ◊ *Der Grundwasserspiegel sank.* The level of the water table sank. ◊ *So tief würde ich nie sinken.* I would never sink that low. ◊ *Sie ließ die Zeitung sinken.* She lowered the newspaper. **2** (*an Höhe verlieren*) descend; (*Sonne*) go* down ◊ *Der Ballon begann zu sinken.* The balloon began to descend. **3** (*Zahl, Verbrauch, Preise etc.*) fall*, go* down ◊ *Die Temperaturen sind leicht gesunken.* Temperatures have fallen a little. ◊ *Der Frauenanteil ist um die Hälfte gesunken.* The proportion of women has fallen by fifty per cent. ◊ *Das Niveau ist gesunken.* The level has fallen. ◊ *Er ist in meiner Achtung gesunken.* He has gone down in my estimation.
Sinn 1 sense ◊ *die fünf Sinne* the five senses ◊ *Er hat Sinn für Humor.* He has a sense of humour. ◊ *Sie hat keinen Sinn für Kunst.* She doesn't appreciate art. **2** (*Bedeutung*) meaning, sense ◊ *der Sinn des Lebens* the meaning of life ◊ *Das ergibt keinen Sinn.* That doesn't make sense. ◊ *Erziehung im weitesten Sinne* education in the broadest sense ◊ *Das ist kein Computer im herkömmlichen Sinne.* It's not a computer in the conventional sense. ◊ *ein Wort im übertragenen Sinne verwenden* use a word figuratively **3** (*Zweck, Ziel*) point, sense ◊ *Sinn und Zweck der Sache ist, …* the whole point of the thing is … ◊ *Es hat keinen Sinn, noch weiterzugehen.* There is no point in continuing. ◊ *Er zweifelte am Sinn des Projekts.* He doubted the value of the project. **4** ~ **ergeben/machen** make* sense ◊ *Wörter, die keinen Sinn ergeben* words that don't make sense ◊ *Macht dieser Text Sinn?* Does this passage make sense? **5** (*Geist, Intention*) spirit ◊ *Er führt das Geschäft ganz in ihrem Sinne weiter.* He is running the business as she would have wanted. ◊ *Das ist sicherlich nicht im Sinne der Umweltschützer!* That is certainly not what the environmentalists would want! ◊ *die Natur im Sinne Kants* nature as Kant saw it IDM **einen sechsten Sinn (für etw) haben** have a sixth sense (about sth) **jd/etw geht jdm nicht mehr aus dem Sinn** sb can't* stop thinking about sb/sth; sb can't* get sb/sth out of his/her mind **etw im Sinn haben** have sth in mind ◊ *Was hast du im Sinn?* What have you got in mind? **im wahrsten Sinne des Wortes** ◊ *Der Zugspitzgipfel war im wahrsten Sinne des Wortes der Höhepunkt des Ausflugs.* The peak of the Zugspitze was literally the high point of the excursion. ◊ *eine Hauptstadt im wahrsten Sinne des Wortes* a real capital city **in diesem Sinne 1** (*aus diesen Gründen etc.*) thus; so ◊ *In diesem Sinne ist es nur konsequent, wenn er zurücktritt.* Thus it is only right for him to resign. **2** (*im Gespräch*) on that note ◊ *In diesem Sinne, prost!* On that note, cheers! **etw kommt jdm in den Sinn** sth occurs* to sb ◊ *Es wäre ihm nie in den Sinn gekommen, uns zu helfen.* It would never have occurred to him to help us. **mit jdm/etw nichts im Sinn haben** not be interested in sb/sth **nicht (ganz) bei Sinnen sein** be out of your mind (*umgs*) ◊ *Du bist wohl nicht mehr ganz bei Sinnen!* You must be out of your mind! **(wie) von Sinnen** beside yourself ◊ *Er war vor Wut wie von Sinnen.* He was beside himself with rage. ☞ *Siehe auch* HERR *und* REDE
Sinnbild symbol
sinnen (*nachdenken, grübeln*) think* ◊ *Er kam ins Sinnen.* He started thinking. ◊ *Sie stand sinnend am Fenster.* She stood by the window, lost in thought. **2 auf etw** ~ plot* sth ◊ *Er sinnt auf Rache.* He's plotting his revenge. ◊ *Sie sinnt auf Abhilfe.* She's thinking about what to do about it.
Sinnes- Sinnesorgan sense organ, sensory organ **Sinnestäuschung** illusion **Sinneswandel** change of heart
sinngemäß ◊ *Sie hat sinngemäß gesagt, dass …* The gist of what she said was that … ◊ *Können Sie mir den Brief bitte sinngemäß übersetzen?* Could you please translate the gist of the letter?
sinnieren ponder; (*grübeln*) brood
sinnig clever; (*passend*) appropriate
Sinnkrise identity crisis*
sinnlich 1 (*mit den Sinnen*) sensory ◊ *sinnliche Eindrücke* sensory impressions ◊ *etw sinnlich wahrnehmen* perceive sth through the senses **2** (*körperlich*) sensual ◊ *sinnliche Genüsse* sensual pleasures **3** (*erotisch, sexuell*) sensuous ◊ *eine sinnliche Frau* a sensuous woman ◊ *ihr sinnlicher Mund* her sensuous mouth
sinnlos 1 pointless ◊ *eine sinnlose Diskussion* a pointless discussion ◊ *Ich halte es für sinnlos, Müll zu trennen.* I can't see the point in sorting rubbish. **2** (*grundlos*) senseless (*Adv* senselessly) ◊ *sinnlose Zerstörung* senseless destruction **3** (*keinen Sinn ergebend*) meaningless ◊ *sinnloses Gerede* meaningless talk ◊ *(maßlos)* blind ◊ *Er war sinnlos betrunken.* He was blind drunk.
sinnvoll 1 sensible (*Adv* sensibly); (*nützlich*) useful (*Adv* usefully) ◊ *eine sinnvolle Lösung* a sensible solution ◊ *eine sinnvolle Beschäftigung* a useful occupation ◊ *Menschen, die ihre Freizeit sinnvoll gestalten wollen* people who want to spend their free time productively ◊ *Ist es überhaupt sinnvoll, Menschen einzusperren?* Is there really any point in locking people up? **2** (*einen Sinn ergebend*) meaningful ◊ *Bilden Sie einen sinnvollen Satz.* Make a meaningful sentence.
Sintflut 1 (REL) Flood **2** (*fig*) deluge
sintflutartig torrential (*Adv* torrentially) ◊ *sintflutartige Regenfälle* torrential rain ◊ *sintflutartige Überschwemmungen* cataclysmic flooding
Sinus (MATH) sine
Sippe family*; (*scherzhaft*) clan ☞ G 1.3b
Sirene siren ◊ *heulende Sirenen* wailing sirens
Sirup 1 (*Frucht-*) (fruit) syrup **2** (*Zuckerrohr-*) treacle, (*AmE*) molasses
Sisal sisal
Sitte 1 (*Brauch*) custom ◊ *die Sitten in anderen Ländern* the customs of other countries ◊ *Nach alter Sitte wurde eine Kerze angezündet.* Traditionally, a candle was lit. **2 es ist** ~ **it is customary** ◊ *Es war Sitte, einmal in der Woche Brot zu backen.* It was customary to bake bread once a week. **3 Sitten** (*moralische Werte*) morals [Pl], moral standards [Pl] ◊ *Hier sind schlechte Sitten eingerissen.* Moral standards have gone downhill around here. **4 Sitten** (*Umgangsformen*) manners [Pl] ◊ *Was sind denn das für Sitten?* What sort of manners do you call that? IDM ⇒ LAND

sittenwidrig illegal
Sittich parakeet
sittlich moral (*Adv* morally)
Situation situation
situiert 1 situated ◊ *die im Park situierte Schule* the school situated in the park **2 gut ~** well off; **schlecht ~** not well off ◊ *eine gut situierte Geschäftsfrau* a well-off businesswoman ◊ *Menschen, die schlechter situiert sind* people who are less well off ◊ *Sie stammt aus gut situierten Verhältnissen.* She comes from a wealthy background.
Sitz 1 seat ◊ *lederne Sitze* leather seats ◊ *Japan hat einen ständigen Sitz im Sicherheitsrat.* Japan has a permanent seat on the Security Council. **2** (*Zentrale*) headquarters* ☞ G 1.3b ◊ *Die UN hat ihren Sitz in New York.* The UN has its headquarters in New York. **3** (*Passform*) ◊ *Die Hose hatte einen schlechten Sitz.* The trousers didn't fit well. IDM ⇨ REISSEN
Sitzbank bench **Sitzblockade** sit-down protest
sitzen 1 sit* ◊ *Er saß neben mir.* He was sitting next to me. ◊ *Sitz! Sit!* ◊ *Er saß dem Künstler Modell.* He sat for the artist. ◊ *Bitte bleiben Sie doch sitzen.* Please don't get up. ◊ *Er sitzt ständig in der Kneipe.* He spends all his time in the pub. ◊ *Er hat den ganzen Tag über seinen Hausaufgaben gesessen.* He spent all day doing his homework. ◊ *Wir sitzen gerade beim Abendessen.* We're having our dinner at the moment. **2** (*sich befinden*) be ◊ *Der Schmerz sitzt im Hinterkopf.* The pain is at the back of the head. ◊ *Der Stachel saß tief unter der Haut.* The thorn was deep under the skin. ◊ *Er sitzt im Gefängnis.* He's in prison. ◊ *Sie sitzt in Untersuchungshaft.* She's being held in custody. ◊ *Deine Fliege sitzt schief.* Your bow tie isn't on straight. **3** (*Mitglied sein*) have a seat ◊ *Er sitzt im Stadtrat/Parlament.* He has a seat on the town council/in parliament. **4** (*seine Zentrale haben*) have its headquarters ◊ *Die Firma sitzt in Frankfurt.* The firm has its headquarters in Frankfurt. **5** (*passen*) fit* ◊ *Die Hose sitzt ausgezeichnet.* The trousers fit beautifully. **6** *etw sitzt* (**bei jdm**) sb has sth off pat, (*AmE*) sb has sth down pat ◊ *Sie übte das Stück so lange, bis es saß.* She practised the piece until she had it off pat. **7** (*wirken*) hit* home ◊ *Das hat gesessen!* That hit home! ◊ *Der Schreck saß ihm noch in den Knochen.* He was still feeling the effects of the shock. **8 auf etw ~ bleiben** be left with sth ◊ *Er blieb auf seiner Ware sitzen.* He was left with the stock. **9 ~ bleiben** repeat a year (of school) **10** *jdn ~ lassen* dump sb ◊ *Er ließ seine Verlobte sitzen.* He dumped his fiancée. IDM **einen sitzen haben** have had one too many **etw nicht auf sich sitzen lassen** not stand for sth ☞ *Siehe auch* AST, GITTER, HEBEL, KNOCHEN, KOHLE, NACKEN, NESSEL, QUELLE, STRASSE, TINTE *und* TROCKEN
Sitz- Sitzgelegenheit seat ◊ *Sie suchten eine Sitzgelegenheit.* They were looking for a seat. ◊ *Weitere Sitzgelegenheiten befinden sich im ersten Stock.* There's more seating on the first floor. **Sitzordnung** seating arrangement; (*Tischordnung*) seating plan **Sitzplatz** seat **Sitzreihe** row of seats **Sitzstreik** sit-in
Sitzung 1 meeting; (*Gerichts-*) session; (*Parlaments-*) sitting ◊ *auf/bei/in einer Sitzung sein* be in a meeting ◊ *eine Sitzung beim Psychologen* a session with a psychologist **2 spiritistische ~** séance
Skala scale
Skalpell scalpel
skalpieren scalp
Skandal scandal
skandalös scandalous (*Adv* scandalously)
Skat skat ◊ *Skat spielen* play skat
Skateboard skateboard ◊ *Skateboard fahren* go skateboarding
Skateboardfahrer(in) skateboarder
skaten[1] (*Karten spielen*) play skat
skaten[2] (*mit dem Skateboard*) skateboard; (*Inline-*) Rollerblade
Skater(in) (*Skateboardfahrer(in)*) skateboarder; (*Inline-*) rollerblader
Skelett skeleton (*auch fig*) IDM *jd ist das reinste Skelett* sb is nothing but skin and bones
Skepsis scepticism ◊ *Der Plan stieß auf Skepsis.* The plan met with scepticism. ◊ *Sie stand dem Plan mit Skepsis gegenüber.* She was sceptical about the plan.
Skeptiker(in) sceptic
skeptisch sceptical (*Adv* sceptically) ◊ *Er ist skeptisch, ob er sein Abitur bestehen wird.* He is sceptical about whether he will pass his A levels.
Sketch sketch
Ski ski ◊ *Er schnallte die Skier ab.* He took off his skis. ◊ *Ski laufen/fahren* ski
Skianzug ski suit **Skibrille** ski goggles [Pl] **Skifahrer(in)** skier **Skigebiet** skiing area **Skigymnastik** skiing exercises [Pl] **Skihose** skiing trousers [Pl], (*bes AmE*) ski pants [Pl] ☞ *Hinweis bei* BRILLE **Skilanglauf** ⇨ LANGLAUF **Skilaufen** skiing **Skiläufer(in)** skier **Skilehrer(in)** ski instructor ☞ G 2.2d **Skilift** ski lift
Skinhead skinhead
Ski- Skipass ski pass **Skipiste** ski slope **Skispringen** ski jumping ◊ *Er siegte beim Skispringen.* He won the ski jumping. **Skispringer(in)** ski jumper ☞ G 2.2d **Skistiefel** ski boot
Skizze 1 sketch ◊ *Sie fertigte eine Skizze an.* She did a sketch. **2** (*Konzept, Kurzbeschreibung*) outline
skizzenhaft 1 *Adj* sketchy* ◊ *eine skizzenhafte Beschreibung* a sketchy description **2** *Adv* roughly ◊ *Sie erläuterte ihm skizzenhaft ihre Idee.* She described her idea to him roughly. ◊ *ein Stillleben skizzenhaft darstellen* do a sketch of a still life
skizzieren 1 (*Idee, Plan*) outline **2** (*Zeichnung, Entwurf*) sketch
Sklave, Sklavin slave (*auch fig*) ◊ *Sie wurde zur Sklavin ihrer Angst.* She became a slave to her fear.
Sklavenhandel slave trade
Sklaverei slavery
Skorbut scurvy
Skorpion 1 (ZOOL) scorpion **2** (*Sternzeichen*) Scorpio ◊ *Sie ist (ein) Skorpion.* She's a Scorpio.
Skript 1 (*Drehbuch*) script ◊ *Er schrieb das Skript zu „Titanic".* He wrote the script for 'Titanic'. **2** (*Schriftstück*) manuscript **3** (*Mitschrift*) lecture notes [Pl]
Skrupel scruple ◊ *Sie kennt keine Skrupel.* She has no scruples. ◊ *Sie handeln ohne Skrupel.* They are completely unscrupulous.
skrupellos unscrupulous (*Adv* unscrupulously)
Skrupellosigkeit unscrupulousness
Skulptur (KUNST) sculpture
skurril bizarre; (*Mensch*) peculiar
Slalom 1 (SPORT) slalom ◊ *Beim Slalom gewann er Gold.* He won a gold medal in the slalom. **2** (*fig*) (**im**) **~** (in a) zigzag (*oft mit einem Verb übersetzt*) ◊ *Der Wagen fuhr (im) Slalom.* The car zigzagged.
Slang 1 slang **2** (*Jargon*) jargon
Slawe(in) Slav
slawisch Slavic, Slavonic
Slawistik Slavonic studies ☞ G 1.3c ◊ *Sie studiert Slawistik.* She's doing Slavonic studies.
Slip briefs [Pl]
Slipeinlage panty liner
Slipper (*Hausschuh*) mule; (*Halbschuh*) slip-on shoe
Slogan slogan
Slum slum
Smaragd emerald
smaragdgrün emerald green
Smartcard smart card
Smog smog
Smogalarm smog alert
Smoking dinner jacket, (*AmE*) tuxedo*
SMS, SMS-Nachricht text (message)
Snob snob
snobistisch snobbish
Snowboard snowboard; **~ fahren** go* snowboarding
snowboarden go* snowboarding ◊ *Morgen gehen wir snowboarden.* We are going snowboarding tomorrow.
so 1 (*auf diese Weise*) like this/that ◊ *Mach es doch so.* Do it like this. ◊ *So habe ich es nicht gemeint.* I didn't mean it like that. ◊ *So kannst du nicht mit mir reden.* You can't talk to me like that. ◊ *Sei doch nicht so.* Don't be like that. ◊ *So gesehen ist das gar nicht so schlecht.* When you put it like that, it's not so bad. ◊ *Und du bist einfach so reingegangen?* And you went in just like that? ◊ *So ist es/er nun mal.* That's how it/he is. ◊ *So ist das Leben.* That's life. ◊ *„Brauchst du eine Leiter?" „Nein, es geht auch so."* 'Do you need a ladder?'

sobald

'No, I can manage without.' **2** (*dermaßen*) so ◊ *Es ist so kalt!* It's so cold. ◊ *Ich hatte mich so darauf gefreut.* I'd looked forward to it so much. ◊ *Sie tut mir ja so Leid.* I feel so sorry for her. ◊ *Ich musste so lange warten.* I had to wait for such a long time. ◊ *So einfach ist das nicht.* It's not as simple as that. ☞ Mit begleitender Geste wird **this** gebraucht: *Es war so groß.* It was this big. **3** (*solch*) such ◊ *Sie ist so eine gute Lehrerin.* She's such a good teacher.

> **Such** wird vor Nomina (auch mit vorangestelltem Adjektiv) verwendet: *He's such a whinger.* ◊ *That's such a pretty dress.* Wenn im englischen Satz kein Nomen steht, sagt man **so**: *That's so pretty.*

4 (*wie diese(r,s)*) like that ◊ *So einen Pullover möchte ich auch.* I'd like a jumper like that. **5** (*etwa*) about ◊ *Ich bin so in einer halben Stunde bei dir.* I'll be with you in about half an hour. ◊ *Komm so um drei.* Come about three. **6** (*in Ausrufen*) what ◊ *So ein Trottel!* What an idiot! **7** (*in Konzessivsätzen*) however ◊ *Es klappte nicht, so oft er es auch versuchte.* It didn't work, however often he tried. **8** (*abschließend*) right ◊ *So, das war's.* Right, that's it. **9** (*fragend*) really ◊ *„Es geht ihr wieder besser." „So? Das ist ja schön."* 'She's feeling better.' 'Really? That's good.' **10** (*bei Zitaten*) according to ◊ *Sein Zustand, so der Arzt, sei kritisch.* His condition was critical, according to the doctor. **11** (*Füllwort, oft nicht übersetzt*) ◊ *Was machst du so?* What are you doing these days? ◊ *So mach schon endlich!* Come on! **12 so ... (wie)** as ... as ◊ *Er ist fast so groß wie ich.* He's almost as tall as me/as I am. ◊ *Lies das so schnell du kannst.* Read that as quickly as you can. ☞ *Siehe auch* WIE (6) **13 oder ~** ◊ *Es kommen zwanzig Leute oder so.* There are twenty or so people coming. ◊ *Nimm ein paar Blumen mit oder so.* Take a few flowers or something. **14 und ~** ◊ *In dem Café trifft man Studenten und so.* In the cafe you meet students and that sort of people. **15 ~ genannte(r,s)** as it, etc. is called; (*angeblich*) so-called ◊ *die so genannte Blackbox* the black box, as it is called ◊ *Das so genannte Haus entpuppte sich als Schuppen.* The so-called house turned out to be a shed. [IDM] **so oder so** either way ◊ *Das können wir so oder so nicht machen.* We can't do it either way. (**na/also**) **so was!** would you believe it!

sobald as soon as ◊ *Ich melde mich, sobald ich wieder da bin.* I'll get in touch as soon as I am back.

Socke sock ◊ *ein Paar Socken* a pair of socks [IDM] **sich auf die Socken machen** get* going (*umgs*) **von den Socken sein** be gobsmacked (*umgs*)

Sockel base; (*von Denkmal, Statue*) pedestal

Soda soda; (*Getränk*) soda (water)

sodass so, with the result that ◊ *Er verpasste den Zug, sodass er zu spät kam.* He missed the train, with the result that he was late.

Sodbrennen heartburn

soeben just ◊ *Er kommt soeben zur Tür herein.* He's just coming in.

Sofa sofa

sofern as long as

sofort 1 immediately, at once; **~ nach** immediately after ◊ *Der Krankenwagen kam sofort.* The ambulance came immediately. ◊ *Gib das sofort zurück.* Give that back at once. ◊ *sofort nach dem Tod seiner Mutter* immediately after his mother's death ☞ Vor Adjektiven und Adverbien wird nur **immediately** gebraucht: *Es war sofort klar, dass ... It was immediately obvious that ...* **2** (*sehr bald*) straight away, in a minute ◊ *Ich mache es sofort.* I'll do it straight away. ◊ *Er ist sofort fertig.* He'll be ready in a minute. ◊ *Ich komme sofort.* I'll be right with you. ◊ *Das Buch ist ab sofort erhältlich.* The book is available now. **3** (*auf der Stelle*) instantly ◊ *Er war sofort tot.* He died instantly.

Sofortbildkamera Polaroid™ camera, instant camera

Soforthilfe emergency relief, emergency aid

sofortige(r,s) immediate ◊ *mit sofortiger Wirkung* with immediate effect

Sofortmaßnahme immediate measure

Softie softy* (*umgs*)

Software software [U]

Softwarepaket software package

Sog (*Saugwirkung*) suction; (*Strömung*) current; (*bei Schiffen*) wake; (*beim Flugzeug, Fahrzeug*) slipstream ◊ *Er wurde vom Sog unter Wasser gezogen.* He was pulled under water by the current. ◊ *im Sog des japanischen Crash* in the wake of the Japanese crash

sogar 1 even ◊ *Sie haben uns sogar zum Essen eingeladen.* They have even invited us for a meal. ◊ *Es gibt dort sogar einen Golfplatz.* There is even a golf course there. ◊ *Das verstehst sogar du.* Even you can understand that. **2** (*mehr noch*) in fact ◊ *Ich mag ihn gern, sogar sehr gern.* I like him. In fact, I like him a lot.

sogenannt ⇨ so (15)

Sohle sole [IDM] **auf leisen Sohlen** quietly ☞ *Siehe auch* SCHEITEL

Sohn son ◊ *der jüngste Sohn* the youngest son ◊ *der Sohn Gottes* the Son of God ◊ *der verlorene Sohn* the Prodigal Son

Soja soya

Sojabohne soya bean, (*AmE*) soybean

solang, solange 1 (*vorausgesetzt*) as long as ◊ *Er kann mitmachen, solang er zu den Proben kommt.* He can take part as long as he comes to the rehearsals. **2** (*während*) while ◊ *Solang du bei mir wohnst, hältst du dich an meine Regeln.* While you're living here, you'll stick to my rules. **3** (*bis*) until ◊ *Du gehst nicht weg, solange du deine Sachen nicht weggeräumt hast.* You can't go out until you've tidied away your things. ☞ Nach **until** wird keine Verneinung gebraucht. [IDM] ⇨ DENKEN *und* LUSTIG

solar solar (*nur vor Nomen*)

solarbetrieben solar-powered **Solarenergie** solar energy

Solarium solarium

Solar- Solarmobil solar-powered vehicle **Solarzelle** solar cell

solch such ◊ *solch ein Spiel* such a game ◊ *Wer hätte auch mit solch schlechtem Wetter gerechnet?* Who would have expected such bad weather? ◊ *in einer solch gefährlichen Situation* in such a dangerous situation ◊ *Wie kann man nur ständig solch einen Hunger haben!* How can anyone be so hungry all the time! ☞ Wenn im englischen Satz kein Nomen steht, sagt man **so** anstatt **such**: *Wir hatten solch ein Glück.* We were so lucky.

solche(r,s) 1 like this/that (*dem Nomen nachgestellt*), this/that kind of ◊ *solche Leute* people like that ◊ *Solcher Schnee ist ideal.* This kind of snow is ideal. **2** (*so groß, so stark*) such ◊ *Ich hatte solche Kopfschmerzen.* I had such a headache. ◊ *Ich hab solche Blasen an den Füßen.* I've got such awful blisters. ☞ Wenn im deutschen Satz kein Nomen steht, die Übersetzung jedoch ein Adjektiv verlangt, wird **so** gebraucht: *Ich hatte solche Angst.* I was so frightened.

Soldat(in) soldier ☞ G 2.2d

Soldatenfriedhof military cemetery*

Söldner(in) mercenary* ☞ G 2.2d

solidarisch ◊ *sich mit jdm solidarisch erklären* declare your solidarity with sb ◊ *eine solidarische Geste* a gesture of solidarity ◊ *solidarisch sein* be united ◊ *Wir wollen ihm zeigen, dass wir mit ihm solidarisch sind.* We want to show him that we support him.

solidarisieren sich (**mit jdm**) **~** show* solidarity (with sb); (*unterstützen*) support sb

Solidarität solidarity

Solidaritätszuschlag = extra tax imposed to help meet the costs of German reunification

solide 1 solid (*Adv* solidly) ◊ *eine solide Grundlage* a solid basis ◊ *die solide Abwehr von Bayern München* the solid defence of Bayern Munich ◊ *Das Haus ist solide gebaut.* The house is very solidly built. **2** (*seriös*) reputable ◊ *eine solide Firma* a reputable company **3** (*fundiert*) sound ◊ *solide Englischkenntnisse* a sound knowledge of English

Solist(in) soloist

Soll 1 (*Ziel*) quota, target **2** (*Schuldbetrag*) debit ◊ *Soll und Haben* debit and credit

sollen 1 *Modalvb* ☞ G 10.2 **2** (*Vollverb*) be supposed to do, go etc. ◊ *Und was soll ich da?* And what am I supposed to do there? ◊ *Da sollen Kinder eigentlich nicht hin.* Children are not supposed to go there. [IDM] **was soll das?/was soll der Unsinn?** what are you, they, etc. playing at? **was soll's!** who cares! ☞ *Siehe auch* FEHLEN

solo 1 solo ◊ *solo spielen* play solo ◊ *Er tritt nur noch solo auf.* He only does solo performances now. **2** (*ohne Partner*) on your own ◊ *Ich bin immer noch solo.* I am still on my own.

Solo solo*
Soloauftritt solo performance **Solopart, Solopartie** solo part
somit consequently, thus ◇ *Kakteen können Wasser gut speichern und müssen somit nur selten gegossen werden.* Cacti are good at storing water and thus only need watering infrequently.
Sommer summer ◇ *Im Sommer fahren wir nach Rom.* We're going to Rome in the summer. ◇ *Im Sommer ist es hier immer sehr heiß.* It's always very hot here in summer. ◇ *im vergangenen/nächsten Sommer* last/next summer ◇ *den Sommer über* throughout the summer ◇ *diesen/jeden/letzten Sommer* this/every/last summer ◇ *vor/nach/seit dem Sommer* before/after/since the summer ◇ *mitten im Sommer* in the middle of summer ◇ *Es war im Sommer 1990.* It was in the summer of 1990. ◇ *Endlich ist es Sommer.* At last, summer's here. ◇ *ab Sommer 2003/nächsten Jahres* from summer 2003/from next summer ◇ *im Sommer letzten Jahres* last summer
Sommerabend summer('s) evening ◇ *an einem Sommerabend* on a summer's evening **Sommerferien** summer holidays [Pl], *(AmE)* summer vacation **Sommerhaus** summer house **Sommerkleid** summer dress
sommerlich *Adj* summery ◇ *sommerliches Wetter* summery weather ◇ *sommerliche Temperaturen* summer temperatures ◇ *sommerlich angezogen sein* be wearing summer clothes
Sommer- Sommerloch summer lull; *(Sauregurkenzeit)* silly season **Sommersemester** summer semester **Sommerspiele** Summer Olympics [Pl] **Sommersprosse** freckle [meist Pl] **Sommertag** summer('s) day **Sommerurlaub** summer holiday, *(AmE)* summer vacation ◇ *in den Sommerurlaub gehen/fahren* go on summer holiday **Sommerwetter** summer weather **Sommerzeit 1** *(Jahreszeit)* summertime ◇ *zur Sommerzeit* in summertime **2** *(Uhrzeit)* summer time, *(AmE)* daylight saving time ◇ *Heute beginnt die Sommerzeit.* Summer time starts today.
Sonate sonata
Sonde probe; *(in der Raumfahrt auch)* space probe
Sonder- special
Sonderabfall hazardous waste **Sonderangebot** special offer ◇ *Das ist ein Sonderangebot.* This is a special offer. ◇ *etw im Sonderangebot kaufen* buy sth on special offer
sonderbar strange *(Adv* strangely) ◇ *Er benahm sich ziemlich sonderbar.* He was acting rather strangely.
Sonder- Sonderbeauftragte(r) special envoy **Sonderbehandlung** special treatment **Sonderfall** special case **Sondergenehmigung** special permission [U]; *(Schriftstück)* special permit ◇ *Für den Bau eines Kinos benötigen wir eine Sondergenehmigung.* We need special permission to build a cinema. ◇ *Man darf hier nur mit Sondergenehmigung parken.* You can only park here with a special permit.
sondergleichen unparalleled, unprecedented; *(Ungerechtigkeit)* gross ◇ *ein finanzieller Einbruch sondergleichen* an unprecedented financial disaster ◇ *eine Ungerechtigkeit sondergleichen* a gross injustice ◇ *Das ist eine Frechheit sondergleichen!* What cheek! **Sonderkommando** special unit
sonderlich 1 particular *(Adv* particularly), special *(Adv* specially) ◇ *ohne sonderliche Begeisterung* without any particular enthusiasm ◇ *nicht sonderlich erfolgreich* not particularly successful ◇ *Der Tag schien für ihn keine sonderliche Bedeutung zu haben.* The day didn't seem to have any special significance for him. ◇ *ohne sonderliche Anstrengung* without any great effort **2** *(sonderbar)* peculiar ◇ *ein sonderlicher Mensch* a peculiar person
Sonderling odd person*, eccentric; *(Außenseiter)* outsider ◇ *Er war schon als Kind ein Sonderling.* Even as a child he was odd.
Sondermüll hazardous waste
Sondermülldeponie hazardous waste depot
sondern[1] *Konj* but ◇ *nicht das erste, sondern das zweite Haus* not the first but the second house ◇ *Mein Geburtstag ist nicht heute, sondern erst morgen.* My birthday's not today, it's tomorrow. ◇ IDM **nicht nur ..., sondern auch ...** not only ..., but also ... ◇ *Er will nicht unterhalten, sondern auch informieren.* His aim is not only to amuse, but also to inform.
sondern[2] *Verb* separate IDM ⇨ SPREU
Sonder- Sonderpädagogik education for children with learning difficulties, special needs education ◇ *eine Fachlehrerin der Sonderpädagogik* a teacher of children with learning difficulties **Sonderpreis 1** special prize **2** *(reduzierter Preis)* reduced price **Sonderprogramm** special programme, *(AmE)* special program **Sonderregelung** special arrangement
sonders IDM ⇨ SAMT
Sonder- Sonderschule special school **Sonderschullehrer(in)** teacher at a special school ☞ G 2.2d **Sondersitzung** special meeting **Sonderstatus** special status **Sonderstellung** special position ◇ *Das Werk nimmt eine Sonderstellung in der englischen Literatur ein.* The work has a special position in English literature. ◇ *Warum sollen Landwirte eine Sonderstellung einnehmen?* Why should farmers be treated differently? **Sonderwunsch** special wish **Sonderzug** special train
Sonett sonnet
Song song
Sonnabend Saturday ☞ *Beispiele bei* MONTAG
Sonne sun ◇ *Wo geht die Sonne auf?* Where does the sun rise? ◇ *etw an der Sonne trocknen* dry sth in the sun ◇ *In unserem Garten ist den ganzen Vormittag über Sonne.* Our garden gets the sun all morning. ◇ *Gestern schien den ganzen Tag die Sonne.* Yesterday it was sunny all day. ◇ *sich in die Sonne legen* sunbathe
sonnen 1 sich ~ sunbathe **2 sich in etw ~** *(Ruhm, Erfolg, Glanz)* bask in sth
Sonnen- Sonnenaufgang sunrise **sonnenbaden** sunbathe **Sonnenbestrahlung** exposure to the sun **Sonnenblume** sunflower **Sonnenblumenkern** sunflower seed **Sonnenblumenöl** sunflower oil **Sonnenbrand** sunburn [U] ◇ *ein schwerer Sonnenbrand* a bad case of sunburn ◇ *einen Sonnenbrand haben/bekommen* be/get sunburnt **Sonnenbräune** tan **Sonnenbrille** sunglasses [Pl] ☞ *Hinweis bei* BRILLE **Sonnencreme** sun cream **Sonnenenergie** solar energy ◇ *die Nutzung der Sonnenenergie* the use of solar energy ◇ *Die Boote werden mit Sonnenenergie betrieben.* The boats are solar-powered. **Sonnenfinsternis** eclipse of the sun **sonnengebräunt** suntanned **Sonnenhut** sun hat **sonnenklar** perfectly clear **Sonnenkollektor** solar panel **Sonnenlicht** sunlight **Sonnenmilch** suntan lotion **Sonnenöl** suntan oil ◇ *sich mit Sonnenöl einreiben* put suntan oil on **Sonnenschein** sunshine ◇ *Wir fuhren bei strahlendem Sonnenschein los.* We set off in brilliant sunshine. **Sonnenschirm** sunshade; *(früher für Damen auch)* parasol; *(größer)* sun umbrella **Sonnenstich** sunstroke [U] ◇ *einen Sonnenstich haben/bekommen* have/get sunstroke **Sonnenstrahl** ray of sunshine **Sonnenstudio** solarium **Sonnensystem** solar system **Sonnenuhr** sundial **Sonnenuntergang** sunset ◇ *bei Sonnenuntergang* at sunset
sonnig sunny* *(auch fig)* ◇ *ein sonniges Plätzchen* a sunny spot ◇ *ein sonniges Wesen* a sunny temperament
Sonntag Sunday ☞ *Beispiele bei* MONTAG IDM ⇨ WEISS
sonst 1 else ◇ *Sonst noch etwas?* Will there be anything else? ◇ *War sonst noch jemand da?* Was anyone else there? ◇ *Sonst hat niemand angerufen.* Nobody else called. ◇ *Was hätte ich denn sonst machen können?* What else could I have done? ◇ *Haben Sie sonst noch Fragen?* Have you any other questions? **2** *(andernfalls)* or, or else, otherwise ◇ *Ich muss den Aufsatz heute fertigschreiben, sonst verpasse ich den Termin.* I must finish my essay today, otherwise I'll miss the deadline. ◇ *Geh jetzt ins Bett, sonst bist du morgen früh müde.* Go to bed now, or you'll be tired tomorrow. **3** *(normalerweise)* usually ◇ *Seit wann isst du Fleisch? Sonst lässt du es immer liegen!* Since when do you eat meat? You usually leave it! **4** *(abgesehen davon)* otherwise, apart from that ◇ *Ich arbeite viel, aber sonst geht's mir gut.* I'm working hard, but otherwise I'm fine. **5** ◇ *Es könnte ja sonst wer sein.* It could be anybody. ◇ *Er denkt er ist sonst wer.* I don't know who he thinks he is. ◇ *Der Chef ist sonst wo.* God knows where the boss is. ◇ *Ich dachte, es wäre sonst was passiert.* I thought something terrible has happened.
sonstige(r,s) other ◇ *Puppen, Bälle und sonstiges Spielzeug* dolls, balls and other toys ◇ *„Sonstiges"* 'miscellaneous'
sooft *(wann immer)* whenever; *(wie oft auch immer)* as often as ◇ *Sooft ich ihn treffe, hat er schlechte Laune.* Whenever I meet him he's in a bad temper. ◇ *Du kannst mich*

Sopran

anrufen, sooft du willst. You can ring me as often as you like.

Sopran 1 (*Sänger, Stimme*) soprano* ☛ *Beispiele bei* BASS, S. 836. **2** (*Partie*) soprano part **3 der Sopran** (*im Chor*) the sopranos [Pl]

Sopranist(in) soprano*

Sorbet sorbet

Sorge 1 ~ (**um jdn/etw**) worry* (about sb/sth); (*Besorgnis*) concern (about sb/sth) ◊ *die Sorge um die Finanzierung des Projekts* worries about the funding of the project ◊ *Unsere größte Sorge ist die Sicherheit der Arbeitsplätze.* Our main concern is job security. ◊ *aus Sorge um ihre Freunde* because she was worried about her friends ◊ *Er hat finanzielle Sorgen.* He has money problems. ◊ *Sie hat nichts als Sorgen mit ihrem Sohn.* Her son is a great worry to her. **2 sich** (**um jdn/etw**) **Sorgen machen** worry* (about sb/sth) ◊ *Mach dir keine Sorgen um mich!* Don't worry about me! ◊ *Du machst dir zu viele Sorgen.* You worry too much. **3 etw bereitet jdm Sorgen** sb is concerned about sth ◊ *Die steigende Ausländerfeindlichkeit bereitet uns Sorgen.* We are concerned about the increase in racism. **4** (*Fürsorge*) care (*oft mit einem Verb übersetzt*) ◊ *Unsere Hauptaufgabe ist die Sorge für die Einwanderer.* Our main task is caring for the immigrants. **IDM aus Sorge vor etw** for fear of sth **aus Sorge etw zu tun** for fear of doing sth ◊ *aus Sorge, die nächste Wahl zu verlieren* for fear of losing the next election **dafür Sorge tragen, dass ...** see* to it that ... **für etw Sorge tragen** take* care of sth **keine Sorge!** don't worry!

sorgen 1 für jdn ~ look after sb, take* care of sb ◊ *Der Vater sorgt allein für die Kinder.* The father looks after the children on his own. **2 für etw ~** arrange sth, see* to sth ◊ *Ich sorge für die Getränke.* I'll see to the drinks. ◊ *Für das Mittagessen ist gesorgt.* Lunch is provided. **3 dafür ~, dass ...** (*sicherstellen*) see* that ..., ensure that ... (*gehoben*) ◊ *Ich sorge dafür, dass er den Brief bekommt.* I'll see that he gets the letter. ◊ *Eigene Fahrspuren sollen dafür sorgen, dass die Busse schneller vorwärts kommen.* Special bus lanes will ensure that buses can get through more quickly. **4 für etw ~** (*hervorrufen*) cause sth **5 sich** (**um jdn/etw**) **~** worry* (about sb/sth) ◊ *Ich sorge mich um sie.* I'm worried about her. **IDM** ⇒ VERHÄLTNIS

sorgen- sorgenfrei carefree ◊ *ein sorgenfreies Leben* a carefree life ◊ *Sie konnte sorgenfrei in die Zukunft blicken.* She was able to face the future without having to worry. **Sorgenkind** problem child*; (*fig*) worry* **sorgenvoll** worried (*Adv* worriedly)

Sorgerecht custody ◊ *Der Mutter wurde das Sorgerecht zugesprochen.* The mother was given custody.

Sorgfalt care ◊ *Du musst deine Arbeit mit mehr Sorgfalt erledigen.* You must take more care over your work.

sorgfältig careful (*Adv* carefully) ◊ *eine sorgfältige Analyse* careful analysis ◊ *etw sorgfältig vorbereiten* prepare sth carefully

sorglos 1 (*ohne Sorgen*) without worries, carefree ◊ *Dort können sie sorglos leben.* They can live there without any worries. ◊ *ein sorgloses Leben* a carefree life **2** (*unachtsam*) careless (*Adv* carelessly) ◊ *Wir dürfen mit dem Wasser nicht so sorglos umgehen.* We mustn't use water so carelessly.

Sorte 1 kind; (*Marke*) brand; (*Pflanzen-*) variety* ◊ *elf Sorten Brot* eleven kinds of bread ◊ *eine Sorte Zigaretten* a brand of cigarettes ◊ *Sie trank nur Kaffee von der teuersten Sorte.* She only drank the most expensive brand of coffee. ◊ *5 000 Sorten Rosen* 5 000 varieties of roses **2** (*Typ*) type ◊ *die Sorte Mensch, die nur ihre Karriere im Kopf hat* the type of person who only thinks about their career

sortieren (*sondern*) sort; (*ordnen*) sort sth out ◊ *Briefe nach Postleitzahlen sortieren* sort letters by postcode ◊ *Er sortiert gerade seine Fotos.* He's just sorting his photos out.

Sortiment range ◊ *ein großes Sortiment an Gartenmöbeln* a wide range of garden furniture ◊ *das Sortiment in den Läden* the range of goods in the shops

SOS SOS ◊ *SOS funken* put out an SOS

sosehr however much

Soße sauce; (*Braten-*) gravy; (*Salat-*) dressing

Souffleur, Souffleuse prompter ☛ G 2.2d

soufflieren 1 prompt **2** (*zuflüstern*) whisper

Soul(musik) soul (music)

Sound sound
  Soundkarte sound card

soundso 1 ◊ *Man muss soundso viel zahlen, um Mitglied zu werden.* You have to pay a certain amount to become a member. ◊ *Deine Freunde haben soundso gemacht – das interessiert mich nicht!* I don't care whether your friends have done this or that! **2** (*mit Namen, Nummern*) so-and-so ◊ *ein Herr Soundso* a Mr So-and-So ☛ *Siehe auch* SOWIESO

Soundtrack soundtrack

Souterrain basement

Souvenir souvenir

souverän 1 sovereign ◊ *ein souveräner Staat* a sovereign state **2** (*ausgezeichnet*) brilliant (*Adv* brilliantly); (*überzeugend*) convincing (*Adv* convincingly) ◊ *eine souveräne Leistung* a brilliant achievement ◊ *Sie spielten souverän.* They played brilliantly. ◊ *souverän gewinnen* win convincingly **3** (*selbstsicher*) confident (*Adv* confidently)

Souveränität 1 sovereignty **2** (*Selbstsicherheit*) assurance

soviel as far as ◊ *Soviel ich weiß ...* As far as I know ...

soweit 1 as far as ◊ *Soweit ich weiß ...* As far as I know ... **2** (*in dem Maße*) in so far as; (*falls*) if ◊ *Die Sache interessiert ihn kaum, nur soweit es ihn persönlich betrifft.* He's only really interested in it in so far as it affects him personally.

sowie 1 and ◊ *zwei Männer sowie mehrere Kinder* two men and several children **2** (*sobald*) as soon as ◊ *Sowie ich das Ergebnis weiß, rufe ich dich an.* As soon as I know the result I'll call you.

sowieso anyway ◊ *Macht nichts – das muss sowieso in die Wäsche!* Don't worry – it's got to be washed anyway.

sowohl sowohl ..., als/wie (**auch**) **...** both ... and ..., ... as well as ... ◊ *Sie genoss sowohl im Inland als auch im Ausland großes Ansehen.* She was highly respected both at home and abroad. ◊ *Er spielt sowohl Flöte als auch Klavier.* He plays the flute as well as the piano.

sozial 1 social (*Adv* socially); (*öffentlich*) public ◊ *der soziale Friede* social harmony ◊ *aus allen sozialen Schichten* from all social classes ◊ *das soziale Netz* the social safety net ◊ *soziale Einrichtungen* public amenities ◊ *sozialer Wohnungsbau* subsidized housing ◊ *soziale Randgruppen* groups on the fringes of society ◊ *soziale Not* poverty ◊ *sozial schwache Familien* low-income families ◊ *soziale Brennpunkte* deprived areas **2** (*dem Gemeinwohl dienend*) public-spirited, caring ◊ *eine soziale Einstellung* a public-spirited attitude ◊ *sozial und verantwortungsvoll handeln* act in a public-spirited and responsible way ◊ *die sozialen Berufe* the caring professions ◊ *soziales Engagement* work in the community ◊ *sich sozial engagieren* do voluntary work

Sozial- Sozialabbau cuts in social services [Pl] **Sozialabgaben** ≈ National Insurance contributions [Pl], (*AmE*) ≈ welfare contributions [Pl] **Sozialamt** ≈ Department of Social Security, (*AmE*) ≈ welfare department **Sozialarbeit** social work **Sozialarbeiter(in)** social worker ☛ G 2.2d **Sozialdemokrat(in)** social democrat **Sozialdemokratie** social democracy **sozialdemokratisch** social democratic (*nur vor Nomen*) ◊ *eine sozialdemokratische Regierung* a social democratic government ◊ *sozialdemokratisch regierte Länder* states governed by the Social Democrats **Sozialeinrichtungen** public amenities [Pl] **Sozialfall** = person* who depends on social security **Sozialhilfe** income support, (*AmE*) welfare ◊ *Sozialhilfe beziehen/beantragen* be on/apply for income support

Sozialisation socialization

Sozialismus socialism ◊ *im Sozialismus* under socialism

Sozialist(in) socialist ◊ *Sie ist Sozialistin.* She is a socialist.

sozialistisch socialist ◊ *ein sozialistisch regiertes Land* a country with a socialist government

Sozial- Sozialkritik social criticism **sozialkritisch** ◊ *ein sozialkritisches Gedicht* a poem of social criticism ◊ *der sozialkritische Künstler* the artist and social critic **Sozialkunde** social studies ☛ G 1.3c **Sozialleistungen** social benefits [Pl], (*AmE*) welfare [U] **Sozialstaat** welfare state **Sozialversicherung** National Insurance [U], (*AmE*) social security **Sozialwohnung** council flat/house, (*AmE*) municipal housing unit

Soziologe, Soziologin sociologist ☛ G 2.2d

Soziologie sociology

Sozius 1 (WIRTSCH) partner **2** (*Beifahrersitz*) pillion (seat); (*Beifahrer*) pillion rider

sozusagen so to speak; (*mehr oder weniger*) more or less;

(mit anderen Worten) in other words ◊ Er ist sozusagen der Chef. He is, so to speak, the boss.
Spachtel spatula; (zum Abschaben, Abkratzen) scraper
Spagat 1 splits [Pl] ◊ (einen) Spagat machen do the splits **2** (fig) balancing act ◊ ein Spagat zwischen Umweltschutz und Sicherung der Arbeitsplätze machen perform a balancing act between protecting the environment and saving jobs **3** (Bindfaden) (piece of) string
Spaghetti spaghetti [U]
spähen 1 peer; (durch ein Loch, eine Ritze etc.) peep **2 nach jdm/etw ~** be on the lookout for sb/sth
Spalt crack ◊ ein Spalt zwischen den Dielen a crack between the floorboards ◊ die Tür einen Spalt öffnen open the door a crack ◊ Die Tür stand einen Spalt offen. The door was slightly ajar.
Spalte 1 crack; (Fels-) cleft; (Gletscher-) crevasse **2** (Text-) column ◊ in der rechten Spalte in the right-hand column **3** (Apfel- etc.) slice
spalten (sich) ~ split* ◊ in zwei Teile gespalten split in two ◊ Meine Haare spalten sich. I've got split ends. ◊ Der Streit hat das Land in zwei Lager gespalten. The argument has split the country down the middle. ◊ Die Meinungen darüber sind sehr gespalten. Opinion is sharply divided on the issue. IDM ⇒ HAAR
Spaltung 1 splitting ◊ die Spaltung des Atoms the splitting of the atom **2** (fig) split ◊ Der Streit führte zur Spaltung der Partei. The row led to a split in the party. ◊ die soziale Spaltung der Gesellschaft social divisions in society
Span (Hobel-) shaving; (Metall-) filing
Spanferkel sucking pig
Spange 1 (Haar-) (hair)slide; (AmE) barrette **2** (Arm-) bangle **3** (Schnalle) buckle **4** (Zahn-) brace, (AmE) braces **5** (Ordens-) bar
spanisch ⇒ S. 767 IDM **jdm spanisch vorkommen** strike* sb as odd; (verdächtig) seem suspicious to sb
Spanne 1 (Zeit-) time span **2** (räumlich) distance ◊ die Spanne vom Boden bis zur Decke the distance between the floor and ceiling **3** (Längenmaß) span **4** (Spielraum, Bereich) range ◊ die Spanne der Angebote the range on offer ◊ Die Spanne der Pflichten reicht vom Kochen bis zum Holzhacken. The tasks range from cooking to chopping wood. **5** (Handels-) (profit) margin
spannen 1 (sich) ~ (straffen, dehnen) tighten; (Muskeln) tense ◊ die Saiten der Geige spannen tighten the strings of the violin ◊ Das Seil spannte sich. The rope tightened. ◊ Er hat das Seil zu straff gespannt. He pulled the rope too tight. **2** (befestigen) stretch; (Wäscheleine) put* sth up ◊ ein Netz zwischen zwei Pfosten spannen stretch a net between two posts **3** (festklemmen) clamp ◊ Er spannte das Brett in den Schraubstock. He clamped the board into the vice. **4** (unangenehm straff sein) be tight ◊ Die Hose spannt über den Hüften. The trousers are tight around the hips. ◊ Meine Haut spannt. My skin feels tight. **5** (Waffe) cock **6** (kapieren) understand*, get* (umgs) **7 sich über etw ~** (wölben) span* sth ◊ Die Brücke spannte sich über das Tal. The bridge spanned the valley. **8** (spionieren) peep ◊ Im Gebüsch stand jemand und spannte. There was a Peeping Tom in the bushes. **9** etw (vor etw) ~ harness sth (to sth) ◊ ein Pferd vor den Pflug spannen harness a horse to the plough ☛ Siehe auch GESPANNT IDM **seine Erwartungen zu hoch spannen** raise* your hopes too high ☛ Siehe auch BOGEN, FOLTER, KARRE und NERV
spannend exciting; (stärker) thrilling ◊ ein spannender Film an exciting film ◊ ein spannendes Rennen a thrilling race ◊ Er schreibt sehr spannend. He keeps the reader in suspense. ◊ Mach's nicht so spannend! Don't keep us in suspense.
Spanner 1 (Schuh-) shoe tree; (Hosen-) hanger **2** (Voyeur) Peeping Tom
Spannung 1 tension ◊ innere Spannung inner tension ◊ Spannung erzeugen create tension ◊ Es lag Spannung in der Luft. There was tension in the air. ◊ Spannungen im Norden des Landes tensions in the north of the country **2** (Gespanntheit, Dramatik) suspense; (Aufregung) excitement ◊ Mit Spannung wird das Ergebnis erwartet. People are in suspense waiting for the results. **3** (ELEK) voltage ◊ die Spannung messen measure the voltage ◊ Die Steckdose hat eine Spannung von 220 Volt. It is a 220-volt socket. ◊ Der Zaun steht unter Spannung. The fence is live.

Spar- Sparbuch savings book; (Konto) savings account **Sparbüchse, Spardose** piggy bank
sparen 1 save; **auf/für etw ~** save (up) for sth ◊ Sie spart seit Monaten. She's been saving for months. ◊ Sie hat etwas (Geld) gespart. She has saved a bit (of money). ◊ $100 im Monat sparen save $100 a month ◊ Zeit sparen save time ◊ ein Arbeitskräfte sparendes Verfahren a labour-saving process ◊ Sie spart auf ein Auto. She is saving up for a car. **2** (an etw) ~ economize (on sth) ◊ Wir müssen sparen! We need to economize! ◊ am Essen sparen economize on food ◊ Sie sparte nicht an Lob. She was unstinting in her praise. **3 sich etw ~** ◊ Diese Bemerkung hättest du dir sparen können. You might have kept that remark to yourself. ◊ Spar dir deine Worte! You can save your breath! IDM **am falschen Ende/an der falschen Stelle sparen** „Es ist ihm zu teuer, das reparieren zu lassen." „Dann spart er am falschen Ende." 'He thinks it would cost too much to have it mended.' 'Well, it's a false economy.'
Spargel asparagus
Spar- Sparkasse savings bank **Sparkonto** savings account
spärlich (Wuchs, Bevölkerung, Information) sparse (Adv sparsely); (Licht, Bezahlung, Ernte) poor (Adv poorly) ◊ ein spärlicher Haarwuchs sparse hair ◊ spärlich besucht poorly attended ◊ spärlich bekleidet scantily dressed ◊ Der Beifall war spärlich. There was little applause.
sparsam 1 (Mensch) thrifty (Adv thriftily) ◊ eine sparsame Hausfrau a thrifty housewife ◊ sparsam wirtschaften be thrifty **2** (wirtschaftlich) economical; **mit etw ~ umgehen** use sth sparingly; **mit etw ~ sein** be sparing with sth ◊ der sparsame Umgang mit Wasser the economical use of water ◊ Das Auto ist sehr sparsam (im Verbrauch). The car is very economical (to run). ◊ mit Waschpulver sparsam umgehen use detergent sparingly ◊ Mit Lob ist sie sehr sparsam. She is very sparing with praise. ◊ Geh mit deinen Kräften sparsamer um. Try to conserve your energy. **3** (spärlich) sparing (Adv sparingly)
Sparsamkeit 1 thrift ◊ Sie sind für ihre Sparsamkeit bekannt. They are known for their thrift. ◊ Er wurde zu größter Sparsamkeit erzogen. He was brought up to be very careful with money. **2** (Wirtschaftlichkeit) economy ◊ aus Gründen der Sparsamkeit for reasons of economy
Sparschwein piggy bank ◊ das Sparschwein schlachten raid your piggy bank
spartanisch spartan ◊ Sie lebt eher spartanisch. She leads a rather spartan life. ◊ Sein Büro ist sehr spartanisch eingerichtet. His office is a very spartan room. ◊ eine spartanische Ausbildung a rigorous training
Sparte section; (Wirtschaft) sector
Sparvertrag savings plan
Spaß 1 (Freude, Vergnügen) fun [U] ◊ Viel Spaß! Have fun! ◊ Mir ist der Spaß vergangen. It's no fun any more. ◊ Tanzen macht Spaß. Dancing is fun. ◊ Den Spaß lasse ich mir nicht entgehen. I don't want to miss the fun. ◊ nur zum Spaß just for fun ◊ Das macht mir großen Spaß. I really enjoy it. **2** (Scherz) joke ◊ sich einen Spaß mit jdm erlauben play a joke on sb ◊ Er macht doch nur Spaß. He is only joking. IDM **da hört (für mich) der Spaß auf!** it is (getting) beyond a joke! **ein teurer Spaß** an expensive business **keinen Spaß verstehen 1** (humorlos sein) ◊ Er versteht keinen Spaß. He can't take a joke. **2** (etw ernst nehmen) not stand* for any nonsense ◊ Wenn es um Geld geht, verstehe ich keinen Spaß. I don't stand for any nonsense as far as money is concerned. **etw nur zum Spaß sagen** say* sth as a joke ☛ Siehe auch BEISEITE
spaßen joke ◊ Sie spaßten und lachten. They were laughing and joking. ◊ Sie spaßen wohl! You must be joking! IDM **jd lässt nicht mit sich spaßen** sb doesn't* stand any nonsense **mit etw darf man nicht spaßen** sth is a serious matter
spaßig funny*
Spaß- Spaßverderber(in) spoilsport **Spaßvogel** joker
Spastiker(in) person* suffering from cerebral palsy ☛ Das ältere Wort **spastic** wird als beleidigend empfunden.
spastisch spastic (Fachspr) ☛ **Spastic** wird nur in der medizinischen Fachsprache gebraucht. Im allgemeinen Sprachgebrauch wird „spastisch gelähmt sein" mit **have cerebral palsy** übersetzt.
spät late ◊ Es war später Abend. It was late evening. ◊ am späten Vormittag in the late morning ◊ Gestern ist es (bei

Spaten

mir) spät geworden. I was up late last night. ◊ *Es ist schon spät.* It's (getting) late. ◊ *bis spät in die Nacht arbeiten* work late into the night ◊ *Der Film kommt erst sehr spät.* The film isn't on till late. ◊ *Sie rief noch zu später Stunde an.* It was very late when she rang. ◊ *Es ist ein spätes Stück Schillers.* It's one of Schiller's later plays. ◊ *von früh bis spät* from morning till night

> **Zu spät** wird mit **too late** übersetzt: *Es ist zu spät um noch ins Kino zu gehen.* It's too late for the cinema now. ◊ *Ich habe die Wahrheit zu spät erkannt.* I realized the truth too late. ◊ *Da kommt jede Hilfe zu spät.* It is too late for anything to be done.
>
> Wenn man allerdings ausdrücken will, dass sich jemand verspätet hat, bzw. unpünktlich ist, dann wird **zu spät** lediglich mit **late** übersetzt: *Sie kam 20 Minuten zu spät.* She was 20 minutes late. ◊ *Er kam zu spät in die Schule.* He was late for school.

IDM besser spät als nie better late than never **wie spät ist es?** what time is it? ☞ Siehe auch DRAN
Spaten spade
später 1 later ◊ *ein paar Tage später* a few days later ◊ *früher oder später* sooner or later ◊ *etw für später aufheben* save sth for later ◊ *Er starb nur wenig später darauf.* He died shortly afterwards. **2** (*in der Zukunft*) one day ◊ *Sie soll später das Geschäft übernehmen.* She will take over the business one day. ◊ *Was möchtest du später einmal werden?* What do you want to be when you grow up? ◊ *Du solltest (auch) an später denken.* You need to think of the future. **IDM (also dann) bis später!** see you (later)!
spätestens at the latest ◊ *Wir sollen spätestens um acht da sein.* We have to be there by eight at the latest. ◊ *Der Aufsatz muss bis spätestens morgen fertig sein.* The essay has to be finished by tomorrow at the latest. ◊ *Die Bewerbungen müssen spätestens bis zum 31. Mai eingegangen sein.* The closing date for applications is 31st May.
Spätvorstellung late-night performance
Spatz 1 sparrow **2** (*Kosewort*) pet **IDM besser den Spatz in der Hand als die Taube auf dem Dach** a bird in the hand is worth two in the bush **das pfeifen die Spatzen von den Dächern** it's common knowledge
spazieren 1 stroll ◊ *durch den Park spazieren* stroll through the park ◊ *Am Abend waren wir spazieren.* In the evening we went for a stroll. **2** ~ **gehen** go* for a walk ◊ *Nach dem Essen gingen sie spazieren.* After the meal they went for a walk. ◊ *Er ging mit dem Hund spazieren.* He took the dog for a walk. **3** ~ **fahren** go* for a drive; (*mit dem Zweirad*) go* for a ride **4** *jdn* ~ **fahren** take* sb for a ride in the car; (*im Kinderwagen*) take* sb out in the pram
Spazier- Spaziergang walk ◊ *einen Spaziergang machen* go for a walk **Spaziergänger(in)** person* out for a walk **Spazierweg** footpath
Specht woodpecker
Speck 1 (*durchwachsen*) bacon; (*fett*) bacon fat **2** (*Körperfett*) fat, flab (*umgs, abwert*)
Spediteur haulier ☞ G 2.2d
Spedition haulage firm; (*Möbel-*) removal firm
Speed (*Rauschgift*) speed
Speedway speedway
Speer 1 (*Waffe*) spear **2** (SPORT) javelin
Speerwerfen, Speerwurf javelin ◊ *Sie errang die Goldmedaille im Speerwurf.* She won the gold medal in the javelin. **Speerwerfer(in)** javelin thrower ☞ G 2.2d
Speiche spoke
Speichel saliva, spit
Speichellecker(in) creep
Speicher 1 store; (*Lager*) warehouse **2** (*Dachboden*) loft, attic ◊ *auf dem Speicher* in the loft **3** (*Wasser-*) tank **4** (COMP) storage; (*Arbeits-*) memory*
Speicherchip memory chip **Speicherkapazität 1** (COMP) storage capacity*; (*Arbeits-*) memory capacity* **2** (*Fassungsvermögen*) volume
speichern 1 store **2** (COMP) store; (*sichern*) save ◊ *In meinem Handy habe ich viele Telefonnummern gespeichert.* I've got lots of phone numbers stored in my mobile. ◊ *Der Computer hat die Dateien nicht gespeichert!* The computer didn't save the files!
Speicherung storage ◊ *die Speicherung von Getreide* the

storage of grain ◊ *die elektronische Speicherung von Daten* the electronic storage of information ◊ *Bei den Champignons ist eine hohe Speicherung von Kadmium zu beobachten.* High levels of cadmium are to be found in the mushrooms.
Speise 1 (*Gericht*) dish ◊ *Was für ein Wein passt am besten zu dieser Speise?* What sort of wine would go best with this dish? **2** (*Nahrung*) food [U]
Speisekarte menu ◊ *auf der Speisekarte* on the menu
speisen 1 (*essen*) eat* **2** (*versorgen*) feed*; (*mit Strom*) power **3** *sich aus etw* ~ be fed by sth; (*inspiriert sein*) be inspired by sth; (*Ergebnis sein*) be the result of sth **4** (*Hungernde*) feed*
Speisesaal dining room; (*in Schulen etc.*) dining hall
Spektakel¹ *das* show
Spektakel² *der* (*Lärm*) racket (*umgs*); (*Auseinandersetzung*) row
spektakulär 1 *Adj* spectacular; (*sensationell*) sensational ◊ *spektakulärer Erfolg* spectacular success ◊ *der spektakulärste Prozess des Jahres* the most sensational trial of the year **2** *Adv* dramatically, in spectacular fashion ◊ *Die Luftverschmutzung hat spektakulär abgenommen.* Air pollution has been dramatically reduced.
Spektrum spectrum; (*Palette*) range ◊ *ein breites Spektrum von Sportarten* a wide range of sports ◊ *Demonstranten aus dem linken politischen Spektrum* demonstrators from the left of the political spectrum
Spekulation speculation [U] ◊ *Das ist eine reine Spekulation!* That's pure speculation! ◊ *Die Zeitungen waren voll von Spekulationen über seine Motive.* The papers were full of speculation about his motives. ◊ *Spekulationen an der Börse* stock market speculation
Spekulatius = thin fancy-shaped spiced Christmas biscuit, (*AmE*) = cookie
spekulieren 1 speculate ◊ *Über ihre Motive lässt sich nur spekulieren.* One can only speculate about her motives. ◊ *mit Wertpapieren an der Börse spekulieren* speculate in shares on the stock market **2** *auf etw* ~ have hopes of sth, gamble on sth ◊ *Er spekulierte auf einen Dienstwagen.* He was gambling on getting a company car.
spendabel generous (*Adv* generously) ◊ *Er war heute spendabel aufgelegt.* He was feeling generous today. ◊ *Meine Tante zeigte sich spendabel und schenkte mir ein Auto.* My aunt generously gave me a car.
Spende donation ◊ *Sie bitten um Spenden für die neue Orgel.* They are asking for donations to the organ fund. ◊ *Einige Firmen beteiligten sich mit Spenden.* Several companies made donations.
spenden 1 donate, give* ◊ *Die Kuchen waren von den Eltern gespendet worden.* The cakes had been donated by the parents. ◊ *ein Organ spenden* donate an organ ◊ *Geld für einen guten Zweck spenden* give money to charity ◊ *Blut spenden* give blood **2** (*für jdn/etw*) ~ give* a donation (to help sb/sth) ◊ *für die Opfer der Hungerkatastrophe spenden* give a donation to help the famine victims **3** (*Licht*) give*; (*Schatten*) give*; (*Wärme*) give* off; (*Wasser*) provide **4** ◊ *jdm Trost spenden* comfort sb ◊ *jdm Beifall spenden* applaud sb ◊ *jdm ein Lob spenden* praise sb ◊ *die Sakramente spenden* administer the sacraments ◊ *den Segen spenden* give the blessing
Spendenaktion appeal ◊ *zu einer Spendenaktion für die Erdbebenopfer aufrufen* launch an appeal to raise money for the earthquake victims
Spender(in) donor
Spenderausweis donor card
spendieren *etw* ~ get* sth; *jdm etw* ~ get* sb sth, treat sb to sth ◊ *Zur Feier des Tages spendiere ich eine Flasche Sekt.* As it's a special occasion, I'll get a bottle of champagne. ◊ *Sie hat uns ein Eis spendiert.* She treated us to an ice cream.
Spengler(in) ⇒ KLEMPNER
Sperling sparrow
Sperma sperm [U]
Sperre 1 (*Barriere*) barrier; (*Straßen-*) roadblock; (*Blockade*) blockade **2** (*Strafe*) suspension; (*länger*) ban ◊ *Die Sperre gegen die Athleten wurde wieder aufgehoben.* The athletes' suspension was lifted. ◊ *Gegen die Schwimmerin wurde eine zweimonatige Sperre verhängt.* The swimmer was suspended for two months. **3** (*Zahlungs-, Einstellungs- etc.*) freeze **4** (*psychisch*) mental block ◊ *Bei der Eng-*

lischklausur hatte ich eine totale Sperre. In the English exam I had a total mental block.
sperren 1 (*Straße etc.*) close; (*Stadtteil*) close sth off ◊ *Der Marktplatz ist für den Verkehr gesperrt.* The market square is closed to traffic. **2** (SPORT) suspend; (*länger*) ban* **3** (*Zugang*) block; (*fig*) deny* ◊ *Sie haben ihm den Zugang zu den Internet-Seiten gesperrt.* He has been denied access to the web pages. **4** (*Konto*) freeze*; (*Scheck, Gehalt, Gelder*) stop*; (*Telefon, Wasser, Strom*) cut* *sth* off **5** **jdn/etw in etw ~** shut* sb/sth in sth; (*abschließen*) lock sb/sth in sth **6 sich gegen etw ~** baulk at (doing) sth, resist sth ◊ *Die Schüler sperrten sich gegen den Shakespeare-Text.* The pupils baulked at doing the Shakespeare. ◊ *sich gegen einen Vorschlag sperren* resist a proposal
Sperr- Sperrgebiet restricted/prohibited area ◊ *militärisches Sperrgebiet* a restricted military area **Sperrholz** plywood
sperrig bulky*
Sperr- Sperrmüll 1 bulky waste ◊ *Zum Sperrmüll gehören Möbel, Matratzen, Teppiche etc.* Furniture, mattresses, carpets etc. are bulky waste. ◊ *Der alte Sessel landete auf dem Sperrmüll.* The old armchair was thrown out. **2** (*Sammlung*) bulky waste collection ◊ *Am Freitag ist Sperrmüll.* On Friday there is a special collection for bulky waste. **Sperrstunde** closing time
Sperrung 1 closing (off), closure **2** (SPORT) suspension, ban **3** (*von Konten*) freezing; (*von Schecks*) stopping
Spesen expenses [Pl] ◊ *Die Hotelrechnung geht auf Spesen.* The hotel bill goes on expenses. ◊ *Auf ihrer Dienstreise nach London machte sie hohe Spesen.* On her business trip to London she ran up a big expenses bill.
Spezial- 1 (*Fach-*) specialist ◊ *Spezialliteratur* specialist literature ◊ *Spezialwissen* specialist knowledge ◊ *eine Spezialfirma* a specialist firm **2** (*Sonder-*) special ◊ *eine Spezialbrille* special glasses ◊ *Der Rollstuhl ist eine Spezialanfertigung.* The wheelchair was specially made. **Spezialeffekt** special effect **Spezialeinheit** special unit **Spezialgebiet** specialist field, specialism
spezialisieren sich (auf etw) ~ specialize (in sth)
spezialisiert specialized; (*Dienst, Buch, Restaurant*) specialist (*nur vor Nomen*); **auf etw ~ sein** specialize in sth ◊ *spezialisierte Milchviehhalter* specialized dairy farmers ◊ *eine spezialisierte Ausbildung* specialist training ◊ *eine auf Klimaanlagen spezialisierte Firma* a firm specializing in air conditioning ◊ *Seine Firma ist darauf spezialisiert, geeignete Führungskräfte für große Unternehmen zu rekrutieren.* His firm specializes in recruiting suitable managers for large organisations.
Spezialisierung specialization
Spezialist(in) 1 (*Experte*) expert, specialist ◊ *ein Spezialist für seltene Briefmarken* an expert on rare stamps ◊ *eine Spezialistin in Menschenrechtsfragen* a specialist in human rights questions. **2** (MED) specialist ◊ *eine Spezialistin für Magen-Darm-Erkrankungen* a specialist in gastrointestinal diseases
Spezialität speciality*, (*bes AmE*) specialty* ◊ *die Spezialität des Hauses* the speciality of the house
speziell 1 *Adj* (*besondere(r,s)*) special; (*individuell*) specific ◊ *Für die Arbeit muss sie spezielle Kleidung tragen.* She has to wear special clothes for work. ◊ *Sie ist meine ganz spezielle Freundin.* She's a special friend of mine. ◊ *in diesem speziellen Fall* in this specific case **2** *Adv* (*besonders*) especially ◊ *Sie liebt Sport, speziell Tennis.* She loves sport, especially tennis. **3** *Adv* (*extra*) specially ◊ *Den Kuchen habe ich speziell für dich gebacken.* I baked the cake specially for you. ◊ *Die Darbietung war speziell auf Kinder zugeschnitten.* The performance was specially designed for children. ◊ *speziell angefertigt* custom-made

> **Especially** bedeutet normalerweise „besonders": *I especially like sweet things.* Es ist nie das erste Wort im Satz. **Specially** bedeutet normalerweise „speziell, extra" und steht oft vor einem Partizip Perfekt: *She has her clothes specially made in Paris.* Im britischen Englisch werden **especially** und **specially** oft gleich benutzt, und es kann schwierig sein den Unterschied zu hören, wenn jemand spricht: *I bought this especially/specially for you.* **Specially** ist weniger formell. Das Adjektiv zu **especially** und **specially** ist normalerweise **special**.

Spezies species* ◊ *die Spezies Mensch* the human species ◊ *eine aussterbende Spezies* an endangered species
spezifisch specific (*Adv* specifically); (*typisch*) characteristic (*Adv* characteristically) ◊ *ein spezifisch deutsches Problem* a specifically German problem ◊ *der spezifische Geruch von Dieselabgasen* the characteristic smell of diesel fumes
Sphäre sphere
Sphinx sphinx*
spicken 1 (*in der Schule*) cheat **2 mit etw gespickt sein** be full of sth **3** (*Fleisch*) lard ◊ *ein gespickter Braten* a piece of meat larded with fat
Spickzettel piece of paper with the answers on
Spiegel mirror ◊ *sich im Spiegel betrachten* look at yourself in the mirror ◊ *Frankfurt im Spiegel der Medien* the image of Frankfurt in the media IDM **jdm den Spiegel vorhalten** point out sb's faults to them ◊ **einer Sache den Spiegel vorhalten** hold* a mirror up to sth
Spiegelbild 1 (*im Spiegel etc.*) reflection (*auch fig*) ◊ *Der Arbeitsmarkt ist ein Spiegelbild der wirtschaftlichen Lage.* The job market is a reflection of the economic situation. **2** (*seitenverkehrt*) mirror image **Spiegelei** fried egg **spiegelglatt 1** (*rutschig*) very slippery; (*vereist*) icy* **2** (*eben*) as smooth as glass
spiegeln 1 (*reflektieren*) reflect; **sich (in etw) ~** be reflected (in sth) ◊ *Die Berge spiegelten sich im See.* The mountains were reflected in the lake. ◊ *Im Strafrecht spiegelt sich der Zustand der Gesellschaft.* The criminal law reflects the state of society. **2** (*zeigen*) show* ◊ *Ihre Geschichten spiegeln die Lebensbedingungen der Zeit.* Their stories show the living conditions of the time. ◊ *In seinem Gesicht spiegelte sich Entsetzen.* His horror showed on his face. **3** (*Glas etc.*) reflect the light
Spiegelreflexkamera single lens reflex camera (*Abk* SLR)
Spiegelung 1 (*Abbild*, MATH) reflection **2** (MED) endoscopy; (*Kehlkopf-*) examination with a speculum
Spiel 1 game; (*Wettkampf auch*) match ◊ *ein Spiel spielen* play a game ◊ *ein Spiel für Kinder* a children's game ◊ *Machen wir noch ein Spiel?* Shall we have another game? ◊ *beim Spiel gegen die Türkei* in the match against Turkey ◊ *"Wie ist das Spiel ausgegangen?" "Unentschieden."* 'What was the score?' 'It was a draw.' **2** (*das Spielen*) play [U] (*oft mit einem Verb übersetzt*) ◊ *beim Spiel der Kinder zusehen* watch the children at play ◊ *das Spiel mit den Puppen* playing with dolls ◊ *Das Spiel der Mannschaft war ausgezeichnet.* The team played magnificently. ◊ *ein hervorragendes Spiel bieten* give an outstanding performance **3** (*um Geld*) gambling [U] ◊ *Er war dem Spiel verfallen.* He was addicted to gambling. IDM **auf dem Spiel stehen** be at stake ◊ **etw aufs Spiel setzen** risk sth; (*Leben, Existenz*) put* sth on the line ◊ **jdn/etw aus dem Spiel lassen** leave* sb/sth out of it ◊ **ein leichtes Spiel haben** ◊ *Dann hatten sie ein leichtes Spiel, den Safe zu knacken.* Then it was easy for them to open the safe. ◊ *Mit ihm wirst du kein leichtes Spiel haben!* He won't be a pushover! ◊ **ein Spiel mit dem Feuer** playing with fire ◊ **im Spiel sein** be involved ◊ **jdn/etw ins Spiel bringen** bring* sb/sth into it ☞ *Siehe auch* FINGER, HAND *und* MIENE
Spielautomat gambling machine **Spielball 1** ball **2** (*beim Tennis*) game point; (*beim Volleyball*) match ball, (*AmE*) game ball **3** (*fig*) ◊ *Sie wollen kein Spielball politischer Parteien sein.* They refuse to be the plaything of any political party. ◊ *ein Spielball der Elemente sein* be at the mercy of the elements ◊ *Die Landwirte wurden zum Spielball der Innenpolitik.* The farmers were used as a political football. **Spieldauer 1** ◊ *Sie haben die Spieldauer des Stücks auf zwei Stunden reduziert.* They cut the play to two hours. ◊ *Die Spieldauer beträgt 60 Minuten.* The game lasts 60 minutes. ◊ *die gesamte Spieldauer* the duration of the match **2** (*bei Videos*) running time
spielen 1 play ◊ *Verstecken spielen* play hide-and-seek ◊ *spielende Kinder* children playing ◊ *Klavier spielen* play the piano ◊ *um etw spielen* play for sth ◊ *Er spielt doch nur mit dir!* He's just playing games with you! ◊ *Auf Kunstrasen spielt es sich besser.* Artificial turf is better to play on. ◊ *Auf dieser Gitarre spielt es sich gut.* This guitar is lovely to play on. ◊ *Er hat ausdrucksvoll gespielt.* His playing was expressive. ◊ *Lotto spielen* do the lottery ◊ *Er spielt sehr gut Billard.* He's very good at billiards. ◊ *Spielen wir noch eine Runde?* Shall we have another game? **2** (*im Kasino etc.*)

spielend

gamble **3** (*Theater etc.*) act; (*Rolle*) play ◇ *Er spielt am Stadttheater.* He's an actor at the municipal theatre. ◇ *den Unschuldigen spielen* play the innocent **4** (*aufführen*) perform ◇ *„Aschenputtel" spielen* perform 'Cinderella' ◇ *Was wird gespielt?* What's on? **5** (*sich zutragen*) be set ◇ *Seine Geschichten spielen in Irland.* His stories are set in Ireland. **6** (*Ball*) hit*; (*mit dem Fuß*) kick ◇ *Er hat den Ball an den Pfosten gespielt.* He kicked the ball against the post. **7** (*ein Spiel abschließen*) ◇ *Sie haben unentschieden gespielt.* They drew. ◇ *Wir haben 2:0 gespielt!* We won 2-0! **8** (*an sein*) be on ◇ *Ihr Radio spielt den ganzen Tag.* She has her radio on all day. **9** (*übergehen*) ◇ *ins Gelbliche spielend* yellowish IDM **etw spielen lassen** ◇ *Kannst du deine Beziehungen nicht spielen lassen?* Can't you pull a few strings? ◇ *Sie ließ ihren ganzen Charme spielen.* She turned on the charm. ◇ *seine Muskeln spielen lassen* flex your muscles ☛ Für andere Redewendungen mit **spielen** siehe die Einträge für die entsprechenden Nomina etc. **Mit dem Feuer spielen** z.B. steht unter **Feuer**.

spielend easily ◇ *eine Sprache spielend lernen* pick up a language easily ◇ *Sie wird mit den Schülern spielend fertig.* She'll have no trouble dealing with the class.

Spieler(in) 1 player **2** (*um Geld*) gambler

spielerisch 1 (*leichtherzig*) light-hearted (*Adv* light-heartedly) ◇ *ein spielerischer Umgang mit dem Thema* a light-hearted treatment of the subject **2** (*im Spiel*) ◇ *etw spielerisch lernen* learn sth through play ◇ *den Unterricht spielerisch gestalten* make lessons fun ◇ *mit spielerischer Leichtigkeit* with the greatest of ease **3** (*Spieltechnik*) playing ◇ *ihre spielerische Fähigkeiten* their playing ability ◇ *eine ausgezeichnete spielerische Leistung* an excellent performance ◇ *Sie waren spielerisch überlegen.* They were the better players.

Spielerwechsel 1 (*zu einem anderen Verein*) transfer **2** (*im Spiel*) substitution

Spiel- Spielfeld 1 field; (*Fußball-, Kricket-*) pitch; (*Tennis- etc.*) court ◇ *alle Spieler auf dem Spielfeld* all the players in the field ◇ *das Spielfeld verlassen* go off **2** (*beim Tippschein*) grid **3** (*bei Brettspielen*) board **Spielfilm** feature film **Spielfläche 1** (*für Kinder*) play area **2** (*Schach etc.*) board **3** (*im Theater etc.*) performance area **Spielhalle** amusement arcade **Spielhölle** gambling den **Spielkamerad(in)** playmate **Spielkarte** (playing) card **Spielkasino** casino* **Spielmannszug** marching band ☛ 1.3b **Spielplan** programme, (*AmE*) program ◇ *Auf dem Spielplan stehen auch zwei Mozartopern.* The programme includes two Mozart operas. **Spielplatz** playground **Spielraum 1** (*Platz*) room to move; (*Zeit*) margin ◇ *ein Spielraum von fünf Minuten* a margin of five minutes **2** (*fig*) room for manoeuvre, (*AmE*) room for maneuver ◇ *keinen finanziellen Spielraum haben* have no room for manoeuvre financially **3 ~ für etw** scope for sth ◇ *Spielraum für Verhandlungen schaffen* provide scope for negotiation ◇ *Es gibt noch Spielraum für Verbesserungen.* There's still room for improvement. **Spielregel 1** rule (of the game) (*auch fig*) ◇ *in den Spielregeln nachsehen* check the rules **2 Spielregeln** rules (of the game) [Pl] (*auch fig*) ◇ *politische Spielregeln* the rules of the political game ◇ *sich an die Spielregeln halten* play by the rules **Spielschulden** gambling debts [Pl] **Spielstand** score **Spieltag** day (of play) **Spielverbot** ban ◇ *Spielverbot haben* be banned ◇ *jdm Spielverbot erteilen* ban sb from playing **Spielverderber(in)** spoilsport **Spielzeit 1** (SPORT) playing time ◇ *50 Minuten reine Spielzeit* 50 minutes' actual playing time ◇ *nach einer Stunde Spielzeit* one hour into the game ◇ *Die Spielzeit beträgt ...* The game lasts ... **2** (*Saison*) season ◇ *in der Spielzeit 99/2000* in the 99/2000 season **Spielzeug** toys [Pl]; (*einzelnes*) toy

Spieß 1 spit ◇ *etw am Spieß braten* roast sth on the spit ◇ *Schwein am Spieß* a pig roast **2** (*Schaschlik*) skewer; (*Appetithäppchen*) cocktail stick **3** (*Waffe*) spear **4** (*in der Armee*) sergeant IDM **den Spieß umdrehen** turn the tables **schreien/brüllen wie am Spieß** scream your head off

Spießbürger(in) petit bourgeois

spießbürgerlich really petit bourgeois

Spießer(in) 1 ◇ *Die sind so richtige Spießer!* They're so narrow-minded! ◇ *Diese Spießer verstehen nichts von Kunst.* They're philistines. They don't know anything about art. **2** ⇨ SPIESSBÜRGER

spießig narrow-minded; (*altmodisch*) old-fashioned ◇

Meine Eltern sind vielleicht spießig! My parents are so old-fashioned!

Spikes 1 (*Schuhe*) spikes [Pl] **2** (*Nägel*) studs [Pl]

Spinat spinach

Spind locker

Spindel spindle

spindeldürr as thin as a rake; (*Arme, Beine*) skinny*

Spinett spinet ◇ *Spinett spielen* play the spinet

Spinne spider

spinnen 1 (*Wolle, Garn, Spinnennetz*) spin* ◇ *zu Garn gesponnen* spun into yarn ◇ *Intrigen spinnen* weave a web of intrigue ◇ *einen Gedanken zu Ende spinnen* develop a line of thought **2** (*verrückt sein*) be mad ◇ *Die Leute spinnen ja.* They must be mad. **3** (*Blödsinn erzählen*) talk rubbish

Spinnennetz spider's web

Spinner(in) idiot

Spinnerei 1 (*Betrieb*) spinning mill **2** (*Blödsinn*) nonsense [U]

Spinnwebe cobweb

Spion (*Loch*) spyhole

Spion(in) spy* ☛ G 2.2d

Spionage spying, espionage (*gehoben*) ◇ *jdn wegen Spionage verurteilen* convict sb of espionage

Spionageabwehr counter-intelligence; (*Abteilung*) counter-intelligence service **Spionagesatellit** spy satellite

spionieren 1 be a spy; **für jdn/etw ~** spy* for sb/sth **2** (*herumschnüffeln*) snoop around

Spirale 1 (*Windung*) spiral ◇ *eine Spirale der Gewalt* a spiral of violence ◇ *Er flog in Spiralen abwärts.* He circled down. **2** (*spiralförmiger Gegenstand, auch zur Verhütung*) coil

spiritistisch spiritualist ◇ *eine spiritistische Sitzung abhalten* hold a (spiritualist) seance

spirituell spiritual (*Adv* spiritually)

Spirituose spirit [meist Pl], (*AmE meist*) liquor [U]

Spiritus spirit

Spital hospital ☛ Hinweis bei KRANKENHAUS

spitz 1 pointed ◇ *ein spitzer Kirchturm* a pointed spire ◇ *Das Feld läuft am südlichen Ende spitz zu.* The field tapers to a point at the southern end. ◇ *spitze Klammern* angle brackets **2** (*Messer, Bleistift etc.*) sharp **3** (*Winkel*) acute **4** (*Bemerkung*) cutting **5** (*Schrei*) shrill IDM ⇨ ZUNGE

spitze great

Spitze 1 (*scharfes Ende*) point **2** (*höchster Punkt*) top ◇ *auf der Spitze des Berges/Turms* on the top of the mountain/tower ◇ *an der Spitze der Liste* at the top of the list **3** (*Finger-, Blatt-, Schuh-*) tip; (*Haar-*) end **4** (*von einer Kolonne, einem Umzug*) front **5** (*führende Position im Rennen*) lead; (*die Führenden*) leaders [Pl] ◇ *sich an die Spitze setzen* take the lead ◇ *Italien liegt an der Spitze.* Italy is in the lead. **6** (*führende Position in Organisationen*) top position; (*führende Persönlichkeit*) leading figure ◇ *die Spitzen der Partei* the leading figures in the party **7** (*Geschwindigkeit*) top speed ◇ *Sein Motorrad fährt 140 Spitze.* His motor bike has a top speed of 140. **9** (*Seitenhieb*) dig **10** (*Gewebe, Stoff*) lace IDM **etw auf die Spitze treiben** take* sth to extremes; (*zu weit gehen*) take* sth too far **Das ist einsame/absolute Spitze!** That's absolutely fantastic! **die Spitze des Eisbergs** the tip of the iceberg

Spitzel informer

spitzen 1 (*Bleistift*) sharpen **2** (*Lippen*) purse IDM **die Ohren spitzen** prick up your ears

Spitzen- 1 top ◇ *Spitzenqualität* top quality **2** (*toll*) fantastic ◇ *ein Spitzenurlaub* a fantastic holiday **Spitzengeschwindigkeit** top speed **Spitzengruppe** leaders [Pl] **Spitzenkandidat(in)** leading candidate **Spitzenklasse 1** ◇ *Ruderinnen der Spitzenklasse* top-class rowers ◇ *Der Verein zählt zur internationalen Spitzenklasse.* They are one of the world's leading clubs. **2** (*toll*) first-rate ◇ *Das Konzert war echt Spitzenklasse.* The concert was really first-rate. **Spitzenleistung** first-rate performance **Spitzenpolitiker(in)** leading politician **Spitzenposition** top position ◇ *die Spitzenposition in der Weltrangliste halten* be top in the world rankings **Spitzenreiter(in)** (*im Sport*) leader; (*in der Politik*) front runner ◇ *Spitzenreiter Leeds* league leaders Leeds **Spitzen-**

spiel big match **Spitzensport** world-class sport **Spitzensportler(in)** top-class sportsman*/-woman* ➡ G 2.2d **Spitzenwert** peak
Spitzer sharpener
spitzfindig pedantic (*Adv* pedantically) (*abwert*); (*haarspalterisch*) hair-splitting (*abwert*)
Spitzname nickname
spitzwinklig (*Dreieck*) acute-angled
Splitt loose chippings [Pl]; (*Streumittel*) grit
Splitter splinter
  Splitterbombe fragmentation bomb **Splittergruppe** splinter group
splittern (*Holz, Knochen*) splinter; (*Glas*) shatter
splitter- splitternackt stark naked **Splitterpartei** splinter party
Spoiler spoiler
sponsern sponsor
Sponsor(in) sponsor
Sponsoren- Sponsorengeld sponsorship [U] **Sponsorenvertrag** sponsorship deal
Sponsoring sponsoring
spontan spontaneous (*Adv* spontaneously) ◊ *jdm spontan seine Hilfe anbieten* spontaneously offer sb your help ◊ *sich spontan zu etw entschließen* decide to do sth on the spur of the moment
Spontaneität, Spontanität spontaneity
sporadisch 1 (*verstreut*) sporadic (*Adv* sporadically) ◊ *sporadische Gefechte* sporadic fighting 2 (*gelegentlich*) occasional (*Adv* occasionally)
Spore spore
Sport sport; (*Unterrichtsfach*) P.E. ◊ *Er macht/treibt viel Sport.* He does a lot of sport.
Sportabzeichen sports badge **Sportanlage** sports complex **Sportart** sport **Sportfest** sports festival; (*in der Schule*) sports day, (*AmE*) field day **Sportfreund** sports fan **Sportgemeinschaft** sports club **Sporthalle** sports hall
sportiv (*sportlich wirkend*) athletic (*Adv* athletically); (*Kleidung*) casual (*Adv* casually)
Sportler(in) sportsman*, sportswoman*, (*bes AmE*) athlete
sportlich 1 sporting ◊ *eine beachtliche sportliche Leistung* a considerable sporting achievement ◊ *Du solltest dich sportlich betätigen.* You should get some exercise. ◊ *Ich bin sportlich aktiv.* I do sport regularly. 2 (*fair*) fair 3 (*Mensch*) sporty*; (*Figur*) athletic 4 (*Frisur*) practical; (*Kleidung*) (smart but) casual ◊ *ein sportlicher Anzug* a casual suit
Sport- Sportmedizin sports medicine **Sportplatz** sports ground **Sportverein** sports club **Sportveranstaltung** sporting event **Sportwagen** 1 sports car 2 (*Kinder-*) pushchair, (*AmE*) stroller
Spot 1 (*Werbe-*) commercial 2 (*Lampe*) spotlight
Spott mockery, ridicule; (*boshaft*) scorn ◊ *jdn dem Spott preisgeben* hold sb up to ridicule ◊ *jdn mit Hohn und Spott überschütten* pour scorn on sb
spottbillig dirt cheap
spötteln über jdn/etw ~ poke fun at sb/sth
spotten über jdn/etw ~ ridicule sb/sth IDM ⇒ BESCHREIBUNG
Spötter(in) 1 mocker 2 (*Satiriker*) satirist
spöttisch 1 mocking (*Adv* mockingly) ◊ *ein spöttischer Blick* a mocking glance 2 (*satirisch*) satirical
Spottpreis giveaway price
Sprach- Sprachbarriere language barrier **sprachbegabt** good at languages (*nicht vor Nomen*) ◊ *ein sprachgabter Schüler* a pupil who is good at languages **sprachbehindert** with a speech defect (*nicht vor Nomen*) ◊ *ein sprachbehinderter Mensch* a person with a speech defect **Sprachcomputer** 1 computer with voice synthesizer 2 (*Wörterbuch*) electronic dictionary*
Sprache 1 language ◊ *Sie beherrscht mehrere afrikanische Sprachen.* She speaks several African languages. ◊ *die Sprache der Musik* the language of music ◊ *ein Buch in englischer Sprache* a book in English 2 (*das Sprechen*) (power of) speech ◊ *Durch einen Schlaganfall hatte er die Sprache verloren.* He had lost the power of speech after a stroke. 3 (*Akzent*) accent; (*Redeweise*) way of speaking ◊ *Der Sprache nach ist sie aus Wien.* Judging by her accent, she's Viennese. ◊ *Das Opfer hatte ihn an der Sprache wiedererkannt.* The victim had recognized him by the way he spoke. 4 (*Stil*) style ◊ *ihre schlichte Sprache* her plain style IDM **jdm bleibt die Sprache weg/jdm verschlägt es die Sprache** sth leaves* sb speechless **die gleiche Sprache sprechen** speak* the same language **die Sprache auf etw bringen/etw zur Sprache bringen** raise (a subject) ◊ *Auch das Thema Sicherheit wurde zur Sprache gebracht.* The subject of safety was also raised. **eine andere Sprache sprechen** tell* a different story ◊ *Die Fakten sprechen eine andere Sprache.* The facts tell a different story. **eine deutliche Sprache sprechen** say* it all ◊ *Die Statistik spricht eine deutliche Sprache.* The statistics say it all. **Heraus/Raus mit der Sprache!** Out with it! **mit der Sprache herausrücken** come* out with it **nicht mit der Sprache herauswollen** not want to tell **zur Sprache kommen** come* up ◊ *Beim Elternabend kam das Betriebspraktikum zur Sprache.* Work experience came up at the parents' evening.
Sprach- Sprachentwicklung language development **Sprachfehler** speech defect **Sprachgebrauch** usage ◊ *nach allgemeinem Sprachgebrauch* according to everyday usage **Sprachgefühl** feeling for language **Sprachkenntnis** knowledge of a/the language [U/Sing] ◊ *Wir suchen jemanden mit englischen Sprachkenntnissen.* We are looking for someone with a knowledge of English. ◊ *Zur Auffrischung ihrer Sprachkenntnisse verbrachte sie zwei Monate in Spanien.* She spent two months in Spain to brush up her Spanish. ◊ *Durch die mangelnden Sprachkenntnisse sind sie der Willkür der Arbeitgeber ausgeliefert.* Because they don't speak the language well, they are at the mercy of the employers. **Sprachkurs** language course ◊ *einen Sprachkurs machen* do a language course
sprachlich language; (*grammatikalisch*) grammatical (*Adv* grammatically) ◊ *sprachliche Barrieren* language barriers ◊ *sprachlich korrekt* grammatically correct ◊ *sprachliche Nuancen* nuances of the language ◊ *Sprachlich war der Aufsatz ausgezeichnet.* The language of the essay was excellent. ◊ *die Kinder, die sich sprachlich nicht so gut ausdrücken können* the children who are not able to express themselves well ◊ *sprachliche Verständigung* communication
sprachlos lost for words; **~ (vor etw)** speechless (with sth) ◊ *Nach seinem Geständnis war sie zunächst einmal sprachlos.* After his confession, she was at first lost for words. ◊ *Ich war sprachlos vor Wut.* I was speechless with rage.
Sprach- Sprachrohr voice; (*Sprecher*) spokesperson* ◊ *Das Blatt ist das Sprachrohr der Regierung.* The paper is the voice of the government. ◊ *Er machte sich zum Sprachrohr der Kroaten.* He became a spokesman for Croatians. **Sprachschule** language school **Sprachunterricht** language lessons [Pl] **Sprachwissenschaft** linguistics [U]
Spray spray
Spraydose aerosol can
sprayen spray ◊ *gegen Unkraut sprayen* spray weedkiller
Sprayer(in) graffiti artist ➡ G 2.2d
Sprech- Sprechanlage intercom; (*an der Haustür*) Entryphone™ ◊ *Der Besucher meldete sich über die Sprechanlage.* The visitor gave his name on the Entryphone. **Sprechblase** speech bubble **Sprechchor** 1 chorus ◊ *der Sprechchor in der griechischen Tragödie* the chorus in a Greek tragedy 2 ◊ *Die Massen skandierten Sprechchöre.* The crowd chanted slogans. ◊ *Sie riefen im Sprechchor „Wir wollen rein!"* They chanted 'Let us in!'
sprechen 1 speak*, talk ◊ *Sie sprach mit ausländischem Akzent.* She spoke with a foreign accent. ◊ *Er kann noch nicht sprechen.* He can't talk yet. ◊ *Sie spricht nicht mehr mit uns.* She isn't talking to us any more. ◊ *Sprich doch mehr mit ihnen.* Talk to them more. ◊ *Er sprach davon, sich ein Motorrad zu kaufen.* He was talking about buying a motor bike. ◊ *mit sich selbst sprechen* talk to yourself ◊ *im Schlaf sprechen* talk in your sleep ◊ *Da wir gerade davon sprechen …* Talking of … ◊ *Wer spricht bitte?* Who's calling, please? ◊ *Mit wem spreche ich?* Who's that? ◊ *Sprich nicht so laut!* Keep your voice down! ◊ *Für ihn bin ich nicht zu sprechen.* I'm not in if he calls. 2 **jdn ~** speak* to sb ◊ *Sie wollte den Geschäftsführer sprechen.* She wanted to speak to the manager. ◊ *Könnte ich Sie privat sprechen?* Could I have a word with you in private? ➡ *Hinweis* S. 1224

Speak und **talk** haben eine ähnliche Bedeutung. **Talk** wird eher in der gesprochenen Sprache und im Zusammenhang mit einer Unterhaltung verwendet: *What have you been talking about?* ◊ *We were just talking about you.* ◊ *Let's not talk about it any more.*

Talk with sb ist im britischen Englisch formeller als **talk to sb**, ist aber im amerikanischen Englisch sehr verbreitet.

Speak ist etwas formeller und wird verwendet, wenn nur eine Person etwas sagt: *Our guest today is going to speak on folk music.* ◊ *Could you speak louder?*

Mit Sprachen wird immer **speak** gebraucht: *Do you speak Spanish?*

Speak to sb wird oft in höflichen Bitten gebraucht, z.B. am Telefon: *Can I speak to Mrs Alder, please?* ◊ *I'd like to speak to the manager.*

Speak with sb ist im britischen Englisch formeller als **speak to sb**.

3 *für jdn* ~ speak* for sb ◊ *Ich spreche für die Mehrheit, wenn ich sage …* I speak for the majority when I say … **4** *(zum Ausdruck kommen)* ◊ *Aus seinen Augen sprach blanker Hass.* You could see the sheer hatred in his eyes. ◊ *Aus seinen Worten sprach Besorgnis.* He sounded very concerned. **5** *(vortragen)* say*; *(Gedicht)* recite IDM **alles/vieles/nichts spricht für etw** there is a lot/no/no evidence to suggest sth ◊ *Ist er der Täter? Vieles spricht dafür.* Was it him? There is a lot to suggest that it was. ◊ *Alles spricht dafür, dass er wieder gewählt wird.* All the indications are that he will be re-elected. **für jdn/etw sprechen** be a point in sb's/sth's favour, *(AmE)* be a point in sb's/sth's favor; say* something about sb/sth ◊ *Es spricht für ihn, dass er sich entschuldigt hat.* It's a point in his favour that he apologized. ◊ *Die günstige Miete spricht für dieses Viertel.* The low rent is a point in favour of this area. ◊ *Es spricht für die Moral der Mannschaft, dass …* It says something about the team's morale that … **gegen jdn/etw sprechen** count against sb/sth ◊ *Es spricht gegen ihn, dass er keinerlei Reue zeigt.* The fact that he doesn't show any remorse counts against him. **etw spricht für sich selbst** sth speaks* for itself ◊ *Der Erfolg der Schule spricht für sich selbst.* The success of the school speaks for itself. ➥ *Siehe auch* KLARTEXT, MACHTWORT, RECHT, SCHLECHT, SEELE, SPRACHE, TAT *und* WORT
sprechend 1 *(Augen, Hände, Mimik)* expressive; *(Blick)* eloquent **2** *(deutlich)* clear ◊ *ein sprechender Beweis* clear evidence ◊ *ein sprechendes Beispiel* a graphic illustration
Sprecher(in) 1 spokesman*/-woman*, spokesperson* ◊ *ein Sprecher der Polizei* a police spokesman **2** *(Erzähler)* narrator; *(Kommentator)* commentator; *(Ansager)* announcer; *(Nachrichten-)* newsreader
Sprech- Sprecherziehung elocution **Sprechfunk** radio-telephone ◊ *Der Polizist meldete sich über Sprechfunk, um Verstärkung anzufordern.* The policeman radioed for reinforcements. **Sprechfunkgerät** walkie-talkie **Sprechstunde** surgery*; *(Zeiten)* surgery hours [Pl] ◊ *Wann hat Dr. Koch Sprechstunde?* When are Dr Koch's surgery hours? **Sprechzeit 1** *(in der Arztpraxis)* surgery hours [Pl] **2** ◊ *Drogenberatung, Sprechzeiten 14-17h.* Drugs counselling, 2 to 5 p.m. ◊ *öffentliche Sprechzeiten 9-11* open to the public 9 to 11 **3** *(beim Telefonieren)* talk time **Sprechzimmer** consulting room
spreizen 1 spread*; *(Finger)* splay ◊ *Der Vogel spreizte die Flügel.* The bird spread its wings ◊ *Er musste sich mit gespreizten Beinen an die Wand stellen.* He had to stand against the wall with his legs apart. **2** *sich* ~ *(sich zieren)* play hard to get **3** *sich* ~ *(sich aufblähen)* put* on airs
sprengen 1 etw (in die Luft) ~ blow* sth up ◊ *Sie wollten das Munitionslager in die Luft sprengen.* They wanted to blow up the ammunition store. **2** *(Felsen, Tunnel)* blast ◊ *einen Tunnel durch einen Berg sprengen* blast a tunnel through a mountain **3** *(aufsprengen)* force sth open, break* sth open ◊ *eine Tür sprengen* force open a door ◊ *einen Safe sprengen* break open a safe **4** *(platzen lassen)* burst* ◊ *Das Wasser war im Kühler gefroren und hatte ihn gesprengt.* The water in the radiator had frozen and burst it. **5** *(Fesseln, Ketten)* smash; *(Versammlung, Sitzung etc.)* break* sth up; *(Spielbank)* break*; *(Budget)* exceed **6** *(anfeuchten)* sprinkle sth with water **7** *(besprengen)* water (with a sprinkler) ◊ *den Rasen sprengen* water the lawn IDM ➪ LUFT *und* RAHMEN
Spreng- Sprengkopf warhead **Sprengkörper** explosive device **Sprengkraft** explosive power *(auch fig)* ◊ *ein Thema mit massiver politischer Sprengkraft* a highly explosive subject **Sprengsatz** bomb, explosive device **Sprengstoff** explosive **Sprengstoffanschlag** bomb attack
Sprengung *(meist mit einem Verb übersetzt)* ◊ *Durch die Sprengung der Brücke wurde der Nachschub abgeschnitten.* When the bridge was blown up, the reinforcements were cut off.
Spreu chaff IDM **die Spreu vom Weizen sondern/trennen** separate the wheat from the chaff
sprich i.e., that is to say ◊ *Die Stadt, sprich der Steuerzahler, trägt die Kosten.* The city, that is to say, the taxpayer, bears the costs.
Sprichwort saying, proverb ◊ *Wie das alte Sprichwort schon sagt: Aller Anfang ist schwer.* As the old saying goes: the first step is always the hardest.
sprichwörtlich proverbial ◊ *Sie gingen wie die sprichwörtlichen warmen Semmeln weg.* They sold like the proverbial hot cakes. ◊ *eine sprichwörtliche Redensart* a saying ◊ *Der Geiz der Schotten ist sprichwörtlich.* The Scots have a reputation for being mean.
sprießen *(wachsen)* grow*; *(austreiben)* sprout; *(fig)* spring* up
Springbrunnen fountain
springen 1 jump ◊ *Die Katze sprang auf den Tisch.* The cat jumped onto the table. ◊ *Er sprang vor Freude in die Luft.* He jumped for joy. ◊ *Der Zug ist aus den Schienen gesprungen.* The train was derailed. **2** *(Stabhochsprung machen)* vault **3** *(Salto, Figur etc.)* do* ◊ *einen Salto springen* do a somersault **4** *(sich in Sprüngen fortbewegen)* bound ◊ *Der Hund sprang aufgeregt durchs Zimmer.* The dog bounded excitedly around the room. **5** *(eilen)* pop* ◊ *Ich springe noch eben zur Post, bevor sie zumacht!* I'm just popping to the post office before it closes. **6** *(Ball etc.)* bounce ◊ *Der Ball sprang über den Zaun.* The ball bounced over the fence. ◊ *Der Ball springt nicht gut.* This ball doesn't bounce very well. **7** **auf etw** ~ *(Zeiger)* move to sth; *(Ampel)* change to sth ◊ *Die Ampel sprang auf Grün.* The traffic light changed to green. **8** *(spritzen)* spurt ◊ *Blut sprang aus der Wunde.* Blood spurted out of the wound. **9** *(am Arbeitsplatz)* fill in **10** *(Sprünge bekommen)* crack; *(Saite)* break* ◊ *Stell die Schüssel nicht auf die heiße Herdplatte, sonst springt sie!* Don't put the bowl on the hotplate or it'll crack! ◊ *gesprungene Lippen* cracked lips IDM **etw springen lassen** *(Geld)* spend* sth; shell sth out *(umgs)*; *(Runde)* buy* sth ◊ *Für die Hochzeit hat er ganz schön was springen lassen.* He spent a lot of money on the wedding. ➥ *Siehe auch* AUGE, HUFFEN, KLINGE, PUNKT *und* SCHATTEN
Springer *(Schachfigur)* knight
Springer(in) 1 *(Hoch-)* (high) jumper; *(Weit-)* (long) jumper; *(Stabhoch-)* pole vaulter **2** *(Fallschirm-)* parachutist; *(Kunst-)* diver; *(Turm-)* (high) diver; *(Ski-)* ski jumper **3** *(Ersatzkraft)* stand-in
Springerstiefel Dr Martens™
Spring- Springflut spring tide **Springreiten** showjumping **Springreiter(in)** showjumper ➥ G 2.2d **Springseil** skipping rope, *(AmE)* jump rope
Sprint 1 *(SPORT)* sprint **2** *(fig)* spurt ◊ *Wenn wir einen Sprint einlegen, kriegen wir den Zug vielleicht.* If we put on a spurt, we might catch the train.
sprinten sprint
Sprinter(in) sprinter ➥ G 2.2d
Sprit petrol, *(AmE)* gas
Spritze 1 *(Gerät)* syringe **2** *(Injektion)* injection, jab *(umgs)* ◊ *Sie hat eine Spritze (in den Arm) bekommen.* She had an injection (in the arm). **3** *(für Sahne, Teig etc.)* piping bag **4** *(für Flüssigkeiten)* spray **5** *(Löschgerät)* hose IDM **an der Spritze hängen** be an addict **von der Spritze loskommen** get* off drugs
spritzen 1 spray ◊ *Bäume gegen Ungeziefer spritzen* spray trees against insects ◊ *einen Wagen neu spritzen lassen* have a car resprayed **2** *(Sahne etc.)* pipe **3** *(besprizen, verspritzen)* splash ◊ *Er hat mir Wasser ins Gesicht gespritzt.* He splashed water in my face. ◊ *Er hat mich nass gespritzt.* He splashed me and got me wet. ◊ *Die Farbe ist auf den*

Boden gespritzt. The paint splashed onto the floor. ◊ *Es spritzte, als er einen Bauchklatscher machte.* There was a splash when he did a bellyflop. **4** (*Fett*) spit* **5** (*herausspritzen*) spurt ◊ *Das Blut spritzte nach allen Seiten.* Blood spurted in all directions. **6** (*Medikament, Drogen*) inject ◊ *ein Medikament spritzen* inject a drug ◊ *Diabetiker müssen sich täglich spritzen.* Diabetics have to give themselves injections every day. ◊ *Spritzen Sie dem Patienten sofort Insulin.* Give the patient an insulin injection at once. ◊ *Sie spritzt jetzt* (*Heroin*). She shoots up (heroin) now.
Spritzer 1 splash; (*mit Druck*) squirt ◊ *Meine Hose ist voller Spritzer.* My trousers are covered in splashes. ◊ *ein paar Spritzer Spülmittel ins Wasser geben* add a few squirts of washing-up liquid to the water **2** (*Zitronensaft, Parfum*) dash
spritzig 1 (*Aufführung, Unterhaltung*) sparkling, scintillating; (*Musik*) lively*; (*Rede, Dialog*) witty* (*Adv* wittily) **2** (*Mineralwasser*) sparkling; (*Wein*) crisp, slightly sparkling **3** (*Auto*) nippy (*umgs*)
Spritz- Spritzpistole spray gun **Spritztour** spin (*umgs*) ◊ *Wir haben eine Spritztour aufs Land gemacht.* We went for a spin in the country.
spröde 1 (*Material, Holz*) brittle **2** (*Haut*) dry, rough; (*Lippen*) chapped **3** (*Stimme*) husky **4** (*Mensch*) aloof, standoffish; (*Charme*) austere
Spross 1 shoot **2** (*Nachkomme*) scion (*gehoben*)
Sprosse (*Querholz*) rung
 Sprossenwand wall bars [Pl]
Sprössling child*
Sprotte sprat
Spruch 1 saying; (*Zitat*) quotation; (*Parole*) slogan **2 Sprüche** (*Geschwätz*) talk [U] ◊ *Das sind alles nur Sprüche.* All that is just talk. ◊ *Er hat immer flotte Sprüche drauf.* He's always wisecracking. **3** (*Urteils-*) judgement IDM (**große**) **Sprüche machen/klopfen** shoot* your mouth off (*umgs*)
 Spruchband banner
spruchreif ~ sein be definite ◊ *Die Sache ist noch nicht spruchreif.* Nothing's definite yet.
Sprudel sparkling mineral water; **süßer ~** lemonade
sprudeln 1 bubble; (*in einem Strahl*) gush ◊ *Im Topf sprudelt es, du kannst jetzt die Nudeln reintun.* The water in the pan is bubbling; — you can put the pasta in now. ◊ *vor guter Laune sprudeln* bubble (over) with enthusiasm ◊ *Das Öl sprudelte aus der Erde.* Oil gushed out of the ground. **2** (*schäumen*) be fizzy ◊ *Die Limonade sprudelt nicht genug.* The lemonade isn't fizzy enough. **3** (*Worte*) tumble out
sprudelnd 1 bubbling; (*Getränk*) fizzy **2** (*Temperament*) bubbly
Sprühdose spray (can)
sprühen 1 spray ◊ *Graffiti an eine Wand sprühen* spray graffiti on a wall ◊ *Pflanzenschutzmittel auf das Getreide sprühen* spray the corn with pesticide **2** (*Funken etc.*) fly* **3** (*Augen*) flash, sparkle ◊ *Ihre Augen sprühten.* Her eyes flashed. ◊ *Ihre Augen sprühten vor Freude.* Her eyes sparkled with delight. **4 vor etw ~** be full of sth ◊ *Ihre Vorstellung sprühte vor Einfallsreichtum.* Her performance was full of imagination.
Sprühregen drizzle
Sprung 1 jump; (*Kopf-*) dive; (*Stabhoch-*) vault ◊ *ein Sprung aus einem Meter Höhe* a jump from a height of a metre ◊ *Beim Sprung aus dem Fenster brach er sich das Genick.* He broke his neck jumping out of the window. **2** (*kurze Entfernung*) stone's throw ◊ *Es ist nur ein Sprung bis zum Bäcker.* It is only a stone's throw to the baker's. **3** (*Riss*) crack **4** (*fig*) leap (*Fortschritt*) step ◊ *Sich selbstständig zu machen ist immer ein Sprung ins Ungewisse.* Setting up on your own is always a leap in the dark. ◊ *Dies stellt für Portugal einen bedeutenden Sprung nach vorn dar.* This is an important step forward for Portugal. ◊ *Wir wissen nicht, ob sie den Sprung ins Management schaffen wird.* We don't know whether she will make it into management. ◊ *Als sie das Baby sah, machte ihr Herz vor Freude einen Sprung.* When she saw the baby, her heart leapt with joy. IDM **auf dem Sprung sein** be in a rush **auf einen Sprung vorbeikommen** pop* in **jdm auf die Sprünge helfen 1** (*beistehen*) give* sb a helping hand **2** (*einen Hinweis geben*) give* sb a hint ◊ *Ich weiß die Antwort nicht. Kannst du mir auf die Sprünge helfen?* I don't know the answer. Can you give me a hint? **den Sprung wagen** take*

the plunge ◊ *Noch wage ich den Sprung nicht.* I daren't take the plunge yet. **keine großen Sprünge machen können** not be able to afford many luxuries
 Sprungbrett diving board; (*fig*) springboard **Sprunggelenk** ankle joint
sprunghaft 1 erratic (*Adv* erratically); (*Charakter*) volatile ◊ *ein sprunghafter Gedankengang* an erratic train of thought **2** (*plötzlich*) sudden (*Adv* suddenly), sharp (*Adv* sharply) ◊ *Die Mitgliedschaft ist sprunghaft angestiegen.* Membership has risen sharply.
 Sprung- Sprungschanze ski jump **Sprungtuch** jumping sheet **Sprungturm** diving platform
Spucke spit IDM **jdm bleibt die Spucke weg** sb is gobsmacked
spucken 1 spit* ◊ *jdm ins Gesicht spucken* spit in sb's face ◊ *Blut/Schleim spucken* spit blood/phlegm **2** (*Vulkan*) spew IDM **auf etw spucken** not give* a damn about sth (*umgs*) ◊ *Er spuckt auf ein gutes Zeugnis.* He doesn't give a damn about getting a good report. ☛ *Siehe auch* GIFT, SUPPE *und* TON²
Spuk 1 ghostly goings-on [Pl] ◊ *nächtlicher Spuk im Kloster* ghostly goings-on in the monastery at night ◊ *Eine Gestalt erschien wie ein Spuk um Mitternacht.* A figure mysteriously appeared at midnight like an apparition. **2** (*fig*) strange goings-on [Pl]; (*Ereignisse*) episode ◊ *Nach einer halben Stunde war der Spuk am Rathaus beendet und es konnte mit dem Aufräumen begonnen werden.* Half an hour later, the episode at the town hall was over and they were able to start clearing up. ◊ *als der braune Spuk zu Ende war* when the horrors of the Nazi era were over **3** (*Aufheben*) fuss
spuken 1 in/durch etw ~ haunt sth ◊ *Der Geist seiner Mutter spukte in seinem Zimmer.* His room was haunted by the ghost of his mother. ◊ *Die Ermordete spukt nachts durch das Haus.* The murdered woman haunts the house at night. **2** ◊ *In dem Haus spukt es.* The house is haunted. **3 in jds Kopf ~** go* round in sb's head, haunt sb ◊ *Die Idee spukt schon länger in seinem Kopf herum.* The idea has been going round in his head for some time. ◊ *ein Ereignis, das noch in vielen Köpfen spukt* an event that still haunts many people
 Spuk- Spukgeschichte ghost story* **Spukschloss** haunted castle
 Spülbecken sink
Spule 1 reel ◊ *eine Spule Garn* a reel of cotton **2** (ELEK) coil
Spüle sink (unit)
spulen wind* *sth* (onto a spool)
spülen 1 (*abwaschen*) wash (*sth*) up ◊ *Ich spüle nur noch schnell* (*die Gläser*). I'll just wash (the glasses) up quickly. **2** (*ausspülen*) rinse; (*Wunde*) bathe **3** (*Toilette*) flush **4** (*mitgerissen werden*) wash ◊ *Eine Leiche wurde an Land gespült.* A body was washed up on the shore. ◊ *Zwei Matrosen wurden über Bord gespült.* Two sailors were washed overboard.
 Spül- Spülkasten cistern **Spülmaschine** dishwasher **Spülmittel** detergent, (*BrE auch*) washing-up liquid
Spülung 1 rinse; (*für Haare*) conditioner **2** (*Toiletten-*) flush **3** (*Darm-*) (colonic) irrigation
Spülwasser washing-up water; (*für Wäsche*) rinsing water; (*in der Spülmaschine*) rinse water
Spund bung
Spur 1 trail; (*Reifen-, Tier-*) track [*meist* Pl]; (*Fingerabdruck*) (finger)print ◊ *Die Spur der Kidnapper führte nach Brasilien.* The kidnappers' trail led to Brazil. ◊ *Die Einbrecher trugen Handschuhe, um keine Spuren zu hinterlassen.* The burglars wore gloves so as to leave no prints. ◊ *Die Polizei ist auf eine neue Spur gestoßen.* The police have discovered a new lead. **2** (*Anzeichen*) trace, mark ◊ *Von dem Dieb fehlt noch jede Spur.* There is no trace of the thief. ◊ *Im Wein fanden sich Spuren des Giftes.* There were traces of poison in the wine. ◊ *In Afrika wurden Spuren alter Kulturen gefunden.* Traces of ancient cultures were found in Africa. ◊ *Die Spuren des Kriegs waren in der Stadt überall zu sehen.* The war had left its marks all over the town. **3** (*winzige Menge*) touch, hint ◊ *eine Spur zu süß* a touch too sweet ◊ *Ich glaubte in seiner Antwort eine Spur von Bedauern zu hören.* I thought I could detect a hint of regret in his answer. **4** (*Fahr-*) lane ◊ *die Spur wechseln* change lanes **5** (*Tonband- etc.*) track IDM **auf der richtigen/falschen**

spürbar

Spur sein be on the right/wrong track **jdm/etw auf der Spur sein** be onto sb/sth **jdm/etw auf die Spur kommen** track sb/sth down **Keine Spur!** Not in the least!
spürbar noticeable (*Adv* noticeably), distinct (*Adv* distinctly)
spüren 1 feel* ◊ *In diesem Mantel kann ich die Kälte nicht spüren.* I don't feel the cold in this coat. ◊ *Sie spürte einen leichten Schmerz im Arm.* She could feel a slight pain in her arm. ◊ *Ich spürte seine Hand auf meiner Schulter.* I felt his hand on my shoulder. **2** (*seelisch empfinden*) sense ◊ *Sie spürte seine Angst.* She sensed his fear. ◊ *Sie lässt mich deutlich spüren, dass sie meine Freunde nicht leiden kann.* She makes it plain to me that she cannot stand my friends. ◊ *Von Feindseligkeit ist nichts zu spüren.* There is no sign of animosity. ◊ (*Beschwerden haben*) have a pain *in sth* ◊ *Ich spüre mein Kreuz.* I've got a pain in my back. **IDM** *etw zu spüren bekommen* **1** (*mit etw konfrontiert werden*) encounter sth ◊ *Vorurteile habe ich nie zu spüren bekommen.* I have never encountered prejudice. ◊ *Sie war nur ein Adoptivkind – das bekam sie immer wieder zu spüren.* She was only an adopted child – she was constantly made to feel that. **2** (*betroffen sein*) be hit by sth ◊ *Das Personal bekam den Sparkurs schon zu spüren.* The staff have already been hit by the economy measures. ☛ *Siehe auch* LEIB
Spuren- Spurenelement trace element **Spurensicherung** forensic investigations [Pl]; (*Abteilung der Polizei*) forensics [U] **Spurensuche** search for clues
Spürhund tracker dog
-spurig ◊ *zweispurig* two-lane ◊ *eine dreispurige Schnellstraße* a three-lane highway ◊ *eine schmalspurige Kleinbahn* a narrow-gauge railway
spurlos 1 without trace ◊ *Sie ist spurlos verschwunden.* She has disappeared without trace. **2** *nicht ~ an jdm vorübergehen* leave* its/their mark on sb ◊ *Der Krieg ist nicht spurlos an ihnen vorübergegangen.* The war has left its mark on them.
Spurrille rut
Spürsinn 1 (*Geruchssinn*) sense of smell **2** (*fig*) feeling; (*Intuition*) intuition ◊ *Er hat einen Spürsinn für neue Trends.* He has a feeling for new trends. ◊ *Dieser Historiker hat den Spürsinn eines Detektivs.* This historian has a detective's intuition.
Spurt spurt ◊ *einen Spurt einlegen* put on a spurt
spurten 1 dash **2** (SPORT) put* on a spurt
sputen *sich ~* hurry*
Squash (SPORT) squash
Staat 1 state; (*Regierung*) government ◊ *einen Staat anerkennen* recognize a state ◊ *beim Staat arbeiten* work for the government ◊ *Zum Wohl des Staates dankte der Minister ab.* The minister resigned in the interests of the nation. **2** *die Staaten* the States ☛ *Siehe auch* S. 767 **IDM** *mit etw Staat machen* impress with sth; make* an impression with sth ◊ *Mit diesem Schiff kann die Reederei Staat machen.* This ship will give the shipping company the chance to impress. ◊ *Mit seinem alten VW kann er keinen Staat mehr machen.* His old VW's past it.
Staatenbund federation; (*EU*) European Union **Staatengemeinschaft** confederation; (*UN*) United Nations ☛ G 1.3a **staatenlos** stateless
staatlich 1 state (*nur vor Nomen*) ◊ *die staatlichen Interessen vertreten* represent state interests ◊ *staatliche Gelder* state funds **2** state-run; (*im Staatsbesitz*) state-owned ◊ *ein staatliches Museum* a state-run museum ◊ *ein staatlicher Betrieb* a state-owned factory **3** *~ anerkannt* state-approved **4** *~ geprüft* state-certified **5** *~ subventioniert* subsidized by the state (*nicht vor Nomen*) ◊ *ein staatlich subventioniertes Opernhaus* an opera house subsidized by the state
Staats- Staatsakt ceremony*; (*Trauerfeier*) state funeral **Staatsangehörige(r)** national, citizen ◊ *ausländische Staatsangehörige* foreign nationals **Staatsangehörigkeit** nationality*, citizenship ◊ *die britische Staatsangehörigkeit beantragen/erhalten* apply for/be granted British nationality ◊ *die Einführung einer doppelten Staatsangehörigkeit* the introduction of dual nationality ◊ *Sie hat die amerikanische Staatsangehörigkeit.* She's an American citizen. **Staatsanwalt, -anwältin** public prosecutor, (*AmE*) district attorney ◊ *der ermittelnde Staatsanwalt* the public prosecutor who is conducting the investigation ☛ G 2.2d **Staatsanwaltschaft** public prosecutor's office **Staatsbegräbnis** state funeral **Staatsbesuch** state visit ◊ *auf Staatsbesuch sein* be on a state visit ◊ *Sie reiste zu einem Staatsbesuch nach Israel.* She paid a state visit to Israel. **Staatsbürger(in)** ⇨ STAATSANGEHÖRIGE(R) **Staatsbürgerschaft** ⇨ STAATSANGEHÖRIGKEIT **Staatschef(in)** ⇨ STAATSOBERHAUPT **Staatsdienst** civil service ◊ *in den Staatsdienst eintreten* go into the civil service ◊ *Sie ist im Staatsdienst.* She's a civil servant. ☛ *Hinweis bei* ÖFFENTLICH **staatseigen** state-owned **Staatseigentum** state property ◊ *der Verkauf von Staatseigentum* the sale of state property ◊ *in Staatseigentum übergehen* go into public ownership **Staatseinnahmen** state revenue [U] **Staatsexamen** = degree qualification for teachers, lawyers etc. ◊ *Sie hat das erste Staatsexamen in Jura.* She's a law graduate. **Staatsfeind(in)** enemy* of the state **Staatsform** system of government **Staatsgast** guest on a state visit **Staatsgebiet** (national) territory* **Staatsgeheimnis** state secret **Staatsgewalt 1** (*Herrschaftsgewalt des Staates*) authority (of the state) ◊ *Alle Staatsgewalt geht vom Volke aus.* All authority comes from the people. **2** (*Exekutive*) executive power **3** (*Polizei*) police ◊ *Er wurde der Staatsgewalt überantwortet.* He was handed over to the police. ◊ *Widerstand gegen die Staatsgewalt* resisting arrest **Staatsgrenze** (national) border ◊ *an der italienischen Staatsgrenze* at the Italian border **Staatskanzlei** state chancellery* **Staatskasse** treasury ◊ *Der Profit geht an die Staatskasse.* The profit goes to the treasury. ◊ *die Staatskasse plündern* plunder the public purse ◊ *die leeren Staatskassen* the government's empty coffers **Staatsmann** statesman* **Staatsminister(in) 1** minister **2** (*einer Bundesbehörde*) Permanent Secretary*, (*AmE*) under-secretary* **3** (*Premierminister(in)*) prime minister **Staatsoberhaupt** head of state* **Staatspräsident(in)** president **Staatsregierung** state government **Staatssekretär(in) 1** Permanent Secretary*, (*AmE*) under-secretary* **2** *Parlamentarische(r) ~* Parliamentary Secretary* **Staatssicherheit 1** national security ◊ *im Interesse der Staatssicherheit* in the interests of national security **2** (*der DDR*) state security ◊ *das Ministerium für Staatssicherheit* the ministry of state security **3** (*Sicherheitsdienst der DDR*) Stasi, secret police [meist Pl] **Staatsstreich** coup ◊ *durch einen Staatsstreich an die Macht kommen* seize power in a coup **Staatstrauer** national mourning ◊ *Er rief eine dreitägige Staatstrauer aus.* He declared three days of national mourning. **Staatsverschuldung** national debt **Staatsvertrag** (international) treaty*
Stab 1 stick; (*Gitter- etc.*) bar **2** (*für Staffellauf, Dirigenten-*) baton ◊ *der Stab des Dirigenten* the conductor's baton **3** (*Stabhochsprung-*) pole **4** (*Öl-*) dipstick **5** (*Amts-*) mace **6** (*Bischofs-*) crosier **7** (*Hirten-*) crook **8** (*Belegschaft, Offiziers-*) staff; (*Gruppe*) team ◊ *zum Stab gehören* be on the staff ◊ *ein Stab von Fachleuten* a team of experts ☛ *Hinweis bei* STAFF[1]
Stäbchen 1 (*kleiner Stab*) stick **2** (*chinesisch*) chopstick [meist Pl]
Stab- Stabhochspringer(in) pole-vaulter ☛ G 2.2d **Stabhochsprung** pole vault
stabil 1 strong, sturdy* (*Adv* sturdily); (*Gebäude*) solid (*Adv* solidly); (*Gesundheit*) robust ◊ *stabiles Material* strong material ◊ *stabiles Schuhwerk* sturdy shoes **2** (*Preise, Wirtschaft, Regierung, Zustand*) stable; (*stetig*) steady ◊ *stabile Währungen* stable currencies ◊ *stabiles Wachstum* steady growth
stabilisieren 1 (*Lage, Währung*) stabilize; (*Gebäude etc.*) support **2** *sich ~* become* stable ◊ *Die Lage hatte sich stabilisiert.* The situation had become stable.
Stabilisierung stabilization (*oft mit einem Verb übersetzt*) ◊ *Maßnahmen zur Stabilisierung der Konjunktur* measures aimed at stabilizing the economy
Stabilität stability
Stachel 1 (*an Kakteen, bei Igeln etc.*) spine, prickle; (*an Sträuchern*) thorn; (*an Stacheldraht*) barb **2** (*Gift-*) sting **3** (*Metallspitze*) spike **4** (*etwas Quälendes*) pang [meist Pl] ◊ *der Stachel der Eifersucht/Enttäuschung* the pangs of jealousy/disappointment **5** (*Antrieb*) sting ◊ *Sie wurde vom Stachel des Ehrgeizes/der Neugierde getrieben.* She was driven by ambition/curiosity. ◊ *Der Autor hat seinen kritischen Stachel verloren.* The author had lost his critical edge. **IDM** *einer Sache den Stachel nehmen* take* the sting out of sth **ein Stachel im Fleisch** a thorn in the flesh

Stachelbeere gooseberry* **Stacheldraht** barbed wire
Stacheldrahtzaun barbed wire fence
stachelig, stachlig 1 (*Pflanze*) prickly **2** (*Haare*) bristly; (*Igellook*) spiky
Stachelschwein porcupine
Stadion stadium*
Stadium stage ◊ *sich im Stadium der Planung befinden* be at the planning stage ◊ *im jetzigen Stadium* at this stage ◊ *im frühen Stadium der Krankheit* in the early stages of the disease ◊ *im fortgeschrittenen Stadium* at an advanced stage
Stadt 1 town; (*größer*) city* ◊ *Sie würde lieber in der Stadt leben.* She'd rather live in town. ◊ *am Rande/im Zentrum der Stadt* on the outskirts/in the centre of town ◊ *in die Stadt gehen/fahren* go into town **2** (*Verwaltung*) town/city council ◊ *bei der Stadt arbeiten* work for the council IDM **in Stadt und Land** nationwide
Stadtautobahn urban motorway, (*AmE*) urban freeway
Stadtbevölkerung population (of a/the town) ◊ *25 Prozent der Stadtbevölkerung* 25% of the population of the town ◊ *die Angst der Stadtbevölkerung* the fears of people in the town **Stadtbezirk** borough ☛ *Hinweis bei* KREIS
Stadtbild townscape, appearance of a/the town ◊ *das historische Stadtbild* the historic townscape ◊ *das Stadtbild verschönern* improve the appearance of the town ◊ *Die Parks prägen das Stadtbild von London.* The parks are an important feature of London as a city. ◊ *aus dem Stadtbild verschwinden* disappear from the scene ◊ *ins Stadtbild passen* fit in with the character of the town **Stadtbücherei** town/city library* **Stadtbummel** stroll through the town ◊ *einen Stadtbummel machen* go for a stroll through the town
Städtebau town planning, (*bes AmE*) urban development
Städtepartnerschaft (town) twinning, twinning link ◊ *die Städtepartnerschaft zwischen Nürnberg und Glasgow* the twinning of Nuremberg and Glasgow ◊ *eine Städtepartnerschaft eingehen* set up a twinning link
Städter(in) town dweller; (*in der Großstadt*) city dweller
Stadt- Stadtgebiet town, city* ◊ *Die Ozonwerte sollen im gesamten Stadtgebiet gemessen werden.* The ozone levels are to be measured all over town. ◊ *der ärztliche Notdienst für das Stadtgebiet Frankfurt* ambulance services for the city of Frankfurt
städtisch 1 urban ◊ *das städtische Wohnen* urban living **2** (*kommunal*) municipal ◊ *ein städtisches Schwimmbad* a municipal swimming pool ◊ *städtische Angestellte* city council staff
Stadt- Stadtkern (town) centre, (*AmE*) downtown area
Stadtmauer city wall ◊ *vor der Stadtmauer gelegen* outside the city wall **Stadtmensch** townie **Stadtmitte** ⇨ STADTZENTRUM **Stadtplan** street map **Stadtrand** outskirts (of town) [Pl] ◊ *am Stadtrand wohnen/liegen* live/be on the outskirts of town ◊ *an den Stadtrand verlegt werden* move to the outskirts of town **Stadtrat** (*Gremium*) town council; (*einer Großstadt*) city council ☛ G 1.3b **Stadtrat, -rätin** town councillor; (*einer Großstadt*) city councillor **Stadtrundfahrt** sightseeing tour of the town/city **Stadtstaat** city state ◊ *im Stadtstaat Hamburg* in the city state of Hamburg **Stadtteil** district; (*Gegend*) part of town/city **Stadttor** town/city gate **Stadtverwaltung** town/city council **Stadtviertel** ⇨ STADTTEIL **Stadtwerke** (public) works department **Stadtzentrum** town/city centre, (*AmE*) downtown area
Staffel 1 (Team) relay team **2** (*Wettkampf*) relay (race) ◊ *Er läuft nun doch Staffel.* He's running the relay after all. ◊ *die 4x100-m-Staffel* the 4x100m relay ☛ Gesprochen: *four by one hundred metres.* **3** (MIL) squadron
Staffelei easel
Staffellauf relay race
staffeln 1 grade ◊ *Die Gehälter werden nach Leistung und Alter gestaffelt.* Salaries are graded according to performance and age. **2** *sich* ~ be graded ◊ *Die Portogebühren staffeln sich nach Größe und Gewicht.* Postal charges are graded by size and weight. **3** (*räumlich, zeitlich*) stagger
Staffelung 1 (*von Gebühren etc.*) grading **2** (*zeitlich versetzt*) ◊ *Für das Inkrafttreten des Gesetzes wurde eine zeitliche Staffelung beschlossen.* The law will come into force in stages. ◊ *Der Betrieb berät über eine Staffelung der Urlaubszeiten.* The company is considering staggering holidays.
Stagnation stagnation [U] ◊ *eine wirtschaftliche Stagnation* economic stagnation ◊ *eine Stagnation der Erzeugung* stagnation in production ◊ *Der Norden verzeichnete eine Stagnation.* The north experienced a period of stagnation.
stagnieren stagnate
Stahl steel ◊ *eine Brücke aus Stahl* a steel bridge
Stahlarbeiter(in) steelworker ☛ G 2.2d **Stahlbeton** reinforced concrete **stahlblau** steely blue
stählen 1 strengthen **2** *sich* ~ get* fit, build* up your strength
stählern 1 steel ◊ *eine stählerne Brücke* a steel bridge **2** (*Wille*) iron (*nur vor Nomen*); (*Muskeln, Nerven*) of steel (*dem Nomen nachgestellt*) ◊ *stählerne Nerven* nerves of steel
stahl- stahlgrau steel-grey **stahlhart** (very) hard, as hard as steel (*nicht vor Nomen*) ◊ *ein stahlharter Profi* a hard professional ◊ *Sie ist stahlhart.* She's as hard as steel. **Stahlhelm** steel helmet **Stahlindustrie** steel industry
Stakkato staccato
staksig gawky; (*Beine*) spindly
Stalagmit stalagmite
Stalaktit stalactite
Stall, Stallung (*Kuh-*) cowshed; (*Pferde-*) stable; (*Schweine-*) pig shed; (*Hühner-*) chicken shed; (*kleiner*) chicken coop; (*Kaninchen-*) hutch
Stamm 1 (*Baum-*) trunk **2** (*Volks-*) tribe **3** (*Mitarbeiter- etc.*) core ◊ *ein fester Stamm von Mitarbeitern* a core of regular workers ◊ *Sie gehört zum Stamm der Mannschaft.* She's a regular member of the team. **4** (*Wort-*) root **5** (BIOL) phylum* **6** (*Krankheitserreger*) strain
Stammaktie ordinary share **Stammbaum 1** family tree ◊ *Er kann seinen Stammbaum 400 Jahre zurückverfolgen.* He can trace his family (tree) back 400 years. **2** (*von Zuchttieren*) pedigree
stammeln stammer
stammen 1 von jdm ~ be by sb ◊ *Das Gemälde stammt von Monet.* The painting is by Monet. ◊ *Das Gerücht stammt nicht von mir.* I didn't start the rumour. ◊ *Die Kinder stammen von ihm.* The children are his. **2 aus etw** ~ come* from sth ◊ *Das Wort stammt aus dem Griechischen.* The word comes from the Greek. ◊ *Der Druck stammt aus der ersten Serie.* The print is from the first series. **3 aus/von etw** ~ (*Zeit*) date back to sth ◊ *Die Vase stammt aus dem Mittelalter.* The vase dates back to the Middle Ages.
Stamm- Stammform (LING) base form **Stammgast** regular customer
stämmig sturdy*; (*Baum*) stout
Stamm- Stammkneipe, Stammlokal local, (*AmE*) favorite bar ◊ *Meine Stammkneipe ist gleich um die Ecke.* My local is just round the corner. **Stammkunde, -kundin** regular (customer) **Stammplatz** usual seat; (*in einer Mannschaft*) regular place **Stammsitz** head office **Stammtisch 1** table reserved for regulars **2** (*Treffen*) regular meeting (in a pub) **Stammzelle** stem cell ◊ *embryonale Stammzellen* embryonic stem cells
stampfen 1 stamp; (*laut gehen*) tramp ◊ *Er stampfte vor Wut mit dem Fuß.* He stamped his foot in rage. ◊ *Sie stampften mit ihren Gummistiefeln über den Küchenboden.* They tramped across the kitchen floor in their wellingtons. **2** (*Maschine*) pound; (*Schiff*) pitch **3** (*Kartoffeln etc.*) mash; (*im Mörser*) crush IDM ⇨ BODEN
Stand 1 (*kleiner Laden*) stall; (*Messe-, Informations-*) stand; (*Taxi-*) rank **2** (*Lage, Zustand*) ◊ *der derseitige Stand der Dinge* the way things stand at present ◊ *etw auf den neuesten Stand bringen* bring sth up to date ◊ *nach dem neuesten Stand der Forschung* according to the latest research ◊ *auf dem neuesten Stand der Technik sein* be state of the art **3** (*Stufe*) level ◊ *der Stand des Wassers* the water level **4** (*Spiel-*) score ◊ *Beim Stand von 13:13 wurde das Spiel abgebrochen.* The game was called off with the score at 13 all. **5** (*Gesellschaftsschicht*) class IDM **aus dem Stand** from a standing position **einen schweren Stand haben** have a hard time of it ☛ *Siehe auch* AUSSER
Standard standard ◊ *Kinderbetreuung von hohem Standard* childcare of a high standard ◊ *Wir müssen den Standard in der ganzen Region anheben.* We must raise standards across the whole region.
Standardausrüstung standard equipment **Standardbrief** standard letter
standardisieren standardize
Standardisierung standardization

Standardwerk

Standardwerk standard work
Standarte standard
Ständchen tune; (*Lied*) song; (*als Liebeserklärung*) serenade ◊ *jdm ein Ständchen bringen* play sb a tune/sing sb a song
Ständer 1 stand **2** (*Erektion*) hard-on (*umgs*)
Ständerat upper chamber
Ständerat, -rätin member of the upper chamber
Standesamt registry office
standesamtlich ~ **heiraten** get* married in the registry office, have a civil wedding (*offiz*)
Standesbeamte, -beamtin registrar ☞ G 2.2d
standesgemäß ◊ *standesgemäß wohnen* live in a style befitting your status ◊ *standesgemäß heiraten* marry somebody of the same social class
standfest 1 (*standhaft*) firm ◊ *Die Gewerkschaft blieb standfest.* The union stood firm. ◊ *ein standfester Marxist* a staunch Marxist **2** (*stabil*) stable **3** *nicht mehr* ~ *sein* not be steady on your feet
Standfestigkeit 1 (*fester Stand*) stability **2** (*Standhaftigkeit*) determination
standhaft steadfast (*Adv* steadfastly) ◊ *Er weigerte sich standhaft, das Geheimnis preiszugeben.* He steadfastly refused to give away the secret. ◊ *standhaft bleiben* stand firm
standhalten withstand* ◊ *Die Dachbalken hatten dem Feuer standgehalten.* The beams had withstood the fire.
ständig 1 *Adj* (*dauernd*) constant; (*regelmäßig wiederkehrend*) continual; (*fest, permanent*) permanent ◊ *ihr ständiges Streiten* their constant quarrelling ◊ *Seine ständigen Telefonanrufe begannen sie zu ärgern.* His continual phone calls were beginning to annoy her. ◊ *ständige Mitarbeiter* permanent members of staff **2** *Adv* always, constantly (*gehoben*) ◊ *Ich bin ständig müde.* I'm always tired. ◊ *Die Qualität wird ständig überprüft.* The quality is constantly checked. ◊ *Der Stromverbrauch steigt ständig.* Electricity consumption keeps rising.
Standlicht sidelights [Pl]
Standort 1 location ◊ *ein zentraler Standort* a central location **2** (*fig*) position ◊ *Ihren politischen Standort beschreibt sie als liberal.* She describes her political position as being liberal.
Standortbestimmung ◊ *eine Standortbestimmung der Partei* an assessment of where the party is at ◊ *Das Spiel ist für uns eine echte Standortbestimmung.* The game will enable us to assess our present form.
Stand- Standpauke lecture ◊ *jdm eine Standpauke halten* give sb a lecture **Standpunkt** point of view ◊ *Von meinem Standpunkt aus ...* From my point of view ... ◊ *jds Standpunkt teilen* share sb's point of view ◊ *vom technischen Standpunkt her* from a technical point of view ◊ *den Standpunkt vertreten, dass .../sich auf den Standpunkt stellen, dass ...* take the view that ... ☞ *Hinweis bei* ADMIT *und* ARGUE **standsicher** stable **Standspur** hard shoulder, (*AmE*) breakdown lane **Standuhr** grandfather clock
Stange 1 pole; (*Kleider-*) rail; (*aus Metall*) rod; (*Querstab*) bar; (*Vogel-*) perch **2** (*Zimt-, Vanille- etc.*) stick; (*Zigaretten*) carton IDM **bei der Stange bleiben** keep* at it **jdn bei der Stange halten** (*behalten*) keep* sb; (*zufrieden stellen*) keep* sb sweet **jdm die Stange halten** stand* up for sb **eine Stange Geld** a lot of money **von der Stange** off the peg ◊ *Er kaufte einen Anzug von der Stange.* He bought a suit off the peg.
Stängel stalk
Stangen- Stangenbohne runner bean **Stangenbrot** baguette
stänkern moan (*umgs*); (*Ärger machen*) stir* (things up)
stanzen press; (*prägen*) stamp; (*Löcher etc.*) punch
Stapel pile IDM **vom Stapel laufen** be launched
stapeln 1 pile *sth* up **2** *sich* ~ pile up ◊ *Die Müllsäcke stapeln sich.* The rubbish bags are piling up.
stapelweise ◊ *Wir haben stapelweise Altpapier im Schuppen.* We have piles of waste paper in the shed.
stapfen tramp
Star 1 (*Vogel*) starling **2** (*Augenkrankheit*) **grüner** ~ glaucoma [U]; **grauer** ~ cataract **3** (*Mensch*) star
Starallüren airs and graces [Pl] **Stargast** star guest
stark

• **als Adjektiv 1** strong (*Adv* strongly) ◊ *Du bist aber stark!* Aren't you strong! ◊ *starke Arme* strong arms ◊ *eine starke Mannschaft* a strong team ◊ *starke Verben* strong verbs ◊ *starker Kaffee* strong coffee ◊ *Ich brauche eine stärkere Brille.* I need stronger glasses. ◊ *Das erinnert mich stark an ...* That reminds me strongly of ... **2** (*Motor, Taschenlampe etc.*) powerful **3** (*dick*) thick; (*korpulent*) stout ◊ *eine starke Mauer* a thick wall ◊ *ein drei Zentimeter starkes Brett* a plank three centimetres thick **4** (*Verkehr, Raucher, Trinker, Regen, Frost, Schneefall*) heavy* (*Adv* heavily) ◊ *ein starker Raucher* a heavy smoker ◊ *Es regnete stark.* It was raining heavily. **5** (*Schmerzen, Erkältung etc.*) bad* ◊ *starke Kopfschmerzen* a bad headache ◊ *stark erkältet sein* have a bad cold **6** (*Beifall*) loud (*Adv* loudly) **7** (*Akzent*) broad **8** (*Anstieg, Fall*) sharp (*Adv* sharply) ◊ *stark fallen/steigen* fall/rise sharply **9** (*toll*) fantastic

• **als Adverb 10** (*sehr*) very ◊ *stark geschwollen* very swollen ◊ *stark gewürzt* very spicy ◊ *stark behindert* severely disabled ◊ *stark gefährdet* seriously endangered ◊ *stark verschmutzt* heavily soiled ◊ *stark vergrößert* greatly enlarged ◊ *stark verschuldet* heavily in debt
IDM **sich für jdn/etw stark machen** champion sb/sth
☞ *Siehe auch* HAND, MANN *und* STÜCK
Stärke 1 strength ◊ *die Stärke des Windes* the strength of the wind ◊ *die Stärke einer Brille* the strength of a pair of glasses ◊ *militärische Stärke* military strength ◊ *Sprachen sind ihre Stärke.* Languages are her strength. **2** (*von einem Motor*) power; (*von einer Glühbirne*) wattage **3** (*Dicke*) thickness ◊ *die Stärke der Mauer* the thickness of the wall **4** (*Ausmaß, Größe*) volume ◊ *die Stärke des Verkehrs* the volume of traffic **5** (*in Lebensmitteln oder für Wäsche*) starch
stärken 1 strengthen (*auch fig*) ◊ *die Muskeln stärken* strengthen the muscles ◊ *Das hat seine Position gestärkt.* It strengthened his position. **2** (*Selbstvertrauen*) boost **3** *sich* ~ ◊ *Ich muss mich erst stärken.* I need to have something to eat first. ◊ *In der Pause stärkten sie sich mit Brötchen und Kaffee.* During the break they had sandwiches and coffee. ◊ *Sie kehrten in eine Wirtschaft ein, um sich zu stärken.* They went into a pub for some refreshments. IDM
⇨ RÜCKEN
Starkstrom (ELEK) high-voltage current
Stärkung strengthening (*oft mit einem Verb übersetzt*) ◊ *eine Stärkung der Macht der Regierung* a strengthening of the power of the government ◊ *Übungen zur Stärkung der Bauchmuskulatur* exercises to strengthen the stomach muscles
starr 1 (*nicht beweglich*) stiff; (*vor Angst*) rigid ◊ *starre Finger* stiff fingers ◊ *starr vor Angst* rigid with fear **2** (*Blick, Lächeln etc.*) fixed (*Adv* fixedly) ◊ *ein starres Lächeln* a fixed smile **3** (*nicht flexibel*) inflexible; (*Regeln auch*) rigid ◊ *die starre Haltung der Regierung* the inflexible attitude of the government
Starre rigidity (*auch fig*)
starren 1 stare ◊ *Sie starrte auf den Bildschirm.* She stared at the screen. ◊ *Er saß da und starrte ins Leere.* He sat there staring into space. **2** *vor/von etw* ~ be covered in sth IDM
⇨ LOCH
Starrsinn stubbornness
starrsinnig stubborn (*Adv* stubbornly)
Start 1 start ◊ *einen guten/schlechten Start haben* get off to a good/bad start ◊ *Der Start ihrer Schauspielkarriere war vielversprechend.* She had a promising start to her career. ◊ *Beim Rennen gingen mehr als 100 Teilnehmer an den Start.* There were over 100 starters in the race. **2** (*eines Flugzeugs*) take-off; (*einer Rakete*) lift-off ◊ *den Start freigeben* clear for take-off **3** (*-linie*) starting line
Startbahn runway **startberechtigt** eligible **startbereit** ready to go (*nicht vor Nomen*); (*Flugzeug*) ready for take-off (*nicht vor Nomen*) **Startblock** starting block
starten 1 start ◊ *den Motor starten* start the engine ◊ *ein Rennen starten* start a race ◊ *Mein Auto startet immer.* My car always starts. ◊ *Das Rennen startete verspätet.* The race started late. ◊ *eine Kampagne starten* start a campaign **2** (*Flugzeug*) take* off; (*Rakete*) lift off **3** (*an Wettkampf teilnehmen*) ◊ *Sie startet auf Bahn 3.* She is running in lane 3. ◊ *Er startet für Italien.* He's skiing, running, etc. for Italy.
Starter (*Anlasser*) starter motor
Starter(in) 1 (*Teilnehmer*) contestant **2** (*jd, der das Startzeichen gibt*) starter

Start- Starthilfe 1 help (to get sth off the ground) ◊ *ein großzügiger Scheck als Starthilfe zum Bau des Theaters* a generous cheque to help get the building of the theatre off the ground ◊ *Das Arbeitsamt bietet Schulungen als Starthilfe an.* The jobcentre offers training to help people find work. **2** *(beim Auto)* ◊ *jdm Starthilfe geben* jump-start sb's car **Startkapital** starting capital **startklar** ready to go *(nicht vor Nomen)*; *(Flugzeug)* ready for take-off *(nicht vor Nomen)*
Startloch IDM *gut aus den Startlöchern kommen* get* off to a good start *in den Startlöchern stehen* be ready to go
Start- Startschuss 1 (SPORT) starting signal ◊ *Der Startschuss fiel.* The starting gun was fired. **2** *(Eröffnung)* opening ◊ *Der Startschuss für das Fest fällt um 15 Uhr.* The fete will be opened at 3 p.m. **3** *(Anfang)* start ◊ *Der Startschuss für das Projekt ist gefallen.* The project has started. ◊ *Der Startschuss sollte schon im April fallen.* It should have started in April. **4** *(Erlaubnis)* go-ahead; **den ~ für etw geben** give* sth the go-ahead **Startschwierigkeiten** teething problems [Pl] **Startsignal** starting signal
Stasi Stasi, State Security Service (of the former GDR)
Statement statement ◊ *ein Statement herausgeben* issue a statement
Statik 1 (TECH) statics [U] **2** *(von Gebäuden)* structural soundness
Statiker(in) structural engineer ☞ G 2.2d
Station 1 *(Bahnhof)* station; *(Haltestelle)* stop **2** *(Kranken-)* ward ◊ *auf Station 2* on ward 2 **3** *(Entwicklungs-)* stage ◊ *die wichtigsten Stationen ihrer Laufbahn* the most important stages of her career **4** *(Anlage, Sender)* station ◊ *eine Station im All* a space station IDM *Station machen* stop* off ◊ *Wir haben bei meinem Bruder Station gemacht.* We stopped off at my brother's.
stationär 1 (MED) in-patient ◊ *eine stationäre Behandlung* in-patient treatment ◊ *ein stationärer Patient* an in-patient ◊ *jdn stationär behandeln* treat sb in hospital **2** *(bleibend)* permanent
stationieren *(Truppen)* station; *(Raketen)* deploy
Stationierung *(Truppen-)* stationing; *(Raketen-)* deployment
Stations- Stationsarzt, -ärztin ward doctor ☞ G 2.2d **Stationsschwester** ward sister ☞ G 2.2d
statisch 1 *(stillstehend)* static **2** *(die Statik betreffend)* structural
Statist(in) 1 *(beim Film, Theater)* extra **2** *(fig)* bit-player
Statistik 1 *(Wissenschaft)* statistics [U] **2** *(Übersicht)* statistics [Pl] ◊ *eine Statistik erstellen* draw up a set of statistics ◊ *laut Statistik ...* according to the statistics ... ☞ *Hinweis bei* PER CENT[1]
Statistiker(in) statistician ☞ G 2.2d
statistisch statistical *(Adv* statistically) ◊ *statistisch signifikant* statistically significant ◊ *etw ist statistisch erwiesen* there is statistical evidence of sth ◊ *Sie wurden nicht statistisch erfasst.* They did not appear in the statistics. ◊ *Statistisch gesehen ...* Statistically, ...
Stativ tripod
statt instead of ◊ *Statt sich zu entschuldigen, machte sie weiter.* Instead of apologizing, she kept on doing it. ◊ *Statt Blumen hat sie Obst mitgebracht.* She brought fruit instead of flowers. IDM ⇨ EID
stattdessen instead ◊ *Er hat sein Studium aufgegeben und macht stattdessen eine Lehre.* He's dropped out of university and is doing an apprenticeship instead.
Stätte place; *(heilig, historisch)* site; *(Schauplatz)* scene
stattfinden take* place
stattgeben *(Antrag, Forderung)* grant; *(Beschwerde, Klage)* uphold*; *(Vorschlag)* accept
statthaft permissible; *(von höherer Stelle erlaubt)* permitted
stattlich 1 *(Mensch)* well-built; *(Figur)* imposing ◊ *vier stattliche Burschen* four well-built lads ◊ *Er ist ein stattlicher Mann.* He is a fine figure of a man. **2** *(Sammlung)* magnificent **3** *(Summe, Einkommen, Menge, Größe)* considerable
Statue statue ◊ *eine Statue aus Marmor* a marble statue
statuieren IDM ⇨ EXEMPEL

Statur build ◊ *von zierlicher Statur* of a delicate build ◊ *von kräftiger Statur* well-built
Status status ◊ *sein gesellschaftlicher Status* his social status IDM **Status quo** status quo
Statussymbol status symbol
Statut statute
Stau 1 *(Verkehrs-)* traffic jam ◊ *im Stau stehen* be stuck in a traffic jam **2** *(von Wasser, Blut)* build-up
Staub dust ◊ *mit Staub bedeckt* covered in dust ◊ *Staub saugen* vacuum ◊ *im Wohnzimmer Staub wischen* dust the living room IDM **sich aus dem Staub machen** clear off *(umgs)* *(viel)* **Staub aufwirbeln** cause (quite) a stir
stauben be dusty ◊ *Hier staubt es sehr.* It's very dusty here. ◊ *Die Katzenstreu staubt.* The cat litter produces dust.
staubig dusty*
Staub- Staubkorn speck of dust **staubsaugen** ⇨ STAUB **Staubsauger** vacuum cleaner **Staubtuch** duster **Staubwolke** cloud of dust
Staudamm dam
Staude 1 herbacious plant **2** *(Strauch)* shrub
stauen 1 *(Fluss)* dam* *sth* up; *(Blut)* stop* the flow of sth **2 sich ~** *(Verkehr, Hitze)* build* up; *(Wasser, Blut)* accumulate ◊ *Die Autos stauten sich an der Ampel.* Traffic was building up at the lights. **3** *sich* **(in jdm) ~** build* up (in sb) ◊ *Der Ärger staute sich schon seit Jahren in ihm.* The anger had been building up in him for years.
staunen (über jdn/etw) ~ be amazed (at sb/sth) ◊ *Er staunte, als er ihr Auto sah.* He was amazed when he saw her car. ◊ *Sie sahen staunend zu.* They watched in amazement.
Staunen amazement ◊ *zu meinem Staunen* to my amazement ◊ *jdn in Staunen versetzen* amaze sb ◊ *Wir kamen aus dem Staunen nicht heraus.* We were absolutely amazed.
Stausee reservoir
Steak steak
stechen 1 (mit) etw in etw ~ stick* sth into sth ◊ *mit einer Gabel ins Fleisch stechen* stick a fork into the meat **2** *(verletzen)* stab* ◊ *Sie stach ihm mit dem Messer in die Brust.* She stabbed him in the chest with the knife. **3 sich ~** prick yourself ◊ *Ich habe mir beim Nähen in den Finger gestochen.* I pricked my finger while I was sewing. **4** *(Dornen)* prick; *(Biene, Wespe)* sting*; *(Mücke)* bite* ◊ *Pass auf, die Dornen stechen.* Watch out, the thorns will prick you. ◊ *Als ich zuschlug, stach die Biene.* When I lashed out, the bee stung me. ◊ *Eine Hornisse hat ihn (in den Arm) gestochen.* A hornet stung him (in the arm). **5** *(beim Kartenspiel)* take*; *(Spielfarbe)* be trumps ◊ *die Dame mit dem König stechen* take the queen with the king ◊ *Karo sticht.* Diamonds are trumps. ◊ *Welche Farbe sticht?* What is trumps? **6** *(Spargel, Torf)* cut* **7** *(Schmerzen)* ◊ *Es sticht in der Brust.* I get a sharp pain in my chest. ◊ *Es sticht in der Seite.* I've got a stitch. **8** *(Sonne)* beat* down IDM ⇨ AUGE *und* SEE[2]
Stechen 1 (SPORT) play-off; *(beim Reiten)* jump-off; *(beim Schießen)* shoot-off **2** *(Schmerz)* sharp pain
stechend *(Schmerz)* stabbing; *(Geruch)* pungent
Stech- Stechkarte time card **Stechmücke** mosquito* **Stechpalme** holly* **Stechuhr** time-clock
Steckbrief 'wanted' poster; *(fig)* personal details [Pl]
steckbrieflich ~ gesucht wanted
Steckdose socket, *(AmE)* outlet, receptacle
stecken 1 put* ◊ *den Brief in den Umschlag stecken* put the letter in the envelope ◊ *die Hände in die Tasche stecken* put your hands in your pockets ◊ *sich eine Blume ins Haar stecken* put a flower in your hair ◊ *die Kinder ins Bett stecken* put the children to bed ◊ *jdn in Gefängnis stecken* put sb in prison ◊ *Sie haben viel Geld in das Geschäft gesteckt.* They have put a lot of money into the business. **2** *(sein)* be ◊ *Der Schlüssel steckt im Schloss.* The key is in the lock. ◊ *tief in Schulden stecken* be deeply in debt ◊ *Ich stecke noch mitten in der Arbeit.* I'm still in the middle of my work. ◊ *Der Brief steckt voller Fehler.* The letter is full of mistakes. ◊ *Wer steckt hinter dem Anschlag?* Who is behind the attack? ◊ *Wo steckt er?* Where has he got to? **3** *(befestigen)* pin* ◊ *sich eine Brosche an den Mantel stecken* pin a brooch to your coat ◊ *einen Saum stecken* pin up a hem **4 ~ bleiben** get* stuck ◊ *Ich bin im Verkehr stecken geblieben.* I got stuck in the traffic. ◊ *Der Aufzug ist stecken geblieben.* The lift got stuck. ◊ *Ihr blieb eine Gräte im Hals stecken.* She got a fishbone stuck in her throat. ◊ *Er ist während der Rede mehrmals stecken geblieben.* He faltered several times dur-

ing his speech. ◊ *Die Planung blieb im Ansatz stecken.* The plans didn't get very far. **5 den Schlüssel ~ lassen** (*in der Tür*) leave* the key in the door; (*im Auto*) leave* the key in the ignition ☛ *Für Redewendungen mit* **stecken** *siehe die Einträge für die entsprechenden Nomina etc.* **Bis über den Kopf in etw stecken** *z.B. steht unter* **Kopf**.

Steckenpferd hobby horse (*auch fig*)

Stecker plug

Steck- Stecknadel pin **Steckrübe** swede

Steg 1 (*Brücke*) footbridge **2** (*Lande-*) landing stage **3** (*bei Brillen, Saitenintrumenten*) bridge

Steghose stirrup pants [Pl]

Stegreif IDM **aus dem Stegreif** off the top of your head; (*reden*) off the cuff ◊ *Das kann ich dir aus dem Stegreif nicht sagen.* I can't tell you off the top of my head. ◊ *aus dem Stegreif antworten* answer off the cuff ◊ *eine Rede aus dem Stegreif halten* give an impromptu speech

stehen 1 stand* ◊ *Ich stehe schon seit einer Stunde hier und warte.* I've been standing waiting here for an hour. ◊ *Wir haben die ganze Fahrt über gestanden.* We had to stand the whole way. ◊ *auf einem Fuß stehen* stand on one foot ◊ *das einzige Gebäude, das noch steht* the only building left standing ◊ *im Stehen essen* eat standing up **2** (*sich befinden, sein*) be ◊ *Die Waschmaschine steht in der Küche.* The washing machine is in the kitchen. ◊ *Er steht unter der Dusche.* He's in the shower. ◊ *Du stehst mir im Licht.* You're in my light. ◊ *im Tor stehen* be in goal ◊ *Die Aussichten stehen gut.* The prospects are good. ◊ *Das Wasser stand zwei Meter hoch.* The water was two metres deep. ◊ *Wir haben drei alte Fernseher im Keller stehen.* We've got three old television sets in the cellar. ◊ *Sie stand mit 17 das erste Mal auf der Bühne.* She first appeared on stage at 17. ◊ *Ich möchte nicht zwischen euch stehen.* I don't want to come between you. ◊ *Mir steht das alles bis hier!* I've had it up to here! **3** (*geschrieben stehen*) say* ◊ *In der Zeitung steht, dass …* It says in the paper that … ◊ *Was steht auf dem Schild?* What does the sign say? ◊ *Dort steht alles, was Sie wissen müssen.* It will tell you all you need to know. **4** (*anzeigen*) be at *sth*; (*Ampel*) be (on) *sth* ◊ *Das Thermometer steht auf 30 Grad.* The thermometer is at 30 degrees. **5** (*fertig sein*) be finished **6** (SPORT) ◊ *Wie steht es?* What's the score? ◊ *Es steht 3:2 für Bielefeld.* The score is 3-2 to Bielefeld. ◊ *Sie standen kurz vor dem Sieg.* They were close to victory. **7 jdm ~** suit *sb* ◊ *Blau steht dir gut.* Blue suits you. **8 vor etw ~** be faced with *sth* ◊ *Sie stand vor einer schwierigen Entscheidung.* She was faced with a difficult decision. ◊ *Die Firma steht vor dem Bankrott.* The firm is facing bankruptcy. **9 in etw ~** (*Schulfach*) ◊ *Wie stehst du in Mathe?* How are you doing in maths? **10 mit/um etw ~** ◊ *Wie steht es mit Ihren Englischkenntnissen?* And what about your English? **11 um jdn/jds Gesundheit ~** ◊ *Es steht nicht gut um sie.* She's in a bad way. ◊ *Wie steht es um seine Gesundheit?* How is he? **12 zu jdm/etw ~** stand* by sb/sth ◊ *Ich stehe zu meiner Entscheidung.* I stand by my decision. ◊ *Er stand zu seinem Versprechen.* He kept his promise. **13** (**voll und ganz**) **hinter jdm ~** be (right) behind sb **14 zu jdm ~** (*eine Beziehung haben*) ◊ *Wie stehen die beiden zueinander?* What is the relationship between them? **15 zu etw/jdm ~** (*eine Meinung haben*) feel* about sth/sb ◊ *Wie stehen deine Eltern zu diesen Plänen?* What do your parents feel about these plans? ◊ *Wie stehst du zu dem Thema?* What is your opinion on the subject? **16 auf etw ~** (*Strafe*) ◊ *Darauf stehen höchstens 20 Jahre Gefängnis..* There is a maximum sentence of 20 years for that. ◊ *Dort steht auf Mord die Todesstrafe.* They have capital punishment for murder. **17 auf jdn/etw ~** (*mögen*) be keen on sb/sth ◊ *Er steht auf klassische Musik.* He's keen on classical music. ◊ *Sie steht total auf dich!* She's absolutely mad about you. ◊ *Sie steht auf lange Haare bei Männern.* She really likes long hair on men. **18 für etw ~** stand* for *sth* ◊ *N steht für Stickstoff.* N stands for nitrogen. ◊ *Unser Name steht für neue Konzepte.* Our name stands for innovation. ◊ *Rot steht für belastete Gebiete.* Red represents polluted areas. **19 ~ bleiben** stop* ◊ *Wir sind nicht ein Mal stehen geblieben.* We didn't stop once. ◊ *Meine Uhr ist stehen geblieben.* My watch has stopped. ◊ *Wo war ich stehen geblieben?* Where was I up to? ◊ *Hier scheint die Zeit stehen geblieben zu sein.* Time seems to have stood still here. ◊ *Die Mieten sind auf dem Stand von 2000 stehen geblieben.* Rents have remained at the 2000 level. **20 ~ bleiben** (*erhalten bleiben*) remain standing ◊ *In dem Unwetter sind nur wenige Bäume stehen geblieben.* Only a few trees remained

standing after the storm. ◊ *Nur der Turm blieb stehen.* Only the tower remained. **21 ~ lassen** ◊ *Lass die Teller einfach stehen.* Just leave the dishes. ◊ *Kann ich mein Fahrrad bei dir stehen lassen?* Can I leave my bike at your place? ◊ *Lass deine Gäste nicht im Flur stehen.* Don't leave your guests standing in the hall. ☛ *Für andere Ausdrücke mit* **stehen** *siehe die Einträge für die entsprechenden Nomina etc.* **Auf der Kippe stehen** *z.B. steht unter* **Kippe**.

Steh- Stehlampe standard lamp, (*AmE*) floor lamp **Stehleiter** stepladder

stehlen 1 (jdm) (etw) **~** steal* (sth) (from sb) ◊ *etw in/aus einem Geschäft stehlen* steal sth from a shop ◊ *Mir ist mein Fahrrad gestohlen worden.* I had my bike stolen. ◊ *gestohlene Kreditkarten* stolen credit cards **2 sich ~** steal*, sneak ◊ *Sie stahl sich aus dem Raum.* She stole out of the room. ◊ *Er stahl sich ohne Eintrittskarte ins Theater.* He sneaked into the theatre without a ticket. IDM **jd/etw kann mir gestohlen bleiben** I have no time for sb/sth

Stehplatz 1 (*im Theater etc.*) standing ticket ◊ *Es gibt für heute Abend nur noch Stehplätze.* There are only standing tickets left for this evening. **2** ◊ *In dem Bus gibt es 20 Sitzplätze und 10 Stehplätze.* The bus has 20 seats and standing room for 10.

steif 1 stiff (*Adv* stiffly) ◊ *Meine Finger sind ganz steif gefroren.* My hands are frozen stiff. ◊ *Die Sahne steif schlagen.* Whip the cream until (it is) stiff. ◊ *Es herrschte eine sehr steife Atmosphäre.* The atmosphere was very stiff and formal **2** (*Penis*) erect IDM **etw steif und fest behaupten** firmly maintain sth ☛ *Siehe auch* OHR

Steig- Steigbügel stirrup **Steigeisen** (*beim Bergsteigen*) crampon

steigen 1 climb; (*Nebel, Rauch etc.*) rise*; **auf etw ~** climb (up) sth ◊ *höher steigen* climb higher ◊ *aufs Dach steigen* climb up onto the roof ◊ *über den Zaun steigen* climb over the fence ◊ *Wir sind auf die Zugspitze gestiegen.* We climbed the Zugspitze. ◊ *Sie ließen ihre Drachen steigen.* They were flying their kites. **2 auf/in etw ~** get* on sth; (*ins Auto*) get* into sth; **von/aus etw ~** get* off sth; (*aus dem Auto*) get* out of sth ◊ *aufs Motorrad steigen* get on your motorbike ◊ *vom Rad steigen* get off your bike ◊ *in den Zug steigen* get on the train **3** (*größer oder intensiver werden*) increase, go* up ◊ *Die Anforderungen sind gestiegen.* The demands have increased. ◊ *Die Benzinpreise steigen.* Petrol prices are going up. ◊ *Die Inflationsrate ist um drei Prozent gestiegen.* Inflation has gone up by three per cent. ◊ *Der Umsatz ist auf über zwei Milliarden gestiegen.* Turnover has increased to over two billion. ◊ *Die Spannung stieg.* Tension mounted. **4** (*Party etc.*) be on **5** (*sich aufbäumen*) rear up IDM ⇒ BETT *und* KOPF

steigend increasing; (*Preise, Kosten, Einkommen, Zinssätze, Temperaturen*) rising

steigern 1 (sich) **~** increase ◊ *den Marktanteil von 20% auf 50% steigern* increase market share from 20% to 50% ◊ *Die Mannschaft hat ihre Leistung gesteigert.* The team have improved their performance. ◊ *Die Stimmung im Publikum steigerte sich zunehmend.* The audience became more and more excited. ◊ *Die Autorin baut sich langsam steigernde Spannung auf.* The author gradually builds up tension. **2** (*Adjektiv, Adverb*) form the comparative (and superlative) of sth **3 sich ~** (*sich verbessern*) improve (your performance, time, etc.) ◊ *Der Läufer steigerte sich auf eine Bestzeit von zwei Minuten.* The runner improved his time to two minutes.

Steigerung 1 increase ◊ *eine Steigerung um 50%* an increase of 50% **2** (*von Adjektiven*) comparative form

Steigung 1 gradient, (*bes AmE*) grade ◊ *eine Steigung von fünf Prozent* a gradient of one in twenty/five per cent **2** (*Strecke*) hill ◊ *zwei starke Steigungen* two steep hills

steil steep (*Adv* steeply) ◊ *ein steiler Hang* a steep slope ◊ *Der Weg steigt dann steil an.* Then the path climbs steeply. ◊ *Es geht drei Kilometer steil bergauf.* It's a steep climb for three kilometres. ◊ *Sie machte eine steile Karriere.* She had a meteoric career. ◊ *Der Umsatz schnellte steil in die Höhe.* Turnover shot up.

Steilhang steep slope **Steilküste** cliffs [Pl] **Steilwand** rock face

Stein 1 stone ◊ *flache Steine* flat stones ◊ *in Stein gehauen* carved in stone ◊ *Der Boden ist aus Stein.* It's a stone floor. ◊ *ein Haus aus Stein* a stone house **2** (*von Obst*) stone, (*AmE meist*) pit **3** (*Spiel-*) piece IDM **bei jdm einen Stein**

im Brett haben be well in with sb **den Stein ins Rollen bringen** set* the ball rolling ◊ *Die Ermordung eines Bandenmitglieds brachte den Stein ins Rollen für die heftigen Straßenkämpfe zwischen den beiden verfeindeten Gangs.* The murder of a member of the gang set the ball rolling for violent street battles between the two rival gangs. **der Stein der Weisen** the philosopher's stone **jdm fällt ein Stein vom Herzen** ◊ *Ihr fiel ein Stein vom Herzen.* It was a load off her mind. **jdm Steine in den Weg legen** put* obstacles in sb's path ☛ Siehe auch TROPFEN
Steinbock 1 (*Sternzeichen*) Capricorn ◊ *Ich bin (ein) Steinbock.* I'm a Capricorn. **2** (*Tier*) ibex* **Steinbruch** quarry* **steinhart** rock-hard
steinig 1 stony* **2** (*fig*) difficult ◊ *der steinige Weg zum Frieden* the difficult road to peace
steinigen stone
Stein- Steinkohle hard coal **Steinmetz(in)** (stone-)mason ☛ G 2.2b **Steinpilz** cep **steinreich** very rich, loaded (*nicht vor Nomen*) (*umgs*) **Steinschlag** rockfall **Steinzeit** Stone Age
Steißbein coccyx*
Stelle 1 place; (*Punkt*) spot ◊ *Wir fanden keine geeignete Stelle zum Parken.* We couldn't find a suitable place to park. ◊ *An dieser Stelle wurde später das Denkmal errichtet.* A monument was later erected on the spot. ◊ *an dieser Stelle des Flusses* in this part of the river **2** (*zeitlich*) point ◊ *an dieser Stelle der Diskussion* at this point in the discussion **3** (*in einer Reihenfolge*) place ◊ *Er ist an zweiter Stelle.* He's in second place. ◊ *Sie stehen auf der Warteliste an erster Stelle.* You're at the top of the waiting list. ◊ *Das Verb steht an letzter Stelle.* The verb goes at the end of the sentence. **4** (*kleiner Fleck, Fläche*) patch ◊ *Mein Auto bekommt immer mehr rostige Stellen.* My car is getting more and more rust patches. **5** (*Posten*) job ◊ *eine halbe Stelle* a part-time job ◊ *die Stelle wechseln* change your job **6** (*Dienst-*) office ◊ *die Stelle für Öffentlichkeitsarbeit* the public relations office ◊ *Da sind sie bei mir an der falschen Stelle.* I'm afraid I can't help you there. **7** (*Abschnitt*) passage ◊ *Dies ist die Stelle in dem Buch, die mir am besten gefallen hat.* This is my favourite passage in the book. **8 die erste, zweite etc. ~ hinter dem Komma** the first, second, etc. decimal place **9 an jds ~** ◊ *An deiner Stelle würde ich den Job annehmen.* If I were you I'd take the job. ◊ *An ihrer Stelle möchte ich nicht sein.* I wouldn't like to be in her shoes. **10 auf der ~** instantly ◊ *Er war auf der Stelle tot.* He died instantly. ◊ *Komm auf der Stelle her!* Come here at once! **11 zur ~ sein** be there ◊ *Als sie kam war die Polizei schon zur Stelle.* The police were already there when she arrived. **12 sich nicht von der ~ rühren** not move an inch ◊ *Rühr dich nicht von der Stelle, bis ich wiederkomme.* Don't move an inch until I get back. IDM **jdn/etw an einer empfindlichen/seiner empfindlichsten Stelle treffen** touch a raw nerve in sb/sth ◊ *Dieses Thema trifft die Menschen an einer empfindlichen Stelle.* This theme touches a raw nerve in people. **auf der Stelle treten** mark time **nicht von der Stelle kommen** not get* anywhere ◊ *Ich komme heute einfach nicht von der Stelle.* I'm just not getting anywhere today. ☛ Siehe auch ORT und SPAREN
stellen 1 put* ◊ *Stell die Vase doch auf den Tisch.* Put the vase on the table. ◊ *Ich stelle dir das Essen warm.* I'll keep your dinner warm. **2** (*Falle, Uhr*) set* ◊ *Die Polizei hat den Einbrechern eine Falle gestellt.* The police set a trap for the burglars. ◊ *Ich habe den Wecker auf sieben gestellt.* I've set the alarm for seven. **3** (*Heizung, Fernseher*) turn ◊ *Soll ich die Heizung höher stellen?* Shall I turn up the heating? ◊ *Stellst du den Fernseher etwas lauter, bitte?* Can you turn up the television please? **4** (*zur Verfügung stellen*) provide ◊ *Die Computer werden gestellt.* Computers are provided. ◊ *Die Räume werden wir von der Gemeinde gestellt.* The rooms are provided by the local authority. **5** (*festnehmen*) apprehend ◊ *Die Polizei stellte den Taschendieb.* The police apprehended the pickpocket. **6 sich (jdm) ~** give* yourself up (to sb) ◊ *Du musst dich der Polizei stellen.* You must give yourself up to the police. **7 sich ~** stand* ◊ *Stell dich auf die Zehenspitzen.* Stand on tiptoe. ◊ *Eltern stellen sich meistens hinter ihre Kinder.* Parents usually stand by their children. **8 sich taub, dumm etc. ~** pretend to be deaf, stupid, etc. ☛ Für andere Ausdrücke mit **stellen** siehe die Einträge für die entsprechenden Nomina etc. **Jdm eine Frage stellen** z.B. steht unter **Frage**.
Stellen- Stellenangebot job advertisement, job ad (*umgs*) ◊ *die Stellenangebote in der Zeitung* situations vacant in the paper **Stellenanzeige** job advertisement **Stellenmarkt** job market; (*in der Zeitung*) vacancies [Pl] **Stellensuche** ◊ *auf Stellensuche sein* be looking for a job ◊ *Ich brauche Unterstützung bei der Stellensuche.* I need help looking for a job.
stellenweise in places
Stellenwert standing ◊ *Welchen Stellenwert hat die Kirche heute?* What is the standing of the Church nowadays?
Stellung 1 position **2 für jdn/etw ~ beziehen/nehmen** defend sb/sth **3 gegen jdn/etw ~ beziehen/nehmen** speak* out against sb/sth **4 zu etw ~ beziehen/nehmen** express your opinions about sth
Stellungnahme statement ◊ *Die Bevölkerung erwartete eine klare Stellungnahme von der Regierung.* The public was waiting for a clear statement from the government. ◊ *Die Polizei wollte dazu keine Stellungnahme abgeben.* The police refused to comment.
stellvertretend deputy ◊ *der stellvertretende Vorsitzende* the deputy chairman ◊ *Er erschien stellvertretend für den Direktor.* He appeared on behalf of the director.
Stellvertreter(in) deputy*; (*Arzt*) locum
Stellvertretung representative
stemmen 1 press ◊ *Er stemmte sich mit aller Kraft gegen die Tür.* He pressed his weight against the door. ◊ *die Arme in die Hüften stemmen* put your hands on your hips ◊ *Sie stemmte sich gegen den Sturm.* She braced herself against the wind. **2** (*heben*) lift ◊ *Gewichte stemmen* lift weights
Stempel 1 stamp; (*auf Briefen*) postmark **2** (BOT) pistil IDM **den Stempel von jdm/etw tragen** bear* the stamp of sb/sth
Stempelkissen stamp pad
stempeln 1 stamp **2 jdn zu etw ~** brand sb sth ◊ *Warum stempelst du ihn zum Versager?* Why do you brand him a failure? **3** (*zu Beginn des Arbeitstages*) clock in; (*am Ende des Arbeitstages*) clock off
Steno, Stenografie shorthand ◊ *Kannst du Steno?* Can you do shorthand?
Steppdecke quilt
Steppe steppe
steppen[1] backstitch ◊ *eine Naht steppen* backstitch a seam ◊ *einen Quilt steppen* stitch a quilt
steppen[2] (*tanzen*) tap dance
Stepptanz tap-dancing [U]
Stepptänzer(in) tap dancer ☛ G 2.2d
Sterbehilfe euthanasia ◊ *aktive/passive Sterbehilfe leisten* perform active/passive euthanasia
sterben 1 die* ◊ *Er starb an einem Herzinfarkt.* He died of a heart attack. ◊ *Er starb an den Unfallfolgen.* He died as a result of his injuries. ◊ *Ich sterbe vor Hunger!* I'm starving! **2** (*fig*) ◊ *Das Projekt ist aus Geldmangel gestorben.* The project has been abandoned for lack of money. ◊ *Der Sportverein ist für mich gestorben.* I'm having no more to do with the sports club. IDM ⇒ FLIEGE, NATÜRLICH und TOD
Sterben death ◊ *das rätselhafte Sterben der Wale* the mysterious death of the whales ◊ *Er liegt im Sterben.* He's dying. IDM **zum Sterben** deadly ◊ *Der Film war zum Sterben langweilig.* The film was deadly boring. ◊ *Sie war zum Sterben müde.* She was dead tired.
sterbens- sterbenskrank terminally ill ◊ *ein sterbenskranker Mann* a terminally ill man ◊ *Diese Grippe! Ich fühle mich sterbenskrank.* This flu! I feel like death. **sterbenslangweilig** deadly boring **Sterbenswort, Sterbenswörtchen** ◊ *Ich werde kein Sterbenswörtchen sagen.* I won't breathe a word of it to anyone.
Sterberate death rate
sterblich mortal (*Adv* mortally) ◊ *seine sterblichen Überreste* his mortal remains
Sterbliche(r) mortal ◊ *gewöhnliche Sterbliche* ordinary mortals
Sterblichkeit mortality
Sterblichkeitsrate mortality rate
Stereo stereo
Stereoanlage stereo system
stereotyp stereotypical (*Adv* stereotypically)
Stereotyp stereotype
steril sterile (*auch fig*)
Sterilisation sterilization

sterilisieren sterilize; **sich ~ lassen** be sterilized
Stern 1 star **2** (*Sternchen*) asterisk IDM **ein neuer Stern geht auf** a new star is rising **nach den Sternen greifen** reach for the stars **etw steht in den Sternen (geschrieben)** sth is in the lap of the gods **Sterne sehen** see* stars **unter einem ungünstigen Stern stehen** be ill-fated **Sternbild 1** constellation ◊ *das Sternbild des Großen Bären* the constellation of the Great Bear **2** (*Sternzeichen*) sign ◊ *Sie wurde im Sternbild Jungfrau geboren.* She was born under the sign of Virgo.
Sternchen 1 little star; (*bei Wörtern*) asterisk **2** (*Film-*) starlet
Sternen- Sternenbanner the Stars and Stripes **Sternenhimmel** night sky*
stern- sternförmig star-shaped ◊ *sternförmige Kerzen* star-shaped candles ◊ *Die Straßen gehen sternförmig von dem Platz ab.* The streets radiate from the square. **sternhagelvoll** roaring drunk (*nicht vor Nomen*) **Sternhaufen** cluster of stars **Sternkarte** star chart **sternklar** starry **Sternschnuppe** shooting star **Sternsinger** = children dressed as the Three Wise Men who go singing from door to door in January [Pl] **Sternstunde** finest hour **Sternsystem** galaxy* **Sternwarte** observatory* **Sternzeichen** star sign ◊ *Welches Sternzeichen bist du?* What star sign are you? ◊ *Sie ist im Sternzeichen des Löwen geboren.* Her star sign is Leo.
Stethoskop stethoscope
stetig steady (*Adv* steadily) ◊ *eine stetige Zunahme des Verkehrs* a steady increase in traffic ◊ *Die Kosten steigen stetig.* Costs are rising steadily. ◊ *stetiges Üben* constant practice ◊ *Die Zahl der Mitglieder wächst langsam aber stetig.* Membership is rising slowly but surely.
stets always ◊ *Er ist stets bei uns willkommen.* He is always welcome at our house.
Steuer[1] *das* (steering) wheel; (*eines Schiffes*) helm; (*eines Flugzeugs*) controls [Pl] ◊ *Er saß am/hinter dem Steuer.* He was at the wheel. ◊ *Sie setzte sich ans Steuer.* She got behind the steering wheel. ◊ *am Steuer einschlafen* fall asleep at the wheel ◆ *Siehe auch* TRUNKENHEIT IDM **das Steuer fest in der Hand haben** be firmly in control **das Steuer herumreißen 1** wrench the wheel round **2** (*fig*) turn the tide
Steuer[2] *die* tax ◊ *Steuern zahlen* pay taxes ◊ *Steuer auf Diesel* tax on diesel ◊ *die Steuern erhöhen/senken* raise/reduce taxes ◊ *Das kann man von der Steuer absetzen.* That is tax deductible.
Steuer- Steuerbehörde tax authorities [Pl] **Steuerberater(in)** tax adviser ◆ G 2.2d **Steuerbetrug** tax evasion **Steuerbord** starboard **Steuereinnahmen** tax revenues [Pl] **Steuererhöhung** tax increase **Steuererklärung** tax return ◊ *Ich muss meine Steuererklärung machen.* I must fill in my tax return. **steuerfrei** tax-free ◊ *steuerfreie Gehälter* tax-free salaries ◊ *Man darf eine gewisse Summe steuerfrei verdienen.* You're allowed to earn a certain amount before you have to pay tax. **Steuerhinterziehung** tax evasion
steuerlich tax ◊ *aus steuerlichen Gründen* for tax purposes ◊ *Diese Spende kann man steuerlich absetzen.* This donation is tax deductible.
Steuer- Steuermann 1 (NAUT) helmsman* **2** (*beim Rudern*) cox ◊ *ein Achter mit/ohne Steuermann* a coxed/coxless eight **Steuermittel** tax revenue ◊ *Milliarden an Steuermitteln* billions in tax revenue
steuern 1 steer (*auch fig*), (*Auto*) drive*; (*Flugzeug*) pilot ◊ *Der Kapitän steuerte das Schiff in Richtung Ufer.* The captain steered the ship for the shore. ◊ *Sie steuerte das Gespräch in eine andere Richtung.* She steered the conversation in a different direction. **2** (*Richtung einschlagen*) head ◊ *Das Schiff steuerte nach Westen.* The ship headed west. **3** (*regulieren*) control ◊ *über einen Computer gesteuert werden* be computer-controlled ◊ *Sollte der Staat die Einwanderung steuern?* Should the state control immigration?
steuer- steuerpflichtig (*Beiträge, Einkünfte*) taxable; (*Mensch*) liable to pay tax ◊ *steuerpflichtige Einkünfte* taxable income ◊ *In Deutschland sind knapp 31 Millionen Bürger steuerpflichtig.* In Germany, around 31 million citizens are liable to pay tax. ◊ *alle steuerpflichtigen Bürger* all taxpayers **Steuerpolitik** tax policy **Steuerreform** tax reform **Steuersenkung** tax cuts [Pl]

Steuerung 1 steering ◊ *Die Steuerung des Fahrzeugs war defekt.* The steering on the vehicle was defective. **2** (*Regulierung*) control ◊ *die Steuerung einer Ampelanlage durch einen Computer* the control of the traffic lights by computer ◊ *ein Gesetz zur Steuerung der Einwanderung* a law to control immigration
Steuerzahler(in) taxpayer
Steward, Stewardess steward, stewardess; (*im Flugzeug auch*) flight attendant ◆ G 2.2d
Stich 1 (*Messer-*) stab; (*-wunde*) stab wound; (*Dornen-, Nadel- etc.*) prick **2** (*Mücken-*) bite; (*Wespen-, Bienen-*) sting **3** (*Schmerz*) sharp pain, stabbing pain ◊ *Plötzlich verspürte er einen Stich in der Herzgegend.* Suddenly he felt a sharp pain near the heart. ◊ *Es gab mir einen Stich, ihn mit seiner neuen Freundin zu sehen.* It cut me to the quick to see him with his new girlfriend. **4** (*beim Nähen*) stitch **5** (*beim Kartenspiel*) trick **6** (*bei Farben*) hint, tinge ◊ *Grau mit einem Stich ins Blaue* grey with a hint of blue **7** (*Bild*) engraving IDM **einen Stich haben 1** (*verrückt sein*) be round the bend (*umgs*) **2** (*verdorben sein*) be off ◊ *Die Milch hat einen leichten Stich.* The milk is slightly off. **etw im Stich lassen** abandon sth **jdn im Stich lassen** leave* sb in the lurch; let* sb down ◊ *Du kannst mich doch jetzt nicht im Stich lassen!* Surely you're not going to leave me in the lurch now! ◊ *Mein Gedächtnis hat mich im Stich gelassen.* My memory let me down.
Stichelei (*Bemerkung*) jibe, dig; (*ständig*) constant jibes [Pl]
sticheln (**gegen jdn**) ~ make* snide remarks (about sb), make* digs at *sb*
Stich- Stichflamme jet of flame **Stichfrage** tiebreaker **stichhaltig** valid; (*Beweise*) conclusive
Stich- Stichprobe (random) sample; (*Kontrolle*) spot check ◊ *Mehrere Stichproben ergaben Hinweise auf Asbestverseuchung.* Several random samples indicated asbestos contamination. **Stichpunkt** (key) point ◊ *sich Stichpunkte zu etw machen* jot down key points about sth **Stichtag** (*bestimmter Termin*) qualifying date; (*letztmöglicher Termin*) deadline; (*in Statistiken*) particular day **Stichwahl** run-off (ballot) **Stichwort 1** keyword; (*Notiz*) note; (*Überschrift*) heading ◊ *Webseiten nach einem Stichwort durchsuchen* search web pages for a keyword ◊ *etw in Stichworten festhalten* record sth in note form ◊ *Unter welchem Stichwort ist die Korrespondenz mit dem Museum abgelegt?* What's the correspondence with the museum filed under? ◊ *Auf dem Umschlag ist das Stichwort „Hungerhilfe Afrika" anzugeben.* Please mark your envelope 'African Famine Aid'. **2** (*in Nachschlagewerken*) entry*; (*im Wörterbuch auch*) headword **3** (THEAT) cue (*auch fig*) **Stichwunde** stab wound
sticken embroider; (*als Hobby*) do* embroidery
Sticker sticker
Stickerei embroidery [U]; (*Bild, Tuch etc.*) piece of embroidery ◊ *Kopfkissen mit Stickerei* embroidered pillows
stickig stuffy (*auch fig*); (*Luft auch*) stale
Stickstoff nitrogen
Stiefbruder stepbrother; (*Halbbruder*) half-brother
Stiefel 1 boot **2** (*Glas*) = boot shaped beer glass that holds 2 litres IDM **jdm die Stiefel lecken** lick sb's boots ◆ *Siehe auch* PAAR
Stief- Stiefeltern step-parents [Pl] **Stiefkind 1** stepchild* **2** (*fig*) poor relation **Stiefmutter** stepmother **Stiefmütterchen** pansy*
stiefmütterlich jdn/etw behandeln ~ treat sb/sth shabbily, neglect sb/sth
Stief- Stiefschwester stepsister; (*Halbschwester*) half-sister **Stiefsohn** stepson **Stieftochter** stepdaughter **Stiefvater** stepfather
Stiel 1 handle; (*Besen-*) (broom-)stick **2** (*von Pflanzen, Früchten*) stalk **3** (*von Blumen, Gläsern*) stem **4** (*von Pfannen, Werkzeug*) handle **5 Eis am ~** lolly*, (*AmE*) Popsicle™
Stielaugen IDM **jd macht Stielaugen** sb's eyes nearly pop out of their head
Stier 1 bull **2** (*Sternzeichen*) Taurus; (*Mensch auch*) Taurean ◊ *Meine Mutter ist (ein) Stier.* My mother is a Taurus. IDM **den Stier bei den Hörnern packen** take* the bull by the horns
stieren stare

Stier- Stierkampf 1 bullfight **2** (*als Sport*) bullfighting ◊ *eine Kampagne gegen den Stierkampf* a campaign against bullfighting **Stierkämpfer(in)** bullfighter ☛ G 2.2d **Stiernacken** bull neck

Stift[1] *der* **1** (*aus Holz*) peg; (*aus Metall*) pin **2** (*Bunt-, Blei-*) pencil; (*Mal-*) crayon; (*Schreib-*) pen; (*Kugelschreiber*) ballpoint pen, (*BrE auch*) Biro*™

Stift[2] *das* (*religious*) foundation; (*Altenheim*) old people's home

stiften 1 (*Geld, Sachwerte*) donate ◊ *Sie stiftete der Schule zwölf Computer.* She donated twelve computers to the school. **2** (*Institution*) found, establish; (*Preis*) endow **3** (*bewirken*) cause; (*Unruhe*) stir* *sth* up; (*Frieden*) bring* *sth* about

Stiftung (*Organisation*) foundation
Stigma stigma
stigmatisieren stigmatize
Stigmatisierung stigmatization

Stil 1 style ◊ *im barocken Stil* in the Baroque style **2** *~ haben* be stylish, have class ◊ *Sie hat Stil.* She's very stylish. ◊ *Wie er den Oscar annahm, das hatte Stil!* The way he accepted the Oscar – that had class! **IDM im großen Stil** on a grand scale **jds Stil sein** (*Geschmack*) be sb's sort of thing; (*Art*) be sb's style ◊ *Das ist nicht mein Stil.* That's not my style.

Stilanalyse stylistic analysis* **Stilart** style **Stilblüte** howler (*umgs*) **Stilbruch** inconsistency* of style ◊ *Stilbrüche im Aufsatz* inconsistencies of style in the essay ◊ *Ist es ein Stilbruch, einen Picasso in ein Barockzimmer zu hängen?* Is it incongruous to hang a Picasso in a baroque room? **Stilebene** register, level of style **stilecht 1** *Adj* authentic; (*Möbel auch*) period **2** *Adv* authentically, in authentic style, in the original style ◊ *Das spanische Fest wurde stilecht mit Flamenco und Paella gefeiert.* The Spanish festival was celebrated in authentic style with flamenco and paella. ◊ *Die Gebäude sollen stilecht renoviert werden.* The buildings are to be refurbished in the original style. **Stilelement** stylistic element **Stilfehler** stylistic error **Stilgefühl** sense of style

stilisiert stylized
stilistisch stylistic (*nur vor Nomen*) (*Adv* stylistically) ◊ *ein stilistisch brillanter Film* a stylistically brilliant film ◊ *Stilistisch gesehen ist der Aufsatz einwandfrei.* The essay is excellent from the point of view of style. ◊ *Stilistisch passt das Gebäude sehr gut zu der gotischen Kirche.* The style of the building goes very well with the Gothic church.

still 1 quiet (*Adv* quietly); (*geräuschlos*) silent (*Adv* silently) ◊ *Bitte seid still, solange ich arbeite.* Please be quiet while I'm working. ◊ *Mach dir darüber mal in einer stillen Stunde Gedanken.* Think about it when you have a quiet moment. ◊ *Als der Vorhang aufging, wurde es still im Publikum.* When the curtain went up, the audience fell silent. ◊ *Nach dem letzten Ton blieb es still.* After the last note there was silence. ◊ *Dann wurde es still um dieses Thema.* Then people stopped talking about this subject. ◊ *Um die Garbo war es still geworden.* Little was heard of Garbo. **2** (*reglos*) still; (*Wasser auch*) calm ◊ *Halt endlich still!* Keep still! ◊ *Halt die Tasse still, sonst verschüttest du den Tee.* Hold the cup steady or you'll spill the tea. **3** (*unausgesprochen*) silent; (*Einvernehmen*) tacit ◊ *ein stiller Vorwurf/Protest* a silent reproach/protest **4** (*heimlich*) secret ◊ *eine stille Hoffnung hegen* cherish a secret hope **5** (*Teilhaber*) sleeping, (*AmE*) silent **IDM im Stillen** in secret; secretly; (*unauffällig*) behind the scenes

Stille 1 quiet; (*Ruhe*) peace, calm; (*Geräuschlosigkeit*) silence ◊ *ein Ort für Menschen, die die Stille lieben* a place for people who like peace and quiet ◊ *Es herrschte absolute Stille.* There was absolute silence. **2** (*des Meeres*) calmness; (*der Luft*) stillness **3 in aller ~** quietly ◊ *Er wurde in aller Stille beerdigt.* He was quietly laid to rest. ◊ *Sie heirateten in aller Stille.* They had a quiet wedding. ◊ *Die Suche ging in aller Stille weiter.* The search went on away from the public eye.

stillen 1 (*Baby*) breastfeed* **2** (*Hunger, Bedürfnisse, Neugier etc.*) satisfy*; (*Durst*) quench **3** (*aufhalten*) stop*; (*Blut*) staunch, (*AmE*) stanch; (*Schmerzen*) ease

Still- Stillgestanden! Halt! **Stillleben** still life* **stilllegen** close *sth* (down); (*Maschine*) phase *sth* out ◊ *eine Fabrik stilllegen* close a factory ◊ *ein stillgelegter Bahnabschnitt* a disused railway line **Stilllegung** closure **stillliegen etw liegt still** sth has been closed down

stillos in poor taste (*nicht vor Nomen*) ◊ *Diese Bemerkung war völlig stillos.* This remark was in extremely poor taste.

Still- Stillschweigen silence **stillschweigend** tacit (*Adv* tacitly); (*heimlich*) quiet (*Adv* quietly) ◊ *eine stillschweigende Vereinbarung* a tacit agreement ◊ *Das wurde stillschweigend akzeptiert.* It was tacitly accepted. ◊ *Stillschweigend wurden die Zahlungen eingestellt.* The payments were quietly stopped. **stillsitzen** sit* still **Stillstand 1** (*auch fig*); (*bei Verhandlungen*) deadlock; (*bei Entwicklungen*) stagnation ◊ *Die Demo brachte den Verkehr zum Stillstand.* The demonstration brought traffic to a standstill. ◊ *In den Friedensverhandlungen ist es zum absoluten Stillstand gekommen.* The peace negotiations have reached deadlock. ◊ *Blutungen zum Stillstand bringen* stop the bleeding **2** (*Herz-*) cardiac arrest **stillstehen 1** (*Verkehr, Produktion*) be at a standstill; (*Fabrik, Maschine*) stand* idle ◊ *Die Verhandlungen stehen zur Zeit still.* The negotiations are at a standstill for the moment. ◊ *Seit einem Jahr steht das Fließband still.* The production line has stood idle for a year. ◊ *Das Telefon stand den ganzen Morgen nicht still.* The phone hasn't stopped ringing all morning. **2** (*bewegungslos stehen*) stand* still (*auch fig*)

stilvoll stylish (*Adv* stylishly)

Stimm- Stimmbänder vocal cords [Pl] **stimmberechtigt** entitled to vote (*nicht vor Nomen*) ◊ *die stimmberechtigten Mitglieder des Vereins* those members of the association entitled to vote **Stimmbruch jd kommt in den ~** sb's voice breaks* ◊ *Er ist im Stimmbruch.* His voice is breaking.

Stimme 1 voice ◊ *mit lauter/leiser Stimme sprechen* speak in a loud/soft voice ◊ *Stimmen hören* hear voices **2** (*Partie*) part ◊ *die erste/zweite Stimme singen* sing the first/second part **3** (*bei Abstimmungen*) vote ◊ *50% der abgegebenen Stimmen* 50% of the votes cast ◊ *jdm seine Stimme geben* vote for sb ◊ *sich der Stimme enthalten* abstain **4** (*Meinung*) voice, opinion [U] ◊ *die Stimme des Volkes* the voice of the people ◊ *Die Stimmen der Presse waren durchweg kritisch.* Press opinion was without exception critical. ◊ *Es wurden immer mehr Stimmen laut, die dies guthießen.* More and more people were coming out in favour of it. **IDM seine Stimme (für/gegen jdn/etw) erheben** ◊ *Er erhob seine Stimme für Toleranz.* He made a plea for tolerance. ◊ *Sie erhoben ihre Stimme gegen den Rassismus.* They spoke out against racism. ◊ *Umweltschützer erhoben warnend die Stimme.* Environmental campaigners sounded a note of warning.

stimmen 1 (*wahr sein*) be true ◊ *„Stimmt es, dass du gelogen hast?" „Ja, das stimmt."* 'Is it true you lied?' 'Yes, it's true.' ◊ *Es stimmt tatsächlich, dass er durchs Abitur gefallen ist.* He really did fail his A levels. ☛ *Hinweis bei* ADMIT **2** (*in Ordnung sein*) be right ◊ *82 Dollar? Das kann nicht stimmen.* 82 dollars? That can't be right. ◊ *Da stimmt doch etwas nicht.* There is something not quite right here. ◊ *Die Anschrift stimmt nicht mehr.* This isn't the right address any more. ◊ *Stimmt die Richtung?* Is this the right direction? ◊ *Die Antwort stimmt.* That's the right answer. **3 mit jdm/etw stimmt etwas nicht** there's something wrong with sb/sth **4** (*passen*) go* (*with sth*) ◊ *Diese Schuhe stimmen nicht.* These shoes don't go. **5** (*bei einer Wahl etc.*) vote ◊ *Sie stimmte für den neuen Kandidaten.* She voted for the new candidate. ◊ *Mit Ja stimmten 99, mit Nein nur 11 der Mitglieder.* There were 99 yes votes, with only 11 members voting no. **6** (*Musikinstrumente*) tune **7** (*in eine Stimmung versetzen*) make* ◊ *Das stimmte ihn misstrauisch.* That made him suspicious. ◊ *Diese Aussage stimmt bedenklich.* This statement makes you think. **IDM stimmt!** right! **stimmt so/schon** keep the change ☛ *Siehe auch* RICHTUNG

Stimmen- Stimmengewirr babble of voices **Stimmengleichheit** tie, tied vote

Stimm- Stimmenthaltung abstention **Stimmgabel** tuning fork

stimmhaft (LING) voiced ◊ *stimmhafte Laute* voiced sounds ◊ *Das Z wird stimmhaft ausgesprochen.* The z is voiced.

stimmig harmonious; (*klar*) coherent ◊ *ein stimmiges Team* a harmonious team ◊ *ein stimmiges Konzept* a coherent plan

Stimmlage

Stimmlage register; (*als Klassifizierung*) voice
stimmlos (LING) voiceless, unvoiced ◊ *stimmlose Laute* voiceless sounds ◊ *Das th wird in „think" stimmlos ausgesprochen.* The th in 'think' is not voiced.
Stimmrecht right to vote
Stimmung 1 mood ◊ *Sie ist heute in guter Stimmung.* She's in a good mood today. ◊ *jdn in gute/schlechte Stimmung versetzen* put sb in a good/bad mood ◊ *Ich bin jetzt nicht in der Stimmung fernzusehen.* I'm not in the mood for watching television. ◊ *Er lässt seine schlechte Stimmung immer an mir aus.* When he's in a bad mood he takes it out on me. ◊ *Ihr Anruf hat mir die Stimmung verdorben.* Her phone call has spoilt my day. ◊ *Sie war in gedrückter Stimmung.* She was a bit depressed. ◊ *von Stimmungen abhängig sein* be moody **2** (*Atmosphäre in einem Raum, an einem Ort etc.*) atmosphere; (*Atmosphäre unter Menschen*) mood ◊ *Der Raum strahlt Stimmung aus.* The room has a lot of atmosphere. ◊ *Zurzeit ist die Stimmung zu Hause ziemlich schlecht.* The atmosphere at home isn't very good at the moment. ◊ *Die Stimmung im Osten ist angespannt.* There is a tense atmosphere in the east. ◊ *Nach seiner Rede schlug die Stimmung im Saal plötzlich um.* After his speech the mood in the room suddenly changed. ◊ *die antiamerikanische Stimmung* anti-American sentiment ◊ *Das Gedicht ist voller Stimmung.* The poem is very evocative. **3** (*in einer Mannschaft, bei den Arbeitern, Truppen*) morale ◊ *Die Stimmung im Team ist prächtig.* The team's morale is high. **IDM** **für jdn/etw Stimmung machen** stir* up enthusiasm for sb/sth **gegen jdn/etw Stimmung machen** stir* up public opinion against sb/sth **jdn in Stimmung bringen** get* sb in the mood **in Stimmung kommen** get* in the mood **Stimmung machen** liven things up ☛ *Siehe auch* BUDE
Stimmungsmache propaganda (*abwert*) **Stimmungsumschwung** change of mood **stimmungsvoll** (*Ort*) full of atmosphere (*nicht vor Nomen*); (*Bild, Musik*) evocative; (*Beleuchtung*) atmospheric ◊ *ein stimmungsvolles Restaurant* a restaurant that's full of atmosphere **Stimmungswechsel** ⇨ STIMMUNGSUMSCHWUNG
Stimmzettel ballot paper
stimulieren stimulate; (*anspornen*) encourage ◊ *Fernsehen stimuliert die Fantasie der Kinder nur wenig.* Television does little to stimulate children's imagination. ◊ *Diese Maßnahmen sollen die Sparbereitschaft der Bevölkerung stimulieren.* These measures are intended to encourage people to save. ◊ *Das Medikament hat eine stimulierende Wirkung.* The drug acts as a stimulant.
stink- stinkbesoffen completely pissed (*vulg, Slang*)
Stinkbombe stink bomb ◊ *eine Stinkbombe platzen lassen* let off a stink bomb
stinken 1 (**nach etw**) ~ stink* (of sth) (*umgs*) ◊ *Der Käse stinkt.* This cheese stinks. ◊ *Er hat nach Bier gestunken.* He stank of beer. ◊ *Sie stinkt aus dem Mund.* Her breath smells. ◊ *Was stinkt hier?* What's that awful smell in here? ◊ *In ihrer Wohnung stinkt es.* There's a terrible smell in their flat. ◊ *Es stinkt nach Gas.* There's a smell of gas. ◊ *stinkende Abgase/Abwässer* foul-smelling fumes/sewage **2 vor etw** ~ ◊ *vor Geiz stinken* be extremely mean ◊ *vor Faulheit stinken* be bone idle **3** (*fig*) **nach etw** ~ smack of sth ◊ *Das stinkt nach Betrug.* This smacks of fraud. **4** (*verdächtig sein*) be fishy ◊ *Die ganze Sache stinkt.* The whole business is fishy. ◊ *An dem Vertrag stinkt etwas.* There's something fishy about the contract. **5 etw stinkt jdm** sb is fed up with sth (*umgs*), sb is pissed off with sth (*vulg, Slang*) **es stinkt jdm** sb is fed up (*umgs*), sb is pissed off (*vulg, Slang*) **es stinkt jdm, dass …** it annoys sb that …, it pisses sb off that … (*vulg, Slang*) ◊ *Die Arbeit stinkt ihm.* He's fed up with the work. ◊ *Mir stinkt's.* I'm fed up. ◊ *Es stinkt mir, dass er nie abwäscht.* It really annoys me that he never washes up. **IDM** ⇨ EIGENLOB, HIMMEL *und* PEST
stinkfaul very lazy, bone idle (*umgs, veraltet*)
stinkig 1 smelly (*umgs*) ◊ *stinkige Socken* smelly socks **2** (*schlecht gelaunt*) in a foul mood
stink- stinklangweilig deadly boring **stinkreich** stinking rich (*umgs, abwert*) **stinksauer** ~ (**auf jdn/etw**) mad (at sb/sth) (*umgs*) **Stinktier** skunk **Stinkwut eine ~ auf jdn haben** be really mad at sb (*umgs*)
Stipendium grant; (*Begabten-*) scholarship
Stippvisite short visit
Stirn 1 forehead, brow (*gehoben*) ◊ *Eine Locke fiel ihr in die Stirn.* A curl fell across her forehead. ◊ *Soll ich mir das Haar aus der Stirn kämmen?* Shall I comb my hair back from my forehead? ☛ *Siehe auch* RUNZELN **2 die ~ haben, etw zu tun** have the nerve to do sth (*umgs*) ◊ *Sie hat die Stirn zu behaupten, dass …* She has the nerve to suggest that … **IDM** **jdm/etw die Stirn bieten** stand* up to sb/sth; (*herausfordern*) take* sb/sth on
Stirnband headband **Stirnhöhle** frontal sinus ◊ *eine Entzündung/Vereiterung der Stirnhöhle* sinusitis
stöbern in etw (**nach etw**) ~ rummage around in sth (for sth)
stochern poke around (*umgs*) ◊ *Er stocherte mit einem Stock im Schlamm.* He poked around in the mud with a stick. ◊ (*sich*) *in den Zähnen stochern* pick your teeth ◊ *Sie stocherte nur mit der Gabel im Essen.* She was just picking at her food with a fork.
Stock[1] (*Etage*) floor, storey, (*AmE meist*) story* ◊ *Sie wohnen einen Stock tiefer.* They live on the floor below. ◊ *ein drei Stock hohes Haus* a three-storey building ◊ *Das Gebäude ist sechs Stock hoch.* The building is six storeys high.

> Im britischen Englisch bezeichnet **ground floor** das Erdgeschoss und **first floor**, **second floor** etc. den ersten, zweiten Stock etc. Im amerikanischen Englisch heißt das Erdgeschoss **first floor** und der erste Stock **second floor**. „Im dritten Stock" übersetzt man also in den USA mit *on the fourth floor*.

Stock[2] **1** stick ◊ *Er hat den Hund mit einem Stock geschlagen.* He hit the dog with a stick. **2** (*Spazier-*) walking stick, (*BrE auch*) stick ◊ *Seit ihrem Unfall geht sie am Stock.* Since her accident she's had to use a walking stick. **3** (*Zeige-*) pointer **4** (*Dirigenten-*) baton **5** (*Ski-*) ski pole **6** (*Billard-*) cue
stockbesoffen completely plastered (*umgs*)
Stöckelschuh stiletto*, stiletto-heeled shoe
stocken 1 (*Verkehr, Produktion, Arbeiten*) come* to a standstill; (*Geschäfte*) slacken off; (*Unterhaltung*) stop* **2 ins Stocken geraten/kommen** (*Verhandlungen, Gespräche*) break* down; (*Unterhaltung*) flag*; (*Initiative, Prozess*) come* to a standstill **3** (*innehalten*) falter ◊ *Sie stockte häufig und suchte nach Worten.* She often faltered and groped for words. **4** (*gerinnen*) curdle; (*Blut*) congeal **IDM** **jdm stockt das Blut in den Adern** sb's blood freezes* in their veins **jdm stockt das Herz** sb's heart misses a beat **jdm stockt der Atem** sb catches* their breath
Stock- Stockente mallard **stockfinster** pitch-dark, pitch-black **stockkonservativ** ultra-conservative **stocksauer** ~ (**auf jdn/etw**) mad (with sb/sth) (*umgs*) **stocktaub** stone deaf **Stockwerk** ⇨ STOCK[1], *oben.* **Stockzahn** ⇨ BACKENZAHN
Stoff 1 material; (*für Kleidung, Möbel, Vorhänge etc. auch*) fabric ◊ *Ich habe Stoff für eine Bluse gekauft.* I've bought some material to make a blouse. ◊ *ein Kleid aus knitterfreiem Stoff* a dress made from a crease-resistant fabric **2** (*Substanz*) substance ◊ *synthetische/radioaktive Stoffe* synthetic/radioactive substances **3** (*Grundlage für Bücher etc.*) material; (*einer Geschichte*) story*; (*Thema*) subject matter; (*im Unterricht, Gespräch*) topic ◊ *Den Stoff für seine Geschichten findet er in der Zeitung.* He finds the material for his stories in the newspaper. ◊ *der Faust-Stoff in der Literatur* the Faust story in literature ◊ *Der Stoff für seinen Dokumentarfilm ist sehr interessant.* The subject matter of his documentary is very interesting. ◊ *Wir haben uns eine halbe Stunde unterhalten und dann ging uns der Stoff aus.* We talked for half an hour, and then we ran out of topics of conversation. ◊ *Der Stoff der Komödie folgt dem Gleichnis vom verlorenen Sohn.* The comedy is based on the parable of the prodigal son. **4** (*Rauschgift*) dope (*umgs*)
Stoffpuppe rag doll **Stoffwechsel** metabolism ◊ *den Stoffwechsel anregen* stimulate the metabolism ◊ *eine Störung des Stoffwechsels* a metabolic disorder
stöhnen 1 groan ◊ *Er stöhnte vor Schmerzen.* He groaned with pain. **2** (*klagen*) complain, moan (*umgs*) ◊ *Alle stöhnen über die Hitze.* Everybody's complaining about the heat. **3** (*leiden*) suffer ◊ *Alle stöhnten unter der Hitze.* Everyone was suffering in the heat. ◊ *Die Unternehmen stöhnen unter der Flut von Billigimporten aus Brasilien.* The firms have been hard hit by the flood of cheap imports from Brazil.
Stöhnen groan; (*wiederholt*) groaning

stoisch stoic (*Adv* stoically)
Stollen 1 (*Tunnel*) tunnel **2** (*bei Sportschuhen*) stud **3** (*Kuchen*) stollen (cake)
stolpern 1 stumble ◊ *Er stolperte betrunken ins Zimmer.* He stumbled drunkenly into the room. **2** (**über etw**) ~ trip* (over sth) **3** (**über jdn/etw**) ~ (*scheitern*) come* to grief (over sb/sth) (*umgs*)
Stolperstein (*etw, das jdn zu Fall bringt*) stumbling block; (*Hindernis*) obstacle ◊ *jdm Stolpersteine in den Weg legen* put obstacles in sb's way
stolz 1 ~ (**auf jdn/etw**) proud (of sb/sth) (*Adv* proudly) ◊ *Sie ist sehr stolz auf ihren Sohn.* She is very proud of her son. ◊ *Sie ist zu stolz, um Hilfe zu bitten.* She is too proud to ask for help. **2** (*beachtlich*) impressive ◊ *Er brachte es auf stolze 43 Punkte.* He gained an impressive 43 points. ◊ *Das war seinerzeit eine stolze Summe.* At that time that was a lot of money. ◊ *Die haben stolze Preise hier.* It's really expensive here.
Stolz pride ◊ *jds Stolz verletzen* wound sb's pride ◊ *Der Garten ist mein ganzer Stolz.* The garden is my pride and joy.
stopfen 1 (*flicken*) mend; (*Strümpfe*) darn; (*Leck*) plug* **2** (*hineinstecken*) stuff (*umgs*) ◊ *Sachen in einen Koffer stopfen* stuff things into a case ◊ *Sie stopfte sich Watte in die Ohren.* She stuffed cotton wool into her ears. **3** (*füllen*) fill ◊ *ein Kissen mit Federn stopfen* fill a cushion with feathers ◊ *Er stopfte sich eine Pfeife.* He filled his pipe. ◊ *Die U-Bahn war gestopft voll.* The tube was jam-packed. **4** (*mästen*) fatten ◊ *Gänse stopfen* fatten geese ◊ *Er stopft die Kinder immer mit Schokolade.* He gives the children far too much chocolate. **5** (*die Verdauung hemmen*) cause constipation ◊ *Schokolade stopft.* Chocolate causes constipation. ◊ *ein stopfendes Mittel* a preparation to treat diarrhoea
Stopp 1 (*Pause*) stop ◊ *Wir sind ohne Stopp durchgefahren.* We drove all the way without a stop. **2** (*vorläufige Einstellung*) halt ◊ *Sie fordern einen Stopp aller Waffenexporte.* They are calling for a halt to all weapons exports. ◊ *Ein Stopp der Bauarbeiten kommt nicht infrage.* It would be out of the question to stop the building work.
Stoppball drop shot
Stoppel stubble [U]
Stoppelbart stubble
stoppelig stubbly
stoppen 1 stop* ◊ *ein Auto stoppen* stop a car ◊ *Flüchtlinge an der Grenze stoppen* stop refugees at the border ◊ *eine Zahlung an jdn stoppen* stop a payment to sb ◊ *Der Bus stoppte an der Kreuzung.* The bus stopped at the crossroads. ◊ *Er ist nicht mehr zu stoppen.* There's no stopping him. **2** (*mit der Stoppuhr*) time ◊ *Kannst du mich stoppen?* Can you time me? ◊ *Er hat 13 Sekunden gestoppt.* His time was 13 seconds.
Stopp- Stoppschild stop sign **Stopptaste** stop button **Stoppuhr** stopwatch
Stöpsel plug; (*in Karaffen etc.*) stopper
Stör sturgeon*
Storch stork
stören 1 disturb ◊ *Stör ihn nicht bei der Arbeit.* Don't disturb him when he's working. ◊ *Lass dich nicht stören!* Don't let me disturb you! ◊ *Die Autoknacker wurden beim Diebstahl gestört.* The car thieves were disturbed on the job. ◊ *Lass ihn mitgehen — hier stört er nur.* Let him go with you — he's only in the way here. ◊ *Entschuldigen Sie, wenn ich Sie störe.* I'm sorry to bother you. ☛ **Disturb** muss im Englischen immer mit einem Objekt gebraucht werden: *Störe ich? Am I disturbing you?* **2** (*unterbrechen*) disrupt ◊ *den Unterricht stören* disrupt the lesson ◊ *die Stromversorgung stören* disrupt the power supply **3** (*Signal*) jam* **4** (*aus dem Gleichgewicht bringen*) upset*; (*gefährden*) jeopardize ◊ *das Gleichgewicht stören* upset the balance ◊ *Das könnte unsere Beziehungen zu den anderen EU-Ländern stören.* This could jeopardize our relationship with the other EU countries. **5** (*missfallen*) bother ◊ *Das Wetter stört mich nicht.* The weather doesn't bother me. ◊ *Es stört mich an ihr, dass sie so geizig ist.* What I don't like about her is that she's so mean. ◊ *Stört es Sie, wenn ich rauche.* Do you mind if I smoke? ☛ *Siehe auch* GESTÖRT
störend (*ablenkend*) distracting; (*lästig*) annoying
Störenfried troublemaker
Stör- Störfaktor problem, nuisance; (*Mensch auch*) troublemaker **Störfall** fault, malfunction

stornieren cancel*
Stornierung, Storno cancellation
Stornogebühr cancellation fee
störrisch stubborn (*Adv* stubbornly) ◊ *Sie hat störrisch geschwiegen.* She stubbornly refused to speak.
Störung 1 (*Unterbrechung*) disruption ◊ *Aufgrund der Schneefälle kam es auf dem Münchner Flughafen zu Störungen.* Snow caused disruption at Munich airport. ◊ *Entschuldigen Sie die Störung!* Sorry to disturb you! ◊ *Die Pressekonferenz verlief ohne Störung.* The press conference went smoothly. **2** (*der Ruhe, Ordnung, des Friedens, Gleichgewichts etc.*) disturbance ◊ *eine Störung des wirtschaftlichen Gleichgewichts* a disturbance of the economic balance ◊ *Störungen der öffentlichen Ordnung* disturbance of the peace ◊ *ohne Störungen und Krawalle* without disturbances and riots **3** (MED) disorder ◊ *neurologische Störungen* neurological disorders **4** (TECH) fault ◊ *technische Störungen* technical faults **5** (*schlechter Fernseh-/Radioempfang*) interference; (*vorsätzlich*) jamming ◊ *Der Sturm löste Störungen im Fernsehempfang aus.* The storm caused television interference. ◊ *Zu Störungen des Rundfunkempfangs kann es zwischen 8 und 10 Uhr kommen.* There may be radio reception problems between 8 and 10 o'clock. **6** (*Tiefdruckgebiet*) low
Story story*
Stoß 1 (*Schubs*) push; (*mit dem Messer*) stab; (*Schlag*) blow (*auch fig*) ◊ *Sie warf ihn mit einem Stoß zu Boden.* With one push, she threw him to the ground. ◊ *Sie versetzte ihm einen kräftigen Stoß gegen die Brust.* She dealt him a hefty blow on the chest. ◊ *ein Stoß mit dem Messer* a stab with a knife ◊ *Jedes Vertrauen auf faire Behandlung hatte einen starken Stoß bekommen.* Any trust in fair play had been dealt a severe blow. ◊ *Er hat einen Stoß mit dem Ellenbogen abbekommen.* Somebody jabbed him in the ribs. **2** (*Anprall*) impact; (*leichter*) bump ◊ *Der Stoß warf ihn zu Boden.* The impact threw him to the ground. ◊ *Nach dem Stoß gegen den Baum überschlug sich der Wagen.* After hitting the tree, the car overturned. **3** (*Rudern, Schwimmen*) stroke; (*beim Kugelstoßen*) throw; (*beim Fechtsport*) thrust **4** (*Stapel*) pile [IDM] **einen Stoß vertragen können** be able to take a few knocks **jdm/etw den letzten Stoß geben/versetzen** deal* sb/sth the final blow **seinem Herzen einen Stoß geben** pluck up courage
Stoßdämpfer shock absorber
stoßen 1 (*schubsen*) push ◊ *Sie stießen ihn in die Treppe hinunter.* They pushed him down the stairs. ◊ *Sie stieß ihn von der Leiter.* She pushed him off the ladder. **2** (*schlagen*) ◊ *Sie stieß ihn mit dem Ellenbogen in die Seite.* She jabbed him in the ribs with her elbow. ◊ *Er stieß ihm die Faust ins Gesicht.* He punched him in the face. ◊ *Der Stier stieß mit den Hörnern nach dem Matador.* The bull tried to butt the matador. **3** (*hineintreiben*) plunge ◊ *Er stieß ihr das Messer in die Rippen.* He plunged the knife into her ribs. ◊ *Sie stößt ein Loch ins Eis.* She is knocking a hole in the ice. **4** (SPORT) (*mit dem Kopf*) head; (*beim Billiard*) pot*; (*beim Kugelstoßen*) put* ◊ *Er stieß den Ball mit dem Kopf ins Tor.* He headed the ball into the goal. ◊ *Er stieß die Kugel auf 10 Meter.* He put the shot 10 metres. **5 gegen etw ~; sich an etw ~** bump into/against sth ◊ *Ich bin gegen den Balken gestoßen.* I bumped into the beam. ◊ *Er hat sich den Kopf am Türpfosten gestoßen.* He bumped his head on the doorpost. **6 auf jdn ~** (*begegnen*) run* into sb ◊ *Sie stieß in der Stadt auf ihre Freundin.* She ran into her friend in town. **7 auf etw ~** (*entdecken*) come* across sth; (*Gold, Öl etc.*) strike* sth ◊ *Beim Lesen bin ich auf eine interessante Theorie gestoßen.* While I was reading, I came across an interesting theory. **8 auf etw ~** (*Kritik, Widerstand etc. hervorrufen*) meet* with sth ◊ *Sein Verhalten stieß auf heftige Ablehnung.* His behaviour met with strong opposition. **9 auf etw ~** (*auf etw zuführen*) lead* onto/into sth ◊ *Nach 500 Metern stößt die Straße auf die Autobahn.* After 500 metres, the road leads onto the motorway. **10 zu jdm ~** (*sich anschließen*) join sb ◊ *Am Nachmittag stießen sie zu uns.* In the afternoon, they joined us. **11 an etw ~** (*angrenzen*) adjoin sth ◊ *Das Grundstück stößt an den Fluss.* The plot of land adjoins the river. **12 sich an etw ~** (*Anstoß nehmen*) take* exception to sth ◊ *Sie stößt sich jedes Mal an seinem schlechten Benehmen.* She takes exception to his bad behaviour every time. [IDM] ⇨ BESCHEID, GRANIT, GRENZE, HORN, KOPF, NASE und OHR
Stoß- Stoßstange bumper **Stoßtrupp 1** (MIL) commando unit **2** (*von Extremisten*) group of militants ◊ *neo-*

faschistische Stoßtrupps group of neo-fascist militants **Stoßzahn** tusk **Stoßzeit 1** (*Hauptverkehrszeit*) rush hour ◊ *zu* (*den*) *Stoßzeiten* in the rush hour ◊ *außerhalb der Stoßzeiten* outside the rush hour **2** (*Hauptbetriebszeit*) peak period

stottern 1 (*Mensch*) stammer, stutter ◊ *Verlegen stotternd brachte er seine Ausrede vor.* He stammered his excuse in embarrassment. ◊ *Er stottert fürchterlich.* He had a terrible stutter. **2** (*Motor*) splutter

Straf- Strafaktion punitive measure ◊ *Die Regierung plant eine militärische Strafaktion gegen die Rebellen.* The government is planning punitive military action against the rebels. **Strafanstalt** prison, (*AmE auch*) penitentiary* **Strafantrag 1** (*durch Kläger*) legal proceedings [Pl], action ◊ *Gegen die Firma wurde Strafantrag wegen Unterschlagung gestellt.* Legal proceedings were instituted against the firm for embezzlement. ◊ *Drei Studenten stellen Strafantrag gegen die Polizei.* Three students are bringing an action against the police. **2** (*durch Staatsanwalt*) petition for penalty **Strafanzeige** charge ◊ *eine Strafanzeige erstatten* bring a charge ◊ *Der Firma droht eine neue Strafanzeige.* The company is threatened with a new legal action. **Strafarbeit 1** (SCHULE) = extra (home)work as a punishment **2** (*in einem Arbeitslager*) hard labour, (*AmE*) hard labor ◊ *Er wurde zu 20 Jahren Strafarbeit verurteilt.* He was sentenced to twenty years' hard labour. **Strafaufschub** deferral of sentence **Strafbank** penalty bench

strafbar 1 criminal ◊ *eine strafbare Handlung* a criminal offence ◊ *Betteln ist nicht strafbar.* Begging is not a criminal offence. **2 sich ~ machen** make* yourself liable to prosecution ◊ *Er hat sich wegen Betrugs strafbar gemacht.* He has made himself liable to prosecution for fraud. ◊ *Wer gestohlene Gegenstände kauft, macht sich strafbar.* Anyone who buys stolen goods is liable to prosecution.

Strafbefehl order of summary punishment

Strafe 1 punishment ◊ *Zur Strafe musste sie das Geschirr abwaschen.* She had to do the washing-up as a punishment. ◊ *Das ist die Strafe (dafür)!* Serves you right! ◊ *Diese Steuererklärung auszufüllen ist eine Strafe!* Filling in this tax return is a pain in the neck! ◊ *Das ist die Strafe für deine Faulheit.* That's what you get for your laziness. **2** (RECHT) penalty* ◊ *Die Strafe für Mord ist lebenslängliche Haft.* The penalty for murder is life imprisonment. ◊ *bei Strafe verboten sein* be a criminal offence ◊ *unter Strafe stehen* be a criminal offence ◊ *etw unter Strafe stellen* make sth a criminal offence **3** (*Haftstrafe*) sentence ◊ *eine Strafe verbüßen* serve a sentence ◊ *Sie ist zu einer Strafe von zwei Jahren verurteilt worden.* She was sentenced to two years' imprisonment. **4** (*Geldbuße*) fine

strafen punish ◊ *Sie wurde hart gestraft.* She was severely punished. ◊ *Er strafte sie mit Verachtung.* As a punishment, he treated her with contempt. IDM **mit jdm/etw gestraft sein** ◊ *Mit diesem Kind bin ich wirklich gestraft!* This child is the bane of my life. ☛ *Siehe auch* LÜGE *und* VERACHTUNG

strafend reproachful (*Adv* reproachfully) ◊ *Strafende Blicke trafen ihn.* He was met with reproachful looks.

Straf- Strafentlassene(r) ex-convict **Straferlass** remission of sentence

straff 1 taut (*Adv* tautly); (*fig*) tight (*Adv* tightly) ◊ *das Seil straff spannen* hold the rope taut ◊ *ein straffes Kostenmanagement* tight cost management **2** (*glatt*) smooth (*Adv* smoothly) **3** (*aufrecht*) erect (*Adv* erectly) ◊ *eine straffe Haltung* an erect posture **4** (*streng*) strict (*Adv* strictly) IDM ⇨ ZÜGEL

straffällig ~ werden commit* a criminal offence ◊ *Er hilft straffällig gewordenen Asylbewerbern.* He helps asylum seekers who have committed a criminal offence. ◊ *straffällig gewordene Jugendliche* young offenders

Straffällige(r) offender

straffen 1 tighten (up) (*auch fig*) ◊ *Das Seil straffte sich.* The rope tightened. ◊ *Das Verfahren soll gestrafft werden.* The procedure is going to be tightened up. **2** (*glätten, festigen*) firm (up) ◊ *Diese Creme strafft die Haut.* This cream firms the skin. ◊ *Ihre Oberschenkel hatten sich gestrafft.* Her thighs had firmed up. **3 sich/seinen Körper ~** (*sich aufrichten*) straighten (yourself) up

straf- straffrei (*Mensch, Firma etc.*) unpunished, (*Delikt*) exempt from punishment ◊ *Die Verantwortlichen für den Betrug gingen straffrei aus.* Those responsible for the fraud went unpunished. ◊ *In manchen Ländern bleibt Beihilfe zum Selbstmord straffrei.* In certain countries assisted suicide is exempt from punishment. ◊ *Er hält sich seit einigen Jahren straffrei.* He hasn't committed any offences for several years. **Strafgefangene(r)** prisoner **Strafgesetzbuch** penal code

sträflich 1 (*unverzeihlich*) unforgivable (*Adv* unforgivably) **2** (*mit schlimmen Folgen*) criminal (*Adv* criminally) ◊ *sträfliche Nachlässigkeit* criminal neglect

Sträfling prisoner

straf- straflos ⇨ STRAFFREI **Strafmaß** sentence; (*Strafe*) penalty* ◊ *Der Richter setzte das Strafmaß auf drei Jahre Haft fest.* The judge set a sentence of three years' imprisonment. ◊ *Der Verband schöpfte sein Strafmaß aus.* The club went for the maximum penalty within its power. **strafmildernd** mitigating (*nur vor Nomen*) ◊ *sich strafmildernd auswirken* have a mitigating effect **Strafmilderung** mitigation of the/a sentence **Strafminute** (SPORT) penalty minute **Strafpredigt** lecture, dressing down (*umgs*) ◊ *Sein Vater hielt ihm eine gehörige Strafpredigt.* His father gave him a stern lecture. **Strafpunkt** penalty point **Strafraum** (SPORT) penalty area **Strafrecht** criminal law **Strafstoß** (SPORT) penalty kick **Straftat** criminal offence (*Fachspr*), crime ◊ *eine Straftat begehen* commit a criminal offence ◊ *eine Straftat anzeigen/aufklären* report/solve a crime **Straftäter(in)** criminal **Strafverfahren** criminal proceedings [Pl] ◊ *Ein Strafverfahren wegen Diebstahls wurde gegen uns eingeleitet.* Criminal proceedings were instituted against us for theft. **Strafvollzug** (*Strafrecht*) penal system; (*Anstalt*) prison ◊ *der moderne Strafvollzug* the modern penal system ◊ *Er muss drei Jahre im Strafvollzug verbüßen.* He has to spend three years in prison. ◊ *im offenen Strafvollzug* on daytime release **Strafwurf** (SPORT) penalty throw ◊ *Sie verwandelte einen Strafwurf in ein 10:9.* She turned a penalty throw into a 10:9 lead. **Strafzeit 1** (SPORT) penalty time **2** (*Haftstrafe*) term of imprisonment **Strafzettel** (*für Schnellfahren*) (speeding) ticket; (*für Falschparken*) (parking) ticket

Strahl 1 ray; (*von Licht auch*) beam ◊ *radioaktive Strahlen* radioactive rays ◊ *im Strahl der Taschenlampe* in the beam of the torch **2** (*Wasser- etc.*) jet

strahlen 1 (*Licht, Augen*) shine* ◊ *Die Sonne strahlte.* The sun was shining. **2** (*Farbe*) glow ◊ *Das Weiß der Fassade strahlte hell im Licht der Sonne.* The white façade glowed brightly in the sunlight. **3** (*vor etw*) **~** (*Mensch*) beam (with sth) ◊ *Er strahlte vor Freude.* He was beaming with delight. **4** (*radioaktives Material*) emit* radioactivity

Strahlenbelastung (level of) radiation ◊ *eine geringe/hohe Strahlenbelastung* a low/high level of radiation

strahlend 1 bright (*auch fig*); (*Wetter, Sonnenschein auch*) glorious ◊ *eine strahlende Zukunft* a bright future ◊ *ein strahlend blauer Himmel* a bright blue sky **2** (*glänzend*) shining (*auch fig*) ◊ *strahlende Augen* shining eyes ◊ *ein strahlendes Beispiel* a shining example ◊ *strahlend weiße Zähne* sparkling white teeth ◊ *strahlend sauber* sparkling clean **3** (*Gesicht, Lächeln etc.*) beaming ◊ *Vor Freude strahlend erzählte sie es ihm davon.* Beaming with pleasure, she told him all about it. **4** (*Atommüll etc.*) radioactive

Strahlen- Strahlenschutz radiation protection **Strahlentherapie** radiotherapy **strahlenverseucht** contaminated with radiation (*nicht vor Nomen*), radioactively contaminated ◊ *ein stark strahlenverseuchtes Gebiet* an area heavily contaminated with radiation

Strahler spotlight

Strahlung radiation [U] ◊ *Er war radioaktiven Strahlungen ausgesetzt.* He was exposed to radiation. ◊ *die Stärke der Strahlung* the level of radiation

Strähnchen ◊ *sich helle Strähnchen machen lassen* have highlights done

Strähne strand; (*gefärbt*) streak ◊ *Ihr fiel eine lange Strähne ins Gesicht.* A long strand of hair fell across her face. ◊ *schwarzes Haar mit blonden Strähnen* black hair with blond streaks

strähnig straggly

stramm 1 (*eng*) tight (*Adv* tightly); (*fest gespannt*) taut (*Adv* tautly) ◊ *Diese Hose sitzt stramm.* These trousers are tight. ◊ *Sie hielt die Leine möglichst stramm.* She held the line as taut as possible. **2** (*kräftig*) sturdy (*Adv* sturdily) ◊ *stramme Waden* sturdy calves **3** (*aufrecht*) upright ◊ *in*

strammer Haltung stehen stand upright **4** (*energisch, streng*) strict (*Adv* strictly) ◊ *Die Bundesbank hält einen strammen finanzpolitischen Kurs ein.* The Federal Bank is keeping to a strict line on finance policy. **5** (*überzeugt*) staunch (*Adv* staunchly) ◊ *Ihr Vater vertrat stramm konservative Ideen.* Her father held staunchly Conservative views. **6** (*zügig*) brisk (*Adv* briskly)
strammstehen stand* to attention
strampeln 1 kick ◊ *Hör auf zu strampeln!* Stop kicking! ◊ *Das Baby hat sich frei gestrampelt.* The baby has kicked its covers off. **2** (*Rad fahren*) cycle; (*mühevoll*) pedal* ◊ *Er strampelte mit dem Fahrrad zur Schule.* He cycled to school. ◊ *Er musste noch 20 Minuten bergauf strampeln.* He had to pedal uphill for another 20 minutes.
Strand beach ◊ *am Strand* on the beach
Strandbad bathing beach **Strandcafé** beach cafe
stranden (*Schiff*) run* aground (*auch fig*); (*Wal*) get* stranded (*auch fig*)
Strand- Strandgut flotsam (and jetsam) (*auch fig*) [U] **Strandpromenade** promenade **Strandsegeln** (SPORT) sand-yachting
Strang 1 (**Tod**) *durch den ~* (death) by hanging **2** (*Bündel von Wolle, Garn*) skein; (*von Muskeln, Nerven*) cord; (*DNS-, Handlungs- etc.*) strand ◊ *An diesem Punkt laufen alle Stränge des Romans zusammen.* All the strands of the novel come together at this point. IDM **an einem Strang ziehen** pull together **über die Stränge schlagen** get* carried away
Strapaze strain [U]; (*körperlich meist*) exertion
strapazieren 1 be a strain on *sb/sth* ◊ *Die Reise hat ihn sehr strapaziert.* The journey was a great strain on him. ◊ *Sonne und Salz strapazieren die Haare.* Sun and salt are bad for your hair. **2** (*Teppich, Möbel etc.*) give* *sth* a lot of wear ◊ *Die Kinder strapazieren das Sofa arg.* The children are giving the sofa a lot of hard wear. ◊ *Der Teppich ist schon arg strapaziert.* The carpet has already had a lot of hard wear. **3** (*Nerven, Geduld etc.*) try*; (*Wort, Spruch etc.*) overuse ◊ *jds Geduld über Gebühr strapazieren* try sb's patience to extremes ◊ *Das Wort „Qualität" wird sehr strapaziert.* 'Quality' is a very overused word. ◊ *ein strapazierter Witz* a hackneyed joke **4** (*nicht schonen*) push (to the limit) ◊ *Die Radfahrer strapazierten sich auf einer langen Fahrt bis ans Ziel.* The cyclists pushed themselves to the limit on a long ride to the finish. ◊ *Sie hat das Pferd bis aufs Äußerste strapaziert.* She pushed the horse to its limit.
strapazierfähig hard-wearing
strapaziös exhausting
Straße 1 road; (*in einer Stadt etc.*) street ◊ *An der Straße stand ein Kiosk.* There was a kiosk by the road. ◊ *Er fuhr den ganzen Nachmittag durch die Straßen.* He drove around the streets all afternoon. ◊ *Die Kinder spielten auf der Straße.* The children were playing in the street. ☛ Im amerikanischen Englisch sagt man hier **on the street**. Bei Straßennamen sagt man im britischen Englisch **in**: *in Oxford Street*, im amerikanischen Englisch dagegen **on**: *on Fifth Avenue*. **2** (*Meerenge*) straits [Pl] ◊ *die Straße von Gibraltar* the Straits of Gibraltar IDM **auf der Straße liegen** grow* on trees ◊ *Auch hier liegt das Geld nicht auf der Straße.* Money doesn't grow on trees around here either. **auf der Straße sitzen 1** (*arbeitslos sein*) be out of work **2** (*obdachlos sein*) be on the streets **für/gegen jdn/etw) auf die Straße gehen** take* to the streets (for/against sb/sth) **jdn auf die Straße setzen** (*entlassen*) give* sb the sack **2** (*Wohnung kündigen*) turn sb out onto the street **auf offener Straße** in the middle of the street **jdn von der Straße holen** bring* sb off the streets
Straßenarbeiten road works [Pl] **Straßenbahn** tram, (*AmE*) streetcar **Straßenbahnfahrer(in)** tram driver, (*AmE*) streetcar driver ☛ G 2.2d **Straßenbahnlinie 1** (*Strecke*) tram route, (*AmE*) streetcar line **2** (*Straßenbahn*) tram (service), (*AmE*) streetcar (service) ◊ *Sie fährt mit der Straßenbahnlinie 16.* She travels on the number 16 tram. ◊ *Welche Straßenbahnlinie fährt zum Zoo?* Which tram goes to the zoo? **Straßencafé** pavement cafe **Straßenecke** street corner **Straßenfest** street party* ◊ *auf dem Straßenfest* at the street party **Straßengraben** ditch **Straßenkämpfe** street battles [Pl] ◊ *Studenten haben sich Straßenkämpfe mit der Polizei geliefert.* Students fought street battles with the police. ◊ *Straßenkämpfe brachen aus.* Street fighting broke out. **Straßenkarte** road map **Stra-**

ßenkehrer(in) road sweeper (*umgs*) ☛ G 2.2d **Straßenlampe** street light **Straßenmusikant(in)** busker (*umgs*) ☛ G 2.2d **Straßenrand** roadside, side of the road ◊ *am Straßenrand* at the roadside **Straßenraub** mugging ◊ *33 Fälle von Straßenraub* 33 muggings **Straßenräuber(in)** mugger **Straßenschild** street sign **Straßenschlacht** street battle **Straßenseite 1** side of the road ◊ *auf der anderen Straßenseite* on the other side of the road ◊ *die Straßenseite wechseln* cross the road **2** ◊ *Das Schlafzimmer ging zur Straßenseite.* The bedroom overlooked the street. **Straßensperre** roadblock **Straßenverhältnisse** road conditions [Pl]; (*Befahrbarkeit*) driving conditions [Pl] **Straßenverkehr** traffic ◊ *Verstöße im Straßenverkehr* road traffic offences ◊ *Sicherheit im Straßenverkehr* safety on the roads **Straßenverkehrsordnung** rules of the road [Pl], traffic regulations [Pl]; (*in GB*) ≈ Highway Code ◊ *laut Straßenverkehrsordnung* according to the Highway Code ◊ *gegen die Straßenverkehrsordnung verstoßen* commit a driving offence
Stratege, Strategin strategist
Strategie strategy* ◊ *einer Strategie folgen* follow a strategy
strategisch strategic (*Adv* strategically) ◊ *von strategischer Bedeutung* of strategic importance
sträuben 1 *sich ~* (*Haare*) stand* on end ◊ *Ihm sträubten sich die Haare.* His hair stood on end. **2** *sich* (**gegen etw**) *~* resist (sth), fight* (sth) ◊ *Sie sträubte sich lange gegen das Gefühl.* She resisted the feeling for a long time. ◊ *Hör auf, dich dagegen zu sträuben!* Stop fighting it! ◊ *Er sträubte sich dagegen, die Wahrheit zu akzeptieren.* He was reluctant to accept the truth. IDM **in jdm sträubt sich alles dagegen etw zu tun** sb is most reluctant to do sth **in jdm sträubt sich alles gegen etw** sb feels* a strong aversion to sth
Strauch shrub, bush
straucheln 1 stumble **2** (*scheitern*) fail **3** (*moralisch*) stray from the straight and narrow
Strauß¹ (*Blumen-*) bunch of flowers; (*zum Überreichen auch*) bouquet
Strauß² (ZOOL) ostrich ☛ *Siehe auch* VOGEL
streben 1 *nach etw ~* strive* for sth ◊ *nach Vollkommenheit streben* strive for perfection ◊ *Sie strebten danach, sich ein gemeinsames Leben aufzubauen.* They strove to build a life together. ◊ *Der Dichter strebt danach, Form und Inhalt zu verschmelzen.* The writer strives to marry form and content. **2** (*sich bewegen*) head ◊ *Die Menge strebte zum Ausgang.* The crowd headed for the exit. ◊ *Pflanzen streben zum Licht.* Plants grow towards the light. **3** (*alles daransetzen*) aspire ◊ *in den Schuldienst streben* aspire to a career in teaching ◊ *Die Flüchtlinge strebten nach Amerika.* The refugees aspired to get to America. **4** (*büffeln*) swot* (*umgs*), (*AmE*) cram* (*umgs*)
Streber(in) (*Schüler(in)*) swot (*umgs*), (*AmE*) grind (*umgs*); (*im Beruf*) pushy person*
strebsam hard-working and ambitious
Strecke 1 (*Route*) route ◊ *die Strecke London - New York fliegen* fly the London - New York route **2** (*Weg*) way ◊ *noch eine weite Strecke vor sich haben* still have a long way to go ◊ *auf halber Strecke aufgeben* give up halfway ◊ *Bis nach Hause ist nur eine kurze Strecke.* We're not far from home now. **3** (*Entfernung*) distance ◊ *Das Rennen ging über eine Strecke von 1 000 Metern.* The race was over a distance of 1 000 metres. **4** (*Abschnitt*) section; (*einer Straße auch*) stretch ◊ *Ganze Strecken des Romans wiederholen sich.* Whole sections of the novel are repeated. ◊ *Auf dieser Strecke passieren viele Unfälle.* There are a lot of accidents on this stretch of road. ◊ *ein Stau auf der Strecke Richtung Köln* a tailback on the road going towards Cologne **5** (*Eisenbahnlinie*) (railway) line ◊ *eine Strecke ausbauen* extend a railway line ◊ *auf offener Strecke halten* stop between stations **6** (MATH) line IDM **auf der Strecke bleiben** fall* by the wayside **ein Tier zur Strecke bringen** kill an animal **über weite Strecken** for much of the time ◊ *Die Handlung war über weite Strecken verwirrend.* The plot was confusing for much of the time. **jdn zur Strecke bringen** hunt sb down
strecken 1 (**sich**) *~* stretch ◊ *den Arm nach hinten strecken* stretch your arm back ◊ *Sie musste sich strecken, um das Buch zu erreichen.* She had to stretch to reach the book. ◊ *das Knie strecken* straighten your knee ◊ *den Hals stre-*

Streckenabschnitt

cken crane your neck ◊ *Er streckte sich ausgiebig.* He had a good stretch. **2** (*mit Zielangabe*) stick* (*umgs*) ◊ *den Kopf aus dem Fenster strecken* stick your head out of the window **3** (*verlängern*) make* *sth* go further; (*verdünnen*) thin* *sth* down; (*Rauschgift*) cut* **4** (*hinziehen*) drag* *sth* out **5 die Waffen ~** lay* down your arms **IDM** ⇨ BODEN

Streckenabschnitt section (of a line/journey)

streckenweise (*räumlich*) in places; (*manchmal*) at times; (*teilweise*) in parts ◊ *Die Straße war streckenweise überflutet.* The road was flooded in places. ◊ *Der Film war streckenweise langweilig.* The film was boring at times.

Streetworker(in) outreach worker ☞ G 2.2d ◊ *Streetworker in der Drogenarbeit* outreach worker for drug-related problems

Streich 1 prank, trick ◊ *ein dummer Streich* a silly prank ◊ *ein gemeiner/übler Streich* a mean/nasty trick **2 jdm einen ~ spielen** play a trick on sb (*auch fig*); (*nicht funktionieren*) play up; (*einen Strich durch die Rechnung machen*) let* sb down ◊ *Die Fantasie spielte mir einen Streich.* My imagination was playing tricks on me. ◊ *Die Technik hat wieder einen Streich gespielt.* The technology was playing up again. ◊ *Das Wetter hat uns einen Streich gespielt.* The weather let us down. **3** (*Schlag*) blow ◊ *jdm einen Streich versetzen* deal sb a blow **IDM auf einen Streich** all at once ◊ *Das wird sich jetzt alles auf einen Streich ändern.* Now it will all change at once.

Streicheleinheit 1 (*Liebkosung*) cuddle; (*Zuwendung*) affection [U/Sing] ◊ *Das Baby braucht Streicheleinheiten.* The baby needs a cuddle. ◊ *Der Hund will seine Streicheleinheiten.* The dog wants stroking. **2** (*Lob*) pat on the back; (*Ermunterung*) encouragement

streicheln stroke ◊ *Die Elefanten ließen sich von den Kindern streicheln.* The elephants let the children stroke them. ◊ *jdm über den Kopf streicheln* stroke sb's head

streichen 1 (*anmalen*) paint ◊ *frisch gestrichen sein* be freshly painted ◊ *etw blau streichen* paint sth blue ◊ *Frisch gestrichen!* Wet paint! **2** (*auftragen*) spread*; (*Salbe etc.*) apply* ◊ *Er strich Honig aufs Brot.* He spread honey on the bread. ◊ *Butter aufs Brötchen streichen* butter a roll **3** (*mit der Hand entfernen*) brush ◊ *sich/jdm die Haare aus dem Gesicht streichen* brush the hair out of your/sb's face ◊ *Krümel von der Tischdecke streichen* brush crumbs off the tablecloth **4** (*absagen*) cancel*; (*Schulden auch*) write* *sth* off; (*Stellen etc.*) cut* ◊ *einen Auftrag streichen* cancel an order ◊ *Studienplätze streichen* cut university places ◊ *jdm das Taschengeld streichen* stop sb's pocket money **5** (*ausstreichen*) delete; (*im Text auch*) cross *sth* out; (*Szene etc.*) cut* **6** *etw aus etw ~* (*entfernen*) remove sth from sth ◊ *etw aus dem Stundenplan streichen* remove sth from the timetable **7** (*glätten*) smooth *sth* (out) ◊ *über das Bettlaken streichen* smooth out the sheet ◊ *jdm übers/durchs Haar streichen* stroke sb's hair **8 um etw ~** (*herumschleichen*) prowl round sth ◊ *um das Haus streichen* prowl around the house ◊ *Die Katze streicht mir um die Beine.* The cat rubs against my legs. **9 durch etw ~** (*umherlaufen*) roam through sth ◊ *durch die Wälder streichen* roam through the forests **10** (*Flagge, Segel*) lower **IDM** ⇨ NASE *und* SEGEL

Streicher(in) string player ◊ *Konzert für Klavier und Streicher* concerto for piano and strings

Streich- Streichholz match **Streichholzschachtel** matchbox **Streichinstrument** stringed instrument **Streichmusik** music for strings **Streichorchester** string orchestra ☞ G 1.3b **Streichquartett** string quartet ☞ G 1.3b

Streichung 1 cancellation; (*Abschaffung*) abolition ◊ *die Streichung der Messe* the cancellation of the trade fair ◊ *die Streichung der Rezeptgebühren* the abolition of prescription fees **2** (*Stellen, Mittel*) (*meist mit einem Verb übersetzt*) ◊ *die Streichung von Stellen im öffentlichen Dienst* cutting jobs in the public sector **3** (*Kürzung*) cut ◊ *Streichungen im Etat vornehmen* make cuts in the budget

Streife patrol ◊ *eine Streife alarmieren* alert a police patrol ◊ *auf Streife gehen/sein* go/be on patrol

streifen 1 brush; (*schrammen*) scrape; (*schürfen*) graze ◊ *jdn am Arm streifen* brush against sb's arm ◊ *Auf dem Parkplatz streifte ich ein anderes Auto.* I scraped another car in the car park. ◊ *Die Kugel hatte ihn nur gestreift.* The bullet had only grazed him. ◊ *jdn mit dem Ellbogen streifen* touch sb with your elbow **2** (*abstreifen*) ◊ *die Farbe vom Pinsel streifen* squeeze the paint off the brush ◊ *Ich streifte die Margarine vom Messer.* I scraped the margarine off the

knife. ◊ *Er streifte die Asche von der Zigarette.* He tapped the ash off his cigarette. **3** (*an-, ausziehen*) slip* ◊ *Sie streifte den Ring vom Finger.* She slipped the ring off her finger. ◊ *den Pulli über den Kopf streifen* slip the jumper over your head ◊ *sich seine Kapuze über den Kopf streifen* put your hood up ◊ *die Ärmel nach oben streifen* push your sleeves up **4 durch etw ~** roam sth ◊ *durch die Wiesen/die Stadt streifen* roam the meadows/ town **5** (*Blick*) fall* on *sb*/*sth* **6** (*oberflächlich behandeln*) touch on *sth* ◊ *Wir können dieses Thema leider nur kurz streifen.* Unfortunately we can only touch on this topic.

Streifen 1 (*Farb-*) stripe ◊ *ein T-Shirt mit blauen Streifen* a T-shirt with blue stripes **2** (*Stück*) strip ◊ *etw in Streifen schneiden* cut sth into strips ◊ *ein schmaler Streifen Land* a narrow strip of land **3** (*Film*) film **4** (*Kondensstreifen*) vapour trail, (*AmE*) vapor trail

Streifendienst patrol ◊ *im Streifendienst* on patrol **Streifenwagen** patrol car

Streifzug trip; (*Wanderung*) walk (*meist mit einem Verb übersetzt*) ◊ *Wir machten einen Streifzug durch die Stadt.* We explored the town. ◊ *„Ein Streifzug durch das Mittelalter"* 'Exploring the Middle Ages'

Streik strike ◊ *in den Streik treten* go on strike ◊ *zum Streik aufrufen* call a strike ◊ *Die Belegschaft wurde zum Streik aufgerufen.* The staff were called out on strike. ◊ *ein Streik für/gegen etw* a strike for/against sth

Streikaufruf strike call **Streikbrecher(in)** strike-breaker, scab (*umgs, abwert*)

streiken 1 strike*, go* on strike ◊ *für/gegen etw streiken* strike for/against sth **2** (*nicht mehr wollen, nicht funktionieren*) pack up ◊ *Ich hab die Schnauze voll – ich streike!* I've had enough – I'm packing up! ◊ *Der Computer streikt.* The computer has packed up.

Streikende(r) striker

Streikposten (*Mensch*) picket; (*Gruppe*) picket line ◊ *Streikposten beziehen* man the picket lines

Streit ~ (**um/über etw**) argument (about sth); (*weniger schwer*) quarrel (about sth); (*Disput*) dispute (over/about sth) ◊ *Misch dich nicht in den Streit ein!* Keep out of the argument! ◊ *Streit suchen/bekommen* look for/get into an argument ◊ *ein Streit zwischen Eheleuten* a marital dispute **IDM** ⇨ ZAUN

streitbar cantankerous (*abwert*); (*kämpferisch*) combative

streiten (sich) (**um/über etw**) **~** argue (about sth); (*zanken*) quarrel* (over sth), fight* (over sth) ◊ *Sie hatten sich noch nie gestritten.* They had never argued before. ◊ *Sie stritten darüber, wer Schuld hatte.* They were arguing about whose fault it was. ◊ *Darüber lässt sich streiten.* That's a matter of opinion. **IDM** ⇨ GESCHMACK

Streit- Streitfrage issue **Streitgespräch** debate; (*Zank*) argument

streitig *jdm etw ~ machen* contest sb's (right to) sth ◊ *jdm das Erbe streitig machen* contest sb's right to the inheritance ◊ *jdm den Rang streitig machen* contest sb's position ◊ *Den Sieg konnte ihm niemand mehr streitig machen.* His victory was assured.

Streitigkeiten disputes [Pl]

Streit- Streitkraft force ◊ *Streitkräfte abziehen/stationieren* withdraw/station forces ◊ *die Streitkräfte in Alarmbereitschaft versetzen* put the troops on alert **Streitkultur** culture of debate **Streitpunkt** issue; (*Zankapfel*) bone of contention **streitsüchtig** quarrelsome

streng 1 strict ◊ *eine strenge Erziehung* a strict upbringing ◊ *sehr streng mit jdm sein* be very strict with sb ◊ *strenge Kontrollen* strict controls ◊ *eine strenge Diät* a strict diet ◊ *streng verboten* strictly forbidden ◊ *jdm strengste Diskretion zusichern* guarantee sb absolute discretion ◊ *streng bewacht* closely guarded **2** (*Miene, Ausdruck, Blick*) stern (*Adv* sternly) ◊ *strenge Züge* stern features ◊ *jdn streng ansehen* look at sb sternly **3** (*Richter, Strafe, Urteil, Winter*) harsh (*Adv* harshly) **4** (*Frost, Kälte, Strafe, Frisur*) severe (*Adv* severely) **5** (*Geruch, Geschmack*) strong ◊ *Der Käse schmeckte ziemlich streng.* The cheese was rather strong. **6 aufs Strengste** (*aufs Genauste*) strictly ◊ *etw aufs Strengste befolgen/einhalten* follow/keep strictly to sth **7 aufs Strengste** (*sehr hart*) severely ◊ *jdn aufs Strengste bestrafen* punish sb severely **8 ~ genommen** strictly speaking **IDM** ⇨ REGIMENT

Strenge 1 strictness ◊ *die Strenge, mit der diese Kriterien angewandt werden* the strictness with which these criteria

Stück

are applied ◊ *Kinder mit übertriebener Strenge erziehen* bring children up too strictly ◊ *Strenge waltet beim Rauchverbot.* The non-smoking rule is strictly enforced. ◊ *mit äußerster Strenge (gegen etw) vorgehen* take extremely strong measures (against sth) ◊ *mit eiserner/unerbittlicher Strenge durchgreifen* take very firm action **2** (*der Miene, des Ausdrucks, Blicks*) sternness **3** (*eines Richters, Urteils, Winters, einer Strafe*) harshness, severity **4** (*des Stils*) austerity ◊ *die formale Strenge* the austerity of form
strengstens strictly ◊ *Rauchen strengstens verboten* Smoking is strictly forbidden. ◊ *strengstens überwacht sein* be closely monitored
Stress 1 stress ◊ *Stress haben/bewältigen* suffer from/cope with stress ◊ *unter Stress stehen* be under stress **2** (*Aufwand*) hassle ◊ *Das ist mir zu viel Stress.* That's too much hassle. **3** *im ~ sein* be stressed out (*umgs*), be under a lot of pressure; (*sehr beschäftigt*) be rushed off your feet
stressen 1 be stressful ◊ *Ich muss immer freundlich sein — das stresst.* I have to be polite all the time — that's stressful. ◊ *Die Arbeit stresst mich.* The work is getting to me. **2** *jdn ~* get* to sb, stress sb out ◊ *die gestressten Lehrer* the stressed-out teachers
stressfrei relaxed, stress-free ◊ *ein stressfreier Einstieg ins Wochenende* a relaxed start to the weekend ◊ *stressfrei einkaufen* go shopping in a stress-free environment
stressig stressful
Streu litter
streuen 1 scatter; (*Gewürze, Zucker etc.*) sprinkle ◊ *die Samenkörner in die Erde streuen* scatter the seeds onto the soil ◊ *Zucker auf den Kuchen streuen* sprinkle sugar on the cake **2** (*Mist etc.*) spread* (*auch fig*) ◊ *Gerüchte unter die Leute streuen* spread rumours **3** (*Straßen, Gehwege*) grit* ◊ *die Straßen streuen* grit the roads ◊ *Salz streuen* salt the roads IDM ⇨ SALZ *und* SAND
streunen roam ◊ *durch die Straßen streunen* roam the streets ◊ *streunende Hunde* stray dogs
Streusel crumble topping
Strich 1 line ◊ *einen Strich machen* draw a line **2** (*Pinsel-*) (brush) stroke **3** (*Markierung*) mark **4** *gegen den ~* (*Haarrichtung*) the wrong way; (*Stoff*) against the grain; (*Teppich, Samt*) against the pile **5** (*Prostitution*) prostitution ◊ *auf den Strich gezwungen werden* be forced into prostitution ◊ *auf den Strich gehen* be on the game **6** (*Binde-*) hyphen; (*Gedanken-*) dash; (*Schräg-*) slash IDM **jdm einen Strich durch die Rechnung machen** spoil sb's plans **einen Strich unter etw ziehen** draw* a line under sth **jdm gegen den Strich gehen** ◊ *Es geht mir gegen den Strich ihn anzulügen.* I hate having to lie to him! **keinen Strich tun** not do a stroke (of work) **unter dem Strich** at the end of the day
Strichjunge male prostitute, (*BrE auch*) rent boy ☛ G 2.2d
Strichkode bar code **Strichmännchen** matchstick man*
Strichpunkt semicolon
Strick cord; (*Seil*) rope ◊ *etw an etw mit einem Strick festbinden* tie sth to sth with (a piece of) rope IDM **wenn alle Stricke reißen** if the worst comes to the worst
stricken knit*; ◊ *vier rechts, vier links stricken* knit four, purl four ◊ *Sie strickt gern.* She likes knitting. ◊ *Hobbys wie Stricken und Nähen* hobbies like knitting and sewing
Strick- Strickgarn knitting wool **Strickjacke** cardigan **Strickleiter** rope ladder **Strickmuster 1** (knitting) pattern **2** (*fig*) formula ◊ *nach bewährtem Strickmuster* according to a well-tried formula **Stricknadel** knitting needle **Strickzeug** knitting
striegeln groom
strikt 1 (*streng*) strict (*Adv* strictly) ◊ *Er braucht eine strikte Disziplin.* He needs strict discipline. ◊ *sich strikt an die Regeln halten* adhere strictly to the rules **2** (*völlig*) total (*Adv* totally) ◊ *ein striktes Verbot* a total ban ◊ *Ich bin strikt dagegen.* I am totally opposed to it. ◊ *Sie hat sich strikt geweigert, ihn anzurufen.* She flatly refused to ring him.
strippen do* a striptease; (*Stripper(in) sein*) be a stripper
Stripper(in) stripper ☛ G 2.2d
Striptease striptease
strittig (*umstritten*) controversial, contentious (*gehoben*); (*noch nicht entschieden*) unresolved ◊ *das strittige Bauvorhaben* the controversial building project ◊ *Strittig ist allerdings noch, ob ...* It still hasn't been decided whether ... ◊

Unter Experten ist strittig, ob ... It is a matter of dispute amongst experts whether ...
Stroh straw ◊ *ein Ballen Stroh* a bale of straw ◊ *ein Dach mit Stroh decken* thatch a roof IDM **nur/nichts als Stroh im Kopf haben** be an airhead (*umgs, abwert*)
strohblond flaxen **Strohdach** thatched roof* **strohdumm** thick (*umgs*) **strohgedeckt** thatched **Strohhalm** (drinking) straw ◊ *mit einem Strohhalm trinken* drink through a straw **Strohhut** straw hat **Strohmann** frontman* ◊ *als Strohmann fungieren* act as a frontman
Strom 1 (*Elektrizität*) electricity ◊ *Man hat ihm den Strom abgesperrt.* His electricity's been cut off. ◊ *Die halbe Stadt hatte keinen Strom.* Half the town was without electricity. ◊ *Wir heizen mit Strom.* We've got electric heating. ◊ *Das Auto der Zukunft fährt mit Strom.* The car of the future is electric. ◊ *Der Strom fiel aus.* There was a power failure. ◊ *ein schwacher Strom* a weak current ◊ *unter Strom stehen* be live **2** (*Fluss*) river; (*reißend*) torrent ◊ *an den Ufern des Stromes* on the banks of the river **3** (*große Menge*) stream ◊ *ein Strom von Flüchtlingen/Autos/Blut* a stream of refugees/cars/blood ◊ *Das Wasser läuft in Strömen über die Straße.* The water is pouring across the road. ◊ *Es gießt in Strömen.* It's absolutely pouring. ◊ *Die Tränen liefen ihr in Strömen übers Gesicht.* There were tears streaming down her face. ◊ *Der Champagner floss in Strömen.* The champagne was flowing like water. **4** (*Strömung*) current IDM **gegen den Strom schwimmen** swim* against the tide **mit dem Strom schwimmen** follow the crowd **stromabwärts** downstream **stromaufwärts** upstream **Stromausfall** power failure ◊ *bei Stromausfall* in the event of a power failure
strömen 1 stream; (*Fluss*) flow; (*sich ergießen*) pour ◊ *Aus der Wunde strömte Blut.* Blood was streaming from the wound. ◊ *Tausende Liter Öl strömten ins Meer.* Thousands of litres of oil were pouring into the sea. ◊ *in/bei strömendem Regen* in the pouring rain **2** (*Menschen*) stream, pour ◊ *Die Fans strömten ins Stadion.* The fans were streaming into the stadium. ◊ *Die Besucher strömten aus dem Kino.* The audience came pouring out of the cinema. ◊ *Alle strömten in Richtung Ausgang.* They all rushed for the exit.
Strom- Stromkabel electric(ity) cable, power cable **Stromkreis** (electrical) circuit **Stromleitung** power line **stromlinienförmig** streamlined **Stromschlag** electric shock ◊ *einen Stromschlag bekommen* get an electric shock ◊ *durch einen Stromschlag getötet werden* be electrocuted **Stromschnellen** rapids [Pl]
Strömung 1 current **2** (*Bewegung*) movement; (*Gruppe*) group; (*in einer Partei*) faction
Stromverbrauch electricity consumption
Strophe verse
strotzen vor etw ~ be full of sth; (*Gesundheit*) be glowing with sth
Strudel 1 whirlpool (*auch fig*) **2** (*Speise*) strudel
Struktur 1 structure ◊ *eine einfache Struktur* a simple structure **2** (*Oberflächenbeschaffenheit*) texture
Strukturanalyse structural analysis* **Strukturelement** structural element
strukturell structural (*Adv* structurally) ◊ *strukturelle Veränderungen* structural changes ◊ *strukturell unterversorgte Regionen* structurally backward regions
strukturieren structure ◊ *klar strukturiert sein* be clearly structured ◊ *hierarchisch strukturiert sein* have a hierarchical structure ◊ *etw neu strukturieren* restructure sth
Strumpf (*Knie-*) sock; (*Damen-*) stocking ◊ *ein Paar Strümpfe* a pair of socks/stockings
Strumpfhose tights [Pl], (*bes AmE*) pantyhose [Pl] ◊ *eine warme Strumpfhose* thick tights ☛ *Hinweis bei* BRILLE
struppig (*Hund, Bart*) shaggy; (*Haare*) tousled
Stube (living) room
Stubenarrest ~ haben be grounded; (*beim Militär*) be confined to barracks **stubenrein** house-trained, (*AmE*) house-broken
Stuck stucco ◊ *mit Stuck verziert* stuccoed
Stück 1 piece ◊ *ein Stück Käse/Papier/Land* a piece of cheese/paper/land ◊ *vier Stück Torte* four pieces of cake ◊ *Er hat ein paar schöne Stücke in seiner Sammlung.* He has some beautiful pieces in his collection. ◊ *etw in Stücke schneiden* cut sth into pieces ◊ *etw nach Stück verkaufen* sell sth by the piece ◊ *zwei Stück Gepäck* two pieces of luggage ◊ *ein Stück Zucker/Kohle* a lump of sugar/coal ◊ *12*

Stück Vieh 12 head of cattle ◊ *ein Stück Seife* a bar of soap ◊ *eine Auflage von 600 Stück* an edition of 600 copies ◊ *ein neues Stück Autobahn* a new stretch of motorway ◊ *Ich nehme fünf Stück.* I'll have five. **2 das ~/pro ~** each ◊ *Sie kosten zwei Euro das Stück.* They cost two euros each. **3** (*Theater-*) play; (*Musik-*) piece ◊ *ihr neuestes Stück.* her latest play ◊ *Stücke von Mozart und Haydn* pieces by Mozart and Haydn **4** (*Abschnitt*) section ◊ *Sie kann ganze Stücke aus „Romeo und Julia" auswendig.* She knows whole sections of 'Romeo and Juliet' off by heart. ◊ *Er las ein Stück aus seinem neuen Werk.* He read from his new book. **5** (*Entfernung*) ◊ *Es ist nur noch ein kleines Stück.* It's only a bit further. ◊ *Bis zu mir ist es noch ein gutes Stück.* It's still quite a long way to my place. ◊ *Wir sind der Lösung ein Stück näher.* We're a bit nearer a solution. ◊ *Wir sind ein gutes Stück vorangekommen.* We've made good progress. ◊ *Ich gehe ein Stück mit dir.* I'll walk part of the way with you. ◊ *Ich nehme dich ein Stück mit.* I'll give you a lift part of the way. **6 in einem ~** (*auf einmal; mit einem Zug*) in one go **7 am/im ~** (*Wurst, Käse etc.*) in the piece **IDM etw aus freien Stücken tun** do* sth of your own accord **ein hartes Stück Arbeit** hard work ◊ *Das war ein hartes Stück Arbeit.* It was hard work. **ein starkes Stück** a bit much (*umgs*) **große Stücke auf jdn halten** think* very highly of sb **Stück für Stück** one by one

Stückchen bit ◊ *ein Stückchen vorankommen* make a bit of progress ◊ *ein Stückchen näher* a bit nearer

Student(in) student ◊ *Studenten der Medizin* medical students ◊ *ein Student im vierten Semester* a second-year student ☞ G 2.2d

Studentenausweis student card **Studentenbewegung** student movement **Studentenbude** student room **Studentenfutter** nuts and raisins [Pl] **Studentenwohnheim** hall of residence, (*AmE*) dormitory*

Studie study* ◊ *Aus der Studie geht hervor, dass …* The study shows that … ◊ *eine Studie über organisiertes Verbrechen* a study of organized crime

Studien- Studienabbrecher(in) (college) dropout **Studienabschluss 1** degree ◊ *Sie hat einen Studienabschluss.* She's got a degree. **2** (*Ende des Studiums*) graduation ◊ *Nach seinem Studienabschluss ging er in die USA.* After graduation he went to the States. **Studienberatung** student advisory centre, (*AmE*) student advisory center **Studienfach** subject **Studienfahrt** study trip **Studiengang** course **Studiengebühren** tuition fees [Pl] **Studienplatz** place (at university) ◊ *einen Studienplatz bekommen* get a place at university ◊ *ein Studienplatz für Jura in München* a place at Munich to study law **Studienrat, -rätin** ≈ secondary-school teacher ☞ G 2.2d **Studienreise** study tour

studieren 1 study* ◊ *Er studiert Medizin.* He's studying medicine. ◊ *auf Lehramt studieren* study to be a teacher **2** (*eine Hochschule besuchen*) go* to university ◊ *Sie will studieren.* She wants to go to university. ◊ *Wo hast du studiert?* Where did you go to university?

Studio 1 studio* ◊ *etw im Studio aufnehmen/drehen* record/film sth in the studio **2** (*Wohnung*) studio*, (*BrE auch*) studio flat, (*AmE auch*) studio apartment

Studium 1 (*Hochschul-*) course ◊ *ein Studium der Medizin* a course in medicine ◊ *Er hat sein Studium nicht abgeschlossen.* He didn't finish his course. ◊ *ein Studium aufnehmen* go to university ◊ *zum Studium zugelassen werden* get a place at university ◊ *während des Studiums* while at university ◊ *nach Abschluss seines Studiums* after graduating ◊ *Sie arbeitete, um sich das Studium zu finanzieren.* She worked her way through college. **2** (*genaues Beobachten, Lesen etc.*) study* (*oft mit einem Verb übersetzt*) ◊ *das Studium tierischer Verhaltensweisen* the study of animal behaviour ◊ *nach gründlichem Studium der Sachlage* after studying the situation carefully

Stufe 1 (*Treppen-*) step; (*Leiter-*) rung (*auch fig*) ◊ *Vorsicht, Stufe!* Mind the step. ◊ *die oberste/unterste Stufe* the top/bottom step ◊ *auf der untersten Stufe der Karriereleiter* on the bottom rung of the ladder **2** (*Stadium, Phase*) stage; (*Niveau*) level ◊ *in mehreren Stufen* in several stages ◊ *Deutschkurse aller Stufen* German courses at all levels ◊ *ein Störfall der Stufe 2* a level 2 incident ◊ *Sie werden auf die gleiche Stufe mit Verbrechern gestellt.* They are put in the same category as criminals. ◊ *Sie stehen in der Hierarchie auf der untersten Stufe.* They are at the bottom of the hierarchy. **3** (*Raketen-*) stage **4** (*Gelände-*) terrace

Stufenbarren asymmetric bars [Pl] **stufenlos** (*ohne Stufen*) without steps/a step (*nicht vor Nomen*), step-free; (*gleitend*) smooth ◊ *stufenlose Zugänge zum Garten* step-free access to the garden ◊ *ein stufenloser Übergang* a smooth transition ◊ *stufenlos verstellbar* fully adjustable ◊ *stufenloses Getriebe* continuously variable transmission **stufenweise** in stages (*nicht vor Nomen*) ◊ *etw stufenweise einführen* introduce sth in stages ◊ *die stufenweise Anhebung des Mindestlohns* increasing the minimum wage in stages

stufig layered ◊ *ein stufiger Schnitt* a layered cut ◊ *sich die Haare stufig schneiden lassen* have your hair layered

Stuhl 1 chair ◊ *sich auf einen Stuhl setzen* sit (down) on a chair ◊ *der elektrische Stuhl* the electric chair **2 der Heilige ~** the Holy See **3** (*Kot*) stool **IDM zwischen zwei Stühlen sitzen** be (caught) in a cleft stick ☞ *Siehe auch* REISSEN **Stuhlgang** bowel movement; **~ haben** move your bowels

stumm 1 speech-impaired ☞ *Hinweis bei* STUMME(R) **2** (*sprachlos*) speechless ◊ *stumm vor Staunen* speechless with amazement **3** (*still*) silent (*Adv* silently) ◊ *stummer Protest* silent protest ◊ *Das „b" in „lamb" ist stumm.* The 'b' in 'lamb' is silent. ◊ *jdn stumm anklagen* silently accuse sb ◊ *sich stumm ansehen* look at each other without speaking ◊ *Sie ließen die Beschimpfungen stumm über sich ergehen.* They listened to the insults in silence.

Stumme(r) speech-impaired person* ☞ *Das ältere Wort* **dumm** *wird heute vermieden, da dessen neuere Bedeutung „dumm" so verbreitet ist.*

Stummel stump; (*Zigaretten-*) stub

Stummfilm silent film

Stümper(in) amateur

stumpf 1 (*Messer, Bleistift etc.*) blunt ◊ *eine stumpfe Schere* blunt scissors **2** (*glanzlos*) dull ◊ *stumpfe Farben* dull colours **3** (*teilnahmslos*) blank (*Adv* blankly) ◊ *stumpf vor sich hin starren* stare blankly into space **4** (*Winkel*) obtuse **5** (*Reim*) masculine

Stumpfsinn 1 (*Teilnahmslosigkeit*) apathy **2** (*Monotonie*) monotony ◊ *Dieser Job ist der reine Stumpfsinn!* The sheer monotony of this job! **stumpfsinnig 1** apathetic (*Adv* apathetically); (*starren etc.*) impassive (*Adv* impassively) **2** (*monoton*) monotonous

Stunde 1 hour ◊ *eine halbe Stunde* half an hour ◊ *eine viertel Stunde* a quarter of an hour ◊ *zur vollen Stunde* on the hour ◊ *jede Stunde* hourly/every hour ◊ *zehn Dollar die Stunde* ten dollars an hour ◊ *50 km in der Stunde* 50 kilometres an hour ☞ *Hinweis bei* STUNDENKILOMETER **2** (*Unterricht*) lesson; (*Unterrichtseinheit auch*) period ◊ *jdm Stunden geben* give sb lessons ◊ *Stunden* (*in etw*) *nehmen* have lessons (in sth) ◊ *In den ersten beiden Stunden haben wir Englisch.* We've got English in the first two periods. **3** (*Zeit*) time; (*Augenblick*) moment ◊ *sich ein paar schöne Stunden* (*mit jdm*) *machen* have a nice time (with sb) ◊ *Sie trafen sich zur gewohnten Stunde.* They met at the usual time. ◊ *in Stunden der Not* in times of need ◊ *Die Stunde der Wahrheit rückte näher.* The moment of truth was approaching. ◊ *Dort schlug seine große Stunde.* His big moment came. ◊ *etw in einer stillen Stunde überdenken* think sth over in a quiet moment ◊ *Zur Stunde liegen uns noch keine näheren Informationen vor.* We have no further information at present. **IDM der ersten Stunde** ◊ *ein Mitglied der ersten Stunde* one of the first members ◊ *ein Mann/eine Frau der ersten Stunde* a pioneer **die Stunde null** a new beginning **jds letzte Stunde ist gekommen/ hat geschlagen** sb's end has come ☞ *Siehe auch* VORRÜCKEN **Stundenkilometer** kilometres per hour, (*AmE*) kilometers per hour ◊ *bei 60 Stundenkilometern* at 60 kilometres an hour ☞ *Die Geschwindigkeit von Fahrzeugen gibt man in Großbritannien und den USA in Meilen pro Stunde* **miles per hour/mph** *an. 50 Stundenkilometer entspricht 30 Meilen pro Stunde.* **stundenlang** for hours ◊ *Sie war stundenlang am Telefon.* She was on the phone for hours. ◊ *nach stundenlangem Warten* after waiting for hours ◊ *stundenlange Gespräche* hours of discussion **Stundenlohn** hourly rate ◊ *Er verlangt 20 Dollar Stundenlohn.* His hourly rate is 20 dollars. ◊ *Der durchschnittliche Stundenlohn liegt bei …* Average pay is … per hour. **Stundenplan** timetable **stundenweise 1** for a few hours ◊ *Sie werden stundenweise betreut.* They are looked after for a few hours a day. **2** (*bezahlen, mieten etc.*) by the hour ◊ *Sie werden stundenweise bezahlt.* They are paid by the hour. ◊ *Sie arbeitete stundenweise als Putzfrau.* She works as a cleaner on an hourly basis. **Stundenzeiger** hour hand

-stündig -hour ◊ *ein zweistündiger Vortrag* a two-hour lecture

stündlich 1 *Adj (nur vor Nomen)* hourly ◊ *eine stündliche Kontrolle* an hourly check **2** *Adv* every hour ◊ *Die Busse verkehren stündlich.* The buses run every hour.

Stunk trouble [U] ◊ *Wenn es Stunk in der Familie gibt, …* When there's trouble in the family … ◊ *Er hat oft Stunk mit seinem Vater.* He often argues with his father.

Stunt- Stuntman stuntman* ☞ G 2.2d **Stuntwoman** stuntwoman* ☞ G 2.2d

Stupsnase snub nose

stur stubborn (*Adv* stubbornly) ◊ *stur wie ein Esel* as stubborn as a mule ◊ *stur auf etw bestehen* stubbornly insist on sth ◊ *Der Händler blieb stur.* The dealer wouldn't budge. ◊ *stur weitermachen* carry on doggedly ◊ *sich stur stellen* dig your heels in

Sturm 1 gale ◊ *Ein Sturm tobte.* A gale was blowing. ◊ *Der Sturm hat mehrere Bäume entwurzelt.* Several trees were uprooted in the gale. ◊ *orkanartige Stürme* hurricane-force winds ☞ *Das englische Wort* **storm** *bedeutet meist „Unwetter, Gewitter". Im übertragenen Sinne wird es jedoch als Übersetzung von Sturm verwendet: ein Sturm der Begeisterung* a storm of applause. **2** (*Angriff*) attack; (*Ansturm*) rush ◊ *der Sturm auf die Stadt* the attack on the town ◊ *der Sturm auf die Tickets* the rush for tickets **3** (Sport) forward line ◊ *Er spielt im Sturm.* He's in the forward line. **IDM** *die Ruhe vor dem Sturm* the calm before the storm *ein Sturm im Wasserglas* a storm in a teacup, (*AmE*) a tempest in a teapot *etw im Sturm erobern* take* sth by storm ◊ *Der Chor eroberte die Herzen der Zuhörer im Sturm.* The choir took the audience by storm. *Sturm (gegen etw) laufen* be up in arms (about sth) *Sturm läuten* keep* your finger on the doorbell

stürmen 1 (*erobern*) storm; (*fig*) rush into, onto, etc. sth ◊ *Die Polizei stürmte das Gefängnis.* Police stormed the prison. ◊ *die Geschäfte stürmen* rush to the shops ◊ *die Bühne stürmen* rush onto the stage **2** (*rennen*) charge; (*wütend etc.*) storm ◊ *Die Kinder stürmten ins Zimmer.* The children charged into the room. ◊ *Sie stürmte beleidigt davon.* She stormed out in a huff. **3** (Sport) attack **4** *es stürmt* it's blowing a gale

Stürmer(in) (Sport) forward ☞ G 2.2d; (*beim Fußball etc.*) striker ☞ G 2.2d

Sturmflut storm surge (flood)

stürmisch 1 stormy* (*auch fig*); (*See, Überfahrt*) rough ◊ *bei stürmischem Wetter* in stormy weather ◊ *eine stürmische Debatte* a stormy debate ◊ *stürmischer Wind* gale-force wind ◊ *Die See war stürmisch.* The sea was rough. **2** (*begeistert*) rapturous (*Adv* rapturously); (*leidenschaftlich*) passionate (*Adv* passionately); (*aufregend*) turbulent ◊ *ein stürmischer Applaus* rapturous applause **3** (*schnell*) rapid ◊ *stürmisches Wachstum* rapid growth

Sturm- Sturmschaden storm damage [U] **Sturmwarnung** gale warning ◊ *Sturmwarnung geben* issue a gale warning

Sturz 1 fall ◊ *sich bei einem Sturz verletzen* be injured in a fall ◊ *Er hat einen Sturz aus 20 Metern Höhe überlebt.* He survived a fall from a height of 20 metres. ◊ *Beim Sturz vom Fahrrad hat sie sich verletzt.* She was injured when she fell off her bike. ◊ *ein Sturz beim Skifahren* a skiing accident **2** (*von Politikern*) downfall [Sing]; (*von Königen, Diktatoren, Regierungen*) fall [Sing] ◊ *Der Skandal führte zu seinem Sturz.* The scandal led to his downfall. **3** (*von Preisen, Kursen etc.*) fall; (*Temperaturen*) drop ◊ *der Sturz des Dollars* the fall in the value of the dollar

stürzen 1 (*umdrehen*) turn sth upside down; (*Kuchen, Pudding*) turn sth out **2** (*Regierung, Diktator etc.*) overthrow* **3** (*stoßen, werfen*) hurl ◊ *Sie stürzten ihn von der Brücke.* They hurled him off the bridge. ◊ *Er hat sich von der Brücke gestürzt.* He threw himself off a bridge. **4** *jdn/etw in etw ~* plunge sb/sth into sth ◊ *die Partei in eine Krise stürzen* plunge the party into crisis **5** (*fallen*) fall* ◊ *vom Motorrad stürzen* fall off your motorbike ◊ *zu Boden stürzen* fall to the ground ◊ *Sie ist schwer gestürzt.* She had a bad fall. ◊ *Ich verlor das Gleichgewicht und stürzte.* I lost my balance and fell over. ◊ *Er ist zu Tode gestürzt.* He plunged to his death. ◊ *Die Temperatur stürzte auf 2°.* The temperature dropped to 2°. **6** (**sich**) *~ (schnell laufen)* rush ◊ *Sie stürzten aus dem Haus.* They rushed out of the house. **7** *sich in etw ~* throw* yourself into sth ◊ *sich in die Arbeit stürzen* throw yourself into your work ◊ *sich in ein Abenteuer stürzen* rush into adventure ◊ *sich in Schulden stürzen* get into debt ◊ *sich in den Kampf stürzen* enter the fray **8** *sich auf jdn/etw ~* pounce on sb/sth ◊ *Die Wölfe stürzten sich auf ihn.* The wolves pounced on him. ◊ *sich auf den Nachtisch stürzen* fall upon the dessert **IDM** ⇨ Unglück *und* Unkosten

Sturz- Sturzflug nosedive **Sturzhelm** crash helmet

Stute mare

Stütze 1 support (*auch fig*) ◊ *jdm eine Stütze sein* be a support to sb ◊ *Sie ist die wichtigste Stütze der Mannschaft.* She is the mainstay of the team. ◊ *An ihm habe ich keine Stütze.* He's no help to me. **2** (*Arbeitslosengeld*) dole (*umgs*), (*bes AmE*) welfare ◊ *von der Stütze leben* be on the dole

stutzen¹ (*Haare, Bart*) trim*; (*Fell, Flügel*) clip*; (*Strauch, Hecke etc.*) prune

stutzen² (*innehalten*) stop* short; (*zögern*) hesitate ◊ *Er stutzte, als er mich sah.* He stopped short when he saw me. ◊ *Sie stutzte kurz.* She hesitated for a moment.

stützen 1 (*Halt geben*) support; (*damit etw nicht fällt*) prop* sth up (*auch fig*) ◊ *Er wurde von einem Pfleger gestützt.* He was supported by a nurse. ◊ *eine alte Mauer stützen* prop up an old wall ◊ *ein Regime stützen* prop up a regime ◊ *Sie ging auf einen Stock gestützt.* She was walking with the aid of a stick. **2** (*legen*) rest ◊ *Sie stützte die Arme auf den Tisch.* She rested her arms on the table. ◊ *Er saß da, den Kopf in die Hände gestützt.* He sat with his head in his hands. **3** *sich auf jdn/etw ~* (*lehnen*) lean* on sb/sth ◊ *Er stützte sich auf den Arm seiner Frau.* He was leaning on his wife's arm. **4** *sich auf etw ~* (*als Grundlage haben*) be based on sth; (*als Unterstützung haben*) be supported by sth ◊ *Der Bericht stützt sich auf Vermutungen.* The report is based on supposition. ◊ *Der Autor stützt sich auf mehrere Quellen.* The author's findings are based on various sources. ◊ *Er stützt sich auf eine Mehrheit von 20.* He is supported by a majority of 20. **5** *etw auf etw ~* (*Behauptung, Verdacht etc.*) base sth on sth ◊ *ein auf Indizien gestützter Prozess* a case based on circumstantial evidence

stutzig suspicious ◊ *Sein Schweigen machte mich stutzig.* His silence made me suspicious. ◊ *Es macht mich stutzig, dass …* It seems odd to me that …

Stützpunkt (Mil) base

stylen style ◊ *eine gestylte Frisur* styled hair ◊ *die schick gestylte Innendekoration* the designer look of the interior

Stylus stylus*

Styropor® polystyrene, (*bes AmE*) Styrofoam™

Subjekt 1 (Ling) subject **2** (*Mensch*) character, individual ◊ *ein verkommenes Subjekt* an unsavoury character

subjektiv subjective (*Adv* subjectively) ◊ *ein subjektiver Eindruck* a subjective impression ◊ *das subjektive Sicherheitsgefühl* the perceived sense of security

Subkontinent subcontinent

Substantiv (Ling) noun

Substanz 1 (*Stoff*) substance ◊ *Anabolika und andere verbotene Substanzen* anabolic steroids and other banned substances **2** (*Inhalt*) substance [U] ◊ *die Substanz der Gespräche* the substance of the discussions **3** (*Bau-*) fabric **4** (*Vorrat, Vermögen*) resources [Pl] **IDM** *an die Substanz gehen* begin* to hurt ◊ *Die geplanten Streichungen gehen an die Substanz des Vereins.* The planned cuts will begin to hurt the club's finances. *jdm an die Substanz gehen*; *an jds Substanz zehren* take* its toll on sb ◊ *Der Prüfungsstress ging an seine Substanz.* The stress of exams was taking its toll on him. *von der Substanz zehren* live on your reserves

substanziell substantial (*Adv* substantially); (*grundlegend*) fundamental (*Adv* fundamentally)

subtil subtle (*Adv* subtly)

subtrahieren subtract ◊ *15 von 100 subtrahieren* subtract 15 from 100

Subtraktion subtraction

subtropisch subtropical

Subvention (Wirtsch) subsidy*

subventionieren (Wirtsch) subsidize

subversiv subversive (*Adv* subversively)

Such- Suchaktion search (operation) **Suchbegriff** search term

Suche *~ (nach jdm/etw)* search (for sb/sth) ◊ *die Suche nach einer Lösung* the search for a solution ◊ *Sie ging auf*

suchen

die Suche nach ihren Eltern. She went in search of her parents. ◊ *Ich machte mich auf die Suche nach einem Job.* I started the search for a job.
suchen 1 (**jdn/etw**) ~ look (for sb/sth); (*intensiver*) search (for sb/sth) ◊ *Was suchst du?* What are you looking for? ◊ *Ich habe schon überall gesucht.* I've searched everywhere. ◊ *Er irrte suchend durch die Flure.* He was wandering around the corridors, looking for it. **2 nach jdm/etw** ~ search for sb/sth ◊ *Man sucht noch nach Überlebenden.* They are still searching for survivors. ◊ *Sie haben erfolgreich nach neuen Lösungen gesucht.* They were successful in their search for new solutions. **3 sich jdn/etw** ~ find* sb/sth, get* yourself sb/sth (*umgs*) ◊ *Sie will sich eine neue Stelle suchen.* She wants to find a new job. ◊ *Er hat sich eine Wohnung gesucht.* He's got himself a flat. **4** (*versuchen zu bekommen, benötigen*) seek* ◊ *Er suchte bei uns Schutz.* He sought our protection. ◊ *Die Lehrer sollten ein Gespräch mit den Eltern suchen.* The teachers should talk to the parents. ◊ *Freiwillige gesucht.* Volunteers required. ◊ *Informatiker werden zur Zeit dringend gesucht.* IT specialists are in great demand at the moment. **5** (*versuchen*) try*, seek* (*gehoben*) **IDM ihresgleichen/seinesgleichen suchen** be unparalleled ◊ *ein Ereignis, das seinesgleichen sucht* an unparalleled event **nichts zu suchen haben** have no business ◊ *Du hast hier nichts zu suchen!* You have no business here! **Suchen spielen** play hide-and-seek **was suchst du denn hier?** what are you doing here? ☛ *Siehe auch* LUPE *und* WEIT
Such- Suchmannschaft search party* ☛ G 1.3b **Suchmaschine** search engine
Sucht 1 addiction ◊ *Er kommt von seiner Sucht nicht los.* He can't overcome his addiction. ◊ *Bei ihr ist das Einkaufen eine Sucht geworden.* She's become addicted to shopping. **2** (*Manie*) obsession ◊ *Er hat eine krankhafte Sucht nach Vergnügen.* He has an unhealthy obsession with pleasure.
Suchtberatung drugs counselling, (*AmE*) drug counseling **Suchtgefahr** risk of addiction **suchtgefährdet** at risk from addictive disease (*nicht vor Nomen*) ◊ *suchtgefährdete Jugendliche* teenagers in danger of becoming addicts
süchtig 1 ~ (**nach etw**) addicted (to sth) ◊ *süchtig nach Medikamenten* addicted to prescription drugs ◊ *Rauchen kann süchtig machen.* Smoking can be addictive. ◊ *süchtige junge Menschen* young addicts **2** (*Verhalten*) addictive **3** (**nach etw**) ~ **sein** (*Anerkennung etc.*) crave sth ◊ *Er ist süchtig nach Erfolg.* He craves success.
Süchtige(r) addict
Süd south
Süd- southern, south ◊ *Süddeutschland* Southern Germany ◊ *die Südküste Englands* the south coast of England ◊ *Südengland* the South of England ☛ *Hinweis bei* NORDEN
Süden south; (*Gebiet auch*) South (*Abk* S) ◊ *Sie fuhren nach Süden.* They drove south. ◊ *Der Wind wehte aus`Süden.* The wind was coming from the south. ◊ *Der Balkon geht nach Süden.* The balcony faces south. ◊ *im Süden des Landes* in the south of the country ◊ *Sie kommt aus dem Süden.* She comes from the south. ◊ *ein Urlaub im Süden* a holiday in the sun
Südfrüchte (*aus den Tropen*) exotic fruit [U]; (*Zitrus-*) citrus fruit [U]
südlich 1 (*Richtung, Wind*) southerly ◊ *Der Wind kommt aus südlicher Richtung.* The wind is coming from a southerly direction. **2** (*Gebiet*) southern ◊ *im südlichen Afrika* in southern Africa ◊ *am südlichen Ufer des Flusses* on the southern bank of the river ◊ *das südliche Eismeer* the Antarctic Ocean ◊ *der südliche Wendekreis* the Tropic of Capricorn **3** ~ (**von**) south (of) ◊ *ein Stück weiter südlich* a bit further south ◊ *dreißig Kilometer südlich von London* thirty kilometres south of London **4** (*für den Süden typisch*) southern; (*mediterran*) Mediterranean
südlichste(r,s) southernmost
Südost south-east; (*Gebiet auch*) South-East ◊ *ein Wind aus Südost* a wind from the south-east
Südost- south-east, south-eastern (*Abk* SE) ◊ *Südostasien* south-east Asia ☛ *Hinweis bei* NORDEN
Südosten south-east; (*Gebiet auch*) South-East (*Abk* SE) ◊ *ein Wind aus Südosten* a wind from the south-east ◊ *Wir fahren zuerst nach Südosten.* First we travel south-east. ◊ *der Südosten Englands* the South-East of England

südöstlich 1 (*Richtung, Wind*) south-easterly ◊ *aus südöstlicher Richtung* from a south-easterly direction **2** (*Gebiet*) south-eastern ◊ *im südöstlichen Mittelmeer* in the south-eastern Mediterranean **3** ~ (**von**) south-east (of) ◊ *150 Kilometer südöstlich der Hauptstadt* 150 kilometres south-east of the capital
südostwärts south-eastwards
Südostwind south-easterly*
Süd- Südpol South Pole **Südsee** South Seas [Pl], South Pacific **Südstaaten** southern States [Pl]
südwärts southwards
Südwest south-west; (*Gebiet auch*) South-West ◊ *ein Wind aus Südwest* a wind from the south-west
Südwest- south-west, south-western (*Abk* SW) ◊ *Südwestfrankreich* South-West France ☛ *Hinweis bei* NORDEN
Südwesten south-west; (*Gebiet auch*) South-West (*Abk* SW) ◊ *ein Wind aus Südwesten* a wind from the south-west ◊ *Wir fahren zuerst nach Südwesten.* First we travel south-west. ◊ *der Südwesten Englands* the South-West of England ◊ *im äußersten Südwesten Europas* in the extreme South-West of Europe ☛ *Hinweis bei* NORDEN
südwestlich 1 (*Richtung, Wind*) south-westerly ◊ *Sie fuhren in südwestliche Richtung.* They drove in a south-westerly direction. **2** (*Gebiet*) south-western ◊ *am südwestlichen Stadtrand* on the south-western outskirts of the town **3** ~ (**von**) south-west (of) ◊ *100 Kilometer südwestlich von hier* 100 kilometres south-west of here
südwestwärts south-westwards
Südwestwind south-westerly*
Südwind southerly wind
süffisant smug (*Adv* smugly)
suggerieren suggest, give* an impression ◊ *wie es der Name suggeriert* as the name suggests ◊ *Dem Leser wird suggeriert, dass das Medikament sofort wirkt.* The reader is given the impression that the medicine works immediately.
Suggestion 1 (PSYCH) suggestion ◊ *durch Suggestion* by the power of suggestion. **2** (*einwirkende Kraft*) suggestive power
suggestiv suggestive (*Adv* suggestively)
Sühne 1 (*Buße*) atonement [U] **2** (*Strafe*) punishment
sühnen 1 (**etw**) ~ (*büßen*) atone (for sth) (*gehoben*) **2** (*bestrafen*) punish
Suite suite
sukzessiv(e) gradual (*Adv* gradually) ◊ *Das Netz soll sukzessive ausgebaut werden.* The network is to be extended gradually.
Sulfat sulphate
Sultan sultan
Sultanine sultana
Sülze diced meat/fish in aspic
Summe 1 (*Resultat einer Addition, Geld-*) sum ◊ *Die Summe aus 4 und 2 ist 6.* The sum of 4 and 2 is 6. ◊ *eine beträchtliche Summe* a considerable sum (of money) ◊ *Das Projekt hat eine mehrstellige Summe gekostet.* The amount the project has cost runs into several figures. **2** (*Gesamtzahl*) total (number)
summen 1 (*Mensch, Motor*) hum* ◊ *Sie summte leise vor sich hin.* She hummed softly to herself. **2** (*Insekt*) buzz
summieren 1 add *sth* up **2** *sich* (**zu/auf etw**) ~ mount up (to sth), add up (to sth) ◊ *Kleine Schulden können sich schnell summieren.* Small debts could rapidly mount up. ◊ *Die Kosten summierten sich auf einen Millionenbetrag.* The costs added up to millions.
Sumpf 1 (*feuchtes Gelände*) marsh; (*besonders in warmen Ländern*) swamp; (*Moor*) bog **2** (*Morast*) mud ◊ *Das Auto ist im Sumpf stecken geblieben.* The car got stuck in the mud. **3** (*fig*) mire ◊ *in einen Sumpf der Korruption geraten* sink into a mire of corruption
Sünde 1 sin ◊ *eine Sünde begehen* commit a sin ◊ *Es wäre eine Sünde das Essen wegzuwerfen.* It would be a sin to throw away the food. **2** (*Fehler*) mistake; (*größer*) disaster ◊ *eine städtebauliche Sünde* a town planning disaster
Sündenbock scapegoat ◊ *jdn zum Sündenbock machen* make sb a scapegoat
Sünder(in) sinner (*gehoben*)
sündhaft 1 (*unmoralisch*) sinful (*Adv* sinfully) **2** (*über-*

aus, sehr) ridiculous (*Adv* ridiculously), outrageous (*Adv* outrageously) ◊ *sündhaft teuer* ridiculously expensive
sündig sinful
super 1 *Adj* super, fantastic ◊ *eine super Party* a fantastic party ◊ *Sie sieht heute super aus.* She looks fantastic today. **2** *Adv* really well ◊ *Die Band hat super gespielt.* The band played really well.
Super 4-star petrol, (*AmE*) premium gas
superbillig really cheap **supergut** excellent
Superlativ superlative ◊ *Was ist der Superlativ von „good"?* What's the superlative of 'good'? ◊ *eine Stadt der Superlative* a city of superlatives
superleicht 1 (*Gewicht*) ultralight **2** (*einfach*) really easy
Supermacht superpower
Supermarkt supermarket ◊ *im Supermarkt einkaufen* shop at the supermarket
super- supermodern ultra-modern **Supernova** supernova **superreich** super-rich **Superriesenslalom** super-giant slalom, super-G **superschnell** very fast **Superstar** superstar **Supertanker** supertanker **superteuer** extremely expensive
Suppe 1 soup ◊ *eine Suppe kochen* make some soup ◊ *ein Teller Suppe* a bowl of soup **2** (*Nebel*) pea-souper IDM **die Suppe auslöffeln** suffer the consequences **jdm/sich eine schöne/die Suppe eingebrockt haben** have got sb/yourself into a mess ◊ *Die Suppe hat er sich selbst eingebrockt.* He got himself into this mess. **jdm die Suppe versalzen; jdm in die Suppe spucken** throw* a spanner in the works for sb, (*AmE*) throw* a (monkey) wrench in the works for sb
Surfbrett surfboard
surfen surf ◊ *Im Sommer surfen wir.* In the summer we go surfing. ◊ *im Internet surfen* surf the Net
Surfer(in) surfer ☞ G 2.2d
surreal surreal
Surrealismus surrealism
surrealistisch surrealist (*Adv* surrealistically)
surren 1 hum*; (*Kamera, Propeller*) whirr, (*AmE*) whir* ◊ *Im Computerraum surrte es.* There was a humming in the computer room. **2** (*Pfeil etc.*) whizz; (*Insekten*) buzz
suspendieren suspend ◊ *jdn vom Dienst suspendieren* suspend sb from duty
Suspendierung suspension
süß 1 (*Geschmack, Duft*) sweet (*Adv* sweetly) ◊ *Der Tee ist zu süß.* This tea is too sweet. ◊ *Die Himbeeren schmecken süß.* The raspberries taste sweet. ◊ *Isst du gern süße Sachen?* Have you got a sweet tooth? ◊ *Bring mir was Süßes mit.* Bring me some sweets/a cake/some chocolate. ◊ *der süße Duft der Rosen* the sweet scent of the roses ◊ *süß duften* smell sweet **2** (*entzückend*) sweet (*Adv* sweetly), (*bes AmE*) cute ◊ *ein süßes Kind* a sweet child ◊ *Er hat mich so süß gefragt.* He asked me so sweetly. ◊ *Sie hat ein süßes Gesicht.* She's got a cute face. ◊ *Ihr habt eine süße Wohnung.* What a lovely flat you have.
Süße *die* (*Geschmack, Duft*) sweetness
Süße(r) sweetheart, darling
süßen sweeten
Süßigkeiten sweets [Pl], (*AmE*) candy [U] ◊ *jdm Süßigkeiten mitbringen* take sb some sweets ◊ *Sie isst gern Süßigkeiten.* She has a sweet tooth.
süßlich 1 (*ziemlich süß*) sweetish; (*zu süß*) sickly sweet **2** (*unangenehm gefühlvoll*) sentimental (*Adv* sentimentally), mawkish (*Adv* mawkishly)
süß- süßsauer 1 sweet-and-sour **2** (*Miene*) wry **Süßstoff** sweetener **Süßwasser** fresh water **Süßwasserfisch** freshwater fish*
Sweatshirt sweatshirt
Swimmingpool swimming pool
Symbol symbol ◊ *ein Symbol des Friedens* a symbol of peace
Symbolcharakter symbolic importance ◊ *Der Besuch hatte Symbolcharakter.* The visit was of symbolic importance. **Symbolfigur** symbol ◊ *Er gilt als Symbolfigur des Widerstands.* He is seen as the symbol of resistance.
symbolhaft symbolic (*Adv* symbolically) ◊ *eine symbolhafte Geste* a symbolic gesture ◊ *Berlin steht symbolhaft für die Geschichte Deutschlands.* Berlin is a symbol of the history of Germany.

Symbolik symbolism
symbolisch symbolic (*Adv* symbolically) ◊ *symbolische Bedeutung haben* have symbolic meaning ◊ *Der Baum steht symbolisch fürs Leben.* Symbolically, the tree represents life. ◊ *Kinder zahlen nur einen symbolischen Preis.* Children only pay a nominal fee.
symbolisieren symbolize
Symmetrie symmetry
symmetrisch symmetrical (*Adv* symmetrically) ◊ *Der Park ist symmetrisch angelegt.* The park is laid out symmetrically.
Sympathie (*Mitgefühl, Verständnis, Wohlwollen*) sympathy* ◊ *Sie warben im Ausland um Sympathie für ihr Anliegen.* They tried to win sympathy for their cause abroad. ◊ *Ihre mutige Reden haben ihr viele Sympathien eingebracht.* Her courageous speeches earned her a great deal of sympathy. ◊ *Die Professoren zeigten Sympathie für den Protest.* The professors expressed sympathy for the protest
Sympathisant(in) sympathizer ◊ *ein Sympathisant der Linken* a left-wing sympathizer
sympathisch nice, pleasant; (*freundlich*) friendly* ◊ *Er sieht sehr sympathisch aus.* He looks nice. ◊ *ein sympathischer Mensch* a nice person ◊ *eine sympathische Stimme* a friendly voice ◊ *Sie ist mir sehr sympathisch.* I like her very much. ◊ *Seine Verlegenheit macht ihn sehr sympathisch.* His shyness is very attractive.
sympathisieren support
Symptom symptom
symptomatisch symptomatic ◊ *Die Arbeitslosenzahlen sind symptomatisch für die schlechte Wirtschaftslage.* The high unemployment is symptomatic of the economic situation.
Synagoge synagogue, (*AmE*) temple ☞ *Hinweis bei* SCHULE
synchronisieren 1 (*Film*) dub* **2** (*Uhren, Geräte*) synchronize
Syndrom syndrome
synonym synonymous (*Adv* synonymously)
Synonym synonym ◊ *Wer kennt ein Synonym für „angry"?* Who can give me a synonym for 'angry'? ◊ *Frankfurt war fast ein Synonym für Bücher.* Frankfurt was almost synonymous with books.
Syntax syntax
Synthese synthesis* ◊ *eine Synthese aus Funk, Rock und Pop* a synthesis of funk, rock and pop
Synthetik man-made fibre, (*AmE*) man-made fiber ◊ *Der Pullover ist aus Synthetik.* The jumper is made of man-made fibre. ◊ *Kleidung ganz ohne Synthetik* clothes made of 100% natural fibres
synthetisch synthetic (*Adv* synthetically); (*Musik, Stimme etc.*) synthesized ◊ *ein synthetisches Material* a synthetic substance ◊ *synthetisch hergestellte Drogen* synthetically produced drugs
System system ◊ *das ökologische System* the ecological system ◊ *nach einem bestimmten System vorgehen* use a particular system
Systemanalytiker(in) systems analyst ☞ G 2.2d
systematisch systematic (*Adv* systematically)
Szenario scenario*
Szene 1 scene ◊ *1. Akt, 2. Szene* Act 1, Scene 2 ◊ *die politische Szene* the political scene ◊ *die linke Szene* the left-wing scene ◊ *Die Szene stellt ein Café dar.* The scene is a cafe. ◊ *Warum machst du denn jetzt so eine Szene?* Why are you making such a scene? ◊ *Er kennt sich in der Szene aus.* He knows the scene. ◊ *die kriminelle Szene* the criminal underworld **2** (*Bühne*) stage ◊ *Der Schauspieler verließ die Szene.* The actor left the stage. IDM **etw in Szene setzen** stage sth **sich in Szene setzen** draw* attention to yourself
Szenenapplaus spontaneous applause ◊ *Es gab viel Szenenapplaus.* The audience frequently broke into spontaneous applause. **Szenenwechsel** change of scene
Szenerie (*Szene, Schauplatz*) scene; (*Bühnenbild*) set; (*Landschaft etc.*) scenery
szenisch dramatic; (*Lesung, Aufführung*) staged ◊ *szenische Spannung* dramatic tension ◊ *eine szenisch ausgefallene Inszenierung* a visually striking production

Tt

T, t T, t ☛ *Beispiele bei* A, A, S. 773.
Tabak tobacco*
Tabakladen, Tabaktrafik tobacconist's ☛ *Geschäfte, in denen auch Zeitungen etc. verkauft werden, heißen meist* **newsagent's**.
Tabakwaren cigarettes and tobacco
Tabelle **1** table; (*Diagramm*) chart **2** (SPORT) (league) table ◊ *die Tabelle anführen* be at the top of the table **Tabellenführer(in)** league leaders [Pl] **~ sein** be at the top of the table **Tabellenkalkulation** (COMP) spreadsheet **Tabellenletzte(r)** team at the bottom of the table; **~ sein** be at the bottom of the table **Tabellenplatz** league position ◊ *auf dem letzten/ersten Tabellenplatz stehen* be at the bottom/top of the table ◊ *auf dem fünften Tabellenplatz stehen* be fifth in the table **Tabellenspitze** top of the table
Tablett tray
Tablette pill, (*BrE auch*) tablet ◊ *eine Tablette einnehmen* take a pill
tablettensüchtig addicted to pills (*nicht vor Nomen*)
tabu taboo
Tabu taboo ◊ *ein Tabu brechen* break a taboo ◊ *mit einem Tabu belegt sein* be taboo
tabuisieren (*Inszest ist tabuisiert.*) There's a taboo on incest. ◊ *ein tabuisiertes Thema* a taboo subject ◊ *Die Kirche tabuisiert dieses Thema.* The church treats the subject as taboo.
Tacho(meter) speedometer
Tadel reprimand (*gehoben*); *ein offizieller Tadel* an official reprimand ◊ *jdm einen scharfen Tadel erteilen* severely reprimand sb ◊ *Lob und Tadel* praise and blame
tadellos perfect (*Adv* perfectly); (*einwandfrei*) impeccable (*Adv* impeccably) ◊ *sich tadellos verhalten* behave perfectly ◊ *Dein neues Kleid sitzt tadellos.* Your new dress fits perfectly. ◊ *tadelloses Benehmen* impeccable manners
tadeln reprimand (*gehoben*); (*kritisieren*) criticize
Tafel **1** (*Schul-*) (black)board ◊ *etw an die Tafel schreiben* write sth on the board **2** (*Schiefer-*) slate **3** (*Tisch*) table **4** (*Schokolade*) bar **5** (*Bild-*) plate; (*Tabelle*) table
täfeln panel*
Tafelsilber silver ◊ *das Tafelsilber verkaufen* sell the family silver
Täfelung panelling, (*AmE*) paneling
Taft taffeta
Tag **1** day ◊ *Was ist heute für ein Tag?* What day is it today? ◊ *jeden Tag* every day ◊ *den ganzen Tag* all day ◊ *eines Tages* one day ◊ *am Tag danach* the following day ◊ *Sie hat heute einen freien Tag.* She's got the day off today. ◊ *Er verdient 10 Dollar am Tag.* He earns 10 dollars a day. ◊ *Dieses Auto hat bereits bessere Tage gesehen.* This car has seen better days. **2** (*Tageslicht*) daylight ◊ *bei Tage* in daylight ◊ *Eulen schlafen am Tag.* Owls sleep during the day. ◊ *Es ist schon Tag.* It's light already. **3** *über Tage arbeiten* (*Bergleute*) work above ground; *unter Tage arbeiten* work underground **4** **Tage** period ◊ *Ich habe meine Tage.* I've got my period. IDM *etw an den Tag bringen* bring* sth to light **an den Tag kommen** come* to light **etw an den Tag legen** display sth **guten Tag!** hello ☛ *Hinweis bei* HALLO, S. 998 **in den Tag hinein leben** live* for the day **Tag der offenen Tür** open day **Tag für Tag** day after day **jds Tage sind gezählt** sb's days are numbered **von einem Tag auf den anderen** from one day to the next ☛ *Siehe auch* EWIG, FEIER, JÜNGSTE(R)S, NACHT *und* UNTERSCHIED
tagaus ⇨ TAGEIN
Tagebuch diary* ◊ *Führst du eigentlich Tagebuch?* Do you keep a diary?
tagein ~, tagaus day in, day out
tagelang **1** *Adv* for days ◊ *Ich musste tagelang im Bett liegen.* I had to stay in bed for days. ◊ *Es regnete tagelang.* It rained for days on end. **2** *Adj* lasting several days (*dem Nomen nachgestellt*) ◊ *tagelange Streiks* strikes lasting several days ◊ *nach tagelangem Warten* after several days' wait ◊ *tagelange Regenfälle* days of rain
tagen meet*; (*Gericht, Parlament*) sit*
Tages- **Tagesablauf** daily routine **Tagesanbruch** daybreak ◊ *bei Tagesanbruch* at daybreak **Tagesausflug** day trip ◊ *einen Tagesausflug machen* go on a day trip **Tageskarte** **1** (*Speisekarte*) menu (of the day) **2** (*Fahrkarte, Eintrittskarte*) day ticket **Tageslicht** daylight ◊ *bei Tageslicht ganz anders aussehen* look quite different in daylight ◊ *ans Tageslicht kommen* come to light **Tagesmutter** childminder ☛ G 2.2d **Tagesordnung** agenda ◊ *auf der Tagesordnung stehen* be on on the agenda ◊ *etw auf die Tagesordnung setzen* put sth on the agenda ◊ *Der erste Punkt auf unserer Tagesordnung ist ...* The first item on the agenda today is ... **Tagesschau** (television) (evening) news [U] ◊ *Ich bin zur Tagesschau wieder zu Hause.* I'll be home in time for the news. **Tagesstätte** **1** day care centre, (*AmE*) day care center, (*BrE auch*) day centre **2** ⇨ KINDERTAGESSTÄTTE **Tageszeit** time of day **Tageszeitung** daily*, (daily) (news)paper
täglich **1** *Adv* every day ◊ *täglich außer Sonntags* every day except Sundays **2** *Adj* daily ◊ *im täglichen Leben* in daily life ◊ *bei der täglichen Arbeit* in your daily work
tags **1 ~ zuvor** the day before **2 ~ darauf** the next day, the following day ◊ *tags darauf um 10 Uhr* the next day at ten o'clock ◊ *Tags darauf hatte sie den Streit vergessen.* By the next day she had forgotten the argument. **3** (*tagsüber*) during the day
tagsüber during the day ◊ *Er schläft tagsüber.* He sleeps during the day. ◊ *Tagsüber bin ich unter dieser Nummer zu erreichen.* This is my daytime telephone number.
tagtäglich **1** *Adj* daily; (*ständig*) constant ◊ *das tagtägliche Leben* daily life ◊ *die tagtägliche Lärm der Flugzeuge* the constant noise of the planes **2** *Adv* day after day ◊ *Tagtäglich derselbe Trott!* The same old routine day after day!
Tagung conference ◊ *eine Tagung abhalten/veranstalten/organisieren* hold/arrange/organize a conference
Taifun typhoon
Taille waist ◊ *auf Taille gearbeitet* fitted (to the waist)
tailliert fitted
Takt **1** (*Rhythmus*) time ◊ *den Takt halten* keep time ◊ *den Takt (zu etw) schlagen* beat time (to sth) ◊ *im Takt klatschen* clap in time to the music ◊ *aus dem Takt kommen* get out of time **2** (*Abschnitt*) bar, (*AmE*) measure ◊ *ein paar Takte spielen* play a few bars **3** ◊ *Die Busse verkehren im 30-Minuten-Takt.* The buses run every half hour. ◊ *Wien im 2-Stunden-Takt* a two-hourly service to Vienna **4** *auch* **Taktgefühl** tact ◊ *Sie hat überhaupt keinen Takt.* She's got no tact.
Taktik tactics [Pl]; (*Strategie*) strategy* ◊ *eine geänderte Taktik* a change of tactics ◊ *die Taktik der Mannschaft* the team's tactics ◊ *eine Taktik verfolgen* pursue a strategy
Taktiker(in) tactician
taktisch tactical (*Adv* tactically) ◊ *Das war taktisch unklug.* Tactically it was a mistake.
taktlos tactless (*Adv* tactlessly)
Taktlosigkeit tactlessness
Taktstock baton
taktvoll tactful (*Adv* tactfully) ◊ *Er ist ein äußerst taktvoller Mensch.* He is a very tactful person. ◊ *möglichst taktvoll as tactfully as possible* ◊ *sich taktvoll verhalten* be tactful
Tal valley
Talar (*von Geistlichen*) cassock; (*von Richtern*) robe; (*an Hochschulen*) gown
Talent **1 ~** (**für/zu etw**) talent (for sth) ◊ *Er bewies sein Talent als Organisator.* He demonstrated his talent for organization. ◊ *Sie hat ihr Talent verkümmern lassen.* She

wasted her talents. ◊ *ein großes Talent haben* be very talented ◊ *Sie hat viel Talent für Sprachen.* She has a flair for languages. **2** (*Mensch*) talent [U] ◊ *vielversprechende junge Talente fördern* encourage promising young talent ◊ *ein großes Talent sein* be very talented
talentiert talented
Talfahrt 1 descent (to the valley); (*beim Ski-/Radfahren*) downhill run; (*beim Autofahren*) drive down (the mountain) **2** (NAUT) trip downstream **3** (*fig*) decline ◊ *die rasante Talfahrt des Dollar* the dramatic decline in the value of the dollar ◊ *Die Wirtschaft befindet sich auf Talfahrt.* The economy is in decline.
Talg 1 (*Tierfett*) tallow **2** (GASTRON) suet **3** (ANAT) sebum
Talk- Talkmaster(in) talk show host, (*BrE auch*) chat show host ☛ G 2.2d **Talkshow** talk show, (*BrE auch*) chat show
Tal- Talsohle 1 (GEOL) valley floor **2** (*fig*) rock bottom ◊ *die Talsohle erreichen* reach rock bottom ◊ *sich in einer konjunkturellen Talsohle befinden* be in a recessionary trough ◊ *aus einer Talsohle herauskommen* come out of the doldrums **Talsperre** dam **Talstation** base station
Tampon tampon
Tandem tandem
Tang seaweed
Tangente 1 (MATH) tangent **2** (*Straße*) ring road, (*AmE*) outer belt
tangieren 1 (MATH) **etw ~** be/lie* tangent to sth **2 jdn/etw ~** (*betreffen*) affect sb/sth
Tank tank
tanken 1 get* petrol, (*AmE*) get* gas; (*Flugzeug*) refuel* ◊ *zum Tanken fahren* go and get petrol ◊ *voll tanken* fill up (with petrol) ◊ *Er tankte 20 Liter.* He put in 20 litres (of petrol). ◊ *den Mietwagen voll getankt abliefern* deliver the hire car with a full tank of petrol **2** (*aufnehmen*) ◊ *frische Luft tanken* get some fresh air ◊ *Energie tanken* build up reserves of energy **3** (*Alkohol*) have a lot to drink ◊ *Sie hatte reichlich getankt.* She'd had a lot to drink.
Tanker (oil) tanker
Tank- Tanksäule (petrol) pump, (*AmE*) (gas) pump **Tankstelle** petrol station, (*AmE*) gas station **Tankwart(in)** petrol pump attendant, (*AmE*) gas pump attendant ☛ G 2.2d
Tanne 1 fir (tree) **2** (*Holz*) fir; (*für Möbel meist*) pine **Tannenbaum 1** fir tree **2** (*Weihnachtsbaum*) Christmas tree **Tannenzapfen** fir cone
Tante 1 aunt, auntie (*umgs*) **2** (*Mädchen, Frau*) woman **Tante-Emma-Laden** corner shop, (*AmE*) convenience store
Tantieme 1 (*an Autoren etc.*) royalty* [meist Pl] **2** (WIRTSCH) share in the profits
Tanz 1 dance ◊ *Er forderte sie zum Tanz auf.* He asked her to dance/for a dance. ◊ *Später gab es Musik und Tanz.* Later there was music and dancing. **2** (*Zank*) fuss
tanzen 1 dance ◊ *Sie kann nicht tanzen.* She can't dance. ◊ *Möchten Sie tanzen?* Would you like to dance? ◊ *Blütenblätter tanzten durch die Luft.* Petals were dancing in the air. ◊ *Sie gingen tanzen.* They went dancing. ◊ *gut tanzen* be a good dancer ◊ *Abends wurde getanzt.* There was dancing in the evening. ◊ *auf dem Seil tanzen* walk the tightrope. **2** (*fortbewegen*) skip* ◊ *Er tanzte und hüpfte durch den Garten.* He hopped and skipped across the garden. ◊ *Der Kork tanzte auf den Wellen.* The cork was bobbing about on the water. ◊ *Die Punkte auf dem Bildschirm tanzten vor ihren Augen.* The dots on the screen swam before her eyes. IDM ⇨ HOCHZEIT¹, PFEIFE, PUPPE *und* REIHE
Tanzen dancing ◊ *Sie gingen zum Tanzen.* They went dancing. ◊ *Sie sahen den Kindern beim Tanzen zu.* They watched the children dancing. ◊ *Tanzen lernen* learn to dance ◊ *Die Musik verleitete zum Tanzen.* The music made you want to dance.
Tänzer(in) dancer; (*Ballett-*) ballet dancer ☛ G 2.2d
Tanz- Tanzfläche dance floor **Tanzkurs** dancing classes [Pl] ◊ *einen Tanzkurs machen* go to dancing classes **Tanzmusik** dance music **Tanzpartner(in)** dancing partner **Tanzschritt** (dance) step **Tanzschule** dancing school **Tanzstunde** dancing class; (*Unterrichtsstunde*) dancing lesson
Tapete wallpaper ◊ *Tapeten kleben* hang wallpaper IDM **die Tapeten wechseln** have a change of scene ◊ *Es wurde Zeit, die Tapeten zu wechseln.* It was time for a change of scene.

tapezieren 1 wallpaper ◊ *ein Zimmer tapezieren* wallpaper a room ◊ *Das Zimmer war frisch tapeziert.* The room had been repapered. **2 etw mit etw ~** cover sth with sth ◊ *Die Wände waren mit Plakaten förmlich tapeziert.* The walls were covered with posters.
tapfer brave (*Adv* bravely) ◊ *Er lächelte tapfer.* He smiled bravely. ◊ *tapferen Widerstand leisten* resist bravely
Tapferkeit bravery, courage ◊ *eine Auszeichnung für Tapferkeit* a medal for bravery ◊ *die Tapferkeit der Patienten* the patients' courage ☛ *Hinweis bei* MUTIG
tappen fumble your way ◊ *Er tappte durch den dunklen Korridor.* He fumbled his way along the dark corridor. ◊ *Ahnungslos tappte sie in die Falle.* She just walked into the trap. IDM ⇨ DUNKEL
tapsig clumsy (*Adv* clumsily)
Tarif 1 rate; (*Fahrpreis*) fare; (*für Parken, Wasser*) charge ◊ *besondere Tarife für Studenten* special rates for students ◊ *Die Bahn hat ihre Tarife für Fahrten erster Klasse erhöht.* The rail service has increased its first-class fares. ◊ *ein Verzeichnis der Tarife* a list of charges **2** (*Verzeichnis*) scale of charges **3** (*Lohn, Gehalt*) rate (of pay); (*Skala*) pay scale ◊ *Die Gewerkschaft hat neue Tarife ausgehandelt.* The union has negotiated new rates (of pay). ◊ *Sie wird nicht nach Tarif bezahlt.* She is not getting the union rate.
Tarifstreit pay dispute **Tarifverhandlungen** pay negotiations [Pl]
tarnen 1 camouflage; (*verkleiden*) disguise ◊ *Die Radarfalle war gut getarnt.* The radar trap was well camouflaged. ◊ *Sie tarnte sich mit einer Sonnenbrille.* She wore sunglasses to disguise herself. **2 etw als etw ~** ◊ *Die Geldfälscherei war als Druckerei getarnt.* The printing works was a cover for the forging of banknotes.
Tarnung 1 camouflage ◊ *Zur Tarnung legten wir Zweige darüber.* We camouflaged it with branches. **2** (*Deckmantel*) cover ◊ *Der allgemeine Aufruhr diente den Dieben als Tarnung.* The general pandemonium provided cover for the burglars. ◊ *Die Stelle als Verkäufer diente ihm nur zur Tarnung.* The salesman's job was just to provide him with cover. **3** (*Verkleidung*) disguise ◊ *Zur Tarnung trug sie eine Perücke.* She wore a wig as a disguise.
Tasche 1 bag ◊ *Er nahm ihr die Tasche ab.* He took her bag. ◊ *Sie setzte die Taschen ab.* She put her bags down. **2** (*in Kleidung*) pocket ◊ *Sie steckte die Hände in die Taschen.* She put her hands in her pockets. IDM **jdm auf der Tasche liegen** live off sb **jdm etw aus der Tasche ziehen** wheedle sth out of sb **etw aus eigener Tasche bezahlen** pay* for sth out of your own pocket **jdn in die Tasche stecken** run* rings round sb (*umgs*) **in die eigene Tasche wirtschaften** line your (own) pockets **etw (schon) in der Tasche haben** ◊ *Der Führerschein habe ich (so gut wie) in der Tasche.* My driving licence is in the bag. ☛ *Siehe auch* FAUST, GELD *und* GREIFEN
Taschenbuch paperback ◊ *als Taschenbuch erhältlich* available in paperback **Taschendieb(in)** pickpocket **Taschengeld** pocket money ◊ *sein Taschengeld aufbessern* earn extra pocket money. **Taschenkalender** pocket diary **Taschenlampe** flashlight, (*BrE auch*) torch **Taschenmesser** penknife*, (*bes AmE*) pocket knife* **Taschenrechner** (pocket) calculator ◊ *den Taschenrechner benutzen* use a calculator ◊ *Sie rechnete die Summe mit dem Taschenrechner aus.* She used a calculator to add it up.
Taschentuch handkerchief
Tasse cup; (*Inhalt auch*) cupful ◊ *eine Tasse Kaffee* a cup of coffee ◊ *aus einer Tasse trinken* drink from a cup ◊ *eine Tasse Wasser dazutun* add a cupful of water IDM **nicht alle Tassen im Schrank haben** not be right in the head
Tastatur keyboard
Taste (*am Klavier, Computer*) key; (*am Radio, Telefon*) button
tasten 1 (**nach jdm/etw**) **~** feel* (for sb/sth) ◊ *Sie tastete im Dunkeln nach dem Lichtschalter.* She felt for the light switch in the dark. ◊ *Dem Gemälde gingen tastende Bleistiftzeichnungen voraus.* Tentative pencil drawings were done before the painting. **2 sich ~** feel* your way ◊ *Langsam tastete sie sich zur Tür.* She slowly felt her way to the door. ◊ *Er tastete sich behutsam vor, um sie mit seinen Fragen nicht zu erschrecken.* He was feeling his way, not wanting to frighten her with his questions.
Tasteninstrument (MUS) keyboard instrument
Tastsinn sense of touch
Tat 1 action; (*einzelne Handlung*) act ◊ *Er war sich der Fol-*

tatenlos

gen seiner Tat nicht bewusst. He had no idea of the consequences of his action. ◊ *eine gütige Tat* a kind act ◊ *eine gute Tat* a good deed **2** (*Verbrechen*) crime ◊ *Der Mörder hat die Tat gestanden.* The murderer confessed to the crime. ◊ *Man konnte ihr die Tat nicht nachweisen.* It was impossible to prove that she had committed the crime. **IDM** **jdn auf frischer Tat ertappen** catch* sb red-handed; catch* sb in the act **ein Mann/eine Frau der Tat** a man/woman of action **in der Tat** indeed ◊ „*Er ist ein großartiger Redner.*" — „*In der Tat.*" 'He is an excellent speaker.' 'He is indeed.' **etw in die Tat umsetzen** put* sth into action **Taten sprechen lassen** ◊ *Genug geredet! Lasst Taten sprechen!* That's enough talk. Actions speak louder than words! **zu seiner Tat stehen** admit* what you have done (and accept the consequences) ☛ *Siehe auch* RAT

tatenlos idle (*Adv* idly) ◊ *Die Bürger wollen die Wohnungsnot nicht länger tatenlos hinnehmen.* People are no longer prepared to stand idly by while nothing is done about the housing shortage.

Täter(in) culprit ◊ *Der Täter wurde gefasst.* The culprit was caught. ◊ *Die Täter erbeuteten Schmuck und Bargeld.* The thieves got away with cash and jewellery. ◊ *der mutmaßliche Täter* the suspect ◊ *unbekannte Täter* persons unknown

tätig 1 active ◊ *Der Vulkan ist seit langem nicht mehr tätig.* The volcano has not been active for a long time. ◊ *Sie ist eine überaus tätige Frau.* She's a very busy woman. ◊ *In diesem Fall ist die Staatsanwaltschaft tätig geworden.* The public prosecutor's office has become involved in the case. ◊ *ein international tätiger Verein* an organization that operates internationally **2** (**als etw**) ~ **sein** work (as sth) ◊ *hauptberuflich tätig sein* work full-time ◊ *ehrenamtlich tätig sein* work in an honorary capacity ◊ *freischaffend tätig sein* work freelance ◊ *Er war als Steuerberater bei der Stadt tätig.* He worked as a tax consultant for the council.

Tätigkeit 1 (*Arbeit*) work [U] ◊ *Er nahm eine Tätigkeit als Feuerwehrmann auf.* He started work as a firefighter. ◊ *schwere körperliche Tätigkeiten* heavy work **2** (*Aktivitäten*) activity* ◊ *illegale Tätigkeiten* illegal activities

Tat- Tatkraft drive; (*Energie*) energy; (*Entschlossenheit*) determination; (*Unternehmungsgeist*) enterprise **tatkräftig 1** (*Mensch*) energetic **2** (*Unterstützung, Hilfe etc.*) active (*Adv* actively) ◊ *Sie haben tatkräftig beim Wiederaufbau der Kirche mitgeholfen.* They played an active part in rebuilding the church.

tätlich physical (*Adv* physically) ◊ *jdn tätlich angreifen* attack sb physically ◊ *tätliche Auseinandersetzungen zwischen Polizei und Demonstranten* clashes between demonstrators and police ◊ *Der Spieler wurde gegen den Schiedsrichter tätlich.* The player attacked the referee.

tätowieren tattoo ◊ *Er hat sich eine Spinne auf den Arm tätowieren lassen.* He's had a spider tattooed on his arm. ◊ *sich tätowieren lassen* have a tattoo done

Tätowierung tattoo*

Tatsache 1 fact ◊ *Tatsache ist/bleibt...* The fact is/remains ... ◊ *Das tut der Tatsache keinen Abbruch, dass ...* That doesn't alter the fact that ... ☛ *Hinweis bei* CLEAR[1] **2 Tatsache!** Indeed! ◊ *Tatsache! Da ist er!* Indeed! There he is! ◊ „*Anne hat sich die Haare abschneiden lassen!*", *Tatsache!*" 'Anne's had her hair cut!' 'So she has!' **3 Tatsache?** Really? **IDM** **den Tatsachen ins Auge sehen** face (the) facts **jdn vor vollendete Tatsachen stellen** present sb with a fait accompli ☛ *Siehe auch* BODEN

tatsächlich 1 *Adj* actual; (*echt*) real ◊ *Die tatsächlichen Baukosten waren um ein Dreifaches höher.* The actual building costs were three times higher. ◊ *Der tatsächliche Grund für seine Ablehnung kam nie ans Licht.* The real reason for his refusal never came to light. **2** *Adv* actually; (*wirklich*) really ◊ *Er hat es tatsächlich noch geschafft, pünktlich zu erscheinen.* He actually managed to arrive on time. ◊ *Tatsächlich? Das hätte ich nie gedacht!* Really? I'd never have thought it!

tätscheln pat* ◊ *Er tätschelte dem Hund den Kopf.* He patted the dog on the head.

Tatwaffe weapon (used in the crime); (*bei einem Mord*) murder weapon

Tatze paw (*auch fig*)

Tatzeit time of the incident

Tau[1] *der* dew

Tau[2] *das* rope

taub 1 deaf ◊ *Er war von Geburt an taub.* He was born deaf. ◊ *gegenüber etw taub sein* be deaf to sth ◊ *Sie ist auf dem linken Ohr taub.* She's deaf in her left ear. ◊ *sich taub stellen* pretend not to hear ☛ *Hinweis bei* BEHINDERTE(R) **2** (*gefühllos*) numb ◊ *Meine Zehen waren ganz taub.* My toes went numb. **IDM** ⇨ OHR

Taube pigeon; (*weiße, Friedenssymbol etc.*) dove **IDM** ⇨ SPATZ

Taube(r) deaf person* ☛ *Hinweis bei* BEHINDERTE(R)

Taubheit deafness

taubstumm deaf and dumb

Taubstumme(r) deaf mute ☛ *Hinweis bei* BEHINDERTE(R)

tauchen 1 dive* ◊ *auf den Grund tauchen* dive to the bottom ◊ *nach Austern tauchen* dive for oysters **2 etw in etw ~** dip* sth in sth ◊ *den Pinsel in die Farbe tauchen* dip the brush in the paint ◊ *die Abendsonne tauchte die Berge in Gold.* The evening sun bathed the mountains in golden light. **3** jdn (**in etw**) ~ duck sb (in sth) **4 in etw ~** (*verschwinden*) disappear into sth

Taucher(in) diver; (*mit Sauerstoffgerät*) skin-diver ☛ G 2.2d

Taucheranzug diving suit **Taucherausrüstung** diving equipment [U] **Taucherbrille** diving goggles [Pl] ☛ *Hinweis bei* BRILLE

tauen thaw ◊ *Es hat schon getaut.* It has already thawed.

Taufe baptism; (*Namensgebung*) christening

taufen baptize; (*einen Namen geben*) christen ◊ *sich taufen lassen* be baptized ◊ *Sie wurde auf den Namen Ute getauft.* She was christened Ute.

Tauf- Taufpate godfather **Taufpatin** godmother **Taufstein** font

taugen 1 für etw/zu etw ~ be suitable for sth; **als etw ~** be suitable as sth ◊ *Die Kleidung taugt nicht für den Sportunterricht.* These clothes are not suitable for PE. ◊ *Die Halle taugt nicht als Ballsaal.* The hall isn't suitable as a dance hall. ◊ *Er taugt eher zum Beamten als zum Manager.* He would make a better civil servant than a manager. **2 wenig/nichts ~** be not much/no good ◊ *Mein neuer Schläger taugt nichts.* My new racket is no good.

tauglich 1 (**zu/für etw**) ~ (*geeignet*) suitable (for sth) ◊ *ein für alle Firmen taugliches System* a system that is suitable for every company **2** (*gut*) good ◊ *ein ganz tauglicher Versuch* quite a good attempt **3** (*gesund*) fit ◊ *Er wurde für die Bundeswehr als tauglich eingestuft.* He was classed as fit for military service.

Taumel 1 (*Schwindel*) dizziness [U] ◊ *Ein Taumel überkam sie.* She was overcome by a feeling of dizziness. **2** (*rasend*) frenzy; (*euphorisch*) ecstasy ◊ *Die Fans wurden in einen Taumel versetzt.* The fans were in a frenzy. ◊ *ein Taumel der Sinne* a flood of sensations

taumeln 1 (*schwanken*) sway; (*torkeln*) stagger ◊ *Er taumelte, bevor er zu Boden ging.* He swayed and fell to the floor. ◊ *durchs Ziel taumeln* stagger across the finishing line **2** (*fallen*) tumble

Tausch exchange ◊ *Er bot Briefmarken zum Tausch an.* He was offering stamps for exchange. ◊ *Im Tausch gegen ein WM-Ticket bot er sein Auto an.* He offered his car in exchange for a World Cup ticket.

tauschen 1 (**etw**) (**mit jdm**) ~ exchange (sth) (with sb), swap* (sth) (with sb) (*umgs*) ◊ *Sie tauschten Blicke.* They exchanged glances. ◊ *Wollen wir tauschen?* Shall we swap? ◊ *die Plätze tauschen* swap places **2 etw gegen etw ~** exchange sth for sth, swap* sth for sth (*umgs*) ◊ *Er hat sein Radio gegen das Computerspiel getauscht.* He exchanged his radio for the computer game. **IDM** **ich möchte nicht mit ihm etc. tauschen** I wouldn't like to be in his, etc. shoes

täuschen 1 deceive; (*irreführen*) mislead* ◊ *Die Wähler fühlten sich getäuscht.* The voters felt they had been deceived. ◊ *Er wurde über den wahren Wert der Uhr getäuscht.* He was misled about the real value of the watch. **2 etw täuscht** sth is deceptive ◊ *Der erste Eindruck täuscht manchmal.* First impressions are sometimes deceptive. **3 sich ~** be mistaken ◊ *Wenn du glaubst, ich komme mit, dann täuschst du dich aber gewaltig!* If you think I'm coming with you, then you are very much mistaken. ◊ *Ich habe mich im Tag getäuscht.* I was mistaken about the day. **4 sich in jdm ~** have the wrong impression of sb, be wrong about sb ◊ *Dass ich mich so in ihm getäuscht haben soll!* I still can't believe that I was so wrong about him! **IDM** **wenn mich nicht alles täuscht, ...** if I'm not completely mistaken

täuschend remarkable (*Adv* remarkably) ◊ *Sie sieht Katja täuschend ähnlich.* She looks remarkably like Katja. ◊ *täuschend echt aussehen* look almost like the real thing

Täuschung 1 (*Betrug*) act of deception **2** (*Selbst-*) delusion ◊ *Sie gab sich der Täuschung hin, er würde doch noch zurückkommen.* She was labouring under the delusion that he would still come back. **3** (*optisch*) illusion

Täuschungsmanöver ploy

tausend 1 thousand ◊ *tausend Meter* a thousand metres ☛ Siehe auch S. 759 **2** (*viele*) hundreds ◊ *tausend Gründe* hundreds of reasons ◊ *Ich muss noch tausend Sachen machen.* I've got hundreds of things to do. **IDM** ⇨ Tod

tausendmal a thousand times ◊ *Das hab ich dir nun schon tausendmal gesagt!* I've told you that a thousand times! ◊ *Ich bitte tausendmal um Entschuldigung.* I'm terribly sorry.

tausendste(r,s) thousandth ☛ *Beispiele bei* SECHSTE(R,S) **IDM** ⇨ HUNDERTSTE(R,S)

Tausendstel thousandth ☛ *Beispiele bei* SECHSTEL

Tautologie tautology*

tautologisch tautologous

Taxi taxi ◊ *Nachts fährt er Taxi.* He drives a taxi at night.

Taxifahrer(in) taxi driver ☛ G 2.2d **Taxistand** taxi rank, (*bes AmE*) taxi stand

Tbc TB

Teakholz teak

Team team ◊ *ein sechsköpfiges Team* a team of six ☛ G 1.3b **Teamarbeit** teamwork ◊ *Das ist in Teamarbeit entstanden.* It was a result of teamwork. ◊ *Die Fähigkeit zur Teamarbeit ist unbedingt erforderlich.* The ability to work in a team is essential. **Teamgeist** team spirit

Technik 1 (*Fach, Technologie, Ausrüstung*) technology* ◊ *ein Wunder der Technik* a miracle of technology ◊ *ein Fortschritt der Technik* a technological advance **2** (*Funktionsweise*) ◊ *Ich komme mit der Technik hier nicht zurecht.* I don't understand how this works. ◊ *Bist du mit der Technik des Videorekorders vertraut?* Do you know how the video recorder works? **3** (*Methode*) technique ◊ *die ausgefeilte Technik des Pianisten* the pianist's polished technique ◊ *die traditionelle Technik des Glasblasens* the traditional technique of glass-blowing

Techniker(in) technician (*auch fig*), technical expert ☛ G 2.2d

technisch 1 (*technologisch*) technological (*Adv* technologically) ◊ *technische Errungenschaften* technological advances **2** (*die Technik betreffend*) technical (*Adv* technically) ◊ *einen technischen Beruf erlernen* train for a technical job ◊ *technisch begabt* technically minded ◊ *Technisch hat er was drauf.* Technically, he's brilliant.

Techno techno

Technologie technology*

technologisch technological (*Adv* technologically) ◊ *technologische Innovationen* technological innovations ◊ *technologisch bedingte Rationalisierung* rationalization as a result of the introduction of new technology

Teddy, Teddybär teddy*, teddy bear

Teddystoff fur fabric

Tee tea ◊ *Tee kochen* make tea ◊ *den Tee ziehen lassen* let the tea brew ◊ *Tee mit Zitrone* lemon tea ◊ *Ich möchte einen Tee.* I'd like a cup of tea. ◊ *Sie trinken um 4 Uhr Tee.* They have tea at 4. ◊ *Er hat zwei Tassen Tee getrunken.* He had two cups of tea. ◊ *Zwei Tee, bitte!* Two teas, please. ◊ *Sie hat uns für Sonntag zum Tee eingeladen.* She has invited us to tea on Sunday. ☛ *Hinweis bei* MAHLZEIT **IDM** ⇨ ABWARTEN

Teebeutel tea bag **Teekanne** teapot **Teelöffel** teaspoon; (*Menge auch*) teaspoonful (*Abk* tsp) ◊ *ein gestrichener Teelöffel Salz* a level teaspoon of salt

Teen, Teenager teenager

Teer tar

teeren tar*

Tee- Teestube ≈ cafe **Teetasse** teacup

Teich pond **IDM** **der große Teich** the pond

Teig (*Hefe-*) dough; (*Mürbe-, Blätter-*) pastry; (*Pfannkuchen-*) batter

Teil¹ *der* **1** part; (*einer Zeitung*) section ◊ *der erste Teil des Romans* the first part of the novel ◊ *der größte Teil des Geldes* most of the money ◊ *der dritte, vierte, fünfte etc. Teil* a third, quarter, fifth, etc. **2 zum ~** partly ◊ *Es war zum Teil mein Fehler.* It was partly my fault. ◊ *Ich verstehe es nur zum Teil.* I don't fully understand it. ◊ *Es waren zum Teil Deutsche, zum Teil Franzosen.* Some of them were German, some French. **3 zum großen/größten ~** mainly, mostly ◊ *Es waren zum größten Teil Studenten.* They were mainly students. ◊ *Die Soße besteht zum großen Teil aus Sahne.* The sauce is mostly cream. **4** (*Anteil*) share ◊ *Wir sind zu gleichen Teilen am Geschäft beteiligt.* We have equal shares in the business. **IDM** **ich für mein(en) Teil ...** I, for my part, ... **sein(en) Teil tun** do* your bit **sich sein(en) Teil denken** draw* your own conclusions

Teil² *das* **1** (component) part; (*Ersatz-*) (spare) part ◊ *Du musst das defekte Teil ersetzen.* You need to replace the faulty part. ◊ *etw in seine Teile zerlegen* take sth apart/to pieces **2** (*Ding*) ◊ *ein heißes Teil* hot stuff ◊ *so ein billiges Teil* one of those cheap jobs ☛ *Siehe auch* TEIL¹

Teilchen 1 particle **2** (*Gebäck*) ≈ Danish (pastry*)

teilen 1 (*zerlegen, dividieren*) divide ◊ *etw in zwei Hälften teilen* divide sth in half ◊ *ein geteiltes Land* a divided country ◊ *Die Meinungen sind geteilt.* Opinions are divided. ◊ *hundert geteilt durch fünf* a hundred divided by five **2** (*aufteilen, teilhaben an*) share ◊ *Die Beute wurde geteilt.* The booty was shared. ◊ *Sein Optimismus wird nicht von allen geteilt.* Not everybody shares his optimism. **3 sich etw (mit jdm) ~** share sth (with sb) ◊ *Sie haben sich die Kosten geteilt.* They shared the cost. ◊ *Willst du dir mit mir eine Pizza teilen?* Do you want to share a pizza with me? ◊ *Sie teilen sich ein Zimmer.* They share a room. **4 sich ~** (*auseinander gehen*) divide; (*Straße, Weg auch*) fork ◊ *Der Fluss teilt sich hier.* The river divides here. ◊ *Der Vorhang teilte sich und das Stück begann.* The curtain rose and the play began.

Teilerfolg partial success

teilhaben an etw ~ share sth ◊ *an der Macht teilhaben* share power ◊ *die Gäste am Familienleben teilhaben lassen* let the guests share in the life of the family

Teilhaber(in) partner ☛ G 2.2d

Teilnahme 1 ~ (an etw) participation (in sth); (*Anwesenheit*) attendance (at sth) ◊ *die Teilnahme an der Demonstration* participation in the demonstration ◊ *Die Teilnahme ist freiwillig.* Attendance is voluntary. ◊ *die aktive Teilnahme aller Mitglieder* the active involvement of all members **2** (*Mitgefühl*) sympathy

teilnahmslos impassive (*Adv* impassively); (*apathisch*) listless (*Adv* listlessly); (*gleichgültig*) indifferent (*Adv* indifferently)

teilnehmen (an etw) ~ take* part (in sth), participate (in sth); (*gehoben*) (*anwesend sein*) attend (sth); (*beitragen*) contribute (to sth) ◊ *an den Olympischen Spielen teilnehmen* take part in the Olympic Games ◊ *Hast du gestern an der Besprechung teilgenommen?* Did you attend the meeting yesterday? ◊ *Alle nahmen an der Diskussion teil.* They all contributed to the discussion. ◊ *an einem Lehrgang teilnehmen* do a course ◊ *an einem Preisausschreiben teilnehmen* enter a competition

Teilnehmer(in) participant; (*an einem Wettbewerb*) competitor ◊ *die Teilnehmer am Kurs* the course participants ◊ *die Teilnehmer an der Fahrt* those going on the trip ◊ *die Teilnehmer an der Feier* those taking part in the celebration

Teilnehmerzahl attendance ◊ *Die Teilnehmerzahlen sind gestiegen.* Attendances have risen. ◊ *Die Teilnehmerzahl ist begrenzt.* Places are limited.

teils partly ◊ *Es wird teils aus Spenden finanziert.* It's partly funded by donations. ◊ *Er besitzt viele Häuser in teils bester Lage.* He owns a lot of houses, some of them in very good locations. ◊ *teils heiter, teils wolkig* cloudy with sunny periods **IDM** **teils, teils** so-so ◊ *Wie war der Urlaub? Teils, teils.* How was the holiday? So-so.

Teilung 1 division ◊ *die Teilung der Stadt in vier Sektoren* the division of the city into four sectors **2** (*das Teilen*) sharing

teilweise 1 *Adv* partly; (*manchmal*) sometimes ◊ *Das stimmt nur teilweise.* That is only partly correct. ◊ *die teilweise heftigen Proteste* the protests, which were sometimes violent **2** *Adj* partial ◊ *die teilweise Sperrung der Autobahn* the partial closure of the motorway

Teilzeit 1 part-time working ◊ *eine Reduzierung von Überstunden und Teilzeit* a reduction in overtime and part-time working **2 (in) ~** part-time (*Abk* PT) ◊ *Sie arbeitet Teilzeit.* She works part-time.
Teilzeitarbeit, Teilzeitbeschäftigung part-time work [U]; (*Stelle*) part-time job **Teilzeitkraft** part-time worker
Teint complexion ◊ *ein heller Teint* a fair complexion
Telearbeit teleworking
Telefon (tele)phone ◊ *Das Telefon klingelt!* The phone's ringing! ◊ *ans Telefon gehen* answer the phone ◊ *am Telefon sein* be on the phone ◊ *Sie haben kein Telefon.* They're not on the phone. ◊ *Sie wollte es mir am Telefon nicht sagen.* She wouldn't tell me over the phone.
Telefonbuch telephone directory*, (tele)phone book ◊ *Steht er im Telefonbuch?* Is he in the phone book? **Telefongespräch, Telefonat** (*Anruf*) (phone) call; (*Unterhaltung*) (tele)phone conversation ◊ *ein Telefongespräch führen* make a phone call **Telefonhörer** receiver
telefonieren (*am Telefon sein*) be on the phone; (*einen Anruf machen*) make* a call ◊ *Er telefoniert.* He's on the phone. ◊ *Sie telefoniert schon eine Stunde mit ihrer Mutter.* She's been on the phone to her mother for an hour. ◊ *Ich muss telefonieren.* I need to make a phone call. ◊ *nach England telefonieren* make a call to England ◊ *Er telefoniert oft mit ihr.* He often talks to her on the phone. ◊ *Lass uns morgen mal telefonieren.* I'll phone you tomorrow. ☛ *Hinweis bei* ANRUFEN *und* STUDY PAGE
telefonisch by phone ◊ *die Karten telefonisch bestellen* book the tickets by phone ◊ *Ich bin immer telefonisch erreichbar.* You can always contact me by phone. ◊ *etw telefonisch besprechen* discuss sth on the phone ◊ *Wir erteilen keine telefonische Auskunft.* We don't give information over the phone. ◊ *eine telefonische Beratung* a helpline
Telefonist(in) switchboard operator ☛ G 2.2d
Telefon- Telefonkarte phonecard **Telefonnummer** (tele)phone number **Telefonrechnung** (tele)phone bill **Telefonseelsorge** = crisis line run by the churches ◊ In Großbritannien wird ein ähnlicher Dienst von **the Samaritans** angeboten. **Telefonzelle** phone box, (*AmE*) phone booth ◊ *von einer Telefonzelle aus anrufen* ring from a phone box **Telefonzentrale** switchboard
Telegramm telegram
Telekommunikation telecommunications [Pl] ◊ *in der Telekommunikation* in telecommunications
Telepathie telepathy
telepathisch telepathic
Teleskop telescope
Teller 1 plate ◊ *ein Teller mit Gemüse* a plate of vegetables ◊ *Bitte iss deinen Teller leer.* Now eat everything up. ☛ *Hinweis bei* FLACH **2** (*am Skistock*) basket
Tempel temple
Temperament 1 (*Wesen*) temperament ◊ *sein stürmisches Temperament* his fiery temperament **2** (*cholerische Art*) temper ◊ *Mein Temperament geht häufig mit mir durch.* I often lose my temper. **3** (*lebhafte Art*) vivacity ◊ *das Temperament der Sängerin* the singer's vivacity ◊ *Ihre Kür sprühte vor Temperament.* It was a spirited performance.
temperamentvoll vivacious (*Adv* vivaciously), exuberant (*Adv* exuberantly)
Temperatur temperature ◊ *Sie hat erhöhte Temperatur.* She has a temperature.
Temperaturanstieg rise in temperature **Temperaturrückgang** drop in temperature
Tempo 1 (*Geschwindigkeit*) speed ◊ *mit diesem Tempo* at this speed ◊ *In dieser Straße gilt Tempo 30.* The speed limit in this street is 30 kph. **2** (*einer Handlung*) pace; (*einer Entwicklung*) pace ◊ *das Tempo der Reformen* the pace of reforms ◊ *Die Löhne steigen nicht im gleichen Tempo.* Salaries don't rise at the same rate. ◊ *Mach mal ein bisschen Tempo!* Get a move on! **3** (MUS) tempo* ◊ *Wechsel im Tempo* changes of tempo **4 Tempo(tuch)®** (*Taschentuch*) tissue **Tempolimit** speed limit
Tempus (LING) tense
Tendenz 1 (*Entwicklung*) trend ◊ *eine steigende/fallende Tendenz* an upward/a downward trend ◊ *Die Tendenz geht mehr und mehr zu kleineren Autos.* There is a growing trend towards smaller cars. ◊ *die Tendenz, dass Jugendliche mehr rauchen* the trend for teenagers to smoke more **2** (*Neigung*) tendency* ◊ *Sie hat die Tendenz, alles negativ zu sehen.* She has a tendency to see everything in a negative light.
tendenziell etw ~ tun tend to do sth ◊ *Tendenziell beenden Engländer ihr Studium schneller.* English students tend to finish their studies earlier. ◊ *die tendenziell zunehmende Umweltverschmutzung* the upward trend in pollution levels ◊ *eine tendenzielle Neigung zur Depression* a tendency towards depression ◊ *Die Lage hat sich tendenziell verschlechtert.* On the whole, the situation has deteriorated.
tendieren 1 dazu ~ etw zu tun tend to do sth; **zu etw ~** tend towards sth ◊ *Er tendiert zur Eifersucht.* He tends to be jealous. **2** (*Politik, Wirtschaft*) tend ◊ *Die Aktien tendieren derzeit schwächer.* Shares are tending to be weaker at the moment. ◊ *Diese Tageszeitung tendiert nach rechts.* This newspaper has right-wing leanings. [IDM] ⇨ NULL
Tennis tennis ◊ *beim Tennis* in tennis
Tennisball tennis ball **Tennisplatz** tennis court **Tennisschläger** tennis racket **Tennisspieler(in)** tennis player ☛ G 2.2d
Tenor¹ 1 (*Sänger, Stimme*) tenor ☛ *Beispiele bei* BASS, S. 836. **2** (*Partie*) tenor part **3 der Tenor** (*im Chor*) the tenors [Pl]
Tenor² (*Sinn, Einstellung*) tone ◊ *All seine Artikel haben den gleichen Tenor.* All his articles have the same tone. ◊ *Ihre Rede hatte einen unangemessen ironischen Tenor.* Her speech had an inappropriately ironic tone.
Teppich carpet; (*kleiner*) rug [IDM] **auf dem Teppich bleiben** be realistic **den roten Teppich ausrollen** roll out the red carpet **etw unter den Teppich kehren** sweep* sth under the carpet
Teppichboden fitted carpet ◊ *Wir haben einen neuen Teppichboden verlegen lassen.* We've had a new carpet fitted.
Termin 1 (*beim Arzt etc.*) appointment ◊ *Geben Sie mir bitte einen Termin.* I'd like to make an appointment. ◊ *ein Termin beim Zahnarzt* a dental appointment **2** (*festgesetzte Zeit*) date; (*letzter Termin*) deadline ◊ *Ich muss das Referat bis zu dem festgesetzten Termin fertig bekommen.* I must have the paper finished by the deadline. **3** (*Gerichts-*) hearing
Terminal (*am Flughafen, Computer-*) terminal
Terminkalender diary*, (*AmE*) datebook ◊ *Mein Terminkalender ist für diese Woche ausgebucht.* My diary is full this week. ◊ *Ich trage es in meinem Terminkalender ein.* I'll put it in my diary.
Terminologie terminology*
Terminus term; **~ technicus** technical term
Termite termite
Terpentin turpentine, turps (*umgs*)
Terrain 1 (GEOGR) terrain ◊ *ein hügeliges Terrain* hilly terrain **2** (*Gelände*) (area of) land ◊ *das Terrain sondieren* spy out the land **3** (*fig*) ground; **unbekanntes ~** unknown territory ◊ *an Terrain verlieren* lose ground ◊ *auf neutralem Terrain* on neutral ground
Terrakotta terracotta
Terrarium terrarium
Terrasse terrace; (*kleine Terrasse am Haus*) patio*
terrestrisch terrestrial ◊ *terrestrische Frequenzen* terrestrial frequencies ◊ *Die Sendung wurde terrestrisch ausgestrahlt.* The programme was broadcast on terrestrial television.
Terrier terrier
territorial territorial
Territorium territory*
Terror 1 terror; (*Terrorismus*) terrorism; (*Gewalttaten*) acts of violence [Pl] ◊ *Maßnahmen gegen den rechten Terror* measures to combat right-wing terrorism ◊ *Terror gegen Zuwanderer* acts of violence against immigrants **2** (*etwas Schlimmes*) hell ◊ *Die Schmerzen sind der reinste Terror.* The pain is absolute hell. **3** (*Zank*) ◊ *Bei uns herrscht ständig Terror.* We're always quarrelling.
Terrorakt act of terrorism **Terroranschlag** terrorist attack ◊ *Sie sind bei einem Terroranschlag umgekommen.* They were killed in a terrorist attack.
terrorisieren terrorize
Terrorismus terrorism ◊ *den Terrorismus bekämpfen* combat terrorism
Terrorist(in) terrorist

terroristisch terrorist (*nur vor Nomen*) ◊ *terroristische Organisationen* terrorist organizations
Terz (Mus) third ◊ *eine kleine/große Terz* a minor/major third
Terzett (Mus) trio* ☛ G 1.3b
Tesafilm® Sellotape™, (*AmE*) Scotch tape™
Test test ◊ *Wir schreiben morgen einen Test.* We've got a test tomorrow.
Testament 1 will; (*literarisches, politisches etc.*) testament **2** (*in der Bibel*) Testament
testen 1 jdn/etw (auf etw) ~ test sb/sth (for sth) ◊ *Die Autos wurden auf ihre Zuverlässigkeit getestet.* The cars were tested for their reliability. ◊ *Er wollte dich doch nur testen.* He was just testing you. ◊ *Sie wollte testen, wie ich reagiere.* She wanted to see how I would react. ◊ *sich auf Aids testen lassen* have an AIDS test **2** (*ausprobieren*) try* sth out ◊ *Sie können den Service kostenlos testen.* You can try out the service for free.
Testergebnis test result
Testosteron testosterone
Test- Testperson subject **Teststopp** test ban
Tetanus tetanus
teuer 1 expensive ◊ *Das ist mir zu teuer.* That's too expensive for me. ◊ *ein teures Restaurant* an expensive restaurant ◊ *Wie teuer ist die Miete?* How much is the rent? ◊ *Das wird teuer.* That'll cost a lot. ◊ *Zigaretten werden immer teurer.* Cigarettes keep going up. ◊ *eine 500 Dollar teuere Kamera* a camera costing 500 dollars ◊ *etw teuer verkaufen* sell sth for a high price ◊ *etw teuer bezahlen* pay a high price for sth **2** (*hoch geschätzt*) dear ◊ *Er war ihr lieb und teuer.* He was very dear to her. **IDM** **jdn/jdm teuer zu stehen kommen** cost* sb dear ☛ *Siehe auch* SPASS *und* VERGNÜGEN
Teuerung rise in prices
Teuerungsrate rate of price increases
Teufel(in) devil; (*der Teufel*) the Devil **IDM** **auf Teufel komm raus 1** come hell or high water ◊ *Er wollte es auf Teufel komm raus fertig machen.* He wanted to get it finished come hell or high water. **2** (*wie verrückt*) like mad (*umgs*) ◊ *Sie hat die ganze Nacht auf Teufel komm raus gearbeitet.* She worked like mad all night. **beim/zum Teufel sein** have had it (*umgs*) ◊ *Das Auto ist zum Teufel.* The car has had it. **den Teufel an die Wand malen** think* the worst; (*Unglück heraufbeschwören*) tempt fate/providence **der Teufel ist los** all hell breaks* loose; there's hell/the devil to pay **der Teufel soll jdn/etw holen** to hell with sb/sth (*umgs*) ◊ *Der Teufel soll den ganzen Laden holen!* To hell with the lot of them! **der Teufel steckt im Detail** the devil is in the detail **Geh zum Teufel!/Scher dich zum Teufel!** Go to hell! (*umgs*) **wann/was/wer/wo zum Teufel** when/what/who/where the hell (*umgs*) ◊ *Wo zum Teufel bleibt sie?* Where the hell is she? **weiß der Teufel, wann/was/wo ...** God/Christ knows when/what/where ... (*umgs*) ◊ *Weiß der Teufel, wann sie kommt!* Christ knows when she'll arrive. **wenn man vom Teufel spricht** speak of the devil
Teufelskreis vicious circle
teuflisch 1 terrible (*Adv* terribly) ◊ *Ich habe einen teuflischen Durst.* I've got this terrible thirst. ◊ *Die Situation war teuflisch kompliziert.* The situation was terribly complicated. **2** (*diabolisch*) devilish (*Adv* devilishly) ◊ *ein teuflisches Lachen* a devilish laugh
Text 1 text **2** (*eines Lieds*) words [Pl]; (*eines Popsongs*) lyrics [Pl] **3** (*Bibelpassage*) passage (from the Bible) **4** (*zu einer Abbildung*) caption
Textanalyse (LIT) textual analysis **Textaufgabe** (MATH) problem
texten 1 write* songs; **etw** ~ write* the lyrics to sth ◊ *Er hat viele Hits getextet.* He has written the lyrics to lots of hits. **2** (*Werbung etc.*) write* copy; **etw** ~ write* the copy for sth **3** (**mit**) **jdm** ~ (*simsen*) text (sb)
Texter(in) (*von Liedern*) lyricist; (*von Werbung etc.*) copywriter ☛ G 2.2d
Textilien 1 (*Waren*) bedlinen [U], clothing [U] **2** (*Material*) textiles [Pl]
Textilindustrie textile industry*
Text- Textstelle passage **Textverarbeitung** word processing **Textverarbeitungsprogramm** word-processing program
Theater 1 theatre, (*AmE*) theater ◊ *Was gibt's im Theater?* What's on at the theatre? ◊ *Wir trafen uns im Theater.* We met at the theatre. ◊ *ins Theater gehen* go to the theatre ◊ *das griechische Theater* Greek theatre ◊ *Er arbeitet beim Theater.* He works in the theatre. ◊ *Das Theater ist ausverkauft.* The performance is sold out. **2** (*Ensemble*) theatre company*, (*AmE*) theater company* **3** (*Getue*) fuss; (*Szene*) scene; (*Aufwand*) performance ◊ *Mach nicht so'n Theater!* Don't make such a fuss! ◊ *Hör auf. Das gibt nur wieder Theater.* Stop it. There'll only be a scene. ◊ *So ein Theater!* What a performance! **IDM** **Theater spielen 1** (*auftreten*) act; (*Stücke aufführen*) put* on plays **2** (*fig*) be putting it on ◊ *Sie hat sich nicht wehgetan, sie spielt nur Theater.* She hasn't hurt herself, she's just putting it on.
Theateraufführung performance **Theatergruppe** drama group **Theaterstück** (stage) play **Theaterwissenschaft** Drama ◊ *Er hat Theaterwissenschaft studiert.* He did Drama at university.
theatralisch theatrical (*Adv* theatrically)
Theke bar; (*Ladentisch*) counter ◊ *Er stand an der Theke.* He was standing at the bar.
Thema 1 subject; (*Kern-*) point ◊ *Das Thema der Vorlesung heißt* ... The subject of the lecture is ... ◊ *ein heikles Thema* a sensitive subject ◊ *das Thema wechseln* change the subject ◊ *Damit ist das Thema für mich erledigt.* The subject is closed as far as I am concerned. ◊ *zum Thema kommen* get to the point ◊ *beim Thema bleiben* stick to the point ◊ *Das ist für uns kein Thema.* That's out of the question as far as we're concerned. ☛ *Hinweis bei* ISSUE[1] **2** (Mus) theme
Thematik subject matter [U] ◊ *eine schwierige Thematik* difficult subject matter
thematisch *Adj* thematic (*Adv* thematically)
thematisieren take* sth as your subject, discuss; **etw in etw** ~ make* sth the subject of sth ◊ *Der Artikel thematisiert die Probleme von Drogensüchtigen.* The article discusses the problems of drug addicts. ◊ *In ihren Liedern thematisiert sie das Leben in der Großstadt.* She makes city life the subject of her songs.
Themenbereich, Themenkreis subject area
Theologe, Theologin theologian ☛ G 2.2d
Theologie theology*
theologisch theological (*Adv* theologically)
Theoretiker(in) theoretician, theorist
theoretisch theoretical (*Adv* theoretically) ◊ *Das ist theoretisch möglich.* That's theoretically possible. ◊ *etw theoretisch begründen* give a theoretical reason for sth
Theorie theory* ◊ *Es ist nicht einfach, die Theorie mit der Praxis zu verbinden.* It's not easy to combine theory with practice. ◊ *In der Theorie ist das vielleicht richtig.* It may be right in theory. ◊ *Das ist doch alles nur (reine/bloße/graue) Theorie.* That's all just theoretical.
Therapeut(in) therapist ☛ G 2.2d
therapeutisch therapeutic (*Adv* therapeutically)
Therapie 1 therapy*; (*Behandlungsmethode*) treatment ◊ *Beratung und Therapie für gestörte Kinder* counselling and therapy for disturbed children ◊ *Ich war schon dreimal in Therapie.* I've been in therapy three times. ◊ *Prävention, Therapie und Rehabilitation* prevention, treatment and rehabilitation **2** (*fig*) remedy*
Thermal- thermal (*nur vor Nomen*)
Thermalbad 1 thermal bath **2** (*Kurort*) spa
thermisch thermal (*nur vor Nomen*) ◊ *thermische Energie* thermal energy ◊ *Die toxischen Schadstoffe werden thermisch behandelt.* The toxic substances are heat treated.
Thermometer thermometer ◊ *Das Thermometer zeigte 5° unter Null.* The thermometer read 5° below zero. ◊ *Das Thermometer steigt/fällt.* The temperature is rising/falling.
Thermos®- Thermosflasche Thermos™, (*BrE auch*) Thermos flask, (*AmE auch*) Thermos bottle **Thermoskanne** Thermos jug
Thermostat thermostat ◊ *Der Thermostat ist auf 23° eingestellt.* The thermostat is set at 23°.
These thesis*; (*Theorie*) theory*
Thon ⇨ THUNFISCH
Thriller thriller
Thrombose thrombosis*
Thron throne ◊ *den Thron besteigen* come to the throne
thronen sit* in state

Thron- **Thronfolge** succession (to the throne) ◊ *ein Streit um die Thronfolge* a battle for succession **Thronfolger(in)** heir to the throne
Thunfisch tuna*
Thymian thyme
Tic (nervous) tic
Tick 1 ⇨ TIC **2** (*Eigenheit*) quirk ◊ *Das ist so ein Tick von ihm.* It's one of his little quirks. ◊ *Die hat doch einen Tick.* She's crazy. **3** (*Nuance*) a bit
ticken tick IDM **nicht (mehr) richtig ticken** be crazy
Ticket ticket
Tiebreak tiebreak, (*AmE*) tiebreaker
tief 1 deep ◊ *ein tiefes Loch/eine tiefe Wunde* a deep hole/wound ◊ *ein drei Meter tiefes Loch* a hole three metres deep ◊ *tiefer Schnee* deep snow ◊ *Das Dorf war tief verschneit.* The village was covered with deep snow. ◊ *tief liegende Augen* deep-set eyes ◊ *tief bohren* drill deep ◊ *Er blickte ihr tief in die Augen.* He looked deep into her eyes. ◊ *im tiefsten Urwald* in the depths of the jungle ◊ *bis tief in die Nacht* far into the night **2** (*intensiv*) deep (*Adv* deeply) ◊ *tiefe Trauer* deep sorrow ◊ *ein tiefes Rot* a deep red ◊ *tief bewegt* deeply moved ◊ *tief durchatmen* take deep breaths ◊ *tief verschuldet sein* be deep(ly) in debt ◊ *tief schlafen* be fast asleep **3** (*niedrig*) low; (*Stimme*) deep ◊ *tiefe Temperaturen* low temperatures ◊ *Die Sonne sank tiefer.* The sun sank lower. ◊ *tief hängende Wolken* low clouds ◊ *die tiefen Noten* the low notes ◊ *ein tief fliegendes Flugzeug* a low-flying aircraft ◊ *Er musste sich tief bücken.* He had to bend down low. ◊ *Die Schmerzen liegen etwas tiefer.* The pain is a bit lower down. ◊ *Die Inflation hat ihren tiefsten Stand erreicht.* Inflation has reached its lowest level. ◊ *ein tief ausgeschnittenes Kleid* a low-cut dress ◊ *Sie ist tief gesunken.* She has sunk low. **4** ◊ *ein tiefer Teller* a soup plate ☛ *Hinweis bei* FLACH **5** ~ **gehend/greifend** far-reaching; (*grundlegend*) radical ◊ *tief greifende Folgen haben* have far-reaching consequences ◊ *tief greifende Veränderungen* radical changes IDM ⇨ GREIFEN, HERZ, KREIDE *und* SCHULD
Tief low IDM ⇨ HÖHE
Tiefbau civil engineering
Tiefbauarbeiten civil engineering projects [Pl]
tiefblau deep blue
Tiefe 1 depth ◊ *die Tiefe des Wassers messen* measure the depth of the water ◊ *ein Fach mit einer Tiefe von 30 cm* a shelf with a depth of 30 cm ◊ *die Tiefen der Seele* the depths of the soul ◊ *Der Graben hat eine Tiefe von zwei Metern.* The ditch is two metres deep. ◊ *Gedanken von großer Tiefe* deep thoughts ◊ *In der Tiefe ihres Herzens liebte sie ihn noch.* She still loved him deep down. ◊ *die Höhen und Tiefen des Lebens* life's ups and downs **2 in die ~ stürzen/fallen** plunge (down) ◊ *Wir sahen, wie der Bus in die Tiefe stürzte.* We saw the bus plunge down. **3 auf ~ gehen** dive* ◊ *Das U-Boot ging auf Tiefe.* The submarine dived.
Tiefebene lowland plain
Tiefenpsychologie psychoanalysis
Tief- **Tiefflug** low-level flight ◊ *Flugzeuge in Tiefflug* low-flying aircraft **Tiefgarage** underground car park, (*AmE*) underground parking lot **tiefgefroren, tiefgekühlt** frozen ◊ *tiefgekühltes Fleisch* frozen meat **tiefgründig** profound; (*gründlich*) in-depth (*nur vor Nomen*) ◊ *eine tiefgründige Frage* a profound question ◊ *eine tiefgründige Analyse* an in-depth analysis **Tiefkühlfach** freezer compartment **Tiefkühltruhe** (chest) freezer **Tieflader** low-loader, (*AmE*) flatbed (truck) **Tiefpunkt** low point **Tiefschnee** deep snow **Tiefstand** low (level) ◊ *auf einen Tiefstand sinken/fallen* sink to a low level ◊ *Der Aktienindex fiel auf einen neuen Tiefstand.* The share index fell to a new low.
Tier animal (*auch fig*) ◊ *Sie kann gut mit Tieren umgehen.* She's good with animals. ◊ *das Verhältnis zwischen Mensch und Tier* the relationship between humans and animals ◊ *Er ist ein Tier.* He's an animal. IDM **ein hohes/großes Tier (bei etw)** ◊ *Sie ist ein hohes Tier bei einer Versicherung.* She's something important in an insurance company. ◊ *Er ist ein hohes Tier.* He's quite high up.
Tierarzt, -ärztin vet, (*BrE auch*) veterinary surgeon (*gehoben*), (*AmE auch*) veterinarian ☛ G 2.2d **Tierfreund** animal lover **Tiergarten** zoo* **Tierheim** animal shelter
tierisch 1 animal (*nur vor Nomen*) ◊ *tierische Fette* animal fats ◊ *die Erforschung tierischen Verhaltens* research into animal behaviour **2** (*verstärkend*) terrible (*Adv* terribly) ◊ *Die Hitze war tierisch.* The heat was terrible. ◊ *Wir mussten tierisch schuften.* We had to work terribly hard. ◊ *So tierisch ernst geht's bei uns nicht zu.* We don't take things so terribly seriously here. IDM **tierischer Ernst** deadly seriousness
Tier- **Tierkreis** zodiac **Tierkreiszeichen** sign of the zodiac **Tierliebe** love of animals **Tiermedizin** veterinary medicine **Tiermehl** meat and bonemeal **Tierpark** zoo* **Tierpfleger(in)** keeper ☛ G 2.2d **Tierreich** animal kingdom **Tierquälerei** cruelty to animals **Tierschutzverein** society * for the prevention of cruelty to animals **Tierversuch** animal experiment **Tierwelt** fauna; (*Tierreich*) animal kingdom ◊ *die Pflanzen- und Tierwelt Norwegens* the flora and fauna of Norway
Tiger tiger
Tigerin tigress
Tigerstaat tiger economy*
Tilde tilde, swung dash
tilgen 1 pay* *sth* off ◊ *Schulden tilgen* pay off debts **2** *etw* **aus etw ~** erase sth from sth
Tilgung repayment ◊ *die Tilgung einer Hypothek* the repayment of a mortgage
Timing timing
Tinktur tincture
Tinte ink ◊ *Bitte mit Tinte schreiben.* Please write in ink. IDM **in der Tinte sitzen** be in a mess (*umgs*) **in die Tinte geraten** get* into difficulty ◊ *Die Firma ist finanziell in die Tinte geraten.* The firm has got itself into financial difficulties.
Tintenfisch squid **Tintenstrahldrucker** ink-jet printer
Tipp tip ◊ *Fachleute geben Tipps zur Ernährung.* Experts will give tips on nutrition.
tippen¹ 1 type; (*in den Computer*) key ◊ *beim Tippen Fehler machen* make typing errors **2 an/auf/gegen etw ~** (*kurz berühren*) tap* (on/against) sth ◊ *an/gegen die Fensterscheibe tippen* tap (on) the window ◊ *Sie tippte ihm auf die Schulter.* She tapped him on the shoulder.
tippen² 1 (*im Lotto*) do* the lottery; (*im Toto*) do* the football pools ◊ *Wir tippen jede Woche im Lotto.* We do the lottery every week. ◊ *Er tippt immer die gleichen Zahlen.* He always picks the same numbers. **2** (**auf etw/jdn**) **~** bet* (on sb/sth) ◊ *Ich tippe auf ein Unentschieden.* I bet it will be a draw. ◊ *Er hatte richtig getippt.* I was right.
Tipp-Ex® Tipp-Ex™, (*AmE*) Wite-out™
Tippfehler typing mistake, typo* (*umgs*)
tipptopp immaculate (*Adv* immaculately) ◊ *tipptopp aussehen* look immaculate ◊ *Ihre Wohnung ist immer tipptopp aufgeräumt.* Her flat is always immaculately tidy. ◊ *tipptopp in Ordnung* in immaculate condition
Tisch 1 table ◊ *Das Essen ist auf dem Tisch.* The food is on the table. ◊ *Wir saßen am Tisch.* We were sitting at the table. ◊ *den Tisch decken* lay the table ◊ *Ich habe einen Tisch für vier Personen bestellt.* I've reserved a table for four. ◊ *Lies nicht bei Tisch.* Don't read at the table. ◊ *Kommt bitte zu Tisch.* Please come and eat. ◊ *Wir saßen zu Tisch.* We were having our meal. **2 vor/nach ~** before/after lunch/dinner IDM **am runden Tisch** ◊ *Der Verkauf wurde am runden Tisch verhandelt.* The sale was negotiated in round-table talks. ◊ *Er lud alle Beteiligten zu Gesprächen am runden Tisch ein.* He brought all the parties together for round-table talks. **auf den Tisch hauen/schlagen** put* your foot down **etw auf den Tisch legen** put* sth on the table **(mit etw) reinen Tisch machen** make * a clean sweep (of sth) **sich (mit jdm) an einen Tisch setzen** sit* round a table (with sb) **(etw) unter den Tisch fallen (lassen)** (let* sth) go* by the board **jdn unter den Tisch trinken** drink* sb under the table **etw vom Tisch wischen/fegen** dismiss sth ☛ *Siehe auch* FAUST *und* KARTE
Tischdecke tablecloth **Tischfußball** table football, (*AmE*) foosball **Tischgebet** grace ◊ *das Tischgebet sprechen* say grace
Tischler(in) carpenter; (*für Fenster und Türen*) joiner ☛ G 2.2d
Tischlerei 1 carpenter's workshop; (*für Fenster und Türen*) joiner's workshop **2** (*Handwerk*) carpentry/joinery; (*für Fenster und Türen*) joinery
Tisch- **Tischplatte** table top ◊ *ein Tisch mit einer Tischplatte aus Glas* a table with a glass top **Tischtennis** table

tennis **Tischtennisplatte** table tennis table **Tischtennisschläger** table-tennis bat **Tischtuch** tablecloth
Titan¹ *der* **1** Titan **2** (*fig*) giant ◊ *die Titanen der Literatur* literary giants
Titan² *das* titanium
Titel 1 title ◊ *der Titel des Romans* the title of the novel ◊ *Das Buch hatte den Titel „Amerika".* The book was entitled 'America'. ◊ *den Titel verteidigen* defend the title **2** (*-seite*) front page
Titelanwärter(in) contender for the title **Titelblatt** (*eines Buchs*) title page; (*einer Zeitung*) front page **Titelheld(in)** eponymous hero/heroine **Titelseite** front page **Titelverteidiger(in)** title-holder
Titte tit (*vulg, Slang*)
Toast 1 (*Brot*) toast [U]; (*Scheibe*) piece of toast ◊ *Ich möchte einen Toast.* I want a piece of toast. **2** (*Trinkspruch*) toast ◊ *einen Toast auf jdn ausbringen* drink a toast to sb
toasten toast
Toaster toaster
toben 1 go* wild; (*vor Wut etc. auch*) rage ◊ *Das Publikum tobte vor Begeisterung.* The audience went wild with enthusiasm. ◊ *vor Empörung toben* rage in indignation ◊ *Das Gewitter tobte.* The storm raged. **2** (*spielen*) tear* around
Tochter 1 daughter **2** (*-firma*) subsidiary*
Tochtergesellschaft subsidiary*, subsidiary company* **Tochterunternehmen** subsidiary*
Tod death ◊ *eines natürlichen/gewaltsamen Todes sterben* die a natural/violent death ◊ *jdn zum Tode verurteilen* condemn sb to death [IDM] *jdn/etw auf den Tod nicht leiden/ausstehen können* ◊ *Ich kann Geiz auf den Tod nicht ausstehen.* I can't stand meanness. **bis dass der Tod euch scheidet** till death do you part **jdn in den Tod treiben** kill sb ◊ *Seine Alkoholabhängigkeit wird ihn noch in den Tod treiben.* Drink will kill him. **mit dem Tode ringen** be at death's door **sich den Tod holen** catch* your death **tausend Tode sterben** die a thousand deaths **zu Tode** to death ◊ *sich zu Tode fürchten/langweilen/erschrecken* be scared/bored/frightened to death ◊ *sich zu Tode schämen* die of embarrassment **zu Tode kommen** die* ☛ *Siehe auch* WEIHEN
todernst deadly serious (*Adv* deadly seriously) **Todesangst Todesängste ausstehen** be scared to death **Todesanzeige 1** (*Brief*) = card announcing sb's death **2** (*in der Zeitung*) = notice of sb's death **Todesfall** death; (*bei Verwandten auch*) bereavement **Todeskandidat(in)** condemned man*/woman* **todesmutig** fearless (*Adv* fearlessly)
Todesopfer death, casualty*

> Stehen Ereignisse oder Vorfälle im Blickpunkt, spricht man von **death** oder **fatality**: *a reduction in deaths from road accidents* ◊ *There were 15 fatalities linked to diving.* Die Anzahl der Toten kann auch mit **death toll** übersetzt werden: *The death toll in the fighting reached 300.* Liegt das Interesse auf den toten Personen, kann auch **dead** benutzt werden, allerdings nur im Plural: *Have the relatives of the dead been informed?*
>
> **Casualty** kann sich sowohl auf einen Toten oder einen Verletzten beziehen: *There were 200 casualties, of which a quarter were killed or seriously injured.* Oft benutzt man auch den Ausdruck **life**: *All on board the aircraft lost their lives.* ◊ *The earthquake claimed a hundred lives.*

Todes- Todesstrafe death penalty ◊ *die Todesstrafe verhängen/vollstrecken* impose/carry out the death penalty ◊ *zur Todesstrafe verurteilt sein* be sentenced to death **Todestag** anniversary* of sb's death **Todesursache** cause of death **Todesurteil** death sentence ◊ *das Todesurteil über jdn verhängen* pronounce the death sentence on sb **Todeszelle** death cell ☛ **Death row** bezeichnet die Gruppe von Todeszellen in amerikanischen Gefängnissen. Daher spricht man oft von **prisoners on death row**: *acht Jahre in der Todeszelle* eight years on death row.
Tod- Todfeind(in) deadly enemy* **todkrank** critically ill
tödlich 1 (*Unfall, Krankheit, Verletzung, Folgen, Schuss, Stich*) fatal (*Adv* fatally); (*Gift, Mischung, Dosis*) lethal (*Adv* lethally) ◊ *ein Unfall mit tödlichem Ausgang* a fatal accident ◊ *tödlich verletzt/getroffen* fatally injured/wounded ◊ *Der Ausflug nahm ein tödliches Ende.* The trip ended in

death. ◊ *Sie sind tödlich verunglückt.* They died in an accident. **2** (*Gefahr*) mortal **3** (*Ernst*) deadly **4** *Adv* (*sehr*) ◊ *sich tödlich langweilen/erschrecken* be bored/frightened to death ◊ *Er war tödlich beleidigt.* He was mortally offended. [IDM] ⇨ ENDE
tod- todmüde dead tired **todsicher** definite (*Adv* definitely) ◊ *Sie kommt todsicher, glaube mir.* She's definitely coming, believe me. ◊ *ein todsicherer Tipp* a dead cert ◊ *ein todsicheres Erfolgsrezept* a sure-fire recipe for success **Todsünde** mortal sin
Tofu tofu
toi [IDM] **toi, toi, toi 1** (*viel Glück*) good luck **2** (*zum Glück*) touch wood ◊ *Bisher ist, toi, toi, toi, alles glatt gelaufen.* Everything's gone well so far, touch wood.
Toilette 1 (*Toilettenschüssel*) toilet **2** (*Raum*) toilet, (*AmE*) bathroom, restroom ◊ *Ich muss dringend zur Toilette.* I'm dying to go to the toilet.

> Die Toilette in Wohnungen und Häusern nennt man im britischen Englisch normalerweise **toilet** oder, umgangssprachlich, **loo**. **Lavatory** und **WC** sind gehobene Ausdrücke und werden seltener gebraucht. In Restaurants, Kaufhäusern etc. fragt man nach den **Ladies/Gents** (**toilets**). Öffentliche Toiletten heißen **Public Toilets** und tragen manchmal noch die ältere Beschriftung **Public Conveniences**. Im Amerikanischen verwendet man **bathroom** für private und **rest room** oder **washroom** für öffentliche Toiletten.

Toilettenpapier toilet paper
tolerant tolerant (*Adv* tolerantly) ◊ *tolerant gegenüber anderen Kulturen* tolerant of other cultures
Toleranz tolerance ◊ *Toleranz gegenüber jdm/etw üben/zeigen* exercise/show tolerance towards sb/sth
tolerieren tolerate
toll great, brilliant (*Adv* brilliantly) ◊ *Das ist ein toller Vorschlag!* That's a great suggestion! ◊ *Sie hat toll gesungen.* She sang brilliantly. [IDM] **es zu toll treiben** go* mad
Tollerei [IDM] ⇨ JUX
tollkühn bold; (*Mensch*) daredevil (*nur vor Nomen*)
Tollpatsch clumsy person*
tollpatschig clumsy* (*Adv* clumsily)
Tollwut rabies [U] ◊ *die Verbeitung der Tollwut* the spread of rabies
tollwütig rabid
Tölpel fool
tölpelhaft (*ungeschickt*) clumsy (*Adv* clumsily); (*dumm*) foolish (*Adv* foolishly)
Tomate tomato*
Tomatenmark tomato purée
Tombola raffle
Ton¹ (*in der Töpferei*) clay ◊ *ein Gefäß aus Ton* a clay pot
Ton² **1** (*Geräusch*) sound ◊ *ein schriller Ton* a shrill sound ◊ *Mitten in der Sendung fiel der Ton aus.* In the middle of the programme the sound went. ◊ *Er hat keinen Ton gesagt.* He didn't say a word. **2** (MUS) note; (*Tonintervall*) tone, (*AmE*) whole step ◊ *die hohen Töne* the high notes ◊ *ein falscher Ton* a wrong note ◊ *ein halber Ton* a semitone **3** (*Redeweise, Tonfall*) tone (of voice) ◊ *Sprich nicht in diesem Ton mit mir.* Don't talk to me in that tone of voice. **4** (*Farbton*) shade [IDM] **den Ton angeben** call the tune **einen anderen/schärferen Ton anschlagen** introduce a stricter regime **große Töne spucken** talk big **jdn/etw in den höchsten Tönen loben** praise sb/sth to the skies **zum guten Ton gehören** be the done thing
tonangebend dominant; (*einflussreich*) influential **Tonart 1** (MUS) key ◊ *die Tonart A-Dur* the key of A major **2** (*Redeweise, Tonfall*) tone **Tonband** tape
tönen¹ (*färben*) tint
tönen² **1** (*Geräusch*) be heard ◊ *Wütende Stimmen tönten aus der Küche.* Angry voices could be heard from the kitchen. ◊ *Aus dem Radio tönte Popmusik.* Pop music was coming from the radio. ◊ *Es tönte laut „Zugabe".* There were loud calls of 'encore'. **2** (*angeben*) boast
Ton- Tonfall 1 (*Sprachmelodie*) intonation **2** (*Redeweise*) tone of voice ◊ *ein freundlicher Tonfall* a friendly tone of voice **Tonlage** pitch **Tonleiter** scale **tonlos** toneless (*Adv* tonelessly); (*Stimme auch*) flat
Tonne 1 (*Müll-*) bin; (*Öl-*) drum; (*Regen-*) butt **2** (*1 000 kg*)

Tontechniker(in)

tonne ◇ *eine Tonne Kohlen* a tonne of coal ☛ *Hinweis bei* TON, S. 664 ☛ *Siehe auch* S. 760
Ton- Tontechniker(in) sound engineer ☛ G 2.2d **Tonträger** = CD, tape, record, etc.
Tönung 1 (*Haar-*) hair colour, (*AmE*) hair color **2** (*Schattierung*) shade **3** ◇ *eine Brille mit Tönung* tinted glasses
Top top
Top- ◇ *ein(e) Topmanager(in)* a top manager ◇ *eine Topidee* a really great idea ◇ *Ich bin heute in Toplaune.* I'm in a really good mood today. ◇ *der Topfavorit* the hot favourite
Topas topaz
Topf 1 (*Kochgeschirr*) (sauce)pan ◇ *ein Topf Suppe* a pan of soup **2** (*Behälter*) pot ◇ *ein Topf mit Honig* a pot of honey **3** (*Blumen-*) (flower)pot **4** (*Toilette*) loo IDM **alles in einen Topf werfen** lump everything together
Topfblume potted plant
Topfen fromage frais, curd cheese
Töpfer(in) potter ☛ G 2.2d
Töpferei 1 (*Gegenstand, Hobby*) pottery [U] ◇ *Töpfereien aus Mittelamerika* pottery from Central America **2** (*Werkstatt*) potter's workshop
töpfern ◇ *Karl töpfert gern.* Karl likes doing pottery. ◇ *eine Tasse töpfern* make a pottery cup
topfit in top form
Topflappen pot holder
Topform top form
Topfpflanze potted plant
topographisch topographical (*Adv* topograhically)
Tor 1 gate; (*Garagen-, Scheunen-*) door **2** (*Einfahrt*) gateway **3** (SPORT) goal ◇ *ein Tor erzielen/schießen* score a goal **Torbogen** archway **Torchance** chance (to score)
Torf peat ◇ *Torf stechen* cut peat
Torfrau goalkeeper
Torheit 1 stupidity ◇ *der Gipfel der Torheit* the height of stupidity **2** ◇ *eine Torheit begehen* do something foolish
Torhüter(in) ⇨ TORWART(IN)
töricht foolish (*Adv* foolishly)
torkeln stagger
Torlinie goal line
torlos goalless
Tormann goalkeeper
Tornado tornado*
Tornister 1 (*Soldaten-*) knapsack **2** (*Schulranzen*) satchel
torpedieren torpedo* (*auch fig*)
Torpedo torpedo*
Tor- Torpfosten (goal)post ◇ *Er traf den Torpfosten.* He hit the post. **Torschlusspanik** last-minute panic ◇ *Kurz vor der Prüfung bekam er Torschlusspanik.* Just before the exam he got into a last-minute panic. ◇ *Sie heiratete ihn aus Torschlusspanik.* She married him for fear of being left on the shelf. **Torschütze** scorer
Torso torso*
Törtchen tart
Torte gateau*; (*Obst-*) flan
Tortenboden sponge base; (*für Obsttorten*) flan case; (*aus Mürbeteig*) pastry case **Tortendiagramm** pie chart **Tortenguss** glaze **Tortenheber** cake slice
Tortur ordeal ◇ *Bei solchen Temperaturen kann Feiern zur Tortur werden.* In this heat parties can be an ordeal.
Torwart(in) goalkeeper ◇ *Er ist Torwart bei Frankfurt.* He's the Frankfurt goalkeeper.
tosen (*Meer, Verkehr*) roar; (*Sturm, Wildbach*) rage ◇ *das Tosen des Meeres* the roar of the sea ◇ *tosender Beifall* thunderous applause
tot 1 dead ◇ *ein toter Ast* a dead branch ◇ *Das Telefon ist tot.* The phone is dead. ◇ *Sie war auf der Stelle tot.* She died instantly. ◇ *Das Baby kam tot auf die Welt.* The baby was stillborn. ◇ *Wenn ich dir das erzähle, fällst du tot um!* You'll die when I tell you! ☛ *Siehe auch* WINKEL **2** (*menschenleer*) deserted **3** (*nicht genutzt*) disused ◇ *ein totes Gleis* a disused line ◇ *ein toter Flussarm* a backwater IDM ⇨ HOSE, PUNKT *und* RENNEN
total 1 *Adv* completely; (*verstärkend*) really ◇ *Ich habe seinen Geburtstag total vergessen.* I completely forgot his birthday. ◇ *Sie muss total verrückt geworden sein.* She must have gone completely mad. ◇ *Die Party war total gut.* The party was really good. ◇ *Alles lief total verkehrt.* Everything went horribly wrong. **2** *Adj* total; (*Erschöpfung, Bruch*) complete; (*Wahnsinn, Unsinn*) absolute ◇ *eine totale Sonnenfinsternis* a total eclipse of the sun ◇ *ein totaler Flop* a total flop ◇ *Hier herrscht totales Chaos.* It's absolute chaos here.
totalitär totalitarian ◇ *Der Staat wird totalitär regiert.* The country is run as a totalitarian state.
Totalitarismus totalitarianism ◇ *der Kampf gegen den Totalitarismus* the struggle against totalitarianism
Totalschaden write-off ◇ *Sie hatte einen Totalschaden.* Her car was a write-off.
tot- totarbeiten sich ~ work yourself to death **totärgern sich ~** be absolutely furious
Tote(r) dead man*/woman*; **die Toten** the dead [Pl] ◇ *Der Tote wurde heute beigesetzt.* The dead man was buried today. ◇ *Sie trauerten um die Toten.* They mourned the dead.

> Es ist zu beachten, dass **the dead** nur für die Mehrzahl benutzt werden kann, man kann also nicht sagen „a dead". **Dead** wird oft mit Zahlen gebraucht, besonders mit hohen Zahlen: *There were reports of 600 dead.* Ausdrücke mit **be killed** sind aber auch sehr häufig: *Two people were killed in the accident.* Besonders wenn die Identität der Toten unbekannt ist oder nicht betont werden soll, wird das Wort **body** gebraucht: *The police have found a body.* ☛ *Siehe auch* FATALITY *und* CASUALTY ☛ *Hinweis bei* TODESOPFER

Totem totem
Totempfahl totem pole
töten kill IDM ⇨ BLICK *und* NERV
Toten- Totengräber(in) gravedigger ☛ G 2.2d **Totenkopf** skull **Totenschein** death certificate **Totensonntag** = Sunday before Advent, when the dead are commemorated **Totenstille** deathly silence ◇ *Es herrschte Totenstille.* There was a deathly silence.
tot- tot geboren stillborn **Totgeburt** stillbirth **totgesagt** written off (*nicht vor Nomen*) ◇ *eine schon häufig totgesagte Partei* a party that has often been written off **totlachen sich ~** kill yourself laughing ◇ *Ich habe mich totgelacht.* I was killing myself laughing. ◇ *Der Film ist zum Totlachen.* The film is hilarious.
Toto (football) pools [Pl] ◇ *Toto spielen* do the pools
tot- totschießen shoot* *sb/sth* dead **Totschlag** manslaughter
totschlagen beat* *sb/sth* to death IDM ⇨ ZEIT
Tot- Totschläger (*Waffe*) cudgel **totschweigen** not talk about *sth*; (*vertuschen*) hush up ◇ *In der Öffentlichkeit wird das Thema meist totgeschwiegen.* The subject is not talked about in public. **totstellen sich ~** play dead **tottrampeln** trample *sb/sth* to death
Tötung killing; (*Mord*) murder ◇ *die Tötung kranker Tiere* the killing of sick animals ◇ *versuchte/vorsätzliche Tötung* attempted/premeditated murder ◇ *fahrlässige Tötung* manslaughter by culpable negligence
Touch touch ◇ *Das verleiht dem Ganzen einen professionellen Touch.* This will add a professional touch. ◇ *Der Schmuck verleiht dem Kleid einen eleganten Touch.* The jewellery gives the dress a touch of elegance. ◇ *Dieses Blau hat einen Touch ins Grüne.* This blue has a hint of green in it. ◇ *etw hat einen leicht negativen Touch* *sth* is slightly negative ◇ *Sie hatte einen naiven Touch.* There was something naive about her.
Toupet toupee
Tour 1 trip; (*Rundreise, -gang*) tour ◇ *eine Tour durch Europa machen* go on a tour of Europe ☛ *Hinweis bei* REISE **2** (*bestimmte Strecke*) route ◇ *Seine Tour führt ihn täglich durch den Park.* His route takes him through the park every day. **3** (*Taktik*) trick ◇ *Diese Tour zieht bei mir nicht.* That trick won't get you anywhere with me. **4** (*Art und Weise*) way ◇ *Fitness auf die sanfte Tour* fitness the gentle way ◇ *Er versuchte es zunächst auf die sanfte Tour, aber das Kind gehorchte nicht.* He tried gentle persuasion first, but the child wouldn't do what she was told. ◇ *Sie macht heute auf die nette Tour.* She's being nice today. **5** (*illegales Unterfangen*) fiddle (*umgs*) **6** (*Umdrehung eines Motors*) revolution IDM **auf Tour gehen/sein** go*/be on tour **auf Touren kommen** get* going ◇ *Morgens komme ich nur sehr langsam auf Touren.* It takes me a long time to get going in the mornings. **auf vollen Touren laufen 1** (*Motor etc.*) be

tragisch

running at full speed **2** *(fig)* be in full swing ◊ *Die Vorbereitungen laufen auf vollen Touren.* The preparations are in full swing.
Tourenrad touring bike **Tourenski** touring ski **Tourenwagen** touring car
Tourismus tourism ◊ *Sie sind auf den Tourismus angewiesen.* They rely on tourism.
Tourist(in) tourist
Touristen- Touristenattraktion tourist attraction **Touristeninformation** tourist information office **Touristenvisum** tourist visa
Touristik tourism; *(Branche)* tourist industry
touristisch 1 tourist *(nur vor Nomen)* ◊ *eine touristische Attraktion* a tourist attraction ◊ *Die touristische Erschließung der Region ging nur sehr langsam voran.* Tourism in the area has only developed very slowly. ◊ *das touristische Angebot der Stadt* what the town has to offer tourists ◊ *touristisch erschlossen* developed for tourists **2** *(von Touristen überlaufen)* touristy *(umgs, abwert)*
Tournee tour ◊ *auf Tournee* on tour
toxikologisch toxicological
toxisch toxic ◊ *toxische Stoffe* toxic substances
Trab trot ◊ *in leichtem//lockerem/scharfem Trab reiten* ride at a gentle/light/brisk trot **IDM** **jdn/etw auf Trab bringen** get* sb/sth going **jdn auf Trab halten** keep* sb on the go **immer auf Trab sein** be always on the go
Trabantenstadt satellite town
traben trot*
Tracht 1 *(Kleidung)* traditional costume ◊ *in Tiroler Tracht* in traditional Tyrolean costume **2** *eine ~ Prügel* a thrashing
trachten *nach etw ~* strive* for sth *(gehoben)* **danach ~ etw zu tun** strive* to do sth *(gehoben)* ◊ *nach Ruhm trachten* strive for fame **IDM** ⇨ LEBEN
trächtig pregnant
Trackball trackball
Tradition tradition ◊ *Große Geburtstagsfeiern sind in unserer Familie Tradition.* Big birthday parties are a family tradition. ◊ *Nach alter Tradition werden hier noch Maibäume aufgestellt.* They still put up maypoles here, according to the old tradition.
traditionell traditional *(Adv* traditionally*)* ◊ *traditionell weibliche Berufe* traditionally female occupations ◊ *unser bereits traditionell gewordenes Sommerfest* our summer festival, which has already become a tradition
traditionsbewusst with a strong sense of tradition *(nicht vor Nomen)* ◊ *Er ist ein sehr traditionsbewusster Mensch.* He is a man with a strong sense of tradition.
Traditionsbewusstsein sense of tradition ◊ *ein ausgeprägtes Traditionsbewusstsein* a strong sense of tradition
Trafo ⇨ TRANSFORMATOR
tragbar 1 *(Gerät etc.)* portable **2** *(Kleidung)* wearable ◊ *Tragbare Mode für jeden Tag.* Wearable fashions for every day. ◊ *Designermode ist im Alltag häufig nicht tragbar.* Designer fashion is often not suitable for everyday wear. **3** *(finanziell)* viable ◊ *Seine Firma ist wirtschaftlich nicht mehr tragbar.* His firm is no longer economically viable. **4** *(tolerierbar)* acceptable ◊ *Die derzeitige Situation ist einfach nicht mehr tragbar.* The present situation is simply no longer acceptable. ◊ *politisch/pädagogisch tragbar* acceptable from a political/pedagogical point of view ◊ *Unser Geschäftsführer ist für die Firma nicht mehr tragbar.* Our managing director has become a liability to the firm.
Trage stretcher
träge 1 lethargic *(Adv* lethargically*)*; *(faul)* lazy *(Adv* lazily*)*; *(Fluss, Konjunktur etc.)* sluggish *(Adv* sluggishly*)* ◊ *Er saß träge in einem Sessel.* He sat lethargically in an armchair. ◊ *Mensch, sei doch nicht so träge!* Come on, don't be so lazy! ◊ *ein träge dahinfließender Fluss* a sluggish river **2** (PHYSIK) inert
tragen 1 carry*; *(hochheben)* lift ◊ *Kannst du mir mal tragen helfen?* Can you help me carry these things? ◊ *Er trug ihr den Koffer.* He carried her suitcase for her. ◊ *Die Tasche lässt sich schlecht tragen.* This bag isn't easy to carry. ◊ *sich von der Strömung tragen lassen* be carried away by the current ◊ *Ihre Stimme trägt nicht.* Her voice doesn't carry. ◊ *Er darf nicht schwer tragen.* He isn't allowed to lift anything heavy. ◊ *Die Möwen ließen sich vom Wind tragen.* The seagulls were drifting with the wind. ◊ *Er muss sechs Wochen Gips tragen.* He'll be in plaster for six weeks. ◊ *Der Wagen wurde aus der Kurve getragen.* The car came off the road on the bend. ◊ *Wird die Freundschaft mit Moskau so weit tragen?* Will the friendship with Moscow go this far? **2** *(Kleidung, Schmuck, Make-up etc.)* wear* ◊ *eine Brille tragen* wear glasses ◊ *So was trägt man jetzt.* That's what people are wearing at the moment. ◊ *Der neue Pulli trägt sich gut.* The new pullover is nice to wear. ◊ *das Haar offen tragen* wear your hair loose ◊ *Rot kannst du gut tragen.* Red suits you. ◊ *getragene Kinderkleidung* children's second-hand clothes **3** *etw* **(bei sich/mit sich) tragen** have sth on you ◊ *seinen Führerschein bei sich tragen* have your driving licence on you ◊ *Der Einbrecher trug eine Waffe.* The burglar was armed. **4** *(Namen, Titel, Frisur, Bart etc.)* have ◊ *Die Kinder tragen ihren Namen.* The children have her name. ◊ *Sie trägt einen Doktortitel.* She has a doctorate. ◊ *Er trug den Arm in einer Schlinge.* He had his arm in a sling. ◊ *Er trägt einen Mittelscheitel.* He has a centre parting. ◊ *Das Buch trägt den Titel „Circle of Friends".* The book is entitled 'Circle of Friends'. ◊ *Der Brief trägt das Datum von gestern.* The letter is dated yesterday. **5** *(Gewicht)* take* *(the weight of)* ◊ *sb/sth* ◊ *Die Brücke trägt bis zu 8 Tonnen.* The bridge will take up to 8 tons. ◊ *Hoffentlich trägt uns der Holzsteg.* I hope this wooden bridge will take our weight. **6** *(stützen)* support ◊ *Das Dach wird von dieser Wand getragen.* The roof is supported by this wall. ☞ *Siehe auch* TRAGEND **7** *(Kosten, Verantwortung, Risiko, Früchte)* bear* ◊ *Die Kosten trägt der Verein.* The club will bear the costs. ◊ *Er allein trug die Verantwortung für das, was geschehen war.* He bore sole responsibility for what happened. ◊ *Schließlich trug ihre Arbeit doch noch Früchte.* In the end her work bore fruit. ◊ *Im ersten Jahr tragen die Bäume noch nicht.* In the first year the trees don't bear fruit. ◊ *Die Investition wird mit Sicherheit Zinsen tragen.* This will certainly be a worthwhile investment. ◊ *Er musste den Schaden selbst tragen.* He had to pay for the damage himself. ◊ *Du trägst die Schuld an allem, was passiert ist.* You're to blame for everything that's happened! **8** *(akzeptieren)* take*, accept ◊ *Sie trug die Kritik mit Gelassenheit.* She took the criticism very well. ◊ *Er trug das Urteil mit Fassung.* He calmly accepted the verdict. **9 sich selbst ~** *(finanziell)* pay* your own way, be self-supporting **10 sich mit dem Gedanken an etw ~** consider sth; **sich mit dem Gedanken ~ etw zu tun** consider doing sth ◊ *Sie trägt sich mit dem Gedanken auszuwandern.* She's considering emigrating.
IDM *(schwer)* **an etw zu tragen haben** *(Schicksal etc.)* find* sth hard to bear **zum Tragen kommen** be used to good effect ◊ *In diesem Job kommen ihre Talente voll zum Tragen.* In this job her talents are being used to extremely good effect. ☞ *Siehe auch* GRAB, HAND, RECHNUNG, SCHAU, SORGE *und* STEMPEL
tragend 1 supporting *(nur vor Nomen)*; *(Wand)* load-bearing ◊ *eine tragende Säule* a supporting pillar **2** *(wichtig)* fundamental, key *(nur vor Nomen)* ◊ *eine tragende Idee* a fundamental idea ◊ *eine tragende Rolle spielen* play a key role **3** *(Stimme)* powerful
Träger 1 *(Bau-)* girder, support **2** *(an einem Kleidungsstück)* (shoulder-)strap **3** ⇨ DACHGEPÄCKTRÄGER
Träger(in) 1 *(Gepäck-)* porter **2** *(von Kleidung)* ◊ *Träger des gelben Trikots war Zabel.* The man wearing the yellow jersey was Zabel. **3** *(eines Amts etc.)* holder; *(eines Preises etc.)* winner ◊ *Aung San Suu Kyi, Trägerin des Friedensnobelpreises* Nobel prizewinner Aung San Suu Kyi ◊ *die Träger des Namens Dutroux* people named Dutroux **4** (MED) carrier ◊ *Insekten sind oft Träger von Bakterien.* Insects are often carriers of bacteria. **5** *(Körperschaft)* ◊ *Der Träger der Privatschule hat Konkurs angemeldet.* The firm that financed the private school has gone bankrupt. ◊ *Die Kirche ist Trägerin des Kindergartens.* The church funds the nursery.
Tragetasche shopping bag; *(Plastiktüte)* carrier bag
tragfähig 1 strong enough to bear a load *(nicht vor Nomen)* ◊ *ein tragfähiges Gerüst* scaffolding that is strong enough to bear a load **2** *(fig)* workable; *(finanziell)* viable
Tragfläche (AERO) wing; (NAUT) foil
Trägheit 1 lethargy **2** (PHYSIK) inertia
Tragik tragedy ◊ *Die eigentliche Tragik liegt darin, dass ...* The real tragedy about it is ...
tragisch tragic *(Adv* tragically*)* ◊ *Die Sache nahm ein tragisches Ende.* It all came to a tragic end. ◊ *Ihre Eltern kamen auf tragische Weise ums Leben.* Her parents were

killed tragically. ◊ *tragisch enden* end in tragedy **IDM** *das ist nicht so tragisch!* it's not the end of the world! *Das wäre nicht weiter tragisch, wenn ...* It wouldn't have been so bad, if ... *etw* (**nicht so**) **tragisch nehmen** (not) take* sth (so much) to heart

Tragödie tragedy* ◊ *in einer Tragödie enden* end in tragedy ◊ *Hier haben sich furchtbare Tragödien abgespielt.* This place has seen some terrible tragedies.

Tragweite 1 (*Auswirkungen*) (full) implications [Pl], consequences [Pl] ◊ *Ich war mir der Tragweite meines Entschlusses nicht bewusst.* I wasn't aware of the full implications of my decision. ◊ *ein Ereignis von historischer Tragweite* an event with far-reaching consequences ☞ *Hinweis bei* EFFECT¹ **2** (*Reichweite*) scope

Trainer(in) coach; (*von Rennpferden*) trainer; (*im englischen Fußball*) manager ☞ G 2.2d

trainieren 1 (**für** *etw*) ~ train (for sth) ◊ *Trainiert wird jeden Mittwoch.* They train on Wednesdays. ◊ *eisern trainieren* go through a rigorous training programme **2** *jdn* (**in** *etw*) ~ (SPORT) coach sb (in sth) ◊ *Er trainiert sie im Langstreckenlauf.* He's coaching her in long-distance running. ◊ *Er wird von einem Profitrainer trainiert.* He has a professional coach. **3** *jdn/etw* (**auf** *etw*) ~ train sb/sth (to do sth) ◊ *das Gedächtnis trainieren* train the memory ◊ *ein gut trainierter Hund* a well-trained dog ◊ *Er ist darauf trainiert, keine Fragen zu stellen.* He's trained not to ask questions. ◊ *Sie hat einen gut trainierten Körper.* She keeps herself very fit. ◊ *wenig trainierte Büroangestellte* office workers who are not very fit ◊ *die Muskeln trainieren* exercise the muscles **4** (*einüben*) practise, (*AmE*) practice ◊ *Diese Technik will trainiert sein.* This technique is something you have to practise.

Training training; (*Übung*) practice, (*AmE*) practise ◊ *jahrelanges Training* years of training ◊ *Sie geht zweimal in der Woche zum Training.* She goes to training twice a week. ◊ *das Training abbrechen* stop training ◊ *Das ist ein gutes Training für dich/für dein Englisch!* It's good practice for you/for your English! **IDM** **nicht** (**mehr**) **im Training sein** be out of practice

Trainingsanzug tracksuit, (*bes AmE*) jogging suit **Trainingshose** tracksuit bottoms [Pl], (*bes AmE*) jogging pants [Pl] **Trainingslager** training camp ◊ *ein Trainingslager absolvieren* attend training camp **Trainingsprogramm** training schedule **Trainingsschuh** trainer, (*AmE*) sneaker

Trakt wing

traktieren 1 give* *sb/sth* a rough time, maltreat ◊ *Sie wurde von den Behörden jahrelang traktiert.* For years she was given a rough time by the authorities. ◊ *Sie traktierten die Tiere mit Stöcken.* They were beating the animals with sticks. ◊ *jdn mit Fäusten traktieren* punch sb ◊ *jdn mit Schlägen traktieren* beat sb up ◊ *jdn mit Tritten traktieren* kick sb **2 *jdn mit etw* ~** (*mit Fragen, Vorwürfen etc.*) bombard sb with sth ◊ *Er traktierte uns mit Unmengen von Hausaufgaben.* He bombarded us with homework.

Traktor tractor ◊ *Traktor fahren* drive a tractor

Tram tram, (*AmE*) streetcar ◊ (*mit der*) *Tram fahren* go by tram ◊ *die Tram nehmen* take the tram

Trampel clumsy oaf

trampeln 1 stamp (your feet) ◊ *Das Publikum trampelte vor Begeisterung.* The audience stamped their feet with enthusiasm. ◊ *Sie jubelten und trampelten mit den Füßen.* They cheered and stamped their feet. **2** (*Schmutz/Lärm machend*) tramp ◊ *Die Kinder trampelten die Treppe hinunter.* The children tramped downstairs. ◊ *Wer ist hier mit dreckigen Schuhen durch die Küche getrampelt?* Who's tramped through the kitchen in their dirty shoes? **3** (*platt treten*) trample ◊ *zu Tode getrampelt werden* be trampled to death ◊ *Da ist doch schon wieder jemand durch meine Blumen getrampelt!* Somebody's trampled all over my flowers again!

trampen hitch-hike, hitch (*umgs*)

Tramper(in) hitch-hiker

Trampolin trampoline ◊ *Los, lass uns Trampolin springen.* Come on, let's go trampolining.

Trance trance ◊ *Er fiel in Trance.* He fell into a trance. ◊ *jdn in Trance versetzen* put sb in a trance ◊ *wie in Trance* as if in a trance

Träne tear ◊ *Sie vergoss Tränen der Enttäuschung.* She shed tears of disappointment. ◊ *Er kämpfte mit den Tränen.* He fought back the tears. ◊ *Ihr kamen die Tränen.* Tears came to her eyes. ◊ *Er war den Tränen nah.* He was close to tears. ◊ *Ihr standen Tränen in den Augen.* There were tears in her eyes. ◊ *Unter Tränen gab er alles zu.* Weeping, he admitted it all. **IDM** **jdm/etw keine Träne nachweinen** not shed* any tears over sb/sth **Tränen lachen** laugh till you cry

tränen water ◊ *Ihm tränten die Augen.* His eyes were watering.

tränen- **tränenerstickt** choked (with tears) ◊ *Er sprach mit tränenerstickter Stimme.* His voice was choked with tears. **Tränengas** tear gas **tränenüberströmt** in floods of tears (*nicht vor Nomen*)

Tränke watering place; (*Gefäß*) drinking trough; (*Vogel-*) bird bath

tränken 1 (*Tiere*) water **2** (*vollsaugen lassen*) soak

Transaktion transaction ◊ *eine Transaktion abwickeln/tätigen* complete a transaction

transatlantisch transatlantic (*nur vor Nomen*)

Transfer 1 transfer ◊ *der Transfer von Technologien* the transfer of technology ◊ *sein Transfer zu Schalke* his transfer to Schalke ◊ *Der Transfer zum Hotel ist im Preis inbegriffen.* The transfer to the hotel is included in the price. ◊ *Weitere hohe öffentliche Transfers in die neuen Bundesländer sind geplant.* Further large sums of government aid are to be sent to the states of former East Germany. **2** (*von Gütern*) transport

Transformator transformer

Transfusion transfusion

Transistor transistor

Transit transit ◊ *ein Visum für den Transit beantragen* apply for a transit visa ◊ *Autos, die im Transit durch die Schweiz fahren* cars which pass through Switzerland

transitiv (LING) transitive (*Adv* transitively)

Transit- Transitland transit country* **Transitverkehr** transit traffic; (*Handel*) transit trade

transparent transparent (*auch fig*)

Transparent banner

Transplantation transplant; (*Haut-*) graft ◊ *eine Transplantation vornehmen* carry out a transplant/graft

transplantieren transplant; (*Haut*) graft

Transport 1 transport [U] ◊ *der Transport von Gütern mit der Bahn* the transport of goods by rail ◊ *Die Computer sind beim Transport beschädigt worden.* The computers were damaged in transit. **2** (*Transportgut*) consignment ◊ *Transporte mit Lebensmitteln* consignments of food ◊ *humanitäre Transporte* aid consignments

Transporter (*Lieferwagen*) van; (*Auto-*) transporter; (*Flugzeug*) transport plane

transportieren 1 transport, carry* ◊ *etw auf dem Seeweg transportieren* transport sth by sea ◊ *Der neue Zug kann mehr Passagiere transportieren.* The new train can carry more passengers. ◊ *Ein Hubschrauber transportierte sie ins Krankenhaus.* She was taken to hospital by helicopter. **2** (*Dias etc.*) advance; (*Film auch*) wind* sth on

Transportmittel means* of transport ◊ *ein modernes Transportmittel* a modern means of transport ◊ *mit öffentlichen Transportmitteln fahren* use public transport

Transvestit transvestite

Trapez 1 (*in der Geometrie*) trapezium*, (*AmE*) trapezoid **2** (*in der Artistik*) trapeze ◊ *am Trapez turnen* swing on the trapeze

Trasse route; (*Bahngleise*) track, line

Tratsch ⇨ KLATSCH (1)

tratschen ⇨ KLATSCHEN (5)

Traube 1 (*Wein-*) grape ◊ *blaue/grüne Trauben* black/white grapes **2** (*aus mehreren Trauben*) bunch (of grapes) ◊ *eine volle Traube* a full bunch of grapes **3** (*Blumen, Beeren, Menschen*) cluster ◊ *Trauben von Menschen* clusters of people ◊ *Die Passanten standen in einer Traube um das Opfer.* Passers-by clustered round the victim.

Traubenzucker glucose

trauen 1 *jdm/etw* ~ trust sb/sth ◊ *Ich traue ihm nicht.* I don't trust him. **2 sich ~ (etw zu tun)** dare (to do sth); **sich nicht ~ (etw zu tun)** dare not (do sth); (*Angst haben*) be afraid (to do sth) ◊ *Niemand traute sich, etwas zu sagen.* Nobody dared (to) speak. ◊ *Ich hätte mich das nie getraut.* I would never have dared. ◊ *Wir trauten uns nicht in das Zim-*

mer. We didn't dare go into the room. ◊ *Sie traut sich abends nicht mehr aus dem Haus.* She's afraid to go out at night now. ☛ *Hinweis bei* DARE¹ **3** (*Eheschließung*) marry* ◊ *Sie ließen sich nur standesamtlich trauen.* They were married in a registry office. ◊ *Sie sind kirchlich/katholisch getraut.* They were married in church/in a Catholic church. IDM **seinen Ohren/Augen nicht trauen** not be able to believe your ears/eyes ◊ *Sie wollte ihren Ohren nicht trauen.* She couldn't believe her ears. ☛ *Siehe auch* WEG

Trauer 1 ~ (um jdn) grief (at the death/loss of sb); **~ (über etw)** grief (over/at sth) ◊ *die Trauer um ihren Sohn* her grief at the death of her son ◊ *ihre Trauer über den Verlust der Heimat* their grief at the loss of their homeland ◊ *tiefe Trauer empfinden* feel deep sorrow **2** (*Trauerkleidung*) mourning ◊ *in Trauer gekleidete Frauen* women dressed in mourning

Trauerfeier funeral (service); (*Gedenkfeier*) memorial service **Trauermarsch** funeral march

trauern (um jdn) ~ grieve (for sb), mourn (sb) ◊ *Er trauert immer noch um seine Frau.* He is still grieving for his wife. ◊ *Das Land trauert um die Opfer der Katastrophe.* The country is in mourning for the victims of the disaster.

Trauer- Trauerspiel 1 tragedy* (*fig*) disaster, sorry state of affairs ◊ *Das Ganze ist ein Trauerspiel.* The whole thing is a disaster. ◊ *Es ist ein Trauerspiel, dass sich niemand mehr um die ältere Generation kümmern will.* It is a sorry state of affairs when nobody wants to care for old people any more. **Trauerweide** weeping willow

Traufe IDM ⇨ REGEN

träufeln dribble; (*beim Kochen auch*) drizzle ◊ *Zitronensaft über den Fisch träufeln* drizzle lemon juice over the fish ◊ *Sie träufelte ihm Tropfen ins Ohr.* She put drops into his ear.

Traum dream ◊ *Ich sah sie im Traum.* I saw her in a dream. ◊ *ein böser Traum* a bad dream ◊ *der Traum von eigenen Pferd* the dream of owning your own horse ◊ *Jetzt hat er endlich seinen Traum verwirklicht.* Now at last he has realized his dream. ◊ *Mein großer Traum ist es, nach Indien zu reisen.* The great dream of my life is to go to India. ◊ *Für ihn ging ein Traum in Erfüllung.* For him it was a dream come true. ◊ *Ich fühlte mich wie im Traum.* I felt as though I was dreaming. IDM **aus der Traum (von etw)** the dream (of sth) is over **der Traum (von etw) ist ausgeträumt** the dream (of sth) is shattered **ein Traum von ...** a dream of ... ◊ *Das ist ja ein Traum von einem Kleid!* It's a dream of a dress! **nicht im Traum** never in a million years **nicht im Traum daran denken etw zu tun** not have the slightest intention of doing sth ☛ *Siehe auch* EINFALLEN

Trauma trauma ◊ *mit einem Trauma fertig werden* get over a trauma ◊ *So ein Erlebnis kann ein Trauma auslösen.* This experience can be very traumatic.

traumatisch traumatic
traumatisieren traumatize
Traumberuf ◊ *Krankenschwester war schon immer mein Traumberuf.* I've always wanted to be a nurse. ◊ *Was ist dein Traumberuf?* What job would you most like to do?

träumen 1 (von jdm/etw) ~ dream* (about/of sb/sth) ◊ *Was hast du letzte Nacht geträumt?* What did you dream about last night? ◊ *Ich habe schlecht geträumt.* I had a bad dream. ◊ *Träum süß!* Sweet dreams! **2 von etw** ~ dream* of sth ◊ *Sie träumt davon, Schauspielerin zu werden.* She dreams of becoming an actor. IDM **du träumst wohl!** in your dreams! (*umgs*) **sich etw nicht/nie träumen lassen** ◊ *Wir hätten es uns nicht träumen lassen, dass die Aufführung so ein großer Erfolg wird.* We never dreamt the performance would be such a success. ◊ *Ich hätte es mir nie träumen lassen, in England zu leben.* It would never have occured to me to go and live in England.

Träumer(in) dreamer
träumerisch dreamy* (*Adv* dreamily)
traum- traumhaft 1 fantastic (*umgs*) ◊ *Das ist eine traumhafte Chance.* It's a fantastic opportunity. ◊ *eine traumhaft schöne Aussicht* a fantastic view ◊ *Er hat ein traumhaftes Einkommen.* He has a huge income. **2** (*wie im Traum*) dreamlike **Traumjob** dream job

traurig 1 ~ (über etw) sad (about sth) (*Adv* sadly) **2** (*Zustand*) poor, sorry (*nur vor Nomen*)

traurigerweise sadly
Traurigkeit ~ (über etw) sadness at sth IDM ⇨ KIND
Trauschein marriage certificate, (*AmE*) marriage license

◊ *Sie leben ohne Trauschein zusammen.* They are living together.

Trauung wedding ceremony* ◊ *Die Trauung findet im Dom statt.* The wedding ceremony will take place in the cathedral. ◊ *eine kirchliche/standesamtliche Trauung* a church/registry office wedding ◊ *Die standesamtliche Trauung findet am Vormittag statt.* The civil ceremony is in the morning.

Trauzeuge, -zeugin witness ◊ *Sie war meine Trauzeugin.* She was a witness at my wedding.

Treck convoy
Treff 1 get-together (*umgs*) ◊ *ein Treff für allein Erziehende* a get-together for single parents ◊ *offener Treff 16 bis 18 Uhr* open house between four and six **2** (*Ort*) drop-in centre; (*AmE*) drop-in center ◊ *ein Treff für allein erziehende Frauen* a drop-in centre for single mothers ◊ *ein Online-Single-Treff* a dating website **3** (*beim Kartenspiel*) club ☛ *Hinweis bei* PIK

treffen 1 hit*; (*Blitz*) strike* ◊ *Er wurde von einer Kugel in den Arm getroffen.* He was hit in the arm by a bullet. ◊ *Sie wurde von einem Stein am Kopf getroffen.* A stone hit her on the head. ◊ *Hat er getroffen?* Did he score a hit? ◊ *vom Blitz getroffen werden* be struck by lightning ◊ *jdn tödlich treffen* shoot sb dead **2** (*kränken*) hurt*; (*betreffen*) hit* ◊ *Er fühlte sich von der Kritik tief getroffen.* He was deeply hurt by the criticism. ◊ *Es trifft wieder einmal die Schwächsten!* Yet again it's the weakest that are the worst hit. ◊ *Der Verlust hat sie schwer getroffen* The loss was a terrible blow to her. ◊ *Dich trifft keine Schuld.* You are not to blame. **3** (*finden*) find*, hit* upon; (*Ton*) hit* ◊ *Es gelingt ihr immer, die richtigen Worte zu treffen.* She always manages to find the right words. ◊ *Sie hat genau das Richtige getroffen.* She has hit on just the right thing. ☛ *Siehe auch* TREFFEND **4 auf etw** ~ encounter sth ◊ *auf Widerstand treffen* encounter resistance ◊ *Sie traf mit ihrem Vorschlag auf Zustimmung.* Her proposal met with approval. **5 jdn ~ (begegnen)** meet* sb; **sich** ~ meet* ◊ *Wo triffst du sie?* Where are you meeting her? ◊ *Wo treffen wir uns?* Where shall we meet? ◊ *Er hat sie zufällig in der Stadt getroffen.* He bumped into her in town. **6 sich mit jdm ~** meet* up with sb ◊ *Sie traf sich mit ihren Freundinnen im Park.* She met up with her friends in the park. **7 auf jdn ~** (SPORT) meet* sb **8** (*in Verbindung mit bestimmten Nomina*) ◊ *eine Entscheidung/eine Vereinbarung/eine Wahl/Vorbereitungen/Vorsorge für etw treffen* make a decision/an agreement/a choice/preparations/provision for sth ◊ *Maßnahmen/Vorkehrungen treffen* take measures/precautions IDM **es (mit jdm/etw) gut/ schlecht treffen** be lucky/unlucky (with sb/sth) **es trifft sich gut, dass ...** it is lucky that ... ◊ *Oh, du bist auch da! Das trifft sich aber gut!* Oh, you're here too! That's lucky! **gut getroffen sein** ◊ *Auf dem Foto bist du nicht gut getroffen.* It isn't a good photo of you. ☛ *Siehe auch* BLITZ, MARK², NAGEL, SCHLAG *und* STELLE

Treffen meeting ◊ *beim nächsten Treffen* at the next meeting

treffend apt (*Adv* aptly)
Treffer 1 hit; (*Boxen*) blow **2** (*Gewinnlos*) winner **3** (*Tor*) goal

Treffpunkt meeting place ◊ *einen Treffpunkt vereinbaren* arrange a meeting place ◊ *Treffpunkt ist um 15 Uhr am Rathaus.* We'll meet at 3 o'clock in front of the town hall.

treffsicher 1 accurate ◊ *ein treffsicherer Schütze* an accurate marksman **2** (*treffend*) apt **3** (*Beurteilung, Einschätzung etc.*) shrewd (*Adv* shrewdly)

treiben 1 drive* (*auch fig*) ◊ *einen Pfahl in den Boden treiben* drive a post into the ground ◊ *Preise in die Höhe treiben* drive prices up ◊ *Viele Firmen wurden in den Konkurs getrieben.* A lot of firms were driven to bankruptcy. ◊ *Tausende wurden in die Flucht getrieben.* Thousands were forced to flee. ◊ *Die Menschen wurden in Waggons getrieben.* The people were herded into trucks. ◊ *jdn in die Flucht treiben* chase sb away ◊ *jdn in den Ruin treiben* ruin sb ◊ *Der Wind trieb mir Tränen in die Augen.* The wind was making my eyes water. ◊ *jdm den Schweiß auf die Stirn treiben* bring sb out in a sweat **2** (*Wind, Strömung*) sweep* ◊ *Die Strömung trieb sie aufs Meer hinaus.* The current swept them out to sea. **3 jdn zu etw ~** drive* sb to sth ◊ *Das hat ihn zum Selbstmord getrieben.* This drove him to suicide. ◊ *Du treibst mich noch zur Verzweiflung!* You'll drive me to despair! ◊ *Was hat ihn dazu getrieben?* What made him do

Treiben

it? **4** jdn (**zu etw**) ~ (*drängen*) push sb (into sth) ◊ *Er versuchte, sie zu einer Entscheidung zu treiben.* He tried to push her into making a decision. ◊ *jdn zur Eile treiben* tell sb to hurry up **5** (*im Wasser, in der Luft*) drift (*auch fig*) ◊ *Im Fluss trieb eine Leiche.* There was a corpse drifting in the river. ◊ *Das Boot trieb ans Ufer.* The boat drifted in to the shore. ◊ *Ich ließ mich von der Strömung treiben.* I drifted with the current. ◊ *Du kannst dich nicht einfach treiben lassen.* Don't just drift along. ◊ *ruderlos treiben* be adrift **6** (*machen*) do* ◊ *Was treibst du heute Abend?* What are you doing this evening? ◊ *Wenn sie es weiter so treibt, …* If she carries on like this … **7** (*in Verbindung mit bestimmten Nomina*) ◊ *Spionage treiben* be a spy ◊ *Handel treiben* trade ◊ *Sport/Gymnastik treiben* do sport/gymnastics ◊ *Ackerbau und Viehzucht treiben* do arable and livestock farming ◊ *mit etw Missbrauch treiben* abuse sth **8** (*Metall*) beat* **9** (*Pflanze*) come* into leaf; **etw ~** come* into sth ◊ *Knospen treiben* come into bud **IDM es** (**mit jdm**) **treiben** screw (sb) (*Slang*), (*BrE auch*) have* it off (with sb) (*Slang*) *etw zu weit treiben* go* too far with sth ☛ *Siehe auch* BLÜTE, BUNT, ENGE, KRAFT, TOD *und* TOLL

Treiben 1 (*Getriebe*) activity ◊ *Auf dem Platz herrschte reges Treiben.* The square was bustling with activity. **2** (*Handlungen*) activities [Pl]

Treibhaus hothouse

Treibhauseffekt greenhouse effect **Treibhausgas** greenhouse gas

Treib- Treibjagd shoot; (*von Menschen*) manhunt **Treibstoff** fuel [U]

Trend ~ (**zu etw**) trend (towards sth); (*Mode*) trend (for sth) ◊ *Der Trend geht deutlich in Richtung Arbeitszeitverkürzung.* There is a clear trend towards shorter working hours. ◊ *Der Trend zum Radfahren hält an.* The trend for cycling continues. **IDM** (**bei jdm**) (**voll**) **im Trend liegen** be (very) popular (with sb)

Trendwende new trend

trennbar ◊ *ein trennbares Verb* a separable verb ◊ *Diese beiden Fragen sind nicht voneinander trennbar.* The two questions cannot be separated.

trennen 1 separate; (*aussortieren*) sort ◊ *Sie musste die streitenden Jungen trennen.* She had to separate the boys who were fighting. ◊ *Eiweiß und Eigelb trennen* separate the white from the yolk ◊ *Pass auf, dass du nicht von den anderen getrennt wirst.* Don't get separated from the others. ◊ *Sie werden nach Alter getrennt in Gruppen unterrichtet.* They are taught in separate groups according to their age. ◊ *den Müll trennen* sort the rubbish ◊ *Altglas nach Farben getrennt sammeln* collect glass sorted according to colour **2** (*auseinander halten*) keep* sth separate ◊ *das Private vom Geschäftlichen trennen* keep work and private life separate ◊ *Diese beiden Probleme muss man strikt voneinander trennen.* These two problems have to be treated quite separately. **3** (*Wort*) divide ◊ *Wo kann man dieses Wort trennen?* Where can you divide this word? ◊ *Schreibt man das zusammen oder getrennt?* Do you write that as one word or two? **4** **jdn/etw** (**von jdm/etw**) ~ (*Abstand bilden*) ◊ *Die Zelte müssen 20 Meter voneinander getrennt sein.* The tents must be 20 metres apart. ◊ *Nur Sekunden trennten sie vom Sieg.* They were seconds away from victory. **5 sich ~ part** ◊ *Am Flughafen trennten wir uns.* We parted at the airport. ◊ *Hier trennten sich ihre Wege.* Then they went their separate ways. **6 sich** (**von jdm**) ~ split* up (with sb); (*vom Ehepartner*) separate (from sb); (*vom Trainer, Manager*) part company (with sb) ◊ *Sie hat sich von ihrem Freund getrennt.* She has split up with her boyfriend. ◊ *Die beiden haben sich nach 20 Jahren Ehe getrennt.* They separated after 20 years of marriage. ◊ *sich freundschaftlich trennen* part amicably **7 sich von etw ~** part with sth ☛ *Siehe auch* GETRENNT **IDM** ⇨ SPREU *und* WELT

Trennung 1 (*Getrenntwerden/-sein*) separation; (*Trennen*) separating ◊ *die strikte Trennung von Staat und Kirche* strict separation of church and state ◊ *die Trennung von Wertstoffen und Restmüll* separating reusable materials from waste **2** (*Abgrenzung*) dividing (off); (*fig*) distinction ◊ *die Trennung des Wohnbereichs vom Schlafbereich* dividing off the living area from the sleeping area ◊ *eine saubere Trennung der beiden Begriffe* a clear distinction between the two concepts **3** ~ (**von jdm**) splitting up (with sb); (*vom Ehepartner*) separation (from sb); (*vom Trainer, Manager*) parting company (with sb) (*meist mit einem Verb übersetzt*) ◊ *Sie entschieden sich zu einer Trennung.* They decided to split up. ◊ *Seit der Trennung von seiner Frau lebt er allein.* Since he separated from his wife he has lived alone. ◊ *die Trennung von ihrem Coach* parting company with her coach **4** ~ **von etw** parting with sth (*meist mit einem Verb übersetzt*) ◊ *Die Trennung von den alten Möbeln fiel ihr schwer.* She found it difficult to part with the old furniture. **5** (*Silbentrennung*) word division

Trennwand partition

treppauf IDM treppauf, treppab up and down the stairs

Treppe 1 staircase; (*Stufen*) stairs [Pl]; (*im Freien*) steps [Pl] ◊ *eine hölzerne Treppe* a wooden staircase ◊ *eine breite Treppe* a wide staircase ◊ *eine steile Treppe* steep stairs ◊ *Er saß auf der Treppe.* He was sitting on the stairs. ◊ *Er ging die Treppe hinauf.* He went up the stairs. ◊ *auf der Treppe vor dem Museum* on the steps in front of the museum ◊ *Sie kann keine Treppen mehr steigen.* She can't climb stairs any more. ◊ *zwei Treppen hoch gehen* go up two flights of stairs **2 eine ~, zwei Treppen höher/tiefer** one floor/two floors up/down

Treppenabsatz landing **Treppengeländer** banister, (*BrE auch*) banisters [Pl] **Treppenhaus** stairwell; (*Treppe*) stairs [Pl] ◊ *das dunkle Treppenhaus* the gloomy stairwell ◊ *Ich traf ihn oft im Treppenhaus.* I often met him on the stairs.

Tresen counter; (*Theke*) bar

Tresor safe; (*-raum*) vault

Tret- Tretauto pedal car **Tretboot** pedal boat, (*BrE auch*) pedalo* **Treteimer** pedal bin

treten 1 step*, go*; **in etw ~** enter sth ◊ *zur Seite treten* step aside ◊ *ans Fenster treten* go to the window ◊ *mit etw an die Öffentlichkeit treten* go public with sth ◊ *ins Zimmer treten* enter the room ◊ *vor die Presse treten* meet the press ◊ *in den Hintergrund treten* recede into the background ◊ *Aus dem defekten Tank trat Öl ins Wasser.* Oil leaked into the water from the tank. ◊ *Der Fluss trat über die Ufer.* The river overflowed its banks. **2** (*erscheinen*) appear ◊ *Der Schweiß trat ihm auf die Stirn.* Beads of sweat appeared on his forehead. ◊ *Ihm traten Tränen in die Augen.* His eyes filled with tears. **3 etw ~** tread* sth ◊ *einen Pfad durch das Feld treten* tread a path across the field. ◊ *Wasser treten* tread water **4 auf/in etw ~** tread* on/in sth ◊ *Du bist mir auf den Fuß getreten!* You've just trodden on my foot! ◊ *Er ist in eine Pfütze getreten.* He trod in a puddle. ◊ *etw flach treten* trample sth down ◊ *Sie hat sich einen Nagel in den Fuß getreten.* She got a nail in her foot. **5** (*einen Stoß versetzen*) kick ◊ *Er trat seinen Hund.* He kicked his dog. ◊ *jdm vors Schienbein treten* kick sb on the shin ◊ *Der Gefangene trat gegen die Tür.* The prisoner kicked the door. ◊ *Sie trat nach der Katze.* She aimed a kick at the cat. ◊ *den Elfmeter treten* take the penalty **6** (*drücken*) ◊ *die Kupplung treten* depress the clutch ◊ *auf die Bremse treten* brake **7 in etw ~** (*in Verbindung mit bestimmten Nomina*) ◊ *in Aktion treten* act ◊ *in Erscheinung treten* become evident ◊ *mit jdm in Kontakt/Verbindung treten* get in touch with sb ◊ *in den Hungerstreik treten* go on hunger strike ◊ *in einen unbefristeten Streik treten* begin an indefinite strike ◊ *in den Ruhestand treten* retire ◊ *in den Staatsdienst treten* join the civil service ☛ *Siehe auch* KRAFT **IDM** ⇨ FETTNÄPFCHEN, HINTERN, KURZ, NAH(E), PEDAL, PLAN, SCHLIPS, STELLE, VORDERGRUND *und* ZEH

Tret- Tretmine anti-personnel mine **Tretmühle** treadmill (*auch fig*)

treu 1 faithful (*Adv* faithfully); (*Freund, Kunde etc.*) loyal (*Adv* loyally); *einander treu sein* be faithful to one another ◊ *jdm treue Dienste leisten* serve sb faithfully ◊ *treue Fans* loyal fans ◊ *treu zu etw/jdm stehen* stand by sth/sb ◊ *jdm treu ergeben sein* be utterly devoted to sb **2 sich selbst/etw ~ sein/bleiben** be/remain true to yourself/sth ◊ *seinen Prinzipien treu sein* be true to your principles ◊ *Dem Projekt blieb das Pech treu.* The project was dogged by bad luck. ◊ *Das Glück blieb mir treu.* Luck stayed with me. **3** ⇨ TREUHERZIG

Treue 1 loyalty ◊ *die Treue zum Königshaus* loyalty to the crown ◊ *in Treue zu jdm/etw stehen* remain loyal to sb/sth ◊ *Die Kunden haben der Bank die Treue gehalten.* The customers remained loyal to the bank. ◊ *die Treue brechen* break faith ◊ *seinem Glauben die Treue halten* be true to your faith ◊ *einem Herrscher die Treue schwören* swear allegiance to a ruler **2** (*sexuell*) fidelity ◊ *es mit der (ehelichen) Treue nicht so genau nehmen* not set great store by (marital) fidelity ◊ *seinem Lebensgefährten die Treue hal-*

ten remain faithful to your partner ◊ *Wir haben uns die ewige Treue geschworen.* We swore to be faithful to each other for ever.
Treueschwur oath of allegiance
Treuhand 1 trust [U] **2** ⇨ TREUHANDANSTALT
Treuhandanstalt = authority in charge of privatizing the state-owned companies of the former GDR in the early 1990s
Treuhänder(in) trustee ◊ *als Treuhänder fungieren* act as a trustee ◊ *etw als Treuhänder verwalten* administer sth as the trustee
treuherzig *(arglos, naiv)* naive *(Adv* naively), innocent *(Adv* innocently); *(vertrauensvoll)* trusting *(Adv* trustingly)
treulos 1 *Adj (unzuverlässig)* disloyal *(Adv* disloyally); *(untreu)* faithless; *(sexuell)* unfaithful **2** *Adv* in a disloyal way
Triangel triangle
Triathlon triathlon
Tribunal tribunal ☞ G 1.3a
Tribüne 1 stand ◊ *auf der Tribüne sitzen* sit in the stand **2** *(Podium)* platform ◊ *auf der Tribüne stehen* stand on the platform ◊ *von der Tribüne aus sprechen* speak from the platform
Tribut tribute *(auch fig)* ◊ *Tribut erheben* raise tribute ◊ *Man sollte seinen Vorgängern Tribut zollen.* You should pay tribute to your predecessors. ◊ *Er musste seinen exzessiven Lebensstil Tribut zollen.* He had to pay the price of his extravagant lifestyle. ◊ *einen (hohen) Tribut/seinen Tribut (an etw) fordern* take a (heavy) toll/its toll (on sth)
Trichter 1 funnel **2** *(Krater)* crater **3** *(Schall-)* bell
trichterförmig funnel-shaped
Trick 1 trick ◊ *auf einen Trick hereinfallen* fall for a trick ◊ *einen einfachen Trick anwenden* use a simple trick ◊ *Alle Tricks sind zugelassen.* You can use any method you like. **2** *(Dreh)* knack ◊ *Ich habe jetzt den Trick heraus.* I've got the knack now.
Trickdieb(in) confidence trickster **Trickfilm** cartoon **Trickkiste** box of tricks, bag of tricks *(auch fig)* ◊ *(tief) in die/in seine Trickkiste greifen* use every trick in the book
trickreich artful *(Adv* artfully)
tricksen fiddle
Trieb 1 shoot ◊ *einen Trieb stutzen* cut back a shoot **2** *(Instinkt)* instinct; *(Verlangen)* desire ◊ *der sexuelle/soziale Trieb* the sexual/social instinct ◊ *den Trieb nach Zigaretten zügeln* curb your desire for cigarettes
Triebfeder driving force [U] ◊ *die Triebfeder für Innovationen* the driving force behind innovation
triebhaft compulsive ◊ *ein triebhaftes Verhalten* compulsive behaviour ◊ *Das ist bei ihm schon triebhaft!* It's a compulsion with him!
Trieb- Triebkraft 1 driving force [U] ◊ *Seine Glaube war die eigentliche Triebkraft seines Handelns.* His faith was the driving force behind his actions. ◊ *gesellschaftliche Triebkräfte* social forces **2** (TECH) motive power **Triebwagen** railcar, *(AmE)* motor car **Triebwerk** engine
triefen drip* *(auch fig)*; *(in einem Rinnsal)* trickle ◊ *Der Regen triefte (vom Dach).* The rain was dripping (from the roof). ◊ *triefend nass sein* be dripping wet ◊ *Ihr Vorschlag triefte vor Sarkasmus.* Her suggestion was dripping with sarcasm. ◊ *Das Blut triefte aus der Wunde.* Blood was trickling from the wound. ◊ *Mir trieft die Nase.* My nose is running.
triftig valid ◊ *aus triftigen Gründen* for valid reasons ◊ *etw triftig formulieren/darlegen* put/present sth convincingly
Trigonometrie trigonometry
Trikot *(Sporthemd)* shirt; *(ärmellos)* vest ◊ *Er trägt das Trikot der Bayern.* He's wearing a Bayern shirt. ◊ *das gelbe Trikot gewinnen/erobern* win the yellow jersey
trillern warble
Trillerpfeife (referee's) whistle, pea whistle *(Fachspr)*
Trilogie trilogy*
Trimm-dich-Pfad keep-fit track
trimmen 1 *sich ~ get* into shape **2** *(trainieren)* train **3** *etw/jdn auf etw ~* gear sb/sth (up) towards sth ◊ *Die Verkaufsabteilung soll mehr auf Leistung getrimmt sein.* The sales department is to be geared more towards results. ◊ *die Bahn auf Tempo trimmen* gear trains towards a faster service ◊ *einen Motor auf Leistung trimmen* tune an engine for performance ◊ *seine Wohnung auf den Stil der 60er-Jahre trimmen* do your flat up in the style of the sixties ◊ *etw auf antik trimmen* make sth look antique **4** *(scheren)* clip* ◊ *ein getrimmter Pudel* a clipped poodle
trinkbar drinkable
trinken drink* ◊ *aus der Flasche trinken* drink from the bottle ◊ *auf jds Wohl trinken* drink sb's health ◊ *auf jdn/etw trinken* drink to sb/sth ◊ *Sie hatte offensichtlich wieder getrunken.* She had obviously been drinking again. ◊ *Nach der Scheidung fing er an zu trinken.* After the divorce he took to drink. ◊ *Gehen wir etwas trinken?* Shall we go for a drink? ◊ *einen Kaffee trinken* have a cup of coffee ◊ *Sie trank die Tasse leer.* She drained her cup. IDM ⇨ ABWARTEN, DURST *auf* TISCH
Trinker(in) drinker; *(Alkoholiker)* alcoholic ◊ *ein starker Trinker* a heavy drinker ◊ *zum Trinker werden* become an alcoholic
trink- trinkfest able to hold your drink *(nicht vor Nomen)* ◊ *Sie ist ziemlich trinkfest.* She's pretty well able to hold her drink. ◊ *trinkfeste Kneipengänger* hard-drinking pub-goers **Trinkgeld** tip ◊ *Er gab dem Portier ein Trinkgeld.* He gave the porter a tip. **Trinkspruch** toast ◊ *einen Trinkspruch auf jdn/etw ausbringen* propose a toast to sb/sth **Trinkwasser** drinking water ◊ *Kein Trinkwasser.* Not drinking water. **Trinkwasserversorgung** supply of drinking water
Trio trio*; *(von Freunden auch)* threesome ☞ G 1.3b
Trip trip *(auch fig)* ◊ *ein Trip nach Amerika* a trip to America ◊ *einen Trip machen* go on a trip IDM *auf dem ... Trip sein* be into ... ◊ *Sie sind auf dem ökologischen Trip.* They're very much into ecology.
trippeln trip*; *(Kleinkind)* toddle ◊ *Sie überquerte die Straße mit trippelnden Schritten.* She tripped across the street. ◊ *Die Kleine trippelte durchs Haus.* The little girl was toddling round the house.
trist dreary*, dismal
Tritt 1 kick ◊ *ein Tritt gegen das Schienbein* a kick on the shin **2** *(Schritt)* step; *(Gangart)* tread ◊ *Tritte (im Hausflur) hören* hear steps (in the hall) ◊ *mit festem Tritt* with a firm tread ◊ *Der Tritt auf die Bremse ist oft unvermeidlich.* You often cannot avoid stepping on the brake. **3** *(Gestell)* step stool IDM *jdm einen (kräftigen) Tritt in den Hintern geben* give* sb a (big) kick up the backside *(umgs)* **Tritt fassen** find* your feet again ☞ *Siehe auch* SCHRITT
Trittbrett step; *(an einem Auto)* running board; *(an einer Nähmaschine)* treadle
Trittbrettfahrer(in) opportunist; *(bei Verbrechen)* copycat
Triumph triumph ◊ *der größte Triumph (in) seiner Karriere* the greatest triumph of his career ◊ *in der Stunde ihres Triumphes* in their hour of triumph ◊ *den Triumph besiegeln* seal victory ◊ *mit einem Triumph rechnen* count on victory ◊ *jdm den Triumph nicht gönnen* begrudge sb his/her success
Triumphbogen triumphal arch
triumphieren triumph ◊ *Am Ende triumphierte die Gerechtigkeit.* Justice triumphed in the end. ◊ *über seinen Gegner triumphieren* triumph over your opponent ◊ *Der Weltmeister triumphierte mit einer Leistung von ...* The world champion triumphed, achieving a result of ...
triumphierend triumphant *(Adv* triumphantly)
Triumphzug 1 triumphal procession **2** *(Erfolg)* (overwhelming) success
trivial 1 trivial **2** *(künstlerisch mittelmäßig)* lightweight **Trivialliteratur** light fiction
trocken dry* *(Adv* drily, dryly) *(auch fig)* ◊ *trockenes Laub* dry leaves ◊ *Ist die Wäsche trocken geworden?* Is the washing dry yet? ◊ *Das Hähnchen ist mir zu trocken.* The chicken is a bit dry. ◊ *trockene Haut haben* have dry skin ◊ *ein trockener Humor* a dry sense of humour ◊ *im Trockenen sitzen* sit in the dry ◊ *Er rasiert sich trocken.* He uses an electric razor. ◊ *sich ins Trockene retten* run for cover ◊ *Und du willst das Brötchen wirklich trocken essen?* Are you really going to eat that roll with nothing on it? IDM *auf dem Trockenen sitzen* **1** *(in Geldnot sein)* be broke **2** *(ohne Getränk sein)* not have any drink(s) *trocken sein (keinen Alkohol mehr trinken)* ◊ *Er ist nun schon seit 10 Jahren trocken.* He hasn't touched a drop for 10 years. ◊ *Er ist jetzt trocken.* He's given up drinking. ☞ *Siehe auch* AUGE
Trocken- Trockenfutter dried feed **Trockenhaube** hairdryer **Trockenhefe** dried yeast

Trockenheit

Trockenheit 1 dryness (*auch fig*) **2** (*Dürre*) drought
trockenlegen 1 (*entwässern*) drain **2** (*wickeln*) change ◊ *ein Baby trockenlegen* change a baby's nappy)
trocknen dry* ◊ *sich die Haare trocknen* dry your hair ◊ *sich die Tränen trocknen* dry your tears ◊ *Nach dem Schwimmen ließ ich mich an der Sonne trocknen.* After swimming, I dried off in the sun. ◊ *die Wäsche im Freien trocknen* (*lassen*) dry the washing outside ◊ *Die Wäsche trocknet im Freien am besten.* The washing dries best outside. ◊ *sich den Schweiß trocknen* wipe away the sweat
Trockner drier
Trödel 1 junk (*umgs*) **2** ⇨ Trödelmarkt
Trödelmarkt flea market
trödeln dawdle ◊ *bei der Arbeit trödeln* dawdle over your work ◊ *Er trödelte nach Hause.* He was dawdling home.
Trog trough
Troll troll
trollen (**sich**) ~ push off (*umgs*) ◊ *Troll dich!* Push off! ◊ *Sie trollten nach Hause.* They pushed off home.
Trommel drum ◊ *die Trommel schlagen* beat* the drum
Trommelfell eardrum ◊ *ein geplatztes Trommelfell* a burst eardrum ◊ *Bei dieser Lautstärke platzt einem das Trommelfell.* The volume is deafening.
trommeln 1 drum* ◊ *Sie trommelte nervös mit den Fingern.* She drummed her fingers nervously. ◊ *Er trommelte einen Wirbel.* He played a roll on the drums. ◊ *Sie trommelt in einer Band.* She plays the drums in a band. ◊ *Der Regen trommelte aufs Dach.* The rain was beating down on the roof. **2** (**für etw**) ~ (*Propaganda machen*) drum* up support (for sth), campaign (for sth) ◊ *Seit Jahren trommeln sie für den Bau eines Schwimmbads.* They've been campaigning for a swimming pool for years.
Trommel- Trommelschlag drum beat **Trommelstock** drumstick **Trommelwirbel** drum roll
Trommler(in) drummer
Trompete trumpet ◊ *Er spielt Trompete.* He plays the trumpet. IDM ⇨ Pauke
trompeten 1 play the trumpet **2** etw ~ play sth on the trumpet
Trompeter(in) trumpet player, trumpeter ☛ G 2.2d
Tropen tropics [Pl]
Tropenholz tropical wood **Tropenkrankheit** tropical disease **Tropenwald** tropical rainforest
Tropf (Med) drip ◊ *Sie hängt am Tropf.* She is on a drip.
tropfen drip* ◊ *Blut tropfte aus seiner Nase.* Blood was dripping from his nose. ◊ *Es tropfte durch die Decke.* Water was dripping through the ceiling. ◊ *die Lösung dreimal täglich ins Ohr tropfen* put several drops of the solution into the ear three times a day
Tropfen drop ◊ *ein Tropfen Blut* a drop of blood ◊ *Seit Wochen ist kein Tropfen gefallen.* Not a drop of rain has fallen for weeks. IDM **ein Tropfen auf den heißen Stein sein** be a drop in the ocean
Tropfsteinhöhle cave with stalagmites and stalactites
Trophäe trophy*
tropisch tropical ◊ *der tropische Regenwald* the tropical rainforest ◊ *Es war tropisch heiß.* The heat was tropical.
Trost 1 comfort ◊ *ein großer Trost sein* be a great comfort ◊ *Es war ihr ein kleiner Trost, dass ...* It was some comfort to her that ... ◊ *Das ist nur ein schwacher Trost.* That's not much comfort. **2** zum ~ as a consolation, to make up for it ◊ *Den Verlierern wurde zum Trost ein Gutschein überreicht.* The losers received a voucher as a consolation. ◊ *Zum Trost kaufe ich dir ein Eis.* I'll buy you an ice to make up for it. ◊ *Er sagte ein paar Worte zum Trost.* He added a few words of consolation. ◊ *Zu deinem Trost – ich bin auch pleite.* If it's any consolation – I'm broke, too. IDM **nicht** (**ganz/recht**) **bei Trost sein** have taken leave of your senses
trösten 1 comfort ◊ *Sie hat ihn damit getröstet, dass ...* She comforted him by (saying) ... ◊ *Sie war nicht zu trösten.* She was inconsolable. ◊ *Es tröstet mich, dass du hier bist.* It's a comfort that you're here. **2 sich** (**über etw**) ~ **get** ~ over sth ◊ *Sie hat sich schnell über den Verlust getröstet.* She quickly got over the loss. ◊ *Nachdem er sie verlassen hatte, tröstete sie sich schnell mit einem anderen Mann.* When he left her she soon found consolation with another man.
tröstlich comforting

trost- trostlos 1 (*deprimiert*) inconsolable **2** (*deprimierend*) depressing; (*Gegend auch*) desolate; (*Situation auch*) gloomy* **Trostpflaster** consolation **Trostpreis** consolation prize
Trott 1 trot ◊ *Die Reiter legten die Strecke im Trott zurück.* The riders covered the ground at a trot. **2** (*eintönige Lebensweise*) routine ◊ *Es geht immer im gleichen Trott weiter.* It's always the same old routine.
Trottel idiot
trotz in spite of ◊ *Trotz des schlechten Wetters gingen sie spazieren.* In spite of the bad weather, they went for a walk. ◊ *Trotz allem liebt sie ihn noch.* In spite of everything, she still loves him. ◊ *trotz Schnee* in spite of the snow ☛ *Hinweis bei* however.
Trotz 1 defiance; (**jdm**) **zum** ~ in defiance (of sb) ◊ *Ihren Eltern zum Trotz hat sie nicht studiert.* In defiance of her parents she didn't go to university. **2 etw aus ~ tun** do* sth just to be awkward ◊ *Er hat es nur aus Trotz getan.* He only did it to be awkward. **3 einer Sache zum** ~ in spite of sth ◊ *Er hat es allen Warnungen zum Trotz getan.* He did it in spite of all the warnings.
trotzdem nevertheless; (*im gesprochenen Englisch auch*) anyway, still ◊ *Es wird schwierig werden. Trotzdem ist es wichtig, dass wir unser Bestes tun.* Nevertheless, it is important that we do our best. ◊ *Die Karten waren teuer, aber ich habe sie trotzdem gekauft.* The tickets were expensive but I bought them anyway. ◊ *Es war nicht weit, aber ich wollte trotzdem nicht laufen.* It wasn't far but I still didn't want to walk. ☛ **Anyway** steht meist am Satzende. **Still** steht vor dem Verb.
trotzen 1 jdm/etw ~ defy* sb/sth; (*schwierigen Umständen auch*) brave sb/sth; (*aushalten*) withstand* sb/sth ◊ *Er trotzte den Wünschen seiner Eltern.* He defied his parents' wishes. ◊ *Sie trotzten der Kälte und gingen spazieren.* They braved the cold and went for a walk. ◊ *Diese Pflanzen trotzen jeder Witterung.* These plants withstand all weathers. ◊ *Bis jetzt trotzt Aids jeder Behandlung.* So far AIDS has proved resistant to treatment. **2** (*trotzig sein*) be defiant
trotzig defiant (*Adv* defiantly)
Trotzreaktion act of defiance
trüb, trübe 1 (*Flüssigkeit*) cloudy*; (*schmutzig*) murky* **2** (*nicht hell*) dull; (*Licht*) dim* (*Adv* dimly) ◊ *trübes Wetter* dull weather **3** (*traurig, düster*) gloomy* (*Adv* gloomily) **4** (*zwielichtig*) murky*
Trubel 1 (hustle and) bustle; (*Wirrwarr*) confusion ◊ *der Trubel auf dem Markt* the hustle and bustle of the market ◊ *im Trubel der Ereignisse* in the confusion of events ◊ *Hier ist mir zu viel Trubel.* It's too busy for me here. ◊ *Sie stürzten sich in den Trubel.* They threw themselves into the fray. **2** ~ **um jdn/etw** hype about sb/sth ◊ *der Trubel um seinen neuen Film* the hype about his new film
trüben 1 cloud (*auch fig*); (*Stimmung etc. auch*) spoil* ◊ *Chemische Zusätze trüben das Wasser.* Chemical additives cloud the water. ◊ *Nichts konnte unser Glück trüben.* Nothing could spoil our happiness. **2 sich** ~ (*trübe werden*) become* cloudy; (*Linse etc.*) become* clouded; (*Himmel, Augen*) cloud over **3 sich** ~ (*Beziehung etc.*) become*/be* strained; (*Verstand etc.*) be/become* dulled
trudeln spin* ◊ *Das Flugzeug fing an zu trudeln.* The aeroplane went into a spin. ◊ *Der Ball trudelte ins Tor.* The ball went spinning into the net.
Trüffel truffle
trügen be deceptive ◊ *Der Anschein trügt.* Appearances are deceptive. ◊ *Wenn mich mein Gedächtnis nicht trügt, ...* If I remember rightly, ... ◊ *Wenn mich nicht alles trügt, ...* If I'm not very much mistaken, ...
trügerisch deceptive (*Adv* deceptively); (*Hoffnung, Gefühl*) false ◊ *Die Zahlen sind trügerisch.* The figures are deceptive. ◊ *ein trügerisches Gefühl der Sicherheit* a false sense of security ◊ *Das Eis war trügerisch.* The ice was treacherous.
Trugschluss misapprehension
Truhe chest
Trümmer 1 ruins [Pl]; (*Schutt*) rubble [U]; (*eines Fahrzeugs*) wreckage [U] ◊ *die Trümmer eines Hauses* the ruins of a house ◊ *Sie stand vor den Trümmern ihrer Ehe.* Her marriage was in ruins. ◊ *Das Dorf wurde in Trümmer gelegt.* The village was reduced to rubble. ◊ *Er wurde aus den Trümmern seines Autos geborgen.* He was pulled out

from the wreckage of his car. **2 in ~ gehen** be ruined; (*Fahrzeug*) be wrecked; (*Fenster*) be shattered
Trümmerhaufen heap of rubble
Trumpf 1 (*Spielkartenfarbe*) trumps ◇ *Herz ist Trumpf.* Hearts are trumps. ◇ *Was ist Trumpf?* What's trumps? ☛ G 1.3c **2** (*Spielkarte*) trump ◇ *einen Trumpf ausspielen* play a trump **3** (*Vorteil*) trump card ◇ *Die Gegner haben alle Trümpfe in der Hand.* The opponents hold all the trump cards. IDM **Trumpf sein** be in; (*wichtig sein*) be the order of the day ◇ *Dieses Jahr ist Glatze Trumpf.* This year shaved heads are in. ◇ *Flexibilität ist Trumpf.* Flexibility is the order of the day.
Trunkenheit drunkenness; **~ am Steuer** drink driving, (*AmE*) drunk driving
Trupp group; (*von Arbeitern, Gefangenen etc.*) gang ◇ *ein Trupp Freiwilliger* a group of volunteers ☛ G 1.3b
Truppe 1 Truppen troops [Pl] ◇ *die alliierten Truppen* the allied troops **2** (*Einheit*) unit (of troops) ◇ *Eine UN-Truppe soll die US-Soldaten ablösen.* A UN unit is to relieve the US soldiers. **3** (*Gruppe*) group; (*von Künstlern*) troupe; (*von Sportlern*) team ☛ G 1.3b
Truppenabbau reduction of forces **Truppeneinsatz** deployment of troops **Truppenstärke** military strength
Trust trust
Truthahn turkey
tschüs, tschüss bye
T-Shirt T-shirt
Tuba tuba ◇ *Tuba spielen* play the tuba
Tube tube ◇ *eine Tube Majonäse* a tube of mayonnaise IDM **auf die Tube drücken** step* on it
Tuberkulose tuberculosis
Tuch 1 cloth **2** (*Kleidungsstück*) scarf*; (*Schultertuch*) shawl ◇ *ein Tuch aus Seide* a silk scarf IDM **ein rotes Tuch für jdn sein** make* sb see red
tüchtig 1 capable; (*fleißig*) hard-working **2** (*sehr viel, sehr groß*) ◇ *Dazu gehört eine tüchtige Portion Mut.* That takes a lot of courage. ◇ *Wir haben alle tüchtig gegessen.* We all had a lot to eat. ◇ *Ich wollte ihm mal tüchtig die Meinung sagen.* I wanted to give him a piece of my mind. ◇ *Wir haben tüchtig gefeiert.* We had a big party.
Tücke 1 (*Hinterlist*) cunning [U]; (*Hinterhältigkeit*) treachery [U] **2** (*Handlung*) trick ◇ *Er war ihren Tücken nicht gewachsen.* He was no match for her tricks. **3** (*Problem*) problem ◇ *Jeder Computer hat so seine Tücken.* Every computer has its little problems. IDM ⇨ LIST
tückisch (*Mensch, Lachen, Blick*) malicious; (*Plan*) cunning; (*Gelände, Gewässer, Kurve etc.*) treacherous; (*Krankheit*) insidious; (*Problem*) tricky*; (*Kopfball, Schuss etc.*) sneaky*
tüfteln (**an etw**) **~ 1** fiddle (with sth) ◇ *Tüfteln und Basteln machen ihm Spaß.* He enjoys fiddling with things and making things. **2** (*nachdenken*) puzzle (over sth)
Tüftler(in) 1 = person* who likes fiddling with things **2** = person* who likes puzzling over tricky problems
Tugend virtue IDM ⇨ NOT
tugendhaft virtuous (*Adv* virtuously)
Tulpe tulip
tummeln sich ~ romp about, frolic*
Tumor tumour, (*AmE*) tumor ◇ *ein gutartiger/bösartiger Tumor* a benign/malignant tumour
Tümpel pond
Tumult uproar [U/Sing]; (*Unruhen*) disturbances [Pl] ◇ *Seine Rede löste einen Tumult unter den Zuhörern aus.* His speech caused an uproar among the audience.
tumultartig ◇ *tumultartige Szenen* scenes of uproar
tun 1 do* ◇ *Was ist noch zu tun?* What's still to be done? ◇ *Was tust du hier?* What are you doing here? ◇ *Dagegen kann man nichts tun.* You can't do anything about it. ◇ *Ich würde das nicht tun.* I wouldn't do that. ◇ *Du hast genau das Richtige getan.* You did exactly the right thing. ◇ *Sie hat ihr Bestes getan, um ihm zu helfen.* She did her best to help him. ◇ *Tu, was du willst.* Do what you want. ◇ *Tu, was du nicht lassen kannst.* Do what you have to. ◇ *Jetzt weiß er nicht, was er tun soll.* Now he doesn't know what to do. ◇ *Sie hatte nichts Besseres zu tun, als ...* She had nothing better to do than ... ◇ *Ich habe ihn daran erinnert, sich zu bedanken, was er auch tat.* I reminded him to say thank you, which he did. ◇ *Die Regierung sollte mehr für Arbeitslose tun.* The government should do more for the unemployed. **2 zu ~ haben** be busy ◇ *Er hat bis vier Uhr zu tun.* He is busy until four o'clock. ◇ *Ich habe in der Stadt zu tun.* I've got things to do in town. ◇ *Ich habe geschäftlich in Oxford zu tun.* I have got to go to Oxford on business. **3 mit jdm/etw zu ~ haben** have to do with sb/sth ◇ *Ich hatte damit nichts zu tun.* I had nothing to do with it. ◇ *Mit Musik hat das nichts zu tun.* You can't call that music. ◇ *Sie hat noch nie etwas mit der Polizei zu tun gehabt.* She's never been involved with the police. **4 es mit jdm zu ~ haben** deal* with sb ◇ *Wir haben es mit einem Verbrecher zu tun.* We're dealing with a criminal. **5 jdm/sich etw ~** hurt* sb/yourself ◇ *Bitte tu ihm nichts!* Please don't hurt him! ◇ *Has du dir etwas getan?* Did you hurt yourself? **6 so ~** (**, als ob**) pretend ◇ *Er schläft nicht. Er tut nur so.* He's not asleep. He's just pretending. ◇ *Sie tat so, als würde sie ihn nicht kennen.* She pretended she didn't know him. **7 sich ~** happen ◇ *In den letzten Wochen hat sich viel getan.* A lot has happened in the last few weeks. **8** (*an einen Ort legen, stellen*) put* ◇ *Er hat die Bücher in den Schrank getan.* He put the books in the bookcase. ◇ *Hast du Zucker in meinen Tee getan?* Did you put sugar in my tea? **9 es ~ do*; es nicht mehr ~** have had it ◇ *Die Skier müssen es noch einen Winter tun.* The skis will have to do another winter. ◇ *Olivenöl wäre besser, aber Margarine tut's auch.* Olive oil would be better but margarine will do. ◇ *Mein Fahrrad tut's nicht mehr.* My bike has had it. IDM **das tut man nicht** it's not done **das tut nichts** it doesn't matter **jd kann tun und lassen, was er, sie etc. will** sb can* do as he, she, etc. pleases **mit etw ist es nicht getan** sth is not enough ◇ *Mit einem Blumenstrauß ist es nicht getan.* A bunch of flowers is not enough. **mit sich selbst zu tun haben** have problems of your own (**es**) **mit jdm zu tun bekommen** be in trouble with sb ◇ *Wenn er so weiter macht, bekommt er es mit dem Chef zu tun.* If he goes on like that, he'll be in trouble with the boss. **jd täte gut daran, ...** sb ought to ... ◇ *Er täte gut daran, sich nach einem neuen Job umzusehen.* He ought to be looking for another job. ☛ Für andere Ausdrücke mit **tun** siehe die Einträge für die entsprechenden Nomina etc. **Sein(en) Teil tun** z.B. steht unter **Teil**.
tünchen distemper; (*weiß*) whitewash ◇ *weiß getünchte Wände* whitewashed walls
Tunfisch ⇨ THUNFISCH
Tunnel tunnel
Tüpfelchen dot IDM **das Tüpfelchen auf dem i** the finishing touch
tupfen dab* ◇ *Er tupfte sich den Schweiß von der Stirn.* He dabbed the sweat from his brow. ◇ *Sie tupfte vorsichtig etwas Salbe auf die Wunde.* She carefully dabbed some ointment on the wound.
Tupfen spot ◇ *ein rotes Kleid mit blauen und weißen Tupfen* a red dress with blue and white spots
Tür door ◇ *Die Tür geht nicht auf/zu.* The door won't open/close. ◇ *Wer ist an der Tür?* Who is at the door? ◇ *Kannst du bitte an die Tür gehen?* Can you answer the door, please? ◇ *Wir wohnen Tür an Tür.* We live next door to each other. ◇ *Meine Tür weiter.* She lives next door. ◇ *Sie steckte den Kopf zur Tür herein.* She popped her head round the door. ◇ *ein Auto mit vier Türen* a four-door car ◇ *in der Tür stehen* stand in the doorway ◇ *vor die Tür gehen* go outside IDM **jdm die Tür einlaufen/einrennen** ◇ *Bis vor kurzem war sie völlig unbekannt, jetzt laufen ihr die Regisseure die Tür ein.* She was completely unknown until recently, but now directors are queuing up to offer her a part. **die Tür (für etw) offen halten** keep* the door open (for sth) **jdm die Tür vor der Nase zuschlagen** shut* the door in sb's face **hinter verschlossenen Türen** behind closed doors **offene Türen einrennen** preach to the converted **jdm stehen alle Türen offen** the world is sb's oyster **etw steht vor der Tür** sth is just around the corner **jdn vor die Tür setzen 1** throw* sb out **2** (*kündigen*) get* rid of sb **zwischen Tür und Angel** in a hurry ☛ Siehe auch FUSS *und* TAG.
Turban turban
Turbine turbine
Turbo turbo*
Turbomotor turbo engine
turbulent turbulent ◇ *turbulente Szenen* turbulent scenes ◇ *Bei der Versammlung ging es sehr turbulent zu.* There was a lot of conflict at the meeting.

Turbulenzen 1 (*Luftströmung*) turbulence [U] **2** (*fig*) turmoil [U] ◊ *Turbulenzen an den Devisenmärkten* turmoil on the foreign exchange markets
Türfalle, Türgriff door handle
türkis turquoise ☛ *Beispiele bei* BLAU
Türkis *der* turquoise
Türklinke door handle
Turm 1 tower **2** (*Schachfigur*) castle, rook **3** (*Sprung-*) diving tower
türmen 1 *sich ~* be piled up, pile up ◊ *Auf dem Schreibtisch türmen sich die Rechnungen.* Bills are piling up on the desk. **2** *etw auf etw ~* pile sth on sth ◊ *Er türmte die Kisten auf das Regal.* He piled the boxes on the shelf. **3** (*flüchten*) scarper (*umgs*)
Turmspitze spire
turnen do* gymnastics ◊ *Er begann mit 5 Jahren zu turnen.* He started doing gymnastics at the age of 5. ◊ *am Reck turnen* do exercises on the horizontal bar
Turnen gymnastics [U]; (*in der Schule*) gym ◊ *die Meisterschaften im Turnen* the gymnastics championships
Turner(in) gymnast ☛ G 2.2d
Turn- Turnhalle gymnasium, gym **Turnhose** shorts [Pl] ☛ *Hinweis bei* BRILLE
Turnier tournament
Turniersieger(in) champion
Turnschuh trainer, (*AmE*) sneaker
Turnus rota ◊ *Sie kontrollieren in einem strengen Turnus die Toiletten.* They check the toilets according to a strict rota. ◊ *sich im Turnus abwechseln* take turns ◊ *Der Preis wird im zweijährigen Turnus verliehen.* The prize is awarded every two years.
turnusmäßig regular (*Adv* regularly) ◊ *die turnusmäßige Leerung der Mülltonnen* the regular emptying of the bins ◊ *Deutschland führt turnusmäßig den Vorsitz der EU.* It is Germany's turn to chair the EU. ◊ *Die drei Präsidenten wechseln sich turnusmäßig im Amt ab.* The three presidents rotate.
Turn- Turnverein gym club **Turnzeug** gym kit, sports kit
Türsteher(in) doorman*; (*in Lokalen, Klubs, Diskotheken*) bouncer ☛ G 2.2d

Tusche 1 Indian ink, (*AmE*) India ink **2** (*Wimpern-*) mascara
tuscheln whisper; *über jdn ~* talk about sb behind their back ◊ *Hinter meinem Rücken wird getuschelt.* People are talking about me behind my back.
Tüte 1 bag ◊ *eine Tüte Bonbons* a bag of sweets ◊ *in die Tüte blasen* blow into the bag **2** (*Einkaufstasche*) carrier bag **3** (*Eis-*) cone
tuten hoot IDM *von Tuten und Blasen keine Ahnung haben* not have a clue (*umgs*)
Tutor(in) 1 tutor ☛ G 2.2d **2** (*in einem Studentenwohnheim*) = older student who looks after new students in a hall of residence
TÜV (*von Autos*) roadworthiness test; (*in GB*) ≈ MOT ◊ *Wann ist der TÜV fällig?* When is the MOT due? ◊ *Das Auto muss zum TÜV.* The car needs an MOT. ◊ *Das Auto hat noch drei Monate TÜV.* The car's got 3 months' MOT. ◊ *Das Auto ist nicht durch den TÜV gekommen.* The car failed its MOT. ◊ *Das Auto ist durch den TÜV gekommen.* The car passed its MOT.
Typ 1 type (of person) ◊ *Er ist der Typ, für den die Arbeit das Leben ausmacht.* He's the type of person for whom work is everything. ◊ *Er und Surfen? Dazu ist er nun wirklich nicht der Typ.* Him go surfing? He's really not the type. **2** (*Körperbau, Aussehen*) ◊ *ein untersetzter Typ* a person of stocky build ◊ *Er ist ein südländischer Typ.* He's got Latin looks. **3** (*Mann*) bloke, (*bes AmE*) guy **4** (*Modell*) model ◊ *an einem neuen Typ arbeiten* work on a new model ◊ *der Jet vom Typ Boeing 727* the jet, a Boeing 727 IDM *ein kaputter Typ* a dropout
Typhus typhoid (fever)
typisch *~ (für jdn/etw)* typical (of sb/sth) (*Adv* typically) ◊ *Es war typisch für sie, dass sie zu spät kam.* It was typical of her to be late. ◊ *ein typisch englischer Garten* a typically English garden ◊ *Typisch Mann!* Just like a man!
Tyrann(in) tyrant (*auch fig*)
Tyrannei tyranny
tyrannisch tyrannical (*Adv* tyrannically)
tyrannisieren tyrannize; (*schikanieren*) bully*

U u

U, u (*Buchstabe*) U, u ☛ *Beispiele bei* A, A, S. 773.
U-Bahn underground, (*AmE*) subway ◊ (*mit der*) *U-Bahn fahren* go by underground ☛ *In London heißt die U-Bahn auch* **the tube**.
U-Bahn-Station underground station, (*AmE*) subway station; (*in London auch*) tube station
übel 1 bad (*Adv* badly); (*Geruch, Geschmack*) nasty* ◊ *übel gelaunt sein* be in a bad mood ◊ *Dein Vortrag war gar nicht so übel!* Your talk was not bad at all! ◊ *Sie wurde von der Bulldogge übel zugerichtet.* She was badly injured by the bulldog. ◊ *Er ist gar kein übler Kerl.* He's not such a bad bloke. ◊ *Er ist ein echt übler Kerl.* He's a nasty piece of work. ◊ *ein übler Beigeschmack* a nasty taste ◊ *üble Tricks* dirty tricks ◊ *üble Folgen* serious consequences ◊ *jdm übel gesonnen sein* be ill-disposed towards sb ◊ *jdn übel beschimpfen* call sb all the names you can think of ☛ *Siehe auch* MITSPIELEN *und* NACHREDE **2** *jdm ist/wird ~* sb feels* sick, (*AmE meist*) sb feels* sick to the stomach **3** *jdm etw ~ nehmen* hold* sth against sb IDM *übel dran sein* be in a bad way ☛ *Siehe auch* WOHL
Übel 1 evil ◊ *ein notwendiges Übel* a necessary evil ◊ *Mülltrennung ist ein lästiges Übel.* Sorting rubbish is a nuisance. **2** (*Problem*) problem ◊ *Er machte sie für alles Übel verantwortlich.* He blamed them for all the problems. **3** (*Krankheit*) illness, trouble ◊ *ein chronisches Übel* a chronic illness IDM *das kleinere/geringere Übel* the lesser evil *das kleinere/geringere von zwei Übeln* the lesser of two evils *zu allem Übel* to make matters worse
Übelkeit nausea [U] ◊ *starke Übelkeit verursachen* cause severe nausea ◊ *Er verspürte eine plötzliche Übelkeit.* He suddenly felt sick. **Übeltäter(in)** wrongdoer; (*Verbrecher*) criminal; (*Verantwortliche*) culprit
üben 1 practise, (*AmE*) practice ◊ *Autofahren üben* practise driving ◊ *Sie übt Klavier.* She's doing her piano practice. **2** *sich darin ~ etw zu tun* learn to do sth ◊ *Du solltest dich darin üben, überlegter zu handeln.* You should learn to think before you act. ◊ *sich in Geduld/Zurückhaltung üben* be patient/restrained ☛ *Für andere Ausdrücke mit* **üben** *siehe die Einträge für die entsprechenden Nomina etc.* **Kritik üben** *z.B. steht unter* **Kritik**.
über
• **räumlich 1** over ◊ *Sie hüpfte über den Zaun.* She jumped over the fence. ◊ *Zieh eine Jacke über die Bluse.* Put a jacket on over your blouse. ◊ *Wir flogen über Griechenland.* We flew over Greece. **2** (*höher als*) above ◊ *die Wohnung direkt über uns* the flat directly above us ◊ *200 Meter über dem Meeresspiegel* 200 metres above sea level **3** (*quer über*) across ◊ *Sie liefen über den Schulhof.* They ran across the playground. ◊ *Ihm liefen Tränen übers Gesicht.* Tears ran down his face.

Man kann **across** oder **over** sagen, um „auf der anderen Seite/auf die andere Seite" auszudrücken: *I ran* *across/over the road*. Wenn aber etwas Hohes gemeint ist, sagt man normalerweise **over**: *I can't climb over that wall.*

4 (*durch einen Ort*) via, through ◊ *Wir fahren über München.* We're going via Munich.

• **Wert/Menge/Ausmaß/Qualität 5** (*im Wert von*) for ◊ *eine Rechnung über 100 Dollar* a bill for $100 **6** (*mehr als*) over ◊ *Ich hatte über 40° Fieber.* I had a temperature of over 40. ◊ *über 100 Jahre alt* over 100 years old ◊ *über zwei Meter groß* over two metres tall ◊ *über einen Monat warten* wait over a month **7** (*besser*) above ◊ *Meine Note liegt über dem Durchschnitt.* My mark is above average. ◊ *In der Rangfolge stand sie über ihm.* She was above him in rank. **8** ~ **etw (hinaus)** beyond sth ◊ *über Bayerns Grenzen hinaus* beyond the borders of Bavaria ◊ *Das geht über meinen Verstand.* That's beyond my comprehension. **9** ... **über** ... ... on ..., ... upon ... (*gehoben*) ◊ *Er bekam Komplimente über Komplimente.* He received compliment upon compliment. ◊ *Schulden über Schulden machen* run up debts and more debts

• **zeitlich 10** (*während*) over ◊ *über Weihnachten* over Christmas ◊ *über Nacht* over night ◊ *Über seiner Arbeit schlief er ein.* He fell asleep over his work. **11** (*über einen Zeitpunkt hinaus*) past ◊ *über das Verfalldatum hinaus* past the sell-by date **12 den ganzen Tag etc.** ~ throughout the day, etc. ◊ *Ich musste den ganzen Sommer über im Labor arbeiten.* I had to work in the lab throughout the summer.

• **kausal 13** (*aufgrund*) with ◊ *Über seiner Arbeit vergaß er, sich bei ihr zu melden.* With all his work, he forgot to contact her.

• **Inhalt 14** about; (*zum Thema auch*) on ◊ *sich über etw ärgern* be angry about sth ◊ *ein Essay über Irland* an essay on Ireland ☛ *Hinweis bei* ABOUT²

• **Art und Weise 15** (*auf eine bestimmte Weise*) through ◊ *etw über einen Händler beziehen* get sth through a dealer ◊ *über eine Annonce in der Zeitung* through an advertisement in the newspaper ◊ *das Programm über Kabel/Satellit empfangen* receive the programme via cable/satellite

IDM **etw über haben** have sth left ◊ *Wir haben noch Nachtisch über.* We've got some pudding left. **über sein** be left ◊ *Wie viel Geld ist über?* How much money is left? **jdn/etw über haben/sein** be sick and tired of sb/sth ◊ *Anfangs mochte ich ihn ganz gern, doch inzwischen bin ich ihn über.* I quite liked him at first, but now I'm sick and tired of him. **über und über** all over ◊ *über und über dreckig* filthy all over ◊ *Der Himmel war über und über mit Wolken bedeckt.* The sky was completely covered with clouds. ☛ Für andere Ausdrücke mit **über** siehe die Einträge für die entsprechenden Nomina etc. **Über etw lachen** z.B. steht unter **lachen**.

überall 1 everywhere, (*AmE auch*) everyplace ◊ *Ich habe überall gesucht.* I've looked everywhere. ◊ *überall auf der Welt* all over the world ◊ *Überall, wo gefeiert wird, ist er dabei.* Wherever there's a party, he's always there. ◊ *überall seine Finger im Spiel haben* have a finger in every pie ◊ *überall auf Widerspruch/Widerstand stoßen* meet with contradiction/resistance at every turn **2** (*bei allen Leuten*) ◊ *Erzähl es nicht überall!* Don't tell everybody! ◊ *überall beliebt sein* be popular with everyone

überallher von ~ from all over **überallhin** anywhere

überaltert outdated ◊ *überalterte Technologie* outdated technology ◊ *Das Lehrpersonal hier ist überaltert.* The average age of the teachers here is very high. ◊ *überalterte Bäume* very old trees

Überangebot surplus ◊ *ein Überangebot an Führungskräften* a surplus of managers

überängstlich overanxious

überanstrengen 1 sich ~ overexert yourself, overtax yourself; (*arbeiten*) overwork **2 jdn** ~ overtax sb; (*arbeiten lassen*) work sb too hard **3 etw** ~ strain sth ◊ *seine Augen überanstrengen* strain your eyes

Überanstrengung (*Erschöpfung*) exhaustion; (*der Muskeln, Augen etc.*) strain; (*Überarbeitung*) overwork

überarbeiten 1 (*Artikel, Buch, Entwurf etc.*) revise ◊ *etw formal/sprachlich/stilistisch überarbeiten* revise the form/language/style of sth **2 sich** ~ overwork, work too hard

Überarbeitung 1 (*von Artikeln, Büchern, Entwürfen etc.*) revision **2** (*Überanstrengung*) overwork

überaus extremely

überbacken brown *sth* in the oven; (*unter dem Grill*) grill; **etw mit etw** ~ top* sth with sth and brown it (in the oven) ◊ *Die Nudeln mit Käse überbacken.* Top the pasta with cheese and brown it. ◊ *ein überbackener Camembert* grilled Camembert ◊ *überbackene Champignons* mushrooms au gratin

überbelichten overexpose

überbevölkert 1 overpopulated **2** (*zu voll*) overcrowded

Überbevölkerung overpopulation ◊ *die Folgen der Überbevölkerung* the consequences of overpopulation

überbewerten overrate; (*zu große Bedeutung beimessen*) attach too much importance to *sth*

überbezahlt overpaid

überbieten 1 outbid* ◊ *jdn bei einer Auktion überbieten* outbid sb at an auction ◊ *einen Vorschlag überbieten* make a better suggestion **2** (*übertreffen*) outdo*; (*Rekord*) beat* ◊ *Niemand kann sie an Großzügigkeit überbieten.* No one can outdo her for generosity. ◊ *Die Kandidaten überbieten einander mit Versprechungen.* The candidates are trying to outdo each other in their promises. ◊ *Sie überbot ihren persönlichen Rekord um 20 Sekunden.* She beat her personal record by 20 seconds. ◊ *an Frechheit nicht zu überbieten sein* be the height of insolence ◊ *an Geschmacklosigkeit nicht zu überbieten sein* be in the worst possible taste

Überbleibsel relic (*auch fig*); (*Spuren*) traces [Pl] ◊ *Überbleibsel aus der Römerzeit* relics from Roman times ◊ *Die Kirche ist das letzte Überbleibsel des Ortes.* The church is all that remains of the village.

Überblick 1 (*Aussicht*) view ◊ *Der Turm bietet einen herrlichen Überblick über das Tal.* From the tower you get a splendid view of the valley. **2** (*Zusammenfassung*) summary*, survey; (*Eindruck*) idea, overall picture ◊ *Das Programm im Überblick: ...* A summary of the programme ... ◊ *ein kurzer Überblick über die Landesgeschichte* a short survey of the region's history ◊ *Er will sich einen Überblick über die Lage verschaffen.* He wants to get an overall picture of the situation. ◊ *Ihm fehlt der Überblick.* He doesn't see the whole picture. **3 den** ~ **haben** keep* track; **den** ~ **verlieren** lose* track ◊ *Bei dem Chaos verliert man schnell den Überblick.* In this chaos it's easy to lose track.

überblicken 1 have a view of *sth* ◊ *Von der Burg kann man den See überblicken.* From the castle you have a view of the lake. **2** (*verstehen*) grasp ◊ *etw rechtlich überblicken* grasp the legal implications of sth

überbringen (**jdm**) **etw** ~ deliver sth to sb; (*Grüße, Wünsche*) convey sth (to sb) ◊ *Sie hat den Brief persönlich überbracht.* She delivered the letter in person. ◊ *Ich wollte ihr mein Mitgefühl überbringen.* I wanted to convey my sympathy to her.

überbrücken 1 bridge ◊ *die Kluft zwischen dem Ideal und der Wirklichkeit überbrücken* bridge the gap between the ideal and reality ◊ *Eine Durststrecke kann man mit einem Kredit überbrücken.* You can take out a loan to tide you over a bad patch. ◊ *Sonderzüge werden eingesetzt, um in der Stoßzeit Engpässe zu überbrücken.* Special trains are being put on to ease the bottlenecks in the rush hour. **2 etw** (**mit etw**) ~ (*Zeit*) fill the time (with sth) ◊ *Die Veranstalter überbrückten die Pause mit einem Kurzfilm.* The organizers filled the break with a short film.

überdacht with a roof (*dem Nomen nachgestellt*), covered ◊ *ein überdachter Balkon* a balcony with a roof ◊ *ein überdachtes Stadion* a covered stadium ◊ *Alle Plätze sind überdacht.* All seats are under cover.

überdauern survive

überdenken consider, think* *sth* over; (*kritisch*) reconsider

überdimensional huge, enormous

Überdosis overdose ◊ *Er starb an einer Überdosis Heroin.* He died of a heroin overdose.

überdreht wired; (*aufgeregt*) overexcited (*exzentrisch*) eccentric

Überdruss ◊ *Die Zuschauer zeigten erste Anzeichen von Überdruss.* The audience were beginning to show signs of wearying. ◊ *eine bis zum Überdruss verwendete Phrase* a phrase that is used ad nauseam ◊ *Zu allem Überdruss kursierten auch noch Korruptionsgerüchte.* To cap it all, there were also rumours of corruption going round.

überdrüssig jds/einer Sache ~ sein/werden be/get* tired of sb/sth
überdurchschnittlich 1 *Adj* above average ◊ *eine überdurchschnittliche Prüfungsnote* an above-average exam mark **2** *Adv* more than the average; *(ungewöhnlich)* exceptionally ◊ *überdurchschnittlich gut verdienen* earn more than the average ◊ *überdurchschnittlich begabt* be exceptionally talented
übereifrig overenthusiastic (*Adv* overenthusiastically), overzealous (*Adv* overzealously) *(abwert)*
übereilt hasty (*Adv* hastily)
übereinander 1 on top of each other ◊ *sich übereinander türmen* be piled on top of each other ◊ *Sie schlug die Beine übereinander.* She crossed her legs. **2** *(gegenseitig über sich)* at/about each other ◊ *übereinander lachen/reden* laugh at/talk about each other
übereinkommen (über etw) ~ agree (on sth)
Übereinkommen, Übereinkunft agreement ◊ *ein Übereinkommen über etw treffen* come to an agreement on sth
übereinstimmen 1 mit jdm (in etw) ~ agree with sb (on/about sth) **2** *(entsprechen)* correspond, agree, tally* ◊ *Theorie und Praxis stimmen nicht überein.* Theory does not correspond to practice. ◊ *Die Aussagen der Zeugen stimmen nicht überein.* The witnesses' statements do not agree. ◊ *Ihre Unterschriften sollten mit den Namen auf der Liste übereinstimmen.* Their signatures should tally with the names on the list.
übereinstimmend 1 *Adj* identical ◊ *übereinstimmende Schätzungen* identical estimates **2** *Adv* unanimously ◊ *Sie stellten übereinstimmend fest, dass ...* They declared unanimously that ...
Übereinstimmung 1 agreement ◊ *In diesem Punkt sind sie zu einer Übereinstimmung gekommen.* They reached agreement on that point. **2** *(Einklang)* accordance *(gehoben)* ◊ *etw mit etw in* ~ *bringen* bring* sth into line with sth
überempfindlich oversensitive; *(allergisch)* hypersensitive
Überempfindlichkeit oversensitivity [U]; *(Allergie)* hypersensitivity [U] ◊ *eine ~ gegen etw* an allergy* to sth
überfahren 1 run* over *sb/sth* ◊ *Er wurde von einem Laster/Zug überfahren.* He was run over by a lorry/hit by a train. ◊ *Unser Hund ist überfahren worden.* Our dog got run over. **2** *(Ampel etc.)* go* through *sth* ◊ *Sie hat mehrere rote Ampeln überfahren.* She went through several red lights. **3** *(fig)* steamroller, *(AmE meist)* steamroll ◊ *Er fühlte sich überfahren.* He felt he was being steamrollered.
Überfahrt crossing
Überfall 1 attack; *(auf Banken, Tankstellen etc.)* raid; *(mit Diebstahl auf der Straße)* mugging **2** *(Invasion)* invasion
überfallen 1 attack; *(Bank etc.)* raid; *(mit Diebstahl auf der Straße)* mug* **2** *(Land)* invade **3** *(besuchen)* descend on *sb*
überfällig overdue ◊ *Die Entscheidung war längst überfällig.* The decision was long overdue.
Überfischung overfishing
überfliegen 1 *(Stadt, Meer etc.)* fly* over *sth* **2** *(Text, Brief etc.)* scan*
Überflieger(in) high-flyer
Überfluss 1 abundance *(gehoben)* ◊ *im Überfluss vorhanden sein* be in abundance ◊ *ein Überfluss an Rohstoffen* an abundant supply of raw materials ◊ *ein Land des Überflusses* a land of plenty ◊ *Geld im Überfluss haben* have more than enough money **2** *(Wohlstand)* affluence IDM **zu allem Überfluss** on top of that ◊ *Der Zug hatte Verspätung und zu allem Überfluss war mein Handy kaputt.* The train was late and on top of that, my mobile wasn't working.
überflüssig superfluous; *(unnötig)* unnecessary; *(nicht mehr benötigt)* redundant ◊ *Die meisten Verpackungen sind völlig überflüssig.* Most packaging is totally superfluous. ◊ *Viele Arbeitsplätze sind überflüssig geworden.* Many jobs have become redundant. ◊ *überflüssige Pfunde loswerden* shed surplus pounds
überfluten flood *(auch fig)*, inundate *(gehoben, auch fig)* ◊ *den Markt mit billigen Waren überfluten* flood the market with cheap goods
Überflutung flooding [U]
überfordern 1 overburden, demand too much of *sb* ◊ *Man darf Kinder nicht überfordern.* We shouldn't demand too much of children. ◊ *Das hat ihn körperlich und seelisch überfordert.* It was too much for him, both physically and mentally. **2** *sich* ~ overstretch yourself
überfordert overstretched; *(unfähig)* out of your depth *(nicht vor Nomen)*
überfragt ◊ *Da bin ich überfragt.* You've got me there. ◊ *In diesen Dingen fühle ich mich überfragt.* I don't feel qualified to discuss these things.
überführen[1] *(transportieren)* transfer*; *(Auto)* deliver
überführen[2] jdn **(einer Sache)** ~ prove* sb guilty (of sth) ◊ *Sie wurden des Mordes überführt.* They were proved guilty of murder. ◊ *ein überführter Mörder* a convicted murderer
Überführung 1 *(Transport)* transfer **2** *(Brücke)* bridge; *(Fußgänger-)* footbridge; *(Straße)* flyover, *(AmE)* overpass **3** *(von Verbrechern)* conviction ◊ *jeder Hinweis, der zur Überführung der Täter führt* any information leading to a conviction
überfüllt overcrowded; *(Theater, Saal etc.)* packed
Überfüllung overcrowding
Übergabe 1 handing over *(oft mit einem Verb übersetzt)* ◊ *Er wurde bei der Übergabe des Geldes festgenommen.* He was arrested as the money was being handed over. **2** *(der Macht)* handover; *(eines Preises etc.)* presentation **3** *(Auslieferung)* surrender **4** *(Eröffnung)* opening ◊ *die offizielle Übergabe der neuen Schule* the official opening of the new school
Übergang 1 crossing **2** *(Wechsel)* transition
Übergangsfrist transition period **Übergangslösung** temporary/interim solution **Übergangsregierung** interim government **Übergangszeit** transitional period
übergeben 1 (jdm) jdn/etw ~; jdn/etw (an jdn) ~ hand sb/sth over (to sb) ◊ *Der Dieb wurde der Polizei übergeben.* The thief was handed over to the police. ◊ *Er hat den Fall seinem Anwalt übergeben.* He placed the matter in the hands of his lawyer. **2** *(eröffnen)* open ◊ *die neue Autobahn dem Verkehr übergeben* open the new motorway to traffic **3** *sich* ~ be sick, vomit ◊ *Sie musste sich heftig übergeben.* She was violently sick.
übergehen[1] **1** go* over; *(fortschreiten)* move on ◊ *ins feindliche Lager übergehen* go over to the enemy ◊ *dazu übergehen etw zu tun* go over to doing sth ◊ *zu einem anderen Thema übergehen* move on to another subject ◊ *wieder zur Normalität übergehen* return to normality **2** auf jdn ~ *(in jds Besitz kommen)* pass to sb; **in etw** ~ be transferred into sth ◊ *Die Firma ist auf seine Tochter übergegangen.* Ownership of the firm passed to his daughter. **3** **in etw** ~ *(sich verändern)* turn (in)to sth ◊ *Der Regen ging in Schnee über.* The rain turned to snow. ◊ *Ihr Weinen ging in lautes Schluchzen über.* Her crying turned into loud sobbing. **4** ineinander ~ merge into one another ◊ *Der Himmel und das Meer gingen ineinander über.* The sky and sea merged into one another. ◊ *Arbeit und Freizeit gehen ineinander über.* There is no clear separation between work and leisure.
übergehen[2] **1** *(nicht beachten)* ignore ◊ *Sie hat ihn auf der Party einfach übergangen.* She just ignored him at the party. **2** *(nicht berücksichtigen)* leave* sb out ◊ *Sie fühlen sich völlig übergangen.* They feel completely left out. ◊ *Er hat seinen Sohn in seinem Testament übergangen.* He left his son out of his will. **3** *(überspringen)* skip*
übergeordnet *(wichtiger)* overriding *(nur vor Nomen)*; *(Stelle, Behörde, Werte etc.)* higher
übergeschnappt out of your mind *(nicht vor Nomen)* *(umgs)*, crazy* *(umgs)*
Übergewicht 1 excess weight [U] ~ **haben** *(Mensch, Paket etc.)* be overweight ◊ *Sie hat 5 Kilo Übergewicht.* She is 5 kilos overweight. **2** *(fig)* predominance; **ein/das** ~ **haben** be predominant
übergewichtig overweight
überglücklich overjoyed *(nicht vor Nomen)*, delighted
übergreifen (auf etw) ~ *(Feuer, Krankheit etc.)* spread* (to sth)
Übergriff 1 *(Angriff)* attack **2** *(Einmischung)* interference [U] ◊ *staatliche Übergriffe* state interference
Übergröße large size
Überhand ~ **nehmen** get* out of hand
überhäufen jdn mit etw ~ inundate sb with sth; *(mit Lob, Geschenken etc.)* shower sb with sth ◊ *Sie wurde mit Angeboten überhäuft.* She was inundated with offers.
überhaupt 1 *(verstärkend)* at all ◊ *Das stimmt überhaupt*

nicht. That's not true at all. ◊ *Das kommt sehr selten vor, wenn überhaupt.* It rarely happens, if at all. ◊ *Das kommt überhaupt nicht infrage.* It's completely out of the question. **2** (*wirklich*) really; (*eigentlich*) actually ◊ *Gibt es so was überhaupt?* Is there really such a thing? ◊ *Hat sie überhaupt EDV-Kenntnisse?* Has she actually got any IT knowledge? **3** (*außerdem, sowieso*) anyway ◊ *Und überhaupt, der Film soll schlecht sein.* Anyway, the film is supposed to be awful. ◊ *Das geht ihn nichts an, überhaupt soll er sich nicht immer einmischen.* It's none of his business and, anyway, he shouldn't keep interfering. **4** (*im Allgemeinen*) always ◊ *Es ist überhaupt schwierig ihn zu erreichen.* It's always difficult to get hold of him. ◊ *Ich mag Sport überhaupt.* I like all sport.

überheblich arrogant (*Adv* arrogantly); (*eingebildet*) superior

Überheblichkeit arrogance, superiority

überhitzt overheated (*auch fig*)

überhöht excessive

überholen 1 overtake* (*auch fig*), (*AmE meist*) pass **2** (*Maschine, Gerät*) overhaul

Überholspur overtaking lane, (*AmE*) passing lane

überholt 1 ⇨ ÜBERHOLEN **2** (*nicht zeitgemäß*) outdated

Überholverbot ban on overtaking

überhören not hear*; (*absichtlich*) ignore ◊ *Seine Bemerkungen überhört sie einfach.* She just ignores his remarks. ◊ *Das möchte ich überhört haben!* I'll pretend I didn't hear that! ◊ *Die Signale sind nicht zu überhören.* The signals are unmistakable.

Überich superego*

überirdisch supernatural; (*Musik, Schönheit*) ethereal (*gehoben*)

überkandidelt eccentric

Überkapazität overcapacity

überkleben cover; **A mit B ~** stick* B over A

überkochen boil over (*auch fig*); (*wütend sein auch*) hit* the roof

überkommen[1] *Verb* **etw überkommt jdn** sb is overcome by/with sth, sth comes* over sb ◊ *Plötzlich überkam sie die Wut.* Suddenly she was overcome with anger. ◊ *Bei dem Anblick überkam ihn das kalte Grausen.* He shuddered at the sight.

überkommen[2] *Adj* traditional ◊ *überkommene Rollenmuster* traditional roles ◊ *überkommene Traditionen* traditions that have been handed down

überkonfessionell interdenominational

überladen[1] *Verb* overload

überladen[2] *Adj* over-ornate; (*voll gestopft*) cluttered ◊ *die überladene Dekoration/Fassade* the over-ornate decoration/façade ◊ *mit Gemälden überladene Säle* rooms cluttered with paintings

überlagern 1 (GEOL) overlie* **2 sich ~**; **überlagert werden** (*Bilder*) be superimposed **3** (*überdecken*) eclipse, obscure; (*Geräusch*) drown *sth* (out) ◊ *Der Wahlkampf überlagert die eigentlichen politischen Fragen.* The election campaign obscures the real political questions. ◊ *Die Geigen wurden von den Bläsern überlagert.* The violins were drowned by the wind instruments.

Überlandleitung (overhead) power line

überlassen 1 jdm etw ~ let* sb have sth; (*zur Nutzung*) let* sb use sth ◊ *jdm etw günstig überlassen* let sb have sth cheap ◊ *Wir überlassen unsere Berghütte gelegentlich Freunden.* We sometimes let friends use our mountain chalet. **2 jdm jdn/etw ~** (*in jds Obhut*) leave* sb/sth with sb ◊ *Wenn er Urlaub macht, überlässt er seinen Hund der Nachbarin.* He leaves his dog with the neighbour in the holidays. **3 jdn sich selbst ~** leave* sb to fend for himself/herself; (*ohne Aufsicht, Betreuung*) leave* sb to his/her own devices **4 etw jdm/etw ~** leave* sth (up) to sb/sth; **jdm/etw überlassen bleiben** be up to sb/sth ◊ *Die Wahl überlasse ich dir!* I'll leave the choice to you. ◊ *Das bleibt dir überlassen.* That's up to you. ◊ *Man darf nichts dem Zufall überlassen.* You can't leave anything to chance. **5 sich einer Sache ~** abandon yourself to sth **6 jdn einer Sache ~** leave* sb to sth ◊ *Er überließ sie ihren Gedanken.* He left her to her own thoughts.

überlasten (*Fahrzeug, Computer, Netz, Leitungen*) overload; (*Dienste*) overstretch; (*Menschen*) put* a great strain on sb/sth ◊ *Die Krankenhäuser sind überlastet.* The hospitals are overstretched. ◊ *Bei Übergewichtigen ist das Herz oft überlastet.* Being overweight often puts a great strain on the heart. ◊ *An Feiertagen sind die Autobahnen stark überlastet.* On bank holidays the motorways are congested. ◊ *Sie ist beruflich stark überlastet.* She is very overworked. ◊ *Ich bin völlig überlastet.* I can't cope.

Überlastung strain (*oft mit einem Verb übersetzt*) ◊ *die Überlastung der Hochschulen* the strain that universities are under ◊ *Sie hatte wegen Überlastung gekündigt.* She had handed in her notice because the work was too much for her. ◊ *Ein Problem ist die Überlastung der Justiz.* One problem is that the legal system is overstretched.

Überlauf overflow

überlaufen[1] *Verb* **1** overflow **2** (*die Seite wechseln*) defect; **zu jdm/etw ~** go* over to sb/sth ◊ *Er ist zum Feind übergelaufen.* He went over to the enemy. IDM ⇨ FASS

überlaufen[2] *Verb* **1** (*vor Angst*) ◊ *Plötzlich überlief es sie eiskalt.* Suddenly a cold shiver ran down her spine. ◊ *Ein Schauder überlief ihn.* He shuddered. **2** (*überschwemmen*) swamp ◊ *Sie fürchten, dass sie von illegalen Einwanderern überlaufen werden.* They are afraid of being swamped by illegal immigrants.

überlaufen[3] *Adj* overcrowded; (*Studienfach*) oversubscribed ◊ *die völlig überlaufene Disko* the club, which was very overcrowded

Überläufer(in) defector; (*Soldat*) deserter

überleben 1 survive ◊ *Der Beifahrer überlebte den Unfall.* The passenger survived the accident. ◊ *Sie überlebte nur wenige Stunden.* She only lived for a few hours. ◊ *Das überlebe ich nicht!* It'll kill me! **2 jdn ~** outlive sb ◊ *Er überlebte seine Schwester um einige Jahre.* He outlived his sister by a few years.

Überleben survival ◊ *Es geht für ihn ums politische Überleben.* It's a question of his political survival. ◊ *Das Institut bangt um sein Überleben.* The institute fears for its future. ◊ *das Nötigste zum Überleben* the bare necessities of life

Überlebende(r) survivor

überlebensgroß larger than life ◊ *überlebensgroße Bilder* larger than life portraits

überlegen[1] *Verb* **1** think*; (**sich**) **etw ~** think* about sth, consider sth ◊ *Das muss ich mir noch überlegen!* I'll have to think about that! **2 es sich** (**anders**) **~** change your mind ◊ *Du kannst es dir später immer noch anders überlegen!* You can always change your mind later! **3 hin und her ~** agonize ◊ *Er überlegte hin und her, ob er das Abi machen sollte oder nicht.* He agonized over whether to do A-levels or not.

überlegen[2] *Adj* (**jdm/etw**) **~** superior (to sb/sth), better (than sb/sth) ◊ *Sie ist ihm intellektuell überlegen.* She is intellectually superior to him. ◊ *In Mathe war er mir weit überlegen.* He was far better than me at maths. ◊ *Wir waren ihnen zahlenmäßig überlegen.* We outnumbered them. **2** (*Gegner, Mannschaft etc.*) stronger ◊ *Der HSV war ein überlegener Gegner.* HSV were the stronger team. **3** (*Sieg, Spiel*) convincing (*Adv* convincingly) **4** (*herablassend*) supercilious (*Adv* superciliously)

Überlegenheit superiority

überlegt 1 *Adj* considered ◊ *wohl überlegte Entscheidungen* carefully considered decisions **2** *Adv* in a considered manner, carefully

Überlegung 1 consideration ◊ *nach kurzer Überlegung* after a moment's consideration ◊ *Die Sache ist eine Überlegung wert!* This is something worth considering! **2** (*Idee*) idea ◊ *Es werden Überlegungen in Richtung einer Schulhoferweiterung angestellt.* Ideas for extending the school yard are being considered.

überlesen 1 (*übersehen*) overlook **2** (*kurz durchsehen*) glance through *sth*

überliefern hand *sth* down ◊ *Die Märchen wurden mündlich überliefert.* The fairy tales were handed down through oral tradition. ◊ *Der Name des Autors ist nicht überliefert.* The name of the author is not known.

Überlieferung 1 (*das Überliefern*) handing down (*oft mit einem Verb übersetzt*) ◊ *die Überlieferung von alten Bräuchen* the handing down of old customs ◊ *Die Geschichten sind aus mündlicher Überlieferung bekannt.* The stories have come down to us through oral tradition. **2** (*Geschichte*) story*; (*Legende*) legend ◊ *Die Überlieferung berichtet, dass ...* The story goes that ... ◊ *Eine andere Über-*

überlisten

lieferung gibt folgende Erklärung: ... Another version of the story gives the following explanation: ...
überlisten outwit*
Übermacht superiority; (*körperlich, militärisch auch*) superior strength; (*zahlenmäßig*) superiority in numbers
übermächtig 1 stronger, superior (in strength); (*allmächtig*) all-powerful ◊ *ein übermächtiger Gegner* a stronger opponent ◊ *der übermächtige Staat* the all-powerful state **2** (*Gefühl, Drang*) overpowering
übermalen *etw ~* paint over sth; *A mit B ~* paint B over A
Übermaß excess ◊ *im Übermaß* in excess ◊ *ein Übermaß an Optimismus* excessive optimism ◊ *Alkoholgenuss im Übermaß* excessive alcohol consumption
übermäßig excessive (*Adv* excessively) ◊ *der übermäßige Gebrauch von Medikamenten* the excessive use of drugs ◊ *übermäßig viel Personal* an excessively high number of staff ◊ *übermäßig viel Verkehr* an excessive amount of traffic ◊ *Ihre Eltern waren nicht übermäßig erfreut.* Their parents were not overpleased.
Übermensch superman*
übermitteln convey; (*Daten, Bilder*) send*, transfer*; (*Fernseh-, Radiosendungen*) broadcast*
übermorgen the day after tomorrow ◊ *Übermorgen früh reisen wir ab.* We're setting off the day after tomorrow in the morning.
übermüdet overtired (*nicht vor Nomen*) ◊ *Nach all der Aufregung waren die Kinder völlig übermüdet.* After all the excitement, the children were overtired. ◊ *Der übermüdete Fahrer raste in den Graben.* The driver, who was suffering from fatigue, crashed into the ditch.
Übermut high spirits [Pl]; (*Leichtsinn*) recklessness
übermütig excited (*Adv* excitedly); in high spirits (*nicht vor Nomen*); (*sich selbst überschätzend*) overconfident; (*frech*) impudent (*Adv* impudently) ◊ *Übermütige Fans strömten singend durch die Straßen.* Fans in high spirits surged through the streets singing.
übernächste(r,s) next but one ◊ *Du bist die Übernächste.* You're the next but one. ◊ *in der übernächsten Stunde* the lesson after next
übernachten spend* the night; (*im Hotel, bei jdm etc.*) stay* the night ◊ *Auf der Wanderung übernachteten sie in einer Berghütte.* On the hike they spent the night in a mountain hut. ◊ *Er übernachtete bei seiner Tante.* He stayed the night at his aunt's.
Übernachtung overnight stay ◊ *eine Übernachtung im Hotel* an overnight stay in a hotel ◊ *zwei Übernachtungen mit Frühstück* two nights' bed and breakfast ◊ *Nach der Übernachtung bei seiner Schwester reiste er weiter.* After staying the night at his sister's he continued his journey.
Übernahme 1 (*einer Firma*) takeover ◊ *eine feindliche Übernahme* a hostile takeover **2** (*das Übernehmen*) (*meist mit einem Verb übersetzt*) ◊ *Diese Begriffe sind Übernahmen aus dem Englischen.* These terms have been taken over from English. ◊ *Er erklärte sich zur Übernahme der Kosten bereit.* He agreed to meet the costs.
übernatürlich supernatural
übernehmen 1 *etw* (*von jdm*) *~* take* sth over (from sb) ◊ *Er soll den Betrieb von seinen Eltern übernehmen.* He is to take over the firm from his parents. **2** (*Aufgabe, Amt, Verantwortung etc.*) take* *sth* on; (*Macht*) assume*; (*Kosten*) meet* ◊ *Sie hat seine Verteidigung übernommen.* She took on his defence. ◊ *Der General übernahm das Kommando.* The general took charge. ◊ *Nach zwei Durchgängen hat sie die Führung übernommen.* After two runs she has gone into the lead. **3** ◊ *Lass mich die Kiste übernehmen, die ist zu schwer für dich.* Let me take the box. It's too heavy for you. ◊ *Kannst du das übernehmen?* Could you do that? ◊ *Er übernahm es, die anderen zu informieren.* He agreed to tell the others. **4** (*Text, Ideen etc.*) take*, lift (*umgs*) ◊ *Er hatte ihre Ideen übernommen und als seine ausgegeben.* He had taken her ideas and passed them off as his own. ◊ *Sie hatte ganze Passagen aus dem Aufsatz übernommen.* She had lifted whole passages from the essay. **5** *sich ~* take* on too much; (*sich überanstrengen*) overdo* it
überparteilich (*nicht an Parteien gebunden*) independent, non-party; (*aus allen Parteien*) cross-party (*nur vor Nomen*) ◊ *ein überparteiliches Komitee* a cross-party committee
Überproduktion overproduction

überprüfen 1 *etw* (*auf etw*) *~* (*kontrollieren*) check sth (for sth) **2** (*unter die Lupe nehmen*) investigate, check *sth* out ◊ *Alle Tatverdächtigen wurden überprüft.* All the suspects were investigated. **3** (*Frage, Entscheidung etc.*) reconsider
Überprüfung 1 examination **2** (*Nachforschungen*) investigation **3** (*einer Frage, Entscheidung etc.*) reconsideration
überqualifiziert overqualified
überqueren cross
überragen 1 be taller than *sb/sth* ◊ *jdn um Haupteslänge überragen* be a head taller than sb **2** (*übertreffen*) outshine* ◊ *Sie überragte ihre Schwester an Intellekt.* She outshone her sister intellectually.
überragend outstanding (*Adv* outstandingly)
überraschen 1 surprise ◊ *Zu ihrem Hochzeitstag überraschte er seine Frau mit einem Rosenstrauß.* On their anniversary, he surprised his wife with a bouquet of roses. ◊ *Du überraschst mich. Das hätte ich nicht von dir erwartet.* You do surprise me. I wouldn't have thought that of you. **2** (*überrumpeln*) take* sb by surprise, catch* *sb* unawares ◊ *Der Mann war im Schlaf von Flammen überrascht worden.* The flames had caught the man unawares as he slept. **3** (*ertappen*) catch* ◊ *Sie überraschte ihn, als er sich gerade eine Zigarette anstecken wollte.* She caught him about to light a cigarette. ◊ *Sie war beim Stehlen überrascht worden.* She had been caught stealing. IDM *sich überraschen lassen* ◊ *Lass dich überraschen!* Wait and see! ◊ *Ich lasse mich überraschen.* I'll just wait and see.
überraschend surprising (*Adv* surprisingly); (*unerwartet*) unexpected (*Adv* unexpectedly) ◊ *Das Gespräch verlief überraschend problemlos.* The conversation went off surprisingly well. ◊ *Sie haben überraschend abgesagt.* They cancelled unexpectedly. ◊ *Ihr Vordermann hatte völlig überraschend gebremst.* The car in front had braked without warning. ◊ *Das kam für uns sehr überraschend.* That came as a great surprise to us. ◊ *Er ist im Alter von 66 Jahren überraschend gestorben.* He died suddenly at 66.
überrascht surprised ◊ *Er blickte überrascht auf.* He looked up, surprised. ◊ *angenehm überrascht* pleasantly surprised ◊ *Wir waren unangenehm überrascht, als sie auftauchte.* We had a nasty surprise when she turned up.
Überraschung surprise ◊ *eine böse Überraschung erleben* get a nasty surprise ◊ *zu meiner Überraschung* to my surprise ◊ *Vor lauter Überraschung ließ er den Hörer fallen.* He was so surprised he dropped the phone.
Überraschungseffekt surprise ◊ *Der Trickbetrüger nutzte den Überraschungseffekt und entkam durch die Hintertür.* While everyone was recovering from the surprise, the confidence trickster escaped via the back door.
überreden *jdn ~* (*etw zu tun*) persuade sb (to do sth); *jdn* (*zu etw*) *~* persuade sb (into sth) ◊ *Er überredete sie, mit ins Kino zu kommen.* He persuaded her to go to the cinema with him. ◊ *Sie konnte ihn nicht* (*dazu*) *überreden.* She couldn't persuade him (into it). ◊ *Sie ließ sich zu einer Kurzhaarfrisur überreden.* She was persuaded into having her hair cut short. ◊ *Ich ließ mich überreden.* I was persuaded.
Überredungskunst persuasiveness [U], powers of persuasion [Pl]
überregional national (*Adv* nationally)
überreichen (*jdm*) *etw ~* present (sb with) sth ◊ *Der Direktor überreichte uns die Abiturzeugnisse.* The headmaster presented us with our exam certificates.
Überrest remains [Pl]
überrollen 1 run* over ◊ *Sie wurde von einem Lkw überrollt.* She was run over by a lorry. **2** (*heimsuchen*) overrun* ◊ *Die Stadt wird jeden Sommer von Touristen überrollt.* The town is overrun with tourists every summer. **3** (*überrumpeln*) steamroller
überrumpeln *jdn ~* take* sb by surprise ◊ *Sie hatte ihn mit der Frage überrumpelt.* Her question took him by surprise. ◊ *Ich fühlte mich von ihm überrumpelt.* He took me by surprise.
überrunden 1 (SPORT) lap* ◊ *Er überrundete die anderen Läufer.* He lapped the other runners. **2** (*übertreffen*) outstrip*
übersät *~ mit/von etw* covered with/in sth ◊ *Sein Körper war mit blauen Flecken übersät.* His body was covered in bruises.
übersättigt saturated (*auch fig*)

Überschall- Überschallflugzeug supersonic aircraft
Überschallgeschwindigkeit supersonic speed
überschatten cast* a shadow over *sth (auch fig)* ◊ *Die Präsidentenwahl wurde von Anschlägen überschattet.* Attacks cast a shadow over the presidential elections.
überschätzen overestimate
überschaubar 1 ◊ *Das Freibad ist für die Bademeister schlecht überschaubar.* It is difficult for the lifeguards to see the whole pool. **2** *(fig)* easy to grasp; *(Größe)* manageable; *(Zeitraum)* reasonable
überschäumen overflow *(auch fig)* ◊ *Dein Bier schäumt über!* Your beer's overflowing! ◊ *überschäumende Freude* overwhelming joy
überschlafen sleep* on *sth* ◊ *Ich muss die Sache noch einmal überschlafen.* I'll have to sleep on it.
Überschlag 1 (SPORT) somersault ◊ *einen Überschlag machen* do a somersault **2** *(grobe Berechnung)* rough estimate
überschlagen¹ 1 make* an estimate ◊ *Wir müssen die Kosten überschlagen.* We have to make an estimate of the costs. ◊ *Überschlage das mal eben im Kopf.* Make a quick mental estimate. **2** *sich ~ (Auto)* overturn ◊ *Das Auto überschlug sich mehrfach.* The car overturned several times. **3** *sich ~ (Ereignisse etc.)* come* thick and fast ◊ *Die Ereignisse überschlugen sich.* Events came thick and fast. **4** *(Stimme)* crack **5** *(überblättern)* skip* ◊ *Ich habe das erste Kapitel überschlagen.* I skipped the first chapter. IDM **sich vor ... überschlagen** be falling over yourself to do *sth* ◊ *Er überschlug sich geradezu vor Höflichkeit.* He was falling over himself to be polite.
überschlagen² 1 cross ◊ *Sie hat die Beine übergeschlagen.* She crossed her legs. **2 in etw ~** flip* over into *sth* ◊ *Die Aufregung schlug in Aggression über.* The excitement flipped over into aggression.
überschnappen go* round the bend ◊ *Bist du übergeschnappt?* Have you gone round the bend?
überschneiden 1 intersect ◊ *Die beiden Kreise überschneiden sich.* The two circles intersect. **2** *(fig)* overlap*; *(störend)* clash ◊ *Unsere Interessen überschneiden sich.* Our interests overlap. ◊ *Der Film überschneidet sich mit dem Endspiel.* The film clashes with the final.
Überschneidung 1 intersection **2** *(fig)* overlap; *(störend)* clash ◊ *eine thematische Überschneidung* a thematic overlap ◊ *eine zeitliche Überschneidung* a clash of times
überschreiben 1 *jdm etw ~* sign *sth* over to *sb* ◊ *Er überschrieb ihr das Haus.* He signed the house over to her. **2** *(mit einem Titel)* entitle ◊ *Die Ausstellung war mit „No Justice" überschrieben.* The exhibition was entitled 'No Justice'. **3** *(Daten)* overwrite*; *(Text)* type over
überschreiten 1 cross ◊ *die Türschwelle überschreiten* cross the threshold **2** *(fig)* exceed; *(Alter)* pass ◊ *die Höchstgeschwindigkeit überschreiten* exceed the speed limit ◊ *wenn man ein gewisses Alter überschritten hat* when you've passed a certain age ◊ *Sie hat die sechzig bereits weit überschritten.* She's well past sixty. ◊ *Das Verfallsdatum war überschritten.* It was past its sell-by date.
Überschrift title; *(von Zeitungsartikeln)* headline
Überschuss 1 surplus ◊ *ein Überschuss an Butter* a surplus of butter **2** *(Gewinn)* profit
überschüssig surplus
überschütten 1 cover ◊ *Er überschüttete die Leiche mit Benzin.* He covered the body in petrol. **2** *jdn mit etw ~ (überhäufen)* shower *sb* with *sth*; *(mit etw Negativem)* heap *sth* on *sb*
überschwänglich effusive *(Adv* effusively*)*
überschwemmen flood *(auch fig)* ◊ *Die Häuser wurden überschwemmt.* The houses were flooded.
Überschwemmung floods [Pl] ; *(das Überschwemmen)* flooding [U] ◊ *die Überschwemmung letztes Jahr* last year's floods ◊ *Heftige Regenfälle verursachten Überschwemmungen.* Heavy rain caused flooding.
Übersee aus/in/nach ~ overseas ◊ *Studenten aus Übersee* overseas students ◊ *in Übersee leben* live overseas ◊ *die Filiale in Übersee* the overseas branch ◊ *Der Chef schickte ihn nach Übersee.* The boss sent him overseas.
übersehen 1 overlook; *(Mensch auch)* miss; *(ignorieren)* ignore ◊ *Haben wir etwas übersehen?* Have we overlooked anything? ◊ *Mit seinen zwei Metern ist er nicht zu übersehen.* You can't miss him — he's over six feet tall! ◊ *Sie über-*
sah ihn geflissentlich. She studiously ignored him. **2** *(überblicken)* survey **3** *(erkennen, einschätzen)* assess
übersetzen¹ 1 cross over ◊ *Wir setzten mit der Fähre über.* We crossed over on the ferry. **2** *jdn ~ ferry* *sb* across ◊ *Mit einer Fähre wurden wir auf die andere Seite übergesetzt.* We were ferried across to the other shore.
übersetzen² 1 translate ◊ *ein Buch vom Deutschen ins Griechische übersetzen* translate a book from German into Greek ◊ *etw frei übersetzen* give a free translation of *sth*
Übersetzer(in) translator ☞ G 2.2d
Übersetzung 1 translation ◊ *Ich lese Hemingway in deutscher Übersetzung.* I'm reading Hemingway in a German translation. **2** *(bei Motoren)* transmission **3** (COMP) conversion
Übersicht 1 overview ◊ *Er gab eine detaillierte Übersicht über die neuesten Publikationen.* He gave a detailed overview of the most recent publications. ◊ *Ich habe die Übersicht verloren.* I've lost track. **2** *(Tabelle)* table
übersichtlich 1 *Adj* clear; *(Gelände)* open **2** *Adv* in a clear form ◊ *etw übersichtlich darstellen* present *sth* in a clear form ◊ *Das Buch ist übersichtlich gegliedert.* The book is divided into clear sections.
übersiedeln move
Übersiedler(in) migrant
übersinnlich supernatural; *(Fähigkeiten)* psychic
überspielen 1 cover *sth* up ◊ *Er versuchte seine Unsicherheit zu überspielen.* He tried to cover up his uncertainty. **2** *(Musik, Film)* record **3** (COMP) transfer*
überspitzt exaggerated ◊ *überspitzte Erwartungen* exaggerated expectations ◊ *Überspitzt gesagt ist das Erpressung.* Not to put too fine a point on it, that's blackmail.
überspringen¹ jump ◊ *Ein Funke sprang auf den Benzinkanister über.* A spark jumped onto the petrol canister. IDM ⇨ FUNKE
überspringen² 1 clear ◊ *ein Hindernis überspringen* clear an obstacle **2** *(auslassen)* skip* ◊ *Er darf die 5. Klasse überspringen.* He's allowed to skip the fifth year.
überstehen¹ get* through *sth*; *(überleben)* survive; *(Krankheit auch)* get* over *sth* ◊ *Wie soll ich nur das Wochenende überstehen?* How on earth am I going to get through the weekend? ◊ *Die Pflanze hat den Winter gut überstanden.* The plant survived the winter well. ◊ *Sie hat die Geburt gut überstanden.* She came through the birth well.
überstehen² jut* out ◊ *Das Brett steht 5 cm über.* The plank juts out 5 cm. ◊ *ein überstehendes Dach* a roof that juts out
übersteigen 1 climb over *sth* ◊ *einen Zaun übersteigen* climb over a fence **2** *(fig)* exceed ◊ *Das Angebot übersteigt die Nachfrage.* Supply exceeds demand. ◊ *Das übersteigt meine Kräfte.* That's too much for me.
überstimmen outvote *(meist passiv)*, vote *sb/sth* down
überströmen ◊ *Ihr Gesicht war von Tränen überströmt.* Her face was streaming with tears. ◊ *Er war von Blut überströmt.* He was covered in blood.
Überstunde overtime [U] ◊ *Überstunden machen* do/work overtime ◊ *Ich habe diese Woche sechs Überstunden gemacht.* I've done six hours' overtime this week.
überstürzen 1 etw ~ rush *sth* **2 sich ~** rush; *(Ereignisse)* happen quickly
überstürzt *(Abreise, Flucht)* hurried *(Adv* hurriedly; *(Entscheidung)* rash *(Adv)* rashly ◊ *Sie reisten überstürzt ab.* They left hurriedly. ◊ *Die Räuber flüchteten überstürzt.* The thieves fled in a hurry
übertragbar 1 *(Rechte etc.)* transferable **2** *(anwendbar)* applicable **3** *(ansteckend)* ◊ *Ist Rinderwahnsinn auf Menschen übertragbar?* Can BSE be passed on to humans? ◊ *sexuell übertragbare Krankheiten* sexually transmitted diseases
übertragen¹ *Verb* **1** (TECH) transmit*; *(Fernsehen)* broadcast*, televise **2** *(Krankheit)* transmit*; *etw auf jdn ~* pass *sth* on to *sb*, infect *sb* with *sth (auch fig)* ◊ *Blutegel können Hepatitis übertragen.* Leeches can transmit hepatitis. ◊ *eine Krankheit, die durch Geschlechtsverkehr übertragen wird* a sexually transmitted disease **3** *sich auf jdn ~* be passed on to *sb* ◊ *Ihre Begeisterung übertrug sich auf die ganze Klasse.* Her enthusiasm infected the whole class. **4 etw auf etw ~** *(anwenden)* apply* *sth* to *sth* ◊ *Die Strukturen des Westens können nicht einfach auf die des Ostens übertragen werden.* You can't simply apply Western struc-

übertragen

tures to Eastern ones. **5 jdm etw ~** (*Aufgabe etc.*) hand sth over to sb **6** (*übersetzen*) translate

übertragen² *Adj* figurative (*Adv* figuratively)

Übertragung 1 (*Fernseh-, Rundfunk-*) broadcast ◊ *eine direkte Übertragung aus Paris* a live broadcast from Paris ◊ *Die Übertragung der Olympischen Spiele hat 75 Millionen gekostet.* Televising the Olympic Games cost 75 million. **2** (*Übergabe*) transfer **3** (TECH, MED) transmission; (*Transplantation*) transplant **4** (*Übersetzung*) translation

übertreffen 1 (*übersteigen*) exceed (*auch fig*); (*Rekord, Gegner*) beat* ◊ *Das Ergebnis übertraf alle Erwartungen.* The result exceeded all (our/their) expectations. ◊ *Er wurde nur von Büchner übertroffen.* He was beaten only by Büchner. ◊ *Die Schmerzen übertrafen alles, was ich bisher kannte.* The pain was worse than anything I had experienced before. **2 jdn an Intelligenz, Talent etc. ~** be more intelligent, talented, etc. than sb; **etw an Größe, Höhe etc. ~** be bigger, higher, etc. than sth IDM **sich selbst übertreffen** excel* yourself

übertreiben 1 (*etw*) ~ exaggerate (sth) ◊ *Du übertreibst wieder mal!* You're exaggerating again! **2 es ~** overdo* it; **es mit etw ~** take* sth too far ◊ *Du solltest es nicht übertreiben – irgendwann ist Schluss!* You shouldn't overdo it — enough's enough after all! ◊ *Sie übertreibt es mit ihrem Putzfimmel.* She takes her obsession with cleaning a bit too far.

Übertreibung exaggeration

übertreten¹ 1 (*Gesetz, Vorschriften, Verbot etc.*) break* **2** (SPORT) overstep* (the line)

übertreten² 1 (*Fluss*) burst* its banks ◊ *Die Donau war wieder übergetreten.* The Danube had burst its banks again. **2 zu etw ~** (*Partei etc.*) go* over to sth; (*Glauben*) convert to sth ◊ *zum Judentum übertreten* convert to Judaism

übertrieben 1 ⇨ ÜBERTREIBEN **2** exaggerated (*Adv* exaggeratedly); (*übermäßig*) excessive (*Adv* excessively); (*Erwartung, Hoffnung*) unrealistic ◊ *Er sprach übertrieben langsam.* He spoke in an exaggeratedly slow manner. ◊ *übertriebene Lohnforderungen* excessive wage demands ◊ *Von „Angst" zu reden wäre wohl übertrieben.* It would be an exaggeration to call it 'fear'.

übertrumpfen outdo*

Übervölkerung overpopulation

überwachen 1 jdn/etw ~ watch sb/sth; (*polizeilich*) keep* sb/sth under surveillance ◊ *Ich fühle mich ständig überwacht.* I feel as if I'm being watched all the time. **2** (*Prozess, Entwicklung, Ablauf etc.*) monitor ◊ *den Waffenstillstand überwachen* monitor the ceasefire

Überwachung 1 surveillance [U] (*gehoben*) ◊ *die Überwachung der Anlage* security surveillance of the plant **2** (*Kontrolle*) monitoring [U]; (*Beaufsichtigung*) supervision [U] ◊ *unter ärztlicher Überwachung* under medical supervision

Überwachungskamera security camera

überwältigen 1 overpower **2** (*fig*) overwhelm ◊ *Wir waren von der Atmosphäre überwältigt.* We were overwhelmed by the atmosphere.

überwältigend overwhelming (*Adv* overwhelmingly)

überwechseln 1 in/auf etw ~ (*Abteilung, Schule*) move to sth; (*Spur*) move into sth **2 zu etw ~** (*politische Partei etc.*) go* over to sth

überweisen 1 (*Geld*) transfer*; **jdm etw ~/etw an jdn ~** pay* sth into sb's account ◊ *Ich werde Ihnen den Betrag morgen überweisen.* I'll pay the money into your account tomorrow. **2** (*Patienten*) refer* ◊ *jdn an einen Facharzt überweisen* refer sb to a specialist

Überweisung 1 transfer; (*Zahlung, Betrag*) payment ◊ *monatliche Überweisungen* monthly payments ◊ *Die Überweisung der Miete ist am Ersten fällig.* The rent has to be paid on the first of the month. **2** (*Formular*) payment order ◊ *eine Überweisung ausstellen* make out a payment order **3** (*zum Facharzt etc.*) referral

überwiegen 1 predominate; (*Ideen*) prevail ◊ *Im Süden überwiegt der Einfluss der Sozialisten.* The influence of the socialists predominates in the south. ◊ *Schließlich überwog die Vernunft.* In the end reason prevailed. ◊ *Wirtschaftliche Erwägungen überwogen bei der Entscheidung.* Economic considerations were a dominant factor in the decision. ◊ *In den technischen Fächern überwiegen die*

männlichen Studenten. There are more male than female students in technical subjects. **2 etw ~** outweigh sth

überwiegend *Adj* predominant ◊ *die überwiegende Meinung* the predominant view ◊ *die überwiegende Zahl* the majority ◊ *Die Jugend blickt zum überwiegenden Teil optimistisch in die Zukunft.* The majority of young people view the future with optimism. **2** *Adv* mainly, predominantly (*gehoben*)

überwinden 1 (*bewältigen*) overcome* ◊ *die Müdigkeit überwinden* overcome your tiredness ◊ *Die Krise ist noch nicht überwunden.* The crisis is not yet over. **2** (*fertig werden mit*) get* over sth ◊ *Hat sie ihre Verletzung überwunden?* Has she got over her injury? **3** (*besiegen*) beat* ◊ *Der Faschismus ist noch lange nicht überwunden.* Fascism is far from being beaten. **4 sich ~ etw zu tun** bring* yourself to do sth; (*sich zwingen*) force yourself to do sth ◊ *Er konnte sich nicht dazu überwinden, zur Polizei zu gehen.* He couldn't bring himself to go to the police. ◊ *Sie musste sich wirklich überwinden, die Schnecken zu essen.* She really had to force herself to eat the snails.

Überwindung (*meist mit einem Verb übersetzt*) ◊ *ein Tipp für die Überwindung der Flugangst* a tip for overcoming (your) fear of flying ◊ *Ich konnte es nur mit großer Überwindung anfassen.* I had to force myself to touch it. ◊ *Der erste Schritt zur Versöhnung kostet viel Überwindung.* The first step towards reconciliation is very difficult.

überwintern 1 winter; (*Schildkröte*) hibernate **2 etw ~** overwinter sth

Überzahl majority ☛ G 1.3a

überzeugen 1 convince; (*umstimmen*) persuade ◊ *Ich bin überzeugt, dass es so besser ist.* I'm convinced that it's better this way. ◊ *Dieses Argument überzeugt mich am wenigsten.* I find this argument the least convincing. ◊ *Er ist noch skeptisch, aber ich denke, dass ich ihn überzeugen kann.* He's still sceptical, but I think I can persuade him. ◊ *Am Schwebebalken konnte die Russin nicht überzeugen.* The Russian girl gave an unconvincing performance on the beam. **2 sich von etw ~** see* sth for yourself ◊ *Du kannst dich ja mit eigenen Augen davon überzeugen.* You can go and see for yourself.

überzeugend convincing (*Adv* convincingly); (*beredsam*) persuasive (*Adv* persuasively) ◊ *etw überzeugend begründen* give convincing reasons for sth

überzeugt 1 ⇨ ÜBERZEUGEN **2** convinced (*nur vor Nomen*) ◊ *ein überzeugter Marxist* a convinced Marxist **3 von sich (selbst) ~** sure of yourself

Überzeugung conviction ◊ *Ich habe es aus Überzeugung getan.* I did it out of conviction. ◊ *Dies wäre völlig gegen seine Überzeugung.* This would be going against his convictions. ◊ *Nach Überzeugung der Polizei handelt es sich um einen Racheakt.* The police are convinced that it is an act of revenge. IDM **der Überzeugung sein** believe ◊ *Viele Richter sind der Überzeugung, dass Gesetz müsse revidiert werden.* Many judges believe that the law must be revised. **zu der Überzeugung kommen/gelangen, dass …** come* to the conclusion that …

Überzeugungskraft (*eines Menschen*) powers of persuasion [Pl]; (*eines Arguments*) persuasive power

überziehen¹ (**sich**) **etw ~** put* sth on IDM **jdm eins/ein paar überziehen** give* sb a clout

überziehen² 1 (*bedecken*) cover ◊ *Der Boden war von einer Ölschicht überzogen.* The ground was covered with a film of oil. ◊ *die Sessel neu überziehen lassen* have the chairs re-covered ◊ *das Bett überziehen* make the bed up ◊ *das Bett frisch überziehen* change the sheets ◊ *einen Kuchen mit Zuckerguss überziehen* ice a cake ◊ *das Land mit Terror überziehen* spread terror through the land **2** (*Konto*) overdraw* ◊ *Er hat sein Konto um 500 Franken überzogen.* He is 500 francs overdrawn on his account. ◊ *Ich habe mein Konto (total) überzogen.* I'm (hugely) overdrawn. ◊ *Ich will mein Konto nicht überziehen.* I don't want to go into the red. ◊ *Die Mittel sind jetzt schon überzogen.* We have overspent already. **3** (*zeitlich*) overrun* ◊ *die Sendezeit um zehn Minuten überziehen* overrun the broadcast time by ten minutes **4 sich ~** cloud over

Überziehungskredit overdraft

überzogen 1 ⇨ ÜBERZIEHEN² **2** excessive; (*übertrieben*) exaggerated; (*unrealistisch*) unrealistic ◊ *überzogene Forderungen* excessive demands ◊ *Diese Kritik ist völlig überzogen.* This criticism is much too harsh. ◊ *eine überzogene*

Reaktion an extreme reaction ◊ *Sie haben einfach überzogen reagiert.* They simply overreacted.

üblich usual; *(Öffnungszeiten etc.)* normal; *(Ausstattung etc.)* standard ◊ *wie üblich* as usual ◊ *die übliche Praxis* standard practice

U-Boot submarine

übrig 1 der/die/das übrige ...; die übrigen ... the rest of the ...; *(verbleibend)* the remaining ...; *(andere)* the other ... ◊ *Das übrige Geld kannst du behalten.* You can keep the rest of the money. ◊ *die übrigen acht Mannschaften* the remaining eight teams ◊ *Eine Geisel wurde verletzt, die übrigen erlitten Schocks.* One hostage was injured, and the others suffered shock. ◊ *Das Übrige können wir uns später überlegen.* We can think about the rest later. **2 ~ sein** be left (over); **~ bleiben** be left (over); *(erhalten bleiben)* remain ◊ *Es ist noch etwas Wein übrig.* There's a little wine left. ◊ *Von den 3 000 Nashörnern sind nur einige Hundert übrig geblieben.* Only a few hundred rhinoceros remain of the 3 000. **3 etw ~ lassen** leave* sth ◊ *Bitte lasst mir etwas Kuchen übrig.* Leave some cake for me, please. **4 etw ~ haben** have sth left ◊ *Ich habe noch etwas Geld übrig.* I've still got some money left. IDM **jdm bleibt nichts anderes übrig als ...** sb has no choice but to ... ◊ *Ihm blieb nichts anderes übrig als zu kündigen.* He had no choice but to resign. **für etw nicht viel/wenig/nichts übrig haben** not like sth very much/at all ◊ *Ich hab nicht viel für Sport übrig.* I don't like sport very much. **für jdn viel/nicht viel/nichts übrig haben** have a lot of/not have a lot of/have no time for sb ◊ *Er hat nichts für sie übrig.* He doesn't have any time for her at all. **im Übrigen** moreover; besides ◊ *Es ist im Übrigen kein Zufall, dass ...* Besides, it is no coincidence that ... ☛ *Hinweis bei* MOREOVER ☛ *Siehe auch* WÜNSCHEN

übrigens by the way, incidentally

Übung 1 *(Aufgabe)* exercise ◊ *eine militärische Übung* a military exercise ◊ *Am Nachmittag haben wir praktische Übungen.* We've got practicals in the afternoon. **2** *(das Üben)* practice, *(AmE)* practise ◊ *mit etwas Übung* with a little practice ◊ *viel Übung erfordern* take a lot of practice ◊ *aus der Übung kommen/sein* get/be out of practice IDM **Übung macht den Meister** practice makes perfect ☛ *Siehe auch* ZWECK

Ufer (river) bank; *(Meeres-, See-)* shore ◊ *Wir saßen am Ufer.* We sat on the river bank. ◊ *Der Fluss ist über die Ufer getreten.* The river has burst its banks. ◊ *Ich schwamm ans Ufer zurück.* I swam back to shore. ◊ *Das Restaurant liegt direkt am Ufer.* The restaurant is right by the river/lake.

Ufo UFO ☛ *Im Englischen werden die Buchstaben einzeln ausgesprochen.*

U-Haft ⇒ UNTERSUCHUNGSHAFT

Uhr 1 clock; *(Armband-, Taschen-)* watch ◊ *Meine Uhr geht vor/nach.* My watch is fast/slow. ◊ *Ich habe eine innere Uhr.* I've got a good sense of time. ◊ *die Uhr lesen können* be able to tell the time **2** *(in Zeitangaben)* ◊ *Wie viel Uhr ist es?* What time is it?/What's the time? ◊ *Es ist 9 Uhr 30.* It's 9.30 (a.m.). ◊ *Es ist 21 Uhr 30.* It's 9.30 (p.m.). ◊ *Es ist 10 Uhr.* It's 10 o'clock (in the morning)/10 a.m. ◊ *Es ist 22 Uhr.* It's 10 o'clock (at night)/10 p.m. ◊ *Der Zug fährt um 16.08 Uhr.* The train leaves at 4.08 (p.m.). ◊ *um Punkt 4 Uhr* at 4 o'clock on the dot ◊ *gegen 4 Uhr* at about 4 o'clock ◊ *von 10 bis 18 Uhr* from 10 a.m. to 6 p.m. ◊ *Komm doch so um 7 Uhr.* Come at around 7 o'clock. IDM **rund um die Uhr** round the clock **jds Uhr ist abgelaufen** sb's time has run out

Uhrmacher(in) watchmaker ◊ *Ich muss meine Uhr zum Uhrmacher bringen.* I have to take my watch to the jeweller's to be mended. ☛ G 2.2d

Uhrzeigersinn im ~ in a clockwise direction; **gegen den ~** in an anticlockwise direction

Uhrzeit time ◊ *Er fragte mich nach der Uhrzeit.* He asked me the time.

Uhu eagle owl

UKW VHF ☛ *Radiosender benutzen jetzt die Bezeichnung FM: ein Sender auf UKW* an FM station.

ulkig funny*

Ulme elm

ultimativ 1 ◊ *eine ultimative Forderung* a demand made as an ultimatum ◊ *in ultimativer Form* in the form of an ultimatum **2** *(beste)* ultimate *(nur vor Nomen)* ◊ *die ultimative Rock-n-Roll-Show* the ultimate rock 'n' roll show

Ultimatum ultimatum ◊ *jdm ein Ultimatum stellen* issue an ultimatum to sb

Ultra extremist

ultra- ultra- ◊ *ultramodern* ultra-modern ◊ *ultrarechts/ultralinks* extreme right-/left-wing

ultrarot infrared

Ultraschall ultrasound ◊ *jdn/etw mit Ultraschall untersuchen* perform an ultrasound examination on sb/sth

Ultraschalluntersuchung ultrasound scan

ultraviolett ultraviolet

um
• **als Präposition 1 ~** (... **herum**) round, around ◊ *Wir saßen um den Tisch.* We sat round the table. ◊ *gleich um die Ecke* just round the corner ◊ *Um das Haus herum wollen wir ein paar Bäume pflanzen.* We want to plant a few trees around the house. ◊ *in und um München* in and around Munich **2 ~ sich** around ◊ *Er blickte ängstlich um sich.* He looked around anxiously. ◊ *Er schlug wie wild um sich.* He was hitting out in all directions. ◊ *Der Brand griff schnell um sich.* The fire spread rapidly. **3** *(mit Zeitangaben)* at; **~ ... herum** at about, around ◊ *um neun* at nine ◊ *Komm so um sieben herum.* Come at about seven. ◊ *um Ostern herum* around Easter ◊ *um die Mittagszeit* around lunchtime **4** *(Differenzbetrag)* by ◊ *um ein Prozent pro Jahr steigen* increase by one per cent a year ◊ *Der Ober hat sich um 2 Euro verrechnet.* The waiter was out by 2 euros. ◊ *Ihr Mann war um einige Jahre älter als sie.* Her husband was a few years older than her. ◊ *Der Abflug verzögerte sich um zwei Stunden.* The flight was delayed by two hours. **5** *(Kaufpreis)* for **6 Woche ~ Woche, Tag ~ Tag, Schritt ~ Schritt** week by week, day by day, step by step **7 ~ jds/etw willen** ⇒ WILLEN ☛ *Für andere Ausdrücke mit* **um** *siehe die Einträge für die entsprechenden Nomina etc.* **Sorge um jdn/etw** *z.B. steht unter* **Sorge.**

• **als Adverb 8 ~ (die)** *(ungefähr)* about ◊ *Es kostet um die $100.* It costs about $100. **9** *(zu Ende)* up ◊ *Die 10 Minuten sind um.* The 10 minutes are up.

• **als Konjunktion 10 ~ zu** *(mit der Absicht)* to, in order to *(gehoben)* **~ nicht zu** so as not to ◊ *Ich bin gekommen, um zu helfen.* I've come to help. ◊ *um Missverständnisse zu vermeiden* in order to avoid misunderstandings ◊ *Ich stellte den Wecker, um nicht zu verschlafen.* I set the alarm clock so as not to oversleep. **11 ~ zu** *(als dass)* to ◊ *Er ist zu alt, um so etwas zu tragen.* He's too old to wear something like that. ☛ *Siehe auch* UMSO

umarmen jdn **~** give* sb a hug, embrace sb *(gehoben)* **sich ~ hug*** each other, embrace *(gehoben)* ◊ *Sie umarmte ihn fest.* She gave him a big hug. ◊ *Die beiden Regierungschefs umarmten sich.* The two leaders embraced.

Umarmung hug, embrace *(gehoben)*

Umbau 1 alterations [Pl] ◊ *Der Umbau des Hauses war sehr teuer.* The alterations to the house were very expensive. ◊ *wegen Umbaus geschlossen* closed for renovation **2 ~ (zu etw)** conversion (into sth)

umbauen¹ *(verändern)* **(etw) ~** make* alterations (to sth); **etw in/zu etw ~** convert sth into sth ◊ *Wir wollen das Haus umbauen.* We want to make some alterations to the house.

umbauen² *(umgeben)* surround sth (by buildings)

umbenennen etw (in etw) ~ rename sth (sth) ◊ *Die Goethestraße wurde in Schillerstraße umbenannt.* Goethestraße was renamed Schillerstraße.

umbinden sich etw ~ put* sth on; **jdm etw ~** put* sth on sb

umblättern turn (over) the page, turn over ◊ *Er blätterte um.* He turned the page. ◊ *Du kannst jetzt umblättern.* You can turn over now.

umbringen kill *(auch fig)* ◊ *Er hat sich umgebracht.* He killed himself. ◊ *Die Hitze bringt mich noch um.* The heat is killing me. ◊ *Das ewige Bohren bringt mich noch um.* This endless drilling is driving me round the bend.

Umbruch radical change; *(Umwälzung)* upheaval ◊ *der Umbruch in den Schulen* the radical changes in schools ◊ *im Umbruch sein* be in a state of upheaval

umbuchen 1 *(Ticket etc.)* change **2** (FINANZ) transfer

umdenken rethink* your approach

umdisponieren change your arrangements

umdrehen 1 *(drehen)* turn ◊ *den Schlüssel im Schloss umdrehen* turn the key in the lock **2** *(auf die andere Seite)*

Umdrehung

turn sth over; *(auf den Kopf stellen)* turn sth upside down; *(von innen nach außen)* turn sth inside out ◊ *die Tischdecke umdrehen* turn the tablecloth over ◊ *Wir drehten die Kiste um und setzten uns darauf.* We turned the box upside down and sat on it. **3 sich ~** *(im Bett etc.)* turn over **4 (sich) ~** *(um die Achse)* turn round/around; **etw ~** turn sth round/around ◊ *Wo kann man hier umdrehen?* Where can you turn round here? ◊ *Die Frage kann man auch umdrehen.* You can turn the question round. ◊ *In der letzten Minute konnten sie das Spiel umdrehen.* In the final minute they were able to turn the match around. ◊ *sich nach jdm umdrehen* turn to look at sb ☛ *Hinweis bei* HERUM **5** *(umkehren)* turn back ◊ *Als es dunkel wurde, drehten wir um.* When it got dark, we turned back. **IDM jdm den Hals/Kragen umdrehen** wring* sb's neck **jede Mark zweimal umdrehen**; **jeden Pfennig (dreimal) umdrehen** watch/count every penny; *(knauserig sein)* be mean ☛ *Siehe auch* GRAB, MAGEN, SPIESS *und* WORT

Umdrehung 1 (TECH) revolution **2** *(der Erde etc.)* rotation

umfahren¹ *(zu Boden werfen)* knock sb/sth down ◊ *Sie wurde von einem Radfahrer umgefahren.* She was knocked down by a cyclist. ◊ *Er fuhr ein Schild um.* He knocked down a road sign.

umfahren² *(umkreisen)* go* round sth, drive* round sth; *(auf einer Umgehungsstraße)* bypass ◊ *Wer in die Finkelstraße will, muss jetzt den ganzen Bahnhof umfahren.* If you want to get into Finkelstraße, you have to drive right round the station. ◊ *Neustadt kann man jetzt umfahren.* You can bypass Neustadt now.

umfallen 1 fall* over; *(Baum, Turm etc.)* fall* down ◊ *Die Lampe ist umgefallen.* The lamp fell over. ◊ *Er fiel tot um.* He fell down dead. **2** *(zusammenbrechen)* collapse ◊ *Am Ziel fiel sie vor Erschöpfung um.* At the finishing line she collapsed with exhaustion. ◊ *Ich bin vor Schreck fast umgefallen.* I almost died of fright. ◊ *zum Umfallen müde sein* be dead on your feet **3** *(seinen Standpunkt ändern)* do* a U-turn

Umfang 1 perimeter; *(eines Kreises)* circumference **2** *(Ausmaß)* scale ◊ *der Umfang der Katastrophe* the scale of the disaster ◊ *Wirtschaftshilfe im Umfang von fünf Millionen* aid worth five million ◊ *Das Darlehen muss in vollem Umfang zurückgezahlt werden.* The loan must be repaid in full. ◊ *Die Firma will in größerem Umfang als bisher Stellen einsparen.* The company intends to cut more jobs than it has up to now. **3** *(einer Untersuchung)* scope

umfangreich extensive; *(Ausstellung, Paket, Investitionen)* large; *(Brief, Buch, Dokument etc.)* long; *(Ermittlungen, Analysen etc.)* thorough; *(Gespräche, Informationsmaterial)* detailed; *(Reformen, Änderungen)* wide-ranging

umfassen 1 comprise ◊ *Die Flotte umfasst 280 Flugzeuge.* The fleet comprises 280 aircraft. ◊ *Der Bericht umfasst 500 Seiten.* The report is 500 pages long. ◊ *Das Fabrikgelände umfasst 1,4 Quadratkilometer.* The factory site has an area of 1.4 square kilometres. ◊ *Die Ausbildung umfasst fünf Jahre.* It's a five-year course. ◊ *Der Kurs umfasst 36 Unterrichtsstunden.* The course runs for 36 lessons. ◊ *Die Tagesordnung umfasst nur sechs Punkte.* There are only six items on the agenda. **2** *(festhalten)* grasp ◊ *Sie umfasste meine Hand.* She grasped my hand. ◊ *Er umfasste ihre Taille.* He put his arm round her waist. **3** *(einschließen)* enclose ◊ *einen Garten mit einer Mauer umfassen* enclose a garden with a wall

umfassend comprehensive *(Adv* comprehensively); *(Geständnis)* full *(Adv* fully)

Umfeld 1 environment ◊ *ein ideales Umfeld für den Lernenden* an ideal learning environment ◊ *das häusliche Umfeld* the domestic environment **2** *(Personenkreis)* people close to sb; (PSYCH) milieu *(gehoben)* ◊ *Wir versuchen auch das Umfeld des Süchtigen zu beraten.* We also try to counsel the people close to the addict. ◊ *das Elternhaus und das soziale Umfeld* the home and the social milieu **3** *(Umgebung)* surrounding area; *(Rahmen)* setting ◊ *das Hafenviertel und dessen Umfeld* the port and the surrounding area ◊ *das Umfeld des Spielplatzes* the area surrounding the playground ◊ *Die Stadt bietet ein ideales Umfeld für diese Art von Veranstaltung.* The town offers the perfect setting for this kind of event.

umformulieren rephrase

Umfrage survey; *(Meinungs-)* opinion poll ◊ *eine Umfrage (unter den Studenten) machen* conduct an opinion poll (among the students)

umfunktionieren etw (zu etw) ~ turn sth (into sth); *(umbauen)* convert sth (into sth)

Umgang 1 *(meist mit einem Verb übersetzt)* ◊ *Er ist geschickt im Umgang mit den Kunden.* He's good at dealing with the customers. ◊ *Sie hat den Umgang mit Tieren/Werkzeugen von ihrem Vater gelernt.* She learnt from her father how to handle animals/tools. ◊ *der vernünftige Umgang mit Medikamenten* the sensible use of drugs ◊ *ein Kurs für Frauen, die sich im Umgang mit Computern schulen lassen wollen* a course for women who want to learn how to use computers **2** *(Kontakt)* contact; *(Gesellschaft)* company ◊ *Seine Mutter hat ihm den Umgang mit Katja verboten.* His mother forbade him to see Katja. ◊ *Die Oma meint, er ist kein Umgang für mich.* Gran thinks he's not suitable company for me.

umgänglich affable, easy to get on with *(nicht vor Nomen)*

Umgangs- Umgangsformen manners [Pl] **Umgangssprache 1** colloquial language ◊ *Das Wort wird nur in der Umgangssprache benutzt.* The word is only used in colloquial language. **2** *(zwischen verschiedensprachigen Gruppen benutzte Sprache)* language of communication ◊ *Das Französische entwickelte sich zur vorherrschenden Umgangssprache.* French became the dominant language of communication. ◊ *In meinem Kurs sind so viele Ausländer, wir benutzen Englisch als Umgangssprache.* There are so many foreigners on my course that we use English to communicate.

umgangssprachlich colloquial *(Adv* colloquially)

umgeben surround ◊ *Sie war von Reportern umgeben.* She was surrounded by reporters.

Umgebung 1 surroundings [Pl]; *(eines bestimmten Ortes)* surrounding area ◊ *Er braucht seine gewohnte Umgebung.* He needs to be in familiar surroundings. ◊ *Berlin und seine Umgebung* Berlin and the surrounding area ◊ *die Bewohner in der Umgebung des Flughafens* the residents in the area surrounding the airport ◊ *München hat eine schöne Umgebung.* The area around Munich is lovely. **2** *(Personenkreis)* people close to sb ◊ *Selbst die Menschen ihrer nächsten Umgebung haben ihr nichts gesagt.* Even the people closest to her didn't tell her anything.

umgehen¹ 1 get* round sb/sth; *(Ort, Straße)* bypass ◊ *eine Vorschrift umgehen* get round a regulation **2** *(vermeiden)* avoid; *(aus dem Weg gehen)* evade ◊ *um eine Konfrontation mit der Gewerkschaft zu umgehen* to avoid a confrontation with the union ◊ *Sie umging die Antwort sehr geschickt.* She skilfully avoided answering the question. ◊ *Das Thema der Finanzierung hat er umgangen.* He evaded the subject of financing.

umgehen² 1 mit jdm ~ deal* with sb ◊ *Sie kann gut mit Menschen umgehen.* She's good at dealing with people. **2 mit etw ~** handle sth ◊ *Die Kinder lernen, mit Werkzeugen umzugehen.* The children learn to handle tools. ◊ *Sie kann gut mit Geld umgehen.* She's good with money. ◊ *mit etw sparsam umgehen* be economical with sth **3** *(Geschichte, Gerücht, Krankheit)* go* round **4 (in, auf etc. etw) ~** *(spuken)* haunt sth ◊ *Auf der Burg gehen Gespenster um.* Ghosts haunt the castle. **5 mit etw ~** *(Plan, Gedanken)* be thinking of sth ◊ *Er geht mit dem Gedanken um, ein Geschäft aufzumachen.* He's thinking of setting up a business.

umgehend immediate *(Adv* immediately)

Umgehungsstraße bypass

umgekehrt 1 ⇨ UMKEHREN **2** *Adj* reverse *(nur vor Nomen)*, the other way round *(nicht vor Nomen)*; *(entgegengesetzt)* opposite *(nur vor Nomen)* ◊ *Im zweiten Durchgang starten die Läufer in umgekehrter Reihenfolge.* In the second run, the racers go in reverse order. ◊ *Vor zehn Jahren waren uns die Amerikaner überlegen. Heute ist es umgekehrt.* Ten years ago, the Americans were ahead of us. Now it's the other way round. ◊ *Flüge in umgekehrter Richtung sind verbilligt.* Flights in the opposite direction are reduced. **3** *Adv* **und/oder ~** and/or vice versa ◊ *Wir können mit dem Bus hinfahren und zu Fuß zurückkommen oder umgekehrt.* We can go on the bus and walk back, or vice versa. **4** *Adv (andererseits)* conversely

umgestalten redesign, remodel*; **etw zu etw ~** convert sth into sth

Umgestaltung redesigning; *(von Gebäuden)* remodelling, *(AmE)* remodeling; *(Umstrukturierung)* reorganization

umgraben dig* sth over

Umhang cape

umhängen 1 jdm/sich etw ~ (*Medaille, Kette, Schal etc.*) put* sth round sb's/your neck; (*Mantel, Jacke*) put* sth round sb's/your shoulders; (*Tasche, Kamera*) put* sth over sb's/your shoulder **2** (*Bilder*) rehang

Umhängetasche shoulder bag

umhauen 1 jdn ~ knock sb down; (*Alkohol, Hitze etc.*) knock sb out **2** (*fällen*) fell **3** etw haut jdn um (*überrascht jdn*) sb is gobsmacked by sth (*umgs*) ◊ *Es haut mich fast umgehauen, als ich gehört habe, dass sie verheiratet sind.* I was gobsmacked when I heard that they were married. ◊ *Das haut einen um!* That's incredible!

umher around ◊ *Weit umher war nichts zu sehen.* There was nothing to see for miles around.

umherfliegen, umherirren, umherziehen ⇨ HERUM

umhören sich ~ ask around ◊ *Ich habe mich nach einem Job umgehört.* I've been asking around to find a job. ◊ *Hör dich mal um, ob noch Wohnungen zu vermieten sind.* Ask around to see if there are still flats to let.

umhüllen envelop ◊ *Nebel umhüllte das Dorf.* Fog enveloped the village.

umkämpft ◊ *Die Stadt ist heftig umkämpft.* Fierce battles are being fought over the city. ◊ *ein hart umkämpfter Ballwechsel* a hard-fought rally

Umkehr 1 (*meist mit einem Verb übersetzt*) ◊ *Das schlechte Wetter zwang uns zur Umkehr.* The bad weather forced us to turn back. ◊ *Von diesem Weg gibt es keine Umkehr.* There's no turning back from this path. **2** (*Umkehrung*) reversal ◊ *eine Umkehr der Politik* a reversal of policy

umkehren 1 turn back ◊ *Wir mussten umkehren, weil die Straße gesperrt war.* We had to turn back because the road was blocked. **2** (*ins Gegenteil verkehren*) reverse ◊ *Sie wollen den Trend der vergangenen Jahre umkehren.* They want to reverse the trend of previous years.

umkippen 1 fall* over; (*Auto*) overturn; (*Boot*) capsize ◊ *Die Leiter/Flasche ist umgekippt.* The ladder/bottle fell over. **2** (*ins Gegenteil umschlagen*) turn ◊ *Die Stimmung in der Bevölkerung könnte plötzlich umkippen.* The mood among the people might suddenly turn. **3** (*biologisch absterben*) die ◊ *Es ist zu befürchten, dass der Weiher bald umkippen wird.* It is to be feared that the pond will soon die. **4** (*ohnmächtig werden*) keel over, faint **5** etw ~ knock sth over ◊ *Ich habe die Kanne aus Versehen umgekippt.* I accidentally knocked the jug over.

umklammern hold* sb/sth tight; (*sich anklammern*) cling* to sb/sth ◊ *Sie hielt die Pistole fest umklammert.* She held the pistol tight. ◊ *Der Kleine umklammerte meine Beine.* The little boy clung to my legs.

Umkleidekabine changing room

umknicken 1 etw ~ (*Blumen etc.*) bend* sth; (*Schild, Tafel*) knock sth down; (*Baum*) blow* sth down; (*Antenne*) snap* sth (off) **2** (*Blumen etc.*) be bent; (*Baum*) be blown down; (*Antenne*) snap* **3** (*mit dem Fuß*) ~ twist your ankle ◊ *Er ist beim Tennis umgeknickt.* He twisted his ankle playing tennis.

umkommen be killed, die (*auch fig*) ◊ *Seine Familie ist im Krieg umgekommen.* His family were killed in the war. ◊ *Ich komme vor Durst um.* I'm dying of thirst. ◊ *Ich komme vor Hitze um.* The heat is killing me. ◊ *Ich komme vor Langeweile um.* I'm bored to death.

Umkreis 1 (*Gebiet*) (surrounding) area; (*Nähe*) vicinity ◊ *zwei Männer aus dem Umkreis von Heidelberg* two men from the Heidelberg area ◊ *Im Umkreis des Palasts hatten sich 100 000 Demonstranten versammelt.* 100 000 demonstrators had gathered in the area around the palace. ◊ *Der Täter wurde im Umkreis des Heims gesehen.* The offender was seen in the vicinity of the home. ◊ *Sie sprach mit einem Mann aus dem Umkreis des Kanzlers.* She spoke to a man who is close to the chancellor. **2** im ~ von ... within a radius of ... ◊ *Die Bewohner im Umkreis von 20 Kilometern wurden evakuiert.* People living within a radius of 20 kilometres were evacuated. ◊ *Die Detonation war in einem Umkreis von fünf Kilometern zu hören.* The explosion could be heard up to five kilometres away.

umkreisen circle; (*Planet*) revolve around *sth*; (*Raumschiff, Satellit*) orbit

umkrempeln 1 (*aufkrempeln*) roll sth up **2** (*umstülpen*) turn sth inside out **3** (*gründlich durchsuchen*) turn sth upside down **4** (*ändern*) change sth completely

Umland surrounding area ◊ *Frankfurt und das Umland* Frankfurt and the surrounding area ◊ *im Umland von Berlin* in the area around Berlin

Umlauf 1 (*das Kursieren*) circulation (*oft mit einem Verb übersetzt*) ◊ *etw in Umlauf bringen* put sth into circulation ◊ *Das Gerücht ist schon eine ganze Weile im Umlauf.* The rumour has been circulating for some time. **2** (*Umkreisung*) orbit ◊ *der Umlauf des Mondes um die Erde* the moon's orbit around the earth ◊ *eine Mondsonde im Umlauf* a moon probe in orbit **3** (*im Reitsport*) round

Umlaufbahn orbit

umlaufen¹ ⇨ UMRENNEN

umlaufen² orbit

Umlaufvermögen, Umlaufkapital current assets [Pl]

Umlaut (LING) mutated vowel ☞ *Das englische Wort umlaut bezeichnet die beiden Pünktchen über einem umgelauteten Vokal. Von einem bestimmten Umlaut spricht man daher folgendermaßen:* o umlaut (*der Umlaut*) ö.

umlegen 1 (*umwerfen*) knock sth down; (*Getreide*) flatten; (*vom Wind verursacht*) blow* sth down ◊ *Der Fahrer legte mehrere Zäune um.* The driver knocked down several fences. ◊ *Der Hurrikan hat ganze Häuser umgelegt.* The hurricane blew several houses down. **2** (*als Maßnahme*) take* sth down ◊ *Sie legten den Mast um, bevor sie unter der Brücke durchfuhren.* They took down the mast before they went under the bridge. **3** (*Hebel*) push sth down; (*Sitzlehne*) fold sth down **4** etw (auf etw) ~ (*verlegen*) move sth (to sth) **5** sich/jdm etw ~ (*Mantel, Decke etc.*) put* sth round your/sb's shoulders; (*Schal, Kette etc.*) put* sth round your/sb's neck **6** etw (auf jdn) ~ (*Kosten, Gebühren etc.*) pass sth (on to sb); etw (auf etw) ~ add sth on (to sth) ◊ *Die Kosten werden auf den Verbraucher umgelegt.* The costs are passed on to the consumer. ◊ *Die Renovierungskosten werden auf die Miete umgelegt.* The costs of the repair work will be added on to the rent. **7** (*erschießen*) bump sb off (*umgs*)

umleiten divert ◊ *Der Verkehr wird über die Poststraße umgeleitet.* The traffic is being diverted via Poststraße. ◊ *Der Zugverkehr musste weitläufig umgeleitet werden.* The trains had to make a long detour.

Umleitung 1 diversion, (AmE) detour ◊ *Wir mussten eine Umleitung fahren.* We had to make a diversion. **2** (*das Umleiten*) diversion ◊ *die Umleitung der Donau* the diversion of the Danube

umliegend surrounding (*nur vor Nomen*)

Umluft circulating air

Umluftherd fan-assisted oven

ummelden 1 sich/jdm ~ notify* your/sb's change of address ☞ *Hinweis bei* MELDEPFLICHT **2** (*Auto*) reregister

umnähen (*ändern*) alter; (*Saum*) stitch sth (up)

umrahmen 1 frame ◊ *ihr von blonden Locken umrahmtes Gesicht* her face framed with blond curls ◊ *der von Fachwerkhäusern umrahmte Marktplatz* the market square with its half-timbered houses **2** (*fig*) ◊ *Der Festakt wurde von einer Kapelle musikalisch umrahmt.* The ceremony was accompanied by music from a band.

umranden 1 border; (*mit einem Kreis*) circle ◊ *Der Acker war mit einem Wiesenstreifen umrandet.* The field was bordered by a strip of meadow. ◊ *Er umrandete das Wort in Rot.* He circled the word in red. **2** (*den Rand nachziehen*) outline

umranken 1 entwine ◊ *ein von Rosen umrankter Balkon* a balcony entwined with roses **2** (*fig*) surround ◊ *von Mythen umrankt* surrounded by myth

umräumen 1 rearrange (the furniture) ◊ *Du hast ja schon wieder umgeräumt.* You've rearranged the furniture again. ◊ *Ich habe mein Zimmer ganz umgeräumt.* I've completely rearranged my room. **2** (*an einen anderen Ort*) move ◊ *Bücher in ein neues Regal umräumen* move the books into a new bookcase

umrechnen etw (in etw) ~ convert sth (into sth)

umreißen¹ (*umwerfen*) knock sb/sth down; (*Wind*) blow* sth down

umreißen² (*darstellen*) outline; (*definieren*) define ◊ *ein klar umrissener Begriff* a clearly defined concept

umrennen knock sb/sth over

umringen surround ◊ *dicht umringte Stände* stalls surrounded by crowds of people

Umriss outline ◊ *die Umrisse der Berge* the outlines of the

umrühren

mountains ◊ *Zeichnen Sie zuerst den Umriss.* First, draw it in outline.
umrühren stir*
umrunden go* round *sth*; (*im All*) orbit
Umsatz turnover ◊ *Wir machen einen Umsatz von 2 Milliarden im Jahr.* We have a turnover of 2 billion a year. ◊ *Diese Produkte sind nur mit 7% am Umsatz beteiligt.* These products account for only 7% of turnover. ◊ *Der Umsatz stieg um 5%.* Turnover rose 5%.
Umsatzrückgang drop in turnover **Umsatzsteuer** turnover tax, (*AmE*) sales tax **Umsatzwachstum** growth in turnover
umschalten 1 switch (over) ◊ *zwischen Benzin- und Elektromotor umschalten* switch between the petrol and electric engine ◊ *auf Mehrwegflaschen umschalten* switch to reusable bottles **2** (*beim Fernsehen*) switch channels, (*BrE auch*) switch over; (*in Livesendungen*) go* over to sth ◊ *Nun schalte doch endlich um, ich möchte den Spielfilm sehen!* Switch channels, will you. I want to see the film! ◊ *vom ersten aufs zweite Programm umschalten* switch over from Channel One to Channel Two ◊ *Nun schalten wir um in die Festhalle.* Now we're going over to the festival hall. **3** (**auf etw**) **~** (*Ampel*) change (to sth)
Umschalttaste shift key
umschauen ⇨ UMSEHEN
Umschlag 1 (*Brief-*) envelope **2** (*eines Buchs*) dust jacket; (*einer Zeitschrift*) cover **3** (*Kompresse*) compress **4** (*Hosen-*) turn-up, (*AmE*) cuff; (*Ärmel-*) cuff **5** (*Waren-*) ◊ *Der Hafen hat einen jährlichen Umschlag von 2 Millionen Tonnen.* The port handles 2 million tons a year. ◊ *Der Umschlag des Hafens hat sich verdreifacht.* There has been a threefold increase in tonnage handled by the port.
umschlagen 1 (*Wetter, Stimmung etc.*) change; **etw schlägt in etw um** sth turns (in)to sth ◊ *Das Wetter schlug plötzlich um.* Suddenly the weather changed. ◊ *Die Hoffnung schlug in Verzweiflung um.* Hope turned to despair. ◊ *Die Euphorie ist längst in Ernüchterung umgeschlagen.* The euphoria has long since died down. ◊ *Früher oder später wird diese Entwicklung ins Gegenteil umschlagen.* Sooner or later this development will be reversed. **2** (*Hose*) turn *sth* up; (*Kragen*) turn *sth* down; (*Manschette*) turn *sth* back **3** (*Buchseite etc.*) turn *sth* (over) **4** (*Baum*) cut* *sth* down **5** (*Güter, Waren etc.*) handle
umschließen 1 (*umgeben*) surround **2** (*mit der Hand*) clasp **3** (*umarmen*) embrace
umschlingen 1 put* your arms round *sb/sth*, clasp *sb/sth* ◊ *Eng umschlungen saßen sie auf einer Bank.* They were sitting on a bench with their arms round each other. **2 etw mit etw ~** wind* sth round sth; **etw umschlingt etw** sth winds* (itself) round sth ◊ *ein von einer Schleife umschlungener Kranz* a wreath wound round with ribbon ◊ *Die Stadt ist von einem Fluss umschlungen.* A river winds round the town. ◊ *Die Ringelnatter umschlingt ihre Beute.* The grass snake winds itself round its prey. ◊ *von Efeu umschlungen* covered with ivy
umschnallen buckle *sth* on
umschreiben¹ 1 (*paraphrasieren*) paraphrase **2** (*darstellen*) describe; (*beschönigen*) describe *sth* euphemistically **3** (*festlegen, definieren*) define ◊ *klar umschriebene Ausnahmen* clearly defined exceptions ◊ *nicht näher umschriebene nationale Interessen* unspecified national interests
umschreiben² (*umarbeiten*) rewrite*
Umschrift transliteration; (*phonetisch*) transcription ◊ *die deutsche Umschrift eines russischen Namens* the German transliteration of a Russian name ◊ *die Grundlagen der phonetischen Umschrift* the principles of phonetic transcription
umschulen (sich) **~** (lassen) retrain; **jdn ~** retrain sb
Umschüler(in) = person* who retrains/has been retrained ◊ *Die meisten Umschüler fanden einen Arbeitsplatz.* The majority of people who retrained found jobs.
Umschulung retraining [U] ◊ *Nach der Umschulung hat sie bessere Berufschancen.* She'll have better job prospects after retraining. ◊ *Seine Umschulung zum Programmierer wird vom Arbeitsamt bezahlt.* The employment office are paying for him to retrain as a computer programmer.
umschwärmen 1 swarm round *sb/sth* (*auch fig*) **2** (*verehren*) adore ◊ *Er wird von den Damen umschwärmt.*

Women adore him. ◊ *Sie ist sehr umschwärmt.* She has lots of admirers.
Umschweife ohne ~ 1 (*ohne zu zögern*) right away ◊ *Er gab es ohne lange Umschweife zu.* He admitted it right away. **2** (*gerade heraus*) straight out ◊ *Sie hat ihm ohne Umschweife ihre Meinung gesagt.* She told him straight out what she thought.
umschwenken do* a U-turn; **auf etw ~** switch to sth ◊ *Die Partei schwenkt beim Asylrecht um.* The party is doing a U-turn on the right to asylum. ◊ *Das Land muss auf einen radikalen Sparkurs umschwenken.* The country needs to switch to a radical programme of spending cuts. ◊ *Schließlich schwenkte sie zur Opposition um.* In the end she went over to the Opposition.
Umschwung 1 change; (*Wetter-*) change in the weather **2** (POL) shift; (*dramatische Umwälzung*) upheaval ◊ *ein Umschwung des Wählerverhaltens* a shift in voters' attitudes ◊ *der Umschwung in Osteuropa* the upheaval in Eastern Europe **3** (WIRTSCH) (*negativ*) downturn; (*positiv*) upturn
umsehen 1 sich ~ look around/round; **sich in etw ~** have a look around/round sth ◊ *Ich will mich nur mal umsehen.* I'd just like to look round. ◊ *Sie sah sich nach allen Seiten um.* She looked all around her. ◊ *Morgen wollen wir uns mal in der Stadt umsehen.* Tomorrow we'll have a look round the town. ◊ *Vor dem Studium will ich mich erst einmal in der Welt umsehen.* Before I go to university, I want to see a bit of the world. ☛ *Hinweis bei* HERUM **2 sich ~** (*sich umdrehen*) look behind you; **sich nach jdm/etw ~** look back at sb/sth **3 sich nach etw ~** (*suchen*) look around/round for sth; **sich nach jdm ~** look for sb ◊ *Ich muss mich nach einem neuen Job umsehen.* I need to look around for a new job. ☛ *Hinweis bei* HERUM **IDM Du wirst dich noch umsehen!** You'll get a shock!
umseitig overleaf (*dem Nomen nachgestellt*) ◊ *die umseitige Tabelle* the table overleaf
umsetzen 1 (*Plan, Beschluss, Vorschlag etc.*) implement; **etw in die Praxis ~** put* sth into practice; **etw in die Tat ~** put* sth into effect **2** (*Waren, Geld*) turn *sth* over; **etw in etw ~** spend* sth on sth ◊ *Die Firma setzt jährlich 50 Millionen um.* The firm turns over 50 million a year. ◊ *Er hat das Geld sofort in CDs umgesetzt.* He immediately spent the money on CDs. **3 etw in etw ~** (*verwandeln*) convert sth into sth; (*ausdrücken*) express sth in sth ◊ *Mit dieser Anlage wird Sonnenenergie in Strom umgesetzt.* With this system solar energy is converted into electricity. ◊ *Er versuchte seine Gefühle in Musik umzusetzen.* He attempted to express his feelings in music. **4** (sich) **~** (*versetzen*) move; (*Pflanze auch*) transplant ◊ *Wir wurden umgesetzt, weil wir zu viel gestört haben.* We were moved because we were too disruptive. ◊ *Nach der Pause haben wir uns umgesetzt.* We changed seats after the interval.
Umsetzung 1 (*Verwirklichung*) realization; (*eines Plans, Programms*) implementation **2** (*Darstellung*) representation (*oft mit einem Verb übersetzt*); (*Interpretation*) interpretation ◊ *Malerei ist für ihn die Umsetzung individueller Befindlichkeiten.* Painting is for him the representation of the feelings of an individual. ◊ *Die grafische Umsetzung dieses Themas ist nicht leicht.* It isn't easy to represent this subject in visual terms.
umsichtig prudent (*Adv* prudently); (*vorsichtig*) careful (*Adv* carefully)
umsiedeln 1 move; (*Firma auch*) relocate, be relocated **2 jdn ~** resettle sb ◊ *Die Bewohner des Katastrophengebietes wurden umgesiedelt.* The inhabitants of the disaster area were resettled. ◊ *Die Slumbewohner wurden in Wohnsilos umgesiedelt.* The slum-dwellers were rehoused in tower blocks.
umso ~ besser, größer, mehr etc. all the better, greater, more, etc. ◊ *Jetzt ist es umso wichtiger ihn nicht alleine zu lassen.* Now it is all the more important not to leave him on his own. ◊ *Dann verwundert es umso mehr, dass …* Then it's all the more surprising that … ◊ *Es fällt ihnen umso leichter, da …* It's all the easier for them since … ☛ *Siehe auch* JE¹ (5) **IDM umso besser!** so much the better!
umsonst 1 free (of charge) ◊ *Das Buch habe ich umsonst bekommen.* I got the book free. ◊ *umsonst telefonieren* telephone free of charge ◊ *Auf dieser Welt gibt es nichts umsonst.* In this world you don't get anything for nothing. **2** (*arbeiten*) for nothing ◊ *Es geht nicht an, dass sie umsonst arbeiten.* It's not acceptable that they should have to work

for nothing. ◊ *Die Helfer arbeiten umsonst.* The helpers don't get paid. ◊ **3** (*vergeblich*) in vain ◊ *Ihr Tod war nicht umsonst.* She didn't die in vain. **4 nicht umsonst ...** (*nicht ohne Grund*) not without good reason ◊ *Sie warnen nicht umsonst vor einer Klimakatastrophe.* They are warning of a climatic disaster, and not without good reason. ◊ *Nicht umsonst ist sie als Femme fatale bekannt.* Not for nothing is she known as a femme fatale.

umsorgen look after *sb*

umspannen (*Zeitspanne*) span*; (*Themen etc.*) cover; (*Bereich*) encompass

umspringen 1 change ◊ *Die Ampel sprang auf Gelb um.* The light changed to amber. **2 mit jdm/etw** ~ treat sb/sth ◊ *So lasse ich nicht mit mir umspringen!* I won't be treated like that!

Umstand circumstance ◊ *Es geht ihr den Umständen entsprechend gut.* She is as well as can be expected in the circumstances. ◊ *Unter diesen Umständen bin ich nicht bereit zu helfen.* I'm not prepared to help under the circumstances. ◊ *Das sollte unter gar keinen Umständen geschehen.* That should under no circumstances be allowed to happen. ◊ IDM **in anderen Umständen** (*schwanger*) pregnant **mildernde Umstände** mitigating circumstances (*Fachspr oder gehoben*) ◊ *Das Gericht hat auf mildernde Umstände erkannt.* The court took account of the mitigating circumstances. **ohne Umstände** without (any) fuss ◊ *Er ging ohne Umstände an die Arbeit.* He set to work without any fuss. ◊ *Sportarten, die man ohne viel Umstände betreiben kann* types of sport you can do conveniently **sich Umstände machen** go* to a lot of trouble ◊ *Bitte machen Sie sich meinetwegen keine Umstände!* Please don't go to a lot of trouble on my account! **jdm Umstände machen** put* sb to a lot of trouble ◊ *Bleiben Sie doch! Es macht uns keine Umstände.* Why don't you stay? It's no trouble. **unter allen Umständen** at all costs **unter Umständen** (*eventuell*) ◊ *Das kann unter Umständen teuer werden.* It could get expensive. ◊ *Die Krankheit führt unter Umständen zum Tod.* The disease can be fatal.

umständlich 1 (*langsam*) slow (*Adv* slowly); (*mühevoll*) laborious (*Adv* laboriously) ◊ *Sie arbeitet sehr umständlich.* She works very slowly. ◊ *Umständlich packte er jedes einzelne Stück aus.* He laboriously unpacked each piece. ◊ *Sei doch nicht so umständlich!* Don't make everything so complicated! **2** (*Verfahren, Formulierung etc.*) (long and) complicated; (*Reise*) awkward ◊ *das umständliche Wahlverfahren* the complicated electoral procedure ◊ *Es ist umständlich für sie, mit dem Bus zu fahren.* It is awkward for her to go by bus. ◊ *Warum einfach, wenn's auch umständlich geht?* Why do it the easy way when you can make it complicated?

Umstands- Umstandskleidung maternity wear **Umstandswort** adverb

umstehen stand* round *sb/sth*; (*umgeben*) surround

umsteigen 1 change ◊ *Muss ich umsteigen?* Do I have to change (trains)? ◊ *Wir müssen in Köln in den Intercity umsteigen.* We have to change at Cologne onto an intercity train. ◊ *Wir müssen hier nach Heidelberg umsteigen.* We have to change over here for Heidelberg. **2 auf etw** ~ (*überwechseln*) change over to sth

umstellen¹ 1 (*anders stellen*) rearrange **2** (*Uhr vor-/zurückstellen*) put* *sth* forward/back **3 von etw auf etw** ~ switch (over) from sth to sth **4** (**sich**) ~ adjust ◊ *Du musst dein Spiel umstellen.* You'll have to adjust your game.

umstellen² (*sich um etw stellen*) surround

Umstellung 1 adjustment; (*Veränderung*) change **2** ~ **auf etw** switch to sth ◊ *die Umstellung auf den Euro* the switch to the euro

umstimmen jdn ~ make* sb change their mind ◊ *Sie war nicht umzustimmen.* Nothing would make her change her mind.

umstoßen 1 knock *sb/sth* over; (SPORT) bring* *sb* down **2** (*zunichte machen*) upset*

umstritten 1 controversial ◊ *ein umstrittenes Thema* a controversial issue **2** (*strittig*) disputed

umstrukturieren restructure

Umsturz coup ◊ *ein bewaffneter Umsturz* an armed coup ◊ *der gewaltsame Umsturz der Regierung* the violent overthrow of the government

umstürzen fall*; (*Baum etc.*) blow* down; (*Fahrzeug*) overturn (*auch fig*) ◊ *umgestürzte Bäume* fallen trees ◊ *Einige Bäume waren umgestürzt.* Some trees had blown down. ◊ *Ein Lastwagen wurde vom Sturm umgestürzt.* A lorry was overturned in the gale.

umtaufen etw (**in etw**) ~ rename sth (sth)

Umtausch (*meist mit einem Verb übersetzt*) ◊ *Ein Umtausch der Karten ist nicht möglich.* The tickets cannot be exchanged.

umtauschen 1 etw (**in etw**) ~ change sth (into sth) ◊ *Yen in Dollar umtauschen* change yen into dollars **2** etw (**gegen etw**) ~ exchange sth (for sth)

umtopfen repot

Umtriebe activity [U] ◊ *regierungsfeindliche Umtriebe* anti-government activity

Umtrunk drink

U-Musik ⇨ UNTERHALTUNGSMUSIK

umwälzen 1 (*Luft, Wasser*) circulate **2** (*fig*) change *sth* radically

umwälzend revolutionary

Umwälzung upheaval

umwandeln etw in/zu etw ~ convert sth into sth; (*Strafe*) commute sth to sth ◊ *Wohnungen in Büros umwandeln* convert flats into offices ◊ *Bioabfall in Kompost umwandeln* turn organic waste into compost ◊ *Er war wie umgewandelt.* He was a changed person.

Umwandlung conversion

umwechseln change

Umweg detour ◊ *Sollen wir einen kleinen Umweg über Köln machen?* Shall we make a short detour via Cologne? ◊ *wenn es kein Umweg für Sie ist* if it's not out of your way ◊ *ohne Umwege* straight IDM **etw auf Umwegen erfahren** hear* sth from a third party

Umwelt 1 environment ◊ *die Vergiftung der Umwelt* the pollution of the environment ◊ *Maßnahmen zum Schutz der Umwelt* measures to protect the environment ◊ *Probleme der Umwelt* environmental problems **2** (*Menschen in jds Umgebung*) those around you [Pl] ◊ *Er fühlt sich von seiner Umwelt missverstanden.* He feels misunderstood by those around him.

umweltbedingt environmental ◊ *umweltbedingte Ursachen* environmental causes **umweltbelastend** ⇨ UMWELTSCHÄDLICH **Umweltbelastung** pollution **Umweltbewegung** environmental movement **umweltbewusst** green, concerned about the environment (*nicht vor Nomen*) ◊ *ein umweltbewusstes Unternehmen* a green company ◊ *umweltbewusster leben* adopt a greener lifestyle ◊ *der umweltbewusste Verbraucher* consumers who are concerned about the environment **Umweltbewusstsein** environmental awareness **Umweltfaktor** environmental factor **umweltfeindlich** ⇨ UMWELTSCHÄDLICH **umweltfreundlich** environmentally friendly; (*Landwirtschaft, Ressourcen*) sustainable **umweltgefährdend** ⇨ UMWELTSCHÄDLICH **Umweltkatastrophe** ecological disaster **Umweltminister(in)** Minister for the Environment **Umweltpolitik** environmental policy **Umweltproblem** environmental problem **Umweltschäden** damage to the environment [U] **umweltschädlich** harmful to the environment (*nicht vor Nomen*) ◊ *weniger umweltschädliche Produkte* products that are less harmful to the environment ◊ *umweltschädliche Verkehrsarten* types of transport that damage the environment ◊ *umweltschädliche Abfälle* pollutants ◊ *umweltschädliche Abgase* polluting emissions **umweltschonend** environmentally friendly, green ◊ *umweltschonende Energiequellen* environmentally friendly energy sources ◊ *umweltschonende Produkte* green products ◊ *umweltschonende Waschmittel* biodegradable detergents **Umweltschutz** environmental protection ◊ *Aspekte des Umweltschutzes* aspects of environmental protection ◊ *Wir meinen es ernst mit dem Umweltschutz.* We are serious about protecting the environment. **Umweltschützer(in)** environmentalist; (*Naturschützer auch*) conservationist **Umweltsünder** polluter **Umwelttechnik** environmental technology **Umwelttourismus** ecotourism **Umweltverschmutzung** pollution **Umweltzerstörung** destruction of the environment

umwerfen 1 etw/jdn ~ knock sth/sb over; (*Fahrzeug*) overturn sth; (*fig*) throw* sb ◊ *Wer hat die Vase umgeworfen?* Who knocked the vase over? ◊ *Die Niederlage hat ihn nicht umgeworfen.* The defeat didn't throw him. ◊ *Dieser Schnaps wirft den stärksten Mann um.* This schnapps real-

umwerfend

ly knocks you out. **2 sich etw ~** throw* sth over/round your shoulders **3** (*zunichte machen*) upset*
umwerfend stunning ◊ *ein umwerfendes Lächeln* a stunning smile ◊ *Die Besucherzahlen waren nicht umwerfend.* Visitor numbers were nothing special. ◊ *umwerfend komisch* hysterically funny
umwickeln *etw mit etw* ~ wrap* sth in sth; (*mit Schnur, Draht etc.*) tie* sth with sth; (*mit Verband*) bandage sth
umziehen 1 move ◊ *Wir ziehen heute um.* We are moving today. ◊ *Sie ist nach Ulm umgezogen.* She has moved to Ulm. **2 sich** ~ get* changed ◊ *Wo kann ich mich umziehen?* Where can I get changed? **3** *jdn* ~ change sb's clothes
umzingeln surround
Umzug 1 move ◊ *der Umzug in die neue Wohnung* the move to the new flat ◊ *Es ist beim Umzug kaputt gegangen.* It got broken in the move. **2** (*Festzug*) procession
unabänderlich 1 unalterable ◊ *unabänderliche Regeln* unalterable rules ◊ *eine unabänderliche Tatsache* a fact of life **2** (*unabwendbar*) inevitable
unabdingbar essential
unabhängig 1 ~ (*von jdm/etw*) independent (of sb/sth) (*Adv* independently) ◊ *unabhängig handeln* act independently ◊ *zwei voneinander unabhängige Aktionen* two quite separate operations **2** ~ *davon, ob, was, wie etc.* (*ohne Rücksicht auf*) regardless of whether, what, how, etc.
Unabhängigkeit independence ◊ *Indien erlangte 1947 die Unabhängigkeit.* India gained its independence in 1947.
unablässig constant (*Adv* constantly)
unabsehbar unforeseeable; (*Kosten, Risiko*) incalculable (*gehoben*) ◊ *Das könnte unabsehbare Folgen haben.* This could have unforeseeable consequences. ◊ *Die ökologischen Folgen sind unabsehbar.* The ecological consequences are impossible to predict. ◊ *auf unabsehbare Zeit geschlossen* closed indefinitely
unabsichtlich (*ohne Absicht*) unintentional (*Adv* unintentionally); (*aus Versehen*) accidental (*Adv* accidentally) ◊ *Ich habe ihm unabsichtlich auf den Fuß getreten.* I accidentally trod on his toe. ◊ *Das war völlig unabsichtlich!* I didn't mean to!
unabwendbar inevitable
unanfechtbar (*Beschluss, Entscheidung*) final
unangebracht inappropriate; (*ungerechtfertigt*) unjustified
unangefochten unchallenged
unangemeldet 1 *Adj* (*Besuch, Gast*) unexpected; (*Kontrolle*) surprise **2** *Adv* unexpectedly; (*ohne Termin*) without an appointment
unangemessen inappropriate (*Adv* inappropriately); (*übertrieben*) excessive (*Adv* excessively)
unangenehm 1 unpleasant (*Adv* unpleasantly) ◊ *ein unangenehmer Geruch* an unpleasant smell ◊ *Er kann unangenehm werden.* He can turn nasty. ◊ *Er ist mir schon ein paar Mal unangenehm aufgefallen.* I've noticed him before and I don't like him. **2** (*unbequem*) awkward; (*peinlich*) embarrassing ◊ *eine unangenehme Frage* an awkward question ◊ *Ich bin in einer unangenehmen Lage.* I'm in an embarrassing position. ◊ *etw ist jdm ~* sb finds* sth embarrassing ◊ *Die ganze Situation war mir höchst unangenehm.* I found the whole thing extremely embarrassing.
unangetastet intact ◊ *Das Recht auf Asyl würde unangetastet bleiben.* The right to asylum would remain intact. ◊ *Der Dieb ließ die Bilder unangetastet.* The thief didn't touch the pictures.
unannehmbar unacceptable
Unannehmlichkeit trouble [U] ◊ *Ich möchte Ihnen keine Unannehmlichkeiten bereiten.* I don't want to cause you any trouble.
unansehnlich unsightly
unanständig improper (*Adv* improperly); (*Witz etc.*) dirty
unantastbar inviolable
unappetitlich disgusting; (*Speise*) unappetizing
unauffällig inconspicuous (*Adv* inconspicuously); (*dezent*) discreet (*Adv* discreetly) ◊ *Sie ist meist recht unauffällig gekleidet.* She usually dresses very discreetly. ◊ *Es gelang mir, unauffällig zu verschwinden.* I managed to slip away unnoticed.
unaufhaltsam inexorable (*Adv* inexorably) (*gehoben*)
unaufhörlich constant (*Adv* constantly) ◊ *In der ganzen Stadt wird unaufhörlich geschossen.* There is constant shooting all over the town. ◊ *Es regnet unaufhörlich.* It never stops raining.
unaufrichtig dishonest
unausgeglichen unbalanced; (*Mensch*) moody; (*unbeständig*) inconsistent ◊ *ein unausgeglichener Haushalt* an unbalanced budget
unausgegoren not properly thought through (*nicht vor Nomen*), half-baked (*umgs*)
unausgesprochen unspoken (*gehoben*)
unauslöschlich indelible (*Adv* indelibly) ◊ *unauslöschliche Bilder* indelible images ◊ *unauslöschliche Erlebnisse* experiences that are indelibly imprinted in your memory ◊ *unauslöschliche Erinnerungen* memories that can never be erased
unausstehlich unbearable
unbändig 1 *Adj* intense; (*Sehnsucht, Freude*) overwhelming **2** *Adv* tremendously
unbarmherzig unfeeling (*Adv* unfeelingly); (*Hitze, Sonne*) merciless (*Adv* mercilessly)
unbeabsichtigt unintentional (*Adv* unintentionally)
unbeachtet ignored (*nicht vor Nomen*); (*unbemerkt*) unnoticed (*n icht vor Nomen*) ◊ *ein vielfach unbeachtetes Problem* a problem that is often ignored ◊ *Sie verließ die Party völlig unbeachtet.* She left the party unnoticed.
unbeaufsichtigt unsupervised
unbebaut vacant; (*unbepflanzt*) uncultivated
unbedacht unthinking (*Adv* unthinkingly); (*taktlos*) tactless (*Adv* tactlessly); (*vorschnell*) rash (*Adv* rashly) ◊ *in einem unbedachten Augenblick* in a rash moment ◊ *unbedacht handeln* act without thinking
unbedarft inexperienced; (*naiv*) naive (*Adv* naively) ◊ *Literaturkritik verwirrt oft den unbedarften Leser.* Literary criticism is often confusing for the inexperienced reader. ◊ *Ich bin völlig unbedarft ins Geschäft eingestiegen.* I got into the business without knowing what I was doing.
unbedenklich safe
unbedeutend 1 insignificant ◊ *Ich kam mir ganz unbedeutend vor.* I felt quite insignificant. **2** (*klein*) minor; (*geringfügig*) negligible ◊ *eine unbedeutende Rolle spielen* play a minor role
unbedingt 1 *Adv* really ◊ *Ich muss die Klausur unbedingt bestehen.* I really must pass the exam. ☛ *Hinweis bei* CLEAR[1] **2** *Adv nicht* ~ not necessarily ◊ *Er möchte ihr nicht unbedingt alles sagen.* He doesn't necessarily want to tell her everything. **3** *Adj* absolute ◊ *der unbedingte Wille zum Erfolg* the absolute determination to succeed
unbeeindruckt 1 unimpressed ◊ *Unser Klassenlehrer zeigte sich völlig unbeeindruckt.* Our class teacher was completely unimpressed. **2** (*unbeeinflusst*) undaunted ◊ *Unbeeindruckt vom Wetter gingen sie weiter.* Undaunted by the weather, they went on.
unbefangen 1 *Adj* natural (*Adv* naturally), unselfconscious (*Adv* unselfconsciously) **2** (*objektiv*) impartial (*Adv* impartially)
unbefriedigend unsatisfactory (*Adv* unsatisfactorily)
unbefriedigt 1 unsatisfied; (*frustriert*) frustrated **2** ~ (**über etw**) dissatisfied (with sth) ◊ *Sie waren unbefriedigt über den Ausgang des Prozesses.* They were dissatisfied with the outcome of the trial.
unbefristet permanent (*Adv* permanently); (*Zeitraum*) indefinite (*Adv* indefinitely) ◊ *ein unbefristeter Vertrag* a permanent contract ◊ *in einen unbefristeten Streik treten* go on strike indefinitely ◊ *eine unbefristete Verlängerung* an extension for an indefinite period
unbefugt 1 *Adj* unauthorized **2** *Adv* without authorization
unbegleitet unaccompanied ◊ *unbegleitete Kinder* unaccompanied children ◊ *Der Chor singt unbegleitet.* The choir sings unaccompanied.
unbegreiflich incomprehensible; (*unvorstellbar*) inconceivable; (*entsetzlich*) unspeakable ◊ *eine unbegreifliche Entscheidung* an incomprehensible decision ◊ *Es ist unbegreiflich, dass das ohne ihr Wissen passieren konnte.* It is inconceivable that this happened without their knowledge.
unbegrenzt 1 *Adj* unlimited; (*Zeitraum, Streik, Ausgangssperre*) indefinite **2** *Adv* for an unlimited period, indefinitely ◊ *Brot ist nicht unbegrenzt haltbar.* You can't keep bread indefinitely. ◊ *Magnesium ist praktisch unbe-*

grenzt erhältlich. There is a virtually unlimited supply of magnesium. ◊ *Ich habe nicht unbegrenzt Zeit.* My time is limited.

unbegründet *(Verdacht, Angst)* groundless; *(Spekulation)* unfounded; *(Kündigung, Gewaltanwendung)* unwarranted ◊ *unbegründete Furcht* groundless fears ◊ *Die Frage ist nicht ganz unbegründet.* There is a reason for my question.

Unbehagen unease; *(körperlich)* discomfort ◊ *mit wachsendem Unbehagen* with growing unease ◊ *Die sozialen Spannungen bereiten den Politikern Unbehagen.* The social tensions are making politicians uneasy.

unbehaglich uncomfortable; *(beunruhigt)* uneasy ◊ *eine unbehagliche Situation* an uncomfortable situation ◊ *Ich fühlte mich ziemlich unbehaglich in seiner Gegenwart.* I felt rather uneasy in his presence.

unbehandelt untreated; *(Zitronen etc.)* unwaxed

unbehelligt 1 unchallenged **2** *(ungestört)* undisturbed; **jdn ~ lassen** leave* sb alone ◊ *Die Stadt soll von Protesten unbehelligt bleiben.* The town is not likely to be disturbed by protests. ◊ *Die Demonstranten blieben von der Polizei unbehelligt.* The police left the demonstrators alone.

unbeholfen awkward *(Adv* awkwardly); *(hilflos)* helpless *(Adv* helplessly)

unbeirrt steadfast *(Adv* steadfastly)

unbekannt 1 unknown ◊ *Die Nebenwirkungen sind noch weitgehend unbekannt.* The side effects are still largely unknown. ◊ *Anzeige gegen unbekannt erstatten* report a crime ◊ *Sie sind unbekannt verzogen.* They have left without leaving a forwarding address. **2** *jd/etw ist jdm ~ sb* has not heard of sb/sth; **etw ist jdm ~** *(nicht bewusst)* sb is unaware of sth; *(nicht vertraut)* sb is not familiar with sth ◊ *Diese Sängerin ist mir völlig unbekannt.* I've never heard of this singer. ◊ *Dieses Computerspiel ist mir noch unbekannt.* I'm not familiar with this computer game yet. ◊ *Die Wahrheit war mir bis vor kurzem völlig unbekannt.* Only recently have I become aware of the truth.

Unbekannte (MATH) unknown

Unbekannte(r) stranger

unbekümmert 1 *Adj* carefree; *(leichtlebig)* easy-going ◊ *eine unbekümmerte Spontanität* an easy-going, spontaneous manner **2** *Adv* in a carefree way; *(ohne Bedenken)* without a second thought, without any worries ◊ *Sie stürzt sich unbekümmert in jedes Abenteuer.* She throws herself into any adventure without a second thought. ◊ *den Urlaub/das Leben unbekümmert genießen* enjoy your holiday/life without any worries

unbelebt 1 *(menschenleer)* quiet **2** *(anorganisch)* inorganic; *(Natur)* inanimate

unbeleuchtet unlit; *(Fahrzeug)* without lights *(nicht vor Nomen)*

unbeliebt (**bei jdm**) **~** unpopular (with sb) ◊ *ein bei den Schülern unbeliebter Lehrer* a teacher who is unpopular with the pupils ◊ *Mit seiner Ungeduld machte er sich bei ihnen nur noch unbeliebter.* His impatience just made him more unpopular.

unbemannt unmanned

unbemerkt unnoticed *(nicht vor Nomen)*; *(Verbrechen, Krankheiten auch)* undetected ◊ *Die Bankräuber entkamen unbemerkt.* The bank robbers escaped undetected. ◊ *Es gelang ihm, unbemerkt in das Schloss einzudringen.* He managed to get into the castle without being noticed.

unbenutzt unused

unbeobachtet unobserved ◊ *sich unbeobachtet davonmachen* escape unobserved ◊ *In einem unbeobachteten Moment nahm er sie in den Arm.* He took her in his arms when nobody was looking.

unbequem 1 uncomfortable ◊ *in unbequemer Haltung* in an uncomfortable position ◊ *In der Kutsche reiste man unbequem.* Travelling in a coach was uncomfortable. ◊ *Ich sitze unbequem.* I'm not sitting very comfortably. **2** *(schwierig, störend)* awkward ◊ *unbequeme Fragen stellen* ask awkward questions ◊ *ein unbequemer Politiker* a politician who is not afraid to ask awkward questions ◊ *unbequeme Wahrheiten sagen* reveal the unpleasant truth ◊ *eine unbequeme Entscheidung treffen* make a difficult decision

unberechenbar 1 unpredictable *(Adv* unpredictably) **2** *(unbekannt)* unknown

unberechtigt 1 unjustified; *(Angst, Sorgen, Anschuldigungen, Zweifel, Verdacht)* groundless; *(unverdient)* undeserved ◊ *unberechtigte Kritik* unjustified criticism ◊ *Wie sich später herausstellte, war meine Angst nicht ganz unberechtigt.* My fears were not entirely groundless, as it turned out. ◊ *ein unberechtigt schlechter Ruf* an undeserved bad reputation ◊ *unberechtigte Erwartungen/Hoffnungen* unrealistic expectations/hopes **2** *(fälschlich)* wrong *(Adv* wrongly) ◊ *unberechtigt beschuldigt* wrongly accused **3** *(ohne Befugnis)* unauthorized; *(illegal)* illegal *(Adv* illegally) ◊ *unberechtigter Zugang zu fremden Rechnern* unauthorized access to other people's computers ◊ *Er soll unberechtigt Arbeitslosengeld kassiert haben.* He is accused of illegally claiming benefit. ◊ *unberechtigte Asylbewerber* bogus asylum seekers

unberücksichtigt 1 etw ~ lassen leave* sth out (of consideration), ignore sth **2 ~ bleiben** be disregarded ◊ *Rechtschreibfehler blieben in der Bewertung weitgehend unberücksichtigt.* Spelling mistakes were largely disregarded in the marking.

unberührt 1 unspoilt ◊ *ein unberührtes Stück Natur* an unspoilt part of the countryside **2** *(nicht benutzt, getrunken etc.)* untouched ◊ *Das Frühstück stand unberührt auf dem Tisch.* The breakfast lay untouched on the table. ◊ *Das Bett war auch am Morgen noch unberührt.* The bed had not been slept in. **3** *(ungerührt)* unmoved

unbeschadet unscathed *(nicht vor Nomen)*

unbeschädigt undamaged, intact

unbescholten innocent; (RECHT) with no criminal record *(nicht vor Nomen)* ◊ *Die Angeklagte war bisher unbescholten.* The accused had no previous criminal record.

unbeschränkt unlimited ◊ *eine unbeschränkte Haftung/Vollmacht* unlimited liability/powers ◊ *Der Gutschein ist unbeschränkt gültig.* The voucher is valid indefinitely.

unbeschreiblich indescribable *(Adv* indescribably); *(bewundernd)* incredible *(Adv* incredibly) ◊ *In den Lagern herrschen unbeschreibliche Zustände.* Conditions in the camps are indescribable. ◊ *Er sah unbeschreiblich gut aus.* He was incredibly good-looking.

unbeschrieben blank IDM ⇨ BLATT

unbeschwert 1 *(unbekümmert)* carefree ◊ *Er genoss den Urlaub unbeschwert.* He enjoyed a carefree holiday. ◊ *Heute kann sie unbeschwert darüber lachen.* She can laugh about it now. **2** *(mit Leichtigkeit)* with ease

unbesetzt vacant

unbesorgt 1 *Adj* trouble-free ◊ *ein unbesorgtes Leben* a trouble-free existence **2** *Adj* (**über/um jdn/etw**) **~ sein** not worry* about sb/sth ◊ *Sei unbesorgt!* Don't worry! **3** *Adv* without worrying ◊ *unbesorgt durchs Leben gehen* go through life without worrying about anything

unbeständig changeable

unbestechlich 1 incorruptible **2** *(unvoreingenommen)* impartial ◊ *ein unbestechlicher Beobachter* an impartial observer ◊ *ein unbestechlicher Blick* an acute eye

unbestimmt 1 vague ◊ *ein unbestimmter Verdacht* a vague suspicion **2** *(noch unbekannt)* indefinite *(Adv* indefinitely); *(nicht angegeben)* unspecified ◊ *der unbestimmte Artikel* the indefinite article ◊ *etw auf unbestimmte Zeit verschieben* postpone sth indefinitely ◊ *eine unbestimmte Zahl von Soldaten* an unspecified number of soldiers

unbestritten undisputed ◊ *Er ist weiterhin unbestritten die Nummer eins.* He remains the undisputed champion.

unbeteiligt 1 *Adv* with indifference ◊ *Wir schauten dem Spektakel eher unbeteiligt zu.* We watched this spectacle with indifference. **2** *Adj* not involved *(nicht vor Nomen)*; *(unparteiisch)* independent ◊ *An dem Überfall war er nicht unbeteiligt.* He was involved in the robbery. ◊ *unbeteiligte Zivilisten/Passanten* innocent civilians/passers-by ◊ *unbeteiligte Beobachter* independent observers

unbetont unstressed

unbeträchtlich insignificant, inconsiderable

unbeugsam uncompromising ◊ *eine unbeugsame Haltung* an uncompromising attitude ◊ *Ihr unbeugsamer Wille wird sie weit bringen.* With her determination, she'll go a long way.

unbewaffnet unarmed

unbewohnt uninhabited; *(Gebäude)* empty

unbewusst 1 unconscious *(Adv* unconsciously); *(unterbewusst)* subconscious *(Adv* subconsciously); *(nicht wissentlich)* unknowing *(Adv* unknowingly) ◊ *Bewusst oder* *unbewusst fallen viele dem Aberglauben zum Opfer.* Consciously or unconsciously, many people are superstitious. ◊ *eine unbewusste Angst* a subconscious fear ◊ *die unbewusste Einnahme von Drogen* taking drugs unknowingly ◊ *Ich habe damals als Kind unbewusst allerhand vom Krieg mitbekommen.* As a child, I picked up a lot of what was going on in the war without realizing it. **2** (*unabsichtlich*) unintentional (*Adv* unintentionally) ◊ *jdn unbewusst kränken* offend sb unintentionally

unbezahlbar 1 prohibitive, prohibitively expensive ◊ *Die Miete ist unbezahlbar.* The rent is prohibitive. **2** (*fig*) priceless ◊ *Das Stück ist von unbezahlbarem Wert.* The item is priceless. ◊ *Gute Freunde sind unbezahlbar.* Good friends are something money can't buy.

unblutig 1 *Adj* bloodless ◊ *ein unblutiger Putsch* a bloodless coup **2** *Adv* without bloodshed ◊ *unblutig zu Ende gehen* end without bloodshed

unbrauchbar 1 useless; (*ohne jeden Wert*) worthless ◊ *Der Regen machte die Pappe unbrauchbar.* The rain rendered the cardboard useless. ◊ *ein unbrauchbares Gutachten* a worthless report **2** (*ungeeignet*) unsuitable ◊ *unbrauchbar für den alltäglichen Einsatz* unsuitable for everyday use ◊ *Er ist fürs Dolmetschen unbrauchbar — er ist zu langsam.* He's no good as an interpreter — he's too slow. ◊ *Diese Formel erwies sich als unbrauchbar für die Aufgabe.* This formula turned out not to work for the task.

unbürokratisch 1 *Adj* (*sofortig*) immediate; (*flexibel*) flexible ◊ *Sie versprachen unbürokratische Hilfe.* They promised immediate aid. ◊ *die unbürokratische Zusammenarbeit* flexible cooperation **2** *Adv* without a lot of red tape ◊ *Das Problem konnte unbürokratisch gelöst werden.* The problem was solved without a lot of red tape. ◊ *Wir wollen unbürokratisch handeln und schnell helfen.* We want to cut through the red tape and help quickly.

und 1 and ◊ *Er behauptete, der Vorfall hätte sich so und so abgespielt.* He maintained that the incident had happened in such and such a way. ◊ *Sie wollte in die und die Länder reisen.* She wanted to go to these particular countries. ◊ *Sei doch bitte so lieb und gib ihm diesen Brief.* Would you be so kind as to give him this letter? ◊ *Messer und Gabel* a knife and fork ☛ *Wenn zwei Begriffe eng verbunden sind, muss das* **a** *etc. nicht wiederholt werden: mein Vater und meine Mutter* my father and mother. **2** (*ironisch*) ◊ *Er und die Technik beherrschen? Da treffen zwei Welten aufeinander.* Him good at technology? You must be joking! **IDM und so weiter** et cetera **und so weiter** (**und so fort**) and so on (and so forth) **und und und** etc. etc. ◊ *Er schenkte ihr alles Mögliche: Schmuck, Reisen, und und und …* He gave her all sorts of things: jewellery, holidays, etc. etc. ...

Undank ingratitude **IDM** ⇨ BELOHNEN

undankbar 1 ungrateful (*Adv* ungratefully) ◊ *Ich möchte ihm gegenüber nicht undankbar scheinen.* I wouldn't like him to think I was ungrateful. ◊ *Ich empfinde ihr Verhalten als undankbar.* I think she's behaving ungratefully. **2** (*nicht lohnend*) thankless

undefinierbar indefinable ◊ *Der Eintopf schmeckte undefinierbar.* The stew had an indefinable taste.

undemokratisch undemocratic (*Adv* undemocratically)

undenkbar unthinkable ◊ *Viele halten Leben auf anderen Planeten für völlig undenkbar.* For many people it is unthinkable that there could be life on another planet.

Underdog underdog

Understatement understatement ◊ *das Understatement pflegen* go in for understatement ◊ *etw mit Understatement sagen* understate sth

undeutlich 1 (*ungenau*) indistinct (*Adv* indistinctly); (*vage*) vague (*Adv* vaguely) ◊ *ein undeutlich umschriebener Begriff* a vaguely defined concept ◊ *ein undeutliches Foto* a blurred photo **2** (*schwer lesbar*) illegible (*Adv* illegibly) **3** (*schwer verständlich*) not clear (*Adv* not clearly) ◊ *eine undeutliche Aussprache haben* not pronounce things clearly ◊ *undeutlich reden* mumble

undicht leaky, leaking ◊ *ein undichter Hahn* a leaky tap ◊ *Das Dach ist undicht.* The roof leaks. ◊ *Er entdeckte eine undichte Stelle in der Leitung.* He found a leak in the pipe.

undifferenziert indiscriminate (*Adv* indiscriminately); (*simplistisch*) simplistic (*Adv* simplistically)

Unding *ein ~ sein* be absurd

undiszipliniert 1 *Adj* undisciplined **2** *Adv* in an undisciplined way ◊ *sich undiszipliniert verhalten* behave in an undisciplined way ◊ *Die Mannschaft spielte heute sehr undiszipliniert.* The team showed no discipline on the field today.

undurchdringlich 1 (*dicht*) impenetrable (*Adv* impenetrably) **2** (*verschlossen*) inscrutable (*Adv* inscrutably)

undurchlässig impermeable

undurchsichtig 1 (*undurchschaubar*) obscure; (*zweifelhaft*) shady (*abwert*) ◊ *obskure Machtstrukturen* obscure power structures ◊ *undurchsichtige Geschäfte* shady deals **2** (*nicht transparent*) opaque ◊ *undurchsichtiges Glas* opaque glass

uneben uneven

Unebenheit unevenness [U] (*auch fig*); (*Stelle*) bump

unecht false; (*künstlich auch*) artificial

unehelich illegitimate ◊ *ein uneheliches Kind* an illegitimate child ◊ *Sie war unehelich geboren worden.* She was born out of wedlock.

unehrlich dishonest (*Adv* dishonestly)

uneigennützig selfless (*Adv* selflessly) ◊ *ein uneigennütziges Engagement für die Umwelt* a selfless devotion to environmental issues ◊ *Er setzte sich uneigennützig für sie ein.* He supported them without thinking of himself.

uneingeschränkt 1 *Adj* (*Erhalt, Beibehaltung, Recht, Zugang*) unrestricted; (*Vertrauen, Befürworter*) absolute; (*Zustimmung, Lob*) unqualified ◊ *Sie genoss das uneingeschränkte Vertrauen der Kinder.* The children had absolute confidence in her. **2** *Adv* without restriction; (*rückhaltlos*) unreservedly ◊ *Dieses Produkt darf uneingeschränkt vermarktet werden.* This product can be marketed without restriction. ◊ *Ich stehe uneingeschränkt hinter ihr.* I support her unreservedly. ◊ *Das Verbot gilt uneingeschränkt.* The ban is absolute.

uneinheitlich (*Rechtsprechung, Aussage, Bild etc.*) inconsistent; (*Wirtschaftssektor, Aktienmarkt*) volatile; (*Gesellschaft, Gruppe*) heterogeneous ◊ *Der Aktienmarkt eröffnete uneinheitlich.* The stock market was volatile when it opened today. ◊ *Das Werk des Künstlers ist uneinheitlich.* The artist's work lacks unity.

uneinig divided ◊ *Die Wissenschaft ist sich uneinig, wie die Erde entstanden ist.* Science is divided on how the world came into being. ◊ *Sie waren sich über die Farbe für den neuen Teppich uneinig.* They didn't agree about the colour of the new carpet.

uneinnehmbar impregnable

uneins (sich) *~ sein* be in disagreement

unempfindlich 1 immune (*auch fig*) **2** (*strapazierfähig*) hard-wearing

unendlich endless (*Adv* endlessly), infinite (*Adv* infinitely) ◊ *unendliches Leid* endless suffering ◊ *Er träumte von der unendlichen Weite des Meeres.* He dreamed of the endless expanse of the sea. ◊ *eine unendliche Zahl* an infinite number ◊ *eine unendliche Geschichte* a never-ending story ◊ *Diese Aufzählung ließe sich unendlich fortsetzen.* This list could be continued indefinitely.

Unendlichkeit infinity ◊ *die Unendlichkeit der Zeit* the infinity of time ◊ *die Unendlichkeit des Wassers* the endless expanse of water

unentbehrlich indispensable ◊ *Sie hat sich für uns unentbehrlich gemacht.* She has made herself indispensable to us. ◊ *Er ist für unsere Firma unentbehrlich.* Our firm couldn't do without him.

unentgeltlich free ◊ *unentgeltliche Dienstleistungen* free services ◊ *Die Belegschaft arbeitete für kurze Zeit unentgeltlich.* The staff worked for a short time without payment.

unentschieden 1 undecided **2** (*ohne Gewinner*) ◊ *Das Spiel stand unentschieden.* The score was equal. ◊ *Die Mannschaft spielte unentschieden.* The team managed a draw.

Unentschieden draw ◊ *Das Spiel endete mit einem Unentschieden.* The game ended in a draw.

unentschlossen 1 undecided **2** (*nicht entschlussfreudig*) indecisive

unentschuldigt ◊ *unentschuldigtes Fehlen* unauthorized absence ◊ *Er hat dreimal unentschuldigt im Training gefehlt.* He had failed to turn up to training three times.

unentwegt 1 (*unermüdlich*) tireless (*Adv* tirelessly) **2** (*ohne Pause*) ceaseless (*Adv* ceaselessly)

unerbittlich unrelenting (*Adv* unrelentingly); (*gnadenlos*

auch) relentless (*Adv* relentlessly) ◊ *ein unerbittlicher Kritiker* an unrelenting critic ◊ *Die Sonne brannte unerbittlich.* The sun beat down relentlessly.
unerfahren inexperienced
Unerfahrenheit inexperience
unerfindlich *aus unerfindlichen Gründen* for some inexplicable reason
unerfreulich unpleasant (*Adv* unpleasantly) ◊ *unerfreuliche Ereignisse* unpleasant events ◊ *eine unerfreuliche Nachricht* bad news ◊ *Das Treffen verlief unerfreulich.* The meeting took an unpleasant course.
unerfüllt unfulfilled ◊ *sich unerfüllt fühlen* feel unfulfilled
unerheblich insignificant (*Adv* insignificantly); (*irrelevant*) irrelevant (*Adv* irrelevantly) ◊ *Diese Frage ist für die Diskussion unerheblich.* This question is irrelevant to the discussion. ◊ *Die Kosten sind nicht unerheblich.* The costs are significant. ◊ *Der Schaden war nur unerheblich.* There was only slight damage. ◊ *ein paar unerhebliche Kratzer* a few minor scratches
unerhört 1 outrageous (*Adv* outrageously) ◊ *Es ist unerhört, dass er so etwas von dir verlangt.* It's outrageous of him to demand that sort of thing from you. ◊ *die unerhörte Frechheit besitzen etw zu tun* have the barefaced cheek to do sth **2** (*ungeheuer*) incredible (*Adv* incredibly)
unerklärlich inexplicable (*Adv* inexplicably) ◊ *aus unerklärlichen Gründen* for some inexplicable reason ◊ *Es ist mir unerklärlich, wie das passieren konnte.* It's a mystery to me how that could happen.
unerlässlich essential ☛ *Hinweis bei* NECESSARY
unerlaubt 1 *Adj* (*ohne Befugnis*) unauthorized; (*illegal*) illegal **2** *Adv* (*ohne Befugnis*) without authorization; (*ohne Erlaubnis*) without permission; (*illegal*) illegally ◊ *unerlaubt dem Unterricht fernbleiben* be absent from school without permission ◊ *unerlaubt ein Grundstück betreten* trespass
unermesslich immense (*Adv* immensely)
unermüdlich tireless (*Adv* tirelessly) ◊ *Sie setzt sich unermüdlich für den Tierschutz ein.* She works tirelessly for animal welfare. ◊ *Ich bewundere ihre Energie – sie ist unermüdlich.* I admire her energy – she never tires. ◊ *unermüdliches Engagement* unswerving commitment
unerreichbar unattainable ◊ *ein unerreichbares Ziel* an unattainable goal ◊ *in unerreichbarer Ferne sein* be out of reach ◊ *Mein Anwalt ist immer unerreichbar.* It's impossible to get hold of my solicitor.
unersättlich insatiable
unerschöpflich inexhaustible
unerschrocken intrepid, fearless
unerschütterlich unshakeable ◊ *unerschütterlicher Glaube* unshakeable faith ◊ *Sie hielt unerschütterlich an ihrer Überzeugung fest.* She clung fast to her conviction.
unersetzlich irreplaceable; (*unbedingt nötig*) vital
unerträglich 1 unbearable (*Adv* unbearably) **2** (*unausstehlich*) insufferable ◊ *Er hat sich unerträglich benommen.* His behaviour was insufferable.
unerwartet unexpected (*Adv* unexpectedly)
unerwünscht unwelcome
unfähig incapable; (*inkompetent*) incompetent ◊ *Sie sind unfähig, sich selbst zu verteidigen.* They are incapable of defending themselves.
Unfähigkeit 1 incompetence **2** *die ~ etw zu tun; die ~ zu etw* the inability to do sth ◊ *die Unfähigkeit vieler Menschen zur Kommunikation* the inability of many people to communicate
unfair unfair (*Adv* unfairly) ◊ *mit unfairen Mitteln* by unfair means ◊ *Einen unfairen Spieler kann dieses Team nicht gebrauchen.* There's no room for someone who doesn't play fair on this team.
Unfall accident ◊ *Sie kam bei einem Unfall ums Leben.* She was killed in an accident. ◊ *einen Unfall bauen* have an accident
unfallfrei ◊ *Ich fahre seit 12 Jahren unfallfrei.* I've driven for 12 years without having an accident. **Unfallgefahr** risk of accidents ◊ *Bei Glätte besteht erhöhte Unfallgefahr.* There is increased risk of accidents when the roads are icy. **Unfallopfer** casualty* **Unfallursache** cause of the accident **Unfallwagen 1** car that was involved in an/the accident **2** ⇨ RETTUNGSWAGEN

unfassbar 1 (*nicht zu begreifen*) incomprehensible **2** (*unglaublich*) incredible; (*schlimm*) terrible
unfehlbar 1 *Adj* infallible; (*untrüglich*) unerring ◊ *einen unfehlbaren Geschmack besitzen* have unerring taste **2** *Adv* without fail
Unfehlbarkeit infallibility
unfreiwillig 1 (*gezwungen*) involuntary (*Adv* involuntarily) **2** (*unbeabsichtigt*) unintentional (*Adv* unintentionally)
unfreundlich 1 unfriendly; (*unhöflich*) rude (*Adv* rudely) ◊ *Sie behandelten uns sehr unfreundlich.* They were very unfriendly towards us. **2** (*Klima, Gegend*) inhospitable; (*Wetter*) bad **3** (*Übernahme*) hostile
unfruchtbar 1 infertile; (*Boden, Landschaft*) barren **2** (*fruchtlos*) unproductive
Unfruchtbarkeit infertility, sterility
Unfug 1 nonsense; (*Streiche*) mischief ◊ *Er redet mal wieder Unfug!* He's talking nonsense again! ◊ *So ein Unfug!* What nonsense! ◊ *Unfug treiben* get up to mischief **2** (*lästig und gefährlich*) nuisance ◊ *grober Unfug* public nuisance
ungeachtet *~ einer Sache* in spite of sth, despite sth
ungeahnt unsuspected; (*unverhofft*) undreamt-of
ungebeten uninvited
ungebildet uneducated
ungeboren unborn
ungebrochen 1 undiminished ◊ *ungebrochener Elan* undiminished zest ◊ *Die Nachfrage ist ungebrochen groß.* The demand is undiminished. **2** (*Linie*) unbroken; (*Licht*) unrefracted
Ungeduld impatience [U] ◊ *mit Ungeduld* impatiently
ungeduldig impatient (*Adv* impatiently)
ungeeignet unsuitable; *für/zu etw ~ sein* not be suitable for sth; (*für eine Arbeitsstelle etc.*) not be suited to/for sth
ungefähr 1 *Adv* roughly; (*bei Zeit-, Maß-, Zahlenangaben etc.*) about, approximately ◊ *Es kostet ungefähr das Doppelte.* It costs about twice as much. ◊ *in ungefähr zwei Stunden* in approximately two hours ◊ *Er sieht so ungefähr wie Marlon Brando aus.* He looks a bit like Marlon Brando. ◊ *Wo ungefähr war das?* Whereabouts was that? **2** *Adj* rough; (*bei Zeit-, Maß-, Zahlenangaben etc.*) approximate IDM *nicht von ungefähr* (*kommen*) not (happen) by chance *so ungefähr* more or less (*wie*) *von ungefähr* (as if) by chance
ungefährlich safe; (*Tier, Mensch, Krankheit*) harmless
ungeheuer tremendous (*Adv* tremendously); (*negativ auch*) terrible (*Adv* terribly) ◊ *Das war ungeheuer wichtig für uns.* That was tremendously important for us. ◊ *Sie hatte ungeheure Schmerzen.* She was in terrible pain. ◊ *Mir war das ungeheuer peinlich.* I found it terribly embarrassing.
Ungeheuer monster (*auch fig*)
ungeheuerlich outrageous
ungehindert unimpeded; (*unkontrolliert*) unchecked ◊ *Sie konnten ungehindert die Grenze passieren.* They crossed the border unimpeded. ◊ *ungehindertes Wachstum von Krebszellen* unchecked growth of cancer cells
ungehorsam disobedient
Ungehorsam disobedience
ungeklärt 1 (*Frage, Problem, Verbrechen*) unsolved; (*Ursache, Gründe*) unknown ◊ *Im Haus war aus unerklärter Ursache ein Feuer ausgebrochen.* A fire had broken out in the house. The cause is not yet known. ◊ *Bislang ist ungeklärt, ob ...* It still remains a mystery whether ... ◊ *ungeklärte Eigentumsverhältnisse* lack of clarity about ownership of property **2** (*Abwässer*) untreated
ungekürzt (*Buch*) unabridged; (*Film*) uncut ◊ *die ungekürzte Version* the unabridged version ◊ *Der Leserbrief wurde ungekürzt veröffentlicht.* The reader's letter was published in full.
ungelegen inconvenient ◊ *Das kommt mir sehr ungelegen.* That's very inconvenient for me. ◊ *Komme ich ungelegen?* Have I come at an inconvenient time?
ungelegt IDM ⇨ EI
ungelenk clumsy* (*Adv* clumsily)
ungelernt unskilled
ungeliebt 1 unloved **2** (*verhasst*) detested
ungelöst unsolved

ungemein tremendous (*Adv* tremendously) ◊ *Ich genoss es ungemein.* I enjoyed it tremendously. ◊ *Das erschwert die Sache ungemein.* That makes the matter considerably more difficult. ◊ *Es freut mich ungemein, dass …* I'm very pleased indeed that …
ungemütlich 1 uncomfortable; (*Stimmung*) uneasy 2 (*unangenehm*) unpleasant (*Adv* unpleasantly)
ungenau inaccurate (*Adv* inaccurately); (*Formulierungen etc.*) imprecise (*Adv* imprecisely); (*Erinnerungen etc.*) vague (*Adv* vaguely) ◊ *Er konnte sich nur noch ungenau daran erinnern.* He had only a vague recollection of it.
Ungenauigkeit inaccuracy*
ungeniert 1 *Adj* unabashed 2 *Adv* (*ohne Hemmungen*) openly; (*ohne Scham*) unashamedly
ungenießbar 1 inedible; (*Getränke*) undrinkable 2 (*Mensch*) unbearable (*umgs*)
ungenügend 1 inadequate (*Adv* inadequately) 2 (*Note*) unsatisfactory ☛ *Hinweis bei* NOTE, S. 1126.
ungenutzt unused; (*Ressourcen*) unexploited ◊ *Das Auto steht ungenutzt auf dem Parkplatz.* The car remains unused in the car park. ◊ *Das Wasser versickert ungenutzt im Boden.* Water seeps unexploited into the ground. ◊ *etw ungenutzt verstreichen lassen* pass up the chance to do sth ◊ *eine Chance ungenutzt lassen* let an opportunity pass by
ungeordnet (*unordentlich*) untidy (*Adv* untidily); (*in der falschen Reihenfolge*) out of order; (*zeitlich*) out of sequence; (*ungehemmt*) uncontrolled
ungepflegt neglected; (*Mensch, Aussehen, Haare*) unkempt, scruffy* (*umgs*) ◊ *Sie macht einen ungepflegten Eindruck.* She looks unkempt.
ungerade odd ◊ *ungerade Zahlen* odd numbers ◊ *ungerade Hausnummern* odd-numbered houses
ungerecht unjust; ~ (**jdm gegenüber**) unfair (on/to sb) (*Adv* unfairly)
ungerechtfertigt unjustified
Ungerechtigkeit injustice
ungeregelt 1 (*nicht regelmäßig*) irregular 2 (*nicht geregelt*) unregulated
Ungereimtheit irregularity*; (*Widerspruch*) contradiction; (*mangelnde Übereinstimmung*) inconsistency* ◊ *finanzielle Ungereimtheiten* financial irregularities ◊ *die vielen Ungereimtheiten in der amtlichen Darstellung der Ereignisse* the many inconsistencies in the official version of events
ungern ◊ *etw ungern tun* be reluctant to do sth ◊ *Wir greifen nur ungern in die Natur ein.* We're reluctant to interfere with nature. ◊ *Daran erinnere ich mich nur ungern.* I'd rather not think back to that.
ungesättigt (CHEM) unsaturated ◊ *mehrfach ungesättigt* polyunsaturated
ungeschält unpeeled; (*rice*) unhusked
Ungeschicklichkeit clumsiness [U]
ungeschickt clumsy* (*Adv* clumsily) ◊ *sich ungeschickt anstellen* be clumsy
ungeschlagen unbeaten
ungeschminkt 1 unmade-up, without make-up (*nicht vor Nomen*) ◊ *Er wollte sie ungeschminkt sehen.* He wanted to see her without make-up. 2 (*fig*) blunt (*Adv* bluntly); (*Wahrheit*) unvarnished (*nicht vor Nomen*)
ungeschoren 1 unshorn 2 ~ **bleiben** be spared; ~ **davonkommen** emerge unscathed; (*Täter*) get* off (scot-free)
ungeschützt 1 unprotected ◊ *ungeschützter Geschlechtsverkehr* unprotected sex 2 (*vor Wetter, Strahlung, Hitze*) exposed ◊ *ungeschützt etw ausgesetzt sein* be exposed to sth without (any) protection
ungesetzlich illegal (*Adv* illegally)
ungesichert 1 unsecured; (*Fenster, Tür etc.*) not secured (*nicht vor Nomen*); (*Steckdose*) uncovered; (*Terrain*) not fenced off (*nicht vor Nomen*) ◊ *ungesicherte Kredite* unsecured loans 2 (*Zukunft etc.*) uncertain
ungespritzt unsprayed; (*Zitronen etc.*) unwaxed
ungestört undisturbed ◊ *ungestört durchschlafen* sleep through the night undisturbed ◊ *In diesem Zimmer bist du ungestört.* You won't be disturbed in this room.
ungestraft unpunished
ungestüm impetuous (*Adv* impetuously)
ungesund unhealthy* (*Adv* unhealthily) (*auch fig*) ◊ *Sie lebt sehr ungesund.* She lives a very unhealthy life. ◊ *Zu viel Alkohol ist ungesund.* Too much alcohol is bad for your health.
ungesüßt unsweetened
ungeteilt 1 (*Meinung etc.*) unanimous ◊ *Sein Vorschlag stieß auf ungeteilte Zustimmung.* His proposal met with unanimous approval. 2 (*Land, Erbe etc.*) undivided ◊ *Sie wollen in einem ungeteilten Land leben.* They want to live in an undivided country. ◊ *Der Besitz geht ungeteilt an den ältesten Sohn.* The property goes in its entirety to the eldest son.
ungetrübt unspoilt; (*Freude etc.*) perfect ◊ *eine heile, ungetrübte Welt* an ideal, unspoilt world ◊ *ungetrübte Ferientage* a perfect holiday
Ungetüm monstrosity*; (*Tier*) monster
ungewiss 1 uncertain ◊ *Der Ausgang der Verhandlungen ist noch ungewiss.* The outcome of the talks remains uncertain. ◊ *eine Fahrt ins Ungewisse* a journey into the unknown 2 **sich (über etw) im Ungewissen sein** be undecided (about sth); **jdn (über etw) im Ungewissen lassen** leave* sb in the dark (about sth)
Ungewissheit uncertainty*
ungewöhnlich 1 unusual (*Adv* unusually) ◊ *Mir ist nichts Ungewöhnliches aufgefallen.* I didn't notice anything unusual. 2 (*sehr*) exceptional (*Adv* exceptionally)
ungewohnt unusual (*Adv* unusually); (*unvertraut*) unfamiliar ◊ *Es war ungewohnt still.* It was unusually quiet. ◊ *Die Situation war für sie ungewohnt.* The situation was unfamiliar to them. ◊ *Nach solch ungewohnter Anstrengung war sie völlig erschöpft.* After such unaccustomed exertion, she was completely exhausted.
ungewollt unintentional (*Adv* unintentionally); (*Publicity, Schwangerschaft*) unwanted ◊ *Er hat sie ungewollt gekränkt.* He upset her unintentionally. ◊ *ungewollt schwanger werden* get pregnant without wanting to
ungezählt 1 uncounted 2 (*unzählig*) countless
Ungeziefer pests [Pl]
ungezügelt unbridled
ungezwungen informal (*Adv* informally) ◊ *Auf der Party ging es ungezwungen zu.* The party was quite an informal affair.
unglaubhaft implausible
ungläubig 1 disbelieving (*Adv* disbelievingly) ◊ *jdn ungläubig ansehen* look at sb disbelievingly ◊ *Sie schüttelte ungläubig den Kopf.* She shook her head in disbelief. 2 (REL) ◊ *ungläubig sein* be an unbeliever
Ungläubige(r) unbeliever
unglaublich incredible (*Adv* incredibly), unbelievable (*Adv* unbelievably)
unglaubwürdig 1 (*Geschichte, Erklärung, etc.*) implausible; (*Zeuge etc.*) unreliable 2 ◊ *eine unglaubwürdige Regierung* a government with no credibility ◊ *sich unglaubwürdig machen* lose your credibility
ungleich 1 *Adj* unequal (*Adv* unequally) 2 *Adj* (*im Aussehen, Charakter*) different (*Adv* differently), dissimilar ◊ *ein ungleiches Paar* a couple who are very different from one another 3 *Adv* (*verstärkend vor dem Komparativ*) far ◊ *ungleich schöner* far more beautiful ◊ *ungleich besser* far better ◊ *ungleich mehr verdienen* earn far more
Ungleichgewicht imbalance
Ungleichheit inequality*
ungleichmäßig uneven (*Adv* unevenly); (*Größe*) unequal (*Adv* unequally) ◊ *In dieser Familie sind die Begabungen sehr ungleichmäßig verteilt.* The talent in this family is very unevenly distributed.
Unglück 1 (*Unfall*) accident; (*Zusammenstoß, Absturz auch*) crash ◊ *ein schweres Unglück* a serious accident ◊ *Sie kamen bei dem Unglück ums Leben.* They were killed in the accident. 2 (*Katastrophe*) disaster (*auch fig*) ◊ *Wenn wir es erst morgen abschicken, ist das auch kein Unglück.* It won't be a disaster if we don't send it off till tomorrow. ◊ *Hör sofort damit auf, sonst passiert ein Unglück!* Stop that this minute, or there'll be trouble! 3 (*Missgeschick*) mishap ◊ *Mir ist in der Küche ein Unglück passiert.* I've had a mishap in the kitchen. 4 (*Elend*) misery; (*Leid*) suffering ◊ *Sie machten ihn für ihr Unglück verantwortlich.* They blamed him for their misery. 5 (*Pech*) bad luck ◊ *Das bringt Unglück.* That'll bring bad luck. ◊ *ein vom Unglück verfolgter Mann* a man plagued by bad luck **IDM ein Unglück**

kommt selten allein it never rains but it pours ◊ **in sein Unglück rennen/sich ins Unglück stürzen** rush headlong into disaster **jdn/etw ins Unglück stürzen** bring* disaster to sb/sth **zu allem Unglück** to make matters worse ☛ *Siehe auch* GLÜCK
unglücklich 1 (*traurig*) unhappy* (*Adv* unhappily) ◊ *Sie machte ein unglückliches Gesicht.* She looked unhappy. **2** (*bedauernswert*) unfortunate ◊ *das unglückliche Opfer* the unfortunate victim **3** (*bedauerlich*, *unpassend*) unfortunate, bad (*Adv* badly) ◊ *ein unglücklicher Zufall* an unfortunate coincidence ◊ *Er kam zu einem sehr unglücklichen Zeitpunkt.* He came at a very bad time. ◊ *Die Sache ist unglücklich gelaufen.* The whole thing went badly. ◊ *Das war vielleicht etwas unglücklich formuliert.* Perhaps that was a rather unfortunate choice of words. **4** (*ungeschickt*) awkward (*Adv* awkwardly) ◊ *Sie stürzte unglücklich.* She fell awkwardly. **5** (*Liebe*) unrequited ◊ *Sie war unglücklich in ihn verliebt.* Her love for him was unrequited. ◊ *unglücklich Liebende* star-crossed lovers IDM **eine unglückliche Figur machen/abgeben** cut* a sorry figure **Mach dich nicht unglücklich!** Don't be silly!
unglücklicherweise unfortunately
Unglücks- Unglücksort, Unglücksstelle scene of the/ an accident **Unglücksursache** cause of the accident
Ungnade (*bei jdm*) **in ~ fallen** fall* out of favour (with sb), (*AmE*) fall* out of favor (with sb)
ungültig 1 (*abgelaufen*) expired (*nicht vor Nomen*), no longer valid (*nicht vor Nomen*) ◊ *ein ungültiger Pass* a passport that has expired **2** (*Tor, Punkt*) disallowed; (*Stimmzettel*) spoilt ◊ *100 Stimmen waren ungültig.* There were 100 spoilt ballot papers. **3** *etw für ~ erklären* declare sth null and void; (*Wahl*) declare sth invalid; (*Ehe*) annul* sth
Ungunst *zu jds Ungunsten ausfallen* be to sb's disadvantage; (*Urteil*) go* against sb ◊ *Die Gesetzesänderung fiel zu Ungunsten berufstätiger Mütter aus.* The change in the law was to the disadvantage of working mothers.
ungünstig 1 awkward (*Adv* awkwardly) (*Zeitpunkt, Lage auch*) inconvenient (*Adv* inconveniently) ◊ *eine ungünstige Form* an awkward shape ◊ *eine ungünstig gelegene Bushaltestelle* an inconveniently located bus stop **2** (*Bedingungen etc.*) unfavourable (*Adv* unfavourably), (*AmE*) unfavorable (*Adv* unfavorably) ◊ *eine ungünstige Witterung* unfavourable weather conditions ◊ *sich ungünstig auf etw auswirken* have an unfavourable effect on sth ◊ *im ungünstigsten Fall* if the worst comes to the worst IDM ⇨ STERN
ungut 1 (*schlecht*) bad; (*unangenehm*) unpleasant; (*unbehaglich*) uncomfortable; (*angespannt*) strained **2** (*Gefühl*) uneasy, funny (*umgs*) ◊ *Sie hatte ein ungutes Gefühl dabei, ihm das Auto zu leihen.* She felt uneasy about lending him the car. ◊ *Ich hatte gleich so ein ungutes Gefühl, als ich den Brief sah.* I had a funny feeling as soon as I saw the letter. IDM **nichts für ungut** no offence, (*AmE*) no offense (*umgs*)
unhaltbar 1 (*Lage, Verhältnisse*) intolerable **2** (*Anschuldigung, These*) unfounded **3** (*Schuss*) unstoppable
unhandlich unwieldy
Unheil 1 (*Unglück*) disaster ◊ *Es droht uns Unheil.* Disaster is looming for us. ◊ *Dann brach das Unheil über sie herein.* Then disaster befell them. ◊ *eine Unheil bringende Entscheidung* a fateful decision **2** (*Schaden*) damage ◊ *Das Gewitter hat allerlei Unheil angerichtet.* The storm has caused all sorts of damage. ◊ *Solche Parolen stiften viel Unheil.* Slogans like that do a lot of damage.
unheilbar incurable (*Adv* incurably) ◊ *unheilbar Kranke* patients with incurable illnesses
unheilvoll (*katastrophal*) disastrous (*Adv* disastrously); (*bedrohlich*) ominous (*Adv* ominously)
unheimlich 1 *Adj* (*gespenstisch*) eerie, spooky (*umgs*); (*unheilvoll*) sinister ◊ *Die Geschichte klingt ziemlich unheimlich.* That sounds a pretty spooky story. ◊ *Beim Gang durch das verwaiste Dorf war ihnen sehr unheimlich zumute.* Walking through the deserted village gave them a very eerie feeling. **2** *Adj jdm ist jd/etw ~* sb/sth gives* sb the creeps (*umgs*) ◊ *Er ist mir unheimlich.* He gives me the creeps. **3** *Adj* (*sehr groß*) tremendous, terrific ◊ *Das war eine unheimliche Genugtuung für sie.* It gave her tremendous satisfaction. ◊ *einen unheimlichen Hunger haben* be terribly hungry ◊ *Ich habe unheimliche Lust auf ein Eis.* I'd really like an ice cream. **4** *Adj* (*sehr*) really; (*mit Adjektiven auch*) terribly ◊ *Sie freut sich unheimlich auf die Reise.* She's really looking forward to the trip. ◊ *Ich bin unheim-*
lich müde. I'm terribly tired. **5** *Adv* (*erstaunlich viel*) an amazing amount ◊ *Der kann ja unheimlich essen!* He can eat an amazing amount! ◊ *Das kostet unheimlich Geld.* That costs a fortune.
unhöflich rude (*Adv* rudely)
uni ⇨ EINFARBIG
Uni ⇨ UNIVERSITÄT
Uniform uniform ◊ *In diesem Beruf muss man Uniform tragen.* You have to wear a uniform in this job.
uniformiert uniformed
Unikat *ein ~ sein* be unique
Unikum 1 (*etwas Einmaliges*) one-off ◊ *Diese Schule stellt ein Unikum im Kreis dar.* The school is a one-off in the district. **2** (*Mensch*) real character
uninteressant 1 (*irrelevant*) irrelevant, of no interest (*nicht vor Nomen*) ◊ *Was du darüber denkst, ist völlig uninteressant.* What you think is quite irrelevant. ◊ *Der Fall ist nicht uninteressant.* The case is not without a certain interest. **2** (*unattraktiv*) not attractive ◊ *Das Angebot ist nicht uninteressant.* This offer is quite attractive. ◊ *Die Milchwirtschaft ist für Landwirte uninteressant geworden.* Dairy farming is no longer attractive for farmers.
uninteressiert 1 *Adj* uninterested, not interested ◊ *Tu nicht so uninteressiert.* Don't pretend you're not interested. **2** *Adj an etw ~ sein* have no interest in sth ◊ *Sie sind an Politik völlig uninteressiert.* They have no interest at all in politics. **3** *Adv* without interest ◊ *Sie schaute uninteressiert aus dem Fenster.* She looked without interest out of the window.
Union 1 union **2 die ~** (POL) = the union of the German Christian Democratic and Christian Socialist parties
unisono 1 (MUS) in unison ◊ *etw unisono singen* sing sth in unison **2** (*einmütig*) unanimously
universal, universell universal (*Adv* universally)
Universität university* ◊ *zur Universität gehen* go to university ◊ *als ich auf der Uni war* when I was at university ☛ *Hinweis bei* SCHULE ☛ *Siehe auch* HOCHSCHULE
Universum universe
Unke toad
unkenntlich 1 unrecognizable **2** *sich/jdn/etw ~ machen* disguise yourself/sb/sth; (*maskieren*) mask yourself/sb/ sth ◊ *Die Stimmen der Befragten wurden unkenntlich gemacht.* The voices of the interviewees were disguised. ◊ *Die Diebe hatten ihre Gesichter unkenntlich gemacht.* The thieves were masked.
Unkenntlichkeit *bis zur ~* beyond recognition ◊ *eine bis zur Unkenntlichkeit verstümmelte Leiche* a corpse mutilated beyond recognition
Unkenntnis ignorance ◊ *ihre Unkenntnis in Umweltfragen* their ignorance of environmental matters ◊ *aus Unkenntnis* out of ignorance ◊ *In Unkenntnis der Begleitumstände ...* Ignorant of the circumstances ...
unklar 1 (*ungewiss*) unclear (*Adv* unclearly) ◊ *Unklar bleibt, ...* It remains unclear ... ◊ *Die Rechtslage ist unklar.* The legal position is unclear. **2** *jdm ist etw ~* sb is unclear about sth ◊ *Ist Ihnen noch irgendetwas unklar?* Are you still unclear about anything? **3** (*ungenau*) vague (*Adv* vaguely) IDM **sich über etw im Unklaren sein** be unclear about sth; (*unentschlossen*) be unsure about sth ◊ *Über die Funktion des Gens ist man sich noch im Unklaren.* They are still unclear about the function of the gene. **jdn über etw im Unklaren lassen** leave* sb in the dark about sth ◊ *Sie hat uns über ihre Pläne im Unklaren gelassen.* She left us in the dark about her plans.
Unklarheit 1 (*Ungewissheit*) uncertainty [U] ◊ *Es bestehen große Unklarheiten darüber, wie ...* There is still a great deal of uncertainty about how ... **2** (*Zweideutigkeit*) ambiguity **3 Unklarheiten** (*offene Fragen*) outstanding points [Pl], queries [Pl] ◊ *Es müssen noch einige Unklarheiten beseitigt werden.* A few outstanding points still have to be resolved.
unklug unwise
unkompliziert 1 (*problemlos*) straightforward; (*einfach*) simple ◊ *Wäre es nicht unkomplizierter, wenn du heute hier schläfst?* Wouldn't it be simpler if you stayed here tonight? **2** (*Mensch, Art*) easy-going ◊ *Bei uns geht's unkompliziert zu.* It's very easy-going around here.
unkontrollierbar uncontrollable
unkontrolliert 1 *Adj* uncontrolled; (*nicht überwacht*)

unkonventionell 1278

unsupervised ◊ *sein unkontrolliertes Verhalten* his uncontrolled behaviour ◊ *eine unkontrollierte Sportanlage* an unsupervised sports area **2** *Adv* (*ungehemmt*) in an uncontrolled way **3** *Adv* ◊ *unkontrolliert die Grenze passieren* cross the border without being stopped ◊ *Die Technologie wurde unkontrolliert exportiert.* The technology was exported without regulation.
unkonventionell 1 *Adj* unconventional **2** *Adv* in an unconventional way
unkonzentriert lacking in concentration (*nicht vor Nomen*) (*oft mit einem Verb übersetzt*) ◊ *Sie hat im Moment eine unkonzentrierte Phase.* She finds it hard to concentrate at the moment.
Unkosten expense [U], costs [Pl], expenses [Pl] ◊ *Ein Umzug ist mit großen Unkosten verbunden.* A move entails a great deal of expense. ◊ *Zur Deckung unserer Unkosten bitten wir Sie um eine kleine Spende.* We would ask for a small contribution to help us cover costs. ◊ *Die Versicherung übernimmt alle Unkosten.* The insurance will cover all the expenses. **IDM** **sich für jdn/etw in Unkosten stürzen** go* to great expense for sb/sth
Unkostenbeitrag contribution towards expenses
Unkraut 1 weeds [Pl] ◊ *Sie wachsen wie Unkraut.* They grow like weeds. ◊ *Wir müssen Unkraut jäten.* We'll have to do some weeding. **2** (*einzelne Pflanze, Art*) weed ◊ *Ist das hier Unkraut?* Is this a weed?
unkritisch uncritical (*Adv* uncritically)
unlängst recently
unlauter 1 (*unehrlich*) dishonest ◊ *Ihm werden unlautere Absichten vorgeworfen.* He is accused of having dishonest intentions. **2** (*unfair*) unfair ◊ *unlauterer Wettbewerb* unfair competition ◊ *mit unlauteren Mitteln* by unfair means
unleserlich illegible (*Adv* illegibly)
unliebsam 1 *Adj* (*Entwicklung, Erlebnis*) unpleasant **2** *Adj* (*Konkurrenz, Gast*) unwelcome **3** *Adj* (*Zeitgenosse, Kritiker, Mitarbeiter*) awkward **4** *Adv* ~ **auffallen** make a bad impression
unlogisch illogical (*Adv* illogically)
unlösbar 1 *Adj* (*Aufgabe, Problem*) insoluble **2** *Adv* inextricably ◊ *unlösbar miteinander verknüpft/verbunden* inextricably bound up with each other
Unlust 1 (*Widerstreben*) reluctance **2** (*Überdruss*) apathy ◊ *die Unlust an der Politik* political apathy **3** (*Verdrießlichkeit*) listlessness
Unmenge, Unmengen loads [Pl]; (*Menge auch*) vast amount; (*Anzahl auch*) vast number ◊ *eine Unmenge von Geschenken* loads of presents ◊ *eine Unmenge Geld* a vast amount of money. ◊ *eine Unmenge von Beschwerden* a vast number of complaints
unmenschlich 1 inhuman, cruel (*Adv* cruelly) ◊ *unmenschliche oder erniedrigende Bestrafung* inhuman or degrading punishment ◊ *Sie wurden unmenschlich behandelt.* They were treated cruelly. **2** (*groß*) terrible ◊ *bei unmenschlicher Hitze* in terrible heat
unmerklich imperceptible (*Adv* imperceptibly) ◊ *beinahe unmerkliche Veränderungen* almost imperceptible changes
unmissverständlich unequivocal (*Adv* unequivocally) ◊ *Sie hatte unmissverständlich erklärt, dass sie nicht zurücktreten würde.* She had stated unequivocally that she would not resign. ◊ *Er sagte ihm unmissverständlich die Meinung.* He told him what he thought in no uncertain terms. ◊ *Ich dachte, ich hätte mich unmissverständlich ausgedrückt.* I thought I had made myself clear.
unmittelbar 1 *Adj* immediate; (*Erfahrung, Verbindung*) direct ◊ *in unmittelbarer Nähe* in the immediate vicinity ◊ *in der unmittelbaren Nachkriegszeit* immediately after the war **2** *Adv* (*räumlich*) ◊ *unmittelbar hinter ihm* immediately behind him ◊ *unmittelbar neben der Kirche* right next to the church **3** *Adv* (*zeitlich*) ◊ *unmittelbar nach dem Unfall* straight after the accident ◊ *unmittelbar vor dem Rennen* just before the race ◊ *Weihnachten stand unmittelbar bevor.* It was just before Christmas. **4** *Adv* (*in erster Linie*) directly; (*unverzüglich*) straight ◊ *die unmittelbar Betroffenen* those directly affected ◊ *Das Gift gerät unmittelbar in die Blutbahn.* The poison goes straight into the bloodstream.
unmöglich 1 impossible (*Adv* impossibly) ◊ *eine unmögliche Aufgabe* an impossible task ◊ *Du machst es mir unmöglich, dir zu helfen.* You make it impossible for me to help you. **2** (*auf keinen Fall*) not possibly ◊ *Das kann unmöglich*

ernst gemeint sein. That can't possibly have been meant seriously. **3** (*äußerst unpassend*) awful; (*lächerlich*) ridiculous ◊ *Ich fand ihr Verhalten unmöglich.* I thought her behaviour was awful. ◊ *Mit dem Hut siehst du unmöglich aus!* You look ridiculous in that hat. ◊ *sich unmöglich machen* make yourself look ridiculous **IDM** **das Unmögliche möglich machen** do* the impossible
Unmöglichkeit impossibility* ◊ *die Unmöglichkeit, frisches Gemüse zu liefern* the impossibility of supplying fresh vegetables ◊ *Es ist beinahe eine Unmöglichkeit, einen Klempner zu finden.* It's virtually impossible to find a plumber. **IDM** ⇨ DING
unmoralisch immoral (*Adv* immorally)
unmotiviert 1 *Adj* (*lustlos*) lacking in motivation (*nicht vor Nomen*), unmotivated ◊ *Die Schüler wirkten unmotiviert.* The students seemed to lack motivation. **2** *Adj* (*grundlos*) for no reason ◊ *Durch sein unmotiviertes Bremsen hat er den Unfall verursacht.* He caused the accident by braking for no reason.
Unmut discontent ◊ *Er machte seinem Unmut Luft.* He expressed his discontent.
unnachahmlich inimitable (*Adv* inimitably)
unnachgiebig intransigent ◊ *seine unnachgiebige Haltung* his intransigent attitude ◊ *Sie blieben unnachgiebig.* They refused to give way.
unnatürlich unnatural (*Adv* unnaturally); (*Tod*) violent
unnötig unnecessary (*Adv* unnecessarily)
unnütz (*unnötig*) unnecessary (*Adv* unnecessarily); (*sinnlos*) pointless (*Adv* pointlessly); (*nutzlos*) useless ◊ *unnütze Verpackungen* unnecessary packaging ◊ *Es ist völlig unnütz, darüber zu streiten.* It's completely pointless to argue about it. ◊ *unnütze Daten* useless data
UNO UN, (*bes AmE*) U.N., United Nations
unordentlich untidy (*Adv* untidily), (*bes AmE*) messy* (*Adv* messily)
Unordnung untidiness, mess; (*stärker*) chaos ◊ *die Unordnung in seinem Zimmer* the untidiness of his room ◊ *kreative Unordnung* creative chaos ◊ *In meiner Wohnung herrscht immer eine schreckliche Unordnung.* My flat is always terribly untidy. ◊ *Unsere Pläne wurden in Unordnung gebracht.* Our plans were thrown into disarray.
unparteiisch impartial (*Adv* impartially) ◊ *eine unparteiische Haltung* an impartial approach ◊ *der Unparteiische* the referee
unpassend (*unangebracht*) inappropriate (*Adv* inappropriately); (*ungünstig*) inconvenient (*Adv* inconveniently)
unpersönlich impersonal
unpolitisch apolitical
unpraktisch not practical (*nicht vor Nomen*)
unproblematisch 1 *Adj* straightforward; (*einfach*) easy* ◊ *Die Entscheidung ist nicht ganz unproblematisch.* The decision is not entirely straightforward. ◊ *unproblematische Pflanzen* plants that are easy to grow **2** *Adv* without problems, easily ◊ *Die Umstellung verlief unproblematisch.* The change was effected without problems.
unpünktlich late ◊ *eine unpünktliche Zahlung* a late payment ◊ *Er ist ein unpünktlicher Mensch.* He is never on time.
unqualifiziert 1 (*Kommentar, Polemik, Kritik*) ill-informed **2** (*Personal etc.*) not qualified; (*Arbeiter*) unskilled
Unrat rubbish, refuse (*gehoben*), (*AmE*) garbage
unrealistisch unrealistic (*Adv* unrealistically)
unrecht 1 jdm ~ tun do* sb an injustice **2** (*falsch, moralisch schlecht*) wrong ◊ *Ich habe nichts Unrechtes getan.* I have done nothing wrong.
Unrecht 1 wrong ◊ *seine Auffassung von Recht und Unrecht* his idea of right and wrong ◊ *altes Unrecht wieder gut machen* right the wrongs of the past **2** ~ **sein**; ~ **haben** be wrong ◊ *Da bist du völlig im Unrecht.* You are completely wrong there. **IDM** **zu Unrecht** wrongly ◊ *jdn zu Unrecht verdächtigen* wrongly suspect sb
unrechtmäßig illegal (*Adv* illegally), unlawful (*Adv* unlawfully) (*Fachspr*) ◊ *Niemand wirft ihm vor, sich unrechtmäßig verhalten zu haben.* Nobody is accusing him of acting illegally. ◊ *unrechtmäßige Mittel* unlawful means
unregelmäßig irregular (*Adv* irregularly)
Unregelmäßigkeit irregularity*
unreif 1 (*Obst*) unripe **2** (*Mensch*) immature

unrein 1 impure; (*Luft, Wasser*) polluted; (*Haut*) bad **2** (REL) unclean
Unreinheit impurity*
unrentabel unprofitable ◊ *ein unrentables Unternehmen* an unprofitable business ◊ *Die Anlage arbeitet unrentabel.* The plant isn't economic.
Unruhe 1 Unruhen (*Kämpfe, Krawalle*) unrest [U], disturbances [Pl] ◊ *politische/religiöse Unruhen* political/religious unrest ◊ *blutige Unruhen* violent disturbances **2** (*Unmut, Unzufriedenheit*) unrest; (*Besorgnis*) concern ◊ *Es herrscht große Unruhe in der Belegschaft.* There is a lot of unrest among the workforce. ◊ *Es besteht kein Grund zur Unruhe.* There is no cause for concern. **3** (*Angst*) anxiety; (*Ruhelosigkeit*) restlessness ◊ *Die Patienten klagen über innere Unruhe.* The patients complain of feelings of anxiety. **4** (*Lärm*) noise
Unruheherd trouble spot **Unruhestifter(in)** troublemaker
unruhig 1 (*ängstlich, nervös*) anxious (*Adv* anxiously); (*besorgt*) worried (*Adv* worriedly) ◊ *Er wurde unruhig und depressiv.* He became anxious and depressed. ◊ *Als das Kind mit drei Jahren noch nicht sprach, wurden sie unruhig.* When the child hadn't started to talk by the age of three, they began to get worried. **2** (*ruhelos*) restless (*Adv* restlessly) ◊ *Er ging unruhig auf und ab.* He paced up and down restlessly. ◊ *Ich schlafe seit Tagen unruhig.* I haven't been sleeping very well for days. **3** (*laut*) noisy **4** (*Nacht*) disturbed **5** (*See*) rough **6** (*Muster*) busy **7** (*Zeit, Region etc.*) troubled
unrühmlich inglorious; (*Beispiel, Rolle*) shameful ◊ *Ihre Karriere nahm ein unrühmliches Ende.* Her career came to an inglorious end.
uns 1 (to) us ☞ G 3 **2** (to) ourselves; (*einander*) (to) each other ☞ G 4
unsachgemäß incorrect (*Adv* incorrectly) ◊ *eine unsachgemäße Lagerung* incorrect storage ◊ *unsachgemäße Reparaturen* repairs that have not been carried out correctly
unsachlich not objective (*nicht vor Nomen*) (*Adv* not objectively); (*Kritik, Angriff etc.*) personal (*Adv* personally); (*Debatte etc.*) emotional (*Adv* emotionally)
unsagbar, unsäglich terrible (*Adv* terribly)
unsanft ◊ *ein unsanftes Erwachen* a rude awakening ◊ *Wir wurden unsanft aus dem Schlaf gerissen.* We were rudely awakened. ◊ *eine unsanfte Landung* a bumpy landing ◊ *Sie wurden unsanft auf den Boden der Tatsachen zurückgeholt.* They were brought back to earth with a bump.
unsauber 1 (*schmutzig*) dirty; (*unhygienisch*) unhygienic ◊ *unsaubere Kleidung* dirty clothes ◊ *unsauberes Küchenpersonal* unhygienic kitchen staff **2** (*unordentlich*) sloppy (*Adv* sloppily) ◊ *unsaubere Arbeit machen* do sloppy work **3** (*ungenau*) imprecise (*Adv* imprecisely) ◊ *eine unsaubere Definition* an imprecise definition **4** (*zwielichtig*) shady (*umgs*)
unschädlich 1 harmless; (*Medikament etc.*) safe ◊ *ein unschädliches Insekt* a harmless insect **2 etw ~ machen** make* sth safe
unscharf 1 (*Foto*) blurred, fuzzy, out of focus (*nicht vor Nomen*) **2** (*ungenau*) vague (*Adv* vaguely) ◊ *eine unscharfe Formulierung* vague wording
unschätzbar incalculable; (*Erfahrung, Verdienste, Wissen*) invaluable ◊ *Kunstwerke von unschätzbarem Wert* works of art of incalculable value ◊ *Er hat sich unschätzbare Verdienste um den Sport erworben.* He has made an invaluable contribution to sport.
unscheinbar nondescript; (*nicht besonders schön*) unprepossessing (*gehoben*)
unschlagbar unbeatable
unschlüssig undecided ◊ *Ich bin mir noch unschlüssig.* I'm still undecided. ◊ *Sie blieb unschlüssig stehen.* She stopped, not sure what to do.
unschön ugly*
Unschuld innocence ◊ *Er beteuerte seine Unschuld.* He protested his innocence.
unschuldig innocent ◊ *Die Angeklagte ist unschuldig.* The defendant is innocent. ◊ *ein unschuldiges Gesicht machen* put on an innocent expression ◊ *Tu nicht so unschuldig!* Don't act the innocent! ◊ *Ich war an dem Unfall unschuldig.* The accident wasn't my fault at all.
unschwer ◊ *Der Grund ist unschwer zu erraten.* The reason is easy to guess. ◊ *Das ist unschwer zu erkennen.* That's obvious.

unser our ☞ G 5.1
unsere(r, s) ours ☞ G 5.2
unseretwegen 1 (*wegen uns*) on our account ◊ *Unseretwegen brauchen Sie sich keine Sorgen zu machen.* have to worry on our account. **2** (*von uns aus*) as far are concerned ◊ *Unseretwegen kannst du hier übernac* You can stay the night here, as far as we're concerned.
unseriös (*Mensch*) untrustworthy; (*Methode, Geschäfte etc.*) dubious
unsicher 1 (*ungewiss*) uncertain ◊ *eine unsichere Zukunft* an uncertain future **2** (*gefährlich*) dangerous ◊ *eine unsichere Gegend* a dangerous area **3** (*gefährdet*) insecure ◊ *Die Arbeitsplätze werden unsicherer.* Jobs are becoming more insecure. ◊ *Die Radfahrer fühlen sich unsicher.* Cyclists don't feel safe. **4** (*nicht selbstsicher*) unsure of yourself, insecure; (*schüchtern*) diffident (*Adv* diffidently) ◊ *Sie ist sehr unsicher.* She is very unsure of herself. ◊ *Viele Patienten sind ängstlich und unsicher.* A lot of patients feel anxious and insecure. ◊ *Er lächelte sie unsicher an.* He smiled at her diffidently. **5** (*ungeübt*) not confident; (*wackelig*) unsteady ◊ *Sie fährt noch ziemlich unsicher.* She's not a very confident driver yet. ◊ *Er ist noch unsicher auf dem neuen Fahrrad.* He's still a bit unsteady on the new bike. [IDM] **etw unsicher machen** terrorize sth ◊ *Gangsterbanden machen die Insel unsicher.* The island is terrorized by gangs. ◊ *Abends wollen wir die Stadt unsicher machen.* In the evening we're going out on the town.
Unsicherheit 1 insecurity*; (*mangelndes Selbstbewusstsein*) lack of confidence **2** (*Ungewissheit*) uncertainty* ◊ *Es besteht große Unsicherheit in der Bevölkerung.* There is a great feeling of uncertainty among the population. **3** (*Gefahr*) danger
unsichtbar invisible (*Adv* invisibly)
Unsinn nonsense, rubbish ◊ *Rede doch nicht so einen Unsinn!* Don't talk such rubbish! ◊ *Die Kinder machen heute nur Unsinn.* The children have done nothing but mess about today. ◊ *Es ist Unsinn, sie dafür zu bestrafen.* It doesn't make sense to punish her for it.
unsinnig stupid, silly, ridiculous; (*sinnlos*) pointless ◊ *eine unsinnige Entscheidung* a stupid decision ◊ *unsinniges Gerede* silly chatter ◊ *ein unsinniger Vorschlag* a ridiculous suggestion ◊ *Der Bau einer Schule außerhalb des Ortes ist unsinnig.* It's pointless building a school outside the village.
Unsitte nasty habit
unsozial antisocial; (*ungerecht*) unfair ◊ *unsoziales Verhalten* antisocial behaviour
unspektakulär unspectacular; (*ereignislos*) uneventful ◊ *Das Spiel war recht unspektakulär.* The game was pretty uneventful. ◊ *eine eher unspektakuläre Veranstaltung* a fairly low-key event
unsportlich 1 (*nicht sportlich begabt*) not sporty ◊ *Er ist total unsportlich.* He is not at all sporty. **2** (*unfair*) unsportsmanlike ◊ *unsportliches Verhalten* unsportsmanlike behaviour
unsterblich 1 immortal ◊ *die unsterbliche Seele* the immortal soul ◊ *Der Olympiasieg hat ihn unsterblich gemacht.* His Olympic win has secured him his place in history. **2** ◊ *unsterbliche Liebe* undying love ◊ *unsterblich verliebt* madly in love
Unsterblichkeit immortality
unstillbar insatiable
Unstimmigkeit 1 discrepancy **2** (*Meinungsverschiedenheit*) disagreement
unstrittig indisputable (*Adv* indisputably)
Unsumme vast amount (of money)
unsympathisch unpleasant ◊ *Er ist ein ausgesprochen unsympathischer Mensch.* He is an extremely unpleasant person. ◊ *Seine Freundin ist mir unsympathisch.* I don't like his girlfriend.
unsystematisch unsystematic (*Adv* unsystematically)
Untat atrocity*
untätig 1 idle (*Adv* idly); (*passiv*) passive (*Adv* passively) ◊ *Wir waren nicht untätig.* We have not been idle. **2** (*Vulkan*) dormant
Untätigkeit inactivity; (*Passivität*) passivity
untauglich 1 useless ◊ *Er ist als Lehrer völlig untauglich.* He's completely useless as a teacher. **2** (MIL) unfit (for military service)
unteilbar indivisible

U

ten 1 down ◊ *Unten im Tal ist es schon wärmer.* It's warmer down in the valley. ◊ *Er wohnt unten am Fluss.* He lives down by the river. ◊ *Schau nicht nach unten.* Don't look down. ◊ *Die Tendenz geht eindeutig nach unten.* The trend is definitely downwards. **2** *(an einer tieferen Stelle)* below ◊ *Ich beobachtete die Segelflieger von unten.* I watched the gliders from below. ◊ *Siehe unten.* See below. **3** *(am unteren Ende, Rand etc.)* at the bottom ◊ *Die Tasche ist unten kaputt.* The bag is broken at the bottom. ◊ *Das Buch steht unten im Regal.* The book is on the bottom shelf. ◊ *Die Seitenzahl steht unten links.* The page number is in the bottom left-hand corner. **4** *(in einem tieferen Stockwerk)* downstairs ◊ *Ich gehe mal eben nach unten.* I'm just going downstairs. ◊ *Er ist unten im Keller.* He's down in the cellar. **5** *(im Süden)* down in the south ◊ *Sie wohnen ganz unten im Süden.* They live right down in the south. IDM **bei jdm unten durch sein** ◊ *Er ist bei mir unten durch.* I'm through with him. ☛ *Siehe auch* OBEN

untenherum down below

unter 1 under ◊ *unter dem Tisch* under the table ◊ *Kinder unter 12 Jahren* children under 12 ◊ *Maulwürfe leben unter der Erde.* Moles live underground. **2** *(unterhalb)* below ◊ *Temperaturen unter dem Gefrierpunkt* temperatures below freezing ◊ *unter dem Durchschnitt* below average **3** *(zwischen)* among ◊ *unter Freunden sein* be among friends ◊ *Du kommst zu wenig unter Menschen.* You don't get out enough. **4** *(in Wendungen)* ◊ *Ich bin gerade unter der Dusche.* I'm in the shower. ◊ *Du kannst mich unter dieser Nummer erreichen.* You can reach me on this number. ◊ *unter der Voraussetzung/Bedingung, dass …* on condition that … ◊ *Das Haus steht unter Denkmalschutz.* The house is listed. ☛ Für andere Wendungen mit **unter** siehe die Einträge für die entsprechenden Nomina etc. *Unter Bezug* z.B. steht unter „Bezug". IDM **das bleibt unter uns** that has to stay between you and me **unter anderem** among other things **unter anderen** among others **unter der Woche** during the week **unter sich** among yourselves ◊ *Wir teilen das Geld unter uns auf.* We'll share the money among ourselves. **jdn/etw unter sich haben** *(Vorgesetzte(r) sein)* have sb/sth under you **unter sich sein/bleiben** be on your own; *(zusammenbleiben)* stay together ◊ *Wir waren die ganze Zeit unter uns.* We were on our own the whole time. ◊ *Sie blieben in Cliquen unter sich.* They stayed together in their cliques. **unter uns gesagt** between you and me

Unterarm forearm
unterbelegt *(Kurs)* undersubscribed; *(Hotel etc.)* not full
unterbelichten (FOTO) underexpose
Unterbelichtung (FOTO) underexposure
unterbeschäftigt underemployed
Unterbeschäftigung underemployment
unterbesetzt understaffed
unterbewerten underrate
unterbewusst subconscious *(Adv* subconsciously)
Unterbewusstsein subconscious ◊ *Diese Ideen müssen wohl in seinem Unterbewusstsein schlummern.* These ideas must be slumbering in his subconscious.
unterbezahlt underpaid
unterbieten 1 undercut* **2** (SPORT) beat* ◊ *Er unterbot den olympischen Rekord.* He beat the Olympic record. IDM **kaum noch zu unterbieten sein** ◊ *Diese Leistung ist wirklich kaum noch zu unterbieten.* You can hardly do worse than that.
unterbinden prevent
unterbrechen interrupt ◊ *Er hat mich immer wieder unterbrochen.* He kept interrupting me. ◊ *Wir unterbrachen die Arbeit für eine halbe Stunde.* We took a half-hour break from work. ◊ *Der Schiedsrichter unterbrach das Spiel für 20 Minuten.* The referee stopped the game for 20 minutes. ◊ *Durch den Sturm wurde die Stromversorgung unterbrochen.* There was a power cut because of the storm.
Unterbrechung interruption; *(Pause)* break
unterbreiten (jdm) etw ~ submit* sth (to sb)
unterbringen 1 *(einen Platz für jdn/etw finden)* ◊ *Kannst du meine Schuhe noch in deinem Koffer unterbringen?* Have you still got room for my shoes in your case? ◊ *Er hat seinen Sohn bei einer Computerfirma untergebracht.* He found a job for his son with a computer firm. ◊ *Die Bibliothek ist im ersten Stock untergebracht.* The library is on the first floor. **2** jdn ~ *(jdm eine Unterkunft geben)* house sb; *(vorübergehend)* put* sb up

Unterbringung accommodation
unterdessen ⇨ INZWISCHEN
unterdrücken 1 suppress ◊ *ein Lachen unterdrücken* suppress a laugh ◊ *Sie konnte die Tränen nicht mehr unterdrücken.* She could no longer hold back her tears. ◊ *Er drückte ein Gähnen.* He stifled a yawn. **2** *(Volk, Minderheit etc.)* oppress ◊ *eine unterdrückte Minderheit* an oppressed minority
Unterdrücker oppressor
Unterdrückung 1 suppression **2** *(von Völkern, Minderheiten etc.)* oppression
unterdurchschnittlich below average ◊ *unterdurchschnittliche Intelligenz* below average intelligence ◊ *unterdurchschnittlich verdienen* have a below average income
untere(r,s) lower ◊ *die untere Donau* the Lower Danube
☛ *Siehe auch* UNTERSTE(R,S)
untereinander 1 *(räumlich)* below each other ◊ *Hänge doch die beiden Poster untereinander.* Put the two posters one below the other. **2** *(miteinander)* with one another ◊ *Sie haben wenig Kontakt untereinander.* They have little contact with one another. ◊ *Besprecht das untereinander.* Discuss it among yourselves.
unterentwickelt underdeveloped
unterernährt undernourished
Unterernährung malnutrition
Unterfangen undertaking
unterfordert not stretched ◊ *Das Kind ist in der Schule unterfordert.* The child is not stretched at school.
Unterführung subway
Untergang 1 *(der Sonne, des Mondes etc.)* setting **2** *(eines Schiffes etc.)* sinking **3** *(Zugrundegehen)* decline ◊ *vom Untergang bedrohte Kulturen* cultures threatened with decline ◊ *der Untergang der Welt* the end of the world **4** *(Ruin)* downfall IDM ⇨ WEIHEN
Untergangsstimmung feeling of doom
untergeben subordinate ◊ *jdm untergeben sein* be subordinate to sb ◊ *untergebene Mitarbeiter* subordinates
Untergebene(r) subordinate
untergehen 1 *(Sonne, Mond etc.)* go* down, set* **2** *(versinken)* sink*; *(fig)* go* under **3** *(zugrunde gehen)* be destroyed IDM ⇨ WELT
untergeordnet 1 ⇨ UNTERORDNEN **2** subordinate; *(Rolle, Bedeutung)* secondary
Untergeschoss basement
Untergewicht ◊ *Untergewicht haben* be underweight
untergliedern subdivide
untergraben undermine
Untergrund 1 subsoil **2** *(unterste Farbschicht)* undercoat **3** *(Hintergrund)* background **4** *(Illegalität)* underground ◊ *Viele gingen damals in den Untergrund.* Many went underground at that point.
Untergrundbahn ⇨ U-BAHN **Untergrundbewegung** underground movement **Untergrundkämpfer(in)** underground fighter
unterhaken ◊ *Hak dich (bei mir) unter.* Take my arm. ◊ *untergehakt spazieren gehen* walk arm in arm
unterhalb below
Unterhalt 1 keep ◊ *Sie muss tagsüber arbeiten, um sich ihren Unterhalt zu verdienen.* She has to work during the day to earn her keep. **2** *(für Kinder, Exfrau, etc.)* maintenance **3** *(eines Hauses, Autos etc.)* upkeep
unterhalten 1 sich (mit jdm) ~ talk (to sb), have a chat (with sb) *(umgs)* ◊ *Bei der lauten Musik kann man sich nicht unterhalten.* You can't talk with this loud music going on. ◊ *Ich habe mich mit Tom unterhalten.* I've been talking to Tom. ◊ *Unterhaltet ihr euch immer auf Englisch?* Do you always speak English together? **2** *(Gäste, Publikum etc.)* entertain **3** sich gut etc. ~ *(amüsieren)* have a good time **4** *(betreiben, instand halten, pflegen)* maintain; *(Auto)* run* **5** *(versorgen)* support
unterhaltsam *Adj* entertaining **2** *Adv* in an entertaining way
Unterhalts- Unterhaltskosten running costs [Pl]
Unterhaltspflicht obligation to pay maintenance **unterhaltspflichtig** obliged to pay maintenance **Unterhaltszahlung** maintenance payment

Unterhaltung 1 conversation ◊ *eine Unterhaltung führen* have a conversation **2** (*Zeitvertreib*) entertainment ◊ *Eine Band sorgt für Musik und Unterhaltung.* A band will provide music and entertainment. ◊ *Wir wünschen Ihnen gute Unterhaltung!* Enjoy the show! **3** (*Betreiben, Instandhalten, Pflege*) maintenance
Unterhaltungselektronik consumer electronics [U] **Unterhaltungsindustrie** entertainment industry **Unterhaltungsliteratur** popular fiction **Unterhaltungsmusik** light music **Unterhaltungswert** entertainment value ◊ *großen/hohen Unterhaltungswert haben* have great entertainment value
Unterhändler(in) negotiator
Unterhaus lower house (of Parliament); (*in GB*) House of Commons ☛ G 1.3a
Unterhemd vest, (*AmE*) undershirt
unterhöhlen undermine (*auch fig*)
Unterholz undergrowth, (*AmE*) underbrush
Unterhose (*für Männer*) (under)pants [Pl]; (*für Frauen*) knickers [Pl] ◊ *lange Unterhosen* long johns
unterirdisch underground ◊ *Die Züge fahren unterirdisch.* The trains run underground.
Unterkiefer lower jaw
unterkommen 1 bei jdm ~ stay with sb ◊ *Wir konnten bei Verwandten unterkommen.* We were able to stay with our relatives. **2** (*beruflich*) get* a job ◊ *Versuche, bei einer größeren Firma unterzukommen.* Try to get a job with a bigger company. **IDM** *das ist mir, uns etc. noch nicht untergekommen* I, we, etc. have never come across anything like it
unterkriegen defeat ◊ *Wir lassen uns nicht unterkriegen.* We won't be defeated. ◊ *Die „alten Medien" sind nicht unterzukriegen.* The 'old media' are still going strong.
unterkühlt 1 suffering from hypothermia **2** (*Verhältnis*) cool; (*Atmosphäre*) chilly; (*Mensch*) aloof
Unterkühlung hypothermia ◊ *an Unterkühlung sterben* die of hypothermia
Unterkunft accommodation [U] ◊ *Ich suche eine Unterkunft in Paris.* I'm looking for accommodation in Paris. ◊ *Hier sollen neue Unterkünfte für Asylbewerber gebaut werden.* They're going to build some new accommodation for asylum-seekers here.

> **Accommodation** ist im britischen Englisch nicht zählbar. Man kann also weder „an accommodation" noch „accommodations" sagen. „Ich suche eine Unterkunft" wird oft so ausgedrückt: *I'm looking for somewhere to stay.* Vorsicht: im amerikanischen Englisch wird **accommodations** besonders im Sinne von „Hotelzimmer" verwendet.

Unterlage 1 ◊ *Bringen Sie bitte eine Decke als Unterlage mit.* Bring a blanket with you to lie on. ◊ *Hol dir eine Unterlage, bevor du mit dem Malen beginnst.* Fetch something to put underneath before you start painting. **2** (*Dokument*) document
unterlassen 1 ◊ *Ich würde Ihnen raten, die Reise zu unterlassen.* I would advise you not to go on this journey. ◊ *Er wurde wegen unterlassener Hilfeleistung angeklagt.* He was charged with failing to give assistance. **2 es ~ etw zu tun** fail to do sth ◊ *Sie hat es unterlassen, die Polizei zu benachrichtigen.* She failed to notify the police.
Unterlauf lower reaches [Pl]
unterlaufen *Adj* **rot ~** bloodshot; **blau ~** bruised; (*vor Kälte*) blue
unterlegen¹ *Verb* (**sich/jdm**) **etw ~** put* sth underneath (yourself/sb) ◊ *alte Zeitungen unterlegen* put some old newspapers underneath ◊ *Sie legte ihm ein Kissen unter.* She put a cushion underneath him.
unterlegen² *Verb* ◊ *Er unterlegte der Komposition neue Texte.* He put new words to the music. ◊ *mit Musik unterlegte Naturgeräusche* sounds of nature with music in the background ◊ *Die Anzeige war grün unterlegt.* The advert was on a green background.
unterlegen³ *Adj* **1** ⇨ UNTERLIEGEN **2** inferior; (*zahlenmäßig*) outnumbered; (*in einem Wettbewerb*) behind
Unterleib lower abdomen (*gehoben*) ◊ *Schmerzen im Unterleib* pain in the lower abdomen. ◊ *Ein gezielter Tritt in den Unterleib und sie war ihn los.* A well-aimed kick between his legs and she was rid of him.

unterliegen 1 jdm ~ lose* to sb, be beaten ◊ *unterlegene Team* the losing team **2 einer Sache** (*Pflicht, Kontrolle, Bestimmung etc.*) be subject to (*Gebühr etc.*) be liable to sth ◊ *Das Gremium unterliegt keiner Kontrolle.* This body is not subject to any control. ◊ *Seine Leistungen unterliegen starken Schwankungen.* performance varies considerably. ◊ *Sie unterlag der Täuschung, dass er sehr reich sei.* She wrongly thought that he was very rich. ◊ *Seine Glaubwürdigkeit unterlag keinem Zweifel.* His trustworthiness was not open to any doubt. ◊ *Da sind Sie einem Irrtum unterlegen.* You're mistaken there.
Unterlippe lower lip
untermalen accompany* ◊ *eine mit Musik untermalte Diaschau* a slide-show accompanied by music ◊ *Eine Jazzband untermalte das Fest musikalisch.* A jazz band played at the party.
untermauern etw (mit etw) ~ support sth (with sth), substantiate sth (with sth) (*gehoben*)
Untermiete ◊ *Sie wohnt bei mir zur Untermiete.* She rents a room from me (as a subtenant).
Untermieter(in) subtenant ◊ *der Vertrag zwischen dem Hauptmieter und dem Untermieterin* the contract between tenant and subtenant ◊ *Sie wohnt als Untermieterin bei einer alten Dame.* She rents a room from an old lady.
unterminieren undermine
untermischen mix *sth* in
unternehmen 1 do*; **etw/nichts gegen jdn/etw ~** do* sth/nothing about sb/sth ◊ *Sie wollen im Urlaub viel unternehmen.* They want to do a lot on holiday. ◊ *Was können wir dagegen unternehmen?* What can we do about it? **2** (*Reise, Versuch, Anstrengung*) make*; (*Schritte*) take* ◊ *Wir werden energische Schritte unternehmen, um den Konflikt zu beenden.* We will take firm measures to end the conflict. ◊ *einen neuen Versuch unternehmen* try again ◊ *Die Kinder unternahmen einen Fahrradausflug.* The children went on a bike ride.
Unternehmen 1 firm, business (enterprise) **2** (*Vorhaben*) undertaking
Unternehmensberater(in) management consultant ☛ G 2.2d **Unternehmensberatung 1** management consulting **2** (*Firma*) management consultancy (firm) **Unternehmensleitung** management ☛ G 1.3b
Unternehmer(in) entrepreneur; (*Arbeitgeber*) employer ☛ G 2.2d
unternehmerisch entrepreneurial
unternehmungslustig active
Unteroffizier(in) non-commissioned officer ☛ G 2.2d
unterordnen 1 sich (jdm/etw) ~ take* second place (to sb/sth), be subordinate (to sb/sth) ◊ *Alle Gesetze haben sich dem Grundgesetz unterzuordnen.* All laws must be subordinate to the German constitution. ◊ *Sie kann sich nicht unterordnen.* She cannot accept authority. **2 jdn/etw einer Sache ~** (*Prioritäten*) ◊ *Sie hat ihren Beruf der Familie untergeordnet.* She put her family before her career. **3 jdn/etw jdm/etw ~** (*in einer Hierarchie*) make* sb/sth subordinate to sb/sth ☛ *Siehe auch* UNTERGEORDNET
Unterredung discussion; (*besonders politisch*) talks [Pl] ◊ *ein weiteres Thema der Unterredungen* a further topic discussed during the talks ◊ *Sie bat ihren Chef um eine Unterredung.* She asked to speak to her manager.
Unterricht 1 teaching ◊ *theoretischer Unterricht und praktische Übungen* theoretical teaching and practical exercises ◊ (*jdm*) *Unterricht geben* teach (sb) **2** (*Stunden*) lessons [Pl], classes [Pl] **im ~** in class ◊ *Heute fällt der Unterricht aus.* There are no lessons today. ◊ *Der Unterricht findet montags statt.* Classes are held on Mondays. ◊ *Sie nimmt Unterricht im Tanzen.* She's taking dance classes.
unterrichten 1 teach* **2 jdn (in etw) ~** teach* sb (sth) ◊ *Er unterrichtet die 6. Klasse in Geschichte.* He teaches Year 6 history. **3** (*jdn*) (**über/von etw**) **~** (*informieren*) inform (sb) (about/of sth) ◊ *Sie sind schlecht unterrichtet.* You are wrongly informed. ◊ *Aus gut unterrichteten Kreisen verlautet, dass ...* According to well-informed sources, ... ◊ *Die Broschüre will umfassend über AIDS unterrichten.* The pamphlet provides comprehensive information about Aids.

...terrichts- Unterrichtseinheit teaching unit **unterrichtsfrei** free ◊ *unterrichtsfreie Zeit* free lessons ◊ *Der Samstag ist unterrichtsfrei.* There are no lessons on Saturdays. **Unterrichtsmaterial** teaching material **Unterrichtsraum** classroom **Unterrichtsstunde** lesson
Unterrock slip
untersagen prohibit *(gehoben)* **jdm etw ~** forbid* sb sth; **jdm ~ etw zu tun** forbid* sb to do sth ◊ *Hier ist das Rauchen untersagt.* Smoking is prohibited here. ◊ *Uns wurde der Kontakt mit Angehörigen untersagt.* We were forbidden all contact with relatives. ◊ *Sein Vater hat ihm ausdrücklich untersagt hinzugehen.* His father expressly forbade him to go. ◊ *Das Gericht untersagte die Abschiebung der Flüchtlinge.* The court ordered that the refugees were not to be deported.
Untersatz ⇨ UNTERSETZER ☞ *Siehe auch* FAHRBAR
unterschätzen underestimate ◊ *Sie ist nicht zu unterschätzen.* You mustn't underestimate her.
unterscheiden 1 etw ~ *(auseinander halten)* tell* sth apart; **A und B (voneinander) ~** tell* the difference between A and B, distinguish between A and B **A von B ~** tell* A from B ◊ *Ich kann die Zwillinge nicht unterscheiden.* I can't tell the twins apart. ◊ *Sie sind in der Form kaum zu unterscheiden.* There is hardly any difference in shape between them. **2 etw ~** *(einen Unterschied machen)* differentiate between sth, make* a distinction between sth; **nach etw ~** distinguish according to sth ◊ *Der Autor unterscheidet drei Ursachen.* The author differentiates between three causes. ◊ *Es werden zwei Verfahren unterschieden.* A distinction is made between two processes. ◊ *Der Fachmann unterscheidet nach Größe und Farbe.* An expert distinguishes according to size and colour. **3 A von B ~** *(den Unterschied ausmachen)* make* A different from B, distinguish A from B ◊ *Was unterscheidet die Grünen von der SPD?* What makes the Greens different from the SPD? ◊ *Nichts unterscheidet ein Haus vom anderen.* There is nothing to distinguish one house from another. **4 sich (von jdm/etw) ~** be different (from sb/sth); **sich durch/in etw (von jdm/etw) ~** differ in sth (from sb/sth); **sich nicht/in nichts (voneinander) ~** be no different from each other ◊ *Sein Konzept unterscheidet sich deutlich von dem seines Vorgängers.* His concept is distinctly different from that of his predecessor. ◊ *Die Pflanzen unterscheiden sich in den Blättern.* The plants have different leaves.
Unterscheidung distinction ◊ *eine Unterscheidung zwischen A und B treffen* make a distinction between A and B ◊ *die Unterscheidung von Gut und Böse* the distinction between good and evil
Unterschenkel lower leg
Unterschicht *(Gesellschaftsschicht)* lower classes [Pl]
Unterschied 1 difference ◊ *Worin liegt der Unterschied zwischen den beiden Systemen?* What is the difference between the two systems? ◊ *Ich sehe keinen Unterschied zu den anderen.* I can't see any difference from the others. **2 einen ~ zwischen A und B machen** make a distinction between A and B **3 im ~ zu jdm/etw** *(anders als)* unlike sb/sth; *(im Gegensatz zu)* in contrast to sb/sth ◊ *Im Unterschied zu dir geht er lieber zu Fuß.* Unlike you, he prefers to walk. ◊ *Im Unterschied zu heute gab es früher nur wenige Scheidungen.* In contrast to today there used to be very few divorces. **4 ohne ~** *(ausnahmslos)* without exception ◊ *die Würde aller Menschen ohne Unterschied* the dignity of all people without exception ◊ *ohne Unterschied der Rasse* regardless of race [IDM] **(das ist) ein Unterschied wie Tag und Nacht** there's no comparison
unterschiedlich different *(Adv* differently); *(wechselnd, schwankend)* varying ◊ *Kinder unterschiedlichen Alters* children of different ages ◊ *Das Gedicht wurde unterschiedlich interpretiert.* The poem was interpreted in different ways. ◊ *mit unterschiedlichem Erfolg* with varying degrees of success ◊ *Die Antworten fielen unterschiedlich aus.* The answers varied. ◊ *Die Klassen sind unterschiedlich groß.* The classes vary in size.
unterschlagen 1 *(Gelder etc.)* misappropriate; *(eine bestimmte Summe auch)* embezzle; *(Brief etc.)* intercept **2** *(Informationen, Wahrheit etc.)* withhold*; **jdm etw ~** keep* sth from sb
Unterschlagung *(meist mit einem Verb übersetzt)* ◊ *Er stand wegen Unterschlagung öffentlicher Gelder vor Gericht.* He was on trial for embezzling public money.

Unterschlupf shelter [U]; *(Schutz)* refuge [U]; *(Versteck)* hide-out ◊ *jdm Unterschlupf gewähren* give sb shelter ◊ *einen Unterschlupf suchen* look for shelter
unterschreiben 1 sign ◊ *mit Vor- und Nachnamen unterschreiben* sign your full name **2** *(bestätigen)* subscribe to sth ◊ *Das kann ich nur unterschreiben.* I have to subscribe to that.
unterschreiten fall* below *sth* ◊ *Die Temperaturen unterschreiten selten den Gefrierpunkt.* Temperatures rarely fall below zero. ◊ *Der Etat wurde sogar unterschritten.* Spending was even below budget. ◊ *Der Pilot hat die vorgegebene Flughöhe nicht unterschritten.* The pilot did not fly lower than the permitted altitude.
Unterschrift signature ◊ *seine Unterschrift unter etw setzen* put your signature to sth ◊ *Unterschriften für etw sammeln* collect signatures for sth ◊ *seine Unterschrift leisten* sign sth ◊ *Sie verweigerte die Unterschrift.* She refused to sign.
Unterschriftenaktion, Unterschriftensammlung collection of signatures ◊ *mit einer Unterschriftenaktion gegen etw protestieren* protest against sth by collecting signatures **Unterschriftenliste** petition
unterschwellig underlying *(nur vor Nomen)*; *(unbewusst)* subconscious *(Adv* subconsciously) ◊ *Unterschwellig war ständig Ausländerfeindlichkeit zu spüren.* An underlying xenophobia could always be sensed.
Unterseeboot ⇨ U-BOOT
Untersetzer mat; *(für Gläser, Becher)* coaster; *(Untertasse)* saucer
untersetzt stocky*
unterspülen undermine
Unterstand shelter
unterste(r,s) lowest; *(Schublade)* bottom ◊ *die untersten Äste* the lowest branches ◊ *in der untersten Schublade* in the bottom drawer ☞ *Siehe auch* UNTERE(R,S)
unterstehen 1 jdm/etw ~ be under (the control of) sb/sth; *(in einer Hierarchie)* report to sb/sth ◊ *die ihm unterstehenden Beamten/Verbände* the officials/associations under his control ◊ *Diese Behörde untersteht dem Wirtschaftsminister.* This authority reports to the Economics Minister. **2 sich ~ (etw zu tun)** dare (to do sth) ◊ *Wie können Sie sich unterstehen, so mit mir zu sprechen!* How dare you speak to me like that! ◊ *Untersteh dich, das meinen Eltern zu erzählen!* Don't you dare tell my parents!
unterstellen[1] 1 put* *sth* underneath ◊ *Schnell, stell einen Eimer unter!* Quick, put a bucket underneath it! **2** *(hinstellen)* put*; *(Möbel)* put* sth into storage ◊ *Wo kann ich mein Fahrrad unterstellen?* Where can I put my bicycle? **3** *(aufbewahren)* keep*; *(Möbel)* store ◊ *Die Mülltonnen sind im Schuppen untergestellt.* The dustbins are kept in the shed. ◊ *Mein Pony ist bei einem Bauern untergestellt.* I keep my pony at a farmer's. **4 sich ~** *(zum Schutz vor Regen)* take* shelter
unterstellen[2] 1 imply*; **jdm etw ~** accuse sb of sth ◊ *Ich möchte ihm keine bösen Absichten unterstellen.* I don't wish to imply that his intentions were bad. ◊ *Man unterstellte ihr Habsucht und Geldgier.* They accused her of greed and avarice. **2** *(annehmen)* assume ◊ *Unterstellen wir, dass jeder 50 Franken spendet.* Let us assume that everyone gives 50 francs. **3 jdn/etw jdm/etw ~** put* sb/sth under the control of sb/sth; *(in einer Hierarchie)* make* sb/sth subordinate to sb/sth; **jdm/etw unterstellt sein** be under the control of sb/sth; *(in einer Hierarchie)* be subordinate to sb/sth ◊ *Truppen dem Nato-Befehl unterstellen* put troops under NATO control ◊ *Der Wald ist der Forstverwaltung unterstellt.* The forest is under the control of the forestry commission. ◊ *die ihm unterstellten Truppen* the troops under his control ◊ *Er ist dem Minister unterstellt.* He is subordinate to the Minister. ◊ *Dem Ministerium sind fünf verschiedene Bereiche unterstellt.* The ministry is in charge of five different areas.
Unterstellung insinuation; *(stärker)* accusation ◊ *eine Unterstellung zurückweisen* reject an accusation ◊ *Das ist eine Unterstellung!* That's completely unfounded!
unterstreichen underline; *(betonen auch)* emphasize ☞ *Hinweis bei* EMPHASIZE
Unterstufe (SCHULE) lower school, *(AmE)* lower grade
unterstützen 1 jdn (bei etw) ~ *(helfen)* help sb (with sth); *(moralisch)* support sb (in sth) ◊ *Sie wird von einer Assistentin unterstützt.* She is helped by an assistant. ◊ *Meine*

Eltern haben mich immer unterstützt. My parents have always supported me. ◊ *Die Zuschauer haben ihr Team lautstark unterstützt.* The spectators were loud in support of their team. **2** (*finanziell*) support *sb/sth* (financially), give* *sb/sth* financial backing ◊ *Sie unterstützten die Flüchtlinge mit Spenden.* They supported the refugees with donations. ◊ *Das Projekt wird von der Stadt finanziell unterstützt.* The project has financial backing from the town council. ◊ *Das Projekt wird von der Stadt mit 3 Millionen unterstützt.* The project has 3 million in backing from the town council.
Unterstützung 1 help; (*moralisch*) support; (*finanziell*) backing ◊ *die Unterstützung der Kampagne durch die Öffentlichkeit* public support for the campaign **2** (*Sozialhilfe etc.*) (state) aid; (*Arbeitslosen-*) (unemployment) benefit, (*AmE*) (unemployment) compensation ◊ *Er hat Unterstützung beantragt.* He's applied for state aid.
untersuchen 1 examine ◊ *Experten untersuchten das Gemälde.* Experts examined the painting. ◊ *Die Ärztin untersuchte die Wunde.* The doctor examined the wound. ◊ *Sie ließ sich von einem Arzt untersuchen.* She had a medical check-up. **2** *etw* (**auf** *etw*) ~ (*auf Spuren, Hintergründe, Ursachen etc.*) investigate sth (for sth) ◊ *Es wird noch untersucht, ob ein Zusammenhang besteht.* The question of whether any connection exists is still being investigated. ◊ *Die Polizei untersuchte den Tatort auf Spuren.* The police investigated the scene of the crime for clues. ◊ *Die Unfallursache wird noch untersucht.* The cause of the accident is still under investigation. **3** *etw* (**auf** *etw*) ~ (*im Labor*) test sth (for sth) ◊ *Die Wasserproben werden auf Schadstoffe untersucht.* The water samples are tested for contaminants. **4** *jdn* (**auf** *etw*) ~ (*auf Waffen, Drogen etc.*) search sb (for sth)
Untersuchung 1 examination; (*Labor-*) test ◊ *eine ärztliche Untersuchung* a medical examination ◊ *Untersuchungen an Ratten* tests on rats ◊ *etw zur Untersuchung ins Labor schicken* send sth to the laboratory for testing **2** (*von Spuren, Hintergründen etc.*) investigation; (*polizeilich auch*) enquiries [Pl] ◊ *die Untersuchung der Unfallursache* the investigation into the cause of the accident ◊ *Die Untersuchungen der Polizei sind noch nicht abgeschlossen.* The police have not yet completed their enquiries.
Untersuchungsausschuss committee of inquiry
Untersuchungshaft custody ◊ *Er sitzt in Untersuchungshaft.* He is being held in custody. ◊ *aus der Untersuchungshaft entlassen werden* be released from custody **Untersuchungskommission** fact-finding committee; (*nach einer Katastrophe etc.*) board of investigation ◊ *eine Untersuchungskommission der Vereinten Nationen* a UN fact-finding committee
Untertan(in) subject
Untertasse saucer IDM **eine fliegende Untertasse** a flying saucer
untertauchen 1 dive (under); (*U-Boot*) submerge **2** (*verschwinden*) disappear; (*auf der Flucht*) go* underground **3** *jdn* ~ give* sb a ducking
unterteilen *etw* (**in** *etw*) ~ divide sth (up) (into sth) ◊ *Das Buch ist in sechs Kapitel unterteilt.* The book is divided into six chapters.
Unterteilung division ◊ *eine Unterteilung in vier Abschnitte* a division into four sections
Unterteller ⇨ UNTERTASSE
Untertitel subtitle
Unterton undertone ◊ *mit bitterem Unterton* with an undertone of bitterness
untertreiben play things down, understate the case ◊ *Ich finde, er untertreibt.* I think he's understating the case. ◊ *Das ist untertrieben.* That's an understatement.
Untertreibung understatement
untervermieten sublet*
Unterverzeichnis (COMP) subdirectory*
unterwandern infiltrate
Unterwäsche underwear
Unterwasser- underwater ◊ *eine Unterwasserkamera* an underwater camera ◊ *die Unterwasserwelt* the underwater world
unterwegs 1 out (and about); (*auf Reisen*) away ◊ *Er ist mit dem Fahrrad unterwegs.* He's out on his bike. ◊ *In den Alpen sind viele Touristen unterwegs.* There are a lot of tourists out and about in the Alps. ◊ *Sie ist g… unterwegs.* She's away a great deal on business… *Weg*) on the/your way ◊ *Wir hielten unterwegs* … *an.* We stopped for a meal on the way. ◊ *Sie ist gera… Frankfurt unterwegs.* She's on her way to Frankfurt. *Paket ist schon unterwegs.* The parcel is already on its w… **3 ein Baby ist** (**bei** *jdm*) ~ sb is expecting a baby
unterweisen *jdn* (**in** *etw*) ~ teach* sb (sth); (*praktisch auch*) instruct sb (in sth) ◊ *Kinder im Lesen und Schreiben unterweisen* teach children to read and write
Unterweisung instruction [U] ◊ *eine Unterweisung in Erster Hilfe* first aid instruction
Unterwelt underworld (*auch fig*)
unterwerfen 1 *jdn/etw* ~ subjugate sb/sth **2 sich** (**jdm/etw**) ~ surrender (to sb/sth) ◊ *sich dem Feind unterwerfen* surrender to the enemy **3 sich** *etw* ~ (*Herrschaft, Willen etc.*) submit* to sth ◊ *sich jds Befehl unterwerfen* submit to sb's orders ◊ *sich der Kolonialherrschaft unterwerfen* submit to colonial rule **4 einer Sache unterworfen sein** be subject to sth ◊ *großen Schwankungen unterworfen sein* be subject to major fluctuations
unterwürfig submissive (*Adv* submissively)
unterzeichnen sign
Unterzeichner(in) signatory*
Unterzeichnung signing
unterziehen[1] **1** (**sich**) *etw* ~ put* sth on underneath ◊ *sich einen Pulli unterziehen* put a jumper on underneath **2** *etw* (**unter** *etw*) ~ (GASTRON) fold sth in(to sth)
unterziehen[2] **1 sich** *etw* ~ undergo* sth; (*Test*) take* sth; (*Operation*) have sth ◊ *sich einer Therapie unterziehen* undergo therapy ◊ *Er musste sich einer schweren Operation unterziehen.* He had to have a serious operation. **2** *etw einer Prüfung etc.* ~ subject sth to scrutiny, etc. ◊ *Die Anträge wurden einer ernsten Prüfung unterzogen.* The applications were subjected to careful scrutiny. **3** *jdn einem Verhör* ~ question sb
untragbar 1 intolerable ◊ *Ich halte es für untragbar, dass …* I find it intolerable that … ◊ *untragbare Zustände* intolerable conditions ◊ *Der Mann ist für die Firma untragbar.* The man has become a liability to the firm. **2** (*finanziell*) financially unviable; (*Kosten*) prohibitive
untrennbar inseparable (*Adv* inseparably)
untreu unfaithful ◊ *Sie war ihrem Ehemann untreu.* She was unfaithful to her husband. ◊ *Er wurde seinen Prinzipien untreu.* He betrayed his principles.
Untreue 1 infidelity* **2** (RECHT) embezzlement ◊ *Ihm wird Betrug und Untreue vorgeworfen.* He is accused of fraud and embezzlement.
untröstlich inconsolable (*Adv* inconsolably); (*Mensch auch*) heartbroken
untypisch not typical, atypical (*Adv* atypically) (*Fachspr*) ◊ *Das ist völlig untypisch für ihn.* That's not at all typical of him. ◊ *ein untypisches Verhalten* atypical behaviour ◊ *ein untypisch kaltes Wetter* unusually cold weather
unüberhörbar 1 ◊ *unüberhörbare Sprechchöre* people chanting so that everyone could hear ◊ *Sie sagte mit leiser Stimme, jedoch unüberhörbar …* She said quietly, but clearly enough for people to hear … ◊ *Die Begeisterung des Publikums war unüberhörbar.* The audience's enthusiasm was obvious. **2** (*unverkennbar*) unmistakable (*Adv* unmistakably)
unüberlegt rash (*Adv* rashly)
unüberschaubar 1 (*groß*) vast, immense ◊ *ein unüberschaubares Gelände* a vast area ◊ *eine unüberschaubare Zahl von Kindern* a vast number of children **2** (*nicht einschätzbar*) incalculable
unübersehbar 1 obvious ◊ *Ihre Enttäuschung war unübersehbar.* Her disappointment was obvious. ◊ *Das Schild war unübersehbar.* You couldn't miss the sign. ◊ *Das Schild war unübersehbar angebracht.* The sign was in a place where you couldn't miss it. **2** ⇨ UNÜBERSCHAUBAR (1)
unübersichtlich (*Kurve, Strecke*) blind; (*Situation, Umstände*) unclear, confusing ◊ *Diese Tabelle ist unübersichtlich.* This table is confusing. ◊ *unübersichtlich angeordnete Icons* icons that are arranged in a confusing way ◊ *Dieser Bahnhof ist sehr unübersichtlich.* This station is difficult to find your way around.
unübertrefflich superb (*Adv* superbly)

übertroffen unsurpassed
überwindbar, **unüberwindlich** insurmountable; (*Angst*) overwhelming; (*Gegensätze*) irreconcilable
unüblich unusual (*Adv* unusually)
unumgänglich (*unabwendbar*) inevitable; (*unvermeidlich*) unavoidable; (*erforderlich*) essential
unumstritten (*Ergebnis, Tatsache etc.*) undisputed; (*Entscheidung, Maßnahme*) uncontroversial ◊ *ein unumstrittener Sieger* an undisputed champion ◊ *Solche Aktionen sind nicht unumstritten.* Such actions are not uncontroversial.
ununterbrochen continuous (*Adv* continuously); (*unaufhörlich*) incessant (*Adv* incessantly) ◊ *der ununterbrochene Flüchtlingsstrom* the continuous stream of refugees ◊ *Er war ununterbrochen im Einsatz.* He was on duty continuously. ◊ *Sie redeten ununterbrochen.* They talked incessantly.
unverändert 1 *Adj* unchanged **2** *Adv* consistently ◊ *eine unverändert hohe Nachfrage* consistently high demand
unverantwortlich irresponsible (*Adv* irresponsibly)
unverbesserlich incorrigible, hopeless (*umgs*) ◊ *Sie ist einfach unverbesserlich!* She's absolutely incorrigible! ◊ *ein unverbesserlicher Optimist* an eternal optimist
unverbindlich 1 (*Aussage etc.*) non-binding; (*Zusage etc.*) not binding (*nicht vor Nomen*) ◊ *eine unverbindliche Absichtserklärung* a non-binding statement of intent ◊ *ein unverbindliches Angebot* an offer that is not binding ◊ *unverbindliche Preisempfehlung* manufacturer's recommended price **2** (*bestellen, ausprobieren*) without obligation (*nicht vor Nomen*) ◊ *sich eine Wohnung unverbindlich ansehen* look round a flat without obligation **3** (*Antwort, Bemerkung etc.*) non-committal (*Adv* non-committally); (*Mensch*) reserved
unverblümt blunt (*Adv* bluntly) ◊ *unverblümte Kritik* blunt criticism ◊ *Sie sagte ihm unverblümt die Wahrheit.* She bluntly told him the truth. ◊ *etw unverblümt fordern* demand sth in plain terms
unverbraucht fresh, new; (*noch vorhanden, übrig*) unused ◊ *unverbrauchte Talente* fresh talent ◊ *unverbrauchte Gesichter* new faces ◊ *unverbrauchte Brennstäbe* new fuel rods ◊ *unverbrauchte Mittel* unused resources
unverdient undeserved ◊ *ein unverdienter Sieg/Ruf* an undeserved victory/reputation ◊ *unverdient gewinnen* win an undeserved victory
unverdrossen (*unermüdlich*) unflagging; (*nicht zu entmutigen*) undeterred, undaunted ◊ *Trotz des Regens kämpften sie unverdrossen weiter.* They kept on fighting, undaunted by the rain.
unvereinbar incompatible; (*Meinungen etc.*) irreconcilable ◊ *Das ist unvereinbar mit den Prinzipien des Islams.* This is incompatible with the principles of Islam.
unverfänglich harmless
unverfroren brazen (*Adv* brazenly)
Unverfrorenheit brazenness; (*Frechheit*) cheek [U/Sing]
unvergänglich immortal; (*zeitlos*) timeless
unvergesslich unforgettable, memorable ◊ *ein unvergessliches Erlebnis* an unforgettable experience ◊ *Der Tag wird mir unvergesslich bleiben.* I will always remember that day.
unvergleichlich incomparable (*Adv* incomparably)
unverhältnismäßig disproportionate (*Adv* disproportionately); (*übermäßig*) excessive (*Adv* excessively) ◊ *Von den Kindern sind unverhältnismäßig viele krank.* A disproportionate number of the children are ill. ◊ *unverhältnismäßig teuer* disproportionately expensive ◊ *Die Strafe ist unverhältnismäßig hart.* The punishment is excessively harsh.
unverheiratet unmarried
unverhofft unexpected (*Adv* unexpectedly)
unverhohlen *Adj* unconcealed; (*Kritik*) open (*Adv* openly) ◊ *Sie kritisierte unverhohlen die Verantwortlichen.* She openly criticized those responsible. ◊ *jdm unverhohlen die Wahrheit sagen* tell sb the truth straight out
unverkäuflich 1 not for sale (*nicht vor Nomen*) **2** (*schwer abzusetzen*) unsaleable
unverkennbar (*nicht zu verwechseln*) unmistakable (*Adv* unmistakably); (*nicht zu übersehen*) obvious
unverletzt uninjured, unharmed ◊ *Er konnte unverletzt geborgen werden.* He was rescued unharmed.

unvermeidbar, **unvermeidlich** unavoidable; (*unabwendbar*) inevitable ◊ *eine unvermeidliche Konfrontation* an unavoidable confrontation ◊ *Entlassungen waren unvermeidlich.* Job losses were unavoidable. ◊ *eine unvermeidliche Folge* an inevitable consequence
unvermindert undiminished
unvermittelt sudden (*Adv* suddenly); (*abrupt*) abrupt (*Adv* abruptly) ◊ *eine unvermittelte Kehrtwendung* a sudden U-turn ◊ *Er brach unvermittelt ab.* He broke off abruptly.
unvernünftig unwise (*Adv* unwisely), stupid (*Adv* stupidly); (*uneinsichtig*) unreasonable (*Adv* unreasonably) ◊ *eine unvernünftige Entscheidung* an unwise decision ◊ *Es ist unvernünftig, bei diesem Wetter nach draußen zu gehen.* It is foolish to go out in this weather.
unveröffentlicht unpublished
unverschämt 1 *Adj* outrageous; (*unhöflich*) rude ◊ *eine unverschämte Forderung* an outrageous demand ◊ *Er war am Telefon richtig unverschämt.* He was really rude on the phone. **2** *Adv* (*sehr*) incredibly ◊ *Ich hatte unverschämt viel Glück.* I was incredibly lucky. ◊ *unverschämt hohe Preise* scandalously high prices
Unverschämtheit impertinence, (*BrE auch*) cheek [U/Sing] ◊ *Er besaß die Unverschämtheit, noch auf der Hochzeit aufzutauchen.* He had the cheek to turn up at the wedding. ◊ *Das ist eine Unverschämtheit!* What a cheek!
unverschuldet ◊ *ein unverschuldeter Autounfall* a car accident that is/was not your fault ◊ *Er hat unverschuldet seine Arbeit verloren.* He lost his job through no fault of his own. ◊ *unverschuldet in Not geratene Menschen* people who are in difficulties through no fault of their own
unversehrt undamaged, intact; (*Mensch*) unharmed (*nicht vor Nomen*); (*nach einem Unfall etc.*) unhurt (*nicht vor Nomen*) ◊ *Das Fenster war unversehrt.* The window was undamaged. ◊ *Der Geiselnehmer ließ die Frau unversehrt frei.* The kidnapper released the woman unharmed. ◊ *Der Tempel überstand den Bombenangriff unversehrt.* The temple escaped damage in the air raid.
unversöhnlich irreconcilable (*Adv* irreconcilably)
unverständlich 1 indistinct (*Adv* indistinctly) ◊ *unverständliche Worte* indistinct words ◊ *unverständliches Geschrei* a clamour of voices **2** (*schwer zu begreifen*) incomprehensible ◊ *eine unverständliche Begründung* an incomprehensible explanation ◊ *unverständlich formuliert sein* be formulated in a way that is difficult to understand ◊ *Es ist mir völlig unverständlich, warum ...* I just don't understand why ...
Unverständnis incomprehension ◊ *Er reagierte zunächst mit Unverständnis.* His first reaction was incomprehension. ◊ *Sie äußerte ihr Unverständnis darüber.* She said she could not understand it.
unvertretbar unjustifiable (*Adv* unjustifiably), indefensible (*Adv* indefensibly); (*Position, Meinung*) untenable ◊ *ein unvertretbares Risiko* an unjustifiable risk ◊ *unvertretbar hohe Kosten* indefensibly high costs
unverwechselbar unmistakable (*Adv* unmistakably)
unverwüstlich 1 indestructible **2** (*Mensch, Optimismus, Humor*) indomitable, irrepressible; (*Gesundheit*) robust
unverzeihlich unforgivable
unverzichtbar indispensable; (*Maßnahme, Bedingung, Bestandteil*) essential ◊ *ein unverzichtbares Nachschlagewerk* an indispensable reference work ◊ *Sie ist unverzichtbar geworden.* She has become indispensable.
unverzinslich non-interest bearing; (*Darlehen etc.*) interest-free
unverzüglich prompt (*Adv* promptly); (*sofort*) immediate (*Adv* immediately) ◊ *eine unverzügliche Antwort* a prompt answer ◊ *die unverzügliche Freilassung der Häftlinge* the immediate release of the prisoners ◊ *die Polizei unverzüglich alarmieren* call the police immediately
unvollendet incomplete, unfinished ◊ *ein unvollendeter Roman Kafkas* an incomplete novel by Kafka ◊ *Schuberts „Unvollendete"* Schubert's Unfinished Symphony
unvollkommen imperfect (*Adv* imperfectly); (*nicht vollendet*) incomplete (*Adv* incompletely)
unvollständig incomplete ◊ *unvollständig ausgefüllte Anträge* incomplete application forms ◊ *Wir wurden nur unvollständig informiert.* We were not fully informed.
unvoreingenommen 1 *Adj* (*offen, aufgeschlossen*) open-

minded; *(nicht befangen)* unbiased, impartial ◊ *ein unvoreingenommenes Publikum* an open-minded audience ◊ *ein unvoreingenommener Richter* an unbiased judge **2** *Adv* with an open mind; *(nicht befangen)* impartially ◊ *einen Vorschlag unvoreingenommen prüfen* consider a suggestion with an open mind
unvorhergesehen unforeseen, unexpected *(Adv* unexpectedly) ◊ *unvorhergesehene Schwierigkeiten* unforeseen difficulties ◊ *Es passierte etwas Unvorhergesehenes.* Something unexpected happened.
unvorhersehbar unforeseeable
unvorsichtig careless *(Adv* carelessly)
unvorstellbar 1 *Adj* unimaginable, inconceivable ◊ *unvorstellbare Schmerzen* unimaginable pain ◊ *Es ist für mich unvorstellbar, dass ...* It is inconceivable to me that ... **2** *Adv* incredibly ◊ *unvorstellbar schnell* incredibly fast ◊ *eine unvorstellbar grausame Tat* an incredibly cruel act
unwahr untrue; *(Geschichte, Behauptung auch)* false ◊ *Das ist schlicht und einfach unwahr.* That is just not true.
unwahrscheinlich 1 *(kaum möglich)* unlikely ◊ *Das halte ich für unwahrscheinlich.* I think it's unlikely. ◊ *Die Geschichte klingt unwahrscheinlich.* The story sounds improbable. **2** *(sehr groß, sehr)* incredible *(Adv* incredibly) ◊ *Du hast echt unwahrscheinliches Glück gehabt.* You really have been incredibly lucky. ◊ *Ich habe mich unwahrscheinlich darüber gefreut.* I was terribly pleased about it.
unwegsam wild
unweigerlich inevitable *(Adv* inevitably)
unweit ~ **von etw/einer Sache** not far from sth
Unwesen 1 evil ◊ *das Unwesen des Terrorismus* the evil of terrorism **2 sein ~ treiben** be at work ◊ *In der Innenstadt treiben Taschendiebe ihr Unwesen.* Pickpockets are at work in the city centre.
unwesentlich 1 *Adj (unwichtig)* minor; *(nicht relevant)* irrelevant ◊ *ein paar unwesentliche Details* a few minor details ◊ *ein nicht unwesentlicher Teil* a considerable part **2** *Adv* slightly ◊ *Sie ist nur unwesentlich jünger als du.* She is only slightly younger than you.
Unwetter storm
unwichtig unimportant; *(nicht relevant)* irrelevant
unwiderlegbar incontrovertible *(Adv* incontrovertibly)
unwiderruflich final *(Adv* finally), irrevocable *(Adv* irrevocably) ◊ *unwiderruflich verloren* irrevocably lost
unwiderstehlich irresistible *(Adv* irresistibly) ◊ *Er hält sich für unwiderstehlich.* He thinks he is irresistible. ◊ *Sie fühlte sich von ihm unwiderstehlich angezogen.* She felt irresistibly drawn to him.
unwillig 1 *(verärgert)* annoyed *(Adv* with annoyance) ◊ *Sie reagierte unwillig.* She reacted with annoyance. **2** *(widerwillig)* reluctant *(Adv* reluctantly) **3 ~ sein etw zu tun** be unwilling to do sth
unwillkürlich 1 *(Bewegung etc.)* involuntary *(Adv* involuntarily) ◊ *ein unwillkürliches Zittern* an involuntary shudder **2** *(automatisch)* automatic *(Adv* automatically) ◊ *Ich winkte unwillkürlich zurück.* I waved back automatically. ◊ *Sie musste unwillkürlich lachen.* She couldn't help laughing.
unwirklich unreal
unwirksam 1 *(wirkungslos)* ineffective ◊ *Die Methode war unwirksam.* The method was ineffective. ◊ *unwirksam bleiben* have no effect **2** *(ungültig)* invalid
unwirsch brusque *(Adv* brusquely); *(verärgert)* cross *(Adv* crossly)
unwirtlich 1 *(Klima)* harsh **2** *(Gegend, Ort etc.)* inhospitable
unwirtschaftlich 1 *(unökonomisch)* uneconomic ◊ *Die Bahnlinie ist längst unwirtschaftlich geworden.* The line has long been uneconomic. **2** *(unrationell)* inefficient *(Adv* inefficiently) ◊ *eine unwirtschaftliche Betriebsführung* inefficient management
unwissend ignorant
Unwissenheit ignorance
unwissenschaftlich unscholarly; *(Naturwissenschaften)* unscientific ◊ *Sein Essay ist geradezu unwissenschaftlich.* His essay is downright unscholarly. ◊ *ein unwissenschaftlicher Ansatz* an unscientific approach
unwohl 1 *(körperlich)* unwell **2** *(unbehaglich)* **sich ~ fühlen** be ill at ease; **jdm ist bei etw ~** sb doesn't feel* happy about sth ◊ *Er fühlte sich sichtlich unwohl.* He was clearly ill at ease. ◊ *Mir ist ein bisschen unwohl dabei.* I don't feel very happy about it.
unwürdig 1 degrading ◊ *in unwürdigen Verhältnissen leben* live in degrading conditions **2 jds/einer Sache ~ sein** be unworthy of sb/sth
Unzahl huge number ◊ *eine Unzahl von Anträgen* a huge number of applications
unzählig countless ◊ *unzählige Male* countless times ◊ *unzählig viele Menschen* countless people
unzerbrechlich unbreakable
unzertrennlich inseparable
unzufrieden dissatisfied; *(im Leben)* discontented ◊ *unzufriedene Kunden* dissatisfied customers ◊ *Sie sieht immer so unzufrieden aus.* She always looks so discontented. ◊ *Sie war mit dem Ergebnis unzufrieden.* She was not happy with the result.
Unzufriedenheit unhappiness; *(von Arbeitern, in der Bevölkerung)* discontent; **~ (mit etw/jdm)** dissatisfaction (with sth/sb)
unzugänglich inaccessible; *(Mensch)* aloof, withdrawn ◊ *für Rollstuhlfahrer unzugänglich* inaccessible to wheelchair users
unzulänglich inadequate *(Adv* inadequately)
unzulässig unacceptable, inadmissible *(offiz)* ◊ *für unzulässig erklärt werden* be ruled inadmissible
unzumutbar unacceptable
unzureichend inadequate *(Adv* inadequately)
unzuverlässig unreliable *(Adv* unreliably)
Update update
üppig 1 *(Vegetation etc.)* luxuriant *(Adv* luxuriantly) ◊ *üppig wachsen* grow luxuriantly **2** *(aufwändig, reichhaltig)* lavish *(Adv* lavishly) **3** *(füllig)* full; *(Figur, Busen auch)* ample; *(Frau)* buxom
Urabstimmung (strike) ballot
Urahn, Urahne ancestor, forebear
uralt ancient; *(Mensch)* very old
Uran uranium
Uranus Uranus ☛ *Beispiele bei* MERKUR
Uraufführung première
urbar etw ~ machen cultivate sth
Urbevölkerung native population; *(ausgestorben)* original population
ureigen own personal; *(Interesse)* vested ◊ *ihr ureigener Stil* her own personal style
Ureinwohner(in) native inhabitant; *(ausgestorben)* early inhabitant
Urenkel great-grandson, great-grandchild*
Urenkelin great-granddaughter, great-grandchild*
Urgroßeltern great-grandparents [Pl]
Urgroßmutter great-grandmother
Urgroßvater great-grandfather
Urheber(in) 1 *(Initiator)* originator ◊ *der Urheber von etw sein* be behind sth **2** *(eines Kunstwerks)* creator
Urheberrecht copyright **urheberrechtlich** copyright; **~ geschützt** protected by copyright, in copyright
urig *(urwüchsig)* authentic; *(malerisch)* quaint ◊ *ein uriger Laden* a quaint old shop ◊ *ein uriger Typ* a one-off
Urin urine
urinieren urinate
Urinprobe urine sample; *(Test)* urine test
Urknall Big Bang
Urkunde document; *(Diplom-, Geburts-, Heirats- etc.)* certificate ◊ *Für jeden Teilnehmer gab es eine Urkunde.* Every participant received a certificate.
Urkundenfälschung falsification of a document
Urlaub 1 *(Ferien)* holiday, *(AmE)* vacation ◊ *in Urlaub fahren* go on holiday ◊ *Sie machen gerade Urlaub.* They're away on holiday. ◊ *Wann kommt sie aus dem Urlaub zurück?* When is she back from holiday? ◊ *Er macht dreimal im Jahr Urlaub.* He goes on holiday three times a year. ◊ *Sie machen bereits seit zwanzig Jahren hier Urlaub.* They have been coming here on holiday for twenty years. ◊ *im/auf Urlaub sein* be on holiday **2** *(arbeitsfreie Zeit)* leave, holiday, *(AmE)* vacation ◊ *unbezahlter Urlaub* unpaid leave ◊ *Er bekommt vier Wochen Urlaub im Jahr.* He gets four weeks holiday a year.

Urlauber(in) holidaymaker, (*AmE*) vacationer
Urlaubs- Urlaubsgeld holiday bonus, (*AmE*) vacation bonus **Urlaubskasse** holiday money, (*AmE*) vacation (spending) money ◊ *Habt ihr eine gemeinsame oder eine getrennte Urlaubskasse?* Have you pooled your spending money for the holiday or kept it separate? **Urlaubszeit 1** (*Hauptreisezeit*) holiday period, holiday season **2** (*Ferien*) holidays [Pl] ◊ *wenn die Urlaubszeit vorbei ist* when the holidays are over
Urmensch primitive man*
Urne 1 urn **2** (*Wahl-*) ballot box; **zur ~ gehen** go* to the polls
Urologe, Urologin urologist ☛ G 2.2d
Urologie 1 urology **2** (*Krankenhausstation*) urology department
urplötzlich all of a sudden ◊ *Urplötzlich sprang er aus dem Gebüsch.* All of a sudden he leapt out of the bushes. ◊ *ein urplötzlich einsetzender Sturm* a sudden storm
Ursache (*Auslöser*) cause; (*Grund*) reason ◊ *die Ursache des Brandes* the cause of the fire ◊ *die Ursache der Wahlniederlage* the reason for the election defeat ◊ *aus ungeklärter Ursache* for no apparent reason [IDM] **Keine Ursache!** Don't mention it!
Ursprung origin ◊ *Dieses Wort ist lateinischen Ursprungs.* The word is of Latin origin. ◊ *Die Seen sind natürlichen Ursprungs.* They are natural lakes.
ursprünglich original (*Adv* originally)
Ursprungsland country* of origin
Urteil 1 judgement, (*bes AmE*) judgment; (*Meinung*) opinion ◊ *ein Urteil fällen* pass judgement ◊ *sich ein Urteil bilden* form an opinion ◊ *ein Urteil über etw abgeben* give an opinion on sth ◊ *ein vernichtendes Urteil* a damning indictment ◊ *Sie gelangten zu dem Urteil, dass* ... They came to the conclusion that ... **2** (RECHT) judgment; (*Straf-*) sentence; (*Schuld-/Freispruch*) verdict ◊ *das Urteil des Europäischen Gerichtshofs* the judgment of the European Court of Justice ◊ *ein mildes/hartes Urteil* a lenient/severe sentence ◊ *ein Urteil verkünden* pass sentence
urteilen 1 judge; (*entscheiden*) decide; **über jdn ~** judge sb ◊ *den Umfragen nach zu urteilen* judging from the opinion polls ◊ *Die Preisrichter sollten darüber urteilen, wer der beste war.* The judges were to decide who was the best. ◊ *Er urteilte, dass die Straße nicht gebaut wird.* He decided that the road should not be built. ◊ *Urteile nicht zu hart über ihn!* Don't judge him too harshly. ◊ *vorschnell urteilen* jump to conclusions **2** (*sagen*) declare ◊ *„Das ist Unsinn!" urteilte der Chef.* 'That's nonsense!' the boss declared. **3** (RECHT) find* (*gehoben*) ◊ *Das Gericht urteilte, dass* ... The court found that ... ◊ *Das Gericht urteilte zugunsten der Hausbesitzer.* The court found in favour of the landlords.
Urteils- Urteilsbegründung opinion **Urteilskraft** judgement, (*bes AmE*) judgment **Urteilsspruch** (*Schuld-/Freispruch*) verdict; (*Strafspruch*) sentence **Urteilsverkündung** (*oft mit einem Verb übersetzt*) (*bei Strafspruch*) pronouncing sentence; (*bei Schuld-/Freispruch*) pronouncing the verdict **Urteilsvermögen** (power of) judgement
Urtext original (version)
Urur- great-great- ◊ *meine Ururgroßmutter* my great-great-grandmother
Urwald jungle; (*Regenwald*) rain forest; (*urzeitlich*) primeval forest
Urzeit primeval times [Pl] [IDM] **seit Urzeiten** for ages ◊ *Ich habe ihn schon seit Urzeiten nicht mehr gesehen.* I haven't seen him for ages. ◊ *Das Hotel existiert schon seit Urzeiten.* The hotel has always been there.
usw. etc.
Utensil piece of equipment; (*Werkzeug*) tool; (*Küchen-*) utensil ☛ *Hinweis bei* AUSRÜSTUNG
Utopie utopia
utopisch utopian; (*unrealistisch*) unrealistic; (*Gehalt, Summe*) astronomical (*umgs*)
UV-Strahlung ultraviolet radiation

V v

V, v V, v ☛ *Beispiele bei* A, a, S. 773.
Vagabund(in) vagabond
vage vague (*Adv* vaguely)
Vagina vagina
Vakuum vacuum (*auch fig*)
 vakuumverpackt vacuum-packed
Vakzine vaccine
Valentinstag St Valentine's Day
Valenz (CHEM, LING) valency*, (*bes AmE*) valence
Vampir 1 vampire **2** (*Fledermaus*) vampire bat
Vandale ⇨ WANDALE
Vandalismus ⇨ WANDALISMUS
Vanille vanilla
 Vanillegeschmack mit ~ vanilla(-flavoured), (*AmE*) vanilla(-flavored) ◊ *ein Dessert mit Vanillegeschmack* a vanilla-flavoured dessert **Vanillepudding ≈** white blancmange, (*AmE*) ≈ vanilla pudding **Vanilleschote** vanilla pod **Vanillesoße** custard **Vanillezucker** vanilla sugar
variabel variable ◊ *ein variabler Zinssatz* a variable interest rate ◊ *variabel einstellbar* adjustable
Variable variable
Variante 1 variant; (*bei Pflanzen, Sprachen*) variety* **2** (*Variation*) version ◊ *in verschiedenen Varianten erhältlich* available in different versions ◊ *eine interessante Variante zum alten Rezept* an interesting variation on the old recipe
Variation variation ◊ *Variationen eines Themas* variations on a theme
variieren vary* ◊ *Die Schätzungen variieren stark.* The estimates vary widely.
Vase vase
Vater 1 father (*auch fig*); (REL) Father ◊ *Er ist Vater von Zwillingen.* He is the father of twins. ◊ *Er wurde Vater.* He became a father. ◊ *der geistige Vater der Software* the creator of the software **2** (*Vatertier*) sire
Vaterland country; (*besonders Deutschland auch*) fatherland (*veraltet*) ◊ *für das Vaterland sterben* die for your country/the fatherland
väterlich paternal ◊ *ein väterlicher Ratschlag* some paternal advice ◊ *Er legte ihr väterlich den Arm um die Schulter.* He put his arm around her shoulder in a fatherly way. ◊ *Sie übernahm den väterlichen Betrieb.* She took over her father's firm. ◊ *ein väterlicher Freund* a father figure
väterlicherseits on your father's side (*nicht vor Nomen*); (*Großeltern auch*) paternal ◊ *ein Onkel väterlicherseits* an uncle on my father's side
Vater- Vaterschaft paternity ◊ *die Vaterschaft feststellen* establish paternity **Vaterschaftsklage** paternity suit **Vatertag** Father's Day ◊ *am Vatertag* on Father's Day **Vaterunser** Lord's Prayer; (*bei Katholiken auch*) Our Father ◊ *das Vaterunser beten* say the Lord's Prayer
Vati dad (*umgs*), daddy (*umgs, Kindersprl*)
V-Ausschnitt V-neck ◊ *ein Pulli mit V-Ausschnitt* a V-neck(ed) sweater
Veganer(in) vegan ◊ *Ich bin Veganer.* I'm a vegan.
Vegetarier(in) vegetarian ◊ *Ich bin Vegetarier.* I'm a vegetarian.
vegetarisch vegetarian ◊ *ein vegetarisches Gericht* a vegetarian dish ◊ *Er ernährt sich vegetarisch.* He's a vegetarian.
Vegetation vegetation [U] ◊ *eine üppige Vegetation* lush vegetation
vehement vehement (*Adv* vehemently) (*gehoben*) ◊ *Er*

war ein vehementer Gegner des Euros. He was vehemently opposed to the euro.
Vehemenz vehemence (*gehoben*)
Vehikel vehicle (*auch fig*)
Veilchen 1 violet **2** (*blaues Auge*) black eye
Velo ⇨ Fahrrad
Vene vein
Ventil 1 valve **2** (*fig*) outlet
Ventilator fan
Venus Venus ☛ *Beispiele bei* Merkur
verabreden 1 sich (mit jdm) ~ arrange to meet (sb) ◊ *Wir haben uns für Montag verabredet.* We've arranged to meet on Monday. ◊ *sich zum Schwimmen verabreden* arrange to go swimming together ◊ *Ich bin heute Abend bereits verabredet.* I'm not free this evening. **2 etw (mit jdm)** ~ agree sth (with sb) ◊ *Sie verabredeten, dass das Geld gespendet würde.* They agreed to donate the money to charity. ◊ *am verabredeten Treffpunkt* at the agreed meeting place
Verabredung 1 engagement; (*Rendezvous*) date **2** (*Vereinbarung*) agreement
verabreichen jdm etw ~ give* sb sth, administer sth to sb (*gehoben*)
verabscheuen loathe
verabschieden 1 sich von jdm ~ say* goodbye to sb; **jdn** ~ say* goodbye to sb **2 jdn in den Ruhestand** ~ retire sb **3** (*fig*) forget* ◊ *Von diesen alten Vorstellungen müssen wir uns verabschieden.* We have to forget all those old ideas. **4** (*Gesetz*) pass; (*Programm*) approve
Verabschiedung 1 (*von einem Gesetz*) passing; (*vom Haushalt, von Richtlinien*) adoption **2** (*Abschied*) saying goodbye, saying farewell (*gehoben*) **3** (*aus dem Dienst/der Schule*) official farewell; (*mit Party*) leaving party
verachten scorn; (*verabscheuen*) despise; (*herabsehen auf*) look down on *sb/sth* IDM **nicht zu verachten sein** be not to be sniffed at
verächtlich 1 scornful (*Adv* scornfully); (*herablassend*) disdainful (*Adv* disdainfully); (*verachtenswert*) contemptible (*gehoben*); (*stärker*) despicable (*gehoben*) ◊ *Es ist verächtlich, mit welchen Methoden hier vorgegangen wird.* The methods being used are despicable. ◊ *jdn verächtlich machen* damage sb's reputation
Verachtung contempt IDM **jdn/etw mit Verachtung strafen** treat sb/sth with contempt
veralbern jdn ~ make* sb look foolish; (*verspotten*) make* fun of sb
verallgemeinern generalize ◊ *eine Beobachtung verallgemeinern* generalize from a single example ◊ *Das kann man nicht verallgemeinern.* You can't generalize about it.
Verallgemeinerung 1 generalization **2** (*das Verallgemeinern*) generalizing
veraltet out of date; (*Gerät, Wort*) obsolete; (*Kleidung, Stil, Methoden*) old-fashioned ◊ *veraltete Landkarten* out-of-date maps ◊ *Computer sind sehr schnell veraltet.* Computers quickly become obsolete. ◊ *Deine Ansichten sind sehr veraltet.* You have very old-fashioned ideas.
Veranda veranda, (*AmE*) porch
veränderlich changeable; (*Wetter auch*) unsettled
verändern 1 (sich) ~ change; (*Zellen*) mutate ◊ *Die Stadt hat sich sehr verändert.* The town has changed a lot. ◊ *sich zu seinem Vorteil/Nachteil verändern* change for the better/worse ◊ *eine Droge, die das Bewusstsein verändert* a drug which brings about an altered state of consciousness ◊ *Die Krankheit hat ihn sehr verändert.* He hasn't been the same since his illness. **2 sich (beruflich)** ~ change jobs/your job
Veränderung 1 change ◊ *Veränderungen am Programm* changes to the programme ◊ *Veränderungen lassen sich nicht aufhalten.* You can't halt the process of change. ◊ *Sobald eine Veränderung seines Zustandes eintritt, …* As soon as there is a change in his condition, … ◊ *In ihr ist eine Veränderung vorgegangen.* She's changed. ◊ *Der Arzt konnte keine krankhaften Veränderungen feststellen.* The doctor couldn't find anything abnormal. **2** (*beruflicher Wechsel*) change (jobs/of job) (*oft mit einem Verb übersetzt*) ◊ *Ich riet ihr zu einer Veränderung.* I advised her to change her job.
verängstigen frighten; (*stärker*) terrify*
verankern 1 (*Schiff*) anchor **2** (*im Boden*) fix ◊ *einen Mast (im Boden) verankern* fix a pole (into the ground) ◊ *Das Zelt ist nicht richtig verankert.* The tent isn't properly pegged to the ground. **3** (*fig*) enshrine ◊ *ein Privileg in einer Satzung verankern* enshrine a privilege in statute law
veranlagt ◊ *sportlich veranlagt* sporty ◊ *musisch veranlagt* musically gifted ◊ *künstlerisch veranlagt* naturally artistic ◊ *Ich bin nicht sehr praktisch veranlagt.* I am not very practical. ◊ *depressiv veranlagt* prone to depression ◊ *ein homosexuell veranlagter Mensch* a person who has homosexual tendencies ◊ *So wie er veranlagt ist, wird er bestimmt gleich wütend.* The way he is, he's sure to lose his temper immediately.
Veranlagung 1 predisposition; (*Tendenz*) tendency* ◊ *eine erbliche Veranlagung für hohen Blutdruck* a genetic predisposition to high blood pressure ◊ *eine Veranlagung zur Gewalt* a tendency to violence ◊ *eine technische Veranlagung haben* be technically minded ◊ *eine künstlerische Veranlagung haben* be artistic ◊ *Charakter und Veranlagung* character and disposition ◊ *die Debatte über Veranlagung und Erziehung* the debate about nature versus nurture **2** (*von Steuern*) assessment
veranlassen 1 jdn zu etw ~ make* sb do sth; (*durch einen Beweggrund*) prompt sb to do sth ◊ *Die Industrie sollte dazu veranlasst werden, mehr in die Ausbildung zu investieren.* Industry should be made to invest more in training. ◊ *Was hat Sie zu diesem Schritt veranlasst?* What prompted you to take this step? ◊ *Ich sehe mich dazu veranlasst, hier einzugreifen.* I feel obliged to intervene. **2 etw** ~ arrange for sth; (*anordnen*) order sth ◊ *Die Ärztin hat seine Einweisung in die Klinik veranlasst.* The doctor arranged for him to be admitted to hospital. ◊ *Der Minister hat eine Untersuchung veranlasst.* The minister has ordered an enquiry. ◊ *Er hat veranlasst, dass Blumen geschickt werden.* He arranged for flowers to be sent. ◊ *Könnten Sie wohl alles Weitere veranlassen?* Could you see to everything else? ◊ *das Nötige veranlassen* make the necessary arrangements
Veranlassung 1 reason ◊ *Es gibt keine Veranlassung zu dieser Befürchtung.* There is no reason to fear that. ◊ *Sie haben keine Veranlassung, sich zu beschweren.* They have no grounds for complaint. **2 auf** ~ **von jdm** at the instigation of sb
veranschaulichen illustrate ◊ *etw durch ein Beispiel veranschaulichen* illustrate sth with an example
veranschlagen etw (mit etw) ~ estimate sth (at sth)
veranstalten 1 organize **2** (*machen*) make* ◊ *Veranstaltet hier nicht so einen Lärm!* Don't make such a noise in here!
Veranstalter(in) organizer ◊ *Der Veranstalter behält sich das Recht auf Programmänderung vor.* The organizers reserve the right to alter the programme. ◊ *Veranstalter des Abends ist die Musikschule.* The evening is organized by the Music School. ◊ *der Veranstalter dieser Reise* the tour operator
Veranstaltung 1 (*das Veranstalten*) organization (*oft mit einem Verb übersetzt*) ◊ *die Veranstaltung von Konferenzen* the organization of conferences ◊ *Die Veranstaltung dieser Feier war sehr zeitaufwändig.* Organizing the party took up a lot of time. **2** (*Ereignis*) event; (*Feier, Empfang etc.*) function ◊ *eine geschlossene Veranstaltung* a private function
verantworten 1 etw ~ take*/accept responsibility for sth ◊ *Diese Entscheidung kann ich nicht verantworten.* I can't accept responsibility for this decision. ◊ *Solche Kosten sind nicht zu verantworten.* That sort of expenditure is irresponsible. ◊ *Ist dieses Vorgehen noch zu verantworten?* Can this action be justified? ◊ *Dieser Politiker hat viel zu verantworten.* This politician has a lot to answer for. ◊ *Das muss er allein vor seinem Gewissen verantworten.* He'll have to square it with his conscience. **2 sich vor jdm/etw** ~ be answerable to sb/sth ◊ *Ich brauche mich nicht vor dir zu verantworten*)! (I'm not answerable to you (for my actions)! ◊ *sich vor Gericht wegen einer Sache verantworten müssen* be taken to court for sth ◊ *Sie musste sich vor dem Ausschuss verantworten.* She had to appear before the committee. ◊ *Sie müssen sich wegen Mordes verantworten.* They are facing a murder charge.
verantwortlich 1 (*verantwortungsvoll*) responsible (*Adv* responsibly) **2** (*leitend*) in charge (*nicht vor Nomen*) ◊ *Wer ist hier verantwortlich?* Who's in charge here? ◊ *die verantwortlich tätige Ärztin* the doctor in charge **3 für jdn/etw** ~

Verantwortung

sein be responsible for sb/sth ◊ *Wer ist für diesen Unfall verantwortlich?* Who was responsible for the accident? ◊ *Sie sind dafür verantwortlich, dass die Rechnungen stimmen.* You are responsible for ensuring that the invoices are correct. **4 jdn/etw für etw ~ machen** blame sb/sth for sth, blame sth on sb/sth; (*offizieller*) hold* sb responsible ◊ *Der Fahrer machte die schlechte Beleuchtung für den Unfall verantwortlich.* The driver blamed the accident on the poor lighting. ◊ *Wenn das nicht gut geht, dann mach ich dich verantwortlich!* If it doesn't work, I'll blame you! ◊ *Man kann den Minister nicht dafür verantwortlich machen.* The minister can't be held responsible. ◊ *Die Polizei macht ihn für vier Überfälle verantwortlich.* The police are charging him with four assaults.
Verantwortung 1 responsibility* ◊ *die Verantwortung für etw übernehmen* take responsibility for sth ◊ *Ich lehne jegliche Verantwortung ab.* I refuse to accept any responsibility. ◊ *Die Eltern haben die Verantwortung für ihre Kinder.* Parents are responsible for their children. **2 jdn zur ~ ziehen** call sb to account ◊ *Die Schuldigen sind nicht zur Verantwortung gezogen worden.* Those responsible have not been called to account. **3 auf eigene, meine, seine etc. ~** at your, my, his, etc. own risk ◊ *Wenn du das tust, machst du das auf eigene Verantwortung.* If you do that, you'll be doing it at your own risk. ◊ *Okay, aber auf deine Verantwortung!* All right, but on your head be it! **4 in eigener ~** yourself ◊ *Die Schüler machen die Zeitung in eigener Verantwortung.* The pupils produce the newspaper themselves. **5 etw in gemeinsamer ~ tun** be jointly responsible for sth ◊ *Sie planen das Projekt in gemeinsamer Verantwortung.* They are jointly responsible for the project. **6** ⇨ VERANTWORTUNGSBEWUSSTSEIN
Verantwortungsbewusstsein, Verantwortungsgefühl sense of responsibility ◊ *ein Mensch mit/ohne Verantwortungsbewusstsein* a person with a/with no sense of responsibility ◊ *viel Verantwortungsbewusstsein haben* have a strong sense of responsibility ◊ *ein soziales Verantwortungsbewusstsein* a sense of social responsibility **verantwortungslos** irresponsible (*Adv* irresponsibly) **verantwortungsvoll** responsible (*Adv* responsibly)
verarbeiten 1 use; (BIOL, TECH) process; (*verdauen*) digest ◊ *In seiner Musik verarbeitet er Volkslieder.* He uses folk songs in his music. ◊ *eine Anlage, die Müll verarbeitet* a waste processing plant **2 etw zu etw ~ make*** sth into sth ◊ *eine Geschichte zu einem Film verarbeiten* make a story into a film ◊ *die Zutaten zu einem Teig verarbeiten* combine the ingredients into a dough ◊ *Silber zu Schmuck verarbeiten* make jewellery out of silver ◊ *Sie hat ihre Erfahrungen zu einem Buch verarbeitet.* She has turned her experiences into a book. **3** (*emotional bewältigen*) come* to terms with sth; (*Eindrücke*) take* sth in; (*Probleme*) deal* with sth ◊ *Die Opfer müssen das Geschehen erst einmal verarbeiten.* The victims have to come to terms with what happened. ◊ *Sie hat den Schock noch nicht verarbeitet.* She still hasn't taken it in. ◊ *Jeder verarbeitet Probleme auf eine andere Art.* Everybody deals with problems in their own way. **4** (*umsetzen, behandeln*) treat ◊ *ein Thema künstlerisch verarbeiten* treat a subject in art **5 sich gut, schwer etc. ~** be easy, difficult, etc. to work with ◊ *Seide verarbeitet sich nicht so leicht.* Silk isn't very easy to work with. **6 gut/schlecht verarbeitet sein** be well/badly made; **sauber verarbeitet sein** be well finished
Verarbeitung 1 processing; (*Verdauung*) digestion (*oft mit einem Verb übersetzt*) ◊ *eine Anlage zur Verarbeitung von Plutonium* a plutonium-processing plant ◊ *Bei der Verarbeitung der Nahrung im Körper entstehen Abfallprodukte.* When food is digested by the body, waste products are produced. ◊ *Werkzeuge zur Verarbeitung von Leder* tools for working with leather **2 die ~ von etw** (*Bewältigung*) coming to terms with sth; (*von Problemen*) dealing with sth (*meist mit einem Verb übersetzt*) **3** (*Behandlung*) treatment ◊ *die künstlerische Verarbeitung von einem Thema* the treatment of a theme in art **4** (*Fertigungsstandard*) workmanship; (*äußerer Eindruck*) finish
verärgern annoy ◊ *Wir wollen nicht unsere Kunden durch lange Lieferzeiten verärgern.* We don't want to annoy customers with long delivery times. ◊ *Ich war über sein Schweigen sehr verärgert.* I was very annoyed that he didn't say anything. ◊ *Die durch die hohen Preise verärgerten Passagiere steigen auf die Billigfluglinien um.* Passengers, fed up with high prices, are turning to the cheap airlines.

Verärgerung 1 (*meist mit einem Verb übersetzt*) ◊ *Mit der Verärgerung der Mieter ist nichts gewonnen.* There is nothing to be gained by annoying the tenants. ◊ *Die Partei kann sich eine Verärgerung der Wähler nicht leisten.* The party cannot afford to annoy the voters. **2** (*das Verärgertsein*) annoyance ◊ *Er konnte seine Verärgerung nicht verbergen.* He couldn't conceal his annoyance. ◊ *Ein schlechter Service führt zur Verärgerung der Kunden.* Bad service annoys the customers. ◊ *Aus Verärgerung über die Vorwürfe trat er zurück.* He resigned in protest at the accusations. ◊ *leichte Verärgerung* mild irritation
verarmen become* impoverished ◊ *geistig verarmt* intellectually impoverished ◊ *Durch Überfischen verarmen die Meere.* The seas are becoming depleted because of overfishing.
Verarmung 1 impoverishment ◊ *die Verarmung der Bevölkerung* the impoverishment of the population ◊ *Umweltschützer befürchten eine Verarmung der Meere.* Environmentalists fear that the oceans will become depleted. **2** (*Armut*) poverty
verarschen (**jdn**) **~** take* the piss (out of sb) (*vulg, Slang*) ◊ *Du willst mich wohl verarschen?* Are you taking the piss?
verarzten see* to sb/sth ◊ *Er ließ sich/seinen Fuß verarzten.* He was seen to/had his foot seen to.
Verb verb
verbal verbal (*Adv* verbally)
Verband 1 dressing; (*mit Binden*) bandage ◊ *einen Verband anlegen* apply a dressing **2** (*Vereinigung*) association **3** (MIL) division; (*Flugzeug-*) formation ◊ *im Verband fliegen* fly in formation
Verbandskasten first-aid box **Verbandzeug** first-aid kit
verbannen 1 banish (*auch fig*); (*ins Ausland*) exile ◊ *Der alte Fernseher wurde auf den Dachboden verbannt.* The old television was banished to the attic. ◊ *Er wurde nach Elba verbannt.* He was exiled to Elba. **2** (*verbieten*) ban*
Verbannung 1 banishment; (*ins Ausland*) exiling; (*das Verbieten*) banning **2** (*Exil*) exile ◊ *aus der Verbannung zurückkehren* return from exile
verbarrikadieren barricade
verbauen 1 use *sth* for building ◊ *Holz verbauen* use wood for building ◊ *Die Stadt verbaut jedes Jahr Millionen.* The city spends millions on building every year. **2** (*verunstalten*) ◊ *Der alte Ortskern ist jetzt völlig verbaut.* The new buildings have completely spoilt the old town centre. ◊ *Wir wollen die Landschaft nicht verbauen.* We don't want to concrete over the countryside. **3** (*versperren*) obstruct ◊ *Die Aussicht ist durch diesen Turm verbaut worden.* The view has been obstructed by that tower. **4 jdm/sich etw ~** ruin your/sb's sth ◊ *Durch diesen Fehler hast du dir deine Chancen verbaut.* You've ruined your chances by making that mistake.
verbergen 1 (**sich**) **~** hide* (*auch fig*) ◊ *Er verbarg sich im Keller.* He hid in the cellar. ◊ *Die Sonne verbarg sich hinter den Wolken.* The sun disappeared behind the clouds. ◊ *Flüchtlinge vor der Polizei verbergen* harbour refugees **2 etw ~** (*verheimlichen*) keep* sth to yourself; **jdm etw ~**; **etw vor jdm ~** keep* sth from sb ◊ *seine Meinung verbergen* keep your opinions to yourself ◊ *Er verbirgt etwas vor uns.* He's keeping something from us. ◊ *Er hat etwas zu verbergen.* He has something to hide. ◊ *Sie verbarg vor ihrer Familie, woher sie das Geld erhalten hatte.* She didn't tell her family where she had got the money from.
verbessern 1 (*korrigieren*) correct **2** (**sich**) **~** improve ◊ *Seine Leistungen haben sich verbessert.* His performance has improved. ◊ *Er konnte den Rekord um drei Sekunden verbessern.* He managed to improve on the previous record by three seconds. **3 sich ~** (*wirtschaftlich*) better yourself
Verbesserung 1 improvement ◊ *eine Verbesserung der Arbeitsbedingungen* an improvement in working conditions ◊ *Diese Zahlen stellen eine große Verbesserung im Vergleich zum vorigen Jahr dar.* These figures are a big improvement on last year. ◊ *Maßnahmen zur Verbesserung der Sicherheit* measures to improve safety **2** (*Berichtigung*) correcting (*oft mit einem Verb übersetzt*) ◊ *die Verbesserung des Diktats* correcting the dictation ◊ *Deine ständigen Verbesserungen gehen mir auf die Nerven.* It gets on my nerves when you correct me all the time.
Verbesserungsvorschlag suggestion for improvement
verbeugen sich ~ bow ◊ *sich vor dem Publikum verbeugen* bow to the audience

Verbeugung bow
verbeulen dent ◊ *stark verbeult* badly dented
verbiegen (sich) ~ bend* ◊ *Silber verbiegt (sich) leicht.* Silver bends easily. ◊ *Bei Hitze verbiegt sich das Metall.* The metal buckles in the heat.
verbieten 1 ban*, prohibit (*gehoben*) ◊ *eine Demonstration verbieten* ban a demonstration ◊ *Es ist polizeilich verboten, hier zu parken.* Parking is prohibited here. ◊ *Schilder, die das Parken verbieten* no-parking signs ◊ *Rauchen/Eintritt verboten!* No smoking/entry! ◊ *Betreten des Rasens verboten!* Keep off the grass. ☞ *Siehe auch* VERBOTEN **2** *jdm etw* ~; *jdm* ~ *etw zu tun* forbid* sb to do sth ◊ *Das verbiete ich dir.* I forbid you to do it. ◊ *Ihre Eltern verbieten ihr, mit ihm in die Ferien zu fahren.* Her parents won't let her go on holiday with him. ◊ *Ich lasse mir das nicht verbieten!* Nobody can stop me! ◊ *Ich habe dir das oft genug verboten!* I've told you enough times, you're not to do that! **3** *sich* ~ be out of the question IDM ⇨ MUND *und* WORT
verbilligen 1 *etw* ~ reduce the price of sth; (*Kosten, Preis*) reduce sth ◊ *Die Fluggesellschaften sollten ihre Preise verbilligen.* The airlines should reduce their fares. **2** *sich* ~ go* down in price, get* cheaper; (*Kosten, Preis*) go* down ◊ *Bei größerer Teilnehmerzahl verbilligen sich die Kosten.* The cost goes down if more people take part.
verbinden 1 put* a bandage on *sth* ◊ *den Finger verbinden* put a bandage on the finger **2** *jdm die Augen* ~ blindfold sb ◊ *Sie führten ihn mit verbundenen Augen in den Raum.* They led him blindfolded into the room. **3** *etw* (**mit etw**) ~ (*zusammenfügen*) connect sth (to sth) ◊ *Die Insel ist durch einen Damm mit dem Festland verbunden.* The island is connected to the mainland by a causeway. ◊ *zwei miteinander verbundene Drähte* two connecting wires ◊ *Der Zug verbindet die beiden Städte im Stundentakt.* There is an hourly rail link between the two towns. ☞ *Siehe auch* VERBUNDEN **4** *jdn* ~ (*telefonisch*) put* sb through ◊ *Bitte verbinden Sie mich mit der Zentrale.* Please put me through to the main office. ◊ *Moment bitte, ich verbinde.* Just a moment, I'll put you through. ☞ G 9.7d ◊ *Mit wem bin ich verbunden?* Who am I speaking to please? **5** *etw mit etw* ~ (*kombinieren*) combine sth with sth; **sich** (**mit etw**) ~ combine (with sth) ◊ *das Angenehme mit dem Nützlichen verbinden* combine business with pleasure **6** *jdn/etw mit jdm/etw* ~ associate sb/sth with sb/sth; **sich mit etw** ~ be associated with sth ◊ *Was verbinden Sie mit "Schottland"?* What do you associate with 'Scotland'? ◊ *Ich verbinde damit Nebel und Schlösser.* It makes me think of mist and castles. **7 mit etw verbunden sein** (*bedingen*) involve sth ◊ *Die Reise ist für mich mit sehr viel Arbeit verbunden.* The trip involves a lot of work for me. **8** *jdn* (**mit jdm**) ~ (*eine Gemeinsamkeit/Beziehung herstellen*) ◊ *Uns verbinden viele gemeinsame Interessen.* We have a lot of interests in common. ◊ *Eine enge Freundschaft verband uns.* We were bound by close ties of friendship. ◊ *Schwere Zeiten verbinden.* Experiencing hard times draws people together. ◊ *Was verbindet dich mit diesem Land?* What keeps you in this country? IDM ⇨ FALSCH
verbindlich 1 friendly ◊ *ein verbindliches Lächeln* a friendly smile ◊ *Sie lächelte verbindlich.* She gave a friendly smile. **2** (*bindend*) binding ◊ *Diese Vorschrift ist für alle Mitarbeiter verbindlich.* This rule is binding for all staff. ◊ *eine verbindliche Zusage* a definite acceptance
Verbindlichkeit 1 binding nature ◊ *die Verbindlichkeit eines Abkommens* the binding nature of a treaty ◊ *Diese Zusage hat für mich keine Verbindlichkeit.* This acceptance is not binding for me. **2 Verbindlichkeiten** liabilities [Pl] ◊ *seine Verbindlichkeiten erfüllen* meet your liabilities
Verbindung 1 link, connection ◊ *Er hat enge Verbindungen zur Mafia.* He has close links with the Mafia. ◊ *Die Morde könnten in Verbindung stehen.* The murders may be linked. **2** *jdn/etw mit jdm/etw in* ~ **bringen** associate sb/sth with sb/sth, link sb/sth to sb/sth; **mit etw in** ~ **stehen** be linked to sth ◊ *Er will nicht, dass man ihn mit den typischen schottischen Klischees in Verbindung bringt.* He doesn't want to be associated with the clichéd image of the Scot. ◊ *Beweismaterial, das ihn mit einer Terrororganisation in Verbindung bringt* evidence that links him to a terrorist organization **3** (*Kombination*) combination ◊ *eine gelungene Verbindung von Information und Unterhaltung* a successful combination of information and entertainment ◊ *Ist eine Verbindung von Kindern und Beruf möglich?* Is it possible to combine children and a career? **4 in** ~ **mit etw** (*eine Kombination von*) combined with sth; (*zusammen mit*) together with sth, in conjunction with sth (*gehoben*); (*im Zusammenhang mit*) in connection with sth **5** (*Kontakt*) touch; **mit jdm/etw in** ~ **setzen** contact sb ◊ *Er hat keine Verbindung mehr zu seinen alten Freunden.* He's no longer in touch with his old friends. ◊ *Wir haben die Verbindung nie abreißen lassen.* We've never lost touch. ◊ *Sie steht mit den Geiselnehmern in Verbindung.* She is in contact with the hostage-takers. ◊ *Er hat sich sofort mit der Polizei in Verbindung gesetzt.* He immediately contacted the police. ◊ *Ihre Mutter hat gute Verbindungen zum Schulleiter.* Her mother is on friendly terms with the headmaster. **6** (*Verkehrs-*) link ◊ *eine schiffbare Verbindung zwischen Main und Donau* a canal link between the Main and the Danube ◊ *eine der wichtigsten Verbindungen für Touristen in Richtung Süden* one of the main routes for tourists heading south ◊ *Es gibt alle 20 Minuten eine Verbindung in die Innenstadt.* Buses/Trains run every 20 minutes to the city centre. **7** (*Telefon-*) line ◊ *Es war eine schlechte Verbindung.* It was a bad line. ◊ *Ich konnte keine Verbindung bekommen.* I couldn't get through. **8** (CHEM) compound **9** (*studentisch*) students' society*, (*AmE*) fraternity*; (*für Studentinnen*) sorority*
verbissen 1 (*heftig*) fierce (*Adv* fiercely); (*hartnäckig*) dogged (*Adv* doggedly) **2** (*verkrampft*) grim (*Adv* grimly)
verbittert bitter (*Adv* bitterly) ◊ *eine verbittert geführte Auseinandersetzung* a bitterly fought battle ◊ *Er starb als verbitterter Mensch.* He died an embittered man.
Verbitterung bitterness
verblassen fade (*auch fig*)
Verbleib 1 whereabouts ◊ *der Verbleib des Geldes* the whereabouts of the money ☞ G 1.3c **2** (*das Verbleiben*) (*meist mit einem Verb übersetzt*) ◊ *die Entscheidung über den Verbleib des Jugendzentrums in dem alten Gebäude* the decision about whether the youth centre is to remain in the old building
verbleiben remain ◊ *der Abzug der verbliebenen Soldaten* the withdrawal of the remaining soldiers ◊ *Nach Abzug der Steuern verblieb ihm immer noch eine ansehnliche Summe.* After deduction of tax, he was still left with a considerable sum.
verbleichen fade
verbleit leaded ◊ *verbleites Benzin* leaded petrol
verblüffen 1 amaze **2** (*von etw*) **verblüfft sein** be taken aback (by sth)
verblüffend amazing (*Adv* amazingly)
verblüfft 1 ⇨ VERBLÜFFEN **2** *Adj* astonished ◊ *die verblüfften Zuschauer* the astonished spectators **3** *Adv* in amazement ◊ *Wir sahen ihr verblüfft zu.* We watched her in amazement.
verblühen fade (*auch fig*), finish flowering
verbluten bleed* to death
verborgen 1 ⇨ VERBERGEN **2** hidden ◊ *die verborgenen Schönheiten dieser Landschaft* the hidden beauties of this landscape **3** *jdm* ~ **bleiben** escape sb's notice **4 im Verborgenen** in secret
Verbot ban (*oft mit einem Verb übersetzt*) ◊ *ein weltweites Verbot chemischer Waffen* a worldwide ban on chemical weapons ◊ *Ich bin gegen ein Verbot der Veranstaltung.* I don't think the event should be banned. ◊ *nach dem Verbot der KP* after the Communist Party was banned ◊ *Er hat gegen mein Verbot gehandelt.* He did it, although I had told him not to. ◊ *Die Regierung plant ein gesetzliches Verbot der Bettelei.* The government is planning to outlaw begging.
verboten 1 ⇨ VERBIETEN **2** (*Partei, Zeitung, Substanzen*) banned; (*Handel, Geschäfte*) illegal; (*Früchte, Liebe, Stadt, Thema*) forbidden; (*Gelände*) prohibited IDM ⇨ FRUCHT
Verbotsschild ◊ *Viele Leute parken trotz Verbotsschild hier.* Many people park here despite the no-parking sign. ◊ *ein Museum ohne Verbotsschilder* a museum where there are no 'Do not touch' signs
Verbrauch consumption ◊ *den Verbrauch an Wasser reduzieren* reduce water consumption ◊ *Das Auto ist sehr sparsam im Verbrauch.* The car is very economical to run.
verbrauchen use, consume (*gehoben*); (*Geld*) spend* ◊ *zu viel Strom verbrauchen* use too much electricity ◊ *Milliar-*

den werden im Straßenbau verbraucht. Billions are spent on building roads.
Verbraucher(in) consumer
Verbraucherberatung 1 consumer advice **2** ⇨ VERBRAUCHERZENTRALE **verbraucherfreundlich 1** consumer-friendly **2** *(zugunsten des Verbrauchers)* in the interests of the consumer *(nicht vor Nomen)* **Verbraucherpreis** consumer price **Verbraucherschutz** consumer protection **Verbraucherzentrale** consumer advice centre, *(AmE)* consumer information center
verbraucht 1 ⇨ VERBRAUCHEN **2** *(Luft)* stale; *(Brennstab)* spent ◊ *Die Luft war stickig und verbraucht.* The air in the classroom was stuffy and stale. ◊ *Das verbrauchte Wasser wird wieder aufbereitet.* The used water is recycled. **3** *(Mensch)* worn
verbrechen do* *sth* (wrong) ◊ *Ich habe doch nichts verbrochen!* I haven't done anything wrong! ◊ *Was hat er denn jetzt wieder verbrochen?* What's he done now?
Verbrechen crime ◊ *Sie ist einem Verbrechen zum Opfer gefallen.* She was the victim of a crime. ◊ *ein Verbrechen begehen* commit a crime ◊ *Verbrechen an Frauen* crimes against women ◊ *Verbrechen gegen die Menschlichkeit* crimes against humanity ◊ *der Kampf gegen das organisierte Verbrechen* the fight against organized crime IDM **das ist doch kein Verbrechen!** it's not a crime!
Verbrechensbekämpfung fight against crime
Verbrecher(in) criminal
verbrecherisch criminal ◊ *verbrecherische Gewalttaten* acts of criminal violence
verbreiten 1 (**sich**) ~ spread* ◊ *Gerüchte verbreiten* spread rumours ◊ *Die Nachricht verbreitete sich schnell.* The news spread quickly. **2** *(Drucksachen)* circulate **3** *(ausstrahlen)* radiate ◊ *Er verbreitet immer gute Laune.* He always radiates good humour.
verbreitern widen; *(Angebot, Sortiment)* extend
verbreitet 1 ⇨ VERBREITEN **2** common; *(Krankheit)* endemic; *(Meinung, Ansicht, Auffassung)* widely held
Verbreitung spread; *(von Schriften, Ideen)* dissemination *(oft mit einem Verb übersetzt)* ◊ *die Verbreitung von Aids* the spread of AIDS ◊ *Ein starker Wind sorgte für die rasche Verbreitung der Flammen.* The strong wind meant that the flames spread rapidly.
verbrennen 1 burn*; *(Abfälle auch)* incinerate; *(Kalorien)* burn* up ◊ *Der Kuchen ist mir verbrannt.* I've burnt the cake. ◊ *Im Winter verbrennt der Körper mehr Kalorien.* The body burns up more calories in winter. ◊ *eine Politik der verbrannten Erde* a scorched earth policy **2 sich** ~ burn* yourself; **sich etw** ~ burn* *sth* ◊ *Ich habe mich am Herd verbrannt.* I burnt myself on the cooker. ◊ *Ich habe mir die Hand verbrannt.* I burnt my hand. **3** *(durch Feuer zerstört werden)* be destroyed in the fire/by fire; *(Gebäude)* burn* down; *(Mensch)* burn* to death ◊ *Alle Dokumente verbrannten.* All the documents were destroyed in the fire. **4** *sich* ~ *(töten)* burn* *sb* (at the stake); **sich** ~ burn* yourself to death ◊ *Im Mittelalter wurden Hexen verbrannt.* Witches were burned in the Middle Ages. **5** *(von der Sonne)* get* sunburned ◊ *sein von der Sonne verbranntes Gesicht* his sunburned face **6 zu etw** ~ be converted into *sth* ◊ *Kohlenhydrate verbrennen im Körper zu Kohlensäure und Wasser.* Carbohydrates are converted in the body into carbonic acid and water. IDM ⇨ MUND
Verbrennung 1 burning; *(von Müll)* incineration ◊ *Bei der Verbrennung von PVC entsteht Dioxin.* Burning PVC produces dioxin. **2** *(Brandwunde)* burn ◊ *Verbrennungen dritten Grades* third-degree burns ◊ *Er trug bei dem Unfall schwere Verbrennungen davon.* He was badly burned in the accident. **3** *(von Treibstoff)* combustion
Verbrennungsanlage incineration plant **Verbrennungsmotor** internal combustion engine
verbringen spend* ◊ *Er hat den ganzen Tag mit Packen verbracht.* He spent the whole day packing.
Verbrüderung 1 fraternization **2** *(Bündnis)* alliance
verbrühen scald ◊ *Er hat sich die Hand verbrüht.* He scalded his hand.
verbuchen 1 enter ◊ *Die Spenden werden als Ausgaben verbucht.* The donations are entered (in the books) as expenses. **2** *(Punkte, Sieg, Gewinn, Verlust)* chalk *sth* up ☛ G 9.7d
verbummeln 1 laze *sth* away ◊ *Wir haben den ganzen Tag verbummelt.* We lazed the day away. **2** *(verlieren)* lose*

Verbund 1 confederation ◊ *sich zu einem Verbund zusammenschließen* form a confederation **2 im** ~ **mit etw** together with *sth* **3 im** ~ **fahren** ◊ *Die Busse, Züge und Straßenbahnen fahren im Verbund.* There is an integrated transport system.
verbunden 1 ⇨ VERBINDEN **2** associated ◊ *das mit dem Rauchen verbundene Gesundheitsrisiko* the health risk associated with smoking ◊ *Der Umzug war mit viel Arbeit verbunden.* The move involved a great deal of work. ◊ *Diese Arbeit ist mit Lärm verbunden.* This work is very noisy. ◊ *Der Einsatz ist mit einem hohen Risiko verbunden.* The operation is very risky. ◊ *Lob verbunden mit Belohnungen* a combination of praise and reward
verbünden sich (**mit jdm/etw**) ~ join forces (with sb/sth); *(ein Bündnis schließen)* form an alliance (with sb/sth) ◊ *Die verschiedenen Rebellengruppen haben sich verbündet.* The various rebel groups have joined forces. ◊ *die Demokraten und die mit ihnen verbündeten anderen Parteien* the Democrats and the other allied parties
Verbündete(r) ally* *(auch fig)*
verbürgen 1 sich für jdn/etw ~ vouch for sb/sth ◊ *Ich verbürge mich für ihre Ehrlichkeit.* I can vouch for her honesty. **2 sich für etw** ~ *(haften)* accept liability for sth **3 sich für jdn** ~ *(die Bürgschaft übernehmen)* put* up bail for sb **4** *(garantieren)* guarantee ◊ *im Grundgesetz verbürgt* guaranteed by the Constitution ◊ *der gesetzlich verbürgte Anspruch auf Urlaub* statutory holiday entitlement
verbüßen serve
verchromt chromium-plated
Verdacht 1 suspicion ◊ *Verdacht erregen* arouse suspicion ◊ *Mein Verdacht hat sich bestätigt.* My suspicions were confirmed. ◊ *Er wurde wegen Verdacht auf Betrug verhaftet.* He was arrested on suspicion of fraud. ◊ *in Verdacht geraten* come under suspicion ◊ *Sie steht unter dem Verdacht, ein Kind ermordet zu haben.* She is suspected of having murdered a child. ◊ *Ich habe den starken Verdacht, dass er lügt.* I have a strong suspicion that he is lying. ◊ *mit Verdacht auf Lungenentzündung* with suspected pneumonia **2** ~ **schöpfen** become* suspicious **3 jdn/etw in/im** ~ **haben** suspect sb/sth ◊ *Ich habe Betz im Verdacht, es gestohlen zu haben.* I suspect Betz of stealing it.
verdächtig 1 suspicious *(Adv* suspiciously*)* ◊ *Ich habe nichts Verdächtiges bemerkt.* I didn't see anything suspicious. ◊ *Das Haus war verdächtig ruhig.* The house was suspiciously quiet. ◊ *Wenn du wegrennst, machst du dich verdächtig.* If you run away, you'll only arouse suspicion. ◊ *Er ist mir schon immer verdächtig gewesen.* I've always had my suspicions about him. **2 (einer Sache)** ~ **sein** be under suspicion (of sth)
Verdächtige(r) suspect
verdächtigen suspect ◊ *Die Polizei verdächtigt ihn des Mordes.* The police suspect him of murder. ◊ *Das Medikament wird als Auslöser von Frühgeburten verdächtigt.* The drug is suspected of causing premature labour.
verdammen condemn
verdammt 1 ⇨ VERDAMMEN **2** *Adj (verflucht)* damn(ed) *(umgs)* ◊ *Das verdammte Auto springt wieder nicht an.* The damn car won't start again. ◊ *Verdammte Scheiße!* Oh shit! **3** *Adv* damn *(umgs)* ◊ *Er ist ein verdammt guter Koch!* He's a damn good cook! ◊ *Sie meint es verdammt ernst.* She damn well means it. ◊ *Es tut verdammt weh.* It hurts like hell. ◊ *Das kostet verdammt viel Geld.* It costs a hell of a lot. IDM **Verdammt (noch mal)!** (Oh) hell!
verdampfen 1 evaporate **2 etw** ~ vaporize sth
verdanken jdm/einer Sache etw ~ owe sth to sb/sth ◊ *Er verdankt seinen Erfolg seinem Trainer.* He owes his success to his coach. ◊ *Ich habe ihm viel zu verdanken.* I owe him a lot. ◊ *Er hat es seinem Vater zu verdanken, dass er den Job bekam.* It was thanks to his father he got the job. ◊ *Das haben wir nur dir zu verdanken!* It's all your fault!
verdauen 1 digest *(auch fig)* **2** *(Enttäuschung, Niederlage, Schock etc.)* get* over sth
verdaulich digestible ◊ *leicht verdauliche Nahrung* easily digestible food ◊ *eine schwer verdauliche Mahlzeit* a heavy meal
Verdauung digestion
Verdauungsapparat digestive system **Verdauungsstörungen** digestive disorders [Pl]
Verdeck *(Auto-)* top; *(Kinderwagen-)* hood, *(AmE)* canopy* ◊ *mit offenem Verdeck fahren* drive with the top down

verdecken 1 hide*; (*Sicht*) block ◊ *Das Verkehrsschild war von Bäumen verdeckt.* The traffic sign was hidden by trees. **2** (*bedecken*) cover *sth* (up)
verdeckt 1 ⇨ VERDECKEN **2** concealed; (*heimlich*) covert (*Adv* covertly) ◊ *verdeckte Arbeitslosigkeit* concealed unemployment ◊ *eine verdeckte Aktion* a covert operation ◊ *verdeckte Ermittler* undercover investigators IDM ⇨ KARTE
verderben 1 go* off, go* bad ◊ *Der Fisch ist verdorben.* The fish has gone off. ◊ *verdorbene Lebensmittel* food that has gone bad **2** (**jdm**) **etw ~** spoil sth (for sb); (*stärker*) ruin sth (for sb) ◊ *Das hat mir den ganzen Tag verdorben.* It spoilt the whole day for me. ◊ *jdm den Appetit verderben* ruin sb's appetite **3 jdn ~** corrupt sb **4 sich die Augen ~** ruin your eyes **5 sich den Magen ~** get* an upset stomach ◊ *Ich habe mir gleich am ersten Urlaubstag den Magen verdorben.* I got an upset stomach the first day of the holiday. ◊ *Er hat sich mit dem Krabbencocktail den Magen verdorben.* The prawn cocktail upset his stomach. **6 es** (**sich**) **mit jdm ~** fall* out with sb IDM ⇨ KOCH *und* KONZEPT
Verderben undoing ◊ *Der Alkohol war sein Verderben.* Drink was his undoing.
verdeutlichen 1 make* *sth* clear; (*demonstrieren*) illustrate ◊ *Er hat versucht, ihr das Problem zu verdeutlichen.* He tried to make the problem clear to her. ◊ *Diese Zahlen verdeutlichen den Ernst der Situation.* These figures illustrate the seriousness of the situation. **2 sich etw ~** understand* sth
verdichten 1 (PHYSIK) compress **2 sich ~** (*Nebel, Wolken*) become* denser; (*Verdacht, Eindruck*) grow* ◊ *Der Nebel verdichtete sich immer mehr.* The fog was getting denser all the time. ◊ *Inzwischen hat es sich zu einem Verdacht verdichtet, dass es Mord war.* Suspicion is growing that it was murder. **3** (*ausbauen*) extend ◊ *Das Straßennetz wird verdichtet.* The road network is being extended. ◊ *verdichtete Wohnsiedlungen* high-density housing areas
verdienen 1 earn; (*Profit machen*) make* ◊ *Er ist Abteilungsleiter und verdient gut.* As head of department, he earns a good salary. ◊ *Sie verdient sich ihren Lebensunterhalt als Sängerin.* She earns her living as a singer. ◊ *Er verdient 50% an dem Verkauf.* He makes 50% on the sale. ◊ *Sie hat sich ihr Studium selbst verdient.* She financed her studies herself. **2** (*zu Recht bekommen*) deserve ◊ *Womit habe ich das verdient?* What have I done to deserve this?
Verdienst¹ *der* **1** income ◊ *Mit meinem Verdienst kann ich mir keinen Luxus leisten.* I can't afford any luxuries on my income. **2** (*Profit*) profit ◊ *Ich habe an dem Verkauf kaum Verdienst gehabt.* I made hardly any profit on the sale.
Verdienst² *das* **1** achievement; (*Beitrag*) contribution; (*Anerkennung*) credit ◊ *die Verdienste des Kanzlers* the achievements of the Chancellor ◊ *seine Verdienste um die Wissenschaft* his contributions to science ◊ *Das Verdienst gehört ihr ganz allein.* She can take all the credit. **2 jds ~ sein** be thanks to sb ◊ *Es war ganz allein sein Verdienst, dass das Kind überlebt hat.* It was entirely thanks to him that the child survived.
Verdienstorden ≈ Order of Merit
verdient 1 ⇨ VERDIENEN **2** well-deserved ◊ *verdienter Applaus* well-deserved applause **3** (*Mensch*) ◊ *Die Stadt ehrte um die Wissenschaft verdiente Bürger.* The town honoured citizens who had made an outstanding contribution to science. ◊ *eine verdiente Künstlerin* an outstanding artist IDM **sich um etw verdient machen** render distinguished service to sth
verdonnern jdn zu etw ~ give* sb sth; (*Haft auch*) sentence sb to sth ◊ *Der Richter verdonnerte ihn zu zwei Jahren Gefängnis.* The judge sentenced him to two years' imprisonment. ◊ *Sie wurde zu einer hohen Geldstrafe verdonnert.* She was given a hefty fine. ◊ *Haben sie dich zum Abwaschen verdonnert?* Have they made you do the dishes?
verdoppeln (**sich**) **~** double; (*Bemühungen etc.*) redouble ◊ *Die Anzahl der Nutzer hat sich verdoppelt.* The number of users has doubled. ◊ *Wir haben unseren Profit verdoppelt.* We have doubled our profits.
Verdoppelung doubling
verdorben 1 ⇨ VERDERBEN **2** ruined (*nicht vor Nomen*); (*Lebensmittel*) off (*nicht vor Nomen*); (*Magen*) upset ◊ *Jetzt ist mir der Tag verdorben.* The day is ruined for me now. ◊ *verdorbene Lebensmittel* food that is off ◊ *einen verdorbenen Magen haben* have an upset stomach **3** (*Mensch*) depraved

Verdorbenheit depravity
verdorren wither
verdrängen 1 drive* *sb/sth* out; (*Randgruppe*) marginalize **2** (*ersetzen*) replace ◊ *Schreibmaschinen sind durch die Computer verdrängt worden.* Typewriters have been replaced by computers. **3** (PSYCH) repress
Verdrängung 1 (*meist mit einem Verb übersetzt*) ◊ *die Verdrängung von Dealern in die Vororte* driving the dealers out into the suburbs **2** (*das Ersetzen*) replacement ◊ *die Verdrängung der Arbeiter durch neue Technologie* the replacement of workers by new technology **3** (PSYCH) repression
verdreckt filthy*
verdrehen 1 twist (*auch fig*) ◊ *jdm den Arm verdrehen* twist sb's arm ◊ *Er hat versucht, mir die Worte zu verdrehen.* He tried to twist my words. ◊ *die Augen verdrehen* roll your eyes **2** (*Film*) use *sth* up IDM ⇨ KOPF
verdreifachen (**sich**) **~** triple, treble
verdrossen sullen (*Adv* sullenly)
verdrücken 1 sich ~ clear off (*umgs*); (*heimlich*) slip* away **2** (*aufessen*) polish sth off (*umgs*)
verduften 1 clear off (*umgs*) ◊ *Los, verdufte!* Clear off! **2** (*Duft verlieren*) lose * its scent; (*Kaffee etc.*) lose * its aroma
verdummen go* soft in the head; **jdn ~** make* sb go soft in the head ◊ *Das viele Fernsehen verdummt die Kinder.* Watching television so much makes children go soft in the head. ◊ *Uns können sie mit ihren Parolen nicht verdummen.* They can't fool us with their slogans.
verdunkeln 1 darken; (*völlig*) black *sth* out ◊ *Wolken verdunkelten den Himmel.* Clouds darkened the sky. ◊ *ein Fenster verdunkeln* black out a window **2** (*trüben*) cloud; (*überschatten*) overshadow ◊ *Die Krankheit verdunkelte ihr Glück.* The illness clouded her happiness. **3 sich ~** grow* dark
verdünnen dilute; (*Farbe, Lack*) thin*
verdunsten evaporate
verdursten die* of thirst
verdutzt taken aback (*nicht vor Nomen*), nonplussed (*nicht vor Nomen*) ◊ *Sie sah ihn verdutzt an.* She looked at him nonplussed.
verehren 1 worship; (*bewundern*) admire **2 jdm etw ~** bequeath sb sth, bequeath sth to sb
Verehrer(in) admirer
verehrt 1 ⇨ VEREHREN **2** (*als Anrede*) ◊ *Verehrtes Publikum!* Ladies and Gentlemen! ◊ *Verehrte Gäste!* Honoured guests! IDM ⇨ DAME
vereidigen swear* *sb* in
Verein 1 society*; (*für Sport, Freizeit etc.*) club ◊ *der Verein für Heimatkunde* the local history society **2** (*Leute*) lot (*umgs*) ◊ *Ihr seid ja ein komischer Verein!* You're a funny lot! ← G 1.3b **3 im ~ mit jdm/etw** in conjunction with sb/sth
vereinbar (**mit etw/miteinander**) **~** compatible (with sth/each other)
vereinbaren 1 etw (**mit jdm**) **~** arrange sth (with sb); (*sich einigen*) agree sth (with sb) ◊ *Ich habe mit ihr vereinbart, sie nach der Arbeit abzuholen.* I've arranged to pick her up after work. ◊ *einen Preis vereinbaren* agree a price ◊ *einen Treffpunkt vereinbaren* arrange where to meet ◊ *Es wurde vereinbart, dass ...* It was agreed that ... **2 etw mit etw ~** reconcile sth with sth ◊ *etw mit seinem Gewissen vereinbaren* reconcile sth with your conscience
Vereinbarung arrangement; (*Einigung*) agreement ◊ *eine Vereinbarung treffen* make an arrangement ◊ *Es war zu keiner Vereinbarung gekommen.* No agreement was reached. ◊ *Preis nach Vereinbarung* price to be agreed
vereinen 1 unite ◊ *die zersplitterte Partei vereinen* unite the divided party ◊ *wieder vereint sein* be reunited **2 sich ~** (*Menschen*) unite; (*sich zusammenschließen auch*) join forces; (*Organisationen*) merge; (*Eigenschaften*) be combined ◊ *Sie vereinten sich im Protest gegen die neue Startbahn.* They joined forces to protest about the new runway. ◊ *In seinem Werk vereinen sich Theorie und Praxis.* Theory and practice are combined in his work. **3** (*versöhnen*) reconcile **4** (*zugleich haben*) combine ◊ *Sie vereint Geist und Anmut.* She combines intelligence and charm.
vereinfachen simplify*
Vereinfachung simplification
vereinheitlichen standardize

Vereinheitlichung standardization
vereinigen 1 unite ◊ *Hindus, Moslems und Christen sind hier vereinigt.* Hindus, Muslims and Christians are united here. ◊ *Die Taufe hat die ganze Familie wieder vereinigt.* The christening reunited the family ◊ *die Vereinigten Staaten* the United States ◊ *die Mehrheit der Stimmen auf sich vereinigen* win the majority of the votes **2 sich** (**mit jdm/etw**) ~ unite (with sb/sth); (*sich zusammenschließen auch*) join forces; (*Organisationen*) merge; (*Flüsse*) meet* **3 etw** (**in sich**) ~ combine sth; **sich** (**in etw**) ~ be combined (in sth) ◊ *Die Kirche vereinigt in sich Neues und Altes.* The church combines old and new. ◊ *In seiner Musik vereinigen sich verschiedene Stilrichtungen.* Various styles are combined in his music.
Vereinigung 1 (*von Ländern etc.*) unification; (*von Organisationen*) merger; (*von Flüssen*) confluence **2** (*Organisation*) organization; (*Verein*) society* ◊ *eine kriminelle Vereinigung* a criminal organization ◊ *eine Vereinigung für den Vogelschutz* a society for the protection of birds
vereinsamen become* lonely; (*isoliert werden*) become* isolated
Vereins- Vereinsheim clubhouse **Vereinskamerad(in)** fellow member (of a club) **Vereinskasse** club funds [Pl] **Vereinsmitglied** club member
vereint 1 ⇨ VEREINEN **2** united ◊ *Vereint sind wir stark.* United we are strong. ◊ *die Vereinten Nationen* the United Nations ◊ *Mit vereinten Kräften schaffen wir es.* We'll manage it if we all pull together.
vereinzelt occasional (*nur vor Nomen*) (*Adv* occasionally); (*Regenschauer auch*) scattered
vereist icy*
vereiteln foil
vereitern go* septic
vererbbar hereditary
vererben 1 (**jdm**) **etw** ~; **etw** (**an jdn**) ~ leave* (sb) sth, leave* sth (to sb), bequeath sb sth, bequeath sth to sb (*gehoben oder hum*) ◊ *Sie vererbte alles an ihre Tochter.* She left everything to her daughter. ◊ *Er hat mir seine alte Schreibmaschine vererbt.* He has bequeathed me his old typewriter. **2** (BIOL) (**jdm**) **etw** ~; **etw** (**an/auf jdn**) ~ pass sth on (to sb) ◊ *Er hat die Krankheit auf seine Kinder vererbt.* He passed the disease on to his children. **3 sich** ~ be passed on ◊ *Bestimmte Krankheiten vererben sich von einer Generation auf die nächste.* Certain diseases are passed on from one generation to the next.
vererbt 1 inherited **2** (*genetisch*) hereditary
Vererbung inheritance
verewigen 1 immortalize; (*Zustand, Problem etc.*) perpetuate ◊ *Er hat sie in seinem Gedicht verewigt.* He immortalized her in his poem. **2 sich** ~ leave* your mark
verfahren¹ *Verb* **1** proceed ◊ *Sie wollen anders verfahren.* They want to proceed differently. **2** (*umgehen*) deal* ◊ *Er ist mit ihr schonend verfahren.* He dealt with her gently. **3 sich** ~ (*falsch abbiegen*) take* the wrong turning; (*völlig verfahren*) get* lost ◊ *Ich habe mich auf dem Rückweg verfahren.* I got lost on the way back. **4** (*Treibstoff verbrauchen*) use
verfahren² *Adj* hopeless
Verfahren 1 (*Methode*) procedure ◊ *ein neues Verfahren für Asylsuchenden* a new procedure for asylum seekers **2** (TECH) process ◊ *ein chemisches Verfahren* a chemical process **3** (RECHT) proceedings [Pl] ◊ *ein Verfahren gegen jdn einleiten* bring proceedings against sb
Verfahrensweise procedure
Verfall 1 decline; (*eines Gebäudes*) dilapidation ◊ *der moralische Verfall* moral decline ◊ *der Verfall der Ölpreise* the decline in oil prices ◊ *der Verfall von ländlichen Immobilien* the dilapidation of rural property ◊ *Das Haus war in Verfall geraten.* The house had fallen into disrepair. **2** (*eines Gutscheins*) expiry; (*eines Wechsels*) maturity
verfallen¹ *Verb* **1** fall* into disrepair ◊ *ein Haus verfallen lassen* let a house fall into disrepair **2** (*sich auflösen, schwach werden*) decline ◊ *ins Chaos verfallen* decline into chaos **3** (*ungültig werden*) expire ◊ *Die Eintrittskarten sind verfallen.* The tickets have expired. **4 in etw** ~ fall* into sth ◊ *in Schweigen verfallen* fall into silence **5 auf etw** ~ hit* (up)on sth ◊ *Sie verfielen auf den Gedanken, ihr eigenes Geschäft aufzumachen.* They hit upon the idea of opening their own shop. **6 einer Sache** ~ become* addicted to sth ◊ *Sie war dem Heroin verfallen.* She had become addicted to heroin. ◊ *Er verfiel dem Alkohol.* He became an alcoholic. **7 jdm** ~ fall* under sb's spell *Sie ist diesem Mann verfallen.* She has fallen under the spell of this man.
verfallen² *Adj* **1** dilapidated, ruined (*nur vor Nomen*) ◊ *ein verfallenes Haus* a dilapidated house ◊ *ein verfallenes Schloss* a ruined castle **2** (*ungültig*) invalid, expired
Verfallsdatum expiry date, (*AmE*) expiration date; (*Haltbarkeitsdatum*) use-by date, (*AmE*) expiration date ☞ *Hinweis bei* SELL-BY DATE
verfälschen 1 (*Lebensmittel*) adulterate ◊ *Wein durch Zusätze verfälschen* adulterate wine with additives **2** (*falsch darstellen*) falsify*; (*Tatsachen, Wahrheit*) distort
verfärben 1 discolour, (*AmE*) discolor ◊ *verfärbte Zähne* discoloured teeth ◊ *Der rote Strumpf hatte die Wäsche verfärbt.* The red sock had turned all the washing pink. **2 sich** ~ change colour, (*AmE*) change color; (*unschön*) become* discoloured, (*AmE*) become* discolored; **sich rot, grün, etc.** ~ turn red, green, etc. ◊ *Die Blätter verfärben sich.* The leaves are changing colour. ◊ *Der Himmel verfärbte sich rot.* The sky turned red.
verfassen write*; (*Programm, Gesetz*) draw* sth up ◊ *einen Roman verfassen* write a novel ◊ *ein Parteiprogramm verfassen* draw up a manifesto ◊ *eine demokratisch verfasste Gesellschaft* a democratic society ◊ *die verfasste Kirche* the constitutionally established Church
Verfasser(in) author
Verfassung 1 (RECHT) constitution **2** (*Zustand*) state ◊ *jds psychische Verfassung* sb's mental state ◊ *jds gesundheitliche Verfassung* sb's state of health ◊ *in guter Verfassung* in good shape
Verfassungsänderung amendment to the constitution, constitutional amendment **Verfassungsbeschwerde** = complaint about an alleged unconstitutional act, constitutional complaint (*offiz*) **verfassungsfeindlich** anti-constitutional **Verfassungsgericht** constitutional court **Verfassungsklage** = case that is brought before the constitutional court **verfassungsmäßig** constitutional (*Adv* constitutionally) ◊ *verfassungsmäßige Rechte* constitutional rights ◊ *verfassungsmäßig garantierte Rechte* constitutionally guaranteed rights **verfassungsrechtlich** constitutional ◊ *verfassungsrechtliche Bedenken* constitutional doubts ◊ *verfassungsrechtlich zulässig sein* be acceptable under the constitution **Verfassungsrichter(in)** constitutional court judge ☞ G 2.2d **Verfassungsschutz** protection of the constitution; (*Amt, Behörde*) ≈ security service **verfassungswidrig** unconstitutional
verfaulen rot*; (*Zähne*) decay
verfault 1 ⇨ VERFAULEN **2** rotten (*auch fig*); (*Zähne*) decayed ◊ *verfaultes Obst* rotten fruit
verfechten defend
Verfechter(in) champion ◊ *ein Verfechter von Menschenrechten* a champion of human rights ◊ *Verfechter eines harten Kurses* hardliners
verfehlen 1 miss ◊ *Der Schuss verfehlte ihn.* The shot missed him. ◊ *Wir müssen uns wohl knapp verfehlt haben.* We must have just missed each other. ◊ *Der Brief hat seine Wirkung nicht verfehlt.* The letter had the desired effect. ◊ *Die Reform hat ihr Ziel verfehlt.* The reform did not achieve its aim. ◊ *Du hast den Beruf verfehlt.* You're in the wrong job. **2 das Thema** ~ not answer the question
verfehlt 1 ⇨ VERFEHLEN **2** (*fehlgeschlagen, gescheitert*) failed (*nur vor Nomen*); (*unangebracht*) inappropriate ◊ *eine verfehlte Politik* a failed policy ◊ *Der Vorwurf ist völlig verfehlt.* The accusation is completely inappropriate. ◊ *verfehlte Prognosen* inaccurate predictions
verfeindet ◊ *verfeindete Familien* feuding families ◊ *Die beiden sind seit langem miteinander verfeindet.* The two have been enemies for years.
verfeinern refine
verfilmen make* a film of *sth* ◊ *ein Buch verfilmen* make a film of a book ◊ *Der Roman wurde von der BBC verfilmt.* The novel was filmed by the BBC.
Verfilmung (*das Filmen*) filming; (*Film*) film version
verfilzt matted
verfinstern sich ~ darken
verfliegen 1 sich ~ lose* your bearings **2** (*sich auflösen, vorübergehen*) vanish; (*Unmut, Begeisterung etc.*) subside; (*Zeit*) fly* by
verfließen 1 become* blurred; (*Farben*) run* ◊ *Die Grenzen zwischen Philosophie und Religion verfließen.* The bor-

ders between philosophy and religion are becoming blurred. **2** (*Zeit*) pass ◊ *20 Jahre sind verflossen.* 20 years have passed. ◊ *verflossene Jahre* years gone by
verflixt 1 awkward ◊ *eine verflixte Situation* an awkward situation **2** (*verdammt*) flipping, (*AmE*) darn ◊ *Diese verflixten Computer!* These flipping computers! ◊ *Verflixt! Bother!*
verflochten (*fig*) connected
verfluchen curse
verflucht 1 ⇨ VERFLUCHEN **2** (*verdammt*) damn
verflüssigen (**sich**) ~ liquefy*
verfolgen 1 follow; (*Dieb, Tier etc.*) chase; (*Ziel, Taktik*) pursue ◊ *eine Spur verfolgen* follow a trail ◊ *Er verfolgt ihn auf Schritt und Tritt.* He follows him wherever he goes. ◊ *eine Diskussion verfolgen* follow a discussion ◊ *Der Verfolgte konnte entkommen.* The man they were chasing managed to escape. ◊ *eine bestimmte Strategie verfolgen* pursue a certain strategy ◊ *Ihre Beschwerde wurde nicht weiter verfolgt.* Their complaint was not taken any further. **2** (*religiös, politisch, ethnisch*) persecute ◊ *aus politischen Gründen verfolgt werden* be persecuted on political grounds ◊ *religiös Verfolgte* victims of religious persecution **3** (RECHT) *jdn gerichtlich/strafrechtlich verfolgen* prosecute sb ◊ *Der Fall wird polizeilich verfolgt.* The case is being investigated by the police. **4** (*Gedanke etc.*) haunt IDM ⇨ PECH
Verfolger(in) pursuer; (*politisch, religiös, ethnisch*) persecutor
Verfolgung 1 pursuit (*auch fig*) ◊ *Die Polizei nahm die Verfolgung auf.* The police took up the pursuit. ◊ *die Verfolgung seiner politischen Ziele* the pursuit of his political goals **2** (*politisch, religiös, ethnisch*) persecution ◊ *staatliche Verfolgung* state persecution **3** (*gerichtlich*) prosecution; (*polizeilich*) investigation
Verfolgungsjagd chase **Verfolgungswahn** persecution complex
verformen 1 distort **2** sich ~ become* distorted
verfrachten transport, ship*; (*Person*) bundle *sb* off (*umgs*)
verfremden distort ◊ *durch Computer verfremdete Stimmen* voices distorted by the computer
Verfremdung alienation
Verfremdungseffekt alienation effect
verfressen greedy*
verfroren ~ sein feel* the cold; (*sehr frieren*) be frozen
verfrüht premature (*Adv* prematurely) ◊ *Es wäre verfrüht, jetzt schon über einen Nachfolger zu spekulieren.* It would be premature to speculate on a successor already.
verfügbar available
Verfügbarkeit availability
verfügen 1 über jdn/etw ~ (*bestimmen können*) ◊ *Sie können über das Geld frei verfügen.* The money can be used however you like. ◊ *Er kann über seine Zeit frei verfügen.* He can plan his time himself. ◊ *Du kannst nicht einfach so über mich verfügen!* You can't tell me what to do. **2 über etw** ~ (*besitzen*) have sth ◊ *Sie verfügt über ein eigenes Einkommen.* She has her own income. ◊ *Das Land verfügt über Atomwaffen.* The country has nuclear weapons at its disposal. **3** (*anordnen*) order
Verfügung 1 etw zur ~ haben have sth at your disposal **2** (**jdm**) etw zur ~ stellen ◊ *Sie stellte ihm das Auto zur Verfügung.* She put the car at his disposal. ◊ *Die Firma stellte ihm eine Wohnung zur Verfügung.* The firm provided him with a flat. ◊ *Ich stellte ihr mein Bett zur Verfügung.* I let her have my bed. ◊ *Sie stellte der Presse die Unterlagen zur Verfügung.* She made the documents available to the press. **3 zur ~ stehen** be available ◊ *Es stand kein Einzelzimmer zur Verfügung.* There was no single room available. ◊ *Ich stehe Ihnen ab Anfang Mai zur Verfügung.* I'm available from the beginning of May. ◊ *Ich stehe Ihnen zur Verfügung.* I'm at your disposal. ◊ *Steht ihnen ein Computer zur Verfügung?* Do you have access to a computer? **4** (*gerichtlich*) injunction; (*behördlich*) order
verführen 1 (*sexuell*) seduce **2** (*verleiten*) tempt ◊ *Die breite Straße verführt zum Rasen.* On this wide road people are tempted to drive too fast.
Verführer seducer
Verführerin seductress
verführerisch seductive (*Adv* seductively); (*reizvoll*) tempting

Verführung temptation; (*sexuell*) seduction
vergammeln 1 (*Lebensmittel*) go* bad; (*Gebäude, Anlage etc.*) go* to rack and ruin ◊ *Der Vermieter lässt das Haus vergammeln.* The landlord is letting the house go to rack and ruin. ◊ *ein vergammeltes T-Shirt* a scruffy T-shirt **2** (*vertrödeln*) waste
vergangen 1 ⇨ VERGEHEN **2** last ◊ *im vergangenen Jahr* last year ◊ *vergangene Zeiten* times gone by
Vergangenheit 1 past **2** (LING) past (tense) IDM ⇨ AUSFLUG
Vergangenheitsbewältigung process of coming to terms with the past **Vergangenheitsform** past (tense)
vergänglich transitory
Vergänglichkeit transience
vergasen gas*
Vergaser carburettor, (*AmE*) carburetor
vergeben 1 jdm (**etw**) ~ forgive* sb (sth) ◊ *jdm die Sünden vergeben* forgive sb their sins **2** etw ~ throw* sth away ◊ *Er vergab seine Chance.* He threw away his chance. **3 etw (an jdn)** ~ allocate (sb) sth; (*Auftrag, Preis*) award (sb) sth ◊ *Wie werden die Studienplätze vergeben?* How are places at university allocated? ◊ *Sie haben den Auftrag an einen englischen Architekten vergeben.* They've awarded the commission to an English architect. ◊ *Wir haben 25 Freikarten zu vergeben.* We have 25 complimentary tickets to give away. **4 sich nichts ~** have nothing to lose IDM **bereits vergeben sein** (*Mensch*) be already spoken for
vergebens in vain
vergeblich 1 *Adj* in vain (*nicht vor Nomen*), futile ◊ *Alle Versuche waren vergeblich.* All the attempts were in vain. ◊ *vergebliche Bemühungen* futile efforts **2** *Adv* in vain ◊ *sich vergeblich um etw bemühen* try in vain to get sth
vergegenwärtigen sich (etw) ~ imagine (sth); (*berücksichtigen*) be aware (of sth)
vergehen 1 (*Zeit*) go* by; (*Schmerzen etc.*) wear* off ◊ *Es verging einige Zeit, bevor …* Some time went by before … ◊ *Kein Tag vergeht, ohne dass ich an ihn denke.* Not a day goes by without my thinking of him. ◊ *Die Schmerzen vergingen nicht.* The pain didn't wear off. **2 etw** ~ be dying (of sth) ◊ *Er verging vor Hunger.* He was dying of hunger. ◊ *Diese Hitze! Ich vergehe fast!* The heat is killing me! ◊ *vor Sehnsucht vergehen* be pining away **3 jdm vergeht etw** sb loses* sth ◊ *Ihr verging der Appetit.* She lost her appetite. ◊ *Mir ist die Lust inzwischen vergangen.* I don't feel like it any more. **4 sich an jdm** ~ abuse sb IDM ⇨ FLUG *und* LACHEN
vergelten jdm etw ~ repay* sb for sth; **etw mit etw** ~ repay* sth with sth, return sth with sth ◊ *Man darf nicht Gewalt mit Gewalt vergelten.* We must not return violence with violence.
Vergeltung retaliation ◊ *als Vergeltung für den Anschlag* in retaliation for the attack ◊ *Vergeltung üben* take revenge
Vergeltungsmaßnahme reprisal
vergessen 1 forget* ◊ *Ich habe vergessen, wie man das macht.* I've forgotten how to do it. ◊ *ein vergessener Dichter* a forgotten poet **2** (*liegen lassen*) forget*; (*mit Ortsangabe*) leave*

> Vorsicht! Wenn erwähnt wird, *wo* jemand etwas vergessen hat, wird **leave** verwendet: *Er hat seinen Pass vergessen.* He forgot his passport. ◊ *Er hat seinen Pass zu Hause vergessen.* He left his passport at home.

3 sich ~ forget* yourself **4 jdm etw nicht/nie ~** (*nie verzeihen*) never forgive* sb for sth; (*dankbar sein*) be grateful to sb for sth ◊ *Das werde ich ihm nie vergessen.* I'll never forgive him for it. ◊ *Danke. Das werde ich dir nie vergessen.* Thanks. I'll be eternally grateful to you. IDM **das kannst du vergessen!** forget it! **den/die/das kannst du vergessen!** he's/she's/it's no use! **vergiss es!** forget it! ☞ *Siehe auch* SCHLEIER
Vergessenheit oblivion; **in ~ geraten** be forgotten, sink* into oblivion (*gehoben*)
vergesslich forgetful
Vergesslichkeit forgetfulness
vergeuden waste
vergewaltigen rape
Vergewaltiger rapist
Vergewaltigung rape
vergewissern sich ~ make* sure ◊ *sich einer Sache verge-*

vergießen

wissern make sure of sth ◊ *sich vergewissern, ob/dass ...* make sure whether/that ...
vergießen (*Wasser, Milch*) spill*; (*Blut, Tränen*) shed*
vergiften poison (*auch fig*); (*Boden, Meer, Luft etc.*) pollute, contaminate ◊ *Diese Streitereien vergiften das Klima in der Firma.* These arguments are poisoning the atmosphere in the company.
Vergiftung poisoning [U]; (*von Boden, Meer, Luft etc.*) pollution [U] ◊ *an einer Vergiftung sterben* die as a result of poisoning ◊ *erste Hilfe bei Vergiftungen* fist aid in cases of poisoning
vergilbt (*Papier, Zeitung*) yellowing; (*Foto*) faded
Vergleich 1 comparison ◊ *Sie zieht einen Vergleich zwischen den beiden Büchern.* She draws a comparison between the two books. ◊ *Das ist überhaupt kein Vergleich.* There's no comparison. ◊ *Zum Vergleich: Damals kostete ein Brötchen 4 Pfennig.* In comparison, a bread roll cost 4 pfennigs then. ☛ *Hinweis bei* VERGLEICHEN *und* COMPARE[1] **2 im ~ mit/zu jdm/etw** in comparison with sb/sth, compared with sb/sth ◊ *im Vergleich zum Vorjahr* compared with last year. ◊ *im europäischen Vergleich* compared with the rest of Europe ☛ *Hinweis bei* VERGLEICHEN **3** (LING) simile **4** (RECHT) settlement ◊ *ein außergerichtlicher Vergleich* an out-of-court settlement IDM **der Vergleich hinkt** the comparison is not valid
vergleichbar comparable (*Adv* comparably); (*ähnlich*) similar (*Adv* similarly) ◊ *Ihr Gehalt ist mit meinem vergleichbar.* Her salary is comparable to mine.
vergleichen 1 jdn/etw (mit jdm/etw) ~ compare sb/sth (with sb/sth) ◊ *Du kannst doch diesen Autor nicht mit Goethe vergleichen!* You can't compare this author with Goethe! ◊ *Er kann sich nicht mit dem Weltmeister vergleichen.* He isn't of the same calibre as the world champion

> **Compare to** wird oft gebraucht, wenn man eine Analogie oder Ähnlichkeit zwischen zwei ganz unterschiedlichen Dingen beschreibt: *Critics compare him to Dickens.*
>
> Dagegen ist **compare with** richtig, wenn man zwei Dinge vergleicht, um festzustellen, ob und inwiefern sie einander ähnlich sind: *She compared the original with the copy.* Der Unterschied ist allerdings so fein, dass in den meisten Fällen beide Präpositionen verwendet werden können. ☛ *Hinweis bei* COMPARE[1]
>
> **2 etw ist mit etw nicht zu ~** sth does not compare with sth; **jd ist nicht mit jdm zu ~** you can't compare sb with sb ◊ *Der neue Laden ist mit dem alten nicht zu vergleichen.* The new shop doesn't compare with the old one. ◊ *Er ist nicht mit seinem Bruder zu vergleichen.* You can't compare him with his brother. **3** (RECHT) **sich ~** reach a settlement

vergleichend comparative
vergleichsweise comparatively ◊ *Mit 30 Jahren ist sie für diesen Job vergleichsweise jung.* At 30, she is comparatively young for this job. ◊ *eine vergleichsweise kleine Wohnung* a comparatively small flat
vergnügen sich ~ enjoy yourself, have a good time; (*Zeit vertreiben*) amuse yourself ◊ *Sie vergnügten sich auf dem Eis.* They were enjoying themselves on the ice. ◊ *Er vergnügte sich stundenlang damit, im Internet zu surfen.* He amused himself for hours, surfing the Net.
Vergnügen pleasure; (*Spaß*) fun [U] ◊ *jdm Vergnügen bereiten* give sb pleasure ◊ *Es war mir ein Vergnügen, Sie kennen zu lernen!* It has been a pleasure meeting you! ◊ *Viel Vergnügen auf der Party!* Have fun at the party! ◊ *Sie fährt nur so zum Vergnügen Rad.* She cycles just for the fun of it. ◊ *Mit ihm zusammen zu arbeiten ist kein Vergnügen.* It's no fun working with him. ◊ *sehr zum Vergnügen der Zuschauer* much to the entertainment of the audience IDM **ein teures Vergnügen** an expensive business
vergnüglich (*Abend, Ausflug etc.*) enjoyable; (*Geschichte, Film etc.*) entertaining
vergnügt happy* (*Adv* happily)
Vergnügungs- Vergnügungspark amusement park **Vergnügungsviertel** pleasure district
vergoldet (*Schmuck*) gold-plated; (*Statue etc.*) gilded
vergöttern idolize
vergraben bury* ◊ *Sie hat sich völlig in ihrer Arbeit vergraben.* She has buried herself completely in her work.

vergraulen 1 frighten *sb* off **2 jdm etw ~** put* sb off sth ◊ *Die Verkehrsplaner wollen uns die Fahrt in die Innenstadt vergraulen.* The traffic planners want to put us off driving into the centre.
vergreifen 1 sich ~ make* a mistake ◊ *Sie hat sich vergriffen und versehentlich das falsche Medikament genommen.* She made a mistake and took the wrong medicine. ◊ *Da hat er sich wohl im Ton vergriffen!* That was not the right tone! **2 sich an etw ~** steal* sth ◊ *Sie hat sich an den Spendengeldern vergriffen.* She stole the donations. **3 sich an jdm ~** assault sb ◊ *Er hat sich an dem Kind vergriffen.* He indecently assaulted the child.
vergriffen 1 ⇨ VERGREIFEN **2** unavailable; (*ausverkauft*) sold out (*nicht vor Nomen*); (*Buch*) out of print
vergrößern 1 enlarge; (*Gebäude, Gelände auch*) extend ◊ *Der Hafen wurde vergrößert.* The harbour was enlarged. ◊ (*Firma*) expand ◊ *Er will die Firma vergrößern.* He wants to expand the company. **3** (*Anzahl, Vorsprung, Wahrscheinlichkeit*) increase ◊ *Der Chef will die Zahl der Angestellten auf 25 vergrößern.* The boss wants to increase the number of staff to 25. **4 sich ~** (*zunehmen*) increase; (*Zahl auch*) rise* ◊ *Der Anteil der Frauen vergrößert sich stetig.* The proportion of women is increasing steadily. **5 sich ~** (*wachsen*) grow*; get* bigger ◊ *Die Geschwulst hat sich vergrößert.* The tumour has got bigger. **6** (FOTO, MED) enlarge **7** (*Mikroskop, Fernglas etc.*) magnify*
Vergrößerung 1 (*eines Gebiets, Geländes*) extension; (*einer Firma*) expansion; (*eines Vorsprungs*) increase (*oft mit einem Verb übersetzt*) ◊ *die Vergrößerung der Gruppen auf 25* increasing the size of the groups to 25 **2** (FOTO, MED) enlargement **3** (*von Mikroskopen etc.*) magnification
Vergrößerungsglas magnifying glass
Vergünstigung 1 privilege ◊ *Mitglieder haben gewisse Vergünstigungen.* Members have certain privileges. ◊ *steuerliche Vergünstigungen* tax breaks **2** (*Ermäßigung*) reduction
vergüten 1 (jdm) etw ~ (*erstatten*) reimburse (sb for) sth **2** (*bezahlen*) pay* ◊ *Die Arbeit wird mit 8€ pro Stunde vergütet.* The work is paid at a rate of €8 an hour.
Vergütung 1 (*eines Schadens*) compensation; (*von Unkosten*) reimbursement **2** (*Bezahlung*) pay [U]
verhaften arrest ◊ *Sie wurde unter dem Verdacht der Bestechung verhaftet.* She was arrested on suspicion of bribery.
Verhaftung arrest
verhallen (*Geräusche etc.*) die* away
verhalten[1] *Verb* sich ~ **1** (*benehmen*) behave; (*handeln*) act ◊ *sich aggressiv verhalten* behave aggressively ◊ *Er verhielt sich wie ein Elefant im Porzellanladen.* He acted like a bull in a china shop. ◊ *Wie verhalten Sie sich in solchen Fällen?* What do you do in cases like that? ◊ *sich still verhalten* keep quiet ◊ *Sie haben sich abwartend verhalten.* They decided to wait and see. **2** (*sein*) be ◊ *Die Sache verhält sich folgendermaßen ...* This is the state of affairs ... ◊ *Ähnlich verhält es sich mit ...* It is similar in the case of ... ◊ *Mit ihm verhielt sich das anders.* It was different in his case. ◊ *A verhält sich zu B wie X zu Y.* A is to b as x is to y.
verhalten[2] *Adj* (*Beifall, Protest, Kritik*) muted; (*Zorn, Lachen*) suppressed; (*Stimme*) subdued; (*Optimismus, Fahrweise*) cautious (*Adv* cautiously); (*Start*) hesitant (*Adv* hesitantly) ◊ *Das Publikum klatschte verhalten.* There was muted applause from the audience. ◊ *Sie kicherte verhalten.* She suppressed a giggle.
Verhalten behaviour, (*AmE*) behavior [U]; (*Handeln*) actions [Pl] ◊ *aggressives Verhalten* aggressive behaviour ◊ *das richtige Verhalten im Notfall* the right way to behave in an emergency ◊ *Er muss für sein Verhalten einstehen.* He has to be responsible for his actions.
verhaltensauffällig with behavioural problems, (*AmE*) with behavioral problems (*nicht vor Nomen*) **verhaltensgestört** behaviourally disturbed, with behavioural difficulties, (*AmE*) behaviorally disturbed, with behavioral difficulties (*nicht vor Nomen*) ◊ *verhaltensgestörte Kinder* children with behavioural difficulties **Verhaltensmuster** behaviour pattern, (*AmE*) behavior pattern **Verhaltensstörungen** behavioural difficulties [Pl], (*AmE*) behavioral difficulties [Pl] **Verhaltensweise** type of behaviour, (*AmE*) type of behavior; (*in einer bestimmten Situation*) behaviour, (*AmE*) behavior [U] ◊ *Bestimmte Verhaltensweisen gelten als typisch männlich.* Certain types of be-

haviour are regarded as being typically masculine. ◊ *sexistische Einstellungen und Verhaltensweisen* sexist attitudes and behaviour

Verhältnis 1 (*Beziehung*) relationship ◊ *Sie hat ein gutes Verhältnis zu ihren Eltern.* She has a good relationship with her parents. ◊ *das Verhältnis zwischen Arzt und Patient* the doctor-patient relationship ◊ *Er hat ein gestörtes Verhältnis zur Arbeit.* He has the wrong attitude to work. ◊ *Sie hat kein Verhältnis zur klassischen Musik.* She can't relate to classical music. **2** (*Affäre*) affair ◊ *Er hat ein Verhältnis mit ihr.* He is having an affair with her. **3 Verhältnisse** (*Zustände*) conditions [Pl]; (*Umstände*) circumstances [Pl] ◊ *schlechte hygienische Verhältnisse* poor sanitary conditions ◊ *Sie ist ein Opfer der politischen Verhältnisse.* She is a victim of political circumstances. ◊ *Das Kind kommt aus schwierigen Verhältnissen.* The child comes from a difficult background. ◊ *Sie leben in bescheidenen Verhältnissen.* They live modestly. **4 Verhältnisse** (*Maßstäbe*) standards [Pl] ◊ *Für damalige Verhältnisse war er reich.* He was rich by the standards of the time. ◊ *Selbst für italienische Verhältnisse war es heiß.* Even by Italian standards, it was hot. **5** (*Relation*) proportion; (MATH) ratio* ◊ *im Verhältnis vier zu eins* in the ratio of four to one **6 in keinem ~ zu etw stehen** be out of proportion to sth ◊ *Seine Ausgaben stehen in keinem Verhältnis zu seinen Einnahmen.* His expenditure is out of proportion to his income. **7 im ~ zu** in relation to; (*verglichen mit*) compared with ◊ *Das Gehirn ist im Verhältnis zum Körper klein.* The brain is small in relation to the body. ◊ *Im Verhältnis zu früher geht es uns heute gut.* Compared to before, we are well off now. **IDM für klare Verhältnisse sorgen** get* things straight **über seine Verhältnisse leben** live beyond your means

verhältnismäßig relatively

Verhältnis- Verhältniswahlrecht proportional representation **Verhältniswort** preposition

verhandeln 1 negotiate ◊ *Sie verhandeln darüber, wer den Vorsitz haben soll.* They are negotiating about who should be chair. ◊ *Darüber lässt sich verhandeln.* That's open to negotiation. **2** (RECHT) try* a case; (*zivilrechtlich*) hear* a case; **gegen jdn ~** try* sb; (*zivilrechtlich*) hear* the case against sb

Verhandlung 1 negotiations [Pl], talks [Pl] ◊ *nach langen Verhandlungen* after lengthy negotiations ◊ *Verhandlungen führen* hold talks ◊ *Die Verhandlungen sind gescheitert.* The talks have broken down. ◊ *Sie stehen mit der Firma in Verhandlung.* They are negotiating with the firm. **2** (*Gerichtsverhandlung*) trial; (*zivilrechtlich*) hearing

Verhandlungspartner(in) side, negotiating party* (*geboren*); (*Mensch*) negotiator ◊ *Die beiden Verhandlungspartner einigten sich auf eine gemeinsame Erklärung.* The two sides agreed to a joint statement.

verhängen 1 etw über/gegen jdn/etw ~ (*Verbot, Strafe, Sanktionen etc.*) impose sth on sb/sth **2** (*verdecken*) cover

Verhängnis 1 (*Schicksal*) fate; (*Unheil*) disaster ◊ *Das Verhängnis nahm seinen Lauf.* Fate took its course. **2 jdm zum ~ werden** be sb's downfall

verhängnisvoll fateful (*Adv* fatefully); (*Fehler*) fatal (*Adv* fatally)

verharmlosen play sth down

verhärten (sich) ~ (*hart werden*) become* hard, harden ◊ *Durch die lange Trockenheit verhärtet der Boden.* The ground becomes hard in a long period of dry weather. ◊ *Das Gewebe des Patienten hat sich verhärtet.* The patient's tissue has hardened. **2** (*fig*) (*hart machen*) harden ◊ *Die Not hat ihr Herz verhärtet.* Hardship has hardened her heart. **3 sich ~** (*Position, Fronten, Haltung*) become* entrenched

verhaspeln sich ~ stumble over your words

verhasst hated; **jd/etw ist jdm ~** sb hates sb/sth ◊ *ein verhasstes Regime* a hated regime ◊ *der ihm verhasste Mann* the man he hated

verhauen 1 (*als Strafe*) beat*; (*verprügeln*) beat* sb up ◊ *Die Mutter hat das Kind verhauen.* The mother beat the child. ◊ *Sie haben ihn ziemlich verhauen.* They have beaten him up quite badly. **2** (*Prüfung*) mess sth up **3 sich ~** (*sich vertun*) miscalculate ◊ *Bei der Menge habe ich mich ziemlich verhauen.* I really miscalculated the amount.

verheddern sich ~ **1** (*verfangen*) get* tangled up ◊ *Die Wolle hat sich verheddert.* The wool got tangled up. **2** (*beim Sprechen*) stumble over your words

verheerend 1 devastating; (*Folgen, Auswirkungen auch*) disastrous ◊ *Die Dürre wirkt sich verheerend auf die Landwirtschaft aus.* The drought is having a disastrous effect on farming. **2** (*scheußlich*) terrible ◊ *In dem Kleid sieht sie verheerend aus.* She looks terrible in that dress.

verheimlichen keep* sth secret; **jdm etw ~** keep* sth from sb

verheiratet married ◊ *Sie ist mit Max verheiratet.* She is married to Max. ◊ *Sie sind seit vier Jahren verheiratet.* They have been married for four years.

verheißen promise; (*vorhersagen*) predict ◊ *Ihr Lehrer verhieß ihr eine große Zukunft.* Her teacher predicted a great future for her. ◊ *Der erste Satz des Briefes verheißt nichts Gutes.* The first sentence of the letter does not augur well.

verhelfen jdm/etw zu etw ~ help sb/sth to get sth; (*etw zu erreichen*) help sb/sth to do sth ◊ *Sie will ihm zu einer Anstellung verhelfen.* She wants to help him to get a job. ◊ *Er verhalf uns zur Flucht.* He helped us to escape. ◊ *jdm zu einer Mehrheit verhelfen* help sb to achieve a majority

verherrlichen glorify*

verhexen bewitch, (*AmE*) hex **IDM Das ist ja wie verhext!** It's really maddening! **Heute ist alles wie verhext!** Everything's going wrong today!

verhindern 1 prevent, stop* ◊ *Wie hätte der Unfall verhindert werden können?* How could the accident have been prevented? ◊ *Sie wollte verhindern, dass ihre Eltern mitkamen.* She wanted to stop her parents coming. ◊ *Das ließ sich leider nicht verhindern.* There was nothing we could do about it. **2 verhindert sein** be unable to come ◊ *Ich bin morgen leider verhindert.* I'm afraid I can't come tomorrow. **3 ein(e) verhinderte(r) ...** a ... manqué (*gehoben oder hum*) ◊ *Er ist ein verhinderter Komponist.* He's a composer manqué.

Verhinderung prevention (*oft mit einem Verb übersetzt*) ◊ *die Verhinderung von Drogenmissbrauch* the prevention of drug abuse ◊ *die Verhinderung eines Tors* stopping a goal

verhöhnen deride (*gehoben*); (*stärker*) sneer at sb/sth

Verhör interrogation ◊ *beim Verhör* under interrogation ◊ *Sie wurde einem Verhör unterzogen.* She was interrogated.

verhören 1 interrogate; (*polizeilich auch*) question; (*gerichtlich*) examine **2 sich ~** mishear*

verhüllen veil (*auch fig*) ◊ *verhüllte Kritik* veiled criticism ◊ *Christo hat den Reichstag verhüllt.* Christo wrapped the Reichstag.

verhüllend (*Ausdruck etc.*) euphemistic

verhungern starve (to death), die* of starvation ◊ *Ihnen droht der Tod durch Verhungern.* They are in danger of starving to death. ◊ *Ich bin am Verhungern!* I'm starving!

verhüten 1 prevent ◊ *das Schlimmste verhüten* prevent the worst from happening **2** (*beim Sex*) use contraception

Verhütung 1 prevention **2** (*Empfängnis-*) contraception **Verhütungsmethode** method of contraception **Verhütungsmittel** contraceptive

verinnerlichen internalize (*Fachspr oder gehoben*) ◊ *Werte/Regeln verinnerlichen* internalize values/rules ◊ *eine Ideologie verinnerlichen* adopt an ideology

verirren sich ~ get* lost ◊ *Sie haben sich im Wald verirrt.* They got lost in the wood. ◊ *Wir hatten uns total verirrt.* We were completely lost. ◊ *ein verirrter Golfball* a golfball which had gone astray ◊ *Nur selten verirrt sich ein Tourist hierher.* It's not often that a tourist finds his way here.

verjagen 1 chase sth away (*auch fig*) **2** (*Volk etc.*) drive* sb out

verjähren lapse; (*Fall, Verbrechen*) fall* under a statute of limitations ◊ *Nach zwei Jahren verjähren die Ansprüche.* The period for making a claim lapses after two years. ◊ *Die Frist ist bereits verjährt.* The deadline has passed.

verjubeln squander

verkabeln 1 wire sth for cable ◊ *Man hat inzwischen auch die Dörfer verkabelt.* The villages have now been wired for cable TV. **2 verkabelt sein** have cable (TV)

verkalkt 1 furred up ◊ *verkalkte Rohre* pipes which are furred up **2** (*geistig*) senile **3** (*Arterien*) ◊ *durch verkalkte Arterien verursacht* caused by hardening of the arteries

verkalkulieren 1 sich (bei etw) ~ (*verrechnen*) miscalculate (sth) ◊ *Er hat sich bei den Kosten verkalkuliert.* He miscalculated the cost. **2 sich ~** (*irren, falsch einschätzen*) misjudge it; **sich bei etw ~** misjudge sth ◊ *Der Pilot hat sich verkalkuliert.* The pilot misjudged it. ◊ *Der Verlag hat sich* *beim erhofften Interesse verkalkuliert.* The publisher misjudged the market.

verkannt 1 ⇨ VERKENNEN **2** (*Genie, Meisterwerk etc.*) neglected

verkappt 1 hidden ◊ *eine verkappte Steuererhöhung* a hidden tax increase **2** (*Mensch*) closet (*nur vor Nomen*) ◊ *ein verkappter Sozialist* a closet socialist

Verkauf 1 sale; (*das Verkaufen*) selling ◊ *Das Haus steht zum Verkauf.* The house is up for sale. ◊ *ein Verkauf mit Verlust* selling at a loss **2** (*Abteilung*) sales [U], sales department ◊ *Sie arbeitet im Verkauf.* She works in sales.

verkaufen sell* (*auch fig*) ◊ *Ich habe ihm meine Gitarre verkauft.* I sold my guitar to him. ◊ *Dieses Buch verkauft sich schlecht.* The book is not selling. ◊ *Er verkaufte den alten Vorschlag als neue Idee.* He tried to sell the old proposal as something new. ◊ *zu verkaufen* for sale IDM ⇨ DUMM

Verkäufer(in) 1 (sales) assistant, (*AmE*) sales clerk ← G 2.2d **2** (RECHT) vendor

verkäuflich 1 (available) for sale (*nicht vor Nomen*) ◊ *Dieses Exponat ist nicht verkäuflich.* This exhibit is not for sale. ◊ *Dieses Medikament ist frei verkäuflich.* This medicine is available over the counter. **2** (*absetzbar*) saleable ◊ *verkäufliche Güter* saleable goods ◊ *Das Produkt ist schwer verkäuflich.* The product doesn't sell.

Verkaufsleiter(in) sales manager ← G 2.2d

Verkehr 1 traffic ◊ *starker Verkehr* heavy traffic **2** (*Kontakt*) contact; (*diplomatisch*) relations [Pl] **3** (*Umlauf*) circulation ◊ *Banknoten aus dem Verkehr ziehen* withdraw banknotes from circulation **4** (*Geschlechts-*) intercourse

verkehren 1 run*; (*Schiff*) sail; (*Flugzeug*) fly* ◊ *Dieser Bus verkehrt nur bis acht Uhr.* This bus only runs until eight o'clock. **2** (*Kontakt haben*) communicate; (*treffen*) mix ◊ *Wir verkehren nur noch schriftlich miteinander.* We only communicate by letter now. ◊ *Sie verkehrt mit vielen Prominenten.* She mixes with famous people. ◊ *Er verkehrte mit Wieland.* He was friendly with Wieland. ◊ *Sie verkehrt in den besten Kreisen.* She moves in the best circles. **3** (*Gast sein*) frequent ◊ *In diesem Lokal verkehren viele Künstler.* Lots of artists frequent this pub. **4** (*ins Gegenteil verwandeln*) reverse ◊ *Damit wird der Sinn ins Gegenteil verkehrt.* The meaning is thus reversed. ◊ *Damit wird die Idee ins Gegenteil verkehrt.* The idea has been turned on its head. ◊ *Moralische Werte haben sich verkehrt.* Moral values have been turned upside down. **5** (*sexuell*) have (sexual) intercourse

verkehrs- verkehrsberuhigt traffic-calmed **Verkehrsberuhigung** traffic calming **Verkehrserziehung** road safety education **Verkehrsführung** road layout **Verkehrsfunk** traffic information (broadcasting) **Verkehrsinsel** traffic island, (*AmE*) safety island **Verkehrskontrolle** road check ◊ *bei einer Verkehrskontrolle* during a road check ◊ *in eine Verkehrskontrolle geraten* be stopped by the police **Verkehrsmeldung** traffic information [U] **Verkehrsminister(in)** transport minister **Verkehrsmittel** means* of transport, transport [U] ◊ *andere Verkehrsmittel benutzen* use other means of transport ◊ *öffentliche Verkehrsmittel benutzen* use public transport **Verkehrspolitik** transport policy* **Verkehrsschild** road sign **Verkehrstote(r)** person* killed in a road accident; (*im Plural*) road deaths **Verkehrsunfall** road accident ◊ *Sie kam bei einem Verkehrsunfall ums Leben.* She was killed in a road accident.

verkehrt 1 ⇨ VERKEHREN **2** (*falsch*) wrong ◊ *Ich habe alles verkehrt gemacht!* I did everything wrong! ◊ *Deine Uhr geht verkehrt.* Your watch is wrong. ◊ *Die Taktik ist gar nicht so verkehrt.* This strategy is not such a bad idea. ◊ *Wir leben in einer verkehrten Welt.* We live in a topsy-turvy world. **3** ~ (**herum**) (*mit dem hinteren Teil nach vorne*) back to front; (*auf dem Kopf*) upside down, the wrong way up; (*auf links*) inside out ← *Hinweis bei* FALSCH

verkennen misunderstand*; (*nicht schätzen*) not appreciate ◊ *Das Problem wird oft verkannt.* The problem is often misunderstood. ◊ *Sie fühlt sich von allen verkannt.* She feels that she is not appreciated. ◊ *Sie hatte verkannt, dass es sich um eine Satire handelte.* She hadn't realized that it was a satire. ◊ *Ihre Absicht war einfach nicht zu verkennen.* There was no mistaking her intention. ← *Siehe auch* VERKANNT

verklagen sue ◊ *Sie verklagte die Firma wegen Vertragsbruchs.* She sued the firm for breach of contract. ◊ *jdn auf Schadensersatz verklagen* sue for damages

verkleiden 1 jdn ~ disguise sb; (*kostümieren*) dress sb up; **sich ~** disguise yourself; (*sich kostümieren*) dress up ◊ *Die Einbrecher waren als Maler verkleidet.* The burglars were disguised as decorators. ◊ *Er war als Cowboy verkleidet.* He was dressed up as a cowboy. ◊ *Gehst du verkleidet auf die Party?* Are you going to the party in fancy dress? **2** (*verhüllen*) cover; (*Außenwände*) face; (*Innenwände*) line; (*holzvertäfelt*) panel*

Verkleidung 1 dressing up (*oft mit einem Verb übersetzt*) ◊ *Soll ich dir bei deiner Verkleidung helfen?* Shall I help you dress up? **2** (*Tarnung*) disguise; (*Kostüm*) costume **3** (*von Innenwänden*) lining; (*Vertäfelung*) panelling [U]; (*von Außenwänden*) facing; (*des Dachs*) covering

verkleinern 1 reduce ◊ *eine Kopie verkleinern* reduce a copy ◊ *Die Fußgängerzone soll verkleinert werden.* The pedestrian area is to be reduced in size. ◊ *ein Modell in verkleinertem Maßstab* a scaled-down model ◊ *Die Belegschaft der Firma wurde verkleinert.* The firm's workforce was cut. **2 sich ~** get* smaller, become* smaller (*gehoben*)

Verkleinerung reduction ◊ *eine Verkleinerung des Abstands* a reduction in the distance ◊ *eine Verkleinerung des Orchesters* a reduction in the size of the orchestra

verklemmt inhibited

verknacksen sich etw ~ sprain sth ◊ *Er hat sich beim Joggen den Fuß verknackst.* He sprained his ankle jogging.

verknallen sich ~ fall* in love; **sich in jdn ~** fall* for sb

verknallt (**in jdn**) ~ madly in love (with sb) (*nicht vor Nomen*)

verknautschen crumple ◊ *Ich habe mir im Auto den Rock verknautscht.* My skirt got crumpled in the car.

verkneifen sich etw ~ resist (doing) sth ◊ *Ich konnte mir die Frage nicht verkneifen.* I couldn't resist asking. ◊ *Sie konnten sich das Lachen kaum verkneifen.* They could hardly keep a straight face.

verkniffen (*Gesicht, Miene*) strained; (*Mund*) pinched

verknöchert ~ **sein** be an old fuddy-duddy

verknoten 1 tie*; (*zusammenbinden*) tie* *sth* together; (*einen Knoten in etw machen*) tie* a knot in *sth* ◊ *Er verknotete das Seil mit einem Bettlaken.* He tied the rope to a sheet. ◊ *Sie hat die Fäden verknotet.* She tied the threads together. ◊ *ein verknotetes Taschentuch* a knotted handkerchief **2 sich ~** become* knotted

verknüpfen 1 (*verknoten*) tie* *sth* (together) **2 etw** (**mit etw**) ~ (*verbinden*) link sth (with sth); (*assoziieren*) associate sth (with sth) ◊ *Geld und Fußball sind untrennbar verknüpft.* Money and football are inextricably linked. ◊ *Sein Name ist mit der Schule eng verknüpft.* His name is closely associated with the school. **3 etw mit etw ~** (*gleichzeitig tun*) combine sth with sth; (*mischen auch*) blend sth and sth

verkohlen 1 (*Holz etc.*) char* **2 jdn ~** (*anführen*) have sb on (*umgs*), (*AmE*) put* sb on (*umgs*) ◊ *Du willst mich wohl verkohlen!* Are you having me on? ← G 9.7c

verkohlt charred

verkommen¹ *Verb* **1** (*verwahrlosen, sich vernachlässigen*) let* yourself go; (*moralisch*) go* to the dogs **2** (*Gebäude, Viertel*) become* run down; (*Garten etc.*) run* wild **3 zu etw ~** degenerate into sth, turn into sth ◊ *Der Park ist zum Müllplatz verkommen.* The park has degenerated into a rubbish tip. **4** (*Lebensmittel*) go* bad

verkommen² *Adj* (*Gebäude, Viertel etc.*) run-down; (*Garten etc.*) wild; (*Kind, Tier*) neglected; (*dekadent*) decadent

verkomplizieren complicate

verkorksen (*verderben*) spoil, screw *sb/sth* up (*umgs*) ◊ *Sie hat uns die Party verkorkst.* She spoiled the party for us. ◊ *Er hat sein Leben verkorkst.* He's screwed up his life. ◊ *Seine neue Freundin ist völlig verkorkst.* His new girlfriend is all screwed up. ◊ *Ich habe mir den Magen verkorkst.* I've got an upset stomach.

verkörpern embody* **2** (*im Theater, Film etc.*) play

verkrachen sich (**mit jdm**) ~ fall* out (with sb) (*umgs*)

verkraften cope with *sth*; (*essen, trinken*) manage ◊ *Sie kann die viele Arbeit nicht verkraften.* She can't cope with all the work. ◊ *Noch ein Stück kann ich wirklich nicht mehr verkraften.* I really can't manage another piece.

verkrampfen sich ~ (*Muskeln, Körper etc.*) tense up; (*seelisch*) get* tense

verkrampft tense (*Adv* tensely); (*Stil, Lächeln etc.*) forced ◊ *verkrampfte Muskulatur* tense muscles ◊ *Sie hatte einen*

verkrampften Ausdruck. She was wearing a tense expression. ◊ *Er lächelte verkrampft*. He forced a smile.
verkriechen *sich* ~ **1** creep* (away), crawl (away) ◊ *Sie verkrochen sich in ihre Schlafsäcke*. They crawled into their sleeping bags. **2** (*sich zurückziehen*) hide* (yourself) (away) ◊ *Ich hätte mich am liebsten irgendwo verkrochen*. I just wanted to hide away.
verkrüppelt 1 (*Pflanze, Baum*) stunted **2** (*Körperteil*) deformed; (*Mensch*) crippled ☛ *Hinweis bei* BEHINDERTE(R)
verkümmern 1 waste (away) ◊ *verkümmerte Muskeln* wasted muscles ◊ *Die Fantasie der Kinder verkümmert*. The children's imagination is wasting away. **2** (*in der Entwicklung gehemmt werden*) become* stunted ◊ *ein paar verkümmerte Sträucher* a few stunted bushes ◊ *Sie ist seelisch verkümmert*. She has become emotionally stunted.
verkünden 1 announce; (*Urteil*) give*; (*Notstand*) declare **2** (*Evangelium etc.*) preach
verkürzen 1 shorten; (*Aufenthalt*) cut* sth short ◊ *Die Abfahrtsstrecke wurde verkürzt*. The downhill course was shortened. ◊ *Dadurch wird die Fahrzeit um zehn Minuten verkürzt*. That shortens the journey by ten minutes. **2** *sich* ~ become* shorter **3** *sich/jdm die Zeit* ~ make* the time pass more quickly ◊ *Wir verkürzten uns die Zeit mit Spielen*. We played games to make the time pass more quickly. **4** (*den Rückstand verringern*) close the gap ◊ *Mit diesem Tor verkürzte Italien auf 2:3*. With this goal, Italy closed the gap to 2-3.
verkürzt shorter; (*Form*) short ◊ *Sam ist die verkürzte Form von Samuel*. Sam is the short form of Samuel.
Verlag publisher, publishing house ◊ *Er arbeitet bei einem Verlag*. He works for a publisher. ◊ *In welchem Verlag erscheint das Buch?* Who is publishing the book?
verlagern (*sich*) ~ move; (*Kosten, Belastung*) transfer* ◊ *den Güterverkehr auf die Schiene verlagern* transfer freight to the railways **2** (*Gewicht, Schwerpunkt*) shift
verlangen 1 ask for *sth*; (*fordern*) demand; (*erwarten*) expect ◊ *Wir verlangten die Rechnung*. We asked for the bill. ◊ *Ich verlange eine Antwort*. I demand a reply. ◊ *Seine Eltern verlangen zu viel von ihm*. His parents expect too much of him. ◊ *Das kann er nicht von den Studenten verlangen*. He can't expect the students to do that. ◊ *Das ist doch nicht zu viel verlangt!* That's not too much to expect! ◊ *Er verlangt Unmögliches*. He's asking the impossible. **2 jdn/etw** ~ ask to see sb/sth; (*dringender*) demand to see sb/sth ◊ *Die Zollbeamtin verlangte unsere Pässe*. The customs officer asked to see our passports. ◊ *Sie verlangte den Geschäftsführer*. She was demanding to see the manager. ◊ *Du wirst am Telefon verlangt*. You're wanted on the phone. **3 etw** (**für etw**) ~ (*Preis*) ask sth (for sth) ◊ *Wie viel verlangt er für das Rad?* What is he asking for the bike? **4** (*erfordern*) require ◊ *Diese Arbeit verlangt viel Geduld*. This work requires a lot of patience. **5 nach jdm/etw** ~ (*wünschen*) ask for sb/sth; (*dringlicher*) clamour for sb/sth; (*AmE*) clamor (for sb/sth); (*sich sehnen*) long for sb/sth, yearn for sb/sth (*gehoben*)
Verlangen 1 desire; (*Sehnsucht*) longing; (*dringender*) craving ◊ *Sie hatte kein Verlangen ihn wieder zu sehen*. She had no desire to see him again. ◊ *ihr Verlangen nach Glück* their longing for happiness ◊ *sein Verlangen nach der Droge* his craving for the drug **2** (*Forderung*) demand ◊ *ihr Verlangen nach Unabhängigkeit* their demand for independence ◊ *den Pass auf Verlangen vorzeigen* show your passport on demand
verlängern 1 extend; (*Rock, Hose etc.*) lengthen ◊ *Wir haben unseren Urlaub um eine Woche verlängert*. We extended our holiday by a week. ◊ *Das Spiel wurde um 2x15 Minuten verlängert*. They played 30 minutes of extra time. ◊ *ein verlängertes Wochenende* a long weekend **2** (*Ausweis, Vertrag etc.*) renew **3** (*mit einer Flüssigkeit strecken*) water sth down IDM ⇒ ARM
Verlängerung 1 extension; (*von Ausweisen, Verträgen etc.*) renewal (*oft mit einem Verb übersetzt*) ◊ *die Diskussion um die Verlängerung der Öffnungszeiten* the discussion about extended opening hours ◊ *Zur Verlängerung des Passes musste ich zur Botschaft*. I had to go to the embassy to get my passport renewed. **2** (*von Kabeln etc.*) extension **3** (SPORT) extra time, (*AmE*) overtime
Verlängerungsschnur extension lead, (*AmE*) extension cord
verlangsamen 1 slow *sb/sth* down ◊ *Der Verkehr wird durch die Schikanen verlangsamt*. The traffic is slowed down by the chicanes. ◊ *Er verlangsamte das Tempo*. He slowed down. **2** *sich* ~ slow (down) ◊ *Das Wachstum hat sich verlangsamt*. Growth has slowed down. ◊ *Seine Schritte verlangsamten sich*. His steps slowed.
Verlass auf jdn/etw ist (**kein**) ~ you can(not)* rely on sb/sth ◊ *Auf die Fans ist stets Verlass*. You can always rely on the fans.
verlassen¹ *Verb* **1** leave* ◊ *Sie hat ihren Mann verlassen*. She's left her husband. ◊ *Sie verließen fluchtartig den Saal*. They fled the hall. **2** *etw verlässt jdn* sth deserts sb ◊ *Der Mut hatte sie verlassen*. Their courage had deserted them. **3 sich** (**auf jdn/etw**) ~ rely* (on sb/sth) ◊ *Du kannst dich auf sie verlassen*. You can rely on her. ◊ *Du kannst dich darauf verlassen, dass er nichts sagt*. You can rely on him not to say anything. ◊ *Darauf kannst du dich verlassen*. You can be sure of that.
verlassen² *Adj* **1** deserted; (*Auto*) abandoned ◊ *ein verlassener Bauernhof* an abandoned farm **2** (*Mensch*) lonely; (*Gegend auch*) desolate IDM ⇒ GEIST²
verlässlich 1 *Adj* reliable ◊ *verlässliche Ergebnisse* reliable results **2** *Adv* (*korrekt*) properly; (*sicher*) for sure
Verlauf course ◊ *im Verlauf des Tages* in the course of the day ◊ *den Verlauf der Straße ändern* alter the course of the road ◊ *im weiteren Verlauf der Sitzung* as the meeting went on
verlaufen 1 run* ◊ *Die Grenze verläuft parallel zur Autobahn*. The border runs parallel to the motorway. **2** (*ablaufen*) go* (off) ◊ *Der Abend ist nach Plan verlaufen*. The evening went according to plan. ◊ *Die Fahndung der Polizei verlief ergebnislos*. The police search produced no result. **3 sich** ~ lose* your way, get* lost ◊ *Sie hat sich im Wald verlaufen*. She got lost in the forest. **4 sich** ~ (*sich auflösen*) disperse; (*Hochwasser*) subside ◊ *Nach dem Spiel hat sich die Menge schnell verlaufen*. After the match, the crowd quickly dispersed. **5 sich** ~ (*verschwinden*) disappear, peter out (*auch fig*) ◊ *Die Spur verlief sich im Gras*. The trail disappeared in the grass. **6** (*Flüssigkeit*) run*; (*schmelzen*) melt ◊ *Die Farbe ist verlaufen*. The paint has run. IDM ⇒ SAND *und* WUNSCH
Verlaufsform continuous tense, progressive tense
verlegen¹ *Verb* **1** move, transfer* ◊ *Die Bushaltestelle wurde um 200 Meter verlegt*. The bus stop was moved 200 metres. ◊ *einen Patienten auf eine andere Station verlegen* transfer a patient to another ward **2 etw** (**auf etw**) ~ (*aufschieben*) postpone sth (until sth); (*vorverlegen*) bring* sth forward (to sth) ◊ *Die Tagung ist auf nächste Woche verlegt worden*. The conference has been postponed until next week. ◊ *Können wir die Besprechung auf heute verlegen?* Can we bring the meeting forward to today? **3** (*verlieren*) mislay* ◊ *Ich habe meine Brille verlegt*. I've mislaid my glasses. **4** (*Rohr, Kabel, Teppich etc.*) lay* **5** (*herausgeben*) publish **6** (*versperren*) block ◊ *Sie haben uns den Zugang verlegt*. They have blocked our access. **7 sich auf etw** ~ take* sth up; (*neue Taktik*) resort to sth ◊ *Er hat sich jetzt aufs Filmen verlegt*. He has taken up film-making now.
verlegen² *Adj* **1** embarrassed ◊ *Sie wurde ganz verlegen, als er sie ansprach*. She got quite embarrassed when he spoke to her. ◊ *verlegen lächeln* give an embarrassed smile **2 um etw** ~ **sein** be short of sth; (*Worte, Antwort*) be at a loss for sth ◊ *Sie sind immer um Geld verlegen*. They are always short of money. IDM ⇒ ANTWORT
Verlegenheit 1 (*Befangenheit*) embarrassment ◊ *Vor lauter Verlegenheit stotterte er*. He stuttered with embarrassment. ◊ *Er geriet in Verlegenheit*. He got embarrassed. ◊ *Seine Frage brachte sie in Verlegenheit*. His question embarrassed her. **2** (*peinliche Lage*) embarrassing situation, awkward situation; (*Geldnot*) financial difficulty* ◊ *Kannst du mir vielleicht aus einer Verlegenheit helfen?* Could you help me out of an awkward situation? ◊ *Er ist noch nie in die Verlegenheit gekommen, mit dem Bus fahren zu müssen*. He's never had to catch a bus.
Verleger(in) publisher ☛ G 2.2d
verleiden *jdm etw* ~ spoil sth for sb; (*abschrecken*) put* sb off sth ◊ *Der Zwischenfall hat ihr die ganzen Ferien verleidet*. The incident spoiled the whole holiday for her. ◊ *Die Staus verleiden den Leuten die Fahrt in die Innenstadt*. Traffic jams are putting people off driving into the town centre.
Verleih 1 (*das Verleihen*) hire ◊ *Zum Service gehört auch der Verleih von Fahrrädern*. Bicycle hire is part of the service. **2** (*Firma*) hire company*

verleihen

verleihen 1 (*ausleihen*) lend*; (*vermieten*) hire *sth* out ◊ *Sie hat ihr Mofa an ihren Bruder verliehen.* She lent her moped to her brother. ◊ *Das Geschäft verleiht Mountainbikes.* The shop hires out mountain bikes. **2 jdm etw ~** (*Preis*) award *sth* to *sb*, award *sb sth*; (*Orden, Titel*) confer* *sth* on *sb* (*gehoben*) ◊ *Ihr wurde ein Preis verliehen.* She was awarded a prize. **3 jdm/einer Sache etw ~** give* *sb*/*sth sth*, give* *sth* to *sb*/*sth* , lend* *sb*/*sth sth* (*gehoben*), lend* *sth* to *sb*/*sth* (*gehoben*) ◊ *Sie versuchen, der Bewegung neue Impulse zu verleihen.* They are trying to give fresh impetus to the movement. ◊ *Die Musik verlieh dem Fest einen südeuropäischen Flair.* The music lent the festival a Mediterranean air. ◊ *einer Sache Ausdruck verleihen* express *sth*

Verleihung 1 award; (*von Rechten*) granting **2** (*Übergabe*) award ceremony*; (*von einem Preis*) presentation

verleiten induce, encourage ◊ *Gerade Straßen verleiten zum Rasen.* Straight roads induce people to drive too fast. ◊ *Die Werbung verleitet junge Leute zum Rauchen.* Advertising encourages young people to smoke. ◊ *Was hat ihn zu dieser Annahme verleitet?* What led him to believe that?

verlernen *etw* ~ forget* how to do *sth*

verlesen¹ 1 (*vorlesen*) read* *sth* out **2 sich ~** misread* *sth* ◊ *Du hast dich verlesen.* You misread it.

verlesen² (*Gemüse, Früchte*) sort

verletzbar vulnerable

verletzen 1 injure; (*durch Schuss, Stich*) wound ◊ *Sie hat sich beim Hockey verletzt.* She was injured playing hockey. ◊ *Bei dem Unfall hat er sich am Bein verletzt.* He injured his leg in the accident. ◊ *schwer/leicht/lebensgefährlich verletzt* seriously/slightly/critically injured ◊ *am Arm verletzt werden* be wounded in the arm ☛ **Hurt** und **injure** sind bedeutungsmäßig ähnlich, aber **hurt** wird meist dann verwendet, wenn man nur leicht verletzt ist: *I hurt my leg when I fell off my bike.Ich habe mir am Bein wehgetan, als ich vom Fahrrad fiel.* **2** (*kränken*) hurt* ◊ *Sie hat seine Gefühle verletzt.* She hurt his feelings. ◊ *eine verletzende Äußerung* a hurtful remark **3** (*verstoßen gegen, eindringen in*) violate ◊ *das Waffenembargo verletzen* violate the arms embargo ◊ *seine Pflichten verletzen* fail in your duty

verletzlich vulnerable

Verletzte(r) injured person*; (*durch einen Unfall*) casualty*; **die Verletzten** the injured; (*im Krieg*) the wounded ◊ *Der Verletzte wurde ins Krankenhaus gebracht.* The injured man was taken to hospital. ◊ *Es gab keine Verletzten.* There were no casualties. ◊ *Der Unfall hat drei Verletzte gefordert.* Three people were injured in the accident.

Verletzung 1 injury*; (*durch Schuss, Stich*) wound ◊ *Sie erlitt schwere Verletzungen am Kopf.* She suffered serious injuries to the head. ◊ *Er erlag seinen schweren Verletzungen.* He died from his injuries. ◊ *leichte Verletzungen* minor injuries **2** (*Verstoß*) violation ◊ *die Verletzung der Menschenrechte* the violation of human rights ◊ *Ihm wurde eine Verletzung der Unterhaltspflicht vorgeworfen.* He was accused of failing to pay maintenance.

verletzungsbedingt (SPORT) due to injury (*nicht vor Nomen*) **Verletzungsgefahr** danger of injury

verleugnen 1 deny*; (*Freund, Verwandte*) disown ◊ *Es lässt sich nicht verleugnen, dass ...* There is no denying the fact that ... **2 sich ~ lassen** ◊ *Sie ließ sich verleugnen.* She gave instructions to say she wasn't in. **3 sich (selbst) ~** go* against your principles

verleumden slander; (*schriftlich*) libel*

verleumderisch slanderous; (*schriftlich*) libellous, (*AmE*) libelous

Verleumdung slander; (*schriftlich*) libel

Verleumdungskampagne smear campaign **Verleumdungsklage** action for slander; (*schriftliche Verleumdung*) libel action

verlieben sich (in jdn/etw) ~ fall* in love (with *sb/sth*); (**in jdn/etw**) **verliebt sein** be in love (with *sb/sth*) ◊ *Er ist hoffnungslos in sie verliebt.* He is hopelessly in love with her. ◊ *Sie sah ihn verliebt an.* She looked at him lovingly. ◊ *ein verliebter junger Mann* a young man in love ◊ *das verliebte Paar* the lovers [IDM] ⇨ OHR

Verliebte(r) lover

verlieren 1 lose* ◊ *Er hat seine Eltern durch einen Unfall verloren.* He lost his parents in an accident. ◊ *das Gleichgewicht verlieren* lose your balance ◊ *Sie haben sich in der Menge verloren.* They lost each other in the crowd. ◊ *gegen jdn verlieren* lose to *sb* ◊ *Wir dürfen keine Zeit verlieren.* We've no time to lose. ◊ *sich in Träumereien verlieren* get lost in daydreams ◊ *die Gültigkeit verlieren* become invalid ◊ *An ihr haben Sie nicht viel verloren.* She's no loss. ◊ *Ich habe die Freude am Tanzen verloren.* I don't enjoy dancing any more. **2 an etw ~** lose* *sth* ◊ *an Höhe/Glaubwürdigkeit verlieren* lose height/credibility ◊ *Gold verlor an Bedeutung.* Gold became less important. **3** (*schlechter werden*) deteriorate ◊ *Durch zu lange Lagerung verliert Riesling.* Riesling deteriorates if it's kept too long. ◊ *Durch den Umbau hat das Gebäude sehr verloren.* The building lost a lot of its appeal as a result of the conversion. **4 sich ~** (*allmählich verschwinden*) die* down ◊ *Ihre Begeisterung wird sich rasch verlieren.* Their enthusiasm will soon die down. ◊ *Der Weg verliert sich am Horizont.* The path disappears into the distance. [IDM] **es ist noch nicht alles verloren** all is not lost **irgendwo nichts verloren haben** ◊ *Du hast hier nichts verloren!* You've no business here! **nichts zu verlieren haben** have nothing to lose ☛ *Siehe auch* AUGE, BODEN, FADEN, GESICHT, HOPFEN, KOPF, NERV *und* VERSTAND

Verlierer(in) loser

Verlies dungeon

verloben sich (mit jdm) ~ get* engaged (to *sb*); (**mit jdm**) **verlobt sein** be engaged (to *sb*)

Verlobte fiancée

Verlobter fiancé; **die Verlobten** the engaged couple

Verlobung engagement

Verlobungsring engagement ring

verlocken tempt ◊ *Diese Aktie verlockte viele Anleger zum Kauf.* Many investors were tempted to buy the shares. ◊ *Die Musik verlockt zum Tanzen.* The music makes you want to dance.

verlockend tempting ◊ *eine verlockende Auswahl* a tempting selection ◊ *Das Wasser sah verlockend aus.* The water looked very inviting.

Verlockung temptation

verlogen deceitful; (*heuchlerisch*) hypocritical

Verlogenheit dishonesty; (*heuchlerisch*) hypocrisy

verloren 1 ⇨ VERLIEREN **2** (*hilflos*) lost ◊ *Ohne ihn wäre sie verloren.* She would be lost without him. ◊ *die Parabel vom verlorenen Sohn* the parable of the prodigal son **3 ~ gehen** be lost ◊ *Immer mehr Ackerland geht verloren.* More and more agricultural land is being lost. ◊ *Dadurch ist uns viel Zeit verloren gegangen.* We lost a lot of time because of it. ◊ *Mein Geldbeutel ist verloren gegangen.* I can't find my purse. ◊ *An ihr ist eine Ärztin verloren gegangen.* She'd have made a good doctor. **4 verlorene Eier** poached eggs [Pl] [IDM] ⇨ POSTEN

verlöschen go* out

verlosen raffle

Verlosung raffle

Verlust ~ (an etw) loss (of *sth*) ◊ *etw mit Verlust verkaufen* sell *sth* at a loss

Verlustanzeige 1 (*in der Zeitung etc.*) lost and found ad **2** (*bei der Polizei, etc.*) **eine ~ machen** report the loss of *sth*

Verlustgeschäft loss-making business ◊ *Die Firma entpuppte sich als Verlustgeschäft.* The firm turned out to be a loss-making business. ◊ *Die Festspiele sind ein Verlustgeschäft.* The festival loses money. **verlustreich** with heavy losses (*nicht vor Nomen*)

vermachen *jdm etw ~* leave* *sth* to *sb*

Vermächtnis legacy* (*auch fig*)

vermarkten 1 market ◊ *Das Produkt sollte besser vermarktet werden.* The product needs to be marketed better. **2** (*verkaufen, anbieten*) put* *sth* on the market ◊ *die Produkte zu angemessenen Preisen vermarkten* put the products on the market at a reasonable price ◊ *Sie hat ihre Idee erfolgreich vermarktet.* She has successfully exploited her idea. **3** (*ausbeuten*) commercialize ◊ *Der Sport wird immer mehr vermarktet.* Sport is becoming increasingly commercialized.

Vermarktung 1 marketing **2** (*Ausbeutung*) commercialization

vermasseln 1 mess *sth* up, ruin **2** (*Prüfung etc.*) fail, (*bes AmE*) flunk (*umgs*)

vermehren 1 (**sich**) ~ increase ◊ *Sie vermehrten sich um 180%.* They increased by 180%. ◊ *vermehrte öffentliche Ausgaben* increased public spending ◊ *vermehrt auftreten* be

on the increase ◊ *vermehrt aufgetretene Lebensmittelvergiftungen* an increase in the number of cases of food poisoning ◊ *Die Leute sind vermehrt auf Spaß aus.* People are increasingly intent on enjoying themselves. **2 sich ~** (*sich fortpflanzen*) breed*, reproduce; (*Zellen, Bakterien etc.*) multiply*
Vermehrung 1 increase (*oft mit einem Verb übersetzt*) ◊ *die Vermehrung von Unfällen* the increase in the number of accidents ◊ *Eine Vermehrung der Stellen genügt nicht.* Increasing the number of jobs isn't enough. **2** (*Fortpflanzung*) reproduction ◊ *ungeschlechtliche Vermehrung* asexual reproduction ◊ *Man versucht, die Vermehrung der Ratten zu unterbinden.* An attempt is being made to stop rats breeding.
vermeidbar avoidable
vermeiden (**es**) **~** (**etw zu tun**) avoid (doing sth) ◊ *Ich vermeide es, spät nach Hause zu kommen.* I avoid being out late. ◊ *Das lässt sich nicht vermeiden.* It can't be helped. ◊ *Vermeiden Sie fettes Essen.* Keep off fatty foods.
Vermeidung (*oft mit einem Verb übersetzt*) ◊ *Maßnahmen zur Vermeidung von Krisen* measures to prevent crises ◊ *Die Vermeidung körperlicher Anstrengungen wäre ratsam.* It would be wise to avoid physical activitiy. ◊ *die Vermeidung von Müll* waste reduction
vermeintlich supposed (*nur vor Nomen*) (*Adv* supposedly) ◊ *der vermeintliche Experte* the supposed expert ◊ *in einer vermeintlich freien Gesellschaft* in a supposedly free society ◊ *die vermeintlichen Drogenhändler* the alleged drug dealers ◊ *Er nutzte diese vermeintlich gute Gelegenheit.* He made the most of what seemed like a good opportunity.
Vermerk note ◊ *Sie schrieb einen Vermerk in die Akte.* She made a note in the file. ◊ *mit dem Vermerk ... versehen* marked ...
vermerken 1 mark **2** (*zur Kenntnis nehmen*) note
vermessen[1] *Verb* **1** measure; (*zur Bebauung, für Landkarten*) survey **2 sich ~** be out in your measurement(s) ◊ *Du hast dich um drei Zentimeter vermessen.* You were three centimetres out in your measurement.
vermessen[2] *Adj* presumptuous
vermiesen jdm etw ~ spoil sth for sb
vermieten (*Wohnung etc.*) rent *sth* out, let* *sth* (out); (*Wagen, Skier, Fahrrad etc.*) hire *sth* out, (*AmE*) rent ◊ *Sie hat ihnen ihr Haus vermietet.* She let her house to them. ◊ „*Zu vermieten*" 'To let'
Vermieter landlord
Vermieterin landlady*
Vermietung letting (out); (*von Wagen, Skiern, Fahrrädern etc.*) hiring (out)
vermindern reduce; **sich** (**um etw**) **~** be reduced (by sth) ◊ *Der Betrag vermindert sich um 20%.* The amount is reduced by 20%. ◊ *verminderte Schuldfähigkeit* diminished responsibility ◊ *Das Flugzeug vermindert das Tempo.* The plane is decreasing speed.
Verminderung reduction
verminen mine
vermischen 1 mix **2 sich ~** mix; (*fig*) mingle; (*Rassen*) interbreed* **3 Vermischtes** miscellaneous
vermissen 1 miss ◊ *Wir haben dich sehr vermisst.* We've missed you a lot. ◊ *Hat mich jemand vermisst?* Did anyone notice I wasn't there? **2** (*feststellen, dass etw fehlt*) not be able to find sth ◊ *Ich vermisse meine Schlüssel.* I can't find my keys. **3 etw ~ lassen** lack sth, be lacking in sth
vermisst 1 ⇨ VERMISSEN **2** missing; (*im Krieg*) missing in action (*nicht vor Nomen*) **~ werden** be/go* missing (in action) ◊ *der vermisste Junge* the missing boy ◊ *zwei vermisste Soldaten* two soldiers missing in action ◊ *Seit Dienstag werden zwei Kinder vermisst.* Two children have been missing since Tuesday. ◊ *Sie werden seit Dienstag vermisst.* They went missing on Tuesday. **3 jdn als ~ melden** report sb missing; (*im Krieg*) report sb missing in action
Vermisste(r) missing person*; (*im Krieg*) missing serviceman*/servicewoman*
vermitteln 1 (**zwischen A und B**) **~** mediate (between A and B) **2 jdm etw ~** find sth for sb, find sb sth ◊ *jdm eine Wohnung vermitteln* find a flat for sb ◊ *Er hat mir den Auftrag vermittelt.* I got the contract through him. **3 jdm ~** find* a job for sb ◊ *Letzten Monat vermittelte das Arbeitsamt 250 Personen.* Last month the job centre found jobs for 250 people. **4** (**jdm**) **etw ~** (*Bild, Einblick, Eindruck, Gefühl*) give* (sb) sth ◊ *Dadurch wird der falsche Eindruck*

vermittelt. That gives the wrong impression. **5** (**jdm**) **etw ~** (*beibringen*) teach* sb sth; (*verständlich machen*) get* sth across to sb
Vermittler(in) (*Schlichter*) mediator; (*Unterhändler*) negotiator; (*Makler*) agent
Vermittlung 1 (*das Vermitteln*) (*meist mit einem Verb übersetzt*) ◊ *Die Vermittlung von Behinderten in feste Arbeitsplätze wird immer schwieriger.* It is becoming increasingly difficult to find permanent work for disabled people. **2** (*Amt, Stelle*) agency* **3** (*Schlichtung*) mediation **4** (*Telefonzentrale*) telephone exchange; (*in einer Firma*) switchboard; (*Mensch*) operator
Vermittlungsgebühr commission
Vermögen 1 fortune; (*von Firmen etc.*) assets [Pl]; (*Geld*) money ◊ *Das muss ein Vermögen gekostet haben.* It must have cost a fortune. **2** (*Fähigkeit*) ability; (*Fertigkeit*) skill
Vermögensberater(in) investment consultant ☛ G 2.2d
Vermögenswerte assets [Pl]
vermummt (*maskiert*) masked ◊ *vermummte Demonstranten* masked demonstrators
vermuten 1 (*glauben*) expect, (*AmE*) guess; (*annehmen*) assume; (*argwöhnen*) suspect ◊ *Ich vermute, er ist im Garten.* I expect he's in the garden. ◊ *Ich vermute, sie sind schon angekommen.* I assume they've arrived already. ◊ *Die Ärzte vermuten, dass es sich um einen Tumor handelt.* The doctors suspect that it is a tumour. **2 jdn irgendwo ~** believe sb to be somewhere ◊ *Er wird im Ausland vermutet.* He is believed to be abroad. ◊ *Was für eine Überraschung, ich habe dich nicht hier vermutet.* What a surprise. I didn't expect to see you here.
vermutlich probable (*Adv* probably); (*es ist anzunehmen*) presumably ◊ *Es kostet vermutlich über 100$.* It will probably cost more than $100. ◊ *Das ist vermutlich der Grund, warum ...* That is presumably why ...
Vermutung guess; (*Annahme*) assumption; (*Verdacht*) suspicion ◊ *Wir gehen von der Vermutung aus, dass ...* We are working on the assumption that ...
vernachlässigen 1 neglect **2** (*unberücksichtigt lassen*) ignore ◊ *Wir dürfen den wirtschaftlichen Aspekt nicht vernachlässigen.* We must not ignore the economic aspect.
Vernachlässigung 1 neglect **2** (*Nichtbeachten*) (*meist mit einem Verb übersetzt*) ◊ *Die Vernachlässigung dieser Probleme wird die Partei teuer zu stehen kommen.* Ignoring these problems will cost the party dear.
vernarbt scarred
vernarrt in jdn/etw ~ sein be crazy about sb/sth
vernehmen 1 (*Polizei, Ausschuss*) question; (*vor Gericht*) examine **2** (*hören*) hear*; (*erfahren*) learn*
Vernehmen dem ~ nach according to ... sources ☛ Im Englischen wird die "Quelle" (source) der Information immer angegeben. ◊ *Dem Vernehmen nach soll im Oktober mit der Arbeit begonnen werden.* According to official sources, work is due to start in October. ◊ *Dem Vernehmen nach erwägt der Finanzminister eine Senkung der Benzinsteuer.* According to government sources the Chancellor is considering lowering the tax on petrol.
Vernehmung (*durch die Polizei*) questioning [U]; (*vor Gericht*) examination ◊ *bei der Vernehmung* during questioning
vernehmungsfähig fit for questioning (*nicht vor Nomen*)
vernehmungsunfähig not fit for questioning (*nicht vor Nomen*)
verneinen 1 answer *sth* in the negative **2** (*ableugnen*) deny* **3** (LING) negate ◊ *den Satz verneinen* negate the sentence ◊ *die verneinte Form eines Verbs* the negative form of a verb
Verneinung (LING) negative ◊ *Wie bildet man die Verneinung?* How do you form the negative?
vernetzen 1 link *sth* (together); (*Verkehrsmittel auch*) integrate ◊ *Wir wollen die einzelnen Dienste vernetzen.* We want to link the various services together. **2** (*Computer*) link *sth* (by computer); (*in einem Netz*) network; (*an das Internet anschließen*) link *sth* to the Internet ◊ *Die beiden Firmen sind miteinander vernetzt.* The two firms are linked by computer. ◊ *Alle Computer im Büro sind vernetzt.* All the computers in the office are networked. ◊ *Unsere Schule wird vernetzt.* Our school is getting Internet access.
Vernetzung linking up; (*von Verkehrsmitteln auch*) integration; (COMP) networking; (*Anschluss an das Internet*) Internet access

vernichten destroy (*auch fig*); (*Menschen, Ungeziefer auch*) exterminate ◊ *Die Niederlage hat ihn völlig vernichtet.* The defeat completely destroyed him.
vernichtend (*Niederlage*) crushing (*nur vor Nomen*); (*Bemerkung, Blick, Urteil*) scathing; (*Schlag*) devastating ◊ *vernichtende Kritik* scathing criticism ◊ *Sie haben uns vernichtend geschlagen.* They thrashed us.
Vernichtung destruction; (*von Menschen, Ungeziefer*) extermination
Vernichtungskrieg war of extermination **Vernichtungslager** extermination camp **Vernichtungspolitik** policy of extermination **Vernichtungsschlag** devastating blow **Vernichtungswaffe** weapon of mass destruction
verniedlichen play *sth* down
Vernissage private view
Vernunft 1 reason; (*gesunder Menschenverstand*) common sense **2 mit ~** sensibly **3 politische, ökonomische** etc. **~** political, economic, etc. sense ◊ *Das geht gegen die wirtschaftliche Vernunft.* It does not make economic sense. [IDM] **Vernunft annehmen** see* sense ◊ *Wann wird er endlich Vernunft annehmen?* When will he finally see sense? ◊ *Nimm doch endlich Vernunft an und geh zum Arzt!* Just be sensible and go to the doctor. **jdn Vernunft beibringen** make* sb see reason **zur Vernunft kommen** come* to your senses
vernünftig 1 sensible (*Adv* sensibly); (*rational*) rational (*Adv* rationally) ◊ *ein vernünftiger Mensch* a sensible person ◊ *Sie haben sich sehr vernünftig verhalten.* They acted very sensibly. ◊ *eine vernünftige Erklärung* a rational explanation ◊ *Das wäre politisch vernünftiger.* That would make more political sense. ◊ *Kannst du mir einen vernünftigen Grund nennen?* Can you give me one good reason? **2** (*ordentlich*) proper (*nur vor Nomen*) (*Adv* properly); (*anständig*) decent; (*Preise*) reasonable ◊ *vernünftige Schuhe* proper shoes ◊ *Ich habe heute noch nichts Vernünftiges gegessen.* I haven't had a proper meal today yet. ◊ *Sie hatten keine vernünftigen Bücher.* They didn't have any decent books.
veröffentlichen publish; (*CDs etc.*) release
Veröffentlichung publication; (*von CDs etc.*) release ◊ *eine Liste mit allen Veröffentlichungen des letzten Monats* a list of all last month's publications
verordnen (*verschreiben*) prescribe; (*anordnen*) order
Verordnung 1 order; (*der EU*) directive ◊ *eine Verordnung über die Einschränkung des Wasserverbrauchs* a directive on restricting the use of water **2** (*von Medikamenten*) prescribing
verpachten lease
verpacken pack; (*attraktiv*) package (*auch fig*); (*einwickeln*) wrap*
Verpackung 1 packaging [U] (*auch fig*) ◊ *die Verpackung entfernen* remove the packaging **2** (*das Verpacken*) packing **Verpackungsmüll** waste packaging
verpassen 1 miss ◊ *Wir haben den Anschluss verpasst.* We missed our connection. **2 jdm etw ~** give* sb sth ◊ *Er hat ihm einen Tritt verpasst.* He gave him a kick. [IDM] **jdm eins/eine verpassen** hit* sb
verpennen ◊ *Sie hat den Vormittag verpennt.* She slept the morning away. ◊ *Ich habe den Termin verpennt.* I forgot all about the appointment.
verpesten pollute; (*mit Gestank erfüllen*) stink* *sth* out ◊ *Abgase, die die Luft verpesten* fumes which pollute the air ◊ *Deine Zigarren verpesten die Wohnung.* Your cigars are stinking out the flat.
verpfänden pawn; (*Haus*) mortgage
verpfeifen jdn (bei jdm) **~** grass on sb (to sb) (*umgs*)
verpflanzen transplant; (*Haut*) graft
Verpflanzung transplantation; (*von Haut*) graft
verpflegen feed*; **sich ~** cook for yourself
Verpflegung 1 (*meist mit einem Verb übersetzt*) ◊ *Sie sorgt für die Verpflegung der Gäste.* She cooks for the guests. **2** (*Nahrung*) food ◊ *Die Verpflegung war miserabel.* The food was awful. ◊ *Kosten für Unterbringung und Verpflegung* costs for food and accommodation
verpflichten 1 sich (zu etw) ~ commit* yourself (to sth) ◊ *Ich habe mich dazu verpflichtet, es zu kaufen.* I've committed myself to buying it. **2 jdn dazu ~ etw zu tun** oblige sb to do sth ◊ *Das Abkommen verpflichtete die Regierung, das Gesetz zu ändern.* The agreement obliged the government to change the law. **3 verpflichtet (etw zu tun)** obliged (to do sth) ◊ *Ich fühlte mich verpflichtet, ihnen zu helfen.* I felt obliged to help them. ◊ *Sie sind zu nichts verpflichtet.* You are under no obligation. **4 jdn ~** (*Sportler*) sign sb on; (*Soldat*) enlist sb; (*Künstler*) engage sb **5 sich ~** sign on; (*als Soldat auch*) enlist
Verpflichtung 1 commitment; (*moralische, finanzielle, gesetzliche*) obligation ◊ *dienstliche Verpflichtungen* work commitments **2** (*eines Sportlers*) signing; (*eines Soldaten*) enlistment; (*eines Künstlers*) engagement
verpfuschen mess *sth* up (*umgs*)
verpissen sich ~ piss off (*vulg, Slang*)
verplanen 1 plan* *sth* badly ◊ *Die neue Schule ist total verplant.* The new school is very badly planned. **2** (*erschließen*) develop **3** (*für bestimmte Zwecke vorsehen*) ◊ *Mein ganzes Wochenende ist bereits verplant.* I've got plans for the whole weekend. ◊ *Die Stadt hat Millionen für ein neues Krankenhaus verplant.* The town has set aside millions for a new hospital.
verplappern sich ~ let* the cat out of the bag
verplempern waste
verpönt frowned (up)on (*nicht vor Nomen*)
verprellen upset*, antagonize (*gehoben*)
verprügeln beat* *sb* up; (*als Strafe*) give* *sb* a beating
verputzen 1 plaster; (*außen*) render **2** (*aufessen*) polish *sth* off (*umgs*)
verqualmt smoky*; (*bei Brand*) smoke-filled
Verrat ~ (an jdm/etw) betrayal (of sb/sth); (*politisch*) treason (against sb/sth) (*oft mit einem Verb übersetzt*) ◊ *der Verrat an einem Freund* the betrayal of a friend ◊ *Verrat an jdm üben* betray sb ◊ *Ihm wird der Verrat von Staatsgeheimnissen vorgeworfen.* He is accused of betraying state secrets.
verraten 1 jdm etw ~ tell* sb sth ◊ *Mehr verrate ich dir nicht.* I'm not telling you any more than that. ☛ *Hinweis bei* SAGEN **2 etw ~** (*Geheimnis, Plan etc.*) give* sth away ◊ *Sein Akzent verrät es: Er ist in Berlin geboren.* His accent gives it away: he was born in Berlin. ◊ *Er wollte die Zutaten nicht verraten.* He wouldn't say what the ingredients were. ◊ *In der Sendung wird verraten, wie der Zaubertrick funktioniert.* In the programme they tell you how the magic trick is done. **3** (*erkennen lassen*) show* ◊ *Sein Blick verriet seine Verwirrung.* His expression showed his puzzlement. ◊ *Ihr Gesichtsausdruck verriet, dass sie sich ärgerte.* You could tell from her expression that she was annoyed. **4 jdn/etw (an jdn) ~** betray sb/sth (to sb) ◊ *Sie fühlen sich verraten.* They feel betrayed. **5 sich durch etw ~** give* yourself away ◊ *Der Spion verriet sich durch einen dummen Fehler.* The spy gave himself away by making a silly mistake.
Verräter(in) traitor
verräterisch 1 telltale (*nur vor Nomen*) ◊ *ein verräterischer Versprecher* a telltale slip of the tongue ◊ *Sie machte ein verräterisch fröhliches Gesicht.* Her cheerful expression gave her away. **2** (*Plan, Tat*) treacherous
verrauchen (*Wut etc.*) evaporate ◊ *Seine Wut war schnell verraucht.* His anger soon evaporated.
verrechnen 1 sich ~ miscalculate, make* a mistake in your calculations ◊ *Ich habe mich verrechnet.* I made a mistake in my calculations. ◊ *Die Bedienung hat sich um 10 Euro verrechnet.* The waiter got the bill wrong by 10 euros. **2 sich (mit etw) ~** make* a mistake (in sth) ◊ *Der Einbrecher hatte sich (mit seinem Plan) gründlich verrechnet.* The burglar had made a serious mistake (in his plan). **3 etw mit etw ~** (*aufrechnen*) balance sth against sth; (*abziehen*) deduct sth from sth ◊ *die Verluste mit den Gewinnen verrechnen* balance the losses out against the profits ◊ *Krankheittage sollen mit dem Urlaub verrechnet werden.* Sick leave is to be deducted from holiday.
Verrechnungsscheck crossed cheque, (*AmE*) voucher check
verregnet rainy*, wet*
verreiben rub* *sth* in
verreisen go* away ◊ *Familien, die nicht verreisen können* families who can't go away ◊ *Seine Eltern sind verreist.* His parents are away. ◊ *Sie verreist nächste Woche ins Elsass.* She's going to Alsace next week.
verreißen tear* *sth* to shreds ◊ *Die Kritiker haben die Inszenierung verrissen.* The critics tore the production to shreds.

verrenken 1 sich ~ go* through contortions ◊ *Sie musste sich verrenken, um etwas sehen zu können.* She had to go through contortions to be able to see. **2 sich etw ~** dislocate sth ◊ *Ich habe mir die Schulter verrenkt.* I've dislocated my shoulder. ◊ *Sie hatte sich den Fuß verrenkt.* She had twisted her ankle.
Verrenkung 1 contortion **2** (*Verletzung*) dislocation
verrichten carry* sth out ◊ *Sie darf nur leichte Arbeiten verrichten.* She's only allowed to carry out light duties. ◊ *Sie dürfen ihr Gebet nur in der Moschee verrichten.* They are only allowed to pray in the mosque.
verriegeln 1 (*Tür etc.*) bolt **2** (*Computertastatur*) lock
verringern 1 reduce ◊ *die Straßenbreite um einen Meter verringern* reduce the width of the road by a metre ◊ *das Risiko verringern* reduce the risk **2 sich ~** be reduced ◊ *Die Zahl der Verletzten verringerte sich drastisch.* The number of people injured was dramatically reduced.
Verringerung reduction (*oft mit einem Verb übersetzt*) ◊ *eine Verringerung der Ausgaben* a reduction in expenditure ◊ *Maßnahmen zur Verringerung des Schadstoffausstoßes* measures to cut emissions
Verriss savage review
Verrohung brutalization
verrosten go* rusty, rust
verrostet rusty
verrotten rot*; (*Gebäude, Anlagen*) decay
verrücken move
verrückt 1 mad, crazy ◊ *Bist du verrückt geworden?* Have you gone mad? ◊ *Der Lärm macht mich noch verrückt.* The noise is driving me mad. ◊ *Sie arbeitet wie verrückt.* She works like mad. ◊ *Drei Stunden Wartezeit? Ich bin doch nicht verrückt!* A three-hour wait? I'd have to be crazy! **2 ~ nach jdm/etw sein** be mad about sb/sth **3 ~ spielen** go* mad; (*Maschine, Gerät*) act up ◊ *Meine Mutter hat verrückt gespielt, als ich erst am nächsten Morgen nach Hause gekommen bin.* My mother went mad when I didn't come home until the next morning. ◊ *Die Fans spielten verrückt vor Begeisterung.* The fans went mad with excitement. ◊ *Das Radio spielt mal wieder verrückt.* The radio is acting up again. ◊ *Nun spiel nicht gleich verrückt, weil er nicht angerufen hat.* There's no need to go off the deep end just because he hasn't called. ◊ *Das Wetter hat total verrückt gespielt.* The weather was crazy. IDM **Ich werd verrückt!** I don't believe it!
Verrückte(r) madwoman*/madman* (*beleidigend*) ◊ *Sie kreischte wie eine Verrückte.* She screeched like a madwoman. ◊ *Wir haben gearbeitet wie die Verrückten.* We worked like mad. ◊ *Alle haben wie die Verrückten Aktien gekauft.* They all went mad buying shares.
Verruf disrepute [U] ◊ *in Verruf kommen* fall into disrepute
verrufen 1 disreputable **2 als jd/etw ~ sein** be branded as sb/sth
verrühren mix sth together; (*einrühren*) mix sth in; **A mit B ~** mix A and B together; **A und B zu etw ~** mix A and B to make sth ◊ *Die Milch mit dem Mehl verrühren.* Mix the milk and the flour together. ◊ *Essig und Öl zu einer Soße verrühren.* Mix the vinegar and oil to make a dressing.
verrutschen slip*
Vers (*Strophe, Absatz*) verse; (*Zeile*) line; (*Reim*) rhyme
versagen 1 fail ◊ *Die Bremsen versagten.* The brakes failed. ◊ *Der Fahrstuhl versagte seinen Dienst.* The lift stopped working. **2 jdm etw ~** deny* sb sth, deny* sth to sb, refuse sb sth ◊ *Die literarische Anerkennung blieb ihm zeitlebens versagt.* He was denied recognition as a writer during his lifetime. ◊ *Er versagte ihr seine Unterstützung.* He refused to help her.
Versagen failure ◊ *das Versagen der Politik* the failure of politics ◊ *Man warf dem Direktor Versagen vor.* They accused the director of having failed. ◊ *menschliches Versagen* human error
Versager(in) failure
versalzen[1] *Verb* **1** put* too much salt in/on sth **2 jdm etw ~** (*verderben*) ruin sth for sb IDM ⇨ SUPPE
versalzen[2] *Adj* too salty (*nicht vor Nomen*)
versammeln 1 gather (together) ◊ *Es ist schön, euch alle versammelt zu sehen.* It's nice to see you all gathered together here. ◊ *Der Trainer versammelte die Mannschaft um sich.* The coach gathered the team around him. **2 sich ~** gather, assemble (*gehoben*) ◊ *Sie erklärte vor der versammelten Presse ihren Rücktritt.* She announced her resignation to the assembled press. IDM ⇨ MANNSCHAFT
Versammlung 1 meeting; (*verfassunggebende*) assembly* ◊ *eine Versammlung einberufen* call a meeting ◊ *eine verfassunggebende Versammlung* a legislative assembly **2** (*Kundgebung*) rally*
Versammlungsfreiheit right to gather, freedom of assembly
Versand 1 dispatch; (*von größeren Gütern*) shipment; (*Porto, Transport*) postage **2** (*Abteilung*) dispatch department **3** ⇨ VERSANDHAUS **4** ⇨ VERSANDHANDEL
Versandhandel mail order; (*Firma*) mail order firm ◊ *per Versandhandel* by mail order ◊ *Das gibt es im Versandhandel.* You can get that by mail order. **Versandhaus** mail order firm ◊ *Geschenke beim Versandhaus bestellen* order gifts from a mail order firm
versauen 1 ruin; (*Prüfung*) mess up ◊ *Ich habe mir die Hose am Fahrrad versaut.* I've ruined my trousers on the bike. ◊ *Die Klausur habe ich versaut.* I completely messed up the test. **2 jdm etw ~** (*verderben*) spoil* sth for sb
versaufen drink* sth away
versäumen 1 miss **2** (*Pflicht*) neglect; **es ~ etw zu tun** fail to do sth
Versäumnis omission; (*einer Pflicht*) negligence [U]
versaut 1 (*schmutzig*) filthy **2** (*unanständig*) disgusting
verschaffen 1 sich etw ~ get* yourself sth; (*Respekt, Vorteile*) gain yourself sth ◊ *sich einen Überblick verschaffen* get yourself an overview ◊ *sich Gehör verschaffen* make yourself heard **2 jdm etw ~** get* sb sth ◊ *Kannst du mir eine Stelle in deiner Firma verschaffen?* Can you get me a job in your firm? ◊ *jdm Gehör verschaffen* get sb a hearing ◊ *Das hat ihr Vorteile bei der Jobsuche verschafft.* That helped her a lot in her job search. **3 einer Sache etw ~** ◊ *einem Gesetz Geltung verschaffen* make a law operative ◊ *Sie versuchte ihrer Forderung mehr Aufmerksamkeit zu verschaffen.* She tried to draw more attention to her demands.
verschämt coy (*Adv* coyly); (*schüchtern*) shy (*Adv* shyly)
verschandeln spoil*
verschanzen sich ~ 1 barricade yourself in **2** (*fig*) take* cover, hide*
verschärfen 1 (*Gesetz, Kontrolle, Maßnahme*) tighten (up) **2** (*Krise, Lage etc.*) aggravate; **sich ~** get* worse
verschärft 1 ⇨ VERSCHÄRFEN **2** more intense (*Adv* more intensely); (*strenger*) stricter (*Adv* more strictly)
Verschärfung (*von Gesetzen, Kontrollen, Maßnahmen*) tightening; (*einer Krise, Situation etc.*) aggravation
verschätzen sich ~ make* a miscalculation (*auch fig*) ◊ *Da hast du dich gründlich verschätzt.* That was a serious miscalculation. ◊ *Sie hatte sich um 16 Millionen verschätzt.* Her calculations were out by 16 million.
verschenken give* sth away; (*Sieg, Talent etc.*) throw* sth away
verscherzen 1 es sich mit jdm ~ blow* it with sb **2** (**sich**) **etw ~** lose* sth; (*Glück, Möglichkeit auch*) forfeit sth
verscheuchen drive* sb/sth away (*auch fig*); (*wegjagen*) chase sb/sth away ◊ *Der Hausmeister verscheuchte die Kinder vom Hof.* The caretaker chased the children out of the yard. ◊ *Das Spray soll die Mücken verscheuchen.* The spray is supposed to keep mosquitoes away.
verschicken send* out; (*Waren auch*) dispatch
verschieben 1 move ◊ *Sie verschob den Tisch um ein paar Zentimeter.* She moved the table a few centimeters. **2 sich ~** (*verrutschen*) slip* **3** (*aufschieben*) postpone ◊ *Die Klassenfahrt ist auf September verschoben worden.* The class trip has been postponed until September. **4 sich ~** (*Termin etc.*) be postponed ◊ *Die Reise hat sich etwas verschoben.* The trip has been postponed for a while. **5** (*fig*) **sich ~** (*sich verlagern*) shift ◊ *Das Machtgefüge hat sich verschoben.* The balance of power has shifted. **6** (*illegal verkaufen*) traffic* in sth; (*Müll*) dump ◊ *Waffen verschieben* traffic in arms ◊ *Er hat gestohlene Autos über die Grenze verschoben.* He sold stolen cars abroad.
verschieden 1 different ◊ *Sie sind charakterlich sehr verschieden.* They are very different in character. ◊ *Unsere Vorstellungen sind zu verschieden.* Our ideas differ too much. **2** (*mehrere*) various ◊ *Teilnehmer verschiedener Nationalitäten* participants from various countries **3 verschiedenste** all kinds of, a variety of (*gehoben*) ◊ *Spielsachen der verschiedensten Art* all kinds of toys ◊ *Er war als*

verschiedenartig

Wissenschaftler auf den verschiedensten Gebieten tätig. He worked as a scientist in a variety of fields. IDM ⇨ GESCHMACK
verschiedenartig diverse
Verschiedenes various things [Pl]; *(Nachrichten)* other news; *(Tagesordnungspunkt)* any other business ◊ *Sie hatten an meinem Vorschlag Verschiedenes auszusetzen.* They found various things wrong with my proposal.
Verschiedenheit differences [Pl] ◊ *die Verschiedenheit von Religionen* the differences between religions
verschiffen *(Waren)* ship*; *(Menschen)* transport
verschimmeln go* mouldy; *(fig)* gather mould
verschlafen¹ *Verb* **1** oversleep* **2** *etw* ~ *(schlafend verbringen)* spend* sth asleep ◊ *Ich habe das halbe Wochenende verschlafen.* I spent half of the weekend asleep. **3** *etw* ~ *(verpassen)* miss sth ◊ *Wir haben die Anmeldefrist verschlafen.* We've missed the application deadline. ◊ *Fast hätte ich die Haltestelle verschlafen!* I almost missed my stop! **4** *jd* **verschläft** *etw (Chance, Entwicklung etc.)* sth passes sb by ◊ *Sie haben den Trend völlig verschlafen.* The trend completely passed them by.
verschlafen² *Adj* half-asleep; *(Ort)* sleepy
verschlagen 1 (SPORT) mishit* **2 es verschlägt jdn** sb ends up *(umgs)* ◊ *Und dich hat es also nach England verschlagen.* So you ended up in England then. IDM ⇨ ATEM *und* SPRACHE
verschlanken slim* sth down
Verschlankung downsizing
verschlechtern 1 make* sth worse **2 sich** ~ get* worse, deteriorate *(gehoben)*; *(Zensuren)* go* down ◊ *Das Wetter soll sich wieder verschlechtern.* The weather is going to get worse again. ◊ *Der Zustand des Patienten hat sich verschlechtert.* The patient's condition has deteriorated. ◊ *In Mathe hat er sich erheblich verschlechtert.* He has gone down considerably in maths.
Verschlechterung deterioration
verschleiern 1 veil ◊ *verschleierte Gesichter* veiled faces **2** *(fig)* cover up; *(verbergen)* conceal
Verschleiß 1 wear ◊ *Der Schaden ist durch Verschleiß entstanden.* The damage was due to wear. ◊ *normaler Verschleiß* normal wear and tear ◊ *Das Problem ist der schnelle Verschleiß des Materials.* The problem is that the material wears out very quickly. **2** *(Verbrauch)* *(meist mit einem Verb übersetzt)* ◊ *Wir haben einen großen Verschleiß an Papier.* We get through a lot of paper. **3** *(an Mitarbeitern, Ideen etc.)* turnover ◊ *ein enormer Verschleiß an Arbeitskräften* a rapid turnover of staff
verschleppen 1 abduct ◊ *Sie wurde aus Afrika nach Brasilien verschleppt.* She was abducted from Africa and taken to Brazil. ◊ *Stalin verschleppte sie nach Sibirien.* They were sent to Siberia under Stalin. ◊ *die unter der Diktatur verschleppten Kinder* the children who disappeared during the dictatorship **2** *(Erledigungen, Aufgaben)* deal* with sth very slowly ◊ *Die Behörden haben die Bearbeitung der Anträge verschleppt.* The authorities have been very slow in dealing with the applications. ◊ *Es ist ein Skandal, dass die Sache so lange verschleppt wurde.* It's a scandal that the affair has been so long-drawn-out. **3** *(Krankheit)* leave* sth untreated ◊ *eine verschleppte Bronchitis* bronchitis that was left untreated
verschleudern 1 *(Geld, Erbschaft)* squander *(abwert)* **2** *(verkaufen)* sell* sth off
verschließen 1 *(zuschließen)* lock **2 jdm verschlossen sein** be closed to sb **3** *(versiegeln)* seal ◊ *ein verschlossener Umschlag* a sealed envelope ◊ *luftdicht verschlossen* sealed ◊ *Du musst die Flasche fest verschließen.* You've got to put the top firmly on the bottle. **4** *(wegschließen)* lock sth away **5 sich jdm/etw** ~ ◊ *Er hat sich seinen Freunden völlig verschlossen.* He has completely shut himself off from his friends. ◊ *Sie verschließt sich meiner Hilfe.* She refuses to let me help her. ◊ *Solchen Forderungen wird sich niemand verschließen.* Nobody would turn down such demands. IDM ⇨ AUGE
verschlimmern 1 make* sth worse **2 sich** ~ get* worse, deteriorate ◊ *Die Lage hat sich nicht mehr verschlimmert.* The situation hasn't got any worse.
verschlingen 1 wolf sth down *(umgs)* **2** *(Geld)* eat* sth up **3** *(lesen)* devour IDM **jdn mit den Augen/Blicken verschlingen** devour sb with your eyes

verschlossen 1 ⇨ VERSCHLIESSEN **2** withdrawn; *(wortkarg)* taciturn
verschlucken 1 swallow **2 sich (an etw)** ~ choke (on sth) IDM ⇨ ERDBODEN
Verschluss *(Flaschen-)* top; *(Korken)* cork; *(an einer Tasche, einem Schmuckstück)* clasp IDM **etw unter/hinter Verschluss halten** keep* sth under lock and key
verschlüsseln encode, put* sth into code; (COMP) encrypt
verschmelzen 1 (mit etw) (zu etw) ~ fuse (with sth) (to become sth) *(auch fig)* **2 etw (mit etw) (zu etw)** ~ fuse sth (with sth) (to make sth) *(auch fig)*; *(Metalle)* alloy sth (with sth) (to make sth)
verschmieren 1 make* dirty marks on *sth*; **A mit B** ~ smear A with B, smear B on/over A ◊ *Sie haben die ganzen Scheiben verschmiert.* They've made dirty marks on the windows. ◊ *Sein Gesicht war mit Blut verschmiert.* His face was smeared with blood. ◊ *Sie haben die Wände mit Farbe verschmiert.* They smeared paint over the walls. ◊ *verschmierte Gläser* smeary glasses ◊ *Du hast dir das ganze Gesicht mit Soße verschmiert!* You've got gravy all over your face! **2** *(verwischen)* smudge ◊ *Vorsicht, du verschmierst die Schrift.* Careful, you'll smudge the writing. **3** *(gleichmäßig verteilen)* spread* ◊ *Du hast die Sonnencreme nicht richtig verschmiert.* You haven't spread the sun cream evenly.
verschmitzt impish *(Adv* impishly)
verschmutzen 1 make* sth dirty; *(mit Kot)* foul ◊ *verschmutzte Windeln* dirty nappies ◊ *Der Spielplatz wird immer wieder von Hunden verschmutzt.* Dogs constantly foul the playground. **2** *(Luft, Wasser, Umwelt)* pollute **3** *(schmutzig werden)* get* dirty
Verschmutzung 1 *(mit Abfällen, Müll, Kot etc.)* *(meist mit einem Verb übersetzt)* ◊ *die zunehmende Verschmutzung der Containerplätze mit Müll* the increasing amount of rubbish left at bottle banks ◊ *die Verschmutzung der Rastplätze mit Abfällen* the problem of people leaving litter in lay-bys ◊ *die Verschmutzung der Bürgersteige durch Hunde* dogs fouling the pavements **2** *(Umwelt-)* pollution *(oft mit einem Verb übersetzt)* ◊ *die Verschmutzung der Umwelt* pollution of the environment ◊ *Es wurde eine hochgradige Verschmutzung des Trinkwassers festgestellt.* The drinking-water was found to be heavily polluted. **3** *(Schmutz)* dirt [U] ◊ *Das Gerät beseitigt Verschmutzungen.* The machine removes dirt. ◊ *leichte Verschmutzungen des Gewebes* light soiling of the fabric
Verschnaufpause breather *(umgs)* ◊ *eine Verschnaufpause einlegen* take a breather
verschneit snow-covered ◊ *verschneite Hänge* snow-covered slopes ◊ *Die Wiesen waren tief verschneit.* The fields were under deep snow.
verschnörkelt ornate
verschnupft 1 ~ sein have a cold ◊ *Die Sängerin war etwas verschnupft.* The singer had a bit of a cold. ◊ *Er klang stark verschnupft.* He sounded as if he had a bad cold. **2 (über etw)** ~ *(beleidigt)* put out (about sth)
verschollen *(reported)* missing; *(Kunstwerk etc.)* lost ◊ *Man spricht von 20 Verschollenen.* There are 20 people missing. ◊ *Er ist im Krieg verschollen.* He was reported missing in action. ◊ *ein verschollenes Manuskript* a lost manuscript ◊ *Nach Jahren tauchte sein verschollener Bruder wieder auf.* Years later, his long-lost brother turned up.
verschonen 1 spare; **jdn mit etw** ~ spare sb sth ◊ *Verschone mich mit deinen Belehrungen!* Spare me the lecture! **2 von etw verschont bleiben** escape sth
verschönern brighten *sth* up; *(Gesicht etc.)* beautify* ◊ *den Balkon mit ein paar Blumen verschönern* brighten up the balcony with a few flowers
verschränken *(Hände)* clasp; *(Arme)* fold ◊ *Er stand am Eingang, die Hände hinter dem Rücken verschränkt.* He stood at the entrance, his hands clasped behind his back. ◊ *Sie hatte die Arme vor der Brust verschränkt.* She had her arms folded.
verschreiben 1 jdm etw ~ prescribe sb sth, prescribe sth for sb ◊ *Der Arzt verschrieb ihr absolute Ruhe.* The doctor advised complete rest. **2 sich** ~ make* a (spelling) mistake ◊ *Sie hatte sich an der Tafel verschrieben.* She had made a spelling mistake on the blackboard. ◊ *„Herr Eva Schmitt" — du hast dich wohl verschrie-*

ben? 'Mr Eva Schmitt' – that's a slip of the pen surely? **3 sich einer Sache ~** devote yourself to sth
verschroben eccentric
verschrotten break* *sth* up for scrap; (*Schiff auch*) salvage; (*Waffen*) dismantle; **etw ~ lassen** sell* sth for scrap ◊ *Die Waggons wurden verschrottet.* The carriages were broken up for scrap. ◊ *ein Auto verschrotten lassen* sell a car for scrap ◊ *Diesen Computer sollten wir mal langsam verschrotten lassen.* We ought to scrap this computer.
verschulden 1 etw ~/zu ~ haben be to blame for sth ◊ *Wer hat die Verzögerungen zu verschulden?* Who is to blame for the delays? ◊ *Sie hat ihre Entlassung selbst verschuldet.* She has only herself to blame for the fact that she lost her job. ◊ *einen Elfmeter verschulden* give away a penalty **2 (sich) ~** get* into debt ◊ *Sie haben sich beim Hausbau stark verschuldet.* They got heavily into debt with building the house. ◊ *Sie sind mit über 70 000€ verschuldet.* They are in debt to the tune of over €70 000. ◊ *ein hoch verschuldetes Unternehmen* a company with huge debts
Verschuldung debt
verschütten 1 spill **2** (*von Erdmassen etc.*) bury* ◊ *ein von einer Lawine verschütteter Bergsteiger* a climber buried in an avalanche
verschwägert related by marriage ◊ *Ich bin mit ihr verschwägert.* I'm related to her by marriage.
verschweigen etw ~ keep* quiet about sth; (**jdm**) **etw ~** (*Wahrheit, Tatsache*) hide* sth (from sb), conceal sth (from sb) (*gehoben*); (*Informationen*) withhold* sth (from sb) (*gehoben*) ◊ *Der Zeuge hatte verschwiegen, dass er mit dem Angeklagten verwandt war.* The witness kept quiet about the fact that he was related to the accused. ◊ *Sie hat wichtige Informationen verschwiegen.* She withheld important information. ◊ *Er hat mir verschwiegen, dass er verheiratet ist.* He never told me he was married.
verschwenden waste ◊ *Zeit für etw verschwenden* waste time on sth ◊ *Daran würde ich keinen Gedanken verschwenden.* I wouldn't waste time thinking about it.
verschwenderisch 1 wasteful; (*Lebensstil*) extravagant (*abwert*) ◊ *Sie gehen verschwenderisch mit Wasser um.* They are very wasteful with water. ◊ *Er geht verschwenderisch mit seinem Geld um.* He's very extravagant. **2** (*üppig*) lavish (*gehoben*)
Verschwendung waste (*oft mit einem Verb übersetzt*) ◊ *Das ist reine Verschwendung!* It's a terrible waste! ◊ *Ihnen wurde Verschwendung von Steuergeldern vorgeworfen.* They were accused of wasting taxpayers' money.
verschwiegen 1 ⇨ VERSCHWEIGEN **2** (*Mensch*) discreet **3** (*Ort*) secluded IDM ⇨ GRAB
Verschwiegenheit confidentiality; (*Geheimhaltung*) secrecy IDM ⇨ SIEGEL
verschwimmen blur*; (*fig*) become* blurred
verschwinden 1 disappear; (*besonders auf unerklärliche Weise*) vanish ◊ *Sie verschwand in der Menge.* She disappeared into the crowd. ◊ *spurlos verschwinden* vanish without trace ◊ *Lass uns von hier verschwinden.* Let's get out of here. ◊ *Ich muss mal eben (zur Toilette) verschwinden.* Excuse me for a moment. (I'm just going to the loo.) ◊ *Er verschwand fast hinter dem riesigen Schreibtisch.* He was almost hidden behind the huge desk. **2 jdn ~ lassen** (*töten*) do* away with sb (*umgs*), eliminate sb (*gehoben*) **3 etw ~ lassen** make* sth disappear; (*verstecken*) hide; (*stehlen*) steal* ◊ *Die Zauberin ließ das Kaninchen verschwinden.* The magician made the rabbit disappear. ◊ *Geschickt ließ er den Schlüssel in der Jacke verschwinden.* He slipped the key in his jacket pocket. IDM **verschwinde!** clear off! (*umgs*)
☛ *Siehe auch* VERSENKUNG
verschwindend 1 *Adj* tiny* **2** *Adv* **~ gering/klein** minimal; (*Minderheit*) tiny; (*Menge*) minute ◊ *Die Resonanz war verschwindend gering.* The response was minimal. ◊ *eine verschwindend kleine Minderheit* a tiny minority ◊ *Uran in verschwindend geringen Mengen* minute amounts of uranium
verschwitzt sweaty; (*erhitzt*) hot and sweaty; (*schweißüberströmt*) sweating
verschwommen 1 ⇨ VERSCHWIMMEN **2** vague (*Adv* vaguely), blurred ◊ *ein verschwommener Blick* a vague look ◊ *ein verschwommenes Bild* a blurred image ◊ *Im Wasser kann man nur verschwommen sehen.* Underwater your vision is blurred.

verschwören 1 sich ~ plot, conspire (*auch fig*) ◊ *Sie haben sich zu einem Anschlag verschworen.* They plotted an attack. ◊ *Heute hat sich auch alles gegen mich verschworen!* It seems everything is conspiring against me today. ◊ *Sie bilden eine verschworene Gemeinschaft.* There is a bond between them. **2 sich etw ~** devote yourself to sth
Verschwörer(in) conspirator
Verschwörung conspiracy*
versehen 1 etw mit etw ~ put* sth on sth ◊ *einen Umschlag mit der Adresse versehen* put the address on an envelope ◊ *Sie versah den Titel mit einem Fragezeichen.* She put a question mark after the title. ◊ *Waren, die mit dem Grünen Punkt versehen sind* goods with the green dot (on them) ◊ *das Haus mit einen neuen Anstrich versehen* give the house a new coat of paint ◊ *etw mit einem Hinweis versehen* add a note to sth ◊ *etw mit einem Etikett versehen* label sth **2 jdn mit etw ~** give* sb sth ◊ *jdn mit einem neuen Haarschnitt versehen* give sb a new hairstyle **3 sich mit etw ~** provide yourself with sth **4** (*Amt*) hold*; (*Dienst*) provide ◊ *Er versieht das Amt des ...* He holds the office of ... ◊ *Sie versieht bei uns den Haushalt.* She keeps house for us. **5 sich ~** ◊ *Ehe er sich versah, ...* Before he realized what was happening ... **6 sich ~** (*sich irren*) make* a mistake
Versehen 1 mistake ◊ *Das war ein Versehen des Hausmeisters.* It was a mistake on the part of the caretaker. ◊ *ein technisches Versehen* a technical error **2 aus ~** (*irrtümlich*) by mistake; (*unabsichtlich*) by accident
versehentlich (*irrtümlich*) by mistake; (*unabsichtlich*) by accident
verselbstständigen sich ~ break* away; (*Firma etc.*) become* a separate company, etc.; (*fig*) take* on a life of its own
versenden send* ◊ *eine SMS versenden* send a text message ◊ *etw als Fax versenden* fax sth
versengen scorch; (*Haar, Fell*) singe
versenken 1 sink* ◊ *Sie wollten die Ölplattform in der Nordsee versenken.* They wanted to sink the oil platform in the North Sea. ◊ *Atommüll im Meer versenken* dump nuclear waste in the sea ◊ *den Golfball versenken* drop the golf ball into the hole **2** (*Hände, Nase*) ◊ *Er hatte die Hände in die Hosentasche versenkt.* His hands were deep in his trouser pockets. ◊ *die Nase tief ins Taschentuch versenken* with a handkerchief over your nose **3** (*Schraube*) countersink* **4 sich in etw ~** (*sich vertiefen*) immerse yourself in sth; (*in ein Buch auch*) bury* yourself in sth
Versenkung 1 (*meist mit einem Verb übersetzt*) ◊ *die Versenkung der Bohrinsel im Meer* sinking the oil rig in the sea ◊ *die Versenkung des Schiffes* the sinking of the ship ◊ *die Versenkung von Atommüll im Meer* dumping nuclear waste in the sea **2** (*mystisch, meditativ etc.*) contemplation **3** (*im Bühnenboden*) trap(door) IDM **in der Versenkung verschwinden** sink* into oblivion (**wieder**) **aus der Versenkung auftauchen** reappear on the scene
versessen auf etw/jdn ~ obsessed with sth/sb
versetzen 1 move ◊ *Der Zaun musste versetzt werden.* The fence had to be moved. **2** (*verpfänden*) pawn **3 A mit B ~** (*vermischen*) add B to A **4 jdn ~** (*beruflich*) transfer* sb **5 jdn ~** (*in der Schule*) move sb up **6 jdn ~** (*nicht erscheinen*) stand* sb up ◊ *Er hat mich versetzt.* He stood me up. **7 jdm/etw etw ~** (*Schlag, Tritt, Ohrfeige*) give* sb/sth sth (*auch fig*) **8 jdn in etw ~** (*in einen Zustand*) put* sb in a state of sth ◊ *jdn in Angst und Schrecken versetzen* put sb in a state of fear and alarm ◊ *Die Feuerwehr wurde in Alarmbereitschaft versetzt.* The fire brigade were put on alert. ◊ *Die Band versetzte das Publikum in Ekstase.* The band sent the audience into raptures. **9 jdn in die Lage ~ etw zu tun** enable sb to do sth **10 sich ~** (*umsetzen*) sit* somewhere else **11 sich in einen Rausch ~** (*durch Alkohol*) get* drunk; (*durch Drogen*) get* high **12 sich in jdn/etw ~** (*hineinversetzen*) put* yourself in sb's position IDM ⇨ STOSS
Versetzung (*oft mit einem Verb übersetzt*) **1** moving ◊ *wegen der Versetzung des Verkehrsschildes* because the road sign had been moved **2** (*beruflich*) transfer ◊ *seine Versetzung nach Berlin* his transfer to Berlin **3** (*in der Schule*) moving up ◊ *Ihre Versetzung ist gefährdet.* She might not move up. **4** (*Vermischung*) adding ◊ *die Versetzung des Wassers mit Chlor* adding chlorine to the water
verseuchen contaminate
Verseuchung contamination

Vers- Versfuß (metrical) foot* **Versform** verse form
versichern 1 jdm ~, dass … (*beteuernd*) assure sb (that) …; (*beruhigend*) reassure sb (that) … ◊ *Ich versichere Ihnen, dass* … I assure you (that) … **2 sich einer Sache ~** make* sure of sth **3 sich/etw (gegen etw) ~** insure yourself/sth (against/for sth) ◊ *Das Auto ist gegen Diebstahl versichert.* The car is insured against theft. ◊ *Wir sind privat versichert.* We have private insurance.
Versicherung 1 (*Beteuerung*) assurance **2** (*Police*) insurance* [U] ◊ *eine Versicherung abschließen* take out insurance **3** (*Gesellschaft*) insurance (company*)
Versicherungsbetrug insurance fraud **Versicherungsgesellschaft** insurance company* **Versicherungskauffrau, -kaufmann** ≈ insurance broker ☞ G 2.2d **Versicherungsvertreter(in)** insurance agent ☞ G 2.2d
versickern seep (away)
versiegeln seal
versiegen dry* up (*auch fig*); (*Interesse*) evaporate
versiert proficient; (*erfahren*) experienced
versilbern ◊ *ein versilberter Becher* a silver-plated mug
versinken sink* (*auch fig*) ◊ *Wir versanken immer tiefer im Schlamm.* We sank deeper and deeper into the mud. ◊ *in einen tiefen Schlaf versinken* fall into a deep sleep ☞ *Siehe auch* VERSUNKEN IDM ⇒ ERDBODEN
Version version
versklaven enslave
Versklavung enslavement
Versmaß metre, (*AmE*) meter
versöhnen 1 sich (mit jdm) ~ be reconciled (with sb); (*Kinder, Freunde etc.*) make* up (with sb); (*Feinde*) make* peace (with sb) ◊ *Er hat sich mit seinem Vater versöhnt.* He was reconciled with his father. **2** jdn (mit jdm) ~ reconcile sb (with sb) **3** jdn (mit/durch etw) ~ (*versöhnlich stimmen*) placate sb (with sth)
versöhnlich 1 conciliatory **2** jdn ~ **stimmen** placate sb
Versöhnung reconciliation
versorgen 1 jdn/etw mit etw ~ provide sb/sth with sth, supply* sb/sth with sth ◊ *die Bevölkerung mit Hilfsgütern versorgen* provide aid to the population ◊ *jdn mit Drogen versorgen* supply sb with drugs ◊ *Die Stadt wurde aus der Luft versorgt.* Supplies were flown into the city. **2 sich (mit etw) ~** get* sth ◊ *Abhängige versorgen sich hier mit Drogen.* Addicts get their drugs here. **3** (*sich kümmern*) look after sb/sth, see* to sb/sth ◊ *Er versorgt den Hof.* He looks after the farm. ◊ *Das Vieh muss noch versorgt werden.* The animals still have to be seen to. **4** (*für den Unterhalt sorgen*) support **5** (*medizinisch*) tend (to) sb/sth ◊ *Der Sanitäter versorgte den Verletzten/die Wunde.* The paramedic tended to the injured/the wound.
Versorgung (*oft mit einem Verb übersetzt*) **1** provision; (*das Versorgen*) providing; (*mit Wasser, Strom, Gütern etc.*) supplying ◊ *Sie kümmerte sich um die Versorgung der Gäste.* She provided food and drink for the guests. ◊ *die Versorgung der Region mit Wasser* supplying the area with water **2** (*medizinisch*) care ◊ *ärztliche Versorgung* medical care ◊ *die Versorgung der Verletzten am Unfallort* treating the injured at the scene of the accident **3** (*Pflege, Sorge*) care ◊ *die Versorgung Behinderter* the care of the handicapped ◊ *die Versorgung der Kinder* looking after the children **4** (*Unterhalt*) support
verspannt tense
verspäten sich ~ be late ◊ *Wir hatten uns (um 30 Minuten) verspätet.* We were (half an hour) late. ◊ *Die Abfahrt des Zuges verspätet sich ein wenig.* The departure of the train will be slightly delayed.
verspätet 1 *Adj* delayed ◊ *eine verspätete Reaktion* a delayed reaction **2** *Adv* late ◊ *ein verspätet eingereichter Antrag* an application which arrived late
Verspätung delay; **mit ~ late** ◊ *nach einer dreistündigen Verspätung* after a three-hour delay ◊ *Entschuldigen Sie meine Verspätung.* I'm sorry I'm late. ◊ *Der Zug hatte (15 Minuten) Verspätung.* The train was (15 minutes) late.
versperren block ◊ *Wachleute versperrten ihm den Weg.* Guards blocked his way.
verspielen 1 (*Geld etc.*) gamble *sth* away **2** (*fig*) lose*; (*Chancen etc.*) throw* *sth* away; (*Vertrauen, Rechte*) forfeit ◊ *Sie verspielte ihre Führung.* She lost the lead. **3 sich ~** (MUS) play *sth* wrong; (*falsche Note spielen*) play a wrong note

verspielt 1 ⇒ VERSPIELEN **2** (*spielerisch*) playful **3** (*Stil etc.*) fancy ◊ *eine verspielte Bluse* a fancy blouse
verspotten ridicule, mock
versprechen 1 (jdm) etw ~ promise (sb) sth ◊ *Ich verspreche dir, dass ich bis zehn zurück bin.* I promise I'll be back by ten. ◊ *Du hast es versprochen!* You promised! ◊ *Versprochen!* I promise! ◊ *Das Deo hält nicht, was es verspricht.* The deodorant doesn't live up to its promises. **2** (*erwarten lassen*) ◊ *Sein Blick verspricht nichts Gutes.* The look on his face doesn't bode well. ◊ *Die Wolken versprechen nichts Gutes.* The clouds look threatening. **3 sich etw von etw ~** expect (to gain) sth from sth ◊ *Er versprach sich nicht viel davon.* He didn't expect much from it. ◊ *Ich versprach mir davon einen Vorteil.* I thought it would be advantageous for me. **4 sich ~** (*falsch sagen*) ◊ *Er muss sich wohl versprochen haben.* It must have been a slip of the tongue. ◊ *Sie versprach sich andauernd.* She kept making mistakes. IDM ⇒ BLAUE
Versprechen promise
Versprecher slip of the tongue
Versprechung promise
versprühen 1 spray **2** (*fig*) exude ◊ *Charme versprühen* exude charm
verspüren feel* ◊ *Ich verspürte keine Lust ins Theater zu gehen.* I didn't feel like going to the theatre. IDM ⇒ NEIGUNG
verstaatlichen nationalize
Verstaatlichung nationalization
Verstand mind; (*Denkfähigkeit*) reason; (*Vernunft*) common sense ◊ *Der Verstand kann das Unterbewusstsein nicht kontrollieren.* The mind cannot control the unconscious. ◊ *Mein Verstand sagt mir, dass* … Reason tells me that … ◊ *den Verstand gebrauchen* use your common sense IDM **den Verstand verlieren** lose* your mind **nicht klar bei Verstand sein** be (mentally) confused; (*fig*) be out of your mind **jdn ~ den Verstand bringen** drive* sb mad ☞ *Siehe auch* GLÜCK
verständig (*vernünftig*) sensible (*Adv* sensibly); (*verständnisvoll*) understanding (*Adv* understandingly); (*sachverständig*) knowledgeable (*Adv* knowledgeably)
verständigen 1 jdn (über/von etw) ~ inform sb (about/of sth), notify* sb (about/of sth) **2 sich (mit jdm) ~** communicate (with sb) ◊ *Sie können sich nur über ein Wörterbuch verständigen.* They can only communicate using a dictionary. ◊ *Als Tourist ist es hier oft schwierig, sich zu verständigen.* It's often difficult to make yourself understood as a tourist here. **3 sich mit jdm (über etw) ~** reach an agreement with sb (about/over sth); **sich ~ etw zu tun** agree to do sth
Verständigung 1 (*Benachrichtigung*) notification (*oft mit einem Verb übersetzt*) ◊ *Sie erhalten eine schriftliche Verständigung.* You will receive written notification. ◊ *Er hielt eine Verständigung der Polizei für nicht erforderlich.* He didn't think it would be necessary to notify the police. **2** (*Kommunikation*) communication (*oft mit einem Verb übersetzt*) ◊ *Die Verständigung war kein Problem.* Communication wasn't a problem. ◊ *Die Verständigung mit den Einheimischen war sehr schwierig.* It was very difficult to communicate with the locals. **3** (*friedliches Zusammenleben*) understanding **4** (*Einigung*) agreement
Verständigungsschwierigkeiten communication difficulties [Pl]
verständlich 1 audible ◊ *Er sprach so leise, dass seine Worte kaum verständlich waren.* He spoke so quietly that his words were scarcely audible. ◊ *Der Lautsprecher rauschte und die Ansage war kaum verständlich.* The loudspeaker crackled and you could hardly hear the announcement. **2** (*leicht zu verstehen*) easy* to understand (*nicht vor Nomen*), comprehensible (*gehoben*) ◊ *Das Buch ist verständlich geschrieben.* The book is easy to understand. ◊ *Das erscheint auf den ersten Blick nur schwer verständlich.* At first glance it seems rather difficult to understand. ◊ *Sie mussten ein schwer verständliches Formular ausfüllen.* They had to fill in an incomprehensible form. ◊ *Habe ich mich verständlich ausgedrückt?* Have I made myself understood? **3** (*begreiflich*) understandable ◊ *Das ist eine durchaus verständliche Reaktion.* That is a completely understandable reaction. ◊ *Sein Verhalten ist mir nicht verständlich.* I don't understand his behaviour. **4** (jdm) etw ~

machen make* sth clear (to sb), get* sth across (to sb) (*umgs*) **5 sich ~ machen** make* yourself understood
verständlicherweise understandably
Verständnis understanding ◊ *Das Buch geht über das Verständnis der meisten Zehnjährigen hinaus.* The book is beyond the understanding of most ten-year-olds. ◊ *Ich möchte mich für Ihr Verständnis bedanken.* I should like to thank you for being so understanding. ◊ *Bitte haben Sie Verständnis dafür, dass wir keine Kreditkarten akzeptieren.* Please understand that we don't take credit cards. ◊ *Ich hatte großes Verständnis für ihn.* I felt great sympathy for him. ◊ *Für solche Dinge habe ich überhaupt kein Verständnis.* I have no time at all for such things. ◊ *Wir bitten um Verständnis für die Preiserhöhung.* We apologize for the price increase.
verständnislos uncomprehending (*Adv* uncomprehendingly; (*Blick auch*) blank (*Adv* blankly) ◊ *Sie schüttelte verständnislos den Kopf.* She shook her head uncomprehendingly. ◊ *Er sah mich nur verständnislos an.* He just looked at me blankly. ◊ *Er steht den Problemen der Jugend völlig verständnislos gegenüber.* He has absolutely no understanding of young people's problems.
verständnisvoll understanding (*Adv* understandingly)
verstärken 1 strengthen **2** (*zahlenmäßig erweitern, intensivieren*) increase; (*Truppen*) reinforce **3** (*Ton*) amplify*
Verstärker amplifier
verstärkt 1 *Adj* increased **2** *Adv* increasingly ◊ *Diese Krankheit tritt in letzter Zeit verstärkt auf.* This disease has recently become increasingly common.
Verstärkung 1 (*meist mit einem Verb übersetzt*) ◊ *Er rechnet mit einer Verstärkung dieses Trends.* He expects this trend to get stronger. ◊ *Eine Verstärkung der Sicherheitsmaßnahmen wurde beschlossen.* They decided to reinforce security. ◊ *Er hatte zur Verstärkung einen Kollegen mitgebracht.* He had brought along a colleague for support. **2** (*Zunahme*) increase ◊ *Sie forderten eine Verstärkung der Polizeistreifen in der Stadt.* They called for an increase in police patrolling the city. **3** (*Truppen*) reinforcements [Pl]
verstauben gather dust
verstaubt 1 dusty **2** (*fig*) out-of-date
verstauchen sich etw ~ sprain sth ◊ *Er hat sich beim Joggen den Fuß verstaucht.* He sprained his ankle jogging.
verstauen stow *sth* away; (*aufräumen*) pack *sth* away; (*Beute*) stash *sth* away
Versteck 1 hiding place; (*eines Flüchtlings, Räubers*) hideout; (*von Waffen*) stash **2 ~ spielen** play hide-and-seek
verstecken hide*; ◊ *Er versteckte sich vor der Polizei.* He hid from the police. ◊ *Das Haus liegt im Wald versteckt.* The house is tucked away in the forest. **IDM sich (mit etw) (vor jdm) nicht zu verstecken brauchen** ◊ *Er braucht sich mit seinen Leistungen vor den anderen nicht zu verstecken.* He can feel proud of his achievements. ◊ *Wir brauchen uns vor der Konkurrenz nicht zu verstecken.* We don't need to fear competition.
Verstecken IDM Verstecken spielen play hide-and-seek
Versteckspiel (game of) hide-and-seek; (*fig*) pretence
versteckt 1 ⇨ VERSTECKEN **2** hidden; (*Drohung, Andeutung*) veiled
verstehen 1 understand* ◊ *Ich verstehe deine Reaktion sehr gut.* I understand your reaction very well. ◊ *Und was verstehst du unter einem Kompromiss?* And what do you understand by a compromise? ◊ *Er hat mich falsch verstanden.* He misunderstood me. ◊ *Verstehst du, was ich meine?* Do you see what I mean? ◊ *Wie soll ich das verstehen?* How am I supposed to take that? ◊ *Das ist natürlich als Spaß zu verstehen.* Of course it's meant as a joke. ◊ *Das ist nicht wörtlich zu verstehen.* It's not meant to be taken literally. ◊ *Verstehen Sie mich nicht falsch!* Don't get me wrong! **2** (*gut hören können*) hear* **3** etwas/viel etc. von etw ~ know*, understand* a lot, etc. about sth **4 sich (mit jdm) ~** get* on (with sb) **5 sich als etw ~** see* yourself as sth ◊ *Er versteht sich als Vermittler.* He sees himself as a mediator. ◊ *Die Vorlesung versteht sich als Einführung in die Linguistik.* The lecture is meant as an introduction to linguistics. **6 sich auf etw ~** be an expert at sth **7** ◊ *Der Preis versteht sich für eine Person.* The price is per person. **IDM das versteht sich von selbst** it goes* without saying **jdm etw zu verstehen geben** intimate to sb that ...; (*deutlich*) tell*

sb in no uncertain terms that ... ☞ *Siehe auch* SACHE, SPASS *und* WELT
versteifen 1 reinforce **2** (*Körperteil*) go* stiff, stiffen up **3 sich auf etw ~** be/become* set on sth
versteigern auction; (*versteigern lassen*) put* sth up for auction ◊ *Er will das Haus versteigern lassen.* He wants to put the house up for auction. ◊ *Die nicht abgeholten Fundsachen werden einmal im Jahr versteigert.* Any lost property that has not been claimed is auctioned off once a year. ◊ *Die Skulptur wurde für über 100 000 Dollar versteigert.* The sculpture was sold at auction for over 100 000 dollars.
Versteigerung auction ◊ *Die Versteigerung des Gemäldes brachte zwei Millionen ein.* The painting fetched two million at auction. ◊ *Die Bilder stehen zur Versteigerung an.* The pictures are up for auction.
versteinert 1 petrified ◊ *versteinerte Bäume* petrified trees ◊ *Sie saß wie versteinert da.* She sat there as if petrified. ◊ *Sie lauschte mit versteinertem Gesicht.* She listened stony-faced. **2** (*in Stein*) fossilized ◊ *ein versteinerter Fisch* a fossilized fish
Versteinerung 1 (*Fossil*) fossil **2** (*das Versteinern*) fossilization; (*von Bäumen etc.*) petrification
verstellbar adjustable ◊ *Die Sitze haben eine verstellbare Rückenlehne.* The seats have adjustable backs. ◊ *Dieser Hocker ist in der Höhe stufenlos verstellbar.* You can adjust this stool to any height you like.
verstellen 1 move *sth* (around) ◊ *Seit du alle meine Sachen verstellt hast, finde ich nichts mehr.* I haven't been able to find a thing since you moved all my stuff around. ◊ *Meine CDs sind alphabetisch geordnet, verstell sie mir nicht.* My CDs are in alphabetical order. Don't mix them up. **2** (*anders einstellen*) adjust **3** (*falsch einstellen*) fiddle with sth **4** (*versperren*) block, obstruct (*gehoben*) **5 sich ~** pretend **6** (*verändern, um zu täuschen*) disguise; (*Unterschrift*) forge ◊ *Sie sprach mit verstellter Stimme.* She disguised her voice.
Verstellung 1 (*meist mit einem Verb übersetzt*) ◊ *Eine stufenlose Verstellung der Kopfstütze ist möglich.* You can adjust the headrest to whatever height you wish. **2** (*Täuschung*) pretence, (*AmE*) pretense
versteuern pay* tax *on sth* ◊ *Muss man diese Einnahmen versteuern?* Do you have to pay tax on this income? ◊ *zu versteuernde Zinserträge* taxable interest
verstimmen 1 (*Instrument*) put* *sth* out of tune **2** (*verärgern*) annoy **3 sich den Magen ~** eat* sth that upsets* your stomach
verstimmt 1 (*Instrument*) out of tune (*nicht vor Nomen*) **2** (*verärgert*) annoyed; (*Magen*) upset
Verstimmung (bad) mood; (*Verärgerung*) bad feeling
verstohlen furtive (*Adv* furtively)
verstopfen block
verstopft 1 blocked **2** (*Verdauung*) constipated
Verstopfung 1 blockage; (*Verkehrsstauung*) (traffic) congestion **2** (*Verdauungsstörung*) constipation
verstorben late (*nur vor Nomen*)
Verstorbene(r) deceased (*gehoben*)
verstört 1 *Adj* distressed **2** *Adv* in a distressed way
Verstoß infringement; (*gegen das Gesetz auch*) breach; (*gegen Menschenrechte*) violation ◊ *ein Verstoß gegen das Datenschutzgesetz* an infringement of the Data Protection Act ◊ *Ein Verstoß gegen das Tempolimit kann teuer werden.* Breaking the speed limit can be an expensive business.
verstoßen 1 contravene (*gehoben*); (*gegen das Gesetz auch*) break* ◊ *Beide Seiten haben gegen das Abkommen verstoßen.* Both sides have contravened the agreement. ◊ *Sie haben gegen ein Tabu verstoßen.* They broke a taboo. **2** (*ausstoßen*) disown
verstrahlen contaminate with radiation
verstrahlt contaminated with radiation (*nicht vor Nomen*)
Verstrahlung radiation; (*Verseuchung*) radioactive contamination
verstreichen 1 pass ◊ *Der Termin ist verstrichen.* The deadline has passed. ◊ *Diese Gelegenheit darf man nicht ungenutzt verstreichen lassen.* This opportunity mustn't be allowed to slip by. **2** (*auftragen*) apply*; (*Butter etc.*) spread*
verstreuen scatter; (*versehentlich*) spill* ◊ *Du hast ja das*

verstricken 1306

Salz über den ganzen Tisch verstreut! You've spilt salt all over the table.
verstricken 1 involve **2 sich in etw ~** get* yourself caught up in sth
Verstrickung involvement
verstümmeln mutilate *(auch fig)*
Verstümmelung mutilation *(auch fig)*
verstummen 1 fall* silent; *(zum Verstummen gebracht werden)* be silenced **2** *(aufhören)* stop*
Versuch 1 try*, go*, attempt *(gehoben)* ◊ *Mach noch einen Versuch!* Have another go. ◊ *Du solltest es zumindest auf einen Versuch ankommen lassen.* You should at least give it a go. ◊ *Es klappte erst beim zweiten Versuch.* It only worked at the second attempt. ◊ *Er ist mit seinem Versuch sich das Rauchen abzugewöhnen gescheitert.* He failed in his attempt to give up smoking. **2** *(Experiment)* experiment
versuchen 1 try*, attempt *(gehoben)* ◊ *Ich versuchte mich zu verteidigen.* I tried to defend myself. ◊ *Er versuchte es in mehreren Läden, aber keiner hatte das Buch.* He tried several shops but none of them had the book. ◊ *Versuch mal diesen Käse.* Try this cheese. ◊ *Er stand wegen versuchten Totschlags vor Gericht.* He was on trial for attempted manslaughter. ◊ *Versuch es doch mal!* Go on, have a go! **2 es mit etw ~** try* sth **3 es mit jdm ~** give* sb a go *(umgs)* **4 sich in/an etw ~** try* your hand at sth **IDM versucht sein etw zu tun** be tempted to do sth ☞ *Siehe auch* GLÜCK
Versuchs- Versuchskaninchen guinea pig **Versuchsperson** (experimental) subject **Versuchsreihe** series* of tests **Versuchstier** laboratory animal **versuchsweise 1** *Adj* trial ◊ *Dies ist nur ein erster, versuchsweiser Schritt.* This is just a trial measure. ◊ *das versuchsweise Erproben einer neuen Methode* the trial of a new method **2** *Adv* on a trial basis **Versuchszweck zu Versuchszwecken** for experimental purposes
Versuchung temptation ◊ *Er konnte der Versuchung nicht widerstehen.* He couldn't resist the temptation. ◊ *Manchmal kommt man in Versuchung aufzugeben.* Sometimes you are tempted to give up.
versumpfen 1 *(zu Sumpf werden)* become* marshy **2** *(verkümmern)* vegetate
versunken 1 ⇨ VERSINKEN **2 in etw ~** absorbed in sth ◊ *Die Kinder waren ins Spiel versunken.* The children were absorbed in their game. ◊ *Er schien in Gedanken versunken.* He seemed to be lost in thought.
versüßen etw (mit etw) ~ sweeten sth (with sth); **jdm/sich etw ~** make* sth more pleasant for sb/yourself
vertagen 1 postpone; *(nach Abbruch)* adjourn ◊ *etw auf unbestimmte Zeit vertagen* postpone sth indefinitely ◊ *Das Gericht vertagte die Verhandlung auf den 8. Mai.* The court adjourned the hearing until 8 May. **2 sich ~** adjourn ◊ *Das Gericht vertagte sich um eine Woche.* The court adjourned for a week.
vertauschen 1 etw (mit etw) ~ *(verwechseln)* mix sth up (with sth) ◊ *Sie haben unsere Namen vertauscht.* You've got our names mixed up. **2** *(umkehren)* reverse ◊ *eine Beziehung mit vertauschten Rollen* a relationship in which the roles are reversed **3** *(absichtlich vertauschen)* switch ◊ *Ich habe mich verlaufen. Die Schilder sind vertauscht.* I got lost. Somebody had switched the signs. **4 etw mit etw ~** exchange sth for sth ◊ *Sie hatte die Schürze mit einem Kleid vertauscht.* She had exchanged her apron for a dress.
verteidigen defend ◊ *Er konnte seinen Titel erfolgreich gegen den Polen verteidigen.* He successfully defended his title against the Pole. ◊ *Sie lernen sich zu verteidigen.* They learn to defend themselves.
Verteidiger(in) 1 defender **2** (RECHT) defence counsel, *(AmE)* defense attorney
Verteidigung defence, *(AmE)* defense ◊ *Was haben Sie zu Ihrer Verteidigung zu sagen?* What have you got to say in your defence? ◊ *Für die Verteidigung wird viel Geld ausgegeben.* A lot of money is spent on defence. ◊ *Der Angriff ist die beste Verteidigung.* Attack is the best form of defence. ◊ *in der Verteidigung spielen* play in defence ◊ *Niemand wollte die Verteidigung des Verdächtigen übernehmen.* Nobody wanted to take on the defence of the suspect.
Verteidigungsetat defence budget, *(AmE)* defense budget
Verteidigungsminister(in) Minister of Defence, *(AmE)* Defense Secretary **Verteidigungsministerium** Ministry of Defence, *(AmE)* Defense Department

verteilen 1 *(austeilen)* distribute; *(per Hand auch)* hand sth out; *(aufteilen)* share sth out **2 etw/jdn auf etw ~** divide sth/sb between/among sth; **sich auf etw ~** be divided between/among sth ◊ *Die Kinder wurden auf drei Klassen verteilt.* The children were divided among three classes. **3** *(über eine Fläche)* spread*; *(Gewicht)* distribute **4 sich ~** spread* (out) ◊ *Bitte verteilt euch im Zimmer.* Please spread out around the room.
Verteiler 1 *(Gerät)* distributor **2** *(Adressatenliste)* distribution list
Verteiler(in) distributor
Verteilung distribution ◊ *die Verteilung der Hilfsgüter an die Bevölkerung* the distribution of aid to the population ◊ *die Verteilung der Asylbewerber auf die Bundesländer* the dispersal of asylum seekers among the federal states
vertelefonieren spend* sth on phone calls/on a phone call
verteuern 1 increase (the cost of) sth ◊ *Die Grünen sind dafür, das Autofahren zu verteuern.* The Greens are in favour of increasing the cost of motoring. ◊ *Sie wollen den Preis um 20 Cent verteuern.* They want to increase the price by 20 cents. **2 sich ~** go* up (in price)
verteufeln demonize
vertiefen 1 make* sth deeper **2** *(Kenntnisse, Wissen etc.)* deepen **3 sich in etw ~** get* engrossed in sth; **in etw vertieft sein** be engrossed in sth ◊ *Sie war in ihre Arbeit vertieft.* She was engrossed in her work. ◊ *Ich war in Gedanken vertieft.* I was wrapped up in my own thoughts. ◊ *Die beiden waren ins Gespräch vertieft.* The two of them were deep in conversation.
Vertiefung 1 depression; *(Mulde)* hollow **2** *(das Vertiefen)* deepening ◊ *die Vertiefung der Fahrrinne* the deepening of the shipping channel ◊ *Ein Auslandsaufenthalt trägt zur Vertiefung der Sprachkenntnisse bei.* A stay in a foreign country helps to deepen your knowledge of a language.
vertikal vertical *(Adv* vertically)
vertilgen 1 *(essen)* devour **2** *(vernichten)* destroy
vertippen sich ~ make* a typing error
vertonen 1 *(in Musik setzen)* set* sth to music ◊ *ein Gedicht vertonen* set a poem to music **2** *(Film etc.)* ◊ *Er vertonte „Star Wars".* He composed the soundtrack for 'Star Wars'. ◊ *eine vertonte Diavorführung* a slide show with a soundtrack added
Vertonung 1 (MUS) setting **2** *(von Filmen etc.)* ◊ *die Vertonung von einem Trickfilm* adding a soundtrack to a cartoon
vertrackt complicated
Vertrag 1 contract; **jdn unter ~ nehmen** sign sb; **(bei jdm) unter ~ sein/stehen** be under contract (to sb) **2** (POL) treaty*
vertragen 1 *(aushalten)* take* ◊ *Er verträgt keine Kritik.* He can't take criticism. ◊ *Ich vertrage nur Baumwolle auf der Haut.* I can only wear cotton next to my skin. ◊ *Kaffee verträgt sie nicht.* Coffee doesn't agree with her. ◊ *Ich könnte eine Tasse Tee vertragen.* I could do with a cup of tea. **2 sich ~** get* on (with each other); **sich mit jdm ~** get* on with sb ◊ *Die Schwestern vertragen sich nicht.* The sisters don't get on. **3 sich wieder (mit jdm) ~** make* (it) up (with sb) ◊ *Hast du dich mit deiner Mutter wieder vertragen?* Have you made it up with your mother? **4 sich (mit etw) ~** *(miteinander vereinbar sein)* be compatible (with sth); *(gut passen)* go* together ◊ *Wie verträgt sich der Tourismus mit dem Naturschutz?* How compatible is tourism with nature conservation? ◊ *Die beiden Farben vertragen sich nicht.* The two colours don't go together. **IDM** ⇨ STOSS
vertraglich 1 *Adv* by contract ◊ *Wir sind vertraglich dazu verpflichtet.* We are obliged by contract to do it. ◊ *die vertraglich vereinbarten Arbeitszeiten* the working hours agreed in the contract **2** *Adj* contractual ◊ *vertragliche Vereinbarungen* contractual agreements
verträglich 1 *(Nahrung)* easy* to digest *(nicht vor Nomen)*; *(Medikamente)* well tolerated *(nicht vor Nomen)* **2** *(annehmbar)* acceptable ◊ *eine sozial verträgliche Entwicklung* a socially acceptable development **3** *(umgänglich)* easy-going
Verträglichkeit 1 ◊ *Der Arzt hat die Verträglichkeit von Medikamenten zu überwachen.* A doctor must monitor how well medicines are tolerated. **2** *(Annehmbarkeit)* ◊ *Sie bezweifelten die ökologische Verträglichkeit der Müllver-*

brennungsanlage. They doubted that the waste incineration plant was ecologically acceptable.
Vertrags- Vertragsabschluss (*meist mit einem Verb übersetzt*) ◊ *Die Broschüre informiert darüber, was bei Vertragsabschlüssen zu beachten ist.* The brochure provides information on what you must look out for when signing a contract. **Vertragsbruch** breach of contract **Vertragsdauer** length of a/the contract **vertragsgemäß 1** *Adv* ~ *eine Arbeit vertragsgemäß ausführen* carry out a job as specified in the contract ◊ *Das steht uns vertragsgemäß zu.* We are entitled to that according to the contract. **2** *Adj* ~ *vertragsgemäße Sicherheitsbestimmungen* safety regulations that are specified in the contract **Vertragspartner(in)** (*Unterzeichnender*) party*; (*Handelspartner*) partner **Vertragsunterzeichnung** signing of a/the contract; (POL) signing of a/the treaty
vertrauen 1 jdm ~ trust sb; auf jdn/etw ~ trust (in) sb/sth ◊ *Er vertraute ihr vollkommen.* He trusted her implicitly. ◊ *Du musst nur deinen eigenen Fähigkeiten vertrauen.* You must trust in your own ability. **2 darauf ~, dass jd/etw etw tut** (*darauf bauen*) rely* on sb/sth doing sth ◊ *Ich habe darauf vertraut, dass das Wetter schön bleibt.* I relied on the weather staying fine. ◊ *Du kannst nicht einfach darauf vertrauen, dass dein Vater dir einen Job besorgt.* You can't just rely on your father finding you a job.
Vertrauen ~ (zu jdm/in jdn/etw) confidence (in sb/sth), trust (in sb/sth) ◊ *Sie hat volles Vertrauen zu ihrer Ärztin.* She has complete confidence in her doctor. ◊ *Sie machten keinen Vertrauen erweckenden Eindruck.* They didn't inspire confidence. ◊ *Sie hat schnell das Vertrauen der Kinder gewonnen.* She quickly gained the children's trust. ◊ *jdm Vertrauen schenken* trust sb ◊ *Haben Sie kein Vertrauen zu uns?* Don't you trust us? ◊ *Das Kind hat zu ihr Vertrauen gefasst.* The child has come to trust her. IDM **jdm das Vertrauen aussprechen** give* sb your support; (*durch ein Votum*) give* sb a vote of confidence **im Vertrauen** in confidence **jdn ins Vertrauen ziehen** take* sb into your confidence **Vertrauen ist gut, Kontrolle ist besser** better safe than sorry
Vertrauensabstimmung vote of confidence **Vertrauensbeweis** mark of confidence **vertrauensbildend** confidence-building ◊ *vertrauensbildende Maßnahmen* confidence-building measures **Vertrauensbildung** confidence building **Vertrauensbruch** breach of confidence **Vertrauensfrage** vote of confidence ◊ *Er stellte die Vertrauensfrage.* He asked for a vote of confidence. **Vertrauenslehrer(in)** ≈ teacher in charge of pastoral care **Vertrauensmann, -frau** spokesman*, spokeswoman*; (*Gewerkschaft*) union representative **Vertrauensperson** ◊ *Viele Jugendliche haben keine Vertrauensperson, mit der sie reden können.* Many young people have no one to confide in. **Vertrauensverhältnis** relationship of mutual trust **Vertrauensverlust** loss of confidence **vertrauensvoll 1** based on trust (*nicht vor Nomen*) ◊ *eine vertrauensvolle Beziehung* a relationship based on trust ◊ *Sie wandte sich vertrauensvoll an ihren Lehrer.* She turned to her teacher for help. **2** (*zuversichtlich*) confident (*Adv* confidently) **vertrauenswürdig** trustworthy
vertraulich 1 (*geheim*) confidential (*Adv* confidentially) **2** (*vertraut*) friendly*; (*Umgangsform*) familiar
Vertraulichkeit 1 confidentiality **2** (*Intimität*) familiarity
verträumt 1 (*gedanklich woanders*) dreamy (*Adv* dreamily) ◊ *ein verträumtes Lächeln* a dreamy smile ◊ *ein verträumter Mensch* a daydreamer **2** (*ruhig*) sleepy*; ◊ *eine verträumte Winterlandschaft* a sleepy winter landscape ◊ *Das Dorf wirkte verträumt.* The village seemed to be asleep.
vertraut 1 ⇨ VERTRAUEN **2** (*eng*) close ◊ *Er ist ein vertrauter Freund des Präsidenten.* He is a close friend of the president. ◊ *Sie ist mit ihrer Nachbarin sehr vertraut.* She is very close friends with her neighbour. **3** (jdm) ~ (*nicht fremd*) familiar (to sb); **mit etw ~ sein** be familiar with sth ◊ *eine vertraute Umgebung* familiar surroundings ◊ *Er ist mit der Gegend vertraut.* He is familiar with the area. **4 jdn/sich mit etw ~ machen** familiarize sb/yourself with sth ◊ *Ich muss mich mit der neuen Software vertraut machen.* I have to familiarize myself with the new software. ◊ *Er musste sich erst mit dem Gedanken vertraut machen.* He still had to get used to the idea.
Vertraute(r) close friend; (*Berater*) confidant; (*Beraterin*) confidante
Vertrautheit familiarity
vertreiben 1 drive* sb/sth away; (von einem Ort) drive* sb/sth out ◊ *Der Geruch vertreibt die Mücken.* The smell drives away mosquitoes. ◊ *Sie wurden aus ihrer Heimat vertrieben.* They were driven out of their home. ◊ *Der Wind vertrieb den Nebel.* The wind dispelled the mist. **2** (*verkaufen*) sell* ◊ *Die Firma vertreibt Software.* The firm sells software. **3 sich/jdm etw ~** ◊ *Sie vertrieb sich die Zeit, indem sie alte Fotos ansah.* She whiled away the time looking at old photos. ◊ *Er hat sich ein paar Stunden mit Lesen vertrieben.* He whiled away a few hours reading. ◊ *Wir vertrieben uns die Langeweile mit einem Video.* We kept ourselves amused with a video.
Vertreibung expulsion
vertretbar justifiable (*Adv* justifiably); (*haltbar*) tenable
vertreten 1 represent ◊ *Er vertritt die Interessen der Bewohner.* He represents the residents' interests. **2** (*einspringen*) deputize for sb ◊ *Sie wird von einer Kollegin vertreten.* A colleague is deputizing for her. **3** (*Auffassung, Meinung etc.*) hold* ◊ *Er vertritt die Ansicht, dass …* He holds the view that … **4** (WIRTSCH) be a sales representative for sth ◊ *Er vertritt eine Kosmetikfirma.* He is a sales representative for a cosmetics company. **5 sich den Fuß ~** twist your ankle IDM ⇨ BEIN
Vertreter(in) 1 representative **2** (WIRTSCH) sales representative, sales rep (*umgs*); (*Versicherungs-*) (insurance) agent ◊ *Er ist Vertreter einer Teppichfirma.* He is a sales rep for a carpet firm. ☛ G 2.2d **3** (*Stell-*) deputy*; (*Arzt*) locum
Vertretung 1 (*meist mit einem Verb übersetzt*) ◊ *Er fährt in Urlaub, aber wer übernimmt seine Vertretung?* He's going away on holiday, but who is covering for him? **2** (*Mensch*) deputy*; (*Vertretungslehrer*) cover teacher **3** (*Interessens-, vor Gericht*) representation ◊ *die Vertretung der Bundesländer im Bundesrat* the representation of the federal states in the Upper Chamber ◊ *Wer übernimmt ihre Vertretung vor Gericht?* Who is going to represent her in court? **4** (*Botschaft*) embassy*; (*Delegation*) delegation **5** (*Niederlassung*) agency*
Vertretungsstunde = lesson when a teacher covers for another who is absent
Vertrieb 1 sales [U]; (*das Verkaufen*) sale ◊ *Er ist zuständig für Marketing und Vertrieb.* He is responsible for sales and marketing. ◊ *der Vertrieb der neuen Produkte* the sale of the new products **2** (*Abteilung*) sales department
Vertriebene(r) (*allgemein*) displaced person; (*auf Deutschland bezogen*) = person of German nationality who was expelled from the areas east of the Oder/Neiße line after 1945
Vertriebs- Vertriebsabteilung sales department **Vertriebsleiter(in)** sales manager ☛ G 2.2d **Vertriebsnetz** distribution network
vertrocknen dry* up; (*Blumen*) wither
vertrödeln fritter sth away
vertrösten put* sb off ◊ *Ich habe sie auf morgen vertröstet.* I put them off until tomorrow. ◊ *Sie lassen sich nicht länger vertrösten.* They won't be put off any longer.
vertun 1 waste **2 sich ~** make* a mistake
vertuschen cover sth up
verübeln jdm etw ~ be annoyed with sb for sth ◊ *Sie verübelten der Stadt, dass sie Millionen dafür verschwendete.* They were annoyed with the city council for wasting millions on it. ◊ *Dass er nach dem Skandal kündigte, konnte man ihm nicht verübeln.* You could hardly blame him for resigning after the scandal.
verüben carry* sth out; (*Verbrechen, Selbstmord*) commit*
verunglimpfen denigrate, make* disparaging remarks about sb/sth
verunglücken 1 be involved in an accident; (*Mensch auch*) have an accident; (*tödlich*) die* in an accident ◊ *Der Reisebus ist verunglückt.* The coach was involved in an accident. ◊ *Sie ist mit dem Auto verunglückt.* She was involved in a car accident. ◊ *Ein Radfahrer ist tödlich verunglückt.* A cyclist died in an accident. ◊ *Das Flugzeug ist verunglückt.* The plane crashed. **2** (*misslingen*) go* wrong, be a disaster ◊ *Das Soufflé ist ziemlich verunglückt.* The soufflé went a bit wrong.
verunreinigen (*Luft, Boden, Wasser*) pollute; (*mit Schadstoffen*) contaminate ◊ *Der See ist verunreinigt.* The lake is polluted. ◊ *Das Abwasser verunreinigt den Fluss.* The

Verunreinigung

waste water is contaminating the river. ◊ *verunreinigtes Heroin* impure heroin
Verunreinigung 1 (*das Verunreinigen*) pollution; (*mit Schadstoffen*) contamination **2** (*Stoff, Substanz*) pollutant, contaminant
verunsichern (*beunruhigen*) unsettle, worry*; (*verwirren*) confuse ◊ *Mit dieser Taktik wollen sie die Gegner verunsichern.* This tactic is designed to unsettle the opponents. ◊ *Sie hat die verunsicherten Eltern beruhigt.* She reassured the worried parents. ◊ *Die widersprüchlichen Informationen haben die Verbraucher verunsichert.* The conflicting information has confused consumers.
Verunsicherung (*Unsicherheit*) (feeling of) uncertainty; (*Verwirrung*) confusion
verunstalten disfigure; (*mit Schmierereien*) deface
veruntreuen embezzle, misappropriate (*gehoben*)
Veruntreuung embezzlement [U], misappropriation (of funds) [U] (*gehoben*) ◊ *Veruntreuung von Staatsgeldern* embezzlement of public money ◊ *Sie merkten von den Veruntreuungen nichts.* They did not notice that somebody had been embezzling money.
verursachen cause; (*Lärm*) make* ◊ *Der Sturm verursachte großen Schaden.* The gale caused a lot of damage.
Verursacher(in) person* responsible; (*Ding*) cause ◊ *Der Verursacher des Unfalls fuhr einfach weiter.* The person responsible for the accident just drove off. ◊ *mögliche Verursacher von Leukämie* possible causes of leukaemia
verurteilen 1 (RECHT) **jdn** (**zu etw**) ~ sentence sb (to sth); (*zu einer schweren Strafe auch*) condemn sb (to sth); **jdn** (**wegen einer Sache**) ~ convict sb (of sth) ◊ *Das Gericht verurteilte ihn zu zwei Jahren Gefängnis.* The court sentenced him to two years in prison. ◊ *Sie wurde zum Tode verurteilt.* She was condemned to death. ◊ *Er wurde wegen Drogenhandels verurteilt.* He was convicted of drug dealing. ◊ *Sie wurde zu einer Geldstrafe verurteilt.* She was fined. ◊ *Wegen ihrer Verletzung war sie zum Zuschauen verurteilt.* Because of her injury she was forced to be a spectator. **2** (*scharf kritisieren*) condemn ◊ *Bush verurteilte den Anschlag.* Bush condemned the attack. IDM ⇨ SCHEITERN
Verurteilte(r) convicted man*/woman*
Verurteilung 1 (RECHT) (*oft mit einem Verb übersetzt*) ◊ *Mit seiner Verurteilung ist sicher zu rechnen.* He is expected to be convicted. ◊ *Die Beweise reichen für seine Verurteilung nicht aus.* There is too little evidence for the court to convict him. **2** (*scharfe Kritik*) condemnation
vervielfachen multiply*
vervielfältigen copy*
vervollkommnen perfect
vervollständigen complete
verwackelt blurred
verwählen sich ~ dial* the wrong number ◊ *Entschuldigung, ich habe mich verwählt.* Sorry, I've dialled the wrong number.
verwahren 1 (*aufbewahren*) keep* **2 sich gegen etw ~** protest against sth
verwahrlosen become* neglected; (*Gebäude*) fall* into disrepair; (*Kinder, Pflanzen*) run* wild ◊ *Die Spielplätze verwahrlosen.* The playgrounds are becoming neglected. ◊ *Die Kinder verwahrlosen auf der Straße.* The children are left to run wild on the street.
verwahrlost neglected; (*Gebäude*) dilapidated; (*Aussehen*) unkempt
verwaist 1 (*Kind*) orphaned **2** (*leer*) empty; (*verlassen*) deserted
verwalten administer; (*verantwortlich sein*) be in charge of *sth*; (*Gebäude etc.*) manage; (*Provinz etc.*) govern ◊ *Wer verwaltet die Kasse?* Who's in charge of the money?
Verwalter(in) administrator; (*Haus- etc.*) manager; (*Nachlass- etc.*) trustee
Verwaltung 1 (*das Verwalten*) administration; (*von Gebäuden etc.*) management ◊ *die öffentliche Verwaltung* public administration ◊ *Er übergab ihm das Gut zur Verwaltung.* He placed the estate under his management. **2** (*Apparat, Stelle*) administration; (*Büro*) office ◊ *In der Verwaltung werden neue Stellen geschaffen.* New jobs are being created in administration. ◊ *Die Broschüre kann bei der Verwaltung abgeholt werden.* The leaflet can be obtained from the office. ◊ *Sie arbeitet in der städtischen Verwaltung.* She works in the city council offices.

Verwaltungsangestellte(r) administrative assistant ← G 2.2d **Verwaltungsapparat** administrative apparatus, bureaucracy (*abwert*) **Verwaltungsaufwand** (amount of) administration **Verwaltungsgericht** administrative court **Verwaltungskosten** administrative expenses [Pl]
verwandeln 1 change ◊ *Die Erlebnisse haben ihn völlig verwandelt.* The events have changed him completely. **2 jdn/etw in jdn/etw** ~ turn sb/sth into sth, transform sb/sth into sth ◊ *Der Zauberer verwandelte das Kaninchen in eine Taube.* The magician turned the rabbit into a dove. ◊ *Wir verwandelten die Turnhalle in einen Festsaal.* We transformed the gym into a ballroom. **3 sich in etw ~** turn into sth, be transformed into sth ◊ *Die Pfütze hat sich in einen See verwandelt.* The puddle has turned into a lake. **4** (*Elfmeter*) convert; (*Ecke, Freistoß*) score from *sth*
Verwandlung transformation; (*Metamorphose*) metamorphosis* ◊ *Mit ihr ist eine Verwandlung vorgegangen.* She has gone through a transformation.
Verwandlungskünstler(in) quick-change artist
verwandt 1 (**mit jdm/etw**) ~ related (to sb/sth) ◊ *Wir sind nicht miteinander verwandt.* We're not related. ◊ *Er ist entfernt mit mir verwandt.* He is distantly related to me. **2** (*ähnlich*) similar
Verwandte(r) relative, relation ◊ *ein naher/entfernter Verwandter von ihr* a close/distant relative of hers
Verwandtschaft 1 (*Verwandte*) relatives [Pl], relations [Pl] ◊ *die ganze Verwandtschaft* all the relatives **2** (*das Verwandtsein*) relationship **3** (*Ähnlichkeit*) similarity*, affinity*
verwarnen give* *sb* a warning; (*polizeilich auch*) caution; (*mit Strafzettel*) fine
Verwarnung warning; (*polizeilich auch*) caution; (*mit Strafzettel*) fine
verwaschen 1 (*Kleidungsstück*) washed out; (*Farbe*) faded **2** (*Inschrift etc.*) washed away (*nicht vor Nomen*) **3** (*ungenau*) imprecise; (*Formulierung auch*) woolly
verwässern water *sth* down (*auch fig*); (*Kritik*) tone *sth* down
verwechseln confuse; **jdn/etw** (**mit jdm/etw**) ~ get* sb/sth mixed up (with sb/sth), mistake sb/sth for sb/sth ◊ *Sie verwechseln manchmal „dir" und „dich".* They sometimes confuse 'dir' and 'dich'. ◊ *Die einfache Erkältung ist nicht mit einer Grippe zu verwechseln.* The common cold is not to be confused with the flu. ◊ *Sie haben ihre Schirme verwechselt.* They got their umbrellas mixed up. ◊ *Er hat sie mit seiner Kollegin verwechselt.* He mistook her for his colleague. ◊ *Die Zwillinge sehen einander zum Verwechseln ähnlich.* You can hardly tell the twins apart.
Verwechslung mix-up, mistake ◊ *Hier muss es sich um eine Verwechslung handeln!* There must have been some kind of mix-up! ◊ *Er ist einer Verwechslung zum Opfer gefallen.* He was the victim of mistaken identity.
verwegen daring
verwehren jdm etw ~ deny* sb sth; **jdm ~ etw zu tun** stop* sb from doing sth ◊ *Ihm wurde das Recht auf Arbeit verwehrt.* He was denied the right to work. ◊ *Die Wachmänner verwehrten ihr die Zufahrt.* The security men stopped her entering.
verweichlicht soft
Verweigerer (*Wehrdienst-*) (conscientious) objector
verweigern 1 etw ~ refuse to do sth; **jdm etw ~** deny* sb sth ◊ *den Gehorsam/die Nahrung/die Aussage verweigern* refuse to obey/eat/make a statement ◊ *Sie verweigerte ihre Zustimmung.* She refused to give her consent. ◊ *Ihm wurde die Ausreise verweigert.* He was denied permission to leave the country. **2** (*Pferd*) refuse at a jump ◊ *Das Pferd verweigerte vor dem Wassergraben.* The horse refused at the water jump. **3 den Wehrdienst ~** refuse to do military service, be a conscientious objector **4 sich ~** refuse to cooperate; **sich etw ~** refuse to take part in sth
Verweigerung refusal ◊ *die Verweigerung der Kooperation* the refusal to cooperate ◊ *die Verweigerung der Aussage* the refusal to make a statement
verweilen stay; (*zögerlich, weil man bleiben möchte*) linger ◊ *Sie verweilten drei Tage in diesem Hotel.* They stayed in this hotel for three days. ◊ *Sie verweilten eine Zeit lang vor dem Grabstein.* They lingered a while at the grave.
verweint tear-stained ◊ *ihr verweintes Gesicht* her tear-stained face ◊ *Er hatte ganz verweinte Augen.* His eyes were

red (and swollen) with crying. ◊ *Sie sah verweint aus.* You could see that she had been crying.

Verweis 1 (*Tadel*) reprimand ◊ *jdm (wegen einer Sache) einen Verweis erteilen* reprimand sb (for sth) **2** *~* (**auf etw**) reference (to sth)

verweisen 1 refer* ◊ *den Leser auf Seite 100 verweisen* refer the reader to page 100 ◊ *Ich bin von der Verkäuferin an den Geschäftsführer verwiesen worden.* The saleswoman referred me to the manager. **2** (*ausschließen*) expel* ◊ *jdn des Landes verweisen* expel sb (from the country) ◊ *von der Schule verwiesen werden* be expelled (from school) ◊ *Der Spieler wurde des Feldes verwiesen.* The player was sent off.

verwelken 1 (*Blume, Blüte*) wilt **2** (*fig*) fade

verwendbar usable ◊ *die noch verwendbaren Teile* the parts that are still usable ◊ *nicht verwendbar* unusable ◊ *vielseitig verwendbar* versatile ◊ *Sie sind als Wohnungen verwendbar.* They can be used as housing.

verwenden 1 use; (*verwerten*) make* use of *sth* ◊ *Er verwendet zu viele Fremdwörter.* He uses too many foreign words. ◊ *Er konnte seine Sprachkenntnisse gut verwenden.* He was able to make good use of his (knowledge of) languages. ◊ *Sie hat viel Mühe auf das Projekt verwendet.* She put a lot of effort into the project. **2 sich für jdn/etw** *~* (*einsetzen*) use your influence on behalf of sb/sth

Verwendung use; *~ finden* be used ◊ *Die Regierung hat die Verwendung von Asbest verboten.* The government has banned the use of asbestos. ◊ *Dafür haben wir keine Verwendung mehr.* We have no further use for it.

Verwendungszweck use

verwerfen 1 reject ◊ *Das Konzept wurde verworfen.* The idea was rejected. **2** (RECHT) dismiss

verwerflich reprehensible (*gehoben*)

verwertbar 1 usable **2** (*Sperrmüll etc.*) reusable; (*Abfall, Material etc.*) recyclable

verwerten 1 use; **wieder** *~* reuse; (*recyceln*) recycle ◊ *Seine Aussage durfte vor Gericht nicht verwertet werden.* His statement could not be used in court. ◊ *Abfälle sollen getrennt gesammelt und wieder verwertet werden.* Waste will be collected separately and then recycled. ◊ *Ist das noch irgendwie zu verwerten?* Is it any use for anything? **2** (BIOL) (*Vitamine, Mineralien etc.*) absorb

Verwertung use; (*Wieder-*) reuse; (*Recycling*) recycling ◊ *eine Verwertung der Daten* use of the data

verwesen decompose

Verwesung decomposition [U] ◊ *Die Kälte verlangsamt die Verwesung.* The cold slows down decomposition. ◊ *in Verwesung übergehen* begin to decompose

verwickeln 1 sich (**in etw**) *~* get tangled up (in sth) ◊ *Die Wolle hat sich verwickelt.* The wool got tangled up. **2** (*hineinziehen*) involve ◊ *Sie war nicht in den Skandal verwickelt.* She was not involved in the scandal. ◊ *jdn in ein Gespräch verwickeln* engage sb in conversation ◊ *jdn in Widersprüche verwickeln* catch sb out **3** *sich in Widersprüche verwickeln* contradict yourself

verwickelt complicated

Verwicklung 1 involvement [U] ◊ *seine Verwicklung in den Skandal* his involvement in the scandal **2 Verwicklungen** complications [Pl]; (*in einer Handlung*) twists [Pl]; (*Schwierigkeiten*) difficulties [Pl]

verwildern 1 (*Garten etc.*) become* overgrown **2** (*Tier*) go*/become* feral ◊ *verwilderte Katzen* feral cats **3** (*Kind*) run* wild

verwinkelt crooked; (*Gasse etc.*) winding; (*idyllisch*) quaint

verwirklichen 1 put* *sth* into effect; (*Ziel, Ambition*) realize; (*Traum etc.*) fulfil* **2 sich** *~* (*Wunsch*) be fulfilled; (*Traum, Prognose*) come* true **3 sich** (**selbst**) *~* fulfil* yourself

Verwirklichung realization; (*eines Traumes etc.*) fulfilment

verwirren confuse

verwirrend confusing (*Adv* confusingly); (*stärker*) bewildering (*Adv* bewilderingly) ◊ *Ihre Äußerungen waren verwirrend.* Their statements were confusing. ◊ *verwirrend ähnlich* confusingly similar ◊ *verwirrend viele Kabel* a bewildering number of wires

verwirrt confused; (*verständnislos*) bewildered ◊ *geistig verwirrt* mentally confused ◊ *Sie sah mich verwirrt an.* She looked at me in confusion.

Verwirrung confusion [U] **in** *~* **geraten** become* confused;

jdn in *~* **bringen** confuse sb ◊ *Es herrschte große Verwirrung.* There was great confusion.

verwischen 1 (*Tinte, Farbe etc.*) smudge **2** (*Spur*) cover *sth* up **3** (*fig*) blur*; **sich** *~* become* blurred

verwittern weather

verwitwet widowed

verwöhnen spoil* ◊ *Sie haben ihre Kinder verwöhnt.* They've spoilt their children. ◊ *Sie haben uns mit Kaffee und Kuchen verwöhnt.* They treated us to coffee and cakes. ◊ *Unsere Mannschaft ist nicht gerade vom Erfolg verwöhnt.* Our team hasn't had much success lately.

verwöhnt 1 spoilt **2** (*anspruchsvoll*) discerning

verworren 1 ⇨ VERWIRREN **2** confused; (*Fall*) complicated

verwundbar vulnerable

verwunden wound (*auch fig*) ◊ *Er wurde im Krieg schwer verwundet.* He was badly wounded in the war. ◊ *am Arm verwundet* wounded in the arm

verwunderlich surprising; (*stärker*) amazing

verwundern surprise; (*stärker*) amaze ◊ *Das verwundert micht nicht.* That doesn't surprise me. ◊ *Es hat mich verwundert, dass ...* I was surprised that ...

verwundert surprised; (*stärker*) amazed ◊ *verwunderte Blicke* surprised looks ◊ *Sie hörten verwundert zu.* They listened in amazement.

Verwunderung surprise; (*stärker*) amazement ◊ *Sie stellte mit Verwunderung fest, dass ...* She discovered to her surprise that ... ◊ *Zu meiner Verwunderung hat er uns zum Essen eingeladen.* To my amazement, he invited us to dinner.

Verwundete(r) wounded person*; **die Verwundeten** the wounded [Pl]

verwunschen enchanted ◊ *ein verwunschenes Schloss* an enchanted castle ◊ *Der Frosch ist ein verwunschener Prinz.* The frog is a prince who is under a spell.

verwünschen 1 (*verfluchen*) curse **2** (*verzaubern*) cast*/put* a spell on *sb/sth*

verwurzelt 1 rooted **2** (*fig*) ◊ *ein tief verwurzeltes Problem* a deep-rooted problem ◊ *Wir sind hier verwurzelt.* We've put down roots here. ◊ *Er ist im Folk verwurzelt.* His roots are in folk music. ◊ *Sie ist mit dem Verein fest verwurzelt.* She is a long-standing member of the club.

verwüsten destroy; (*durch Zerstörungswut*) vandalize; (*im Krieg*) lay* waste to *sth*

verzagen despair

verzagt despondent (*Adv* despondently)

verzählen sich *~* miscount

verzaubern 1 cast*/put* a spell on *sb/sth* ◊ *Sie verzauberte den Prinzen* (*in einen Frosch*). She cast a spell on the prince (and turned him into a frog). **2** (*fig*) enchant ◊ *Er hat uns mit seiner Musik verzaubert.* He enchanted us with his playing.

Verzehr consumption [U] ◊ *zum baldigen Verzehr bestimmt* for immediate consumption ◊ *Schwangere werden vor dem Verzehr von Leber gewarnt.* Pregnant women are warned against eating liver.

verzehren 1 eat*, consume (*gehoben, auch fig*) **2 sich nach jdm** *~* pine for sb

verzeichnen 1 record; (*in einer Liste*) list ◊ *Es wurden nur 39 Sonnenstunden verzeichnet.* Only 39 hours of sunshine were recorded. ◊ *alphabetisch verzeichnet* listed alphabetically ◊ *Die Geschäftsbücher verzeichnen ein Minus.* The accounts show a loss. ◊ *Es wurde ein leichter Anstieg verzeichnet.* There has been a slight increase.

Verzeichnis 1 list; (*Inhalts-*) index **2** (COMP) directory*

verzeihen 1 jdm (**etw**) *~* forgive* sb (for sth) ◊ *Sie wird mir nie verzeihen, dass ich sie belogen habe.* She will never forgive me for lying to her. ◊ *Das kann ich mir nie verzeihen.* I can never forgive myself. ◊ *Sie verzeiht ihren Kindern einfach alles.* She lets her children get away with anything. **2** (*entschuldigen*) excuse ◊ *Verzeihen Sie bitte, ...* Excuse me, ... ◊ *Das ist nicht zu verzeihen.* That is inexcusable. ☞ *Hinweis bei* ENTSCHULDIGEN

Verzeihung 1 forgiveness [U] ◊ *jds Verzeihung erbitten* ask sb's forgiveness **2** (**jdn**) **um** *~* **bitten** apologize (to sb) ◊ *Er bat um Verzeihung.* He apologized. **3 Verzeihung!** sorry!; (*um jds Aufmerksamkeit auf sich zu lenken*) excuse me! ☞ *Hinweis bei* ENTSCHULDIGEN

verzerren

verzerren 1 (*Gesicht*) contort **2 sich (vor etw) ~** become* contorted (with sth) **3** (*verfälschen, entstellen*) distort ◊ *verzerrte Klänge* distorted sounds ◊ *ein verzerrtes Bild der Lage* a distorted picture of the situation

verzetteln sich ~ get* bogged down ◊ *sich im Detail verzetteln* get bogged down in detail

Verzicht renunciation (*oft mit einem Verb übersetzt*) [U] ◊ *der Verzicht auf Atomwaffen* renunciation of nuclear weapons ◊ *Der Verzicht auf sein Auto fällt ihm schwer.* He finds it hard to do without the car.

verzichten 1 auf jdn/etw ~ do* without (sb/sth) ◊ *Wir können auf ihre Hilfe nicht verzichten.* We can't do without her help. ◊ *Auf sein Handy kann er nicht verzichten.* He can't manage without his mobile. **2 auf etw ~** give* sth up ◊ *auf einen Anspruch verzichten* give up a claim ◊ *Er verzichtete auf den Thron.* He renounced his right to the throne. ◊ *Danke, ich verzichte darauf!* Not for me, thanks! ◊ *auf Förmlichkeiten verzichten* dispense with formalities

verziehen 1 *sein Gesicht verziehen* pull a face ◊ *Sie verzog ihr Gesicht zu einem Grinsen.* Her face broke into a grin. **2 sich (zu etw) ~** twist (into sth) ◊ *Sein Mund verzog sich zu einem gemeinen Grinsen.* His mouth twisted into an unpleasant grin. **3 sich ~** (*Holz*) warp; (*Metall*) become* distorted; (*Kleidungsstück*) go* out of shape **4** (*verwöhnen*) spoil* **5** (*umziehen*) move; (*wegziehen*) move away ◊ *Sie sind in eine andere Stadt verzogen.* They have moved to another town. ◊ *„Empfänger unbekannt verzogen"* 'Not known at this address' **6 sich ~** (*weiterziehen*) clear; (*verschwinden*) clear off (*umgs*) ◊ *Das Gewitter verzog sich.* The storm cleared. ◊ *Verzieh dich!* Clear off! **IDM** ⇨ MIENE

verzieren decorate

Verzierung 1 (*das Verzieren*) decoration **2** (*Ornament, Schmuck*) decoration, ornamentation [U] ◊ *reiche Verzierungen* elaborate decorations ◊ *ohne Verzierungen* without ornamentation

verzinsen pay* interest on *sth* ◊ *Spargeld mit 5% verzinsen* pay 5% interest on savings ◊ *das Geld verzinst zurückzahlen* repay the money with interest

verzögern 1 delay, hold* *sth* up ◊ *Eine Bürgerinitiative verzögerte den Baubeginn.* A public campaign delayed the start of building. **2** (*verlangsamen*) slow *sth* down **3 sich ~** be delayed ◊ *Die Fertigstellung der Klinik wird sich voraussichtlich um sechs Monate verzögern.* The completion of the hospital is likely to be delayed by six months.

Verzögerung 1 delay **2** (*Verlangsamung*) slowing-down

Verzögerungstaktik delaying tactics [Pl]

verzollen pay* duty on *sth* ◊ *Sie brauchen die Ware nicht zu verzollen.* You don't have to pay duty on the goods. ◊ *Haben Sie etwas zu verzollen?* Have you anything to declare?

verzückt (*Blick, Lauschen*) enraptured; (*Tanz, Schrei etc.*) ecstatic (*Adv* ecstatically) ◊ *Er starrte sie verzückt an.* He gazed at her, enraptured.

Verzug 1 delay ◊ *Die Gehälter der Angestellten wurden mit Verzug überwiesen.* There was a delay in paying the employees' salaries. **2** (**mit etw**) **in ~ geraten/kommen** fall*/get* behind (with sth); (*mit Zahlungen auch*) fall*/get* in arrears (with sth) (*offiz*) ◊ *Die Bauarbeiten sind in Verzug geraten.* The building work has fallen behind. **3 mit etw im ~ sein** be behind with sth; (*mit Zahlungen auch*) be in arrears with sth (*offiz*)

verzweifeln (an jdm/etw) ~ despair (of sb/sth) ◊ *Nach dem Tod ihres Sohnes verzweifelte sie am Leben.* She despaired of life after the death of her son. **IDM das ist kein Grund zum Verzweifeln** that's no reason to despair **es ist zum Verzweifeln mit jdm/etw** sb/sth is enough to drive anyone to despair ☛ *Siehe auch* VERZWEIFLUNG

verzweifelt desperate (*Adv* desperately); (*ohne Hoffnung*) despairing (*Adv* despairingly) ◊ *Die verzweifelten Bemühungen der Rettungsmannschaft waren umsonst.* The desperate efforts of the rescue team were in vain. ◊ *Verzweifelt blickte sie auf das Durcheinander in der Küche.* She looked despairingly at the mess in the kitchen.

Verzweiflung desperation; (*Hoffnungslosigkeit*) despair [U] ◊ *In ihrer Verzweiflung rief sie eine Therapeutin an.* In her desperation, she rang a therapist. ◊ *„Er ist nicht mehr zu retten"*, *sagte sie voller Verzweiflung.* 'Nothing can save him now,' she said in despair. ◊ *Sie hat sich aus Verzweiflung das Leben genommen.* In despair she took her own life.. **IDM jdn zur Verzweiflung/zum Verzweifeln bringen/treiben** drive* sb to despair

Verzweiflungstat act of desperation

verzweigt extensive; (*Gänge etc.*) labyrinthine; (*Baum*) with many branches (*nicht vor Nomen*)

verzwickt tricky*

Veteran(in) veteran

Veterinär(in) ⇨ TIERARZT

Veterinärmedizin ⇨ TIERMEDIZIN

Veto veto* ◊ *Die Regierung machte von ihrem Veto Gebrauch, um das Projekt zu blockieren.* The government used its veto to block the project. ◊ *ein Veto gegen eine Entscheidung einlegen* veto a decision

Vetorecht right of veto

Vetter (*male*) cousin

Vetternwirtschaft nepotism

Viadukt viaduct

Vibration vibration

Vibrator vibrator

vibrieren 1 vibrate **2** (*zittern*) tremble **3** (*fig*) buzz ◊ *Die ganze Stadt vibrierte vor Aufregung.* The whole town was buzzing with excitement.

Video video* ◊ *etw auf Video aufnehmen* record sth on video ◊ *sich ein Video anschauen/ein Video einlegen* watch a video/put a video on ◊ *ein Video ausleihen* get a video out

Videoaufnahme video recording **Videoclip** video clip

Videogerät video recorder **Videokamera** video camera

Videokassette video cassette **Videokonferenz** video conference **Videorekorder** video recorder **Videospiel** video game **Videotext** teletext ◊ *Die Ergebnisse kann man auf Videotext nachschauen.* The results are shown on teletext.

Videothek video (hire) shop

Videoüberwachung closed-circuit television (*Abk* CCTV)

Vieh 1 livestock [U] ◊ *20 Stück Vieh* 20 head of livestock **2** (*Rinder*) cattle [Pl] ◊ *20 Stück Vieh* 20 head of cattle **3** (*Tier*) creature, animal ◊ *Das arme Vieh zittert ja vor Kälte!* The poor creature is shivering with cold! ◊ *Die Flüchtlinge wurden wie Vieh behandelt.* The refugees were treated like animals. **4** (*brutaler Mensch*) brute, swine ◊ *So ein Vieh!* What a swine!

Viehzucht livestock farming; (*von Rindern*) cattle breeding ◊ *die Verwendung von Hormonen in der Viehzucht* the use of hormones in livestock farming

viel

●**als Adverb, Pronomen 1** a lot, a great deal; (*besonders in Fragen und verneinten Sätzen*) much ◊ *Er redet viel.* He talks a lot. ◊ *Er ist viel krank.* He's ill a lot. ◊ *Vierzig Zigaretten pro Tag sind viel!* Forty cigarettes a day is a lot! ◊ *Sie haben schon viel geleistet.* They have already achieved a good deal. ◊ *Gehst du viel ins Kino?* Do you go to the cinema much? ◊ *Er ist viel klüger als ich.* He is much cleverer than me. ◊ *Das kostet nicht viel mehr.* That doesn't cost much more. ◊ *Das kostet viel zu viel.* That costs much too much. **2** (*mit Partizipien*) *ein viel versprechender Beginn* a very promising start ◊ *ein viel sagender Blick* an eloquent look ◊ *ein viel beschäftigter Mann* a busy man ◊ *ein viel diskutiertes Thema* a much debated subject ◊ *ein viel gelesenes Buch* a widely read book **3 viele** (*viele Menschen*) a lot of people; (*besonders in Fragen und verneinten Sätzen*) many people ◊ *Viele wissen das nicht.* A lot of people don't know that ◊ *Das wissen nicht viele.* Not many people know that. **4 vieles** a lot of things [Pl], many things [Pl] (*gehoben*) ◊ *In vielem hast du Recht.* You are right about a lot of things. ◊ *Vieles von dem, was er sagte, konnte ich nicht verstehen.* I couldn't understand a lot of the things he said.

●**Mengenangabe 5** (*bei Unzählbarem*) a great deal of, a lot of; (*besonders in Fragen und verneinten Sätzen*) much ◊ *viel Geld* a lot of money ◊ *Ich habe so viel Arbeit!* I've got such a lot of work! ◊ *Ich habe nicht viel Zeit.* I haven't got much time. ◊ *Hast du viel Arbeit?* Have you got much work? ◊ *doppelt so viel Geld* twice as much money ◊ *Es gibt nicht viel Neues.* There is not much news. ◊ *Viel Glück!* Good luck! ◊ *Viel Spaß/Vergnügen!* Have fun/Enjoy yourself/-selves!

> A **great deal of** ist formeller als **a lot**. Außer in verneinten Sätzen und im Ausdruck **too much** wird **much** heutzutage selten in Feststellungen verwendet.

6 wie ~? how much ◊ *Wie viel hast du dafür bezahlt?* How much did you pay for it? **7 der/die/das viele ...** all this/that ... ◊ *Der viele Regen macht mich krank.* All this rain is making me ill. ◊ *Jetzt nützt ihm das viele Geld auch* *nichts.* All that money is no use to him now. **8** (*bei Mehrzahl*) many ◊ *Sie haben doppelt so viel Mitarbeiter.* They have twice as many staff. **9 viele** a lot of; (*besonders in Fragen und verneinten Sätzen*) many ◊ *Viele Leute protestierten gegen den Besuch.* A lot of people protested against the visit. ◊ *Ziemlich viele Leute gingen früher weg.* Quite a few people left early. ◊ *Viele hundert Menschen kamen zu dem Begräbnis.* Many hundreds of people came to the funeral. ◊ *Wir haben gleich viele Urlaubstage.* We have the same number of days' holiday. ☛ Bei Feststellungen wird normalerweise **a lot** gebraucht. **Many** kann in solchen Fällen benutzt werden, ist jedoch gehobener. **10 wie viele?** how many? ◊ *Wie viele Videospiele hast du?* How many video games do you have? **11 die vielen ...** all these/those ..., so many ...; **meine, deine etc. vielen ...** all my, your, etc. ... ◊ *Die vielen Menschen!* All these people! ◊ *Ich habe genug von seinen vielen Ausreden.* I've had enough of all his excuses. IDM **so viel zu ...** so much for ... ◊ *So viel zum Thema Politik.* So much for politics.

vieldeutig (*Bedeutung, Begriff*) ambiguous (*Adv* ambiguously); (*Ausdruck, Lächeln*) equivocal (*Adv* equivocally)

vielfach 1 *Adj* ◊ *ein vielfacher Millionär* a multi-millionaire ◊ *ein vielfacher Weltmeister* a world champion several times over ◊ *in vielfacher Hinsicht* in many respects ◊ *auf vielfachen Wunsch* by popular request **2** *Adv* (*viele Male*) many times, often, frequently ◊ *Die Sendung wurde vielfach wiederholt.* The programme was repeated many times. ◊ *ein vielfach bewährtes System* a system which has proved its worth many times ◊ *eine vielfach geäußerte Meinung* a frequently expressed view **3** *Adv* (*auf vielerlei Weise*) in many ways

Vielfache(s) 1 (MATH) multiple **2 um ein Vielfaches** many times over; **um ein Vielfaches höher, größer etc.** many times higher, greater, etc. ◊ *Der Wert dieser Anlage ist um ein Vielfaches gestiegen.* The value of this investment has increased many times over.

Vielfalt diversity; (*Auswahl, Anzahl*) variety ◊ *die biologische Vielfalt der Region* the biological diversity of the region ◊ *eine Vielfalt an Möglichkeiten* a variety of possibilities

vielfältig 1 *Adj* (*vielseitig*) varied ◊ *ein vielfältiges Programm* a varied programme ◊ *ein vielfältiges Angebot an Speisen* a wide variety of food on offer **2** *Adj* (*viel verschiedene*) many different ◊ *Sein Werk ist von den vielfältigen kulturellen Einflüssen seiner Heimatstadt geprägt.* His work is characterized by the many different cultural influences of his home town. ◊ *auf vielfältige Weise* in many ways **3** *Adv* in many different ways; (*oft*) often ◊ *Das ist vielfältig interpretierbar.* That can be interpreted in many different ways. ◊ *Das Buch ist vielfältig illustriert.* The book has many illustrations.

vielleicht 1 perhaps, maybe ◊ *Vielleicht hast du Recht.* Perhaps you are right. ◊ *Vielleicht hat er nichts davon gewusst.* Maybe he didn't know anything about it. ◊ *Es sind vielleicht hundert Meter bis zum Strand.* It is about a hundred meters to the beach. ◊ *Hast du vielleicht die Tür nicht richtig zugemacht?* Are you sure you shut the door properly? ◊ *Wissen Sie vielleicht, wann er zurückkommt?* Do you happen to know when he will be coming back? ☛ *Hinweis bei* PERHAPS **2** (*in Höflichkeitsformeln*) possibly ◊ *Können Sie mir vielleicht helfen?* Could you possibly give me a hand? **3** (*wirklich*) really ◊ *Glaubst du vielleicht, das weiß ich nicht?* Do you really think I don't know that? ◊ *Du bist vielleicht ein Idiot!* You really are an idiot!

Wenn „vielleicht" zur Verstärkung gebraucht wird, wird es meist nicht übersetzt: *Das ist vielleicht ein tolles Auto!* What a fantastic car! ◊ *Ist das vielleicht dein Ernst?* You're not serious, are you? ◊ *Vielleicht hältst du endlich mal den Mund!* Just be quiet! ◊ *Soll ich vielleicht alles allein machen?* Am I supposed to do everything myself? ◊ *Ich hab mich vielleicht geärgert!* I wasn't half annoyed!

vielmals a lot ◊ *Danke vielmals!* Thanks a lot! ◊ *Ich bitte vielmals um Entschuldigung.* I really do apologize.

vielmehr rather; (*am Satzanfang*) on the contrary ◊ *Die Aussage war nicht falsch, vielmehr ungenau.* The statement was inaccurate rather than wrong. ◊ *Das sollte man nicht als Problem, sondern vielmehr als Möglichkeit sehen.* This should not be seen as a problem, but rather as an opportunity. ◊ *Kinder lernen unter Druck nicht besser. Vielmehr sollte man ihnen eine entspannte Atmosphäre ermög-*

lichen. Children do not learn better under pressure. On the contrary, a relaxed atmosphere should be created.

vielschichtig complex

vielseitig 1 varied; (*Ausbildung, Talent*) all-round (*nur vor Nomen*) ◊ *eine vielseitige Arbeit* varied work ◊ *Er ist vielseitig interessiert.* He has many different interests. ◊ *Das Gerät ist vielseitig verwendbar.* This appliance has many uses. **2** (*Mensch, Maschine*) versatile ◊ *Sie ist vielseitig begabt.* She is very versatile. **3 auf vielseitigen Wunsch** by popular request

Vielzahl large number

vier four ☛ *Beispiele bei* SECHS ☛ *Hinweis bei* NOTE, S. 1126. IDM **auf allen vieren** on all fours ☛ *Siehe auch* AUGE

Vierbeiner four-legged friend

vierblättrig four-leaved, four-leaf (*nur vor Nomen*)

Viereck quadrilateral

viereckig quadrilateral; (*quadratisch auch*) square; (*rechteckig auch*) rectangular

Vierer 1 (*Ruderboot, Mannschaft*) four; (*beim Golf*) foursome ☛ G 1.3b **2** (*im Lotto*) four correct numbers [Pl]

Viererbob four-man bob

vierfach fourfold ☛ *Beispiele bei* SECHSFACH

Vierling quadruplet, quad

vier- viermotorig four-engined **vierspurig** with four lanes (*nicht vor Nomen*), four-lane (*nur vor Nomen*) ◊ *Die neue Straße wird vierspurig sein.* The new road will have four lanes. **vierstellig** four-figure (*nur vor Nomen*) ◊ *eine vierstellige Zahl* a four-figure number

viert zu ~ ⇨ DRITT

vierte(r,s) fourth ☛ *Beispiele bei* SECHSTE(R,S)

viertel quarter ☛ *Beispiele bei* SECHSTEL

Viertel 1 quarter ◊ *Drei Viertel der Schüler bestanden den Test.* Three quarters of the pupils passed the test. ◊ *Es ist Viertel vor zwei.* It's (a) quarter to two. ◊ *um Viertel nach zehn* at (a) quarter past ten ☛ Im amerikanischen Englisch heißt es auch (**a) quarter of two** und (**a) quarter after ten.** ☛ *Hinweis bei* PER CENT[1] **2** (*Stadt-*) area, part of town, quarter ◊ *eines der schönsten Viertel Moskaus* one of the nicest areas of Moscow **3** (*Vierteliter*) quarter of a litre, (*AmE*) quarter of a liter

Viertelfinale quarter-final **Vierteljahr** three months [Pl], quarter (*Fachspr*) ◊ *Die Straße ist bereits seit mehr als einem Vierteljahr gesperrt.* The road has now been closed for over three months. **vierteljährlich** quarterly

vierteln divide *sth* into quarters; (*schneiden*) cut *sth* into quarters

Viertel- Viertelnote crotchet, (*AmE*) quarter note **Viertelstunde** quarter of an hour

viertens fourthly

vierzehn fourteen; **~ Tage** two weeks, a fortnight ☛ *Beispiele bei* SECHZEHN

vierzehntägig two-week; (*alle zwei Wochen*) fortnightly ◊ *eine vierzehntägige Reise* a two-week trip ◊ *die vierzehntägige Mülltonnenleerung* the fortnightly refuse collection ◊ *Der Kurs findet vierzehntägig statt.* The course takes place every two weeks.

vierzehnte(r,s) fourteenth ☛ *Beispiele bei* SECHSTE(R,S)

vierzig forty ☛ *Beispiele bei* SECHZIG

vierzigste(r,s) fortieth ☛ *Beispiele bei* SECHSTE(R,S)

Vignette motorway vignette; (*Gebühr*) motorway tax

Vikar(in) 1 (*in der evangelischen Kirche*) curate ☛ G 2.2d **2** (*Lehrer*) supply teacher, (*AmE*) substitute teacher ☛ G 2.2d

Villa villa

violett purple; (*im Farbspektrum*) violet ☛ *Beispiele bei* BLAU

Violine violin ◊ *Sie spielt Violine.* She plays the violin.

Violinschlüssel treble clef

VIP VIP ☛ Im Englischen werden die Buchstaben einzeln ausgesprochen.

virtuell virtual (*nur vor Nomen*) ◊ *die virtuelle Realität* virtual reality ◊ *virtuell den Mount Everest besteigen* climb Mount Everest in the virtual sense

virtuos virtuoso (*nur vor Nomen*), brilliant ◊ *eine virtuose Flötistin* a virtuoso flautist ◊ *Er spielte sehr virtuos.* He gave a truly virtuoso performance.

Virtuose, Virtuosin virtuoso* ☛ G 2.2d

Virus
Virus virus
Virusgrippe feverish cold **Virusinfektion** viral infection
Visier 1 (*Gesichtsschutz*) visor **2** (*Zielvorrichtung*) sight [meist Pl] (*auch fig*) ◊ *Er hatte den Hirsch im Visier.* He had the stag in his sights.
Vision vision
visionär visionary ◊ *eine visionäre Idee* a visionary idea ◊ *Pläne, die sie bislang nur visionär entwickelt haben* projects that they have so far only developed in their mind's eye
Visite 1 (*Arzt-*) (doctor's) round ◊ *Die Visite ist um 9 Uhr.* The doctor does his round at 9 o'clock. **2** (*Besuch*) visit
Visitenkarte 1 (visiting) card, (*AmE*) calling card (*auch fig*) **2** (*Aushängeschild*) advertisement ◊ *Der neue Flughafen ist keine gute Visitenkarte für die Stadt.* The new airport is not a very good advertisement for the town.
visuell visual (*Adv* visually); (*Gedächtnis*) photographic; (*Typ*) visually oriented
Visum visa ◊ *jdm ein Visum erteilen/verweigern* issue/refuse sb a visa
Visumspflicht, Visumzwang visa requirement
vital 1 energetic **2** (*lebenswichtig*) vital ◊ *Wir haben ein vitales Interesse daran, den Plan durchzusetzen.* It is of vital interest to us to implement this plan.
Vitalität vitality
Vitamin vitamin ◊ *reich an Vitamin C* rich in vitamin C
Vitaminmangel vitamin deficiency
Vitrine 1 (*Glasschrank*) glass cabinet **2** (*Schaukasten*) display case
Vize 1 (*Stellvertreter*) deputy* ◊ *der Vize des Bürgermeisters* the mayor's deputy **2** (SPORT) ⇨ VIZEMEISTER(IN)
Vizekanzler(in) vice-chancellor **Vizemeister(in)** runner-up **Vizepräsident(in)** vice-president **Vizeweltmeister(in)** runner-up in the world championship
V-Mann, Verbindungsmann informer
Vogel 1 bird **2** (*Mensch*) character (*umgs*) ◊ *Er ist ein komischer Vogel.* He's a strange character. IDM (**mit etw) den Vogel abschießen** outdo* everyone (with sth) **einen Vogel haben** have a screw loose (*umgs*) **jdm den/einen Vogel zeigen** tap* your forehead at sb
Vogelbeere 1 rowanberry* **2** (*Baum*) rowan (tree), mountain ash **vogelfrei** outlawed ◊ *Er wurde für vogelfrei erklärt.* He was outlawed. **Vogelfutter** bird food **Vogelhäuschen** bird table **Vogelkäfig** birdcage
vögeln (**mit jdm**) ~ screw (sb) (*vulg*)
Vogel- Vogelnest bird's nest **Vogelperspektive** bird's-eye view ◊ *die Stadt aus der Vogelperspektive betrachten* get a bird's-eye view of the town **Vogelscheuche** scarecrow **Vogel-Strauß-Haltung** burying your head in the sand **Vogelwarte** ornithological institute
Vogerlsalat lamb's lettuce
Vokabel word; **Vokabeln** vocabulary [U] ◊ *jdn Vokabeln abfragen* test sb on his/her vocabulary
Vokabelheft vocabulary book
Vokabular vocabulary*
Vokal vowel
Volk 1 (*Volksstamm*) people ◊ *die Völker Europas* the peoples of Europe **2 das Volk** the people [Pl]; (*als politische Einheit*) the nation; (*die Massen*) the masses [Pl] ◊ *Das Volk ist bereit, Risiken auf sich zu nehmen.* The people are ready to take on risks. ◊ *das einfache Volk* ordinary people ◊ *Er sieht sich als Mann aus dem Volk.* He sees himself as a man of the people. ◊ *eine Rede an das Volk* a speech to the nation ◊ *das Volk aufwiegeln* stir up the masses **3** (*Menschenmenge*) crowd ◊ *Auf dem Platz drängte sich das Volk.* The crowd thronged the square. ☛ G 1.3b IDM **etw unters Volk bringen** make* sth public
Völker- Völkerball = ball game in which two teams try to get the other side's players out by throwing it at them and hitting them **Völkergemeinschaft** community* of nations **Völkerkunde** ethnology* **Völkermord** genocide ◊ *der Völkermord an den Juden* the genocide of the Jews **Völkerrecht** international law [U] **völkerrechtlich** (*Fragen, Normen, Status etc.*) international; (*Anerkennung, Vertrag, Verpflichtung etc.*) under international law ◊ *völkerrechtliche Probleme* international issues ◊ *Bosnien wurde von der Bundesrepublik völkerrechtlich anerkannt.* Bosnia has been recognized under international law by the Federal Republic. ◊ *völkerrechtlich bindende Übereinkünf-*
te agreements applicable under international law **Völkerverständigung** international understanding [U] **Völkerwanderung** (mass) exodus (*auch fig*); (*der germanischen Stämme*) migration of the Germanic peoples
Volks- Volksabstimmung plebiscite ◊ *etw in einer Volksabstimmung entscheiden* decide sth by plebiscite **Volksbefragung** referendum* ◊ *eine Volksbefragung zum Maastricht-Abkommen* a referendum on the Maastricht agreement **Volksbegehren** petition for a referendum **volkseigen** publicly owned **Volksentscheid** referendum* **Volksfest** fair ◊ *ein Volksfest veranstalten* hold a fair **Volksgruppe** ethnic group ◊ *die verschiedenen Volksgruppen des ehemaligen Jugoslawiens* the various ethnic groups in the former Yugoslavia ◊ *die türkische Volksgruppe im Norden Zyperns* the Turkish population in the north of Cyprus **Volksheld(in)** popular hero*/heroine **Volkshochschule** adult education centre, (*AmE*) continuing education center ◊ *einen Kurs an der Volkshochschule machen* do an adult education class **Volkskunde** folklore **Volkskunst** folk art **Volkslied** folk song **Volksmund** ◊ *das Museum für moderne Kunst, im Volksmund auch „Tortenstück" genannt* the Museum of Modern Art, popularly known as the 'slice of cake' ◊ *Lachen sei gesund, sagt der Volksmund.* A laugh a day keeps the doctor away, as the saying goes. **Volksmusik** folk music **Volkspartei 1** major party **2** (in Namen) People's Party **Volksschule** ≈ elementary school **Volksstamm** tribe **Volkstanz** folk dance **volkstümlich 1** popular ◊ *ein volkstümliches Lustspiel* a popular comedy ◊ *ein volkstümlicher Politiker* a people's politician **2** (*traditionell*) traditional ◊ *volkstümliche Tänze* traditional folk dances **Volkswirtschaft 1** (national) economy* ◊ *die deutsche Volkswirtschaft* the German economy **2** ⇨ VOLKSWIRTSCHAFTSLEHRE **volkswirtschaftlich** economic ◊ *die volkswirtschaftliche Gesamtleistung eines Staates* the total economic output of a country ◊ *volkswirtschaftlich gesehen* from an economic point of view **Volkswirtschaftslehre** economics [U] ☛ *Hinweis bei* ECONOMICS **Volkszählung** census
voll 1 ~ (**mit/von etw**) full (of sth) ◊ *ein volles Glas* a full glass ◊ *ein Korb voll Äpfel* a basket full of apples ◊ *mit vollem Mund* with your mouth full ◊ *Der Brief war voller Fehler.* The letter was full of mistakes. **2** (*Ort*) crowded ◊ *Hier ist es mir zu voll.* It's too crowded for me here. ◊ *Der Saal war gerammelt voll.* The room was jam packed. **3** (*ganz*) whole ◊ *Ich habe eine volle Stunde gewartet!* I waited a whole hour! ◊ *die volle Wahrheit* the whole truth **4** (*total*) complete (*Adv* completely), total (*Adv* totally), full (*Adv* fully) ◊ *Das Projekt war ein voller Erfolg.* The project was a complete success. ◊ *Dafür habe ich vollstes Verständnis.* I understand totally. ◊ *Sie haben meine volle Unterstützung.* You have my full support. ◊ *die volle Verantwortung (für etw) übernehmen* take full responsibility (for sth) ◊ *Die Party war in vollem Gange.* The party was in full swing. ◊ *einer Sache voll zustimmen* be in full agreement with sth ◊ *Der Schlag traf ihn voll ins Gesicht.* The blow hit him full in the face. ◊ *Sie war sich ihrer Lage voll bewusst.* She was fully aware of her situation. ◊ *bei vollem Bewusstsein* fully conscious ◊ *voll akzeptiert/integriert* sein be fully accepted/integrated ◊ *etw voll ausnutzen* exploit sth to the full ◊ *in vollem Ernst* in all seriousness **5** (*Figur*) rounded; (*Lippen, Busen*) full; (*Wangen*) chubby; (*Gesicht*) round; (*Haar*) thick **6** (*Klang, Geschmack, Farbton*) rich **7** (*betrunken*) drunk **8** (*mit bestimmten Verben*) ◊ *die Wanne voll laufen lassen* fill the bath with water ◊ *Er goss die Gläser bis zum Rand voll.* He filled the glasses right up. ◊ *Voll tanken, bitte!* Fill it up, please! ◊ *einen Schrank mit Kleidern voll stopfen* stuff a cupboard full of clothes ◊ *Der Wagen war bis zum Rand voll geladen.* The car was loaded to the gunwales. ◊ *Pack doch den Koffer nicht so voll!* Don't pack so much in the case!
IDM **aus dem Vollen schöpfen** draw* on plentiful resources ◊ *Das Museum kann finanziell aus dem Vollen schöpfen.* The museum has plentiful financial resources on which to draw. **jdn (nicht) für voll nehmen** (not) take* sb seriously **sich voll laufen lassen** get* completely drunk **voll da sein** be with it ◊ *Du bist schon den ganzen Abend nicht voll da!* You haven't been quite with it all evening!
☛ Für andere Redewendungen mit **voll** siehe die Einträge für die entsprechenden Nomina etc. **Aus vollem Hals** z.B. steht unter **Hals.**
vollauf completely, fully ◊ *vollauf zufrieden* fully satisfied ◊ *Wir waren vollauf beschäftigt.* We were fully occupied.

voll- **vollautomatisch** fully automatic ◊ *Die Anlage kann vollautomatisch betrieben werden.* The running of the plant is fully automatic. **Vollbart** (full) beard **Vollbeschäftigung** full employment **Vollbremsung** emergency stop ◊ *eine Vollbremsung machen* do an emergency stop
vollbringen achieve; (*Meisterstück, Kunststück*) produce; (*Wunder*) work ◊ *Unmögliches vollbringen* achieve the impossible ◊ *Ich hab's vollbracht.* I've done it. ◊ *Es ist vollbracht.* It is finished.
vollbusig buxom
Volldampf mit ~ at full steam ◊ *Sie fuhr mit Volldampf vorbei.* She drove past at full steam. ◊ *Mit Volldampf voraus!* Full steam ahead! ◊ *mit Volldampf arbeiten* work flat out
vollenden finish, complete (*gehoben*) ◊ *Der Bau ist fast vollendet.* The building is almost finished. ◊ *Jugendliche bis zum vollendeten 20. Lebensjahr* young people under the age of 20 IDM ⇨ TATSACHE
vollendet 1 ⇨ VOLLENDEN **2** (*vollkommen*) perfect (*Adv* perfectly) ◊ *ein vollendeter Gastgeber* a perfect host
vollends completely
Vollendung 1 completion ◊ *Das Hotel steht kurz vor der Vollendung.* The hotel is near completion. ◊ *kurz nach Vollendung ihres 65. Lebensjahres* shortly after she reached the age of 65 **2** (*Vollkommenheit*) perfection ◊ *ein Klavierkonzert in höchster Vollendung* a piano concerto played to absolute perfection ◊ *Sie zeigte Eiskunstlauf in Vollendung.* Her performance was ice-skating at its best.
Volley volley
Volleyball volleyball
voll- **vollführen** perform **Vollgas** ◊ *mit Vollgas fahren* drive at full speed ◊ *Vollgas geben* put your foot down **Vollidiot(in)** (complete) idiot
völlig total (*Adv* totally), complete (*Adv* completely) ◊ *Es erfordert völlige Konzentration.* It requires total concentration. ◊ *Er ist völlig pleite.* He is completely broke. ◊ *Du hast völlig Recht!* You're absolutely right! ◊ *Es ist mir völlig egal.* I don't care one bit. ◊ *Ich finde das völlig in Ordnung.* It's perfectly all right.
volljährig ◊ *volljährig werden/sein* come*/be of age ◊ *noch nicht volljährig* under age
Voll- **Vollkaskoversicherung** comprehensive insurance [U] **vollklimatisiert** air-conditioned
vollkommen 1 perfect ◊ *Niemand ist vollkommen.* Nobody is perfect. ◊ *Sie beherrscht ihr Instrument vollkommen.* She displays a perfect mastery of the instrument. **2** (*völlig*) total (*Adv* totally), complete (*Adv* completely); (*betont*) utter (*nur vor Nomen*) (*Adv* utterly)
Vollkommenheit perfection
Vollkornbrot wholemeal bread
Vollmacht 1 (RECHT) power of attorney ◊ *Seine Mutter erteilte ihm eine Vollmacht.* His mother gave him power of attorney. **2** (*Ermächtigung*) authority
Voll- **Vollmilch** full-cream milk **Vollmilchschokolade** milk chocolate **Vollmond** full moon ◊ *Am Wochenende haben wir Vollmond.* There'll be a full moon at the weekend. **Vollnarkose** general anaesthetic, (*AmE*) general anesthetic **Vollpension** full board
vollständig complete (*Adv* completely); (*Adresse, Bericht*) full ◊ *Die Unterlagen waren vollständig.* The documentation was complete. ◊ *Der Verein finanziert sich vollständig über Spenden.* The association is funded entirely by donations.
Vollständigkeit completeness ◊ *der Vollständigkeit halber* for the sake of completeness ◊ *Sie prüfte die Dokumente auf Vollständigkeit.* She checked that the documentation was complete.
vollstrecken (*Todesstrafe, Haftbefehl, Urteil*) carry* sth out; (*Testament, Zwangsräumung, Pfändung*) execute
Vollstrecker(in) (*von Testament*) executor
Voll- **Volltreffer 1** (*auf Zielscheibe*) ◊ *ein Volltreffer sein* hit the bull's eye **2** (*fig*) (big) hit ◊ *Das Weinfest erwies sich als Volltreffer.* The wine festival was a big hit. ◊ *Diese Investition war ein Volltreffer.* That investment was a winner.
volltrunken completely drunk (*nicht vor Nomen*), drunken (*nur vor Nomen*) **Vollverb** full verb **Vollverpflegung** full board **Vollversammlung** full meeting; (*UNO*) general assembly* **Vollwaschmittel** detergent **Vollwerternährung** wholefood diet
vollwertig 1 full; (*Ersatz*) adequate **2** (*fig*) ◊ *eine vollwertige Ernährung* eating wholefoods ◊ *sich vollwertig ernähren* eat a wholefood diet
Vollwertkost wholefoods [Pl]
vollzählig ◊ *Die Mitglieder waren vollzählig versammelt.* All the members attended the meeting. ◊ *Sie sind vollzählig erschienen.* They all turned up. ◊ *Sind wir schon vollzählig?* Are we all here?
vollziehen 1 carry* sth out; (*Änderungen auch*) implement; (*Anpassung, Wende, Bruch*) make*; (*Ehe*) consummate; (*Trauung*) perform **2 sich ~** take* place
Vollzug 1 (*das Vollziehen*) carrying out (*oft mit einem Verb übersetzt*) ◊ *Der sofortige Vollzug des Todesurteils wurde angeordnet.* It was ordered that the death sentence should be carried out immediately. ◊ *der Vollzug der deutschen Wiedervereinigung* bringing about German reunification **2** (*Straf-*) penal system; (*Gefängnisse*) prisons [Pl] ◊ *Er wird seine Strafe im offenen Vollzug absetzen.* He will serve his sentence in an open prison.
Vollzugsanstalt penal institution
Volontär(in) work experience student, (*AmE*) intern ☞ G 2.2d
Volontariat 1 work experience [U], (*AmE*) internship ◊ *Sie macht ein Volontariat in einer Werbeagentur.* She is doing work experience in an advertising agency. **2** (*Stelle*) work (experience) placement, (*AmE*) internship
Volt volt (*Abk* V)
Volumen 1 (*Rauminhalt*) volume; (*eines Behälters*) capacity* **2** (*Umfang*) size
voluminös voluminous
von 1 of ◊ *eine Freundin von mir* a friend of mine ◊ *Das war nett von ihm.* That was nice of him. ◊ *von großer Bedeutung* of great importance ◊ *im Alter von 12* at the age of twelve ◊ *dieser Idiot von Friseur* that idiot of a hairdresser ◊ *von den angebotenen Kleidern* out of all the dresses on offer ◊ *eine Tochter im Alter von 6 Monaten* a six-month-old daughter ◊ *ein Urlaub von drei Wochen* a three-week holiday ◊ *nördlich von London* north of London ◊ *in sechs von zehn Fällen* in six out of ten cases ☞ *Hinweis bei* PER CENT[1] **2** (*Ausgangspunkt*) from ◊ *von Rom bis Paris* from Rome to Paris ◊ *Das Auto kam von rechts.* The car came from the right. ◊ *ein Geschenk von euch* a present from you ◊ *Es tropft von der Decke.* There's water dripping from the ceiling. ◊ *von hier aus* from here ◊ *Wann kommt sie von der Arbeit?* When does she get home from work? ◊ *Vom Bahnhof nehme ich ein Taxi.* I'll get a taxi from the station. ◊ *Sie kennt ihn noch von früher.* She knew him previously. ◊ *von Zeit zu Zeit* from time to time ◊ *von Norden* from the north ◊ *vom Deutschen ins Englische übersetzen* translate from German into English ◊ *Von wem hast du das gekauft?* Who did you buy it from? ◊ *in der Nacht von Mittwoch auf Donnerstag* during Wednesday night **3** (*Loslösung*) off ◊ *She stieg vom Fahrrad.* She got off her bike. **4** (*Urheber, Ursache, mit Ausdrücken im Passiv*) by ◊ *Von wem ist das Stück?* Who is the play by? ◊ *Er wurde von einem Motorrad überfahren.* He was run over by a motorbike. ◊ *Sie ist Ärztin von Beruf.* She's a doctor by profession. ◊ *von Natur aus* by nature ◊ *Von wem ist das Kind?* Whose child is it?

> Wenn man sich auf das Gesamtwerk eines Künstlers/einer Künstlerin bezieht, benutzt man **of**: *the paintings of Monet* die Gemälde von Monet. Spricht man dagegen nur von einem oder einigen wenigen Beispielen seiner/ihrer Kunst, verwendet man **by**: *a painting by Monet* ein Gemälde von Monet.

5 (*Genitiv*) of (*oft mit „'s" übersetzt*) ◊ *das Haus von meinen Vorfahren* the house of my ancestors ◊ *das Auto von meinem Vater* my father's car **6** (*aufgrund*) from ◊ *wund von etw sein* be sore from sth ◊ *Er war müde von der Reise.* He was tired after/from the journey. ◊ *Sie wachte vom Lärm auf.* The noise woke her up. **7 ~ ... an** (*on*) ◊ *von nun an* from now on ◊ *von diesem Tag an* from that day on ◊ *von Anfang an* right from the start ◊ *Er wollte von Kindheit an Schauspieler werden.* He always wanted to be an actor. ◊ *vom ersten an* gültig effective as from the first of the month **8 von ... her** from ...; (*von ... aus gesehen*) in ... terms ◊ *vom Fluss her* from the river ◊ *Sie kennen sich von der Schule her.* They know each other from school. ◊ *vom politischen Aspekt her* in political terms IDM **von mir etc. aus** as far as I, etc. am concerned ☞ Für andere Ausdrücke mit **von** siehe die Einträge für die entsprechenden Nomina etc. **Fern von** z.B. steht unter **fern**.

voneinander from each other ◊ *Wir wohnen einen Kilometer voneinander entfernt.* We live a kilometre away from each other. ◊ *Wir haben nicht viel voneinander gehabt.* We didn't see much of each other. ◊ *Ich kann sie nicht voneinander unterscheiden.* I can't tell them apart. ◊ *Sie leben voneinander getrennt.* They live apart. ☛ *Siehe auch* VON

vor 1 in front of ◊ *vor allen Leuten* in front of everybody ◊ *Vor dem Haus ist ein kleiner Garten.* There's a small garden at the front of the house. ◊ *Er trat vor 600 Zuschauern auf.* He appeared before an audience of 600 people. ◊ *unmittelbar vor der Küste* just off the coast **2** (*außerhalb von*) outside ◊ *die Stiefel vor der Tür lassen* leave your boots outside the door ◊ *Der Bus hält direkt vor unserem Haus.* The bus stops right outside our house. **3** (*zeitlich, in Reihenfolgen*) before ◊ *kurz vor Ladenschluss* just before closing time ◊ *vor der Ampel links abbiegen* turn left before the traffic lights ◊ *„P" kommt vor „Q".* 'P' comes before 'Q'. **4** (*vor dem jetzigen Zeitpunkt*) ago ◊ *vor wenigen Minuten* a few minutes ago ◊ *Vor einem Jahr waren wir in Spanien.* A year ago, we were in Spain. ◊ *vor langer Zeit* a long time ago ☛ **Ago** wird mit dem **simple past** und nicht mit dem **present perfect** verwendet: *Ich bin vor zehn Minuten angekommen.* I arrived ten minutes ago. **5** (*mit Uhrzeit*) to ◊ *zwei Minuten/Viertel vor drei* two minutes/a quarter to three. **6** ~ **jdm/etw** ahead (of sb/sth) ◊ *zehn Meter vor uns* ten metres ahead of us ◊ *Er hat vor ihr das Haus betreten.* He went into the house ahead of her. ◊ *der Weg vor uns* the path ahead ◊ *Wir haben noch 50 Kilometer vor uns.* We've still got 50 kilometres to go. **7** (*aufgrund von*) with ◊ *Sie schreit vor Wut.* She's screaming with rage. ◊ *vor lauter Langeweile* out of sheer boredom ◊ *vor Angst sterben* die of fright **8** (*vorwärts*) forwards ◊ *Sie konnten weder vor noch zurück.* They could go neither forwards or backwards. **9** ~ **sich hin** to yourself ◊ *Er sang leise vor sich hin.* He was singing quietly to himself. **10 etw (noch)** ~ **sich haben** have sth ahead of you ◊ *Sie hat ihr ganzes Leben noch vor sich.* She has her whole life ahead of her. ◊ *Das Schlimmste habe ich noch vor mir!* The worst is still to come! ☛ Für andere Ausdrücke mit **vor** siehe die Einträge für die entsprechenden Nomina etc. **Horror vor etw** z.B. steht unter **Horror.** IDM ⇨ ALLES *und* DING

Vorabend evening before, eve (*gehoben*) ◊ *am Vorabend seines Geburtstages* on the evening before his birthday ◊ *am Vorabend der Verhandlungen* on the eve of the negotiations

Vorabendprogramm ◊ *im Vorabendprogramm* on early evening television

Vorahnung premonition ◊ *Sie hatte eine böse Vorahnung.* She had a premonition of something terrible.

voran 1 in front ◊ *der Zug, voran die Blaskapelle* the procession, with the brass band in front ◊ *mit dem Kopf voran* head first **2** allem ~ especially **3** (*vorwärts*) ◊ *Immer langsam voran!* Slowly does it!

voranbringen make* progress with *sth*; (*beschleunigen*) speed *sth* up

vorangehen 1 (**jdm/etw**) ~ go* on ahead (of sb/sth) ◊ *Geh du voran!* You go on ahead. **2** (*Fortschritte machen*) progress ◊ *Wie geht die Arbeit voran?* How is the work progressing? ◊ *Der Bau des Hauses geht gut voran.* The work on the house is coming along well. **3 jdm/etw** ~ (*vorausgehen*) precede sb/sth ◊ *Der Feier gingen lange Vorbereitungen voran.* The party was preceded by lengthy preparations. ◊ *Dem vorangegangen war Haydns Violinkonzert.* The preceding piece was the Haydn violin concerto. ◊ *Genehmigung des Protokolls der vorangegangen Sitzung.* Approval of the minutes of the previous meeting IDM ⇨ BEISPIEL

vorankommen 1 make* progress ◊ *Sie kam trotz des Staus gut voran.* She made good progress despite the traffic jam. ◊ *Die Verhandlungen kommen nur schleppend voran.* The talks are making slow progress. ◊ *Abends kommen die Busse schneller voran.* The buses travel faster at night. **2** (*im Leben, Beruf*) get* on

Voranmeldung appointment ◊ *nur nach Voranmeldung* by appointment only ◊ *Um telefonische Voranmeldung wird gebeten.* Telephone for an appointment.

vorantreiben push ahead with *sth*

Vorarbeit groundwork [U]

vorarbeiten 1 ◊ *Er hat drei Tage vorgearbeitet.* He's accumulated three days' flexileave. ◊ *Sie hat vier Stunden vor-* gearbeitet. She worked four hours in advance. **2 sich** ~ work your way through **3 sich** ~ (SPORT) work your way up ◊ *Er hat sich auf Platz 16 vorgearbeitet.* He worked his way up to 16th position. **4** (*Vorarbeit leisten*) do* the groundwork

Vorarbeiter(in) supervisor; (*Mann auch*) foreman*

voraus (**jdm/etw**) ~ ahead (of sb/sth) ◊ *Sie war ihrer Zeit weit voraus.* She was years ahead of her time. ◊ *Volle Kraft voraus!* Full speed ahead!

Voraus im ~ in advance

vorausfahren 1 go* in front; (*Fahrer*) drive* in front **2** (*zeitlich*) go* on ahead

vorausgehen 1 (**jdm**) ~ go* on ahead (of sb) **2 einer Sache** ~ (*zeitlich*) precede sth ◊ *Der Trennung war ein heftiger Streit vorausgegangen.* The split was preceded by a violent argument.

vorausgesetzt 1 ⇨ VORAUSSETZEN **2** ~, (**dass**) ... provided (that) ...

Voraussage prediction; (*Wetter*-) forecast ◊ *Ich mache nie Voraussagen.* I never make predictions.

voraussagen predict; (*Wetter*) forecast* ◊ *Es ist unmöglich vorauszusagen, wer gewinnen wird.* It's impossible to predict who will win. ◊ *Es wurde Schnee vorausgesagt.* Snow was forecast. ◊ *jdm die Zukunft voraussagen* tell sb's fortune

vorausschauen look ahead

vorausschauend 1 *Adj* far-sighted **2** *Adv* with (great) foresight

vorausschicken 1 send* *sth* on ahead **2** (*vorher erklären*) ◊ *„Ich bin Expertin auf diesem Gebiet",* schickte sie voraus. She began by saying, 'I'm an expert in this field.' ◊ *Dem muss vorausgeschickt werden, dass ...* It needs to be made clear first that ...

voraussehbar predictable ◊ *ein voraussehbares Resultat* a predictable result ◊ *Es war voraussehbar, dass er das nicht schaffen würde.* Anyone could have foreseen that he wouldn't succeed.

voraussehen foresee* ◊ *Es war nicht vorauszusehen.* No one could have foreseen it. ◊ *Das war vorauszusehen.* You could see it coming.

voraussetzen 1 (*annehmen*) assume; **etw stillschweigend** ~ take* sth for granted **2** (*verlangen*) require ◊ *Dieser Job setzt Teamgeist und Engagement voraus.* This job requires team spirit and commitment. ☛ *Siehe auch* VORAUSGESETZT

Voraussetzung 1 assumption ◊ *Er ging von der Voraussetzung aus, dass ...* He was working on the assumption that ... ◊ *Du bist von falschen Voraussetzungen ausgegangen.* You made a false assumption **2** (*Bedingung*) condition ◊ *Ich tue dies nur unter der Voraussetzung, dass du mir hilfst.* I'll only do it on condition you help me. ◊ *eine wesentliche Voraussetzung* an essential requirement ◊ *Ich finde, du erfüllst alle Voraussetzungen für den Lehrberuf.* In my opinion, you have all the qualities to make a good teacher.

Voraussicht 1 foresight ◊ *in weiser Voraussicht* with great foresight **2 aller** ~ **nach** in all probability

voraussichtlich probable (*Adv* probably) ◊ *eine voraussichtliche Entwicklung* a probable development ◊ *Das Flugzeug hat voraussichtlich eine Stunde Verspätung.* It looks as if the plane will be an hour late.

vorauswissen know* *sth* in advance

Vorauszahlung payment in advance

Vorbehalt reservation ◊ *Ich habe ernsthafte Vorbehalte gegen ihn.* I have serious reservations about him. ◊ *Sie stimmte unter Vorbehalt zu.* She agreed, with reservations. ◊ *Er entschuldigte sich ohne Vorbehalt.* He apologized unreservedly.

vorbehalten 1 sich etw ~ reserve the right to do sth ◊ *Wir behalten uns Änderungen im Programm vor.* We reserve the right to make changes to the programme. **2 jdm vorbehalten sein/bleiben** be sb's decision IDM ⇨ RECHT

vorbehaltlos unconditional (*Adv* unconditionally)

vorbei 1 (*räumlich*) past ◊ *Sind wir schon an Bonn vorbei?* Have we gone past Bonn? ◊ *Lass mich bitte vorbei.* Can I get past please? **2** (*zeitlich*) over ◊ *Bis ich kam, war alles schon vorbei.* By the time I arrived it was all over. ◊ *Schließlich war es mit seiner Geduld vorbei.* He finally lost patience. ◊ *Damit ist es jetzt aus und vorbei!* That's it now!

vorbeifahren 1 (**an jdm/etw**) ~ drive*/ride*/go* past

(sb/sth) **2 bei jdm/etw** ~ call* in at sb's/sth; **jdn bei jdm/etw** ~ drop* sb (off) at sb's/sth ◇ *Sollen wir kurz bei Peter vorbeifahren?* Shall we call in at Peter's?

vorbeigehen 1 (an jdm/etw) ~ go*/walk past (sb/sth) ◇ *Sie ist einfach an uns vorbeigegangen.* She just walked past us. ◇ *Der Schuss ist am Tor vorbeigegangen.* The shot went past the goal. ◇ *Er hat im Vorbeigehen gewinkt.* He waved as he went past. ◇ *Warum sind wir an dem Geschäft vorbeigegangen?* Why didn't we stop at the shop? **2 bei jdm** ~ drop* in on sb; **bei etw** ~ drop* into sth ◇ *Ich gehe eben kurz beim Bäcker vorbei.* I am just going to drop into the baker's. **3 an jdm** ~ pass sb by ◇ *Er war so müde, dass das gesamte Gespräch total an ihm vorbeiging.* He was so tired that the whole discussion passed him by. **4** (*zu Ende gehen*) pass ◇ *Glaub mir, auch das geht vorbei.* Believe me, it'll pass.

vorbeikommen 1 (an jdm/etw) ~ pass (sb/sth) ◇ *Wir sind an mehreren Tankstellen vorbeigekommen.* We passed several petrol stations. **2 (an jdm/etw)** ~ (*an einem Hindernis*) get* past (sb/sth) ◇ *Ich komme an dem Wagen nicht vorbei.* I can't get past that car. **3 nicht an etw** ~ (*nicht vermeiden können*) not get* out of doing sth ◇ *Du wirst nicht daran vorbeikommen, deine Hausaufgaben zu machen.* You can't get out of doing your homework. **4 (bei jdm)** ~ drop* in (to see sb) ◇ *Ich komme heute Abend kurz (bei dir) vorbei.* I'll drop in (to see you) this evening. IDM ⇨ SPRUNG

vorbeireden 1 an etw ~ not deal* with sth ◇ *Er hat vollkommen am Thema vorbeigeredet.* He didn't deal with the subject at all. **2 aneinander** ~ talk at cross purposes ◇ *Sie haben ständig aneinander vorbeigeredet.* They kept talking at cross purposes.

vorbeischauen (bei jdm) ~ drop* in (on sb)

vorbeischießen (an etw) ~ miss (sth) ◇ *am Ziel vorbeischießen* miss the target

Vorbemerkung preliminary remarks [Pl]; (*in einem Buch etc.*) foreword

vorbereiten 1 prepare ◇ *eine Mahlzeit/Schulstunde vorbereiten* prepare a meal/lesson ◇ *ein Party/Reise vorbereiten* make preparations for a party/journey **2 jdn auf etw** ~ prepare sb for sth; **sich auf etw** ~ prepare for sth ◇ *Ich bereite mich auf eine Prüfung vor.* I'm preparing for an exam. ◇ *Auf diese Frage war ich nicht vorbereitet.* I wasn't prepared for that question.

vorbereitend preparatory ◇ *vorbereitende Gespräche* preparatory talks ☞ *Siehe auch* VORBEREITEN

Vorbereitung preparation ◇ *Sie treffen Vorbereitungen für die Hochzeit.* They are making preparations for the wedding. ◇ *Hast du alle Vorbereitungen getroffen?* Have you got everything ready? ◇ *Der Film ist gerade in Vorbereitung.* The film is currently being made.

Vorbereitungskurs preparatory course **Vorbereitungsphase** preliminary stage **Vorbereitungszeit** preparation time

Vorbesprechung preliminary discussion

vorbestellen reserve

Vorbestellung reservation, advance booking

vorbestraft ◇ *Ich bin vorbestraft.* I've got a criminal record. ◇ *Die Angeklagte ist mehrfach vorbestraft.* The accused has a number of previous convictions. ◇ *Er ist wegen Betrugs vorbestraft.* He has a previous conviction for fraud.

vorbeugen 1 sich ~ bend*/lean* forward; **etw** ~ bend* sth forward **2 einer Sache** ~ (*verhindern*) prevent sth ◇ *Diesem Umstand muss vorgebeugt werden.* This must be prevented from happening. ◇ *Vorbeugen ist besser als Heilen.* Prevention is better than cure. ◇ *vorbeugende Maßnahmen treffen* take preventive action

Vorbild example ◇ *Sie ist ein Vorbild für uns alle.* She is an example to us all. ◇ *Nimm dir deine Schwester zum Vorbild.* You should follow your sister's example. ◇ *Sie ist ein schlechtes Vorbild für junge Mädchen.* She's not a good role model for young girls. ◇ *Er wird von seinen Kollegen als Vorbild gesehen.* His colleagues look up to him. ◇ *Sie eifern seinem Vorbild nach.* They model themselves on him.

Vorbildfunktion ◇ *Fußballer haben eine Vorbildfunktion für junge Menschen.* Footballers serve as role models for young people. ◇ *Lehrern kommt eine Vorbildfunktion zu.* Teachers have to set an example.

vorbildlich 1 *Adj* exemplary ◇ *vorbildliches Benehmen* exemplary behaviour ◇ *Sie leistet vorbildliche Arbeit.* Her work is excellent. **2** *Adv* extremely well ◇ *Die Bücherei* *wird vorbildlich verwaltet.* The library is extremely well run. ◇ *Das Straßennetz ist vorbildlich ausgebaut.* There is an excellent road network.

Vorbote, Vorbotin herald; (*von etwas Negativem*) harbinger (*gehoben*)

vorbringen put* sth forward; (*Einwände, Anliegen, Kritik*) voice ◇ *Wir möchten einen Vorschlag vorbringen.* We'd like to put forward a suggestion. ◇ *Möchte jemand etwas vorbringen?* Are there any points anyone wants to raise?

Vorderbein foreleg

vordere(r,s) front (*nur vor Nomen*) ◇ *die vorderen Reihen* the front rows ◇ *Sie belegte einen der vorderen Plätze.* She was one of the best. ◇ *Das Feuer brach im vorderen Teil des Schiffs aus.* The fire started in the forward section of the ship. ☞ *Siehe auch* VORDERSTE(R,S)

Vordereingang front entrance

Vordergrund foreground IDM **im Vordergrund stehen** be the centre of attention, (*AmE*) be the center of attention **etw in den Vordergrund stellen/rücken** give* prominence to sth **in den Vordergrund treten** be/come* to the fore, (*AmE*) be at the fore **sich/jdn in den Vordergrund drängen/spielen/stellen/schieben** push yourself/sb to the fore

vordergründig 1 *Adj* apparent ◇ *die vordergründigen Ursachen* the apparent causes **2** *Adv* on the face of it ◇ *Das ist nur vordergründig betrachtet so.* It only appears so on the face of it. ◇ *Sie ist nur vordergründig arbeitsam.* She only appears to be hard-working.

Vordermann, Vorderfrau person* in front ◇ *Mein Vordermann war so groß, dass ich nichts sehen konnte.* The person in front of me was so tall I couldn't see a thing. ◇ *Er fuhr zu schnell und prallte auf seinen Vordermann auf.* He was driving too fast and hit the car in front. IDM **jdn/etw auf Vordermann bringen** get*/knock/lick sb/sth into shape

Vorder- **Vorderrad** front wheel **Vorderseite** front; (*einer Medaille, Münze*) obverse (*Fachspr*) ◇ *an der Vorderseite des Hauses* on the front of the house **Vordersitz** front (seat) ◇ *auf dem Vordersitz sitzen* sit in the front

vorderste(r,s) front (*nur vor Nomen*) ◇ *die vorderste Reihe* the front row ◇ *Nur die Vordersten konnten etwas sehen.* Only those right at the front could see anything. ☞ *Siehe auch* VORDERE(R,S)

Vorderteil front

vordrängeln, vordrängen 1 sich ~ push to the front; (*in einer Schlange*) jump the queue, (*AmE*) jump the line **2 sich** ~ (*sich in den Mittelpunkt setzen*) push yourself to the fore; (*fig*) come* to the fore

vordringen 1 in etw ~ get* into sth ◇ *England drang ins Halbfinale vor.* England got into the semi-final. ◇ *Sie drangen in den Urwald vor.* They penetrated the jungle. **2 bis zu jdm/etw** ~ get* as far as sb/sth ◇ *Sie ist mit ihrer Beschwerde bis zum Generaldirektor vorgedrungen.* She got as far as the managing director with her complaint. ◇ *Die laute Musik von der Straße drang bis in unser Schlafzimmer vor.* We could hear the music in the street from our bedroom.

vordringlich ◇ *Ich halte das nicht für vordringlich.* I don't regard it as a priority. ◇ *Das ist vordringlich in Angriff zu nehmen.* It needs to be tackled as a priority. ◇ *Die Natur zu schützen ist eine vordringliche Aufgabe.* The protection of the natural environment is a matter of priority.

voreilig hasty ◇ *eine voreilige Entscheidung* a hasty decision ◇ *Er warnte davor, voreilige Schlüsse zu ziehen.* He warned against jumping to conclusions. ◇ *Er wehrte die voreiligen Glückwünsche ab.* He brushed aside the premature congratulations. ◇ *Sie stimmte dem Vorschlag voreilig zu.* She agreed to the suggestion without giving it enough thought.

voreinander 1 one in front of the other **2** (*wechselseitig*) from, for, of, etc. each other ◇ *Sie haben Angst voreinander.* They're afraid of each other. ☞ *Siehe auch* VOR

voreingenommen biased; (*Vorurteile habend*) prejudiced ◇ *Der Richter wurde beschuldigt, voreingenommen zu sein.* The judge was accused of being biased. ◇ *Sie ist voreingenommen gegen Ärzte.* She's prejudiced against doctors.

vorenthalten jdn etw ~ keep* sth from sb, withhold* sth from sb (*gehoben*) ◇ *Diese Informationen wurden uns vorenthalten.* They withheld the information from us.

Vorentscheidung 1 preliminary decision ◊ *eine Vorentscheidung treffen* make a preliminary decision **2** (*Zwischenergebnis, das auf das Resultat hinweist*) deciding factor ◊ *Das frühe Tor war so etwas wie eine Vorentscheidung.* The early goal was the deciding factor. ◊ *Mit diesem Ergebnis ist die Vorentscheidung gefallen.* This result decided the outcome. **3** (*Vorentscheidungskampf*) preliminary round
vorerst for the time being
Vorfahr(in) ancestor
vorfahren 1 drive* up ◊ *Sie fuhr mit einem BMW vor.* She drove up in a BMW. **2** *etw* ~ drive* sth round **3** (*nach vorne fahren*) drive* forward **4** (*vorausfahren*) go*/drive* on ahead
Vorfahrt right of way* ◊ *Rechts hat Vorfahrt.* Traffic coming from the right has right of way. ◊ *jdm die Vorfahrt nehmen* not give way to sb ◊ *die Vorfahrt beachten/verletzen* observe/ignore the right of way
Vorfahrtsschild give way sign, (*AmE*) yield sign **Vorfahrtsstraße** major road
Vorfall incident
vorfallen 1 happen, occur* (*gehoben*) **2** (*nach vorn fallen*) fall* forward
Vorfeld *im* ~ (*von etw*) in the run-up (to sth)
vorfinden find*
Vorfreude *die* ~ (*auf etw*) the excitement (about sth) ◊ *Die Vorfreude auf den Urlaub war groß.* They were looking forward to the holiday with great excitement. ◊ *Alle waren voller Vorfreude.* They were full of excited anticipation.
vorführen 1 (*jdm*) *etw* ~ (*Film etc.*) show* sth (to sb); (*Kunst-, Theaterstück etc.*) perform sth (for sb); (*Kollektion*) present sth (to sb) **2** (*jdm*) *etw* ~ (*vormachen*) demonstrate sth (to sb) **3** (*jdm*) *jdn* ~ (*dem Richter*) bring* sb before sb
Vorführung 1 presentation; (THEAT) performance; (FILM) screening **2** (*von Geräten etc.*) demonstration **3** (*beim Richter*) appearance
Vorgabe 1 (*Richtlinie*) guideline **2** (SPORT) handicap; (*Vorsprung*) (head) start
Vorgang 1 event **2** (*Prozess*) process ◊ *Der Vorgang wird zweimal wiederholt, dann ist die Luft sauber.* The process is repeated twice, then the air is clean. **3** (*Akte*) file; (*Fall*) case
Vorgänger(in) predecessor
Vorgarten front garden
vorgeben 1 pretend; (*behaupten*) claim **2** (*vorschreiben*) prescribe, set* ◊ *innerhalb einer vorgegebenen Zeit* within a prescribed period ◊ *Als Thema wurde vorgegeben: ...* The set topic was: ... ◊ *den Rhythmus vorgeben* set the rhythm **3** *etw* ~ (*nach vorn geben*) pass sth to the front
vorgefasst preconceived (*nur vor Nomen*)
vorgefertigt prefabricated; (*Formular*) pre-printed
vorgehen 1 (*Uhr*) gain; (*nur momentan*) be fast ◊ *Pro Tag geht die Uhr zehn Minuten vor.* The watch gains 10 minutes a day. ◊ *Meine Uhr geht ein paar Minuten vor.* My watch is a few minutes fast. **2** (*geschehen*) go* on, happen ◊ *Wer weiß, was in ihm manchmal so vorgeht.* Who knows what's going on in his mind. **3** (*verfahren*) proceed ◊ *Wir müssen vorsichtig vorgehen.* We must proceed carefully. **4** *gegen jdn/etw* ~ take* action against sb/sth; *mit etw gegen jdn/etw* ~ use sth against sb/sth **5** (*Priorität haben*) take* priority, come* first ◊ *Die Familie geht vor.* Your family comes first. **6** (*nach vorn gehen*) go* up (to the front) **7** (*vorausgehen*) go* on ahead; (*als Erster gehen*) lead* the way ◊ *Sie sind schon vorgegangen.* They've gone on ahead. ◊ *Soll ich vorgehen?* Shall I lead the way? ◊ *Bitte gehen Sie vor.* After you.
Vorgehen action
Vorgeschichte 1 history ◊ *die Vorgeschichte eines Konflikts* the history of a conflict ◊ *Er hat eine lange Vorgeschichte von Straftaten.* He has a string of previous convictions. **2** (*Zeitalter*) prehistory, prehistoric times [Pl] ◊ *Funde aus der Vorgeschichte* prehistoric finds
Vorgeschmack foretaste ◊ *ein Vorgeschmack auf den Sommer* a foretaste of summer
Vorgesetzte(r) superior
vorgestern the day before yesterday IDM **von vorgestern** from the past; (*Mensch*) behind the times
vorgreifen 1 pre-empt ◊ *Er will dem Gutachten nicht vorgreifen.* He doesn't want to pre-empt the report. ◊ *Sie wollte ihrem Chef nicht vorgreifen.* She didn't want to pre-empt

what her boss was going to say. **2** (*beim Erzählen*) jump ahead
vorhaben plan*; (*beabsichtigen*) intend ◊ *Was hast du vor?* What are you planning to do? ◊ *Was haben sie mit den Geiseln vor?* What do they intend to do with the hostages?
Vorhaben plan; (*Projekt*) project
vorhalten 1 *jdm etw* ~ (*Vorwürfe machen*) reproach sb with/for sth (*gehoben*) **2** *jdm jdn als Beispiel* ~ hold* sb up as a model to sb **3** *sich etw* ~ (*vor den Körper*) hold* sth up in front of you; (*vor den Mund*) put* sth in front of your mouth ◊ *Sie hielt sich das Kleid vor.* She held the dress up in front of her. ◊ *jdn mit vorgehaltener Pistole bedrohen* threaten sb with a gun **4** (*reichen*) last ◊ *Die Batterien halten nicht lange vor.* The batteries don't last long. ◊ *Müsli hält vor bis zum Mittag.* Muesli keeps you going till lunchtime. IDM ⇨ HAND *und* SPIEGEL
Vorhaltung *jdm* (*wegen einer Sache*) *Vorhaltungen machen* reproach sb (for sth)
Vorhand forehand ◊ *einen Ball mit der Vorhand spielen* hit a ball on the forehand ◊ *Sie hat eine sehr gute Vorhand.* She has a very good forehand.
vorhanden present; (*existierend*) existing (*nur vor Nomen*); (*erhältlich*) available; (*übrig*) remaining ◊ *die in den Lebensmitteln vorhandenen Bakterien* the bacteria present in the food ◊ *Die Hälfte aller vorhandenen Leitungen muss saniert werden.* Half of all the existing pipes need repairing. ◊ *Genügend Parkplätze sind vorhanden.* Ample parking is available. ◊ *Von den noch vorhandenen Karten hat sie zwei gekauft.* She bought two of the remaining tickets. ☛ **Vorhanden** wird oft nicht direkt übersetzt: *Industrie ist kaum vorhanden.* There is almost no industry. ◊ *Pläne für eine Renovierung sind vorhanden.* Plans for renovation exist. ◊ *Von seinem Ersparten ist nichts mehr vorhanden.* There's nothing left of his savings.
Vorhang 1 curtain, (*AmE*) drape ◊ *die Vorhänge zuziehen/aufziehen* draw the curtains ☛ **Draw/pull the curtains** kann sowohl „die Vorhänge zuziehen" wie auch „aufziehen" bedeuten. Wenn es zweideutig sein könnte, kann man für „aufziehen" auch **draw/pull the curtains back** verwenden. **2** (THEAT) curtain; (*beim Schlussapplaus*) curtain call
Vorhängeschloss padlock
Vorhaut foreskin
vorheizen preheat
vorher before; (*vor dem Ereignis*) beforehand; (*zuerst*) first ◊ *am Abend vorher* on the evening before ◊ *Kurz vorher hatte ich mit ihm telefoniert.* I had spoken to him on the phone just before. ◊ *Wenn ich das vorher gewusst hätte, wäre ich nicht hingegangen.* If I'd known beforehand, I wouldn't have gone. ◊ *Ich muss vorher eben noch die Katze füttern.* I've just got to feed the cat first. IDM ⇨ KLUG
vorherbestimmt predetermined
vorherige(r,s) previous; (*Warnung, Absprache, Vereinbarung etc.*) prior
Vorherrschaft supremacy* ◊ *um die militärische Vorherrschaft kämpfen* fight for military supremacy
vorherrschen be widespread ◊ *In den Slums herrschten Typhus und Tuberkulose vor.* Typhoid and tuberculosis were widespread in the slums. ◊ *Es herrscht leider eine Ansicht vor, ...* There is, alas, a widely held opinion that ...
vorherrschend widespread, common; (*Meinung*) widely held; (*Farbe*) predominant ◊ *ein vorherrschendes Problem* a common problem ◊ *ein vorherrschendes Thema* a topical subject ◊ *vorherrschend bewölkt* mainly cloudy
Vorhersage prediction; (*Wetter-*) forecast
vorhersagen predict; (*Wetter meist*) forecast*
vorhersehbar predictable
vorhersehen foresee*
vorhin just now
vorige(r,s) last; (*früher*) previous ◊ *vorige Woche* last week ◊ *im vorigen Jahrhundert/August* last century/August ◊ *im Juli vorigen Jahres* in July of last year ◊ *seine vorige Freundin* his previous girlfriend
Vorjahr previous year; (*letztes Jahr*) last year
Vorkämpfer(in) early champion, pioneer
vorkauen *jdm etw* ~ **1** (*zuerst kauen*) chew sth for sb **2** (*gründlich erklären*) spell* sth out to sb; (*vordenken*) spoon-feed* sb ◊ *In der Schule ist alles vorgekaut — man lernt*

nicht selbstständig zu denken. Everything is spoon-fed to you in school — you don't learn to think independently.
Vorkehrung precaution ◊ *Vorkehrungen gegen das Hochwasser treffen* take precautions against the floods
Vorkenntnis previous knowledge [U/Sing] ◊ *Anfänger ohne Vorkenntnisse/mit Vorkenntnissen* beginners with no/some previous knowledge ◊ *Für diesen Spanischkurs sind gute Vorkenntnisse vorausgesetzt.* A good knowledge of Spanish is required for this course.
vorknöpfen 1 sich jdn ~ have a word with sb **2 sich etw ~ get*** down to sth
vorkommen 1 (*auftreten*) be found; (*Name, Mensch, Szene*) appear **2** (*geschehen*) happen ◊ *So etwas ist mir noch nie vorgekommen!* Nothing like that has ever happened to me before! ◊ *Das kann schon mal vorkommen.* It can happen. ◊ *„Entschuldigen Sie, dass ich zu spät komme." „Das kommt vor."* 'Sorry I'm late.' 'These things happen.' ◊ *Es wird nicht wieder vorkommen.* It won't happen again. **3 jdm ... ~** (*erscheinen*) strike* sb as ..., seem ... (to sb) ◊ *Es kam mir seltsam vor, dass ...* It struck me as odd that ... ◊ *Sie kommt mir bekannt vor.* She seems familiar. ◊ *Es kam mir vor, als hätte er das mit Absicht getan.* It seemed to me that he had done it deliberately. ◊ *Ich bin nicht betrunken, das kommt dir nur so vor.* I'm not drunk. It just looks that way to you. **4 sich ... ~** ◊ *sich dumm vorkommen* feel silly ◊ *Er kommt sich überaus clever vor.* He thinks he's so clever. **5** (*nach vorne kommen*) go*/come* to the front ◊ *Ich musste in Mathe an die Tafel vorkommen.* In maths I had to go up to the blackboard. **6 hinter etw ~** come* out from behind sth ◊ *Komm hinter der Tür vor!* Come out from behind the door! IDM ⇨ SPANISCH
Vorkommen 1 occurrence; (*von Verbrechen, Krankheiten*) incidence ◊ *Angaben zum Vorkommen von Pflanzenarten* information on the occurrence of plant species ◊ *häufiges Vorkommen von Brustkrebs* a high incidence of breast cancer ◊ *große Vorkommen an Thunfischen* large numbers of tuna **2** (GEOL) deposit ◊ *große Vorkommen an Silber* large deposits of silver
Vorkommnis incident ◊ *ohne besondere Vorkommnisse* without incident
Vorkriegs- pre-war ◊ *die Vorkriegszeit* the pre-war period
vorladen summon; (*Zeugen auch*) subpoena
Vorladung 1 (*Schriftstück*) summons; (*als Zeuge auch*) subpoena **2** (*das Vorladen*) (*meist mit einem Verb übersetzt*) ◊ *Drei Minister müssen mit einer Vorladung des Staatsanwalts rechnen.* Three ministers can expect to be summoned by the Public Prosecutor.
Vorlage 1 (*das Vorlegen*) presentation (*oft mit einem Verb übersetzt*) ◊ *Gegen Vorlage des Gutscheins erhalten Sie einen Preisnachlass.* You will receive a reduction on presentation of this voucher. ◊ *Ohne Vorlage der Geburtsurkunde bekommen Sie keinen Pass.* You can't get a passport without producing your birth certificate. **2** (*Entwurf*) draft; (*Gesetzes-*) bill **3** (*Muster*) pattern ◊ *etw nach Vorlage stricken* knit sth from a pattern ◊ *sich streng an die Vorlage halten* stick strictly to the pattern ◊ *etw nach Vorlage zeichnen* copy sth ◊ *Die „Kameliendame" diente Verdi als Vorlage für „La Traviata".* Verdi based 'La Traviata' on 'La Dame aux Camélias'. **4 jdm eine ~ geben** (*beim Fußball*) lay* the ball on for sb
vorlassen 1 let* *sb* go in front ◊ *Sie ließ mich an der Kasse vor.* She let me go in front of her at the checkout. **2** (*Auto, Fahrer*) let* *sth/sb* in **3** (*vorbeigehen lassen*) let* *sb* pass **4** (*empfangen*) allow *sb* in, receive ◊ *Sie wurde mit ihrem Anliegen zum Bürgermeister vorgelassen.* The mayor received her to hear her request.
Vorlauf 1 (*bei Kassetten*) fast forward **2** (SPORT) heat
vorlaufen 1 (*nach vorn laufen*) run* forward **2** (*vorauslaufen*) run* on ahead ◊ *Lauf schon vor, ich komm gleich nach.* You run on ahead. I'm just coming.
Vorläufer precursor, forerunner
vorläufig 1 *Adj* temporary; (*provisorisch*) provisional ◊ *ein vorläufiger Zustand* a temporary state of affairs ◊ *eine vorläufige Bleibe finden* find temporary accommodation ◊ *das vorläufige Ergebnis* the provisional result **2** *Adv* for the time being, temporarily ◊ *die Arbeit vorläufig einstellen* stop work temporarily ◊ *An meinem Stundenplan wird sich vorläufig nichts ändern.* My timetable is not going to change for the time being. ◊ *jdn vorläufig festnehmen* take sb into temporary custody

vorlaut cheeky (*Adv* cheekily), impertinent (*Adv* impertinently)
vorlegen 1 (jdm) etw ~ present sb with sth, present sth to sb; (*Beweis, Zeugnisse etc.*) produce sth (for sb) ◊ *jdm einen Brief zur Unterschrift vorlegen* present sb with a letter for signature ◊ *seinen Ausweis vorlegen* produce your ID ◊ *Der Verlag hat mehrere neue Brechtausgaben vorgelegt.* The publisher has produced several new editions of Brecht. **2** (*Kette etc.*) put* *sth* across **3** (*Ball*) lay* *sth* on
Vorleistung 1 (*Vorarbeit*) preliminary work ◊ *eine Vorleistung erbringen* do some preliminary work **2** (FINANZ) advance payment
vorlesen etw ~ read* sth out; **jdm etw ~** read* sth to sb, read* sb sth ◊ *Kannst du vorlesen, was da auf dem Schild steht?* Can you read out what it says on that sign? ◊ *Lies den Kindern eine Geschichte vor.* Read the children a story.
Vorlesung lecture ◊ *eine Vorlesung über Pinter halten/besuchen* give/attend a lecture on Pinter ◊ *Gehst du in die Vorlesung?* Are you going to the lecture?
vorletzte(r,s) 1 last but one, penultimate (*gehoben*) ◊ *die vorletzte Seite eines Buchs* the last page but one of a book **2** (*zeitlich*) ◊ *vorletzte Woche* the week before last ◊ *im vorletzten Jahr* the year before last ◊ *vorletzten Sonntag* the Sunday before last ◊ *vorletztes Mal* the time before last **3 der/die Vorletzte** ◊ *Er kam als Vorletzter am Ziel an.* He came next to last. ◊ *Steigt der Vorletzte der Tabelle ab?* Does the team that's second from bottom go down?
vorlieb mit jdm/etw ~ nehmen make* do with sb/sth ◊ *Er kann nicht kommen – du musst also mit mir vorlieb nehmen.* He can't come, so you'll have to make do with me.
Vorliebe particular liking, preference; **eine ~ für etw haben** be particularly fond of sth ◊ *die kulinarischen Vorlieben der Soldaten* the soldiers' culinary preferences ◊ *Er hat eine Vorliebe für weiße Schokolade.* He is particularly fond of white chocolate. ◊ *Kafka schrieb mit Vorliebe nachts.* Kafka preferred to write at night.
vorliegen 1 etw liegt jdm vor (*Beschwerde, Antrag*) sb has received sth; (*Informationen, Ergebnisse*) sb has sth ◊ *Die Ergebnisse liegen uns noch nicht vor.* We haven't had the results yet. **2** (*bestehen, sich um etw handeln*) be ◊ *Hier muss ein Irrtum vorliegen.* There must be some mistake here. ◊ *Hier liegt eine Straftat vor.* A crime has been committed here. ◊ *Es liegt kein Verdacht gegen sie vor.* They are not suspected of anything. ◊ *Gegen sie liegt ein Haftbefehl vor.* An order has been issued for her arrest. **3** (*Buch*) come* out ◊ *Der Roman liegt jetzt als Taschenbuch vor.* The novel has now come out in paperback.
vorliegend (*Unterlagen*) on hand; (*Ergebnis, Zahlen*) available ◊ *das vorliegende Dokument* the document that we have on hand ◊ *Im vorliegenden Fall handelt es sich um ...* In the present case we are dealing with ...
vorlügen jdm etw ~ lie* to sb
vormachen 1 jdm etw ~ show* sb (how to do) sth **2 jdm etw ~** (*täuschen*) fool sb; **sich etw ~ kid*** yourself (*umgs*)
Vormachtstellung supremacy*
vormalig former (*nur vor Nomen*)
vormals formerly
Vormarsch (MIL) advance IDM **auf dem/im Vormarsch sein** gain ground (*auch fig*)
vormerken 1 sich ~ make* a note of sth ◊ *Ich habe mir den 3. Mai vorgemerkt.* I've made a note of the third of May. **2 jdn (für etw) ~** put* sb's name down (for sth) ◊ *Ich habe mich für den Kurs vormerken lassen.* I've had my name put down for the course.
Vormittag morning ☛ *Beispiele bei* MORGEN
vormittags in the morning; (*jeden Vormittag*) in the mornings ◊ *11 Uhr vormittags* 11 in the morning ◊ *Vormittags bin ich nie zu Hause.* I'm never at home in the mornings.
Vormund guardian
Vormundschaft guardianship
vorn, vorne 1 (*vor jdm*) in front; (*im/am vorderen Teil von etw*) in/at the front ◊ *Da vorne geht sie.* There she is in front. ◊ *Siehst du das Auto da vorn?* Can you see that car in front? ◊ *ganz vorn im Bild* right in the front of the picture ◊ *Kann ich im Bus vorn sitzen?* Can I sit at the front of the bus? ◊ *Das Auto ist vorn beschädigt.* The front of the car is damaged. **2 nach ~** to the front; (*vorwärts*) forwards ◊ *Geh mal nach vorn und sieh nach.* Go to the front and have a

Vorname

look. ◊ *ein Schritt nach vorne* a step forwards ◊ *leicht nach vorn gebeugt* bent slightly forwards **3** *von* ~ (*Frontalansicht*) ◊ *Ich konnte ihn nicht von vorn sehen.* I couldn't get a front view of him. **4** *von* ~ (*von neuem*) from scratch ◊ *ganz von vorn beginnen* start again from scratch **5** ~ *liegen* be in front IDM **von vorn bis hinten** from start to finish ☛ *Siehe auch* HINTEN

Vorname first name, Christian name ◊ *jdn mit Vornamen anreden* call sb by their first name ◊ *Wie heißt er mit Vornamen?* What's his first name?

vornehm exclusive, posh (*umgs*); (*adlig*) aristocratic; (*Benehmen*) refined ◊ *eine vornehme Wohngegend* an exclusive residential area ◊ *ein vornehmer Mensch* a refined person ◊ *eine vornehme Tat* a noble deed

vornehmen 1 carry* *sth* out; *etw* ~ *lassen* have sth done ◊ *eine Untersuchung vornehmen* carry out an examination ◊ *Reparaturen vornehmen lassen* have some repairs done **2** *sich etw* ~ (*den Vorsatz fassen*) pledge to do sth ◊ *Er hatte sich fest vorgenommen, ruhig zu bleiben.* He had pledged to keep calm. **3** *sich etw* ~ (*planen*) plan* *sth* ◊ *Nimm dir bitte für morgen nichts vor.* Don't plan anything for tomorrow. ◊ *Sie hatte sich wieder zu viel vorgenommen.* She had taken on too much again. **4** *sich etw* ~ (*vorknöpfen*) tackle sth ◊ *Zuerst werde ich mir die Küche vornehmen.* I'm going to tackle the kitchen first. **5** *sich jdn* ~ (*vorknöpfen*) have a word with sb

vornherein *von* ~ from the start

Vorort suburb

Vorprogramm (*im Kino*) trailers [Pl]; (*im Konzert*) support act ◊ *Im Vorprogramm spielten die Beastie Boys.* The Beastie Boys were the support act.

vorprogrammiert (*fig*) inevitable

Vorrang 1 priority ◊ *den Vorrang vor jdm/etw haben* take priority over sb/sth ◊ *etw den Vorrang einräumen* give sth priority **2** (*Vorfahrt*) right of way, priority (*gehoben*) ◊ *Der Gegenverkehr hat Vorrang.* Oncoming traffic has right of way.

vorrangig chief (*nur vor Nomen*), priority ◊ *das vorrangige Ziel der Begegnungen* the chief aim of the meetings ◊ *Der Bau der Halle ist vorrangig.* The building of a hall is a (top) priority.

Vorrat stock (*auch fig*); (*Lebensmittel- auch*) supply* ◊ *solange der Vorrat reicht* for as long as stocks last ◊ *Die Vorräte gehen zu Ende.* Supplies are running out. ◊ *ein Vorrat an Äpfeln* a supply of apples

vorrätig in stock ◊ *Diesen Artikel haben wir nicht vorrätig.* We don't have this article in stock.

Vorratskammer larder

Vorraum ante-room; (*Garderobe*) hall

Vorrecht privilege ◊ *Sie genießt gewisse Vorrechte.* She has certain privileges.

Vorrede (*einleitende Worte*) introduction

Vorreiter(in) forerunner

Vorrichtung device ◊ *eine Vorrichtung zur Entleerung des Behälters* a device for emptying the container

vorrücken 1 move *sth* forward ◊ *Wir rückten das Regal vor.* We moved the bookcase forward. **2** (*sich nach vorn bewegen*) move forward; (MIL) advance; (*auf einer Liste*) move up ◊ *Sie durfte drei Felder vorrücken.* She was allowed to move forward three squares. ◊ *Er ist auf der Warteliste vorgerückt.* He has moved up the waiting list. IDM **im vorgerückten Alter** elderly **zu vorgerückter Stunde** at a very late hour

Vorruhestand early retirement ◊ *Er ging mit 58 in den Vorruhestand.* He took early retirement at 58.

Vorrunde preliminary round

Vorrundenspiel preliminary round

vorsagen 1 *jdm etw* ~ say* sth for sb ◊ *Die Lehrerin sagte uns die Sätze vor.* The teacher said the sentences for us. **2** *jdm etw* ~ (*Antwort*) tell* sb sth ◊ *Sein Banknachbar sagte ihm alles vor.* His neighbour told him all the answers. **3** *sich etw* ~ say* sth to yourself

Vorsaison early part of the season

Vorsatz intention ◊ *gute Vorsätze* good intentions ◊ *Ich fasste den Vorsatz, sie öfter zu besuchen.* I resolved to visit her more often.

vorsätzlich deliberate (*Adv* deliberately) ◊ *vorsätzliche Brandstiftung* deliberate arson ◊ *vorsätzlicher Mord* pre-meditated murder ◊ *Sie hat vorsätzlich gelogen.* She lied on purpose.

Vorschau preview; (*Film-*) trailer

Vorschein IDM **etw zum Vorschein bringen** reveal sth **zum Vorschein kommen** come* to light ◊ *Es kamen Mängel zum Vorschein.* Some faults came to light. ◊ *Die Sonne kam wieder zum Vorschein.* The sun appeared again.

vorschicken ⇨ VORAUSSCHICKEN (1)

vorschieben 1 push *sth* forward ◊ *Wir schoben das Klavier ein Stück vor.* We pushed the piano forward a bit. ◊ *die Unterlippe vorschieben* stick out your lower lip **2** (*etw vor etw schieben*) put* *sth* across ◊ *den Riegel vorschieben* put the bolt across **3** (*als Vorwand*) give* *sth* as an excuse ◊ *Er schob Kopfschmerzen vor.* He gave a headache as an excuse. ◊ *vorgeschobene Gründe* excuses **4** *jdn* ~ put* sb forward IDM ⇨ RIEGEL

Vorschlag suggestion; (*offizieller auch*) proposal ◊ *Darf ich Ihnen einen Vorschlag machen?* May I make a suggestion? ◊ *auf Vorschlag des Ministeriums* at the suggestion of the ministry ◊ *Vorschläge zur Reform des Gesetzes* proposals for a reform of the law

vorschlagen 1 suggest ◊ *Ich schlug ihm einen Kompromiss vor.* I suggested a compromise to him. ◊ *Ich schlage vor, wir gehen ins Kino.* I suggest we go to the cinema. ☛ *Hinweis bei* ARGUE **2** *jdn* (*als/für etw*) ~ nominate sb (as/for sth)

Vorschlaghammer sledgehammer

vorschnell rash, hasty ◊ *eine vorschnelle Entscheidung* a rash decision ◊ *vorschnell urteilen* make a hasty judgement

vorschreiben 1 require, stipulate (*offiz*) ◊ *Das Gesetz schreibt vor, dass …* The law stipulates that … ◊ *Ich lasse mir von ihm nichts vorschreiben!* I won't let him tell me what to do! **2** (*an der Tafel etc.*) write* sth out

Vorschrift rule ◊ *sich an die Vorschriften halten* follow the rules ◊ *Einen Schutzhelm zu tragen ist Vorschrift.* It's compulsory to wear a hard hat. IDM **jdm Vorschriften machen** tell* sb what to do ◊ *Ich lasse mir von dir keine Vorschriften machen!* I won't be told what to do by you! ☛ *Siehe auch* DIENST

vorschriftsgemäß, vorschriftsmäßig 1 *Adj* correct **2** *Adv* according to the regulations ◊ *Die Behälter wurden vorschriftsgemäß versiegelt.* The containers were sealed according to the regulations. ◊ *Sie haben vorschriftsgemäß gehandelt.* They followed the rules.

Vorschub IDM **jdm/einer Sache Vorschub leisten** encourage sb/sth

Vorschulalter pre-school age ◊ *Seine Kinder sind im Vorschulalter.* His children are of pre-school age.

Vorschule nursery school

Vorschuss advance ◊ *ein Vorschuss von 1 000€* an advance of €1 000 ◊ *sich einen Vorschuss geben lassen* get an advance

vorschwärmen *jdm von jdm/etw* ~ rave* to sb about sb/sth

vorschweben *jdm schwebt etw vor* sb has sth in mind

vorsehen 1 plan* ◊ *Hier ist eine neue Halle vorgesehen.* A new hall is planned here. ◊ *Dafür sind drei Monate vorgesehen.* It's scheduled to take three months. **2** (*bestimmen*) intend ◊ *Das Geld ist für einen neuen Wagen vorgesehen.* The money is intended for a new car. ◊ *Für die Renovierung hat die Stadt 50 000$ vorgesehen.* The town has set aside $50 000 for the renovations. **3** *sich* (*vor jdm/etw*) ~ beware (of sb/sth) (*nur im Infinitiv und in der Befehlsform*) ◊ *Sieh dich vor!* Be careful! **4** (*vorschauen*) peep out

Vorsehung Providence ◊ *die göttliche Vorsehung* divine Providence

vorsetzen 1 put* *sth* forward ◊ *einen Fuß vorsetzen* put one foot forward **2** *sich* ~ (*sich nach vorne setzen*) move forward ◊ *Wenn er schlecht sieht, sollte er sich lieber vorsetzen.* If he can't see, he should move forward. **3** *jdm etw* ~ put* *sth* in front of sb ◊ *Wir bekamen eine Suppe vorgesetzt.* A soup was put in front of us. ◊ *Den Journalisten wurden nur Lügen vorgesetzt.* The journalists were served up nothing but lies.

Vorsicht 1 care, caution (*gehoben*) ◊ *Sie mahnte zur Vorsicht.* She advised caution. ◊ *Vorsicht ist beim Verzehr von Pilzen geboten.* Caution is advised when eating mushrooms. ◊ *Er wählte seine Worte mit Vorsicht.* He chose his words carefully. **2** ~! Be careful! ◊ *Vorsicht, dass du dich* *nicht ansteckst!* Be careful you don't catch anything! ◇ *Vorsicht, Stufe!* Mind the step! ◇ *Vorsicht, bissiger Hund!* Beware of the dog! ◇ *Vorsicht, zerbrechlich!* Fragile! ◇ *Vorsicht bei Einfahrt des Zuges!* Stand clear! IDM *etw ist mit Vorsicht zu genießen* sth should be treated with caution **jd ist mit Vorsicht zu genießen** you have to be very careful with sb

vorsichtig careful (*Adv* carefully); (*zurückhaltend, zögerlich*) cautious (*Adv* cautiously) ◇ *ein vorsichtiger Fahrer* a careful driver ◇ *eine vorsichtige Frage* a cautious question

vorsichtshalber as a precaution, to be on the safe side ◇ *Nimm vorsichtshalber zwei Tabletten.* To be on the safe side, take two tablets.

Vorsichtsmaßnahme precaution ◇ *Vorsichtsmaßnahmen treffen* take precautions

Vorsilbe prefix

vorsingen 1 jdm (etw) ~ sing* (sth) to sb, sing* sb (sth) **2** (*als Test*) have an audition ◇ *Morgen singt sie in der Oper vor.* She has an audition at the opera tomorrow.

Vorsitz chairmanship; (*von Versammlungen, Konferenzen*) chair ◇ *der Vorsitz der Partei* the chairmanship of the party ◇ *Sie übernahm den Vorsitz.* She took the chair. ◇ *Die Verhandlungen fanden unter dem Vorsitz des Außenministers statt.* The talks were chaired by the Foreign Secretary. ◇ *das Gericht unter Vorsitz von Richter Neumayer* the court, presided over by Judge Neumayer

Vorsitzende(r) chair(person); (*Mann auch*) chairman*; (*Frau auch*) chairwoman* ◇ *der zweite Vorsitzende* the vice-chairman ◇ *die stellvertretende Vorsitzende des Aufsichtsrats* the deputy chairperson of the board

Vorsorge 1 provision; (*Vorsichtsmaßnahme*) precautions [Pl] ◇ *Vorsorge für die Zukunft treffen* make provision for the future ◇ *Vorsorge gegen Salmonellen* precautions against salmonella ◇ *Gesunde Ernährung ist die beste Vorsorge gegen Krebs.* The best way to prevent cancer is to have a healthy diet. **2** (MED) check-up ◇ *regelmäßig zur Vorsorge gehen* go for regular check-ups

vorsorgen make* provision

vorsorglich 1 *Adj* precautionary **2** *Adv* as a precaution ◇ *Sie sind vorsorglich evakuiert worden.* They were evacuated as a precaution.

Vorspann (*bei Filmen etc.*) opening credits [Pl]; (*bei Texten*) opening lines [Pl]; (*bei Musik*) prelude

Vorspeise starter ◇ *Was gibt es als Vorspeise?* What's the starter?

Vorspiel 1 (MUS) prelude (*auch fig*) **2** (THEAT) prologue **3** (*beim Sex*) foreplay [U] **4** (SPORT) preliminary match **5** (*das Vorspielen*) performance

vorspielen 1 jdm etw ~ play sb sth, play sth to sb ◇ *Spiel uns doch etwas auf dem Klavier vor!* Go on, play us something on the piano! **2** (THEAT) (*jdm etw*) ~ perform sth (for sb) **3** (*vortäuschen*) pretend ◇ *Spiel mir doch nichts vor!* Don't pretend to me! **4** (*für eine Rolle, einen Orchesterplatz*) audition ◇ *Morgen spielt sie beim Stadtorchester vor.* She is auditioning for the city orchestra tomorrow. **5** (*bei einer Musikprüfung*) have an exam

vorsprechen 1 (*jdm*) **etw ~** say* sth (for sb) ◇ *Der Lehrer sprach uns die Sätze vor.* The teacher said the sentences for us. **2** (*beim Theater etc.*) audition ◇ *Morgen spricht sie beim Stadttheater vor.* She is auditioning for the municipal theatre tomorrow. **3** (*Gedicht etc.*) recite **4** (**bei jdm**) ~ (*Behörde etc.*) call (on sb)

Vorsprung 1 lead (*auch fig*) **jdm einen ~ geben** give* sb a start ◇ *Er hat drei Längen Vorsprung vor dem Schweizer.* He's got a lead of two lengths over the Swiss. ◇ *Ich gebe dir zwei Meter Vorsprung.* I'll give you two metres' start. **2 einen ~ gegenüber jdm haben** be ahead of sb ◇ *Gegenüber ihm hat sie einen immensen Vorsprung an Wissen.* She's way ahead of him as far as knowledge goes. **3** (*am Haus, Felsen etc.*) ledge

vorspulen fast-forward

Vorstadt suburb

Vorstand 1 (*einer Firma*) board (of directors); (*eines Vereins*) committee; (*einer Partei*) executive ◇ *im Vorstand sitzen* be on the board/committee/executive **2** (*Einzelperson*) chairman*, chairwoman*

Vorstandsmitglied member of the board; (*einer Partei*) member of the executive **Vorstandssitzung** board meeting; (*einer Partei*) executive meeting **Vorstandsvorsitzende(r)** chairman*/chairwoman* of the board

vorstehen 1 jut* out; (*Zähne*) protrude ◇ *vorstehende Kanten* edges that jut out **2 einer Sache ~** be the head of sth; (*einem Verein*) be the chairman*/chairwoman* of sth

Vorsteher(in) head

vorstellen 1 jdn ~ introduce sb; **sich (jdm) ~** introduce yourself (to sb) ◇ *Darf ich Ihnen Frau Berger vorstellen?* May I introduce Mrs Berger to you? ◇ *Er stellte mich als seine Kollegin vor.* He introduced me as his colleague.

> In Großbritannien gibt es, je nach Situation, verschiedene Möglichkeiten Personen einander vorzustellen. Umgangssprachlich: *John-Amy. John, das ist Amy!* Gehoben: *Mrs Smith, this is my daughter, Jane. Mrs Smith, darf ich Ihnen meine Tochter Jane vorstellen?* Die informelle Antwort auf eine Vorstellung ist *Hello* oder *Nice to meet you.* Sehr formell antwortet man mit *How do you do?*, worauf die andere Person ebenfalls *How do you do?* sagt.

2 (**jdm**) **etw ~** introduce sth (to sb); (*Ergebnisse, Konzept etc.*) present sth (to sb) **3 sich bei jdm ~** have an interview with sb ◇ *Morgen stelle ich mich beim Personalchef vor.* I've got an interview with the personnel manager tomorrow. **4 sich jdn/etw ~** imagine sb/sth ◇ *Stell dir das mal vor!* Just imagine! ◇ *Seine Freundin hatte ich mir ganz anders vorgestellt.* I imagined his girlfriend to be quite different. ◇ *Das Sofa ist genau das, was ich mir vorgestellt habe.* The sofa is exactly what I had in mind. ◇ *Wie stellen Sie sich unsere weitere Zusammenarbeit vor?* How do you see our future cooperation? **5 sich etw unter etw ~** ◇ *Unter „Netzwerkintegrator" kann ich mir nichts vorstellen.* The term 'network integrator' doesn't mean anything to me. **6** (*Stuhl etc.*) move sth forward; (*Bein*) put* sth out **7 die Uhr ~** put* the clocks forward ◇ *Morgen musst du die Uhren eine Stunde vorstellen.* You will have to put the clocks forward an hour tomorrow.

Vorstellung 1 idea ◇ *Sie macht sich keine Vorstellung davon, wie schwer das ist.* She has no idea how difficult it is. ◇ *Das Haus entspricht nicht ganz meinen Vorstellungen.* The house is not quite what I am looking for. **2** (*Einbildung*) imagination [U] ◇ *Das existiert nur in deiner Vorstellung!* It's all in your imagination! **3** (*in Theater, beim Sport*) performance ◇ *Sie lieferte die beste Vorstellung ihres Lebens.* She gave the best performance of her life. **4** (*bei Bewerbung*) interview **5** (*das Bekanntmachen*) introduction **6** (*Präsentation*) presentation

Vorstellungsgespräch interview ◇ *Ich habe ein Vorstellungsgespräch bei Siemens.* I have an interview with Siemens. **Vorstellungskraft** imagination

Vorstoß 1 (MIL) advance ◇ *einen feindlichen Vorstoß abwehren* fight off an enemy advance **2** (*fig*) attempt ◇ *einen Vorstoß unternehmen* make an attempt

vorstoßen advance (*auch fig*) ◇ *in neue Dimensionen vorstoßen* advance into new dimensions

Vorstrafe previous conviction

vorstrecken 1 stretch *sth* forward; (*Arme, Hände*) stretch *sth* out **2 jdm etw ~** (*Geld*) advance sb sth

Vorstufe preliminary; (*historisch*) early form ◇ *Das Währungssystem ist eine Vorstufe der Währungsunion.* The currency system is a preliminary to monetary union. ◇ *Das Urgermanische ist die Vorstufe des Deutschen.* Proto-Germanic is an early form of modern German.

Vortag day before, eve (*gehoben*) ◇ *das Resultat vom Vortag* the result of the day before ◇ *am Vortag der Sitzung* on the eve of the meeting

vortäuschen pretend; (*Orgasmus, Verbrechen, Unfall*) fake ◇ *Sie täuschte Kopfschmerzen vor.* She pretended that she had a headache. ◇ *ein vorgetäuschter Einbruch* a faked break-in

Vorteil advantage ◇ *Ein Vorteil dieser Lösung ist, dass sie billig ist.* This solution has the advantage of being cheap. ◇ *Das kann für dich von Vorteil sein.* That could be to your advantage. ◇ *Sie können daraus einen Vorteil ziehen.* They can use this to their advantage. ◇ *„Vorteil Agassi"* 'advantage Agassi' ◇ *Er denkt nur an seinen eigenen Vorteil.* He thinks only about his own interests. ◇ *Sie hat sich sehr zu ihrem Vorteil verändert.* She has definitely changed for the better. ◇ *die Vor- und Nachteile abwägen* weigh up the pros and cons

vorteilhaft advantageous; (*Foto, Kleidung*) flattering ◊ *Es kann vorteilhaft sein, dort zu investieren.* It might be advantageous to invest your money in that. ◊ *ein vorteilhaftes Angebot* a lucrative offer ◊ *sich auf etw vorteilhaft auswirken* have a beneficial effect on sth
Vortrag 1 (*Rede*) talk; (*Vorlesung*) lecture ◊ *einen Vortrag über Schiller halten* give a lecture on Schiller 2 (*Darbietung einer Rede*) delivery*; (*eines Musikstücks*) performance; (*eines Gedichts*) reading
vortragen 1 (*singen, spielen*) perform; (*sprechen*) recite 2 (*darlegen*) voice ◊ *seine Beschwerden vortragen* voice your complaints 3 (*nach vorn tragen*) carry* sth to the front. **IDM** ⇨ REDE
Vortragsreihe series* of lectures
vortrefflich excellent (*Adv* excellently), splendid (*Adv* splendidly)
vortreten step* forward ◊ *Wir mussten einzeln vortreten.* We had to step forward one at a time. ◊ *einen Schritt vortreten* take a step forwards
Vortritt 1 ◊ *Er ließ ihr den Vortritt.* He let her go first. ◊ *Kinder hatten den Vortritt.* Children had priority. 2 (*Vorfahrt*) right of way
vorüber ⇨ VORBEI
vorübergehen ⇨ VORBEIGEHEN
vorübergehend 1 *Adj* temporary 2 *Adv* temporarily, for a while
Vorurteil prejudice ◊ *Vorurteile gegen Frauen* prejudices against women ◊ *Vorurteile haben* be prejudiced
vorurteilsfrei, vorurteilslos 1 *Adj* unprejudiced 2 *Adv* without prejudice
Vorväter forefathers [Pl]
Vorverkauf advance booking ◊ *Der Vorverkauf hat gestern begonnen.* Advance booking began yesterday. ◊ *Karten im Vorverkauf besorgen* buy tickets in advance
Vorverkaufsstelle advance booking office
vorverlegen 1 (*zeitlich*) bring* sth forward ◊ *etw um eine Woche vorverlegen* bring sth forward a week ◊ *Das Spiel wurde auf Samstag vorverlegt.* The match was brought forward to Saturday. 2 (*räumlich*) move sth forward
vorvorgestern three days ago
vorvorletzte(r,s) third from the end ◊ *auf der vorvorletzten Seite* on the third page from the end ◊ *vorvorletztes Jahr* three years ago
Vorwahl 1 (POL) preliminary election, (*AmE*) primary* 2 (*Telefon-*) (dialling) code, (*AmE*) (area) code ◊ *die Vorwahl von Stuttgart* the code for Stuttgart
vorwählen (*beim Telefonieren*) dial* sth first
Vorwand pretext ◊ *Er kam unter einem Vorwand in ihr Zimmer.* He came into her room on a pretext. ◊ *Sie brauchte einen Vorwand, um ihn nicht treffen zu müssen.* She needed an excuse not to have to meet him.
vorwarnen warn
Vorwarnung (prior) warning ◊ *Er schoss ohne Vorwarnung.* He fired without prior warning.
vorwärts forwards ◊ *vorwärts fahren* drive forwards ◊ *ein Salto vorwärts* a forward somersault ◊ *Vorwärts!* Forward march! ◊ *vorwärts einparken* park nose first ◊ *Wir kamen nur langsam vorwärts.* We made slow progress.
Vorwäsche pre-wash
vorweg 1 *voraus* in front, ahead 2 (*vorher, zuerst*) (right) at the outset ◊ *Um es vorweg zu sagen, … *To make it clear right at the outset, …
vorwegnehmen anticipate ◊ *Diese Bilder nehmen bereits den Expressionismus vorweg.* These pictures anticipate Expressionism. ◊ *Ich will das Ergebnis gleich vorwegnehmen.* I'd like to come straight to the result. ◊ *Um das Wichtigste vorwegzunehmen: …* To deal with the most important point first: …
vorweihnachtlich pre-Christmas; (*Stimmung etc.*) Christmassy (*umgs*)
Vorweihnachtszeit pre-Christmas period
vorweisen show* ◊ *Ich konnte keine Ergebnisse vorweisen.* I had no results to show. ◊ *Kandidaten müssen einen Berufsabschluss vorweisen.* Candidates must have a vocational qualification. ◊ *Sie hat schon einige Erfolge vorzuweisen.* She can already boast of some success.
vorwerfen 1 jdm etw ~ accuse sb of sth ◊ *jdm Betrug vorwerfen* accuse sb of deception ◊ *Ihm wird vorgeworfen, als Spion gearbeitet zu haben.* He is accused of having worked as a spy. ◊ *Du hast dir nichts vorzuwerfen.* You have nothing to reproach yourself for. 2 (*etw hinwerfen*) throw*
vorwiegend 1 *Adj* predominant 2 *Adv* predominantly ◊ *die vorwiegend deutschsprachige Bevölkerung* the predominantly German-speaking population ◊ *Am Kurs nehmen vorwiegend Frauen teil.* It is predominantly women who attend this course.
Vorwort preface
Vorwurf reproach; (*Anklage*) accusation ◊ *Diese Vorwürfe sind nicht gerechtfertigt.* These reproaches are not justified. ◊ *Er wies den Vorwurf der Korruption zurück.* He rejected the accusation of corruption. ◊ *Sie macht ihm zum Vorwurf, dass …* She reproaches him for …
vorwurfsvoll reproachful (*Adv* reproachfully)
Vorzeichen 1 sign 2 (MUS) (*höher*) sharp sign; (*tiefer*) flat sign
vorzeichnen 1 sketch 2 jdm etw ~ draw* sth out for sb 3 (*fig*) map* sth out ◊ *Seine Karriere war vorgezeichnet.* His career was all mapped out.
vorzeigbar presentable; (*Ergebnis, Leistung*) notable
vorzeigen show* ◊ *Sie musste ihre Flugkarte vorzeigen.* She had to show her airline ticket. ◊ *Mit Stolz zeigte sie ihr Zeugnis vor.* She proudly produced her certificate. ◊ *Barcelona hat einige prächtige Bauwerke vorzuzeigen.* Barcelona boasts some magnificent buildings.
Vorzeit prehistoric times [U] ◊ *seit der Vorzeit* since prehistoric times ◊ *Tiere der Vorzeit* prehistoric animals **IDM** **in grauer Vorzeit** in the dim and distant past
vorzeitig early; (*zu früh*) premature (*Adv* prematurely) ◊ *die vorzeitige Entlassung des Häftlings* the prisoner's early release ◊ *Er wurde in den vorzeitigen Ruhestand verabschiedet.* He was retired early. ◊ *vorzeitiges Altern* premature ageing ◊ *Der Sprengsatz explodierte vorzeitig.* The device went off prematurely. ◊ *Sie hat bei dem Wettkampf vorzeitig aufgegeben.* She gave up before the end of the competition.
vorziehen 1 pull sth out ◊ *Sie zog das Sofa vor, um dahinter putzen zu können.* She pulled the sofa out in order to clean behind it. 2 (*Gardinen*) draw* 3 (*früher stattfinden lassen*) bring* sth forward ◊ *Das Treffen wurde um einen Monat vorgezogen.* The meeting was brought forward by a month. 4 (*bevorzugt behandeln*) give* sb priority ◊ *Sie wurde bei der Flugabfertigung vorgezogen.* She was given priority at check-in. ◊ *Sie zieht ihren Enkel immer vor den Enkelinnen vor.* She always favours her grandson at the expense of her two granddaughters. 5 (*lieber mögen*) prefer* ◊ *Ziehst du Honig oder Marmelade vor?* Do you prefer honey or jam? ◊ *Müllvermeidung ist dem Recycling vorzuziehen.* Avoiding waste is preferable to recycling it.
Vorzimmer outer office
Vorzug 1 jdm/etw den ~ geben prefer* sb/sth ◊ *Ich gebe dem Buch den Vorzug gegenüber dem Film.* I prefer the book to the film. 2 jdn mit ~ behandeln give* sb preferential treatment 3 (*Vorteil*) advantage ◊ *die Vorzüge der Bahn gegenüber dem Auto* the advantages of rail travel over the car ◊ *Ihre Lösung hat den Vorzug, dass sie billiger ist.* Her solution has the advantage of being cheaper. ◊ *die Vorzüge der vegetarischen Ernährung* the benefits of a vegetarian diet 4 (*gute Eigenschaft*) quality*
vorzüglich 1 *Adj* excellent 2 *Adv* extremely well ◊ *Alles klappte vorzüglich.* Everything went extremely well. ◊ *Die Organisation klappte vorzüglich.* The organization was superb. ◊ *vorzüglich geeignet* eminently suitable
Vorzugsaktie preference share
vorzugsweise mainly
Votum 1 (*Stimme*) vote ◊ *Die Umfrage war ein Votum gegen den Bau der Autobahn.* The result of the poll was a vote against construction of the motorway. ◊ *Er gab sein Votum für das Projekt ab.* He voted in favour of the project. 2 (*Urteil*) verdict ◊ *Wie lautet dein Votum?* What's your verdict?
vulgär vulgar ◊ *Musst du dich immer so vulgär ausdrücken?* Why do you have to use such vulgar expressions?
Vulkan volcano*
Vulkanausbruch volcanic eruption
vulkanisch volcanic

Ww

W, w W, w ☛ *Beispiele bei* A, a, S. 773.
Waage 1 scales [Pl], (*AmE auch*) scale ◊ *Ist die Waage genau?* Are the scales accurate? ◊ *Sie bringt 90 Kilo auf die Waage.* She tips the scales at 90 kilos. **2** (*Sternzeichen*) Libra ◊ *Er ist (eine) Waage.* He's (a) Libra. **3 sich die ~ halten** (*ungefähr gleich sein*) be level; **einander die ~ halten** (*sich ausbalancieren*) balance each other out
waagerecht, waagrecht horizontal (*Adv* horizontally) ◊ *Die Risse verlaufen waagerecht in der Mauer.* The cracks run horizontally through the wall. ◊ *die Bilder waagerecht hinlegen* lay the pictures flat
Waagschale scale (pan) IDM **etw in die Waagschale werfen** ◊ *Der Bewerber konnte seine langjährige Erfahrung in die Waagschale werfen.* The applicant hoped his years of experience would tip the scales in his favour.
wabbelig wobbly; (*Bauch etc.*) flabby
Wabe honeycomb
wabenförmig 1 (*sechseckig*) hexagonal **2** (*löchrig*) honeycombed
wach 1 awake (*nicht vor Nomen*) ◊ *Sie ist schon seit Stunden wach.* She has been awake for hours. ◊ *Das Baby wurde wach.* The baby woke up. ◊ *Der Film ließ alte Erinnerungen wach werden.* The film awakened old memories. ◊ *Durch das Mahnmal soll die Erinnerung wach gehalten werden.* The memorial is intended to keep the memory alive. **2** (*geistig rege*) lively ◊ *Er hat einen wachen Verstand.* He has a lively mind. ◊ *Ihrem wachen Blick entging nichts.* Nothing escaped her watchful eyes. ◊ *ein wacher Beobachter* an astute observer ◊ *Sie verfolgt das Zeitgeschehen wach.* She follows current affairs with great interest.
Wachablösung changing of the guard
Wache 1 guard ☛ G 1.3b **2** (*Dienst*) guard (duty) [U] **~ halten/schieben** be on guard duty; (*als Soldat auch*) be on sentry duty ◊ *Er schiebt vor dem Palast Wache.* He is on sentry duty outside the Palace. ◊ *Sie hielt am Bett des Patienten Wache.* She kept watch at the patient's bedside. **3** (*Raum*) guardroom; (*Polizei-*) (police) station
wachen 1 keep* watch ◊ *Sie wachte am Bett des Kranken.* She kept watch by the patient's bedside. ◊ *Er wachte bei dem kranken Kind.* He sat by the sick child's bedside. **2 über etw/jdn ~** keep* an eye on sth/sb, watch over sth/sb (*gehoben*) ◊ *Er wacht peinlich genau über das Training der Mannschaft.* He keeps a very close eye on the team's training.
Wach- Wachhund guard dog **Wachmann** security guard
Wacholder juniper (bush)
wachrufen awaken
wachrütteln (*wecken*) shake* sb awake; (*Gewissen*) stir* ◊ *Sie rüttelte ihn wach.* She shook him awake. ◊ *Sie wollen das Gewissen der Bürger wachrütteln.* They want to stir people's consciences. ◊ *Mit seiner Rede wollte er wachrütteln.* His speech was aimed at shaking people out of their complacency.
Wachs¹ wax
wachsam watchful ◊ *Die Polizei hat ein wachsames Auge auf sie.* The police are keeping a watchful eye on them. ◊ *Er blickte sich wachsam um.* He looked around, keeping on the alert. ◊ *Die Polizei forderte dazu auf, wachsam zu sein.* Police warned people to be vigilant.
Wachsamkeit alertness, vigilance
wachsen¹ grow*; (*an Stärke gewinnen auch*) increase ◊ *Er lässt sich einen Bart wachsen.* He is growing a beard. ◊ *Die Rose wächst an der Hauswand in die Höhe.* The rose is growing up the wall of the house. ◊ *die wachsende Arbeitslosigkeit* growing unemployment **2 jdm gewachsen sein** be a match for sb, be sb's match ◊ *Er war seinem Gegner nicht gewachsen.* He was no match for his opponent. **3 einer Sache gewachsen sein** be up to sth, be equal to sth (*gehoben*) ◊ *Ich wusste nicht, ob er dieser Aufgabe gewach-* *sen war.* I didn't know whether he was up to the job. IDM ⇨ GRAS, HAAR, KOPF *und* MIST
wachsen² (*mit Wachs einreiben*) wax
Wachs- Wachsfigur waxwork (figure) **Wachsfigurenkabinett** waxworks*, (*AmE auch*) wax museum **Wachsmalkreide** wax crayon
Wachstum growth ◊ *das Wachstum fördern* promote growth ◊ *Sie befindet sich im Wachstum.* She is growing. **Wachstumsbranche** growth industry* **Wachstumsrate** growth rate
Wachtel quail*
Wächter(in) 1 (security) guard; (*Museum*) attendant **2** (*fig*) custodian ◊ *Er spielt sich als Wächter der öffentlichen Moral auf.* He's a self-appointed custodian of public morals.
Wacht- Wachtmeister (police) constable (*Abk* PC), (*AmE*) patrolman* ☛ G 2.2d **Wachtmeisterin** (woman police) constable (*Abk* WPC), (*AmE*) patrolwoman* ☛ G 2.2d
wackelig 1 wobbly ◊ *Das Fohlen ist etwas wackelig auf den Beinen.* The foal's legs are still a bit wobbly. ◊ *Ich konnte nur wackelig gehen.* My legs felt wobbly. ◊ *Der Patient war noch sehr wackelig auf den Beinen.* The patient was still very unsteady on his feet. **2** (*nicht sicher*) shaky, insecure ◊ *wacklige Demokratien* shaky democracies ◊ *Wir stehen finanziell auf wackeligen Beinen.* Our financial position is rather shaky. ◊ *Die Mannschaft war wackelig in der Abwehr.* The team's defence was a bit shaky. ◊ *wackelige Arbeitsplätze* insecure jobs
Wackelkontakt loose connection
wackeln 1 wobble; (*Zahn*) be loose; (*Haus, Wände*) shake* **2** ((*sich*) *hin und her bewegen*) wiggle (*umgs*), waggle (*umgs*) ◊ *Sie wackelt beim Gehen mit dem Hinterteil.* Her bottom wiggles when she walks. ◊ *Sie kann mit den Ohren wackeln.* She can waggle her ears.
wacklig ⇨ WACKELIG
Wade calf*
Wadenkrampf cramp in your calf
Waffe 1 weapon (*auch fig*) ◊ *Er verwendete einen Baseballschläger als Waffe.* He used a baseball bat as a weapon. ◊ *eine politische Waffe* a political weapon ◊ *eine stumpfe Waffe* a blunt instrument **2** (*Schuss-*) gun ◊ *Er zog seine Waffe.* He drew his gun. ◊ *die Waffen niederlegen* lay down your arms IDM **jdn mit seinen eigenen Waffen schlagen** beat* sb at their own game
Waffel 1 (*Eis- etc.*) wafer **2** (*Gebäck*) waffle
Waffen- Waffenbesitz possession of a firearm **Waffenembargo** arms embargo* **Waffenexport** export of arms [U] **Waffengewalt** use of armed force ◊ *Die Geiseln wurden mit Waffengewalt befreit.* The hostages were freed using armed force. **Waffenhandel 1** arms deal **2** (*gesamter Handel*) arms trade [U] ◊ *der internationale Waffenhandel* the international arms trade **Waffenhändler** arms dealer **Waffenruhe** ceasefire **Waffenschein** firearms certificate (*AmE* gun license) **Waffenstillstand 1** ceasefire; (*um einen Krieg zu beenden*) armistice [Sing] **2** (*fig*) truce ◊ *Sie haben Waffenstillstand geschlossen.* They've called a truce. **Waffenstillstandsabkommen** ceasefire agreement; (*am Ende eines Krieges*) armistice (agreement)
wagemutig daring (*Adv* daringly)
wagen 1 (*meist in negativen Sätzen*) dare ◊ *Ich wage es nicht, sie zu fragen.* I daren't ask her. ◊ *Keiner wagte es, ihm zu widersprechen.* Nobody dared to contradict him. ☛ *Hinweis bei* DARE¹ **2** (*Risiko eingehen*) risk ◊ *Bei dieser Expedition wagte sie ihr Leben.* She risked her life on that expedition. ◊ *Sie wagte ein gefährliches Überholmanöver.* She took a big risk and overtook. ◊ *Das wage ich zu bezweifeln.*

Wagen

I venture to doubt that. **3 sich ~** venture (*gehoben*) **sich an etw ~** tackle sth ◊ *Sie wagte sich aufs Eis.* She ventured onto the ice. ◊ *Er wagte sich an Beethovens Klavierkonzerte.* He tackled Beethoven's piano concertos. ◊ *Sie wagt sich nachts nicht vor die Tür.* She's afraid to go out at night. IDM ⇨ SPRUNG

Wagen 1 (*Pferde-*) carriage; (*schwerer*) wagon; (*Karren, Hand-*) cart ☛ *Siehe auch* KINDERWAGEN *und* EINKAUFSWAGEN **2** (EISENB) carriage, (*AmE*) car **3** (*Auto*) car **4 der Große ~** (*Sternbild*) the Plough, (*AmE*) the Big Dipper; **der Kleine ~** the Little Dipper IDM ⇨ RAD
Wagenheber jack
Waggon carriage, (*AmE*) car; (*Güter-*) wagon, (*AmE*) freight car
waghalsig 1 daring (*Adv* daringly); (*tollkühn*) reckless (*Adv* recklessly) ◊ *ein waghalsiges Kamerateam* a daring camera crew ◊ *Sie fährt äußerst waghalsig.* She drives extremely recklessly. **2** (*gefährlich*) dangerous
Wagnis risk
Wagon ⇨ WAGGON
Wahl 1 choice ◊ *Er hat die falsche Wahl getroffen.* He made the wrong choice. ◊ *Ihr blieb keine Wahl.* She had no choice. ◊ *Die Stelle wurde mit dem Kandidaten ihrer Wahl besetzt.* Her first choice (candidate) got the job. ◊ *Die Kandidatin kam in die engere Wahl.* The candidate was shortlisted. ◊ *Es stehen drei Autos zur Wahl.* There are three cars to choose from. **2** (*Abstimmung*) election ◊ *freie Wahlen durchführen* hold free elections ◊ *eine Wahl anfechten* challenge the result of an election ◊ *Er steht nicht zur Wahl.* He is not standing for (re)election. ◊ *70% der Wahlberechtigten gingen zur Wahl.* 70% of the electorate turned out to vote. **3 erste/zweite/dritte ~** (*Qualität*) top/second/third class ◊ *Seit er arbeitslos ist, fühlt er sich als zweite Wahl.* Since losing his job he feels like a second-class citizen. ◊ *Waren zweiter Wahl* seconds IDM ⇨ QUAL
Wahlalter voting age **Wahlausgang** election result(s), outcome of the election ◊ *den Wahlausgang beeinflussen* influence the outcome of the election
wählbar 1 eligible for election (*nicht vor Nomen*) **2** (*zur Auswahl stehend*) of your choice (*nicht vor Nomen*) ◊ *an einem selbst wählbaren Tag* on a day of your choice ◊ *Die Kurse sind alternativ wählbar.* You have to choose one of the courses.
Wahl- Wahlbeobachter(in) observer monitoring the election process **wahlberechtigt** entitled to vote (*nicht vor Nomen*) ◊ *In Deutschland ist man mit 18 Jahren wahlberechtigt.* In Germany, you are entitled to vote at 18. ◊ *wahlberechtigte Jugendliche* young people old enough to vote **Wahlbeteiligung** (voter) turnout ◊ *Die Wahlbeteiligung war sehr gering.* There was a very low turnout. ◊ *Die Wahlbeteiligung lag bei 70%.* There was a 70% turnout. **Wahlbetrug** electoral fraud
wählen 1 choose* ◊ *den richtigen Zeitpunkt wählen* choose the right moment ◊ *Der Kellner fragte, ob er schon gewählt hätte.* The waiter asked if he was ready to order. **2** (*durch eine Wahl*) elect ◊ *Er wurde zum Präsidenten gewählt.* He was elected president. ◊ *Sie wurde ins Parlament gewählt.* She was elected to parliament. **3** (*bei einer Wahl*) vote ◊ *grün wählen* vote Green ◊ *Am Donnerstag wird gewählt.* The elections are on Thursday. **4** (*beim Telefonieren*) dial*
Wähler(in) voter
Wahl- Wahlerfolg election success **Wahlergebnis** election result
wählerisch discriminating (*gehoben*), choosy (*umgs*) ◊ *Sie ist bei der Auswahl ihrer Freunde äußerst wählerisch.* She is extremely choosy about her friends.
Wählerschaft electorate
Wahl- Wahlfach option, (*AmE*) elective **Wahlfrau** delegate **Wahlfreiheit** freedom of choice; (POL) electoral freedom **Wahlgeheimnis** secrecy of the ballot [U] **Wahlkampf** election campaign **Wahlkampfthema** campaign issue **Wahlkreis** constituency* **wahllos** indiscriminate (*Adv* indiscriminately) **Wahlmann** delegate **Wahlmodus** way of voting **Wahlmöglichkeit** option **Wahlniederlage** election defeat **Wahlperiode** period of office **Wahlprogramm** election manifesto **Wahlrecht 1** right to vote **2 aktives ~** right to vote; **passives ~** right to stand as a candidate in an election **3** (*Gesetz*) electoral law **Wahlsieger(in)** election winner **Wahlspruch** motto*; (*einer Partei*) campaign slogan **Wahlurne** ballot box

Wahlveranstaltung hustings [Pl] **Wahlverlierer(in)** loser in an/the election **wahlweise** ◊ *Die Zimmer werden wahlweise mit oder ohne Frühstück vermietet.* Rooms are available with or without breakfast. ◊ *Das Modell wird wahlweise mit Elektromotor ausgestattet.* This model is also available with an electric engine. **Wahlzettel** ballot paper
Wahn delusion ◊ *Er lebte in dem Wahn, dass man ihn töten wolle.* He was labouring under the delusion that somebody wanted to kill him.
Wahnsinn madness ◊ *Das ist heller Wahnsinn.* It's sheer madness. ◊ *Sie verfiel dem Wahnsinn.* She went mad. ◊ *Der Lärm treibt mich noch zum Wahnsinn.* The noise is driving me mad. ◊ *Der Verkehr ist Wahnsinn.* The traffic is mad. ◊ *Das ist ja Wahnsinn – ich habe gewonnen!* I don't believe it – I've won!
wahnsinnig 1 mad ◊ *Bist du wahnsinning geworden?* Have you gone mad? ◊ *Das macht mich wahnsinnig!* It's driving me mad! **2** (*riesig, sehr*) terrible (*Adv* terribly) ◊ *Das ist ja ein wahnsinniger Lärm hier!* The noise is terrible! ◊ *Die Schuhe waren wahnsinnig teuer.* These shoes cost a fortune.
Wahnsinnige madwoman*
Wahnsinniger madman*
Wahnsinns- Wahnsinnsarbeit a hell of a lot of work (*umgs*) **Wahnsinnshitze** ◊ *Wir haben zurzeit eine Wahnsinnshitze.* It's incredibly hot at the moment. **Wahnsinnsidee** crazy idea **Wahnsinnspreis** ridiculous price **Wahnsinnstat** act of madness
wahr true; (*wirklich auch*) real ◊ *Ist das wahr?* Is it true? ◊ *Was sind die wahren Gründe?* What are the real reasons? ◊ *Der wahre Held blieb unbekannt.* The real hero remained anonymous. ◊ *Es ist kein wahres Wort daran.* There's not a word of truth in it. ◊ *Glaubst du, dass er seine Drohung wahr macht?* Do you think he'll carry out his threat? IDM **das kann/darf (doch) nicht wahr sein!** I don't believe it! ☛ *Siehe auch* EINZIG, GOTT, SCHÖN *und* WUNDER
wahren preserve; (*Abstand, Geheimnis*) keep*; (*Schein*) keep* up; (*Chancen*) safeguard; (*Rechte*) defend ◊ *Traditionen müssen gewahrt werden.* Traditions must be preserved. ◊ *die Form wahren* observe the proprieties IDM ⇨ DISTANZ *und* GESICHT
während 1 *Konj* while ◊ *Während er telefonierte, schlich sie sich aus dem Zimmer.* She slipped out of the room while he was on the phone. ☛ *Hinweis bei* CONTRAST[1] **2** *Präp* during ◊ *Während des Abendessens hat das Telefon geklingelt.* The phone rang during dinner. ◊ *Während seiner Studienzeit lebte er in England.* He lived in England when he was a student.
währenddessen in the meantime ◊ *Ich muss noch abwaschen, du kannst währenddessen staubsaugen.* I've got to wash up. In the meantime you can do the vacuuming.
wahrhaben etw nicht ~ wollen not want to accept sth ◊ *Sie will nicht wahrhaben, dass er sie betrügt.* She doesn't want to accept that he's cheating on her.
wahrhaftig 1 *Adj* truthful **2** *Adj* (*echt*) true, real **3** *Adv* really
Wahrheit truth ◊ *Er sagt nie die Wahrheit.* He never tells the truth. ◊ *Ich muss dir jetzt einmal ein paar Wahrheiten sagen.* It's time I told you a few home truths. IDM **(jdm) die Wahrheit sagen** tell* (sb) the truth **in Wahrheit** in reality ◊ *In Wahrheit ist die Sache ganz anders.* In reality, it's quite a different matter.
wahrheitsgemäß truthful (*Adv* truthfully)
wahrnehmbar visible; (*Geräusch*) audible ◊ *Das Insekt ist für das Auge nur als kleines schwarzes Pünktchen wahrnehmbar.* The insect is only visible to the human eye as a small black dot. ◊ *ein kaum wahrnehmbarer Ton* a scarcely audible sound ◊ *mit bloßem Auge nicht wahrnehmbar* invisible to the naked eye
wahrnehmen 1 (*aufnehmen*) take* sth in, perceive (*gehoben*) **2** (*bemerken*) notice, discern (*gehoben*) ◊ *Er nahm die ersten Zeichen von Arthritis an sich wahr.* He noticed the first signs of arthritis. ◊ *Sie nahm in der Ferne eine dunkle Gestalt wahr.* She discerned a dark figure in the distance. **3** (*nutzen*) take* advantage of *sth* ◊ *Sie nahmen die Gelegenheit wahr, dem Politiker Fragen zu stellen.* They took advantage of the opportunity to ask the politician some questions. **4** ◊ *einen Termin wahrnehmen* keep an appointment

◊ *eine Frist wahrnehmen* observe a deadline ◊ *seine Aufgaben wahrnehmen* carry out your duties ◊ *jds Interessen wahrnehmen* look after sb's interests

Wahrnehmung 1 perception [U] (*oft mit einem Verb übersetzt*) ◊ *die bewusste Wahrnehmung von Farben* conscious perception of colours ◊ *Zur Wahrnehmung eines Dufts benötigt der Mensch etwa eine Zwanzigstelsekunde.* It takes human beings about a twentieth of a second to smell a fragrance. **2** (*Nutzung*) (*meist mit einem Verb übersetzt*) ◊ *Durch die Wahrnehmung ihres Wahlrechts können Sie politisch Einfluss nehmen.* You can influence politics by taking advantage of your right to vote. **3** (*Erfüllung, Vertretung*) (*meist mit einem Verb übersetzt*) ◊ *Ich habe einen Rechtsanwalt mit der Wahrnehmung meiner Angelegenheiten betraut.* I've entrusted a lawyer to look after my affairs. ◊ *Die Wahrnehmung dieses Termins ist von äußerster Wichtigkeit.* It's extremely important to keep this appointment.

wahrsagen 1 tell* the future ◊ *Sie kann mit Karten wahrsagen.* She tells the future with the cards. **2** *etw* ~ predict sth ◊ *Ihr wurde wahrgesagt, dass sie von einer Schlange gebissen würde.* A fortune teller predicted that she'd be bitten by a snake. **3** *sich* ~ *lassen* have your fortune told

Wahrsager(in) fortune teller

wahrscheinlich 1 *Adj* likely, probable **2** *Adv* probably ◊ *Du hast wahrscheinlich Recht.* You're probably right.

Wahrscheinlichkeit likelihood, probability* ◊ *Die Wahrscheinlichkeit im Lotto zu gewinnen ist gering.* The likelihood of winning the lottery is small. ◊ *Aller Wahrscheinlichkeit nach steigen sie in der nächsten Saison auf.* In all probability, they'll be promoted next season. ◊ *Es besteht die Wahrscheinlichkeit, dass sich der Mörder hier in der Gegend aufhält.* It's likely that the murderer is hiding in the area. ◊ *Mit größter Wahrscheinlichkeit bekommt sie die Stellung.* She'll most likely get the job. IDM ⇨ SICHERHEIT

Währung currency*
Währungseinheit 1 unit of currency **2** (*Währungsunion*) monetary union **Währungsreform** monetary reform **Währungssystem** monetary system **Währungsumstellung** monetary reform, currency reform **Währungsunion** monetary union

Wahrzeichen symbol

Waise orphan ◊ *Sie nahmen eine Waise bei sich auf.* They took in an orphan. ◊ *Im Alter von drei Jahren wurde sie Waise.* She was orphaned at the age of three.
Waisenhaus orphanage

Wal whale

Wald wood(s), forest ☛ **Wood** wird meist für einen ziemlich kleinen Wald benutzt, **woods** für einen größeren und **forest** für einen sehr großen Wald. IDM **den Wald vor (lauter) Bäumen nicht sehen** not be able to see the wood for the trees
Waldbrand forest fire **Waldhorn** French horn **Waldmeister** sweet woodruff
Waldorfschule Rudolf Steiner School
Wald- **Waldsterben** destruction of forests by pollution ◊ *die Ursachen für das Waldsterben* the reasons why our forests are dying **Waldweg** forest path

Walfang whaling [U] ◊ *Das Land will den kommerziellen Walfang wieder aufnehmen.* The country wants to start commercial whaling again.

Walkman® Walkman™*

Wall embankment
Wallfahrt pilgrimage ◊ *auf Wallfahrt gehen* go on a pilgrimage
Wallfahrtskirche pilgrimage church **Wallfahrtsort** place of pilgrimage
Walnuss walnut
Walross walrus
Walze 1 cylinder **2** (*Straßen-*) roller
wälzen 1 roll ◊ *Sie wälzten einen Felsbrocken vor den Ausgang.* They rolled a boulder in front of the entrance. ◊ *Ich wälze dieses Problem schon seit Wochen.* I've been turning this problem over in my mind for weeks. ◊ *Er hat die Schuld auf mich gewälzt.* He shifted the blame onto me. **2** *sich* ~ roll (about); (*vor Schmerzen*) writhe; (*schlaflos*) toss and turn ◊ *Die Kinder wälzten sich im Gras.* The children rolled about in the grass. ◊ *Er wälzte sich vor Schmerzen.* He writhed in pain. ◊ *Sie hat sich die ganze Nacht schlaflos im Bett gewälzt.* She tossed and turned all night. ◊ *Als er zu singen anfing, haben sich alle vor Lachen gewälzt.* When he began to sing, everyone fell about laughing. **3** *etw in etw* ~ coat sth in sth ◊ *Schnitzel in Paniermehl wälzen.* Coat the escalopes in breadcrumbs. **4** (*Bücher etc.*) pore over *sth* **5** *sich* ~ (*sich fortbewegen*) surge ◊ *Tausende von Menschen wälzten sich in das Fußballstadion.* Thousands of people surged into the football stadium.

Walzer waltz ◊ *Sie tanzten Walzer.* They were dancing the waltz. ◊ *Sie tanzten einen langsamen Walzer.* They were dancing a slow waltz.

Wälzer tome ◊ *ein dicker Wälzer* a weighty tome

Wand 1 wall ◊ *Sie hängte ein Bild an die Wand.* She hung a picture on the wall. ◊ *Sie wohnten Wand an Wand.* They lived right next door to each other. **2** (*Felswand*) rock face IDM **jdn an die Wand reden** not let* sb get a word in edgeways **jdn an die Wand spielen** outclass sb; upstage sb **die Wände hochgehen** go* up the wall **jdn die Wände hochgehen lassen** drive* sb up the wall **gegen eine Wand reden** *Kannst du mir endlich mal zuhören? Es ist als ob man gegen eine Wand redet.* Will you listen to me for once? It's like talking to a brick wall. ☛ *Siehe auch* RÜCKEN, TEUFEL *und* WEISS

Wandale vandal ◊ *von Wandalen zerstört* vandalized
Wandalismus vandalism ◊ *dem Wandalismus vorbeugen* prevent vandalism

Wandel change ◊ *Die Gesellschaft ist einem ständigen Wandel unterworfen.* Society is subject to constant change. IDM **im Wandel der Zeit/Zeiten** throughout the ages

wandeln 1 *jdn/etw* ~ change sb/sth ◊ *Sie ist von Grund auf gewandelt.* She is a changed person. **2** *sich* ~ change ◊ *Die Mode wandelt sich ununterbrochen.* Fashions change all the time. **3** (*gehen*) walk IDM ⇨ LEICHE

Wanderer, Wanderin hiker, (*bes BrE*) walker, rambler
wandern 1 hike, (*bes BrE*) walk; ~ **gehen** go* walking, go* rambling, (*bes AmE*) go* hiking ◊ *Wir gehen am Wochenende wandern.* We're going walking at the weekend. **2** (*sich bewegen*) wander; (*enden*) end up; (*herumgereicht werden*) be passed round ◊ *Er wanderte auf und ab.* He wandered up and down. ◊ *Ihre Gedanken wanderten immer wieder zu ihrem Kind.* Her thoughts kept wandering to her child. ◊ *Er is wegen Steuerhinterziehung hinter Gitter gewandert.* He ended up in prison for tax evasion. ◊ *Die Flasche wanderte von Hand zu Hand.* The bottle was passed round from hand to hand. **3** (*Völker, Tiere*) migrate

Wander- **Wanderpokal** challenge cup **Wanderschuh** walking shoe **Wanderstiefel** walking boot **Wandertag** organized walk; (*Schule*) = day out from school, usually involving a walk in the country, school trip

Wanderung 1 walk; (*länger*) hike ◊ *Morgen machen wir eine Wanderung.* We're going on a walk tomorrow. ◊ *eine achtstündige Wanderung* an eight-hour hike **2** (*Tiere, Völker*) migration; (*ziellos*) wanderings [Pl]

Wanderweg footpath

Wandlung 1 change **2** (REL) (*Lehre*) transubstantiation; (*Akt*) consecration

Wandschrank built-in cupboard

Wange cheek

wanken 1 sway; (*Boden, Gebäude*) shake* ◊ *Schweiß trat auf seine Stirn und er begann zu wanken.* He broke out in a sweat and began to sway. ◊ *Das Erdbeben brachte Häuser ins Wanken.* The earthquake made houses start to shake. **2** (*unsicher gehen*) stagger ◊ *Ein Betrunkener wankte über die Straße.* A drunk staggered across the road. **3** (*unsicher werden, Glaube, Vertrauen*) waver; (*Position, Macht*) totter ◊ *Mein Vertrauen zu ihr begann zu wanken.* My faith in her started to waver. ◊ *Die Regierung wankte.* The regime was tottering.

wann 1 when ◊ *Wann gibt es Mittagessen?* When's lunch? ◊ *Bis wann muss das fertig sein?* When does it have to be ready by? ◊ *Frage sie doch mal, wann sie Zeit hat.* Why don't you ask her when she has time? **2** (*wann immer*) whenever ◊ *Du kannst kommen, wann du willst.* You can come whenever you like. **3** *seit* ~ since when ◊ *Seit wann ist das Leben gerecht?* Since when has life been fair? ◊ *Seit wann weißt du das?* How long have you known? IDM ⇨ DANN

Wanne 1 bath, (*AmE*) tub ◊ *Ich gehe eben kurz in die Wanne.* I'll have a quick bath. ◊ *Sie sitzt in der Wanne.* She's in the bath. **2** (*Gefäß*) container

Wanze bug (*auch fig*)

Wappen 1 coat of arms **2** (*auf Münzen*) heads [U] ◊ *Wappen oder Zahl?* Heads or tails?

wappnen 1 jdn/sich (für etw) ~ prepare sb/yourself (for sth) ◊ *Wir sind für alle Eventualitäten gewappnet.* We are prepared for all eventualities. **2 sich/sich (gegen etw)** ~ protect sb/yourself (against sth) ◊ *Das Geschäft wird sich stärker gegen Ladendiebstahl wappnen müssen.* The shop will have to protect itself better against shoplifting. **3 mit etw gewappnet** armed with sth ◊ *Mit einem Schirm gewappnet ging sie hinaus in den Regen.* Armed with an umbrella she went out into the rain.

Ware goods [Pl]; (*einzelne Ware*) product ◊ *Die Ware muss fehlerfrei sein.* The goods must be perfect. ◊ *eine neue Ware* a new product

Warenangebot range of goods **Warenhaus** department store **Warenlager** warehouse **Warenzeichen** trademark

warm 1 warm (*Adv* warmly); (*Wetter, Essen, Getränk, Wasser*) hot* ◊ *ein warmer Mantel* a warm coat ◊ *warme Farben* warm colours ◊ *ein warmes Lächeln* a warm smile ◊ *Dieser Pullover hält schön warm.* This pullover is nice and warm. ◊ *Sie war warm eingemummelt.* She was wrapped up warmly. ◊ *Zieh dich warm an.* Wrap up warm. ◊ *Ich will zurück ins Warme.* I want to go back into the warm. ◊ *Es gibt kein warmes Wasser mehr.* There's no more hot water. ◊ *warme und kalte Küche zu jeder Tageszeit* hot and cold food throughout the day ◊ *Wir essen abends warm.* We have a hot meal in the evening. ◊ *Als Erstes möchte ich warm duschen.* The first thing I want is a hot shower. ◊ *Die Wohnung wird warm vermietet.* The rent for the flat includes heating. ◊ *Ich mache das Essen warm.* I'll heat up the food. ◊ *Sie hat uns das Hotel wärmstens empfohlen.* She recommended the hotel highly to us. **jdm ist** ~ sb is warm; (*unangenehm*) sb is hot* ◊ *Mir ist zu warm.* I'm too hot. ◊ *Beim Radfahren wird man ganz schön warm.* You get very hot riding a bike. **3 sich** ~ **laufen/machen** warm up ◊ *Du musst dich erst warm laufen.* You've got to warm up first. **IDM mit jdm/etw warm werden** warm to sb/sth ◊ *Ich werde mit meinem Chef einfach nicht warm.* I just can't warm to my boss. **warm werden 1** get* warm ◊ *Langsam wird die Wohnung warm.* The flat's gradually getting warm. **2** (*sich wohlfühlen*) thaw out ◊ *Die Kinder wurden langsam warm und freundeten sich an.* The children gradually thawed out and started to make friends. ☛ *Siehe auch* NEST *und* SEMMEL

Wärme warmth; (*Wetter, Physik*) heat ◊ *die Wärme seines Körpers* the warmth of his body ◊ *die Wärme ihrer Persönlichkeit* the warmth of her personality ◊ *Wärme speichern* store heat

wärmen 1 jdn/etw/sich ~ warm (sb/sth/yourself) (up) ◊ *Sie wärmte Milch für das Baby.* She warmed (up) some milk for the baby. ◊ *Sie wärmte sich die Hände.* She warmed her hands. ◊ *Er wärmte sich am Feuer.* He warmed himself at the fire. **2** (*Ofen, Feuer etc.*) provide heat ◊ *Der Ofen wärmt gut.* The stove provides a lot of heat. ◊ *Glühwein wärmt schön.* Mulled wine warms you up nicely.

Wärmflasche hot-water bottle

warm- warmhalten 1 keep* *sth* warm **2 sich jdn** ~ keep* in with sb **Warmwasser** hot water ◊ *fließend Warmwasser* hot running water

Warn- Warnblinklicht flashing light; (*an Fahrzeugen*) hazard light **Warndreieck** warning triangle

warnen 1 (**jdn**) (**vor etw**) ~ warn (sb) (of sth/about sth); (**jdn**) (**vor jdm**) ~ warn (sb) (about sb) ◊ *Ich warne dich. Finger weg!* I'm warning you. Hands off! ◊ *Die Polizei warnt vor Staus am Wochenende.* The police are warning people of traffic jams this weekend. ◊ *Er warnte, dass das schwierig werden könnte.* He warned that it could be difficult. ◊ *Ihre Mutter hatte sie vor ihm gewarnt.* Her mother had warned her about him. **2** (**jdn**) (**vor etw**) ~ (*raten, abraten*) warn (sb) (against sth); **jdn davor** ~ **etw zu tun** warn sb not to do sth ◊ *Ich warne dich vor der Ehe.* I warned him against marriage. ◊ *Sie warnten davor, in das Land zu reisen.* They warned against travelling to the country. ◊ *Der Arzt hat mich davor gewarnt Sport zu treiben.* The doctor warned me not to do any sport.

Warn- Warnschild warning sign **Warnschuss** warning shot ◊ *Er gab einen Warnschuss ab.* He fired a warning shot. **Warnsignal** warning signal **Warnsystem** warning system

Warnung 1 ~ (**an jdn**) (**vor etw**) warning (to sb) (of/about sth); ~ (**an jdn**) (**vor jdm**) warning (to sb) (about sb) ◊ *Das war uns allen eine Warnung.* It was a warning to us all. ◊ *eine Warnung vor Eisglätte* a warning of black ice ◊ *eine Warnung vor Taschendieben* a warning about pickpockets **2** ~ (**an jdn**) (**vor etw**) (*Raten, Abraten*) warning (against sth) ◊ *eine Warnung davor, E-mails unbekannter Herkunft zu öffnen* a warning against opening emails from unknown sources

Warnzeichen warning sign; (*akustisch*) warning signal

Warte- Wartehalle waiting room; (*am Flughafen*) departure lounge **Warteliste** waiting list ◊ *auf der Warteliste stehen* be on the waiting list

warten 1 (**auf jdn/etw**) ~ wait (for sb/sth) ◊ *Ich warte auf den Bus.* I'm waiting for the bus. ◊ *Das soll warten.* That can wait. ◊ *Sie wartete darauf, dass er anrief.* She was waiting for him to phone. ◊ *Worauf wartest du?* What are you waiting for? ◊ *Sie wollen mit der Heirat noch ein paar Jahre warten.* They want to wait a few years before they get married. ◊ *Es wartet eine Menge Hausarbeit auf mich.* I've got a lot of housework waiting for me. ◊ *Warte mal!* Wait a minute! ◊ *Na warte!* Just you wait! ◊ *das lange Warten auf die Verfilmung des Buchs* the long wait for the film of the book **2** (*überprüfen*) service **IDM bitte warten** please hold the line **da kannst du/kann man lange warten** you will wait forever **darauf habe ich etc. gerade noch gewartet** that's all I, etc. need **lange auf sich warten lassen** be a long time coming **warten können, bis man schwarz wird** wait for ever ◊ *Auf eine Entschuldigung kannst du warten, bis du schwarz wirst.* You'll wait for ever for an apology.

Wärter(in) attendant; (*Zoo-, Leuchtturm-*) keeper; (*Gefängnis*) prison officer ☛ G 2.2d

Warte- Warteraum, Wartesaal waiting room **Warteschlange** queue, (*AmE*) line **Wartezeit** waiting time **Wartezimmer** waiting room

Wartung servicing

warum why ◊ *Warum magst du sie eigentlich nicht?* Why don't you like her? ◊ *Ich würde gerne wissen, warum sie das gemacht hat.* I'd like to know why she did that.

Warze wart

was 1 what ◊ *Was gibt's?* What's up? ◊ *Was heißt das auf Englisch?* What's that in English? ◊ *Was ist los?* What's the matter? ◊ *Was ist schon dabei?* What's wrong with that? ◊ *Was kostet das?* How much is that? ◊ *Was ist, gehen wir ins Kino?* How about going to the cinema? ◊ *Was bist du gewachsen!* How you have grown! ◊ *Und nun?* ◊ *Ist was?* Is something wrong? ◊ *Was kann er dafür?* It's not his fault. ◊ *Was mich betrifft, so habe ich nichts dagegen.* I've got nothing against it. **2** ~ **für** ... ? what sort of ... ?, what kind of ... ? ◊ *Was für einen Wagen fährt er?* What sort of car does he drive? ◊ *Was für eine Pflanze ist das?* What kind of plant is it? **3** ~ **für** ... ! what (a) ...) ... ! ◊ *Was für ein schöner Tag!* What a beautiful day! ◊ *Was für ein Unsinn!* What nonsense! **4** (*warum*) why, what ... for ◊ *Was rennst du denn so?* Why are you in such a hurry? ◊ *Was regst du dich so auf?* What are you getting so worked up for? **5** (*nicht wahr?*) ☛ *Hinweis bei* NICHT **6** (*in Relativsätzen*) that; (*in Relativsätzen, die sich auf einen Satz beziehen*) which ◊ *das Schlimmste, was passieren kann* the worst that can happen ◊ *Sie will nichts mehr mit ihm zu tun haben, was ich gut verstehen kann.* She doesn't want anything more to do with him, which I can thoroughly understand. **7** (**das,**) ... what ... ◊ *Das, was er sagt, ist richtig.* What he says is right. **8 alles/nichts, was ...** everything/nothing (that) ... ◊ *Alles, was er gesagt hat, stimmt.* Everything (that) he said is true. **IDM Ach was!** Get away! (*umgs*)

Wasch- Waschanlage car wash ◊ *den Wagen in die Waschanlage fahren* take the car to the car wash **Waschanleitung** washing instructions [Pl] **waschbar** washable **Waschbär** raccoon **Waschbecken** washbasin

Wäsche 1 (*Schmutzwäsche*) washing ◊ *die Wäsche waschen* do the washing **2** (*Unterwäsche*) underwear **3** (*Bett- und Tischwäsche*) linen **4** (*das Waschen*) wash ◊ *Deine Hemden sind alle in der Wäsche.* Your shirts are all in the wash. ◊ *Dieses Shampoo kann auch bei häufiger Wäsche benutzt werden.* This shampoo is also for frequent use. **IDM**

seine schmutzige Wäsche (in der Öffentlichkeit) waschen wash your dirty linen (in public)
waschecht 1 colour fast, (AmE) color fast **2** (echt) real ◇ *Das ist ein waschechter Skandal.* It's a real scandal.
Wäsche- Wäscheklammer clothes peg, (AmE) clothespin **Wäschekorb** laundry basket **Wäscheleine** washing line, clothes line
waschen 1 wash; (die Wäsche waschen) do* the washing ◇ *Den Teddy kann man kalt waschen.* You can wash the teddy bear in cold water. ◇ *Dieser Pullover muss mit der Hand gewaschen werden.* This jumper has to be washed by hand. ◇ *Sie wusch sich die Haare.* She washed her hair. ◇ *Sie wusch dem Jungen die Hände.* She washed the boy's hands. ◇ *Früher wusch man die Wäsche im Fluss.* People used to do their washing in the river. **2 sich ~** wash, have a wash ◇ *Wann hast du dich das letzte Mal gewaschen?* When did you last have a wash? **3 Gold ~** pan* for gold; **Geld ~** launder money IDM ⇨ KOPF *und* WÄSCHE
Wäsche- Wäscheständer clothes horse **Wäschetrockner** tumble-dryer
Wasch- Waschgelegenheit washing facilities [Pl] **Waschlappen** flannel, facecloth, (AmE) washcloth **Waschmaschine** washing machine **Waschmittel** detergent **Waschpulver** washing powder **Waschraum** washroom **Waschsalon** launderette, (AmE) laundromat **Waschstraße** car wash **Waschzeug** toiletries [Pl]
Wasser 1 water ◇ *ein Eimer Wasser* a bucket of water ◇ *Wasser zum Waschen* water for washing ◇ *Das Haus steht direkt am Wasser.* The house stands right by the water. ◇ *Die Jacke ist aus Wasser abweisendem Material.* The jacket is made of water-resistant material. ◇ *das Wasser aufdrehen/zudrehen* turn the tap on/off **2** (Tränen) tears [Pl]; (Schweiß) sweat; (Urin) urine; (in den Beinen) fluid ◇ *Wasser lassen* urinate IDM **ins Wasser fallen** be called off; (Pläne) fall* through **jdm läuft das Wasser im Mund zusammen** sb's mouth waters **unter Wasser stehen** be under water ☞ *Siehe auch* BLUT *und* SCHLAG
Wasser- Wasseraufbereitung water treatment **Wasserball 1** beach ball **2** (SPORT) water polo **Wasserdampf** steam **wasserdicht** watertight; (Kleider, Uhr) waterproof **Wasserfall** waterfall **Wasserfarbe** watercolour, (AmE) watercolor **wasserfest** waterproof ◇ *Die Kamera wurde wasserfest verpackt.* The camera was put in waterproof packaging. **Wasserfläche** (area of) water **Wasserhahn** tap, (AmE) faucet **Wasserkraft** water power **Wasserkraftwerk** hydroelectric power station **Wasserleitung** water pipe; (in der Straße) water mains [Pl] **Wassermangel** water shortage **Wassermann** (Sternzeichen) Aquarius; (Mensch auch) Aquarian ◇ *Bist du (ein) Wassermann?* Are you an Aquarius? **Wassermelone** watermelon
wässern 1 water **2** (einweichen) soak
Wasser- Wassernotstand water crisis* **Wasseroberfläche** surface of the water **Wasserpflanze** aquatic plant **Wasserprobe** water sample; (Analyse) water analysis **Wasserschaden** water damage **wasserscheu** scared of water (nicht vor Nomen) ◇ *ein wasserscheues Kind* a child who is scared of water **Wasserski 1** (SPORT) water-skiing ◇ *Am Wochenende fahren wir Wasserski.* We're going waterskiing at the weekend. ◇ *Ich fahre gern Wasserski.* I like water-skiing. **2** (Gerät) waterski **Wasserspeier** gargoyle **Wasserspiegel** surface of the water; (Stand) water level **Wassersport** water sport ◇ *Welcher Wassersport ist für mich der richtige?* Which water sport is the right one for me? ◇ *Wassersport ist sehr beliebt.* Water sports are very popular. **Wasserstand** water level ◇ *niedriger Wasserstand* low water level ◇ *Die Donau erreichte den höchsten Wasserstand seit Monaten.* The Danube reached its highest level for months. **Wasserstoff** hydrogen **Wasserstrahl** jet of water **Wasserstraße** waterway **Wassertiefe** ◇ *Die Wassertiefe beträgt hier 2 Meter.* The water is 2 metres deep here. ◇ *Tiere, die in 300 Metern Wassertiefe leben* creatures who live at depths of 300 metres **Wasserversorgung** water supply **Wasservogel** waterfowl* ◇ *Der Haubentaucher ist ein Wasservogel.* The great crested grebe is a kind of waterfowl. ◇ *Hier gibt es viele Wasservögel.* There are lots of waterfowl here. **Wasserwaage** spirit level **Wasserwerfer** water cannon **Wasserwerk** waterworks [Pl] **Wasserzeichen** watermark
wässrig watery IDM ⇨ MUND

waten wade
watscheln waddle
Watt¹ (an der Küste) mudflat [meist Pl] ◇ *Sie wurden im Watt von der Flut überrascht.* They were caught by the tide on the mudflats.
Watt² (PHYSIK) watt ◇ *eine Glühbirne mit 100 Watt* a 100 watt light bulb
Watte cotton wool, (AmE) cotton
Wattestäbchen cotton bud
WC WC, toilet, (AmE) bathroom
Web Web
weben weave*; (Spinne) spin*
Web- Web-Design web design **Webseite**, **Web-Page** web page **Website** website **Web-Suche** web search
Wechsel 1 change; (von zwei Dingen) alternation ◇ *der Wechsel der Jahreszeiten* the change of seasons ◇ *ein Wechsel an der Spitze der Partei* a change in the party leadership ◇ *der Wechsel von Tag und Nacht* the alternation of day and night ◇ *Die beiden Bands spielen im Wechsel.* The two bands are taking turns to play. ◇ *der Wechsel der Gezeiten* movement of the tides ◇ *Der Wechsel von der Schule ins Berufsleben ist nicht einfach.* The transition from school to work isn't an easy one. ◇ *Bei dieser Firma ist der Wechsel auf einen Teilzeitjob unmöglich.* In this firm it is not possible to change over to part-time work. **2** (zu neuem Klub, Arbeitgeber) transfer, move **3** (das Auswechseln eines Spielers) substitution **4** (Halbzeit) ◇ *Nach dem Wechsel spielte die Mannschaft besser.* The team played better in the second half. **5** (beim Staffellauf) baton change **6** (FINANZ) bill of exchange
Wechselbad 1 alternating hot and cold baths [Pl] ◇ *Wechselbäder stärken das Immunsystem.* Alternating hot and cold baths strengthen the immune system. **2** (fig) ◇ *Er stürzte sie in ein Wechselbad der Gefühle.* He plunged her into emotional turmoil. ◇ *ein Wechselbad aus Angst und Hoffnung* alternating fear and hope **Wechselbeziehung** interrelation ◇ *die Wechselbeziehungen zwischen dem Menschen und seiner Umwelt* the interrelations between human beings and their environment ◇ *Körper und Seele stehen in enger Wechselbeziehung zueinander.* Body and soul are closely interrelated. **Wechselgeld** change
wechselhaft variable; (Wetter) changeable ◇ *Die Geschichten in diesem Buch sind von wechselhafter Qualität.* The stories in this book are of variable quality. ◇ *wechselhafte Witterung* changeable weather ◇ *Die Mannschaft zeigt wechselhafte Leistungen.* The team's performance varies. ◇ *Der Aktienmarkt ist wechselhaft.* The stock market is volatile. ◇ *die wechselhafte Geschichte seiner Heimatstadt* his home town's eventful history ◇ *ein wechselhafter Mensch* a moody person
Wechsel- Wechseljahre menopause [U] **Wechselkurs** exchange rate **Wechselkursmechanismus** (European) exchange rate mechanism, ERM
wechseln 1 change ◇ *Er wechselt dauernd das Thema.* He's constantly changing the subject. ◇ *Kannst du mir einen Fünfzigdollarschein wechseln?* Can you change a 50-dollar note for me? ◇ *Ich kann leider nicht wechseln.* I'm sorry, I haven't got any change. ◇ *Die Mitarbeiter wechseln häufig hier.* There's a high turnover of staff here. **2** (austauschen) exchange ◇ *Wir haben nur ein paar Worte gewechselt.* We have only exchanged a few words. IDM ⇨ TAPETE
wechselnd 1 Adj changing ◇ *ein Stück mit wechselnder Besetzung* a play with a changing cast ◇ *eine Tageskarte mit wechselnden Gerichten* a menu with different dishes every day ◇ *mit wechselndem Erfolg* with varying degrees of success **2** Adv alternately ◇ *Er lebt wechselnd in Sydney und Rom.* He lives alternately in Sydney and Rome. ◇ *jährlich/wöchentlich wechselnd* in alternate years/weeks
wechsel- wechselseitig mutual (Adv mutually) **Wechselspiel** interplay **Wechselstrom** alternating current **Wechselstube** bureau de change* **wechselvoll** varied ◇ *ein wechselvolles Leben* a varied life ◇ *die wechselvolle Geschichte der Stadt* the town's eventful history **Wechselwirkung** interaction ◇ *die Wechselwirkung zwischen Farbe und Form* the interaction of colour and form ◇ *A und B stehen in Wechselwirkung zueinander/miteinander.* A and B interact with one another.
Weckdienst wake-up call service

wecken

wecken 1 jdn ~ wake* sb (up) ◊ *Kannst du mich um acht Uhr wecken?* Can you wake me up at 8 o'clock? ◊ *Ich wurde durch den Lärm geweckt.* I was woken by the noise. **2 etw bei/in jdm ~** arouse sth in sb ◊ *jds Interesse wecken* arouse sb's interest ◊ *Das Foto weckte unangenehme Erinnerungen in mir.* The photo brought back unpleasant memories for me. ◊ *Das weckte falsche Hoffnungen.* That raised false hopes. IDM ⇨ HUND

Wecker alarm clock IDM **jdm auf den Wecker gehen** get* on sb's nerves

wedeln 1 (mit) etw ~ wave sth; (*mit dem Schwanz*) wag* sth ◊ *Er wedelte mit einem Fax.* He waved a fax. ◊ *Der Hund wedelte mit dem Schwanz.* The dog wagged its tail. **2** (*Skisport*) make* short turns, wedel (*Fachspr*)

weder ~ ... noch... neither ... nor... ◊ *Er rief sie weder an, noch schickte er eine Karte.* He neither phoned her nor sent a card. ◊ *Ich konnte weder mit ihm noch mit seiner Sekretärin sprechen.* I wasn't able to speak to either him or his secretary. ◊ „*Geht er heim oder ins Kino?" „Weder noch."* 'Is he going home or going to the cinema?' 'Neither.'

> **Neither ... nor...** kann mit einem Verb im Singular oder Plural benutzt werden: *Neither Stephanie nor Jessica was at the meeting/Neither Stephanie nor Jessica were at the meeting*, wobei der Plural häufiger in der Umgangssprache benutzt wird.

IDM ⇨ FISCH

weg 1 ~ müssen have to go; **~ sein** have/be gone ◊ *Sie ist schon seit Mittag weg.* She has been gone since midday. ◊ *Das Essen war schnell weg.* The food was soon gone. **2 weit ~** far (away) **3** (*in Befehlen, Aufforderungen*) *Weg mit dir!* Get out of here! IDM **(ganz/völlig etc.) weg sein** be (completely) bowled over ◊ *Ich war ganz weg von seiner neuen Freundin.* I was completely bowled over by his new girlfriend. ☛ *Siehe auch* FENSTER, FINGER, FLECK *und* NICHTS

Weg 1 (*Pfad, Fußweg*) path ◊ *ein schmaler Weg* a narrow path ◊ *Wir bahnten uns einen Weg durch das Gestrüpp.* We cleared a path for ourselves through the scrub. ◊ *Er versperrte mir den Weg.* He blocked my path. ◊ *jdm den Weg abschneiden* head sb off **2** (*Strecke*) way; (*Route*) route ◊ *jdn nach dem Weg fragen* ask sb the way ◊ *jdm den Weg zum Dom beschreiben* tell sb the way to the cathedral ◊ *Wir hatten denselben Weg.* We were going the same way. ◊ *Die Bank liegt auf dem/meinem Weg.* The bank is on the/my way. ◊ *auf halbem Weg zwischen Hof und Ulm* halfway between Hof and Ulm ◊ *Dieser Weg führt am Strand entlang.* This route goes along the shore. ◊ (*Art und Weise*) way ◊ *Wir werden schon einen Weg finden.* We'll find a way. ◊ *Das ist eindeutig der falsche Weg.* That is obviously not the way. ◊ *sich auf friedlichem Weg einigen* reach a peaceful agreement **4** (*fig*) ◊ *der Weg zum Erfolg* the road to success ◊ *auf dem Weg der Besserung sein* be on the road to recovery IDM **auf dem besten Weg sein etw zu tun** be well on the way to doing sth **auf dem falschen Weg sein** be on the wrong track **jdm auf halbem Weg entgegenkommen** meet* sb halfway **jdm/etw aus dem Weg gehen** steer clear of sb/sth **etw aus dem Weg räumen** (*Ängste, Bedenken*) allay sth; (*Missverständnis*) clear sth up; (*Hindernis, Schwierigkeiten*) remove sth **jdn aus dem Weg räumen** get* rid of sb **den Weg des geringsten Widerstandes gehen** take* the line of least resistance **einer Sache den Weg ebnen** smooth the way for sth **jdm den Weg ebnen** make* things easier for sb **eigene Wege gehen** go* your own way **es führt kein Weg daran vorbei** there's no getting round it **jdm/etw im Weg stehen** be in sb's/sth's way; (*fig*) stand* in the way of sb/sth **etw in die Wege leiten** set* sth up **jdm etw mit auf den Weg geben** send* sb on their way with sth ◊ *Sie gab uns gute Ratschläge mit auf den Weg.* She sent us on our way with some good advice. **jdm/etw nichts in den Weg legen** not try* to stop sb/sth **etw nicht über den Weg trauen** have no faith in sth **jdm nicht über den Weg trauen** not trust sb an inch **seinen Weg gehen** do* it your way **seinen Weg machen** go* far **sich auf den Weg machen** set* off **sich steht nichts im Weg** nothing stands* in the way of sth ◊ *Einer Versöhnung steht jetzt nichts mehr im Weg.* Nothing further stands in the way of a reconciliation. **jdm über den Weg laufen** bump into sb ☛ *Siehe auch* MITTEL *und* STEIN

Wegbereiter(in) forerunner ◊ *Er gilt als wichtigster Wegbereiter des Free Jazz.* He's considered to be the leading forerunner of Free Jazz. ◊ *Das war ein Wegbereiter für die wirtschaftliche Ausbeutung.* It paved the way for economic exploitation. **Wegbeschreibung** directions [Pl]

wegbleiben stay away; (*nicht mehr kommen*) stop* coming ◊ *Sie blieb immer öfter über Nacht weg.* She stayed away overnight more and more often. ◊ *Nach dem Vorfall blieben viele Gäste weg.* After the incident many patrons stopped coming. IDM ⇨ LUFT, SPRACHE *und* SPUCKE

wegen 1 because of ◊ *wegen des schlechten Wetters* because of bad weather ◊ *Wegen dir ist alles schief gelaufen!* Everything's gone wrong because of you! ◊ *Das Lokal ist wegen Umbaus geschlossen.* The pub is closed for renovation. ◊ *Er wurde wegen Betrugs verhaftet.* He was arrested for fraud. ◊ *Sie wurde wegen Atembeschwerden ins Krankenhaus eingeliefert.* She was admitted to hospital with breathing difficulties. ◊ *Wegen mir brauchst du dir keine Sorgen machen.* You don't need to worry on my account. ☛ *Siehe auch* MEINETWEGEN **2** (*bezüglich*) about ◊ *Du musst wegen dieser Sache zum Chef gehen!* You must see the boss about this! **3 jds/einer Sache ~** for the sake of sb/sth, for sb's/sth's sake ◊ *Das mache ich alles nur der Kinder wegen.* I only do all that for the children's sake. IDM **von wegen** you must be joking! ◊ *Schüchtern? Von wegen!* Shy? You must be joking! ◊ *Ich dachte er ruft zurück, aber von wegen!* I thought he'd ring back, but not a chance! ☛ *Siehe auch* RECHT

Wegesrand wayside

wegfahren 1 leave*; (*Fahrzeug, Fahrer*) drive* away/off; (*verreisen*) go* away ◊ *Sie ist vor zehn Minuten weggefahren.* She left ten minutes ago. ◊ *Fährst du in den Ferien weg?* Are you going away in the holidays? **2 etw/jdn ~** take* sth/sb away; (*Auto umstellen*) move sth ◊ *Wir fuhren den Schutt weg.* We took the rubbish away. ◊ *Kannst du dein Auto wegfahren?* Can you move your car, please? IDM ⇨ NASE

wegfallen 1 no longer apply*; (*Währung*) be no longer valid; (*Arbeitsplatz*) be lost ◊ *Die Gründe für das Embargo sind jetzt weggefallen.* The grounds for the embargo no longer apply. ◊ *Immer mehr Wiesen fallen als Anbauflächen weg.* More and more meadows are being lost as cultivable areas. ◊ *Das Kindergeld wird nächstes Jahr wegfallen.* Child allowance is being abolished next year. **2** (*ausgelassen werden*) be omitted ◊ *Dieses Kapitel kann bei der Neuauflage wegfallen.* This chapter can be omitted in the new edition.

weggeben give* sth away

weggehen 1 go* away, leave* ◊ *Geh weg!* Go away! ◊ *Die Schmerzen gingen von selbst weg.* The pain went away by itself. ◊ *Er ist gerade weggegangen.* He has just left. **2** (*Fleck*) come* out IDM ⇨ SEMMEL

wegkommen 1 (von etw/jdm) ~ get* away (from sth/sb) ◊ *Vor acht komme ich nicht vom Büro weg.* I won't get away from the office before eight. **2 von etw ~** (*etw aufgeben*) give* sth up ◊ *vom Alkohol wegkommen* give up alcohol **3 bei etw gut/schlecht ~** come* off well/badly in sth **4 über etw (nicht) ~** (not) be able to get* over sth ◊ *Ich komme nicht darüber weg.* I can't get over it. IDM **Mach, dass du wegkommst!** Get lost!

weglassen 1 etw ~ leave* sth out ◊ *Diesen Absatz kannst du weglassen.* You can leave this paragraph out. ◊ *Der Clown ließ die weiße Schminke diesmal weg.* This time the clown left off his white make-up. **2 jdn ~** let* sb go out ◊ *Meine Eltern haben mich gestern Abend nicht weggelassen.* My parents didn't let me go out last night.

weglaufen run* away ◊ *Er ist von zu Hause weggelaufen.* He has run away from home.

weglegen put* sth down

wegnehmen 1 take* sth (away) ◊ *Er nahm dem Kind die Schere weg.* He took the scissors away from the child. **2** (*Platz*) take* up sth ◊ *Der Tisch nimmt zu viel Platz weg.* The table takes up too much room. **3** (*Licht*) block sth out ◊ *Der Baum nimmt zu viel Licht weg.* The tree blocks out too much light. **4** (*das*) **Gas ~** slow down

wegrationalisieren cut* (due to rationalization)

wegräumen clear *sth* away; (*an seinen Platz räumen*) put* *sth* away ◊ *den Schutt wegräumen* clear away the rubbish ◊ *Räum deine Bücher weg.* Put your books away.

wegschauen ⇨ WEGSEHEN

wegschicken 1 jdn ~ send* sb away **2 etw ~** send* sth (off)

wegschmeißen chuck *sth* away (*umgs*)

wegschnappen jdm jdn/etw ~ pinch sb/sth from sb (umgs) ◊ *Sie hat mir den Freund weggeschnappt.* She pinched my boyfriend. IDM ⇨ NASE
wegsehen look away
wegstecken 1 put* *sth* away ◊ *Ich steckte die Geldbörse weg.* I put the purse away. **2** *(fig)* put* *sth* behind you ◊ *Er hat die Niederlage schnell weggesteckt.* He soon put the defeat behind him.
wegstellen put* *sth* away
wegweisend ground-breaking ◊ *eine wegweisende Theorie* a ground-breaking theory ◊ *Das Urteil gilt als wegweisend für die zukünftige Entwicklung.* The verdict breaks new ground for future development.
Wegweiser signpost
wegwerfen throw* *sth* away
Wegwerf- disposable ◊ *Wegwerfwindeln* disposable nappies
Wegwerfgesellschaft throwaway society
wegwischen 1 wipe *sth* up ◊ *Kannst du mal den Saft wegwischen?* Please can you wipe up the juice? **2** *(fig)* dismiss *sth* ◊ *Er hat alle Zweifel weggewischt.* He dismissed any doubt.
wegziehen 1 pull *sth* away ◊ *Sie hat ihm den Stuhl weggezogen.* She pulled his chair away from him. **2** *(fortziehen, umziehen)* move away
wehe don't you dare ◊ *Wehe (dir), wenn du das anfasst!* Don't you dare touch that!
Wehe contraction; **die Wehen** labour [U], *(AmE)* labor [U] ◊ *Die Wehen wurden stärker.* The contractions became stronger. ◊ *Wehen haben* be in labour ◊ *Die Wehen haben eingesetzt.* She has gone into labour.
wehen blow*; *(Fahne)* fly* IDM ⇨ WIND
wehleidig 1 *(schmerzempfindlich)* ◊ *Er ist schrecklich wehleidig.* He makes a terrible fuss about the slightest pain. **2** *(selbstmitleidig)* self-pitying; *(Stimme)* whining
Wehmut melancholy ◊ *Beim Anblick der Fotos erfasste mich eine tiefe Wehmut.* As I looked at the photos, a deep feeling of melancholy came over me. ◊ *eine Melodie voll Wehmut* a melancholy tune ◊ *Ich dachte voll Wehmut an meine Kindheit.* I thought wistfully of my childhood.
wehmütig 1 melancholy, sad *(Adv* sadly) **2** *(der Vergangenheit nachtrauernd)* wistful *(Adv* wistfully) ◊ *„Das war eine schöne Zeit", sagte er wehmütig.* 'That was a lovely time,' he said wistfully.
Wehr[1] *das (Stauanlage)* weir
Wehr[2] *die* IDM **sich (gegen etw/jdn) zur Wehr setzen** defend yourself (against sth/sb)
Wehrdienst military service ◊ *Wehrdienst leisten* do your military service **Wehrdienstverweigerer** conscientious objector **Wehrdienstverweigerung** conscientious objection
wehren 1 sich **(gegen etw/jdn)** ~ *(sich verteidigen)* defend yourself (against sth/sb) **2** sich **(gegen etw)** ~ *(nicht hinnehmen)* put* up a fight (against sth) ◊ *Die Studenten wehren sich gegen die neuen Bestimmungen.* The students are putting up a fight against the new regulations. ◊ *Ich wehrte mich dagegen, seine Schulden zu bezahlen.* I refused to pay his debts. IDM ⇨ HAND
wehrlos defenceless, *(AmE)* defenseless; *(hilflos)* helpless *(Adv* helplessly) ◊ *ein wehrloses Opfer* a defenceless victim ◊ *Sie mussten wehrlos zusehen, wie ihr Haus abbrannte.* They had to look on helplessly as their house burned down. ◊ *Er nahm die Schläge wehrlos hin.* He did not defend himself against the blows. ◊ *Sie war ihm wehrlos ausgeliefert.* She was completely at his mercy.
Wehr- Wehrlosigkeit defencelessness, *(AmE)* defenselessness; *(Hilflosigkeit)* helplessness **Wehrmacht** *(historisch in Deutschland)* Wehrmacht **Wehrpflicht** conscription, compulsory military service **wehrpflichtig** liable for military service *(nicht vor Nomen)* ◊ *wehrpflichtige Männer* men who are liable for military service **Wehrpflichtige(r)** person* who is liable for military service, conscript
wehtun hurt* *(auch fig)* ◊ *Es tut mir weh.* It hurts. ◊ *Du tust mir weh.* You're hurting me. ◊ *Hast du dir wehgetan?* Have you hurt yourself? ◊ *Mir tut der Fuß weh.* My foot hurts. ◊ *Mein Kopf tut weh.* I've got a headache. IDM ⇨ SEELE
Weib woman*

Weibchen 1 *(Tier)* female **2** *(Frau)* little woman* *(abwert)*
weiblich 1 female ◊ *das weibliche Geschlecht* the female sex ◊ *ein weiblicher Vorname* a girl's name **2** *(feminin)* feminine ◊ *Sie ist eine sehr weibliche Frau.* She is very feminine. ◊ *Sie ist immer sehr weiblich angezogen.* She always dresses in a very feminine way. ◊ *die weibliche Endung* the feminine ending
Weiblichkeit *(Femininität)* femininity
weich soft; *(Bewegung)* smooth ◊ *ein weiches Bett* a soft bed ◊ *ein weich gepolsterter Sessel* a soft chair ◊ *Hier sitzt man weich.* This is soft to sit on. ◊ *Er landete weich und überlebte den Sturz.* He had a soft landing and survived the fall. ◊ *ein weiches Ei* a soft-boiled egg ◊ *Zwiebel in Butter weich dünsten.* Fry the onions in butter until they are soft. IDM **jdn weich machen** soften sb up **weich werden** weaken
Weiche points [Pl], *(AmE)* switch IDM **die Weichen (für etw) stellen** set* the course (for sth)
weichen 1 (vor) etw/jdn ~ give* way to sth/sb, yield to sth/sb *(gehoben)* ◊ *Die Euphorie ist einer Ernüchterung gewichen.* Euphoria has given way to disillusion. **2** nicht von etw ~ not leave* sth; nicht von jdm ~ not leave* sb's side ◊ *Er wich mir nicht von der Seite.* He didn't leave my side. **3** *(verschwinden)* disappear
Weichheit softness
Weichspüler fabric softener
Weide[1] *(Baum)* willow
Weide[2] *(Stück Land)* pasture ◊ *Die Kühe werden täglich auf die Weide getrieben.* The cows are driven out to pasture every day.
Weideland pasture
weiden 1 graze **2** sich an etw ~ revel* in sth ◊ *Er weidete sich an ihrem Unglück.* He revelled in her unhappiness. ◊ *Mein Blick weidete sich an der herrlichen Aussicht.* I feasted my eyes on the glorious view.
Weidenkätzchen catkin
weigern sich ~ **(etw zu tun)** refuse (to do sth)
Weigerung refusal
Weihe 1 *(von Kirchen, etc.)* consecration **2** *(von Priestern)* ordination
weihen 1 consecrate **2** jdm etw ~ dedicate sth to sb **3** jdn **(zu etw)** ~ *(zum Bischof)* consecrate sb (sth); *(zum Priester)* ordain sb (sth) **4** sich jdm/etw ~ dedicate yourself to sb/sth ◊ *Sie weiht sich ganz ihrer Familie.* She dedicates herself completely to her family. IDM **dem Tod/Untergang geweiht sein** be doomed
Weiher pond
Weihnachten Christmas ◊ *Frohe Weihnachten!* Happy Christmas! ◊ *Was wünschst du dir zu Weihnachten?* What do you want for Christmas? ◊ *Ich habe sie Weihnachten gesehen.* I saw them at Christmas. ☛ *Hinweis bei* FEIERTAG
weihnachtlich festive, Christmassy *(umgs)* ◊ *weihnachtliche Musik* festive music ◊ *Mir ist richtig weihnachtlich zumute.* I feel all Christmassy. ◊ *weihnachtlich geschmückte Geschäfte* shops decorated for Christmas
Weihnachts- Weihnachtsabend ⇨ HEILIGABEND **Weihnachtsbaum** Christmas tree **Weihnachtsfeier** Christmas party* **Weihnachtsfeiertag** ⇨ WEIHNACHTSTAG **Weihnachtsferien** Christmas holidays [Pl], *(AmE)* Christmas vacation **Weihnachtsfest** Christmas ◊ *Wir feierten das Weihnachtsfest mit meinen Eltern.* We celebrated Christmas with my parents. **Weihnachtsgebäck** Christmas biscuits [Pl], *(AmE)* Christmas cookies [Pl] **Weihnachtsgeld** Christmas bonus **Weihnachtsgeschichte** Christmas story **Weihnachtskarte** Christmas card **Weihnachtslied** (Christmas) carol **Weihnachtsmann** Father Christmas, *(bes AmE)* Santa Claus ◊ *an den Weihnachtsmann glauben* believe in Father Christmas **Weihnachtsmarkt** Christmas market **Weihnachtsschmuck** Christmas decorations [Pl] **Weihnachtstag** *(erster)* Christmas Day; *(zweiter)* Boxing Day, *(AmE)* day after Christmas ◊ *am ersten Weihnachtstag* on Christmas Day ◊ *Die Weihnachtstage verbringe ich bei meiner Mutter.* I'm spending Christmas with my mother. **Weihnachtszeit** Christmas (time)
Weih- Weihrauch incense **Weihwasser** holy water
weil because
Weilchen a (little) while
Weile while ◊ *Es dauerte eine ganze Weile, bis er zurück-*

Weiler

kam. It was quite a while before he came back. ◇ *Kann ich eine Weile bei dir wohnen?* Can I stay with you for a while?
Weiler hamlet
Wein 1 wine ◇ *eine Flasche Wein* a bottle of wine **2** *(Weinstock)* vine ◇ *Der Hügel ist mit Wein bebaut.* The hillside is planted with vines. ◇ *In dieser Gegend wird viel Wein angebaut.* There's a lot of wine growing in this area. IDM **jdm reinen/klaren Wein einschenken** tell* sb the truth
Weinbau wine growing **Weinbauer, -bäuerin** wine grower ☞ G 2.2d **Weinberg** vineyard
weinen cry* ◇ *Sie fing zu weinen an.* She started crying. ◇ *Ich habe mich in den Schlaf geweint.* I cried myself to sleep. ◇ *Sie weinte um ihr totes Kind.* She was crying for her dead child. ◇ *Er weinte vor Wut.* He was crying with rage. ◇ *Sie weinte heftig.* She was crying her eyes out. ◇ *Sie weinten nach ihrer Mutter.* They were crying for their mother. ◇ *Ich war dem Weinen nahe.* I was close to tears. IDM **etw ist zum Weinen** sth is enough to make you weep ◇ *Es war zum Weinen.* It was enough to make you weep. ◇ *Es ist wirklich zum Weinen mit dir!* You drive me to distraction. ◇ *Dein Zeugnis ist zum Weinen.* Your report is appalling.
weinerlich weepy ◇ *ein weinerliches Kind* a weepy child ◇ *Sie machte ein weinerliches Gesicht.* She looked weepy.
Wein- Weinkarte wine list **Weinkeller** wine cellar **Weinkelter** wine press **Weinlese** grape harvest **Weinprobe** wine tasting **Weinstube** wine bar **Weintraube** grape
weise wise *(Adv* wisely)
Weise 1 way ◇ *Die Art und Weise, wie er mit den Angestellten umgeht, gefällt mir nicht.* I don't like the way he treats his employees. ◇ *Auf diese Weise geht es schneller.* It's quicker this way. ◇ *Ich mache das lieber auf meine Weise.* I'd rather do it my own way. ◇ *In gewisser Weise hat sie Recht.* She is right in a way. ◇ *Ich wollte ihn in keiner Weise beleidigen.* I didn't want to offend him in any way. ◇ *auf geheimnisvolle Weise* in a mysterious way ◇ *Die Maßnahmen treffen alle in gleicher Weise.* The measures affect everyone the same way. ◇ *Die Frau wurde auf brutale Weise ermordet.* The woman was brutally murdered. ◇ *Sie ist nicht auf natürliche Weise gestorben.* She didn't die of natural causes. **2** *(Melodie)* tune
Weise(r) wise man*/woman* ◇ *die drei Weisen aus dem Morgenland* the Three Wise Men from the East IDM ⇨ **STEIN**
weisen 1 jdm etw ~ show* sb sth ◇ *Sie wies ihm den Weg zum Bahnhof.* She showed him the way to the station. **2** *(mit der Hand, dem Finger)* point ◇ *Er wies (mit der Hand) zum Fenster.* He pointed to the window. ◇ *nach Süden weisen* point south **3 jdm aus/von etw ~** *(Land, Schule)* expel* sb from sth; *(Raum)* send* sb out of sth; *(Spielfeld)* send* sb off sth **4 etw (weit) von sich ~** (flatly) reject sth ◇ *Er wies diese Anschuldigung weit von sich.* He flatly rejected the accusation. IDM ⇨ **SCHRANKE**
Weisheit 1 wisdom **2** *(Erkenntnis)* piece of wisdom; *(Spruch)* saying IDM **mit seiner Weisheit am Ende sein** be at your wits' end
Weisheitszahn wisdom tooth*
weismachen jdm etw ~ (wollen) (try* to) make* sb believe sth ◇ *Er wollte uns weismachen, dass seine Frau an allem schuld sei.* He tried to make us believe that it was all his wife's fault. ◇ *Das kannst du mir nicht weismachen!* You can't expect me to believe that.
weiß white ◇ *das Weiße Haus* the White House ◇ *Er war weiß geworden.* His hair had gone white. ◇ *weiße Bohnen* haricot beans ☞ *Beispiele bei* BLAU IDM **weiß wie die Wand/wie Kreide** white as a sheet **Weißer Sonntag** Low Sunday ☞ *Siehe auch* FLECK, SCHWARZ *und* WESTE
weissagen foretell* *(gehoben)*
Weissager(in) prophet, prophetess ☞ G 2.2d
Weissagung prophecy*
Weiß- Weißbier wheat beer **Weißblech** tinplate **Weißbrot** white bread; *(Laib)* white loaf*
Weiße *das (im Auge, im Ei)* white
Weiße(r) white man*/woman*, white person*; **die Weißen** whites [Pl], white people [Pl] ◇ *der einzige Weiße in der Gruppe* the only white person in the group ◇ *eine Schule für Weiße* a school for whites
weiß- weißhaarig white-haired, with white hair *(nicht vor*

Nomen) **Weißkohl, Weißkraut** white cabbage **Weißwein** white wine
Weisung instructions [Pl]; *(von einer Behörde)* directive; *(vom Herrscher, Papst etc.)* decree; *(von einem Gericht)* court order ◇ *eine Weisung erteilen* issue instructions ◇ *Auf Weisung des Präsidenten wurde die Konferenz abgesagt.* The conference was cancelled on the President's instructions.
weit 1 *(Entfernung)* far*, a long way

> **Far** wird in dieser Bedeutung meist in verneinten Sätzen und Fragesätzen verwendet: *Ist es weit zur Schule?* Is it far to the school? ◇ *Das Museum ist nicht weit.* The museum isn't far. ◇ *Wie weit bist du gekommen?* How far did you get? ◇ *Ich habe es nicht weit nach Hause.* I haven't got far to go home.
>
> In Aussagesätzen sagt man **a long way**: *Wir sind weit gelaufen.* We walked a long way. ◇ *Sie kommen von weit her.* They come from a long way away. ◇ *Wir sahen ihn schon von weitem.* We could see him coming a long way off.
>
> Im Komparativ und Superlativ wird auch in Aussagesätzen meistens **further, furthest**, oder **farther, farthest**, benutzt: *Sie wohnt weiter von der Schule entfernt als ich.* She lives further away from school than I do.

◇ *So weit, so gut.* So far so good. ◇ *Der Ball flog 25 Meter weit.* The ball flew 25 metres. ◇ *Bonn ist 20 Kilometer weit weg von hier.* Bonn is 20 kilometres away from here. ◇ *Er hat es weit gebracht.* He's been very successful. **2** *(lang)* long ◇ *eine weite Reise* a long journey ◇ *Von hier in die Innenstadt ist es ein weiter Weg.* It's a long way from here to the town centre. **3** *(Kleidung)* loose *(Adv* loosely); *(zu weit)* big* ◇ *Weite Hosen sind bequem.* Loose trousers are comfortable. ◇ *Das Kleid ist zu weit für sie.* The dress is too big for her. **4** *(Ausdehnung)* wide *(Adv* widely); *(Teil)* large; *(Thema)* big* ◇ *Trümmer lagen über ein weites Gebiet verstreut.* Debris was spread over a wide area. ◇ *eine weit gereiste Frau* a widely-travelled woman ◇ *Die Tür war weit offen.* The door was wide open. ◇ *eine weite Landschaft* open country ◇ *das weite Meer* the vast ocean ◇ *Weite Teile des Landes wurden überschwemmt.* Large areas of the country were flooded. ◇ *weite Teile der Bevölkerung* large sections of the population ◇ *Das ist ein weites Thema.* That's a big subject. ◇ *Ihre Ansichten gingen weit auseinander.* Their views were very different. **5 ~ blickend** far-sighted ◇ *eine weit blickende Entscheidung* a far-sighted decision ◇ *Sie haben das Projekt weit blickend geplant.* They planned the project in a far-sighted way. **6 ~ reichend** far-reaching **7 ~ verbreitet** widespread; *(Pflanze, Tier)* common; *(Meinung)* widely-held **8** *(zeitlich)* a long time; *(bis)* well ◇ *Das liegt weit zurück.* It happened a long time ago. ◇ *Es blieb bis weit in den Mai hinein kalt.* It remained cold until well into May. ◇ *Sie war weit über 80.* She was well over 80. **9** *(intensivierend)* far, much ◇ *Sie blieben weit länger als geplant.* They stayed far longer than planned.
IDM **bei weitem** by far ◇ *der bei weitem beste Koch* by far the best cook **bei weitem nicht** not nearly ◇ *Das reicht bei weitem nicht.* That's not nearly enough. **das Weite suchen** make* off *(umgs)* ◇ *es war bringen* go* far **in wie weit** how far; to what extent **so weit sein** be ready ◇ *Bist du so weit?* Are you ready? ◇ *Es ist schon so weit. Wir müssen gehen.* It's time to go. ◇ *Sei leise! Es ist gleich so weit.* Quiet! It's about to start. **weit und breit** for miles around; *(überall)* all around ◇ *Hier ist weit und breit nichts zu sehen.* There's nothing to see for miles around. ◇ *Ich habe weit und breit danach gesucht.* I've looked all around for it. **zu weit führen** take* sb too far ◇ *Es würde zu weit führen, auf diese Frage einzugehen.* It would take us too far to go into this question. ☞ *Siehe auch* ENTFERNT, FEHLEN, FELD, FERNE, HERHOLEN, SCHRITT, SCHUSS, STRECKE *und* TREIBEN
weitab a long way, far (away) *(gehoben)*; *(im Meer)* far out IDM ⇨ SCHUSS
weitaus far; *(vor Superlativen)* by far ◇ *Sie sind der Konkurrenz weitaus überlegen.* They are far superior to the competition. ◇ *Sie sind in einer weitaus besseren Situation als wir.* You are in a far better situation than we are. ◇ *Es ist das weitaus einfachste Verfahren.* It is by far the simplest method.
Weitblick vision ◇ *ein Mann mit Weitblick* a man of vision

Weite 1 expanse ◊ *die endlose Weite des Ozeans* the endless expanse of the ocean **2** (*Entfernung*) distance ◊ *Sie blickte in die Weite.* She gazed into the distance. **3** (*Größe*) size ◊ *Der Kragen hatte nicht die richtige Weite.* The collar was not the right size.

weiten 1 widen; (*Kleider*) let* *sth* out (*Pupillen*) dilate **2 sich ~** widen (*Pupillen*) dilate ◊ *An dieser Stelle weitet sich der Tunnel.* The tunnel widens here. ◊ *Durch seinen Auslandsaufenthalt hat sich sein Blick enorm geweitet.* His stay abroad has broadened his mind enormously.

weiter 1 further, farther

> Um eine Entfernung zu beschreiben, kann man sowohl **further** als auch **farther** verwenden: *Bristol is further/farther from London than Oxford* ◊ *I jumped further/farther than you did.* Für andere Bedeutungen kann man nur **further** verwenden: *We need a further week to finish the job.* ☞ Siehe auch WEIT

2 (*zusätzlich*) further ◊ *Welche weiteren Maßnahmen sind geplant?* What further measures are planned? ◊ *Ich habe nichts Weiteres zu sagen.* I have nothing further to say. ◊ *Des Weiteren finden sich Angaben im Anhang.* Further information is to be found in the appendix. ◊ *Das kümmert mich nicht weiter.* That doesn't really bother me. ◊ *Alles Weitere erfahren Sie später.* You will be told everything else later. **3** (*sonst*) else ◊ *Was gibt es weiter zu berichten?* What else is there to report? ◊ *Sie sagte nichts weiter.* She didn't say anything else. **4** *etw* **~ tun** continue (doing/to do sth) ◊ *Wenn wir weiter so viel Geld ausgeben, sind wir bald pleite.* If we continue to spend money like this, we'll be bankrupt soon. **5** (*weiterhin*) for the future ◊ *Ich wünsche dir weiter alles Gute.* I wish you all the best for the future. **IDM bis auf weiteres** for the time being; until further notice **nichts weiter als** nothing more than; just ◊ *Es war nichts weiter als ein Versehen.* It was just a mistake. **weiter so!** keep up the good work! ☞ Siehe auch OHNE und UND

weiterarbeiten continue working/to work, carry* on working

weiterbefördern send* *sth* on; (*Person*) take* *sb* on

weiterbehandeln 1 carry* on with *sth* ◊ *Wir werden das Thema in der nächsten Stunde weiterbehandeln.* We'll carry on with the topic in the next lesson. **2** (*einen Kranken, eine Krankheit*) continue treating/to treat *sb/sth*

weiterbilden 1 give* *sb* further training **2 sich ~** continue your education; (*im Beruf*) do further training

Weiterbildung continuing education; (*Ausbildung des Personals*) staff training/development

Weiterbildungskurs professional development course

weiterbringen help ◊ *Das hat uns ein großes Stück weitergebracht.* That really helped us. ◊ *Die Erklärung hat mich nicht viel weitergebracht.* The explanation was not much help to me. ◊ *Die Diskussion hat uns keinen Schritt weitergebracht.* The discussion did not get us anywhere.

weiterempfehlen recommend

weiterentwickeln 1 develop *sth* (further) **2 sich ~** (continue to) develop

weitererzählen (*jdm*) *etw* **~** pass *sth* on (to *sb*); (*Geheimnis*) tell* *sb* sth, repeat *sth* (to *sb*) ◊ *Kannst du das bitte den anderen weitererzählen?* Can you pass it on to the others please? ◊ *Das darfst du niemandem weitererzählen.* You mustn't tell anyone.

weiterfahren keep* driving; (*Reise fortsetzen*) continue your journey

Weiterfahrt rest of the journey; (*offiziell*) onward journey ◊ *Wir sind bis Kiel mit dem Auto gefahren. Für die Weiterfahrt haben wir den Zug genommen.* We drove to Kiel. We did the rest of the journey by train. ◊ *Die Weiterfahrt zum Hotel dauert 20 Minuten.* The onward journey to the hotel takes 20 minutes. ◊ *Er wurde an der Weiterfahrt gehindert.* He was prevented from continuing his journey.

weiterfliegen fly* on

weiterführen continue; (*Thema, Gedanke etc.*) pursue **IDM** (*jdn*) **nicht weiterführen** not get* (*sb*) anywhere ◊ *Wir müssen etwas tun. Nur zu reden führt uns nicht weiter.* We must do something. Talking won't get us anywhere.

weiterführend 1 (*auf die Grundschule folgend*) secondary (*nur vor Nomen*); (*auf die Realschule folgend*) sixth-form, (*AmE*) senior high ◊ *die Wahl der weiterführenden Schule nach der Grundschule* the choice of secondary school after primary school **2** (*Kurs etc.*) advanced

weitergeben *etw* (**an** *jdn*) **~**; (*jdm*) *etw* **~** pass *sth* on (to *sb*); (*Sport*) pass *sth* (to *sb*)

weitergehen go* on ◊ *Hier müssen wir zu Fuß weitergehen.* Here we have to go on on foot. ◊ *Bitte weitergehen.* Please move along. ◊ *Die Vorführung geht in zehn Minuten weiter.* The performance will resume in ten minutes.

weiterhelfen help, be a help to *sb* ◊ *Hier könnte uns ein Wörterbuch weiterhelfen.* A dictionary would help us here. ◊ *Ich glaube, das würde ihr nicht weiterhelfen.* I don't think that would be any help to her. ◊ *Vielen Dank. Sie haben mir wirklich weitergeholfen.* Thanks. You've been a great help.

weiterhin 1 (*immer noch*) ◊ *Mauritius ist weiterhin ein exklusives Reiseziel.* Mauritius continues to be an exclusive travel destination. ◊ *Weiterhin viel Glück!* Lots of luck for the future. **2** (*außerdem*) in addition, furthermore

weiterkommen 1 go* on ◊ *Von hier aus kommt man nur zu Fuß weiter.* From here you can only go on on foot. **2** (*Fortschritte machen*) make* progress ◊ *Wir sind ein erhebliches Stück weitergekommen.* We've made very good progress. ◊ *In dieser Firma komme ich nicht weiter.* I'm not getting anywhere in this firm. ◊ *Ich komme mit dieser Aufgabe nicht weiter.* I'm stuck. **3** (*in einem Wettbewerb etc.*) get* through ◊ *Die Mannschaft ist eine Runde weitergekommen.* The football team has got through to the next round.

weiterlaufen 1 (*gehen, ohne Unterbrechung*) keep* on walking; (*nach einer Pause*) carry* on walking; (*rennen*) keep* on running/carry* on running ◊ *Sie lief immer weiter.* She just kept walking. ◊ *Nach einer kurzen Pause lief er weiter.* After a short break he carried on walking. **2** (*in Betrieb bleiben*) keep* running; (*weiterlaufen lassen*) keep* *sth* running **3** (*weiter vonstatten gehen*) continue ◊ *Das Konto läuft auf meinen Namen weiter.* The account will continue in my name. ◊ *Wir wollen alles so weiterlaufen lassen wie bisher.* We want to keep everything as it is. ◊ *Wir warten ab, wie die Dinge weiterlaufen.* We'll wait and see how things develop.

weiterleben 1 continue to live/continue living, go* on living ◊ *Nach dem Verlust des Partners ist es schwer weiterzuleben.* It is difficult to go on living after losing a partner. **2** (*fortleben*) live on, survive ◊ *Die Tradition lebt bis heute weiter.* The tradition has survived until today.

weiterleiten pass *sth* on

weitermachen (**mit** *etw*) **~** continue (with *sth*); (*nach Unterbrechung*) carry* on (with *sth*) ◊ *Die Regierung will wie bisher weitermachen.* The government wants to continue as before. ◊ *Ich muss jetzt mit den Hausaufgaben weitermachen.* I've got to carry on with my homework now.

weiterreichen pass *sth* on

weiterreisen go* on

weitersagen (*jdm*) *etw* **~** tell* *sb* *sth* ◊ *Sag bitte weiter, dass wir uns um vier Uhr treffen.* Tell the others that we're meeting at four o'clock. ◊ *Das darfst du aber nicht weitersagen!* But don't tell anyone!

weiterschicken forward, send* *sth* on

weitersprechen carry* on (speaking/talking) ◊ *Sprich weiter!* Carry on!

weiterverarbeiten *etw* (**zu** *etw*) **~** process *sth* (into *sth*)

weiterverbreiten (**sich**) **~** spread*

weiterverfolgen 1 pursue *sth* further **2** (*Straße etc.*) continue along *sth*

weiterverkaufen sell* *sth* on

weiterwissen nicht (**mehr**) **~** not know* what to do; (*stecken bleiben*) be stuck; (*verzweifelt sein*) be at your wits' end

weitgehend 1 *Adj* (*umfassend*) far-reaching ◊ *Er sprach sich für weitgehende Änderungen aus.* He pleaded for far-reaching changes. **2** *Adv* (*größtenteils*) largely; (*weitestgehend*) for the most part ◊ *Es war weitgehend ihr Verdienst dass ...* It was largely thanks to her that ... ◊ *Seine Pläne stießen weitestgehend auf Unverständnis.* His plans met with incomprehension for the most part.

weithin 1 (*Entfernung*) for miles around; (*weit umher*) far and wide; (*bei vielen Leuten*) widely ◊ *Der Turm war weithin zu sehen.* The tower could be seen for miles around. ◊ *Die Flugzeugteile waren weithin verstreut.* The parts of the aircraft were scattered far and wide. ◊ *weithin bekannt* widely known **2** (*größtenteils*) largely ◊ *weithin unbekannt* largely unknown

weitläufig 1 extensive; (geräumig) spacious ◊ *ein weitläufiges Gelände* an extensive area of land ◊ *ein weitläufig angelegter Park* an extensive park ◊ *weitläufige Bauten* spacious buildings **2** (ausführlich) lengthy* ◊ *eine weitläufige Beschreibung* a lengthy description ◊ *Er hat uns die Sache weitläufig erzählt.* He told us about it at great length. **3** (bei Verwandtschaftsgrad) distant (Adv distantly)

weiträumig 1 Adj extensive **2** Adv ◊ *Die Unfallstelle wurde weiträumig abgesperrt.* A wide area was cordoned off around the scene of the accident. ◊ *Bitte umfahren Sie diesen Bereich weiträumig.* Please make a wide detour around this area.

weitsichtig 1 far-sighted **2** (Augen) long-sighted, (AmE) far-sighted

Weit- Weitspringer(in) long jumper **Weitsprung** long jump **Weitwinkelobjektiv** wide-angle lens

Weizen wheat IDM ⇨ SPREU

Weizenbier wheat beer **Weizenbrot** bread made from wheat **Weizenmehl** (wheat) flour

welch what (a) ◊ *Welch Wunder!* What a miracle! ◊ *Welch ein Glück!* What luck!

welche(r,s) 1 which; (welch auch immer) whichever; (Pronomen) which one(s) ◊ *Welches Fahrrad gehört dir?* Which bike belongs to you? ◊ *Welchen Beruf auch immer du dir aussuchst, wichtig ist, dass er dir Spaß macht.* Whichever job you choose, the important thing is that you enjoy it. ◊ *Hier sind zwei Pullover. Welchen willst du?* Here are two pullovers. Which one do you want? **2** (Relativpronomen) which; (Person(en)) who(m) ☛ G 7 **3** (Indefinitivpronomen) some ◊ *Ich backe Kekse. Magst du welche?* I'm baking some biscuits. Would you like some?

welk (Blumen, Salat etc.) wilted; (Laub) dead; (Haut) wrinkled

welken wilt; (fig) fade

Wellblech corrugated iron

Welle 1 wave ◊ *hohe Wellen* high waves ◊ *Sie hat von Natur aus eine Welle im Haar.* Her hair's naturally wavy. **2** (Wellenlänge) wavelength IDM **(hohe) Wellen schlagen** cause a stir

wellen sich ~ (Papier) curl up; (Landschaft) undulate ☛ Siehe auch GEWELLT

Wellen- Wellenbad swimming pool with wave machine, wave pool **Wellengang** swell; (starker Wellengang) heavy seas [Pl] ◊ *Heute ist hoher Wellengang.* There's quite a swell today. ◊ *Das Boot sank bei starkem Wellengang.* The boat sank in heavy seas. **Wellenlänge** wavelength (auch fig) ◊ *Die beiden liegen auf einer Wellenlänge.* The two of them are on the same wavelength. **Wellensittich** budgerigar, budgie (umgs)

wellig wavy*; (Fahrbahn, Oberfläche) uneven

Welpe (Hund) pup, puppy*; (Wolf, Fuchs) cub

Welt 1 world [Sing] ◊ *der größte See der Welt* the largest lake in the world ◊ *nirgendwo auf der Welt* nowhere in the world ◊ *überall auf der Welt/in der ganzen Welt* all over the world ◊ *Er ist viel in der Welt herumgekommen.* He has travelled all over the world. ◊ *die beste aller Welten* the best of all possible worlds ◊ *die Alte/Neue Welt* the Old/New World ◊ *Sein Motorrad ist seine ganze Welt.* His motorbike is everything to him. **2** (Universum) universe ◊ *die Erschaffung der Welt* the creation of the universe IDM **alle Welt** everyone ◊ *Alle Welt weiß das.* Everyone knows that. **auf die Welt kommen** be born ◊ *Er ist um Mitternacht auf die Welt gekommen.* He was born at midnight. **auf der Welt sein** (geboren sein) be born ◊ *Da warst du noch gar nicht auf der Welt.* You weren't even born then. **aus aller Welt** from all over the world **etw aus der Welt schaffen** eliminate sth; (Problem) resolve sth; (Bedenken, Lügen, Zweifel) dispel* sth **davon/deswegen geht die Welt nicht unter** it's not the end of the world **die Dritte Welt** the Third World; the developing countries [Pl] ☛ *Der Ausdruck* **The Third World** *wird manchmal als beleidigend empfunden.* **die Welt ist klein** it's a small world **die Welt nicht mehr verstehen** not understand* anything any more **ein Kind auf die/zur Welt bringen** have a child **ein Mann/eine Dame/eine Frau von Welt** a man*/woman* of the world **für jdn bricht die Welt zusammen** sb's world falls* apart; the bottom falls* out of sb's world ◊ *Bei der Trennung ihrer Eltern brach eine Welt für sie zusammen.* When her parents split up, her world fell apart. **in alle/aller Welt** all over the world **etw in die Welt setzen** spread* sth; (Gerücht auch) start sth **jdn in die Welt setzen** have sb ◊ *Meine Großeltern haben sieben Kinder in die Welt gesetzt.* My grandparents had seven children. **mit sich und der Welt zufrieden sein** be content with your lot **nicht die Welt kosten** not cost* the earth **nicht um alles in der Welt/um nichts in der Welt/um keinen Preis der Welt** not for anything in the world ◊ *Ich würde um nichts in der Welt von hier wegziehen.* I wouldn't move away from here for anything in the world. **uns/sie trennen Welten**; **zwischen uns/ihnen liegen Welten** we/they are worlds apart **vor aller Welt** publicly **was/warum/wie/wo in aller Welt?** what/why/how/where on earth? ◊ *Wo in aller Welt bist du gewesen?* Where on earth were you? ☛ *Siehe auch* ARSCH, ENDE, GOTT, LICHT *und* NABEL

Weltall universe **Weltanschauung** view of the world, philosophy* **Weltausstellung** world fair **Weltbank** World Bank **weltbekannt, weltberühmt** world-famous ◊ *ein weltberühmter Geiger* a world-famous violinist ◊ *Aspirin ist als Allheilmittel weltbekannt geworden.* Aspirin has become known all over the world as a universal remedy. **weltbeste(r)** world's best; **der/die/das weltbeste** (…) the best (…) in the world ◊ *die derzeit weltbeste Tennisspielerin* the best woman tennis player in the world today **Weltbestzeit** world-record time ◊ *Sie ist Weltbestzeit geschwommen.* She swam a world-record time. **Weltbevölkerung** world population **weltbewegend** earth-shattering (Adv earth-shatteringly) **Weltbild** view of the world **Welterfolg** worldwide success

Weltergewicht welterweight

welt- weltfremd unworldly **Weltfrieden** world peace **Weltgemeinschaft** international community* **Weltgeschichte** world history, history of the world ◊ *eine neue Epoche der Weltgeschichte* a new era of world history ◊ *die schrecklichste Schlacht der Weltgeschichte* the most terrible battle in the history of the world ◊ *das größte Meerestier der Weltgeschichte* the biggest marine creature ever to have existed **Welthandel** world trade **Weltherrschaft** world domination ◊ *die Weltherrschaft anstreben* seek world domination **Weltkarte** map of the world **Weltklasse** world class ◊ *Sie gehört schon seit Jahren zur Weltklasse der Leichtathletik.* She has been a world-class athlete for some years. ◊ *Er ist ein Läufer der Weltklasse.* He's a world-class runner. **Weltkrieg** world war ◊ *der Erste/Zweite Weltkrieg* the First/Second World War **Weltlage** international situation

weltlich 1 worldly **2** (nicht kirchlich) secular ◊ *weltliche Musik/Kunst* secular music/art ◊ *eine weltlich orientierte Hilfsorganisation* a non-religious charity

Welt- Weltliteratur world literature **Weltmacht** world power **Weltmarkt** world market **Weltmarktpreis** world market price **Weltmeer** ocean **Weltmeister(in)** world champion ◊ *der Weltmeister im Hochsprung* the world high jump champion ◊ *der dreifache Weltmeister Italien* Italy, the three times world champions **Weltmeisterschaft** world championship; (im Fußball) World Cup ◊ *bei der Weltmeisterschaft eine Medaille gewinnen* win a medal in the world championships **Weltmeistertitel** world championship ◊ *Er ist der Favorit auf den Weltmeistertitel.* He's the favourite to win the world championship. ◊ *Dies ist bereits sein fünfter Weltmeistertitel.* This is the fifth time he's won a world championship title. **weltoffen** (Stadt, Atmosphäre) cosmopolitan; (Politik, Einstellung) outward-looking; (liberal) liberal **Weltöffentlichkeit** world ◊ *in den Augen der Weltöffentlichkeit* in the eyes of the world ◊ *Die Stadt steht im Blickpunkt der Weltöffentlichkeit.* The city is the focus of world attention. ◊ *Der Vorfall wurde von der Weltöffentlichkeit ignoriert.* The incident was ignored by the outside world. ◊ *Das Rote Kreuz wandte sich mit einem Appell an die Weltöffentlichkeit.* The Red Cross launched an international appeal. **Weltpolitik** world politics [U] ◊ *eine wichtige Rolle in der Weltpolitik* an important role in world politics ☛ *Hinweis bei* POLITICS **weltpolitisch** ◊ *wichtige weltpolitische Fragen* important matters of world politics ◊ *die weltpolitische Lage* the international political situation ◊ *Weltpolitisch gesehen ist die Entwicklung Besorgnis erregend.* From the point of view of world politics, it is a worrying development.

Weltrang international standing **Weltrangliste** world rankings [Pl] ◊ *der auf Platz 15 der Weltrangliste geführte Australier* the Australian, placed 15th in the world rankings ◊ *Er liegt in der Weltrangliste*

auf Platz drei. He is ranked third in the world. **Weltranglistenerste(r)** the world number one
Weltraum space ◊ *im Weltraum* in space **Weltraumbehörde** space agency* **Weltraumforschung** space research **Weltraumstation** space station
Welt- Weltreich empire **Weltreise** world tour, trip round the world **Weltrekord** world record ◊ *der Weltrekord über 3 000 m* the world record for the 3 000 metres ◊ *Er stellte einen neuen Weltrekord im Eisschnellauf auf.* He set a new world record in speed skating. **Weltrekordler(in)** world record holder **Weltruf** international reputation ◊ *ein Dirigent von Weltruf* a conductor with an international reputation **Weltruhm** international fame **Weltsicherheitsrat** World Security Council **Weltsprache** world language, global language ◊ *die Weltsprache Englisch* English, the world language **Weltstadt** cosmopolitan city*, metropolis ◊ *die Weltstadt London* the metropolis of London **Weltstar** international star **Weltuntergang** end of the world *(auch fig)* ◊ *Das ist doch kein Weltuntergang!* It's not the end of the world! **weltweit** worldwide ◊ *Das hat weltweite Bedeutung.* This is of worldwide importance. ◊ *weltweit bekannt* well-known all over the world ◊ *ein weltweit anerkannter Wissenschaftler* an internationally recognized scientist ◊ *ein weltweit verbreiteter Schädling* a pest that is common all over the world ◊ *ein weltweit einmaliges Biotop* a biotope that is the only one of its kind in the world
Weltwirtschaft world economy [U]
weltwirtschaftlich world economic
Weltwirtschaft- Weltwirtschaftsgipfel world economic summit **Weltwirtschaftskrise** world economic crisis*
Weltwunder ◊ *die sieben Weltwunder* the seven wonders of the world
wem to whom, who ...to IDM **wem sagst du das?** ⇨ SAGEN
wen whom, who
Wende 1 change; *(Wendepunkt)* turning point; *(um 180°)* U-turn ◊ *eine Wende zum Guten* a change for the better ◊ *Die entscheidende Wende kam in der 34. Minute.* The crucial turning point came in the 34th minute. ◊ *In der Außenpolitik der Regierung ist eine Wende eingetreten.* The government has done a U-turn on foreign policy. ◊ *Sein Leben nahm eine dramatische Wende.* His life took a dramatic turn. **2 die ~** *(1989)* the collapse of the Communist regime **3** *(zwischen zwei Zeitabschnitten)* turn ◊ *an der Wende vom 20. zum 21. Jahrhundert* at the turn of the 21st century **4** *(Turnen)* front vault; *(Schwimmen, Segeln)* turn
Wendekreis 1 tropic ◊ *der nördliche/südliche Wendekreis* the Tropic of Cancer/Capricorn **2** (TECH) turning circle
Wendeltreppe spiral staircase
wenden 1 turn; *(um 180°)* turn *sth* over; *(Innenseite nach außen)* turn *sth* inside out; *(auf die Außenseite drehen)* turn *sth* right side out ◊ *Sie wandte den Kopf und sah ihn an.* She turned her head to look at him. ◊ *Ich wandte den Blick zur Tür.* I turned to look at the door. ◊ *die Matratze wenden* turn the mattress ◊ *das Auto wenden* turn the car around ◊ *Sie wandte ihrem Arbeitgeber den Rücken und machte sich selbstständig.* She turned her back on her employer and set up on her own. ◊ *ein Blatt Papier wenden* turn over a sheet of paper ◊ *bitte wenden* please turn over ◊ *Die Teile zusammennähen, wenden und bügeln.* Sew the pieces together, turn right side out and press. ◊ *Kann man diese Jacke wenden?* Is this jacket reversible? **2** *(umkehren)* turn *(around)* ◊ *Die Straße ist zu schmal zum Wenden.* The street is too narrow to turn in. **3 sich ~** turn ◊ *Sie wandte sich zu mir.* She turned to me. ◊ *Wir wandten uns nach rechts.* We turned to the right. ◊ *Paula wandte sich zum Gehen.* Paula turned to go. ◊ *Er wandte sich zum Ausgang.* He turned towards the exit. ◊ *Alles hat sich zum Besten gewendet.* Everything turned out well in the end. **4 sich (an jdn) ~** turn to sb, come*/go* to sb; *(sich in Verbindung setzen)* contact sb ◊ *Ich wusste nicht, wohin ich mich wenden sollte.* I didn't know where to turn. ◊ *Mit Problemen wendet er sich immer an mich.* He always comes to me with his problems. ◊ *Ihr könnt euch jederzeit an euren Lehrer wenden.* You can go to your teacher at any time. ◊ *Wenden Sie sich an das Sozialamt.* Contact social services. **5 sich an jdn ~** *(für jdn bestimmt sein)* be directed at sb ◊ *Der Artikel wendet sich in erster Linie an Jugendliche.* The article is directed primarily at young people. **6 sich gegen etw/jdn ~** oppose sth/sb ◊ *Er wandte sich gegen unsere Pläne.* He opposed our plans.

IDM **sich zum Guten/Besten wenden** turn out well/turn out for the best ☛ Siehe auch BLATT *und* DREHEN
Wendepunkt 1 turning point **2** (MATH) point of inflection
wendig 1 *(körperlich/geistig beweglich)* agile; *(gewieft)* astute ◊ *Sie ist ein wendiger Kopf.* She has an agile mind. ◊ *ein wendiger Geschäftsmann* an astute businessman **2** *(leicht zu lenken)* manoeuvrable, (AmE) maneuverable
Wendung 1 turn ◊ *Die Verhandlungen nahmen eine überraschende Wendung.* The negotiations took a surprising turn. ◊ *Die Straße macht hier eine Wendung.* The road turns here. ◊ *Eine Wendung zum Besseren ist nicht in Sicht.* There is no sign of a change for the better. ◊ *Der Autor hat der bekannten Geschichte eine neue Wendung gegeben.* The author gave the familiar story a new twist. **2** *(Rede-)* expression ◊ *im Alltag übliche Wendungen* everyday expressions ◊ *Metaphern und rhetorische Wendungen* metaphors and figures of speech
wenig 1 not much, little *(gehoben)* ◊ *Dafür habe ich wenig Verständnis.* I don't have much time for that sort of thing. ◊ *Das ist aber wenig.* That's not very much. ◊ *Er hat wenig Geld.* He has little money. ◊ *Er will mit möglichst wenig Anstrengung reich werden.* He wants to get rich with as little effort as possible. ◊ *Wir haben zu wenig Zeit.* We have too little time. ◊ *Er verdient ziemlich wenig.* He earns relatively little. ◊ *Über ihn ist wenig bekannt.* Little is known about him. **2 der/die/das wenige** ... the little ...; **die wenigen** ... the few ... ◊ *Wir teilten das wenige Geld, das wir hatten.* We shared the little money we had. ◊ *Die wenigen Besucher ließen sich die Laune durch den Regen nicht verderben.* The few visitors who came were not put off by the rain. **3** *auch* **wenige** not many, few; *(ein paar)* a few ◊ *Es waren nur wenig Leute da.* There were not many people there. ◊ *mit wenigen Ausnahmen* with few exceptions ◊ *Es gibt zu wenig Bewerber für den Posten.* There are too few applicants for the post. ◊ *vor wenigen Tagen* only a few days ago ☛ *Hinweis bei* FEW **4 ein ~** a little ◊ *Nimm dir doch ein wenig mehr.* Have a little more. ◊ *Setz dich ein wenig hin.* Sit down for a little while. ◊ *Es ist ein wenig heiß hier.* It's rather hot here. ☛ *Hinweis bei* BISSCHEN **5 nicht ~** *(viel)* quite a lot; *(viele)* quite a few ◊ *Er verdient nicht wenig.* He earns quite a lot. ◊ *Nicht wenige gingen vor der Pause.* Quite a few people left before the interval. IDM ⇨ MEHR
weniger 1 less; *(im Plural)* fewer ◊ *Du solltest weniger rauchen.* You should smoke less. ◊ *Weniger Leute rauchen jetzt.* Fewer people smoke now.

> *Less* wird häufig mit Nomina im Plural verwendet: *less cars*, obwohl **fewer** immer noch als die korrekte Form gilt: **fewer cars.**

2 *(minus)* minus ◊ *Zwölf weniger zehn ist gleich zwei.* Twelve minus ten is two.
wenigste 1 der/die/das ~ the least ◊ *Diese Gruppe verbringt die wenigste Zeit online.* This group spends the least time online. ◊ *das wenigste, was man erwarten kann* the least you can expect **2 die wenigsten** *(Superlativ von „wenig")* the fewest; *(sehr wenige)* very few ◊ *Sie hat die wenigsten Punkte.* She has the fewest points. ◊ *Die wenigsten können sich das leisten.* Very few people can afford that. **3 am wenigsten** (the) least ◊ *Er hat am wenigsten Geld.* He has (the) least money. ◊ *Ich habe am wenigsten verloren.* I lost (the) least. ◊ *die am wenigsten entwickelten Länder* the least developed countries
wenigstens at least ◊ *Du könntest dich wenigstens bedanken.* You could at least say thank you.
wenn 1 *(falls)* if ◊ *Wenn ich Zeit habe, komme ich.* If I have time, I'll come. ◊ *Ich komme, wenn ich Zeit habe.* I'll come if I have time. **2** *(sobald)* when ◊ *Wenn ich mehr weiß, rufe ich dich an.* When I know more, I'll ring you.

> **When** wird verwendet, wenn man über etwas spricht, das regelmäßig geschieht, oder von dem man erwartet, dass es geschieht. Man verwendet **if**, wenn man Zweifel hat, oder wenn nur die Möglichkeit besteht: *I always bake a cake when he comes.* Ich backe immer einen Kuchen, wenn er kommt. ◊ *When he comes, show him his room.* Zeig ihm sein Zimmer, wenn er kommt. ◊ *I'll bake a cake if he comes.* Falls er kommt, backe ich einen Kuchen.

3 *auch/selbst* **~** even if ◊ *Das kann ich nicht, selbst wenn*

Wenn

ich es wollte. I can't, even if I wanted to. **4 ~ auch** even though; (vor Adjektiven und Adverbien) albeit ◊ Wenn es auch die ganze Zeit geregnet hat, hat es uns doch gefallen. We enjoyed it even though it rained the whole time. ◊ Sie reden nur von einem, wenn auch wichtigem Aspekt. They are only talking about one, albeit important aspect. ◊ Sie macht Fortschritte, wenn auch langsam. She is making progress, albeit slowly. **5 ~ bloß/doch/nur** if only ◊ Wenn sie doch endlich anriefe! If only she would ring! **6 immer/jedes Mal ~** whenever ◊ Immer wenn ich in Paris bin, besuche ich sie. I visit her whenever I'm in Paris. ◊ Immer wenn ich in London bin, regnet es. Whenever I'm in London, it rains. **7 außer ~** unless ◊ Er geht jeden Tag spazieren, außer wenn es regnet. He goes for a walk every day unless it's raining. **8 ~ erst** once ◊ Wenn wir erst umgezogen sind, wird alles besser werden. Once we have moved, things will get better. **9 als/wie ~** as if ◊ Sie sah mich an, als wenn ich ein Marsmensch wäre. She looked at me as if I were from another planet. **IDM und wenn schon** so what ◊ „Darüber wird sie sich ärgern!" „Und wenn schon!" 'She'll be annoyed about that!' 'So what!' **wenn dem so ist** if that's the case **wenn schon ..., (dann)** ◊ Wenn wir schon ein Auto kaufen, dann kaufen wir ein schnelles. If we buy a car, then it has to be a fast one. ◊ Wenn du schon mal hier bist, kannst du auch mit anpacken. Since you're here, you can give me a hand. **wenn schon, denn schon** if we're going to do it, we might as well do it properly
Wenn IDM Wenn und Aber argument ◊ Du machst, was ich sage. Da gibt es kein Wenn und Aber. Do what I say. I won't have any argument. ◊ Sie unterstützen den Vorschlag ohne Wenn und Aber. They support the idea unconditionally.
wer 1 who ◊ Wer war das? Who was that? ◊ Wer von euch hat das geschrieben? Which of you wrote that? **2** (jeder) anyone who; (derjenige) the one who ◊ Wer will, kann weggehen. If anyone wants to leave, they can. ◊ Wer nicht erschien, war Peter. The one who didn't turn up was Peter. **3** (jemand in Fragen) anybody ◊ Ist da wer? Is there anybody there? **IDM wer sein** be someone ◊ Jetzt ist er endlich wer. Now he really is someone at last.
Werbe- Werbeabteilung publicity department **Werbeagentur** advertising agency* **Werbeaktion** advertising campaign, publicity campaign ◊ eine Werbeaktion für etw starten launch an advertising campaign for sth **Werbebranche** advertising ◊ in der Werbebranche arbeiten/tätig sein work in advertising **Werbefachmann, -frau** advertising executive ➡ G 2.2d **Werbefernsehen** television advertising

> Die britischen Programme der BBC werden durch Rundfunkgebühren finanziert und zeigen keine Werbung. Die deutschen Sender (ITV, Channel 4, Channel 5 sowie die Satelliten- oder Kabelsender) werden nur durch Werbung finanziert und heißen **commercial TV stations**. Dort werden alle Sendungen durch Werbung unterbrochen. In den USA sind die meisten Sender privat; nur die Sender des **Public Broadcasting Service** verzichten auf Werbung und werden durch staatliche Unterstützung und durch Spenden von Firmen und Einzelpersonen finanziert.

Werbefilm publicity film **Werbegag** publicity stunt **Werbegeschenk** (promotional) free gift, freebie (umgs) **Werbekampagne** ⇨ WERBEAKTION
werben 1 (für etw) **~** promote (sth); (kommerziell auch) advertise (sth) ◊ für ökologisches Bewusstsein werben promote ecological awareness ◊ für ein Waschmittel werben advertise a detergent **2** (für jdn/etw) **~** (POL) campaign (for sb/sth) ◊ für eine Partei/einen Kandidaten werben campaign for a party/candidate **3** jdn (für etw) **~** (Mitarbeiter, Mitglied etc.) recruit sb (for sth); (Kunden etc.) attract sb (to sth) ◊ Sie versuchen, neue Abonnenten für ihre Zeitschrift zu werben They're trying to attract more subscribers to their magazine. **4 um etw/jdn ~ try*** to win sth/sb ◊ um Unterstützung für etw werben try to win support for sth ◊ um Wähler werben try to attract voters ◊ Sie werben um Verständnis für die Lage der Obdachlosen. They are trying to promote understanding of the position of the homeless.
Werbe- Werbeplakat advertising poster **Werbeprospekt** publicity leaflet, (publicity) brochure **Werbeslogan** advertising slogan **Werbespot** commercial ◊ Er macht Werbespots fürs Fernsehen. He makes television commer-

cials. **Werbeträger** advertising medium* **Werbeträger(in)** brand ambassador ◊ Es gelang ihnen, ihn als Werbeträger zu gewinnen. They managed to recruit him as their brand ambassador. ◊ Als Tennisweltmeisterin ist sie eine wertvolle Werbeträgerin. As the world champion in tennis, she is worth a lot to her sponsors. **Werbetrommel die ~** (für etw/jdn) **rühren/schlagen** promote (sth/sb) ◊ Für den neuen Freizeitpark wird kräftig die Werbetrommel geschlagen. The new theme park is being heavily promoted. **werbewirksam** effective; (Slogan, Titel etc. auch) snappy* ◊ ein werbewirksames Plakat an effective poster
Werbung 1 advertising [U], publicity [U] ◊ Er arbeitet in der Werbung. He works in advertising. ◊ Auch ohne große Werbung ist das Musical seit Wochen ausverkauft. Despite getting very little publicity, the musical has been sold out for weeks. ◊ Werbung für ein Produkt machen advertise a product **2** (Anzeige, Spot etc.) advertisement ◊ Die Broschüre ist eine gute Werbung für die Stadt. The brochure is a good advertisement for the town. ◊ Ich bin gegen zu viel Werbung. I'm against too many advertisements. **3** (von Mitarbeitern) recruitment; (von Kunden etc.) attracting (oft mit einem Verb übersetzt) ◊ Unsere wichtigste Aufgabe ist die Werbung neuer Sponsoren. Our most important task is to attract new sponsors.
Werdegang history*; (Biografie) life story*; (beruflich) career; (auf einem Gebiet) education and experience; (Entwicklung) evolution ◊ ein Artikel über den Werdegang des Museums an article about the history of the museum ◊ sein sportlicher Werdegang his sporting career ◊ Der Artikel beschreibt seinen Werdegang zum Mörder. The article describes how he turned into a murderer.
werden 1 (mit Adjektiven) become*, get*, go*

> **Get** und **become** haben in Verbindung mit Adjektiven die gleiche Bedeutung, **become** ist jedoch viel formeller. Es wird immer schwieriger. It's getting/becoming more and more difficult. Mit bestimmten Adjektiven wird entweder **get** bzw. **become** verwendet: Jetzt wird er böse. Now he's getting angry. ◊ Sie wird leicht müde. She soon gets tired. ◊ Alle wurden nass. They all got wet. ◊ Gehen wir, es wird spät/kalt. Let's go. It's getting late/cold. ◊ Das Essen wird kalt. Your dinner's getting cold. ◊ besser/schlechter werden get better/worse ◊ berühmt/bekannt werden become famous/well known ◊ möglich/nötig werden become possible/necessary ◊ klar/irrelevant werden become clear/irrelevant.
>
> Mit Farben wird im britischen Englisch **go** oder (formeller) **turn** verwendet. Im amerikanischen Englisch ist nur **turn** möglich: Er wurde rot. He went red. ◊ Die Blätter werden schon gelb. The leaves are already turning yellow.
>
> Für bestimmte physische oder psychische Zustände wird so **go** gebraucht: blind/taub/kahl werden go blind/deaf/ bald ◊ Tu das Fleisch in den Kühlschrank, sonst wird es schlecht. Put the meat in the fridge or it'll go bad. ◊ Ich werde noch verrückt, wenn der Lärm nicht bald aufhört! I'll go mad if that noise doesn't stop!
>
> Manchmal wird **werden** mit einer ganz anderen Wendung übersetzt: Jetzt wird alles anders werden. Everything will be different from now on. ◊ Die Fotos sind geworden. The photos came out well. ◊ Die Fotos sind nichts geworden. The photos didn't come out. ◊ erwachsen werden grow up ◊ Sie wurde bewusstlos. She fainted.

2 (mit Nomina) become* ◊ Wann wurde er Premierminister? When did he become prime minister? ◊ Sie wurden Freunde. They became friends. ◊ Sie will Pilotin werden. She wants to be a pilot. ◊ Was willst du später mal werden? What do you want to be when you're older? ◊ Er wird Vater. He's going to be a father. ◊ Die Show wurde ein großer Erfolg. The show was a great success. ◊ werdende Mütter mothers-to-be ◊ Kurz wird wieder Mode. Short skirts are coming back into fashion. **3 Erste(r), Zweite(r) etc. ~** come* first, second, etc. ◊ Sie wurde Zweite. She came second. **4** (mit Altersangaben) be ◊ Ich werde nächstes Jahr 18. I'll be 18 next year. ◊ Er ist im Juli elf geworden. He was eleven in July. **5** (mit Zeitangaben) ◊ Es wird Winter. Winter is coming. ◊ Es wird gleich elf. It's nearly eleven. ◊ Es wird langsam Zeit, dass er anruft. It's time he called. ◊ Als *es Tag wurde, brachen wir auf.* We set off at dawn. **6 jdm wird schlecht, heiß etc.** ◊ *Beim Gehen wird dir schon warm werden.* You'll get warm as you walk. ◊ *Leg dich hin, vielleicht wird dir dann besser.* Lie down – maybe you'll feel better then. ◊ *Mir wird schlecht, wenn ich hinten sitze.* I feel sick when I sit in the back. ◊ *Ich aß drei Stück Kuchen und dann wurde mir schlecht.* I ate three pieces of cake and then I felt sick. ☛ *Hinweis bei* KRANK **7 aus jdm/etw wird etw** ◊ *Was ist aus ihr geworden?* Whatever happened to her? ◊ *Daraus wird nichts.* Nothing will come of that. ◊ *Aus Zuneigung wurde Liebe.* Affection turned to love. **8 zu etw werden** become* ◊ *Er ist zu einem Sicherheitsrisiko geworden.* He has become a liability. ◊ *Die Tuberkulose ist wieder zu einem Problem geworden.* TB has become a problem again. **9** (*zur Umschreibung des Konjunktivs*) would ◊ *Ich würde es nicht tun.* I wouldn't do it. **10** (*Vermutung*) ◊ *Er wird schon kommen.* I'm sure he'll come. ◊ *Du wirst schon Recht haben.* You're probably right. ◊ *Sie wird ihm doch nichts gesagt haben?* She won't have told him, will she? **11** (*zur Bildung des Futurs*) ☛ G 9.2c **12** (*zur Bildung des Passivs*) ☛ G 9.3

IDM **das kann/wird was werden!** What a terrible thought! **das wird schon wieder** it'll be all right ◊ *Keine Angst – das wird schon wieder.* Don't worry – it will be all right. ☛ Für andere Redewendungen mit **werden** siehe die Einträge für die entsprechenden Nomina etc. **Weich werden** z.B. steht unter **weich**.

werfen 1 throw* ◊ *den Ball ins Netz werfen* throw the ball into the net ◊ *Er warf die Tasche in die Ecke.* He threw the bag down in the corner. ◊ *Sie warf den Ball in die Höhe.* She threw the ball up in the air. ◊ *Sie warfen mit Steinen nach uns.* They threw stones at us. ◊ *mit Geld um sich werfen* throw money around ◊ *Er warf ihn aus dem Zimmer.* He threw him out of the room. ◊ *Sie warf sich vor einen Zug.* She threw herself under a train. ◊ *Lass mich auch mal werfen!* Let me have a throw! ◊ *einen Brief in den Briefkasten werfen* post a letter ◊ *die Tür ins Schloss werfen* slam the door ◊ *eine Münze werfen* toss a coin **2 jdn aus etw ~** (*Wettkampf etc.*) knock sb out of sth ◊ *Sie wurden in der ersten Runde aus dem Turnier geworfen.* They were knocked out of the tournament in the first round. **3** (*Junge kriegen*) have, produce ◊ *Die Katze hat fünf Junge geworfen.* The cat has had five kittens. ☛ Für Redewendungen mit **werfen** siehe die Einträge für die entsprechenden Nomina etc. **Das Handtuch werfen** z.B. steht unter **Handtuch**.

Werft shipyard

Werk 1 work ◊ *Mozarts letztes Werk* Mozart's last work ◊ *Brechts gesammelte Werke* the collected works of Brecht ◊ *die Rechte am Werk von Carl Orff* the rights to Carl Orff's music **2** (*Handlung, Tat*) deed, act ◊ *ein gutes Werk tun* do a good deed ◊ *ein Werk der Nächstenliebe* an act of charity ◊ *Der Einbruch war das Werk von Profis.* The break-in was a professional job. **3** (*Fabrik*) works* ◊ *Das Werk wird nächstes Jahr geschlossen.* The works is to be closed down next year. ☛ G 1.3b IDM **am Werk sein** ◊ *Da waren offenbar Amateure am Werk.* This was obviously an amateur job. ◊ *Die Polizei vermutet, dass wieder Brandstifter am Werk waren.* The police assume that this was once again the work of arsonists. **sich ans Werk machen** set* to work

werken work

Werken ⇨ WERKUNTERRICHT

Werk- Werkraum handicrafts room **Werksgelände** (factory) site **Werksleiter(in)** factory manager, works manager ☛ G 2.2d **Werkstatt** workshop; (*Auto-*) garage **Werkstoff** material **Werktag** weekday ◊ *Wir haben an Werktagen zwischen 9 und 17 Uhr geöffnet.* We are open weekdays from 9 a.m. to 5 p.m. **werktags** on weekdays ◊ *Dieser Zug verkehrt nur werktags.* This train only runs on weekdays. **Werktätige** workers [Pl] **Werkunterricht** design and technology **Werkzeug 1** tool (*auch fig*) ◊ *Er benutzte einen Stein als Werkzeug.* He used a stone as a tool. **2** (*Gesamtheit von Werkzeugen*) tools [Pl] ◊ *Das Werkzeug gehört Monika.* These are Monika's tools. **Werkzeugkasten** toolbox **Werkzeugmaschine** machine tool

Wermut 1 vermouth **2** (*Pflanze*) wormwood **Wermutstropfen** fly in the ointment ◊ *Der einzige Wermutstropfen war die Verletzung von Schulz.* The only fly in the ointment was Schulz's injury.

wert 1 worth ◊ *Was ist das Haus wert?* How much is the house worth? ◊ *Das Haus ist viel wert.* The house is worth a lot of money. ◊ *Es ist einen Versuch wert.* It's worth a try. ◊ *London ist immer eine Reise wert.* London is always worth a visit. ◊ *Die Konzertkarten sind mir das Geld wert.* These concert tickets are worth every penny as far as I'm concerned. ◊ *Dieser Ring ist nichts wert.* This ring isn't worth anything. ◊ *Dieses Gutachten ist nichts wert.* This report is worthless. **2 es ~ sein** deserve ◊ *Er ist es nicht wert, dass man ihm hilft.* He doesn't deserve any help. **3 etw ist (jdm) viel ~** sth means* a lot to sb IDM ⇨ GOLD *und* REDE

Wert 1 value ◊ *im Wert steigen/fallen* go up/down in value ◊ *Neuwagen verlieren im ersten Jahr sehr an Wert.* New cars depreciate considerably in value during the first year. ◊ *eine Rückkehr zu traditionellen Werten* a return to traditional values ◊ *Die Studie hat wenig praktischen Wert.* The study is of little practical value. ◊ *Schmuck im Wert von mehreren Millionen* jewellery worth millions ◊ *Diese Münze hat einen Wert von 2 000 Dollar.* This coin is worth 2 000 dollars. **2** (*Messung*) reading; (*Ergebnis*) result ◊ *Die heute gemessenen Werte waren über dem Durchschnitt.* The readings taken today were above the average. ◊ *die Werte der Blutuntersuchung* the results of the blood test ◊ *hohe Werte an giftigen Stoffen* high levels of toxins IDM **Das hat doch keinen Wert!** There's no point! ◊ *Spar dir die Mühe! Das hat doch keinen Wert!* Save yourself the effort! There's no point! **Wert auf etw legen** attach importance to sth; think* (that) sth is very important ◊ *Sie legt großen Wert auf Kleidung.* She attaches great importance to clothes. ◊ *Die Kunden legen Wert auf Qualität.* The customers think that quality is very important.

Wertarbeit craftsmanship, quality workmanship **Wertbrief** registered letter

werten 1 etw als etw ~ judge sth to be sth, regard sth as sth ◊ *Das Fest wurde von den Veranstaltern als Erfolg gewertet.* The festival was judged to have been a success by the organizers. ◊ *Ich werte seine Aussage als glaubwürdig.* I regard his statement as reliable. **2** (*benoten*) give* marks (for *sth*), give* *sth* a score; (*zählen*) count ◊ *Die Runden werden getrennt gewertet.* The rounds are given separate scores.

Wert- Wertesystem system of values **Wertewandel** change in values **wertfrei** neutral (*Adv* neutrally) ◊ *eine wertfreie Beschreibung* a neutral description ◊ *eine wertfreie Bildungspolitik* an education policy that is not ideologically motivated **Wertgegenstände** valuables [Pl] **Wertigkeit 1** value **2** (CHEM) valency*, (*AmE*) valence **wertlos 1** worthless **2** (*nutzlos*) useless ◊ *wertlose Informationen* useless information

Wert- Wertmaßstab (*Maßstab*) moral standard; (*Wert*) value ◊ *der Verfall der Wertmaßstäbe* a decline in moral standards ◊ *christliche Wertmaßstäbe* Christian values **Wertpapier** security*; (*Aktie*) share **Wertpapierbestand** portfolio* **Wertsachen** ⇨ WERTGEGENSTÄNDE **Wertstoff** recyclable material **Wertstofftonne** recycling bin **Wertstoffsammlung** recycling collection **Wertstoffhof** recycling point **Wertung 1** (*Punktezahl*) score ◊ *Wer erzielte die beste Wertung?* Who achieved the highest score? **2** (*Wettbewerb*) competition ◊ *Baum ist nicht mehr in der Wertung.* Baum is out of the competition. **3** (*Werturteil*) value judgement

wertvoll valuable; (*Ressourcen, Trinkwasser etc. auch*) precious ◊ *wertvolle Diamanten* valuable diamonds ◊ *wertvolle Ratschläge* valuable advice ◊ *historisch wertvolle Gebäude* buildings of historic value

Wertvorstellungen values [Pl]

Wesen 1 (*Lebe-*) being; (*Geschöpf*) creature ◊ *menschliche Wesen* human beings ◊ *ein überirdisches Wesen* a supernatural being ◊ *außerirdische Wesen* extraterrestrial beings ◊ *ein käferähnliches Wesen* a beetle-like creature **2** (*Beschaffenheit*) nature; (*Wesenskern*) essence ◊ *Das Buch gibt einen Einblick in das Wesen islamischen Denkens.* The book gives an insight into the nature of Islamic thought. ◊ *Diese Sonate verkörpert das Wesen seiner Musik.* This sonata captures the essence of his music. **3** (*Charakter*) character, nature ◊ *Das hat ihr eigentliches Wesen gezeigt.* That showed her true character. ◊ *Pia hat ein sehr freundliches Wesen.* Pia has a very friendly nature.

Wesenszug characteristic, (character) trait

wesentlich 1 *Adj* (*von entscheidender Bedeutung*) essential, main (*nur vor Nomen*); (*wichtig*) important ◊ *ein wesentlicher Bestandteil* an essential component ◊ *der*

weshalb

wesentliche Grund dafür the main reason for it ◇ *ein wesentlicher Faktor* an important factor **2** *Adj* (*grundlegend*) fundamental, basic (*nur vor Nomen*) ◇ *Wir verlangen wesentliche Änderungen.* We are demanding fundamental changes. ◇ *Der wesentliche Unterschied ist, dass ...* The basic difference is that ... **3** *Adj* (*erheblich*) substantial, major ◇ *eine wesentliche Erhöhung der Zuschüsse* a substantial increase in subsidies ◇ *ein wesentliches Hindernis* a major obstacle **4** *Adv* (*weit*) much; (*erheblich*) considerably ◇ *Das ist wesentlich dringender.* This is much more urgent. ◇ *Das wäre wesentlich einfacher.* That would be considerably easier. ◇ *Er hat wesentlich zu unserem Erfolg beigetragen.* He has played a considerable part in our success. IDM **im Wesentlichen** basically; (*im Großen und Ganzen*) by and large ◇ *Der Kompromiss sieht im Wesentlichen vor, dass ...* The compromise basically ensures that ... ◇ *Die Untersuchung hat unsere Vermutungen im Wesentlichen bestätigt.* The study has by and large confirmed our suppositions. **um ein Wesentliches** considerably
weshalb why ☞ *Beispiele bei* WARUM
Wespe wasp
Wespennest wasp's nest IDM **sich in ein Wespennest setzen** stir* up a hornet's nest
Wespen- Wespenstich wasp sting **Wespentaille** wasp waist
wessen whose ◇ *Wessen Fahrrad ist das?* Whose bicycle is this? ◇ *Ich weiß nicht, in wessen Zuständigkeitsbereich der Vorgang fällt.* I don't know whose area of responsibility this is.
West west, West
West- west, western (*Abk* W) ◇ *ein Westwind* a west wind ◇ *die Westküste Irlands* the west coast of Ireland ◇ *Westeuropa* Western Europe ☞ *Hinweis bei* NORDEN
Weste **1** waistcoat, (*AmE*) vest; (*Strickjacke*) cardigan ◇ *Zieh dir eine Weste an.* Put a cardigan on. ◇ *Er trug einen Anzug mit Weste.* He wore a three-piece suit. **2** *eine kugelsichere/schusssichere* ~ a bulletproof vest IDM **eine weiße/reine/saubere Weste haben** have an unblemished record ◇ *ein Politiker mit sauberer Weste* a politician with an unblemished record
Westen **1** west; (*Gebiet auch*) West (*Abk* W) ◇ *Sie fuhren nach Westen.* They travelled west. ◇ *Von Westen her bläst ein kalter Wind.* There's a cold wind blowing from the west. ◇ *Das Wohnzimmer liegt nach Westen.* The living room faces west. ◇ *im Westen des Landes* in the west of the country ◇ *Sie kommt aus dem Westen.* She comes from the west. ◇ *Der Westen hat zu dem Coup noch nicht Stellung genommen.* The West has not yet made any statement on the coup. **2** *der Wilde* ~ the Wild West
Westentasche waistcoat pocket, (*AmE*) vest pocket IDM **etw wie seine Westentasche kennen** know* sth like the back of your hand
Western western
westindisch West Indian
westlich **1** (*Richtung, Wind*) westerly ◇ *Der Wind kommt aus westlicher Richtung.* The wind is coming from a westerly direction. **2** (*Gebiet*) western ◇ *im westlichen Europa* in western Europe ◇ *die westliche Welt* the western world **3** ~ (**von**) west (of), to the west (of) ◇ *Ich wusste nicht, das es so weit westlich liegt.* I didn't know it was so far west. ◇ *westlich der Grenze* to the west of the border
westlichste(r,s) westernmost
Westmächte Western powers [Pl]
westwärts westward(s)
Westwind west wind ◇ *Bei Westwind gibt es oft Regen.* It often rains when there's a west wind.
weswegen why; (*deshalb*) which is why
Wettbewerb competition ◇ *Die Fluggesellschaften stehen im Wettbewerb miteinander.* The airlines are in competition with each other. ◇ *Er liegt in dem Wettbewerb vorne.* He's first in the competition. ◇ *Unter den Herstellern herrscht ein harter Wettbewerb.* There's keen competition between the manufacturers.
Wettbewerber(in) competitor
Wettbewerbs- Wettbewerbsbedingungen terms of the competition [Pl] **wettbewerbsfähig** **1** *Adj* competitive **2** *Adv* on a competitive basis **Wettbewerbsfähigkeit** competitiveness **Wettbewerbsteilnehmer(in)** competitor
Wette **1** bet ◇ *Sie gingen eine Wette ein.* They made a bet. ◇ *Die Wette ging um ein Bier.* The bet was a beer. ◇ *Sie hat mit ihrem Bruder eine Wette um eine Tafel Schokolade abgeschlossen.* She bet her brother a bar of chocolate. ◇ *Ich gehe jede Wette ein, dass er verschlafen hat.* I'll bet you anything that he has overslept. ◇ *Die Wette gilt!* It's a bet then! **2** *etw* **um die ~ tun** ◇ *Sie liefen um die Wette.* They raced each other. ◇ *Sie tranken Schnaps um die Wette.* They had a schnapps-drinking competition. ◇ *Die beiden schnarchten um die Wette.* One was snoring as loud as the other.
wetteifern compete ◇ *Sie wetteiferte mit ihrer Kollegin um die Gunst des Chefs.* She competed with her colleague for the boss's favour. ◇ *Die Geschwister haben schon immer gewetteifert.* The brothers and sisters have always competed with each other.
wetten bet* ◇ (*Wollen wir*) *wetten?* Do you want to bet? ◇ *Worum sollen wir wetten?* What shall we bet? ◇ *Ich wette auf einen Sieg der Holländer.* I bet the Dutch will win. ◇ *Ich wette mit dir um eine Flasche Wein.* I'll bet you a bottle of wine. ◇ *So haben wir nicht gewettet.* That wasn't part of the deal. IDM **wetten (dass)?** how much do you want to bet?
Wetter **1** weather ◇ *Wir hatten tolles Wetter.* The weather was great. ◇ *Wie ist das Wetter?* What's the weather like? ◇ *Bei schönem Wetter gehen wir täglich spazieren.* We go for a walk every day when the weather is nice. ◇ *Bei diesem Wetter gehe ich nicht vor die Tür.* I don't go out in weather like this. ◇ *Wenn das Wetter mitspielt, machen wir ein Picknick.* Weather permitting, we'll have a picnic. **2** (*Unwetter*) storm IDM ⇨ WIND
Wetteramt meteorological office **Wetteraussichten** outlook [Sing] ◇ *Die Wetteraussichten sind gut.* The outlook is good. **Wetterbericht** weather forecast ◇ *Im Wetterbericht wurde Schnee angesagt.* The weather forecast said there'd be snow. **wetterfest** weatherproof **Wetterhahn** weathervane **Wetterlage** weather situation
wettern rant ◇ *„Das ist ein Skandal!", wetterte er.* 'It's an outrage!' he ranted. ◇ *Er wettert ständig gegen seinen Vorgesetzten.* He's always ranting and raving about his boss.
Wettervorhersage weather forecast
Wett- Wettkampf competition ◇ *Sie beendete den Wettkampf auf dem dritten Rang.* She came third in the competition. **Wettkämpfer(in)** competitor
Wettlauf race ◇ *einen Wettlauf machen* run a race IDM **ein Wettlauf mit der Zeit** a race against time
wettmachen *etw* ~ make* up for sth ◇ *Er machte seinen Fehler wieder wett.* He made up for his mistake. ◇ *Es gelang ihr den Rückstand wettzumachen.* She managed to close the gap. IDM ⇨ BODEN
Wett- Wettrennen race ◇ *ein Wettrennen machen* have a race **Wettrüsten** arms race **Wettstreit** competition; **mit jdm im ~ (um etw) liegen** compete with sb (for sth) ◇ *Sie liegen mit den Schweden im Wettstreit um den Titel.* They're competing with Sweden for the title.
wetzen **1** sharpen **2** (*rennen*) dash (*umgs*)
Whirlpool® Jacuzzi™
Whisky whisky* ◇ *Sie trank einen Whisky Soda.* She had a whisky and soda ◇ *Er bestellte zwei Whisky.* He ordered two whiskies. ☞ Schottischer Whisky heißt auch **scotch**. In Irland ist die Schreibung „whiskey".
wichsen **1** polish **2** *jdm eine* ~ deck sb one **3** (*masturbieren*) wank (*vulg, Slang*), (*AmE*) jerk off (*vulg, Slang*)
Wichser wanker (*vulg, Slang*)
wichtig **1** important ◇ *Das Wichtigste ist, dass sie glücklich sind.* The most important thing is that they are happy. ◇ *was noch wichtiger ist:...* more importantly,... **2** ☞ WICHTIGTUERISCH☞ *Hinweis bei* IMPORTANT *und* NECESSARY IDM **etw/sich (sehr/zu) wichtig nehmen** take* sth/yourself (very/too) seriously **nichts Wichtigeres zu tun haben, als ...** not have anything better to do than ... **sich (mit etw) wichtig machen/tun** show off (about sth) **sich wichtig vorkommen** be full of yourself **wichtig tun** be pompous
Wichtigkeit importance
wichtigtuerisch pompous (*Adv* pompously)
wickeln **1** wind* ◇ *Sie wickelte die Wolle zu einem Knäuel.* She wound the wool into a ball. **2** (*herumwickeln*) wrap* ◇ *ein Geschenk in Seidenpapier wickeln* wrap a present up in tissue paper ◇ *Er wickelte den Kaugummi aus dem Papier.* He took the chewing gum out of its wrapper. **3** (*verbinden*) bandage ◇ *Die Krankenschwester wickelte ihm den Arm.*

The nurse bandaged his arm. **4** (*windeln*) change (*umgs*) ◊ *Ich habe das Baby frisch gewickelt.* I've changed the baby. **IDM** **schief/falsch gewickelt sein** be very much mistaken ☛ *Siehe auch* FINGER

Widder 1 ram **2** (*Sternzeichen*) Aries; (*Sternbild*) the Ram ◊ *Mein Bruder ist (ein) Widder.* My brother's an Aries.

wider against ◊ *wider die Ordnung handeln* go against the rules ◊ *Es geschah wider meinen Willen.* It happened against my will. ◊ *wider alle Vernunft* contrary to reason **IDM** ⇨ FÜR, NATUR und WILLE

widerborstig 1 *Adj* recalcitrant **2** *Adv* obstinately

widerfahren jdm widerfährt etw sb suffers sth; (*Recht, Unrecht*) sth is done to sb ◊ *In ihrem Leben ist ihr viel Unglück widerfahren.* She has suffered many misfortunes in her life. ◊ *Man hat ihm bis heute nicht Gerechtigkeit widerfahren lassen.* Justice still hasn't been done to him.

Wider- Widerhaken barb **Widerhall** echo* (*auch fig*) **widerhallen 1** echo ◊ *Seine Schritte hallten in der Kirche wider.* His footsteps echoed around the church. **2 von etw ~** resound with sth

widerlegen etw ~ disprove sth; jdn ~ prove sb wrong

widerlich 1 *Adj* disgusting **2** *Adv* horribly ◊ *Das schmerzt widerlich.* It hurts horribly. ◊ *Er lachte widerlich.* He laughed nastily.

wider- widerrechtlich unlawful (*Adv* unlawfully); (*verboten*) illegal (*Adv* illegally) ◊ *Er wurde widerrechtlich inhaftiert.* He was unlawfully arrested. ◊ *widerrechtliche Abfallbeseitigung* illegal dumping ◊ *sich etw widerrechtlich aneignen* misappropriate sth **Widerruf** revocation; (*im Geschäftsleben*) cancellation; (*Aussage*) retraction (*oft mit einem Verb übersetzt*) ◊ *Er wurde zum Widerruf seiner Lehre gezwungen.* He was forced to revoke his teachings. ◊ *ein Recht auf Widerruf haben* have the right to cancel ◊ *Der Widerruf sollte in der Zeitung abgedruckt werden.* The retraction is to be printed in the paper. ◊ *bis auf Widerruf* until further notice **widerrufen** revoke; (*Aussage*) retract ◊ *Sie widerriefen das Abkommen.* They revoked the agreement.

Wider- Widersacher(in) adversary* **widersetzen** sich jdm/etw ~ oppose sb/sth; (*physisch*) resist sb/sth ◊ *Sie widersetzte sich unseren Plänen.* She opposed our plans. ◊ *Er widersetzte sich seiner Festnahme mit Gewalt.* He violently resisted arrest. **widersinnig** absurd **widerspenstig** awkward ◊ *Manchmal zeigt sich der Computer widerspenstig.* The computer is sometimes awkward. ◊ *Meine Haare sind heute furchtbar widerspenstig.* My hair is completely unmanageable today. **widerspiegeln 1** reflect ◊ *Das Wasser spiegelte das Haus wider.* The water reflected the house. ◊ *Der Artikel spiegelt das Leben auf dem Land wider.* The article is a reflection of life in the country. **2 sich in etw ~** be reflected in sth ◊ *Die Sterne spiegelten sich im Meer wider.* The stars were reflected in the sea. **widersprechen** contradict ◊ *Sie widerspricht ihrem Vater ständig.* She's always contradicting her father. ◊ *Er widersprach dem Vorwurf seines Vorgesetzten.* He denied his boss's accusation. ◊ *Das widerspricht meiner Überzeugung.* That goes against my conviction. ◊ *Sein Anwalt hat dem Urteil widersprochen.* His lawyer protested against the sentence. **Widerspruch 1** contradiction ◊ *jdn zum Widerspruch reizen* invite contradiction from sb ◊ *Das ist ein Widerspruch in sich selbst.* That's a contradiction in terms. ◊ *Er hat sich in seiner Rede in Widersprüche verwickelt.* He kept contradicting himself in his speech. ◊ *Sie verträgt/duldet keinen Widerspruch.* What she says goes. **2** (RECHT) ~ einlegen appeal **3** (*Gegensatz*) conflict ◊ *in Widerspruch zu etw geraten* come into conflict with sth ◊ *Seine Ansichten stehen im Widerspruch zu der Mehrheit der Wähler.* His views conflict with those of the majority of voters. **widerspruchslos 1** *Adj* unquestioning **2** *Adv* without contradiction **widersprüchlich** contradictory (*Adv* contradictorily); (*Verhalten, Handlung*) inconsistent (*Adv* inconsistently)

Widerstand 1 resistance; (*Ablehnung*) opposition ◊ *bewaffneter Widerstand* armed resistance ◊ *Sie haben ihren Widerstand gegen die Reform aufgegeben.* They have given up their opposition to the reform. ◊ *Er ließ sich ohne Widerstand festnehmen.* He did not resist arrest. ◊ *zum bewaffneten Widerstand aufrufen* call people to arms **2** (jdm/etw) ~ **leisten** offer resistance (to sb/sth) **3** (*Hindernis*) obstacle ◊ *Er gibt schon beim geringsten Widerstand auf.* He gives up at the slightest obstacle. **4** (ELEK) resistor **IDM** ⇨ WEG

Widerstandsbewegung resistance movement **widerstandsfähig** resistant; (*Pflanze*) hardy **Widerstandsfähigkeit** resistance; (*Pflanze*) hardiness **Widerstandskämpfer(in)** resistance fighter **Widerstandskraft** resistance **widerstandslos** without resistance ◊ *Unser Vorschlag wurde widerstandslos angenommen.* Our suggestion was accepted without resistance. ◊ *Sie ließ sich widerstandslos festnehmen.* She did not resist arrest. ◊ *Wir werden nicht widerstandslos aufgeben.* We won't give up without a fight.

widerstehen jdm/etw ~ resist sb/sth ◊ *Er konnte der Versuchung nicht widerstehen.* He couldn't resist temptation.

widerstreben 1 etw widerstrebt jdm sb cannot* abide sth ◊ *Unlogik widerstrebt mir zutiefst.* I really cannot abide illogicality. **2 es widerstrebt jdm etw zu tun** sb is reluctant to do sth

widerstrebend 1 reluctant (*Adv* reluctantly) **2** (*Interessen*) conflicting

Widerstreben reluctance ◊ *nach anfänglichem Widerstreben* after some initial reluctance

widerstreitend (*einander*) ~ conflicting ◊ (*einander*) *widerstreitende Meinungen* conflicting opinions

widerwärtig repulsive; (*Geschmack, Geruch*) disgusting; (*Benehmen*) offensive

Widerwille 1 ~ (gegen etw/jdn) (*Ekel*) disgust (at sth/sb) ◊ *mit sichtlichem Widerwillen* with visible disgust ◊ *Solche Bilder erzeugen unwillkürlich einen Widerwillen.* Pictures like these arouse involuntary feelings of disgust. **2 ~** (gegen etw/jdn) (*Abneigung*) aversion (to(wards) sth/sb) (*gehoben*) ◊ *ein Widerwille gegen alles Neue* an aversion to anything new **3** (*Zurückhaltung*) reluctance ◊ *Sie stimmte nur mit Widerwillen zu.* She agreed only with reluctance.

widerwillig reluctant (*Adv* reluctantly)

Widerworte ~ geben answer back; **keine ~!** don't argue!

widmen 1 etw jdm/etw ~ devote sth to sb/sth; **sich** jdm/etw ~ devote yourself to sb/sth **2** jdm etw ~ (*Gedicht, Werk etc.*) dedicate sth to sb

Widmung dedication ◊ *Er schrieb ihr eine persönliche Widmung in das Buch.* He wrote a personal dedication to her in the book.

wie

● **in direkten und indirekten Fragesätzen 1** (*auf welche Art und Weise, mit welchen Mitteln, in welchem Grad*) how ◊ *Wie schreibt man das?* How do you spell that? ◊ *Wie gefällt dir die neue Schule?* How do you like your new school? ◊ *Wie kommt es, dass so wenig Leute hier sind?* How is it that there are so few people here? ◊ *Wie groß ist euer Garten?* How big is your garden? ◊ *Wie lange wohnst du schon hier?* How long have you been living here? ◊ *Ich weiß nicht, wie lange er bleiben kann.* I don't know how long he can stay. ◊ *Wie schrecklich!* How terrible! **2** (*durch welche Merkmale gekennzeichnet*) what ... like ◊ *Wie war das Wetter?* What was the weather like?

> **How** oder **what ... like?** Wenn man sich nach dem Wohlbefinden einer Person erkundigt, verwendet man **how**: *Wie geht's (dir)?* How are you?
>
> Wenn man nach dem Charakter oder Aussehen fragt, gebraucht man **what ... like**: *Wie ist der neue Trainer?* What's the new coach like? ◊ *Wie du wieder aussiehst!* What on earth do you look like!

3 (*was*) what ◊ *Wie heißt du?* What's your name? ◊ *Wie spät/wie viel Uhr ist es?* What time is it? ◊ *Ich frage mich, wie sie darüber denkt.* I'm wondering what she thinks about it. ◊ *Wie schade!* What a pity! **4** (*als Frageanhängsel*) ◊ *Da staunst du, wie?* That surprises you, doesn't it? ◊ *Wohl verrückt geworden, wie?* Are you mad, or what?

● **in Vergleichen 5** as; (*genau*) (so) ... ~ (as) ... as ◊ *wie gewöhnlich* as usual ◊ *Er ist (genau) so alt wie ich.* He is as old as I am. ◊ (*so*) *schwarz wie Kohle* (as) black as pitch ◊ *Komm so schnell wie möglich.* Come as fast as you can. ◊ *Klug, wie er ist, schaffte er den Test trotzdem.* Being the clever person he is, he got through the test after all. ◊ *wie stark du auch sein magst* ... however strong you are ... **6** (*nach Nomen und Verben*) like ◊ *Er schrie wie verrückt.* He was shrieking like a madman. ◊ *Er weinte wie ein Kind.* He cried like a child. ◊ *eine Frau wie sie* a woman like her

7 genau (so) ~ jd/etw the same way (as) sb/sth, like sb/sth ◊ *Mir geht es genau wie dir.* I feel the same way you do.

> **Like** ist eine Präposition und steht vor Nomina und Pronomina: *She has blue eyes like me.* **As** ist eine Konjunktion und ein Adverb und steht vor Nebensätzen und Adverbien: *She enjoys all kinds of music, as I do.* In der Umgangssprache wird **like** oft als Konjunktion oder Adverb anstelle von **as** verwendet: *nobody understands him like I do.* ◊ *I don't want to upset him again like before.* Dieser Gebrauch von **like** ist geläufig, gilt aber in der Schriftsprache als nicht korrekt.

8 (*als ob*) as if ◊ *Sie fühlte sich wie vor den Kopf geschlagen.* She felt as if she'd been hit on the head. ◊ *wie zufällig* as if by accident **9** (**auf**) **die Art,** ~ …; (**so**), ~ … the way (in which) … ◊ *Ich finde die Art, wie du mit ihr redest, unmöglich.* I find the way you speak to her outrageous. ◊ *Er macht alles so, wie er es zu Hause gelernt hat.* He does everything the way he learned it at home. ◊ *Er sah, wie sie den Raum verließ.* He saw her leave the room. ◊ *Es kam alles so, wie ich gehofft hatte.* Everything happened just as I had hoped.
• **in Aufzählungen (von Beispielen) etc. 10** ~ (**zum Beispiel**) like … (, for example,) ◊ *Einige Mannschaften, wie (zum Beispiel) die Australier,* … Some teams, like the Australians(, for example,) … ◊ „*L" wie „Ludwig".* 'L' for 'Ludwig' **11** ~ (**auch**) as well as ◊ *Jungen wie auch Mädchen nahmen an dem Kurs teil.* Boys as well as girls attended the course. ☛ *Siehe auch* BITTE

IDM aber/und wie! and how! ◊ *Den haben wir verdroschen, aber wie!* We thrashed him, and how! ◊ „*Hat es dir geschmeckt?" „Und wie!"* 'Did you enjoy that?' 'And how!' **wie bitte?** (I beg your) pardon?, sorry? (*umgs*) **wie dem auch sei** still **wie denn?** and how …? ◊ „*Sprich mit ihm!" „Wie denn? Er ist doch nie da."* 'Speak to him!' 'And how am I supposed to do that? He's never there.' **wie wäre es (mit)** …**?** how about …? ◊ *Wie wär's mit einem Kaffee?* How about a coffee? ◊ *Wie wäre es, wenn du mitkommst?* How about coming too? ☛ *Siehe auch* NICHTS

wieder 1 again; **schon/mal ~** yet again ◊ *Ich will dich nie wieder sehen!* I never want to see you again! ◊ *Er hat schon wieder angerufen.* He has rung yet again. ◊ *Wir sollten sie wieder mal besuchen.* We ought to visit her again some time. ◊ *immer wieder* again and again ◊ *Geht es dir wieder besser?* Are you feeling better? ◊ *Ich bin gleich wieder da.* I'll be back in a moment. **2** ☛ In Verbindung mit Verben wird „wieder" meist mit der Vorsilbe **re-** übersetzt oder seltener mit **again**. Siehe auch die Einträge für die jeweiligen Verben. ◊ *etw wieder verwenden* reuse sth ◊ *Ich habe ihn nicht wieder erkannt.* I didn't recognise him. ◊ *Sie ist wieder gewählt worden.* She was re-elected. ◊ *jdn wieder sehen* see/meet sb again ◊ *Er ist verschwunden und nicht wieder aufgetaucht.* He disappeared and didn't come back. **3** (*noch*) yet ◊ *Die meisten haben zugesagt, andere haben sich entschuldigt und wieder andere haben gar nicht geantwortet.* Most people accepted, others made their excuses and others again did not reply at all. **4** (*zur Betonung*) just ◊ *Wie du wieder aussiehst!* Just look at you! ◊ *Das ist wieder typisch!* Isn't that just typical! ◊ *Das sieht dir wieder ähnlich!* That's just like you! ◊ *Wo hast du wieder gesteckt?* (Just) where have you been hiding yourself? **5 auch ~ (nicht)** ◊ *Da hast du auch wieder Recht.* You're right there. ◊ *Ganz so dramatisch sehe ich das auch wieder nicht.* I don't take quite such a melodramatic view of it. ◊ *So klug war er auch wieder nicht.* He wasn't that clever after all. **IDM** ⇨ HIN

Wiederaufbau reconstruction [U] (*auch fig*); (*von Gebäuden etc.*) rebuilding [U] ◊ *der Wiederaufbau des Landes nach dem Krieg* the country's post-war reconstruction

Wiederaufbereitung recycling [U] ◊ *eine Anlage für die Wiederaufbereitung von Atommüll* a nuclear waste recycling plant

Wiederaufbereitungsanlage recycling plant

Wiederaufnahme 1 resumption [U]; (*von Beziehungen*) re-establishment [U] **2** (*in einen Verein, eine Partei etc.*) readmittance [U] (*meist mit einem Verb übersetzt*); (*ins Krankenhaus*) readmission ◊ *Seiner Wiederaufnahme in die Partei steht nichts mehr im Wege.* There is nothing to stop him being readmitted into the party.

Wiederaufrüstung rearmament [U]

wiederbekommen ⇨ ZURÜCKBEKOMMEN

Wiederbelebung revival; (*eines Menschen auch*) resuscitation [U]

Wiederbelebungsversuch resuscitation attempt; (*fig*) attempt at revival

wiederbringen ⇨ ZURÜCKBRINGEN

Wiedereinführung reintroduction

Wiedereingliederung reintegration [U]; (*in die Gesellschaft*) rehabilitation

Wiedereröffnung reopening

Wiedergabe 1 account; (*Schilderung*) description ◊ *eine ziemlich genaue Wiedergabe der Ereignisse* a fairly accurate account of events ◊ *eine stimmungsvolle Wiedergabe des Geschehens* an atmospheric description of what happened **2** (*Zitieren*) quotation ◊ *die wörtliche Wiedergabe einer Rede* the word for word quotation of a speech **3** (*Übersetzung*) translation (*oft mit einem Verb übersetzt*) ◊ *Die Wiedergabe dieses Wortspiels im Deutschen ist unmöglich.* It is impossible to translate this pun into German. **4** (*künstlerische Darstellung*) portrayal (*oft mit einem Verb übersetzt*) ◊ *Ihm geht es nicht um die naturalistische Wiedergabe der Landschaft.* He is not concerned with portraying the landscape in a naturalistic way. **5** (MUS) (*Darbietung*) interpretation **6** (*mit technischen Hilfsmitteln*) reproduction [U] ◊ *die Wiedergabe der Farben* the reproduction of the colours ◊ *digitale Kassetten für die Aufnahme und Wiedergabe von Musik* digital cassettes for recording and playing back music **7** ⇨ RÜCKGABE

wiedergeben 1 ⇨ ZURÜCKGEBEN **2** (*darstellen*) give* (an account of) *sth*; (*schildern*) describe; (*zitieren*) quote ◊ *etw gekürzt wiedergeben* give a shortened account/version of sth ◊ *die Art, wie die Ereignisse wiedergegeben wurden* the way events were described ◊ *Seine Worte wurden nicht korrekt wiedergegeben.* What he said was not quoted correctly. ◊ *etw im Wortlaut wiedergeben* quote sth verbatim **3** (*Gefühle, Eindrücke*) express **4** (*übersetzen*) translate ◊ *Dieses Wortspiel kann man auf Deutsch nicht wiedergeben.* You cannot translate this pun into German. ◊ *Sie gab seine Worte auf Französisch wieder.* She translated his words into French. **5** (*künstlerisch darstellen*) portray; (*Stimmung, Atmosphäre*) convey **6** (*mit technischen Hilfsmitteln*) reproduce

Wiedergeburt 1 (REL) reincarnation **2** (*Erneuerung*) rebirth ◊ *die politische Wiedergeburt des Landes* the country's political rebirth

wiedergewinnen ⇨ ZURÜCKGEWINNEN

Wiedergutmachung 1 (*meist mit einem Verb übersetzt*) ◊ *Die Wiedergutmachung des Schadens wird Millionen kosten.* Repairing the damage will cost millions. ◊ *Sie verlangten die Wiedergutmachung des Unrechts.* They demanded that this wrong be put right. ◊ *als Wiedergutmachung für meine Unhöflichkeit* to make up for my rudeness **2** (*Geldsumme*) compensation [U]

wiederhaben etw ~ have sth back; **etw ~ wollen** want sth back

wiederherstellen restore; (*Beziehungen etc.*) re-establish; **jdn ~** restore sb to health

Wiederherstellung restoration [U]; (*von Beziehungen, eines Rechts etc.*) re-establishment [U]

wiederholen¹ ⇨ ZURÜCKHOLEN

wiederholen² 1 repeat; (*Prüfung*) resit*; (*Lernstoff*) revise, (*AmE*) review **2** (*Spiel*) replay; (*Elfmeter*) retake* **3 sich ~** (*noch einmal sagen*) repeat yourself **4 sich ~** (*Muster etc.*) be repeated; (*ein weiteres Mal geschehen*) happen again

wiederholt repeated (*nur vor Nomen*) (*Adv* repeatedly) ◊ *wegen wiederholten Foulspiels* for repeated foul play ◊ *Sie ist zum wiederholten Mal(e) betrunken am Steuer ertappt worden.* She's been caught drink-driving again.

Wiederholung 1 repetition (*oft mit einem Verb übersetzt*) ◊ *Die Wiederholung des Experiments brachte ein anderes Ergebnis.* The repetition of the experiment produced a different result. ◊ *Auf die Wiederholung meiner Frage antwortete er immer noch nicht.* He still didn't answer even when I repeated my question. **2** (*einer Prüfung*) resit; (*eines Lernstoffs*) revision, (*AmE*) review ◊ *ein paar Übungen zur Wiederholung* a few revision exercises ◊ *eine Wiederholung des Stoffs der letzten Unterrichtsstunde* revision of material from the previous lesson **3** (*Wiederholungssendung*) repeat **4** (*Spiel*) replay; (*Elfmeter*) retake

Wiederholungsspiel (SPORT) replay **Wiederholungstäter(in)** (zum zweiten Mal) second offender; (zum wiederholten Mal) habitual offender

Wiederhören (auf) ~ goodbye

wiederkäuen 1 ruminate (gehoben), chew the cud **2** (fig) regurgitate

Wiederkäuer ruminant

wiederkehren 1 return **2** (sich wiederholen) recur* ◊ ein immer wiederkehrender Traum a recurring dream

wiederkommen 1 come* back; (wieder ankommen) be back ◊ Kannst du morgen wiederkommen? Can you come back tomorrow? ◊ Mach dir keine Sorgen, ich komme wieder! Don't worry, I'll be back! ◊ Wann kommst du wieder? When will you be back? **2** (sich wiederholen) ◊ Diese Chance kommt so bald nicht wieder. It'll be a while before you get such a chance again.

Wiedersehen 1 ◊ Freust du dich auf das Wiedersehen mit deinen alten Freunden? Are you looking forward to seeing your old friends? ◊ Sie feierten ihr Wiedersehen. They were celebrating seeing each other again. ◊ Auf ein baldiges Wiedersehen! Hope to see you again soon! **2 (auf)** ~ goodbye ◊ Sag ihnen auf Wiedersehen. Say goodbye to them.

wiederum 1 again ◊ Hier haben wir wiederum zwei Möglichkeiten. We have two options again here. ◊ Gestern wurden sie wiederum Opfer eines Einbruchs. They were the victims of another burglary yesterday. **2** (andererseits) on the other hand, however ◊ Viele bewundern ihn, andere wiederum ... Many admire him, on the other hand others ... ◊ Das wiederum könnte Vorteile bringen. That, however, could have advantages.

Wiedervereinigung reunification; (einer Familie etc.) reunion

Wiederverwertung recycling [U] ◊ die Wiederverwertung von Papier paper recycling ◊ Müll der Wiederverwertung zuführen send rubbish to be recycled

Wiederwahl re-election ◊ Er hat sich zur Wiederwahl gestellt. He stood for re-election.

Wiege cradle (auch fig) IDM **jdm ist etw in die Wiege gelegt worden** sb is born with sth ◊ Das Talent zur Musik war ihm schon in die Wiege gelegt worden. He was born with a gift for music.

wiegen¹ 1 weigh ◊ Der Koffer wiegt 16 Kilo. The suitcase weighs 16 kilos. **2 schwer** ~ ◊ Seine Entscheidung wog schwer. His decision was a weighty one. ◊ Selbst geringfügig geminderte Erträge wiegen schwer. Even minimally reduced yields are a serious matter.

wiegen² 1 (schaukeln) rock ◊ Er wiegte das Kind in den Armen. He rocked the child in his arms. **2 sich** ~ sway ◊ sich im Takt der Musik wiegen sway in time to the music ◊ sich in den Hüften wiegen sway your hips ◊ Sie hat einen wiegenden Gang. She sways her hips when she walks. IDM ⇨ SICHERHEIT

wiehern whinny*; (vor Lachen) bray ◊ Er wieherte vor Lachen. He brayed with laughter. ◊ Es war zum Wiehern! It was hilarious!

Wiese meadow ◊ auf der Wiese in the meadow IDM **auf der grünen Wiese** (vor der Stadt) in the open country

Wiesel weasel

wieso why, how come (umgs) ◊ Wieso hast du mir nichts davon gesagt? Why didn't you mention it to me? ◊ Wieso weißt du das? How come you know that?

wievielte(r,s) ◊ Zum wievielten Mal hast du jetzt angerufen? How many times have you rung now? ◊ Das wievielte Bier ist das? How many beers is that now? ◊ Den Wievielten haben wir heute? What date is it today?

wieweit to what extent ◊ Die Frage ist, wieweit er dazu überhaupt in der Lage ist. The question is: to what extent is he actually able to do that.

wild 1 wild; (Landschaft etc.) rugged; (Kind etc.) unruly; (nicht zivilisiert) savage ◊ wild lebende Tiere wild animals ◊ Die Kinder rannten wild im Garten herum. The children were running wild in the garden. ◊ wilde Löwen lions in the wild ◊ ein Mann mit wildem Bart a man with an unruly beard ◊ eine wilde Verfolgungsjagd a fast and furious chase ◊ Er ist wild entschlossen, den Flugschein zu machen. He is utterly determined to get his pilot's licence. **2** (nicht offiziell gestattet) unauthorized; (illegal) illegal ◊ Der Giftmüll wurde zu einer wilden Mülldeponie gebracht. The toxic waste was taken to an unauthorized waste disposal site. ◊ wilde Bebauung illegal development ◊ ein wilder Streik a wildcat strike **3** (heftig und laut) mad (Adv madly); (Sturm, Kampf etc.) fierce (Adv fiercely) ◊ Die Enten schnatterten wild. The ducks were quacking madly. ◊ Ein wilder Sturm tobte. A fierce storm was raging. **4** (wütend) furious ◊ Wenn du ihm das erzählst, wird er wild. If you tell him that he'll be furious. ◊ ein wilder/wild gewordener Bulle an enraged bull **5** (ungeordnet) chaotic (Adv chaotically) ◊ Die Dokumente lagen wild verstreut auf seinem Bürotisch. The documents were were strewn chaotically all over his desk. IDM **wild sein auf jdn/etw** be crazy about sb/sth **wie wild** like mad; (laut, heftig) wildly ◊ Er arbeitete wie wild. He worked like mad. ◊ Sie schlug wie wild um sich. She was lashing out wildly in all directions. ◊ Er gebärdete sich wie wild. He was behaving like a madman.

Wild game [U] ◊ Sie schossen 50 Stück Wild. They shot 50 head of game.

Wildbahn in freier ~ in the wild

Wilde(r) savage IDM **wie ein Wilder/wie die Wilden** like a madman/like madmen

Wilderer poacher

wildern 1 (Mensch) poach (auch fig) **2** (Tier) ◊ Diese Katze wildert. This cat is a hunter. ◊ ein wildernder Hund a dog that is killing wildlife

Wildleder suede ◊ Schuhe aus Wildleder suede shoes

Wildnis 1 wilderness ◊ Die Antarktis ist eine einzigartige Wildnis. Antarctica is a unique wilderness. **2** (freie Wildbahn) ◊ Dieser Elefant ist in der Wildnis geboren. This elephant was born in the wild.

Wild- Wildpark game park **Wildschwein** wild boar **Wildwasserfahren** white-water rafting

Wille will ◊ Er hat sich aus freiem Willen dafür entschieden. He decided to do it of his own free will. ◊ An gutem Willen fehlt es bei ihm nicht. He has plenty of good will. ◊ Es war ein Versehen, kein böser Wille. It was a mistake, no harm was meant. ◊ Sie muss immer ihren Willen durchsetzen. She always has to have her way. ◊ Es muss nicht immer nach deinem Willen gehen. You can't always have your way. ◊ Er hat seinen/keinen eigenen Willen. He has a mind of his own/no mind of his own. ◊ Sie hat den festen Willen, ihr Ziel zu erreichen. She is determined to reach her goal. IDM **beim besten Willen** with the best will in the world **der letzte Wille** the will **wider Willen** against sb's will ◊ Die Mieter mussten wider Willen die Wohnung aufgeben. Against their will, the tenants had to give up the flat. ◊ ein Star wider Willen a reluctant star

willen IDM **um jds/einer Sache (selbst) willen** for sb's/sth's (own) sake ◊ Sie sollte es um ihrer selbst willen tun. She ought to do it for her own sake. ◊ Sie hat es nur um des Geldes willen getan. She only did it for the money. ← Siehe auch GOTT und HIMMEL

willenlos weak-willed ◊ ein willenloser Mensch a weak-willed person ◊ Sie ist völlig willenlos. She has absolutely no will of her own. ◊ Er ergab sich willenlos in sein Schicksal. He gave himself up to his fate without a murmur.

Willens- Willensbildung formation of an opinion ◊ die politische Willensbildung the formation of a political opinion **Willenskraft** will power

willig willing (Adv willingly)

willkommen 1 welcome ◊ ein willkommener Anlass a welcome occasion ◊ Herzlich willkommen! Welcome! ◊ Ihr seid uns jederzeit willkommen. We're always pleased to see you. **2 jdn** ~ **heißen** welcome sb

Willkür 1 arbitrariness ◊ Diese Menschen sind der Willkür dieses Systems ausgesetzt. These people are at the mercy of the arbitrariness of this system. ◊ Das war reine Willkür. That was purely arbitrary. ◊ Er ist der Willkür seines Chefs ausgesetzt. He is at the mercy of his boss's whims. **2** (politisch) despotism ◊ Ihm wird Willkür und Ungerechtigkeit vorgeworfen. He is accused of despotism and injustice.

willkürlich 1 (Mensch) autocratic; (Wahl, Entscheidung) arbitrary (Adv arbitrarily) ◊ willkürliches Handeln arbitrary behaviour ◊ eine willkürlich getroffene Entscheidung an arbitrary decision ◊ Er wählt seine Lottozahlen völlig willkürlich. He chooses his lottery numbers completely at random. **2** (Muskelbewegung, etc.) voluntary (Adv voluntarily)

wimmeln (von jdm/etw) ~ teem (with sb/sth) ◊ Der Teich

wimmern

wimmelt von Fischen. The pond is teeming with fish. ◊ *Der Aufsatz wimmelt von Fehlern.* The essay is full of mistakes.
wimmern whimper
Wimpel pennant; (*viele an einer Schnur*) bunting [U]
Wimper eyelash ◊ *Sie hat lange Wimpern.* She has long eyelashes. ◊ *sich die Wimpern tuschen* put on mascara **IDM mit den Wimpern klimpern** flutter your eyelashes **ohne mit der Wimper zu zucken** without batting an eyelid
Wimperntusche mascara
Wind wind **IDM bei/in Wind und Wetter** in all weathers **Daher weht/bläst der Wind!** So that's the way the wind is blowing! **jdm den Wind aus den Segeln nehmen** take* the wind out of sb's sails **frischen Wind in etw bringen** shake* things up **in alle Winde zerstreut** scattered to the four winds **etw in den Wind schlagen** turn a deaf ear to sth **hier weht ein anderer/schärferer Wind** things are different here **viel Wind um etw machen** make* a big fuss about sth **Wind von etw bekommen** get* wind of sth ☛ *Siehe auch* FAHNE
Winde 1 winch **2** (*Kletterpflanze*) bindweed
Windel nappy*, (*AmE*) diaper
windeln put* a nappy on *sb*, (*AmE*) put* a diaper on *sb* ◊ *ein Baby windeln* put a baby's nappy on ◊ *Das Baby muss gewindelt werden.* The baby needs to have a nappy put on.
winden 1 bind*, wind* ◊ *Sie wanden Blumen zu einem Kranz.* They bound flowers into a wreath. ◊ *Sie wand den Schal wie einen Turban um den Kopf.* She wound the scarf around her head like a turban. ◊ *Sie wanden Girlanden für das Fest.* They made garlands for the party. **2 sich** ~ wind*; (*schlängeln*) wriggle ◊ *Der Efeu windet sich um den Baum.* The ivy winds around the tree. ◊ *Der Fluss windet sich durch das Tal.* The river winds its way through the valley. ◊ *Ich wand mich durch die Menschenmenge.* I wriggled my way through the crowd. **3 sich** ~ (*ausweichen*) avoid ◊ *Er windet sich um eine konkrete Aussage.* He's avoiding making a concrete statement. ◊ *Er distanzierte sich mit gewundenen Worten von der Angelegenheit.* He made a tortuous statement to distance himself from the affair. **4 sich (vor etw)** ~ (*Schmerz*) writhe (with/in sth); (*Verlegenheit*) squirm (with/in sth) **5 jdm etw aus der Hand** ~ wrest sth from sb's hand (*gehoben*) ◊ *Er wand ihr das Messer aus der Hand.* He wrested the knife from her hand. **IDM** ⇨ AAL
Wind- Windenergie wind energy **Windeseile in aller** ~ in no time **Windgeschwindigkeit** wind speed **Windhund 1** greyhound; (*afghanischer*) Afghan (hound) **2** (*Mensch*) fly-by-night
windig 1 windy* **2** (*dubios*) dodgy (*umgs*)
Wind- Windjacke windcheater, (*AmE*) windbreaker **Windkraftanlage** wind energy generator, wind turbine **Windmühle** windmill **Windpark** wind farm **Windpocken** chickenpox [U] ◊ *Hast du schon die Windpocken gehabt?* Have you had chickenpox? **Windrad 1** wind turbine **2** (*Spielzeug*) windmill **Windrichtung** wind direction **Windsack** windsock **Windschatten** lee; (*eines Autos etc.*) slipstream (*auch fig*) **Windschutzscheibe** windscreen, (*AmE*) windshield **Windstärke** wind strength ◊ *die Windstärke messen* measure wind strength ◊ *Es herrscht Windstärke 3. There is a force 3 wind.* ◊ *Das Boot kenterte bei hoher Windstärke.* The boat capsized in the high wind. ◊ *Die Windstärke hat zugenommen.* The wind has got stronger. **windstill** still; (*geschützt*) sheltered ◊ *ein windstiller Morgen* a still morning ◊ *eine windstille Bucht* a sheltered bay ◊ *Es blieb windstill.* There was no wind. **Windstille** ◊ *Es herrschte völlige Windstille.* There was no wind at all. ◊ *bei (völliger) Windstille* in the absence of any wind (at all) **Windstoß** gust of wind
windsurfen go* windsurfing ◊ *Ich windsurfe gern.* I like (going) windsurfing.
Windsurfer(in) windsurfer ☛ G 2.2d
Windsurfing windsurfing
Wink 1 sign **2** (*Äußerung*) hint; (*Hinweis*) tip **IDM ein Wink des Schicksals/Himmels** a sign (from heaven) **ein Wink mit dem Zaunpfahl** a broad hint
Winkel 1 angle ◊ *im Winkel von 45°* at an angle of 45° ◊ *ein rechter Winkel* a right angle **2** (*Ecke*) corner **3** (*abgelegener Ort*) spot ◊ *Im Schwarzwald gibt es viele schöne Winkel.* There are many beautiful spots in the Black Forest. ◊ *Sie wohnen in einem entlegenen Winkel Bayerns.* They live in a remote part of Bavaria. **4** (*geometrisches Instrument*) set square, (*AmE*) triangle **5 ein toter** ~ a blind spot
winkelig ⇨ WINKLIG
Winkel- Winkelmesser (MATH) protractor **Winkelzug** trick
winken 1 wave ◊ *Sie winkte zum Abschied.* She waved goodbye. ◊ *Das Kind winkte mit beiden Händen.* The child was waving both hands. **2** (*ein Zeichen geben*) signal* ◊ *Sie winkte ihm, ihr zu folgen.* She signalled him to follow her. ◊ *Sie verließ das Büro und winkte einem Taxi.* She left the office and hailed a cab. ◊ *Er winkte uns zu sich.* He beckoned us over to him. **3 etw winkt** sth is being offered ◊ *Als Gewinn winkt ein Motorrad.* A motorbike is being offered as prize. ◊ *Dem Finder winkt eine Belohnung.* The finder will be offered a reward.
winklig winding
winseln whine ◊ *ein winselnder Hund* a whining dog ◊ *Sie winselte um Erbarmen.* She whined for mercy.
Winter winter ◊ *Es wird langsam Winter.* Winter's drawing in. ◊ *im tiefsten Winter* in the depths of winter ☛ *Beispiele bei* SOMMER
Wintereinbruch onset of winter **winterfest** winter; (*Pflanzen*) hardy ◊ *winterfeste Bergschuhe* winter climbing boots ◊ *Der Gartenteich muss winterfest gemacht werden.* The garden pond must be got ready for winter. ◊ *winterfeste Gartenmöbel* garden furniture that can be left out over winter **Wintergarten** conservatory*
winterlich 1 wintry ◊ *winterliche Straßenverhältnisse* wintry road conditions ◊ *Es herrscht winterliche Kälte.* It's as cold as winter. **2** (*dem Winter angebracht*) winter ◊ *der neue winterliche Modetrend* new winter fashions ◊ *winterlich vermummt* wrapped up warmly against the cold
Winter- Wintermantel winter coat **Winterolympiade** Winter Olympics [Pl] **Winterpause** winter break **Winterreifen** winter tyre, (*AmE*) winter tire **Winterschlaf** hibernation; ~ **halten** hibernate **Winterschlussverkauf** winter sales [Pl] **Wintersemester** winter semester **Winterspiele** Winter Olympics [Pl] **Wintersport** winter sports [Pl] ◊ *Wintersport treiben* do winter sports **Winterzeit** winter time ◊ *Nächsten Sonntag beginnt die Winterzeit.* Winter time begins next Sunday.
Winzer(in) winegrower ☛ G 2.2d
winzig tiny* ◊ *winzig kleine Schritte* tiny little steps
Winzling tiny little thing
Wipfel treetop
Wippe see-saw
wippen 1 bob* up and down ◊ *Sie wippte zur Musik.* She bobbed up and down in time to the music. ◊ *ein wippender Pferdeschwanz* a bouncing ponytail ◊ *Er wippte ungeduldig mit dem Fuß.* He jiggled his foot up and down impatiently. **2** (*auf einer Wippe*) see-saw ◊ *Wollen wir wippen?* Shall we have a go on the see-saw?
wir we ☛ G 3
Wirbel 1 (*im Wasser*) whirlpool; (*in der Luft*) whirlwind **2** (*Aufsehen*) commotion, fuss (*umgs*) ◊ *Dieser Fall hat für Wirbel gesorgt.* The case caused a commotion. **3** (ANAT) vertebra* ◊ *Er hat sich einen Wirbel gebrochen.* He broke a vertebra. **4** (*Trommel-*) drum roll **5** (*Haar-*) crown **6** (*an Gitarre etc.*) tuning peg
wirbelig 1 lively ◊ *ein wirbeliges Kind* a lively child **2** (*schwindlig*) dizzy
wirbellos invertebrate ◊ *wirbellose Tiere* invertebrates
wirbeln whirl ◊ *Staub wirbelte durch die Luft.* Dust whirled through the air. ◊ *Allerlei Gedanken wirbelten ihr durch den Kopf.* All sorts of thoughts whirled through her head. ◊ *Mir wirbelt der Kopf.* My head is spinning.
Wirbel- Wirbelsäule spinal column **Wirbelsturm 1** tornado **2** (*fig*) whirlwind **Wirbeltier** vertebrate **Wirbelwind** whirlwind (*auch fig*)
wirken 1 work; (*eine bestimmte Wirkung haben*) have an effect ◊ *Diese Tabletten wirken sehr schnell.* These tablets work very quickly. ◊ *Drohungen wirken bei ihr nicht.* Threats won't work with her. ◊ *Die Musik wirkte einschläfernd.* The music had a soporific effect. ◊ *das tödlich wirkende Kohlenmonoxid* deadly carbon monoxide ◊ *Sein Lachen wirkte ansteckend.* His laughter was contagious. ◊ *Das Beispiel wirkt abschreckend.* It's a cautionary example. ◊ *als Filter wirken* act as a filter **2 etw auf sich** ~ **lassen** take* sth in ◊ *Lass das Bild kurz auf dich wirken!* Just take

the picture in for a moment! **3** (*erscheinen*) seem ◊ *Sie wirkt sehr schüchtern auf mich.* She seems very shy to me. ◊ *Er wirkt blass.* He looks pale. **4** (*zur Geltung kommen*) be effective ◊ *Dieses Bild wirkt aus der Entfernung besser.* This picture is more effective when viewed from a distance. ◊ *Diese Möbel wirken nur in großen Zimmern.* This furniture only looks good in large rooms. **5** (*tätig sein*) work ◊ *Er hat 30 Jahre lang als Arzt gewirkt.* He worked as a doctor for 30 years. IDM ⇨ WUNDER

wirklich real (*Adv* really) ◊ *Was war die wirkliche Ursache?* What was the real cause? ◊ *Wirklich? Really?* ◊ *Es tut mir wirklich Leid.* I'm really sorry.

Wirklichkeit reality [U] ◊ *In Wirklichkeit war es ganz anders.* In reality it was quite different. ◊ *In Wirklichkeit heißt er Udo.* His real name is Udo. ◊ *Ihr Traum wurde Wirklichkeit.* Her dream came true.

wirklichkeitsfremd unrealistic; (*Mensch*) out of touch with reality (*nicht vor Nomen*) **wirklichkeitsgetreu**, **wirklichkeitsnah** realistic (*Adv* realistically)

wirksam effective (*Adv* effectively) ◊ *ein wirksames Medikament* an effective drug ◊ *Das Gesetz soll mit dem 1. Mai wirksam werden.* The law is to take effect on May 1.

Wirksamkeit effectiveness [U] (*oft mit einem Verb übersetzt*) ◊ *die Wirksamkeit des Medikaments* the effectiveness of the drug ◊ *Die Wirksamkeit der Akupunktur ist anerkannt.* Acupuncture is known to be effective.

Wirkstoff agent

Wirkung effect ◊ *Ursache und Wirkung* cause and effect ◊ *eine belebende Wirkung* a stimulating effect ◊ *mit Wirkung vom 1. Mai* with effect from May 1 ◊ *Die Therapie zeigte keine Wirkung.* The therapy didn't work.

wirkungslos ineffective **wirkungsvoll** effective (*Adv* effectively)

wirr muddled, confused; (*Haare*) tousled ◊ *ein wirrer Satz* a muddled sentence ◊ *wirre Gedanken* confused thoughts ◊ *Alles lag wirr durcheinander.* Everything was in a complete muddle. ◊ *wirr von der Decke hängende Kabel* a jumble of cables hanging from the ceiling

Wirren turmoil [U]

Wirrwarr chaos; (*Durcheinander*) confusion; (*von Kabeln etc.*) tangle; (*von Stimmen*) hubbub

Wirsing savoy cabbage

Wirt **1** landlord ☞ G 2.2d **2** (BIOL) host

Wirtin landlady* ☞ G 2.2

Wirtschaft 1 economy; (*Industrie*) industry ◊ *die freie Wirtschaft* the free-market economy ◊ *die Wirtschaft ankurbeln* stimulate the economy ◊ *Experten aus Wirtschaft und Politik* experts from industry and politics ◊ *Er hat ein Angebot aus der Wirtschaft bekommen.* He's had an offer from industry. **2** (*Gasthaus*) inn, (*BrE auch*) pub

wirtschaften 1 budget ◊ *Er versteht zu wirtschaften.* He's good at budgeting. ◊ *profitabel wirtschaften* make a profit ◊ *sparsam wirtschaften* economize **2** (*beschäftigt sein*) potter about, (*AmE*) putter about ◊ *Er wirtschaftet noch in der Garage.* He's still pottering about in the garage. IDM ⇨ TASCHE

wirtschaftlich 1 economic (*Adv* economically) ◊ *ein wirtschaftlicher Aufschwung* an economic upturn **2** (*finanziell*) financial (*Adv* financially) ◊ *wirtschaftlich auf jdn angewiesen sein* be financially dependent on sb **3** (*sparsam, ökonomisch*) economical (*Adv* economically) ◊ *ein wirtschaftliches Auto* an economical car ◊ *mit etw wirtschaftlich umgehen* be economical with sth

Wirtschaftlichkeit economic efficiency

Wirtschafts- **Wirtschaftsaufschwung** economic upturn **Wirtschaftsflüchtling** economic refugee **Wirtschaftsgymnasium** = college placing emphasis on economic studies, business studies and law **Wirtschaftskraft** economic power **Wirtschaftskrise** economic crisis* **Wirtschaftslage** economic situation **Wirtschaftsminister(in)** Secretary of State for Trade and Industry **Wirtschaftsministerium** Department of Trade and Industry **Wirtschaftspolitik** economic policy* **wirtschaftspolitisch 1** *Adj* relating to economic policy (*nicht vor Nomen*) **2** *Adv* from the point of view of economic policy **Wirtschaftsprüfer(in)** auditor ☞ G 2.2d **Wirtschaftssanktion** economic sanction **Wirtschaftsstandort** business location **Wirtschaftssystem** economic system **Wirtschaftswachstum** economic growth **Wirt-**

schaftswissenschaften economics ☞ *Hinweis bei* ECONOMICS **Wirtschaftswissenschaftler(in)** economist ☞ G 2.2d **Wirtschaftswunder** economic miracle **Wirtschaftszweig** sector of industry

Wirtshaus inn

Wisch piece of paper

wischen wipe ◊ *Sie wischte die Krümel von ihrem Buch.* She wiped the crumbs off her book. ◊ *Er wischte sich den Schweiß von der Stirn.* He wiped the sweat from his brow. ◊ *den Boden* (*nass*) *wischen* mop the floor ◊ *Staub wischen* dust IDM **jdm eine wischen** land sb one (*umgs*) ☞ *Siehe auch* TISCH

Wischer ⇨ SCHEIBENWISCHER

Wischerblatt wiper blade

Wisent bison*

wispern whisper

Wissbegierde thirst for knowledge

wissbegierig keen to learn (*nicht vor Nomen*)

wissen 1 know* ◊ *Ich weiß es nicht.* I don't know. ◊ *Wenn ich das gewusst hätte!* If I'd known that! ◊ *Man weiß ja nie!* You never know! ◊ *alles besser wissen* always know best ◊ *jdn in Sicherheit wissen* know sb to be safe **2** (*sich erinnern*) remember ◊ *Ich weiß die Telefonnummer nicht mehr.* I can't remember the phone number. ◊ *Weißt du noch wie das Hotel hieß?* Can you remember the name of the hotel? **3** *jdn etw ~ lassen* let* sb know sth **4** *von jdm nichts (mehr) ~ wollen* not want (to have) anything (more) to do with sb **5** *von etw nichts (mehr) ~ wollen* not be interested in sth (any more) **6** ◊ *Sie wusste seine Hilfe zu schätzen.* She appreciated his help. ◊ *Er wird das zu verhindern wissen.* He'll prevent that. ◊ *Sie weiß sich zu wehren.* She can defend herself. ◊ *Man muss sich nur zu helfen wissen.* You just have to know how to help yourself. IDM **gewusst, wie!** brilliant! ☞ *Siehe auch* GOTT, HASE, HINTEN, KOPF, KUCKUCK, NICHT, OBEN, RAT, SCHÄTZEN *und* TEUFEL

Wissen 1 knowledge [U] **2** *meines/unseres Wissens* as far as I/we know* **3** *ohne jds ~* without sb's knowledge

wissend knowing (*Adv* knowingly)

Wissenschaft science IDM **eine Wissenschaft für sich sein** be an art in itself

Wissenschaftler(in) scientist ☞ G 2.2

wissenschaftlich scientific (*Adv* scientifically) ◊ *wissenschaftliche Erkenntnisse* scientific knowledge ◊ *wissenschaftlich erwiesen sein* be scientifically proven ◊ *eine wissenschaftliche Zeitschrift* an academic journal ◊ *wissenschaftliche Hilfskräfte* research assistants

Wissens- **Wissensdurst** thirst for knowledge **Wissensgebiet** area of knowledge, field of knowledge **Wissenslücke** gap in your knowledge **Wissensstand** state of knowledge ◊ *der medizinische Wissensstand* the state of medical knowledge ◊ *nach heutigem Wissensstand* according to what we know today **wissenswert** valuable, worth knowing ◊ *Gibt es sonst noch irgendetwas Wissenswertes?* Is there anything else (that's) worth knowing? ◊ *wissenswerte Informationen* valuable information ◊ *Das Lexikon enthält viel Wissenswertes.* There's a lot of valuable information in that encyclopaedia.

wissentlich 1 *Adj* deliberate, intentional **2** *Adv* knowingly; (*absichtlich*) deliberately

wittern 1 sniff the air **2** *jdn/etw ~* scent sb/sth ◊ *Der Hund witterte einen Fuchs.* The dog scented a fox. **3** (*fig*) sense ◊ *Er hat eine Chance gewittert.* He sensed an opportunity.

Witterung 1 (*Wetter*) weather **2** (*eines Tieres*) sense of smell ◊ *Hunde haben eine scharfe Witterung.* Dogs have a very keen sense of smell. **3** (*Spur, Geruch*) scent ◊ *Der Hund nahm die Witterung auf.* The dog picked up the scent. ◊ *die Witterung verlieren* lose the scent

witterungsbedingt due to the weather (*nicht vor Nomen*)

Witterungsverhältnisse weather conditions [Pl]

Witwe widow ◊ *Sie war Witwe.* She was a widow. ◊ *Sie wurde früh Witwe.* She was widowed at an early age.

Witwenrente widow's pension

Witwer widower ◊ *Witwer sein* be a widower

Witz 1 joke ◊ *Sie kann über diesen Witz nicht lachen.* She doesn't find this joke funny. ◊ *Sie machte einen Witz auf seine Kosten.* She had a joke at his expense. ◊ *Mach keine Witze!* You must be joking! **2** (*Geist, Humor*) wit **3** (*das*

witzeln

Wesentliche) whole point ◊ *Das ist ja gerade der Witz.* That's the whole point.
witzeln joke
witzig witty; (*komisch*) funny* ◊ *eine witzige Antwort* a witty reply ◊ *Er kann sehr witzig erzählen.* He's good at telling funny stories.
witzlos (*sinnlos*) pointless
wo 1 where ◊ *Wo ist meine Brille?* Where are my glasses? ◊ *Bleiben Sie, wo Sie sind!* Stay where you are! ◊ *Wo anders hätte er sein sollen?* Where else could he have been? ◊ *Überall, wo er auftaucht, gibt es Ärger.* He causes trouble wherever he goes. ◊ *Beugen Sie Verletzungen wo irgend möglich vor.* Try to prevent injury wherever possible. **2** (*zu welcher Zeit, zumal da*) ◊ *Jetzt ist der Zeitpunkt, wo du dich entscheiden musst.* The time has come for you to make a decision. ◊ *Jetzt, wo du es sagst, erinnere ich mich.* Now you say it, I remember. ◊ *Warum beschwerst du dich, wo du doch viel mehr Geld hast als ich.* Why are you complaining, when you've got much more money than I have?

wo-

> **Wo-** in Zusammensetzung mit Präpositionen, z.B. **worin, wofür**, wird in Fragen mit **what** und der entsprechenden Präposition übersetzt: *Wofür brauchst du ein Auto?* What do you need a car for? ◊ *Worauf bezieht sich deine Frage?* What does your question refer to?
>
> Eine Präposition am Satzende galt früher als inkorrekt, ist heute aber gebräuchlich. ◊ *To what does your question refer?* klingt sehr steif.
>
> In Relativsätzen wird **woran, wofür** etc. meist mit der entsprechenden Präposition + **which** übersetzt: *Sie schrieb einen Brief, worin sie ihre Meinung deutlich zum Ausdruck brachte.* She wrote a letter in which she clearly stated her opinion. ☞ *Siehe auch* G 7.2e
>
> Es ist zu beachten, dass sich **which** nicht auf Ausdrücke wie **everything, all, the only thing** etc. beziehen kann. Hier sagt man **that**, was auch weggelassen werden kann: *Er hat alles erreicht, wofür er sein ganzes Leben lang gekämpft hat.* He has achieved everything (that) he has spent his whole life fighting for.

woanders somewhere else, elsewhere (*gehoben*)
woandershin somewhere else
wobei 1 ☞ *Hinweis bei* wo- ☞ *Siehe auch* BEI **2** (*aber*) but ◊ *Mir gefällt die ganze Stadt sehr gut, wobei ich den Marktplatz besonders schön finde.* I like the whole town, but I think the market square is particularly nice.
Woche week ◊ *kommende/vergangene Woche* next/last week ◊ *einmal in der Woche* once a week ◊ *Er arbeitet 35 Stunden pro Woche.* He works 35 hours a week. ◊ *In einer Woche wird das Festival eröffnet.* The festival will start in a week's time. ◊ *Das Stück ist auf Wochen hinaus ausverkauft.* The play is sold out for weeks. ◊ *heute in einer Woche* a week today ◊ *in der Woche vom 22. bis 28. Mai* in the week starting 22nd May **IDM** ⇨ UNTER
Wochenarbeitszeit working week, (*AmE*) workweek
Wochenbeginn beginning of the week
Wochenende weekend ◊ *Schönes Wochenende!* Have a nice weekend! ◊ *am vergangenen Wochenende* last weekend ◊ *Die Feier findet am zweiten Wochenende im Juni statt.* The party is the second weekend in June. ◊ *Bis zum Wochenende will sie fertig sein.* She wants to have finished it by the weekend. ◊ *am Wochenende* at the weekend ☞ *Im amerikanischen Englisch heißt es:* on the weekend
Wochenendhaus weekend cottage
Wochen- Wochenkarte weekly season ticket **wochenlang** for weeks ◊ *Die Kunden mussten wochenlange Wartezeiten in Kauf nehmen.* The customers had to be prepared to wait for weeks. **Wochenmarkt** weekly market
Wochenstunde 1 period a week ◊ *Englisch steht mit vier Wochenstunden auf dem Stundenplan.* There are four periods of English a week. **2** (*Arbeitsstunde*) hour a week ◊ *Wir suchen eine Mitarbeiterin für zwanzig Wochenstunden.* We're looking for somebody for twenty hours a week.
Wochentag 1 day (of the week) ◊ *Welchen Wochentag haben wir heute?* What day is it today? **2** (*Werktag*) weekday ◊ *An Wochentagen fährt der Bus alle halbe Stunde.* The bus goes every half hour on weekdays. ◊ *Wir haben an allen Wochentagen geöffnet.* We're open Monday to Friday.
wochentags weekdays
wöchentlich weekly; **einmal etc.** ~ once, etc. a week
Wochenzeitung weekly (newspaper)
Wodka vodka
wodurch ◊ *Wodurch wurde die Krankheit ausgelöst?* What caused the disease? ☞ *Hinweis bei* wo- ☞ *Siehe auch* DURCH
wofür 1 (*warum*) why ◊ *Wofür so früh aufstehen?* Why get up so early? **2** ◊ *Wofür hast du das Geld ausgegeben?* What did you spend the money on? ◊ *Wofür hältst du dich eigentlich?* Who exactly do you think you are? ◊ *Wofür das alles?* What's the point of all that? ☞ *Hinweis bei* wo- ☞ *Siehe auch* FÜR
Woge wave (*auch fig*) **IDM die Wogen glätten** pour oil on troubled waters **die Wogen glätten sich** things are calming down
wogegen 1 ☞ *Hinweis bei* wo- ☞ *Siehe auch* GEGEN **2** (*wohingegen*) whereas ◊ *Jan ist eine Sportskanone, wogegen sein Bruder völlig unsportlich ist.* Jan is really good at sport, whereas his brother is not sporty at all.
woher where ... from? ◊ *Woher stammt dieser Brief?* Where did this letter come from? ◊ *Woher weißt du das?* How do you know that?
wohin where ◊ *Wohin fährt der Zug?* Where is the train going? ◊ *Sie kann gehen, wohin sie möchte.* She can go wherever she likes. ◊ *Die Leute wissen nicht mehr, wohin mit ihrem Müll.* People don't know what to do with their rubbish any more.
wohingegen whereas
wohl 1 well ◊ *Ihr ist nicht wohl.* She is not well. ◊ *Er ist sich der Gefahr wohl bewusst.* He's well aware of the danger. ◊ *Der heiße Tee tut dir wohl.* The hot tea will do you good. ◊ *Ihr ist bei der Angelegenheit nicht ganz wohl.* She's not altogether happy about the matter. **2** (*etwa*) about **3** (*vermutlich*) probably ◊ *Sie wird wohl noch kommen.* She'll probably still come. ☞ *Hinweis bei* PERHAPS **4** (*verstärkend*) ◊ *Wirst du wohl den Mund halten!* Will you shut up! ◊ *Man wird ja wohl noch fragen dürfen!* There's no harm in asking, is there! ◊ *Wirst du wohl aufhören, dauernd gegen mein Schienbein zu treten?* Do you think you could stop kicking me in the shins? **5** ~ **aber** but ◊ *Sie hat in Dortmund keine Freunde, wohl aber in München.* She hasn't got any friends in Dortmund, but she has got some in Munich. **IDM wohl oder übel** whether you, he, she, we, etc. like(s) it or not ◊ *Du wirst wohl oder übel dein Zimmer aufräumen müssen.* You'll have to tidy up your room, whether you like it or not. ☞ *Siehe auch* HAUT, LEBEN *und* SAGEN
Wohl welfare; (*persönliches*) well-being ◊ *Er hat stets das öffentliche Wohl im Auge.* He is always interested in public welfare. ◊ *Sie ist sehr um sein Wohl besorgt.* She is very concerned about his well-being. ◊ *Die Spenden werden zum Wohl von Waisenkindern verwendet.* The donations are for the benefit of orphans. ◊ *Wir stießen auf ihr Wohl an.* We toasted her. **IDM zum Wohl!** cheers!
Wohlbefinden well-being **wohlbehalten** safe and sound; (*unverletzt*) unscathed; (*nicht kaputt*) intact **Wohlergehen** welfare **wohlerzogen** well-behaved ◊ *Der Hund ist wohlerzogen.* The dog is well-behaved. ◊ *Er sagte wohlerzogen „Auf Wiedersehen!"* 'Goodbye!', he said politely. **Wohlfahrt** welfare **Wohlfahrtsstaat** welfare state **wohlgemerkt** mind you ◊ *Für ihn gilt diese Regelung nicht, wohlgemerkt.* This regulation doesn't apply to him, mind you. **wohlhabend** wealthy* **wohlklingend 1** melodious (*fig*) attractive **2** (*angesehen*) prestigious
Wohlstand prosperity ◊ *Sie haben es zu bescheidenem Wohlstand gebracht.* They have acquired a modest level of prosperity.
Wohlstandsgefälle gap in living standards **Wohlstandsgesellschaft** affluent society*
Wohltat 1 good deed; **jdm eine** ~ **erweisen** do* sb a good turn **2** (*etw, das gut tut*) relief ◊ *Nach der lauten Musik war die Ruhe eine Wohltat.* The quiet was a relief after the loud music. ◊ *Er empfand die kühle Brise als Wohltat.* He found the cool breeze refreshing.
wohltätig charitable ◊ *Sie spendete für eine wohltätige Einrichtung.* She gave money to a charitable organization. ◊ *Der Erlös kommt wohltätigen Zwecken zugute.* The proceeds will go to various charities.

Wohltätigkeits- charity ◊ *ein Wohltätigkeitskonzert* a charity concert ◊ *Wohltätigkeitsveranstaltungen* charity events

wohltuend soothing ◊ *Sie freute sich auf ein wohltuendes Bad.* She was looking forward to a soothing bath. ◊ *Trotz ihres Erfolgs ist sie wohltuend normal geblieben.* She has remained refreshingly normal despite her success.

wohlverdient well-earned ◊ *Sie genießen wohlverdient ihr Rentnerdasein.* They're enjoying a well-earned retirement.

wohlweislich 1 wisely ◊ *Er hat dieses Thema wohlweislich nicht zur Sprache gebracht.* He wisely avoided the subject. **2** *(mit Absicht)* purposely

Wohlwollen goodwill ◊ *Er ist von ihrem Wohlwollen abhängig.* He is dependent on her goodwill. ◊ *Selbst mit größtem Wohlwollen kann ich das nicht unterstützen.* Even with the best will in the world, I can't support it. ◊ *Sie blickte ihn mit Wohlwollen an.* She looked at him benevolently.

wohlwollend favourable *(Adv* favourably), *(AmE)* favorable *(Adv* favorably); *(wohltätig)* benevolent *(Adv* benevolently)

Wohn- Wohnanhänger caravan, *(AmE)* trailer **Wohnblock** block of flats, *(AmE)* apartment building

wohnen live; *(vorübergehend)* stay ◊ *Wir wohnen in Rom.* We live in Rome. ◊ *Zurzeit wohnt er bei Freunden.* He's staying with friends at the moment. ◊ *Wir wohnen hier zur Miete.* We rent this property.

Wohn- Wohngebiet residential area **Wohngemeinschaft 1** shared flat/house, *(AmE)* shared apartment; *(Menschen)* group of sharers ◊ *Sie lebt in einer Wohngemeinschaft.* She lives in a shared flat. ◊ *eine fünfköpfige Wohngemeinschaft* a flat with five sharers **2 eine betreute ~** supervised housing

wohnhaft resident *(offiz)* ◊ *Der Angeklagte ist in Wien wohnhaft.* The accused is resident in Vienna.

Wohn- Wohnhaus house, residential property* *(offiz)* **Wohnheim** hostel; *(Studenten-)* hall of residence, *(AmE)* dormitory*; *(Altersheim)* (old people's) home

wohnlich 1 *Adj* cosy **2** *Adv* in a cosy way

Wohn- Wohnmobil camper (van), *(AmE)* recreational vehicle **Wohnort** ◊ *Er arbeitet in der Nähe seines Wohnorts.* He works close to where he lives. ◊ *Sie verlegte ihren Wohnort von Köln nach Bonn.* She moved from Cologne to Bonn. **Wohnraum 1** living room ◊ *Die Wohnräume sind mit Teppich ausgelegt.* The living rooms are carpeted. ◊ *Die Wohnräume des Fürsten sind prunkvoll eingerichtet.* The prince's living quarters are magnificently furnished. **2** *(Platz zum Wohnen)* living space ◊ *Die Familie benötigt mehr Wohnraum.* The family needs more living space. ◊ *Mit dem Bau der Siedlung entstand viel neuer Wohnraum.* Building the estate provided a lot of new housing. **Wohnsitz** address ◊ *Sein erster Wohnsitz ist in Spanien.* His main address is in Spain. ◊ *Er hat keinen festen Wohnsitz.* He is of no fixed address. ◊ *Sie haben ihren Wohnsitz in Kiel.* They live in Kiel. **Wohnsitzlose(r)** homeless person*

Wohnung flat, *(AmE)* apartment

Wohnungsbau (building of) housing [U] ◊ *Sie sprachen über Wohnungsbau und Umweltpolitik.* They talked about housing and the environment. ◊ *Geld für den sozialen Wohnungsbau* money for the building of council housing **Wohnungsmarkt** housing market **Wohnungsnot** housing crisis **Wohnungssuche** flat-hunting [U], *(AmE)* apartment-hunting [U] ◊ *Viel Glück bei der Wohnungssuche.* Good luck with your flat-hunting. ◊ *Sie halfen uns bei der Wohnungssuche.* They helped us to find a flat. ◊ *Sie ist auf Wohnungssuche.* She's looking for a flat. **Wohnungssuchende(r)** person* looking for a flat, *(AmE)* person* looking for an apartment **Wohnungstür** flat door, *(AmE)* apartment door

Wohn- Wohnviertel (residential) area **Wohnwagen** caravan, *(AmE)* trailer ◊ *Wir fahren mit dem Wohnwagen nach Norwegen.* We are taking the caravan to Norway. **Wohnzimmer** living room

Wok wok ◊ *Kochen mit dem Wok* cooking with a wok

wölben (sich) ~ arch; *(Himmel)* form a dome; *(Bauch)* bulge ◊ *eine gewölbte Decke* an arched ceiling ◊ *Ein Glasdach wölbt sich über den Innenhof.* A glass roof forms an arch over the courtyard.

Wölbung arch

Wolf 1 wolf* **2** ⇒ FLEISCHWOLF IDM **ein Wolf im Schafs-** **pelz** a wolf in sheep's clothing **mit den Wölfen heulen** run* with the pack ☛ *Siehe auch* HUNGER

Wölfin she-wolf* ◊ *die Wölfin, das Symbol von Rom* the she-wolf, the symbol of Rome ◊ *Die Wölfin schützte ihre Welpen.* The wolf was protecting her cubs.

Wolke cloud IDM **in/über den Wolken schweben** have got your head in the clouds **aus allen Wolken fallen** be flabbergasted *(umgs)*

Wolkenbruch downpour **Wolkenkratzer** skyscraper

wolkenlos cloudless

wolkig cloudy*

Wolldecke (woollen) blanket

Wolle wool ◊ *ein Pullover aus reiner Wolle* a pure wool jumper IDM **sich mit jdm in die Wolle kriegen** argue with sb **sich in der Wolle haben/liegen** be at each other's throats ◊ *Die beiden haben sich ständig in der Wolle.* They're constantly at each other's throats.

wollen[1] *Adj* woollen, *(AmE)* woolen, woolly *(umgs)* ◊ *wollene Socken* woollen socks

wollen[2] *Verb* **1** want ◊ *Sie will Tischlerin werden.* She wants to be a carpenter. ◊ *Er will reiten gehen.* He wants to go riding. ◊ *Das Buch will Mut machen, etwas Neues zu wagen.* The book is intended to encourage people to try something new. ◊ *Ohne es zu wollen, hatte er die Geschwindigkeitsbegrenzung überschritten.* He had unintentionally exceeded the speed limit. ◊ *Wenn Sie bitte einen Moment warten wollen?* If you'd like to wait a moment. ◊ *„Ich räume hinterher wieder auf." „Das will ich hoffen!"* 'I'll clear up afterwards.' 'I sincerely hope so!' ◊ *Die Tür wollte nicht zugehen.* The door wouldn't shut. ◊ *Die Fahrt wollte kein Ende nehmen.* The journey seemed endless. ☛ *Siehe auch* G 10 **2** *(irgendwo hinfahren/-gehen wollen)* want to go ◊ *Sie wollen diesen Sommer nach Amerika.* They want to go to America this summer. ◊ *Wir wollen nachher noch in die Stadt.* We want to go into town later. **3 etw getan haben ~** *(Behauptung)* claim to have done sth ◊ *Er will der erste Deutsche in Nepal gewesen sein.* He claims to have been the first German to visit Nepal. **4** *(irrealer Wunsch)* wish ◊ *Ich wollte, er wäre hier.* I wish he were here. IDM **da ist nichts mehr zu wollen** there's nothing I, you, he, she, etc. can do about it ◊ *Der Zug ist weg, da ist nichts mehr zu wollen.* The train has gone. There's nothing we can do about it. **jdm etw wollen** do* sth to harm sb ◊ *Was kann der mir schon wollen?* What can he do to harm me? ☛ *Siehe auch* HEISSEN

Woll- Wollknäuel ball of wool **Wollmütze** woollen hat, *(AmE)* woolen hat, woolly hat *(umgs)*

womit ◊ *Womit habe ich das verdient?* What did I do to deserve that? ☛ *Hinweis bei* WO- ☛ *Siehe auch* MIT

womöglich possibly ◊ *Womöglich wird die Schule geschlossen.* Possibly the school will close. ◊ *Sie kommt womöglich erst nächste Woche.* It may well be that she will arrive only next week.

wonach ☛ *Hinweis bei* WO- ☛ *Siehe auch* NACH

Wonne delight ◊ *Es war eine wahre Wonne.* It was a real delight. ◊ *Mit Wonne machte er sich über den Nachtisch her.* He gleefully tucked into the pudding.

woran ◊ *Woran hast du gemerkt, dass ich neu bin?* What made you realize that I am new? ◊ *Woran liegt das?* Why is that? ☛ *Hinweis bei* WO- ☛ *Siehe auch* AN, S. 791.

worauf ☛ *Hinweis bei* WO- ☛ *Siehe auch* AUF

woraufhin whereupon

woraus ☛ *Hinweis bei* WO- ☛ *Siehe auch* AUS

worin ☛ *Hinweis bei* WO- ☛ *Siehe auch* IN[1], S. 1029.

Work- Workshop workshop **Workstation** work station

World Wide Web World Wide Web

Wort word ◊ *Er hat fast alle Wörter falsch geschrieben.* He spelt nearly every word wrong. ◊ *Ich habe kein Wort herausgebracht.* I couldn't say a word. ◊ *Darüber ist kein Wort gefallen.* Not a word has been said about it. ◊ *Ich nehme dich beim Wort.* I'll take you at your word. ◊ *Ist das dein letztes Wort?* Is that your last word on the subject? ◊ *Mit einem Wort: Nein.* In a word: no. ◊ *etw in anderen Worten sagen* put sth another way ◊ *Man konnte sein eigenes Wort nicht verstehen.* You couldn't hear yourself speak. IDM **(jdm) aufs Wort gehorchen** obey (sb's) every word **jdm das Wort abschneiden** cut* sb short ◊ *Er schnitt mir mitten im Satz das Wort ab.* He cut her short in mid-sentence. **jdm das Wort aus dem Mund nehmen** take* the words out of sb's mouth **jdm das Wort entziehen** cut* sb off **das**

Wortart

Wort ergreifen have your say **jdm das Wort erteilen** give* sb the floor **jdm das Wort im Mund(e) umdrehen** twist sb's words **jdm das Wort verbieten** stop* sb from having their say **dein Wort in Gottes Ohr!** let's hope so! **ein ernstes Wort mit jdm reden/sprechen** have a serious talk with sb **ein gutes Wort für jdn einlegen** put* in a good word for sb **ein offenes Wort mit jdm reden/sprechen** speak* frankly with sb **jdm fehlen die Worte** sb is lost for words **jd hat das Wort** sb has the floor **immer das letzte Wort haben müssen** always have to have the last word **jdm ins Wort fallen** interrupt sb **jedes Wort auf die Goldwaage legen 1** take* everything (sb says) literally ◊ *Das habe ich nicht so gemeint. Leg doch nicht jedes Wort auf die Goldwaage.* I didn't mean it that way. Don't take everything I say so literally. **2** (*jedes Wort sorgfältig wählen*) be very careful about what you say **mit anderen Worten** in other words **jdn (nicht) zu Wort kommen lassen** (not) let* sb get a word in (edgeways) **sich zu Wort melden** ask to speak; (*sprechen*) speak* up ☞ *Siehe auch* GEFLÜGELT *und* SINN
Wortart part of speech **Wortbruch** ◊ *Damit hat sie einen Wortbruch begangen.* She broke her word by doing that.
Wörterbuch dictionary* ◊ *etw im Wörterbuch nachschlagen* look sth up in the dictionary
Wort- Wortführer(in) spokesman*/-woman* **Wortgefecht** battle of words **wortgetreu** verbatim; (*Übersetzung*) word for word **wortgewaltig** eloquent (*Adv* eloquently) **wortkarg** laconic (*Adv* laconically) **Wortlaut 1** wording **2 im ~** verbatim
wörtlich 1 word for word, verbatim ◊ *etw wörtlich abschreiben* copy sth word for word ◊ *ein wörtliches Zitat* a word-for-word quotation ◊ *etw wörtlich zitieren* quote sth verbatim ◊ *In dem Artikel heißt es wörtlich: ...* This is what the article actually says: ... **2** (*nicht bildlich*) literal (*Adv* literally) ◊ *im wörtlichen Sinne* in the literal sense ◊ *Du darfst nicht alles so wörtlich nehmen.* You shouldn't take everything literally. ◊ *„Karaoke" heißt wörtlich übersetzt „leeres Orchester".* 'Karaoke' means literally 'empty orchestra'.
wortlos 1 *Adj* silent **2** *Adv* without saying a word ◊ *Er ging wortlos.* He left without saying a word.
Wort- Wortmeldung request to speak; (*Äußerung*) comment (from a member of the audience) **wortreich** (*Entschuldigung, Danksagung*) profuse (*Adv* profusely); (*Widerspruch, Protest*) voluble (*Adv* volubly) (*gehoben*) **Wortschatz** vocabulary ◊ *der englische Wortschatz* English vocabulary **Wortschöpfung** neologism (*gehoben*) **Wortschwall** torrent of words **Wortspiel** pun, play on words **Wortstellung** word order **Wortwahl** choice of words **Wortwechsel** exchange (of words) ◊ *Zwischen uns kam es zu einem heftigen Wortwechsel.* We had a heated exchange. **wortwörtlich 1** word for word ◊ *Er hat den Aufsatz wortwörtlich abgekupfert.* He copied the essay word for word. ◊ *Hat er das wortwörtlich gesagt?* Were those his actual words? ◊ *Die beiden Texte stimmen wortwörtlich überein.* The two texts are identical. **2** (*nicht bildlich*) literal (*Adv* literally)
worüber ☞ *Hinweis bei* wo- ☞ *Siehe auch* ÜBER
worum ☞ *Hinweis bei* wo- ☞ *Siehe auch* UM, S. 1267.
worunter ☞ *Hinweis bei* wo- ☞ *Siehe auch* UNTER
wovon ☞ *Hinweis bei* wo- ☞ *Siehe auch* VON
wovor ☞ *Hinweis bei* wo- ☞ *Siehe auch* VOR
wozu ◊ *Wozu soll das gut sein?* What's the point of that? ☞ *Hinweis bei* wo- ☞ *Siehe auch* ZU[1]
Wrack wreck (*auch fig*)
Wucher profiteering (*abwert*) ◊ *Er ist wegen Wucher verurteilt worden.* He was convicted of profiteering. ◊ *Das ist der reinste Wucher!* It's extortionate!
wuchern proliferate (*auch fig*); (*Unkraut*) be rampant
Wucherpreis extortionate price
Wucherung 1 proliferation ◊ *die Wucherung von Zellen* cell proliferation **2** (*Geschwulst*) growth
Wuchs 1 growth **2** (*Mensch*) stature ◊ *Er ist eher von kleinem Wuchs.* He is small of stature.
Wucht 1 force **2 mit aller ~** with all your might **3 mit voller ~** ◊ *Der Schlag traf ihn mit voller Wucht.* He took the full impact of the blow. ◊ *Das Auto fuhr mit voller Wucht gegen die Leitplanke.* The car crashed right into the barrier. [IDM] **eine Wucht sein** be fantastic
wuchten heave
wuchtig 1 powerful **2** (*Möbel, Gebäude etc.*) massive
wühlen 1 root (about/around); **nach etw ~** root (about/around) for sth **2** (*Loch, Gänge*) dig* **3 sich durch etw ~** (*durcharbeiten*) work your way through sth
Wühl- Wühlmaus vole **Wühltisch** bargain counter
wulstig bulging; (*Lippen*) thick
wund sore; (*offen*) raw ◊ *wunde Füße haben* have sore feet ◊ *sich wund liegen* get bedsores ◊ *sich wund kratzen* scratch your skin till it bleeds ◊ *etw wund scheuern* chafe sth [IDM] **sich die Füße wund laufen 1** get* blistered feet **2** (*fig*) go* everywhere ◊ *Ich habe mir die Füße nach dem Buch wund gelaufen.* I've been everywhere trying to find the book. ☞ *Siehe auch* PUNKT
Wundbrand gangrene
Wunde wound; (*Schnitt-*) cut [IDM] ⇨ SALZ
Wunder miracle ◊ *Wunder vollbringen* perform miracles ◊ *Wie durch ein Wunder überlebte sie.* It was a miracle that she survived. ◊ *Dieses Gerät ist ein Wunder an Vielseitigkeit.* This machine is amazingly versatile. ◊ *die Wunder der Natur* the wonders of nature [IDM] **ein Wunder, dass ...** It's a wonder that ... ◊ *Ist es ein Wunder, dass sie ihn verlassen hat?* Is it any wonder she left him? **kein Wunder** no wonder (*umgs*) **sein blaues Wunder erleben** get* a nasty shock (*wahre*) **Wunder wirken** work wonders **Wunder was/wer/wie ...** ◊ *Ich dachte Wunder was passiert ist!* I imagined all sorts of things! ◊ *Sie denkt, sie sei Wunder wie schön.* She thinks she's really beautiful. ◊ *Er glaubt, Wunder wer er ist.* He thinks he's the bee's knees.
wunderbar 1 wonderful (*Adv* wonderfully) **2** (*wie* (*durch*) *ein Wunder*) miraculous ◊ *Ihm werden wunderbare Fähigkeiten nachgesagt.* He is said to have miraculous powers. ◊ *auf wunderbare Weise* miraculously ◊ *die wunderbare Brotvermehrung* the miracle of the loaves and fishes
wunder- wunderhübsch beautiful (*Adv* beautifully) **Wunderkerze** sparkler **Wunderkind** child/infant prodigy*
wunderlich strange (*Adv* strangely)
Wundermittel ein ~ (**gegen etw**) a miracle cure (for sth)
wundern etw wundert jdn sth surprises sb; **sich** (**über etw/jdn**) **~** be surprised (at sth/sb) ◊ *Es wundert mich, dass er hier ist.* I'm surprised he's here. ◊ *Du darfst dich nicht wundern, wenn ...* You shouldn't be surprised if ...
wunder- wunderschön (very) beautiful (*Adv* beautifully); (*wundervoll*) wonderful **Wundertüte** = bag of surprises (with sweets and toys) **wundervoll** *Adj* wonderful, beautiful (*Adv* beautifully)
Wund- Wundsalbe ointment **Wundstarrkrampf** tetanus
Wunsch 1 wish ◊ *einen Wunsch äußern* express a wish ◊ *Die besten Wünsche zur Hochzeit.* Best wishes for your wedding. ◊ *Das Haus entspricht nicht ganz meinen Wünschen.* The house isn't quite what I wanted. **2 ~ (nach etw)** (*Verlangen*) desire (for sth) ◊ *der Wunsch nach einer friedlichen Lösung* the desire for a peaceful solution **3** (*Bitte*) request ◊ *auf ausdrücklichen Wunsch des Patienten* at the explicit request of the patient ◊ *auf vielfachen Wunsch* by popular demand ◊ *Haben Sie sonst noch einen Wunsch?* Is there anything else? [IDM] **auf Wunsch** ◊ *Lieferung auf Wunsch* delivery available ◊ *Sondergrößen auf Wunsch* special sizes available ◊ *Auf Wunsch auch mit Airbag lieferbar.* Air bag available as an optional extra. **ein frommer Wunsch** wishful thinking **nach Wunsch** ◊ *Wir gestalten Ihre Webseite nach Wunsch.* We'll design your web page as you want. ◊ *Einfamilienhäuser nach Wunsch* houses designed according to your wishes **nach Wunsch verlaufen** go* according to plan ☞ *Siehe auch* ALLGEMEIN
Wunschbild ideal **Wunschdenken** wishful thinking
Wünschelrute divining rod
wünschen 1 sich etw ~ want sth ◊ *Was wünschst du dir zum Geburtstag?* What would you want for your birthday? ◊ *Es war nicht leicht, ein Zimmer für die gewünschte Zeit zu buchen.* It wasn't easy to book a room for the time we wanted to go. ◊ *Du darfst dir was wünschen.* You can make a wish. **2 jdm etw ~** wish sb sth ◊ *Ich wünschte ihm viel Glück.* I wished him good luck. ◊ *Das würde ich meinem*

ärgsten Feind nicht wünschen. I wouldn't wish it on my worst enemy. ◊ *Ich wünsche ihm, dass er die Stelle bekommt.* I hope he gets the job. **3** (*verlangen*) like ◊ *Ganz, wie Sie wünschen.* Just as you like. ◊ *Wen wünschen Sie zu sprechen?* Who would you like to speak to? **4** (*ersehnen, wollen*) wish ◊ *Ich wünschte, du wärest hier.* I wish you were here. ◊ *Er ist so, wie man sich einen Ehemann wünscht.* He is everything you could wish for in a husband. IDM **nichts zu wünschen übrig lassen** be perfect **zu wünschen übrig lassen** leave* a lot to be desired
wünschenswert desirable; (*Wirkung, Ergebnis*) desired
wunschgemäß 1 *Adj* desired **2** *Adv* smoothly; (*wie gefordert*) as requested ◊ *Alles hat wunschgemäß geklappt.* Everything went smoothly. ◊ *Ich habe alles wunschgemäß erledigt.* I have done everything as requested.
Wunschkind longed-for baby*; (*geplant*) wanted child
Wunschliste wish list (*umgs*)
wunschlos perfect (*Adv* perfectly)
Wunsch- Wunschtraum dream; (*illusorisch*) pie in the sky (*umgs*) **Wunschzettel** = list of presents you would like; (*an Weihnachten*) ≈ letter to Santa Claus
Würde dignity [U] ◊ *die Würde des Menschen* the dignity of man ◊ *Das ist unter ihrer Würde.* It's beneath her dignity.
Würdenträger(in) dignitary*
würdevoll 1 *Adj* dignified **2** *Adv* with dignity
würdig 1 worthy ◊ *ein würdiger Nachfolger* a worthy successor ◊ *Sie ist deiner Liebe nicht würdig.* She is not worthy of your love. ◊ *Sie hat den Verein würdig vertreten.* She was a worthy representative of the club. **2** ⇨ WÜRDEVOLL
würdigen 1 (*schätzen*) appreciate; (*in einer Ansprache etc.*) pay* tribute to sb/sth ◊ *Ich weiß sein Opfer zu würdigen.* I appreciate the sacrifice he has made. ◊ *Sie würdigte den verstorbenen Präsidenten.* She paid tribute to the late president. ◊ *Seine Verdienste wurden mit einer Auszeichnung gewürdigt.* He received an award in recognition of his services. **2** (*für wert erachten*) ◊ *Sie würdigte mich keines Blickes.* She didn't deign to look at me.
Würdigung recognition [U]; (*in einer Rede etc.*) tribute
Wurf 1 throw; (*beim Würfeln auch*) go*; (*beim Kegeln*) bowl; (*beim Hand-, Basketball*) shot; (*beim Baseball*) pitch **2** (*das Werfen*) throwing **3** (*Erfolg*) success **4** (ZOOL) litter
Würfel 1 cube **2** (*für Glücksspiele*) dice*, (*bes AmE*) die* IDM **die Würfel sind gefallen** the die is cast
Würfelbecher dice shaker
würfeln 1 throw* ◊ *eine Sechs würfeln* throw a six **2** (*mit Würfeln spielen*) play dice **3** (*zerschneiden*) dice, cut*sth into cubes
Würfel- Würfelspiel 1 dice game **2** (*das Spielen*) playing dice **Würfelzucker** cube sugar
Wurf- Wurfgeschoss missile **Wurfsendung** circular; **Wurfsendungen** junk mail [U] (*abwert*)
Würgegriff stranglehold (*auch fig*)
würgen 1 retch ◊ *Sie musste immer wieder würgen.* She kept retching. ◊ *Der Vogel würgte die Knochen wieder aus.* The bird regurgitated the bones. **2 an etw ~** (*mühsam schlucken*) force sth down (your throat) ◊ *Die Gäste würgten an dem Steak.* The guests forced the steak down. **3 jdn ~** try* to strangle sb ◊ *Er würgte die Frau.* He tried to strangle the woman. ◊ *Angst würgte ihn.* Fear gripped his throat.
Wurm 1 worm; (*Made*) maggot **2** (COMP) worm
wurmen rankle with sb ◊ *Der Fehler wurmt mich.* That mistake still rankles with me.
wurmig full of worms (*nicht vor Nomen*); (*mit Maden*) full of maggots (*nicht vor Nomen*)
wurmstichig full of woodworm; (*Obst*) full of worms

Wurst sausage; (*Salami*) salami IDM **es geht (jetzt) um die Wurst** it's crunch time; this is the moment of truth **jdm Wurst sein** ◊ *Das ist mir völlig Wurst!* I couldn't care less! ◊ *Es kann dir doch Wurst sein, ob ...* It needn't bother you whether ...
Wurstbrot = sausage/salami/paté sandwich
Würstchen 1 sausage **2** (*Mensch*) poor soul; (*unbedeutend*) nobody* (*abwert*)
Würstchenbude sausage stand
wursteln muddle along ◊ *Jeder wurstelt allein vor sich hin.* Everyone just muddles along on their own.
Würze 1 (*Geschmack*) flavour (*AmE* flavor) ◊ *Das Gericht erhält dadurch eine pikante Würze.* That's what gives the dish its spicy flavour. **2** (*fig*) spice ◊ *Das verleiht dem Leben die Würze.* It adds spice to life. ◊ *dem Wahlkampf neue Würze geben* spice up the election campaign IDM ⇨ KÜRZE
Wurzel 1 root ◊ *etw mit der Wurzel ausreißen* pull sth out by the roots ◊ *Diese Musik hat ihre Wurzeln in der Folklore.* This music has its roots in folklore. ◊ *das Übel an der Wurzel packen* strike at the root of the problem **2** (MATH) square root; (*Wurzelzeichen*) radical sign ◊ *Die Wurzel aus 16 ist 4.* The square root of 16 is 4. ◊ *die Wurzel aus einer Zahl ziehen* find the square root of a number **3** (*Hand-*) wrist; (*Fuß-*) ankle IDM **Wurzeln schlagen 1** take* root **2** (*fig*) put* down roots
Wurzelbehandlung root treatment **Wurzelgemüse** root vegetable **wurzellos** without roots (*nicht vor Nomen*) (*auch fig*)
wurzeln be rooted (*auch fig*) ◊ *Der Baum wurzelt tief im Boden.* The tree is deeply rooted in the soil. ◊ *Der Konflikt wurzelt in der Ölkrise.* The conflict has its roots in the oil crisis.
Wurzelzeichen (MATH) radical sign
würzen season (*auch fig*) ◊ *etw zu scharf würzen* season sth too highly
würzig spicy*; (*Käse*) full-flavoured, (*AmE*) full-flavored; (*Wein*) full-bodied; (*Zigarren, Duft*) aromatic
wuschelig thick and curly
wüst 1 (*öde*) desolate ◊ *eine wüste Landschaft* a desolate landscape **2** (*unordentlich*) chaotic; (*Haare*) wild ◊ *Seine Frisur sah recht wüst aus.* His hair looked really wild. ◊ *In der Küche sieht es aber wüst aus!* It looks like a bomb hit the kitchen! **3** (*schlimm*) terrible ◊ *wüste Drohungen* terrible threats ◊ *jdn wüst beschimpfen* swear at sb
Wüste desert (*auch fig*) ◊ *die Wüste von Nevada* the Nevada desert ◊ *Kulturell ist die Stadt eine Wüste.* The town is a cultural desert. IDM **jdn in die Wüste schicken** give* sb the boot; (*in einer Beziehung*) give* sb the push
Wüstenklima desert conditions [Pl]
Wüstling rake
Wut rage, fury ◊ *Gefühle der Wut* feelings of rage ◊ *in Wut geraten* get angry ◊ *Aus Wut auf seinen Vater lief er davon.* He was so furious with his father that he ran away. ◊ *Ich habe vielleicht eine Wut auf dich!* I could strangle you! IDM **(eine) Wut im Bauch haben** be furious ☛ Siehe auch KOCHEN
Wutanfall fit of rage; (*bei Kindern*) tantrum **Wutausbruch** angry outburst
wüten 1 (*sehr wütend sein*) go* into a fit of rage **2** (*randalieren*) wreak havoc ◊ *Die Einbrecher wüteten in der Wohnung.* The burglars wreaked havoc in the flat. **3** (*Sturm, Brand, Krieg etc.*) rage
wütend angry (*Adv* angrily); (*stärker*) furious (*Adv* furiously) ◊ *Ich wurde wütend.* I got angry. ◊ *Ich bin wütend auf ihn.* I'm furious with him.
WWW WWW

x, **x** X, x ☞ *Beispiele bei* A, ᴀ, S. 773.
x-Achse (MATH) x-axis
X-Beine knock knees ◊ *Sie hat X-Beine.* She's knock-kneed.
x-beinig knock-kneed
x-beliebig 1 *Adj* any old (*umgs*) ◊ *eine x-beliebige Person* any old person **2** *Adv* as you please ◊ *Die Reihe kann man x-beliebig fortsetzen.* You can continue the list as you please. ◊ *Die Kirche kann nicht x-beliebig vermietet werden.* The church can't be rented out to just anyone.
xenophob xenophobic
Xenophobie xenophobia
x-fach 1 *Adj* ◊ *eine x-fache Wiederholung der Sendung* the umpteenth repeat of the programme ◊ *die x-fache Lichtgeschwindigkeit* n times the speed of light ◊ *Er ist x-facher Olympiasieger.* He's won at the Olympics any number of times. **2** *Adv* umpteen times (*umgs*), any number of times ◊ *Ich habe den Artikel schon x-fach gelesen.* I've read the article umpteen times.
x-mal umpteen times (*umgs*), any number of times ◊ *Der Antrag wurde schon x-mal abgelehnt.* Our application has been rejected any number of times.
x-te(r,s) nth (*umgs*), umpteenth (*umgs*) ◊ *die x-te Potenz von … …* to the nth power ◊ *Zum x-ten Mal sauge ich jetzt hier!* This is the umpteenth time I've vacuumed this room!
Xylophon xylophone ◊ *Xylophon spielen* play the xylophone

Y, **y** Y, y ☞ *Beispiele bei* A, ᴀ, S. 773.
Yacht ⇨ Jᴀᴄʜᴛ
Yak ⇨ Jᴀᴋ
Yen yen*
Yeti yeti
Yoga yoga ◊ *Yoga machen* do yoga
Ypsilon y
Yuppie yuppie

Zz

Z, **z** Z, z ☞ *Beispiele bei* A, ᴀ, S. 773. IDM ⇨ A
zack ◊ *Die Rechnung, aber zack zack!* The bill please, and make it snappy!
Zack IDM **auf Zack sein** be on the ball
Zacke point; (*Kamm, Säge*) tooth*; (*Gabel*) prong; (*Berg-*) peak
zaghaft timid (*Adv* timidly)
Zaghaftigkeit timidity
zäh 1 (*Fleisch, Mensch etc.*) tough ◊ *zähes Fleisch* tough meat ◊ *Er ist ein ziemlich zäher Mensch.* He's fairly tough. **2** (*ausdauernd*) dogged (*Adv* doggedly) ◊ *ein zäher Kampf* a dogged fight ◊ *Das ist nur durch zähe Arbeit zu erreichen.* You can only achieve that by working very hard. **3** (*schleppend*) slow (*Adv* slowly); (*Verkehr*) slow-moving ◊ *ein zäher Marsch* a slow march ◊ *ein zäher Vortrag* a long-winded lecture **4** (*dickflüssig*) viscous ◊ *eine zähe Flüssigkeit* a viscous liquid ◊ *zäh fließen* flow slowly
zähflüssig 1 viscous ◊ *zähflüssige Lava* viscous lava **2** (*fig*) slow (*Adv* slowly); (*Verkehr*) slow-moving ◊ *Die Verhandlungen verlaufen zähflüssig.* Negotiations are slow.
Zähigkeit 1 toughness **2** (*Ausdauer*) doggedness **3** (*Flüssigkeiten*) viscosity
Zahl number; (*Ziffer*) numeral; (*Betrag, Geldmenge*) figure ◊ *eine gerade/ungerade Zahl* an even/odd number ◊ *eine dreistellige Zahl* a three-figure number ◊ *die steigende Zahl der Studenten* the increasing number of students ◊ *arabische/römische Zahlen* Arabic/Roman numerals ◊ *Zahlen wollte er keine nennen.* He didn't want to give any figures. ◊ *Er kann gut mit Zahlen umgehen.* He's good with figures. ◊ *insgesamt sechs an der Zahl* six altogether ☞ *Nach a* (large, small, etc.) *number of* steht das Verb immer im Plural: *Only a small number of pupils study Latin.* IDM **rote/schwarze Zahlen** the red/the black ◊ *in die roten Zahlen kommen* get into the red ◊ *schwarze Zahlen schreiben* be in the black ☞ *Siehe auch* Kᴏᴘꜰ
zahlbar payable (*nicht vor Nomen*) ◊ *zahlbar innerhalb eines Monats* payable within one month ◊ *Die Waren sind zahlbar bei Lieferung.* The goods are to be paid for on delivery.
zählbar countable (*nicht vor Nomen*); (*Erfolg*) tangible
zählebig 1 hardy, resilient **2** (*fig*) persistent
zahlen pay* ◊ *Zahlen Sie bar oder mit Scheck?* Are you paying by cash or cheque? ◊ *Diese Firma zahlt gut.* This company pays well. ◊ *Sie zahlte ihm die Zugfahrt.* She paid for his train ticket. ◊ *Zahlen, bitte!* Can I have the bill please? ◊ *Was hast du ihm für das Auto gezahlt?* What did you give him for the car?
zählen 1 ◊ *bis 20 zählen* count (up) to 20 ◊ *Ich zähle wohl gar nicht?* I suppose I don't count? ◊ *Ein Bube zählt zwei Punkte.* A jack counts for two points. ◊ *Der Verein zählt 300 Mitglieder.* The club has 300 members. ◊ *Was zählt mehr — Geld oder Gesundheit?* What's more important — money or health? **2 auf jdn ~** count on sb ◊ *Auf ihn kann ich zählen.* I can count on him. **3 zu etw ~** (*unter etw sein*) be among sth; (*dazugehören*) belong to sth ◊ *Dieses Land zählt zu den ärmsten der Erde.* This country is among the poorest in the world. ◊ *Baumwolle zählt zu den Malvengewächsen.* Cotton belongs to the mallow family. **4 jdn/etw zu jdm/etw ~** rank sb/sth among sb/sth ◊ *Man zählt sie zu den reichsten Frauen Europas.* She is ranked among the richest women in Europe. IDM **nicht bis (auf) drei zäh-**

len können be as thick as two short planks ☞ *Siehe auch* EISEN *und* TAG
Zahlen- Zahlenangabe figures [Pl] **Zahlengedächtnis** memory for numbers
zahlenmäßig numerical (*Adv* numerically) ◊ *Der zahlenmäßige Unterschied war nicht sehr groß.* The numerical difference was not very great. ◊ *Sie waren uns zahlenmäßig überlegen.* They were superior to us in number.
Zahlen- Zahlenmaterial figures [Pl] **Zahlenschloss** combination lock
Zahler(in) payer
Zähler 1 meter ◊ *den Zähler ablesen* read the meter **2** (MATH) numerator
Zählerstand meter reading
zahllos countless
zahlreich numerous ◊ *zahlreiche Unfälle* numerous accidents ◊ *Ich freue mich, dass Sie so zahlreich erschienen sind.* I am pleased that so many of you have come. ◊ *Die Presse war zahlreich vertreten.* A lot of newspaper people were there.
Zahltag pay day
Zahlung 1 payment ◊ *gegen Zahlung von Lösegeld* on payment of a ransom **2 etw in ~ geben/nehmen** give*/take* sth in part exchange
Zählung count [meist Sing]; (*Verkehrs-*) traffic count [meist Sing]; (*Volks-*) census*
Zahlungs- Zahlungsart method of payment **Zahlungsaufforderung** demand for payment **Zahlungsbedingungen** terms of payment [Pl] **Zahlungsfähigkeit** ability to pay [U]; (*von Land, Firma*) solvency [U] **zahlungskräftig** with money to spend (*nicht vor Nomen*) **Zahlungsmittel** means* of payment; (*Währung*) currency* **Zahlungsrückstand** arrears [Pl] ◊ *Sie war in Zahlungsrückstand geraten.* She had fallen into arrears with her payments. **Zahlungsschwierigkeiten** financial difficulties [Pl] **Zahlungssystem** system of payment **zahlungsunfähig** unable to pay (*nicht vor Nomen*); (*Land, Firma*) insolvent **Zahlungsunfähigkeit** inability to pay [U]; (*von einem Land, einer Firma*) insolvency [U] **zahlungsunwillig** unwilling to pay (*nicht vor Nomen*) **Zahlungsverpflichtung** financial obligation
Zahlwort numeral
zahm tame
zähmen 1 tame **2** (*kontrollieren*) control*
Zähmung taming [U]
Zahn tooth* ◊ *die zweiten Zähne* adult teeth ◊ *die dritten Zähne* false teeth ◊ *Sie putzte sich die Zähne.* She cleaned her teeth. IDM **jdm auf den Zahn fühlen** sound sb out **bis an die Zähne bewaffnet sein** be armed to the teeth **der Zahn der Zeit** the ravages of time [Pl] ◊ *An diesem Gebäude hat der Zahn der Zeit genagt.* This building has fallen prey to the ravages of time. **die Zähne zusammenbeißen** grit* your teeth **einen Zahn zulegen** get* a move on **sich an etw die Zähne ausbeißen** find* sth an impossible nut to crack **sich an jdm die Zähne ausbeißen** not get* anywhere with sb ☞ *Siehe auch* AUGE *und* EINSCHLAGEN
Zahnarzt, -ärztin dentist ◊ *Wann warst du zum letzten Mal beim Zahnarzt?* When did you last go to the dentist's? ☞ G 2.2D ☞ *Hinweis bei* BAKER
Zahnarzthelfer(in) dental assistant ☞ G 2.2D
zahnärztlich dental (*nur vor Nomen*) ◊ *eine zahnärztliche Praxis* a dental practice ◊ *Er ließ sich zahnärztlich behandeln.* He had dental treatment.
Zahn- Zahnbehandlung dental treatment **Zahnbelag** plaque **Zahnbürste** toothbrush **Zahncreme** toothpaste
zähneklappernd with chattering teeth
zähneknirschend with gritted teeth ◊ *Sie hat zähneknirschend zugestimmt.* She agreed with gritted teeth.
zahnen be teething
Zahnersatz denture
Zahnfleisch gum [meist Pl] ◊ *Mein Zahnfleisch ist entzündet.* My gums are inflamed. IDM **auf dem Zahnfleisch gehen/kriechen/daherkommen** be on your last legs **Zahnfleischbluten** bleeding gums [U]
zahn- zahnlos toothless
Zahn- Zahnlücke gap in your teeth ◊ *Sie hatte eine Zahnlücke.* She had a gap in her teeth. **Zahnmedizin** dentistry

Zahnpasta toothpaste **Zahnrad** cog **Zahnschmelz** tooth enamel **Zahnschmerzen** toothache [U] ◊ *Sie hatte starke Zahnschmerzen.* She had bad toothache. ☞ *Hinweis bei* TOOTHACHE **Zahnseide** dental floss **Zahnspange** brace, (*AmE*) braces **Zahnstein** tartar **Zahnstocher** toothpick **Zahntechniker(in)** dental technician ☞ G 2.2D **Zahnweh** toothache
Zander pikeperch, zander
Zange 1 pliers [Pl]; (*Greif-*) tongs [Pl]; (*Geburts-*) forceps [Pl] **2** (*vom Krebs etc.*) pincers [Pl] IDM **jdn in die Zange nehmen** put* the screws on sb
Zank quarrelling [U]; (*einzelner Streit*) quarrel
Zankapfel bone of contention
zanken (sich) (um/über etw) ~ quarrel* (over/about sth) ◊ *Sie zanken immer über Geld.* They are always quarrelling about money.
zänkisch quarrelsome; (*nörglerisch*) nagging (*nur vor Nomen*)
Zäpfchen (*Medikament*) suppository*
zapfen (*Bier*) draw*; (*Benzin*) pump
Zapfen 1 cone **2** (*Pfropfen*) bung
Zapfenstreich ◊ *In der Kaserne ist um Mitternacht Zapfenstreich.* You have to be back in barracks by midnight. ◊ *Der Trainer hat Zapfenstreich um Mitternacht angeordnet.* The coach has said it's lights out by midnight.
Zapf- Zapfhahn tap **Zapfsäule** petrol pump, (*AmE*) gas(oline) pump
zappelig fidgety
zappeln 1 wriggle; (*kribbelig sein*) fidget ◊ *An der Angel zappelte ein Fisch.* A fish was wriggling on the line. ◊ *Er zappelte auf dem Sessel hin und her.* He fidgeted in his chair. **2 jdn ~ lassen** keep* sb hanging on ◊ *Lass ihn noch etwas zappeln!* Keep him hanging on a bit!
zappen zap* (*umgs*)
Zar tsar
Zarin tsarina
zart 1 (*fein, empfindlich, leicht, hell*) delicate (*Adv* delicately) ◊ *zarte Hände* delicate hands ◊ *ein zarter Duft* a delicate perfume ◊ *ein zartes Rosa* a delicate pink ◊ *Sie ist sehr zart gebaut.* She's very delicately built. ◊ *zarte Spitze* fine lace **2** (*Fleisch, Gemüse*) tender **3** (*weich, leise, gedämpft*) soft ◊ *zarte Haut* soft skin ◊ *zarte Klänge* soft sounds **4** (*sanft*) gentle; (*zärtlich*) tender ◊ *eine zarte Berührung* a gentle touch ◊ *ein zarter Kuss* a tender kiss
Zartbitterschokolade plain chocolate
zärtlich tender (*Adv* tenderly)
Zärtlichkeit 1 tenderness; (*Zuneigung*) affection [U] ◊ *ein Bedürfnis nach Zärtlichkeit* a need for affection **2 Zärtlichkeiten** (*Liebkosungen*) caresses [Pl]; (*Worte*) loving words [Pl]
Zäsur 1 (MUS, LIT) caesura **2** (*fig*) break; (*Wendepunkt*) turning point
Zauber magic; (*Zauberbann*) (magic) spell IDM **fauler Zauber** humbug
Zauberei 1 magic [U] ◊ *Die Zauberei ist sein Hobby.* He does magic as a hobby. ◊ *Das ist ja die reinste Zauberei.* It's nothing short of magic. **2** (*Kunststück*) magic trick
Zauberer, Zauberin magician ☞ G 2.2D
Zauberformel 1 magic spell **2** (*Patentlösung*) magic formula
zauberhaft 1 *Adj* enchanting **2** *Adv* delightfully ◊ *Sie spielt zauberhaft Klavier.* She plays the piano delightfully.
Zauber- Zauberkunst magic [U] **Zauberkünstler(in)** magician ☞ G 2.2D **Zaubermittel** magic cure; (*Trank*) magic potion
zaubern 1 do* magic ◊ *Die Hexe konnte zaubern.* The witch could do magic. **2** (*Tricks vorführen*) do* magic tricks **3 etw (aus etw) ~** produce sth (out of sth) ◊ *Sie zauberte ein Kaninchen aus dem Hut.* She produced a rabbit out of the hat. ◊ *Aus ein paar Zutaten zauberte sie ein Büfett.* Using only a few ingredients, she produced a whole buffet.
Zauber- Zauberschloss enchanted castle **Zauberspruch** (magic) spell **Zaubertrank** magic potion **Zaubertrick** magic trick
Zaum bridle IDM **jdn/sich/etw im Zaum halten** control* sb/yourself/sth ◊ *seine Emotionen im Zaum halten* control your emotions ☞ *Siehe auch* ZUNGE
zäumen bridle

Zaun fence IDM **einen Streit vom Zaun brechen** pick a quarrel
Zaunpfahl IDM ⇨ WINK
Zebra zebra
Zebrastreifen zebra crossing, (AmE) crosswalk
Zeche 1 (Rechnung) bill ◊ Sie haben die Zeche geprellt. They left without paying the bill. **2** (Bergwerk) pit
Zecher(in) boozer (umgs)
Zecke tick
Zeder cedar
Zeh, **Zehe 1** toe **2** (Knoblauch-) clove IDM **jdm auf die Zehen treten** tread* on sb's toes
Zehennagel toenail **Zehenspitze** tip of the/your toe ◊ Du musst die Zehenspitze leicht anheben! You have to slightly lift the tip of your toe! ◊ sich auf die Zehenspitzen stellen stand on tiptoe ◊ auf Zehenspitzen gehen tiptoe ◊ Sie kam auf Zehenspitzen ins Zimmer. She tiptoed into the room.
zehn ten ☛ Beispiele bei SECHS
Zehner 1 (MATH) ten **2** (Geldschein) tenner (umgs)
Zehnkampf decathlon
zehntausend ten thousand IDM **die oberen Zehntausend** high society
zehnte(r,s) tenth ☛ Beispiele bei SECHSTE(R,S)
Zehntel tenth ☛ Siehe auch S. 759
zehren 1 von etw ~ live on sth, be sustained by sth (gehoben, auch fig) ◊ Wir zehren von unseren Ersparnissen. We're living on our savings. ◊ Sie zehrte von ihrem Erfolg. Her success sustained her. **2** (**an jdm/etw**) **~ wear*** sb/sth out; (Gesundheit etc.) take* its toll on sth ◊ Nachtarbeit zehrt an der Gesundheit. Working nights takes its toll on your health. IDM ⇨ SUBSTANZ
Zeichen 1 mark ◊ ein v-förmiges Zeichen a V-shaped mark **2** (Hinweis) sign, indication; (Beweis) token, mark ◊ Das ist ein alarmierendes Zeichen. This is an alarming sign. ◊ zum Zeichen unserer Dankbarkeit as a token of our gratitude ◊ Sie nickte zum Zeichen, dass sie ihn verstanden hatte. She nodded to show that she had understood him. ◊ Wenn nicht alle Zeichen trügen, wird die Opposition die Wahl gewinnen. Unless we are very much mistaken, the opposition will win the election. **3** (Signal) signal ◊ Das war das Zeichen zum Angriff. That was the signal to attack. ◊ Die Polizei gab ihm ein Zeichen zum Anhalten. The police signalled him to stop. **4** (Symbol) symbol ◊ O ist das chemische Zeichen für Sauerstoff. O is the (chemical) symbol for oxygen. **5** (Stern-) sign (of the zodiac), star sign ◊ Sie ist im Zeichen des Steinbocks geboren. She was born under the sign of Capricorn. ◊ Die Sonne steht im Zeichen des Löwen. The sun is in Leo. **6** (Satzzeichen) punctuation mark ◊ Du musst lernen, die Zeichen richtig zu setzen. You must learn to punctuate properly. **7** (Schrift-) character **8** (Markenzeichen) trademark **9** (in Geschäftsbriefen) reference; (Initialen) initials [Pl] ◊ Unser Zeichen: … Our reference: … **10** (am Telefon) tone IDM **die Zeichen der Zeit** the signs of the times **ein Zeichen/Signal setzen** point the way forward ◊ Die Regierung will mit der Gesetzesänderung ein Zeichen setzen. The government wants to point the way forward with this change in the law. ◊ Der Lichterzug sollte ein Zeichen gegen Ausländerhass setzen. The candlelit procession aimed to take a stand against racism. ◊ Mit der Unterschriftensammlung haben die Bürger ein deutliches Zeichen für mehr Toleranz gesetzt. The people's petition was to show the world that they supported more tolerance. **unter dem/im Zeichen von etw stehen/ leben** be devoted to sth ◊ Der Sonntag stand im Zeichen des Sports. Sunday was devoted to sport. ◊ Die Begegnung stand im Zeichen von Freundschaft und Toleranz. The event was held in a spirit of friendship and tolerance.
Zeichenblock sketch pad **Zeichenerklärung** key; (auf Landkarten) legend **Zeichensetzung** punctuation **Zeichensprache** sign language **Zeichentrickfilm** cartoon
zeichnen 1 draw* ◊ etw mit Bleistift zeichnen draw sth in pencil **2** (schildern) portray, depict; (Bild) paint ◊ Der Artikel zeichnet ein trauriges Bild der Demokratie. The article paints a sorry picture of democracy. ◊ Die Nebenfiguren sind überzogen gezeichnet. The minor characters are portrayed in an exaggerated way. **3** (markieren) mark ◊ Bitte zeichnen Sie alle Kleidungsstücke mit Namen. Please mark all garments with your name. ◊ Unsere Katze ist wunderschön gezeichnet. Our cat has beautiful markings. **4 jd ist gezeichnet von etw** sth has left its mark on sb ◊ Sie war gezeichnet von langer Krankheit. The long illness had left its mark on her.
Zeichner(in) draughtsman*/-woman*, (AmE) draftsman*/-woman* ☛ G 2.2d
zeichnerisch ◊ Für diesen Beruf sind zeichnerische Fähigkeiten eine wichtige Voraussetzung. In this job it's important to be good at drawing. ◊ Er ist zeichnerisch begabt. He's very good at drawing. ◊ ihr zeichnerisches Talent her talent for drawing ◊ das zeichnerische Werk Tomi Ungerers the drawings of Tomi Ungerer
Zeichnung 1 drawing ◊ Er fertigte eine maßstabsgetreue Zeichnung an. He made a scale drawing. **2** (Schilderung) portrayal ◊ Die Zeichnung der Hauptfigur ist idealisiert. The portrayal of the main character is idealized. **3** (bei Tieren) markings [Pl] **4** (FINANZ) subscription ◊ eine Aktie zur Zeichnung auflegen invite subscriptions for shares
Zeigefinger forefinger, index finger, first finger IDM **der erhobene Zeigefinger** the moralizing tone
zeigen 1 show* ◊ Soll ich dir zeigen, wo das ist? Shall I show you where it is? ◊ Zeig mal! Show me! ◊ Soll ich euch das Schloss zeigen? Shall I show you round the castle? ◊ Ihre Augen zeigten ihre Begeisterung. You could see the enthusiasm in her eyes. ◊ Sie zeigte sich verärgert über seine Bemerkungen. She was clearly annoyed at his remarks. ◊ Er hat sich mal wieder als ein Mensch gezeigt, auf den Verlass ist. He once again proved himself to be someone you can rely on. ◊ Er zeigte seine Enttäuschung offen. He did not hide his disappointment. ☛ Hinweis bei DEMONSTRATE **2** (**auf jdn/etw**) **~** point (at sb/sth) ◊ Sie zeigte auf den Ladendieb. She pointed at the shoplifter. ◊ Er zeigte in die Richtung des Bahnhofs. He pointed in the direction of the station. **3 sich ~** (sich herausstellen) turn out ◊ Es hat sich gezeigt, dass sie damit falsch lagen. It turned out that they were wrong about that. ◊ Es muss sich erst noch zeigen, ob du Recht hattest. We'll see whether you were right. **4** (anzeigen) ◊ Welche Geschwindigkeit zeigt der Tacho? What's the speed on the speedometer? ◊ Das Thermometer zeigt 20°. It's 20° on the thermometer. **5 sich ~** (erscheinen) appear ◊ Die Königsfamilie zeigte sich auf dem Balkon. The royal family appeared on the balcony. IDM **es jdm zeigen** show* sb ◊ Dir werde ich es schon zeigen! Just you wait, I'll show you! ☛ Siehe auch FINGER, FLAGGE, GESICHT, KRALLE, NERV, SCHULTER und VOGEL
Zeiger 1 (an Uhren) hand ◊ Der große/kleine Zeiger steht auf sechs. The big/little hand is on six. **2** (von Messgeräten) pointer
Zeile 1 line **2 Zeilen** (Brief etc.) note ◊ Ich will ihm ein paar Zeilen schreiben. I'll write him a note. **3** (Reihe) row IDM **zwischen den Zeilen** between the lines ◊ Man muss zwischen den Zeilen lesen. You have to read between the lines. ◊ Zwischen den Zeilen wurde deutlich, dass er sehr enttäuscht war. Reading between the lines, you could tell he was disappointed.
Zeit 1 time ◊ Wie die Zeit vergeht! How time flies! ◊ Es dauerte seine Zeit, bis ich mich daran gewöhnt hatte. It was some time before I got used to it. ◊ Er ist schon längere Zeit arbeitslos. He's been out of work for some time. ◊ Du kannst zu jeder Zeit bei mir anrufen. You can ring me any time. ◊ Alles zu seiner Zeit. All in good time. ◊ Hast du die genaue Zeit? Have you got the right time? ◊ Zu welcher Zeit hat sie bei dir angerufen? What time did she ring you? ◊ jdn nach der Zeit fragen ask sb the time ◊ Die Zeiten ändern sich. Times change. ◊ ein für alle Zeiten gültiges Ideal an ideal that is valid for all time ◊ Er ist vor der Zeit alt geworden. He has grown old before his time. ◊ Das hat noch Zeit. There's still time for that. ◊ der beste Film aller Zeiten the best film of all time ◊ Wie immer läuft mir die Zeit davon. As usual, I'm running out of time. ◊ Die Hilfe kam zur rechten Zeit. Help arrived at the right moment. ◊ Hast du mal einen Augenblick Zeit? Have you got a moment? ◊ Ich gebe dir zehn Minuten Zeit. I'll give you ten minutes. ◊ Er stoppte die Zeit der roten Ampelphase. He timed the red traffic light. ◊ Die Sitzung wurde auf unbestimmte Zeit vertagt. The meeting was postponed indefinitely. **2** (Weile) while [Sing] ◊ Ich möchte mich eine Zeit ausruhen. I want to rest a while. ◊ Er kam nach kurzer Zeit wieder. He came back after a little while. **3** (Zeitalter) day, period, age ◊ die Zeiten, als es noch kein Fernsehen gab the days before television ◊ Zu meiner Zeit hätte es das nicht gegeben. That wouldn't have happened in my day. ◊ zur Zeit Shakespeares in Shake-

speare's day ◊ *Das waren noch Zeiten!* Those were the days! ◊ *zur Zeit der Romantik* in the Romantic period ◊ *die Zeit vor dem Mauerfall* the period before the wall came down ◊ *zur Zeit der Industrialisierung* in the age of industrialization ◊ *Bilder aus früheren Zeiten* pictures from a bygone age ◊ *Das entspricht dem Geschmack der Zeit.* This suits modern tastes. ◊ *Lasst uns auf alte Zeiten trinken.* Let's drink to old times. **4** (LING) tense ◊ *In welcher Zeit steht dieser Satz?* What tense is this sentence in? **5 ~ sparend** time-saving ◊ *ein Zeit sparender Tipp* a time-saving tip ◊ *eine Zeit sparende Methode* a method that saves time ◊ *Probleme Zeit sparend lösen!* Solve your problems quickly! **6 ~ raubend** time-consuming IDM **Ach du liebe Zeit!** Goodness gracious! **auf Zeit** temporary ◊ *ein Bündnis auf Zeit* a temporary alliance **auf Zeit spielen** play for time **die gute alte Zeit** the good old days **die Zeit totschlagen** kill time **es ist an der Zeit** it is time ◊ *Es ist an der Zeit, sich zu verabschieden.* It's time to say goodbye. **es ist höchste/allerhöchste Zeit** it's high time **es ist/wird Zeit** it's time/it's nearly time ◊ *Es ist Zeit, dass du dich fertig machst.* It's time you got ready. ◊ *Jetzt wird es aber Zeit, dass wir gehen!* We really must go now. ◊ *Es wurde aber auch Zeit!* About time, too! **etw hat Zeit/mit etw hat es Zeit** there's no rush (for sth) ◊ *Du kannst das auch noch morgen erledigen. Das hat Zeit.* You can see to that tomorrow. There's no rush. **in letzter Zeit** recently ◊ *In letzter Zeit habe ich viel gelesen.* I've been reading a lot recently. **mit der Zeit** (*allmählich*) in time **mit der Zeit gehen** move with the times **seit ewigen Zeiten** for donkey's years; for ages **jdm/sich (mit etw) die Zeit vertreiben** pass the time (doing something) **jdm Zeit lassen** give* sb time ◊ *Mein Lehrer hat mir mit dem Referat noch ein wenig mehr Zeit gelassen.* My teacher gave me a bit more time to prepare my presentation. **sich Zeit lassen** take* your time ◊ *Lass dir ruhig Zeit! Wir sind nicht in Eile.* Just take your time! There's no rush. **sich für jdn Zeit nehmen** spend* time with sb **von Zeit zu Zeit** from time to time **Zeit gewinnen** gain time **Zeit schinden** play for time **zu gegebener Zeit** in due course ☛ *Siehe auch* HÖCHSTE(R,S), HÖHE, WANDEL, WETTLAUF, ZAHN, ZEICHEN *und* ZUG **Zeitalter** age, times [Pl] ◊ *das Zeitalter der Aufklärung* the age of Enlightenment ◊ *das Zeitalter Goethes* Goethe's times **Zeitarbeit** temporary work ◊ *jdn in Zeitarbeit beschäftigen* employ sb as a temporary worker **Zeitarbeitsfirma** temping agency* **Zeitaufwand** time (needed for sth) ◊ *Diese Arbeit ist mit erheblichem Zeitaufwand verbunden.* This work takes up a considerable amount of time. ◊ *Sie hatten den Zeitaufwand unterschätzt.* They had underestimated how long it would take. ◊ *ohne viel Zeitaufwand* quickly **zeitaufwändig** time-consuming **Zeitbombe** time bomb (*auch fig*) **Zeitdruck** pressure of time ◊ *Wir arbeiten hier unter großem Zeitdruck.* We're working under considerable pressure of time here. ◊ *Lass uns das jetzt erledigen, damit wir später nicht in Zeitdruck kommen.* Let's get it done now, so we don't end up pressed for time later. **Zeitfahren** time trial **Zeitform** tense **Zeitgeist** spirit of the times, zeitgeist **zeitgemäß** contemporary, up-to-date ◊ *Das Museum soll attraktiv und zeitgemäß gestaltet werden.* The museum is to have an attractive and up-to-date design. ◊ *Dieses Produkt ist nicht mehr zeitgemäß.* This product is dated. **Zeitgenosse, -genossin 1** contemporary* **2** (*Mitmensch*) character, type ◊ *Er ist ein rücksichtsloser Zeitgenosse.* He is a ruthless character. **zeitgenössisch** contemporary **Zeit- Zeitgeschichte** recent history; (*Fachgebiet*) contemporary history ◊ *eines der grausamsten Kapitel der Zeitgeschichte* one of the most dreadful chapters in recent history ◊ *das Institut für Zeitgeschichte* the Institute for Contemporary History ◊ *Die Berliner Mauer ist ein Stück Zeitgeschichte.* The Berlin Wall is a piece of history. **Zeitgewinn** ◊ *Wie groß ist der Zeitgewinn?* How much time do you save? ◊ *Der Zeitgewinn ist 20 Minuten pro 100 Kilometer.* You gain 20 minutes per 100 kilometres. **zeitgleich 1** *Adj* happening at the same time (*dem Nomen nachgestellt*) ◊ *zeitgleiche Veranstaltungen* events happening at the same time **2** *Adv* at the same time ◊ *Die Staatsoberhäupter trafen zeitgleich ein.* The heads of state arrived at the same time. **3** *Adj, Adv* (SPORT) ◊ *Die deutsche Läuferin belegte zeitgleich den zehnten Platz.* The German runner tied for tenth place. **Zeitgründe aus Zeitgründen** for lack of time ◊ *Leider ist es mir aus Zeitgründen nicht möglich zu kommen.* Unfortunately, I haven't got time to come. **zeitig** early **zeitlich** ◊ *Das Angebot ist zeitlich begrenzt.* There is a time limit on the offer. ◊ *Ihr Aufenthalt ist zeitlich begrenzt.* The length of your stay is limited. ◊ *ein zeitlicher Rahmen* a time frame ◊ *Das Projekt musste aus zeitlichen Gründen verschoben werden.* The project had to be postponed because there was not enough time. ◊ *Die weltweite Rezession trifft uns mit zeitlicher Verzögerung.* The worldwide recession is hitting us later than elsewhere. ◊ *in zeitlichem Ablauf* in chronological order ◊ *ein zeitlich befristetes Arbeitsverhältnis* a fixed-term contract of employment **zeitlos** timeless ◊ *zeitlose Schönheit* timeless beauty ◊ *Dieses Theaterstück ist zeitlos aktuell.* This play has lost none of its relevance.

Zeit- Zeitlupe slow motion ◊ *Das Tor wurde in Zeitlupe wiederholt.* The goal was replayed in slow motion. ◊ *Er bewegte sich in Zeitlupe.* He was moving extremely slowly. **Zeitlupentempo im ~** at a snail's pace **Zeitmangel** lack of time ◊ *Aus Zeitmangel legte er sein Ehrenamt nieder.* He gave up his honorary post because of lack of time. ◊ *Alle klagen über Zeitmangel.* Everyone complains that they haven't got time. **Zeitmaschine** time machine **Zeitnot** ◊ *Die Regierung kommt mit ihrem neuen Haushaltsentwurf in Zeitnot.* The government is running out of time with its new budget proposals. ◊ *Er benutzte Zeitnot als Ausrede.* His excuse was that he didn't have time. **Zeitplan** schedule, timetable ◊ *einen Zeitplan für ein Projekt machen* draw up a schedule for a project **Zeitpunkt** moment, time ◊ *Jetzt ist nicht der richtige Zeitpunkt dafür.* Now is not the right moment. ◊ *Der genaue Zeitpunkt des Einbruchs steht nicht fest.* The exact time of the break-in is not known. **Zeitraffer** fast motion, time-lapse photography ◊ *Die Menschen rennen im Zeitraffer wie Ameisen.* In fast motion, people seem to be running around like ants. ◊ *Der Film zeigt das Verwelken einer Rose im Zeitraffer.* The film shows the wilting of a rose speeded up. ◊ *1000 Jahre Mode im Zeitraffer.* A trip through a thousand years of fashion. **Zeitraum** period (of time) ◊ *Die Arbeit muss in einem Zeitraum von drei Monaten angefertigt werden.* The work must be completed within a period of three months. ◊ *im gleichen Zeitraum des Vorjahres* during the same period last year ◊ *Die Renovierungsarbeiten umfassten einen Zeitraum von mehreren Wochen.* The renovations took several weeks. **Zeitrechnung** calendar ◊ *Nach früherer Zeitrechnung war am 13. Dezember die längste Nacht des Jahres.* According to the old calendar, December 13 was the longest night of the year. ◊ *im Jahre 400 vor unserer Zeitrechnung* in the year 400 BC ◊ *im Jahre 840 unserer Zeitrechnung* in the year 840 AD **Zeitschaltuhr** timer **Zeitschrift** magazine; (*wissenschaftlich*) journal **Zeitsoldat(in)** = regular soldier on a fixed-term contract ☛ G 2.2d **Zeitspanne** period of time **zeitsparend** ⇨ ZEIT **Zeitung** newspaper, paper (*umgs*) ◊ *Liest du täglich Zeitung?* Do you read the paper every day? **Zeitungsannonce, Zeitungsanzeige** newspaper advertisement ◊ *eine Zeitungsanzeige aufgeben* put an advertisement in the paper ◊ *Sie suchte über eine Zeitungsanzeige eine Wohnung.* She put a want ad in the paper for a flat. ◊ *Sie suchen über eine Zeitungsanzeige neue Mitarbeiter.* They are advertising for staff. **Zeitungsartikel** newspaper article **Zeitungsausschnitt** newspaper cutting, (*AmE*) newspaper clipping **Zeitungsausträger(in)** newspaper deliverer; (*Junge/Mädchen*) paper boy/girl ☛ G 2.2d **Zeitungsbericht** newspaper report **Zeitungsmeldung** newspaper report **Zeitungspapier** newspaper **Zeit- Zeitunterschied** time difference **Zeitverlust** ◊ *Er konnte den durch den Boxenstopp entstandenen Zeitverlust nicht mehr aufholen.* He wasn't able to make up the time lost during the pit stop. ◊ *Der Zeitverlust betrug eine Stunde.* An hour was lost. ◊ *ohne Zeitverlust* without delay **Zeitverschiebung** time difference **Zeitverschwendung** waste of time **Zeitvertrag** temporary contract **Zeitvertreib 1** way of passing the time; (*Hobby*) pastime, hobby* **2** *etw zum ~ tun* do* sth to pass the time ◊ *Ich gucke oft nur zum Zeitvertreib Fernsehen.* I often only watch television to pass the time. **Zeitverzögerung** delay **zeitweilig 1** temporary (*Adv* temporarily) **2** (*gelegentlich*) occasional (*nur vor Nomen*) (*Adv* occasionally)

zeitweise 1 from time to time **2** (*vorübergehend*) temporary (*Adv* temporarily)
Zeit- Zeitwort verb **Zeitzeuge, -zeugin** ◊ *Die Schüler diskutierten mit Zeitzeugen des Dritten Reiches.* The schoolchildren talked to people who had lived through the Third Reich. ◊ *ein fossilisierter Zeitzeuge aus dem Jura* a fossil dating from the Jurassic period ◊ *Schriftsteller als Zeitzeugen* writers as witnesses of their age **Zeitzone** time zone **Zeitzünder** time fuse
zelebrieren celebrate
Zelle 1 cell **2** ⇨ TELEFONZELLE **IDM die (kleinen) grauen Zellen** the brain; the grey matter (*umgs*) **Zellkern** cell nucleus*
Zellophan Cellophane™
Zellstoff 1 cellulose **2** (*für Wunden*) cellulose wadding
Zellteilung cell division
Zellulitis cellulite
Zellulose cellulose
Zelt tent; (*für Veranstaltungen*) marquee; (*Indianer-*) tepee **IDM die/seine Zelte abbrechen** leave*; pack up and go
zelten camp ◊ *Wir fahren im Mai zelten.* We're going camping in May. ◊ *auf einem Feld zelten* camp in a field
Zelt- Zeltlager camp ◊ *Wir fahren mit den Pfadfindern ins Zeltlager.* We're going to camp with the scouts. **Zeltplane** tarpaulin **Zeltplatz** campsite, (*AmE*) campground **Zeltstange** tent pole
Zement cement
zementieren 1 concrete *sth* (over) ◊ *Die Feldwege wurden zementiert.* The paths were concreted over. ◊ *ein zementierter Boden* a cement floor **2** (*verstärken*) reinforce
Zenit 1 zenith ◊ *Der Mond steht im Zenit.* The moon is at its zenith. **2** (*fig*) peak, zenith ◊ *im Zenit ihrer Karriere* at the peak of her career
zensieren 1 (SCHULE) mark, (*AmE*) grade ◊ *Die Abiturarbeiten werden von den Lehrern zensiert.* The Abitur papers are marked by the teachers. ◊ *Unser Lehrer zensiert nicht gerecht.* Our teacher isn't fair in his marking. ◊ *Seine Klausur wurde mit einer Zwei zensiert.* He got a two in his test. **2** (*der Zensur unterwerfen*) censor
Zensor(in) censor
Zensur 1 (*Schulnote*) mark, (*AmE*) grade **2** (*Kontrolle*) censorship ◊ *Die Presse unterliegt in diesem Land einer strengen Zensur.* The press is subject to strict censorship in that country.
zensurieren ⇨ ZENSIEREN
Zentiliter centilitre, (*AmE*) centiliter (*Abk* cl)
Zentimeter centimetre, (*AmE*) centimeter (*Abk* cm) **Zentimetermaß** tape measure
Zentner 1 (metric) hundredweight*, 50 kilograms ☞ *Siehe auch* S. 760 **2** (*in Österreich und der Schweiz*) 100 kilograms
zentnerschwer 1 weighing (at least) a hundredweight (*nicht vor Nomen*) **2** (*fig*) heavy (*Adv* heavily) ◊ *Diese Angelegenheit lastete ihm zentnerschwer auf der Seele.* This business was weighing heavily on his mind. ◊ *Mir ist eine zentnerschwere Last vom Herzen gefallen.* That's a great weight off my mind. **zentnerweise** ◊ *Sie verarbeiten zentnerweise Kartoffeln.* They process tons of potatoes. ◊ *Zu diesem Thema gibt es zentnerweise Literatur.* There's loads of literature on this topic.
zentral 1 central (*Adv* centrally) ◊ *Die Wohnung liegt zentral.* The flat is centrally situated. ◊ *Wir wohnen ziemlich zentral.* We live near the centre of town. **2** (*wichtig*) key (*nur vor Nomen*) ◊ *Umweltschutz spielt eine zentrale Rolle in der Agrarpolitik.* Conservation plays a key role in agricultural policy.
Zentral- central ◊ *Zentralamerika* Central America ◊ *die Europäische Zentralbank* the European Central Bank
Zentrale 1 head office; (*einer Organisation, Partei*) headquarters* ◊ *Die Zentrale hat beschlossen, drei Filialen zu schließen.* Head office has decided to close three branches. ☞ G 1.3c **2** (*Telefon-*) (telephone) exchange; (*eines Hotels, einer Firma*) switchboard (*Taxi-*) taxi office; (*Notdienst-*) control centre, (*AmE*) control center
Zentral- Zentralfigur central character **Zentralheizung** central heating [U]
zentralisieren centralize
Zentralisierung centralization

Zentralismus centralism
zentralistisch centralist ◊ *ein zentralistisches Europa* a centralist Europe ◊ *ein zentralistisch organisierter Staat* a state with a centralist system
Zentral- Zentralkomitee Central Committee ☞ G 1.3b **Zentralnervensystem** central nervous system **Zentralrat** central council **Zentralrechner** mainframe **Zentralstelle** national office **Zentralverband** national association **Zentralverriegelung** central locking [U]
zentrieren etw (um etw) ~ centre sth (on sth), (*AmE*) center sth on sth; **sich (um etw)** ~ be centred (around sth), (*AmE*) be centered around sth ◊ *Ihr ganzes Leben ist um die Kinder zentriert.* Her whole life is centred around the children.
Zentrum centre, (*AmE*) center ◊ *ein kulturelles Zentrum* a cultural centre ◊ *das Zentrum eines Erdbebens/Gewitters* the epicentre of an earthquake/eye of a storm ◊ *Im Zentrum der Diskussion stand der Euro.* The discussion focused on the euro. ◊ *Drei Schriftsteller stehen im Zentrum des Interesses.* Interest focused on three writers.
Zeppelin Zeppelin
Zepter sceptre, (*AmE*) scepter
zerbeult battered; (*Auto*) dented
zerbomben destroy *sth* by bombing, bomb *sth* to pieces (*umgs*)
zerbrechen 1 shatter, smash ◊ *Die Vase fiel auf den Boden und zerbrach.* The vase fell to the ground and shattered. **2** (*entzweibrechen*) snap* (*sth*) in two; (*Ehe, Freundschaft, Koalition*) break* up ◊ *Voller Wut zerbrach er den Bleistift.* He snapped the pencil in two in his anger. **3** (**an etw**) ~ be broken (by sth) ◊ *Der Konsens zwischen den Parteien war unwiederbringlich zerbrochen.* The consensus between the parties was irrevocably broken. ◊ *Sie ist an der Trennung von ihren Kindern zerbrochen.* Being separated from her children broke her. ◊ *Familienbande zerbrechen oft an der Sucht.* Families are often wrecked by addiction. **IDM** ⇨ KOPF
zerbrechlich fragile, delicate; (*gebrechlich*) frail ◊ *Vorsicht – zerbrechlich!* Fragile – Handle with care!
zerbröckeln crumble
zerdrücken 1 crush; (*Gemüse, Obst*) mash **2** (*zerstören*) squash ◊ *Er zerdrückte die Mücke zwischen den Fingern.* He squashed the mosquito between his fingers. **3** (*zerknittern*) crease
Zeremonie ceremony*
Zerfall 1 disintegration; (*eines Landes auch*) break-up ◊ *Die Gesellschaft ist vom Zerfall bedroht.* Society is threatened with disintegration. ◊ *der Zerfall Jugoslawiens* the break-up of Yugoslavia **2** (*von Atomkernen, Gebäuden, Gewebe etc.*) decay; (*einer Kultur*) decline ◊ *Die Häuser sind vom Zerfall bedroht.* The houses are falling into decay. ◊ *der Zerfall der Moral* the decline in morals
zerfallen 1 disintegrate, crumble; (*Gebäude*) fall* into ruin ◊ *Die Befehlsstrukturen zerfallen.* The command structures are disintegrating. ◊ *eine zerfallende Mauer* a crumbling wall ◊ *Das Haus ist völlig zerfallen.* The house has fallen into complete ruin. ◊ *zu Staub zerfallen* crumble to dust ◊ *ein zerfallenes Haus* a dilapidated house **2** (PHYSIK, BIOL) decay **3 in etw** ~ (*sich gliedern*) fall* into sth; (*sich teilen*) split* up into sth ◊ *Das Verfahren zerfällt in drei Phasen.* The procedure falls into three phases. ◊ *Die Partei zerfiel in Splittergruppen.* The party split up into splinter groups.
zerfetzen tear* *sth* to shreds (*auch fig*)
zerfetzt torn; (*Kleidung auch*) tattered; (*Gliedmaßen etc. auch*) lacerated (*gehoben*); (*Reifen*) slashed
zerfleddert tattered, (*BrE*) tatty
zerfleischen 1 tear* *sb/sth* to pieces **2** (*quälen*) tear* *sb/sth* apart ◊ *Der Hass zerfleischte ihn.* He was torn apart by hatred. **3 sich** ~ torment yourself
zerfließen 1 (*füssig werden*) melt (away) ◊ *Die Butter ist in der Sonne zerflossen.* The butter has completely melted in the sun. ◊ *Das ganze Geld ist uns unter den Händen zerflossen.* The money has completely run through our fingers. **2** (*Tinte etc.*) run* ◊ *Die Farben sind zerflossen.* The colours have run. **3 vor/in etw** ~ be overcome by sth ◊ *Er zerfloss vor Selbstmitleid.* He was overcome with self-pity. ◊ *Sie zerfloss in Tränen.* She dissolved in tears.
zerfransen fray
zerfressen 1 eat* *sth* (away), eat* holes in *sth*; (*korrodie-*

ren auch) corrode ◇ *vom sauren Regen zerfressene Gebäude* buildings that have been eaten away by acid rain ◇ *Der Teppich ist ganz von Motten zerfressen.* Moths have eaten holes in the carpet. ◇ *Die Säure hat das Metall zerfressen.* The acid has corroded the metal. **2** (*Hass, Eifersucht, etc.*) eat* *sb* up ◇ *von Neid zerfressen* eaten up by envy
zergehen melt; (*sich auflösen*) dissolve ◇ *Fett in der Pfanne zergehen lassen.* Melt the fat in the frying pan. ◇ *Es zergeht einem auf der Zunge.* It melts in the mouth.
zerhacken chop* *sth* up
zerkleinern (*Obst/Gemüse/Fleisch*) cut* *sth* up; (*Holz*) chop* *sth* up; (*Stein*) break*; (*Abfälle*) shred*
zerklüftet rugged, fissured (*Fachspr*)
zerknirscht full of remorse (*nicht vor Nomen*), mortified; (*deprimiert*) dejected (*Adv* dejectedly) ◇ *Sie machte ein zerknirschtes Gesicht.* She looked mortified.
zerknittern crumple, crease ◇ *Sein Anzug war ganz zerknittert.* His suit was all crumpled.
zerknüllen crumple *sth* into a ball
zerkratzen scratch ◇ *Sie zerkratzte ihm das Gesicht.* She scratched his face.
zerkrümeln crumble
zerlassen melt
zerlegen 1 take* *sth* apart, take* *sth* to pieces ◇ *eine Uhr zerlegen* take a clock to pieces **2** cut* *sth* up; (GASTRON) carve; (NATURW) dissect
zerlumpt 1 (*Kleidung etc.*) tattered **2** (*Menschen*) ragged
zermahlen grind* ◇ *das Getreide zu Mehl zermahlen* grind the grain into flour
zermalmen crush
zermartern IDM *sich den Kopf/das Hirn zermartern* rack your brains
zermürben wear* *sb/sth* down
zerpflücken pull *sth* apart (*auch fig*)
zerplatzen burst*; (*fig*) explode ◇ *Der Luftballon zerplatzte.* The balloon burst. ◇ *Ich zerplatzte fast vor Wut.* I almost exploded with anger. IDM ⇨ SEIFENBLASE
zerquetschen 1 crush; (*Gemüse, Obst*) mash **2** (*zerstören*) squash
Zerrbild distorted picture; (*Karikatur*) caricature
zerreden discuss *sth* ad nauseam
zerreiben 1 crush; (*zu Pulver*) grind* **2** (*fig*) wear* *sb* down ◇ *Sie lässt sich von der Arbeit völlig zerreiben.* She gets completely worn down by work. ◇ *Wir werden in einem Interessenkonflikt zerrieben.* We are caught up in a conflict of interests.
zerreißen 1 tear* *sb/sth* (to pieces), tear* *sth* up; (*Land, Familie etc.*) tear* *sb/sth* apart ◇ *Ich habe mir die Hose zerrissen.* I've torn my trousers. ◇ *ein zerrissenes Hemd* a torn shirt ◇ *Das Tier zerreißt seine Beute.* The animal tears its prey to pieces. ◇ *Die Mine zerriss ihm das Bein.* The mine shattered his leg. ◇ *Er wurde von einer Mine zerrissen.* He was blown apart by a mine. **2** (*auseinander gehen*) tear*; (*Seil, Faden, Herz*) break* ◇ *Dieser Stoff zerreißt leicht.* This material will tear easily. ◇ *Das Seil zerriss.* The rope broke. ◇ *Ihre Nerven waren zum Zerreißen gespannt.* Her nerves were stretched to breaking point. **3** *sich* (**für jdn/etw**) ~ go* to a lot of trouble (for sb/sth) IDM **ich kann mich doch nicht zerreißen!** I can't be in two places at once! ← Siehe auch MAUL
Zerreißprobe acid test
zerren 1 drag* ◇ *jdn aus dem Bett/in ein Gebüsch/ans Fenster zerren* drag sb out of bed/into the bushes/to the window ◇ *Die intimsten Einzelheiten ihrer Beziehung wurden an die Öffentlichkeit gezerrt.* The most intimate details of their relationship were dragged out in public. **2** *an etw/jdm* ~ tug* at sth/sb ◇ *Sie zerrte an meinem Arm.* She was tugging at my arm. **3** *sich etw* ~ pull sth ◇ *Ich habe mir ein Band gezerrt.* I've pulled a ligament. ◇ *ein gezerrter Muskel* a pulled muscle
zerrinnen melt; (*fig*) evaporate ◇ *Die Butter ist zerronnen.* The butter has melted. ◇ *Alle meine Hoffnungen waren zerronnen.* All my hopes had evaporated. ◇ *Sein ganzes Geld ist ihm zwischen den Fingern zerronnen.* He has let all his money slip through his fingers.
Zerrissenheit inner conflict; (*einer Partei etc.*) disunity
Zerrung (*Muskel-*) pulled muscle; (*Sehnen-*) pulled tendon;

(*Bänder-*) pulled ligament ◇ *Er zog sich eine Zerrung im Oberschenkel zu.* He pulled a muscle in his thigh.
zerrütten 1 destroy, wreck; (*finanziell*) ruin ◇ *ein von Bürgerkrieg zerrüttetes Land* a country destroyed by civil war ◇ *eine zerrüttete Ehe/zerrüttete Familienverhältnisse* a broken marriage/home **2** (*seelisch*) shatter ◇ *Sie ist nervlich völlig zerrüttet.* Her nerves are completely shattered.
zersägen saw* *sth* up
zerschellen break* up ◇ *Der Tanker zerschellte vor der spanischen Küste.* The tanker broke up off the Spanish coast. ◇ *Das Flugzeug zerschellte an einer Felswand.* The plane crashed into a rock face and broke up. ◇ *Sein zerschellter Körper wurde einige Tage später gefunden.* His shattered body was found several days later.
zerschlagen¹ *Verb* **1** smash; (*Opposition etc.*) crush ◇ *Sie zerschlug vor Wut die Flasche.* She smashed the bottle in her rage. ◇ *einen Spionagering zerschlagen* smash a spy ring ◇ *die Gewerkschaften zerschlagen* crush the trades unions ◇ *Der Hagel hat das Getreide zerschlagen.* The hail has flattened the crops. **2** *sich* ~ fall* through ◇ *Das Geschäft hat sich leider zerschlagen.* The deal has unfortunately fallen through. ◇ *Alle meine Hoffnungen haben sich zerschlagen.* All my hopes have been dashed.
zerschlagen² *Adj* (*erschöpft*) exhausted, shattered (*umgs*)
zerschmettern smash *sth* (to pieces), shatter
zerschneiden 1 cut* *sth* (up) ◇ *Die Hauptstraße schneidet die Stadt in zwei Teile.* The main road cuts the town in two. **2** *sich etw* ~ cut* *sth* (on sth)
zersetzen 1 decompose; (*korrodieren*) corrode **2** (*untergraben*) undermine ◇ *Der Hunger hatte die Moral der Truppe zersetzt.* Hunger had undermined the troops' morale. ◇ *zersetzende Schriften* subversive writings **3** *sich* ~ decompose
zersplittern 1 splinter; (*Glas*) shatter **2** (*fig*) fragment ◇ *Das Land war in viele kleine Fürstentümer zersplittert.* The country was fragmented into numerous small principalities.
zerspringen shatter
zerstampfen 1 crush; (*Kartoffeln*) mash ◇ *Gewürze im Mörser zerstampfen* crush spices in a mortar **2** (*mit den Füßen*) trample
zerstäuben spray
Zerstäuber atomizer
zerstechen (*Reifen*) slash; (*Luftballon*) burst*
zerstören destroy; (*Auto, Ehe*) wreck; (*Traum*) shatter ◇ *Durch die Explosion wurde das Gebäude völlig zerstört.* The building was completely destroyed in the explosion. ◇ *Die Landschaft wird durch den Steinbruch zerstört.* The landscape is being destroyed by the quarry. IDM ⇨ BODEN
Zerstörer destroyer
zerstörerisch destructive
Zerstörung destruction
Zerstörungswut (*Wandalismus*) vandalism; (*Aggression*) aggression
zerstoßen pound; (*Knoblauch*) crush
zerstreiten *sich* (**mit jdm**) ~ fall* out (with sb) ◇ *Sie haben sich zerstritten.* They have fallen out. ◇ *Die Opposition ist heillos zerstritten.* The Opposition is hopelessly divided.
zerstreuen 1 (*sich*) ~ scatter ◇ *Überall lagen Papiere zerstreut.* Papers were scattered all over. ◇ *Zerstreute Scherben lagen auf dem Boden.* Broken fragments lay scattered on the ground. ◇ *zerstreute Gehöfte* scattered farms **2** (*sich*) ~ (*auseinander treiben, gehen*) disperse ◇ *Die Polizei zerstreute die Menge.* Police dispersed the crowd. ◇ *Kurz danach zerstreute sich die Menge.* Soon afterwards, the crowd dispersed. **3** (*Bedenken, Zweifel etc.*) dispel* IDM ⇨ WIND
zerstreut (*vergesslich*) absent-minded (*Adv* absent-mindedly); (*abgelenkt*) distracted (*Adv* distractedly) ◇ *ein zerstreuter Professor* an absent-minded professor
Zerstreuung 1 (*Unterhaltung*) entertainment; (*Ablenkung*) distraction **2** (*Auseinandertreiben*) dispersal
zerstückeln cut* *sth* up into pieces; (*Leiche*) dismember; (*Land etc.*) divide *sth* up
zerteilen *etw* (**in etw**) ~ divide sth up (into sth), split* sth up (into sth); (*schneiden*) cut* sth up (into sth) ◇ *Die Gleise zerteilen die Stadt.* The town is divided by the railway line.

Zertifikat

◊ *eine Pizza zerteilen* cut a pizza up ◊ *ein Huhn zerteilen* carve a chicken
Zertifikat certificate
zertrampeln, zertreten trample (on) *sth*; (*Insekt*) stamp on *sth* ◊ *Die Kinder haben das ganze Blumenbeet zertrampelt.* The children have trampled all over the flower bed. ◊ *zertretene Pflanzen* trampled plants
zertrümmern smash ◊ *eine Fensterscheibe zertrümmern* smash a pane of glass ◊ *Der Fahrer wurde aus dem zertrümmerten Wagen geborgen.* The driver was rescued from the wreckage of the car.
Zerwürfnis rift
zerzaust tousled, dishevelled
Zettel piece of paper; (*Nachricht*) note; (*Handzettel*) leaflet; (*Bekanntmachung*) notice ◊ *Ich brauche einen Zettel, um mir die Nummer aufzuschreiben.* I need a piece of paper to write down the number. ◊ *Sie hat mir einen Zettel hingelegt, dass sie um acht zurück ist.* She left me a note to say she would be back at eight.
Zeug 1 stuff; (*Ausrüstung*) gear ◊ *Nimm nicht so viel Zeug mit.* Don't take too much stuff with you. ◊ *Horrorfilme und so'n Zeug schaue ich mir nicht an.* I don't watch horror films and that sort of stuff. ◊ *Zeug zum Wandern* hiking gear ◊ *Auf dem Hof lag überall altes Zeug rum.* There was junk lying about all over the yard. **2 dummes ~** rubbish, nonsense ◊ *Red nicht so dummes Zeug.* Don't talk such rubbish. ◊ *Die Kinder haben nur dummes Zeug im Kopf.* The children are always up to mischief. **IDM** **(nicht) das Zeug zu etw haben** (not) have what it takes for *sth* ◊ *Sie hat nicht das Zeug zur Lehrerin.* She doesn't have what it takes to be a teacher. **sich (für jdn/etw) ins Zeug legen** go* all out (for sb/sth); (*arbeiten*) work flat out (for sb/sth) ◊ *Sie müssen sich mächtig ins Zeug legen, wenn sie am Samstag gewinnen wollen.* They will really have to go all out if they want to win on Saturday. **was das Zeug hält** like mad; for all you are worth ◊ *Er ruderte, was das Zeug hielt.* He was rowing for all he was worth.
Zeuge, Zeugin witness ◊ *Er sagte als Zeuge vor Gericht aus.* He appeared in court as a witness. ◊ *Zeugen des Unfalls* witnesses to the accident ◊ *Ich wurde Zeuge eines historischen Moments.* I witnessed a historic moment.
zeugen¹ (*Mann, Vatertier*) father; (*Paar*) conceive
zeugen² von etw ~ be evidence of sth ◊ *Dieses Verhalten zeugt von einer gewissen Labilität.* This behaviour is evidence of a certain instability.
Zeugen- Zeugenaussage (witness) statement **Zeugenstand** witness box, (*AmE*) witness stand ◊ *in den Zeugenstand treten* enter the witness box
Zeugnis 1 (*Schul-*) report ◊ *gute Noten im Zeugnis bekommen* get good marks on your report **2** (*Bescheinigung*) certificate **3** (*vom Arbeitgeber*) reference ◊ *Der Chef hat ihm ein gutes Zeugnis ausgestellt.* The boss gave him a good reference. **4** (*Beweis*) evidence [U] (REL) testimony [U/Sing] ◊ *Die Tontafeln gelten als älteste Zeugnisse geschriebener Sprache.* The clay tablets are thought to be the oldest evidence of written language. ◊ *ein Zeugnis der Vergangenheit* a historical monument **IDM** **jdm/etw ein gutes Zeugnis ausstellen** praise sb/sth ◊ *Sie stellten ihrem Arzt ein gutes Zeugnis aus.* They praised their doctor. **jdm/etw ein schlechtes Zeugnis ausstellen** criticize sb/sth ◊ *Die Verbraucherzeitung stellte 55 Betrieben ein schlechtes Zeugnis aus.* The consumer magazine criticized 55 firms. **Zeugnis von etw ablegen** bear* witness to sth
Zeugung fathering [U]; (*Empfängnis*) conception ◊ *Beginnt das neue Leben bereits bei der Zeugung?* Does new life begin at the moment of conception?
Zicke (*Frau*) silly cow (*Slang*)
zickig difficult
Zicklein (*junge Ziege*) kid
Zickzack zigzag ◊ *das Zickzack des Reifenprofils* the zigzag of the tyre tread ◊ *Es ist einfacher, im Zickzack den Berg hinunter zu gehen.* It is easier to zigzag your way downhill.
Ziege 1 goat **2** (*Frau*) cow (*Slang, abwert*)
Ziegel 1 brick **2** (*Dach-*) tile ◊ *ein mit Ziegeln gedecktes Dach* a tiled roof
Ziegelei 1 brickworks* **2** (*für Dachziegel*) tile company*
Ziegelstein brick
Ziegen- Ziegenbock billy goat **Ziegenkäse** goat's cheese **Ziegenmilch** goat's milk

ziehen
●**Bewegung 1** pull ◊ *Zwei Pferde zogen den Wagen.* Two horses were pulling the carriage. ◊ *Er zog sie an sich.* He pulled her to him. ◊ *jdn an den Haaren ziehen* pull sb's hair ◊ *Zieh bitte die Tür ins Schloss.* Can you pull the door to, please. ◊ *Zieh nicht so ein Gesicht.* You needn't pull such a face. **2** (*herausziehen*) take* *sth* out ◊ *Wann werden die Fäden gezogen?* When will the stitches be taken out? ◊ *Schnell zog sie ihren Ausweis aus der Tasche.* She quickly took her ID out of her pocket. ◊ *einen Zahn ziehen* take a tooth out ◊ *sich einen Zahn ziehen lassen* have a tooth out **3** (*in eine bestimmte Richtung ziehen, anziehen*) draw* ◊ *Er zog den Revolver.* He drew his revolver. ◊ *ein Los ziehen* draw a raffle ticket ◊ *Es zieht mich immer wieder nach Indien.* I keep being drawn back to India. ◊ *eine gerade Linie ziehen* draw a straight line ◊ *etw ins Lächerliche ziehen* make a joke of sth **4** (*umziehen*) move ◊ *Nach dem Krieg waren sie nach Berlin gezogen.* They had moved to Berlin after the war. ◊ *Sie zog zu ihrem Freund.* She moved in with her boyfriend. **5** (*Rauch, Geruch*) drift ◊ *Schwaden von Weihrauch zogen durch die Kirche.* Clouds of incense drifted through the church. **6** (*gehen*) go*; (*reisen*) travel*; (*sich bewegen*) move; (*Tiere*) migrate ◊ *in den Krieg ziehen* go to war ◊ *Sie zogen durchs Land.* They travelled around the country. ◊ *Die Prozession zog durch die Straßen.* The procession moved through the streets. ◊ *Die Touristen ziehen durch die Straßen.* Tourists wander through the streets.
●**andere Ausdrücke 7** (*Erfolg haben*) work ◊ *Dieser Trick zieht bei mir nicht!* That trick won't work on me! ◊ *Sonderangebote ziehen immer.* Special offers always go down well. ◊ *Das zieht heute beim Publikum nicht mehr.* The public doesn't go for this sort of thing any more. **8** (MATH) extract ◊ *die Wurzel aus einer Zahl ziehen* extract the square root of a number **9 es zieht** there's a draught, (*AmE*) there's a draft; **es zieht jdm** sb is in a draught, (*AmE*) sb is in a draft **10** sich ~ (*sich erstrecken*) stretch; (*lange dauern*) go* on, drag* on ◊ *Die Felder zogen sich bis zum Deich.* The fields stretched as far as the dyke. ◊ *Der letzte Akt zog sich ganz schön in die Länge.* The last act really dragged on and on. **11** sich ~ (*Thema, Motiv*) run* ◊ *Das Motiv zog sich durch sein ganzes Werk.* The theme ran through his entire work. **12 etw nach sich ~** result in sth ◊ *Dies könnte einen Rückgang der Arbeitsstellen nach sich ziehen.* This could result in a reduction in the number of jobs. **13 etw ~ lassen** leave* sth to stand; (*Tee*) leave* sth to brew; (*in Marinade*) leave* sth to marinate ☛ Für andere Ausdrücke mit **ziehen** siehe die Einträge bei den entsprechenden Nomina etc. **Den Kürzeren ziehen** z.B. steht unter **kurz**.
Ziehung draw ◊ *die Ziehung der Lottozahlen* the lottery draw
Ziel 1 (*Reise-, Fahrt- etc.*) destination ◊ *Wir kamen endlich am Ziel an.* We finally arrived at our destination. **2** (*bei Rennen*) finish, finishing line, (*AmE*) finish line **3** (*eines Pfeils, Schusses etc.*) target ◊ *das Ziel treffen/verfehlen* hit/miss the target **4** (*Absicht*) aim, goal ◊ *Ziel ist es, die Lage zu stabilisieren.* The aim is to stabilize the situation. ◊ *Sie hat sich ein Ziel gesetzt.* She has set herself a goal. ◊ *sein Ziel erreichen* achieve your goal ◊ *Damit war sie am Ziel ihrer Wünsche angekommen.* This was the fulfilment of her ambitions. **IDM** **über das Ziel hinausschießen** go* over the top
zielen 1 take* aim ◊ *Erst musst du die Waffe anlegen und dann zielen.* First you have to shoulder the weapon, then take aim. **2** (**auf jdn/etw**) ~ aim (at sb/sth) ◊ *Er zog seine Waffe und zielte auf die beiden.* He drew his gun and aimed at the two of them. ☛ Siehe auch GEZIELT **3** (*gerichtet werden*) be aimed (*auch fig*), be directed (*auch fig*) ◊ *Die Schüsse zielten genau ins Herz.* The shots were aimed directly at the heart. ◊ *Die Bemerkung zielte auf dich.* The remark was directed at you. ◊ *Er hatte gemerkt, worauf die Frage zielte.* He had seen what the question was getting at. **4 auf etw ~** (*erreichen wollen*) aim to do sth ◊ *Diese Aktion zielt auf die Verringerung der Müllmengen.* This campaign aims to reduce the amount of rubbish.
Ziel- Zielgebiet (*militärisch*) target area; (*touristisch*) destination **Zielgerade** home straight **Zielgruppe** target group **Ziellinie** finishing line, (*AmE*) finish line
ziellos aimless (*Adv* aimlessly)
Ziel- Zielort destination **Zielscheibe** target (*auch fig*) **Zielsetzung** aims [Pl] ◊ *Ihnen fehlt eine glaubwürdige*

Politik mit einer klaren Zielsetzung. They lack a credible policy and clear aims. **zielstrebig** determined (*Adv* determinedly) ◊ *ein zielstrebiger junger Student* a determined young student ◊ *zielstrebig auf etw zusteuern* make a beeline for sth

ziemlich 1 quite, fairly, pretty, rather ◊ *ziemlich viele Leute* quite a lot of people ◊ *Es dauerte ziemlich lange.* It took quite a long time. ◊ *Wir hatten ziemlich viel gegessen.* We had eaten rather a lot.

> Fairly, **quite**, **rather** und **pretty** bedeuten alle „ziemlich" oder „einigermaßen". **Fairly** ist der schwächste, **rather** und **pretty** sind die stärksten Ausdrücke. Im britischen Englisch ist **quite** etwas stärker als **fairly**, aber im amerikanischen Englisch bedeutet es meist „sehr". Für „ziemlich" sagen die Amerikaner **pretty**: *She is a pretty good cook.*
>
> **Fairly** wird viel mit positiven Eigenschaften gebraucht: *The room was fairly tidy.* ◊ *I know him fairly well.* **Rather** kann Kritik ausdrücken: *This room is rather untidy.* Wenn **rather** mit einer positiven Eigenschaft verbunden wird, drückt es oft Überraschung und Freude aus ◊ *This cake is rather nice. I'm surprised — it looked so dry.*

2 ein(e) ziemliche(r,s) ... quite a ... ◊ *Ihr Besuch war eine ziemliche Überraschung.* Her visit was quite a surprise. ◊ *Man kann mit ziemlicher Sicherheit sagen, dass ...* We can be fairly sure that ... **3** (**so**) ~ just about, pretty well/much ◊ *Ich habe so ziemlich alles versucht.* I've tried just about everything. **Zierde** decoration ◊ *Die Rosen dienen nur zur Zierde.* The roses are only for decoration. ◊ *Die Bäume vereinen Zierde und Nutzen.* The trees are decorative as well as useful. ◊ *Zierde des Hauses sind zwei Zwiebeltürme.* The house is adorned with two onion domes.

zieren 1 adorn (*gehoben*); (*Raum etc.*) decorate ◊ *Armreifen zierten ihr Handgelenk.* Bracelets adorned her wrist. ◊ *Poster zierten die Wände.* The walls were decorated with posters. ◊ *Eine Kirsche zierte den Kuchen.* The cake was decorated with a cherry. ◊ *Sein Foto zierte das Wahlplakat.* His photo graced the election poster. **2** sich ~ be coy

Zier- Zierfisch ornamental fish **Zierpflanze** ornamental plant

zierlich delicate (*Adv* delicately)

Ziffer 1 (*Zeichen*) numeral; (*Zahl*) number ◊ *römische Ziffern* roman numerals ◊ *vierstellige Ziffern* four-figure numbers **2** (*im Gesetzestext*) clause
Zifferblatt face

zig umpteen (*umgs*) ◊ *seit zig Jahren* for umpteen years
Zigarette cigarette ◊ *eine Schachtel Zigaretten* a packet of cigarettes ◊ *selbst gedrehte Zigaretten* roll-ups
Zigarettenautomat cigarette machine **Zigarettenkippe, Zigarettenstummel** cigarette end, (cigarette) butt, dog-end (*abwert*) **Zigarettenpause** cigarette break **Zigarettenrauch** cigarette smoke **Zigarettenschachtel** cigarette packet
Zigarre cigar
Zigeuner(in) gypsy*
zigfach, zigmal umpteen times (*umgs*) ◊ *eine zigfach kopierte Idee* an idea that's been copied umpteen times ◊ *Er ist zigfacher Weltmeister.* He won the world championship umpteen times.
Zimmer room ◊ *Er ist auf sein Zimmer gegangen.* He has gone to his room. ◊ *„Zimmer frei"* 'Vacancies'
Zimmermädchen chambermaid ☛ G 2.2d **Zimmermann** carpenter ☛ G 2.2d
zimmern 1 do*/ carpentry/woodwork ◊ *Er zimmert gern.* He likes to do woodwork. **2** etw ~ make* sth out of wood; (*fig*) carve sth ◊ *eine Bank zimmern* make a bench out of wood ◊ *Sie zimmern gerade an einer Reform.* They're carving away at a reform.
Zimmer- Zimmerpflanze house plant **Zimmerservice** room service **Zimmersuche** ◊ *auf Zimmersuche sein/gehen* be looking for a room **Zimmertemperatur** room temperature ◊ *etw bei Zimmertemperatur aufbewahren* keep sth at room temperature
zimperlich 1 (*empfindlich*) oversensitive; (*leicht angeekelt*) squeamish **2** (*rücksichtsvoll*) ◊ *Die Polizei ging nicht gerade zimperlich vor.* The police were rather rough with him.

Zimt cinnamon
Zimtstange cinnamon stick
Zink zinc
Zinke (*einer Gabel*) prong; (*eines Kamms, Rechen*) tooth*
zinken (*Karten*) mark ◊ *gezinkte Karten* marked cards
Zinken hooter (*umgs*)
Zinn 1 (CHEM) tin **2** (*Gegenstände*) pewter(ware)
Zinnsoldat tin soldier
Zinsen interest [U] ◊ *hohe Zinsen* high interest ◊ *Das bringt 3% Zinsen.* It earns 3% interest. ◊ *Die Zinsen steigen.* Interest rates are going up.
Zinserhöhung increase in the rate of interest
Zinseszins compound
zins- zinsgünstig 1 *Adj* (*Kredit*) low-interest; (*Wertpapiere etc.*) high-interest **2** *Adv* at a favourable rate of interest ◊ *Geld zinsgünstig anlegen* invest money at a favourable rate of interest **zinslos 1** *Adj* interest-free ◊ *zinslose Darlehen* interest-free loans **2** *Adv* free of interest ◊ *Geld zinslos zurückzahlen* pay money back free of interest **Zinssatz** interest rate **Zinssenkung** lowering of the interest rate
Zionismus Zionism
Zionist(in) Zionist
zionistisch Zionist
Zipfel (*von Stoff, Tuch*) corner; (*Wurst-*) end; (*eines Landes etc.*) tip
Zipfelmütze pointed cap
zirka about, approximately (*gehoben*) ◊ *Sie ist zirka 25 Jahre alt.* She's about 25 years old.
Zirkel 1 compass, pair of compasses **2** (*Personenkreis*) circle
Zirkulation circulation
zirkulieren circulate
Zirkus 1 circus ◊ *Wir gingen in den Zirkus.* We went to the circus. **2** (*Aufheben*) fuss (*abwert*)
Zirkuszelt big top
zirpen chirp
zischeln hiss
zischen 1 hiss (*auch fig*); (*Fett*) sizzle **2** (*sich zischend bewegen*) whizz ◊ *Die Raketen zischten in den Himmel.* The rockets whizzed up into the sky.
Zisterne (underground) cistern
Zitat quotation, quote (*umgs*) ◊ *ein Zitat aus „Hamlet"* a quotation from 'Hamlet' ◊ *ein Zitat des Papstes* a quotation from the Pope
Zither zither ◊ *Sie spielt Zither.* She plays the zither.
zitieren 1 quote ◊ *eine Stelle aus einem Gedicht zitieren* quote a line from a poem ◊ *jdn/etw falsch zitieren* misquote sb/sth **2** (*rufen, holen, vorladen*) summon ◊ *jdn zum Direktor zitieren* summon sb to the headmaster
Zitronat lemon peel
Zitrone lemon; (*Baum*) lemon tree
Zitronenfalter brimstone butterfly **zitronengelb** lemon yellow **Zitronenlimonade** lemonade **Zitronenpresse, Zitruspresse** lemon-squeezer **Zitronensaft** lemon juice **Zitronensäure** citric acid **Zitronenscheibe** slice of lemon
Zitrusfrucht citrus fruit
zitterig shaky* (*Adv* shakily)
zittern 1 shake*, tremble; (*vor Kälte*) shiver ◊ *am ganzen Körper zittern* shake all over ◊ *Meine Stimme zitterte.* My voice shook. ◊ *Er zitterte vor Wut.* He trembled with rage. ◊ *Sie zitterte vor Kälte.* She shivered with cold. **2** (*Angst haben*) be terrified, be scared stiff (*umgs*) ◊ *Alle zitterten vor dem Chef.* Everyone was terrified of the boss. ◊ *Er zittert vor der nächsten Prüfung.* He's scared stiff about the next exam. **3** um jdn/etw ~ be worried about sb/sth ◊ *Er zitterte um sein Geld.* He was worried about his money. ◊ *Sie mussten um den Sieg zittern.* They were afraid that they weren't going to win.
Zittern 1 trembling (*oft mit einem Verb übersetzt*) ◊ *das Zittern in ihrer Stimme* the trembling in her voice ◊ *Ein Zittern ging durch ihren ganzen Körper.* Her whole body was trembling. **2** (*Angsthaben*) (*oft mit einem Verb übersetzt*) ◊ *Das Zittern vor einem Vulkanausbruch hält an.* People are

still afraid that there will be a volcanic eruption. ◊ *Das große Zittern um die Jobs hat begonnen.* Everyone has started to fear for their job.
zittrig ⇨ ZITTERIG
Zitze teat
Zivi ⇨ ZIVILDIENST LEISTENDER
zivil 1 civilian ◊ *die zivile Bevölkerung* the civilian population ◊ *die zivile Luftfahrt* civil aviation **2** (*Polizei*) plainclothes ◊ *die zivile Polizei* plain-clothes police officers ◊ *eine zivile Polizeistreife* an unmarked police car **3** (*Preise*) reasonable
Zivil civilian clothes [Pl], civvies [Pl] (*umgs*); (*Polizei*) plain clothes [Pl] ◊ *Polizisten in Zivil* plain-clothes police officers
Zivilbeamte, -beamtin plain-clothes police officer **Zivilbevölkerung** civilian population **Zivilcourage** courage of your (own) convictions **Zivildienst** = community service as an alternative to military service **Zivildienst Leistender, Zivi** = person* doing community service as an alternative to military service **Zivilgericht** civil court **Zivilgesellschaft** civil society
Zivilisation civilization
Zivilisationskrankheit disease of modern society
zivilisiert 1 *Adj* civilized **2** *Adv* in a civilized way
Zivilist(in) civilian
Zivil- Zivilkleidung ⇨ ZIVIL **Zivilprozess** civil action **Zivilrecht** civil law **zivilrechtlich** civil (*nur vor Nomen*) ◊ *ein zivilrechtlicher Prozess* a civil case ◊ *zivilrechtlich gegen jdn vorgehen* take civil proceedings against sb
Zobel sable
zocken gamble
Zofe lady's maid; (*am Hof*) lady-in-waiting*
Zoff trouble (*umgs*) ◊ *Es gab Zoff.* There was trouble. ◊ *Er hat Zoff mit seinem Vater.* He's had a row with with his dad.
zögerlich hesitant (*Adv* hesitantly)
zögern hesitate ◊ *Sie zögerte einen Augenblick.* She hesitated for a moment. ◊ *Ohne zu zögern sprang er in den Teich.* He jumped into the pond without hesitating. ◊ *Einige klatschten zögernd.* Some people clapped hesitantly.
Zögling 1 (*Schüler*) pupil; (*im Internat*) boarder; (*Kind*) child* **2** (*fig*) protégé
Zölibat celibacy; (*Gelübde*) vow of celibacy ◊ *das Zölibat ablegen* take a vow of celibacy
Zoll[1] (*Maßeinheit*) inch ☛ *Siehe auch* S. 760
Zoll[2] **1** (customs) duty* ◊ *für etw Zoll zahlen* pay customs duty on sth ◊ *auf etw Zoll erheben* levy customs duty on sth **2** (*Behörde*) customs [Pl], the Customs [Pl] ◊ *etw durch den Zoll schmuggeln* smuggle sth through customs ◊ *der deutsche Zoll* German Customs
Zollamt customs office **Zollbeamte, -beamtin** customs officer ☛ G 2.2d **Zollerklärung** (*Formular*) customs declaration form **Zollfahnder** customs investigator ☛ G 2.2d **zollfrei** duty-free ◊ *zollfreie Waren* duty-free goods ◊ *etw zollfrei importieren* import sth free of duty **Zollkontrolle** customs check
Zollstock folding rule
Zone zone; (*Besatzungs- auch*) occupation zone ◊ *die gemäßigte Zone* the temperate zone ◊ *eine atomwaffenfreie Zone* a nuclear-free zone
Zoo zoo ◊ *in den Zoo gehen* go to the zoo
Zooologe, Zoologin zoologist ☛ G 2.2d
Zoologie zoology ◊ *Sie ist Professorin für Zoologie.* She is a professor of zoology.
zoologisch zoological
Zoom, Zoomobjektiv zoom (lens)
Zopf 1 braid, (*BrE auch*) plait, pigtail ◊ *Sie trägt gerne Zöpfe.* She likes to wear her hair in braids. ◊ *ein chinesischer Zopf* a pigtail ◊ *Kannst du mir einen Zopf flechten?* Can you plait my hair? **2** (*Brot*) plait (loaf*)
Zorn anger; (*stärker*) rage, wrath (*gehoben*) ◊ *Ihn packte der Zorn.* He was filled with anger. ◊ *in Zorn geraten* fly into a rage ◊ *der Zorn Gottes* the wrath of God
Zornausbruch fit of anger; (*stärker*) (fit of) rage ◊ *Sie neigt zu Zornausbrüchen.* She tends to fly into a rage. ◊ *Er hatte einen Zornausbruch.* He lost his temper.
zornig angry* (*Adv* angrily) ◊ *zornig auf jdn/über etw sein* be angry with sb/about sth ◊ *zornig reagieren* react angrily ◊ *Werde doch nicht gleich immer so zornig!* There's no need to lose your temper! ◊ *Er warf ihr zornige Blicke zu.* He glared at her.
zottelig shaggy
zu[1] *Präp*
• **örtlich 1** (*wohin*) to ◊ *Er brachte sie zum Flughafen.* He drove her to the airport. ◊ *zur Post/Bank gehen* go to the post office/bank ◊ *zur Schule/Arbeit gehen* go to school/work ◊ *Kommst du morgen zu mir?* Are you coming to see me tomorrow? **2** (*wo*) ◊ *zu beiden Seiten des Hauses* on either side of the house ◊ *zu Hause* at home
• **zusammen mit 3** with ◊ *Zu dem Essen gab es einen spanischen Wein.* We drank a Spanish wine with the meal. ◊ *zu etw passen* go with sth
• **Zeit 4** (*Zeitpunkt*) at ◊ *zu Ostern* at Easter ◊ *zu dieser Zeit* at this time ◊ *zu gegebener Zeit* at the appointed time ◊ *zu bestimmten Jahreszeiten* at certain times of the year ◊ *zu Anfang* at first ◊ *Das Gesetz tritt zum 1. Januar in Kraft.* The law comes into force on January 1. **5** (*Zeitspanne*) in ◊ *zu ihren Lebzeiten* in their lifetime ◊ *zu Lebzeiten Goethes* in Goethe's day **6** (*Anlass*) for ◊ *Das habe ich zu Weihnachten.* I got it for Christmas. ◊ *Ich wünsche mir Schlittschuhe zum Geburtstag.* I want a pair of ice skates for my birthday. ◊ *Alles Gute zum Muttertag!* Happy Mother's Day!
• **Zahl 7** (*mit Zahlenangaben*) ◊ *ein Fass zu zehn Litern* a ten-litre barrel ◊ *Sie sind zu dritt.* There are three of them. ◊ *eine Übung zu vieren machen* do an exercise in fours ◊ *Wir fahren zu sechst in den Urlaub.* Six of us are going on holiday together. ◊ *Die beiden verbringen viel Zeit zu zweit.* The two of them spend a lot of time together. ◊ *Das Publikum bestand zum Großteil aus Kindern.* Most of the audience were children. **8** (*Zahlenverhältnis*) to ◊ *Die Aktien wurden im Verhältnis drei zu eins gesplittet.* The shares were split three to one. ◊ *Das Spiel ging vier zu zwei aus.* The final score was four-two. ◊ *eins zu null* one-nil **9** (*Preise*) at ◊ *zu stark reduzierten Preisen* at greatly reduced prices ◊ *zu zwanzig Dollar* at twenty dollars ◊ *zwei Karten zu fünfzig Dollar* two tickets at fifty dollars/two fifty-dollar tickets
• **Zweck, Ergebnis 10** (*Zweck*) for ◊ *Er musste zu einer Nachuntersuchung in die Klinik.* He had to go to the clinic for a check-up. **11** (*Ergebnis*) to ◊ *Das Wasser war zu Eis geworden.* The water had turned to ice. ◊ *das Eiweiß zu Schnee schlagen* whisk the egg whites until stiff ☛ Für andere Ausdrücke mit zu siehe die Einträge für die entsprechenden Nomina etc. **Zu Fuß** z.B. steht unter **Fuß**.
zu[2] *Adv* **1** too ◊ *Der Schrank ist zu groß.* The cupboard is too big. ◊ *Du kommst leider zu spät.* Sorry, you're too late. ◊ *zu viel Salz* too much salt **2** (*geschlossen*) shut (*nicht vor Nomen*); (*Hahn*) off; (*Nase*) blocked ◊ *Der Laden hat schon zu.* The shop is shut. ◊ *Tür zu!* Shut the door! ◊ *Augen zu!* Shut your eyes! ◊ *Die Tür ist zu.* The door is shut. ◊ *Meine Nase ist ganz zu.* I've got a blocked nose. ◊ *Die Flasche stand noch zu auf dem Tisch.* The bottle stood unopened on the table. ☛ *Hinweis bei* SCHLIESSEN **3** (*betrunken*) drunk; (*Drogen*) stoned **4** (*Richtung*) towards ◊ *Ich ging auf das Haus zu.* I walked towards the house. ◊ *Zur Grenze zu vermehrten sich die Verkehrskontrollen.* As we approached the border there were more road checks. ◊ *Der Kaffee geht dem Ende zu.* We're almost out of coffee. **5 nur ~** (*verärgert*) suit yourself; (*einladend*) help yourself, go* ahead IDM ⇨ AB
zu[3] *Konj* (*vor Infinitiv oder Partizip Präsens*) to ◊ *Ich habe eine Menge zu tun.* I've got loads to do. ◊ *Das war zu erwarten.* It was to be expected. ◊ *die zu gewinnenden Preise* the prizes to be won ◊ *die zu erledigende Post* the post (that has) to be dealt with ☛ *Siehe auch* OHNE ☛ *Siehe auch* UM, S. 1267.
zuallererst 1 first of all **2** (*vor allem*) above all
zuallerletzt 1 last (of all) **2** (*am wenigsten*) least of all ◊ *Die Katastrophe hatte niemand erwartet, zuallerletzt die Opfer.* Nobody had expected the disaster, least of all the victims.
zuarbeiten jdm ~ play into sb's hands (*abwert*); (*Vorarbeit*) do* the groundwork for sb
zubauen etw ~ build* on sth ◊ *Man hat die letzte Baulücke zugebaut.* The last bit of land has been built on. ◊ *zugebaut werden* disappear under bricks and mortar
Zubehör accessories [Pl]; (*Aufsätze auch*) attachments [Pl] ◊ *das Zubehör eines Autos* car accessories ◊ *ein Bohrer mit*

Zubehör a drill with attachments ◊ *eine Küche mit allem Zubehör* a well-equipped kitchen

zubeißen bite* sb ◊ *Der Hund biss zu, als ich ihn streicheln wollte.* The dog bit me when I tried to stroke it.

zubereiten prepare, (*AmE*) fix; (*Essen auch*) make* ◊ *mit Liebe zubereitet* lovingly prepared ◊ *das Frühstück zubereiten* make breakfast ◊ *Weißt du, wie man Karpfen zubereitet?* Do you know how to cook carp?

Zubereitung 1 preparation (*oft mit einem Verb übersetzt*) ◊ *die Zubereitung von Sushi* the preparation of sushi ◊ *Die Zubereitung des Abendessens dauerte Stunden.* It took hours to make supper. ◊ *Sie erkundigte sich nach der Zubereitung.* She asked how it was made. **2** (*Gericht*) dish ◊ *regionale Zubereitungen vom Fisch* regional fish dishes

zubetonieren 1 concrete *sth* (over) ◊ *die Straße zubetonieren* concrete the road **2** (*überbauen*) concrete *sth* over ◊ *Die Landschaft wird zubetoniert.* The countryside is being concreted over.

zubilligen *jdm etw* ~ grant sb sth ◊ *jdm eine Entschädigung zubilligen* grant sb compensation ◊ *jdm mildernde Umstände zubilligen* accept sb's plea of mitigating circumstances

zubinden tie* *sth* up ◊ *einen Sack zubinden* tie up a bag ◊ *die Schnürsenkel zubinden* tie your shoelaces ◊ *die Schuhe zubinden* do up your shoes

zubleiben stay shut

zublinzeln *jdm* ~ wink at sb

Zubringer 1 shuttle service **2** (*Bus*) shuttle bus ◊ *Vom Stadtzentrum verkehrt ein Zubringer zum Flughafen.* There's a shuttle bus from the city centre to the airport. **3** (*Straße*) link road; (*Zufahrt*) access road ◊ *ein Zubringer zur Autobahn* a link road to the motorway ◊ *der Zubringer zum Stadion* the access road to the stadium

Zubringerbus ⇨ ZUBRINGER (2) **Zubringerdienst** ⇨ ZUBRINGER (1) **Zubringerstraße** ⇨ ZUBRINGER (3)

Zucchini courgette, (*AmE*) zucchini*

Zucht 1 breeding; (*Pflanzen*) growing ◊ *die Zucht von Hunden* dog breeding ◊ *die Zucht von Rosen* rose growing ◊ *die Zucht von Hühnern* raising chickens **2** (*Betrieb für Pferdezucht*) stud; (*für Hundezucht*) kennels ☞ G 1.3b **3** (*Rasse*) breed; (*Pflanze*) variety* ◊ *Pferde aus verschiedenen Zuchten* various breeds of horses ◊ *eine Zucht Orchideen* a variety of orchid **4** (*Disziplin*) discipline ◊ *an Zucht und Ordnung gewöhnt* used to firm discipline ◊ *Er ist in strenger Zucht aufgewachsen.* He had a very strict upbringing. ◊ *jdn in Zucht halten* keep sb on a tight rein

züchten (*Pflanzen*) grow*; (*neue Pflanzenarten, Tiere*) breed*; (*Bakterien*) cultivate ◊ *Tulpen züchten* grow tulips ◊ *Pferde züchten* breed horses ◊ *Geflügel züchten* raise poultry

Züchter(in) breeder; (*Pflanzen auch*) grower ☞ G 2.2d

Zuchthaus 1 prison ◊ *ins Zuchthaus kommen/im Zuchthaus sein* go to/be in prison **2** (*Strafe*) imprisonment ☞ *Hinweis bei* GEFÄNGNIS

zuckeln trundle; (*Mensch*) trudge

zucken 1 twitch ◊ *Seine Hände zuckten vor Nervosität.* His fingers twitched nervously. ◊ *Er lag da ohne zu zucken.* He lay motionless. ◊ *Sie zuckte, als sie den Donner hörte.* She gave a start when she heard the thunder. **2** (*Blitz*) flash; (*Flamme*) flicker IDM **mit den Schultern/Achseln zucken** shrug* your shoulders ◊ *Er konnte nur mit den Achseln zucken.* He just shrugged his shoulders. ☞ *Siehe auch* WIMPER

Zucken twitch ◊ *ein Zucken des Augenlids* a twitch in the eyelid ◊ *Ein Zucken ging durch ihren Körper.* Her body twitched.

zücken 1 (*Waffe*) draw* ◊ *ein Messer zücken* draw a knife ◊ *Er kam mit gezückter Waffe auf uns zu.* He came towards us with a gun. **2** (*Geldbörse, Notizblock, Kamera etc.*) whip* *sth* out

Zucker 1 sugar ◊ *feiner Zucker* caster sugar ◊ *grober Zucker* granulated sugar ◊ *ein Stück Zucker* a lump of sugar ◊ *zwei Löffel Zucker* two spoonfuls of sugar ◊ *Nimmst du Zucker in den Kaffee?* Do you take sugar in your coffee? ◊ *Die Himbeeren sind süß wie Zucker.* The raspberries are really sweet. **2** (*Krankheit*) diabetes ◊ *an Zucker erkrankt sein* have diabetes ◊ *Er hat Zucker.* He is diabetic. **3** (*Blutzuckerspiegel*) blood sugar level

Zuckerbrot IDM **Zuckerbrot und Peitsche** carrot and stick ◊ *eine Politik von Zuckerbrot und Peitsche betreiben* use the carrot and stick approach

Zucker- Zuckerdose sugar bowl **Zuckererbse** mangetout, (*AmE*) snow pea **Zuckerguss** icing [U], (*AmE*) frosting **zuckerkrank** diabetic **Zuckerkrankheit** diabetes ◊ *an Zuckerkrankheit leiden* suffer from diabetes

Zuckerl 1 sweet, (*AmE*) candy* **2** (*Genuss*) treat ◊ *ein echtes Zuckerl* a real treat

zuckern sugar ◊ *gezuckerte Erdbeeren* sugared strawberries ◊ *Tee zuckern* put sugar in tea

Zucker- Zuckerrohr sugar cane **Zuckerrübe** sugar beet [U]

Zuckerschlecken IDM **kein Zuckerschlecken sein** be no picnic

zucker- zuckersüß 1 very sweet **2** (*fig*) sugary (*abwert*), saccharine (*abwert*) **Zuckerwatte** candy floss, (*AmE*) cotton candy

Zuckung 1 twitch ◊ *nervöse Zuckungen haben* have a nervous twitch ◊ *krampfartige Zuckungen haben* have convulsions **2 die letzten Zuckungen** death throes [Pl] (*auch fig*) ◊ *die letzten Zuckungen der Revolution* the death throes of the revolution

zudecken 1 *jdn/sich* ~ cover sb/yourself (up) ◊ *gut zugedeckt sein* be well covered up ◊ *das Baby mit einer Decke zudecken* cover the baby with a blanket ◊ *sich bis zum Hals zudecken* pull the covers up to your neck **2** *etw* ~ cover sth ◊ *Soll ich den Käfig zudecken?* Shall I cover the cage? ◊ *den Topf mit einem Deckel zudecken* put a lid on the saucepan

zudem as well, moreover (*gehoben*) ◊ *Es war bitterkalt, und zudem regnete es auch noch.* It was bitterly cold, and it was raining as well. ☞ *Hinweis bei* MOREOVER

zudrehen 1 (*Hahn etc.*) turn *sth* off **2 jdm den Rücken ~** turn your back on sb; **jdm das Gesicht ~** turn to face sb; **jdm den Kopf ~** turn your head towards sb **3 sich jdm ~** turn towards sb

zudringlich 1 pushy (*umgs, abwert*) ◊ *ein zudringlicher Verkäufer* a pushy salesman ◊ *Sie ist eine zudringliche Besucherin.* She's always turning up uninvited. **2 ~ werden** (*sexuell*) make* advances

zudrücken ◊ *die Tür zudrücken* push the door shut ◊ *einen Verschluss zudrücken* press a fastener shut ◊ *jdm die Kehle zudrücken* throttle sb ◊ *Er drückte dem Toten die Augen zu.* He closed the dead man's eyes. ◊ *Sie drückt sehr fest zu, wenn sie einem die Hand gibt.* She has a very firm handshake. IDM ⇨ AUGE

zueinander to each other ◊ *Seid mal nett zueinander!* Be nice to each other! ◊ *Sie haben auf einer Party zueinander gefunden.* They got together at a party. ◊ *Die Farben passen hervorragend zueinander.* The colours go very well together. ◊ *Wir haben durch dick und dünn zueinander gehalten.* We've stuck together through thick and thin.

zuerst 1 first ◊ *Ich war zuerst da!* I was here first! ◊ *Spring du zuerst!* You jump first! ◊ *Diese Technik wurde zuerst in Indien benutzt.* This technique was first used in India. ☞ *Hinweis bei* FIRSTLY **2** (*anfangs*) at first ◊ *Zuerst war er sehr schüchtern.* At first he was very shy.

Zufahrt access [U]; (*Zufahrtsstraße*) access road; (*Einfahrt*) entrance; (*zu einem Haus*) drive

Zufall chance [U]; (*Zusammentreffen*) coincidence; (*Versehen*) accident; (*Glück*) luck [U] ◊ *etw dem Zufall überlassen* leave sth to chance ◊ *durch/per Zufall* by chance ◊ *Was für ein Zufall! Da trifft man die Nachbarn auf Mallorca.* What a coincidence! You meet your neighbours in Majorca. ◊ *Sein Erfolg ist kein Zufall.* His success is not down to luck. ◊ *ein glücklicher Zufall* a stroke of luck ◊ *Es ist kein Zufall, dass die meisten Führungspositionen von Männern besetzt sind.* It's no accident that most of the top jobs are held by men. IDM **wie der Zufall es wollte** as luck would have it

zufallen 1 close, shut* ◊ *Mit lautem Knall fiel die Tür zu.* The door closed with a bang. ◊ *Mir fallen die Augen zu.* I can't keep my eyes open. **2** *jdm* ~ (*Rolle, Aufgabe*) fall* to sb ◊ *Ihr fiel es zu, die Eltern zu informieren.* It fell to her to inform the parents. **3** *jdm* ~ (*Besitz, Gewinn*) go* to sb **4** *jdm* ~ (*ohne Anstrengung*) fall* into sb's lap ◊ *Ihr fallen die guten Noten nur so zu.* Good marks just fall into her lap.

zufällig 1 Adj chance (*nur vor Nomen*) ◊ *ein zufälliges Zusammentreffen* a chance meeting ◊ *Jede Ähnlichkeit mit noch lebenden Personen ist rein zufällig.* Any similarity with living persons is purely coincidental. **2** Adv by chance; (*ungewollt, unbeabsichtigt*) by accident; (*durch ein unerwartetes Zusammentreffen*) by coincidence ⋄ *Ich traf sie zufällig am Flughafen.* I met her by chance at the airport. ⋄ *Wie zufällig berührte er ihre Hand.* As if by accident he touched her hand. ⋄ *Er wohnte zufällig im gleichen Dorf.* By coincidence he lived in the same village. ⋄ *Nicht zufällig hat sich hier die Hightechindustrie angesiedelt.* It is no accident that high-tech industry has located here. ⋄ *Sie war zufällig dabei.* She happened to be there. **3** *Adv* (*in Fragen*) by any chance ⋄ *Hast du zufällig ihre Nummer?* Do you have her number by any chance?

Zufalls- Zufallsbekanntschaft chance acquaintance
Zufallsprinzip nach dem ~ at random, randomly
Zufallstreffer fluke

zufliegen 1 auf jdn/etw ~ fly* towards sb/sth; **direkt auf jdn/etw ~** fly* straight at sb/sth ⋄ *Der Ball kam auf ihn zugeflogen.* The ball came flying towards him. ⋄ *Die Taube flog direkt auf das Fenster zu.* The pigeon flew straight at the window. **2 jdm ~** (*Vogel*) ⋄ *Uns ist ein Wellensittich zugeflogen.* We found a budgie in our garden. **3** (*Tür etc.*) slam* shut **4 jdm ~** (*Ideen, Erfolg*) fall* into sb's lap, come* to sb ⋄ *Dir fliegt alles einfach zu.* Everything just falls into your lap. ⋄ *Die guten Ideen fliegen ihr nur so zu.* Good ideas just seem to come to her. ⋄ *Ihm flogen die Herzen der Mädchen zu.* He won all the girls' hearts.

zufließen 1 flow into ⋄ *Der Bach fließt dem Rhein zu.* The stream flows into the Rhine. ⋄ *Sie ließ noch heißes Wasser zufließen.* She put some more hot water in. **2 jdm/etw ~** (*Geld*) go* to sb/sth ⋄ *Das Geld soll einem guten Zweck zufließen.* The money is to go to charity.

Zuflucht ~ (**vor jdm/etw**) refuge (from sb/sth) (*auch fig*); (*besonders vor Unwetter etc.*) shelter (from sth) ⋄ *Zuflucht vor jdm/etw suchen* seek refuge from such/sth ⋄ *jdm Zuflucht gewähren* offer refuge to sb ⋄ *Er nahm Zuflucht zum Alkohol.* He took refuge in alcohol. ⋄ *In einem Hauseingang fanden sie Zuflucht vor dem Regen.* They found shelter from the rain in a doorway. ⋄ *Sie fand Zuflucht bei ihren Eltern.* Her parents took her in.

Zufluchtsort, Zufluchtsstätte place of refuge
Zufluss inflow (*auch fig*); (*Nebenfluss*) tributary*
zuflüstern jdm etw ~ whisper sth to sb
zufolge jdm/etw ~ according to sb/sth ⋄ *eine Theorie, der zufolge das Universum durch einen Urknall entstanden ist* a theory according to which the universe was created in a big bang

zufrieden 1 contented (*Adv* contentedly) **2** (**mit jdm/etw**) **~** satisfied (with sb/sth); (*stärker*) pleased (with sb/sth) (*nicht vor Nomen*) ⋄ *Am Schluss waren alle mit dem Ergebnis zufrieden.* In the end everybody was satisfied with the result. ⋄ *ein zufriedener Kunde* a satisfied customer ⋄ *Nach der Sitzung machte sie ein ausgesprochen zufriedenes Gesicht.* She looked very pleased after the meeting. ⋄ *Sie sind mit nichts zufrieden.* There's no pleasing them. ⋄ *„Wie läuft es so?" „Danke, ich bin zufrieden."* 'How are things?' 'Oh, I can't complain.' ⋄ **müde, aber zufrieden** tired but happy **3 jdn ~ stellen** satisfy* sb; (*stärker*) please sb ⋄ *Die Antwort hat ihn nicht zufrieden gestellt.* The answer didn't satisfy him. ⋄ *Sie ist nicht leicht zufrieden zu stellen.* She isn't easy to please. ⋄ *ein zufrieden stellendes Resultat* a satisfactory result ⋄ *Das Problem wurde zufrieden stellend gelöst.* The problem was solved satisfactorily. **4 sich mit etw ~ geben** settle for sth; **sich mit etw nicht ~** not be prepared to accept sth **5 jdn ~ lassen** leave* sb alone, leave* sb in peace ⋄ *Lass deine Schwester zufrieden!* Leave your sister alone! ⋄ *Lass mich damit zufrieden.* Don't start on about it.

Zufriedenheit contentment; **~** (**mit/über etw**) satisfaction (with/at sth) ⋄ *ein Gefühl der Zufriedenheit* a feeling of contentment ⋄ *Der Auftrag ist zu unserer Zufriedenheit ausgeführt worden.* The job was carried out to our satisfaction. ⋄ *Sie zeigte Zufriedenheit über das Erreichte.* She showed her satisfaction at what had been achieved.

zufrieren freeze* over ⋄ *Der Teich ist zugefroren.* The pond is frozen over. ⋄ *der zugefrorene See* the frozen lake
zufügen 1 (**jdm/etw**) **etw ~** (*Schaden, Schmerz etc.*) inflict sth (on sb/sth) **2 einer Sache etw ~** (*hinzufügen*) add sth to sth

Zufuhr supply; (*Aufnahme*) intake
zuführen 1 jdm/etw etw ~ send* sth to sb/sth; **jdm/etw zugeführt werden** go* to sb/sth ⋄ *Die Firma führt den Abfall der Wiederverwertung zu.* The firm sends the waste to be recycled. ⋄ *Das Geld soll karitativen Zwecken zugeführt werden.* The money is to go to charity. ⋄ *Man sollte sie ihrer gerechten Strafe zuführen.* They should give them the punishment they deserve. **2 jdm/etw ~** (*Ressourcen etc.*) supply* sb/sth with sth ⋄ *dem Teich Sauerstoff zuführen* supply the pond with oxygen ⋄ *Die Anzeige hat der Firma neue Kunden zugeführt.* The advertisement brought in new customers to the firm. **3 auf etw ~** (*Richtung*) lead* to sth ⋄ *Die Straße führt auf den Bahnhof zu.* The road leads to the station.

Zug 1 train ⋄ *mit dem Zug fahren* go by train/go on the train ⋄ *im Zug* on the train ⋄ *Wann geht der nächste Zug nach Hull?* When's the next train to Hull? ⋄ *Er holte sie vom Zug ab.* He met her off the train. ⋄ *Sie brachte ihn zum Zug.* She took him to the station. **2** (*Kolonne*) procession **3** (*von Vögeln*) migration **4** (*Schach- etc.*) move (*auch fig*) ⋄ *Du bist am Zug.* It's your move. ⋄ *Das war kein schöner Zug von ihr.* That wasn't very nice of her. **5** (*Schluck*) gulp; (*kräftiger*) swig (*umgs*) ⋄ *Er trank das Glas in einem Zug aus.* He emptied his glass in one gulp. ⋄ *Sie nahm einen kräftigen Zug aus der Flasche.* She took a swig from the bottle. **6** (*Rauch*) puff ⋄ *Sie rauchte ein paar Züge.* She took a few puffs. **7** (*Atemzug*) breath ⋄ *etw in tiefen Zügen einatmen* take deep breaths of sth **8** (*Gesichts-*) feature ⋄ *Sie hat sehr feine Züge.* She has very delicate features. ⋄ *Er hat einen verbitterten Zug um den Mund.* There's a hint of bitterness around his mouth. **9** (*Merkmal*) element; (*Charakter-*) trait ⋄ *Das Stück trägt autobiographische Züge.* The play has autobiographical elements. ⋄ *Die Situation nahm groteske Züge an.* The situation was becoming grotesque. ⋄ *Diesen Zug mag ich nicht an ihm.* That's one of the things I don't like about him. **10** (*Luft-*) draught, (*AmE*) draft ⋄ *Ich sitze hier im Zug.* I'm sitting in a draught here. **11** (*Zugkraft*) pull ⋄ *Das Gewicht übt Zug auf die Feder aus.* The weight exerts a pull on the spring. **12** (*Posaunen-*) slide **13** (*Schwimm-*) stroke **14** (MIL) platoon IDM **der Zug der Zeit** a sign of the times ⋄ *Es ist der Zug der Zeit, dass ...* It's a sign of the times that ... ⋄ *Ohne Geld läuft nichts. Das ist der Zug der Zeit.* You need money for everything. That's just how it is today. **in den letzten Zügen liegen** be on your last legs **in einem Zug** in one go **im gleichen Zug** at the same time **in groben Zügen** in broad terms **etw in vollen Zügen genießen** enjoy sth to the full **Zug um Zug** step by step; (*eins nach dem anderen*) one after the other ⋄ *Die Zimmer werden Zug um Zug renoviert.* The rooms are being renovated one after the other. **zum Zug kommen** get* a chance; get* a look-in (*umgs*)

Zugabe 1 encore ⋄ *Das Publikum forderte eine Zugabe.* The audience demanded an encore. **2** (*das Hinzufügen*) addition **3** (*Werbegeschenk*) free gift

Zugabteil (train) compartment
Zugang 1 (*Eingang*) entrance **2** (*Zutritt, Zugriff*) access ⋄ *sich Zugang zu etw verschaffen* gain access to sth **3** (*Verständnis*) ⋄ *Ich habe keinen Zugang zur klassischen Musik.* Classical music doesn't mean anything to me. ⋄ *Die Ausstellung soll den Besuchern den Zugang zu seinem Werk erleichtern.* The exhibition is designed to help visitors appreciate his work. ⋄ *Es fällt ihm schwer einen Zugang zu dem Stück zu finden.* He's finding it difficult to understand what the play's about. **4** (*das Hinzukommen*) acquisition; (*von Schülern, Patienten*) admission; (*von Soldaten etc.*) recruitment **5** (*Neuzugang*) ⋄ *eine Ausstellung der neuesten Zugänge des Museums* an exhibition of the museum's most recent acquisitions ⋄ *Die Station hatte in der Nacht fünf Zugänge.* The ward had five admissions overnight. ⋄ *Der Verein hatte in dieser Saison mehrere Zugänge.* The club had several new players this season.

zugänglich 1 accessible; **schwer ~** inaccessible **2** (*verfügbar*) available ⋄ *Die Informationen sind jedem zugänglich.* The information is available to everybody. ⋄ *Das Archiv soll der Öffentlichkeit zugänglich gemacht werden.* The archive is to be opened to the public. **3** (*Mensch*) approachable; **für etw ~ sein; einer Sache ~ sein** be receptive to sth ⋄ *Sie ist ein sehr zugänglicher Mensch.* She's very approachable. ⋄ *neuen Ideen zugänglich sein* be receptive to new ideas ⋄ *Er war keinen Argumenten mehr zugänglich.* He wasn't willing to listen to any more arguments.

Zugbrücke drawbridge
zugeben 1 admit* (to) *sth* ⋄ *Sie weigerte sich, das Verbrechen zuzugeben.* She refused to admit (to) the crime. ⋄ *Er*

gab zu, die Kamera genommen zu haben. He admitted (to) having taken the camera. ◊ *Gib doch endlich zu, dass ...* Come on, admit that ... ☛ *Hinweis bei* ADMIT **2** (*hinzufügen*) add

zugegeben admittedly

zugehen 1 auf jdn/etw ~ go* up to sb/sth; (*fig*) reach out to sb ◊ *Er ging auf die Tür zu.* He went up to the door. ◊ *Wir müssen auf die Jugend zugehen.* We must reach out to young people. **2 auf etw ~** (*Alter, Zeit*) be getting on for sth ◊ *Sie geht auf die vierzig zu.* She's getting on for forty. ◊ *Es ging auf Mitternacht zu.* It was getting on for midnight. ◊ *Die Party ging dem Ende zu.* The party was drawing to a close. **3 etw geht jdm zu** (*Schriftstück etc.*) sb receives sth; **jdm etw ~ lassen** have sth sent to sb ◊ *Die Unterlagen werden Ihnen in den nächsten Tagen zugehen.* You will receive the documents in the next few days. ◊ *Ich lasse Ihnen die Dokumente zugehen.* I'll have the documents sent to you. **4** (*Verlauf*) ◊ *Im Büro ging es heute ziemlich hektisch zu.* It was quite hectic in the office today. ◊ *Auf der Party ging es lustig zu.* The party was a lot of fun. **5** (*sich schließen* (*lassen*)) shut* ◊ *Der Koffer ging nicht zu.* The suitcase wouldn't shut. ◊ *Der Reißverschluss geht nicht zu.* The zip won't do up. IDM ⇨ DING

zugehörig ◊ *sich einer Gruppe zugehörig fühlen* feel you belong to a group ◊ *das Haus samt zugehörigem Garten* the house and the garden that goes with it

Zugehörigkeit 1 membership **2** (*Gefühl*) feeling of belonging

Zügel rein [meist Pl] ◊ *ein Pferd am Zügel führen* lead a horse by the reins IDM **die Zügel (fest) in der Hand haben/halten** have things (firmly) under control; (*Verantwortung tragen*) be in charge **die Zügel in die Hand nehmen** take* (up) the reins **die Zügel lockern** loosen the reins **die Zügel schleifen lassen** let* things slip **die Zügel straffer (an)ziehen** tighten the reins

zügeln 1 rein *sb/sth* in (*auch fig*); (*Hunger*) curb **2 sich ~** restrain yourself, exercise restraint

Zugeständnis concession ◊ *ein Zugeständnis an jdn machen* make a concession to sb

zugestehen jdm etw ~ allow sb sth, grant sb sth (*gehoben*)

Zugewinn gain, increase

zugig draughty*, (*AmE*) drafty*; (*draußen*) windy*

zügig 1 *Adj* speedy* **2** *Adv* quickly

Zugkraft 1 (TECH) tractive force **2** (*fig*) pulling power, (*AmE*) drawing power

zugleich 1 both ◊ *Er ist Schriftsteller und Bildhauer zugleich.* He is both a writer and a sculptor. **2** (*zur gleichen Zeit*) at the same time ◊ *Ich kann nicht zugleich schreiben und dir zuhören.* I can't write and listen to you at the same time.

Zug- Zugluft draught, (*AmE*) draft **Zugpferd 1** draught horse, (*AmE*) draft horse **2** (*fig*) crowd-puller

zugreifen 1 make* a grab ◊ *Der Dieb griff zu und ihr Portmonee war weg.* The thief made a grab and her purse was gone. **2** (*bei Tisch*) help yourself ◊ *Greift zu! Es ist genug da.* Help yourselves! There's enough there. ◊ *Ich hab ordentlich zugegriffen.* I piled up my plate. ◊ *Das Büfett verlockt zum Zugreifen.* The buffet looks very appetizing. **3** (*Angebot etc.*) ◊ *Als sie ihm den Job anboten, griff er sofort zu.* When they offered him the job, he jumped at it. ◊ *Bei so einem Preis sollte man schnell zugreifen.* You should take it straight away at that price. **4 auf etw ~** access sth ◊ *Er konnte im Internet auf die wichtigsten Daten zugreifen.* He could access the most important information on the Internet.

Zugriff 1 ~ (auf etw) access (to sth) ◊ *elektronischer Zugriff auf Daten* electronic access to data ◊ *unbefugter Zugriff* unauthorized access ◊ *Bei jedem Zugriff auf die Daten muss ein Passwort eingegeben werden.* You have to enter a password each time you access the data. **2** (*Nachforschungen, Verfolgung*) clutches [Pl] ◊ *Sie wollten den Gewinn vor dem Zugriff des Fiskus schützen.* They wanted to keep the profit safe from the clutches of the taxman.

Zugriffszeit (COMP) access time

zugrunde 1 ~ (an etw) ~ gehen be destroyed by sth **2 etw ~ legen** take* sth as a basis; **etw einer Sache ~ legen** base sth on sth ◊ *Legt man diese Faktoren zugrunde, ...* Taking these factors as a basis, ... ◊ *Sie legt ihren Überlegungen eine einfache Voraussetzung zugrunde.* She bases her ideas on a simple assumption. **3 einer Sache ~ liegen** form the basis for sth ◊ *Der Analyse liegen die Daten der letzten Umfrage zugrunde.* The data from the previous survey form the basis of the analysis. **4 ~ liegend** underlying (*nur vor Nomen*) ◊ *die zugrunde liegende genetische Information* the underlying genetic information ◊ *die dem Konflikt zugrunde liegenden Probleme* the problems that underlie the conflict **5 jdn/etw ~ richten** ruin sb/sth

Zugtier draught animal, (*AmE*) draft animal

zugucken ⇨ ZUSEHEN

Zugunglück (train) crash

zugunsten in favour of, (*AmE*) in favor of; (*Spende etc.*) for the benefit of ◊ *zugunsten des Angeklagten* in favour of the accused ◊ *Die Spende ging zugunsten der Krebshilfe.* The donation was for the benefit of cancer sufferers.

zugute 1 jdm/etw ~ kommen be good for sb/sth; **etw jdm/etw ~ kommen lassen** donate sth to sb/sth **2 jdm/etw ~ kommen** (*Spenden etc.*) be donated to sb/sth **3 jdm ~ halten** make* allowances for sth ◊ *Ihm wurde zugute gehalten, dass er aus Notwehr gehandelt hatte.* Allowances were made for the fact that he had acted in self-defence.

Zug- Zugverbindung (rail) connection **Zugverkehr** rail services [Pl] **Zugvogel** migratory bird; (*fig*) bird of passage

zuhaben 1 etw ~ have sth shut ◊ *Er hat die Augen zu.* He's got his eyes shut. ◊ *Bei dem Wind habe ich die Jacke lieber zu.* I prefer to keep my jacket done up in this wind. **2 etw hat zu** (*Geschäft etc.*) sth is shut

zuhalten 1 etw ~ hold* sth shut **2 jdm/sich etw ~** ◊ *Er hielt ihr den Mund zu.* He covered her mouth. ◊ *Ich musste mir die Ohren zuhalten.* I had to put my hands over my ears. **3 auf jdn/etw ~** (*Richtung*) head (straight) for sb/sth

Zuhälter pimp

zuhause ⇨ HAUS

Zuhause home ◊ *Dort fand er endlich ein Zuhause.* He finally found a home there. ◊ *Sie hat kein Zuhause.* She's homeless.

zuhören (jdm/etw) ~ listen (to sb/sth) ◊ *Jetzt hör mir mal gut zu!* Now just you listen (to me)! ◊ *Sie kann gut zuhören.* She's a good listener.

Zuhörer(in) listener

zujubeln jdm ~ cheer sb

zukehren jdm/etw den Rücken ~ turn your back on sb/sth

zuklappen slam* (*sth*) shut, clap* (*sth*) shut

zukleben 1 (*versiegeln*) seal **2 etw mit etw ~** (*überkleben*) stick* sth over with sth ◊ *Die Fenster waren mit Zeitungspapier zugeklebt.* The windows were stuck over with newspaper.

zuknallen 1 slam* shut ◊ *Die Tür knallte zu.* The door slammed shut. **2 etw ~** slam* sth ◊ *Wütend knallte sie die Tür zu.* She slammed the door in anger. **3 sich mit etw ~** (*Drogen*) pump yourself full of sth (*umgs*)

zukneifen close *sth* tightly; (*Mund*) shut* *sth* tightly

zuknöpfen button *sth* up

zukommen 1 auf jdn ~ come* up to sb, approach sb (*auch fig*) ◊ *Strahlend kam sie auf mich zu.* She came up to me beaming. ◊ *Sie sind auf mich zugekommen und haben mir die Stelle angeboten.* They approached me and offered me the job. **2 etw kommt auf jdn zu** (*Gefahren, Kosten etc.*) sth is in store for sb; (*Aufgabe, Problem etc. auch*) sth is ahead of sb **3 etw auf sich ~ lassen** take* sth as it comes ◊ *Lass die Sache mal ruhig auf dich zukommen.* Just take things as they come. **4 jdm etw ~ lassen** (*schenken, spenden*) give* sth to sb **5** ⇨ ZUSTEHEN

Zukunft future ◊ *in naher/ferner Zukunft* in the near/distant future ◊ *In Zukunft muss das anders werden.* That'll have to change in future. ◊ *Man muss an die Zukunft denken.* You've got to think of the future. ◊ *Vor ihr liegt eine große Zukunft.* She has a great future ahead of her. ◊ *Das liegt noch in weiter Zukunft.* That's still a long way off.

zukünftig 1 *Adj* future ◊ *ihr zukünftiger Mann* her future husband **2** *Adv* in future ◊ *Das muss zukünftig anders werden.* That'll have to change in future.

Zukunfts- Zukunftsangst fear of the future [U]; (*vor bestimmten Problemen*) fears about the future [Pl] **Zukunftsaussichten** ⇨ ZUKUNFTSPERSPEKTIVE **Zukunftsmusik** ◊ *Bisher ist das Wählen online noch Zukunftsmusik.*

Online voting is still a long way off. **zukunftsorientiert** **1** *Adj* forward-looking **2** *Adv* in a forward-looking way **Zukunftspläne** plans for the future [Pl] **Zukunftsperspektive** (future) prospects [Pl] ◊ *Dieser Job bietet keine Zukunftsperspektive.* There are no prospects in this job. ◊ *die Zukunftsperspektiven des Landes* the country's future prospects
Zulage extra pay [U], bonus
zulassen 1 allow, permit* ◊ *Ich lasse nicht zu, dass du so über ihn redest!* I won't allow you to speak about him like that! ◊ *Das lassen die Regeln nicht zu.* The rules don't permit it. ◊ *Der Text lässt verschiedene Interpretationen zu.* The text can be interpreted in a number of ways. **2** *jdn/etw* (**zu** *etw*) ~ admit* sb/sth (to sth) ◊ *Bei der Theatervorstellung ist die Presse nicht zugelassen.* The press are not admitted to the performance. ◊ *Er ist zum Medizinstudium nicht zugelassen worden.* He was not given a place to study medicine. **3** (*Auto etc.*) register
zulässig allowed ◊ *Das ist rechtlich nicht zulässig.* That's not allowed by law. ◊ *die zulässige Höchstgeschwindigkeit* the maximum legal speed
Zulassung 1 authorization (*oft mit einem Verb übersetzt*) ◊ *Die Zulassung von Müllverbrennungsanlagen soll erleichtert werden.* It's going to become easier to authorize waste incineration plants. **2** (*von Rundfunkprogrammen, Medikamenten etc.*) licensing **3** (*Lizenz*) licence, (*AmE*) license; (*Kraftfahrzeugschein*) registration document ◊ *Sie war ohne Führerschein und Zulassung unterwegs.* She was driving without a licence or registration document. ◊ *Sie hat ihre Zulassung als Ärztin verloren.* She was struck off. ◊ *einem Medikament die Zulassung erteilen* license a drug ◊ *Er hat die Zulassung als Rechtsanwalt bekommen.* He was called to the bar. **4** (*Zutritt*) admission ◊ *die Zulassung von Frauen zum Priesteramt* the admission of women into the clergy ◊ *Die Zulassung zum Studium sollte begrenzt werden.* The number of university places should be limited.
Zulassungsstelle registration office
zulasten ~ **einer Sache** (**gehen**) (be) at the expense of sth; ~ **einer Person** (**gehen**) (be) at sb's expense ◊ *zulasten der Kunden* at the customer's expense
Zulauf ~ **haben** be popular ◊ *Das neue Musical hat großen Zulauf.* The new musical is very popular. ◊ *Den Vereinen fehlt es an Zulauf.* The clubs are short of members.
zulaufen 1 **auf** *jdn/etw* ~ run* towards sb/sth **2** *jdm* ~ (*in Scharen*) flock to sb **3** *jdm* ~ (*ein Tier*) adopt sb ◊ *Die Katze ist mir zugelaufen.* This cat has adopted me. ◊ *Kätzchen zugelaufen. Found: kitten.* **4** *etw* ~ **lassen** (*Wasser*) add sth **5** (*Form*) taper ◊ *Das Dach läuft oben spitz zu.* The roof tapers to a point.
zulegen 1 **sich** *etw* ~ (*kaufen*) get* yourself sth ◊ *Ich habe mir einen neuen Computer zugelegt.* I've got myself a new computer. **2** (*an Tempo*) get* your finger out; (*mit einem Fahrzeug*) put* your foot down **3** (*zugewinnen*) gain; (*Aktien etc.*) go* up ◊ *Die Partei hat rund 100 Mandate zugelegt.* The party has gained about 100 seats. ◊ *Die Aktien haben um drei Prozent zugelegt.* The shares have gone up by three percent. ◊ *Die Branche hat in diesem Jahr wieder kräftig zugelegt.* The industry has made a big profit again this year. **4** (*Gewicht*) put* sth on ◊ *Ich habe im Urlaub zwei Kilo zugelegt.* I put on two kilos when I was on holiday. ◊ *an Gewicht zulegen* put on weight **IDM** ⇨ ZAHN
zuleide *jdm/einem Tier etw* ~ **tun** harm sb/an animal **IDM** ⇨ FLIEGE
zuletzt 1 last ◊ *Wann warst du zuletzt beim Frisör?* When did you last go to the hairdresser's? ◊ *Ich habe ihn zuletzt vor drei Wochen gesehen.* I last saw him three weeks ago. ◊ *Sie kommt immer zuletzt in den Unterricht.* She's always the last to arrive in class. **2** (*am Ende*) at the end ◊ *Zuletzt war sie die Vorsitzende des Vereins.* At the end she became the club's chairwoman. **3** (*letztendlich*) in the end ◊ *Wir haben uns zuletzt doch anders entschieden.* In the end we changed our minds after all. **4 bis** ~ to the very end ◊ *Er hat bis zuletzt gegen die Krankheit gekämpft.* He fought against the illness to the very end. **IDM** **nicht zuletzt** not least ◊ *Ich freue mich auf den Urlaub, nicht zuletzt, weil ich dann meine Familie mal wiedersehe.* I'm looking forward to the holiday, not least because I'll be seeing my family again. ☛ *Siehe auch* LACHEN

zuliebe *jdm/etw* ~ for the sake of sb/sth ◊ *dir zuliebe* for your sake
zumachen close ◊ *Kannst du bitte das Fenster zumachen?* Would you mind closing the window? ◊ *Über Mittag macht der Laden zu.* The shop is closed in the lunch hour. ☛ *Hinweis bei* SCHLIESSEN **IDM** ⇨ AUGE
zumal particularly as
zumindest at least
zumutbar reasonable ◊ *Die Nutzung öffentlicher Verkehrsmittel ist durchaus zumutbar.* It's perfectly reasonable to expect people to use public transport.
zumute *jdm ist* (**nach** *etw*) ~ sb feels* (like sth) ◊ *Wie ist dir zumute?* How do you feel? ◊ *Mir ist nicht nach Scherzen zumute.* I don't feel like joking.
zumuten 1 *jdm etw* ~ ask sth of sb, expect sth of sb; *jdm* ~ *etw* **zu tun** expect sb to do sth ◊ *Ich finde, er mutet dir eine ganze Menge zu.* I think he's asking a lot of you. **2 sich** *etw* ~ take* sth on ◊ *Ich glaube, ich habe mir ein bisschen zu viel zugemutet.* I think I've taken on a bit too much.
Zumutung ◊ *Es ist eine Zumutung für die Nachbarn, wenn jemand abends Schlagzeug übt.* The neighbours can't be expected to put up with somebody practising the drums in the evening. ◊ *Der Müllgestank ist eine Zumutung.* The smell of rubbish is a bit much. ◊ *Die Sendung war eine Zumutung!* The programme was outrageous!
zunächst 1 (*als Erstes*) first of all ◊ *Zunächst (einmal) möchte ich Sie alle herzlich begrüßen!* First of all, I would like to welcome you all.

> **Firstly** und **first** (**of all**) werden verwendet, um eine Reihe von Fakten, Gründen oder Meinungen einzuleiten. **Firstly** ist gängiger im britischen als im amerikanischen Englisch. **At first** beschreibt eine anfängliche Situation (siehe Bedeutung 2). ☛ *Hinweis bei* FIRSTLY

2 (*am Anfang*) at first ◊ *Sie studierte zunächst Mathematik, wechselte dann aber zur Physik.* At first she studied maths, but then she changed to physics. **3** (*vorerst*) for the time being ◊ *Wir lassen das Haus zunächst, wie es ist.* We're going to leave the house as it is for the time being.
Zunahme increase; (*Gewichts-*) gain ◊ *die Zunahme der Arbeitslosigkeit* the increase in unemployment
Zuname surname
zündeln play with matches; (*Brandstiftung*) commit* arson
zünden 1 *etw* ~ (*Gasofen*) light* sth, ignite sth (*gehoben*); (*Bombe, Sprengsatz*) detonate sth; (*Feuerwerk*) let* sth off; (*Rakete*) fire sth **2** (*Motor*) fire; (*Bombe, Sprengsatz, Feuerwerkskörper*) go* off; (*Rakete*) fire; (*Gas*) light* ◊ *Die Gasflamme zündete nicht.* The gas wouldn't light. **3** (*fig*) ◊ *Die Idee zündete nicht.* The idea didn't get off the ground. ◊ *eine zündende Idee* a brilliant idea ◊ *eine zündende Rede* a rousing speech
Zünder 1 fuse, (*AmE auch*) fuze **2** (*Streichholz*) match
Zünd- **Zündflamme** pilot light **Zündholz** match **Zündholzschachtel** matchbox **Zündkerze** (spark) plug **Zündschloss** ignition **Zündschlüssel** ignition key **Zündschnur** fuse, (*AmE*) fuze **Zündstoff** ◊ *Dieses Thema birgt viel Zündstoff.* It is a very explosive issue. ◊ *Seine Bemerkungen lieferten neuen Zündstoff.* His remarks added more fuel to the debate.
Zündung 1 (*das Zünden*) lighting, igniting (*gehoben*); (*Feuerwerk*) letting off; (*Bombe, Sprengkörper*) detonation; (*Rakete*) firing (*oft mit einem Verb übersetzt*) ◊ *nach der Zündung des Sprengsatzes* after the bomb was detonated **2** (*an einer Bombe etc.*) detonator **3** (*beim Auto etc.*) ignition; (*im Motor*) timing (*Fachspr*) ◊ *die Zündung anschalten* turn the ignition on ◊ *die Zündung neu einstellen* adjust the timing
zunehmen 1 increase ◊ *Die Zahl hat stark zugenommen.* The number has greatly increased. **2** (*Mensch*) put* on weight ◊ *Er hat stark zugenommen.* He's put on a lot of weight. **3** *etw* ~ put* sth on ◊ *Ich habe drei Kilo zugenommen.* I've put on three kilos. **4** (*Mond*) wax
zunehmend 1 *Adj* increasing, growing; (*Mond*) waxing ◊ *der zunehmende Druck im Büro* increasing pressure at work ◊ *in zunehmenden Maße* increasingly ◊ *die zunehmende Nachfrage* rising demand ◊ *der ständig zunehmende Verkehr* the continuing growth in traffic ◊ *mit zunehmendem Alter* as he/she/it, etc. gets older **2** *Adv* increasingly

⋄ *Die Arbeit fällt mir zunehmend schwerer.* I am finding the work increasingly difficult. ⋄ *Inzwischen werden zunehmend Frauen nominiert.* Increasingly, women are being nominated. ⋄ *Die Leute wurden zunehmend gereizt.* People were getting more and more angry. ⋄ *Die Tage werden zunehmend wärmer.* The days are getting warmer.

zuneigen 1 tend towards *sth* ⋄ *Ich neige eher Peters Ansicht zu.* I tend more towards Peter's point of view. ⋄ *Er neigt eher dieser Erklärung zu.* He tends to favour this explanation. **2 jdm/etw zugeneigt sein** be fond of sb/sth ⋄ *Sie war ihm sehr zugeneigt.* She was very fond of him. **3 etw jdm ~** incline sth towards sb; **sich jdm ~** lean* towards sb ⋄ *Sie neigte mir den Kopf zu.* She inclined her head towards me. **4 sich dem Ende ~** draw* to a close; (*Vorräte etc.*) get* low

Zuneigung ~ (zu jdm) affection (for sb) ⋄ *Sie empfand eine starke Zuneigung zu ihm.* She had a deep affection for him.

Zunft guild ☞ G 1.3b

zünftig traditional (*Adv* traditionally); (*wie es sein soll*) proper (*Adv* properly); (*Fest*) real (*Adv* really); (*Essen*) hearty

Zunge 1 tongue ⋄ *Sie streckte ihm die Zunge heraus.* She stuck her tongue out at him. ⋄ *Das zergeht auf der Zunge.* It melts in your mouth. **2** (*eines Blasinstruments*) reed; (*einer Orgel*) tongue **3** (*einer Waage*) needle ᴵᴰᴹ **jdm auf der Zunge liegen** be on the tip of sb's tongue **böse Zungen** malicious tongues **etw brennt jdm auf der Zunge** sb is dying to say sth **eine spitze/scharfe Zunge haben** have a sharp tongue **seine Zunge hüten/im Zaum halten** guard your tongue **sich an/bei etw die Zunge abbrechen** not be able to get your tongue (a)round sth ⋄ *Bei dem Namen bricht man sich ja die Zunge ab.* It's difficult to get your tongue round the name. **sich auf die Zunge beißen** bite* your tongue **sich eher die Zunge abbeißen, als …** would rather die than …

Zungenbrecher tongue-twister **Zungenkuss** French kiss

zunichte 1 etw ~ machen ruin sth; (*Pläne auch*) wreck sth; (*Hoffnungen auch*) dash sth **2 ~ werden/sein** come*/have come to nothing ⋄ *Alle ihre Hoffnungen wurden zunichte.* All her hopes came to nothing.

zunicken jdm ~ nod* to sb

zunutze sich etw ~ machen exploit sth ⋄ *Firmen, die sich das Internet zunutze machen* firms which exploit the potential of the Internet ⋄ *sich den Heimvorteil zunutze machen* capitalize on the advantage of playing at home

zuordnen 1 jdn/etw jdm/etw ~ assign sb/sth to sb/sth ⋄ *Jedem Abteilungsleiter ist eine Sekretärin zugeordnet.* A secretary is assigned to each head of department. ⋄ *T.S. Eliot wird der Moderne zugeordnet.* T.S. Eliot is classed as a modernist. ⋄ *Die Funde wurden der Bronzezeit zugeordnet.* The finds were thought to be from the Bronze Age. ⋄ *Sein Werk lässt sich keinem Stil zuordnen.* It's difficult to categorize his work stylistically. **2 etw jdm/etw ~** attribute sth to sb/sth; (*passend*) match sth to sth ⋄ *Attribute, die er ihr zuordnen würde* qualities which he would attribute to her ⋄ *Die Fotos müssen den entsprechenden Überschriften zugeordnet werden.* The photos have to be matched with the corresponding captions.

Zuordnung (*Zuteilung*) assignment; (*Einordnung*) classification

zupacken 1 grab* sth/sb ⋄ *Er packte mit beiden Händen zu und zog sie heraus.* He grabbed her with both hands and pulled her out. **2** (*energisch ans Werk gehen, arbeiten*) knuckle down to it ⋄ *Beim Umzug zeigte er, dass er auch zupacken konnte.* During the move he showed he could knuckle down to it. ⋄ *Sie musste überall mit zupacken.* She had to help out everywhere.

zuparken block ⋄ *Er hat die Einfahrt zugeparkt.* His car was blocking the entrance. ⋄ *zugeparkte Radwege* cycle paths with cars parked on them

zupfen 1 an etw ~ tug* (at) sth ⋄ *Sie zupfte mich am Ärmel.* She tugged at my sleeve. ⋄ *Sie zupfte nervös an ihrem Kragen.* She was fiddling with her collar. **2 etw (aus/von etw) ~** pull sth (out of/from sth); (*Unkraut*) pull sth up ⋄ *Er zupfte sich ein graues Haar aus dem Bart.* He pulled a grey hair out of his beard. ⋄ *sich die Augenbrauen zupfen* pluck your eyebrows ⋄ *Sie zupfte sich die Fussel von der Bluse.* She picked a bit of fluff off her blouse. **3** (Mus) **etw ~** pluck (at) sth, (*AmE auch*) pick sth

zuprosten (**jdm**) **~** raise your glass (to sb)

zurande mit etw ~ kommen cope with sb/sth; **mit jdm ~ kommen** get* on with sb ⋄ *Sie kam mit der Arbeit nicht zurande.* She couldn't cope with the work. ⋄ *Ich komme mit der Gebrauchsanweisung nicht zurande.* I can't understand the instructions.

zurate jdn/etw ~ ziehen consult sb/sth

zuraten advise ⋄ *Er hat mir zugeraten.* He advised me to do it. ⋄ *Zu der Wohnung kann ich dir nur zuraten.* My advice is to take the flat. ⋄ *auf ihr Zuraten hin* on her advice

zurechnen jdn/etw einer Sache ~ class sb/sth as sth

zurechnungsfähig responsible for your actions (*nicht vor Nomen*)

Zurechnungsfähigkeit responsibility for your actions

zurechtbiegen 1 twist *sth* into shape **2** (*fig*) twist ⋄ *Er hat die Wahrheit ein wenig zurechtgebogen.* He twisted the facts a bit.

zurechtfinden sich ~ 1 (*orientieren*) find* your way (a)round ⋄ *sich in der Innenstadt zurechtfinden* find your way round the city centre ⋄ *Ich finde mich auf dieser Website nur schwer zurecht.* I have trouble finding my way round this website. **2** (*einleben*) find* your bearings

zurechtkommen 1 (**mit etw**) **~** manage (sth); (**mit Geld**) manage on sth ⋄ *Ich komme auch ohne dich zurecht.* I can manage all right on my own. ⋄ *Kommst du allein zurecht?* Can you manage on your own? ⋄ *Sie kommt mit der Arbeit nicht zurecht.* She can't manage the work. ⋄ *Kommst du mit dem Computer zurecht?* Are you getting on all right with the computer? **2** (**mit jdm**) **~** get* on (with sb)

zurechtlegen 1 (**sich**) **etw ~** put* sth out ready; **jdm etw ~** put* sth out for sb ⋄ *Er hatte sich seine Unterlagen zurechtgelegt.* He had put his papers out ready. **2 sich etw ~** have sth ready ⋄ *Sie hatte sich eine gute Ausrede zurechtgelegt.* She had a good excuse ready.

zurechtmachen 1 make* ⋄ *das Abendessen zurechtmachen* make the supper ⋄ *jdm ein Bett zurechtmachen* make up a bed for sb **2 jdn ~** help sb get ready; (*mit Make-up*) make* sb up ⋄ *Ich machte sie für den Ball zurecht.* I helped her get ready for the ball. ⋄ *Der Friseur machte sie zurecht.* The hairdresser did her hair. **3 sich ~** get* ready; (*schminken*) put* your make-up on

zurechtrücken 1 adjust; (*Krawatte etc.*) straighten ⋄ *Er rückte seine Brille zurecht.* He adjusted his glasses. ⋄ *Sie rückte die Kissen zurecht.* She straightened the cushions. **2** (*in Ordnung bringen*) sort *sth* out **3** (*korrigieren*) correct

zurechtweisen jdn (**wegen einer Sache**) **~** reprimand sb (for sth) (*gehoben*)

zureden jdm ~ (try* to) persuade sb; (*beruhigend*) reassure sb ⋄ *Auf mein Zureden hin hat sie sich beworben.* I persuaded her to apply. ⋄ *Er redete dem Verletzten gut zu.* He tried to reassure the injured man. ⋄ *Alles gute Zureden hat nichts geholfen — er weigerte sich, zur Polizei zu gehen.* He wouldn't listen — he refused to go to the police.

zurichten (*beschädigen*) damage; (*verletzen*) injure; (*zusammenschlagen*) beat* *sb* up

zurück 1 back ⋄ *Ist er schon wieder aus dem Urlaub zurück?* Is he back from his holiday yet? ⋄ *Zurück brauche ich meistens länger.* Coming back usually takes longer. **2** (*nach hinten*) back(wards) ⋄ *ein Schritt zurück* a step backwards **3** (*hin und*) **~** (*beim Fahrtkartenkauf*) return, (*AmE*) round trip ⋄ *Einmal Jena und zurück.* A return (ticket) to Jena. **4** (*im Rückstand*) behind ⋄ *Sie ist für ihr Alter etwas zurück.* She is a bit behind for her age.

Zurück going back, turning back ⋄ *Jetzt gibt es kein Zurück mehr.* There's no going back now.

zurückbehalten 1 keep* *sth* (for yourself) ⋄ *Er hat die besten Stücke zurückbehalten.* He kept the best pieces for himself. ⋄ *das zurückbehaltene Geld* money that had been kept back **2** (*Schäden etc.*) be left with *sth* ⋄ *Wird sie Narben zurückbehalten?* Will she be left with permanent scars? ⋄ *Er hat von einem Unfall ein steifes Knie zurückbehalten.* The accident left him with a stiff knee.

zurückbekommen get* *sth* back ⋄ *Sie wird ihr Geld zurückbekommen.* She'll get her money back. ⋄ *Habt ihr die Klausur schon zurückbekommen?* Have you had the test back yet? ⋄ *Er bekam 50 Cent zurück.* He got 50 cents' change.

zurückbilden sich ~ (*Muskeln, Organe etc.*) atrophy*

(*Fachspr*); (*Geschwür, Zyste etc.*) shrink*; (*Schwellung, Entzündung*) go* down; (*Zahnfleisch*) recede

zurückbleiben 1 stay behind ◊ *Er blieb an der Unfallstelle zurück.* He stayed behind at the scene of the accident. ◊ *Alle gingen und ich blieb allein zurück.* Everybody went away and I was the only one left. **2** (*bei Einfahrt des Zuges etc.*) stand* back **3** (*als Rest, Rückstand*) ◊ *Vom Regen bliebenfeuchte Stellen zurück.* The rain had left damp patches. ◊ *eine kleine Menge Asbest, die zurückbleibt* a small amount of asbestos that remains ◊ *Ihm blieb eine Narbe im Gesicht zurück.* He was left with a scar on his face. **4** (*nicht Schritt halten, nicht aufholen*) lag* behind ◊ *Er blieb weit hinter den anderen Läufern zurück.* He was lagging far behind the other runners. ◊ *Ihre Leistungen blieben hinter den Erwartungen zurück.* Her results were below expectations. ◊ *Die Verkaufszahlen sind weit hinter denen des Vorjahres zurückgeblieben.* The sales figures were well down on last year's.

zurückblicken 1 (**auf etw/zu jdm**) ~ look back (at sth/sb) **2** (**auf etw**) ~ (*auf Vergangenes*) look back (on sth) ◊ *auf seine Kindheit zurückblicken* look back on your childhood ◊ *auf das vergangene Jahr zurückblicken* look back over the last year IDM **auf etw zurückblicken können** have sth behind you ◊ *Er kann auf eine erfolgreiche Karriere zurückblicken.* He has a successful career behind him. ◊ *Dieses Dorf kann auf eine lange Geschichte zurückblicken.* The history of this village goes back a long way.

zurückbringen bring* *sb/sth* back, take* *sb/sth* back, return ◊ *Ich bringe dir dein Fahrrad morgen zurück.* I'll bring back your bike tomorrow. ◊ *Das brachte die Erinnerung an damals zurück.* It brought back memories of that time. ◊ *Ich bringe das Buch morgen in die Bücherei zurück.* I'll take the book back to the library tomorrow. ☛ *Hinweis bei* BRINGEN

zurückdatieren backdate

zurückdenken (**an etw**) ~ think* back (to sth) ◊ *Ich denke gern an diese Zeit zurück.* I often think back to those days. ◊ *solange ich zurückdenken kann* for as long as I can remember

zurückdrängen 1 drive* *sb* back **2** (*einschränken*) reduce ◊ *die Kriminalität zurückdrängen* reduce crime

zurückdrehen 1 (*Prozess, Entwicklung*) turn *sth* back ◊ *Könnte ich nur die Zeit zurückdrehen!* If only I could turn the clock back! **2** (*Hitze etc.*) turn *sth* down

zurückerinnern sich ~ think* back; **sich an etw/jdn** ~ remember sth/sb

zurückerstatten refund ◊ *Wir werden Ihnen das Geld zurückerstatten.* We'll refund you the money. ◊ *Die Gebühren wurden ihm zurückerstattet.* He got the fees refunded.

zurückerobern win* *sth* back

zurückfahren 1 go* back; (*als Autofahrer auch*) drive* back; (*mit dem Fahrrad/Motorrad auch*) ride* back; **jdn/etw** ~ drive* sb/sth back ◊ *Wann fährst du zurück?* When are you going back? ◊ *Ich fuhr mit der Bahn zurück.* I went back by train. ◊ *Willst du mit uns zurückfahren?* Can we give you a lift back? **2** (*nach hinten fahren*) reverse, go* back **3** (*zurückschrecken*) recoil **4** (*reduzieren*) cut* *sth* back ◊ *Die Stahlproduktion wurde auf vier Millionen Tonnen zurückgefahren.* Steel production was cut back to four million tonnes.

zurückfallen 1 fall* back **2 sich in etw ~ lassen** sink* back into sth; (*hinlegen*) lie* back on sth **3** (**hinter jdn/etw**) ~ fall* behind (sb/sth); **sich** (**hinter jdn/etw**) ~ **lassen** drop* back (behind sb/sth) ◊ *Am Berg fiel seine Mannschaft stark zurück.* On the mountain his team fell a long way behind. ◊ *Sie sind auf den dritten Platz zurückgefallen.* They dropped back into third place. ◊ *Sie ist in ihren Leistungen stark zurückgefallen.* Her work has deteriorated considerably. **4 in etw** ~ (*schlechte Gewohnheiten etc.*) revert to sth (*gehoben*) **5 an jdn/etw** ~ (*Eigentum, Anspruch*) revert to sb/sth **6 auf jdn** ~ (*ein schlechtes Licht werfen*) reflect badly on sb; (*sich negativ auswirken*) return to haunt sb ◊ *Dieser Satz sollte noch auf ihn zurückfallen.* This statement would return to haunt him.

zurückfinden find* your way back; (*zu jdm, zu Verhandlungen, einem Zustand etc.*) get* back ◊ *Findest du allein den Weg zurück?* Can you find your own way back? ◊ *ins Arbeitsleben zurückfinden* get back into work ◊ *Sie haben wieder zueinander zurückgefunden.* They've got back together again. ◊ *Ich muss erst mal zu mir selbst zurückfin-*

den. I need time to get myself back together again. ◊ *Sie hat zu ihrer alten Form zurückgefunden.* She's back on form.

zurückfliegen fly* (*sth*) back

zurückfließen 1 flow back **2** (*Geld*) go*/come* back

zurückfordern, zurückverlangen demand *sth* back

zurückführen 1 go* back ◊ *Dann führt der Weg zurück zum Ausgangspunkt.* Then the path goes back to where it started. ◊ *Die Würfel sind gefallen – es führt kein Weg zurück.* The die is cast. There's no going back now. ◊ *Die Chronik führt zurück bis ins Mittelalter.* The chronicle goes right back to the Middle Ages. **2** jdn ~ take* sb back; (*vorangehen*) lead* sb back ◊ *Sie führte mich in meine Klasse zurück.* She took me back to my classroom. ◊ *Er führte sie ins Tal zurück.* He led them back down to the valley. ◊ *Arbeitslose in den Beruf zurückführen* help the unemployed back into work **3 etw auf etw** ~ attribute sth to sth, put* sth down to sth ◊ *Wir führen die Probleme darauf zurück, dass ...* We put the problems down to the fact that ...

zurückgeben 1 (**jdm**) **etw** ~; **etw** (**an jdn**) ~ return sth (to sb), give* (sb) sth back, give* sth back (to sb) ◊ *Kannst du mir bitte meine CDs zurückgeben?* Can you give me my CDs back please? ◊ *Sie gaben dem Vogel die Freiheit zurück.* They released the bird. **2** (*Amt, Mandat*) give* *sth* up **3 etw** (**an jdn**) ~ (*Ball*) pass sth back (to sb) **4** (*antworten*) reply*

zurückgehen 1 go* back; (*an den Ausgangspunkt auch*) return ◊ *Er würde gerne zur Bundeswehr zurückgehen.* He would like to go back into the army. ◊ *Wir sind den gleichen Weg zurückgegangen.* We went back the same way. ◊ *Die Fälle gehen bis ins Jahr 1982 zurück.* There are cases going back to 1982. ◊ *Er ging zwei Schritte zurück.* He took two steps backwards. **2** (*Bus, Zug etc.*) leave* ◊ *Wann geht der letzte Bus zurück?* When does the last bus leave? ◊ *Heute geht die Fahrt zurück.* We're leaving today. **3** (*sinken, abnehmen*) go* down; (*Zahl, Temperatur auch*) drop*; (*Meeresflut*) go* out **4** (*Post, Ware etc.*) be returned; **etw ~ lassen** send* sth back, return sth **5 auf jdn/etw** ~ come* from sb/sth ◊ *Das Sprichwort geht auf Goethe zurück.* The saying comes from Goethe.

zurückgewinnen 1 regain; (*beim Glücksspiel*) win* *sth* back **2** (*Wasser, Energie, Ressourcen*) recycle

zurückgezogen 1 ⇨ ZURÜCKZIEHEN **2** *Adj* (*Mensch*) withdrawn; (*Ort*) secluded; (*Leben*) quiet **3** *Adv* quietly ◊ *Sie lebt sehr zurückgezogen.* She lives very quietly.

zurückgreifen 1 auf jdn/etw ~ fall* back on sb/sth; (*Ressourcen, Reserven, etc.*) draw* on sth ◊ *Da der Torhüter verletzt war, musste man auf den Ersatztorwart zurückgreifen.* As the goalkeeper was injured they had to fall back on the substitute goalie. **2** (*auf Vergangenes*) go* back ◊ *An dieser Stelle muss ich ein wenig zurückgreifen.* At this point I need to go back a bit.

zurückhaben have *sth* back ◊ *Kann ich sie zurückhaben?* Can I have them back?

zurückhalten 1 hold* *sb/sth* back; (*Informationen, Dokumente, Zustimmung auch*) withhold* ◊ *Er hielt sie am Arm zurück.* He held her back by the arm. ◊ *Sie konnte die Tränen nicht zurückhalten.* She couldn't hold back her tears. **2** (*festhalten*) detain ◊ *Sie wurde an der Grenze zurückgehalten.* She was detained at the border. **3 sich ~** (*nicht auffallen*) keep* a low profile **4** (**sich**) **mit etw ~** (*Meinung, Ratschlägen etc.*) keep* sth to yourself ◊ *Sie hält mit ihrer Meinung nicht zurück.* She is not one to keep her opinions to herself. ◊ *Gerade du solltest dich mit Kritik zurückhalten.* You're not in a position to criticize anybody. ◊ *Er hielt sich mit Details zurück.* He didn't give any details. **5 sich ~** (*sich zügeln*) restrain yourself; **sich mit etw ~** (*Essen*) go* easy on sth (*umgs*) ◊ *Ich konnte mich nur schwer zurückhalten.* I found it hard to restrain myself. ◊ *Du solltest dich mit den Süßigkeiten etwas zurückhalten.* You should go easy on sweet things. **6** (*Gefühle etc.*) suppress ◊ *Sie konnten ihr Kichern kaum zurückhalten.* They found it hard to suppress their giggles. **7 jdn** (**von etw**) ~ stop* sb (doing sth) ◊ *Er konnte sie gerade noch davon zurückhalten, alles auszuplaudern.* He just managed to stop her giving the whole thing away.

zurückhaltend 1 reserved ◊ *ein zurückhaltendes Wesen haben* be reserved ◊ *Sie verhielt sich in dieser Sache sehr zurückhaltend.* She kept a low profile in the affair. **2** (*Einschätzung, Politik, Prognose*) conservative; (*Äußerung*) guarded; *(Applaus, Reaktion)* muted; *(Optimismus)* cautious; *(Kritik)* mild ◇ *Er reagierte mit zurückhaltend.* He gave a muted response. **3** ~ **mit etw** sparing with sth

Zurückhaltung 1 *(Selbstbeherrschung)* restraint **2** *(Vorsicht)* reserve *(gehoben)*; *(schweigsame Haltung)* reticence *(gehoben)* ◇ *Der Vorschlag stieß auf Zurückhaltung.* The proposal was treated with reserve. ◇ *alle Zurückhaltung aufgeben* pull out all the stops

zurückholen bring* *sb/sth* back; **sich etw** ~ get* sb/sth back ◇ *jdn wieder ins Leben zurückholen* bring sb back to life ◇ *jdn in die raue Wirklichkeit zurückholen* bring sb back down to earth ◇ *Wir holen uns das Geld von der Krankenkasse zurück.* We get the money back from the health insurance.

zurückkaufen buy* *sth* back

zurückkehren 1 (**von/aus etw**) ~ return (from sth), come* back (from sth); *(ankommen)* get* back (from sth); ~ **nach ...** return to ...; **nach Hause** ~ return home ◇ *ins Berufsleben zurückkehren* return to work ◇ *Langsam kehrte sein Bewusstsein zurück.* He slowly returned to consciousness. ◇ *Langsam kehrte ihre Erinnerung zurück.* Slowly her memory came back. ◇ *Wir sind gerade zurückgekehrt.* We've just got back. **2 zu etw** ~ go* back to sth, return to sth; *(ankommen)* get* back to sth ◇ *Lassen Sie uns noch einmal zu Punkt drei zurückkehren.* Let's go back to point three again. ◇ *Um zum Thema zurückzukehren ...* To return to the subject ... ◇ *zu den Grundlagen zurückkehren* get back to first principles

zurückkommen 1 (**aus etw**) ~ come*/get* back (from sth), return (from sth) ◇ *„Wie kommst du zurück?" „Mit dem Bus."* 'How are you getting back?' 'By bus.' ◇ *aus den Ferien zurückkommen* get back from holiday ◇ *Die Schmerzen kamen zurück.* The pain returned. ◇ *Kommt das Fahrrad zurück in die Garage?* Does the bike go back in the garage? **2 auf etw** ~ *(Thema etc.)* go* back to sth, return to sth ◇ *Ich würde gern noch einmal auf etwas zurückkommen, was vorhin gesagt wurde.* I'd like to go back to something that was said earlier. **3 auf etw** ~ *(Angebot, Einladung etc.)* take* sb up on sth ◇ *Du kannst auf mein Angebot jederzeit zurückkommen.* You can take me up on my offer any time. **4 auf jdn** ~ get* back to sb ◇ *Danke für das Angebot. Ich komme auf dich zurück.* Thanks for the offer. I'll get back to you.

zurücklassen 1 leave* *sb/sth* (behind) ◇ *Sie ließ das Kind im Auto zurück.* She left the child in the car. ◇ *Sie lässt einen Mann und vier Kinder zurück.* She leaves a husband and four children. ◇ *Die Flüchtlinge mussten alles zurücklassen.* The refugees had to leave everything behind. ◇ *Sie hat ihre Verfolger weit hinter sich zurückgelassen.* She left her pursuers far behind her. **2** *(zurückgehen/-fahren lassen)* let* sb go back

zurücklaufen 1 run* back; *(gehen)* walk back **2 etw** ~ **lassen** *(Tonband, Video etc.)* rewind* sth

zurücklegen 1 put* *sth* back ◇ *Leg das sofort zurück!* Put it back straight away! **2 sich/den Körper** ~ lean* back; **etw** ~ lean* sth back ◇ *Sie legte sich im Sessel zurück.* She leaned back in the armchair for a nap. ◇ *Sie legte den Kopf auf das Kissen zurück.* She leant her head back against the pillows. **3** *(jdm)* **etw** ~ *(Ware)* keep* sth (for sb); *(Kleidung, Schuhe auch)* put* sth aside (for sb); *(Karten)* reserve sth (for sb) **4** *(Geld)* put* *sth* aside, *(bes BrE)* put* *sth* by **5** *(Wegstrecke)* do* ◇ *Sie haben den Weg in drei Stunden zurückgelegt.* They did the journey in three hours.

zurücklehnen sich ~ lean* back; **etw** ~ lean* sth back

zurückliegen 1 *Das liegt doch schon so lange zurück.* It's already so long ago. ◇ *Der Zwischenfall liegt noch nicht lange zurück.* The incident took place not long ago. ◇ *Ihre Hochzeit liegt zwei Jahre zurück.* It's two years since their wedding. ◇ *der drei Jahre zurückliegende Besuch* the visit, which took place two years ago **2** (SPORT) be down; **hinter jdm** ~ be behind sb ◇ *Sie liegen mit 2:0 zurück.* They are 2-0 down. ◇ *Hamburg liegt um drei Punkte hinter Dortmund zurück.* Hamburg is three points behind Dortmund.

zurückliegend past, last; *(vorangegangen)* preceding ◇ *Er zieht seine Bedenken aus zurückliegenden Erfahrungen.* His doubts are based on past experience. ◇ *Im zurückliegenden Jahr hatte ich zweimal eine Lungenentzündung.* I've had pneumonia twice in the last year. ◇ *In den zurückliegenden drei Jahren hatten sie viel Geld angespart.* They had saved a lot of money in the preceding three years.

zurückmelden sich ~ **1** reply*; *(telefonisch)* call back **2** *(zum Dienst etc.)* report back ◇ *sich zur Arbeit zurückmelden* report back for work **3** *(bei einer Behörde etc.)* (re)register

zurückmüssen have to go back, have to get back ◇ *Musst du wirklich zurück?* Do you really have to go back so soon? ◇ *Das muss in den Schrank zurück.* That has to go back in the cupboard. ◇ *Ich muss jetzt wirklich zurück nach Hause.* I really must get back home.

zurücknehmen 1 take* *sth* back **2** *(Aussage, Kritik)* retract *(gehoben)*; *(Angebot, Antrag, Klage)* withdraw*; *(Entscheidung, Versprechen)* go* back on *sth* **3** *(Körperteil, Schultern)* pull *sth* back

zurückrufen 1 call *sb/sth* back, summon *sb/sth* back *(gehoben)*; *(angreifenden Hund)* call *sth* off ◇ *Der Kandidat wurde ins Zimmer zurückgerufen.* The candidate was called back into the room. ◇ *Er konnte ins Leben zurückgerufen werden.* He was brought back to life. **2** *(zurückbeordern)* recall **3** *(telefonisch)* call *(sb)* back ☛ G 9.7c, *(BrE auch)* ring* *(sb)* back, phone *(sb)* back ◇ *Sabine hat angerufen – kannst du bitte zurückrufen?* Sabine rang – can you call her back? ◇ *Kann ich Sie zurückrufen?* Can I call you back? ◇ *Ich sollte Sie zurückrufen.* I'm returning your call. **4** *(rufend antworten)* call/shout back IDM **sich etw ins Gedächtnis/Bewusstsein** (**zurück**)**rufen** *(aktiv)* remind yourself of sth; *(sich erinnern können)* recall sth **jdm etw ins Gedächtnis/Bewusstsein** (**zurück**)**rufen** remind sb of sth

zurückschauen ⇨ ZURÜCKBLICKEN

zurückscheuen vor etw ~ shy* away from sth *(auch fig)* **vor nichts** ~ stop* at nothing

zurückschicken send* *sb/sth* back; *(Post auch)* return

zurückschieben 1 push *sb/sth* back **2** *(Gardinen etc.)* open; *(Riegel)* slide* back

zurückschlagen 1 hit* *(sb)* back, retaliate **2** *(Ball)* hit* *sth* back; *(Tennis)* return **3** *(Feind, Angriff)* beat* *sb/sth* off, repel* *(gehoben)* **4** *(Pendel)* swing* back

zurückschneiden cut* *sth* back

zurückschrauben reduce; *(Ansprüche, Erwartungen)* lower

zurückschrecken 1 shrink* back, recoil *(gehoben)* **2 vor etw** ~ shrink* from sth *(gehoben)*, recoil from (the idea of) sth *(gehoben)* **vor nichts** ~ stop* at nothing

zurücksetzen 1 jdn/etw ~ put* sb/sth back; **sich** ~ sit* down again **2 jdn/etw** ~ *(nach hinten)* move sb/sth back; **sich** ~ move back ◇ *Er setzte den Zaun ein Stück zurück.* He moved the fence back a bit. ◇ *Wir setzten uns ein paar Reihen zurück.* We moved back a few rows. ◇ *der mittlere, etwas zurückgesetzte Teil der Fassade* the middle section of the façade, which is set back a bit **3** (**etw**) ~ *(mit einem Fahrzeug)* reverse (sth) ◇ *Könntest du ein Stück zurücksetzen?* Could you reverse a bit? ◇ *Sie setzte ihr Auto einen Meter zurück.* She reversed the car one metre. **4** *(benachteiligen)* discriminate against *sb*; *(vernachlässigen)* neglect

zurückspielen pass *sth* back

zurückspringen 1 jump back **2** *(zurückfedern)* spring* back; *(Ball)* bounce back **3** *(zurückgesetzt sein)* be set back

zurückspulen wind* *sth* back, rewind*

zurückstecken 1 put* *sth* back **2** *(sich mit weniger zufrieden geben)* lower your sights; *(weniger ausgeben)* cut* back **3** *(nachgeben)* fit* in

zurückstehen 1 be set back **2 hinter jdm/etw** ~ be left behind *sb/sth*; (SPORT) lag* behind *sb/sth* ◇ *Wir dürfen nicht hinter der Konkurrenz zurückstehen.* We can't afford to be left behind by our competitors. ◇ *Er will nicht hinter seinen Freunden zurückstehen.* He wants to keep up with his friends. **3** *(weniger wichtig sein)* take* second place ◇ *Bei dieser Arbeit muss das Familienleben zurückstehen.* In this job, family life has to take second place.

zurückstellen 1 *(an seinen Platz)* put* *sth* back **2** *(weiter nach hinten)* move *sth* back **3** *(niedriger einstellen)* turn *sth* down; *(Uhr)* put* *sth* back ◇ *Kannst du das Gebläse etwas zurückstellen?* Can you turn the fan down a bit? ◇ *Hast du deine Uhr schon zurückgestellt?* Have you put your watch back yet? ◇ *Heute Nacht werden die Uhren zurückgestellt.* The clocks go back tonight. **4 jdm etw** ~; **etw für jdn** ~ *(Ware)* keep* sth for sb **5** *(aufschieben)* postpone; *(Projekt)* shelve **6** *(Hobbys, Privatleben etc.)* let* sth take second place ◇ *Sie muss die Familie hinter der Arbeit zurückstellen.*

zurückstoßen

Her family has to take second place to her work. **7** ⋄ *vom Wehrdienst zurückgestellt werden/sich vom Wehrdienst zurückstellen lassen* have your military service deferred

zurückstoßen 1 push *sb/sth* back **2** (*abweisen*) rebuff (*gehoben*) **3** (*Fahrzeug*) back, reverse

zurückströmen flow, pour back; (*Menschen auch*) stream back

zurücktreten 1 kick back ⋄ *Sie trat ihn ans Schienbein, und er trat zurück.* She kicked him on the shin and he kicked back. **2** (*nach hinten*) stand* back; (*Platz machen*) make* way ⋄ *Er trat ein paar Schritte zurück.* He stood back a bit. ⋄ *Zurücktreten, bitte! Wir müssen hier durch.* Make way, please! We need to get through. ⋄ *Bitte zurücktreten. Die Türen schließen!* Stand clear of the doors! **3** (**von etw**) ~ (*Amt, Posten*) resign (from sth) **4** (**von etw**) ~ (*Vertrag etc.*) withdraw* (from sth) **5** (**hinter etw**) ~ take* second place (to sth)

zurückverfolgen trace* *sth* back

zurückverlangen ⇨ ZURÜCKFORDERN

zurückversetzen 1 move *sb* back **2** (*in die Vergangenheit*) take* *sb* back ⋄ *Das Lied versetzte ihn um Jahre zurück.* The song took him back to years ago. **3** **sich in etw** ~ (*vergangene Zeit*) think* yourself back to (the time of) sth **4** **etw in seinen ursprünglichen Zustand** ~ restore sth to its original condition

zurückweichen 1 (**vor jdm/etw**) ~ back away (from sb/sth) **2** (*von einem Vorhaben*) back off ; (*nachgeben*) back down **3** **vor etw** ~ (*Verantwortung, Herausforderung, Idee*) shy* away from sth; (*Auseinandersetzung*) shrink* from sth (*gehoben*) **4** (MIL) retreat

zurückweisen 1 turn *sb* away; (*an der Grenze*) turn *sb* back **2** (*Bitte, Forderung, Antrag etc.*) turn *sth* down, refuse; (*Klage, Kritik etc.*) reject; (*Bericht, Vorwurf*) deny*; (*Verdacht*) dismiss

zurückwerfen 1 (**jdm**) **etw** ~ throw* *sth* back (to sb) ⋄ *Wirf mir den Ball zurück!* Throw the ball back to me. ⋄ *einen kurzen Blick zurückwerfen* glance back **2** (*Schall, Licht*) reflect **3** (*in Rückstand bringen*) set* *sb/sth* back

zurückwollen 1 want to go back **2** (*Gegenstand*) want *sth* back

zurückzahlen 1 pay* *sth* back, repay* **2** **jdm etw** ~ (*heimzahlen*) pay* sb back for sth

zurückziehen 1 pull *sb/sth* back **2** (*Vorhänge, Riegel*) draw* *sth* back **3** (*Wohnungswechsel*) move back; **zu jdm** ~ move back in with sb; (*zum Lebensgefährten*) go* back to sb **4** **jdn** ~ draw* sb back ⋄ *Es zog ihn immer wieder nach Hause zurück.* He was drawn back home again and again. ⋄ *Dahin zieht mich nichts zurück.* I don't feel tempted to go back. **5** (*Truppen, Mannschaft, Vorschlag, Anzeige, Bewerbung, Kanditur, Ware etc.*) withdraw* (*gehoben*), (*Angebot, Geständnis*) retract (*gehoben*) **6 sich** ~ withdraw* ⋄ *Die Schnecke zog sich in ihr Haus zurück.* The snail withdrew into its shell. ⋄ *Die Rebellen zogen sich in einen Unterschlupf zurück.* The rebels withdrew to a hideout. ⋄ *Der Hund zog sich unter das Bett zurück.* The dog retreated under the bed. ⋄ *Er hat sich auf sein Zimmer zurückgezogen.* He retired to his room. ⋄ *Der Vorstand hat sich zu einer Klausurtagung zurückgezogen.* The board have gone into private session. **7 sich aus/von etw** ~ (*Amt etc.*) retire from sth

Zuruf shout; (*Zwischenrufe*) heckling [U] ⋄ *aufmunternde Zurufe aus dem Publikum* encouraging shouts from the audience ⋄ *Seine Rede wurde durch lautstarke Zurufe unterbrochen.* His speech was interrupted by loud heckling.

zurufen jdm etw ~ shout sth at sb, call sth to sb ⋄ *Er rief mir zu, ich solle aufhören.* He called to me to stop.

zurzeit at the moment

Zusage 1 (*meist mit einem Verb übersetzt*) ⋄ *Hast du von ihm eine Zusage für den Wettkampf bekommen?* Has he accepted the invitation to the competition? **2** (*Versprechen*) promise ⋄ *Ich kann Ihnen keine festen Zusagen machen.* I can't make you any firm promises. **3** (*Erlaubnis*) consent **4** (*Stellenangebot*) (job) offer

zusagen 1 accept ⋄ *Hat er zugesagt?* Has he accepted? ⋄ *Sie hat ihre Teilnahme an dem Turnier bereits zugesagt.* She has already confirmed that she will take part in the tournament. **2** (*versprechen*) promise ⋄ *Sie haben die finanziellen Mittel für das Projekt zugesagt.* They have promised financial help for the project. **3 jdm** ~ appeal to sb ⋄ *Die Arbeit sagt mir zu.* The work appeals to me.

zusammen 1 together ⋄ *Sie gingen zusammen weg.* They left together. **2** (*insgesamt*) altogether ⋄ *Was macht das zusammen?* How much is that altogether? ⋄ *Er weiß mehr als wir alle zusammen.* He knows more than all of us put together.

Zusammenarbeit cooperation; (*Kollaboration*) collaboration ⋄ *eine enge Zusammenarbeit* close cooperation ⋄ *Das Fest wird in Zusammenarbeit mit der Kirche veranstaltet.* The festival is being organized in cooperation with the church. ⋄ *Man wirft ihm Zusammenarbeit mit der Geheimpolizei vor.* He is accused of collaboration with the secret police.

zusammenarbeiten (**mit jdm**) ~ cooperate (with sb), work together with sb; (*kollaborieren*) collaborate with sb ⋄ *Die Institute wollen in Zukunft enger zusammenarbeiten.* The institutes want to work together more closely in future. ⋄ *Wir haben eng mit den englischen Behörden zusammengearbeitet.* We worked in close cooperation with the English authorities. ⋄ *Er wurde beschuldigt, mit der Geheimpolizei zusammengearbeitet zu haben.* He was accused of having collaborated with the secret police.

zusammenballen 1 screw *sth* up (into a ball); (*Schnee*) make* a ball out* of *sth*; (*Faust*) clench ⋄ *Er ballte den Brief zornig zusammen.* He angrily screwed up the letter. ⋄ *Er ballte die Faust zusammen.* He clenched his fist. **2 sich** ~ gather; (*sich konzentrieren*) be concentrated ⋄ *Schwarze Wolken ballten sich am Horizont zusammen.* Black clouds gathered on the horizon.

Zusammenbau assembly

zusammenbauen assemble, put* *sth* together

zusammenbeißen die Zähne ~ clench your teeth; (*fig*) grit* your teeth ⋄ *die Zähne vor Schmerz zusammenbeißen* clench your teeth in pain

zusammenbekommen get* *sth* together

zusammenbinden tie* *sth* (together) ⋄ *sich die Haare zu einem Pferdeschwanz zusammenbinden* tie your hair into a ponytail

zusammenbleiben stay together

zusammenbrauen 1 concoct **2 sich** ~ be brewing

zusammenbrechen 1 break* down; (*Verkehr*) come* to a standstill; (*Versorgung*) fail; (*Börse*) crash ⋄ *Die Verhandlungen sind zusammengebrochen.* The talks have broken down. ⋄ *Die Trinkwasserversorgung ist zusammengebrochen.* The water supply has failed. **2** (*kollabieren*) collapse; (*psychisch*) break* down ⋄ *Die Brücke brach zusammen.* The bridge collapsed. ⋄ *Nach einem Grippeanfall brach er plötzlich zusammen.* He suddenly collapsed following a bout of the flu. ⋄ *Als sie von dem Unfall erfuhr, brach sie zusammen.* When she heard about the accident, she broke down. IDM ⇨ WELT

zusammenbringen 1 (*schaffen*) manage **2** (*beschaffen*) get* *sth* together ⋄ *Kannst du das Geld bis morgen zusammenbringen?* Can you get the money together by tomorrow? **3** (*zusammenstellen*) put* *sth* together ⋄ *Ich brachte vor Aufregung keinen ganzen Satz zusammen.* I was so excited I couldn't put a single sentence together. ⋄ *Die Gruppe bringt Rock und Klassik mit Erfolg zusammen.* The group successfully combines rock and classical music. **4 jdn** (**mit jdm**) ~ bring* sb together (with sb); (*vorstellen*) introduce sb (to sb) ⋄ *Wir haben Menschen zusammengebracht, die jahrelang gegeneinander gekämpft haben.* We brought people together who had been fighting each other for years. ⋄ *Ein Freund hat mich mit dem Künstler zusammengebracht.* A friend introduced me to the artist. **5** (*erinnern*) recall ⋄ *Den genauen Wortlaut bringe ich nicht mehr zusammen.* I don't recall the exact wording.

Zusammenbruch collapse; (*von sozialen Beziehungen, der Verständigung, der Psyche*) breakdown; (*der Versorgung*) failure; (*der Börse, eines Computers*) crash ⋄ *Ihr psychischer Zusammenbruch kam für uns ganz unerwartet.* Her mental breakdown came as a complete surprise to us. ⋄ *Der Unfall führte zum Zusammenbruch des Verkehrs.* The accident brought traffic to a standstill.

zusammendrängen 1 (*Menschen, Tiere*) herd *sb/sth* together ⋄ *Die Polizei drängte die Menge auf einen kleinen Platz zusammen.* The police herded the crowd together in a small square. **2 sich** ~ crowd together **3** (*Schilderung,*

Darstellung etc.) condense ◊ *eine zusammengedrängte Schilderung der Ereignisse* a condensed version of events

zusammendrücken 1 press *sth* together **2** (*kleiner machen*) compress; (*knautschen*) crush

zusammenfahren 1 (**mit etw/jdm**) ~ collide (with sth/sb) ◊ *Er ist mit einem Lkw zusammengefahren.* He collided with a lorry. **2** *etw* ~ wreck sth; *jdn* ~ run* sb over **3** (*zusammenzucken*) jump ◊ *Als er ins Zimmer trat, fuhr sie vor Schreck zusammen.* She jumped when he came in.

zusammenfallen 1 (**in sich**) ~ collapse (*auch fig*); (*Kuchen*) sink* **2** (**mit etw**) ~ coincide (with sth) ◊ *Die Veranstaltung fiel leider mit der Übertragung des Endspiels zusammen.* The event unfortunately coincided with the broadcast of the final.

zusammenfalten fold *sth* up

zusammenfassen 1 sum* (*sth*) up; (*Text etc.*) summarize ◊ *Wenn ich kurz zusammenfassen darf ...* If I may just briefly sum up ... ◊ *Das Ergebnis lässt sich etwa so zusammenfassen ...* The result can be summarized as follows ... ◊ *Zusammenfassend möchte ich sagen ...* I would like to say in summary ... ☞ *Hinweis bei* SUMMARY¹ **2 etw** ~ bring* sth together; **etw** (**in/zu etw**) ~ combine sth (into sth); (*zur Veröffentlichung*) collect sth together (in sth) ◊ *Die Zimmervermittlung und Touristenberatung sollen zuammengefasst werden.* Hotel reservations and tourist information are to be brought together under one roof. ◊ *Die kleinen Gruppen wurden zu einer großen zusammengefasst.* The small groups were combined into one large one. ◊ *Die besten Geschichten sind zu einem Buch zusammengefasst worden.* The best stories have been collected together in a book.

Zusammenfassung 1 summary* ☞ *Hinweis bei* SUMMARY¹ **2** (*Integrierung*) merging

zusammenfinden sich (**zu etw**) ~ get* together (for sth); (*sich treffen auch*) meet* (up) (for sth); (*Menschenmenge*) congregate (for sth)

zusammenflicken 1 patch *sb/sth* up (*auch fig*) **2** (*schnell produzieren*) cobble *sth* together

zusammenfließen come* together; (*Flüsse*) meet*; (*Farben*) run* into each other; (*Klänge*) mingle

Zusammenfluss confluence

zusammenfügen 1 *etw* (**zu etw**) ~ put* sth together (to make sth); (*zusammenbauen*) assemble sth **2 sich** (**zu etw**) ~ combine (to make sth)

zusammenführen bring* *sb/sth* together; (*nach einer Trennung*) reunite; **jdn mit jdm** ~ provide the opportunity for sb to meet sb ◊ *Bei Sport und Diskos führten die Veranstalter die Kursteilnehmer mit Einheimischen zusammen.* The organizers provided the opportunity for the students to meet local people at sports events and discos.

Zusammenführung merging; (*von Familien*) reuniting (*oft mit einem Verb übersetzt*) ◊ *die Zusammenführung der drei Rundfunkanstalten* the merging of the three radio stations ◊ *Die Organisation hilft bei der Zusammenführung von Familien.* The organization helps to reunite families.

zusammengedrängt crowded together (*nicht vor Nomen*)

zusammengehen 1 merge, join forces ◊ *Die beiden Firmen werden im Herbst zusammengehen.* The two firms will merge in the autumn. **2** (*schrumpfen*) shrink*

zusammengehören belong together

Zusammengehörigkeit unity; (*Zusammenhalten*) solidarity

Zusammengehörigkeitsgefühl sense of unity, feeling of belonging; (*einer Mannschaft*) team spirit

zusammengepfercht crammed together (*nicht vor Nomen*)

zusammengesetzt 1 aus jdm/etw ~ composed of sb/sth, made up of sb/sth ◊ *Die Kommission ist aus Politikern aller Parteien zusammengesetzt.* The commission is composed of politicians from all parties. **2** ◊ *ein zusammengesetztes Wort* a compound ◊ *ein international zusammengesetztes Publikum* an international audience

zusammengewürfelt (**bunt**) ~ (oddly) assorted ◊ *ein bunt zusammengewürfeltes Programm* an oddly assorted programme ◊ *ein bunt zusammengewürfelter Haufen* a motley crowd

zusammenhaben have got *sth* together ◊ *Es dauerte lange, bis wir das richtige Team zusammenhatten.* It took a long time before we had got the right team together.

Zusammenhalt 1 cohesion ◊ *der gesellschaftliche Zusammenhalt* social cohesion **2** (*Solidarität*) solidarity

zusammenhalten 1 hold* *sth* together ◊ *Der Karton war mit einer Schnur zusammengehalten.* The box was held together with string. **2** (*sich gegenseitig unterstützen*) stick* together **3 sein Geld** ~ hold* onto your money

Zusammenhang 1 context ◊ *Aus dem Zusammenhang gerissen ergibt dieser Satz keinen Sinn.* This sentence means nothing taken out of context. ◊ *Man muss diese Ergebnisse im Zusammenhang interpretieren.* These results must be evaluated in context. **2** (*Verbindung*) connection, link ◊ *Ich kann keinen Zusammenhang zwischen den beiden Unfällen sehen.* I can't see a connection between the two accidents. ◊ *Im Zusammenhang mit dem Staatsbesuch werden Demonstrationen erwartet.* Demonstrations are expected in connection with the state visit. ◊ *Sein Rücktritt steht in keinem Zusammenhang mit den finanziellen Schwierigkeiten der Firma.* His resignation is not linked in any way with the firm's financial difficulties. **3 jdn/etw mit etw in** ~ **bringen** link sb/sth with sth ◊ *Der Brandanschlag wird mit den anonymen Drohungen in Zusammenhang gebracht.* The arson attack is being linked to the anonymous threats.

zusammenhängen 1 (**mit etw**) ~ be connected (with sth), be linked (to sth) ◊ *Die beiden Ereignisse hängen miteinander zusammen.* The two events are connected. ◊ *Gesundheit und Ernährung hängen eng zusammen.* There is a close link between good health and nutrition. ◊ *Das hängt damit zusammen, dass ...* It has to do with the fact that ... **2** (*verbunden sein*) be joined

zusammenhängend coherent (*Adv* coherently)

zusammenhanglos unconnected; (*wirr*) incoherent (*Adv* incoherently)

zusammenhauen 1 *etw* ~ smash sth up **2** *jdn* ~ beat* sb up

zusammenheften staple *sth* together; (*nähen*) tack *sth* together

zusammenkauern sich ~ cower

Zusammenklang (*Harmonie*) harmony ◊ *der Zusammenklang der verschiedenen Stimmen/Instrumente* the harmony of the different voices/instruments ◊ *der Zusammenklang der Töne im Akkord* the combination of the notes in the chord

zusammenklappbar folding

zusammenklappen 1 fold *sth* (up) ◊ *die Campingstühle zusammenklappen* fold up the camping stools ◊ *Er klappte das Taschenmesser zusammen.* He folded his knife. **2** (*zusammenbrechen*) collapse

zusammenkleben 1 stick* together (*auch fig*) **2 etw** ~ stick* sth together; (*mit Kleber*) glue sth together

zusammenkneifen press *sth* together; (*Augen*) screw *sth* up

zusammenknoten knot* *sth* together

zusammenknüllen crumple *sth* up, screw *sth* up

zusammenkommen 1 meet* (up) ◊ *In meinem Beruf komme ich mit vielen Leuten zusammen.* I get to meet a lot of people in my job. **2** (*sich gleichzeitig ereignen*) happen at once ◊ *Es kommt aber auch immer alles zusammen!* Things always all happen at once. ◊ *Die Insekten werden zur Plage, wenn mehrere Faktoren zusammenkommen.* The insects can become a nuisance if several factors coincide. **3** (*gesammelt werden*) be collected; (*sich anhäufen*) accumulate

zusammenkrachen 1 collapse (*auch fig*) ◊ *Der Stuhl krachte unter ihm zusammen.* The chair collapsed under him. **2** (**mit etw/jdm**) ~ crash (into sth/sb)

zusammenkratzen scrape *sth* together

Zusammenkunft meeting; (*informell*) get-together

zusammenläppern sich ~ mount up

zusammenlaufen 1 (*Menschen*) gather ◊ *Viele Menschen waren auf dem Platz zusammengelaufen.* A lot of people had gathered in the square. **2** (*Flüsse*) meet*, flow into each other; (*Farben*) run* together **3** (*sich vereinigen*) converge; (*sich kreuzen*) intersect **4** (*schrumpfen*) shrink*
IDM ⇨ WASSER

zusammenleben live together

Zusammenleben 1 (*von Ländern, Kulturen etc.*) coexistence [U] **2** (*mit anderen Menschen*) (*meist mit einem Verb übersetzt*) ⋄ *Kinder müssen das Zusammenleben mit anderen Menschen frühzeitig lernen.* Children must learn at an early age to live alongside other people.

zusammenlegen 1 (*falten*) fold *sth* (up) ⋄ *Sie legte die Handtücher zusammen.* She folded the towels. **2** (*zusammentragen*) put* *sth* together ⋄ *Ich legte alles, was ich brauchte, auf dem Bett zusammen.* I put everything I needed together on the bed. **3** (*Klassen, Abteilungen*) amalgamate; (*Veranstaltungen*) combine **4** (*unterbringen*) put* *sb/sth* together ⋄ *Auf der Station wurden Alt und Jung zusammengelegt.* Old and young people were put together in the ward. **5** (*Geld aufbringen*) club* together ⋄ *Wir legten alle für ein Abschiedsgeschenk zusammen.* We all clubbed together to get a leaving present.

zusammennähen sew* *sth* together

zusammennehmen 1 (*Kraft, Mut*) summon *sth* up, muster **2 sich** ~ pull yourself together **3 zusammengenommen** altogether; (*alles in allem*) all in all ⋄ *Das Bett war teurer als alle anderen Sachen zusammengenommen.* The bed was more expensive than all the other things put together. ⋄ *Alles zusammengenommen war der Abend ein Erfolg.* All in all, the evening was a success.

zusammenpacken pack (*sth*) up

zusammenpassen (*Menschen*) be suited to each other; (*Farben, Kleidung etc.*) go* together

Zusammenprall collision, crash

zusammenprallen (*mit etw/jdm*) ~ collide (with *sth/sb*)

zusammenpressen 1 press *sth* together **2** (*komprimieren*) compress; (*Erdreich*) compact

zusammenquetschen crush

zusammenraffen 1 bundle *sth* up, bundle *sth* together **2** (*Geld etc.*) amass ⋄ *Er hat im Krieg ein Vermögen zusammengerafft.* He amassed a fortune during the war. **3 sich** ~ pull yourself together

zusammenraufen sich ~ learn* to get on, learn* to live with each other

zusammenrechnen add *sth* up ⋄ *Alles zusammengerechnet ergibt sich eine stattliche Summe.* If you add it all up, it comes to a considerable sum.

zusammenreimen sich etw ~ work *sth* out ⋄ *Wie reimt sich das zusammen?* How do you work that out?

zusammenreißen sich ~ get* a grip on yourself

zusammenrollen 1 roll *sth* up **2 sich** ~ curl up; (*Schlange*) coil (up)

zusammenrücken move (*sth*) closer together

zusammenrufen call *sb* together

zusammensacken (**in sich**) ~ collapse

zusammenscheißen give* *sb* a bollocking (*vulg*)

zusammenschlagen 1 (*zertrümmern*) smash *sth* up **2** (*Hacken*) click *sth* (together); (*Hände*) clap* *sth* together **3** jdn ~ beat* *sb* up **4** über jdm ~ engulf *sb* IDM ⇨ HAND

zusammenschließen sich (**zu etw**) ~ join together (to form *sth*); (*Firmen, Vereine auch*) merge (to form *sth*) ⋄ *Die Einwohner haben sich zu einer Bürgerinitiative zusammengeschlossen.* The residents have joined together to form an action group. ⋄ *In der Organisation sind elf Umweltgruppen zusammengeschlossen.* The organisation is an amalgamation of eleven environmental groups.

Zusammenschluss 1 (*das Zusammenschließen*) amalgamation; (*von Firmen*) merger **2** (*Gruppe*) association

zusammenschneiden cut*

zusammenschnüren tie* *sth* together ⋄ *Wir schnürten die Kleider zu Bündeln zusammen.* We tied the clothes into bundles.

zusammenschrecken jump, start

zusammenschreiben 1 write* *sth* as one word ⋄ *„Sodass" kann man getrennt schreiben oder zusammenschreiben.* You can write 'sodass' either as one word or two. **2** (*aufschreiben*) scribble

zusammenschrumpfen dwindle ⋄ *Unsere Klasse ist auf fünfzehn Schüler zusammengeschrumpft.* Our class has dwindled to fifteen pupils.

zusammenschustern cobble *sth* together, throw* *sth* together

zusammenschweißen weld *sth* together

Zusammensein 1 (*meist mit einem Verb übersetzt*) ⋄ *Ich genoss das Zusammensein mit den Kindern.* I enjoyed being with the children. **2** (*Treffen*) get-together

zusammensetzen 1 (*zusammenbauen*) put* *sth* together ⋄ *Hast du die Uhr wieder zusammengesetzt?* Have you put the clock back together again? **2 sich aus etw/jdm** ~ be made up of sth/sb, be composed of sth/sb **3 sich** (**mit jdm**) ~ meet* (sb), get* together (with sb) ⋄ *Nach dem Spiel setzten wir uns noch auf ein Bier zusammen.* After the match, we got together over a beer. ⋄ *Können wir uns nicht zusammensetzen und vernünftig darüber reden?* Can't we sit down and discuss things in a reasonable manner?

Zusammensetzung 1 composition, make-up; (*Mischung*) combination ⋄ *Die Zusammensetzung der Kommission wurde von der Presse kritisiert.* The make-up of the commission was criticized by the press. **2** (LING) compound

zusammensinken 1 slump to the ground ⋄ *Er sank auf einmal ohnmächtig zusammen.* He suddenly slumped to the ground unconscious. **2** (**in sich**) ~ collapse

zusammensitzen sit* together

Zusammenspiel 1 combination; (*Wechselwirkung*) interaction **2** (*Zusammenarbeit*) cooperation ⋄ *gutes Zusammenspiel zwischen den Anwohnern und der Polizei* good cooperation between residents and the police ⋄ *das Zusammenspiel zwischen der Mafia und den Politikern* collaboration between the Mafia and the politicians **3** (SPORT) teamwork; (MUS) ensemble playing

zusammenspielen 1 play together **2 bei etw** ~ (*zusammenwirken*) contribute to sth, combine to play a role in sth ⋄ *Viele Faktoren spielten bei der Katastrophe zusammen.* Many factors contributed to the disaster.

zusammenstauchen haul *sb* over the coals, (*AmE*) rake *sb* over the coals

zusammenstecken 1 fix *sth* together; (*mit Stecknadeln*) pin* *sth* together **2** (**mit jdm**) ~ hang* around (with sb) ⋄ *In der Pause stecken sie immer zusammen.* They always hang around together during break.

zusammenstellen put* *sth* together (*auch fig*) ⋄ *die Tische zusammenstellen* put the tables together ⋄ *ein Menü/Team zusammenstellen* put together a menu/a team ⋄ *eine Liste zusammenstellen* draw up a list ⋄ *Daten zusammenstellen* compile data

Zusammenstoß collision; (*fig*) run-in

zusammenstoßen 1 (**mit etw/jdm**) ~ collide (with sth/sb) ⋄ *Zwei Lastwagen sind frontal zusammengestoßen.* Two lorries collided head-on. ⋄ *Ein Radfahrer ist mit einem Auto zusammengestoßen.* A cyclist collided with a car. **2** (*eine gemeinsame Grenze haben*) adjoin

zusammenstückeln put* *sth* together; (*fig*) piece *sth* together

zusammenstürzen collapse ⋄ *Mehrere Gebäude stürzten bei dem Erdbeben zusammen.* Several buildings collapsed in the earthquake.

zusammensuchen get* *sth* together

zusammentragen collect

zusammentreten 1 (*sich versammeln*) meet* **2** jdn ~ kick sb to the ground, trample sb

zusammentrommeln round *sb* up ⋄ *Er trommelte schnell ein paar Reporter zu einer Pressekonferenz zusammen.* He quickly rounded up a couple of reporters for a press conference.

zusammentun sich (**mit jdm**) ~ join forces (with sb)

zusammenwachsen grow* together; (*Knochen*) knit* together ⋄ *Innerhalb von 10 Jahren sind die zwei Stadtteile zusammengewachsen.* In the last ten years the two parts of the town have grown together. ⋄ *Unsere Klasse ist zu einer echten Gemeinschaft zusammengewachsen.* Our class has developed a real sense of community. ⋄ *zwei zusammengewachsene Zehen* two toes which are fused together

zusammenwerfen 1 throw* *sth* (together) ⋄ *Sie warf ihre Kleider auf einen Haufen zusammen.* She threw her clothes into a pile. **2** (*vermengen*) mix *sth* up; (*verwechseln auch*) lump *sth* together ⋄ *Musikstile zusammenwerfen* mix up musical styles ⋄ *Viele Leute werfen diese Droge mit den wirklich gefährlichen harten Drogen zusammen.* A lot of people lump this drug together with the really dangerous hard drugs. **3** (*miteinander teilen*) pool ⋄ *Die Musiker warfen ihre Talente zusammen, um etwas Neues zu kreieren.* The musicians pooled their talent to create something new.

zusammenwirken 1 work together **2 bei etw ~** (*sich auswirken*) combine to play a role in sth ◊ *Mehrere Faktoren haben bei der Katastrophe zusammengewirkt.* Several factors combined to play a role in the disaster.

zusammenzählen add *sth* up

zusammenziehen 1 pull *sth* together; (*zuziehen*) close *sth* up; (*festziehen*) tighten ◊ *eine Schlinge zusammenziehen* tighten a noose ◊ *die Augenbrauen zusammenziehen* knit your brows **2** (*Wörter*) contract **3** *jdn ~* mass sb ◊ *Die Truppen wurden an der Grenze zusammengezogen.* The troops were massed along the border. **4 sich ~** (*schrumpfen*) contract **5 sich ~** (*zusammenbrauen*) gather ◊ *Über uns zog sich ein Gewitter zusammen.* A storm gathered overhead. ◊ *Ein Unheil zog sich über uns zusammen.* Disaster was brewing. ◊ (**mit jdn**) **~** move in (with sb) ◊ *Sie will mit ihrem Freund zusammenziehen.* She wants to move in with her boyfriend.

zusammenzimmern ⇨ ZUSAMMENSCHUSTERN

zusammenzucken jump, start; (*vor Schmerz*) flinch ◊ *Bei seinem Eintritt zuckte sie vor Schreck zusammen.* She started in fright when he came in.

Zusatz 1 addition ◊ *durch Zusatz von Zucker* with the addition of sugar **2** (*Substanz*) additive ◊ *Der Saft enthält chemische Zusätze.* The juice contains chemical additives. **3** (*bei einem Gesetz, Vertrag*) additional clause; (*bei einer Bemerkung*) additional comment

Zusatzausbildung additional training [U] ◊ *Dafür brauchst du eine Zusatzausbildung.* You need additional training for that. ◊ *eine Zusatzausbildung absolvieren* do an additional course **Zusatzfrage** supplementary question **Zusatzgerät 1** attachment **2** (COMP) periphal

zusätzlich 1 *Adj* additional ◊ *zusätzliche Gelder beantragen* apply for additional funds **2** *Adv* in addition ◊ *Zusätzlich zum Büfett gibt es noch Kuchen.* In addition to the buffet there will be cake. ◊ *Wir brauchen 10 Stühle zusätzlich.* We need an extra 10 chairs.

Zusatz- Zusatzstoff additive **Zusatzzahl** bonus ball

zuschauen ⇨ ZUSEHEN

Zuschauer(in) 1 (*Sport*) spectator; (*Theater, Kino*) member of the audience; (*Fernsehen*) viewer

> Im Plural wird „die Zuschauer" mit **the crowd** (beim Sport), **the audience** (im Theater, Kino), und **the viewers** (Fernsehzuschauer) übersetzt. ☞ G 1.3b

2 (*unbeteiligter Beobachter*) onlooker

Zuschauerraum auditorium* **Zuschauerzahl** attendance figure; (*TV-Einschaltquote*) viewing figure

zuschicken send* ◊ *Ich bekomme das Programm zugeschickt.* I get the programme sent to me.

zuschieben 1 (*schließen*) ◊ *eine Schublade zuschieben* push a drawer shut **2 jdm etw ~** (*heimlich*) slip* sb sth ◊ *Wortlos schob sie ihm den Brief zu.* She pushed the letter over to him without a word. ◊ *Er schob ihm 20 Dollar zu.* He slipped him $20. **3 jdm etw ~** (*Schuld, Verantwortung*) put* sth on sb ◊ *Sie schob ihm die Schuld zu.* She put the blame on him. IDM ⇨ SCHWARZ

zuschießen 1 (*Ball etc.*) pass **2** (*Geld*) contribute ◊ *Die Firma schießt die Hälfte zu.* The company will contribute half the amount. ◊ *Opa will mir 2000€ fürs Auto zuschießen.* Grandpa is going to give me €2000 towards the car. **3 auf jdn/etw ~** rush up to sb/sth

Zuschlag 1 supplement **2** (*bei Auktionen*) ◊ *Der Herr im dunklen Anzug erhält den Zuschlag!* Sold to the gentleman in the dark suit! **3** (*für einen Auftrag*) ◊ *Unsere Firma hat den Zuschlag erhalten.* Our firm has been awarded the contract. ◊ *Athen hat den Zuschlag für die Olympiade 2004 bekommen.* Athens has been awarded the 2004 Olympics. ◊ *Von den fünf Bewerbern erhielt Martin Rindler den Zuschlag.* Out of five applicants, Martin Rindler was given the job.

zuschlagen 1 slam* (shut); **etw ~** slam* sth (shut); (*Buch*) shut* **2** (*mit der Faust etc.*) hit* out ◊ *Als er provoziert wurde, schlug er zu.* When he was provoked he hit out. **3** (*aktiv werden, Schicksal*) strike* ◊ *Der Dieb hat wieder zugeschlagen.* The thief has struck again. ◊ (*ein Angebot nutzen*) ◊ *Bei dem Preis musste ich einfach zuschlagen.* At that price I just couldn't resist. ◊ *Schlag zu, wenn sich die Chance ergibt!* If you get the chance, go for it! **5** (*beim Essen*) ◊ *Ich habe beim Mittagessen ziemlich zugeschlagen.* I ate quite a lot at lunch. IDM ⇨ TÜR

zuschlagpflichtig subject to a supplement (*nicht vor Nomen*) ◊ *zuschlagpflichtige Züge* trains which are subject to a supplement ◊ *Der ICE ist zuschlagpflichtig.* You have to pay a supplement on the Intercity.

zuschließen lock; (*Geschäft etc.*) lock (*sth*) up ◊ *Nach Geschäftsschluss muss ich noch zuschließen.* I have to lock up when we close.

zuschnappen 1 snap* shut **2** (*Tier*) snap* ◊ *Der Hund schnappte zu.* The dog snapped.

zuschneiden 1 (*Stoff, etc.*) cut* *sth* out; (*Bretter etc.*) cut* *sth* to size **2 auf jdn/etw zugeschnitten sein** be geared towards sb/sth ◊ *Die Sendung ist auf kleine Kinder zugeschnitten.* The programme is geared towards small children.

zuschneien cover *sth* with snow

zuschnüren tie* *sth* up, do* *sth* up IDM ⇨ KEHLE

zuschrauben ◊ *ein Honigglas zuschrauben* screw the lid on a jar of honey ◊ *Sie schraubte die Flasche fest zu.* She screwed the top of the bottle on tightly.

zuschreiben 1 jdm etw ~ attribute sth to sb ◊ *Dieses Gedicht wird Kleist zugeschrieben.* This poem is attributed to Kleist. ◊ *Das musst du dir selbst zuschreiben.* You have only yourself to blame for that. ◊ *Sie schrieb ihm die Schuld zu.* She blamed him. **2 jdm/einer Sache etw ~** (*Wirkung*) ascribe sth to sb/sth ◊ *Dem Öl wird eine heilende Wirkung zugeschrieben.* Healing powers are ascribed to the oil.

Zuschrift letter; (*auf eine Annonce*) reply*

zuschulden sich etw ~ kommen lassen do* sth wrong ◊ *Er hat sich nie etwas zuschulden kommen lassen.* He never did anything wrong. ◊ *sich ein Verbrechen zuschulden kommen lassen* be guilty of a crime

Zuschuss 1 grant **2** (*von Eltern etc.*) ◊ *Ich gebe dir einen kleinen Zuschuss zum Taschengeld.* I'll give you some extra pocket money. ◊ *Oma gab mir einen Zuschuss zum neuen Fahrrad.* Grandma gave me some money towards my new bike.

zuschütten fill *sth* in; (*fig*) cover *sth* up

zusehen 1 watch; (**jdm**) (**bei etw**) **~** watch (sb) (do/doing) (sth) ◊ *Die Zuschauer sahen vom Beckenrand zu.* The spectators watched from the edge of the pool. ◊ *Sie sah ihrem Bruder beim Handballspielen zu.* She watched her brother playing handball. ◊ *Beim Zusehen kann man viel lernen.* You can learn a lot by watching. **2** (*untätig verfolgen*) stand* by (and watch) ◊ *Ich kann nicht länger tatenlos zusehen.* I can't just stand by and do nothing. **3** (*dafür sorgen*) make* sure ◊ *Sieh zu, dass du pünktlich bist!* Make sure you're on time. IDM ⇨ BLEIBEN

zusehends visibly

zusenden send*

zusetzen 1 add ◊ *Der Säure wurde ein Pulver zugesetzt.* A powder was added to the acid. **2 jdm ~** (*Druck ausüben*) give* sb a hard time ◊ *Meine Mutter setzt mir ganz schön zu!* My mother is giving me a hard time. **3** (*strapazieren, schädigen*) affect ◊ *Schadstoffe, die den Bäumen zusetzen* harmful substances which affect the trees ◊ *Sein Tod hat mir schwer zugesetzt.* His death affected me badly. ◊ *Die Krankheit setzt ihm arg zu.* The illness really takes it out of him. ◊ *Mir setzt die Hitze ziemlich zu.* I can't take the heat.

zusichern promise; (*vertraglich etc.*) guarantee ◊ *Der Präsident hat seine Unterstützung zugesichert.* The president has promised his support. ◊ *vertraglich zugesicherte Rechte* rights guaranteed in the contract

Zusicherung assurance

zusperren ⇨ ZUSCHLIESSEN

zuspielen 1 jdm (**den Ball etc.**) **~** pass (the ball, etc.) to sb ◊ *Er spielte Owen den Ball zu.* He passed the ball to Owen. **2 jdm etw ~** (*Informationen*) pass sth (on) to sb IDM ⇨ SCHWARZ

zuspitzen 1 sharpen **2 sich ~** come* to a head

zusprechen 1 (*Mut etc.*) ◊ *jdm Mut zusprechen* encourage sb ◊ *jdm Trost zusprechen* comfort sb **2 jdm etw ~** (*gerichtlich*) award sb sth, award sth to sb ◊ *Er bekam 3000€ zugesprochen.* He was awarded €3000. ◊ *Die Kinder wurden der Mutter zugesprochen.* The mother was awarded custody of the children. **3 etw jdm/etw ~** (*zuschreiben*) ascribe sth to sb/sth

Zuspruch 1 (*Aufmunterung*) words of encouragement [Pl]; (*Trost*) words of comfort [Pl] **2 ~ finden** be popular ◊

Zustand

Die Bar findet viel Zuspruch bei den Gästen. The bar is very popular with the guests.

Zustand 1 (*Auto, Gebäude, Waren*) condition; (*kurzzeitig*) state ◊ *Das Auto ist in einem einwandfreien Zustand.* The car is in immaculate condition. ◊ *Er hinterließ das Zimmer in einem furchtbaren Zustand.* He left the room in a terrible state. **2** (PHYSIK) state ◊ *Gas im flüssigen Zustand* gas in a liquid state **3** (*Mensch*) condition; (*psychische Verfassung*) state ◊ *Die Ärzte sind besorgt über seinen Zustand.* The doctors are concerned about his condition. ◊ *sein geistiger Zustand* his mental state ◊ *in alkoholisiertem Zustand fahren* drive while under the influence of alcohol **4 Zustände** conditions [Pl] ◊ *menschenunwürdige Zustände* inhumane conditions ◊ *Hier herrschen chaotische Zustände.* Things are chaotic here. ◊ *die politischen Zustände* the political situation IDM **Zustände bekommen** have a fit (*umgs*) **das ist doch kein Zustand!** it can't go on like this!

zustande 1 ~ **kommen** (*Abkommen etc.*) be reached; (*Geschäft etc.*) come* off; (*Treffen*) take* place ◊ *Es kam keine Einigung zustande.* No agreement was reached. ◊ *Das Projekt kommt nicht zustande.* The project will not go ahead. ◊ *Der Kontakt ist über Bekannte zustande gekommen.* The contact came about through friends. **2 etw ~ bringen** bring* sth about ◊ *eine Änderung zustande bringen* bring about a change ◊ *Sie brachten zwei Tore zustande.* They managed to score two goals. ◊ *eine Mehrheit zustande bringen* manage to achieve a majority

zuständig responsible (*nicht vor Nomen*) ◊ *Dafür ist mein Kollege zuständig.* My colleague is responsible for that. ◊ *der für das Archiv zuständige Angestellte* the member of staff who is responsible for the archive ◊ *Bitte wenden Sie sich an die zuständige Behörde.* Please apply to the relevant authority. ◊ *Für Steuerfragen bin ich nicht zuständig.* I don't deal with tax questions.

Zuständigkeit 1 responsibility; (RECHT) jurisdiction ◊ *die Zuständigkeit für Fremdenverkehr* the responsibility for tourism ◊ *Die Zuständigkeit für die Räumung der Unfallstelle hat die Polizei.* The police are responsible for clearing the scene of the accident. ◊ *Der Präsident hat seine Zuständigkeit überschritten.* The president has exceeded his jurisdiction. **2** (*Zuständigkeitsbereich*) area of responsibility ◊ *Müllbeseitigung fällt in die Zuständigkeit der Stadt.* Waste disposal falls within the town council's area of responsibility.

Zuständigkeitsbereich area of responsibility

zustechen stab* sb ◊ *Er warf ihn zu Boden und stach mehrmals zu.* He threw him to the ground and stabbed him repeatedly.

zustecken jdm etw ~ slip* sb sth

zustehen 1 etw steht jdm zu sb is entitled to sth ◊ *Mir steht die Hälfte der Gewinne zu.* I'm entitled to half the profits. **2 es steht jdm nicht zu, etw zu tun** sb has no right to do sth ◊ *Es steht dir nicht zu, darüber zu entscheiden.* You have no right to decide this.

zusteigen get* on ◊ *Er ist in Köln zugestiegen.* He got on in Cologne.

zustellen 1 deliver ◊ *Pakete per Post zustellen* deliver parcels by post **2** (*versperren*) block

Zustellung delivery*

zusteuern 1 auf jdn/etw ~ head for sb/sth ◊ *Das Auto steuerte direkt auf die Mauer zu.* The car was heading straight for the wall. ◊ *Das Land steuert auf eine Katastrophe zu.* The country is heading for a catastrophe. ◊ *Er steuerte zielstrebig auf sie zu.* He made a beeline for her. **2 etw auf jdn/etw ~ steer** sth towards sb/sth ◊ *Sie steuerte das Boot aufs Ufer zu.* She steered the boat towards the bank. **3** (*Geld*) ⇨ ZUSCHIESSEN

zustimmen 1 (jdm) ~ agree (with sb) ◊ *Er stimmte ihr zu.* He agreed with her. **2 etw ~** agree to sth ◊ *Sie stimmten dem Vorschlag zu.* They agreed to the proposal. ◊ *Ich kann dem nur zustimmen.* I quite agree.

zustimmend 1 Adj approving **2** Adv in approval, approvingly ◊ *zustimmend nicken* nod in approval ◊ *sich zustimmend äußern* express your approval

Zustimmung (*Einverständnis, Erlaubnis*) consent; (*Billigung, Beifall*) approval ◊ *Sein Vorschlag stieß auf Zustimmung.* His proposal met with approval.

zustopfen block *sth* up

zustöpseln put* a stopper in *sth*

zustoßen 1 attack ◊ *Der Bussard stieß zu.* The buzzard attacked. **2** (*schließen*) push sth shut **3** (*widerfahren*) happen ◊ *Hoffentlich ist ihr nichts zugestoßen!* I hope nothing has happened to her. ◊ *Sollte mir etwas zustoßen* ... If anything should happen to me ... ◊ *Dir könnte ein Unglück zustoßen.* You could have an accident.

Zustrom influx (*auch fig*); (*Wind*) inflow ◊ *ein Zustrom von politischen Flüchtlingen* an influx of political refugees ◊ *ein Zustrom von Besuchern* a steady stream of visitors

zuströmen 1 einer Sache ~ (*Wasser*) flow towards sth ◊ *Der Fluss strömt dem Schwarzen Meer zu.* The river flows towards the Black Sea. **2 auf etw ~**; **einer Sache ~** (*Menschen*) stream towards sth ◊ *Die Fans strömten auf das Stadion zu.* The fans streamed towards the stadium.

zustürzen auf jdn/etw ~ rush up to sb/sth ◊ *Er kam mit Blumen auf sie zugestürzt.* He came rushing up to her with a bunch of flowers.

zutage 1 ~ treten/kommen come* to light (*auch fig*) **2 etw ~ bringen/fördern** bring* sth to light (*auch fig*) **3 offen ~ liegen** be obvious

Zutat ingredient

zuteil ~ werden be given; **jdm etw ~ werden lassen** give* sb sth ◊ *Ihm wurde die Ehre zuteil, den Pokal entgegenzunehmen.* He was given the honour of accepting the trophy.

zuteilen jdm etw ~ allocate sth to sb

zutiefst deeply ◊ *zutiefst beunruhigt sein* be deeply disturbed ◊ *Ich bedauere zutiefst, dass* ... I deeply regret that ... ◊ *Er verabscheute sie zutiefst.* He really hated her.

zutragen 1 bring* ◊ *Sie trug ihr jeden Tag den Klatsch zu.* She brought her the gossip every day. **2 sich ~** happen

zutrauen sich etw ~ believe* you can do sth; **jdm etw ~** believe* sb capable of (doing) sth ◊ *Das traue ich ihr nicht zu.* I don't believe she's capable of it. ◊ *Er traut sich einfach nichts zu.* He has no self-confidence. ◊ *Das ist ihr durchaus zuzutrauen.* I wouldn't put it past her.

Zutrauen trust; (*weniger emotional*) confidence ◊ *Die Schwindler nutzten das Zutrauen der Rentnerin aus.* The conmen abused the pensioner's trust. ◊ *das Zutrauen der Menschen zur Politik* people's confidence in politics ◊ *Der Junge fasste bald Zutrauen zu mir.* The boy soon began to trust me.

zutraulich trusting (Adv trustingly); (*Tiere*) tame ◊ *Die Kleine lächelte uns zutraulich an.* The little girl smiled at us trustingly.

Zutraulichkeit trusting nature

zutreffen 1 (*stimmen*) be true ◊ *Die Behauptung, dass er Geld dafür genommen habe, trifft nicht zu.* It is not true to say that he accepted money for it. **2 auf jdn/etw ~** apply* to sb/sth ◊ *Die neue Regelung trifft auf Bücher zu.* The new regulation applies to books. ◊ *Ihre Beschreibung traf auf den gesuchten Mörder zu.* Her description fitted the murderer they were looking for.

zutreffend accurate ◊ *eine zutreffende Beschreibung* an accurate description ◊ *Der Vorwurf der Korruption erwies sich als zutreffend.* The charge of corruption turned out to be justified. ◊ *Zutreffendes bitte ankreuzen!* Please mark where applicable.

zutrinken jdm ~ drink* to sb

Zutritt 1 entry*; (*Einlass*) admittance ◊ *Zutritt verboten.* No entry. ◊ *Die Diebe verschafften sich durch eine Hintertür Zutritt.* The thieves gained entry via a rear door. ◊ *Zutritt erst ab 13 Jahren.* No admittance to those under 13. **2 ~ zu etw haben** have access to sth

Zutun ◊ *ohne menschliches Zutun* without human intervention ◊ *Praktische Lösungen für den Umweltschutz sind ohne Zutun der Industrie unmöglich.* Finding practical solutions for the environment is impossible without the help of industry. ◊ *Er ist ohne eigenes Zutun reich geworden.* He grew rich without having to do anything. ◊ *Sie gerieten ohne eigenes Zutun in einen Rechtsstreit.* Through no fault of their own, they got caught up in a lawsuit. ◊ *Dieses Unglück geschah ohne mein Zutun.* I had nothing to do with the accident.

zuungunsten to the disadvantage of ◊ *Der Kostenvergleich fiel zuungunsten der deutschen Firma aus.* The cost comparison turned out to the disadvantage of the German firm. ◊ *Das Gericht entschied zuungunsten der Firma.* The court decided against the firm.

zuunterst right at the bottom ◊ *Das Buch lag ganz*

zuunterst im Koffer. The book was right at the bottom of the case.

zuverlässig reliable (*Adv* reliably); (*Mensch auch*) dependable ◊ *Sie hat immer zuverlässig gearbeitet.* She has always been a reliable worker. ◊ *Das weiß ich zuverlässig.* I have it on good authority.

Zuverlässigkeit reliability

Zuversicht confidence ◊ *Wir gehen mit viel Zuversicht in die neue Saison.* We are going into the new season full of confidence. ◊ *„Wir können gewinnen", sagte er voller Zuversicht.* 'We can win,' he said confidently.

zuversichtlich confident (*Adv* confidently)

Zuversichtlichkeit confidence

Zuviel ein ~ an etw too much/many sth, an excess of sth (*gehoben*) ◊ *Ein Zuviel an Sonne ist schädlich.* Too much sun is harmful.

zuvor before; (*zuerst*) first; (*davor*) beforehand ◊ *Ich habe ihn nie zuvor so fröhlich gesehen.* I've never seen him so jolly before. ◊ *am Tag zuvor* the day before ◊ *Jetzt weiß ich genau so wenig wie zuvor.* I'm none the wiser. ◊ *Ich muss zuvor mit ihm sprechen.* I have to speak to him beforehand. **IDM** ⇨ KLUG

zuvorkommen 1 jdm ~ get* ahead of sb, beat* sb to it **2** etw ~ pre-empt sth

zuvorkommend helpful, obliging

Zuwachs increase; (*Wachstum*) growth ◊ *ein Zuwachs an Macht und Einfluss* an increase in power and influence ◊ *der erwartete Zuwachs des Straßenverkehrs* the expected increase in road traffic ◊ *ein kräftiger Zuwachs an Mitgliedern* a healthy growth in membership ☛ *Bei zählbaren Nomina muss man* **the number** *hinzufügen: ein Zuwachs an Wohnungen/Arbeitsplätzen* an increase in the number of houses/jobs. ☛ *Siehe auch* NACHWUCHS

Zuwachsrate growth rate

zuwachsen 1 (*verheilen*) heal up **2** (*überwuchert werden*) become* overgrown ◊ *Der Weg ist völlig zugewachsen.* The path is completely overgrown.

zuwandern settle; (*einwandern*) come* as an immigrant ◊ *Viele Arbeiter sind aus den umliegenden Dörfern zugewandert.* Many workers have settled here from the neighbouring villages. ◊ *Viele Leute hier sind aus Polen und Russland zugewandert.* Many people here came as immigrants from Poland and Russia. ☛ *Hinweis bei* EINWANDERN

Zuwanderer, **Zuwanderin** immigrant

Zuwanderung immigration

zuwege etw ~ bringen manage sth ◊ *Wie hast du das zuwege gebracht?* How did you manage that? ◊ *Wie hast du es zuwege gebracht, dass sie sich entschuldigt hat?* How did you manage to get her to apologize?

zuweilen at times

zuweisen jdm etw ~ allocate sth to sb

zuwenden 1 sich jdm/etw ~ turn towards sb/sth; etw jdm/etw ~ turn sth towards sb/sth ◊ *Sie wandte sich mir zu.* She turned towards me. ◊ *Er wandte mir den Rücken zu.* He turned his back on me. ◊ *Alle Blicke wandten sich mir zu.* All eyes were on me. **2** sich jdm/etw ~ (*widmen*) devote yourself to sb/sth **3** etw jdm/etw ~ give* sth to sb, give* sb/sth sth

Zuwendung 1 allocation; (*Schenkung*) donation **2** (*Aufmerksamkeit*) attention; (*Zuneigung*) affection

zuwerfen 1 (*Tür*) slam* **2** jdm etw ~ throw* sth to sb, throw* sb sth ◊ *Ich warf ihm den Schlüssel zu.* I threw him the key. ◊ *Er warf mir einen wütenden Blick zu.* He gave me a furious look. ◊ *Sie warf mir eine Kusshand zu.* She blew me a kiss.

zuwider 1 jdm ~ sein be repugnant to sb ◊ *Der Gedanke an eine Rückkehr war ihm zuwider.* The thought of going back was repugnant to him. **2** etw ~ contrary to sth, against sth ◊ *Allen Voraussagungen zuwider gewannen sie doch.* Contrary to predictions, they won. ◊ *Dem Abkommen zuwider lieferten sie die Waffen nicht ab.* They flouted the agreement and failed to hand in the weapons.

zuwiderhandeln etw ~ go* against sth; (*einem Gesetz etc.*) contravene sth (*gehoben*)

Zuwiderhandlung 1 violation, non-compliance [U] ◊ *Zuwiderhandlung gegen die Vorschriften* non-compliance with the regulations

zuwiderlaufen etw ~ go* against sth, run* counter to sth

zuwinken jdm ~ wave to sb; (*herwinken*) beckon to sb ◊ *Sie winkte mir zu herüberzukommen.* She beckoned to me to come over.

zuzahlen pay* extra ◊ *Muss man für den Eurocity zuzahlen?* Do you have to pay extra for the Eurocity? ◊ *Ich musste 10 Euro zuzahlen.* I had to pay an extra 10 euros.

zuzählen 1 etw einer Sache ~ (*klassifizieren*) classify* sth as sth ◊ *Dieses Werk ist der Renaissance zuzuzählen.* This work can be classified as Renaissance. **2** etw (zu etw) ~ (*dazurechnen*) add sth (to sth)

zuziehen 1 (*Gardinen etc.*) draw*; (*Rucksack, Tür*) close; (*Schlinge, Knoten*) tighten **2** jdn ~ call sb in ◊ *Wir sollten einen Spezialisten zuziehen.* We ought to call in a specialist. **3** (*an einem Ort ziehen*) move ◊ *Sie sind erst kürzlich aus Bayern hier zugezogen.* They only moved here recently from Bavaria. **4** sich etw ~ (*Verletzung*) sustain sth (*gehoben*); (*Krankheit*) catch* sth, contract sth (*gehoben*); (*Zorn etc.*) incur* sth **5** sich ~ become* overcast, cloud over ◊ *Der Himmel hatte sich ganz zugezogen.* The sky had become quite overcast.

Zuzug influx

zuzüglich plus ◊ *zuzüglich Porto* plus postage ◊ *Die Miete zuzüglich der Nebenkosten beträgt 1 500 Franken.* The rent is 1500 francs plus bills.

zuzwinkern jdm ~ wink at sb, give* sb a wink

ZVS ~ UCAS, (*AmE*) ≈ SAT center

Zwang 1 (*Gewalt*) force; (*Druck*) pressure, duress (*Fachspr*) ◊ *Dürfen Polizeibeamten körperlichen Zwang anwenden?* Are police officers allowed to use physical force? ◊ *der Zwang der Gesetze* the force of the law ◊ *auf jdn Zwang ausüben etw zu tun* exert pressure on sb to do sth ◊ *ein Geständnis unter Zwang ablegen* make a confession under duress **2** (*Einengung*) constraint; (*Verpflichtung*) obligation ◊ *gesellschaftliche Zwänge* social constraints ◊ *technische/wirtschaftliche Zwänge* technical/economic constraints ◊ *Es besteht kein Zwang, etwas zu kaufen.* There's no obligation to buy anything. ◊ *der Zwang der Mode* the dictates of fashion ◊ *der Zwang der Konvention* the straitjacket of convention **3** (*Drang*) compulsion ◊ *Sie sagte, sie sei einem inneren Zwang gefolgt.* She said she had followed an inner compulsion. **IDM** ohne Zwang ◊ *Sie will ihre Kinder ohne Zwang erziehen.* She wants to bring up her children without using force. ◊ *Dort kann man sich ohne Zwang neue Fertigkeiten aneignen.* You can learn new skills there without feeling pressured. ◊ *Er ging ohne Zwang in die Kirche.* He went to church of his own free will. **sich keinen Zwang antun** ◊ *„Stört es Sie, wenn ich mein Jackett ausziehe?" „Tun Sie sich keinen Zwang an!"* 'Do you mind if I take my jacket off?' 'Feel free!' ◊ *Er tat sich keinen Zwang an und bediente sich selbst.* He made himself at home and helped himself.

zwängen squeeze ◊ *Ich zwängte alles in den Koffer.* I squeezed everything into the case. ◊ *Sie zwängte sich in die enge Hose.* She squeezed herself into the tight trousers. ◊ *Ich zwängte mich in den überfüllten Zug.* I squeezed into the overcrowded train.

zwanghaft compulsive (*Adv* compulsively)

zwanglos casual (*Adv* casually); (*locker auch*) relaxed; (*ohne Förmlichkeit*) informal (*Adv* informally) ◊ *zwanglose Kleidung* casual dress ◊ *Ich unterhielt mich ganz zwanglos mit ihr.* I chatted casually to her. ◊ *Seine zwanglose und unkomplizierte Art gefällt mir.* I like his relaxed and easy manner. ◊ *Bei dem Vorstellungsgespräch ging es ziemlich zwanglos zu.* The interview was fairly informal.

Zwanglosigkeit informality

Zwangs- **Zwangsanleihe** compulsory loan **Zwangsarbeit 1** forced labour, (*AmE*) forced labor ◊ *die Abschaffung der Zwangsarbeit* the abolition of forced labour ◊ *Die Kriegsgefangenen mussten Zwangsarbeit leisten.* The prisoners of war were forced to work. **2** (RECHT) hard labour ◊ *Er wurde zu zwanzig Jahren Zwangsarbeit verurteilt.* He was sentenced to twenty years' hard labour. **Zwangsarbeiter(in)** forced labourer **zwangsernähren** force-feed* **Zwangsernährung** force-feeding [U] **Zwangsjacke** straitjacket (*auch fig*) **Zwangslage** predicament, dilemma **zwangsläufig** inevitable (*Adv* inevitably) ◊ *zwangsläufige Folgen* inevitable consequences ◊ *Das muss nicht zwangsläufig so sein.* It doesn't have to be like that. **Zwangsmaßnahme 1** (POL) sanction **2** ◊ *Eine Zwangsmaßnahme soll Einwanderer dazu bringen*

Deutsch zu lernen. It is to be compulsory for immigrants to learn German. **Zwangsmittel** means* of coercion; (*Sanktion*) sanction **Zwangspause** enforced break ◊ *eine Zwangspause einlegen* take an enforced break **Zwangsräumung** eviction **Zwangssterilisation** compulsory sterilization ◊ *Die Zwangssterilisation ist keine akzeptable Verhütungsmaßnahme.* Compulsory sterilization is not an acceptable method of contraception. **Zwangsversteigerung** compulsory auction **Zwangsvollstreckung** enforcement proceedings [Pl]

zwanzig twenty ☛ *Beispiele bei* SECHZIG

zwanzigste(r,s) twentieth ☛ *Beispiele bei* SECHSTE(R,S)

zwar 1 (*zugegeben*) admittedly ◊ *Es gibt zwar Probleme, aber nichts Schwerwiegendes.* Admittedly there are problems, but nothing serious.

„Zwar" wird oft nicht übersetzt: *Ich hatte zwar Kopfschmerzen, ging aber trotzdem auf die Party.* I did have a headache but I went to the party anyway. ◊ *Das ist zwar verboten, doch wir tun es alle.* It isn't allowed, but we all do it.

2 und ~ in fact, actually ◊ *Ich habe das schon erledigt, und zwar gestern.* I've already done it — I did it yesterday, in fact. ◊ *Räum deine Sachen weg, und zwar sofort!* Clear your things away, and do it now! ◊ *Die Politiker, und zwar in erster Linie die Kommunalpolitiker, sind an dem Fiasko schuld.* The politicians, and local politicians in particular, are to blame for the fiasco. **3 und ~** (*nämlich*) namely, (and) that is (*oft nicht übersetzt*) ◊ *Es gibt ein großes Problem, und zwar Geld.* There's one big problem, namely money. ◊ *Wir treffen uns zweimal wöchentlich, und zwar Dienstag und Donnerstag.* We meet twice a week, Tuesdays and Thursdays.

Zweck 1 purpose; (*Ziel*) aim ◊ *Die Strafe hat ihren Zweck erfüllt.* The punishment has served its purpose. ◊ *für medizinische/militärische Zwecke* for medicinal/military purposes ◊ *Die Opfer brauchten schnell Hilfe. Zu diesem Zweck wurde eine Spendensammlung gemacht.* The victims needed help quickly. To this end donations were collected. ◊ *Die Spenden dienen einem gemeinnützigen Zweck.* The donations are for a charitable cause. **2** (*Sinn*) point ◊ *Was hat denn das für einen Zweck?* What's the point of that, then? ◊ *Das hat doch alles keinen Zweck.* There's no point. ◊ *Es hat doch keinen Zweck, nochmals darüber zu reden.* There's no point talking about it any more. ◊ *Es hat wenig Zweck, noch länger zu warten.* There's not much point waiting any longer. **IDM** *der Zweck der Übung* the object of the exercise *der Zweck heiligt die Mittel* the end justifies the means ☛ *Siehe auch* MITTEL

zweckentfremden use sth for another purpose; (*Gelder, Information*) misuse, misappropriate ◊ *Die Wohnung wurde zweckentfremdet.* The flat was used for other purposes. ◊ *Bäume wurden als Zäune zweckentfremdet.* Trees were used as fences. ◊ *Daten aus dem Wählerverzeichnis wurden zweckentfremdet.* Data from the electoral roll was misused.

Zweckentfremdung misuse

zweckfremd improper ◊ *Die Daten dürfen nicht zweckfremd genutzt werden.* The information may not be put to improper use. ◊ *Wird die Ökosteuer zweckfremd verwendet?* Is the green tax being used for other purposes? ◊ *die zweckfremde Verwendung von Geldern* the misuse of funds

zweckgebunden earmarked ◊ *Die Summe ist zweckgebunden für die Krebsforschung.* The sum is earmarked for cancer research.

zwecklos pointless

zweckmäßig 1 (*funktionell*) functional, suitable (*Adv* suitably); (*praktisch*) practical ◊ *Für eine Bergwanderung braucht man zweckmäßige Kleidung.* You need suitable clothing for a mountain hike. ◊ *Die Einrichtung der neuen Schule ist modern und zweckmäßig.* The new school has a modern, functional design. **2** (*sinnvoll*) sensible (*Adv* sensibly) ◊ *Das Geld könnte zweckmäßiger verwendet werden.* The money could be used more sensibly. ◊ *Ein Streik wäre in dieser Situation wenig zweckmäßig.* A strike would serve little purpose in this situation.

Zweckmäßigkeit effectiveness; (*Nützlichkeit*) usefulness; (TECH, ARCHIT) functionalism ◊ *Die Zweckmäßigkeit dieser Geräte ist zweifelhaft.* There's doubt about the effectiveness of these devices. ◊ *Ich bezweifle die Zweckmäßigkeit*

des Vorgehens. I have doubts about how useful the action will be.

zwecks for ◊ *Die Proben wurden zwecks Untersuchung an ein Labor geschickt.* The samples were sent to a laboratory for analysis. ◊ *Die Bäume wurden zwecks besserer Übersicht gefällt.* The trees were cut down to improve visibility. ◊ *zwecks Heirat* with a view to marriage

zwei two ☛ *Beispiele bei* SECHSTE(R,S) ☛ *Hinweis bei* NOTE, S. 1126. **IDM** ⇨ EIN², HAND, HOCHZEIT¹ *und* PAAR
Zweibettzimmer twin room **zweideutig 1** ambiguous (*Adv* ambiguously) ◊ *ein zweideutiger Satz* an ambiguous sentence ◊ *Die Stellungnahme des Ministers ist zweideutig.* The minister's attitude is ambiguous. **2** (*anzüglich*) suggestive **Zweideutigkeit 1** ambiguity* **2** (*Äußerung*) suggestive remark, double entendre **zweidimensional** two-dimensional (*auch fig*) **zweieiig** (*Zwillinge*) non-identical
Zweier (*Rudern*) pair
Zweierbeziehung relationship (between two people) **Zweierbob** two-man bob **Zweierkajak 1** (*Boot*) double kayak **2** (*Disziplin*) kayak pairs
zweierlei 1 two different; (*zwei Sorten*) two kinds of ◊ *Man kann das auf zweierlei Art machen.* You can do that in two different ways. ◊ *Es gab nur zweierlei Käse.* There were only two kinds of cheese. **2** *Pron* two different things ◊ *Das kann zweierlei bedeuten.* That can mean two different things. ◊ *Es ist zweierlei, ob ich so etwas sage oder er.* There's a difference between my saying something like that and him saying it. **IDM** ⇨ MASS¹
zweifach twice, double ◊ *die zweifache Menge* twice the amount ◊ *etw zweifach vergrößern/verkleinern* enlarge sth to twice its size/reduce sth to half-size ◊ *Das kostet das Zweifache.* It costs double. ◊ *in zweifacher Ausfertigung* in duplicate ◊ *Das ist in zweifacher Hinsicht wichtig.* That is important in two respects. ◊ *Sie ist zweifache Weltmeisterin.* She is the two-time world champion. ◊ *Er ist zweifacher Vater.* He's a father of two. ◊ *Das Buch ist zweifach vorhanden.* There are two copies of the book.
Zweifamilienhaus = house with two flats, (*AmE*) house with two apartments ☛ *Hinweis bei* EINFAMILIENHAUS
Zweifel ~ (an etw) doubt (about sth) ◊ *Die Zweifel am Sinn des Projekts wachsen.* Doubts are growing about the usefulness of the project. ◊ *ohne Zweifel* without a doubt ◊ *Ein leiser Zweifel stieg in mir auf.* A slight doubt began to stir inside me. **IDM** *außer Zweifel stehen* be beyond doubt *etw in Zweifel ziehen* cast* doubt on sth; call sth into question *keinen Zweifel an etw lassen* make* sth quite plain ◊ *Sie ließ keinen Zweifel daran, dass sie mich verachtete.* She made it quite plain that she despised me. *sich über etw im Zweifel sein* be in two minds about sth ◊ *Ich bin mir noch darüber im Zweifel, ob ich die Stelle annehmen soll oder nicht.* I'm still in two minds about whether to take the job or not. *jdn über etw im Zweifel lassen* leave* sb wondering about sth
zweifelhaft 1 (*fraglich*) doubtful ◊ *Ob sie ihr Ziel erreichen, ist allerdings mehr als zweifelhaft.* It's extremely doubtful whether they will achieve their goal. **2** (*dubios*) dubious; (*Geschäft, Firma*) dodgy ◊ *Ich hatte das zweifelhafte Vergnügen ihn kennen zu lernen.* I had the dubious pleasure of meeting him. ◊ *Die Firma hat einen eher zweifelhaften Ruf.* The company has a rather dubious reputation.
zweifellos undoubtedly; (*besonders in verneinten Sätzen*) certainly ◊ *Du hast zweifellos Recht.* You are undoubtedly right. ◊ *Er war zweifellos nicht am Anschlag beteiligt.* He was certainly not involved in the attack. ☛ *Hinweis bei* CLEAR¹
zweifeln an jdm/etw ~ doubt sb/sth, have doubts about sb/sth ◊ *Es hat niemand ernsthaft daran gezweifelt, dass er gewinnen würde.* Nobody seriously doubted that he would win. ◊ *Ich habe nie Zweifel an all about his abilities.* ◊ *Daran ist nicht zu zweifeln.* There's no doubt about it.
Zweifelsfall im ~ if in doubt ◊ *Im Zweifelsfall sollte man im Lexikon nachschlagen.* If in doubt, look it up in the dictionary. ◊ *Im Zweifelsfall für den Angeklagten.* A person is innocent until proved guilty.
zweifelsfrei 1 *Adv* definitely; (*identifizieren*) positively; (*beweisen*) beyond doubt ◊ *Sie sind von einem Zeugen zweifelsfrei erkannt worden.* They were positively identified by a witness. ◊ *Die Untersuchungen haben zweifelsfrei bewie-*

sen, dass ... The studies have proved beyond doubt that ... ◊ *Das steht zweifelsfrei fest.* That is absolutely certain. **2** *Adj* unequivocal
zweifelsohne undoubtedly, without a doubt
Zweifler(in) doubter
Zweig 1 branch; *(kleiner)* twig **2** *(Bereich)* branch ◊ *ein Zweig der Informationstechnologie* a branch of IT **3** *(Schul-)* = part of a school specializing in particular subjects, e.g. languages, sciences or maths. IDM **auf keinen grünen Zweig kommen** not get* anywhere ◊ *Sie kommt einfach auf keinen grünen Zweig in der neuen Firma.* She just isn't getting anywhere in the new firm. ◊ *Die Mannschaft kommt einfach auf keinen grünen Zweig.* The club just can't get on track. ◊ *Viele Landwirte kommen auf keinen grünen Zweig mehr.* Many farmers are struggling to make a living.
zweigleisig double-track ◊ *eine zweigleisige Bahnstrecke* a double-track stretch of railway ◊ *eine Strecke zweigleisig ausbauen* convert a railway line from single to double track IDM **zweigleisig fahren** keep* your options open
Zweigstelle branch
Zweikampf single combat; *(Duell)* duel *(auch fig)*
zweimal twice ◊ *Ich war schon zweimal in London.* I've been to London twice. IDM ⇨ UMDREHEN
Zweisamkeit partnership, harmony ◊ *Die beiden leben in trauter Zweisamkeit.* The couple live in perfect harmony.
zwei- zweischneidig double-edged *(auch fig)* ◊ *ein zweischneidiges Schwert* a double-edged sword **zweisprachig** bilingual ◊ *Sie ist zweisprachig aufgewachsen.* She grew up bilingual. ◊ *ein zweisprachiges Wörterbuch* a bilingual dictionary ◊ *Kanada ist ein zweisprachiges Land.* Canada has two official languages. ◊ *In Belgien sind Straßenschilder meist zweisprachig.* In Belgium, the road signs are usually in two languages. **zweispurig** *(Bahn)* double-track; *(Straße)* dual carriageway, *(AmE)* divided highway ◊ *eine zweispurig ausgebaute Straße* a dual carriageway ◊ *Die Umgehungsstraße ist wieder zweispurig für den Verkehr freigegeben.* Both lanes of the bypass are open again. **zweistellig** double-digit ◊ *zweistellige Wachstumsraten* double-digit growth ◊ *Kosten in zweistelliger Millionenhöhe* costs in the tens of millions **zweistimmig 1** *Adj* two-part *(nur vor Nomen)* ◊ *ein zweistimmiges Volkslied* a two-part folk song **2** *Adv* in two parts ◊ *Sie sangen zweistimmig.* They sang in two parts. **zweistöckig** two-storey *(nur vor Nomen)* ◊ *ein zweistöckiges Haus* a two-storey house ◊ *Das Gebäude ist zweistöckig.* The building has two storeys.
zweit zu ~ together ◊ *Wart ihr zu zweit in Italien?* Did the two of you go to Italy together? ◊ *Zu zweit geht's schneller.* It's quicker with two people. ◊ *Wir übernachteten zu zweit in einem Zimmer.* The two of us shared a room. ◊ *ein romantisches Essen zu zweit* a romantic dinner for two ◊ *Warum gehen Frauen immer zu zweit auf die Toilette?* Why do women always go to the toilet in twos?
Zweitaktmotor two-stroke engine
zweitbeste(r,s) second-best ◊ *die zweitbeste Lösung* the second-best solution
zweite(r,s) second ◊ *Die Mannschaft steht an zweiter Stelle der Tabelle.* The team is second in the table. ◊ *Aus ihm wird ein zweiter Boris Becker.* He's going to be another Boris Becker. IDM ⇨ HAND, NATUR *und* SCHRITT
Zweite(r,s) second ◊ *Er kam als Zweiter ins Ziel.* He came in second. ◊ *Sie wurde Zweite im dem Turnier.* She came second in the competition. ◊ *der Zweite von hinten* the second from last
zweiteilig two-part; *(Kostüm etc.)* two-piece
zweitens secondly
zweit- zweitgrößte(r,s) second largest; *(Körpergröße)* second tallest ◊ *Kanada ist das zweitgrößte Land der Welt.* Canada is the second largest country in the world. **zweitklassig** second-rate ◊ *ein zweitklassiger Gegner* a second-rate opponent **zweitrangig 1** secondary, of secondary importance *(nicht vor Nomen)* ◊ *Dieses Problem ist zweitrangig.* That problem is of secondary importance. **2** *(zweitklassig)* second-rate **Zweitschlüssel** spare key
Zweitwagen second car
Zweizimmerwohnung one-bedroom flat, *(AmE)* one-bedroom apartment ☛ *Hinweis bei* QUADRATMETER
Zwerchfell diaphragm
Zwerg(in) dwarf*; *(Garten-)* gnome

Zwetsche, Zwetschge, Zwetschke plum
Zwickel gusset
zwicken 1 pinch ◊ *Sie zwickte ihn in den Arm.* She pinched his arm. **2** *(zu eng sein)* be too tight **3** *etw zwickt* (jdn) *(tut weh)* sb has a twinge in sth ◊ *Der Nerv zwickt sie.* She's feeling a twinge in the nerve. **4** *es zwickt jdn* sb has a twinge ◊ *Es zwickt ihn seit Tagen im Oberschenkel.* He has had twinges in the thigh for days. **5** *(plagen)* torment ◊ *Sein schlechtes Gewissen zwickte ihn.* He was tormented by his conscience.
Zwickmühle in einer ~ sein/sitzen/stecken be in a double bind
Zwieback rusk
Zwiebel 1 onion **2** *(Blumen-)* bulb
Zwie- Zwiegespräch dialogue; *(persönlich)* conversation **Zwielicht 1** twilight **2 ins ~ geraten** come* under suspicion ◊ *Die Sportlerin geriet schon häufiger ins Zwielicht.* The athlete has often come under suspicion before. **zwielichtig** dubious; *(Gestalt)* shady *(umgs)*, dodgy *(umgs)* **Zwiespalt** conflict ◊ *Es herrscht Zwiespalt innerhalb der Koalition.* There is conflict within the coalition ◊ *Er befand sich im Zwiespalt der Gefühle.* He felt torn by conflicting emotions. **zwiespältig** *(ambivalent)* ambivalent; *(Gefühle, Reaktionen)* mixed ◊ *Er hatte ein zwiespältiges Verhältnis zu Richard Wagner.* He had an ambivalent attitude to Richard Wagner. ◊ *Ich sehe die Veränderungen mit zwiespältigen Gefühlen.* I have mixed feelings about the changes.
Zwilling 1 twin ◊ *eineiige Zwillinge* identical twins ◊ *Sie sind zweieiige Zwillinge.* They're not identical twins. **2** *(Sternzeichen)* Gemini ◊ *Er ist (ein) Zwilling.* He's a Gemini.
Zwillingsbruder twin brother **Zwillingspaar** pair of twins **Zwillingsschwester** twin sister
zwingen jdn *(zu etw)* ~ force sb (to do sth) ◊ *Ich musste mich zum Essen zwingen.* I had to force myself to eat. ◊ *Sie wurde zum Rücktritt gezwungen.* She was forced to resign. IDM ⇨ GLÜCK *und* KNIE
zwingend compulsory; *(Argument, Beweis etc.)* compelling ◊ *Das gilt zwingend für alle.* It's compulsory for everyone. ◊ *ein zwingend vorgeschriebener Kurs* a compulsory course ◊ *zwingende Gründe* compelling reasons ◊ *Eine Reform ist nun zwingend.* A reform is now imperative.
Zwinger *(Hunde-)* kennels [Pl]
zwinkern blink; *(vielsagend)* wink ◊ *mit den Augen zwinkern* blink
Zwirn thread
zwischen 1 between ◊ *Sie sitzt zwischen Niels und Kurt.* She's sitting between Niels and Kurt. ◊ *zwischen sieben und acht Uhr* between seven and eight o'clock **2** *(inmitten, unter)* among ◊ *Zwischen den Papieren lag sein Führerschein.* His driving licence was among his papers. ◊ *Er saß zwischen all seinen Schwestern.* He sat among all his sisters. IDM ⇨ STUHL
Zwischen- Zwischenbemerkung interjection **Zwischenbericht** interim report **Zwischenbilanz** provisional calculations [Pl]; *(fig)* outcome so far ◊ *eine Zwischenbilanz aufstellen* make some provisional calculations ◊ *Der Minister zog eine positive Zwischenbilanz.* The minister said that the outcome so far was good. **Zwischenblutung** irregular bleeding [U] **Zwischending** ◊ *Das ist ein Zwischending zwischen BA und Magisterstudium.* It's something in between a BA and a German MA.
zwischendurch 1 *(von Zeit zu Zeit)* ◊ *Er musste zwischendurch immer wieder innehalten.* He had to keep stopping. ◊ *Zwischendurch schaute sie immer wieder nach dem Braten.* She kept checking on the roast. **2** *(zwischenzeitlich)* in the meantime **3** *(dazwischen)* in between ◊ *„Fünf Stunden Theater?" „Ja, aber es gibt zwischendurch eine Pause."* 'Five hours of theatre?' 'Yes, but there's an interval in between.' **4** *(vereinzelt)* here and there ◊ *Zwischendurch standen Statuen.* There were statues here and there. **5** *(mittendurch)* through the middle ◊ *Die Autobahn verläuft zwischendurch.* The motorway runs through the middle.
Zwischen- Zwischenfall incident ◊ *ein blutiger Zwischenfall* a violent incident ◊ *Die Nacht verlief ohne Zwischenfälle.* The night passed peacefully. **Zwischenhändler(in)** middleman*/woman* **Zwischenlager** temporary store **zwischenlagern** temporarily store **zwischen-**

Zwischenlandung

landen make* a stopover **Zwischenlandung** stopover ◊ *Wir legten eine Zwischenlandung in Bangkok ein.* We made a stopover in Bangkok. **Zwischenlösung** temporary solution **Zwischenmahlzeit** snack ◊ *eine Zwischenmahlzeit einnehmen* have a snack (between meals) **zwischenmenschlich** interpersonal **Zwischenprüfung** ≈ preliminary examination **Zwischenruf** interjection; (*Plural*) heckling [U] ◊ *Es gab viele Zwischenrufe.* There was a lot of heckling. **Zwischenrunde** intermediate round ◊ *Das Team siegte in der Zwischenrunde.* The team won the intermediate round. **Zwischenspeicher** (COMP) cache memory* **zwischenspeichern** (COMP) save *sth* in the cache memory **Zwischenspiel** interlude (*auch fig*) **zwischenstaatlich** between the states (*nicht vor Nomen*) ◊ *ein zwischenstaatliches Abkommen* an agreement between the states **Zwischenstation** stopover **Zwischenton** shade; (*fig*) nuance **Zwischenzeit 1** meantime, intervening period (*gehoben*) ◊ *In der Zwischenzeit passierte nichts.* Nothing happened in the meantime. ◊ *Für die Zwischenzeit sind andere Gesetze vorgesehen.* Other laws will be imposed for the intervening period. **2** (SPORT) intermediate time **zwischenzeitlich 1** *Adj* interim ◊ *zwischenzeitliche Preiserhöhungen* interim price increases **2** *Adv* in the meantime; (*für eine kurze Zeit*) for a while **Zwischenzeugnis 1** end-of-term report, (*AmE*) report card **2** (*im Beruf*) report on your performance

Zwist feud
zwitschern chirp, twitter
Zwitter hermaphrodite
zwölf twelve ☛ *Beispiele bei* SECHS IDM **es ist fünf vor zwölf!** it's high time!
Zwölffingerdarm duodenum* **Zwölfkampf** = men's combined exercises in gymnastics
zwölfte(r,s) twelfth ☛ *Beispiele bei* SECHSTE(R,S)
Zwölftel twelfth ◊ *drei Zwölftel* three twelfths
Zwölftonmusik twelve-tone music
Zyanid cyanide
Zyankali (potassium) cyanide
zyklisch cyclical ◊ *eine zyklische Entwicklung* a cyclical development ◊ *ein zyklisch auftretendes Phänomen* a cyclical phenomenon
Zyklus cycle
Zylinder 1 cylinder **2** (*Hut*) top hat
Zyniker(in) cynic
zynisch cynical (*Adv* cynically)
Zynismus cynicism; (*Bemerkung*) cynical comment
Zypresse cypress
Zyste cyst

Unregelmäßige Verben

Diese Liste gibt die Formen aller im Wörterbuch enthaltenen Verben an, deren Vergangenheitsformen nicht mit **-ed** gebildet werden, mit Ausnahme der Modalverben und mit Bindestrich zusammengesetzter Verben (z.B. **pre-set**).

Unregelmäßige Formen, die nur in bestimmten Bedeutungen gebraucht werden (z.B. ***abode**), sind mit Sternchen versehen. Aussprache und Hinweise zum Gebrauch der Verben die sowie alle Formen von **be**, **do** und **have** stehen in den jeweiligen Einträgen.

Infinitive	Past tense	Past participle
abide	abided, *abode	abided, *abode
arise	arose	arisen
awake	awoke	awoken
baa	baaed, baa'd	baaed, baa'd
babysit	babysat	babysat
bear	bore	borne
beat	beat	beaten
become	became	become
befall	befell	befallen
beget	begot, *begat	begot, *begotten
begin	began	begun
behold	beheld	beheld
bend	bent	bent
beseech	beseeched, besought	beseeched, besought
beset	beset	beset
bet	bet	bet
bid²	bid	bid
bid³	bade, bid	bidden, bid
bind	bound	bound
bite	bit	bitten
bleed	bled	bled
bless	blessed	blessed
blow	blew	blown, *blowed
break	broke	broken
breastfeed	breastfed	breastfed
breed	bred	bred
bring	brought	brought
broadcast	broadcast	broadcast
browbeat	browbeat	browbeaten
build	built	built
burn	burnt, burned	burnt, burned
burst	burst	burst
bust	bust, busted	bust, busted
buy	bought	bought
cast	cast	cast
catch	caught	caught
choose	chose	chosen
cleave	cleaved, *cleft, *clove	cleaved, *cleft
cling	clung	clung
come	came	come
cost	cost, *costed	cost, *costed
creep	crept	crept
cut	cut	cut
deal	dealt	dealt
dig	dug	dug
dive	dived; (AmE auch dove)	dived
draw	drew	drawn
dream	dreamt, dreamed	dreamt, dreamed
drink	drank	drunk
drive	drove	driven
dwell	dwelt, dwelled	dwelt, dwelled
eat	ate	eaten
fall	fell	fallen
feed	fed	fed
feel	felt	felt
fight	fought	fought
find	found	found
fit	fitted; (AmE meist fit)	fitted; (AmE meist fit)
flee	fled	fled
fling	flung	flung
floodlight	floodlit	floodlit
fly	flew, *flied	flown, *flied
forbear	forbore	forborne
forbid	forbade	forbidden
forecast	forecast, forecasted	forecast, forecasted
foresee	foresaw	foreseen
foretell	foretold	foretold
forget	forgot	forgotten
forgive	forgave	forgiven
forgo	forwent	forgone
forsake	forsook	forsaken
forswear	forswore	forsworn
freeze	froze	frozen
gainsay	gainsaid	gainsaid
get	got	got; (AmE, umgs) gotten
ghostwrite	ghostwrote	ghostwritten
give	gave	given
go	went	gone, *been
grind	ground	ground
grow	grew	grown
hamstring	hamstrung	hamstrung
hang	hung, *hanged	hung, *hanged
hear	heard	heard
heave	heaved, *hove	heaved, *hove
hew	hewed	hewed, hewn
hide	hid	hidden
hit	hit	hit
hold	held	held
hurt	hurt	hurt
inlay	inlaid	inlaid
input	input, inputted	input, inputted
inset	inset	inset
interweave	interwove	interwoven
keep	kept	kept
kneel	knelt; (AmE auch kneeled)	knelt; (AmE auch kneeled)
knit	knitted, *knit	knitted, *knit
know	knew	known
lay	laid	laid
lead	led	led

Infinitive	Past tense	Past participle
lean	leaned; (*BrE auch* leant)	leaned; (*BrE auch* leant)
leap	leapt, leaped	leapt, leaped
learn	learnt, learned	learnt, learned
leave	left	left
lend	lent	lent
let	let	let
lie[1]	lay	lain
light	lit, *lighted	lit, *lighted
lose	lost	lost
make	made	made
mean	meant	meant
meet	met	met
miscast	miscast	miscast
mishear	misheard	misheard
mishit	mishit	mishit
mislay	mislaid	mislaid
mislead /ˌmɪsˈliːd/	misled /ˌmɪsˈled/	misled /ˌmɪsˈled/
misread /ˌmɪsˈriːd/	misread /ˌmɪsˈred/	misread /ˌmɪsˈred/
misspell	misspelled, misspelt	misspelled, misspelt
misspend	misspent	misspent
mistake	mistook	mistaken
misunderstand	misunderstood	misunderstood
mow	mowed	mown, mowed
offset	offset	offset
outbid	outbid	outbid
outdo	outdid	outdone
outgrow	outgrew	outgrown
output	output	output
outrun	outran	outrun
outsell	outsold	outsold
outshine	outshone	outshone
overcome	overcame	overcome
overdo	overdid	overdone
overdraw	overdrew	overdrawn
overeat	overate	overeaten
overfly	overflew	overflown
overhang	overhung	overhung
overhear	overheard	overheard
overlay	overlaid	overlaid
overlie	overlay	overlain
overpay	overpaid	overpaid
override	overrode	overridden
overrun	overran	overrun
oversee	oversaw	overseen
oversell	oversold	oversold
overshoot	overshot	overshot
oversleep	overslept	overslept
overspend	overspent	overspent
overtake	overtook	overtaken
overthrow	overthrew	overthrown
overwrite	overwrote	overwritten
partake	partook	partaken
pay	paid	paid
plead	pleaded; (*AmE auch* pled)	pleaded; (*AmE auch* pled)
preset	preset	preset
prove	proved	proved; (*bes AmE auch* proven)
put	put	put
quit	quit; (*BrE auch* quitted)	quit; (*BrE auch* quitted)
read /riːd/	read /red/	read /red/
rebuild	rebuilt	rebuilt
recast	recast	recast
redo	redid	redone
remake	remade	remade
rend	rent	rent
rerun	reran	rerun
resell	resold	resold
reset	reset	reset
resit	resat	resat
retake	retook	retaken
retell	retold	retold
rethink	rethought	rethought
rewind	rewound	rewound
rewrite	rewrote	rewritten
rid	rid	rid
ride	rode	ridden
ring[2]	rang	rung
rise	rose	risen
run	ran	run
saw	sawed	sawn; (*AmE auch* sawed)
say	said	said
see	saw	seen
seek	sought	sought
sell	sold	sold
send	sent	sent
set	set	set
sew	sewed	sewn, sewed
shake	shook	shaken
shear	sheared	shorn, sheared
shed	shed	shed
shine	shone, *shined	shone, *shined
shit	shit, shat; (*BrE auch* shitted)	shit, shat; (*BrE auch* shitted)
shoe	shod	shod
shoot	shot	shot
show	showed	shown, *showed
shrink	shrank, shrunk	shrunk
shut	shut	shut
simulcast	simulcast	simulcast
sing	sang	sung
sink	sank, *sunk	sunk
sit	sat	sat
slay	slew	slain
sleep	slept	slept
slide	slid	slid
sling	slung	slung
slink	slunk	slunk
slit	slit	slit
smell	smelled; (*BrE auch* smelt)	smelled; (*BrE auch* smelt)
smite	smote	smitten
sow	sowed	sown, sowed
speak	spoke	spoken
speed	speeded, *sped	speeded, *sped
spell	spelt, spelled	spelt, spelled
spend	spent	spent
spill	spilled; (*BrE auch* spilt)	spilled; (*BrE auch* spilt)

Infinitive	Past tense	Past participle
spin	spun	spun
spit	spat; (*bes AmE auch* spit)	spat; (*bes AmE auch* spit)
split	split	split
spoil	spoiled; (*BrE auch* spoilt)	spoiled; (*BrE auch* spoilt)
spotlight	spotlit, *spotlighted	spotlit, *spotlighted
spread	spread	spread
spring	sprang; (*AmE auch* sprung)	sprung
stand	stood	stood
stave	staved, *stove	staved, *stove
steal	stole	stolen
stick	stuck	stuck
sting	stung	stung
stink	stank, stunk	stunk
strew	strewed	strewed, strewn
stride	strode	—
strike	struck	struck; (*AmE auch* stricken)
string	strung	strung
strive	strove, *strived	striven, *strived
sublet	sublet	sublet
swear	swore	sworn
sweep	swept	swept
swell	swelled	swollen, swelled
swim	swam	swum
swing	swung	swung
take	took	taken
teach	taught	taught
tear	tore	torn
telecast	telecast	telecast
tell	told	told

Infinitive	Past tense	Past participle
think	thought	thought
throw	threw	thrown
thrust	thrust	thrust
tread	trod	trodden, trod
typecast	typecast	typecast
typeset	typeset	typeset
unbend	unbent	unbent
underbid	underbid	underbid
undercut	undercut	undercut
undergo	underwent	undergone
underlie	underlay	underlain
underpay	underpaid	underpaid
undersell	undersold	undersold
understand	understood	understood
undertake	undertook	undertaken
underwrite	underwrote	underwritten
undo	undid	undone
unfreeze	unfroze	unfrozen
unwind	unwound	unwound
uphold	upheld	upheld
upset	upset	upset
wake	woke	woken
waylay	waylaid	waylaid
wear	wore	worn
weave	wove, *weaved	woven, *weaved
wed	wedded, wed	wedded, wed
weep	wept	wept
wet	wet, wetted	wet, wetted
win	won	won
wind[3] /waɪnd/	wound /waʊnd/	wound /waʊnd/
withdraw	withdrew	withdrawn
withhold	withheld	withheld
withstand	withstood	withstood
wring	wrung	wrung
write	wrote	written